D1699595

42
44WAPR1106(6)$

FACHWÖRTERBUCH
Technik und angewandte Wissenschaften
Russisch-Deutsch

СЛОВАРЬ
Техника и прикладные науки
Русско-немецкий

СЛОВАРЬ

Техника и прикладные науки

Русско-немецкий

Около 140 000 терминов

Под общей редакцией
дипл. фил. Хорста Гёрнера

Издание шестое, переработанное и дополненное

Издательство Александре Атье Берлин – Париж

FACHWÖRTERBUCH

Technik und angewandte Wissenschaften

Russisch-Deutsch

Mit etwa 140 000 Wortstellen

Herausgegeben von
Dipl. phil. Horst Görner

6., stark bearbeitete und erweiterte Auflage

VERLAG ALEXANDRE HATIER BERLIN – PARIS

Mitarbeiterverzeichnis:

Dr.-Ing. *Stefan Becker,* Dipl.-Dolm. *Gertraud Böhme,* Prof. Dr.-Ing. habil. *Adolf Dannehl,* Dipl.-Dolm. *Heidemarie Dietrich,* Dr. rer. nat. *Siegfried Engelmann,* Dr. rer. nat. *Ulrike Engelmann,* Dr.-Ing. *Günter Fichtner,* Dipl.-Ing. *Ulla Fichtner,* Dipl.-Ing. *Reiner Gimm,* Dipl.-Ing. *Irina Göring,* Dipl.-Dolm. *Jürgen Göring,* Dipl. phil. *Horst Görner, Klaus Görner,* Dipl. phil. *Joachim Grün,* Dipl-Ing. *Frank Hering,* Dr. rer. nat. *Lothar Holz,* Dr. *Anita Jaensch,* Dipl.-Slaw. *Jürgen Janetzko,* Dr. agr. *Eberhard Jung,* Dipl.-Phys. *Friedrich-Wilhelm Kahle,* Dr.-Ing. *Wilfried Ködderitzsch,* Dr. rer. nat. *Hans-Günter Körber,* Dr. rer. nat. *Georg Kowalle, Galina Krasjukowa,* Dr.-Ing. *Dieter Lincke,* Dipl.-Geodätin *Galina Marek,* Dipl.-Sprachmittler *Tamara Meyer,* Dr. rer. nat. habil. *Peter Notni,* Ing. *Eberhard Pfefferkorn,* Dipl.-Ing. *Jutta Pfitzner,* Prof. Dr.-Ing. *Bruno Pol,* Dr.-Ing. *Annemarie Prichodko,* Dr.-Ing. *Thomas Rehtanz,* Dr. rer. nat. *Michael Reinhardt,* Dr.-Ing. *Arnim Rüdiger,* Dr. oec. *Volker Sasse,* Doz. Dr.-Ing. habil. *Manfred Schmidt,* Dr. rer. nat. *Peter Seidel,* Dipl.-Sprachmittler *Arndt Spindler,* Dipl.-Dolm., Ing. *Burkhard Starke,* Dr.-Ing. habil. *Dominik Surek,* Dipl. phil. *Herbert Tauer,* Dipl.-Math. *Martina Thiemann,* Doz. Dr.-Ing. habil. *Heinz Thum,* Dipl.-Geol. *Gisela Trembich,* Dr.-Ing. *Karl Uebrick,* Dipl.-Berging. *Jörg Voigt,* Dipl.-Phys. *Gudrun Wendt,* Dipl.-Ing. *Gerald Wilde,* Dr. rer. nat. *Julia Wilke,* Dipl.-Dolm. *Richard Wollenhaupt*

Die Deutsche Bibliothek – CIP-Einheitsaufnahme

Fachwörterbuch Technik und angewandte Wissenschaften. –
Berlin ; Paris : Hatier.
  Teilw. mit Parallelt.: Diccionario tecnología y ciencias aplicadas.
  Dictionary technology and applied sciences. Technika i prikladnye
  nauki
  Früher u.d.T.: Polytechnisches Wörterbuch
  NE: Diccionario tecnología y ciencias aplicadas; Dictionary technology
  and applied sciences; Technika i prikladnye nauki
  Russisch-deutsch ; mit etwa 140 000 Wortstellen / hrsg. von
  Horst Görner. – 6., stark bearb. und erw. Aufl. – 1995
    ISBN 3-86117-063-9
  NE: Görner, Horst [Hrsg.]

Eingetragene (registrierte) Warenzeichen sowie Gebrauchsmuster und Patente sind in diesem Wörterbuch nicht ausdrücklich gekennzeichnet. Daraus kann nicht geschlossen werden, daß die betreffenden Bezeichnungen frei sind oder frei verwendet werden können.

Das Werk ist urheberrechtlich geschützt. Jede Verwendung außerhalb der Grenzen des Urheberrechtsgesetzes bedarf der vorherigen schriftlichen Zustimmung des Verlages. Dies gilt besonders für Übersetzungen, Vervielfältigungen, auch von Teilen des Werkes, Mikroverfilmungen, Bearbeitungen sonstiger Art sowie für die Einspeicherung in elektronische Systeme.

ISBN 3-86117-063-9

6., stark bearbeitete und erweiterte Auflage
© Verlag Alexandre Hatier GmbH Berlin – Paris, 1995
Printed in Germany
Satz: Verlag Alexandre Hatier/Druckhaus „Thomas Müntzer" GmbH
Druck- und Weiterverarbeitung: Druckhaus „Thomas Müntzer" GmbH, Bad Langensalza/Thür.
Lektor: Dipl. phil. *Gitta Koven*

Vorwort zur 6. Auflage

Bis zur 5. Auflage erschien dieses Nachschlagewerk unter dem Titel „Polytechnisches Wörterbuch", Russisch-Deutsch. Die letzte überarbeitete Auflage kam 1983 auf den Markt. Seit dieser Zeit haben sich Technik und Wissenschaft weiterentwickelt, was auch in der Terminologie ihren Niederschlag gefunden hat. Es wurde daher und in Anbetracht des spürbaren Mangels an russisch-deutschen fachsprachlich orientierten Wörterbüchern notwendig, eine neue Auflage in Angriff zu nehmen.

Das Ziel dieses Vorhabens bestand darin,
- das Wortgut der Vorauflagen einer kritischen Durchsicht zu unterziehen und besonders die zielsprachigen Begriffe zu aktualisieren;
- Fehler und Ungenauigkeiten zu beseitigen;
- veraltete und entbehrliche Stellen zu eliminieren;
- neue Wortstellen aus Fachgebieten, die einer besonders rasanten Entwicklung unterliegen, zu ergänzen;
- die Begleitinformationen im Interesse der Nutzer zu erweitern und zu konkretisieren und
- für deutsche chemische Benennungen weitgehend die IUPAC-Regeln anzuwenden.

Der Grad der durch diese Arbeiten eingetretenen Veränderungen ist beträchtlich. Allein der Umfang der Wortstellen ist auf 140 000 angewachsen; die Neueinträge erreichen fast 40%. Dies bedingte allerdings das Anlegen strenger Maßstäbe bei Kürzungen, damit eine gute Handhabbarkeit bei der Arbeit mit diesem Buch gewährleistet werden kann. Die Kürzungen erstreckten sich insbesondere auf sehr spezielle Wortstellen, auf solche, die in der Quellsprache Umschreibungen darstellen, auf ganze Fachgebiete (z. B. Militärwesen, Röhrentechnik), auf veraltete Teildisziplinen (wie z. B. alte Satz- und Drucktechniken, Anfänge der Rechentechnik und Datenverarbeitung), auf Termini der organischen und anorganischen Chemie (Nomenklaturen), sowie auf leicht erschließbare Wortstellen. Die Neueinträge sind vor allem solchen Fachgebieten zuzuordnen, die sich in den letzten Jahren besonders stark entwickelt haben (Informatik, Telekommunikation, Raumfahrt, spezielle Gebiete der Elektronik, Lichtwellenleitertechnik, Kryotechnik) oder die in Vorauflagen nicht ausreichend bzw. überhaupt nicht vertreten waren (z. B. Ökologie).

Erweitert wurden die Hinweise zum Anwendungsbereich der zielsprachigen Äquivalente durch Fachgebietshinweise. Das schließt jedoch die Verwendung des Terminus auch in anderen Gebieten nicht aus. Struktur und Aufbau der Vorauflagen hatten sich bewährt. Sie blieben deshalb unverändert. Die umlaufende Darstellung der Wortstellen innerhalb eines Nestes ist der Textkomprimierung geschuldet.

Autoren und Herausgeber waren bemüht, ein modernes Fachwörterbuch für die russisch-deutsche Sprachrichtung vorzulegen, das zur Überwindung der Sprachbarriere und somit zur Erleichterung der wissenschaftlich-technischen und wirtschaftlichen Beziehungen zwischen Rußland und Deutschland beitragen kann.

Der Herausgeber dankt allen, die an der Entwicklung und Herausgabe dieser Auflage beteiligt waren, dem Verlag und seiner Lektorin, Frau Gitta Koven, für die Förderung und Betreuung des Vorhabens und nicht zuletzt meiner Frau für die fachliche Beratung und Unterstützung und die aufgebrachte verständnisvolle Geduld.

Herausgeber und Verlag sind daran interessiert, Hinweise und Anregungen zur weiteren Verbesserung des vorliegenden Fachwörterbuches zu erhalten und bitten, diese an den Verlag Hatier, Detmolder Str. 4, 10715 Berlin, zu richten.

Horst Görner

Предисловие к 6-му изданию

Пять предыдущих изданий настоящего словаря вышло в свет под названием «Русско-немецкий политехнический словарь». Последнее, переработанное издание появилось на книжном рынке в 1983 г. С того времени наука и техника сделали огромный шаг вперед, что, естественно, нашло свое отражение и в терминологии. В связи с этим, а также в сознании явного дефицита в русско-немецких специальных словарях, было решено приступить к подготовке нового издания.
При этом преследовались следующие основные цели:
– критически пересмотреть словник предыдущих изданий с упором на актуализацию терминологии целевого языка;
– устранить вкравшиеся ошибки и неточности;
– исключить устаревшие и лишние термины;
– пополнить словарь новыми терминами из областей, переживающих наиболее стремительное развитие;
– в помощь читателю расширить и конкретизировать сопроводительную информацию;
– в немецкой химической терминологии по возможности использовать правила правописания ИЮПАК.

В результате проделанной работы словарь претерпел весьма существенные изменения. Один только словник увеличился до 140 тыс. терминов; доля новых терминов составляет около 40%. Это потребовало более частого использования сокращений, в основу которых, однако, положены строгие критерии в интересах обеспечения максимального удобства пользования словарем. Сокращения касаются, прежде всего, весьма специальных терминов, понятий, использующихся в исходном языке в описательной форме, целых областей знаний (например, военное дело, ламповая техника), устаревших разделов техники (например, устаревшей наборной и печатной техники, первых шагов вычислительной техники и обработки данных), терминов из органической и неорганической химии (номенклатур), легкопонятных терминов. Новые термины охватывают главным образом разделы науки и техники, характеризующиеся в последние годы наиболее бурным развитием: информатику, космическую технику, специальные разделы электроники, светопроводную технику, криогенную технику. Особое внимание уделено также отраслям знаний, недостаточно представленным или полностью отсутствующим в предыдущих изданиях, например, экологической тематике.
Даются более подробные примечания в отношении сфер применения немецких эквивалентов, что не исключает, однако, возможности использования термина и в других областях. Систематика и структура предыдущих изданий словаря получили всеобщее признание, поэтому решено было оставить их без изменения. В интересах экономии места термины в пределах терминологического гнезда приводятся в форме сплошного текста.
Авторы и главный редактор стремились предложить читателю современный специальный русско-немецкий словарь, призванный послужить полезным подспорьем в деле преодоления языкового барьера, а значит и облегчения научно-технических и экономических контактов и связей между Россией и Германией.
Я благодарю всех, кто участвовал в подготовке и издании настоящего издания словаря: издательство, редактора г-жу Гитту Ковен за помощь в осуществлении проекта и, не в последнюю очередь, мою жену за профессиональный совет, оказанную помощь и проявленное понимание и терпение.
Главный редактор и издательство будут признательны за отзывы и критические замечания в интересах дальнейшего улучшения словаря и просят направлять их по адресу издательства:
Verlag Hatier, Detmolder Str. 4, D-10715 Berlin.

Хорст Гёрнер

Benutzungshinweise • О пользании словарём

1. Beispiele für die alphabetische Ordnung • Примеры для алфавитного порядка

блок
~алгоритма
~/холостой
блок-аппарат
~/главный
блок-замычка
блокинг-генератор
блокирование
блокировка
~записи
блок-клавиша
блок-схема
~модулей
блок-ящик
БМГ
БМУ

связь • с ёмкостной связью • с отрицательной обратной связью
~/абонентская
~ по постоянному напряжению
~ побочной валентности
~/электрическая
jj-связь
LS-связь
RC-связь
сдвиг • с фазовым сдвигом
~ влево
сдвигатель
сдвигать
СДМ
СДПП
сдувание

2. Zeichen • Знаки

/   кабель/световодный = световодный кабель
( )   устройство/электротепловое (электротермическое) = электротепловое устройство *или* электротермическое устройство
     monomolekulare Schicht (Adsorptionsschicht) = monomolekulare Schicht *oder* monomolekulare Adsorptionsschicht
[ ]   мост/неуравновешенный [измерительный] = неуравновешенный мост *или* неуравновешенный измерительный мост
     Reck[schmiede]hammer = Reckhammer *oder* Reckschmiedehammer
( )   Kursive Klammern enthalten Erklärungen.
     Эти скобки содержат объяснения.

Bei den Verben wird vom vollendeten auf den unvollendeten Aspekt verwiesen.
При глаголах даются ссылки с совершенного вида на несовершенный.

Grammatische Angaben • Грамматические помёты

f   Femininum / женский род
i.e.S.   im engeren Sinne / в узком смысле
i.w.S.   im weiteren Sinne / в более широком смысле
m   Maskulinum / мужской род
n   Neutrum / средний род
pl   Plural / множественное число
s.   siehe / смотри
s.a.   siehe auch / смотри также
z. B.   zum Beispiel / например

Fachgebietshinweise • Отраслевые помёты

Aero	Aerodynamik / аэродинамика	
Ak	Akustik / акустика	
Astr	Astronomie / астрономия	
Bgb	Bergbau / горное дело	
Brau	Brauereiwesen / пивоварение	
Bw	Bauwesen, Baumaschinen, Architektur / строительство, строительное машиностроение, архитектура	
Ch	Chemie und chemische Technologie / химия и химическая техника	
Eb	Eisenbahnwesen / железнодорожный транспорт	
El	Elektrotechnik / электротехника	
Eln	Elektronik / электроника	
En	Energietechnik / энергетика	
Erdöl	Petrolchemische Industrie / нефтехимическая промышленность	
Fert	Fertigungstechnik / технология	
Fest	Festigkeitslehre / сопротивление материалов	
Flg	Flugwesen, Flugtechnik / авиация	
Förd	Fördertechnik / подъёмно-транспортная техника	
Forst	Forstwirtschaft / лесоводство	
Geod	Geodäsie / геодезия	
Geol	Geologie / геология	
Geoph	Geophysik / геофизика	
Gieß	Gießereiwesen / литейное производство	
Glas	Glasindustrie / стекольная промышленность	
Gum	Gummiindustrie / резиновая промышленность	
Härt	Härtereitechnik, Wärmebehandlung / технология термообработки	
Holz	Holzverarbeitung / деревообработка	
Hydr	Hydraulik, Pneumatik / гидравлика, пневматика	
Hydrod	Hydrodynamik / гидродинамика	
Hydrol	Hydrologie / гидрология	
Hydrom	Hydromechanik / гидромеханика	
Hydt	Hydrotechnik / гидротехника	
Inf	Informatik (Datenerfassung, Datenverarbeitung, Programmierung, Rechentechnik) / информатика (набор и обработка данных, программирование, вычислительная техника)	
Kält	Kältetechnik / холодильная техника	
Kart	Kartographie, Topographie / картография, топография	
Ker	Keramik, keramische Industrie / керамика, керамическая промышленность	
Kern	Kernphysik, Kerntechnik / ядерная физика, ядерная техника	
Kfz	Kraftfahrzeugtechnik und Kraftfahrzeugverkehr / автомобилестроение и транспорт	
Kine	Kinetechnik / кинотехника	
Krist	Kristallographie / кристаллография	
Kst	Kunststoffe / пластмассы	
Kyb	Kybernetik / кибернетика	
Lebm	Lebensmittelindustrie / пищевая промышленность	
Led	Leder-, Schuh- und pelzverarbeitende Industrie / кожевенно-обувная и меховая промышленность	

Licht	Lichttechnik / светотехника
Lw	Landwirtschaft, Gartenbau / сельское хозяйство, садоводство
Masch	Maschinenbau / машиностроение
Math	Mathematik / математика
Mech	Mechanik / механика
Med	Medizintechnik / медицинская техника
Meß	Meßtechnik, Meßinstrumente / измерительная техника, измерительные приборы
Met	Metallurgie, Metallkunde, Metallographie / металлургия, металловедение, металлография
Meteo	Meteorologie / метеорология
Mil	Militärtechnik / военная техника
Min	Mineralogie / минералогия
Nrt	Telekommunikation / связь
Ökol	Ökologie / экология
Opt	Optik, optischer Gerätebau / оптика, оптическое приборостроение
Pap	Papier- und Zellstoffindustrie / технология целлюлозы и бумаги
Ph	Physik / физика
Photo	Photographie, Phototechnik, Photochemie / фотография, фототехника, фотохимия
Rad	Radartechnik / радиолокационная техника
Rak	Raketentechnik / ракетная техника
Raumf	Raumfahrt / космонавтика
Reg	Regelungstechnik / автоматическое управление и регулирование
Rf	Rundfunktechnik / радиотехника
Schiff	Schiffbau, Schiffahrt, Fischereiwesen / судостроение, судоходство, рыболовство
Schm	Schmiedetechnik / кузнечно-штамповочное производство
Schw	Schweiß-, Löt- und Metallklebetechnik / сварка, пайка и технология склеивания металлов
Text	Textilindustrie / текстильная промышленность
Therm	Thermodynamik / термодинамика
Trib	Tribologie / трибология
TV	Fernsehtechnik / телевизионная техника
Typ	Graphische Technik / полиграфическое производство
Umf	Umformtechnik / технология обработки давлением
Wkst	Werkstoffkunde, Werkstoffprüfung / материаловедение, испытание материалов
Wkz	Werkzeuge / инструменты
Wkzm	Werkzeugmaschinen / металлообрабатывающее оборудование
Wlz	Walzwerktechnik / прокатное производство
Wmt	Wärmetechnik / теплотехника

RUSSISCHES ALPHABET

А а	И и	Р р	Ш ш
Б б	Й й	С с	Щ щ
В в	К к	Т т	Ъ ъ
Г г	Л л	У у	Ы ы
Д д	М м	Ф ф	Ь ь
Е е, Ё ё	Н н	Х х	Э э
Ж ж	О о	Ц ц	Ю ю
З з	П п	Ч ч	Я я

А

а s. ампер
аа-лава f *(Geol)* Aa-Lava f, Brockenlava f, Spratzlava f
ААС s. спектроскопия/атомно-абсорбционная
абажур m Leuchtenschirm m
абака f *(Text)* Abaka[faser] f, Manila m
абграт-штамп m *(Fert)* Entgrateschnittwerkzeug n, Abgratschnittwerkzeug n; Abgratgesenk n
АБД s. банк данных/автоматизированный
абернатиит m *(Min)* Abernathyit m *(Uranglimmer)*
аберрация f 1. *(Opt)* Aberration f, Abbildungsfehler m; 2. *(Astr)* Aberration f, Abweichung f ‖ ~/**вековая** *(Astr)* säkulare Aberration f ‖ ~/**волновая** *(Opt)* Wellenaberration f ‖ ~/**геометрическая** *(Opt)* geometrische (monochromatische) Aberration f, monochromatischer Abbildungsfehler m ‖ ~/**годичная** *(Astr)* [jährliche] Aberration f ‖ ~/**дифракционная** *(Opt)* diffraktive Aberration f ‖ ~ **линзы** *(Opt)* Linsenfehler m, Linsenaberration f ‖ ~/**лучевая** *(Opt)* Strahlaberration f ‖ ~/**монохроматическая** s. ~/геометрическая ‖ ~/**остаточная** *(Opt)* Restaberration f ‖ ~/**планетная** *(Astr)* Planetenaberration f ‖ ~/**поперечная** *(Opt)* [sphärische] Queraberration f, Seitenabweichung f ‖ ~/**поперечная сферическая** sphärische Queraberration f ‖ ~/**поперечная хроматическая** chromatische Queraberration f ‖ ~/**приосевая** *(Opt)* axiale Aberration f ‖ ~/**продольная** *(Opt)* [sphärische] Längsaberration f ‖ ~/**продольная сферическая** sphärische Längsaberration f ‖ ~/**продольная хроматическая** chromatische Längsaberration f ‖ ~ **света** *(Astr)* Aberration f [des Lichtes] ‖ ~/**суточная** *(Astr)* tägliche Aberration f ‖ ~/**сферическая** *(Opt)* sphärische Aberration f, Öffnungsfehler m ‖ ~/**угловая** *(Opt)* Winkelaberration f, Winkelabweichung f ‖ ~ **фокусирующей системы** *(Opt)* Fokussierungsfehler m ‖ ~/**хроматическая** *(Opt)* chromatische Aberration f, Chromatismus m, Farbfehler m, Farbabweichung f, chromatischer Abbildungsfehler m ‖ ~/**электронно-оптическая** elektronenoptische Aberration f
абзетцер m *(Bgb)* Absetzer m *(s. a. unter* отвалообразователь*)* ‖ ~/**поворотный** Schwenkabsetzer m ‖ ~/**черпаковый** Eimerkettenabsetzer m
абиссальный *(Geol)* abyssisch, Tiefsee...
абляция f *(Geol)* 1. Ablation f, Abschmelzung f; 2. Abtragung f von Lockergestein ‖ ~ **испарением** Verdunstungsablation f ‖ ~ **ледниковая** Gletscherzehrung f, Gletscherablation f
абонент m 1. Abonnent m *(einer Zeitung, Zeitschrift)*; 2. *(Nrt)* Teilnehmer m; 3. *(En)* Abnehmer m ‖ ~/**вызываемый** [an]gerufener (verlangter) Teilnehmer m, B-Teilnehmer m ‖ ~/**вызывающий** [an]rufender Teilnehmer m, A-Teilnehmer m ‖ ~/**дальний** entfernter Teilnehmer m ‖ ~/**квартирный** Privatteilnehmer m, privater Teilnehmer m ‖ ~/**местный** Ortsteilnehmer m ‖ ~/**подвижный** mobiler Funkteilnehmer m, Mobilteilnehmer m ‖ ~ **телеграфной (телетайпной) связи** Fernschreibteilnehmer m ‖ ~/**телефонный** Fernsprechteilnehmer m ‖ ~/**циркулярно включённый** Konferenzteilnehmer m ‖ ~ **электросети** Elektroenergieabnehmer m
абонентский 1. Abonnements...; 2. *(Nrt)* Teilnehmer...; 3. *(En)* Abnehmer...
АБР s. ракета/аэробаллистическая
абразив m *(Wkz)* Abrasivmittel n ‖ ~/**алмазный** Abrasivmittel n auf Diamantbasis, Diamantabrasivmittel n ‖ ~/**взвешенный** aufgeschlämmtes (suspendiertes) Abrasivmittel n ‖ ~/**искусственный** synthetisches Abrasivmittel n ‖ ~/**мягкий** weiches Abrasivmittel n ‖ ~/**природный** natürliches Abrasivmittel n ‖ ~/**свободный** loses (ungebundenes) Abrasivmittel n ‖ ~/**связанный** gebundenes Abrasivmittel n ‖ ~/**твёрдый** hartes Abrasivmittel n
абразивность f *(Fert)* Schmirgelwirkung f, Schleifwirkung f; Schleifhärte f
абразивный Abrasiv..., abrasiv *(Werkstoffe, Werkzeuge)*; abschleifend, Schleif...
абразивосодержащий *(Wkz)* abrasivmittelhaltig
абразивостойкий *(Wkst)* abriebfest, verschleißfest
абразия f *(Geol)* Abrasion f
абрис m 1. Umriß m, Umrißlinie f, Kontur f; 2. *(Geod)* Handriß m, Kroki m, Skizze f
АБС s. система/антиблокировочная
абсиды f s. апсиды
абсолют m *(Math)* Fundamentalfläche f
абсолютирование n Absolutierung f, Entwässerung f *(von Alkohol)*
абсолютный 1. absolut, Absolut...; 2. *(Ch)* absolut, rein; entwässert, wasserfrei
абсорбат m *(Ch)* Absorptiv n, Absorbat n, absorbierter (aufgenommener) Stoff m
абсорбент m *(Ch)* Absorbens n, Absorptionsmittel n, absorbierender (aufnehmender) Stoff m
абсорбер m *(Ch)* Absorber m, Absorptionsapparat m ‖ ~/**барботажный** Blasensäulenabsorber m ‖ ~/**насадочный** Füllkörperabsorber m ‖ ~/**плёночный** Rieselabsorber m, Dünnschichtabsorber m ‖ ~/**поверхностный** Oberflächenabsorber m ‖ ~/**распыливающий** Sprühabsorber m ‖ ~/**трубчатый плёночный** Fallstromabsorber m ‖ ~/**центробежный** Rotationsabsorber m
абсорбировать 1. einsaugen, aufsaugen; 2. *(Ch, Ph)* absorbieren, aufnehmen *(Gase)*; absorbieren, schlucken *(Strahlen)*
абсорбциометр m Absorptiometer n
абсорбциометрия f *(Ph)* Absorptiometrie f, Absorptionsmessung f
абсорбция f 1. Aufsaugung f; 2. *(Ch, Ph)* Absorption f, Absorbierung f, Aufnahme f *(von Gasen)*; Absorption f, Schluckung f *(von Strahlen)* *(s. a. unter* поглощение 1.*)* ‖ ~ **жидкостями** Solventabsorption f ‖ ~/**избирательная** selektive Absorption f ‖ ~ **импульса/первичная** *(El)* primäre Energiedeponierung f *(Laser)* ‖ ~/**неизбирательная** nichtselektive Absorption f ‖ ~/**низкотемпературная** Niedertemperaturabsorption f ‖ ~ **света** s. поглощение света ‖ ~ **твёрдыми телами** Feststoffabsorption f
абсцисса f *(Math)* Abszisse f ‖ ~ **сходимости** Konvergenzabszisse f ‖ ~ **центра тяжести** *(Schiff)* Schwerpunkt m der Länge nach
абштрих m Abstrich m *(NE-Metallurgie)*

аванкамера

аванкамера f (Hydt) 1. Einlaufbecken n, Einlaufkammer f, Vorbecken n, Vorhof m, Vorkammer f; 2. Vorhafen m, Schleusenvorhafen m, Vorbecken n, Schleusenvorbecken n (Zweikammerschleuse)
аванпорт m (Schiff) Vorhafen m
авансцена f Vorbühne f
авантюрин m (Min) Avanturin m, Aventurin m (Quarzabart)
аварийно-спасательный Rettungs- und Bergungs..., Rettungs..., Bergungs...
аварийность f 1. Havarieanfälligkeit f, Störanfälligkeit f; 2. Unfallgeschehen n ‖ **~/лётная** Flugunfallgeschehen n
аварийный 1. Havarie...; havariebedingt; Stör[ungs]...; 2. Not...; Notstrom...
авария f Havarie f; Störung f; Panne f; Ausfall m; (Kern) Störfall m ‖ **~ в сети** (El) Netzhavarie f ‖ **~ в энергосистеме** Energiesystemhavarie f ‖ **~/железнодорожная** (Eb) Bahnbetriebshavarie f ‖ **~/максимально опасная возможнaя** (Kern) größter anzunehmender Unfall m, GAU m ‖ **~/радиационная** (Kern) Störfall m ‖ **~/максимально опасная возможнaя** (Kern) größter anzunehmender Unfall m, GAU m ‖ **~/радиационная** (Kern) Störfall m
аваруит m (Min) Awaruit m (gediegenes Eisen mit Nickel)
авгит m (Min) Augit m
авиагоризонт m (Flg) künstlicher Horizont m
авиадвигатель m Flug[zeug]triebwerk n; Flug[zeug]motor m ‖ **~/высотный** Höhentriebwerk n ‖ **~/форсированный** Flug[zeug]triebwerk n mit Nachbrenner (Schubverstärkung)
авиалиния f 1. Flug[verkehrs]linie f; 2. Lufttrasse f; 3. Luftverkehrsgesellschaft f
авиамасло n Flug[zeug]motorenöl n
авиамаяк m Flugfeuer n (s. a. unter маяк)
авиамедицина f Luftfahrtmedizin f
авиаметеослужба f Flugwetterdienst m
авиаметеостанция f Flugwetterwarte f
авиамеханика f Flug[zeug]mechanik f
авиамоделизм m Flug[zeug]modellbau m
авиамоторостроение n Flug[zeug]motorenbau m; Triebwerksbau m
авианосец m Flugzeugträger m
авианосец-носитель m **вертолётов** Hubschrauberträger m
авианосный trägergestützt
авиаобработка f (Lw) aviochemische Behandlung f (Ausbringen von Agrochemikalien mittels Flugzeug)
авиаопрыскиватель m s. аэроопрыскиватель
авиаопыливание n (Lw) Stäuben n vom Flugzeug aus
авиаопыливатель m s. аэрораспылитель
авиаплёнка f (Photo) Luftbildfilm m
авиапочта f Luftpost f
авиапромышленность f s. промышленность/авиационная
авиарадиомаяк m (Flg) Flugfunkfeuer n, Funkfeuer n, Funkbake f
авиасообщение n Luftverkehr m, Flugverkehr m
авиасъёмка f s. аэрофотосъёмка
авиатранспорт m 1. Lufttransport m; 2. Lufttransportmittel npl

авиахимборьба f (Lw) aviochemische Schädlings- und Unkrautbekämpfung f
авиа[ционно-]химический aviochemisch
авиация f Flugwesen n, Luftfahrt f ‖ **~/гражданская** Zivilluftfahrt f, zivile Luftfahrt f
авиваж m (Text) 1. Avivage f, Avivieren n; 2. Schmälzmittel n (Wollverarbeitung)
авиетка f Kleinflugzeug n
авионика f (Flg) Avionik f (Bordelektronik)
АВМ s. машина/аналоговая вычислительная
АВО s. аппарат воздушного охлаждения
авометр m (El) Strom-Spannungs-Widerstandsmesser m, Ampere-Volt-Ohmmeter n, Avometer n
авост m Havariestillsetzung f, Havariestopp m, Havarieabstellung f
аврал m (Schiff) Alle-Mann-Manöver n
автоаларм m (Schiff) Autoalarmempfänger m, automatischer Alarmzeichenempfänger m
автоанализатор m (Med) Analysenautomat m ‖ **~/гематологический** hämatologischer Analysenautomat m
автоаптечка f Flickzeug n
автоассемблер m (Inf) Resident-Assembler m
автобаза f Kraftfahrzeugpark m
автобалансный selbstabgleichend, automatisch abgleichend, mit Selbstabgleich
автобензоцистерна f Tankfahrzeug n
автобетономешалка f (Bw) Transportbetonmischer m, Fahrmischer m
автобетононасос m (Bw) Autobetonpumpe f, Auslegerbetonpumpe f
автобетоносмеситель m (Bw) Transportbetonmischer m
автоблокировка f 1. (Masch) Sicherheitsverriegelung f, Sicherheitssperre f; 2. (Eb) selbsttätiger (automatischer) Streckenblock m (s. a. unter автостоп) ‖ **~/непрерывная** linienförmige Zugbeeinflussung f, Linienzugbeeinflussung f ‖ **~/точечная** punktförmige Zugbeeinflussung f ‖ **~/централизованная** Zentralblock m, zentralisierter Streckenblock m
автобус m Bus m, Autobus m, Omnibus m, Reisebus m ‖ **~/двухэтажный** Doppelstock[auto]bus m ‖ **~/маршрутный** Linienbus m ‖ **~/междугородный** Fernverkehrs[auto]bus m ‖ **~/сочленённый** Gelenkomnibus m
автоведение n **поездов** (Eb) automatische Zugsteuerung f
автовоз m s. автолесовоз
автовозбуждение n (Ph) Selbsterregung f, Eigenerregung f
автовокзал m Busbahnhof m
автовыключение n automatische (selbsttätige) Ausschaltung f
автогезия f (Ph) 1. Autohäsion f; 2. s. когезия
автогенератор m (El) selbsterregter Generator (Oszillator) m ‖ **~/двухтактный** selbsterregter Gegentaktgenerator m ‖ **~/диапазонный** durchstimmbarer selbsterregter Generator m ‖ **~/импульсный** selbsterregter Impulsgenerator m ‖ **~/кварцевый** selbsterregter Quarzgenerator m ‖ **~/однотактный** selbsterregter Eintaktgenerator m ‖ **~/релаксационный** selbsterregter Relaxationsgenerator m
автогенерация f (El) Selbsterzeugung f

автогенный *(Schw)* 1. autogen, Autogen..., Gas...; 2. Brenn... *(Schneiden mit Schneidbrenner)*
автогидроочистка *f (Erdöl)* Autofining *n*
автогрейдер *m (Bw)* Motorstraßenhobel *m*, Motorgrader *m*
автогудронатор *m (Bw)* motorisierte Bitumenhochdrucksprengmaschine *f (Straßenbau)*
автодвигатель *m* Kraftfahrzeugmotor *m*, Kfz-Motor *m*
автодекомпрессор *m (Med)* Dekompressionsgerät *n*
автодин *m* 1. *(Rf)* Autodyn[empfänger] *m*; 2. *(El)* Autodyne *f (Umformer)*
автодозатор *m* automatische Dosiervorrichtung *f*
автодорога *f* Verkehrsstraße *f*
автодром *m* Autodrom *n*, Kfz-Fahrschulgelände *n*; [werkseigene] Versuchsstrecke *f* [für Kfz]
автозавод *m* Automobilwerk *n*
автокамера *f* Kfz-Schlauch *m (Bereifung)*
автокар *m (durch Verbrennungsmotor angetriebener)* Motorkarren *m*
автокатализ *m (Ch)* Autokatalyse *f*
автоклав *m* 1. Autoklav *m*; 2. Druckbehälter *m*, Druckkessel *m*, Druckgefäß *n*; 3. *(Gum)* Autoklaven[heiz]presse *f*; 4. *(Ch)* Härtungsautoklav *m (Fetthärtung)*; 5. *(Bw)* Härtekessel *m*, Autoklav *m*, Härtungsautoklav *m (Beton)* ll **~/вращающийся** Rollautoklav *m* ll **~ высокого давления** Hochdruckautoklav *m* ll **~ с мешалкой** Rührautoklav *m*
автоклавизация *f*, **автоклавирование** *n* Autoklavbehandlung *f*
автоклавировать im Autoklaven behandeln (kochen)
автоклав-пресс *m (Gum)* Autoklaven[heiz]presse *f*
автокоагуляция *f (Ph)* Autokoagulation *f*, Selbstausflockung *f*
автокод *m (Inf)* Autokode *m*
автоколебание *n* selbsterregte (eigenerregte) Schwingung *f*, Eigenschwingung *f*
автоколебательный Eigenschwingungs...
автоколлиматор *m (Opt)* Autokollimator *m*, Autokollimationsfernrohr *n*
автоколлимация *f (Opt)* Autokollimation *f*
автокомбинат *m* Kraftverkehrsbetrieb *m*
автокомпенсатор *m (El)* automatischer (selbstabgleichender) Kompensator *m*
автокомпенсация *f* automatische Kompensation *f*, Selbstkompensation *f*, Selbstabgleich *m*
автоконденсация *f (Ph)* intermolekulare (extramolekulare) Kondensation *f*, Selbstkondensation *f*
автоконтейнеровоз *m* Containertransportwagen *m* ll **~/портальный** Portalcontainertransportwagen *m*
автокорд *m* Kord *m*, Kordgewebe *n (für Kfz-Reifen)*
автокорреляция *f (Math, Kyb)* Autokorrelation *f*, Autoregression *f*, Eigenkorrelation *f*
автолаборатория *f* fahrbares Labor *n*
автокран *m* Auto[dreh]kran *m*
автолегирование *n (Eln)* Autodoping *n*, Selbstdotierung *f*, Eigendotierung *f (Halbleiter)*
автолесовоз *m* Lastkraftfahrzeug (Güterkraftfahrzeug) *n* für den Transport von Langholz

автолиз *m (Ch)* Autolyse *f*, Selbstauflösung *f*
автолизат *m (Ch)* Autolysat *n*
автолизатор *m* Autolysator *m*
автолист *m* Karosserieblech *n*, Stahlblech *n* für die Automobilindustrie
автолит *m (Geol)* Autolith *m*
автолитический *(Ch)* autolytisch
автолитография *f (Typ)* Autolithographie *f*
автолюминесценция *f (Ph)* Autolumineszenz *f*
автомагистраль *f* Fernverkehrsstraße *f*
автомодуляция *f (Ph)* Selbstmodulation *f*
автооператор *m* Bedienungsautomat *m*
автомат *m* 1. Automat *m*, Vollautomat *m (s. a. unter* полуавтомат *und* станок*)*; 2. Maschinenpistole *f*, Mpi ll **~/абстрактный** *(Kyb)* abstrakter Automat *m* ll **~/агрегатный** *(Wkzm)* Automat *m* in Baukastenbauweise ll **~/алмазно-отрезной** *(Wkzm)* Trennschleifautomat *m* ll **~/асинхронный** asynchroner Automat *m* ll **~/балансировочный** *(Masch)* Auswuchtautomat *m*, automatisch gesteuerte Auswuchtmaschine *f* ll **~/барабанный** *(Wkzm)* Trommelautomat *m* ll **~/безопочной формовки** *(Gieß)* Formautomat *m* für kastenloses Formen ll **~/бесконечный** *(Kyb)* unendlicher Automat *m* ll **~/бескулачковый** *(Wkzm)* kurvenloser Automat *m* ll **~/бесцентрово-внутришлифовальный** *(Wkzm)* spitzenloser Innenrundschleifautomat *m* ll **~/бесцентрово-круглошлифовальный** *(Wkzm)* spitzenloser Außenrundschleifautomat *m* ll **~/бесцентрово-шлифовальный** *(Wkzm)* spitzenloser Schleifautomat *m* ll **~/бесчелночный лентоткацкий** *(Text)* Nadelbandwebautomat *m* ll **~/билетный** *(Eb)* Fahrkartenautomat *m* ll **~/блочный варочный** *(Brau)* Blocksudwerk *n* ll **~/болтоковочный** *(Umf)* Bolzenstauchautomat *m*, Schraubenstauchautomat *m* ll **~/болторезный** *(Wkzm)* Schraubendrehautomat *m* ll **~/бочкомоечный** *(Brau)* Faßwaschmaschine *f*, Faßreinigungsmaschine *f* ll **~/бракеражный** *(Brau)* Durchleuchtestation *f (für Flaschen)* ll **~/брошировочный** *(Typ)* Heftautomat *m* ll **~/бункерный** *(Wkzm)* Automat *m* mit Bunkerbeschickungsvorrichtung ll **~/бутылкомоечный** *(Brau)* automatische Flaschenwaschmaschine (Flaschenreinigungsmaschine) *f* ll **~/бутылочный** *(Glas)* Flaschenblasautomat *m* ll **~/быстродействующий** *(El)* Schnellselbstschalter *m* ll **~/вакуумно-выдувной** *(Glas)* Saug-Blas-Automat *m* ll **~/вероятностный** *(Kyb)* stochastischer Automat *m*, Zufallsgenerator *m* ll **~/вертикально-сверлильный** *(Wkzm)* Senkrechtbohrautomat *m* ll **~/вертикальный** *(Wkzm)* Senkrechtautomat *m (Automat mit senkrechter Arbeitsweise)* ll **~/вертикальный многошпиндельный прутковый** *(Wkzm)* senkrecht arbeitender Mehrspindelstangenautomat *m* ll **~/вертикальный токарный** *(Wkzm)* Senkrechtdrehautomat *m* ll **~/виброударовой** Vibroauftragsschweißautomat *m* ll **~/винторезной** *(Wkzm)* Schraubengewindebearbeitungsautomat *m*, Schraubengewindeschneidautomat *m* ll **~/внутришлифовальный** *(Wkzm)* Innenrundschleifautomat *m* ll **~/восьмишпиндельный** *(Wkzm)* Achtspindelautomat *m* ll **~/выдувной** *(Glas)* Blasautomat *m* ll **~/вырубной** *(Wkzm)* Schneidautomat *m* ll

автомат 14

~/**высадочный** (Fert) Stauchautomat m ‖
~/**высокопроизводительный упаковочный** Hochleistungsverpackungsautomat m ‖ ~/**вычислительный** Rechenautomat m, Rechenmaschine f ‖ ~/**вышивальный** (Text) Stickautomat m ‖ ~/**вышивальный многоголовочный** Mehrkopfstickautomat m ‖ ~/**газорезательный** (Schw) Brennschneidautomat m ‖ ~/**гайковысадочный** (Wkzm) Mutternstauchautomat m ‖ ~/**гайконарезной** (Wkzm) Muttergewindeschneidautomat m ‖ ~/**гибочный** (Umf) Biegeautomat m ‖ ~/**гидрокопировальный** (Wkzm) hydraulischer Nachformautomat m ‖ ~/**гидрокопировальный токарный** hydraulischer Nachformdrehautomat m ‖ ~/**гидрокопировальный фрезерный** hydraulischer Nachformfräsautomat m ‖ ~/**глубокой печати** (Typ) Tiefdruckautomat m ‖ ~/**горизонтальный** (Wkzm) Waagerechtautomat m (Automat mit waagerechter Arbeitsweise) ‖ ~/**горизонтальный многошпиндельный прутковый** waagerecht arbeitender Mehrspindelstangenautomat m ‖ ~/**горизонтальный многошпиндельный токарный** Mehrspindel-Waagerechtdrehautomat m ‖ ~/**горизонтальный токарный** Waagerechtdrehautomat m ‖ ~/**горячевысадочный (горячештамповочный)** (Umf) Warmstauchautomat m ‖ ~/**двухпозиционный** (Wkzm) Zweistationenautomat m ‖ ~/**двухударный холодновысадочный** (Umf) Doppeldruck-Kaltstauchautomat m, automatische Doppeldruckkaltstauchpresse f ‖ ~/**детерминированный** (Kyb) determinierter Automat m ‖ ~/**дискретный** (Kyb) diskreter Automat m ‖ ~ **для выдавливания** (Umf) Fließpreßautomat m ‖ ~ **для чистовой вырубки** (Wkzm) Feinschneidautomat m ‖ ~/**доводочный** (Wkzm) 1. Abziehautomat m; 2. Läppautomat m ‖ ~/**дозировочный** Dosierautomat m ‖ ~/**дуговой (дугосварочный)** Lichtbogenschweißautomat m ‖ ~/**жёсткопрограммируемый** (Kyb) festprogrammierter Automat m ‖ ~/**завёрточный** Einwickelautomat m ‖ ~/**закалочный** (Härt) Härteautomat m ‖ ~/**заточный** (Wkzm) Scharfschleifautomat m ‖ ~/**защитный [электрический]** (El) Schutzschalter m ‖ ~/**зубодолбёжный** (Wkzm) Zahnradstoßautomat m ~/**зубообрабатывающий (зуборезный)** (Wkzm) Zahnradbearbeitungsautomat m ‖ ~/**зубофрезерный** (Wkzm) Zahnradfräsautomat m ‖ ~/**зубошлифовальный** Zahnradschleifautomat m ‖ ~/**карусельный** (Wkzm) Karussellautomat m (Automat in Karussellbauweise) ‖ ~/**конечный** (Kyb) endlicher Automat m ‖ ~/**контрольно-измерительный** Kontrollmeßautomat m ‖ ~/**координатно-револьверный** (Wkzm) Revolverschneidautomat m ‖ ~/**копировально-токарный** (Wkzm) Nachformdrehautomat m ‖ ~/**копировальный** (Wkzm) Nachformautomat m ‖ ~/**короткошовный** (Text) Kurznahtautomat m (Konfektion) ‖ ~/**круглоластичный** (Text) Rundränderautomat m ‖ ~/**круглочулочный** (Text) Rundstrick-Strumpfautomat m ‖ ~/**круглошлифовальный** (Wkzm) Außenrundschleifautomat m ‖ ~/**кузнечно-прессовый** Schmiedepressenautomat m ‖ ~/**кулачковый** (Wkzm) kurvengesteuerter Automat m ‖ ~ **лестничного освещения** Treppenlichtautomat m ‖ ~/**листогибочный** (Umf) Blechbiegeautomat m ‖ ~/**листоштамповочный** Umformautomat m ‖ ~/**листоштамповочный многопозиционный** Stufenumformautomat m ‖ ~/**литьевой вулканизационный** (Gum) Spritzgieß- und Vulkanisierautomat m ‖ ~/**магазинный** (Wkzm) Magazinautomat m ‖ ~/**максимального напряжения** (El) Überspannungs[selbst]schalter m ‖ ~/**максимально-нулевой** (El) Überstrom-Nullspannungs-Selbstschalter m ‖ ~/**максимальный** s. ~ максимального напряжения ‖ ~/**металлообрабатывающий** (Wkzm) Metallbearbeitungsautomat m ‖ ~/**металлорежущий** (Wkzm) Spanungsautomat m, spanender Metallbearbeitungsautomat m ‖ ~ **минимального напряжения** (El) Unterspannungs[selbst]schalter m, Spannungsrückgangsschalter m ‖ ~/**минимальный** s. ~ минимального напряжения ‖ ~/**многокулачковый** (Wkzm) Mehrkurvenautomat m ‖ ~/**многопозиционный** (Wkzm) Mehrstationenautomat m; Stufenumformautomat m ‖ ~/**многопозиционный формовочный** (Gieß) Mehrstationenformautomat m ‖ ~/**многорезцовый** (Wkzm) Mehrmeißelautomat m, Vielschnittdrehautomat m ‖ ~/**многорезцовый копировальный** Mehrmeißelnachformautomat m ‖ ~/**многорезцовый токарный** Mehrmeißeldrehautomat m ‖ ~ **многошпиндельный** (Wkzm) Mehrspindelautomat m ‖ ~/**многошпиндельный прутковый** Mehrspindelstangenautomat m ‖ ~/**многошпиндельный токарно-револьверный** Mehrspindelrevolverdrehautomat m ‖ ~/**многошпиндельный токарный** Mehrspindel[dreh]automat m ‖ ~/**многошпиндельный фасонно-отрезной** Mehrspindel-Form- und -Abstech-Drehautomat m ‖ ~/**моечный** Waschautomat m (z. B. für Rohwolle) ‖ ~/**монетный** Münzautomat m ‖ ~/**монетный телефонный** Münzfernsprecher m ‖ ~/**мотальный** (Text) Spulautomat m ‖ ~ **наддува кабины** (Flg) automatischer Kabinendruckregler m ‖ ~ **на нейронах** (Kyb) neuronaler Automat m ‖ ~/**ниткошвейный** (Typ) Fadenheftautomat m ‖ ~/**обучаемый (обучающийся)** (Kyb) lernender Automat m, Lernautomat m ‖ ~ **нулевого напряжения** (El) Nullspannungs[aus]schalter m ‖ ~/**нулевой** s. ~ нулевого напряжения ‖ ~/**обрезной** (Fert) Entgrateautomat m, Abgrateautomat m ‖ ~/**однопозиционный** (Wkzm) Einstationenautomat m ‖ ~/**одноцелевой** (Wkzm) Einzweckautomat m ‖ ~/**одноцилиндровый чулочный** (Text) Einzylinder-Rundstrickstrumpfautomat m ‖ ~/**одношпиндельный** (Wkzm) Einspindelautomat m ‖ ~/**одношпиндельный прутковый** Einspindelstangenautomat m ‖ ~/**одношпиндельный револьверный** Einspindelrevolver[dreh]automat m ‖ ~/**отколочный** (Glas) Absprengautomat m ‖ ~/**патронный** Futterautomat m ‖ ~/**патронный токарный** (Wkzm) Futterdrehautomat m ‖ ~/**пескодувный** (Gieß) Kernblasautomat m ‖ ~/**пескострельный** (Gieß) Kernschießautomat m ‖ ~/**петельный** (Text) Knopflochautomat m ‖ ~ **питания** Beschickungsautomat m ‖ ~/**плоскофанговый** (Text) Flachstrickautomat m ‖ ~/**плоскошлифовальный**

автоматизация

(Wkzm) Flachschleifautomat *m* ‖ ~/**полировальный** *(Wkzm)* Polierautomat *m* ‖ ~/**полный** *(Wkzm)* Vollautomat *m* ‖ ~/**портальный** *(Wkzm)* Automat *m* in Portalbauweise ‖ ~/**правильно-отрезной** *(Fert)* Richt- und Abschneidautomat *m* ‖ ~/**прессовыдувной** *(Glas)* automatische Preßblasmaschine *f* ‖ ~ **последовательного действия** *(Wkzm)* Reihenautomat *m*, Automat *m* in Reihenarbeitsweise ‖ ~/**прецизионный** *(Wkzm)* Präzisionsautomat *m* ‖ ~/**прецизионный токарный** Feindrehautomat *m* ‖ ~ **присоединения кристалла** *(Eln)* automatischer Chipbonder *m* ‖ ~ **проволочного контактирования** *(Eln)* Drahtbonder *m* ‖ ~/**программно-управляемый** programmgesteuerter Automat *m* ‖ ~ **продольного точения** *(Wkzm)* Langdrehautomat *m* ‖ ~/**протяжной** *(Wkzm)* Ziehräumautomat *m* ‖ ~/**пружинонавивочный** *(Fert)* Federnwindeautomat *m* ‖ ~/**прутковый** *(Wkzm)* Stangenautomat *m* ‖ ~/**прутковый токарный** Stangendrehautomat *m* ‖ ~/**прядильно-мотальный** *(Text)* Spinn-Spul-Automat *m* ‖ ~/**пуговичный** *(Text)* Knopfannähautomat *m* ‖ ~/**пусковой** *(El)* automatischer Anlaßschalter *m* ‖ ~/**пятишпиндельный** *(Wkzm)* Fünfspindelautomat *m* ‖ ~/**пятишпиндельный торцеобрабатывающий** fünfspindliger Endenbearbeitungsautomat *m* ‖ ~/**разливочный** Füller *m*, Flaschenfüllmaschine *f* ‖ ~/**разливочно-укупорочный** Abfüllautomat *m*, Abfüllmaschine *f* ‖ ~/**раскройный** *(Text)* Zuschneideautomat *m* ‖ ~/**распознающий** *(Kyb)* erkennender Automat *m* ‖ ~/**расточный** *(Wkzm)* Ausdrehautomat *m* ‖ ~/**расфасовочно-упаковочный** Abfüll- und Verpackungsautomat *m* ‖ ~/**револьверный** *(Wkzm)* Revolver[dreh]automat *m* ‖ ~/**резательный** *(Fert)* Schneid[e]automat *m* ‖ ~/**резьбодавильный** *(Umf)* Gewindedrückautomat *m* ‖ ~/**резьбозавёртывающий** *(Wkz)* automatischer Schrauber *m* ‖ ~/**резьбонакатный** *(Wkzm)* Gewindewalzautomat *m* ‖ ~/**резьбонарезной** *(Wkzm)* Gewindeschneidautomat *m* ‖ ~/**резьбофрезерный** *(Wkzm)* Gewindefräsautomat *m* ‖ ~/**резьбошлифовальный** *(Wkzm)* Gewindeschleifautomat *m* ‖ ~/**самоорганизующийся** *(Kyb)* [sich] selbstorganisierender Automat *m* ‖ ~/**самоприспосабливающийся** *(Kyb)* sich anpassender Automat *m* ‖ ~/**сборочный** *(Fert)* Montageautomat *m* ‖ ~/**сварочный** Schweißautomat *m* ‖ ~/**сверлильно-фрезерный** *(Wkzm)* Bohr- und Fräs-Automat *m* ‖ ~/**сверлильно-зенковальный** *(Wkzm)* Bohr- und Einsenkautomat *m* ‖ ~/**сверлильно-отрезной** *(Wkzm)* Bohr- und Abstechautomat *m* ‖ ~/**сверлильный** *(Wkzm)* Bohrautomat *m* ‖ ~/**синхронный** synchroner Automat *m* ‖ ~/**скрайбирования** *(Eln)* Ritzautomat *m*, Ritzmaschine *f* *(Halbleitertechnologie)* ‖ ~ **смены тазов** *(Text)* Kannenwechselautomat *m* ‖ ~ **смены утка** *(Text)* Schußwechselautomat *m* ‖ ~/**сортировочный** Sortierautomat *m* ‖ ~/**спичечный** Zündholzautomat *m* ‖ ~/**стиральный** Waschautomat *m* ‖ ~/**стохастический** *s.* ~/вероятностный ‖ ~/**таблетировочный** Tablettierautomat *m* ‖ ~/**ткацкий** *(Text)* Webautomat *m* ‖ ~/**ткацкий одночелночный** einschütziger Webautomat *m* ‖ ~/**токарно-копировальный** *(Wkzm)* Nachformdrehautomat *m* ‖ ~/**токарно-отрезной** Abstechdrehautomat *m* ‖ ~/**токарно-продольный** *(Wkzm)* Langdrehautomat *m* ‖ ~/**токарно-револьверный** *(Wkzm)* Revolverdrehautomat *m* ‖ ~/**токарный** *(Wkzm)* Drehautomat *m* ‖ ~/**токарный многошпиндельный** Mehrspindeldrehautomat *m* ‖ ~/**токарный одношпиндельный** Einspindeldrehautomat *m* ‖ ~/**токарный патронный** Futterdrehautomat *m* ‖ ~/**токарный прутковый** Drehautomat *m* ‖ ~/**торговый** Warenautomat *m*, Verkaufsautomat *m* ‖ ~/**торцефрезерный** *(Wkzm)* Stirnfräsautomat *m* ‖ ~/**торцешлифовальный** *(Wkzm)* Stirnschleifautomat *m* ‖ ~/**трубогибочный** *(Umf)* Rohrbiegeautomat *m* ‖ ~/**укупорочный** vollautomatische Verschlußmaschine *f* ‖ ~/**универсально-гибочный** *(Umf)* Universalbiegeautomat *m* (für die Draht- und Bandbearbeitung) ‖ ~/**универсальный токарный** *(Wkzm)* Universaldrehautomat *m* ‖ ~/**упаковочный** Verpackungsautomat *m* ‖ ~/**упаковочный карусельный** Rundpackmaschine *f*, Rundpackautomat *m* ‖ ~/**упаковочный рядовый** Reihenpackmaschine *f*, Reihenpackautomat *m* ‖ ~/**управления** *(Reg)* Steuerautomat *m* ‖ ~/**уточно-мотальный одноверетённый** *(Text)* Schußspul-Einzelspindelautomat *m*, Autocopser *m* ‖ ~/**уточно-мотальный групповой** *(Text)* Schußspul-Gruppenautomat *m* ‖ ~/**уточно-мотальный четырёхверетённый** *(Text)* Vierspindel-Schußspulautomat *m* ‖ ~/**фальцевальный** *(Typ)* Falzautomat *m* ‖ ~/**фасоночно-упаковочный** Abpackeinrichtung *f* ‖ ~/**фасонно-винторезный** *(Wkzm)* Formteil- und Schraubenautomat *m* ‖ ~/**фасонно-отрезной** *(Wkzm)* Abstech- und Formteildrehautomat *m* ‖ ~ **фасонно-продольного точения** *(Wkzm)* Formteil- und Langdrehautomat *m* ‖ ~/**фасонно-токарный** *(Wkzm)* Formdrehautomat *m* ‖ ~/**формовочно-завёрточный** *(Wkzm)* Form- und Einwickelautomat *m* ‖ ~/**формовочный** 1. *(Gieß)* Formautomat *m*, Gießformautomat *m*; 2. Formgebungsautomat *m* ‖ ~/**фрезерный** *(Wkzm)* Fräsautomat *m* ‖ ~/**центровой токарный** *(Wkzm)* Spitzendrehautomat *m* ‖ ~/**цифровой** *(Kyb)* digitaler Automat *m* ‖ ~/**холодновысадочный** (холодонасадочный, холодноштамповочный) *(Umf)* Kaltstauchautomat *m* ‖ ~/**четырёхшпиндельный** *(Wkzm)* Vierspindelautomat *m* ‖ ~/**четырёхшпиндельный токарный** Vierspindeldrehautomat *m* ‖ ~/**читающий** *(Inf)* Leseautomat *m*, Zeichenleser *m* ‖ ~/**швейный** *(Text)* Nähautomat *m* ‖ ~/**шлифовальный** *(Wkzm)* Schleifautomat *m* ‖ ~/**электроустановочный** *(El)* Leitungsschutzschalter *m*, Leitungsschutzautomat *m* ‖ ~/**этикетировочный** vollautomatische Etikettiermaschine *f*

автомат-водоотводчик *m* Kondensomat *m*, automatischer Kondenswasserableiter *m*

автоматизация *f* Automatisierung *f*, Automation *f* ‖ ~/**гибкая** flexible Automatisierung *f* ‖ ~/**полная** Vollautomatisierung *f* ‖ ~ **производственных процессов** Produktionsautomatisierung *f*; Prozeßautomatisierung *f* ‖ ~ **процессов** Pro-

автоматизация 16

zeßautomatisierung f ll ~ **процессов сборки** Montageautomatisierung f ll ~/**частичная** Teilautomatisierung f
автоматизировать automatisieren
автоматика f 1. Automatik f, Automatisierungstechnik f, Steuerungs- und Regelungstechnik f; 2. Automatik[einrichtung] f ll ~/**коммутационная** s. ~/**переключающая** ll ~ **настройки** (Rf) Abstimmautomatik f ll ~/**переключающая** (El) Schaltautomatik f, Umschaltautomatik f ll ~/**промышленная** industrielle Automatisierungstechnik f ll ~/**регулирующая** Regel[ungs]automatik f
автомат-пакетировщик m Paketierautomat m, Paketieranlage f
автомат-укладчик m (Förd) Setzautomat m
автомашина s. автомобиль
автометаморфизм m (Geol) Autometamorphose f
автомобилевоз m Autotransportschiff m
автомобилестроение n Kraftfahrzeugbau m, Kraftfahrzeugherstellung f
автомобиль m Kraftfahrzeug n, Kfz, Auto[mobil] n ll ~/**аккумуляторный** Elektrofahrzeug n, Elektroauto n (mit Batterieantrieb) ll ~/**безопасный** Sicherheitsauto n, Sicherheitskraftfahrzeug n ll ~/**безрамный** rahmenloses Kraftfahrzeug n, Kraftfahrzeug mit selbsttragender Karosserie ll ~/**буксирный** Abschleppfahrzeug n ll ~/**вездеходный** Geländewagen m, Geländefahrzeug n, geländegängiges Kraftfahrzeug n ll ~/**гоночный** Rennwagen m ll ~/**грузовой** Last[kraft]wagen m, LKW; Nutzkraftwagen m, NKW ll ~/**грузопассажирский** Kombi[wagen] m ll ~/**двухместный** Zweisitzer m ll ~/**закрытый** Limousine f ll ~/**изотермический** Kühlauto n (ohne autonome Kühlanlage) ll ~/**колёсно-гусеничный** Halbkettenfahrzeug n, Zwitterfahrzeug n (Gleiskettenfahrzeug mit lenkbaren Vorderrädern) ll ~/**легковой** Personen[kraft]wagen m, PKW m ll ~/**малолитражный** Kleinautomobil n, Kleinwagen m (650 und 150 cm³ Hubraum) ll ~/**микролитражный** Kleinstautomobil n (bis 650 cm³ Hubraum) ll ~/**многоосный** Mehrachs[kraft]wagen m (mit drei und mehr Achsen) ll ~/**низкорамный** Tiefrahmenwagen m, Niederrahmenwagen m, Niederflurwagen m ll ~ **повышенной проходимости** s.~/вездеходный ll ~/**подержанный** Gebrauchtwagen m ll ~/**пожарный** Löschfahrzeug n (Feuerwehr) ll ~/**поливочный** Straßensprengwagen m, Sprengwagen m ll ~/**полноприводный** Kraftfahrzeug (Kfz) n mit Allradantrieb, allradgetriebener Kraftwagen m, allradgetriebenes Kraftfahrzeug (Kfz) n ll ~/**полугрузовой** Kleinlastkraftwagen m, Lieferwagen m ll ~/**полугусеничный** Halbkettenfahrzeug n ll ~/**рамный** Kraftfahrzeug n mit Rahmen (im Gegensatz zu Kfz mit selbsttragender Karosserie) ll ~ **с независимой подвеской колёс** Fahrzeug n mit Einzelradaufhängung ll ~/**санитарный** Krankenwagen m; (Mil) Sanitätskraftwagen m, Sankra m ll ~ **снабжения** Versorgungsfahrzeug n ll ~ **техпомощи** Störungswagen m ll ~/**учебный** Fahrschulwagen m
автомобиль-амфибия m Amphibienkraftfahrzeug n, Schwimmkraftfahrzeug n
автомобиль-бензозаправщик m Kraftstofftankwagen m (fahrbare Tankstelle)

автомобиль-водомаслозаправщик m Wasser- und Schmierstofftankwagen m
автомобиль-малютка m Kleinauto n
автомобиль-мастерская m Werkstattwagen m
автомобиль-рефрижератор m Kühlfahrzeug n, Kühlwagen m
автомобиль-самосвал m Selbstkipper m, Kipper m, Kippfahrzeug n
автомобиль-тягач m Sattelschlepper m
автомобиль-фургон m Lieferwagen m
автомобиль-цистерна m Tankwagen m, Zisternenfahrzeug n, Zisterne f
автоморфизм m (Math) Automorphismus m, automorphe Abbildung f
автоморфный (Min) automorph, idiomorph
автомотриса f s. вагон/моторный
автономность f Autonomie f, Selbständigkeit f ll ~ **плавания** (Schiff) Ausrüstungszeit f
автономно-управляемый (Rak) mit Selbstlenkung
автономный 1. autonom, selbständig; 2. (Reg) beeinflussungsfrei; 3. (Inf) off-line, nicht angeschlossen; 4. (Masch) eigenständig [arbeitend]
автокисление n (Ch) Autoxidation f
автооператор festprogrammierter Industrieroboter m; Bedienungsautomat m
автоответчик m (Nrt) Anrufbeantworter m ll ~ **с записью сообщений** Anrufbeantworter m mit Gesprächsaufzeichnung
автопанелевоз m (Bw) Plattentransportfahrzeug n
автопансионат m Motel n
автопарк m Kraftfahrzeugpark m, Fuhrpark m
автопеленгатор m (Flg, Schiff) automatisches Funkpeilgerät n, automatische Funkpeilanlage f
автопереключатель m (El) automatischer Umschalter m; Springschalter m, Antriebsschalter m
автопилот m (Flg) Flugregelanlage f, Flugregler m, Autopilot m
автопневматолиз m (Geol) Autopneumatolyse f, Protopneumatolyse f
автопогрузчик m Stapler m, Hubstapler m, Fahrlader m ll ~/**аккумуляторный** Elektro[hub]stapler m (mit Batterieantrieb) ll ~/**боковой** Seitenlader m ll ~/**вилочный** Gabelstapler m ll ~/[**одно**]**ковшовый** Schaufellader m ll ~/**портальный** Portallader m ll ~/**фронтальный** Frontlader m
автоподналадчик m (Wkzm) automatische Nachstelleinrichtung f
автоподстройка f (Rf) Nachstimmeinrichtung f, automatische Scharfabstimmung f ll ~/**двухканальная** automatische Zweikanalabstimmung f ll ~/**одноканальная** automatische Einkanalabstimmung f ll ~/**частоты** automatische (selbsttätige) Frequenznachstimmung (Frequenzregelung) f, automatischer Frequenzabgleich m, AFC, automatische Scharfabstimmung f
автопоезд m (Eb) Autoreisezug m
автопоилка f (Lw) Selbsttränke f ll ~/**групповая** Gruppenselbsttränke f ll ~/**сосковая** Nippeltränke f, Zapfentränke f
автопокрышка f (Kfz) Reifen m, Decke f (Bereifung)
автополимер m (Ch) Autopolymer n
автополимеризация f (Ch) Autopolymerisation f

автоправка *f* **сетки** *(Pap)* automatische Sieblaufregelung *f* ‖ ~ **сукна** *(Pap)* automatische Filzlaufregelung *f*
автоприсучальщик *m (Text)* automatischer Fadenknüpfer *m*
автопрограммирование *n (Inf)* Selbstprogrammierung *f*
автопрокладчик *m (Schiff)* Kursabsetzer *m*, Plotter *m*
автопромышленность *f* Kraftfahrzeugindustrie *f*, Kfz-Industrie *f*, Autoindustrie *f*
автопротолиз *m (Ch)* Autoprotolyse *f*, Säure-Base-Disproportionierung *f*
автопуск *m* automatischer Start (Anlauf) *m*, Selbstanlauf *m*
автопутепрокладчик *m s.* автопрокладчик
авторадиограмма *f (Ph)* Autoradiogramm *n*, autoradiographische Aufname *f*
авторадиограф *s.* авторадиограмма
авторегулирование *n s.* авторегулировка
авторегулировка *f* 1. Selbstregelung *f*, automatische (selbsttätige) Regelung *f*; 2. *s.* ~/поездная ‖ ~/двухступенчатая скоростная *(Eb)* zweistufige Geschwindigkeitsüberwachung *f* ‖ ~/индуктивная *(Eb)* induktive Zugbeeinflussung *f* ‖ ~/механическая *(Eb)* mechanische Zugbeeinflussung *f*, linienförmige Zugbeeinflussung *f* ‖ ~/непрерывная *(Eb)* Linienzugbeeinflussung *f*, linienförmige Zugbeeinflussung *f* ‖ ~/одноступенчатая скоростная *(Eb)* einstufige Geschwindigkeitsüberwachung *f* ‖ ~/поездная *(El)* [selbsttätige] Zugbeeinflussung *f* ‖ ~/ступенчатая скоростная *(Eb)* stufenförmige Geschwindigkeitsüberwachung *f* ‖ ~/точечная *(Eb)* Punktzugbeeinflussung *f*, punktförmige Zugbeeinflussung *f* ‖ ~/электроиндуктивная *(Eb)* elektroinduktive Zugbeeinflussung *f*
авторемзавод *m* Autoreparaturwerk *n*, Kfz-Reparaturwerk *n*, Kfz-Instandsetzungsbetrieb *m*
авторотация *f s.* самовращение
авторулевой *m (Schiff)* Selbststeueranlage *f*
автосамосвал *m* Dumper *m*, Kipper *m*
автосани *pl* Motorschlitten *m*
автосварка *f* Automatenschweißen *n*, automatisches Schweißen *n*
автосервис *m* Service-Station *f (für Kfz)*
автосин *m* Autosyn *n*
автосмазка *f* Eigenschmierung *f*, Selbstschmierung *f*
автосопровождение [цели] *(Rad)* automatische Zielverfolgung (Nachführung) *f*
автоспуск *m (Photo)* 1. Selbstauslöser *m*; 2. Selbstauslösung *f*
автостоп *m* 1. automatische Abschaltung *f*; 2. *(Eb)* Sicherheitsfahrschalter *m*, Wachsamkeitstaste *f* ‖ ~/индуктивный *(Eb)* induktive Zugbeeinflussung *f*, Indusi *f*
автостоянка *f* Parkplatz *m* ‖ ~/крытая Parkhaus *n*
автострада *f* Autobahn *f* ‖ ~/внутригородская Stadtautobahn *f* ‖ ~/кольцевая Autobahnring *m*
автосцеп *m (Schiff)* automatische Kupplung *f (Schubschiffahrt)* ‖ ~ с упругим упором automatische Gelenkschubkupplung *f*
автосцепка *f* 1. *(Eb)* [automatische] Mittelpufferkupplung *f*, automatische Kupplung *f*; 2. *(Lw)* Schnellkupplung *f*, Selbstkupplung *f (Gerätekupplung)* ‖ ~/жёсткая *(Eb)* starre (feste) automatische Kupplung *f* ‖ ~/нежёсткая *(Eb)* bewegliche automatische Kupplung *f*
автосъёмник *m (Text)* automatische Abzugsvorrichtung (Wechselvorrichtung) *f*, Doffer *m* ‖ ~ к ровничным машинам automatischer Flyerspulenwechsler *m* ‖ ~ початков automatischer Kopswechsler *m*
автотележка *f s.* автокар
автотелеуправление *n* automatische Fernsteuerung *f*
автотермообработка *f* шва *(Schw)* Eigenwärmebehandlung *f* der Naht *(der unteren Lagen durch die nachfolgenden Lagen)*
автотопливозаправщик *m* Straßentankwagen *m* für Kfz-Treibstoffe, STW
автотормоз *m (Eb)* selbsttätige Bremse *f*
автотракторный *(Kfz)* Kraftfahrzeug- und Traktoren...
автотранспорт *m (Kfz)* Kraftverkehr *m*; Kraftwagentransport *m*, Kfz-Transport *m*
автотрансформатор *m (El)* Spartransformator *m*, Autotransformator *m* ‖ ~/мощный Großtransformator *m* in Sparschaltung ‖ ~/однофазный Einphasenspartransformator *m* ‖ ~/поворотный Drehtransformator *m* in Sparschaltung ‖ ~/пусковой Anlaßspartransformator *m* ‖ ~/регулировочный (регулируемый) Stelltransformator *m* in Sparschaltung ‖ ~/силовой Leistungstransformator *m* in Sparschaltung ‖ ~/трёхфазный Drehstromspartransformator *m*, Dreiphasenspartransformator *m*
автотрансформаторный Spartransformator..., Autotransformator...
автотрансформатор-регулятор *m* Stelltransformator *m* in Sparschaltung
автотренажёр *m* Fahrtrainer *m (Fahrschulgerät)*
автоуправление *n* automatische Steuerung *f*, Selbststeuerung *f*
автофазировка *f* automatische (selbsttätige) Phasenstabilisierung *f*; *(Kern)* Autophasierung *f*, Synchrotronprinzip *n (Teilchenbeschleunigung)*
автофреза *f (Lw)* motorisierte Bodenfräse *f*, Motorfräse *f*
автофреттаж *m*, **автофреттирование** *n (Wkst)* Kaltreckung *f*, Selbstverfestigung *f*, Autofrettage *f*
автофургон *m s.* автомобиль-фургон
автохтон *m (Geol)* Autochthon *n*
автохтония *f (Geol)* Autochtonie *f*
автохтонный *(Geol)* autochthon *(an Ort und Stelle gebildet)*
автоцементовоз *m (Bw)* Zementtransportwagen *m*, Zementsilofahrzeug *n*
автоцистерна *f s.* автомобиль-цистерна
автошасси *n* Kraftfahrzeuggestell *n*, Kfz-Fahrgestell *n*, Chassis *n*
автошина *f* Kraftfahrzeugreifen *m*, Kfz-Reifen *m*, Autoreifen *m (s. a. unter* шина 1.*)*
автошлагбаум *m (Eb)* zugbediente Schranke *f*; zugbediente Halbschranke *f*
автоэпитаксия *f (Eln)* Autoepitaxie *f*
АВУ *s.* 1. устройство/аналоговое вычислительное; 2. устройство/автоматическое вызывное
АВХ *s.* характеристика/амплитудно-временная
агалит *(Min)* Agalith *m (Varietät von Talk)*

агальматолит (Min) Agalmatolith m, Bildstein m
агар-агар m 1. Agar-Agar m(n) (Nährboden); 2. (Text) Agar-Agar m(n) (Appreturmittel)
агат m (Min) Achat m
агглютинация f, **агглютинирование** n (Ch) Agglutination f, Verklebung f
агглютинировать (Ch) agglutinieren, verkleben
агент m Mittel n, Stoff m, Agens n || **~/адсорбирующий** Adsorptionsmittel n, Adsorbens n, adsorbierender (aufnehmender) Stoff m || **~/алкилирующий** Alkylierungsmittel n || **~/аминирующий** Aminierungsmittel n || **~/арилирующий** Arylierungsmittel n || **~/варочный** Aufschlußmittel n, Kochchemikalie f || **~/возбуждающий** Beleber m (Flotation) || **~/восстанавливающий (восстановительный)** Reduktionsmittel n, Reduktor m || **~/вспенивающий** Schaumerzeuger m, Schaumbildner m; (Kst) Treibmittel n || **~/вулканиз[ир]ующий** Vulkanisationsmittel n, Vulkanisationsagens n, Vernetzungsmittel n || **~/газифицирующий** Vergasungsmittel n || **~/диазотирующий** Diazotierungsmittel n || **~/жидкий нагревающий** Heizflüssigkeit f, Wärmeübertragungsflüssigkeit f || **~/загрязняющий** Schmutzstoff m, Verunreinigung f || **~/замещающий** Substitutionsmittel n || **~/коагулирующий** Koagulationsmittel n, Ausflockungsmittel n, Koagulant m || **~/корродирующий (коррозионный)** Korrosionsmittel n, korrodierendes Mittel (Medium) n || **~ набухания** Quell[ungs]mittel n || **~/нагревающий** Heizmittel n, Heizmedium n || **~/нитрующий** Nitrier[ungs]mittel n || **~/окислительный (окисляющий)** Oxidationsmittel n, Oxidans n || **~/осветляющий** Klärmittel n || **~/отверждающий** (Kst) Härter m, Härtungsmittel n || **~/охлаждающий** Kühlmittel n, Kältemittel n, Kühlmedium n || **~/пласти[фи]цирующий** (Kst) Weichmacher m, Plastifikator m, Plastifikationsmittel n || **~/промывочный** (Bgb) Spülmittel n (Bohrlochspülung) || **~/разделительный (разделяющий)** selektiver Zusatzstoff m (Azeotropdestillation) || **~/растворяющий** Lösungsvermittler m, Löslichkeitsvermittler m || **~/регенерирующий** Regenerierhilfsmittel n || **~/сгущающий** s. ~ сгущения || **~/сгущения** Eindickungsmittel n, Verdickungsmittel n || **~/смачивающий** Netzmittel n, Benetzungsmittel n || **~ стабилизации** (Ch) Stabilisier[ungs]mittel n, Stabilisator m || **~/сульфирующий** Sulfonierungsmittel n || **~/сушильный** Trockenmittel n, Trockner m || **~ сшивающий** Vernetzungsmittel n, Vernetzer n || **~/тормозящий** Inhibitor m, Hemmstoff m, Verzögerer m || **~/флотационный** Flotationsmittel n (Aufbereitung) || **~/фторирующий** Fluorierungsmittel n || **~/хлорирующий** Chlorierungsmittel n; (Gieß auch) Entgasungsmittel n || **~/холодильный** s. **~/охлаждающий** || **~/этерифицирующий** Veresterungsmittel n
агирный s. триклинный
агитатор m Rührwerk n, Mischer m
агитация f Durchrühren n, Durchwirbeln n, Durchmischen n, Rühren n, Umrühren n
агитировать durchrühren, durchwirbeln, durchmischen; rühren, umrühren
аглолента (Met) Sinterband n
агломашина f (Met) Sintermaschine f

агломерат m 1. (Geol) Agglomerat n; 2. (Met) Agglomerat n, Sinter m; 3. (Krist) Cluster m || **~/мартеновский** Zuschlagagglomerat n, Zuschlagsinter m (SM-Ofen) || **~/не[о]флюсованный** Agglomerat n ohne Zuschläge, Rohagglomerat n, Rohsinter m || **~/офлюсованный (самоплавкий)** selbstgehendes Agglomerat n, selbstgängiges Sintergut n, Edelsinter m || **~ свободных мест** (Krist) Leerstellencluster, Leerstellenassoziat n, Leerstellenagglomerat n || **~ серебра** (Photo) Silbercluster m || **~/спекшийся** Sinteragglomerat n || **~ точечных дефектов** (Krist) Punktdefektcluster m
агломерат-деполяризатор m (El) Depolarisationsmaterial n, Depolarisationsmasse f
агломератный (Met) Agglomerat..., Sinter...
агломератовоз m Agglomeratfrachtschiff n
агломерационный (Met) Sinter[ungs]..., Agglomerierungs...
агломерация f 1. (Met) Agglomerieren n, Agglomeration f, Stückigmachen n; Sintern n, Sinterbrennen n, Zusammensintern n (durch Hitze); 2. (Bw) Ballung f (Siedlungsplanung) || **~/вакуумная** Vakuumsinterung n || **~ во взвешенном состоянии** Schwebesintern n, Schwebesinterung n; Schwebesinterung n, Schwebsöstern n, Schweberöstung f || **~ во вращающихся печах** Dreh[rohr]ofensintern n, Dreh[rohr]ofensinterung f || **~/городская** (Bw) Siedlungsballung f, Ballungsgebiet n || **~ на ленточной машине** Bandsintern n, Bandsinterung f || **~/предварительная** Vorsintern n, Vorsinterung f
агломерирование s. агломерация 1.
агломерированный (Met) agglomeriert; gesintert, sintergebrannt
агломерировать (Met) agglomerieren, stückigmachen; sintern, zusammensintern (durch Hitze)
агломеруемость f (Met) Agglomerierbarkeit f; Sinterbarkeit f
аглопорит m (Bw) Agglomerit n, Porensinter m
аглопоритобетон m Agglomeritbeton m
агрегат m 1. (Masch) Aggregat n, Maschinenaggregat n, Baueinheit f (Baugruppe im Baukastensystem s. **~ unter** машина); 2. (Min) Aggregat n, Gesteinsaggregat n (Verwachsung von Mineralien); 3. (Ch) Ringkomplex m (s. a. **~/молекулярный**) • **в агрегате с трактором** (Lw) traktorgebunden || **~/аварийный** (El) Netzersatzanlage f || **~/аккумуляторный зарядный** Batterieladeaggregat n || **~/бензоэлектрический** (El) benzinelektrisches Aggregat n || **~/блочный варочный** (Brau) Blocksudwerk n || **~/бурильный (буровой)** (Bgb) Bohraggregat n || **~/буропогрузочный** (Bgb) Bohr- und Ladegerät n || **~/варочный** (Brau) Sudwerk n, Sudzeug n || **~ ввода** (Inf) Eingabeeinheit f || **~/вентиляционно-отопительный** Luftheizungsanlage f || **~/возбудительный** (El) Erregermaschinensatz f || **~/воздухосушительный** Luftentfeuchtungsgerät n || **~/вспомогательный** Hilfseinheit f || **~/генераторный** (En) Generator[en]satz m || **~/гидрогенераторный** (En) Wasserkraftgeneratorsatz n || **~/гидротурбинный** (En) Wasserturbinensatz m, Wasserturbosatz m || **~/главный турбозубчатый** (Schiff) Hauptturbogetriebeaggregat n, Hauptge-

triebeturbine *f* ll ~/**двухаппаратный варочный** *(Brau)* Zweigerätesudwerk *n*, einfaches Sudwerk *n* ll ~/**двухколонный ректификационный** *(Ch)* zweisäuliger Rektifizierapparat *m* ll ~/**двухмашинный** *(Eb)* Hilfsgenerator *m* ll ~/**двухпосудный варочный** *(Brau)* Zweigerätesudwerk *n*, einfaches Sudwerk *n* ll ~/**дизель-редукторный** *(Schiff)* Dieselantriebsanlage *f* mit Getriebe ll ~/**дизель-электрический** dieselelektrisches Aggregat *n* ll ~/**добавочный** Zusatzaggregat *n* ll ~/**заливочный** Zementieraggregat *n* (für Erdölbohrlöcher) ll ~/**замыкающий** Schließaggregat *n* (für Kokillen- und Druckgießmaschinen) ll ~/**запасный** Reserveaggregat *n* ll ~/**зарядный** *(El)* Ladeaggregat *n*, Ladegerät *n* ll ~ **зёрен** *(Photo)* Kornhaufen *m*, Kornaggregat *n* ll ~ **иглопробивной** *(Text)* Nadelfilzaggregat *n* ll ~/**испарительно-конденсаторный** Verdampfer-Kondensator-Aggregat *n* ll ~/**кольцеделательный** Wulstringwickelaggregat *n (Reifenherstellung)* ll ~/**комбинированный** *(Lw)* Gerätekombination *f* ll ~/**компрессорно-конденсаторный** *(Kält)* Kompressor-Kondensator-Einheit *f*, Verdichter-Verflüssiger-Einheit *f*, Verdichtersatz *m* ll ~/**котельный** *(Wmt)* Kessel *m* ll ~/**куделеприготовительный (кудельный)** *(Text)* Wergveredelungsaggregat *n*, Wergveredelungsmaschine *f* ll ~ **Леонарда** *(El)* Leonard-Satz *m*, Leonard-Aggregat *n* ll ~ **литейный** *(Met, Gieß)* Gießeinheit *f*, Gießaggregat *n* ll ~/**маннесмана/трубопрокатный** Mannesmann-Rohrwalzwerk *n* ll ~/**машинно-тракторный** *(Lw)* Maschinen-Traktoren-Aggregat *n*, MTA ll ~/**многоситовый просеечный** Mehrdecksiebmaschine *f* ll ~/**моечный** Waschaggregat *n* ll ~ **молекул** *s*. ~/**молекулярный** ll ~/**молекулярный** *(Ch)* Molekülaggregat *n*, Übermolekül *n* ll ~/**мономинеральный** *(Geol, Min)* monomineralisches Aggregat *n* ll ~/**мяльно-трепальный** *(Text)* Aufbereitungsanlage *f (für Flachs bzw. Hanf)* ll ~/**насосный** Pumpeneinheit *f* ll ~/**непрерывного действия** *(Text)* Kontinueanlage *f* ll ~/**непрерывно-травильный** *(Wlz)* Durchlaufbeizanlage *f*, kontinuierliche Beizanlage *f* ll ~/**основной** *(El)* Hauptaggregat *n* ll ~/**отделочный** *(Text)* Nachbehandlungsaggregat *n (Chemiefaserherstellung)* ll ~/**отопительный** Heizungsaggregat *n* ll ~/**паротурбинный** Dampfturbinensatz *m*, Dampfturbosatz *m* ll ~/**пахотный** *(Lw)* Pflugaggregat *n* ll ~ **перемещения** *(Masch)* Baugruppe *f* für geradlinige Bewegung, Linearbaugruppe *f* ll ~/**печной** Ofenanlage *f*, Ofenaggregat *n*, Ofeneinheit *f* ll ~ **питания** *(El)* Energieversorgungsaggregat *n* ll ~/**плавильный** *(Met, Gieß)* Schmelzanlage *f* ll ~ **поворота** *(Masch)* Baugruppe *f* für drehende Bewegung, Rotationsbaugruppe *f* ll ~ **полиминеральный** *(Geol, Min)* polymineralisches Aggregat *n* ll ~/**посевной** *(Lw)* Sämaschinenaggregat *n*, Aussaataggregat *n* ll ~/**почвообрабатывающий** *(Lw)* Gerätekombination *f* [für Bodenbearbeitung] ll ~/**пропиточный** Imprägnieranlage *f* ll ~/**проходческий** *(Bgb)* Vortriebsaggregat *n* ll ~/**прядильный** Spinnereianlage *f* ll ~/**пусковой** Anlaßaggregat *n* ll ~/**разливочный** Flaschenfüllmaschine *f*, Flaschenfüller *m*, Abfüllaggregat *n* ll ~/**разрыхлительно-трепальный** *(Text)* Putzereiaggregat *n*, Putzereizug *m (zum Öffnen, Mischen und Reinigen der Baumwolle)* ll ~ **распределения жидкости** *(Hydr)* Wegeventil *n* ll ~/**ротационный** *(Typ)* Rotationsmaschinenaggregat *n* ll ~ **с вёдрами/доильный** *(Lw)* Kannenmelkanlage *f* ll ~/**смазочный** Schmieranlage *f*, Fettungsanlage *f (Kaltwalzwerk)* ll ~/ **стартовый** *(Rak)* Startrampe *f*, Startvorrichtung *f* ll ~/**тепловой электрогенераторный** *(El)* Wärmekraft[generator]satz *m* ll ~/**транспортно-установочный** *(Rak)* Transport- und Aufrichteaggregat *n* ll ~/**трубопрокатный** Rohrwalzwerk *n* ll ~/**трубосварочный** Rohrschweißanlage *f* ll ~/**турбинный** Turbinensatz *m* ll ~/**турбогенераторный** *(El)* Turbogeneratorsatz *m*, Turbogeneratorgruppe *f* ll ~/**турбонасосный** *(Rak)* Turbopumpenaggregat *n* ll ~/**унифицированный** *(Masch)* Aufbaueinheit *f*, Baukasteneinheit *f* ll ~/**гидравлический** hydraulisches Steueraggregat *n* ll ~/**пневматический** pneumatisches Steueraggregat *n* ll ~/**уборочный** Ernteaggregat *n*; Erntemaschine *f* ll ~/**холодильный** Kälteaggregat *n*, Kältemaschinensatz *m* ll ~/**цементировочный** *(Bgb)* Zementieraggregat *n (Bohrlochzementation)* ll ~/**чесальный** *(Text)* Kardieraggregat *n* ll ~ **четырёхаппаратный (четырёхпосудный) варочный** *(Brau)* Viergerätesudwerk *n*, doppeltes Sudwerk *n* ll ~/**шестипосудный варочный** *(Brau)* Sechsgerätesudwerk *n* ll ~/**шпаклёвочный** *(Bw)* Spachtelgerät *n*, Spachtelvorrichtung *f* ll ~/**штапельный** *(Text)* Faserbandstraße *f (Chemiefaserherstellung)* ll ~/**электромашинный** Elektromaschinensatz *m*

агрегат-генератор-двигатель *m (El)* [Ward-] Leonard-Satz *m*, Leonard-Aggregat *n* ll

агрегатирование *n* Baukastenaufbau *m*, Blockbauweise *f*; Blockmontage *f (von Aggregaten)*
• **фронтального агрегатирования** *(Lw)* geschoben ll ~ **орудий** *(Lw)* Gerätekopplung *f*

агрегатировать baukastenmäßig aufbauen (montieren); als Block montieren

агрегатная *f (Schiff)* Umformerraum *m (für Funkanlage)*; *(Nrt)* Geräteraum *m*

агрегация *f s.* агрегирование 1.

агрегирование *n* 1. *(Ph)* Aggregation *f*, Zusammenballung *f*; 2. Kopp[e]lung *f*, Aggregierung *f (von Arbeitsgängen)* ll ~/**гибкое** flexible Aggregierung *f* ll ~/**жёсткое** feste Aggregierung *f*

агрессивность *f (Ch)* Aggressivität *f* ll ~/**коррозионная** Korrosivität *f*

агрессивный/химически chemisch aggressiv

агробиология *f (Lw)* Agrobiologie *f*, Agrarbiologie *f*

агроклиматология *f* Agroklimatologie *f*

агромелиорация *f* Bodenmelioration *f*

агрометеорология *f* Agrarmeteorologie *f*

агрономия *f* Agronomie *f*, Landwirtschaftswissenschaft *f*

агросрок *m* agrotechnischer Termin *m*

агротехника *f* Agrotechnik *f*

агрофизика *f* Agrophysik *f*, Agrikulturphysik *f*

агрохимический agrochemisch, agrikulturchemisch

агрохимия *f* Agrochemie *f*, Agrikulturchemie *f*

адамин *m (Min)* Adamin *m*

адаптация

адаптация f Anpassung f, Angleichung f; *(Opt)* Adaptation f *(des Auges)* ‖ ~/**световая** Helladaptation f ‖ ~/**темновая** Dunkeladaptation f ‖ ~/**цветовая** Farbadaptation f, chromatische Adaptation f
адаптер m 1. Adapter m; Anpassungsbaustein m; 2. Tonabnehmer m *(eines Plattenspielers)*; 3. *(Photo)* Plattenhalter m, Planfilmkassette f ‖ ~/**граммофонный** Tonabnehmer m *(eines Plattenspielers)* ‖ ~/**графический** Graphikadapter m ‖ ~ **для цветной графики** Farbgraphikadapter m ‖ ~/**интерфейсный** Interfaceadapter m, Schnittstellenadapter m ‖ ~ **канал-канал** Kanal-Kanal-Adapter m ‖ ~ **линии** Leitungsadapter m ‖ ~ **магистралей** Busadapter m ‖ ~/**монохромный** Monochromadapter m ‖ ~ **последовательной связи** Adapter m für serielle Kommunikation, ASK
адаптеризация f Tonabnahme f
адаптивность f Anpassungsvermögen n
адаптивный anpaßbar, Anpaß...; *(Wkzm)* adaptiv
адаптировать anpassen
адаптируемый adaptionsfähig, anpaßbar
адаптометр m *(Med, Opt)* Adaptometer n
адвективный *(Meteo)* advektiv
адвекция f *(Meteo)* Advektion f
АДГ s. дизель-генератор/аварийный
адгезионно-активный adhäsionsaktiv
адгезионно-устойчивый adhäsionsbeständig
адгезия f *(Ph)* Adhäsion f, Haftfestigkeit f, Haftung f ‖ ~/**слоя** *(Photo)* Schichthaftung f
аддитивный additiv
аддукт m *(Ph, Ch)* Addukt m, EDA-Komplex m, Elektronen-Donator-Akzeptor-Komplex m
адеструктивный *(Wkst)* zerstörungsfrei *(Prüfung)*
адиабата f *(Therm, Meteo)* Adiabate f ‖ ~/**влажная** *(Meteo)* Feuchtadiabate f ‖ ~/**конденсационная** *(Meteo)* Kondensationsadiabate f ‖ ~/**сублимационная** *(Meteo)* Sublimationsadiabate f ‖ ~/**сухая** *(Meteo)* Trockenadiabate f
адиабатический *(Therm, Meteo)* adiabat[isch] f
адиабатичность f *(Therm)* Adiabasie f
адиабатный Adiabaten-...
адиактиничный *(Kern)* adiaktinisch *(für aktinische Strahlung undurchlässig)*
адион m *(Ph)* Adion n, Haftion n
администратор m *(Inf)* Administrator m, Verwaltungsprogramm n ‖ ~ **базы данных** Datenbankverwalter m ‖ ~ **приложения** Anwendungsadministrator m
администрирование n **данными** Datenverwaltung f
адмитанс m, **адмитанц** *(El)* Admittanz f, Scheinleitwert m, Wechselstromleitwert m, Gesamtleitwert m
адрес m *(Inf)* Adresse f ‖ ~/**абсолютный** absolute Adresse f ‖ ~ **адреса** s. ~/**алфавитно-цифровой** alphanumerische Adresse f ‖ ~/**базовый** Basisadresse f, Bezugsadresse f ‖ ~ **байта** Byteadresse f ‖ ~ **блока** Blockadresse f ‖ ~ **ввода** Eingabeadresse f ‖ ~ **ввода-вывода** Ein-/Ausgabe-Adresse f, E/A-Adresse f ‖ ~/**виртуальный** virtuelle Adresse f ‖ ~ /**внешний** externe Adresse f ‖ ~/**внутренний** interne Adresse f ‖ ~ **возврата** Rücksprungadresse f ‖ ~/**вспомогательный** Hilfsadresse f ‖ ~/**вторичный** Sekundäradresse f ‖ ~ **входа** Eingangsadresse f ‖ ~ **вызова** Aufrufadresse f ‖ ~ **выхода** Ausgangsadresse f ‖ ~/**генерируемый** synthetische (generierte) Adresse f ‖ ~ **данных** Datenadresse f ‖ ~/**двоично-кодированный** binär kodierte Adresse f ‖ ~/**действительный** reale (echte, wirkliche, explizite) Adresse f ‖ ~ **загрузки** Ladepunktadresse f ‖ ~ **запоминающего устройства** Speicheradresse f ‖ ~ **зоны** Feldadresse f ‖ ~/**индексируемый** indizierte Adresse f ‖ ~/**инструкции** Befehlsadresse f ‖ ~/**исполнительный** Stelladresse f ‖ ~/**истинный** s. ~/**действительный** ‖ ~/**исходный** Quelladresse f ‖ ~/**итерированный** s. ~ адреса ‖ ~ **канала** Kanaladresse f ‖ ~/**канальный** Kanaladresse f ‖ ~ **команды** Befehlsadresse f ‖ ~/**конечный** Endadresse f ‖ ~ **контрольной точки** Testpunktadresse f ‖ ~/**косвенный** relative (indirekte, iterierte) Adresse f ‖ ~/**машинный** Maschinenadresse f ‖ ~ **микропрограммы** Mikroprogrammadresse f ‖ ~/**мнимый** Scheinadresse f ‖ ~/**модифицируемый** indizierte Adresse f ‖ ~/**начальный** Anfangsadresse f, Startadresse f *(Programm, Job)* ‖ ~/**непосредственный** unmittelbare Adresse f, Nullniveauadresse f ‖ ~/**нулевого уровня** s. ~/**непосредственный** ‖ ~/**нулевой** Nulladresse f ‖ ~ **области [памяти]** Bereichsadresse f ‖ ~ **операндов** Operandenadresse f ‖ ~ **останова** Stopadresse f ‖ ~/**относительный** relative Adresse f, Relativadresse f ‖ ~ **памяти** Speicheradresse f ‖ ~/**переменный** variable (veränderliche) Adresse f ‖ ~/**перемещаемый** verschiebbare (verschiebliche) Adresse f ‖ ~ **перехода** Sprungadresse f ‖ ~/**плавающий** variable (fließende) Adresse f ‖ ~/**полуслова** Halbwortadresse f ‖ ~/**поля** Feldadresse f ‖ ~/**постоянный** feste (permanente) Adresse f, Festadresse f ‖ ~ **продолжения** Folgeadresse f ‖ ~/**прямой** diskrete Adresse f ‖ ~ **пуска** Startadresse f ‖ ~/**пусковой** Startadresse f ‖ ~/**пустой** Leeradresse f ‖ ~ **разветвления** Verzweigungsadresse f ‖ ~ **размещения** Lageadresse f ‖ ~/**разностный** eigenrelative Adresse f ‖ ~ **регистра** Registeradresse f ‖ ~/**самоотносительный** eigenrelative Adresse f ‖ ~/**свободный** freie Adresse f, Leeradresse f ‖ ~/**сетевой** Netzadresse f ‖ ~/**символический** symbolische Adresse f ‖ ~ **следующей команды** Folgebefehlsadresse f ‖ ~/**собственный** eigentliche Adresse f ‖ ~ **ссылки** Kettungsadresse f ‖ ~ **точки повторного запуска** Wiederanlaufadresse f ‖ ~/**условный** *(Nrt)* vereinbarte Kurzanschrift f, Telegrammkurzanschrift f; *(Inf)* Pseudoadresse f, bedingte Adresse f ‖ ~ **устройства** Geräteadresse f, Gerätenummer f ‖ ~/**физический** physische Adresse f ‖ ~/**фиксированный** fest vereinbarte Adresse f ‖ ~/**фиктивный** Scheinadresse f ‖ ~/**целевой** Zieladresse f ‖ ~/**чётный** gerade Adresse f ‖ ~/**числовой** numerische Adresse f ‖ ~/**элементарный** Elementaradresse f ‖ ~/**явный** explizite Adresse f
адресация f *(Inf)* Adressierung f ‖ ~/**абсолютная** absolute Adressierung f ‖ ~/**базисная** Basisadressierung f ‖ ~/**байтовая** Byteadressie-

rung *f* II ~/**индексная** indizierte Adressierung *f* II ~/**индексно-базисная** basisindizierte Adressierung *f* II ~/**косвенная** indirekte Adressierung *f* II ~/**непосредственная** Direktadressierung *f*, unmittelbare (direkte) Adressierung *f* II ~/**относительная** Relativadressierung *f*, relative Adressierung *f* II ~/**прямая** direkte Adressierung *f* II ~ **памяти** Speicheradressierung *f* II ~/**побитовая** Bitadressierung *f* II ~/**последовательная** sequentielle Adressierung *f* II ~/**прямая** Direktadressierung *f* II ~ **регистра** Registeradressierung *f* II ~/**регистровая** s. ~ регистра II ~ **с повторением** Wiederholungsadressierung *f* II ~ **файла** Dateiadressierung *f*, Fileadressierung *f* II ~/**явная** explizite Adressierung *f*
адресность *f (Inf)* Adressenkapazität *f*, Adreßkapazität *f*, Adressenanzahl *f*
адресование *n s*. адресация
адресуемость *f (Inf)* Adressierbarkeit *f (Speicher)*; Programmierbarkeit *f (Plotter)* II ~/**поразрядно** *(Inf)* stellenweise adressierbar
адсорбат *m (Ch)* Adsorbat *n*, Adsorptiv *n*, adsorbierter (aufgenommener) Stoff *m*
адсорбент *m (Ch)* Adsorbens *n*, Adsorptionsmittel *n*, Adsorber *m*, adsorbierender (aufnehmender) Stoff *m* II ~/**насыщенный [поглощённым веществом]** beladenes Adsorbens *n* II ~/**твёрдый** Feststoffadsorbens *n*
адсорбер *m* Adsorber *m*, Adsorptionsapparat *m* II ~/**колонный** Adsorptionskolonne *f* II ~ **с кипящим (псевдоожиженным) слоем адсорбента** Fließbettadsorber *m*, Wirbelschichtadsorber *m*
адсорбировать adsorbieren
адсорбтив *m (Ch)* Adsorptiv *n*, zu adsorbierender Stoff *m*
адсорбциометрия *f (Ch)* Adsorptiometrie *f*, Adsorptionsmessung *f*
адсорбционно-активный *(Ch)* adsorptionsaktiv
адсорбционный adsorptiv, adsorbierend, Adsorptions...
адсорбция *f (Ch, Ph)* Adsorption *f* II ~ **в кипящем адсорбенте** Fließbettadsorption *f*, Wirbelschichtadsorption *f* II ~ **в псевдоожиженном слое адсорбента** *s*. ~ в кипящем адсорбенте II ~/**ван-дер-ваальсова** *(Ph)* Van-der-Waals-Adsorption *f* II ~/**вторичная** Sekundäradsorption *f* II ~/**избирательная** selektive Adsorption *f* II ~/**ионообменная** Ionenaustauschadsorption *f* II ~/**необратимая** irreversible (chemische) Adsorption *f* II ~/**обменная** Austauschadsorption *f* II ~/**обменно-ионная** *s*. ~/ионообменная II ~/**обратимая** reversible (physikalische) Adsorption *f* II ~/**первичная** Primäradsorption *f* II ~/**поверхностная** Oberflächenadsorption *f*
адсорбция-десорбция *f (Ch)* Adsorption-Desorption *f*
адуляр *m (Min)* Adular *m (Abart des Alkalifeldspates)*
адхезия *f s*. адгезия
адъюнкта *f (Math)* Adjunkte *f*, Adjungierte *f*
адъюнкция *f (Ph)* Adjunktion *f*
а.е. *s*. единица/астрономическая
а.е.м. *s*. единица массы/атомная
ажур *m (Text)* durchbrochenes Gewebe *n*, Drehergewebe *n*

ажурный *(Text)* durchbrochen, Dreher-... *(Weberei, Bindungen des Gewebes)*
азбука *f* **Морзе** *(Nrt)* Morse-Alphabet *n*; Morse-Kode *m* II ~/**телетайпная** *(Nrt)* Fernschreibalphabet *n*, Fernschreibkode *m*
азеотроп *m (Ch)* Azeotrop *n*, azeotropes Gemisch *n*, azeotrope Mischung *f* II ~/**гетерогенный** Heteroazeotrop *n* II ~/**гомогенный** Homöoazeotrop *n*
азеотропический *s*. азеотропный
азеотропия *f (Ch)* Azeotropie *f*
азеотропный *(Ch)* azeotrop
азеотропообразователь *m (Ch)* Azeotropbildner *m*
азер *m s*. усилитель/квантовый
азид *m (Ch)* Azid *n* II ~ **кислоты** Säureazid *n*
азимут *m* 1. *(Astr)* [astronomisçher (astronomisches)] Azimut *m(n)*; 2. *(Rad)* Funkazimut *m(n)*, Peilwert *m*; 3. Seitenwinkel *m (Radargerät)*; 4. Azimutwinkel *m*, Richtungswinkel *m (Kompaß)* II ~ **искривления** *(Bgb)* Azimutalabweichung *f (Bohrloch)* II ~/**истинный** [wahrer] Azimut *m* II ~/**магнитный** *(Geoph)* magnetischer (mißweisender) Azimut *m* II ~ **направления** Richtungswinkel *m* II ~/**обратный** *(Geod)* Azimut *m(n)* am Ende II ~ **разноса** Aufstellungsazimut *m* II ~ **скважины** *(Bgb)* Bohrlochazimut *m*
азобензол *m (Ch)* Azobenzol *n*
азогруппа *f (Ch)* Azogruppe *f*
азокомпонента *f s*. азосоставляющая
азокраситель *m (Ch)* Azofarbstoff *m* II ~/**кисл[отн]ый** saurer Azofarbstoff *m*, Azosäurefarbstoff *m* II ~/**основный** basischer Azofarbstoff *m* II ~/**субстантивный** Azodirektfarbstoff *m*, substantiver Azofarbstoff *m*
азокраска *f s*. азокраситель
азоксисоединение *n (Ch)* Azoxyverbindung *f*
азоксисочетание *n (Ch)* Azoxykupplung *f*
азореакция *f (Ch)* Kupplungsreaktion *f*
азосоединение *n (Ch)* Azoverbindung *f*, Azokörper *m*
азосоставляющая *f (Ch)* Azokomponente *f*, Kupplungskomponente *f*, Azokuppler *m*
азот *m (Ch)* Stickstoff *m*, N II ~/**аммиачный (аммонийный)** Ammoniumstickstoff *m*, Ammoniakstickstoff *m* II ~/**атмосферный** Luftstickstoff *m* II ~ **кольца** Ringstickstoff *m* II ~/**общий** Gesamtstickstoff *m* II ~/**остаточный** Reststickstoff *m*
азотизация *f s*. азотирование
азотирование *n (Met, Härt)* Nitrier[härt]en *n*, Nitrier[härt]ung *f*, Aufsticken *n*, Aufstickung *f* II ~ **в жидких средах** Badnitrieren *n*, Badnitrierung *f* II ~/**газовое** Gasnitrieren *n*, Gasnitrierung *f* II ~ **газом** *s*./газовое II ~/**жидкостное** *s*. ~ в жидких средахII ~/**изотермическое** isothermes Nitrieren *n* II ~/**многоступенчатое** mehrfach gestuftes Nitrieren *n* II ~/**прочностное** Nitrieren *n* zur Erhöhung der Verschleiß- und Dauerstandfestigkeit
азотированный nitriert, aufgestickt, Nitrier[ungs]...
азотистоводородный *(Ch)* ...azid *n*
азотистокислый *(Ch)* ...nitrit *n*; salpetrigsauer
азотистый *(Ch)* ...nitrid *n* ; stickstoffhaltig
азотноватистокислый *(Ch)* ...hyponitrit *n*; hyposalpetrigsauer, untersalpetrigsauer

азотнокислый *(Ch)* ...nitrat *n*; salpetersauer
азотнотуковый Stickstoffdünger...
азотный *(Ch)* Stickstoff...
азотооборот *m* 1. Stickstoffkreislauf *m*; 2. Kreislauf *m* der Nitrosegase *(Schwefelsäureherstellung)*
азотсодержащий stickstoffhaltig
азотфиксация *f (Lw)* Stickstoffixierung *f*, Stickstoffbindung *f*
азотфиксирующий *(Lw)* stickstoffbindend
АЗС *s.* станция/автозаправочная
АЗУ *s.* устройство/ассоциативное запоминающее
азурит *m (Min)* Azurit *m*, Kupferlasur *m*
АИК *s.* аппарат искусственного кровообращения
АИМ *s.* модуляция/амплитудно-импульсная
АИМС *s.* микросхема/аналоговая интегральная
АИС *s.* 1. система/автоматизированная информационная; 2. схема/аналоговая интегральная
айкинит *(Min)* Aikinit *m*, Nadelerz *m*
АК *s.* каротаж/акустический
акантит *m (Min)* Akanthit *m (Silberglanz)*
акаустобиолиты *mpl (Geol)* Akaustobiolithe *mpl*, nichtbrennbare Biolithe *mpl*
аквакультура *f*/**морская** Meeresaquakultur *f*
аквамарин *m (Min)* Aquamarin *m*
акваметрия *f (Ch)* Aquametrie *f*
аквапланирование *n (Kfz)* Aquaplaning *n*
акватория *f* 1. künstlich angelegtes Wasserbecken *n*; 2. *(Flg)* Start- und Landewasserfläche *f* ‖ ~/**заводская** Werfthafenbecken *n* ‖ ~/**портовая** Hafengewässer *n*
акведук *m (Bw)* Aquädukt *m*, Kanalbrücke *f*
акклиматизация *f* **бумаги** *(Typ)* Papierkonditionierung *f*
аккомодация *f (Opt)* Akkommodation *f*, Anpassung *f*
аккреция *f (Astr)* Accretion *f (Auffangen von Materie)*
аккувоз *m (Eb)* Akkumulatorlokomotive *f*, Akku-Schleppfahrzeug *n*
аккумулирование *n s.* аккумуляция
аккумулировать speichern
аккумулятивный *(Geol)* akkumulativ
аккумулятор *m* 1. *(El)* Akku[mulator] *m*, Batterie *f (als Stromquelle)*; 2. *(Wmt)* Akkumulator *m*, Speicher *m*; 3. *(Inf)* Akkumulator *m*, AC-Register *n*, Rechenregister *n* ‖ ~/**автомобильный** Kraftfahrzeugbatterie *f*, Kfz-Batterie *f* ‖ ~/**гидравлический** *s.* гидроаккумулятор ‖ ~/**гидропневматический** *(Hydt)* luftbelasteter (gasbelasteter) Druckspeicher *m* ‖ ~ **горячей воды** Heißwasserspeicher *m* ‖ ~ **давления** *(Hydt)* Druckspeicher *m* ‖ ~/**дисковый** *(El)* Knopfzelle *f* ‖ ~/**железоникелевый** Nickel-Eisen-Akkumulator *m*, Nickel-Eisen-Sammler *m* ‖ ~/**кислотный** *s.* ~/**свинцовый** ‖ ~ **конденсата** *(En)* Kondensatspeicher *m* ‖ ~ **накала** Heizakkumulator *m*, Heizbatterie *f* ‖ ~/**никелево-кадмиевый** Nickel-Cadmium-Akkumulator *m*, Nickel-Cadmium-Sammler *m* ‖ ~ **оборотной воды** *(Pap)* Rückwasser[sammel]behälter *m* ‖ ~/**пароводяной** *(Wmt)* Gefällespeicher *m* ‖ ~/**паровой** Dampfspeicher *m* ‖ ~ **переменного давления** *(Wmt)* Gefällespeicher *m* ‖ ~/**пневматический** Druckluftspeicher *m*, Druckluftakkumulator *m* ‖ ~ **Рутса** *(Wmt)* Ruthsspeicher *m (Wärmespeicher)* ‖ ~/**свинцовый** Bleiakkumulator *m*, Säureakkumulator *m* ‖ ~/**серебряно-цинковый** Silber-Zink-Akkumulator *m* ‖ ~/**стартерный** *(Kfz)* Starterbatterie *f*, Anlasserbatterie *f* ‖ ~/**тепловой** *(Wmt)* Wärmespeicher *m* ‖ ~/**тяговый** *(Eb)* Traktionsakkumulator *m*, Bahnakkumulator *m* ‖ ~ **холода** Kältespeicher *m* ‖ ~/**щелочной** Alkaliakkumulator *m* ‖ ~ **энергии** Energiespeicher *m*
аккумуляторная *f (El)* Akku[mulator]raum *m*
аккумуляторный Akkumulator[en], Akku...
аккумуляция *f* 1. Akkumulation *f*, Speicherung *f*, Aufspeicherung *f*; 2. *(Geol)* Akkumulation *f*, Anhäufung *f*, Anreicherung *f* ‖ ~ **тепла** Wärmespeicherung *f* ‖ ~ **холода** Kältespeicherung *f* ‖ ~/**энергии** Energiespeicherung *f*
аклина *f (Geoph)* Akline *f*, Nullisokline *f (Erdmagnetfeld)*
акмит *m (Min)* Akmit *m*
акратофор *m* Gärtank *m (Sektherstellung)*
акридин *m (Ch)* Acridin *n*
акридиновый *(Ch)* Acridin...
акрилат *m (Ch)* Acrylat *n*
акриловый *(Ch)* Acryl...
акри[ло]пласт *m* Acrylharzkunststoff *m*
акселератор *m* 1. *(Kfz)* Gaspedal *n*; 2. *s.* ускоритель 1.*)* ‖ ~/**ножной** Gaspedal *n* ‖ ~ **проявления** *(Photo)* Entwicklungsbeschleuniger *m* ‖ ~/**ручной** Handgashebel *m*
акселерограф *m* Beschleunigungsschreiber *m*
акселерометр *m* Beschleunigungsmesser *m*, Beschleunigungsmeßgerät *n*, Akzerometer *n* ‖ ~/**ёмкостный** kapazitiver Beschleunigungsmesser *m* ‖ ~/**индуктивный** induktiver Beschleunigungsmesser *m* ‖ ~/**линейный** linearer Beschleunigungsmesser *m* ‖ ~/**угловой** Winkelbeschleunigungsmesser *m* ‖ ~/**электромагнитный** elektromagnetischer Beschleunigungsmesser *m*
аксинит *m (Min)* Axinit *m*
аксиома *f (Math)* Axiom *n*, Grundsatz *m*, Leitsatz *m* ‖ ~ **выбора** Auswahlaxiom *n*, Auswahlprinzip *n* ‖ ~ **непрерывности** Stetigkeitsaxiom *n*
аксиоматика *f* Axiomatik *f (mathematische Logik)* ‖ ~ **Колмогорова** *(Math)* kolmogorovsches Axiomensystem *n*
аксиометр *m* **[положения руля]** *(Schiff)* Ruder[lagen]anzeiger *m*
аксоид *m (Mech)* Achsenfläche *f*, Axoid *n* ‖ ~/**неподвижный** *(Mech)* ruhende Achsenfläche *f*; Herpolhodiekegel *m*, Rastpolkegel *m* ‖ ~/**подвижный** *(Mech)* Gangpolkegel *m*, Polkegel *m*, Laufkegel *m*, Polhodiekegel *m*
аксонометрия *f (Math)* Axonometrie *f (deskriptive Geometrie)* ‖ ~/**диметрическая** dimetrische Axonometrie *f*, Frontalperspektive *f* ‖ ~/**косоугольная** schräge Axonometrie *f* ‖ ~/**фронтальная** *s.* ~/**диметрическая**
аксопласт *m (Ph)* Axoplasma *n*
акт *m* 1. Ereignis *n*; 2. Prozeß *m*, Vorgang *m*; 3. Urkunde *f*, Protokoll *n* ‖ ~ **об управлении** *(Inf)* Bedienerprotokoll *n* ‖ ~/**приёмо-сдаточный** Übergabeprotokoll *n*, Lieferprotokoll *n* ‖ ~ **распада** *(Kern)* Zerfall *m*, Zerfallsakt *m*

активатор m 1. (Ch) Aktivierungsmittel n, Aktivator m, [synergetischer] Verstärker m (Katalyse); 2. Aktivator m (Flotationsaufbereitung) ‖ ~ коррозии Korrosionsstimulator m ‖ ~ люминесценции Lumineszenzaktivator m, Luminogen n, Phosphorogen n ‖ ~ полимеризации Polymerisationsaktivator m
активация f 1. Aktivierung f, Anregung f; 2. Aktivierung f, Belebung f (Flotationsaufbereitung); 3. Aktivierung f, Aktivation f (Toxikologie) ‖ ~ до насыщения (Ph) Sättigungsaktivierung f ‖ ~ легирующей примеси (Eln) Dotandenaktivierung f, Implantaktivierung f (Halbleiter) ‖ ~ люминесценции Lumineszenzaktivierung f ‖ ~ программы (Inf) Aktivierung f eines Programms ‖ ~ спекания Sinteraktivierung f (Pulvermetallurgie)
активирование n s. активация
активировать aktivieren, anregen, erregen
активность f Aktivität f ‖ ~/бродильная (Ch) Gärtätigkeit f ‖ ~ в объёме (Ph) Volumenaktivität f ‖ ~ водородных ионов (Ph) Wasserstoffionenaktivität f ‖ ~/вулканическая (Geoph) vulkanische Aktivität f ‖ ~/дочерняя (Kern) Tochteraktivität f ‖ ~/естественная оптическая natürliche optische Aktivität f ‖ ~ ионов водорода (Ph) Wasserstoffionenaktivität f ‖ ~/искусственная оптическая (Opt) künstliche optische Aktivität f ‖ ~/коррозионная Korrosivität f ‖ ~/магнитная (Geoph) magnetische Aktivität f ‖ ~/молекулярная molare Aktivität f (Fermentchemie) ‖ ~ насыщения (Ph) Sättigungsaktivität f ‖ ~ окружающей среды (Ph) Umgebungsaktivität f ‖ ~/оптическая optische Aktivität f, optisches Drehvermögen n [der Polarisationsebene] ‖ ~/остаточная (Kern) Restaktivität f ‖ ~/поверхностная (Ph, Ch) Grenzflächenaktivität f ‖ ~/полная (Kern) Gesamtaktivität f ‖ ~/рекомбинационная (Eln) Rekombinationsaktivität f (Halbleiter) ‖ ~/сейсмическая (Geoph) seismische Aktivität f ‖ ~/солнечная Sonnenaktivität f ‖ ~/термодинамическая (Ph) thermodynamische Aktivität f ‖ ~/удельная (Ph) spezifische Aktivität f ‖ ~/ферментативная (Ch) fermentative Aktivität f, Fermentaktivität f ‖ ~/химическая chemische Aktivität f
активный aktiv ‖ ~/оптически optisch aktiv ‖ ~/фотохимическии photochemisch aktiv ‖ ~/химически chemisch aktiv
актиний m (Ch) Actinium n, Ac
актинический (Ch) aktinisch
актиничность f (Ph, Ch) Aktinität f
актиничный (Ph, Ch) aktinisch
актиноид m (Ch) Actinoidelement n, Actinoid n
актинолит m (Min) Aktinolith m, Strahlstein m (Amphibolasbest)
актинометр m (Kern) Aktinometer n (Strahlungsmeßinstrument) ‖ ~/биметаллический s. ~ Михельсона ‖ ~ Михельсона Michelson-Aktinometer n, Bimetallaktinometer m ‖ ~ Робича s. ~ Михельсона
актинометрия f (Ph) Aktinometrie f, Strahlungsmessung f ‖ ~/Геттингенская (Astr) Göttinger Aktinometrie f (Helligkeitskatalog)
актинон m (Kern) Actinon n, Actiniumemanation f, An

акустика f (Ph) Akustik f ‖ ~/архитектурная (Bw) Raumakustik f ‖ ~ высоких амплитуд s. ~/нелинейная ‖ ~/линейная lineare Akustik f ‖ ~/молекулярная Molekularakustik f ‖ ~/нелинейная nichtlineare Akustik f ‖ ~ помещений (Bw) Raumakustik f ‖ ~/строительная Bauakustik f
акустиметр m (Ph) Akustimeter n (Schallstärkemesser)
акустооптика f Akustooptik f, Schalloptik f
акустооптический akustooptisch
акустоэлектроника f Akustoelektronik f, Oberflächenwellenakustik f
акустрон m (Nrt) Akustikkoppler m
акцеле... s. акселе...
акцептор m 1. (Ph, Ch) Akzeptor m; 2. (Eln) Akzeptorstörstelle f; 3. (Photo) Akzeptor m, Akzeptorgruppe f ‖ ~ действия (Kyb) Aktionsakzeptor m ‖ ~/мелкий (Eln) flacher Akzeptor m ‖ ~/многоразрядный (Eln) mehrfach geladener Akzeptor m ‖ ~/термический Thermium n, thermischer Akzeptor m (Halbleiter) ‖ ~ электронов Elektronenakzeptor m
акцессории fpl 1. (Min, Geol) Akzessorien pl, Nebengemengteile npl, akzessorische Mineralien npl; 2. (Krist) Akzessorien pl, akzessorische Oberflächenbildungen fpl
акцессорный (Geol, Min, Krist) akzessorisch
алабандин m (Min) Manganblende f, Manganglanz m, Alabandin f
алгебра f (Math) Algebra f ‖ ~/банахова Banach-Algebra f ‖ ~/булева Boolesche Algebra f, Schaltalgebra f ‖ ~ Буля s. ~/булева ‖ ~ вероятностей Wahrscheinlichkeitsalgebra f ‖ ~/высшая höhere Algebra f ‖ ~/геометрическая geometrische Algebra f ‖ ~ гомологии s. ~/гомологическая ‖ ~/гомологическая nomologische Algebra f, Homologiealgebra f ‖ ~ графов Graphenalgebra f ‖ ~/групповая Gruppenalgebra f ‖ ~ группы Gruppenalgebra f ‖ ~ двоичной логики binäre Schaltalgebra f ‖ ~/двухзначная zweiwertige Algebra f ‖ ~/индуктивная induktive Algebra f ‖ ~/конечная endliche Algebra f ‖ ~/линейная lineare Algebra f ‖ ~ логики s. ~/булева ‖ ~ множеств Mengenalgebra f ‖ ~/нормированная normierte Algebra f ‖ ~/операторная Operatoralgebra f ‖ ~ релейно-контактных схем Schaltalgebra f ‖ ~ с операторами Operatoralgebra f ‖ ~ событий Ereignisalgebra f ‖ ~ схем Schaltalgebra f ‖ ~/тензорная Tensoralgebra f ‖ ~/универсальная universelle (abstrakte) Algebra f
алгоритм m (Math, Inf, Kyb) Algorithmus m ‖ ~/адаптивный adaptiver Algorithmus m ‖ ~/адресный Adressenalgorithmus m ‖ ~/арифметический arithmetischer Algorithmus m ‖ ~/вычислительный Berechnungsalgorithmus m ‖ ~ Гаусса Gaußscher Algorithmus m, Gaußsches Eliminationsverfahren n ‖ ~ графов Graphenalgorithmus m ‖ ~ деления Divisionsalgorithmus m ‖ ~/дискретный diskreter Algorithmus m ‖ ~/эвристический heuristischer Algorithmus m ‖ ~/жёсткий fest vorgegebener Algorithmus m ‖ ~/замкнутый abgeschlossener Algorithmus m ‖ ~/запрограммированный programmierter Algorithmus m ‖ ~/итеративный iterativer Algorithmus m ‖ ~/машинный

алгоритм

rechnerorientierter Algorithmus *m* ‖ ~ **моделирования** Simulationsalgorithmus *m* ‖ **~/неарифметический** nichtnumerischer Algorithmus *m* ‖ **~/нечисловой** nichtarithmetischer Algorithmus *m* ‖ ~ **обработки** Verarbeitungsalgorithmus *m* ‖ **~/обучающийся** lernender Algorithmus *m* ‖ **~/оптимальный** optimaler Algorithmus *m* ‖ ~ **перевода** Übersetzungsalgorithmus *m* ‖ **~/поисковый** Suchalgorithmus *m* ‖ **~/рекурсивный** rekursiver Algorithmus *m* ‖ **~/решающий** *s.* ~ решения ‖ ~ **решения [задачи]** Lösungsalgorithmus *m* ‖ ~ **синтаксического анализа (контроля)** syntaktischer Algorithmus *m* ‖ ~ **трансляции** Übersetzungsalgorithmus *m* ‖ ~ **управления** Steuer[ungs]algorithmus *m* ‖ **~/числовой** numerischer Algorithmus *m* ‖ **~/элементарный** Elementaralgorithmus *m*
алгоритмизация *f (Inf, Kyb)* Algorithmisierung *f*
алебастр *m* 1. *(Bw)* Baugips *m*, Putzgips *m*, Stuckgips *m*, Alabaster *m*; 2. *(Min)* Alabaster *m*
алеврит *m (Geol)* Aleurit *m*, Silt *m*
алевролит *m (Geol)* Aleurolith *m (verfestigter Aleurith)*
александрит *m (Min)* Alexandrit *m (Chrysoberyll)*
алидада *f* 1. *(Geod)* Alhidade *f*, Ablesezeiger *m (Theodolit);* 2. *(Geod)* Diopterlineal *n*; 3. *(Meß)* Meßlineal *n* mit Nonius *(Winkelmesser)* ‖ ~ **вертикального круга** *(Geod)* Alhidade *f* (Ablesezeiger *m*) des Vertikalkreises *(Theodolit)* ‖ ~ **горизонтального круга** *(Geod)* Alhidade *f* (Ablesekreis *m*) des Horizontalkreises *(Theodolit)*
алидада-высотомер *f (Geod)* Alhidade *f* (Ablesezeiger *m*) des Vertikalkreises *(Theodolit)*
ализарин *m (Ch)* Alizarin *n*
ализариновый *(Ch)* Alizarin...
алитирование *n (Met)* Alitieren *n (Metallveredlungsverfahren)* ‖ **~/металлизационное** Spritzalitieren *n*, Spritzalitierung *f*, Spritzaluminieren *n*, Spritzaluminierung *f* ‖ **~/электролитическое** elektrolytisches Alitieren (Aluminieren) *n*, Salzbadalitieren *n*, Salzbadalitierung *f*, Salzbadaluminieren *n*
алитировать *(Met)* alitieren, alumini[si]eren, mit Aluminium beschichten (überziehen)
алицикл *m (Ch)* alicyclische Verbindung *f* ‖ **~/насыщенный** gesättigter alicyclischer Kohlenwasserstoff *m*, Cycloalkan *n*
алициклический *(Ch)* alicyclisch
алкализация *f (Ch)* Alkalisation *f*, Alkalisieren *n*
алкалиметр *m* Alkalimeter *n*
алкалиметрический *(Ch)* alkalimetrisch
алкалиметрия *f (Ch)* Alkalimetrie *f*
алкалицеллюлоза *f (Text)* Alkalicellulose *f (Chemiefaserherstellung)*
алкалоид *m (Ch)* Alkaloid *n*
алкан *m (Ch)* Alkan *n*, Paraffin *n*, Paraffinkohlenwasserstoff *m*
алкен *m (Ch)* Alken *n*, Olefin *n*, Ethylenkohlenwasserstoff *m*
алкил *m (Ch)* Alkyl *n*
алкилатор *m (Ch)* Alkylierungsturm *m*
алкилбензин *m (Ch)* Alkyl[at]benzin *n*
алкилзамещённый *(Ch)* alkylsubstituiert
алкилирование *n (Ch)* Alkylieren *n*, Alkylierung *f* ‖ **~/контактное** Kontaktalkylierung *f* ‖ **~/парофазное** Dampfphase[n]alkylierung *f*, Gasphase[n]alkylierung *f*
алкилированный в ядре *(Ch)* kernalkyliert
алкилировать *(Ch)* alkylieren
алкилмочевина *f (Ch)* Alkylharnstoff *m*
алкильный *(Ch)* Alkyl...
алкоголиз *m (Ch)* Alkoholyse *f*, Umesterung *f*
алкоголизация *f (Lebm)* Alkoholisieren *n*, Avinieren *n (Wein)*
алкоголиметрия *f (Ch)* Alkoholometrie *f*
алкоголь *m (Ch)* Alkohol *m* ‖ **~/вторичный** sekundärer Alkohol *m*
алкогольдегидраза *f (Ch)* Alkoholdehydrase *f*
алкогольный *(Ch)* alkoholisch, Alkohol...
алкоголят *m (Ch)* Alkoholat *n*
алланит *m (Min)* Allanit *m*, Orthit *m*
аллемонтит *m (Min, Ch)* Allemontit *m*, Antimonarsen *n*
аллен *m (Ch)* Allen *n*, Propadien *n*
аллигатор *m (Wkz)* Rohrschlüssel *m*
аллиловый, аллильный *(Ch)* Allyl...
аллонж *m* 1. *(Ch)* Vorstoß *m*, Destillationsvorstoß *m*; 2. *(Met)* Vorstecktüte *f*, Allonge *f*
аллопалладий *m (Min)* Allopalladium *n*
аллотриоморфизм *m (Krist)* Allotriomorphie *f*; Xenomorphie *f*
аллотриоморфный *(Krist)* allotriomorph; xenomorph, fremdgestaltig
аллотропия *f (Ch)* Allotropie *f*
аллофан *m (Min)* Allophan *m (Tonmineral)*
аллохроматизм *m (Min)* Allochromatismus *m*
аллохроматический *(Min)* allochromatisch, gefärbt
аллохтон *m (Geol)* Allochthon *n*
аллохтонный *(Geol)* allochthon *(vom Bildungsort entfernt befindlich)*
аллювий *m (Geol)* Alluvium *n* ‖ **~/пойменный** fluviatile Ablagerungen *fpl* in den Talauen ‖ **~/русловый** fluviatile Ablagerungen *fpl* im Flußbett ‖ **~/старинный** fluviatile Ablagerungen *fpl* in alten Flußarmen
алмаз *m* 1. Diamant *m*; 2. *(Wkz)* Abrichtdiamant *m* ‖ **~/аморфный** *(Wkz)* Diamantpulver *n* ‖ ~ **в оправе** *(Wkz)* gefaßter Diamantabrichter *m* ‖ **~/монокристаллический** monokristalliner Diamant *m* ‖ **~/поликристаллический** polykristalliner Diamant *m* ‖ **~/правочный (правящий)** *(Wkz)* Abrichtdiamant *m* ‖ **~/природный** Naturdiamant *m* ‖ **~/промышленный** Industriediamant *m*, technischer Diamant *m* ‖ **~/синтетический** synthetischer (künstlicher) Diamant *m* ‖ **~/стеклорезный** Glasschneidediamant *m* ‖ **~/технический** *s.* **~/промышленный** ‖ **~/чёрный** schwarzer Diamant *m*, Carbonado *m*
алмазить *(Wkz)* [mit dem Diamanten] abrichten
алмазный Diamant...
алтаит *m (Min)* Altait *m*, Tellurblei *n*
АЛУ *s.* **устройство/арифметико-логическое**
алунит *m (Min)* Alunit *m (Alaunstein)*
алунитизация *f (Geol)* Alunitisierung *f*
алфавит *m (Inf)* Alphabet *n* ‖ **~/входной** Eingangsalphabet *n*, Eingabealphabet *n* ‖ **~/выходной** Ausgangsalphabet *n*, Ausgabealphabet *n* ‖ **~/машинный** Maschinenalphabet *n* ‖ **~/телеграфный** Telegraphenalphabet *n*, Telegraphenkode *m*
алфавитно-цифровой *(Inf)* alpha[nu]merisch

альбедо n 1. (Opt, Astr, Geoph) Albedo f, Rückstrahlvermögen n; 2. (Kern) Albedo f, Reflexionskoeffizient m ‖ ~ **Земли** Erdalbedo f ‖ ~ **по Бонду** s. ~/сферическое ‖ ~/сферическое (Astr) sphärische Albedo f, Bondsche Albedo f
альбедометр m (Astr, Geoph) Albedometer n
альбит m (Min) Albit m (Natronfeldspat)
альбумин m (Ch) Albumin n
альгин m (Text) Algin n (Chemiefaserherstellung)
альдегид m (Ch) Aldehyd m ‖ ~/**ациклический** acyclischer Aldehyd m ‖ ~/**муравьиный** Formaldehyd m, Methanal n ‖ ~/**насыщенный** gesättiger Aldehyd m ‖ ~/**уксусный** Acetaldehyd m, Ethanal n
альдегидаммиак m Aldehydammoniak n
альдегидный (Ch) Aldehyd...
альдегидокислота f (Ch) Aldehyd[carbon]säure f
альдегидоспирт m (Ch) Aldehydalkohol m, Hydroxyaldehyd m
альдоза f (Ch) Aldose f, Aldehydzucker m
альмандин m (Min) Almandin m (Eisentongranat)
альметр m (Text) Almeter n (Gerät zur Bestimmung der Faserlänge)
альмукантарат m (Astr) Almukantarat m, Azimutalkreis m
альпака f 1. (Text) Alpaka m (Gewebe); 2. (Text) Alpaka[wolle] f; 3. (Met) Alpaka n, Argentan n, Chinasilber n (Cu-Ni-Zn-Legierung)
альтазимут m (Astr) Altazimut n (Instrument zur Bestimmung von Höhe und Azimut eines Sterns)
альтернатор m (El) Wechselstromgenerator m
альтиграф m s. высотописец
альтиметр m s. высотомер
альтиметрия f Höhenmessung f, Hypsometrie f
альтитуда f/**абсолютная** Höhe f über Normalnull
альфа-активность f (Kern) Alphaaktivität f, Radioaktivität f
альфа-активный alphaaktiv, alphastrahlend
альфа-ветвь f (Kern) Alphazweig m, Alphaverzweigung f
альфа-детектор m (Kern) Alphadetektor m, Detektor m für Alphastrahlung
альфа-дозиметрия f (Kern) Alphastrahldosimetrie f, Alphadosimetrie f
альфа-железо n Alphaeisen n, α-Eisen n
альфа-излучатель m (Kern) Alphastrahler m
альфа-излучение n (Kern) [radioaktive] Alphastrahlung f, Alphastrahlen mpl ‖ ~/**дискретное** diskrete Alphastrahlung f ‖ ~/**радиоактивное** s. альфа-излучение
альфа-источник m (Kern) Alphastrahlungsquelle f, Alphaquelle f
альфа-латунь f Alphamessing n, α-Messing n
альфа-лучи mpl s. альфа-излучение
альфаметр m elektrophysikalischer Gasanalysator (Gasprüfer) m
альфа-нейтрон-реакция f (Kern) Alpha-Neutron-Reaktion f
альфа-переход m (Kern) Alphaübergang m
альфа-превращение n (Kern) s. альфа-распад
альфа-радиоавтография f Alpharadio[auto]graphie f
альфа-радиоактивность f Alpharadioaktivität f; Alphaaktivität f
альфа-радиоактивный alphaaktiv, alphastrahlend

альфа-распад m (Kern) Alphazerfall m, Alphaumwandlung f
альфа-спектр m (Kern) Alphaspektrum n, Alphateilchenspektrum n
альфа-спектрометр m (Kern) Alphaspektrometer n, Alphastrahlspektrometer n
альфа-спектрометрия f (Kern) Alphaspektrometrie f, Alphastrahlspektrometrie f
альфа-спектроскопия f (Kern) Alphaspektroskopie f
альфа-счётчик m (Kern) Alphazähler m
альфа-толщиномер m Alphadickenmesser m
альфа-трек m (Kern) Alphaspur f, Alphateilchenspur f
альфатрон m (Kern) Alphatron n
альфа-целлюлоза f (Ch) Alphacellulose f, α-Cellulose f
альфа-частица f (Kern) Alphateilchen n
альфитит m (Geol) Alphitit m
альфоль f Aluminiumfolie f
алюминат m (Ch) Aluminat n
алюминиевокислый (Ch) ...aluminat n; aluminiumsauer
алюминиевый Aluminium...
алюминий m (Ch) Aluminium n, Al; (Met) Aluminium n ‖ ~ **в слитках (чушках)** s. ~/чушковый ‖ ~/**вторичный** Sekundäraluminium n, Umschmelzaluminium n ‖ ~/**высокой чистоты** Reinaluminium n, technisch reines Aluminium n ‖ ~ **высшей чистоты** Reinstaluminium n ‖ ~/**зернёный** Aluminiumgrieß m ‖ ~/**кремнекислый** Aluminiumsilikat n, Tonerdesilikat n ‖ ~/**листовой** Aluminiumblech n ‖ ~/**первичный** Hüttenaluminium n, Rohaluminium n ‖ ~/**полосовой** Aluminiumband n; Aluminiumstreifen m ‖ ~/**прутковый** Stangenaluminium n ‖ ~/**сверхчистый** Reinstaluminium n ‖ ~/**сернокислый** Aluminiumsulfat n (schwefelsaure Tonerde) ‖ ~/**спечённый** Sinteraluminium n ‖ ~/**тонколистовой** Blattaluminium n ‖ ~/**уксуснокислый** Aluminiumacetat n (essigsaure Tonerde) ‖ ~/**черновой** s. ~ первичный ‖ ~/**чистый** Reinaluminium n, technisch reines Aluminium n ‖ ~/**чушковый** Barrenaluminium n, Aluminiumbarren m, Massealuminium n
алюминийорганический (Ch) aluminiumorganisch, Organoaluminium...
алюминий-сырец m Hüttenaluminium n, Rohaluminiuim n
алюминирование n s. алитирование
алюминировать s. алитировать
алюминит m (Min) Aluminit m, Websterit m
алюминотермический (Met) aluminothermisch
алюминотермия f (Met) Aluminothermie f
алюмоспинель f (Min) Aluminiumspinelle mpl
АМ s. модуляция/амплитудная
А/м s. ампер на метр
А/м² s. ампер на квадратный метр
амазонит m (Min) Amazonit m, Amazonenstein m
амальгама f (Met) Amalgam m ‖ ~/**зеркальная** Spiegel[belag]amalgam f ‖ ~/**золотая** Goldamalgam n ‖ ~/**серебряная** Silberamalgam n
амальгаматор m (Met) Amalgamator m, Amalgamiertisch m
амальгамационный (Met) Amalgamations..., Amalgamier...

амальгамация

амальгамация f *(Met)* Amalgamation f, Amalgamierung f
амальгамирование n s. амальгамация
амальгамировать *(Met)* amalgamieren
амальгамный Amalgam...
амарантит m *(Min)* Amarantit m *(Eisensulfat)*
амблигонит m *(Min)* Amblygonit m *(Lithiummineral)*
амбразура f s. ~ доменной печи ‖ ~ горелки *(Met)* Brennermund m ‖ ~ доменной печи *(Met)* Formkühlkasten m, Windformkühlkasten m, Formnischenkasten m; Kapelle f *(Hochofen)* ‖ ~/оконная *(Bw)* Fensterleibung f
амбушюр m [микрофона] Mundstück n, Einsprechöffnung f
амезит m *(Min)* Amesit m *(Chlorit)*
американка f 1. *(Pap)* Trockenglättwerk n; 2. *(Typ)* Tiegel[druck]presse f
америций m *(Ch)* Americium n, Am
аметист m *(Min)* Amethyst m *(Quarzabart)*
амиант m *(Min)* Amianth m *(Amphibolasbest)*
амигдалоиды mpl *(Geol)* Amygdaloide npl
амид m *(Ch)* Amid n ‖ ~ кислоты Säureamid n
амидаза f *(Ch)* Amidase f *(Ferment)*
амидокислота f *(Ch)* Amidsäure f
амидосоединение n *(Ch)* Amidoverbindung f
амиловый *(Ch)* Amyl...
амилоза f *(Ch)* Amylose f, Stärkecellulose f
амилопектин m *(Ch)* Amylopektin n, Stärkegranulose f
амин m *(Ch)* Amin n ‖ ~/вторичный sekundäres Amin n ‖ ~/жирный aliphatisches Amin n ‖ ~/первичный primäres Amin n ‖ ~/третичный tertiäres Amin n
аминирование n *(Ch)* Aminieren n, Aminierung f ‖ ~/сульфитное Sulfaminierung f
аминировать *(Ch)* aminieren
аминоазосоединение n *(Ch)* Aminoazoverbindung f
аминоалкоголь m *(Ch)* Aminoalkohol m, Alk[anol]amin n
аминобензен m *(Ch)* Aminobenzen n, Aminobenzol n, Anilin n, Phenylamin n
аминобензоилировать *(Ch)* aminobenzoylieren
аминобензол m s. аминобензен
аминогруппа f *(Ch)* Aminogruppe f
аминозамещение n *(Ch)* Amiosubstitution f
аминокислота f *(Ch)* Amino[carbon]säure f ‖ ~/заменимая [vom Organismus] synthetisierbare Aminosäure f, nichtessentielle Aminosäure f ‖ ~/незаменимая essentielle Aminosäure f
аминопласт m Aminoplast m
аминопроизводное n *(Ch)* Aminoderivat n
аминосоединение n *(Ch)* Aminoverbindung f
аминоспирт m *(Ch)* Aminoalkohol m, Alk[anol]amin n
АМ-колебание n *(El)* AM-Schwingung f, amplitudenmodulierte Schwingung f
аммиак m *(Ch)* Ammoniak n
аммиачнорастворимый *(Ch)* ammoniaklöslich
аммиачнощелочной *(Ch)* ammoniakalkalisch
аммиачный *(Ch)* ammoniakalisch, Ammoniak...
аммонал m Ammonal n *(Sprengstoff)*
аммониевый *(Ch)* Ammon[ium]...
аммонизатор m Ammonisator m, Ammonisierapparat m *(Düngemittelindustrie)*
аммонизатор-гранулятор m Ammonisiergranulator m *(Düngemittelindustrie)*
аммонизация f Ammonisierung f *(von Düngemitteln)*
аммонизировать ammonisieren *(Düngemittel)*
аммоний m *(Ch)* Ammonium n
аммонийный *(Ch)* Ammon[ium]...
аммонит m Ammonit n *(Sprengstoff)*
амортизатор m 1. Dämpfer m, Puffer m; Puffervorrichtung f; 2. *(Kfz)* Schwingungsdämpfer m, Stoßdämpfer m; 3. *(El)* Dämpfungsglied n, Dämpfungselement n ‖ ~/гидравлический hydraulischer Schwingungsdämpfer m, Flüssigkeitsschwingungsdämpfer m ‖ ~/гидропневматический Öl-Luft-Schwingungsdämpfer m, [kombinierter] hydropneumatischer Schwingungsdämpfer m ‖ ~/двустороннего действия doppeltwirkender Schwingungsdämpfer m, Zweiweg-Schwingungsdämpfer m ‖ ~/масляный Ölschwingungsdämpfer m ‖ ~/механический s. ~/фрикционный ‖ ~/одностороннего действия einfachwirkender Schwingungsdämpfer m, Einweg-Schwingungsdämpfer m ‖ ~/пневматический pneumatischer Schwingungsdämpfer ‖ ~/пружинный s. ~/рессорный ‖ ~/резиновый Gummipuffer m, Gummidämpfer m ‖ ~/рессорный Federschwingungsdämpfer m ‖ ~ трения s. ~/фрикционный ‖ ~/фрикционный Reibungsschwingungsdämpfer m ‖ ~/фрикционный пружинный Reibungsfederdämpfer m
амортизация f Dämpfung f, Stoßdämpfung f, Abfederung f, Abschwächung f
амортизировать dämpfen, abschwächen
аморфность f Amorphie f, Gestaltlosigkeit f
аморфный amorph, gefügelos, strukturlos; unkristallin
АМП s. микропроцессор/ассоциативный
ампер m *(El)* Ampere n, A ‖ ~ на квадратный метр Ampere n je Quadratmeter, A/m^2 *(Einheit der elektrischen Stromdichte)* ‖ ~ на метр Ampere n je Meter, A/m *(SI-Einheit der magnetischen Feldstärke)*
ампер-весы pl *(El)* Stromwaage f
ампер-витки mpl *(El)* Amperewindungen fpl, magnetische Durchflutung f ‖ ~/вторичные sekundäre Amperewindungen fpl ‖ ~/первичные primäre Amperewindungen fpl ‖ ~/противодействующие Gegenamperewindungen fpl, magnetische Gegendurchflutung f ‖ ~ ротора magnetische Läuferdurchflutung f ‖ ~ статора magnetische Ständerdurchflutung f ‖ ~ якоря magnetische Ankerdurchflutung f
ампервольтваттметр m *(El)* Strom-Spannungs-Leistungsmesser m
ампервольтметр m *(El)* Stromspannungsmesser m, Strom- und Spannungsmesser m
ампервольтомметр m *(El)* Strom-Spannungs-Widerstands-Messer m
амперметр m Amperemeter m, Strommesser m ‖ ~/антенный Antennenstrommesser m ‖ ~/выпрямительный Gleichrichterstrommesser m ‖ ~/высоковольтный Hochspannungsstrommesser m ‖ ~/индукционный Induktionsstrommesser m ‖ ~/многодиапазонный (многопредельный) Vielbereichstrommesser m, Vielfachstrommesser m ‖ ~/регистрирующий

Registrierstrommesser *m* ‖ ~ **с подвижной катушкой** [/**магнитоэлектрический**] Drehspulstrommesser *m* ‖ ~ **с подвижным магнитом** [/**магнитоэлектрический**] Drehmagnetstrommesser *m* ‖ ~/**тепловой** Hitzdrahtstrommesser *m* ‖ ~/**ферродинамический** ferrodynamischer (eisengeschlossener elektrodynamischer) Strommesser *m* ‖ ~/**фотоэлектрический** Photostrommesser *m* ‖ ~/**щитовой** Schalttafelstrommesser *m* ‖ ~/**электродинамический** elektrodynamischer (dynamometrischer, elektrodynamometrischer) Strommesser *m* ‖ ~/**электромагнитный** elektromagnetischer Strommesser *m*, Dreheisenstrommesser *m*, Weicheisenstrommesser *m* ‖ ~/**эталонный** Normalstrommesser *m*
ампермет-вольтметр *m s.* амперво́льтметр
амперометрия *f (Ch)* Amperometrie *f*, amperometrische Titration *f*
амперметровый Amperemeter…, Strommesser…
амперсанд *m (Inf)* kommerzielles UND-Zeichen *n*, Ampersandzeichen *n*
ампер-секунда *f (El)* Amperesekunde *f*, As, Coulomb *n*, C
ампер-час *m (El)* Amperestunde *f*, Ah
амплидин *m (El)* Amplidyne *f*, Amplidyne[verstärker]maschine *f*
амплидинный Amplidyne…
амплитуда *f* 1. Amplitude *f*, Weite *f* (*z. B. einer Schwingung*); 2. Ausschlag *m*, Bereich *m* ‖ ~ **биения** (*Ph*) Schwebungsamplitude *f* ‖ ~ **бортовой качки** (*Schiff*) Rollamplitude *f* ‖ ~ **взброса** *s.* ~ сброса ‖ ~ **возбуждения** (*El*) Erregungsamplitude *f*, Erregeramplitude *f* ‖ ~ **возмущения** (*El*) Störamplitude *f* ‖ ~ **волны** (*Ph*) Wellenamplitude *f*, Wellenweite *f* ‖ ~ **деформации** (*Wkst*) Verformungsamplitude *f* (*Dauerschwingungsversuch*) ‖ ~ **знакопеременных напряжений** (*Wkst*) Wechselamplitude *f* ‖ ~ **импульса** Impulsamplitude *f*, Impulshöhe *f* ‖ ~ **качаний** *s.* ~ колебания ‖ ~ **качки** (*Schiff*) Rollamplitude *f* ‖ ~ **колебаний силы света** Lichtwelligkeit *f*, Welligkeit *f* (*des Lichtes*) ‖ ~ **колебания** Amplitude *f*, Schwingungsamplitude *f*, Schwingungsweite *f*, Schwingungsausschlag *m* ‖ ~ **нагрузки** (*Wkst*) Lastamplitude *f* ‖ ~/**наибольшая** Maximalamplitude *f* ‖ ~ **напряжения** 1. (*El*) Spannungsamplitude *f*; 2. (*Wkst*) Spannungsausschlag *m* ‖ ~ **несущей** [**волны**] (*El*) Amplitude *f* der Trägerfrequenz, Trägeramplitude *f* ‖ ~ **основной волны** (*El*) Grundwellenamplitude *f* ‖ ~ **первой гармоники** (*El*) Amplitude *f* der ersten Harmonischen, Grundamplitude *f* ‖ ~ **полезного сигнала** (*El*) Nutzamplitude *f* ‖ ~ **помехи** (*El*) Störamplitude *f* ‖ ~/**постоянная** konstante Amplitude *f* ‖ ~ **развёртки** (*Eln*) Kippamplitude *f*, Ablenkweite *f*, Impulshöhe *f* ‖ ~ **рассеяния** Streuamplitude *f* ‖ ~ **речи** (*Nrt*) Sprachamplitude *f* ‖ ~ **рыскания** (*Schiff*) Gieramplitude *f* ‖ ~ **сброса** (*Geol*) Sprunghöhe *f* ‖ ~ **сброса**/**вертикальная** seigere Sprunghöhe *f*, vertikaler Verschiebungsbetrag *m* ‖ ~ **сброса**/**горизонтальная** horizontaler Verschiebungsbetrag *m* ‖ ~ **сброса**/**истинная (наклонная)** wahre Sprunghöhe *f*, wahrer Verschiebungsbetrag *m* ‖ ~ **сброса**/**стратиграфическая** stratigraphische Sprunghöhe *f* ‖ ~ **тока** (*El*) Stromamplitude *f* ‖ ~ **уровня воды** (*Hydt*) Spiegelausschlag *m* (*Wasserspiegel*) ‖ ~ **цикла** (*Wkst*) Amplitude *f*, Ausschlag *m*, zweifache Schwingungsspannung *f* ‖ ~/**шумовая** (*Eln*) Rauschamplitude *f* ‖ ~/**экологическая** ökologische Amplitude *f*
амплитудно-зависимый amplitudenabhängig
амплитудно-импульсный Impulsamplituden…, Pulsamplituden…
амплитудно-модулированный amplitudenmoduliert, AM-…
амплитудный Amplituden…
ампула *f* 1. (*Meß*) Libelle *f*; 2. Ampulle *f* ‖ ~/**сферическая** Dosenlibelle *f* ‖ ~/**трубчатая** Röhrenlibelle *f*
АМС *s.* 1. станция/автоматическая межпланетная; 2. метеослужба/авиационная
амфибия *f* 1. Amphibienfahrzeug *n*; 2. Amphibienflugzeug *n* ‖ ~ **на воздушной подушке** Luftkissen-Amphibienschiff *n*
амфибол *m s.* амфиболы
амфибол-асбест *m (Min)* Amphibolasbest *m*, Hornblendeasbest *m*
амфиболит *m (Geol)* Amphibolit *m* (*metamorphes Gestein*) ‖ ~/**сланцеватый** *s.* сланец/роговообманковый
амфиболы *mpl (Min)* Amphibole *mpl*, Hornblenden *fpl* ‖ ~/**щелочные** Alkaliamphibole *mpl*
амфион *m s.* ион/амфотерный
амфолит *m (Ch, Ph)* Ampholyt *m*, amphoterer Elektrolyt *m*
амфотерность *f (Ch, Ph)* amphoteres Verhalten *n*, Amphoterie *f*
амфотерный (*Ch, Ph*) amphoter
анабатический (*Meteo*) anabatisch, aufsteigend (*Wind*)
анализ *m* 1. Analyse *f*; Untersuchung *f*; 2. (*Math*) Analysis *f* ‖ ~/**абсорбционный** [**спектральный**] (*Ch*) Absorptions[spektral]analyse *f* ‖ ~/**адсорбционный** (*Ch*) Adsorptionsanalyse *f* ‖ ~/**активационный** (*Ch*) Aktivierungsanalyse *f* ‖ ~ **атомный спектральный** Atom[absorptions]spektralanalyse *f* ‖ ~/**бактериельный** bakterielle Analyse *f* ‖ ~/**векторный** (*Math*) Vektoranalysis *f* ‖ ~/**весовой** (*Ch*) Gravimetrie *f*, Masseanalyse *f* ‖ ~ **взрывом** Explosionsanalyse *f* ‖ ~ **временных рядов** (*Math*) Zeitreihenanalyse *f* ‖ ~ **газовый** (*Ch*) Gasanalyse *f* ‖ ~/**гармонический** 1. (*Rf*) Frequenzanalyse *f*; 2. (*Ph*) Fourier-Analyse *f*, harmonische Analyse *f* ‖ ~/**градостроительный** städtebauliche Analyse *f* ‖ ~/**гранулометрический** Korngrößenanalyse *f*, Korngrößenbestimmung *f* ‖ ~/**групповой** (*Ch*) Gruppenanalyse *f* ‖ ~ **данных** Datenanalyse *f*, Datenauswertung *f* ‖ ~/**двухмерный численный** (*Eln*) zweidimensionale numerische Analyse *f* (*von Bipolarstrukturen*) ‖ ~ **деятельности** (*Kyb*) Aktivitätsanalyse *f* ‖ ~/**дисперсионный** 1. (*Math*) Varianzanalyse *f*, Streuungszerlegung *f* (*Statistik*); 2. (*Ch*) Dispersionsanalyse *f*, Dispersoidanalyse *f* ‖ ~/**дифракционный структурный** (*Krist*) Beugungsstrukturanalyse *f* ‖ ~/**дифференциальный термический** (*Krist*) Differentialthermoanalyse *f* ‖ ~/**дифференциальный термовесовой** (**термогравиметрический**) (*Krist*) Differentialthermogravimetrieanalyse *f* ‖ ~ **допусков** (*Kern*) Toleranzanalyse *f* ‖

анализ

~ **дымовых газов** Rauchgasanalyse f II ~ **зернистости** s. ~/**гранулометрический** II ~ **излучения** Strahlungsanalyse f II ~/**изотопно-спектральный** Isotopenspektralanalyse f II ~/**изотопный** Indikatoranalyse f, Isotopenverfahren n II ~/**иммерсионный** Immersionsmethode f, Einbettungsmethode f (zur Bestimmung von Brechungszahlen) II ~ **каналовых лучей** (Ph) Kanalstrahlenanalyse f II ~/**капельный** (Ch, Met) Tüpfelanalyse f II ~/**качественный** (Ch) qualitative Analyse f II ~ **качественный спектральный** qualitative Spektralanalyse f II ~ **колебаний/гармонический** (El, Ph) harmonische Schwingungsanalyse f, Fourier-Analyse f II ~/**количественный** (Ch) quantitative Analyse f II ~ **количественный/спектральный** quantitative Spektralanalyse f II ~/**колориметрический** kolorimetrische Analyse f II ~/**корреляционный** (Math) Korrelationsanalyse f II ~ **контекста** (Inf) Kontextanalyse f II ~ **кристалла/структурный** Kristallstrukturanalyse f II ~/**кристаллохимический** kristallchemische Analyse f II ~/**лазерный эмиссионный микроспектральный** Laser-Mikroemissionsspektralanalyse f II ~/**лингвистический** (Inf) Sprachanalyse f II ~/**локальный эмиссионно-спектральный** Lokalemissionsspektralanalyse f II ~ **люминесцентный** /**спектральный** Lumineszenzspektralanalyse f II ~/**магнитоструктурный** (Wkst) Magnetstrukturanalyse f II ~/**макрорентгеноструктурный** (Wkst) Röntgengrobstrukturuntersuchung f II ~/**макроскопический** (Wkst) Grobstrukturuntersuchung f II ~/**массовый** (Ch) Massenanalyse f, Serienanalyse f II ~/**математический** Analysis f II ~ **материалов** Werkstoffanalyse f II ~ **методом осаждения** Fällungs[maß]analyse f II ~ **методом отмучивания/гранулометрический** Schlämmanalyse f, Korngrößenanalyse f durch Abschlämmen (Bestimmung feiner Gesteinskorngrößen nach der Sedimentationsgeschwindigkeit) II ~/**микрокристаллоскопический** kristalloskopische Mikroanalyse f, Mikrokristalloskopie f II ~/**микрорентгеноструктурный** (Wkst) Röntgenfeinstrukturuntersuchung f II ~/**микроскопический** mikroskopische Untersuchung (Analyse) f, Mikroanalyse f; Mikroskopieren n II ~/**микрохимический** chemische Mikroanalyse f II ~/**минералогический** mineralogische Analyse f, Mineralanalyse f II ~/**модальный** Modalanalyse f II ~ **мокрым путём** (Ch) Naßanalyse f II ~ **монокристаллов/рентгеноструктурный** (Wkst) Röntgen-Feinstrukturuntersuchung f von Einkristallen; Laue-Verfahren n II ~/**нефелометрический** (Ch) nephelometrische Analyse f, Nephelometrie f II ~/**объёмный** (Ch) volumetrische (titrimetrische) Analyse f, Maßanalyse f, Volumetrie f, Titrimetrie f II ~/**одиночный** Einzelanalyse f II ~/**одномерный численный** (Eln) eindimensionale numerische Analyse f (von Bipolarstrukturen) II ~ **осаждением** s. ~ методом осаждения II ~ **отказов** Ausfallanalyse f (Zuverlässigkeit) II ~ **отмучивания/гранулометрический** s. ~ методом отмучивания/гранулометрический II ~ **ошибок** Fehleranalyse f II ~ **по методу порошков/рентгеноструктурный** (Wkst) Röntgen-Feinstrukturuntersuchung f vielkristalliner (polykristalliner) Körper; Debye-Scherrer-Verfahren n II ~ **по Ферми** (Ph) Fermi-Analyse f II ~ **поликристаллических тел/рентгеноструктурный** (Met) Röntgen-Feinstrukturuntersuchung f vielkristalliner (polykristalliner) Körper, Debye-Scherrer-Verfahren n II ~/**полярографический** (Ph, Ch, Krist) polarographische Analyse f, Polarographie f II ~/**потенциометрический** (Ch) potentiometrische Analyse f, Potentiometrie f II ~ **почвы** Bodenanalyse f II ~ **продуктов деления** (Kern) Spaltproduktanalyse f II ~/**радиоактивационный** Aktivierungsanalyse f II ~/**радиометрический** radiometrische Analyse f II ~/**радиохимический** radiochemische Analyse f II ~/**ранговый корреляционный** (Math) Rangkorrelationsanalyse f II ~/**регрессионный** Regressionsanalyse f (Statistik) II ~/**рентгеновский** Röntgenanalyse f II ~/**рентгеновский структурный** II ~/**рентгенодифракционный** Röntgendiffraktionsanalyse f II ~/**рентгеноспектральный** Röntgenspektralanalyse f II ~/**рентгеноструктурный** (Krist, Wkst) Röntgen[fein]strukturanalyse f, Röntgenkristallstrukturanalyse f II ~/**рентгенофазовый** (Krist) röntgenographische Phasenanalyse (Gemischanalyse) f II ~ **с осаждением** s. ~ методом осаждения II ~/**седиментационный (седиментометрический)** (Ch) Sedimentationsanalyse f II ~/**сейсмический** seismische Analyse f II ~/**сетки** Netzwerkanalyse f II ~ **сжиганием** (Ch) Verbrennungsanalyse f II ~ **сил трения** Reibungsanalyse f II ~/**синоптический** (Meteo) Wetteranalyse f II ~/**синтактический** (Inf) syntaktische Analyse f II ~ **системы** (Kyb) Systemanalyse f II ~ **системы электрических цепей** Netzwerkanalyse f II ~/**ситовый** Siebanalyse f (s. a. ~ гранулометрический) II ~/**ситовый гранулометрический** Korngrößenanalyse (Korngrößenbestimmung) f nach dem Siebverfahren, Siebanalyse f (für Gesteine) II ~/**спектральный** Spektralanalyse f II ~ **сточных вод** Abwasseranalyse f II ~/**структурный** Strukturanalyse f II ~ **сухим путём** (Ch) Trockenanalyse f II ~ **текста** (Inf) Textanalyse f II ~/**текстурная** (Ph) Texturanalyse f II ~/**тепловой** s. ~/термический ~/**термический** Thermoanalyse f, thermische Analyse f II ~ **термов** (Kern) Thermalanalyse f II ~/**термовесовой** s. ~/термогравиметрический ~/**термогравиметрический** (Ch) thermogravimetrische Analyse f II ~ **технологических методов** Technologieanalyse f II ~/**титриметрический** s. ~/объёмный II ~/**фазовый** (Ph) Phasenanalyse f, Streuphasenanalyse f, Analyse f der Phasenverschiebungen (Quantenphysik) II ~/**фациальный** (Geol) Faziesanalyse f II ~ **Ферми** (Kern) Fermi-Analyse f II ~ **фотолюминесцентный** Photolumineszenzanalyse f II ~/**фотометрический** photometrische Analyse f II ~ **фракционного состава** Korngrößenanalyse f II ~/**фракционный** s. ~/гранулометрический II ~/**функциональный** (Math) Funktionsanalysis f II ~ **Фурье** s. ~/гармонический 2. II ~/**хроматографический адсорбционный** Adsorptionschromatographie f, chromatographische Adsorptionsanalyse f II ~ **цепей** (El) Stromkreisanalyse f ‖ ~/**частотный** (Rf) Frequenz[gang]analyse f ‖ ~ **чувствительности** (Kyb) Sensitivitätsanalyse f ‖ ~/**шлиховой (шлихо-минералогический)** (Geol) Schlichanalyse f ‖ ~/**экологический** ökologische Analyse f, Analyse f des ökologischen Zustandes ‖ ~/**экспрессный** Schnellanalyse f, Schnellbestimmung f ‖ ~ **электрических цепей** (El) Stromkreisanalyse f ‖ ~/**электровесовой** (Ch) elektrolytische Masseanalyse f, elektrogravimetrische Analyse f ‖ ~/**элементарный** Elementaranalyse f ‖ ~/**элементарный органический** organische Elementaranalyse f ‖ ~/**эмиссионный** s. спектроскопия/эмиссионная ‖ ~/**эмиссионный спектральный** Emissionsspektralanalyse f

анализатор m Analysator m ‖ ~ **аварий** Crash-Analyser m ‖ ~/**временной** (Kern) Flugzeitanalysator m, Laufzeitanalysator m ‖ ~/**высокочастотный** (Ph) Hochfrequenzanalysator m ‖ ~ **гармоник** Oberwellenanalysator m ‖ ~/**гармонический** harmonischer Analysator m, Fourier-Analysator m ‖ ~ **данных** Auswertegerät n ‖ ~ **импульсов** Impulsanalysator m ‖ ~ **импульсов/амплитудный** Impuls[höhen]analysator m, Impulsamplitudenanalysator m, Amplitudenanalysator m ‖ ~ **импульсов/многоканаловый** Mehrkanal-Impulshöhenanalysator m, Vielkanal-Impulshöhenanalysator m ‖ ~/**логический** (Inf) Logikanalysator m ‖ ~/**магнитный** (Ph) magnetischer Analysator m, Magnetanalysator m ‖ ~/**многоканальный** (Ph) Mehrkanalanalysator m, Vielkanalanalysator m ‖ ~/**низкочастотный** (El) Niederfrequenzanalysator m ‖ ~/**одноканальный** (Ph) Einkanalanalysator m ‖ ~ **по массе** Massenanalysator m ‖ ~/**поточный** Durchlaufanalysator m ‖ ~ **спектра** Spektralanalysator m ‖ ~ **спектра звуковых частот** (El) Tonfrequenzanalysator m ‖ ~/**схемный** (El) Schaltungsanalysator m ‖ ~/**титрирующий** (Ch) Titrierautomat m ‖ ~ **Фурье** s. ~/гармонический ‖ ~ **цепей** Netzwerkanalysator m ‖ ~ **цифровой дифференциальный** (Inf) digitaler Differentialanalysator m ‖ ~ **частот** Frequenzanalysator m ‖ ~ **Шерли** Shirley-Analysator m

аналог m 1. Analog[on] n; 2. Vergleichstyp m

аналогия f Analogie f, Ähnlichkeit f, Gleichartigkeit f ‖ ~/**гидравлическая** (Mech) hydraulische Analogie f ‖ ~/**динамическая** dynamische Analogie f ‖ ~/**электрическая** elektrische Analogie f, Elektroanalogie f ‖ ~/**электроакустическая** elektroakustische Analogie f ‖ ~/**электротепловая** Elektro-Wärme-Analogie f

аналогово-цифровой analog-digital, Analog-Digital-...

аналоговый analog, Analog[ie]...

анальцим m (Min) Analcim m

анатаз m (Min) Anatas m

анатексис m (Geol) Anatexis f (ultrametamorpher Prozeß)

анатектиты mpl (Geol) Anatexite mpl

ангар m Hangar m, Flugzeughalle f ‖ ~/**вертолётный** m Hubschrauberhangar m ‖ ~/**самолётный** s. ангар ‖ ~/**сборочный** Montagehalle f für Flugzeuge

ангидрид m (Ch) Anhydrid n ‖ ~/**кислотный** Säureanhydrid n ‖ ~/**смешанный** gemischtes Anhydrid n ‖ ~/**угольный** Kohlendioxid n, Kohlensäureanhydrid n

ангидризация f (Ch) Anhydrisieren n, Anhydrisierung f

ангидрит m 1. (Ch) Anhydrit n; 2. (Min) Anhydrit m

угледозер m s. бульдозер с поворотным отвалом

англезит m (Min) Anglesit m (sekundäres Bleimineral)

ангоб m (Ker) Engobe f, Begußmasse f, Angußmasse f

ангобаж m (Ker) Engobieren n

ангобирование n (Ker) Engobieren n

ангобировать (Ker) engobieren

ангстрем m (Ph) Ångström n, (SI-fremde Einheit der Länge)

андалузит m (Min) Andalusit m

андезин m (Min) Andesin m (trikliner Feldspat)

андезит m (Geol) Andesit m ‖ ~/**кварцевый** Quarzandesit m

андерсонит m Andersonit m (sekundäres Uranmineral)

андратит m (Min) Andratit m (Granat)

Андромедиды pl (Astr) Andromediden pl (Meteorstrom)

анемограмма f (Meteo) Anemogramm f

анемограф m (Meteo) Anemograph m, Windschreiber m, Windregistriergerät n ‖ ~ **Дайнса** 1. Böenschreiber m, Universalwindmeßgerät n; 2. Staudruckanemograph m

анемоклинограф m (Meteo) Anemoklinograph m

анемометр m 1. (Meß) Geschwindigkeitsmesser m (von Strömungen); 2. (Meteo) Anemometer n, Windmesser m, Windmeßgerät n ‖ ~/**аэродинамический** Staurohranemometer n, Böenschreiber m ‖ ~/**вращающийся** Propelleranemometer n ‖ ~/**дистанционный** fernregistrierendes Anemometer n ‖ ~/**крыльчатый** Flügelradanemometer n, Windradanemometer n ‖ ~/**лазерный доплеровский** Laser-Doppler-Anemometer n ‖ ~/**лопастный** Schaufelradanemometer n, Flügelradanemometer n ‖ ~/**манометрический** s. ~/аэродинамический ‖ ~/**маятниковый** Pendelanemometer n ‖ ~ **с вертушкой** Rotationsanemometer n ‖ ~ **с маятником** Pendelanemometer n ‖ ~ **с мельничной вертушкой** Flügelradanemometer n ‖ ~ **с пластинкой** Druckplattenanemometer n ‖ ~/**самопишущий** registrierendes Anemometer n, Anemograph m ‖ ~/**тепловой** Hitzdrahtanemometer n ‖ ~/**чашечный** Schalenkreuzanemometer n, Schalensternanemometer n

анемометрия f (Meteo) Anemometrie f

анеморумбограф m (Meteo) Windregistriergerät n (für Windstärke und Windrichtung)

анемоскоп m (Meteo) Anemoskop n, Windanzeigegerät n

аэроид m (Meteo) Aneroid n, Aneroidbarometer n, Federbarometer n, Dosenbarometer n, Metallbarometer n, Federdruckmesser n

анизотропия f (Ph) Anisotropie f ‖ ~/**магнитная** magnetische Anisotropie f, Anisotropie f der Suszeptibilität ‖ ~/**магнитоупругая** Spannungsanisotropie f ‖ ~/**местная** lokale Anisotropie f ‖ ~/**одноосная магнитная** einachsige (uniaxiale) Anisotropie f ‖ ~/**однородная** homogene

анизотропия

Anisotropie f ǁ ~/**оптическая** optische Anisotropie f, Anisotropie f des optischen Verhaltens ǁ ~ **проводимости** (El) Leitfähigkeitsanisotropie f ǁ ~ **рассеяния** Anisotropie f der Streuung f ǁ ~ **сейсмическая** (Geoph) seismische Anisotropie f ǁ ~ **скорости** (Geoph) Geschwindigkeitsanisotropie f
анизотропность f s. анизотропия
анизотропный anisotrop
анилин m (Ch) Anilin n, Aminobenzen n, Aminobenzol n, Phenylamin n ǁ ~/**технический** technisches Anilin n, Anilinöl n ǁ ~/**чёрный** Anilinschwarz n
анилиновый (Ch) Anilin...
анилинокрасочный (Ch) Anilinfarben...
анион m (Ch, Ph) Anion n ǁ ~/**обменный** Austauschanion n, austauschbares Anion n
анионирование n [воды] Wasserenthärtung f durch Anionenaustausch
анионит m s. анионообменник
анионоактивный (Ch, Ph) anion[kapillar]aktiv
анионообменник m Anionenaustauscher m
анкер m 1. (Bw) Anker m, Zuganker m; 2. (Bgb) Anker m (Ausbau); 3. Anker m (einer Uhr) ǁ ~/**винтовой** (Bgb) Schraubenanker m ǁ ~/**деревянный** (Bgb) Holzanker m ǁ ~/**железобетонный** (Bgb) Stahlbetonanker m ǁ ~/**клиновой** (Bgb) Keilanker m ǁ ~/**клинощелевой** (Bgb) Schlitzkeilanker m ǁ ~/**металлический** (Bgb) Metallanker m ǁ ~/**натяжной** (Bw) Zuganker m ǁ ~/**полимерный** (Bgb) Kunststoffklebeanker m ǁ ~/**распорный** 1. (Bw) Sperranker m; 2. (Bgb) Spreizanker m ǁ ~ **с оттяжкой** (Bw) Drahtanker m, Abspannanker m ǁ ~/**трубчатый** (Bgb) Rohranker m
анкераж m (Bw) Verankerung f ǁ ~/**регулируемый** nachstellbare Verankerung f
анкерит m (Min) Ankerit m, Braunspat m
анкерование n (Bgb) Ankern n, Ausbauen n mit Ankern
анкеровать verankern; abspannen, durch Ankerdraht festlegen (Fahrdraht)
анкеровка f Verankerung f, Abspannung f ǁ ~/**концевая** Endabspannung f ǁ ~ **оттяжки** Abspannbund m ǁ ~/**регулируемая** nachstellbare Verankerung f
аннабергит m (Min) Annabergit m, Nickelblüte f
анналит m (Min) Annalith m
аннигилировать (Kern) zerstrahlen
аннигиляция f (Kern) Annihilation f, Zerstrahlung f, Paarvernichtung f ǁ ~/**двухквантовая** Zweiquantenzerstrahlung f, Zweiquantenvernichtung f ǁ ~/**одноквантовая** Einquantenzerstrahlung f, Einquantenvernichtung f
аннулирование n Streichung f, Ungültigmachung f
анод m (El) Anode f ǁ ~/**вращающийся** rotierende Anode f, Drehanode f ǁ ~/**вспомогательный** Hilfsanode f ǁ ~/**выносной** Stielanode f ǁ ~/**гетеродинный** Oszillatoranode f ǁ ~/**главный** Hauptanode f ǁ ~/**графитовый** Graphitanode f ǁ ~/**дежурный** Hilfsanode f, Nebenanode f ǁ ~/**дисковый** Scheibenanode f ǁ ~/**жертвенный** Opferanode f, selbstverzehrende Schutzanode f ǁ ~/**зажигающий (запальный)** Zündanode f ǁ ~/**кольцевой** Ringanode f ǁ ~/**массивный** Blockanode f, blockförmige Anode f ǁ

30

~/**многощелевой** Mehrschlitzanode f ǁ ~/**наращиваемый** kontinuierliche Anode f ǁ ~/**непрерывного действия** kontinuierliche Anode f ǁ ~/**неразрезной** s. ~/сплошной ǁ ~/**основной** Hauptanode f ǁ ~/**первый** erste Anode f, Sauganode f (Elektronenstrahlröhre) ǁ ~/**погружённый графитовый** Graphittauchanode f (Quecksilberdampfgleichrichter) ǁ ~/**поджигающий** Zündanode f ǁ ~ **послеускорения** Nachbeschleunigungsanode f ǁ ~/**пусковой** Anlaßanode f ǁ ~/**рабочий** Arbeitsanode f ǁ ~/**разрезной** Schlitzanode f (Elektronenröhre) ǁ ~/**ртутный** Quecksilberanode f ǁ ~ **с водяным охлаждением** wassergekühlte Anode f ǁ ~ **с воздушным охлаждением** luftgekühlte Anode f ǁ ~ **с естественным охлаждением** Anode f mit Selbstkühlung (natürlicher Kühlung) ǁ ~ **с лучистым охлаждением** strahlungsgekühlte Anode f ǁ ~/**сетчатый** Netzanode f (einer Ziffernanzeigeröhre) ǁ ~/**сплошной** Vollanode f, ungeschlitzte Anode f ǁ ~/**угольный** Kohleanode f ǁ ~/**ускоряющий** Beschleunigungsanode f ǁ ~/**фокусирующий** Fokussier[ungs]anode f, Sammelanode f
анодизация f s. анодирование
анодирование n (Ch, Met) Anodisieren n, anodische (elektrochemische, elektrolytische) Oxidation f ǁ ~ **алюминия** Aloxidieren n, Eloxieren n ǁ ~/**твёрдое** Hartanodisieren f, Hartoxidation f
анодировать (Ch, Met) anodisieren, anodisch (elektrochemisch, elektrolytisch) oxidieren ǁ ~ **алюминий** aloxidieren, eloxieren
анодный anodisch, Anoden...
анододержатель m Anodenhalter m, Anodenträger m (NE-Metallurgie)
анодолюминесценция f (Ph) Anodolumineszenz f
аноксит m (Min) Anauxit m (Tonmineral)
анолит m Anolyt m, anodischer Elektrolyt m (Elektrolyse)
аномалия f Anomalie f, Regelwidrigkeit f, Störung f ǁ ~ **включения** (Inf) Einfügungsanomalie f ǁ ~ **гравиметрическая (гравитационная)** s. ~ силы тяжести ǁ ~/**истинная** (Astr) wahre Anomalie f ǁ ~/**магнитная** (Geoph) magnetische Anomalie f, Anomalie f des Erdmagnetismus ǁ ~ **направления** Richtungstörung f, Richtungsanomalie f ǁ ~/**оптическая** (Krist) optische Anomalie f ǁ ~ **силы тяжести** (Geoph) Schwereanomalie f, Anomalie f der Schwerkraft ǁ ~/**средняя** (Astr) mittlere Anomalie f ǁ ~ **тяжести** s. силы тяжести ǁ ~/**фазовая** s. ~ фазы ǁ ~ **фазы** (Ph, Opt) Phasenanomalie f, Phasensprung m ǁ ~/**эксцентрическая** (Astr) exzentrische Anomalie f
аномер m (Ch) Anomer n (Stereoisomer)
анортит m (Min) Anorthit m, Kalkfeldspat m (Plagioklas)
анортозит m (Geol) Anorthosit m (Gestein der Gabbrogruppe)
анортоклаз m (Min) Anorthoklas m (Plagioklas)
антеклиза f (Geol) Anteklise f
антенна f Antenne f, Strahler m ǁ ~/**аварийная** Notantenne f ǁ ~/**автомобильная [радиовещательная]** Autoantenne f, Kraftfahrzeugantenne f ǁ ~/**активная** aktive Antenne f, aktiver Strahler m ǁ ~/**антифединговая** schwundmin-

dernde Antenne *f* ‖ ~ **бегущей волны** Wanderwellenantenne *f* ‖ ~/**биконическая** *s.* ~/**двухконусная** ‖ ~/**бортовая** Bordantenne *f* ‖ ~ **верхнего питания** obengespeiste Antenne *f* ‖ ~/**вибраторная** Dipolantenne *f*, Dipol *m* ‖ ~/**висячая** freihängende Antenne *f*, Schleppantenne *f* ‖ ~/**вмонтированная** *s.* ~/**встроенная** ‖ ~/**внешняя** Außenantenne *f* ‖ ~/**внутренняя** Innenantenne *f* ‖ ~/**воздушная** Hochantenne *f* ‖ ~/**волноводная** Hohlleiterantenne *f* ‖ ~/**вращающаяся** Drehantenne *f* ‖ ~/**вращающаяся направленная** Drehrichtantenne *f*, Drehrichtstrahler *m* ‖ ~/**вращающаяся рамочная** Drehrahmenantenne *f* ‖ ~/**всенаправленная** *s.* ~/**ненаправленная** ‖ ~/**вспомогательная** Hilfsantenne *f*, Behelfsantenne *f* ‖ ~/**встроенная** Einbauantenne *f*, Gehäuseantenne *f* ‖ ~/**горизонтальная** Horizontalantenne *f* ‖ ~/**горизонтальная треугольная** horizontale Delta-Loop-Antenne *f* ‖ ~/**двойная V-образная** Doppel-V-Antenne *f*, X-Antenne *f*, Spreizdipol *m* ‖ ~/**двухзеркальная параболическая** Zweispiegelparabolantenne *f*, Doppelkonusantenne *f*, Doppelkegelantenne *f* ‖ ~/**диапазонная** Bereichsantenne *f*, Bandantenne *f* ‖ ~/**дипольная** Dipol *m*, Dipolantenne *f* ‖ ~/**директорная** *s.* ~ Яги ‖ ~/**длинноволновая** Langwellenantenne *f* ‖ ~/**зеркальная** Spiegelantenne *f* ‖ ~/**зондовая** Sondenantenne *f* ‖ ~/**зонтичная** Schirmantenne *f* ‖ ~/**измерительная** Meßantenne *f* ‖ ~/**икс-образная** *s.* ~/**двойная V-образная** ‖ ~/**Кассегрена** Cassegrain-Antenne *f* ‖ ~/**квадрупольная** Quadrupolantenne *f* ‖ ~/**коаксиальная** Koaxialantenne *f* ‖ ~/**коллективная** Gemeinschaftsantenne *f* ‖ ~/**кольцевая** Ringdipol *m*, Ring[dipol]antenne *f* ‖ ~/**комнатная** Zimmerantenne *f* ‖ ~/**конусная** Konusantenne *f*, Kegelantenne *f* ‖ ~/**коротковолновая** Kurzwellenantenne *f* ‖ ~ **кругового обзора (поиска)** Rundsuchantenne *f* ‖ ~/**линзовая** Linsenantenne *f* ‖ ~/**магнитная** Magnetantenne *f* ‖ ~ **Маркони** Marconi-Antenne *f* ‖ ~/**мачтовая** Mastantenne *f* ‖ ~/**микроволновая** Mikrowellenantenne *f* ‖ ~/**многодиапазонная** Mehrbandantenne *f* ‖ ~/**многодипольная** Dipolgruppe *f*, Gruppenantenne *f* ‖ ~/**многолучевая (многопроводная)** Mehrleiterantenne *f*, Mehrdrahtantenne *f* ‖ ~/**многоугольная** Vieleckantenne *f* ‖ ~/**направленная** Richt[strahl]antenne *f*, Richtstrahler *m* ‖ ~/**направленная приёмная** Richtempfangsantenne *f* ‖ ~/**наружная** Außenantenne *f* ‖ ~/**ненаправленная** ungerichtete Antenne *f*, Rundstrahlantenne *f*, Rundstrahler *m* ‖ ~ **нижнего питания** Antenne *f* mit Fußpunktspeisung ‖ ~/**ночная** Nachtantenne *f* ‖ ~/**Г-образная** L-Antenne *f* ‖ ~/**Т-образная** T-Antenne *f* ‖ ~/**V-образная** V-Antenne *f*, ~/**X-образная** X-Antenne *f*, Doppel-V-Antenne *f*, Spreizdipol *m* ‖ ~/**одноволновая** Ganzwellenantenne *f* ‖ ~/**однонаправленная** einseitig gerichtete Antenne *f* ‖ ~/**остронаправленная** scharfbündelnde Antenne *f* ‖ ~/**параболическая** Parabolantenne *f* ‖ ~/**пеленгаторная** Peilantenne *f* ‖ ~/**передающая** Sendeantenne *f*, Strahler *m* ‖ ~/**плоская** Flächenantenne *f*, Flächenstrahler *m* ‖ ~/**поворотная** Drehantenne *f*

‖ ~ **подавления боковых лепестков** Antenne *f* zur Unterdrückung der Nebenzipfel, Antenne *f* zur Nebenkeulenunterdrückung ‖ ~/**полуволновая** Halbwellenantenne *f*, λ/2-Antenne *f* ‖ ~/**поисковая** Suchantenne *f* ‖ ~/**помехозащищённая** störungsarme (geräuscharme) Antenne *f* ‖ ~/**приёмная** Empfangsantenne *f* ‖ ~/**радиовещательная** Rundfunkantenne *f* ‖ ~/**радиолокационная** Radarantenne *f* ‖ ~/**рамочная** Rahmenantenne *f* ‖ ~/**решетчатая** Gitterantenne *f* ‖ ~/**ромбическая** Rhombusantenne *f* ‖ ~/**рупорная** Horn[strahler]antenne *f*, Hornstrahler *m*, Trichterantenne *f* ‖ ~/**рупорно-параболическая** Hornparabolantenne *f* ‖ ~/**сверхширокополосная** Ultrabreitbandantenne *f* ‖ ~/**сетевая** Netzantenne *f* ‖ ~/**сканирующая** Abtastantenne *f* ‖ ~/**скрещённая рамочная** Kreuzrahmenantenne *f* ‖ ~/**спиральная** Wendelantenne *f*, Spulenantenne *f*; Spiralantenne *f* ‖ ~/**средневолновая** Mittelwellenantenne *f* ‖ ~/**стержневая** Stabantenne *f* ‖ ~/**телевизионная** Fernsehantenne *f* ‖ ~/**телевизионная направленная** Fernsehrichtantenne *f* ‖ ~/**телеметрическая** Telemetrieantenne *f* ‖ ~/**телескопическая** Teleskopantenne *f* ‖ ~/**турникетная** Drehkreuzantenne *f*, Drehkreuzstrahler *m* ‖ ~ **Уда-Яги** *s.* ~ Яги ‖ ~/**ультракоротковолновая** Ultrakurzwellenantenne *f*, UKW-Antenne *f* ‖ ~/**ферритовая** Ferritantenne *f* ‖ ~/**цилиндрическая** Käfigantenne *f*, Reusenantenne *f* ‖ ~/**четвертьволновая** Viertelwellenantenne *f*, λ/4-Antenne *f*, λ/4-Strahler *m* ‖ ~/**широкополосная** Breitbandantenne *f* ‖ ~/**штыревая** Stabantenne *f*, Antennenstab *m* ‖ ~/**штыревая цилиндрическая** zylindrischer Antennenstab *m* ‖ ~/**щелевая** Schlitzantenne *f*, Schlitzstrahler *m* ‖ ~/**Эдкока** Adcock-Antenne *f* ‖ ~/**эталонная** Normalantenne *f*, Vergleichsantenne *f*, Bezugsantenne *f* ‖ ~ **Яги** Yagi-[Uda-]Antenne *f*
антенна-башня *f* Antennenturm *m*
антенна-диполь *f* Dipolantenne *f*, Dipol *m*
антенна-звёздочка *f* Sternantenne *f*
антенна-зонд *f* Sondenantenne *f*, Tastantenne *f*
антенна-квадруполь *f* Quadrupolantenne *f*
антенна-кольцо *f* Ringdipol *m*, Ring[dipol]antenne *f*
антенна-мачта *f* Mastantenne *f*
антиапекс *m (Astr)* Antapex *m*
антибаллоник *m s.* **баллоноограничитель/кольцевой**
антивергентность *f (Geol)* Antivergenz *f*
антивещество *n (Ph)* Antimaterie *f*
антивибратор *m* Schwingungsdämpfer *m*
антивспениватель *m* Antischaummittel *n*, Schaumdämpfungsmittel *n*, Entschäumer *m*, Schaumdämpfer *f*; Schaumverhütungsmittel *n* (Flotation)
антивуалент *m (Photo)* Antischleiermittel *n*, Klarhalter *m*
антивуалирующий *(Photo)* schleierverhütend, schleierverhindernd
антигорит *m (Min)* Antigorit *m*, Blätterserpentin *m* ‖ ~/**никелевый** Nickelantigorit *m*
антигризутность *f (Bgb)* Schlagwettersicherheit *f*
антигризутный *(Bgb)* schlagwettersicher

антидетонатор

антидетонатор *m* Antiklopfmittel *n (Kraftstoffzusatz)*
антидетонационность *f* Klopffestigkeit *f (von Kraftstoffen)*
антидетонационный klopffest *(Kraftstoffe)*
антидефект *m* по Шотки *(Krist)* Anti-Schottky-Defekt *m*, Anti-Schottky-Fehlordnung *f*
антиизотипия *f (Krist)* Antiisotypie *f*
антикатализ *m (Ch)* Antikatalyse *f*, negative Katalyse *f*, Inhibition *f*
антикатализатор *m (Ch)* Antikatalysator *m*, negativer Katalysator *m*, Inhibitor *m*
антикатод *m (El)* Antikathode *f*
антикаустика *f* Antikaustik *f*, sekundäre Kaustik *f*
антикварк *m (Kern)* Antiquark *n*
антиклиналь *f (Geol)* Antiklin[al]e *f*, Sattel *m* ‖ ~/структурно-инверсионная Schildkrötenstruktur *f*
антиклинорий *m (Geol)* Antiklinorium *n*
антикоагулянт *m*, антикоагулятор *m (Ch)* Antikoagulans *n*
антикоммутатор *m* Antikommutator *m (Quantenmechanik)*
антикоррозионный korrosionshemmend, antikorrosiv, Korrosionsschutz...; rostschützend, Rostschutz...
антилогарифм *m (Math)* Antilogarithmus *m*
антимагнитный antimagnetisch, unmagnetisch
антиматерия *f (Ph)* Antimaterie *f*
антимонат *m (Ch)* Antimonat *n*
антимонид *m (Ch)* Antimonid *n*
антимонит *m* 1. *(Ch)* Antimonit *n*, Antimonat(III) *n*; 2. *(Min)* Antimonit *m*, Antimonglanz *m*, Grauspießglanz *m*, Stibnit *m*
антимонитовый *(Ch)* Antimonit...
антинакипин *m* Kesselsteinlösemittel *n*
антинейтрино *n (Kern)* Antineutrino *n*
антинейтрон *m (Kern)* Antineutron *n*
антинуклон *m (Kern)* Antinukleon *n*
антиобледенитель *m* Enteisungsanlage *f*, Enteiser *m* ‖ ~/электротермический elektrisch beheizte Enteisungsanlage *f*
антиобледенительный Enteisungs...
антиозонант *m (Ch)* Antiozonans *n*, Ozonschutzmittel *n*
антиокислитель *m (Ch)* Antioxidationsmittel *n*, Antioxidans *n*, Antioxigen *n*
антиокислительный *(Ch)* antioxidativ
антиоксидант *m s. a.* антиокислитель
антипараллактический *(Opt)* parallaxenfrei
антипассат *m (Meteo)* Antipassat *m*
антипереполнение *n (Inf)* Bereichsunterschreitung *f (Diskette)*
антипод *m s.* ~/оптический ‖ ~/зеркальный *s.* ~/оптический ‖ ~/оптический [optischer] Antipode *m*, Spiegelbildisomer *n*, optisches Isomer *n*
антипротон *m (Kern)* Antiproton *n*, negatives Proton *n*
антирезонанс *m (El)* Antiresonanz *f*
антисегнетоэлектрик *m* Antiferroelektrikum *n*, antiferroelektrischer Stoff *m*
антисегнетоэлектрический antiferroelektrisch
антисегнетоэлектричество *n* Antiferroelektrizität *f*
антисейсмический *(Bw)* erdbebensicher
антисептирование *n* Konservierung *f*, Imprägnierung *f (von Holz)*

антисимметрия *f (Krist)* Antisymmetrie *f*, Schwarzweißsymmetrie *f*
антиснаряд *m* Raketenabwehrgeschoß *n*
антисовпадение *n (Ph)* Antikoinzidenz *f*
антиспутник *m (Mil)* Killersatellit *m*
антистаритель *m (Kst)* Alterungsschutzmittel *n*
антистатик *m* Antistatikum *n*, Antistatikmittel *n*
антифермент *m (Ch)* Antiferment *n*, Antienzym *n*
антиферромагнетизм *m* Antiferromagnetismus *m*
антиферромагнетик *m* Antiferromagnetikum *n*, antiferromagnetischer Stoff *m*
антиферромагнитный *(Ph)* antiferromagnetisch
антиферроэлектрик *m* Antiferroelektrikum *n*, antiferroelektrischer Stoff *m*
антиферроэлектричество *n* Antiferroelektrizität *f*
антифиллит *m (Min)* Anthophyllit *m (Amphibol)*
антифриз *m* Frostschutzmittel *n*, Gefrierschutzmittel *n*; *(Flg)* Enteisungsflüssigkeit *f*
антифрикционный Gleit..., Antifriktions...
антицентр *m* Antizentrum *n*, Antiepizentrum *n* ‖ ~ Галактики *(Astr)* galaktisches Antizentrum *n*
антициклон *m (Meteo)* Antizyklone *f*; Hochdruckgebiet *n*, Hoch *m* ‖ ~/азорский Azorenhoch *n*
античастица *f (Kern)* Antiteilchen *n*
антиэпицентр *m s.* антицентр
антофиллит *m (Min)* Anthophyllit *m (Amphibol)*
антраконит *m (Min)* Anthrakonit *m (Kalkspat)*
антрацен *m (Ch)* Anthracen *n*
антрацит *m (Geol)* Anthrazit *m (Kohle)*
антресоль *f (Bw)* Halbgeschoß *n*, Mezzanin *n*
анфилада *f (Bw)* Zimmerflucht *f*, Enfilade *f*
аншлиф *m (Min)* Anschliff *m*
АП *s.* 1. автопилот; 2. пункт/абонентский; 3. перемножитель/аналоговый
апатит *m (Min)* Apatit *m*
апатит-концентрат *m* 1. *(Lw)* Apatitkonzentrat *n (Düngemittel)*
апатитовый *(Min)* Apatit...
АПД *s.* аппаратура передачи данных
апекс *m* Apex *m (Zielpunkt von Sternbewegungen)*
апериодический aperiodisch, nichtperiodisch
апериодичность *f* Aperiodizität *f*, aperiodischer Verlauf *m*
апертометр *m (Opt)* Apertometer *n*
апертура *f (Photo, Opt)* Apertur *f*, Öffnung *f*, Blende[nöffnung] *f* ‖ ~/пучка Bündelapertur *f*, Strahlöffnung *f*; Strahlapertur *f* ‖ ~/угловая Öffnungswinkel *m*, Apturwinkel *m* ‖ ~/числовая [numerische] Apertur *f*, NA
апланатизм *m (Opt)* Aplanasie *f*
апланатический *(Opt)* aplanatisch
апликата *f (Math)* Applikate *f*
аплит *m (Geol)* Aplit *m*
аплом *m (Min)* Aplom *m (Granat)*
АПО *s.* обеспечение/автоматическое программное
апоастр *m (Astr)* Apastron *n*, Sternferne *f*
апогалактий *m (Astr)* Apogalaktikum *n*
апогей *m (Astr)* Apogäum *n*, Erdferne *f*
аподизация *f (Opt)* Apodisation *f (Unterdrückung von Nebenmaxima)*
аполярный *(Math)* apolar
апомагматический *(Geol)* apomagmatisch
апоселений *m (Astr)* Aposelenium *n*, Mondferne *f*

32

апостериорный a-posteriori
апостильб m Apostilb n, asb (SI-fremde Einheit der Leuchtdichte)
апофиза f (Geol) Apophyse f
апохроматический (Opt) apochromatisch
аппарат m Gerät n, Apparat m (s. a. unter аппаратура, прибор, приспособление) ‖ ~ **абонента/основной** (Nrt) Teilnehmer-Hauptanschluß m ‖ ~/**абонентский [телефонный]** (Nrt) Teilnehmerapparat m ‖ ~/**абсорбционный** (Ch) Absorptionsapparat m, Absorber m ‖ ~/**автоматический телефонный** Wahlfernsprecher m, W-Fernsprechapparat m ‖ ~/**аэрозольный** Aerosolgerät n ‖ ~/**аэрофотограмметрический** (Geod) Meß[bild]kammer f ‖ ~/**баллистический летательный** (Flg, Raumf) ballistischer Flugkörper m ‖ ~/**беспилотный летательный** (Flg, Rak) unbemannter Flugkörper m ‖ ~/**ботворезающий** (Lw) Rübenköpfeinrichtung f ‖ ~/**брагоперегонный** (Ch) Maischedestillierapparat m; Brennapparat m (Alkoholdestillation) ‖ ~/**буквопечатающий** Drucktelegraph m, Typendrucktelegraph m ‖ ~ **в стиле «ретро»/телефонный** Nostalgietelephon n ‖ ~/**вакуумный выпарной** Vakuumverdampfer m ‖ ~/**вакуум-перегонный** (Ch) Vakuumdestillierapparat m ‖ ~/**варочный** Kocher m, Kochapparat m, Dämpfer m ‖ ~/**вертикальный выпарной** (Ch) Vertikalrohrverdampfer m ‖ ~/**вертикальный морозильный** vertikaler Gefrierapparat m, Vertikalfroster m ‖ ~/**вертикальный плиточный морозильный** Vertikal-Plattengefrierapparat m, Vertikal-Plattenfroster m ‖ ~/**винтокрылый [летательный]** (Flg) Drehflügler m ‖ ~/**вискозный** (Text) Viskoseapparat m (für Direktviskose) ‖ ~/**витой теплообменный** (Wmt) Spiralwärmeübertrager m ‖ ~/**внутренней связи/телефонный** (Nrt) Hausapparat m, Haus[sprech]stelle f, Sprechstelle f für Internverkehr (einer Nebenstellenzentrale) ‖ ~/**возвращаемый [летательный]** (Raumf) Wiedereintrittskörper m, Rückkehrgerät n; Landekapsel f ‖ ~ **воздушного охлаждения** (Wmt) Luftkühler m ‖ ~/**вталкивающий** (Wkzm) Einstoßvorrichtung f, Speiseapparat m ‖ ~/**вулканизационный** (Gum) Vulkanisationsapparat m, Vulkanisator m, Heizapparat m ‖ ~/**входной направляющий** (Flg) Eintrittsleitkranz m (Triebwerk) ‖ ~/**выводной** (Typ) Auslegevorrichtung f ‖ ~/**выпарной** Verdampfungsapparat m, Verdampfer m ‖ ~/**высевающий** (Lw) Säapparat m ‖ ~/**высоковольтный** (El) Hochspannungsgerät n ‖ ~/**высокотемпературный красильный** (Text) Hochtemperaturfärbeapparat m, HT-Färbeapparat m (Veredlung) ‖ ~/**выходной направляющий** (Flg) Austrittsleitkranz m (Triebwerk) ‖ ~/**вычерпывающий** (Lw) Becherkette f, Legerad n, Greiferrad n, Becherrad n (Kartoffellegemaschine) ‖ ~/**вязальный** (Lw) Bindevorrichtung f ‖ ~/**газорежущий** (Schw) Brennschneidgerät n, Brennschneidmaschine f ‖ ~/**гидролизный** (Ch) Hydrolysator m (Holzverzuckerungsanlage) ‖ ~/**глазировочный** Glasier[ungs]apparat m (Fischverarbeitung) ‖ ~/**глубоководный** Tiefsee-Bathyscaph m, Tiefsee-Hydrokopter m, Tiefseetauchkapsel f ‖ ~ **голосообразования** (Med) Sprechhilfegerät

n (für Kehlkopfoperierte) ‖ ~/**горизонтальный морозильный** horizontaler Gefrierapparat m, Horizontalfroster m ‖ ~/**горизонтальный плиточный морозильный** Horizontal-Plattengefrierapparat m, Horizontal-Plattenfroster m ‖ ~/**горноспасательный** (Bgb) Rettungs[atem]gerät n (für den Grubenrettungsdienst) ‖ ~/**двухкомнатный вертикальный** Zweiraumvertikalkamera f ‖ ~/**двухкорпусный выпарной** (Wmt) Zweistufenverdampfer m ‖ ~/**двухножевой беспальцевый** m (Lw) fingerloses Doppelmesserschneidwerk m ‖ ~/**двухпрочёсный** (Text) Zweikrempelsatz m ‖ ~/**денежный телефонный** Münzfernsprecher m ‖ ~/**дистилляционный** (Ch) Destillierapparat m, Destillationsgerät n; Brennapparat m (Alkoholdestillation) ‖ ~/**дистракционный** (Med) Distraktionsapparat m ‖ ~/**диффузионный** Diffusionsapparat m, Diffuseur m (Zuckergewinnung) ‖ ~/**добавочный [абонентский]** (Nrt) Nebenstelle f, Nebenanschluß m, Teilnehmernebenstelle f ‖ ~/**дождевальный** (Lw) Regner m ‖ ~/**дозирующий** Dosierapparat m, Dosierer m ‖ ~/**доильный** (Lw) Melkzeug n ‖ ~/**дробемётный** 1. (Met) Schleudereinrichtung f, Schleudereinheit f (Schleuderputzanlage, Entzunderungsanlage); 2. (Gieß) Schleuderstrahlmaschine f, Schleuderputzmaschine f ‖ ~/**дрожжерастильный** (Brau) Hefeaufziehapparat m ‖ ~/**дыхательный** 1. (Med) Beatmungsgerät n; 2. (Bgb) Atmungsgerät n (Rettungswesen) ‖ ~/**жаккардовый** (Text) Jacquardeinrichtung f ‖ ~/**жомосушильный** Schnitzeltrockenapparat m (Zuckergewinnung) ‖ ~/**загрузочный** (Met) 1. Beschickvorrichtung f, Beschicker m (für Öfen); 2. Einstoßvorrichtung f, Speiseapparat m (Pilgerschrittwalzwerk) ‖ ~/**заключающий** (Text) Einschließzeug n (Rundwirkmaschine) ‖ ~/**замасливающий** (Text) Schmälzvorrichtung f ‖ ~ **запаса** (Photo) Schleifenzieher m (Begießmaschine) ‖ ~/**заушина»/слуховой** (Med) Hinter-dem-Ohr-Gerät n, HdO-Gerät n ‖ ~/**звукозаписывающий** (Ak, El) Tonaufnahmegerät n, Schallaufzeichnungsgerät n ‖ ~/**змеевидный теплообменный** Schlangenwärmeaustauscher m ‖ ~ **идеального вытеснения** idealer Strömungsapparat (Verdrängungsapparat) m ‖ ~/**известегасительный** Kalklöscherapparat m, Kalklöscher m ‖ ~/**изобарический разливный** (Brau) Isobarometer n, isobarometrischer Faßfüller m ‖ ~/**искусственного кровообращения** (Med) Herz-Lungen-Maschine f ‖ ~/**кантовальный (кантовочный)** (Wlz) Kantvorrichtung f, Kanter m ‖ ~/**карманный вычислительный** Taschenrechner m ‖ ~/**карусельный морозильный** Gefrierkarussell n, Rotationsgefrierapparat m ‖ ~/**каскадный** (Ch) Kaskadengerät n (Destillation) ‖ ~/**кассовый** Registrierkasse f ‖ ~/**квартирный** (Nrt) Privatanschluß m ‖ ~/**кинокопировальный** Filmkopiermaschine f ‖ ~/**кинопроекционный** s. кинопроектор ‖ ~/**киносъёмочный** Filmaufnahmegerät n, Filmkamera f ‖ ~/**классифицирующий** (Bgb) Klassierapparat m, Klassierer m (Aufbereitung) ‖ ~/**кожухотрубный теплообменный** (Wmt) Rohrbündelwärmeübertrager m ‖ ~/**колонный** (Ch) Kolonnenapparat m ‖

аппарат

~/**коммутационный** *(El)* Schaltgerät *n*, Umschaltgerät *m*; Vermittlungsgerät *n* || ~/**конвейерный морозильный** Bandgefrierapparat *m* || ~/**кондиционирующий** *(Ch)* Konditionierapparat *m* || ~/**кондиционный** *(Text)* Konditionierapparat *m* || ~/**контактный морозильный** Kontaktgefrierapparat *m*, Kontaktfroster *m* || ~/**контактный плиточный морозильный** Kontaktplattengefrierapparat *m*, Kontaktplattenfroster *m* || ~/**копировальный** *(Kine, Photo)* Kopiermaschine *f*, Kopiergerät *n* || ~/**космический летательный** Raumflugkörper *m*, Raumschiff *n* || ~/**красильный** *(Text)* Färbeapparat *m* || ~/**красочный** *(Typ)* Farbwerk *n* || ~/**ленточный буквопечатающий** *(Nrt)* Streifendrucker *m*, Streifenschreiber *m* || ~/**летательный** Flugkörper *m*; Luftfahrzeug *n* || ~/**лопаточный** Beschaufelung *f (Strömungsmaschine; Schaufelsystem der Leit- und Laufräder; s. a. unter* облопачивание*)* || ~/**лунный самоходный** *s.* луноход || ~/**маршрутный аэрофотограмметрический** *(Geod, Flg)* Reihenmeßkammer *f* || ~/**межпланетный космический** interplanetarer Flugkörper *m* || ~/**металлизационный** Metallspritzgerät *n* || ~/**многокорпусный выпарной** *(Wmt)* Mehrstufenverdampfer *m*, Mehrfachverdampfer *m* || ~/**многоходовый теплообменный** Mehrstromwärmeübertrager *m* || ~/**множительный** Vervielfältigungsgerät *n* || ~/**морозильный** Gefrierapparat *m*, Froster *m* || ~/**мотальный** *(Text)* Windevorrichtung *f* || ~ **на воздушной подушке** Luftkissenfahrzeug *n* || ~/**наклонный выпарной** *(Wmt)* Schrägrohrverdampfer *m* || ~/**направляющий** Leitrad *n*, Leitvorrichtung *f*, Leitapparat *m (Strömungsmaschinen)* || ~/**наркозно-дыхательный** *(Med)* Narkose-Beatmungsgerät *n* || ~/**наркозный** *(Med)* Narkosegerät *n* || ~/**настенный [телефонный]** Wandfernsprecher *m*, Wandapparat *m* || ~/**настольный [телефонный]** Tischfernsprecher *m*, Tischgerät *n* || ~/**необитаемый подводный** unbemannter Bathyscaph (Hydrokopter) *m*, unbemannte Tauchkapsel *f* || ~ **непрерывной печати/копировальный** Durchlaufkopiermaschine *f* || ~/**низковольтный** Niederspannungsgerät *n* || ~/**ниткошвейный** *(Typ)* Fadenheftapparat *m* || ~/**нумеровальный** Paginiermaschine *f* || ~/**обитаемый подводный** bemannter Bathyscaph (Hydrokopter) *m*, bemannte Tauchkapsel *f* || ~/**однокорпусный выпарной** *(Wmt)* Einstufenverdampfer *m* || ~/**одноходовой теплообменный** *(Wmt)* Einstromwärmeübertrager *m* || ~/**орбитальный [летательный]** *(Raumf)* Orbiter *m*, orbitaler Raumflugkörper *m*; Orbitalstufe *f* || ~/**ортодонтический ретенционный** *(Med)* Retentionsapparat *m* || ~/**ортопедический** *(Med)* Orthese *f* || ~/**основной [абонентский]** *(Nrt)* Hauptanschluß *m*, Teilnehmerhauptanschluß *m*, Hauptstelle *f*, Teilnehmerhauptstelle *f* || ~/**отгонный** *s.* ~/**перегонный** || ~/**отделительный** *(Text)* Abreißvorrichtung *f*, Abreißapparat *m (Kämmaschine)* || ~/**отключающий** Schaltgerät *n*, Abschaltgerät *n* || ~/**паковальный** *(Text)* Packapparat *m*, Färbeapparat *m* nach dem Packsystem || ~/**параллельный** *s.* ~/**добавочный** || ~/**перегонный** *(Ch)* Brennapparat *m (Alkoholdestillation)* || ~/**перекрёстный теплообменный** *(Wmt)* Kreuzstromwärmeübertrager *m* || ~ **переливания крови** *(Med)* Bluttransfusionsgerät *n* || ~/**пескоструйный** *(Gieß, Bw)* Sandstrahlgebläse *n*, Sandstrahlapparat *m*, Sandstrahler *m* || ~/**пилотируемый летательный** bemannter Flugkörper *m* || ~/**питающий** 1. *(Text)* Lieferwerk *n (Zwirnmaschine);* 2. *(Text)* Zuführvorrichtung *f (Bandwickelmaschine);* 3. *s.* питатель || ~/**плазменный металлизационный** *(Met)* Plasmaspritzgerät *n* || ~/**пластинчатый теплообменный** *(Wmt)* Plattenwärmeübertrager *m* || ~/**плёночный выпарной** *(Wmt)* Filmverdampfer *m* || ~/**плиточный скороморозильный** *(Kält)* Plattengefrierapparat *m*, Plattenfroster *m* || ~/**поверхностный выпарной** *(Wmt)* Oberflächenverdampfer *m* || ~/**поверхностный теплообменный** *(Wmt)* Oberflächenwärmeübertrager *m*, Rekuperator *m* || ~/**поглотительный** *(Ch)* Absorptionsapparat *m*, Absorber *m* || ~/**поглощающий** *(Eb)* Dämpfungsapparat *m (Mittelpufferkupplung)* || ~/**подающий** Zuführapparat *m* || ~ **подающих роликов** *(Wlz)* Treibapparat *m*, Treibrollen *fpl* || ~/**подводный** Bathyscaph *m*, Hydrokopter *m*, Tauchkapsel *f* || ~/**порошковый металлизационный** *(Met)* Pulverspritzgerät *n* || ~/**порошковый противоотмарочный** *(Typ)* Puderapparat *m*, Puderstäuber *m*, Druckbestäuber *m (Druckmaschine)* || ~/**посадочный** *(Raumf)* Landekapsel *f*, Landefähre *f* || ~ **постраничный печати** *(Inf)* Seitendrucker *m* || ~/**початкоотделяющий** *(Lw)* Pflückeinrichtung *f (Maiskolbenpflückmaschine);* Maispflückvorsatz *m (Mähdrescher)* || ~/**проекционный** *(Opt)* Projektionsapparat *m*, Projektor *m*, Bildwerfer *m* || ~/**проекционный картопечатающий** *(Kart)* Kartierungsgerät *n* || ~/**проходной** *(Text)* Kontinuefärbeapparat *m*, Kontinuefärbeanlage *f* || ~ **прямого тока/теплообменный** *(Wmt)* Gleichstromwärmeübertrager *m* || ~/**радиотелеграфный** Funktelegraph *m* || ~/**радиотелеграфный буквопечатающий** Funkfernschreiber *m* || ~/**радиотелефонный** Funksprechgerät *n* || ~/**радиофототелеграфный** Bildfunkgerät *n* || ~/**разборочный** *(Typ)* Ablegeapparat *m*, Ableger *m* || ~/**размалывающий (размольный)** *(Pap)* Mahlgerät *n*, Mahlgeschirr *n*, Stoffmühle *f* || ~/**раскладочный** *(Text)* Legevorrichtung *f*, Florquerleger *m* || ~/**распылительный** Spritzgerät *n* || ~/**расцветочный** *(Text)* Ringelapparat *m (Herstellung von Ringelware auf Rundwirkmaschinen)* || ~/**реакционный** *(Ch)* Reaktionsapparat *m*, Stoffumsetzer *m* || ~/**регистрирующий кассовый** Registrierkasse *f* || ~/**режущий** 1. *(Lw)* Schneidwerk *n (Mähdrescher);* Schneidapparat *m (sonstige Mähmaschinen);* 2. Mähwerk *n* || ~/**ректификационный** *(Ch)* Rektifikationsapparat *m*, Rektifizierapparat *m* || ~/**рентгеновский** *(Med)* Röntgengerät *n* || ~/**рентгеновский флюорографический** Schirmbildeinrichtung *f*, Röntgeneinrichtung *f* für Schirmbilduntersuchungen || ~/**рентгенодиагностический** *(Med)* Röntgendiagnostikgerät *n*, Röntgenuntersuchungsgerät *n* || ~/**репозиционный** *(Med)* Repositionsapparat *m* || ~/**репродукционный** *(Photo, Typ)* Reproduktionsapparat *m*, Reproduktionsgerät n, Reprokamera f ‖ ~/**ротационный диффузионный** (Ch) Rotationsdiffusionsapparat m (Zuckergewinnung) ‖ ~/**роторный морозильный** Rotationsgefrierapparat m, Rotationsfroster m ‖ ~/**рулонный буквопечатающий** (Nrt) Blattdrucker m, Blattschreiber m ‖ ~ **с автоответчиком/телефонный** Fernsprechapparat m mit [automatischem] Anrufbeantworter f ‖ ~ **с восходящей струёй** Aufstromklassierer m (Aufbereitung) ‖ ~ **с кипящим слоем** (Wmt) Wirbelschichtwärmeübertrager m ‖ ~ **с мешалкой/выпарной** (Wmt) Rührwerkverdampfer m ‖ ~ **с падающей плёнкой/выпарной** (Wmt) Fallfilmverdampfer m, Fallstromverdampfer m ‖ ~ **с принудительной циркуляцией/выпарной** (Wmt) Zwang[s]umlaufverdampfer m ‖ ~ **с псевдоожиженным слоем** (Wmt) Wirbelschichtwärmeübertrager m ‖ ~ **с рубашкой/теплообменный** (Wmt) Mantelwärmeübertrager m ‖ ~/**самобортующий** (Text) Doppelrandeinrichtung f (Rundstrickstrumpfmaschine) ‖ ~/**свайный** Pfahlanlage f, Pfahleinrichtung f (Schwimmbagger) ‖ ~/**сварочный** Schweißgerät n ‖ ~/**светокопировальный** (Photo) Lichtpausapparat m, Lichtpausmaschine f ‖ ~ **синтеза эмульсии** (Photo) Emulsionsansatzkessel m ‖ ~ **системы Парри** (Met) Parry-Verschluß m, Parry-Trichter m, Parry-Glocke f (Hochofen) ‖ ~/**скатывающий** s. ~/**сучильный** ‖ ~/**скороморозильный** Schnellgefrierapparat m, Schnellfroster m ‖ ~/**служебный** (Nrt) Dienstschluß m, Dienstapparat m ‖ ~/**слуховой** (Med) Hörgerät n, Hörhilfe f ‖ ~/**слуховой заушный** (Med) Hinterdem-Ohr-Gerät n, HdO-Gerät n ‖ ~/**слуховой карманный** (Med) Taschenhörgerät n ‖ ~/**смешивающий** Mischapparat m ‖ ~/**сноповязальный** (Lw) Bindevorrichtung f, Bindeapparat m (Mähbinder) ‖ ~ **со змеевиками/теплообменный** (Wmt) Schlangenwärmeübertrager m ‖ ~/**сопловой** (Flg) Leitapparat m (Triebwerk) ‖ ~/**сортировочный** Sortierapparat m, Sortieranlage f, Klassierapparat m, Klassiereinrichtung f ‖ ~/**спекательный** (Met) Sinterapparat m ‖ ~/**спускаемый** s. ~/**возвращаемый** ‖ ~/**стабилизационный** (Text) Fixiermaschine f ‖ ~/**стартстопный [буквопечатающий телеграфный]** (Nrt) Start-Stopp-Fernschreiber m, Springschreiber m ‖ ~/**стартстопный ленточный** (Nrt) Streifenschreiber m, Streifendrucker m ‖ ~/**стартстопный рулонный** (Nrt) Blattschreiber m, Blattdrucker m ‖ ~/**стерилизационный** (Med) Sterilisationsapparat m ‖ ~/**струйный** Strahlapparat m, Strahlvorrichtung f; (Gieß) Putzstrahlgebläse n ‖ ~/**струйный вращающийся** (Lw) Drehstrahlregner m ‖ ~/**суборбитальный** (Raumf) Suborbiter m ‖ ~/**сучильный** (Text) Nitschelwerk n, Nitschelapparat m, Würgelapparat m (Streichgarnspinnerei) ‖ ~/**сушильный** Trockengerät n, [transportabler] Trockner m; Trockenofen m ‖ ~/**съёмочный** (Photo) Aufnahmegerät n ‖ ~/**тарельчатый дозирующий** Tellerdosierer m ‖ ~/**тастатурный** Tastwahlfernsprechgerät n ‖ ~/**телеграфный** Telegraph[enapparat] m ‖ ~/**тележный воздушно-морозильный** Hordenwagen-Luftgefrierapparat m, Hordenwagen-Luftfroster

m ‖ ~/**телеметрический** Fernmeßeinrichtung f ‖ ~/**телефонный** Fernsprechapparat m, Telephon n, Fernsprecher m ‖ ~/**телефонный безбатарейный [звукопитаемый]** Fernsprechapparat m ohne Batterie, schallgespeister Fernsprechapparat m ‖ ~/**телефонный моноблочный** Kompaktfernsprecher m ‖ ~/**телефонный настенный** Wandfernsprechgerät n, Wandfernsprecher m ‖ ~/**телефонный настольный** Tischfernsprechgerät n, Tischfernsprecher m ‖ ~/**телефонный тастатурный** Tastwahlfernsprechgerät n ‖ ~/**теплообменный** (Wmt) Wärmeübertrager m (s. a. unter **теплообменник**) ‖ ~/**теплообменный противоточный** Gegenstromwärmeübertrager m ‖ ~/**теплообменный прямоточный** Gleichstromwärmeübertrager m ‖ ~ **типа «труба в трубе»/теплообменный** (Wmt) Doppelrohrwärmeübertrager m ‖ ~/**трёхкорпусный выпарной** (Wmt) Dreistufenverdampfer m, Dreifachverdampfer m ‖ ~/**трёхпрочёсный** (Text) Dreikrempelsatz m ‖ ~/**трубчатый** Röhrenapparat m; Dünnschichtabsorber m (in Rohrbündelausführung) ‖ ~/**трубчатый выпарной** (Wmt) Rohrverdampfer m ‖ ~/**туннельный скороморозильный** (Kält) Tunnelgefrierapparat m, Tunnelfroster m ‖ ~/**увеличительный** (Photo) Vergrößerungsapparat m, Vergrößerungsgerät n ‖ ~/**увлажнительный** (Pap) Feuchtapparat m, Feuchtvorrichtung f ‖ ~/**узорообразующий** (Text) Musterapparat m (Strickerei) ‖ ~/**ультразвуковой** (Med) Ultraschallgerät n ‖ ~/**факсимильный** Faxgerät n, Telefaxgerät m ‖ ~/**фальцевальный** (Typ) Falzapparat m ‖ ~/**фильтровальный** (Ch) Filterapparat m, Filtervorrichtung f ‖ ~/**фотограмметрический** (Geod) Meß[bild]kammer f ‖ ~/**фотографический** Kamera f, Photoapparat m (s. a. unter **фотокамера**) ‖ ~/**фототелеграфный** Bildtelegraph[ieapparat] m ‖ ~ **центробежного насоса/направляющий** Austrittsleitapparat m, Austrittsleitvorrichtung f (Kreiselpumpe) ‖ ~/**циркуляционный выпарной** (Wmt) Umlaufverdampfer m, Umwälzverdampfer m ‖ ~/**челночный воздушно-космический (орбитальный) летательный** ~ спейс-шаттл ‖ ~/**чесальный** (Text) Krempelsatz m ‖ ~/**читально-копировальный** Lesekopiergerät n ‖ ~/**шахтный телефонный** Grubenfernsprecher m ‖ ~ **шкафного типа/морозильный** Gefrierschrank m, Schrankgefrierapparat m ‖ ~/**шлифовальный** Schleifapparat m ‖ ~/**шнековый** (Brau) Schneckenapparat m, Schneckenfaß n ‖ ~/**шнековый диффузионный** (Ch) Schnekkendiffusionsapparat m (Zuckergewinnung) ‖ ~/**экскурсионный подводный** Exkursionsbathyscaph m, Exkursionshydrokopter m, Exkursionstauchkapsel f ‖ ~/**экстракционный** (Ch) Extraktionsapparat m, Extraktor m ‖ ~/**электродуговой металлизационный** Lichtbogenspritzgerät n ‖ ~/**электрометаллизационный** Lichtbogenspritzgerät n ‖ ~/**эмульсионно-варочный** (Photo) Ansatzkessel m

аппаратная f Geräteraum m, Apparateraum m; Regieraum m; Senderaum m

аппаратно-независимый (Inf) geräteunabhängig, DI

аппаратно-ориентированный 36

аппаратно-ориентированный *(Inf)* hardwareorientiert
аппаратно-реализованный *(Inf)* hardwareverdrahtet
аппаратно-совместимый *(Inf)* gerätekompatibel, hardwarekompatibel
аппаратно-управляемый *(Inf)* hardwaregesteuert
аппаратный 1. Apparat...; 2. *(Text)* Streich... *(Wolle, Garn)*
аппаратостроение *n* Gerätebau *m*; Anlagenbau *m* ll **~/химическое** Chemieanlagenbau *m*
аппарат-смеситель *m* Mischapparat *m*
аппарат-трубка *m (Nrt)* Kompaktfernsprecher *m*
аппаратура *f* Apparatur *f*, Gerät *n*, Anlage *f (s. a. unter* аппарат, прибор*);* Gerätetechnik *f* ll
~ автоматики/автономная autonome Automatisierungseinrichtung *f* ll **~/бортовая** *(Schiff, Flg)* Bordausrüstung *f* ll **~/бытовая радиоэлектронная** Geräte *npl* der Heimelektronik ll
~/весоизмерительная Wägeeinrichtung *f* ll
~/впрыскивающая Einspritzanlage *f (eines Verbrennungsmotors)* ll **~/вспомогательная** Hilfsausrüstung *f*, Hilfsapparatur *f* ll **~/вспомогательная пусковая** Vorschaltgerät *n* ll
~/вулканизационная *(Gum)* Vulkanisationsanlage *f* ll **~/высоковольтная** *(El)* Hochspannungsgeräte *npl* ll **~/высоковольтная коммутационная** Hochspannungsschaltgeräte *npl* ll **~ высокочастотной связи** *(Nrt)* Trägerfrequenzeinrichtung *f*, TF-Einrichtung *f* ll **~/гидролокационная** Unterwasser-Schallortungsgerät *n* ll **~ дальнего набора** *(Nrt)* Fernwahleinrichtung *f* ll **~/дистилляционная** *(Ch)* Destillationsapparatur *f* ll **~/защитная** Schutzvorrichtung *f* ll **~/звуковоспроизводящая** Tonwiedergabeapparatur *f* ll **~/звукозаписывающая** Tonaufnahmegerät *n*, Tonaufzeichnungsgerät *n* ll
~/измерительная Meßapparatur *f*, Meßgeräte *npl*, Meßausrüstung *f* ll **~/испытательно-пусковая** *(Rak)* Prüf- und Starteinrichtung *f* ll
~/коммутационная *(El)* Schaltgeräte *npl*, Schalteinrichtung *f; (Nrt)* Vermittlungseinrichtung *f* ll **~/контрольно-измерительная** Kontroll- und Überwachungsgerät *n*, Kontroll- und Meßgeräte *npl*, Anlagenmeßtechnik *f* ll **~/корабельная радиолокационная** Schiffsradaranlage *f*, Schiffsradargerät *n* ll **~/лазерная** Laserapparatur *f* ll **~/массоулавливающая** *(Pap)* Faser[stoff]rückgewinnungsanlage *f*, Fangstoffanlage *f* ll **~/микроэлектронная** Mikroelektronikgeräte *npl*, Geräte *npl* mit Mikroelektronikbestückung ll
~ наведения *(Rak)* Lenksystem *n* ll **~/низковольтная коммутационная** *(El)* Niederspannungsschaltgeräte *npl* ll **~ низкого напряжения** Niederspannungsgeräte *npl* ll **~ обнаружения** Ortungsgerät *n* ll **~ обработки данных** Datenverarbeitungsanlage *f*, EDV-Anlage *f* ll **~/образцовая** Normal[meß]einrichtung *f* ll **~/однополосная радиотелеграфная** *(Nrt)* Einseitenband-Funktelegraphieanlage *f* ll **~ опознавания** *(Rad)* Kennungsgerät *n* ll **~ первичной обработки информации** Radardatenextraktor *m* ll
~ передачи данных *(Inf)* Datenübertragungsanlage *f* ll **~/передающая** *(Rf)* Sendeanlage *f*, Sendegerät *n*, Sender *m* ll **~/переключающая** Schaltgeräte *npl*, Umschaltgeräte *npl* ll **~/полупроводниковая пускорегулирующая** *(Licht)* elektronisches Vorschaltgerät *n (für Entladungslampen)*; eVG, Halbleitervorschaltgerät *n* ll **~ посадки по приборам** *(Flg)* Instrumentenlandeeinrichtung *f*, Instrumentenlandeausrüstung *f* ll
~/приёмная *(Rf)* Empfangsanlage *f*, Empfangsgerät *n*, Empfänger *m* ll **~/приёмно-передающая** *(Rf)* Sende- und Empfangsanlage *f*, Sende-Empfangs-Anlage *f* ll **~/пробоотбирающая** Probenahmegerät *n* ll **~ промышленного изготовления** industriell gefertigte Geräte *npl*, Industriegeräte *npl* ll **~/противопомеховая** *(El)* Störschutzanlage *f*, Störschutzgerät *n*, Störschutzeinrichtung *f* ll **~/пускорегулирующая** *(Licht)* Vorschaltgerät *n*, VG *(für Entladungslampen)* ll **~/радиолокационная** Radaranlage *f*, Radargerät *n* ll **~ радиолокационного опознавания** Radar-Kennungsgerät *n* ll **~/радиорелейная** Richtfunkanlage *f*, Richtfunkgerät *n* ll
~ радиосвязи/двухполосная Zweiseitenbandfunkgeräte *npl*, Zweiseitenbandtechnik *f* ll
~ радиосвязи/однополосная Einseitenbandfunkgeräte *npl*, Einseitenbandtechnik *f* ll **~/радиотелефонная** Sprechfunkanlage *f* ll **~/радиотехническая** funktechnische Geräte *npl* ll
~/радиофототелеграфная Bildfunkanlage *f*, Bildfunkgerät *n* ll **~/радиоэлектронная** funkelektronische (radioelektronische) Geräte *npl* ll
~/репортажная Reportagegerät *n*, Reportergerät *n*, Reportageanlage *f* ll **~/рыбопоисковая** Fischortungsgerät *n*, Fischortungsanlage *f*, Fischlupe *f* ll **~/самолётная радиолокационная** *(Rad)* Flugzeugradaranlage *f*, Flugzeugradargerät *n* ll **~/сварочная** Schweißgerätetechnik *f* ll **~/сверхвысоко вакуумная** *(Ph)* Ultrahochvakuumapparatur *f* ll **~/светосигнальная** Lichtsignaleinrichtung *f* ll **~ слепой посадки** *(Flg)* Blindlandeeinrichtung *f* ll **~/телевизионная** Fernsehanlage *f* ll
~/телеизмерительная Fernmeßeinrichtung *f* ll
~/телемеханическая Fernwirkeinrichtung *f* ll
~ управления 1. *(Rak)* Lenkeinrichtung *f*; 2. *s.*
~/управляющая ll **~ управления стартом** *(Rak)* Startleitsystem *n* ll **~/управляющая** *(Reg)* Steuer[ungs]apparat *f*, Steuer[ungs]einrichtung *f*, Steuergeräte *f* ll **~/флюсовая** *(Schw)* Flußmittelzufuhrvorrichtung *f*, Flußmittelaufgabevorrichtung *f*, Pulverzufuhrvorrichtung *f* ll
~/частотно-измерительная Frequenzmeßeinrichtung *f*
апрель *f (Schiff)* Rampe *f* ll **~/бортовая** Seitenrampe *f* ll **~/кормовая** Heck[landungs]klappe *f* ll **~/междупалубная** Innenrampe *f (Ro/Ro-Schiff)* ll **~/носовая** Bug[landungs]klappe *f* ll **~/поворотная** Schwenkrampe *f*, schwenkbare Rampe *f* ll **~/угловая** Winkelrampe *f*, eckständige Rampe *f*
аппендикс *m (Inf)* Anhangsroutine *f*
аппликата *f (Math)* Applikate *f*, Kote *f*, z-Koordinate *f* ll **~ центра тяжести** *(Schiff)* Lage *f* des Schwerpunkts der Höhe nach, „Höhenschwerpunkt" *m*
аппликация *f (Text)* Applikation *f*, Aufnäharbeit *f*
аппрет *m* 1. *(Text)* Appret *n(m)*, Appreturmittel *n*; 2. Appret *n(m)*, Haftmittel *n*, Haftvermittler *m (für Glasfasern)*; Finish *n(m) (für Glasgewebe)* ll
~/крахмальный Stärkeappreturmittel *n* ll **~/органосилановый** Organosilanhaftmittel *n (für Glasfasern)*

аппретирование n (Text) Appretieren n, Ausrüsten n (der Gewebe)
аппретировать (Text) appretieren, ausrüsten (Gewebe)
аппретура f 1. (Text) Appretieren n, Appretur f, Ausrüstung f; 2. s. аппрет ‖ ~/белковая (Led) Eiweißappretur f ‖ ~/заключительная (Text) Schlußappretur f, Finish m(n) ‖ ~/казеиновая (Led) Kaseinappretur f ‖ ~/масляная (Led) Fettappretur f
аппроксимация f (Math) Approximation f, Näherung f (s. a. unter приближение 2.) ‖ ~ в среднем Approximation f im Mittel ‖ ~/последовательная schrittweise (sukzessive) Approximation f ‖ ~ спиновых волн (Ph) Spinwellennäherung f ‖ ~/степенная s. ~/последовательная ‖ ~/стохастическая stochastische Näherung f ‖ ~/численная (Inf) numerische Approximation f
априорный a priori
АПС s. сигнализация/аварийно-предупредительная
апсиды fpl (Astr) Apsiden pl
АПЧ s. подстройка частоты/автоматическая
арагонит m (Min) Aragonit m, Erbsenstein m
араминирование n (Ch) Ar[yl]aminierung f
араминировать (Ch) ar[yl]aminieren
арбитр m (Inf) Arbiter m ‖ ~/шинный Bus-Arbiter m, Buszuteiler m ‖ ~ шины s. ~/шинный
аргентан m (Met) Argentan n (Legierung)
аргентит m (Min) Argentit m (Silberglanz)
аргентометрический (Ch) argentometrisch
аргентометрия f (Ch) Argentometrie f
аргентопирит m (Min) Argentopyrit m (Silberkies)
аргиллизация f (Geol) Argillisation f, Argillisierung f
аргиллит m (Geol) Argillit[h] m
аргиродит m (Min) Argyrodit m (silberhaltiges Germaniummineral)
аргон m (Ch) Argon n, Ar
аргумент m Argument n ‖ ~ перигелия (перицентра) (Astr) Winkelabstand m des Perihels vom aufsteigenden Knoten (Bahnelement) ‖ ~ поиска (Inf) Suchargument n ‖ ~/фиктивный (Inf) Scheinargument n
арденнит m (Min) Ardennit m, Mangandisthen m (vanadiumhaltiges Mineral)
ардометр m (Wmt) Ardometer n, Strahlungspyrometer n
ареа-косинус m/гиперболический (Math) Areakosinus m, Areacosinus hyperbolicus
ареа-котангенс m/гиперболический (Math) Areakotangens m, Areacotangens hyperbolicus
ареа-синус m/гиперболический (Math) Areasinus m, Areasinus hyperbolicus
ареа-тангенс m/гиперболический (Math) Areatangens m, Areatangens hyperbolicus
ареа-функция f (Math) Areafunktion f, ar-Funktion f
арен m (Ch) Aren n, aromatischer Kohlenwasserstoff m
ареографический areographisch (auf den Mars bezogen)
ареологический areologisch („Geologie" des Mars)
ареометр m Aräometer n, Senkwaage f, Senkspindel f, Schwimmwaage f ‖ ~ Боме Baumé-Aräometer n ‖ ~/молочный Milcharäometer n, Lakto[densi]meter n ‖ ~ постоянного веса Skalenaräometer n ‖ ~ постоянного объёма Gewichtsaräometer n
ареометр-сахаромер m Saccharometer n, Zuckerwaage f
ареометр-солемер m Salzspindel f, Salz[gehalt]messer m
ареопикнометр m (Ph) Aräopyknometer n, Weithalspyknometer n (Kombination von Aräometer und Pyknometer)
аридность f (Meteo) Aridität f, Trockenheit f
аридный (Meteo) arid, trocken
арилирование n (Ch) Arylieren n, Arylierung f
арилировать (Ch) arylieren
арифметика f (Math) Arithmetik f ‖ ~/аддитивная additive Arithmetik f (Zahlentheorie) ‖ ~/двоичная binäre Arithmetik f ‖ ~/десятичная dezimale Arithmetik f ‖ ~ с плавающей запятой Gleitkommaarithmetik f ‖ ~ с фиксированной запятой Festkommaarithmetik f ‖ ~/целочисленная Ganzzahlarithmetik f ‖ ~/элементарная elementare Arithmetik f (Zahlentheorie)
арифмометр m [digitale] Tischrechenmaschine f
АРК s. радиокомпас/автоматический
арка f 1. (Bw) Bogen m; 2. Gewölbe n (eines Ofens) ‖ ~/безраспорная Bogen m mit aufgehobenem Schub ‖ ~/бесшарнирная eingespannter Bogen m ‖ ~/буксирная (Schiff) Schleppbogen m, Schlierbügel m ‖ ~/веерная Fächerbogen m ‖ ~/возвышенная s. ~/приподнятая ‖ ~/гибкая elastischer Bogen m ‖ ~/готическая s. ~/стрельчатая ‖ ~/двойная Doppelgewölbe n (SM-Ofen) ‖ ~/двухскатная стрельчатая geschweifter Spitzbogen m ‖ ~/двухшарнирная Zweigelenkbogen m ‖ ~/декоративная Blendbogen m ‖ ~/диагональная Diagonalbogen m ‖ ~/дисковая Bogenscheibe f ‖ ~/жёсткая steifer (versteifter) Bogen m ‖ ~/жёсткая крепёжная (Bgb) steifer (starrer) Ausbaubogen m ‖ ~/замкнутая крепёжная (Bgb) geschlossener Ausbaubogen m ‖ ~/килевидная Kielbogen m, persischer Bogen m ‖ ~/консольная auskragender Bogen m ‖ ~ коробчатого сечения Bogen m mit Hohlkastenquerschnitt ‖ ~/крепёжная (Bgb) Ausbaubogen m ‖ ~/круговая Kreisbogen m ‖ ~/круговая пологая Segmentbogen m ‖ ~/ланцетовидная überhöhter Spitzbogen m ‖ ~/луковицеобразная zwiebelförmiger Bogen m ‖ ~/лучковая Segmentbogen m ‖ ~/мавританская s. ~/подвообразная ‖ ~/мостовая Brückenbogen m ‖ ~/обратная Gegenbogen m, Entlastungsbogen m ‖ ~/овальная Korbbogen m (Bogen mit drei, fünf und mehr Mittelpunkten) ‖ ~/однопролётная einfacher Bogen m ‖ ~/одношарнирная Eingelenkbogen m ‖ ~/остроконечная Spitzbogen m, Spitzbogen m ‖ ~/персидская s. ~/килевидная ‖ ~/плоская gerader (gedrückter, flacher) Bogen m ‖ ~/податливая крепёжная (Bgb) Gleitbogen m, nachgiebiger Ausbaubogen m ‖ ~/подковообразная Hufeisenbogen m ‖ ~/подпружная Gurtbogen m, Wandbogen m, Stützbogen m ‖ ~/ползучая einhüftiger Bogen m ‖ ~/полная voller Bogen m ‖ ~/полукруглая Rundbogen

арка *m*, Vollbogen *m*, Halbkreisbogen *m* ‖ ~/**полуциркульная** *s.* ~/**полукруглая** ‖ ~/**почвенная** *(Bgb)* Sohlenbogen *m* ‖ ~/**приподнятая** gestelzter (überhöhter) Bogen *m* ‖ ~/**прямая** scheitrechter Bogen *m* ‖ ~/**пятицентровая** fünfteiliger Korbbogen *m*, Korbbogen *m* mit fünf Mittelpunkten (Leierpunkten) ‖ ~/**разгрузочная** Ablastbogen *m*, Entlastungsbogen *m* ‖ ~/**решетчатая** Fachwerkbogen *m* ‖ ~ **с верхней затяжкой/шарнирная** Gelenkbogen *m* mit oberem Zugband ‖ ~ **с гибкой затяжкой/жёсткая** versteifter Bogen *m* mit elastischem Zugband ‖ ~ **с ездой посередине без затяжки** Bogen *m* mit zwischenliegender Fahrbahn ohne Zugband ‖ ~ **с жёсткой затяжкой/гибкая** elastischer Bogen *m* mit versteiftem Zugband ‖ ~ **с затяжкой** Bogen[träger] *m* mit aufgehobenem Horizontalschub ‖ ~ **свода** Wölb[ungs]bogen *m*, Gewölbebogen *m (Ofen)* ‖ ~/**серповидная** Sichelbogen *m* ‖ ~ **системы Майллара** Maillart-Bogen *m* ‖ ~ **со сплошной стенкой** Vollwandbogen *m* ‖ ~/**сплошная** Vollwandbogen *m* ‖ ~/**стрельчатая** Spitzbogen *m* ‖ ~/**стрельчатая возвышенная** überhöhter Spitzbogen *m* ‖ ~/**стрельчатая зубчатая** Zackenspitzbogen *m* ‖ ~/**стрельчатая сжатая** gedrückter Spitzbogen *m* ‖ ~/**трёхлопастная** Drillingsbogen *m*, Kleeblattbogen *m* ‖ ~/**трёхцентровая** dreiteiliger Korbbogen *m*, Korbbogen *m* mit drei Mittelpunkten (Leierpunkten) ‖ ~/**трёхшарнирная** Dreigelenkbogen *m* ‖ ~/**упругая** elastischer Bogen *m* ‖ ~/**фальшивая** Blendbogen *m* ‖ ~/**шарнирная** Gelenkbogen *m* ‖ ~/**шарнирная крепёжная** *(Bgb)* Gelenkbogen *m*
аркада *f (Bw)* Arkade *f*, Bogengang *m*
арканзит *m (Min)* Arkansit *m (Titandioxid)*
аркат *m (Text)* Harnischschnur *f (Jacquardmaschine)*
арккосеканс *m (Math)* Arkuskosekans *m*
арккосинус *m (Math)* Arkuskosinus *m*
арккотангенс *m (Math)* Arkuskotangens *m*
аркоген *m* Arcogen-Schweißverfahren *n*
аркоз *m (Geol)* Arkose *f*, Arkosesandstein *m*
аркообразный bogenförmig, bogenartig
арксеканс *m (Math)* Arkussekans *m*
арксинус *m (Math)* Arkussinus *m*
арктангенс *m (Math)* Arkustangens *m*
аркускосинус *m (Math)* Arkuskosinus *m*
аркускотангенс *m (Math)* Arkuskotangens *m*
аркуссинус *m (Math)* Arkussinus *m*
аркустангенс *m (Math)* Arkustangens *m*
аркфункция *f (Math)* Arkusfunktion *f*, arc-Funktion *f*
АРМ *s.* место/автоматизированное рабочее
арматура *f* 1. Armatur *f*; 2. Ausrüstung *f*, Ausstattung *f*; 3. *(Bw)* Bewehrung *f (Beton)*; 4. *(Met)* Bewehrungsstahl *m* ‖ ~/**бортовая** *(Schiff)* seitliche Außenhautarmaturen *fpl* ‖ ~/**валковая** *(Wlz)* Walzarmatur *f (Führungen, Umführungen, Schlingenhalter)* ‖ ~/**витая** *(Bw)* verdrillte Bewehrung *f (Beton)* ‖ ~/**водопроводная** Wasser[leitungs]armatur *f (Sanitärtechnik)* ‖ ~/**гибкая** *(Bw)* biegungsschlaffe Bewehrung *(Beton)* ‖ ~/**главная** *(Bw)* Hauptbewehrung *f (Beton)* ‖ ~/**горячекатаная** *(Wlz)* warmgewalzter Bewehrungsstahl *m* ‖ ~/**донная** *(Schiff)* Bodenaußenhautarmaturen *fpl* ‖ ~/**донно-забортная** *(Schiff)* Außenbordarmaturen *fpl*, Außenhautarmaturen *fpl* ‖ ~/**жёсткая** *(Bw)* steife Bewehrung *f (Beton)* ‖ ~/**забортная** *s.* ~/донно-забортная ‖ ~/**запорная** Absperrarmatur *f* ‖ ~/**канатная** *(Bw)* Seilbewehrung *f (Beton)* ‖ ~/**каркасная** *(Bw)* Korbbewehrung *f (Beton)* ‖ ~/**кольцевая** *(Bw)* Ringbewehrung *f (Beton)* ‖ ~/**концевая** кабельная Kabelendverschluß *m* ‖ ~/**косая** *(Bw)* Schrägbewehrung *f (Beton)* ‖ ~/**котельная** *(Wmt)* Kesselarmatur *f* ‖ ~/**кручёная** *(Bw)* gedrehte Bewehrung *f (Beton)* ‖ ~/**лётки** Stichlocharmatur *f (Schachtofen)* ‖ ~/**металлическая** *(El)* Metallarmatur *f (Kabel)* ‖ ~/**монтажная** *(Bw)* Transportbewehrung *f*, Montagebewehrung *f (Beton)* ‖ ~/**напрягаемая** *s.* ~/натягиваемая ‖ ~/**напряжённая** *(Bw)* gespannte Bewehrung *f (Beton)* ‖ ~/**натягиваемая** 1. *(Wlz)* Spannstahl *m*; 2. *(Bw)* Spannbewehrung *f (Beton)* ‖ ~/**непрягаемая** *(Bw)* schlaffe Bewehrung *f (Beton)* ‖ ~/**несущая** *(Bw)* tragende Bewehrung *f (Beton)* ‖ ~/**перекрёстная** *(Bw)* kreuzweise Bewehrung *f (Beton)* ‖ ~ **периодического профиля** *(Wlz)* Betonformstahl *m*, Bewehrungsformstahl *m* ‖ ~/**полосовая** *(Bw)* streifenförmige Bewehrung *f (Beton)* ‖ ~/**поперечная** *(Bw)* Querbewehrung *f (Beton)* ‖ ~/**предварительно напряжённая** *(Bw)* vorgespannte Bewehrung *f (Beton)* ‖ ~/**продольная** *(Bw)* Längsbewehrung *f (Beton)* ‖ ~/**противовыбросная** *(Bgb)* Preventer *m* ‖ ~/**прядевая** *(Bw)* Seilbewehrung *f*, Kabelbewehrung *f (Beton)* ‖ ~/**пучковая** *(Bw)* Bündelbewehrung *f (Beton)* ‖ ~/**работающая на растяжение** *(Bw)* Zugbewehrung *f (Beton)* ‖ ~/**рабочая** *s.* ~/главная ‖ ~/**распределительная** *(Bw)* Verteilungseinlage *f*, Verteilungsbewehrung *f (Beton)* ‖ ~ **скважины** *(Bgb)* Bohrlocharmatur *f*, Sondenkopf *m* ‖ ~/**смесительная** Mischbatterie *f (Sanitärtechnik)* ‖ ~/**спиральная** *(Bw)* Spiralbewehrung *f (Beton)* ‖ ~/**сплющенная** *(Bw)* gestauchte Bewehrung *f (Beton)* ‖ ~/**стальная** *(Bw)* Stahlbewehrung *f (Beton)* ‖ ~/**стержневая** *(Bw)* Stahlbewehrung *f*, Stahlstabbewehrung *f (Beton)* ‖ ~/**стержневая напрягаемая** *(Bw)* Spannstahlbewehrung *f (Beton)* ‖ ~/**струнная** Stahlsaitenbewehrung *f* ‖ ~/**трубопроводная** Rohrleitungsarmatur *f* ‖ ~/**фонтанная** Eruptionsarmatur *f*, Eruptionskreuz *n*, Eruptionskopf *m (Erdöl- und Erdgasbohrung)*
армирование *n* 1. *(Bw)* Bewehren *n*, Bewehrung *f (Beton)*; 2. *(Met)* Verankern *n*, Verankerung *f (Ofen)*; 3. *(Wkzm)* Bestücken *n (Werkzeuge)*; 4. *(Bgb)* Armieren *n*, Armierung *f*, Ausrüsten *n*, Ausrüstung *f (Schächte)* ‖ ~ **буров** *(Bgb)* Bohrerbesatz *m* ‖ ~ **обоймами** *(Bw)* Umschnüren *n* ‖ ~ **ствола [шахты]** *(Bgb)* Schachtarmierung *f*, Einbringen *n* der Schachteinbauten ‖ ~ **стержня** *(Gieß)* Kernarmierung *f*, Kernbewehrung *f* ‖ ~ **хомутами** *(Bw)* Bügelbewehrung *f*
армированный 1. *(Bw)* bewehrt *(Beton)*; 2. *(Wkzm)* bestückt *(Werkzeuge)*; 3. *(Bgb)* ausgerüstet, armiert *(Schächte)* ‖ ~/**жёстко** *(Bw)* steifbewehrt *(Beton)*
армировать 1. *(Bw)* bewehren *(Beton)*; 2. *(Wkzm)* bestücken *(Werkzeuge, z. B. mit Hartmetallschneiden)*; 3. *(Bgb)* ausrüsten, armieren *(Schächte)*
армировка *f s.* армирование

ассемблер

армко-железо n (Met) Armco-Eisen n (technisch reines hochpermeables Eisen)
армозавод m (Bw) Bewehrungsvorfertigungsstätte f
армоконструкция f (Bw) Bewehrungskonstruktion f
армопенобетон m (Bw) bewehrter Schaumbeton m
армопластбетон m (Bw) bewehrter Plastbeton m
армоцемент m (Bw) 1. [draht]netzbewehrter Sandbeton m; 2. Armozement m
армоэлемент m (Bw) Bewehrungselement n
аромат m Aroma n, Duft m, Wohlgeruch m
ароматизация f 1. (Ch) Aromatisierung f (Überführung in aromatische Kohlenwasserstoffe); 2. (Lebm) Aromatisierung f
ароматизировать 1. (Ch) aromatisieren (in aromatische Kohlenwasserstoffe überführen); 2. (Lebm) aromatisieren
ароматический 1. (Ch) aromatisch (den Benzolring enthaltend); 2. aromatisch, wohlriechend
ароматичность f aromatischer Charakter m (chemische Eigenschaften der Arene)
арочный 1. (Bw) Bogen...; 2. (Masch) Doppelständer... (Bauweise von Maschinengestellen)
арретир m Arretiervorrichtung f, Sperre f (an Meßgeräten)
арретирование n Arretierung f
арсенат m (Ch) Arsenat n
арсенид m (Ch) Arsenid n
арсенит m (Ch) Arsenit n
арсенолит m (Min) Arsenolith m, Arsenblüte f, Arsenik m
арсенопирит m (Min) Arsenopyrit m, Arsenkies m; Mispickel m
арсеносоединение n (Ch) Arsenverbindung f
арсин m (Ch) Arsin n, Arsenwasserstoff m
артикуляция f (Nrt) Verständlichkeit f, Sprachverständlichkeit f ǁ ~/**звуковая** Lautverständlichkeit f ǁ ~/**относительная** [relative] Sprachverständlichkeit f ǁ ~ **слов** Wortverständlichkeit f ǁ ~/**слоговая** Silbenverständlichkeit f ǁ ~/**фраз** Satzverständlichkeit f
артроскоп n (Med) Artroskop n
АРУ s. регулировка усиления/автоматическая
арфведсонит m (Min) Arfvedsonit m (Amphibol)
архей m s. 1. эратема/архейскао; 2. эра/архейская
археозой m s. 1. эратема/археозойскао; 2. эра/археозойская
археомагнетизм m Archeomagnetismus m
архив m (Inf) Archiv n ǁ ~ **данных** Datenarchiv n ǁ ~ **данных на лентах** Bandarchiv n ǁ ~ **лент** Bandarchiv n ǁ ~ **программ** Programmarchiv n ǁ ~ **программ на лентах** Bandarchiv n
архитектура f 1. (Bw) Architektur f, Baukunst f; 2. (Inf) Architektur f ǁ ~/**античная** Architektur f der Antike ǁ ~ **вычислительной системы** Rechnerarchitektur f ǁ ~/**гражданская** Profanarchitektur f ǁ ~/**дворцовая** Palastarchitektur f, Palastbau m ǁ ~/**древняя** Architektur f des Altertums ǁ ~ **интерьера** Innenarchitektur f ǁ ~/**конвейерная** (Eln) Pipeline-Architektur f ǁ ~/**культовая** s. ~/церковная ǁ ~/**ландшафтная** Landschaftsarchitektur f ǁ ~ **малых форм** Kleinarchitektur f ǁ ~ **микропроцессорных** БИС Mikroprozessor-Architektur f ǁ ~ **микро-**

ассемблер

электронных схем (Eln) Layout n (integrierter Schaltkreise) ǁ ~ **программ** (Inf) Programmarchitektur f ǁ ~/**промышленная** Industriearchitektur f ǁ ~/**32-разрядная** (Inf) 32-Bit-Architektur f ǁ ~/**разрядно-секционная** (Inf) Bit-slice-Architektur f ǁ ~/**регистровая** (Inf) Registerarchitektur f ~/**садово-парковая** Gartenarchitektur f, Landschaftsarchitektur f ǁ ~ **сети связи** (Eln, Inf) Netzwerkarchitektur f ǁ ~ **системы** (Inf) Systemarchitektur f ǁ ~/**современная** moderne (zeitgenössische) Architektur f ǁ ~/**стековая** (Inf) Stapelspeicherarchitektur f ǁ ~ **фасадов** Außenarchitektur f ǁ ~/**функционально-ориентированная** (Inf) funktionsbezogene Architektur f (z. B. von Mikroprozessoren) ǁ ~/**церковная** Sakralarchitektur f ǁ ~ **ЭВМ** (Inf) Rechnerarchitektur f
архитрав m (Bw) Binderbalken m ǁ ~ **пресса** (Schm) Pressenhaupt m, Querhaupt n (hydraulische Presse)
АРЩ s. щит/аварийный распределительный
АРЯ s. регулировка яркости/автоматическая
АС s. 1. система/автоматическая; 2. система/акустическая
АСА s. анализ/атомный спектральный
асб s. апостильб
асбест m (Min) Asbest m ǁ ~/**амфиболовый** Amphibolasbest m, Aktinolith m ǁ ~/**змеевиковый** s. ~/хризотиловый ǁ ~/**листовой** Asbestpappe f ǁ ~/**роговообманковый** s. ~/амфиболовый ǁ ~/**серпентиновый** Serpentinasbest m ǁ ~/**хризотиловый** Chrysotilasbest m, Chrysotil m (Serpentinasbest)
асбестированный asbestbelegt, mit Asbest[belag] versehen
асбестобетон m s. асбестоцемент
асбестосиликат m Asbestsilikat n
асбестоцемент m Asbestzement m, Asbestbeton m
асбокартон m Asbestpappe f
асболан m (Min) Asbolan m, Schwarzkobalt m, Erdkobalt m, Kobaltmanganerz n
асбонаполненный asbestgefüllt, asbestverstärkt
асбофанера f (Bw) Asbestzementplatte f
асбоцемент m s. асбестоцемент
асбошифер m Asbestzementschiefer m
А-свирль m (Krist) A-Swirl m, A-Defekt m
асидерит m (Geol) Asiderit m, Meteorstein m
асимметрия f Asymmetrie f, Unsymmetrie f ǁ ~/**ёмкостная** Kapazitätsunsymmetrie f ǁ ~ **контура** (El) Kreisunsymmetrie f ǁ ~/**фазовая** Phasenunsymmetrie f
асимптота f (Math) Asymptote f, asymptotische Kurve f
асимптотика f (Math) Asymptotik f, asymptotisches Verhalten n
аспарагин m (Ch) Asparagin n
аспиратор m 1. (Ch) Aspirator m, Saugwindreiniger m; 2. Aspirateur m, Kornreinigungsmaschine f (Mälzerei)
ассамблирование n Verschnitt m (von Sektgrundweinen einer Sorte)
ассемблер m (Inf) 1. Assembler m, Assemblerprogramm n (Inf) für die Übersetzung einer Programmiersprache in die Maschinensprache); 2. Assemblersprache f ǁ ~/**автономный** autonomer Assembler m ǁ ~/**двухпроходной** Zweischritt-

ассемблер

assembler *m* II ~/**многопроходной** Mehrschrittassembler *m* II ~/**обратный** Rückassembler *m* II ~/**однопроходной** Einschrittassembler *m* II ~/**резидентный** residenter Assembler *m*
ассемблирование *n (Inf)* Assemblierung *f (Programme)*
ассемблировать *(Inf)* assemblieren *(Programme)*
ассимиляция *f (Geol)* Assimilation *f*, Syntexis *f (Hybridisierung fremder Gesteine im Magma)* II ~ **загрязняющих веществ/атмосферная** *(Ökol)* Atmosphärenassimilation *f* von Schadstoffen, Schadstoffassimilation *f* durch die Atmosphäre II ~ **отходов** *(Ökol)* Abfallassimilation *f*, Abfallumwandlung *f*
АССОД *s.* система сбора и обработки данных/автоматизированная
ассоциат *m (Ph)* Assoziat *n* II ~/**ионный** Ionenassoziat *n*
ассоциативность *f (Math)* Assoziativität *f*
ассоциативный 1. *(Math)* assoziativ, Assoziativ...; 2. *(Inf)* inhaltsadressierbar, Assoziativ... *(Speicher)*
ассоциация *f* 1. *(Ph, Ch)* Assoziation *f* von Molekülen, Übermolekülbildung *f*; 2. *(Geol)* Vergesellschaftung *f* II ~/**звёздная** *(Astr)* Sternassoziation *f* II ~/**ионная** *s.* ~ ионов II ~ **ионов** Ionenassoziation *f* II ~ **молекул** *s.* ассоциация 1. II ~/**парагенетическая** *s.* ассоциация 2.
0-ассоциация *f (Astr)* 0-Assoziation *f (0-Sterne enthaltend)*
T-ассоциация *f (Astr)* T-Assoziation *f (Tauri-Sterne enthaltend)*
астат[ин] *m (Ch)* Astat *n*
астатизм *m* Astatik *f*, astatisches Verhalten *n (eines Meßgerätes)*
астатический astatisch; integral, integralwirkend, Integral...
астеносфера *f (Geoph)* Astenosphäre *f (Bereich erniedrigter Viskosität und seismischer Geschwindigkeit unterhalb der Lithosphäre)*
астеризм *m (Min)* Asterismus *m*
астероид *m (Astr)* Asteroid *m*, Planetoid *m*, kleiner Planet *m*
астигматизм *m (Opt)* Astigmatismus *m (Aberrationsart)*
астигмометр *m (Med)* Astigmometer *n*
АСТП *s.* система технологического проектирования/автоматизированная
астраханит *m (Min)* Astrachanit *m*, Astrakanit *m*, Blödit *m (Salzmineral)*
астрионика *f* Astrionik *f*, Raumschiffelektronik *f*
астробиология *f s.* экзобиология
астроблема *f* Astroblem *n (großer kosmischer Einschlagkrater)*
астрогеология *f* Astrogeologie *f*, Planetologie *f*
астрограф *m (Astr)* Astrograph *m*, photographischer Refraktor *m* II ~/**двойной** Doppelastrograph *m* II ~/**зонный** Zonenastrograph *m* II ~/**нормальный** Normalastrograph *m* II ~/**широкоугольный** Weitwinkelastrograph *m*
астроида *f (Math)* Ast[e]roide *f*, Sternkurve *f*
астроинженерия *f* Astrotechnologie *f (Umgestaltung von Himmelskörpern durch [hypothetische extraterrestrische] Superzivilisationen)*
астроинженерный weltraumtechnisch, Weltraumbau...

астрокамера *f s.* астрограф
астроклимат *m* Astroklima *n*
астрокоррекция *f (Flg)* Astrokorrektur *f*
астрокупол *m (Flg)* Astrokuppel *f*, Navigationskuppel *f*
астролябия *f (Astr)* Astrolabium *n* II ~/**призменная** Prismen-Astrolabium *n*
астрометрия *f (Astr)* Astrometrie *f*, Positionsastrometrie *f* II ~/**меридианная** Meridianastrometrie *f* II ~/**фотографическая** photographische Astrometrie *f*
астромеханика *f* Himmelsmechanik *f*
астрон *(Astr)* Astron *n*, Siriometer *n*, Sternenweite *f (SI-fremde Einheit der Länge)*
астронаведение *n* Astrolenkung *f (Navigation)*
астронавигация *f* Astronavigation *f*, Sternennavigation *f*
астронавтика *f* Astronautik *f*, Raumfahrt *f*, Weltraumfahrt *f*
астрономия *f* Astronomie *f*, Sternkunde *f*, Himmelskunde *f* II ~/**внеатмосферная** extraterrestrische Astronomie *f* II ~/**внегалактическая** extragalaktische (außergalaktische) Astronomie *f* II ~/**геодезическая** geodätische Astronomie *f* II ~/**звёздная** Stellarastronomie *f* II ~/**инфракрасная** Infrarotastronomie *f* II ~/**кометная** Kometenastronomie *f* II ~/**метеорная** Meteorastronomie *f* II ~/**миллиметровая** Millimeterwellenastronomie *f* II ~/**мореходная** nautische Astronomie *f* II ~/**наблюдательная** beobachtende Astronomie *f* II ~/**нейтринная** Neutrinoastronomie *f* II ~/**общая** allgemeine Astronomie *f* II ~/**планетная** Planetenastronomie *f* II ~/**практическая** angewandte Astronomie *f* II ~/**радиолокационная** Radarastronomie *f* II ~/**рентгеновская** Röntgenastronomie *f* II ~/**спутниковая** Satellitenastronomie *f* II ~/**субмиллиметровая** Submillimeterwellenastronomie *f* II ~/**сферическая** sphärische Astronomie *f* II ~/**теоретическая** theoretische Astronomie *f* II ~/**физическая** Astrophysik *f* II ~/**фотографическая** photographische Astronomie *f* II ~/**эфемеридная** Ephemeridenastronomie *f*
астропеленгатор *m* Astropeilgerät *n*, Astropeiler *m (Navigation)*
астропеленгация *f* Astropeilung *f*, Sternpeilung *f*
астроснимок *m* Astroaufnahme *f*, Astrophotographie *f*
астроспектрограф *m* Astrospektrograph *m*, Sternspektrograph *m*
астроспектроскопия *f* astronomische Spektroskopie *f*
астрофизика *f* Astrophysik *f* II ~/**всеволновая** Astrophysik *f* aller Wellenlängen
астрофизический astrophysikalisch
астрофиллит *m (Min)* Astrophyllit *m (Mineral seltener Erden)*
астрофотография *f* Astrophotographie *f*, Himmelsphotographie *f*, Sternphotographie *f*
астрофотометрия *f* Astrophotometrie *f*, Sternphotometrie *f*, astronomische Photometrie *f*
АСУ *s.* система управления/автоматизированная
АСУК *s.* система управления качеством/автоматизированная
асфальт *m* Asphalt *m* II ~/**дорожный** Straßen[bau]asphalt *m* II ~/**естественный** Naturasphalt

m ‖ ~/**каменноугольный** Steinkohlenteerasphalt *m* ‖ ~/**литой** Gußasphalt *m* ‖ ~/**литой твёрдый** HartgußasphaIt *m* ‖ ~/**нефтяной** Erdölasphalt *m* ‖ ~/**озёрный** Seeasphalt *m* ‖ ~/**окислённый** geblasener Asphalt *m* ‖ ~/**песчаный** sandiger Asphalt *m* ‖ ~/**природный** *s.* ~/естественный ‖ ~/**продутый** *s.* ~/окислённый ‖ ~/**трамбованный** Stampfasphalt *m* ‖ ~/**тринидадский** Trinidadasphalt *m* ‖ ~/**укатанный** gewalzter Asphalt *m*, Walzasphalt *m*
асфальтирование *n* Asphaltieren *n*, Asphaltierung *f*
асфальтобетон *m* Asphaltbeton *m* ‖ ~/**горячий** Heißasphaltbeton *m* ‖ ~/**крупнозернистый** Asphaltgrobbeton *m* ‖ ~/**мелкозернистый** Asphaltfeinbeton *m* ‖ ~/**холодный** Kaltasphaltbeton *m*
асфальтобетоносмеситель *m (Bw)* Asphaltbetonmischer *m*
асфальтобетоноукладчик *m (Bw)* Asphaltiermaschine *f*, Schwarzdeckenfertiger *m (Straßenbau)*
асфальтосмеситель *m (Bw)* Asphaltmischer *m*
асфальтоукладчик *m s.* асфальтобетоноукладчик
атакамит *m (Min)* Atakamit *m*, Salzkupfererz *n*
атаксит *m* Ataxit *m (Eisenmeteorit)*
атактический *m* ataktisch *(Polymere)*
áтлас *m* Atlas *m*, Kartenwerk *n* ‖ ~ **автомобильных дорог** Autoatlas *m* ‖ ~/**анатомический** anatomischer Atlas *m* ‖ ~/**звёздный** Himmelsatlas *m* ‖ ~/**картографический** kartographischer Atlas *m* ‖ ~ **льдов** Eisatlas *m* ‖ ~ **мира** Weltatlas *m* ‖ ~ **морских течений** Stromatlas *m* ‖ ~ **небольшого формата** Handatlas *m* ‖ ~ **облаков** Wolkenatlas *m* ‖ ~ **цветов** Farb[en]atlas *m* ‖ ~/**школьный** Schulatlas *m*
атлас *m (Text)* Atlas *m (Seidengewebe)*
атласить *(Text)* glätten und Seidenglanz verleihen *(Seidenfinish)*
атласный 1. *(Text)* Atlas... *(aus Atlasstoff)*; 2. seidig *(glänzend)* *(Papier)*
атмограф *m* Atmograph *m*, Evaporigraph *m*
атмометр *m* Atmometer *n (Gerät zur Bestimmung der Verdunstungsgeschwindigkeit von Wasser)*
атмосфера 1. *(Geoph)* Atmosphäre *f*; Gashülle *f (eines Himmelskörpers)*; 2. physikalische Atmosphäre *f*, atm *(SI-fremde Einheit des Druckes)*; 3. Hülle *f*, Medium *n*, Mittel *n (s. a. unter* среда*)* ‖ ~/**адиабатическая** *(Geoph, Meteo)* adiabatische Atmosphäre *f* ‖ ~/**верхняя** obere Atmosphäre *f* ‖ ~/**влажная** feuchte Atmosphäre *f* ‖ ~/**внешняя** äußere Atmosphäre *f* ‖ ~/**водородная** Wasserstoffatmosphäre *f* ‖ ~/**восстановительная** *(Met)* reduzierte Atmosphäre *(Flammenführung) f*, reduzierendes Mittel (Medium) *n (in einem Ofen)* ‖ ~/**газовая** Gasmedium *n* ‖ ~/**гомогенная** *(Geoph, Meteo)* homogene Atmosphäre *f* ‖ ~/**защитная** 1. *(Schw)* Schutzgas *n*, inertes Medium *n*; 2. *(Met)* inerte Atmosphäre *f*, Schutzgasatmosphäre *f (Ofenführung)* ‖ ~/**звёздная** Stern[en]atmosphäre *f* ‖ ~/**изотермическая** *(Geoph, Meteo)* isotherme Atmosphäre *f* ‖ ~/**незапылённая** staubfreie Atmosphäre *f* ‖ ~/**нейтральная** *(Met)* neutrales Mittel (Medium) *n (in einem Ofen)* ‖ ~/**окислительная** *(Met)* oxidierende Atmosphäre (Flammenführung) *f*, oxidierendes Mittel (Medium) *n (in einem Ofen)* ‖ ~/**окружающая** umgebende Atmosphäre *f* ‖ ~/**плавильная** *(Met, Gieß)* Schmelz[ofen]atmosphäre *f* ‖ ~/**плотная** dichte Atmosphäre *f* ‖ ~/**политропная** *(Geoph, Meteo)* polytrope Atmosphäre *f* ‖ ~/**рудничная** (шахтная) *(Bgb)* Grubenwetter *pl*, Wetter *pl*
атмосферики *pl (Rf)* atmosphärische (luftelektrische) Störungen *fpl*, atmosphärisches Rauschen *n*
атмосферный atmosphärisch ‖ ~ **электрический** luftelektrisch
атмосферостойкий wetterbeständig, wetterfest, witterungsbeständig
атмосферостойкость *f* Beständigkeit *f* gegen atmosphärische Einflüsse, Wetterfestigkeit *f*, Witterungsbeständigkeit *f*
АТНС *s.* система/автоматизированная транспортно-накопительная
атом *(Ph, Ch, Krist)* Atom *n* ‖ ~/**акцепторный** Akzeptoratom *n (Halbleiter)* ‖ ~/**ближайший** nächstliegendes Atom *n* ‖ ~ **в междоузлии** *s.* ~/меж[до]узельный ‖ ~/**внедрённый** *s.* ~/меж[до]узельный ‖ ~/**водорода** Wasserstoffatom *n* ‖ ~/**возбуждённый** angeregtes Atom *n* ‖ ~/**вторичный** Sekundäratom *n*, sekundäres Atom *n* ‖ ~/**выбитый** angestoßenes Atom *n*, Anstoßatom *n* ‖ ~/**горячий** heißes (hochangeregtes) Atom *n* ‖ ~/**диссоциированный** dissoziiertes Atom *n* ‖ ~/**донорный** Donatoratom *n (Halbleiter)* ‖ ~ **дочернего вещества** Folgeatom *n*, Atom *n* des Folgeprodukts, Tochteratom *n* ‖ ~/**дочерний** *s.* ~ дочернего вещества ‖ ~/**замещённый** Substitutionsatom *n* ‖ ~ **изомера** *s.* нуклид ‖ ~ **изотопа** *s.* нуклид ‖ ~/**ионизированный акцепторный** ionisiertes Akzeptoratom *n (Halbleiter)* ‖ ~/**ионизированный донорный** ionisiertes Donatoratom *n (Halbleiter)* ‖ ~ **кольца** Ringatom *n* ‖ ~/**лишённый внешних электронов** hochionisiertes (geschältes, nacktes, abgestreiftes) Atom *n* ‖ ~/**меж[до]узельный** Zwischengitteratom *n* ‖ ~/**мезонный** Meson[en]atom *n*, Mesoatom *n* ‖ ~/**метастабильный** metastabiles Atom *n* ‖ ~/**меченый** Tracer *m*, markiertes Atom *n*, Indikator *m* ‖ ~ **мишени** Targetatom *n* ‖ ~/**мостиковый** Brückenatom *n* ‖ ~/**нейтральный** neutrales Atom *n* ‖ ~/**нестабильный** instabiles Atom *n* ‖ ~ **основного кристалла** *s.* ~/основной ‖ ~/**основной** Wirt[s]atom *n* ‖ ~ **отдачи** Rückstoßatom *n* ‖ ~/**отрицательный** negatives Atom *n* ‖ ~/**посторонний** *s.* ~/примесный ‖ ~/**примесный** Fremdatom *n*, Stör[stellen]atom *n* ‖ ~/**промежуточный** *s.* ~/меж[до]узельный ‖ ~/**радиоактивный** radioaktives Atom *n* ‖ ~ **решётки/собственный** Eigengitteratom *n* ‖ ~/**сильно возбуждённый** *s.* ~/горячий ‖ ~/**смещённый** *s.* ~/меж[до]узельный ‖ ~/**собственный междоузельный** Eigenzwischengitteratom *n* ‖ ~/**соседний** Nachbaratom *n*, Nachbar *m* ‖ ~/**углеродный** Kohlenstoffatom *n*, C-Atom *n* ‖ ~/**узельный** Gitteratom *n* ‖ ~/**чужеродный** *s.* ~/примесный
атомизатор *m* Sprüher *m*, Versprüher *m*; Zerstäuber *m (für Feststoffe)*; Feinzerstäuber *m (für Flüssigkeiten)*

атоминдикатор *m* Indikatoratom *n*
атомно-дисперсионный *(Ph)* atomdispers
атомоход *m* kernenergiegetriebenes Schiff *n*, Schiff *n* mit Kernenergieantrieb *m*
атом-хозяин *m* Wirtsatom *n*
АТС *s.* станция/автоматическая телефонная
АТСС *s.* система/автоматизированная транспортно-складская
аттенюатор *m (Rf)* Dämpfungsglied *n*, Abschwächer *m*, Attenuator *m* II **~/антенный** Antennenabschwächer *m* II **~/входной** Eingangsdämpfungsglied *n* II **~/выходной** Ausgangsdämpfungsglied *n* II **~/нерегулируемый** nicht verstellbares Dämpfungsglied *n* II **~/регулируемый** verstellbares Dämpfungsglied *n* II **~/электрический** elektrisches Dämpfungsglied *n*
аттенюация *f* Dämpfung *f*, Schwächung *f*, Abschwächung *f*
аттестация *f* Attestierung *f* II **~/метрологическая** metrologische Attestierung *f*
аттестировать attestieren
АТЭЦ *s.* теплоэлектроцентраль/атомная
АУ *s.* 1. управление/автоматическое; 2. устройство/арифметическое; 3. усилитель/антенный
аудиовизуальный audiovisuell
аудиограмма *f (Ak, Med)* Audiogramm *n*
аудиометр *m (Ak, Med)* Audiometer *n*
аудиометрия *f* Audiometrie *f*, Hörschärfemessung *f* II **~/надпороговая** überschwellige Audiometrie *f*
аудион *m (Rf)* Audion *n*, Audionröhre *f*
аурат *m (Ch)* Aurat *n*
аурипигмент *m* 1. *(Min)* Auripigment *n*, gelbe Arsenblende *f*; 2. *(Ch)* Arsentrisulfid *n*
ауросмирид *m (Min)* Aurosmirid *m (goldhaltiges Iridosmium)*
аустенит *m (Met)* Austenit *m*, γ-Mischkristalle *mpl* II **~/вторичный** Sekundäraustenit *m* II **~/остаточный** Restaustenit *m* II **~/первичный** Primäraustenit *m*
аустенитизация *f (Härt)* Austenitisierung *f*, Austenit...
аустенитный *(Met)* austenitisch, Austenit...
аутенит *m s.* отенит
аутолиз *m s.* автолиз
аутолизат *m s.* автолизат
аутунит *m (Min)* Autunit *m*, Kalkuranit *m*, Kalkuranglimmer *m*
афелий *m (Astr)* Aphel *n*, Aphelium *n* , Sonnenferne *f*
афтершок *m (Geoph)* Nachbeben *n*, Aftershock *m*
аффинаж *m s.* аффинирование
аффинирование *n (Met)* 1. Raffination *f*, Raffinierung *f*, Feinung *f*, Affination *f (besonders für Edelmetalle)*; 2. Edelmetallscheidung *f*
аффинировать *(Met)* 1. raffinieren, feinen, affinieren *(besonders bei Edelmetallen)*; 2. scheiden *(Edelmetalle)*
аффинность *f (Math)* Affinität *f*, Verwandtschaft *f*
аффинор *m (Math)* Affinor *m*
АХМ *s.* машина/абсорбционная холодильная
ахондрит *m (Astr)* Achondrit *m (Meteorit)*
ахроит *m (Min)* Achroit *m (Turmalin)*
ахромат *m (Opt)* Achromat *n*, achromatische Linse *f*, achromatisches Objektiv *n*

ахроматизация *f (Opt)* Achromatisierung *f*
ахроматизм *m (Opt)* 1. Achromasie *f*, Farbfehlerfreiheit *f (optischer Systeme)*; 2. Achromasie *f*, Zapfenblindheit *f (des Auges)*
ахроматический *(Opt)* achromatisch *(ohne chromatischen Fehler)*
ахроматичность *f s.* ахроматизм 1.
ахтерлюк *m (Schiff)* Heckluke *f*, Achter[schiffs]luke *f*
ахтерпик *m (Schiff)* Achterpiek *f*, Hinterpiek *f*
ахтерштаг *m (Schiff)* Achterstag *n*
ахтерштевень *m (Schiff)* Achtersteven *m*, Hintersteven *m*
АЦВМ *s.* машина/аналого-цифровая вычислительная
ацеталирование *n (Ch)* Acetalisierung *f*, Acetalbildung *f*
ацеталь *m (Ch)* Acetal *n*
ацетальдегид *m (Ch)* Acetaldehyd *m*, Ethanal *n*
ацетамид *m (Ch)* Acetamid *n*, Ethanamid *n*
ацетат *m (Ch)* Acetat *n*
ацетатный *(Ch)* Acetat...
ацетилен *m (Ch)* Acetylen *n*, Ethin *n* II **~/растворённый** Dissousgas *n (in Aceton gelöstes Acetylen)*
ацетиленид *m (Ch)* Acetyl[en]id *n (Gruppe der Carbide)*
ацетиленистый *(Ch)* ...acetylid *n*
ацетиленовый *(Ch)* Acetylen...
ацетилирование *n (Ch)* Acetylieren *n*, Acetylierung *f*
ацетилировать *(Ch)* acetylieren
ацетилируемость *f (Ch)* Acetylierbarkeit *f*
ацетилцеллюлоза *f (Ch)* Acetylcellulose *f*, Celluloseacetat *n*
ацетильный *(Ch)* Acetyl...
ацетилятор *m (Ch)* Acetylierer *m*
ацетометр *m (Ch)* Acetometer *n*, Essigprüfer *m*
ацетон *m (Ch)* Aceton *n*, Dimethylketon *n*
ацетоновый *(Ch)* Aceton...
ацетонорастворимый acetonlöslich
ацидиметрический acidimetrisch
ацидиметрия *f (Ch)* Acidimetrie *f*, Säurebestimmung *f*, Säuremessung *f*
ациды *mpl s.* породы/кислые
ациклический *(Ch)* acyclisch
ацилирование *n (Ch)* Acylierung *f*, Acylieren *n*
ацилировать *(Ch)* acylieren
АЦП *s.* преобразователь/аналого-цифровой
АЦПУ *s.* устройство/алфавитно-цифровое печатающее
АЧХ *s.* характеристика/амплитудно-частотная
АШ *s.* шлагбаум/автоматический
АЭ *s.* эмиссия/акустическая
аэратор *m (Gieß)* Sandauflockerungsmaschine *f*, Formstoffschleuder *f*, Sandlockerer *m*, Sandwolf *m*
аэрация *f* 1. *(Ökol)* Belüftung *f*; 2. *(Gieß)* Durchlüftung *f*, Auflockerung *f (des Formstoffs)* II **~ водоёма** Wasserbehälterbelüftung *f* II **~ почвы** Bodendurchlüftung *f* II **~ сточных вод** Abwasserbelüftung *f*
аэрировать 1. *(Ökol)* belüften, durchlüften; 2. *(Gieß)* auflockern *(Formstoffe)*
аэробус *m (Flg)* Airbus *m*
аэровокзал *m (Flg)* Abfertigungsgebäude *n*, Terminal *n*

аэрогеосъёмка *f (Geol)* geologische Kartierung *f* mittels Luftbilder
аэрогидродинамика *f* Aerohydrodynamik *f*, Strömungsdynamik *f*
аэрогидродинамический aerohydrodynamisch, strömungsdynamisch
аэрогидромеханика *f* Strömungsmechanik *f*, Strömungslehre *f*
аэроградиометр *m* Aerogradiometer *n*, Luftgradiometer *n*
аэродинамика *f* Aerodynamik *f* ‖ ~ **больших скоростей** Hochgeschwindigkeitsaerodynamik *f* ‖ ~/**внутренняя** innere Aerodynamik *f (eines Motors)* ‖ ~/**гиперзвуковая** *s.* ~ гиперзвуковых скоростей ‖ ~ **гиперзвуковых скоростей** Hyperschallaerodynamik *f* ‖ ~/**дозвуковая** *s.* ~ дозвуковых скоростей ‖ ~ **дозвуковых скоростей** Aerodynamik *f* im Unterschallbereich, Unterschallaerodynamik *f* ‖ ~/**околозвуковая** *s.* ~ околозвуковых скоростей ‖ ~ **околозвуковых скоростей** Aerodynamik *f* im Schallgrenzbereich, schallnahe Aerodynamik *f* ‖ ~/**сверхзвуковая** *s.* ~ сверхзвуковых скоростей ‖ ~ **сверхзвуковых скоростей** Aerodynamik *f* im Überschallbereich, Überschallaerodynamik *f* ‖ ~/**трансзвуковая** *s.* ~ околозвуковых скоростей
аэродинамический aerodynamisch
аэродром *m* Flugplatz *m* ‖ ~/**аварийный** Notlandeplatz *m* ‖ ~/**военный** Militärflugplatz *m* ‖ ~/**заводской** Werkflugplatz *m* ‖ ~/**запасный** Ausweichflugplatz *m* ‖ ~ **назначения** Bestimmungsflugplatz *m*, Zielflugplatz *m* ‖ ~/**плавучий морской** schwimmender Landeplatz *m (für Hubschrauber)*; schwimmende Insel *f* ‖ ~/**промежуточный** Durchgangsflugplatz *m*
аэрожёлоб *m* Druckluftförderrinne *f*
аэрозолеобразование *n (Ch)* Aerosolbildung *f*
аэрозоль *m (Ph, Ch)* Aerosol *n*, Luftkolloid *n*
аэроионизация *f* Luftionisierung *f*, Luftionisation *f*, atmosphärische Ionisation *f*
аэрокамера *f* Luftbildkamera *f*
аэроклиматология *f* Aeroklimatologie *f*
аэрокрет *m (Bw)* Luft[poren]beton *m*, Gasbeton *m*
аэролимнология *f* Aerolimnologie *f (Seenerforschung durch Luftaufnahme)*
аэролит *m (Geol, Astr)* Aerolith *m*, Steinmeteorit *m*
аэролифт *m s.* насос/пневматический
аэрология *f* Aerologie *f (Physik der freien Atmosphäre)*
аэромагнитометр *m (Ph)* Aeromagnetometer *n*
аэромаяк *m* Flugfeuer *n (s. a. unter* маяк*)* ‖ ~/**линейный** Flugstreckenfeuer *n*, Streckenfeuer *n*
аэрометр *m (Ph)* Aerometer *n*, Luftdichtemesser *m*
аэрометрика *f* Aerometrie *f*, Luftdichtmessung *f*
аэромеханика *f* Aeromechanik *f*
аэронавигация *f* Aeronavigation *f*, Flugnavigation *f*
аэронавтика *f* Aeronautik *f*, Luftfahrt *f*
аэрономия *f* Aeronomie *f*
аэроопрыскиватель *m (Lw)* aviotechnische Sprühvorrichtung *f*, Flugzeugsprühgerät *n*
аэроопыливатель *m s.* аэрораспылитель
аэропитатель *m (Text)* Aerospeiser *m*

аэроплан *m s.* самолёт
аэроплёнка *f (Photo)* Luftbildfilm *m* ‖ ~/**панхроматическая** panchromatischer Luftbildfilm *m* ‖ ~/**спектрозональная** spektrozonaler Luftbildfilm *m*
аэропоезд *m (Eb)* Luftkissenzug *m*, Aerotrain *m*
аэропозитив *m* Luftbildpositiv *n*
аэропорт *m* Flughafen *m* ‖ ~/**базовый** Heimatflughafen *m* ‖ ~/**международный** internationaler Flughafen *m*
аэропыль *f* Kohlenstaubgemisch *n*, Brennstaubgemisch *n*
аэрорадионавигация *f* Flugfunknavigation *f*
аэрораспылитель *m (Lw)* Flugzeugstäubegerät *n*
аэросани *pl* Motorschlitten *m*
аэросани-амфибия *pl* Amphibienschlitten *m*, Luftkissenschlitten *m*
аэросев *m (Lw)* Ausbringen *n* von Saatgut mittels Agrarfluggerät
аэроснимок *m* Luftaufnahme *f*, Luftbild *n (s. a. unter* аэрофотоснимок*)* ‖ ~/**инфракрасный** Infrarot-Luftbild *n* ‖ ~/**многозональный** Multispektral-Luftbild *n* ‖ ~/**сканерный** Scanner-Luftbild *n* ‖ ~/**спектрозональный** Spektrozonal-Luftbild *n*
аэростат *m* 1. Ballon *m*; 2. Luftschiff *n*, Luftfahrzeug *n* leichter als Luft ‖ ~/**привязной** Fesselballon *m* ‖ ~/**свободный** Freiballon *m*
аэросъёмка *f s.* аэрофотосъёмка
аэротанк *m s.* аэротенк
аэротенк *m (Ökol)* Belebungsbecken *n (biologische Abwasserreinigung)*
аэротермодинамика *f* Aerothermodynamik *f*
аэротермоупругость *f* Aerothermoelastizität *f*
аэроузел *m* Flugplatzknoten *m*
аэроупругость *f* Aeroelastizität *f*, Aeroelastik *f*
аэрофильтр *m* Biofilter *n*, biologisches Belüftungsfilter *n (biologische Abwasserreinigung)*
аэрофлокула *f* Aeroflocke *f (Flotationsaufbereitung)*
аэрофотоаппарат *m* Luftbildmeßkammer *f*, Luftbildaufnahmegerät *n*
аэрофотогеодезия *f* Luftbildgeodäsie *f*
аэрофотограмма *f (Geod)* Luftmeßbild *n*
аэрофотограмметрия *f* Aerophotogrammetrie *f*, Luftbild[ver]messung *f*
аэрофотографирование *n* 1. Luftbildaufnahme *f*; 2. Luftbildwesen *n*
аэрофотография *f* Luftbildwesen *n*
аэрофотокамера *f* Luftbildaufnahmegerät *n*, Luftbildmeßkammer *f*
аэрофотообъектив *m* Luftbildobjektiv *n*
аэрофотоплан *m* Luftbildplan *n*
аэрофотоснимок *m* Luft[meß]bild *n*, Luftaufnahme *f (s. a. unter* аэроснимок*)* ‖ ~/**маршрутный** Reihen[luft]bild *n* ‖ ~/**панорамный** Panoramaluftbild *n* ‖ ~/**перспективный** Schrägaufnahme *f* ‖ ~/**плановый** Senkrechtaufnahme *f* ‖ ~/**площадной** Flächenaufnahme *f* ‖ ~/**трансформированный** entzerrtes Luftbild *n*
аэрофотосхема *f* Luftbildskizze *f*
аэрофотосъёмка *f* Luftbildaufnahme *f* ‖ ~/**маршрутная** Reihenbildaufnahme *f* ‖ ~/**панорамная** Panoramaaufnahme *f*, Luftbildpanoramaaufnahme *f* ‖ ~/**перспективная** Schrägaufnahme *f* ‖ ~/**плановая** Steilaufnahme *f*, Senkrechtaufnahme *f* ‖ ~/**площадная** Flächenaufnahme *f*

аэрофототопография f Luftbildtopographie f
аэрофототрансформатор m Luftbildentzerrer m
аэрофототриангуляция f Luftbildtriangulation f
АЭС s. электростанция/атомная

Б

баба f (Bw) Bär m, Fallbär m, Fallhammer m ‖ ~/**свободнопадающая** Freifallbär m
баба-трамбовка f (Bw) Handramme f, Jungfer f
баббит m Lagerweißmetall n, Antifriktionsmetall n, Babbittmetall n
баббитовый Babbitt...; Babbittmetall..., Weißmetall...
бабингтонит m (Min) Babingtonit m (Pyroxen)
бабка f 1. Schlitten m, Wagen m; 2. (Masch) Spindelkopf m, Spindelstock m; Docke f (einer Drehmaschine); 3. (Bw) Bock m ‖ ~/**задняя** (Wkzm) Reitstock m ‖ ~/**инструментальная** (Wkzm) Werkzeugspindelstock m, Schleifspindelstock m (Koordinatenschleifmaschine) ‖ ~/**передняя** (Wkzm) Spindelstock m (einer Drehmaschine); Werkstückspindelstock m (einer Schleifmaschine); Teilstock m (einer Nutenfräsmaschine) ‖ ~/**стропильная** (Bw) Stuhl m (Dachverband) ‖ ~/**шлифовальная** (Wkzm) Schleifspindelstock m (Flach- und Rundschleifmaschinen) ‖ ~/**шпиндельная** (Wkzm) Spindelstock m
багажник m (Kfz) Kofferraum m; Dachgepäckträger m; (Flg) Gepäckraum m; (Eb) Gepäcknetz n, Gepäckablage f; Gepäckträger m (Fahrrad)
багет m (Bw) Leiste f, Zierleiste f; Kehlung f
багор m 1. Bootshaken m; 2. Fischhaken m
бадан m Badan n (Gerbstoff)
бадделеит m (Min) Baddeleyit m, Brazilit m
бадья f 1. Eimer m, Kübel m; Zuber m; 2. (Bgb) Kübel m, Gefäß n (Förderung); 3. (Met) Gefäß n, Kübel m (zur Beschickung von Schachtöfen) ‖ ~/**загрузочная** (Met) Gichtkübel m, Begichtungsgefäß n, Begichtungskübel m (Schachtofen) ‖ ~/**опрокидная** Kippkübel m; (Bgb) Kippgefäß n; (Met) Kippgefäß n, Kippkübel m, Skip m (Schachtofen) ‖ ~/**подъёмная** Aufzugskübel m, Beschickungsgefäß n, Gichtkübel m (Schachtofen); Aufzugkübel m (z. B. eines Mischers) ‖ ~/**проходческая** (Bgb) Abteuf[förder]kübel m
база f 1. Basis f; Grundlage f; 2. Bezugsgröße f, Bezugsbasis f; 3. (Fert) Bestimmungselement n, Bestimmfläche f; 4. (Math, Geod) Basis f, Standlinie f; 5. (Fert) Auflagefläche f, Aufnahmefläche f; 6. Station f, Depot n; 7. (Kfz, Eb) Radstand m, Achsstand m; 8. (Bw) Basis f, Säulenfuß m; 9. (Eln) Basis f, Basisschicht f, Basiszone f; 10. (El) Basiselektrode f; 11. (Mil) Basis f, Stützpunkt m ‖ ~ **в реальном масштабе времени** (Inf) Echtzeitbasis f ‖ ~/**вспомогательная** (Fert) Bestimmelement n des aufzunehmenden Teiles (Montage) ‖ ~ **данных** (Inf) Datenbasis f; Datenbank f ‖ ~ **данных совместного пользования** (Inf) gemeinsam genutzte Datenbasis (Datenbank) ‖ ~/**действительная** (Fert) Ist-Bestimmfläche f ‖ ~/**звеноразборочная** (Eb) Gleisjochdemontagebasis f, Jochdemontageplatz m ‖ ~/**звеносборочная** (Eb) Gleisjochmontagebasis f, Jochmontageplatz m ‖ ~/**измерительная** (Fert) Bestimmelement n für Messungen und Meßzeuge ‖ ~/**китобойная** Walfangmutterschiff n ‖ ~/**конструкторская** (Fert) Bestimmelement n für Konstruktionszwecke ‖ ~/**кормовая** (Lw) Futtergrundlage f ‖ ~/**лунная** Mondbasis f ‖ ~/**направляющая** (Fert) Führungsbasis f ‖ ~/**ненасыщенная** ungesättigte Basis f (Halbleiter) ‖ ~/**опорная** (Fert) Stützbasis f ‖ ~/**основная** (Fert) Hauptbestimmelement n (Montage) ‖ ~/**перевалочная** Umschlagplatz m ‖ ~/**плавучая** (Mil) Mutterschiff n, schwimmender Stützpunkt m; Tender m ‖ ~/**плавучая авиационная** Flugzeugmutterschiff n ‖ ~/**плавучая рефрижераторная** Kühlmutterschiff n ‖ ~/**плавучая рыбоперерабатывающая** Fabrikmutterschiff n, Fischverarbeitungsmutterschiff f, Verarbeitungsschiff n ‖ ~/**приёмно-перерабатывающая** Übernahme- und Verarbeitungsschiff n ‖ ~/**присоединительная** (Fert) Anschlußelement n, Anschlußteil n ‖ ~/**проектная** (Fert) Bestimmelement n für Projektierung (Montage) ‖ ~/**ракетная** Raketenbasis f, Raketenstützpunkt m ‖ ~ **реального времени** (Inf) Echtzeitbasis f ‖ ~/**рыбоконсервная плавучая** Fischkonservenfabrikschiff n ‖ ~/**рыбомучная** Fischmehlfabrikschiff n ‖ ~/**рыбопромысловая** Fabrikmutterschiff n ‖ ~/**сборочная** (Fert) Bestimmelement n für Montage[zwecke] ‖ ~/**скрытая** (Fert) nicht gegenständliches Bestimmelement n (z. B. Mittelachse, Symmetrieachse; Montage) ‖ ~/**стартовая** (Rak) Startbasis f, Startplatz m, Abschußbasis f ‖ ~/**строительная** (Bw) Bauhof m ‖ ~/**схемная** Schaltkreisbasis f ‖ ~/**тележки** (Eb) Drehgestellachsstand m ‖ ~/**техническая** gerätetechnische Basis f ‖ ~/**технологическая** (Fert) fertigungsbedingtes Bestimmelement n ‖ ~/**установочная** (Fert) Einstellbasis f ‖ ~/**экспедиционная** Flotillenmutterschiff n ‖ ~/**электроэнергетическая** Elektroenergiebasis f, elektroenergetische Basis f
базальт m (Geol) Basalt m ‖ ~/**безоливиновый** olivinfreier Basalt m ‖ ~/**веснушчатый** gesprenkelter Basalt m ‖ ~/**железный** Basalteisenstein m ‖ ~/**нефелиновый** Nephelinbasalt m ‖ ~/**оливиновый** Olivinbasalt m (eigentlicher Basalt) ‖ ~/**подушечный** Pillowbasalt m ‖ ~/**покровный** Deckenbasalt m ‖ ~/**полешпатовый** Feldspatbasalt m ‖ ~/**порфировидный** porphyrischer Basalt m, Trachybasalt m ‖ ~/**щелочной** Alkalibasalt m
базанит m (Geol) Basanit m (Sammelbegriff für ultrabasische Laven) ‖ ~/**аналцимовый** Analzimbasanit m ‖ ~/**лейцитовый** Leuzitbasanit m ‖ ~/**нефелиновый** Nephelinbasanit m
базис m (Geod) Grundlinie f, Standlinie f, Basislinie f, Basis f; 2. (Math) Basis f; 3. (Krist) Elementarzelle f, Basis f ‖ ~ **адреса** s. адрес/базовый ‖ ~ **денудации** (Geol) Denudationsbasis f ‖ ~ **съёмки** (Geod) Aufnahmebasis f, Standbasis f ‖ ~ **триангуляции** [/**геодезический**] (Geod) Grundlinie f der Triangulation, Triangulationsbasis f ‖ ~ **эрозии** (Geol) Erosionsbasis f
базовый 1. Basis...; 2. (Fert) Bezugs... (z. B. Bezugsebene); 3. Grund... (z. B. Grundgruppe, Grundplatte)
базопинакоид m (Krist) Basispinakoid n

байдарка f Paddelboot n ΙΙ ~/**парусная** Segelkanu n
байонетный Bajonett...
байпас m Umgehungsleitung f, Umleitung f, Beipaß m, Bypass m
байпасирование n Beipaßführung f, Nebenschlußführung f
байт m (Inf) Byte n (Informationseinheit mit 8 Binärstellen) ΙΙ ~ **данных** Datenbyte n ΙΙ ~/**контрольный** Prüfbyte n ΙΙ ~ **начального состояния** Anfangsstatusbyte n ΙΙ ~ **основного состояния** s. ~/**состояния** ΙΙ ~ **ошибки** Fehlerbyte n ΙΙ ~ **памяти** Speicherbyte n ΙΙ ~ **состояния** Zustandsbyte n, Statusbyte n ΙΙ ~ **состояния канала** Kanalzustandsbyte n ΙΙ ~ **уточнённого состояния** Abfühlbyte n
байт-ориентированный (Inf) byteorientiert
байц m Holzbeize f
бак m 1. Behälter m (für Flüssigkeiten); Kanister m; Tank m (s. a. unter резервуар); 2. (Schiff) Back f (Vorschiffaufbau); 3. (Schiff) Back f (Geschirr für Essenempfang); 4. (Typ) Bütte f, Bottich m, Trog m ΙΙ ~/**аварийный** Reservebehälter m ΙΙ ~/**аккумуляторный** (El) Akkumulator[en]gefäß n, Akkumulator[en]kasten m ΙΙ ~/**вискозный** (Text) Viskosekessel m, Viskosebehälter m (Chemiefaserherstellung) ΙΙ ~/**водомерный** (Bw) Wassermeßapparat m (Betonmischer) ΙΙ ~/**водонапорный** (Hydt) Hochreservoir n ΙΙ ~ **высокого давления** Druckgefäß n, Druckbehälter m ΙΙ ~ **горючего** Treibstoffbehälter m, Kraftstoffbehälter m, Treibstofftank m, Kraftstofftank m ΙΙ ~/**закалочный** Härtebad n, Abschreckbad n (Behälter) ΙΙ ~/**запасной** Vorratstank m, Reservetank m ΙΙ ~/**измерительный** Meßbehälter m (Mengenmessung von Flüssigkeiten) ΙΙ ~/**кислотный** (Ch) Säurevorratstank m, Säurebehälter m ΙΙ ~/**компенсационный** (Therm) Ausgleichbehälter m; Ausdehnungsgefäß n ΙΙ ~ **крепкой щелочи** (Text) Starklaugenbehälter m (Chemiefaserherstellung) ΙΙ ~/**крыльевой топливный** (Flg) Tragflügel-Kraftstoffbehälter m, Tragflächenkraftstofftank m ΙΙ ~ **масляного выключателя** (El) Ölschalterkessel m ΙΙ ~/**масляный** Ölbehälter m, Öltank m ΙΙ ~/**массный** (Pap) Stoffbehälter m, Stoffbütte f ΙΙ ~/**мерный** Meßbehälter m, Meßgefäß n ΙΙ ~/**напорный** Druckbehälter m, Drucktank m; Hochbehälter m ΙΙ ~/**отстойный** Klärbehälter m, Absetzbecken n ΙΙ ~/**переливной** Überlaufgefäß n ΙΙ ~/**питательный** Speisewasserbehälter m ΙΙ ~/**приём[оч]ный** Aufnahmegefäß n ΙΙ ~/**промывочный** Waschbottich m, Waschtrog m ΙΙ ~/**пропиточный** Imprägnierkessel m ΙΙ ~/**прядильный** (Text) Spinnkessel m (Chemiefaserherstellung) ΙΙ ~/**распределительный** Verteilergefäß n ΙΙ ~/**расширительный** Ausdehnungsgefäß n ΙΙ ~/**реактора** (Kern) Reaktorbehälter m, Reaktorkessel m, Reaktorgefäß n; Reaktordruckgefäß n ΙΙ ~/**сборный** Sammelbehälter m; Sammelgefäß n; Sammelbottich m; Standgefäß n ΙΙ ~/**топливный** Kraftstofftank m, Kraftstoffbehälter m ΙΙ ~/**трансформаторный** (El) Transformatorkessel m ΙΙ ~/**уравнительный** Ausgleichbehälter m
бакан m (Schiff) Tonne f, Boje f

бакаут m 1. (Schiff) Pockholz n; 2. Franzosenholz n
бакборт m (Schiff) Backbord n
бакен m (Schiff) Tonne f, Boje f
бак-мерсеризатор m (Text) Maischekessel m (Veredlung)
бак-мешалка m Bottichmischer m
бак-отстойник m Absetzgefäß n, Schlammtank m
бак-охладитель m (Kält) Tankkühler m
бактеризация f почвы (Ökol) Bodenbakterisierung f
баланс m 1. Bilanz f, Haushalt m; 2. Abgleich m, Ausgleich m; Gleichgewicht n; 3. (Pap) Knüppel m, entrindeter Rundling m; Papierholz n, Schleifholz n; 4. (Photo) Abstimmung f (Farbaufnahmen); 5. Unruh f (Uhrwerk) ΙΙ ~ **азота** Stickstoffbilanz f ΙΙ ~ **вещества** s. ~/**материальный** ΙΙ ~/**водный** Wasserhaushalt m, Wasserbilanz f ΙΙ ~/**водохозяйственный** Wasserwirtschaftsbilanz f ΙΙ ~/**гидрофильно-гидрофобный** (Photo) HLB-Wert m ΙΙ ~ **запасов** (Bgb) Vorratsbilanz f ΙΙ ~/**изотопный** (Kern) Isotopenbilanz f; Isotopengleichgewicht n ΙΙ ~/**кислородный** (Ökol) Sauerstoffhaushalt m, Sauerstoffbilanz f ΙΙ ~ **контрастности** (Photo) Kontrastgleichgewicht n, Gradationsgleichgewicht n ΙΙ ~ **краски и увлажняющего раствора** (Typ) Farbe-Wasser-Gleichgewicht n ΙΙ ~/**массовый** Stoffbilanz f; Massenbilanz f ΙΙ ~/**материальный** Stoffbilanz f; (Ch) Stoffausgleich m ΙΙ ~ **мост[ик]а** (El) Brückengleichgewicht n ΙΙ ~ **мощности** (El) Leistungsbilanz f ΙΙ ~ **напряжений** (El) Spannungsbilanz f ΙΙ ~/**нейтронный** (Kern) Neutronenbilanz f; Neutronengleichgewicht n ΙΙ ~ **подземных вод** (Hydrol) Grundwasserhaushalt m ΙΙ ~/**радиационный** (Meteo) Strahlungsbilanz f, Strahlungshaushalt m ΙΙ ~ **светочувствительности** (Photo) Empfindlichkeitsgleichgewicht n ΙΙ ~/**тепловой** 1. Wärmebilanz f, Wärmehaushalt m; 2. (Met) Wärmebilanz f, Wärmegleichgewicht n (Ofen) ΙΙ ~/**токовый** (El) Stromgleichgewicht n, Strombilanz f ΙΙ ~/**экологический** Ökologiehaushalt m, ökologische Bilanz f ΙΙ ~ **электроэнергии** Elektroenergiebilanz f ΙΙ ~/**энергетический** Energiebilanz f, Energiehaushalt m ΙΙ ~ **энергии** s. ~/**энергетический**
балансир m 1. (Masch) Balancier m, Schwinghebel m, Ausgleichschwinge f, Ausgleichhebel m; Schwinge f, Wippe f; 2. (Bw) Rollendeckplatte f, Sattel m (Rollenauflagerung von Brücken); 3. s. **баланс** 5. ΙΙ ~/**верхний** (Bw) oberer Lagerkörper m (Brückengelenklager) ΙΙ ~/**нижний** (Bw) unterer Lagerkörper m (Brückengelenklager) ΙΙ ~/**рессорный** Federpendel n, Federschwinge f, Federausgleichhebel m ΙΙ ~ **рессоры** s. ~/**рессорный** ΙΙ ~/**уравнительный** Ausgleichschwinge f (Kran- oder Baggerfahrwerk)
балансир-двигатель m Pendelmotor m
балансирование n s. **балансирование**
балансировать 1. ausgleichen, [aus]balancieren, das Gleichgewicht halten; 2. (Masch, Fert) auswuchten (z. B. Räder); 3. (Rak, Flg) [aus]trimmen; 4. (El) abgleichen, ausgleichen, kompensieren; 5. (Rf) abgleichen; 6. (Photo) abstimmen, abgleichen

балансировка

балансировка f 1. Ausgleich *m*, Masseausgleich *m*; 2. *(Masch, Fert)* Auswuchten *n (z. B. Räder)*; 3. *(Flg, Rak)* Austrimmen *n*, Trimmen *n*; 4. *(El)* Abgleichen *n*, Abgleich *m*, Kompensieren *n*; 5. *(Rf)* Abgleich *m*; 6. *(Photo)* Abstimmung *f*, Abgleich *m* ǁ ~/**двойная** *(El)* Doppelabgleich *m* ǁ ~/**динамическая** *(Masch)* dynamisches Auswuchten *n* ǁ ~ **моста** *(El)* Brückenabgleich *m* ǁ ~/**статическая** *(Masch)* statisches Auswuchten *n* ǁ ~/**точная** *(El)* Feinabgleich *m*
балансирующийся/автоматически *(El)* automatisch abgleichend, selbstabgleichend, mit Selbstabgleich
балансный Balance..., Gleichgewicht[s]...; *(El, Eln)* Gegentakt...
балбена *f* Brail *n (Schwimmer, z. B. an Treibnetzen; Fischfang)*
балбенка *f s.* балбена
балда *f* 1. *(Wkz)* Ausschlagfäustel *m*, Großfäustel *m*; 2. *(Schm)* Helmhammer *m*; 3. *(Bgb)* Fäustel *m*; Erdstampfe *f*; Keilfäustel, Schlägel *m*
балка *f* 1. *(Bw, Masch)* Träger *m*, Balken *m*; 2. Träger *m*, stabförmige Trägergruppe *f (eines Schiffes)*; 3. *(Geol)* Balka *f (durch Erosion entstandene Trockenmulde in Steppen- und Waldsteppengebieten)* ǁ ~/**анкерная** Verankerungsträger *m* ǁ ~/**бортовая продольная** *(Schiff)* Seitenlängsspant *n* ǁ ~/**главная** Hauptträger *m (einer Brücke)* ǁ ~/**грузовая** *(Schiff)* Ladedavit *m* ǁ ~/**двускатная** Satteldachbinder *m* ǁ ~/**двутавровая** *(Bw)* Doppel-T-Träger *m*, I-Träger *m*; *(Wlz)* I-Stahl *m*, I-Profil *n* ǁ ~/**двутавровая широкополочная** Breitflanschträger *m* ǁ ~/**двухконсольная** Träger *m* auf zwei Stützen mit Kragarmen ǁ ~/**двухопорная** Zweistützträger *m* ǁ ~/**двухпролётная** Träger *m* über zwei Felder, Träger *m* auf zwei Stützen ǁ ~/**двухстенчатая** zweiwandiger Träger *m* ǁ ~/**деревянная** Holzbalken *m* ǁ ~ **днища/продольная** *(Schiff)* Bodenlängsspant *n* ǁ ~/**днищевая продольная** *(Schiff)* Bodenlängsspant *n* ǁ ~/**железобетонная** Stahlbetonträger *m* ǁ ~ **жёсткости** Versteifungsträger *m* ǁ ~ **жёсткости/неразрезная** durchlaufender Versteifungsträger *m* ǁ ~ **жёсткости/однопролётная** einfeldriger Versteifungsträger *m* ǁ ~/**забральная** *(Hydt)* Staubalken *m* ǁ ~/**заделанная** eingespannter Träger *m* ǁ ~ **заднего моста** *(Kfz)* Hinterachs[brükken]körper *m* ǁ ~/**захватная** *(Text)* Greiferbalken *m (Kopswechsler)* ǁ ~/**защемлённая** *s.* ~/**заделанная** ǁ ~/**измерительная** Meßbalken *m* ǁ ~/**катаная** *s.* ~/**прокатная** ǁ ~/**клёпаная** genieteter Träger *m* ǁ ~/**комплексная** Verbundträger *m* ǁ ~/**консольная** Kragträger *m (Träger auf zwei Stützen mit Kragarm auf einer oder auf beiden Seiten)* ǁ ~/**коробчатая** Kastenträger *m* ~ **коробчатого сечения** Hohlkastenbalken *m* ǁ ~/**ломаная** Balken *m* mit geknickter Achse ǁ ~/**металлическая** *s.* ~/**стальная** ǁ ~/**многопролётная разрезная** Mehrfeldbalken *m (einer Brücke)* ǁ ~ **на двух опорах** *s.* ~/**однопролётная** ǁ ~ **на упругом основании** *(Bw)* Träger *m* auf elastischer Bettung, elastisch aufliegender Träger *m* ǁ ~ **на шпонках/составная [деревянная]** verdübelter [zweilagiger] Balken *m* ǁ ~/**непрерывная** Durchlaufträger *m* ǁ ~/**неразрезная [много-**

пролётная] durchgehender (durchlaufender, kontinuierlicher) Träger *m*, Durchlaufträger *m* ǁ ~/**ножевая** Messerträger *m* ǁ ~/**одноконсольная** Träger *m* auf zwei Stützen mit einem Kragarm ǁ ~/**однопролётная** Einfeldträger *m*, Einfeldbalken *m* ǁ ~/**опорная** Auflagerbalken *m*, Tragbalken *m* ǁ ~/**опорная колосникового** Roststabträger *m*, Rostbalken *m (Feuerungstechnik)* ǁ ~/**перекрёстная** Unterzug *m* ǁ ~ **перекрытия** Deckenbalken *m* ǁ ~/**переменного сечения** Träger *m* mit veränderlichem Querschnitt ǁ ~/**подвесная** Koppelträger *m*, Einhängeträger *m* ǁ ~/**подкрановая** Kran[bahn]träger *m* ǁ ~/**подпалубная** *(Schiff)* Längsdecksbalken *m* ǁ ~/**полая** *s.* ~/**пустотелая** ǁ ~/**поперечная** Querträger *m* ǁ ~ **постоянного сечения** Träger *m* mit gleichbleibendem Querschnitt ǁ ~/**прерванная** unterbrochener Träger *m* ǁ ~/**продольная** Längsträger *m* ǁ ~/**продольная бортовая** *(Schiff)* Seitenlängsspant *n* ǁ ~/**продольная днищевая** *(Schiff)* Bodenlängsspant *n* ǁ ~/**продольная подпалубная** *(Schiff)* Längsdecksbalken *m* ǁ ~ **проезжей части моста** Fahrbahnträger *m (Brücke)* ǁ ~/**прокатная** gewalzter Träger *m*, Walzstahlträger *m* ǁ ~/**пролётная разрезная** Mehrfeldbalken *m* ǁ ~/**простая [двухопорная]** *s.* ~/**однопролётная** ǁ ~/**прядильная** *(Text)* Spinnbalken *m* ǁ ~ **прямоугольного сечения** rechtwinkliger Träger *(Balken)* ǁ ~/**пустотелая** Träger *m* mit Hohlquerschnitt ǁ ~/**разрезная** *s.* ~/**однопролётная** ǁ ~/**распорная** Spreize *f* ǁ ~/**ребристая** Rippenbalken *m* ǁ ~/**решётчатая** Fachwerkträger *m*, Gitterträger *m* ǁ ~ **с вутами** *(Bw)* Voutenträger *m* ǁ ~ **с двусторонним защемлением** beiderseitig eingespannter Träger *m* ǁ ~/**сварная** geschweißter Träger *m* ǁ ~/**свешивающаяся** Schleppträger *m* ǁ ~/**свободноопёртая** frei aufliegender Träger *m* ǁ ~/**сквозная** Fachwerkträger *m* ǁ ~/**составная** gebauter Träger *m* ǁ ~/**составная металлическая** Verbundträger *m (genieteter oder geschweißter Träger)* ǁ ~/**сплошная** Vollwandträger *m* ǁ ~/**стальная** Stahlträger *m* ǁ ~/**статически неопределимая** statisch unbestimmter Träger *m* ǁ ~/**статически определимая** statisch bestimmter Träger *m* ǁ ~/**тавро-бульбовая** Wulststahlträger *m* ǁ ~/**тавровая** *(Bw)* T-Träger *m*; *(Wlz)* T-Stahl *m*, T-Profil *n* ǁ ~/**трубчатая** Rohrträger *m* ǁ ~/**фанерная** Sperrholzträger *m* ǁ ~/**фасонная** Profilträger *m* ǁ ~/**фундаментная** Fundamentträger *m* ǁ ~/**хребтовая** *(Eb)* Langträger *m (des Wagens)* ǁ ~/**хребтовая плавающая** *(Eb)* schwimmender Langträger *m (des Wagens)* ǁ ~/**черпачная** Dachbalken *m* ǁ ~/**шандорная** *(Hydt)* Dammbalken *m* ǁ ~/**шарнирная** Gelenkträger *m*, Gerberträger *m* ǁ ~/**швеллерная** *(Wlz)* U-Träger *m*, U-Stahl *m*, U-Profil *n*; Schwellenprofil *n (Schienenzubehör)* ǁ ~/**шкворенная** *(Eb)* Drehpfannenquerträger *m (des Wagens)* ǁ ~/**шпренгельная** unterspannter Träger *m*, Sprengwerkträger *m*
балка-гаситель *f (Hydt)* Stoßbalken *m*
балка-коробка *f* Kastenträger *m*
балка-стенка *f* wandartiger Träger *m*, Tragwand *f*, Scheibe *f*

балкер *m* Massengutfrachtschiff *n*, Massengutfrachter *m*, Schüttgutfrachtschiff *n*, Bulkcarrier *m* ‖ ~/**саморазгружающийся** selbstentladender Bulkcarrier (Massengutfrachter) *m*
балккэриер *m* s. балкер
балкон *m*/**колошниковый** *(Met)* Gichtbühne *f*, Gicht *f (Schachtofen)*
балктанкер *m* OBO-Schiff *n*, OBO-Carrier *m (Ore-Bulk-Oil-Carrier)*
балл *m* 1. Gütezahl *f*; Note *f*, Punkt *m*, Kennwert *m (zur Bewertung quantitativer Zustände)*; 2. *(Meteo)* Windstärke *f*; 3. *(Geoph)* Grad *m (Intensitätsmaß für die Schadenswirkung eines Bebens)* ‖ ~/**коррозионный** Korrosionsgrad *m* ‖ ~ **облачности** *(Meteo)* Bedeckungsgrad *m (des Himmels mit Wolken)* ‖ ~ **по шкале Бофорта** Beaufort-Zahl *f*; Beaufort-Windstärke *f*
балла́с *m (Min)* Ballas *m (polykristalliner Natur- oder synthetischer Diamant)*
балла́ст *m* 1. Ballast *m (Ladung)*; 2. *(Eb)* Ballast *m*, tote Last *f*; 3. *(Eb)* Bettung *f*, Ballast *m*; Oberbau *m* • **без балла́ста** *(Schiff)* ohne Ballast • **в балласте** *(Schiff)* mit Ballast, im Ballastzustand ‖ ~/**водяной** *(Eb)* Wasserballast *m* ‖ ~/**гравийный** *(Eb)* Gleiskies *m* ‖ ~/**жидкий** *(Schiff)* flüssiger Ballast *m* ‖ ~/**твёрдый** *(Schiff)* fester Ballast *m* ‖ ~/**щебёночный** *(Eb)* Schotterbettung *f*
балла́стер *m (Eb)* Beschotterungsmaschine *f*
балластирова́ть 1. *(Eb)* beschottern; 2. *(Schiff)* beballasten, Ballast [ein]nehmen
балластиро́вка *f* 1. *(Eb)* Bettung *f*; Schotterung *f*, Beschotterung *f*; 2. *(Schiff)* Beballastung *f*, Beballasten *n*, Ballastübernahme *f* ‖ ~ **между шпалами** *(Eb)* Überdeckung (Verfüllung) *f* der Schwellen ‖ ~ **песком** Sandbettung *f* ‖ ~ **пути** *(Eb)* Gleisfüllung *f* [mit Schotter] ‖ ~ **трубопроводов** *(Bw)* Beschwerung *f* von Rohrleitungen *(zur Sicherung der stabilen Lage)* ‖ ~ **щебнем** *(Eb)* Schotterung *f*, Beschotterung *f*
балластоуплотни́тель *m (Eb)* Bettungsverdichter *m*
балле́р *m (Schiff)* Schaft *m*, Säule *f*, senkrechte Welle *f (Spill)* ‖ ~ **крана** Kransäule *f* ‖ ~ **поворотной насадки** Ruderdüsenschaft *m* ‖ ~ **руля** Ruderschaft *m* ‖ ~ **шпиля** Spillwelle *f*
баллистика *f* Ballistik *f* ‖ ~/**внешняя** äußere Ballistik *f* ‖ ~/**внутренняя** innere Ballistik *f* ‖ ~/**экспериментальная** experimentelle Ballistik *f*
баллистокардиограмма *f* Ballistokardiogramm *n*
баллистокардиография *f* Ballistokardiographie *f*
балло́н *m* 1. Ballon *m*, Flasche *f*; 2. *(Text)* Ballon *m*, Fadenschleier *m (Ringspinnmaschine)*; 3. *(Flg)* Ballon *m*, Aerostat *m*; 4. *(El, Eln, Licht)* Kolben *m* ‖ ~/**аварийный** *(Flg)* Hilfspatrone *f (Triebwerk)* ‖ ~/**ацетиленовый** Acetylenflasche *f* ‖ ~/**бесшовный** *s.* ~/цельнотянутый ‖ ~/**водородный** Wasserstoffflasche *f* ‖ ~ **для газов** Druckgasflasche *f* ‖ ~/**кислородный** Sauerstoffflasche *f* ‖ ~/**металлический** Metallkolben *m* ‖ ~/**многократный** mehrfacher Ballon *m (Ringspinnmaschine)* ‖ ~/**однократный** einfacher Ballon *m (Ringspinnmaschine)* ‖ ~/**пневматический** *(Lw)* Klutenpneuwalze *f* ‖ ~ **пускового воздуха** Anlaßluftbehälter *m*, Anlaß[luft]flasche *f* ‖ ~/**пусковой** *s.* ~ пускового воздуха ‖ ~/**разрядный** *(El)* Entladungskolben *m* ‖ ~/**сварной** geschweißte Gasflasche *f (für verflüssigte Gase)* ‖ ~/**стальной** Stahlflasche *f* ‖ ~/**стеклянный** Glasflasche *f* ‖ ~/**цельнотянутый** nahtlose Druckgasflasche *f*
балло́н-зонд *m (Meteo)* Sondenballon *m*, Ballonsonde *f*
балло́н-комкодавитель *m (Lw)* Klutenballon *m*, Klutenwalze *f*
баллоноограничи́тель *m (Text)* Ballonfänger *m (der Ringspinnmaschine)* ‖ ~/**кольцево́й** Balloneinengungsring *m* ‖ ~/**спира́льный** Balloneinengungsspirale *f*
балло́н-стабилиза́тор *m (Flg)* Stabilisierungswulst *m(f)*
балло́нчик *m*/**аэрозо́льный** Sprayflasche *f*
бало́чка *f* **стабилиза́тора** *(Flg)* Stabilisatorträger *m*
бальза́м *m* Balsam *m*
бальза́м-скипида́р *m* Balsamterpentinöl *n*
баля́сина *f (Bw)* Geländerpfosten *m*, Geländerstab *m*, Baluster *m*
ба́мпер *m (Kfz)* Stoßfänger *m*, Stoßstange *f* ‖ ~/**выдвижно́й** verschiebbarer (flexibler) Stoßfänger *m* ‖ ~/**за́дний** hinterer Stoßfänger *m* ‖ ~/**пере́дний** vorderer Stoßfänger *m* ‖ ~/**стально́й** Stahlstoßfänger *m*
бананово́з *m* Bananenschiff *n*
банда́ж *m* 1. Reifen *m*; *(Turbinenbeschaufelung)*; 2. *(Eb)* Radreifen *m*; 3. *(Met)* Bandage *f*, Radbandage *f*; 4. *(Met)* Verankerung *f (Hochofen)*; 5. *(Med)* Bandage *f*, Binde *f* ‖ ~ **заплечиков [доменной печи]** *(Met)* Rast[ver]ankerung *f (Hochofen)* ‖ ~/**ле́нточный** Deckband *n (Beschaufelung einer Dampfturbine)* ‖ ~/**опо́рный** Laufkranz *m*, Rollkranz *m*, Stützkranz *m (z. B. am Drehofen)* ‖ ~/**цельнока́таный** *(Wlz)* ganzgewalzte Bandage *f*
бандажи́рование *n* Bandagieren *n*, Bandagierung *f*
бандажиро́вка *f* s. бандажи́рование
банд-пасс-фильтр *m (Eln)* Band[paß]filter *n*, Bandpaß *m*
банк *m (Inf)* Bank *f*, Speicherblock *m* ‖ ~ **да́нных** Datenbank *f* ‖ ~ **да́нных/автоматизи́рованный** automatisierte Datenbank *f* ‖ ~/**информацио́нный** Informationsdatenbank *f*, Datenbank *f* ‖ ~ **програ́мм** Programmbank *f*
ба́нка *f* 1. Büchse *f*; Dose *f*; 2. Sandbank *f*; 3. *(Schiff)* Ducht *f (eines Bootes)* ‖ ~ **аккумуля́тора** Akkumulator[en]gefäß *n*, Akkumulator[en]kasten *m* ‖ ~/**бортова́я** *(Schiff)* Seitenducht *f* ‖ ~/**гребна́я** *(Schiff)* Ruderducht *f* ‖ ~/**попере́чная** *(Schiff)* Querducht *f* ‖ ~/**продо́льная** *(Schiff)* Längsducht *f* ‖ ~/**реакти́вная** *(Ch)* Reaktionsgefäß *n*
банке́тка *f (Schiff)* Trossengräting *f*, Trossenablage *f*
банкома́т *m* Geldautomat *m*
ба́ночка *f (Glas)* Posten *m*, Külbel *m*
ба́ня *f (Ch)* 1. Bad *n (flüssiges Medium)*; 2. Heizbad *n (Vorrichtung)* ‖ ~/**водяна́я** Wasserbad *n* ‖ ~/**возду́шная** Luftbad *n* ‖ ~/**ма́сляная** Ölbad *n* ‖ ~/**нагрева́тельная** Heizbad *n* ‖ ~/**парова́я** Dampfbad *n* ‖ ~/**песо́чная (песча́ная)** Sandbad *n* ‖ ~/**солева́я** Salzbad *n*
бар *m* 1. Bar *n*, bar *(SI-fremde Einheit des Drucks)*; 2. *(Bgb)* Arm *m*, Schrämarm *m* ‖

бар

~/врубовый *(Bgb)* Schrämausleger *m*, Schrämarm *m* ‖ ~/кольцевой *(Bgb)* Ringschrämarm *m* ‖ ~/контурный *(Bgb)* Rahmenschrämarm *m*

барабан *m* 1. Trommel *f*, Walze *f*; Zylinder *m*; 2. *(Led)* Faß *n*, Walkfaß *n*; 3. *(Bw)* Kuppelunterbau *m*, Tambour *m*; 4. *(Meß)* Meßtrommel *f (Meßschraube)* ‖ ~/бильный *(Lw)* Schlagleistentrommel *f* ‖ ~/ваерный *(Schiff)* Kurrleinentrommel *f (Netzwinde)* ‖ ~/ватный *(Text)* Pelztrommel *f* ‖ ~/ведущий черпаковый Antriebsturas *m (Eimerkettenschwimmbagger)* ‖ ~/верхний черпаковый Oberturas *m (Eimerkettenschwimmbagger)* ‖ ~/волочильный *(Met)* Ziehtrommel *f*, Ziehscheibe *f* ‖ ~/ворсовальный *(Text)* Rauhtrommel *f* ‖ ~/вращающийся 1. rotierende (drehende) Trommel *f*; 2. *(Gieß)* Drehtrommel *f (zum Gußputzen)*; 3. *s.* ~ печи/вращающийся ‖ ~/вулканизационный *(Gum)* Vulkanisiertrommel *f* ‖ ~/вытяжной *(Schiff)* Beihievertrommel *f (Netzwinde)* ‖ ~/галтовочный *(Gieß)* Putztrommel *f*; Poliertrommel *f* ‖ ~/гасильный *(Bw)* Löschtrommel *f*, Kalklöschtrommel *f* ‖ ~/главный *(Text)* Haupttrommel *f (Krempel)* ‖ ~/грузовой (грузоподъёмный) *(Förd)* Lasttrommel *f*, Hubwindentrommel *f*, Hub[werk]trommel *f (Kran)* ‖ ~/делительный Meßtrommel *f* ‖ ~/дробемётный *(Gieß)* Schleuderstrahlputztrommel *f* ‖ ~/дробеструйный *(Gieß)* Druckstrahlputztrommel *f* ‖ ~/дробильный Brechtrommel *f (Aufbereitung)* ‖ ~/дубильный *(Led)* Gerbfaß *n*, Walkfaß *n* ‖ ~/дырчатый Siebtrommel *f* ‖ ~/жировальный *(Led)* Fettungsfaß *n*, Walkfaß *n* ‖ ~/зажимный *(Fert)* Spanntrommel *f* ‖ ~/замораживающий Gefriertrommel *f* ‖ ~/запасной *(Text)* Vorratsrevolver *m (Automatenwebstuhl)* ‖ ~/зольный *(Led)* Äscherfaß *n*, Faßäscher *m* ‖ ~/игольчатый *(Text)* Nadelstrommel *m (Horizontalöffner)* ‖ ~/измельчающий *(Lw)* Messertrommel *f*, Häckseltrommel *f* ‖ ~/измерительный Meßtrommel *f*, Trommel *f* ‖ ~/кабельный 1. *(El)* Kabeltrommel *f*; 2. *(Schiff)* Jagertrommel *f (Netzwinde)* ‖ ~/канатный Seiltrommel *f*, Seilkorb *m* ‖ ~ кардочесальной машины *(Text)* Kratzentrommel *f* ‖ ~ катушек Spulentrommel *f* ‖ ~/качающийся Schwingtrommel *f (Schere)* ‖ ~/качающийся присасывающий *(Typ)* Kippsaugtrommel *f* ‖ ~/колковый *(Text)* Stachelwalze *f*, Nasentrommel *f (Klettenwolf)* ‖ ~/контактный Kontaktwalze *f* ‖ ~/конусный сновальный *(Text)* Konusschärtrommel *f* ‖ ~/корообдирочный *(Pap)* Entrindungstrommel *f*, Schältrommel *f*, Trommelentrinder *m* ‖ ~ котла *(Wmt)* Kesseltrommel *f* ‖ ~/красильный *(Text)* Färbetrommel *f* ‖ ~/кулачковый *(Wkzm)* Nockentrommel *f*; Kurventrommel *f* ‖ ~/ленточный *(Gieß)* Muldenbandputztrommel *f*, Gliederbandputztrommel *f* ‖ ~/магнитный Magnettrommel *f* ‖ ~/масштабный *(Meß)* Maßstabstrommel *f* ‖ ~/мездромойный *(Led)* Walzenentfleischmaschine *f* ‖ ~ микрометра Mikrometertrommel *f*; Meßtrommel *f (einer Meßschraube)* ‖ ~/моечный Waschtrommel *f*; Läutertrommel *f (Aufbereitung)* ‖ ~/молотильный *(Lw)* Dreschtrommel *f* ‖ ~/намоточно-натяжной *(Wlz)* Bandzugwickeltrommel *f* ‖ ~/намоточный *(Wlz)* Wickeltrommel *f*, Aufhaspel *f* ‖ ~/натяжной

1. *(Wlz)* Bandzugwickeltrommel *f*, Spanntrommel *f*; 2. *(Förd)* Umlenktrommel *f (Bandförderer)* ‖ ~/нижний черпаковый Unterturas *m (Eimerkettenschwimmbagger)* ‖ ~/ножевой 1. *(Pap)* Messerwalze *f*, Messertrommel *f (Holländer)*; 2. *(Text)* Nasenschläger *m*, Schlagtrommel *f* mit Schlagnasen *(Putzerei)*; 3. *(Led)* Reckerwalze *f* ‖ ~/обезрепеивающий *(Text)* Entklettungstrommel *f (Klettenwolf)* ‖ ~/обжарочный *(Brau)* Rösttrommel *f (für Karamelmalz)* ‖ ~/обмоточный *(Förd)* Seiltrommel *f* ‖ ~/окорочный *s.* ~/корообдирочный ‖ ~/отбойный *(Text)* Abstreifwalze *f*, Abstreifer *m (Wergveredlungsmaschine)* ‖ ~/отделочный *(Gieß)* Putztrommel *f*, Scheuertrommel *f* ‖ ~/отмочный *(Led)* Weichfaß *n* ‖ ~/отсчётный Meßtrommel *f*; Trommel *f* mit Skalenteilung ‖ ~/офсетный передаточный *(Typ)* Überführzylinder *m* ‖ ~/охладительный *s.* ~ холодильный ‖ ~/очистной Putztrommel *f*, Scheuertrommel *f* ‖ ~/паровой сушильный *(Wmt)* Dampftrommeldarre *f*, dampfbeheizte Trockentrommel *f* ‖ ~/передаточный *(Typ)* Übergabetrommel *f (Flachdruckmaschine)* ‖ ~/передний *(Text)* Vortrommel *f (Krempel)* ‖ ~/перфорированный Siebtrommel *f* ‖ ~/печатный *(Pap)* Druckzylinder *m* ‖ ~ печи/вращающийся *(Bw)* Brenntrommel *f* (z. B. eines Brennofens in der Zementindustrie) ‖ ~/плавильный *(Gieß)* Trommelschmelzofen *m*, Schmelztrommel *f* ‖ ~/погружной *(Text)* Eintauchtrommel *f*, Eintauchwalze *f (Merzerisiermaschine)* ‖ ~ подачи *(Wkzm)* Vorschubtrommel *f* ‖ ~/подборочный *(Typ)* Sammelzylinder *m* ‖ ~ подборщика *(Lw)* Aufnahmetrommel *f*, Aufsammeltrommel *f*, Pick-up-Trommel *f*, Aufnehmer *m* ‖ ~/подъёмный 1. *(Bgb)* Fördertrommel *f (Fördermaschine)*; 2. *(Lw)* Hubrad *n (Kartoffelvollerntemaschine)* ‖ ~/полировальный (полировочный) *(Gieß)* Poliertrommel *f* ‖ ~/полудорновый *(Gum)* Trommel *f* mit hoher Schulter ‖ ~/полуплоский *(Gum)* Trommel *f* mit niedriger Schulter ‖ ~/приводной Antriebstrommel *f (Gurtförderer)* ‖ ~/приёмный *(Text)* Vorreißer *m (Deckelkarde)* ‖ ~/пылеотделительный сетчатый *(Text)* Siebtrommel *f (Horizontalöffner mit Siebtrommel)* ‖ ~/развёртывающий *(TV)* Bildabtasttrommel *f* ‖ ~/разгружающий Entleertrommel *f* ‖ ~/разделительный Entmisch[ungs]trommel *f* ‖ ~/размалывающий Mahltrommel *f* ‖ ~/разравнивающий *(Text)* Rückstreifwalze *f (Ballenöffner)* ‖ ~/рамный *(Led)* Lattentrommel *f*, Rahmenfaß *n* ‖ ~/раскатывающий *(Text)* Vorgarntrommel *f*, Abtreibetrommel *f (Selfaktor)* ‖ ~/распределительный *(Text)* Funktionstrommel *f (Rundstrickstrumpfautomat)* ‖ ~/регистрирующий Schreibtrommel *f* ‖ ~/режущий *m (Lw)* Schneidtrommel *f*, Messertrommel *f*, Häckseltrommel *f* ‖ ~ ролла *(Pap)* Holländerwalze *f*, Messerwalze *f* ‖ ~/рудообмывочный Läutertrommel *f*, Waschtrommel *f (Erzaufbereitung)* ‖ ~ с делениями ~/измерительный ‖ ~/сгущающий *(Typ)* Entwässerungstrommel *f* ‖ ~ сепаратора Scheidetrommel *f (Aufbereitung)* ‖ ~/сетеподъёмный Netzhievtrommel *f (Fischereiwinde)* ‖ ~/сетчатый *(Text)* Siebtrom-

mel f, Staubtrommel f *(Schlagmaschine)*; Siebtrommel f *(Horizontalöffner, Kämmaschine)* ‖ ~/сменный auswechselbare Trommel f ‖ ~/смесительный Mischtrommel f, Trommelmischer m ‖ ~/сновальный *(Text)* Schärtrommel f, Zetteltrommel f ‖ ~ со штифтами *(Text)* Stifttrommel f *(Putzerei)* ‖ ~/солодорастильный Keimtrommel f *(Mälzerei)* ‖ ~/сорный (сороотделительный) *(Text)* Abfallreinigungstrommel f ‖ ~/сортировочный Klassiertrommel f *(Aufbereitung)* ‖ ~/сушильный Trockentrommel f, Trommeltrockner m ‖ ~/съёмный *(Text)* Abstreifwalze f, Abschlagwalze f *(Ballenöffner)*; Abnehmer m *(Karde)* ‖ ~/тёрочный Schlägertrommel f, *(Lw)* Reibtrommel f *(Saatgutreiber)* ‖ ~/тормозной Bremstrommel f ‖ ~/трепальный *(Text)* 1. Schlagtrommel f *(Schlagmaschine)*; 2. Schwingtrommel f *(Flachsschwingturbine)*; 3. Vortrommel f *(Klettenwolf)* ‖ ~/узорный *(Text)* Mustertrommel f *(Stickerei)* ‖ ~/фальцевальный *(Typ)* Falztrommel f *(Rotationsmaschine)* ‖ ~/фрезерный *(Lw)* Frästrommel f ‖ ~/холодильный Kühltrommel f ‖ ~/холстовой *(Text)* Pelztrommel f, Aufroller m ‖ ~/чернаковый Turas m *(Eimerkettenschwimmbagger)* ‖ ~ чесальной машины/главный *(Text)* Haupttrommel f *(Krempel)*; Tambour m ‖ ~/четырёхгранный черпаковый vierkantiger Turas m *(Eimerkettenschwimmbagger)* ‖ ~/чешуеочистительный (чешуесъёмный) Schuppenentfernungstrommel f, Entschuppungstrommel f *(Fischverarbeitung)* ‖ ~/чистильный *(Gieß)* Putztrommel f, Scheuertrommel f ‖ ~/швартовный *(Schiff)* Verholtrommel f *(Winde)* ‖ ~/шестигранный черпаковый sechskantiger Turas m *(Eimerkettenschwimmbagger)* ‖ ~/шнековый m *(Led)* Schneckenfaß n, Schneckenapparat m ‖ ~/штифтовой *(Lw)* Stiftendreschtrommel f ‖ ~/щёточный *(Text)* Bürstentrommel f *(Klettenwolf)*
барабан-испаритель m Verdampfertrommel f
барабанный Trommel..., in Trommelbauweise; Walzen...
барабан-подборщик m *(Lw)* Aufnahmetrommel f, Aufsammeltrommel f, Pick-up-Trommel f
барабан-сепаратор m Abscheidetrommel f
барабанчик m 1. *(Fert)* Meßtrommel f; 2. *(Masch)* Rändelring m; 3. *(Text)* Trommel f; Walze f ‖ ~/гребенной *(Text)* Rundnadel m, Kreiskamm m *(Kämmaschine)* ‖ ~/мотальный *(Text)* Spultrommel f, Wickelwalze f ‖ ~/отбирающий *(Text)* Mustertrommel f ‖ ~/прорезной мотальный *(Text)* Nutenzylinder m, Nutentrommel f ‖ ~/раскатный *(Text)* Abrollwalze f *(Nadelfeldstrecke)* ‖ ~/расчёсывающий *(Text)* Auflösewalze f ‖ ~/узорообразующий *(Text)* Mustertrommel f *(Strickerei)*
баранчик m *(Text)* Haspel f *(Veredlung)*
барат m *(Text)* Baratte f, Sulfidiertrommel f, Xanthatkneter m
барашек m *(Masch)* Flügel[rund]mutter f; Ohren[rund]mutter f
барашки mpl 1. *(Meteo)* Schäfchenwolken fpl; 2. Schaumwellen fpl
барботёр m 1. Druckmischer m, pneumatisches Rührwerk n; 2. Waschflasche f, Gaswaschflasche f *(Laborgerät)*

барботирование n Druckluftmischung f, pneumatisches Mischen (Rühren) n; Durchsprudeln n
барда f Schlempe f; Ablauge f ‖ ~/зерновая Getreideschlempe f ‖ ~/паточная Melasseschlempe f ‖ ~/сульфитная Sulfitablauge f
бардосушение n Schlempetrocknung f
бардяной Schlempe...
барельеф m *(Bw)* Basrelief n
бареттер m *(El)* Bar[r]etter m, Kaltleiter m ‖ ~/железоводородный Eisenwasserstoffwiderstand m, Eisenwasserstoffwiderstandsröhre f
бареттирование n *(El)* Stromstabilisierung f durch Eisenwasserstoffwiderstand
баржа f *(Schiff)* Prahm m, Schute f, Leichter m ‖ ~/беспалубная offene Schute f ‖ ~/грузовая Ladungsschute f, Frachtleichter m ‖ ~/грунтоотвозная Baggerschute f ‖ ~ для толкания Schubprahm m ‖ ~/мореходная (морская) Seeschute f, Seeleichter m ‖ ~/морская судоподъёмная Schiffshebeprahm m ‖ ~/мусорная Müllprahm m, Müllschute f; Ascheleichter m, Aschenprahm m ‖ ~/наливная Tankprahm m, Tankschute f ‖ ~/несамоходная Prahm m (Schute f) ohne Eigenantrieb ‖ ~/несамоходная судовая Trägerschiffsleichter m ‖ ~/нефтеналивная Ölprahm m, Ölschute f ‖ ~/самоходная Prahm m (Schute f) mit Eigenantrieb, Motorkahn m ‖ ~/спасательная Bergungsprahm m ‖ ~/судовая Trägerschiffsleichter m ‖ ~/толкаемая Schubprahm m ‖ ~/угольная Kohlenschute f
баржа-площадка f Plattformschute f
баржа-рефрижератор m Kühlleichter m, Kühlschute f
баржевоз m Schutenträgerschiff n, Huckepackschiff n, LASH-Schiff n
баригироскоп m Barygyroskop n
барий m *(Ch)* Barium n, Ba
барильет m Gassammelleitung f, Gasvorlage f *(einer Koksofenbatterie)*
барион m *(Kern)* Baryon n
барисфера f *(Geol)* Barysphäre f *(schwerer Erdkern)*
барит m *(Min)* Baryt m, Schwerspat m ‖ ~/едкий Ätzbaryt n *(Bariumhydroxid)*
баритаж m *(Photo)* Barytage f
баритовый Baryt...
баритокальцит m *(Min)* Barytokalzit m
барицентрический *(Mech)* baryzentrisch, Schwerpunkt...
барк m *(Schiff)* Bark f
барка f *(Text)* Haspelkufe f, Kufe f, Barke f *(Färbeapparat)* ‖ ~/замачивающая selbsttätiges Einweichbecken m *(Wollwaschbatterie)* ‖ ~/красильная Färbebarke f, Färbebottich m, Färbekufe f ‖ ~/моечная Waschbottich m ‖ ~/напорная Druckbottich m *(Färberei)* ‖ ~/промывная Waschkufe f ‖ ~/сдвоенная красильная Zwillingshaspelkufe f ‖ ~/уравнительная Druckausgleichbottich m *(Färberei)* ‖ ~ шерстомоечного агрегата/моющая Wollwaschmaschine f
баркас m 1. *(Schiff)* Barkasse f; 2. *(Led)* Haspel f(m), Haspelgeschirr n
баркевикит m *(Min)* Barkevikit m *(Amphibol)*
баркентина f *(Schiff)* Barkentine f *(Segelschiff)*
баркометр m *(Led)* Brühenmesser m, Gerbsäuremesser m, Barkometer n *(Aräometertyp)*

барн

барн m Barn n, barn, b (Maßeinheit für den Wirkungsquerschnitt des Atomkerns)
барограмма f (Meteo) Barogramm n
барограф m (Meteo, Flg) Barograph m, Luftdruckschreiber m
барокамера f (Flg) Höhenkammer f; Unterdruckkammer f, Druckkammer f, Barokammer f ‖ **~/вакуумная** (Med) Vakuumtank m ‖ **~/компрессионная** (Med) Kompressionshöhen[druck]kammer f ‖ **~/операционная** (Med) Operationsbarokammer f
бароклина f (Meteo) Barokline f
бароклинность f (Meteo) Baroklinie f, barokline Massenverteilung f
барометр m (Meteo) Barometer n, Luftdruckmesser m ‖ **~/весовой** Waagebarometer n ‖ **~/металлический** s. анероид ‖ **~/пружинный** Federbarometer n ‖ **~/ртутный** Quecksilberbarometer n ‖ **~/сифонный** Heberbarometer n ‖ **~/чашечный** Gefäßbarometer n
барометр-анероид m s. анероид
барометр-высотомер m barometrischer Höhenmesser m
баротропический (Meteo) barotrop[isch] (Phänomen)
баротропия f (Meteo) Barotropie f, barotrope Massenverteilung f
баротропность f s. баротропия
баротропный (Meteo) barotrop[isch] (Phänomen)
барреттер m s. бареттер
барреттирование n s. бареттирование
барсовит m (Min) Barsowit m
барстер m (Astr) Burster m (Röntgenquellen)
бархан m (Geol) Barchan m, Sicheldüne f, Bogendüne f
барьер m Barriere f, Sperre f; (Eln) Barriere f, Schwelle f, Wall m ‖ **~/бремсберговый** (Bgb) Bremsbergverschluß m, Bremsbergsperre f ‖ **~/выпрямляющий** (Eln) Gleichrichtungsbarriere f ‖ **~/гамовский потенциальный** (Kern) Gamow-Berg m, Gamow-Potentialwall m ‖ **~ деления** (Kern) Spaltungsbarriere f ‖ **~/диффузионный** (Eln) Diffusionsbarriere f (Halbleiter) ‖ **~/звуковой** (Flg) Schallmauer f ‖ **~/кулоновский** (Kern) Coulomb-Wall m, Coulomb-Barriere f ‖ **~ металл-полупроводник** Metall-Halbleiter-Sperrschicht f; Metall-Halbleiter-Randschicht f ‖ **~/поверхностный** (Eln) Oberflächengrenzschicht f; Oberflächenbarriere f; Randschicht f (Halbleiter) ‖ **~/полупроводниковый** (Eln) Sperrschicht f ‖ **~/потенциальный** Potentialberg m, Potentialwall m, Potentialschwelle f, Potentialbarriere f (Quantenmechanik) ‖ **~/природный** natürliche Barriere f ‖ **~/световой** Lichtschranke f ‖ **~/субмикронный** (Eln) Submikrometerbarriere f ‖ **~/тепловой** (Flg) Hitzemauer f ‖ **~/теплозащитный** Wärmesperre f, Wärmedämmung f ‖ **~/туннельный** (Eln) Tunnelbarriere f ‖ **~/фоторелейный** Lichtschranke f ‖ **~ Шоттки** (Eln) Schottky-Barriere f, Schottky-Sperrschicht f ‖ **~/энергетический** (Eln) Energiebarriere f, Energieschwelle f, Energiewall m
бассейн m 1. Bassin n, Becken n; Behälter m; (Pap) Bütte f; 2. (Hydt) Einzugsgebiet n; 3. (Hydt) Flußbassin n, Flußbecken n; 4. (Geol) Becken n, Revier n ‖ **~/аккумулирующий** (Hydt) Auffangbecken n, Druckwasserspeicher m, Druckwassersammler m ‖ **~/аэрационный** (Pap) Wassereinlaufkasten m, Lüftungskasten m ‖ **~/брызга[те]льный** Kühlteich m mit Sprühdüsen (Düsenversprühung) ‖ **~/буксировочный** Schleppkanal m, Schleppinne f (für Schiffsmodellversuche) ‖ **~/буферный** (Pap) Stapelbütte f, Pufferbütte f ‖ **~/варочный** (Glas) Schmelzwanne f, Wanne[nbecken n] f ‖ **~/водный** (Hydt) Wasserstube f ‖ **~/водобойный** (Hydt) Sturzbecken n ‖ **~/водосборный** (Hydrol) Einzugsgebiet n, Zuflußgebiet n ‖ **~/водосливный** (Hydt) Überlaufbecken n ‖ **~/водяной** (Hydt) Wasserstube f ‖ **~ выдержки** (Kern) Abklingbecken n ‖ **~/выработочный** (Glas) Arbeitswanne f; (Glas) Ziehherd m (einer Colburn-Anlage) ‖ **~/глубоководный опытовый** Tiefwasserversuchsbecken n (für Schiffsmodellversuche) ‖ **~/грунтовых вод** Grundwasserbecken n ‖ **~/достроечный** (Schiff) Ausrüstungsbecken n ‖ **~/испарительный** Verdunstungskessel m, Verdunstungsbecken n ‖ **~ источника** Quellgebiet n ‖ **~/кавитационный** Kavitationsbecken n, Kavitationstank m (für Schiffsmodellversuche) ‖ **~/каптажный** (Hydt) Quellstube f ‖ **~ каскада/промежуточный** (Hydt) Zwischenspeicher m ‖ **~/крытый плавательный** (Bw) Hallenschwimmbad n ‖ **~/лопастный** (Pap) Rührwerksbütte f ‖ **~/массный** (Pap) Stoffbütte f ‖ **~/машинный** (Pap) Maschinenbütte f, Arbeitsbütte f ‖ **~/мелководный опытовый** Flachwasserversuchsbecken n (für Schiffsmodellversuche) ‖ **~/мешальный** (Pap) Mischbütte f, Mischbottich m ‖ **~/мешальный массный** (Pap) Rührbütte f ‖ **~ мокрого брака** (Pap) Gautschbruchbütte f ‖ **~/мореходный опытовый** Seegangsversuchsbecken n (für Schiffsmodellversuche) ‖ **~/наливной** (Schiff) Flutbecken n ‖ **~/напорный** (Hydt) Gefällebereich m; Staubehälter m, Staubecken n ‖ **~/океанский** Ozeanbecken n ‖ **~/опытовый** Versuchsbecken n, Schleppinne f, Schleppkanal m, Schleppbecken n (für Schiffsmodellversuche) ‖ **~ осадконакопления** (Geol) Sedimentationsbecken n ‖ **~/осадочный** s. ~/осветительный ‖ **~/осветительный (отстойный)** Klärbecken n, Klärbehälter m, Absetzbecken n ‖ **~/охладительный (охлаждающий)** Abkühlbecken n, Kühlbassin n ‖ **~/паралический** (Geol) paralisches Becken n ‖ **~/питательный** (Hydt) Speisebecken n ‖ **~/плавательный** Schwimmbecken n; Schwimmbad n ‖ **~/плескательный** Planschbecken n ‖ **~/подходный шлюзовой** (Hydt) Vorhafen m, Schleusenvorhafen m, Vorbecken n, Schleusenvorbecken n (Zweikammerschleuse) ‖ **~/портовый** Hafenbecken n ‖ **~/пресноводный** (Geol) limnisches Becken n, Süßwasserbecken n ‖ **~/приёмный** (Pap) Vorratsbütte f ‖ **~/промежуточный** 1. (Pap) Zwischenbütte f; 2. (Schiff) Zwischenbecken n (Baudock) ‖ **~/рудный** (Geol) Erzbecken n ‖ **~ ротативной установки/опытовый** Rundlaufversuchsbecken n, Manövrierversuchsbecken n (für Schiffsmodellversuche) ‖ **~/сберегательный** (Hydt) Sparkammer f, Sparbecken n (Sparschleuse) ‖ **~/сборный** (Pap) Sammelbütte f ‖ **~/сдвоенный** (Pap) Doppelbütte f ‖ **~/скоростной опытовый** Schnellfahrtversuchs-

becken n *(für Schiffsmodellversuche)* ‖ ~ стока *(Hydt)* Abflußgebiet n ‖ ~ суточного регулирования *(Hydt)* Tagesausgleichsbecken n, Schwellbecken n ‖ ~/угольный *(Geol)* Kohlenbecken n ‖ ~/успокоительный *(Hydt)* Beruhigungsbecken n *(Stauwerk)* ‖ ~/фирновый *(Geol)* Firnmulde f, Firnfeld n
бастит m *(Min)* Bastit m
бастнезит m *(Min)* Bastnäsit m *(Fluormineral)*
бастование n *(Text)* Bürsten n *(Putzmaschine)*
батан m *(Text)* Lade f *(Webstuhl)* ‖ ~/вышивной Broschierlade f ‖ ~ жаккардовой машины Prismalade f *(Jacquardmaschine)* ‖ ~ замочного станка Festblattlade f *(Weberei)* ‖ ~/кольцевой вышивной Ringbroschierlade f, Kreislade f ‖ ~/передвижной Schiebelade f ‖ ~/подвесной Hängelade f ‖ ~/челночный вышивной Schiffchenbroschierlade f ‖ ~/ящичный вышивной Kästchenbroschierlade f
батарейка f kleine Batterie f; Taschenleuchtenbatterie f ‖ ~/водоналивная seewasseraktivierte Batterie f, seewasseraktive Zelle f *(für Rettungsmittel)* ‖ ~/карманная Taschenleuchtenbatterie f
батарея f 1. Batterie f, Gruppe f; 2. *(El)* Batterie f; 3. *(Wmt)* Radiator m, Heizkörper m; 4. *(Met)* Batterie f ‖ ~/аварийная Netzersatzbatterie f ‖ ~/аккумуляторная *(El)* Akkumulator[en]batterie f ‖ ~/анодная *(El)* Anodenbatterie f ‖ ~/атомная Kernbatterie f, Isotopenbatterie f, Radionuklidbatterie f, Spannungsquelle f ‖ ~/буферная *(El)* Pufferbatterie f, Ausgleichsbatterie f ‖ ~/диффузионная Diffusionsbatterie f *(Zuckergewinnung)* ‖ ~/запасная Ersatzbatterie f ‖ ~/измерительная Meßbatterie f ‖ ~ каскадного типа *(Kält)* Kaskadenverdampfer m ‖ ~/клеточная *(Lw)* Käfigbatterie f ‖ ~/коксовая *(Met)* Koks[ofen]batterie f ‖ ~/местная *(Nrt)* Ortsbatterie f, OB ‖ ~/микрофонная *(Nrt)* Mikrophonbatterie f, Mikrophonelement n ‖ ~/многокорпусная выпарная *(Ch)* Mehrkörperverdampfer m, Mehrstufenverdampfer m ‖ ~/накальная *(Eln)* Heizbatterie f ‖ ~ непрерывного действия/кубовая *(Erdöl)* kontinuierliche Blasendestillationsanlage f ‖ ~/отопительная *(Wmt)* Heizkörper m, Heizbatterie f ‖ ~/охлаждающая *(Kält)* Kühlbatterie f, Kühlregister n ‖ ~ охлаждения s. ~/охлаждающая ‖ ~ печей *(Met)* Ofenbatterie f, Ofenreihe f ‖ ~ питателей-смесителей *(Text)* Mischbatterie f *(Putzerei)* ‖ ~/пятикорпусная выпарная *(Pap)* Fünfkörperverdampfer m ‖ ~/распределительная *(Schw)* Gasflaschenbatterie f ‖ ~/солнечная Solarbatterie f, Solarzelle f ‖ ~/станционная *(Nrt)* Amtsbatterie f ‖ ~/стартерная аккумуляторная *(Kfz)* Anlaßbatterie f, Starterbatterie f, Kfz-Batterie f ‖ ~/сухая *(El)* Trockenbatterie f ‖ ~/термоэлектрическая Thermobatterie f, thermoelektrische Batterie f ‖ ~/трёхкорпусная выпарная *(Pap)* Dreikörperverdampfer m ‖ ~/фильтрационная Läuterbatterie f *(Würzegewinnung in der Brauerei)* ‖ ~/центральная *(Nrt)* Zentralbatterie f, ZB ‖ ~/цилиндрическая Stabbatterie f ‖ ~/экстракционная *(Ch)* Extraktionsbatterie f ‖ ~/ядерная s. ~/атомная
батиметр m Bathymeter m, Wassertiefenmesser m

батиметрия f Bathymetrie f, Wassertiefenmessung f ‖ ~/лазерная Laserbathymetrie f
батиплан m Bathyplan n
батискаф m Bathyskaph m
батисфера f Bathysphäre f
батокс m *(Schiff)* Längsschnitt m, Längsschnittlinie f *(Linienriß)*
батолит m *(Geol)* Batholith m
батохромизм m Bathochromie f, Farbvertiefung f, bathiochrome Farbtonverschiebung f
батохромный bathochrom, farbvertiefend
бафтинг m *(Aero, Flg)* Schütteln n, Buffeting n ‖ ~/продольный Längsschütteln n
бахрома f *(Text)* 1. Franse f; 2. Schutzmaschenreihe f *(Strumpfwirkerei)* ‖ ~/цветная *(Photo, TV)* Farbsaum m
бахромчатый befranst; fransig
бахтарма f *(Led)* Fleischseite f, Aas n, Aasseite f
бачок m kleiner Behälter m; Schale f ‖ ~/барометрический *(Text)* Vakuumbehälter m *(Chemiefaserherstellung)* ‖ ~/мусорный Abfalleimer m ‖ ~/промывочный *(Photo)* Wässerungsdose f, Wässerungstank m ‖ ~/проявительный (проявочный) *(Photo)* Entwicklungsdose f, Entwicklungstank m ‖ ~/расширительный Ausdehnungsgefäß n, Ausgleichsbehälter m (z. B. eines Kühlsystems) ‖ ~ с улиткой *(Photo)* Dose f mit Spiralführung ‖ ~/смывной Spülkasten m, Spülbecken n ‖ ~/уравнительный Druckausgleichsgefäß n
башмак m 1. Schuh m; Fuß m; Fußstück n; 2. *(El)* Kabelschuh m; 3. *(Bw)* Strebenschuh m; 4. *(Bgb)* Schachtschuh m; 5. Bremse f; 6. Backe f, Backen m; 7. *(Schm)* Schnittplattenhalter m; 8. Preßformenkäfig m *(Pulvermetallurgie)*; 9. *(Eb)* Gleitstück n *(Magnetschienenbremse)*; Hemmschuh m, Bremsklotzhalter m *(Wagen)*; 10. *(Schiff)* Lager n *(Ladegeschirr)*; 11. *(Schiff)* Konsole f, Schuh m *(für Stempel am Bug und Heck des Schiffskörpers zum Stapellauf)*; 12. *(Lw)* Schuhsohle f ‖ ~ буровой трубы *(Erdöl)* Bohrschuh m ‖ ~ вертлюга *(Schiff)* Lümmellager n *(Ladegeschirr)* ‖ ~/внешний *(Lw)* Außenschuh m *(Mähbalken)* ‖ ~/внутренний *(Lw)* Innenschuh m *(Mähbalken)* ‖ ~ гусеницы *(Kfz)* Laufplatte f *(Gleiskette)* ‖ ~ дороги сельфактора *(Text)* Schaltplatte f *(Selbstspinner)* ‖ ~/кабельный *(El)* Kabelschuh m ‖ ~ камерной крепи *(Bgb)* Mauerfuß m *(Schachtmauerung)* ‖ ~ колонны Stützenfuß m, Säulenfuß m ‖ ~/контактный 1. Kontaktschuh m, Schleifbürste f *(der Elektrolok)*; 2. s. ~ токоприёмника ‖ ~ крейцкопфа *(Masch)* Kreuzkopf[gleit]schuh m ‖ ~ обсадной трубы *(Bgb)* Futterrohrschuh m ‖ ~/охлаждающий *(Schw)* Kühlschuh m ‖ ~ ползуна *(Masch)* Kreuzkopf[gleit]schuh m ‖ ~/полюсный *(El)* Polschuh m ‖ ~/режущий *(Bgb)* Schneidschuh m *(Senkschachtverfahren)* ‖ ~/рессорный *(Eb)* Federgleitschuh m, Federschlitten m ‖ ~/сбрасывающий *(Eb)* Entgleisungsschuh m ‖ ~/свайный *(Bw)* Pfahlschuh m ‖ ~ токоприёмника (токоснимателя) *(El)* Stromabnehmergleitschuh m ‖ ~ топенанта *(Schiff)* Hangerlager n *(Ladegeschirr)* ‖ ~/тормозной *(Eb)* Hemmschuh m, Bremsschuh m, Bremsbacke f ‖ ~/троллейный Fahrleitungsschleifkohle f *(für*

башмак

Oberleitungsbusse) || ~/**упорный** (Schiff) Fußlager n, unteres Zapfenlager n (Lümmellager) || ~ **шпора стрелы** (Schiff) Lümmellager n (Ladegeschirr)
башмакосбрасыватель m (Eb) Hemmschuhauswerfer m, Hemmschuhauswurfvorrichtung f
башня f Turm m || ~/**буровая** (Bgb) Bohrturm m || ~/**водозаборная** (Hydt) Entnahmeturm m || ~/**водонапорная** Wasserturm m || ~/**водоприёмная** (Hydt) Entnahmeturm m || ~/**вытяжная** Kamin m (eines Kühlturms) || ~ **Гловера** Glover[-Turm] m (Schwefelsäureherstellung) || ~/**головная** Maschinenturm m, Antriebsturm m (Kabelkran) || ~/**грануляционная** Prillturm m (Düngemittelindustrie) || ~/**денитрационная** Denitrier[ungs]turm m, Denitrator m (Schwefelsäureherstellung) || ~/**дифференциальная уравнительная** (Hydt) Differentialwasserschloß n || ~ **для сборки** (Rak) Montageturm m || ~/**дробилитейная** Granaliengießturm m || ~/**кабель-заправочная** (Raumf) Kabelturm m || ~/**качающаяся** Pendelstütze f, Pendelturm m (Kabelkran) || ~/**кислотная** (Ch) Säureturm m || ~/**коксотушильная** Kokslöschturm m || ~/**крановая** Turm m, Turmstütze f (Kabelkran) || ~ **обслуживания** (Rak) Versorgungsturm m, Wartungsturm m || ~/**окислительная** Oxidationsturm m, Regenerierturm m (Schwefelsäureherstellung) || ~/**отбельная** (Pap) Bleichturm m || ~/**охлаждающая** s. ~/**холодильная** || ~/**петлевая** (Wlz) Schlingenturm m, Schlingenschacht m || ~/**продукционная** Produktionsturm m (Schwefelsäureherstellung) || ~/**пусковая** (Rak) Startturm m || ~/**рамоподъёмная** Vorderbock m (Schwimmbagger) || ~/**распылительная** (Ch) Sprühturm m || ~/**реакционная** (Ch) Reaktionsturm m || ~/**сатурационная** (Ch) Sättigungsturm m || ~/**сенажная силосная** (Lw) Hochsilo m(n) für Anwelksilage || ~/**силосная** (Lw) Turmsilo m(n), Hochsilo m(n), Vertikalsilo m(n) || ~/**стартовая** (Rak) Startturm m || ~/**сушильная** (Ch) Trockenturm m || ~/**телевизионная** Fernsehturm m || ~ **телескопа** (Astr) Kuppelgebäude n, Kuppel f || ~/**увлажнительная** Befeuchtungsturm m, Benetzungsturm m || ~/**уравнительная** (Hydt) Wasserschloß n || ~/**хвостовая** Gegenturm m (Kabelkran) || ~/**холодильная** Turm m || ~/**черпаковая** Mittelbock m, Turasbock m (Eimerkettenschwimmbagger)
башня-сататор f s. **башня**/**сатурационная**
ББП s. 1. блок питания/бестрансформаторный; 2. блок вторичного питания
БГИМС s. микросхема/большая гибридная интегральная
БГИС s. схема/большая гибридная интегральная
БГТ s. гетеротранзистор/биполярный
БД s. база данных
беватрон m (Kern) Bevatron n
бегун m 1. Läufer m, Laufrolle f; 2. Mahlstein m, Laufstein m; 3. (Eb) Läufer m, ablaufender Wagen m (Ablaufberg) || ~/**плохой** (Eb) Schlechtläufer m (Rangieren) || ~/**хороший** (Eb) Gutläufer m (Rangieren)
бегунок m 1. (Masch) Läufer m; 2. (Mech) Reiter m; 3. (Text) Läufer m, Ringläufer m (Ringspinn-

maschine); 4. Laufrolle f, Läufer m (Mischer) || ~/**точильный** (Text) traversierende Schleifscheibe f, Wanderschleifscheibe f (Schleifen der Kardierflächen)
бегуны mpl Kollergang m, Kollermühle f (Aufbereitung) || ~/**дробящие** Zerkleinerungskollergang m; Mahlkollergang m, Kollermühle f || ~ **мокрого помола** Naßkollergang m || ~/**размалывающие** Mahlkollergang m, Kollermühle f || ~/**разминающие** Knetkollergang m || ~/**смесительные (смешивающие)** Mischkollergang m || ~ **сухого помола** Trockenkollergang m
бедный arm (Erze); heizschwach (Erdgas) || ~ **углеродом** kohlenstoffarm (Stahl)
бедствие n Not f, Katastrophe f || ~ **на море** Seenot f || ~/**стихийное** 1. Naturkatastrophe f; 2. Elementarschaden m
безаберрационный (Opt) aberrationsfrei
безаварийность f Havariefreiheit f
безаварийный störungsfrei, havariefrei
безадресный (Inf) adressenlos
безазотистый (Ch) stickstofffrei
безалкогольный alkoholfrei
безбатарейный batterielos, ohne Batterie
безвариантный nonvariant
безваттный (El) wattlos, leistungslos
безвахтенный (Schiff) wachfrei
безветрие n (Meteo) Windstille f, Flaute f
безвихревой (Aero) wirbelfrei, wirbellos; laminar (Strömung)
безводность f 1. (Meteo) Aridität f, Trockenheit f; 2. (Ch) Wasserfreiheit f
безводный 1. (Meteo) arid, trocken; 2. (Ch) wasserfrei; kristallwasserfrei
безвредный unschädlich
безвуальный (Photo) schleierfrei
безвыводный (El) anschlußlos
безгистерезисный (El) hysteresefrei, hystereselos, ohne Hysterese
безграничный (Math) unbeschränkt
бездетонационный klopffrei (Kraftstoff)
бездефектный fehlerlos, fehlerfrei
бездислокационный (Krist) versetzungsfrei
бездисперсный dispersionsfrei
бездорожье n unwegsames (wegeloses) Gelände n
бездрейфовый driftfrei
бездымный rauchlos, rauchfrei
безжелезный (El) eisenlos, eisenfrei, ohne Eisen
беззернистость f (Photo) Kornlosigkeit f
беззернистый (Photo) kornlos
беззнаковый vorzeichenlos
беззольный asche[n]frei
безличина f (Led) 1. Scheuerstelle f; 2. blinder Narben m
безлопаточный schaufellos (Turbine)
безлюдный mannlos (Gewinnung im Bergbau, Fabrikation); (Flg) unbemannt
безмасочный (Eln) maskenlos
безнабивочный packungslos (Stopfbuchse)
безнакальный (Eln) keinen Heizstrom erfordernd
безоблачный (Meteo) wolkenfrei, wolkenlos
безоблойный gratfrei
безопалубочный (Bw) schalungslos, ohne Schalung
безопасность f 1. Gefahrlosigkeit f; Unschädlichkeit f; 2. Sicherheit f || ~/**активная** (Kfz) aktive

Sicherheit *f* ll ~ в эксплуатации Betriebssicherheit *f* ll ~ [дорожного] движения Verkehrssicherheit *f* ll ~ обслуживания Betriebssicherheit *f* ll ~/пассивная *(Kfz)* passive Sicherheit *f* ll ~/пожарная Brandsicherheit *f*, Feuersicherheit *f* ll ~ постройки Bausicherheit *f* ll ~ производства Betriebssicherheit *f* ll ~/радиационная *(Kern)* Strahlensicherheit *f* ll ~/транспортная Transportsicherheit *f* ll ~ хода *(Eb)* Laufsicherheit *f*, Entgleisungssicherheit *f* ll ~/экологическая ökologische Sicherheit *f* ll ~ эксплуатации Betriebssicherheit *f*
безопасный sicher, gefahrlos; Sicherheits...
безопочный *(Gieß)* kastenlos
безореольность *f (Photo)* Lichthoffreiheit *f*
безореольный *(Photo)* lichthoffrei
безосколочный *(Glas)* splitterfrei
безостаточный rückstandslos, rückstandsfrei
безотказность *f* störungsfreier Betrieb *m*, störungsfreie Arbeit *f*; Ausfallfreiheit *f*, Störungsfreiheit *f*; Robustheit *f*
безотказный ausfallfrei, störungsfrei, betriebssicher
безоткатный rückstoßfrei
безотходный abfallfrei, abproduktefrei
безразмерный *(Math)* dimensionslos
безрамный *(Kfz)* rahmenlos *(Fahrwerk)*
безрельсовый *(Förd)* gleislos
безрудный *(Bgb)* erzlos, taub
безрычажный *(Masch)* gestängelos
безуглеродистый *(Ch)* kohlenstofffrei
безугольный *(Bgb)* ausgekohlt, kohlefrei
безударный stoßfrei, schlagfrei; anschlagfrei
безукоризненный makellos, einwandfrei
безупречный/гигиенически hygienisch einwandfrei *(z. B. Getränke)*
безусадочность *f* 1. Schrumpffestigkeit *f*; 2. *(Text)* Krumpfheit *f*; 3. *(Photo)* Schrumpfungsfreiheit *f*
безусадочный 1. schrumpffest; 2. *(Text)* krumpfecht, schrumpffrei; 3. *(Photo)* schrumpfungsfrei
безъёмкостный *(El)* kapazitätsfrei, kapazitätslos
безъякорный *(El)* ankerlos
безызлучательный strahlungsfrei, strahlungslos
безызносность *f* Verschleißlosigkeit *f*, Nullverschluß *m*
безындукционный *(El)* induktionsfrei, induktionslos
безынерционный *(Mech)* trägheitslos; masselos; *(El)* unverzögert, flink *(Sicherungen)*
безыскажённый verzerrungsfrei, unverzerrt
безыскровой *(El)* funkenfrei, funkenlos
безэлектродный elektrodenlos
бейделлит *m (Min)* Beidellit *m (Tonmineral)*
бейка *f (Text)* Kante *f*
бейнит *m (Met)* Bainit *m*, Zwischenstufengefüge *n*
беккерель *m* Becquerel *n*, Bq
бел *m (Ak)* Bel *n*, B
белемниты *mpl (Geol)* Belemniten *mpl*
беление *n* 1. *(Text)* Bleiche *f*, Bleichen *n*; 2. *(Bw)* Weißen *n* ll ~/восстановительное Reduktionsbleiche *f* ll ~/гипохлоритное Hypochloritbleiche *f* ll ~/луговое Rasenbleiche *f*, Naturbleiche *f* ll ~/окислительное Oxidationsbleiche *f* ll ~/перекисное Peroxidbleiche *f* ll ~/хлорное Chlorbleiche *f*
белизна *f (Pap, Text)* Weißgehalt *m*, Weißgrad *m*

белила *pl* Weiß *n*, Weißfarbe *f*, Weißpigment *n* ll ~/баритовые Barytweiß *n*, Blanc fixe *n*, Permanentweiß *n* ll ~/свинцовые Bleiweiß *n*
белильня *f* Bleiche *f*, Bleicherei *f*
белистость *f* Weißgrad *m (des Papiers)*
белить 1. *(Text)* bleichen; 2. *(Bw)* weiß anstreichen, weißen ll ~ известью *(Bw)* abkalken
белковый Eiweiß...
белок *m* Eiweiß *n*, Eiweißstoff *m*, Eiweißkörper *m* ll ~/простой Protein *n*, einfacher Eiweißstoff *m* ll ~/сложный Proteid *n*, zusammengesetzter Eiweißstoff *m*
белокалильный Weißglüh... *(Zusatz zu Wärmebehandlungsverfahren)*
бельэтаж *m (Bw)* Beletage *f*, erster Stock *m*
беляк *m (Led)* Stollpfahl *m*; Stollblock *m*
бемит *m (Min)* Böhmit *m (Aluminiumhydroxid)*
бенбери *m (Gum)* Banbury[-Innenmischer] *m*, Banbury-Kneter *m*
бензель *m (Schiff)* Bändsel *n*, Zeising *n*
бензил *m (Ch)* Benzyl *n*
бензилцеллюлоза *f (Ch)* Benzylcellulose *f*
бензин *m* Benzin *n* ll ~/авиационный Flug[motoren]benzin *n* ll ~/автомобильный Vergaserkraftstoff *m*, VK ll ~/антидетонационный klopffestes Benzin *n* ll ~/бессвинцовый *s.* ~/неэтилированный ll ~/высокооктановый hochklopffestes (hochoktaniges) Benzin *n*, Hochoktanbenzin *n* ll ~/высокосортный hochwertiges Benzin; Super[benzin] *n* ll ~/газовый Erdgasbenzin *n*, Natur[gas]benzin *n* ll ~/гоночный Rennbenzin *n* ll ~ крекинга Krackbenzin *n*, Spaltbenzin *n* ll ~/лёгкий Leichtbenzin *n* ll ~/неочищенный Rohbenzin *n* ll ~/неэтилированный bleifreies (unverbleites) Benzin *n* ll ~/низкооктановый Benzin *n* mit niedrigem Oktangehalt ll ~/полимер[изацион]ный Polymer[isations]benzin *n* ll ~/природный *s.* ~/газовый ll ~/промывной (промывочный) Waschbenzin *n* ll ~/прямогонный Destilat[ions]benzin *n*, Straightrun-Benzin *n* ll ~ прямой [пере]гонки *s.* ~/прямогонный ll ~/сверхвысокооктановый überklopffestes Benzin *n*, Super[benzin] *n* ll ~/твёрдый Hartbenzin *n* ll ~/транспортный Fahrbenzin *n* ll ~/тяжёлый Schwerbenzin *n* ll ~/этилированный verbleites (mit Tetraethylblei versetztes) Benzin *n*, Bleibenzin *n*
бензине́ *n* [ab]gesättigtes Benzolwaschöl *n*
бензинирование *n* Benzinierung *f*
бензинка *f* Benzinkocher *m*; Benzinofen *m*
бензиновоз *m* 1. *(Kfz)* Tankwagen *m*; 2. *(Schiff)* Benzintanker *m*
бензиноизмеритель *m* Benzinmeßgerät *n*; Kraftstoffmeßgerät *n* ll ~/гидростатический hydrostatisches Benzinmeßgerät *n* ll ~/пневматический pneumatisches Benzinmeßgerät *n* ll ~/электрический elektrisches Benzinmeßgerät *n*
бензиномер *m s.* бензиноизмеритель
бензинопитание *n (Kfz)* Benzinzufuhr *f*
бензинопровод *m (Kfz)* Benzinleitung *f*
бензиноуказатель *m* Kraftstoff[verbrauchs]anzeiger *m*, Benzinanzeiger *m*, Kraftstoffanzeigegerät *n*
бензиноуловитель *m* Benzinabscheider *m*, Benzinfänger *m*

бензин-растворитель m Lösungsbenzin n
бензобак m Benzintank m, Kraftstoffbehälter m ll
~/**крыловой** (Flg) Tragflügelbehälter m
бензовоз m Benzintankfahrzeug n, Tankwagen m
бензозаправщик m s. топливозаправщик
бензоилирование n (Ch) Benzoylierung f
бензоилировать (Ch) benzoylieren
бензоколонка f Zapfsäule f (Tankstelle)
бензол m (Ch) Benzen n, Benzol n ll ~/**промывной** Waschbenzen n, Waschbenzol n ll ~/**чистый** Reinbenzen n, Reinbenzol n
бензомер m s. бензоизмеритель
бензонасос m Kraftstoffpumpe f, Benzinpumpe f
бензопила f (Wkz) transportable Säge f mit Benzinmotorantrieb (meist Kettensäge) ll ~/**цепная** transportable Kettensäge f mit Benzinmotorantrieb
бензопровод m Benzinleitung f, Kraftstoffleitung f
бензорез m Benzinschneidgerät n
бензосклад m Kraftstofflager n
бензостойкий benzinbeständig, benzinfest
бензосчётчик m s. бензоизмеритель
бензоуказатель m s. бензиноуказатель
бензофильтр m Benzinfilter n, Kraftstoffilter n
бензохранилище n Tanklager n
бензоэлектрический benzinelektrisch
бенитоит m (Min) Benitoit m
бентонит m (Geol) Bentonit m (Tonart)
бергинизация f (Ch) Berginisierung f (Hochdruckkohlehydrierung nach Bergius)
бергштрих m (Kart) Bergstrich m, Schraffe f, Gefällstrich m
бёрдо n (Text) Web[e]blatt n, Blatt n, Riet n (Webstuhl)
бёрдовязание n (Text) Blattbinden n, Rietmachen n
берег m Küste f, Strand m (Meer); Ufer n (Fluß, See) ll ~/**вогнутый** Hohlufer n, Konkavufer n, einwärts gebogenes Ufer n ll ~/**выпуклый** ausgebuchtetes Ufer n ll ~/**крутой** Steilufer n
берегоукрепление n Uferbefestigung f
берилл m (Min) Beryll m
бериллизация f (Härt) Einsatzhärtung f durch Beryllium
бериллий m (Ch) Beryllium n, Be
беркелий m (Ch) Berkelium n, Bk
берма f 1. (Bw) Absatz m, Berme f; 2. (Bgb) Grenzpfeiler m (Tiefbau); (Bgb) Berme f, Absatz m (Tagebau); 3. (Eb) Berme f, Randweg m ll ~ **безопасности** (Bgb) Sicherheitsberme f ll ~ **откоса плотины** (Hydt, Eb) Böschungsabsatz m (eines Dammes) ll ~/**охранная** (Bgb) Schutzberme f ll ~ **плотины** (Hydt) Dammstufe f, Dammbankett n ll ~/**предохранительная** (Bgb) Sicherheitsberme f, Schutzberme f ll ~/**соединительная** (Bgb) Rampe f
бертрандит m (Min) Bertrandit m (Berylliummineral)
бертьерит m s. блеск/железо-сурьмяный
беседка f Bootsmannsstuhl m ll ~/**подъёмная** Taucherdavit m, Taucherhebeeinrichtung f
бескамерный schlauchlos (Kfz-Reifen)
бескислородный sauerstofffrei
бескислотный säurefrei
бесклапанный ventillos (Verbrennungsmotoren, Verdichter, Pumpen)
бесколлекторный (El) kommutatorlos, ohne Kommutator (Stromwender)
бескомпрессорный verdichterlos, ohne Verdichter (Verbrennungsmotor); Einspritz...
бесконечно (Math) unendlich ll ~ **большой** unendlich groß ll ~ **малый** unendlich klein
бесконечность f (Math) Unendlichkeit f
бесконечный 1. (Math) unendlich; 2. endlos (Kette, Fließband)
бесконсольный nicht auskragend, ohne Kragarm (Kran)
бесконтактность f Kontaktlosigkeit f, Kontaktfreiheit f, Berührungslosigkeit f, Berührungsfreiheit f
бесконтактный kontaktlos, kontaktfrei, berührungslos, berührungsfrei
бескорпусный gehäuselos; ungekapselt
бескоррекционный abgleichfrei
бескрылый (Rak) flügellos
бескулачковый kurvenlos, kurvenkörperlos (Werkzeugmaschinen)
бесперебойность f Stör[ungs]freiheit f; Kontinuität f, Stetigkeit f ll ~ **энергоснабжения** störungsfreie Energieversorgung f
бесперебойный stör[ungs]frei; kontinuierlich, stetig
беспилотный unbemannt
бесподкосный unverstrebt
бесполюсный (El) pollos
беспоршневой kolbenlos
беспорядок m (Math) Regellosigkeit f
беспорядочный ungeordnet, regellos
беспрерывный ununterbrochen
беспримесный (Eln) undotiert, störstellenfrei
беспроволочный drahtlos
бессемер (Met) Bessemerkonverter m, Bessemerbirne f
бессемерование n (Met) Bessemern n, Konvertern (Windfrischen) n im sauren Konverter, Bessemerverfahren n, Bessemerprozeß m ll ~/**большое** Großbessemerei f, Groß-Bessemerverfahren n ll ~ **чугуна** Windfrischen n, Bessemerverfahren n
бессемеровать (Met) bessemern, konvertern
бессемеровский Bessemer...
бессеребряный (Photo) silberfrei, silberlos
бессерный (Ch) schwefelfrei
бесслитковый (Wkz) blocklos, aus dem Schmelzfluß
бесстаторный (El) ständerlos, statorlos
бесстержневой (Gieß) kernlos
бесстоечный (Bgb) stempelfrei
бесстружковый (Fert) spanlos
бесструктурный strukturlos, gefügelos
бесступенчато-регулируемый stufenlos regelbar
бесступенчатый stufenlos
бессцепочный (Lw) ohne Kopplungswagen
бестарный unverpackt, lose (Güter, Material)
бестоковый (El) stromlos
бестрансформаторный ohne Transformator
бесфединговый (El) Antifading...; schwundfrei
бесфоновый (El) brummfrei
бесхлорный (Ch) chlorfrei
бесцветный farblos
бесцелевидный (Bgb) pfeilerlos
бесцентровый (Wkzm) spitzenlos
бесчелночный (Text) schützenlos (Weberei)

бесшовный 1. nahtlos; schweißnahtfrei; 2. (Mech) fugenlos (Futter)
бесшумность f Geräuscharmut f, Geräuschlosigkeit f; (El) Rauschfreiheit f
бесшумный geräuscharm, geräuschfrei; (El) rauschfrei
бесщелочной (Ch) alkalifrei, laugenfrei
бесщёточный (El) bürstenlos
бета-авторадиография f (Kern) Betaautoradiographie f
бета-активность f (Kern) Betaaktivität f
бета-ветвь f (Kern) Betazweig m, Betaverzweigung f
бета-детектор m (Kern) Betadetektor m, Detektor m für Betastrahlung
бета-дефектоскопия f (Wkst) Betadefektoskopie f
бета-дозиметр m (Kern) Betadosimeter n, Betastrahldosimeter n
бета-железо n Betaeisen n, β-Eisen n
бета-излучатель m (Kern) Betastrahler m ll ~/жёсткий harter Betastrahler m ll ~/мягкий weicher Betastrahler m
бета-излучение n (Kern) Betastrahlung f ll ~/непрерывное kontinuierliche Betastrahlung f
бета-источник m (Kern) Betaquelle f, Betastrahlungsquelle f
бета-лучи mpl Betastrahlen mpl; [radioaktive] Betastrahlung f ll~/отрицательно заряжённые negativ geladene Betastrahlen mpl
бета-нестабильность f (Kern) Betainstabilität f, Instabilität f gegen Betazerfall
бета-переход m (Kern) Betaübergang m
бета-превращение n (Kern) Betaumwandlung f, Betaumwandlung f ll ~/обратное inverse Betaumwandlung f, inverser Betazerfall m
бета-процесс m (Kern) Betaprozeß m
бета-радиоавтография f (Kern) Betaradioautographie f, Betaautoradiographie f
бета-радиоактивность f (Kern) Betaaktivität f, Betaradioaktivität f
бета-распад m (Kern) Betazerfall m, Betaumwandlung f ll ~/двойной doppelter Betazerfall m ll ~/обратный inverser Betazerfall m, inverse Betaumwandlung f
бета-спектр m (Kern) Betaspektrum n
бета-спектрограф m (Kern) Betaspektrograph m
бета-спектрометр m (Kern) Betaspektrometer n, Betastrahlspektrometer n ll ~/двухлинзовый Doppellinsen-Betaspektrometer n ll ~/магнитный Magnet-Betaspektrometer n ll ~/сцинтилляционный Szintillations-Betaspektrometer n ll ~/тороидальный Toroid-Betaspektrometer n, Toroidspektrometer n ll ~/электростатический elektrostatisches Betaspektrometer n
бета-спектрометрия f (Kern) Betaspektrometrie f
бета-спектроскопия f (Kern) Betaspektroskopie f
бета-толщиномер m абсорбционного типа (Kern) Betaabsorptionsdickenmesser m
бетатрон m (Kern) Betatron n, Induktionsbeschleuniger m, induktiver Beschleuniger m
бетафит m (Min) Betafit m, Urantitanpyrochlor n
бета-целлюлоза f Betacellulose f, β-Cellulose f
бета-частица f (Kern) Betateilchen n
бета-эталон m (Kern) Betastandard m

бетелизация f Bethellverfahren n (Holzimprägnierung)
бетон m (Bw) Beton m ll ~/автоклавный Autoklavbeton m ll ~/армированный bewehrter Beton m ll ~/армированный синтетическим волокном Plastfaserbeton m, plastfaserbewehrter Beton m ll ~/армированный стекловолокном Glasfaserbeton m, glasfaserbewehrter Beton m ll ~/асфальтовый Asphaltbeton m ll ~/безусадочный schwindfreier Beton m ll ~/беспесчаный s. ~/крупнопористый ll ~/бесцементный zementloser Beton m ll ~/быстросхватывающийся schnellabbindender (schnellerstarrender) Beton m ll ~/быстротвердеющий schnellhärtender Beton m ll ~ в обойме Kernbeton m, umschnürter Beton m ll ~/вакуумированный Vakuumbeton m ll ~/вибрированный gerüttelter Beton m, Rüttelbeton m ll ~/вибропрессованный Rüttelpreßbeton m ll ~/вспученный Blähbeton m ll ~/вызревший alter (reifer) Beton m ll ~/высокомарочный hochwertiger Beton m ll ~/высокоогнеупорный hochfeuerfester Beton m ll ~/высокопрочный hochfester Beton m ll ~/гвоздимый nagelbarer Beton m ll ~/гидротехнический Wasserbaubeton m ll ~/гипсовый Gipsbeton m ll ~/гипсоцементный Gipszementbeton m ll ~/глиняный Lehmbeton m ll ~/гравийный Kiesbeton m ll ~/дегтевой Teerbeton m ll ~/декоративный Sichtbeton m ll ~/долговечный dauerhafter (alterungsbeständiger) Beton m ll ~/дорожный Straßenbaubeton m ll ~ естественного твердения natürlich erhärteter Beton m ll ~/жаростойкий (жароупорный) hitzebeständiger Beton m ll ~/жёсткий steifer (erdfeuchter) Beton m ll ~/жирный fetter Beton m ll ~/заводской Transportbeton m, Lieferbeton m ll ~/запаренный autoklavbehandelter Beton m ll ~/заполняющий Füllbeton m ll ~/затвердевший erhärteter Beton m ll ~/защитный Schutzbeton m; Strahlenschutzbeton m ll ~/земляной Erdbeton m ll ~ зимнего бетонирования Winterbeton m ll ~/зональный Vorsatzbeton m ll ~/известково-глинистый Kalk-Ton-Beton m ll ~/известково-зольный Kalk-Asche-Beton m ll ~/известково-песчаный Kalk-Sand-Beton m ll ~/известково-шлаковый Kalk-Schlacke-Beton m ll ~/известковый Kalkbeton m ll ~/износостойкий Hartbeton m ll ~/кислотоупорный säurebeständiger Beton m ll ~/конструктивный tragender Beton m ll ~/крупнопористый Grob[korn]beton m, grobkörniger Beton m, Haufwerksbeton m ll ~/лёгкий Leichtbeton m ll ~/лёгкий конструкционный konstruktiver Leichtbeton m ll ~/литой Gußbeton m ll ~/малопористый porenarmer Beton m ll ~/малоцементный zementarmer Beton m ll ~/массивный Massivbeton m ll ~/массовый Massenbeton m ll ~/мелкозернистый feinkörniger Beton m, Feinkornbeton m ll ~/микропористый Mikroporenbeton m, Feinkornbeton m ll ~/мозаичный Terrazzo m ll ~/монолитный Ortbeton m, monolithischer Beton m ll ~/морозостойкий frostbeständiger Beton m ll ~ на белом цементе Weißbeton m ll ~ на вулканическом шлаке Lavaschlackenbeton m ll ~ на крупных заполнителях Grob-

beton *m* II ~ **на мелкозернистом песке** Feinsandbeton *m* II ~ **на цементе** Zementbeton *m* II ~ **на шлаковой пемзе** Hüttenbimsbeton *m* II ~/**набивной** Ortbeton *m* II ~/**напрягающий** Quellbeton *m* II ~/**напряжённо-армированный** vorgespannter Beton *m*, Spannbeton *m* II ~ **наружной зоны** Vorsatzbeton *m* II ~/**насосный** Pumpbeton *m* II ~/**неармированный** unbewehrter Beton *m* II ~/**непропаренный** unbedampfter Beton *m* II ~/**несхватившийся** Frischbeton *m* II ~/**нетрамбованный** Schüttbeton *m* II ~/**низкомарочный** Beton *m* von geringer Güte II ~/**низкопрочный** Beton *m* niederer Festigkeit II ~/**облегчённый** leichter Beton *m*, Leichtbeton *m* II ~/**облицовочный** Vorsatzbeton *m* II ~/**огнеупорный** Feuerfestbeton *m*, feuerbeständiger Beton *m*, Schamottebeton *m* II ~/**основной** Kernbeton *m*, Hauptbeton *m* (Talsperrenbau) II ~/**особо лёгкий** besonders leichter Beton *m* II ~/**особо тяжёлый** Schwerstbeton *m* II ~/**отвердевший** erhärteter Beton *m* II ~/**отощённый** gemagerter Beton *m* II ~/**пемзовый** Bimsbeton *m* II ~/**песчаный** Sandbeton *m* II ~ **повышенной твёрдости** Hartbeton *m* II ~/**подводный** Unterwasserbeton *m* II ~/**полимерный** polymerimprägnierter Beton *m* II ~/**пористый** Porenbeton *m* II ~/**предварительно напряжённый** vorgespannter Beton *m*, Spannbeton *m* II ~/**прессованный** Preßbeton *m* II ~/**приготовленный на стройплощадке** Ortbeton *m* II ~/**пробуждённый** angeregter Beton *m*, Weckbeton *m* II ~/**прокатный** Walzbeton *m* II ~/**пропаренный** bedampfter Beton *m* II ~/**раковистый** blasiger Beton *m* II ~/**рыхлый** lockerer Beton *m* II ~ **с битумом/цементный** Asphaltzementbeton *m* II ~ **с заполнителем из мелкого щебня** Splittbeton *m* II ~ **с клинкерным заполнителем** Klinkerbeton *m* II ~ **с крупным заполнителем** Grobbeton *m* II ~/**самонапрягающийся** selbstvorspannender Beton *m* II ~/**сборный** vorgefertigter Beton *m*, Fertigbeton *m* II ~/**свежезатвердевший** (**свежеуложенный**) grüner (junger) Beton *m* II ~/**свежий** Frischbeton *m* II ~/**силикатный** Silikatbeton *m*, Kalksandbeton *m* II ~/**специальный** Sonderbeton *m* II ~/**струнный** Stahlsaitenbeton *m* II ~/**суперпластифицированный** Fließbeton *m* II ~/**схватившийся** Festbeton *m*, abgebundener Beton *m* II ~/**теплоизоляционный** Wärmedämmbeton *m*, Dämmbeton *m* II ~/**тёплый** Warmbeton *m* II ~/**товарный** Transportbeton *m*, Lieferbeton *m* II ~/**тощий** Magerbeton *m* II ~/**трамбованный** Stampfbeton *m* II ~/**тяжёлый** Schwerbeton *m* II ~ **ударного уплотнения** Schockbeton *m* II ~/**удобнообрабатываемый** gut verarbeitbarer Beton *m* II ~/**укатанный** Walzbeton *m* II ~/**устойчивый к морской воде** meerwasserbeständiger Beton *m* II ~/**цветной** farbiger Beton *m*, Farbbeton *m* II ~/**цементный** Zementbeton *m* II ~/**центрифугированный** Schleuderbeton *m* II ~/**шлаковый** Schlackenbeton *m* II ~/**шлакощелочной** Alkalischlackenbeton *m* II ~/**щебёночный** Splittbeton *m* II ~ **электрогрева** Elektrobeton *m* II ~/**ядровый** Kernbeton *m* II ~/**ячеистый** Zellenbeton *m*, Porenbeton *m*

бетонирование *n* (Bw) Betonieren *n* II ~/**безопалубочное** schalungsloses Betonieren *n* II ~/**зимнее** Winterbetonieren *n*, Betonieren *n* unter Frostbedingungen II ~ **инъецированием** Injizieren *n* (von Beton) II ~/**навесное** Betonieren *n* im Freivorbau II ~/**насосное** Einbringen *n* von Pumpbeton II ~/**непрерывное** kontinuierliches Betonieren *n* II ~/**подводное** Betonieren *n* unter Wasser II ~/**послойное** schichtweises Betoneinbringen (Betonieren) *n* II ~/**раздельное** getrenntes Betonieren *n* II ~ **с подвижной опалубкой** Betonieren *n* im Gleitschalungsverfahren

бетонировать betonieren
бетоновод *m* (Bw) Betonleitung *f*
бетоновоз *m* (Bw) 1. Betontransportfahrzeug *n*; 2. Transportbetonmischer *m*, Fahrmischer *m*
бетонолом *m* (Bw) Betonbruch *m*
бетономешалка *f* s. бетоносмеситель
бетононасос *m* Betonpumpe *f* II ~/**двухцилиндровый** Betonzwillingspumpe *f* II ~/**поршневой** Betonkolbenpumpe *f* II ~/**спаренный** Zwillingsbetonpumpe *f*
бетонопласт *m* Betonplastifikator *m*, Plastifizierungszusatz *m* für Beton
бетонораздатчик *m* Betonverteiler *m*
бетоносмеситель *m* Betonmischer *m*, Betonmischmaschine *f* II ~/**барабанный** Trommelmischer *m* II ~/**вакуумный** Vakuumbetonmischer *m*, Unterdruckbetonmischer *m* II ~/**гравитационный** Freifallmischer *m* II ~/**дорожный** Straßenbaubetonmischer *m* II ~/**лопастный** Zwangsmischer *m* II ~/**малолитражный** kleiner Betonmischer *m* II ~ **непрерывного действия** kontinuierlicher (stetig arbeitender) Betonmischer *m*, Betonmischer *m* mit ununterbrochenem Betrieb; Durchlauf[beton]mischer *m* II ~ **периодического действия** absatzweise arbeitender Betonmischer *m*, Chargenmischer *m*, Betonmischer *m* mit Einzelfüllungen II ~ **принудительного действия** Zwangsmischer *m* II ~/**противоточный** Gegenlaufbetonmischer *m* II ~ **свободного падения** Freifallmischer *m*, Betonfreifallmischer *m* II ~/**стационарный** ortsfester Betonmischer *m*
бетоноукладчик *m* Betoneinbringer *m* II ~/**дорожный** Betonstraßenfertiger *m* II ~/**самоходный** selbstfahrender Betoneinbringer *m* II ~/**скользящий** Gleitfertiger *m*
БЗУ *s.* устройство/буферное запоминающее
биакс *m* (Eln) Biaxspeicherelement *n*
библиотека *f* (Inf) Bibliothek *f* II ~ **абсолютных (загрузочных) модулей** Lademodulbibliothek *f*, Phasenbibliothek *f* II ~ **заданий** Job-Bibliothek *f* II ~ **исходных модулей** Quellentextbibliothek *f* II ~ **команд** Befehlsbibliothek *f* II ~ **компонентов** Komponentenbibliothek *f* II ~/**личная** Privatbibliothek *f* II ~ **объектных (перемещаемых) модулей** Objektmodulbibliothek *f* II ~ **подпрограмм** Unterprogrammbibliothek *f* II ~ **программ** Programmbibliothek *f* II ~ **программ пользователя** Benutzerbibliothek *f*, Anwenderbibliothek *f* II ~/**символическая** symbolische Bibliothek *f* II ~/**системная** Systembibliothek *f* II ~ **стандартных программ** Bibliothek *f* von Standardprogrammen, Basissoftwarebibliothek *f*
бивалентный zweiwertig, bivalent

бивибратор m (Eln) Faltdipol m, gefalteter Dipol m
бигование n (Typ) Rillen n, Biegen n
биговка f s. бигование
бидон m Kanne f, Blechbehälter m, Kanister m
биение n 1. (Masch) Schlag m, Schlagen n, Unrundlaufen n, Laufunruhe f (einer Welle); Rundlauffehler m, Rundlaufabweichung f, Laufabweichung f; 2. (Ph) Schwebung f (von Wellen) ‖ ~/затухающее (Ph) gedämpfte Schwebung f ‖ ~ радиальное (Masch) Rundlaufabweichung f ‖ ~/торцевое (Masch) Stirnlaufabweichung f
биениемер m Rundlaufprüfgerät n
биквадратный (Math) biquadratisch
бикомпонентный Bikomponenten..., Zweikomponenten...
бикристалл m Bikristall m, Doppelkristall m
билинейный (Math) bilinear
билинза f (Opt) Bilinse f
било n (Text) Schlagflügel m, Schlagstab m (Putzerei)
билох m (Eln) Doppeldefektelektron n, Doppelloch n, Biloch n
биметалл m Bimetall n; Bimetallstreifen m
биметаллический bimetallisch, Bimetall...
бимолекулярность f Bimolekularität f, Dimolekularität f ‖ ~ реакции bimolekularer Ablauf m der Reaktion
бимолекулярный bimolekular, dimolekular
бимс m 1. (Bw) Holm m; 2. (Schiff) Decksbalken m ‖ ~/колосниковый Rostbalken m, Roststabträger m, Rosttragschlitten m (Feuerung)
бинарный 1. (Math) binär, zweigliedrig; 2. (Met) binär, Zweistoff...
бинистор m (Eln) Binistor m, Transistortetrode f
бинод m (Eln) Binode f
бинокль m (Opt) Fernglas n ‖ ~/ночной Nachtglas n ‖ ~/полевой Feldstecher m ‖ ~/призменный Prismenfernglas n ‖ ~/театральный Theaterglas n
бинокулярный binokular
бином m (Math) Binom n
биномиальный (Math) Binomial..., binomial, binomisch
бинормаль f (Math) Binormale f, Binormalenvektor m
биоакустика f Bioakustik f
биоастронавтика f Bioastronautik f
биобатарея f Biobatterie f
биогаз m Biogas n
биогеохимия f Biogeochemie f
биогеоценоз m (Ökol) Biogeozönose f
биогидроакустика f Biohydroakustik f
биоглифы mpl (Geol) Hieroglyphen fpl organischen Ursprungs
биодатчик m Biosensor m
биодозиметр m Gerät n zur Messung der biologischen Dosis
биозона f (Geol) Biozone f
биоиндикатор m (Ökol) Bioindikator m
биокалориметр m (Med) Biokalorimeter n
биокатализ m Biokatalyse f, enzymatische Katalyse f
биокатализатор m Biokatalysator m
биокибернетика f Biokybernetik f, biologische Kybernetik f
биоклимат m Bioklima n
биоклиматология f (Meteo) Bioklimatologie f

биокоррозия f Biokorrosion f
биокристалл m Biokristall m
биолиты mpl s. породы/органогенные
биология f/космическая Weltraumbiologie f ‖ ~/строительная (Bw) Baubiologie f
биомасса f Biomasse f
биометеорология f Biometeorologie f
биометрия f Biometrie f
биомеханика f Biomechanik f
бионика f Bionik f
биоочистка f [сточных вод] (Ökol) biologische Abwasserreinigung f
биопотенциал m bioelektrisches Potential n
биосинтез m Biosynthese f
биосолнечный biosolar
биоспутник m Biosatellit m
биостойкость f Fäulnisbeständigkeit f
биосфера f (Geol) Biosphäre f
биотекстиль m Biotextilien pl
биотенк m Bioreaktor m, Biotank m
биотехника f Biotechnik f, Bioengineering n
биотехнология f Biotechnologie f
биотит m (Min) Biotit m (Magnesiaeisenglimmer)
биоток m Biostrom m, bioelektrischer Strom m
биотопливо n alternativer Kraftstoff m (Biogas, Rapsöl)
биотранспорт m „motorloses Verkehrswesen" n (z. B. Fahrräder)
биоуправление n Biosteuerung f
биофизика f Biophysik f ‖ ~/космическая extraterrestrische Biophysik f
биофильтр m Biofilter n, biologisches Filter n
биохимия f Biochemie f
биохимический biochemisch
биоценоз m (Ökol) Biozönose f
биоэлектрический bioelektrisch
биоэлектроника f Bioelektronik f (Verbindung von Biochemie und Mikroelektronik)
биоэнергетика f Bioenergetik f
бипирамида f s. дипирамида
биплан m (Flg) Doppeldecker m, Zweidecker m ‖ ~/свободнонесущий freitragender Doppeldecker m
биполярный bipolar, zweipolig
бипризма f (Opt) Biprisma n, Doppelprisma n ‖ ~ Френеля (Opt) Fresnelsches Biprisma n
биротация f (Ph) Birotation f, Multirotation f
бирюза f (Min) Türkis m, Kallait m
БИС s. схема/большая интегральная ‖ ~/заказная Vollkunden-LSI-Schaltkreis m ‖ ~/полузаказная Semikunden-LSI-Schaltkreis m
бисерообразование n (Kfz) Perlenbildung f (an der Zündkerze)
бисквит m 1. Biskuit[porzellan] n (unglasiert gutgebrannte Ware); 2. Biskuitförmige (flügelförmige) Nadel f (eines Elektrometers)
бисмит m (Min) Bismit m, Wismutocker m
биспинор m (Ph) Bispinor m
биссектор m (Opt) Spalt m, Doppelstrich m
биссектриса f (Math) Bisektrix f, Halbierungslinie f, Halbierende f, Winkelhalbierende f; (Krist) Bisektrix f, Mittellinie f ‖ ~ угла (Math) Winkelhalbierende f
биссекция f (Math) Halbierung f
бистр m (Ch) Bister m(n), Rußbraun n (Pigment aus Buchenholzruß); Bister[braun] n, Manganbraun n (Pigment aus Manganoxid)

бисфеноид m (Krist) Bisphenoid n, Disphenoid n ‖ ~/**квадратный** tetragonales Bisphenoid n ‖ ~/**ромбический** rhombisches Bisphenoid n
бит m (Inf) Bit n, Binärziffer f ‖ ~ **зашиты** Schutzbit n ‖ ~/**знаковый** Vorzeichenbit n ‖ ~/**информационный** Informationsbit n ‖ ~/**контрольный** Prüfbit n, Kontrollbit n ‖ ~ **младшего разряда** s. ~/**младший** ‖ ~/**младший [значащий]** niederwertigstes Bit n, LSB ‖ ~ **на элемент сообщения** Bit n je Nachrichtenelement ‖ ~/**нулевой** Nullbit n ‖ ~ **памяти** Speicherbit n ‖ ~ **переноса** Übertragungsbit n, Carry-Bit n ‖ ~/**поправочный** Korrekturbit n ‖ ~ **признака** Kennbit n ‖ ~/**проверочный** Prüfbit n, Kontrollbit n ‖ ~ **состояния** Statusbit n ‖ ~ **старшего разряда** s. ~/**старший** ‖ ~/**старший [значащий]** höchstwertiges Bit n, MSB ‖ ~ **считывания** Lesebit n ‖ ~/**управляющий** Steuerbit n ‖ ~ **чётности** Paritätsbit n
битенг m (Schiff) Poller m; Beting f ‖ ~/**буксирный** Schleppfosten m, Schleppoller m
битер m (Lw) 1. Beater m, Trommel f, Haspel f; 2. Auswerfer m
бит-последовательно bitseriell
битум m Bitumen n ‖ ~/**каменноугольный** Steinkohlenbitumen n ‖ ~/**мягкий** Weichbitumen n ‖ ~/**нефтяной** Erdölbitumen n ‖ ~/**остаточный** Destillationsbitumen n ‖ ~/**природный** natürliches Bitumen n ‖ ~/**разжижённый** Flüssigbitumen n ‖ ~/**твёрдый** Hartbitumen n
битумизация f Bitumin[is]ieren n ‖ ~/**горячая** Heißbituminieren n ‖ ~/**холодная** Kaltbituminieren n
битуминозный s. битумный
битумировать bitumin[is]ieren, mit Bitumen bestreichen (durchtränken)
битумный bituminös, bitumenhaltig, Bitumen...
битумобетон m (Bw) Bitumenbeton m
битумовоз m Bitumentankwagen m
битумокартон m/**покровный** (Bw) Bitumendachpappe f
бифокальный (Opt) bifokal
бифуркация f реки (Hydrol) Bifurkation f, Flußgabelung f
бихарактеристика f (Math) Bicharakteristik f, Strahl m
бихромат m (Ch) Dichromat n
бициклический (Ch) bicyclisch
бишофит m (Min) Bischofit m (Salzmineral)
Бк s. беккерель
благородный Edel..., edel (z. B. Edelmetalle)
бланк m (Inf) Formular n, Vordruck m ‖ ~/**бесконечный** Leporelloformular n, Endlosformular n ‖ ~ **записи программы** Programmformular n ‖ ~ **описания входных данных** Eingabebestimmungsblatt n ‖ ~ **описания выходных данных** Ausgabebestimmungsblatt n ‖ ~ **описания файла** Dateizuordnungsblatt n ‖ ~/**программный** Programmformular n
бланкирование n 1. (TV) Austastung f, Unterdrückung f, Dunkeltasten n; 2. (Inf) Nullstellenunterdrückung f; 3. (Inf) Leerbuchstabe m ‖ ~/**кадровое** (TV) Bild[rücklauf]austastung f, Rasterunterdrückung f ‖ ~ **луча** (TV) Strahlaustastung f, Strahlunterdrückung f ‖ ~/**строчное** (TV) Zeilen[rücklauf]austastung f, Zeilenunterdrückung f

бланкфильм m (Photo) Blankfilm m, Leerfilm m
бланфикс m (Ch) Blanc fixe n, Barytweiß n, Permanentweiß n
бланширование n 1. (Lebm) Blanchieren n, Brühen n, Dämpfen n; 2. (Led) Blanchieren n, Glätten n ‖ ~ **горячим паром** Dampfblanchieren n
бланширователь m (Lebm) Blanchieranlage f, Blanchiertunnel m
бланшировать (Lebm) blanchieren
бланшировка f s. бланширование
бластез m (Geol) Blastese f, metamorphe Umkristallisation f (der Gesteine)
бластомилонит m (Geol) Blastomylonit m (umkristallisierter Mylonit)
блаугаз m Blaugas n (ein Brenngas)
блёдит m s. астраханит
блейштейн m Bleistein m (NE-Metallurgie)
блёклость f Fahlheit f, Mattheit f; Welkheit f
блёклый fahl, matt, verblaßt, verschossen
бленда f (Photo, Kine) Blende f ‖ ~/**вращающаяся** Rotationsblende f, rotierende Blende f ‖ ~/**светозащитная (солнечная)** Sonnenblende f, Gegenlichtblende f (Objektiv)
блеск m 1. Glanz m, Schein m; 2. (Licht) Punkthelle f (einer Lichtquelle); 3. (Min) Glanz m (Sulfidmineral); 4. (Min) Glanz m (Mineraleigenschaft); 5. (Astr) Helligkeit f; 6. (Opt) Glanz m, Blaze n (Bereich maximaler Reflexionen am Beugungsgitter) ‖ ~/**железно-сурьмяный** (Min) Eisenantimonglanz m, Berthierit m ‖ ~/**железный** s. гематит ‖ ~/**зеркальный** Hochglanz m, Spiegelglanz m ‖ ~/**марганцевый** s. алабандин ‖ ~/**медно-серебряный** s. штромейерит ‖ ~/**медный** s. халькозин ‖ ~/**металловидный** (Min) Metallglanz m ‖ ~/**молибденовый** s. молибденит ‖ ~/**мышьяково-никелевый** s. герсдорфит ‖ ~/**никелево-сурьмяный** s. ульманнит ‖ ~/**никелевый** s. 1. герсдорфит; 2. ульманнит ‖ ~/**перламутровый** (Min) Perlmutterglanz m ‖ ~/**свинцово-висмутовый** s. галеновисмутит ‖ ~/**свинцово-мышьяковый** s. сартортит ‖ ~/**свинцово-сурьмяный** s. цинкенит ‖ ~/**свинцовый** s. галенит ‖ ~/**серебряно-висмутовый** (Min) Silberwismutglanz m, Schapbachit m, Matildit m ‖ ~/**серебряно-медный** (Min) Silberkupferglanz m, Stromeyerit m ‖ ~/**серебряный** s. аргентит ‖ ~/**стеклянный** (Min) Glasglanz m ‖ ~/**теллуристый серебряный** (Min) Tellursilberglanz m, Hessit m ‖ ~/**чёрный серебряный** s. стефанит ‖ ~/**шелковистый** (Min) Seidenglanz m
блескость f Blendung f, Blendwirkung f
блеснуть aufleuchten, aufblitzen
блестеть 1. glänzen, strahlen, funkeln, schimmern, blinken, leuchten; 2. spiegeln, reflektieren
близкодействие n (Ph) Nahwirkung f
близкокипящий engsiedend, mit geringen Siedepunktdifferenzen
близнецовый Tuck..., Gespann... (Schleppnetzfischerei)
Близнецы pl (Astr) Zwillinge mpl (Sternbild)
близнецы mpl Tuckpartner mpl (Schleppnetzfischerei)
близость f (Math) Nähe f, Nachbarschaft f
близполюсный (Astr) polnah
блик m (Opt) Reflex m

блок

блики *mpl (Photo)* Spitzlichter *npl*, Glanzlichter *npl* ‖ ~/передержанные ausgebrannte Spitzlichter *npl*
блинк-компаратор *m (Astr)* Blinkkomparator *m (Astrophotometrie)*
блинк-микроскоп *m (Astr)* Blinkmikroskop *n*
блинт *m (Тур)* Blinddruck *m*, Prägedruck *m*
блок *m* 1. Block *m*, Rolle *f*, Scheibe *f (Hebezeuge)*; 2. *(Bw)* Häuserblock *m*; 3. *(Bw)* Block *m*, Vollstein *m*; Betonblock *m*; 4. *(Eb)* Block *m*, Blockfeld *n*, Blockeinrichtung *f (s. a. unter* блокировка 2.*)*; 5. *(Inf)* Block *m*, Einheit *f*; 6. *(Bgb)* Block *m*, Bauabschnitt *m (Abbauvorrichtung)*; 7. Block *m*, Zusammenstellung *f*, Kombination *f (von Endmaßen)*; 8. *(Schiff)* Blocksektion *f*, Ringsektion *f*; Pallung *f*, Kielblock *m*; 9. *(Schiff)* Block *m (zur Seilführung)*; 10. *(El, Masch)* Baugruppe *f*, Baueinheit *f*; 11. *(En)* Block *m*, Blockeinheit *f*, Kraftwerk[s]block *m*; 12. *(Masch)* Räderblock *m*, Radblock *m (im Getriebe)* ‖ ~ адаптера/вставной *(Eln)* Adapter-Steckeinheit *f* ‖ ~ алгоритма *(Inf)* algorithmischer Block *m* ‖ ~ алфавитных данных *(Inf)* alphabetischer Block *m* ‖ ~/анкерный *(Bw)* Ankerblock *m*, Verankerungsblock *m* ‖ ~/анодный Anodenblock *m* ‖ ~/арифметико-логический *(Inf)* Arithmetik-Logik-Einheit *f*, ALU ‖ ~/арифметический *(Inf)* arithmetische Einheit *f* ‖ ~ атомной электростанции Kernkraftwerk[s]block *m* ‖ ~/безопочный *(Gieß)* kastenlose Sandform *f* ‖ ~/бетонный фасонный *(Bw)* Betonformstein *m* ‖ ~/буквенно-цифровых данных *(Inf)* alphanumerischer Block *m* ‖ ~/ваерный Kurrleinenblock *m (Schleppnetzfischerei)* ‖ ~ ввода *(Inf)* Eingabeeinheit *f* ‖ ~ ввода-вывода [данных] *(Inf)* Eingabe-Ausgabe-Einheit *f*, E/A-Einheit *f* ‖ ~/верхний obere (feste) Rolle *f (Rollenzug)* ‖ ~ внешнего магнитного запоминающего устройства *(Inf)* externe Magnetspeichereinheit *f* ‖ ~/воздушный арматурный Druckluftarmaturenblock *m* ‖ ~/вставной *(Eln)* Steckeinheit *f*, Einschub *m*, Einschubeinheit *f* ‖ ~/вторичного питания Stromversorgungsgerät *n*; Schaltnetzteil *n* ‖ ~/выборочный силовой Netzhiev-Powerblock *m (Fischfang)* ‖ ~ выдачи данных *(Inf)* Datenausgabeeinheit *f* ‖ ~/выдвижной *s.* ~/вставной ‖ ~/выемочный *(Bgb)* Abbaublock *m* ‖ ~/выпрямительный *(El)* Gleichrichterblock *m*, Gleichrichterkaskade *f* ‖ ~/высоковольтный Hochspannungseinheit *f* ‖ ~ высокого напряжения *(Eln)* Hochspannungsteil *n*, Hochspannungskaskade *f* ‖ ~/высокочастотный *(Eln)* Hochfrequenzblock *m*, HF-Block *m* ‖ ~/вычислительный Recheneinheit *f* ‖ ~/газобетонный *(Bw)* Gasbetonblock *m* ‖ ~ генератор-трансформатор *(El)* Generator-Transformator-Block *m* ‖ ~/главный *s.* ~/основной ‖ ~/горелочный Brennergruppe *f* ‖ ~ горизонтальной развёртки *(TV)* Horizontalablenkeinheit *f*, Zeilenablenkteil *n* ‖ ~/грузовой *(Schiff)* Ladeblock *m* ‖ ~/грузоподъёмный Lastrolle *f (Hebezeuge)* ‖ ~ данных *(Inf)* Datenblock *m* ‖ ~ данных ввода Eingabeblock *m* ‖ ~ данных вывода Ausgabeblock *m* ‖ ~ данных на ленте Magnetbandblock *m* ‖ ~/дверной Türblock *m* ‖ ~ дистанционного управления Fernsteuerung *f* ‖ ~/дифференциальный Differentialrolle *f (Differentialflaschenzug)* ‖ ~/доильно-молочный Melkhaus *n*, Milchhaus *n* ‖ ~/дополнительный вставной *(Eln)* Erweiterungssteckeinheit *f* ‖ ~/желобчатый Rillenrolle *f*, Rillenscheibe *f (Hebezeuge)* ‖ ~ загрузки/основной *(Inf)* Masterbootblock *m (Festplatte)* ‖ ~/закладной *(Schiff)* Kiellegungsblock *m* ‖ ~/запасной *(El)* Reserveeinheit *f* ‖ ~ записей *(Inf)* Satzblock *m* ‖ ~ записи и считывания *(Inf)* Schreib-Lese-Einheit *f* ‖ ~ запоминающего устройства *(Inf)* Speichereinheit *f*, Speicherblock *m* ‖ ~ запросов *(Inf)* Anforderungsblock *m* ‖ ~ защиты *(Inf)* Sicherungsblock *m* ‖ ~ ЗУ *s.* ~ запоминающего устройства ‖ ~ идентификатора *m* ‖ ~ индикатора 1. *(Rad)* Sichtgeräteblock *m*; Sichtgerät *n*; 2. Anzeigeeinheit *f*; 3. *s.* дисплей ‖ ~ индикации *(Inf)* Anzeigeeinheit *f* ‖ ~ индуктивностей *(El)* Induktivitätenblock *m* ‖ ~/камбузный *(Schiff)* Kombüsenkomplex *m* ‖ ~/канатный Seilscheibe *f*, Seilrolle *f (Hebezeuge)* ‖ ~/килевой *(Schiff)* Kielpalle *f*, Kielpallung *f (Dock)* ‖ ~/кирпичный *(Bw)* Ziegel[groß]block *m* ‖ ~/книжный *(Тур)* Buchblock *m* ‖ ~ коксовых печей Koksofenbatterie *f* ‖ ~ конденсаторов *(El)* Kondensator[en]block *m*; Mehrfachkondensator *m* ‖ ~ концевых мер *(Meß)* Endmaßkombination *f* ‖ ~/коробчатый *(Bw)* Kastenfertigteil *n* ‖ ~ коррекции *(Wkzm)* Korrekturschalter[satz] *m* ‖ ~ котёл-турбина *(En)* Kessel-Turbine-Block *m*, Kessel-Turbinen-Einheit *f* ‖ ~/котельный *(Wmt)* Kesselblock *m* ‖ ~/крупный *(Bw)* Großblock *m* ‖ ~/кухонно-санитарный *(Bw)* Raumzelle *f* mit Küche und Sanität, Küche-Bad-Zelle *f* ‖ ~/легкобетонный *(Bw)* Leichtbetonblock *m* ‖ ~/логический *(Inf)* Logikeinheit *f* ‖ ~ магнитной ленты *(Inf)* Magnetbandeinheit *f*, Magnetbandlaufwerk *n* ‖ ~ магнитных головок Magnetkopfblock *m*, Kopfträger *m* ‖ ~/маршрутный *(Eb)* Fahrstraßenfeld *n* ‖ ~ математического обеспечения/модульный *(Inf)* Modularsoftwarepaket *n* ‖ ~/микроминиатюрный *(Inf)* Mikrobaustein *m* ‖ ~/микропрограммного управления *(Inf)* Mikroprogramm-Steuereinheit *f*, Mikroprogrammsteuerung *f*, Mikroprogramm-Sequencer *m*, Sequencer *m* ‖ ~/микропроцессорный Mikroprozessoreinheit *f* ‖ ~/монтажный 1. Montageflasche *f*, Scherkloben *m (Hebezeuge)*; 2. *(Bw)* Montageblock *m*; 3. *(Hydt)* hydraulischer Ventilblock *m*; 4. *(Eln)* Verdrahtungsbaugruppe *f* ‖ ~ навигационных помещений *(Schiff)* Navigationsraumekomplex *m* ‖ ~/направляющий 1. Führungsrolle *f (Hebezeuge)*; 2. *(Schiff)* Leitblock *m (Ladebaum)* ‖ ~/направляющий канатный Seilführungsrolle *f* ‖ ~ настройки *(Rf, TV)* Tuner *m*; *(TV)* Kanalwähler *m* ‖ ~/натяжной Spannblock *m* ‖ ~/начальный *(Inf)* Startschritt *m*, Anfangsblock *m* ‖ ~ неопределённой длины *(Inf)* Block *m* undefinierter Länge ‖ ~/неподвижный fester Block *m (Rollenzug)* ‖ ~/нижний Unterflasche *f (Hebezeuge)* ‖ ~/низкочастотный *(Eln)* Niederfrequenzblock *m*, NF-Block *m* ‖ ~/обводной (обводный) Umlenkrolle *f*, Umlenkscheibe *f (Hebezeuge)* ‖ ~ обработки изображений *(Inf)* Bildverarbeitungseinheit *f* ‖ ~ обработки информации *(Inf)* Infor-

блок

mationseinheit *f* II ~ **обработки команд** *(Inf)* Befehlssteuereinheit *f* II **~/объёмно-пространственный** *(Bw)* Raumzelle *f* II ~ **объёмный** *(Bw)* Raumzelle *f* II **~/оконный** Fensterblock *m* II **~/операционный** Funktionseinheit *f*, Funktionsblock *m* II **~/описательный** *(Inf)* Beschreibungsblock *m (Urlader)* II **~/орбитальный** *(Raumf)* Orbitalsektion *f* II **~/основной** *(El)* Grundeinheit *f*, Haupteinheit *f* II **~/основной загружаемый** *(Inf)* Masterbootblock *m (Festplatte)* II ~ **отброса/висячий** *(Geol)* Hangendflügel *m*, Hangendscholle *f (einer Verwerfung)* II **~/отводной (отводный)** Umlenkrolle *f (Hebezeuge)* II ~ **отправления** *(Eb)* Anfangsfeld *n* II **~/очистной** *(Bgb)* Abbaublock *m* II ~ **памяти** *(Inf)* Speicherbaustein *m*, Speicherblock *m*, Speichereinheit *f* II ~ **памяти с произвольной выборкой/дополнительный** *(Inf)* RAM-Erweiterungsplatine *f* II **~/передвижной** *(Masch)* Schieberadblock *m* II **~/передний** Frontbaugruppe *f* II ~ **переменной длины** *(Inf)* Block *m* variabler Länge II **~/печатный** *(Eln)* gedruckte Baugruppe *f*, Leiterplattenmodul *m* II ~ **печей** Ofenblock *m*, Ofenreihe *f*, Ofenbatterie *f* II ~ **питания** Netzversorgungseinheit *f*, Netzteil *n*; Energieversorgungseinheit *f*, Energieversorgungsteil *n* II ~ **питания/бестрансформаторный** Schaltnetzteil *n*, SNT II ~ **питания от сети** Netzversorgungseinheit *f* II ~ **плавких предохранителей** *(Kfz)* Sicherungskasten *m* II ~ **ПО** *s.* ~ **путевого отправления II ~/поворотный** Umlenkrolle *f*, Umführungsrolle *f (Hebezeuge)* II **~/подвесной** *(Schiff)* 1. oberer Galgenblock *m*, oberer Hangerblock *m*, Kurrleinenblock *m (Seitentrawler)*; 2. Hangerblock *m*, Kurrleinenblock *m (Hecktrawler)* II **~/подвесной ваерный** Kurrleinenblock *m (Schleppnetzfischerei)* II **~/подвижный** lose Rolle *f*, Übersetzungsrolle *f (Hebezeuge)*; *(Schiff)* loser Block *m (Talje)* II **~/подвижный обратный** Treibrolle *f (Hebezeuge)* II **~/подоконный** *(Bw)* Fensterbrüstungsblock *m* II ~ **предохранителей** *(Kfz)* Sicherungskasten *m* II ~ **прибытия** *(Eb)* Endfeld *n* II ~ **приёма согласия** *(Eb)* Erlaubnisempfangsfeld *n* II ~ **приоритетного прерывания** *(Inf)* Prioritätsinrupteinheit *f* II **~/провизионный** *(Schiff)* Proviantraumekomplex *m* II ~ **программ** *(Inf)* Programmblock *m* II **~/простеночный** *(Bw)* Fensterschaftblock *m* II ~ **ПС** *s.* ~ **приёма согласия** II **~/пустотелый** *(Bw)* Hohlblock *m*, Hohlblockstein *m* II **~/пустотелый керамический** *(Bw)* Tonhohlziegel *m* II ~ **путевого отправления** *(Eb)* Anfangsfeld *n* II ~ **развёртки** *(Eln, Inf)* Abtasteinheit *f* II ~ **распознавания** *(Inf)* Erkennungslogik *f* II ~ **распылителей** *(Kfz)* Düsenblock *m (Vergaser)* II ~ **расширения** *(Inf)* Erweiterungssteckplatz *m* II ~ **регистров** *(Inf)* Registerfeld *n*, Registersatz *m* II **~/резисторов** *(El)* Widerstandsblock *m* II **~/релейный** *(El)* Relaisblock *m* II **~/санитарно-кухонный** *s.* **~/кухонно-санитарный** II **~/санитарно-технический** *(Bw)* Sanitärzelle *f*; Installationswand *f*, Naßstrecke *f* II **~/свинцовый** *(Kern)* Bleiziegel *m* II ~ **связи** *(El)* Koppelteil *f* II ~ **секций** *(Schiff)* Blocksektion *f* II **~/силовой** 1. *(El)* Leistungsteil *n*; 2. *(Schiff)* Kraftblock *m*, Powerblock *m* II ~ **синтактиче-**

60

ского контроля *(Inf)* syntaktische Einheit *f* II ~ **синхронизации** *(El)* Synchronisiereinheit *f* II **~/системный** Systemeinheit *f* II **~/скользящий** *(Masch)* Schieberadblock *m* II **~/скуловой** *(Schiff)* Kimmpallung *f* II **~/сменный** 1. auswechselbares Gehäuse *n*; 2. *(Eln)* Einsteck[bau]stein *m* II ~ **согласования** *(El)* Anpaßeinheit *f*, Anpassungseinheit *f* II **~/составной** mehrscheibiger Block *m (Hebezeuge)* II **~/сплошной** *(Bw)* Massivblock *m* II **~/сплошной кирпичный** Vollstein *m* II ~ **сравнения** Vergleichseinheit *f* II ~ **стандартизированного сопряжения с каналом** *(Inf)* Standardinterface *n* II **~/стапельный** *s.* **стапель-блок** II **~/стеновой** *(Bw)* Wandblock *m* II **~/стержневой** *(Gieß)* Kernblock *m*, Kernpaket *n* II ~ **строчной развёртки** *(Tv)* Zeilenablenkeinheit *f*, Zeilenablenkteil *m* II ~ **считывания** *(Inf)* Leseeinheit *f*, Abfühleinheit *f* II **~/сшитый книжный** *(Typ)* gehefteter Buchblock *m* II **~/съёмный** *(Eln)* Steckeinheit *f*, Einsteckbaustein *m*, Austauschblock *m*, Austauscheinheit *f* II ~ **талей** *(Schiff)* Taljenblock *m (Ladegeschirr)* II **~/укороченный** *(Inf)* verkürzter Block *m* II **~/умножающий** *(Inf)* Multiplizierblock *m* II ~ **управления** 1. *(Inf)* Steuerblock *m*; 2. *(Reg)* Steuerschaltung *f*; Steuerschaltkreis *m*; 3. *(Masch)* Steuer[ungs]teil *m*, Steuerung *f* II ~ **управления/автономный микропроцессорный** autonomes Mikroprozessorsteuergerät *n* II ~ **управления вводом-выводом** *(Inf)* Eingabe-Ausgabe-Steuereinheit *f*, E/A-Steuereinheit *f* II ~ **управления данными** *(Inf)* Datensteuerblock *m* II ~ **управления задачей** *(Inf)* Tasksteuerblock *m*, Aufgabensteuerblock *m (Betriebssystem)* II ~ **управления устройствами** *(Inf)* Gerätesteuereinheit *f*, GSE II **~/управляющий** *(Reg)* Steuer[ungs]block *m*, Steuereinheit *f* II **~/уравнительный** Ausgleichsrolle *f (Hebezeuge)* II **~/усилительный** *(El)* Verstärkerteil *n* II ~ **фиксированной длины** *(Inf)* Block *m* fester Länge II ~ **фильтра** Filtereinheit *f (z. B. beim pneumatischen Längenmesser)* II ~ **фокусировки** *(Eln)* Fokussiereinheit *f* II **~/холостой** lose Rolle *f*, Losrolle *f (Hebezeuge)* II ~ **хранения программы** *(Inf)* Programmspeichereinheit *f* II **~/центральный** *(Inf)* Zentraleinheit *f*, zentrale Einheit *f*, ZE II **~/центральный арифметическо-логический** zentrale Verarbeitungseinheit *f*, ZVE II **~/цепной** Kettenrolle *f*, Kettenscheibe *f*, Kettenflasche *f (Hebezeuge)* II ~ **цилиндров** *(Kfz)* Zylinderblock *m* II **~/цифровой** *(Inf)* Digitaleinheit *f*, digitale Einheit *f* II ~ **цифровой индикации** *(Inf)* Ziffernanzeigeeinheit *f*, ZA, Digitalanzeigeeinheit *f* II ~ **числовых данных** *(Inf)* Zahlenblock *m* II **~/шарнирный** Gelenkrolle *f (Hebezeuge)* II ~ **шестерён** *(Masch)* Stufensatz *m*, Räderblock *m (Zahnräder)* II ~ **шинной связи** *(Inf)* Buskoppler *m* II **~/штамповочный** *(Schm)* Gesenkhalter *m*, Gesenkblock *m* II ~ **электростанции** *(En)* Kraftwerksblock *m*, Leistungsblock *m* II **~/энергетический** *(En)* Energieblock *m*, Leistungsblock *m* II ~ **ядерного топлива** *(Kern)* Spaltstoffelement *n*, Brennstoffelement *n*

блок-аппарат m (Eb) Blockwerk n ‖ **~/главный** Hauptblock m ‖ **~/двухочковый** zweifeldriges Blockwerk n ‖ **~/четырёхочковый** vierfeldriges Blockwerk n
блок-аппаратура f s. блок-механизм
блок-диаграмма f Blockdiagramm n, Blockbild n
блок-замычка f (Eb) Blocksperre f
блокинг-генератор m (TV) Sperrschwinger m, Blocking-Generator m ‖ **~ кадровой развёртки** Bildsperrschwinger m ‖ **~ строчной развёртки** Zeilensperrschwinger m
блокирование n s. блокировка
блокировать 1. sperren; blockieren, verblocken, verriegeln; 2. (Eb) [vor]blocken
блокировка f 1. Sperrung f; Blockierung f, Verriegelung f; 2. (Eb) Block m, Blockverschluß m, Blocken n, Blockung f, Verriegelung f, Sperre f; 3. (Inf) Sperrung f; 4. (Krist) Blockierung f (von Versetzungen) ‖ **~/абсолютная** s. ~/безусловная ‖ **~/автоматическая** (Eb) selbsttätiger Block m, selbsttätige Blockung f, Selbstblockanlage f ‖ **~/безусловная** unbedingter Block m (läßt nur einen Zug auf dem Blockabschnitt zu) ‖ **~/взаимная** Blockierung f, Sperrung f, Verriegelung f ‖ **~/групповая станционная** Bahnhofsgruppenblockierung f ‖ **~/железнодорожная** Zugdeckung f ‖ **~/живая** behelfsmäßige Blockierung f durch Signalwärter bei stark belastetem einseitigem Verkehr ‖ **~ записи** (Inf) Schreibsperre f, Speicherschreibsperre f ‖ **~ зданий** (Bw) Kompaktbauweise f ‖ **~ источника** (Ph) Quellenverriegelung f ‖ **~ неправильной длины** (Inf) Längenfehlerunterdrückung f ‖ **~ ограждений** Verdeckverriegelung f ‖ **~ памяти** (Inf) Speichersperre f ‖ **~ плоскостей скольжения** (Krist) Gleitebenenblockierung f ‖ **~/полуавтоматическая** (Eb) halbselbsttätige Blockung (Zugdeckung) f, handbedienter Block m ‖ **~/путевая** (Eb) Streckenblockung f ‖ **~/путевая полуавтоматическая** halbselbsttätige Streckenblockung f ‖ **~/путевая ручная** handbetätigte (nichtselbstbetätigte) Streckenblockung f ‖ **~/секционная** Kompaktbauweise f ‖ **~ сигнала** (Eb) Signalsperre f, Signalsperrung f ‖ **~ следа** (Ph) Spurverunreinigung f ‖ **~/станционная** Bahnhofsblockung f, Stationsblockung f, Stationsblock m ‖ **~ считывания** (Inf) Lesesperre f, Speicherlesesperre f ‖ **~/условная** (Eb) bedingter Block m (läßt mehrere Züge auf dem Blockabschnitt zu) ‖ **~/электрическая** (Eb) elektrische Blockung (Verriegelung) f ‖ **~/электрическая рычажная** elektrische Hebelsperre f
блок-каюта f (Schiff) Appartementkabine f
блок-квартира f (Bw) Wohnungsraumzelle f
блок-клавиша f (Eb) Drucknopf m, Hebeltaste f
блок-кнопка f/вызывная (Eb) Weckertaste f, Vorwecktaste f, Vorwecker m
блок-комната f (Bw) Einzimmer-Raumzelle f
блок-контакт m (El) 1. Hilfskontakt m; 2. Sperrkontakt m ‖ **~/нормально закрытый** Hilfskontakt m als Öffner, Ruhekontakt m ‖ **~/нормально открытый** Hilfskontakt m als Schließer, Arbeitskontakt m
блок-контейнер m (Bw) Containerblock m, Containerhaus m (z. B. Wohncontainer, Baustellencontainer)

блок-коробка f (Bw) Raumzelle f
блок-кухня f (Bw) Küchen-Raumzelle f
блок-лестница f (Bw) Treppenhaus-Raumzelle f
блок-линейка f (Eb) Blockschieber m
блок-механизм m (Eb) Blockfeld n, Blocksatz m; Blockeinrichtung f ‖ **~/исполнительный сигнальный** Befehlsempfangsfeld n ‖ **~/приёмный** empfangendes Blockfeld n ‖ **~ путевого отправления** Anfangsblock m, Anfangsblockfeld n ‖ **~ путевого прибытия** Endblock m, Endblockfeld n ‖ **~/распорядительный маршрутный** Fahrstraßenbefehlsfeld n
блок-очко n (Eb) Blockfenster n
блок-перемычка f (Bw) Sturzelement n
блок-подоконник m (Bw) Brüstungsblock m
блок-подушка f (Bw) Fundamentblock m, Sohlblock m
блок-полимер m (Ch) Blockpolymer n, Massenpolymer n
блок-полимеризация f (Ch) Blockpolymerisation f, Masse[n]polymerisation f
блокпост m (Eb) Blockstelle f, Blockwerk n, Zugfolgestelle f ‖ **~/конечный** Endblockwerk n ‖ **~/линейный** Durchgangsblockposten m ‖ **~ отправления** Anfangsblock m ‖ **~/путевой** Streckenblockstelle f ‖ **~/соседний** Nachbarblockstelle f ‖ **~ участка** Streckenblockstelle f
блок-простенок m (Bw) Fensterschaftblock m
блок-реле (Eb) Blockrelais n
блок-секция f Blocksektion f ‖ **~/кольцевая** Ringblocksektion f
блок-сигнал m (Eb) Blocksignal n
блок-сополимер m (Ch) Blockmischpolymer n, Blockmischpolymerisat n, Blockpolymer n
блок-сополимеризация f (Ch) Blockmischpolymerisation f, Blockkopolymerisation f
блок-станция f (Eb) Blockstation f, Blockwerk n
блок-схема f (El) Blockschaltung f; Blockschaltbild n, Ablaufplan m, Übersichtszeichnung f ‖ **~ модулей** Programmablaufplan-Baustein m ‖ **~ обработки данных** (Inf) Datenflußplan m ‖ **~ программы** (Inf) Programmablaufplan m, PAP ‖ **~/электрическая** [elektrische] Schaltungsanordnung f
блок-участок m (Eb) Blockabschnitt m, Blockabstand m, Blockstrecke f
блок-форма f [морозильного аппарата] Gefrierform f, Gefrierschale f (Gefrierapparat)
блок-ящик m (Eb) Blockkasten m, Blockgehäuse n
блочно-ориентированный (Inf) blockorientiert
блочность f 1. Kompaktheit f, Gedrungenheit f; 2. Blockaufteilung f
блочок m 1. Block m, Scheibe f; 2. (Bgb) Umlenkrolle f, Haspel f(m) ‖ **~ веретена** (Text) Wirtel m, Spindelwirtel m, Schnurwirtel m (Spindel)
блуждание n полюсов Polwanderung f
блум... s. unter блюм...
блюм m (Met, Wlz) Walzblock m, [gewalzter] Block m, Vorblock m
блюминг m Blockwalzwerk n, Blockstraße f (zum Vorwalzen von Rohblöcken zu schwerem Halbzeug) ‖ **~/двухвалковый** Blockduo n, Duo n ‖ **~/двухвалковый реверсивный** Reversierduo n, Umkehrduo n ‖ **~ дуо** Duo-Blockwalzwerk n ‖ **~ дуо/реверсивный** Duo-Umkehrblockwalzwerk n, Duo-Reversierblockstraße f ‖ **~/загото-**

блюминг

вочный Knüppelwalzwerk *n*; Knüppelstraße *f* ‖ ~/реверсивный Reversierblockwalzwerk *n*, Umkehrblockwalzwerk *n* ‖ ~/трёхвалковый Blocktrio *n*, Trio *n* ‖ ~ трио Trio-Blockwalzwerk *n*
блюминг-слябинг *m (Wlz)* Block- und Brammenwalzwerk *n*
БМГ *s.* блок магнитных головок
БМУ *s.* блок микропрограммного управления
бобина *f* 1. Spule *f*; Seiltrommel *f*; 2. *(Text)* Spule *f (Garnspule, s. a. unter* шпуля*)*; 3. *(El)* Spulenkern *m*, Wickelkern *m*; 4. *(Photo, Kine)* Filmspule *f*; 5. *(Kfz)* Zündspule *f* ‖ ~/бутылочная *(Text)* Flaschenspule *f* ‖ ~/двухконусная *(Text)* bikonische (doppelkegelige) Spule *f* ‖ ~ для наматывания *(Photo)* Aufwickelspule *f* ‖ ~ для перемотки *(Photo)* Rückwickelspule *f*, Umwickelspule *f* ‖ ~ зажигания *(Kfz)* Zündspule *f* ‖ ~/заклинённая Festbobine *f (Fördermaschine)* ‖ ~/запасная *(Text)* Reservespule *f* ‖ ~ крестовой намотки *(Text)* Kreuzspule *f* ‖ ~ магнитной ленты Magnetbandspule *f* ‖ ~/переставная Losbobine *f (Fördermaschine)* ‖ ~/питающая *(Text)* Ablaufspule *f* ‖ ~/подающая Abwickelspule *f*, Ablaufspule *f* ‖ ~/приёмная *(Text)* Aufnahmespule *f (Zwirnwickel)*; Auflaufspule *f*, Spinnspule *f* ‖ ~/сматываемая *(Text)* Ablaufspule *f* ‖ ~/цилиндрическая *(Text)* zylindrische Spule *f*
бобинец *m (Schiff)* Grundtaukugel *f*, Bomber *m*, Grundtaurolle *f (Grundschleppnetz)*
бобинодержатель *m (Text)* Spulenhalter *m* ‖ ~/кулачковый Spulenhalter *m* mit Nocken
бобинорезка *f (Typ)* Bobineschneider *m*
бобрик *m (Text)* Flausch *m*, leichter Wollstoff *m*
бобышка *f* 1. *(Masch.)* Auge *n (Bohrung mit Verstärkungswulst)*; Knagge *f*; Ringwulst *m(f)*; 2. *(Kfz)* Kolbenauge *n*; 3. *(Text)* Warze *f*; 4. *(Gieß)* Anguß *m (an einem Gußteil)*; 5. *(El)* Spulenkern *m*, Wickelkern *f*; 6. *(Photo)* Filmspulenkern *m*, Spulenkern *m*, Kern *m*, Bobby *m* ‖ ~/направляющая Führungsknagge *f* ‖ ~/опорная Auflagerknagge *f*, Stützknagge *f* ‖ ~/пальцевая Bolzenauge *n*
богатство *n* 1. Haltigkeit *f (Erz)*; 2. Heizwert *m (Gas)*
богатый reich ‖ ~ углеродом kohlenstoffreich ‖ ~ энергией energiereich
бод *m* Baud *n*, Bd, B *(Einheit der Übertragungsgeschwindigkeit von Signalen)*
боевик *m* Schlagpatrone *f*
боеголовка *f (Mil)* Gefechtskopf *m*, Sprengkopf *m* ‖ ~/ядерная Kernsprengkopf *m*
боёк *m* 1. Schlagstift *m*, Schlagbolzen *m*, Hammer *m*; 2. *(Schm)* Finne *f*, Sattel *m*, Hammerbär *m*; 3. *(Wkz)* Sattel *m*, Finne *f (am Hammer)*; 4. Schlagstempel *m*, Preßstempel *m*; 5. *(Wlz)* Kaliberkonus *m (Pilgerschrittwalze)*; 6. *(Wkst)* Fallhämmerchen *n (Härtemessung)* ‖ ~/верхний *(Schm)* Obersattel *m (Maschinenhammer)* ‖ ~/вырезной *(Schm)* Spitzsattel *m* ‖ ~/закруглённый *(Schm)* Rundsattel *m* ‖ ~ молота *(Wkz)* Hammerfinne *f* ‖ ~/нижний *(Schm)* Untersattel *m (Maschinenhammer)* ‖ ~/плоский *(Wkz)* abgeflachte Finne *f (am Hammer)* ‖ ~/фасонный *(Schm)* Formsattel *m* ‖ ~/шарообразный *(Wkz)* Kugelfinne *f (am Hammer)*
Бозе-газ *m (Ph)* Bose-Gas *n*

Бозе-жидкость *f (Ph)* Bose-Flüssigkeit *f*
Бозе-оператор *m* Bose-Operator *m*
Бозе-поле *n (Ph)* Bose-Feld *n*, Bosonenfeld *n*
Бозе-частица *f s.* бозон
бозон *m (Kern)* Boson *n*, Bose-Teilchen *n* ‖ ~/калибровочный Eichboson *n* ‖ ~/промежуточный (слабый) intermediäres Boson *n*, W-Boson *n*, Woson *n* ‖ ~/тяжёлый schweres Boson *n*
бой *m* 1. *(Wkz)* Schlag *m*, Hammerbahn *f*; 2. Scherben *fpl*, Bruch *m* ‖ ~/верхний *(Text)* Oberschlag *m (Webstuhl)* ‖ ~/измельчённый электродный *(Schw)* Elektrodenmehl *n* ‖ ~/кривошипный *(Text)* Kurbelschlag *m (Unterschlagwebstuhl)* ‖ ~ молота *(Wkz)* Hammerbahn *f* ‖ ~ молота/плоский Breitbahn *f (Hammer)* ‖ ~ наковальни *(Schm)* Sattel *m (Amboß)* ‖ ~/нижний *(Text)* Unterschlag *m (Seidenwebstuhl, schwere Webstühle)* ‖ ~/пружинный *(Text)* Federschlag *m (langsamlaufender Webstuhl)* ‖ ~ стекла Glasscherben *fpl*, Glasbruch *m* ‖ ~/шамотный Schamottebrocken *mpl* ‖ ~/шарнирный *(Text)* Knickschlag *m (Webstuhl)* ‖ ~/штамповочный *(Schm)* Setzschlag *m* ‖ ~/эксцентриковый *(Text)* Exzenterschlag *m (Weberei)*
бойлер *m (Wmt)* Boiler *m*, Warmwasserbereiter *m*, Heißwasserbereiter *m*
бок *m* 1. Seite *f*; 2. *(Schiff)* Längsriß *m (Teil des Linienrisses)*; 3. *(Bgb)* Stoß *m*, Seite *f (eines Grubenbaues)* ‖ ~/висячий *(Bgb)* Hangendes *n*, Dach *n* ‖ ~ выработки *(Bgb)* Stoß *m* ‖ ~/лежачий *(Bgb)* Liegendes *n* ‖ ~ складки *(Geol)* Flügel *m*, Schenkel *m (einer Falte)* ‖ ~/теоретический *(Schiff)* Längsriß *m* ‖ ~ шахты *(Bgb)* Schachtstoß *m*, Schachtwand *f*
боковик *m (Meß)* Endmaßschnabel *m*; Anspringstück *n*, Parallelstück *n* ‖ ~/контрольный *(Meß)* Meßschnabel *m* ‖ ~/центровой *(Meß)* Endmaßschnabel *m* mit Zentrierspitze ‖ ~/чертильный *(Meß)* Endmaßschnabel *m* zum Anreißen
боковина *f* Seitenteil *n*, Seitenfläche *f* ‖ ~ лебёдки Windenschild *m (Hebezeuge)*
боковичка *f s.* боковик
боковичок *m s.* боковик
боковой seitlich, lateral, Seiten...
боковушка *f s.* боковик
бокорезы-плоскогубцы *pl (Wkz)* Seitenschneider *m (Zange)*
боксит *m (Min)* Bauxit *m*
боксование *n (Eb)* Schleudern *n*, Gleiten *n (der Räder)*
болван *m (Gieß)* Ballen *m*, Form[stoff]ballen *m*, Sandballen *m*
болванка *f (Met, Gieß)* 1. Rohling *m*, Halbzeug *n*, Knüppel *m*, Barren *m*; 2. Massel *f* ‖ ~/квадратная Knüppel *m* ‖ ~/круглая Rundknüppel *m* ‖ ~/обжатая gewalzter Block *m* ‖ ~/плоская Platine *f* ‖ ~/сырая Rohblock *m*; Rohbarren *m*
болезнь *f* Krankheit *f*, Erkrankung *f* ‖ ~/водородная *(Met)* Wasserstoffkrankheit *f (Kupfer)* ‖ ~/высотная Höhenkrankheit *f* ‖ ~/декомпрессионная (кессонная) Dekompressionskrankheit *f*, Caissonkrankheit *f* ‖ ~/лучевая Strahlenkrankheit *f* ‖ ~/морская Seekrankheit *f* ‖ ~/профессиональная Berufskrankheit *f*
болид *m (Astr)* Bolid *m*, Feuerkugel *f*

бологрáмма *f (Ph)* Bologramm *n*, Bolometerdiagramm *n*
болóметр *m (Ph)* Bolometer *n (zur Messung der Strahlungsenergie)* ‖ **~/полупроводникóвый** Halbleiterbolometer *n* ‖ **~/сверхпроводя́щий** supraleitendes Bolometer *n* ‖ **~/термистóрный** Thermistorbolometer *n*
болóто *n* 1. Moor *n*, Luch *f*, Fenn *n*, Venn *n*, Misse *f*, Mies *n*; 2. Sumpf *m*, Morast *m*
болт *m* 1. Bolzen *m (s. a. unter* пáлец 1.*)*; 2. Schraube *f (s. a. unter* винт 1.*)*; Schraubenbolzen *m* ‖ **~/áнкерный** Ankerbolzen *m*, Ankerschraube *f* ‖ **~/внýтренний** Innenbolzen *m* ‖ **~/волочи́льный** *(Met)* Dorn *m*, Dornstange *f (Ziehbank)* ‖ **~/зажи́мный** Spannbolzen *m* ‖ **~/запóрный** Verschlußbolzen *m* ‖ **~/затяжнóй** Spannbolzen *m* ‖ **~/кони́ческий** Keilbolzen *m* ‖ **~/контрóльный** Paßschraube *f* ‖ **~/крепёжный** Schloßschraube *f*, Aufspannschraube *f* ‖ **~ крышки** Deckelschraube *f* ‖ **~/лáпчатый** Hakenschraube *f* ‖ **~/монтáжный** Montagebolzen *m* ‖ **~/нажимнóй** Druckbolzen *m* ‖ **~ наклáдки** Laschenschraube *f*, Laschenbolzen *m* ‖ **~/направля́ющий** Führungsbolzen *m* ‖ **~/натяжнóй** Zugbolzen *m*, Anzugsbolzen *m*, Spannbolzen *m* ‖ **~ обóда** Kranzschraube *f (Radkranz)* ‖ **~/откиднóй** Schwenk[schrauben]bolzen *m*, Augenschraube *f*, Klappschraube *f* ‖ **~/плоскоголóвый** Flachkopfbolzen *m* ‖ **~ под развёртку** Paßschraube *f*, eingepaßte Schraube *f* ‖ **~/поддéрживающий** Haltebolzen *m* ‖ **~ подпóрки** Strebenschraube *f* ‖ **~/подпóрный** Strebenschraube *f* ‖ **~/получи́стый** halbblanke Schraube *f* ‖ **~/пружи́нный** Federbolzen *m* ‖ **~/путевóй** *(Eb)* Laschenbolzen *m*, Schienenschraube *f* ‖ **~/распóрный** Abstandsbolzen *m*, Distanzbolzen *m*; Distanzschraube *f*; Spreizschraube *f* ‖ **~/резьбовóй** Schraubenbolzen *m* ‖ **~ рессóрной подвéски** Federbolzen *m (Blattfeder)* ‖ **~/рессóрный** Federbolzen *m (Blattfeder)* ‖ **~ рессóры/центровóй** Federbundschraube *f*; Bundbolzen *m* ‖ **~/самостопоря́щийся** Sicherheitsschraube *f*, selbstsichernde Schraube *f* ‖ **~/скрепля́ющий** Schloßschraube *f* ‖ **~/смычковóй** Schlußschraube *f*, Schlußbolzen *m* ‖ **~/соедини́тельный** 1. Verbindungsschraube *f*; Schlußbolzen *m*; 2. Kupplungsbolzen *m*, Einsteckbolzen *m* ‖ **~ стýпицы** Nabenschraube *f* ‖ **~/стыковóй** Laschenbolzen *m* ‖ **~/сцепнóй** Kupplungsbolzen *m*, Einsteckbolzen *m* ‖ **~/угловóй** Eckschraube *f* ‖ **~/упóрный** 1. Anschlagbolzen *m*; Begrenzungsbolzen *n*; 2. Fangschraube *f*; 3. Druckschraube *f* ‖ **~/ушкоголóвый** Augenschraube *m* ‖ **~/флáнцевый** Flanschschraube *f* ‖ **~/фундáментный** Ankerschraube *f*; Ankerbolzen *m*, Fundamentbolzen *m* ‖ **~/центровóй [рессóрный]** Federschraube *f* ‖ **~ цéпи** Kettenbolzen *m* ‖ **~/чёрный** rohe Schraube *f*; roher Bolzen *m* ‖ **~/чи́стый** blanke Schraube *f*; blanker Bolzen *m* ‖ **~/шарни́рный** Augenschraube *f*, Gelenkbolzen *m* ‖ **~/шатýнный** Pleuelschraube *f*, Schubstangenschraube *f*, Verstellschraube *f* ‖ **~/юстирóвочный** Nachstellschraube *f*, Einstellschraube *f*, Justierschraube *f*
болтáлка *f* Schüttelmaschine *f*, Schüttelapparat *m*

болтáнка *f (Flg)* atmosphärische Turbulenz *f*, turbulente Wetterlage *f*
болт-барáшек *m* Flügelschraube *f*
болт-заглýшка *m* Blindverschraubung *f*, Verschlußschraube *f*, Gewindestopfen *m*
болт-крючóк *m* Hakenbolzen *m*
болт-ограничи́тель *m* Anschlagschraube *f*, Begrenzerschraube *f*
болтонагревáтель *m* Schraubenwärmer *m*, Bolzenwärmer *m*
болтýшка *f* 1. Schlämmaschine *f (Aufbereitung)*; 2. *(Gieß)* Schlämmapparat *m*
больвéрк *m (Hydt)* Bollwerk *n*, Bohlwerk *n*, verankerte Spundwand *f*
большегрýзный Schwerlast..., mit hoher Tragfähigkeit
большепролётный *(Bw)* weitgespannt, mit großer Spannweite
бóмба *f* Bombe *f* ‖ **~/аэрозóльная** *(Ch)* Aerosolsprühgerät *n*, Aerosolbombe *f* ‖ **~/вулкани́ческая** *(Geol)* vulkanische Bombe *f*
бомбáж *m* Bombage *f*, Auftreibung *f (von Konservendosen)*
бомбарди́рование *n s.* бомбардирóвка
бомбардирóвка *f* 1. *(Mil)* Bombardierung *f*; Bomben[ab]wurf *m*; 2. *(Kern)* Beschuß *m*, Bestrahlung *f* ‖ **~ áльфа-части́цами** *(Kern)* Alphateilchenbeschuß *m*, Beschuß *m* mit Alphateilchen ‖ **~ материáлов иóнами** „Einschießen" *n* von Ionen in das Material ‖ **~/нейтрóнная** *(Kern)* Neutronenbeschuß *m*, Neutronenbestrahlung *f* ‖ **~/электрóнная** *(Kern)* Elektronenbeschuß *m*
бомбардирóвщик *m* Bombenflugzeug *n*, Bomber *m*
бомбирóвка *f (Wlz)* Bombierung *f*, Balligkeit *f (von Walzen)*
бомé *s.* грáдус Боме
бон *m* 1. Schwimmpier *f*, schwimmende Anlegestelle *f*; 2. Schwimmsperre *f*
бондáрня *f* Böttcherwerkstatt *f*, Böttcherei *f*
бондери́зация *f (Met)* Bondern *n*, Bonderung *f*, Bonderverfahren *n*
бонитирóвка *f (Lw)* Bonitierung *f*, Bonitur *f*, Begutachtung *f (Böden, Pflanzen, Gewässer)*
бор *m* 1. *(Ch)* Bor *n*, B; 2. Nadelwald *m*; 3. Bore *f*, Sprungwelle *f (flußaufwärtslaufende Gezeitenflutwelle)*; 4. *(Med)* Bohrer *m* ‖ **~/зубнóй (зубоврачéбный)** Zahnbohrer *m* ‖ **~/канáльный** Wurzelkanalbohrer *m*, Nervenkanalbohrer *m* ‖ **~/колесови́дный** Randbohrer *m* ‖ **~/копьеви́дный** Speerbohrer *m* ‖ **~/корневóй** Wurzelbohrer *m* ‖ **~/корóнковый** Kronenbohrer *m* ‖ **~/крýглый** Rosenbohrer *m* ‖ **~/обратнокóнусный** Kegelbohrer *m* ‖ **~/полостнóй** Hohlbohrer *m* ‖ **~/розови́дный** Rosenbohrer *m* ‖ **~/спирáльный** Spiralbohrer *m* ‖ **~/стоматологи́ческий** Zahnbohrer *m*
бóра *f (Meteo)* Bora *f*, kalter Fallwind *m*
боразóл *m (Ch)* Borazol *n*, anorganisches Benzen (Benzol) *n*
борáн *m (Ch)* Boran *n*, Borhydrid *n*, Borwasserstoff *m*
борáт *m (Ch)* Borat *m*
бораци́т *m (Min)* Boracit *m*
бордю́р *m* 1. *(Text)* Bordüre *f*, Borte *f (Besatz)*; 2. *(Bw)* Bordkante *f*, Schrammborde *f (Brücke)*; 3. *(Typ)* Einfassung *f*
бори́д *m (Ch)* Borid *n*

борирование

борирование n (Met) Borieren n (Oberflächenbehandlung von Stahl)
бористый (Ch) ...borid n; borhaltig
бормашина f (Med) Bohrmaschine f
борнит m (Min) Bornit m, Buntkupferkies m
борнокислый (Ch) ...borat n; borsauer
боров m Fuchs m, Feuerzug m; Rauch[gas]fuchs m, Abgaszug m (Feuerungstechnik)
бороводород m (Ch) Bohrwasserstoff m, Borhydrid n, Boran n
бородержатель m (Med) Bohrerhalter m
бородка f 1. (Text) Bart m, Wattenteil n (einer Textilmaschine); 2. Schlüsselbart m, Kamm m ‖ ~ **волокон** (Text) Faserbart m (Kämmaschine) ‖ ~ **шерсти** (Text) Wollbart m, Wollbüschel n
бородки fpl (Fert) Nageleisen n
бородок m s. пробойник 1.
борозда f 1. (Lw) Furche f; 2. Riefe f, Rille f, Rinne f, Spur f; 3. (El) Nut f, Fuge f (für die Unterputzverlegung) ‖ ~/**выводная** Entwässerungsrinne f ‖ ~/**оросительная** Bewässerungsrinne f ‖ ~/**плужная** Pflugfurche f ‖ ~/**посевная** Saatfurche f, Saatrille f, Saatrinne f
бороздить 1. (Lw) furchen; 2. riefeln
бороздка f 1. Riefe f; Rille f; 2. Hals m (eines Isolators) ‖ ~/**звуковая** Tonrille f, Schallrille f
бороздник m (Lw) Furchenzieher m; Rillenzieher m; Markeur m
бороздомер m (Lw) Furchentiefenmesser m
бороздорез m (Lw) Pflanzschar n; Furchenreißer m
борозды fpl/**ледниковые** s. шрамы/ледниковые
борокальцит m (Min) Borocalcit m
борона f (Lw) Egge f ‖ ~/**дисковая** Scheibenegge f, Telleregge f ‖ ~/**жёсткая** [**зубовая**] starre Zinkenegge f ‖ ~/**звёздчатая** Wälzegge f, Sternalzegge f, Krümelwalze f ‖ ~/**зигзаг** Egge f mit zickzackförmigem Rahmen ‖ ~/**игольчатая** Nadelegge f (Wälzegge) ‖ ~/**навесная** Anbauegge f ‖ ~/**ножевая** Spatenegge f (Wälzegge) ‖ ~/**полевая** Ackeregge f ‖ ~/**полунавесная** Aufsattelegge f ‖ ~/**посевная** Saategge f, Feinegge f ‖ ~/**прицепная** Anhängeegge f ‖ ~/**пружинная** federnde Zinkenegge f ‖ ~/**роторная** Rotoregge f ‖ ~/**сетчатая** Netzegge f, Unkrautstriegel m, Ackerstriegel m ‖ ~/**средняя** [**зубовая**] mittlere Zinkenegge f ‖ ~/**тракторная** Schlepper[zug]egge f ‖ ~/**тяжёлая** [**зубовая**] schwere Zinkenegge f ‖ ~/**шарнирная** [**зубовая**] gelenkige Zinkenegge f
боронить (Lw) eggen
боронование n (Lw) Eggen n
боросиликат m (Ch) Borosilicat n
боросодержащий borhaltig
бор-полир m (Med) Polierer m
борт m 1. Bord m, Rand m, Krempe f, Rändelung f, Bördelung f, Bördel m; Bund m (Flansch); 2. (Kfz) Bordwand f, Seitenwand f; Schiffswand f; 3. (Fert) Bo[o]rt m (Diamantschleifpulver); (Min) Bort m (kugeliger Diamant; Industriediamant); 4. (Bgb) Kante f; Böschung f (Tagebau); 5. Wulst m(f) (Bereifung); 6. (Schiff) Bordwand f, Bord m, Seite f • **за борт** über Bord, außenbords • **из-за борта** von außenbords • **на борт** 1. an Bord; 2. hart über, in Hartlage (Ruder); • **на левый борт** nach Backbord • **на правый борт** nach Steuerbord ‖ ~/**боковой** Seitenblech n ‖ ~ **вкладыша** Schalenbund m (Lagerschale) ‖ ~/**двойной** (Schiff) doppelte Bordwand f ‖ ~/**зимний надводный** (Schiff) Winterfreibord m ‖ ~/**избыточный надводный** (Schiff) Überfreibord m ‖ ~ **карьера** (Bgb) Tagebaukante f; Tagebauranddböschung f ‖ ~ **лавы** (Bgb) Strebkante f ‖ ~/**левый** (Schiff) Backbord m; Backbordseite f ‖ ~/**летний надводный** (Schiff) Sommerfreibord m ‖ ~/**минимальный надводный** (Schiff) Mindestfreibord m ‖ ~/**наветренный** (Schiff) Luv[seite] f ‖ ~/**надводный** (Schiff) Freibord m ‖ ~/**надставной** (Lw) aufgesetzte Bordwand f ‖ ~/**надставной** (Schiff) Leichtgutaufbau m; (Lw) Häckselaufbau m ‖ ~/**надставной сплошной** Schwergutaufbau m ‖ ~/**нерабочий** bleibende Böschung f (Tagebau) ‖ ~ **обода** Felgenrand m (Rad) ‖ ~/**остаточный надводный** (Schiff) Restfreibord m, Reservefreibord m ‖ ~/**откидной** 1. (Kfz) Klappbord m, Klappwand f (LKW); 2. (Bw) klappbare Seitenwand f (der Form) ‖ ~ **платформы** (Eb) Bordwand f (Flachwagen) ‖ ~/**подветренный** (Schiff) Lee[seite] f ‖ ~ **покрышки** (Gum) Reifenwulst m(f), Reifenfuß m, Wulstpartie f, Wulst m(f) ‖ ~/**правый** (Schiff) Steuerbord m; Steuerbordseite f ‖ ~/**продольный** (Bw) Längsseitenschalung f (der Form) ‖ ~/**рабочий** 1. (Bgb) fortschreitende Böschung f, Arbeitsböschung f (Tagebau); 2. (Schiff) Arbeits[bord]seite f (eines Seitentrawlers) ‖ ~ **с проволочным кольцом** (Gum) Drahtwulst m(f) (Reifen) ‖ ~ **судна** 1. Schiffsseite f, Bord m, Bordseite f; 2. Bordwand f, Schiffswand f ‖ ~/**торцовый** 1. (Bgb) Kopfböschung f (Tagebau); 2. (Bw) Stirnwand f, Stirnseitenschalung f (der Form) ‖ ~/**тропический надводный** (Schiff) Tropenfreibord m ‖ ~ **уступа** (Bgb) Strossenböschung f (Tagebau)
борта mpl/**двойные** (Schiff) Doppelhülle f
бортик m (Schiff) Schlingerbord m, Schlingerkante f, Schlingerleiste f; Randleiste f ‖ ~ **кольца** (Text) Bord m, Flansch m des Ringes (Ringspinnmaschine)
бортовать bördeln, abkanten
бортовка f (Text) Einlage f, Steifleinen n, Band n
бортовой (Kfz, Schiff) Seiten..., seitlich, Bordwand...
борторезка f (Gum) Entwulstmaschine f (Reifenherstellung)
бортоснастка f (Bw) Schalungsrahmen m, Randschalung f; Seitenschalung f ‖ ~/**откидная** abklappbare Seitenschalung f ‖ ~/**съёмная** abnehmbare Seitenschalung f
бортсеть f Bordnetz n
борштанга f (Wkz) Bohrstange f
борьба f Kampf m, Bekämpfung f ‖ ~ **с вредителями** (Lw) Schädlingsbekämpfung f ‖ ~ **с вредителями/биологическая** biologische Schädlingsbekämpfung f ‖ ~ **с вредителями/химическая** chemische Schädlingsbekämpfung f ‖ ~ **с дымом** Rauchbekämpfung f ‖ ~ **с загрязнением** Schmutzbekämpfung f ‖ ~ **с запылением** Staubbekämpfung f ‖ ~ **с наводнением** Hochwasserbekämpfung f, Kampf m gegen Überschwemmung ‖ ~ **с пылью** Staubbekämpfung f ‖ ~ **с токсичностью** Vergiftungsverhütung f, Schutz m vor Vergiftung ‖ ~ **с**

брекчия

шумом Lärmbekämpfung f II ~ **с эрозией** Erosionsbekämpfung f; Erosionsschutz m
бот m 1. Boot n, Kahn m; 2. Schiffchen n, Stiefel m (eines Glasschmelzofens) II ~**/водолазный** Taucherboot n II ~**/краболовный** Krabbenfänger m II ~**/лоцманский** Lotsenboot n II ~**/многоцелевой рыболовный** Mehrzweckfischfangboot n II ~**/омароловный** Hummernfänger m II ~**/промысловый** Fangboot n II ~**/рабочий** Arbeitsboot n II ~**/радиодевиационный** Funkbeschickungsboot n II ~**/рыбачий (рыболовный)** Fischerboot n II ~**/спасательный** Rettungsboot n II ~**/траловый** Fischerboot n (für Schleppnetzfischerei), Schleppnetzfangboot n, Fischkutter m II ~**/тунцеловный** Thunfischfänger m
ботан m (Led) 1. Hauptteil n (für Taschen, Mappen usw.); 2. Seitenteil n (für Koffer)
ботводробитель m (Lw) 1. Krautschläger m; 2. Krauttrenneinrichtung f, Krauttrennkette f (Sammelroder)
ботволовушка f (Lw) Blattfänger m
ботвометатель m (Lw) Wurfgebläse n des Köpfladers (für Rübenkraut)
ботвообрезчик-погрузчик m/**прицепной свекловичный** (Lw) Anhänge-Rübenköpflader m
ботвосрезатель m (Lw) Köpfer m, Köpfschlitten m, Köpfschippe f
ботвоудалитель m (Lw) Krauträumer m, Krautschläger m
ботель m Botel n, Hotel n auf dem Wasser
ботний m (Geol) Bottnium n, Bottnische Formation f
бочарня f Böttcherwerkstatt f, Böttcherei f
бочка f 1. Faß n, Tonne f; 2. (Schiff) Boje f, Vertäuboje f (s. a. unter буй); 3. (Flg) Rolle f (Kunstflugfigur); 4. (Wlz) Ballen m, Bahn f (einer Walze) II ~**/бродильная** Gärfaß n II ~ **валка** (Wlz) Walzenballen m, Walzenbahn f II ~**/вертикальная** (Flg) Pirouette f II ~**/восходящая** (Flg) aufsteigende Rolle f II ~**/гладкая** (Wlz) glatter Ballen m, Flachbahn f II ~ **котла** (Wmt) Kesselmantel m (Flammenrohrkessel) II ~**/наблюдательная** Schaufaß n II ~**/причальная** (Schiff) Anlegeboje f, Anlegetonne f, Festmachtonne f II ~ **прокатного валка** (Wlz) Walzenballen m, Walzenbahn f II ~**/пьяная** Taumeltrommel f II ~**/швартовная** (Schiff) Festmachtonne f, Anlegetonne f II ~**/якорная** (Schiff) Ankertonne f
бочкообразность f Balligkeit f, Tonnenform f
бочкообразный (Masch) tonnenförmig, Tonnen... (Form von Wälzlagerrollen); ballig (Zahnform)
БПК s. потребность в кислороде/биохимическая
БР s. 1. регистр/буферный; 2. регистр/базовый; 3. ракета/баллистическая
БРА s. регистр адреса/буферный
бра-вектор m (Math) Bra-Vektor m
бравоит m (Min) Bravoit m, Nickelpyrit m
брадисейсм m (Geoph) Bradyseisme f, bradyseismische Schwingung f (der Erdkruste)
бражка f Maische f (Brennerei) II ~**/ослабленная** entgeistete Maische f
бражный Maische...
бразилианит m (Min) Brasilianit m

брак m Ausschuß m; Ausschußteil n II ~**/бумажный** Papierausschuß m, Ausschußpapier n, Ausschuß m II ~**/литейный** Gußausschuß m, Gußfehler m, Gießereiausschuß m II ~**/мокрый** (Pap) Naßausschuß m II ~**/оборотный** (Pap) Trockenausschuß m II ~ **при прокатке** (Wlz) Walzausschuß m; Ausschußwalzung f II ~ **слитков** (Met) Blockschrott m II ~**/сухой** (Pap) Trockenausschuß m
бракераж m Aussonderung f der Ausschußerzeugnisse, Bracken n
бракета f (Schiff) Stützblech n, Stegblech n
браковать beanstanden; ausscheiden, ausmustern, verwerfen, zum Ausschuß erklären
браковка f Beanstandung f; Ausschießen n, Verwerfen n, Aussortieren n
бракомолка f (Pap) Altpapier[zer]faserer m, Zerfaserer m, Wurster m
бракомоталка f (Wlz) Schrotthaspel f
брандвахта f Brandwache f, Wachschiff n, Wachfahrzeug n
браннерит m (Min) Brannerit m
браслет m (Gum) dublierte Ringlage f (des Reifens)
брать в скобки (Math) einklammern, in Klammern setzen
браунит m (Min) Braunit m
брахиантиклиналь f (Geol) Brachyantiklinale f, Kurzsattel m, Dom m, Kuppel f
брахисинклиналь f (Geol) Brachysynklin[al]e f
брашпиль m (Schiff) Ankerwinde f
БРД s. регистр данных/буферный
бревенчатый (Bw) Balken...; aus Balken
бревно m Holzstamm m, Stamm m; Stammholz n, Rundholz n II ~**/длинное** Langholz n II ~**/круглое** Rundholz n II ~**/опиленное** geschnittener Balken m II ~**/отёсанное** behauener Balken m II ~**/полукорёненое** Bastbalken m
бревнотаска f Blockaufzug m, Rundholzförderer m II ~**/карликовая** Rundholzkleinförderer m
бревноукладчик m Rundholzstapler m
брезент m 1. Zeltstoff m, Zelttuch n; 2. Plane f; 3. (Text) Planenstoff m; 4. (Schiff) Persenning f
бреквातер m (Hydt) Wellenbrecher m
брекер m (Gum) Zwischenbau m, Kissenschicht f (Reifen)
брекчия f (Geol) Brekzie f (Trümmergestein) II ~**/внутрипластовая (внутриформационная)** intraformationale Brekzie f II ~**/вулканическая** vulkanische Brekzie f II ~ **давления** Druckbrekzie f II ~**/дислокационная** Dislokationsbrekzie f, Störungsbrekzie f II ~**/жильная** Gangbrekzie f II ~ **извержения** s. ~/эруптивная f II ~**/интрузивная** Intrusivbrekzie f II ~**/карстовая** Karstbrekzie f II ~**/катогенная** katogene Brekzie f II ~**/костная** Knochenbrekzie f II ~**/лавовая** Lavabrekzie f, lavazementierte Brekzie f II ~ **обогащения** Anreicherungsbrekzie f II ~**/оползневая** Erdrutschbrekzie f II ~**/осадочная** sedimentäre Brekzie f II ~ **осыпей склонов** Hangschuttbrekzie f II ~**/пещерная** Höhlenbrekzie f (Abart der Knochenbrekzie) II ~**/порфировая** Porphyritbrekzie f II ~**/порфировая** Porphyrbrekzie f, Trümmerporphyr m II ~**/сбросовая** s. ~/тектоническая II ~**/тектоническая** tektonische Brekzie f II ~ **течения** s. ~/лавовая II ~ **трения** Reibungsbrekzie f II ~**/туфовая**

брекчия 66

Tuffbrekzie *f* II ~/**экзогенная** exogene Brekzie *f* II ~/**эксплозионная** Explosionsbrekzie *f* II ~/**эруптивная** Eruptivbrekzie *f*
бремсберг *m (Bgb)* Bremsberg *m* II ~/**вспомогательный** Hilfsbremsberg *m* II ~/**клетевой** Gestellbremsberg *m* II ~/**панельный** Abteilungsbremsberg *m* II ~/**промежуточный** Abbaubremsberg *m* II ~/**участковый (этажный)** Abteilungsbremsberg *m*
брештųг *m (Schiff)* Bugband *n (Aussteifung des Vorstevens)*
бригада *f*/**горноспасательная** *(Bgb)* Bergrettungstrupp *m*
бридер *m (Kern)* Brutreaktor *m*, Brüter *m*
бридж-фитинг *m (Schiff)* Brückenstück *n (Containerzurrung)*
бриз *m* Brise *f* II ~/**береговой** Landwind *m*, ablandiger Wind *m* II ~/**морской** Seewind *m*, auflandiger Wind *m*
бризантность *f* Brisanz *f*, Sprengkraft *f*
бризантный brisant, hochexplosiv *(Sprengstoff)*
бризы *mpl* Land- und Seewind *m*
брикет *m* 1. Brikett *n*, Preßling *m*, Formling *m*; 2. *(Lw)* Pellet *n*, Preßling *m (Futtermittel)*
брикетирование *n* 1. Brikettierung *f*, Brikettieren *n*; 2. *(Lw)* Pelletierung *f*, Pelletieren *n (Futtermittel)*; Kompaktierung *f*, Kompaktieren *n (Rübenkraut)* II ~ **без связки (связующих веществ)** *(Bgb, Met)* bindemittelloses Brikettieren *n*, Brikettieren *n* (Brikettierung *f*) ohne Bindemittelzugabe] *(z. B. Schrottbrikettieren)* II ~/**горячее** Heißbrikettieren *n*, Heißbrikettierung *f (Pulvermetallurgie)* II ~ **крапа (лома)** *(Met)* Schrottbrikettierung *f* II ~ **стружки** *(Met)* Brikettieren (Paketieren) *n* von Spänen, Spänebrikettierung *f* II ~ **шихты** *(Glas)* Gemengebrikettierung *f*
брикетировать 1. brikettieren; 2. *(Lw)* pelletieren
брикетировщик *m (Lw)* Brikettierpresse *f*
бриллиант *m (Min)* Brillant *m (geschliffener Dimant)*
бритва *f*/**электрическая** elektrischer Rasierapparat *m*, Trockenrasierer *m*
бровка *f (Hydt, Bgb)* Böschungskante *f*, Kante *f* II ~ **берегового откоса** Uferlinie *f* II ~ **отвала** Kippkante *f (Tagebau)* II ~ **отвала/нижняя** Kippenfuß *m (Tagebau)* II ~ **откоса** Böschungskante *f* II ~ **откоса/нижняя** Böschungsfuß *m (Tagebau)* II ~ **уступа** Böschungskante *f (Tagebau)*
брод *m* Furt *f (Übersetzstelle)*
бродильный *(Ch)* Gär[ungs]...; fermentativ, enzymatisch
бродильня *f* Gärraum *m*, Gärkeller *m*
бродить *(Ch)* gären; fermentieren *(pflanzliche Rohstoffe)*
брожение *n (Ch)* Gären *n*, Gärung *f*, Gärführung *f*; Fermentieren *n (pflanzlicher Rohstoffe)* II ~/**анаэробное** anaerobe Gärung *f*; anaerobe Fermentation *f* II ~/**аэробное** aerobe (oxidative) Gärung *f*; aerobe Fermentation *f* II ~/**бактериальное** bakterielle Fermentation *f*; bakterielle Gärung *f* II ~/**верховое** Obergärung *f* II ~/**главное** Hauptgärung *f* II ~/**головное** Vorgärung *f* II ~ **ила** Schlammausfaulung *f* II ~/**«кипящее»** „kochende" Gärung *f* II ~/**клетчатковое** Cellulose[ver]gärung *f*, Cellulosespaltung *f* II ~/**низовое** Untergärung *f* II ~/**пенистое** Schaumgärung *f* II
~/**повторное** Nachgärung *f* II ~/**предварительное** Vorgärung *f* II ~/**«пузырчатое»** Blasengärung *f* II ~/**слизевое** Schleimgärung *f* II ~/**спиртовое** alkoholische Gärung *f* II ~/**тёплое** warme Gärführung *f* II ~/**тихое** Nachgärung *f* II ~/**холодное** kalte Gärführung *f* II ~/**целлюлозное** *s*. ~/**клетчатковое**
бром *m (Ch)* Brom *n*, Br II ~/**радиоактивный** radioaktives Brom *n*
бромаргирит *m (Min)* Bromargyrit *m*, Bromit *m*, Bromsilber *n*
броматометрия *f (Ch)* Bromatometrie *f*
бромирование *n (Ch)* Bromierung *f*
бромировать bromieren
бромистоводородный *(Ch)* ...hydrobromid *n*; bromwasserstoffsauer
бромистый *(Ch)* ...bromid *n*; bromhaltig, Brom...
бромит *m (Min)* Bromit *m*, Bromspat *m*
бромноватистокислый *(Ch)* ...hypobromit *n*, ...bromat (I) *n*; hypobromigsauer
бромноватокислый *(Ch)* ...bromat *n*, bromsauer
бромокись *f (Ch)* Bromoxid *n*
бромэтан *m (Ch)* Bromethan *n*, Ethylbromid *n*
бронедиск *m* Schleißscheibe *f*
бронежилет *m* kugelsichere Weste *f*
бронестекло *n* Panzerglas *n*
бронза *f (Met)* Bronze *f* II ~/**алюминиевая** 1. Aluminiumbronze *f*; 2. Silberbronze *f (metallischer Pigmentfarbstoff aus Al-Puder)* II ~/**бинарная (Gieß)** Zweistoffbronze *f*, binäre Bronze *f* II ~/**высококачественная** Edelbronze *f* II ~/**двойная** *s*. ~/**бинарная** II ~/**деформируемая** Bronzeknetlegierung *f* II ~/**железистая** Eisenbronze *f* II ~/**кремнемарганцевая** Silicium-Mangan-Bronze *f* II ~/**кремнистая** Siliciumbronze *f* II ~/**лит[ейн]ая** Gußbronze *f*; Rotgußlegierung *f* II ~/**марганцов[истая** Manganbronze *f*, manganhaltige Bronze *f* II ~/**многокомпонентная** Mehrstoffbronze *f* II ~/**никелевая** Nickelbronze *f* II ~/**оловянистая (оловянная)** Zinnbronze *f* II ~/**оловянноцинковая** Zinn-Zink-Bronze *f*, Rotguß *m* II ~/**подшипниковая** Lagerbronze *f* II ~/**свинцов[ист]ая** Bleibronze *f*, bleihaltige Bronze *f* II ~/**свинцовисто-оловянная** Blei-Zinn-Bronze *f* II ~/**специальная** Sonderbronze *f* II ~/**спечённая** Sinterbronze *f* II ~/**фосфористая** Phosphorbronze *f*, phosphorhaltige Bronze *f* II ~/**электротехническая** Leitbronze *f*
бронзирование *n* 1. Bronzieren *n*; 2. *(Led)* Bronzieren *n (Austritt eines metallisch glänzenden Belages)*; 3. *(Typ)* Bronzedruck *m*
бронзировать bronzieren, mit Bronze überziehen; *(Led)* bronzieren *(als metallisch glänzender Belag austreten)*
бронзит *m (Min)* Bronzit *m (Orthopyroxen)*
бронзитит *m (Min)* Bronzitit *m*
бронзовый 1. bronzen, aus Bronze, Bronze...; 2. bronzefarben
бронзолитейная *f* Bronzegießerei *f*
бронирование *n* 1. Armierung *f*, Panzerung *f*; 2. *(Bw)* Bewehrung *f*
бронировать 1. armieren, panzern; 2. bewehren *(Beton)*
броня *f* Panzerung *f*, Panzer *m* II ~ **горна** *(Met)* Gestellpanzer *m (Hochofen)* II ~ **доменной печи** *(Met)* Hochofenpanzer *m* II ~ **кабеля**

Kabelbewehrung f ‖ ~/проволочная Drahtbewehrung f ‖ ~/сталеленточная Stahlbandbewehrung f (Kabel) ‖ ~ шахты (Met) Hochofenschachtpanzer m
бросок m напряжения (El) Spannungsstoß m ‖ ~ тока (El) Einschaltstromstoß m
броунмиллерит m (Min) Brownmillerit m (Spinell)
брошюра f (Typ) Broschüre f, Broschur f ‖ ~/многотетрадная mehrlagige Broschur f ‖ ~/однотетрадная einlagige Broschur f ‖ ~/простая einfache Broschur f ‖ ~ с клеевым скреплением klebegebundene Broschur f, Klebebroschur f ‖ ~/сшитая внакидку rückstichgeheftete Broschur f, Rückstichbroschur f ‖ ~/сшитая втачку seitlich geheftete Broschur f ‖ ~/сшитая нитками fadengeheftete Broschur f ‖ ~/сшитая проволочными скобами drahtgeheftete Broschur f
брошюровка f (Typ) Broschieren n
БРТ s. траулер/большой рыболовный
брукит m (Min) Brookit m (Titanoxid)
брус m 1. Stange f, Stab m; 2. (Wkz) Träger m, Werkzeugträger m; 3. (Bw) Balken m, Bohle f; 4. (Met) Barren m; 5. (Bgb) Joch n (Schachtzimmerung); 6. Block m (Ofenmauerung) ‖ ~ батана s. ~/батанный ‖ ~/батанный (Text) Ladenbalken m, Ladenbaum m (Weblade) ‖ ~/буферный (Eb) Pufferbohle f, Kopfträger m, Pufferschwelle f ‖ ~/веретённый (Text) Spindelbaum f ‖ ~/вертикальный (Eb) Führungsschiene f (Luftkissenbahn) ‖ ~/вибрационный (Bw) Rüttelbohle f ‖ ~/выглаживающий (Bw) Glättbohle f ‖ ~/грудничный (Text) Brustbaum[riegel] m (Webstuhl) ‖ ~/диагональный 1. (Bw) Diagonalstrebe f, Kreuzstrebe f; 2. Puffer[balken]strebe f (Wagen) ‖ ~/закладной (Bw) Grundbalken m ‖ ~/игольный (Text) Nadelbarre f (Strickerei, Wirkerei, Nähwirkerei) ‖ ~/колосниковый Roststabträger m (Feuerung) ‖ ~/коньковый (Bw) Firstbalken m ‖ ~/мостовой Brückenstein m (eines Glasschmelzofens) ‖ ~/направляющий s. ~/проводящий ‖ ~/настенный (Bw) Mauerlatte f ‖ ~/несущий (Bw) Tragbohle f ‖ ~/опорный 1. (Bw) Sohlschwelle f; 2. (Wlz) Walzbalken m ‖ ~/охранный (Eb) 1. Schutzbalken m (Eisenbahnbrücke); 2. Prellbock m ‖ ~/пальцевый (Lw) Fingerbalken m (Mähmaschine) ‖ ~/переводный (Eb) Weichenschwelle f ‖ ~/платинный (Text) Platinenbarre f (Wirkmaschine) ‖ ~/подпорный (Bw) Tragbalken m, Stützbalken m ‖ ~/подстропильный (Bw) Fußpfette f (Pfettendachverband) ‖ ~/поперечный (Bw) Riegelholz n; Querbalken m ‖ ~/привальный (Schiff) Scheuerleiste f ‖ ~/проводящий (Wlz) Führungsträger m, Führungsbalken m, Hundebalken m ‖ ~/проточный Fließstein m (eines Glasschmelzofens) ‖ ~/режущий (Lw) Schnittbalken m, Mähbalken m (Mähmaschine) ‖ ~ с пассивными дисками (Lw) Werkzeugträger m mit passiven Roderäten ‖ ~/скуловой (Schiff) Kimmleiste f, Kimmbalken m (Knickspantbauweise) ‖ ~/следоуказательный (Lw) Spurzeiger m (am Schlepper) ‖ ~/створный (Schiff) Schlagsäule f (Schleusentor) ‖ ~/толкающий Planierschildträger m (Planierraupe) ‖ ~/трамбующий (Bw) (Hydt) Stampfbohle f (Betondeckenfertiger) ‖ ~/упорный Prellbock m ‖

~/цилиндровый (Text) Streckwerksbank f (Ringspinnmaschine) ‖ ~/чистообрезной (Bw) vollkantiger Balken m, vollkantiges Kantholz n ‖ ~ шлагбаума (Eb) Schrankenbaum m ‖ ~/эквивалентный (Schiff) äquivalenter Träger m
брусит m (Min) Brucit m
брусовка f (Wkz) Armfeile f
брусок m 1. Latte f, Leiste f, Klötzel m, Kantel m; 2. Block m; Klotz m; 3. (Wkz) Abziehstein m; 4. (Met) Stabprobe f ‖ ~/абразивный m Schleiffeile f; Abziehstein m ‖ ~/алмазный Diamantabrichtblock m ‖ ~/алмазный ручной Diamantschleiffeile f; Diamantabziehstein m ‖ ~/алмазный суперфинишный Diamantsuperfinishstein m, Diamantsuperfinishleiste f ‖ ~/алмазный хонинговальный Diamanthonstein m, Diamanthonleiste f ‖ ~/алмазный эластичный хонинговальный elastischer (biegsamer) Diamanthonstein m, Honleiste f ‖ ~/доводочный Läppfeile f, Läppstein m ‖ ~/игольный (Text) Nadelbarre f, Nadelstange f ‖ ~/квадратный Quadratabziehstein m ‖ ~/круглый 1. (Bw) Rundstab m; 2. (Wkz) runder Abziehstein m ‖ ~/наждачный Schmirgelfeile f; Schmirgelblock m, Schmirgelstein m ‖ ~/плоский Rutscherstein m, flacher Abziehstein m, Hohlkehl-Rutscherstein m ‖ ~/полукруглый halbrunder Abziehstein m ‖ ~/трёхгранный Dreikantabziehstein m ‖ ~/хонинговальный Honstein m, Honleiste f ‖ ~/шлифовальный Schleiffeile f; Abziehstein m
брусчатка f (Bw) Pflasterstein m ‖ ~/крупноразмерная Großpflaster m ‖ ~/мелкоразмерная Kleinpflaster n
брусья mpl (Bw) Balkenholz n
брух m Bruch m (Flockenbildung beim Kochen der Bierwürze)
брызгалка f Spritze f
брызгало n Sprühdüse f, Dusche f (z. B. am Walzgerüst)
брызги pl Spritzer mpl; Spritzwasser n
брызговик m (Kfz) Schürze f, Schmutzfänger m, Schutzblech n
брызгозащищённый spritzwassergeschützt, mit Spritzwasserschutz
брызгонепроницаемый spritzwasserfest, spritzwassersicher
брызгостойкий s. брызгозащищённый
брызгоуловитель m (Met) Naßabscheider m
БСП s. библиотека стандартных программ
БТ s. транзистор/биполярный
бугель m 1. Bügel m; 2. (El) Gleitbügel m (Stromabnehmer); (El, Eb) Bügelstromabnehmer m ‖ ~/закорачивающий Kurzschlußbügel m ‖ ~/контактный Kontaktbügel m ‖ ~ сваи (Bw, Hydt) Schlagring m, Pfahlring m, Rammhaube f, Schlaghaube f ‖ ~/токоприёмный Stromnehmerbügel m ‖ ~/эксцентриковый (Masch) Exzenterring m (Schieberantrieb); Exzenterbügel m
бугорок m травления Ätzhügel m
будинаж m (Geol) Boudinage f (Bildung wurstförmiger Gesteinskörper)
будка f/водомерная (Hydt) Pegelhaus n ‖ ~/телефонная Fernsprechzelle f ‖ ~/трансформаторная Transformator[en]häuschen n
буёк m s. буй

буер *m* Eissegler *m*
буж *m (Med)* Bougie *f*
буж-перфоратор *m (Med)* Perforationsbougie *f*
буж-щуп *m (Med)* Tastsonde *f*
буй *m* Boje *f*, Tonne *f* ‖ ~/**бочкообразный** Tonnenboje *f* ‖ ~/**девиационный** Kompensierungsboje *f (zum Kompensieren von Magnetkompassen)* ‖ ~/**дрифтерный** Treibnetzboje *f*, Brail *n* ‖ ~/**конический** Spitztonne *f* ‖ ~/**освещаемый** *s.* ~/**светящийся** ‖ ~/**плавучий** Schwimmboje *f* ‖ ~/**поворотный** Wendeboje *f* ‖ ~/**промысловый** Fischereiboje *f* ‖~/**радиолокационный** Radarbake *f*, Radarboje *f* ‖ ~ **с колоколом** Glockenboje *f* ‖ ~/**светодымящийся** Licht-Rauch-Boje *f* ‖ ~/**светящийся** Leuchtboje *f* ‖ ~/**спасательный** Rettungsboje *f* ‖ ~/**спасательный ночной** Nachtrettungsboje *f* ‖ ~/**сферический** *s.* ~/**шарообразный** ‖ ~/**туманный** Nebelboje *f*, Positionsboje *f* ‖ ~/**тупоконечный** Stumpftonne *f* ‖ ~/**шарообразный** Kugelboje *f*, Kugeltonne *f*
буй-ревун *m* Heulboje *f*
буква *f (Typ)* Buchstabe *m*
буквенно-цифровой *(Inf)* alphanumerisch
буквопечатающий *(Typ)* Typendruck...
букет *m (Led)* Gerbstoffgemisch *n*, Gerbstoffbukett *n*
букса *f* 1. *(Masch)* Buchse *f*; Hülse *f (s. a. unter* втулка 1., гильза 1., стакан*)*; 2. *(Eb)* Achslager *n*, Radsatzlager *n*; Achslagergehäuse *n*, Radsatzlagergehäuse *n* ‖ ~/**вагонная цельнокорпусная** *(Eb)* einteiliges Wagenachslager *n* ‖ ~/**греющаяся** *(Eb)* Heißläufer *m* ‖ ~/**основная** *(Masch)* Grundbuchse *f (Stopfbuchse)* ‖ ~/**разъёмная** *(Eb)* geteiltes Achslager *n*
буксир *m* 1. *(Schiff)* Schlepper *m*, Schleppschiff *n*; 2. Schleppseil *n*, Schlepptau *n* • **на буксире** im Schlepp ‖ ~/**колёсный** Radschlepper *m* ‖ ~/**межорбитальный** *(Raumf)* Raumschlepper *m*, interorbitaler Transporter *m* ‖ ~/**морской** Hochseeschlepper *m*, Seeschlepper *m* ‖ ~/**портовый** Hafenschlepper *m* ‖ ~/**рейдовый** Reedeschlepper *m* ‖ ~/**речной** Flußschlepper *m* ‖ ~/**спасательный** Bergungsschlepper *m*
буксир-кантовщик *m* Bugsierschlepper *m*, Verholschlepper *m* ‖ ~/**портовый** Hafenbugsierschlepper *m*
буксирный *(Schiff)* Schlepp[er]...
буксировать *(Schiff)* [ab]schleppen; bugsieren
буксировка *f* Schleppen *n*, Abschleppen *n*; Bugsieren *n* ‖ ~ **лагом** *(Schiff)* seitliches Schleppen *n*, Schleppen *n* querschiffs ‖ ~ **лебёдкой** *(Flg)* Windenschlepp *m* ‖ ~ **на гибкой сцепке** Abschleppen *n* mit Abschleppseil ‖ ~ **на жёсткой сцепке** Abschleppen *n* mit Abschleppstange ‖ ~ **самолётом** Flugzeugschlepp *m (eines Segelflugzeugs)*
буксировочный *(Schiff)* Schlepp[er]...
буксир-снабженец *m* Schlepp- und Versorgungsschiff *n*
буксир-спасатель *m* Bergungsschlepper *m* ‖ ~/**океанский** Hochsee-Bergungsschlepper *m*
буксир-толкач *m* Schubboot *n*
буксование *n* 1. Schlupf *m*, Gleiten *n*; Rutschen *n*; 2. *(Masch)* Buchsen *n*, Ausbuchsen *n*
буксовать Schlupf haben, rutschen, durchrutschen

буланжерит *m (Min)* Boulangerit *m*, Antimonbleiblende *f*, Schwefelantimonblei *n*
булыжник *m* Feldstein *m*; Kopfstein *m (Pflaster)*
буль *f* *s.* булька
бульб *m (Schiff)* Wulst *m(f)* ‖ ~/**кормовой** Heckwulst *m* ‖ ~/**носовой** *(Schiff)* Bugwulst *m*
бульбкиль *m (Schiff)* Wulstkiel *m*
бульбообразный *(Schiff)* wulstartig, wulstförmig
бульдозер *m* 1. *(Bw)* Bulldozer *m*, Planiergerät *n*; 2. *(Masch)* Biegepresse *f*, Horizontalbiegepresse *f (für Flach- und Formstahl)* ‖ ~/**быстроходный** schnellaufende Biegepresse *f* ‖ ~/**гибочный** Horizontalbiegepresse *f* ‖ ~/**гидравлический** 1. hydraulische Biegepresse *f*; 2. Planiergerät *n* mit hydraulischem Schildhub ‖ ~/**землеройный** Planierraupe *f* ‖ ~/**канатный** Planiergerät *n* mit seilzugbetätigtem Schildhub ‖ ~/**кривошипный** Kurbel-Horizontalbiegepresse *f* ‖ ~/**реверсивный** Biegepresse *f* mit Umkehrantrieb (Reversierantrieb) ‖ ~ **с неповоротным отвалом** Planiergerät *n* mit feststehendem Planierschild ‖ ~ **с поворотным отвалом** Planiergerät *n* mit Schwenkschild ‖ ~/**сдвоенный** zweiseitig arbeitende Horizontalbiegepresse *f* ‖ ~/**универсальный** ~ **с поворотным Planiergerät**
бульдозер-погрузчик *m* Raupenfrontlader *m*
булька *f (Min)* Birne *f (Edelsteinsynthese)*
бульон/**подпрессовый** Preßwasser *n (Fischmehlerzeugung)*
бумага *f* Papier *n* ‖ ~/**антиадгезионная** *f* Trennpapier *n (Kunstlederherstellung)* ‖ ~/**антикоррозийная** *(антикоррозионная)* Rostschutzpapier *n* ‖ ~/**афишная** Plakatpapier *n* ‖ ~/**аэрозольная** Aerosolpapier *n* ‖ ~/**бакелизированная** Hartpapier *n* ‖ ~/**баритированная** Barytpapier *n* ‖ ~/**без древесной массы** holzfreies Papier *n* ‖ ~/**белёная** gebleichtes Papier *n* ‖ ~/**бюварная** Löschpapier *n* ‖ ~/**влагопрочная** naßfestes Papier *n* ‖ ~/**водостойкая** abwaschbares Papier *n* ‖ ~/**вощёная** Wachspapier *n* ‖ ~/**высокосортная** Feinpapier *n* ‖ ~/**газетная** Zeitungs[druck]papier *n* ‖ ~/**глазированная** satiniertes Papier *n* ‖ ~/**длинноволокнистая** langfaseriges Papier *n* ‖ ~/**документная** Dokumentenpapier *n* ‖ ~/**желатиновая пигментная** Gelatine-Pigmentpapier *n* ‖ ~/**жёсткая** Hartpapier *n* ‖ ~/**изоляционная** Isolierpapier *n* ‖ ~/**индикаторная [реактивная]** Indikatorpapier *n*, Reagenzpapier *n* ‖ ~/**иодкрахмальная** Kaliumiodidstärkepapier *n (Indikatorpapier)* ‖ ~/**кабельная** Kabelpapier *n* ‖ ~/**каландрированная** kalandiertes (satiniertes) Papier *n*, Kalanderpapier *n* ‖ ~/**картографическая** Kartenpapier *n* ‖ ~/**кислотостойкая** säurebeständiges (säurefestes) Papier *n* ‖ ~/**клеёная** geleimtes Papier *n* ‖ ~/**книжная печатная** Werkdruckpapier *n* ‖ ~/**конгокрасная** Kongo[rot]papier *n (Indikatorpapier)* ‖ ~/**конденсаторная** Kondensatorpapier *n* ‖ ~/**копировальная** Kohlepapier *n* ‖ ~/**крупнозернистая** grobkörniges Photopapier *n*, Grobkornpapier *n* ‖ ~/**куркуминовая** Kurkumapapier *n (Indikatorpapier)* ‖ ~/**лакированная** Lackpapier *n*, lackiertes Papier *n* ‖ ~/**лакмусовая** Lackmuspapier *n (Indikatorpapier)* ‖ ~/**ламинированная** laminiertes Papier *n* ‖ ~/**легковесная** leichtes Papier *n* ‖ ~/**лито-**

графская Lithographiepapier *n* II ~/**лощёная** [hoch]satiniertes Papier *n* II ~/**малопроклеенная** wenig (schwach) geleimtes Papier *n* II ~ **машинного мелования** maschinengestrichenes (in der Maschine gestrichenes) Papier *n* II ~ **машинной выработки** maschinengeschöpftes Papier *n* II ~ **машинной гладкости** maschinenglattes Papier *n* II ~/**машинописная** Schreibmaschinenpapier *n* II ~/**мелкозернистая** feinkörniges Photopapier *n*, Feinkornpapier *n* II ~/**мелованная** gestrichenes Papier *n*, Streichpapier *n* II ~/**мелорельефная** Kreidereliefpapier *n* II ~/**мешочная** Sackpapier *n* II ~/**моющаяся** abwaschbares Papier *n* II ~/**моющаяся обойная** abwaschbares Tapetenpapier *n* II ~/**мраморная** marmoriertes Papier *n* II ~/**мягкая** weiches Papier *n*, weiches Photopapier *n* II ~/**наждачная** Sandpapier *n*, Schleifpapier *n*, Schmirgelpapier *n* II ~/**наждачная водоупорная** Naßschleifpapier *n* II ~/**небелёная** ungebleichtes Papier *n* II ~/**нежелтеющая** nichtvergilbendes Papier *n* II ~/**некаландрированная** ungeglättetes Papier *n* II ~/**немелованная** ungestrichenes Papier *n* II ~/**непроклеенная** ungeleimtes Papier *n* II ~/**неутяжелённая** unbeschwertes Papier *n* II ~/**низкосортная** minderwertiges Papier *n* II ~/**обёрточная** Hüllpapier *n*, Einwickelpapier *n* II ~/**обложечная** Überzugpapier *n*, Bezugspapier *n* II ~/**обойная** Tapetenpapier *n* II ~/**односторонне мелованная** einseitig gestrichenes Papier *n*, Chromopapier *n* II ~ **односторонней гладкости** einseitig glattes (satiniertes) Papier *n*, Einseitigglattpapier *n* II ~/**окрашенная** gefärbtes Papier *n* II ~/**отливаемая** Filterpapier *n* II ~/**офсетная** Offset[druck]papier *n* II ~/**папиросная** Zigarettenpapier *n* II ~/**парафинированная** Paraffinpapier *n* II ~/**пергаментная** [echtes] Pergamentpapier *n*, Echtpergamentpapier *n* II ~/**переводная** Umdruckpapier *n* II ~/**переплётная** Bezugspapier *n* II ~/**печатная** Druckpapier *n* II ~/**пигментная** Pigmentpapier *n* II ~/**писчая** Schreibpapier *n* II ~/**подцвеченная** getöntes Papier *n* II ~/**пожелтевшая** vergilbtes Papier *n* II ~/**почтовая** Briefpapier *n* II ~/**проклеенная** vollgeleimtes Papier *n* II ~/**прокрашенная** durchgefärbtes Papier *n* II ~/**промасленная** Ölpapier *n*, ölgetränktes Papier *n* II ~/**промокательная** Löschpapier *n* II ~/**пропитанная** getränktes (imprägniertes) Papier *n* II ~/**пропускающая** durchlässiges Papier *n* II ~/**просвечивающая** durchscheinendes (transparentes) Papier *n* II ~/**реактивная** Reagenzpapier *n*, Indikatorpapier *n* II ~/**реактивная полюсная** Polreagenzpapier *n* II ~/**рисовальная** Zeichenpapier *n* II ~/**ролевая (рулонная)** Rollenpapier *n* II ~ **ручного черпания** Büttenpapier *n*, handgeschöpftes Papier *n* II ~ **ручной выделки (выработки, вычерпки)** *s.* ~ **ручного черпания** II ~ **с двусторонним мелованием** zweiseitig gestrichenes Papier *n* II ~ **с матовой отделкой** mattsatiniertes Papier *n* II ~ **с машинной гладкостью** maschinenglattes Papier *n* II ~ **с наполнителем** beschwertes Papier *n* II ~/**сатинированная** satiniertes Papier *n* II ~/**светокопировальная** Lichtpauspapier *n* II ~/**светочувствительная** lichtempfindliches Papier *n* II

~/**свинцовая [реактивная]** Blei[acetat]papier *n (Indikatorpapier)* II ~/**словарная** Bibeldruckpapier *n*, Dünndruckpapier *n* II ~/**содержащая древесную массу** holzhaltiges Papier *n* II ~/**стеклянная** Glaspapier *n* II ~/**телефонная** Fernmeldekabelpapier *n* II ~/**типографская** Buchdruckpapier *n* II ~/**тиснёная** genarbtes (geprägtes) Papier *n* II ~/**токопроводящая** stromleitendes Papier *n* II ~/**тонкая** Seidenpapier *n* II ~/**тонкая крепированная** Seidenkreppapier *n* II ~/**тряпичная** Hadernpapier *n* II ~/**упаковочная** Packpapier *n* II ~/**утяжелённая** beschwertes Papier *n* II ~/**фильтровальная** Filterpapier *n* II ~/**форзацная** Vorsatzpapier *n* II ~/**фотографическая** Photopapier *n* II ~/**фототипная** Lichtdruckpapier *n* II ~/**хлористая** *s.* ~/**хлоросеребряная** II ~/**хлорбромосеребряная** Chlorbromsilberpapier *n* II ~/**хлоросеребряная** Chlorsilberpapier *n* II ~/**цветная** Buntpapier *n* II ~/**целлюлозная** Zellstoffpapier *n* II ~/**чертёжная** Zeichenpapier *n* II ~/**шёлковая** Seidenpapier *n* II ~ **шёлковой отделки** Seidenglanzpapier *n* II ~/**шероховатая** rauhes Papier *n* II ~/**щёлочестойкая** alkalifestes (laugenfestes) Papier *n*
бумага-основа *f* Rohpapier *n*
бумага-шелковка *f* Seidenpapier *n*
бумаговоз *m* Papiertransportschiff *n*, Papiertransporter *m*
бумагодержатель *m* Papierhalter *m*
бумопласт *m* Papierschichtstoff *m*
буна *f (Hydt)* Buhne *f*
бункер *m* Bunker *m* II ~/**аккумулирующий** Sammelbunker *m*, Speicherbunker *m* II ~/**большой ёмкости** Großraumbunker *m* II ~/**двухколейный** Zweigleisbunker *m*, Doppelbunker *m* II ~/**дозирующий** Dosierbunker *m*, Meßbunker *m*; *(Text)* Dosierschacht *m (Putzerei)* II ~/**дробовой** Schrotbunker *m (Strahlanlage)* II ~/**заваночный** Beschickungsbunker *m* II ~/**заглублённый** Tiefbunker *m* II ~/**загрузочный** Aufgabebunker *m*, Beschickungsbunker *m* II ~/**запасной (запасный)** Vorratsbunker *m* II ~/**кассетный** *(Wkzm)* Kassettenmagazin *n* II ~/**конический** Kegelbunker *m* II ~/**многочеистый** Zellenbunker *m* II ~/**наземный** Hochbunker *m* II ~/**обезвоживающий** Entwässerungsbunker *m* II ~/**одинарный** Einzelbunker *m* II ~/**перегрузочный** Umlandebunker *m*, Umschlagbunker *m*, Zwischenbunker *m*, Pufferbunker *m* II ~/**пирамидальный** Spitzbodenbunker *m* II ~ **питания** *s.* ~/**питающий** II ~/**питающий** Aufgabebunker *m*, Zuteilbunker *m*; *(Text)* Füllschacht *m*, Speiseschacht *m (Putzerei)* II ~/**погрузочный** Beladebunker *m* II ~/**подземный** Tiefbunker *m* II ~ **предварительного охлаждения рыбы** Fischvorkühlbunker *m (Fischereifahrzeug)* II ~/**приёмный** Aufnahmebunker *m*, Beschickungsbunker *m*; *(Schiff)* Auffangbunker *m (Fischereifahrzeug)* II ~/**промежуточный** Zwischenbunker *m*, Pufferbunker *m* II ~/**прямоточный** *(Text)* Geradstromfüllschacht *m* II ~/**разгрузочный** Entladebunker *m*, Schüttbunker *m* II ~/**расходный** Verbrauchsbunker *m* II ~/**рудный** *(Met)* Erzbunker *m*, Erztasche *f* II ~/**рыбный** Fischbunker *m (Fischereifahrzeug)* II ~/**сборный** Sammelbunker *m* II ~/**смесительный**

бункер

Mischbunker *m* ‖ **~/суточный** Tagesbunker *m* ‖ **~/сырьевой** Rohwarenbunker *m*, Rohfischbunker *m* *(Fischereifahrzeug)* ‖ **~/топливный** Brennstoffbunker *m* ‖ **~/топочный** Feuerungsbunker *m*, Kesselhausbunker *m* ‖ **~/траншейный** Grabenbunker *m* ‖ **~/угольный** Kohlenbunker *m* ‖ **~/шихтовый** *(Met)* Bunker *m* für Beschick[ungs]gut, Möllerungsbunker *m*
бункер-барабан *m (Wkzm)* Trommelspeicher *m (für ungeordnete Teile)*
бункер-бетоноукладчик *m* bunkerförmiger Betoneinbringer *m*
бункер-воронка *m* Trichterbunker *m*, Aufgabetrichter *m*
бункер-дозатор *m* Bunkerdosiereinrichtung *f*; *(Lw)* Dosierbehälter *m*
бункер-классификатор *m* Siloklassierer *m*
бункер-компенсатор *m* Pufferbunker *m*
бункер-накопитель *m* Zwischenbunker *m*; Sammelbunker *m*
бункерование *n s.* бункеровка
бункеровать [ein]bunkern, bebunkern
бункеровка *f* Bunkern *n*, Einbunkern *n*
бункеровщик *m* Bunkerschiff *n*
бункер-охладитель *m* Kühlbunker *m*
бункер-перегружатель *m (Bgb)* Übergabebunker *m*
бункер-питатель *m* Aufgabebunker *m*, Übergabebunker *m*
бункер-поезд *m (Bgb)* Bunkerzug *m*
бункер-порционер *m* Dosierbunker *m*
бункер-хранилище *m* Vorratsbunker *m*
бунт *m* Bund *n*, Ballen *m*; *(Wlz)* Bund *n*, Drahtbund *n*, Ring *m*
бур *m (Bgb)* Bohrer *m* ‖ **~/клапанный** Ventilbohrer *m*, Ventilschappe *f* ‖ **~/колонковый** Kernbohrer *m* ‖ **~/ложковый** Löffelbohrer *m* ‖ **~/породный** Gesteinsbohrer *m* ‖ **~/почвенный** Erdbohrer *m (zur Entnahme von Bodenproben)* ‖ **~ «рыбий хвост»** Fischschwanzbohrer *m* ‖ **~/составной** Bohrer *m* mit aufsteckbarer Schneide ‖ **~/спиральный** Spiralbohrer *m* ‖ **~/сплошной** Vollbohrer *m* ‖ **~/тарельчатый** Tellerbohrer *m* ‖ **~/ударный** Schlagbohrer *m* ‖ **~/шнековый** Schneckenbohrer *m* ‖ **~/штанговый** Gestängebohrer *m*
бура *f (Ch)* Borax *m*; *(Min)* Borax *m*, Tinkal *m*
бурав *m (Wkz)* Bohrer *m*, Handbohrer *m (für Holz mit Quergriff)* ‖ **~/ручной** Handbohrer *m*
буравить bohren *(mit dem Handbohrer)*
буравчик *m* Vorbohrer *m*, Zwickbohrer *m*, Nagelbohrer *m*, Flachbohrer *m*
бурат *m* polygonale Siebtrommel *f*; Sichter *m*, Sichteranlage *f (Mühlenindustrie)* ‖ **~/центробежный** Zentrifugalsichter *m* ‖ **~/цилиндрический** Rundsichter *m*, Zylindersichter *m*, Mahlzylinder *m*, Zylinder *m* ‖ **~/шестигранный призматический** Sechskantsichter *m*, Sechskanter *m*
бурелом *m (Forst)* Windbruch *m*
бурение *n (Bgb)* Bohren *n* ‖ **~/алмазное** Diamantbohren *n* ‖ **~/бескерновое** Vollbohren *n*, kernloses Bohren *n* ‖ **~/беструбное** gestängeloses Bohren *n* ‖ **~/быстроударное** Schnellschlagbohren *n* ‖ **~/взрывное** Sprengbohren *n* ‖ **~ взрывных скважин** Sprenglochbohren *n* ‖ **~/вибрационное** Vibrationsbohren *n*, Vibrobohren *n* ‖ **~/вибровращательное** Vibrodrehbohren *n* ‖ **~/вращательное** Drehbohren *n*, drehendes Bohren *n*, Rotarybohren *n* ‖ **~/вращательно-ударное** Drehschlagbohren *n* ‖ **~/всасывающее** Saugspülbohren *n* ‖ **~/геологоразведочное** geologisches Erkundungsbohren *n*, Schürfbohren *n* ‖ **~/гидромониторное** Wasserstrahlbohren *n*, Hydromonitorbohren *n* ‖ **~/гидроударное** hydraulisches Schlagbohren *n* ‖ **~/глубоководное** Tiefseebohren *n* ‖ **~/глубокое** Tiefbohren *n* ‖ **~/горизонтальное** horizontales Bohren *n* ‖ **~/дробеструйное** Düsenschrotbohren *n* ‖ **~/дробовое** Schrotbohren *n* ‖ **~ дробью** Schrotbohren *n* ‖ **~ забойными двигателями** Bohren *n* mit Sohlenantrieb ‖ **~/канатное** Seilbohren *n* ‖ **~/канатно-ударное** Seilschlagbohren *n* ‖ **~/керновое** Kernbohren *n* ‖ **~/колонковое** Kernbohren *n* ‖ **~/кустовое** Fächerbohren *n*, Büschelbohren *n* ‖ **~/магнитострикционное** Magnetostriktionsbohren *n* ‖ **~/мелкое** Flachbohren *n* ‖ **~/многозабойное** Zweigbohren *n*, Mehrsohlenbohren *n* ‖ **~/многоствольное** Simultanbohren *n*, Mehrlochbohren *n* ‖ **~/мокрое** Naßbohren *n* ‖ **~/морское** Meeresbohren *n*, Offshorebohren *n* ‖ **~/наклонное** Schrägbohren *n* ‖ **~/направленное** Richtbohren *n*, gerichtetes Bohren *n* ‖ **~ нефтяных скважин** Erdölbohren *n* ‖ **~/огнеструйное** Flammstrahlbohren *n* ‖ **~/перфораторное** Bohren *n* mit Drucklufthammer *n* ‖ **~/плазменное** Plasmastrahlbohren *n* ‖ **~/поисковое** Prospektionsbohren *n* ‖ **~/разведочное** Erkundungsbohren *n*, Schürfbohren *n* ‖ **~/роторное** Rotarybohren *n* ‖ **~/ручное** Handbohren *n* ‖ **~ с обратной промывкой** Bohren *n* mit Linksspülung, Gegenspülbohren *n* ‖ **~ с отбором керна** Kernbohren *n* ‖ **~ с продувкой [воздухом]** Bohren *n* mit Luftspülung ‖ **~ с промывкой** Bohren *n* mit Spülung, Spülbohren *n* ‖ **~ с промывкой воздухом** Bohren *n* mit Luftspülung ‖ **~ с прямой промывкой** Bohren *n* mit Rechtsspülung ‖ **~/сверхглубокое** übertiefes Bohren *n* ‖ **~ скважины** Niederbringen *n* eines Bohrlochs, Niederbringen *n* einer Bohrung ‖ **~ скважины в веере** Fächerbohren *n* ‖ **~ сплошным забоем** Vollbohren *n*, kernloses Bohren *n* ‖ **~/сухое** Trockenbohren *n* ‖ **~/твердосплавное** Hartmetallbohren *n* ‖ **~ твердосплавными коронками** Hartmetallbohren *n* ‖ **~/термическое** thermisches Bohren *n* ‖ **~/турбинное** Turboverfahren *n*, Turbinenbohren *n* ‖ **~/ударно-вращательное** Schlagdrehbohren *n* ‖ **~/ударное** Stoßbohren *n*; Schlagbohren *n* ‖ **~/ударно-канатное** Seilschlagbohren *n* ‖ **~/ударно-поворотное** [Dreh]schlagbohren *n* ‖ **~/ультразвуковое** Ultraschallbohren *n* ‖ **~/шароструйное** Kugelstrahlbohren *n* ‖ **~/шарошечное** Rollenmeißelbohren *n* ‖ **~ шарошками** Rollenmeißelbohren *n* ‖ **~ шахтных стволов** Schachtbohren *n* ‖ **~/шнековое** Schneckenbohren *n* ‖ **~ шпуров** Sprenglochbohren *n* ‖ **~/штанговое** Bohren *n*, Gestängebohren *n* ‖ **~/электрическое** Elektrobohren *n* ‖ **~/электрогидравлическое** elektrohydraulisches Bohren *n*
бурильный *(Bgb)* Bohr...
буримость *f (Bgb)* Bohrfähigkeit *f*, Bohrbarkeit *f*

бурить *(Bgb)* bohren
бурление *n* Brodeln *n*, Aufwallen *n*; *(Glas)* Blasen[lassen] *n*, Bülwern *n (mechanische Läuterung)*; *(Met)* Kochen *n*, Wallen *n*, Brodeln *n (des flüssigen Metalls)*
бурлить brodeln, wallen; *(Glas)* blasen, bülwern; *(Met)* kochen, wallen, brodeln *(flüssiges Metall)*
бурнонит *m (Min)* Bournonit *m*, Rädelerz *n*, Bleifahlerz *n*, Antimonbleiglanz *m*
буровая *f (Bgb)* Bohranlage *f*
буровзрывной *(Bgb)* Bohr-Spreng-...
буровой *(Bgb)* Bohr...
буродержатель *m (Bgb)* Bohrstangenhaltebügel *m*
буропогрузочный *(Bgb)* Bohr- und Lade...
бур-расширитель *m* Erweiterungsbohrer *m*
бурт *m* 1. *(Masch)* Bund *m (Welle)*; Ringansatz *m*, Ansatz *m*; Bördelrand *m*, Kragen *m*; 2. *(Lw)* Miete *f* II ~ **вала** *(Masch)* Wellenbund *m* II ~ **винта** *(Masch)* Spindelbund *m* II ~ **гайки** *(Masch)* Mutternbund *m* II ~ **калиберринга** *m (Ziehen)* II ~ **калибра/плоский** glatter Kalibrerring *m* II ~ **калибра/ступенчатый** abgesetzter Kalibrerring *m* II ~/**квадратный** Vierkantbund *m* II ~/**конический** Kegelbund *m* II ~ **подшипника** *(Masch)* Lagerbund *m* II ~/**потайной** Senkbund *m* II ~/**упорный** *(Masch)* Anschlagbund *m*
буртик *m* 1. Bord *m*; Flansch *m*; Bördelrand *f*, Bördelrand *m*; 2. Schweißraupe *f*; 3. Bund *m (z. B. am Meßaufsatz)*; 4. *(Fert)* Bändchen *n*, Bund *m*, Rand *m*, Bördelrand *m (s. a. unter* бурт*)*; 5. *(Schiff)* Reibholz *n*, Scheuerleiste *f*, Außenbordleiste *f*
буртоукладчик *m (Lw)* Mietenlader *m*
буртоукрыватель *m s.* буртоукрывщик
буртоукрывщик *m (Lw)* Mietenzudeckmaschine *f*, Mietenabdeckgerät *n*
буря *f* Sturm *m (s. a. unter* шторм*)* II ~/**ионосферная** *(Ph, Astr)* Ionosphärensturm *m* II ~/**магнитная** *(Ph, Astr)* magnetischer Sturm *m* II ~/**песчаная** *(Meteo)* Sandsturm *m* II ~/**пыльная** *(Meteo)* Staubsturm *m* II ~/**снежная** *(Meteo)* Schneesturm *m* II ~/**солнечная** *(Ph, Astr)* Sonnensturm *m*, solarer Sturm *m*
буссоль *f* Bussole *f*; Magnetkompaß *m*
бустер *m* 1. *(El)* Booster *m*; Boostermaschine *f*, Boostergenerator *m*; 2. *(Flg)* Booster *m*, [hydraulischer] Kraftverstärker *m (Steuerung)*; 3. *(Rak)* Start[hilfs]triebwerk *n*, Starthilfe *f* II ~/**добавочный(повысительный)** *(El)* spannungshöhende Boostermaschine *f*
бустер-компрессор *m (Masch)* Boosterverdichter *m*, Vorschaltverdichter *m*
бустер-насос *m* Boosterpumpe *f*, Vorschaltpumpe *f* II ~/**пароструйный** Dampfstrahlboosterpumpe *f*
бустерпомпа *f* Kraftstofförderungspumpe *f*
бусы *pl*/**изоляционные** *(El)* Isolierperlen *fpl* II ~/**фарфоровые** Porzellanisolierperlen *fpl*
бут *m (Bw)* Bruchstein *m*
бутан *m (Ch)* Butan *n*
бутанол *m (Ch)* Butanol *n*, Butylalkohol *m*
бутара *f* Trommelläutersieb *n*, Waschtrommel *f (Aufbereitung)*
бутилацетат *m (Ch)* Butylacetat *n*, Essigsäurebutylester *m*

бутирометр *m (Med)* Butyrometer *n*, Fettmesser *m*
бутобетон *m (Bw)* Bruchsteinbeton *m*
бутылка *f* Flasche *f* II ~/**возвратная** Mehrwegflasche *f*, Pfandflasche *f* II ~/**недолитая** unterfüllte Flasche *f* II ~ **неполного разлива** unterfüllte Flasche *f* II ~/**одноразовая** Einwegflasche *f* II ~/**узкогорлая** Enghalsflasche *f (Laborgerät)* II ~/**широкогорлая** Weithalsflasche *f (Laborgerät)*
бутыль *f* große Flasche *f*; Ballon *m* II ~/**оплетённая** Korbflasche *f*
буфер *m* 1. Stoßfänger *m*, Dämpfer *m (s. a. unter* амортизатор 2.*)*; 2. *(Ch)* Puffer *m*, Puffergemisch *n*; 3. *(Eb)* Puffer *m*; 4. *(Inf)* Puffer *m*, Pufferspeicher *m*; 5. *(Met)* mechanisches Ziehkissen *n* II ~/**амортизирующий** *(Eb)* Dämpfungspuffer *m* II ~/**байтовый** *(Inf)* Bytepuffer *m* II ~/**боковой** *(Inf)* Seitenpuffer *m* II ~ **ввода** *(Inf)* Eingabepuffer *m* II ~ **ввода-вывода** *(Inf)* Eingabe-Ausgabe-Puffer *m* II ~/**воздушный** Luftdruckpuffer *m*; Luftpolster *n* II ~ **вывода** *(Inf)* Ausgabepuffer *m* II ~/**гидравлический** *(Eb)* Hydraulikpuffer *m*; *(Kfz)* hydraulischer Stoßfänger *m* II ~ **данных** *(Inf)* Datenpuffer *m*, Datenzwischenspeicher *m* II ~/**дисковый фрикционный** *(Kfz)* Scheibenstoßfänger *m* II ~/**масляный** Ölpuffer *m*; Ölpolster *n* II ~/**передаточный** *(Inf)* Sendepuffer *m* II ~/**поглощающий** *(Eb)* Dämpfungspuffer *m* II ~/**поршневой** *(Eb)* Kolbenpuffer *m*, Kolbendämpfer *m* II ~/**приёмный** *(Inf)* Empfangspuffer *m* II ~/**пружинный** Federdämpfer *m*, Federpuffer *m* II ~/**резиновый** Gummipuffer *m*, Gummistoßfänger *m* II ~/**рессорный** Federstoßfänger *m* II ~/**рессорный гидравлический** hydraulischer Federstoßfänger *m* II ~ **синхронизации** *(Inf)* Synchronisationspuffer *m* II ~/**скрытый** *(Inf)* versteckter Puffer *m* II ~ **состояния** *(Inf)* Statuspuffer *m* II ~ **считывания** *(Inf)* Abfühlpuffer *m* II ~/**тарельчатый** *(Eb)* Scheibenpuffer *m*, Tellerpuffer *m* II ~/**телескопический** Teleskoppuffer *m*, Teleskopstoßfänger *m* II ~ **трансляции адресов** *(Inf)* Adreßübersetzungspuffer *m* II ~/**фрикционно-гидравлический** Flüssigkeitspuffer *m* mit Reibungsdämpfung II ~/**фрикционно-пружинный** *(Eb)* Reibungsfederpuffer *m*
буферизация *f (Inf)* Pufferung *f*, Zwischenspeicherung *f* II ~/**двойная** doppelte Zwischenspeicherung *f* II ~/**динамическая** dynamische Pufferung *f* II ~/**обменная** Austauschpufferung *f* II ~/**простая** einfache Pufferung *f*
буферность *f (Ch)* Puffervermögen *n*, Pufferwirkung *f*
буфет *m* Buffet *n*, Theke *f*; *(Schiff)* Pantry *f*
буфетная *f (Schiff)* Pantry *f*
бухта *f* 1. Bund *n*, Rolle *f*, Ring *m*; 2. *(Geol)* Bucht *f*
бухтина *f (Schiff)* Beule *f (ohne Deformation der Verbände)*
бухтовать трос *(Schiff)* ein Seil aufschießen
буцены *mpl*/**рудные** *(Bgb)* Erzbutzen *mpl*
бучарда *f (Bw)* Stockeisen *n*, Stockhammer *m*
бучение *n* 1. *(Text)* Beuchen *f*; 2. *(Pap)* Kochen *n* II ~/**известковое** *(Text)* Kalkbeuchen *n (Faserstoffbehandlung)*
бучильник *m (Text)* Beuchkessel *m*

бучить

бучить *(Text)* beuchen, laugen
бушприт *m (Schiff)* Bugspriet *m*
БЦВМ *s.* машина/буквенно-цифровая вычислительная
БШ *s.* барьер Шоттки
бык *m (Bw)* Pfeiler *m*, Brückenpfeiler *m (Steinbrücke)* ‖ **~/береговой** Landpfeiler *m* ‖ **~/двойной** Doppelpfeiler *m*, Zwillingspfeiler *m* ‖ **~/мостовой** Brückenpfeiler *m* ‖ **~/парный** *s.* **~/двойной** ‖ **~/промежуточный** Zwischenpfeiler *m* ‖ **~/сплошной** Vollwandpfeiler *m*
быстрина *f* Stromschnelle *f*
быстровращающийся schnellaufend, hochtourig *(Maschine)*
быстровысыхающий schnelltrocknend
быстровяжущий schnellbindend
быстродействие *n* 1. *(Inf)* Geschwindigkeit *f*, Verarbeitungsgeschwindigkeit *f*, Operationsgeschwindigkeit *f (durchschnittliche Operationszahl der Rechenmaschine je Zeiteinheit)*; 2. *(Reg)* Reaktionsfähigkeit *f*, Ansprechgeschwindigkeit *f*; 3. *(Fert)* Arbeitsgeschwindigkeit *f*; 4. *(El)* Funktionsschnelligkeit *f*, Schaltgeschwindigkeit *f*
быстродействующий schnellwirkend, Schnell...; *(El)* unverzögert, flink *(Sicherungen)*
быстроразгоняющийся schnellbeschleunigend *(Raketen)*
быстросхватывающийся *(Bw)* schnellabbindend *(Beton)*
быстрота *f* Geschwindigkeit *f*, Schnelligkeit *f (s. a. unter* скорость*)* ‖ **~** **натекания** *(Vak)* Leckintensität *f* ‖ **~** **откачки** Sauggeschwindigkeit *f*, Pumpgeschwindigkeit *f*, Fördergeschwindigkeit *f (Vakuumpumpe)* ‖ **~ реакции (срабатывания)** *(El)* Reaktionsgeschwindigkeit *f*, Ansprechgeschwindigkeit *f* ‖ **~ сходимости** *(Math)* Konvergenzgeschwindigkeit *f*
быстротвердеющий *(Bw)* schnellerhärtend *(Zement)*
быстроток *m (Hydt)* Schußrinne *f*
быстроток-перепад *m (Hydt)* Schußrinnenabsturz *m*, Schußrinne *f*
быстроходность *f (Masch)* Schnelläufigkeit *f*, Hochtourigkeit *f*
быстроходный *(Masch)* schnellaufend, schnellumlaufend, Schnelläufer…, hochtourig
бычина *f (Led)* Ochsenhaut *f*
бычок *m* 1. *(Bw)* Zwischenpfeiler *m*; 2. *(Led)* Jungbullenhaut *f*, Stierhaut *f*
бьеф *m (Hydt)* Kanalstufe *f*, Haltung *f* ‖ **~/верхний** Oberwasser *n*, obere Haltung *f* ‖ **~/водораздельный** Scheitelhaltung *f* ‖ **~ деривации/верхний** Umleitungsoberwasser *n* ‖ **~ деривации/нижний** Umleitungsunterwasser *n* ‖ **~/нижний** Unterwasser *n*, untere Haltung *f* ‖ **~ плотины/верхний** Wehroberwasser *n* ‖ **~/подтёртый** Stauwasser *n*, Stauhaltung *f*, Stauraum *m* ‖ **~/промежуточный** Zwischenhaltung *f*
бэкфиллер *m (Bw)* Rückfüller *m (Bagger)*
БЭР *s.* эквивалент рентгена/биологический
бюгель *m* бyлель
бюджет *m* **тепла** *(Geoph)* Wärmegehaltshaushalt *m*, Wärmebilanz *f*
бюретка *f (Ch)* Bürette *f* ‖ **~/весовая** Wägebürette *f* ‖ **~/газовая** Gasbürette *f* ‖ **~ Гемпеля** Hempelsche Gasbürette *f* ‖ **~/мерная** Meßbürette *f* ‖ **~/объёмная** *s.* **~/титровальная** ‖ **~/титровальная (титрующая)** Titrierbürette *f*
бюро *n*/**конструкторское** Konstruktionsbüro *n* ‖ **~/опытно-конструкторское** Konstruktionsbüro *n*, Konstruktionsbüro *n* mit Musterbau ‖ **~ повреждений** *(Nrt)* Störungsmeldestelle *f* ‖ **~/справочное** *(Nrt)* Auskunftsstelle *f*, Auskunftsplatz *m*

В

В *s.* вольт
вавеллит *m (Min)* Wavellit *m*
вагон *m (Eb)* Wagen *m*, Waggon *m* ‖ **~/аккумуляторный** Akkumulatortriebwagen *m* ‖ **~/багажный** Gepäckwagen *m*, Packwagen *m* ‖ **~/балластный** Schotterwagen *m* ‖ **~ беспересадочного сообщения** Kurswagen *m* ‖ **~/беспересадочный** Kurswagen *m* ‖ **~/бидонный** Topfwagen *m* ‖ **~/большегрузный** Großraumgüterwagen *m*; Schwerlastwagen *m* ‖ **~/бункерный** Pfannenwagen *m* ‖ **~/весовой** Eichwagen *m* ‖ **~/грузовой** Güterwagen *m* ‖ **~ дальнего следования** Weitstreckenwagen *m* ‖ **~/двухэтажный** Doppelstockwagen *m* ‖ **~ динамометрический** Meßwagen *m* ‖ **~ для жилья** Wohnwagen *m* ‖ **~ для осмотра воздушной контактной сети/моторный** Oberleitungsrevisionstriebwagen *m*, ORT ‖ **~/железнодорожный** Eisenbahnwagen *m* ‖ **~/жёсткий пассажирский** Reisezugwagen *m* 2. Klasse ‖ **~/жилой** Wohnwagen *m* ‖ **~/засланный** Falschläufer *m* ‖ **~/измерительный** Meßwagen *m* ‖ **~/изотермический** Kühlwagen *m*, Thermoswagen *m* ‖ **~/крытый** gedeckter Güterwagen *m* ‖ **~/купейный** Abteilwagen *m* ‖ **~/моторный** Triebwagen *m (mit Verbrennungsmotor)* ‖ **~/мягкий пассажирский** Reisezugwagen *m* 1. Klasse ‖ **~ на воздушной подушке** *(Eb)* Luftkissenwagen *m* ‖ **~/нормальной колеи** Normalspurwagen *m* ‖ **~/нормальной колеи/грузовой** Normalspurgüterwagen *m* ‖ **~/общий пассажирский** Großraum-Reisezugwagen *m* ‖ **~/открытый** offener Güterwagen *m* ‖ **~/пассажирский** Reisezugwagen *m* ‖ **~/пассажирский проходной** Durchgangs-Reisezugwagen *m* ‖ **~/повреждённый** Schadwagen *m* ‖ **~/порожний** Leerwagen *m* ‖ **~/почтовый** Postwagen *m* ‖ **~ прямого сообщения** Kurswagen *m* ‖ **~ прямого сообщения/спальный** Fernverkehrsschlafwagen *m*, Weitstreckenschlafwagen *m* ‖ **~/путеизмерительный** Gleismeßwagen *m* ‖ **~/рефрижераторный** Maschinenkühlwagen *m* ‖ **~/рудничный** Erztransportwagen *m*, Grubenwagen *m*, Förderwagen *m* ‖ **~ с бензиновым двигателем/моторный** Triebwagen *m* mit Vergasermotor ‖ **~ с низкими бортами** Niederbordwagen *m*, Flachbordwagen *m* ‖ **~ с перегретой буксой** Heißläufer *m* ‖ **~ с пониженной платформой** Niederflurwagen *m* ‖ **~ с электрической передачей/дизельный моторный** dieselelektrischer Triebwagen *m* ‖ **~/саморазгружающийся** Selbstentladewagen *m* ‖ **~/сочленённый** Gelenkwagen *m* ‖ **~ спальный** Schlafwagen *m* ‖ **~/тарировочный** Eichwagen *m* ‖ **~/тележечный** Drehgestellwagen

m || ~/**трамвайный** Straßenbahnwagen *m* ||
~/**узкоколейный** Schmalspurwagen *m* ||
~/**хвостовой** Schlußwagen *m* || ~/**цельнометаллический** Ganzmetallwagen *m* || ~/**цементовозный** Zementbehälterwagen *m* || ~/**чужой** Fremdwagen *m* || ~/**экспериментальный** Versuchswagen *m* || ~/**электрический моторный** Elektrotriebwagen *m*
вагон-бункер *m (Eb)* Behälterwagen *m*, Bunkerwagen *m*
вагон-буфет *m (Eb)* Büffetwagen *m*, Quick-Pick-Wagen *m*
вагон-весы *m (Met)* fahrbare Bunkerwaage *f*, Möller[wiege]wagen *m*
вагон-вышка *m (Eb)* Turmwagen *m*
вагон-дефектоскоп *m (Eb)* Defektoskopiewagen *m*
вагонетка *f* 1. Kleinwagen *m*, Lore *f*, Feldbahnwagen *m*; 2. *(Bgb)* Hunt *m*, Förderwagen *m* ||
~/**большегрузная [рудничная]** *(Bgb)* Großraumwagen *m*, Großförderwagen *m* || ~/**бункерная** *(Met)* Bunkerwagen *m* || ~/**глухая** *(Bgb)* nichtkippbarer Förderwagen *m* || ~/**завалочная (загрузочная)** *(Met)* Gichtwagen *m*, Begichtungswagen *m*, Möllerwagen *m*; *(Gieß)* Gattierungswagen *m*, Beschickungswagen *m* || ~/**зольная** Aschenwagen *m* || ~/**литейная** Gieß[pfannen]wagen *m* || ~/**людская** *(Bgb)* Mannschaftswagen *m* || ~/**опрокидывающаяся** Kipplore *f*; *(Bgb)* Kippwagen *m*, kippbarer Hunt *m* || ~/**откаточная** *(Bgb)* Förderwagen *m*, Hunt *m*, Grubenwagen *m* || ~/**пассажирская** *(Bgb)* Mannschaftswagen *m* || ~/**породная** *(Bgb)* Bergewagen *m*, Abraumwagen *m* || ~/**порожняя** *(Bgb)* Leerwagen *m* || ~/**разливочная** Gieß[pfannen]wagen *m* || ~/**рудничная** *(Bgb)* Grubenwagen *m*, Förderwagen *m*, Hunt *m*, Grubenhunt *m* || ~/**саморазгружающаяся** *(Bgb)* Selbstentlader *m* || ~/**самоходная** *(Bgb)* selbstfahrender Bunkerwagen *m* || ~/**скиповая** *(Met)* Kippgefäß *n*, Skip *m (Schachtofen)* || ~/**шахтная** *(Bgb)* Förderwagen *m*, Hunt *m*, Grubenhunt *m* || ~/**шихтовая** *s.* ~/**завалочная** || ~/**шлаковая** *(Met)* Schlackenwagen *m*
вагон-кино *m (Eb)* Kinowagen *m*
вагон-клуб *m (Eb)* Klubwagen *m*
вагон-котельная *m (Eb)* Heizwagen *m*
вагон-кран *m (Eb)* Kranwagen *m*
вагон-ледник *m (Eb)* Eiskühlwagen *m*
вагон-мастерская *m (Eb)* Werkstattwagen *m*
вагонооборот *m (Eb)* Wagenumlauf *m*
вагоноопрокидыватель *m (Eb)* Waggonkipper *m*, Waggonkippanlage *f*, Wagenkippvorrichtung *f* || ~/**круговой** Kreiselkipper *m* || ~/**односторонний** Einfachkipper *m* || ~/**подъёмный** Hochkipper *m* || ~/**портальный** Portalkipper *m* || ~/**роторный** Kreiselkipper *m* || ~/**торцовый** Stirnkipper *m*, Kopfkipper *m*
вагонопоток *m*/**грузовой** *(Eb)* Güterwagenstrom *m*
вагон-осе-километр *m (Eb)* Wagenachskilometer *m*
вагоностроение *n* Waggonbau *m*
вагон-платформа *m (Eb)* Flachwagen *m*, Plattformwagen *m*, flacher Güterwagen *m*
вагон-путеизмеритель *m (Eb)* Gleismeßwagen *m*

вагон-путеукладчик *m (Eb)* Gleisverlegewagen *m*
вагон-ресторан *m (Eb)* Speisewagen *m*
вагон-рефрижератор *m (Eb)* Kühlwagen *m*
вагон-самосвал *m (Eb)* Kippwagen *m*, Kippfahrzeug *n*
вагон-цементовоз *m (Eb)* Zementbehälterwagen *m*
вагон-цистерна *m (Eb)* Kesselwagen *m*
вагранка *f* Kupolofen *m*, Gießereischachtofen *m*
вад *m (Min)* Wad *m*, Hydromanganit *m*, Weichmanganerz *n*
ваер *m* Kurrleine *f (Schleppnetzfischerei)*
ваерный Kurrleinen... *(Schleppnetzfischerei)*
ваероукладчик *m* Kurrleinenaufspulvorrichtung *f (Schleppnetzfischerei)*
вайсенбергограмма *f (Krist)* Weissenberg-Aufnahme *f*, Weissenberg-Diagramm *n*
вакансия *f (Krist)* Leerstelle *f*, Gitterleerstelle *f*, Gitterlücke *f*, Vakanz *f* *(s. a. unter* дырка 1.*)* ||
~/**анионная** Anion-Leerstelle *f* || ~/**катионная** Kation-Leerstelle *f* || ~/**кислородная** Sauerstoffleerstelle *f* || ~/**по Френкелю** Frenkel-Leerstelle *f* || ~ **по Шоттки** Schottky-Leerstelle *f*, Schottky-Defekt *m* || ~/**точечная** Punktdefekt *m*
вакка *f (Geol)* Wacke *f* || ~/**дымчатая** Rauchwacke *f* || ~/**серая** Grauwacke *f*
вакускоп *m (Ph)* Vakuskop *n*
вакустат *m* Vakustat *m (Manometer)*
вакуум *m* Vakuum *n* || ~/**высокий** Hochvakuum ||
~/**глубокий** *s.* ~/**высокий** || ~/**грубый** *s.* ~/**низкий** || ~/**местный** örtliches (lokales) Vakuum *n* ||
~/**начальный** *s.* ~/**предварительный** || ~/**низкий** Grobvakuum *n* || ~/**относительный** Vakuum *n* || ~/**предварительный** Vorvakuum *n*, Anfangsvakuum *n* || ~/**предельный** Endvakuum *n* || ~/**рабочий** Betriebsvakuum *n* || ~/**сверхвысокий** Höchstvakuum *n*, Ultrahochvakuum *n* || ~/**средний** Feinvakuum *n* || ~/**тонкий** *s.* ~/**высокий** || ~/**ультравысокий** *s.* ~/**сверхвысокий**
вакуум-аппарат *m* Vakuumapparat *m*; Vakuumkochapparat *m*
вакуум-бетон *m (Bw)* Vakuumbeton *m*, Saugbeton *m*
вакуум-возгонка *f* Vakuumsublimation *f*
вакуум-выпарка *f* Vakuumverdampfung *f*, Vakuumeindampfung *f*
вакуум-генератор *m* Vakuumerzeuger *m*
вакуум-дистилляция *f* Vakuumdestillation *f*, Unterdruckdestillation *f*
вакуумирование *n* 1. Evakuierung *f*; 2. *(Bw)* Vakuumieren *n (des Betons)* || ~ **плавки** *(Met)* Vakuumbehandlung *f* der Schmelze
вакуумировать 1. evakuieren, luftleer machen, auspumpen; vakuumieren, vakuumtrocknen; 2. *(Bw)* vakuumieren *(Beton)*
вакуум-испаритель *m* Vakuumverdampfer *m*
вакуум-камера *f* Vakuumkammer *f*
вакуум-ковш *m (Gieß)* Vakuum[gieß]pfanne *f*
вакуум-концентратор *m* Vakuumkonzentrator *m*
вакуум-корректор *m* опережения зажигания *(Kfz)* Unterdruckzündversteller *m*
вакуум-криостат *m* Vakuumkryostat *m*
вакуум-кристаллизатор *m* Vakuumkristallisator *m*
вакуум-кристаллизация *f* Vakuumkristallisation *f*

вакуум-ксантатсмеситель *m (Text)* Vakuumxanthatkneter *m (Chemiefaserherstellung)*
вакуум-лапа *f (Bw)* Sauggreifer *m (Lastanschlagmittel)*
вакуумметр *m* Vakuummeter *n* ‖ **~/вязкостный** Reibungsvakuummeter *n* ‖ **~/гидравлический** Flüssigkeitsvakuummeter *n* ‖ **~/деформационный** *s.* ~/механический деформационный ‖ **~/жидкостный** Flüssigkeitsvakuummeter *n* ‖ **~/ионизационный** Ionisationsvakuummeter *n* ‖ **~ Кнудсена** *s.* ~ /радиометрический ‖ **~/компрессионный** Kompressionsvakuummeter *n*, McLeod-Vakuummeter *n*, McLeod-Manometer *n*, McLeodsches Vakuummeter (Manometer) *n* ‖ **~/магнетронный** Magnetronvakuummeter *n* ‖ **~/магнитный электроразрядный** Kaltkathodenvakuummeter *n* ‖ **~ Мак-Леода** *s.* манометр/компрессионный ‖ **~/механический деформационный** Metallvakuummeter *n*, Federvakuummeter *n*, Vakuummeter *n* mit elastischem Meßglied ‖ **~ Пеннинга/ионизационный** Penning-Manometer *n*, Penning-Ionisationsvakuummeter *n*, Philips-Ionisationsvakuummeter *n (Kaltkathoden-Ionisationsvakuummeter)* ‖ **~ Пирани** Pirani-Vakuummeter *n*, Pirani-Manometer *n* ‖ **~/радиоактивный [ионизационный]** Alphatronvakuummeter *n* ‖ **~/радиометрический** Radiometervakuummeter *n* [nach Knudsen], Mol[ekulardruck]vakuummeter *n* ‖ **~/ртутный** Quecksilbervakuummeter *n* ‖ **~/теплоэлектрический** Wärmeleit[ungs]vakuummeter *n* ‖ **~/термопарный (термоэлектрический)** Thermoelementvakuummeter *n* ‖ **~/электронный ионизационный** Glühkathoden-Ionisationsvakuummeter *n*
вакуум-мешалка *f (Text)* Vakuummischer *m* ‖ **~/горизонтальная** Simplexmischer *m (Chemiefaserherstellung)*
вакуум-мялка *f* Vakuumkneter *m*, Vakuumknetmaschine *f*
вакуум-насос *m* Vakuumpumpe *f (s. a. unter* насос*)* ‖ **~/водокольцевой** Wasserringvakuumpumpe *f* ‖ **~/диффузионный** Diffusionspumpe *f* ‖ **~/масляный** Ölvakuumpumpe *f* ‖ **~/мокровоздушный** Naßluftpumpe *f* ‖ **~/мокрый** Naßvakuumpumpe *f* ‖ **~/молекулярный** Molekularpumpe *f* ‖ **~/пароструйный** Dampfstrahl[vakuum]pumpe *f* ‖ **~/сухой** Trockenvakuumpumpe *f*
вакуумно-плотный vakuumdicht
вакуумно-чистый vakuumrein
вакуумный luftleer, Vakuum…; *(Masch)* saugend, Saug… *(Wirkprinzip, z. B. bei Greifern)*
вакуум-отсос *m (Photo)* Absauger *m*, Vakuumabstreifer *m*
вакуум-перегонка *f (Ch)* Vakuumdestillation *f*
вакуум-питатель *m (Glas)* Saugspeiser *m*
вакуум-плотный vakuumdicht
вакуум-пресс *m* Vakuumpresse *f*
вакуум-провод *m* Vakuumleitung *f*; *(Lw)* Unterdruckleitung *f (Melkanlage)*
вакуум-разгрузчик *m* Vakuumentlader *m*
вакуум-спектрограф *m* Vakuumspektrograph *m*
вакуум-спектрометр *m* Vakuumspektrometer *n*, Vakuumspektroskop *n*
вакуум-спектроскоп *m s.* вакуум-спектрометр
вакуум-сублимация *f* Vakuumsublimation *f*

вакуум-сушилка *f* Vakuumtrockner *m* ‖ **~/вальцевая (вальцовая)** Vakuumwalzentrockner *m* ‖ **~/гребковая** Vakuumschaufeltrockner *m* ‖ **~/ленточная** Vakuumbandtrockner *m*
вакуум-сушка *f* Vakuumtrocknung *f*
вакуум-упаковка *f* Vakuumverpackung *f*
вакуум-фильтр *m* Vakuumfilter *n* ‖ **~/барабанный** Vakuumtrommelfilter *n*, Vakuumdrehfilter *n* ‖ **~/дисковый** Scheiben[vakuum]filter *n*, Scheibensaugfilter *n* ‖ **~/тарельчатый** Tellervakuumfilter *n*, Tellersaugfilter *n*
вакуум-форматор *m (Gum)* Reifenvakuumausdehner *m*
вакуум-формование *n (Kst)* Vakuum[ver]formung *f*, Warmformung (spanlose Formung) *f* durch Unterdruck ‖ **~/негативное** Vakuum-Negativ-Formung *f*, Vakuumtiefziehen *n* ‖ **~/позитивное** Vakuum-Positiv-Formung *f*, Vakuumstreckformen *n* ‖ **~/свободное** einfache Formgebung *f* mittels Vakuum, Vakuumformen *n* ohne Gegenform
вакуум-холодильник *m* Vakuumkühler *m*
вакуум-щит *m (Bw)* Saugschalungsplatte *f (Betonarbeiten)*
вакуум-эксикатор *m (Ch)* Vakuumexsikkator *m*
вакуум-экспандер *m (Gum)* Reifenvakuumausdehner *m*
вал *m* 1. Welle *f*; Walze *f (s. a. unter* валик, валок *1.)*; 2. *(Fert)* Einheitswelle *f (Toleranzsystem)*; 3. *(Hydt)* Wall *m*; Deich *m (s. a. unter* дамба*)*; 4. *(Meteo)* Kragen *m* ‖ **~ барабана** Trommelwelle *f* ‖ **~/береговой** *(Hydt)* Strandwall *m*, Küstenwall *m*; Flußdeich *m* ‖ **~/боковой распределительный** *(Kfz)* seitlich liegende Nockenwelle *f* ‖ **~/бортовой сетевой** *(Schiff)* Schanzkleidnetzrolle *f (Fischereifahrzeug)* ‖ **~/ведомый** *(Masch)* getriebene Welle *f*, Abtriebswelle *f*; Ausgangswelle *f (Getriebe)* ‖ **~/ведущий** *(Masch)* treibende Welle *f*, Antriebswelle *f* ‖ **~ винта** *(Masch)* Schneckenwelle *f* ‖ **~/включающий** Schaltwelle *f* ‖ **~ ворота** Haspelbaum *m* ‖ **~/вспомогательный** Hilfswelle *f*, Nebenwelle *f* ‖ **~/вторичный** *(Kfz)* Getriebehauptwelle *f*, Hauptwelle *f (Wechselgetriebe)* ‖ **~/входной** Antriebswelle *f*, Eingangswelle *f (Getriebe)* ‖ **~ выключателя** Schalterwelle *f* ‖ **~/выключающий** *(Text)* Ausrückwelle *f (Mittelschußwächter)* ‖ **~/выходной** Abtriebswelle *f*, Ausgangswelle *f (Getriebe)* ‖ **~/газораспределительный** *(Kfz)* Nockenwelle *f*, Steuerwelle *f* ‖ **~ гауча (гауч-пресса)** *(Pap)* Gautschwalze *f* ‖ **~/гибкий** biegsame Welle *f* ‖ **~/главный** *(Masch)* Hauptwelle *f*, Antriebswelle *f* ‖ **~/гладильный** Glättwalze *f* ‖ **~/головной** Antriebswelle *f (Gurtförderer)* ‖ **~/гравированный** *(Text)* Gravurwalze *f (Crighton-Öffner)* ‖ **~/гребной** *(Schiff)* Propellerwelle *f*, Schwanzwelle *f* ‖ **~/грудной** *(Pap)* Brustwalze *f (Siebtisch)* ‖ **~/давильный** *(Text)* Quetschwalze *f* ‖ **~/двухколенный коленчатый** *(Kfz)* zweifach gekröpfte Kurbelwelle *f* ‖ **~/двухопорный** zweifach gelagerte Welle *f* ‖ **~/дейдвудный** *s.* ~/гребной ‖ **~/дисковый** *(Text)* Schlägerwelle *f (Crighton-Öffner)* ‖ **~/дробильный** *(Text)* Quetschwalze *f* ‖ **~/дукторный** *(Typ)* Farbduktor *m*, Duktor *m* ‖ **~/забойный** *(Schiff)* Paßwelle *f* ‖ **~/замочный** *(Text)* Stecherwalze *f*, Stecherwelle *f* ‖ **~/защитный**

(Hydt) Flügeldeich *m* ‖ ~ **звёздочки** Kettenradwelle *f* ‖ ~**/земляной** *(Hydt)* Vorland *n*, Damm *m* ‖ ~**/зубчатый** *s.* ~**/шлицевый** ‖ ~**/игольный** *(Text)* Nadelwelle *f* ‖ ~**/каландровый** Kalanderwalze *f*, Glättwerkswalze *f* ‖ ~**/карданный** *(Kfz)* Kardanwelle *f*, Gelenkwelle *f* ‖ ~**/квадратный** Vierkantwelle *f* ‖ ~**/коленчатый** *(Masch)* Kurbelwelle *f*, gekröpfte Welle *f* ‖ ~**/кольцевой туфовый** *(Geol)* Tuffring *m*, Tuffumwallung *f* ‖ ~**/контрольный** Prüfwelle *f* ‖ ~ **контрпривода** *(Masch)* Vorgelegewelle *f* ‖ ~**/концевой** *s.* ~**/гребной** ‖ ~**/коренной** *(Masch)* Hauptwelle *f*; Kurbelwelle *f (bei Kolbenmaschinen)* ‖ ~ **коромысел** *(Kfz)* Kipphebelwelle *f* ‖ ~**/красильный** *(Text)* Streichwalze *f*, Auftragswalze *f* ‖ ~**/кулачковый** *(Masch)* Nockenwelle *f*, Exzenterwelle *f* ‖ ~**/многоколенчатый** mehrfach gekröpfte Welle (Kurbelwelle) *f* ‖ ~**/многоопорный** mehrfach gelagerte Welle *f* ‖ ~**/многопазовый** *s.* ~**/шлицевый** ‖ ~ **мокрого пресса** *(Typ)* Naßpreßwalze *f* ‖ ~**/монолитный коленчатый** *(Kfz)* massive (monolithische) Kurbelwelle *f* ‖ ~**/натяжной** Spannwelle *f* ‖ ~**/неразрезной** durchlaufende Welle *f* ‖ ~**/нижний боевой** *(Text)* Schlagwelle *f (Webstuhl)* ‖ ~**/ножевой** Messerwelle *f*; *(Led)* Messerwalze *f*; *(Led)* Reckerwalze *f* ‖ ~**/одноколенный коленчатый** *(Kfz)* einfach gekröpfte Kurbelwelle *f* ‖ ~**/основной** *(Fert)* Einheitswelle *f (Passungssystem)* ‖ ~ **отбора мощности** Zapfwelle *f (Traktor)* ‖ ~**/отжимный** *(Text)* Preßwalze *f*, Quetschwalze *f (Wollwäscherei)* ‖ ~**/отсасывающий** *(Pap)* Saugwalze *f* ‖ ~**/отсасывающий прессовый** Saugpreßwalze *f* ‖ ~**/пазовый** genutete Welle *f (für Keil- und Paßfederverbindung)* ‖ ~**/первичный** *(Kfz)* Kupplungswelle *f*, Antriebswelle *f (Wechselgetriebe)*; Eingangswelle *f* ‖ ~**/передаточный** Getriebewelle *f* ‖ ~ **передачи** Getriebewelle *f* ‖ ~ **переката** *(Hydt)* Überschlag *m* ‖ ~ **переключения** *(Kfz)* Schaltwelle *f* ‖ ~**/пересасывающий** *(Pap)* Pickup-Walze *f*, Selbstabnahmewalze *f (Strickerei, Wirkerei)* ‖ ~**/платинный** *(Text)* Platinenwelle *f (Strickerei, Wirkerei)* ‖ ~**/подбатанный** *(Text)* Ladenachse *f (Webstuhl)* ‖ ~**/полый** Hohlwelle *f*, Rohrwelle *f* ‖ ~**/прессовый** *(Pap)* Preßwalze *f* ‖ ~ **привода** Antriebswelle *f* ‖ ~**/приводной** Antriebswelle *f* ‖ ~**/приливный** *(Hydt)* Sprungwelle *f* ‖ ~**/промежуточный** 1. *(Masch)* Zwischenwelle *f*, Blindwelle *f*; Gegenwelle *f*; Übertragungswelle *f*; Nebenwelle *f*; Laufwelle *f*; 2. *(Kfz)* Vorgelegewelle *f (Wechselgetriebe)*; 3. *(Schiff)* Zwischenwelle *f*, Laufwelle *f*, Verbindungswelle *f (Wellenleitung)* ‖ ~**/промежуточный карданный** Zwischengelenkwelle *f*, Zwischenkardanwelle *f* ‖ ~**/простуной** *(Text)* Schlagexzenterwelle *f*, Nockenwelle *f (Weberei)* ‖ ~**/прутковый** *(Text)* Spulenantriebswelle *f (Flyer)* ‖ ~**/пустотелый** *s.* ~**/полый** ‖ ~**/разборный коленчатый** zerlegbare Kurbelwelle *f* ‖ ~**/раздвижной** Teleskopwelle *f* ‖ ~**/разрезной** unterbrochene Welle *f (durch eine Kupplung unterbrochener Wellenzug)* ‖ ~ **разрыхлителя** Schneidkopfwelle *f (Saugbagger)* ‖ ~**/разъединительный** *(Masch)* Ausrückwelle *f* ‖ ~**/распределительный** 1. *(Masch)* Kurvenwelle *f*, Schaltwelle *f*, Steuerwelle *f*; 2. *(Kfz)* Nockenwelle *f*, Steuerwelle *f*; 3. *(Text)* Nockenwelle *f*, Verteilerwelle *f* ‖ ~ **распределителя зажигания** *(Kfz)* Verteilerwelle *f*, Zündverteilerwelle *f* ‖ ~**/реверсивный** *(Masch)* Umsteuerwelle *f*, Kehrwelle *f*, Umkehrwelle *f* ‖ ~**/речной** *(Hydt)* Flußdeich *m*, Banddeich *m* ‖ ~ **ровничной машины/прутковый** *(Text)* Spulenantriebswelle *f (Flyer)* ‖ ~**/рулевой** *(Kfz)* Lenkspindel *f*, Lenkstock *m*, Lenkstockwelle *f* ‖ ~ **рулевой сошки** *(Kfz)* Lenkwelle *f* ‖ ~ **с буртом (заплечиком)** Bundwelle *f* ‖ ~**/сборный коленчатый** *(Kfz)* gebaute (zusammengesetzte) Kurbelwelle *f* ‖ ~**/сглаживающий** *(Pap)* Glättwalze *f* ‖ ~**/скатывающий** *(Text)* Wickelwalze *f*, Abrollwalze *f (Wickelapparat der Schlagmaschine)* ‖ ~**/соосный** *(Masch)* fluchtende Welle *f* ‖ ~**/сопряжённый** Gegenwelle *f* ‖ ~**/составной коленчатый** *(Kfz)* gebaute (zusammengesetzte) Kurbelwelle *f* ‖ ~ **стартера** *(Kfz)* Starterwelle *f*, Anlasserwelle *f* ‖ ~**/ступенчатый** abgesetzte Welle *f* ‖ ~**/сцепления** *(Text)* Nitschelwelle *f* ‖ ~ **сцепления** 1. Mitnehmerwelle *f*; 2. *(Kfz)* Kupplungswelle *f* ‖ ~**/телескопический** Teleskopwelle *f* ‖ ~ **тисков/качающийся** *(Text)* Zangenschwingwelle *f (Kämmaschine)* ‖ ~**/тканеформирующий** *(Text)* Webwalze *f (Wellenfachwebmaschine)* ‖ ~ **тормозного кулачка** *(Kfz)* Bremsnockenwelle *f* ‖ ~**/трансмиссионный** *(Kfz)* Getriebewelle *f*; *(Masch)* Transmissionswelle *f* ‖ ~**/трепальный** *(Text)* Schlägerwelle *f (Crighton-Öffner)* ‖ ~**/трёхколенный коленчатый** *(Kfz)* dreifach gekröpfte Kurbelwelle *f* ‖ ~ **трёхопорный** *(Masch)* dreifach gelagerte Welle *f* ‖ ~**/трубчатый** Hohlwelle *f*, Rohrwelle *f* ‖ ~**/тяговый** *(Pap)* Zugwalze *f* ‖ ~**/упорный** 1. Druck[lager]welle *f*; 2. *(Schiff)* Druckwelle *f (Wellenleitung)*; 3. *(Text)* Stecherwelle *f (Webstuhl; Stechereinrichtung)* ‖ ~ **управления** Schaltwelle *f* ‖ ~**/уравнительный электрический** elektrische Ausgleichswelle *f* ‖ ~**/фланцевый** Flanschwelle *f* ‖ ~**/ходовой** 1. *(Wkzm)* Zugspindel *f (Drehmaschine)*; 2. *(Bw)* Schreitwerkswelle *f (Schreitbagger)*; 3. Fahrantriebswelle *f* ‖ ~**/холостой** *(Masch)* Blindwelle *f* ‖ ~**/цельнокованный коленчатый** *(Kfz)* geschmiedete (massive) Kurbelwelle *f* ‖ ~ **цепной передачи** Kettenradwelle *f* ‖ ~ **челнока** *(Text)* Greiferwelle *f (Weberei)* ‖ ~ **червячного колеса** Schneckenradwelle *f* ‖ ~**/червячный** Schneckenwelle *f (Schneckengetriebe)* ‖ ~**/шарнирный** Kardanwelle *f*, Gelenkwelle *f* ‖ ~ **шерстомойки/отжимный** *(Text)* Preßwalze *f*, Quetschwalze *f (Wollwäscherei)* ‖ ~**/шлицевый** Keilwelle *f*, Vielkeilwelle *f*; genutete Welle *f* ‖ ~**/штампованный коленчатый** *(Kfz)* gesenkgeschmiedete Kurbelwelle *f* ‖ ~**/щёточный** Bürst[en]walze *f* ‖ ~**/эксцентриковый** Exzenterwelle *f*

валентинит *m (Min)* Valentinit *m*, Antimonblüte *f*, Antimonspat *m*

валентность *f (Ch)* Wertigkeit *f*, Valenz[zahl] *f* ‖ ~**/высшая** Höchstwertigkeit *f*, Maximalvalenz *f* ‖ ~**/главная** Hauptvalenz *f* ‖ ~**/дробная** Partialvalenz *f*, Restvalenz *f* ‖ ~**/ионная** Ionenwertigkeit *f* ‖ ~**/максимальная** *s.* ~**/высшая** ‖ ~**/насыщенная** abgesättigte Valenz *f* ‖ ~**/отрицательная** negative Elektrovalenz (elektrochemi-

валентность

sche Wertigkeit) f II ~/парциальная s. ~/дробная II ~/побочная Nebenvalenz f II ~/положительная positive Elektrovalenz (elektrochemische Wertigkeit) f II ~/свободная freie Valenz f II ~/управляемая gesteuerte Valenz f
валец m (Hydt) Walze f, Wasserwalze f II ~/донный Grundwalze f II ~/поверхностный Deckwalze f
валик m 1. Walze f, Zylinder m; Rolle f (s. a. unter вал, валики, валок 1.); 2. (Arch) Stab m, Wulst m(f); 3. (Schw) Schweißraupe f, Raupe f; 4. (Text) Schlauchreihe f (nichtaufziehbare Maschenreihe; Strumpfwirkerei); 5. (Led) Rollschnalle f II ~/анилоксный (Typ) Aniloxwalze f (Farbwerk, Rasterwalze) II ~/бильный (Text) Schlagwalze f (Klettenwolf) II ~/боевой (Text) Schlagwelle f (Schützenschlageinrichtung) II ~/боевой эксцентриковый (Text) Schlagexzenterwelle f (Schützenschlageinrichtung) II ~/бумаговедущий (Typ) Papierleitwalze f II ~/ведомый 1. (Masch) getriebene Walze f; 2. (Text) Schleppwalze f II ~/ведущий (Masch) 1. Leitwalze f, Führungswalze f; 2. treibende Walze f, Antriebswalze f II ~/верхний (Text) Oberwalze f, Druckwalze f (Streckwerk) II ~/верхний задний Eingangsoberwalze f, obere Eingangswalze f (Streckwerk) II ~/верхний передний Ausgangsoberwalze f, obere Ausgangswalze f (Streckwerk) II ~/верхний средний mittlere Oberwalze f (Streckwerk) II ~ волчка/рабочий (Text) Wolfer m (Reißwolf) II ~/вороночный (Typ) Einlaufwalze f II ~/ворсовальный (Text) Rauhwalze f II ~/выпускной (Text) Ablieferwalze f, Abzugswalze f, Abführwalze f II ~/вытяжной (Text) Streckwalze f II ~/загрузочный (Text) Tauchwalze f II ~/заправочный (Pap) Einführwalze f II ~/зубчатый Stachelwalze f (Schreibmaschine) II ~/игольчатый (Text) 1. Igelwalze f, Nadelwalze f, Kämmlingswalze f (Schüttelmaschine für Flachs- und Hanfaufbereitung); 2. Gleichrichternadelwelle f (Wergveredelungsmaschine) II ~/измельчающий (Text) Zerkleinerungswalze f II ~/компенсирующий (Text) Tänzerwalze f (Chemiefaserherstellung) II ~/контрольный (Text) Durchzugswalze f (Streckwerk) II ~/красочный (Typ) Farbwalze f (Druckmaschine) II ~/круглый (Bw) Rundstab m II ~/купающий (Photo) Tauchwalze f II ~/лёгкий s. ~/контрольный II ~/мажорный (Text) Verbindungswelle f (zwischen Verzugs- und Abnehmerwechsel; Deckelkarde) II ~/мерильный (Text) Meßwalze f (Meß-Dublier-Legemaschine, Zettelmaschine) II ~/набрасывающий (Photo) Anspülwalze f II ~/нажимной (нажимный) (Text) Druckwalze f, Druckroller m, Oberwalze f (Streckwerk) II ~/накатный 1. (Typ) Auftragwalze f, Farbauftragwalze f (Farbwerk); 2. (Text) Wickelwalze f (Nadelfeldstrecke) II ~/накаточный (Text) 1. Aufwickelwalze f; 2. Kordierwalze f, Kordierrolle f II ~/наматывающий (Text) Aufwickelwalze f II ~/наплавленный (Schw) Raupe f, Schweißraupe f II ~/направляющий 1. Leitwalze f; 2. (Text) Führungswalze f (Meß-Dublier-Legemaschine); 3. (Text) Zuführungswalze f (Klettenwolf) II ~/натяжной (Masch) 1. Zugbolzen m; 2. Spannwalze f, Spannrolle f II ~ непрерывного отчёсывания (Text) konti-

nuierliche Ausstoßwalze f (Deckelkarde) II ~/обводный (Pap) Blasenwalze f, Luftwalze f (eines Kalanders) II ~/обезрепеивающий (Text) Kletten[brech]walze f (Klettenwolf) II ~/обогреваемый (Text) Heizwalze f, beheizte Walze f (Veredlung) II ~/обратный (Schw) Wurzeldurchhang m II ~/обрезиненный (Typ) Gummiwalze f II ~/окрасочный Farbroller m II ~/опорный 1. Tragrolle f; 2. (Text) Stützwalze f, Amboßwalze f (Konverter) II ~/отбойный (Text) Riffelwalze f (Klettenwolf) II ~/отделительный (Text) Abreißwalze f (Kämmaschine) II ~/отжимный (Text) Vordruckwalze f; Quetschwalze f II ~/оттяжной (Text) Abzugswalze f II ~ очёсывания/ручной (Text) Handausstoßwalze f (Deckelkarde) II ~/очёсывающий (Text) Ausstoßwalze f (Deckelkarde) II ~/перегибной (Glas) Umlenkwalze f, Biegewalze f II ~/передающий (Typ) Heber m (Farbwerk) II ~/печатающий Schreib[maschinen]walze f II ~/печатный 1. (Text) Druckwalze f (Veredlung); 2. (Typ) Druckwalze f II ~/пильный (Text) Sägewalze f, Sägewelle f (Putzerei) II ~/питающий (Text) 1. Zuführwalze f, Speisewalze f; 2. Stachelwalze f (Klettenwolf) II ~/плавающий Tänzerwalze f II ~/плющильный (Text) 1. Verdichtungswalze f; 2. Kalanderwalze f; Preßwalze f (Drehwerk) II ~/погружной (Typ) Tauchwalze f II ~/подающий s. ~/питающий II ~/поддерживающий Tragwalze f, Tragrolle f II ~/поливной (Photo) Auftragswalze f, Antragswalze f, Begießwalze f II ~/правильный (Masch) Richtwalze f, Richtrolle f II ~/приёмный (Text) Vorreißer m (Deckelkarde) II ~/программный Steuerwalze f II ~/противоворсовальный (Text) Gegenstrichwalze f, Gegenrauhwalze f (Kratzenrauhmaschine) II ~/рабочий (Text) Arbeitswalze f, Arbeiter m (Krempelsatz) II ~/разгонный (Pap) Ausbreitwalze f, Breitenstreckwalze f II ~/разматывающий (Text) Abwickelwalze f II ~/разравнивающий (Text) 1. Rückstreichwalze f (Putzerei); 2. Abstreichrolle f (Druckmaschine) II ~/разрыхлительный (Text) Öffnerwalze f (Putzerei) II ~/раскатной (Typ) Verreibwalze f (Farbwerk) II ~/раскатывающий (Text) Abwickelwalze f II ~/распределительный Verteilungswalze f II ~/растрированный Rasterwalze f II ~/расчёсывающий (Text) Auflösewalze f, Auflösungswalze f (Ballenfräse) II ~/регистровый (Typ) Registerwalze f (Rotationsmaschine) II ~ ремизоподъёмной каретки (Text) Schaftprisma n, Schaftzylinder m (Schaftmaschine) II ~/ресивера (Kfz) Umsteuerwelle f II ~/рифлёный 1. Rillenwalze f, Riffelwalze f; 2. Schöpfwelle f (Schöpfschmierung) II ~ с чекой Keilbolzen m II ~/сбивной (Text) Abschlagwalze f (Putzerei) II ~/сетковедущий Siebleitwalze f II ~/сетконатяжной (Pap) Siebspannwalze f II ~/сновальный (Text) Schärbaum m, Zettelbaum m II ~/сновальный секционный (Text) Teilkettbaum m II ~/ступенчатый Stufenwalze f, abgestufte Walze f II ~/сукноведущий (Pap) Filzleitwalze f II ~/сукнонатяжной (Pap) Filzspannwalze f II ~/съёмный (Text) 1. Abzugswalze f; 2. Wender m, Wenderwalze f (Krempelsatz) II ~/телескопический (Masch) Teleskopspindel f; Teleskopwelle f II ~/товарный (Text)

Warenbaum *m*, Vorderbaum *m*, Zeugbaum *m*, Tuchbaum *m*, Leinwandbaum *m (Webstuhl)* ‖ ~/**точильный** 1. Schleifwalze *f*, Schleiftrommel *f*; 2. *(Text)* Vollschleifwalze *f (Schleifen der Kardierflächen)* ‖ ~/**увлажняющий** Feuchtwalze *f*; *(Typ)* Wischwalze *f*, Feuchtauftragwalze *f* ‖ ~/**увлажняющий передаточный** *(Typ)* Feuchtheberwalze *f*, Feuchtheber *m* ‖ ~/**уплотняющий** *s.* ~/плющильный ‖ ~/**фальцующий** *(Typ)* Falzwalze *f* ‖ ~/**холостой** *(Text)* Schleppwalze *f* ‖ ~/**холстовой** *(Text)* Wickel[abzug]walze *f (Kämmaschine)* ‖ ~/**цепной** Kettenbolzen *m (Gelenkkette)* ‖ ~/**чистительный** *(Text)* Putzwalze *f (Spinnerei)* ‖ ~/**шаберный** Schaberwalze *f* ‖ ~/**шарнирный** Gelenkbolzen *m*; Drehbolzen *m* ‖ ~ **шва** *(Schw)* Schweißraupe *f* ‖ ~/**щёточный** *(Gum)* Breithalter *m (Reifenherstellung)* ‖ ~/**щёточный** *(Text)* Bürst[en]walze *f*, Borstenwalze *f*
валики *mpl* Walzen *fpl (s. a. unter* валок*)* ‖ ~/**вертикальные** *(Text)* Backenwalzen *fpl (Tuchwalke)* ‖ ~/**впускные** *(Text)* Einziehwalzen *fpl* ‖ ~/**выпускные** *(Text)* Ausziehwalzen *fpl* ‖ ~/**заправочные** *(Text)* Einzugswalzen *fpl* ‖ ~ **лентоукладчика [/плющильные]** *(Text)* Drehwerk[kalander]walzen *fpl*, Preßwalzen *fpl* des Drehwerkes *(Deckelkarde)* ‖ ~/**питающие** *s.* ~/впускные ‖ ~/**плющильные** Abzugswalzen *fpl (im Bandrichter; Deckelkarde)* ‖ ~/**приёмные** *s.* ~/впускные ‖ ~/**рабочие** *(Text)* Arbeiter *mpl (Walzenkrempel)* ‖ ~/**съёмные** *(Text)* Wender *mpl (Walzenkrempel)*
валик-навой *m*/**сновальный** *(Text)* Zettelbaum *m (Zettelmaschine)*
валка *f* 1. *(Text)* Walke *f*, Walken *n (Veredlung)*; 2. *(Forst)* Fällen *n (von Bäumen)* ‖ ~/**плотная** *(Text)* Kernwalke *f (Veredlung)* ‖ ~/**предварительная** *(Text)* Anwalken *n (Veredlung)*
валки *mpl* 1. Walzen *fpl (s. a. unter* валок*)*; 2. Walzenbrecher *m* ‖ ~/**гладкие** Glattwalzbrecher *m* ‖ ~/**дробильная** Walzenbrecher *m*, Brechwalzwerk *n* ‖ ~/**зубчатые [дробильные]** Stachelwalzenbrecher *m*, Zahnwalzenbrecher *m* ‖ ~/**направляющие** Führungswalzen *fpl* ‖ ~/**питательные** Walzenspeiser *m* ‖ ~/**сортовые прокатные** Profilwalzen *fpl* ‖ ~/**тянущие** 1. *(Kst)* Glättwalzenstuhl *m*, Walzenglättwerk *n*; 2. *(Met)* Zugwalzen *fpl (z. B. zum Stranggießen)* ‖ ~/**шлакодробильные** Schlackenbrecher *m*
валкий rank *(Schiff)*
валкообразователь *m (Lw)* Schwadformer *m*, Schwadenrechen *m*
валкость *f* Rankheit *f (Schiff)*
валогенератор *m (Schiff)* Wellengenerator *m*
валок *m* 1. *(Masch)* Walze *f*; Rolle *f (s. a. unter* вал, валик*)*; 2. *(Wlz)* Walze *f*, Walzwerkswalze *f*; 3. *(Lw)* Schad[en] *m* ‖ ~/**бороздчатый** Riffelwalze *f* ‖ ~/**бочкообразный** Tonnenwalze *f* ‖ ~/**ведущий** Königswalze *f*, Antriebswalze *f*, Hauptwalze *f*, Triebwalze *f (Bandagenwalzwerk)* ‖ ~/**вертикальный** *(Wlz)* Senkrechtwalze *f*, Vertikalwalze *f*, Stauchwalze *f*, Stehwalze *f* ‖ ~/**верхний** Oberwalze *f (Triowalzwerk)* ‖ ~/**внутренний** Innenwalze *f (Bandagenwalzwerk)* ‖ ~/**выносной** fliegend (einseitig) gelagerte Walze *f*, fliegende Walze *f*, Kopfwalze *f* ‖ ~/**выработанный** abgenutzte (verschlissene,

ausgearbeitete) Walze *f* ‖ ~/**вытяжной** *(Wlz)* Streck[kaliber]walze *f* ‖ ~/**гиперболоидный** *(Met)* Hyperbelwalze *f*, Hyperboloidwalze *f (Rohrrichtmaschinen)* ‖ ~/**главный** *s.* ~/ведущий ‖ ~/**гладильный** Glättwalze *f*, Polierwalze *f* ‖ ~/**гладкий** Glattballenwalze *f* ‖ ~/**горизонтальный** Waagerechtwalze *f*, Horizontalwalze *f* ‖ ~/**грибовидный** *s.*~/конический ‖ ~/**двухслойный** Verbundwalze *f (Aufschrumpf- oder Verbundgußwalze)* ‖ ~/**дисковый** Scheibenwalze *f* ‖ ~/**диско-цилиндрический** zylindrische Scheibenwalze *f* ‖ ~/**дробильный** Brech[er]walze *f* ‖ ~/**желобчатый** Rillenwalze *f* ‖ ~/**загибочный** Rundbiegewalze *f*, Biegewalze *f* ‖ ~/**задающий** Einzugwalze *f* ‖ ~/**зубчатый** Zahnwalze *f*, Stachelwalze *f* ‖ ~/**изгибающий** Abbiegerolle *f (Stranggießen)* ‖ ~/**измельчающий** Zerkleinerungswalze *f*, Mahlwalze *f*, Mahlrolle *f* ‖ ~/**калиброванный** *(Wlz)* Formwalze *f*, Kaliberwalze *f*, Profilwalze *f* ‖ ~/**калиброванный отделочный** Kaliberfertigwalze *f (Walzwerk)* ‖ ~/**калибровочный** *s.* ~/калиброванный ‖ ~/**кованый стальной** *(Wlz)* Schmiedestahlwalze *f* ‖ ~/**колесопрокатный** Radwalze *f (Walzwerk)* ‖ ~/**конический** Kegelwalze *f (Kegelwalzwerk)* ‖ ~/**консольный** *s.* ~/выносной ‖ ~/**косой** Schrägwalze *f (Richtmaschine)* ‖ ~/**листопрокатный** Blechwalze *f (Walze zum Blechwalzen)* ‖ ~/**литой** *(Wlz)* Gußwalze *f*, Vor[streck]walze *f*, Rohblock[vor]walze *f* ‖ ~/**литой стальной** Stahlgußwalze *f* ‖ ~/**мелющий** Mahlrolle *f* ‖ ~/**нажимный** Druckwalze *f* ‖ ~/**направляющий** Richtwalze *f*, Führungswalze *f (Hohlwalzwerk)* ‖ ~/**насечённый** Riffelwalze *f*, gerauhte Walze *f* ‖ ~/**неподвижный** Starrwalze *f (Walzenbrecher)* ‖ ~/**неприводный** Schleppwalze *f (Triowalzwerk)* ‖ ~/**нижний** Unterwalze *f* ‖ ~/**обжимный** *(Wlz)* Blockwalze *f*, Vor[streck]walze *f*, Rohblock[vor]walze *f* ‖ ~/**обжимный калиброванный** Vorkaliberwalze *f* ‖ ~/**обкатный** Abrollwalze *f*, Friemelwalze *f* ‖ ~ **обратного хода** Rücklaufwalze *f* ‖ ~ **обратной подачи** Rücklaufwalze *f* ‖ ~/**опорный** 1. Stützwalze *f*, Tragewalze *f*; 2. Zentrierwalze *f (Bandagenwalzwerk)* ‖ ~/**осаживающий** *(Wlz)* Stauchwalze *f* ‖ ~/**основной** *s.* ~/ведущий ‖ ~/**отбелённый** *(Wlz)* Schalenhartgußwalze *f*, Hartgußwalze *f* ‖ ~/**отделочный** *(Wlz)* Polierwalze *f*, Schlichtwalze *f*, Fertigwalze *f* ‖ ~/**параболоидный** parabolische Walze *f* ‖ ~/**парный** Gegenwalze *f* ‖ ~/**передний** Vorderwalze *f* ‖ ~/**периодический** Gesenkwalze *f*, Schmiedewalze *f (mit auf dem Umfang veränderlichem Kaliberquerschnitt)* ‖ ~/**пилигримовый (пильгерный)** Pilger[schritt]walze *f (Rohrwalzwerk)* ‖ ~/**плакирующий** Plattierwalze *f* ‖ ~/**подающий** Zubringerwalze *f*, Förderwalze *f*, Transportwalze *f* ‖ ~/**полированный** *s.* ~/отделочный ‖ ~/**полуотбелённый (полутвёрдый)** *(Wlz)* Halbhartwalze *f*, Mildhartwalze *f*, halbharte Walze *f* ‖ ~/**полый** Hohlwalze *f* ‖ ~/**правильный** Richtwalze *f*, Richtrolle *f* ‖ ~/**предотделочный (предчистовой)** *(Wlz)* Vorschlichtwalze *f* ‖ ~/**приводной** *s.* ~/ведущий ‖ ~/**приёмный** Einzugwalze *f* ‖ ~/**прогладочный** Glättwalze *f* ‖ ~/**прокатный** *(Wlz)* Walzwerkswalze *f* ‖ ~/**профилированный** *(Wlz)* Profilwalze *f*, Formwalze *f*, Kaliber-

валок 78

walze f ll **~/профилирующий** Profilwalze f (Bandagen- und Radscheibenwalzwerk) ll **~/профильный** s. ~/профилированный ll **~/прошивной** Schrägwalze f (Schrägwalzwerk, Rohrwalzwerk) ll **~/рабочий** Arbeitswalze f; Richtwalze f ll **~/ребровый** Stauchwalze f (mit Hochkantkalibern) ll **~/редукционный** [**трубопрокатный**] Reduzierwalze f (Reduzierwalzwerk) ll **~/рифлёный** Riffelwalze f ll **~/сдвоенный** Zwillingswalze f ll ~ **слябинга** Brammenwalze f, Flachwalze f (Brammenstraße) ll **~/соединительный** Blindwalze f (Blindtrio) ll **~/сортовой** Formstahlwalze f ll **~/составной** (Wlz) 1. Verbundgußwalze f; 2. zusammengesetzte Walze f ll **~/средний** Mittelwalze f (Triowalzwerk) ll **~/ступенчатый** (Wlz) Staffelwalze f, Stufenwalze f ll **~/суточный** (Wlz) Platinenwalze f ll ~ **толстолистового стана** Grobblechwalze f ll ~ **тонколистового стана** Feinblechwalze f ll **~/трубопрокатный** Rohrwalze f ll **~/фасонный** (Wlz) Formwalze f, Profilwalze f, Kaliberwalze f ll **~/формовочный** Rundbiegewalze f (Streifenrollmaschine) ll **~/холостой** Blindwalze f; Schleppwalze f ll **~/черновой** (Wlz) Vor[streck]walze f, Grobwalze f ll **~/чистовой** s. ~/отделочный ll **~/шестерённый** Kammwalze f ll **~/эджерный** Stauchwalze f
валопровод m (Schiff) Wellenleitung f
валун m s. валуны
валуны mpl (Geol) Blöcke mpl; Geröll n, Geschiebe n ll **~/гранёные** großflächige Windkanter mpl, Kantengeröll n, Pyramidalgeröll n ll **~/ледниковые** s. ~/эрратические ll **~/пирамидальные** s. ~/гранёные ll **~/эрратические** erratische Blöcke mpl, Findlinge mpl
вал-шестерня m Ritzelwelle f
вальма f (Bw) Walm m
вальцевание n Walzen n, Ausrollen n
вальцевать 1. walzen, abwalzen; 2. einspreizen; bördeln, aufweiten (Fügevorgang)
вальцетокарная f Walzendreherei f
вальцовка f 1. Walzen n, Abwalzen n; 2. Rohrwalze f, Rollmaschine f; 3. Walzenbrecher m; 4. Bördelwerkzeug n (zum Fügen von Bördelverbindungen) ll **~/гладкая** Glattwalzenbrecher m ll **~/зубчатая** Stachelwalzenbrecher m, Zahnwalzenbrecher m
вальцы mpl Walzen fpl (s. a. unter валки) ll **~/гибочные** Biegewalzen fpl (Blechbiegemaschine) ll **~/гладильные** (Text) Plättwalzen fpl (Plättmaschine) ll **~/дробильные** Brechwalzen fpl (Walzenbrecher) ll **~/зубчатые** s. ~/рифлёные ll **~/ковочные** Schmiedewalzen fpl, Gesenkwalzen fpl, Reckwalzen fpl ll **~/листовальные** (Gum) Ausziehwalzen fpl ll **~/листогибочные** Blechbiegewalze f, Plattenbiegewalze f ll **~/листозагибочные** Walzenblechbiegemaschine f ll **~/листоправильные** Blechrichtwalze f, Plattenrichtwalze f ll ~ **мяльной машины/рифлёные** (Text) Knickwalzen fpl (der Flachsknickmaschine) ll **~/нарезные** s. ~/рифлёные ll **~/обогреваемые** Heizwalzen fpl (Straßenbau) ll **~/охлаждающие** Kühlwalzen fpl ll **~/питательные** Speisewalzen fpl, Walzenspeiser m ll **~/подогревательные** (Gum) Vorwärmwerk n ll ~ **предварительного дробления** (Brau) Vorbruchwalzen fpl, Vorbrechwalzen fpl ll **~/прижимные** Andrückwalzen fpl ll **~/промывные** (Led, Gum) Waschwalzwerk n ll **~/пустотелые** Hohlwalzen fpl ll **~/размалывающие** Mahlwalzen n ll **~/рафинировочные** Feinmahlwalzwerk n; (Gum) Refinerwalzwerk n, Refiner m ll **~/рифлёные** Riffelwalzen fpl, geriffelte Walzen fpl ll **~/смесительные** Mischwalzen fpl, Mischwalzwerk n
вальян m (Text) 1. Brustbaum m (Webstuhl); 2. Abnehmer m (Krempel) ll **~/игольный** Nadelbaum m (Doppelplüschwebstuhl) ll **~/очёсный** Kämmlingswalze f (Kämmaschine) ll **~/рифлёный** Riffelbaum m (Seidenwebstuhl) ll ~ **складальной машины** Faltenlegerzugwalze f ll ~ **ткацкого станка** Gewebeabzugsbaum m
валяние n (Text, Led) Walken n ll ~ **в барабане** (Led) Millen n
валять (Text, Led) walken
ванадат m (Ch) Vanadat n
ванадиевокислый (Ch) ...vanadat n; vanadinsauer
ванадиевый (Ch) Vanadin...
ванадий m (Ch) Vanadin n, V
ванадинит m (Min) Vanadinit m, Vanadinbleierz n
ванна f 1. Wanne f; Bottich m; 2. (Bw) Bad n; 3. Badewanne f; 4. (Pap) Trog m; 5. (Met) Schmelze f, Schmelzbad n ll **~/виражная** (Photo) Ton[ungs]bad n ll **~/восстановительная** (Ch) Reduktionsbad n ll **~/вращающаяся** (Glas) Drehwanne f ll **~/вулканизационная** Vulkanisierbad n ll **~/высадительная** (Text) Spinnbad n, Fällbad n ll **~/гальваническая** (Ch) Galvanisier[ungs]bad n, galvanisches Bad n ll **~/дубящая** (Photo) Härtebad n ll **~/жидкая** Schmelzbad n ll **~/закалочная** (Härt) Härtebad n, Abschreckbad n ll **~/заключительная** (Photo) Schlußbad n, Schlußwässerung f ll **~/закрепляющая** (Photo) Fixierbad n ll **~/заправочная** (Text) Ansatzbad n, Eingangsflotte f ll **~/золотая** (Photo) Goldbad n ll **~/квасильная** (Lebm) Säuerungswanne f ll **~/кислотная** 1. Säurebad n; 2. (Bgb) Säurewanne f (Bohrung) ll **~/коагуляционная** (Text) Koagulationsbad n, Koagulierbad n (Chemieseidenspinnerei) ll **~/концентрированная** (Text) Spinnbadkonzentrat n (Chemiefaserherstellung) ll **~/красильная** (Text) Färbebad n, Färbeflotte f ll **~/макательная** Tauchwanne f, Tauchtank m ll **~/масляная** Ölbad n ll **~/моечная** Waschbottich m, Spülwanne f (Beizanlage) ll **~/мягчильная** (Led) Beizbad n ll **~/нефтяная** (Bgb) Ölwanne f (Bohrung) ll **~/осадительная** 1. (Text) Spinnbad n, Fällbad n (Chemiefasern); 2. (Met) Scheidebad n (NE-Metallurgie); 3. (Ch) Fällbad n ll **~/осветляющая** (Photo) Klärbad n ll **~/ослабляющая** (Photo) Abschwächungsbad n ll **~/отбеливающая** (Photo) Bleichbad n ll **~/отмочная** (Brau) Weichbad n (Flaschenreinigung) ll **~/отработанная осадительная** (Text) gebrauchtes (verbrauchtes) Spinnbad n (Chemiefaserherstellung) ll **~/охладительная (охлаждающая)** 1. (Härt) Härtebad n, Abschreckbad n; 2. (Text) Kühlbad n ll ~ **печи** (Met) Ofenwanne f ll **~/плавильная** (Met) Schmelzwanne f (eines Ofens) ll **~/пластификационная** (Text) Plastifizierungsbad n (Che-

miefaserherstellung) || ~/**поливочная** Gießerwanne f (Filmherstellung) || ~/**предварительная** (Photo) Vorbad n || ~ **припоя** (Schw) Lotbad n || ~/**промыв[оч]ная** Waschbottich m, Spülwanne f (Beizanlage) || ~/**пропиточная** Imprägnierbad n, Tränkbad n || ~/**проявляющая** (Photo) Entwicklungsbad n || ~/**прядильная** (Text) Spinnbad n || ~ **расплава** Schmelzwanne f (eines Ofens) || ~/**сварочная** (Schw) Schweißbad n; flüssige Schweiße f || ~/**соляная** (Gieß, Härt) Salzbad n, Salzbadschmelze f || ~/**стальная** Stahlbad n, Stahlschmelze f (im Ofen) || ~/**травильная** 1. Beizbad n; Ätzbad n; 2. Beizbehälter m, Beizbottich m || ~/**формовочная** (Ch) Formierwanne f, Formier[ungs]bad n; 2. (Text) Gießwanne f (Chemiefaserherstellung) || ~/**цианистая** (Ch) Nitrierbad n, Cyan[ier]bad n || ~/**шлаковая** (Met) Schlackenbad n, Schlackenwanne f || ~/**щелочная** alkalisches Bad n, Laugenbad n || ~ **электродной проволоки/сварочная** (Schw) aufgeschmolzener Werkstoff m || ~/**электролитическая** elektrolytisches Bad n, Elektrolysebad n; galvanisches Bad n, Galvanisierbad n; (Met) Elektrolyse[n]ofen m; Zelle f (des Elektrolyseofens)
ванта f Hängeseil n, Abspannseil n, Tragseil n; (Schiff) Want f; Wanttau n
вантгоффит m (Min) Vanthoffit m (Salzmineral)
вант-путенс (Schiff) Pütting f, Püttingeisen n
вантуз m Entlüftungsventil n; Rohrentlüfter m (Sanitärtechnik) || ~/**воздушный** Entlüftungsventil n
вар m 1. (El) Blindleistung f in VA, VAr (Einheit der Blindleistung); 2. Pech n || ~/**чёрный** Steinkohlenteerpech n; Holzteerpech n
варактор m (El) Varaktor m, Kapazitätsdiode f
варианта f (Math) Variante f
вариатор m 1. (Masch) stufenlos regelbares Getriebe n; 2. Variator m; 2. (El) Variator m; 3. rotierender Kondensator m (des Beschleunigers)
вариационный Variations...
вариация f 1. Änderung f, Variation f; 2. (Meß) Streuung f; 3. (Astr) Variation f (Störung der Mondbahn); 4. (Math) Variation f, Schwankung f (der Funktion) || ~/**вековая** (Geoph) Säkularvariation f || ~/**двойная** (Krist) Doppelvariationsmethode f (Brechungsindex) || ~/**магнитная** (Geoph) Variation f des Magnetfeldes || ~ **нагрузок** Streubreite f der Kraft (Härtemessung) || ~ **показаний** (Meß) Umkehrspanne f || ~/**продолжительности суток** (Geoph) Tageslängenschwankungen fpl || ~ **результатов** (Meß) Streuung f der Ergebnisse (Meßwerte) || ~/**случайная** Zufallsgröße f (statistische Qualitätskontrolle) || ~ **функции** s. вариация 4.
варикап m (Eln) Kapazitäts[variations]diode f, Varikap f
варикoнд m (Eln) Varikond m (Kondensator)
вариограф m s. вариометр-самописец
вариолит m (Geol) Variolith m, Pockenstein m
вариометр m 1. (El) Variometer n; 2. (Flg) Variometer n, Steig- und Sinkgeschwindigkeitsmesser m || ~ **настройки** (El) Abstimmvariometer n, Kanalwähler m, Tuner m || ~/**образцовый** Normalvariometer n || ~/**самопишущий** s. вариометр-самописец || ~ **связи** Variokoppler m || ~/**шаровой** Kugelvariometer n

вариометр-самописец m (El) registrierendes Variometer n, Registriervariometer n, Variograph m
вариообъектив m (Photo) Varioobjektiv n, Zoom[objektiv] n, Autozoom m
вариоскоп m Varioskop n
варистор m (El) Varistor m, spannungsabhängiger Widerstand m, VDR-Widerstand m || ~/**дисковый** Scheibenvaristor m || ~/**полупроводниковый** s. варистор || ~/**стержневой** Stabvaristor m
варисцит m (Min) Variscit m
варить 1. kochen; brauen; sieden (Seife); schmelzen (Glas); 2. (Pap) aufschließen, kochen; 3. (Met) schmelzen
варка 1. Kochen n; 2. Sud m; 3. (Pap) Aufschluß m, Kochung f; 4. Schmelze f || ~/**бисульфитная** s. ~/**двухступенчатая** (Pap) Zweistufenkochung f || ~ **на кристалл** Kochen n auf Korn (Zuckergewinnung) || ~/**натронная** (Pap) Natronaufschluß m || ~ **стекла** Glasschmelzen n || ~/**ступенчатая** (Pap) Stufenkochung f || ~/**сульфатная** (Pap) Sulfatkochung f, Sulfataufschluß m || ~/**сульфитная** (Pap) Sulfitkochung f, Sulfitaufschluß m || ~/**трудная** Schwerkochen n [der Füllmasse] (Zuckergewinnung) || ~ **утфеля** Verkochen n auf Füllmasse (Zuckergewinnung) || ~/**чёрная** (Pap) Schwarzkochung f
барметр m (El) Varmeter n, Blindleistungsmesser m
варница f 1. Salzsiederei f, Saline f; 2. (Brau) Sudhaus n || ~/**блочная** Sudhaus n mit Blocksudwerk
варочный 1. Koch..., Siede...; 2. (Brau) Sud...
вар-час m Varstunde f, var·h
варьирование n (Math) Variation f (der Funktion)
вата f Watte f || ~/**металлическая** Stahlwolle f || ~/**минеральная** (Bw) Mineralwatte f, Mineraldämmstoffwolle f || ~/**перевязочная** (Text) Verbandwatte f || ~/**стеклянная** (Bw) Glaswolle f, Glaswatte f || ~/**чесальная** (Text) Kardenvlies n || ~/**шлаковая** (Bw) Schlackenwolle n
ватер m s. машина непрерывного действия/прядильная
ватержакет m 1. Wassermantel m (Schmelzofen); 2. Wassermantelofen m (NE-Metallurgie)
ватерлиния f (Schiff) Wasserlinie f || ~/**аварийная** Leckwasserlinie f || ~/**грузовая** Ladelinie f, Tiefladelinie f || ~/**действующая** Schwimmwasserlinie f || ~/**дифферентная** Trimmwasserlinie f || ~/**конструктивная** Konstruktionswasserlinie f || ~/**критическая** kritische Wasserlinie f || ~/**окончательная** endgültige Wasserlinie f || ~/**предельная** Grenzwasserlinie f || ~/**распределительная грузовая** Schottenladelinie f
ватерпас m (Wkz) Wasserwaage f, Libelle f || ~/**плотничий** mannshohe Dosenlibelle f || ~/**карманный** Setzwaage f
ватка f (Text) Faserflor m, Vlies n, Faservlies n, Pelz m
ваткообразователь m (Text) Pelzbildner m (Nähwirkerei)
ватт m (El) Watt n, W (SI-Einheit der Leistung, 1 Watt = 1 Joule/Sekunde) || ~ **на квадратный метр** Watt n pro Quadratmeter, W/m^2 || ~ **на**

ватт

квадратный метр-стерадиан Watt *n* pro Quadratmeter und Steradiant, W/(m² · sr) ‖ ~ **на метр-кельвин** Watt *n* pro Meter und Kelvin, W/(m² · K) ‖ ~ **на стерадиан** Watt *n* pro Steradiant, W/sr

ваттварметр *m (El)* Wirk-und-Blindleistungs-Messer *m*

ваттметр *m (El)* [elektrischer] Leistungsmesser *m*, Wattmeter *n* ‖ ~**/активный** Wirkleistungsmesser *m* ‖ ~**/астатический** astatischer Leistungsmesser *m* ‖ ~**/высокочастотный** Hochfrequenzleistungsmesser *m* ‖ ~**/диодный** Diodenleistungsmesser *m* ‖ ~**/индукционный** Induktionsleistungsmesser *m* ‖ ~**/ламповый** Röhrenleistungsmesser *m* ‖ ~**/многофазный** Mehrphasenleistungsmesser *m*, Leistungsmeßbrücke *f* ‖ ~**/однофазный** einphasiges Wattmeter *n*, Einphasenleistungsmesser *m* ‖ ~ **переменного тока** Wechselstromleistungsmesser *m* ‖ ~ **постоянного тока** Gleichstromleistungsmesser *m* ‖ ~**/реактивный** Blindleistungsmesser *m*, Varmeter *n* ‖ ~ **с вращающимся полем/индукционный** Drehfeldleistungsmesser *m* ‖ ~**/тепловой** thermischer Leistungsmesser *m*; Hitzdrahtleistungsmesser *m* ‖ ~**/термоэлектрический** thermoelektrischer Leistungsmesser *m* ‖ ~**/трёхфазный** Dreiphasenleistungsmesser *m*; Drehstromleistungsmesser *m* ‖ ~**/ферродинамический** ferrodynamischer Leistungsmesser *m* ‖ ~**/щитовой** Schalttafelleistungsmesser *m* ‖ ~**/электродинамический** elektrodynamischer (dynamometrischer) Leistungsmesser *m* ‖ ~**/электронный** elektronischer Leistungsmesser *m* ‖ ~**/электростатический** elektrostatischer Leistungsmesser *m* ‖ ~**/эталонный** Normalleistungsmesser *m*

ваттметровый *(El)* Leistungsmesser..., wattmetrisch, Wattmeter...

ватт-секунда *f s.* джоуль

ватт-час *m (El)* Wattstunde *f*, Wh

ВАХ *s.* характеристика/вольт-амперная

ВБ *s.* бьеф/верхний

Вб *s.* вебер

вбивание *n (Bw)* Einrammen *n*, Eintreiben *n*

ВВ *s.* 1. вещество/взрывчатое; 2. величина заряда

В/В *s.* ввод/вывод

ввальцовывать *(Wlz)* einwalzen

вварка *f (Schw)* Einschweißen *n (in Öffnungen)*

введение *n* 1. Einführung *f*, Einleitung *f*; 2. *(TV)* Einblendung *f* ‖ ~ **в стек** *(Inf)* Kellerung *f*, Stapelung *f* ‖ ~ **в эксплуатацию** Inbetriebnahme *f*, Inbetriebsetzen *n* ‖ ~ **затравки в ковш** *(Met, Gieß)* Pfanneninpfung *f* ‖ ~ **лигатуры** *(Met, Gieß)* 1. Impfen *n*; Modifizieren *n*; 2. Legieren *n*; Hinzulegieren *n*; 3. Einführen *n* des Magnesiums *(Herstellung von Gußeisen mit Kugelgraphit)* ‖ ~ **модификатора в ковш** *(Met, Gieß)* Pfanneninpfung *f* ‖ ~ **носителей заряда** Ladungsträgerinjektion *f* ‖ ~ **примесей** Dotieren *n (Halbleiter)* ‖ ~ **примесных атомов** Dotieren *n (Halbleiter)* ‖ ~ **утка** *(Text)* Eintragen *n* des Schusses, Schußeintrag *m (Weberei)*

ввёртывать einschrauben

ввести *s.* вводить

ввинтить, ввинчивать einschrauben

ввод *m* Einführung *f*, Einführen *n*, Einbringen *n*; 2. Einlaßleitung *f*; 3. *(El)* Durchführung *f (Leitung)*; 4. *(Inf)* Eingabe *f*, Input *m* ‖ ~**/абонентский** *(Nrt)* Teilnehmeranschluß *m* ‖ ~**/автоматический** *(Inf)* automatische Eingabe *f* ‖ ~**/автономный** *(Inf)* Off-line-Eingabe *f*, direkte Eingabe *f* ‖ ~**/алфавитно-цифровой** *(Inf)* alphanumerische Eingabe *f* ‖ ~**/алфавитный** *(Inf)* alphabetische Eingabe *f* ‖ ~**/аналоговый** *(Inf)* Analogeingabe *f* ‖ ~**/аналого-цифровой** *(Inf)* Hybrideingabe *f* ‖ ~**/анодный** *(El)* Anodendurchführung *f*, Anodenanschluß *m* ‖ ~**/антенный** Antenneneinführung *f*, Antennenanschluß *m* ‖ ~ **в действие** Inbetriebnahme *f*, Inbetriebsetzung *f* ‖ ~ **в док** *(Schiff)* Eindocken *n* ‖ ~ **в реальном масштабе времени** *(Inf)* Echtzeiteingabe *f* ‖ ~ **в режиме диалога** *(Inf)* dialogunterstützte Eingabe *f* ‖ ~ **в режиме «он-лайн»** *(Inf)* On-line-Eingabe *f*, direkte Eingabe *f* ‖ ~ **в режиме «оф-лайн»** *(Inf)* Off-line-Eingabe *f* ‖ ~ **в эксплуатацию** *s.* ~ в действие ‖ ~**/вакуумный** Vakuumdurchführung *f* ‖ ~ **вручную** *(Inf)* manuelle Eingabe *f* ‖ ~**/высоковольтный** *(El)* Hochspannungsdurchführung *f* ‖ ~ **данных** *(Inf)* Dateneingabe *f* ‖ ~ **данных о процессе** *(Inf)* Prozeßdateneingabe *f* ‖ ~ **данных/ручной** manuelle Dateneingabe *f* ‖ ~**/дистанционный** *(Inf)* Ferneingabe *f* ‖ ~**/дистанционный пакетный** *(Inf)* Stapelferneingabe *f* ‖ ~ **заданий** *(Inf)* Jobeingabe *f*, Auftragseingabe *f* ‖ ~ **заданий/дистанционный** Jobferneingabe *f*, Auftragsferneingabe *f* ‖ ~ **информации** *(Inf)* Informationseingabe *f*, Dateneingabe *f* ‖ ~**/кабельный** *(El)* Kabeleinführung *f*, Kabelanschluß *m* ‖ ~ **кислорода сверху** *(Met)* Sauerstoffaufblasen *n (Konverter)* ‖ ~**/конденсаторный** *(El)* Kondensatordurchführung *f* ‖ ~ **линии** *(El)* Leitungseinführung *f* ‖ ~**/многопроводный высоковольтный** *(El)* Mehrleiter-Hochspannungsdurchführung *f* ‖ ~**/непосредственный** *(Inf)* direkte Eingabe *f*, Direkteingabe *f* ‖ ~**/непрерывный** *(Inf)* kontinuierliche Eingabe *f* ‖ ~**/основной** *(Inf)* Primäreingabe *f* ‖ ~**/парафазный** *(Inf)* bipolare Eingabe *f* ‖ ~**/первичных данных** *(Inf)* Primäreingabe *f* ‖ ~**/последовательный** *(Inf)* Serieneingabe *f* ‖ ~ **проводов** *(El)* Leitungseinführung *f* ‖ ~ **программы** *(Inf)* Programmeingabe *f* ‖ ~**/речевой** *(Inf)* Spracheingabe *f* ‖ ~**/ручной** *(Inf)* manuelle Eingabe *f* ‖ ~ **с буферизацией** *(Inf)* gepufferte Eingabe *f* ‖ ~ **с клавиатуры** Tastatureingabe *f* ‖ ~ **с магнитной ленты** *(Inf)* Magnetbandeingabe *f* ‖ ~ **с перфокарт** *(Inf)* Lochkarteneingabe *f* ‖ ~ **с перфолент** *(Inf)* Lochstreifeneingabe *f* ‖ ~**/сеточный** *(El)* Gitterzuführung *f*, Gitterzuleitung *f* ‖ ~ **сквозь стену** Mauerdurchführung *f*, Wanddurchführung *f* ‖ ~**/телефонный** Fernsprechanschluß *m* ‖ ~**/токовый** Stromzuführung *f* ‖ ~**/трансформаторный** Transformatordurchführung *f* ‖ ~**/фарфоровый** Porzellandurchführung *f* ‖ ~**/цифровой** *(Inf)* numerische Eingabe *f* ‖ ~ **чисел** *(Math)* Zahleneingabe *f* ‖ ~**/штепсельный** *(El)* Steckanschluß *m*

ввод-вывод *m (Inf)* Ein-/Ausgabe *f*, E/A, I/O, Input/Output *m* ‖ ~ **информации** Informations-Ein-/Ausgabe *f*, E/A von Informationen ‖ ~**/параллельный** parallele Ein-/Ausgabe *f*

‖ ~/последовательный serielle Ein-/Ausgabe f, SIO
вводить 1. einführen, einleiten; 2. *(Inf)* eingeben *(Daten)*; 3. *(Fert)* zuführen *(z. B. Teile zur Montage)*; 4. *(Fert)* einsetzen *(Montagevorgang)* ‖ ~ в зацепление in Eingriff bringen ‖ ~ в эксплуатацию in Betrieb setzen ‖ ~ вручную von Hand ausführen
вводный 1. Einführungs...; 2. *(Inf)* Eingabe...
ввязывать *(Text)* einstricken
ВГД *s.* вентилятор горячего дутья
вгонка *f (Typ)* 1. Einbringen *n (der Zeile)*; 2. Anhängen *n (des Textes ohne Absatz)*
вгонять eintreiben, einschlagen
вдавить *s.* вдавливать
вдавливание *n* Eindrücken *n*, Einpressen *n*
вдавливать eindrücken, einpressen
вдавливаться *(Fert)* eindringen *(z. B. Schneide in den Werkstoff)*
вдвигать einschieben
ВДГ *s.* дизель-генератор/вспомогательный
вдевание *n* нитки *(Text)* Einfädeln *n*
вдувание *n* Einblasen *n*, Aufblasen *n* ‖ ~ горячей смеси *(Kfz)* Gemischeinblasung *f*, Gemischzuführung *f* ‖ ~ кислорода *(Met)* Sauerstoffeinblasen *n* ‖ ~ кислорода сверху *(Met)* Sauerstoffaufblasen *n (Konverter)* ‖ ~/прямое Direkteinblasung *f (Staubfeuerung)*
вдувать einblasen ‖ ~ воздух *(Met)* [ein]blasen *(Wind)* ‖ ~ горячий воздух *(Met)* mit Heißwind blasen (fahren), heißblasen ‖ ~ холодный воздух *(Met)* mit Kaltwind blasen (fahren), kaltblasen
вебер *m* Weber *n*, Wb *(Einheit des magnetischen Flusses)*
ведение *n* Führung *f*; Nachführung *f (s. a. unter* гидрование*)* ‖ ~ базы данных *(Inf)* Datenbankwartung *f* ‖ ~ брожения *(Brau)* Gärführung *f* ‖ ~ брожения/тёплое warme Gärführung *f* ‖ ~ брожения/холодное kalte Gärführung *f* ‖ ~ варки *(Pap)* Kocherführung *f* ‖ ~ доменной плавки *(Met)* Hochofenführung *f* ‖ ~ печи *(Met, Gieß)* Ofenführung *f* ‖ ~ плавки *(Met)* Schmelzführung *f* ‖ ~ солодоращения Malzbereitungsprozeß *m (Mälzerei)* ‖ ~ сушки солода Darrführung *f*, Darrschema *n*; Darregime *n (Mälzerei)* ‖ ~ телескопа *s.* ~/часовое ‖ ~/часовое *(Astr)* Nachführung *f (eines Fernrohrs)*
ведомость *f*/багажная *(Flg)* Gepäckliste *f*
ведомый 1. *(Masch)* getrieben *(z. B. Kettenrad)*; 2. *(Inf)* Slave..., Tochter..., Neben... ‖ ~ сетью *(El)* netzgeführt
ведро *n*/доильное *(Lw)* Melkkanne *f*, Melkeimer *m*
ведущий *(Masch)* treibend *(z. B. Kettenrad)*
веер *m* Fächer *m* ‖ ~ равносигнальных зон *(Rad)* Leitstrahlfächer *m* ‖ ~ разрежения *(Aero)* Verdünnungsfächer *m (Prandtl-Meyer-Strömung)* ‖ ~ световых пучков Lichtfächer *m*
веерность *f* Fächerung *f*
веерный Fächer..., fächerartig, fächerförmig
вездеход *m* geländegängiges Fahrzeug *n*, Geländefahrzeug *n*
везувиан *m (Min)* Vesuvian *m*
век *m* 1. Zeitalter *n*, Zeit *f*; Jahrhundert *n*, Säkulum *n*; 2. *(Geol)* Zeitabschnitt *m* einer Epoche *(entspricht der Bildungszeit einer Stufe)*

вековой *(Astr)* säkular
вектограф *m* Vektograph *m*, Stereovektograph *m*
вектор *m* 1. *(Math, Ph)* Vektor *m*; 2. *(El)* Zeiger *m (einer komplexen Wechselgröße)* ‖ ~/аксиальный *s.* ~/осевой ‖ ~/базисный Basisvektor *m (Elementarzelle)* ‖ ~ Бюргерса *(Krist)* Burgers-Vektor *m (Versetzung)* ‖ ~ ветра Windvektor *m* ‖ ~ вихра Wirbelvektor *m* ‖ ~/вихревой Wirbelvektor *m* ‖ ~ возмущения Störungsvektor *m* ‖ ~/волновой *(Ph)* Wellen[zahl]vektor *m* ‖ ~ вращения Rotationsvektor *m* ‖ ~/временной *s.* вектор 2. ‖ ~ деформаций Deformationsvektor *m* ‖ ~/единичный Einheitsvektor *m* ‖ ~ излучения Strahlungsvektor *m* ‖ ~/итерации *(Math)* Iterationsvektor *m* ‖ ~/касательный *(Math)* Tangentenvektor *m* ‖ ~/ковариантный *(Math)* kovarianter (dualer) Vektor *m* ‖ ~ колебания Schwingungsvektor *m* ‖ ~/контравариантный *(Math)* kontravarianter Vektor *m* ‖ ~ кривизны *(Math)* Krümmungsvektor *m* ‖ ~ Лапласа Laplacescher Vektor *m* ‖ ~ медленности *(Geoph)* Slowness-Vektor *m*, „Langsamkeits"-Vektor *m* ‖ ~/направляющий *(Math)* Richtungsvektor *m* ‖ ~ напряжения *(El)* Spannungszeiger *m* ‖ ~ нормали *(Math)* Normalenvektor *m* ‖ ~/нормированный *(Math)* normierter Vektor *m* ‖ ~/осевой *(Math)* axialer Vektor *m* ‖ ~ переноса *(Math)* Translationsvektor *m* ‖ ~ Пойнтинга *(Ph)* Poyntingscher Vektor *m*, Poynting-Vektor *m* ‖ ~ поля Feldvektor *m* ‖ ~/пространственный *(Math)* räumlicher (raumartiger) Vektor *m* ‖ ~/световой Lichtvektor *m* ‖ ~/свободный *(Math)* freier Vektor *m* ‖ ~/связанный *(Math)* gebundener Vektor *m* ‖ ~/скользящий linienflüchtiger Vektor *m* ‖ ~ скорости Geschwindigkeitsvektor *m* ‖ ~ смещения *(Math, Krist)* Verschiebungsvektor *m* ‖ ~/собственный Eigenvektor *m* ‖ ~ сопротивления *(El)* Widerstandszeiger *m* ‖ ~ состояния Zustandsvektor *m* ‖ ~ тока *(El)* Stromzeiger *m* ‖ ~ угловой скорости *(Math)* Winkelgeschwindigkeitsvektor *m*, Vektor *m* der Winkelgeschwindigkeit
векториальность *f s.* анизотропия
веркторкардиограмма *f* Vektorkardiogramm *n*
веркторкардиограф *m* Vektorkardiograph *m*
векторный vektoriell, Vektor...
вектор-потенциал *m (Ph)* Vektorpotential *n*
вектор-прообраз *m (Math)* Urbildvektor *m*
вектор-решение *n (Math)* Lösungsvektor *m*
вектор-функция *f (Math)* Vektorfunktion *f* ‖ ~/линейная lineare Vektorfunktion *f* ‖ ~/скалярная линейная skalare lineare Vektorfunktion *f*
величина *f* 1. Größe *f*, Wert *m*, Betrag *m (s. a. unter* значение *1.,* параметр *1.)*; 2. Maßzahl *f*; 3. *(Astr) s.* ~/звёздная ‖ ~/абсолютная 1. absoluter Betrag *m*, absoluter Wert *m*, Absolutwert *m*, absolute Größe *f*; 2. *s.* ~/звёздная абсолютная ‖ ~/абсолютная [звёздная] *(Astr)* absolute Helligkeit *f (normierte Sternhelligkeit)* ‖ ~/активная *(Kyb)* Wirkgröße *f* ‖ ~/амплитудная Amplitudenwert *m*, Amplitude *f* ‖ ~/аналоговая *(Inf)* analoge Größe *f*, Analoggröße *f* ‖ ~/безразмерная dimensionslose Größe *f* ‖ ~/бесконечная unendlich großer Wert *m* ‖ ~/бесконечно малая *(Math)* unendlich kleine

величина

Größe *f* ll ~/**болометрическая звёздная** *(Astr)* bolometrische Helligkeit *f* ll ~/**векторная** Vektor *m*, vektorielle Größe *f* ll ~/**видимая звёздная** *(Astr)* scheinbare Helligkeit *f* ll ~/**визуальная звёздная** *(Astr)* visuelle Helligkeit *f* ll ~/**влияющая** Einflußgröße *f* ll ~ **внешнего возмущения** *(Reg)* Fremdstörgröße *f* ll ~ **внутреннего возмущения** *(Reg)* Eigenstörgröße *f* ll ~ **возврата** *(El)* Rückfallwert *m*, Rückgangswert *m*, Abfallwert *m (eines Relais)* ll ~/**возмущающая** *(Reg)* Störgröße *f* ll ~/**вторичная** sekundäre Größe *f* ll ~/**входная** *(Reg)* Eingangsgröße *f* ll ~/**выходная** *(Reg)* Ausgangsgröße *f* ll ~/**вычисляемая** zu berechnende Größe *f*, Rechengröße *f* ll ~/**геометрическая** geometrische Größe *f* ll ~/**геометрическая измеряемая** geometrische Meßgröße *f* ll ~/**двупреломления** *(Krist)* Doppelbrechungsgröße *f*, Doppelbrechungswert *m* ll ~/**действительная** Istgröße *f* ll ~/**действующая** Effektivwert *m*, effektiver (wirksamer) Wert *m* ll ~/**дискретная** diskrete Größe *f* ll ~ **добротности** Gütewert *m* ll ~/**дополнительная** *(Inf)* Komplementwert *m* ll ~ **допуска** *(Meß)* Toleranzwert *m*, Toleranzgröße *f* ll ~/**допустимая** zulässiger Wert *m* ll ~ **ёмкости** *(El)* Kapazitätswert *m* ll ~/**жёлтая звёздная** *(Astr)* Gelbhelligkeit *f* ll ~/**заданная** Vorgabegröße *f*, [vorgegebene] Sollgröße *f*; Vorgabewert *m*, [vorgegebener] Sollwert *m* ll ~/**задающая** *(Kyb)* Führungsgröße *f* ll ~ **заряда** 1. *(Eln)* Ladungsgröße *f*; 2. *(Bgb, Bw)* Ladungsgröße *f*, Ladungsmenge *f (Sprengstoff)* ll ~ **затухания** *(El)* Dämpfungsmaß *n* ll ~/**звёздная** *(Astr)* Größe *f*, Größenklasse *f (Maßeinheit für die Helligkeit eines Gestirns)* ll ~ **зёрен** Korngröße *f*, Körnung *f*; mittlerer Korndurchmesser *m* ll ~/**изменяющаяся** veränderliche Größe *f*, Variable *f* ll ~/**измеренная** gemessene Größe *f*, Meßgröße *f*, gemessener Wert *m* ll ~/**измеримая** meßbare Größe *f* ll ~/**измерительная** Meßgröße *f*, Meßwert *m* ll ~/**измеряемая** zu messende Größe *f*, Meßgröße *f* ll ~ **импульса** Impulsgröße *f* ll ~ **индуктивности** *(El)* Induktivitätswert *m* ll ~ **инкремента** *(Inf)* Schrittgröße *f* ll ~/**интенсивная** *(Therm)* intensive Größe *f*, Qualitätsgröße *f (von Systemgröße unbeeinflußt)* ll ~/**искомая** gesuchte Größe *f* ll ~/**истинная** Istwert *m*, wahrer Wert *m*, tatsächlicher Wert *m* ll ~/**исходная** Ausgangsgröße *f*, Ausgangswert *m*; Bezugsgröße *f* ll ~/**кажущаяся** scheinbare Größe *f*, Scheingröße *f* ll ~/**компенсирующая** Abgleichswert *m* ll ~ **критическая** kritische Größe *f*, kritischer Wert *m* ll ~ **линейного питания** *(Text)* Speiselänge *f (Kämmaschine)* ll ~/**максимальная** Höchstwert *m*, Maximalwert *m*, Größtwert *m* ll ~/**минимальная** Mindestwert *m*, Minimalwert *m*, Kleinstwert *m* ll ~/**мнимая** 1. imaginäre Größe *f*; 2. Blindgröße *f* ll ~/**направленная** gerichtete Größe *f* ll ~ **напряжения** *(El)* Spannungswert *m* ll ~/**неизвестная** unbekannte Größe *f* ll ~/**непрерывная** stetige Größe *f* ll ~/**номинальная** Nenngröße *f*, Nennwert *m* ll ~/**обратная** reziproke Größe *f*, Kehrwert *m* ll ~/**ожидаемая** Erwartungswert *m*, zu erwartende Größe *f (z. B. eines Meßwertes)* ll ~/**опорная** Bezugsgröße *f*, Referenzgröße *f* ll ~/**оптимальная** optimaler Wert *m*, Optimum *n* ll ~/**оптими-**

82

зируемая zu optimierende Größe *f*, Optimierungsgröße *f* ll ~/**опытная** Versuchswert *m*; Erfahrungswert *m* ll ~/**ориентировочная** Richtwert *m* ll ~/**основная** Basisgröße *f*, Bezugsgröße *f* ll ~/**остаточная** Restwert *m*, Restbetrag *m* ll ~ **отклонения** 1. Regelabweichung *f*; 2. Größe *f* der Abweichung ll ~/**относительная** bezogener Wert *m*, Verhältniswert *m*, Relativwert *m* ll ~ **отпускания** Abfallwert *f (eines Relais)* ll ~ **отсчёта** Bezugsgröße *f*, Referenzgröße *f* ll ~/**переменная** Veränderliche *f*, Variable *f* ll ~ **переменного тока** *(El)* Wechselstromgröße *f* ll ~ **погрешности** *(Meß)* Fehlergröße *f*; Größe *f* einer Abweichung ll ~/**подкритическая** *(Ph)* unterkritischer Wert *m* ll ~ **поля** *(Ph)* Feldgröße *f* ll ~ **помех** *(Reg)* Störgröße *f* ll ~/**пороговая** *(Reg)* Schwell[en]wert *m*, Ansprechwert *m (eines Relais)* ll ~/**постоянная** Konstante *f*, konstante Größe *f*, Unveränderliche *f*, *(Inf)* Festwert *m* ll ~/**постоянная во времени** zeitkonstante Größe *f*, Zeitkonstante *f* ll ~ **постоянного тока** *(El)* Gleichstromgröße *f* ll ~/**предельная** Grenzwert *m*; *(Astr)* Grenzgröße *f* ll ~/**приближённая** Näherungswert *m* ll ~ **приращения** *(Inf)* Schrittgröße *f* ll ~/**производная** abgeleitete Größe *f* ll ~/**произвольная** beliebiger Wert *m* ll ~ **пролёта** *(Bw)* Spannweite *f*, Stützweite *f* ll ~/**радиометрическая звёздная** *(Astr)* radiometrische Helligkeit *f* ll ~ **разрыва** *s*. ~ **скачка** ll ~/**реактивная** *(El)* Blindgröße *f* ll ~ **регулирования/эквивалентная** äquivalente Regelgröße *f*, Ersatzregelgröße *f* ll ~/**регулируемая** zu regelnde Größe *f*, Regelgröße *f* ll ~/**регулирующая** regelnde Größe *f*, Stellgröße *f* ll ~ **регулирующего воздействия** *(Reg)* Stellgröße *f* ll ~/**сверхкритическая** *(Ph)* überkritischer Wert *m* ll ~/**световая** lichttechnische (photometrische) Größe *f (Sammelbegriff für Lichtstärke, Lichtstrom, Beleuchtungsstärke)* ll ~ **светочувствительности** *(Photo)* Empfindlichkeitswert *m* ll ~ **сдвига перекрытий** *(Text)* Zählzahl *f*, Steigerungszahl *f (Schußatlasbindung)* ll ~ **симметрии** *(Krist)* Symmetriegrad *m* ll ~ **системы/выходная** *(Reg)* Systemausgangsgröße *f* ll ~ **скачка** *(Ph)* Sprungwert *m*, Sprunggröße *f* ll ~/**случайная** *(Math)* Zufallsgröße *f (Wahrscheinlichkeitstheorie)* ll ~/**случайная переменная** Zufallsvariable *f (Statistik)* ll ~ **Солнца/звёздная** *(Astr)* Helligkeit *f* der Sonne *(im Größenklassensystem)* ll ~ **сопротивления** Widerstandswert *m* ll ~/**сравниваемая** Vergleichsgröße *f*, Vergleichswert *m* ll ~/**среднеквадратическая** quadratische Mittelwert *m*, mittlerer quadratischer Wert *m* ll ~/**средняя** Mittel *n*, Mittelwert *m*, Durchschnitt [-swert] *m* ll ~/**статистическая** statistischer Wert *m* ll ~/**статистически достоверная** statistisch gesicherter Wert *m* ll ~/**стохастическая** *s*. случайная ll ~ **тока** *(El)* Strom[stärke]wert *m* ll ~ **трогания** *(Reg)* Ansprechwert *m (Relais)* ll ~ **угловая** Winkelgröße *f*, Winkelwert *m* ll ~/**ультрафиолетовая звёздная** *(Astr)* Ultraviolethelligkeit *f* ll ~/**управляемая** *(Reg)* gesteuerte Größe *f* ll ~/**управляющая** Steuergröße *f* ll ~/**установочная** *(Reg)* Einstellgröße *f* ll ~/**фактическая** tatsächlicher Wert *m*, Istwert *m* ll ~/**фотовизуальная звёздная** *(Astr)* pho-

вентиляция

tovisuelle Helligkeit f, Gelbhelligkeit f ‖ **~/фотографическая звёздная** (Astr) photographische Helligkeit f, Blauhelligkeit f ‖ **~/характеристическая** Kenngröße f ‖ **~/цифровая** (Inf) digitale Größe f ‖ **~ частиц** Teilchengröße f, Korngröße f ‖ **~ шага** (Inf) Schrittgröße f ‖ **~ шероховатости** Rauh[igkeits]tiefe f (Werkstückoberfläche) ‖ **~ экспозиции** (Photo) Belichtungswert m ‖ **~/экстенсивная** (Therm) extensive Größe f, Quantitätsgröße f ‖ **~/эмпирическая** Faustwert m, Erfahrungswert m, empirischer Wert m ‖ **~/эталонная** Normalwert m
велосипед m Fahrrad n ‖ **~/горный** Mountainbike n ‖ **~/дорожный** Touren[fahr]rad n ‖ **~/легкодорожный** leichtes Tourenrad n ‖ **~/складной** Klappfahrrad n ‖ **~/спортивный** Sportrad n
велоэргометр m Fahrradergometer n
вельбот m Walboot n
венец m 1. (Masch) Kranz m (Zahnrad) (s. a. обода 2.); 2. (Bgb) Geviert n, Kranz m (Schachtausbau); 3. Schaufelkranz m (Dampfturbine); 4. (Astr) Kranz m ‖ **~ звёздочки/зубчатый** (Masch) Kettenradkranz m ‖ **~/зубчатый** (Masch) Zahnkranz m ‖ **~ колодца/нижний** Brunnenkranz m (Senkbrunnen) ‖ **~ крепи** [шахтного ствола] (Bgb) Schachtkranz m, Schachtgeviert n (Schachtausbau) ‖ **~/лопаточный** (Masch) Schaufelkranz m (Turbine) ‖ **~/направляющий** Leitschaufelkranz m (Turbine) ‖ **~/опорный** (Bgb) Hauptgeviert n, Traggeviert n, Tragkranz m, Mauerfuß m (Schachtausbau) ‖ **~/поворотный** (Masch) Umlenkkranz m ‖ **~/подвижный** (Masch) Laufkranz m ‖ **~ рабочего колеса** s. ~/рабочий ‖ **~/рабочий** Laufschaufelkranz m (Dampfturbine, Gasturbine) ‖ **~/рядовой** (Bgb) Ausbaukranz m ‖ **~/сопловой** Düsenkranz m (Dampfturbine) ‖ **~/тюбинговый** (Bgb) Tübbingkranz m, Tübbingring m (Schachtausbau) ‖ **~ форсунки/контрольный** Fühlnadel f (Einspritzdüse; Dieselmotor) ‖ **~/храповой** Sperrkranz m
венит m (Geol) Venit m, Adergneis m
вентерь m Bügelreuse f, Kummreuse f (Fischfang)
вентилирование n s. вентиляция
вентилировать 1. lüften, entlüften, belüften; 2. (Bgb) bewettern
вентиль m 1. Ventil n (s. a. unter клапан); 2. (El) Gleichrichter m (s. a. unter выпрямитель); 3. (Inf) Tor n, Gate n; Schaltglied n, Verknüpfungsglied n, Gatter n, Gatterschaltung f (logische Schaltung); 4. Richtleiter m (Mikrowellentechnik) ‖ **~/баллонный** Gasflaschenventil n, Flaschenventil n ‖ **~ включающее ИЛИ** (Inf) [inklusives] ODER-Gatter n ‖ **~/водорегулирующий** Wasserregelventil n ‖ **~/водоспускной** Entwässerungsventil n, Wasserablaßventil n ‖ **~/входной** (Inf) Eingangsgatter n ‖ **~/высоковакуумный** Hochvakuumventil n ‖ **~/высокого давления** Hochdruckventil n ‖ **~/выходной** (Inf) Ausgangsgatter n ‖ **~/двойной** (Inf) Doppelgatter n ‖ **~/диодный** (Inf) Diodengatter n ‖ **~/дроссельный** Drosselventil n ‖ **~ И** (Inf) UND-Gatter n ‖ **~/игольчатый** Nadelventil n ‖ **~ ИЛИ** (Inf) ODER-Gatter n ‖ **~ ИЛИ-НЕ** (Inf) NOR-Gatter n, ODER-NICHT-Gatter n ‖ **~ И-НЕ** (Inf) UND-NICHT-Gatter n, NAND-Gatter n ‖ **~ исключающее ИЛИ** (Inf) Exklusiv-ODER-Gatter n, exklusives ODER-Gatter n ‖ **~ камеры** (Kfz) Schlauchventil n ‖ **~/лавинный** (Eln) Lawinengleichrichterdiode f ‖ **~/логический** (Inf) Logikgatter n ‖ **~/магистральный** Hauptabsperrventil n, Hauptleitungsventil n ‖ **~/мембранный** Membranventil n ‖ **~ НЕ** NICHT-Gatter n ‖ **~/регулирующий** Regelventil n ‖ **~/редукционный** Druckreduzierventil n, Reduzierventil n, Druckminder[ungs]ventil n, Druckminderer m ‖ **~/сальниковый** (Masch) Stopfbuchsenventil n ‖ **~/сильфонный** Balgventil n ‖ **~/терморегулирующий** Temperaturregelventil n, thermostatisches Ventil n ‖ **~/трубопроводный** Rohrleitungsventil n ‖ **~/управляющий** Steuerventil n ‖ **~/фоточувствительный управляемый** Photothyristor m ‖ **~/электромагнитный** elektromagnetisches Ventil n, Magnetventil n
вентильный 1. (Eln) Ventil…; Gatter…; 2. (Masch) Ventil…
вентилятор m Ventilator m, Lüfter m; Gebläse n ‖ **~/аксиальный** Axiallüfter m ‖ **~/быстроходный** schnelläufiger Ventilator m ‖ **~/веерный** Fächerventilator m ‖ **~/винтовой** Schraubenlüfter m ‖ **~/всасывающий** Saugzugventilator m ‖ **~ высокого давления** Hochdruckventilator m ‖ **~/вытяжной** Absauglüfter m, Sauglüfter m ‖ **~ главного проветривания** (Bgb) Hauptgrubenlüfter m ‖ **~ горячего дутья** Heißluftventilator m ‖ **~/дутьевой** Frischlüfter m, Unterwindlüfter m (Kesselfeuerung) ‖ **~/коробчатый** Drehkolbengebläse n, Kapselgebläse n, Turbogebläse n ‖ **~/лопастной** Flügelradlüfter m, Axialventilator m, Axiallüfter m ‖ **~/нагнетательный** Drucklüfter m ‖ **~/настольный** Tischventilator m ‖ **~ нижнего дутья** Unterwindlüfter m ‖ **~/осевой** Axialventilator m, Axiallüfter m ‖ **~ отопления** Heizventilator m, Heizgebläse n ‖ **~/отсасывающий** (Text) Absaugventilator m (Klettenwolf) ‖ **~ отходящих газов** Abgasgebläse n ‖ **~/охлаждающий** Kühlgebläse n ‖ **~/печной** Ofengebläse n ‖ **~/поршневой** Kolbengebläse n ‖ **~/потолочный** Deckenfächer m ‖ **~/приточный** Zuluftventilator m ‖ **~ равного давления** Gleichdruckventilator m ‖ **~/рудничный** (Bgb) Grubenlüfter m ‖ **~ среднего давления** Mitteldrucklüfter m ‖ **~ трепальной машины** (Text) Schlagmaschinenlüfter m, Windflügel m (Schlagmaschine) ‖ **~/тяговый** Schubgebläse n (Luftkissenfahrzeug) ‖ **~/центробежный** Radialventilator m, Zentrifugallüfter m ‖ **~/шахтный** (Bgb) Grubenlüfter m
вентиляторная f Lüfterraum m
вентиляторостроение n Ventilatorbau m, Lüfterbau m
вентилятор-швырялка m (Lw) Wurfgebläse n, Wurfradfördergebläse n
вентиляционный 1. Belüftungs…, Lüfter…, Ventilations…; 2. (Bgb) Wetter…, Bewetterungs…
вентиляция f 1. Ventilation f, Lüftung f, Belüftung f; 2. (Bgb) Bewetterung f, Wetterführung f (s. a. unter проветривание 2.) ‖ **~/всасывающая** (Bgb) saugende Bewetterung f ‖ **~/вытяжная** Unterdruckführung f; Saugentlüftung f ‖ **~/естественная** 1. natürliche Lüftung f; 2. (Bgb) natürliche Bewetterung (Wetterführung) f ‖ **~ картера** (Kfz) Kurbelgehäuseentlüftung f;

ВЕНТИЛЯЦИЯ

Kurbelgehäusebelüftung *f* || **~/нагнетательная** Überdrucklüftung *f*, Drucklüftung *f*; *(Bgb)* blasende Bewetterung *f* || **~/отсасывающая** Sauglüftung *f*, Absauglüftung *f* || **~/принудительная** Lüftung *f* mit Zwangsführung, Zwang[s]lüftung *f* || **~/приточная** Drucklüftung *f*, Zwangsbelüftung *f*, Belüftung *f* || **~/приточно-вытяжная** Be- und Entlüftung[seinrichtung] *f* || **~/рудничная** *(Bgb)* Grubenbewetterung *f* || **~/сквозная** Querlüftung *f*

вергентность *f (Geol)* Vergenz *f (Richtung, in die Faltenachsenflächen bzw. Schieferungsflächen geneigt sind)*

верёвка *f/***разрывная** Reißleine *f* || **~/рыболовная** Fischereileine *f*

веретено *n (Text)* Spindel *f (Spinn- und Zwirnmaschinen)* || **~/больное** fehlerhafte Spindel *f (Ringspinnmaschine)* || **~ двойного кручения** Doppeldrahtzwirnspindel *f*, D-D-Spindel *f* || **~/дисковое** Scheibenspindel *f (Zwirnmaschine)* || **~/карасное** Karaßspindel *f (Zwirnmaschine)* || **~/катушечное** Spulenspindel *f* || **~/колпачное** Glockenspindel *f* || **~/кольцепрядильное** Ringspindel *f (Ringspinnmaschine)* || **~ крутильно-вытяжной машины** Reckzwirnspindel *f* || **~ ложного кручения** Falschdrahtspindel *f* || **~ многократного кручения** Mehrfachdrahtzwirnspindel *f* || **~/опережающее** voreilende Spindel *f* || **~/плетельное** Flechtklöppel *m* || **~/полое** Hohlspindel *f* || **~/рогульчатое** Flügelspindel *f* || **~/роликовое** Rollenlagerspindel *f* || **~ якоря** *(Schiff)* Ankerschaft *m*

веретенообразный spindelförmig

веркблей *m (Met)* Werkblei *n*, Rohblei *n*, Hüttenblei *n*

вермикулит *m (Min)* Vermikulit *m (Glimmer)* || **~/вспученный** Blähglimmer *m*, Blähvermikulit *m*

вермикулитобетон *m (Bw)* Vermikulitbeton *m*

вернерит *m s.* скаполит

верность *f* **воспроизведения** Wiedergabetreue *f*, Wiedergabegenauigkeit *f*

верньер *m (Geod)* Nonius *m* || **~/обратный** vortragender Nonius *m* || **~/прямой** nachtragender Nonius *m* || **~/угловой** Winkelnonius *m*

верньерный Nonius...

вероятностный Wahrscheinlichkeits...

вероятность *f* Wahrscheinlichkeit *f* || **~/абсолютная** absolute Wahrscheinlichkeit *f* || **~/выборочная** *(Math)* Stichprobenwahrscheinlichkeit *f* || **~ выживания** Überlebenswahrscheinlichkeit *f* || **~ доверительная** statistische Sicherheit *f*, Konfidenzniveau *n*, Konfidenzkoeffizient *m* || **~ забракования** Rückweisewahrscheinlichkeit *f (statistische Qualitätskontrolle)* || **~ занятости** *(Nrt)* Belegungswahrscheinlichkeit *f* || **~ захвата** *(Kern)* Einfangwahrscheinlichkeit *f* || **~ испускания** *(Kern)* Emissionswahrscheinlichkeit *f* || **~ ложной тревоги** *(Rad)* Wahrscheinlichkeit *f* der Falschzielmeldung *f*; Wahrscheinlichkeit *f* eines Fehlalarms || **~/нулевая** Nullwahrscheinlichkeit *f* || **~ обнаружения** *(Rad)* Ortungswahrscheinlichkeit *f*; Entdeckungswahrscheinlichkeit *f* || **~ отказа** 1. Ablehnungswahrscheinlichkeit *f (statistische Qualitätskontrolle)*; 2. Ausfallwahrscheinlichkeit *f* || **~ ошибки** Fehlerwahrscheinlichkeit *f* || **~ ошибки первого рода** *(Math)* Signifikanzniveau *n* || **~ перехода** Übergangswahrscheinlichkeit *f (Quantenmechanik)* || **~ поглощения** Absorptionswahrscheinlichkeit *f (s. a.* **~ захвата***)* || **~ поражения** Verletzungswahrscheinlichkeit *f* || **~ приёмки** Annahmewahrscheinlichkeit *f (statistische Qualitätskontrolle)* || **~ прилипания** *(Kern)* Anlagerungswahrscheinlichkeit *f* || **~ проникновения** *(Kern)* Eindringungswahrscheinlichkeit *f* || **~ распада** *(Kern)* Zerfallswahrscheinlichkeit *f* || **~ рекомбинации** *(Kern)* Rekombinationswahrscheinlichkeit *f* || **~ события** Eintrittswahrscheinlichkeit *f* || **~ соударения** *(Kern)* Stoßwahrscheinlichkeit *f* || **~ столкновения** *(Kern)* Stoßwahrscheinlichkeit *f*; Trefferwahrscheinlichkeit *f*; Kollisionswahrscheinlichkeit *f* || **~/термодинамическая** thermodynamische Wahrscheinlichkeit *f (Maxwell-Boltzmann-Statistik)* || **~ удара** *(Kern)* Trefferwahrscheinlichkeit *f* || **~ удачи** *(Math)* Erfolgswahrscheinlichkeit *f*

верп[-анкер] *m (Schiff)* Warpanker *m*, Wurfanker *m*

верпование *n (Schiff)* Warpen *n*, Verholen *n* durch Warpen

верповать *(Schiff)* warpen, durch Warpen verholen

версия *f (Inf)* Version *f (eines Programms)* || **~/ленточная** Bandfassung *f*, Bandversion *f*

верста *f (Bw)* Außenschicht *f (bei einer Wanddicke von zwei oder mehreren Steinen)*

верстак *m* Werkbank *f*, Arbeitsbank *f*, Werktisch *m* || **~/слесарный** Feilbank *f* || **~/строгальный** Hobelbank *f* || **~/формовочный** *(Gieß)* Formbank *f*

вёрстка *f* 1. *(Typ)* Umbruch *m*; 2. Ausrichtung *f*

вертекс *m (Astr)* Vertex *m*, Fluchtpunkt *m*

вертёлка *f (Text)* Kettenwirkmaschine *f* [mit Spitzennadeln] || **~/быстроходная** Schnelläufer-Kettenwirkmaschine *f* || **~/двухфонтурная** zweifonturige (zweinadelbarrige) Kettenwirkmaschine *f* || **~/тихоходная** normallaufende Kettenwirkmaschine *f*

вертикал *m* 1. *(Math)* Lot *n*, Senkrechte *f*; 2. *(Astr)* Vertikal *m*, Vertikalkreis *m*, Höhenkreis *m (Großkreis an der Himmelssphäre)*

вертикаль *f* Lotlinie *f*, Lot *n*; Vertikale *f*, Senkrechte *f* || **~/инерциальная** *(Aero)* Trägheitsvertikale *f*

вертикальновзлетающий *(Flg)* senkrechtstartend; senkrechtstartfähig

вертикальносадящийся *(Flg)* senkrechtlandend; senkrechtlandefähig

вертикальный 1. vertikal, senkrecht, lotrecht; 2. *(Bgb)* seiger

вертикант *s.* гировертикант

вертлюг *m* 1. Wirbel *m*, Drehbolzen *m*; 2. *(Schiff)* Wirbel *m (Ankerkette)*; Lümmel *m (Ladebaum)*; Drehbolzen *m (Schwergutbaumkopf)*; 3. *(Bgb)* Spülkopf *m*, Drehkopf *m (Bohrung)* || **~/канатный** Seilwirbel *m* || **~/трубный** Rohrwirbel *m* || **~ тумбовой установки** Sockelgabel *f* || **~/цепной** Kettenwirbel *m* || **~ шпора** *(Schiff)* Lümmel *m (Ladebaum)* || **~ якорной цепи** *(Schiff)* Ankerkettenwirbel *m*

вертодром Hubschrauberlandeplatz *m*

вертолёт *m (Flg)* Hubschrauber *m*, Helikopter *m* || **~ аварийно-спасательной службы** Rettungshubschrauber *m* || **~/военный** Militärhub-

schrauber *m* ‖ ~/**всепогодный** Allwetterhubschrauber *m* ‖ ~/**грузовой** Frachthubschrauber *m* ‖ ~/**комбинированный** Kombinationshubschrauber *m* ‖ ~/**крылатый** Verbundhubschrauber *m* ‖ ~ **продольной схемы** Tandemrotorhubschrauber *m* ‖ ~/**реактивный** Strahlhubschrauber *m*, Hubschrauber *m* mit Strahltriebwerk ‖ ~/**рейсовый** Linienhubschrauber *m* ‖ ~ **соосной схемы** Hubschrauber *m* mit Koaxialtragschrauben ‖ ~/**транспортнодесантный** Luftlandehubschrauber *m* ‖ ~/**транспортный** Transporthubschrauber *m*
вертолёт-буксировщик *m* Schlepphubschrauber *m*
вертолёт-истребитель *m* Jagdhubschrauber *m*
вертолёт-кран *m* Kranhubschrauber *m*, fliegender Kran *m*
вертолётоносец *m* (Mil) Hubschrauberträger *m*
вертушка *f* 1. Flügelrad *n*, Flügel *m*; 2. (Eb) Pendelzug *m*; 3. (Schw) (besondere Ausführung einer) Drahtspule *f* ‖ ~ **Вольтмана** *s.* водомера Вольтмана ‖ ~/**гидрометрическая** [hydrometrischer] Flügel *m*, Strömungsmesser *m*, Flügelrad[durchfluß]messer *m* ‖ ~ **заборного лага** (Schiff) Logpropeller *m* (Schlepplog) ‖ ~/**измерительная** Meßflügel *m*, Meßflügelrad *n* ‖ ~ **радиометра** Radiometerflügel *m*
верфь *f* (Schiff) Werft *f*, Schiffswerft *f* ‖ ~/**большая судостроительная** Großwerft *f* ‖ ~/**судоремонтная** Schiffsreparaturwerft *f*, Reparaturwerft *f* ‖ ~/**судосборочная** Schiffsmontagewerft *f* ‖ ~/**судостроительная** Schiffbauwerft *f*, Schiffswerft *f* ‖ ~/**шлюпочная** Bootswerft *f*
верх *m* 1. Oberteil *n*; Krone *f*; 2. (Kfz) Verdeck *n*; 3. Gipfel *m*, Spitze *f* ‖ ~ **вышки** (Bgb) Turmkrone *f* (Bohrturm) ‖ ~/**откидной** (Kfz) Klappverdeck *n* ‖ ~/**складной** (Kfz) Klappverdeck *n*
верхник *m* 1. Oberteil *n*, Kopfstück *n* (z. B. eines Schnittwerkzeugs); 2. Stempelkopf *m* (einer Presse) ‖ ~ **обжимки** (Schm) Gesenkhammer *m* ‖ ~ **штампа** (Schm) Obergesenk *n*
верхняк *m* 1. Oberteil *n*, Kappe *f*; 2. (Bgb) Kappe *f* (Ausbau)
верховодка *f* (Geol) oberes Bodenwasser *n*; (Bw) schwebendes Grundwasser *n*
верховье *n* (Hydrol) Oberlauf *m* (Fluß) ‖ ~ **плотины** (Hydt) Dammstirnfläche *f*
верхушка *f* 1. Spitze *f*, Kuppe *f*, Gipfel *m*; 2. Wipfel *m* ‖ ~ **импульса** (El) Impulsdach *n*
верчение *n* (Trib) Bohren *n* (bei Bohrreibung z. B. in Lagern)
верша *f* Reuse *f*, Fangreuse *f*, Korbreuse *f* (Fischfang)
вершина *f* 1. Gipfel *m*, Spitze *f*; Erhebung *f*, Höhe *f*; 2. (Astr) Scheitelpunkt *m*; 3. (Masch) Profilspitze *f* (z. B. am Zahnrad); 4. (Math) Scheitel *m* (Winkel); Eckpunkt *m* (geometrischer Körper); 5. Knoten *m*, Knotenpunkt *m* (Graphentheorie); 6. (Forst) Zopfende *n*, Wipfelende *n* (Baumstamm) ‖ ~ **арки** (Bw) Bogenscheitel *m*, Scheitel *m* ‖ ~ **волны** 1. Wellenberg *m*, Wellenkamm *m*; 2. (Masch) Kuppe *f* (beim Welligkeitsprofil) ‖ ~ **горки** (Eb) Scheitel *m* (Ablaufberg) ‖ ~ **горы** Bergspitze *f*, Bergkuppe *f* ‖ ~ **зуба** (Masch) Zahnspitze *f* (am Kopfkreis des Zahnrads) ‖ ~ **импульса** Impulsdach *n*, Impulsplateau *n* ‖ ~ **калибра** (Wlz) Kalibergrund *m* ‖ ~ **конуса**

(Math) Kegelspitze *f* ‖ ~ **линзы** (Opt) Linsenscheitel *m* ‖ ~ **лопаты** (Masch) Schaufelspitze *f*, Schaufelkopf *m* (Turbine) ‖ ~ **неровности** (Fert) Kuppe *f* (Rauhigkeitsprofil) ‖ ~ **початка** (Text) Kopsspitze *f*, Kegelspitze *f* des Kopses ‖ ~ **режущей кронки** (Wkz) Schneidenecke *f* (Schneidwerkzeug) ‖ ~ **резца** (Wkz) 1. Meißelspitze *f*, Meißelecke *f*; 2. Schneidkopf *m* ‖ ~ **резьбы** (Wkz) Gewindespitze *f* ‖ ~ **стека** (Inf) Stackspitze *f*, Kellerspitze *f* ‖ ~ **траектории** (Flg, Rak) Flugbahnscheitel *m*; Gipfelpunkt *m* der Flugbahn (Ballistik) ‖ ~ **трещины** (Wkst) Rißspitze *f* ‖ ~ **угла** (Math) Scheitel *m* (Winkel), Winkelscheitel *m*
вершник *m* **батана** (Text) Ladendeckel *m*, Deckel *m* (Webstuhl)
вес *m* 1. Masse *f* (kg); 2. Gewichtskraft *f* (Newton); 3. *s.* ~/**статистически**; 4. Gewicht *n*, Gewichtsfaktor *m* (Statistik) ‖ ~/**взлётный** (Flg) Startmasse *f*, Abflugmasse *f* ‖ ~/**впрыскиваемой порции** (Kst) Schußmasse *f*, Füllmasse *f* ‖ ~/**гольевой** (Led) Blößenmasse *f* ‖ ~/**грамм-молекулярный** relative Molekülmasse *f* in Gramm, Grammol[ekül] *n*, Mol *n* ‖ ~ **двигателя/литровый** (Kfz) hubraumbezogene Motormasse *f* ‖ ~ **двигателя/удельный** (Kfz) spezifische Motormasse *f* ‖ ~/**истинный молекулярный** wahre Molekülmasse *f* ‖ ~/**кондиционный** (Text) Konditionsmasse *f*, Garnhandelsmasse *f* ‖ ~/**литровый** (Kfz) Hubraummasse *f* ‖ ~/**маховой** Schwungmasse *f* ‖ ~/**мокросолёный** (Led) Salzmasse *f* ‖ ~/**молекулярный** relative Molekülmasse *f* ‖ ~/**насыпной** Schüttgewicht *n*, Schüttwichte *f*; Schüttdichte *f* ‖ ~/**общий** Gesamtmasse *f* ‖ ~/**объёмный** Raumwichte *f*, Raumgewicht *n*; Wichte *f* ‖ ~/**отмочный** (Led) Weichmasse *f* ‖ ~/**отнесённый к единице площади** Flächenbelegung *f*; flächenbezogene Masse *f* (z. B. Papier, Gewebe; kg/m², g/m²) ‖ ~/**относительный** [удельный] relative Wichte *f*, Wichtezahl *f*, Relativgewicht *n*, relatives Gewicht *n* ‖ ~/**парной** (Led) Frischmasse *f*, Grünmasse *f* ‖ ~ **погонного метра** (Eb) auf einen Meter bezogene Zugmasse *f*, Masse *f* pro Meter, Streckenmasse *f* ‖ ~/**поезда/тормозной** (Eb) gebremste Zugmasse *f* ‖ ~/**полётный** (Flg) Flugmasse *f* ‖ ~/**порожний** Leermasse *f* ‖ ~/**посадочный** (Flg) Landemasse *f* ‖ ~/**стартовый** (Rak) Startmasse *f* ‖ ~/**статистический** (Papierherstellung) Entartungsgrad *m*, Entartung *f*, [statistisches] Gewicht *n* (Quantenmechanik) ‖ ~/**технический молекулярный** technische (scheinbare) Molekülmasse *f* ‖ ~ **тысячи зёрен** Tausendkornmasse *f* ‖ ~/**удельный** Wichte *f* (physikalische Größenart zur Bestimmung des Auftriebs) ‖ ~/**удельный погрузочный** Staugewicht *n* (Schiffsladung) ‖ ~/**эквивалентный** Äquivalentmasse *f*
весло *n* (Schiff) Ruder *n*, Riemen *m*, Paddel *n*
весновспашка *f* (Lw) Frühjahrsfurche *f*
весок *m* (Schiff) Lot *n* (Krängungsversuch)
весомер *m* Flächengewichtsmeßgerät *n*
весомость *f* Wägbarkeit *f*
весы *pl* Waage *f* ‖ ~/**автомобильно-вагонные** kombinierte Gleis-Straßenfahrzeugwaage *f* ‖ ~/**автомобильные** Straßenfahrzeugwaage *f*;

весы

Kraftfahrzeugwaage f ‖ ~/**аналитические** Analysenwaage f, Feinwaage f ‖ ~/**аптекарские** Apothekerwaage f ‖ ~/**аэродинамические** (Aero) aerodynamische Waage f, Windkanalwaage f, Komponentenwaage f ‖ ~/**багажные** Gepäckwaage f ‖ ~/**барабанные** Drehgefäßwaage f ‖ ~/**бункерные** Bunkerwaage f ‖ ~/**быстродействующие** Analysenschnellwaage f, Schnellwaage f ‖ ~/**бытовые** Haushaltwaage f ‖ ~/**вагонные** (Eb) Gleis[fahrzeug]waage f ‖ ~ **Вестфаля** Westphalsche Waage f (Dichtebestimmung) ‖ ~/**гидростатические** hydrostatische Waage f ‖ ~/**двухкомпонентные** (Aero) Zweikomponentenwaage f ‖ ~/**десятичные** Dezimalwaage f ‖ ~/**затаривающие** Absackwaage f ‖ ~/**каратные** Karatwaage f ‖ ~/**колошниковые** Neigungswaage f ‖ ~/**колошниковые** s. ~/**шихтовые** ‖ ~/**конвейерные** s. ~/**ленточные** ‖ ~/**кондиционные** Konditionierwaage f ‖ ~/**контрольные обраковочные** selbsttätige Kontrollwaage f ‖ ~/**коромысловые** Hebelwaage f ‖ ~/**крутильные** Drehwaage f, Torsionswaage f ‖ ~/**лабораторные** Laborwaage f, chemische Waage f ‖ ~/**ленточные** Förderbandwaage f, Bandwaage f ‖ ~/**ленточные распределительные** Zuteilerbandwaage f ‖ ~/**ленточные тактовые** Taktbandwaage f ‖ ~/**магнитные** Magnetwaage f, Feldwaage f ‖ ~/**микроаналитические (микрохимические)** Mikro[analysen]waage f, mikrochemische Analysenwaage f ‖ ~/**мостовые** Brückenwaage f ‖ ~/**настольные** Tafelwaage f ‖ ~ **непрерывного действия** Waage f mit kontinuierlichem Wägeprozeß ‖ ~/**неравноплечные** ungleicharmige Hebelwaage f ‖ ~/**образцовые** Normalwaage f ‖ ~/**передвижные** transportable Waage f ‖ ~/**платформенные** Brückenwaage f ‖ ~/**плюс-минус** Plus-Minus-Waage f ‖ ~/**подвесные** Hängewaage f ‖ ~/**порционные** Dosierwaage f ‖ ~/**прецизионные** Präzisionswaage f, Feinwaage f ‖ ~/**пружинные** Federwaage f ‖ ~/**путевые** (Eb) Gleiswaage f ‖ ~/**равноплечные** gleicharmige Hebelwaage f ‖ ~/**рычажные** Hebelwaage f ‖ ~/**сдвоенные** Waagenpaar n ‖ ~/**седиментационные** Sedimentationswaage f ‖ ~/**соединённые** Verbundwaage f ‖ ~/**сортировочные** Sortierwaage f ‖ ~/**сотенные** Zentesimalwaage f ‖ ~/**стрелочные** Zeigerwaage f ‖ ~/**счётные** Zählwaage f ‖ ~/**термические** Thermowaage f ‖ ~/**техн[ик]охимические** chemisch-technische Waage f ‖ ~/**токовые** Stromwaage f (Normaleinrichtung zur Darstellung der elektrischen Stromstärke) ‖ ~/**ультрамикрохимические** Ultramikrowaage f ‖ ~/**шихтовые** (Met) Möllerwaage f; (Gieß) Gattierungswaage f ‖ ~ **Этвеша/крутильные** Eötvös-Drehwaage f, Drehwaage f [von Eötvös]
весы-дозатор pl Dosierwaage f
весы-смесители pl Gattierwaage f
ветвиться sich verzweigen
ветвление n Verzweigung f ‖ ~ **программы** (Inf) Programmverzweigung f ‖ ~ **трещины** (Wkst) Rißverzweigung f
ветвь f 1. (Forst) Zweig m, Ast m; 2. Abzweigung f; 3. (Math) Ast m (einer Kurve); 4. Trum m(n) (Fördertechnik) ‖ ~/**верхняя** Obertrum m ‖ ~/**восходящая** 1. aufsteigender Ast m (einer Kurve); 2. s. ~ **траектории/восходящая** ‖ ~ **Галактики** s. ~/**спиральная** ‖ ~ **гигантов** (Astr) Riesenast m (im Hertzsprung-Russell-Diagramm) ‖ ~/**главная** (Astr) Hauptreihe f, Hauptast m, Zwergenast m ‖ ~/**гружёная** belasteter (beladener) Trum m ‖ ~ **жилы** (Bgb, Geol) Gangtrum m ‖ ~ **интерферометра** (Meß) Teilstrahlenbündel n im Interferometer ‖ ~/**канатная** Seilstrang m, Seiltrum m ‖ ~ **карликов** s. ~/**главная** ‖ ~/**концевая** Endstrang m (Rollenzug) ‖ ~ **кривой** m (einer Kurve); Kurvenast m ‖ ~ **метеорного потока** (Astr) Zweig m des Meteorstromes, Stromzweig m ‖ ~ **напряжения** (El) Spannungszweig m ‖ ~/**несущая нижняя** (Förd) förderndes Unterband n, fördernder Untertrum m ‖ ~/**нисходящая** 1. absteigender Ast m (einer Kurve); 2. (Förd) niedergehender Strang m ‖ ~/**основная** s. ~/**главная**; 3. s. ~ **траектории/низкосходящая** ‖ ~/**полиспаста** Seilstrang m des Rollenzuges ‖ ~/**порожняя** Leertrum m, Leerstrang m ‖ ~ **программы** (Inf) Programmzweig m ‖ ~/**рабочая** arbeitender (fördernder) Trum m, Fördertrum m ‖ ~ **ремня** (Masch) Riementrum m ‖ ~ **рогульки** (Text) Flügelarm m (Flyer) ‖ ~ **сетки** (Pap) Siebtrum m ‖ ~/**спиральная** (Astr) Spiralarm m (z. B. im Milchstraßensystem) ‖ ~ **стрелочного перевода** (Eb) Weichenstrang m ‖ ~ **сукна** (Pap) Filztrum m, Filzstrang m ‖ ~/**токоведущая** (El) Strompfad m ‖ ~ **траектории/восходящая** ansteigender Ast m der Flugbahn ‖ ~ **траектории/нисходящая** abfallender Ast m der Flugbahn ‖ ~/**холостая** (Förd) Leerstrang m, Leertrum m, leerlaufender Trum m ‖ ~ **цепи** (Förd) Kettentrum m ‖ ~/**шунтовая** (El) Nebenschlußzweig m ‖ ~ **электронного захвата** (Kern) Elektroneneinfangszweig m
ветер m (Meteo) Wind m ‖ ~/**анабатический** anabatischer (aufsteigender) Wind m, Aufwind m ‖ ~/**береговой** s. ~ **бриз/береговой** ‖ ~/**боковой** Seitenwind m, Dwarswind m ‖ ~/**бурный** s. ~/**очень крепкий** ‖ ~/**вихревой** Wirbelwind m ‖ ~/**восходящий** s. ~/**анабатический** ‖ ~/**встречный** s. ~/**противный** ‖ ~/**геострофический** geostrophischer Wind m ‖ ~/**градиентный** Gradientwind m ‖ ~/**долинный** Talwind m ‖ ~/**звёздный** Stern[en]wind m ‖ ~/**ионосферный** Ionosphärenwind m ‖ ~/**катабатический** katabatischer (absteigender) Wind m, Abwind m ‖ ~/**крепкий** steifer Wind m ‖ ~/**лёгкий** leichte Brise f ‖ ~/**ледниковый** Gletscherwind m ‖ ~/**лобовой** s. ~/**противный** ‖ ~/**морской** s. **бриз/морской** ‖ ~ **на высотах** Höhenwind m ‖ ~/**нисходящий** s. ~/**катабатический** ‖ ~/**очень крепкий** stürmischer Wind m ‖ ~/**очень лёгкий** leiser Zug m ‖ ~/**попутный** Rückenwind m ‖ ~/**порывистый** böiger Wind m ‖ ~/**противный** Gegenwind m ‖ ~ **с суши** ablandiger Wind m ‖ ~/**свежий** frische Brise f ‖ ~/**сдвигающийся** Scherwind m ‖ ~/**сильный** starker Wind m ‖ ~/**слабый** schwache Brise f ‖ ~/**солнечный** (Astr) Sonnenwind m ‖ ~ **трения** Reibungswind m ‖ ~/**умеренный** mäßige Brise f ‖ ~/**ураганный** orkanartiger Wind m
ветка f (Eb) 1. Gleisanschluß m, Anschlußgleis n; 2. Anschlußstrecke f, Zweigstrecke f

ветреница f Windriß m, Strahlenriß m, Luftriß m (Holzfehler)
ветровал m (Forst) Windbruch m
ветрогенератор m Windgenerator m, Windturbine f
ветродвигатель m Windkraftanlage f, Windturbine f, Windmotor m ‖ **~/карусельный** Windturbine f mit vertikaler Welle und Windfang ‖ **~/крыльчатый** Flügelradwindturbine f, Flügelradwindmotor m ‖ **~/роторный** s. ~/карусельный
ветродвижитель m (Schiff) Turbosegel n
ветродинамо n/осветительное Windlichtmaschine f
ветроиспользование n Windausnutzung f
ветроколесо n Windrad n (Windkraftmaschine) ‖ **~/крыльчатое** Flügelwindrad n
ветромер m Windmeßgerät n, Windmesser m
ветроотбойник m (Schiff) Düsenschanzkleid n (an der Brückennock)
ветропрочность f Windfestigkeit f
ветросиловой Windkraft...
ветрочёт m (Flg) Dreieckrechner m, Abdriftrechner m
ветроэлектростанция f Windkraftwerk n
ветроэнергетика f Windenergietechnik f
ветрянка f 1. (Bw, Holz) Windriß m (Holzfehler); 2. Windmühlenrad n
ветхий (Bw) baufällig, abbruchreif
веха f 1. (Geod) Fluchtstab m, Bake f; 2. (Schiff) Bake f ‖ **~/волномерная** (Hydrol) Wellenpegel m ‖ **~/нивелирная** (Geod, Bw) Nivellierpflock m (Topographie)
вещание n 1. (Rf, TV) Sendung f; 2. (Nrt) Rundsendung f ‖ **~/звуковое** Hör[rund]funk m ‖ **~/местное** Regionalsendung f ‖ **~/проводное** Draht[rund]funk m ‖ **~/проводное телевизионное** Kabelfernsehen n ‖ **~/телевизионное** Fernsehen n ‖ **~/цветное [телевизионное]** Farbsendung f; Farbfernsehen n
вещать (Rf, TV) senden
вещественный stofflich, substantiell
вещество n Stoff m, Substanz f; Material n (s. a. unter материал 1. und агент) ‖ **~/абсорбирующее** (Ch) absorbierender Stoff m, Absorbens n, Absorptionsmittel n ‖ **~/адгезионное** Haftvermittler m ‖ **~/адсорбированное** (Ch) adsorbierter (aufgenommener) Stoff m, Adsorbat n, Adsorptiv n ‖ **~/адсорбирующее** (Ch) zu adsorbierender Stoff m ‖ **~/адсорбирующее** (Ch) adsorbierender (aufnehmender) Stoff m, Adsorbens n, Adsorptionsmittel n ‖ **~/азотистое** Stickstoffverbindung f, stickstoffhaltige Verbindung f ‖ **~/активирующее** (Ch) Aktivierungsmittel n; Aktivator m, Promotor m, synergetischer Verstärker m (Katalyse) ‖ **~/активное** (Ch) aktiver (wirksamer) Stoff m, Aktivstoff m, Wirkstoff m ‖ **~/аморфное** amorpher Stoff m ‖ **~/антивуалирующее** (Photo) Klarhalter m, Antischleiermittel n ‖ **~/антигризутное взрывчатое** (Bgb) Wettersprengstoff m, Sicherheitssprengstoff m ‖ **~/аппретирующее** (Text) Appret n(m), Appreturmittel n; Apret n, Haftmittel n, Haftvermittler m (für Glasfasern); Finish n(m) (für Glasgewebe) ‖ **~/ароматическое** (Ch) Aromastoff m, Aroma n ‖ **~/балластное** Ballaststoff m ‖ **~/белковое** Eiweißstoff m, Eiweißkörper m

‖ **~/бомбардируемое** beaufschlagter Werkstoff m ‖ **~/бризантное взрывчатое** brisanter Sprengstoff m ‖ **~/взвешенное** suspendierter Stoff m, Schweb[e]stoff m ‖ **~/взрывчатое** Sprengstoff m, Explosivstoff m; (Bgb) Sprengmittel n ‖ **~/вкусовое** Geschmacksstoff m ‖ **~/водоосмягчающее (водоумягчающее)** Wasserenthärter m, Wasserenthärtungsmittel n ‖ **~/воздушное вяжущее** (Bw) nichthydraulisches Bindemittel n ‖ **~/волокнистое** (Text) Faserstoff m ‖ **~/вредное** Schadstoff m ‖ **~/вспомогательное** Hilfsstoff m ‖ **~/вулканизирующее** (Gum) Vulkanisationsmittel n ‖ **~/вырожденное** (Astr) entartete Materie f ‖ **~/высокополимерное** (Ch) hochpolymerer Stoff m, Hochpolymer[e] n ‖ **~/высушиваемое** Trocknungsgut n, zu trocknendes Gut n ‖ **~/высушивающее** Trockenmittel n, Trockner m ‖ **~/вяжущее** Bindemittel n, Binder m ‖ **~/газообразное** gasförmiger Stoff m ‖ **~/газопоглощающее (геттерирующее)** Getterstoff m, Getter m(n) (Vakuumtechnik) ‖ **~/гидравлическое вяжущее** (Bw) hydraulisches Bindemittel n ‖ **~/горючее** Brennstoff m, Kraftstoff m ‖ **~/гранулированное взрывчатое** granulierter Sprengstoff m ‖ **~/дегазирующее** (Met) Entgasungsmittel n, Spülmittel n ‖ **~ деления** s. ~/делящееся ‖ **~/делящееся** (Kern) spaltbares Material n, Spaltstoff m ‖ **~/дозвёздное** (Astr) prästellare Materie f ‖ **~/дочернее** (Kern) Tochterprodukt n, Tochtersubstanz f ‖ **~/дробящее взрывчатое** brisanter Sprengstoff m ‖ **~/жировое** (Ch) Fettstoff m, Fettsubstanz f ‖ **~/жирующее** (Led) Fettungsmittel n ‖ **~/загрязняющее** (Ökol) Schmutzstoff m ‖ **~/загрязняющее воду** Wasserschmutzstoff m ‖ **~/загрязняющее воздух** Luftschmutzstoff m ‖ **~/загрязняющее опасное** gefährlicher Schmutzstoff m ‖ **~/загрязняющее токсичное** toxischer Schmutzstoff m ‖ **~/закрепляющее** (Photo) Fixiermittel n ‖ **~/замасливающее** (Text) Schmälzmittel n, Schmälze f ‖ **~ затравки** (Gieß) Impflegierung f ‖ **~/защитное** Schutzstoff m, Abwehrstoff m ‖ **~/звёздное** (Astr) stellare Materie f ‖ **~/земное** (Astr) irdische Materie f ‖ **~/изолирующее (изоляционное)** Isolierstoff m, isolierender Stoff m ‖ **~/индикаторное** (Ch) Indikator m; (Kern) Indikatorsubstanz f ‖ **~/инициирующее взрывчатое** Initialsprengstoff m ‖ **~/исходное** Ausgangsstoff m, Ausgangssubstanz f ‖ **~/канцерогенное** kanzerogene (krebserzeugende) Substanz f, Karzinogen n ‖ **~/карбидообразующее** Karbidbildner m (Stahl, Gußeisen) ‖ **~/клеящее** Klebstoff m; (Pap) Leimmittel n, Leimstoff m; Bindemittel n, Binder m (für Glasfasern) ‖ **~/консервирующее** Konservierungsmittel n ‖ **~/контактное** (Ch) Kontakt[stoff] m, Katalysator m ‖ **~/контрастное** Kontrastmittel n ‖ **~/космическое** (Astr) außerirdische Materie f ‖ **~/красящее** färbender (farbgebender) Stoff m, Farbstoff m; Farbmittel n; (Ker) Farbkörper m ‖ **~/лазерное** Lasersubstanz f ‖ **~/легирующее** Dotierungsstoff m (Halbleitertechnik) ‖ **~/люминесцентное (люминесцирующее)** lumineszierende Substanz f, Luminophor m ‖ **~ мазера** Masersubstanz f ‖ **~/материнское** Muttersubstanz f вещество

(beim radioaktiven Zerfall) || ~/межгалактическое (Astr) intergalaktische Materie f || ~/межзвёздное (Astr) interstellare Materie f || ~/межпланетное (Astr) interplanetare Materie f || ~/местное вяжущее (Bw) Bindemittel n aus örtlichen Rohstoffen || ~/минеральное Mineralstoff m || ~/минеральное вяжущее mineralisches Bindemittel n || ~/монотропное (Krist) monotroper Stoff m || ~/моющее Waschmittel n || ~/наполняющее Füllstoff m, Füll[ungs]mittel n, Füller m || ~/неорганическое anorganische Substanz f || ~/несахаристое Nichtzucker[stoff] m || ~/обезвоживающее Entwässerungsmittel n, Dehydratisierungsmittel n || ~/обезжиривающее Entfettungsmittel n; Entschweißungsmittel n (für Wolle) || ~/обесцвечивающее Entfärbungsmittel n || ~/образцовое Normalsubstanz f (Analysenmeßtechnik) || ~/огнезащитное Feuerschutzmittel n, Flammschutzmittel n || ~/оклеивающее (Lebm) Schönungsmittel n || ~/околозвёздное (Astr) zirkumstellare Materie f || ~/оптически активное optisch aktive Substanz f || ~/оптически отбеливающее optischer Aufheller m, Weißtöner m || ~/органическое вяжущее (Bw) organisches Bindemittel n || ~/осаждающее (Ch) Fällungsmittel n, Präzipitiermittel n; Sinkstoff m (Aufbereitung) || ~/осветляющее Klärmittel n || ~/основное (Ch) Grundsubstanz f, Grundstoff m || ~/остаточное Restsubstanz m || ~/осушающее Trockenmittel n, Trockner m || ~/отбеливающее Bleichmittel n || ~/отмученное Abschlämmung f || ~/патронированное взрывчатое (Bgb) patronierter Sprengstoff m || ~/пахучее Geruchsstoff m || ~/питательное Nährstoff m || ~/плавающее Schwimmstoff m (Flotation) || ~/плёнкообразующее filmbildender Stoff m, Filmbildner m || ~/побочное Nebenstoff m || ~/поверхностно-активное grenzflächenaktiver Stoff m, (an der Grenzfläche Flüssigkeit-Luft auch:) oberflächenaktiver Stoff m, Tensid n || ~/поглощаемое (Ch) zu sorbierender Stoff m, Sorbat n || ~/поглощающее 1. (Ch) sorbierender (aufnehmender) Stoff m, Sorbens n, Sorptionsmittel n; 2. s. ~/газопоглощающее || ~/поглощённое (Ch) sorbierter (aufgenommener) Stoff m, Sorbat n || ~/покрывающее Überzugsstoff m, Überzugsmaterial n || ~/поликристаллическое polykristalliner (vielkristalliner) Werkstoff m || ~/полупроводниковое Halbleiter[werk]stoff m, halbleitender Stoff m || ~/постороннее Fremdstoff m, Beimengung f (Gieß) Einstäubmittel n, Trennmittel n || ~/природное Natursubstanz f, Naturstoff m || ~/проводящее (El) Leiterstoff m || ~/проклеивающее (Pap) Leim[ungs]mittel n, Leim[stoff] m || ~/пропиточное (пропитывающее) Imprägniermittel n || ~/простое 1. einfacher Stoff (Körper) m; 2. [chemisches] Grundstoff m || ~/противовуалирующее s. ~/антивуалирующее || ~/проявляющее (Photo) Entwicklersubstanz f || ~/пылевое (Astr) staubförmige Materie f || ~/радиоактивное radioaktiver Stoff m, radioaktive Substanz f || ~/рассеивающее (Kern) Streusubstanz f, streuende Materie f || ~/рассыпное взрывчатое loser Sprengstoff m || ~/растворенное Gelöste n, gelöster Stoff m, Gelöstes ||

~/реагирующее (Ch) reagierender Stoff m, Reaktionspartner m, Reaktant m, Reagens n || ~/роговое (Ch) Keratin n, Hornsubstanz f || ~/сверхчистое Reinststoff m || ~/светящее [космическое] (Astr) leuchtende Materie f || ~/связующее Bindemittel n, Binder m || ~/склеивающее Klebstoff m || ~/смазочное Schmierstoff m, Schmiermittel n || ~/смазывающее (Led) Fettungsmittel n; (Kst) Gleitmittel n || ~/смачивающее Benetzungsmittel n, Netzmittel n || ~/смешанное вяжущее (Bw) Mischbinder m, Mischbindemittel n || ~/собирающее Sammler m, Kollektor m (ein Flotationsmittel) || ~ созревания (Photo) Reif[e]körper m || ~/сопутствующее Begleitstoff m || ~/сохраняющее (Photo) Konservierungsmittel n || ~/сухое Trockenmasse f, Trockensubstanz f || ~/сухое обезжиренное fettfreie Trockenmasse (Trokkensubstanz) f || ~/твёрдое Feststoff m || ~/тормозящее (Photo) Hemmstoff m, Hemmkörper m || ~/ускоряющее (Photo) Aktivator m, Beschleuniger m || ~/фантомное (Kern) Phantomsubstanz f || ~/фиксирующее Fixier[ungs]mittel n || ~/флотационное Flotationsmittel n, Flotationschemikalie f, Schwimmittel n || ~/химически индивидуальное chemisches Individuum n, reiner (chemisch einheitlicher) Stoff m || ~/хлорирующее (Gieß) Chloriermittel n, Entgasungsmittel n || ~/цементирующее 1. (Met) Einsatzmittel n; 2. Bindemittel n (z. B. für Spänebrikettierung) || ~/шлихтующее (Text) Schlichtemittel n, Schlichte f || ~/экстрагируемое (Ch) Extraktionsgut n, zu extrahierender Stoff m || ~/экстрагирующее (Ch) Extraktionsmittel n || ~/экстрактивное Extraktivstoff m || ~/эталонное (Ch) Standard[bezugs]substanz f, Eichsubstanz f || ~/ядерное (Kern) Kernmaterie f, Kernsubstanz f || ~/ядерное взрывчатое Kernsprengstoff m

вещество-эталон n s. вещество/эталонное

вещи fpl/дельные Ausrüstungsteile npl (Schiffsfenster, Türen, Lukendeckel, Mannlochverschlüsse, Leitern, Treppen u. ä.)

веялка f (Lw) Windfege f

веялка-сортировка f (Lw) Windreiniger m (Saatgutbereiter)

взаимный gegenseitig, wechselseitig; beiderseitig

взаимоблокировка f (Inf) gegenseitige Blockierung f, Verriegelung f

взаимодействие n 1. Wechselwirkung f, Interaktion f; gegenseitige Einwirkung f; 2. (Masch) Eingriff m (Zahnrad) || ~/ван-дер-ваальсово (Ph) Van-der-Waals-Wechselwirkung f, van-der-Waalssche Wechselwirkung f || ~/векторное (Math) Vektorwechselwirkung f || ~/внутримолекулярное (Ph, Ch) intramolekulare (innermolekulare) Wechselwirkung f || ~ двух тел (Ph) Zweikörperwechselwirkung f || ~ двух частиц (Kern) Zweiteilchenwechselwirkung f || ~/дипольное (Ph) Dipolwechselwirkung f || ~ Дирака (Ph) Diracsche Wechselwirkung f || ~/квадрупольное (Kern) Quadrupolwechselwirkung f || ~/коллективное (Kern) kollektive Wechselwirkung f || ~/конфигурационное (Kern) Konfigurationswechselwirkung f || ~/кулоновское (El) Coulomb-Wechselwirkung f || ~/локальное (Ph) lokale Wechselwirkung f,

Punktwechselwirkung f ‖ ~/**межмолекулярное** (Ph, Ch) intermolekulare (zwischenmolekulare) Wechselwirkung f ‖ ~/**модовое** (Ph) Modenwechselwirkung f ‖ ~ **нейтрон-электрон** (Kern) Neutron-Elektron-Wechselwirkung f ‖ ~/**нелокальное** (Ph) nichtlokale Wechselwirkung f ‖ ~/**непрямое спин-спиновое** (Kern) indirekte Spin-Spin-Wechselwirkung f ‖ ~/**нуклон-нуклонное** (Kern) Nukleon-Nukleon-Wechselwirkung f ‖ ~/**обменное** (Ph) Austauschwechselwirkung f ‖ ~ **орбит** (Ph) Bahn-Bahn-Wechselwirkung f ‖ ~ **при рассеянии** (Kern) Streuungswechselwirkung f ‖ ~/**прямое спин-спиновое** (Kern) direkte Spin-Spin-Wechselwirkung f ‖ ~/**сверхтонкое** (Kern) Hyperfeinstrukturwechselwirkung f, HFS-Wechselwirkung f ‖ ~ **сил** (Ph) Kräftespiel n ‖ ~/**сильное** (Kern) starke Wechselwirkung f ‖ ~/**скалярное** (Math) skalare Wechselwirkung f ‖ ~/**слабое** (Kern) schwache Wechselwirkung f ‖ ~/**спиновое** (Kern) Spinwechselwirkung f ‖ ~/**спин-орбитальное** (Kern) Spin-Bahn-Wechselwirkung f, Spin-Bahn-Kopplung f ‖ ~/**спин-решёточное** (Kern) Spin-Gitter-Wechselwirkung f ‖ ~/**спин-спиновое** (Kern) Spin-Spin-Wechselwirkung f ‖ ~/**спин-фононное** (Kern) Spin-Phonon-Wechselwirkung f ‖ ~/**среднесильное** (Kern) mittelstarke Wechselwirkung f ‖ ~/**тензорное** (Kern) Tensorwechselwirkung f ‖ ~ **трёх частиц** (Kern) Dreiteilchenwechselwirkung f ‖ ~/**ударное** Stoßwechselwirkung f ‖ ~ **Ферми** (Kern) Fermi-Wechselwirkung f ‖ ~/**фрикционное** Reibwechselwirkung f (Tribologie) ‖ ~/**электромагнитное** (Kern) elektromagnetische Wechselwirkung f ‖ ~/**электрон-решёточное** (Kern) Elektron-Gitter-Wechselwirkung f ‖ ~/**электрон-фононное** (Kern) Elektron-Phononen-Wechselwirkung f ‖ ~/**электрон-электронное** (Kern) Elektron-Elektron-Wechselwirkung f ‖ ~/**ядерное** (Kern) Kernwechselwirkung f
взаимодействовать in Wechselwirkung stehen, sich [gegenseitig] beeinflussen; sich [miteinander] umsetzen; (Inf) kommunizieren
взаимозаменяемость f Austauschbarkeit f, Auswechselbarkeit f
взаимозаменяемый [gegeneinander] austauschbar
взаимоиндуктивность f (El) Gegeninduktivität f
взаимоиндукция f (El) Gegeninduktion f, gegenseitige Induktion f
взаимосвязанный untereinander verbunden, miteinander gekoppelt; abhängig voneinander arbeitend
взаимосвязь f **человека и машины** (Inf) Mensch-Maschine-Beziehung f
взбалтывание n **масла** Schmierölplanschen n, Ölplanschen n (Tribologie)
взбалтыватель m Schlämmapparat m, Schlämmgerät n; Schüttelapparat m, Schüttelgerät n
взбалтывать [durch]schütteln; umrühren
взболтать s. взбалтывать
взбраживание n Vorgärung f, Angärung f
взброс m (Geol) Aufschiebung f ‖ ~/**чешуйчатый** schuppenförmige Aufschiebung f
взвеси fpl/**горькие** (Brau) Trub m ‖ ~/**крупные** Grobtrub m, Heißtrub m ‖ ~/**мелкие** Feintrub m, Kühltrub m

взвесь f Suspension f, Aufschwemmung f, Aufschlämmung f, Trübe f ‖ ~/**тонкая** Dünntrübe f (Aufbereitung) ‖ ~/**тяжёлая** Schwer[e]trübe f, Schwerflüssigkeit f (Aufbereitung)
взвешивание n Wägung f, Wägen n ‖ ~/**гидростатическое** (Min) hydrostatisches Wägen n (Dichtebestimmung) ‖ ~/**динамическое** dynamische Wägung f ‖ ~ **излишков** Überschuß[aus]wägung f ‖ ~ **остатков** Rest[aus]wägung f ‖ ~/**прямое** einfache Wägung f, Proportionalitätswägung f ‖ ~/**статическое** statische Wägung f ‖ ~ **тары** Tarawägung f ‖ ~/**точное** Präzisionswägung f
взвешивать [ab]wägen, wiegen
взвод m Spannvorrichtung f; Spannstück n (z. B. einer Waffe)
взводить (Photo) spannen (z. B. einen Verschluß)
вздутие n **поверхности** (Pap) Blasenbildung f (bei gestrichenem Papier)
взлёт m (Flg) Start m, Abflug m ‖ ~/**вертикальный** Senkrechtstart m ‖ ~ **и посадка** f Start m und Landung f ‖ ~/**инструментальный** Instrumentenstart m, Blindstart m ‖ ~/**крутой** Steilstart m ‖ ~ **на буксире** Schleppstart m ‖ ~/**ночной** Nachtstart m ‖ ~/**прекращённый** Fehlstart m, abgebrochener Start m ‖ ~ **с воды** Abwassern n, Abwasserung f (Wasserflugzeug)
взмутить s. взмучивать
взмучивание n Aufschlämmen n, Aufschlämmung f
взмучивать aufschlämmen
взмывание n (Flg) Aufschweben n, Aufbäumen n (beim Landen)
взорванный (Bgb) hereingeschossen
взорвать s. взрывать
взрыв m Explosion f; Sprengung f ‖ ~/**атомный** s. ~/ядерный ‖ ~/**вырожденный** entartete Explosion f ‖ ~/**демографический** (Ökol) demographische Explosion f ‖ ~/**запоздалый** (Bgb) Spätschuß m (Sprengtechnik) ‖ ~/**звёздный** (Astr) Sternexplosion f ‖ ~/**массовый** (Bgb) Massensprengung f, Großsprengung f ‖ ~ **метано-воздушной смеси** (Bgb) Schlagwetterexplosion f ‖ ~ **на выбрюс** (Bgb) Auswurfsprengung f ‖ ~ **на сброс** (Bgb) Abwurfsprengung f ‖ ~/**надводный** Überwasserdetonation f ‖ ~/**наземный** Erddetonation f ‖ ~/**направленный** gerichtete Explosion f ‖ ~/**опытный атомный** (Kern, Mil) Kernwaffentest m, Kernwaffenversuchsexplosion f ‖ ~ **рудничного газа** (Bgb) Schlagwetterexplosion f, Grubengasexplosion f ‖ ~/**термоядерный** Kernsynthesedetonation f, Kernfusionsdetonation f, thermonukleare Detonation f ‖ ~ **шпура** (Bgb) Schuß m (Sprengtechnik) ‖ ~/**ядерный** 1. Kernexplosion f, Kernzertrümmerung f; 2. (Mil) Kern[waffen]detonation f
взрываемость f Sprengbarkeit f
взрывание n (Bgb) Sprengen n, Sprengung f ‖ ~/**беспламенное** flammenloses Sprengen n ‖ ~ **в зажиме** Sprengen n im Zwang ‖ ~/**веерное** Fächersprengen n ‖ ~/**вторичное** Knäppersprengen n, Sekundärzerkleinerung f ‖ ~/**гладкое** Konturensprengen n ‖ ~/**групповое** Gruppensprengen n ‖ ~/**замедленное** Verzögerungssprengen n ‖ ~ **зарядов** s. ~ шпуров ‖ ~/**камерное** Kammersprengen n ‖ ~/**кон-**

взрывание

турное Kontursprengen *n* ‖ ~/**короткозамедленное** Kurzverzögerungssprengen *n* ‖ ~/**котловое** Kesselsprengung *f* ‖ ~/**многорядное** Mehrreihensprengen *n* ‖ ~ **накладными зарядами** Auflegersprengen *n*, Knäppersprengen *n* ‖ ~/**однорядное** Einreihensprengen *n* ‖ ~/**сотрясательное** Erschütterungssprengen *n*, Auflockerungssprengen *n* ‖ ~ **шпуров** Abtun *n* der Schüsse

взрыватель *m* Zünder *m*; Zündgerät *n* (für Sprengladungen) ‖ ~/**лазерный** Laserzünder *m*

взрывать sprengen

взрывной explosiv, Explosions..., Spreng...

взрывобезопасность *f* Explosionssicherheit *f*; (Eln) Implosionssicherheit *f*; (Bgb) Schlagwettersicherheit *f* (der Grubenausrüstung)

взрывобезопасный explosionssicher; (Eln) implosionssicher (Bgb) schlagwettersicher (Grubenausrüstung)

взрывозащищённый explosionsgeschützt; (Eln) implosionsgeschützt; (Bgb) schlagwettergeschützt (Grubenausrüstung)

взрывонавалка *f* (Bgb) Selbstladen *n*, Hereinsprengen *n* (der Kohle) auf den Förderer

взрывонепроницаемый (El) druckfest gekapselt; (Bgb) durch druckfeste Kapselung schlagwettergeschützt (Grubenausrüstung)

взрывоопасность *f* Explosionsgefahr *f*

взрывоопасный explosionsgefährdet

взрывчатка *f* Sprengstoff *m*

взрывчатость *f* Explosionsfähigkeit *f*, Explosibilität *f*; Sprengfähigkeit *f*

взрывчатый explosibel, explosiv, Spreng...

ВЗУ s. устройство/внешнее запоминающее

взятие *n* **пеленга** Peilen *n*, Anpeilen *n* ‖ ~ **пробы** Probeziehen *n*

виадук *m* (Bw) Viadukt *m*

вибратор *m* 1. (Ph, El) Vibrator *m*, Oszillator *m*, Pulsator *m*; 2. (Eln) Dipol *m*(Antennenelement oder selbständige Antenne); 3. (El) Unterbrecher *m*, Zerhacker *m*; 4. Vibrator *m*, Schwingkopf *m* (elektroerosive Bearbeitung); 5. (Meß) Vibrator *m*, Schwinger *m*; 6. (Bw) Vibrator *m*, Rüttler *m*; 7. (Schiff) Schwinger *m* (Echolot) ‖ ~/**активный** (Eln) aktiver (schwingender) Dipol *m*, Faltdipol *m*, Schleifendipol *m*, Schleifenantenne *f* ‖ ~/**бункерный** (Bw) Bunkerrüttler *m* ‖ ~/**веерный** (Bw) Fächerdipol *m* ‖ ~/**вертикальный** (Eln) Vertikaldipol *m*, vertikaler Dipol *m* ‖ ~/**внутренний** (Bw) Innenrüttler *m* ‖ ~/**волновой** (Eln) l..-Dipol *m*, Ganzwellendipol *m* ‖ ~/**выбивной** (Gieß) Ausleerrüttler *m* ‖ ~/**высокочастотный** (Bw) hochfrequenter Rüttler *m*, Hochfrequenzrüttler *m*, Mehrfrequenzrüttler *m* ‖ ~/**Герца** (Eln) Hertzscher Dipol *m*, Hertz-Dipol *m* ‖ ~/**глубинный** s. ~/внутренний ‖ ~/**горизонтальный** (Eln) Horizontaldipol *m*, horizontaler Dipol *m* ‖ ~/**дебалансный** (Eln) Unwuchtrüttler *m* ‖ ~/**забойный** (Bgb) Sohlenvibrator *m* (Bohrung) ‖ ~/**изогнутый** (Eln) geknickter Dipol *m* ‖ ~/**инерционный** Unwuchtschwinger *m*, Unwucht[schwingungs]erreger *m* ‖ ~/**кварцевый** (Eln) Schwingquarz *m* ‖ ~/**коаксиальный** (Eln) Koaxialdipol *m* ‖ ~/**крестообразный** (Eln) Kreuzdipol *m*, Drehkreuzdipol *m* ‖ ~/**магнитный** (Bw) Magnetrüttler *m* ‖ ~/**магнитострикционный** magnetostriktiver Schwinger *m* (Echo-

lot) ‖ ~/**моторный** (Bw) Rüttler *m* mit Antrieb durch Verbrennungsmotor ‖ ~/**направленный** 1. (Bw) Rüttler *m* mit gerichteter Schwingung; 2. (Eln) gerichteter Dipol *m* ‖ ~/**ненаправленный** (Bw) Rüttler *m* mit nicht gerichteter Schwingung ‖ ~/**пассивный** (Eln) passiver (ungespeister) Dipol *m* ‖ ~/**петлевой** 1. (Eln) Schleifendipol *m*, Faltdipol *m*; 2. (Meß) Schleifenschwinger *m*, Schleifenoszillator *m* ‖ ~/**пневматический** (Bw) Druckluftrüttler *m* ‖ ~/**поверхностный** (Bw) Oberflächenrüttler *m* ‖ ~/**полуволновой** (Eln) λ/2-Dipol *m*, Halbwellendipol *m* ‖ ~/**полый** Hohlschwinger *m* ‖ ~/**поляризованный** s. ~/направленный 2. ‖ ~/**пьезоэлектрический** (Eln) piezoelektrischer Schwinger *m* ‖ ~/**симметричный** symmetrischer Dipol *m* ‖ ~/**станковый** (Bw) Rütteltisch *m* ‖ ~/**стержневой** 1. (Bw) Stabrüttler *m*; 2. (Eln) Stabdipol *m* ‖ ~/**тисковый** (Bw) Schalungsrüttler *m* ‖ ~/**траловый** (Schiff) Netzschwinger *m* (Netzsonde) ‖ ~/**ударный** Schlagrüttler *m* ‖ ~/**ультразвуковой** 1. (Eln) Ultraschallschwinger *m*, Ultraschalloszillator *m*; 2. (Bw) Ultraschallrüttler *m* ‖ ~/**широкополосный** [симметричный] (Eln) Breitbanddipol *m* ‖ ~/**эксцентриковый** (Bw) Unwuchtrüttler *m* ‖ ~/**электрический** 1. (Eln) Elektrorüttler *m*, Elektrovibrator *m*; 2. (Bw) Rüttler *m* mit Antrieb durch Elektromotor, elektromechanischer Rüttler *m* ‖ ~/**элементарный** (Eln) Elementardipol *m* ‖ ~ **эхолота** (Meß) Echolotschwinger *m*

вибратор-излучатель *m* Sendeschwinger *m* (Echolot)

вибратор-приёмник *m* Empfangsschwinger *m* (Echolot)

вибрация *f* 1. Vibration *f*, Vibrieren *n*; Schwingung *f*, Schwingen *n* (s. a. unter вибрирование); 2. Prellung *f*, Prellen *n* (von Kontakten) • **без вибраций** erschütterungsfrei, erschütterungsfrei ‖ ~ **вала** Wellenschwingung *f* ‖ ~/**поршневых колец** (Kfz) Kolbenringflattern *n* ‖ ~/**синусоидальная** (Eln) Sinusschwingung *f* ‖ ~ **якоря** (El) Ankerprellung *f*

вибрирование *n* 1. Vibrieren *n*; Schwingen *n* (s. a. unter вибрация); 2. (Bw) Rütteln *n* (zur Verdichtung) ‖ ~/**внутреннее** (Bw) Innenrütteln *n* ‖ ~/**гидравлическое** (Bw) Hydrorütteln *n* ‖ ~/**наружное** (Bw) Außenrütteln *n* ‖ ~/**опосредованное** (Bw) indirekte Rüttelenergieübertragung *f* ‖ ~/**поверхностное** (Bw) Oberflächenrütteln *n* ‖ ~/**прямое** (Bw) direkte Rüttelenergieübertragung *f* ‖ ~ **с пригрузом** (Bw) Auflastrütteln *n*, Rüttelverdichtung *f* mit Auflast

вибрировать 1. vibrieren; schwingen; 2. (Bw) rütteln

вибробетон *m* Rüttelbeton *m*

виброборона *f* (Lw) Rüttelegge *f*

вибробрус *m* (Bw) Rüttelbohle *f*

вибробулава *f* (Bw) Innenrüttler *m* mit Kolbenaufsatz, Rüttelkolben *m*

вибробункер *m* (Bw) Bunkerrüttler *m*

вибробурение *n* s. бурение/вибрационное

вибровозбудитель *m* Schwingungserreger *m*

вибровыпрямитель *m* (El) Pendelgleichrichter *m*

виброгаситель *m* Schwingungsdämpfer *m*
виброгидропрессование *n (Bw)* hydraulisches Rüttelpressen *n*
виброграмма *f* Schwingungsdiagramm *n*, Vibrogramm *n*
виброграф *m* schreibender Schwingungsmesser *m*, Schwingungsschreiber *m*, Vibrograph *m*
виброгрохот *m* Vibrationssieb *n*, Schwingsieb *n*, Schüttelsieb *n* ‖ ~/высокочастотный Schnellschwingsieb *n* ‖ ~/инерционный Wuchtschwingsieb *n* ‖ ~/многодечный Mehrdeckerschwingsieb *n* ‖ ~/обезвоживающий Entwässerungsschwingsieb *n* ‖ ~/ударно-кулачковый Schlagschwingsieb *n*
виброгрохочение *n* Schwingsiebklassieren *n*, Schwingsiebklassierung *f (Aufbereitung)*; *(Bw)* Vibrationssieben *n*
вибродатчик *m* Schwingungsgeber *m*
виброжёлоб *m* Schüttelrinne *f*; *(Förd, Bgb)* Schwingrinne *f*, Schütteltrog *m*
виброигла *f (Bw)* Rüttelnadel *f*, Rüttelstab *m (Stabrüttler)*
виброизмеритель *m* Schwingungsmesser *m*, Schwingungsmeßgerät *n*
виброизоляция *f* 1. *(Meß)* Schwingungsabschirmung *f*, Schwingungsisolation *f*; 2. *(Bw)* Schwingungsschutz *m*, Erschütterungsschutz *m*
виброкаток *m (Bw)* Rüttelwalze *f (Betonverdichtung)*
виброконвейер *m* Schwingförderer *m* ‖ ~/желобчатый Förderrinne *f*, Wuchtrinne *f* ‖ ~/инерционный Wuchtförderer *m* ‖ ~/спиральный Wendelschwingrinne *f*
виброкопач *m (Lw)* Polderschar *n (Rübenerntemaschinen)*
вибролопата *f (Bw)* Schwertrüttler *m*
вибролоток *m* s. виброжёлоб
вибромельница *f* Schwingmühle *f*, Vibrationsmühle *f*
виброметр *m* Vibrationsmesser *m*, Schwingungsmesser *m*
вибромешалка *f (Bw)* Vibrationsmischer *m*, Vibromischer *m*
вибромолот *m (Bw)* Vibrationsramme *f*
вибронасадок *m (Bw)* Vibrationsaufsatz *m*, Rüttelaufsatz *m*
виброобработка *f (Bw)* Rüttelbearbeitung *f*, Bearbeitung *f* durch Rütteln
вибропитатель *m* Schnellschwingspeiser *m*, Vibrationsaufgeber *m*
виброплита *f (Bw)* Rüttelplatte *f*
виброплощадка *f (Bw)* Rüttelbühne *f*, Rütteltisch *m*, Plattenrüttler *m*
вибропогружатель *m (Bw)* Vibrationsramme *f*, Pfahlrüttelgerät *n*, Pfahlrüttler *m*
вибропреобразователь *m (El)* Pendelumformer *m*, Zerhacker[umformer] *m*
вибропрессование *n* Vibropressen *n*, Vibrationspressen *n (Pulvermetallurgie)*
вибропривод *m* Schwingantrieb *m*
вибропрокат *m (Bw)* Rüttelwalzen *n*
вибропрочность *f (Wkst)* Dauer[schwing]festigkeit *f*, Schwingungsfestigkeit *f*
виброрама *f (Bw)* Rüttelrahmen *f*
виброрастворомешалка *f (Bw)* Vibrationsmörtelmischer *m*

виброрешётка *f (Lw)* Schüttelhorde *f (eines Mähdreschers)*
виброрыхление *n* Vibroauflockerung *f*, Auflockerung *f* durch Vibration
вибросейс *m (Geoph)* Vibroseis-Methode *f (zur Anregung seismischer Wellen)*
вибросито *n* Schwingsieb *n*, Vibrationssieb *n* ‖ ~/резонансное Resonanz[schwing]sieb *n*
вибросмеситель *m* Vibrationsmischer *m*
вибростенд *m* s. вибростол
вибростойкий *s.* виброустойчивый
вибростойкость *f s.* виброустойчивость
вибростол *m* Rütteltisch *m*, Schwingtisch *m*, Vibrationstisch *m* ‖ ~/опрокидывающийся *(Bw)* Kipprütteltisch *m*
вибротрамбование *n (Bw)* Rüttelstampfen *n*
вибротранспортёр *m s.* виброконвейер
виброуплотнение *n* Rüttelverdichtung *f*, Vibroverdichtung *f*, Vibrationsverdichtung *f*
виброустойчивость *f* Vibrationsfestigkeit *f*, Schwingungsfestigkeit *f*, Rüttelfestigkeit *f*; Erschütterungsfestigkeit *f (von Geräten)*
виброустойчивый vibrationsfest, schwingungsfest, rüttelfest; erschütterungsfest *(Geräte)*
виброхобот *m (Bw, Hydt)* Rüttelschwenkrohr *n*; Schwenkrohr *n* mit Vibrator
виброчувствительность *f* Schwingungsempfindlichkeit *f*
виброчувствительный schwingungsempfindlich
виброштампование *n (Bw)* Rüttelstampfen *n*
виброштык *m (Bw)* Rüttellanze *f (Stabrüttler)*
виброщит *m (Bw)* Rüttelplatte *f*, Rüttelschild *m*
вивианит *m (Min)* Blaueisenerz *n*, Vivianit *m*
вид *m* 1. Ansicht *f*, Aussehen *n*; 2. *(Lw)* Art *f*, Spezies *f*; 3. Zustand *m*. Stellung *f*; Lage *f*; 6. Gestalt *f*, Form *f*; Gestaltung *f*; 6. *(Krist)* Klasse *f* ‖ ~/боковой *s.* ~ сбоку ‖ ~/брака Ausschußart *f*, Ausschußstelle *f*, Ausschußmerkmal *n* ‖ ~ в плане *s.* ~ сверху ‖ ~ волн *s.* ~ колебаний ‖ ~ излома *(Wkst)* Bruchbild *n*, Bruchgefüge *n* ‖ ~ излучения *(Ph)* Strahlungsart *f*, Strahlenart *f* ‖ ~/индикаторный *(Ökol)* Indikatorart *f* ‖ ~ колебаний Schwingungs[wellen]typ *m*, Schwingungsart *f*, Schwingungsmode *f* ‖ ~ переплетения *(Text)* Bindungsart *f*, Legungsart *f* ‖ ~ поверхности Oberflächenaussehen *n*, Oberflächenzustand *m* ‖ ~ представления данных *(Inf)* Darstellungsweise *f* von Daten ‖ ~ распада *(Kern)* Zerfallsart *f*, Zerfallstyp *m* ‖ ~ сбоку Seitenansicht *f*, Seitenriß *m (Zeichnung)* ‖ ~ сверху Aufsicht *f*, Draufsicht *f (Zeichnung)* ‖ ~ света/сенситометрический *(Photo)* sensitometrische Lichtart *f* ‖ ~ связи *(El)* Kopplungsart *f*, Ankopplungsart *f* ‖ ~ симметрии *(Krist)* Symmetrieklasse *f*, Kristallklasse *f* ‖ ~ симметрии/асимметрический *s.* ~ симметрии/моноэдрический ‖ ~ симметрии/ацентрический azentrische Kristallklasse *f* ‖ ~ симметрии/гексагонально-аксиальный *s.* ~ симметрии/гексагонально-трапецоэдрический ‖ ~ симметрии/гексагонально-дипирамидальный hexagonal-dipyramidale (hexagonal-bipyramidale, hexagonal-pyramidal-hemiedrische) Kristallklasse *f* ‖ ~ симметрии/гексагонально-инверсионнопланальный *s.* ~ симметрии/дитригонально-дипирамидальный ‖ ~ симметрии/гексагонально-инверсионно-

примитивный *s.* ~ симметрии/тригонально-дипирамидальный II ~ **симметрии/гексагонально-пирамидальный** hexagonal-pyramidale Kristallklasse *f* II ~ **симметрии/гексагонально-планаксиальный** *s.* ~ симметрии/дигексагонально-дипирамидальный II ~ **симметрии/гексагонально-планальный** *s.* ~ симметрии/дигексагонально-пирамидальный II ~ **симметрии/гексагонально-примитивный** *s.* ~ симметрии/гексагонально-пирамидальный II ~ **симметрии/гексагонально-трапецоэдрический** hexagonal-trapezoedrisch[-hemiedrisch]e Kristallklasse *f* II ~ **симметрии/гексагонально-центральный** *s.* ~ симметрии/гексагонально-дипирамидальный II ~ **симметрии/гексакис-октаэдрический** *s.* ~ симметрии/гексаоктаэдрический II ~ **симметрии/гексакис-тетраэдрический** *s.* ~ симметрии/гексатетраэдрический II ~ **симметрии/гексаоктаэдрический** hexakisoktaedrische (kubisch-holoedrische) Kristallklasse *f* II ~ **симметрии/гексатетраэдрический** hexakistetraedrische (tetraedrisch-hemiedrische, geneigtflächig-hemiedrische) Kristallklasse *f* II ~ **симметрии/диакис-додекаэдрический** *s.* ~ симметрии/дидодекаэдрический II ~ **симметрии/дигексагонально-бипирамидальный** *s.* ~ симметрии/дигексагонально-дипирамидальный II ~ **симметрии/дигексагонально-дипирамидальный** dihexagonal-dipyramidale (dihexagonal-bipyramidale, hexagonal-holoedrische) Kristallklasse *f* II ~ **симметрии/дигексагонально-пирамидальный** dihexagonal-pyramidale Kristallklasse *f* II ~ **симметрии/ди[с]додекаэдрический** disdodekaedrische (pentagonal-hemiedrische, parallelflächig-hemiedrische) Kristallklasse *f* II ~ **симметрии/дитетрагонально-бипирамидальный** *s.* ~ симметрии/дитетрагонально-дипирамидальный II ~ **симметрии/дитетрагонально-дипирамидальный** ditetragonal-dipyramidale (ditetragonal-bipyramidale, tetragonal-holoedrische) Kristallklasse *f* II ~ **симметрии/дитетрагонально-пирамидальный** ditetragonal-pyramidale Kristallklasse *f* II ~ **симметрии/дитригонально-бипирамидальный** *s.* ~ симметрии/дитригонально-дипирамидальный II ~ **симметрии/дитригонально-дипирамидальный** ditrigonal-dipyramidale (ditrigonal-bipyramidale) Kristallklasse *f* II ~ **симметрии/дитригонально-пирамидальный** ditrigonal-pyramidale (rhomboedrisch-hemiedrisch-hemimorphe) Kristallklasse *f* II ~ **симметрии/дитригонально-скаленоэдрический** ditrigonal-skalenoedrische (rhomboedrisch-hemiedrische) Kristallklasse *f* II ~ **симметрии/диэдрический безосный** domatische (monoklin-hemiedrische) Kristallklasse *f* II ~ **симметрии/диэдрический осевой** sphenoidische (monoklin-hemimorphe) Kristallklasse *f* II ~ **симметрии/доматический** *s.* ~ симметрии/диэдрический безосный II ~ **симметрии/кубическо-аксиальный** *s.* ~ симметрии/пентагон-триоктаэдрический II ~ **симметрии/кубическо-планаксиальный** *s.* ~/симметрии/гексаоктаэдрический II ~ **симметрии/кубическо-планальный** *s.* ~ симметрии/гексатетраэдрический II ~ **симметрии/кубическо-примитивный** *s.* ~ симметрии/пентагон-тритетраэдрический II ~ **симметрии/кубическо-центральный** *s.* ~ симметрии/дидодекаэдрический II ~ **симметрии/моноклинно-аксиальный** *s.* ~ симметрии/диэдрический осевой II ~ **симметрии/моноклинно-планаксиальный** *s.* ~ симметрии/призматический II ~ **симметрии/моноклинно-планальный** *s.* ~ симметрии/диэдрический безосный II ~ **симметрии/моноэдрический** asymmetrische (pediale, triklin-hemiedrische) Kristallklasse *f* II ~ **симметрии/педиальный** *s.* ~ симметрии/моноэдрический II ~ **симметрии/пентагон-триоктаэдрический** pentagonikositetraedrische (gyroedrisch-hemiedrische, plagiedrisch-hemiedrische) Kristallklasse *f* II ~ **симметрии/пентагон-тритетраэдрический** tetradoidische (tetraedrisch-pentagondodekaedrische, tetradoedrische) Kristallklasse *f* II ~ **симметрии/пинакоидальный** pinakoidale (triklin-holoedrische) Kristallklasse *f* II ~ **симметрии/призматический** prismatische (monoklin-holoedrische) Kristallklasse *f* II ~ **симметрии/ромбическо-аксиальный** *s.* ~ симметрии/ромбическо-планаксиальный II ~ **симметрии/ромбическо-планальный** *s.* ~ симметрии/ромбо-пирамидальный II ~ **симметрии/ромбо-бипирамидальный** *s.* ~ симметрии/ромбо-бисфеноидальный II ~ **симметрии/ромбо-тетраэдрический** *s.* ~ симметрии/ромбо-дипирамидальный II ~ **симметрии/ромбо-дипирамидальный** rhombisch-dipyramidale (rhombisch-bipyramidale, rhombisch-holoedrische) Kristallklasse *f* II ~ **симметрии/ромбо-пирамидальный** rhombisch-pyramidale (rhombisch-hemimorphe) Kristallklasse *f* II ~ **симметрии/ромбо-тетраэдрический** rhombisch-disphenoidische (rhombisch-bisphenoidische, rhombisch-hemiedrische) Kristallklasse *f* II ~ **симметрии/ромбоэдрический** rhomboedrische Kristallklasse *f* II ~ **симметрии/сфеноидальный** II ~ **симметрии/тетрагонально-аксиальный** *s.* ~ симметрии/тетрагонально-трапецоэдрический II ~ **симметрии/тетрагонально-бипирамидальный** *s.* ~ симметрии/тетрагонально-дипирамидальный II ~ **симметрии/тетрагонально-бисфеноидальный** *s.* ~ симметрии/тетрагонально-тетраэдрический II ~ **симметрии/тетрагонально-дипирамидальный** tetragonal-dipyramidale (tetragonal-bipyramidale, tetragonal-pyramidal-hemiedrische) Kristallklasse *f* II ~ **симметрии/тетрагонально-инверсионнопланальный** *s.* ~ симметрии/тетрагонально-скаленоэдрический II ~ **симметрии/тетрагонально-инверсионнопримитивный** *s.* ~ симметрии/тетрагонально-тетраэдрический II ~ **симметрии/тетрагонально-пирамидальный** tetragonal-pyramidale Kristallklasse *f* II ~ **симметрии/тетрагонально-планаксиальный** *s.* ~ симметрии/дитетрагонально-дипирамидальный II ~ **симметрии/тетрагонально-планальный** *s.* ~ симметрии/дитетраго-

нально-пирамидальный II ~ **симметрии/ тетрагонально-примитивный** s. ~ симметрии/тетрагонально-пирамидальный II ~ **симметрии/тетрагонально-скаленоэдрический** tetragonal-skalenoedrische (sphenoidisch-hemiedrische) Kristallklasse f II ~ **симметрии/ тетрагонально-тетраэдрический** tetragonal-disphenoidische (tetragonal-bisphenoidische) Kristallklasse f II ~ **симметрии/тетрагонально-трапецоэдрический** tetragonal-trapezoedrische Kristallklasse f II ~ **симметрии/тетрагонально-центральный** s. ~ симметрии/тетрагонально-дипирамидальный II ~ **симметрии/тригонально-аксиальный** s. ~ симметрии/тригонально-трапецоэдрический II ~ **симметрии/тригонально-бипирамидальный** s. ~ симметрии/тригонально-дипирамидальный II ~ **симметрии/тригонально-дипирамидальный** trigonal-dipyramidale (trigonal-bipyramidale) Kristallklasse f II ~ **симметрии/тригонально-пирамидальный** trigonal-pyramidale Kristallklasse f II ~ **симметрии/тригонально-планаксиальный** s. ~ симметрии/дитригонально-скаленоэдрический II ~ **симметрии/ тригонально-планальный** s. ~ симметрии/ дитригонально-пирамидальный II ~ **симметрии/тригонально-примитивный** s. ~ симметрии/тригонально-пирамидальный II ~ **симметрии/тригонально-трапецоэдрический** trigonal-trapezoedrische (trapezoedrisch-tetradoedrische) Kristallklasse f II ~ **симметрии/ тригонально-центральный** s. ~ симметрии/ ромбоэдрический II ~ **симметрии/триклинно-примитивный** s. ~ симметрии/моноэдрический II ~ **симметрии/триклинно-центральный** s. ~ симметрии/пинакоидальный II ~ **симметрии/триоктаэдрический** s. ~ симметрии/пентагон-триоктаэдрический II ~ **симметрии/тетратраэдрический** s. ~ симметрии/пентагон-тритетраэдрический II ~ **спереди** Ansicht f, Aufriß m, Frontansicht f (Zeichnung) II ~ **спина** (Ph) Spinmode f, Spinmodus m II ~ **энергии** (En) Energieform f
видение n/**ночное** Nachtsehen n II ~/**ультразвуковое** Ultrasonoskopie f
видеогенератор m (Eln) Bildgenerator m
видеоголовка f (Eln) Video[magnet]kopf m
видеографический bildschirmgebunden, bildschirmunterstützt
видеография f (Nrt) Videographie f II ~/**вещательная** s. телетекст
видеодетектор m (TV) Videodetektor m, Bildgleichrichter m, Videogleichrichter m
видеодиод m (TV) Videodiode f
видеодиск m (TV) Videoplatte f
видеодорожка f Bildsignalspur f
видеозапись f Videoaufzeichnung f
видеоигра f (TV) Videospiel n, Telespiel n
видеоимпульс m (TV) Videoimpuls m, Bildimpuls m
видеокамера f (TV) Videokamera f, Camcorder m
видеоканал m (TV) Videokanal m, Bildkanal m
видеоконференцсвязь f (Nrt) Videokonferenz[-verbindung] f
видеокопир m Videokopierer m
видеолента f Videoband n
видеомагнитофон m (TV) Videorecorder m

видеомагнитофон-автомат m/**многокассетный** (TV) Multikassettenautomat m
видеомикшер m (TV) Bildmischer m; Bildmischpult n
видеомодуляция f (TV) Bildmodulation f
видеомонитор m (TV) Bildmonitor m, Monitor m
видеонесущая f (TV) Videoträger m, Bildträger m
видеопередатчик m (TV) Bildsender m
видеопомехи pl Bildstörungen fpl
видеосигнал m (TV) Videosignal n II ~/**цветовой** Farbbildsignal n
видеотекст m Videotext m
видеотелефон m Videotelephon n, Fernsehtelephon n, Bildfernsprecher m
видеотелефония f Videotelephonie f, Fernsehtelephonie f, Bildfernsprechen n
видеотерминал m Videoterminal n, Bildschirmgerät n II ~ **дистанционного управления** ferngesteuertes Bildterminal n II ~/**телеграфный** Fernschreib-Videoterminal n
видеотехника f Videotechnik f
видеоуровень m Videoebene f
видеоусиление n (TV) Videoverstärkung f, Bildverstärkung f
видеоусилитель m (TV) Videoverstärker m, Bild[signal]verstärker m
видеофон m s. видеотелефон
видеочастота f (TV) Videofrequenz f, Bildfrequenz f
видикон m (TV) Vidikon n, Bildaufnahmeröhre f II ~/**инфракрасный** Infrarotvidikon n, IR-Vidikon n, Infrarotaufnahmeröhre f, IR-Aufnahmeröhre f II ~/**рентгеновский** (рентгеночувствительный) Röntgenvidikon n, Röntgen[bild]aufnahmeröhre f II ~/**ультрафиолетовый** Ultraviolettvidikon n, UV-Vidikon n, Ultraviolettaufnahmeröhre f, UV-Aufnahmeröhre f
видимость f 1. Sicht f, Sichtweite f; 2. Sichtbarkeit f; 3. spektrale Hellempfindlichkeit f (des Auges) II ~/**наклонная** Schrägsicht f II ~/**ночная** Nachtsicht[weite] f II ~/**прямая** quasioptische Sicht f II ~ **сигналов** Signalsicht f
видимый 1. sichtbar; 2. (Astr) scheinbar (z. B. bei Koordinaten)
видоизменение n 1. Veränderung f, Abänderung f, Verwandlung f, Modifizierung f; 2. Abart f, Spielart f, Variante f
видоискатель f (Photo, Kine) Bildsucher m, Sucher m; Visiereinrichtung f II ~/**зеркальный** Spiegelsucher m II ~/**оптический** optischer Sucher m II ~/**рамочный** Rahmensucher m II ~/**телескопический** Fernrohrsucher m II ~/**универсальный** Universalsucher m
визир m 1. (Mil) Visier n, Zieleinrichtung f; 2. (Geol) Visier n, Spinmode f. 3. s. видоискатель II ~/**зеркальный** Reflexvisier f, m/**механический** mechanische Peilmarke f, Peilzeiger m (Radar) II ~/**радиолокационный** Radarvisier n II ~/**электронный** elektronische Peilmarke f, Peilstrahl m (Radar)
визирка f 1. (Geod) Setzlatte f; 2. Schauglas n
визир-коллиматор m Reflexvisier n
визитаж f (Photo) Fehlersuche f, Filmprüfung f
визорий m (Typ) Manuskripthalter m
визуализация f Sichtbarmachung f; Anzeige f; (Inf) Anzeige f (auf dem Bildschirm)

вилка

вилка f 1. Gabel f; Gabelung f; 2. *(El)* Stecker m *(s. a. unter* штепсель*); (Nrt)* Gabel f, Vierdrahtkabel n; 3. *(Meß)* Nullstellungsgabel f; 4. *(Wlz)* Gabel f, Gabelzapfen m *(Kuppelspindel)* ‖ ~/**банановая [штепсельная]** *(El)* Bananenstecker m ‖ ~/**выключающая** Ausrückgabel f *(Treibriemen)* ‖ ~ **выключения сцепления** Kupplungsausrückgabel f ‖ ~/**кантующая** *(Wlz)* Gabelkanter m ‖ ~ **кардана** *(Kfz)* Gelenkgabel f, Gabelstück n *(Kardanwelle)* ‖ ~/**карданная** s. ~ кардана ‖ ~/**крестовая** *(Schiff)* Kreuzkloben m *(Ladegeschirr)* ‖ ~/**направляющая** Führungsgabel f ‖ ~/**однополюсная** *(El)* einpoliger Stekker m ‖ ~/**ответвительная** *(El)* Mehrfachstekker m, Abzweigstecker m ‖ ~ **отводная** Ausrückgabel f ‖ ~ **переключения передач** Schaltgabel f *(Getriebe)* ‖ ~/**переходная** *(El)* Übergangsstecker m, Kupplungsstecker m ‖ ~/**подкладная** *(Bgb)* Abfanggabel f *(Bohrgerät)* ‖ ~/**приборная** Gerätestecker m ‖ ~ **с защитным контактом/штепсельная** Schutzkontaktstecker m, Schukostecker m ‖ ~/**сдвоенная штепсельная** *(El)* Doppelstecker m ‖ ~ **стержня шатуна** *(Masch)* Schubstangengabelung f ‖ ~ **шпора стрелы** *(Schiff)* Ladebaumgabel f ‖ ~/**штепсельная** Stecker m

вилка-розетка f/**комбинированная** *(El)* Stekker-Buchsen-Verbinder m

виллемит m *(Min)* Willemit m

вилочка f **бегунка** *(Text)* Halbmond m *(Wanderschleifscheibe;* Schleifen der Kardierflächen*)* ‖ ~/**уточная** *(Text)* Schuß[wächter]gabel f *(Gabelschußwächter; Webstuhl)* ‖ ~/**центральная уточная** *(Text)* Mittelschußwächter m *(Webstuhl)*

вилуит m s. везувиан

виляние n *(Eb)* Schlingern n, schlingernde Bewegung f *(Fahrzeug); (Kfz)* Flattern n ‖ ~ **управляемых колёс** *(Kfz)* Flattern n der gelenkten Räder

виндроуэр m s. косилка/валковая

винил m *(Ch)* Vinyl n

винилбензол m *(Ch)* Vinylbenzen n, Vinylbenzol n, Styren n, Styrol n

винилхлорид m *(Ch)* Vinylchlorid n

виннокислый *(Ch)* _tartrat n; weinsauer

виновоз m Weintanker m

виноделие n Weinbereitung f, Weinherstellung f

винокурение n Branntweinbrennerei f

винт m 1. Schraube f *(s. a. unter* болт*);* 2. Spindel f, Schraubenspindel f; 3. Spirale f, Schnecke f *(in Fördermitteln oder Mischern)*; 4. *(Flg)* Luftschraube f, Tragschraube f *(s. a. unter* ротор*)*; 5. *(Schiff)* Propeller m, Schraube f ‖ ~/**авиационный** *(Flg)* Luftschraube f ‖ ~/**арретирующий** Feststellschraube f, Arretierschraube f ‖ ~/**архимедов** Wasserschnecke f, Archimedische Schnecke f ‖ ~/**барашковый** Flügelschraube f ‖ ~/**бесконечный** Schnecke f, endlose Schraube f ‖ ~ **в [направляющей] насадке [/гребной]** *(Schiff)* Düsenpropeller m, Düsenschraube f, ummantelter Propeller m ‖ ~ **в свободной воде [/гребной]** *(Schiff)* freifahrender Propeller m ‖ ~/**ведущий** Antriebsspindel f ‖ ~/**воздушный** *(Flg)* Luftschraube f ‖ ~/**гребной** Propeller m, Schiffsschraube f ‖ ~/**двухлопастный воздушный** *(Flg)* Zweiblattluftschraube f ‖ ~/**двух-**лопастный несущий *(Flg)* Zweiblatttragschraube f ‖ ~/**дислокаций** *(Krist)* Versetzungsschraube f, Versetzungsspirale f ‖ ~/**дифференциальный** Differentialschraube f ‖ ~/**домкратный** Pressenspindel f ‖ ~/**зажимный** Klemmschraube f, Spannschraube f ‖ ~/**заземляющий** *(El)* Erdungsschraube f ‖ ~/**закрепляющий** Fixierungsschraube f ‖ ~/**запорный** Verschlußschraube f ‖ ~/**затяжной** Anzugsschraube f ‖ ~ **изменяемого шага** *(Flg)* Verstelluftschraube f ‖ ~/**контактный** *(El)* Kontaktschraube f ‖ ~/**кормовой [гребной]** Heckpropeller m *(Eisbrecher)* ‖ ~/**крепёжный** Befestigungsschraube f ‖ ~/**«лёгкий» [гребной]** *(Schiff)* hydrodynamisch unterdimensionierter Propeller m ‖ ~/**ленточный** Bandschnecke f *(Fördertechnik)* ‖ ~/**лопастный** Schaufelwelle f, Messerwelle f *(Mischschnecke)* ‖ ~/**микрометрический** 1. Meßschraube f; 2. Feinstellschraube f, Feingewindeschraube f *(der Meßspindel)* ‖ ~/**многозаходный (многоходовой)** 1. mehrgängige Schraube f; 2. mehrgängige Schnecke f *(Fördertechnik)* ‖ ~/**наводящий** Feintrieb m, Feintriebschraube f, Feinstellschraube f ‖ ~/**нажимный** Druckschraube f, Preßschraube f; 2. *(Wlz)* Anstellspindel f, Druckspindel f, Druckschraube f *(am Walzgerüst)* ‖ ~/**натяжной** Anzugsschraube f, Spannschraube f, Spannspindel f *(Fördertechnik)* ‖ ~/**несущий** *(Flg)* Drehflügel m, Tragschraube f, Rotor m *(Rotorflugzeuge)* ‖ ~/**носовой [гребной]** Bugpropeller m *(Eisbrecher)* ‖ ~/**ограничительный** Anschlagschraube f ‖ ~/**однозаходный (одноходовой)** 1. eingängige Schraube f; 2. eingängige Schnecke f *(Fördertechnik)* ‖ ~/**опережающий ходовой** Überholende Leitspindel f ‖ ~/**опорный** Tragschraube f, Stützschraube f ‖ ~/**отжимный** Abdrückschraube f ‖ ~/**отстающий ходовой** unterholende Leitspindel f ‖ ~/**поворотный [гребной]** *(Schiff)* Lenkpropeller m, Ruderpropeller m, Drehwendepropeller m ‖ ~/**податливый** Dehnschraube f ‖ ~/**подачи** *(Wkzm)* Vorschubspindel f ‖ ~/**подачи стола** *(Wkzm)* Tischspindel f ‖ ~/**поддерживающий** Halteschraube f ‖ ~/**подстройки** *(Eln)* Nachstimmschraube f, Abgleichschraube f ‖ ~/**подъёмный** Hebespindel f, Hubspindel f *(Fördertechnik)* ‖ ~/**полый** Hohlschraube f; Hohlspindel f ‖ ~/**потайной** Senkschraube f ‖ ~/**пригнанный** Paßschraube f ‖ ~/**призонный** Paßschraube f ‖ ~/**пружинный** Federschraube f ‖ ~/**пустотелый** Hohlschraube f; Hohlspindel f ‖ ~/**реверсивный воздушный** *(Flg)* Umkehrluftschraube f ‖ ~/**регулировочный** Einstellschraube f, Regulierschraube f, Nachstellschraube f, Regelschraube f ‖ ~/**регулировочный нажимный** Nachstelldruckschraube f ‖ ~ **регулируемого шага [/гребной]** *(Schiff)* Verstellpropeller m ‖ ~/**регулирующий** Stellschraube f ‖ ~/**рулевой** s. ~ управления 1. ‖ ~ **с барашком** Flügelschraube f ‖ ~ **с накатной головкой** Rändelschraube f, Kordelschraube f ‖ ~ **с насадкой/гребной** *(Schiff)* Düsenpropeller m, Düsenschraube f, ummantelter Propeller m ‖ ~ **с плоской головкой** Flachkopfschraube f ‖ ~ **с поворотными лопастями [/гребной]** *(Schiff)* Verstellpropeller m ‖ ~ **с потайной го-**

ловкой Senk[kopf]schraube f ‖ ~ с самотормозящейся резьбой selbsthemmende Schraube f ‖ ~/самонарезающий selbstschneidende (gewindeformende) Schraube f ‖ ~/силовой energiebetätigter Schraubtrieb m ‖ ~/соосный воздушный (Flg) gegenläufige Luftschraube f, Koaxialluftschraube f ‖ ~/стопорный Halteschraube f; Sicherheitsschraube f; Klemmschraube f ‖ ~/стяжной Spannschraube f, Zugschraube f, Spannschloßschraube f, Spannschloß n ‖ ~ суппорта Supportspindel f, Stellspindel f ‖ ~ тисков Schraubstockspindel f ‖ ~/толкающий воздушный (Flg) Druck[luft]schraube f ‖ ~/тормозной ходовой Bremsspindel f ‖ ~ точной наводки (Meß) Feinstellschraube f; Feintrieb m ‖ ~/трёхлопастной воздушный (Flg) Dreiblattluftschraube f ‖ ~/трёхлопастный гребной (Schiff) Dreiflügelpropeller m ‖ ~/трёхлопастный несущий (Flg) Dreiblattragschraube f ‖ ~/«тяжёлый» [гребной] (Schiff) hydrodynamisch überdimensionierter Propeller m ‖ ~/тянущий воздушный (Flg) Zug[luft]schraube f ‖ ~/тянущий гребной (Schiff) Zugpropeller m ‖ ~/укрепляющий Befestigungsschraube f ‖ ~/упорный 1. Anschlagschraube f, Begrenzungsschraube f; 2. Druckschraube f ‖ ~ управления 1. Steuerschraube f, Umsteuerschraube f; 2. Schaltspindel f ‖ ~/установочный 1. Stellschraube f; Einstellschraube f, Justierschraube f; 2. Gewindestift m; 3. (Wlz) Anstellspindel f, Druckspindel f ‖ ~ устройства холостого хода/регулировочный Leerlauf[gemisch]regulierschraube f ‖ ~/фиксированного шага 1. (Flg) feste (starre) Luftschraube f; 2. (Schiff) Festpropeller m ‖ ~/фиксированного шага/гребной (Schiff) Festpropeller m ‖ ~ фиксированного шага/сборный [гребной] (Schiff) gebauter Festpropeller m ‖ ~ фиксирующий Sicherungsschraube f, Fixierungsschraube f, Feststellschraube f ‖ ~/хвостовой Heckschraube f, Heckrotor m (Hubschrauber) ‖ ~/ходовой 1. Bewegungsschraube f; 2. (Wkzm) Gewindeleitspindel f, Leitspindel f ‖ ~ холостого хода (Flg) Leerlauf[gemisch]regulierschraube f ‖ ~/цельнолитый [гребной] (Schiff) Propeller m mit angegossenen Flügeln ‖ ~/центрирующий (Meß) Zentrierschraube f ‖ ~/червячный Schnecke f ‖ ~/четырёхлопастный [гребной] (Schiff) Vierflügelpropeller m, vierflügeliger Propeller m
винт-барашек m Flügelschraube f
винт-микрометр m Schraubenmikrometer n
винтовёрт m Schraubendreher m
винтовка f 1. Gewehr n (mit gezogenem Lauf); 2. Büchse f (als Jagd- oder Sportgewehr; s. unter ружьё) ‖ ~/автоматическая Schnellfeuergewehr n ‖ ~/беззвучная (бесшумная) Gewehr n mit Schalldämpfer ‖ ~/магазинная Mehrladegewehr n, Repetiergewehr n ‖ ~/малокалиберная Kleinkalibergewehr n, KK-Gewehr n ‖ ~/многозарядная Mehrladegewehr n, Mehrlader m ‖ ~/охотничья Jagdbüchse f, Jagdgewehr n ‖ ~/полуавтоматическая Selbstladegewehr n ‖ ~/самозарядная Selbstladegewehr n ‖ ~/скорострельная Schnellfeuergewehr n ‖ ~/снайперская Scharfschützengewehr n (mit Zielfernrohr) ‖ ~/спортивная Sportbüchse f

винтовой 1. schraubenförmig, Gewinde...; 2. durch Schraubtrieb betätigt, Schraub...
винтокрыл m (Flg) Verbundhubschrauber m
винтообразный schraubenförmig
винт-упор m Anschlagschraube f
винты mpl/перекрывающиеся [гребные] (Schiff) überlappende Propeller mpl ‖ ~/перекрывающиеся несущее (Flg) ineinanderkämmende Rotoren mpl (Hubschrauber) ‖ ~ противоположного вращения/соосные [гребные] (Schiff) gegenläufige Propeller mpl ‖ ~/соосные [гребные] (Schiff) hintereinander angeordnete Propeller mpl
винт-эксцентрик m Exzenterschraube f
виньетирование n (Opt) Abschattung f ‖ ~/полевое Randabschattung f ‖ ~/центральное Zentralabschattung f
вираж m 1. (Photo) Ton[ungs]bad n, Toner m; 2. (Flg) Vollkurve f, ‖ ~/дорожный (Bw) Überhöhung f (der Kurve)
вирать (Schiff) hieven (seemännisch)
вирирование n (Photo) Tonung f
виртуальный virtuell
вирус m (Inf) Virus m
висение n (Flg) Standschwebe f, Schwebezustand m, Schwebe f ‖ ~/вертолёта Standschwebe f (Hubschrauber)
вискограмма f Viskogramm n
вискоза f (Text) Viskose f ‖ ~/зрелая reife Viskose f ‖ ~/матированная mattierte Viskose f, Mattviskose f ‖ ~/модифицированная modifizierte Viskose f ‖ ~/нематированная Glanzviskose f ‖ ~/нефильтрованная rohe Viskose f
вискозиметр m Visko[si]meter n, Viskositätsmesser m ‖ ~/вращающийся s. ~/ротационный ‖ ~ Гепплера Höppler-Viskosimeter n ‖ ~/капиллярный Kapillarviskosimeter n ‖ ~/маятниковый Pendelviskosimeter n ‖ ~ Оствальда Ostwald-Viskosimeter n ‖ ~ по истечению Ausflußviskosimeter n ‖ ~ по Сейболту Saybolt-Viskosimeter n ‖ ~ по Уббелоде Viskosimeter n nach Ubbelohde, Ubbelohde-Viskosimeter n ‖ ~/ротационный Rotations[zylinder]viskosimeter n, Dreh[zylinder]viskosimeter n ‖ ~ с висячим уровнем s. ~ по Уббелоде ‖ ~ с истечением Ausflußviskosimeter n ‖ ~ с падающим шариком Kugelfallviskosimeter n ‖ ~ Сейбольта Saybolt-Viskosimeter n ‖ ~/шариковый Kugelfallviskosimeter n ‖ ~ Энглера Engler-Viskosimeter n
вискозиметрия f Viskosimetrie f, Viskositätsmessung f
висмут m (Ch) Bismut n, Bi
висмутин m 1. (Ch) Bismutin n; 2. (Min) Wismutglanz m, Bismuthin m
висмутистый (Ch) ...bismutid n; bismuthaltig
висмутит m (Min) Bismutit m, Wismutspat m
висмутовокислый (Ch) ...bismutat n; bismutsauer
витаминизация f (Lebm) Vitamin[is]ieren n, Vitamin[is]ierung f
витаминизировать (Lebm) vitamin[is]ieren, mit Vitaminen anreichern
витерит m (Min) Witherit m
витковой Windungs...
витой verdrillt, gewunden

виток *m* 1. *(Fert)* Windung *f (am Gewinde, an Schraubenfedern)*; 2. *(Text)* Windung *f*; 3. Windung *f*, Umschlag *m (Seil)*; 4. *(El)* Windung *f (Spule)*; 5. Umlauf *m*, Umlaufbahn *f (eines Planeten)* ‖ ~/**запасной** Reservewindung *f*, Sicherheitswindung *f*, Sicherheitsumschlag *m (Seiltrommel)* ‖ ~ **каната** Seilwindung *f*, Seilumschlag *m* ‖ ~/**короткозамкнутый (короткозамыкающий)** *(El)* Kurzschlußwindung *f* ‖ ~/**предохранительный** *s.* ~/**запасной** ‖ ~/**проволочный** *(El)* Drahtwindung *f* ‖ ~ **пружины** Federwindung *f* ‖ ~ **пружины/крайний** Endwindung *f (Feder)* ‖ ~ **пружины/начальный** Anfangswindung *f (Feder)* ‖ ~ **пружины/рабочий** wirksame Federwindung *f* ‖ ~ **пружины/торцовый** Endwindung *f (Feder)* ‖ ~ **регулировочный** *(El)* Windung *f* der Stellwicklung *f* ‖ ~ **резьбы** *(Masch)* Gewindegang *m*
витраж *m* [/**оконный**] Glaswand *f*; Vitrage *f*
витрен *m (Geol)* Vitrit *m*, Glanzkohle *f (Steinkohlenart)*
витрина *f*/**холодильная** Kühlvitrine *f*
витринит *m* Vitrinit *m (Gefügebestandteil der Kohle)*
витрит *m* Vitrit *m*, Glanzkohle *f (Mikrolithotyp der Kohle)*
виттихенит *m (Min)* Wittichenit *m*, Kupferwismuterz *n*, Wismutkupferblende *f*
вихревой turbulent, Wirbel...
вихреобразование *n* Wirbelbildung *f*
вихреотделение *n (Aero)* Wirbelablösung *f*
вихретоковой *(El)* Wirbelstrom...
вихрь *m* 1. *(Aero, Hydrod)* Wirbel *m*; 2. *(Meteo)* Wirbel *m*; Wirbelwind *m* ‖ ~/**атмосферный** atmosphärischer Wirbel *m*, Luftwirbel *m* ‖ ~ **векторного поля** *(Math)* [vektorielle] Rotation *f*, Rotor *m* ‖ ~/**воздушный** Luftwirbel *m* ‖ ~/**песчаный** *(Meteo)* Sandhose *f* ‖ ~/**подветренный** Leewirbel *m* ‖ ~ **потока** *(Aero)* Wirbelvektor *m* ‖ ~/**приосевой** *(Aero)* Zentralwirbel *m* ‖ ~/**присоединённый** *(Aero)* gebundener (begleitender) Wirbel *m* ‖ ~/**пыльный** *(Meteo)* Staubwirbel *m* ‖ ~/**радиальный** *(Aero)* Radialwirbel *m* ‖ ~/**разгонный** *(Aero)* Anfahrwirbel *m (am Tragflügel)* ‖ ~/**свернувшийся** *(Aero)* aufgerollter (aufgewickelter) Wirbel *m*
вициналь *f (Krist)* Vicinalfläche *f*
вицинальный *(Ch)* vicinal, nachbarständig
вкатывать 1. einwalzen; 2. einfahren
вкладка *f* 1. Einlage *f*, Einsatz *m*; 2. Einlegen *n*, Einbauen *n f* ~ **стержней** *(Gieß)* Kerneinlegen *n*, Kerneinbau *m* ‖ ~ **штампа** *f*. Gesenkeinsatz *m (Gegenstand)*; 2. Einbau *m* (Einsetzen *n*) eines Gesenks
вкладывание *n s.* вкладка
вкладыш *m* 1. Einsatz *m*, Einlage *f*, Einsatzstück *n*; 2. Hülse *f*, Buchse *f*; 3. Lagerschale *f*; 4. *(Gieß)* Ansteckteil *n*, Losteil *n (Modell)*; 5. *(Bw)* Formkern *m*, Kern *m*; 6. Zwischenlage *f*; Zwischenscheibe *f* ‖ ~/**антифрикционный** Gleitschicht *f (des Gleitlagers)*; Gleitlagerschale *f*, Lagerschale *f* ‖ ~/**баббитовый** Weißmetall-Lagerschale *f* ‖ ~/**боковой** Seitenlagerschale *f* ‖ ~/**верхний** obere Lagerschale *f*, Oberschale *f (des Gleitlagers)* ‖ ~ **волочильного станка** Ziehbacken *m* ‖ ~ **втулки сальника** Brillenfutter *n (Stopfbuchse)* ‖ ~/**зажимный** Klemmstück

n ‖ ~/**конический** Kegeldübel *m* ‖ ~ **коренного подшипника** Hauptlagerschale *f*, Grundlagerschale *f* ‖ ~/**нижний** untere Lagerschale *f*, Unterschale *f (des Gleitlagers)* ‖ ~/**основной** *s.* ~ **коренного подшипника** ‖ ~ **подшипника** Lagerschale *f* ‖ ~/**многослойный** Mehrschichtlagerschale *f* ‖ ~ **подшипника/разъёмный** geteilte Lagerschale *f* ‖ ~ **подшипника/самоустанавливающийся** selbsteinstellbare Lagerschale *f* ‖ ~ **подшипника/составной** geteilte Lagerschale *f* ‖ ~ **ползуна** Kreuzkopflagerschale *f* ‖ ~/**пустотообразующий** *(Bw)* Hohlraumbildner *m (Einlage)* ‖ ~/**роторный** *(Bgb)* Drehtischeinsatz *m (Rotarybohrgerät)* ‖ ~/**сплошной** Spurplatte *f* ‖ ~/**сталеалюминиевый** Stahl-Aluminium-Lagerschale *f* ‖ ~/**сферический** Kugelschale *f* ‖ ~ **сферической цапфы** Kugelzapfenschale *f* ‖ ~/**толстостенный** dickwandige Lagerschale *f* ‖ ~/**тонкостенный** dünnwandige Lagerschale *f* ‖ ~/**фильтрационный** *(Brau)* Filterelement *n* ‖ ~ **шарового шарнира** Kugelschale *f (Kugelgelenk)* ‖ ~ **шаровой цапфы** Kugelzapfenschale *f* ‖ ~/**шарообразный** Kugelschale *f* ‖ ~ **шатуна** Pleuellagerschale *f* ‖ ~ **эксцентрика** Exzenterfutter *n*
вклейка *f (Typ)* 1. Einkleben *n* ; 2. Einlage *f*
включатель *m* Einschalter *m*, Schalter *m (s. a. unter* выключатель *und* переключатель) ‖ ~ **зажигания** *(Kfz)* Zündschloß *n* ‖ ~ **звукового сигнала** *(Kfz)* Fanfarentastschalter *m* ‖ ~/**клавишный** Drucktastenschalter *m* ‖ ~ **контрольной лампы ручного тормоза** *(Kfz)* Handbremskontrolltaster *m* ‖ ~ **наружного освещения** *(Kfz)* Schalter *m* für Außenbeleuchtung ‖ ~ **освещения щитка приборов** *(Kfz)* Schalter *m* für Instrumentenbeleuchtung ‖ ~/**педальный** Fußschalter *m* ‖ ~/**сетевой** Netzschalter *m* ‖ ~ **стоп-сигнала** *(Kfz)* Schalter *m (Druckschalter)* für Bremsleuchten, Bremsleuchten[tast]schalter *m*
включать 1. *(El)* [ein]schalten, anschließen; 2. einstellen *(einen Sender)*; 3. *(Masch)* einrücken ‖ ~ **в звезду** in Stern schalten ‖ ~ **в каскад** in Kaskade schalten ‖ ~ **в сеть** am (an das) Netz anschließen ‖ ~ **в треугольник** in (als) Dreieck schalten ‖ ~ **встречно** gegensinnig schalten, [ent]gegenschalten ‖ ~ **звездой** in Stern schalten ‖ ~ **каскадом** in Kaskade schalten ‖ ~ **многократно** vielfachschalten ‖ ~ **накрест** über Kreuz schalten ‖ ~ **параллельно** parallel nebeneinander] schalten ‖ ~ **под рабочее напряжение** an Spannung legen ‖ ~ **последовательно** hintereinander (in Reihe, in Serie) schalten ‖ ~ **совместно** zusammenschalten ‖ ~ **согласно** gleichsinnig schalten, gleichschalten
включаться [в разговор] *(Nrt)* eintreten, sich [in ein Ferngespräch] einschalten
включений 1. *(El)* Einschalten..., 2. *(Inf)* inklusiv, einschließend
включение *n* 1. *(El)* Schalten *n*, Einschalten *n*, Schaltung *f*, Einschaltung *f (s. a. unter* соединение 7. *und* схема 2.); 2. *(Masch)* Einrücken *n*; 3. *(Min, Geol, Met)* Einlagerung *f*, Einschluß *m*, Inklusion *f*, Einsprengung *f (z. B. von Schlacke in Metall)*; 4. Interpolation *f*, Einfügung *f*, Zwischenschaltung *f*; 5. *(Math)* Inklusionsbeziehung *f*,

влагоотдача

Enthaltensein[s]beziehung *f* II ~/**безударное** *(Masch)* stoßfreies Einrücken *n* II ~ **в звезду** *(El)* Sternschaltung *f*, In-Stern-Schalten *n* II ~ **в сеть** Anschluß *m* an das Netz, Netzanschluß *m* II ~ **воздуха** *(Met)* Lufteinschluß *m*, Luftblase *f* II ~/**воздушное** *s.* ~ **воздуха** II ~ **вручную** Handeinschaltung *f*, Einschalten *n* von Hand II ~/**вспомогательное** Hilfsschaltung *f* II ~/**встречное** *(El)* Gegen[einander]schaltung *f*, gegensinnige Schaltung *f* II ~/**встречно-последовательное** *(El)* Antiparallel-Serien-Schaltung *f* II ~/**газовое** *(Met, Gieß)* Gaseinschluß *m* II ~/**генераторное** Generatorschaltung *f*; Schalten *n* des Generators II ~ **графита** *(Met, Gieß)* Graphiteinschluß *m* II ~ **графита/округлое** Temperkohleflocke *f* II ~/**групповое** *(El)* Gruppenschaltung *f*, idiostatische Schaltung *f* II ~/**двухпозиционное** *(El)* Zweipunktschaltung *f*, Zweipunktschalten *n* II ~/**двухтактное** *(El)* Gegentaktschaltung *f* II ~/**диодное** Diodenschaltung *f* II ~/**дистанционное** Ferneinschaltung *f* II ~/**дополнительное** *(El)* Zusatzschaltung *f* II ~ **и выключение** *n* (*El)* Ein- und Ausschalten *n* II ~/**инородное** *s.* ~/**постороннее** II ~ **карбида** *(Met, Gieß)* Karbideinschluß *m* II ~/**каскадное** *(El)* Kaskadenschaltung *f* II ~/**компаундное** *(El)* Kaskadenschaltung *f*, Verbundschaltung *f*, Doppelschlußschaltung *f* II ~/**косвенное** *(El)* indirekte Einschaltung *f* II ~/**многократное** *(El)* Vielfachschaltung *f*, Mehrfachschaltung *f* II ~/**мостовое** *(El)* Brückenschaltung *f* II ~ **муфты сцепления** *(Masch)* Einkuppeln *n*, Einrücken *n* der Kupplung II ~/**насосов/повторное** *(Schiff)* Pumpenwiedereinschaltung *f* II ~/**неметаллическое** nichtmetallischer Einschluß *m*, nichtmetallische Verunreinigung *f* II ~/**неправильное** Fehlschaltung *f* II ~/**обратное** Rückwärtsschaltung *f*, inverse Schaltung *f* II ~/**одновременное** Simultanschaltung *f* II ~/**однотактное** Eintaktschaltung *f* II ~/**окалины** *(Met, Gieß)* Sintereinschluß *m*, Zundernest *n* II ~/**окисное (оксидное)** *(Met)* Oxideinschluß *m*, Oxidnest *n* II ~/**ошибочное** Fehlschaltung *f* II ~/**параллельное** *(El)* Parallelschaltung *f*, Neben[-schluß]schaltung *f* II ~/**перекрёстное** Kreuzschaltung *f* II ~/**песчаное** *(Met, Gieß)* Formstoffeinschluß *m*, Sandeinschluß *m*, Sandstelle *f* II ~/**повторное** Wiedereinschalten *n* II ~/**последовательное** Serienschaltung *f*, Reihenschaltung *f*, Hintereinanderschaltung *f* II ~/**постороннее** *(Met, Gieß)* Fremdeinschluß *m*, artfremder Einschluß *m* II ~/**пробное** *(El)* Versuchsschaltung *f* II ~/**продолжительное** *(Masch)* Dauerschaltung *f* II ~/**продольного хода** *s.* ~ **продольной подачи** II ~ **продольной подачи** *(Wkzm)* Längskupplung *f*, Längsschaltung *f (Vorschub)* II ~/**промежуточное** Zwischenschaltung *f* II ~/**противотактное** *(El)* Gegentaktschaltung *f* II ~/**прямое** *(El)* 1. Vorwärtsschaltung *f*; 2. direkte Schaltung *f*, Direktschaltung *f* II ~/**рабочее** Betriebsschaltung *f* II ~/**ручное** Handschaltung *f* II ~ **с выдержкой времени** *(El)* verzögertes Einschalten *n* II ~/**смешанное** *(El)* gemischte Schaltung *f* II ~/**совместное** Zusammenschalten *n* II ~/**согласное** gleichsinnige Schaltung *f* II ~/**ступенчатое** Kaskadenschaltung *f* II ~/**трёхпозиционное** *(El)* Dreipunktschaltung *f* II ~/**тройное** Dreierschaltung *f* II ~/**цеп[очеч]ное** *(El)* Kettenschaltung *f* II ~ **четвёрткой** *(El)* Viererschaltung *f* II ~/**шаговое** *(El)* schrittweise Einschaltung *f* II ~/**шлаковое** *(Met, Gieß)* Schlackeneinschluß *m*

включённый *f* II. [ein]geschaltet *(Gerät)*; angeschlossen *(an das Netz)*; 2. eingestellt *(Sender)* II ~ **в звезду** sterngeschaltet, in Sternschaltung II ~ **в ряд** in (als) Kaskade geschaltet II ~ **в треугольник** in Dreieckschaltung, in (als) Dreieck geschaltet II ~ **навстречу** gegen[einander]geschaltet II ~ **параллельно** parallelgeschaltet, in Parallelschaltung, neben[einander]geschaltet II ~ **последовательно** in Reihe (Serie) geschaltet, hintereinandergeschaltet, in Reihenschaltung, in Serienschaltung
«**включено**» „Ein", „Eingeschaltet" *(Schalterstellung)*
включить *s.* включать
ВКР *s.* рассеяние/вынужденное комбинационное
вкрапление *n (Geol, Min)* Einschluß *m*, Einsprengung *f*, Verwachsung *f (Erz)*
вкрапленник *m (Geol, Min)* Einsprengling *m*
вкрапленность *f (Geol, Min)* 1. Verwachsung *f*, Einsprengung *f*; 2. Verwachsungsgrad *m (Erz)*
вкременение *n (Geol)* Einkieselung *f*
ВКС *s.* самолёт/воздушно-космический
ВЛ *s.* ватерлиния
влага *f* Feuchte *f*, Feuchteanteil *m* II ~/**атмосферная** Luftfeuchte *f* II ~/**непроливная почвенная** *(Bw, Lw)* Sickerwasser *n*; *(Bw)* Haftwasser *n* II ~/**поровая** Porenwasser *n* II ~/**почвенная** Bodenfeuchte *f* II ~/**просачивающаяся** Sickerwasser *n* II ~/**связанная** gebundene Feuchte *f* II ~/**усадочная** Schwindungswasser *n*
влаговыделение *n* Feuchtigkeitsausscheidung *f (durch Menschen)*; Feuchtigkeitsabgabe *f*
влагоёмкость *f* Wasseraufnahmefähigkeit *f*, Wasserhaltigkeit *f*, Wasseraufnahmevermögen *n*, Wasserfassungsvermögen *n*, Wasserkapazität *f*
влагозадержание *n* Feuchtigkeitsrückhalt *m*
влагозащита *f* Feuchteschutz *m*
влагозащитный wasserabstoßend, wasserabweisend, feuchtegeschützt
влагоизоляция *f (Bw)* Dampfsperre *f*, Dampfsperrsoleid *f*, Feuchtigkeitssperre *f*
влагомаслоотделитель *m* Wasser- und Ölabscheider *m*
влагомер *m* Feuchtemeßgerät *n*, Feuchtigkeitsmeßgerät *n*; 2. Hygrometer *n*, Luftfeuchtemesser *m* II ~/**инфракрасный** Infrarotfeuchtemesser *m* II ~/**нейтронный** Neutronenfeuchtemesser *m (Bestimmung der Bodenfeuchte mit Neutronensonden)* II ~/**почвенный** Bodenfeuchtemesser *m*
влагонепроницаемость *f* Wasserundurchlässigkeit *f*; Feuchtigkeitsundurchlässigkeit *f*
влагонепроницаемый wasserundurchlässig; feuchtigkeitsundurchlässig
влагообмен *m* Feuchtigkeitsaustausch *m*
влагооборот *m (Meteo)* Wasserkreislauf *m*
влагоотдача *f* Feuchtigkeitsabgabe *f*

влагоотделитель *m* Feuchtigkeitsabscheider *m*, Wasserabscheider *m* ll ~ **жидкой фазы** Flüssigkeitsabscheider *m* ll **~/конденсирующий** pneumatischer Kältetrockner *m* ll **~/контактный** Kontakt-Flüssigkeitsabscheider *m* ll ~ **паровой фазы** pneumatischer Trockner *m* ll **~/силовой** Kraft-Flüssigkeitsabscheider *m*
влагопоглощаемость *f* Feuchtigkeitsaufnahmevermögen *n*, Hygroskopizität *f*
влагопоглощение *n* Feuchtigkeitsaufnahme *f*
влагопроницаемость *f* Wasserdurchlässigkeit *f*; Feuchtigkeitsdurchlässigkeit *f*
влагопроницаемый wasserdurchlässig; feuchtigkeitsdurchlässig
влагопрочность *f* (Pap) Naßfestigkeit *f*
влагопрочный (Pap) naßfest
влагорегулятор *m* Feuchteregler *m*
влагосниматель *m* (Photo) Abstreifer *m*, Filmabstreifer *m*, Entfeuchter *m*
влагосодержание *n* Feuchtigkeitsgehalt *m*, Feucht[e]gehalt *m*; Wassergehalt *m* ll **~/критическое** Knickpunktfeuchte *f*, Knickpunktfeuchtigkeit *f*
влагостат *m* Hygrostat *m*
влагостойкий feuchtigkeitsbeständig, feuchtkeitsfest
влагостойкость *f* Feuchtigkeitsbeständigkeit *f*, Feuchtigkeitsfestigkeit *f*
влагоустойчивость *f s.* влагостойкость
влагоустойчивый *s.* влагостойкий
влажноадиабатический (Meteo) feuchtadiabatisch
влажнонеустойчивый feuchtlabil
влажность *f* Feuchtigkeit *f*, Feuchte *f* ll **~/абсолютная** absolute Feuchtigkeit *f* ll ~ **воздуха** Luftfeuchtigkeit *f*, Luftfeuchte *f* ll ~ **воздуха/удельная** spezifische Luftfeuchtigkeit *f* ll ~ **грунта** Erdfeuchtigkeit *f*, Bodenfeuchtigkeit *f* ll **~/естественная** natürliche Feuchte *f* ll **~/конечная** Endfeuchtigkeit *f*, Endfeuchte *f* ll **~/критическая** Knickpunktfeuchte *f*, Knickpunktfeuchtigkeit *f*, Anfangsfeuchte *f* ll **~/остаточная** Restfeuchtigkeit *f*, Restfeuchte *f* ll **~/относительная** relative Feuchtigkeit *f* ll ~ **пара** Dampfnässe *f*, Dampffeuchte *f*, Dampffeuchtigkeit *f* ll ~ **почвы** Bodenfeuchtigkeit *f*, Bodenfeuchte *f* ll **~/равновесная** Gleichgewichtsfeuchte *f* ll **~/результативная** *s.* ~/конечная ll **~/сорбционная** Sorptionsfeuchtigkeit *f* ll **~/удельная** spezifische Feuchtigkeit (Feuchte) *f*
вливание *n* Infusion *f*
вливаться 1. einfließen, hineinfließen, sich ergießen; 2. münden (Fluß); 3. einströmen; 4. überfluten, einbrechen
влияние *n* 1. Beeinflussung *f*, Einfluß *m* (*s. a. unter* влияния); 2. Einwirkung *f*, Wirkung *f* ll ~ **антенны/обратное** Antennenrückwirkung *f* ll **~/атмосферное** atmosphärischer Einfluß *m* ll **~/взаимное** gegenseitige Beeinflussung *f* ll ~ **внешнего освещения** Umgebungslichteinfluß *m* ll ~ **внешнее** Umgebungseinfluß *m*, Außeneinfluß *m* ll **~/ёмкостное** (El) kapazitive Beeinflussung *f* ll ~ **запила (зарубки)** Kerbwirkung *f* ll **~/индуктивное** (El) induktive Beeinflussung *f* ll **~/магнитное** magnetische Beeinflussung *f* ll **~/местное** lokaler Einfluß *m* ll **~/мешающее** 1. Stör[ein]wirkung *f*; 2. (Nrt) Nebensprechen *n* ll ~ **нагрузки** Lasteinwirkung *f* ll ~ **надреза** Kerbwirkung *f* ll ~ **наполнителя** Füllstoffeinfluß *m* ll ~ **напряжения** (El) Spannungseinfluß *m* ll **~/обратное** Rückwirkung *f* ll ~ **окружающей среды** Umwelteinfluß *m* ll **~/орографическое** (Meteo) orographischer Einfluß *m* ll **~/перекрёстное** (Nrt) Nebensprechbeeinflussung *f*, Nebensprechen *n* ll ~ **погрешностей** (Меß) Fehlereinfluß *m* ll ~ **последействия** Nacheffekteinfluß *m* ll **~/постороннее** Fremdeinfluß *m*, Fremdbeeinflussung *f* ll **~/температурное** Temperatureinfluß *m*, Temperatureinwirkung *f* ll ~ **частоты** (El) Frequenzeinfluß *m* ll **~/электрическое** elektrische Beeinflussung *f*
влияния *npl/***атмосферные** (Meteo) Witterungseinflüsse *mpl* ll **~/аэрологические** (Meteo) Tageseinflüsse *mpl*
влиять beeinflussen; einwirken
вложение *n* 1. (Math) Einbettung *f*; 2. Schachtelung *f*, Verschachtelung *f*
вложения *npl/***капитальные** Investitionen *fpl*
ВЛП *s.* линия положения/высотная
ВМ *s.* 1. машина/вычислительная; 2. материал/взрывчатый
В/м *s.* вольт на метр
вмазывание *n* Einkitten *n*, Verkitten *n*
вмазывать einkitten, verkitten, festkitten
вместимость *f* 1. Füllvolumen *n*, Rauminhalt *m*, Volumen *n*; 2. Aufnahmefähigkeit *f*, Fassungsvermögen *n*, Kapazität *f* ll **~/брутто-регистровая** (Schiff) Brutto[register]tonnage *f*, Bruttoraumgehalt *m* (in Registertonnen), Bruttovermessung *f* (eines Schiffes) ll ~ **бункера** Bunkerinhalt *m*, Bunkerfassungsvermögen *n* ll **~/валовая регистровая** *s.* ~/брутто-регистровая ll ~ **грузовых трюмов** (Schiff) Laderauminhalt *m* ll **~/нетто-регистровая** (Schiff) Netto[register]tonnage *f*, Nettoraumgehalt *m* (in Registertonnen), Nettovermessung *f* (eines Schiffes) ll **~/полезная** Nutzinhalt *m* ll ~ **судна** (Schiff) Raumgehalt *m*, Tonnage *f* (eines Schiffes) ll ~ **трюмов/недоиспользованная** (Schiff) Raumverlust *m*, Stauverlust *m* ll ~ **черпака** (Förd) Baggereimerinhalt *m* (Eimerbagger) ll **~/чистая регистровая** *s.* ~/нетто-регистровая
вмешательство *n* оператора (Inf) Bedienereingriff *m*
ВМР *s.* ресурсы/вторичные материальные
ВМТ *s.* точка/верхняя мёртвая
вмятина Verbeulung *f*, Beule *f*, Druckstelle *f*, Einbeulung *f*
ВН *s.* 1. напряжение/высокое; 2. напряжение/высшее
внакат (Fert) in mehreren Schichten (Anordnung, z. B. von Werkstücken)
внахлёстку überlappt
внеатмосферный (Astr) extraterrestrisch
внегалактический (Astr) extragalaktisch, außergalaktisch
внедрение *n* 1. Einführung *f*; 2. (Geol) Einlagerung *f*, Intrusion *f*; 3. (Krist) Einbau *m*, Einlagerung *f* (von Störstellen); 4. (Ph) Umlagerung *f* (Atome), Atomumlagerung *f* ll ~ **в производство** Einführung (Überleitung) *f* in die Produktion,

Produktionseinführung f || ~ **ионов** (Ph) Ionenimplantation f
внеземной (Astr) extraterrestrisch, außerirdisch
внемашинный (Inf) rechnerintern
внесение n 1. Eintragen n, Eintragung f, Einlegen n, Einbringen n; 2. (Lw) Ausbringen n (Pflanzenschutzmittel, Düngemittel); Einbringen n (in den Boden) || ~ **жидкого навоза/припочвенное** (Lw) bodennahe Gülleausbringung f || ~ **ленточное** (Lw) Reihenausbringung f, Bandausbringung f (Pflanzenschutzmittel, Düngemittel) || ~/**местное** (Lw) nesterweises Einbringen n || ~/**полосовое** s. ~/**ленточное** || ~/**разбросное** (Lw) breitwürfiges Ausbringen n (Düngemittel) || ~/**сплошное** (Lw) Flächenausbringung f (Pflanzenschutzmittel, Düngemittel) || ~ **удобрений** (Lw) Düngen n, Einbringen (Ausbringen) n von Düngemitteln
внести s. **вносить**
внецентренный außermittig, exzentrisch
внешний 1. äußerlich, äußerer; Außen...; 2. Umgebungs..., Umwelt...; 3. (Inf) extern (Speicher)
внеядерный (Ph) extranuklear, Hüllen...
вносить 1. eintragen, einlegen, einfügen; 2. (Lw) ausbringen (Pflanzenschutzmittel, Düngemittel); einbringen (in den Boden)
внутреннепрограммируемый (Inf) intern programmierbar (Rechner)
внутренний 1. innen, Innen...; 2. (Inf) intern (Speicher)
внутриатмосферный endoatmosphärisch
внутриатомный inneratomar, intraatomar
внутригранулярный (Wkst) innergranular, zwischen den Körnern liegend (Gefüge)
внутризаводской innerbetrieblich; Betriebs...
внутризадачный (Inf) jobintern
внутрикристаллический interkristallin; (Inf) chipintern
внутрикристальный (Inf) chipintern
внутриметаллический intermetallisch
внутримолекулярный intramolekular, innermolekular
внутрисхемный (Inf) chipintern; schaltungsintern
внутриядерный intranuklear, innernuklear
вобулировать wobbeln (Frequenzen)
вобулятор m (El) Wobbler m || ~/**частотный** Frequenzwobbler m, Wobbel[frequenz]generator m
вобуляция f Wobbeln n, Wobbelung f (Frequenzen) || ~ **частоты** Frequenzwobbelung f
вовлечение n **природных ресурсов** (Ökol) Inanspruchnahme f der Naturschätze
вогезит m (Geol) Vogesit m
вогнутость f Konkavität f
вогнутый eingekrümmt, konkav, hohl
ВОД s. **дизель/высокооборотный**
вода f Wasser n || ~/**агрессивная** aggressives Wasser n, Aggressivwasser n || ~/**адгерентная** s. ~/**частично связанная** || ~/**адсорбированная** (Min) Haftwasser n, Adsorptionswasser n (an Kolloide gebunden) || ~/**азотная** stickstoffhaltiges Wasser n || ~/**активированная** aktiviertes Wasser n || ~/**аммиачная** Ammoniakwasser n, Gaswasser n || ~/**аномальная** s. **поливода** || ~/**артезианская** artesisches Grundwasser n || ~/**атмосферная** Niederschlagswasser n || ~/**балластная** (Schiff) Ballastwasser n || ~/**безнапорная подземная** ungespanntes (freies) Grundwasser n || ~/**болотная** Sumpfwasser n, Moorwasser n || ~/**бытовая сточная** Haus[halt]abwasser n, häusliches Abwasser n || ~/**вадозная** (Geol) vadoses Wasser n || ~/**верхняя контурная (краевая)** oberes Randwasser n (erdölführende Schichten) || ~/**вливающаяся** (Schiff) Leckwasser n || ~/**внутренняя** Tiefenwasser n || ~/**водопроводная** Leitungswasser n || ~/**возобновлённая** (Geol) palingenes Wasser n || ~/**восходящая** 1. aszendentes Wasser n; 2. s. ~/**напорная** || ~/**временная** (Geol) zeitweilig auftretendes Wasser n || ~/**выжатая** s. ~/**возобновлённая** || ~/**высокоактивная сточная** "heißes" Abwasser n (Reaktor) || ~ **высокого давления** [hochgespanntes] Druckwasser n || ~/**газовая** Gaswasser n, Ammoniakwasser n; Schwelwasser n, Teerwasser n (in der Braunkohlenverkokung) || ~/**гетеротермальная** heterothermes Wasser n, Wasser n zeitlich veränderlicher Temperatur || ~/**гигроскопическая** 1. hygroskopisches (hygroskopisch gebundenes) Wasser n; 2. s. ~/**адсорбированная** || ~/**гипертермальная** Hyperthermalwasser n (über 42 °C) || ~/**глубинная** (Geol) juveniles Wasser n || ~/**гомотермальная** homothermes Wasser n, Wasser n konstanter Temperatur || ~/**горячая** Heißwasser n || ~/**гравитационная** (Geol) Gravitationswasser n, Sickerwasser n (unter dem Einfluß der Schwerkraft in den Hohlräumen der Gesteine frei bewegliches Wasser) || ~/**грунтовая** Grundwasser n || ~/**деаэрированная** entgastes Wasser n || ~/**деионизированная** Deionat-Wasser n || ~/**дистиллированная** destilliertes Wasser n || ~/**диффузионная** Diffusionsablaufwasser n (Zuckergewinnung) || ~/**добавочная** Zusatzwasser n, Zuspeisungswasser n (Dampfkessel) || ~/**дождевая** Regenwasser n || ~/**дренажная** (Hydt) Dränwasser n || ~/**жавелевая** (Ch) Eau de Javelle n(f), Javellesche Lauge f (Kaliumhypochloritlösung) || ~/**железистая** eisenhaltiges Wasser n, Eisenwasser n || ~/**жёсткая** hartes Wasser n, Hartwasser n || ~/**жильная** (Geol) Gangwasser n || ~/**жомовая** s. ~/**диффузионная** || ~/**жомопрессовая** Schnitzelpreßwasser n (Zuckergewinnung) || ~/**забортная** Seewasser n || ~/**загрязнённая** Schmutzwasser n || ~/**законтурная** Randwasser n (außerhalb der Erdöllagerstätte) || ~/**закрытая грунтовая** Grundwasser n unter undurchlässiger Deckfläche || ~/**замочная** Einweichwasser n, Weichwasser n, angestautes Wasser n || ~/**запруженная** Sperrenwasser n || ~/**интернальная** Tiefenwasser n || ~/**инфильтрационная** Sickerwasser n, infiltriertes Wasser n || ~/**инфлюационная** Versinkwasser n || ~/**иодистая** jodhaltiges Wasser n || ~/**ископаемая** fossiles Wasser n || ~/**исходная** Rohwasser n || ~/**канализационная** Abwasser n (Kanalisation) || ~/**капающая** Tropfwasser n || ~/**капиллярная** Kapillarwasser n || ~/**капиллярно-подвешенная** s. ~/**подвешенная** || ~/**карстовая** Karstwasser n || ~/**кислая** saures (sauer reagierendes) Wasser n || ~/**кислородная** Wasser n mit gelöstem freiem Sauerstoff

вода

|| ~/**ключевая** Quellwasser n || ~/**колодезная** Brunnenwasser n || ~/**коммунально-бытовая** Haus[halt]abwasser n, häusliches Abwasser n || ~/**конденсационная** Kondenswasser n || ~/**конденсационная рудничная** Kondensationswasser n, Schwitzwasser n || ~/**коннэтная** konnates Wasser n || ~/**контурная** s. ~/краевая || ~/**котельная** Kessel[speise]wasser n || ~/**краевая** Randwasser n (in erdölführenden Schichten) || ~/**кристаллизационная** Kristallwasser n || ~/**ледниковая** Gletscher[tau]wasser n || ~/**льяльная** (Schiff) Bilgenwasser n || ~/**магматическая** magmatisches Wasser n || ~/**малая** Niedrigwasser n (Gezeiten) || ~/**малоактивная сточная** „kühles" Abwasser n (Reaktor) || ~/**меженная** kleines Wasser n, niedriges Wasser n || ~/**межмерзлотная** Grundwasser m im Permafrost (Dauerfrostboden), Intrapermafrostwasser n || ~/**минерализированная** mineralisiertes Wasser n || ~/**минеральная** Mineralwasser n || ~/**молекулярная** molekulares Haftwasser n || ~/**морская** Seewasser n, Meerwasser n || ~/**мягкая** weiches Wasser n, Weichwasser n || ~/**надмерзлотная** Grundwasser n oberhalb des Permafrostes (Dauerfrostbodens), Superpermafrostwasser n || ~/**наземная** s. ~/поверхностная || ~/**напорная** 1. gespanntes Grundwasser n; 2. Stauwasser n || ~/**ненапорная** ungespanntes (freies) Grundwasser n || ~ **нефтеносных пластов/краевая** Randwasser n des Erdöllagers || ~/**нефтесодержащая** ölhaltiges (veröltes) Wasser n || ~/**нефтяная** Erdöllagerstättenwasser n || ~ **нефтяных месторождений** s. ~/нефтяная || ~/**нижняя краевая** Sohlenwasser n (erdölführende Schichten) || ~/**низкая** seichtes Wasser n || ~/**нисходящая** deszendentes Wasser n || ~/**оборотная** Rück[kühl]wasser n, Umlaufwasser n; (Pap) Rück[lauf]wasser n; (Pap) Sieb[ab]wasser n || ~/**озёрная** Seewasser n || ~/**опреснённая** entsalztes Seewasser n || ~/**орошающая** Berieselungswasser n || ~/**осветлённая** geklärtes Wasser n, Klärwasser n, Klarwasser n || ~/**осмотически впитанная** s. ~/плёночная || ~/**открытая грунтовая** Grundwasser n unter durchlässiger Deckfläche || ~/**отработанная** entspanntes Druckwasser n || ~/**отходящая** Abwasser n || ~/**охлаждающая** Kühlwasser n || ~/**очищенная** gereinigtes Wasser n || ~/**падающая** Fallwasser n || ~ **первичного контура реактора** Primärwasser n (Reaktor) || ~/**перегретая** überhitztes Wasser n || ~/**переохлаждённая** unterkühltes Wasser n || ~/**питательная** Kesselspeisewasser n || ~/**питьевая** Trinkwasser n || ~/**плёночная** Häutchenwasser n, Filmwasser n, Haftwasser n || ~/**поверхностная** (Geol) Oberflächenwasser n; (Bgb) Tagwasser n || ~/**поглощённая** Versinkwasser n || ~/**погребённая** fossiles (konnates) Wasser n || ~/**подвешенная** Hang[end]wasser n (in Poren, Spalten und anderen Hohlräumen des Gesteins festgehaltenes Wasser ohne Kontakt mit dem Grundwasser) || ~/**подземная** unterirdisches Wasser n (Oberbegriff für Bodenwasser und Grundwasser) || ~/**подледниковая** subglaziales Wasser n (unter dem Gletscher abfließendes Tauwasser) || ~/**подмерзлотная** (Geol) gespanntes Grundwasser n unterhalb des Permafrostes (Dauerfrostbodens), Infrapermafrostwasser n || ~/**подпиточная** Auffüllwasser n (für die Ergänzung des Primärwassers in Reaktoren mit Wasser als Wärmeträger) || ~/**подпочвенная** Grundwasser n || ~/**подсеточная** (Pap) Sieb[ab]wasser n || ~/**подсланцевая** Bilgenwasser n || ~/**подъёмная** Auftriebswasser n (Flotation) || ~/**полимерная** s. поливода || ~/**полная** Hochwasser n (Gezeiten) || ~/**поровая** Porenwasser n || ~/**почвенная** Bodenwasser n || ~/**пресная** Süßwasser n; (Schiff) Frischwasser n || ~/**природная** natürliches Wasser n || ~/**пробелочная** Deckwasser n, Wasserdecke f (Zuckergewinnung) || ~/**продувочная** Absalzwasser n, Spülwasser n (Dampfkessel) || ~/**производственная** s. ~/промышленная || ~/**промывная** 1. Waschwasser n, Schwemmwasser n, Spülwasser n; 2. (Brau) Anschwänzwasser n, Überschwänzwasser n; Nachguß m (verdünnte Vorderwürze); 3. Absüßwasser n (Zuckergewinnung) || ~/**промывочная** Läuterwasser n, Schlammwasser n (Aufbereitung) || ~/**промышленная** Industriewasser n, Betriebswasser n (für Industriebetriebe), [industrielles] Brauchwasser n || ~/**промышленная сточная** gewerbliches (industrielles) Abwasser n, Industrieabwasser n || ~/**просачивающаяся** Sickerwasser n || ~/**прочносвязанная** Haftwasser n || ~/**прудовая** Teichwasser n || ~/**прядильная** Spinnwasser n (Chemiefaserherstellung) || ~/**рабочая** Aufschlagwasser n, Triebwasser n, Betriebswasser n (Wasserturbine; Ejektor) || ~/**радиевая** radiumhaltiges Wasser n || ~/**радиоактивная** radioaktives Wasser n || ~/**радиоактивная сточная** [radio]aktives Abwasser n (Reaktor) || ~/**реакционная** Reaktionswasser n || ~/**реликтовая** Reliktwasser n, konnates Wasser n || ~/**речная** Flußwasser n || ~/**рыхлосвязанная** s. ~/плёночная || ~/**свежая** Frischwasser n || ~/**свободная** s. ~/гравитационная || ~/**связанная** (Geol) 1. gebundenes Wasser n (erdölgeologisches Schichtwasser, das in den Poren haften bleibt); 2. s. ~/внутренняя || ~/**сезонная** s. верховодка || ~/**сероводородная** (Ch) Schwefelwasserstoffwasser n || ~/**сингенетическая** s. 1. ~/коннэтная; 2. ~/реликтовая || ~/**синтетическая** synthetisches Wasser n || ~/**слабая промывная** (Brau) Nachguß m (verdünnte Vorderwürze); Glattwasser n || ~/**смешанная** Mischwasser n || ~/**снеговая** Tauwasser n, Schmelzwasser n || ~/**солёная** Salzwasser n, salzhaltiges Wasser n || ~/**солоноватая** Brackwasser n || ~/**соляная** Salzwasser n; (Geol) Sole f, Lauge f || ~/**сопочная** Schlammsprudelwasser n || ~/**спокойная** Glattwasser n || ~/**спрысковая** (Pap) Spritzwasser n || ~/**стекающая** Abflußwasser n || ~/**сточная** Abwasser n, Schmutzwasser n || ~/**субтермальная** Subthermalwasser n (20 bis 36 °C) || ~/**талая** Schmelzwasser n || ~/**термальная** Thermalwasser n (36 bis 42 °C) || ~/**техническая** Industriewasser n, Betriebswasser n, Rohwasser n || ~/**тихая** Glattwasser n || ~/**торфяная** Torfmoorwasser n || ~/**трещинная** Spalt[en]wasser n, Kluftwasser n || ~/**трещинно-карстовая**

Karstwasser *n* ‖ ~/**трюмная** *(Schiff)* Bilgenwasser *n* ‖ ~/**тяжёлая** *(Ph, Ch)* schweres Wasser *n*, Deuteriumoxid *n* ‖ ~/**умягчённая** enthärtetes Wasser *n* ‖ ~/**усадочная** Schwindungswasser *n* ‖ ~/**фекальная** Fäkalienwasser *n* ‖ ~/**фенольная** Phenolwasser *n (Abwasser)* ‖ ~/**фильтрационная** Filtrationswasser *n*, Sickerwasser *n* ‖ ~/**фреатическая** freies (ungespanntes) Grundwasser *n* ‖ ~/**хозяйственная** Brauchwasser *n* ‖ ~/**хозяйственно-бытовая [сточная]** *(Schiff)* graues Abwasser *n* ‖ ~/**хозяйственно-фекальная** Haushaltschmutzwasser *n* ‖ ~/**циркуляционная** Umlaufwasser *n*, Rück[kühl]wasser *n* ‖ ~/**частично-связанная** teilweise (partiell) gebundenes Wasser *n* ‖ ~/**щелевая** Kluftwasser *n*, Spaltwasser *n* ‖ ~/**эпигенетическая** epigenetisches Wasser *n (fossiles Meerwasser)* ‖ ~/**ювенильная** juveniles Wasser *n*
водилка *(Text)* Laufstock *m*, Fadenführer *m* ‖
~ **ровницы** Vorgarnschiene *f*, Luntenführer *m (Streckwerk)*
водило *n (Masch)* Steg *m (Umlaufrädergetriebe, Umlaufgetriebe, Planetenradgetriebe)*; Führung *f*, Rahmen *m* ‖ ~ **планетарной передачи** Planetenträger *m*
водка *f*/**царская** *(Ch)* Königswasser *n*
водноэнергетический Wasserkraft...
водобой 1. *(Hydt)* Schußboden *m*, Abschußboden *m*; Sturzboden *m*, Sturzbett *n*, Wehrsturzboden *m*, Wehrsturzbett *n*; 2. *s.* **гидромонитор**
водовод *m (Hydt)* 1. Wasserleitung *f*; 2. Umlauf *m (Schleuse)* ‖ ~/**безнапорный** Freispiegelgerinne *f* ‖ ~/**водозаборный** Entnahmeleitung *f* ‖ ~/**обходный** *(Bw)* Wasserumleitung *f* ‖ ~/**циркуляционный** Wasserumlaufleitung *f*
водоворот *m (Hydt)* Wirbel *m*, Wasserwirbel *m*; Neer *f*; Wasserstrudel *m*, Strudel *m*; Wasserwechsel *m*, Gegenströmung *f*, Gegenstrom *m*
водовыпуск *m* Hydrant *m* ‖ ~/**подземный выдвижной** Versenkhydrant *m*
водоём *m* 1. Gewässer *n (Meere, Seen, Flüsse)*; 2. Wasserbassin *n*, Wasserbecken *n*, Becken *n*, Reservoir *n (s. a. unter* **водохранилище**); 3. Staubecken *n* ‖ ~/**внутренний** Binnengewässer *n (Flüsse, Seen)* ‖ ~/**нижний** *(Hydt)* Gegenbecken *n (Speicherkraftwerk)* ‖ ~/**подпёртый** Stausee *m* ‖ ~/**пожарный** Feuerlöschteich *m*
водоёмкость *f (Hydt)* Wasserhaltungsvermögen *n*, Wasserkapazität *f*
водозабор *m (Hydt)* Wasserfassung *f*, Wasserentziehung *f*, Wasserentnahme *f* ‖ ~/**башенный** Turmfassung *f* ‖ ~/**береговой** Uferentnahmestelle *f* ‖ ~/**вертикальный** vertikale Grundwasserfassung *f* ‖ ~ **гидростанции** Kraftwasserentnahme *f* ‖ ~/**глубинный** Unterwassereinlauf *m*, Unterwassereinlaß *m* ‖ ~/**горизонтальный** horizontale Grundwasserfassung *f* ‖ ~ **грунтовых вод** Grundwasserfassung *f*, Grundwasserentnahme *f*
водозащита *f* Wasserschutz *m*; Strahlwasserschutz *m*
водозащищённый wassergeschützt; wasserundicht, wasserundurchlässig
водоизмещение *n (Schiff)* Deplacement *n*, Verdrängung *f*, Wasserverdrängung *f* ‖ ~ **в полном грузу** Wasserverdrängung *f* voll beladen ‖ ~/**весовое (массовое)** Deplacement *n (in t)*,

Gewichtsverdrängung *f* ‖ ~/**нормальное** Normaldeplacement *n*, Normalverdrängung *f* ‖ ~/**объёмное** Raumverdrängung *f (in m³)*, Volumenverdrängung *f*, kubisches Deplacement *n* ‖ ~/**полное** Gesamtverdrängung *f*, Verdrängung *f* gesamt ‖ ~ **порожнём** Wasserverdrängung *f* im Leerzustand ‖ ~/**проектное (расчётное)** Entwurfsverdrängung *f*, Konstruktionsverdrängung *f*, projektierte Verdrängung *f* ‖ ~/**стандартное** Standarddeplacement *n*, Typverdrängung *f (in t)*
водок *m (Text)* Fadenleiter *m*, Fadenführer *m*, Laufstock *m*
водокачка *f* Pumpwasserstation *f*
водолей *m* Wasserversorgungsschiff *n*, Wasserversorger *m*
водомер *m* Wassermesser *m*, Wasser[mengen]zähler *m* ‖ ~/**Flüssigkeitsvolumenzähler *m (zum Messen von Wasser und anderen Flüssigkeiten)* ‖ ~/**барабанный** Trommelwasserzähler *m* ‖ ~/**весовой** Auslaufzähler *m* ‖ ~/**винтовой** *s.* ~ **Вольтмана** ‖ ~ **Вольтмана** Woltmann-Zähler *m*, Woltmann-Wasserzähler *m* ‖ ~/**дисковый** Scheiben[wasser]zähler *m*, ‖ ~/**дроссельный** Wasserzähler *m* nach dem Wirkdruckverfahren, Wirkdruckwasserzähler *m* ‖ ~/**кольцевой** Ringkolbenzähler *m* ‖ ~/**комбинированный** Verbundzähler *m* ‖ ~/**крыльчатый** Flügelrad[wasser]zähler *m*, Flügelrad[wasser]messer *m* ‖ ~/**лопастный** *s.* ~/**крыльчатый** ‖ ~/**объёмный** Verdrängungszähler *m*, Volumen[wasser]zähler *m (Oberbegriff für Drehkolben-, Hubkolben-, Ringkolben-, Wälzkolben- und Taumelscheibenzähler)* ‖ ~/**поршневой** Kolbenwasserzähler *m* ‖ ~/**регистрирующий** Wassermengenschreiber *m* ‖ ~ **с овальными шестернями** Ovalradzähler *m*, Wälzkolbenzähler *m* ‖ ~/**скоростной** Geschwindigkeitswasserzähler *m* ‖ ~/**тахометрический** Turbinenzähler *m* ‖ ~/**шестерёнчатый** Ovalrad[wasser]zähler *m*
водомёт *m s.* **движитель/водомётный**
водомоина *f (Geol)* Erosionskessel *m*
водонагреватель *m* Warmwasserbereiter *m* ‖
~ **проточной системы/газовый** Gasdurchlauferhitzer *m* ‖ ~/**проточный** Durchlauferhitzer *m*
водонапорный hydraulisch, Druckwasser...
водонепроницаемость *f* Wasserundurchlässigkeit *f*, Wasserdichtheit *f*
водонепроницаемый wasserundurchlässig, wasserdicht
водоносность *f (Hydt)* 1. Wasserführung *f (Fluß)*; 2. Ergiebigkeit *f (Quelle, Brunnen)* ‖ ~ **реки** *(Hydrol)* mittlere Wasserführung *f* eines Flusses
водоносный wasserführend; wasserhaltig
водообеспечение *n* Wasserversorgung *f*
водообеспеченность *f* Wasserdargebot *n*
водообмен *m (Hydt)* Wasserwechsel *m*
водоотведение *n* Abwasserableitung *f*
водоотвод *m (Hydt)* 1. Abgraben *n*; 2. Wasserentziehung *f (Talsperrenanlage)*; 3. Entwässerung *f*, Wasserableitung *f* ‖ ~/**внутренний** *(Bw)* Dachinnenentwässerung *f*
водоотводчик *m (Wmt)* Wasserabscheider *m*, Kondenswasserabscheider *m*, Kondenstopf *m*
водоотдача *f (Bgb)* Wasserabgabe *f (Bohrspülung)*
водоотделение *n* Wasserabscheidung *f*

водоотделитель *m* 1. *(Ch)* Wasserabscheider *m*; 2. *(Wmt)* Dampfentwässerer *m*, Wasserableiter *m*, Wasserabweiser *m* ‖ **~/конденсационный** *(Wmt)* Kondenswasserableiter *m*

водоотлив *m* 1. *(Bw)* Wasserhaltung *f (Trockenhaltung von Baugruben, Schächten u. a.)*; 2. *(Bw)* Wasserabschlag *m*, Wasserschräge *f*, Abschräge *f (Abschrägung von Bauteilen zur Ableitung von Regenwasser)*; 3. *(Bgb) s.* **~/рудничный** ‖ **~/вспомогательный** *(Bgb)* Zubringerwasserhaltung *f*, Sonderwasserhaltung *f* ‖ **~/главный** *(Bgb)* Hauptwasserhaltung *f* ‖ **~/грунтовой** *(Bw)* Grundwasserhaltung *f* ‖ **~/открытый** *(Bgb)* Oberflächenentwässerung *f (Tagebau)* ‖ **~/поверхностный** *s.* **~/открытый** ‖ **~/проходческий** *(Bgb)* Abteufwasserhaltung *f* ‖ **~/рудничный** *(Bgb)* Wasserhaltung *f*, bergmännische Wasserwirtschaft *f* ‖ **~/центральный** *(Bgb)* zentrale Wasserhaltung *f (Zusammenfassung der Wasserhaltung für mehrere Schächte oder Gruben)*

водоотливный 1. *(Schiff)* Notlenz..., Havarielenz...; 2. *(Bgb)* Wasserhaltungs...

водоотнимающий wasserentziehend, dehydratisierend

водоотталкивающий wasserabweisend, hydrophob

водоохлаждаемый wassergekühlt

водоохлаждение *n* 1. Wasserkühlung *f*; 2. Kühlung *f* des Wassers

водоочиститель *m* Wasserreiniger *m*, Wasserfilter *n*

водоочистка *f* Wasserreinigung *f*; Wasseraufbereitung *f*

водопад *m* Wasserfall *m*

водопоглощение *n* Wasseraufnahme *f*, Wasserabsorption *f*

водоподготовка *f* Wasseraufbereitung *f*; Wasserreinigung *f* ‖ **~/ионообменная** Wasseraufbereitung *f* durch Ionenaustausch ‖ **~/механическая** mechanische Wasseraufbereitung *f (z. B. durch Filtrieren)* ‖ **~/термическая** thermische Wasseraufbereitung *f* ‖ **~/химическая** chemische Wasseraufbereitung *f*

водоподогреватель *m* 1. Warmwasserbereiter *m*; 2. Wasservorwärmer *m (Dampfkessel, Warmwasserspeicher)*; Wasservorwärmer *m*; Speisewasservorwärmer *m* ‖ **~ высокого давления** Hochdruckwasservorwärmer *m*, HD-Vorwärmer *m* ‖ **~/гладкотрубный** Glattrohrwasservorwärmer *m* ‖ **~/змеевиковый** Rohrschlangen[wasser]vorwärmer *m* ‖ **~/кипящий** Vorverdampfer *m* ‖ **~/конвекционный** konvektiv beheizter Wasservorwärmer *m* ‖ **~/параллельно-точный** Gleichstromwasservorwärmer *m* ‖ **~/противоточный** Gegenstromwasservorwärmer *m* ‖ **~/ребристый** Rippenrohr[wasser]vorwärmer *m* ‖ **~/трубчатый** Röhrenvorwärmer *m*, Rohrwasservorwärmer *m*

водоподъём *m* Wasserhebung *f*, Wasserförderung *f*

водоподъёмник *m* Wasserheber *m*, Wasserschöpfwerk *n* ‖ **~/ковшовый** Becherschöpfwerk *n*

водопользование *n (Ökol, Hydt)* Wassernutzung *f*

водопонижение *n (Bw)* Grundwasserabsenkung *f*

водопотребитель *m* Wasserverbraucher *m*

водопотребление *n* Wasserverbrauch *m*

водопотребность *f* Wasserbedarf *m*; *(Bw)* Wasseranspruch *m (Beton, Mörtel)*

водоприём *m (Hydt)* Einlauf *m*, Einlaß *m* ‖ **~/безнапорный** Freispiegeleinlaß *m* ‖ **~/глубинный** Unterwassereinlauf *m*, Unterwassereinlaß *m*

водоприёмник *m (Hydt)* Becken *n*; Wasserentnahmestelle *f*; Einlaß *m*, Wassereinlaß *m*, Vorfluter *m* ‖ **~/башенный** Turmeinlaß *m*, Entnahmeturm *m* ‖ **~/береговой** Hangeinlaß *m* ‖ **~ гидростанции** Werkeinlaß *m*, Kraftwerkseinlaß *m* ‖ **~/главный** Hauptvorfluter *m* ‖ **~/донный** Bodeneinlaß *m* ‖ **~/насосный** Entnahmepumpwerk *n*

водоприток *m (Bgb)* Wasserzufluß *m*

водопровод *m (Bgb)* Wasserleitung *f* ‖ **~/безнапорный** Freispiegelwasserleitung *f* ‖ **~/внутренний** Hauswasserleitung *f* ‖ **~/временный** provisorische Wasserleitung *f* ‖ **~/напорный** Druckwasserleitung *f* ‖ **~/наружный** Wasserversorgungsleitung *f*, Wasserversorgungsnetz *n*

водопроводность *f* Wasserleitfähigkeit *f*, Transmissibilität *f*

водопромокаемость *f* Wasserdurchtritt *m*

водопроницаемость *f* Wasserdurchlässigkeit *f* ‖ **~ грунта** Bodendurchlässigkeit *f*

водопроницаемый wasserdurchlässig

водопроток *m (Schiff)* Wasserlaufloch *n*, Wasserlauf *m*

водопуск *m (Hydt)* Wasserdurchlaß *m* ‖ **~/боковой** Seitengerinne *n*

водоразбор *m (Hydt)* Wasserverteilung *f*; Wasserentnahme *f*

водораздел *m (Hydt)* Wasserscheide *f*, Scheide *f*

водораспылитель *m* Wasserzerstäuber *m*

водорастворимость *f* Wasserlöslichkeit *f*

водорастворимый wasserlöslich

водорегулятор *m* Wasserregler *m (Kühlwasser)*

водород *m (Ch)* Wasserstoff *m*, H ‖ **~/атомарный** atomarer Wasserstoff *m* ‖ **~ в момент (состоянии) выделения** *(Ch)* naszierender Wasserstoff *m*, Wasserstoff *m* in statu nascendi ‖ **~/галогенированный фтористохлористый** *(Kält)* halogenierter Fluorchlorkohlenwasserstoff *m* ‖ **~/жидкий** Flüssigwasserstoff *m* ‖ **~/лёгкий** leichter Wasserstoff *m*, Protium *n* ‖ **~/межзвёздный** *(Astr)* interstellarer Wasserstoff *m* ‖ **~/сверхтяжёлый** überschwerer Wasserstoff *m*, Tritium *n* ‖ **~/тяжёлый** schwerer Wasserstoff *m*, Deuterium *n*

водородистый *(Ch)* ...hydrid *n*; wasserstoffhaltig

водородный Wasserstoff...

водородосодержание *n* Wasserstoffgehalt *m*

водосбор *m (Hydrol)* Einzugsgebiet *n*, Quellgebiet *n* ‖ **~/поверхностный** oberirdisches Einzugsgebiet *n* ‖ **~/подземный** unterirdisches Einzugsgebiet *n*

водосборник *m* 1. *(Bgb)* Wassersammler *m*, Sumpfstrecke *f*; 2. *(Bw)* Wassersammelbehälter *m*

водосброс *m (Hydt)* Entlastungsüberfall *m*, Wasserüberschuß *m*, Überlauf *m*, Entlastungsanlage *f*, Leerschuß *m (Talsperre)* ‖ **~/глубинный** Grundablaß *m* ‖ **~/донный** Grundwasserablaßbauwerk *n* ‖ **~/паводковый** Hochwasserentlastungsanlage *f* ‖ **~/поверхностный** Freifluter

m II ~/**сифонный** Entlastungsüberfall *m*, Heberüberlauf *m* II ~/**траншейный** Randkanalüberlauf *m* II ~/**туннельный** Entlastungsstollen *m* II ~/**холостой** Freifluter *m* II ~/**шахтный** *(Bw)* Schachtüberfall *m* II ~/**эксплуатационный** *(Hydt)* Betriebsauslaß *m*
водослив *m (Hydt)* 1. Überlauf *m*, Wasserüberlauf *m*; 2. Überfall *m*; Entlastungsüberfall *m*, Absturz *m*, Absturzbauwerk *n* II ~ **без затвора** freier (schützenloser) Überfall *m* II ~/**боковой** Rand[kanal]überfall *m*, Randüberlauf *m* II ~/**глухой** *s*. ~ **без затвора** II ~/**измерительный** Meßüberfall *m*, Meßwehr *n* II ~/**кольцевой** *s*. ~/**шахтный** II ~/**лотковый** Überlauffrinne *f* II ~/**мерный** Meßüberfall *m*, Meßwehr *n* II ~/**незатопленный** vollkommener Überfall *m* II ~/**открытый** *s*. ~ **без затвора** II ~/**полых вод** Hochwasserüberlauf *m* II ~/**сбросный** Entlastungsüberfall *m* II ~/**свободный** vollkommener Überfall *m* II ~/**сифонный** Siphonüberfall *m* II ~ **треугольного сечения** Dreieckwehr *n*, Dreiecküberfall *m*, dreieckiger Überfall *m* II ~/**холостой** Leerlauf *m*, Freilauf *m* II ~/**шахтный** Schachtüberfall *m*, Brunnenüberfall *m*
водосмеситель *m* Wassermischer *m*
водоснабжение *n* Wasserversorgung *f* II ~/**горячее** Warmwasserversorgung *f*, Heißwasserversorgung *f* II ~/**питьевое** Trinkwasserversorgung *f* II ~/**промышленное** Industriewasserversorgung *f*, Betriebswasserversorgung *f* II ~/**противопожарное** Löschwasserversorgung *f* II ~/**стройплощадочное** Bauwasserversorgung *f* II ~/**централизованное** Zentralwasserversorgung *f*
водосодержание *n* Wassergehalt *m*, Wasseranteil *m*; Wasserinhalt *m*
водоспуск *m (Hydt)* Wasserablaß *m*, Ablaß *m*; Wasserdurchlaß *m*, Durchlaß *m* II ~ **дамбы/сифонный** Sielheber *m* II ~/**донный** Grundablaß *m* II ~/**ступенчатый** Kaskade *f* II ~/**щитовой** Schützenablaß *m*
водостойкий *s*. **водоупорный**
водостойкость *f s*. **водоупорность**
водосток *m (Hydt)* Entwässerungsgraben *m*
водосчётчик *m s*. **водомер**
водотечность *f (Schiff)* Leckage *f*
водоток *m (Hydrol)* Wasserstrom *m*; Wasserlauf *m* II ~/**грунтовой** Grundwasserlauf *m*
водоуказатель *m* Wasserstandsanzeiger *m*
водоуловитель *m* Wasserfang *m*
водоумягчение *n* Wasserenthärtung *f*
водоупор *m* Grundwasserstauer *m*; Grundwassersohle *f*
водоупорность *f* Wasserbeständigkeit *f*, Wasserfestigkeit *f*
водоупорный wasserbeständig, wasserfest
водохранилище *n* 1. Wasserbassin *n*, Bassin *n*, Wasserbecken *n*; 2. *(Hydt)* Stausee *m*, Talsperre *f*; 3. *(Hydt)* Sperraum *m*, Speicher *m*; Wasserspeicher *m* II ~/**главное** Stammspeicher *m* II ~ **годового запаса (регулирования)** Jahresspeicher *m* II ~/**наземное** Hochbehälter *m*, Hochspeicher *m* II ~/**недельного запаса** Wochenspeicher *m* II ~/**основное** Stammspeicher *m* II ~/**подземное** Tiefbehälter *m*, Tiefspeicher *m* II ~/**промежуточное** Zwischenspeicher *m* II ~ **с многолетним регулированием** Überjahresspeicher *m* II ~ **сезонного регулирования** Jahresspeicher *m*
воды *fpl*/**артезианские** *(Geol)* artesisches Grundwasser *n*, artesisch gespanntes Wasser *n* II ~/**загрязнённые** Schmutzwasser *n* II ~/**промывные** *(Brau)* Nachgüsse *mpl (beim Auswaschen der Treber)* II ~/**промышленные сточные** Industrieabwasser *n*; gewerbliches Abwasser *n* II ~/**сточные** Abwasser *n*, Schmutzwasser *n*
вожак *m* Fischreep *n*, Reep *n (Treibnetz)* II ~/**основной** Hauptreep *n*, Treibnetzreep *n*
вождение *n* Führung *f*, Lenkung *f (Fahrzeug)*; *(Flg)* Steuern *n* II ~ **по рядкам/автоматическое** *(Lw)* automatische Reihenführung *f*, automatische Reihenlenkung *f* II ~ **с натяжкой** *(Kfz)* Fahren *n* mit Motorunterführung
возбудитель *m* 1. Erreger *m*; 2. *(El)* Erregermaschine *f*; 3. *(Nrt)* Steuersender *m*; 4. *(Ak)* Aktuator *m*; 5. *s*. **агент/возбуждающий** II ~ **брожения** Gärungserreger *m* II ~/**вибрационный** Schwingungserreger *m* II ~ **волн** Wellenerreger *m* II ~ **гниения** Fäulniserreger *m* II ~/**машинный** *(El)* Erregermaschine *f* II ~ **постоянного тока** Gleichstromerregermaschine *f* II ~/**собственный** *(El)* Eigenerregermaschine *f* II ~ **трёхфазного тока** *(El)* Drehstromerregermaschine *f*
возбудитель-модулятор *m* Treiber-Modulator *m*
возбудить *s*. **возбуждать**
возбудиться *s*. **возбуждаться**
возбуждаемость *f* Erregbarkeit *f*
возбуждаемый erregbar
возбуждать erregen; anregen
возбуждаться erregt werden; angeregt werden
возбуждение *n* 1. Anregung *f*; 2. *(El)* Erregung *f*; Anregung *f* • **с независимым (посторонним) возбуждением** *(El)* fremderregt II ~/**антенное** Antennenerregung *f* II ~/**асинхронное** *(El)* asynchrone Erregung *f* II ~/**внешнее** *(El)* Fremderregung *f* II ~/**встречно-смешанное (дифференциальное)** *(El)* Gegenverbunderregung *f*, Differentialerregung *f* II ~/**высокочастотное** *(El)* Hochfrequenzanregung *f* II ~ **дуги** *(Schw)* Zünden *n* des Lichtbogens II ~ **звука** Schallerregung *f*, Schallerzeugung *f* II ~ **излучением** Anregung *f* durch Strahlung II ~ **излучения** Strahlungsanregung *f* II ~/**импульсное** *(El)* Impulserregung *f*; Impulsanregung *f* II ~/**каскадное** kaskadenartige Anregung *f* II ~ **колебаний** *(Ph)* Schwingungserregung *f*; Schwingungsanregung *f* II ~/**компаундное** *(El)* Verbunderregung *f*, Doppelschlußerregung *f*, Kompounderregung *f* II ~/**многократное** Mehrfacherregung *f* II ~/**многофотонное** Vielfachphotonenanregung *f*, MPE II ~/**надпороговое** *(Eln)* Anregung *f* über dem Schwellenwert II ~/**независимое** *(El)* Fremderregung *f* II ~/**параллельное** *(El)* Parallelerregung *f*, Nebenschlußerregung *f* II ~/**перекомпаундированное** *(El)* Überverbunderregung *f* II ~/**повторное** *(Schw)* Wiederzünden *n*, erneutes Zünden *n* II ~ **поля** *(El)* Felderregung *f* II ~/**последовательное** *(El)* Reihenschlußerregung *f*, Hauptschlußerregung *f* II ~/**постороннее** *(El)* Fremderregung *f* II ~/**примесное** *(Eln)* Störstellenanregung *f* II ~/**прямое** direkte Erregung *f*

возбуждение

(Antenne) II ~/**резонансное** *(Eln)* Resonanzanregung f II ~/**синфазное** gleichphasige Erregung f II ~/**смешанное** s. ~/**компаундное** II ~/**собственное** *(El)* Eigenerregung f II ~ **соударением** Stoßanregung f *(Strahlung)* II ~/**ударное** *(El)* Stoßerregung f II ~ **фотонами** Photoanregung f, Anregung f durch Photonenabsorption f II ~/**шунтовое** s. ~/**параллельное** II ~/**электронное** Elektronenanregung f II ~ **электронным лучом (пучком)** Elektronenstrahlanregung f II ~ **ядра** *(Kern)* Kernanregung f
возбуждённый erregt; angeregt II ~/**когерентно** kohärent angeregt II ~/**оптически** optisch (mit Licht, durch Photonenabsorption) angeregt
возведение n **в степень** *(Math)* Potenzieren n II ~ **закладку** *(Bgb)* Einbringen n des Versatzes, Versetzen n II ~ **крепи** *(Bgb)* Einbringen n des Ausbaus, Ausbauen n
возводить в степень *(Math)* potenzieren II ~ **закладку** *(Bgb)* versetzen II ~ **крепь** *(Bgb)* ausbauen
возврат m 1. Rückführung f; Rücklauf m; 2. Rückkehr f, Zurückfahren n *(in die Ausgangsstellung)*; 3. *(Krist)* Erholung f, Kristallerholung f; Ausheilung f *(von Leerstellen)*; 4. Rücklauf m, Rücklaufgut n; Rückgut n *(Agglomeration)* • **без возврата в нуль (исходное положение)** ohne Rückkehr zu Null II ~/**автоматический** automatisches Rückstellen n II ~ **каретки** 1. *(Typ, Inf)* Wagenrücklauf m; 2. *(Text)* Wageneinfahrt f, Wagenrückgang m, Wageneinzug m, Einwinden n *(Selfaktor)*; 3. *(Text)* Wagenrückführung f *(Flyer)* II ~ **реле** *(El)* Rückgang m, Rückfall m *(eines Relais)* II ~ **серебра** *(Photo)* Silberrückgewinnung f II ~/**собственный** *(Gieß)* Kreislaufmaterial n, Rücklaufmaterial n, Kreislauf m, Rücklauf m II ~ **стрелки** Zeigerrückführung f II ~ **тепла** *(Wmt)* Wärmerückgewinn m, Wärmerückgewinnung f II ~ **челнока** *(Text)* Schützenrückführung f II ~ **энергии** *(En)* Energierücklieferung f
возвратить s. возвращать
возвратиться s. возвращаться
возвратно-поступательный hin- und hergehend, vor- und rücklaufend
возвратность f **потоков** *(Math)* Wiederkehr f (Rekurrenz) f bei Strömungen
возвратчик m **утка** *(Text)* Schußfadenzubringer m
возвращаемый *(Raumf)* Rückkehr..., wiederverwendbar
возвращать 1. [zu]rückführen; [zu]rückstellen; 2. zurückgeben
возвращаться 1. *(Raumf)* zurückkehren, wiedereintreten, wiedereintauchen *(in die Atmosphäre)*; 2. *(Schiff)* zurücklaufen *(in den Hafen)*
возвращение n 1. Rückkehr f; Rücksetzen n *(in die Ausgangslage)*; 2. Rücklauf m; Wiedergewinnung f; Wiederherstellung f II ~ / **без возвращения к нулю** *(Inf)* kein Rückkehr nach Null, NRZ II ~/**автоматическое** *(Inf)* automatisches Rücksetzen n II ~ **в атмосферу** *(Raumf)* Wiedereintritt m in die Atmosphäre II ~ **на Землю** *(Raumf)* Rückkehr f zur Erde II ~ **с парашютом** *(Raumf)* Fallschirmrückkehr f
возвышение n 1. Hebung f; Erhebung f; 2. Erhöhung f; Überhöhung f; 3. Höhe f; 4. *(Fert)*

104

Kuppe f *(im Welligkeitsprofil)*; 5. *(Eb)* Überhöhung f *(Gleis)*
возвышенность f *(Geol)* Anhöhe f, Erhöhung f, Höhe f
возгон m *(Ch)* Sublimat n
возгонка f *(Ch)* Sublimation f II ~ **цинка** Zinkdestillation f
возгоняемость f Sublimierbarkeit f
возгонять sublimieren
возгораемость f Entzündbarkeit f, Entflammbarkeit f
воздействие n 1. Einwirkung f, Wirkung f, Einfluß m *(s. a. unter* действие*)*; 2. *(Ch)* Angriff m II ~/**атмосферное** 1. atmosphärische Einwirkung f, atmosphärischer Angriff m; 2. Witterungseinfluß m II ~/**ветровое** Windeinwirkung f, Windeinfluß m II ~/**включающее** *(El)* Einschaltwirkung f II ~/**внешнее** 1. äußere Einwirkung f; 2. *(Reg)* Fremd[ein]wirkung f II ~/**внешнее возмущающее** *(Reg)* äußere Störgröße f II ~/**внутреннее** innere Einwirkung f II ~/**возмущающее** *(Reg)* innere Störgröße f II ~/**возмущающее** Stör[ein]wirkung f, Störgröße f II ~ **газов** *(Reg)* Einwirkung f von Gasen, [chemischer] Angriff m durch Gase II ~/**длительное** [an]dauernde Wirkung (Einwirkung) f, stetige Beanspruchung f, Dauerbelastung f II ~/**задающее** *(Reg)* Führungsgröße f *(s. a.* ~/управляющее*)* II ~/**импульсное** Impulseinwirkung f II ~/**ионосферное** Ionosphärenstörung f II ~/**истирающее** Abriebwirkung f II ~/**кислотное** *(Ch)* Säureeinwirkung f, Säureangriff m II ~/**комбинированное** *(Kyb)* gekoppeltes Verhalten n II ~/**корректирующее** *(Reg)* Korrektur[wirkung] f *(des Reglers)* II ~/**коррозионное** korrosive Wirkung (Einwirkung) f, Korrosionseinwirkung f, Korrosionsangriff m II ~ **на сеть/обратное** *(El)* Netzrückwirkung f II ~/**нагрузки/кратковременное** *(Fert)* Kurzzeitbeanspruchung f II ~/**направленное** *(Rad)* Richtwirkung f II ~/**непосредственное** direkte Einwirkung f II ~/**несинхронизированное** *(Reg)* nichtsynchronisierte Wirkung f II ~/**неэлектрическое** nichtelektrische Einwirkung f II ~/**обратное** Rückwirkung f II ~/**по производной** *(Reg)* Differentialeinfluß m, D-Einfluß m; Vorhaltwirkung f II ~/**поля** *(El)* Feldeinwirkung f II ~/**постороннее** *(Eln)* Fremdstörung f II ~/**прерывистое** *(Kyb)* unsteiges Verhalten n II ~/**принудительное** Zwangseinwirkung f II ~/**прямое** direkte Regelung f, Regelung f ohne Hilfsenergie II ~ **радиации** Strahlungswirkung f II ~/**регулирующее** *(Reg)* Regel[ungs]einwirkung f, Stellgröße f II ~/**силовое** Krafteinwirkung f II ~/**скачкообразное** *(Reg)* Störungssprung m II ~/**случайное** *(Reg)* Zufallseinwirkung f II ~/**случайное управляющее** *(Reg)* zufällige Steuerwirkung f II ~/**температурное** Temperatureinwirkung f II ~ **тепла** Wärmeeinwirkung f, thermische Wirkung f, thermischer Angriff m II ~/**управляющее** *(Reg)* 1. Führungsgröße f; 2. Steuerwirkung f, Steuer[ungs]einwirkung f; Regelwirkung f II ~/**фотостимулированное** *(Eln)* lichtinduzierte Einwirkung f II ~ **цвета** *(Typ)* Farbwirkung f II ~ **шума/вредное** Lärmbelästigung f II ~/**щелочное** *(Ch)* Alkalieinwirkung f, Laugeneinwirkung f, Angriff m

durch Alkali[en] || **~/электромагнитное** elektromagnetische Beeinflussung f || **~/электрохимическое** elektrochemische Einwirkung f, elektrochemischer Angriff m || **~/эрозионное** Erosionswirkung f
воздействовать [ein]wirken, beeinflussen; angreifen
возделывание n (Lw) Anbau m (landwirtschaftlicher Kulturen)
воздух m Luft f; (Bgb) Wetter pl || **~/влажный** Feuchtluft f, feuchte Luft f || **~/всасываемый** Ansaugluft f || **~/вторичный** 1. Zweitluft f, Nebenluft f, Zusatzluft f (zur Förderung der Verbrennung); 2. Falschluft f, Beiluft f; Nebenluft f, Zweitluft f (Feuerung) || **~/выпускаемый** Abluft f || **~/вытяжной** Fortluft f || **~/горячий** Einblaseluft f (Brennstoffaufbereitung für Kohlenstaubfeuerungen); Heißwind m, Heißluft f (s. a. **~/подогретый**) || **~ для горения** Verbrennungsluft f || **~/добавочный** Zusatzluft f, Hilfsluft f || **~/дополнительный** s. **~/вторичный** 1. || **~/жидкий** flüssige Luft f, Flüssigluft f || **~/загрязнённый** (Ökol) verschmutzte Luft f || **~/запылённый** staubige Luft f (Verbrennungsmotor) || **~/избыточный** überschüssige Luft f, Überschußluft f || **~/инфильтрующийся** über Undichtheiten eindringende Luft f (in einen Wirkungsbereich) || **~/испорченный** (Bgb) Abwetter pl || **~/исходящий** (Bgb) ausziehende Wetter pl || **~/капиллярный** Kapillarluft f || **~/кондиционированный** klimatisierte Luft f || **~/климатисиерте** Wetter pl || **~/нагретый** s. **~/подогретый** Ladeluft f (Verbrennungsmotor) || **~/наружный** Außenluft f || **~/насыщенный влажный** (mit Wasserdampf) gesättigte feuchte Luft f || **~/ненасыщенный влажный** ungesättigte feuchte Luft f || **~/обеспыленный** entstaubte (staubfreie) Luft f || **~/обогащённый кислородом** sauerstoffangereicherte Luft f; (Met) sauerstoffangereicherter Wind m || **~/оборотный** Umluft f || **~/основной** Hauptluft f, Primärluft f, Erstluft f || **~/отработанный** Abluft f; (Bgb) verbrauchte (matte, schlechte, böse, giftige) Wetter pl, Abwetter pl || **~/отходящий** Abluft f || **~/охлаждающий** Kühlluft f || **~/первичный** (Wmt) Frischluft f, Primärluft f, Erstluft f || **~/побочный** s. **~/вторичный** 2. || **~/подаваемый** Zuluft f || **~/подводимый** Zuluft f || **~/подогретый** Warmluft f; Heißwind m, Heißluft f || **~/подсасываемый** s. **~/вторичный** 2. || **~/полярный** Polarluft f || **~/поступающий** (Bgb) einziehende Wetter pl || **~/почвенный** (Hydrol) Bodenluft f, Grundluft f || **~/приточный** Zuluft f, Außenluft f || **~/продувочный** Spüllluft f (Zweitaktmotor) || **~/просасывающийся** s. **~/вторичный** 2. || **~/пусковой** Anlaßluft f || **~/рециркуляционный** Umluft f || **~/рудничный** (Bgb) Grubenwetter pl || **~/свежий [рудничный]** (Bgb) frische Wetter pl || **~/сжатый** Druckluft f || **~/субтропический** subtropische Luft f || **~/топочный** Verbrennungsluft f || **~/тропический** Tropikluft f || **~/увлажнённый** Feuchtluft f || **~/увлечённый** mitgeführte Luft f || **~/холодный** (Met) Kaltluft f, Kaltwind m || **~/циркуляционный** Umluft f, zirkulierende Luft f || **~/чистый** reine Luft f || **~/шахтный** (Bgb) Grubenwetter pl || **~/экваториальный** Äquatorialluft f
воздуховод m Luft[führungs]kanal m, Luftleitung f || **~/всасывающий** Luftsaugkanal m || **~/выпускной** Luftaustrittsrohr n || **~/напорный** Druck[luft]kanal m || **~/приточный** Zuluftkanal m
воздуходувка f Gebläse n, Luftgebläse n, Windgebläse n (s. a. unter **вентилятор**, **нагнетатель**) || **~/вагранная** (Gieß) Kupolofengebläse n, Gießereigebläse n || **~ высокого давления** Hochdruckgebläse n || **~/высоконапорная** Hochdruckgebläse n || **~/газовая** Gasgebläse n || **~/доменная** Hochofengebläse n || **~/дутьевая** Frischlüfter m, Feuerungsgebläse n || **~/кузнечная** Schmiedeofengebläse n || **~/осевая** Axialgebläse n; Kreiselgebläse n, Turbogebläse n || **~/паровая** Dampfgebläse n || **~/пластинчатая ротационная** Drehkolbengebläse n || **~/поршневая** Kolbengebläse n, Hubkolbengebläse n || **~/ротационная** Umluftkolbengebläse n, Drehkolbengebläse n, Rotationsgebläse n || **~/центробежная** Radialgebläse n, Kreiselgebläse n || **~/циркуляционная** Umluftgebläse n, Umluftgebläse n
воздухозаборник m Lufteintritt m, Ansaugschacht m; Luftaufnahmestutzen m
воздухомер m Luftmengenmesser m
воздухонагревание n Lufterhitzung f; (Met) Winderhitzung f, Windvorwärmung f
воздухонагреватель m s. **воздухоподогреватель**
воздухонепроницаемость f Luftundurchlässigkeit f, Luftdichtigkeit f
воздухонепроницаемый luftundurchlässig, luftdicht
воздухообмен m Luftwechsel m; Luftaustausch m
воздухообогрев m (Bw) Warmluftheizung f
воздухоопорный Tragluft..., luftgetragen
воздухоотвод m Entlüftung f
воздухоотводящий Entlüftungs...; (Bgb) Abwetter...
воздухоотделитель m Entlüftungseinrichtung f, Luftabscheider m
воздухоохладитель m Luftkühler m; Luftkühlfläche f; (Bgb) Wetterkühler m || **~/агрегатированный** (Kält) Kompaktluftkühler m || **~/гладкотрубный** (Kält) Glattrohrluftkühler m || **~/мокрый** (Kält) Naßluftkühler m || **~/ребристый** (Kält) Rippenrohrluftkühler m || **~/сухой** (Kält) Trockenluftkühler m || **~/трубчатый** (Kält) Röhrenluftkühler m
воздухоочиститель m Luftreiniger m; Luftfilter m (Verbrennungsmotor, Klimaanlagen) || **~/мокрый** Naßluftfilter m || **~/сухой** Trockenluftfilter m
воздухоплавание n Luft[schif]fahrt f
воздухоподготовка f Luftaufbereitung f
воздухоподогрев m (Wmt) Luftvorwärmung f
воздухоподогреватель m Luftvorwärmer m, Luvo m (Dampfkessel-, Ofen- und Trockentechnik); Lufterhitzer m (Feuerungstechnik); Winderhitzer m || **~/газовый** Rauchgasluftvorwärmer m, Rauchgasluvo m || **~/гладкотрубный** Glattrohrluftvorwärmer m || **~/доменный** Winderhitzer m (Hochofen) || **~/каскадный** Mehrstufenluftvorwärmer m || **~/однотопочный** einflutiger

воздухоподогреватель Luftvorwärmer (Luvo) m *(rauchgasseitig)* ‖ ~/**паровой** dampfbeheizter Luftvorwärmer m, Dampfluvo m ‖ ~/**пластинчатый** Plattenluftvorwärmer m, Plattenlufterhitzer m ‖ ~/**ребристый [трубчатый]** Rippenrohrluftvorwärmer m ‖ ~/**регенеративный** Regenerativlufterhitzer m, Cowper[-Winderhitzer] m ‖ ~/**рекуперативный** Rekuperativluftvorwärmer m, Rekuperativluvo m; Rekuperativwinderhitzer m ‖ ~/**трубчатый** Röhrenlufterhitzer m, Röhrenluftvorwärmer m

воздухоподъёмник m Mammutpumpe f

воздухоприёмник m *(Wmt)* Luftaufnehmer m; Luftsammler m, Druckluftsammler m

воздухопровод m Windleitung f, Luftleitung f ‖ ~/**главный** Hauptwindleitung f *(Hochofen)* ‖ ~ **горячего дутья** Heißwindleitung f *(Hochofen, Kesselfeuerung)* ‖ ~/**кольцевой** *(Met)* 1. Windringleitung f *(Hochofen)*; 2. Windring m *(Hochofen)*; Windmantel m *(Kupolofen)* ‖ ~ **нижнего дутья** Unterwindleitung f *(Hochofen, Kesselfeuerung)* ‖ ~/**отводящий** Abluftleitung f ‖ ~/**подающий** Zuluftleitung f ‖ ~/**тормозной** *(Eb)* Bremsluftleitung f ‖ ~ **холодного дутья** Kaltwindleitung f *(Hochofen)*

воздухопроницаемость f Luftdurchlässigkeit f

воздухопроницаемый luftdurchlässig

воздухопроток m *(Schiff)* Luftdurchlaßloch n, Luftloch n

воздухораспределение n Luftsteuerung f; Druckluftverteilung f

воздухораспределитель m 1. Luft[steuer]schieber m; 2. *(Eb)* Druckluftsteuerventil n, Luftverteiler m *(Druckluftbremse)*; 3. *(Lw)* Luftverteileinrichtung f

воздухосборник m Windkessel m; Luftsammler m; Druckluftbehälter m, Ausgleichgefäß n

воздухоувлажнитель m *(Bw)* Luftanfeuchter m, Luftbefeuchter m

воздухоустойчивость f Luftbeständigkeit f

воздухохранитель m Luftbehälter m *(für Druckluft)*

воздушник m Entlüftungsrohr n, Luftrohr n, Entlüfter m; Druckausgleichrohr n

воздушно-сухой lufttrocken, luftgetrocknet

воздушный Luft...

возмущать stören, Störungen hervorrufen (erzeugen)

возмущение n 1. Anregung f, Erregung f; 2. *(Reg)* Störung f, Störgröße f; 3. *(Meteo, Astr)* Störung f ‖ ~/**аналитическое** *(Math)* analytische Störung f ‖ ~/**атмосферное** *(Meteo)* atmosphärische Störung f ‖ ~/**вековое** *(Astr)* säkulare Störung f ‖ ~/**волновое** *(Meteo)* Wellenstörung f *(Anfangsstadium einer atmosphärischen Störung)* ‖ ~/**геомагнитное** geomagnetische Störung f ‖ ~/**гравитационное** *(Reg)* Hauptstörgröße f ‖ ~/**гравитационное** *(Geoph)* Gravitationsstörung f ‖ ~/**долгопериодическое** *(Astr)* langperiodische Störung f ‖ ~/**имитируемое** simulierte Störung f ‖ ~/**ионосферное** *(Geoph)* Ionosphärenstörung f ‖ ~/**короткопериодическое** *(Astr)* kurzperiodische Störung f ‖ ~/**лунно-солнечное** *(Astr)* Lunisolarstörung f ‖ ~/**магнитное** *(El)* magnetische Störung f ‖ ~/**магнитосферное** *(Geoph)* Magnetosphärenstörung f ‖ ~/**местное** lokale (örtliche) Störung f ‖ ~ **орбиты** *(Astr)* Bahnstörung f ‖ ~ **первого порядка** *(Astr)* Störung f **erster Ordnung** ‖ ~/**периодическое** *(Astr)* periodische Störung f ‖ ~/**постороннее** Fremdstörung f ‖ ~/**предельно большое** extrem starke Störung f ‖ ~/**сильное** starke (intensive) Störung f ‖ ~/**слабое** schwache Störung f ‖ ~/**смешанное** *(Astr)* gemischte Störung f ‖ ~/**ступенчатое** sprunghafte Änderung f, sprunghafte Störung f ‖ ~ **траектории** *(Flg)* Bahnstörung f, Flugbahnstörung f

возмущения npl/**малые** kleine Störungen fpl *(Quantenmechanik)*

возмущённый gestört

возникать entstehen, auftreten

возникновение n Entstehung f, Auftreten n ‖ ~ **искры** *(El)* Funkenentstehung f ‖ ~ **сигнала** Drop-in n, Störsignal n ‖ ~ **трещин** Rißbildung f, Auftreten n von Rissen

возобновление n 1. Erneuerung f; 2. Wiederzünden n, Neuzünden n, erneut Zünden n *(Lichtbogen)* ‖ ~ **загрузки** *(Inf)* Dateinachtrag m ‖ ~ **леса** *(Ökol)* Waldverjüngung f, Walderneuerung f ‖ ~ **протектора** *(Kfz)* Runderneuerung f *(Bereifung)*

возраст m Alter n ‖ ~/**абсолютный геологический** absolutes geologisches Alter n ‖ ~ **нейтронов [по Ферми]** *(Kern)* Fermi-Alter n, Neutronenalter n ‖ ~/**относительный геологический** relatives geologisches Alter n ‖ ~ **по гелию** Heliumalter n, geologisches Alter n nach der Heliummethode ‖ ~ **по ионию** Ioniumalter n, geologisches Alter n nach der Ioniummethode ‖ ~ **по радию** Radiumalter n, geologisches Alter n nach der Radiummethode ‖ ~ **по свинцу** Bleialter n, geologisches Alter n nach der Bleimethode ‖ ~ **по Ферми** s. ~ **нейтронов** ‖ ~/**средний** Durchschnittsalter n ‖ ~/**строительного фонда** *(Bw)* Alter n der Bausubstanz, Baualter n ‖ ~/**фермиевский** s. ~ **нейтронов**

возрастание n Ansteigen n, Anwachsen n, Zunehmen n *(s. a. unter* **прирост**) ‖ ~ **давления** Druckanstieg m, Druckerhöhung f ‖ ~ **звукового давления** Druckstauung f, Schalldruckstauung f *(Hydt)* Druckanschwellung f ‖ ~ **напряжения** *(El)* Spannungsanstieg m ‖ ~ **потенциала** *(Ph)* Potentialanstieg m ‖ ~ **тока** *(El)* Stromanstieg m ‖ ~ **энтропии** *(Ph)* Entropievermehrung f, Entropiezunahme f

возрастать anwachsen, ansteigen, zunehmen

возрастающий ansteigend, zunehmend; *(Inf)* aufsteigend

войлок m Filz m, Wollfilz m ‖ ~/**полировальный** Polierfilz m

вокзал m Bahnhof m, Bahnhofsanlage f; Personenbahnhof m ‖ ~/**главный** *(Eb)* Hauptbahnhof m ‖ ~/**морской** Seebahnhof m, Überseebahnhof m ‖ ~/**речной [пассажирский]** Fluß[passagier]bahnhof m ‖ ~/**тупиковый** *(Eb)* Kopfbahnhof m

волластонит m *(Min)* Wollastonit m, Tafelspat m

волна f 1. Welle f; 2. *(El, Ak, Opt)* Welle f; 3. *(Hydt)* Wasserflut f ‖ ~/**азимутальная** *(Ph)* Azimutalwelle f, Azimutalschwingung f ‖ ~/**акустическая** akustische Welle f ‖ ~/**альфвеновская** *(Ph)* Alfvén-Welle f ‖ ~/**апериодическая** aperiodische Welle f ‖ ~/**баллистическая** Kopfwelle f *(Ballistik)* ‖ ~/**баллистическая сверхзвуковая** Überschallkopfwelle f *(Ballistik)* волна

|| ~/**барическая** Luftdruckwelle f || ~/**бегущая** fortschreitende Welle f, Wanderwelle f || ~/**блуждающая** s. ~/бегущая || ~/**вертикально поляризованная** (Rf) vertikal polarisierte Welle f || ~/**ветровая** Windwelle f || ~ **взрыва** s. ~/взрывная || ~/**взрывная** 1. Explosionswelle f; 2. Explosionsdruckwelle f (Pulvermetallurgie); 3. (Mil) Detonationswelle f || ~ **возбуждения** (Ph) Erregungswelle f; Anregungswelle f || ~/**волноводная** (Eln) Hohlleiterwelle f || ~/**встречная** (Hydrol) Kopfsee f, Gegensee f || ~/**вторичная** (Ph) Sekundärwelle f, sekundäre Welle f || ~ **высшего порядка** (Ph) Oberwelle f || ~/**выходная** (Ph) Emissionswelle f || ~/**гармоническая** (Ph) harmonische Welle f, Harmonische f || ~ **Герца** Hertzsche Welle f || ~/**гиперзвуковая** Hyperschallwelle f, Überschallwelle f || ~/**головная [баллистическая]** Kopfwelle f || ~/**горизонтально поляризованная** (Rf) horizontal polarisierte Welle f || ~/**гравитационная** s. ~/критическая || ~ **давления** (Meteo) Luftdruckwelle f, Druckwelle f || ~/**де-бройлевская** s. ~ де Бройля || ~ **де Бройля** (Ph) De-Broglie-Welle f, [De-Broglie-]Materiewelle f || ~ **действия** (Ph) Wirkungswelle f || ~/**дециметровая** (Rf) Dezimeterwelle f || ~/**дифрагированная** Beugungswelle f, gebeugte Welle f || ~/**длинная** 1. (Rf) Langwelle f, LW; 2. (Hydrol) lange Welle f, Seichtwasserwelle f || ~ **жидкости** 1. Flüssigkeitswelle f; 2. Wasserflut f || ~/**закритическая отражённая** (Ph) überkritische Reflexionswelle f || ~/**затухающая** gedämpfte Welle f || ~/**звуковая** (Ak) Schallwelle f || ~ **звуковой частоты/модулированная** tonmodulierte Welle f, NF-modulierte Welle f || ~/**земная** (Rf) Bodenwelle f || ~/**излучаемая** (Rf) ausgestrahlte Welle f || ~/**импульсная** Stoßwelle f || ~ **импульсного напряжения** Stoßspannungswelle f || ~/**интерференционная** (Ph) Interferenzwelle f, überlagerte Welle f || ~/**инфракрасная** infrarote Welle f, IR-Welle f || ~/**канальная** (Ph) Kanalwelle f || ~/**квазигармоническая** quasiharmonische Welle f || ~/**квазимонохроматическая** (Opt) quasimonochromatische Welle f || ~/**когерентная** (Opt) kohärente Welle f || ~/**кормовая** (Schiff) Heckwelle f || ~/**короткая** (Rf) Kurzwelle f, KW || ~/**критическая** Grenzwelle f, kritische Welle f (Hohlleiter) || ~/**круглополяризованная** (Rf) zirkular polarisierte Welle f || ~ **круговой поляризации** s. ~/круглополяризованная || ~/**крутая** (Hydrol) steile See f || ~ **Лехера** (Eln) Lecher-Welle f, L-Welle f, Lecher-Leitungswelle f || ~/**линейно-поляризованная** linear polarisierte Welle f || ~ **Лува** Love-Welle f (seismische Oberflächenwelle mit ausschließlich horizontaler Bodenbewegung) || ~/**лунная** Mond[flut]welle f, Mondgezeitenwelle f || ~/**материальная** s. ~ де Бройля || ~ **материи** s. ~ де Бройля || ~ **Маха** (Aero) Machsche Welle f || ~/**мелководная** (Hydr) lange Welle f, Seichtwasserwelle f || ~/**метровая** (Rf) Meterwelle f || ~/**мешающая** (Rf) Störwelle f || ~/**миллиметровая** (Rf) Millimeterwelle f || ~/**мириаметровая** s. ~/сверхдлинная || ~/**модулированная** (Rf) modulierte Welle f || ~/**монохроматическая** monochromatische Welle f || ~/**набегающая** (Hydrol) anlaufende See f || ~ **напряжения** (El) Spannungswelle f || ~/**небесная** Raumwelle f || ~/**незатухающая** ungedämpfte Welle f || ~/**необыкновенная** (Opt) außerordentliche Welle f (optische Doppelbrechung) || ~/**неоднородная** (Ph) inhomogene Welle f || ~/**несинусоидальная** (Ph) nichtsinusförmige Welle f || ~/**несущая** (Rf, Nrt) Trägerwelle f || ~/**носовая** (Schiff) Bugwelle f || ~/**обменная** (Geoph) Wechselwelle f, konvertierte Welle f || ~/**обратная** Rücklaufwelle f, Rückwärtswelle f || ~/**объёмная** (Geoph) Raumwelle f || ~/**обыкновенная** (Opt) ordentliche Welle f (optische Doppelbrechung) || ~/**однородная** (Ph) homogene Welle f || ~/**опорная** (Opt) Referenzwelle f || ~/**оптическая** (Opt) Lichtwelle f || ~/**основная** (Ph) Grundwelle f || ~/**отражённая** (Rf) reflektierte (rücklaufende) Welle f || ~/**очень длинная** s. ~/сверхдлинная || ~/**паводковая** (Hydt) Hochwasserwelle f, Flutwelle f; Hochwasserschwall m || ~/**паводочная** Hochwasserwelle f || ~/**падающая** (Rf) einfallende (ankommende) Welle f, Einfallswelle f || ~/**падающая ударная** (Kern) einfallende Druckwelle f || ~/**паразитная** (Ph) Störwelle f || ~ **передатчика** (Rf) Senderwelle f || ~ **перемещения** 1. (Ph) Versetzungswelle f; 2. s. ~/сейсмическая || ~ **перенапряжения** (El) Überspannungswelle f || ~ **перенапряжения/блуждающая** (El) Spannungswanderwelle f || ~/**периодическая** periodische Welle f || ~/**плазменная** (Ph) Plasmawelle f || ~ **пластической деформации** plastische Dehnungswelle f || ~/**плоская** (Ph) ebene (flache) Welle f || ~/**плоскополяризованная** linear polarisierte Welle f || ~/**побочная** Nebenwelle f || ~ **поверхности раздела** (Ph) Grenzschichtwelle f || ~/**поверхностная** Oberflächenwelle f, Bodenwelle f || ~/**поверхностная акустическая** akustische Oberflächenwelle f || ~/**пограничная** s. ~/критическая || ~ **подветренная** Leewelle f || ~/**подпорная** (Hydt) Stauschwall m || ~ **подпора** s. ~ подпорная || ~/**позывная** (Nrt) Anrufwelle f || ~/**пологая** flache Welle f || ~/**поляризованная** polarisierte Welle f || ~ **понижения** (Hydt) Senkungswelle f || ~/**поперечная** (Ph) Transversalwelle f, transversale Welle f, Querwelle f, S-Welle f || ~/**поперечно-магнитная** (Eln) transversal-magnetische Welle f, TM-Welle f, E-Welle f || ~/**поперечно-электрическая** (Eln) transversal-elektrische Welle f, TE-Welle f, H-Welle f || ~/**поперечно-электромагнитная** (Eln) transversal-elektromagnetische Welle f, TEM-Welle f, Leitungswelle f, L-Welle f || ~/**предельная** (Rf) Grenzwelle f; (Ph) Grenzschichtwelle f || ~/**предметная** (Opt) Objektwelle f || ~/**преломлённая** (Ph) gebrochene Welle f || ~/**прерванная** unterbrochene (getastete) Welle f || ~/**приливная** Flutwelle f || ~ **припоя** Lötwelle f (beim Schwallöten) || ~/**продольная** (Ph) Longitudinalwelle f, Längswelle f || ~/**пространственная** s. ~/объёмная || ~/**прыжковая** (Hydr) Sprungwelle f || ~/**прямая** direkter Strahl m || ~/**рабочая** (Rf) Verkehrswelle f, Betriebswelle f || ~/**радиовещательная** Rundfunkwelle f || ~ **радиовещательного диапазона** Rundfunkwelle f || ~ **разрежения** Unter-

волна

druckwelle f ll ~ **Рэлея** (Geoph) Rayleigh-Welle f, elliptisch polarisierte seismische Oberflächenwelle f ll **~/сантиметровая** (Rf) Zentimeterwelle f ll **~/сверхдлинная** Myriameterwelle f, Längstwelle f ll **~/световая** (Opt) Lichtwelle f ll **~/свободнобегущая** frei fortschreitende Welle f ll **~ связи** (Rf) Kopplungswelle f, Koppelwelle f ll **~ сдвига** (Ph) Scher[ungs]welle f, Schubwelle f ll **~/сейсмическая** (Geoph) Erdbebenwelle f, seismische Welle f ll **~ сжатия** (Ph) Verdichtungswelle f, Kompressionswelle f ll **~/синусоидальная** (Ph) Sinuswelle f, sinusförmige Welle f ll **~/собственная** (Rf) Eigenwelle f ll **~/сопряжённая** (Ph) konjugierte Welle f ll **~/соседняя** Nebenwelle f ll **~ спада** s. ~ понижения ll **~/спиновая** (Ph) Spinwelle f ll **~ средней частоты** s. ~/средняя ll **~/средняя** Mittelwelle f, MW ll **~ стока** (Hydt) Abflußwelle f ll **~/стоячая** (Ph) stehende Welle f, Stehwelle f ll **~/стоячая световая** stehende Lichtwelle f ll **~/субмиллиметровая** Submillimeterwelle f ll **~/сферическая** (Ph) Kugelwelle f, sphärische Welle f ll **~ тока** (El) Stromwelle f ll **~/тонально-модулированная** (Rf) tonmodulierte Welle f ll **~ тропопаузы** (Meteo) Tropopausenwelle f ll **~/ударная** 1. (Aero, Kern) Druckwelle f; 2. (Geoph) Stoßwelle f, Schockwelle f; 3. (Met) Stoßwelle f (Pulvermetallurgie) ll **~/ультразвуковая** (Ak) Ultraschallwelle f ll **~/ультразвуковая поверхностная** Ultraschalloberflächenwelle f ll **~/ультракороткая** (Rf) Ultrakurzwelle f, UKW ll **~ уплотнения** s. ~ сжатия ll **~/упругая** elastische Welle f ll **~ ускорения** (Mech) Beschleunigungswelle f ll **~/фазовая** s. ~ де Бройля ll **~/фронтальная** (Meteo) Frontalwelle f ll **~/цилиндрическая** Zylinderwelle f ll **~/шаровая** s. ~/сферическая ll **~/шлюзная** (Hydt) Schleusungswelle f ll **~/электромагнитная** elektromagnetische Welle f ll **~/элементарная** Elementarwelle f ll **~/эллиптически-поляризованная** elliptisch polarisierte Welle f

P-волна f (Ph) P-Welle f
S-волна f (Ph) S-Welle f
волнение (Schiff) Seegang m, See f ll **~/боковое** Dwarsseegang m, seitlicher Seegang m, seitliche See f ll **~/большое** hoher (schwerer) Seegang m ll **~/ветровое** Windsee f ll **~/встречное** Gegensee f, vorlicher Seegang m ll **~/жёсткое** sehr hohe See f ll **~/исключительное** außerordentlich schwere See f ll **~/косое** schräg laufende See f ll **~/крупное** sehr grobe See f ll **~/лёгкое** ruhige See f ll **~/нерегулярное** unregelmäßiger Seegang m ll **~/поперечное** quer laufende See f, Quersee f ll **~/попутное** mitlaufende See f, Folgesee f ll **~/регулярное** regelmäßiger Seegang m ll **~/сильное** hohe See f ll **~/слабое** mäßige See f, mäßiger Seegang m
волнистость f Welligkeit f; Wölbung f ll **~ краёв** (Pap) Randwelligkeit f ll **~ поверхности** Oberflächenwelligkeit f ll **~ света** (Photo) Lichtwelligkeit f
волнистый 1. wellenförmig, wellig; 2. geriffelt (Metalle und andere Werkstoffe); 3. gekräuselt, wellig (textile Stoffe)
волноваться wogen, anschwellen (See) ll **~/сильно** hochgehen (See)

волновод m (Eln) Wellenleiter m; Hohlleiter m ll **~/акустический** akustischer Wellenleiter m ll **~/гибкий** flexibler Hohlleiter m ll **~/диэлектрический** dielektrischer Wellenleiter m ll **~/излучающий** strahlender Hohlleiter m ll **~/измерительный** Meßhohlleiter m ll **~/кольцевой** Ringhohlleiter m; Ringantenne f ll **~/оптический** optischer Wellenleiter m, Lichtwellenleiter m ll **~/плазменный** Plasmawellenleiter m ll **~/полый** Hohl[rohr]leiter m ll **~/полый металлический** Metallhohlleiter m ll **~/прямоугольный** Rechteckhohlleiter m ll **~/скрученный** verdrillter Hohlleiter m ll **~/спиральный** Wendel[hohl]leiter m ll **~/сплошной** Volleiter m, Massivleiter m ll **~/широкий** Mehrmodenwellenleiter m
волноводный Wellenleiter...; Hohlleiter...
волногаситель m Wellendämpfer m (z. B. für Schiffsmodellversuchsbecken)
волнограф m 1. Wellen[linien]schreiber m, Ondograph m; 2. Seegang[s]schreiber m
волнолом m (Hydt) 1. Wellenbrecher m (Küste); 2. Strombrecher m (Brückenbau) ll **~/плавучий** schwimmender Wellenbrecher m
волномер m Wellenmesser m ll **~/абсорбционный** Absorptionswellenmesser m ll **~/гетеродинный** Überlagerungswellenmesser m ll **~/кварцевый** quarzkontrollierter Wellenmesser m ll **~/коаксиальный** Koaxialwellenmesser m ll **~/поглотительный** s. ~/абсорбционный ll **~/прецизионный** Präzisionswellenmesser m, Feinwellenmesser m ll **~/резонансный** Resonanz[kreis]wellenmesser m ll **~/точный** s. ~/прецизионный ll **~/широкодиапазонный** Breitbandwellenmesser m ll **~/эталонный** Eichwellenmesser m
волноотвод m (Schiff) Wellenbrecher m
волнопродуктор m (Schiff) Wellenerzeuger m (Modellversuch)
волнорез m s. волнолом
волны fpl Wellen fpl (s. a. unter волна) ll **~/ветровые** (Hydrol) Windwellen fpl ll **~/капиллярные** (Ph) Kapillarwellen fpl, Kräuselwellen fpl ll **~/расходящиеся** (Schiff) divergierende (auseinanderlaufende) Wellen fpl
волока f (Wkz) Ziehstein m, Ziehring m, Ziehdüse f ll **~/алмазная** Diamantziehstein m, Diamantziehdüse f (Drahtzug) ll **~/роликовая** Rollenkaliber n (Ziehen) ll **~/твердосплавная** Hartmetallziehring m
волокна npl/**химические** (Ch, Text) Chemiefasern fpl
волокнистость f Faserung f; Faserigkeit f
волокнистый faserig, faserartig; sehnig
волокно n 1. Faser f, Naturfaser f; 2. (Text) Faser f (einzelnes längenbegrenztes Gebilde eines textilen Faserstoffs); 3. (Text) Faserstoff m; 4. (Astr) Filament n (z. B. auf der Sonne) ll **~/армирующее** (Bw) Bewehrungsfaser f, Verstärkungsfaser f ll **~/асбестовое** Asbestfaser f ll **~/ацетатное** 1. Acetatfaser f; 2. Acetatfaserstoff m ll **~/ацетатное штапельное** Acetatzellwolle f ll **~/бикомпонентное** Bikomponentenfaser f ll **~/вискозное** 1. Viskosefaser f; 2. Viskosefaserstoff m ll **~/вискозное штапельное** Viskosezellwolle f ll **~/возбуждающее** (Nrt) Anschlußfaser f, LWL-Anschluß m, Pigtail-Faser

108

f ‖ ~/**восстановленное** Reißfaser *f*, regenerierte Faser *f* ‖ ~/**высокопрочное** hochfeste Faser *f* ‖ ~/**высокоусадочное** hochschrumpfende Faser *f* ‖ ~/**древесное** 1. Holzfaser *f*; 2. Holzfaserstoff *m* ‖ ~ **животного происхождения** 1. tierische Faser *f*, Tierfaser *f*; 2. Tierfaserstoff *m* ‖ ~/**зрелое** reife Faser *f* ‖ ~/**извитое** gekräuselte Faser *f* ‖ ~/**искусственное** 1. Chemiefaser *f* aus natürlichen Polymeren; 2. Chemiefaserstoff *m* aus natürlichen Polymeren, natürliches Polymer *n* ‖ ~/**искусственное целлюлозное** 1. Regeneratcellulosefaser *f*; 2. Regeneratcellulosefaserstoff *m* ‖ ~/**казеиновое** 1. Kaseinfaser *f*; 2. Kaseinfaserstoff *m* ‖ ~/**комплексное** technische Faser *f* ‖ ~/**краевое** Randfaser *f* ‖ ~/**крайнее** *(Mech)* Randfaser *f (Biegeversuch)* ‖ ~/**лубяное** s. ~/**стеблевое** ‖ ~/**малопиллингующееся** pillingarme Faser *f* ‖ ~/**мёртвое** tote Faser *f* ‖ ~/**металлическое** Metallfaserstoff *m* ‖ ~/**минеральное** Mineralfaser *f* ‖ ~/**многомодовое светопроводящее** Multimode-Lichtleitfaser *f (optischer Wellenleiter)* ‖ ~/**модальное** Modalfaser *f* ‖ ~/**натуральное** Naturfaser *f* ‖ ~/**невытянутое** ungereckte Faser *f* ‖ ~/**негорючее** flammfeste Faser *f* ‖ ~/**нейтральное** *(Mech)* neutrale Faser *f (Biegeversuch)* ‖ ~/**нитроцеллюлозное** 1. Nitratcellulosefaser *f*; 2. Nitratcellulosefaserstoff *m* ‖ ~/**обвивочное** Umwindungsfaser *f* ‖ ~/**огнестойкое** nichtentflammbare Faser *f*, flammresistente Faser *f* ‖ ~/**одиночное** Einzelfaser *f (Lichtwellenleiter)* ‖ ~/**оптическое** optische Faser *f*, Lichtwellenleiterfaser *f*, LWL-Faser *f* ‖ ~/**отбелённое** weiße Faser *f* ‖ ~/**перхлорвиниловое** 1. nachchlorierte Polyvinylchloridfaser *f*, Pe-Ce-Faser *f*; 2. nachchlorierter Polyvinylchloridfaserstoff *m*, Pe-Ce-Faserstoff *m* ‖ ~/**пиллингоустойчивое** pillingresistente Faser *f* ‖ ~/**плёночное** Foliefaserstoff *m* ‖ ~/**повреждённое** beschädigte Faser *f* ‖ ~/**полиамидное** Polymidfaser *f* ‖ ~/**полинозное** polynosische Faser *f* ‖ ~/**полое** 1. Lumenfaser *f*, Hohl[profil]faser *f*; 2. Lumenfaserstoff *m*, Hohl[profil]faserstoff *m* ‖ ~/**природное** native Faser *f*, natürliche Faser *f*, Naturfaser *f* ‖ ~/**протеиновое** 1. Proteinfaser *f*; 2. Proteinfaserstoff *m* ‖ ~/**профилированное** profilierte Faser *f*, Profilfaser *f* ‖ ~/**прядильное** Spinnfaser *f* ‖ ~/**прядомое** verspinnbare Faser *f* ‖ ~ **рами** Ramiefaser *f* ‖ ~/**растительное** pflanzliche Faser *f*, Pflanzenfaser *f* ‖ ~/**растянутое** *(Mech)* gezogene Faser *f*, Zugfaser *f (Biegeversuch)* ‖ ~/**регенерированное** Regeneratfaser *f*; Regeneratfaserstoff *m* ‖ ~ **с низким пиллингом** pillingarme Faser *f* ‖ ~/**сжатое** *(Mech)* Druckfaser *f (Biegeversuch)* ‖ ~/**синтетическое** synthetische Faser *f*, Synthesefaser *f* ‖ ~/**созревшее** ausgereifte Faser *f* ‖ ~/**стеблевое** Stengelfaser *f* ‖ ~/**стеклянное** Glasfaser *f* ‖ ~/**сырое** rohweiße Faser *f* ‖ ~/**термопластичное** thermoplastische Faser *f* ‖ ~/**упрочненное** verfestigte Faser *f* ‖ ~/**химическое** Chemiefaser *f* ‖ ~/**хлопковое** 1. Baumwollfaser *f*; 2. Baumwollfaserstoff *m* ‖ ~/**хлопковое низкосортное** Mindersortenbaumwolle *f* ‖ ~/**целлюлозное** 1. Cellulosefaser *f*; 2. Cellulosefaserstoff *m* ‖ ~/**шерстяное** Wollfaser *f* ‖ ~/**шлаковое** Schlackenfaserstoff *m* ‖ ~/**штапельное** Stapelfaser *f* ‖ ~/**эластомерное** Elastomerfaser *f* ‖ ~/**элементарное** Elementarfaser *f*

волокнообразование *n* Faserbildung *f*; Fadenbildung *f*

волокноотделение *n (Text)* Egrenieren *n*, Entkörnen *n (Trennung der Fasern von den Samenkernen)*

волокноотделитель *m (Text)* Entkernungsmaschine *f*, Egreniermaschine *f (Baumwolle)* ‖ ~/**валичный** Walzenegreniermaschine *f* ‖ ~/**пильный** Sägeegreniermaschine *f*

волокноочиститель *m (Text)* Faserreinigungsmaschine *f (zusätzliche Reinigung der Rohbaumwolle nach der Egrenierung)*

волокносборник *m (Text)* Fasersammelbehälter *m*

волоконно-оптический faseroptisch, Licht[wellen]leiter...

волоконное Faser...

волоконце *n* Fäserchen *n*, Fibrille *f*

волокуша *f* 1. Schleppvorrichtung *f*; Schleppe *f*; 2. *(Lw)* Schleppe *f*, Ackerschleppe *f*, Ackerschleife *f*, Ackerschlichte *f*

волосовина *f (Met)* Haarriß *m*

волосок *m* 1. feines Band *n*, Bändchen *n*; 2. [feine] Spiralfeder *f (Unruh des Uhrwerks)* ‖ ~/**контактный** *(Eln)* Whisker *m*, Haarkristall *m*, Fadenkristall *m* ‖ ~ **предохранителя** *(El)* Sicherungsdraht *m*

волочение *n* 1. *(Met)* Ziehen *n (Draht, Stabmaterial)*; 2. *(Geol)* Schleppung *f* ‖ ~ **без оправки** s. ~/**безоправочное** ‖ ~/**безоправочное** *(Met)* Voll[profil]ziehen *n*, Ziehen *n* ohne Dorn ‖ ~/**горячее** *(Met)* Warmziehen *n* ‖ ~/**многократное** *(Met)* Mehrfachziehen *n* ‖ ~/**мокрое** *(Met)* Naßziehen *n* ‖ ~/**однократное** *(Met)* Einfachziehen *n* ‖ ~/**оправочное** *(Met)* Hohl[profil]ziehen *n*, Ziehen *n* mit Dorn ‖ ~/**первое** *(Met)* Grobziehen *n* ‖ ~ **полых профилей** *(Met)* Hohlprofilziehen *n* ‖ ~/**предварительное** *(Met)* Grobziehen *n* ‖ ~ **прутков** *(Met)* Stangenziehen *n* ‖ ~ **с оправкой** s. ~/**оправочное** ‖ ~/**сухое** *(Met)* Trockenziehen *n* ‖ ~/**тонкое** s. ~ **тонкой проволоки** ‖ ~ **тонкой проволоки** Feindrahtziehen *n* ‖ ~/**точное** s. ~/**чистое** ‖ ~ **труб** Rohrziehen *n* ‖ ~/**фасонное** *(Met)* Formprofilziehen *n* ‖ ~/**холодное** *(Met)* Kaltziehen *n* ‖ ~/**черновое** *(Met)* Vorziehen *n* ‖ ~/**чистое** *(Met)* Feinziehen *n*

волочить *(Met)* ziehen *(Draht, Rohre, Stangen, Profile)*

ВОЛС s. линия связи/волоконно-оптическая

волчок *m* 1. *(Text)* Wolf *m*, Reißwolf *m*, Klopfwolf *m*; 2. *(Mech)* Kreisel *m* ‖ ~/**асимметричный** *(Mech)* asymmetrischer Kreisel *m* ‖ ~/**вертикальный** *(Text)* Vertikalwolf *m (Rohseidebearbeitung)* ‖ ~/**замасливающий** *(Text)* Krempelwolf *m* mit Schmälzvorrichtung ‖ ~/**коконный** *(Text)* Kokonwolf *m*, Deckenmaschine *f (Seidenspinnerei)* ‖ ~/**крыльчатый** *(Text)* Flügelwolf *m* ‖ ~ **на воздушной подушке** *(Mech)* luftgelagerter Kreisel *m* ‖ ~/**симметричный** *(Mech)* symmetrischer Kreisel *m* ‖ ~/**смешивающий** *(Text)* Mischwolf *m* ‖ ~/**щипальный** *(Text)* Reißwolf *m*

ВОЛЬТ

вольт *m (El)* Volt *n*, V ‖ ~ **на метр** Volt *n* je Meter, V/m

вольтаметр *m (El)* Voltameter *n* ‖ **~/водородный** Wasser[stoff]voltameter *n* ‖ **~/массовый** Massevoltameter *n* ‖ **~/медный** Kupfervoltameter *n* ‖ **~/объёмный** Volumenvoltameter *n* ‖ **~/серебряный** Silbervoltameter *n* ‖ **~/точный** Feinvoltameter *n*

вольт-ампер *m (El)* Voltampere *n*, VA *(Einheit der Scheinleistung)* ‖ **~/реактивный** Voltampere *n* reaktiv, VAr *n*, var *(Einheit der Blindleistung)*

вольтамперваттварметр *m (El)* Spannung-Strom-Wirkleistungs-Blindleistungs-Messer *m*

вольтамперметр *m (El)* 1. Volt-und-Amperemeter *n*; 2. Voltamperemeter *n*, VA-Meter *n*, Scheinleistungsmesser *m* ‖ **~/многопредельный** Vielbereich-Spannungs-und-Strommesser *m* ‖ **~/реактивный** Blindleistungsmesser *m*, Varmeter *n*

вольт-амперный Stromspannungs..., Voltampere...

вольтамперомметр *m (El)* Spannungs-Strom-Widerstandsmesser *m*

вольтметр *m (El)* Voltmeter *n*, Spannungsmesser *m* ‖ **~/амплитудный** Scheitelspannungsmesser *m* ‖ **~/аналоговый** analoger Spannungsmesser *m* ‖ **~/высоковольтный** Hochspannungsmesser *m* ‖ **~/выходной** Ausgangsspannungsmesser *m* ‖ **~/диодный** Diodenspannungsmesser *m* ‖ **~/импульсный** Impulsspannungsmesser *m* ‖ **~/индукционный** Induktionsspannungsmesser *m* ‖ **~/контрольный** Kontrollspannungsmesser *m* ‖ **~/магнитоэлектрический** magnetelektrischer Spannungsmesser *m*, Spannungsmesser *m* mit Dauermagnetmeßwerk; Drehspulspannungsmesser *m* ‖ **~/максимальный** Maximumspannungsmesser *m* ‖ **~/многопредельный** Vielbereichspannungsmesser *m*, Vielfachspannungsmesser *m* ‖ **~/многошкальный** Mehrskalenspannungsmesser *m*, Vielfachspannungsmesser *m* mit mehreren Skalen ‖ **~/нулевой** Nullspannungsmesser *m* ‖ **~/образцовый** Normalspannungsmesser *m* ‖ **~/однопредельный** Einbereichspannungsmesser *m* ‖ **~ переменного напряжения (тока)** Wechselspannungsmesser *m* ‖ **~/пиковый** Spitzenspannungsmesser *m* ‖ **~/полупроводниковый** Halbleiterspannungsmesser *m* ‖ **~ постоянного напряжения (тока)** Gleichspannungsmesser *m* ‖ **~/регистрирующий** registrierender Spannungsmesser *m* ‖ **~ среднего значения** Mittelwertspannungsmesser *m* ‖ **~/статический** statischer Spannungsmesser *m* ‖ **~/тепловой** thermischer Spannungsmesser *m*, Hitzdrahtspannungsmesser *m* ‖ **~/универсальный** Universalspannungsmesser *m* ‖ **~/цифровой** Digitalspannungsmesser *m* ‖ **~/электродинамический** elektrodynamischer (dynamometrischer) Spannungsmesser *m* ‖ **~/электромагнитный** elektromagnetischer Spannungsmesser *m*, Dreheisenspannungsmesser *m*, Weicheisenspannungsmesser *m* ‖ **~/эталонный** Normalspannungsmesser *m* ‖ **~/эффективный** Effektivwertspannungsmesser *m*

вольтметр-амперметр *m* Spannungs-und-Strommesser *m*, Volt-und-Amperemeter *n (s. a. unter* вольтамперметр*)*

вольтметровый Spannungsmesser..., Voltmeter...

вольтмиллиамперметр *m (El)* Volt-und-Milliamperemeter *n*

вольтолизация *f (Ch)* Voltolisieren *n*, Voltolisierung *f (von Ölen)*

вольтолизировать *(Ch)* voltolisieren *(Öle)*

вольтомметр *m (El)* Spannungs-und-Widerstandsmesser *m*, Volt-Ohm-Meter *n*

вольт-секунда *f (El)* Voltsekunde *f*, V · s, Weber *n*

вольфрам *m (Ch)* Wolfram *n*, W

вольфрамат *m (Ch)* Wolframat *n*

вольфрамит *m (Min)* Wolframit *m*

вольфрамовокислый *(Ch)* ...wolframat *n*; wolframsauer

вольфрамовый Wolfram...

вооружение *n* 1. *(Mil)* Bewaffnung *f* [und Ausrüstung *f*] *(s. a. unter* вооружения*)*; 2. *(Schiff)* Takelage *f* ‖ **~/радиолокационное** Radarausrüstung *f* ‖ **~/радионавигационное** Funknavigationsmittel *npl*, Funknavigationsausrüstung *f* ‖ **~/радиотехническое** funktechnische Ausrüstung *f*, Funkausrüstung *f*

вооружения *npl (Mil)* Waffen *fpl*; Rüstung *f*, Rüstungen *fpl* ‖ **~/космические** Weltraumwaffen *fpl* ‖ **~/наступательные** Angriffswaffen *fpl*, Offensivwaffen *fpl* ‖ **~/оборонительные** Verteidigungswaffen *fpl*, Defensivwaffen *fpl* ‖ **~/обычные** konventionelle Waffen (Rüstungen) *fpl* ‖ **~ средней дальности/ядерные** nukleare Mittelstreckenwaffen *fpl* ‖ **~/стратегические** strategische Waffen (Rüstungen) *fpl* ‖ **~/стратегические наступательные** strategische Offensivwaffen *fpl* ‖ **~/стратегические ядерные** strategische Kernwaffen *fpl* ‖ **~/ударные космические** Weltraumangriffswaffen *fpl* ‖ **~/ядерные** Kernwaffen *fpl*, nukleare Rüstung *f*

воронение *n (Met)* Brünieren *n*, Brünierung *f*

воронка *f* 1. Trichter *m*; Füllvorrichtung *f*; 2. *(Meteo)* Schlauch *m*, Trombenschlauch *m*; 3. *(Geol)* Krater *m*, Trichter *m* ‖ **~/блюдеобразная карстовая** *(Geol)* Karstwanne *f* ‖ **~/бродильная** Gärtrichter *m* ‖ **~ Бюхнера** *(Ch)* Büchner-Trichter *m*, Büchner-Nutsche *f* ‖ **~/вводная** *(Wlz)* Einführtrichter *m* ‖ **~ взрыва** *(Geol)* Explosionstrichter *m (eines Vulkans)* ‖ **~/водоналивная** Wassereinlauf *m*, Wassereinfalltrichter *m* ‖ **~/водосточная** *(Bw)* Einlaufkessel *m*, Rinnenkessel *m* (Dachentwässerung) ‖ **~/волочильная** *(Met)* Ziehtrichter *m*, Ziehkegel *m*, Ziehkonus *m (zur Herstellung geschweißter Rohre)* ‖ **~/выводная** *(Wlz)* auslauftrichter *m (Ausführung)* ‖ **~ выпуска** *s.* **~/выпускная** ‖ **~/выпускная** *(Bgb)* Abzugstrichter *m*, Auslauftrichter *m* ‖ **~ депрессии** *(Hydt)* Absenkungstrichter *m*, Senkungstrichter *m*, Depressionstrichter *m (Grundwasserabsenkung)* ‖ **~ для заливки** Anfülltrichter *m (der Pumpe)* ‖ **~/загрузочная** Fülltrichter *m*, Beschicktrichter *m*, Aufgabetrichter *m*, Schütttrichter *m* ‖ **~/загрузочная колошниковая** *s.* **~/колошниковая** ‖ **~/засыпная** Fülltrichter *m*, Einfülltrichter *m* ‖ **~/кабельная** *(El)* Kabelendver-

schluß m || ~/карстовая (Geol) Karsttrichter m || ~/колошниковая (Met) Gichttrichter m, Gichtverschluß m (Hochofen) || ~ колошникового затвора s. ~/колошниковая || ~/лентоуплотнительная (Text) Bandtrichter m (Strecke; Kämmaschine) || ~/литниковая (Gieß) Gießtümpel m, Gießtrichter m, Einguß[trichter] m || ~/направляющая Leittrichter m || ~ обрушения (Bgb) Bruchtrichter m || ~/отстойная (Bw) Klärtrichter m || ~/питательная (питающая) Aufgabetrichter m || ~/поворотная Drehtrichter m || ~/приёмная Aufnahmetrichter m, Schütttrichter m, Fülltrichter m; Entladebunker m, Schüttbunker m || ~/провальная (Geol) Einsturztrichter m, Einsturzschlot m (Karstscheinung) || ~ прорыва (Bgb) Einbruchstrichter m, Tagebruch m (Bergschaden) || ~/прядильная (Text) Spinntrichter m (Chemiefaserherstellung) || ~/разгрузочная Ablauftrichter m, Auslaßtrichter m || ~/распределительная (Met) Schichtverteiler m, Möllerverteiler m, Verteiler m || ~/сборная Sammeltrichter m || ~ смерча (Meteo) Wolkenschlauch m, Wolkentrichter m (einer Wind- oder Wasserhose) || ~/трёхфазная концевая (El) Dreileiterendverschluß m || ~ тропопаузы (Meteo) Tropopausentrichter m || ~/уплотнительная (Text) Abführtrichter m || ~/уплотняющая (Text) Bandtrichter m (Bandverdichter; Deckelkarde) || ~/фальцевальная (Typ) Falztrichter m (Rotationsmaschine) || ~/холодная Schlackentrichter m, Granuliertrichter m, Aschetrichter m
воронка-весы f Bunkerwaage f, Trichterwaage f, Kippgefäßwaage f
воронкообразный trichterförmig, Trichter...
воронкообразование n Trichterbildung f
ворот m 1. (Meteo) Kragen m; 2. Hebewinde f, Winde f, Haspel f || ~/грозовой (Meteo) Böenkragen m || ~/ручной Handhaspel f
ворота pl Tor n || ~/веерные (Hydt) Fächertor n || ~/верхние Obertor n (Schleuse) || ~/габаритные (Eb) Lademaß n, Ladelehre f || ~/грузовые (Schiff) Ladepforte f, Ladetor n || ~/задвижные (Bw) Schiebetor n || ~/кормовые (Schiff) Hecktor n, Heckladepforte f || ~/кормовые откидные (Schiff) Heckklappe f || ~/ледниковые (Geol) Gletschertor n || ~/наружные Fluttor n (Schleuse) || ~/нижние Untertor n (Schleuse) || ~/носовые откидные (Schiff) Bugklappe f || ~/подъёмные Hubtor n (Schleuse) || ~/раздвижные Schiebetor n || ~/складчатые (Bw) Falttor n, Schiebefalttor n || ~/сточные (Bw) Ständertor n || ~ шлюза Schleusentor n || ~/шторные (Bw) Rolltor n
воротистость f (Led) Mastriefen fpl, Mastfalten fpl
воротник m 1. (Fert) Bördel m, Krempe f, Kragen m (Formelement); Manschette f; 2. (Masch) Nutring m (Dichtungsform); 3. (Text) Kragen m; 4. (Schw) Grat m (beim Reibschweißen) || ~/поршневой Kolbenmanschette f || ~/уплотнительный Dichtmanschette f
вороток m 1. Windeisen n (für Gewindebohrer, Reibahlen und anderes Schneidwerkzeug mit Vierkantschaft); 2. (Schm) Wendehorn n, Dreheisen n || ~ для плашек Schneideisenhalter m

|| ~/универсальный verstellbares Windeisen n, Universalwindeisen n
ворох m (Lw) 1. Rohware f, Rohgut n, Erntegut n mit Verunreinigungen, ungereinigtes Erntegut n; 2. Stroh-Spreu-Korn-Gemisch n
ворошение n валков (Lw) Schwadenwenden n || ~ грядки (Brau) Wenden (Wichsen, Pflügen) des Haufens
ворошилка f (Lw) Wender m, Heuwender m || ~/валковая Schwadenwender m || ~/грабельная Rechwender m
ворошитель m Wender m, Wendevorrichtung f; (Lw) Heuwender m (s. a. unter ворошилка) || ~/ковшовый (Brau) Schaufelbecherwender m || ~ солода (Brau) Malzwender m, Darrwender m || ~/шнековый (Brau) Schraubenwender m, Schneckenwender m (im Keimkasten)
ворошитель-вспушиватель m (Lw) Zettwender m
ворсистость f (Text) Haarigkeit f
ворсование n (Text) Rauhen n || ~/электростатическое elektrostatisches Beflocken n (von Gegenständen zur Dekorierung der Oberflächen)
ворсовать (Text) rauhen
ворсовой (Text) Flor...
воск m Wachs n || ~/амидовый Amidwachs n || ~/буроугольный экстрагированный Braunkohlen-Extraktionswachs n || ~/горный (Geol) Erdwachs n, Bergwachs n, Ozokerit n || ~/защитный Schutzwachs n (Oberflächenschutz) || ~/искусственный Kunstwachs n, synthetisches Wachs n || ~/модельный (Gieß) Modellwachs n || ~/нефтяной Erdölwachs n, Erdölparaffin n || ~/полного синтеза Vollsynthesewachs n || ~/пчелиный Bienenwachs n || ~/синтетический synthetisches Wachs n, Kunstwachs n || ~/сложноэфирный Esterwachs n || ~/углеводородный Kohlenwasserstoffwachs n || ~ частичного синтеза Teilsynthesewachs n || ~/шеллачный Schellackwachs n || ~/шерстяной Wollwachs n,Wollfett n || ~/экстрагированный Extraktionswachs n || ~/эфирный Esterwachs n
воскобойня f Wachsschmelze f, Wachswerk n
воск-сырец m Rohwachs n
ВОСП s. система передачи/волоконно-оптическая
воспламенение n Entflammen n, Entflammung f, Entzünden n, Entzündung f; Aufflammen n (s. a. unter зажигание 2.) || ~/возвратное Flammenrückschlag m
воспламенитель m 1. (Mil) Zünder m, Zündsatz m; 2. (Rak) Starttreibladung f
воспламеняемость f Entflammbarkeit f, Entzündbarkeit f; Zündeigenschaften fpl, Zündfähigkeit f (Feuerungstechnik)
воспламеняемый entzündbar, entflammbar
восприимчивость f 1. Aufnahmefähigkeit f; Anfälligkeit f; 2. (El) Suszeptibilität f || ~/антиферромагнитная antiferromagnetische Suszeptibilität f || ~/диамагнитная diamagnetische Suszeptibilität f || ~/диэлектрическая dielektrische Suszeptibilität f || ~ к помехам Störanfälligkeit f, Störempfindlichkeit f || ~/магнитная magnetische Suszeptibilität f || ~/магнитооптическая magnetooptische Suszeptibilität f || ~ на

восприимчивость

высоких частотах Hochfrequenzsuszeptibilität *f* II ~/**обратимая** reversible Suszeptibilität *f* II ~/**объёмная** Volumensuszeptibilität *f* II ~/**парамагнитная** paramagnetische Suszeptibilität *f*
восприятие *n* 1. Aufnahme *f*; 2. *(Kyb)* Wahrnehmung *f*; Empfindung *f*; 3. *(Inf)* Ablesung *f*, Abtastung *f* II ~ **давления** Druckaufnahme *f* II ~ **нагрузки** Lastaufnahme *f* II ~ **усилия** Kraftaufnahme *f* II ~ **цвета** Farbempfindung *f*, Farbwahrnehmung *f*
воспроизведение *n* 1. Reproduktion *f*, Nachbildung *f*, Wiedergabe *f*; Abhören *n*, Abspielen *n*; 2. *(Inf)* Ausgabe *f*, Anzeige *f*; Wiedergabe *f*; 3. *(Typ)* Abtasten *n*, Abtastung *f* II ~ **басов** *(Rf)* Baßwiedergabe *f* II ~ **грамзаписи (граммофонных записей)** Schallplattenwiedergabe *f* II ~ **записи с диска** Schallplattenwiedergabe *f* II ~ **звука** Schallwiedergabe *f*; Tonwiedergabe *f* II ~/**зеркальное** *(Fert)* spiegelbildliches Nachformen *n* II ~ **знаков** *(Inf)* Zeichendarstellung *f* II ~ **изображения** Bildwiedergabe *f* II ~ **информации** Informationsreproduktion *f* II ~ **магнитной звукозаписи (фонограммы)** Magnettonwiedergabe *f* II ~/**мгновенное** Momentanwiedergabe *f* II ~/**многоканальное** Mehrkanalwiedergabe *f* II ~/**монофоническое** monophone Wiedergabe *f* II ~ **низких частот** *(Rf)* Baßwiedergabe *f* II ~ **оптической фонограммы** Lichttonwiedergabe *f* II ~ **перекошенной щелью** schräge Abtastung *f* II ~ **посылок** Zeichenwiedergabe *f* II ~ **посылок/искажённое** verzerrte (nicht abstandsgetreue) Zeichenwiedergabe *f* II ~ **посылок/неискажённое** verzerrungsfreie (abstandsgetreue) Zeichenwiedergabe *f* II ~ **речи** Sprachwiedergabe *f* II ~ **с искажениями** verzerrte Wiedergabe *f* II ~ **сигнала** Signalwiedergabe *f*, Signalreproduktion *f* II ~/**стереофоническое** stereophone Wiedergabe *f* II ~ **фотографической фонограммы** Lichttonwiedergabe *f* II ~ **цвета** Farbwiedergabe *f* II ~ **ЦТВ-изображений** Farbfernsehbilddarstellung *f*
воспроизвести *s.* воспроизводить
воспроизводимость *f* Reproduzierbarkeit *f*
воспроизводимый reproduzierbar
воспроизводить 1. wiedergeben; 2. nachbilden; reproduzieren, nachdrucken; 3. wiederholen; 4. wiedererzeugen, neubilden, regenerieren; 5. nachvollziehen, wiederholen; 6. *(Fert)* nachformen
воспроизводство *n* 1. Wiedergabe *f*; 2. Nachbildung *f*, Reproduktion *f*, Nachdruck *m*; 3. Wiederholung *f*; 4. Wiedererzeugung *f*, Neubildung *f*, Regenerierung *f*; Rückgewinnung *f* II ~ **ядерного топлива** *(Kern)* Brüten *n* *(Kernbrennstoffe)*
ВОСС *s.* система связи/волоконно-оптическая
восстанавливаемость *f* 1. Regenerierbarkeit *f*; 2. *(Ch)* Reduzierbarkeit *f*; 3. *(Lebm)* Löslichkeit *f*, Emulgierbarkeit *f*; 4. *(Gum)* Rückfederung *f*, Rückverformung *f*
восстанавливать 1. reduzieren; 2. wiederherstellen, regenerieren; 3. *(Bgb)* aufgewältigen *(alte Grubenbaue)*; 4. *(Inf)* rückspeichern, wiedereintragen
восстанавливаться 1. *(Eln)* sich regenerieren, ausheilen; 2. wieder (neu) zünden *(Lichtbogen)*; 3. wiederkehren *(Spannung)*

112

восстание *n (Bgb, Geol)* Ansteigen *n*, Schweben *n* • **по восстанию** schwebend, im Schweben
восстановитель *m (Ch)* Desoxidationsmittel *n*, Reduktionsmittel *n*
восстановительно-окислительный Redox..., Reduktions-Oxidations-...
восстановить *s.* восстанавливать
восстановиться *s.* восстанавливаться
восстановление 1. Wiederherstellung *f*; Erholung *f*; 2. *(Ch)* Reduktion *f*, Reduzierung *f*, Reduzieren *n*; Desoxidation *f*; 3. *(Met)* Frischen *n (Blei)*; 4. *(Inf)* Wiederherstellen *n*, Rückspeichern *n*, Regeneration *f*; 5. Rückverformung *f*; 6. *(Bgb)* Aufgewältigen *n*, Aufgewältigung *f (alter Grubenbaue)*; 7. *(Bw)* Wiederaufbau *m*; Renovierung *f*; 8. Wiederzünden *n*, erneutes Zünden *n (Lichtbogen)* II ~ **базы данных** *(Inf)* Datenbankwiederherstellung *f* II ~ **в щелочной среде** *s.* ~/щелочное II ~/**жидкофазное** Flüssigphase[n]reduktion *f* II ~ **информации** *(Inf)* Informationswiederherstellung *f* II ~/**кислотное** saure Reduktion *f*, Säurereduktion *f* II ~ **команд** *(Inf)* Befehlsregeneration *f*, Befehlswiederherstellung *f* II ~ **напряжения** *(El)* Spannungswiederkehr *f* II ~/**непрямое** indirekte Reduktion *f (Hochofen)* II ~ **памяти** *(Inf)* Speicherregeneration *f*, Rückspeichern *n* II ~/**парофазное** Dampfphase[n]reduktion *f*, Gasphase[n]reduktion *f* II ~/**предварительное** Vordesoxidation *f (Hochofen)* II ~ **природных ресурсов** *(Ökol)* Regeneration *f* der Naturressourcen II ~/**прямое** Direktreduktion *f*, direkte Reduktion *f (Hochofen)* II ~ **руды** *(Met)* Erzreduktion *f* II ~ **содержимого памяти** *(Inf)* Speicherregeneration *f* II ~ **сульфидное** sulfidische Reduktion *f*, Sulfidreduktion *f* II ~ **тактовых интервалов** *(Nrt)* Taktregeneration *f* II ~ **файла** *(Inf)* Dateiwiederherstellung *f* II ~ **фотографии** *(Photo)* Bildentzerrung *f* II ~/**щелочное** *(Ch)* alkalische Reaktion *f* II ~/**электрохимическое** elektrochemische Reduktion *f*, Elektroreduktion *f*
восстановление-заправка *n (Met, Gieß)* Ausbessern *n (Ofenfutter)*
восстающий *(Bgb, Geol)* schwebend; ansteigend
восстающий *m (Bgb)* Überhauen *n*, Aufhauen *n*, Aufbruch *m* II ~/**вентиляционный** Wetterüberhauen *n* II ~/**главный** Hauptüberhauen *n* II ~/**закладочный** Versatzüberhauen *n* II ~/**разрезной** Vorrichtungsüberhauen *n* II ~/**рудосвалочный** Erzrolle *f*, Förderrolle *f*, Fallort *n* II ~/**ходовой** Fahraufhauen *n*, Fahrüberhauen *n*
восход *m* Aufgang *m*, Aufgehen *n (eines Himmelskörpers)* II ~/**видимый** scheinbarer Aufgang *m* II ~/**гелиактический** heliakischer Aufgang *m* II ~/**истинный** wahrer Aufgang *m*
восходить aufgehen *(Himmelskörper)*
восходящий 1. aufsteigend, steigend, hochsteigend; 2. *(Meteo)* anabatisch; 3. *(Bgb)* ausziehend *(Wetterstrom)*; schwebend *(Abbauführung)*; 4. aufgehend *(Himmelskörper)*
восхождение *n* Aufgang *m*, Aszension *f* II ~/**прямое** *(Astr)* Rektaszension *f*, gerade Aufsteigung *f*, AR *(Koordinate)*
восьмеричный oktal
восьмёрка *f* 1. Acht *f (Ziffer)*; 2. Achterform *f*; 3. *(Wlz)* Achterlage *f*, vierfach gedoppeltes Blech *n*

восьмиатомный *(Ch)* achtatomig; achtwertig, oktavalent
восьмивалентный *(Ch)* achtwertig, oktavalent
восьмигранник *m* 1. *(Krist)* Oktaeder *n*, Achtflächner *m*; 2. *(Wlz)* Achtkant *m*
восьмигранный *(Krist)* oktaedrisch, achtflächig
восьмидиапазонный *(Eln)* mit acht Wellenbereichen
восьмидорожечный Achtkanal...
восьмиосный achtachsig *(Fahrzeuge)*
восьмиполюсник *m (Eln)* Achtpol *m*
восьмиполюсный *(Eln)* achtpolig
восьмиразрядный *(Inf)* 8-Bit...; Achtbit...; achtstellig
восьмиугольник *m (Math)* Oktogon *n*, Achteck *n*
ВОТ *s.* теплоноситель/высококипящий органический
вощанка *f* Wachspapier *n*
ВП 1. предел/верхний; 2. подушка/воздушная 1.; 3. влёт и посадка
впадать в синхронизм in Synchronismus (Tritt) fallen (kommen) *(Synchronmaschine)*
впадение *n* в синхронизм In-Synchronismus-Fallen *n*, Intrittfallen *n*, Intrittkommen *n (Synchronmaschine)*
впадина *f* 1. *(Geol)* Senke *f*, Senkung *f*, Einsenkung *f*; Graben *m*, Tiefseegraben *m (im Meer)*; 2. Höhlung *f*, Aushöhlung *f*; Vertiefung *f*; 3. Lücke *f (Zahnrad)*; 4. Nut *f*; 5. Rücksprung *m (an Flanschen)* ‖ ~/внутренняя *s.* ~/межгорная ‖ ~ волны Wellental *n* ‖ ~/глубоководная [океанская] *(Geol)* Tiefseemulde *f* ‖ ~ зуба *(Masch)* Zahnlücke *f* ‖ ~/краевая *(Geol)* Randsenke *f (an Salzkissen oder Salzrücken gebunden)* ‖ ~/межгорная *(Geol)* Zwischengebirgssenke *f* ‖ ~/передовая (предгорная) *(Geol)* Randsenke *f*, Außensenke *f* ‖ ~ профиля *(Fert)* Bearbeitungsriefe *f*, Rille *f (im Rauhigkeitsprofil, Welligkeitsprofil)* ‖ ~ резьбы Gewindegrund *m*
впаивание *n* Einschmelzen *n (Glühlampendrähte)*; Einlöten *n*
впаивать einschmelzen; einlöten
впай *m (El)* Einschmelzung *f*; Einschmelzstelle *f*, eingeschmolzene Durchführung *f*; Einlötstelle *f* ‖ ~ в колбу Kolbendurchführung *f* ‖ ~/дисковый Scheibeneinschmelzung *f* ‖ ~/кольцевой Ringeinschmelzung *f* ‖ ~ проволочного ввода Einschmelzdraht *m*, Dichtungsdraht *m* ‖ ~/стержневой Stifteinschmelzung *f*
впаять *s.* впаивать
впечатывание *n (Typ)* Eindrucken *n*; *(Photo)* Einkopieren *n*
впечатывать *(Typ)* eindrucken; *(Photo)* einkopieren
вписанный *(Math)* einbeschrieben *(Kreis)*
вписывание *n* в кривые *(Eb)* Bogenlauf *m (Fahrzeug)*
впитываемость *f* Aufsaugbarkeit *f*, Saugfähigkeit *f*; *(Typ)* Druckfarbenaufnahme *f*
впитывание *n* 1. Aufsaugen *n*, Einsaugen *n*; 2. *(Typ)* Wegschlagen *n (Farbe)*; 3. *(Met)* Tränken *n*, Vollsaugen *n (Pulvermetallurgie)*
ВПК *s.* котёл/высоконапорный паровой
ВПЛ *s.* винт с поворотными лопастями
вплавление *n* 1. Einschmelzen *n*; 2. *(Eln)* Bonden *n (Halbleitertechnik)*
вплавлять 1. einschmelzen; 2. *(Eln)* bonden

вплетение *n* Einspleißen *n*
вплотную *(Fert)* aneinanderliegend *(Anordnung, z. B. von Werkstücken)*
ВПП *s.* полоса/взлётно-посадочная
впритык 1. *(Schw)* stumpf, Stumpf...; 2. *(Bw)* auf Stoß, Stoß... *(Holzverbindung)*
впрыск *m* 1. *(Eln)* Einspritzen *n*, Einspritzung *f (von Brennstoff in einen Verbrennungsraum)*; 2. *(Kst)* Schuß *m (beim Spritzgießen)* ‖ ~ в вихревую камеру Wirbelkammerverfahren *n* ‖ ~ в воздушно-вспомогательную камеру Luftspeicherverfahren *n* ‖ ~ в камеру Ланова Lanova-Luftspeicherverfahren *n* ‖ ~ в камеру сгорания Brennkammereinspritzung *f* ‖ ~ в предкамеру Vorkammerverfahren *n* ‖ ~ лёгкого топлива Benzineinspritzung *f* ‖ ~/многоструйный Mehrstrahleinspritzung *f* ‖ ~/начальный *s.* ~/предварительный ‖ ~/непосредственный Direkteinspritzung *f*, Direkteinspritzverfahren *n* ‖ ~/предварительный Voreinspritzung *f*, Voreinspritzverfahren *n* ‖ ~/струйный Strahleinspritzung *f*, Strahleinspritzverfahren *n* ‖ ~ топлива Kraftstoffeinspritzung *f*
впрыскивание *n* 1. Einspritzung *f (s. a. unter* впрыск); 2. Injektion *f (Halbleitertechnik)*
впрыскиватель *m* Spritze *f*
впрыскивать [ein]spritzen
впрыснуть *s.* впрыскивать
ВПУ *s.* 1. устройство/видеоприёмное; 2. устройство/валоповоротное
впуск *m* 1. Einlaß *m*, Einlaufen *n (von Flüssigkeiten)*; 2. Eintritt *m*, Einlaß *m*, Einströmen *n (Gas, Dampf)*; 3. Anlassen *n (Maschinen)*; 4. *(Kst)* Anschnittkanal *m (beim Spritzgießen)* ‖ ~ воздуха Lufteinlaß *m* ‖ ~ массы на сетку *(Pap)* Stoffeinlauf *m*, Stoffeintritt *m* ‖ ~/односторонний Gleichstromeinlaß *m (Zweitaktmotor)* ‖ ~ пара Dampfeinlaß *m*, Dampfeinströmung *f*, Beaufschlagung *f (Turbine)* ‖ ~ свежего пара Frischdampfeinlaß *m*, Frischdampfeinströmung *f* ‖ ~/точечный *(Kst)* Punktanschnitt *m*
впускать einlassen, einleiten
впустить *s.* впускать
ВПХ *s.* характеристики/взлётно-посадочные
ВР *s.* резьба/внутренняя
вразбежку *(Bw)* verschränkt, versetzt, auf Lücke
вразрядку *(Fert)* mit Zwischenräumen *(Anordnung, z. B. von Werkstücken)*
враскладку *(Fert)* in einer Schicht *(Anordnung, z. B. von Werkstücken)*
вращаемость *f* Drehvermögen *n*
вращатель *m* 1. *(Fert)* Drehvorrichtung *f*, Manipulator *m*; 2. *(Bgb)* Drehtisch *m (Rotarybohren)*
вращаться 1. [sich] drehen, rotieren, umlaufen; 2. schwenken
вращающийся 1. sich drehend, umlaufend, kreisend, rotierend; Dreh..., Rotations...; 2. schwenkbar, drehbar ‖ ~ влево linksdrehend ‖ ~ вправо rechtsdrehend
вращение *n* 1. Drehen *n*, Drehung *f*, Rotation *f*, Kreisen *n*; Laufen *n*; 2. Umdrehung *f*, Umlauf *m* ‖ ~ по вращению in [der] Drehrichtung, im Umlaufsinn ‖ ~/асинхронное asynchroner Lauf *m* ‖ ~ атомов *(Kern)* Atomrotation *f* ‖ ~ без радиального биения *s.* ~/центрированное ‖ ~ ветра *(Meteo)* Drehen *n* des Windes ‖ ~ влево Linksdrehung *f*, Linkslauf *m*, Linksgang *m*, Dre-

вращение

hung f gegen den Uhrzeigersinn ‖ ~ **вокруг собственной оси** *(Mech)* Eigenrotation f ‖
~ **вправо** Rechtsdrehung f, Rechtslauf m, Rechtsgang m, Drehung f im Uhrzeigersinn ‖
~ **/встречное** Gegendrehung f, Gegenlauf m, entgegengesetzte (gegenläufige) Rotation f ‖
~ **Галактики/дифференциальное** *(Astr)* differentielle Rotation f der Galaxis ‖ ~ **Земли** *(Astr)* Erdrotation f ‖ ~ **изображения** Bilddrehung f ‖ ~ **кривошипа** *(Masch)* Kurbeldrehung f ‖ ~ **/левое** s. ~ влево ‖ ~ **/обратное** 1. *(Astr)* retrograde Rotation f; 2. *(Fert)* Rückwärtsrotation f, Rückwärtsumlauf m ‖ ~ **осей координат** *(Math)* Achsendrehung f, Drehung f des Achsenkreuzes ‖ ~ **плоскости поляризации** *(Opt)* Drehung f der Polarisationsebene ‖ ~ **по часовой стрелке** Drehung f (Umlauf m) im Uhrzeigersinn, Rechtslauf m ‖ ~ **/правое** s. ~ вправо ‖
~ **против часовой стрелки** Drehung f (Umlauf m) entgegen dem Uhrzeigersinn, Linkslauf m ‖
~ **с радиальным биением** s. ~/эксцентричное ‖ **/синфазное** phasengleiche Drehung f, Phasengleichlauf m ‖ ~ **/синхронное** Synchronlauf m, synchroner Lauf m, Gleichlauf m ‖ ~ **/собственное** Eigenrotation f ‖ ~ **/согласованное** s. ~/синхронное ‖ ~ **/центрированное** *(Masch)* Rundlaufen n, Drehung f ohne Rundlauffehler ‖ ~ **/эксцентричное** *(Masch)* Unrundlaufen n, Drehung f mit Rundlauffehler ‖ ~ **ядра** *(Kern)* Kernrotation f
ВРД s. двигатель/воздушно-реактивный
врез m калибра *(Wlz)* Kalibereinschnitt m
врезание n *(Fert)* 1. Anschnitt m; 2. Einstechen n, Einschneiden n, Einschnitt m
врезать(ся) *(Fert)* 1. einschneiden; einstemmen; 2. einstechen; 3. anlaufen *(gegen etwas; Werkzeug)*
врезка f с края *(Schw)* Anschneiden n
временной zeitlich, Zeit...
временный zeitweilig, vorübergehend, temporär, provisorisch, vorläufig
время n 1. Zeitraum m, Zeitspanne f, Dauer f *(s. a. unter* длительность, продолжительность, срок 2.*)*; 2. Zeit f, Zeitpunkt m ‖ ~ **/аберрационное** *(Astr)* Aberrationszeit f ‖ ~ **/абсолютное** [Newtonsche] absolute Zeit f ‖ ~ **/атомное** Atomzeit f ‖ ~ **/барицентрическое динамическое** *(Astr)* baryzentrisch-dynamische Zeit f ‖
~ **безотказной работы** ausfallfreie Arbeitszeit (Betriebszeit) f ‖ ~ **безотказной работы/среднее** mittlerer Ausfallabstand m, mittlere Zeit f zwischen zwei Ausfällen, MTBF ‖ ~ **в истинном масштабе** s. ~ в реальном масштабе ‖ ~ **в очаге** *(Geoph)* Herdzeit f, Nullzeit f *(bei Explosionen)* ‖ ~ **в реальном масштабе** *(Inf)* Echtzeit f, Realzeit f ‖ ~ **вакуумирования** Evakuierungszeit f *(Vakuumtechnik)* ‖ ~ **ввода** *(Inf)* Eingabezeit f ‖ ~ **взаимодействия** Wechselwirkungszeit f, Wechselwirkungsdauer f ‖
~ **взлёта** *(Flg)* Startzeit f ‖ ~ **включения** *(El)* Einschaltzeit f ‖ ~ **возбуждения** *(Eln)* Erregungszeit f ‖ ~ **возврата** *(El)* Rücklaufzeit f, Rückgangszeit f; *(Reg)* Rückstellzeit f ‖ ~ **возвращения** Rückkehrzeit f ‖ ~ **возвращения состояния** *(Math)* Rekurrenzzeit f eines Zustandes ‖ ~ **воздействия** Einwirkzeit f ‖ ~ **воспроизведения** Spieldauer f, Laufzeit f *(z. B.*

eines Magnettonbandes) ‖ ~ **восстановления** 1. Wiederherstellungszeit f; 2. *(El)* Erholungszeit f, Abklingzeit f, [innere] Totzeit f; Entionisierungszeit f *(Gasentladungsröhren)*; 3. *(Eln)* Sperrverzögerung f, Freiwerdezeit f *(Halbleiter)*; 4. *(Kern)* Erhol[ungs]zeit f *(Zähler)* ‖ ~ **/восточноевропейское** osteuropäische Zeit f ‖ ~ **восхода** *(Astr)* Aufgangszeit f *(von Gestirnen)* ‖
~ **впрыска** Einspritzzeit f, Einspritzdauer f ‖
~ **вращения** Rotationsperiode f, Rotationszeit f ‖ ~ **/всемирное** Weltzeit f, UT, WZ ‖ ~ **/всемирное координированное** koordinierte Weltzeit f, UTC ‖ ~ **/вспомогательное** *(Fert)* Hilfszeit f ‖
~ **/вспомогательное автоматическое (машинное)** Hilfszeit f Maschine ‖ ~ **/вспомогательное машинно-ручное** manuelle Hilfszeit f, Hilfszeit f Maschine-Hand ‖ ~ **/вспомогательное ручное** Hilfszeit f Hand ‖ ~ **вступления** *(Geoph)* Einsatzzeit f, Ankunftszeit f *(einer Welle)* ‖ ~ **выбега** *(Schiff)* Auslaufzeit f, Stoppzeit f im Auslauf ‖ ~ **выборки** *(Inf)* Zugriffszeit f ‖
~ **выборки адреса** Adreßzugriffszeit f ‖ ~ **выборки данных** Zugriffszeit f ‖ ~ **выборки разрешения** Enable-Zugriffszeit f ‖ ~ **выборки/среднее** *(Inf)* mittlere Zugriffszeit f ‖ ~ **выборки считывания** Lesezugriffszeit f ‖ ~ **вывода** *(Inf)* Ausgabezeit f ‖ ~ **выгорания** Ausbrennzeit f; *(Kern)* Abbrandzeit f *(Kernbrennstoff)* ‖ ~ **выгрузки** *(Schiff)* Löschzeit f ‖ ~ **выдержки** 1. Zeitverzögerung f, Verzögerungszeit f; 2. *(Met)* Haltezeit f *(Schmelze)*; Verweilzeit f *(Pulvermetallurgie)*; 3. *(El)* Schaltverzug m ‖ ~ **выполнения программы** *(Inf)* Laufzeit f, Ausführungszeit f, Programmausführungszeit f ‖ ~ **выполнения цикла** *(Inf)* Zykluszeit f ‖ ~ **выравнивания** Ausgleichzeit f *(Temperatur, Luftdruckunterschiede)* ‖ ~ **вычисления** Rechenzeit f ‖
~ **/вычислительное** Rechenzeit f ‖ ~ **гашения** Löschzeit f; Austastzeit f ‖ ~ **горения** Brennzeit f, Brenndauer f ‖ ~ **/гражданское** bürgerliche Zeit f ‖ ~ **/гринвичское** Greenwicher Zeit f, westeuropäische Zeit f ‖ ~ **/гринвичское звёздное** Sternzeit f Greenwich, Greenwicher Sternzeit f ‖ ~ **деионизации** *(Ph)* Entionisierungszeit f, Deionisationszeit f ‖ ~ **действия** Wirkzeit f; Betriebszeit f; Einwirkdauer f ‖ ~ **/дискретное** Normalzeit f ‖ ~ **деформации** Deformationszeit f, Verformungszeit f ‖ ~ **дешифрации** *(Inf)* Dekodierungszeit f ‖ ~ **догорания** Nachbrennzeit f ‖ ~ **доступа** *(Inf)* Zugriffszeit f ‖
~ **/доступное машинное** *(Inf)* Maschinennutzzeit f ‖ ~ **дрейфа** *(Eln)* Driftzeit f ‖ ~ **/живое** effektive Meßzeit f, Effektivzeit f ‖ ~ **жизни** Lebensdauer f ‖ ~ **жизни/исходное** Lebensdauer f im As-grown-Zustand *(Ladungsträger)* ‖
~ **жизни носителей заряда** Ladungsträgerlebensdauer f ‖ ~ **жизни/объёмное** Volumenlebensdauer f *(der Ladungsträger im Halbleiterkristall)* ‖ ~ **жизни/поверхностное** Oberflächenlebensdauer f *(der Ladungsträger im Halbleiterkristall)* ‖ ~ **жизни/полное** Gesamtlebensdauer f ‖ ~ **жизни/среднее** mittlere Lebensdauer f ‖ ~ **загрузки** *(Inf)* Ladezeit f ‖ ~ **задержки** 1. Verzögerungsintervall n *(Impuls)*; 2. *(Eln, Inf)* Verzögerungszeit f; *(Reg)* Verzugszeit f, Nacheilzeit f ‖ ~ **задержки включения** 1. Einschaltverzögerungszeit f; 2. Zündverzugszeit f ‖ ~ **за-**

мачивания (замочки) Weichdauer f (Mälzerei) ‖ ~ замыкания (Reg) Schließzeit f ‖ ~ занятия (Nrt) Belegungsdauer f ‖ ~/западноевропейское westeuropäische Zeit f ‖ ~ запаздывания Verzögerungszeit f, Verzögerung f, Verzug m; (Reg) Totzeit f ‖ ~ запаздывания отражённого сигнала (Rad) Echolaufzeit f ‖ ~ запирания Sperrzeit f, Freiwerdezeit f (bei Halbleitern) ‖ ~ записи (Inf) Aufzeichnungszeit f ‖ ~ запуска Startzeit f ‖ ~ зарядки (El) Aufladezeit f, Ladezeit f (Kondensator) ‖ ~ затвердевания 1. (Met) Erstarrungszeit f, Erstarrungsdauer f; 2. (Gieß) Aushärtezeit f, Aushärtedauer f (von Formstoffen) ‖ ~ затухания Dämpfungszeit f, Abklingzeit f ‖ ~ затухания импульса Impulsabklingzeit f ‖ ~ захода (Astr) Untergangszeit f (von Gestirnen) ‖ ~/звёздное (Astr) Sternzeit f, siderische Zeit f ‖ ~/земное динамическое (Astr) terrestrisch-dynamische Zeit f ‖ ~ измерения Meßzeit f, Meßdauer f ‖ ~ изодрома (Reg) Nachstellzeit f ‖ ~ инерционного выбега (El) Nachlaufzeit f (eines Relais) ‖ ~ исполнения программы (Inf) Laufzeit f, Ausführung f (des Programms) ‖ ~ истечения (Hydt) Ausflußzeit f ‖ ~/истинное Echtzeit f, Realzeit f ‖ ~/истинное звёздное (Astr) wahre Sternzeit f ‖ ~/истинное солнечное (Astr) wahre Sonnenzeit f ‖ ~ компиляции (Inf) Kompilierungszeit f ‖ ~ контактирования Kontaktdauer f, Verweilzeit f am Kontakt (Katalysator) ‖ ~ копирования Kopierdauer f ‖ ~ короткого замыкания (El) Kurzschlußzeit f, Kurzschlußdauer f ‖ ~/космическое Weltraumzeit f ‖ ~/летнее Sommerzeit f ‖ ~/машинное Maschinenzeit f, Rechnerzeit f ‖ ~ между отказами/среднее s. ~ безотказной работы/среднее ‖ ~/местное Ortszeit f ‖ ~/мировое Weltzeit f, UT, WZ ‖ ~/московское Moskauer Zeit f ‖ ~ на переналадку (Fert) Umrüstzeit f, Umstellzeit f ‖ ~ наблюдения Beobachtungszeit f, Meßzeit f ‖ ~ нагрева Anheizzeit f, Anwärm[e]zeit f ‖ ~ накопления (Inf) Speicherzeit f ‖ ~ накопления изображения Bildspeicherzeit f ‖ ~ накопления носителей заряда Ladungsträgerspeicherzeit f ‖ ~ наладки Rüstzeit f (einer Werkzeugmaschine) ‖ ~ наработки на отказ/среднее (Fert) mittlerer Ausfallabstand m, MTBF ‖ ~ нарастания Anstiegszeit f, Anstiegsdauer f (Impulstechnik); (Reg) Anlaufzeit f, Einschwingzeit f ‖ ~ нарастания колебания (El) Anschwingzeit f, Einschwingzeit f ‖ ~ нарастания тока (El) Anstiegszeit f (Strom); (Eln) Durchschaltzeit f ‖ ~/ненормируемое ungenormte Zeit f ‖ ~/нерабочее Stillstandszeit f; arbeitsfreie Zeit f (der Ausrüstung) ‖ ~/нормируемое genormte Zeit f ‖ ~/ньютоновское [абсолютное] s. ~/абсолютное ‖ ~ облучения (Kern) Bestrahlungszeit f, Bestrahlungsdauer f ‖ ~ обмена частиц (Kern) Austauschzeit f (Teilchenaustausch) ‖ ~ обработки Bearbeitungszeit f, Verarbeitungszeit f, Verarbeitungsdauer f ‖ ~ обращения 1. (Inf) Zugriffszeit f; 2. (Eb) Umlaufzeit f (für Wagen) ‖ ~ обращения к запоминающему устройству (Inf) Speicherzugriffszeit f ‖ ~ обслуживания Wartungszeit f ‖ ~/общее эксплуатационное Gesamtbetriebszeit f ‖ ~ ожидания (Inf) Wartezeit f, Latenzzeit

f ‖ ~/оперативное operative Zeit f; (Fert) Operativzeit f (Grund- und Hilfszeit) ‖ ~ опережения (El) Vorhaltzeit f ‖ ~ организации технического обслуживания/среднее (Fert) mittlere technische Wartungszeit f ‖ ~ организационного обслуживания (Fert) organisatorische Nebenzeit f ‖ ~ освещения (Photo) Klärzeit f, Klärdauer f ‖ ~/основное (Fert) Grundzeit f ‖ ~/основное автоматическое (машинное) Maschinengrundzeit f, Grundzeit f Maschine ‖ ~/основное машинно-ручное Maschinen-Hand-Grundzeit f, Grundzeit f Maschine-Hand ‖ ~/основное ручное manuelle Grundzeit f, Grundzeit f Hand ‖ ~ остановки 1. Stoppzeit f; 2. Bandstoppzeit f (Magnetbandgerät) ‖ ~ отбора Auswahlzeit f ‖ ~ отвердения s. ~ затвердевания 2. ‖ ~ ответа Ansprechzeit f, Antwortzeit f ‖ ~ отказа Ausfallzeit f ‖ ~ откачки Pumpzeit f, Pumpdauer f (Laser) ‖ ~ откачки вакуума Evakuierungszeit f (Vakuumtechnik) ‖ ~ отклика Ansprechzeit f (z. B. Komparator) ‖ ~ отклика/среднее (Inf) mittlere Antwortzeit f ‖ ~ отключения (El) Ausschaltzeit f, Abschaltzeit f ‖ ~ отключения/собственное Ausschalteigenzeit f ‖ ~/относительное relative (bezogene) Zeit f ‖ ~ отпускания (El) Abfallzeit f, Freigabezeit f (eines Relais) ‖ ~ отставания (Reg) Versuchszeit f ‖ ~ отстаивания (Met) Haltezeit f, Abstehzeit f (z. B. des flüssigen Metalls in der Gießpfanne) ‖ ~ охлаждения Abkühl[ungs]zeit f ‖ ~ оценки Bewertungszeit f ‖ ~ паузы (Eln) Pausenzeit f ‖ ~ перевозки Transportzeit f ‖ ~ перегорания s. ~ плавления 1. ‖ ~ передачи Übertragungszeit f ‖ ~ переключения Schaltzeit f, Umschaltzeit f ‖ ~ перемотки Umspulzeit f, Rückspulzeit f (eines Magnetbandes) ‖ ~ переноса 1. Übertragungszeit f; Laufzeit f (Transistoren); 2. Diffusionszeit f (Halbleiter) ‖ ~ пересылки (Inf) Transferzeit f ‖ ~ перехода Übergangszeit f ‖ ~ пика нагрузки (El) Spitzen[belastungs]zeit f ‖ ~ плавки s. ~ плавления 1. (El) Durchschmelzzeit f, Abschmelzzeit f (einer Sicherung); 2. (Met) Schmelzzeit f, Schmelzdauer f, Chargendauer f ‖ ~ по Гринвичу (Astr) Greenwicher Zeit f ‖ ~/подготовительное Vorbereitungszeit f ‖ ~/подготовительно-заключительное (Fert) Vorbereitungs- und Abschlußzeit f ‖ ~ подогрева Anheizzeit f, Anheizdauer f ‖ ~ поиска (Inf) Suchzeit f ‖ ~ покоя Ruhezeit f ‖ ~/полезное машинное (Inf) Rechnernutzzeit f ‖ ~ полёта Flugzeit f ‖ ~ полураспада (Kern) Halbwert[s]zeit f ‖ ~ пользования Nutzungsdauer f ‖ ~ посадки (Flg) Ankunftszeit f, Landezeit f ‖ ~ последействия Nachwirkzeit f ‖ ~ послесвечения Nachleuchtzeit f ‖ ~ потерь Verlustzeit f ‖ ~/поясное Zonenzeit f ‖ ~ пребывания Verweilzeit f, Retentionszeit f, Rückhaltzeit f ‖ ~ превращения (Ch) Umsetzungsdauer f ‖ ~ предварения (Reg) Vorhaltzeit f; Beschleunigungszeit f ‖ ~/предельное Grenzzeit f ‖ ~ предзаряда Vorladezeit f ‖ ~ преобразования (Reg) Umsetzzeit f (bei AD-Umsetzer) ‖ ~/прерывания Unterbrechungszeit f ‖ ~/приведённое reduzierte Zeit f ‖ ~ приёмистости Beschleunigungszeit f (Motoren) ‖ ~ пробега Laufzeit f ‖ ~ пробега/групповое Gruppenlauf-

время

zeit *f* ‖ ~ **пробега луча** *(Eln)* Abtastzeit *f* ‖ ~ **пробега/полное** Gesamtlaufzeit *f* ‖ ~ **пробега/фазовое** Phasenlaufzeit *f* ‖ ~ **пробега электронов** Elektronenlaufzeit *f* ‖ ~ **прогона** *(Inf)* Laufzeit *f (des Programms)* ‖ ~ **пролёта** Flugzeit *f*, Laufzeit *f* ‖ ~ **промывки** *(Photo)* Wässerungszeit *f*, Wässerungsdauer *f* ‖ ~ **простоя** Stillstandszeit *f*; Ausfallzeit *f*; Standzeit *f*, Liegezeit *f*, Verlustzeit *f* ‖ ~ **протекания** Verlaufzeit *f*; Ablaufzeit *f* ‖ ~ **протекания короткого замыкания** *(El)* Kurzschlußzeit *f* ‖ ~ **прохождения** 1. Durchlaufzeit *f*, Verweilzeit *f*; 2. *(Astr)* Passagezeit *f*, Durchgangszeit *f*; 3. Rundumlaufzeit *f (eines ausgesendeten Signals)* ‖ ~ **прохождения через перигелий** *(Astr)* Perihel[durchgangs]zeit *f*, Periheldurchgang *m* ‖ ~ **проявления** *(Photo)* Entwicklungsdauer *f*, Entwicklungszeit *f* ‖ ~ **прямого хода** Hinlaufzeit *f* ‖ ~ **пуска** Anlaufzeit *f*, Anlaufdauer *f*, Anlaßzeit *f*, Anlaßdauer *f*; Anfahrzeit *f*, Anfahrdauer *f (z. B. einer Anlage)*; Startzeit *f*; Bandstartzeit *f (Magnetbandgerät)* ‖ ~ **пуска двигателя** *(El)* Anlaufzeit *f* ‖ ~ **работы** Betriebszeit *f*, Arbeitszeit *f*; Belastungszeit *f* ‖ ~ **работы машины** *(Inf)* Maschinenoperationszeit *f*, Maschinenlaufzeit *f (des Rechners)* ‖ ~ **рабочего цикла** Arbeitsspieldauer *f*, Lastspieldauer *f* ‖ ~ **рабочее** *s.* ~ **работы** ‖ ~ **развёртки** *(TV)* Ablenkzeit *f*; Abtastzeit *f* ‖ ~ **разгона** Beschleunigungszeit *f*, Anlaufzeit *f*; Anfahrdauer *f*; Hochlaufzeit *f* ~/**разгрузочное** Entladezeit *f*; *(Schiff)* Löschzeit *f* ‖ ~ **размыкания** Öffnungszeit *f (eines Kontakts)* ‖ ~ **разогрева** Anheizzeit *f*, Aufheizzeit *f*, Anheizdauer *f*; Einbrennzeit *f (einer Glühlampe)* ‖ ~ **разрешения** Freigabezeit *f* ‖ ~ **разряда** *(El)* Entladezeit *f* ‖ ~ **распада** *(Reg)* Abfallzeit *f*, Abklingzeit *f* ‖ ~ **расплавления** *(Met)* Schmelzzeit *f*; *(El)* Abschmelzzeit *f (einer Sicherung)* ‖ ~ **распространения** Laufzeit *f (eines Signals)* ‖ ~ **распространения/групповое** Gruppenlaufzeit *f* ‖ ~ **распространения/фазовое** Phasenlaufzeit *f* ‖ ~ **расцепления** Auslösezeit *f* ‖ ~ **реакции** 1. Reaktionszeit *f*; 2. *(Inf)* Antwortzeit *f* ‖ ~/**реальное** *(Inf)* Echtzeit *f*, EZ ‖ ~ **реверса** Umsteuerzeit *f*, Reversierzeit *f*, Reversierdauer *f* ‖ ~ **регенерации** *(Inf)* Wiederherstellungszeit *f*; *(Eln)* Entionisierungszeit *f*, Recovery-Zeit *f* ‖ ~ **регулирования** Regelzeit *f* ‖ ~ **резания** *(Fert)* Schnittzeit *f* ‖ ~ **релаксации** *(Ph)* Relaxationszeit *f*, Abklingzeit *f* ‖ ~ **ремонта** Reparaturzeit *f* ‖ ~ **самовыравнивания** *(Reg)* Ausgleichszeit *f* ‖ ~ **свечения** *(El)* Leuchtzeit *f* ‖ ~ **свободного пробега** *(Ph)* mittlere freie Zeit *f*, mittlere Stoßzeit *f* ‖ ~ **сгорания** Brenndauer *f*; Brennzeit *f* ‖ ~ **сложения** Additionszeit *f* ‖ ~/**собственное** Eigenzeit *f* ‖ ~/**солнечное** *(Astr)* Sonnenzeit *f* ‖ ~ **спада** *s.* ~/**спадания** ‖ ~ **спадания** *(Eln)* Abklingzeit *f*; Abfallzeit *f (eines Impulses)* ‖ ~ **срабатывания** *(El, Reg)* Ansprechzeit *f* ‖ ~ **срабатывания реле** Relaisansprechzeit *f*; Ansprecheigenzeit *f*, Ansprechverzug *m (eines unverzögerten Relais)*; Ablaufzeit *f (eines verzögerten Relais)*; Kommandozeit *f (eines Schutzrelais)* ‖ ~ **срабатывания/собственное** Ansprecheigenzeit *f (eines Relais)* ‖ ~ **среднее звёздное** *(Astr)* mittlere Sternzeit *f* ‖ ~/**среднее солнечное** *(Astr)* mittlere Sonnenzeit *f* ‖ ~/**среднеевропейское** mitteleuropäische Zeit *f*, MEZ ‖ ~ **стирания** *(Inf)* Löschungszeit *f* ‖ ~ **стойкости** *(Fert)* Standzeit[reserve] *f* ‖ ~ **столкновения** *(Kern)* Stoßzeit *f* ‖ ~ **суммирования** Additionszeit *f* ‖ ~ **сушки** Trocknungsdauer *f*, Trocknungszeit *f* ‖ ~ **схемы совпадений/разрешающее** *(Kern)* Koinzidenzauflösezeit *f (Koinzidenzkreis)* ‖ ~ **счёта** Zählzeit *f*, Zähldauer *f* ‖ ~ **счётчика/мёртвое** *(Kern)* Totzeit *f eines Zählers* ‖ ~ **считывания** *(Inf)* Lesezeit *f* ‖ ~ **твердения** Erhärtungszeit *f (Beton)* ‖ ~ **технического обслуживания** *(Fert)* Wartungszeit *f* ‖ ~/**технологическое** *(Fert)* Grundzeit *f* ‖ ~ **торможения** *(El)* Bremszeit *f*, Auslaufzeit *f* ‖ ~ **трансляции** *(Inf)* Übersetzungszeit *f* ‖ ~ **трогания** *(El)* Anlaufzeit *f (eines Relais)* ‖ ~ **удержания (удерживания)** Haltezeit *f*; *(Ch)* Retentionszeit *f (Chromatographie)* ‖ ~ **умножения** Multiplikationszeit *f* ‖ ~ **упреждения** *(Reg)* Vorhaltzeit *f* ‖ ~ **ускорения** Beschleunigungszeit *f*, Beschleunigungsdauer *f* ‖ ~ **успокоения** Einschwingzeit *f* ‖ ~ **установки** Installationszeit *f* ‖ ~ **установления** 1. Einschwingzeit *f*; 2. Bandstoppzeit *f (Magnetbandgerät)*; 3. Einstellzeit *f* ‖ ~ **хода** Laufzeit *f*; *(Nrt)* Ablaufzeit *f (der Wählscheibe)* ‖ ~ **холостого хода** Leerzeit *f*, Leerlaufzeit *f* ‖ ~ **хранения** 1. Speicherdauer *f*, Speicherzeit *f*; 2. Lagerzeit *f*, Lagerdauer *f*; Liegezeit *f* ‖ ~ **хранения изображения** Bildspeicherzeit *f* ‖ ~ **цикла** *(Inf)* Zykluszeit *f* ‖ ~ **цикла записи** Schreibzykluszeit *f* ‖ ~ **цикла считывания** *(Inf)* Lesezykluszeit *f* ‖ ~/**штучное** *(Fert)* Stückzeit *f* ‖ ~/**эксплуатационное** Einsatzzeit *f*, Nutzungszeit *f*, Betriebszeit *f* ‖ ~ **экспонирования** Belichtungszeit *f*, Belichtungsdauer *f* ‖ ~/**эфемеридное** *(Astr)* Ephemeridenzeit *f* ‖ ~/**эффективное машинное** verfügbare Maschinenzeit *f*

времянезависимый zeitunabhängig

ВРКР *s.* рассеяние/вынужденное резонансное комбинационное

вруб *m* 1. *(Bgb)* Schram *m*, Schrämschlitz *m (Schrämarbeit)*; 2. Einbruch *m (Sprengarbeit)* ‖ ~/**боковой** Seiteneinbruch *m* ‖ ~/**бочкообразный** Brenneneinbruch *m*, Röhreneinbruch *m*, tonnenförmiger Einbruch *m* ‖ ~/**веерный** Fächereinbruch *m* ‖ ~/**вертикальный щелевой** stehender Schlitzeinbruch *m* ‖ ~/**верхний** Firstlue[n]einbruch *m*, Einbruch *m am* Hangenden ‖ ~/**взрывной** Einbruch *m* ‖ ~/**взрывной боковой** Seiteneinbruch *m*, seitlicher Einbruch *m* ‖ ~/**воронкообразный** Trichtereinbruch *m*, Kegeleinbruch *m* ‖ ~/**встречный** *s.* ~/**многосторонний** ‖ ~/**клиновой** Keileinbruch *m* ‖ ~/**конусообразный** Kegeleinbruch *m* ‖ ~/**котловый** Kesseleinbruch *m* ‖ ~/**машинный** Schram *m*, Schrämschlitz *m* ‖ ~/**многосторонний** mehrseitiger Einbruch *m* ‖ ~/**нижний** Sohlloseneinbruch *m* ‖ ~/**односторонний** einseitiger Einbruch *m* ‖ ~/**параллельный** Paralleleinbruch *m* ‖ ~/**пирамидальный** Pyramideneinbruch *m (Form des Trichtereinbruchs)* ‖ ~/**призматический** *s.* ~/**бочкообразный** ‖ ~/**прямой** gerader Einbruch *m* ‖ ~/**спиральный** spiralförmiger Brennereinbruch *m* ‖ ~/**щелевой** Schlitzeinbruch *m*

врубить einhauen; *(Bgb)* einbrechen

врубка *f* 1. Kerbe *f*; 2. *(Bw)* Holzverband *m*, Holzverbindung *f* ‖ ~ **гребнем** Hakenkamm *m*, Kamm *m* ‖ ~ **двойным зубом** ganzer Versatz *m* ‖ ~ **замком** Verblattung *f*, Blattung *f*; Aufkämmen *n* ‖ ~ **зубом** Versatz *m* ‖ ~/**косая** Schmiege *f*, Schiftschnitt *m* ‖ ~ **накладкой** Verblattung *f*, Blattung *f* ‖ ~ **подкоса** Klaue *f*
врубовый *(Bgb)* 1. Schräm...; 2. Einbruchs... *(Sprengen)*
вручную von Hand, manuell
ВРЧ *s.* часть/верхняя радиационная
ВРШ *s.* винт регулируемого шага
ВС *s.* 1. система/вычислительная; 2. судно/воздушное
всад *m (Met)* Einsatz *m*
всас *m* Saugstutzen *m*; Saugseite *f*; Saugleitung *f*; Einlauf *m (Pumpen; Verdichter)* ‖ ~ **насоса** Pumpensaugstutzen *m*; Pumpensaugseite *f*; Pumpeneinlauf *m*
всасываемость *f* 1. Saugfähigkeit *f*; 2. Aufsaugbarkeit *f*
всасывание *n* 1. Einsaugen *n*, Aufsaugen *n*, Ansaugen *n*, Saugen *n*; Sog *m*; 2. Absorbieren *n*, Absorption *f*
всасывать 1. saugen, einsaugen, aufsaugen; ansaugen; 2. absorbieren
всеволновый *(Rf)* Allwellen...
вседиапазонный *(Rf)* Allbereich[s]...
вселенная *f* Weltall *n*, Universum *n*, Kosmos *m* ‖ ~/**анизотропная неоднородная** anisotrope nichthomogene (heterogene) Welt *f* ‖ ~/**замкнутая** geschlossenes All *n* ‖ ~/**однородная изотропная** isotrope homogene Welt *f* ‖ ~ **Эйнштейна** Einsteinsches Weltmodell *n*, Einsteinwelt *f*
всенаправленность *f* излучения Rundstrahlcharakter *m*
всенаправленный rundstrahlend, Rundstrahl...; Rund[um]...
всепогодный Allwetter...
вскипание *n* Aufkochen *n*, Aufsieden *n*, Aufwallen *n*, Überkochen *n*
вскрывать 1. öffnen; 2. aufdecken; 3. *(Bgb)* aufschließen, erschließen *(Vorkommen, Lagerstätten)* ‖ ~ **пласт** *(Bgb)* ein Flöz anfahren
вскрытие *n* 1. Öffnen *n*; 2. *(Bgb)* Aufschluß *m*, Erschließung *f*; 3. *(Met, Ch)* Aufschluß *m* ‖ ~/**восстановительное** *(Met)* Reduktionsaufschluß *m*, Reduktionsaufschlußverfahren *n* ‖ ~/**кислотное** Säureaufschluß *m*, Säureaufschlußverfahren *n (NE-Metallurgie)* ‖ ~ **месторождения** Aufschluß *m* der Lagerstätte ‖ ~ **наклонными стволами** *(Bgb)* flache Ausrichtung *f* ‖ ~ **путём обжига** Röstaufschluß *m*, Röstaufschlußverfahren *n (NE-Metallurgie)*
вскрытый *(Bgb)* erschlossen, aufgeschlossen *(Lagerstätten)*
вскрыть *s.* вскрывать
вскрыша *f (Bgb)* Abraum *m* ‖ ~/**внешняя** Oberabraum *m*, Deckgebirge *n* ‖ ~/**внутренняя** Mittelabraum *m*, Zwischenmittel *n*
вскрышной *(Bgb)* Aufschluß..., Abraum...
ВСП *s.* профилирование/вертикальное сейсмическое
вспарушенный zeltförmig, segelförmig
вспашка *f (Lw)* Ackern *n*, Pflügen *n*, Umpflügen *n*, Umbruch *m* ‖ ~/**глубокая** Tiefpflügen *n*

вспененный *(Kst)* verschäumt, aufgeschäumt
вспенивание *n* Schäumen *n*, Aufschäumen *n*, Schaumbildung *f*; Verschäumen *n*
вспениватель *m* Schaumerzeuger *m*, Schaumbildner *m*, Schäumer *m*
вспенивать schäumen, verschäumen
вспениваться schäumen, sich mit Schaum bedecken; aufschäumen
вспенить *s.* вспенивать
вспениться *s.* вспениваться
всплеск *m* Eruption *f*, Ausbruch *m* ‖ ~ **космического излучения** *s.* вспышка космических лучей ‖ ~ **напряжения** *(El)* Spannungsstoß *m* ‖ ~ **радиоизлучения [Солнца]** *(Astr)* [kurzzeitiger] Radiostrahlungsausbruch *m*, Burst *m (Sonne)* ‖ ~ **тока** *(El)* Stromstoß *m*
всплывать aufschwimmen ‖ ~ **в шлак** verschlakken, in Schlacke übergehen
всплытие *n (Schiff)* Auftauchen *n*; Aufschwimmen *n*
вспомогательный Hilfs...
вспучивание *n* 1. Aufblähen *n*, Blähen *n*, Blähung *f*, Aufblähung *f*, Treiben *n*, Auftreiben *n*; 2. Aufquellen *n*, Quellen *n*; 3. Anschwellung *f*, Schwellen *n*, Anwachsen *n* ‖ ~ **решётки** *(Krist)* Gitteraufweitung *f (bei Implantation)*
вспучиваться [auf]quellen, [auf]blähen
вспучиватель *m (Lw)* Graszetter *m*, Zetter *m*; Schwadlüfter *m*
вспыхивать 1. in Brand geraten, Feuer fangen; aufflammen, auflodern; 2. aufblitzen
вспыхнуть *s.* вспыхивать
вспышка *f* 1. Aufflammen *n*, Auflodern *n*, Aufblitzen *n*; 2. Explosion *f*, Knall *m*, Verpuffung *f*; 3. Entzündung *f*; 4. *(Photo)* Blitzlicht *n*; Blitz *m* ‖ ~ **излучения** *(Kern)* Strahlungsausbruch *m* ‖ ~/**импульсная** *(Photo)* Elektronenblitz *m* ‖ ~/**индуцирующая** Anregungsblitz *m (Laser)* ‖ ~ **космических лучей** *(Astr)* Höhenstrahlungseruption *f*, Höhenstrahlungsausbruch *m* ‖ ~/**ксеноновая** *(Photo)* Xenonblitz *m* ‖ ~/**лазерная** Laserblitz *m* ‖ ~/**магниевая** *(Photo)* Magnesiumblitzlicht *n* ‖ ~/**обратная** *(Kfz)* Rückzündung *f* ‖ ~/**осветительная** *(Photo)* Aufhellblitz *m* ‖ ~/**предыскровая** *(Kfz)* Zündblitz *m* ‖ ~/**преждевременная** *(Kfz)* Frühzündung *f* ‖ ~ **сверхновой** *(Astr)* Supernovaausbruch *m* ‖ ~/**световая** Lichtblitz *m*, Lichtimpuls *m* ‖ ~/**солнечная** *(Astr)* Sonneneruption *f*, Flare *m(n)* ‖ ~/**хромосферная** *(Astr)* chromosphärische Eruption *f*
вставка *f* 1. Einsetzen *n*, Einstellen *n*, Einfügen *n*; 2. Einsatz *m*, Einsatzstück *n*, Ausfüllstück *n*, Beilage *f*; Zwischenstück *n* ‖ ~/**контактная** Schleifstück *n (an Stromabnehmern)* ‖ ~/**плавкая** Schmelzeinsatz *m (Sicherung)* ‖ ~/**поперечная** *(Gieß)* Schore *f (Formkasten)* ‖ ~/**разъединительная** *(El)* Trennlasche *f* ‖ ~ **с большой теплоёмкостью/плавкая** träger (verzögerter) Schmelzeinsatz *m (Sicherung)* ‖ ~ **с малой теплоёмкостью/плавкая** flinker (unverzögerter) Schmelzeinsatz *m (Sicherung)* ‖ ~/**токоснимающая** *s.* ~/контактная ‖ ~ **точки** *(Geod)* Punkteinschaltung *f*
вставной 1. eingesetzt, eingestellt, eingefügt; 2. einsetzbar, einsteckbar, Einsatz..., Steck...

встреча f Begegnung f; Zusammentreffen n; Auftreffen n (z. B. eines Elektronenstrahls auf Materie); (Raumf) Rendezvous n ‖ ~ **на орбите** Bahnrendezvous n

встречный 1. Gegen...; 2. gegenläufig, Gegenlauf...

встроенный eingebaut; Eigen..., intern; [maschinen]integriert; Einbau..., angebaut, Anbau...

встряхивание n Rütteln n ‖ ~**/ударное** Schokken n (Verdichten)

встряхиватель m 1. (Gieß) Rüttler m, Rüttelformmaschine f; 2. Rüttler m, Außenrüttler m (z. B. an oder in einem Bunker); Ausleerhängerüttler m; 3. (Lw) Rüttelzetter m; 4. (Lw) Strohschüttler m ‖ ~**/пневматический** 1. (Gieß) Druckluftrüttler m, Druckluftrüttel[form]maschine f; 2. pneumatischer Rüttler m

встряхивать rütteln

вступать в реакцию (Ch) reagieren, in Reaktion treten, eine Reaktion eingehen ‖ ~ **в строй** in Betrieb genommen (gesetzt) werden

вступить s. вступать

всхожесть f на волну Steigfähigkeit f bei Seegang, Wellensteigevermögen n (eines Schiffes) ‖ ~**/полевая** (Lw) Feldaufgang m, Feldkeimfähigkeit f

ВТ s. 1. трансформатор/вращающийся; 2. трансформатор/выходной; 3. техника/вычислительная

Вт s. ватт

Вт/м² s. ватт на квадратный метр

ВТА 1. s. аппарат/витой теплообменный; 2. турбоагрегат/воздушный

вталкивать [hinein]stoßen

втекание n Einströmen n, Einströmung f, Einfließen n

втекать einströmen, einfließen, zufließen

ВТО s. обработка/влажно-тепловая

вторжение n холодного воздуха (Meteo) Kälteeinbruch m, Kaltlufteinbruch m ‖ ~**/холодное** s. ~ холодного воздуха

вторичный sekundär, Sekundär...

вторсырьё n Altmaterial n

ВТРД s. двигатель/винтовой турбореактивный

ВТУ s. устройство/видеотерминальное

втулка f 1. Büchse f, Hülse f (s. a. unter букса 1., гильза 1., стакан 3.); 2. Nabe f (s. a. unter ступица); 3. Muffe f; 4. Futter n; Einsatz m; 5. Brille f (Flaschenzug) ‖ ~ **блока** Rollennabe f (Flaschenzug) ‖ ~ **вала** Wellen[schutz]hülse f, Wellenschoner m ‖ ~ **веретена** (Text) Spindelbüchse f, Führungsbüchse f, Halslager n (Spindel) ‖ ~**/веретённая** s. ~ веретена ‖ ~ **включения** Ausrückmuffe f, Schiebemuffe f (einer Kupplung) ‖ ~**/вставная** (Masch) Einsatzhülse f, einsetzbare (auswechselbare) Laufbuchse f ‖ ~**/вставная переходная** Reduziereinsatz m, Reduzierhülse f ‖ ~ **гнезда** (Nrt) Klinkenhülse f ‖ ~**/дейдвудная** (Schiff) Stevenrohrbuchse f ‖ ~ **дейдвудной трубы** (Schiff) Stevenrohrbuchse f ‖ ~**/дистанционная** Distanzhülse f, Abstandshülse f, Distanzbuchse f ‖ ~**/зажимная** Klemmbuchse f, Spannbuchse f, Spannhülse f ‖ ~**/золотника** Schieberbüchse f, Schieberlaufbuchse f ‖ ~**/золотниковая** s. ~ золотника ‖ ~**/изоляционная** f 1. Isolierhülse f, Isolierbuchse f; 2. Wickelkern m (Kondensatorfertigung) ‖ ~**/кан-**

тующая (Wlz) Profileisenkanter m ‖ ~**/керамическая** (El) Keramikhülse f ‖ ~ **клапана/направляющая** Ventilführungsbuchse f, Ventilführung f (Verbrennungsmotor; Hubkolbenverdichter) ‖ ~**/клеммная** (El) Klemmbuchse f ‖ ~**/колёсная** Radnabe f ‖ ~**/коллекторная** (El) Kommutatornabe f; Kommutatorbuchse f ‖ ~ **колонки** (Text) Hub[stangen]hülse f ‖ ~**/кондукторная** (Fert) Bohrbüchse f, Bohrhülse f ‖ ~**/коническая** Kegelbuchse f, Kegelhülse f ‖ ~ **кривошипа/коренная** (Masch) Kurbelnabe f ‖ ~ **люнета** (Masch) Brillenbüchse f ‖ ~ **маховика** (Masch) Schwungradnabe f ‖ ~**/нажимная** Stopfbuchsenhülse f, Druckbuchse f, Druckbüchse f ‖ ~**/направляющая** Führungsbuchse f; Führungshülse f ‖ ~ **направляющего колеса** Leitradnabe f (Turbine) ‖ ~**/опорная** Lagerbuchse f ‖ ~**/осевая** Achsbüchse f ‖ ~**/переходная** Reduzierbuchse f, Reduzierhülse f ‖ ~ **плунжера** Zylinderbüchse f, Kolbenbüchse f; Stößelführungsbuchse f (Dieselmotor, Hubkolbenverdichter) ‖ ~**/поводковая** Mitnehmerhülse f ‖ ~ **подшипника [/опорная]** Lagerbuchse f ‖ ~ **подшипника скольжения** Lagerbuchse f ‖ ~ **подшипника/толстостенная** dickwandige Lagerbuchse f ‖ ~ **подшипника/тонкостенная** dünnwandige Lagerbuchse f ‖ ~ **ползуна** Kreuzkopfnabe f ‖ ~**/проходная** durchgehende Nabe f ‖ ~**/проходная изоляционная** (El) [isolierte] Durchführung f, Durchführungshülse f ‖ ~**/рабочая** Laufbuchse f; Zylinderlaufbuchse f (Dieselmotor) ‖ ~ **рабочего колеса** Laufradnabe f (Kreiselpumpe) ‖ ~ **рабочего цилиндра** Zylinderlaufbuchse f (Dieselmotor) ‖ ~**/разгрузочная** Entlastungsbuchse f, Scherbuchse f, Paßbuchse f (Schraubenverbindung) ‖ ~**/разобщающая** Ausrückmuffe f ‖ ~**/разрезная** (Masch) Schlitzbuchse f; (Fert) Spannbuchse f ‖ ~**/резиновая** (El) Gummidurchführung f ‖ ~**/резьбовая** Gewindebuchse f, Gewindehülse f ‖ ~ **ротора** (El) Läuferbuchse f; Läufernabe f ‖ ~ **с выемкой** ausgesparte Nabe f ‖ ~**/сальника** Stopfbuchsenhülse f ‖ ~ **сальника** Stopfbuchseneinsatz m, Stopfbuchsenbrille f ‖ ~**/сальника/нажимная** Stopfbuchsenbrille f ‖ ~**/самоцентрирующаяся** Pendelhülse f ‖ ~**/свободная** (Text) Mantelhülse f, Losroller m (Streckwerk) ‖ ~ **свободного хода** Leerlaufbuchse f ‖ ~**/стопорная** Lochstein n (Gießpfanne) ‖ ~ **ступицы/вставная** Nabenfutter n ‖ ~**/уплотнительная (уплотняющая)** Dichtungsbuchse f ‖ ~**/упорная** Anschlagbuchse f ‖ ~**/упругая** Spannstift m ‖ ~**/ушная** Ohrpaßstück n (von Hörgeräten) ‖ ~**/фарфоровая** (El) Porzellandurchführung f ‖ ~**/черпаковая** Eimerbuchse f (Eimerkettenschwimmbagger) ‖ ~**/шлицевая** (Masch) Keil[profil]nabe f, Vielkeilnabe f ‖ ~ **шпинделя** (Masch) Spindelhülse f ‖ ~ **якоря** (El) Ankernabe f; Ankerbuchse f

втягивание n Einbeziehung f, Einziehen n, Hereinziehen n

втягивать einziehen, hereinziehen

втяжка f (Typ) Einzug m

ВУ s. 1. устройство/внешнее; 2. устройство/вычислительное; 3. устройство/выпрямительное

вуалирование n (Photo) Schleierbildung f ‖ ~ **дуги** (Schw) Verschleiern (Verschwinden) n des Lichtbogens (beim Unterwasserschweißen und -schneiden) ‖ ~/**предварительное** Vorverschleierung f

вуаль f (Photo) Schleier m ‖ ~/**бурая** Braunschleier m ‖ ~/**воздушная** Luftschleier m ‖ ~/**двухцветная (дихроичная)** dichroitischer Schleier m ‖ ~/**кальциевая** Kalkschleier m ‖ ~/**краевая** Randschleier m ‖ ~/**общая** allgemeiner Schleier m, Gesamtschleier m ‖ ~/**основная** Grundschleier m ‖ ~ **проявления** Entwicklungsschleier m ‖ ~/**скрытая** latenter Schleier m ‖ ~/**собственная** Grundschleier m ‖ ~ **созревания** Reifungsschleier m ‖ ~ **старения** Alterungsschleier m ‖ ~/**стыковая** Berührungsschleier m ‖ ~/**цветная** Farbschleier m, farbiger Schleier m

вулкан m (Geol) Vulkan m ‖ ~ **гавайского типа** s. ~/**щитовидный** ‖ ~/**грязевой** Schlammvulkan m, Salse f ‖ ~/**двойной** Doppelvulkan m (z. B. Vesuv) ‖ ~/**действующий** tätiger Vulkan m ‖ ~/**куполовидный (куполообразный)** Vulkankuppe f ‖ ~/**лавовый** Lavavulkan m ‖ ~/**моногенный** monogener Vulkan m ‖ ~/**океанский внутриплитовый** ozeanischer Intraplattenvulkan m ‖ ~/**полигенный** polygener Vulkan m ‖ ~/**потухший** erloschener Vulkan m ‖ ~/**рифтовый** Riftvulkan m ‖ ~/**слоистый** Schichtvulkan m, Stratovulkan m ‖ ~/**трещинный** Spaltenvulkan m ‖ ~/**уснувший** ruhender (schlafender) Vulkan m ‖ ~/**центральный** Zentralvulkan m ‖ ~/**щитовидный (щитовой)** Schildvulkan m

вулканизат m (Gum) Vulkanisat n, vulkanischer Kautschuk m, Gummi m ‖ ~/**наполненный** gefülltes Vulkanisat n ‖ ~/**ненаполненный** füllstoffreies Vulkanisat n ‖ ~/**прозрачный** Transparentvulkanisat n ‖ ~/**твёрдый** Hartgummi m

вулканизатор m (Gum) 1. Vulkanisator m, Vulkanisationsapparat m, Heizapparat m, Heizer m; 2. Vulkanisationsmittel n, Vulkanisationsagens n ‖ ~/**индивидуальный** Einzelheizer m ‖ ~ **камер/индивидуальный** Schlaucheinzelheizer m ‖ ~/**одинарный** s. ~/**индивидуальный** ‖ ~/**сдвоенный индивидуальный** Doppeleinzelheizer m ‖ ~ **шин/индивидуальный (одноформовый)** Reifeneinzelheizer m

вулканизация f (Gum) Vulkanisieren n, Vulkanisation f, Vernetzung f, Heizung f ‖ ~/**бессерная** schwefelfreie Vulkanisation f ‖ ~ **в горячей воде** Wasserbadvulkanisation f, Wasserbadheizung f ‖ ~ **в жидкости** Flüssigkeitsvulkanisation f ‖ ~ **в кипящем слое** Fließbettvulkanisation f ‖ ~ **в котле** Kesselvulkanisation f ‖ ~ **в прессе** Pressenvulkanisation f ‖ ~ **в форме** Formvulkanisation f ‖ ~/**горячая** Heißvulkanisation f ‖ ~ **горячим воздухом** Heißluftvulkanisation f ‖ ~/**двухступенчатая** Zweistufenvulkanisation f ‖ ~/**котловая** Kesselvulkanisation f ‖ ~ **насыщенным паром** Sattdampfvulkanisation f ‖ ~ **окислением** Sauerstoffvulkanisation f ‖ ~ **открытым паром** Dampfvulkanisation f ‖ ~ **открытым способом** Freivulkanisation f, Freiheizung f ‖ ~/**паровая** Dampfvulkanisation f ‖ ~/**печная** Ofenvulkanisation f ‖ ~/**полная** Ausvulkanisation f, Durchvulkanisation f ‖ ~/**последующая** Nachvulkanisation f ‖ ~/**преждевременная** [vorzeitige] Anvulkanisation f, Anbrennen n, Anspringen n ‖ ~/**прессовая** Pressenvulkanisation f ‖ ~/**радиационная** Strahlenvulkanisation f ‖ ~/**свободная** Freivulkanisation f, Freiheizung f ‖ ~/**серная** Schwefelvulkanisation f ‖ ~/**ступенчатая** Stufenvulkanisation f ‖ ~/**ускоренная** Schnellvulkanisation f ‖ ~/**формовая** Formvulkanisation f ‖ ~/**холодная** Kaltvulkanisation f

вулканизировать s. **вулканизовать**
вулканизм m Vulkanismus m
вулканизованный в форме formgeheizt
вулканизовать (Gum) vulkanisieren, vernetzen, heizen
вулканиты mpl (Geol) Vulkanite mpl, Ergußsteine npl, Effusivgesteine npl, Extrusivgesteine npl
вулкан-краситель m Vulkan-Farbstoff m
вулканоид m s. **вулкан/грязевой**
вулкан-плутон m s. **субвулкан**
вульфенит m (Min) Wulfenit m, Gelbbleierz n, Molybdänbleierz n
вурстер m Wurster m, Altpapierfaserer m
вут m (Bw) Deckenkehle f, Kehle f, Voute f, Anlauf m, Anschlußschräge f ‖ ~ **балки** Anlauf m des Balkens, Trägeranlauf m ‖ ~/**бетонный** Betonstelze f
ВФП s. **фотопроводник/вертикальный**
ВФХ s. **характеристика/вольт-фарадная**
ВФШ s. **винт фиксированного шага**
ВХМ s. **машина/воздушная холодильная**
вход m 1. Eingang m; Eingangsseite f; 2. Einstieg m, Eintritt m, Einlauf m; (Wlz) Einstich m; 3. (Inf) Eingabe f • **на два входа** (El) mit zwei Eingängen, Zweieingangs... • **со стороны входа** (El) eingangsseitig ‖ ~/**адресный** (Inf) Adreßeingang m ‖ ~/**антенный** Antenneneingang m ‖ ~/**безударный** stoßfreier Eintritt m (Strömungsmaschinen) ‖ ~ **в зацепление** (Masch) Ineingriffkommen n, Ineingrifftreten n (Zahnpaar) ‖ ~ **в здание** Hauseinführung f, Hausanschluß m ‖ ~ **в программу** (Inf) Programmeingang m ‖ ~/**высокоомный** (El) hochohmiger Eingang m ‖ ~/**литниковый** (Gieß) Einlauf m, Gießlauf m ‖ ~/**логический** (El) Logikeingang m ‖ ~/**низкоомный** (El) niederohmiger Eingang m ‖ ~/**последовательный** (Inf) serieller Eingang m ‖ ~/**приёмника** (Rf) Empfängereingang m ‖ ~/**n-разрядный** (Inf) n-bit-Eingang m ‖ ~/**расширительный** Expandereingang m ‖ ~ **тока** (El) Stromeintritt m ‖ ~ **усилителя** (El) Verstärkereingang m
вход-выход m (Eln) Ein-Ausgang m ‖ ~/**параллельный** paralleler Ein-Ausgang m, Parallel-Ein-Ausgang m ‖ ~/**последовательный** serieller Ein-Ausgang m
входить hineingehen; eintreten; einsteigen ‖ ~ **в зацепление** (Masch) in Eingriff kommen (treten) (Zahnpaar) ‖ ~ **в синхронизм** (El) in Synchronismus (Tritt) fallen (kommen)
входной (El) Eingangs-..., eingangsseitig
вхождение n Eintritt m, Eintreten n ‖ ~ **в синхронизм** (El) In-Synchronismus-Fallen n, Intrittfallen n, Intrittkommen n
вхолостую im Leerlauf
ВЦ s. **центр/вычислительный**

ВЦКП s. центр коллективного пользования/вычислительный

ВЧ s. 1. частота/высокая; 2. высокочастотный; 3. высокочувствительный

вчерне *(Bgb)* im Ausbruch *(Grubenbauquerschnitt)*

ВЧ-катушка *f* HF-Spule *f*, Hochfrequenzspule *f*

ВЧ-транзистор *m* HF-Transistor *m*, Hochfrequenztransistor *m* ‖ ~/**маломощный** HF-Kleinleistungstransistor *m* ‖ ~/**мощный** HF-Leistungstransistor *m*

ВЧ-фильтр *m (Eln)* Hochpaß *m*

вшибание *n* **шпули** *(Text)* Spuleneinschlag *m*

вшибатель *m (Text)* Spulen[einschlag]hammer *m*

въезд *m* Einfahrt *f*; Auffahrt *f* ‖ ~ **на автостраду** Autobahnauffahrt *f*

выбег *m* 1. Auslauf *m (Fahrzeuge oder Maschinen nach Abstellen des Antriebs)*; 2. Auslaufweg *m*; Auslaufstrecke *f (z. B. eines Schiffes)* ‖ ~/**инерционный** *(El)* Nachlauf *m*, trägheitsbedingter Auslauf *m (eines Relais)* ‖ ~ **параметров** Betriebsstörung *f*, Störung *f* ‖ ~ **проволоки** *(Schw)* Drahtnachlauf *m* ‖ ~ **судна** *(Schiff)* Auslauf *m*, Auslaufstrecke *f (Beharrungsvermögen)* ‖ ~ **частоты** *(El)* Frequenzabwanderung *f*, Frequenzdrift *f*

выбиваемость *f (Gieß)* Ausschlagbarkeit *f (Formstoff)*

выбивание *n* 1. Herausschlagen *n*; Ausschlagen *n*; 2. *(Kern)* Auslösung *f*, Ablösung *f (Teilchen)*; 3. Aushämmern *n (Kupfer)*; 4. *(Bgb)* Rauben *n (Ausbau)* ‖ ~ **крепи** *(Bgb)* Rauben *n* des Ausbaus ‖ ~ **литья (отливок)** *(Gieß)* Gußausschlagen *n*, Gußausleeren *n*, Gußauspacken *n* ‖ ~ **стержней** *(Gieß)* Entkernen *n* ‖ ~ **щебня** *(Eb)* Schotterreinigung *f*

выбивать 1. herausschlagen, einschlagen; 2. *(Kern)* auslösen *(Teilchen)*; 3. aushämmern *(Kupfer)*; 4. prägen *(Münzen)*; 5. *(Bgb)* rauben *(Ausbau)*

выбирание *n (Schiff)* Holen *n*, Einholen *n*, Dichtholen *n*, Hieven *n (Trosse, Ankerkette)*; Einholen *n (Netz)*

выбирать 1. [aus]wählen, aussuchen; 2. *(Bgb)* [aus]klauben; 3. *(Schiff)* [ein]holen, dichtholen, hieven *(Trosse, Ankerkette)*; einholen *(Netze)*

выбить s. выбивать

выбоина *f* 1. Narbe *f*, Beule *f*; 2. *(Bw)* Aushöhlung *f*, Vertiefung *f*, Grube *f*; 3. *(Bw)* Schlagloch *n (Straße)*; 4. *(Gieß)* Schülpe *f*

выбойка *f* s. выбивание

выбор *m* 1. Wahl *f*; 2. Assortiment *n*, Auswahl *f* ‖ ~ **команд/стандартный** *(Inf)* Standardbefehlsvorrat *m* ‖ ~/**полярный** *(El)* Polaritätswahl *f* ‖ ~/**предварительный** Vorauswahl *f* ‖ ~ **программы** *(Inf)* Programmauswahl *f* ‖ ~ **программы/сенсорный** Sensor-Programmwahl *f* ‖ ~ **столбца** *(Inf)* Spaltenauswahl *f* ‖ ~ **строки** *(Inf)* Zeilenauswahl *f* ‖ ~ **цифры** *(Inf)* Ziffernauswahl *f*

выборка *f* 1. Stichprobe *f*; 2. Auswahl *f*; 3. Öffnung *f*, Aussparung *f*; 4. *(Inf)* Zugriff *m*; Aufruf *m*; Anwahl *f* ‖ ~/**анализируемая** Analysenprobe *f (statistische Qualitätskontrolle)* ‖ ~/**базисная** *(Inf)* einfacher Zugriff *m*, Basiszugriff *m* ‖ ~ **данных** *(Inf)* Datenanwahl *f*, Datenzugriff *m* ‖ ~/**дефектная** fehlerhaft entnommene Stichprobe *f (statistische Qualitätskontrolle)* ‖ ~ **информации** *(Inf)* Informationsauswahl *f* ‖ ~/**испытываемая** Testprobe *f (statistische Qualitätskontrolle)* ‖ ~ **команды** *(Inf)* Befehlsaufruf *m* ‖ ~/**комбинированная** *(Inf)* erweiterter Zugriff *m* ‖ ~/**лабораторная** Laborprobe *f (statistische Qualitätskontrolle)* ‖ ~/**многократная** *(Inf)* Vielfachzugriff *m*, Mehrfachzugriff *m* ‖ ~/**непосредственная** *(Inf)* direkter (wahlfreier) Zugriff *m* ‖ ~/**однократная** Einfach-Stichprobe *f (statistische Qualitätskontrolle)* ‖ ~/**параллельная** *(Inf)* paralleler Zugriff *m* ‖ ~/**периодическая** periodisch entnommene Stichprobe *f (statistische Qualitätskontrolle)* ‖ ~/**поразрядная** *(Inf)* Stellenauswahl *f* ‖ ~/**последовательная** *(Inf)* sequentieller Zugriff *m* ‖ ~/**пословная** *(Inf)* Wortauswahl *f* ‖ ~/**произвольная** *(Inf)* wahlfreier Zugriff *m* ‖ ~/**сдвоенная** *(Inf)* Doppelzugriff *m* ‖ ~/**систематическая** systematische Stichprobe *f (statistische Qualitätskontrolle)* ‖ ~ **слов** *(Inf)* Wortauswahl *f* ‖ ~/**случайная** Zufallsstichprobe *f*, zufällige Stichprobe *f (statistische Qualitätskontrolle)*; zufällige Auswahl *f* ‖ ~ **трала** *(Schiff)* Holen *n*, Einholen *n*, Dichtholen *n*, Hieven *n (Trosse, Ankerkette)*

выбраживание *n* Vergärung *f* ‖ ~/**окончательное** Endvergärung *f*

выбраживать vergären

выбрасывание *n* 1. Ausschub *m*, Ausstoßen *n*, Auswerfen *n*; 2. Spucken *n (Dampfkesselwasser)* ‖ ~ **пути** *(Eb)* Gleisverwerfung *f*

выбрасыватель *m* Auswerfer *m*, Auszieher *m*

выбрасывать [hin]auswerfen, abwerfen, herausschleudern, ausstoßen

выбродить s. выбраживать

выброс *m* 1. *(Astr)* Auswurf *m (Materie)*; 2. *(Ökol)* Emission *f (z. B. von Gasen, s. a. unter* выбросы*)*; 3. *(El)* Stoß *m*, Impuls *m (Strom, Spannung)*; 4. *(Rad)* Zacken *m*; 5. *(Met)* Auswurf *m (von Metall aus dem Konverter)*; 6. *(Inf)* Abbruch *m (Programm)*; 7. *(Bgb)* Ausbruch *m* ‖ ~ **в атмосферу** *(Ökol)* Emission *f* in die Atmosphäre, Atmosphärenemission *f* ‖ ~/**внезапный** *(Bgb)* plötzlicher Ausbruch *m (Gestein, Gas, Kohle)* ‖ ~ **вредных загрязняющих веществ** *(Ökol)* Schadstoffemission *f*, Schadstoffauswurf *m* ‖ ~/**газовый** *(Ökol)* Abgas *n*, Gasemission *f* ‖ ~ **импульса** *(Eln)* Impulsüberhöhung *f* ‖ ~ **напряжения** *(El)* Spannungsstoß *m*, Spannungsimpuls *m* ‖ ~/**нулевой** *(Rad)* Nullzacken *m* ‖ ~/**паразитный** Glitch *n*, Störimpuls *m* ‖ ~/**предельно допустимый** *(Ökol)* zulässige Emission *f* ‖ ~/**пробегового** *(Ökol)* Auspuffemission *f* pro Wegstrecke ‖ ~ **пути** s. выбрасывание пути ‖ ~ **пыли** *(Ökol)* Staubemission *f* ‖ ~ **соли** Asche[n]auswurf *m (aus dem Ofen)* ‖ ~ **тока** *(El)* Stromstoß *m*, Stromimpuls *m* ‖ ~/**флюктуационный** *(Meß)* Fluktuationsspitze *f*

выбросоопасность *f (Bgb)* Ausbruchsgefahr *f*, Ausbruchsgefährdung *f (Gas, Kohle, Gestein)*

выбросоопасный *(Bgb)* ausbruchsgefährdet, ausbruchsgefährlich *(Gas, Kohle, Gestein)*

выбросы *mpl* 1. *(Ökol)* Emissionen *fpl (s. a. unter* выброс 2.*)*; 2. *(Meß)* Ausreißer *mpl (abweichender Einzelwert bei Meßreihen, Extremabweichung bei Oberflächenprofildiagrammen)* ‖ ~ **автомобиля** Kraftfahrzeugemission *f*, Autoabgase *npl* || ~/**промышленные** Industrieabgase *npl* || ~/**радиоактивные** radioaktive Auswürfe *mpl* || ~ **фреонов (хлорфторуглеродов)** FCKW-Emissionen *fpl*

вывал *m (Bgb)* Steinfall *m*, Ausbrechen *n*

вываливание *n (Schiff)* Ausschwenken *n (Rettungsboot)*; Ausklappen *n (Fallreep)*

вываливать *(Schiff)* ausschwenken *(Rettungsboot)*; ausklappen *(Fallreep)*

вывалка *f* **грунта** Verklappen *n* des Baggerguts

вываривание *n* Auskochen *n*, Auskochung *f*; Sieden *n*

вываривать auskochen; sieden

выварка *f s.* вываривание

выварки *fpl* Abkochung *f*, Absud *m*

выведение *n* 1. Herausführen *n*, Hinausführen *n*; 2. Entfernen *n (Flecken)*

выверить *s.* выверять

выверка *f* Ausrichten *n*, Ausrichtung *f*, Ausfluchten *n*, Ausfluchtung *f*, Adjustierung *f*; Einstellung *f* || ~/**точная** Feineinstellung *f*, Feinjustierung *f*

выверять ausrichten, regulieren; justieren; einstellen

вывеска *f* 1. Schild *n*, Aushängeschild *n*; 2. Abwiegen *n*, Abwägen *n*, Wägen *n*

выветрелость *f (Geol)* Verwitterung *f*

выветренный 1. gelüftet; 2. verwittert

выветривание *n (Geol)* Verwitterung *f* || ~/**аллитовое** allitische Verwitterung *f* || ~/**инсоляционное** Insolationsverwitterung *f* || ~/**латеритное** Lateritverwitterung *f*, Lateritbildung *f* || ~/**механическое** mechanische (physikalische) Verwitterung *f* || ~/**морозное** Frostverwitterung *f*, Spaltenfrost *m*, Verwitterung *f* durch Frost || ~/**органическое (органогенное)** organische (biologische) Verwitterung *f* || ~/**подводное** Halmyrolyse *f (submarine Verwitterung)* || ~/**сиаллитовое** siallitische Verwitterung *f* || ~/**снеговое** Nivation *f*, Schnee-Denudation *f* || ~/**сотовое** Wabenverwitterung *f* || ~/**термическое** thermale Verwitterung *f* || ~/**физическое** physikalische (mechanische) Verwitterung *f*, Insolationsverwitterung *f* || ~/**химическое** chemische Verwitterung *f* || ~/**ячеистое** zellulare (zellige) Verwitterung *f*

выветриваться verwittern *(Gesteine)*; abwittern *(Erzlager)*

выветриться *s.* выветриваться

вывинчивание *n* Herausschrauben *n*

вывод *m* 1. Schluß *m*, Schlußfolgerung *f*, Konsequenz *f*; 2. Herleitung *f*; Deduktion *f*, Ableitung *f*; 3. *(Math)* Folgesatz *m*; Ableitung *f*; Herleitung *f (einer Formel)*; 4. Ableitung *f (z. B. von Gasen ins Freie)*; 5. Herausführen *n*, Herausführung *f*; 6. *(El)* Herausführung *f*, [herausgeführter] Anschluß *m*; 7. *(Inf)* Ausgabe *f*; 8. Auslaßleitung *f (z. B. einer Gasleitung)*; 9. *(Typ)* tabellenartige Anordnung *f* des Satzes *(ohne Linien)* || ~/**автоматический** *(Inf)* automatische Ausgabe *f* || ~/**автономный** *(Inf)* Off-line-Ausgabe *f* || ~/**аксиальный** *(El)* axialer (axial herausgeführter) Anschluß *m*, Axialanschluß *m* || ~/**алфавитно-цифровой** *(Inf)* alphanumerische Ausgabe *f* || ~/**алфавитный** *(Inf)* alphabetische Ausgabe *f* || ~/**аналого-цифровой** *(Inf)* Hybridausgabe *f* || ~/**аналоговый** *(Inf)* Analogausgabe *f* || ~/**анодный** *(El)* Anodenherausführung *f* || ~ **антенны** *(El)* Antennenanschluß *m* || ~/**базовый** Basisanschluß *m (Halbleiter)* || ~/**балочный** Beam-lead-Anschluß *m (Halbleiter)* || ~ **в космос** Stationierung *f* im Weltraum || ~ **в реальном масштабе времени** *(Inf)* Echtzeitausgabe *f* || ~ **в режиме диалога** *(Inf)* dialogunterstützte Ausgabe *f* || ~ **в режиме «он-лайн»** *(Inf)* direkte Ausgabe *f*, On-line-Ausgabe *f* || ~ **в режиме «оф-лайн»** *(Inf)* Off-line-Ausgabe *f* || ~/**внешний** *(El)* Außenanschluß *m* || ~/**волноводный** *(Eln)* Wellenleiterauskopplung *f*, Hohlrohrauskopplung *f* || ~ **данных** *(Inf)* Datenausgabe *f* || ~ **данных о процессе** *(Inf)* Prozeßdatenausgabe *f* || ~/**дистанционный** *(Inf)* Fernausgabe *f* || ~ **для монтажа накруткой** Wire-Wrap-Anschluß *m*, Wire-Wrap-Kontakt *m*, Wire-Wrap-Stift *m (Halbleiter)* || ~/**заземляющий** *(El)* Erdanschluß *m* || ~/**золочёный** *(Eln)* vergoldeter Anschluß (Pin) *m* || ~ **из зацепления** *(Masch)* Außereingriffbringen *n (Zahnpaar)* || ~ **из эксплуатации** Außerbetriebnahme *f*, Stillegung *f* || ~/**избирательный** *(Inf)* Momentanspeicherauszug *m* || ~ **информации** *(Inf)* Informationsausgabe *f* || ~/**кабельный** *(El)* Kabelherausführung *f* || ~/**катодный** *(Eln)* Kathodenherausführung *f* || ~/**коллекторный** *(El)* Kollektoranschluß *m* || ~/**контактный** *(El)* Kontaktanschluß *m* || ~ **корпуса** *(El)* Gehäuseanschluß *m* || ~ **кратера** *(Schw)* Herausführen (Herausziehen) *n* des Kraters || ~/**ленточный** *(Eln)* Bandanschluß *m*, Lötfahnenanschluß *m* in Bandform || ~/**лепестковый** *(Eln)* Streifenleiteranschluß *m* || ~/**линейный** *(Eln)* Phasenanschluß *m* || ~ **листов** *(Typ)* 1. Bogenauslegen *n*, Auslegen *n*; 2. Bogenausführung *f* || ~/**лужёный** *(Eln)* verzinnter Anschluß (Pin) *m* || ~ **на дисплей** *(Inf)* Bildschirmausgabe *f* || ~ **на магнитную ленту** *(Inf)* Magnetbandausgabe *f* || ~ **на печать** *(Inf)* Druckausgabe *f* || ~ **на экран** *(Inf)* Bildschirmausgabe *f* || ~ **нейтрали** *s.* ~ нулевой точки || ~/**непосредственный** direkte Ausgabe *f*, Direktausgabe *f* || ~/**непрерывный** kontinuierliche Ausgabe *f* || ~/**нулевой** *(El)* Nulleiterherausführung *f*, Nulleiterklemme *f* || ~ **нулевой точки** *(El)* Sternpunktherausführung *f* || ~ **обмотки** *(El)* Wicklungsherausführung *f* || ~/**отрицательный** *(El)* Minusanschluß *m* || ~/**первичный** *(El)* Primäranschluß *m* || ~/**положительный** *(El)* Plusanschluß *m* || ~/**проволочный** *(El)* Drahtanschluß *m* || ~/**промежуточный** *(El)* Mittelanschluß *m* || ~/**речевой** *(Inf)* Sprachausgabe *f* || ~/**ручной** *(Inf)* manuelle Ausgabe *f* || ~ **с буферизацией** *(Inf)* gepufferte Ausgabe *f* || ~/**серебрёный** *(Eln)* versilberter Anschluß (Pin) *m* || ~ **сетки** *(Eln)* Gitterausführung *f*, Gitterdurchführung *f*, Gitteranschluß *m*, Gitterzuleitung *f* || ~/**сеточный** *s.* ~ сетки || ~ **содержимого памяти** *(Inf)* Speicherabzug *m*, Dump *m* || ~/**средний** *(El)* Mittelanschluß *m* || ~/**цифровой** *(Inf)* numerische Ausgabe *f* || ~ **частиц** *(Kern)* Auslenkung *f* der Teilchen *(im Beschleuniger)* || ~/**шариковый** *(El)* Flip-chip-Anschluß *m* || ~/**штыревой** *(Eln)* Stiftanschluß *m* || ~ **экранирующей сетки** *(Eln)* Schirmgitterzuleitung *f* || ~/**электродный** *(Eln)* Elektrodenanschluß *m*, Elektrodenherausführung *f*, Elektrodenzuleitung *f* || ~ **эмиттера** *s.* ~/**эмиттерный** || ~/**эмиттерный** *(Eln)* Emitter-

ВЫВОД

zuleitung f, Emitteranschluß m ‖ ~ **энергии** Energieauskopplung f, Energieentzug m
выводимость f (Math) Ableitbarkeit f ‖ ~**/индуктивная** induktive Ableitbarkeit f (Logik)
выводить 1. herausführen; 2. folgern, einen Schluß ziehen; 3. (Math) herleiten, ableiten (eine Formel); 4. (Kern) auslenken (Teilchen im Beschleuniger); 5. (Flg) abfangen (z. B. ein Flugzeug aus dem Sturzflug); 6. herausführen; auslenken (aus einem Zustand); 7. (Inf) ausgeben (Daten) ‖ ~ **из зацепления** ausrücken, außer Eingriff bringen (Zahnpaar) ‖ ~ **из строя** außer Betrieb setzen, ausschalten ‖ ~ **пятна** (Text) entflecken, Flecke entfernen, detachieren
выводной (El) Herausführungs..., Anschluß...; (Inf) Ausgabe...
выворачивание n (Text) Wenden n, Umkehren n (Gewebe)
выгиб m 1. Krümmung f, Ausbuchtung f; Biegung f, Wölbung f; 2. (Fert) Abkröpfung f; 3. Höhlungsstück n
выгибание n Ausbiegen n, Ausbiegung f
выгибать ausbiegen; aufbiegen; (Met) kümpeln, aufwölben
выгибка f Ausbiegen n; Aufbiegen n; (Met) Kümpeln n, Aufwölben n
выглаживание n 1. Glätten n; 2. (Text) Mangeln n; 3. (Text) Ausplätten n, Ausbügeln n; 4. (Eln) Feinschleifen n, Polieren n (Scheibenherstellung)
выглаживатель m/**алмазный** (Wkz) Glättdiamant m
выглаживать 1. glätten; 2. ausplätten, ausbügeln; 3. (Bw) abschlichten
выгонка f Destillieren n, Destillation f, (bei der Alkoholherstellung auch:) Brennen n
выгонять destillieren, (bei der Alkoholherstellung auch:) brennen
выгорание n 1. (Met) Ausbrennen n, Abbrennen n (Legierungsbestandteile); Abbrand[verlust] m; 2. (Met) Ausseigern n, Seigern n; 3. (Kern) [effektiver] Abbrand m ‖ ~ **водорода** (Astr) Wasserstoffbrennen n (Energieerzeugung der Sterne) ‖ ~ **гелия** (Astr) Heliumbrennen n (Energieerzeugung der Sterne) ‖ ~ **заряда [шпура]** (Bgb) Auspfeifen n, Ausbrennen n (Sprengladung) ‖ ~ **ядерного горючего** (Kern) Brennstofferschöpfung f
выгорать 1. abbrennen, ausbrennen, [vollständig] verbrennen; 2. (Met) [aus]seigern; 3. (Bgb) ausbrennen, auspfeifen (Sprengladung); 4. verblassen, verbleichen, verschießen (Farbe)
выгореть s. выгорать
выгородка f (Schiff) Umschottung f, Abschottung f, Zelle f ‖ ~ **эхолота** Echolotzelle f
выгреб m (Bw) Fäkaliengrube f, Abortgrube f; Abfallgrube f
выгребать 1. ausnehmen, ausleeren; 2. (Met) ausbrechen (Schlacke); 3. ziehen (Schlacke; Feuerungstechnik)
выгружатель m Auslader m, Entleerer m, Entlader m, Entladevorrichtung f, Räumer m ‖ ~**/багерный** Schöpfgerät n, Räumbagger m ‖ ~**/бункерный** Bunkerräummaschine f; Bunkerabzugswagen m, Bunkerabzugsvorrichtung f ‖ ~**/вибрационный** Vibroentlader m ‖ ~**/траншейный** Grabenräumer m

выгружать ausladen, abladen, entladen (Fahrzeuge); löschen (Schiffe); entnehmen, entleeren, austragen, abziehen; (Fert) abführen, wegführen (Stoffe, Teile) ‖ ~ **солод с сушилки** Darre abräumen (Mälzerei)
выгрузить s. выгружать
выгрузка f Ausladen n, Abladen n, Entladen n (Fahrzeuge); Löschen n (Schiffe); Entleeren n, Austragen n, Austrag m, Abziehen n, Abzug m ‖ ~**/верхняя** Obenentleerung f, Entleerung f von oben ‖ ~**/дробины** (Brau) Austrebern n ‖ ~**/нижняя** Untenentleerung f, Entleerung f von unten ‖ ~**/ручная** Handaustrag m ‖ ~**/шнековая** Schneckenentleerung f, Schneckenaustrag m
выдавать 1. abgeben (z. B. Energie); 2. ausgeben; abblasen; austragen; 3. (Met) ziehen, herausziehen (z. B. Anwärmgut aus dem Ofen); 4. (Bgb) fördern; 5. (Inf) ausgeben (Daten) ‖ ~ **на-гора (на земную поверхность)** (Bgb) zutagefördern
выдавливание n 1. Verdrückung f; 2. Auspressen n, Herauspressen n, Ausdrücken n, Extrudieren n; 3. (Umf) Pressen n; 4. (Umf) Fließpressen n; 5. (Fert) Tiefen n; 6. (Fert) Prägen n ‖ ~ **в горячем состоянии** Warmfließpressen n ‖ ~ **в холодном состоянии** Kaltfließpressen n ‖ ~ **подошвы** (Bgb) Liegendaufpressung f
выдавливать 1. ausdrücken, auspressen, extrudieren; 2. durchdrücken, eindrücken
выдалбливать (Fert) 1. aushöhlen, ausstoßen; 2. auskehlen
выдача 1. Abgabe f (z. B. von Energie); 2. Übergabe f, Auslieferung f; 3. (Bgb) Austrag m (z. B. von Bohrklein); Förderung f; 4. s. вывод 7. ‖ ~ **информации** Informationsausgabe f; Datenausgabe f ‖ ~ **на-гора (на земную поверхность)** (Bgb) Zutageförderung f ‖ ~ **породы** (Bgb) Bergeförderung f ‖ ~ **суточная** (Bgb) Tagesförderung f ‖ ~ **электроэнергии** Elektroenergieabgabe f
выдвигать 1. (Fert) vorschieben; 2. (Masch) ausfahren (z. B. den Arm des Roboters)
выдвижной (Masch) ausfahrbar, Ausfahr..., Teleskop... (Bauweise, z. B. von geradlinig beweglichen Armen)
выделение n 1. Abscheiden n, Abscheidung f, Ausscheiden n, Ausscheidung f, Absondern n, Absonderung f; Ausfällen n; Freiwerden n (eines Gases); (Ch) Herausschneiden n [einer Fraktion] (Destillation); (El) Trennung f, Abtrennung f (Signale); 2. (Met) Abtreiben n, Austreiben n (NE-Metalle) ‖ ~ **водорода** (Ch) Wasserstoffentwicklung f ‖ ~**/вторичное** (Wkst) Sekundärausscheidung f ‖ ~**/газовое** Gasausscheidung f, Gasentwicklung f, Gasbildung f, Gasaustritt f ‖ ~ **знаков** (Inf) Zeichenauswahl f ‖ ~ **импульсов** (Eln) Impuls[ab]trennung f ‖ ~ **кислорода** (Ch) Sauerstoffentwicklung f, Freiwerden n von Sauerstoff ‖ ~ **кристаллов** Kristallisieren n, Kristallisation f, Kristallbildung f; Kristallausscheidung f, Kristallbildung f ‖ ~ **метана** (Bgb) Ausgasung f, Methanaustritt m ‖ ~ **при старении** (Wkst) Alterungsausscheiden n, Alterungsausscheidung f ‖ ~ **пыли** Staubabscheidung f, Staubausscheidung f ‖ ~ **серебра** Silberab-

scheidung f; Entsilberung f ‖ ~ **сигналов [из помех]** (El) Signaltrennung f, Herausfilterung f von Signalen ‖ ~/**структурное** (Wkst) Gefügeausscheidung f ‖ ~ **тепла** Wärmeentwicklung f, Wärmeabgabe f, Wärmefreisetzung f ‖ ~ **углерода** Kohlenstoffausscheidung f, Kohlenstoffabscheidung f ‖ ~ **фильтром** (Nrt) Aussiebung f, Herausfiltern n ‖ ~ **цвета** (Typ) Farbauszug m ‖ ~ **энергии** Energiefreisetzung f, Energieabgabe f
выделить s. выделять
выделка f 1. Verfertigung f; Bearbeiten n, Bearbeitung f; 2. (Led) Gerben n, Gerbung f
выделывать 1. verfertigen; bearbeiten; 2. gerben
выделять abscheiden, ausscheiden, absondern; ausfällen; (Met) treiben (NE-Metalle); freisetzen, entbinden (Wärme) ‖ ~ **краску** (Typ) Farbe ausziehen ‖ ~ **фильтром** (Nrt) [her]aussieben, herausfiltern
выдержать s. выдерживать
выдерживание n 1. Einhaltung f (z. B. eines Maßes); 2. (Lebm) Lagern n, Ablagern n (Wein, Bier); 3. (Flg) Ausschweben n, Anschweben n, Abfangen n (beim Landen); 4. (Flg) Halten n über dem Boden (beim Start)
выдерживать 1.aushalten, standhalten, tragen, ertragen; 2. ablagern (z. B. Wein); lagern lassen, altern; 3. (Met) vollständig durchglühen, durchweichen (Stahl im Tiefofen); 4. (Met) halten, abstehen lassen (Schmelze); 5. (Gieß) reifen lassen (Formstoff); 6. (Ch) Rasten (Pausen) einhalten (Gärung)
выдержка f 1. (Met) Halten n, Haltezeit f; Abstehenlassen n (Schmelze); Durchweichen n (Blöcke im Ofen); Ablagern n, Lagern n (Formstoff); 2. (Lebm) Lagerung f, Ablagerung f, Schulung f (Wein); 3. Rast f, Pause f (Gärung); 4. (Brau) Lagerzeit f; 5. (Photo) Belichtungszeit f; 6. (Kst) Brennzeit f ‖ ~/**белковая** (Lebm) Eiweißrast f ‖ ~ **бетона** (Bw) Nachbehandlung f (Beton) ‖ ~ **бетона/предварительная** Vorlagerung f, Vorbehandlung f ‖ ~ **времени** 1. Zeitverzögerung f; Verweilzeit f; 2. (Inf) Zeitabschaltung f ‖ ~ **времени/выбранная** wahlweise Zeitverzögerung f ‖ ~ **давления** Druckhaltezeit f (Pulvermetallurgie) ‖ ~/**изотермическая** isotherme Haltezeit f, Haltezeit f auf (bei) gleicher Temperatur f ‖ ~/**мальтозная** (Brau) Maltosebildungsrast f ‖ ~ **на включение** (El) Einschaltverzögerung f ‖ ~ **на осахаривание** (Brau) Verzuckerungsrast f ‖ ~/**нормальная** (Photo) normale Belichtungszeit f ‖ ~/**общая** (Photo) Gesamtbelichtungszeit f ‖ ~ **осахаривания** (Brau) Verzuckerungsrast f ‖ ~ **при закалке** (Härt) Erhitzungsdauer f, Erhitzungszeit f ‖ ~ **при отпускании** (El) Abschaltverzögerung f; Ausschaltverzögerung f; Abfallverzögerung f (Relais) ‖ ~ **при срабатывании** (El) Ansprechverzögerung f (Relais) ‖ ~ **расщепления белков** (Brau) Eiweißrast f
выдра f (Schm) Butzen m (beim Lochen mit dem Durchschlag)
выдразнивание n **меди/окончательное** (Met) Zähpolen n des Kupfers
выдубить (Led) ausgerben
выдувание n 1. (Glas, Kst) Blasen n; 2. s. **дефляция** ‖ ~ **расплавленного металла** (Schw)

Ausblasen n des geschmolzenen Metalls (beim Brennschneiden) ‖ ~/**ручное** Mundblasen n, freihändiges Blasen n, Blasen n an der Pfeife (Glas) ‖ ~ **с вакуумным питанием** Blasen n mit Saugspeisung (Glas) ‖ ~ **стекла** Glasblasen n
выдувать 1. herausblasen; ausblasen; blasen; 2. (Met) niederblasen, ausblasen (Schachtofen, Hochofen); 3. (Glas) blasen
выдувка f (Met) Ausblasen n, Niederblasen n (Schachtofen, Hochofen)
выдух m (Gieß) Luftpfeife f, Windpfeife f
выезд m 1. (Bgb) Ausfahrt f, Ausfahren n (Tagebau); 2. (Eb) Ausfahrt f ‖ ~ **с автострады** Autobahnausfahrt f
выезжать из шахты (Bgb) ausfahren (Tiefbau) ‖ ~ **на-гора** s. ~ из шахты
выемка f 1. Aushöhlung f, Lücke f, Aussparung f; Rastnut f; 2. Einschnitt m, Anschnitt m; 3. Kehle f, Auskehlung f, Fuge f; Aussparung f, Nut f; Einkerbung f; 4. (Masch) Abkröpfung f; 5. (Bw) Abtrag m (Erdarbeiten); Graben m; 6. (Bgb) Abbau m, Ausbau m, Verhau m, Verhieb m; Abbaubetrieb m (s. a. unter выработка 4., добыча 2. und разработка 2.); 7. (Gieß) Ziehen m, Herausheben n (Modelle); 8. (Wlz) Ausbau m, Ausheben n (Walzen); 9. (Met) Ziehen n (Anwärmgut aus dem Ofen) ‖ ~/**безлюдная** (Bgb) mannlose Gewinnung f ‖ ~/**блоковая** (Bgb) Blockbetrieb m ‖ ~/**буровзрывная** (Bgb) Bohr-Spreng-Gewinnung f ‖ ~ **в восходящем порядке** (Bgb) schwebender Verhieb m ‖ ~ **вертикальными слоями** (Bgb) Abbau m in vertikalen Scheiben ‖ ~/**встречными забоями** (Bgb) Hereingewinnung f durch Sprengen ‖ ~ **встречными забоями** (Bgb) Gegenbau m, Gegenortbetrieb m ‖ ~/**выборочная** (Bgb) selektive Gewinnung f ‖ ~ **грунта** (Bw) Abtrag m, Aushub m, Erdstoffaushub m ‖ ~/**двукрылая** (Bgb) zweiflügeliger Abbau m ‖ ~/**двухслойная** (Bgb) Zweischeibenbaggerung f (Tagebau) ‖ ~/**диагональная** (Bgb) diagonaler Abbau m, Schrägbau m ‖ ~/**дорожная** Straßeneinschnitt m ‖ ~/**железнодорожная** (Eb) Bahneinschnitt m ‖ ~ **заходками** (Bgb) Streifenbau m ‖ ~ **заходками/обратная** (Bgb) Rückbau m in Streifen ‖ ~ **камерами** (Bgb) Kammerbau m ‖ ~/**камерная** (Bgb) Kammerbau m ‖ ~/**комплексная** (Bgb) komplexe Gewinnung f ‖ ~ **лавами** (Bgb) Strebbau m ‖ ~ **лавами с обрушением** (Bgb) Strebbruchbau m ‖ ~/**машинная (механизированная)** (Bgb) maschinelle Gewinnung f ‖ ~ **модели** (Gieß) Ziehen (Herausheben) n des Modells ‖ ~ **наклонными слоями** (Bgb) Abbau m in geneigten Scheiben ‖ ~/**наступающая** (Bgb) Feldwärtsbau m, feldwärtiger Verhieb m ‖ ~ **обратным ходом** (Bgb) Rückbau m ‖ ~/**однокрылая** (Bgb) einflügeliger Abbau m ‖ ~ **однокрылыми лавами** (Bgb) Einzelstrebbau m ‖ ~/**однослойная** (Bgb) Einscheibenbaggerung f (Tagebau) ‖ ~/**одностадийная** (Bgb) einphasige Gewinnung f ‖ ~/**односторонняя** (Bgb) einflügeliger Abbau m ‖ ~/**опережающая** (Bgb) vorauseilender Abbau m ‖ ~ **отдельными полосами** (Bgb) Abbau m in einzelnen Streifen ‖ ~/**отступающая** (Bgb) Rückwärtsbau m ‖ ~/**очистная** (Bgb) Verhieb m; Gewinnung f, Ab-

выемка

bau m ‖ ~/**параллельная** *(Bgb)* Parallelabbau m ‖ ~ **пластов** *(Bgb)* Flözabbau m ‖ ~/**пластовая** *(Bgb)* Flözstrecke f ‖ ~ **по восстанию** *(Bgb)* schwebender Verhieb m ‖ ~ **по падению** *(Bgb)* fallender Verhieb m ‖ ~ **по простиранию** *(Bgb)* streichender Verhieb m ‖ ~/**полная** *(Bgb)* Totalabbau m ‖ ~ **полосами** *(Bgb)* Streifenbau m ‖ ~/**попутная** *(Bgb)* Mitgewinnung f ‖ ~/**потолкоуступная** *(Bgb)* Firstenstoßbau m ‖ ~/**почвоуступная** *(Bgb)* Strossenbau m ‖ ~ **прямым ходом** *(Bgb)* Feldwärtsbau m ‖ ~/**раздельная** *(Bgb)* selektive Gewinnung f ‖ ~/**ручная** *(Bgb)* Handgewinnung f ‖ ~ **с опережением** *(Bgb)* vorauseilender Abbau m ‖ ~/**селективная** *(Bgb)* selektive Gewinnung f ‖ ~/**слоевая** *(Bgb)* Scheiben[ab]bau m ‖ ~ **слоями** *(Bgb)* Scheiben[ab]bau m ‖ ~/**сплошная** *(Bgb)* Totalabbau m ‖ ~ **станины** *(Masch)* Aussparung f *(Maschinenbett)* ‖ ~ **столбами** *(Bgb)* Pfeilerbau m ‖ ~/**столбовая** *(Bgb)* Pfeilerbau m ‖ ~/**струговая** *(Bgb)* Hobelbetrieb m ‖ ~/**узкозахватная** *(Bgb)* Gewinnung f in schmalen Gassen ‖ ~ **уступами/сплошная** *(Bgb)* stoßbauartiger Strebbau m ‖ ~/**фронтальная** *(Bgb)* Frontverhieb m, Frontbetrieb m ‖ ~/**щитовая** *(Bgb)* Schildabbau m

выемочный *(Bgb)* Gewinnungs-..., Abbau-..., Verhiebs-...

выживаемость f 1. Überleben n; 2. *(Kern)* Überlebensrate f, Überlebensquote f

выживание n s. выживаемость

выжиг m s. выжигание

выжигание n *(Met)* 1. Ausbrennen n, Herausbrennen n, Ausschmelzen n, Herausschmelzen n; 2. *(Gieß)* Flämmen n, Brennputzen n; 3. s. серрегация ‖ ~ **восковой модели** *(Gieß)* Ausbrennen (Ausschmelzen) n des Wachsmodells *(Feingießverfahren)*

выжигать *(Met)* 1. [her]ausbrennen, [her]ausschmelzen; 2. *(Gieß)* flämmen, brennputzen

выжимание n Ausquetschen n, Ausdrücken n, Auspressen n

выжимать auspressen, ausdrücken, ausquetschen; [aus]wringen

выжимки pl Preßrückstand m, Kuchen m; Tester pl ‖ ~/**свекловичные** ausgelaugte Zuckerrübenschnitzel npl

вызвать s. вызывать

вызов m 1. *(Nrt)* Ruf m, Anruf m; Gespräch n; 2. *(Inf)* Aufruf m; 3. *(Schiff)* Anruf m *(beim Signalisieren)* • **по вызову** *(Nrt)* auf Anwahl, Anwahl... ‖ ~ **абонента** Teilnehmerruf m ‖ ~ **абонента по заказу** s. ~ по заказу ‖ ~/**автоматический** *(Inf)* automatischer Aufruf m; automatische Anfrage f ‖ ~ **без набора номера/повторный** Wahlwiederholung f ‖ ~/**бесплатный** gebührenfreies Gespräch n ‖ ~/**избирательный** Selektivruf m, Wählanruf m ‖ ~/**индукторный** Induktorruf m ‖ ~/**местный** Ortsanruf m ‖ ~/**обратный** Rückruf m ‖ ~ **по заказу** Terminruf m, Weckruf m, Wecken n ‖ ~ **подпрограммы** *(Inf)* Unterprogrammaufruf m ‖ ~ **программы** *(Inf)* Programmaufruf m ‖ ~ **системы** *(Inf)* Systemaufruf m ‖ ~/**сокращённый** *(Inf)* verkürzter Aufruf m ‖ ~/**тональный** Tonfrequenzruf m, tonfrequenter Ruf m ‖ ~/**фонический** Summeranruf m

вызревание n 1. Ausreifen n, Reifen n; 2. *(Bw)* Erhärten n *(Beton)*

вызывать 1. herbeirufen; 2. herausfordern; 3. hervorrufen; 4. *(Nrt)* [an]rufen; 5. *(Inf)* aufrufen *(Programm)*; 6. *(Schiff)* anrufen *(beim Signalisieren)* ‖ ~ **флокуляцию** *(Ch)* ausflocken

выкатка f *(Wlz)* Auswalzen n

выкатывать *(Wlz)* auswalzen

выкачивание n Auspumpen n

выкачивать auspumpen

выкачка f s. выкачивание

выклад m *(Typ)* 1. Auslegen n, Auslage f; 2. Ausleger m, Bogenausleger m

выкладка *(Met, Gieß)* Ausmauerung f, Auskleidung f, Zustellung f, Futter n *(Öfen, Pfannen)*

выкладывание n 1. *(Met, Gieß)* Ausfüttern n, Auskleiden n, Zustellen n *(Öfen, Pfannen)*; 2. *(Typ)* Auslegen n, Bogenauslegen n ‖ ~ **футеровки** *(Met)* Zustellen n, Auskleiden n, Ausmauern n *(Öfen oder Pfannen)*

выкладыватель m/**поворотный** *(Typ)* Wendeausleger m

выкладывать 1. herauslegen; ausbreiten; 2. ausstellen; 3. *(Bw)* auslegen; 4. *(Met)* ausfüttern, ausmauern *(Öfen oder Pfannen)*; 5. *(Typ)* auslegen *(Bögen)* ‖ ~ **камнем (кирпичом)** *(Bw)* aussetzen, ausmauern

выклинивание n *(Geol)* Auskeilen n *(allmähliches Dünnerwerden von Gesteinsschichten, Flözen, Erzgängen u.dgl.)*

выключатель m *(El)* Ausschalter m, Schalter m ‖ ~/**аварийный** Havarie[aus]schalter m, Not[aus]schalter m, Gefahrenschalter m ‖ ~/**автоматический** Selbst[aus]schalter m, automatischer Ausschalter m ‖ ~/**батарейный** Batterieschalter m ‖ ~/**безмасляный** ölloser Schalter m ‖ ~/**бесконтактный концевой** berührungslos betätigter Grenzschalter m ‖ ~ **большой разрывной мощности** Hochleistungsschalter m ‖ ~/**быстродействующий** Schnell[aus]schalter m ‖ ~/**вакуумный** Vakuumschalter m ‖ ~/**вводный** Hauptschalter m ‖ ~/**внутренней установки** Innenraumschalter m ‖ ~/**воздушный** Luftschalter m ‖ ~/**воздушный газонапорный** Druckluftschalter m ‖ ~/**вспомогательный** Hilfsschalter m ‖ ~/**высоковольтный** Hochspannungsschalter m ‖ ~/**вытяжной** Zugschalter m ‖ ~/**газовый** Gasschalter m ‖ ~/**газоразрядный** Schaltröhre f ‖ ~/**главный** Hauptschalter m ‖ ~/**групповой** Gruppenschalter m ‖ ~/**двухполюсный** zweipoliger Ausschalter m ‖ ~/**дистанционный** Fern[aus]schalter m ‖ ~/**для защиты от сверхтоков** Überstromschutz[aus]schalter m ‖ ~ **для открытой проводки** Aufputzschalter m ‖ ~ **для скрытой проводки** Unterputzschalter m ‖ ~/**жидкостный** Flüssigkeitsschalter m ‖ ~/**заземляющий** Erdungsschalter m ‖ ~/**защитный** Schutz[aus]schalter m ‖ ~/**защитный таймерный** Zeitschutzschalter m ‖ ~/**импульсный** Impulsschalter m ‖ ~/**клавишный** Drucktastenschalter m, Tast[en]schalter m ‖ ~/**кнопочный** Druckknopfschalter m ‖ ~/**командный** Befehlsschalter m ‖ ~/**концевой** End[aus]schalter m, Endlagenschalter m ‖ ~/**кулачковый** Nockenschalter m ‖ ~ **ленты** Bandabschalter m, Bandausschalter m *(Magnetbandgerät)* ‖ ~ **лестнич-**

ного освещения/автоматический Treppenlichtautomat *m* ll ~ максимального напряжения/автоматический Überspannungs[selbst]schalter *m* ll ~ максимального тока/автоматический Überstrom[selbst]schalter *m* ll ~/максимальный токовый Überstrom[aus]schalter *m* ll ~/маломасляный ölarmer Schalter *m* ll ~/манометрический Druckschalter *m* ll ~/масляный Öl[leistungs]schalter *m* ll ~/мачтовый Mastschalter *m* ll ~/мгновенный Momentschalter *m* ll ~/механический mechanischer Schalter *m*; Trennschalter *m* ll ~/миниатюрный Miniaturschalter *m* ll ~ минимального напряжения/автоматический Unterspannungs[selbst]schalter *m* ll ~ минимального тока/автоматический Unterstrom[selbst]schalter *m* ll ~ мощности Leistungsschalter *m* ll ~ нагрузки Last[aus]schalter *m* ll ~ наружной установки Freiluftschalter *m* ll ~/низковольтный Niederspannungsschalter *m* ll ~ нулевого напряжения/автоматический Nullspannungs[aus]schalter *m* ll ~/нулевой Nullspannungs[aus]schalter *m* ll ~ обратного тока/автоматический Rückstrom[aus]schalter *m* ll ~/ограничительный Begrenzungsschalter *m*, Grenz[wert]schalter *m* ll ~/однополюсный einpoliger Ausschalter *m* ll ~/осветительный Lichtschalter *m* ll ~/пакетный Paketschalter *m* ll ~/педальный Fußschalter *m* ll ~/перекидной Kippschalter *m* ll ~ переменного тока Wechselstromschalter *m* ll ~/пневматический Druckluftschalter *m* ll ~/поворотный Drehschalter *m* ll ~/подвесной Zugschalter *m* ll ~/подштукатурный Unterputzschalter *m* ll ~/полупроводниковый Halbleiterschalter *m* ll ~/поплавковый Schwimm[er]schalter *m* ll ~/пороговый Schwellenwertschalter *m* ll ~ постоянного тока Gleichstromschalter *m* ll ~/потолочный Deckenschalter *m* ll ~/предельный Grenzwertschalter *m* ll ~/предохранительный Sicherheits[aus]schalter *m* ll ~ приближения/бесконтактный kontaktloser Näherungsschalter *m* ll ~/пусковой Anlaßschalter *m* ll ~/путевой Streckenschalter *m* ll ~/ручной Hand[aus]schalter *m*, handbetätigter Ausschalter *m* ll ~/рычажный Hebel[aus]schalter *m* ll ~ с задержкой Schalter *m* mit Ein- und Ausschaltverzögerung, Verzögerungsschalter *m* ll ~/сенсорный Berührungsschalter *m*, Sensorschalter *m* ll ~/сетевой Netzschalter *m* ll ~/силовой Energieschalter *m*, Leistungsschalter *m* ll ~/стенной Wandschalter *m* ll ~/ступенчатый Stufenschalter *m* ll ~/тормозной Bremsschalter *m* ll ~/трёхполюсный dreipoliger Ausschalter *m* ll ~/трёхфазный Dreiphasenschalter *m* ll ~ управления Steuerschalter *m* ll ~/участковый *(Eb)* Strecken[trenn]schalter *m* ll ~ холостого хода Leerlauf[aus]schalter *m* ll ~/центробежный Fließkraftschalter *m* ll ~/экспансионный Expansionsschalter *m*

выключатель-автомат *m* Selbst[aus]schalter *m*, automatischer Ausschalter *m*

выключать 1. *(El)* abschalten, ausschalten; 2. *(Masch)* ausrücken, auskuppeln; 3. absperren *(Ventil)* ll ~ **строчку** *(Typ)* eine Zeile ausschließen

выключение *n* 1. *(El)* Ausschaltung *f*, Ausschalten *n*, Abschaltung *f*, Abschalten *n*; Löschen *n* *(Thyristor)*; 2. *(Masch)* Abstellen *n*; Ausrücken *n*, Auskuppeln *n*; 3. Absperren *(Ventile)* ll ~/аварийное Havarieausschaltung *f* ll ~/автоматическое Selbstabschaltung *f* ll ~/дистанционное Fernausschaltung *f* ll ~ зажигания *(Kfz)* Zündungsausschaltung *f* ll ~/предохранительное *(Kern)* Schnellabschaltung *f (Reaktor)*

«выключено» "Aus", "Ausgeschaltet" *(Schaltstellung)*

выключить *s.* выключать

выключка *f (Typ)* Ausschließen *n* ll ~/неравномерная ungleichmäßiges Ausschließen ll ~ по центру Zentrieren *n*, Ausschließen *n* auf Mitte ll ~ строк Zeilenausschluß *m*

выковка *f* Ausschmieden *n*, Ausrecken *n*

выковывать ausschmieden, ausrecken

выколачивание *n* 1. Ausklopfen *n*, Klopfen *n*; 2. *(Met)* Abhämmern *n*; 3. *(Gieß)* Losklopfen *n (von Modellen)*

выколотка *f (Masch)* Auswerferstift *m*, Austreiber *m*, Lösekeil *m*

выкопировка *f (Photo)* Auskopieren *n*, Auszug *m* ll ~ за красным светофильтром Rotauszug *m*

выкраска *f* Ausfärbung *f*

выкрашивание *n* 1. Ausbrechen *n*, Ausbröckeln *n*, Zerbröckeln *n*; 2. *(Fert)* Auskolken *n (der Drehmeißelschneide)*

выкрашиваться 1. [aus]bröckeln, ausbrechen, abbröckeln, zerbröckeln; 2. *(Fert)* auskolken *(Drehmeißelschneide)*

выкройка *f* 1. Zuschnitt *m*; 2. Ausschnitt *m*; 3. *(Text)* Schnittmuster *n*, Schnitt *m (Konfektion)*

выкружка *f (Bw)* Auskehlung *f*, Hohlkehle *f*, Kehle *f*

выкручивание *n* Ausrühren *n (NE-Metallurgie)*

выкрывание *n* 1. *(Bw)* Belegen *n*, Auslegen *n*; 2. *(Typ)* Abdecken *n (Kopiervorlagen, Druckplatten)*

вылёживание *n* 1. Lagernlassen *n*, Ablagern *n*, natürliche Alterung *f*; 2. Ausreifen *n (Formstoff)*; *(Ker)* Mauken *n*, Rotten *n (der Masse)*

вылёживать 1. ablagern, auslagern; altern lassen; 2. ausreifen *(Formstoff)*; *(Ker)* mauken *(Masse)*

вылет *m* 1. Ausladung *f*, Überhang *m*, Auskragung *f*; 2. Ausschlag *m*; 3. Austritt *m (Elektronen)*; 4. *(Text)* Durchgangsraum *m (einer Nähmaschine)*; 5. *(Flg)* Abflug *m (s. a. unter* взлёт*)* ll ~ баллона *(Text)* Ballonausladung *f*, Ausladung *f* des Fadenschleiers *(Ringspinnmaschine)* ll ~ бегунка *(Text)* Herausfliegen (Herausspringen) *n* des Läufers ll ~ за борт *(Schiff)* Ausladung *f* über Seite Bord ll ~ консоли Konsolenausladung *f*, Kragarmlänge *f* ll ~ крана Kranausladung *f*, Auslegerweite *f* ll ~ челнока *(Text)* Herausspringen *n* des Schützens

вылетать 1. *(Flg)* starten; 2. *(Ph)* austreten *(Teilchen)*

выливать [aus]gießen, ausschütten ll ~ улов den Fang ausschütten (auskeschern, ausschöpfen, ausösen) *(Fischereiwesen)*

выливка *f* **рыбы каплером** Keschern *n* des Fisches *(Ringwadenfischerei)* ll ~ улова Aus-

вылить

schütten *n* (Entnahme *f*) des Fangs, Fangentnahme *f (aus dem Netz)*
вылить *s.* выливать
выложить *s.* выкладывать
вымачивание *n* 1. Einweichen *n*, Wässern *n*, Einwässern *n*; 2. *(Text)* Rösten *n*, Rotten *n (Flachs, Hanf)*; 3. *(Ker)* Einsumpfen *n (Ton)* ‖ ~/**предварительное** Vorwässern *n*
вымачивать 1. einweichen; [aus]wässern; quellen, durchfeuchten; 2. *(Text)* rösten, rotten *(Flachs, Hanf)*; 3. *(Ker)* einsumpfen *(Ton)*
вымерить *s.* вымерять
вымерять ausmessen, abmessen, durchmessen
вымоина *f (Geol)* Auskolkung *f*, Kolk *m*
вымолот *m (Lw)* Drusch *m*, Ausdrusch *m (Dreschergebnis)*
вымораживание *n* Ausfrieren *n*; Auswintern *n*
вымораживать ausfrieren; auswintern
выморозить *s.* вымораживать
вымываемые *mpl* **водой** *(Led)* auswaschbare Stoffe *mpl*
вымывание *n* Auswaschen *n*, Ausspülen *n*; Ausschwemmen *n*
вымывать [aus]waschen
вымыть *s.* вымывать
вынесенный *(Masch)* außen angebracht, extern *(z. B. beim IR)*
вынимать 1. herausnehmen, entfernen; ausbauen, demontieren; 2. *s.* добывать 2.; 3. ausheben *(Erdreich)* ‖ ~ **грунт** [aus]baggern
вынос *m* 1. Auskragung *f*, Ausladung *f*, Überhang *m*; 2. Austrag *m*; Auswurf *m (z. B. aus einem Konverter)*
выносить 1. mitreißen *n (Wassertropfen durch Dampf)*; 2. *(Bgb)* austragen *(Bohrklein)*
выносливость *f (Wkst)* Dauer[schwing]festigkeit *f*, Schwingfestigkeit *f*
выносливый widerstandsfähig
вынужденный erzwungen, zwangsläufig
выпадать 1. herausfallen; *(El)* auslösen *(Schalter)*; 3. *(Ch)* ausfallen, niedergeschlagen werden ‖ ~ **в осадок** *(Ch)* ausfallen, niedergeschlagen werden ‖ ~ **из синхронизма** *(El, Masch)* aus dem Synchronismus [heraus]fallen
выпадение *n* 1. Herausfallen *n*; 2. Fallen *n*; 3. Ausfall *m*; 4. Durchfallen *n*; 5. *(Ch)* Ausfallen *n*, Niederschlagen *n* ‖ ~ **в осадок** *(Ch)* Ausfallen *n*, Niederschlagen *n* ‖ ~ **выключателя** *(El)* Schalterauslösung *f* ‖ ~ **знаков** *(Inf)* Drop-out *m(n)*, Signalausfall *m* ‖ ~ **из синхронизма** *(El, Masch)* Außertrittfallen *n*, Herausfallen *n* aus dem Synchronismus ‖ ~/**радиоактивное** radioaktiver Ausfall *m* ‖ ~ **разряда** *s.* ~ знаков
выпаивание *n (Lw)* Tränken *n*
выпалить *(Bgb)* abtun *(Sprengung)*
выпар *m* Brüden *m*, Brüdendampf *m*; Wrasen *m*, Dampfschwaden *pl*
выпаривание *n* 1. Verdampfen *n*, Verdampfung *f*, Abdampfen *n*, Eindampfen *n (von Lösungsmitteln)*; 2. Dämpfen *n*; Eindicken *n*; 3. *(Schiff)* Ausdämpfen *n (eines Tanks)* ‖ ~/**безостаточное** rückstandlose Verdampfung *f* ‖ ~ **в тонком слое** Dünnschichtverdampfung *f* ‖ ~ **досуха** Eindampfen (Verdampfen) *n* zur Trockne *(völliges Entfernen eines Lösungsmittels)* ‖ ~/**контактное** *(Text)* Verdampfen *n* nach dem Kontaktverfahren *(Chemiefaserherstellung)* ‖ ~/**многократное** mehrfache (mehrstufige) Verdampfung *f*, Mehrfachverdampfung *f* ‖ ~/**однократное** einfache (einstufige) Verdampfung *f*, Einfachverdampfung *f* ‖ ~ **под вакуумом** Vakuumverdampfung *f* ‖ ~ **под давлением** Druckverdampfung *f* ‖ ~ **сиропа** Verdampfen (Eindampfen) *n* zu Dicksaft *(Zuckergewinnung)*
выпаривать 1. verdampfen; abdampfen, eindampfen *(Lösungsmittel)*; 2. dämpfen; eindicken; 3. *(Schiff)* ausdämpfen *(Tanks)* ‖ ~ **досуха** zur Trockne eindampfen
выпарить *s.* выпаривать
выпарка *f* 1. Verdampfer *m*, Verdampfapparat *m*, Verdampfanlage *f*; Abdampfapparat *m*, Eindampfapparat *m (für die Verdampfung von Lösungsmitteln)*; 2. *s.* выпаривание ‖ ~/**многокорпусная** Mehrkörperverdampfer *m*, Mehrfachverdampfer *m*
выпахивание *n*/**ледниковое** *(Geol)* Exaration *f*, Eisabtrag *m*, glaziale Erosion *f*
выпечка *f (Lebm)* Backen *n*
выплавить *s.* выплавлять
выплавка *f (Met)* 1. Schmelzen *n*, Erschmelzen *n*; 2. Verhütten *n*, Verhüttung *f*; 3. Gewinnung (Erzeugung) *f* durch Schmelzen; 4. Schmelzertrag *m*, Verhüttungsertrag *m*; 5. Ausschmelzen *n* ‖ ~ **пластмассовых изделий металлом** *(Gieß)* Kunststoff-Verbundgießen *n*, Kunststoff-Verbundguß *m* ‖ ~ **стали** Stahlschmelzen *n*, Stahlerzeugung *f*, Stahlgewinnung *f* ‖ ~ **чёрного металла** Rohhüttenprozeß *m (NE-Metallurgie)* ‖ ~ **чугуна** Roheisenverhüttung *f*, Roheisengewinnung *f*, Roheisenerzeugung *f*
выплавление *n (Met)* Ausschmelzen *n*; Erschmelzen *n*, Niederschmelzen *n* ‖ ~ **моделей** *(Gieß)* Modellausschmelzen *n (Feingießverfahren)*
выплавлять *(Met)* 1. [er]schmelzen; 2. verhütten; 3. gewinnen (erzeugen) durch Schmelzen; 4. ausschmelzen
выплеск *m* **металла** *(Schw, Gieß)* Metallauswurf *m*, Metallspritzer *m*
выпойка *f (Lw)* Tränken *n*
выполаживаться *(Bgb)* verflachen *(Lagerstätten)*
выполнение *n* Ausführung *f*, Vollzug *m*, Erfüllung *f* ‖ ~ **жил** *(Geol)* Gangfüllung *f* ‖ ~ **команд[ы]** *(Inf)* Befehlsausführung *f* ‖ ~/**конструктивное** konstruktive Ausführung *f* ‖ ~ **операции (операций)** *(Inf)* Operationsablauf *m* ‖ ~ **программ[ы]** *(Inf)* Programmablauf *m*, Programmausführung *f*
выполненный на транзисторах transistorisiert, transistorbestückt, Transistor... ‖ ~ **по заказу потребителя** *(Inf)* kundenspezifisch
выполнимый *(Inf)* ausführbar, ablauffähig *(Programm)*
выполнить *s.* выполнять
выполнять ausführen; bestücken ‖ ~ **вытяжку** *(Schm)* strecken ‖ ~ **на транзисторах** transistorisieren, mit Transistoren bestücken
выпор *m (Gieß)* 1. Luftloch *n*, Pfeife *f*, Windpfeife *f*, Luftpfeife *f*; 2. Steiger *m*, Steigertrichter *m (in der Form und am Gußteil)* ‖ ~/**отводной** Entlüftungssteiger *m*, Luftpfeife *f* ‖ ~/**питающий** Speiser *m*, Nachsaugetrichter *m*

выпор-газоотвод m *(Gieß)* Entlüftungssteiger m, Luftpfeife f
выпотевание n *(Met)* 1. Ausschwitzen n, Ausschwitzung f *(einer leichtschmelzbaren Komponente aus dem Metall)*; 2. Ausseigern n *(Zinn)*; 3. Ausschwitzen n, Schwitzen n *(beim Sintern; Pulvermetallurgie)*
выпотевать *(Met)* 1. ausschwitzen *(eine leichtschmelzbare Komponente aus dem Metall)*; 2. ausseigern *(Zinn)*; 3. [aus]schwitzen *(beim Sintern; Pulvermetallurgie)*
выправить путь *(Eb)* das Gleis richten
выправка f *(Eb)* Ausrichten n, Richten n *(Gleise)* ‖ **~ пути** Richten n des Gleises
выпрессовка f Herausdrücken n; *(Gum)* Austrieb m, Grat m
выпрямитель m *(El)* Gleichrichter m ‖ **~/амплитудный** Amplitudengleichrichter m ‖ **~ большой мощности** Hochleistungsgleichrichter m ‖ **~/вакуумный** Vakuumgleichrichter m ‖ **~/вибрационный [контактный]** Schwing[kontakt]gleichrichter m, Pendelgleichrichter m ‖ **~/высоковакуумный** Hochvakuumgleichrichter m ‖ **~/высоковольтный** Hochspannungsgleichrichter m ‖ **~/высокочастотный** Hochfrequenzgleichrichter m, HF-Gleichrichter m ‖ **~/газонаполненный** gasgefüllter Gleichrichter m ‖ **~/газоразрядный** Gasentladungsgleichrichter m ‖ **~/газотронный** Gasdiodengleichrichter m ‖ **~/германиевый** Germaniumgleichrichter m ‖ **~/двенадцатифазный** Zwölfphasengleichrichter m ‖ **~/двухполупериодный** Zweiweggleichrichter m, Doppelweggleichrichter m, Vollweggleichrichter m ‖ **~/двухтактный** Gegentaktgleichrichter m ‖ **~/двухфазный** Zweiphasengleichrichter m ‖ **~/диодный** Diodengleichrichter m ‖ **~ для зарядки** Ladegleichrichter m ‖ **~/дуговой** Lichtbogengleichrichter m ‖ **~/жидкий** s. ~/электролитический ‖ **~/зарядный** Ladegleichrichter m ‖ **~/измерительный** Meßgleichrichter m ‖ **~/ионный** Ionengleichrichter m ‖ **~/кенотронный** Kenotrongleichrichter m ‖ **~/контактный** Kontaktgleichrichter m ‖ **~/кремниевый** Siliciumgleichrichter m ‖ **~/кремниевый управляемый** gesteuerter Siliciumgleichrichter m, Thyristor m ‖ **~/купроксный** Kupfer(I)-oxidgleichrichter m, Kuproxgleichrichter m ‖ **~/ламповый** Röhrengleichrichter m ‖ **~/маломощный** leistungsschwacher Gleichrichter m, Gleichrichter m kleiner Leistung ‖ **~/машинный** maschineller Wechselstrom-Gleichstrom-Umformer m ‖ **~/механический** mechanischer Gleichrichter m ‖ **~/микрофонный** Mikrophonspannungsgleichrichter m ‖ **~/многофазный** Mehrphasengleichrichter m ‖ **~/мостовой** Brückengleichrichter m ‖ **~/мощный** Hochleistungsgleichrichter m, leistungsstarker Gleichrichter m ‖ **~ напряжения сети** Netzspannungsgleichrichter m ‖ **~/низковольтный** Niederspannungsgleichrichter m ‖ **~/низкочастотный** Niederfrequenzgleichrichter m, NF-Gleichrichter m ‖ **~/однополупериодный (однотактный)** Einweggleichrichter m, Halbweggleichrichter m ‖ **~/однофазный** Einphasengleichrichter m ‖ **~/питающий** Speisegleichrichter m ‖ **~ по мостовой схеме** Brückengleichrichter m ‖ **~/полупроводниковый** Halbleitergleichrichter m ‖ **~/ртутный** Quecksilber[dampf]gleichrichter m ‖ **~/сварочный** Schweißgleichrichter m ‖ **~/селеновый** Selengleichrichter m ‖ **~ сетевого напряжения** Netzspannungsgleichrichter m ‖ **~/силовой** Leistungsgleichrichter m ‖ **~/сильноточный** Starkstromgleichrichter m ‖ **~/сухой** Trocken[platten]gleichrichter m ‖ **~ тлеющего разряда** Glimm[röhren]gleichrichter m, Glimmlichtgleichrichter m ‖ **~ тока** Stromgleichrichter m ‖ **~/транзисторный** Transistorgleichrichter m ‖ **~/трёхфазный** Dreiphasengleichrichter m ‖ **~/шестифазный** Sechsphasengleichrichter m ‖ **~/электролитический** Elektrolytgleichrichter m
выпрямительный *(El)* Gleichrichter...
выпрямить s. выпрямлять
выпрямление n 1. Geraderichten n; Aufrichten n; 2. *(El)* Gleichrichtung f ‖ **~/амплитудное** Amplitudengleichrichtung f ‖ **~/двухполупериодное** Zweiweggleichrichtung f, Doppelweggleichrichtung f, Vollweggleichrichtung f ‖ **~/двухтактное** Gegentaktgleichrichtung f ‖ **~/квадратичное** quadratische Gleichrichtung f ‖ **~/линейное** lineare Gleichrichtung f ‖ **~/однополупериодное** Einweggleichrichtung f, Halbweggleichrichtung f ‖ **~ по напряжению** Spannungsgleichrichtung f ‖ **~ по току** Stromgleichrichtung f ‖ **~ судна** Aufrichten (Wiederaufrichten) n des Schiffes
выпрямлять *(El)* gleichrichten
выпрямляться sich aufrichten, sich wiederaufrichten *(Schiff)*
выпукло-вогнутый konvex-konkav *(Linsen)*
выпуклость f 1. Konvexität f, Balligkeit f; 2. *(Bw)* Wölbung f *(Straßenbau)*
выпуклый gewölbt, konvex; erhaben
выпуск m 1. Auslassen n, Ablassen n, Entleerung f; 2. Auslauf m, Ausströmung f; 3. Auslaß m, Austritt m, Auspuff m *(Dampf, Gase)*; 4. *(Met)* Abstich m, Abstechen n *(Metall, Schlacke)*; 5. *(Text)* Streckgang m *(Spinnerei)*; 6. Erzeugung f, Produktion f *(Ware)*; Belieferung f, Ablieferung f; 7. *(Typ)* Herausgabe f *(eines Buches)*; Lieferung f, Folge f, Heft n *(bei Zeitschriften)*; 8. Sackauslauf m *(Müllerei)*; 9. *(Bw)* Überstand m, herausragendes Teil n; 10. *(Flg)* Ausfahren n *(z. B. der Klappen)* ‖ **~ арматуры** *(Bw)* Anschlußstahl m, Anschlußbewehrung f, Stoßbewehrung f ‖ **~/бездымный** rauchloses Abgas n *(bei Verbrennungsmotoren)* ‖ **~/дымный** rauchendes Abgas n *(bei Verbrennungsmotoren)* ‖ **~ жидкого металла** s. ~ металла ‖ **~ жидкого шлака** s. ~ шлака ‖ **~ калибра** *(Wlz)* Kaliberanzug m ‖ **~ металла** *(Met)* Abstechen n, Abstich m *(Metall)* ‖ **~ пара** *(Wmt)* Dampfauslaß m ‖ **~ руды** *(Bgb)* Abziehen n des Erzes, Erzabzug m; Erzausbringen n *(Metall)* ‖ **~ холостой** *(Hydt)* Freilaß m ‖ **~ чугуна** *(Met)* Roheisenabstich m *(Hochofen)*; Eisenabstich m *(Kupolofen)* ‖ **~ шасси** *(Flg)* Ausfahren n des Fahrwerks ‖ **~ шлака** *(Met)* Schlackenabstechen n, Schlackenabstich m; Schlackenabzug m *(Schachtofen)*; Abschlacken n *(Herdofen)* ‖ **~/щелевой** Schlitzauslaß m *(für Luft)*
выпускать 1. auslassen, ablassen; 2. *(Met)* abstechen *(Metall oder Schlacke)*; abziehen

выпустить *(Schlacke)*; 3. *(Bgb)* abziehen, ablassen; ausbringen; 4. *(Typ)* herausgeben *(Bücher)*; 5. *(Flg)* ausfahren *(z. B. Klappen)*
выпустить s. **выпускать**
выпученный bauchig, konvex, ausgebaucht
выпучивание n 1. Aufbauchen n, Ausbiegen n, Ausbeulen n; Anschwellen n; 2. Krümmen n, Ausknicken n *(z. B. eines Metallstabes bei Knickbelastung)*; 3. *(Met)* Ausbeulen n, Beulen n *(Gußfehler)*
выпучивать 1. aufbauchen, anschwellen; 2. ausknicken
выпучина f Ausbeulung f, Beule f
выпучить s. **выпучивать**
вырабатывать 1. herstellen, produzieren; entwickeln; 2. erzeugen; 3. *(Bgb)* abbauen, aushauen; auskohlen
выработка f 1. Herstellung f, Erzeugung f, Ausarbeitung f, Produktion f; 2. Produktionsmenge f; Ausstoß m; Lieferung f; 3. Ausbeute f; 4. *(Bgb)* Grubenbau m; Abbau m, Gewinnung f *(s. a. unter* выемка 6., добыча 2. *und* разработка*)* ‖ ~/**аккумулирующая** *(Bgb)* Sammelstrecke f ‖ ~/**вентиляционная** *(Bgb)* Wetterstrecke f ‖ ~/**вертикальная** *(Bgb)* seigerer Grubenbau m ‖ ~/**вскрывающая** *(Bgb)* Ausrichtungs[grube]bau m *(Tiefbau)*; Aufschlußraum m *(Tagebau)* ‖ ~ **вскрытия** s. ~/**вскрывающая** ‖ ~/**выпускная** *(Bgb)* Abzugsstrecke f, Ladestrecke f ‖ ~/**глухая** *(Bgb)* nicht durchschlägiger Grubenbau m, Blindort n ‖ ~/**годовая** Jahresleistung f; Jahreserzeugung f ‖ ~/**горизонтальная** *(Bgb)* söhliger Grubenbau m ‖ ~/**горная** *(Bgb)* Grubenbau m ‖ ~/**горноразведочная** *(Bgb)* Aufschlußbau m, Erkundungsbau m ‖ ~/**двухпутевая** *(Bgb)* zweigleisiger Grubenbau m ‖ ~/**дневная** Tagesleistung f; Tageserzeugung f ‖ ~/**дренажная** *(Bgb)* Entwässerungsbau m ‖ ~/**капитальная** *(Bgb)* Ausrichtungsbau m, Hauptgrubenbau m ‖ ~ **на душу населения** Pro-Kopf-Erzeugung f ‖ ~/**наклонная** *(Bgb)* tonnlägiger (geneigter, schräger) Grubenbau m ‖ ~/**нарезная** *(Bgb)* Abbauweg m; Zugangsstrecke f *(bei der Vorrichtung im Strebbau)* ‖ ~/**обгонная** *(Bgb)* Umfahrung f, Umbruch m ‖ ~/**обходная** s. ~/**обгонная** ‖ ~/**однопутевая** *(Bgb)* eingleisiger Grubenbau m ‖ ~/**откаточная** *(Bgb)* Förderstrecke f ‖ ~/**открытая [горная]** *(Bgb)* Tagebau m, übertägiger Grubenbau m ‖ ~/**очистная** *(Bgb)* Gewinnungsbau m ‖ ~/**параллельная** *(Bgb)* Begleitort m ‖ ~ **по падению** *(Bgb)* Fallort n ‖ ~/**погашенная** *(Bgb)* abgeworfener Grubenbau m ‖ ~/**подготовительная** *(Bgb)* Vorrichtungsbau m ‖ ~/**подземная [горная]** *(Bgb)* Untertagebau m, untertägiger Grubenbau m ‖ ~/**полевая** *(Bgb)* Richtstrecke f, Feldstrecke f ‖ ~/**породная** s. ~/**полевая** ‖ ~/**приствольная** *(Bgb)* Füllortbau m ‖ ~/**разведочная** *(Bgb)* Aufschlußbau m, Erkundungsbau m ‖ ~/**сборная** *(Bgb)* Sammelstrecke f ‖ ~/**сезонная** *(Lw)* Saisonleistung f, Kampagneleistung f *(einer Maschine)* ‖ ~/**скреперная** *(Bgb)* Schrapperstrecke f ‖ ~/**сменная** Schichtleistung f ‖ ~ **снизу вверх** *(Bgb)* Aufbrechen n, Aufbruch m, Aufhauen n, Überbrechen n, Überhauen n ‖ ~/**спаренная** *(Bgb)* Begleitortbetrieb m ‖ ~/**старая** *(Bgb)* Altgrubenbau m ‖ ~/**суточная** Tagesleistung f; Tageserzeugung f ‖ ~ **тепла** *(Wmt)* Wärmeerzeugung f ‖ ~/**транспортная** *(Bgb)* Förderstrecke f ‖ ~/**тупиковая** s. ~/**глухая** ‖ ~/**ходовая** *(Bgb)* Fahrstrecke f ‖ ~/**эксплуатационная** *(Bgb)* Gewinnungsgrubenbau m, Abbau m ‖ ~ **электроэнергии** Elektroenergieerzeugung f
выравнивание n 1. Ausrichten n; 2. Ausgleich m, Ausgleichung f; 3. Abgleichung f; Glättung f; 4. *(Bw)* Ebnen n, Planieren n; 5. *(Flg)* Ausschweben n, Aufrichten n *(des Flugzeugs beim Landen)*; 6. *(Math)* Ausgleichung f ‖ ~/**автоматическое** Selbstausgleich m ‖ ~ **давлением** Druckausgleich m *(Ausgleich unter Druck)* ‖ ~ **давления** Druckausgleich m ‖ ~ **дифферента** *(Schiff)* Trimmausgleich m ‖ ~ **ёмкости** *(Nrt)* Kapazitätsausgleich m ‖ ~ **затухания** *(Nrt)* Dämpfungsausgleich m, Dämpfungsentzerrung f ‖ ~ **искажений** Verzerrungsausgleich m ‖ ~ **концентрации** Konzentrationsausgleich m ‖ ~ **крена** *(Schiff)* Krängungsausgleich m ‖ ~ **кривой** Anpassung f der Kurve, Kurvenanpassung f ‖ ~ **крутящего момента** *(Mech)* Drehmomentausgleich m ‖ ~ **моментов** *(Mech)* Momentausgleich m ‖ ~ **напряжений** *(Mech)* Spannungsausgleich m ‖ ~ **напряжения** *(El)* Spannungsausgleich m ‖ ~ **погрешностей** Fehlerausgleich m ‖ ~ **поля изображения** *(Opt)* Bildfeldebnung f ‖ ~ **потенциалов** *(Ph)* Potentialausgleich m ‖ ~ **потока** *(Kern)* Flußabflachung f, Glätten n der Flußverteilung f ‖ ~ **самолёта** s. выравнивание 5. ‖ ~ **состава** Homogenisieren n, Homogenisierung f *(Werkstoff)* ‖ ~ **сыпучего груза** *(Schiff)* Ebentrimmen n von Schüttgut ‖ ~ **уровней** *(El)* Pegelausgleich m, Pegelabgleich m ‖ ~ **фаз** *(El)* Phasenausgleich m, Phasenabgleich m
выравниватель m 1. *(El)* Entzerrer m; 2. *(Text)* Egalisiermittel n, Egalisierer m; 3. *(Lw)* Planiergerät n, Erdhobel m ‖ ~ **давления** Druckausgleicher m, Drosselventil n ‖ ~ **затухания** *(Nrt)* Dämpfungsentzerrer m
выравнивать 1. ausrichten; 2. ausgleichen; 3. abgleichen, abstreichen, planieren; abflachen, abrichten; ebnen, glätten; 4. abfangen, aufrichten *(Flugzeug bei der Landung)* ‖ ~ **крен** *(Schiff)* Krängung ausgleichen ‖ ~ **сыпучий груз** *(Schiff)* eben trimmen *(Schüttgut)*
выражение n *(Math)* Ausdruck m, Term m; Formel f ‖ ~/**арифметическое** arithmetischer Ausdruck m ‖ ~/**именующее** zielbestimmender Ausdruck m ‖ ~/**комплексное** komplexer Ausdruck m ‖ ~/**логическое** logischer Ausdruck m ‖ ~ **отношения** Vergleichsausdruck m ‖ ~/**подкоренное** Radikand m ‖ ~/**подынтегральное** Integrand m ‖ ~/**приближённое** Näherungsausdruck m ‖ ~/**присваивающее** *(Inf)* Ergibtanweisung f
выращивание n 1. Züchtung f, Züchten n; Ziehen n *(von Kristallen)*; 2. *(Lw)* Zucht f, Züchtung f, Züchten n *(Pflanzen- und Tierzucht)* ‖ ~/**гетероэпитаксиальное** *(Krist)* Heteroepitaxie f ‖ ~/**гомоэпитаксиальное** *(Krist)* Homoepitaxie f, Autoepitaxie f ‖ ~ **из газовой фазы** *(Krist)* Gasphasenzüchtung f, Gasphasenepitaxie f ‖ ~ **из тигеля** *(Krist)* Tiegelziehverfahren n, Kristallziehen n aus der Schmelze ‖ ~ **кристаллов** Kri-

stallzüchtung f; Kristallziehen n ‖ ~ **методом зонной плавки** (Krist) Zonenschmelzverfahren n ‖ ~ **монокристаллов по методу Чохральского** s. метод Чохральского ‖ ~ **слоёв** (Krist) Aufwachsen n von Schichten ‖ ~/**эпитаксиальное** (Krist) epitaxiale Züchtung f, epitaxiales Aufwachsen n, Epitaxie f
выращивать 1. züchten; ziehen (Kristalle); 2. (Lw) züchten, ziehen (Pflanzen)
вырез m Ausschnitt m, Auskehlung f, Einkerbung f; Tasche f; (Schiff) Lukenausschnitt m, Lukenöffnung f ‖ ~/**люковый** (Schiff) Lukenausschnitt m, Lukenöffnung f ‖ ~/**облегчающий** (Schiff) Erleichterungsloch n
вырезание n (Fert) Herausschneiden n, Ausschneiden n, Wegschneiden n; Abschneiden n ‖ ~/**электроискровое** funkenerosives Ausschneiden n ‖ ~/**электроэрозионное** elektroerosives Ausschneiden n
вырезать (Fert) herausschneiden, wegschneiden; ausschneiden; abschneiden ‖ ~ **канавку (паз)** (Fert) nuten ‖ ~ **рисунок** Profil fräsen
вырезка f (Fert) Schneiden n, Abtrennen n, Abschneiden n, Schnitt m
выровненный влево linksbündig ‖ ~ **вправо** rechtsbündig
вырождение n (Ph, Math) Entartung f ‖ ~/**многократное** mehrfache Entartung f, Mehrfachentartung f ‖ ~/**обменное** (Kern) Austauschentartung f ‖ ~/**спиновое** (Ph) Spinentartung f ‖ ~ **уровня энергии** (Ph) Entartung f eines Energieniveaus
вырожденный (Ph, Math) entartet ‖ ~/**частично** (Kern) teilweise entartet
вырубать 1. (Forst) ausholzen, auslichten; 2. aushacken, heraushacken; 3. auskerben; 4. (Bgb) ausschlagen
вырубить s. вырубать
вырубка f 1. Kerbe f, Einschnitt m; 2. (Fert) Ausstemmen n, Ausstanzen n, Auskreuzen n; 3. (Schm) Ausschroten n, Aushauen n (Ausschneiden der äußeren Konturen); 4. (Schm) Lochen n, Dornen n; 5. (Forst) Einschlag m, Aushieb m ‖ ~/**газовая** s. ~/огневая ‖ ~ [**канавок**]/**кислородная** (Schw) Fugenhobeln n ‖ ~/**огневая** (Met, Gieß) Flämmen n, Flammhobeln n, Brennputzen n ‖ ~/**чистовая** (Fert) Feinschneiden n
выруливать (Flg) ausrollen
вырывание n 1. Ausreißen n, Herausreißen n; 2. (Kern) Abspaltung f ‖ ~ **электронов** (Kern) Elektronenablösung f, Elektronenauslösung f ‖ ~ **электронов**/**фотоэлектрическое** (Kern) lichtelektrische Elektronenabspaltung f, Elektronenablösung f durch Photonenabsorption
вырывать 1. ausreißen, herausreißen; 2. (Kern) abspalten, herausreißen (z. B. Elektronen)
высадить s. высаживать
высадка f 1. (Schm) Anstauchen n, Stauchen n, Stauchschmieden (zur Querschnittsvergrößerung des Schmiedestücks an einem Ende oder in der Mitte); 2. (Lw) Auspflanzen n, Verpflanzen n; 3. (Schiff) Landung f, Anlanden n, Ausschiffen n ‖ ~/**вытяжная** (Schm) Streckstauchen n ‖ ~/**горячая** (Schm) Warmstauchen n‖ ~/**предварительная** (Schm) Vorstauchen n ‖ ~/**холодная** (Schm) Kaltstauchen n ‖ ~/**чёрная** (Schm) Vorstauchen n

высаживание n 1. (Ch) Ausfällen n; 2. s. высадка
высаживать 1. (Schm) anstauchen, stauchschmieden; 2. (Lw) auspflanzen, verpflanzen; 3. (Schiff) [an]landen, ausschiffen; 4. (Ch) ausfällen
высаливаемость f (Ch) Aussalzbarkeit f
высаливание n (Ch) Aussalzen n, Aussalzung f
высаливать (Ch) aussalzen
высасывание n Absaugen n
высверливание n (Fert) Herausbohren n, Ausbohren n
высверливать [her]ausbohren
высверлить s. высверливать
высвечивание n 1. (Ph) Lumineszenz f, kaltes Licht n; Ausleuchtung f; 2. (Kern) Deexzitation f ‖ ~ **гамма-квантов** (Kern) Gammadeexzitation f, Gammaabregung f
высвободить s. высвобождать
высвобождать 1. auslösen; befreien, losmachen, frei machen; freisetzen (z. B. Arbeitskräfte); 2. ausleeren, entleeren
высвобождение n 1. (Kern) Ablösung f, Auslösung f (Elektronen); 2. Freisetzen n, Freisetzung f, Entwicklung f (von Gasen)
высев m (Lw) Aussaat f
высевки pl 1. Siebgrobes n, Siebrückstand m, Überkorn n, Grobgut n; 2. Grus m; 3. (Lw) Spreu f, Kaff n ‖ ~/**дегтеваные** (Bw) Teersplitt m ‖ ~/**каменные** (Bw) Splitt m ‖ ~/**коксовые** Kokskleinn n ‖ ~/**угольные** Kohlenklein n
высекать (Fert) ausstanzen; ausschneiden; aushauen
высечка f 1. (Fert) Ausstanzen n; Ausschneiden n; Aushauen n; 2. (Fert) Stanzabfall m; 3. (Wkz) Ausschlagwerkzeug n; Lochstanze f, Ausschlageisen n
высечки fpl (Fert) Stanzabfälle mpl
высечь s. высекать
высказывание n (Kyb) Aussage f ‖ ~/**истинное** wahre Aussage f ‖ ~/**логическое** logische Aussage f ‖ ~/**ложное** falsche Aussage f ‖ ~/**отрицательное** negative Aussage f ‖ ~/**положительное** positive Aussage f
высокоактивный hochaktiv, sehr wirksam
высокоамперный Hochstrom..., stromstark
высокобортный hochbordig (Schiff)
высоковакуумный Hochvakuum..., hochevakuiert
высоковольтный Hochspannungs..., Hochvolt...
высоковязкий (Ph) hochviskos
высокоглинозёмистый hochtonerdehaltig, stark tonerdehaltig
высокогорье n Hochgebirge n
высокодисперсный (Ph, Ch) hochdispers, feinstverteilt
высокожаропрочный (Wkst) hochwarmfest
высокозольный aschenreich, stark aschenhaltig
высокоинтегрированный (Eln) hochintegriert
высокоионизированный (Ph) hochionisiert
высококалорийный heizkräftig, mit (von) hohem Heizwert
высококипящий hochsiedend, schwer[er]siedend
высококонтрастный kontrastreich
высоколегированный (Eln) hochlegiert, hochdotiert

высокомарганцевый manganreich
высокомедистый kupferreich
высокомолекулярный *(Ph, Ch)* hochmolekular, makromolekular
высоконадёжный von hoher Zuverlässigkeit
высоконапорный Hochdruck...
высоконапряжённый *(Mech)* hochbeansprucht
высокооборотный schnellaufend, hochtourig
высокообъёмный hochvoluminös, Hochbausch... *(textile Gewebe)*
высокоогнеупорность *f* Hochfeuerfestigkeit *f*, Hochfeuerbeständigkeit *f*
высокоогнеупорный hochfeuerfest, hochfeuerbeständig
высокооктановый hochoktan[zahl]ig, hochklopffest, Hochoktan... *(Kraftstoffe)*
высокоомный *(El)* hochohmig, Hochohm...
высокоплавкий hochschmelzend, schwerschmelzend
высокоплавкость *f* Hochschmelzbarkeit *f*, Schwerschmelzbarkeit *f*
высокоплан *m (Flg)* Hochdecker *m*
высокополимер *m (Ch)* Hochpolymer *n*
высокополимерный *(Ch)* hochpolymer
высокопроизводительный hochproduktiv, hochleistungsfähig, Hochleistungs...; leistungsstark
высокопрочный hochfest, von hoher Festigkeit (Haltbarkeit)
высокореакционный hochreaktiv, hochreaktionsfähig
высокоскоростной Hochgeschwindigkeits..., Schnellverkehrs...
высокосмолистый harzreich, mit hohem Harzgehalt *(Holz)*
высокосмоляной *(Pap)* hochfrei harzreich (harzhaltig)
высокоствольник *m (Forst)* Hochwald *m* || ~/**одновозрастный** gleichaltriger Hochwald *m* || ~ **с искусственным ярусом** unterbauter Hochwald *m*
высокоствольный *(Forst)* hochstämmig
высокотемпературный von hoher Temperatur; Hochtemperatur..., bei hoher Temperatur verlaufend (ablaufend), Heiß...
высокотеплопроводный stark wärmeleitend
высокоуглеродистый hochgekohlt, hochkohlenstoffhaltig, mit hohem Kohlenstoffgehalt *(Stahl)*
высокоусадочный *(Text)* hochschrumpfend
высокохлорированный *(Ch)* hochchloriert
высокочастотный *(El)* hochfrequent, Hochfrequenz-...; trägerfrequent, Trägerfrequenz-..., HF-...; TF-...
высокочувствительный hochempfindlich
высокощелочной hochalkalihaltig, alkalireich, hochbasisch
высокоэластический hochelastisch
высокоэластичный hochelastisch
высол *m (Bw)* Ausblühung *f (Putz)*
высолаживание *n* Auslaugen *n*, Extraktion *f (Zuckergewinnung)* || ~/**противоточное** Gegenstromauslaugung *f*, Gegenstromextraktion *f (Zuckergewinnung)*
высолаживать auslaugen *(Zuckergewinnung)*
высолы *mpl (Bw)* Auslaugung *f (Korrosion)*
высота *f* 1. Höhe *f (Maß)*; 2. Höhe *f*, Gipfel *m (Geographie)*; 3. *(Astr)* Höhe *f (Höhenwinkel eines Gestirns)* || ~/**абсолютная** Höhe *f* über NN, Höhe *f* über Normalnull, Höhe *f* bezogen auf Normalnull (NN)|| ~ **апогея** *(Astr, Raumf)* Apogäumshöhe *f (Entfernung des Apogäums von der Erdoberfläche)* || ~ **барометра** *(Meteo)* 1. Barometerhöhe *f (über dem Meeresspiegel)*; 2. Barometerstand *m* || ~ **барометра над уровнем моря** Barometerhöhe *f* über NN (Normalnull) || ~ **борта** *(Schiff)* Seitenhöhe *f* || ~ **броска** *s*. ~ **метания** || ~ **в меридиане** *s*. ~/**меридиальная** || ~/**вертикальная** *(Bgb)* Seigerhöhe *f* || ~ **взброса** *(Geol)* Sprunghöhe *f* einer Aufschiebung || ~ **воздушного давления** atmosphärische Druckhöhe *f* || ~ **волнистости** Wellentiefe *f (bei Oberflächenmessungen)* || ~ **всасывания** Saughöhe *f*, Ansaughöhe *f*; Sauggefälle *n*, Ansaugdruck *m*, Saugwassersäule *f*, Saugspiegeltiefe *f* || ~ **выброса** Absetzhöhe *f*, Abwurfhöhe *f* || ~ **выключения двигателя** *(Rak)* Brennschlußhöhe *f* || ~ **выступа профиля** Profilkammhöhe *f (Rauheitsmessung)* || ~ **гидростатического давления** *(Hydt)* Wasserdruckhöhe *f* || ~ **головки зуба** *(Masch)* Zahnkopfhöhe *f (Zahnrad)* || ~ **давления/пьезометрическая** *(Hydt)* Piezometer[druck]höhe *f* || ~/**действующая** wirksame (effektive) Höhe *f*, Effektivhöhe *f (der Antenne)* || ~ **действующего напора** *(Hydr)* Triebwasserfallhöhe *f (Turbine)* || ~/**динамическая** *(Geod)* dynamische Kote *f*, dynamische Höhe *f* || ~ **завалки** *(Met, Gieß)* Beschickungshöhe *f*, Begichtungshöhe *f (Schachtofen)* || ~ **загрузки** 1. *(Met, Gieß)* Füllhöhe *f (Schachtofen)*; 2. Höhe *f* der ruhenden Schicht *(Wirbelschichtverbrennung)* || ~ **засып[к]и** *(Met)* Schütthöhe *f*, Gichthöhe *f*, Gichtniveau *n (Schachtofen)* || ~ **звука** *(Ak)* Tonhöhe *f* || ~ **зева** *(Text)* Sprunghöhe *f*, Fachhöhe *f (Weberei)* || ~ **зуба** *(Masch)* Zahnhöhe *f*, Zahntiefe *f (Zahnrad)* || ~ **изображения** Bildhöhe *f (Projektionsbild)* || ~ **импульса** *(El)* Impulshöhe *f* || ~/**истинная** *s*. ~ **относительно рельефа** *(Kine)* Bildhöhe *f (Filmbild)* || ~ **кадра** *(Kine)* Bildhöhe *f (Filmbild)* || ~/**кажущаяся** scheinbare Höhe *f* || ~ **калибра** *(Wlz)* Kaliberhöhe *f* || ~ **кипящего слоя** Höhe *f* der Wirbelschicht *(Wirbelschichtverbrennung)* || ~ **копания** *(Bgb)* Schnittmächtigkeit *f*, Abtragshöhe *f (Tagebau)* || ~/**крейсерская** *(Flg)* Reiseflughöhe *f* || ~/**меридианная** *(Astr)* Meridianhöhe *f (Höhe eines Gestirns im Meridian)* || ~ **метания** Wurfhöhe *f*, Steighöhe *f* || ~/**метацентрическая** *(Schiff)* metazentrische Höhe *f* || ~/**монтажная** Einbauhöhe *f*, Montagehöhe *f* || ~ **нагнетания** Druckhöhe *f*, Förderhöhe *f*, spezifische Nutzarbeit *f (einer Pumpe)* || ~**нагнетания/геодезическая** *(Hydt)* Reinförderhöhe *f*; Förderhutzhöhe *f*; geodätische Druckhöhe *f (Pumpenanlage)* || ~ **над поверхностью земли (местности)** *(Flg)* Höhe *f* über Grund (dem Erdboden) || ~ **над средним уровнем моря** Höhe *f* über NN (Normalnull) || ~ **над уровнем моря** Höhe *f* über Meeresspiegel, Meereshöhe *f* || ~ **над уровнем моря/исходная** Normalnull *n*, NN *(Normalniveau)* || ~ **надводного борта** *(Schiff)* Freibordhöhe *f*, Freibord *m* || ~ **наибольшего выступа профиля** maximale Profilkammhöhe *f (Rauheitsmessung)* || ~ **напора** *(Hydt)* 1. Druckhöhe *f*; 2. Fallhöhe *f*

высыхание

(Turbine) ‖ ~ **напорá водосливе** Fallwasserstärke f ‖ ~ **напора при входе** Eintrittshöhe f (Turbine) ‖ ~ **нахлёстки** Überlappungshöhe f ‖ **~неровностей** Rauhtiefe f, Kuppenhöhe f (Rauhigkeitsprofil) ‖ ~ **нижнего бьефа** (Hydt) Unterwasserhöhe f ‖ ~ **ножки зуба** (Masch) Zahnfußhöhe f (Zahnrad) ‖ ~ **нулевой изотермы** Nullgradgrenze f ‖ ~ **обслуживания** Bedienhöhe f, Griffhöhe f ‖ ~ **откоса** (Bgb) Böschungshöhe f ‖ **~/относительная** bezogene Höhe f ‖ ~ **относительно рельефа** (Flg) Höhe f über Grund (dem Erdboden) ‖ ~ **отскакивания** (Wkst) Rücksprunghöhe f, Rückprallhöhe f (Rückprallhärteprüfung) ‖ ~ **отскока** s. ~ отскакивания ‖ ~ **падения** (Hydt) Fallhöhe f, Gefäll[e]höhe f (eines Flusses) ‖ ~ **перехода** (Flg) Übergangshöhe f ‖ ~ **перигея** (Astr, Raumf) Perigäumshöhe f (Entfernung des Perigäums von der Erdoberfläche) ‖ ~ **подпора** (Hydt) 1. Stauhöhe f; 2. Zulaufhöhe f (Pumpe) ‖ ~ **подъёма** 1. (Flg) Steighöhe f; 2. Hubhöhe f; 3. Förderhöhe f ‖ ~ **подъёма/геодезическая** geodätische Förderhöhe f ‖ ~ **подъёма клапана** (Kfz) Ventilhub m ‖ ~ **подэтажа** (Bgb) Teilsohlenabstand m ‖ **~/полезная** nutzbare Höhe f ‖ ~ **полёта** Flughöhe f ‖ **~/полная** s. напор/полный ‖ **~/полуденная** (Astr) Mittagshöhe f ‖ **~/поперечная метацентрическая** (Schiff) Breitenmetazentrumshöhe f ‖ **~/приведённая** reduzierte Höhe f ‖ ~ **принятия решения** (Flg) Entscheidungshöhe f (bei Präzisionsanflügen) ‖ **~/продольная метацентрическая** (Schiff) längenmetazentrische Höhe f ‖ ~ **проезда/габаритная** (Bw) Durchfahrtshöhe f (Brückenunterführung) ‖ ~ **пролётного строения** Tragwerkhöhe f (einer Brücke) ‖ ~ **профиля** (Met) Profilhöhe f (Profilstahl); (Gum) Querschnittshöhe f (Reifen) ‖ ~ **профиля/наибольшая** (Fert) Rauhtiefe f ‖ ~ **профиля резьбы** (Fert) Tragtiefe f (des Gewindeprofils) ‖ **~/рабочая** (Fert) Tragtiefe f (des Gewindeprofils) ‖ ~ **разливки** (Gieß) Gießhöhe f ‖ ~ **разработки забоя** Abtraghöhe f, Schnitthöhe f (Bagger) ‖ ~ **реза[ния]** (Bgb) Schnitthöhe f (Tagebau) ‖ ~ **сброса** (Geol) Sprunghöhe f (einer Abschiebung) ‖ ~ **светила** (Astr) Höhe f (eines Gestirns) ‖ ~ **свободного падения** Freifallhöhe f ‖ ~ **свода** (Met) Gewölbestich m, Gewölbehöhe f (Ofen) ‖ ~ **сечения** (Geod) Schichthöhe f ‖ ~ **складирования** Stapelhöhe f ‖ ~ **слоя** (Bgb) Scheibenhöhe f (Tagebau) ‖ ~ **траектории** Flugbahnhöhe f (Ballistik) ‖ ~ **тропопаузы** (Meteo) Tropopausenhöhe f ‖ ~ **укладки** 1. Stapelhöhe f; 2. (Schiff) Stauhöhe f ‖ ~ **уровня** 1. Niveauhöhe f; 2. (Hydt) Stand m, Spiegelhöhe f, Wasserhöhe f ‖ ~ **уровня воды** s. ~ уровня 2. ‖ ~ **уровня моря** Höhe f des Meeresspiegels ‖ ~ **уровня шлака** (Met, Gieß) Schlackenlinie f, Schlackenebene f (Schmelzofen) ‖ ~ **уступа** (Bgb) Strossenhöhe f; Schnitthöhe f (Tagebau) ‖ ~ **уступа резца** (Fert) Stufentiefe f der Spanleitstufe, Stufentiefe f des Spanbrechers (Drehmeißel) ‖ ~ **хода** (Masch) Hub m, Hubhöhe f ‖ ~ **центров** (Wkzm) Spitzenhöhe f ‖ ~ **черпания** (Bgb) Schnitthöhe f, Abtraghöhe f (Tagebau) ‖ ~ **шероховатости** Rauhigkeitshöhe f (einer Oberfläche) ‖ **~/штамповая** (Schm) Preßraumhöhe f ‖ ~ **штампо-**вочного пространства (Schm) lichte Höhe f des Arbeitsraumes (Presse) ‖ ~ **эклиптики** (Astr) Eklipitkhöhe f ‖ ~ **этажа** (Bgb) Etagenabstand m; Sohlenabstand m

высотность f (Flg) Höhenleistung[sfähigkeit] f, Höhenbetriebsverhalten n, Höhentauglichkeit f

высотомер m (Flg) Höhenmesser m ‖ **~/барометрический** barometrischer Höhenmesser m ‖ **~/звуковой** akustischer Höhenmesser m ‖ **~/импульсный** Impulshöhenmesser m ‖ ~ **малых высот** Tiefflughöhenmesser m, Feinhöhenmesser m ‖ **~/радиолокационный** Radarhöhenmesser m

высотомер-самописец m (Flg) Höhenschreiber m, selbstschreibender Höhenmesser m

выстаивание n Reifen n, Ausreifen n, Reifenlassen n (Formstoff); Mauken n

выстилка f Auslegung f, Auskleidung f; Auspflasterung f

выстраивание n (Ph, Ch) Ausrichtung f ‖ ~ **ядер** (Kern) Kernausrichtung f

выстрел m 1. Schuß m; 2. (Schiff) Spiere f ‖ **~/лазерный** Laserschuß m

выстрелы mpl **в карбюраторе** (Kfz) Vergaserpatschen n

выступ m 1. Ansatz m, Nase f, Nocken m; 2. vorspringender Teil m, Vorsprung m; 3. Auslading f, Auskragung f, Überhang m; 4. Grat m (Rippe); 5. Beule f, Wulst m(f); 6. Schulter f, Bund m (Welle); Anschulterung f; 7. Verlängerung f, Ansatz m; Zapfen m; 8. Ausbuchtung f; 9. (Fert) Kuppe f (im Rauheitsprofil) ‖ (Bgb) Kopfüberstand m ‖ **~/захватывающий** Mitnehmernase f, Mitnehmernocken m ‖ ~ **поверхности** Kamm m (im Mikrobild einer bearbeiteten Fläche); Rauheitserhebung f ‖ **~/полюсный** (El) Pol[schuh]horn n, Polkante f ‖ **~/поршневой** s. ~ поршня ‖ ~ **поршня** (Kfz) Kolbenansatz m, Kolbennase f ‖ **~/противоледовый** (Schiff) Eissporn m ‖ ~ **профиля/местный** (Fert) Profilkuppe f, Kuppe f (Rauheitsprofil) ‖ ~ **стены** (Bw) Mauervorsprung m ‖ ~ **стержня болта** Schaftansatz m ‖ **~/торцевой** Stirnansatz m ‖ **~/уплотнительный кольцевой** ringförmige Dichtwulst f (des Reifens) ‖ **~/уплотняющий** Dichtungsansatz m ‖ ~ **фланца/уплотняющий** Dichtungsleiste f des Flansches

выступать 1. ausladen, vorstehen, vorspringen; herausragen; 2. austreten (Fluß)

выступить s. выступать

высушенный getrocknet, Trocken...; entfeuchtet ‖ **~/предварительно** vorgetrocknet

высушивание n Austrocknen n, Eintrocknen n, Trocknen n; Rösten n, Darren n; Entfeuchten n ‖ **~/высокочастотное** Hochfrequenztrocknung f, HF-Trocknung f ‖ ~ **газов** Gastrocknung f ‖ **~/инфракрасное** Infrarottrocknung f ‖ ~ **на барабанах** Walzentrocknung f, Walzen[trocknungs]verfahren n, Filmtrocknung f ‖ ~ **распылением** Sprühtrocknung f, Zerstäubungstrocknung f

высушивать [aus]trocknen; rösten, darren; entfeuchten

высушить s. высушивать

высыхаемость f Trocknungsfähigkeit f, Trockenfähigkeit f; Trocknungsgrad m

высыхание n s. высушивание

выталкивание n Ausstoßen n, Ausschub m, Auswerfen n; Ausdrücken n
выталкиватель m 1. Auswerfer m, Ausstoßvorrichtung f; 2. Ausdrückmaschine f (in Koksöfen); 3. Ausdrücker m, Ausdrückstift m (in Spritzgießwerkzeugen); 4. (Met) Ausstoßer m, Auswerfer m; 5. (Wlz) Blockdrücker m ‖ ~ **обрезков** (Wlz) Endenauswerfer m (Schere) ‖ ~/**печной** (Wlz) Blockdrücker m ‖ ~ **пресс-формы/автоматический** 1. Selbstauswerfer m; 2. Materialausstoß m (Gesenk)
выталкивать ausstoßen, auswerfen; ausdrücken
вытапливание n s. выпотевание
вытапливать рыбий жир Tran kochen (Fischverarbeitung)
вытаскивание n Herausziehen n
вытаскиватель m Ausziehvorrichtung f ‖ ~ **шерстомойки** (Text) Wollausheber m (Wollwaschmaschine)
вытачивание n (Fert) Eindrehen n (in ein Werkstück); Ausdrehen n (aus einem Werkstück)
вытекание n 1. Ausfluß m, Auslaufen n (von Flüssigkeiten); Ausströmen n (von Gas); Abfluß m; 2. (Ph) Ausströmung f, Emanation f
вытекать abfließen (Flüssigkeiten); ausströmen (Gase)
вытеснение n Austreiben n, Verdrängung f ‖ ~ **водорода** Wasserstoffverdrängung f ‖ ~ **объёма** Volumenverdrängung f ‖ ~ **потока** (Kern) Flußverteilung f (Neutronen); (El) Flußverdrängung f ‖ ~ **тока** (El) Stromverdrängung f
вытеснитель m Verdränger m
вытеснить s. вытеснять
вытеснять verdrängen, austreiben
вытечь s. вытекать
вытолкнуть s. выталкивать
вытопка f (Lebm) Ausschmelzen n, Auslassen n (von Fett) ‖ ~/**мокрая** Naßschmelze f, Naßschmelzverfahren n ‖ ~ **рыбьего жира** Trankochen n (Fischverarbeitung) ‖ ~/**сухая** Trockenschmelze f, Trockenschmelzverfahren n
выточка f (Fert) Einstich m; Eindrehung f; Aussparung f; Nut f ‖ ~/**кольцевая** ringförmige Eindrehung f ‖ ~/**коническая** Innenkegel m
вытравка f 1. Ätzung f; Beizung f; 2. (Text) Weißätzen n
вытравливание n 1. s. вытравка; 2. (Schiff) Fieren n (Trossen)
вытравливать 1. s. вытравлять; 2. (Schiff) fieren n (Trossen)
вытравлять 1. [ab]ätzen; beizen; 2. (Lw) ausrotten, vertilgen (Schädlinge)
вытряхивание n Ausschütteln n
вытягивание n 1. (Ch) Extrahieren n, Ausziehen n; 2. Abziehen n, Absaugen n (Luft, Gase); 3. (Met) Recken n, Reckschmieden n, Strecken n; Aushämmern n (Kupfer); Dehnen n; Ziehen n (Blech); 4. (Glas) Ziehen n; 5. Ziehen n (Kristalle); 6. (Text) Strecken n, Verziehen n, Verzug m (Naturfaserspinnerei); Recken n (Chemieseidenherstellung) ‖ ~/**безлодочное** (Glas) düsenloses Ziehen n ‖ ~ **карниза** (Bw) Ziehen n der Gesimse ‖ ~ **кристаллов** Ziehen n von Kristallen [aus der Schmelze], Kristallziehen n ‖ ~/**лодочное** (Glas) Ziehen n aus einer Düse ‖ ~ **монокристаллов по Чохральскому** s. метод Чохральского ‖ ~/**предварительное** (Text) Vorverzug m (Streckwerk)
вытягивать 1. (Ch) ausziehen, extrahieren; 2. abziehen, absaugen (Luft, Gase); 3. strecken, ausrecken, in die Länge ziehen, ausdehnen; 4. (Umf, Schm) recken, reckschmieden; strecken; dehnen; 5. ziehen (Bleche, Kristalle); 6. (Text) verziehen, verstrecken (Naturfaserspinnerei); recken (Chemieseidenherstellung); 7. (Schiff) einhieven, einholen (Ankerkette); recken (z. B. eine Leine); hinausschleppen, hinausbugsieren (Schiff aus dem Hafen) ‖ ~ **входную** (Umf, Schm) kaltrecken; kaltstrecken ‖ ~ **под молотом** (Umf, Schm) ausschmieden; recken, ausziehen
вытяжка f 1. (Bw) Entlüfter m, Abzug m (Rohr, Kanal); 2. (Ch) Extrakt m, Auszug m; 3. (Text) Verstreckungsgrad m; 4. (Text) Strecken n, Verziehen n, Verzug m (Naturfaserspinnerei); Recken n (Chemieseidenherstellung); 5. Ausdehnung f, Dehnung f (Seile, Riemen); 6. (Met) Recken n, Reckung f, Strecken n, Streckung f, Dehnen n, Dehnung f; Breiten n, Breitung f; Stauchen n, Stauchung f (insbesondere durch Walzen und Schmieden); (Umf) Tiefziehen n, Tiefen n, Tiefung f; 8. (Mech) Formänderungsgrad m, Verformungsgrad m (beim Walzen und Ziehen); 9. Zug m (Faseroptik) ‖ ~ **в горячем состоянии** s. ~/горячая ‖ ~ **в холодном состоянии** s. ~/холодная 1. ‖ ~ **в ширину** (Schm) Breitziehen n ‖ ~/**водная** (Ch) wäßriger Extrakt (Auszug) m ‖ ~/**высокая** (Text) Hochverzug m (Spinnerei) ‖ ~/**главная** (Text) Hauptverzug m (Streckwerk) ‖ ~/**глубокая** (Umf) Tiefziehen n ‖ ~ **горловин** Aushalsen n (Kunststoffschweißen) ‖ ~/**горячая** 1. (Schm) Warmrecken n, Warmstrecken n, Warmausziehen m; 2. (Text) Heißverstreckung f ‖ ~/**грубая** (Umf) 1. Vorrecken n, Vorstrecken n; 2. Vorziehen n (vor dem Tiefziehen) ‖ ~/**дополнительная** (Text) Nachverstreckung f ‖ ~/**линейная** (Umf) lineare (axiale, einachsige) Streckung f ‖ ~ **листа** Blechziehen n ‖ ~ **между цилиндрами** (Text) Zylinderverstreckung f, Zylinderverzug m ‖ ~/**многократная** (Wlz) Streckung f durch mehrere Stiche ‖ ~/**неправильная** (Text) Fehlverzug m, Fehlreckung f ‖ ~/**обратная** (Schm) Stülpziehen n (von Blechen) ‖ ~/**обтяжная** (Schm) Streckziehen n ‖ ~/**общая** 1. (Schm) Gesamtstreckung f; 2. (Text) Gesamtverzug m ‖ ~/**окончательная** (Schm) Fertigziehen n (von Blechen) ‖ ~/**осевая** (Wlz) Längsstreckung f ‖ ~/**отрицательная** (Text) negativer Verzug m ‖ ~ **по Эриксену** (Umf) Erichsen-Tiefung f, Tiefung f nach Erichsen ‖ ~ **под молотом** (Schm) Ausschmieden n, Reckschmieden n, Streckschmieden n ‖ ~/**полная** 1. (Schm) Gesamtverstreckung f; 2. (Text) Gesamtverzug m ‖ ~/**предварительная** 1.(Text) Vorstrecken n, Vorrecken n; 2. (Schm) Vorziehen n (vor dem Tiefziehen); 3. (Text) Vorverzug m ‖ ~ **при горячей обработке** (Umf) Warmziehen n ‖ ~/**промежуточная** (Text) Zwischenverzug m ‖ ~/**прямая** (Umf) Tiefziehen n (von Blechen) ‖ ~/**растительная** (Lebm) Kräuterauszug m ‖ ~/**регулируемая** (Text) regulierter Verzug m, regulierte Reckung f ‖ ~ **с оправкой** (Schm)

Strecken *n* über (auf) dem Dorn *(von Hohlkörpern in Längsrichtung)*; Freiformschmieden *n* *(runder Hohlkörper bei unveränderlichem Innendurchmesser)* ‖ ~ **с прижимом** *(Umf)* Tiefziehen *n* mit Niederhalter ‖ ~ **с текстурированием** *(Text)* Recktexturierung *f* ‖ ~/**скрытая** *(Text)* Fehlverzug *m* ‖ ~/**солодовая** *(Lebm)* Malzauszug *m*, Malzextrakt *m* ‖ ~/**спиртовая** *(Ch)* alkoholischer Extrakt (Auszug) *m* ‖ ~/**средняя** *(Wlz)* mittlere Streckung *f* ‖ ~/**суммарная** *(Wlz)* Gesamtstreckung *f* ‖ ~/**точная** *(Wlz)* Polierzug *m* ‖ ~/**фактическая** *(Wlz)* tatsächliche (effektive) Streckung *f* ‖ ~/**фильерная** *(Text)* Verzug *m*, Spinnstreckung *f (Naturfaserspinnerei)*; Spinnreckung *f (Chemiefaserherstellung)* ‖ ~/**холодная** 1. *(Schm)* Kaltrecken *n*, Kaltstrecken *n*, Kaltstreckung *f*, Kaltauszienen *n*; 2. *(Text)* Kaltverstreckung *f* ‖ ~ **холста** *(Text)* Wattenverstreckung *f*, Wattenverzug *m* ‖ ~/**частная** 1. *(Text)* Teilverstreckung *f*, Zwischenverstreckung *f*, Teilverzug *m*, Zwischenverzug *m*; 2. *(Wlz)* Teilstreckung *f*, Einzelstreckung *f (eines Stiches)* ‖ ~/**чёрная** *(Schm)* Vorziehen *n (vor dem Tiefziehen)*

вытяжной 1. Abzugs...; 2. Zug...; dehnbar; 3. *(Schm)* streckbar, reckbar, Streck...; Reck...; 4. *(Umf)* Tiefungs..., Tiefzieh...; 5. Beihiever... *(Schleppnetzfischerei)*

выхаживание *n (Fert)* Ausfeuern *n (beim Schleifen)*

выхаживать *(Fert)* ausfeuern

выхват *m (Led)* 1. Ausheber *m*; 2. Kerbschnitt *m*

выхлоп *m* 1. Auslaß *m*, Auslaßöffnung *f*; *(Kfz)* Auspuff *m*; 2. Abdampf *m*, Austrittsdampf *m*

выход *m* 1. Austritt *m*, Austreten *n*; Verlassen *n*; 2. Ausgang *m (Gebäude)*; 3. Ertrag *m*, Ausbeute *f*; 4. Erscheinen *n (eines Buches)*; 5. Abfluß *m*; 6. *(Bgb)* Ausbiß *m*, Ausstrich *m*, Ausgehendes *n*; 7. *(El)* Ausgang *m*; 8. *(Inf)* Ausgabe *f (von Daten)*; Austritt *m (aus einem Programm)*; 9. Auslaufen *n (Schiffe)* • **со стороны выхода** *(El)* ausgangsseitig ‖ ~ **активации** *(Kern)* Aktivierungsausbeute *f* ‖ ~/**антенный** *(Rf, TV)* Antennenausgang *m* ‖ ~/**высокоомный** *(El)* hochohmiger Ausgang *m* ‖ ~/**двоично-десятичный кодовый** *(Inf)* BCD-Ausgang *m* ‖ ~/**двоичный** *(Inf)* binärer Ausgang *m* ‖ ~ **дымовых газов** *(Wmt)* Rauchgasaustritt *m*, Rauchgasauslaß *m* ‖ ~ **за сутки** Tagesausbeute *f* ‖ ~/**запасный** Notausgang *m*; Fluchtweg *m* ‖ ~ **золы** Ascheanfall *m* ‖ ~ **из зацепления** *(Masch)* 1. Ausrasten *n*; 2. Außereingriffbringen *n (Zahnpaar)* ‖ ~ **из зева** *(Text)* Fachaustritt *m* ‖ ~ **из синхронизма** *(El)* Außertrittfallen *n* ‖ ~ **из строя** Ausfall *m (z. B. einer Maschine)* ‖ ~ **излучения** *(Kern)* Emissionsausbeute *f*, Strahlungsausbeute *f* ‖ ~/**инвертируемый** *(Eln)* invertierbarer (inverser) Ausgang *m* ‖ ~/**информационный** *(Inf)* Informationsausgang *m*, Datenausgang *m* ‖ ~ **ионизации** *(Kern)* Ionisierungsausbeute *f* ‖ ~ **ионов** *(Kern)* Ionenausbeute *f* ‖ ~/**квантовый** *(Ph)* Quantenausbeute *f* ‖ ~/**контрольный** *(Schiff)* Kontrollfahrt *f* ‖ ~ **концентрата** Konzentratausbringen *n (Aufbereitung)* ‖ ~/**логический** *(Inf)* Logikausgang *m* ‖ ~ **металла** Metallausbringen *n (Aufbereitung)* ‖ ~/**многофазный** *(El)* mehrphasiger Ausgang *m* ‖ ~ **мощности** Leistungsausbeute *f* ‖ ~/**мощный** *(Eln)* 1. Treiberausgang *m*; 2. Leistungsausgang *m* ‖ ~ **на единицу времени** Zeitausbeute *f*, Ausbeute *f* je Zeiteinheit *f* ‖ ~ **на объект** *(Flg)* Zielanflug *m*, Anflug *m* ‖ ~ **на орбиту** *(Raumf)* Aufstieg *f* in die Umlaufbahn, Injektion *f* ‖ ~ **на постоянном токе** *(El)* Gleichstromausgang *m* ‖ ~ **на программу пользователя** *(Inf)* Benutzerausgang *m*, Nutzerexit *m* ‖ ~ **на цель** *s.* ~ **на объект** ‖ ~ **нейтронов** *(Kern)* Neutronenquellstärke *f*, Neutronenausbeute *f* ‖ ~/**низкоомный** *(El)* niederohmiger Ausgang *m* ‖ ~/**открытый коллекторный** *(El)* offener Kollektorausgang *m* ‖ ~ **пара** Dampfauslaß *m*, Dampfaustritt *m* ‖ ~ **передатчика** *(El)* Senderausgang *m* ‖ ~ **по металлу** *(Met)* Metallausbringen *n* ‖ ~ **по прерыванию** *(Inf)* Unterbrechungsausgang *m*, Interruptausgang *m* ‖ ~ **по току** Stromausbeute *f* ‖ ~ **по току на аноде** Anodenausbeute *f*, Anodenausbringen *n (Naßmetallurgie)* ‖ ~ **по энергии** *s.* ~/**энергетический** ‖ ~/**последовательный** *(Inf)* serieller Ausgang *m* ‖ ~ **приёмника** *(Eln)* Empfängerausgang *m* ‖ ~ **продуктов деления** *(Kern)* Spalt[produkt]ausbeute *f*, Ausbeute *f* der Spaltung ‖ ~/**радиационнохимический** strahlenchemische Ausbeute *f* ‖ ~/**разрядный** *(Inf)* bitorientierter Ausgang *m* ‖ ~ **реакции** *s.* ~ **ядерной реакции** ‖ ~ **реакции скалывания** *(Kern)* Spallations[produkt]ausbeute *f* ‖ ~/**симметричный** *(Eln)* symmetrischer Ausgang *m* ‖ ~ **стружки** *(Fert)* Spananfall *m* ‖ ~ **тока** Stromaustritt *m* ‖ ~ **фильтрата** *(Ch)* Filtratabfluß *m*, Filtrataustritt *m* ‖ ~ **чугуна** *(Met)* Roheisenausbringen *n (Hochofen)* ‖ ~ **электронов** *(Kern)* Elektronenablösung *f*, Elektronenauslösung *f*, Elektronenaustritt *m*, Elektronenabspaltung *f* ‖ ~/**эмиттерный** Emitteranschluß *m (Halbleitertechnik)* ‖ ~/**энергетический** *(En)* energetische Ausbeute *f*, Energieausbeute *f* ‖ ~ **ядерной реакции** *(Kern)* Ausbeute *f* der Kernreaktion, Reaktionsausbeute *f*

выходить austreten, abgehen; heraustreten; ablaufen; anfallen ‖ ~ **из зацепления** *(Masch)* außer Eingriff bringen *(Zahnpaar)* ‖ ~ **из работы** ausfallen *(Geräte)* ‖ ~ **из синхронизма** *(El)* aus dem Synchronismus (Tritt) geraten (fallen) ‖ ~ **из строя** ausfallen *(Geräte)* ‖ ~ **на [дневную] поверхность** *(Bgb)* ausbeißen, ausstreichen, ausgehen, zu Tage gehen

выцветание *n* 1. Ausschlag *m*, Beschlag *m*, Anflug *m*; 2. *(Min)* Ausblühung *f*; Effloreszenz *f*; 3. Verschießen *n (Farben)*; *(Text)* Ausbleichen *n*, Abbleichen *n* ‖ ~ **серы** Ausschwefeln *n*

выцветать 1. beschlagen; 2. *(Min)* ausblühen; 3. verschießen *(Farben)*; *(Text)* ausbleichen, abbleichen

вычеканить ausstanzen; ausmeißeln; prägen
вычёркивание *n* Streichung *f*
вычерпывать ausschöpfen
вычертить *s.* вычерчивать
вычерчивание *n* 1. Zeichnen *n*, Aufzeichnen *n*, Aufzeichnung *f*; 2. Ausziehen *n* mit Tusche ‖ ~/**механическое** maschinelles Zeichnen *n* ~ **шкалы** Teilen *f* einer Skale
вычерчивать 1. zeichnen, anreißen; 2. ausziehen *(mit Tusche)*

вычесть

вычесть s. вычитать
вычёсывание n (Text) Auskämmen n (Kämmaschine)
вычет m (Math) Residuum n, Rest m ǁ **~/степенной** Potenzrest m ǁ **~ функции** Residuum n der Funktion
вычисление n 1. Rechnen n; 2. Berechnung f, Rechnung f ǁ **~ возмущений** (Astr) Störungsrechnung f ǁ **~/гибридное** (Inf) Hybridrechenlauf m ǁ **~ орбит** (Astr) Bahn[be]rechnung f ǁ **~ погрешностей** Fehlerrechnung f ǁ **~/приближённое** (Math) Näherungsrechnung f ǁ **~/проверочное** (Inf) Gegenrechnung f ǁ **~ с плавающей запятой** (Inf) Gleitkommarechnung f ǁ **~ с фиксированной запятой** (Inf) Festkommarechnung f ǁ **~ эфемерид** (Astr) Ephemeridenrechnung f
вычисления npl/**итоговые** (Inf) Summenrechnungen fpl, Summierungen fpl
вычислитель m Rechner m, Recheneinrichtung f ǁ **~ курса** Kursrechner m ǁ **~/навигационный** Navigationsrechner m ǁ **~/управляющий** Steuerrechner m ǁ **~/центральный** zentraler Rechner m ǁ **~/цифровой** Digitalrechner m, digitaler Rechner m, Ziffernrechner m
вычислительный Rechen...
вычитаемое n (Math) Subtrahend m
вычитание n (Math) Subtraktion f, Subtrahieren n ǁ **~ с плавающей запятой** (Inf) Gleitkommasubtraktion f ǁ **~ с фиксированной запятой** (Inf) Festkommasubtraktion f
вычитатель m Subtrahierer m
вычитать (Math) subtrahieren, abziehen
вычитающий (Math) Subtraktions..., Subtrahier...
вышесинхронный (El) übersynchron
вышибание n челнока (Text) Herausschlagen n des Schützens
вышибатель m шпули (Text) Stoßhammer m, Hammer m (automatischer Webstuhl)
вышивание n (Text) 1. Broschieren n; 2. Sticken n
вышка f Turm m, Gerüst n ǁ **~/буровая** (Bgb) Bohrturm m ǁ **~/копровая** (Bw) Fallwerksgerüst n, Fallwerksturm m ǁ **~/наблюдательная** Beobachtungsturm m ǁ **~/парашютная** Fallschirm[sprung]turm m ǁ **~/пусковая** (Raumf) Startturm m
выщелачиваемость f (Ch) Auslaugbarkeit f, Extrahierbarkeit f (Aufbereitung)
выщелачивание n 1. (Ch) Auslaugen n; Extraktion f von Feststoffen; 2. (Bgb) Laugen n, Laugung f (Aufbereitung); 3. Beizen n (von Fässern); 4. Aussolung f (Salzgewinnung) ǁ **~/автоклавное** (Bgb) Autoklavenlaugung f; Druckaufschluß m (Aufbereitung) ǁ **~/бактериальное** (Bgb) bakterielle (biologische) Laugung f (Aufbereitung) ǁ **~ взмучиванием** Rührlaugung f (Aufbereitung; Hydrometallurgie) ǁ **~/водное** Wasserlaugen n, Wasserlaugung f (Aufbereitung) ǁ **~ дробины** (Brau) Anschwänzen n, Überschwänzen n (Auswaschen der Treber durch Nachgüsse) ǁ **~/кучное** Haufenlaugen n, Haufenlaugung f (Aufbereitung) ǁ **~/подземное** (Bgb) Untertagelaugung f (Aufbereitung) ǁ **~ просачиванием** Sickerlaugung f, Perkolation f (Aufbereitung) ǁ **~/противоточное** Gegenstromauslaugung f, Gegenstromextraktion f (Aufbereitung) ǁ **~ руды** Erzlaugung f (Aufbereitung) ǁ **~/сорбционное** Sorptionslaugung f (Aufbereitung) ǁ **~/экстракционное** extraktive Laugung f (Aufbereitung)
выщелачиватель m Auslaugeapparat m, Auslauger m, Extraktionsapparat m
выщелачивать 1. (Ch) auslaugen, auswaschen; [Feststoffe] extrahieren; 2. laugen (Aufbereitung von Erzen); beizen (Fässer); 4. (Brau) anschwänzen, überschwänzen; 5. aussolen (Salze)
выщелочить s. выщелачивать
выщербленный schartig
выявляемость f Feststellbarkeit f, Nachweisbarkeit f (eines Fehlers)
вьюрок m (Text) Drehröhrchen n, Drehtrichter m (Ringspinnmaschine)
вьюшка f (Schiff) Haspel f(m), Drehhaspel f(m), Rolle f, Trommel f (zur Trossenaufnahme) ǁ **~/кабельная** Kabeltrommel f, Kabelhaspel f(m) ǁ **~ минрепа** Ankertautrommel f ǁ **~/тросовая** Trossenhaspel f(m), Trossentrommel f
ВЭЛ s. лазер/высокоэнергетический
ВЭС s. ветроэлектростанция
ВЭУ s. умножитель/вторично-электронный
вюртцит m (Min) Wurtzit m, Strahlenblende f (Zinkmineral)
вяжущее n (Bw) Bindemittel m ǁ **~/быстросхватывающееся** Schnellbinder m ǁ **~/гидравлическое** hydraulisches Bindemittel n ǁ **~/гипсоцементопуццолановое** Gipszementpuzzolanbinder m ǁ **~/известково-песчаное** Kalksandbinder m ǁ **~ мокрого помола** Naßbinder m ǁ **~ мокрого помола/шлаковое** Schlackennaßbinder m ǁ **~/смешанное** Mischbinder m
вязально-прошивной (Text) Nähwirk...
вязальный (Text) Wirk-...; Strick-...
вязание n (Text) Stricken n; Wirken n
вязать 1. (Text) stricken; wirken; häkeln; 2. (Lw) binden (Garben)
вязка f 1. (Bw) Schiftschnitt m (Zimmermannsarbeiten); 2. (Text) Stricken n; Häkeln n; 3. (Text) Gewirk n; 4. (Lw) Binden n (Garben)
вязкий 1. zäh; 2. zähflüssig, dickflüssig, viskos; 3. duktil, dehnbar, verformbar (Metall)
вязкость f 1. Viskosität f, Zähigkeit f, innere Reibung f; 2. (Met) Duktilität f, Dehnbarkeit f, Verformbarkeit f (Metalle) ǁ **~/динамическая** dynamische Viskosität f, Koeffizient m der inneren Reibung f ǁ **~/диэлектрическая** dielektrische Hysterese f ǁ **~/кинематическая** kinematische Viskosität f ǁ **~ краски** (Typ) Viskosität f der Farbe, Zügigkeit f, Farbduktilität f, Druckfarbenviskosität f ǁ **~/магнитная** (El) magnetische Hysterese f ǁ **~ на излом** (Wkst) Bruchzähigkeit f, Bruchwiderstand m ǁ **~/низкая ударная** (Wkst) Versprödung f (geringe Kerbschlagzähigkeit der Schweißnaht) ǁ **~/объёмная** Volumenviskosität f ǁ **~/относительная** relative Viskosität f ǁ **~/ползучести** (Wkst) Viskosität f ǁ **~ разрушения** s. ~ на излом ǁ **~/сдвиговая** Scher[ungs]viskosität f, Schubviskosität f, Scherungszähigkeit f ǁ **~/структурная** Strukturviskosität f ǁ **~/ударная** (Wkst) Schlag[biege]zähigkeit f ǁ **~/удельная** spezifische Viskosität (Zähigkeit) f ǁ **~/эффективная** effektive Viskosität f

вязкотекучесть f Zähflüssigkeit f, Viskosität f
вязкотекучий zähflüssig, viskos
вязкоупругий viskoelastisch, zähelastisch
вязкоупругость f Viskoelastizität f
вязкоэластичный s. вязкоупругий
вяление n Trocknen n, Dörren n (z. B. Fische)
вялить trocknen, dörren (z. B. Fische)

Г

га s. гектар
габарит m 1. Begrenzungsprofil n, Umgrenzungsprofil n, lichter Raum m, Außenabmessung f, Außenmaß n, Umgrenzung f; 2. (Fert) Einstellehre f, Einstellstück n (z. B. für Fräser) ‖ ~ погрузки (Eb) Lademaß n, Ladeprofil n, Ladelehre f ‖ ~ подвижного состава Fahrzeugbegrenzung f, Fahrzeugbegrenzungsprofil n, Begrenzungsprofil n ‖ ~/подмостовой Brückendurchfahrtsprofil n ‖ ~ приближения строений (Eb) Lichtraumumgrenzung f, Umgrenzung f des lichten Raumes
габариты mpl Begrenzungsmaße npl, Umgrenzungsmaße npl
габбро n (Geol) Gabbro m
габбро-норит m (Geol) Gabbronorit m
габбро-порфирит m (Geol) Gabroporphyrit m
габитус m (Krist) Habitus m ‖ ~/игольчатый nadeliger Habitus m ‖ ~ кристалла Habitus m ‖ ~/пластинчатый tafeliger Habitus m ‖ ~/призматический prismatischer Habitus m
гавань f s. порт 1.
гагат m (Geol) Gagat m, Pechkohle f
гадолиний m (Ch) Gadolinium n, Gd
гадолинит m (Min) Gadolinit m (Mineral seltener Erden)
гажа f (Geol) Seekreide f
ГАЗ s. завод/гибкий автоматизированный
газ m 1. Gas n; 2. (Text) Gaze f ‖ ~/атомарный atomares Gas n ‖ ~/балонный Flaschengas n ‖ ~/бедный Schwachgas n, armes (geringwertiges) Gas n ‖ ~/бинарный binäres Gas n ‖ ~/биохимический Biogas n, Faulgas n ‖ ~/благородный Edelgas n ‖ ~/богатый Reichgas n; Starkgas n ‖ ~/болотный Sumpfgas n (Methan) ‖ ~/веселящий Lachgas n ‖ ~/водяной Wassergas n ‖ ~/восстановительный reduzierendes Gas n, Reduktionsgas n ‖ ~/вредный Faulgas n ‖ ~/вырожденный электронный entartetes Elektronengas n ‖ ~/высококалорийный Starkgas n ‖ ~/высокопрочный (El) durchschlagfestes Gas n ‖ ~/высокоразрежённый Hochvakuum n ‖ ~/высокосернистый schwefelreiches Gas n, Gas n mit hohem SO₂-Gehalt ‖ ~/выхлопной Abgas n; Auspuffgas n ‖ ~/генераторный Generatorgas n ‖ ~/городской Stadtgas n ‖ ~/горчичный Senfgas n ‖ ~/горячий Brenngas n (für Schweiß- und Schneidbrenner); Heizgas n (für Heizzwecke verwendetes Brenngas) ‖ ~ горячего дутья (Met) Warmblasegas n, Heißblasegas n ‖ ~/горячий Heißgas n ‖ ~/гремучий Knallgas n ‖ ~/грубоочищенный vorgereinigtes Gas n ‖ ~/двухмерный электронный zweidimensionales Elektronengas n, 2D-Elektronengas n (Halbleiter) ‖ ~/дымовой Rauchgas n ‖ ~/дырочный Löchergas n (Halbleiter) ‖ ~/естественный Erdgas n, Naturgas n ‖ ~/жидкий s. ~/сжиженный ‖ ~/жирный Fettgas n, Ölgas n ‖ ~/загрязнённый kontaminiertes Gas n ‖ ~/защитный Schutzgas n, Schutzatmosphäre f ‖ ~/идеальный ideales Gas n ‖ ~/инертный inertes Gas n, Inertgas n ‖ ~/каменноугольный Steinkohlengas n ‖ ~/коксовальный Kokereigas n, Koks[ofen]gas n ‖ ~/колошниковый Abgas n (eines Schachtofens); Gichtgas n, Hochofen[gicht]gas n ‖ ~/конвертированный konvertiertes Gas n, Kontaktgas n ‖ ~ крекинга Krackgas n, Spaltgas n ‖ ~/малый Leerlaufgas n ‖ ~/масляный Ölgas n, Fettgas n ‖ ~/межзвёздный (Astr) interstellares Gas n ‖ ~/межпланетный (Astr) interplanetares Gas n ‖ ~/наполняющий Füllgas n ‖ ~/натуральный s. ~/природный ‖ ~/нейтральный neutrales (inertes) Gas n ‖ ~/неконденсирующийся permanentes Gas n ‖ ~/неоднородный inhomogenes Gas n ‖ ~/неочищенный Rohgas n, ungereinigtes Gas n ‖ ~/нефтяной Erdölgas n ‖ ~/низкокалорийный Schwachgas n ‖ ~/нитрозный nitroses Gas n (Gemisch von Stickstoffoxiden) ‖ ~/обжиговый Rücklaufgas n; Reingas n, gereinigtes Gas n ‖ ~/окислительный oxidierendes Gas n, Oxidationsgas n ‖ ~/околозвёздный (Astr) zirkumstellares Gas n ‖ ~/остаточный Restgas n, Rückstandsgas n ‖ ~/отработавший (отработанный, отходящий) Abgas n ‖ ~/очищенный Reingas n, gereinigtes Gas n ‖ ~/паровоздушный Mischgas n, Halbgas n ‖ ~/первичный Schwelgas n, Wassergas n aus Halbkoks ‖ ~/печной 1. Heizgas n; 2. Abgas n, Rauchgas n ‖ ~/полный (Kfz) Vollgas n, (Flg auch:) Vollast f ‖ ~/полугенераторный Wassergas n ‖ ~/полукоксовый s. ~/первичный ‖ ~/попутный benzinhaltiges Erd[öl]gas n (vom Erdöl abgetrenntes Erdgas) ‖ ~/постоянный permanentes Gas n, Permanentgas n ‖ ~/природный Erdgas n, Naturgas n ‖ ~/пробный Spürgas n (Lecksuche) ‖ ~/промежуточный (Kfz) Zwischengas n ‖ ~/промышленный Industriegas n ‖ ~/прямой Rohgas n, ungereinigtes Gas n ‖ ~/прямой коксовый Koksofenrohgas n, Kokereirohgas n ‖ ~/пусковой Zündgas n (Gasturbine) ‖ ~/рабочий Betriebsgas n, Füllgas n ‖ ~/реальный reales (wirkliches) Gas n ‖ ~/режущий (Schm) Schneidgas n ‖ ~/рудничный (Bgb) Grubengas n ‖ ~/сгоревший Abgas n, Rauchgas n ‖ ~/сернистый Schwefelgas n, SO₂-Gas n ‖ ~/сжатый Druckgas n ‖ ~/сжигаемый Heizgas n; brennbares Gas n ‖ ~/сжиженный verflüssigtes (flüssiges) Gas n, Flüssiggas n ‖ ~/силовой Kraftgas n ‖ ~/смешанный Mischgas n, Halbgas n ‖ ~/совершенный ideales Gas n ‖ ~/технологический Synthesegas n (bei der Ammoniaksynthese) ‖ ~/топочный Heizgas n, Brenngas n ‖ ~/тощий mageres Gas n; Schwachgas n ‖ ~/угарный Kohlenmonoxid[gas] n ‖ ~/углеводородный Kohlenwasserstoffgas n ‖ ~/углекислый Kohlendioxid[gas] n ‖ ~/хлористоводородный Chlorwasserstoffgas n ‖ ~ холостого хода (Kfz) Leerlaufgas n ‖ ~/циркуляционный Kreislaufgas n, Umlaufgas n, Zirkulationsgas n ‖

газ 136

~/электронный Elektronengas *n (Halbleiter)* ‖
~/энергетический Kraftgas *n* ‖ **~/ядовитый** Giftgas *n*, toxisches Gas *n*
газация *f* 1. *(Lw)* Begasung *f*, Begasen *n (Schädlingsbekämpfung)*; 2. *(Erdöl)* Gasaustritt *m*
газ-восстановитель *m* reduzierendes Gas *n*, Reduktionsgas *n*
газгольдер *m* Gasbehälter *m*, Gasspeicher *m* ‖ **~/многозвенный** *s*. **~/телескопический** ‖ **~/мокрый** nasser Gasbehälter *m (als Gruppenbegriff)*; *i. e. S.* Glockengasbehälter *m (Bauart mit einhübiger Glocke)* ‖ **~/сухой** trockener Gasbehälter *m (als Gruppenbegriff)*; *i. e. S.* Scheibengasbehälter *m* ‖ **~/телескопический** Teleskopgasbehälter *m (nasser Gasbehälter mit mehrhübiger Glocke aus zwei bis sechs Teleskopringen)*
газер *m* Gammastrahlenlaser *m*, Gaser *m*
газирование *n* 1. *(Erdöl)* Gasaustritt *m*; 2. *(Lebm)* Karbonisieren *n (von Getränken)*
газировать 1. *(Lebm)* karbonisieren, imprägnieren, mit Kohlendioxid anreichern (sättigen) *(Getränke)*; 2. *(Lw)* begasen *(Schädlingsbekämpfung)*
газификатор *m* Vergaser *m (Carbochemie)* ‖ **~/кислородный** *(Schw)* Vergaser *m (Vergasung von flüssig gespeichertem Sauerstoff)* ‖ **~/тёплый** Warmvergaser *m*
газификация *f* 1. Vergasung *f*; 2. Gasversorgung *f* ‖ ~ **в кипящем слое** Wirbelschichtvergasung *f* ‖ **~/горизонтальная** Querstromvergasung *f* ‖ **~/обратная** Gleichstromvergasung *f* ‖ **~/подземная** *(Bgb)* Untertagevergasung *f*, Flözvergasung *f* ‖ **~/полная** Vollvergasung *f*, vollständige Vergasung *f* ‖ **~/прямая** Gegenstromvergasung *f*
газифицирование *n s*. газификация
газифицировать 1. vergasen; 2. gasifizieren, mit Gas versorgen
газлифт *m* 1. *(Erdöl)* Gasliftverfahren *n*, Druckgasförderverfahren *n*, Gaslift *m*; 2. *s*. насос/ пневматический
газ-наполнитель *m* Füllgas *n*
газ-носитель *m* Trägergas *n (Dotierung; Halbleiter)*; Schleppgas *n (im Absorptionsprozeß)*
газоанализатор *m* Gasanalysator *m*, Gasprüfer *m*, Gasanalysengerät *n* ‖ ~ **дымовых газов** Rauchgasprüfer *m* ‖ **~/индикаторный** Gasspürgerät *n* ‖ ~ **Орса** Orsat-Apparat *m*
газобезопасный 1. gassicher *m*; 2. *(Bgb)* schlagwettersicher
газобетон *m (Bw)* Gasbeton *m*, Luftporenbeton *m* ‖ **~/автоклавный** autoklav behandelter Gasbeton *m* ‖ **~/неавтоклавный** natürlich erhärteter Gasbeton *m*
газование *n* Gasen *n (bei der Wassergaserzeugung)*
газовоз *m (Schiff)* Gastanker *m*, Flüssiggastanker *m*
газовоздуходувка *f* Gasgebläse *n*, Gasgebläsemaschine *f* ‖ **~/доменная** Hochofen[gicht]gasgebläse *n*
газовыделение *n* 1. *(Ch)* Gasentwicklung *f*, Gasausscheidung *f*; 2. *(Bgb)* Gasaustritt *m*, Gasausströmung *f*, Gasfreisetzung *f*
газогенератор *m* Gasgenerator *m*, Gaserzeuger *m*, Gasentwickler *m*, Generator *m* ‖ **~/низкого** **давления** Niederdruckgasgenerator *m*, ND-Entwickler *m* ‖ **~/обращённый** Gleichstromgaserzeuger *m*, Generator *m* mit absteigender Vergasung
газогипс *m* Porengips *m*, Gasgips *m*
газодинамика *f* Gasdynamik *f* ‖ **~/гиперзвуковая** Hyperschallgasdynamik *f*, hypersonische Gasdynamik *f* ‖ **~/дозвуковая** Unterschallgasdynamik *f* ‖ **~/сверхзвуковая** Hyperschallgasdynamik *f*
газодувка *f* Gebläse *n*, Gasgebläse *n* ‖ **~/горячая** Heißgasgebläse *n* ‖ **~/колошниковая** *(Met)* Gicht[gas]gebläse *n* ‖ **~/осевая** Axial[gas]gebläse *n* ‖ **~/поршневая** Hubkolbengasgebläse *n* ‖ **~/центробежная** Radialgebläse *n*, Zentrifugalgebläse *n* ‖ **~/циркуляционная** Umlaufgebläse *n*
газозаборник *m* Gasprobennehmer *m*
газозолобетон *m* Gasaschenbeton *m*, Aschengasbeton *m*
газойль *m* Gasöl *n*
газокамера *f* Begasungsraum *m*
газ-окислитель *m (Ch)* oxidierendes Gas *n*, Oxidationsgas *n*
газомер *m* Gasmesser *m*, Gaszähler *m (s. a. unter газосчётчик)* ‖ **~/дросселирующий** Gaszähler *m* nach dem Wirkdruckverfahren, Wirkdruckgaszähler *m* ‖ **~/крыльчатый** Schraubenradgaszähler *m* ‖ **~/мокрый** nasser Gasmesser *m*, Naßläufer *m*, Trommelgaszähler *m* ‖ **~/объёмный** Volumengaszähler *m* ‖ **~/переменного перепада давления** Gasmesser *m* nach dem Wirkdruckverfahren, Wirkdruckzähler *m* ‖ **~/сильфонный** Balgengaszähler *m* ‖ **~/скоростной** Geschwindigkeitsgaszähler *m*, Gaszähler *m* nach dem Geschwindigkeitsprinzip ‖ **~/сухой** trockener Gaszähler *m* ‖ **~/сухой объёмный** Verdrängungsgaszähler *m*
газомер-вертушка *m* Flügelradmesser *m*
газометаллизатор *m* Flammspritzgerät *n*
газометр *m* 1. Gasometer *m (Kleinbehälter zum Auffangen und Speichern labormäßig gewonnener Gase)*; 2. Gasbehälter *m*
газонаполненный gasgefüllt
газонасыщенность *f* Gassättigung *f*
газонасыщенный gasgesättigt
газонепроницаемость *f* Gasundurchlässigkeit *f*, Gasdichtigkeit *f*
газонепроницаемый gasundurchlässig, gasdicht
газонокосилка *f* Rasenmäher *m*
газоносность *f (Bgb)* Gasführung *f*, Gashaltigkeit *f*
газоносный *(Bgb)* gasführend
газообильность *f (Bgb)* Gasanreicherung *f*, Gasführung *f*
газообмен *m* 1. Gasaustausch *m*, Gaswechsel *m*; 2. *(Kfz)* Ladungswechsel *m*
газообменник *m* Gasaustauscher *m*
газообразный gasförmig, gasartig
газообразование *n* Gasbildung *f*, Gasentwicklung *f*, Gaserzeugung *f*
газообразователь *m* 1. Gasbildner *m*; 2. Treibmittel *n (zur Herstellung von Schaumstoffen)*; 3. *(Bw)* Gasporenbildner *m*, Luftporenbildner *m*
газоопасность *f (Bgb)* Gasgefährdung *f*
газоопределитель *m* Gasspürgerät *n*, Gasanzeigegerät *n*

газоотвод *m* Gasabzug *m*, Gasableitung *f*
газоотводный Gasabzug[s]..., Gasableitungs...
газоохладитель *m* Gaskühler *m* ‖ **~/орошаемый** Berieselungsgaskühler *m* ‖ **~/трубчатый** Röhrengaskühler *m*
газоохлаждаемый gasgekühlt
газоочиститель *m* 1. Gasreiniger *m*, Gaswäscher *m*; 2. Staubsack *m (Hochofen)* ‖ **~/мокрый** Gaswaschapparat *m*, Gaswascher *m*, Skrubber *m* ‖ **~/центробежный** Zentrifugal[gas]wascher *m*, Desintegrator[gas]wascher *m*, Desintegrator *m* ‖ **~/электростатический** Elektrostaubfilter *n*, Elektrogasreiniger *m*
газоочистительный Gasaufbereitungs..., Gasreinigungs...
газоочистка *f* Gasaufbereitung *f*, Gasreinigung *f* ‖ **~/тонкая** Gasfeinaufbereitung *f*, Gasfeinreinigung *f*
газоплотность *f* Gasdichtheit *f*
газоплотный gasdicht
газопоглотитель *m s. unter* геттер
газопоглощение *n* 1. Gasabsorption *f*; 2. *(Eln)* Getterung *f*, Restgasbindung *f*
газоподогреватель *m* Gasvorwärmer *m*, Gaserhitzer *m* ‖ **~/регенеративный** Regenerativgasvorwärmer *m*, Regenerativgaserhitzer *m* ‖ **~/рекуперативный** Rekuperativgasvorwärmer *m*, Rekuperativgaserhitzer *m*
газоприёмник *m* Gasrezipient *m*, Gassammler *m*
газопровод *m* Gasleitung *f*; Gaszug *m* ‖ **~/магистральный** Ferngasleitung *f*
газопроводный Gasleitungs...
газопромыватель *m* Gaswascher *m*, Gaswaschapparat *m*, Sprühwascher *m*, Skrubber *m*; Gaswaschflasche *f*, Waschflasche *f (Laborgerät)* ‖ **~/вращающийся (динамический)** rotierender Gaswascher *m* ‖ **~/струйный турбулентный** Venturi-Wascher *m*, Venturi-Abscheider *m* ‖ **~/центробежный** Zentrifugal[gas]wascher *m*, Desintegrator[gas]wascher *m*, Desintegrator *m*
газопромывной Gaswasch...
газопроницаемость *f* Gasdurchlässigkeit *f*
газопроницаемый gasdurchlässig
газопроявление *n (Geol)* Gasvorkommen *n*
газопылевой *(Astr)* Gas-Staub-...
газоразрядный Gasentladungs...
газораспределение *n* 1. Motorsteuerung *f*, Gaswechselsteuerung *f*, Ladungswechselsteuerung *f (Verbrennungsmotor)*; 2. Spülung *f (Zweitaktmotor)* ‖ **~/бесклапанное** ventillose Steuerung *f*, Schlitzsteuerung *f* ‖ **~/верхнеклапанное** Motorsteuerung *f* bei hängenden Ventilen ‖ **~/золотниковое** Schiebersteuerung *f* ‖ **~/золотниково-щелевое** Schieber-Schlitz-Steuerung *f*, Kolbenschiebersteuerung *f (Zweitaktmotor)* ‖ **~/клапанное** Ventilsteuerung *f* ‖ **~/клапанно-щелевое** [kombinierte] Ventil-Schlitz-Steuerung *f (Zweitaktmotor)* ‖ **~/крановое** Drehschiebersteuerung *f* ‖ **~/нижнее** Motorsteuerung *f* bei untenliegender Nockenwelle ‖ **~ поршневым золотником** Kolbenschiebersteuerung *f* ‖ **~/прямоточное** Gleichstromprüfung *f* ‖ **~ с боковыми клапанами** Gaswechselsteuerung *f* mit seitlich angeordneten Ventilen *(Hubkolbenverdichter; Hubkolbenpumpen)* ‖ **~ с верхними клапанами** Gaswechselsteuerung *f* mit obengesteuerten Ventilen ‖ **~ с нижними клапанами** Gaswechselsteuerung *f* mit untengesteuerten Ventilen ‖ **~ с подвесными клапанами** Gaswechselsteuerung *f* bei hängenden Ventilen ‖ **~/щелевое** Schlitzsteuerung *f (Zweitaktmotor)*
газосборник *m* Gassammelleitung *f*, Sammelrohr *n (in Gewinnungsanlagen für Erd- und Industriegas)*
газосиликат *m (Bw)* Gassilikat *n*
газосмеситель *m* Gas[luft]mischer *m*, Vergaser *m*
газоснабжение *n* Gasversorgung *f* ‖ **~/дальнее** Ferngasversorgung *f*
газосос *m* Exhaustor *m*, Gasventilator *m*, Lüfter *m*
газостат *m* Druckkammer *f* mit Gas als Druckmedium
газостекло *n* Schaumglas *n*
газосчётчик *m* Gaszähler *m*, Gasmesser *m (s. a. unter* газомер*)* ‖ **~/барабанный** Trommelgaszähler *m* ‖ **~/бытовой (домашний)** Hausgaszähler *m* ‖ **~/ротационный** Drehkolbengaszähler *m* ‖ **~/турбинный** Turbinengaszähler *m*
газотворный gasbildend, Gasbildungs...
газотрон *m (El)* Gasdiode *f*, gasgefüllte Diode *f* ‖ **~/высоковольтный** Hochspannungsgasdiode *f* ‖ **~/мощный** Hochleistungsgasdiode *f* ‖ **~/ртутный** Quecksilber[dampf]diode *f*
газотурбовоз *m* Gasturbinenlokomotive *f*, Turbinenlokomotive *f*
газотурбонагнетатель *m (Masch)* Abgasturbolader *m*, Abgasturbogebläse *n* ‖ **~/высоконапорный** Hochdruckturbolader *m* ‖ **~/низконапорный** Niederdruckturbolader *m*
газотурбопоезд *m (Eb)* Triebwagenzug *m* mit Gasturbinenantrieb
газотурбоход *m* Gasturbinenschiff *n*
газоулавливание *n* Gasabscheidung *f*
газоуловитель *m* Gasabscheider *m*, Gasfang *m*
газоустойчивость *f* Gasfestigkeit *f*, Widerstandsfähigkeit *f* gegenüber Gas
газоустойчивый gasfest
газоход *m* 1. Gaszug *m*, Feuerzug *m*; Abgaskanal *m*, Fuchs *m (Ofen)*; 2. Gasturbinenschiff *n*
газохранение *n (Bgb)* Gasspeicherung *f* ‖ **~/подземное** Untergrundgasspeicherung *f*
газохранилище *n (Bgb)* Gasspeicher *m* ‖ **~/подземное** Untergrundgasspeicher *m*
газошлакобетон *m (Bw)* Schlackengasbeton *m*
газошлакосиликат *m (Bw)* Schlackengassilikat *m*
газы *mpl*/**литейные** *(Gieß)* Gießgase *npl (während des Gießens entstehende Form- und Kerngase)*
гайдроп *m (Flg)* Schleppseil *n*, Schlepptau *n*, Ankerseil *n*
гайка *f (Masch)* Mutter *f* ‖ **~ анкерного болта** Ankermutter *f* ‖ **~/барашковая** Flügelmutter *f* ‖ **~ винтовой стяжки** Spannschloßmutter *f* ‖ **~/вставная** Einsatzmutter *f*, Einpreßmutter *f* ‖ **~/глухая** Verschlußkappenmutter *f*, Hutmutter *f* ‖ **~/дифференциальная** Differentialmutter *f* ‖ **~ желобчатая** Rillenmutter *f* ‖ **~/зажимная** Klemmutter *f*; Druckmutter *f* ‖ **~/закрепляющая** Befestigungsmutter *f* ‖ **~/запорная** Verschlußmutter *f* ‖ **~/калиберная** Lehrmutter *f* ‖ **~/квадратная** Vierkantmutter *f* ‖ **~/колпачковая** Verschlußkappenmutter *f*, Hutmutter *f* ‖ **~/корончатая** Kronenmutter *f* ‖ **~/крепёжная**

гайка

Befestigungsmutter f ‖ ~/**круглая** Rundmutter f ‖ ~/**крыльчатая** Flügelmutter f ‖ ~/**маточная** Schloßmutter f ‖ ~ **нажимного винта** Druckmutter f *(der Anstellspindel)* ‖ ~/**накидная** Überwurfmutter f‖ ~/**направляющая** Führungsmutter f ‖ ~/**низкая** Flachmutter f ‖ ~/**опорная** Stützmutter f ‖ ~/**опорно-коническая** Kegelansatzmutter f ‖ ~/**отжимная** Abdrückmutter f ‖ ~/**получистая** halbblanke Mutter f ‖ ~ **поршневого штока** Kolbenstangenmutter f ‖ ~/**потайная** Senkmutter f ‖ ~/**разъёмная** geteilte Mutter f ‖ ~/**распорная** Distanzmutter f ‖ ~ **растяжения** Zugmutter f ‖ ~ **растяжения с поднутрением** Zugmutter f mit Entlastungskerbe ‖ ~/**регулировочная** Stellmutter f, Einstellmutter f; Nachstellmutter f ‖ ~/**регулировочная барашковая** Einstellflügelmutter f ‖ ~/**регулирующая** s. ~/регулировочная ‖ ~ **с буртиком** Bundmutter f ‖ ~ **с прорезью** Schlitzmutter f ‖ ~ **с четырьмя выступами** Kreuzrippenmutter f ‖ ~ **с шейкой** Halsmutter f ‖ ~/**самостопорящаяся** selbstsichernde Mutter f ‖ ~ **сжатия** Druckmutter f ‖ ~/**соединительная** Verbindungsmutter f; Anschlußmutter f ‖ ~/**стопорная** Kontermutter f, Gegenmutter f, Sicherungsmutter f ‖ ~/**стяжная** Spann[schloß]mutter f ‖ ~/**установочная** Stellmutter f, Einstellmutter f ‖ ~/**фильерная** *(Text)* Düsenverschraubung f *(Chemiefaserherstellung)* ‖ ~/**фундаментная** Ankermutter f ‖ ~ **фундаментного болта** Ankermutter f ‖ ~/**ходовая** Schloßmutter f ‖ ~ **ходового винта** s. ~/ходовая ‖ ~/**чёрная** rohe Mutter f ‖ ~/**четырёхгранная** Vierkantmutter f ‖ ~/**чистая** blanke Mutter f ‖ ~/**шестигранная** Sechskantmutter f ‖ ~/**шлицевая** Nutmutter f, Schlitzmutter f

гайка-барашек f Flügelmutter f ‖ ~/**регулировочная** Einstellflügelmutter f

гайка-колпачок f Verschlußkappenmutter f, Hutmutter f

гайковёрт m *(Wkz)* Schrauber m *(zum Aufschrauben von Innengewindeteilen)*

гайкозавёртывающий *(Wkz)* ... zum Aufschrauben *(von Innengewindeteilen)*

гайтан m Codleine f, Steertleine f *(am Schleppnetz)*

гак m *(Schiff)* Haken m *(s. a. unter* крюк *1.)* ‖ ~/**буксирный** Schlepphaken m ‖ ~/**вертлюжный** Wirbelhaken m ‖ ~/**грузовой** Ladehaken m *(Ladebaum)* ‖ ~/**карабинный** Karabinerhaken m ‖ ~/**откидной** Sliphaken m ‖ ~/**откидной буксирный** Patentschlepphaken m, klappbarer Schlepphaken m ‖ ~/**подъёмный** Heißhaken m *(Rettungsboot)* ‖ ~/**складной** Doppelhaken m, Klipphaken m ‖ ~/**шлюпочный** Heißhaken m *(Rettungsboot)*

ГАЛ s. линия/гибкая автоматизированная

Галактика f *(Astr)* Galaxis f, [unser] Milchstraßensystem n, Milchstraße f

галактика f *(Astr)* Galaxie f, außergalaktischer Nebel m ‖ ~/**взаимодействующая** wechselwirkende Galaxie f ‖ ~/**взрывающаяся** explodierende Galaxie f, explodierendes Sternsystem n ‖ ~/**гигантская** Riesengalaxie f ‖ ~/**карликовая** Zwerggalaxie f ‖ ~/**квазизвёздная** quasistellare Galaxie f, quasistellares Objekt n‖ ~/**компактная** Kompaktgalaxie f‖ ~ **Маркарьяна** Markarjangalaxie f‖ ~/**неправильная** irreguläre Galaxie f ‖ ~/**пекулярная** pekuliare Galaxie f ‖ ~/**пересечённая спиральная** Balkenspirale f ‖ ~ **с перемычкой** Balkenspirale f ‖ ~/**сейфертовская** Seyfert-Galaxie f ‖ ~/**спиральная** Spiralgalaxie f, Spiralnebel m, Spiralsystem n ‖ ~/**эллиптическая** elliptische Galaxie f, ε-Galaxie f, elliptischer Nebel m

галактический *(Astr)* galaktisch

галактоза f Galaktose f *(Monosaccharid)*

галактометр m *(Lebm)* Galaktometer n, Laktometer n

галанить *(Schiff)* wriggen

галево n *(Text)* Helfe f, Litze f *(Weberei)*

галенит m *(Min)* Galenit m, Bleiglanz m

галенитсодержащий *(Min)* bleiglanzhaltig

галеновисмутит m *(Min)* Galenobismutit m, Bleiwismutglanz m

галерея f 1. *(Bw)* Galerie f, Gang m, Säulengang m, Wandelgang m; 2. *(Hydt)* Stollen m, Kanal m, Lauf m, Galerie f ‖ ~/**водосборная** *(Hydt)* wasserfassende Galerie f ‖ ~/**дренажная** *(Hydt)* Entwässerungsstollen m; Sammler m ‖ ~/**промывная** *(Hydt)* Spülstollen m ‖ ~/**противообвальная** *(Hydt)* Lawinengalerie f ‖ ~/**смотровая** *(Hydt)* Kontrollgang m, Revisionsgang m ‖ ~/**транспортная** Bandbrücke f, Förderbrücke f ‖ ~ **шлюза/водопроводная** *(Hydt)* Umlauf m *(Schleuse)*

галета f *(Text)* Galette f *(Chemieseidenherstellung)* ‖ ~/**вытяжная** Reckgalette f *(Reckzwirnmaschine)* ‖ ~/**приёмная** Abzugsgalette f *(Aufspulmaschine)*

галечник m *(Geol)* Kiesablagerung f

галит m *(Min)* Halit m, Steinsalz n

галлий m *(Ch)* Gallium n, Ga

галлуазит m *(Min)* Halloysit m, Hydrokaolin m

галмей m *(Min)* Galmei m *(Sammelbezeichnung für sekundäre Zinkerze)*

гало n *(Meteo)* Halo m, Hof m, Ring m

галоген m *(Ch)* Halogen n

галогенангидрид m **кислоты** *(Ch)* Säurehalogenid n

галогенид m *(Ch)* Halogenid n

галогенирование n *(Ch)* Halogenierung f

галогенировать *(Ch)* halogenieren

галогенный Halogen...

галогеноводород m *(Ch)* Halogenwasserstoff m

галогенозамещённое n *(Ch)* Halogensubstitutionsprodukt n

галогенозамещённый *(Ch)* halogensubstituiert

галоген[о]производное n *(Ch)* Halogenderivat n, Halogenabkömmling m

галтель m 1. *(Masch)* Übergangsrundung f, Hohlkehle f *(Formelement einer Welle)*; 2. *(Bw)* Hohlkant m, Kehlleiste f ‖ ~ **паяного шва** *(Schw)* Hohlkehle f der Lötnaht

галтование n s. галтовка

галтовка f *(Gieß)* Trommelpolieren n, Trommeln n *(der Gußstücke beim Gußputzen)* ‖ ~/**мокрая** Naßtrommeln n ‖ ~/**роторная** Fliehkraftgleitschleifen n ‖ ~/**сухая** Trockentrommeln n

гальванизация f Galvanisieren n, Galvanisierung f, Galvanisation f

гальванизировать galvanisieren

гальванизм m Galvanismus m

гальванизовать s. гальванизировать

138

гальванический galvanisch
гальванокаустика *f (Med)* Galvanokaustik *f*
гальванокаутер *m (Med)* Galvanokauter *m*
гальванолюминесценция *f* Galvanolumineszenz *f*
гальваномагнетизм *m* Galvanomagnetismus *m*
гальванометр *m (El)* Galvanometer *n* ‖ **~/астатический** astatisches Galvanometer *n* ‖ **~/баллистический** ballistisches Galvanometer *n*, Stoßgalvanometer *n* ‖ **~/вибрационный** Vibrationsgalvanometer *n* ‖ **~/дифференциальный** Differentialgalvanometer *n* ‖ **~/зеркальный** Spiegelgalvanometer *n* ‖ **~/зеркальный магнитоэлектрический** magnetelektrisches Spiegelgalvanometer *n* ‖ **~/интегрирующий** integrierendes Galvanometer *n* ‖ **~/крутильный** Torsionsgalvanometer *n* ‖ **~/ламповый** Röhrengalvanometer *n* ‖ **~/магнитоэлектрический** magnetelektrisches Galvanometer *n*, Galvanometer *n* mit Dauermagnetmeßwerk; Drehspulgalvanometer *n* ‖ **~/нулевой** Nullgalvanometer *n* ‖ **~/петлевой** Schleifengalvanometer *n* ‖ **~/рамочный** Spulengalvanometer *n* ‖ **~/самопишущий** schreibendes Galvanometer *n* ‖ **~/стрелочный** Zeigergalvanometer *n* ‖ **~/струнный** Saitengalvanometer *n* ‖ **~/шлейфовый** Schleifengalvanometer *n* ‖ **~/электродинамический** elektrodynamisches (dynamometrisches) Galvanometer *n* ‖ **~/электромагнитный** elektromagnetisches Galvanometer *n*, Dreheisengalvanometer *n* ‖ **~/электростатический** elektrostatisches Galvanometer *n*
гальванометрический galvanometrisch, Galvanometer...
гальванопластика *f* Galvanoplastik *f*
гальванопокрытие *n* 1. Galvanisieren *n*, galvanisches Überziehen *n*; 2. galvanischer Überzug (Niederschlag) *m*
гальваноразделение *n* galvanische Trennung *f*
гальваностегия *f* 1. Galvanostegie *f*, Elektroplattierung *f*; 2. Galvanisierung *f*
гальванотехника *f* Galvanotechnik *f*
галька *f (Geol)* Geröll *n*
гальмиролиз *m s.* выветривание/подводное
гальтельник *m (Wkz)* Kehlhobel *m*, Karnieshobel *m*
гальюн *m (Schiff)* Klosett *n*, Toilette *f*
гамильтониан *m (Math)* 1. Hamiltonsche Funktion *f*, Hamilton-Funktion *f*; 2. Hamiltonscher Operator *m*, Hamilton-Operator *m*
гамма *f* 1. *(Ph)* Gammaphoton *n*, Gammaquant *n*, Gammastrahl *m*, Gamma *n*; 2. *(Photo)* Gamma *n*, Gammawert *m*; 3. *(Ph)* Gamma *n* (SI-fremde Einheit der magnetischen Flußdichte); 4. *(Ak)* Tonleiter *f*, Tonskala *f*, Tonreihe *f*; 5. *(Masch)* Typenreihe *f* ‖ **~/общая** *(Photo)* Gesamtgamma *n* ‖ **~ проявления** *(Photo)* Entwicklungsgamma *n*
гамма-авторадиография *f (Kern)* Gammaautoradiographie *f*, Gammaradioautographie *f*
гамма-активность *f (Kern)* Gammaaktivität *f*
гамма-астрономия *f* Gammaastronomie *f*
гамма-всплеск *m (Astr)* Gammastrahlungsausbruch *m*
гамма-гамма-каротаж *m (Bgb, Geol)* Gamma-Gamma-Bohrlochmessung *f*, Gamma-Gamma-Messung *f*, GG-Messung *f*, radiometrische Dichtemessung *f*
гамма-годоскоп *m* Gammahodoskop *n*
гаммаграмма *f (Kern)* Gammaradiogramm *n*, Gammagramm *n*
гаммаграфирование *n* проникающим излучением *s.* гамма-дефектоскопия
гаммаграфия *f (Kern)* Gammagraphie *f*, Gammaradiographie *f*
гамма-дефектоскоп *m (Wkst)* Gammadefektoskop *n*
гамма-дефектоскопия *f (Wkst)* Gammawerkstoffprüfung *f*, Gammadefektoskopie *f (zerstörungsfreie Werkstoffprüfung mit Gammastrahlen)*
гамма-дозиметр *m (Kern)* Gamma[strahl]dosimeter *n*
гамма-дозиметрия *f (Kern)* Gamma[strahl]dosimetrie *f*
гамма-железо *n* Gammaeisen *n*, γ-Eisen *n*
гамма-излучатель *m (Kern)* Gammastrahler *m*
гамма-излучение *n (Kern)* Gammastrahlung *f*
гамма-источник *m (Kern)* Gamma[strahlen]quelle *f*
гамма-каротаж *m (Bgb, Geol)* Gammabohrlochmessung *f*, Gammamessung *f* ‖ **~/нейтронный** Gamma-Neutronen-Bohrlochmessung *f*
гамма-квант *m (Kern)* Gammaquant *n*, Gammaphoton *n*, Gammastrahl *m*
гамма-корректор *m (TV)* Gammaentzerrer *m*
гамма-коррекция *f (TV)* Gammaentzerrung *f*, Gammakorrektur *f*
гамма-корреляция *f (Kern)* Gammakorrelation *f*
гамма-лучи *mpl (Kern)* Gammastrahlen *mpl*, [radioaktive] Gammastrahlung *f* ‖ **~/жёсткие** harte Gammastrahlung *f (bei Übergang von Kernen aus dem angeregten in den Grundzustand)* ‖ **~/каскадные** Kaskaden-Gammastrahlung *f* ‖ **~/мгновенные** prompte Gammastrahlung *f* ‖ **~/мягкие** weiche Gammastrahlung *f (bei K-Einfang)*
гаммаметр *m s.* гамма-радиометр
гаммаметрия *f (Kern)* Gammametrie *f*
гамма-область *f (Met)* γ-Gebiet *n (Zustandsdiagramm Fe-C)*
гамма-облучение *n* Gammabestrahlung *f*
гамма-постоянная *f [/удельная]* *(Kern)* spezifische Gammastrahlungskonstante *f*
гамма-пространство *n (Kern)* Gammaraum *m*, Gibbsscher Phasenraum *m*, Gas[phasen]raum *m*
гамма-радиоавтография *f (Kern)* Gammaradioautographie *f*, Gammaautoradiographie *f*
гамма-радиоактивность *f (Kern)* Gammaaktivität *f*
гамма-радиография *f s.* гаммаграфия
гамма-радиометр *m (Kern)* Gammastrahlungsmesser *m*, Gammameter *n*
гамма-распад *m (Kern)* Gammazerfall *m*, Gammaumwandlung *f*
гамма-распределение *n (Math)* Gammaverteilung *f*
гамма-спектр *m (Kern)* Gammaspektrum *n*, Gammastrahlenspektrum *n*
гамма-спектрометр *m (Kern)* Gammaspektrometer *n*, Gammastrahlspektrometer *n* ‖ **~/комптоновский** Compton-Gammaspektro-

гамма-спектрометр

meter n ll ~/**кристаллический [дифракционный]** Gammakristallspektrometer n *(Gammaspektrometrie)* ll ~/**магнитный** Gammamagnetspektrometer n, magnetisches Gammaspektrometer n ll ~/**сцинтилляционный** Gammaszintillationsspektrometer n, Szintillationsgammaspektrometer n

гамма-спектрометрия f *(Kern)* Gammaspektrometrie f

гамма-спектроскопия f *(Kern)* Gammaspektroskopie f

гамма-счётчик m *(Kern)* Gammazählrohr n; Gammazähler m

гамма-телескоп m *(Astr)* Gammateleskop n

гамма-функция f *(Math)* [Eulersche] Gammafunktion f

ганит m *(Min)* Gahnit m, Zinkspinell m

ГАП s. производство/гибкое автоматизированное

гап m Kröpfung f *(Maschinenbett)* • **с гапом** gekröpft *(Maschinenbett)*

гараж m Garage f ll ~ **манежного типа** Flachsammelgarage f, Hallengarage f ll ~/**многоярусный** Hochgarage f, Park[hoch]haus n, mehrgeschossige Garage f ll ~/**подземный** Tiefgarage f ll ~/**сборный** transportable Garage f, Garage f aus Fertigteilen

гараж-бокс m Reihengarage f

гараж-стоянка m Parkgarage f ll ~/**многоярусный** mehretagige Parkgarage f, Park[hoch]haus n

гарантия f **качества** Qualitätsgarantie f

гарденит m *(Met)* Hardenit m, strukturloser Martensit m

гармоника f 1. *(Ph)* Teilschwingung f, Harmonische f *(s. a. unter* колебание 1.*);* 2. *(Ak)* Teilton m, Harmonische f; 3. *(Math)* harmonische Funktion f; 4. Faltenbalg m, Harmonika f ll ~/**вторая** *(Ph)* zweite Harmonische f, erste Oberschwingung (Oberwelle) f ll ~/**высшая** 1. *(Ph)* höhere Harmonische f, Oberschwingung f höherer Ordnung; 2. *(Ak)* Oberton m ll ~/**нисшая** *(Ph)* Unterwelle f ll ~/**основная** s. ~/первая ll ~/**первая** *(Ph)* erste Harmonische f, Grundschwingung f ll ~/**предохранительная** *(Masch)* Balgschutz m ll ~/**синфазная** gleichphasige Harmonische f ll ~ **тактовой частоты** Taktfrequenzharmonische f ll ~/**третья** dritte Harmonische f, zweite Oberschwingung (Oberwelle) f

гармотом m *(Min)* Harmotom m *(Zeolith)*

гарниерит m *(Min)* Garnierit m *(nickelhaltiger Serpentin)*

гарнисаж m *(Met)* Ansatz m *(Schutzschicht, die sich an Ofenwänden während der Schmelzprozesse bildet)*; Tiegelglasur f *(in E-Öfen)*

гарнитур m s. гарнитура

гарнитура f 1. Garnitur f, Satz m *(zusammengehöriger Gegenstände)*; Ausstattung f; 2. *(Typ)* Satz m, Garnitur f, Sortiment n ll ~ **барабана** *(Text)* Trommelbeschlag m, Trommelgarnitur f ll ~/**головная** *(Nrt)* Sprechgarnitur f, Sprechzeug n, Abfragegarnitur f ll ~/**игольчатая** *(Text)* Kratzenbeschlag m, Kratzengarnitur f *(Deckelkarde)* ll ~/**ножевая** *(Pap)* Messergarnitur f, Bemesserung f ll ~/**пильчатая** *(Text)* Sägezahndrahtbeschlag m, Sägezahngarnitur f ll ~/**полужёсткая** *(Text)* halbstarre Garnitur f *(Deckelkarde)* ll ~/**размалывающая** *(Pap)* Mahlgarnitur f, Mahlgeschirr n ll ~/**цельнометаллическая** *(Text)* Ganzstahlgarnitur f *(Karde)* ll ~/**цельнометаллическая пильчатая** *(Text)* Ganzstahl-Sägezahndraht m, Ganzstahl-Sägezahndrahtbeschlag m *(Deckelkarde)* ll ~ **чесальных машин** *(Text)* Kardengarnitur f, Kardenbeschlag m, Krempelbeschlag m

гарпиус m Kolophonium n

гарь f 1. Verbrennungsrückstand m; 2. *(Met)* Asche f, Krätze f, Schaum m ll ~/**свинцовая** Bleikrätze f, Bleiasche f, Bleischaum m *(NE-Metallurgie)*

гаситель m 1. Dämpfer m, Tilger m; 2. Löschtrommel f ll ~ **колебаний** Schwingungsdämpfer m ll ~ **крутильных колебаний** Drehschwingungsdämpfer m, Drehschwingungstilger m ll ~/**пирсовый** *(Hydt)* Bremspfeiler m ll ~ **резонансных колебаний** Resonanzdämpfer m ll ~ **ударов** *(Eb)* Stoßdämpfer m ll ~/**шашечный** *(Hydt)* Schikane f ll ~ **энергии** Energieverzehrer m

гасить 1. auslöschen, löschen; 2. dämpfen *(Schwingungen)*; 3. *(Nrt, TV)* austasten, unterdrücken ll ~ **известь** *(Bw)* ablöschen, Kalk löschen

гастроскоп m *(Med)* Gastroskop n, Magenspiegel m

гасящий 1. Lösch...; 2. *(TV, Nrt)* Austast...

ГАУ s. участок/гибкий автоматизированный

гаусманит m *(Min)* Hausmannit m, Schwarzmanganerz n

гаусс m *(Geoph)* Gauß n, G, Gs *(SI-fremde Einheit der magnetischen Induktion)*

гауч-вал m *(Pap)* Gautschwalze f ll ~/**отсасывающий** Sauggautsche f

гауч-пресс m *(/обычный] (Pap)* Gautschpresse f, Gautsche f ll ~/**отсасывающий** Sauggautsche f

гафний m *(Ch)* Hafnium n, Hf

гафф m *(Geol)* Haff n

ГАЦ s. цех/гибкий автоматизированный

гач m/**парафиновый** *(Ch)* Paraffingatsch m, [Fischer-]Gatsch m

гашение n 1. Löschen n, Löschung f; 2. *(TV, Nrt)* Austastung f, Unterdrückung f; 3. Dämpfung f *(Schwingungen)*; 4. s. ~ извести ll ~/**автоматическое** *(Inf)* automatisches Löschen n ll ~ **дуги** *(El)* Lichtbogenlöschung f ll ~/**избирательное** *(Bw)* selektives Löschen n ll ~ **извести** *(Bw)* Ablöschen n, Kalklöschen n, Einsumpfen n ll ~ **извести в порошок** *(Bw)* Löschen n zu Staubkalk ll ~ **извести в тесто** *(Bw)* Löschen n zu Teig *(Kalk)*, Ablöschen n zu Kalkbrei ll ~ **извести/мокрое** Naßlöschen n *(Kalk)* ll ~ **извести/сухое** Trockenlöschen n *(Kalk)* ll ~/**кадровое** *(TV)* Bild[rücklauf]austastung f, Rasteraustastung f, Rasterunterdrückung f ll ~ **луча** *(TV)* Strahlaustastung f, Strahlunterdrückung f ll ~/**магнитное** magnetische Löschung f ll ~/**мокрое** Naßlöschen n ll ~ **обратного хода** *(TV)* Rücklaufaustastung f ll ~ **пучка** *(TV)* Strahlaustastung f ll ~/**строчное** *(TV)* Zeilen[rücklauf]austastung f, Zeilenunterdrückung f ll ~/**сухое** Trockenlöschen n ll ~ **шу-**

ма *(Rad)* Störaustastung *f* ‖ ~ **энергии** Energieaufzehrung *f*
гашпиль *m (Led)* Haspel *f(m)*
ГАЭС *s.* электростанция/гидроаккумулирующая
гаюин *m (Min)* Hauyn *m*
гаюинит *m (Geol)* Hauynit *m*
ГВВ *s.* горизонт высоких вод
ГВЛ *s.* ватерлиния/грузовая
ГВМ *s.* машина/главная вычислительная
гвоздильня *f (Schm)* Nageleisen *n*, Lochgesenk *n*
гвоздимость *f* Nagelbarkeit *f*
гвоздодёр *m* Nagelzange *f*; Nagelauszieher *m*; Klauenhammer *m*
гвоздь *m* Nagel *m*, Stift *m* ‖ **~/гонтовой** Schindelnagel *m* ‖ **~/каблучный** Absatznagel *m*, Absatzstift *m* ‖ **~/костный** *(Med)* Knochennagel *m* ‖ **~/кровельный** Dachnagel *m*, Pappnagel *m*, Pappstift *m* ‖ **~/литейный** *(Gieß)* 1. Sandhaken *m*; 2. Kernnagel *m*; Formnagel *m*; Form[er]stift *m* ‖ **~/мыщелковый** *(Med)* Kondylennagel *m* ‖ **~/обойный** Tapeziererstift *m* ‖ **~/паркетный** Bodennagel *m* ‖ **~/подковный** Hufnagel *m* ‖ **~/половой** Bodennagel *m* ‖ **~/толевый** Pappnagel *m*, Pappstift *m* ‖ **~/трёхлопастный** *(Med)* Dreiflanschnagel *m*, Dreilamellennagel *m* ‖ **~/формовочный** *(Gieß)* Form[er]stift *m* ‖ **~/штукатурный** Rohrnagel *m*
ГГБ *s.* баланс/гидрофильно-гидрофобный
ГГГ *s.* гранат/гадолиний-галлиевый
ГГК *s.* гамма-гамма-каротаж
ГД *s.* двигатель/главный
геденбергит *m (Min)* Hedenbergit *m (Pyroxen)*
гезенк *m (Bgb)* Blindschacht *m*, Gesenk *n* ‖ **~/вентиляционный** Blindschacht *m* für Wetterführung ‖ **~/тормозной** Bremsschacht *m*
гейзерит *m (Min)* Geyserit *m*, Kieselsinter *m*
гейландит *m (Min)* Heulandit *m (Zeolith)*
рейч *m (Text)* Teilung *f (Strumpfindustrie)*
гексагира *f (Krist)* Hexagyre *f*, hexagonale Achse *f (Symmetrieachse)*
гексагирный *s.* гексагональный
гексагироида *f (Krist)* Hexagyroide *f (Drehspiegelungsachse)*
гексагон *m (Math)* Hexagon *n*, Sechseck *n*
гексагональный hexagonal, sechseckig
гексадекан *m (Ch)* Hexadekan *n*, Cetan *n*
гексазамещённый *(Ch)* hexasubstituiert, sechsfach substituiert
гексан *m (Ch)* Hexan *n*
гексаоктаэдр *m (Krist)* Hexakisoktaeder *m*
гексатетраэдр *m (Krist)* Hexakistetraeder *m*
гексаэдр *m* Hexaeder *n*, Kubus *m*, Würfel *m*
гексаэдрит *m (Astr)* Hexahedrit *m (Eisenmeteorit)*
гексод *m (Eln)* Hexode *f*, Sechselektrodenröhre *f*
гексод-смеситель *m (Eln)* Mischhexode *f*
гексоза *f (Ch)* Hexose *f (Monosaccharid)*
гексоктаэдр *s.* гексаоктаэдр
гектар *m* Hektar *m*, ha *(SI-fremde Einheit der Fläche)*
геленит *m (Min)* Gehlenit *m (Feldspatvertreter)*
гелеобразование *n* Gelieren *n*, Gelbildung *f*, Gelatinierung *f*
гелиакический *(Astr)* heliakisch
гелиеносный heliumhaltig
гелий *m (Ch)* Helium *n*, He

геликоид *m (Math)* Helikoid *n*, Schraubenfläche *f*
геликоидальный spiralförmig, schraubenförmig
геликоптер *m s.* вертолёт
гелиобиология *f* Heliobiologie *f*
гелиограф *m (Astr)* Heliograph *m (Gerät zum Photographieren der Sonne)* ‖ **~ Кемпбелла-Стокса** *(Meteo)* Sonnenscheinautograph *m* nach Campbell-Stokes
гелиодор *m (Min)* Heliodor *m (gelbdurchscheinende Abart des Berylls)*
гелиоконцентратор *m* Solarkollektor *m*, Sonnenkollektor *m*
гелиометр *m (Astr)* Heliometer *m*
гелион *m (Kern)* Helion *n*, Heliumkern *m*
гелиополигон *m (Bw)* offene Fertigungsstätte *f* auf der Basis von Sonnenenergie
гелиосварка *f* Schweißen *n* unter Verwendung von Sonnenenergie
гелиоскоп *m (Astr)* Helioskop *n*
гелиостанция *f s.* гелиоэлектростанция
гелиостат *m (Astr)* Heliostat *m (Gerät zur Sonnenbeobachtung)*
гелиосфера *f (Astr)* Heliosphäre *f*
гелиотермообработка *f* **бетона** Warmbehandlung *f* von Beton mit Sonnenenergie
гелиотехника *f* Solartechnik *f*
гелиотроп *m* 1. *(Min)* Heliotrop *m (Chalzedon)*; 2. *(Geod)* Heliotrop *m (Triangulation)*
гелиоустановка *f* **[/энергетическая]** Sonnenenergieanlage *f*
гелиофизика *f s.* физика Солнца
гелиоцентрический heliozentrisch
гелиоэлектростанция *f* Solarkraftwerk *n*, Sonnenkraftwerk *n*
гель *m* Gel *n* ‖ **~/высушенный** Xerogel *n* ‖ **~/сажекаучуковый** Rußgel *n*
гельвин *m (Min)* Helvin *m*
гельмпортик *m (Schiff)* Ruderkoker *m*
гель-фракция *f (Ch)* Gelfraktion *f*
гель-хроматография *f (Ch)* Gelchromatographie *f*, Gel-Permutations-Chromatographie *f*
гель-электрофорез *m* Gelelektrophorese *f*
гель-эффект *m (Kst)* Geleffekt *m*
гематит *m* 1. *(Min)* Hämatit *m*, Eisenglanz *m*, Roteisenstein *m*, Roteisenerz *n*, Eisenglimmer *m*; 2. *(Met)* Hämatit[roheisen] *n*
гематитовый Hämatit...
гемиколлоид *m (Ch)* Semikolloid *n*, Hemikolloid *n*
гемиморфизм *m (Krist)* Hemimorphismus *m*, Hemimorphie *f*
гемиморфит *m (Min)* Hemimorphit *m*, Kieselzinkerz *n*, Kieselzinkspat *m*
гемиморфия *f s.* гемиморфизм
Геминиды *pl (Astr)* Geminiden *pl (Meteorstrom)*
гемисфера *f* Hemisphäre *f*; Halbkugel *f*
гемицеллюлоза *f (Ch)* Hemicellulose *f*
гемиэдр *m (Krist)* Hemieder *m*, Halbflächner *m*
гемиэдрический *(Krist)* hemiedrisch, halbflächig
гемиэдрия *f (Krist)* Hemiedrie *f*
геммология *f* Gemmologie *f*, Edelsteinkunde *f*
гемо[глобино]метр *m s.* почка/искусственная
гемодиализатор *m (Med)* Blutdialysegerät *n*, künstliche Niere *f*
гемотонограф *m (Med)* Hämotonograph *m*
гемотонометр *m (Med)* Hämotonometer *n*
гемохромометр *m (Med)* Hämochromometer *n*

гемоцитометр

гемоцитометр m *(Med)* Hämozytometer n
генеральный *(Schiff)* 1. Stückgut..., Stück...
(z. B. Ladung); 2. Übersichts... *(z. B. Seekarte)*
генератор m 1. Generator m, Erzeuger m; 2.
(El) Generator m *(Energieerzeuger)*; 3. *(Rf, TV)* Generator m, Oszillator m *(Schwingungserzeuger)*;
4. *(Schw)* Entwickler m; 5. *(Kält)* Kocher m, Austreiber m *(Absorptionskältemaschine)*; 6. *(Kfz)* Lichtmaschine f ‖ **~/аварийный** *(El)* Netzersatzgenerator m ‖ **~/автомобильный** *(Kfz)* Lichtmaschine f ‖ **~/асинхронный** *(El)* Asynchrongenerator m ‖ **~/ацетиленовый** *(Schw)* Acetylenentwickler m ‖ **~/аэрозольный** *(Med)* Aerosolgenerator m; *(Lw auch:)* Nebelgerät n, Nebelmaschine f *(Pflanzenschutz)* ‖ **~/балансный** *(El)* Balancegenerator m ‖ **~/бесколлекторный** *(El)* kommutatorloser Generator m ‖ **~ бита чётности** *(Inf)* Paritätsbiterzeuger m ‖ **~ Ван-де-Граафа** *(Ph)* Van-de-Graaf-Generator m, Bandgenerator m ‖ **~/векторный** Vektorgenerator m *(Plotter)* ‖ **~/вентильный** *(El)* bürstenloser Generator m ‖ **~ вертикального отклонения** *(TV)* Vertikalablenkgenerator m ‖ **~ вертикальной развёртки** *(TV)* Vertikalablenkgenerator m ‖ **~/ветровой** s. ~/ветроэлектрический ‖ **~/ветроэлектрический** *(En)* Windkraftgenerator m ‖ **~/вибрационный** Schwingungsgenerator m, Schwingungserreger m ‖ **~ видеосигналов** *(El)* Videosignalgenerator m ‖ **~ видеочастоты** *(TV)* Videofrequenzgenerator m ‖ **~/вихревой** *(Mech)* Wirbelerzeuger m ‖ **~ водяного газа** Wassergasgenerator m ‖ **~/воздушный** *(Met)* Luftkammer f *(des SM-Ofens)* ‖ **~/вольтодобавочный** *(El)* Zusatzgenerator m ‖ **~ временной развёртки** *(TV)* Zeitablenkgenerator m ‖ **~/вызывной** *(Nrt)* Ruf[signal]generator m ‖ **~/высоковольтный** *(El)* Hochspannungsgenerator m ‖ **~/высокочастотный** *(El)* Hochfrequenzgenerator m ‖ **~ газа** s. ~/газовый ‖ **~/газовый** *(Met)* Gasgenerator m, Gaserzeuger m ‖ **~/газовый квантовый** *(El)* Gasmaser m ‖ **~/газотронный** *(El)* Gasdiodengenerator m ‖ **~/газотурбинный** Gasturbinengenerator m ‖ **~ Ганна** *(El)* Gunn-Oszillator m ‖ **~/ганновский** s. ~ Ганна ‖ **~ гармоник** Oberwellengenerator m ‖ **~/гармонический** *(El)* harmonischer Generator m, Generator m für harmonische Schwingungen ‖ **~/гетеродинный** *(Nrt)* Überlagerungsgenerator m, Schwebungssummer m, Heterodyn m ‖ **~/гидротурбинный** *(En)* Wasserturbogenerator m, Wasserkraftgenerator m, Hydrogenerator m ‖ **~/главный** Hauptgenerator m ‖ **~ горизонтального отклонения** *(TV)* Horizontalablenkgenerator m ‖ **~ двойного тока** *(El)* Doppelstromgenerator m ‖ **~/декадный** *(Rf)* dekadischer Generator m ‖ **~ дециметровых волн** *(Rf)* Dezimeterwellengenerator m ‖ **~/длинноволновый** s. ~ длинных волн ‖ **~ длинных волн** *(Rf)* Langwellengenerator m ‖ **~/дуговой** Lichtbogengenerator m ‖ **~/задающий** Steuergenerator m, Muttergenerator m, Treibergenerator m ‖ **~/звуковой** *(Nrt)* Ton[frequenz]generator m ‖ **~ знаков** *(Inf)* Zeichengenerator m ‖ **~/измерительный** Meßgenerator m ‖ **~/импульсный** *(El)* Impulsgenerator m, Pulsgenerator m, Impulsgeber m ‖ **~ импульсных токов**

142

1. *(Med)* Reizstromgerät n; 2. *(El)* Impulsgenerator m ‖ **~ импульсов** s. ~/импульсный ‖ **~ импульсов напряжения** *(El)* Spannungsimpulsgenerator m ‖ **~/индукторный** *(El)* Induktorgenerator m ‖ **~/искровой** *(Rf)* Funken[strecken]generator m ‖ **~/испытательный** Prüfgenerator m ‖ **~/камертонный** *(Nrt)* Stimmgabeloszillator m ‖ **~/каскадный** *(El)* Kaskadengenerator m ‖ **~ качающейся частоты** *(Rf)* Wobbelgenerator m, Frequenzwobbler m, Wobbelsender m ‖ **~/квантовый** *(Ph)* Quantengenerator m, Quantenoszillator m ‖ **~/кварцевый (кварцованный)** *(Rf)* Quarz[kristall]generator m ‖ **~/клистронный** *(El)* Klystrongenerator m, Klystronoszillator m, Klystronsender m ‖ **~ колебаний** *(El)* Schwingungsgenerator m ‖ **~/коллекторный** *(El)* Kommutatorgenerator m ‖ **~/компаундированный** Kompoundgenerator m, Verbundgenerator m, Doppelschlußgenerator m ‖ **~ коротких волн** *(Rf)* Kurzwellengenerator m, Kurzwellenoszillator m ‖ **~/коротковолновый** s. ~ коротких волн ‖ **~/ламповый** Röhrengenerator m, Röhrenoszillator m ‖ **~/магнетронный** *(Rf)* Magnetrongenerator m, Magnetron n ‖ **~/магнитогидродинамический** magnetohydrodynamischer Generator m, MHD-Generator m ‖ **~ меток** *(El)* Markengenerator m, Markierungsgenerator m, Markengeber m ‖ **~ метки времени** Zeitmarkengenerator m, Zeitmarkengeber m ‖ **~ метровых волн** *(Rf)* Meterwellengenerator m, Meterwellenoszillator m ‖ **~/молекулярный** Maser m ‖ **~ мощности** *(Rf)* Leistungsgenerator m ‖ **~ на биениях** *(Rf)* Generator m nach dem Überlagerungsprinzip ‖ **~ напряжения** *(El)* Spannungsgenerator m ‖ **~ напряжения треугольной формы** *(El)* Dreieck-Quadratur-Oszillator m ‖ **~/настраиваемый** durchstimmbarer Oszillator m ‖ **~/нейтронный** *(Kern)* Neutronengenerator m ‖ **~/низкочастотный** *(El)* Niederfrequenzgenerator m ‖ **~/однофазный тока** *(El)* Einphasengenerator m ‖ **~/оптический квантовый** Laser m, optischer Maser m ‖ **~/оптический параметрический** optischer parametrischer Oszillator m, OPO ‖ **~/осевой** *(El, Eb)* Achs[en]generator m ‖ **~ отклонения** *(TV)* Ablenkgenerator m ‖ **~ отметок** s. ~ меток ‖ **~/паротурбинный** Dampfturbogenerator m ‖ **~ переменного напряжения** *(El)* Wechselspannungsgenerator m ‖ **~ переменного тока** *(El)* Wechselstromgenerator m ‖ **~ пилообразного напряжения** *(El)* Sägezahn[spannungs]generator m ‖ **~ пилообразного тока** *(El)* Sägezahn[strom]generator m ‖ **~ пилообразной развёртки** Sägezahnablenkgenerator m ‖ **~/пилообразный** *(El)* Sägezahn[schwingungs]generator m, Sägezahnoszillator m ‖ **~ пилотсигналов** *(El)* Pilotfrequenzgenerator m ‖ **~/плазменный** *(Ph)* Plasmatron n ‖ **~/полупроводниковый квантовый** Halbleiterlaser m ‖ **~ помех** Störgenerator m ‖ **~ постоянного напряжения** *(El)* Gleichspannungsgenerator m ‖ **~ постоянного тока** *(El)* Gleichstromgenerator m ‖ **~ постоянно-переменного тока** *(El)* Gleichstrom-Wechselstrom-Generator m, Doppelstromgenerator m ‖ **~ программ** *(Inf)* Programmgenerator m ‖ **~ прямоугольного напряжения** *(El)* Rechteckspan-

nungsgenerator *m* ‖ ~ **прямоугольных импульсов** Rechteck[impuls]generator *m* ‖ **~/пульсирующий аэрозольный** *(Lw)* Schwingfeuer[nebel]gerät *n* ‖ **~/пьезокварцевый** *(Rf)* Quarz[kristall]generator *m* ‖ **~/радиоизотопный термоэлектрический** Isotopenstromquelle *f* ‖ ~ **развёртки** *(TV)* Ablenkgenerator *m* ‖ ~ **развёртки времени** *(TV)* Zeitablenkgenerator *m* ‖ ~ **развёртки кадров** *(TV)* Bildablenkgenerator *m*, Bildkippgenerator *m* ‖ ~ **развёртки строк** *(TV)* Zeilen[ablenk]generator *m*, Zeilenkippgenerator *m* ‖ **~/развёртывающий** *s.* ~ развёртки ‖ ~ **реактивной мощности** *(El)* Blindleistungsgenerator *m* ‖ **~/релаксационный** *(TV)* Relaxationsgenerator *m*, Kipp[schwingungs]generator *m* ‖ **~/рентгеновский диагностический** Röntgendiagnostikgenerator *m* ‖ ~ **с обратной волной** *(Eln)* Rückwärtswellenoszillator *m* ‖ ~ **с последовательным возбуждением** *(El)* Reihenschlußgenerator *m*, Hauptschlußgenerator *m* ‖ ~ **с посторонним возбуждением** *(El)* fremderregter Generator *m* ‖ ~ **с пристроенным возбудителем** *(El)* eigenerregter Generator *m* ‖ **~/самовозбуждающийся** *(El)* selbsterregter Generator *m* ‖ **~/сварочный** Schweißgenerator *m* ‖ **~/сдвоенный** *(El)* Doppelgenerator *m* ‖ **~/сельсинный** *(El)* Selsyngenerator *m* ‖ **~/сериесный** *(El)* Reihenschlußgenerator *m*, Hauptschlußgenerator *m* ‖ ~ **сигналов** Signalgenerator *m*, Signalgeber *m* ‖ ~ **символов** *(Inf)* Zeichengenerator *m* ‖ ~ **синусоидального напряжения** *(El)* Sinusspannungsgenerator *m* ‖ **~/синхронный** 1. *(El)* Synchrongenerator *m*; 2. *(Rf, TV)* Mitnahmeoszillator *m* ‖ ~ **случайных изображений** *(Eln)* Random-Patterngenerator *m* ‖ ~ **случайных чисел/электронный** *(Kyb)* elektronischer Zufalls[zahlen]generator *m* ‖ ~ **со смешанным возбуждением** *(El)* Verbundgenerator *m*, Kompoundgenerator *m*, Doppelschlußgenerator *m* ‖ ~ **стандартных сигналов** *(El)* Standardsignalgenerator *m* ‖ ~ **строчной развёртки** *(TV)* Zeilen[ablenk]generator *m*, Zeilenkippgenerator *m* ‖ **~/тактовый** *(El)* Taktgenerator *m* ‖ **~/тахометрический** *(El)* Tacho[meter]generator *m* ‖ ~ **телевизионной испытательной таблицы** *(TV)* Testbildgenerator *m* ‖ **~/термогазовый аэрозольный** *(Lw)* Warmnebelgerät *n*, Heißnebelgerät *n* ‖ **~/термоэлектрический** *(El)* thermoelektrischer Generator *m*, Thermosäule *f* ‖ ~ **тонального вызова** *(Nrt)* Tonfrequenzrufgenerator *m* ‖ ~ **тональной частоты** *s.* ~/тональный ‖ **~/тональный** *(Nrt)* Ton[frequenz]generator *m* ‖ ~ **точечных знаков** *(Inf)* Punktzeichengenerator *m* ‖ **~/трёхфазный** *(El)* Dreiphasengenerator *m*, Drehstromgenerator *m* ‖ **~/ударный** *(El)* Stoßgenerator *m* ‖ **~/ультразвуковой** *(El)* Ultraschallgenerator *m* ‖ **~/униполярный** *(El)* Unipolargenerator *m*, Einpolgenerator *m* ‖ ~ **функции** *(Inf)* Funktionsgenerator *m (Analogrechner)* ‖ **~/функциональный** *s.* ~ функции ‖ ~ **Холла** Hall-Generator *m*, Hall-Geber *m* ‖ ~ **холода** *(Kält)* Kälteerzeuger *m*; Kälteerzeugungsanlage *f* ‖ ~ **цветовой поднесущей** *(TV)* Farbtragergenerator *f* ‖ **~ штриховых знаков** *(Inf)* Strichzeichengenerator *m* ‖ ~ **шума** Rauschgenerator *m* ‖ ~ **шума/измери**тельный Rauschmeßgenerator *m* ‖ **~/шумовой** *s.* ~ шума ‖ **~/шунтовой** *(El)* Nebenschlußgenerator *m* ‖ **~/электрический** [elektrischer] Generator *m*, Stromerzeuger *m* ‖ **~/электроаэрозольный** *(Med)* Elektroaerosolgerät *n*, Elektroaerosolator *m* ‖ **~/электромашинный** *(El)* Maschinengenerator *m* ‖ ~ **электронного пучка** Elektronenstrahlerzeuger *m* ‖ **~/электросварочный** Schweißgenerator *m* ‖ ~ **электростанции** *(En)* Kraftwerksgenerator *m* ‖ **~/эталонный** *(El)* Eichgenerator *m*, Normalgenerator *m* ‖ **~/эталонный кварцевый** Quarznormalgenerator *m*

генератор-возбудитель *m (El)* Erregergenerator *m*

генераторный generatorisch, Generator...

генерация *f* Erzeugung *f*, Generierung *f* ‖ ~ **волн** *(El)* Wellenerzeugung *f* ‖ ~ **высших гармоник** *(Ph)* Oberschwingungserzeugung *f*, Oberwellenerzeugung *f* ‖ ~ **гармоник** *(Ph)* Erzeugung *f* von Harmonischen ‖ ~ **данных** *(Inf)* Datengenerierung *f* ‖ ~ **дислокаций** *(Krist)* Versetzungsgeneration *f* ‖ ~ **звука** *f (Ak)* Schallerzeugung *f* ‖ ~ **знака** *f* Zeichengenerierung *f*, Zeichenerzeugung *f* ‖ ~ **колебаний** *(Ph)* Schwingungserzeugung *f* ‖ ~ **операционной системы** *(Inf)* Betriebssystemgenerierung *f* ‖ ~ **пары** *(Ph)* Paarbildung *f*, Paarerzeugung *f* ‖ ~ **программы** *(Inf)* Programmgenerierung *f*, Programmerzeugung *f* ‖ ~ **системы** *(Inf)* Systemgenerierung *f* ‖ ~ **энергии** Energieerzeugung *f* ‖ ~ **электронно-дырочных пар** Elektronen-Loch-Anregung *f*, Elektronen-Loch-Erzeugung *f (Halbleiter)* ‖ **~ регенерация** *n s.* регенерация

генерировать *(El)* 1. erzeugen, generieren; 2. pfeifen *(Verstärker)*

генри *m* Henry *n*, Н ‖ ~ **на метр** Henry *n* je Meter, H/m

генриметр *m (El)* Henrymeter *n*, Induktivitätsmesser *n*

геоакустика *f* Geoakustik *f*

геоантиклиналь *f (Geol)* Geoantiklinale *f*

геодезия *f* Geodäsie *f*, Vermessungskunde *f* ‖ **~/высшая** höhere Geodäsie *f* ‖ **~/гравиметрическая** gravimetrische Geodäsie *f* ‖ **~/инженерная** Ingenieurgeodäsie *f* ‖ **~/космическая** Satellitengeodäsie *f* ‖ **~/низшая** niedere Geodäsie *f*, Vermessungskunde *f* ‖ **~/спутниковая** Satellitengeodäsie *f* ‖ **~/сферическая** sphärische Geodäsie *f*

геодепрессия *f (Geol)* Geodepression *f (Oszillationstheorie)*

геодиметр *m s.* светодальномер

геодинамика *f* Geodynamik *f*

геоид *m (Geod)* Geoid *n*

геоиндукция *f (Ph)* Geoinduktion *f*

геокинетика *f* Geokinetik *f*

геокорона *f* Geokorona *f*

геология *f* Geologie *f* ‖ **~/динамическая** dynamische Geologie *f* ‖ **~/инженерная** Ingenieurgeologie *f* ‖ **~/историческая** historische Geologie *f* ‖ **~/космическая** Geologie *f* fremder Himmelskörper ‖ **~/ледниковая** Glazialgeologie *f* ‖ ~ **месторождений полезных ископаемых** Lagerstättengeologie *f* ‖ **~/морская** Meeresgeologie *f* ‖ **~/нефти** Erdölgeologie *f* ‖ **~/общая** allgemeine Geologie *f* ‖ ~ **поверхности** Ober-

геология 144

flächengeologie *f* ‖ ~ **полезных ископаемых** Geologie *f* der nutzbaren Mineralien, Geologie *f* der Bodenschätze ‖ ~/**прикладная** angewandte Geologie *f* ‖ ~/**региональная** regionale Geologie *f* ‖ ~/**структурная** Strukturgeologie *f* ‖ ~/**физическая** physikalische Geologie *f* ‖ ~/**экономическая** ökonomische Geologie *f*
геомагнетизм *m* Geomagnetismus *m*, Erdmagnetismus *m*
геометризация *f* Geometrisierung *f*
геометрия *f* Geometrie *f* ‖ ~/**аналитическая** analytische Geometrie *f* ‖ ~ **деталей** *(Fert)* Formenklasse *f* ‖ ~/**дифференциальная** Differentialgeometrie *f* ‖ ~/**евклидова** euklidische Geometrie *f* ‖ ~ **зацепления** *(Fert)* Verzahnungsgeometrie *f* ‖ ~ **изделия** *(Fert)* Erzeugnisgeometrie *f*, Formenklasse *f* ‖ ~/**изотропная** isotrope Geometrie *f* ‖ ~/**интегральная** Integralgeometrie *f* ‖ ~/**исходная** *s.* ~ **пластины/начальная** ‖ ~ **контакта** Berührungsgeometrie *f* ‖ ~ **Лобачевского** Lobatschewskische Geometrie *f* ‖ ~ **масс** Geometrie *f* der Massen ‖ ~/**метрическая** metrische Geometrie *f* ‖ ~ **Минковского** Minkowskische Geometrie *f* ‖ ~/**начальная** *s.* ~ **пластины/начальная** ‖ ~/**начертательная** darstellende Geometrie *f* ‖ ~/**неевклидова** nichteuklidische Geometrie *f* ‖ ~ **пластины/начальная** *(Eln)* Ausgangsgeometrie *f (Scheibenherstellung)* ‖ ~ **плоскости** ebene Geometrie *f*, Planimetrie *f* ‖ ~ **поверхности** Oberflächengeometrie *f* ‖ ~ **подложки** *(Eln)* Scheibengeometrie *f (Scheibenherstellung)* ‖ ~/**проективная** projektive Geometrie *f* ‖ ~/**пространственная** körperliche Geometrie *f*, Stereogeometrie *f* ‖ ~ **пучка** Strahlgeometrie *f* ‖ ~ **режущих инструментов** *(Wkz)* Schneidengeometrie *f* ‖ ~/**риманова** Riemannsche Geometrie *f*, hypereuklidische Geometrie *f* ‖ ~/**сферическая** sphärische Geometrie *f*, Sphärik *f* ‖ ~ **чисел** [Minkowskische] Geometrie *f* der Zahlen ‖ ~/**эвклидова** *s.* ~/**евклидова** ‖ ~/**элементарная** Elementargeometrie *f* ‖ ~/**эллиптическая** elliptische Geometrie *f*
геомеханика *f* Geomechanik *f*
геомеханический geomechanisch
геоморфология *f* Geomorphologie *f*
геопотенциал *m (Geoph)* Geopotential *n*
геосинклиналь *f (Geol)* Geosynklinale *f*, Erdgroßmulde *f*
геостационарный geostationär *(z. B. Satelliten)*
геосферы *fpl (Geol)* Erdschalen *fpl*, Geosphären *fpl*
геотекстиль *f* Geotextilien *pl*
геотектоника *f (Geol)* Geotektonik *f*
геотерма *f* Geo[iso]therme *f*
геотермика *f* Geothermik *f*, Geothermie *f*
геотермия *f s.* геотермика
геотехника *f* Geotechnik *f*
геотехнический geotechnisch
геоторзия *f* Geotorsion *f*
геотумор *m (Geol)* Geotumor *m (Oszillationstheorie)*
геофизика *f* Geophysik *f* ‖ ~/**буровая** Bohrlochgeophysik *f* ‖ ~/**морская** marine Geophysik *f*, Meeresgeophysik *f* ‖ ~/**промысловая** *s.* ~/**буровая** ‖ ~/**разведочная** Erkundungsgeophysik *f* ‖ ~/**скважинная** Bohrlochgeophysik *f*

геофон *m (Geoph)* Geophon *n*, seismischer Sensor *m*
геохимия *f* Geochemie *f*
геохронология *f (Geol)* geologische Zeitrechnung *f*, Geochronologie *f*
геоцентрический *(Astr)* geozentrisch
геоэлектричество *n* Geoelektrik *f*
гептод *m (Eln)* Heptode *f*
гептод-смеситель *m (Eln)* Mischheptode *f*
гербицид *m (Lw)* Herbizid *n*, Unkrautbekämpfungsmittel *n* ‖ ~/**довходовый** Vorlaufherbizid *n* ‖ ~/**избирательный** Selektivherbizid *n* ‖ ~ **контактного действия** Kontaktherbizid *n* ‖ ~/**послевсходовый** Nachlaufherbizid *n* ‖ ~/**почвенный** Bodenherbizid *n*, Wurzelherbizid *n* ‖ ~ **сплошного действия** Totalherbizid *n*
гербицидный herbizid, unkrautvernichtend
германиевый Germanium...
германий *m (Ch)* Germanium *n*, Ge ‖ ~/**дырочный** *s.* р-германий ‖ ~/**исходный** reines (undotiertes) Germanium *n (als Ausgangsmaterial)* ‖ ~/**электронный** *s.* n-германий
n-германий *m (Eln)* N-Germanium *n*, N-leitendes (elektronenleitendes) Germanium *n*
p-германий *m (Eln)* P-Germanium *n*, p-leitendes (defektelektronenleitendes, löcherleitendes) Germanium *n*
германит *m (Min)* Germanit *m*
герметизация *f* 1. Hermetisieren *n*, hermetisches Abschließen (Verschließen) *n*, Kapselung *f*; 2. *(Eln)* Verkappen *n*, Verkappung *f*; 3. *(El, Kst)* Vergießen *n*, Einketten *n (in Vergußmasse)* ‖ ~ **компаундом (пластмассой)** *(Eln)* Kunststoffverkappung *f*
герметизировать 1. hermetisieren, hermetisch abschließen (verschließen), kapseln; 2. *(Eln)* verkappen; 3. *(El, Kst)* vergießen, einbetten
герметик *m* Dichtungsmittel *n*
герметический 1. hermetisch [dicht], hermetisch abgeschlossen (verschlossen); 2. *(Eln)* verkappt; 3. *(El, Kst)* vergossen, eingebettet
герметичность *f* Dichtheit *f*, Lecksicherheit *f*; hermetischer Abschluß *m*
гермокабина *f* Druck[ausgleich]kabine *f*
гермошлем *m* Druckhelm *m*, Hermetikhelm *m*
герполодия *f (Mech)* Herpolhodie[kurve] *f*, Rastpolkurve *f (Kreisbewegung eines starren Körpers)*
герполоида *f s.* герполодия
герсдорфит *m (Min)* Arsennickelkies *m*, Gersdorffit *m*
герц *m* Hertz *n*, Hz
герцинит *m (Min)* Hercynit *m (Spinell)*
герцметр *m (El)* Frequenzmesser *m*, Frequenzmeßgerät *n*
гессонит *m (Min)* Hessonit *m (Granat)*
гетероазеотроп *m (Ch)* Heteroazeotrop *n*
гетероатом *m (Ch)* Heteroatom *n*
гетерогенит *m (Min)* Heterogenit *m (Kobalthydroxid)*
гетерогенно-каталитический heterogenkatalytisch
гетерогенность *f* Heterogenität *f*, Inhomogenität *f*, Verschiedenartigkeit *f*
гетерогенный heterogen, inhomogen, verschiedenartig

гетеродесмический heterodesmisch *(Kristallgitter)*
гетеродин *m (Rf)* Überlagerer *m*, Überlagerungsoszillator *m* ‖ **~/измерительный** Meßoszillator *m* ‖ **~/клистронный** Klystronüberlagerer *m*, Klystronüberlagerungsoszillator *m* ‖ **~/опорный** Referenzüberlagerer *m* ‖ **~/сигнальный** Signalüberlagerer *m* ‖ **~/транзитронный** Transitronüberlagerer *m*
гетеродинирование *n (Rf)* Überlagerung *f*, Überlagern *n*
гетеродинировать *(Rf)* überlagern
гетеродиффузия *f (Ph)* Heterodiffusion *f*
гетерозаряд *m (Ph)* Heteroladung *f*
гетероион *m (Ph)* Heteroion *n*, Ion-Molekül-Komplex *m*
гетеролазер *m* Heterolaser *m*, Laser *m* mit Heteroübergang ‖ **~/инжекционный** Heteroinjektionslaser *m* ‖ **~/полосковый** Heterolaser *m* mit Streifenstruktur
гетеролиз *m (Ch)* Heterolyse *f*
гетеролит *m (Ch)* Heterolyt *m*
гетерометрия *f (Krist)* Heterometrie *f*
гетероморфизм *m (Geol, Krist)* Heteromorphismus *m*, Heteromorphie *f*
гетеропереход *m* Heteroübergang *m (Halbleiter)*
гетерополиконденсация *f (Ch)* Heteropolykondensation *f*
гетерополярность *f (Ph)* Heteropolarität *f*
гетерополярный heteropolar
гетероструктура *f (Krist)* Heterostruktur *f*
гетеротермный *(Wmt)* heterotherm
гетеротипный *(Krist)* heterotyp
гетеротранзистор *m* Heterotransistor *m* ‖ **~/биполярный** Bipolarheterotransistor *m*
гетерохромный heterochrom
гетероцепь *f (Ph)* Heterokette *f*, heteroatomare Kette *f*
гетероцикл *m (Ch)* Heterocyclus *m*, heterocyclische Verbindung *f* ‖ **~/шестичленный** sechsgliedriger Heterocyclus *m*
гетероциклический *(Ch)* heterocyclisch
гетероэпитаксия *f* Heteroepitaxie *f*
гетит *m (Min)* Goethit *m*, Nadeleisenerz *n*
геттер *m (Ph, Eln)* Getter *m(n)*, Getterstoff *m* ‖ **~/бариевый** Bariumgetter *m* ‖ **~/испаряющийся** Verdampf[ungs]getter *m*, Abdampfgetter *m* ‖ **~/ленточный** Bändchengetter *m* ‖ **~/проволокообразный** Drahtgetter *m* ‖ **~/таблеточный** Pillengetter *m*
геттерирование *n (Eln)* Gettern *n*, Getterung *f* ‖ **~/внешнее** externe Getterung *f*, Extrinsic-Getterung *f* ‖ **~/внутреннее** interne (innere) Getterung *f*, Intrinsic-Getterung *f* ‖ **~/объёмное** *s*. **~/внутреннее** ‖ **~/планарное** Frontseitengetterung *f*, Oberflächengetterung *f* ‖ **~/погружением** Tauchgetterung *f* ‖ **~/радиационное** Strahlungsgetterung *f* ‖ **~/разрядом** Entladungsgetterung *f*
гиалит *m (Min)* Hyalit *m*, Glasopal *m*
гиалофан *m (Min)* Hyalophan *m (Feldspat)*
гиацинт *m (Min)* Hyazinth *m (roter Zirkon)*
гиббсит *m s.* гидраргиллит
гибка *f* 1. *(Schm)* Biegen *n*, Biegeformung *f*; Umbiegen *n*; 2. Biegen *n*, Abbiegen *n (Stranggießen)* ‖ **~ в штампе** Biegen *n* im Gesenk ‖ **~ выдавливанием** Biegedrücken *n* ‖ **~/горячая** Warmbiegen *n* ‖ **~ по кругу** Rundbiegen *n* ‖ **~ прокаткой** Walzbiegen *n*
гибкий biegsam, nachgiebig; flexibel
гибкость *f* Biegsamkeit *f*, Nachgiebigkeit *f*; Flexibilität *f*; Elastizität *f* ‖ **~/внутренняя позиционная** *(Fert)* Flexibilität *f* der Lageeinstellung *(Industrieroboter)* ‖ **~/внутризаводская** *(Fert)* Flexibilität *f* der Einsatzmöglichkeit im Betrieb *(Industrieroboter)* ‖ **~/манипуляционная** *(Fert)* Flexibilität *f* der Handhabung *(Eigenschaft von Industrierobotern)* ‖ **~ стержня** *(Wkst)* Schlankheitsgrad *m (Knickfestigkeit)* ‖ **~/фотографическая** *(Photo)* Verarbeitungsspielraum *m*
гибрид *m* hybrides System *n*; hybride Anlage *f*
гибридизация *f* Hybridisation *f*, Hybridisierung *f*
гибридизм *m s.* гибридизация
гибридно-интегрированный *(Eln)* hybrid integriert
гибридный Hybrid..., hybrid
гибчатка *f (Vak)* Wellrohr *n*
гига... Giga..., G
гигаватт *m* Gigawatt *n*, GW
гигагерц *m* Gigahertz *n*, GHz
гигаджоуль *m* Gigajoule *n*, GJ
гигант *m (Astr)* Riesenstern *m*, Riese *m*, Gigant *m* ‖ **~/белый** Weißer Riese *m* ‖ **~/жёлтый** Gelber Riese *m* ‖ **~/красный** Roter Riese *m*
гигиена *f* Hygiene *f* ‖ **~ воды** Wasserhygiene *f* ‖ **~ города** Stadthygiene *f* ‖ **~/коммунальная** Kommunalhygiene *f* ‖ **~ окружающей среды** Umwelthygiene *f* ‖ **~ строительства** Bauhygiene *f* ‖ **~ труда** Arbeitshygiene *f*
гигрограмма *f (Meteo)* Hygrogramm *n*
гигрограф *m (Meteo)* Hygrograph *m*, Luftfeuchteschreiber *m*
гигрометр *m (Meteo)* Hygrometer *n*, Luftfeuchtemesser *m* ‖ **~/волосной** Haarhygrometer *n* ‖ **~/конденсационный** Kondensationshygrometer *n*, Taupunkthygrometer *n*, Taupunktmesser *m* ‖ **~ точки росы** *s*. **~/конденсационный** ‖ **~/электролитический** Leitfähigkeitshygrometer *n*
гигрометрия *f (Meteo)* Hygrometrie *f*, Luftfeuchtigkeitsmessung *f*
гигроскоп *m* Hygroskop *n*
гигроскопичность *f* Hygroskopizität *f*
гигростат *m* Hygrostat *m*
гигротермограф *m* Hygrothermograph *m*
гигротермоскоп *m* Hygrothermoskop *n*
гид *m (Astr)* Leitrohr *n (Fernrohrnachführung)*
гидатоморфизм *m (Geol)* Hydatomorphose *f*, Hydatomorphismus *m*
гидденит *m (Min)* Hiddenit *m*
гидирование *n (Astr)* Nachführung *f (Fernrohr)* ‖ **~/автоматическое** automatische Nachführung *f* ‖ **~/точное** exakte Nachführung *f* ‖ **~/фотоэлектрическое** lichtelektrische (photoelektrische) Nachführung *f*
гидравлика *f* 1. Hydraulik *f (Strömung inkompressibler Medien)*; 2. *(Masch)* Hydraulik *f*, Ölhydraulik *f* ‖ **~ безнапорного потока** *(Hydt)* Fließgesetz *n* der Freispiegelströmung *f* ‖ **~ грунтовых вод** *(Hydt)* Grundwasserhydraulik *f* ‖ **~ открытых русел** *(Hydt)* Gerinnehydraulik *f* ‖ **~/русловая** *(Hydt)* Gerinnehydraulik *f* ‖ **~/тормозная** *(Kfz)* Bremshydraulik *f* ‖ **~ трубопроводов** *(Hydt)* Rohrhydraulik *f*

гидрант *m* Hydrant *m* ‖ **~/выдвижной** Versenkhydrant *m* ‖ **~/надземный** Oberflurhydrant *m* ‖ **~/погружной** Versenkhydrant *m* ‖ **~/подземный** Unterflurhydrant *m* ‖ **~/пожарный** Feuerlöschhydrant *m*
гидраргиллит *m (Min)* Hydrargillit *m*, Gibbsit *m (Aluminiumhydroxid)*
гидрат *m (Ch)* Hydrat *n*
гидратация *f (Ch)* Hydratation *f*, Hydratisierung *f* ‖ **~/ближняя** *s.* **~/первичная** ‖ **~/вторичная** sekundäre (physikalische) Hydratation *f* ‖ **~/дальняя** *s.* **~/вторичная** ‖ **~ ионов** Ionenhydratation *f* ‖ **~/непрямая** indirekte Hydratation *f*, Hydratation *f* mit Schwefelsäure ‖ **~/первичная** primäre (chemische) Hydratation *f* ‖ **~/прямая** direkte (katalytische) Hydratation *f* ‖ **~/сернокислотная** *s.* **~/непрямая** ‖ **~/физическая** *s.* **~/вторичная** ‖ **~/химическая** *s.* **~/первичная**
гидратирование *n s.* гидратация
гидратировать *(Ch)* hydratisieren
гидратор *m* 1. Hydrator *m*, Löschmaschine *f*; 2. Kalkhydratlöschtrommel *f*; Trockenlöschapparat *m (Kalk)*
гидратцеллюлоза *f* Hydratcellulose *f*, regenerierte (gequollene) Cellulose *f*
гидрид *m (Ch)* Hydrid *n* ‖ **~/газообразный** gasförmiges (flüchtiges) Hydrid *n* ‖ **~/переходный** Übergangshydrid *n*
гидрирование *n s.* гидрогенизация
гидрированность *f (Ch)* Hydrierungsgrad *m*
гидрировать *(Ch)* hydrieren; härten *(Fette und Öle)*
гидрируемость *f (Ch)* Hydrierbarkeit *f*, Hydrierfähigkeit *f*; Härtbarkeit *f (bei Fetten und Ölen)*
гидрируемый *(Ch)* hydrierbar, hydrierfähig; härtbar *(Fette und Öle)*
гидроавиация *f* 1. Wasserflugwesen *n*; 2. Wasserflugzeuge *npl*
гидроагрегат *m* 1. Hydraulikaggregat *n*, hydraulische Gerätekombination *f*; 2. Wasserturbinenstromerzeugersatz *m* ‖ **~/прямоточный** Gleichstromhydraulikaggregat *m*
гидроаккумулятор *m* 1. Hydraulikspeicher *m*, Druckflüssigkeitsspeicher *m*, Druck[öl]speicher *m*; 2. Pumpspeicher *m*, Pumpspeicherwerk *n*; 3. *(Lw)* Speicherdruckkessel *m (Impulsregner)* ‖ **~/воздушный** luftbelasteter Druckspeicher (Hydraulikspeicher) *m* ‖ **~/газовый** gasbelasteter Druckspeicher (Hydraulikspeicher) *m* ‖ **~/грузовой** gewichtsbelasteter Druckspeicher (Hydraulikspeicher) *m* ‖ **~/объёмный** Druckspeicher *m* ‖ **~/пневматический** luftbelasteter (gasbelasteter) Druckspeicher *m*, Blasenspeicher *m* ‖ **~/поршневой** Druckspeicher *m* mit Kolbentrennung, Kolbenspeicher *m* ‖ **~/пружинный** federbelasteter Druckspeicher (Hydraulikspeicher) *m* ‖ **~ сферического (шарового) типа** Blasenspeicher *m*, Gummiblasenspeicher *m*
гидроакустика *f* Hydroakustik *f*, Unterwasserakustik *f*
гидроаппарат *m*/**запорный** hydraulisches Sperrventil *n* ‖ **~/золотниковый** hydraulisches Schieberventil *n* ‖ **~/клапанный** hydraulisches Sitzventil *n* ‖ **~/крановый** hydraulisches Drehschieberventil *n* ‖ **~/направляющий** hydraulisches Richtungsventil *n*
гидроароматический *(Ch)* hydroaromatisch

гидроаэромеханика *f* Strömungsmechanik *f*
гидробаллистика *f* Hydroballistik *f*, Unterwasserballistik *f*
гидробур *m (Bgb)* hydraulischer Bohrer *m*
гидробурение *n (Bgb)* hydraulisches Bohren *n*
гидровзрывание *n (Bgb)* Sprengen *n* mit Wasserbesatz
гидровскрыша *f (Bgb)* Spülabraum *m (Tagebau)*
гидрогель *m (Ch)* Hydrogel *n*
гидрогенератор *m (En)* Wasserturbogenerator *m*, Wasserkraftgenerator *m*, Hydrogenerator *m*
гидрогенераторный *(En)* Wasserkraftgenerator...
гидрогенизатор *m (Ch)* Hydrierer *m*, Hydrierautoklav *m*; Härtungsautoklav *m (für Fette und Öle)*
гидрогенизация *f (Ch)* Hydrierung *f*, Hydrieren *n*, *(bei Ölen und Fetten auch)* Härten *n*, Härtung *f* ‖ **~/деструктивная** destruktive (spaltende, abbauende) Hydrierung *f* ‖ **~/жидкофазная** Sumpfphase[n]hydrierung *f* ‖ **~ жиров** Fetthydrierung *f*, Fetthärtung *f* ‖ **~ масла** Ölhärtung *f* ‖ **~/низкотемпературная** Tieftemperaturhydrierung *f* ‖ **~/парофазная** Dampfphase[n]hydrierung *f*, Gasphase[n]hydrierung *f* ‖ **~ под давлением** Druckhydrierung *f* ‖ **~/предварительная** Vorhydrierung *f* ‖ **~/ступенчатая** stufenweise Hydrierung *f* ‖ **~ угля** Kohlehydrierung *f*, Kohleverflüssigung *f*
гидрогенизировать hydrieren, *(bei Ölen und Fetten auch)* härten
гидрогенолиз *m (Ch)* Hydrogenolyse *f*, hydrogenolytische Spaltung *f*
гидрогеология *f* Hydrogeologie *f*
гидрограф *m (Hydrol)* Abflußganglinie *f*, Durchfluß[mengen]ganglinie *f*, Abflußmengenlinie *f*, Abfluß[mengen]kurve *f* ‖ **~ стока** Abflußganglinie *f*, Abflußmengenkurve *f*
гидрография *f* Hydrographie *f*, Gewässerkunde *f (Flüsse und Seen)* ‖ **~ паводков** Hochwasserhydrographie *f* ‖ **~ рек** Flußkunde *f*
гидродвигатель *m* hydraulischer Motor *m*, Hydromotor *m*, Hydraulikmotor *m* ‖ **~/аксиально-поршневой** Axialkolbenmotor *m* ‖ **~/винтовой** Schraubenhydromotor *m* ‖ **~/вращательный** rotierender Hydromotor *m*, Rotationshydromotor *m* ‖ **~/лопастной** Flügelzellenmotor *m* ‖ **~/объёмный** hydraulischer Verdrängermotor *m* ‖ **~/однопластинчатый** einflügeliger Drehflügelmotor *m* ‖ **~/пластинчатый** Flügelzellen[hydro]motor *m* ‖ **~/плоскоколовратный** Exzenterkolbenmotor *m* ‖ **~/поворотный** Drehwinkelhydromotor *m*, Schwenkhydromotor *m* ‖ **~/поршневой** Kolbenhydromotor *m* ‖ **~/радиально-поршневой** Radialkolbenmotor *m* ‖ **~/ротационный** *s.* **~/вращательный** ‖ **~/роторно-пластинчатый** *s.* **~/пластинчатый** ‖ **~/роторно-поршневой** Kolbenzellenmotor *m (Oberbegriff für Axial- und Radialkolbenmotoren)* ‖ **~/шаговый** Schrittmotor *m*, Impulsmotor *m* ‖ **~/шестерённый** Zahnrad[hydro]motor *m*, Hydrozahnradmotor *m* ‖ **~/шиберный** hydraulischer Schiebemotor *m*
гидродиаскоп *m (Opt)* Hydrodiaskop *n*, Wasserkammer *f*
гидродимеризация *f (Ch)* reduktive Dimerisierung *f*

гидродинамика f Hydrodynamik f ll ~/**магнитная** Magnetohydrodynamik f, Hydromagnetik f, Magnetofluidodynamik f
гидродобыча f *(Bgb)* Hydrogewinnung f, Hydroabbau m, hydromechanische (hydraulische) Gewinnung f
гидродроссель m hydraulisches Drosselventil n
гидрожидкость f Hydraulikflüssigkeit f, Druckflüssigkeit f
гидрозабойка f *(Bgb)* Wasserbesatz m *(Sprengung)*
гидрозакладка f *(Bgb)* Spülversatz m
гидрозолоудаление n Naßentaschung f, Druck[wasser]entaschung f, Spülentaschung f
гидроизоляция f *(Bw)* Wassersperre f, Wasserabdichtung f, Abdichtung f *(gegen Wassereinbrüche)*; Feuchtigkeitsschutz m ll ~/**внутренняя** Innenhautdichtung f ll ~/**жёсткая** steife (harte) Dichtung f ll ~/**наружная** Außenhautdichtung f ll ~/**обмазочная** Sperranstrich m, Dichtungsanstrich m ll ~/**оклеечная** Sperrbahnabdichtung f ll ~/**окрасочная** Sperranstrich m ll ~/**противофильтрационная** Sickerwasserdichtung f ll ~/**штукатурная** Sperrputz m; gespachtelte Sperrschicht f
гидрокинематика f Hydrokinematik f
гидрокинетика f Hydrokinetik f
гидроклапан m [hydraulisches] Ventil n, Hydraulikventil n ll ~ **выдержки времени** hydraulisches Zeitschaltventil n ll ~ **давления** hydraulisches Druckventil n ll ~ «**И**» hydraulisches UND-Ventil n ll ~ «**ИЛИ**» hydraulisches ODER-Ventil n *(Sperrventil mit 2 Eingängen und einem Ausgang)* ll ~/**конический** hydraulisches Kegelsitzventil f ll ~/**напорный** hydraulisches Druckbegrenzungsventil n ll ~/**обратный** hydraulisches Rückschlagventil n ll ~ **постоянного перепада давления** hydraulisches Druckgefälleventil n ll ~ **разности давлений** hydraulisches Druckdifferenzventil n ll ~/**редукционный** hydraulisches Druckminderventil n ll ~/**шариковый** hydraulisches Kugelsitzventil n
гидроклассификатор m hydraulischer Klassierer m *(Aufbereitung)*
гидроковка f Hydroschmieden n
гидрокостюм m Taucheranzug m
гидрокрекинг m *(Ch)* Hydrokracken n, hydrierendes Kracken n
гидрокрыло n *(Hydr)* Wasserflügel m, Unterwassertragfläche f
гидроксид m s. гидроокись
гидроксил m *(Ch)* Hydroxyl n, Hydroxylgruppe f
гидроксилирование n *(Ch)* Hydroxylieren n, Hydroxylierung f
гидроксилсодержащий hydroxylhaltig
гидролиз m *(Ch)* Hydrolyse f ll ~/**бисульфитный** Hydrogensulfithydrolyse f ll ~/**парофазный** Dampfphasenhydrolyse f
гидролизат m *(Ch)* Hydrolysat m
гидролизёр m *(Ch)* Hydrolyseturm m, Hydrolyseur m *(Holzverzuckerung)*
гидролизуемость f *(Ch)* Hydrolysierbarkeit f
гидролиния f hydraulische Leitung f, Hydraulikleitung f ll ~/**дренажная** hydraulische Leckleitung f ll ~ **управления** hydraulische Steuerleitung f
гидрология f Hydrologie f, Gewässerkunde f

гидролокатор m Unterwasserortungsgerät n, hydroakustisches Ortungsgerät n
гидролокация f Unterwasser[schall]ortung f
гидролоток m Umlaufversuchskanal m *(für Schiffsmodellversuche)*
гидромагистраль f *(Hydr)* Druckwasserhauptleitung f, Druckölhauptleitung f ll ~/**всасывающая** Saugleitung f, Eintrittsleitung f *(Pumpe)*
гидромашина f Strömungsmaschine f ll ~/**обратная лопастная** Strömungsmaschine f mit rückwärts gekrümmten Laufschaufeln *(Kreiselpumpe, Radialpumpe; Lüfter)* ll ~/**объёмная** hydraulische Verdrängermaschine f
гидромелиорация f *(Lw)* Hydromelioration f
гидрометаллургический hydrometallurgisch
гидрометаллургия f Hydrometallurgie f
гидрометеорология f *(Meteo)* Hydrometeorologie f
гидрометеоры mpl *(Meteo)* Hydrometeore mpl *(Kondensationsprodukte der Atmosphäre in Form von Wolken, Nebel, Niederschlägen)*
гидрометр m *(Hydt)* Hydrometer n, Flüssigkeitstachometer n
гидрометрия f Hydrometrie f
гидромеханизация f 1. *(Bgb)* Hydroabbauverfahren n, hydromechanisches Abbauverfahren n; 2. *(Bw)* Naßbaggerung f, Spülbaggerung f
гидромеханика f Hydromechanik f
гидромешок m Wärmeschutzsack m *(für Rettungsboote)*
гидромодуль m 1. *(Bw)* hydraulischer Modul m, Hydromodul m *(des Zements)*; 2. *(Pap)* Flottenverhältnis n
гидромонитор m *(Hydt, Bgb)* Hydromonitor m, Spülstrahlrohr n
гидромотор m s. гидродвигатель
гидромусковит m *(Min)* Hydromuskovit m
гидромуфта f *(Hydr)* Strömungskupplung f, Turbokupplung f, Föttinger-Kupplung f ll ~/**тяговая** Strömungskupplung f mit Drehmomentbegrenzung
гидронамыв m грунта Bodenanspülung f, Bodenanschwemmung f
гидронасос m Hydraulikpumpe f, hydraulische Pumpe f, Druckwasserpumpe f
гидрообмыв m Ausströmen n von Wasser am Unterwasserschiff *(Eisbrecher)*
гидрообогащение n Hydroaufbereitung f
гидроокись f *(Ch)* Hydroxid n ll ~/**амфотерная** amphoteres Hydroxid n ll ~/**щёлочноземельная** Erdalkalihydroxid n
гидрооксалат m *(Ch)* Hydrogenoxalat f
гидрооптика f *(Opt)* Gewässeroptik f
гидроотбойка f *(Bgb)* hydraulische Gewinnung f
гидроотвал m *(Bgb)* Spülhalde f, Spülkippe f
гидроотвалообразование n *(Bgb)* Spülkippenbetrieb m
гидроочиститель m hydraulischer Fluidreiniger m
гидроочистка f *(Ch)* Hydrofining n, Hydroraffination f, hydrierende Raffination f *(katalytische Entschwefelung und Produktverbesserung von Erdölfraktionen bei Anwesenheit von Wasserstoff)*
гидропальпер m s. гидроразбиватель
гидроперегружатель m *(Schiff)* Schutensauger m, Spüler m

гидропередача f *(Masch)* Strömungsgetriebe n, Flüssigkeitsgetriebe n, hydraulische Kraftübertragung f, hydraulisches Getriebe n || **~/аксиально-поршневая** Axialkolbengetriebe n *(System aus Axialkolbenpumpe und Axialkolbenmotor)* || **~ вращательного движения/объёмная** hydrostatisches Getriebe n für drehende Bewegung || **~/объёмная** 1. [hydro]statisches Getriebe (Verdrängergetriebe) n; 2. s. гидропривод/объёмный || **~/пластинчатая** Flügelzellengetriebe n *(System aus Flügelzellenpumpe und Flügelzellenmotor)* || **~/радиально-поршневая** Radialkolbengetriebe n *(System aus Radialkolbenpumpe und Radialkolbenmotor)*
гидропланирование n *(Mech)* Aquaplaning n, Aufschwimmen n
гидроповоротник m s. гидроцилиндр/моментный
гидроподкормка f *(Lw)* Naßkopfdüngung f
гидрополукомпас m Azimutkreisel m, Kurskreisel m
гидропоника f Hydroponik f, Hydrokultur f
гидропреобразователь m 1. [hydraulischer] Druckübersetzer m; 2. s. гидротрансформатор || **~/вращательный** rotierender hydraulischer Druckübersetzer m || **~/поступательный** geradliniger hydraulischer Druckübersetzer m
гидропресс m hydraulische Presse f
гидропривод m *(Hydr)* Hydraulikantrieb m, hydraulischer Antrieb m || **~ без управления** nicht steuerbares hydraulisches System n || **~/всасывающий** s. магистраль/всасывающая || **~/лопастный** hydraulischer Flügelzellenantrieb m || **~/магистральный** hydraulisches System n mit Hauptleitungsspeisung || **~/объёмный** statischer Flüssigkeitsantrieb m, hydrostatischer Antrieb m || **~/подающий** s. магистраль/напорная || **~/подводящий** Saugleitung f, Eintrittsleitung f *(Pumpe)* || **~/поршневой** hydraulischer Kolbenantrieb m || **~/ротационно-поршневой** hydraulischer Umlaufkolbenantrieb m || **~ с управлением** steuerbares hydraulisches System n || **~/силовой** Arbeitsleitung f, Hauptleitung f *(Pumpe)* || **~/сливной** Rückölleitung f
гидропровод m *(Hydr)* Rohrnetz n, Druckölrohrnetz n || **~/нагнетательный** Druckleitung f, Austrittsleitung f *(Pumpe)*
гидропульпер m s. гидроразбиватель
гидропульсатор m *(Wkst)* hydraulische Schwingungsprüfmaschine f, hydraulischer Pulsator (Pulser) m
гидроразбиватель m *(Pap)* Stoff[auf]löser m, Pulper m, Hydropulper m, Turbolöser m
гидроразгрузка f Spülentladung f, hydraulische Entladung n
гидроразмол m *(Pap)* Hydromahlung f
гидроразрыв m *(Bgb)* hydraulische Rißbildung f, Hydrofrac m
гидрорыхлитель m Druckwasserbodenlockerungsanlage f, Druckwasserbodenlockerungseinrichtung f *(Saugschwimmbagger)*
гидрораспределитель m hydraulisches Wegeventil n
гидрорафинирование n s. гидроочистка
гидроресурсы mpl Wasserkraftreserven fpl
гидросамолёт m Wasserflugzeug n
гидросамолёт-амфибия m Amphibienflugzeug n

гидросепаратор m *(Bgb)* Naßabscheider m; Kohlensetzmaschine f
гидросернистокислый *(Ch)* ...hydrogensulfit n; hydrogenschwefligsauer
гидросеть f *(Hydr)* Rohrnetz n, Druckölrohrnetz n
гидросиловик m s. гидроцилиндр/силовой
гидросистема f hydraulisches System n, Hydrauliksystem n, Hydraulik f *(einer Anlage)* || **~ управления подачей** *(Wkzm)* hydraulische Vorschubsteuerung f
гидрослюды fpl *(Min)* Hydroglimmer mpl
гидросмесь f Pulpe f, Trübe f
гидросмыв m *(Bgb)* Verspülen n || **~ навоза** *(Lw)* Schwemmentmistung f
гидросниматель m hydraulischer Abnehmer m
гидросоединение n *(Ch)* Hydroverbindung f
гидросоль f *(Ch)* Hydrogensalz n, saures Salz n
гидросооружения npl Wasserbauten pl
гидросплав m *(Lw)* Staukanalentmistung f
гидростанция f s. гидроэлектростанция
гидростат m 1. Hydrostat f; 2. hydraulische Druckkammer f *(Pulvermetallurgie)*
гидростатика f Hydrostatik f
гидроствор m *(Geod)* Wassermeßprofil n
гидростойка f *(Bgb)* Hydraulikstempel m
гидростроительство n Wasserbau m
гидросульфат m *(Ch)* Hydrogensulfat n
гидросульфид m *(Ch)* Hydrogensulfid n
гидросульфит m *(Ch)* Hydrogensulfit n
гидросфера f *(Geoph)* Hydrosphäre f
гидросхема f hydraulische Schaltung f
гидросцепление n s. гидромуфта
гидротермальный *(Geol)* hydrothermal, Hydrothermal...
гидротермокостюм m Rettungsanzug m, Überlebensanzug m
гидротехника f Hydrotechnik f, Wasserbautechnik f
гидротипия f *(Photo)* Hydrotypie f, Einsaugverfahren n, Verfahren n mit Quellrelief
гидроторф m Hydrotorf m
гидротрансмиссия f Strömungsgetriebe n
гидротранспорт m *(Bgb)* hydraulische Förderung f, Spülförderung f
гидротрансформатор m *(Hydr)* Strömungswandler m, Drehmomentwandler m, Flüssigkeitswandler m, Föttinger-Wandler m
гидротурбина f Wasserturbine f || **~/активная** Gleichdruckturbine f; Aktionswasserturbine f, Gleichdruckwasserturbine f || **~ активная осевая** Gleichdruckaxialturbine f || **~ Банки** s. **~/двукратная** || **~/венечная** s. **~/радиально-осевая** || **~/вертикальная** stehende Wasserturbine f, Wasserturbine f mit stehender Welle || **~/винтовая** Propeller[wasser]turbine f || **~/высоконапорная** Hochdruck[wasser]turbine f || **~/горизонтальная** liegende Wasserturbine f, Wasserturbine f mit liegender Welle || **~/двукратная** Durchströmturbine f, Gleichdruckturbine f mit doppeldurchströmter Beaufschlagung f, Banki-Turbine f || **~ Каплана** s. **~/поворотнолопастная** || **~/ковшовая** Pelton-Turbine f, Freistrahlturbine f, Wasserturbine f mit becherförmigen Laufschaufeln || **~/котельная** Kavernen-Wasserturbine f || **~/лопастная** s. **~/ковшовая** || **~/наклонноструйная** Schrägstrahl-Gleichdruckturbine f, Turgot-Turbine f || **~/на-**

порноструйная Druckstrahlwasserturbine f ‖ ~/**неполная** s. ~/**свободноструйная** ‖ ~/**низконапорная** Niederdruckturbine f ‖ ~/**одноколёсная** einstufige Wasserturbine f ‖ ~/**однороторная** Einrad[wasser]turbine f ‖ ~/**осевая** Axialturbine f (Kaplan-Turbine, Propellerturbine) ‖ ~ **Пельтона** s. ~/**ковшовая** ‖ ~/**поворотнолопастная** Kaplan-Turbine f, Wasserturbine f mit verstellbaren Schaufeln (Axialschaufeln) ‖ ~/**полная** s. ~/**реактивная** ‖ ~/**пропеллерная** Propellert[wasser]urbine f ‖ ~/**радиально-осевая** Radialturbine f, Francis-Turbine f ‖ ~/**реактивная** Überdruck[wasser]turbine f, Reaktions[wasser]turbine f ‖ ~ **с наклонным соплом** s. ~/**наклонноструйная** ‖ ~/**свободноструйная** s. ~/**ковшовая** ‖ ~ **Тюрго** s. ~/**наклонноструйная** ‖ ~ **Френсиса** s. радиально-осевая

гидроударник m (Bgb) Hydraulikbohrhammer m

гидроузел m Wasserbaukomplex m, hydrotechnischer Komplex m ‖ ~/**гидроэнергетический** Wasserkraftanlage f

гидроуправление n hydraulische Steuerung f

гидроуправляемый hydraulisch steuerbar

гидроусилитель m (Reg, Hydr) hydraulischer Verstärker m, Hydraulikverstärker m ‖ ~ **без обратной связи** hydraulischer Verstärker m ohne Rückkopplung ‖ ~ **с обратной связью** rückgekoppelter hydraulischer Verstärker m, hydraulischer Verstärker m mit Rückkopplung

гидроустройство n Hydraulikeinrichtung f, hydraulisches Gerät n ‖ ~/**встраиваемое** hydraulisches Gerät n für Bohrungseinbau ‖ ~/**модульное** hydraulisches Gerät n in Batterieausführung ‖ ~/**управляемое** steuerbare Hydraulikeinrichtung f, steuerbares hydraulisches Gerät n

гидрофайнер m (Pap) Kegelstoffmühle f

гидрофан m (Min) Hydrophan m, Milchopal m

гидрофизика f Hydrophysik f

гидрофильность f Hydrophilie f

гидрофильный hydrophil, wasseraufnehmend, wasseranziehend

гидрофицированный (Masch) hydraulisch [angetrieben], hydraulisch gesteuert

гидрофобизатор m (Text) Hydrophobier[ungs]mittel n

гидрофобизация f (Text) Hydrophobierung f

гидрофобность f Hydrophobie f, Wasserabstoßungsfähigkeit f

гидрофобный hydrophob, wasserabstoßend, wasserabweisend

гидрофон m Hydrophon n, Unterwasserschallempfänger m

гидроформилирование n (Ch) Hydroformylierung f, Oxosynthese f

гидроформилировать (Ch) hydroformylieren

гидроформинг m (Erdöl) Hydroform[ier]en n, Hydroforming n

гидроформинг-процесс m (Erdöl) Hydroformingverfahren n, HF-Verfahren n

гидрохлорирование n (Ch) Hydrochlorierung f

гидроцеллюлоза f (Ch) Hydrocellulose f

гидроцентраль f (En, Hydt) Wasserkraftzentrale f

гидроцепь f hydraulischer Kreislauf m ‖ ~/**вспомогательная** hydraulischer Hilfskreislauf m ‖ ~/**замкнутая** geschlossener hydraulischer Kreislauf m ‖ ~/**основная** hydraulischer Hauptkreislauf m ‖ ~/**полузамкнутая** halbgeschlossener hydraulischer Kreislauf m ‖ ~/**разомкнутая** offener hydraulischer Kreislauf m ‖ ~ **управления** hydraulischer Steuerkreislauf m

гидроциклон m Hydrozyklon m, Naßzyklon m (Aufbereitung)

гидроцилиндр m (Hydr) Arbeitszylinder m (Oberbegriff für Zylinder mit oszillierender Bewegung eines Scheiben-, Tauch- oder Teleskopkolbens und mit Drehwinkelbewegung) ‖ ~/**двустороннего действия** doppeltwirkender Arbeitszylinder m ‖ ~/**двухпозиционный** Hydraulikzylinder m mit zwei festen Stellungen ‖ ~ **зажима** (Wkzm) Spannzylinder m ‖ ~/**мембранный** Hydraulikzylinder m mit Membran ‖ ~/**многопластинчатый моментный** mehrflügeliger Drehflügelzylinder m ‖ ~/**многопозиционный** Hydraulikzylinder m mit mehreren festen Stellungen ‖ ~/**моментный** Drehflügelzylinder m, Drehwinkelzylinder m (Zylinder mit Drehwinkelbewegung des auf einer Welle sitzenden Verdrängers) ‖ ~/**однопластинчатый моментный** einflügeliger Drehflügelzylinder m ‖ ~ **одностороннего действия** einfachwirkender Arbeitszylinder m ‖ ~/**плунжерный** Arbeitszylinder m mit Tauchkolben ‖ ~ **поворотного действия** s. ~/**моментный** ‖ ~ **подачи** (Wkzm) Vorschubzylinder m ‖ ~/**поршневой** s. ~/**силовой** ‖ ~/**сдвоенный моментный** zweiflügeliger Drehflügelzylinder m ‖ ~/**сдвоенный поршневой** Zwillingskolbenarbeitszylinder m mit einseitiger Kolbenstange ‖ ~/**силовой** Arbeitszylinder m mit oszillierender Bewegung (Scheiben-, Tauch- oder Teleskopkolben) ‖ ~/**сильфонный** Hydraulikzylinder m mit Faltenbalg ‖ ~/**телескопический** hydraulischer Teleskopzylinder m

гидрошахта f (Bgb) Hydroschacht m (Kohlegrube mit hydraulischer Gewinnung)

гидрошкаф m (Masch) Hydraulikschrank m

гидроштамповка f Hydroschmieden n

гидрощуп m hydraulischer Taster m

гидроэкструзия f hydrostatisches Strangpressen n (Pulvermetallurgie)

гидроэлеватор m Wasserstrahlpumpe f, Wasserstrahlförderer m, Wasserstrahlheber m, Wasserstrahl-Dickstoffpumpe f; (Bgb) Wasserstrahl[abteuf]pumpe f

гидроэлектрический hydroelektrisch

гидроэлектропривод m elektrohydraulischer Antrieb m

гидроэлектростанция f Wasserkraftwerk n ‖ ~/**бычковая** Pfeilerkraftwerk n ‖ ~/**водосливная** Unterwasserkraftwerk n, Wehreinbaukraftwerk n ‖ ~/**водохранилищная** Speicherwasserkraftwerk n ‖ ~/**высоконапорная** Hochdruckwasserkraftwerk n ‖ ~/**гидроаккумулирующая** Pumpspeicher[kraft]werk n ‖ ~/**деривационная** Umleitungswasserkraftwerk n ‖ ~/**крупная** Großwasserkraftwerk n ‖ ~/**малая** Kleinwasserkraftwerk n ‖ ~/**местная** örtliches Wasserkraftwerk n ‖ ~/**насосно-аккумулирующая** Pumpspeicher[kraft]werk n ‖ ~/**низконапорная** Niederdruckwasserkraftwerk n ‖ ~/**плотинная** Staukraftwerk n; Talsperrenkraftwerk n ‖ ~/**подземная** Kavernenkraftwerk n, unterirdisches Wasserkraftwerk n ‖ ~/**под-**

гидроэлектростанция

порная Fluß[stau]kraftwerk *n* ‖ **~/приливная** Gezeitenkraftwerk *n* ‖ **~/приплотинная** Staukraftwerk *n*; Talsperrenkraftwerk *n* ‖ **~/речная (русловая)** Fluß[stau]kraftwerk *n* ‖ **~ с водохранилищем** Speicherwasserkraftwerk *n* ‖ **~/совмещённая** s. **~/водосливная** ‖ **~/средненапорная** Mitteldruckwasserkraftwerk *n* ‖ **~/средняя** mittleres Wasserkraftwerk *n*, Wasserkraftwerk *n* mittlerer Leistung

гидроэлектроэнергия *f* hydroelektrische Energie *f*, Wasserkraftelektroenergie *f*

гидроэнергетика *f* Hydroenergetik *f*

гидроэнергетический Wasserkraft...

гидроэнергия *f* Hydroenergie *f*, Wasserenergie *f*, Wasserkraft *f*

гидроэнергоузел *m* Wasserkraftanlage *f*

гильза *f* 1. Hülse *f*, Büchse *f*, Buchse *f* (*s. a. unter* буска 1., втулка 1.); 2. Hohlbock *m* (*Rohrwalzen*); 3. (*Text*) Hülse *f*; 4. (*Meß*) Mantelhülse *f* (*Meßschraube*) ‖ **~/вставная переходная** (*Fert*) Zwischenhülse *f* ‖ **~/мокрая** nasse Zylinderlaufbuchse *f* ‖ **~/распорная** 1. Abstandsbuchse *f*, Distanzbuchse *f*, Distanzhülse *f*, Abstandshülse *f*; 2. (*Bgb*) Spreizhülse *f* (*Ankerausbau*) ‖ **~ рулонов** Wickelkern *m* (*Papierherstellung*) ‖ **~/сухая** trockene Zylinderlaufbuchse *f* ‖ **~ цилиндра** 1. (*Kfz*) Zylinderlaufbuchse *f*; 2. Zylinderfutter *n* ‖ **~ экстрактора** Extraktionshülse *f*

гильпинит *m* (*Min*) Gilpinit *m*, Johannit *m*, Uranvitriol *n*

ГИМС *s.* микросхема/гибридная интегральная

гини *fpl s.* гинь-тали

гинь-тали *pl* (*Schiff*) Schwerguttalje *f*, Schwerlasttalje *f*

гипабисситы *mpl* (*Geol*) hypabyssische Ablagerungen *fpl* (*marine Ablagerungen in Tiefen von 3000 bis 5000 m*)

гипербазиты *mpl s.* породы/ультраосновные

гипербаллистика *f* Hyperballistik *f*

гипербола *f* (*Math*) Hyperbel *f* ‖ **~/кубическая** kubische Hyperbel *f* ‖ **~/меридианная** Meridianhyperbel *f* ‖ **~/равноугольная кубическая** gleichwinklige kubische Hyperbel *f* ‖ **~ Эйлера** Euler-Hyperbel *f*, Eulersche Hyperbel *f*

гиперболоид *m* (*Math*) Hyperboloid *n* ‖ **~ вращения** Rotationshyperboloid *n* ‖ **~/двухполостный** zweischaliges Hyperboloid *n* ‖ **~/однополостный** einschaliges Hyperboloid *n* ‖ **~/равносторонний** gleichseitiges Hyperboloid *n*

гиперболоидальный (*Math*) hyperboloidisch

гиперболоидный (*Math*) hyperboloidal

гиперзаряд *m* Hyperladung *f*

гиперзвук *m* (*Ak*) Hyperschall *m*

гиперзвуковой Hyperschall..., hypersonisch, Hypersonik...

гиперквантование *n* (*Ph*) Hyperquantelung *f*, zweite Quantelung *f* (*Quantenmechanik*)

гиперкомпаундирование *n* (*El*) Überkompoundierung *f*

гиперконус *m* Hyperkegel *m*

гиперматрица *f* (*Math*) Hypermatrix *f*, Übermatrix *f*

гиперобъём *m* Hypervolumen *n*

гиперон *m* (*Kern*) Hyperon *n*

гиперосколок *m s.* гиперфрагмент

гиперплоскость *f* (*Math*) Hyperebene *f*

гиперповерхность *f* (*Math*) Hyperfläche *f*

гиперполяризация *f* Hyperpolarisation *f*

гиперпространство *n* (*Math*) Hyperraum *m*

гиперсенсибилизатор *m* (*Photo*) Übersensibilisator *m*, Supersensibilisator *m*, Hypersensibilisator *m*

гиперсенсибилизация *f* (*Photo*) Übersensibilisierung *f*, Supersensibilisierung *f*, Hypersensibilisierung *f*, Hypersensibilisation *f* ‖ **~/ртутная** Hypersensibilisierung *f* durch Quecksilberdampf

гиперсинхронный übersynchron

гиперстен *m* (*Min*) Hypersthen *m* (*Orthopyroxen*)

гиперсфера *f* (*Math*) Hypersphäre *f*, Hyperkugel *f*

гипертермопара *f* Feinthermoelement *n*

гиперустойчивость *f* Hyperstabilität *f*

гиперфрагмент *m* (*Kern*) Hyperfragment *n*

гиперхлорирование *n* (*Ch*) Hochchlor[ier]ung *f*, Überchlor[ier]ung *f*

гиперядро *n* (*Kern*) Hyperfragment *n*

гиполимнион *m* (*Hydrol*) Hypolimnion *n*

гипотеза *f* Hypothese *f*, Annahme *f*, Voraussetzung *f* ‖ **~/волновая** s. **~/ундационная** ‖ **~ Джинса/космогоническая** (*Astr*) Jeanssche Theorie *f*, Katastrophentheorie *f* ‖ **~ захвата** (*Astr*) Einfanghypothese *f* ‖ **~/изостатическая** (*Geol*) isostatische Hypothese *f*, Gleichgewichtshypothese *f* ‖ **~ Канта-Лапласа** (*Astr*) Kant-Laplacesche Hypothese (Nebularhypothese) *f* ‖ **~/квазиэргодическая** Quasiergodenhypothese *f* (*Statistik*) ‖ **~/контракционная** (*Geol*) Kontraktionstheorie *f*, Schrumpfungstheorie *f* ‖ **~/космогоническая** (*Astr*) kosmogonische Theorie *f* ‖ **~/метеоритная** (*Astr*) Meteoritenhypothese *f* ‖ **~/небулярная** (*Astr*) Nebularhypothese *f* ‖ **~/орогеническая** (*Geol*) Orogenhypothese *f*, Orogentheorie *f* ‖ **~/осцилляционная** (*Geol*) Oszillationstheorie *f* ‖ **~/пульсационная** (*Geol*) Pulsationstheorie *f* ‖ **~ свода** (*Bgb*) Gewölbetheorie *f* (*Gebirgsdruck*) ‖ **~ сжатия** s. **~/контракционная** ‖ **~/тектоническая** (*Geol*) [geo]tektonische Hypothese (Theorie) *f* ‖ **~/ундационная** (*Geol*) Undationstheorie *f* ‖ **~/эргодическая** Ergodenhypothese *f* (*Statistik*)

гипотенуза *f* (*Math*) Hypotenuse *f*

гипотрохоида *f* Hypotrochoide *f* (*Geometrie*)

гипоупругость *f* (*Mech*) Hypoelastizität *f*, hypoelastisches Verhalten *n*

гипоцентр *m* (*Geoph*) Hypozentrum *n*, Herd *m* (*Erdbeben*)

гипоциклоида *f* (*Math*) Hypozykloide *f* (*Geometrie*)

гипоэластичность *f* Hypoelastizität *f*, hypoelastisches Verhalten *n*

гипс *m* (*Bw*, *Min*) Gips *m* ‖ **~/автоклавный** Hartformgips *m* ‖ **~/безводный** wasserfreier Gips *m* ‖ **~/бесцветный** farbloser Gips *m* ‖ **~/волокнистый** Fasergips *m* ‖ **~/высокопрочный** Hartformgips *m* ‖ **~/двуводный** Gipsstein *m* ‖ **~/жжёный** gebrannter Gips *m*, Branntgips *m* ‖ **~/зернистый** granulierter Gips *m* ‖ **~/кальцинированный** kalcinierter (hochgebrannter) Gips *m* ‖ **~/мертвообожжённый** totgebrannter Gips *m* ‖ **~/модельный** Modellgips *m*, Formgips *m* ‖ **~/мраморный** Marmorgips *m* ‖ **~/необожжённый** ungebrannter Gips *m* ‖ **~/обожжённый** gebrannter Gips *m* ‖ **~/отделочный** Stuckgips *m* ‖ **~/пережжённый** totgebrannter

Gips *m* ‖ ~/**полуводный** Halbhydratplaster *m*, Halbhydratgips *m*, Gipshalbhydrat *n* ‖ ~/**полуобожжённый** halbentwässerter Gips *m* ‖ ~/**пористый** Porengips *m* ‖ ~/**строительный** Baugips *m* ‖ ~/**сырой** Rohgips *m*, Naturgips *m* ‖ ~/**тонкозернистый** [fein]körniger Gips *m*, Alabaster *m* ‖ ~/**формовочный** Formgips *m*, Modellgips *m* ‖ ~/**штукатурный** Putzgips *m* ‖ ~/**ячеистый** Porengips *m*
гипсобетон *m* Gips[schlacken]beton *m*
гипсобетономешалка *f* Gipsbetonmischer *m*
гипсование *n* 1. *(Lw)* Gipsen *n*, Gipsdüngung *f*; 2. Gipsen *n (des Brauwassers)*
гипсовать 1. *(Lw)* gipsen *(Boden)*; 2. gipsen *(Brauwasser)*
гипсограмма *f (Geod)* Pegellinie *f*
гипсограф *m (Geod)* Pegelschreiber *m*
гипсометрия *f (Geod)* Hypsometrie *f*, Höhenmessung *f*
гипсомешалка *f* Gipsmischer *m*, Gipsrührwerk *m*
гипсорастворомешалка *f* Gipsmörtelmischer *m*
гипсотермометр *m (Geod)* Hypsothermometer *n*, Höhenthermometer *n*
гипсошлакобетон *m* Gips[schlacken]beton *m*
гиратор *m (El)* Gyrator *m*; Y-Zirkulator *m*
гирлянда *f* изоляторов *(El)* Isolator[en]kette *f* ‖ ~ ламп (лампочек) Lichtkette *f*, Lampenkette *f* ‖ /**натяжная** *(El)* Abspannkette *f* ‖ ~/**подвесная** *(El)* Hänge[isolatoren]kette *f* ‖ ~ **подвесных изоляторов** *(El)* Hänge[isolatoren]kette *f* ‖ ~/**сдвоенная** *(El)* Doppel[hänge]kette *f*
гироазимут *m* Azimutkreisel *m*, Kreiselazimut *m*, Kurskreisel *m (Navigation)*
гироазимутгоризонт *m* Kreiselanlage *f*
гироакселерометр *m* Kreiselbeschleunigungsmesser *m*
гиробус *m* Gyrobus *m*
гировертикаль *f* Kreiselvertikale *f*, Kreisellot *n*
гировертикант *m* *s.* горизонт/гироскопический
гировоз *m* Gyrolokomotive *f*, Schwungkreisellokomotive *f*, Speicherlokomotive *f*
гирогоризонт *m* *s.* горизонт/гироскопический
гиродатчик *m (Flg)* kreiselgesteuerter Geber *m*, Kreiselgeber *m* ‖ ~ **горизонта** Horizontalgeber *m*
гиродинамика *f* Gyrodynamik *f*, Kreiseldynamik *f*
гироида *f (Krist)* Gyroide *f*, Drehspiegelachse *f*, Inversionsdrehachse *f*
гирокомпас *m* Kreiselkompaß *m* ‖ ~/**двухгироскопный** Zweikreiselkompaß *m* ‖ ~/**лазерный** Laserkreisel *m* ‖ ~/**маркшейдерский** *(Bgb)* Vermessungskreisel *m*, Kreiseltheodolit *m* ‖ ~/**одногироскопный** Einkreiselkompaß *m*
гирокомпасная *f (Schiff)* Kreiselkompaßraum *m*
гирокурсопрокладчик *m* Kreiselkurszeichner *m*
гирокурсоуказатель *m* Kreiselkursanzeiger *m*
гиролокомотив *m* *s.* гировоз
гиромаятник *m* Kreiselpendel *n*
гиромотор *m* Kreiselmotor *m (Kreiselkompaß)*
гирополукомпас *m* Kreiselhalbkompaß *m*, Kurskreisel *m*
гироприбор *m* Kreiselgerät *n*
гирорама *f* Kreiselrahmen *m*
гирорулевой *m (Schiff)* Selbststeueranlage *f*
гироскоп *m* Kreisel *m*, Gyroskop *n (Navigation)* ‖ ~/**азимутальный** Azimutkreisel *m*, Kurskreisel *m* ‖ ~/**демпфирующий** Dämpfungskreisel *m* ‖

~/**компасный** Kompaßkreisel *m* ‖ ~/**курсовой** Kurskreisel *m*, Azimutkreisel *m* ‖ ~/**лазерный** Laserkreisel *m* ‖ ~ **направления** *s.* ~/**курсовой** ‖ ~/**несимметричный** unsymmetrischer Kreisel *m* ‖ ~ **ориентации** Lagekreisel *m* ‖ ~/**рычажный** Kreisel *m* unter Einwirkung eines Drehmomentes, Präzessionsapparat *m* nach Fessel ‖ ~/**свободный** kräftefreier Kreisel *m* ‖ ~/**симметричный** symmetrischer Kreisel *m* ‖ ~/**стабилизирующий** Stabilisierungskreisel *m* ‖ ~/**уравновешенный** *s.* ~/**свободный**
гиростабилизатор *m* Kreiselstabilisator *m*
гиростабилизация *f* Kreiselstabilisierung *f*
гиростабилизированный kreiselstabilisiert, mit Kreiselstabilisierung
гиростат *m* Gyrostat *m*
гиростатика *f* Gyrostatik *f*
гиросфера *f* Kreiselkugel *f (Kreiselkompaß)*
гирочастота *f* Gyrofrequenz *f*
гирька *f* *s.* гиря
гиря *f* Wägestück *n* ‖ ~/**образцовая** Normalwägestück *n* ‖ ~/**рабочая** Arbeitswägestück *n*
ГИС *s.* 1. схема/гибридная интегральная; 2. схема/гигантская интегральная
гистерезиграф *m (El)* Hysterese[schleifen]schreiber *m*
гистерезиметр *m (El)* Hysteresemesser *m*, Hysteresemeter *n*
гистерезис *m* 1. *(Ph, El)* Hysterese *f*, Hysteresis *f*; 2. *(Gum)* Hysterese *f*, Dämpfung *f* ‖ ~/**динамический** *(Gum)* dynamische Dämpfung *f* ‖ ~/**диэлектрический** dielektrische Hysterese *f* ‖ ~/**магнитный** magnetische Hysteresis *f* ‖ ~/**упругий** elastische Hysteresis *f*
гистерезисный Hysterese…, Hysteresis…
гистерезисограф *m* Hysterese[schleifen]schreiber *m*
гистерограф *m (Med)* Hysterograph *m*
гистероманометр *m (Med)* Hysteromanometer *n*
гистерометр *m (Med)* Hysterometer *n*
гистероскоп *m (Med)* Hysteroskop *m*
гистограмма *f (Math)* Histogramm *n*, Säulendiagramm *n*, Balkendiagramm *n*
гистохимия *f* Histochemie *f*
гитара *f (Wkzm)* Schere *f*; 2. *(Mil)* Zwischengetriebe *n (Panzerfahrzeug)* ‖ ~ **деления** *(Wkzm)* Teil[ungs]wechselradschere *f*, Teilungsschere *f* ‖ ~ **подачи** *(Wkzm)* Vorschub[wechselrad]schere *f* ‖ ~ **сменных колёс** *(Wkzm)* Wechselradschere *f*, Wechselrädschere *f*
ГК *s.* гамма-каротаж
ГКН *s.* гамма-каротаж/нейтронный
глаголь-гак *(Schiff)* Sliphaken *m*
гладилка *f* 1. *(Wkz)* Abrichteisen *n*, Polierreisen *n*, Glätteisen *n*, Polierstahl *m*; 2. *(Schm)* Schlichthammer *m*, Setzhammer *m*, Stauchhammer *m*, Setzeisen *n*, Planhammer *m*; 3. *(Gieß)* Putzeisen *n*, Polierreisen *n*; 4. *(Typ)* Falzbein *n* ‖ ~/**полукруглая узкая** *(Schm)* Kehlhammer *m* ‖ ~/**узкая плоская** *(Schm)* Setzhammer *m* ‖ ~/**широкая плоская** *(Schm)* Schlichthammer *m*
гладить 1. glätten, schlichten; polieren; 2. *(Text)* plätten, bügeln
гладкоствольный Glattrohr…, mit glattem Rohr *(Artillerie)*; glattläufig, mit glattem Lauf *(Gewehr)*

гладкость *f* 1. Glätte *f*; 2. *(Pap)* Glätte *f*, Satinage *f* ‖ ~/**машинная** *(Pap)* Maschenglätte *f*
гладкотянутый *(Met)* blankgezogen *(z. B. Draht)*
гладь *f (Text)* Rechts/Links-Grundbindung *f*, Schlauchware *f (Wirkerei; Strickerei)* ‖ ~/**ажурная кулирная** Rechts/Links-durchbrochene Bindung *f* ‖ ~/**перекидная кулирная** Rechts/Links-hinterlegte Bindung *f* ‖ ~/**плюшевая кулирная** Rechts/Links-Plüschbindung *f* ‖ ~/**полуфанговая кулирная** Rechts/Links-Perlfangbindung *f* ‖ ~/**фанговая кулирная** Rechts/Links-Fangbindung *f* ‖ ~/**футерованная кулирная** Rechts/Links-Futterbindung *f*
глаженье *n (Text)* Bügeln *n*, Plätten *n*
глаз *m* /**кошачий** *(Min)* Katzenauge *n (Faserquarz)* ‖ ~/**соколиный** *(Min)* Falkenauge *n (Quarz)* ‖ ~/**тигровый** *(Min)* Tigerauge *n (Quarz)*
глазерит *m (Min)* Glaserit *m (Salzmineral)*
глазирование *n* 1. *(Lebm)* Kandieren *n*; Glasieren *n*, Auftragen *n* der Glasur; 2. *(Pap)* Satinieren *n*
глазированный 1. *(Lebm)* kandiert; glasiert; 2. satiniert *(Papier)*
глазировать 1. *(Lebm)* kandieren; glasieren; 2. satinieren, glätten *(Papier)*
глазировка *f s.* глазирование
глазок *m* 1. Auge *n*, Schauloch *n*, Schauluke *f*, Schauöffnung *f*; 2. *(Met)* Abstichloch *n*, Abstichöffnung *f*; 3. Masche *f*; 4. Düse *f*; 5. *s.* волока ‖ ~/**волочильный** *(Met)* Ziehdüse *f* ‖ ~ **галева** *(Text)* Litzenauge *n* ‖ ~ **лапки** *(Text)* Preßfingerblatt *n (Flyer)* ‖ ~/**направляющий** *(Text)* Leitauge *n* ‖ ~ **ремизки** *s.* ~ галева ‖ ~ **рычага** Hebelauge *n* ‖ ~/**счётный** *(Text)* Fadenzähler *m* ‖ ~/**фурменный** *s.* ~ фурмы ‖ ~ **фурмы** *(Met)* Schauloch *n* im Düsenstock, Düsenschauloch *n* ‖ ~ **челнока** *(Text)* Schützenauge *n*
глазурование *n* Glasieren *n* ‖ ~ **окунанием** Tauchglasieren *n* ‖ ~ **пульверизацией** Spritzglasieren *n* ‖ ~ **способом погружения** Tauchglasieren *n*
глазуровать glasieren
глазуровка *f s.* глазурование
глазурь *f* Glasur *f*, Schmelz *m* ‖ ~/**баритовая** Barytglasur *f* ‖ ~/**безборная** borsäurefreie Glasur *f* ‖ ~/**бессвинцовая** bleifreie Glasur *f* ‖ ~/**борная** Bor[säure]glasur *f* ‖ ~/**восстановленная** Reduktionsglasur *f* ‖ ~/**землистая** Kieselglasur *f*, Erdglasur *f* ‖ ~/**легкоплавкая** leichtflüssige Glasur *f* ‖ ~/**свинцовая** Bleiglasur *f* ‖ ~/**солевая (соляная)** Salzglasur *f* ‖ ~/**сырая** Rohglasur *f* ‖ ~/**тугоплавкая** schwerflüssige Glasur *f* ‖ ~/**фриттованная** Fritte[n]glasur *f* ‖ ~/**щелочная** Alkaliglasur *f* ‖ ~/**щёлочно-свинцовая** Alkalibleiglasur *f*
глауберит *m (Min)* Glauberit *m (Salzmineral)*
глаукодот *m (Min)* Glaukodot *m*, Kobaltarsenkies *m*
глауконит *m (Min)* Glaukonit *m (Glimmer)*
глаукофан *m (Min)* Glaukophan *m (Amphibol)*
глезер *m (Pap)* Glätt[walzen]werk *n* ‖ ~/**сухой** Trockenglättwerk *n* ‖ ~/**сырой** Feuchtglättwerk *n*
глёт *m* [/**свинцовый**] *(Met)* Bleiglätte *f (Blei(II)-oxid)* ‖ ~/**серебристый** Silberglätte *f* ‖ ~/**чёрный** schwarze Glätte *f*

глетчер *m s.* ледник ‖ ~/**соляной** *(Geol)* Salzgletscher *m*
глина *f (Geol)* Ton *m*; Lehm *m* ‖ ~/**автохтонная** Verwitterungston *m*, Rückstandston *m* ‖ ~/**адсорбционная** *s.* ~/отбеливающая ‖ ~/**аморфная** amorpher Ton *m* ‖ ~/**базальтовая** Basaltton *m* ‖ ~/**белая** weißer Ton *m*, Bolus alba *(in der Pharmazie verwendete Tonart)* ‖ ~/**бентонитовая** *s.* бентонит ‖ ~/**битуминозная** bituminöser Ton *m* ‖ ~/**вакковая** Wackenton *m* ‖ ~/**валунная** Geschiebeton *m* ‖ ~/**вспученная (вспучивающаяся)** Blähton *m* ‖ ~/**вторичная** *s.* ~/переотложенная ‖ ~/**гипсовая** gipshaltiger Ton *m* ‖ ~/**гончарная** Töpferton *m* ‖ ~/**горшечная** *s.* ~/гончарная ‖ ~/**жирная** fetter (stark plastischer) Ton *m* ‖ ~/**известковая** kalkiger Ton *m* ‖ ~/**каолинитовая** Kaolinitton *m*, kaolinitischer Ton *m* ‖ ~/**каолиновая** Kaolinton *m* ‖ ~/**квасцовая** Alaunton *m* ‖ ~/**кирпичная** Ziegelton *m*, Backsteinton *m* ‖ ~/**клинкерная** Klinkerton *m* ‖ ~/**кристаллическая** kristalliner Ton *m* ‖ ~/**купоросная** *s.* ~/квасцовая ‖ ~/**кусковая** stückiger Ton *m* ‖ ~/**легкоплавкая** leichtschmelzender Ton *m* ‖ ~/**ледниковая** Geschiebeton *m*, glazialer Ton *m* ‖ ~/**ленточная** Bänderton *m* ‖ ~/**листоватая** dünngeschichteter Ton *m*, Blätterton *m* ‖ ~/**монтмориллонитовая** Montmorillonitton *m* ‖ ~/**морская** mariner Ton *m* ‖ ~/**непластичная** nichtplastischer (nichtbildsamer) Ton *m* ‖ ~/**обожжённая** gebrannter Ton *m*, Feuerton *m* ‖ ~/**огнеупорная** feuerfester Ton *m* ‖ ~/**осадочная** sedimentärer Ton *m* ‖ ~/**остаточная** Verwitterungston *m*, Rückstandston *m* ‖ ~/**отбеливающая** Bleicherde *f* ‖ ~/**отмученная** geschäumter Ton *m* ‖ ~/**первичная** Primärton *m*, primärer Ton *m* ‖ ~/**переотложенная** umgelagerter Ton *m* ‖ ~/**пластичная** plastischer (knetbarer) Ton *m*, Bindeton *m* ‖ ~/**полиминеральная** Polymineralton *m* ‖ ~/**связующая** Bindeton *m* ‖ ~/**септариевая** Septarienton *m* ‖ ~/**сланцеватая** Schieferton *m* ‖ ~/**сланцевая** *s.* ~/сланцеватая ‖ ~/**соляная** Salzton *m* ‖ ~/**строительная** Bauton *m* ‖ ~/**сукновальная** *(Text)* Walkerde *f* ‖ ~/**тощая** Magerton *m*, Ton *m* geringer Plastizität ‖ ~/**тугоплавкая** schwerschmelzender Ton *m* ‖ ~/**углистая** Kohleton *m* ‖ ~/**уплотнённая** verfestigter Ton *m* ‖ ~/**фарфоровая** Porzellanerde *f*, Kaolin *m* ‖ ~/**цветная сланцеватая** Letten *m* ‖ ~/**цементная** Zementton *m (für Portlandzement)* ‖ ~/**черепичная** Dachziegelton *m (homogener, gut bildsamer Ton zur Herstellung von Dachziegeln, Fliesen, dünnwandigen Töpfereierzeugnissen)* ‖ ~/**шельфовая** Schelfmeerton *m*, Flachseeton *m* ‖ ~/**элювиальная** Residualton *m*, Verwitterungston *m*, Rückstandston *m*
глинизация *f (Bw)* Toninjektion *f* ‖ ~ **скважины** *(Erdöl)* Kolmation *f (Verpflasterung der Bohrlochwand mit Dickspülung)*
глинизировать *(Erdöl)* kolmatieren
глинистый ton[halt]ig, Ton…; lehmhaltig, Lehm…
глинище *n* Lettengrube *f*; Tongrube *f*
глинозабойка *f* Lehmbesatz *m*
глинозём *m* Tonerde *f (Aluminiumoxid)* ‖ ~/**уксуснокислый** essigsaure Tonerde *f (Aluminiumacetat)*

глинозёмистый tonhaltig, Tonerde...
глиномешалка f Tonmischer m; 2. *(Pap)* Erdauflöser m, Füllstofflöser m ‖ **~/двухвальная** Doppelwellentonmischer m
глиномялка 1. Tonkneter m; 2. *(Pap)* Erdauflöser m, Füllstofflöser m
глинорезка f *(Ker)* Tonschneider m
глиносодержание n Tongehalt m, Bindetongehalt m *(Formstoffe)*
глиностанция f *(Bgb)* Spülungsaufbereitungsanlage f *(Bohrung)*
глиссада f *(Flg)* Gleitweg m
глиссер m Gleitboot n, Gleiter m ‖ **~/двухреданный** zweistufiges Gleitboot n ‖ **~/однореданный** einstufiges Gleitboot n ‖ **~/реданный** Stufengleitboot n
глиссирование n Gleiten n, Oberflächengleiten n *(Gleitboot)* ‖ **~ колёс** *(Flg, Kfz)* Aquaplaning n *(Verlust der Lenkfähigkeit durch Gleiten auf Wasser)*
глисс[ир]овать gleiten *(Gleitboot)*
глифталь f Glyptalharz n
глицерин m *(Ch)* Glycerin n ‖ **~/динамитный** Dynamitglycerin n ‖ **~/сырой** Rohglycerin n
глобуль m *(Wkst)* Globulit m, Sphärolith m *(Gefüge)*
глобулы mpl *(Astr)* Globulen fpl *(dichtere kosmische Staubgebilde)*
глобулярный *(Wkst)* kugelig, kugelförmig, sphärolithisch *(Gefüge)*
глобус m Globus m ‖ **~/географический** Erdglobus m ‖ **~/звёздный** *(Schiff)* Sternfinder m, Sternkarte f ‖ **~/лунный** Mondglobus m ‖ **~/небесный** Himmelsglobus m ‖ **~/рельефный** Reliefglobus m
глория f *(Meteo)* Glorie f
глубина f 1. Tiefe f; 2. *(Bgb)* Teufe f ‖ **~ азотизации** s. **~ азотирования** ‖ **~ азотирования** *(Härt)* Nitriertiefe f ‖ **~ вакуума** Höhe f des Vakuums ‖ **~ ввинчивания** Einschraubtiefe f ‖ **~ вдавливания** s. **~ отпечатка** ‖ **~ внедрения** Eindringtiefe f ‖ **~ впадины** *(Masch)* Lückentiefe f ‖ **~ впадины между зубьями** Zahnlückentiefe f ‖ **~ впадины профиля** Profiltaltiefe f *(Rauheitsmessung)* ‖ **~ врезания** 1. *(Fert)* Anschnittiefe f; 2. s. **~ выемки** ‖ **~ вруба** *(Bgb)* Schrämtiefe f ‖ **~ вспашки** *(Lw)* Pflugtiefe f ‖ **~ выемки** *(Bgb)* Baggerschnittiefe f ‖ **~ диффузии** Diffusionstiefe f *(Halbleitertechnologie)* ‖ **~ диффузии примеси** Dotandendiffusionstiefe f *(Halbleitertechnologie)* ‖ **~ забоя** *(Bgb)* Schnittiefe f *(Bagger)* ‖ **~ зазора** Spalttiefe f ‖ **~ закалки** *(Härt)* Einhärtetiefe f, Härtetiefe f, Abschreck[härte]tiefe f ‖ **~ заложения** *(Bw)* 1. Fundamenttiefe f, Gründungstiefe f *(Fundament)*; 2. Verlegungstiefe f *(Leitungen)* ‖ **~ затекания** *(Schw)* Eindringtiefe f ‖ **~ захвата** *(Fert)* Eingriffstiefe f ‖ **~ извлечения грунта** Baggertiefe f *(Schwimmbagger)* ‖ **~ имплантации** *(Eln)* Ioneneindringtiefe f, Eindringtiefe f, Ionenreichweite f, Reichweite f *(Ionenimplantation)* ‖ **~ ионного легирования** s. **~ имплантации** ‖ **~ карбонизации** *(Bw)* Karbonatisierungstiefe f ‖ **~/конечная** *(Bgb)* Endteufe f ‖ **~ контроля** *(Meß)* Prüftiefe f ‖ **~ копания** *(Bw)* Baggertiefe f, Grabtiefe f ‖ **~ науглероживания** *(Härt)* Aufkohl[ungs]tiefe f ‖ **~/оптическая** *(Astr)*

optische Tiefe f ‖ **~ отбела** *(Härt)* Schrecktiefe f, Abschrecktiefe f, Weißeinstrahlungstiefe f ‖ **~ отпечатка** *(Wkst)* Eindrucktiefe f, Eindring[ungs]tiefe f *(Härteprüfung)* ‖ **~/перископная** Sehrohrtiefe f ‖ **~ погружения** 1. *(Schiff)* Tauchtiefe f, Eintauchtiefe f; 2. *(Text)* Einstechtiefe f *(Kämmaschine)* ‖ **~ подачи** *(Fert)* Zustellung f ‖ **~ прогрева** *(Schw)* Erwärmungstiefe f ‖ **~ прокаливаемости** *(Härt)* Einhärtungstiefe f, [erreichbare] Härtetiefe f ‖ **~ проникновения** s. **~ имплантации** ‖ **~ проплавления** 1. *(Schw)* Einbrandtiefe f, aufgeschmolzener Bereich m *(z. B. beim Kunststoffschweißen)*; 2. *(Met)* Schmelztiefe f; 3.*(Eln)* Legierungstiefe f *(Halbleitertechnologie)* ‖ **~ протекторного рисунка** *(Kfz)* Profiltiefe f *(Reifen)* ‖ **~ проходки** *(Bgb)* Abteuflänge f *(Schacht)* ‖ **~ разработки** *(Geol)* Erosionstiefe f ‖ **~ разработки грунта** Baggertiefe f *(Schwimmbagger)* ‖ **~ разработки месторождения** *(Bgb)* Abbauteufe f ‖ **~ резания** 1. *(Fert)* Schnittiefe f; 2. *(Bgb)* Schnittiefe f, Schrämtiefe f ‖ **~ резкости** *(Photo)* Tiefenschärfe f, Schärfentiefe f ‖ **~ скина** *(Eln)* Skintiefe f *(Laser)* ‖ **~ ствола** *(Bgb)* Schachtteufe f ‖ **~ фрезерования** *(Fert)* Frästiefe f, Schnittiefe f *(beim Fräsen)* ‖ **~ цементации** s. **~ цементированного слоя** ‖ **~ цементированного слоя** *(Härt)* Kohlungstiefe f, Einsatztiefe f *(Einsatzhärten)* ‖ **~ черпания** Baggertiefe f *(Eimerschwimmbagger)* ‖ **~ штриха** *(Meß)* Strichtiefe f *(z. B. bei Skaleinteilungen)*
глубиномер m Tiefenmesser m, Tiefenmaß n, Tiefentaster m ‖ **~/индикаторный** Tiefenmeßuhr f ‖ **~/микрометрический** Tiefenmeßschraube f
глубокоизлучатель m *(Licht)* Tiefstrahler m
глубокорыхлитель m *(Lw)* Tieflockerer m
глубокорыхлитель-плоскорез m *(Lw)* Kultivator m
глухарь m Holzschraube f *(mit Vier- oder Sechskantkopf)*
глухой 1. taub; 2. blind, Blind... *(z. B. Blindflansch)*; Grund... *(z. B. Grundbohrung)*
глушение n Dämpfung f *(Schall)*; Pufferung f *(Stoß)* *(s. a. unter* амортизация*)* ‖ **~/белое** *(Glas)* Weißtrübung f ‖ **~/предварительное** *(Glas)* Vortrübung f ‖ **~ стекла** *(Glas)* Trübung f
глушитель m 1. Dämpfer m; Schalldämpfer m; 2. *(Glas)* Trübungsmittel n; 3. *(Reg)* Dämpfungsglied n ‖ **~/белый** *(Glas)* Weißtrübungsmittel n ‖ **~ выхлопа** *(Kfz)* Auspuffschalldämpfer m ‖ **~/дополнительный** *(Kfz)* Nachschalldämpfer m ‖ **~ шума** Schalldämpfer m ‖ **~ шума/активный** Absorptionsschalldämpfer m ‖ **~ шума впуска (всасывания)** Ansaugschalldämpfer m ‖ **~ шума выпуска** Abgasschalldämpfer m, Auspuffschalldämpfer m ‖ **~ шума/интерференционный** Interferenzschalldämpfer m ‖ **~ шума/реактивный** Reflexionsschalldämpfer m
глушить 1. dämpfen, drosseln; ersticken; 2. *(Glas)* trüben
глыба f 1. Klumpen m; 2. Scholle f, Erdscholle f ‖ **~/горстовая** *(Geol)* Horstscholle f ‖ **~/континентальная (материковая)** *(Geol)* Kontinentalscholle f

глюкоза f (Ch) Glucose f, Traubenzucker m, Dextrose f
глянец m 1. Glanz m, Oberflächenglanz m; 2. (Led) Glanzlack m, Glanzappretur f, Glanz m ‖ ~/**зеркальный** m (Photo) Hochglanz m
глянцевание n (Photo) Hochglanzerzeugung f
глянцеватель m (Photo) Hochglanzpresse f
глянцевать 1. glätten, polieren; 2. (Led) glasen, glanzstoßen
глянцевитость f Glanz m
глянцеобразователь m (Led) Glanzmittel n, Appreturmittel n
глянцметр m Glanzmesser m
глянцовка f (Led) Appretieren n, Appretur f
гляциология f (Geoph) Glaziologie f, Gletscherkunde f
ГМВ s. горизонт меженных вод
ГМД s. диск/гибкий магнитный
гмелинит m (Min) Gmelinit m (Zeolith)
Гн s. генри
Гн/м s. генри на метр
гнёзда npl **глины** (Geol) Tongallen fpl
гнёздность f (Kst) Anzahl f der Werkzeugnester
гнездо n 1. Nest n; Loch n; 2. Sitz m (Ventil); 3. (Masch) Aufnahmestelle f (z. B. für Werkzeuge im Magazin); 4. (Masch) Lagerauge n; 5. (El) Buchse f, Steckbuchse f; (Eln) Steckfassung f, Fassung f; Steckplatz m; 6. (Nrt) Klinke f, Vermittlungsklinke f; Fassung f; 7. (Bw) Gerüstloch n, Rüstloch n (im Mauerwerk); 8. (Gieß) Auflage f, Marke f, Sitz m ‖ ~/**блокировочное** (Nrt) Halteklinke f ‖ ~ **веретена** (Text) Spindelunterteil f (Spinnerei) ‖ ~ **ворсовой платины** (Text) Polplatinenfassung f ‖ ~ **впускного клапана** (Kfz) Einlaßventilsitz m ‖ ~/**вспомогательное** (Nrt) Aushilfsklinke f ‖ ~/**входное** (El) Eingangsbuchse f ‖ ~/**вызывное** (Nrt) Rufklinke f ‖ ~ **выпускного клапана** (Kfz) Auslaßventilsitz m ‖ ~ **графита** 1. (Met, Gieß) Graphitnest n, nestförmige Graphitanhäufung f; 2. (Gieß) Temperkohleflokke f ‖ ~/**графитовое** s. ~ графита ‖ ~/**испытательное** (Nrt) Prüfklinke f ‖ ~ **клапана** (Kfz) Ventilsitz m ‖ ~/**клапанное** (Kfz) Ventilsitz m ‖ ~/**коммутаторное** (Nrt) Vermittlungsklinke f ‖ ~/**многократное** (Nrt) Vielfachklinke f ‖ ~ **ожидания** (Nrt) Warteklinke f ‖ ~/**опросное** (Nrt) Abfrageklinke f ‖ ~/**палубное** (Schiff) Zurrtopf m, Laschtopf m (Containerzurrung) ‖ ~/**параллельное** (Text) Parallelklinke f ‖ ~ **подшипника** (Masch) Lagersitz m, Aufnahmebohrung f für Lager ‖ ~/**потайное** (Fert) Einsenkung f, Senkung f (für Senkschrauben) ‖ ~ **початка** (Text) Ansatz m (Kops) ‖ ~ **пружины** (Masch) Federsitz m ‖ ~/**прядильное** (Text) Spinnkammer f (Chemiefaserherstellung) ‖ ~/**разъединительное** (Nrt) Trennklinke f ‖ ~ **рудное** (Bgb) Erznest n ‖ ~/**соединительное** s. ~/телефонное ‖ ~/**стержневое** (Gieß) Kernauflage f, Kernmarke f ‖ ~/**телефонное** Fernsprechklinke f ‖ ~ **ушка** (Text) Lochnadelfassung f ‖ ~ **цапфы** (Masch) Zapfenlager n ‖ ~/**штеккерное** (штепсельное) (El) Steck[er]buchse f
гнездо-отверстие n (Masch) Aufnahmebohrung f
гнейс m (Geol) Gneis m ‖ ~/**амфибольный** Amphibolgneis m ‖ ~/**графитовый** Graphit-

gneis m ‖ ~/**двуслюдяной** Zweiglimmergneis m ‖ ~/**диоритовый** Dioritgneis m ‖ ~/**железистый** Eisengneis m ‖ ~/**жилковатый** Aderngneis m ‖ ~/**конгломератовый** Konglomeratgneis m ‖ ~/**ленточный** Bändergneis m ‖ ~/**мусковитовый** Muskowitgneis m ‖ ~/**очковый** Augengneis m ‖ ~/**плагиоклазовый** Plagioklasgneis m ‖ ~/**роговообманковый** Hornblendengneis m ‖ ~/**слоистый** Lagengneis m ‖ ~/**слюдяной** Glimmergneis m ‖ ~/**стебельчатый** Stengelgneis m ‖ ~/**фибролитовый** Fasergneis m
гнейсо-гранит m s. гранито-гнейс
гниение n Faulen n, Fäule f, Fäulnis f
гнилость f Fäule f, Fäulnis f
гниль f Fäulnis f, Fäule f; Faulendes n; Verfaultes n
гнить [ver]faulen
ГНО s. отделение/грузовое насосное
гнуть biegen
гнутьё n Biegen n
год m Jahr n ‖ ~/**аномалистический** anomalistisches Jahr n ‖ ~/**бесселев** Besselsches Jahr n ‖ ~/**високосный** Schaltjahr n ‖ ~/**галактический** galaktisches Jahr n (Umlaufzeit der Sonne um den Mittelpunkt der Galaxis) ‖ ~/**гидрологический** hydrologisches Jahr n ‖ ~/**гражданский** bürgerliches Jahr n ‖ ~/**григорианский** Gregorianisches Jahr n ‖ ~/**драконический** drakonitisches Jahr n ‖ ~/**звёздный** Sternjahr n, siderisches Jahr n ‖ ~/**календарный** s. ~/гражданский ‖ ~/**лунно-високосный** Mondschaltjahr n ‖ ~/**лунно-солнечный** Lunisolarjahr n, gebundenes Mondjahr n ‖ ~/**лунный** Mondjahr n ‖ ~/**простой** Gemeinjahr n ‖ ~/**световой** Lichtjahr n (Entfernungsmaß) ‖ ~/**сидерический** s. ~/звёздный ‖ ~/**солнечный** s. ~/тропический ‖ ~/**тропический** tropisches Jahr n, Sonnenjahr n ‖ ~/**фиктивный** s. ~/бесселев ‖ ~/**юлианский** Julianisches Jahr n
годограмма f s. годограф
годограф m (Hydr, Geoph) Hodograph, Ortskurve f, Laufzeitkurve f, Geschwindigkeitskurve f, Hodogramm n ‖ ~/**корневой** Wurzelortskurve f ‖ ~/**редуцированный** reduzierte Laufzeitkurve f
годоскоп m (Kern) Hodoskop n
голова f Kopf m, Haupt n ‖ ~/**верхняя врутренняя** (Hydt) Binnenhaupt n (Schleuse) ‖ ~ **кометы** (Astr) Kometenkopf m ‖ ~/**красная стеклянная** (Min) Roter Glaskopf m, Hämatit m ‖ ~/**нижняя внешняя** (Hydt) Außenhaupt n (Schleuse) ‖ ~ **шлюза/верхняя** (Hydt) Schleusenoberhaupt n ‖ ~ **шлюза/нижняя** (Hydt) Schleusenunterhaupt n ‖ ~ **якоря** (Schiff) Kopfstück n, Querjoch n (Anker)
головка f 1. Kopf m, Kopfstück; Hut m; Kappe f; 2. (Met) Brenner[kopf] m (SM-Ofen) 2.; 3. (Masch) Spindelkopf m; 4. (Ch) Vorlauf m (Destillation) ‖ ~/**алмазная** (Wkz) Diamantschleifstift m, gespindelter Diamantschleifkörper m, Diamantschleifkörper m mit Stahlschaft ‖ ~/**алмазная стоматологическая** Diamantzahnbohrer m, stomatologischer Diamantschleifkörper m ‖ ~ **анкера** s. ~/анкерная ‖ ~/**анкерная** (Bw, Bgb) Ankerkopf m (Ankerausbau) ‖ ~/**антенная** (Rf) Antennenkopf m, Antennenrute f ‖ ~ **бура**

(Bgb) Bohrerkopf *m (Gesteinsbohrer)* ‖ ~/**быстроходная** *(Wkz)* Schnellaufkopf *m* ‖ ~/**вентиляционная** *(Schiff)* Lüfterkopf *m* ‖ ~/**вертикальная** *(Wkz)* Senkrechtkopf *m* ‖ ~/**вертикально-фрезерная** *(Wkz)* Senkrechtfräskopf *m* ‖ ~/**винторезная** *(Wkz)* Schraubengewindeschneidkopf *m* ‖ ~/**вихревая** *(Wkz)* Wirbelkopf *m* ‖ ~ **воспроизведения** *(El)* Wiedergabekopf *m*, Abspielkopf *m* ‖ ~/**воспроизводящая** *s.* ~ воспроизведения ‖ ~/**вращающаяся** *(Wkz)* rotierender (umlaufender) Kopf *m* ‖ ~/**временная** *(Wkz)* verlorener Kopf *m* ‖ ~/**врубовая** *(Bgb)* Schrämkopf *m*, Schrämvorsatz *m* ‖ ~/**всасывающая** Saugkopf *m* ‖ ~/**вставная** *(Wkz)* einsetzbarer Kopf *m* ‖ ~/**выдувная** *(Glas, Kst)* Blaskopf *m* ‖ ~/**высаженная** *(Masch)* Stauchkopf *m*, aufgestauchter Kopf *m* ‖ ~/**вышивальная** *(Text)* Stickkopf *m* ‖ ~ **газового канала** Gazuskopf *m (SM-Ofen)* ‖ ~/**гайконарезная** *(Wkz)* spanender Muttergewindebearbeitungskopf *m*, Muttergewindeschneidkopf *m* ‖ ~/**гомогенизирующая** Homogenisierkopf *m (einer Homogenisiermaschine)* ‖ ~ **горелки** *(Met)* Brennerkopf *m*, Brennermundstück *n* ‖ ~/**горизонтальная** *(Wkz)* Waagerechtkopf *m* ‖ ~/**грибовидная вентиляционная** Pilzkopflüfter *m* ‖ ~/**двухканальная** *(El)* Zweispurkopf *m*, Halbspurkopf *m* ‖ ~/**двухфильерная прядильная** *(Text)* Doppelspinnkopf *m* ‖ ~/**двухшпиндельная** *(Wkz)* Zweispindelkopf *m* ‖ ~/**делительная** *(Wkz)* Teilkopf *m* ‖ ~/**делительная оптическая** *(Wkz)* optischer Teilkopf *m* ‖ ~/**дефлекторная** *(Schiff)* Lüfterkopf *m* ‖ ~/**дисковая магнитная** Magnetscheibenkopf *m* ‖ ~/**долбёжная** *(Wkz)* Stößelkopf *m*, Stoßkopf *m (der Stoßmaschine)* ‖ ~/**дробящая** Brechkegel *m* ‖ ~/**дутьевая** *(Glas)* Blaskopf *m* ‖ ~/**зажимная** *(Wkz)* Spannkopf *m* ‖ ~/**закладная** *(Fert)* Setzkopf *m* ‖ ~ **заклёпки** *(Fert)* Nietkopf *m* ‖ ~/**заливочная** *(Bgb)* Zementierkopf *m (Bohrlochzementierung)* ‖ ~/**замыкающая** Schließkopf *m (Niet)* ‖ ~ **записи** *(El)* Aufzeichnungskopf *m*, Schreibkopf *m*, Aufnahmekopf *m* ‖ ~ **записи-воспроизведения** Schreib-Lese-Kopf *m*, Kombikopf *m* ‖ ~ **записи звука** Tonaufnahmekopf *m*, Tonaufzeichnungskopf *m* ‖ ~ **записи-считывания** Schreib-Lese-Kopf *m*, Kombikopf *m* ‖ ~/**записывающая** Aufnahmekopf *m*, Aufzeichnungskopf *m*, Schreibkopf *m* ‖ ~/**зарубная** *s.* ~/**врубовая** ‖ ~/**заточная** *(Wkz)* Scharfschleifkopf *m* ‖ ~/**звуковоспроизводящая** Tonwiedergabekopf *m*, Abspielkopf *m* ‖ ~/**звукозаписывающая** *s.* ~ записи звука ‖ ~ **звукоснимателя** Tonabnehmerkopf *m*, Abtaster *m* ‖ ~/**зондирующая** Tastkopf *m* ‖ ~/**зубо[на]резная** *(Wkz)* Verzahnungsmesserkopf *m*, Messerkopf *m* zum Verzahnen; Verzahn[ungs]kopf *m* ‖ ~/**зубчатая измерительная** *(Meß)* mechanischer Feinzeiger *m (mit Zahnstange und Ritzel)* ‖ ~ **излучателя** Strahlerkopf *m* ‖ ~/**измерительная** *(Meß)* Meßkopf *m*, Feinzeiger *m* ‖ ~/**индикаторная измерительная** *(Meß)* Feinzeiger *m* ‖ ~/**инкрементная измерительная** *(Meß)* inkrementaler Feinzeiger *m* ‖ ~/**инструментальная** Werkzeugkopf *m* ‖ ~/**калильная** Glühkopf *m (Glühkopfmotor)* ‖ ~/**калящая** *(Härt)* Glühkopf *m (Härtemaschine)* ‖

~/**квадратная** Vierkantkopf *m (Schraube)* ‖ ~/**квадратная потайная** Vierkantsenkkopf *m (Schraube)* ‖ ~ **кинопроектора** *(Kine)* Projektorwerk *n* ‖ ~ **клапана** Ventilteller *m (Viertakt-Ottomotor; Hubkolbenverdichter)* ‖ ~ **клапана/выпуклая** gewölbter Ventilteller *m (Viertakt-Ottomotor; Hubkolbenverdichter)* ‖ ~ **клапана/плоская** flacher Ventilteller *m (Viertakt-Ottomotor; Hubkolbenverdichter)* ‖ ~ **клапана/тюльпанная** tulpenförmiger Ventilteller *m (Viertakt-Ottomotor)* ‖ ~ **колонны** *(Ch)* Kolonnenkopf *m (Destillation)* ‖ ~/**кольцевая** *(Wkz)* Ringkopf *m* ‖ ~/**комбинированная** *(El)* Kombinationskopf *m*, Aufnahme- und Wiedergabekopf *m* ‖ ~/**коническая** 1. Kegel[stumpf]kopf *m (Niet)*; 2. *(Wkz)* Kegelkopf *m*, kegeliger Kopf *m* ‖ ~/**коническая потайная** Kegelsenkkopf *m (Schraube)* ‖ ~/**коническая шлифовальная** *(Wkz)* Walzenkegelstift *m (zylindrische Form mit Kegelkappe)* ‖ ~/**контрольная** *(El)* Kontroll[spur]kopf *m* ‖ ~/**копирная электронная абтастворрихтунг** электронная Abtastvorrichtung *f*, optoelektronisches Steuergerät *n (für optoelektronisch gesteuerte Brennschneidmaschinen)* ‖ ~/**копировальная** 1. *(Wkz)* Nachformkopf *m*; 2. *s.* ~/копирная ‖ ~/**косая** *(Kst)* Schrägspritzkopf *m* ‖ ~/**крейцкопфная** *(Masch)* Kreuzkopfende *n* ‖ ~/**круглая** Rundkopf *m (Niet)* ‖ ~/**лазерная** Laserkopf *m* ‖ ~/**лазерная измерительная** Lasermeßkopf *m* ‖ ~/**лобовая** *(Wkzm)* stirnseitiger Spindelstock *m (Koordinatenbohrmaschine)* ‖ ~/**лопатки** *(Turbine; Turboverdichter; Kreiselpumpe)* Schaufelkopf *m*, Schaufeleintrittskante *f* ‖ ~/**магнитная** Magnetkopf *m*; Magnettonkopf *m* ‖ ~/**магнитная монофоническая** Monomagnetkopf *m* ‖ ~/**магнитная стирающая** Löschkopf *m* ‖ ~/**месильная** Mischkopf *m* ‖ ~ **металлизатора/распылительная** Spritzdüse *f*, Düsensystem *n (Metallspritzgerät)* ‖ ~/**механическая делительная** *(Meß)* mechanischer Teilkopf *m* ‖ ~/**микрометрическая** Funktionsmechanismus *m* einer Meßschraube ‖ ~/**многодорожечная** *(Inf)* Mehrspurkopf *m* ‖ ~/**многозарядная боевая** *(Mil)* Mehrfachgefechtskopf *m*; Mehrfachsprengkopf *m* ‖ ~/**многоинструментальная** *(Wkz)* Kopf *m* mit mehreren Werkzeugen ‖ ~/**многоканальная** *(Inf)* Mehrspurkopf *m* ‖ ~/**многопозиционная револьверная** *(Wkz)* Mehrstationenrevolverkopf *m* ‖ ~/**многорезцовая** *(Wkz)* Mehrmeißelkopf *m* ‖ ~/**многошпиндельная** *(Wkz)* Mehrspindelkopf *m* ‖ ~/**многошпиндельная сверлильная (сверлильно-расточная)** Mehrspindelbohrkopf *m* ‖ ~/**мотальная** *(Text)* Spulkopf *m*, Spulstelle *f*, Wickler *m (Spulmaschine)* ‖ ~/**моющая** *(Brau)* Reinigungssprühkopf *m*, Reinigungsspritzkopf *m (frei rotierendes Reinigungsgerät im Gärtank)* ‖ ~/**накладная** *(Wkz)* Anbau-Spindelstock *(z. B. für Fräsmaschinen)* ‖ ~ **ножа косилки** *(Lw)* Messerkopf *m (Mähmaschine)* ‖ ~/**ножевая** *(Wkz)* Messerkopf *m* ‖ ~/**однодорожечная** *(Inf)* Vollspurkopf *m* ‖ ~/**одношпиндельная** *(Wkz)* Einspindelkopf *m* ‖ ~/**опрыскивающая** *s.* ~/моющая ‖ ~/**оптическая делительная** *(Wkz)* optischer Teilkopf *m* ‖ ~/**отбойная** *s.* ~/врубовая ‖ ~/**отделочно-расточная** *(Wkz)* Feinausdrehkopf *m* ‖ ~/**панорамная** *(Kine)* Panoramakopf

головка

m, Schwenkkopf *m* (*Kamerastativ*) ‖ **~/пескодувная** (*Gieß*) Blaskopf *m* (*Kernblasmaschine*) ‖ **~ пескомёта** (*Gieß*) Schleuderkopf *m* (*Sandslinger*) ‖ **~/пескострельная** (*Gieß*) Schießkopf *m* (*Kernschießmaschine*) ‖ **~/петельная** (*Text*) Maschenkopf *m* ‖ **~/пишущая** Schreibkopf *m* ‖ **~/плавающая [матнитная]** (*Inf*) gleitender Kopf (Magnetkopf) *m* ‖ **~/плавильная** (*Text*) Rostspinnkopf *m*, Schmelzkopf *m* (*Chemiefaserherstellung*) ‖ **~/плавильно-прядильная** (*Text*) Schmelzspinnkopf *m* (*Chemiefaserherstellung*) ‖ **~/плоская** 1. (*Fert*) Flachkopf *m* (*Niet*); 2. (*Wkz*) Flachkopf *m*, flacher Kopf *m* ‖ **~/плоская щелевая** (*Kst*) Breitschlitzwerkzeug *n* ‖ **~/плоскоконическая** flacher Kegelstumpfkopf *m* ‖ **~/поворотная** (*Wkz*) Schwenkkopf *m*, schwenkbarer Kopf *m* ‖ **~/подвижная [магнитная]** (*Inf*) beweglicher Kopf (Magnetkopf) *m* ‖ **~ ползуна** (*Wkz*) Stößelkopf *m* (*Kurzhobelmaschine*) ‖ **~/полировальная** (*Wkz*) Polierkopf *m* ‖ **~/полукруглая** Halbrundkopf *m* (*Schraube, Niet*) ‖ **~/полупотайная** Linsensenkkopf *m* (*Schraube, Niet*) ‖ **~/поперечная** (*Kst*) Querspritzkopf *m* (*Schraube, Niet*) ‖ **~/потайная** Senkkopf *m* (*Schraube, Niet*) ‖ **~/прорезанная** geschlitzter Kopf *m* (*Schraube*) ‖ **~/пружинная измерительная** (*Meß*) Mykator *m* ‖ **~/пружинно-оптическая [измерительная]** (*Meß*) Optikator *m* ‖ **~/прядильная** (*Text*) Spinnkopf *m* (*Chemiefaserherstellung*); Spinnstelle *f* (*Naturfaserspinnerei*) ‖ **~/прямая** (*Kst*) Längsspritzkopf *m* ‖ **~/прямоточная** (*Kst*) Geradeauswerkzeug *n*, Geradeausspritzkopf *m* ‖ **~/прямоугольная** Hammerkopf *m* (*einer Schraube*) ‖ **~/пятишпиндельная** (*Wkz*) Fünfspindelkopf *m* ‖ **~/разбрызгивающая** *s.* **~/моющая** ‖ **~/разделяющаяся боевая** (*Mil*) Mehrfachgefechtskopf *m*; Mehrfachsprengkopf *m* ‖ **~/распылительная** 1. Einspritzdüse *f* (*eines Strahltriebwerks*); 2. Spritzdüse *f*, Düsensystem *n* (*Metallspritzgerät*) ‖ **~/расточная** (*Wkz*) Ausdrehkopf *m* ‖ **~/револьверная** (*Wkz, Opt*) Revolverkopf *m* ‖ **~/револьверная сверлильная** Revolverbohrkopf *m* ‖ **~/режущая** 1. (*Wkz*) Schneidkopf *m*; 2. *s.* головка/врубовая ‖ **~/резальная** (*Text*) Schneidkopf *m* ‖ **~ резца** *f* (*Wkz*) 1. Meißelkopf *m*; 2. Schneidteil *m* des Meißels ‖ **~/резьбовая** (*Wkz*) Gewindekopf *m* ‖ **~/резьбонакатная** (*Wkz*) Rollkopf *m* (*Gewinde*), Gewinderollkopf *m* ‖ **~/резьбонарезная** (*Wkz*) Gewindeschneidkopf *m* ‖ **~/рычажно-зубчатая измерительная** *s.* ~/зубчатая измерительная ‖ **~/рычажно-пружинная измерительная** (*Meß*) Mykator *m* mit Winkeltaster ‖ **~ с ушком** Ösenkopf *m* (*Schraube*) ‖ **~ самонаведения** (*Mil*) Zielsuchkopf *m* ‖ **~ самонаведения/инфракрасная** *s.* **~ наведения/тепловая** ‖ **~ самонаведения/лазерная** Laserzielsuchkopf *m* ‖ **~/самонаведения/тепловая** Infrarotzielsuchkopf *m*, IR-Zielsuchkopf *m*, Wärmezielsuchkopf *m* ‖ **~ самонаклада/всасывающая** (*Typ*) Ansaugkopf *m*, Saugkopf *m* (*pneumatischer Anleger*) ‖ **~/самооткрывающаяся резьбонарезная** (*Wkz*) selbstöffnender (selbstauslösender) Gewindeschneidkopf *m* ‖ **~/сборная** (*Wkz*) zusammengebauter Kopf *m* ‖ **~/сборочная** (*Wkz*) Montagekopf *m* ‖ **~/сварочная** Schweißkopf *m*; (*Eln*) Bondkopf *m* ‖ **~/сверлильная** (*Wkz*) Bohrkopf *m* ‖ **~/сверлильная шпиндельная** Bohrspindelkopf *m* ‖ **~/сегментная** (*Wkz*) Segmentkopf *m*, Schleifkopf *m* (*Aufnahmekörper für Schleifsegmente*) ‖ **~/силовая** (*Wkz*) kraftführender Kopf *m* ‖ **~/сканирующая** Abtastkopf *m* ‖ **~ слитка** (*Met*) Blockkopf *m*, Blockschopf *m*, Schopf *m* ‖ **~/сменная** (*Wkz*) auswechselbarer Kopf *m* ‖ **~/смесительная** Mischkopf *m* ‖ **~ станины** (*Masch*) Rahmenkopf *m* ‖ **~/стереофоническая** (*Eln*) Stereokopf *m* ‖ **~/стирающая** (*El*) Löschkopf *m* ‖ **~/суперфинишная** (*Wkz*) Superfinishkopf *m* ‖ **~/сфероцилиндрическая** Linsenkopf *m* (*Schraube, Niet*) ‖ **~ считывания** (*Inf*) Lesekopf *m* ‖ **~/считывающая** *s.* ~ считывания ‖ **~/съёмная** (*Wkz*) abnehmbarer Kopf *m* ‖ **~/тестовая** (*Eln*) Testerkopf *m* ‖ **~/т-образная** Hammerkopf *m* (*einer Schraube*) ‖ **~ толкателя** (*Masch*) Stößelkopf *m* ‖ **~/торцешлифовальная** (*Wkz*) Stirnschleifkopf *m* ‖ **~/торцовая резцовая** (*Wkz*) Stirnmesserkopf *m* ‖ **~/угловая** 1. (*Wkz*) kegeliger Schleifkörper *m* mit Stahlschaft; 2. (*Wkz*) Winkelkopf *m*, Spindelstock *m* für Schrägbearbeitung; 3. (*Kst*) Umlenkwerkzeug *n*, Winkelspritzkopf *m* ‖ **~/угловая сверлильная** (*Wkz*) Winkelbohrkopf *m* ‖ **~/угловая шлифовальная** (*Wkz*) Schleifstift *m* für Schwalbenschwanzprofile (*Nuten, Aussparungen*) ‖ **~/угломерная окулярная** (*Meß*) Winkel[meß]okular *n* ‖ **~/универсальная** 1. (*Wkz*) Universalkopf *m*; 2. *s.* ~ записи-воспроизведения ‖ **~/универсальная расточная** (*Wkz*) Universalausdrehkopf *m* ‖ **~/универсальная сверлильная** (*Wkz*) Universalbohrkopf *m* ‖ **~/фотометрическая** Photometeraufsatz *m* ‖ **~/фотоэлектронная** *s.* **~/копирная** ‖ **~/фрезерная** (*Wkz*) Fräskopf *m* ‖ **~/фрезерная шпиндельная** (*Wkst*) Frässpindelkopf *m* ‖ **~/фугасная боевая** (*Mil*) Sprengkopf *m* ‖ **~/хонинговальная** (*Wkz*) Langhubhonkopf *m* ‖ **~/цементировочная** (*Bgb*) Zementierkopf *m* (*Bohrlochzementierung*) ‖ **~ цилиндра** Zylinderkopf *m* (*Verbrennungsmotor*) ‖ **~/цилиндрическая** 1. Zylinderkopf *m* (*Schraube*); 2. (*Wkz*) gerader Schleifkörper *m* mit Stahlschaft ‖ **~/цилиндрическая шлифовальная** (*Wkz*) Walzenstift *m* ‖ **~ цилиндров** Zylinderkopf *m* (*Verbrennungsmotor*) ‖ **~ червячной машины** (*Kst*) Spritzkopf *m* ‖ **~/чертёжная** Zeichenkopf *m* ‖ **~/четырёхгранная** Vierkantkopf *m* (*Schraube*) ‖ **~/шаровая** (*Wkz*) Kugelkopf *m* ‖ **~ шатуна** (*Masch*) Pleuel[stangen]kopf *m*, Schubstangenkopf *m* ‖ **~ шатуна/вильчатая** gegabelter Schubstangenkopf *m* ‖ **~ шатуна/нижняя** (*Kfz*) Pleuelfuß *m* (*Verbrennungsmotor*) ‖ **~/шестигранная** Sechskantkopf *m* (*Schraube*) ‖ **~/шлифовальная** *f* 1. (*Wkz*) Schleifspindelkopf *m*; 2. (*Wkz*) Schleifkopf *m* mit Stahlschaft, Schleifstift *m*, gespindelter Schleifkörper *m* ‖ **~/шлицовая** geschlitzter Kopf *m* (*Schraube*) ‖ **~/шпиндельная** (*Wkz*) Spindelkopf *m* ‖ **~ шпонки** Keilnase *f*, Nase *f* (*Nasenkeil*) ‖ **~/щуповая** (*Meß*) Tastkopf *m*, Abtastkopf *m* ‖ **~/эжекционная вентиляционная** (*Schiff*) Sauglüfter[kopf] *m*, Kammerlüfter *m* ‖ **~ экструдера** 1. (*Text*) Extruderkopf *m* (*Chemiefaserherstellung*); 2. (*Kst*) Spritz-

kopf m *(eines Extruders)* ‖ **~/электроиндуктивная делительная** *(Меß)* induktiver Teilkopf m ‖ **~/электронная измерительная** *(Меß)* elektronischer Feinzeiger m
головной Vorlauf... *(Destillation)*
головоотсекание n Köpfen n *(Fischverarbeitung)*
голограмма f Hologramm n ‖ **~/амплитудная** Amplitudenhologramm n ‖ **~/бинарная (двоичная)** binäres Hologramm n ‖ **~/объёмная** Volumenhologramm n ‖ **~/отражающая** Reflexionshologramm n ‖ **~/синтетическая** synthetisches Hologramm n ‖ **~/фазовая** Phasenhologramm n
голограмма-копия f Hologrammkopie f
голографический holographisch, Hologramm...
голография f Holographie f ‖ **~/акустическая** akustische Holographie f ‖ **~/микроволновая** Mikrowellenholographie f ‖ **~/поляризационная** Polarisationsholographie f ‖ **~/ультразвуковая** Ultraschallholographie f
голодиаграмма f Holodiagramm n
гололедица f Vereisung f, Eisbehang m
гололёдообразование n Eisbildung f
голоморфный *(Math)* holomorph *(Funktion)*
голономный *(Math)* holonom
голоцен m *(Geol)* Holozän n
голоэдр m *(Krist)* Holoeder n, Vollflächner m
голоэдрический *(Krist)* holoedrisch, vollflächig
голоэдрия f *(Krist)* Holoedrie f, Vollflächigkeit f
голубница f *(Schiff)* Wasserlaufloch n
голубой 1. blau; 2. blaugrün *(Farbfilm)*
голубой m Blau n ‖ **~/водяной** Wasserblau n ‖ **~/кислотный** Säureblau n ‖ **~/метиленовый** Methylenblau n ‖ **~/щелочной** Alkaliblau n
голье f *(Led)* Blöße f; Hautblöße f; Blößen fpl
гольевой *(Led)* Blößen...
гольмий m *(Ch)* Holmium n, Ho
гомеополярный *(Krist)* homöopolar *(Kristallgitter)*
гомеотипия f *(Krist)* Homöotypie f
гомеотипный *(Krist)* homöotyp
гомогенизатор m Homogenisator m, Homogenisierungsvorrichtung f
гомогенизация 1. *(Ch)* Homogenisieren n, Homogenisierung f; 2. *(Härt)* Homogenisierungsglühen n, Diffusionsglühen n, Homogenisieren n ‖ **~/зонная** *(Eln)* Schwebezonenverfahren n, Zonenhomogenisierung f *(Halbleitertechnologie)*
гомогенизирование n s. гомогенизация
гомогенизировать 1. *(Ch)* homogenisieren; 2. *(Härt)* homogenisieren, homogenisierend glühen, diffusionsglühen
гомогенность f Homogenität f
гомодесмический *(Krist)* homodesmisch *(Kristallgitter)*
гомолог m *(Ch)* Homolog[e] n
гомологизация f s. реакция гомологизации
гомологический *(Math, Ch)* homolog
гомология f *(Math, Ch)* Homologie f
гомоморфизм m *(Math)* Homomorphismus m, homomorphe Abbildung f
гомопараллельный *(Math)* homoparallel
гомопереход m Homoübergang m *(Halbleiter)*
гомополиконденсация f *(Ch)* Homopolykondensation f
гомополимер m *(Ch)* Homopolymer n, Homopolymerisat n

гомополимеризация f *(Ch)* Homopolymerisation f
гомоцентрический *(Opt)* homozentrisch *(Strahlenbündel)*
гомоциклический *(Ch)* homocyclisch, isocyclisch, carbocyclisch
гомоэпитаксия f Homoepitaxie f
гон m 1. Gon n, Neugrad m *(Einheit des ebenen Winkels)*; 2. *(Lw)* Felderlänge f
гондола f 1. *(Flg)* Gondel f, Lastkorb m, Korb m *(Ballon)*; 2. *(Eb)* Sattelwagen f *(offener Selbstentladewagen)*
гониасмометр m Goniasmometer n
гониометр m Goniometer n ‖ **~/двукружный** Zweikreisgoniometer n ‖ **~/ёмкостный** kapazitives Goniometer n ‖ **~/индуктивный** induktives Goniometer n ‖ **~/лазерный** Lasergoniometer n ‖ **~/однокружный** Einkreisgoniometer n ‖ **~/отражательный** Reflexionsgoniometer n ‖ **~/пеленгаторный** Peilgoniometer n ‖ **~/поляризационный** Polarisationsgoniometer n ‖ **~/рентгеновский** Röntgengoniometer n ‖ **~/теодолитный** Theodolitgoniometer n
гониометрия f Goniometrie f
гониометр-спектрометр m Goniometer-Spektrometer n
гониоскоп m *(Med)* Gonioskop n
гониофотометр m Goniophotometer n *(Photometrie)*
гонок m *(Text)* Picker m *(Weberei)*
гончарство n Töpferhandwerk n, Töpferei f
гора f Berg m *(s. a. unter* горы*)* ‖ **~/столовая** Tafelberg m
горб m Höcker m *(einer Kurve)*
горбатик m *(Wkz)* Schiffshobel m
горбылёк m [оконного переплёта] *(Bw)* Fenstersprosse f, Zwischensprosse f, Sprosse f
горбыль m Schwarte f *(Holz)*
горелка f 1. Brenner m; 2. *(Licht)* Entladungsgefäß n, Brenner m ‖ **~/атомно-водородная** *(Schw)* Arcatom-Brenner m ‖ **~/ацетиленовая** *(Schw)* Acetylenbrenner m ‖ **~/ацетилено-кислородная** *(Schw)* Acetylen-Sauerstoff-Brenner m ‖ **~/безынжекторная** *(Schw)* Hochdruckbrenner m ‖ **~/беспламенная** Muffelbrenner m *(Kesselfeuerung)* ‖ **~/боковая** Seitenbrenner m *(Kesselfeuerung)* ‖ **~ Бунзена** Bunsenbrenner m ‖ **~/бунзеновская** s. ~ Бунзена ‖ **~/вихревая** Wirbel[strom]brenner m *(Wirbelbrennerkesselfeuerung)* ‖ **~/вихревая двухулиточная** Brenner m mit tangentialer Staub- und Luftzufuhr *(Feuerungstechnik)* ‖ **~/вихревая прямоточно-улиточная** Brenner m mit tangentialer Luftzufuhr *(Feuerungstechnik)* ‖ **~/вихревая улиточно-лопаточная** Brenner m mit tangentialem Staubeintritt und verdrallter Sekundär- und Tertiärluft *(Feuerungstechnik)* ‖ **~/водородно-кислородная** *(Schw)* Wasserstoff-Sauerstoff-Brenner m ‖ **~/вспомогательная** Zusatzbrenner m ‖ **~ высокого давления** Hochdruckbrenner m ‖ **~/газовая** Gasbrenner m ‖ **~/газовая топочная** Gasbrenner m *(in Gasfeuerungen)* ‖ **~/дежурная** Sparbrenner m, Zündbrenner m ‖ **~/завихряющая** s. ~/вихревая ‖ **~/зажигательная** Zündbrenner m ‖ **~/запальная** Anheizbrenner m ‖ **~/инжекторная (инжекционная)** *(Schw)* Injektorbrenner

горелка

m, Saugbrenner *m*, Niederdruck[schweiß]brenner *m* ‖ **~/кислородно-ацетиленовая** *(Schw)* Acetylen-Sauerstoff-Brenner *m* ‖ **~/кольцевая** Ring[düsen]brenner *m*, Koaxialbrenner *m* *(Kesselfeuerung)* ‖ **~/короткопламенная** Kurzflammenbrenner *m*, Kanalbrenner *m* *(Kesselfeuerung)* ‖ **~/кругл[опламенн]ая** Rundbrenner *m* *(Feuerungstechnik)* ‖ **~/мазутная** Ölbrenner *m* *(Ölfeuerung)* ‖ **~/машинная** *(Schw)* Maschinenbrenner *m* ‖ **~/многопламенная** *(Met)* Mehrflammenbrenner *m*, Mehrdüsenbrenner *m* ‖ **~/многорожковая** *(Met)* Mehrflammenbrenner *m* ‖ **~/многосопловая инжекционная** Mehrflammensaugbrenner *m*, Mehrdüsensaugbrenner *m* ‖ **~/многосопловая щелевая** Registerbrenner *m* *(Kesselfeuerung)* ‖ **~/многофакельная** *s.* ~/многопламенная ‖ **~/муфельная** Muffelbrenner *m* *(Kesselfeuerung)* ‖ **~ низкого давления** Niederdruckbrenner *m*, Injektorbrenner *m* ‖ **~/однопламенная** *(Schw)* Einflammenbrenner *m* ‖ **~/однофакельная** *s.* ~/однопламенная ‖ **~/основная** Hauptbrenner *m* ‖ **~/паяльная** Lötbrenner *m* ‖ **~/пистолетного типа/сварочная** *(Schw)* Pistolenbrenner *m*, gerader Brenner *m* ‖ **~/плазменная** Plasmabrenner *m* ‖ **~/плоск[опламенн]ая** *(Schw)* Flachbrenner *m* ‖ **~/поворотная** *(Schw)* Schwenkbrenner *m* ‖ **~/подогревательная** *(Schw)* Anwärmeinsatz *m*, Anwärmbrenner *m*, Vorwärmbrenner *m* ‖ **~/потолочная** Deckenbrenner *m* *(Deckenfeuerung)* ‖ **~/пылеугольная** Kohlenstaubbrenner *m* *(Feuerungstechnik)* ‖ **~/растопочная** Zündbrenner *m* *(Kesselfeuerung)* ‖ **~/режущая (резательная)** Schneidbrenner *m* ‖ **~ с предварительным смешением** *(Schw)* Brenner *m* mit Vormischkammer, Mischbrenner *m* ‖ **~/сбросная** Brüdenbrenner *m* *(Staubfeuerung mit Mahltrockenanlage)* ‖ **~/сварочная** *(Schw)* Schweißbrenner *m* ‖ **~/сварочно-резательная** *(Schw)* kombinierter Schweiß- und Schneidbrenner *m* ‖ **~/струйная** Strahlbrenner *m* *(Feuerungstechnik)* ‖ **~/ступенчатая** Stufenbrenner *m* *(Feuerungstechnik)* ‖ **~/угловая** Eckenbrenner *m* *(Kesselfeuerung)* ‖ **~/фронтальная** Frontbrenner *m* *(Kesselfeuerung)* ‖ **~/фронтовая** *s.* ~/фронтальная ‖ **~/холостая** Stützbrenner *m*, Zündbrenner *m* *(Kesselfeuerung)* ‖ **~/цилиндрическая** Rundstrahlbrenner *m* ‖ **~/щелевая** *(Schw)* Schlitzbrenner *m*, Flachschlitzbrenner *m* ‖ **~/эжекторная** Niederdruckbrenner *m*, Ejektorbrenner *m* *(Feuerungsbrenner)* ‖ **~/эжекторная мазутная** Niederdrucköl brenner *m*, Ejektorölbrenner *m* *(Ölfeuerung)*

горение *n* Brennen *n*, Verbrennen *n*, Verbrennung *f* ‖ **~/беспламенное** flammenlose Verbrennung *f* ‖ **~/взрывное** *s.* ~/детонационное ‖ **~/вялое** träge Verbrennung *f* ‖ **~/гетерогенное** heterogene Verbrennung *f* ‖ **~/гомогенное** homogene Verbrennung *f* ‖ **~/детонационное** klopfende Verbrennung *f*, Klopfen *n* *(im Motor)* ‖ **~/замедленное** schleichende Verbrennung *f* ‖ **~/каталитическое** *s.* ~/поверхностное каталитическое ‖ **~/неполное** unvollständige Verbrennung *f* ‖ **~/поверхностное каталитическое** katalytische Verbrennung *f*, Verbrennung (Oxidation) *f* an der Oberfläche eines Katalysators ‖ **~/полное** vollkommene (vollständige) Verbrennung *f*

гореть brennen, verbrennen

горизонт *m* 1. *(Astr, Flg)* Horizont *m*; 2. *(Schiff)* Kimm *f*; 3. *(Hydt)* Spiegel *m*, Niveau *n* (*s. a.* **уровень** 2.*)*; 4. *(Bgb)* Sohle *f* („Stockwerk" im Grubenfeld); 5. *(Geol)* Horizont *m* (örtlich begrenzte Gesteinszone) ‖ **~/вентиляционный** *(Bgb)* Wettersohle *f* ‖ **~/видимый** scheinbarer Horizont *m* ‖ **~/водоносный** *(Hydrol)* Grundwasserleiter *m*, Aquifer *m* ‖ **~/водоотливный** *(Bgb)* Wassersohle *f*, Sumpfsohle *f* ‖ **~ воды/напорный** *(Hydt)* Druckwasserspiegel *m* ‖ **~/вскрышной** *(Bgb)* Abraumstrosse *f* *(Tagebau)* ‖ **~/выдачной** *(Bgb)* Fördersohle *f* ‖ **~ выпуска** *(Bgb)* Abzugssohle *f* ‖ **~ высоких вод** *(Hydt)* höchstes Hochwasser *n*, HHW ‖ **~/гироскопический** *(Flg)* Kreiselhorizont *m*, künstlicher Horizont *m*, Fliegerhorizont *m*, Horizontkreisel *m* ‖ **~/главный [откаточный]** *(Bgb)* Haupt[förder]sohle *f* ‖ **~/глубокий** *(Bgb)* tiefe Abbausohle *f* ‖ **~ грунтовых вод** Grundwasserhorizont *m* ‖ **~/искусственный** *s.* ~/гироскопический ‖ **~/истинный** wahrer Horizont *m* ‖ **~/маркирующий** *s.* ~/опорный ‖ **~/математический** mathematischer Horizont *m* ‖ **~/меженный** *s.* меженных вод ‖ **~ меженных вод** *(Hydt)* Niedrigwassersohle *f*, Niedrigwasser *n*, NW ‖ **~/напорный водоносный** *(Hydrol)* gespannter Grundwasserleiter *m* ‖ **~/ненапорный водоносный** *(Hydrol)* ungespannter Grundwasserleiter *m* ‖ **~/нижний** *(Bgb)* Tiefbausohle *f* ‖ **~/нулевой** *(Bgb)* Rasensohle *f* ‖ **~/опорный** *(Geol)* Leithorizont *m* ‖ **~/основной** 1. *(Bgb)* Haupt[förder]sohle *f*; 2. *(Geol)* Nullebene *f*, Nullhorizont *m* ‖ **~/основной водоносный** *(Geol)* wasserführender Haupthorizont *m* ‖ **~ откатки** *(Bgb)* Fördersohle *f* ‖ **~/откаточный** *(Bgb)* Fördersohle *f* ‖ **~ открытых разработок** *(Bgb)* Tagebausohle *f*, Tagebauhorizont *m* ‖ **~/отражающий** Reflexionshorizont *m* ‖ **~/подземный эксплуатационный** *(Bgb)* Abbausohle *f*, Bausohle *f* ‖ **~ подсечки** *(Bgb)* Unterfahrungssohle *f*, Unterschneidungssohle *f* ‖ **~/продуктивный** *(Geol)* produktiver Horizont *m*, Förderhorizont *m* *(Erdöl, Erdgas)* ‖ **~/промежуточный** *(Bgb)* Zwischensohle *f*, Teilsohle *f* ‖ **~/рабочий** *(Bgb)* Arbeitssohle *f*, Abbauhorizont *m*, Arbeitsebene *f* ‖ **~/радиолокационный** *(Rad)* Radarhorizont *m* ‖ **~/ртутный** *(Meß)* Quecksilberhorizont *m* ‖ **~/рудный** *(Geol)* Erzhorizont *m* ‖ **~/сейсмический опорный** *(Geol)* seismischer Leithorizont *m* ‖ **~/скреперования** *(Bgb)* Schrappersohle *f* ‖ **~/условный** *(Hydt, Geol)* Bezugshorizont *m* ‖ **~/фотомаркирующий** photogeologischer Leithorizont *m* ‖ **~ цели** Zielwaagerechte *f* *(Ballistik)* ‖ **~/швагериновый** *(Geol)* Schwagerinenhorizont *m* ‖ **~/штольневый** *(Bgb)* Stollensohle *f* ‖ **~/эксплуатационный** *(Bgb)* Abbausohle *f*, Bausohle *f* ‖ **~/эксплуатируемый** *(Geol)* Förderhorizont *(Erdöl, Erdgas)*

горизонталь *f* 1. Horizontale *f*; 2. *(Geod)* Schichtlinie *f*, Höhen[schicht]linie *f*, Isophyse *f*, Horizontalkurve *f*; 3. *(Hydt)* Niveaulinie *f*; 4. *(Math)* Zeile *f* *(Determinante)* ‖ **~/дополнительная** *(Geod)* Zwischenkurve *f*

горизонтальный 1. horizontal, waagerecht; 2. *(Wkzm)* Waagerecht... *(mit waagerechter Spindelachse oder bei waagerechter Arbeitsbewegung)*; 3. *(Bgb)* söhlig
горка f 1. Berg m; 2. *(Text)* Anlauf m *(Weberei)*; 3. *(Eb)* Ablaufberg m *(Rangieren)*; 4. *(Flg)* Hochziehen n; 5. *(Bgb)* Gefällestrecke f || **~/боевая** *(Text)* Schlagkurve f *(Weberei)* || **~/отбойная** *(Eb)* Gegenablaufberg m || **~/пальчатая** *(Lw)* Gummifingerband n *(an Erntemaschinen)* || **~/семяочистительная** *(Lw)* Bandausleser m, Bandauslesemaschine f || **~/сортировочная** *(Eb)* Ablaufberg m || **~/центральная** *(Astr)* Zentralberg m *(des Mondkraters)*
горло n 1. Hals m, Schnauze f *(s. a. unter* горловина 1.*)*; 2. Stutzen m; 3. Hals m, Einschnürung f; 4. Hals m, Schnauze f *(Konverter)*
горловина f 1. Hals m, Schnauze f, Halsung f, Einhalsung f; 2. Stutzen m; 3. Mannloch n, Einstiegsloch n || **~ бензобака** *(Kfz)* Tankeinfüllstutzen m || **~ бункера** Bunkerauslauf m || **~ вулкана** Vulkanpfropfen m || **~/загрузочная** Füllstutzen m || **~/заливная** Einfüllstutzen m || **~ камеры** *(Bgb)* Kammerhals m || **~ камеры сгорания** Brennkammerhals m *(TL-Triebwerk)* || **~ конвертера** *(Met)* Konverterschnauze f, Konverterhals m || **~/масляная** *(Kfz)* Öleinfüllstutzen m || **~/разгрузочная** Entleerungsstutzen m
горлышко n Hals m *(an Gefäßen)*
горн m 1. Horn n; 2. *(Met)* Herd m, Herdsohle f, Sumpf m *(Schachtschmelzofen)*; Gestell n, Unterofen m *(Hochofen)* || **~ вагранки** Kupolofenherd m || **~/верхний** Oberherd m, Obergestell n *(Hochofen)* || **~/выносной** Vorherd m *(Kupolofen)* || **~/зажигательный** Zündofen m *(Sintermaschine)* || **~/кричный** Frischherd m, Frischfeuer n || **~/кузнечный** Schmiedeherd m, Schmiedefeuer n || **~/набивной** Stampfherd m || **~/нижний** Unterherd m *(Schachtofen)*; Untergestell n *(Hochofen)* || **~/обжигательный** Röstherd m *(Aufbereitung)* || **~/отстойный** s. **~/передний** || **~/передний** Vorherd m, Sammler m *(z. B. Kupolofen)* || **~/плавильный** Herd[schmelz]ofen m *(NE-Metallurgie)* || **~/разделительный** Treibeherd m *(NE-Metallurgie)* || **~/сварочный** Schweißherd m, Schweißfeuer n || **~/туманный** *(Schiff)* Nebelhorn n
горновой *(Met)* Herd...
горно-геологический bergbaugeologisch, montangeologisch
горнодобывающий Bergbau..., Gewinnungs...
горно-капитальный *(Bgb)* Aufschluß..., Ausrichtungs...
горно-металлургический Bergbau- und Hütten...
горнопромышленный Bergbau...
горнорудный Erzbergbau...
горноспасательный Grubenrettungs...
горнотехнический bergbautechnisch
горный 1. *(Bgb)* Montan..., Bergau...; Bergwerks..., bergbaulich; bergmännisch; Gruben...; 2. *(Geol)* Gebirgs...
города-побратимы mpl Partnerstädte fpl
город-памятник m historische Stadt f, unter Denkmalschutz stehende Stadt f
город-район m *(Bw)* Stadtregion f
городской 1. städtisch, Stadt...; 2. *(Nrt)* Orts-...

город-сад m Gartenstadt m
город-спальня m Schlafstadt f
город-спутник m Satellitenstadt f
горообразование n *(Geol)* Gebirgsbildung f
горст m *(Geol)* Horst m || **~/клиновидный (клинообразный)** Keilhorst m || **~/моноклинальный** Monoklinalhorst m || **~/наклонный** Horst m mit geneigter gehobener Scholle || **~/складчатый** Faltenhorst m || **~/сложный** gestaffelter Horst m, Stufenhorst m || **~/столовый** Tafelhorst m || **~/ступенчатый** s. **~/сложный**
горшок m 1. Topf m; 2. *(Glas)* Hafen m; 3. *(Met)* Tiegel m, Topf m, Pfanne f || **~/агломерационный** *(Met)* Sintertopf m, Sinterpfanne f || **~/воздушный** *(Wmt)* Lufttopf m || **~/всасывающий** *(Wmt)* Saugtopf m || **~/конденсационный** *(Wmt)* Kondenstopf m, Kondenswasserabscheider m, Kondensatableiter n || **~/нитрационный** *(Härt)* Nitriertopf m, Nitrierkasten m || **~ с поплавком/конденсационный** Schwimmerkondenstopf m || **~/стеклованный** Glas[schmelz]hafen m || **~/цементационный** *(Härt)* Einsatztopf m, Einsatzkasten m
горшкоудалитель m *(Lw)* Erdtopfpresse f
горы fpl *(Geol)* Gebirge n || **~/аккумулятивные** Akkumulationsgebirge n, Aufschüttungsgebirge n || **~/вулканические** vulkanisches Gebirge n || **~/высокие** Hochgebirge n *(nach russischer Definition über 2000 m)* || **~/глыбовые** Schollengebirge n, Bruchgebirge n, Blockgebirge n || **~/денудационные** Denudationsgebirge n || **~/остаточно-глыбовые** Rumpf[schollen]gebirge n || **~/остаточные** Residualgebirge n || **~/островные** Inselberge mpl || **~/сбросово-складчатые** Bruchfaltengebirge n || **~/складчато-глыбовые** Faltenschollengebirge n || **~/складчатые** Faltengebirge n || **~/средневысотные** Mittelgebirge n *(nach russischer Definition von 400 bis 2000 m Höhe)* || **~/эрозионные** Erosionsgebirge n
горькозём m Bitterde f *(Magnesiumoxid)*
горючее n 1. Brennmaterial n; Heizstoff m; 2. *(Kfz)* Kraftstoff m; 3. *(Flg, Rak)* Treibstoff m || **~/авиационное** Flug[zeug]treibstoff m || **~/антидетонационное** *(Kfz)* klopffester Kraftstoff m || **~/атомное** s. **~/ядерное** || **~/бездетонационное** *(Kfz)* klopffester Kraftstoff m || **~/карбюраторное** *(Kfz)* Vergaserkraftstoff m, VK || **~/криогенное** Tieftemperaturtreibstoff m || **~/твёрдое** Trockenbrennstoff m, Festbrennstoff m || **~/химическое** chemischer Brennstoff m || **~/ядерное** *(Kern)* Kernbrennstoff m, Spaltstoff m
горючесть f Brennbarkeit f
горячекатаный *(Wlz)* warmgewalzt
горячетянутый *(Umf)* warmgezogen
горячеустойчивый *(Wkst)* warmfest
госларит m *(Min)* Goslarit m
ГОСТ s. **стандарт/государственный**
гостированный standardisiert *(nach GOST)*
готовальня f Reißzeug n
готовность f Bereitschaft f || **~/заводская** Vorfertigungsgrad m, Fertigstellungsgrad m || **~ к воспламенению** Zündwilligkeit f, Entflammbarkeit f || **~ к передаче** *(Rf)* Empfangsbereitschaft f || **~ к приёму** *(Rf)* Empfangsbereitschaft f || **~ к пуску** Startbereitschaft f || **~ к радиопередаче**

ГОТОВНОСТЬ

s. ~ к передаче ‖ ~ к эксплуатации Betriebsbereitschaft f, Einsatzbereitschaft f
готовый bereit, fertig ‖ ~ **к передаче** (Rf) sendebereit ‖ ~ **к приёму** (Rf) empfangsbereit
гофр m (Schiff) Sicke f ‖ **~/волнистый** Wellschottelement n, Wellsicke f ‖ **~/коробчатый** Knickschottelement n, Faltschottelement n, Faltsicke f
гофрирование n 1. Wellen n (von Blechen); 2. (Text) Stauchen n, Kräuseln n, Kräuselung f, Stauchkräuselung f (Chemieseidenherstellung); 3. (Typ) Gaufrage f
гофрированный 1. gefaltet, geriffelt, gewellt, gaufriert; 2. (Schiff) gesickt
ГП s. гетеропереход
ГПК s. комплекс/гибкий производственный
ГПМ s. модуль/гибкий производственный 1.
ГПР s. работы/горно-подготовительные
ГПС s. система/гибкая производственная
ГПУ s. 1. пост управления/главный; 2. участок/гибкий производственный
ГПУ-решётка f (Krist) hexagonal dichtestgepacktes Gitter n, hdp-Gitter n
Гр s. грэй
грабен m (Geol) Graben[bruch] m ‖ **~/сложный (ступенчатый)** gestaffelter Grabenbruch m
грабли pl (Lw) Harke f, Rechen m ‖ **~/барабанные** Trommelrechwender m ‖ **~/колёсно-пальцевые** Sternradrechwender m, Sternrechwender m, Sternradwender m
грабли-ворошилки pl (Lw) Radrechwender m
гравиемойка f (Bw) Kieswaschmaschine f, Kieswäsche f
гравий m (Bw) Kies m ‖ **~/баритовый** Barytkies m ‖ **~/деловой** gebrauchsfertiger Kies m ‖ **~ дроблёный** gebrochener Kies m ‖ **~/карьерный** Grubenkies m ‖ **~/кварцевый** Quarzkies m ‖ **~/керамзитовый** Keramsitkies m ‖ **~/крупный** Grobkies m ‖ **~/мелкий** 1. Feinkies m; 2. (Gieß) grobkörniger Sand m ‖ **~/морской** Meereskies m ‖ **~/мытый** Waschkies m ‖ **~/пемзовый** Bimskies m ‖ **~/песчанистый** sandiger Kies m ‖ **~/промытый** Waschkies m ‖ **~/просеянный** gesiebter Kies m ‖ **~/речной** Flußkies m ‖ **~/средний** Mittelkies m ‖ **~/строительный** Baukies m ‖ **~/шлаковый** Schlakkensplitt m, Schlackenkies m
гравиметр m (Geoph) Gravimeter n, Schweremesser m, Schwerkraftmesser m ‖ **~ Перро-Шмидта** s. ~ с тремя нитями ‖ **с многократным отражением** Mehrfachreflexionsgravimeter n ‖ **~ с тремя нитями** Dreifadengravimeter n, Trifilargravimeter n
гравиметр-высотомер m Gravimeterhöhenmesser m, Schwerehöhenmesser m
гравиметрия f (Geoph) Gravimetrie f
гравиразведка f (Geoph) Gravimetrie f, gravimetrische Erkundung f, gravimetrisches Prospektieren n (von Lagerstätten)
гравирование n Gravieren n, Gravierung f ‖ **~ лазерным лучом** (Typ) Lasergravur f ‖ **~/электроискровое** funkenerosives Gravieren n ‖ **~/электрохимическое** elektrochemisches Gravieren n ‖ **~/электроэрозионное** elektroerosives Gravieren n
гравитационный gravitativ, Gravitations-...

гравитация f 1. s. тяготение; 2. Schwerkraftaufbereitung f, Schwerkraftscheidung f, Gravitation f (Aufbereitung)
гравитино n s. гравитон
гравитон m (Ph) Graviton n, Gravitationsquant n, Gravitino n
гравюра f (Typ) 1. Gravur f (z. B. Steingravur); 2. Stich m (z. B. Kupferstich); 3. Schnitt m (z. B. Holzschnitt)
град m 1. (Meteo) Hagel m; 2. s. гон 1.
градация f 1. Stufung f, Abstufung f, Graduierung f; 2. (Photo) Gradation f; 3. (Typ) Gradation f, Schwärzungsumfang m, Tonwertumfang m; 4. (TV) Gradation f (Fernsehbild) ‖ **~ изображения** (TV) Bildgradation f ‖ **~ изоляции** (El) Isolationsabstufung f ‖ **~ краски** Farb[en]abstufung f ‖ **~/оптической плотности** (Bw) Rastersprung m ‖ **~ оптической плотности** Schwärzungsabstufung f ‖ **~ подач** (Wkzm) Vorschubstufung f ‖ **~ посадок** (Fert) Sitzstufung f (Passungen) ‖ **~ серого** (TV) Graubstufung f, Schwärzungsstufe f ‖ **~ тонов** (Photo, Typ) 1. Tonwert m; 2. Tonwertabstufung f ‖ **~/тоновая** s. ~ тонов ‖ **~ тонов ‖ ~ цветов** (Photo, Typ) Farbabstufung f ‖ **~ чёрно-белых тонов** (Photo, Typ) Schwarzweißabstufung f ‖ **~ чисел оборотов** (Masch, El) Drehzahlstufung f
градиент m 1. Gefälle n, Abfall m; 2. (Ph, Math) Gradient m; 3. (Photo) Gradient m, Steilheit f (Schwärzungskurve) ‖ **~/барометрический** (Meteo) barischer Gradient m, Luftdruckgradient m ‖ **~ времени** Zeitfeldgradient m ‖ **~/геотермический** (Geoph) geothermischer Gradient m (Erdtemperaturzunahme in °C je 100 m Tiefe) ‖ **~ давления** s. ~/бар[ометр]ический ‖ **~ контраста (контрастности)** (TV) Kontrastgradient m, Kontrastgefälle n ‖ **~ концентрации** Konzentrationsgradient m, Konzentrationsgefälle n ‖ **~ концентрации примесей** Dotierungsgradient m, Dotierungsgefälle n, Dotierungsprofil n (Halbleiter) ‖ **~/концентрационный** s. ~ концентрации ‖ **~ легирования** s. ~ концентрации примесей ‖ **~/максимальный** (Photo) maximaler Gradient m ‖ **~ напряжения** (El) Spannungsgradient m ‖ **~ плотности** Dichtegradient m ‖ **~ показателя преломления** (Opt) Gradient m des Brechungsindexes ‖ **~/полезный** (Photo) Nutzgradient m ‖ **~ поля** (El) Feldgradient m ‖ **~ потенциала** 1. (Geoph, Meteo) Potentialgefälle n, Potentialgradient m, Abfall m (Luftelektrizität); 2. (El) Potentialgradient m ‖ **~ примесных дефектов** Störstellengradient m, Störstellenprofil n (Halbleiter) ‖ **~/радиальный температурный** radialer Temperaturgradient m ‖ **~ силы тяжести** (Geoph, Mech) Schweregradient m ‖ **~ скорости** (Mech) Geschwindigkeitsgradient m, Geschwindigkeitsgefälle n ‖ **~/средний** (Photo) mittlerer Gradient m ‖ **~/температурный** s. ~ температуры ‖ **~ температуры** Temperaturgradient m, Temperaturgefälle n ‖ **~ температуры/адиабатический** (Ph) adiabatischer Temperaturgradient m, adiabatisches Gefälle n ‖ **~ тепла** Wärmegradient m ‖ **~ электрического потенциала** (El) elektrischer Potentialgradient m
градиент-вектор m (Math) Gradientenvektor m

градиентометр m (Ph) Gradiometer n, Schweremesser m
градирня f 1. Gradierwerk n, Rieselwerk n; 2. Kühlturm m ‖ ~/**атмосферная** s. ~/открытая ‖ ~/**башенная** 1. Balcke-Quer-Gegenstromkühler m; 2. s. ~/закрытая ‖ ~/**вентиляторная** Ventilatorkühlturm m ‖ ~/**закрытая** geschlossener Kühlturm (Kaminkühler) m ‖ ~/**капельная** Gegenstromkühlturm m mit Tropfplatten ‖ ~/**открытая** offenes Gradierwerk n ‖ ~/**плёночная** Gegenstromkühlturm m mit Rieselflächen, Rieselflächenkühler m
градирование n Gradieren n, Konzentrieren n (von Lösungen durch Abdunsten)
градировать gradieren, konzentrieren (Lösungen durch Abdunsten)
градировка f s. градирование
градостроительство n Städtebau m
градуирование n s. градуировка
градуировать graduieren, in Grade [ein]teilen, skalieren
градуировка f Graduieren n, Graduierung f, Gradeinteilung f, Skalieren n, Skalierung f ‖ ~/**абсолютная** absolute Skalenteilung f, Absoluteilung f ‖ ~/**временная** zeitweilige Graduierung f, zeitweilige Teilung (Skalenteilung) ‖ ~/**дополнительная** zusätzliche Teilung (Skalenteilung) f ‖ ~/**линейная** lineare Teilung (Skalenteilung) f ‖ ~ **методом сравнения** Graduierung f nach dem Vergleichsverfahren ‖ ~/**относительная** relative Skalenteilung f
градус m 1. (Math) Grad m, Winkelgrad m, Bogengrad m, Altgrad m (Winkel); 2. (Therm) s. **кельвин** 1.; 3. Grad m (als Maß für Dichte, Viskosität u. a.) ‖ ~ **Боме** Baumé-Grad m, Baumé n, °B (Maß für die Dichte von Flüssigkeiten) ‖ ~/**десятичный** s. гон ‖ ~ **дуги** Bogengrad m ‖ ~ **жёсткости** Härtegrad m (Maß für die Wasserhärte) ‖ ~ **жёсткости/американский** amerikanischer Härtegrad m (1 Grad = 0,01998 mval) ‖ ~ **жёсткости/английский** englischer Härtegrad m (1° eH = 0,28483 mval) ‖ ~ **жёсткости/немецкий** deutscher Härtegrad m, °dH (1° dH = 0,35663 mval) ‖ ~ **жёсткости/французский** französischer Härtegrad m (1 Grad = 0,19982 mval) ‖ ~ **Картье** Cartier-Grad m ‖ ~ **Кельвина** s. кельвин 1. ‖ ~ **кислотности** s. кислотность ‖ ~ **крепости** Stärkegrad m ‖ ~ **крепости кислоты** s. кислотность ‖ ~ **Мартенса** Martens-Grad m, Martens-Zahl f ‖ ~/**метрический (новый)** s. гон ‖ ~ **помола** Ausmahlungsgrad m ‖ ~/**пространственный** räumlicher Grad m ‖ ~ **Ранкина** Grad m Rankine, Rankine-Grad m ‖ ~ **Реомюра** Grad m Réaumur, Réaumur-Grad m, °R ‖ ~ **угла** Winkelgrad m, Grad m, Altgrad m (Einheit des ebenen Winkels) ‖ ~/**угловой** s. ~ угла ‖ ~ **Фаренгейта** Grad m Fahrenheit, Fahrenheit-Grad m, Fahrenheitsgrad m, °F ‖ ~ **Цельсия** Grad m Celsius, Celsius-Grad m, Zentigrad m, °C ‖ ~ **Шорлеммера** Schorlemmer-Grad m ‖ ~ **Энглера** Engler-Grad m, °Э
градусодень m Gradtag m (Heizungstechnik)
грамзапись f Schallplattenaufnahme f
грамм m Gramm n, g, Massengramm n
грамм-атом m Grammatom n, g-Atom n (jetzt zu ersetzen durch Mol Atome)
грамм-вес m s. грамм-сила
грамм-ион m Grammion n, g-Ion n (jetzt zu ersetzen durch Mol Ionen)
грамм-молекула f Grammol[ekül] n, Mol n, mol (jetzt zu ersetzen durch Mol Moleküle)
граммонал m Grammonal n (Sprengstoff)
грамм-рад m Grammrad n, Gramm-Rad n
грамм-рентген m Grammröntgen n, Gramm-Röntgen n, g R
грамм-сила f Pond n, P (SI-fremde Einheit der Kraft)
грамм-эквивалент m Grammäquivalent n, g, Äqu, Val n, val (jetzt auszudrücken in Mol)
грампластинка f Schallplatte f ‖ ~/**долгоиграющая** Langspielplatte f, LP ‖ ~/**стереофоническая** Stereoplatte f
грампроигрыватель m Plattenspieler m
гранат m (Min) Granat m ‖ ~/**алюмо-иттриевый** Yttertongranat m, YAG (Laser) ‖ ~/**гадолиний-галлиевый** (Min) Gadolinium-Gallium-Granat m (Edelsteinsynthese) ‖ ~/**железисто-алюминиевый** Eisentongranat m, Almandin m ‖ ~/**иттрий-алюминиевый** (Min) Yttrium-Aluminium-Granat m (Edelsteinsynthese) ‖ ~/**кальциево-алюминиевый** Kalktongranat m, Grossular m ‖ ~/**кальциево-железистый** Kalkeisengranat m, Andradit m, Demantoid m ‖ ~/**кальциево-хромистый** Kalkchromgranat m, Uwarowit m ‖ ~/**магнезио-алюминиевый** Magnesiatongranat m, Pyrop m ‖ ~/**марганцово-алюминиевый** Mangantongranat m, Spessartin m
гранатоэдр m (Krist) Granatoeder n, Rhombendodekaeder n
гранение n Schleifen n, Facettieren n ‖ ~/**алмазное** (Glas) Tiefschliff m
гранецентрированный (Krist) flächenzentriert
грани fpl Facetten fpl (Edelstein)
гранит m (Geol) Granit m ‖ ~/**амфиболовый** s. ~/роговообманковый ‖ ~/**биотитовый** Biotitgranit m, Granitit m ‖ ~/**двуслюдяной** Zweiglimmergranit m ‖ ~/**мусковитовый** Muskovitgranit m ‖ ~/**пегматоидный** Pegmatitgranit m, Granitpegmatit m ‖ ~/**роговообманковый** Hornblendegranit m, Amphibolgranit m ‖ ~/**сланцеватый** schieferiger Granit m ‖ ~/**слюдяной** Glimmergranit m ‖ ~/**шаровой** Kugelgranit m ‖ ~/**шерловый** m ‖ ~/**турмалиновый** Turmalingranit m ‖ ~/**щелочной** Alkaligranit m
гранитизация f (Geol) Granitisation f, Granitisierung f
гранитит m (Geol) Granitit m, Biotitgranit m
гранито-гнейс m (Geol) Granitgneis m
гранит-порфир m s. порфир/гранитовый
граница f 1. Grenze f; Schranke f; Scheide f (s. a. unter границы und предел 1.); Rand m, Randgebiet n; 2. (Eln) Randschicht f, Grenzschicht f, Berührungsschicht f (Halbleiter); 3. (Geoph) Grenze f, Grenzschicht f, Diskontinuität f ‖ ~/**абсолютной погрешности** (Math) absolute Fehlergrenze f ‖ ~/**безопасности** Sicherheitsgrenze f; Ungefährlichkeitsgrenze f ‖ ~/**верхняя обере** Grenze f ‖ ~ **вечных снегов** Schneegrenze f, Firngrenze f ‖ ~ **видимости** Sichtgrenze f ‖ ~/**двойного слова** (Inf) Doppelwortgrenze f ‖ ~ **дымки** (Meteo, Flg) Dunstgrenze f ‖ ~ **запирающего**

граница 162

слоя Sperrschichtgrenze f (Halbleiter) ‖ ~ зёрен (Krist) Korngrenze f ‖ ~ зёрен/большеугловая Großwinkelkorngrenze f ‖ ~ зёрен/малоугловая Kleinwinkelkorngrenze f ‖ ~ зерна s. ~ зёрен ‖ ~ зоны (Opt) Band[en]kante f ‖ ~ ионизации (Ph) Ionisierungsgrenze f ‖ ~/истинная снеговая eigentliche (wirkliche, orographische) Schneegrenze f ‖ ~ колебаний Schwinggrenze f ‖ ~/малоугловая дислокационная (Krist) Kleinwinkelversetzungsgrenze f ‖ ~/межфазная Phasengrenze f ‖ ~ металл-полупроводник Metall-Halbleiter-Grenze f, Metall-Halbleiter-Grenzfläche f, Metall-Halbleiter-Übergang m ‖ ~ Мохо s. ~ Мохоровичича ‖ ~ Мохоровичича (Geol) Mohorovičič-Diskontinuität f, Moho-Diskontinuität f, Moho n, Kruste-Mantel-Grenze f ‖ ~ напряжения/верхняя (Wkst) Oberspannung f ‖ ~ напряжения/нижняя (Wkst) Unterspannung f ‖ ~ насыщения Sättigungspunkt m, Sättigungsgrenze f ‖ ~/нижняя untere Grenze f ‖ ~ области устойчивости (Mech) Stabilitätsgrenze f ‖ ~ относительной погрешности (Math) relative Fehlergrenze f ‖ ~ очувствления (Photo) Sensibilisierungsgrenze f ‖ ~ ошибок s. ~ погрешности ‖ ~/переходная Übergangsgrenze f (Halbleiter) ‖ ~ погрешности (Math) Fehlergrenze f ‖ ~ подпора (Hydt) Staugrenze f ‖ ~ полосы Bandgrenze f ‖ ~ полосы частот Frequenzbandgrenze f ‖ ~ полупроводник-металл s. ~ металл-полупроводник ‖ ~ полуслова (Inf) Halbwortgrenze f ‖ ~ применения Anwendungsgrenze f ‖ ~ раздела фаз Phasengrenze f, Grenzfläche f ‖ ~ разделения Trenngrenze f, Korngrenze f ‖ ~ регулирования Regelgrenze f ‖ ~ слова (Inf) Wortgrenze f ‖ ~ слышимости (Ak) Hörgrenze f, Grenze f des Hörbereichs ‖ ~/снеговая s. ~ вечных снегов ‖ ~ сходимости Konvergenzgrenze f ‖ ~ текучести Fließgrenze f, obere Plastizitätsgrenze f, Fließfestigkeit f ‖ ~ устойчивости Stabilitätsgrenze f ‖ ~ фаз Phasengrenze f, Phasengrenzfläche f ‖ ~ шахтного поля (Bgb) Markscheide f

границы fpl доверительного интервала Streugrenzen fpl ‖ ~/доверительные Vertrauensgrenzen fpl ‖ ~ классов Klassengrenzen fpl ‖ ~/контрольные Kontrollgrenzen fpl ‖ ~/предупредительные Warngrenzen fpl

гранодиорит m (Geol) Granodiorit m

гранула f 1. (Met) Granalie f; 2. s. гранулы 1.

гранулирование n s. грануляция 1., 4., 5.

гранулированный 1. granuliert, gekörnt; 2. (Lw) pelletisiert

гранулировать 1. granulieren, körn[igmach]en; perlen (Ruß); 2. (Lw) pelletisieren

гранулит m 1. (Geol) Granulit m, Weißstein m; 2. Granulit m (Sprengstoff) ‖ ~/трапповый Trappgranulit m, Pyroxengranulit m

гранулограмма f Korngrößenverteilungskurve f

гранулометр m (Photo) Körnigkeitsmesser m, Granulometer n

гранулометрический Korngrößen..., Kornverteilungs...

гранулометрия f Korn[größen]zusammensetzung f, Korn[größen]verteilung f, Kornaufbau m

гранулотол m (Bgb) Granulotol n (Sprengstoff)

гранулы fpl 1. (Astr) Granulen npl (vgl. грануляция 2. und 3.); 2. (Lw) Pellets npl, Preßlinge mpl

гранулярность f (Photo) Körnung f ‖ ~/среднеквадратическая rms-Körnung f, rms-Wert m ‖ ~/структурная strukturelle Körnung f ‖ ~/цветная (Photo) Farbkörnung f ‖ цветного изображения Farbkörnung f

гранулят m Granulat m, Granalien fpl; (Text) Granulat n, Schnitzel pl (Chemiefaserherstellung)

гранулятор m 1. Granulator m, Granulatformer m; (Lw) Pelletieranlage f; 2. (Wmt) Kühlrost m, Schlackenkühlrost m; 3. Granulator m (Erzaufbereitung) ‖ ~/барабанный Granuliertrommel f ‖ ~/конический Granulierkonus m; Kegelgranulator m ‖ ~/ленточный (Text) Bandgranulator m, Stranggranulator m (Chemiefaserherstellung) ‖ ~/тарельчатый Granulierteller m

грануляция f 1. Granulation f, Granulieren n, Körn[igmach]en n; Perlen n (von Ruß); 2. (Astr) Granulation f (körnige Struktur der Sonnenoberfläche); 3. (Astr) Granulation f [der Photosphäre] (Sonne); 4. (Lw) Pelletieren n, Kompaktieren n; 5. Granulierung f (Schlacke; Feuerungstechnik) ‖ ~ фотосферы s. грануляция 3. ‖ ~ шлака Schlackengranulierung f, Schlackengranulation f

грань f 1. (Math) Fläche f; Seitenfläche f; Randebene f; Grenze f, Rand m; 2. (Krist) Fläche f, Begrenzungsfläche f; 3. Facette f (Glasschleiferei); 4. Kante f (Schraubenköpfe); 5. (Wkz) Fläche f an Werkzeugschneiden; 6. Seite f (eines prismatischen Werkstückes) ‖ ~/боковая (Fert) Seitenfläche f ‖ ~/верхняя 1. Oberkante f; 2. (Math) obere Grenze f, kleinste obere Schranke f, Supremum n, sup ‖ ~/верховая (Hydt) Wasserseite f (Erdstaumauer) ‖ ~/вицинальная (Krist) Vizinalfläche f, Vizinalebene f, Vizinale f ‖ ~/водосливная (Hydt) Überfallrücken m ‖ ~/вспомогательная задняя (Wkz) Freifläche f der Nebenschneide, Nebenfreifläche f ‖ ~/вторичная (Krist) Nebenfläche f ‖ ~/главная задняя (Wkz) Freifläche f der Hauptschneide, Hauptfreifläche f ‖ ~/единичная (Krist) Einheitsfläche f, Grundfläche f ‖ ~/задняя (Wkz) Freifläche f (Drehmeißel, Hobelmeißel) ‖ ~/измерительная Meßfläche f ‖ ~ инструмента/задняя (Wkz) Werkzeugfreifläche f ‖ ~ инструмента/передняя (Wkz) Werkzeugspanfläche f ‖ ~/напорная s. ~/верховая ‖ ~/нижняя 1. Unterkante f; 2. (Math) untere Grenze f; größte untere Schranke f, Infimum n, inf; 3. (Math) untere Grenze (Schranke) f (Analysis) ‖ ~/низовая (Hydt) Talseite f, Unterwasserseite f, Luftseite f ‖ ~/основная Grundfläche f ‖ ~/передняя (Wkz) Spanfläche f (Drehmeißel, Hobelmeißel) ‖ ~ плотины/верховая (Hydt) Bergseite f ‖ ~ плотины/напорная (Hydt) Dammstirnseite f ‖ ~ плотины/низовая (Hydt) Wehrrücken m, Stauwehrrücken m ‖ ~/режущая (Wkz) Schneidfläche f ‖ ~ решётки (Krist) Gitterfläche f ‖ ~ роста кристалла (Krist) Wachstumsfläche f

грат m (Fert) Grat m ‖ ~/внешний Außengrat m ‖ ~/внутренний Innengrat m ‖ ~/литейный (Gieß) Gußgrat m ‖ ~/мелкий Feingrat m ‖ ~/сварочный (Schw) Schweißgrat m, Wulst m

гратобель m (Wkz) Grathobel m

гратоснимание n (Fert) Abgraten n, Entgraten n

гратосниматель m (Fert) Abgratemaschine f, Entgratemaschine f
граувакка f (Geol) Grauwacke f
граф m (El, Eln) Graph m ‖ ~/**бесконечный** unendlicher Graph m‖ ~/**двунаправленный** doppeltgerichteter Graph m ‖ ~/**конечный** endlicher Graph m ‖ ~/**направленный** (orientierter) Graph m ‖ ~/**ненаправленный** ungerichteter Graph m ‖ ~/**ориентированный** s. ~/**направленный** ‖ ~ **состояния** Zustandsgraph m
график m 1. graphische Darstellung f; Diagramm n, Schaubild n, Kurve f, Kennlinie f (s. a. диаграмма und кривая); 2. Terminplan m, Zeitplan m, Ablaufplan m‖ ~/**временной** Zeitschaubild n, Zeitdiagramm n ‖ ~ **движения** (Mech) Zeit-Weg-Diagramm n ‖ ~ **истечения** (Hydr) Ausströmdiagramm n ‖ ~/**контрольный** Kontrollkarte f ‖ ~ **нагрузки/годовой** Jahresbelastungsdiagramm n (eines Kraftwerks) ‖ ~ **нагрузки/суточный** Tagesbelastungsdiagramm n (eines Kraftwerks) ‖ ~/**операционный** Arbeitsablaufplan m, Fertigungsplan m (in graphischer Darstellung) ‖ ~ **повторяемости** (Geoph) Magnitudenhäufigkeitsbeziehung f ‖ ~ **притока** (Hydr) Zuflußmengenlinie f ‖ ~ **прокатки** (Wkz) Walz[fahr]plan m, Stichplan m ‖ ~ **работы** (El) Arbeitsdiagramm n, Arbeitsablaufplan m, Betriebsdiagramm n ‖ ~/**сетевой** Netzwerkdiagramm n ‖ ~ **скоростей** Geschwindigkeitsdiagramm n ‖ ~/**суточный** 24-Stunden-Plan m, Tagesdiagramm n, Tagesfahrplan m (eines Kraftwerks) ‖ ~ **уровней** (Hydt) Paralleldiagramm n ‖ ~ **уровней воды/хронологический** (Hydrol) Wasserstandsganglinie f ‖ ~ **Ферми** (Kern) Fermi-Kurve f ‖ ~ **цветностей** (Licht) Farbtafel f, Farbdreieck n ‖ ~ **частот вращения** (Wkzm) Rotationsdiagramm n, Umlauffrequenzschaubild n ‖ ~ **чисел оборотов** Drehzahlschaubild n ‖ ~ **электрической нагрузки** elektrische Lastcharakteristik (Lastkurve) f ‖ ~/**энергетический** Energieschema n, Energieniveaudiagramm n
графика f (Inf) Graphik f, Graphikverarbeitung f ‖ ~ **Ганта** Balkendiagramm n (Bildschirmgraphik) ‖ ~/**машинная** Computergraphik f
графит m Graphit m ‖ ~/**аморфный** amorpher Graphit m ‖ ~/**вторичный** Sekundärgraphit m, sekundärer Graphit m ‖ ~/**глобулярный** s. ~/**шаровидный** ‖ ~/**гнездообразный** Knotengraphit m ‖ ~/**доменный** Hochofengraphit m ‖ ~/**компактный** (Gieß) Kompaktgraphit m, kompakter (gedrungener) Graphit m ‖ ~/**литейный** Gießereigraphit m ‖ ~/**первичный** Primärgraphit m ‖ ~/**пластинчатый** Plättchengraphit m, Blättchengraphit m, Blattgraphit m, Lamellengraphit m, lamellarer Graphit m ‖ ~/**реторный** Retortengraphit m ‖ ~/**розеточный** Rosettengraphit m ‖ ~/**серебристый** Silbergraphit m ‖ ~/**сфероидальный** s. ~/**шаровидный** ‖ ~/**точечный** eutektischer (feinverteilter) Graphit m ‖ ~/**хлопьевидный** Temperkohle f; Flockengraphit m ‖ ~/**чешуйчатый** Schuppengraphit m, Flockengraphit m ‖ ~/**шаровидный** Kugelgraphit m ‖ ~/**шарообразный** s. ~/**шаровидный** ‖ ~/**эвтектический** eutektischer (feinverteilter)

Graphit m ‖ ~/**эвтектоидный** eutektoider Graphit m
графитизатор m (Gieß) Graphitbildner m
графитизация f (Met) 1. Graphitisierung f, Graphitausscheidung f, Graphitbildung f; 2. Graphitisierungsglühen n, Tempern n; 3. Temperkohleausscheidung f
графитизировать (Met) graphitisieren; tempern
графитообразующий (Gieß) graphitbildend
графить lin[i]ieren
графопостроитель m (Inf) Plotter m, Kurvenschreiber m, Koordinatenschreiber m, Koordinatograph m ‖ ~/**барабанный** (Inf) Trommelplotter m ‖ ~/**двухкоординатный** x-y-Plotter m ‖ ~/**координатный** Plotter m ‖ ~/**линейный** Linienplotter m ‖ ~/**линейный плоский** Linienplotter m in Flachbettausführung ‖ ~/**многоцветный** Farbplotter m ‖ ~/**мозаичный** Rasterplotter m ‖ ~/**планшетный** Flachbettplotter m ‖ ~/**линейный плоский линейный** farbtauglicher Linienplotter m in Flachbettausführung
графостатика f (Bw) Graphostatik f
графоэпитаксия f Graphoepitaxie f
графт-полимер m (Ch) Graftpolymer n, Pfropf[ko]polymer n, Pfropfpolymerisat n
гребёнка f 1. (Wkz) Strehler m, Strähler m, Gewindestrehler m, Schneidbacke f; 2. (Wkz) Kamm[hobel]meißel m; Zahnradhobelkamm m; 3. (Text) Legeschiene f, Barre f (Strickerei; Wirkerei); 4. (Lw) Horden fpl (des Mähdreschers) ‖ ~/**алмазная** Diamantabrichtflies f ‖ ~ **ворсовой платины** (Text) Polplatinenbarre f (Nähwirktechnik) ‖ ~/**гаечная** (Wkz) Innengewindestrehler m ‖ ~/**дисковая [резьбовая]** s. ~ **круглая резьбовая** ‖ ~ **для нарезания наружной резьбы** (Wkz) Außengewindestrehler m ‖ ~/**зуборезный** (Wkz) Hobelkamm m, Kammhobelmeißel m, Zahnradhobelkamm m ‖ ~/**зубострогальная** s. ~/**зубонарезная** ‖ ~/**кабельная** (El) Kabelzopf m ‖ ~/**косозубая зубо[на]резная** (Wkz) Kammeißel (Hobelkamm) m für pfeilverzahnte Stirnräder m ‖ ~/**круглая резьбонарезная** (Wkz) kreisförmige Schneidbacke (Gewindeschneidbacke) f, kreisförmiger Gewindestrehler m, Gewinderundstrehler m (Gewindeschneidkopf) ‖ ~/**переходная** (El) Klemm[en]leiste f, Klemm[en]streifen m, Klemm[en]brett n ‖ ~/**платинная** (Text) Platinenbarre f (Nähwirktechnik) ‖ ~/**плоская резьбонарезная** (Wkz) Gewindeflachstrehler m, Flachstrehler m ‖ ~/**противоположная** (Text) Gegenhaltebarre f (Nähwirktechnik) ‖ ~/**прямозубая зубо[на]резная** (Wkz) Kammeißel (Hobelkamm) m für geradverzahnte und schrägverzahnte Stirnräder m ‖ ~/**радиальная [резьбовая]** (Wkz) Radialbacke f, Radial[-Gewinde]-Schneidbacke f, radial angeordnete Schneidbacke f (Gewindeschneidkopf) ‖ ~/**резьбовая (резьбонарезная)** (Wkz) [mehrzähniger] Gewindestrehler m ‖ ~/**сбавочная** (Text) Deckschiene f ‖ ~/**сбрасывающая** (Text) Abschlagkamm m ‖ ~/**сбрасывающей платины** (Text) Abschlagplatinenbarre f ‖ ~/**тангенциальная [резьбовая]** (Wkz) Tangentialbacke f, Tangential-[Gewinde-]Schneidbacke f, tangential angeordnete Schneidbacke f (Gewindeschneidkopf) ‖ ~/**черновая зубострогальная** (Wkz) Schrupp-

гребёнка *kamm m* ‖ **~шлифовальная зуборезная** *(Wkz)* Schleifkamm *m*
гребёнодержатель *m (Wkz)* Strehlerhalter *m*
гребень *m* 1. Kamm *m*; Scheitel *m*; 2. *(Geol)* Grat *m*, Kamm *m (der Berge)*; 3. *(Hydt)* Krone *f (Damm, Wehr)*; 4. *(Meteo)* Hochdruckrücken *m*, Hochdruckkeil *m*; 5. *(Lw)* Damm *m*; 6. *(Bw)* Feder *f (Nut- und Federverbindung)* ‖ **~ антиклинальной складки** *(Geol)* Sattelfirst *m*, Scheitel (Sattelscheitel) *m einer Antiklinale*, Scheitellinie *f [einer Antiklinale]* ‖ **~/аэродинамический** *(Flg)* Grenzschichtzaun *m* ‖ **~/барический** *s*. **~ высокого давления** ‖ **~ валка** Walzenring *m* ‖ **~/верхний** *(Text)* Fixkamm *m*, Vorstechkamm *m (Kämmaschine)* ‖ **~ водослива** *(Hydt)* Überfallkrone *f*, Überfallrücken *m*, Überfallkante *f* ‖ **~ волны** *(Hydrom)* Wellenberg *m*, Wellenkamm *m* ‖ **~ высокого давления** *(Meteo)* Hochdruckrücken *m*, Hochdruckkeil *m* ‖ **~ горы** *(Geol)* Berggrat *m* ‖ **~ дамбы** *(Hydt)* Dammkrone *f*, Dammkopf *m* ‖ **~ запруды** *s*. **~ плотины** ‖ **~/игольчатый** *(Text)* Nadelstab *m*, Nadelleiste *f (Nadelstabstrecke)* ‖ **~/компенсирующий** *(Text)* Gelenkschärblatt *n (Webereivorbereitung)* ‖ **~/круглый** *(Text)* Rundkamm *m*, Kreiskamm *m (Kämmaschine)* ‖ **~/лабиринтовый** *(Text)* Labyrinthdichtung *f*, Labyrinthwellendichtung *f (Dampfturbinen; Gasturbinen; Turboverdichter)* ‖ **~/направляющий** *(Text)* Schärblatt *n*, Bäumkamm *m (Webereivorbereitung)* ‖ **~/нитеразделительный** *(Text)* Geleseblatt *n*, Fadenleitkamm *m (Webereivorbereitung)* ‖ **~/отбойный** *(Text)* Abschlagkamm *m*, Einschließkamm *m (Strickerei; Wirkerei)* ‖ **~ питания** *(Text)* Speisekamm *m (Kämmaschine)* ‖ **~ плотины** *(Hydt)* Dammkrone *f*, Wehrkrone *f*, Wehrkante *f*, Sperrmauerkrone *f*, Sperrkante *f* ‖ **~/прямой** *(Text)* Vorstechkamm *m*, Fixkamm *m (Kämmaschine)* ‖ **~ свода** *(Geol)* Faltenkamm *m*, Faltenscheitel *m*, Faltenfirst *m* ‖ **~/съёмный** *(Text)* Hacker *m (Deckelkarde)* ‖ **~/упорный** *(Masch)* Druckring *m*, Druckscheibe *f (Drucklager)* ‖ **~/уравнивающий** *(Text)* Rückstreichkamm *m*
гребешок *m (El)* Quetschfuß *m* ‖ **~/коллекторный** Kommutatorfahne *f*, Stromwenderfahne *f*
гребнечесание *n (Text)* Kämmen *n (Spinnerei)* ‖ **~/непрерывное** kontinuierliches Kämmen *n* ‖ **~/периодическое** periodisches Kämmen *n*
гребок *m* 1. Mischarm *m*, Rührarm *m*, Kratzer *m*; 2. Abstreicher *m*, Krählarm *m*, Krähler *m (für Schlacke, Schaum, Krätze)*; 3. Abstreifer *m (z. B. am Gummigurtförderer)*; 4. Paddel *n*, Stechpaddel *m*
грейдер *m (Bw)* Straßenhobel *m*, Abgleichmaschine *f*, Straßenpflug *m* ‖ **~/колёсный** Radstraßenhobel *m* ‖ **~/навесной** Anbaustraßenhobel *m* ‖ **~/прицепной** Anhängestraßenhobel *m* ‖ **~/самоходный** Motorstraßenhobel *m*
грейдер-элеватор *m* Schürflader *m* ‖ **~/гусеничный** Schürfladerraupe *f* ‖ **~/моторный** Motorpflugbagger *m* ‖ **~/самоходный** Motorschürflader *m*
грейзен *m (Geol)* Greisen *m* ‖ **~/полевошпатовый** Feldspatgreisen *m* ‖ **~/слюдяной** Glimmergreisen *m* ‖ **~/тальковый** Talkgreisen *m*

грейзштейн *m s*. грейзен
грейфер *m (Förd)* Greifer *m (s. a. unter* захват 2.*)* ‖ **~/двухканатный** Zweiseilgreifer *m* ‖ **~/двухчелюстной** Zweischaufelgreifer *m*, Zweischalengreifer *m*, Klappgreifer *m* ‖ **~/канатный** Seilgreifer *m* ‖ **~/ковшовый** Schalengreifer *m* ‖ **~/многочелюстной** Polygreifer *m* ‖ **~/моторный** Motorgreifer *m* ‖ **~/одноканатный** Einseilgreifer *m* ‖ **~/пневматический** Druckluftgreifer *m* ‖ **~/подгребающий** Trimmgreifer *m* ‖ **~/челюстной** Schalengreifer *m*
грейфер-полип *m s*. грейфер/многочелюстной
грелка *f/***электрическая** elektrisches Heizkissen *n*
гремучекислый *(Ch)* ...fulminat *n*; knallsauer
гремучертутный *(Ch)* Knallquecksilber...
гремучий *(Ch)* Knall..., Spreng...
гретинг-палуба *f (Schiff)* Gräting-Deck *n*
грибок *m (Wkzm)* Pilz[knopf]schalter *m* ‖ **~/звёздчатый** Griffstern *m*
грибоустойчивость *f* Beständigkeit *f* gegen Pilzbefall
гридлик *m (El)* Gitterableitwiderstand *m*
гризли *m s*. грохот-гризли
гринокит *m (Min)* Greenockit *m*, Cadmiumblende *f*
гриф *m (Pap, Text, Brau)* Griff *m*, Griffigkeit *f*
гроза *f (Meteo)* Gewitter *n* ‖ **~/внутримассовая** Luftmassengewitter *n* ‖ **~/местная** örtliches (lokales) Gewitter *n* ‖ **~/отдалённая** Ferngewitter *n* ‖ **~/тепловая** Wärmegewitter *n* ‖ **~/фронтальная** Frontgewitter *n*
грозозащита *f (El, Bw)* Blitzschutz *m*
грозозащитный *(El, Bw)* Blitzschutz...
грозоразряд *m* Blitzentladung *f*
грозоразрядник *m (El)* Überspannungsableiter *m*; Blitzableiter *m*; Schutzfunkenstrecke *f*, Blitzschutzfunkenstrecke *f*
громкоговоритель *m* Lautsprecher *m* ‖ **~/безрупорный** trichterloser Lautsprecher *m* ‖ **~/внешний** Außenlautsprecher *m* ‖ **~ ВЧ** *s*. **~/высокочастотный** Hochtonlautsprecher *m*, Hochtöner *m*, Tweeter *m* ‖ **~/двухполосный** Doppelmembranlautsprecher *m*; Doppelkonuslautsprecher *m*, Zweiwegebox *f* ‖ **~/динамический** dynamischer Lautsprecher *m* ‖ **~/диффузорный** Konuslautsprecher *m* ‖ **~/индукционный** Induktionslautsprecher *m* ‖ **~/кинотеатральный** Kinolautsprecher *m* ‖ **~/конденсаторный** Kondensatorlautsprecher *m* ‖ **~/конусный (конусообразный)** Konuslautsprecher *m* ‖ **~/ленточный** Bandlautsprecher *m* ‖ **~/магнитострикционный** magnetostriktiver Lautsprecher *m* ‖ **~/малогабаритный** Kleinlautsprecher *m* ‖ **~/многополосный** Mehrwegebox *f* ‖ **~/мощный** Großlautsprecher *m* ‖ **~/настенный** Wandlautsprecher *m* ‖ **~/настольный** Tischlautsprecher *m* ‖ **~/низкочастотный** Tieftonlautsprecher *m*, Tieftöner *m*, Boomer *m* ‖ **~ НЧ** *s*. **~/низкочастотный** ‖ **~/пневматический** Druckkammerlautsprecher *m* ‖ **~/пьезоэлектрический** piezoelektrischer Lautsprecher *m* ‖ **~/рупорный** Trichterlautsprecher *m* ‖ **~ с плоской мембраной** Flächenmembranlautsprecher *m* ‖ **~ с подвижной катушкой** permanentdynamischer Lautsprecher *m* ‖ **~ с твердотельным резо-**

натором Lautsprecher *m* mit Körperschallresonator ‖ **~/широкополосный** Breitbandlautsprecher *m* ‖ **~ экрана** Bildwandlautsprecher *m* ‖ **~/электродинамический** elektrodynamischer Lautsprecher *m* ‖ **~/электромагнитный** elektromagnetischer Lautsprecher *m* ‖ **~/электростатический** elektrostatischer Lautsprecher *m*, Kondensatorlautsprecher *m*
громкоговоритель-микрофон *m* Lautsprechermikrophon *n*
гроссуляр *m* (*Min*) Grossular *m* (*Kalktongranat*)
грохот *m* 1. Sieb *n*; Siebwerk *n*; Trommelsieb *n*; 2. Klassierrost *m*, Klassierer *m* (*Aufbereitung*); 3. (*Bgb*) Rätter *m*; 4. (*Lw*) Kurzstrohreuter *m*, Kurzstrohrüttler *m* (*Dreschmaschine*); 5. (*Lw*) Siebkette *f*, Siebrost *m* ‖ **~/барабанный** Trommelsieb *n* ‖ **~/валковый** Walzen[klassier]rost *m*, Rollen[klassier]rost *m* ‖ **~/вибрационный** Schnellschwingsieb *n*, Schwingrost *m*, Rüttelsieb *n*, Rüttelrost *m* ‖ **~/вибрационный барабанный** Resonanzschwingsieb *n* ‖ **~/вращающийся** Drehsieb *n*, Trommelsieb *n* ‖ **~/гирационный** Exzenterschwingsieb *n*, Rätter *m* ‖ **~/двухдечный (двухситный)** Zweideckersieb *n* ‖ **~/дисковый** Scheiben[klassier]rost *m*, Scheibensieb *n*, Scheibensiebmaschine *f* ‖ **~/инерционный** Wuchtschwingsieb *n* ‖ **~/каскадный** Kaskadensieb *n*, Sieb *n* mit kaskadenartig angeordneten Rostplatten ‖ **~/качающийся** Flachschwingsieb *n*, Schwingrost *m*, Rüttelsieb *n*, Rüttelrost *m*, Pendelsieb *n*; Pendelrätter *m* ‖ **~/колосниковый** Stangen[sieb]rost *m*, Siebrost *m*, Klassierrost *m* ‖ **~/многодечный** Mehrdeckersieb *n* ‖ **~/неподвижный [колосниковый]** Stangen[klassier]rost *m*, Stangensiebrost *m* ‖ **~/обезвоживающий** Entwässerungssieb *n*, Entwässerungsrost *m* ‖ **~/однодечный (односитный)** Eindeckersieb *n* ‖ **~/плоский** Plansieb *n*; Planrätter *m* ‖ **~/плоский качающийся** Flachschwingsieb *n*, Flachschwingrost *m* ‖ **~/призматический барабанный** prismatische Siebtrommel *f* ‖ **~/промывочный** Läutersieb *n*, Waschsieb *n* ‖ **~/роликовый** *s*. **~/валковый** ‖ **~/самобалансный** Wuchtschwingsieb *n* mit gerichteter Bewegung ‖ **~/сортировочный** Klassierrost *m*, Klassiersieb *n* ‖ **~/спаренный качающийся** Doppelschwingsieb *n* ‖ **~/ударно-кулачковый** Schlagsieb *n*, Hammersieb *n* ‖ **~/эксцентриковый** Exzenter[schwing]sieb *n* ‖ **~/электровибрационный** Elektroschwingsieb *n*, Elektrovibrationssieb *n*
грохот-гризли *m* (*Wlz*) Rollenrost *m*, Walzenrost *m*
грохотить 1. sieben; sichten, sortieren, klassieren; 2. (*Bgb*) rättern
грохот-классификатор *m*/**барабанный** Sortiertrommel *f* (*Aufbereitung*) ‖ **~/колосниковый** Sortierrost *m*
грохот-конвейер *m* Siebförderer *m*
грохот-питатель *m* Siebspeiser *m*
грохот-трясун *m* Rüttelsieb *m*
грохочение *n* 1. Sieben *n*, Siebung *f*; Sichten *n*, Sichtung *f*, Klassieren *n*, Klassierung *f*, Sortieren *n*, Sortierung *f*; 2. (*Bgb*) Rättern *n* ‖ **~/грубое** *s*. **~/предварительное** ‖ **~/крупное** Grobsieben *n* ‖ **~/мелкое** Feinsieben *n* ‖ **~/мокрое** Naßsiebung *f*; Naßklassierung *f* ‖ **~/поверочное** Prüfsiebung *f*, Kontrollsiebung *f* ‖ **~/предварительное** Vorsiebung *f*, Grobsiebung *f*; Vorklassierung *f* ‖ **~/сухое** Trockensiebung *f*; Trockenklassierung *f* ‖ **~/тонкое** Feinsiebung *f*
ГРП *s*. **пункт/газорегуляторный**
ГРС *s*. **станция/газораспределительная**
ГРУ *s*. **устройство/газорегулировочное**
грубоволокнистый grobfaserig
грубозернистость *f* Grobkörnigkeit *f*
грубозернистый grobkörnig
грубоизмельчённый grobzerkleinert
грубомолотый grobgemahlen
грубоочищенный vorgereinigt
грудница *f* (*Text*) Brustholz *n*, Brustbaum *m* (*Webstuhl*)
грудь *f* **забоя** (*Bgb*) Ortsbrust *f*, Abbaustoß *m*, Ortsstoß *m*, Stoß *m*, Strebkante *f*
груз *m* 1. Gewicht *n*; Last *f*; 2. (*Eb*) Ladung *f*; Fracht *f*; 3. (*Bgb*) Fördermenge *f*, Fördergut *n*; 4. (*Gieß*) Beschwereisen *n*, Lasteisen *n*; 5. Beschwerung *f* (*Schleppnetzfischerei*) ‖ **~/балансировочный** Wuchtgewicht *n* ‖ **~/бестарный** unverpackte Ladung *f* ‖ **~/бочковый** Faßladung *f* ‖ **~/высококубатурный** (*Schiff*) Ladung *f* mit einem großen Volumen, Ladung *f* mit einem hohen Staufaktor ‖ **~/генеральный** Stückgut *n* ‖ **~/гомогенный** homogene Ladung *f* ‖ **~/длинномерный** Langgut *n*, Langgutladung *f* ‖ **~/жидкий** flüssige Ladung *f* ‖ **~/зерновой** Getreideladung *f*, Kornladung *f* ‖ **~/катно-бочковый** Faßladung *f* ‖ **~/киповый** Ballenladung *f* ‖ **~/контейнерный** Containerladung *f* ‖ **~/контейнеропригодный** containergerechte Ladung *f* ‖ **~/крупногабаритный** sperrige Ladung *f* ‖ **~/массовый** Massengut *n*, Schüttgut *n* ‖ **~/мешковый** Sackladung *f* ‖ **~/морозильный** Gefrierladung *f*, Gefriergut *n*, Gefriergutladung *f* ‖ **~ на поддонах** Palettenladung *f*, Palettengut *n* ‖ **~/навалочный** Massengut *n*, Schüttgut *n* ‖ **~/накатный** rollende Ladung *f* ‖ **~/наливной** flüssige Ladung *f* ‖ **~/насыпной** Massengut *n*, Schüttgut *n* ‖ **~/натяжной** (*Masch*) Spanngewicht *n* ‖ **~/негабаритный** (*Eb*) sperrige Ladung *f*, sperriges Gut *n*, Sperrgut *n* ‖ **~/несмещающийся** (*Schiff*) nicht übergehende Ladung *f* ‖ **~/однородный** homogene Ladung *f* ‖ **~ основы** (*Text*) Kett[en]gewicht *n* (*Webstuhl*) ‖ **~/охлаждённый** Kühlgut *n* ‖ **~/падающий** Fallgewicht *n* ‖ **~/пакетированный** (*Schiff*) Paketladung *f*, paketierte Ladung *f*, Palettenladung *f* ‖ **~/пакетированный лесной** Holzpaketladung *f*, paketierte Holzladung *f* ‖ **~/палубный** Deckladung *f* ‖ **~/подвижный** Laufgewicht *n* (*Waage*) ‖ **~/полезный** Nutzlast *f* ‖ **~/разжижающийся** sich verflüssigende Ladung *f* ‖ **~/разнородный** inhomogene Ladung *f* ‖ **~/рефрижераторный** Kühlladung *f* ‖ **~/роликовый** уравновешивающий Rollgewichtsstück *n* (*Waage*) ‖ **~/рыбный** Fischladung *f* ‖ **~/скользящий** Laufgewicht *n* (*Waage*) ‖ **~/скоропортящийся** leicht (schnell) verderbliche Ladung *f*, leicht (schnell) verderbliches Gut *n* ‖ **~/сухой** Trockenladung *f*, Trockenfracht *f* ‖ **~/сыпучий** Schüttgut *n*, Massengut *n* ‖ **~/тарный** verpackte Ladung *f* ‖ **~/твёрдый** feste Ladung *f* ‖ **~/трейлерный** Trailerladung *f* ‖ **~/тяжеловесный** Schwergut

груз

n, Schwergutladung *f* ‖ ~/**уравновешивающий** 1. Gewichtsstück *n (Waage)*; 2. Ausgleichsmasse *f* ‖ ~/**штучно-тарный** *(Eb)* Stückgut *n* ‖ ~/**штучный** *(Eb)* Stückgut *n* ‖ ~/**ящичный** Kistenladung *f*, Kistengut *n*

грузик *m* арката *(Text)* Harnischgewicht *n (Weberei)* ‖ ~/**балансировочный** Auswucht[masse]stück *n* ‖ ~/**мерительный** *(Schiff)* Peilgewicht *n (am Peilstab)* ‖ ~/**уравновешивающий** Ausgleichs[masse]stück *n*

грузить 1. laden, beladen; 2. *(Bgb)* wegfüllen

грузовик *m* Lastkraftwagen *m*, LKW, Güterkraftwagen *m*, GKW

грузовместимость *f* Lade[raum]inhalt *m*, Laderaum[gehalt] *m* ‖ ~/**удельная** *(Schiff)* Räumte *f*

грузозахват *m (Förd)* Anschlagmittel *n*, Lastanschlagmittel *n* ‖ ~/**вилочный** Gabelzinken *m (eines Ladegeräts)*

грузонапряжённость *f* 1. Verkehrsdichte *f*; 2. *(Eb)* Verkehrsmenge *f*, Verkehrsdichte *f*, Betriebsbelastung *f*

грузооборот *m* Gütertransportmenge *f*; Gütertransportumfang *m*; Beförderungsleistung *f*

грузообработка *f (Schiff)* Umschlag *m*, Lade- und Löschbetrieb *m*

грузоподъёмность *f (Förd)* 1. Tragkraft *f*, Tragfähigkeit *f*, Ladekapazität *f*; Belastungsfähigkeit *f*; Ladefähigkeit *f (Transportmittel)*; 2. Hebekraft *f*, Hubkraft *f (Hebezeuge)* ‖ ~/**валовая** *(Schiff)* Tragfähigkeit *f*, Deadweight *n* ‖ ~/**полезная** *s.* ~/**чистая** ‖ ~/**полная** *s.* ~/**валовая** ‖ ~/**чистая** *(Schiff)* Ladefähigkeit *f*, Ladekapazität *f*, Nutztragfähigkeit *f*

грузопоток *m* 1. Güterstrom *m*; Warenbewegung *f*; 2. *(Fert)* Werkstoffluß *m*

грузчик *m (Förd)* Lader *m*, Ladegerät *n*, Lademaschine *f* ‖ ~/**грейферный** Greifer *m*, Greiflader *m* ‖ ~/**лопастный** Schaufellader *m* ‖ ~/**скреперный** Schrapplader *m*

грузы *mpl*/**излишние** *(Schiff)* zusätzliche (überflüssige) Massen *fpl* ‖ ~/**недостающие** *(Schiff)* fehlende Massen *fpl*

грунт *m* 1. Boden *m*, Grund *m*; Untergrund *m*; 2. *(Bw)* Baugrund *m*; 3. *(Bw)* Unterputz *m*; 4. Grund[ier]anstrich *m*; 5. Grund[ier]anstrichfarbe *f*; 6. *(Ph, Eln)* Haftschicht *f*, Substratschicht *f* ‖ ~/**армированный** *(Bw)* bewehrte Erde *f* ‖ ~/**валунный** *s.* ~/**моренный** ‖ ~/**вечномёрзлый** Dauerfrostboden *m* ‖ ~/**влажный** feuchter (humider) Boden *m* ‖ ~/**вмытый** eingewaschener Boden *m* ‖ ~/**водонепроницаемый** [wasser]undurchlässiger Boden *m* ‖ ~/**водоносный** wasserhaltiger Boden *m* ‖ ~/**водопроницаемый** [wasser]durchlässiger Boden *m* ‖ ~/**водосодержащий** *s.* ~/**водоносный** ‖ ~/**впрессованный** eingepreßter Boden *m* ‖ ~/**втрамбованный** eingestampfter (gepreßter) Boden *m* ‖ ~/**вымытый** ausgewaschener Boden *m* ‖ ~/**вынутый** ausgehobener (abgetragener) Boden *m* ‖ ~/**вычерпанный (вычерпываемый)** Baggergut *n (Schwimmbagger)* ‖ ~/**вязкий** *(Bw)* bindiger Boden *m*; lehmiger Boden *m*, Lehmboden *m* ‖ ~/**гравелистый** *s.* ~/**гравийный** ‖ ~/**гравийный** kiesiger Boden *m*, Kiesboden *m* ‖ ~/**дренирующий** wasserdurchlässiger Boden *m* ‖ ~/**заболоченный** morastiger Boden *m* ‖ ~/**зер-**

нистый körniger Boden *m* ‖ ~/**извлекаемый (извлечённый)** Baggergut *n (Schwimmbagger)* ‖ ~/**илистый** *s.* ~/**иловатый** ‖ ~/**иловатый** Schlammboden *m*, fetter Boden *m* ‖ ~/**каменистый** steiniger Boden *m* ‖ ~/**кольматирующий** *s.* ~/**вмытый** ‖ ~/**крупнообломочный** [grober] Trümmerboden *m*, grobklastischer Boden *m* ‖ ~/**лёссовый** Lößboden *m* ‖ ~/**макропористый** grobporiger Boden *m* ‖ ~/**малоустойчивый** wenig widerstandsfähiger Boden *m* ‖ ~/**мергелистый** Mergelboden *m* ‖ ~/**мёрзлый** gefrorener Boden *m* ‖ ~/**многолетнемёрзлый** Dauerfrostboden *m* ‖ ~/**мокрый** nasser Boden *m* ‖ ~/**моренный** gerölliger Boden *m* ‖ ~/**мягкий** weicher Boden *m* ‖ ~/**набухающий** Quellboden *m* ‖ ~/**намывной** angeschwemmter (eingespülter) Boden *m* ‖ ~/**намытый** *s.* ~/**намывной** ‖ ~/**наносный** angeschwemmter Boden *m*, Bodenablagerung *f* ‖ ~/**насыпной** [auf]geschütteter (angefüllter) Boden *m* ‖ ~/**натуральный** natürlicher (gewachsener) Boden *m* ‖ ~/**неоднородный** ungleichartiger (ungleichförmiger) Boden *m* ‖ ~/**непроницаемый** *s.* ~/**водонепроницаемый** ‖ ~/**несвязный** lockerer Boden (Grund) *m* ‖ ~/**нескальный** nichtfelsiger Boden (Grund) *m* ‖ ~/**неустойчивый** *(Bw)* nachgiebiger Baugrund *m* ‖ ~/**обломочный** Verwitterungsboden *m*, Trümmerboden *m* ‖ ~/**однородный** gleichartiger (gleichförmiger) Boden *m* ‖ ~/**осевший** gesenkter Boden *m* ‖ ~/**основания** Baugrund *m* ‖ ~/**переувлажнённый** überfeuchter Boden *m* ‖ ~/**песчаный** sandiger Boden *m*, Sandboden *m* ‖ ~/**плотно слежавшийся** festgelagerter Boden *m* ‖ ~/**плотный** dichter (fester) Boden *m* ‖ ~/**промёрзлый** *s.* ~/**мёрзлый** ‖ ~/**просадочный** setzungsempfindlicher Baugrund *m* ‖ ~/**пылеватый** Schluff[boden] *m* ‖ ~/**размываемый** *s.* ~/**малоустойчивый** ‖ ~/**разработанный** aufgelockerter (abgegrabener, gewonnener) Boden *m* ‖ ~/**разрыхлённый** gelockerter (gelöster) Boden *m* ‖ ~/**растительный** Mutterboden *m*, Muttererde *f* ‖ ~/**рыхлый** lockerer Boden *m* ‖ ~/**свеженасыпанный** junger Boden *m*, frisch angeschütteter (aufgeschütteter) Boden *m* ‖ ~/**связный** bindiger Boden (Grund) *m* ‖ ~/**скалистый** *s.* ~/**скальный** ‖ ~/**скальный** felsiger Boden *m*, Felsboden *m*, Felsuntergrund *m* ‖ ~/**слабый** wenig tragfähiger Baugrund *m* ‖ ~/**сползающий** rutschender Boden *m* ‖ ~/**срезанный** *s.* ~/**вынутый** ‖ ~/**сыпучий** *s.* ~/**несвязный** ‖ ~/**талый** getauter (frostfreier) Grund *m* ‖ ~/**топкий** schlammiger Grund *m* ‖ ~/**торфяной** Torfboden *m* ‖ ~/**укреплённый** stabilisierter (verfestigter) Baugrund *m* ‖ ~/**устойчивый** tragfähiger Baugrund *m* ‖ ~/**фильтрующий** *s.* ~/**водопроницаемый** ‖ ~/**фосфатирующий** Washprimer *m (Rostschutzfarbe)*

грунтобель *m (Wkz)* Grundhobel *m*

грунтобетон *m* Erdbeton *m*

грунтовать grundieren; *(Schiff auch:)* vorkonservieren

грунтовка *f* 1. Grundieren *n*, Grundierung *f*; *(Schiff auch:)* Vorkonservieren *n*; 2. Grund[ier]anstrich *m*; 3. Grund[anstrich]farbe *f*; Grundierungsmittel *n* ‖ ~/**пропитывающая** Imprägniergrundierung *f*

грунтовоз m 1. (Bw) Erdtransporter m; 2. Baggerschute f
грунтозацеп m Greiferstollen m (Reifen); Profilstollen m, Bodengreifer m (Radschlepper)
грунтонос m (Bgb) Bohrlochentnahmegerät n ‖ ~/**боковой** Bohrlochwandkerngerät n ‖ ~/**стреляющий** Kernschießgerät n ‖ ~/**съёмный [канатный]** Seilkerngerät n
грунтоприёмник m Saugkopf m (Saugschwimmbagger) ‖ ~/**волочащийся** Schleppsaugkopf m (Saugschwimmbagger)
грунтопровод m Rohrleitung f zur Baggergutförderung f, Spülrohrleitung f (Schwimmbagger) ‖ ~/**береговой** Landrohrleitung f zur Baggergutförderung ‖ ~/**всасывающий** Grundsaugleitung f, Baggersaugleitung f ‖ ~/**нагнетательный** Baggerdruckleitung f, Druckrohrleitung f zur Baggergutförderung ‖ ~/**плавучий** Schwimmrohrleitung f zur Baggergutförderung
грунтроп m (Schiff) Grundtau m, Rollengeschirr n (Grundschleppnetz)
группа f 1. Gruppe f; 2. (Math) Gruppe f; Klasse f; 3. (Ch) Gruppe f, Rest m, Radikal n; 4. (El, Nrt) Verseilgruppe f, Adergruppe f, Gruppe f; 5. (Wlz) Straße f, Strecke f, Strang m; 6. (Geol) Ärathem n (chronostratigraphische Einheit, entspricht zeitlich einer Ära bzw. einem Zeitalter) ‖ ~/**абелева** (Math) abelsche (kommutative) Gruppe f ‖ ~/**альдегидная** (Ch) Aldehydgruppe f ‖ ~/**аминная** (Ch) Aminogruppe f ‖ ~/**архейская** (Geol) Archaikum n, archäisches Ärathem n ‖ ~/**археозойская** (Geol) Archäozoikum n (Zeit des ältesten Tierlebens) ‖ ~ **волн** (Eln) Wellenpaket n ‖ ~/**вторичная** (Nrt) Sekundärgruppe f, Übergruppe f, SG ‖ ~ **галактик/местная** (Astr) Lokale Gruppe f ‖ ~/**гидроксильная** (Ch) Hydroxylgruppe f, Hydroxyl n ‖ ~/**главная** (Ch) Hauptgruppe f (im Periodensystem) ‖ ~ **движений** (Mech) Bewegungsgruppe f ‖ ~ **деталей** (El) Baugruppe f ‖ ~/**дорожек** (Inf) Spurengruppe f (Magnettrommel, Magnetplatte) ‖ ~/**замещающая** (Ch) substituierende Gruppe f ‖ ~/**звёздная** (El) Sternvierer m (eines Kabels) ‖ ~ **изометрии** (Krist) Isometriegruppe f ‖ ~ **изотропии** (Krist) Isotropiegruppe f ‖ ~/**кайнозойская** (Geol) Känozoikum n, känozoisches Ärathem n ‖ ~/**катушечная** (El) Spulengruppe f ‖ ~ **квантования времени** (Inf) Zeitscheibengruppe f ‖ ~/**кетонная** (Ch) Ketogruppe f ‖ ~ **клетей [прокатная]** (Wlz) Walzstraße f, Walzgerüststrang m, Walzstaffel f, Vorstraße f ‖ ~ **клетей/черновая** Vorstaffel f, Vorstraße f, Vorstrecke f ‖ ~ **клетей/чистовая** Fertigstaffel f, Fertigstraße f, Fertigstrecke f ‖ ~/**коммутативная** s. ~/абелева ‖ ~/**конечная** 1. (Math) endliche Gruppe f; 2. (Ch) Endgruppe f, endständige Gruppe f ‖ ~ **Ли** (Math) Liesche Gruppe f ‖ ~ **Лоренца** Lorentz-Gruppe f (Quantenmechanik) ‖ ~/**магнитоуправляемая** (Reg) Magnetsteuereinrichtung f ‖ ~ **малых планет/троянская** (Astr) Trojaner pl (Planetoidengruppe) ‖ ~/**мезозойская** (Geol) Mesozoikum n, mesozoisches Ärathem n ‖ ~ **мелкосортного стана** (Wlz) Fein[stahl]straße f, Fein[stahl]strecke f ‖ ~/**метильная** (Ch) Methylgruppe f ‖ ~/**накрывающая** (Math) Überlagerungsgruppe f ‖ ~ **нитей** (Text) Fadenschar f ‖ ~/**нулевая** (Ch) nullte Gruppe f, Gruppe 0 f (im Periodensystem) ‖ ~/**основная** (El) Grundgruppe f ‖ ~/**палеозойская** (Geol) Paläozoikum n, paläozoisches Ärathem n ‖ ~ **передачи** (Inf) Sendegruppe f ‖ ~ **переносов** (Math) Translationsgruppe f, Gruppe f der Verschiebungen (Translationen) ‖ ~/**побочная** (Ch) Nebengruppe f (im Periodensystem) ‖ ~/**повторяющаяся** (Inf) Wiederholungsgruppe f ‖ ~ **подстановок** (Math) Permutationsgruppe f ‖ ~ **пор** (Met, Schw) Porennest n ‖ ~ **преобразований** (Math) Transformationsgruppe f ‖ ~ **приёма** (Inf) Empfangsgruppe f ‖ ~/**протерозойская** (Geol) Proterozoikum n, proterozoisches Ärathem n ‖ ~ **солнечных пятен** ‖ ~ **пятен/биполярная** (Astr) bipolare Gruppe f (Sonnenfleckengruppe) ‖ ~ **рабочих клетей** ... s. ~ клетей ‖ ~/**реакционноспособная** (Ch) reaktionsfähige (reaktive) Gruppe f, Reaktivgruppe f ‖ ~ **ремизок** (Text) Schaftchor m, Schaftgruppe f ‖ ~/**рифейская** (Geol) Riphäikum n, riphäisches Teilärathem n (entsprechend Oberem Proterozoikum) ‖ ~/**сейсмическая** (Geoph) seismisches Array n, Arraystation f ‖ ~ **симметрии** (Krist) Symmetriegruppe f ‖ ~ **симметрии/точечная** Punkt[symmetrie]gruppe fpl ‖ ~ **симметрии/Фёдоровская** Kristallsymmetrieklasse f, Punktgruppe f [nach Fjodorow] ‖ ~ **сингоний** s. сингония f ‖ ~ **соединений** (El) Schaltgruppe f ‖ ~ **солнечных пятен** (Astr) Sonnenfleckengruppe f, Fleckengruppe f ‖ ~/**сотенная абонентская** (Nrt) Hunderter-Gruppe f ‖ ~ **типа Гильды** (Astr) Hildagruppe f (Planetoidengruppe) ‖ ~/**топологическая** (Math) topologische Gruppe f ‖ ~ **трансляции** 1. (Math) s. ~ переносо-; 2. (Krist) Translationsgruppe f, Raumgittergruppe f ‖ ~/**трансляционная** s. ~ трансляции 2. ‖ ~/**фундаментальная** (Math) Fundamentalgruppe f (Topologie); fundamentale Gruppe f (Gruppentheorie) ‖ ~/**функциональная** 1. (Reg) Funktionsgruppe f; 2. (Ch) ~/характерная ‖ ~/**характеристическая** s. ~/характерная ‖ ~/**характерная** (Ch) funktionelle (charakteristische) Gruppe f ‖ ~ **Шубникова** (Krist) Schubnikow-Gruppe f ‖ ~/**шубниковская** s. ~ Шубникова ‖ ~/**экранированная** (El) geschirmte Adergruppe f (eines Kabels) ‖ ~/**электронно-акцепторная** (Ch, Ph) Elektronenakzeptorgruppe f ‖ ~/**электронно-донорная** (Ch, Ph) Elektronendonatorgruppe f ‖ ~ **элементов** (Ch) Gruppe f [chemisch nahverwandter Elemente], natürliche Gruppe, Familie f (im Periodensystem)
группирование n s. группировка
группировка f 1. Gruppierung f; 2. (Inf) Blockung f; 3. (Math) Klassifikation f, Klasseneinteilung f (Statistik)
группофон m (Nrt) Reihennebenstellenanlage f
груша f (Met) Frischbirne f, Birne f, Kippkonverter m
ГРЩ s. щит/главный распределительный
грэй m (Ph) Gray n, Gy (SI-Einheit der Energiedosis; 1 Gy = 1 J/kg)
грюнштейн m (Geol) Grünstein m
гряда f 1. (Geol) Kette f, Zug m; 2. (Lw) Beet n; 3. (Meteo) Bank f ‖ ~/**барханная** (Geol) Barchanenkette f, Sicheldünenkette f ‖ ~/**горная** (Geol) Bergkette f, Gebirgskette f, Gebirgszug m ‖

гряда

~/**моренная** *(Geol)* Moränenzug *m* ‖ ~/**облачная** *(Meteo)* Wolkenbank *f* ‖ ~ **тумана** *(Meteo)* Nebelbank *f* ‖ ~/**холмистая** *(Geol)* Hügelkette *f*
грядка *f* 1. *(Brau)* Haufen *m*; 2. *(Lw)* Beet *n*
грядоделатель *m (Lw)* Vielfachgerät *n* mit Häufelkörpern
грязевик *m* Schlammfänger *m*, Schlammfang *m*, Schlammsammler *m*, Schlammsack *m*; Schmutzfänger *m*
грязеловка *f s.* грязевик
грязеотделитель *m* Schlammabscheider *m*, Schmutzabscheider *m*
грязеотталкивание *n (Text)* Schmutzabweisung *f (Veredlung)*
грязеотталкивающий *(Text)* schmutzabweisend; fleckabweisend
грязесниматель *m* Schmutzabstreifer *m*, Schmutzfänger *m*
грязеуловитель *m s.* грязевик
грязь *f* Schmutz *m*, Schlamm *m* ‖ ~/**анодная** *(El)* Anodenschlamm *m* ‖ ~/**буровая** *(Bgb)* Bohrschlamm *m*, Bohrschmant *m*, Bohrklein *n* ‖ ~/**дефекационная** Scheideschlamm *m (Zuckergewinnung)* ‖ ~/**фильтрационная** Preßschlamm *m*, Pressenschlamm *m (Zuckergewinnung)* ‖ ~/**фильтр-прессная** *s.* ~/фильтрационная ‖ ~/**центрифужная** Zentrifugenschlamm *m*
ГС *s.* генератор сигналов
Гс *s.* раусс
ГСЗ *s.* зондирование/глубинное сейсмическое
ГСМОС *s.* система мониторинга окружающей среды/глобальная
ГСС *s.* генератор стандартных сигналов
ГТВ *s.* генератор тонального вызова
ГТД *s.* двигатель/газотурбинный
ГТЗА *s.* агрегат/главный турбозубчатый
ГТН *s.* газотурбонагнетатель
ГТУ *s.* установка/газотурбинная
ГТХ *s.* газотурбоход
ГТЭУ *s.* установка/газотурбинная энергетическая
гуанидин *m (Ch)* Guanidin *n*, Iminoharnstoff *m*
губка *f* 1. *(Wkz)* Backen *m*, Spannbacken *m (Schraubstock)*; 2. *(Meß)* Schenkel *m (Meßschieber)*; 3. Schwammgummi *m* ‖ ~/**измерительная** Meßschenkel *m*, Meßbacke *f* ‖ ~/**искусственная** Schwammstoff *m*, offenporiger (offenzelliger) Schaumkunststoff *m* ‖ ~/**неподвижная** 1. *(Wkz)* fester Backen *m (Schraubstock)*; 2. *(Meß)* fester Schenkel *m (Meßschieber)* ‖ ~/**неподвижная измерительная** fester Meßschenkel *m* ‖ ~/**подвижная измерительная** beweglicher Meßschenkel *m* ‖ ~/**разметочная** Anreißschneide *f* ‖ ~ **тисков** *(Text)* Zange *f*, Zangenbacke *f*, Zangenlippe *f (Kämmaschine)*
губки *fpl*/**зажимные** Klemmbacken *mpl*, Spannbacken *fpl*
губчатость *f* Schwammigkeit *f*, Porosität *f*
гудение *n (Eln)* Brummen *n*, Brumm *m* ‖ ~/**анодное** Anodenbrumm *m* ‖ ~/**сеточное** Gitterbrumm *m*
гудрон *m (Bw)* Asphaltteer *m*, Goudron *m*
гудронатор *m (Bw)* Bitumen-Hochdruckspritzmaschine *f*
гумидность *f* Humidität *f (Klima)*
гумми *pl* Gummi *n*, Pflanzengummi *n*

гуммиаммониак *m (Ch)* Ammoniak[gummi]harz *n*
гуммиарабик *m* arabisches Gummi *n*, Gummiarabikum *n*
гуммирование *n* Gummieren *n*, Gummierung *f*
гуммировка *f s.* гуммирование
гуммит *m (Min)* Gummierz *n*; Gummit *m (Zerfallsprodukt in der Oxidationszone von Uranvorkommen)*
гусарик *m* Reiter *m*, Reiterwägestück *n (an Feinwaagen)*
гусёк *m (Schiff)* Schwanenhalslüfter *m*
гусеница *f (Kfz)* Gleiskette *f*, Raupenkette *f*, Raupe *f* ‖ ~/**резиновая** Gummikette *f* ‖ ~ **с резиновыми втулками** Gummigelenkette *f*
гусеничный Gleisketten-..., Ketten-..., Raupen-...
гусс-машина *f (Brau)* Siebkasten *m*
густеть 1. eindicken, verdicken; 2. dick werden, sich verdicken; 3. *(Met)* absteifen *(Schlacke)*
густота *f* 1. Dichte *f*; 2. Zähflüssigkeit *f*, Dickflüssigkeit *f* ‖ ~ **движения** *(Eb)* Verkehrsdichte *f* ‖ ~ **застройки** *(Bw)* Baudichte *f*, Bebauungsdichte *f* ‖ ~ **насаждения** *(Lw)* Bestandesdichte *f* ‖ ~ **посева** *(Lw)* Saatdichte *f*, Aussaatdichte *f*
густотекучесть *f s.* густота 2.
густотекучий dickflüssig, zähflüssig, strengflüssig
гуттаперча *f (Ch)* Guttapercha *f(n)*
ГФЭ *s.* эпитаксия/газофазная
ГХ *s.* хроматограф/газовый
ГЦ *s.* центр/глубокий
Гц *s.* герц
гцк-решётка *f (Krist)* flächenzentriertes kubisches Gitter *n*, kubisch-flächenzentriertes Gitter *n*, kfz-Gitter *n*
ГЭД *s.* электродвигатель/гребной
ГЭС *s.* гидроэлектростанция
ГЭУ *s.* установка/гребная электрическая
гюбнерит *m (Min)* Hübnerit *m*, Mangano-Wolframit *m*
гюнц *m s.* оледенение/гюнцское
гюнц-миндель *m s.* межледниковье/гюнц-миндельское

Д

давидит *m (Min)* Davidit *m (uranhaltiges Eisentitanat)*
давильник *m (Wkz)* 1. Druckwerkzeug *f*; 2. Austreiber *m*
давление *n* Druck *m*; Spannung *f (Dampf)* ‖ ~/**абсолютное** absoluter Druck *m* ‖ ~ **адгезии** *(Ph)* Adhäsionsdruck *m* ‖ ~/**аксиальное** Axialdruck *m*, Längsdruck *m (Welle)* ‖ ~/**акустическое** *s.* ~/звуковое ‖ ~/**атмосферное** atmosphärischer Druck *m*, Luftdruck *m* ‖ ~ **атмосферы** *s.* ~/атмосферное ‖ ~/**боковое** 1. Seitendruck *m*; 2. *(Wlz)* Seitendruck *m*, Flankendruck *m (Kaliber)*; 3. Querdruck *m*, Seitendruck *m (Pulvermetallurgie)*; 5. *(Bgb)* Seitendruck *m*; Manteldruck *m* ‖ ~ **в шине** *(Kfz)* Reifen[innen]druck *m* ‖ ~/**вакуумметрическое** *(Ph)* Unterdruck *m*, negativer Druck *m*, Vakuum *n* ‖ ~/**верхнее** *(Wlz)* Oberdruck *m* ‖ ~ **ветра** *(Bw)* Winddruck *m*, Windangriff *m* ‖ ~/**внешнее** Umgebungsdruck *m* ‖ ~/**внутреннее** 1. *(Mech)* Innendruck *m*, innerer Druck *m*; 2. Kohäsionsdruck *m*, Binnendruck *m (Molekularphysik)* ‖ ~/**волновое**

давление

(Ph) Wellendruck *m* ‖ ~ **впрыска [топлива]** *(Kfz)* Einspritzdruck *m* ‖ ~ **впуска** *s.* ~ **всасывания** ‖ ~ **всасывания** Saugdruck *m*; Ansaugdruck *m* ‖ ~ **вспенивания** Schäumdruck *m* ‖ ~ **вспышки** Verpuffungsdruck *m*, Verpuffungsspannung *f* ‖ ~/**высокое** Hochdruck *m*, hoher Druck *m* ‖ ~ **выхлопных газов** Auspuffdruck *m*, Abgasdruck *m (Verbrennungsmotoren)* ‖ ~ **выше атмосферного** *(Ph)* Überdruck *m*, Mehrdruck *m* ‖ ~ **выше критического** *(Ph)* überkritischer Druck *m* ‖ ~/**геостатическое** *(Geol)* geostatischer Druck *m*, Überlagerungsdruck *m*, Hangenddruck *m* ‖ ~/**гидравлическое** Flüssigkeitsdruck *m*, hydraulischer Druck *m*; Druckwasserpressung *f*, Wasserpressung *f* ‖ ~/**гидродинамическое** *(Mech)* hydrodynamischer (statischer) Druck *m*, Druck *m* des Strömungsmediums ‖ ~/**гидромеханическое** *(Mech)* hydromechanischer Druck *m* ‖ ~/**гидростатическое** *(Mech)* hydrostatischer Druck *m*, Druck *m* der ruhenden Flüssigkeit ‖ ~/**горное** *(Bgb)* Gebirgsdruck *m* ‖ ~ **горных пород** *(Bgb)* Gebirgsdruck *m* ‖ ~ **грунта** *(Bw)* Erddruck *m*, Bodendruck *m* ‖ ~ **грунта/активное** aktiver Erddruck *m* ‖ ~ **грунта/пассивное** passiver Erddruck *m* ‖ ~ **грунта/статическое** Ruhedruck *m* ‖ ~/**динамическое** *(Hydr, Aero)* dynamischer Druck *m*, Staudruck *m*, Geschwindigkeitsdruck *m*, Fließdruck *m* ‖ ~ **диссоциации** *(Ph)* Dissoziationsdruck *m* ‖ ~/**докритическое** *(Therm)* unterkritischer Druck *m* ‖ ~ **дутья** Winddruck *m*, Gebläsedruck *m* ‖ ~ **за компрессором** Verdichterenddruck *m*, Verdichtungsenddruck *m* ‖ ~ **зажима** *(Masch)* Spanndruck *m*; Klemmdruck *m* ‖ ~ **за соплом** Düsenaustrittsdruck *m (Dampfturbine)* ‖ ~ **заклёпки** *(Fert)* Nietpressung *f*, Nietdruck *m* ‖ ~ **замыкания** Schließdruck *m (Verbrennungsmaschinen, Hubkolbenverdichter)* ‖ ~ **запальчиков [на шихту]** *(Met)* Rastdruck *m (auf den Einsatz)* ‖ ~ **звука** *(Ak)* Schalldruck *m* ‖ ~ **звукового излучения** *(Ak)* Schallstrahlungsdruck *m* ‖ ~/**звуковое** *(Ak)* Schalldruck *m* ‖ ~/**избыточное** *(Ph)* Überdruck *m*, Mehrdruck *m* ‖ ~/**избыточное пластовое** *(Geol)* Schichtüberdruck *m* ‖ ~ **излучения** Strahlungsdruck *m* ‖ ~/**измерительное** Meßkraft *f*; Meßdruck *m* ‖ ~/**индикаторное** *(Mech)* indizierter Druck *m* ‖ ~ **истечения** *s.* ~/**динамическое** ‖ ~/**капиллярное** *(Hydr)* Kapillardruck *m*, Krümmungsdruck *m*, Normaldruck *m* der Oberflächenspannung ‖ ~/**касательное** *(Mech)* Tangentialdruck *m*, Umfangsdruck *m* ‖ ~/**когезионное** Kohäsionsdruck *m*, Binnendruck *m (Molekularphysik)* ‖ ~ **колеса** *(Kfz)* Raddruck *m* ‖ ~ **конденсации** *s.* ~ **ожижения** ‖ ~/**конечное** Enddruck *m* ‖ ~/**контактное** 1. *(El)* Kontaktdruck *m*; 2. Walzendruck *m (Zahnradpaarung)* ‖ ~/**контурное** *(Masch)* Konturendruck *m* ‖ ~/**критическое** kritischer Druck *m* ‖ ~ **кровли** *(Bgb)* Firstendruck *m* ‖ ~ **литья** *(Kst)* Spritzdruck *m*, Einspritzdruck *m* ‖ ~/**лучистое** *s.* ~/**радиационное** ‖ ~/**максимальное** Höchstdruck *m*, Maximaldruck *m*, Grenzdruck *m* ‖ ~ **между валами** Walzenanpreßdruck *m* ‖ ~/**металлостатическое** *(Gieß, Met)* metallostatischer Druck *m* ‖ ~/**минимальное** *(Ph)* Mindestdruck *m*, Druckminimum *n*,

Drucktal *n* ‖ ~ **на грунт** *(Bw)* Bodenpressung *f*, Baugrundpressung *f* ‖ ~ **на единицу поверхности (площади)** 1. Flächenpressung *f*, spezifischer Druck *m*; 2. Formänderungswiderstand *m (Druckformgebung)* ‖ ~ **на опору** 1. *(Bw)* Auflagerdruck *m*; 2. *(Masch)* Auflagedruck *m*, Stützdruck *m* ‖ ~ **на почву/удельное** *(Lw)* spezifischer Bodendruck *m* ‖ ~ **на рельс** *(Eb)* Achsfahrmasse *f*, Achskraft *f* ‖ ~ **на руль** *(Schiff)* Ruderdruck *m* ‖ ~ **нагнетания** Förderdruck *m*, spezifische Nutzarbeit *f (Pumpen, Verdichter)* ‖ ~/**надкритическое** überkritischer Druck *m* ‖ ~ **нажатия** Anpreßdruck *m* ‖ ~/**наружное** Außendruck *m* ‖ ~ **насыщения** 1. *(Wmt)* Sättigungsdruck *m (Dampf)*; 2. *(Meteo) s.* **упругость насыщения** ‖ ~/**начальное** Anfangsdruck *m* ‖ ~ **ниже атмосферного** *s.* ~/**вакууметрическое** ‖ ~/**низкое** niedriger (tiefer) Druck *m*, Tiefdruck *m* ‖ ~/**номинальное** Nenndruck *m (Pumpen, Verdichter)* ‖ ~ **обжатия** *(Wlz)* Höhenabnahme *f*, Stichabnahme *f* ‖ ~/**общее** Gesamtdruck *m* ‖ ~ **ожижения** Verflüssigungsdruck *m* ‖ ~/**окружное** *(Fert)* Umfangsschnittdruck *m (Fräser, Schleifscheibe)* ‖ ~/**опорное** 1. *(Bw)* Auflagerdruck *m*, Kämpferdruck *m*, Stützdruck *m*; Flächendruck *m*, Auflagerkraft *f*, Auflagerwiderstand *m*; 2. *(Kfz)* Flächendruck *m* ‖ ~/**опорное горное** *(Bgb)* Kämpferdruck *m*, Auflagerdruck *m* ‖ ~ **осадки** *(Schw)* Stauchdruck *m*, Schweißdruck *m* ‖ ~/**осевое** 1. *(Masch)* Axialdruck *m*, Längsdruck *m (Welle)*; 2. Achsdruck *m*; 3. *(Bgb)* Bohrandruck *m*, Sohlendruck *m* ‖ ~/**осмотическое** *(Ph)* osmotischer Druck *m* ‖ ~/**остаточное** Endvakuum *n*; Restdruck *m* ‖ ~ **отбираемого пара** Entnahme[dampf]druck *m*, Anzapfdruck *m (Dampfturbine)* ‖ ~ **отбора** *s.* ~ **отбираемого пара** ‖ ~ **отработанного пара** Abdampfdruck *m* ‖ ~/**отрицательное** *s.* ~/**вакууметрическое** ‖ ~ **пара** 1. *(Wmt)* Dampfdruck *m*, Dampfspannung *f*; 2. *(Meteo) s.* **упругость пара** ‖ ~ **пара/манометрическое** Dampfüberdruck *m* ‖ ~ **пара/полезное** Nutzdampfdruck *m* ‖ ~/**парциальное** Partialdruck *m*, Teildruck *m* ‖ ~/**первичное горное** *(Bgb)* primärer Gebirgsdruck *m* ‖ ~ **перед соплом** Düsendruck *m (Turbine)* ‖ ~/**переменное** Wechseldruck *m* ‖ ~ **перетекания** Überströmdruck *m* ‖ ~ **печати/удельное** *(Typ)* Druckspannung *f* ‖ ~ **плавления** Schmelzdruck *m* ‖ ~ **плазмы** *(El, Kern)* Plasmadruck *m* ‖ ~/**пластовое** *(Bgb)* Schichtdruck *m*, Lagerstättendruck *m* ‖ ~/**поверхностное** Oberflächendruck *m* ‖ ~/**повышенное** erhöhter Druck *m*, Hochdruck *m* ‖ ~ **подачи** 1. *(Wkzm)* Vorschubdruck *m*; 2. *(Masch)* Lieferdruck *m (einer Pumpe)* ‖ ~/**подъёмное** Förderdruck *m*, spezifische Nutzarbeit *f (Pumpen, Verdichter)* ‖ ~ **покоя** *s.* ~/**полное** ‖ ~/**полное** 1. *(Aero, Hydrom)* Gesamtdruck *m*, ruhender Druck *m*, Ruhedruck *m* (Summe aus statischem und dynamischem Druck); 2. *s.* ~/**статическое** ‖ ~/**пониженное** verminderter (reduzierter) Druck *m*, Niederdruck *m* ‖ ~/**поперечное** *(Wlz)* Querdruck *m* ‖ ~/**поровое** Poren[wasser]druck *m* ‖ ~/**посадочное** *(Fert)* Fugendruck *m*, Fugenpressung *f* ‖ ~/**постоянное** konstanter Druck *m*, Gleichdruck *m* ‖ ~ **потока** Strömungsdruck *m* ‖ ~ **почвы** *(Bgb)*

давление

Sohlenpressen n; Sohlenauftrieb m ‖ ~/**предельное** 1. Endvakuum n; 2. s. ~/**максимальное** ‖ ~/**предельное остаточное** Restgrenzdruck m (Vakuumverdichter) ‖ ~ **прессования** (Met) Verdichtungsdruck m, Preßdruck m (Pulvermetallurgie) ‖ ~/**приведённое** reduzierter Druck m ‖ ~ **прижатия** Anpreßdruck m ‖ ~/**продольное** Längsdruck m ‖ ~ **пустоты** Hohlraumdruck m ‖ ~/**рабочее** Betriebsdruck m ‖ ~ **рабочей жидкости** (Hydr) Betriebsflüssigkeitsdruck m ‖ ~/**радиальное** (Masch) Radialdruck m ‖ ~/**радиационное** (Ph) Strahlungsdruck m ‖ ~/**разделительное** (Wmt) Trenndruck m ‖ ~ **расширения/конечное** (Wmt) Expansionsenddruck m ‖ ~ **резания/удельное** (Fert) Schnittdruck m, spezifische Schnittkraft f ‖ ~/**результирующее** s. ~/**полное** 1. ‖ ~/**сварочное** Schweißdruck m (Punktschweißen) ‖ ~ **сверла/осевое** (Fert) Bohrdruck m ‖ ~/**сверхбарометрическое** (Ph) Überdruck m, Mehrdruck m ‖ ~/**сверхвысокое** Höchstdruck m ‖ ~/**сверхкритическое** überkritischer Druck m ‖ ~ **света** (Ph) Lichtdruck m ‖ ~/**световое** (Ph) Lichtdruck m ‖ ~ **сгорания** Verbrennungsdruck m (Verbrennungsmotor) ‖ ~ **сжатия** (Wmt) Verdichtungsdruck m, Kompressionsdruck m (Verbrennungsmotor, Verdichter) ‖ ~ **сжатия/конечное** Verdichtungsenddruck m, Verdichtungsendspannung f ‖ ~ **сжижения** Verflüssigungsdruck m ‖ ~/**скоростное** s. ~/**динамическое** ‖ ~ **смазки** (Trib) Schmieröldruck m, Schmierstoffdruck m ‖ ~ **смыкания** Verschließdruck m (Presse) ‖ ~/**спусковое** (Schiff) Ablaufdruck m (Stapellauf) ‖ ~/**среднее индикаторное** mittlerer indizierter Arbeitsdruck m (Verbrennungsmotor, Hubkolbenverdichter, Dampfmaschine) ‖ ~/**среднее эффективное** mittlerer effektiver Arbeitsdruck m (Verbrennungsmotor, Hubkolbenverdichter) ‖ ~/**статическое** (Aero) 1. statischer Druck m; 2. (Hydr) hydrodynamischer (statischer) Druck m, Druck m des Strömungsmediums ‖ ~ **столба** Säulendruck m ‖ ~ **струи** Strahldruck m ‖ ~/**суммарное** s. ~/**полное** 1. ‖ ~ **сцепления** 1. Kohäsionsdruck m, innerer Druck m (Molekularphysik); 2. (Kfz) Kupplungsdruck m ‖ ~/**тангенциальное** s. ~/**касательное** ‖ ~ **торможения** 1. (Kfz) Bremsdruck m; 2. ~/**полное** 1. ‖ ~/**удельное** 1. spezifischer Druck m, [spezifische] Flächenpressung f, Flächendruck m; 2. Formänderungswiderstand m, Umformwiderstand m (Druckformgebung) ‖ ~/**уплотняющее** Verdichtungsdruck m ‖ ~/**ферростатическое** ferrostatischer Druck m ‖ ~ **цикла/максимальное** 1. maximaler Kreislaufdruck m; 2. Verdichtungsenddruck m; 3. Verbrennungsdruck m (Verdichter, Verbrennungsmotor) ‖ ~ **щёток на коллектор** (El) Bürsten[auflage]druck m

давящий (Bgb) druckhaft (Gebirge)

дайка f (Geol) Gesteinsgang m, Eruptivgang m ‖ ~/**воронкообразная** s. ~/**коническая** ‖ ~/**кластическая** klastischer Gesteinsgang m ‖ ~/**кольцевая** Ringgang m ‖ ~/**коническая** trichterförmiger Gesteinsgang m ‖ ~/**обломочная** klastischer Gesteinsgang m ‖ ~/**радиальная** Radialgang m

дальнодействие n (Ph) Fernwirkung f

дальномер m Entfernungsmesser m, Entfernungsmeßgerät n, EM-Gerät n, Streckenmeßgerät n ‖ ~/**акустический** akustischer Entfernungsmesser m ‖ ~/**бинокулярный** s. ~/**стереоскопический** ‖ ~ **двойного изображения** Doppelbildentfernungsmesser m ‖ ~/**дифференциальный** Differentialdistanzmesser m ‖ ~/**звуковой** Schallentfernungsmesser m ‖ ~/**импульсный** Pulsentfernungsmesser m, Impulsstreckenmeßgerät n ‖ ~ **инвертный** Invertelemeter n, Kehrbildentfernungsmesser m ‖ ~/**коинцидентный** Koinzidenzentfernungsmesser m ‖ ~/**лазерный** Laserentfernungsmesser m, Laserentfernungsmeßgerät n ‖ ~/**монокулярный** Monokularentfernungsmesser m, monokularer Entfernungsmesser m (Sammelbegriff für Koinzidenz- und Kehrbildentfernungsmesser) ‖ ~/**оптический** [optischer] Entfernungsmesser m, Distanzmesser m, Telemeter n ‖ ~/**радиолокационный** Radarentfernungsmeßgerät n ‖ ~ **с поворотным зеркалом** Drehspiegelentfernungsmesser m ‖ ~/**стереоскопический** Raumbildentfernungsmesser m, Stereoentfernungsmesser m, stereoskopischer Entfernungsmesser m für Landvermessung ‖ ~/**электро[нно-]оптический** Geodimeter n

дальномер-стереотруба m Meßschere f, Entfernungsmeßschere f

дальнометрия f Entfernungsmessung f, Entfernungsbestimmung f ‖ ~/**лазерная** Laserentfernungsmessung f ‖ ~/**радиолокационная** Radarentfernungsmessung f ‖ ~/**разностная** Entfernungsdifferenzmessung f, Differenzentfernungsmessung f

дальность f 1. Weite f, Entfernung f; 2. Reichweite f; Bereich m ‖ ~ **броска** Wurfweite f ‖ ~ **вертикальной видимости** vertikale Sicht[weite] f, Vertikalsicht f ‖ ~ **видимости горизонта** Kimmweite f, Entfernung f des sichtbaren Horizonts ‖ ~ **видимости** Sicht[weite] f, Sichtentfernung f ‖ ~ **видимости/горизонтальная** horizontale Sicht[weite] f, Horizontalsicht f ‖ ~ **видимости/метеорологическая** meteorologische Sichtweite f ‖ ~ **видимости ночью** Nachtsicht[weite] f ‖ ~/**горизонтальная** horizontale Entfernung (Reichweite) f ‖ ~ **горизонтальной видимости** horizontale Sicht[weite] f, Horizontalsicht f ‖ ~ **действия** 1. Reichweite f, Aktionsradius m; 2. (Kfz) Fahrbereich m; 3. (Reg) Regelbereich m; 4.(Nrt, Rf, TV) Reichweite f ‖ ~ **действия/сверхбольшая (сверхнормальная)** (Rf) Überreichweite f ‖ ~ **дневной передачи** (Rf) Tagesreichweite f ‖ ~/**крейсерская** (Flg) Reiseflugweite f ‖ ~/**максимальная** maximale Reichweite f ‖ ~/**межпланетная** (Raumf) interplanetare Entfernung f ‖ ~ **ночной передачи** (Rf) Nachtreichweite f ‖ ~ **перевозок** (Eb) Beförderungsweite f ‖ ~ **передачи** 1. (En) Übertragungsentfernung f; 2. (Rf) Sendereichweite f ‖ ~ **перемещения** Förderweite f ‖ ~ **плавания** Aktionsweite f, Aktionsradius m (eines Schiffes) ‖ ~ **плавания/увеличенная** erweiterte Aktionsweite f (eines Schiffes) ‖ ~ **поездки [пассажира]** (Eb) Beförderungsweite f ‖ ~ **полёта** Reichweite f, Flugweite f; Flugentfernung f ‖

~ приёма (Rf) Empfangsreichweite f ‖ ~ прямой видимости (Rad) direkte (optische, quasioptische) Sichtweite f ‖ ~ радиолокационной видимости Radarsichtweite f ‖ ~ (Rf) Verkehrsreichweite f, Verkehrsentfernung f ‖ ~ слышимости (Ak) Hörbereich m
дамба f (Hydt) Deich m, Damm m, Wasserdamm m; Erddamm m; Abdämmung f, Eindeichung f; Deckbuhne f ‖ ~/береговая Uferdamm m, Flußdamm m, Flußdeich m ‖ ~/габионная Steinkorbdamm m ‖ ~ головного сооружения/захватная Zeilenwehr n ‖ ~/гравийно-каменная Kiesschüttungsdamm m mit wasserseitiger Steinpackung ‖ ~/заградительная Sperrdamm m ‖ ~/закладочная Versatzdamm m ‖ ~/замыкающая Abschlußdamm m ‖ ~/захватная Einfassungsdamm m ‖ ~/защитная Schutzdamm m, Schutzdeich m ‖ ~/земляная сопрягающая Erdanschlußdamm m ‖ ~/илозадерживающая Schlickdamm m ‖ ~ канала Kanaldeich m ‖ ~/кольцевая Ringdamm m, Ringdeich m ‖ ~/морская Seedeich m, Küstendeich m ‖ ~/намывная Spüldamm m ‖ ~/обвалования Deich m ‖ ~/оградительная (ограждающая) Abschlußdamm m ‖ ~/отклоняющая Ablenkungsdamm m ‖ ~/породная (Bgb) Bergemauer f ‖ ~/продольная Banddeich m, Streichdamm m ‖ ~/ряжевая Gerölldamm m ‖ ~/сопрягающая Anschlußdamm m ‖ ~/струенаправляющая Abweiser m ‖ ~/струенаправляющая продольная Leitwerk n, Längswerk n
даммар m s. даммара
даммара f Dammar[harz] n
дамп m (Inf) Speicherabzug m, Speicherauszug m, Speicherausdruck m, Dump m ‖ ~/аварийный Havarieabzug m ‖ ~/индикативный Kurzspeicherausdruck m, Kurzdump m ‖ ~ памяти Hauptspeicherausdruck m
дампинрование n и восстановление n (Inf) Abziehen n und Rückspeichern n
данные pl Daten pl; Werte mpl; Maße npl ‖ ~/алфавитно-цифровые (Inf) alphanumerische Daten pl ‖ ~/аналоговые (Inf) Analogdaten pl ‖ ~/буквенно-цифровые (Inf) alphanumerische Daten pl ‖ ~ в форме плавающей запятой (Inf) Gleitkommadaten pl ‖ ~ в форме фиксированной запятой (Inf) Festkommadaten pl ‖ ~ ввода (Inf) Eingabedaten pl ‖ ~ веществ/стандартные [справочные] Stoffdaten pl (Analysenmeßtechnik) ‖ ~ визуального опознавания visuelle Erkennungsdaten pl ‖ ~/восьмеричные (Inf) Oktaldaten pl ‖ ~/входные (Inf) Eingabedaten pl ‖ ~/выходные 1. (Inf) Ausgabedaten pl; 2. (Typ) Impressum pl ‖ ~/графические graphische Daten pl, Graphikdaten pl ‖ ~/групповые (Inf) Listendaten pl ‖ ~ двигателя Motordaten pl ‖ ~/двоичные (Inf) Binärdaten pl ‖ ~/десятичные (Inf) Dezimaldaten pl ‖ ~/дискретные (Inf) diskrete Daten npl ‖ ~ задачи (Inf) Problemdaten pl ‖ ~/закодированные (Inf) kodierte Daten pl ‖ ~/значимые (Inf) signifikante Daten pl ‖ ~ идентификации (Inf) Kenndaten pl ‖ ~ испытаний Testdaten pl, Versuchsdaten pl ‖ ~/кодированные (Inf) kodierte Daten pl ‖ ~/контрольные Testdaten pl ‖ ~/корректирующие (Inf) Änderungsdaten pl, Korrekturdaten pl ‖ ~/лётные Flugdaten pl ‖ ~/макросейсмические makroseismische Daten pl ‖ ~ материалов/стандартные [справочные] Werkstoffkennwerte mpl (Analysenmeßtechnik) ‖ ~/начальные (Inf) Anfangsdaten pl, Ausgangsdaten pl ‖ ~/номинальные Nennwerte mpl, Nenndaten pl ‖ ~/обмоточные (El) Wikkeldaten pl ‖ ~/обновляемые (Inf) Änderungsdaten pl ‖ ~ описания (Inf) Bestimmungsdaten pl ‖ ~/опытные 1. Versuchswerte mpl, Versuchsdaten pl; 2. empirische Werte mpl ‖ ~/ориентировочные Richtwerte mpl ‖ ~/основные Hauptdaten pl, Grundwerte mpl ‖ ~/первичные Primärdaten pl ‖ ~/переменные (Inf) Bewegungsdaten pl ‖ ~/постоянные (Inf) Stammdaten pl ‖ ~/промежуточные (Inf) Zwischendaten pl ‖ ~/распакованные десятичные (Inf) ungepackte Dezimalzahlen fpl ‖ ~/расчётные Entwurfswerte mpl, Berechnungsdaten pl, rechnerische Werte mpl ‖ ~ с плавающей запятой (Inf) Gleitkommadaten pl ‖ ~ с фиксированной запятой (Inf) Festkommadaten pl ‖ ~/световые lichttechnische Kennziffern fpl (Sammelbegriff für Lichtstrom, Lichtstärke, Leuchtdichte u. a.) ‖ ~/сигнальные Signaldaten pl ‖ ~/символические (Inf) symbolische Daten pl ‖ ~/совместно используемые (Inf) gemeinsam benutzte Daten pl ‖ ~/справочные Standardrichtwerte mpl; Bezugsdaten pl, Referenzdaten pl ‖ ~/сравнительные Vergleichswerte mpl, Vergleichsdaten pl ‖ ~/табличные (Inf) Listendaten pl ‖ ~/текущие (Inf) Bewegungsdaten pl ‖ ~/тестовые Testdaten pl, Prüfdaten pl ‖ ~ управления системой (Inf) Systemsteuerdaten pl ‖ ~/управляющие Steuerdaten pl ‖ ~/характерные Kennwerte mpl, Kenndaten pl ‖ ~ характеристики Kennlinienwerte mpl, Zahlenangaben fpl ‖ ~/цифровые (числовые) Zahlenwerte mpl, Zahlenangaben fpl ‖ ~/эксплуатационные Betriebsdaten pl
дата f Datum n ‖ ~ истечения срока хранения Verfallsdatum n ‖ ~ пользователя (Inf) Benutzerdatum n ‖ ~ создания Herstellungsdatum n ‖ ~ сохранения Verfallsdatum n
датолит m (Min) Datolith m
датчик m (El, Meß, Reg) Sensor m; Geber m, Meßgrößenaufnehmer m, Meßfühler m, Aufnehmer m ‖ ~/аналоговый analoger Geber m; analoger Sensor m ‖ ~/бесконтактный kontaktloser Geber m; kontaktloser Sensor m ‖ ~ ближней локации Näherungsinitiator m ‖ ~ бокового действия winkelbeweglicher Taster m ‖ ~/вибраций Schwingungsgeber m; Schwingungsaufnehmer m ‖ ~ влажности Feuchtefühler m, Feuchtigkeitsfühler m ‖ ~/волоконно-оптический faseroptischer Geber m ‖ ~ вращающих моментов Drehmomentengeber m ‖ ~ времени Zeitgeber m, Taktgeber m ‖ ~/время-пролётный Laufzeitgeber m (eines Massenspektrometers) ‖ ~/вторичных электронов Sekundärelektronensensor m ‖ ~/генераторный Generatorsensor m; generatorischer Geber m ‖ ~/гироскопический s. гиродатчик ‖ ~/давления Drucksensor m, Druckaufnehmer m, Druckwächter m, Druckmeßumformer m ‖ ~ давления/ёмкостный kapazitiver Drucksensor m ‖ ~ давления/полупроводниковый Halbleiter-Druckaufnehmer m; Halbleiter-Druck-

датчик

sensor *m* ‖ ~ **давления/пьезорезистивный** piezoresistiver Druckaufnehmer *m*; piezoresistiver Drucksensor *m* ‖ ~**/динамический** dynamischer Geber *m* ‖ ~**/дистанционный** Ferngeber *m* ‖ ~**/дифференциальный** Differentialgeber *m* ‖ ~ **длины** Längenmeßgeber *m*, Längen[meß]taster *m* ‖ ~**/донный** *(Geoph)* Meeresbodensensor *m* ‖ ~ **дыхания** *(Med)* Respirationssensor *m* ‖ ~**/ёмкостный** kapazitiver Geber (Meßwertgeber) *m* ‖ ~ **заданного значения** Sollwertgeber *m*, Sollwert[ein]steller *m* ‖ ~**/звёздный** *(Raumf)* Sternsensor *m* ‖ ~ **избыточного давления** Überdruckaufnehmer *m*; Überdruckmeßumformer *m* ‖ ~**/измерительный** Meßwertgeber *m*, Meßtaster *m*, Meßwertaufnehmer *m*, Meßfühler *m* ‖ ~ **импульсов** Impulsgeber *m* ‖ ~**/индуктивный** induktiver Geber (Meßwertgeber) *m* ‖ ~**/интегральный** Sensor *m* mit integrierter Auswerteelektronik ‖ ~**/инфракрасный** Infrarotsensor *m* ‖ ~**/ионочувствительный** ionensensitiver Geber *m*, ionensensitiver (chemischer) Sensor *m* ‖ ~ **касания** Berührungssensor *m* ‖ ~**/контактный** Kontaktgeber *m* ‖ ~**/круговой** rotatorischer (rotierender) Geber *m* ‖ ~**/курсовой** Kursgeber *m* ‖ ~**/лазерный** Laserfühler *m* ‖ ~**/магнитный** magnetischer Sensor *m*; magnetischer Geber *m* ‖ ~**/магниторезистивный** magnetoresistiver Sensor *m* ‖ ~ **меток** Markengeber *m*, Markengenerator *m*, Markierungsgenerator *m* ‖ ~ **меток времени** Zeitmarkengeber *m*, Zeitmarkengenerator *m* ‖ ~**/механический** mechanischer Taster (Geber) *m* ‖ ~ **механических колебаний** Schwingungsaufnehmer *m*, Schwingungsgeber *m* ‖ ~**/мозаичный** Matrixsensor *m* ‖ ~ **направления** Richtungsgeber *m* ‖ ~ **напряжения** spannungsabgebender Sensor *m*; Spannungsgeber *m* ‖ ~**/нейтронный** *(Kern)* Neutronensonde *f* ‖ ~**/непрерывный** *s.* ~/аналоговый ‖ ~ **оборотов** Drehgeber *m* ‖ ~ **обратной связи** Rückführungsgeber *m*, Rückmelder *m* ‖ ~ **обрыва пряжи** *(Text)* Fadenwächter *m* *(Ringspinnmaschine)* ‖ ~**/омический** *(El)* ohmscher Geber *m* ‖ ~ **определённого уровня** Grenzwertaufnehmer *m* ‖ ~**/оптический** optischer Sensor *m*; optischer Geber *m* ‖ ~**/оптоэлектронный** optoelektronischer Sensor *m*; optoelektronischer Geber *m* ‖ ~ **отметок** *s.* ~ меток ‖ ~ **отметок времени** ‖ ~ **отражающих электронов** Rückstreuelektronensensor *m* ‖ ~ **перемещения (перемещений)** Weggeber *m*; Wegaufnehmer *m*, Wegmeßwandler *m*; Bewegungsaufnehmer *m* ‖ ~ **перепада давления** Wirkdruckgeber *m*, Wirkdruckmeßumformer *m* ‖ ~**/пневматический** pneumatischer Sensor *m* ‖ ~ **позиционирования** Positioniersensor *m* ‖ ~**/позиционный** Positioniergeber *m* ‖ ~ **положения** Positionsgeber *m*, Stellungsgeber *m* ‖ ~ **положения руля** *(Schiff)* RUZ-Geber *m*, Ruderlagengeber *m* ‖ ~ **положения/фотоэлектрический** photoelektrischer Positionsgeber *m* ‖ ~**/полупроводниковый** Halbleitersensor *m*; Halbleitergeber *m* ‖ ~**/потенциометрический** Potentiometersensor *m*; Potentiometergeber *m* ‖ ~ **приближения** Näherungssensor *m* ‖ ~**/пьезокерамический** piezokeramischer Geber *m* ‖ ~**/пьезоэлектрический** piezoelektrischer Geber *m*, Piezogeber *m*; piezoelektrischer Sensor *m*, Piezosensor *m* ‖ ~ **рабочего цикла** *(Inf)* Programmgeber *m* ‖ ~ **расстояния** Abstandssensor *m* ‖ ~**/резистансный (резистивный)** *s.* ~ сопротивления ‖ ~ **с короткозамкнутым кольцом** Kurzschlußringgeber *m* ‖ ~ **с щупом/тактильный** taktiler Sensor *m* mit Taststift ‖ ~**/сейсмический** Absolutschwingungsaufnehmer *m* ‖ ~**/сенсорный** Sensor *m* ‖ ~**/силовой** Sensor *m* zur Regelung der Greifkraft *(Sensor für erforderlichen Kraftaufwand zum Halten eines Gegenstandes)* ‖ ~**/силоизмерительный** Kraftmeßfühler *m*, Kraftmeßgeber *m*, Kraftmeßwandler *m* ‖ ~ **силы** *s.* ~/силоизмерительный ‖ ~ **скорости** Geschwindigkeitssensor *m*; Geschwindigkeitsgeber *m*, Geschwindigkeitsaufnehmer *m* ‖ ~ **скорости вращения** Drehzahlsensor *m*; Drehzahlgeber *m* ‖ ~ **случайных чисел** *(Inf)* Zufallszahlengenerator *m*, Zufallszahlengeber *m* ‖ ~ **смещения** Wegaufnehmer *m*; Verschiebungsmesser *m* ‖ ~ **Солнца** *(Raumf)* Sonnensensor *m* ‖ ~ **сопротивления** Widerstandssensor *m*, Resistanzsensor *m*, resistiver Sensor *m*; Widerstandsgeber *m* ‖ ~**/струйный** Strömungssensor *m* ‖ ~**/тактильный** taktiler Sensor *m*, Berührungssensor *m* ‖ ~ **тактовых импульсов** Takt[impuls]geber *m*, Zeit[impuls]geber *m* ‖ ~**/телевизионный** Fernsehsensor *m* ‖ ~**/телеметрический** Fernmeßgeber *m* ‖ ~ **температуры** Temperatur[meß]fühler *m*, Temperaturmeßumformer *m*, Temperaturgeber *m* ‖ ~**/тензометрический** Dehnungssensor *m*; tensometrischer Geber *m*, Tensogeber *m*, Dehnungsgeber *m* ‖ ~**/теплочувственный** Wärmestrahlungssensor *m* ‖ ~ **траектории** Weggeber *m* ‖ ~**/трансформаторный** transformatorischer Geber *m*, Transformatorgeber *m* ‖ ~**/трёхкоординатный** Drei-Koordinaten-Aufnehmer *m*, Drei-Koordinaten-Geber *m* ‖ ~ **тягового усилия** Zugkraft[meß]dose *f*, Zugkraftgeber *m* ‖ ~ **угла** Winkel[schritt]geber *m* ‖ ~ **угла поворота/накопительный** inkrementaler Drehgeber (Winkeldrehgeber) *m* ‖ ~ **углового ускорения** Winkelbeschleunigungssensor *m* ‖ ~ **угловых величин** Winkel[schritt]geber *m* ‖ ~ **удлинений** Dehnungsgeber *m* ‖ ~ **указателя уровня топлива в баке** *(Kfz)* Kraftstoffstand- und Vorratsgeber *m* ‖ ~**/ультразвуковой** Ultraschallgeber *m*; Ultraschallsensor *m* ‖ ~ **управления технологическими параметрами** Prozeßsensor *m* ‖ ~ **уровня** Füllstandsgeber *m*, Füllstandsanzeiger *m* *(Schachtofen, Bunker)* ‖ ~ **уровня в цистерне** *(Schiff)* Tankfüllstandsmeßfühler *m* ‖ ~ **ускорений (ускорения)** Beschleunigungsaufnehmer *m*, Beschleunigungsgeber *m* ‖ ~**/фотоэлектрический** photoelektrischer Geber *m*; photoelektrischer Sensor *m* ‖ ~ **Холла** Hall-Sensor *m*, Hall-Generator *m*; Hall-Geber *m* ‖ ~ **чисел** Zahlengeber *m* ‖ ~ **шагового угла** Winkelschrittgeber *m* ‖ ~**/шаговый** Schrittgeber *m* ‖ ~**/электрический** elektrischer Sensor *m*; elektrischer Geber *m* ‖ ~**/электролитический** elektrolytischer Sensor *m*, Elektrolytsensor *m* ‖ ~**/электромагнитный** elektromagnetischer Sensor *m*; elektromagnetischer

Geber *m* ‖ **~/электронный** elektronischer Zeitgeber (Zeitschalter) *m*
ДАУ *s.* управление/дистанционное автоматизированное
дахвер *m (Hydt)* Dachwehr *n*, Doppelklappenwehr *n*
дацит *m (Geol)* Dazit *m*
дБ *s.* децибел
ДВ *s.* 1. длинноволновый; 2. волна/длинная 1.
двадцатигранник *m (Math, Krist)* Ikosaeder *n*, Zwanzigflach *n*, [regelmäßiger] Zwanzigflächner *m*
двенадцатеричный *(Inf)* duodezimal, Duodezimal...
двенадцатигранник *m (Math, Krist)* Dodekaeder *m*, Zwölfflach *n*, Zwölfflächner *m*
двенадцатиугольник *m (Math)* Dodekagon *n*, Zwölfeck *n*
дверка *f* Falltür *f*; Tür *f*, Klappe *f*
дверца *f* kleine Tür *f*; Klappe *f*, Schlag *m* ‖ **~/днищевая** Bodenklappe *f (Baggerschute)* ‖ **~/загрузочная** Beschick[ungs]tür *f*, Einsatztür *f (Ofen)* ‖ **~/зольниковая** Aschen[fall]tür *f* ‖ **~/разгрузочная** Ziehtür *f (Ofen)* ‖ **~/смотровая** Beobachtungstür *f*, Schautür *f*, Schauklappe *f (Ofen)* ‖ **~ топки** 1. Feuer[ungs]tür *f*, Heiztür *f*; 2. Heizklappe *f* ‖ **~/топочная** *s.* ~ топки ‖ **~/шлаковая** *(Met)* Schlacken[abzugs]tür *f*
дверь *f* Tür *f* ‖ **~/вентиляционная** *(Bgb)* Wettertür *f* ‖ **~/вращающаяся** Drehtür *f* ‖ **~/входная** Einsteigtür *f*, Eingangstür *f* ‖ **~/глухая** Scheintür *f*, blinde Tür *f* ‖ **~/двойная** Doppeltür *f* ‖ **~/двухпольная (двустворчатая)** zweiflügelige Tür *f*, Doppeltür *f* ‖ **~/задняя** *(Kfz)* Hecktür *f* ‖ **~/звуконепроницаемая** Schallschutztür *f*, schalldichte Tür *f* ‖ **~/качающаяся** Pendeltür *f* ‖ **~/клинкетная** *(Schiff)* Schottür *f* ‖ **~/огнестойкая** feuerfeste Tür *f* ‖ **~/однопольная (одностворчатая)** einflügelige Tür *f* ‖ **~/остеклённая** Glastür *f*, verglaste Tür *f* ‖ **~/противопожарная** Brandschutztür *f*, feuerhemmende Tür *f* ‖ **~/раздвижная** Schiebetür *f* ‖ **~/складчатая (складывающаяся)** Harmonikatür *f*, Falttür *f* ‖ **~/скользящая** Schiebetür *f* ‖ **~/стволовая** *(Bgb)* Schachtdeckel *m*, Schachtverschluß *m* ‖ **~/створчатая** Schlagtür *f* ‖ **~/фальшивая** *s.* ~/глухая ‖ **~/филёнчатая** gestemmte Tür *f*
дверь-вертушка *f* Dreh[flügel]tür *f*
двигатель *m* 1. *(Masch, Kfz)* Motor *m*, Kraftmaschine *f*; *(Flg)* Motor *m*, Triebwerk *n*; 2. *(El)* Motor *m*, Elektromotor *m (s. a. unter* электродвигатель*)* ‖ **~/авиамодельный** Flugmodellmotor *m* ‖ **~/авиамодельный калильный** Glühkerzenflugmodellmotor *m* ‖ **~/авиационный** Flugzeugtriebwerk *n*, Flugzeugmotor *m* ‖ **~/авиационный воздушно-реактивный** Luftstrahltriebwerk *n* ‖ **~/авиационный газотурбинный** Flugzeuggasturbinentriebwerk *n* ‖ **~/авиационный поршневой** Flugzeugkolbenmotor *m*, Flugtriebwerk *n* ‖ **~/авиационный турбореактивный** Turbinenluftstrahl[flug]triebwerk *n* ‖ **~/автомобильный газотурбинный** Kraftfahrzeuggasturbine *f*, Kraftfahrzeuggasturbinentriebwerk *n* ‖ **~/автотракторный** Kraftfahrzeugmotor *m*; Schleppermotor *m*; Traktormotor *m* ‖ **~/асинхронный** *(El)* Asynchronmotor *m*, Asynchronmaschine *f* ‖ **~/асинхронный линейный** linearer Asynchronmotor *m* ‖ **~/асинхронный трёхфазный** Drehstrom-Asynchronmotor *m* ‖ **~/атомный** *s.* ~/ядерный ‖ **~ без наддува** *s.* ~/безнаддувочный ‖ **~/безнаддувочный** Saugmotor *m*, selbstansaugender Motor *m*, Motor *m* ohne Auflading ‖ **~/бензиновый** Benzinmotor *m*, Ottomotor *m* ‖ **~/бензиновый карбюраторный** Vergaser-Ottomotor *m* ‖ **~/бесклапанный** ventilloser (schlitzgesteuerter) Motor *m* ‖ **~/бескомпрессорный** 1. kompressorloser Motor *m*, Druckeinspritzmotor *m (Diesel)*; 2. *s.* ~/безнаддувочный ‖ **~/бескомпрессорный воздушно-реактивный** kompressorloses Luftstrahltriebwerk *n* ‖ **~ бинарного цикла** Wärmekraftmaschine *f* mit zwei Kreisläugen ‖ **~ бинарного цикла большой мощности** Hochleistungsmotor *m* ‖ **~/бортовой** *(Schiff)* Seitenmaschine *f* ‖ **~/брызгозащищённый** *(El)* spritzwassergeschützter Motor *m* ‖ **~/быстроходный** schnellaufender (hochtouriger) Motor *m*, Schnelläufermotor *m*, Motor *m* mit hoher Drehzahl ‖ **~ Ванкеля [/ротативно-поршневой]** Wankelmotor *m*, Kreiskolbenmotor *m* ‖ **~/веерный** Fächermotor *m* ‖ **~/вентиляционный** Belüftungsmotor *m* ‖ **~/верньерный** *(Flg)* Steuertriebwerk *n*, Korrekturtriebwerk *n*; Vernier-Triebwerk *n* ‖ **~/верхнеклапанный** obengesteuerter Motor *m*, Motor *m* mit stehenden Ventilen ‖ **~/ветряной** Windkraftmaschine *f*, Windturbine *f* ‖ **~/вечный** Perpetuum mobile *n* ‖ **~/взрывозащищённый** *(El)* explosionsgeschützter Motor *m*; *(Bgb)* schlagwettergeschützter Motor *m* ‖ **~/винтовой** 1. *(Flg)* Propellertriebwerk *n*, Luftschraubentriebwerk *n*; 2. *(Schiff)* Schraubenmotor *m*, Hauptmaschine *f* ‖ **~ винтовой турбореактивный** Propeller-Turbinen[luftstrahl]triebwerk *n*, PTL-Triebwerk *n* ‖ **~/вихрекамерный** Wirbelkammermotor *m (Diesel-Verfahren)* ‖ **~ внутреннего сгорания** Verbrennungsmotor *m*; Verbrennungskraftmaschine *f* ‖ **~ внутреннего сгорания/двухтактный** Zweitaktmotor *m*; Zweitaktverbrennungskraftmaschine *f* ‖ **~ внутреннего сгорания/поршневой** *s.* ~/поршневой ‖ **~ внутреннего сгорания/четырёхтактный** Viertaktmotor *m*; Viertaktverbrennungskraftmaschine *f* ‖ **~/водозащищённый** *(El)* schwallwassergeschützter (strahlwassergeschützter) Motor *m* ‖ **~/водонепроницаемый** *(El)* druckwasserdicht gekapselter Motor *m* ‖ **~ водяного охлаждения** wassergekühlter Motor *m* ‖ **~ воздушного охлаждения** luftgekühlter Motor *m*, Motor *m* mit Luftkühlung ‖ **~/воздушно-реактивный** Luftstrahltriebwerk *n* ‖ **~/восьмицилиндровый** Achtzylindermotor *m* ‖ **~/всеядный** Vielstoffmotor *m*, Universalmotor *m* ‖ **~/вспомогательный** Hilfsmotor *m* ‖ **~/вспомогательный судовой** Schiffshilfsmotor *m* ‖ **~/встраиваемый (встроенный)** *(El)* Einbaumotor *m*, eingebauter Motor *m* ‖ **~ второго рода/вечный** Perpetuum mobile *n* zweiter Art ‖ **~/высоковольтный** *(El)* Hochspannungsmotor *m* ‖ **~ высокого давления (сжатия)** Hochdruckmotor *m* ‖ **~/высокооборотный** Motor *m* mit großer Drehzahl, schnelldrehender (schnellau-

двигатель

fender) Motor *m*, Schnelläufermotor *m* ‖ ~/**высокофорсированный** Hochleistungsmotor *m* ‖ ~/**высотный** Höhentriebwerk *n*, Höhen[flug]motor *m* ‖ ~/**газовый** Gasmotor *m*, Gas[kraft]maschine *f* ‖ ~/**газовый поршневой** Kolbengasmotor *m* ‖ ~/**газожидкостный** Zündstrahlgasmotor *m* ‖ ~/**газонепроницаемый** *(El)* gasdichter (gasdicht gekapselter) Motor *m* ‖ ~/**газотурбинный** Gasturbinentriebwerk *n*, GTT, Turbinentriebwerk *n*, Turbotriebwerk *n* ‖ ~/**газотурбинный воздушно-реактивный** Turbinenluftstrahltriebwerk *n*, TL-Triebwerk *n* ‖ ~/**газоходный** Schiffsgasmotor *m* ‖ ~/**герметический** *(El)* hermetisch geschlossener Motor *m* ‖ ~/**гибридный** *(Rak)* Hybridtriebwerk *n*, Hybridantrieb *m* ‖ ~/**гибридный ракетный** Flüssigkeits-Feststoff-Triebwerk *n* ‖ ~/**гидравлический** *s.* гидродвигатель ‖ ~/**гиперзвуковой** *(Flg)* Hyperschalltriebwerk *n* ‖ ~/**гистерезисный** *(El)* Hysteresemotor *m* ‖ ~/**главный [судовой]** *(Schiff)* Hauptmaschine *f*, Hauptmotor *m*, Schiffsantriebsmaschine *f* ‖ ~/**гоночный** Rennmotor *m* ‖ ~/**горизонтальный** liegender Motor *m* ‖ ~/**гребной** Schiffsschraubenantrieb *m*, Schiffsschraubenmotor *m* ‖ ~ **двойного действия** beiderseitig beaufschlagter Kolbenmotor *m*; doppeltwirkender Motor *m* ‖ ~ **двойного топлива** Zweikammermotor *m*, Zweistoffmotor *m* ‖ ~/**двухконтурный** Zweistromtriebwerk *n*, ZTL-Triebwerk *n* ‖ ~/**двухконтурный турбореактивный** Zweistromturbotriebwerk *n*, Zweistromstrahltriebwerk *n* ‖ ~/**двухпоршневой** Doppelkolbenmotor *m*, Twin-Motor *m* ‖ ~/**двухрядный** Doppelreihenmotor *m*, Zweireihenmotor *m* ‖ ~/**двухрядный звездообразный** Zweisternmotor *m*, Doppelsternmotor *m* ‖ ~/**двухтактный** *s.* ~ внутреннего сгорания/двухтактный ‖ ~ **двухтактный ротативный** Zweitaktumlaufmotor *m* ‖ ~/**двухфазный** *(El)* Zweiphasenmotor *m*, zweiphasiger Motor *m* ‖ ~/**дизельный** Dieselmotor *m (s. a. unter* дизель*)* ‖ ~/**длинноходный** Langhubmotor *m* ‖ ~/**для водяного газа/газовый** Wasserstoffgasmotor *m* ‖ ~ **для мазута** Schwerölmotor *m* ‖ ~/**дозвуковой** Flugmotor *m* für Unterschallgeschwindigkeit ‖ ~ **жидкостного охлаждения** flüssigkeitsgekühlter Motor *m* ‖ ~/**жидкостный ракетный** Flüssigkeitsraketentriebwerk *n* ‖ ~/**забойный** *(Bgb)* Bohrlochsohlenmotor *m*, Bohrlochsohlenantrieb *m* ‖ ~/**забортный** Außenbordmotor *m* ‖ ~/**задающий** *(Reg)* Gebermotor *m (zur Vorgabe einer Solldrehzahl)* ‖ ~/**закрытый** *(El)* 1. geschlossener Motor *m*; 2. gekapselter Motor *m* ‖ ~/**защищённый** *(El)* geschützter Motor *m* ‖ ~/**звездообразный** Sternmotor *m* ‖ ~/**зубчатый** Zahnradmotor *m* ‖ ~/**изотопный** *(Rak)* Isotopen[strahl]triebwerk *n* ‖ ~ **изохорного сгорания** Verpuffungsmotor *m* ‖ ~/**индивидуальный** Einzelantrieb *m* ‖ ~/**индукционный** *(El)* Induktionsmotor *m* ‖ ~/**ионный [ракетный]** *(Rak)* Ionen[strahl]triebwerk *n* ‖ ~/**исполнительный** Steuermotor *m*, Stellmotor *m* ‖ ~/**испытательный** Versuchsmotor *m*, Prüfmotor *m* ‖ ~/**калильный** Glühkerzenmotor *m* ‖ ~/**калоризаторный** Motor *m* mit Glühzündung, Glühkopfmotor *m* ‖ ~/**каплезащищённый** *(El)* tropfwassergeschützter Motor *m* ‖ ~/**карбюраторный** *s.* ~ с внешним смесеобразованием ‖ ~ **картерного типа** Kurbelgehäusemotor *m*, gekapselter Motor *m* ‖ ~/**катерный** Bootsmotor *m*, Schiffsmotor *m* ‖ ~/**керамический** Keramikmotor *m* ‖ ~/**коллекторный** *(El)* Kommutatormotor *m*, Stromwendermotor *m*, Kollektormotor *m* ‖ ~/**коллекторный сериесный** Reihenschlußkommutatormotor *m* ‖ ~/**коллекторный шунтовой** Nebenschlußkommutatormotor *m* ‖ ~/**комбинированный** Verbundmotor *m*, Verbundtriebwerk *n* ‖ ~/**комбинированный авиационный** Flugzeugverbundtriebwerk *n* mit Treibgaserzeuger und Gasturbine ‖ ~/**компаундный** *(El)* Compoundmotor *m*, Verbundmotor *m*, Doppelschlußmotor *m* ‖ ~/**компрессорный** Ladermotor *m*, Kompressormotor *m*, Motor *m* mit Turbolader ‖ ~/**компрессорный воздушно-реактивный** Luftstrahltriebwerk *n* mit Kompressor ‖ ~/**конденсаторный [асинхронный]** *(El)* Kondensatormotor *m* ‖ ~/**короткозамкнутый** *(El)* Kurzschlußläufermotor *m*, Kurzschlußankermotor *m* ‖ ~/**короткозамкнутый асинхронный** Drehstromsynchronmaschine *f* mit Kurzschlußläufer ‖ ~/**короткоходный** Kurzhubmotor *m*, Kurzhuber *m* ‖ ~/**крановый** Kranmotor *m* ‖ ~/**крейцкопфный** Kreuzkopfmotor *m* ‖ ~/**кривошипно-камерный** Kurbelkammermotor *m* ‖ ~/**крупный** Großmotor *m* ‖ ~/**крыльчатый ветряной** Flügelradwindturbine *f*, Flügelradwindmotor *m* ‖ ~/**левый** *(Flg)* Backbordtriebwerk *n*; *(Schiff)* Backbordmaschine *f*; *(Kfz)* Linksmotor *m*, Motor *m* in Linksausführung ‖ ~ **лёгкого автомобиля** Personenkraftwagenmotor *m*, PKW-Motor *m* ‖ ~ **лёгкого топлива** Leichtkraftstoffmotor *m*, Leichtölmotor *m* ‖ ~/**линейный** *(El)* Linearmotor *m* ‖ ~/**лодочный** Bootsmotor *m* ‖ ~/**малогабаритный** Klein[raum]motor *m* ‖ ~ **малой мощности** Kleinmotor *m* ‖ ~ **малой мощности/газовый** Kleingasmotor *m*, Kleingasturbine *f* ‖ ~/**малолитражный** Kleinmotor *m*, Verbrennungsmotor *m* mit geringem Hubraum ‖ ~/**маломощный** Kleinmotor *m* ‖ ~/**маломощный газовый** Kleingasmotor *m*, Kleingasturbine *f* ‖ ~/**малооборотный** Motor *m* mit kleiner Drehzahl, langsamlaufender Motor *m* ‖ ~/**маршевый** *(Flg)* Marschtriebwerk *n* ‖ ~/**маховичный** Gyromotor *m* ‖ ~/**миниатюрный** Kleinstmotor *m* ‖ ~/**многокамерный** Mehrkammermotor *m (Diesel)* ‖ ~/**многооборотный** *s.* ~/быстроходный ‖ ~/**многорядный** Mehrreihenmotor *m*, mehrreihiger Motor *m*; *(Flg)* Mehrreihentriebwerk *n* ‖ ~/**многоскоростной** *(El)* Motor *m* mit [mehreren] Drehzahlstufen ‖ ~/**многофазный** *(El)* Mehrphasenmotor *m* ‖ ~/**многоцилиндровый** Mehrzylindermotor *m* ‖ ~/**моноблочный** Blockmotor *m* ‖ ~/**мотокомпрессорный воздушно-реактивный** Luftstrahltriebwerk *n* mit Kompressor ‖ ~/**мотореактивный** Luftstrahltriebwerk *n* mit Kompressor ‖ ~/**мотоциклетный** Motorradmotor *m* ‖ ~/**мощный** Hochleistungsmotor *m* ‖ ~ **на жидком топливе/ракетный** Flüssigkeitsraketentriebwerk *n* ‖ ~ **на твёрдом топливе/ракетный** Feststoffraketentriebwerk *n* ‖ ~/**навесной** Anbaumotor *m* ‖ ~/**наклонный** schräg stehender Motor *m* ‖ ~/**невысотный** Bodentriebwerk *n*, stationäres Triebwerk *n* двигатель

|| ~ **непосредственного впрыска** Motor *m* mit Direkteinspritzung || ~/**нереверсивный** nicht reversierbarer (umsteuerbarer) Motor *m* || ~/**нефтяной** Rohölmotor *m*, Schwerölmotor *m* || ~/**нижнеклапанный** untengesteuerter Motor *m*, Motor *m* mit hängenden Ventilen || ~/**низковольтный** *(El)* Niederspannungsmotor *m* || ~ **низкого сжатия** Niederdruckmotor *m* || ~ **низкого сжатия/нефтяной** Halbdiesel[motor] *m*, Glühkopfmotor *m* || ~ **облегчённой конструкции** Leicht[bau]motor *m* || ~/**V-образный** V-Motor *m*, V-Reihenmotor *m* || ~/**W-образный** W-Motor *m*, Flächenmotor *m* || ~/**X-образный** X-Motor *m*, Doppel-V-Motor *m* || ~ **общего назначения** Gebrauchsmotor *m* || ~/**однокамерный** Einkammer[diesel]motor *m* || ~/**однопоршневой** Einzylindermotor *m* || ~/**однорядный** Reihenmotor *m*, Einreihenmotor *m* || ~/**односкоростной** *(El)* Motor *m* mit einer Drehzahlstufe || ~/**однофазный** *(El)* Einphasenmotor *m* || ~/**однофазный тяговый** Einphasenbahnmotor *m* || ~/**одноцилиндровый** Einzylindermotor *m* || ~/**оппозитный** Boxermotor *m* || ~/**опытный** Versuchsmotor *m* || ~/**основной** *(Rak)* Marschtriebwerk *n* || ~/**открытый** *(El)* offener Motor *m* || ~ **параллельного возбуждения** *(El)* Nebenschlußmotor *m* || ~ **параллельно-последовательного возбуждения** *(El)* Reihenschlußmotor *m* mit Nebenschlußverhalten || ~/**параллельный** *(El)* Nebenschlußmotor *m* || ~/**паровой** Dampf[kraft]maschine *f* || ~/**первичный** Primärmaschine *f*, Kraftmaschine *f* || ~ **первого рода/вечный** Perpetuum mobile *n* erster Art || ~/**передвижной** 1. mobile Kraftmaschine *f*; 2. Fahrtriebwerk *n*, Fahrmotor *m* || ~ **переменного тока** *(El)* Wechselstrommotor *m* || ~ **переменного тока/однофазный** Einphasenwechselstrommotor *m* || ~ **переменного тока/сериесный** Wechselstromreihenschlußmotor *m* || ~ **переменного тока/тяговый** Wechselstrombahnmotor *m* || ~/**петлевой** Motor *m* mit Umkehrspülung || ~/**плазменный [реактивный]** *(Rak)* Plasmastrahltriebwerk *n*, PTW || ~/**пневматический** Druckluftmotor *m* || ~ **повышенной быстроходности** *s.* ~/**быстроходный** || ~/**подвесной** Anbaumotor *m* || ~/**подвесной лодочный** Außenbordmotor *m* || ~/**подъёмный** 1. Hubmotor *m*, Hebezeugmotor *m*; 2. *(Flg)* Hubtriebwerk *n*, Vertikaltriebwerk *n* || ~/**опытный** Versuchsmotor *m* || ~/**пороховой ракетный** Feststoffraketentriebwerk *n* || ~/**поршневой** Kolbenmotor *m*, KM, Kolbentriebwerk *n*, KTW, Hubkolbenverbrennungsmotor *m*, Hubkolbentriebwerk *n* || ~/**поршневой авиационный** Flugzeugkolbenmotor *m*, Flugzeugkolbenmotor *f* || ~ **последовательного возбуждения** *s.* ~/**последовательный** || ~/**последовательно-параллельного возбуждения** *(El)* Nebenschlußmotor *m* mit Reihenschlußverhalten || ~/**последовательный** *(El)* Reihenschlußmotor *m*, Hauptschlußmotor *m*, Hauptstrommotor *m* || ~ **постоянного тока** *(El)* Gleichstrommotor *m* || ~ **постоянного тока/взрывозащищённый** explosionsgeschützter Gleichstrommotor *m* || ~ **постоянного тока/коллекторный** Gleichstromkollektormotor *m* || ~ **постоянного тока/линейный** *(El)* linearer Gleichstrommotor *m* || ~ **постоянного тока/сериесный** Gleichstromreihenschlußmotor *m* || ~ **постоянного тока/тяговый** Gleichstrombahnmotor *m* || ~/**правый** *(Flg)* Steuerbordtriebwerk *n*; *(Schiff)* Steuerbordmaschine *f*; *(Kfz)* Rechtsmotor *m*, Motor *m* in Rechtsausführung || ~/**предкамерный** Vorkammermotor *m* || ~/**приводной** Antriebsmotor *m*, Antriebsmaschine *f* || ~/**прокатный** Walzwerksmotor *m* || ~/**промышленный** Industriemotor *m* || ~ **простого действия** einfachwirkender Motor *m* || ~/**прямой реакции** Strahltriebwerk *n* || ~/**прямоточный** Motor *m* mit Gleichstromspülung || ~/**прямоточный воздушно-реактивный** Staustrahltriebwerk *n* || ~/**пульсирующий воздушно-реактивный** Puls[strahl]triebwerk *n* || ~/**пульсирующий компрессорный** Pulsstrahltriebwerk *n* mit Kompressor || ~/**пусковой** Anlaßmotor *m*, Startermotor *m* || ~/**пылезащищённый** *(El)* staubgeschützter Motor *m* || ~/**радиоизотопный ракетный** *(Rak)* Isotopenstrahltriebwerk *n* || ~/**разгонный** *(Rak)* Beschleunigungstriebwerk *n* || ~/**ракетно-турбореактивный** Raketenturbinenluftstrahl-Triebwerk *n*, Raketen-TL-Triebwerk *n* || ~/**ракетный** Raketentriebwerk *n* || ~/**реактивный** Strahltriebwerk *n* || ~/**реверсивный** *(El)* Umkehrmotor *m*, Reversiermotor *m* || ~/**редукторный** *(El)* Motor *m* mit Reduktionsgetriebe || ~/**репульсионный** *(El)* Repulsionsmotor *m* || ~/**ротационный** Rotationskolbenmotor *m* (Drehkolbenmotor, Kreiskolbenmotor, Umlaufkolbenmotor) || ~/**рудничный** Bergwerksmotor *m* || ~/**рядный** Reihenmotor *m* || ~ **рядового исполнения** Reihenmotor *m* || ~ **с автономным наддувом** Motor *m* mit Fremdaufladung || ~ **с вихревой камерой** Wirbelkammerdieselmotor *m* || ~ **с внешним ротором** Außenläufermotor *m* || ~ **с внешним смесеобразованием** Motor (Ottomotor) *m* mit äußerer Gemischbildung, Vergasermotor *m*, gemischverdichteter Motor *m* || ~ **с внутренним смесеобразованием** Motor *m* mit innerer Gemischbildung, Einspritzmotor *m* || ~ **с воздушной камерой** Luftspeicherdieselmotor *m* (*Lanova*) || ~ **с впрыском топлива** Einspritzmotor *m* || ~ **с вращающимся полем** *(El)* Drehfeldmotor *m* || ~ **с вытеснением тока [в роторе]** *(El)* Motor *m* mit Stromverdrängungsläufer, Stromverdrängungsmotor *m* || ~ **с двумя турбинами/турбовинтовой** Turbopropoptriebwerk *n*, Doppelpropellertriebwerk *n* || ~ **с золотниковым [газо]распределением** schiebergesteuerter Motor *m* (*Zweitaktmotor*) || ~ **с искровым зажиганием** Motor *m* mit Funkenzündung (Kerzenzündung) (*Ottomotor*) || ~ **с клапаным [газо]распределением** ventilgesteuerter Motor *m* || ~ **с клеточным ротором** *(El)* Käfigläufermotor *m* || ~ **с контактными кольцами** *(El)* Schleifringläufermotor *m* || ~ **с крестообразной продувкой** Motor *m* mit Kreuzspülung (*Zweitaktmotor*) || ~ **с наддувом** Ladermotor *m*, Motor *m* mit Auflagung || ~ **с наддувом/авиационный** Laderflugmotor *m* || ~ **с непосредственным впрыском** Direkteinspritzmotor *m* || ~ **с непосредственным распыливанием [топлива]** Dieselmotor *m* mit Direkteinspritzung, kompressloser Diesel *m* mit

двигатель

Strahlzerstäubung II ~ **с одной турбиной/турбовинтовой** Propellertriebwerk n, einfache Propellerturbine f II ~ **с оппозитными цилиндрами** Boxermotor m, Gegenreihenmotor m II ~ **с оппозитными цилиндрами/горизонтальный** Boxer-Flachmotor m, gegenreihiger Flachmotor m II ~ **с осевым компрессором** Triebwerk n mit Axialverdichter II ~ **с параллельным возбуждением** (El) Nebenschlußmotor m II ~ **с петлевой продувкой** Motor m mit Umkehrspülung (Zweitaktmotor) II ~ **с плавающими поршнями** Tauchkolbenmotor m, kreuzkopfloser Motor m II ~ **с поперечной продувкой** Motor m mit Querspülung (Zweitaktmotor) II ~ **с принудительным воздушным охлаждением** Motor m mit Zwangsluftkühlung, Gebläsemotor m, Motor m mit Gebläsekühlung II ~ **с принудительным зажиганием** Motor m mit Fremdzündung, Ottomotor m II ~ **с противолежащими цилиндрами** Boxermotor m, Gegenreihenmotor m II ~ **с противолежащими цилиндрами/сдвоенный** Doppelgegenkolbenmotor m, Doppelboxermotor m, Vierzylinder-Boxermotor m II ~ **с прямоточной продувкой** Motor m mit Gleichstromspülung (Zweitaktmotor) II ~ **с самовоспламенением** Dieselmotor m, Motor m mit Selbstzündung II ~ **с самовоспламенением/предкамерный** Vorkammerdieselmotor m, Dieselmotor m mit Vorkammer II ~ **с сериесной характеристикой** (El) Motor m mit Reihenschlußverhalten II ~ **с трёхпоточной продувкой** Motor m mit Dreistromspülung (Zweitaktmotor) II ~ **с турбокомпрессором** Motor m mit Abgasturbolader II ~ **с частичным наддувом** Motor m mit Teilaufladung (Nachladung) II ~/**сверхбыстроходный** hochschnellaufender Motor m II ~/**сверхзвуковой** Flugzeugtriebwerk n für Überschallgeschwindigkeit II ~/**сверхзвуковой турбореактивный** Turbinen-Luftstrahltriebwerk n für Überschallgeschwindigkeit II ~/**сверхмощный** Höchstleistungsmotor m II ~/**свободнопоршневой** Freiflugkolbenmotor m, Freiflugkolbenverdichter m II ~/**сдвоенный** (El) Doppelmotor m, Zwillingsmotor m II ~/**сельсинный** Selsynmotor m II ~/**сериесный** s. ~/последовательный II ~/**синхронный** (El) Synchronmotor m II ~/**следящий** (El, Reg) Folgemotor m II ~ **смешанного возбуждения** s. ~/компаундный II ~/**смешанный** Gemischtriebwerk n (Propellerturbine, Kolbenmotorstrahltriebwerk, Doppelstromturbine) II ~/**средний** (Schiff) Mittelmaschine f II ~/**стартовый** Starttriebwerk n II ~/**стационарный** ortsfester (stationärer) Motor m II ~/**стыковочный** (Raumf) Docking-Triebwerk n II ~ **твердого топлива/ракетный** Feststoffraketentriebwerk n, FSRT II ~/**твердотопливный [ракетный]** s. ~ твердого топлива/ракетный II ~/**тепловозный** Bahndieselmotor m II ~/**тепловой** Wärmekraftmaschine f II ~/**термоядерный ракетный** thermonukleares Raketentriebwerk n, Fusionstriebwerk n II ~/**тиристорный** (El) thyristorgesteuerter Motor m II ~/**тихоходный** (El) langsamlaufender Motor m, Langsamläufermotor m II ~/**толкающий** Druckschraubentriebwerk n II ~/**тракторный** Schleppermotor m, Traktorenmotor m II ~/**трамвайный** Straßenbahnmotor m II ~/**транспортный** s. ~/передвижной 2. II ~ **трёхфазного тока/тяговый** Drehstrombahnmotor m II ~/**трёхфазный** (El) Drehstrommotor m, Dreiphasenmotor m II ~/**трёхфазный асинхронный** Drehstromasynchronmotor m II ~/**трёхфазный коллекторный** Drehstromkommutatormotor m II ~/**трёхцилиндровый** Dreizylindermotor m II ~/**троллейбусный** Obusmotor m II ~/**тронковый** Tauchkolbenmotor m II ~/**турбинный воздушно-реактивный** s. ~/турбореактивный II ~/**турбовинтовой** Propellerturbinen[luftstrahl]-triebwerk n, PTL-Triebwerk n, Turbopropellertriebwerk n II ~/**турбовоздушно-реактивный** s. ~/турбореактивный II ~/**турбокомпрессорный воздушно-реактивный** Turbokompressorstrahltriebwerk n, Axialverdichterstrahltriebwerk n II ~/**турбопоршневой** Gasturbine f mit Kolbentriebgaserzeuger II ~/**турбореактивный** Turbinenluftstrahltriebwerk n, TL-Triebwerk n II ~/**тяговый** (El) Bahnmotor m, Fahrmotor m, Traktionsmotor m II ~ **тяжёлого топлива** Schwerölmotor m, Dieselmotor m II ~/**универсальный** 1. (El) Universalmotor m; 2. Wechselmotor m (für Flüssigkraftstoff oder Gas) II ~ **фланцевый** (El) Flanschmotor m II ~/**форсированный** 1. Hochleistungsmotor m; 2. frisierter Motor m II ~/**фотонный [реактивный]** (Rak) Photonen[strahl]triebwerk n II ~/**четырёхтактный** s. ~ внутреннего сгорания/четырёхтактный II ~/**четырёхтактный карбюраторный** Viertaktvergasermotor m II ~/**четырёхцилиндровый** Vierzylindermotor m II ~/**шаговый** (El) Schrittmotor m II ~/**шахтный** Grubenmotor m II ~/**шестерёнчатый** Zahnradmotor m II ~/**шестицилиндровый** Sechszylindermotor m II ~/**шлюпочный** Bootsmotor m II ~/**шунтовой** (El) Nebenschlußmotor m II ~/**шунтовой коллекторный** Nebenschlußkommutatormotor m II ~/**электрический** Elektromotor m II ~/**электрический тяговый** elektrischer Bahnmotor m (Fahrmotor) m II ~/**ядерный** Kernenergietriebwerk n, Kernenergieantrieb m II ~/**ядерный ракетный** Nuklearraketentriebwerk n, NRT II ~/**ядерный судовой** Kernenergie-Schiffsantrieb m II ~ **V6** (Kfz) V6-Motor m

двигатель-генератор m (El) Motorgenerator m

двигатель-компрессор m 1. Motorverdichter m; 2. Freikolbenverdichter m, Flugkolbenverdichter m (zur Erzeugung von Druckluft für Druckluftanlagen); 3. Freikolbentriebgaserzeuger m (Gasturbine) II ~ **со свободными поршнями** s. ~ -компрессор 2., 3.

двигательно-технический triebwerkstechnisch, Triebwerks...

двигательный Motor..., motorisch

двигатель-усилитель m Kraftverstärker m

движение n 1. Bewegung f (Geol s. a. unter движения); 2. Lauf m, Gang m; 3. Betrieb m, Verkehr m (Eisenbahn); Verkehr m (Straße; s. a. unter сообщение 3.); 4. Strömung f (Gase, Flüssigkeiten; s. a. unter течение) II ~/**абсолютное** Absolutbewegung f, absolute Bewegung f II ~/**безвихревое** wirbelfreie Bewegung f II ~/**беспорядочное** ungeordnete (chaotische, regellose) Bewegung f II ~/**блоковое** (Geol) Schollenbewegung f II ~/**броуновское [моле-**

движение

кулярное] *(Ph)* Brownsche Bewegung (Molekularbewegung) *f* ‖ ~ **вверх** Aufwärtsbewegung *f*, Hochgang *m* ‖ ~/**вековое** *(Astr)* säkulare Bewegung *f* ‖ ~/**вертикальное** Vertikalbewegung *f* ‖ ~/**винтовое** 1. schraubenförmige Bewegung *f*, Schraubenbewegung *f (eines Festkörpers)*; 2. *(Math)* Schraubung *f (Geometrie)*; 3. *(Krist)* Schraubung *f* ‖ ~/**вихревое** turbulente Bewegung *f*, Turbulenzbewegung *f* ‖ ~ **вниз** Abwärtsbewegung *f*, Abwärtsgang *m* ‖ ~/**возвратное** *s.* ~/**обратное** ‖ ~/**возвратно-поступательное** Vor- und Rückwärtsbewegung *f*, Hin- und Herbewegung *f*, hin- und hergehende Bewegung *f*, Pendelbewegung *f*; *(Text)* Changierbewegung *f* ‖ ~/**воздушное** Flugverkehr *f* ‖ ~/**возмущённое** gestörte Bewegung *f* ‖ ~/**волновое** Wellenbewegung *f* ‖ ~ **вперёд** Vorschub *m*; Vorwärtsbewegung *f* ‖ ~/**вращательное** 1. umlaufende (drehende, rotierende) Bewegung *f*, Drehbewegung *f*, Rotation[sbewegung] *f*; 2. *(Hydr)* kreisende Strömung *f* ‖ ~/**встречное** Gegenlauf *m*, Gegenbewegung *f*, gegenläufige Bewegung *f* ‖ ~ **второго порядка/винтовое** *(Krist)* zweizählige Schraubung *f* ‖ ~/**вынужденное** *s.* ~/**принудительное** ‖ ~/**гармоническое** harmonische Bewegung *f* ‖ ~/**гиперболическое** *(Astr)* hyperbolische Bewegung *f*, Hyperbelbewegung *f (Finalbewegung im Dreikörperproblem)* ‖ ~/**гиперболо-параболическое** *(Astr)* hyperbolisch-parabolische Bewegung *f (Finalbewegung im Dreikörperproblem)* ‖ ~/**гиперболо-эллиптическое** *(Astr)* hyperbolisch-elliptische Bewegung *f (Finalbewegung im Dreikörperproblem)* ‖ ~/**гироскопическое** Gyralbewegung *f*, Kreiselbewegung *f* ‖ ~/**главное** *(Wkzm)* Schnittbewegung *f* ‖ ~/**горных пород** *(Geol)* Gebirgsbewegung *f* ‖ ~/**городское** Stadtverkehr *m* ‖ ~/**грузовое** *(Eb)* Frachtverkehr *m*, Güterverkehr *m* ‖ ~ **дислокаций** *(Krist)* Versetzungsbewegung *f*, Gleiten *n* von Versetzungen ‖ ~/**диффузионное** Diffusion[sbewegung] *f* ‖ ~/**железнодорожное** Eisenbahnbetrieb *m*, Eisenbahnverkehr *m* ‖ ~ **жидкости/однонаправленное** gleichsinnige Flüssigkeitsführung *f (in einer Rektifikationssäule)* ‖ ~ **жидкости/разнонаправленное** gegensinnige Flüssigkeitsführung *f (in einer Rektifikationssäule)* ‖ ~ **жидкости/струйное** Flüssigkeitsstrahlen *n* ‖ ~ **жидкости/струйчатое** *(Hydr)* laminare Bewegung *f* ‖ ~/**заводское** Werkverkehr *m* ‖ ~/**замедленное** verzögerte Bewegung *f* ‖ ~ **затормаживания** Bremsbewegung *f*, Bremseinleitung *f*, Einrückvorgang *m* ‖ ~ **земной коры** *(Geol)* Erdkrustenbewegung *f*, Krustenbewegung *f* ‖ ~ **земной коры/современное** rezente Erdkrustenbewegung *f* ‖ ~/**инфинитное** infinite (unbegrenzte) Bewegung *f* ‖ ~ **ионов** Ionenbewegung *f* ‖ ~/**истинное** *(Schiff)* Absolutbewegung *f (Radar)* ‖ ~ **катания** *s.* ~ **качения** ‖ ~/**качательное** *s.* ~/**колебательное** ‖ ~ **качения** Rollen *n*, Rollbewegung *f*, Wälzen *n*, Wälzbewegung *f*, wälzende Bewegung *f* ‖ ~/**кеплеровское** *(Astr)* Keplerbewegung *f (z. B. eines Planeten)* ‖ ~/**колебательное** Schwing[ungs]bewegung *f*, Schwingung *f*, schwingende (oszillatorische, oszillierende, periodische) Bewegung *f*, Oszillationsbewegung *f*; Schaukelbewegung *f* ‖ ~ **криволинейное** krummlinige Bewegung *f* ‖ ~/**круговое** 1. Kreisbewegung *f*, Zirkelbewegung *f*; 2. Rundlaufen *n*; 3. *(Fert)* Rundgang *m*, Rundvorschub *m* ‖ ~/**кружащее** kreisende Strömung *f*; 5. *(Kfz)* Kreisverkehr *m* ‖ ~/**ламинарное** laminare Bewegung (Strömung) *f*, Laminarbewegung *f*, Laminarströmung *f* ‖ ~/**левопутное** Linksverkehr *m* ‖ ~ **ледника** Gletscherbewegung *f*, Gletscherschub *m* ‖ ~/**либрационное** *(Astr)* Librationsbewegung *f (Dreikörperproblem)* ‖ ~/**линейное** translatorische (fortschreitende) Bewegung *f* ‖ ~/**локальное** *(Masch)* Bestimmbewegung *f* ‖ ~/**маршевое** Eilgang *m* ‖ ~/**маршрутное** *(Eb)* Linienverkehr *m*, Ganzzugverkehr *m* ‖ ~ **массы** *(Pap)* Stoffbewegung *f*, Stoffumtrieb *m* ‖ ~ **материков** *(Geol)* Kontinentaldrift *f* ‖ ~/**маховое** Schwungbewegung *f* ‖ ~/**маятниковое** Pendelbewegung *f*, Pendelschwingung *f*, Pendelung *f* ‖ ~/**молекулярное** Molekularbewegung *f*, molekulare Bewegung *f* ‖ ~/**молекулярное тепловое** [thermische] Molekularbewegung *f* ‖ ~ **назад** Rückwärtsbewegung *f* ‖ ~/**невозмущённое** nichtgestörte (ungestörte) Bewegung *f* ‖ ~/**непрерывное** kontinuierliche (stetige) Bewegung *f* ‖ ~/**неравномерно замедленное** ungleichmäßig verzögerte Bewegung *f* ‖ ~/**неравномерно ускоренное** ungleichmäßig beschleunigte Bewegung *f* ‖ ~/**неравномерное** ungleichförmige Bewegung *f* ‖ ~/**несвободное** unfreie (eingeschränkte, gebundene) Bewegung *f* ‖ ~/**нестационарное** instationäre (nichtstationäre) Bewegung *f* ‖ ~/**неустановившееся** instationäre (nichtstationäre) Bewegung *f* ‖ ~/**неустойчивое** labile Bewegung *f* ‖ ~/**носителей заряда** Ladungsträgerbewegung *f* ‖ ~/**нутационное** *(Astr)* Nutationsbewegung *f (z. B. der Erdachse)* ‖ ~ **обкатывания** *(Fert)* Abwälzbewegung *f (Spanen)* ‖ ~/**облаков** *(Meteo)* Wolkenzug *m* ‖ ~/**обратное** 1. rückläufige (retrograde) Bewegung *f*; Kehrbewegung *f*; 2. *(Fert)* Zurückfahren *n*; 3. *(Astr)* Rückläufigkeit *f*, rückläufige Bewegung *f (Lage der Bahn)* ‖ ~/**общащательное** *s.* ~ **по круговой орбите** ‖ ~/**одномерное** eindimensionale Bewegung *f* ‖ ~/**односторонее** *(Eb)* Einrichtungsverkehr *m* ‖ ~/**орбитальное** *(Astr)* Bahnbewegung *f* ‖ ~/**ориентирующее** *(Masch)* Bestimmbewegung *f* ‖ ~ /**основное** *(Masch)* Hauptbewegung *f (Gesamtheit von Fahr- und Einstellbewegung)* ‖ ~ **относительно воды** *(Schiff)* Bewegung (Fahrt) *f* durch das Wasser ‖ ~ **относительно грунта** *(Schiff)* Bewegung (Fahrt) *f* über Grund ‖ ~/**относительное** 1. relative Bewegung *f*, Relativbewegung *f*; 2. *(Hydr)* Relativströmung *f* ‖ ~/**параболическое** *(Astr)* parabolische Bewegung *f* ‖ ~/**пекулярное** *(Astr)* Pekuliarbewegung *f* ‖ ~/**первоочередное** Vorfahrt *f* ‖ ~/**перекрёстное** Kreuzstrom *m (in einer Rektifikationssäule)* ‖ ~/**переносное** *(Masch)* Einstellbewegung *f* ‖ ~ **перигелия** *(Astr)* Periheldrehung *f* ‖ ~ **перигелия/релятивистское вековое** relativistische Periheldrehung *f (z. B. Merkur)* ‖ ~/**перманентное вращательное** permanente Rotation *f* ‖ ~/**пилигримовое** Pilgerschrittbewegung *f* ‖ ~ **по высоте** *s.* ~/**вертикальное** ‖ ~ **по гиперболе** *s.* ~/**гиперболическое** ‖ ~ **по**

движение

круговой орбите Kreisbahnbewegung f, Orbitalbewegung f (Bewegung einzelner Flüssigkeitsteilchen in einer fortschreitenden Wasserwelle) ‖ ~ **по окружности** s. ~/**круговое** ‖ ~ **по орбите** Bahnbewegung f; Umlaufbewegung f, Bahnumlauf m ‖ ~ **подачи** (Wkzm) Vorschubbewegung f ‖ ~ **поездов** (Eb) Zugverkehr m ‖ ~ **поездов в след** Fahrt f auf Sicht ‖ ~ **поездов/челночное** Wendezugverkehr m ‖ ~ **полюсов Земли** (Astr) Polbewegung f, Polschwankung f, Polwanderung f; Polhöhenschwankung f ‖ ~/**попутное** Gleichlauf m ‖ ~/**попятное** (Astr) rückläufige Bewegung f, Rückläufigkeit f (scheinbare Bewegung von Planeten) ‖ ~ **взаимно-противоположное (встречное)** Kolbengegenläufigkeit f (Gegenkolbenmotor) ‖ ~/**поступательное** (Ph) Translation[sbewegung] f, translatorische (fortschreitende) Bewegung f; (Mech) Schieben n (Bewegungsform eines Schubgelenkes) ‖ ~/**потенциальное** Potentialbewegung f, Potentialströmung f, wirbelfreie (drehungsfreie) Strömung (Bewegung) f ‖ ~/**правопутное** Rechtsverkehr m ‖ ~/**прерывистое** diskontinuierliche (intermittiernede, ruckweise) Bewegung f, Ruckbewegung f ‖ ~/**прецессионное** (Astr) Präzessionsbewegung f (z. B. der Erdachse) ‖ ~/**пригородное** (Eb) Vorortverkehr m ‖ ~/**принудительное** (Ph) zwangsläufige (erzwungene, unfreie) Bewegung f; Zwangslauf f, Zwangsbewegung f ‖ ~ **пространственного заряда** Raumladungswanderung f ‖ ~/**пространственное** räumliche (dreidimensionale) Bewegung f ‖ ~/**прямое** 1. Direktverkehr m; 2. (Astr) rechtläufige Bewegung f, Rechtläufigkeit f (von Planeten) ‖ ~/**прямолинейное** geradlinige Bewegung f ‖ ~/**рабочее** 1. Arbeitsbewegung f; 2. (Fert) Hauptbewegung f; Schnittbewegung f ‖ ~/**равномерно замедленное** gleichmäßig (gleichförmig) verzögerte Bewegung f ‖ ~/**равномерно переменное** gleichmäßig (gleichförmig) veränderliche Bewegung f ‖ ~/**равномерно ускоренное** gleichmäßig (gleichförmig) beschleunigte Bewegung f ‖ ~/**равномерное** gleichförmige Bewegung f ‖ ~/**равноускоренное** s. ~/равномерно ускоренное ‖ ~/**разрывное** s. ~/прерывистое ‖ ~/**распределительное** Steuerbewegung f ‖ ~ **растормаживания** Ausrückbewegung f, Lösevorgang m (Bremse) ‖ ~/**реверсивное** Rückbewegung f, Umkehrbewegung f ‖ ~/**синхронное** Synchronlauf m, Gleichlauf m ‖ ~/**скачкообразное** (Trib) Stick-Slip n, Ruck-Gleiten n ‖ ~/**сквозное** (Eb) Durchgangsverkehr m ‖ ~/**скоростное** (Eb) Schnellverkehr m ‖ ~/**сложное** zusammengesetzte (resultierende) Eigenbewegung f ‖ ~/**собственное** (Astr) mittlere tägliche Bewegung f ‖ ~/**стационарное** beständige (stationäre) Bewegung f ‖ ~/**струйчатое** (Hydr) laminare Bewegung f ‖ ~/**суточное** (Astr) tägliche Bewegung f ‖ ~ **твёрдого тела** (Mech) Bewegung f des starren Körpers ‖ ~ **тепла** s. ~/тепловое ‖ ~/**тепловое** (Therm) Wärmebewegung f, Wärmefluß m ‖ ~/**тепловое колебательное** Temperaturschwingung f; Wärmeschwingung f ‖ ~/**транзитное** (Eb) Transitverkehr m ‖ ~/**трансляционное** s. ~/поступательное ‖ ~/**транспортирующее** (Masch) Einstellbewegung f ‖ ~ **третьего порядка/винтовое** (Krist) dreizählige Schraubung f ‖ ~/**трёхмерное** s. ~/пространственное ‖ ~/**турбулентное** Turbulenz[bewegung] f, turbulente Bewegung f ‖ ~/**уличное** Straßenverkehr m ‖ ~/**ускоренное** (Wkzm) Eilgang m ‖ ~/**установившееся** stationäre (permanente) Bewegung f ‖ ~/**установочное** (Fert) Einstellbewegung f, Stellbewegung f ‖ ~/**устойчивое** stabile Bewegung f ‖ ~/**финитное** finite (begrenzte) Bewegung f ‖ ~/**хаотическое** s. ~/беспорядочное ‖ ~/**хаотическое колебательное** fluktuierende Bewegung f ‖ ~/**центральное** Zentralbewegung f ‖ ~ **четвёртого порядка/винтовое** (Krist) vierzählige Schraubung f ‖ ~ **шестого порядка/винтовое** (Krist) sechszählige Schraubung f ‖ ~/**эллиптическое** (Astr) elliptische Bewegung f

движения npl (Geol) Bewegungen fpl ‖ ~/**горообразовательные** s. движения/орогенические ‖ ~/**гравитационные** gravitative Bewegungen fpl ‖ ~ [**земной коры**]/**колебательные** s. ~/эпейрогенетические ‖ ~/**орогенические** orogenetische (gebirgsbildende) Bewegungen fpl mit Bruchbildung ‖ ~/**разрывные** Bewegungen fpl mit Bruchbildung ‖ ~/**складчатые** faltenbildende Bewegungen fpl, Faltungsbewegungen fpl ‖ ~/**тектонические** tektonische Bewegungen fpl ‖ ~/**эпейрогенические** Epirogenese f (weitgespannte Hebungen und Senkungen der Erdkruste), epirogenetische Bewegungen fpl

движитель m 1. Bewegungsantrieb m, Antriebsvorrichtung f, Triebwerk n, Antrieb m, Vortriebsaggregat n; 2. Vortriebsmittel n, Vortriebsorgan n (Rad- oder Raupenfahrwerk), 3. (Schiff) Propulsionsorgan n ‖ ~/**винтовой** (Schiff) Antriebspropeller m, Antriebsschraube f ‖ ~/**водомётный** (Schiff) Wasserstrahltriebwerk n, Wasserstrahlantrieb m, Hydrojet m ‖ ~/**гусеничный** Gleiskettenfahrwerk n, Kettentriebwerk n, Kettenantrieb m ‖ ~/**колёсно-гусеничный** Rad- und Gleiskettenfahrwerk n ‖ ~/**крыльчатый** (Schiff) Voith-Schneider-Propeller m ‖ ~/**лопастный** Schaufelantrieb m

движок m 1. Schieber m; Gleitstück n; 2. tragbarer Benzinmotor m; 3. (El) Abgreifer m, Abgriff m, Schieber m, Schleifer m ‖ ~ **потенциометра** (El) Potentiometerschleifer m, Potentiometerabgriff m ‖ ~ **реостата** (El) Rheostat[en]schieber m

движущийся/возвратно-поступательно hin- und hergehend, oszillierend ‖ ~/**навстречу** gegenläufig

двоично-десятичный (Inf) binärdezimal
двоично-кодированный (Inf) binär verschlüsselt
двоично-пятеричный (Inf) biquinär
двоичный (Inf) binär, Binär-...; dual, Dual-...
двойник m (Krist) Zwilling m ‖ ~/**аклиновый** s. ~/перикливный ‖ ~/**альбитовый** Albitzwilling m ‖ ~/**арагонитовый** Aragonitzwilling m ‖ ~/**бавенский** Bavenoer Zwilling m ‖ ~/**бразильский** Brasilianer Zwilling m ‖ ~ **вращения** Rotationszwilling m ‖ ~/**динамогенный** Gleitzwilling m, Druckzwilling m ‖ ~/**дополняющий** Ergänzungszwilling m ‖ ~/**дофинейский** Dauphinéer Zwilling m ‖ ~/**иррациональный** irrationaler Zwilling m ‖ ~/**карлсбадский** Karlsba-

der Zwilling *m* ‖ ~/**комплексный** zusammengesetzter Zwilling *m*; Vielling *m* ‖ ~/**контактовый** Berührungszwilling *m*, Kontaktzwilling *m* ‖ ~/**манебахский** Manebacher Zwilling *m* ‖ ~/**механический** Deformationszwilling *m*, mechanische Zwillingsbildung *f* ‖ ~/**микроклиновый** *s.* ~/**периклиновый** ‖ ~/**миметический** mimetischer Zwilling *m*; Wendezwilling *m* ‖ ~/**периклиновый** Periklinzwilling *m* ‖ ~/**полисинтетический** polysynthetischer Zwilling *m*, Wiederholungszwilling *m* ‖ ~ **прорастания** Durchdringungszwilling *m*, Durchwachsungszwilling *m*, Penetrationszwilling *m* ‖ ~ **роста** Wachstumszwilling *m* ‖ ~ **соприкосновения (срастания)** Berührungszwilling *m*, Kontaktzwilling *m* ‖ ~/**трансляционный** Gleitzwilling *m*, Druckzwilling *m* ‖ ~/**японский** Japaner Zwilling *m*
двойникование *n (Krist)* Verzwillingung *f*, Zwillingsbildung *f*
двойной Doppel..., Zweifach...
двойственность *f* Dualität *f*
двор *m* 1. Hof *m*, Platz *m*; 2. *(Eb)* Ladestelle *f*, Güterbahnhof *m* ‖ ~/**внутренний** Innenhof *m* ‖ ~/**выгульный** Laufhof *m (Stall)* ‖ ~/**грузовой** *(Eb)* Lagerplatz *m*, Güterbahnhof *m* ‖ ~/**литейный** *(Met)* 1. Masselbett *n*, Gießbett *n*; 2. Gießhalle *f*; 3. Abstichbühne *f*, Abstichbett *n (Hochofen)* ‖ ~/**околоствольный** *(Bgb)* Füllort *n* ‖ ~/**перевалочный** Umschlagplatz *m* ‖ ~/**плеохроичный** *(Min)* pleochroitischer Hof *m* ‖ ~/**разгрузочный** Entladeplatz *m* ‖ ~/**рудничный** *(Bgb)* Füllort *n* ‖ ~/**рудный** *(Met)* Erz[lager]platz *m* ‖ ~/**световой** *(Bw)* Lichthof *m*, Lichtschacht *m* ‖ ~/**скрапный** Schrottlager *n*, Schrottplatz *m* ‖ ~/**строительный** *(Bw)* Bauhof *m*
двояковогнутый *(Opt)* bikonkav *(Linse)*
двояковыпуклый *(Opt)* bikonvex *(Linse)*
двоякопреломляющий *(Opt)* doppelbrechend
ДВРП *s.* радиопеленгатор/двухканальный визуальный
ДВС *s.* двигатель внутреннего сгорания
дву *s. a. unter* двух...
двубромистый ...dibromid *n (anorganische Chemie)*; Dibrom... *(organische Chemie)*
двудорожечный Zweispur..., zweispurig *(Magnettonband)*
двузамещённый *(Ch)* disubstituiert, zweifach substituiert ‖ ~ **мышьяковокислый** ...hydrogen[ortho]arsenat *n*
двузначность *f (Math)* Zweideutigkeit *f*; Zweiwertigkeit *f*
двузначный zweideutig; zweistellig *(Zahl)*
двукрылый *(Bgb)* zweiflügelig *(Abbau)*
двумолекулярный dimolekular, bimolekular
двумолибденовокислый *(Ch)* ...dimolybdat *n*; dimolybdänsauer
двунаправленный *(Inf)* bidirektional
двунатриевый *(Ch)* Dinatrium...
двунога *f* A-Mast *m*; Bockgerüst *n (Hebezeuge)*
двуокись *f (Ch)* Dioxid *n*
двуоксид *m (Ch)* Hyperoxid *n (der Alkalimetalle)*
двуосность *f (Krist)* Zweiachsigkeit *f* ‖ ~/**аномальная** anomale Zweiachsigkeit *f*
двуосный zweiachsig
двуотражение *n (Krist)* Bireflexion *f*, Reflexionspleochroismus *m*
двупреломление *n* Doppelbrechung *f*

двухопорный

двусмысленность *f* Doppeldeutigkeit *f*, Zweideutigkeit *f*, Doppelsinnigkeit *f*
двустабильный doppelstabil
двустволка *f* Doppelflinte *f*, Zwilling *m*
двустворчатый zweiflügelig *(Tür, Fenster)*
двустенный doppelwandig
двусторонний 1. zweiseitig, bilateral; 2. *(Text)* beidrecht, beiderseitig *(Gewebe)*
двутавр *m* 1. *(Met)* Doppel-T-Profil *n*, I-Profil *n*; 2. *(Bw)* Doppel-T-Träger *m*, I-Träger *m* ‖ ~ **с одинаковыми полками** 1. *(Met)* gleichflanschiges Profil *n*; 2. *(Bw)* gleichflanschiger Doppel-T-Träger (I-Träger) *m* ‖ ~/**широкополочный** 1. *(Met)* breitflanschiges Profil *n*; 2. *(Bw)* breitflanschiger Träger *m*
двутавровый I-förmig *(Träger)*
двутрёхокись *f* **свинца** *(Ch)* Blei(II,IV)-oxid *n* (Mennige)
двууглекислый *(Ch)* ...hydrogencarbonat *n*; doppel[t]kohlensauer
двух... *s. a. unter* дву...
двухадресный *(Inf)* Zweiadreß...
двухатомность *f (Ch)* Zweiatomigkeit *f*
двухатомный *(Ch)* zweiatomig
двухбазовый *(Eln)* Doppelbasis...
двухвалентность *f (Ch)* Zweiwertigkeit *f*, Bivalenz *f*
двухвалентный *(Ch)* zweiwertig, bivalent
двухванный *(Photo)* Zweibad...
двухвинтовой *(Schiff)* Doppelschrauben..., Doppelpropeller...
двухводный *(Ch)* ...-2-Wasser *n*, ...dihydrat *n*
двухвыводной *(El)* mit zwei Anschlüssen
двухголовый *(Eb)* doppelköpfig *(Schienen)*
двухгранники *mpl (Geol)* Zweikanter *mpl*
двухгребёночный *(Text)* zweifadensystemig; mit zwei Legeschienen
двухдиапазонный *(Rf)* Zweibereich-, mit zwei Bereichen; mit zwei Wellenbereichen
двухжильный *(El)* zweiadrig, Zweileiter...
двухзарядный *(El)* zweifach geladen
двухзахватный *(Masch)* Zweiteile... *(Bauweise von Greifern)*
двухзаходный zweigängig *(Gewinde)*
двухзвенник *m* Doppelglied *n*, Kniehebel *m*
двухимпульсный *(El)* Doppelimpuls...
двухканальный *(Rf)* Zweikanal...
двухкаскадный zweistufig, Zweistufen..., Zweikaskaden...
двухкатушечный *(El)* zweispulig
двухкислотный *(Ch)* zweisäurig *(Basen)*
двухклетьевой zweigerüstig, doppelgerüstig *(Walzwerk)*
двухколейный *(Eb)* zweigleisig
двухколонный *(Typ)* zweispaltig *(Salz)*
двухкомпонентный binär, Zweikomponenten..., Zweistoff...
двухконтактный *(El)* zweikontaktig
двухконтурный *(Rf)* zweikreisig, Zweikreis...
двухкорпусный *(Schiff)* Doppelrumpf...
двухлопастный zweiflügelig, zweischaufelig *(Turbine)*
двухлористый ...dichlorid *n (anorganische Ch)*; Dichlor... *(organische Ch)*
двухлучевой zweistrahlig, Zweistrahl...
двухмерный zweidimensional
двухопорный *(Masch)* zweifach gelagert

двухосновность

двухосновность f (Ch) Dibasizität f
двухосновный (Ch) zweibasig (Säuren)
двухпозиционный (Masch) mit zwei Greiferhänden, Doppel... (Bauweise von Greifern)
двухполюсный (Typ) doppelseitig, zweiseitig
двухполюсник m (El) Zweipol m ‖ ~/активный aktiver Zweipol m ‖ ~/колебательный Schwingungszweipol m ‖ ~/пассивный passiver Zweipol m ‖ ~/реактивный Reaktanzzweipol m
двухполюсный (El) zweipolig, doppelpolig, Zweipol...
двухпоточность f (Hydt) Doppelflutigkeit f
двухпоточный (Hydt) doppelflutig, zweiflutig
двухпредельный (Rf) Zweibereich..., mit zwei Bereichen ‖ ~ по напряжению (El) mit zwei Spannungsbereichen; (Meß) mit zwei Spannungsmeßbereichen ‖ ~ по току (El) mit zwei Strombereichen; (Meß) mit zwei Strommeßbereichen
двухпроводный (El) Zweileiter...; Zweidraht..., zweidrähtig, doppeldrähtig
двухпутный (Eb) zweigleisig
двухраздельный (Bgb) zweitrümig
двухрастворный s. двухванный
двухромовокислый (Ch) ...dichromat n; dichromsauer
двухрядный zweireihig; zweizeilig
двухсернистый (Ch) ...disulfid n
двухслойный Zweischicht..., Doppelschicht... (Film, Magnetband); doppellagig, doppelschichtig
двухстоечный (Met) Doppelständer..., Zweiständer... (z. B. Walzwerk, Presse)
двухсторонний 1. zweiseitig, bilateral; 2. (Text) beidrecht, beiderseitig (Gewebe)
двухструйный s. двухпоточный
двухступенный s. двухступенчатый
двухступенчатый zweistufig, Zweistufen...
двухтактный Gegentakt...; Zweitakt...
двухтопенантный (Schiff) Doppelhanger...
двухфазный (El) zweiphasig, Zweiphasen...
двухфонтурный (Text) zweifonturig (Stickerei)
двухэтажный (Eb) Doppelstock...
двуцветность f s. дихроизм
двучлен m (Math) Binom n
д-вход m D-Eingang m (Trigger)
ДГ s. дизель-генератор
деаэратор m Entlüfter m; Entgaser m ‖ ~/башенный Turmentgaser m ‖ ~/вакуумный Vakuumentgaser n ‖ ~/водоструйный Rieselentgaser m ‖ ~ питательной воды Speisewasserentgaser m ‖ ~/плёночный Dünnschichtentgaser m, Rieselentgaser m
деаэрация f 1. Entlüften n, Entlüftung f, Belüften n, Belüftung f; 2. Entgasen n, Entgasung f; 3. Auflockern n, Auflockerung f (Formstoff) ‖ ~ воды Wasserentgasung f ‖ ~ питательной воды Speisewasserentgasung f
деаэрирование n s. деаэрация
деаэрировать 1. entlüften, belüften; 2. entgasen; 3. auflockern (Formstoff)
дебаеграмма f (Krist) Debye-Scherrer-Aufnahme f, Debye-Scherrer-Diagramm m (Röntgenstrukturanalyse)
дебай m Debye n, D (SI-fremde Einheit des elektrischen Dipolmoments)
дебаланс m 1. Unwucht f; 2. Unwuchtmasse f

180

дебаркадер m (Schiff) Landungsbrücke f, Anlegestelle f ‖ ~/плавучий schwimmende Anlegestelle f
дебит m Ergiebigkeit f; (Bgb) Fördermenge f, Förderung f, Produktion f (Erdöl) ‖ ~ воды (Hydt) Wasserergiebigkeit f ‖ ~ источника (Hydt) Quellenergiebigkeit f ‖ ~ колодца (Hydt) Ergiebigkeit f eines Brunnens, Brunnenleistung f ‖ ~ потока (Hydt) Stromergiebigkeit f ‖ ~ реки s. ~ потока ‖ ~/суточный (Bgb) Tagesförderung f
дебитограмма f Ergiebigkeitskurve f (Erdöl)
дебитомер m Ergiebigkeitsmesser m (Erdöl)
деблокировать (Eb) entblocken, rückblocken; entriegeln, freigeben (Fahrstrecke)
деблокировка f (Eb) Entblockung f, Entriegelung f, Freigabe f (Fahrstrecke)
девиатор m (Schiff) Kompensierer m (Magnetkompaß) ‖ ~ деформации s. ~ тензора деформации ‖ ~ напряжений Spannungsdeviator m ‖ ~ тензора деформации Deviator m der Streckung, Deviator m des Dehnungstensors
девиация f Deviation f, Ablenkung f (Magnetnadel) ‖ ~ амплитуды Amplitudenhub m ‖ ~ гирокомпаса Kreiselkompaßdeviation f ‖ ~/инерционная Beschleunigungsfehler m (Kreiselkompaß) ‖ ~/креновая Krängungsdeviation f ‖ ~/остаточная Restdeviation f, Restablenkung f, Restabweichung f (Magnetkompaß) ‖ ~ подъёмного каната (Bgb) Ablenkung f des Förderseils ‖ ~/полукруговая halbkreisförmige Deviation f ‖ ~/постоянная konstante Deviation f ‖ ~/радиопеленгаторная s. радиодевиация ‖ ~/скоростная Fahrtfehler m (Kreiselkompaß) ‖ ~ фазы Phasenhub m ‖ ~ частоты Frequenzabweichung f ‖ ~/четвертная viertelkreisiger Fehler m, viertelkreisige Deviation f (Funkpeiler)
девитрификация f (Geol) Entglasung f (Übergang vulkanischer Gesteine aus dem amorphen in den kristallinen Zustand)
девон m (Geol) Kurzbezeichnung für 1. период/девонский; 2. система/девонская
девулканизат m (Gum) regeneriertes Vulkanisat n, Regenerat[vulkanisat] n
девулканизатор m (Gum) Regenerierkessel m, Devulkanisierkessel m
девулканизация f (Gum) Regenerierung f, Devulkanisation f
дегазатор m 1. Entgasungsmittel n; 2. (Mil) Entgasungsgerät n, Entgiftungsgerät n; Entgiftungsmittel n
дегазация f 1. Entgiftung f; 2. (Bgb) Gasabsaugung f; 3. (Met) Entgasen n, Entgasung f (Schmelze, Gießform) ‖ ~/вакуумная (Met, Gieß) Vakuumentgasung f ‖ ~ [жидкого металла] в ковше (Met) Pfannenentgasung f, LD ‖ ~/местности Geländeentgiftung f
дегазировать 1. entgiften; 2. entgasen
дегазификатор m Entgasungsmittel n
дегенерация f (Math) Entartung f
дегидраза f (Ch) Dehydr[ogen]ase f
дегидратация f (Ch) Dehydratation f, Dehydratisierung f (Wasserabspaltung)
дегидратировать (Ch) dehydratisieren (Wasser abspalten)
дегидрирование n s. дегидрогенизация
дегидрировать s. дегидрогенизировать

дегидрогенизация f (Ch) Dehydrierung f, Dehydrieren n
дегидрогенизировать (Ch) dehydrieren
дегидрохлорирование n Dehydrochlorierung f, Salzsäureabspaltung f
дегоржаж m Degorgieren n (Sekt; Entfernen des Hefepfropfens aus dem Flaschenhals)
дегоржирование n s. дегоржаж
дёготь m Teer m ‖ ~/бардяной Schlempeteer m ‖ ~/буроугольный Braunkohlenteer m ‖ ~ водяного газа [/генераторный] Wassergasteer m ‖ ~/высокотемпературный Hochtemperaturteer m ‖ ~/высокотемпературный каменноугольный Steinkohlenhochtemperaturteer m, normaler Steinkohlenteer m ‖ ~/высокотемпературный сланцевый Schiefergasteer m ‖ ~/газовый Gas[werks]teer m, Steinkohlengasteer m ‖ ~/газогенераторный Generatorteer m ‖ ~/дорожный Straßenteer m ‖ ~/древесный Holzteer m ‖ ~/каменноугольный Steinkohlenteer m ‖ ~/коксовый Steinkohlenkorereiteer m, Koksofenteer m ‖ ~ масляного газа [/генераторный] Ölgasteer m, Fettgasteer m ‖ ~/нефтяной газовый Erdölgasteer m ‖ ~/низкотемпературный s. ~/первичный ‖ ~/осадочный Absetzteer m ‖ ~/отогнанный Destillatteer m ‖ ~/первичный Primärteer m, Urteer m, Tieftemperaturteer m, Schwelteer m ‖ ~/первичный буроугольный Braunkohlentieftemperaturteer m, Braunkohlenschwelteer m ‖ ~/сланцевый Schieferteer m ‖ ~/сосновый Kienteer m ‖ ~/сырой Rohteer m ‖ ~/торфяной Torfteer m ‖ ~/хвойный Nadelholzteer m
дегра f (Led) Degras m(n), Moellon n (Fettungsmittel)
деградация f почвы (Öкol) Bodendegradierung f, Bodendegradation f
дёгтебетон m Teerbeton m ‖ ~/холодный Kaltteerbeton m
дёгтевание n Teerung f
дёгтевыделение n Teerabscheidung f
дёгтекурение n Teerschwelerei f
дёгтеотделитель m Teerabscheider m
дегустация f (Lebm) Kosten n, Kostprobe f, Verkosten n, Verkostung f (z. B. von Getränken)
дедвейт m (Schiff) Tragfähigkeit f; Deadweight n
дедукция f Deduktion f
дежа f (Lebm) Backtrog m, Backmulde f, Knettrog m
дезагрегация f (Ch) Desaggregation f ‖ ~ пород s. выветривание/физическое
дезаксиальный desaxial, versetzt; geschränkt (Kurbeltrieb)
дезактивация f (Kern) Entaktivierung f, Entstrahlung f; (Bgb) Dekontamination f, Inaktivierung f (Aufbereitung)
дезаминирование n (Ch) Desaminierung f
дезинтегратор m 1. Desintegrator m, Schlagkorbmühle f, Schlagstiftmühle f (Aufbereitung); 2. (Pap) Hackspänezerkleinerer m; 3. Desintegrator[gas]wascher m, Zentrifugal[gas]wascher m, Desintegrator m
дезинтеграция f Desintegration f, Zerkleinern n, Vermahlen n (weicher bis mittelharter Stoffe; Aufbereitung) ‖ ~ пород s. выветривание/физическое

дезинфектант m Desinfektionsmittel n
дезодоратор m Desodor[is]ierungsmittel n, Desodorant n; Desodor[ungs]apparat m
дезодорация f Desodor[is]ieren n, Geruchsbeseitigung f
дезодорировать desodor[is]ieren, geruchlos (geruchfrei) machen
дезоксидация f Desoxidation f, Sauerstoffentzug m
дезориентация f Desorientierung f, Aufheben n der Orientierung
деионизация f (Kern) Deionisation f, Deionisierung f, Entionisierung f
деионизированный deionisiert, entionisiert
дейдвуд m (Schiff) Stevenrohranlage f; Totholz n (Holzschiffbau)
дейдвудный (Schiff) Stevenrohr..., Steven...
действие n 1. Handlung f, Tätigkeit f, Handeln n; 2. Wirkung f, Wirksamkeit f (s. a. unter воздействие 1.); 3. Funktion f, Betrieb m, Lauf m (z. B. einer Maschine); 4. (Math) Operation f; (Inf) Operation f, Betrieb m; 5. (Mech) Wirkung f (Produkt aus Energie und Zeit oder aus Impuls und Strecke) • двустороннего действия zweiseitig wirkend ‖ ~/абразивное Abriebwirkung f, Schmirgelwirkung f, Verschleißwirkung f, Schleifwirkung f ‖ ~/анодное обратное Anodenrückwirkung f ‖ ~ антенны/направленное Antennenrichtwirkung f ‖ ~/белящее Bleichwirkung f ‖ ~/блескообразующее Glanzmittelwirkung f ‖ ~/бризантное Brisanz[wirkung] f ‖ ~/восстанавливающее (Ch) Reduktionswirkung f, reduzierende (reduktive) Wirkung f ‖ ~/всасывающее Saugwirkung f ‖ ~/выпрямительное (выпрямляющее) (El) Gleichricht[er]wirkung f ‖ ~/геттерирующее (Eln) Getterwirkung f, Gettereffektivität f ‖ ~/двойное Doppelwirkung f ‖ ~/двойственное duale Operation f ‖ ~/длительное Langzeitwirkung f ‖ ~/донорное (Eln) Donator[en]wirkung f ‖ ~/дросселирующее Drosselwirkung f ‖ ~/закалочное Abschreckwirkung f, Härtungseffekt m ‖ ~ замедлителя (Kern) Moderatoreffekt m ‖ ~ запирания (El) Sperrwirkung f ‖ ~/запирающее (запорное) (El) Sperrwirkung f ‖ ~/защитное (Kern) Abschirmwirkung f, Schutzwirkung f ‖ ~ и противодействие n Wirkung f und Gegenwirkung f, actio et reactio ‖ ~/избирательное селективе Wirkung f, Selektivität f ‖ ~ излучений Strahlen[ein]wirkung f, Strahlungs[ein]wirkung f, Strahlungseffekt m ‖ ~ излучений/бактерицидное (Kern) keimtötende Strahlungswirkung f ‖ ~/измельчающее Mahlwirkung f ‖ ~/ингибирующее (ингибиторное) inhibierende (hemmende) Wirkung f, Inhibitorwirkung f, Hemmwirkung f ‖ ~ инфракрасного излучения Infrarot[strahlen]wirkung f, IR-Strahlenwirkung f ‖ ~ капиллярное Kapillarwirkung f ‖ ~/коррозирующее Korrosions[ein]wirkung f, korrodierende (korrosive) Wirkung f, Korrosionsangriff f, Korrosionsbeanspruchung f ‖ ~/коррозионное s. ~/коррозирующее ‖ ~ массы (Ph) Massenwirkung f ‖ ~/мгновенное sofortige (monentane) Wirkung f ‖ ~/моющее Waschwirkung f, Reinigungswirkung f ‖ ~/направленное (El) Richtwirkung f; richtungsabhängiges Arbeiten n (einer Schutzeinrichtung) ‖ ~/обратное Rück-

действие

wirkung f, Reaktionswirkung f II ~ **обратной связи** (El) Rück[kopplungs]wirkung f II ~/**окислительное** Oxidationswirkung f II ~/**отбеливающее** Bleichwirkung f II ~/**отклоняющее** (El) Ablenk[ungs]wirkung f II ~/**охлаждающее** Kühlwirkung f, Kühleffekt m II ~ **по Гамильтону** (Mech) Hamiltonsche Prinzipalfunktion f, Wirkungsfunktion f, Wirkungsintegral n II ~ **по Лагранжу** (Mech) Lagrangesche Wirkung f, verkürzte Wirkung f, charakteristische Funktion f II ~ **по Мопертью** s. ~ по Лагранжу II ~/**побочное** Nebenwirkung f II ~/**поражающее** (Kern) schädigende Wirkung f (radioaktive Strahlung) II ~/**последовательное** (Inf) Dauerbetrieb m II ~ **примесей** Verunreinigungseffekt m, Verunreinigungseinfluß f, Störstelleneffekt m (Halbleiter) II ~/**программы** (Inf) Programmlauf m II ~ **радиации** (Kern) Strahlungseinwirkung f II ~ **регулятора/прерывистое** (Reg) unstetiges Reglerverhalten n II ~/**релейное** (El) Relaiswirkung f II ~/**сверхдальнее** (Rf) Überreichweite f II ~/**сглаживающее** (El) Glättungswirkung f II ~ **силы** Kraftangriff m II ~/**синергетическое** synergetische Wirkung f II ~ **системы** (Inf) Systemmaßnahme f II ~/**слепящее** Blendwirkung f II ~/**совместное** Zusammenwirkung f, Zusammentreffen n II ~/**тепловое** Wärmewirkung f; Wärmeeinwirkung f II ~ **токов короткого замыкания** (El) Kurzschlußstromwirkung f II ~/**тормозное (тормозящее)** Bremswirkung f II ~/**травящее** Ätzwirkung f II ~/**укороченное** s. ~ по Лагранжу II ~/**усилительное** Verstärkerwirkung f II ~/**фокусирующее** Bündelungswirkung f II ~/**шунтирующее** (El) Nebenschlußwirkung f II ~/**экранирующее** (El) Abschirmwirkung f

действовать мгновенно sofort betriebsbereit sein II ~ **на отключение** auf Auslösung schalten (Schutzeinrichtung) II ~ **на сигнал** alarmierend wirken, auf Warnung schalten (Schutzeinrichtung)

действующий/непрерывно (Reg) kontinuierlich wirkend, mit kontinuierlichem Betrieb

дейтерид m (Ch) Deuterid n

дейтеризация f (Ph, Ch) Deuterierung f, Deuterieren n

дейтерий m (Ph, Ch) Deuterium n, D, schwerer Wasserstoff m

дейтерирование n s. дейтеризация

дейтерировать (Ph, Ch) deuterieren, Deuterium einbauen

дейтеровода f s. вода/тяжёлая

дейтерон m s. дейт[р]он

дейт[р]он m (Kern) Deut[e]ron n, Deuteriumkern m

дека f 1. Herdplatte f (Aufbereitung); 2. (Lw) Dreschkorb m; 3. (Ak) Schallboden m, Klangboden m; 4. s. ~/бродильная II ~/**бродильная** (Brau) Decke f, Gärdecke f

декагон m (Math) Dekagon n, Zehneck n

декада f 1. (Nrt) Dekade f, Höhenschritt m (eines Wählers); 2. (Inf) Dekade f, Zehnzahl f II ~ **группового искания** (Nrt) GW-Dekade f, Gruppenwählerdekade f II ~/**запоминающая** (Inf) Speicherdekade f II ~/**линейного искания** (Nrt) LW-Dekade f, Leitungswählerdekade f II ~ **магазина сопротивлений** (El) Widerstandsdeka-

de f II ~ **проводимости** (El) Leitwertsdekade f II ~/**счётная** Zähldekade f

декалесценция f Dekaleszenz f

декалькомания f (Typ) Abziehbild n II ~/**сдвижная** Schiebebild n

декаметр m (Meß) Dekameter n, DK-Messer m

декантатор m Dekantierapparat m, Dekanteur m

декантатор-отстойник m Schlammabscheider m (als Dekantierapparat)

декантатор-сгуститель m Dorr-Eindicker m

декантация f (Ch) Dekantation f, Dekantieren n, [vorsichtiges] Abgießen n

декантирование n s. декантация

декантировать (Ch) dekantieren, [vorsichtig] abgießen

деканцерогенизация f (Ökol) Erstkanzerisierung f

декапирование n Dekapieren n, Beizen n, Reinigen n; Ätzen n, Anätzen n II ~/**электролитическое** elektrolytisches Reinigen n

декапировать dekapieren, beizen, reinigen; [an]ätzen

декапировка f s. декапирование

декарбонизация f Kohlenstoffentzug m, Entkohlung f; Entkarbonisierung f (Ausscheidung der Karbonathärte)

декарбонизировать entkohlen; entkarbonisieren (die Karbonathärte ausscheiden)

декартовский (Math) kartesisch

декатир m (Text) Dekatiermaschine f, Dekatiertisch m (Veredlung)

декатирование n s. декатировка

декатировать (Text) dekatieren

декатировка f (Text) Dekatieren n, Dekatur f II ~/**непрерывная** Nachdekatieren n II ~/**мокрая** Naßdekatur f II ~/**сухая** Trockendekatur f

декатрон m (Eln) Dekatron n, Dekadenzählröhre f

декаэдр m (Math) Dekaeder n, Zehnflach n

декель m (Typ) Aufzug m, Überzug m (eines Druckzylinders) II ~/**жёсткий** harter Aufzug m II ~/**мягкий** weicher Aufzug m II ~ **офсетного цилиндра** Gummizylinderaufzug m II ~ **печатного барабана** Druckzylinderaufzug m, Zylinderbezug m

декка f (Rad) Decca-Navigationssystem n, Decca-Verfahren n

деккер m (Text) Deckernadel f (Wirkerei)

деклинатор m (Geoph) Deklinatorium n, Abweichungskompaß m (Bestimmung der erdmagnetischen Deklination)

деклинометр m Deklinationsnadel f, Deklinationsmesser m, Deklinometer n

деклуазит m (Min) Descloizit m, Bleizinkvanadat n

декодер m (Inf) Decoder m, Dechiffriereinrichtung f II ~/**бинарный** Binärdekoder m II ~ **дисплея** Display-Dekoder m

декодирование n (Inf) Dekodieren n, Dekodierung f, Entschlüsseln n, Entschlüsselung f, Dechiffrieren n, Dechiffrierung f

декодировать (Inf) dekodieren, dechiffrieren, entschlüsseln

декодирующий (Inf) Dekodier[ungs]..., Entschlüsselungs...

декокт m (Ch) Abkochung f, Dekokt n

декомпозиция f (Inf) Dekomposition f

деконтаминация f погружением в раствор (Kern) Tauchdekontamination f
декорирование n (Krist) Dekorierung f, Dekoration f, Markierung f (von Gitterstörungen)
декортикатор m (Text) Entholzer m, Stengelbrechmaschine f (Flachs- und Hanfaufbereitung)
декортикация f (Text) Entholzen n, Entholzung f, Entbasten n
декремент (Ph) Dekrement n ‖ ~ **затухания** Dämpfungsdekrement n, Schwingungsdekrement n, Dekrement n ‖ ~ [**затухания**]/**логарифмический** logarithmisches Dämpfungsdekrement (Dekrement) n ‖ ~ **массы** Massendekrement n ‖ ~ **энергии** Energiedekrement n ‖ ~ **энергии**/**логарифмический** logarithmisches Energiedekrement (Energieverhältnis) n, logarithmischer Energieverlust m
декреметр m Dämpfungsmesser m, Dekremeter n
декремнезация f (Met) Entsilizierung f
декристаллизация f Entkristallisation f; (Gum) Auftauen n (Kautschuk)
декстрин m Dextrin n ‖ ~/**бескислотный** Röstdextrin n ‖ ~/**кислотный** Säuredextrin n
декстринизатор m Rührwerkpfanne f (Etagenofen zur Dextringewinnung)
декстринизировать (Ch) zu Dextrin abbauen
декстроза f (Ch) Dextrose f, Glucose f, Traubenzucker m
дектра f (Rad) Dectra-Verfahren n
декуплет m (Kern) Dekuplett n, 10-Multiplett n
деление n 1. Teilen n, Zerlegen n; 2. Einteilung f, Aufgliederung f, Klassifikation f; 3. (Math) Division f, Teilung f; 4. Teilung f, Strich m (in Skalenteilungen); 5. (Kern) Spaltung f ‖ ~ **быстрыми нейтронами** s. ~ **ватки (ваточного холста)** (Text) Florteilung f, Vliesteilung f (Spinnerei) ‖ ~/**гармоническое** (Math) harmonische Teilung f ‖ ~/**грубое** (Text) Grobstein m (Jacquardmaschine) ‖ ~ **Кассини** (Astr) Cassinische Teilung f, Cassini-Teilung f (Saturnringe) ‖ ~/**коллекторное** (El) Kommutatorteilung f, Stromwenderteilung f ‖ ~ **лимба** Kreisteilung f ‖ ~ **медленными нейтронами** s. ~ **на медленных нейтронах** ‖ ~ **на быстрых нейтронах** (Kern) schnelle Spaltung f, Schnellspaltung f, Spaltung f durch schnelle Neutronen ‖ ~ **на медленных нейтронах** (Kern) langsame Spaltung f, Spaltung f durch langsame Neutronen ‖ ~ **на тепловых нейтронах** (Kern) thermische Spaltung f, Spaltung f durch thermische Neutronen ‖ ~ **напряжения** (El) Spannungsteilung f ‖ ~ **окружности** (Meß) Kreisteilung f ‖ ~/**полюсное** (El) Polteilung f ‖ ~/**резонансное** (Kern) Resonanzspaltung f ‖ ~/**самопроизвольное** (Kern) spontane Spaltung (Kernspaltung) f, Spontanspaltung f ‖ ~/**спонтанное** s. ~/**самопроизвольное** ‖ ~/**тонкое** (Text) Feinstich m (Jaquardmaschine) ‖ ~/**угловое** Winkelteilung f ‖ ~ **угломера** Teilung f eines Winkelmessers (Winkelmeßgerätes) ‖ ~ **фотонами** (Kern) Photospaltung f ‖ ~ **холста** s. ~ **ватки** ‖ ~ **частоты** (El) Frequenzteilung f, Skalenteilung f, Skalenteilstrich m ‖ ~ **шкалы**/**нулевое** Nullstrich m einer Skale (Teilung) ‖ ~ **штриховое** Strichteilung f (einer Skale) ‖ ~/**эмиссионное** (Kern) Emissionsspaltung f ‖ ~ **Энке** (Astr) Enkesche Teilung f (Saturnringe) ‖ ~ **ядра** (Kern) Spaltung f, Kernspaltung f

делигнифицировать (Pap) delignifizieren, Lignin entfernen (herauslösen)
делимое n (Math) Dividend m
делимость f (Math) Teilbarkeit f
делитель m 1. Teiler m; 2. (Math) Divisor m, Teiler m; Nenner m (eines Bruches); 3. (Lw) Schwadenbrett n (Mähmaschine) ‖ ~ **ватки** (Text) Florteiler m (Spinnerei) ‖ ~/**декадный** Dekadenteiler m ‖ ~ **излучения** (Ph) Strahlungsteiler m ‖ ~ **конденсатора** (El) Teiler m mit Kondensatoren ‖ ~ **мощности** (El) Leistungsteiler m ‖ ~/**наименьший общий** kleinster gemeinsamer Teiler m ‖ ~ **напряжения** (El) Spannungsteiler m ‖ ~ **напряжения/ёмкостный** kapazitiver Spannungsteiler m ‖ ~ **напряжения/индуктивный** induktiver Spannungsteiler m ‖ ~ **напряжения/омический** ohmscher Spannungsteiler m ‖ ~ **напряжения/смешанный** gemischter Spannungsteiler m ‖ ~ **напряжения/эталонный** Normalspannungsteiler m ‖ ~/**нормальный** (Math) Normalteiler m ‖ ~ **нуля** (Math) Nullteiler m ‖ ~/**оптический** optischer Teiler m, Teilerwürfel m; Teilerplatte f ‖ ~/**полевой** (Lw) Halmteiler m, Abteiler m, Halmabteiler m, Außenabteiler m (am Mähwerk) ‖ ~ **потока** hydraulisches Stromteilventil n ‖ ~ **пучка** (Opt) Strahlteiler m ‖ ~/**ремешковый** (Text) Riemchenflorteiler m (Vorspinnkrempel) ‖ ~/**реостатный** (El) Teiler m mit veränderbarem Widerstand ‖ ~ **света** (Photo) Strahlenteiler m ‖ ~ **тока** (El) Stromteiler m ‖ ~ **частоты** (El) Frequenzteiler m ‖ ~/**цифровой** digitaler Frequenzteiler m ‖ ~/**шнековый** (Lw) Halmteiler m mit Schneckenmantel (am Mähwerk)
делитель-сумматор m потока hydraulisches Stromteil- und -vereinigungsventil n
делить 1. teilen, einteilen; 2. (Kern) spalten; 3. (Fert) trennen, zerteilen
делиться без остатка (Math) aufgehen, ohne Rest teilbar sein
дело n 1. Arbeit f, Werk n; 2. (in Zusammensetzungen) Wesen n, Kunde f; Handwerk n, Betrieb m; Fach n; 3. Unternehmen n, Geschäft n; 4. Sache f, Angelegenheit f ‖ ~/**горное** Bergbau m; Bergbaukunde f ‖ ~/**горноспасательное** (Bgb) Grubenrettungswesen n ‖ ~/**железнодорожное** Eisenbahnwesen n ‖ ~/**противопожарное** Brandschutz m ‖ ~/**строительное** Bauwesen n
дель f Netztuch n (Fischerei) ‖ ~/**безузловая** knotenloses Netztuch n ‖ ~/**двухрядная** doppelt gestricktes Netztuch n ‖ ~/**однорядная** einfach gestricktes Netztuch n ‖ ~/**узловая** geknotetes Netztuch n
дельта-древесина f Preßschichtholz n
дельта-железо n Delta-Eisen n, δ-Eisen n
дельта-луч m (Kern) Deltastrahl m, Deltateilchen n, Delta-Elektron n, Anstoßelektron n
дельта-модуляция f (Nrt) Deltamodulation f, DM
дельта-оператор m (Math) Deltaoperator m, Laplacescher Operator m
дельта-распределение n Deltaverteilung f
дельта-связь f (Ch) Deltabindung f, δ-Bindung f
дельта-след m (Kern) Deltaspur f

дельта-функция f (Math) Deltafunktion f
дельта-частица f s. дельта-луч
дельта-электрон m s. дельта-луч
дельтоид m (Krist) Deltoid n, Rhomboid n, Drachenfigur f
дельтоид-додекаэдр m (Krist) Deltoiddodekaeder n
дельтоэдр m s. дельтоид-додекаэдр
делювий m s. отложения/делювиальные
демантоид m (Min) Demantoid m (Kalkeisengranat)
деметилирование n (Ch) Entmethylierung f
деметилировать (Ch) entmethylieren
деминерализация f Demineralisation f, Entmineralisierung f || ~ **воды** Wasserenthärtung f, Wasserentsalzung f
демодулировать (El) demodulieren, gleichrichten
демодулятор m (Inf) Demodulator m; (Rf) HF-Gleichrichter m, Detektor m (s. a. unter детектор 2.)
демодуляция f (Rf) Demodulation f, HF-Gleichrichtung f (s. a. unter детектирование 2.)
демонтаж m Demontage f, Abbau m; Auseinandernehmen n
демпфер m Dämpfer m, Schwingungsdämpfer m || ~/**воздушный** Luftdämpfer m || ~/**воздушный поршневой** Luftkolbendämpfer m || ~/**гидравлический** Hydraulikdämpfer m || ~/**жидкостный** Flüssigkeitsdämpfer m || ~/**индукционный** Induktionsdämpfer m || ~ **колебаний** Schwingungsdämpfer m, Schwingungstilger m || ~/**масляный** Öldämpfer m || ~ **сухого трения** Reibungsdämpfer m || ~/**тормозной** Bremsdämpfer m || ~/**электрический** elektrischer Dämpfer m || ~/**электромагнитный** elektromagnetischer Dämpfer m
демпферный Dämpfer...
демпфирование n Dämpfung f • **без демпфирования** dämpfungslos, ungedämpft || ~ **вихревыми токами** Wirbelstromdämpfung f || ~/**воздушное** Luftdämpfung f || ~/**гидравлическое** Hydraulikdämpfung f || ~/**жидкостное** Flüssigkeitsdämpfung f || ~/**индукционное** (El) Induktionsdämpfung f || ~/**критическое** (El) kritische Dämpfung f, Grenzdämpfung f || ~/**поперечное** (Eln) Querfelddämpfung f || ~/**продольное** (Eln) Längsfelddämpfung f || ~/**электрическое** elektrische Dämpfung f || ~/**электромагнитное** elektromagnetische Dämpfung f
демпфировать dämpfen
денатурат m (Ch) denaturierter (vergällter) Spiritus m
денатурация f (Ch) Denaturierung f, Vergällung f (von Ethanol, Kochsalz); Denaturierung f (nativer Proteine) || ~/**тепловая** Hitzedenaturierung f
денатурирование n s. денатурация
денатурировать (Ch) denaturieren, vergällen (Ethanol, Kochsalz); denaturieren (native Proteine)
дендрит m 1. (Geol, Min) Dendrit m (Ausscheidung von Mangan und Eisen auf Kluftflächen des Gesteins); 2. (Met) Dendrit m, Tannenbaumkristall m (Gefüge)
дендритный dendritisch, Dendriten..., Tannenbaum...

дендролит m (Geol) Dendrolith m, versteinertes Holz n
дендрометрия f (Forst) Holzmeßkunde f
дендрохронология f Dendrochronologie f, Baumringdatierung f
денитрация f (Ch) Denitrieren n, Denitrierung f
денитрирование n s. денитрация
денитрировать (Ch) denitrieren
денитрификация f (Ch) Denitrifikation f
денсиметр m Densimeter n, Aräometer n
денсиметрия f Densimetrie f, Dichtebestimmung f, Dichtemessung f
денситограмма f (Photo) Densitometerstreifen m, Densitogramm n (z. B. eines Photos)
денситометр m (Photo) Densitometer n, Dichtemesser m
денситометрия f (Photo) Densitometrie f, Dichtemessung f
денудация f (Geol) Denudation f, flächenhafte Abtragung f, Flächenabtragung f || ~/**избирательная** selektive Denudation f || ~/**речная** fluvia[ti]le Denudation f || ~/**селективная** s. ~/избирательная
денье n (Text) Denier n (Faserfeinheits-Maßeinheit)
депарафинизация f (Ch) Entparaffinierung f
депланация f Wölbung f, Beulung f
депо n 1. Lager n, Speicher m; 2. (Eb) Bahnbetriebswerk n, Bw || ~/**вагонное** (Eb) Bahnbetriebswagenwerk n, Bww || ~/**веерное** (Eb) Ringschuppen-Bahnbetriebswerk n || ~/**локомотивное** (Eb) Bahnbetriebswerk n [für Lokomotiven], Bw
деполимеризация f (Ch) 1. Depolymerisation f, Entpolymerisieren n; 2. Polymerzerfall m
деполимеризование n s. деполимеризация
деполяризатор m (Ch) Depolarisator m || ~/**катодный** Kathodendepolarisator m
деполяризация f (Ch) Depolarisation f || ~/**воздушная** Luftsauerstoffdepolarisation f || ~/**гальваническая** elektrochemische Depolarisation f
деполяризировать (Ch) depolarisieren
депрессия f 1. (Meteo) Tief n, Tiefdruckgebiet n (s. a. циклон 2.); 2. (Geol) Depression f (unter dem Meeresspiegel liegendes Festland); 3. (Bgb) Depression f (Bewetterung) || ~ **видимого горизонта** s. понижение видимого горизонта 2. || ~/**капиллярная** (Ch) Kapillardepression f
депрессор m regelndes Schwimmittel n (Aufbereitung)
депупинизировать (Nrt) entpupinisieren
дерево n 1. Baum m; 2. Holz n (s. a. unter древесина, лес и лесоматериал); 3. (Inf) Netzwerk n, Sortiernetzwerk n || ~/**быстрорастущее** n schnellwüchsiger Baum m || ~/**гваяковое** n s. ~/**железное** n/**железное** Pockholz n, Franzosenholz n; Eisenholz n (Name für verschiedene sehr harte tropische Holzarten) || ~/**карликовое** Zwergbaum m || ~/**каучуковое** Kautschukbaum m || ~/**красильное** Farbholz n || ~/**красное** Rotholz n, Mahagoni n || ~/**лиственное** 1. Laubbaum m; 2. Laubholz n || ~/**отдельное** Einzelstamm m || ~ **сортировки** (Inf) Sortiernetzwerk n || ~/**хвойное** Nadelbaum m
деревобетон m (Bw) Holzbeton m
деревовал m Baumentwurzelungsmaschine f
деревообработка f Holzbearbeitung f

деревоплита f Holzplatte f, Holztafel f
державка f 1. Halter m, Träger m (s. a. unter держатель); 2. (Wkz) Schaft m, Halter m, Klemmhalter m; Einspannteil m; 3. Kittholz n (Edelsteinbearbeitung) ‖ ~/**барабанная** (Wkz) Trommelhalter m ‖ ~/**быстросменная** (Wkz) Schnellwechselhalter m ‖ ~ **декеля** (Typ) Aufzughalter m (am Druckzylinder) ‖ ~ **инструмента** (Wkz) Werkzeughalter m ‖ ~/**многорезцовая** (Wkz) Vielmeißelhalter m ‖ ~ **отрезного резца** (Wkz) Abstechmeißelhalter m ‖ ~/**плавающая** (Wkz) schwimmend gelagerter Halter m ‖ ~ **полотна пилы** (Wkz) Sägeangel f ‖ ~ **резца** (Wkz) 1. Meißelschaft m (für Schneidplättchen); 2. Meißelhalter m; Messerhalter m
держание n **слоя** (Photo) Schichthaftung f
держатель m Halter m, Halterung f, Träger m (s. a. unter державка.) ‖ ~ **газопоглотителя** (Eln) Gettertasche f, Getterträger m ‖ ~ **головки** Tonkopfträger m ‖ ~ **звукоснимателя** Tonarm m ‖ ~ **зеркала** (Opt) Spiegelhalter m ‖ ~ **инструмента** m (Wkz) Gerätehalter m, Werkzeughalter m ‖ ~ **ИС** (Inf) Chip-Carrier-Gehäuse n ‖ ~/**кольцевой** (Text) Ringhalter m ‖ ~ **образца** f Probenhalter m ‖ ~ **объекта** (Photo) Objekthalterung f ‖ ~ **плавкой вставки** (El) Sicherungsgriff m (bei Rohrpatronensicherungen); Schraubkopf m, Stöpselkopf m (bei Stöpselsicherungen) ‖ ~ **подложки** (Eln) Substrathalter m ‖ ~ **пробы** Probenhalter m ‖ ~ **спирали** (El) Glühfadenhalter m ‖ ~ **трубки** Rohrhalterung f ‖ ~ **шкалы** Skalenträger m
дериват m (Ch) Derivat n, Abkömmling m
дериватограмма f (Krist) Derivatogramm n (Thermoanalyse)
дериватограф m (Krist) Derivatograph m (Thermoanalyse)
деривация f 1.Ablenkung f, Abweichung f; 2. (Hydt) Umleitung f; 3. Derivation f, Drallabweichung f (Ballistik)
деривограф m Abtriftsschreiber m
дерматометрия f Dermatometrie f
дернорез m Rasenmesser m, Rasenstecher m
деррик m Derrik m, Derrikkran m, Schwenkkran m; Ladebaum m (s. a. кран-деррик)
десенсибилизатор m (Photo) Desensibilisator m
десенсибилизация f (Photo) Desensibilisierung f
десквамация f s. шелушение горных пород
дескремблер m (Nrt) Descrambler m
десмин m s. стильбит
десорбирование n s. десорбция
десорбция f (Ch) Desorption f
дестатизация f (Photo) antistatische Ausrüstung f
деструкция f Abbau m, [chemische] Zersetzung f, [chemischer] Zerfall m; Verrackung f (z. B. beim Kunststoffschweißen); (Krist) Zerstörung f, Strukturauflösung ‖ ~ **полимеров** Polymerabbau m
десульфировать (Ch) desulfonieren, entsulfonieren
десульфурация f (Ch) Desulfurierung f, Entschwefelung f
десульфуризатор m Entschwefelungsmittel n
десульфурирование n s. десульфурация
десульфурировать (Ch) desulfonieren, entschwefeln
десятивходовой mit zehn Eingängen

десятигнёздный (Nrt) 10teilig (Klinkenstreifen)
деталь f 1. Detail n, Einzelheit f; 2. Teil n, Einzelteil n; Bauteil n, Bauelement n ‖ ~/**быстроизнашивающаяся** (Fert) Verschleißteil n ‖ ~/**взаимозаменяемая** Austauschteil n ‖ ~/**вращающаяся** Laufteil m ‖ ~/**вставная** Einbauteil n ‖ ~/**глубокоточёная** (Schm) Tiefziehteil n ‖ ~/**зажимная** (Wkmz) Spannteil n, Spannstück n; Klemmteil n, Klemmstück n ‖ ~/**закладная** (Bw) Montagelasche f, Montageöse f ‖ ~/**конструкции** Bauteil n; Konstruktionselement n ‖ ~/**контактная** Kontaktstück n ‖ ~/**корпусная** 1. (Masch) Maschinenkörperteil n; 2. (Fert) prismatisches Werkstück n ‖ ~/**крепёжная** Befestigungsteil n, Befestigungselement n ‖ ~ **крепления** s. ~/крепёжная ‖ ~/**кулачковая** (Fert) Kurvenstück n ‖ ~/**листовая фасонная** (Fert) Blechformteil n ‖ ~/**литая** Gußteil n, Gußstück n ‖ ~/**магнитная** magnetisches Bauelement n (Bauteil) ‖ ~/**машины** Maschinenteil n; Maschinenelement n ‖ ~/**металлокерамическая** metallkeramisches Teil n, Sinterteil n (Pulvermetallurgie) ‖ ~/**миниатюрная** (Eln) Miniaturbauelement n, Miniaturbauteil n, Kleinstbauteil n ‖ ~/**насыщения** (Schiff) Vorausrüstungsteil n ‖ ~/**обрабатываемая** (Fert) Werkstück n ‖ ~/**отлитая** Gußteil n, Gußstück n ‖ ~/**отштампованная** Gesenkschmiedeteil n, Gesenkpreßteil n, Gesenkschmiedestück n, Preßkörper m, Preßteil n, Preßling m ‖ ~/**печатная** (Eln) Leiterplattenelement n, gedrucktes Bauelement n ‖ ~/**предохранительная** s. ~/разрушаемая ‖ ~/**прессованная** Preßteil n ‖ ~/**пригнанная** (Fert) Paßteil n ‖ ~/**присоединяемая** (Fert) Anbauteil n (Montage) ‖ ~/**разрушаемая** Brechelement n, Brechglied n (z. B. Brechstift in einer Kupplung) ‖ ~/**свариваемая** Schweißteil n, geschweißtes Teil n ‖ ~/**сверхминиатюрная** (Eln) Mikrobauteil n, Mikrobauelement n ‖ ~/**скрепляющая** Befestigungsteil n ‖ ~/**сопряжённая** (Fert) Paßteil n ‖ ~/**стандартная** Normteil n ‖ ~/**строительная** Bauelement n ‖ ~/**тормозящая** Bremskörper m ‖ ~ **управления** Steuerungselement n ‖ ~/**устанавливаемая** (Fert) Anbauteil n (Montage) ‖ ~/**фасонная** Formstück n ‖ ~/**формованная** Formteil n ‖ ~/**штампованная** Gesenkschmiedeteil n, Gesenkschmiedestück n, Preßteil n ‖ ~/**эталонная** (Fert) Musterwerkstück n
детандер m (Masch, Kält) Expansionsmaschine f ‖ ~/**вертикальный [поршневой]** stehende Kolbenexpansionsmaschine f ‖ ~/**горизонтальный [поршневой]** liegende Kolbenexpansionsmaschine f ‖ ~/**поршневой** Kolbenexpansionsmaschine f ‖ ~/**турбинный** Expansionsturbine f (s. a. турбодетандер)
детектирование n (Rf) Gleichrichtung f, Demodulation f ‖ ~/**амплитудное** Amplitudenmodulation f, Amplitudengleichrichtung f ‖ ~/**анодное** Anodengleichrichtung f, Anodendemodulation f ‖ ~/**высокочастотное** Hochfrequenzgleichrichtung f ‖ ~/**двухполупериодное** Doppelweggleichrichtung f, Gegentaktgleichrichtung f ‖ ~/**двухтактное** Gegentaktgleichrichtung f ‖ ~/**диодное** Diodendemodulation f, Dioden-

gleichrichtung *f* II ~/**катодное** Kathodengleichrichtung *f* II ~/**квадратичное** quadratische Gleichrichtung (Demodulation) *f* II ~/**когерентное** kohärente Demodulation *f* II ~/**линейное** lineare Gleichrichtung (Demodulation) *f*, Lineargleichrichtung *f* II ~/**однополупериодное** Einweggleichrichtung *f* II ~/**пиковое** Scheitelwertgleichrichtung *f* II ~ **сигнала изображения** Bilddemodulation *f*, Bildgleichrichtung *f* II ~/**фазовое** Phasendemodulation *f* II ~/**частотное** Frequenzdemodulation *f*
детектировать *(Rf)* gleichrichten, demodulieren
детектор *m* 1. Detektor *m*, Nachweisgerät *n*; 2. *(Eln, Rf)* Detektor *m*, Demodulator *m*, Hochfrequenzgleichrichter *m*; 3. *(Reg)* Detektor *m*, Aufnehmer *m*, Fühler *m*; 4. *(Bgb)* Gasdetektor *m*, Gasanzeigegerät *n*; 5. *(Kern) s.* ~ **излучения** II ~ **альфа-излучения (альфа-частиц)** *(Kern)* Alphadetektor *m*, Alphastrahlendetektor *m*, Detektor *m* für Alphastrahlung II ~/**амплитудный** *(Eln)* Amplitudendemodulator *m* II ~/**анодный** *(Eln)* Anodengleichrichter *m* II ~/**балансный** *(Eln)* Doppelgegentaktgleichrichter *m* II ~ **бета-излучения** *(Kern)* Betadetektor *m*, Betastrahlendetektor *m*, Detektor *m* für Betastrahlung II ~ **бета-частиц** *s.* ~ **бета-излучения** II ~ **быстрых нейтронов** *(Kern)* Detektor *m* für schnelle Neutronen II ~ **вторичных электронов** Sekundärelektronendetektor *m* II ~/**высокочастотный** Hochfrequenzdetektor *m*; Hochfrequenzgleichrichter *m* II ~ **гамма-излучения (гамма-квантов)** *(Kern)* Gammadetektor *m*, Gammastrahlendetektor *m*, Detektor *m* für Gammastrahlung II ~/**германиевый** *(Eln)* Germaniumdetektor *m* II ~/**гетеродинный** *(Eln)* Überlagerungsdemodulator *m* II ~/**двухполупериодный** Doppelweggleichrichter *m* II ~/**двухтактный** *(Eln)* Gegentaktdemodulator *m* II ~/**диодный** *(Eln)* Diodendemodulator *m* II ~/**дробный** *s.* ~ **отношения** II ~ **излучения** *(Kern)* Strahlungsdetektor *m*, Strahlendetektor *m*, Strahlungsnachweisgerät *n*, Detektor *m* II ~/**измерительный** *(Meß)* Meßdetektor *m* II ~ **ИК-излучения** Infrarotdetektor *m* II ~/**импульсный** Pulsdemodulator *m* II ~/**кремниевый** *(Eln)* Siliciumdetektor *m* II ~/**кристаллический** *(Eln)* Kristalldetektor *m* II ~/**купроксный** Kupfer(I)-oxid-Gleichrichter *m* II ~/**ламповый** *(Eln)* Röhrendemodulator *m* II ~/**линейный** *(Eln)* linearer Hochfrequenzdemodulator *m* II ~ **медленных нейтронов** *(Kern)* Detektor *m* für langsame Neutronen II ~/**направленный** *(Kern)* Richtungsdetektor *m*, richtungsabhängiger Detektor *m* II ~/**нейтронный** *s.* ~ **нейтронов** II ~ **нейтронов** *(Kern)* Neutronendetektor *m*, Neutronennachweisgerät *n* II ~/**нелинейный** *(Eln)* nichtlinearer Hochfrequenzdemodulator *m* II ~ **Нернста** *(Kern)* Nernst-Detektor *m* II ~/**однополупериодный** *(Eln)* Einweggleichrichter *m* II ~ **отношения** *(Eln)* Verhältnisdemodulator *m*, Ratiodetektor *m* II ~/**полупроводниковый** *(Eln)* Halbleiterdetektor *m* II ~/**пороговый** Schwellenwertdetektor *m* II ~/**приёмный** *(Eln)* Empfangsdetektor *m* II ~ **радиации** *(Kern)* Strahlungsdetektor *m* II ~/**сверхвысокочастотный** *(Eln)* Höchstfrequenzdetektor *m* II ~ **света** Lichtdetektor *m* II ~/**сеточный** *(Eln)* Gittergleichrichter *m* II ~ **сигналов изображения** Bildsignalgleichrichter *m*, Videodemodulator *m* II ~/**сцинтилляционный** *(Kern)* Szintillationsdetektor *m*, Szintillationszähler *m* II ~/**температурный** Temperaturfühler *m* II ~/**тепловой** Thermodetektor *m*, Wärmefühler *m* II ~/**термоэлектрический** thermoelektrischer Fühler *m* II ~/**точечный** *(Eln)* Spitzen[kontakt]demodulator *m*, Punkt[kontakt]demodulator *m* II ~/**транзисторный** *(Eln)* Transistordemodulator *m* II ~/**триодный** *(Eln)* Triodendemodulator *m* II ~/**фазовый** Phasendiskriminator *m* II ~/**цифровой фазовый** digitaler Phasendetektor *m* II ~/**частотный** Frequenzgleichrichter *m* II ~/**электронозахватный** *(Kern)* Elektroneneinfangdetektor *m* II ~/**ядерный** *s.* ~ **ядерных излучений** II ~ **ядерных излучений** *(Kern)* Kernstrahlungsdetektor *m*, Kernstrahlungsnachweisgerät *n*, Detektor *m*
детекторный Demodulator..., Demodulations..., Detektor...
детектор-ограничитель *m*/**частотный** *(El)* Verhältnisdemodulator *m*, Ratiodetektor *m*
детектор-смеситель *m* *(Eln)* Mischdetektor *m*
детектор-фольга *m* *(Eln)* Foliendetektor *m*
детергент *m* Detergens *n*, Detergent *n*, synthetisches Reinigunsmittel *n*
детерминант *m* *(Math)* Determinante *f* II ~/**адъюнктный** adjungierte Determinante *f* II ~/**косой** schiefe Determinante *f* II ~/**окаймлённый** geränderte Determinante *f* II ~/**ортосимметрический** rekurrierende Determinante *f* II ~/**циклический** zyklische Determinante *f*
детерминизм *m* Determinismus *m*
детерминированность *f* Determiniertheit *f*
детонатор *m* Zünder *m*, Detonator *m*, Sprengkapsel *f* II ~ **замедленного действия** Verzögerungszünder *m*, Zeitzünder *m* II ~ **короткозамедленного действия** Kurzzeitzünder *m*, Kurzverzögerungszünder *m*, Millisekundenzünder *m*
детонация *f* 1. Detonation *f*; 2. Klopfen *n* *(Verbrennungsmotor)*; 3. Tonhöhenschwankung *f*, Tonfrequenzschwankung *f (Magnettonband)* II ~/**медленная** Schlupf *m* *(Magnettonband)*
детонит *m* Detonit *n* *(Sprengstoff)*
детонометр *m* Klopfmesser *m* *(Verbrennungsmotor)*
детрит *m* *(Geol)* Detrit *m*
дефекат *m* 1. *(Ch)* Scheideschlamm *m* *(Zuckergewinnung)*; 2. *(Lw)* Scheidekalk *m*
дефекатор *m* *(Ch)* Scheidepfanne *f*, Scheidegefäß *n* *(Zuckergewinnung)*
дефекация *f* *(Ch)* Defäkation *f*, Scheidung *f* *(Zuckergewinnung)* II ~/**главная** Hauptscheidung *f*, Nachscheidung *f (Hauptkalkung)* II ~ **известью** Kalkscheidung *f*, Kalkmilchscheidung *f* II ~/**мокрая** Naßscheidung *f* II ~/**основная** *s.* ~/**главная** II ~/**предварительная** Vorscheidung *f (Vorkalkung)* II ~/**сухая** Trockenscheidung *f*
дефекосатурация *f* Scheidesaturation *f (Zuckergewinnung)*
дефект *m* 1. Defekt *m*, Fehler *m*; Beschädigung *f*; 2. Störung *f*; 3. Mangel *m*, Nachteil *m*; 4. *(Krist)* Fehlordnung *f*, Defekt *m*, Gitterdefekt *m*, Störstelle *f* II ~/**антиструктурный** *(Eln)* Antisite-

Defekt m, Antistrukturdefekt m (Halbleiter) ‖ ~/**ассоциированный** Assoziationsdefekt m (Halbleiter) ‖ ~/**атомный** (Krist) atomarer Defekt m ‖ ~ **в изоляции** (El) Isolationsdefekt m ‖ ~ **внедрения** s. ~/**междоузельный** ‖ ~ **деформированной решётки** (Krist) Verformungsdefekt m, Verformungsbaufehler m ‖ ~ **замещения** Substitutionsdefekt m, Substitutionsstörstelle f (Halbleiter) ‖ ~/**«замороженный»** (Krist) „eingefrorener Defekt" m (Punktdefekt im metastabilen Zustand, z. B. nach Abschreckung) ‖ ~/**ионный** Ionenstörung f (Halbleiter) ‖ ~/**корневой** (Schw) Wurzelfehler m ‖ ~ **кристалла** Kristall[bau]fehler m, Kristallbaustörung f, Kristalldefekt m ‖ ~ **кристаллической решётки** s. ~ **решётки** ‖ ~ **ленты** Bandfehlstelle f, Banddefekt m ‖ ~/**линейный** (Krist) 1. linearer Defekt m; 2. Versetzung f ‖ ~/**литейный** Gußfehler m, Fehlstelle f (Fehler m) im Gußteil ‖ ~ **литья** s. ~/**литейный** ‖ ~ **массы [ядра]** (Kern) Massendefekt m, Kernschwund m ‖ ~/**меж[до]узельный** (Krist) Zwischengitterdefekt m, Zwischenatom n, interstitieller Defekt m ‖ ~ **межсоединений** (Eln) Leit[er]bahndefekt m ‖ ~/**многозарядный** (Krist) mehrfach geladener Defekt m ‖ ~/**монтажа** Montagefehler m ‖ ~/**обнаруживаемый программой** s. ~/**программно-чувствительный** ‖ ~/**объёмный** (Krist) Volumendefekt m ‖ ~/**опасный** kritischer Fehler m ‖ ~ **ориентаций** (Krist) Orientierungsdefekt m ‖ ~ **по Френкелю** s. ~ Френкеля ‖ ~ **по Шотки** s. ~ Шотки ‖ ~/**поверхностный** Oberflächendefekt m ‖ ~/**программно-чувствительный** (Inf) programmabhängiger Maschinenfehler m ‖ ~ **прокатки** Walzfehler m, Fehlwalzung f ‖ ~/**радиационный** (Krist) Strahlenschaden m, Strahlungsdefekt m, Strahlungsschaden m ‖ ~ **решётки** Gitterfehlstelle f, Fehlstelle f, Fehlordnung f, Gitterfehlordnung f, Gitterdefekt m, Störstelle f ‖ ~ **решётки/атомный** atomare Fehlstelle (Gitterfehlstelle) f ‖ ~ **решётки/двухмерный** zweidimensionale Gitterfehlstelle f, Planardefekt m ‖ ~ **решётки/замещающий** Substitutionsstörstelle f ‖ ~ **решётки/линейный** s. ~ **решётки/одномерный** ‖ ~ **решётки/нульмерный** nulldimensionale Gitterfehlstelle f, nulldimensionaler Defekt m, Punktdefekt m ‖ ~ **решётки/объёмный** s. ~ **решётки/трёхмерный** ‖ ~ **решётки/одномерный** eindimensionale Gitterfehlstelle f ‖ ~ **решётки/первичный** (Krist) Primärdefekt m, primärer Defekt m ‖ ~ **решётки/плоскостный (поверхностный)** s. ~ **решётки/двумерный** ‖ ~ **решётки/примесный** (Krist) Störstelle f, Substitutionsstörstelle f ‖ ~ **решётки/точечный** s. 1. ~ **решётки/нульмерный**; 2. ~ **решётки/атомный** ‖ ~ **решётки/трёхмерный** dreidimensionale Gitterfehlstelle f ‖ ~ **решётки/электронный** elektronische Gitterfehlstelle f, Elektronenfehlstelle f ‖ ~ **решётки/энергетический** energetische Gitterfehlstelle f ‖ ~/**ростовый** (Krist) Wachstumsdefekt m, eingewachsener Defekt m, As-grown-Defekt m ‖ ~ **смещения** (Krist) Verschiebungsdefekt m, Verschiebungsfehler m ‖ ~/**собственный** (Krist) Eigenfehlstelle f, Eigenfehlordnung f ‖ ~/**стехиометрический** (Krist) Kristallstrukturdefekt m, stöchiometrischer Kristallgitterdefekt m

‖ ~ **строения** (Krist) Baufehler m ‖ ~/**термический** thermischer Defekt m, Wärmeausgleich m ‖ ~/**точечный** (Krist) Punktdefekt m ‖ ~ **упаковки** (Krist) Stapelfehler m, SF f ‖ ~ **упаковки/объёмный** Volumenstapelfehler m, VSF f ‖ ~ **упаковки/окислительный** Oxidationsstapelfehler m, OSF ‖ ~ **упаковки/поверхностный** Oberflächenstapelfehler m ‖ ~ **Френкеля** (Krist) Frenkel-Fehlordnung f, Frenkel-Defekt m, Frenkel-Leerstelle f ‖ ~ **Шотки** (Krist) Schottky-Fehlordnung f, Schottky-Defekt m, Schottky-Leerstelle f

дефектность f 1. Fehlerhaftigkeit f; 2. (Krist) Defektstörung f, Fehlordnung f ‖ ~ **структуры** (Krist) Strukturfehler m, Fehlordnung f

дефектование n (Text) Fehleraufnahme f

дефектообразование n (Krist) Defektbildung f ‖ ~/**направленное** Defektengineering n, Defektsteuerung f ‖ ~/**радиационное** (Kern, Wkst) Strahlungsdefektentstehung f

дефектоскоп m 1. Defektoskop n (Gerät zur zerstörungsfreien Werkstoffprüfung); 2. (Photo) Filmfehleraussuchgerät n ‖ ~/**высокочастотный** Hochfrequenzdefektoskop n ‖ ~/**магнитный** Magnetpulverdefektoskop n ‖ ~/**ультразвуковой** Ultraschalldefektoskop n, Ultraschallmaterialprüfgerät n

дефектоскопия f Defektoskopie f (zerstörungsfreie Werkstoffprüfung) ‖ ~/**магнитная** magnetische Defektoskopie f, Magnetdefektoskopie f ‖ ~/**магнитографическая** Magnetographieverfahren n ‖ ~/**нейтронная** Neutronendefektoskopie f ‖ ~ **по методу магнитных порошков** trockenes Magnetpulververfahren n ‖ ~ **по методу магнитных суспензий** nasses Magnetpulververfahren n ‖ ~/**радиационная** Strahlungsdefektoskopie f ‖ ~/**рентгеновская** Röntgen[werkstoff]prüfung f, Röntgendefektoskopie f, [zerstörungsfreie] Werkstoffprüfung f mit Röntgenstrahlen ‖ ~/**ультраакустическая (ультразвуковая)** Ultraschalldefektoskopie f ‖ ~/**феррозондовая** Sondenverfahren n ‖ ~/**эхоимпульсная ультразвуковая** Ultraschall-Impulsechoprüfung f

деферент m Deferent m, deferierender Kreis m

дефибрёр m (Pap) Holzschleifer m, Defibrator m ‖ ~/**кольцевой** Ringschleifer m ‖ ~/**магазинный** Magazinschleifer m ‖ ~/**прессовый** Pressenschleifer m ‖ ~/**сдвоенный** Zwillings[pressen]schleifer m ‖ ~/**цепной** Kettenschleifer m

дефибриллятор m (Med) Defibrillator m

дефибрирование n (Pap) Schleifen n, Holzschliffherstellung f ‖ ~ **белой древесины** Weißschleifen n ‖ ~/**горячее** Heißschleifen n ‖ ~/**горячее жидкое** Dünnheißschleifen n ‖ ~ **древесины** Holzschleifen n ‖ ~/**холодное** Kaltschleifen n

дефибрировать (Pap) schleifen, Holzschliff herstellen

дефицит m Defizit n, Fehlbetrag m ‖ ~ **влажности** (Meteo) Sättigungsdefizit n ‖ ~ **кислорода** Sauerstoffmangel m ‖ ~ **массы** (Ph) Massendefekt m, Massenschuß m ‖ ~ **мощности** (En) Leistungsdefizit n ‖ ~ **насыщения [воздуха]** s. ~ **влажности** ‖ ~ **энергии** (En) Energiedefizit n

дефлаграция f Deflagration f, Verpuffung f

дефлегматор m (Ch) Dephlegmator m (Rektifikation) ǁ ~/**шариковый** Kugeldephlegmator m
дефлегмация f (Ch) Dephlegmieren n, Dephlegmation f
дефлектор m 1. Ablenker m, Deflektor m; 2. (El) Ablenkelektrode f; 3. Leitblech n, Luftleitblech n (Gasturbine); Strahlabweiser m, Strahlablenker m (Wasserturbine); 4. (Schiff) Drucklüfter m, Lüfterkopf m, Drucklüfterkopf m; 5. (Lw) Auswurfbogen m, Auswurfkrümmer m, Häckslerauswurfbogen m; 6. (Kern) Deflektor m, Auslenkvorrichtung f, Ablenkvorrichtung f (Beschleuniger); 7. (Hydr) Prallblech n, Umlenkblech n; Strahlablenker m ǁ ~/**вдувной** (Schiff) Zulüfterkopf m ǁ ~/**вытяжной** (Schiff) Ablüfterkopf m ǁ ~/**лазерный** Laserablenkvorrichtung f
дефлокулировать ausflocken, entflocken (Aufbereitung)
дефлокуляция f Ausflocken n, Ausflockung f, Entflockung f (Aufbereitung)
дефляция f (Geol) Deflation f, äolische Erosion f, Abblasung f, Abhebung f
дефожёсткость f Defo[meter]härte f
дефокусировка f Defokussierung f ǁ ~ **пучка** Strahldefokussierung f
дефолиант m (Ökol) Entlaubungsmittel n, Defoliationsmittel n
дефолиация (Ökol) Entlaubung f
дефометр m Defometer n, Deformations[meß]gerät n
дефо-пластичность f Defohärte f
дефо-показатель m Defoeinheit f
деформация f 1. Deformation f, Verformung f, Umformung f, Gestaltsänderung f; 2. Verzerrung f; Formänderung f; Verzug m ǁ ~ **без изменения объёма** reine Gestaltsänderung f, Deformation f ohne Volumenänderung ǁ ~ **взрывом** Explosiv[um]formen n, Explosiv[um]formung f ǁ ~/**высокоскоростная** Hochgeschwindigkeitsumformung f ǁ ~ **гибкой** Biegeumformung f ǁ ~/**главная** Haupt[aus]dehnung f, Hauptdilatation f, Hauptverlängerung f; (Wlz) Hauptverformung f ǁ ~/**горячая** Warmumformung f, Warmverformung f ǁ ~/**двухосная** zweiachsige Formänderung f, Flächendehnung f ǁ ~ **закалки** Härtungsdeformation f, Härtungsverzug m ǁ ~/**закалочная** s. ~ закалки ǁ ~ **зерна** Kornverzerrung f (Gefüge) ǁ ~ **изгиба** Biegeverformung f, Biegung f ǁ ~ **контактная** Abplattung f ǁ ~/**критическая** (Fest) 1. kritischer Verformungsgrad (Umformungsgrad) m; 2. kritische Verformung (Umformung) f ǁ ~ **кручения** (Fest) Verdrehen n, Verdrehverformung f ǁ ~/**неполная горячая** unvollständige Warmumformung f ǁ ~/**неполная холодная** unvollständige Kaltumformung f ǁ ~/**объёмная** räumliche Dehnung f ǁ ~/**однородная** (Fest) homogene (gleichmäßige) Verformung f, homogene (gleichmäßige) Umformung f ǁ ~/**осадочная** Schwinden n, Schwindverformung f ǁ ~/**остаточная** Verformungsrest m (s. a. ~/пластическая) ǁ ~/**относительная продольная** relative Längenänderung f, Dehnung f ǁ ~/**пластическая** bleibende (plastische) Verformung (Deformation, Formänderung) f ǁ ~/**плоская** ebene Formänderung f ǁ ~ **ползучести** Kriechverfahren f, Kriechen n ǁ ~/**поперечная** Querverformung f ǁ ~ **при кручении** s. ~ скручивания ǁ ~ **при растяжении** s. ~ растяжения ǁ ~ **при сжатии** s. ~ сжатия ǁ ~/**продольная** Längenänderung f, Längsverformung f ǁ ~ **растяжением** s. ~ растяжения ǁ ~ **растяжения** Zugverformung f, Streckverformung f, Dehnverformung f ǁ ~ **сдвига** Scherverformung f, Schubverformung f ǁ ~ **сжатия** Druckverformung f, Stauchung f ǁ ~ **скручивания** Torsionsverformung f, Torsionsverzerrung f, Verdreh[ungs]verformung f ǁ ~/**тепловая** Wärmeverzug m, Verzug m (Deformation f) infolge Wärmeeinwirkung ǁ ~/**упругая** elastische Verformung (Deformation, Formänderung) f ǁ ~/**упруго-пластичная** elastisch-plastische Deformation f, elastoplastische Formänderung f ǁ ~/**холодная** Kaltumformung f; Kaltverformung f ǁ ~/**усадочная** Schwundverformung f ǁ ~/**частичная пластическая** teilplastische Beanspruchung f ǁ ~/**чистая** reine Formänderung f
деформирование n s. деформация
деформировать verformen, deformieren, einer Verformung unterziehen
деформируемость f Verformbarkeit f, Umformbarkeit f, Bildsamkeit f, Verformungsfähigkeit f; Formänderungsvermögen n, Deformationsverhalten n
деформограф m/**кварцевый** (Geoph) Quarzstrainmeter n
деформометр m (Geoph) Strainmeter m
дефосфорация f (Ch) Entphosphorung f
дефосфориз[ир]овать (Ch) entphosphoren
дефо-твёрдость f Defohärte f (nach Baader)
дефростация f Auftauen n (z. B. Nahrungsmittel)
дефростация Defroster m, Auftauanlage f ǁ ~/**высокочастотный** Hochfrequenzauftauanlage f, dielektrische Auftauanlage f (Fischverarbeitung) ǁ ~/**оросительный** Sprühwasserauftauanlage f, hydromechanische Auftauanlage f (Fischverarbeitung)
дефростировать auftauen (Nahrungsmittel)
дехлоризация f s. дехлорирование
дехлорирование n (Ch) Entchloren n, Entchlorung f
дехлорировать (Ch) entchloren
децибел m (Ak) Dezibel n, dB (Einheit des Pegels L)
дециметр m Dezimeter n ǁ ~/**кубический** Kubikdezimeter n
децинормальный (Ch) zehntelnormal
дешифратор m (Eln) Dechiffrator m, Dechiffrierungsgerät n; (Nrt) Übersetzer m, Umsetzer m ǁ ~ **адреса** Adressendekoder m ǁ ~/**группового кода** Gruppenkodedechiffrator m ǁ ~ **двоичного кода** Dualkodedechiffrator m ǁ ~ **десятичного кода** Dezimalkodedechiffrator m ǁ ~ **кода** Kodedechiffrator m ǁ ~ **команд** Befehlsdekoder m
дешифратор-мультиплексор m Dekoder-Multiplexer m
дешифраторный Dechiffrator...
дешифрация f, **дешифрирование** n s. декодирование
дешифрировать dekodieren, dechiffrieren, entschlüsseln
дешифровать s. дешифрировать
дешифровка f s. дешифрирование

дештабелёр *m* Entpalletiermaschine *f*
деэлектризация *f* Entelektrisierung *f*
деэмульгатор *m (Ch)* Demulgator *m*, Emulsionsentmischer *m*
деэмульгирование *n (Ch)* Demulgieren *n*, Dismulgieren *n*, Entemulsionieren *n*
деэмульгировать *(Ch)* demulgieren, dismulgieren, entemulsionieren
деэмульсация *f s.* деэмульгирование
деэмфазис *m (Nrt)* Deemphasis *f*, Nachentzerrung *f*, Deakzentuierung *f*
деятельность *f* волн *(Hydr)* Wellentätigkeit *f* ‖ **~/вулканическая** *(Geoph)* vulkanische Tätigkeit (Aktivität) *f* ‖ **~ горячих ключей** Thermaltätigkeit *f* ‖ **~/пятнообразовательная** *(Astr)* Fleckentätigkeit *f*, Sonnenfleckentätigkeit *f* ‖ **~/эоловая** *(Geol)* äolische Abtragung *f* ‖ **~/эрозионная** *(Geol)* Erosionswirkung *f*
Дж *s.* джоуль
Дж/К *s.* джоуль на кельвин
Дж/кг *s.* джоуль на килограмм
Дж/(кг·К) *s.* джоуль на килограмм-кельвин
Дж/м³ *s.* джоуль на кубический метр
Дж/моль *s.* джоуль на моль
Дж/(моль·К) *s.* джоуль на моль-кельвин
джек *m* 1. *(El)* Druckknopfschalter *m*; 2. *(Nrt)* Klinke *f*; 3. *(Bgb)* leichter Bohrhammer *m*, Handbohrhammer *m*
джеспилит *m (Geol)* Jaspilit *m*
джиггер *m (Text)* Jigger *m (Färbemaschine)*
джин *s.* волокноотделитель
джинировать *(Text)* egrenieren, entkörnen *(Baumwolle)*
джиттер *m* Zittern *n (unregelmäßige Schwankungen eines Signales)*
джоуль *m* Joule *n*, J ‖ **~ на кельвин** Joule *n* je Kelvin, J/K ‖ **~ на килограмм** Joule *n*/Kilogramm *n*, Joule *n* je Kilogramm, J/kg ‖ **~ на килограмм-кельвин** Joule *n*/Kilogramm *n* · Grad Kelvin, J/(kg·K) ‖ **~ на кубический метр** Joule *n*/Kubikmeter, Joule *n* je Kubikmeter, J/m² ‖ **~ на моль** Joule *n*/Mol, Joule *n* je Mol, J/mol ‖ **~ на моль-кельвин** Joule *n* je Mol und Kelvin, J/(mol·K)
джут *m* Jute *f*, Jutehanf *m*
дзета-мезон *m (Kern)* Zeta-Meson *n*
дзета-потенциал *m (Ph)* elektrokinetisches Potential *n*, Zeta-Potential *n*
дзета-функция *f (Math)* Zetafunktion *f*
ДЗУ *s.* 1. устройство/долговременное запоминающее; 2. устройство/дисковой запоминающее
диабаз *m (Geol)* Diabas *m*
диабаз-порфирит *m (Geol)* Diabasporphyrit *m*
диагенез[ис] *m (Geol)* Diagenese *f*
диагенизм *m s.* метаморфизм/статический
диагностика *f* Diagnostik *f* ‖ **~/неразрушающая** zerstörungsfreie Diagnostik *f* ‖ **~ ошибок** Fehlerdiagnostik *f* ‖ **~ плазмы** *(Ph)* Plasmadiagnostik *f* ‖ **~/реакторная** *(Kern)* Reaktordiagnostik *f* ‖ **~/ультразвуковая** Ultraschalldiagnostik *f*
диагональ *f (Math)* Diagonale *f* ‖ **~/главная** Hauptdiagonale *f* ‖ **~ мост[ик]а** *(El)* Brückendiagonale *f* ‖ **~ продольных связей** Diagonale *f* der Längsverbände *(einer Brückenkonstruktion)*
диагональный diagonal, schräglaufend

диаграмма *f* Diagramm *n*, Charakteristik *f (s. a. unter* график, кривая *und* характеристика*)* ‖ **~/адиабатная** *(Ph)* Adiabatendiagramm *n* ‖ **~ алгоритмов** Datenflußplan *m* ‖ **~ базы данных** *(Inf)* Datenbankdiagramm *n* ‖ **~ ближнего поля** Nahfelddiagramm *n (einer Antenne)* ‖ **~ Вейссенберга** *(Krist)* Weissenberg-Aufnahme *f*, Weissenberg-Diagramm *n (Röntgenographie)* ‖ **~/векторная** Vektordiagramm *n*, Vektorschaubild *n*, Zeigerdiagramm *n*, Zeigerschaubild *n* ‖ **~/временная** Zeitdiagramm *n*, Taktdiagramm *n* ‖ **~ время-температура-превращение** *(Therm)* Zeit-Temperatur-Umwandlungs-Schaubild *n*, ZTU-Schaubild *n* ‖ **~ газораспределения** Steuerdiagramm *n (Verbrennungsmotor, Dampfmaschine)* ‖ **~ Герцшпрунга-Рессела** *(Astr)* [Hertzsprung-]Russell-Diagramm *n*, HRD, Zustandsdiagramm *n*, stellares Hauptdiagramm *n* ‖ **~ «давление-время»** *(Ph)* Druck-Zeit-Schaubild *n* ‖ **~ «давление-объём»** *(Mech)* Druck-Volumen-Diagramm *n*, p,V-Diagramm *n* ‖ **~ «давление-температура»** *(Therm)* Druck-Temperatur-Diagramm *n*, p,T-Diagramm *n* ‖ **~/двойная** *(Met)* Zweistoff-Zustandsdiagramm *n*, Zustandsdiagramm *n* binärer Legierungen, binäres Zustandsdiagramm *n* ‖ **~ Дебая-Шеррера** *(Krist)* Debye-Scherrer-Aufnahme *f*, Debye-Scherrer-Diagramm *n*, Pulverdiagramm *n (Röntgenographie)* ‖ **~ динамической остойчивости** *(Schiff)* dynamische Hebelarmkurve *f* ‖ **~/дифракционная** *(Opt)* Beugungsdiagramm *n* ‖ **~ дифферентов** *(Schiff)* Trimmkurvenblatt *n* ‖ **~ затвердевания** *(Ph)* Erstarrungsschaubild *n*, Erstarrungskurve *f* ‖ **~/зонная** *(Ph)* Energiebänderdiagramm *n* ‖ **~ избыточных давлений** *(Therm)* Überdruckdiagramm *n (Dampf)* ‖ **~ излучения** Strahlungsdiagramm *n*, Strahlungscharakteristik *f* ‖ **~/индикаторная** Indikatordiagramm *n (Dampfmaschine, Verbrennungsmotor, Hubkolbenverdichter)* ‖ **~ истинных напряжений** *(Wkst)* Spannungs-Dehnungs-Diagramm *n*, bezogen auf den Istquerschnitt ‖ **~ кипения** Siedediagramm *n* ‖ **~ Кремоны[-Максвелла]** *(Mech)* Cremonaplan *m*, Cremonascher (reziproker) Kräfteplan *m* ‖ **~/круговая** Kreisdiagramm *n* ‖ **~ крутящих моментов** Drehmomentkurve *f* ‖ **~ Лауэ** *(Krist)* Laue-Diagramm *n*, Laue-Aufnahme *f*, Einkristallaufnahme *f* ‖ **~ Максвелла-Кремоны** *s.* ~ Кремоны[-Максвелла] ‖ **~ масса-светимость** *(Astr)* Masse-Leuchtkraft-Diagramm *n* ‖ **~/мнимая** imaginäres Diagramm *n* ‖ **~ моментов** *(Mech)* Momentenlinie *f*, Momentenkurve *f*, Momentendiagramm *n* ‖ **~ мощности** Leistungsdiagramm *n*, Leistungsschaubild *n* ‖ **~ нагрузка-осадка** *(Bw)* Last-Setzungs-Diagramm *n*, Last-Setzungskurve *f* ‖ **~ нагрузка-удлинение** *(Wkst)* Belastungs-Dehnungs-Diagramm *n* ‖ **~ нагрузки** Belastungscharakteristik *f*, Belastungsschaubild *n*, Belastungsdiagramm *n*; Lastcharakteristik *f*, Lastkurve *f* ‖ **~/нагрузочная** *s.* ~ нагрузки ‖ **~ направленности** Richtdiagramm *n*, Richtcharakteristik *f* ‖ **~ направленности антенны** Antennenrichtdiagramm *n*, Antennenrichtcharakteristik *f* ‖ **~ направленности излучения** Strahlungsdiagramm *n*, Strahlungscharakteristik *f* ‖ **~ направленности/круговая**

диаграмма 190

Rundstrahldiagramm n, Kugelcharakteristik f ‖ ~ **напряжение-время** (Mech) Spannungs-Zeit-Diagramm n ‖ ~ **напряжение-деформация** (Mech) Spannungs-Dehnungs-Kurve f, Spannungs-Dehnungs-Linie f, Spannungs-Dehnungs-Diagramm n ‖ ~ **напряжение-сжатие** (Mech) Spannungs-Stauchungs-Diagramm n ‖ ~ **напряжение-удлинение** s. ~ напряжение-деформация ‖ ~ **напряжений** Spannungsdiagramm ‖ ~ **низкого давления** Niederdruckdiagramm n ‖ ~ **остаточных моментов** Restmomentkurve f ‖ ~ **отбора** Entnahmediagramm n ‖ ~ **охлаждения** (Ph) Abkühlungsdiagramm n, Abkühlungskurve f ‖ ~ **парораспределения** Dampf[steuer]diagramm n (Dampfmaschine) ‖ ~ **парораспределения/золотниковая** Schieberdiagramm n (Dampfmaschine) ‖ ~ **парораспределения/эллиптическая** Schieberellipse f (Dampfmaschine) ‖ ~/**пеленгаторная** (Rad) Peildiagramm n ‖ ~ **перемещений** Verschiebungsplan m ‖ ~ **плавкости** Schmelzdiagramm n, Schmelzkurve f ‖ ~ **плавления** s. ~ плавкости ‖ ~ **полных токов** (El) Durchflutungsdiagramm n ‖ ~ **поля** (El) Felddiagramm n ‖ ~ **потоков энергии** s. ~ Санки ‖ ~ **предела усталости** (Wkst) Dauerfestigkeitsschaubild n ‖ ~ **проводимости** (El) Leitwertdiagramm n ‖ ~ **проводки** Verdrahtungsschema n, Schaltschema n ‖ ~/**пространственная** Raumdiagramm n, räumliches Diagramm n ‖ ~/**пространственно-временная** (Ph) Zeit-Weg-Diagramm n, Zeit-Weg-Schaubild n ‖ ~ **процесса** Prozeßablauf m ‖ ~ **пути по времени** (Ph) Zeit-Weg-Diagramm n, Zeit-Weg-Schaubild n ‖ ~ **работы/цикловая** (Text) Steuerdiagramm n (Kämmaschine) ‖ ~/**рабочая** Arbeitskennlinie f, Betriebskennlinie f ‖ ~ **распределения** s. 1. ~ газораспределению; 2. ~ парораспределения ‖ ~ **рассеяния** Streidiagramm n ‖ ~ **растворимости** (Ph) Löslichkeitsdiagramm n, Löslichkeitskurve f ‖ ~ **растяжения[-сжатия]** s. ~ напряжение-деформация ‖ ~ **расхода пара** (Wmt) Dampfverbrauchsdiagramm n, Dampfdurchsatzdiagramm n ‖ ~ **режимов** (Wmt) Entnahmediagramm n (Kondensationsturbinen mit regelbarer Dampfentnahme) ‖ ~ **Рессел[л]а** s. ~ Герцшпрунга-Рессела ‖ ~ **Санки** Sankey-Diagramm n, Energieflußbild n ‖ ~ **сжатия** 1. (Med) Verdichtungsdiagramm n; 2. (Wkst) Druckverformungsdiagramm n, Stauchkurve f ‖ ~ **сил** s. ~/**силовая** (Mech) Kräfteplan n, Kraftplan m, Krafteck n (s. а. ~ Кремоны) ‖ ~ **скоростей** (Ph) Geschwindigkeitsdiagramm n, Geschwindigkeitsplan m ‖ ~ **скорость-нагрузка** (Ph) Geschwindigkeits-Belastungs-Diagramm n ‖ ~ **сопротивлений** 1. Festigkeitsdiagramm n; 2. Widerstandsdiagramm n ‖ ~ **состав-свойство** Zustandsdiagramm n (Mehrkomponentensystem) ‖ ~ **состояния** [thermodynamisches] Zustandsdiagramm n, Zustands[schau]bild n, Phasendiagramm n, Gleichgewichtsdiagramm n ‖ ~ **состояния железо-углерод** Eisen-Kohlenstoff-Diagramm n, Eisen-Kohlenstoff-Zustandsschaubild n ‖ ~ **состояния тройных сплавов** s. ~/тройная ‖ ~ **спектр-светимость** s. ~ Герцшпрунга-Рессела ‖ ~/**спиральная** s. ~ газо- распределения ‖ ~ **статических давлений** statisches Druckdiagramm n ‖ ~ **статической остойчивости** (Schiff) statische Hebelarmkurve f ‖ ~/**столбчатая** Säulendiagramm n ‖ ~/**структурная** 1. (Met) Gefügeschaubild n; 2. (Geol) Gefügediagramm n ‖ ~ **температура-объём** (Therm) Temperatur-Volumen-Diagramm n, T,v-Diagramm n ‖ ~/**температурная** (Therm) Temperatur[verteilungs]diagramm n, Temperatur[verteilungs]kurve f ‖ ~/**тепловая** s. ~/энтропийная ‖ ~/**тройная** (Met) Dreistoff-Zustandsdiagramm n, Zustandsdiagramm n ternärer Legierungen, ternäres Zustandsdiagramm n ‖ ~ **уровня** (Nrt) Pegel[schau]linie f, Pegeldiagramm n ‖ ~ **усилий** (Mech) Kräfteplan m, Krafteck n ‖ ~ **усталости** (Wkst) Dauerfestigkeitsschaubild n, Dauerfestigkeitsdiagramm n, Grenzspannungsdiagramm n (z. B. Wöhler-Kurve) ‖ ~ **устойчивости** Stabilitätsdiagramm n ‖ ~ **фаз** s. ~ состояния ‖ ~ **фаз газораспределения** Steuerdiagramm n (Verbrennungsmotor) ‖ ~/**фазовая** 1. (El) Phasendiagramm n; 2. s. ~ состояния ‖ ~ **холостого хода** Leerlaufdiagramm n ‖ ~ **цвет-светимость** (Astr) Farben-Helligkeits-Diagramm n, FHD ‖ ~ **цветностей** Farbtafel f ‖ ~/**частотная** (El, Eln) Frequenzdiagramm n ‖ ~/**штапельная** (Text) Stapeldiagramm n, Faserlängendiagramm n (Faserprüfung) ‖ ~/**энергетическая** 1. Energieschema n, Energie[niveau]diagramm n, Termschema n; 2. (Masch) Diagramm (Schaubild) n des Leistungsflusses, Leistungsflußbild n ‖ ~ **энтропии** s. ~/энтропийная ‖ ~/**энтропийная** (Therm) [Temperatur-]Entropie-Diagramm n, Wärmediagramm n, T, s-Diagramm n

диада f 1. Zweischlag m (Getriebelehre); 2. (Mech) s. тензор второго ранга
диадохит m (Min) Diadochit m
диадохия f (Krist) Diadochie f (gegenseitige Austauschbarkeit einzelner Atome bzw. Ionen in einer Kristallphase)
диазобумага f Diazotypiepapier n
диазокомпонента f (Photo) Diazokuppler m
диазокраситель m Diazofarbstoff m
диазоматериал m Diazokopiermaterial n
диазоплёнка f (Photo) Diazofilm m
диазораствор m (Ch) Diazolösung f, Diazonium[salz]lösung f
диазореакция f (Ch) Diazo[tierungs]reaktion f
диазослой m (Ch) Diazoschicht f
диазосмола f Diazoharz n
диазосоединение n (Ch) Diazoverbindung f
диазосоль f (Ch) Diazoniumsalz n
диазотипия f (Photo) Diazoverfahren n
диазотирование n (Ch) Diazotieren n, Diazotierung f
диак m (Eln) Diac m, [bidirektionale] Triggerdiode f, Zweiwegschaltdiode f, Vollwegschaltdiode f
диакаустика f (Opt) Diakaustik f
диакисдодекаэдр m s. дисдодекаэдр
диакоптика f (Eln) Diakoptik f, Diakoptik-Methode f
диализ m (Ch, Med) Dialyse f
диализат m (Ch) Dialysat n
диализатор m (Ch, Med) Dialysator m, Dialysierzelle f ‖ ~/**камерный** Kammerdialysator m

диаллаг *m (Min)* Diallag *m (Pyroxen)*
диалог *m* **с вычислительной машиной** Rechnerdialog *m*, Computerdialog *m*
диалоговый *(Inf)* Dialog...
диальдегид *m (Ch)* Dialdehyd *m*
диамагнетизм *m* Diamagnetismus *m*
диамагнетик *m* diamagnetischer Stoff *m*, Diamagnetikum *n*
диамагнитность *f* Diagmagnetismus *m*
диамагнитный diamagnetisch
диамагнитометр *m* Diamagnetometer *n*
диаметр *m* Durchmesser *m* ‖ ~ **в свету** lichter Durchmesser *m*, Kaliber *m* ‖ **~/видимый** *(Astr)* scheinbarer Durchmesser *m (eines Gestirns)* ‖ **~/внешний** Außendurchmesser *m* ‖ **~/внутренний** Innendurchmesser *m*; *(Fert)* Kerndurchmesser *m (z. B. Bolzenkerndurchmesser, Gewindekerndurchmesser)* ‖ ~ **гребного винта** *(Schiff)* Propellerdurchmesser *m* ‖ ~ **делительной окужности** Teilkreisdurchmesser *m*, Durchmesser *m* des Erzeugungswälzkreises ‖ ~ **дуги** Lichtbogendurchmesser *m* ‖ ~ **зеркала** *(Opt)* Spiegeldurchmesser *m* ‖ ~ **изделия/наибольший** *(Wkzm)* Schwingdurchmesser *m (beim Schlagen des Werkstücks)* ‖ **~/истинный** *(Astr)* wahrer (linearer) Durchmesser *m (eines Gestirns)* ‖ ~ **конуса** Kegeldurchmesser *m* ‖ ~ **круга катания** *(Eb)* Laufkreisdurchmesser *m (Rad)* ‖ **~/наибольший** größter Durchmesser *m* ‖ **~/наименьший** kleinster Durchmesser *m* ‖ **~/наружный** Außendurchmesser *m* ‖ ~ **начальной окружности** *(Fert)* Durchmesser *m* des Erzeugungswälzkreises ‖ **~/номинальный** Nenndurchmesser *m* ‖ **~/номинальный наружный** Nennmaß *m* des Außendurchmessers (Gewindedurchmessers) ‖ ~ **окружности впадин** *(Masch)* Fußkreisdurchmesser *m (Zahnrad)* ‖ ~ **окружности выступов** *(Masch)* Kopfkreisdurchmesser *m (Zahnrad)* ‖ ~ **основной окружности** *(Masch)* Grundkreisdurchmesser *m (Zahnrad)* ‖ ~ **подшипника** *(Masch)* Lagerdurchmesser *m* ‖ ~ **посадки** *(Masch)* Sitzdurchmesser *m*; Paßdurchmesser *m* ‖ ~ **посадочного отверстия** *s*. **~/посадочный** ‖ **~/посадочный** *(Masch)* Aufnahmedurchmesser *m (Bohrung)*; Anschlußdurchmesser *m* ‖ **~/рабочий** arbeitender Durchmesser *m* ‖ **~/равновесный** Gleichgewichtsdurchmesser *m* ‖ ~ **резьбы/внутренний** Kerndurchmesser *m (des Gewindes)* ‖ ~ **резьбы/наружный** Gewinde[außen]durchmesser *m* ‖ ~ **резьбы/приведённый средний** Flankendurchmesser *m (am Gewinde)* ‖ ~ **сердечника** Kerndurchmesser *m (am Gewinde)* ‖ ~ **сердцевины [сверла]** Kerndurchmesser *m (eines Bohrers)* ‖ **~/средний** *(Astr)* mittlerer Durchmesser *m (z. B. der Galaxie)* ‖ ~ **трубы/внутренний** Rohrinnendurchmesser *m*, Rohrkaliber *n*, Rohrweite *f* ‖ **~/угловой** *(Astr)* Winkeldurchmesser *m (eines Gestirns)* ‖ **~/условный** Nenndurchmesser *m (Walze)* ‖ ~ **установившейся циркуляции** *(Schiff)* stabiler Drehkreisdurchmesser *m* ‖ ~ **циркуляции** *(Schiff)* Drehkreisdurchmesser *m* ‖ ~ **экрана** Bildschirmdurchmesser *m*
диаметральный 1. diametral; 2. *(Schiff)* Mittellängs...
диамид *m s.* гидразин

диамикрокарта *f* Mikrofiche *n*
диаминокислота *f* Diaminosäure *f*
диапазон *m* 1. Bereich *m*; Gebiet *n*; 2. *(Meß)* Bereich *m*, Skale *f*; 3. Arbeitsbereich *m (einer Antenne)*; 4. *(Rf)* Band *n (s. a. unter* полоса 1.*)*; 5. *(Inf)* Wertebereich *m* • **с растянутым диапазоном** mit gespreiztem Wellenbereich, bandgespreizt ‖ ~ **адреса** *(Inf)* Adressenbereich *m* ‖ ~ **аккомодации** *(Opt)* Akkommodationsbreite *f* ‖ ~ **амплитуд импульсов** *(Eln)* Impulshöhenbereich *m* ‖ ~ **базы** *(Eln)* Basisbereich *m (Transistoren)* ‖ **~/видимый** sichtbarer Bereich *m (des Spektrums)* ‖ ~ **волн** *(Rf)* 1. Wellenbereich *m*; 2. Wellenband *n* ‖ ~ **волн/рабочий** Arbeits[wellen]bereich *m*, Betriebswellenbereich *m* ‖ **~/всеволновый** *(Rf)* Allwellenbereich *m*; Allwellenband *n* ‖ **~/гектометровый** Hektometerwellenbereich *m* ‖ ~ **гиперзвуковых частот** hoher Überschallbereich *m*, hypersonischer Bereich *m*, Hyperschallbereich *m* ‖ ~ **громкости** Lautstärkebereich *m* ‖ ~ **грубых измерений** Grobmeßbereich *m* ‖ ~ **давлений** Druck[regel]bereich *m* ‖ **~/декаметровый** Dekameter[wellen]bereich *m* ‖ ~ **декаметровых волн** Dekameter[wellen]band *n* ‖ **~/дециметровый** Dezimeterwellenbereich *m* ‖ **~/динамический** *(Rf)* Dynamikbereich *m* ‖ **~/длинноволновый** *(Rf)* 1. Langwellenbereich *m*; 2. Langwellenband *n* ‖ ~ **дозирования** Regelbereich *m (Wägetechnik)* ‖ ~ **задержки** Verzögerungsbereich *m* ‖ ~ **захватывания** *(Fert)* Greifbereich *m* ‖ **~/звуковой** 1. *(Ak)* Klangumfang *m*; 2. *s*. ~ **звуковых частот** ‖ ~ **звуковых частот** Tonfrequenzbereich *m*, Hörbereich *m* ‖ ~ **знакопеременной нагрузки** *(Wkst)* Wechsel[last]bereich *m* ‖ ~ **значений** *(Inf)* Wertebereich *m* ‖ ~ **изменения** Änderungsbereich *m*, Variationsbereich *m*, Schwankungsbereich *m* ‖ ~ **измерения** Meßbereich *m* ‖ ~ **измерения/полный** Gesamtmeßbereich *m* ‖ ~ **индикации** Anzeigebereich *m* ‖ ~ **квантования** Quantisierungsbereich *m* ‖ ~ **километровых волн** Kilometer[wellen]bereich *m* ‖ **~/колебательный** Schwing[ungs]bereich *m* ‖ ~ **контролируемых уровней** Bewertungspegel *m* ‖ **~/коротковолновый** *(Rf)* 1. Kurzwellenbereich *m*, KW-Bereich *m*; 2. Kurzwellenband *n* ‖ **~/коротковолновый любительский** Kurzwellenamateurband *n* ‖ ~ **крупности** Korngrößenbereich *m*, Körnungsbereich *m* ‖ **~/метровый** 1. Meterwellenbereich *m*; 2. Meterband *n* ‖ **~/механический** *(Masch)* mechanisch verstellbarer Drehzahlbereich *m* ‖ ~ **миллиметровых волн** *(Rf)* Millimeterwellen[längen]bereich *m*, Längstwellenbereich *m* ‖ ~ **мощностей** Leistungsbereich *m* ‖ ~ **на УКВ/радиовещательный** UKW-Rundfunkband *n* ‖ ~ **нагрузки (нагрузок)** *(Wkst)* Belastungsbereich *m*, Lastbereich *m* ‖ ~ **напряжений** *(El)* Spannungsbereich *m* ‖ ~ **напряжения** *(Wkst)* Spannungsbereich *m* ‖ ~ **настройки** Abstimmbereich *m*; Einstellbereich *m* ‖ ~ **непрямого регулирования** relativer Regelbereich *m* ‖ ~ **несущих частот** Trägerfrequenzbereich *m* ‖ **~/низкочастотный** NF-Bereich *m* ‖ **~/номинальный** Anzeigebereich *m*, Nennbereich *m* ‖ **~/оптический** Optische *n* ‖ ~ **освещения** *(Photo)* Beleuchtungsumfang *m*

диапазон

|| ~ **отрегулировки** *(Reg)* Verstellbereich *m* || ~ **отсчёта** Anzeigebereich *m* || ~ **ошибок** Fehlerbereich *m* || ~ **передачи** 1. Übertragungsbereich *m*; 2. Übertragungsband *n* || ~ **переключения** Schaltbereich *m (z. B. bei Waagen)* || ~ **поворота** Schwenkbereich *m* || ~ **показаний** Anzeigebereich *m*, Skalenbereich *m* || ~ **показаний по шкале** Skalenbereich *m* || ~/**полный** Gesamtbereich *m* || ~ **приёма** *s*. ~ принимаемых волн || ~ **применимых частот** Übertragungsfrequenzbereich *m*, nutzbarer Frequenzbereich *m* || ~ **принимаемых волн** Empfangsbereich *m* || ~ **прозрачности** Durchlaßbereich *m* || ~/**пропорциональный** Proportionalbereich *m* || ~ **работы** Betriebsbereich *m*, Arbeitsbereich *m* || ~ **рабочих температур** Betriebstemperaturbereich *m* || ~ **рабочих частот** Arbeitsfrequenzbereich *m* || ~/**радиовещательный** Rundfunkband *n* || ~/**радиолюбительский** 1. Amateurfunkbereich *m*; 2. Amateur[funk]band *n* || ~ **радиочастот** Funkfrequenzbereich *m*; Radiofrequenzbereich *m*, Hochfrequenzbereich *m* || ~ **разброса** Streubereich *m* || ~ **рассеивания** Streufeld *n* || ~/**растянутый** *(Rf)* 1. gespreizter Wellenbereich *m*; 2. gespreiztes Band *n* || ~ **регулирования** Regelbereich *m*, Stellbereich *m* || ~ **регулирования частоты вращения** Drehzahlstellbereich *m* || ~/**сантиметровый** Zentimeter[wellen]bereich *m* || ~ **сверхвысоких частот** Höchstfrequenzbereich *m* || ~/**сверхдлинноволновый** Myriameterbereich *m*, Längstwellenbereich *m* || ~ **скоростей** Geschwindigkeitsbereich *m* || ~ **собственной чувствительности** *(Photo)* Eigenempfindlichkeitsbereich *m* || ~ **сопротивлений** *(El)* Widerstandsbereich *m* || ~/**спектральный** Spektralbereich *m* || ~/**средневолновый** *(Rf)* 1. Mittelwellenbereich *m*; 2. Mittelwellenband *n* || ~/**субмикронный** *(Eln)* Submikrometerbereich *m* || ~ **субмиллиметровых волн** Submillimeterwellenlängengebiet *n* || ~/**телевизионный** 1. Fernsehbereich *m*; 2. Fernsehband *n* || ~ **температур** Temperaturbereich *m*, Temperaturgebiet *n* || ~ **температуры окружающей среды** Umgebungstemperaturbereich *m* || ~ **тока** *(El)* Strombereich *m* || ~ **точных измерений** Feinmeßbereich *m* || ~ **ультразвуковых частот** Ultraschallbereich *m* || ~/**ультракоротковолновый** *(Rf)* 1. Ultrakurzwellenbereich *m*, UKW-Bereich *m*; 2. Ultrakurzwellenband *n*, UKW-Band *n* || ~ **упругости** *(Mech)* Elastizitätsbereich *m* || ~ **усиления** *(El)* Verstärkungsbereich *m* || ~ **усилия** *(Wkst)* Beanspruchungsbereich *m* || ~ **установки** Einstellbereich *m* || ~ **частот** 1. Frequenzbereich *m*; 2. Frequenzband *n* || ~ **частот/номинальный** Nennfrequenzbereich *m* || ~ **частот/рабочий** Betriebsfrequenzbereich *m*, Arbeitsfrequenzbereich *m* || ~/**частотный** *s*. ~ частот || ~ **чисел оборотов** Drehzahlbereich *m* || ~ **шкалы** Skalenbereich *m* || ~ **экспозиции** *(Photo)* Belichtungsumfang *m* || ~ **энергий** Energiebereich *m*, Energieband *n*

диапазон А A-Band *n (Frequenz)* || ~ **С** C-Band *n (Frequenz)*

диапазонность *f (Rf)* Breitbandigkeit *f*

диапир *m (Geol)* Diapir *m* || ~/**соляной** Salzdiapir *m*

диапиризм *m (Geol)* Diapirismus *m*

диапозитив *m (Photo)* Diapositiv *n*, Dia *n*

диапроектор *m* Lichtbildwerfer *m*

диас *m s.* пермь

диаскоп *m* Diaskop *n* || ~/**ультразвуковой** *(Med)* Ultraschallbildgerät *n*

диаспор *m (Min)* Diaspor *m (Aluminiumhydroxid)*

диастрофизм *m (Geol)* Diastrophismus *m*

диатексис *m (Geol)* Diatexis *f*

диатермичный diatherm, wärmedurchlässig

диатермометр *m* Diathermometer *m*

диатомит *m (Geol)* Diatomit *m (verfestigter Diatomeenschlamm)*

диатрема *f (Geol)* Explosionsröhre *f*, Diatrem *n*

диафанометр *m* Diaphanometer *n*, Lichtdurchlässigkeitsprüfer *m*

диафрагма *f* 1. *(Ch)* Scheidewand *f (Dialyse)*; poröse Scheidewand *f (bei elektrochemischen Prozessen und beim Filtrieren)*; 2. *(Opt)* Blende *f*; Diaphragma *n*; 3. Schott *n*, Schotte *f*, Scheidewand *f*; 4. *(Bw)* Versteifungswand *f*, Bindeblech *n*, Versteifungsblech *n (z. B. in geschweißten Stahlträgern)*; Querschottwand *f*, Querschott *n (Stahlkonstruktionen)*; 5. Zwischenboden *m (Dampfturbine)*; 6. Membran[e] *f (Lautsprecher)* || ~/**анодная** Anodenblende *f* || ~/**апертурная** *(Opt)* Aperturblende *f*, Öffnungsblende *f* || ~/**вставная** *(Opt)* Steckblende *f*, Einsteckblende *f* || ~/**входная** *(Opt)* Eintrittsblende *f* || ~/**выходная** *(Opt)* Austrittsblende *f* || ~ **громкоговорителя** Lautsprechermembran *f* || ~/**двойная** Doppelblende *f* || ~ **земляной плотины** *(Hydt)* Kernmauer *f*, Dichtungskern *m (Damm)* || ~/**измерительная** Meßblende *f*, Blende *f (Meßfühler für die Bestimmung des Volumenstroms nach dem Wirkdruckverfahren)* || ~/**ирисовая** *(Opt)* Irisblende *f*, Iris *f* || ~/**квадратная** *(Opt)* Rechteckblende *f* || ~/**контрастная** *(Opt)* Kontrastblende *f* || ~/**круглая** *(Opt)* Lochblende *f* || ~/**модовая** Modenblende *f (Laser)* || ~/**нормальная** Normblende *f (Wirkdruckgeber)* || ~/**полевая** *(Opt)* Feldblende *f*, Gesichtsfeldblende *f* || ~ **поля зрения** *s*. ~/полевая || ~/**прыгающая** *(Opt)* Springblende *f* || ~/**развёртывающаяся** *(Opt)* Abtastblende *f* || ~/**расходомерная** *s*. ~/измерительная || ~/**сегментная** Segmentblende *f* || ~/**сеточная** *(Eln)* Gitterblende *f* || ~/**сменная** *(Opt)* Wechselblende *f* || ~/**точечная** *(Opt)* Lochblende *f*, Feinblende *f* || ~ **четверть круга** Viertelkreisblende *f* || ~/**щелевая** *(Opt)* Spaltblende *f*, Schlitzblende *f*

диафрагмирование *n* 1. *(Photo)* Abblenden *n*, Abblendung *f*; 2. *(Photo)* Blendeneinstellung *f*; 3. *(Kern)* Ausblenden *n* || ~ **излучения** *(Kern)* Strahl[en]begrenzung *f*, Bündelbegrenzung *f*

диафрагмировать 1. *(Photo)* abblenden; Blende einstellen; 2. *(Kern)* ausblenden

диафторез *m (Geol)* Diaphthorese *f*, retrograde Metamorphose *f*

диваканция *f (Krist)* Divakanz *f*, Doppelleerstelle *f*

дивергентность *f* **скорости** Geschwindigkeitsdivergenz *f*

дивергенция *f* 1. *(Geol)* Divergenz *f*; 2. *(Meteo)* Divergenz *f*; 3. *(Math) s.* расходимость векторного поля || ~ **количества движения** *s*. ~ массы || ~ **линий тока** *(Meteo)* Strömungsdi-

vergenz *f* II ~ **массы** *(Meteo)* Massendivergenz *f* II ~ **направления** *(Geol)* Richtungsdivergenz *f*
дивизор *m (Math)* Divisor *m*
дигиграф *m* Digigraph *m*
дигидрат *m (Ch)* Dihydrat *n*
дигира *f (Krist)* Digyre *f*, digonale Symmetrieachse *f*
дигирный *s.* ромбический
дигрессия *f (Astr)* Digression *f*
дидодекаэдр *m s.* дисдодекаэдр
диен *m (Ch)* Dien *n*, Diolefin *n*
дизамещённое *n (Ch)* Disubstitutionsprodukt *n*
дизамещённый disubstituiert, zweifach substituiert
дизель *m* Dieselmotor *m*, Diesel *m* II ~/**автомобильный** Fahrzeugdieselmotor *m* II ~/**бескомпрессорный** kompressorloser Dieselmotor *m*, Einspritzdieselmotor *m* II ~/**быстроходный** schnellaufender Dieselmotor *m* II ~/**вихрекамерный** Wirbelkammerdieselmotor *m* II ~/**воздушно-камерный** Luftspeicherdieselmotor *m* II ~/**высокооборотный** schnellaufender Dieselmotor *m* II ~/**главный** Hauptdieselmotor *m* II ~/**двухкамерный** *s.* ~/воздушно-камерный II ~/**двухтактный** Zweitaktdieselmotor *m* II ~/**катерный** Bootsdieselmotor *m* II ~/**компрессорный** Dieselmotor *m* mit Kompressor II ~/**корабельный** Schiffsdieselmotor *m* II ~/**крупный** Großdieselmotor *m* II ~/**малооборотный** langsamlaufender Dieselmotor *m* II ~/**малотоксичный** schadstoffarmer (umweltfreundlicher) Dieselmotor *m* II ~/**малошумный** geräuscharmer Dieselmotor *m* II ~/**многокамерный** Mehrkammerdieselmotor *m* II ~/**однокамерный** Einkammerdieselmotor *m* II ~/**предкамерный** Dieselmotor *m* mit Vorkammer, Vorkammerdieselmotor *m* II ~/**реверсивный** umsteuerbarer Dieselmotor *m* II ~ **с наддувом** Dieselmotor *m* mit Aufladung II ~ **с непосредственным впрыском** Dieselmotor *m* mit Direkteinspritzung, kompressorloser Dieselmotor *m* mit Strahlzerstäubung II ~ **с непосредственным впрыском/однокамерный** Dieselmotor *m* mit Strahlzerstäubung, Einkammer-Dieselmotor *m* mit Direkteinspritzung *f* II ~/**среднеоборотный** mittelschnellaufender Dieselmotor *m* II ~/**стационарный** ortsfester Dieselmotor *m* II ~/**судовой** Schiffsdieselmotor *m* II ~/**тепловозный** *(Eb)* Bahndieselmotor *m* II ~/**тихоходный** langsamlaufender Dieselmotor *m* II ~/**тронковый** Tauchkolbendieselmotor *m* II ~/**шлюпочный** Bootsdieselmotor *m*
дизель-баба *f* Dießelramme *f*
дизель-генератор *m* Dieselgenerator *m* II ~/**аварийный** Notstromdiesel *m*, Notstromaggregat *n* II ~/**вспомогательный** Hilfsdieselgenerator *m* II ~/**стояночный** Hafendieselgenerator *m*
дизель-динамо *n s.* дизель-генератор
дизель-компрессор *m* Dieselkompressor *m*, Dieselverdichter *m*, mit Dieselmotor angetriebener Kompressor *m* II ~/**поршневой** Dieselkolbenverdichter *m*
дизель-механический dieselmechanisch
дизель-поезд *m (Eb)* Dieseltriebzug *m*
дизель-электрический dieselelektrisch *(Bahnantrieb, Stromerzeugung)*
дизель-электростанция *f (En)* Dieselkraftwerk *n*
дизель-электроход *m* Dieselelektroschiff *n*

дизъюнкция *(Math)* Disjunktion *f*, logische Summe *f*
дикварк *m (Kern)* Diquark *n*
дик[к]ит *m (Min)* Dickit *m (Tonmineral)*
дикторская *f* Sprecherstudio *n*, Ansageraum *m*
диктофон *m* Diktiergerät *n*, Diktaphon *n*
дилататор *m (Med)* Dilatator *m*
дилатация *f* Dilatation *f*, Dehnung *f*; Ausdehnung *f* II ~/**времени** [Einsteinsche] Zeitdilatation *f*
дилатометр *m* Dilatometer *n*, Dehnunsgmesser *m*, Wärme[aus]dehnungsmesser *m* II ~/**дифференциальный** Differentialdilatometer *n*
дилатометрия *f* Dilatometrie *f*, Dehnungsmessung *f*, dilatometrische Messung *f*
дилювий *m s.* 1. отложения четвертичной системы; 2. плейстоцен
димер *m (Ch)* Dimer[e] *n*
димеризация *f (Ch)* Dimerisation *f*, Dimerisierung *f*
димерность *f (Ch)* Dimerie *f*
диметилировать *(Ch)* dimethylieren
диметрия *f (Math)* Dimetrie *f (darstellende Geometrie)*
димолибдат *m (Ch)* ...dimolybdat *n*
диморфия *f (Krist)* Dimorphie *f*
дин *m s.* дина
дина *f (Mech)* Dyn *n*, dyn *(SI-fremde Einheit der Kraft)*
динама *f* 1. *(Math)* Dyname *f*, Schraube *f*, Vektorschraube *f*; 2. *(Mech)* Dyname *f*, Kraftschraube *f* II ~ **сил** *s.* динама 2.
динамик *m* elektrodynamischer Lautsprecher *m*
динамика *f* 1. Dynamik *f*; 2. *(Nrt)* Dynamikbereich *m* II ~ **автомобиля** Kraftfahrzeugdynamik *f*, dynamische Eigenschaften *fpl* eines Kraftfahrzeugs II ~ **вагонов** *(Eb)* Wagendynamik *f* II ~ **волн** Wellendynamik *f* II ~ **газов/магнитная** Magnetogasdynamik *f* II ~/**газовая** Gasdynamik *f* II ~ **гиперзвукового полёта** Hyperschallflugdynamik *f* II ~/**гравитационная** Gravitationsdynamik *f* II ~ **движения** Fahrdynamik *f* II ~ **движения частиц** *(Kern)* Teilchendynamik *f* II ~ **жёсткого тела** Dynamik *f* starrer Körper *f* II ~/**звёздная** *s.* ~ **звёздных систем** II ~ **звёздных систем** *(Astr)* Stellardynamik *f*, Dynamik *f* der Sternsysteme II ~ **пластических тел** Dynamik *f* plastischer Körper *f* II ~ **подвижного состава** *(Eb)* Fahrzeugdynamik *f* II ~ **полёта** Flugdynamik *f* II ~ **сооружений** Bauwerksdynamik *f* II ~ **трения/тепловая** Wärmedynamik *f* der Reibung II ~/**упругая** *s.* ~ **упругих сред** II ~ **упругих сред**
динамит *m* Dynamit *n (Sprengstoff)* II ~/**аммиачный** Ammoniakdynamit *m (Sprengstoff)*
динамо *n s.* генератор постоянного тока
динамограф *m* Dynamograph *m*, Registrierdynamometer *n*
динамометаморфизм *m (Geol)* Dynamometamorphose *f*, Dislokationsmetamorphose *f*
динамометр *m* Dynanometer *n*, Kraftmeßgerät *n*, Kraftmesser *m* II ~ **вращательный** Drehmomentenmeßgerät *n* II ~/**гидравлический** hydraulische Kraftmeßdose *f* II ~/**инструментальный** Schnittkraftmeßgerät *n* II ~/**крутильный** Torsionsdynanometer *n*, Verdrehkraftmesser *m*, Torsionskraftmeßgerät *n* II ~/**маятниковый** Pendelkraftmesser *m* II ~ **на сжатие** Kraftmeß-

динамометр

dose f ll ~/**образцовый** Normalkraftmeßgerät n ll ~/**поглощающий** Bremsdynamometer n ll ~/**пьезоэлектрический тяговый** piezoelektrisches Zugkraftmeßgerät n ll ~/**ротационный** Torsionskraftmeßgerät n ll ~/**тормозной** Bremsdynamometer n ll ~/**тяговый** Zugkraftmeßgerät n ll ~/**электрический тяговый** 1. elektrisches Zugkraftmeßgerät n, elektrischer Zugkraftmesser m; 2. Dehnmeßstreifen m
динамометр-самописец m Dynanograph m, Registrierdynamometer n
динамон m Dinamon n *(Sprengstoff)*
динамотеория f *(Geoph)* Dynamotheorie f
динамоэффект m *(Ph)* Dynamoeffekt m
динас m Silikastein m
динатрон m *(Eln)* Dynatron n, Dynatronröhre f
динистор m *(Eln)* Dynistor m, Dynistordiode f ll ~/**двунаправленный** Diac m, Zweirichtungsthyristordiode f, [bidirektionale] Triggerdiode f
динод m *(Eln)* Dynode f, Prallelektrode f
диод m *(Eln)* Diode f ll ~/**арсенид-галлиевый** Gallium-Arsenid-Diode f, GaAs-Diode f ll ~/**вакуумный** Vakuumdiode f ll ~/**варакторный** Varaktor m, Varikap m ll ~/**вентильный** Gleichrichterdiode f ll ~/**видеодетекторный** Videodiode f, Leuchtdiode f ll ~/**вспомогательный** Hilfsdiode f ll ~/**выпрямительный** Gleichrichterdiode f, Richtdiode f ll ~/**высоковакуумный** Hochvakuumdiode f ll ~/**высоковольтный** Hochspannungsdiode f ll ~/**высокочастотный** Hochfrequenzdiode f, HF-Diode f ll ~/**высокочастотный выпрямительный** Richtdiode f ll ~ **Ганна** Gunn-Diode f, Gunn-Element n ll ~/**германиевый** Germaniumdiode f, Ge-Diode f ll ~/**германиевый плоскостной** Germaniumflächendiode f, Ge-Flächendiode f ll ~/**германиевый точечный** Germaniumspitzendiode f, Ge-Spitzendiode f ll ~/**двойной** Doppeldiode f, Duodiode f ll ~/**двойной инжекционный** Doppelinjektionsdiode f ll ~/**двунаправленный** Zweirichtungsdiode f ll ~/**двусторонний переключающий** Zweiwegschaltdiode f, Vollwegschaltdiode f ll ~/**двухбазовый** Doppelbasisdiode f ll ~/**детекторный** Detektordiode f, Demodulatordiode f, Gleichrichterdiode f ll ~/**диффузионный** Diffusionsdiode f ll ~/**ёмкостный** Kapazitätsdiode f, Varaktor m, Varikap m ll ~/**жидкокристаллический** Flüssigkristalldiode f, LC-Diode f ll ~/**защитный** Schutzdiode f ll ~ **Зенера** s. Церена ll ~/**измерительный** Meßdiode f ll ~/**импульсный** Schaltdiode f ll ~/**инфракрасного излучения/излучающий** Infrarotemitterdiode f, IRED ll ~/**коллекторный** Kollektordiode f *(Kollektor-Basis-Übergang)* ll ~/**кремниевый** Siliciumdiode f, Si-Diode f ll ~/**кремниевый плоскостной** Siliciumflächendiode f, Si-Flächendiode f ll ~/**кремниевый точечный** Siliciumspitzendiode f, Si-Spitzendiode f ll ~/**кристаллический** Kristalldiode f, Halbleiterdiode f, Kristallgleichrichter m ll ~/**лавинно-пролётный** *(Eln)* Lawinenlaufzeitdiode f, Kurzlaufzeitdiode f, Read-Diode f, Avalanche-Diode f ll ~/**лавинный выпрямительный** Avalanche-Gleichrichterdiode f ll ~/**лазерный** Laserdiode f ll ~/**ламповый** Röhrendiode f, Diode[nröhre] f ll ~/**люминесцентный** Lumineszenzdiode f ll ~/**магнитный** Magnetdiode f, Madistor m ll ~/**маломощный** Kleinleistungsdiode f ll ~/**малошумящий универсальный полупроводниковый лазерный** rauscharme Mehrzweck-Halbleiterlaserdiode f ll ~/**микроминиатюрный** Subminiaturdiode f ll ~/**микроплоскостной** Mesadiode f ll ~/**микросплавной** mikrolegierte Diode f, Mikrolegierungsdiode f ll ~/**миниатюрный** Miniaturdiode f ll ~/**мощный** Leistungsdiode f ll ~ **на арсениде галлия/настроечный** Galliumarsenid-Abstimmdiode f, GaAs-Abstimmdiode f ll ~/**накопительно-переключательный** Speicherschaltdiode f ll ~/**накопительный** Ladungsspeicherdiode f ll ~/**настроечный** Abstimmdiode f ll ~ **обратного действия** s. ~/**обратный** ll ~/**обратный (обращённый)** Rückwärtsdiode f, Backward-Diode f ll ~/**ограничивающий (ограничительный)** Begrenzerdiode f, Begrenzungsdiode f ll ~/**опорный** Referenzdiode f, Bezugsspannungsdiode f ll ~/**переключательный (переключающий)** Schaltdiode f ll ~/**планарно-эпитаксиальный** Epitaxie-Planardiode f ll ~ **планарный** Planardiode f ll ~/**плоскостной** Flächendiode f ll ~/**плоскостной** s. ~/**плоский** ll ~/**поверхностно-барьерный** Oberflächensperrschichtdiode f ll ~/**полупроводниковый** Halbleiterdiode f ll ~/**полупроводниковый выпрямительный** Halbleitergleichrichterdiode f ll ~/**полупроводниковый лазерный** Halbleiter-Laserdiode f ll ~/**приёмный** Empfangsdiode f ll ~/**пятислойный** Fünfschichtdiode f, Synistor m ll ~/**разделительный** Trenndiode f, Isolationsdiode f, Sperrschichtdiode f ll ~/**регулировочный** Regeldiode f, Steuerdiode f, Regulatordiode f, Z-Diode f, Zener-Diode f ll ~/**с барьером Шоттки/выпрямительный** Schottky-Gleichrichterdiode f ll ~ **с двумя основаниями/полупроводниковый** Doppelbasis[-Halbleiter]diode f ll ~ **с изменяющейся ёмкостью** Kapazitäts[variations]diode f, Varikap f ll ~ **с объёмным барьером** Bulk-Barrier-Diode f ll ~ **с переменной ёмкостью** Kapazitätsvariationsdiode f ll ~ **с плоскостным контактом** s. ~/**плоский** ll ~ **с рекомендуемым напряжением** Referenzdiode f, Bezugsspannungsdiode f ll ~ **с точечным контактом** Spitzendiode f ll ~/**сверхвысокочастотный** Höchstfrequenzdiode f, Mikrowellendiode f ll ~/**светоизлучающий** Lumineszenzdiode f, Lichtemissionsdiode f, LED ll ~/**сдвоенный** Doppeldiode f ll ~/**смесительный** Mischdiode f ll ~/**сплавной** Legierungsdiode f ll ~/**тонкоплёночный** Dünnschichtdiode f ll ~/**точечно-контактный** s. ~/**точечный** ll ~/**точечный** Punkt[kontakt]diode f, Spitzendiode f ll ~/**туннельный** Tunneldiode f, Esaki-Diode f ll ~/**универсальный** Universaldiode f, Allzweckdiode f ll ~/**управляемый** gesteuerte Diode f ll ~ **Ценера** Zener-Diode f, Z-Diode f ll ~/**четырёхзонный** s. ~/**четырёхслойный** ll ~/**четырёхслойный** Vierschichtdiode f, Vierzonendiode f ll ~/**шумовой** Rauschdiode f ll ~/**эмиттерный** Emitterdiode f ll ~/**эпитаксиальный** Epitaxiediode f, Epitaxialdiode f ll ~ **Эсаки** Tunneldiode f, Esaki-Diode f
диодный Dioden...

диод-ограничитель m Begrenzerdiode f, Begrenzungsdiode f
диод-пентод m Diode-Pentode f
диод-тетрод m Diode-Tetrode f
диод-триод m Diode-Triode f
диопсид m (Min) Diopsid m (Pyroxen)
диопсид-жадеит m (Min) Diopsidjadeit m (Pyroxen)
диоптаз m (Min) Dioptas m (sekundäres Kupfermineral)
диоптрика f (Opt) Dioptrik f
диоптрия f (Opt) Dioptrie f, dpt
диорит m (Min) Diorit m || ~/**кварцевый** Quarzdiorit m || ~/**слюдяной** Glimmerdiorit m
дипирамида f (Krist) Dipyramide f, Bipyramide f, Doppelpyramide f || ~/**гексагональная** hexagonale Dipyramide f || ~/**дигексагональная** dihexagonale Dipyramide f || ~/**дитетрагональная** ditetragonale Dipyramide f || ~/**дитригональная** ditrigonale Dipyramide f || ~/**ромбическая** rhombische Dipyramide f || ~/**тетрагональная** tetragonale Dipyramide f || ~/**тригональная** trigonale Dipyramide f
диплексер m (Rf) Diplexer m, Brückenweiche f (der Antenne) || ~ **антенны** Sende-Empfangs-Antennenweiche f
диплексный Diplex...
диплот m (Schiff) Tiefseelot n
диплотлинь m (Schiff) Tiefseelotleine f
диплоэдр m (Krist) Diploeder n, Diploid n
диполь m 1. (El) Dipol m; 2. (Hydrod) Dipolströmung f, Quellensenke f (inkompressible Potentialströmung) || ~/**активный** aktiver (schwingender) Dipol m, Strahlungsdipol m, Sendedipol m, Strahler m ~/**акустический** akustischer Dipol m || ~/**волновой** s. ~/**одноволновой** || ~/**встроенный** Gehäusedipol m || ~ **Герца** Hertzscher Dipol m || ~/**горизонтальный** Horizontaldipol m || ~/**двойной** Doppeldipol m || ~/**двойной петлевой** Doppelschleifendipol m || ~/**диапазонный** Breitbanddipol m || ~/**дислокаций** Versetzungsdipol m || ~/**индуцированный магнитный** induzierter magnetischer Dipol m || ~/**кольцевой** Ringdipol m || ~/**крестообразный** Kreuzdipol m, gekreuzter Dipol m || ~/**круглый** Runddipol m, Ringdipol m || ~/**магнитный** magnetischer Dipol m || ~/**направляющий** Richtdipol m || ~/**одноволновой** Ganzwellendipol m, λ-Dipol m || ~/**пассивный** passiver (ungespeister) Dipol m, Empfangsdipol m || ~/**передающий** s. ~/**активный** || ~/**петлевой** Schleifendipol m || ~/**полуволновой** Halbwellendipol m, λ/2-Dipol m || ~/**приёмно-передающий** Sende-Empfangs-Dipol m || ~/**приёмный** s. ~/**пассивный** || ~/**сложенный** Faltdipol m || ~/**ультракоротковолновый** Ultrakurzwellendipol m, UKW-Dipol m || ~/**широкополосный** Breitbanddipol m || ~/**щелевой** Schlitzdipol m || ~/**электрический** elektrischer Dipol m || ~/**элементарный** Elementardipol m
дипольметр m Dipolmeter f
диполь-рефлектор m Reflektordipol m
дипротон m (Ph) Diproton n, Doppelproton n
диптанк m (Schiff) Hochtank m
директива f (Inf) Anweisung f (s. a. описание) || ~ **операционной системы** Betriebsanweisung f || ~ **отладки** Testhilfeanweisung f || ~ **управления заданиями** Jobsteueranweisung f (Betriebssystem)
директор m (Rf) Direktor m, Richtleiter m || ~/**широкополосный** Breitbanddirektor m (Antennentechnik)
директриса f 1. (Math) Direktrix f (Leitlinie von Kegelschnitten; Leitkurve von gekrümmten Flächen); 2. Spannungsrichtfläche f
дирижабль m Luftschiff n || ~/**жёсткий** starres Luftschiff n || ~/**мягкий** unstarres Luftschiff n || ~/**полужёсткий** halbstarres Luftschiff n
дисахарид m (Ch) Disa[c]charid n, Zweifachzucker m
дисбаланс m 1. (Masch) Unwucht f; 2. (El) Abgleichfehler m
дисдодекаэдр m (Krist) Di[s]dodekaeder m
диск m 1. Scheibe f, [runde] Platte f; Teller m; Rad n (s. a. unter **круг** und **шайба** 2.); 2. Laufrad n (Dampfturbine); 3. Sägeblatt n (Kreissäge); 4. Rundmesser m (Schere); 5. (El) Scheibenkondensator m; 6. Schallplatte f; 7. Plattenteller m; 8. (Inf) Disk f || ~/**абразивный** Schleifscheibe f || ~/**абразивный прорезной** Trennschleifscheibe f || ~/**аккреционный** (Astr) Akkretionsscheibe f || ~/**активный** Gleichdruckrad n (Dampfturbine) || ~/**алмазный торцевой эластичный** (Wkz) biegsamer (elastischer) Diamantstirnschleifkörper m || ~/**алмазный эластичный** (Wkz) biegsamer Diamantschleifkörper m || ~/**анодный** (El) Anodenscheibe f || ~/**боковой** m Spulenflansch m || ~/**ведомый** Deckscheibe f (Laufrad einer Kreiselpumpe oder eines Kreiselverdichters) || ~/**ведущий** 1. Antriebsscheibe f (im Reibgetriebe); Treibrolle f; 2. Nabenscheibe f (Laufrad einer Kreiselpumpe) || ~/**верхний** Nabenscheibe f, Tragscheibe f (Laufrad einer Kreiselpumpe oder eines Kreiselverdichters) || ~/**вставной** Einsatzscheibe f || ~/**выпуклый** (Wkzm) ballige Scheibe f || ~/**вырезной** (Lw) gezackte Scheibe f (der Egge) || ~/**вытяжной** (Text) 1. Reckgalette f (Chemiefaserherstellung); 2. Schrägverzug-Zahnscheibe f (Flachsstengel-Schrägverzug vor der Knickwalze) || ~/**гибкий** [**магнитный**] (Inf) Floppy-Disk f, Diskette f || ~/**двухвенечный** zweikränziges Laufrad n (Dampfturbine) || ~/**делительный** (Fert) Teilscheibe f, Rastenscheibe f (Teilkopf) || ~/**диффузионный** (Photo) Weichzeichner m, Softscheibe f, Weichzeichnerscheibe f || ~ **для запоминания информации** Informationsspeicherplatte f || ~ **для наматывания** Wickelteller m || ~ **для правки** (Wkz) Abrichtscheibe f || ~/**доводочный** (Wkzm) Läppscheibe f || ~/**желобчатый** Rillenscheibe f || ~/**жёсткий** [**магнитный**] (Inf) Festplatte f || ~/**заводной** (Nrt) Wählscheibe f, Nummernscheibe f || ~/**зажимный** (Fert) Spannscheibe f; 2. (Text) Wickel[preß]scheibe f (Bandwickelmaschine) || ~ **зубчатого колеса** Zahnradscheibe f || ~/**зубчатый** Zahnscheibe f || ~/**игольчатый** (Text) Rippscheibe f, Nadelteller m (Jacquard-Rundstrickmaschine) || ~/**измерительный** Meßscheibe f || ~/**изоляционный** (El) Isolierscheibe f || ~/**индикаторный** (Text) Zeigerscheibe f (Kämmaschine) || ~/**качающийся** Taumelscheibe f (Taumelscheibengetriebe; Taumelscheibenmotor) || ~/**кодовый** Kodescheibe f, kodierte

диск

Scheibe *f* ‖ ~/**колеблющийся** *s*. ~/**качающийся** ‖ ~/**компактный** Compact Disk *f*, CD ‖ ~/**контактный** Kontaktscheibe *f* ‖ ~/**кривошипный** Kurbelscheibe *f* ‖ ~/**кулачковый** Kurvenscheibe *f*; Nockenscheibe *f* ‖ ~/**литейный** *(Lw)* Gußroderad *n (Rübenerntemaschinen)* ‖ ~/**литерный** Typenscheibe *f (Typenraddrucker)* ‖ ~/**лунный** Mondscheibe *f* ‖ ~/**магазинный** *(Wkzm)* Revolvervorschub *m* ‖ ~/**магнитный** *(Inf)* Magnetplatte *f*, MP ‖ ~ **муфты** Kupplungsscheibe *f* ‖ ~ **на волоконных световодах/прозрачный** strahlendurchlässige Faseroptikscheibe *f* ‖ ~/**наборный** *s*. ~/**заводной** ‖ ~/**нажимной** Anpreßscheibe *f* ‖ ~ **направляющего колеса** 1. Leitradscheibe *f*, Leitscheibe *f (Dampfturbine)*; 2. *s*. ~/**направляющий** 2. ‖ ~/**направляющий** 1. Führungsscheibe *f*; 2. Führungswalze *f*, Führungsscheibe *f (Stiefelwalzwerk)* ‖ ~/**негибкий магнитный** *(Inf)* Festplatte *f* ‖ ~/**нижний** Deckscheibe *f (Laufrad einer Kreiselpumpe)* ‖ ~ **Нипкова** *(Eln)* Nipkow-Scheibe *f* ‖ ~/**ножевой** *(Text)* Schlagnasenplatte *f*, Schlagnasenscheibe *f (Vertikalöffner)* ‖ ~/**номеронабирателя** *s*. ~/**заводной** ‖ ~/**основной** Grundkreisscheibe *f (eines Evolventenprüfgerätes)* ‖ ~/**пальцевой** *s*. ~/**заводной** ‖ ~/**пильный** *(Wkz)* Kreissägeblatt *n* ‖ ~ **Плимсоля** *(Schiff)* Plimsoll-Scheibe *f*, Plimsoll-Marke *f (Lademarke)* ‖ ~/**поводковый** Mitnehmerscheibe *f* ‖ ~/**поворотный** *(Text)* Umlenkgalette *f (Chemiefaserherstellung)* ‖ ~/**постоянный** *(Inf)* Festplatte *f* ‖ ~/**правящий** *(Wkzm)* Abrichtscheibe *f* ‖ ~/**препарационный** *(Text)* Präparationsscheibe *f* ‖ ~/**прессующий** Druckplatte *f (Strangpressen)* ‖ ~/**приёмный** Wickelteller *m* ‖ ~/**приёмный прядильный** *(Text)* Spinngalette *f*, Abzugspalette *f* ‖ ~/**протопланетный** *(Astr)* protoplanetare Scheibe *f (Entstehung des Sonnensystems)* ‖ ~/**прядильный** *(Text)* Spinngalette *f*, Galette *f (Chemiefaserherstellung)* ‖ ~ **рабочего колеса/ведомый** Deckscheibe *f (Laufrad der Kreiselpumpe)* ‖ ~ **рабочего колеса/ведущий (верхний)** Nabenscheibe *f*, Tragscheibe *f (Laufrad der Kreiselpumpe)* ‖ ~ **рабочего колеса/нижний** Deckscheibe *f (Laufrad der Kreiselpumpe)* ‖ ~/**развёртывающий** *(TV)* Abtastscheibe *f*, Bildabtastscheibe *f* ‖ ~/**распределительный** 1. Steuerscheibe *f*; 2. *(Nrt)* Verteilerscheibe *f* ‖ ~/**режущий** Trennschleifscheibe *f* ‖ ~/**рисунчатый** *(Text)* Musterscheibe *f* ‖ ~ **с наклонной осью** 1. Taumelscheibe *f (Wechselgetriebe; Taumelscheibenmotor)*; 2. Taumelsäge *f (Kreissäge)* ‖ ~/**системный** *(Inf)* Systemplatte *f* ‖ ~/**системный магнитный** System-Magnetplatte *f* ‖ ~/**слюдяной** Glimmscheibe *f* ‖ ~ **сматывания** Abwickelteller *m (Tonbandgerät)* ‖ ~/**сменный** *(Inf)* Wechselplatte *f* ‖ ~/**солнечный** Sonnenscheibe *f* ‖ ~/**сплошной** Vollscheibe *f* ‖ ~/**стационарный** *(Inf)* Festplatte *f* ‖ ~/**стопорный** Riegelscheibe *f* ‖ ~/**стробоскопический** Stroboskopscheibe *f* ‖ ~ **ступицы** Nabenscheibe *f*, Nabenteller *m* ‖ ~/**сферический** *(Lw)* gewölbte Scheibe *f (Bodenbearbeitung)* ‖ ~ **сцепления** *(Masch)* Kupplungslamelle *f*, Kupplungsscheibe *f* ‖ ~ **сцепления/ведомый** Kupplungsmitnehmerscheibe *f* ‖ ~ **сцепления/нажимной** Kupplungsdruckscheibe *f*, Kupplungsdruckplatte *f* ‖ ~/**тарельчатый** *(Masch)* Tellerscheibe *f* ‖ ~/**тормозной** Bremsscheibe *f* ‖ ~/**турбинный** Turbinenrad *n* ‖ ~/**увлажняющий** *(Text)* Befeuchtungsgalette *f* ‖ ~/**узорный (узорообразующий)** *(Text)* Musterrad *n*, Musterscheibe *f (Kettenwirkmaschine)* ‖ ~/**упорный** Begrenzungsscheibe *f*, Anschlagscheibe *f*; Druckring *m*, Druckscheibe *f (Drucklager)* ‖ ~/**установочный** Stellscheibe *f* ‖ ~/**фасонный** Formscheibe *f* ‖ ~/**фрикционный** *(Masch)* Reibscheibe *f*; Lamelle *f (Lamellenkupplung)*; Lamellenring *m (Lamellenkupplung)* ‖ ~/**холостой** Schlepprolle *f*, Führungswalze *f*, mitlaufende Scheibe *f (Hohlwalzwerk)* ‖ ~/**штампованный** *(Lw)* Blechroderad *n (Rübenerntemaschinen)* ‖ ~/**эксцентриковый** *(Masch)* Exzenterscheibe *f*, Scheibenkurbel *f*

дискет *s*. дискета

дискета *f (Inf)* Diskette *f* ‖ ~/**системная** Systemdiskette *f*, Programmdiskette *f*

дисковод *(Inf)* Laufwerk *n*, Diskettenlaufwerk *n*, Speicherlaufwerk *n* ‖ ~/**виртуальный** virtuelles Diskettenlaufwerk *n* ‖ ~ **для жёстких [магнитных] дисков** Festplattenlaufwerk *n* ‖ ~/**рабочий** Arbeitslaufwerk *n* ‖ ~/**физический** physisches Diskettenlaufwerk *n*

дисковый *(Inf)* plattenorientiert

дискодержатель *m* Scheibenträger *m*

дискретизатор *m* **видеосигналов** Video-Digitizer *m*

дискретизация *f (Reg)* Diskretisierung *f*, [zeitliche] Quantelung *f*; *(Nrt)* Diskretisierung *f*, Abtastung *f*

дискретно-прерывный *(Inf)* hybrid

дискретность *f (Math)* Diskretheit *f* ‖ ~ **программирования** Auflösung *f* der Programmierung

дискретный *(Math)* diskret, schrittförmig, diskontinuierlich, nichtstetig; *(Inf)* digital, Digital…

дискриминант *m (Math)* Diskriminante *f*

дискриминатор *m (El)* Diskriminator *m* ‖ ~/**амплитудный** Amplitudendiskriminator *m* ‖ ~/**временной** Zeitdiskriminator *m* ‖ ~/**двухтактный** Gegentaktdiskriminator *m* ‖ ~/**дифференциальный** Differentialdiskriminator *m* ‖ ~/**импульсный** Impulsdiskriminator *m* ‖ ~/**многоканальный** Vielkanaldiskriminator *m*, Mehrkanaldiskriminator *m* ‖ ~/**одноканальный** Einkanaldiskriminator *m* ‖ ~/**фазовый** Phasendiskriminator *m* ‖ ~/**частотный** Frequenzdiskriminator *m*

дискриминация *f (Ph)* Diskrimination *f*; *(El)* Unterscheidungsgrad *m*

дислокация *f* 1. Dislokation *f*, Verschiebung *f*; 2. *(Krist)* Versetzung *f (Baufehler)*; 3. *(Geol)* *s*. нарушение *f* ‖ ~/**винтовая** *(Krist)* Schraubenversetzung *f* ‖ ~ **Вольтерра** *(Krist)* Volterra-Versetzung *f* ‖ ~/**высшего порядка** *(Krist)* Überversetzung *f*, Versetzung *f* höherer Ordnung ‖ ~/**дизъюнктивная** *(Geol)* disjunktive Dislokation *f*, Zerrung *f*, Distraktion *f* ‖ ~/**единичная** *(Krist)* Einzelversetzung *f* ‖ ~/**клиновидная** *(Krist)* Keilversetzung *f* ‖ ~ **краевая** *(Krist)* Stufenversetzung *f* ‖ ~/**левая винтовая** *(Krist)* Linksschraubenversetzung *f* ‖ ~/**линейная** *s*. ~/**краевая** ‖ ~ **Ломер-Котрелла** *(Krist)* [Lomer-]Cotrell-Versetzung *f (nichtgleitfähige*

Versetzung) ‖ ~/**неподвижная** *(Krist)* nichtgleitfähige (sessile) Versetzung *f* ‖ ~/**неполная** *s.* ~/**частичная** ‖ ~ **несоответствия** Fehlanpassungsversetzung *f*, misfit-Versetzung *f* ‖ ~/**одноимённая** *(Krist)* gleichnamige Versetzung *f* ‖ ~/**оползневая** *(Geol)* Rutschungsstörung *f* ‖ ~/**отрицательная краевая** *(Krist)* negative Stufenversetzung *f* ‖ ~/**полная** *(Krist)* vollständige (vollkommene) Versetzung *f* ‖ ~/**положительная краевая** *(Krist)* positive Stufenversetzung *f* ‖ ~/**правая винтовая** *(Krist)* Rechtsschraubenversetzung *f* ‖ ~/**призматическая** *(Krist)* prismatische Versetzung *f* ‖ ~/**разноимённая** *(Krist)* ungleichnamige Versetzung *f* ‖ ~/**разрывная** *s.* ~/**дизъюнктивная** ‖ ~/**растянутая** *(Krist)* aufgespaltene Versetzung *f* ‖ ~/**сидячая** *(Krist)* nichtgleitfähige (sessile) Versetzung *f* ‖ ~/**скользящая** *(Krist)* gleitfähige Versetzung *f* ‖ ~/**смешанная** *(Krist)* gemischte Versetzung *f (in einfachen kubischen Gittern)* ‖ ~ **Сомильяна** *(Krist)* Somigliana-Versetzung *f* ‖ ~/**тектоническая** *(Geol)* tektonische Störung *f* ‖ ~/**частичная** *(Krist)* Halbversetzung *f*, Teilversetzung *f*, Partialversetzung *f*, unvollständige Versetzung *f* ‖ ~ **Шокли** *(Krist)* Shokleysche Versetzung *f*
дисмачивание *n (Schw)* Entnetzen *n*
дисмембратор *m s.* **мельница/бильная**
дисмутация *f (Ch)* Dismutation *f*, Disproportionierung *f*, Oxidoreduktion *f*
диспергатор *m (Gum, Ch)* Dispergator *m*, Dispergier[ungs]mittel *n*
диспергирование *n (Ch, Ph)* Dispergieren *n*, Dispergierung *f*, Feinverteilung *f* ‖ ~ **распылением** Verdüsung *f (Pulverherstellung f; Pulvermetallurgie)*
диспергировать 1. *(Ch, Ph)* dispergieren, feinverteilen; 2. *(Opt)* zerlegen *(Licht)*; 3. *(Math)* streuen *(Wahrscheinlichkeitsrechnung)*
дисперсионно-твердеющий *(Met)* ausscheidungshärtbar
дисперсия *f* 1. *(Ch, Ph)* Dispersion *f (Feinstverteilung eines Stoffes in einem dispersen System)*; 2. *(Ch)* disperses System *n*, Dispersion *f*; 3. *(Opt) s.* ~ **света**; 4. *(Math)* Streuung *f*, Varianz *f (Wahrscheinlichkeitsrechnung)*; 5. *(Aero)* Streuung *f*, Abweichung *f (von der vorgegebenen Flugbahn)* ‖ ~/**аномальная** *(Krist)* anomale Dispersion *f (Lichtbrechung)* ‖ ~/**асимметрическая** *(Krist)* asymmetrische Dispersion *f (optische Achsen)* ‖ ~ **вещества** *(Opt)* Materialdispersion *f (eines Lichtwellenleiters)* ‖ ~/**вращательная** *(Opt)* Rotationsdispersion *f* ‖ ~/**горизонтальная** *(Opt)* horizontale Dispersion *f (optische Achsen)* ‖ ~ **звука** *(Ak)* Schalldispersion *f* ‖ ~/**линейная** *(Opt)* lineare Dispersion *f (Spektrograph)* ‖ ~ **мод** Modendispersion *f (eines Lichtwellenleiters)* ‖ ~/**наклонная** *(Krist)* geneigte Dispersion *f (optische Achsen)* ‖ ~/**нормальная** *(Opt)* normale Dispersion *f* ‖ ~/**оптическая** optische Dispersion *f* ‖ ~ **оптических осей** *(Krist)* Dispersion *f* der optischen Achsen, Achsendispersion *f* ‖ ~/**относительная** *(Opt)* relative Dispersion *f (optisches Glas; Kehrwert der Abbeschen Zahl)* ‖ ~/**относительная частная** *(Opt)* relative partielle Dispersion *f* ‖

~/**перекрещённая** *(Krist)* gekreuzte Dispersion *f (optische Achsen)* ‖ ~ **показателей преломления** *(Krist)* Dispersion *f* der Brechungsindizes ‖ ~ **положения главных осей индикатрисы** *(Krist)* Dispersion *f* der Mittellinien ‖ ~ **при дифракции (интерференции)** *(Opt)* Beugungsdispersion *f* ‖ ~ **при преломлении** *(Opt)* Brechungsdispersion *f* ‖ ~/**пространственная** *(Opt)* räumliche Dispersion *f* ‖ ~ **света** *(Opt)* Dispersion *f (Farbzerlegung) f* des Lichts ‖ ~ **силы двупреломления** *(Krist)* Dispersion *f* der Doppelbrechung ‖ ~/**скрещённая** *(Opt)* gekreuzte Dispersion *f* ‖ ~/**средняя** 1. *(Opt)* mittlere Dispersion *f*, Grunddispersion *f (optisches Glas)*; 2. *(Math)* mittlere Streuung *f* ‖ ~/**угловая** *(Opt)* Winkeldispersion *f (Spektrograph)* ‖ ~/**частичная (частная)** *(Opt)* partielle Dispersion *f (optisches Glas)*
дисперсность *f (Ph, Ch)* Dispersitätsgrad *m*, Dispersionsgrad *m*
дисперсоид *m* Dispersoid *n*
диспетчер *m* 1. *(Inf)* Dispatcher *m (Programm)*; 2. *(El)* Lastverteiler *m* ‖ ~/**районный** Bezirkslastverteiler *m* ‖ ~/**центральный** zentraler Lastverteiler *m*, Hauptlastverteiler *m*
диспетчеризация *f (Inf)* Dispatching *n*, Auswahlüberwachung *f*
диспетчеризировать *(Inf)* zuweisen
дисплей *m* Display *n*, Bildschirm[anzeige]gerät *n*, Bildschirmeinheit *f* ‖ ~/**виртуальный** virtueller Bildschirm *m* ‖ ~/**имеющий высокое разрешение** hochauflösender Bildschirm *m* ‖ ~/**мозаичный** Rastersichtgerät *n* ‖ ~/**монохромный** monochromatischer Bildschirm *m* ‖ ~/**физический** physischer Bildschirm *m* ‖ ~/**цветной графический** Farbgraphikbildschirm *m*
диспрозий *m (Ch)* Dysprosium *n*, Dy
диспропорционирование *n s.* **дисмутация**
диссектор *m* Sondenröhre *f*, Dissektorröhre *f*
диссимиляция *f (Ch)* Dissimilation *f*
диссипативность *f (Ph)* Dissipativität *f*
диссипация *f (Ph)* Dissipation *f*, Zerstreuung *f (von Energie)* ‖ ~ **энергии** *(Therm)* Energiedissipation *f*
диссоциация *f* 1. *(Ch)* Dissoziation *f*, Aufspaltung *f*, Spaltung *f (z. B. von Molekülen)*; 2. *(Astr)* Auflösung *f (eines Sternhaufens)*; 3. *(Krist)* Aufspaltung *f (von Versetzungen)* ‖ ~/**термическая** thermische Dissoziation *f* ‖ ~/**фотохимическая** photochemische Dissoziation *f*, Photodissoziation *f*, Photolyse *f* ‖ ~/**электролитическая** elektrolytische Dissoziation *f*
диссоциировать *(Ch)* dissoziieren, [auf]spalten; dissoziieren, zerfallen, sich aufspalten
дистанционный fernbetätigt, Fern... *(Eigenschaft von Schaltungen und Steuerungen)*
дистанция *f* **контактной сети** *(Eb)* Fahrleitungsmeisterei *f* ‖ ~ **мостов** *(Eb)* Brückenmeisterei *f* ‖ ~/**посадочная** *(Flg)* Landestrecke *f* ‖ ~ **пути** *(Eb)* Streckenmeisterei *f*
дистен *m (Min)* Disthen *m*, Cyanit *m*
дистиллат *m (Ch)* Destillat *m (Solvay-Prozeß)*
дистиллирование *n s.* **дистилляция**
дистиллировать *(Ch)* 1. destillieren; 2. brennen *(Alkohol)*
дистиллят *m (Ch)* 1. Destillat *n*; 2. destilliertes Wasser *n*

дистиллятор *m (Ch)* 1. Destillierapparat *m*, Destillationsapparat *m*; 2. Brennapparat *m (Alkoholdestillation)*
дистилляция *f (Ch)* 1. Destillierung *f*, Destillation *f*; 2. Brennen *n (Alkoholdestillation)*; 3. *s. unter* перегонка ‖ ~/**азеотропная** Azeotropdestillation *f* ‖ ~ **в равновесии** Gleichgewichtsdestillation *f* ‖ ~/**вакуумная** Vakuumdestillation *f*, Unterdruckdestillation *f* ‖ ~/**высокотемпературная** Hochtemperaturdestillation *f* ‖ ~/**дробная** *s.* ~/**фракционированная** ‖ ~ **за счёт понижения давления** Entspannungsdestillation *f* ‖ ~/**многократная** Mehrfachdestillation *f*, ~/**молекулярная** Molekulardestillation *f*, Kurzwegdestillation *f* ‖ ~/**однократная** einstufige Destillation *f* ‖ ~/**периодическая** diskontinuierliche Destillation *f*, Blasendestillation *f*, Chargendestillation *f* ‖ ~/**плёночная** Dünnschichtdestillation *f* ‖ ~/**повторная** Redestillation *f*, Zweitdestillation *f* ‖ ~ **под вакуумом** *s.* ~/**вакуумная** ‖ ~ **под высоким вакуумом** Hochvakuumdestillation *f* ‖ ~/**противоточная** Gegenstromdestillation *f*, Rektifikation *f* ‖ ~/**прямоточная** Gleichstromdestillation *f*, einfache Destillation *f* ‖ ~ **с паром-носителем** Trägerdampfdestillation *f* ‖ ~/**фракционированная** fraktionierte (gebrochene) Destillation *f* ‖ ~/**экстрактивная** Extraktionsdestillation *f*
дисторсия *f* 1. *(Opt)* Distorsion *f*, Verzeichnung *f (Aberrationsart)*; 2. *(El, Ak)* Verzerrung *f*; 3. *(Mech)* Verzug *m*, Verwerfung *f* ‖ ~/**анизотропная** anisotrope Distorsion (Verzeichnung) *f* ‖ ~/**бочкообразная** tonnenförmige Distorsion (Verzeichnung) *f* ‖ ~/**изотропная** isotrope Distorsion (Verzeichnung) *f* ‖ ~/**подушкообразная** kissenförmige Distorsion (Verzeichnung) *f*
дистрибутивность *f (Math)* Distributivität *f*, Verteilbarkeit *f*
дистрибутивный *(Math)* distributiv, Distributiv..., Verteilungs..., verteilbar
дистрибутор *m (Met)* 1. Schichtverteiler *m*, Gichtverteiler *m (Hochofen)*; 2. Steuerorgan *n*, Steuereinrichtung *f (Strangpresse)*
дистрибуция *f (Math)* Distribution *f*, verallgemeinerte Funktion *f*
дисфеноид *m (Krist)* Disphenoid *n*, Bisphenoid *n* ‖ ~/**ромбический** *(Krist)* rhombisches Disphenoid *n* ‖ ~/**тетрагональный** *(Krist)* tetragonales Disphenoid *n*
дитетрагональный *(Krist)* ditetragonal
дитионовокислый *(Ch)* ...dithionat *n*; dithionsauer
дитригональный *(Krist)* ditrigonal
дитчер *m* Löffeltiefbagger *m*
дифманометр *m* Differenzdruckmesser *m*, Differenzdruckmeßgerät *n* ‖ ~/**гидростатический** hydrostatischer Differenzdruckmesser *m* ‖ ~/**двухтрубный** U-Rohr-Differenzdruckmesser *m* ‖ ~/**жидкостный** Flüssigkeitsdifferenzdruckmesser *m* ‖ ~/**колокольный** Tauchglockendifferenzdruckmesser *m* ‖ ~/**кольцевой** Ringwaage *f (für Differenzdruckmessungen)* ‖ ~/**компенсационный** Differenzdruckmesser *m* mit Kraftkompensation ‖ ~/**мембранный** Membrandifferenzdruckmesser *m* ‖ ~/**механический** Differenzdruckmesser *m* mit elastischem Meßglied *(Röhrenfeder, Membran, Balgenfeder)* ‖ ~/**поплавковый** Schwimmerdifferenzdruckmesser *m* ‖ ~/**пружинный трубчатый** Röhrenfederdifferenzdruckmesser *m* ‖ ~/**сильфонный** Balgenfederdifferenzdruckmesser *m*, Wellrohrdifferenzdruckmesser *m*
дифрактограмма *f (Krist)* Beugungsaufnahme *f*, Beugungsdiagramm *n*
дифрактометр *m (Opt)* Diffraktometer *n*, Beugungsgerät *n*, Beugungsanalyse *f*
дифрактометрия *f (Krist)* Diffraktometrie *f (Röntgenstrukturanalyse)*
дифракция *f (Ph, Opt)* Beugung *f*, Diffraktion *f* ‖ ~ **звука** Schallwellenbrechung *f* ‖ ~ **на краю** Kantenbeugung *f* ‖ ~ **на кристалле** Kristallbeugung *f* ‖ ~ **на остром краю** Kantenbewegung *f* ‖ ~ **на порошке** Beugung *f* am Pulver, Pulverbeugung *f* ‖ ~ **на решётке** Gitterbeugung *f* ‖ ~ **на щели** Beugung *f* am Spalt ‖ ~ **нейтронов** Neutronen[strahl]beugung *f*, Neutronendiffraktion *f* ‖ ~ **рентгеновских лучей** Beugung *f* von Röntgenstrahlen, Röntgen[strahlen]beugung *f* ‖ ~ **света** Lichtbeugung *f*, Diffraktion *f* ‖ ~ **Фрауенгофера** Fraunhofersche Beugung *f* ‖ ~ **Френеля** Fresnelsche Beugung *f*
дифсистема *f (Nrt)* Differentialschaltung *f*, Vierdrahtgabelschaltung *f*
дифферент *m (Schiff)* 1. Trimm *m*; 2. Trimmlage *f* ‖ ~/**конструктивный** Kielfall *m* ‖ ~ **на корму** hecklastiger Trimm *m*, Hecklastigkeit *f*, Achterlastigkeit *f* ‖ ~ **на нос** *(Schiff)* vorlastiger Trimm *m*, Buglastigkeit *f* ‖ ~/**нулевой** gleichlastiger Trimm *m*, Nulltrimm *m* ‖ ~/**отрицательный** negativer Trimm *m* ‖ ~/**положительный** positiver Trimm *m* ‖ ~/**строительный** *(Schiff)* Kielfall *m*
дифферентный *(Schiff)* Trimm...
дифферентовать *(Schiff)* trimmen
дифферентовка *f (Schiff)* Trimmen *n*, Trimmung *f*
дифферентовочный *(Schiff)* Trimm...
дифферентометр *m (Schiff)* Trimm[lage]messer *m*
дифференциал *m* 1. *(Math)* Differential *n*; 2. *(Kfz)* Ausgleichgetriebe *n*, Differentialgetriebe *n*, Differential *n*; 3. Schaltdifferenz *f (eines Reglers)* ‖ ~/**конический** *(Kfz)* Kegelradausgleichgetriebe *n* ‖ ~/**межосевой** *(Kfz)* Zwischenachsausgleichgetriebe *n* ‖ ~/**полный** *(Math)* vollständiges Differential *n* ‖ ~/**самоблокирующийся** *(Kfz)* selbstsperrendes Ausgleichgetriebe *n* ‖ ~ **свободного хода** *(Kfz)* Freilaufausgleichgetriebe *n* ‖ ~/**цилиндрический** *(Kfz)* Stirnradausgleichgetriebe *n* ‖ ~/**шестерёнчатый** *(Kfz)* Zahnradausgleichgetriebe *n*
дифференциатор *m* 1. *(Math)* Differentiator *m*, Derivimeter *n*, Derivator *m*; 2. *(Reg)* Differenzierglied *n*, Differenzierteil *n*
дифференциация *f* 1. *(Geol)* Differentiation *f*; 2. *(Math, El) s.* дифференцирование ‖ ~/**анабатическая** anabatische Differentiation *f*, Abkühlungsdifferentiation *f (s. a.* ~ **остывания)** ‖ ~/**асценсионная** *s.* ~ **остывания** ‖ ~/**газовая** pneumatolytische Differentiation *f*, Differentiation *f* durch Pneumatolyse ‖ ~/**гравитационная** gravitative Differentiation *f* ‖ ~/**интрузивная** intrusive (magmatische) Differentiation *f* ‖ ~/**кристаллизационная** Kristallisationsdifferentiation

f ‖ ~/**кристалл[изационн]о-гравитационная** gravitative Kristallisationsdifferentiation *f* ‖ ~/**ликвационная (ликвационно-гравитационная)** Liquationsdifferentiation *f* ‖ ~/**магматическая** magmatische Differentiation *f* ‖ ~ **магмы** *s.* ~/**магматическая** ‖ ~/**метаморфическая** metamorphe Differentiation *f* ‖ ~/**молекулярная** molekulare Differentiation *f* ‖ ~/**молекулярно-гравитационная** molekulare Gravitationsdifferentiation *f* ‖ ~/**осадочная [поверхностная]** sedimentäre Oberflächendifferentiation *f* ‖ ~ **остывания** Abkühlungsdifferentiation *f*, Intrusionsdifferentiation *f*, Aszensionsdifferentiation *f* ‖ ~ **отжимания** Differentiation *f* durch Abpressung von Schmelzanteilen
дифференцирование *n* 1. *(Math)* Differentiation *f*, Ableitung *f*; 2. *(El)* Differentiation *f*, Differenzierung *f (Signale, Impulse)*
дифференцируемость *f (Math)* Differenzierbarkeit *f*
диффракция *f s.* дифракция
диффузант *m (Eln)* Diffusionsstoff *m*, diffundierendes Material *n*, Diffusant *m*
диффузионный Diffusions...
диффузия *f* 1. *(Ph)* Diffusion *f*; 2. Auslaugen *n (Zuckergewinnung)* ‖ ~/**амбиполярная** ambipolare Diffusion *f (Laser)* ‖ ~/**базовая** Basisdiffusion *f (Halbleiter)* ‖ ~ **в газах** Diffusion *f* in Gasen ‖ ~ **в жидкостях** Diffusion *f* in Flüssigkeiten ‖ ~ **в решётке** Gitterdiffusion *f* ‖ ~ **в структуре** Strukturdiffusion *f* ‖ ~ **в твёрдой фазе** Festkörperdiffusion *f*, Diffusion *f* in der festen Phase ‖ ~/**вакансионная** Leerstellendiffusion *f (Halbleiter)* ‖ ~ **вдоль границ зёрен** *(Krist)* Korngrenzendiffusion *f* ‖ ~/**взаимная** gegenseitige Diffusion *f*; Interdiffusion *f* ‖ ~/**виртуальная (вихревая)** *s.* ~/турбулентная ‖ ~/**вынужденная** erzwungene Diffusion *f*, Zwangsdiffusion *f (Halbleiter)* ‖ ~ **газа** Gasdiffusion *f* ‖ ~/**газовая** Gasdiffusion *f* ‖ ~/**двойная** Doppeldiffusion *f (Halbleiter)* ‖ ~ **заряжённых частиц** Diffusion *f* geladener Teilchen ‖ ~ **излучения** *(Opt)* Strahlungsdiffusion *f* ‖ ~/**колонная** Turmdiffusion *f*, Turmauslaugung *f (Zuckergewinnung)* ‖ ~/**линейная** lineare Diffusion *f (Halbleiter)* ‖ ~/**локальная** lokale Diffusion *f (Halbleiter)* ‖ ~ **магнитного поля** Felddiffusion *f (z. B. in Elektromagneten)* ‖ ~/**междоузельная** *(Krist)* Zwischengitterdiffusion *f* ‖ ~/**межзёренная** *(Krist)* Korngrenzendiffusion *f* ‖ ~ **меченых атомов** Tracerdiffusion *f* ‖ ~/**молекулярная** Molekulardiffusion *f* ‖ ~ **нейтронов** Neutronendiffusion *f* ‖ ~ **неравновесных носителей** Diffusion *f* der Überschußträger, Nichtgleichgewichtsträger *(Halbleiter)* ‖ ~ **носителей заряда** Ladungsträgerdiffusion *f (Halbleiter)* ‖ ~/**объёмная** *(Krist)* Volumendiffusion *f* ‖ ~ **по вакансиям** *(Krist)* Leerstellendiffusion *f* ‖ ~ **по границам зёрен** *(Krist)* Korngrenzendiffusion *f* ‖ ~ **по междоузлиям** *(Krist)* Zwischengitterdiffusion *f* ‖ ~/**поверхностная** *(Krist)* Oberflächendiffusion *f* ‖ ~ **примесей** *(Krist)* Störstellendiffusion *f*, Dotandendiffusion *f (Halbleiter)* ‖ ~ **примесных атомов** Fremddiffusion *f (Halbleiter)* ‖ ~/**селективная** Selektivdiffusion *f (Halbleiter)* ‖ ~/**собственная** Selbstdiffusion *f (Halbleiter)* ‖ ~/**тепловая (термическая)** *s.* термодиффузия ‖ ~/**турбулентная** *(Krist)* turbulente Diffusion *f*, Wirbeldiffusion *f*, Scheindiffusion *f* ‖ ~/**ускоренная** stimulierte Diffusion *f (Halbleiter)* ‖ ~/**установившаяся** *(Krist)* stationäre Diffusion *f* ‖ ~/**эмиттерная** Emitterdiffusion *f (Halbleiter)*
диффузор *m* 1. *(Aero)* Diffusor *m*, Einlaufkanal *m*; 2. Diffuseur *m*, Diffusionsapparat *m*, Auslauger *m (Zuckergewinnung)*; 3. *(Opt)* Diffusor *m*, Lichtdiffusor *m*; Mattscheibe *f*; *(Photo)* Weichzeichner[vorsatz]*m*; 4. *(Kfz)* Lufttrichter *m (Vergaser)*; 5. *(Rf)* Konus *m*, Konusmembran *f (eines Lautsprechers)* ‖ ~/**входной** Einlaufdiffusor *m (Triebwerke)* ‖ ~/**дозвуковой** *(Aero)* Diffusor *m* für Unterschallströmungen ‖ ~ **карбюратора** *(Kfz)* Lufttrichter *m (Vergaser)* ‖ ~/**колонный** Einsäulendiffusionsturm *m (Zuckergewinnung)* ‖ ~/**криволинейный** *(Aero)* Diffusor *m* mit kurvenförmiger Erweiterung ‖ ~/**лопаточный** *(Aero)* beschaufelter Diffusor (Radialdiffusor) *m* ‖ ~/**многоскачковый** *(Aero)* Stoßdiffusor *m*, Mehrstoßdiffusor *m* ‖ ~/**прямолинейный** *(Aero)* Diffusor *m* mit geradliniger Erweiterung ‖ ~/**регулируемый** Verstelldiffusor *m* ‖ ~/**сверхзвуковой** *(Aero)* Diffusor *m* für Überschallströmungen, Überschalldiffusor *m* ‖ ~/**ступенчатый** *(Aero)* geradlinig erweiterter Diffusor *m* mit Übergangsabsatz ‖ ~/**хвостовой** letzter Diffuseur *m* [einer Diffusionsbatterie] *(Zuckergewinnung)*
диффундирование *n* Diffundieren *n*, Durchdringen *n*
диффундировать diffundieren, durchdringen
дихроизм *m (Opt, Min)* Dichroismus *m* ‖ ~/**круговой** zirkularer Dichroismus *m*, Rotationsdichroismus *m* ‖ ~/**магнитный круговой** magnetischer Dichroismus *m*
дихроика *f (Photo)* dichroitischer Schleier *m*
дихроит *m s.* кордиерит
дихроичный dichroitisch
дихроскоп *m (Min)* Dichroskop *n*, Haidingersche Lupe *f*
диэдр *m (Krist)* Dieder *n*; Doma *n*, Sphenoid *n* ‖ ~/**безосный (доматический)** *s.* дома ‖ ~/**осевой** *s.* сфеноид ‖ ~/**плоскостной** *s.* дома ‖ ~/**сфеноидальный** *s.* сфеноид
диэлектрик *m (El)* Dielektrikum *n* ‖ ~/**бумажный** Papierdielektrikum *n* ‖ ~/**воздушный** Luftdielektrikum *n* ‖ ~/**высокочастотный** Hochfrequenzdielektrikum *n* ‖ ~/**газообразный** Gasdielektrikum *n* ‖ ~/**жидкий** flüssiges Dielektrikum *n* ‖ ~/**керамический** Keramikdielektrikum *n* ‖ ~/**комбинированный** Mischdielektrikum *n* ‖ ~/**лакоплёночный** Lackfilmdielektrikum *n* ‖ ~/**многослойный** Mehrschichtdielektrikum *n* ‖ ~/**однослойный** Einschichtdielektrikum *n* ‖ ~/**пластмассовый** Kunststoffdielektrikum *n* ‖ ~/**слоистый** Schichtdielektrikum *n* ‖ ~ **стеклянный** Glasdielektrikum *n* ‖ ~/**твёрдый** festes Dielektrikum *n* ‖ ~/**тонкоплёночный** Dünnschichtdielektrikum *n*, Dünnfilmdielektrikum *n*
диэлектрический *(El)* dielektrisch, Dielektrizitäts...
ДКД *s.* давление/докритическое
ДКС *s.* снаряд/двойной колонковый
длина *f* Länge *f* ‖ ~/**базисная** Basislänge *f*; Bezugsstrecke *f* ‖ ~ **блока** *(Inf)* Blocklänge *f*,

длина

Datenblocklänge *f* ‖ ~ **блок-участка** *(Eb)* Blockabstand *m* ‖ ~ **в битах** *(Inf)* Bitlänge *f* ‖ ~ **в радианах** Bogenlänge *f* ‖ **~/вертикальная** *(Bgb)* seigere Länge *f* ‖ ~ **взаимодействия** *s.* ~ пробега взаимодействия ‖ ~ **витка** *(El)* Windungslänge *f* ‖ ~ **волны** 1. Wellenlänge *f*; 2. Wellenabstand *m (bei Rauheitsmessungen)* ‖ ~ **волны блеска** Blazewellenlänge *f* ‖ ~ **волны в вакууме** Vakuumwellenlänge *f* ‖ ~ **волны возбуждения** Anregungswellenlänge *f* ‖ ~ **волны/граничная** Grenzwellenlänge *f* ‖ ~ **волны де-Бройля** De-Broglie-Wellenlänge *f* ‖ ~ **волны/изофотная** isophote Wellenlänge *f* ‖ ~ **волны/комптоновская** Compton-Wellenlänge *f*, Comptonsche Wellenlänge *f* ‖ ~ **волны/критическая** kritische Wellenlänge *f* ‖ ~ **волны/предельная** Grenzwellenlänge *f* ‖ ~ **волны рентгеновских лучей** Röntgenwellenlänge *f* ‖ ~ **волокна** *(Text)* Faserlänge *f*, Stapellänge *f* ‖ ~ **волокна/модальная** Modalfaserlänge *f* ‖ ~ **временного интервала** *(Inf)* Zeitscheibenlänge *f* **~/габаритная** Länge *f* über alles ‖ **~/горизонтальная** *(Bgb)* söhlige Länge *f* ‖ **~/действительная** Istlänge *f*, wirkliche Länge *f* ‖ ~ **деления шкалы** Teilstrichabstand *m*, Abstand *m* der Teilungsmarken ‖ **~/диффузионная** Diffusionslänge *f (Halbleiter)* ‖ ~ **дрейфа** Driftlänge *f (Halbleiter)* ‖ ~ **дуги** 1. *(Math)* Bogenlänge *f*; 2. *(El, Schw)* Lichtbogenlänge *f* ‖ **~/заданная** Sollänge *f* ‖ ~ **замедления** *(Ph, Kern)* Bremslänge *f* ‖ ~ **записи** *(Inf)* Satzlänge *f* ‖ ~ **затухания** *(Ph)* Dämpfungslänge *f* ‖ ~ **зацепления** *(Masch)* Eingriffslänge *f (Zahnrad)*; Eingriffsstrecke *f (Zahnrad)* ‖ ~ **зуба** *(Masch)* Zahnbreite *f (Zahnrad)* ‖ **~/измеряемая** Meßlänge *f* **~/измеряемая** Meßlänge *f, zu messende Länge f (z. B. an einem Werkstück)* ‖ ~ **искрового промежутка** *(El)* Funkenschlagweite *f* ‖ **~/кажущаяся** scheinbare Länge *f* ‖ ~ **конуса** Kegellänge *f* ‖ **~/лавинная** *(Kern)* Strahlungslänge *f (Elektronenlawine)* ‖ ~ **линии** *(El)* Leitungslänge *f* ‖ ~ **линии зацепления** **[/рабочая]** *(Masch)* Flankeneingrifflänge *f (Zahnrad)* ‖ ~ **между перпендикулярами** *(Schiff)* Länge *f* zwischen den Loten ‖ ~ **миграции** *(Kern)* Migrationslänge *f*, Wanderlänge *f* ‖ **~/наибольшая** *(Schiff)* Länge *f* über alles ‖ **~/наклонная** flache Länge *f* ‖ **~/неопределённая** *(Inf)* undefinierte Länge *f (des Wortes oder Satzes)* ‖ **~/неправильная** *(Inf)* Längenfehler *m* ‖ ~ **обточки** *(Fert)* Drehlänge *f* ‖ **~/общая** Gesamtlänge *f* ‖ ~ **общей нормали** *(Meß)* Zahnweite *f* ‖ ~ **окружности** *(Math)* Kreisumfang *m* ‖ ~ **ослабления** *(Kern)* Schwächungslänge *f* ‖ ~ **основной волны** *(Ph)* Grundwellenlänge *f* ‖ ~ **отгона прыжка** *(Hydt)* Sprungweite *f* ‖ ~ **отдачи** *s.* ~ следа отдачи ‖ ~ **откатки** *(Bgb)* Förderweite *f*, Förderweg *m* ‖ ~ **оценки** Auswertelänge *f (Rauheitsmessung)*; Bewertungslänge *f* ‖ **~/переменная** *(Inf)* veränderliche Länge *f (des Wortes oder Satzes)* ‖ ~ **петли** *(Text)* Maschenlänge *f* ‖ ~ **плато** *(Kern)* Plateaulänge *f (Auslösebereich eines Zählers)* ‖ ~ **поглощения** Absorptionsweglänge *f* ‖ ~ **подпора** *(Hydt)* Staulänge *f* ‖ **~/полная** Gesamtlänge *f* ‖ ~ **поперечного лезвия** *(Wkz)* Breite *f* der Querschneide *(Spiralbohrer)* ‖ ~ **порции** *(Text)* Abreißlänge *f (Kämmaschine)* ‖ **~/постоянная** *(Inf)* feste Länge *f (des Wortes oder Satzes)* ‖ ~ **потенциального рассеяния** Potentiallänge *f* ‖ ~ **при продольном изгибе/свободная** freie Knicklänge *f* ‖ ~ **пробега** 1. Weglänge *f*; 2. *(Flg)* Landerollstrecke *f*; 3. *(Kern)* *s.* ~ свободного пробега/средняя ‖ ~ **пробега взаимодействия** [mittlere freie] Wechselwirkungslänge *f* ‖ ~ **пробега распада** *(Kern)* [mittlere freie] Zufallsweglänge *f*, Zufallsweg *m* ‖ ~ **пробега [/средняя] свободная** *s.* ~ свободного пробега/средняя ‖ ~ **продольного изгиба/свободная** freie Knicklänge *f* ‖ ~ **пролёта** 1. *(Bw)* Spannweite *f*; 2. *(El)* Spannfeldlänge *f*; Spannweite *f (Freileitung)* ‖ ~ **пролётного строения/полная** Gesamtlänge *f* des Überbaus *(einer Brücke)* ‖ ~ **промежутка** *(El)* Schlagweite *f* ‖ ~ **профиля** Profillänge *f* ‖ ~ **профиля/опорная** tragende Länge *f (Rauheitsmessung)* ‖ ~ **профиля/относительная** relative Profillänge *f (Bewertungsgröße bei der Rauheitsmessung)* ‖ ~ **профиля/относительная опорная** Profiltraganteil *m* ‖ **~/рабочая** 1. Arbeitslänge *f*, Traglänge *f*, nutzbare Länge *f*, Arbeitsbreite *f*; 2. Funktionslänge *f*; 3. Arbeitslänge *f* ‖ ~ **рабочего зазора** Spaltlänge *f (Magnetbandgerät)* ‖ ~ **разбега [самолёта]** *(Flg)* Startrollstrecke *f* ‖ ~ **разрыва** *(El)* Schaltstrecke *f* ‖ **~/разрывная** Reißlänge *f (Faserprüfung)* ‖ ~ **разрядного промежутка** *(El)* Schlagweite *f* ‖ ~ **распада** *s.* ~ пробега распада ‖ ~ **рассеяния** *(Ph)* Streulänge *f* ‖ ~ **растяжения** Dehnlänge *f* ‖ ~ **регистра** *(Inf)* Registerlänge *f* ‖ ~ **резания** *(Fert)* Schnittlänge *f (beim Spanen)* ‖ ~ **резки** *(Fert)* Schnittlänge *f (beim Trennen)* ‖ ~ **релаксации** *(Kern)* Relaxations[weg]länge *f*, Relaxationsstrecke *f (Neutronenstrahlung)* ‖ ~ **свободного пробега** *(Ph)* freie Weglänge *f* ‖ ~ **свободного пробега/средняя** *(Kern)* mittlere freie Weglänge *f* ‖ ~ **свободного пробега частиц** *(Kern)* freie Weglänge *f (Elementarteilchen)* ‖ ~ **свободного пути** ~ свободного пробега ‖ ~ **силовой линии** *(El)* Kraftlinienlänge *f* ‖ ~ **следа отдачи** *(El)* Rückstoß[spur]länge *f* ‖ ~ **слова** *(Inf)* Wortlänge *f* ‖ ~ **слова в битах** *(Inf)* Bitlänge *f* ‖ ~ **слова/переменная** variable Wortlänge *f* ‖ ~ **слова/фиксированная** feste Wortlänge *f* ‖ ~ **снования (сновки)** *(Text)* Schärlänge *f*, Zettellänge *f* ‖ ~ **сообщения в битах** *(Inf)* Bitlänge *f* ‖ **~/средняя** *(Meß)* Mittenmaß *n (an einem Endmaß)* ‖ ~ **стежка** *(Text)* Stichlänge *f* ‖ ~ **судна/регистровая** eingetragene Länge *f* eines Schiffes ‖ **~/установочная** *(Schw)* Einspannlänge *f (beim Abrennstumpfschweißen)* ‖ ~ **физического маятника/приведённая** reduzierte Pendellänge *f* ‖ ~ **фронта** *(Bgb)* Strossenlänge *f (Tagebau)* ‖ ~ **холостого хода** 1. *(Umf)* Leerhub *m (Presse)*; 2. *(Wkzm)* Leerlauflänge *f* ‖ **~/штапельная** *(Text)* Stapellänge *f*, Stapel *m*, Faserlänge *f* ‖ **~/эталонная** Eichstrecke *f*

длинноволновый *(Rf)* langwellig, Langwellen..., LW...

длинноволокнистый 1. langfaserig; 2. *(Text)* langstapelig ‖ ~ **жирный** *(Pap)* langschmierig

длинномерный *(Schiff)* Langgut...

длиномер *m* Längenmesser *m* ǁ **~/вертикальный** Abbe-Längenmesser *m* mit vertikaler Meßanordnung ǁ **~/горизонтальный** Abbe-Längenmesser *m* mit horizontaler Meßanordnung ǁ **~/окулярный вертикальный** Abbe-Senkrechtlängenmesser *m* mit Ablesung am Spiralmikroskop ǁ **~/оптический** optischer Längenmesser *m*; optische Längenmeßmaschine *f* ǁ **~/проекционный вертикальный** Abbe-Senkrechtlängenmesser *m* mit Projektionsanzeige ǁ **~/универсальный** Universallängenmesser *m*
длительность *f* Dauer *f (s. a. unter* время 1. *und* продолжительность*)* ǁ **~ воспроизведения** Spieldauer *f*, Laufzeit *f (eines Magnetbandes)* ǁ **~ выдержки** 1. Haltezeit *f*; 2. *(Photo)* Belichtungsdauer *f* ǁ **~ задержки** Verzögerungszeit *f* ǁ **~ импульса** Impulsdauer *f*, Impulslänge *f*, Impulsbreite *f* ǁ **~ послесвечения** Nachleuchtdauer *f* ǁ **~ срабатывания** Ansprechdauer *f*, Ansprechzeit *f (Relais)*; *(Eb)* Schaltzeit *f*
ДМВ *s.* волна/дециметровая
ДН *s.* делитель напряжения
ДНА *s.* диаграмма направленности антенны
днище *n* Boden *m (s. a. unter* дно *und* под 2.*)* ǁ **~ конвертера** *(Met)* Konverterboden *m*; Düsenboden *m* ǁ **~ котла/переднее** *(Wmt)* Kopfplatte *f (Kessel)* ǁ **~ люка** *(Bgb)* Rollenboden *m* ǁ **~/набивное** *(Met)* Stampfboden *m*, gestampfter Boden *m (Schmelzofen, Konverter)* ǁ **~ поршня** Kolbenboden *m* ǁ **~ поршня/вогнутое** muldenförmiger (gemuldeter) Kolbenboden *m* ǁ **~ поршня/выпуклое** gewölbter Kolbenboden *m* ǁ **~ поршня/плоское** Flachkolbenboden *m* ǁ **~/решётчатое** Siebboden *m* ǁ **~/фасонное** Glockenboden *m* ǁ **~/фурменное** *(Met)* Düsenboden *m (Konverter)* ǁ **~ шлюза** *(Hydt)* Schleusensohle *f*
дно Boden *m (s. a. unter* днище*)*; Grund *m*; *(Bgb, Bw)* Sohle *f* ǁ **~/внутреннее** *(Schiff)* Innenboden *m* ǁ **~/водонепроницаемое двойное** *(Schiff)* wasserdichter Doppelboden *m* ǁ **~ впадины запила** *(Wkst)* Kerbgrund *m* ǁ **~ впадины зуба** *(Masch)* Zahngrund *m (Zahnrad)* ǁ **~/второе** *(Schiff)* Innenboden *m* ǁ **~/двойное** *(Schiff)* Doppelboden *m* ǁ **~ долины** *(Geol)* Talboden *m*, Talsohle *f*, Talgrund *m* ǁ **~ калибра** *(Wlz)* Kaliberboden *m*, Kaliberboden *m* ǁ **~ канавки** *(Fert)* Nutgrund *m* ǁ **~ котлована** *(Bw)* Baugrubensohle *f* ǁ **~/морское** Meeresgrund *m*, Meeresboden *m* ǁ **~/одинарное** *(Schiff)* Einfachboden *m* ǁ **~/прерывистое двойное** *(Schiff)* unterbrochener Doppelboden *m* ǁ **~ реки** Flußbett *n* ǁ **~ русла** *(Hydt)* Grundbett *n* ǁ **~ ручья** *(Wlz)* Kaliberboden *m*, Kalibergrund *m* ǁ **~/сетчатое** Siebboden *m* ǁ **~/ситчатое** *(Brau)* Keimhorde *f* ǁ **~ стека** *(Inf)* Kellerboden *m*, Stackboden *m* ǁ **~/тройное** *(Schiff)* Dreifachboden *m* ǁ **~/фильтрационное** Läuterboden *m*, Filterboden *m (Aufbereitung)*; *(Brau)* Läuterboden *m (im Läuterbottich)* ǁ **~/цедильное** *(Brau)* Senkboden *m* des Läuterbottichs
дноуглубительный Schwimmbagger..., Naßbagger...
дноуглубление *n* Baggern *n*, Baggerung *f (mit Schwimmbagger)*
дночерпатель *m* 1. Bodengreifer *m*; 2. *s.* дноуглубитель

добавочный

добавка *f* 1. Zuschlag *m*, Zusatz *m*, Zuschlagmittel *n*, Zusatzmittel *n*; 2. *s.* добавление ǁ **~/активная** aktiver Zusatz *m* ǁ **~/антисептирующая** Fäulnisschutzzusatz *m* ǁ **~/водоотталкивающая** wasserabweisender Zusatz *m* ǁ **~/воздухововлекающая** *(Bw)* luftporenbildender Zusatz *m*, Luftporenbildner *m* ǁ **~/воздухоотводящая** luftabführender Zusatz *m* ǁ **~/вспучивающая** *(Bw)* treibender Zusatz *m*, Treibmittel *n* ǁ **~/выгорающая** Ausbrennstoff *m (Ziegelherstellung)* ǁ **~/газообразующая** *(Bw)* Gasbildner *m* ǁ **~/гидравлическая** *(Bw)* hydraulischer Zuschlag *m*, hydraulischer Zusatz *m* ǁ **~/гидрофобизирующая** *(Bw)* hydrophober Zusatz *m* ǁ **~/главная легирующая** *(Gieß)* Hauptlegierungsbestandteil *m* ǁ **~ для улучшения сцепления** *(Bw)* Haftzusatz *m* ǁ **~/инертная** träges Zusatzmittel *n* ǁ **~/интенсифицирующая** Aktivierungsmittel *n*, aktivierendes Mittel *n* ǁ **~/коагулирующая** *(Bw)* ausflockender Zusatz *m* ǁ **~/кристаллизирующая** Kristallisator *m* ǁ **~/легирующая** *(Gieß)* Legierungszusatz *m*, Legierungszuschlag *m* ǁ **~/модифицирующая** *(Gieß)* Modifikator *m*, Modifizierungsmittel *n* ǁ **~/обезвоживающая** *(Bw)* Entwässerungshilfe *f* ǁ **~/осушающая** Trockenzusatz *m* ǁ **~/отощающая** *(Bw)* Magerungsmittel *n* ǁ **~/пенообразующая** *(Bw)* schaumbildender Zusatz *m* ǁ **~/пластифицирующая** *(Bw)* Plastifikator *m*, Weichmacher *m* ǁ **~/плёнкообразующая** *(Bw)* hautbildender Zusatz *m*, Hautbildner *m* ǁ **~/полимерная** Polymerzusatz *m* ǁ **~/помольная** *(Bw)* Zumahlstoff *m* ǁ **~/порообразующая** *(Bw)* porenbildender Zusatz *m* ǁ **~/противоморозная** Frostschutzzusatz *m* ǁ **~/расширяющая** *(Bw)* Quellzusatz *m*, quellender Zusatz *m* ǁ **~/сепарационная** *(Bw)* Trennmittel *n (Zusatz)* ǁ **~/сиккатива** *(Typ)* Trockenstoffzusatz *m (Druckfarbe)* ǁ **~/скрапа** *(Met)* Schrottzugabe *f*, Schrottzusatz *m* ǁ **~/смачивающая** Netzmittel *n* ǁ **~/стабилизирующая** Stabilisator *m* ǁ **~/суперпластифицирующая** *(Bw)* Hochleistungsverflüssiger *m* ǁ **~/тиксотропная** *(Bw)* Thixotropierungsmittel *n* ǁ **~/уплотняющая** Dichtungsmittel *n* ǁ **~/флюсующая** *(Met)* Flußmittel *n*, Fluß *m*; Flußmittelzusatz *m* ǁ **~/шихтовая** *(Met)* Gattierungszuschlag *m*, Gattierungszusatz *m* ǁ **~/шлакообразующая (шлакующая)** *(Met, Gieß)* Schlackenbildner *m*, schlackenbildender Zuschlag[stoff] *m*
добавка-восстановитель *m* Reduktionsmittel *n*
добавка-ингибитор *m* Inhibitor *m*
добавка-наполнитель *m* Füllzusatz *m*
добавка-окислитель *m* Oxidationsmittel *n*
добавка-осветлитель *m* Läuterungsmittel *n*
добавка-разбавитель *m* Verdünnungszusatz *m*
добавки *fpl* Zuschläge *mpl*, Hilfsmittel *npl*
добавление *n* 1. Ergänzung *f*, Hinzufügung *f*; 2. Zugeben *n*, Zusetzen *n*; 3. *s.* добавка; 4. *(Ph, Ch)* Addition *f* ǁ **~ носителя** Trägerzusatz *m* ǁ **~ примесей** Dotieren *n*, Dotierung *f (Halbleitertechnik)*
добавлять 1. hinzufügen, hinzusetzen; beimengen, zusetzen; 2. *(Met)* zuschlagen, nachsetzen *(Schrott)* ǁ **~ примеси** dotieren *(Halbleiter)*
добавочный 1. hinzufügend, hinzukommend, ergänzend; zusätzlich, Zusatz...; 2. *(Ph, Ch)* additiv

добеливание *n (Text)* Nachbleiche *f*
дображивание *n* Nachgärung *f*; Reifung *f (Bier)*
добротность *f* Güte *f*, Gütefaktor *m*, Q-Faktor *m*, Gütegrad *m*, Gütewert *m* || ~/**нагруженная** *(El)* belasteter Gütewert *m*, Gütefaktor *m* bei Belastung || ~/**ненагруженная** *(El)* unbelasteter Gütewert *m*, Gütefaktor *m* im Leerlauf || ~ **резонатора** *(Meß)* Resonatorgüte *f*
добываемость *f* Gewinnbarkeit *f*
добываемый gewinnbar
добывание *n (Bgb)* Gewinnen *n*, Gewinnung *f (s. a. unter* добыча 2.*)*
добывать 1. erwerben; verschaffen; ermitteln; 2. *(Bgb)* [herein]gewinnen, abbauen; fördern; ausbringen; verhauen, aushauen; 3. *(Bgb)* auftreiben, abtreiben, niederbrechen, hereinbrechen *(Gestein, Kohle, Salz)*
добывающий *s.* добычный
добыть *s.* добывать
добыча *f* 1. Erzeugung *f*, Produktion *f*; Ertrag *m*; 2. *(Bgb)* Gewinnung *f*; Förderung *f*; Ausbeute *f (s. a. unter* выемка, выработка 4. *und* разработка 2.*)* || ~/**валовая** *(Bgb)* Gesamtförderung *f* || ~/**гидравлическая** *(Bgb)* hydraulische Gewinnung *f* || ~/**годовая** *(Bgb)* Jahresförderung *f* || ~/**землесосная** *(Bgb)* Saugbaggerförderung *f* || ~/**карьерная** Tagebaugewinnung *f* || ~/**комбайновая** *(Bgb)* Gewinnung *f* mit Kombine || ~/**мировая** *(Bgb)* Weltförderung *f* || ~ **нефти** Erdölgewinnung *f*, Erdölförderung *f* || ~/**открытая** Gewinnung *f* im Tagebau || ~ **открытым способом** Gewinnung *f* im Tagebau || ~/**подводная** *(Bgb)* Unterwassergewinnung *f* || ~/**подземная** Untertagegewinnung *f*, Gewinnung *f* im Tiefbau || ~ **подземным способом** Untertagegewinnung *f*, Gewinnung *f* im Tiefbau || ~/**раздельная** *s.* ~/селективная || ~ **растворением** *(Bgb)* Solgewinnung *f*, Aussolen *n* || ~/**селективная** *(Bgb)* selektive Gewinnung *f*, Aushalten *n* || ~/**сменная** Schichtförderung *f* || ~/**суточная** Tagesförderung *f*
добычный *(Bgb)* Gewinnungs..., Förder[ungs]..., Abbau...
довод *m (Math)* Beweisgrund *m*
доводить 1. *(Fert)* feinbearbeiten *(mit Abrasivmittel oder schneidenlos)*; 2. *(Fert)* maßläppen; 3. *(Fert)* abziehen *(die Werkzeugschneide)*; wetzen *(die Reibahlenschneide)*; 4. *(Met)* garschmelzen, ausgaren, feinen || ~ **плавку** die Schmelze ausgaren lassen
доводка *f* 1. *(Fert)* Fertigbearbeitung *f*, [abrasive] Feinbearbeitung *f (z. B.* Polieren, Glätten*)*; 2. *(Fert)* Maßläppen *n*; 3. *(Fert)* Abziehen *n (der Werkzeugschneide)*; Wetzen *n (der Reibahlenschneide)*; 4. *(Met)* Garschmelzen *n*, Ausgaren *n*, Feinen *n*; 4. *(Met)* Hammergarmachen *n (Kupferverhüttung)* || ~/**абразивная** *(Fert)* Feinbearbeitung *f* mit Abrasivmitteln || ~/**алмазная** *(Fert)* Feinbearbeitung *f* mit Diamantabrasivmittel || ~/**внутренняя** *(Fert)* Innenmaßläppen *n* || ~/**грубая** *(Fert)* Grobmaßläppen *n* || ~ **и притирка** *f (Fert)* Läppen *n* || ~/**наружная** *(Fert)* Außenmaßläppen *n* || ~ **плавки** *(Met)* Feinen *n*, Garschmelzen *n* || ~/**плоская** *(Fert)* Planmaßläppen *n* || ~ **стекла** Fertigmachen *n* des Glases || ~/**черновая** *(Fert)* Schruppmaßläppen *n* || ~/**чистовая** *(Fert)* Schlichtmaßläppen *n*

доводка-притирка *f (Fert)* Läppen *n*
довулканизация *f* Nachvulkanisation *f*
доггер *m (Geol)* Dogger *m*, Mitteljura *m*
догорание *n* 1. Ausbrennen *n*; 2. Nachbrennen *n*, Nachverbrennung *f*
догружать *(Fert)* zusätzlich auslasten
додаивание *n (Lw)* Nachmelken *n*
додекаэдр *m (Krist)* Dodekaeder *n*, Zwölfflächner *m* || ~/**пентагональный** *s.* пентагон-додекаэдр || ~/**пентагональный преломленный** *s.* дидодекаэдр || ~/**ромбический** *s.* ромбододекаэдр
доделка *f (Fert)* Nacharbeit *f*, Nachbehandlung *f*; Fertigbearbeitung *f*
додрабливание *n* Fertigbrechen *n*, Nachbrechen *n (Brecher)*
додрабливать fertigbrechen *n*, nachbrechen *(Brecher)*
додубливание *n (Led)* Nachgerbung *f*
додубливать nachgerben *(Leder)*
додувать *(Met)* nachblasen, fertigblasen *(Schmelze im Konverter)*
додувка *f (Met)* Nachblasen *n*, Fertigblasen *n (Schmelze im Konverter)*
дождевание *n (Lw)* Beregnung *f* || ~ **древесины** Sprühimprägnierung *f (des Holzes)* || ~/**противозаморозковое** Frostschutzberegnung *f* || ~/**синхронное импульсное** Impulsberegnung *f (absatzweise arbeitende Beregnungsmaschinen)* || ~ **сточными водами** Abwasserberegnung *f*, Abwasserverregnung *f*
дождеватель *m (Lw)* Regner *m* || ~/**вращающийся** Drehstrahlregner *m*, Kreisflächenregner *m* || ~/**дальнеструйный** Weitstrahlregner *m* || ~/**импульсный** Impulsregner *m*, absatzweise arbeitender Regner *m* || ~/**колёсный** rollender Regnerflügel *m*, rollende Regnerflügelleitung *f* || ~/**короткоструйный** Kurzstrahlregner *m* || ~ **непрерывного действия** kontinuierlich arbeitender Regner *m* || ~ **периодического действия** *s.* ~/импульсный || ~/**среднеструйный** Mittelstrahlregner *m* || ~/**широкозахватный** *s.* ~/дальнеструйный
дождемер *m (Meteo)* Regenmesser *m*
дождемер-самописец *m* Regenschreiber *m* || ~/**самопишущий** *s.* дождемер-самописец
дождеприёмник *m (Bw)* Straßeneinlauf *m*
дождливый regnerisch, verregnet
дождь *f (Meteo)* Regen *m* || ~/**грозовой** Gewitterregen *m* || ~/**грязевой** Schlammregen *m* || ~/**затяжной** anhaltender Regen *m*, Dauerregen *m*, Landregen *m* || ~/**звёздный** *(Astr)* Sternschnuppenfall *m*, Meteorschauer *m* || ~/**зимний** Winterregen *m* || ~/**искусственный** künstlicher Regen *m* || ~/**кислотный** *(Ökol)* saurer Regen *m* || ~/**кислый** *(Ökol)* saurer Regen *m* || ~/**ледяной** 1. Eisregen *m*; 2. Regen *m* mit Glatteisbildung || ~/**ливневой** strömender Regen *m*, Reguguß *m* || ~/**метеоритный** *(Astr)* Meteoritenfall *m* || ~/**моросящий** Sprühregen *m* || ~/**муссонный** Monsunregen *m* || ~/**обложной** Landregen *m*, Dauerregen *m* || ~/**пассатный** Passatregen *m* || ~/**проливной** Platzregen *m* || ~/**радиоактивный** *(Ökol)* radioaktiver Regen *m* || ~/**сильный** Starkregen *m* || ~/**тропический** tropischer Regen *m*
дожигание *n* 1. Nachbrennen *n (Feuerungstechnik)*; 2. *(Rak) s.* форсаж

дожигатель m отработавших газов Nachbrenner m der Abgase
доза f (Kern) Dosis f ‖ ~ гамма-излучения Gammastrahlendosis f, Gammadosis f ‖ ~/глубинная Tiefendosis f ‖ ~/диагностическая diagnostische Dosis f (bei Röntgendurchleuchtungen und -aufnahmen) ‖ ~/допустимая zulässige Dosis (Strahlungsdosis) f, verträgliche Dosis (Strahlungsdosis) f ‖ ~/ежедневно допустимая zulässige Tagesdosis f ‖ ~ естественного облучения natürliche Strahlenbelastung f ‖ ~ излучения Strahlendosis f, Strahlungsdosis f ‖ ~ излучения/поглощённая Energiedosis f, absorbierte Dosis (Strahlungsdosis) f ‖ ~/имплантационная (Eln) Implantationsdosis f (Halbleiter) ‖ ~/индивидуальная Individualdosis f ‖ ~/индикаторная Indikatordosis f (bei Einführung von radioaktiven Substanzen in den Organismus) ‖ ~/интегральная Integraldosis f, integrale Dosis f ‖ ~/ионизационная Ionisationsdosis f ‖ ~/кожная эритемная Hauterythemdosis f, HED, Erythemdosis f ‖ ~/кумулятивная s. ~/накопленная ‖ ~ легирования (Eln) Legierungsdosis (Halbleiter) ‖ ~/летальная Letaldosis f, tödliche (letale) Dosis f, LD ‖ ~/максимально допустимая s. ~/предельно допустимая ‖ ~/максимально переносимая maximal verträgliche Dosis f ‖ ~/минимальная абсолютно летальная absolut letale Mindestdosis f ‖ ~/минимально действующая minimal wirksame Dosis f ‖ ~ на выходе Austrittsdosis f ‖ ~ на поверхности Oberflächendosis f ‖ ~/наивысшая допустимая höchstzulässige Dosis f ‖ ~/накопленная kumulative (akkumulierte) Dosis f, Gesamtdosis f ‖ ~ облучения Bestrahlungsdosis f ‖ ~ облучения нейтронами Neutronendosis f ‖ ~/объёмная Volumendosis f, Raumdosis f ‖ ~ падающего излучения Einfallsdosis f ‖ ~/поверхностная Oberflächendosis f ‖ ~/поглощённая s. ~ излучения/поглощённая ‖ ~/половинной выживаемости mittlere Letaldosis f, LD_{50} ‖ ~/полученная applizierte (empfangene) Dosis f ‖ ~/пороговая Schwellen[wert]dosis f ‖ ~/пороговая летальная letale Reizschwellendosis f ‖ ~/предельно допустимая maximal zulässige Dosis (Strahlungsdosis) f, maximale Strahlungsbelastung f, höchstzulässige Dosis (Strahlungsdosis) f, MZD ‖ ~ радиоактивного облучения Bestrahlungsdosis f, Strahlenbelastung f, Strahlendosis f, Strahlungsdosis f, Strahlungsdosis f, Belastung f ‖ ~/разовая Einzeldosis f; Einzeitdosis f ‖ ~/разовая допустимая einmalige zulässige Dosis f ‖ ~ рентгеновского и гамма-излучений/экспозиционная Exposition f (Coulomb je Kilogramm) ‖ ~ рентгеновского излучения Röntgendosis f ‖ ~/сверхлетальная (Kern) hyperletale Dosis f ‖ ~/смертельная s. ~/летальная ‖ ~ смешанного облучения Gemischtstrahlendosis f (bei gleichzeitiger Einwirkung verschiedener Strahlenarten) ‖ ~/среднелетальная s. ~ половинной выживаемости ‖ ~/стерилизирующая Sterilisierungsdosis f ‖ ~/сублетальная subletale Dosis f ‖ ~/суммарная s. ~/накопленная ‖ ~/суточная ganztägige Dosis f ‖ ~/терапевтическая therapeutische Dosis f ‖ ~/тканевая Gewebedosis f, Gewebsdosis f ‖ ~/токсичная torische Dosis f ‖ ~/толерантная s. ~/допустимая ‖ ~/физическая physikalische Dosis f ‖ ~/эквивалентная äquivalente Dosis f ‖ ~ экспонирования (Ph) Bestrahlungsdosis f ‖ ~/эритемная Erythemdosis f, ED
дозаправка f s. заправка/повторная ‖ ~ горючим (топливом) в полёте s. заправка топливом в полёте
дозарядка f (El) Nachladung f, Nachladen n (Akkumulator)
дозатор m 1. Dosiergerät n, Dosiereinrichtung f, Dosierapparat m, Zuteiler m, Speiser m (s. a. unter питатель); 2. Füllvorrichtung f (Pendelbecherwerk) ‖ ~/барабанный 1. Trommeldosierer m; Zellenradzuteiler m, Walzenspeiser m; 2. Fülltrommel f (Pendelbecherwerk) ‖ ~/бункерный 1. Gefäßzuteiler m, Schleusenzuteiler m, Bunkerzuteiler m; 2. Zuteiler m am Bunkerauslauf ‖ ~/весовой Dosierwaage f, Dosiereinrichtung f; Gattierungswaage f ‖ ~/весовой ленточный Dosierbandwaage f, Förderbanddosierwaage f ‖ ~/весовой расфасовочный Abfüllwaage f ‖ ~/дискретного действия/весовой intermittierend arbeitende Dosierwaage f ‖ ~/звёздчатый s. ~/лопастный ‖ ~/карусельный (Text) Dosierkarussell n ‖ ~/коробчатый Schubwagenzuteiler m, Schubwagenspeiser m ‖ ~/ленточный Bandzuteiler m, Aufgabeband n, Zuteilband n ‖ ~/лопастный Zellenradzuteiler m, Zellenradspeiser m ‖ ~/непрерывного действия/весовой kontinuierlich arbeitende Dosierwaage f ‖ ~/объёмный volumetrischer Dosierer m ‖ ~/тарелочный Tellerdosierer m, Tellerdosierapparat m, Tellerspeiser m, Abstreichteller m, Abstreifteller m ‖ ~/тарельчатый s. ~/тарелочный ‖ ~/тележечный Schubwagenzuteiler m, Schubwagenspeiser m ‖ ~ фиксированных объёмов Festvolumendosierer m ‖ ~ цветов красителей (Text) Farbstoffdosierungseinrichtung f ‖ ~/шлюзовый Dosierschleuse f ‖ ~/шнековый Dosierschnecke f
дозатор-насос m Dosierpumpe f
дозатор-питатель m Zuteiler m, Speiser m (s. a. unter питатель)
дозатор-смеситель m Mischdosiereinrichtung f
дозвук m s. область/дозвуковая
дозвуковой (Aero) Unterschall…, Subsonik…
дозиметр m (Kern) Dosimeter n, Dosis[leistungs]messer m ‖ ~ антраценовый Anthrazendosimeter n ‖ ~ бета-излучения Betadosimeter n, Betastrahldosimeter n ‖ ~ гамма-излучения Gammadosimeter n, Gammastrahldosimeter n ‖ ~/групповой Raumüberwachungsgerät n, Lokalmonitor m ‖ ~/индивидуальный Personendosimeter n, individuelles Dosimeter n ‖ ~/интегрирующий integrierendes Dosimeter n ‖ ~/ионизационный Ionisationsdosimeter n ‖ ~/карманный Taschendosimeter n, Füllhalterdosimeter n ‖ ~/клинический (Med) klinisches Dosimeter n ‖ ~/колориметрический Farbdosimeter n, kolorimetrisches Dosimeter n ‖ ~/конденсаторный Kondensatorkammerdosimeter n ‖ ~/наручный Armbanddosimeter n ‖ ~/нейтронный Neutronendosimeter n, Neutronendo-

дозиметр 204

sismesser m II ~/**переносный** tragbares Dosimeter n II ~/**плёночный** Filmdosimeter n II ~/**полупроводниковый** Halbleiterdosimeter n II ~ **рентгеновского излучения** Röntgen[strahlen]dosimeter m II ~ **УФ-излучения** UV-Dosimeter n II ~/**ферросульфатный** s. ~ Фрике II ~ **Фрике** Fricke-Dosimeter n, Ferrosulfatdosimeter n
дозиметрия f (Kern) Dosimetrie f, Dosismessung f, Strahlungsmessung f, Strahlen[schutz]messung f II ~ **альфа-частиц** (Kern) Alphastrahldosimetrie f, Alphadosimetrie f II ~ **изотопов** Isotopendosimetrie f II ~ **местности** Raumüberwachung f; Flächenüberwachung f II ~/**плёночная** Filmdosimetrie f
дозирование n s. дозировка
дозирователь m **клея** (Eln) Klebedosiergerät n, Klebedosator m (Chipkleben)
дозировка f 1. Dosieren n, Zuteilen n; Verteilen; 2. Möllern n (Hochofen) II ~ **краски** (Typ) Farbdosierung f II ~ **по весу** Dosieren n nach Masse, Massendosierung f II ~ **по объёму** Dosieren n nach Schüttvolumen, volumetrische Dosierung f
дозревание n 1. (Bw) Nacherhärtung f (Beton); 2. (Photo) Nachreifung f, chemische (zweite) Reifung f
доизмельчать fertigmahlen, nachmahlen, weitermahlen
доизмельчение n Fertigmahlen n, Nachmahlen n, Weitermahlen n
док m (Schiff) Dock n II ~/**главный** Hauptdock n ~/**двухбашенный плавучий** U-Schwimmdock n, Schwimmdock n mit zwei Seitenkästen II ~/**достроечный** Ausrüstungsdock n II ~/**однобашенный плавучий** L-Schwimmdock n, Schwimmdock n mit einem Seitenkasten II ~/**плавучий** Schwimmdock n II ~/**понтонный** Pontondock n II ~/**ремонтный** Reparaturdock n II ~/**самодокующийся плавучий** selbstdockendes Schwimmdock n II ~/**спусковой** Absenkdock n II ~/**строительный** Baudock n II ~/**судоподъёмный** Bergungsdock n II ~/**сухой** Trockendock n
доказательство n Beweis m, Nachweis m II ~/**геометрическое** geometrischer Beweis m II ~/**косвенное** indirekter Beweis m
докатывать fertigwalzen
док-бассейн m 1. Schleusenhafen m, Flutbecken n, Flutdock n; 2. Dockhafen m, geschlossener Hafen m
докембрий m (Geol) Präkambrium n
док-камера f/**наливная** (Schiff) Flutbecken n II ~/**спусковая** (Schiff) Stapellaufdock n
докование n (Schiff) Docken n, Eindocken f II ~/**ежегодное** jährliche Dockung f II ~/**очередное** Routinedockung f II ~ **периодическое** periodische Dockung f
доковать (Schiff) docken
докритический unterkritisch
докрутка f (Text) 1. Nachdraht m (beim Ausspinnen mit dem Wagenspinner); 2. Auszwirndraht m, Nachzwirn m (Glattzwirnerei)
документ m Beleg m II ~/**грузовой** Frachtdokument n II ~/**закодированный** kodierter Beleg m II ~ **на магнитной карте** Magnetkontokarte f II ~/**первичный** Primärbeleg m, Urbeleg m II ~ **с маркерами** Markierungsbeleg m II ~/**судовой** Schiffspapier n

документация f Dokumentation f, Unterlagen fpl II ~ **для пользователей** (Inf) Anwenderdokumentation f II ~/**исполнительная** Ausführungsdokumentation f II ~/**проектная** Projektierungsunterlagen fpl, Projekt n II ~/**проектно-сметная** Entwurfs- und Kostenunterlagen fpl II ~/**сопроводительная** Begleitpapiere npl II ~/**техническая** technische Dokumentation f, technische Unterlagen fpl
долбить 1. aushöhlen; 2. meißeln; 3. (Fert) stoßen (Nuten, Zahnräder)
долбление n (Fert) Stoßen n II ~/**анодно-механическое** anodenmechanisches Stoßen n II ~ **зубьев** Verzahnungsstoßen n II ~/**обкаточное** Wälzstoßen n II ~/**плоское** Formstoßen n II ~/**профильное** Formstoßen n II ~ **шпоночных канавок** Keilnutenstoßen n
долбяк m (Fert) 1. Stößel m (einer Stoßmaschine); 2. Stoßrad n, Schneidrad n (einer Verzahnungsstoßmaschine) II ~/**дисковый зуборезный** Scheibenschneidrad n II ~/**зуборезный** Schneidrad n, Stoßrad n II ~/**косозубый зуборезный** schrägverzahntes Schneidrad II ~/**чистовой зуборезный** Schlichtschneidrad n
долговечность f 1. Dauerhaftigkeit f; 2. Dauerhaltbarkeit f; 3. (Masch) Betriebsdauer f; 4. Grenznutzungsdauer f II ~/**расчётная** rechnerische Dauerhaltbarkeit f
долговременный dauerhaltbar; Langzeit...
долгоиграющий Langspiel...
долгота f Länge f II ~/**ареографическая** areographische Länge f (Mars) II ~ **в орбите/истинная** (Astr) wahre Länge f in der Bahn II ~ **в орбите/средняя** (Astr) mittlere Länge f in der Bahn II ~/**восточная** östliche Länge f II ~ **восходящего узла** Länge f des aufsteigenden Knotens, Knotenlänge f (Bahnelement) II ~/**галактическая** (Astr) galaktische Länge f II ~/**гелиографическая** heliographische Länge f (Sonne) II ~/**гелиоцентрическая** (Astr) heliozentrische Länge f II ~/**географическая** geographische Länge f II ~/**геодезическая** geodätische Länge f II ~/**геоцентрическая** geozentrische Länge f II ~ **дня** Tageslänge f (Zeitraum zwischen Auf- und Untergang der Sonne) II ~/**западная** westliche Länge f II ~/**истинная** wahre Länge f (Schiffsnavigation) II ~/**небесная** s. ~/эклиптическая II ~/**обсервованная** beobachtete geographische Länge f (Schiffsnavigation) II ~ **периастра** (Astr) Länge f des Periastrons II ~ **перигелия** (Astr) Länge f des Perihels, Perihellänge f II ~/**планетографическая** (Astr) planetographische Länge f II ~/**планетоцентрическая** (Astr) planetozentrische Länge f II ~/**селенографическая** selenographische Länge f (Mond) II ~/**счисляемая** gegißte Länge f, gekoppelte Länge f (Schiffsnavigation) II ~ **узла** s. ~ восходящего узла II ~/**эклиптическая** (Astr) ekliptikale Länge f (Ekliptikalsystem) II ~/**эфемеридная** (Astr) Ephemeridenlänge f
долготьё n Langhölzer npl
долерит m (Geol) Dolerit m
доливание n s. доливка
доливать nachgießen, zugießen; nachfüllen, auffüllen

доливка f Nachgießen n, Zugießen n; Nachfüllen n, Auffüllen n
до́лина f (Geol) Doline f (Karsterscheinung); Karstdoline f ‖ ~/**ка́рровая** Karrendoline f
доли́на f (Geol) Tal n ‖ ~/**антецеде́нтная** Antezedenztal n, antezedentes (ursprüngliches) Tal n ‖ ~/**антиклина́льная** Antiklinaltal n, Satteltal n ‖ ~/**асимметри́чная** asymmetrisches Tal n ‖ ~/**бессто́чная** abflußloses Tal n ‖ ~/**боковая** Seitental n ‖ ~/**вися́чая** Hängetal n ‖ ~ **вре́менного пото́ка/суха́я** zeitweilig wasserführendes Trockental n ‖ ~ **второ́го поря́дка** s. ~/**боковая** ‖ ~/**гла́вная** Haupttal n ‖ ~/**диагона́льная** Diagonaltal n ‖ ~/**за́мкнутая** geschlossenes Tal n ‖ ~/**инсекве́нтная** atektonisches Tal n ‖ ~/**консекве́нтная** konkordantes (konsequentes) Tal n ‖ ~/**корытообра́зная** Trogtal n ‖ ~/**леднико́вая** Gletschertal n ‖ ~/**мёртвая** Trockental n, totes Tal n ‖ ~/**мешкообра́зная** Sacktal n ‖ ~/**моноклина́льная** Monoklinaltal n ‖ ~/**надре́зная** Kerbtal n ‖ ~/**нало́женная** epigenetisches (aufgesetztes) Tal n ‖ ~/**нейтра́льная** atektonisches Tal n ‖ ~/**U-обра́зная** Kastental n ‖ ~/**V-обра́зная** Kerbtal n ‖ ~/**обсекве́нтная** obsequentes Tal n ‖ ~/**откры́тая** offenes Tal n ‖ ~/**погребённая** überdecktes Tal n ‖ ~/**подво́дная** submarines Tal n ‖ ~/**поймённая** Sohlental n ‖ ~/**полуоткры́тая** halboffenes Tal n ‖ ~/**попере́чная** Quertal n, Durchbruchstal n ‖ ~/**после́дующая** konkordantes Tal n ‖ ~/**продо́льная** Längstal n ‖ ~ **проры́ва** Durchbruchstal n ‖ ~/**ресекве́нтная** resequentes Tal n ‖ ~/**сбро́совая** Verwerfungstal n ‖ ~/**синклина́льная** Synklinaltal n, Muldental n ‖ ~/**сквозна́я** s. ~ **проры́ва** ‖ ~/**слепа́я** blindes Tal n ‖ ~/**согла́сная** konkordantes (konsequentes) Tal n ‖ ~/**субсекве́нтная** subsequentes Tal n ‖ ~/**суха́я** s. ~ **вре́менного пото́ка/суха́я** ‖ ~/**треуго́льная** Kerbtal n ‖ ~/**чечевицеобра́зная** lentikulares (linsenförmiges) Tal n ‖ ~/**эпигенети́ческая** s. ~/**нало́женная** ‖ ~/**я́русная** vielstufiges Tal n ‖ ~/**ящикообра́зная** Kastental n
доломи́т m (Min) Dolomit m (Mineral und Gestein) ‖ ~/**каусти́ческий** nichtstabilisierter Dolomit m ‖ ~/**обожжённый** Sinterdolomit m ‖ ~/**стабилизи́рованный** stabilisierter Dolomit m
доломитиза́ция f (Geol) Dolomitisierung f
долото́ n 1. (Wkz) Stechbeitel m, Beitel m (Holzbearbeitung); 2. (Bgb) Bohrmeißel m, Meißel m; 3. (Lw) Bodenmeißel m; 4. (Med) Meißel m ‖ ~/**алма́зное** (Bgb) Diamantmeißel m ‖ ~/**бурово́е** (Bgb) Bohrmeißel m ‖ ~/**гидромонито́рное** (Bgb) Strahlmeißel m, Spülstrahlmeißel m, Düsenmeißel m ‖ ~/**двутавро́вое** (Bgb) Backenmeißel m ‖ ~/**двухлопа́стное** (Bgb) Zweiblattbohrmeißel m ‖ ~/**двухшаро́шечное** (Bgb) Zweirollenmeißel m ‖ ~/**зубно́е** (Med) Zahnmeißel m ‖ ~/**коло́нковое** (Bgb) Kernbohrmeißel m ‖ ~/**ко́стное** (Med) Knochenmeißel m ‖ ~/**ко́стное вогну́тое** (Med) Hohlmeißel m (Bohrung) ‖ ~/**кресто́вое** (Bgb) Kreuzmeißel m ‖ ~/**крестообра́зное** (Bgb) Kreuzbohrmeißel m ‖ ~/**лопа́стное** (Bgb) Flügel[bohr]meißel m, Blatt[bohr]meißel m ‖ ~/**одношаро́шечное** (Bgb) Einrollenmeißel m ‖ ~/**пикообра́зное** (Bgb) Spitz[bohr]meißel m,

Schwert[bohr]meißel m ‖ ~/**пло́ское** (Bgb) Flachmeißel m (Bohrung) ‖ ~/**ре́жущее** schneidender (spanabhebender) Meißel n, Schneidmeißel m ‖ ~ **PX** s. ~ **ти́па рыбий хвост** ‖ ~/**самоочища́ющееся** (Bgb) selbstreinigender Bohrmeißel m ‖ ~/**ска́лывающее** (Bgb) brechender Meißel m ‖ ~ **сплошно́го буре́ния** (Bgb) Vollbohrmeißel m ‖ ~/**сплошно́е** (Bgb) Vollbohrmeißel m ‖ ~/**стру́йное** (Bgb) s. ~/**гидромонито́рное** ‖ ~/**ступе́нчатое** (Bgb) Stufenbohrmeißel m ‖ ~/**твёрдоспла́вное** (Bgb) Hartmetall[bohr]meißel m ‖ ~ **ти́па рыбий хвост** (Bgb) Fischschwanzmeißel m ‖ ~/**трёхлопа́стное** (Bgb) Dreiblattmeißel m ‖ ~/**шаро́шечное** (Bgb) Rollenmeißel m ‖ ~/**штыревое** (Bgb) Warzenmeißel m, Cobra-Meißel m (hartmetallbestückter Dreirollenmeißel) ‖ ~/**эксцентри́чное** (Bgb) Exzenter[bohr]meißel m
долото́-расшири́тель n (Bgb) Erweiterungsbohrer m
долотце́ n/**глазно́е** (Med) Augenmeißel m
до́ля f Anteil m, Quote f, Rate f ‖ ~/**весова́я** Masseanteil m ‖ ~/**кра́ски** (Typ) Farbanteil m ‖ ~/**мо́льная (моля́рная)** (Ch) Molenbruch m ‖ ~ **насыще́ния** Sättigungsanteil m ‖ ~/**объёмная** Volum[en]anteil m, Volum[en]bruch m ‖ ~ **рассе́яния** (Ph) Streuanteil m ‖ ~/**энергети́ческая** energetischer Anteil m
дом m (Bw) Haus n (s. a. unter **зда́ний**) ‖ ~/**блоки́рованный жило́й** Reihenwohnhaus n ‖ ~/**галере́йный** s. ~ **снару́жной галере́ей** ‖ ~ **гости́ничного ти́па** Apartmenthaus n ‖ ~/**деревя́нный** Holzhaus n ‖ ~/**деревя́нный сбо́рный** vorgefertigtes Holzhaus n, Fertigteilhaus n ‖ ~ **для престаре́лых/кварти́рный** Wohnhaus n mit altersgerechten Wohnungen ‖ ~/**жило́й** Wohnhaus n ‖ ~ **коридо́рного ти́па** Mittelganghaus n ‖ ~/**крупнопане́льный** Großplattenhaus n ‖ ~/**многокварти́рный** Mehrfamilienhaus n ‖ ~/**односекцио́нный** Punkthaus n ‖ ~/**односеме́йный** Einfamilienhaus n ‖ ~/**полносбо́рный** Fertigteilhaus n ‖ ~ **со встро́енными и пристро́енными предприя́тиями** Funktionsunterlagerung f (Geschäfte und Betriebe in den Erdgeschossen von Wohnhäusern) ‖ ~ **с нару́жной галере́ей** Laubenganghaus n, Außenganghaus n ‖ ~/**сбо́рно-разбо́рный** Montagehaus n ‖ ~/**секцио́нный** Sektions[wohn]haus n ‖ ~/**терра́сный** Terrassenhaus n ‖ ~ **то́чечного ти́па** Punkthaus n ‖ ~/**то́чечный** Punkthaus n ‖ ~/**углово́й** Eckhaus n
дома́ f (Krist) Doma n
дома́лывать nachmahlen, fertigmahlen
доме́н m (Krist) Domäne f, Bezirk m (Gitterbereich) ‖ ~/**антиферромагни́тный** antiferromagnetische Domäne f ‖ ~ **Га́нна** Gunn-Domäne f ‖ ~/**ферромагни́тный** Weißscher Bezirk (Bereich) m ‖ ~/**цилиндри́ческий магни́тный** Magnetblase f, zylindrische Magnetdomäne f
доме́ны mpl (Krist) Bezirke mpl, Domänen fpl (s. a. unter **доме́н**)
домкра́т m Bockwinde f, Hebebock m, Hebewinde f, Winde; (Kfz) Wagenheber m ‖ ~/**ваго́нный** Wagenheber m ‖ ~/**винтово́й** Schraubstock m, Schraubenwinde f; 2. (Bgb) ausfahrbare Spindel f, Spindelheber m ‖ ~/**гидравли́ческий** 1. hydraulischer Hebebock m, Druckwas-

домкрат

serhebebock *m*; 2. *(Bw)* Spannpresse f *(Spannbeton)* ‖ ~/**кабельный** Kabeltrommelwinde f ‖ ~/**натяжной** 1. Spannwinde f; 2. *(Bw)* Spannpresse f *(Spannbeton)* ‖ ~/**пневматический** Druckluftwinde f, Druckluftheber *m* ‖ ~/**поддерживающий** Stützwinde f ‖ ~/**портальный** fahrbares Hubportal *n* ‖ ~/**путевой** Gleishebewinde f ‖ ~/**путеперекладочный** Gleisrückwinde f ‖ ~/**реечный** Zahnstangenwinde f ‖ ~/**стоечный** Hebebock *m* ‖ ~/**шпиндельный** Spindelhebebock *m*, Schraubenwinde f
домна f *s*. печь/доменная
домница f *(Met)* Blasofen *m*, Hochofen *m* mit offener Brust
домостроение *n* 1. Bauweise f *(von Gebäuden)*; 2. Hochbau *m* ‖ ~/**крупноблочное** Großblockbauweise f ‖ ~/**крупнопанельное** Großplattenbauweise f ‖ ~/**объёмно-блочное** Raumzellenbauweise f
донасыщение *n (Ch)* Nachsättigung f
донатор *m s*. донор
донаторный *s*. донорный
донейтрализация f *(Ch)* Nachneutralisation f
донка f Dampf[kolbenspeise]pumpe f *(Kesselspeisung)*
донный 1. Boden...; 2. *(Schiff)* Grund[schleppnetz]...
донор *m* Donator *m*, N-Typ-Verunreinigung f *(Halbleitertechnik)* ‖ ~/**кислородный** Thermodonator *m*, Sauerstoffdonator *m* der 1. Art ‖ ~/**мелкий** flacher Donator *m* ‖ ~/**новый** Thermodonator *m* [der 2. Art], Newdonor *m* ‖ ~ **протона** Protonendonator *m*, Dysprotid *n* ‖ ~ **электронов** Elektronendonator *m*, [elektronischer] Donator *m*
донорный Donator...
донышко *n* **фильеры** *(Text)* Düsenboden *m* *(Chemiefaserherstellung)*
доомление *n (Ch)* Nachverseifung f
доомылять *(Ch)* nachverseifen
доосахаривание *n (Ch, Brau)* Nachverzuckerung f
доотверждение *n (Kst)* Nachhärtung f
доохлаждение *n* Nachkühlung f
доочистка f Nachreinigung f ‖ ~ **сточных вод** Abwassernachreinigung f
допант *m (Eln)* Dopant *m*, Dotierungsstoff *m*
допирование *n* Dopen *n*, Dotieren *n (Halbleitertechnik)* ‖ ~/**обратное** Gegendotierung f, Umdotierung f
допированный dotiert, gedopt *(Halbleiter)* ‖ ~ **противоположно** gegendotieren, umdotieren *(Halbleiter)*
допировать dotieren, dopen *(Halbleiter)*
доплер-эффект *m s*. эффект Доплера
дополнение *n* 1. Ergänzung f, Nachtrag *m*; Hinzufügung f; 2. *(Math)* Komplement *n*; Supplement *n*; Zusatz *m*; 3. *(Inf)* Komplement *n*, Ergänzung f ‖ ~/**графическое** *(Inf)* Graphikerweiterung f ‖ ~ **до двух** *(Inf)* Zweierkomplement *n*, binäres Komplement *n* ‖ ~ **до девяти** *(Inf)* Neunerkomplement *n* ‖ ~ **до десяти** *(Inf)* Zehnerkomplement *n* ‖ ~ **до единицы** *(Inf)* Einerkomplement *n* ‖ ~ **по основанию** *(Inf)* Basiskomplement *n*, B-Komplement *n* ‖ ~ **по основанию-минус-один** *(Inf)* B-minus-1-Komplement *n* ‖ ~ **по основанию/усечённое** *(Inf)* B-minus-1-Komplement *n*

дополнительный 1. zusätzlich, Zusatz..., Ergänzungs...; 2. *(Inf)* Komplement...
доправить nachrichten, richten *(Guß- und Schmiedeteile)*
доправка f Nachrichten *n*, Richten *n (Guß- und Schmiedeteile)*
допрессовка f 1. *(Gieß)* Nachverdichten *n*, Nachpressen *n (Formstoff)*; 2. Nachverdichten *n*, Nachpressen *n (Pulvermetallurgie)* ‖ ~/**горячая** Warmnachpressen *n (Pulvermetallurgie)*
допроявление *n (Photo)* Nachentwicklung f, Ausentwicklung f
допуск *m (Fert)* Toleranz f, Maßtoleranz f ‖ ~ **биения** Lauftoleranz f ‖ ~ **в ширине колеи** *(Eb)* Spurerweiterung f ‖ ~ **дефопоказателей** *(Gum)* Defo-Toleranz f ‖ ~ **диаметра конуса** Kegeldurchmessertoleranz f ‖ ~ **диаметра конуса** Kegeldurchmessertoleranz f ‖ ~ **зазора** Spieltoleranz f ‖ ~ **концентричности** Konzentrizitätstoleranz f ‖ ~ **круглости** Kreisformtoleranz f ‖ ~ **на диаметр** Durchmessertoleranz f ‖ ~ **на длину** Längentoleranz f ‖ ~ **на ёмкость** *(El)* Kapazitätstoleranz f ‖ ~ **на изготовление** Fertigungstoleranz f ‖ ~ **на ковку** Schmiedetoleranz f ‖ ~ **на отклонение частоты** *(El)* Frequenztoleranz f ‖ ~ **на прокатку** Walztoleranz f ‖ ~ **на радиальное биение** Rundlauftoleranz f ‖ ~ **на размер калибра** Lehren[maß]toleranz f ‖ ~ **на резьбу** Gewindetoleranz f ‖ ~ **на толщину зуба** Zahndickentoleranz f ‖ ~ **на усадку** *(Gieß)* Schwindmaßzugabe f ‖ ~ **наклона** Winkligkeitstoleranz f ‖ ~/**неуказанный** nichtangegebene Toleranz f, Freimaßtoleranz f ‖ ~/**основной** Grundtoleranz f ‖ ~ **параллельности** Parallelitätstoleranz f ‖ ~ **параллельности осей** Achsneigungstoleranz f ‖ ~ **перекоса осей** Achsschränkungstoleranz f ‖ ~ **пересечения осей** Kreuzungstoleranz f zweier Achsen ‖ ~ **перпендикулярности** Rechtwinkligkeitstoleranz f ‖ ~ **плоскости** Ebenheitstoleranz f ‖ ~/**позиционный** Positionstoleranz f ‖ ~ **посадки** Paßtoleranz f, Passungstoleranz f, Herstellungstoleranz f ‖ ~/**производственный** Fertigungstoleranz f, Herstellungstoleranz f ‖ ~ **процесса** *s*. ~/производственный ‖ ~ **прямолинейности** Geradheitstoleranz f ‖ ~ **размера** Maßtoleranz f ‖ ~/**размерный** Maßtoleranz f ‖ ~ **расположения** Lagetoleranz f ‖ ~ **расположения/зависимый** abhängige Lagetoleranz f ‖ ~ **расположения/независимый** unabhängige Lagetoleranz f ‖ ~ **симметричности** Symmetrietoleranz f ‖ ~ **системы** Grundtoleranz f ‖ ~ **соосности** Koaxialitätstoleranz f ‖ ~/**стандартный** Grundtoleranz f ‖ ~/**суммарный** Gesamttoleranz f, Summentoleranz f ‖ ~ **торцового биения** Stirnlauftoleranz f ‖ ~/**угловой** Winkeltoleranz f ‖ ~/**указанный в чертеже** Zeichnungstoleranz f ‖ ~/**установочный** Montagetoleranz f ‖ ~ **формы** Formtoleranz f ‖ ~ **формы/зависимый** abhängige Formtoleranz f ‖ ~ **формы/независимый** unabhängige Formtoleranz f ‖ ~ **цилиндричности** Zylinderformtoleranz f ‖ ~ **шага** Steigungstoleranz f
допускаемый zulässig
допускомер *m* Toleranzmeßgerät *n*, Toleranzmesser *m*
допустимость f *(Math)* Zulässigkeit f

допущение *n* 1. Annahme *f*; 2. Zulassung *f*, Zulassen *n*
доработка *f* Nachbesserung *f*; Nachbearbeitung *f*
доразведка *f* (Geol) Nacherkundung *f*
дорастворитель *m* (Text) Nachlöser *m* (Chemiefaserherstellung)
дорн *m* 1. (Wlz) Dorn *m*, Dornstange *f*, Rohreintreibdorn *m*, Walzdorn *m* (Rohrwalzwerk); 2. (Schm) Lochdorn *m*; 3. (Gum) Dorn *m*, Kern[ring] *m* || ~/**вулканизационный** (Gum) Heizdorn *m* || ~/**двойной** (Wlz) Doppeldorn *m* || ~/**обрезной** (Schm) Abscherdorn *m* || ~ **пильгерного стана** (Wlz) Pilgerdorn *m* || ~/**прессовый** (Schm) Preßdorn *m* || ~/**пустотелый** (Wlz) Hohldorn *m* || ~/**сдвоенный** (Schm) Doppeldorn *m*
дорнование *n* 1. (Fert) Preßpolieren *n*; 2. (Met) Dornen *n*
дорога *f* Straße *f*; Weg *m* || ~/**автомобильная** Autostraße *f* || ~/**велосипедная** Radfahrweg *m* || ~/**государственная** Bundesstraße *f* || ~/**грунтовая** nichtunterhaltene (unbefestigte) Straße *f* || ~ **дальнего сообщения** Fernstraße *f* || ~/**двухпутная** zweispurige Straße *f* || ~/**двухрельсовая подвесная** (Förd) Zweischienenhängebahn *f* || ~/**железная** Eisenbahn *f* || ~/**железная полевая** Feldeisenbahn *f* || ~/**заводская железная** Werkbahn *f*, Industriebahn *f* || ~/**зубчатая железная** Zahnradbahn *f* || ~/**кабинная** Kabinenbahn *f* || ~/**кабинная канатная** Kabinenseilbahn *f* || ~/**канатная** Seilbahn *f* || ~/**канатная подвесная** Drahtseilbahn *f* || ~/**кольцевая автомобильная** Autobahnring *m* || ~/**кресловая** Sessellift *m*, Sesselbahn *f* || ~/**магистральная** Hauptverkehrsstraße *f*; Fern[verkehrs]straße *f* || ~/**междугородная** Fernverkehrsstraße *f* || ~/**международная** Transitstraße *f* || ~/**монорельсовая** Einschienenbahn *f* || ~/**монорельсовая подвесная** Einschienenhängebahn *f* || ~/**мощённая** gepflasterte Straße *f* || ~ **на магнитной подвеске** Magnetkissenbahn *f*, Magnetschwebebahn *f* || ~ **на магнитной подвеске/скоростная** Magnetkissenschnellbahn *f* || ~/**однопутная** (Eb) eingleisige Strecke *f* || ~/**однорельсовая подвесная** Einschienenhängebahn *f* || ~ **переменного тока** Wechselstrombahn *f* || ~/**пешеходная** Fußweg *m*, Gehweg *m* || ~/**подвесная Schwebebahn *f*, Hängebahn *f* || ~/**подвесная канатная** Drahtseilbahn *f*, Seilschwebebahn *f* || ~/**подвесная рельсовая** Schwebebahn *f*, Hängebahn *f* || ~/**подземная** Untergrundbahn *f* || ~/**подъездная** Zubringerstraße *f*, Zufahrtsstraße *f* || ~/**полевая железная** (Eb) Feld[eisen]bahn *f* || ~ **постоянного тока** Gleichstrombahn *f* || ~/**проезжая** Fahrstraße *f*, Fahrweg *m* || ~/**промышленная железная** Industriebahn *f*, Industrie-Eisenbahn *f* || ~/**рулёжная** (Flg) Rollbahn *f* || ~/**седельная** Sattelbahn *f* || ~/**скоростная** Schnellstraße *f* (als Teil eines Autodroms für Werksversuche) || ~/**скоростная городская** Stadtschnellstraße *f*, Stadtautobahn *f* || ~ **сообщения/сухопутная** Landverkehrsweg *m* (Eisenbahnen, Straßen) || ~/**стартовая** (Flg) Startbahn *f* || ~/**стройплощадочная** Baustraße *f* || ~/**трубчатая** Röhrenbahn *f* || ~/**узкоколейная железная** Schmalspurbahn *f*, Klein-

bahn *f* || ~/**частная железнодорожная** Privatbahn *f*, Privat-Eisenbahn *f* || ~/**ширококолейная железная** (Eb) Breitspurbahn *f* || ~/**электрическая подвесная рельсовая** Elektrohängebahn *f* || ~/**эстакадная** Hochstraße *f*; (Eb) Hochbahn *f*, aufgeständerte Bahn *f* || ~/**эстакадная автомобильная** Hochstraße *f*
дорожка *f* 1. Weg *m*, Straße *f*, Bahn *f*; 2. Falz *m*; Nut *f*; 3. (Wlz) Spur *f*; 4. Spur *f*, Magnetspur *f* || ~/**адресная** (Inf) Adreßspur *f*, Adressenspur *f* || ~/**альтернативная** (Inf) Ersatzspur *f* (Magnetplatte) || ~/**беговая** (Masch) Laufbahn *f*, Lauffläche *f* (Wälzlager) || ~/**вихревая** (Aerod) ~/**глетовая** Glättgasse *f* (NE-Metallurgie) || ~/**гонная** (Lw) Auslauf *m* || ~/**дефектная** schadhafte Spur *f* (Magnetplatte) || ~/**желобчатая** (Masch) Rille *f* (Wälzlager) || ~ **записи** Aufzeichnungsspur *f* || ~/**звуковая** Tonspur *f* || ~/**звуковая магнитная** Magnettonspur *f* || ~/**информационная** Informationsspur *f* || ~ **Кармана [/вихревая]** (Aerod) Kármánsche Wirbelstraße *f*, Kármánsche Wirbel *mpl* || ~ **качения** (Masch) Wälzbahn *f* || ~ **качения внутреннего кольца** Innenwälzbahn *f* || ~ **качения/желобчатая** Laufspur *f* (Kugellager) || ~ **качения наружного кольца** Außenwälzbahn *f* || ~/**краевая** Randspur *f* (Magnetband) || ~/**магнитная** Magnetspur *f*; Magnettonspur *f* (Tonband) || ~/**мелющая** Mahlbahn *f* || ~/**оптическая звуковая** Lichttonspur *f* || ~ **переполнения** (Inf) Überlaufspur *f* || ~/**поперечная** (TV) Querspur *f*, Schrägspur *f* || ~/**разделяемая** (Inf) geteilte Spur *f* || ~/**резервная** (Inf) Ersatzspur *f*, Ausweichspur *f* || ~/**роликовая** 1. (Förd) Rollenbahn *f*; 2. (Masch) Rollenlaufbahn *f* (eines Rollenlagerrings) || ~/**рулёжная** (Flg) Rollbahn *f* (Anfahrt des Flugzeugs zur Start- und Landebahn bzw. nach Landung zur Abstellfläche) || ~/**синхронизирующая** Taktspur *f* || ~/**скреперная** (Bgb) Schrappergasse *f* || ~/**соседняя** Nachbarspur *f* || ~/**спусковая** (Schiff) Ablaufbahn *f* (Stapellauf) || ~/**токоведущая** [электрическая] Leitbahn *f*, Stromleitbahn *f* || ~/**устойчивая вихревая** (Aerod) stabile Wirbelspur *f* || ~/**фоточувствительная** photoempfindliches Bahnmaterial *n* || ~/**центральная килевая** Kielpallenreihe *f*, Mittelpallenreihe *f* (Dock)
ДОС *s*. 1. система/дисковая операционная; 2. датчик обратной связи
доска *f* 1. Brett *n*; Bohle *f*; 2. Tafel *f*, Platte *f* || ~/**волочильная** (Umf) Drahtzieheisen *n*, Zieheisen *n*, Ziehbrett *n* || ~/**выравнивающая** (Lw) Schleppe *f* || ~/**гипсовая** (Bw) Gipsdiele *f* || ~/**делительная** 1. (Text) Harnischbrett *n*, Chorbrett *n* (Jacquardmaschine); 2. (Lw) Schwadbrett *n* || ~ **для насечки** (Text) Schlagplatte *f* (Weberei; Kartenschlagen); Lochplatte *f* || ~/**закройная** (Text) Zuschneidebrett *n* || ~/**игольная** (Text) Nadelbrett *n* (Jacquardmaschine, Geschlossenfachschaftmaschine) || ~/**кассейная** (Text) Chorbrett *n*, Harnischbrett *n*, Gallierbrett *n*, Schnurbrett *n* (Jacquardmaschine) || ~/**клеммная** (El) Klemm[en]brett *n* || ~/**коммутационная** (El) Schalttafel *f* || ~/**модельная** (Gieß) Modellplatte *f* || ~/**накладная** (Typ) Anlegetisch *m* || ~ **настила** (Bw) Diele *f*, Dielenbrett *n* ||

доска

~/**необрезная** unbesäumtes (baumkantiges) Brett n ‖ ~/**нестроганная** ungehobeltes (rauhes) Brett n ‖ ~/**обрезная** besäumtes Brett n ‖ ~/**операционная** (El) Bedienungstafel f, Steuer[ungs]tafel f (Flechtmaschine) ‖ ~/**подоконная** Fensterbrett n ‖ ~/**подоконная сливная** (Bw) Sohlbank f, Fenstersohlbank f ‖ ~/**полевая** (Lw) Anlage f (Pflug) ‖ ~/**половая** Dielenbrett n ‖ ~/**приборная** Instrumententafel f, Instrumentenbrett n ‖ ~/**приёмная** (Wlz) Führungstisch m, Aufnahmetisch m ‖ ~/**рамная** (Text) Platinenboden m (Jacquardmaschine) ‖ ~/**распорная** 1. Kniehebelplatte f (Backenbrecher); 2. Seitenscherbrett n (Schleppnetz) ‖ ~/**распределительная** 1. Instrumentenbrett n, Armaturenbrett n; (El) Schalttafel f, Schaltbrett n; Verteilerbrett n; 2. (Lw) Staucherbrett n ‖ ~/**сбежистая** abholziges Brett n ‖ ~/**сердцевая** Kernbrett n ‖ ~/**середовая** Kernbrett n ‖ ~/**соединительная** (Text) Schärbrettchen n (Weberei) ‖ ~/**соединительная** Schalttafel f ‖ ~/**стапельная** (Typ) Stapelbrett n ‖ ~ **теплообменника/трубная** Rohrplatte f, Rohrboden m (Rohrwärmeübertrager) ‖ ~/**траловая** Seitenscherbrett n (Schleppnetz) ‖ ~/**трубная** Rohrboden m ‖ ~/**чертёжная** Zeichenbrett n ‖ ~/**чистообрезная** parallel besäumtes Brett n ‖ ~/**щелевая траловая** Düsenscherbrett n (Schleppnetz)

доставка f 1. Anlieferung f, Anfuhr f; 2. (Bgb) Abbauförderung f; Förderung f ‖ ~/**канатная** (Bgb) Seilförderung f ‖ ~ **качающимися конвейерами** Schüttelrutschenförderung f ‖ ~/**колёсная** (Bgb) Zugförderung f ‖ ~/**конвейерная** Bandförderung f, Fließförderung f ‖ ~ **ленточными конвейерами** Bandförderung f ‖ ~/**механизированная** (Bgb) maschinelle Förderung f ‖ ~ **по рештакам** Rutschenförderung f ‖ ~ **по скатам** Rollförderung f ‖ ~ **по трубопроводу** Rohrleitungstransport m ‖ ~/**подземная** (Bgb) Untertageförderung f ‖ ~/**промежуточная** (Bgb) Zwischenförderung f ‖ ~/**самотёком** Schwerkraftförderung f, Gefälleförderung f ‖ ~/**самотёчная** s. ~ самотёком ‖ ~/**скреперная** Schrapperförderung f ‖ ~ **собственным весом** Schwerkraftförderung f

доставлять 1. zustellen, liefern, anliefern; befördern; 2. (Bgb) fördern, zubringen (vom Abbau)
доставочный (Bgb) Förder...
достоверность f Zuverlässigkeit f; Richtigkeit f
достроечный (Schiff) Ausrüstungs...
достройка f (Schiff) Ausrüstung f, Ausrüstungsmontage f
доступ m 1. Zutritt m; 2. Zugänglichkeit f; Zugriff m (z. B. des Armes des Roboters); 3. (Inf) Zugriff m (zu einem Datenspeicher) ‖ ~/**базисный** (Inf) Basiszugriff m ‖ ~/**быстрый** (Inf) schneller Zugriff m ‖ ~ **воздуха** Luftzutritt m ‖ ~/**дистанционный** (Inf) Fernzugriff m ‖ ~ **к виртуальной памяти** (Inf) virtueller Speicherzugriff m ‖ ~ **к данным** (Inf) Datenzugriff m ‖ ~ **к ЗУ/произвольный** (Inf) wahlweiser Speicherzugriff m ‖ ~ **к памяти** (Inf) Speicherzugriff m ‖ ~ **к памяти/прямой** Direktzugriff m [zum Speicher], direkter Speicherzugriff m, Speicherdirektzugriff m, DMA ‖ ~/**многоканальный** s. ~/**многократный** ‖ ~/**многократный** (Nrt) Mehrfachausnutzung f; (Inf) Mehrfachzugriff m ‖ ~/**множественный** (Inf) Mehrfachzugriff m ‖ ~/**непосредственный** s. ~/**прямой** ‖ ~/**последовательный** (Inf) sequentieller Zugriff m ‖ ~/**произвольный** (Inf) wahlfreier Zugriff m ‖ ~/**прямой** (Inf) Direktzugriff m, direkter Zugriff m, DMA ‖ ~/**ручной** (Inf) manueller Zugriff m ‖ ~/**случайный** (Inf) wahlweiser Zugriff m ‖ ~/**телекоммуникативный** (Inf) Fernzugriff m ‖ ~/**удалённый** (Inf) Fernzugriff m ‖ ~/**ускоренный** (Inf) schneller Zugriff m

доступность f 1. Zugänglichkeit f; 2. Verfügbarkeit f
доступный zugänglich
досушка f Nachtrocknung f
досягаемость f Erreichbarkeit f
дотировать s. допировать
доумягчение n Nachenthärtung f (des Wassers)
дощечка f 1. Brettchen n; 2. Schildchen n, Plakette f ‖ ~/**калиберная** (Fert) Schablone f, Schablonenlehre f ‖ ~/**номерная** Kennzeichen n, Nummernschild n ‖ ~/**паркетная** Parkettbrettchen n, Parkettstab m
доюстировка f Nachjustierung f
доэвтектический (Krist) untereutektisch, voreutektisch
доэвтектоидный (Krist) untereutektoid, voreutektoid
доэкспонирование n (Photo) Nachbelichtung f
ДП s. 1. пункт/диспетчерский; 2. дизель-поезд; 3. датчик перемещения
дп s. диоптрия
ДПРМ s. радиомаяк/дальний приводной
дравит m (Min) Dravit m, Magnesiumturmalin m
драга f 1. Schwimmbagger m, Naßbagger m; 2. (Hydrol) Drege f (zur Bodenuntersuchung von Gewässern) ‖ ~/**многоковшовая** Eimerkettennaßbagger m ‖ ~/**цепная** (Schiff) Kettenstapel m (Bremsvorrichtung für Stapellauf)
драглайн m Schleppschaufelbagger m, Zugseilbagger m, Eimerseilbagger m, Dragline m ‖ ~/**шагающий** Schleppschaufelschreitbagger m, Schürfkübelschreitbagger m
драёк m (Schiff) Knebel m
дразнение n (Met) Polen n (NE-Metallurgie) ‖ ~ **на ковкость** Zähpolen n (Kupfer) ‖ ~ **на плотность** Dichtpolen n (Kupfer) ‖ ~/**окончательное** s. ~ на ковкость ‖ ~/**первое** s. ~ на плотность
дразнить polen, schäumen (NE-Metallurgie)
драйвер m (Eln, Inf) Driver m, Treiber m, Treiberstufe f ‖ ~/**дисплея** Bildschirm-Driver m ‖ ~ **физических устройств** physischer Gerätetreiber m
драница f Spaltlatte f ‖ ~/**кровельная** Dachdeckerspaltlatte f ‖ ~/**штукатурная** Gipslatte f, Putzleiste f
дранка f s. драница
дрань f/**штукатурная** (Bw) Rohrgewebe n (Putzträger)
древесина f Holz n (s. a. unter лесоматериал und пиломатериал) ‖ ~/**абсолютно сухая** darrtrockenes Holz n ‖ ~/**балансовая** Schleifholz n (Celluloseherstellung) ‖ ~/**бессучковая** astfreies (astreines) Holz n ‖ ~/**воздушносухая** lufttrockenes Holz n ‖ ~/**выдержанная** abgelagertes (trockenes) Holz n ‖ ~/**вязкая**

zähes Holz n ‖ ~/**гибкая** biegsames Holz n ‖ ~/**гнилая** faules (morsches) Holz n ‖ ~/**гнутая** Biegeholz n, Formvollholz n ‖ ~/**деловая** Nutzholz n ‖ ~/**длинноволокнистая** langfaseriges Holz n ‖ ~/**здоровая** gesundes (normales) Holz n ‖ ~/**искусственная** Kunstholz n ‖ ~/**клеёная** Lagenholz n ‖ ~/**коротковолокнистая** kurzfaseriges Holz n ‖ ~/**крупноволокнистая** grobfaseriges Holz n ‖ ~/**крупномерная** Derbholz n ‖ ~/**ламинированная** s. ~/клеёная ‖ ~/**лёгкая** leichtes Holz n (0,51 bis 0,40 g/cm^3) ‖ ~ **лиственных пород** Laubholz n ‖ ~/**металлизированная** Metallholz n ‖ ~/**мягкая** Weichholz n ‖ ~/**невыдержанная** s. ~/свежесрубленная ‖ ~/**неделовая** Abfallholz n ‖ ~/**неокорённая** unentrindetes Holz n ‖ ~/**неплотная** loses Holz n ‖ ~/**окаменелая** Dendrolith m, versteinertes Holz n ‖ ~/**окорённая** entrindetes (geschältes) Holz n, Schälholz n ‖ ~/**окорённая набело** weißentrindetes (weißgeschältes) Holz n ‖ ~/**пересушенная** vertrocknetes (übertrockenes) Holz n ‖ ~/**поделочная** Holzwerkstoff m, Werkholz n ‖ ~/**пористая** poriges Holz n ‖ ~/**прессованная** Preßholz n, Festholz n ‖ ~/**пропаренная** gedämpftes Holz n ‖ ~/**просушенная** gedarrtes Holz n ‖ ~/**разделанная** abgelängtes Holz n ‖ ~/**рассеяннопоровая** gestreutporiges (dispersionsporiges) Holz n ‖ ~/**резонансовая** Klangholz n ‖ ~ **с пороками** s. ~/фаутная ‖ ~ **с прожилками** geadertes Holz n ‖ ~/**свежесрубленная** fasergesättigtes (frischgefälltes) Holz n ‖ ~/**свилеватая** Maserholz n ‖ ~/**сердцевинная** Markholz n, Mark n ‖ ~/**слоистая** s. ~/клеёная ‖ ~/**слоисто-прессованная** Sperrfestholz n ‖ ~/**смолистая** harziges Holz n, Kienholz n ‖ ~/**стволовая** Stammholz n ‖ ~/**сухая** s. ~/выдержанная ‖ ~/**сырая** s. ~/свежесрубленная ‖ ~/**твёрдая** Hartholz n ‖ ~/**тонковолокнистая** feinfaseriges Holz n ‖ ~/**тяжёлая** schweres Holz n ‖ ~/**умеренно лёгкая** mäßig leichtes Holz n ‖ ~/**умеренно тяжёлая** mäßig schweres Holz n ‖ ~/**фанерная** Furnierholz n ‖ ~/**фаутная** fehlerhaftes Holz n ‖ ~ **хвойных пород** Nadelholz n ‖ ~/**хрупкая** brüchiges Holz n ‖ ~ **ценных пород** Edelholz n ‖ ~/**ядровая** Kernholz n

древесноволокнистый Holzfaser...
древесносмоляной Holzteer...
древесностружечный Holzspan...
древесноугольный Holzkohlen...
древесноуксусный Holzessig...
древовидный 1. baumartig, baumähnlich; 2. *(Met)* dendritisch *(Gefüge)*
древоспуск *m (Forst)* Gleitbahn f, Riese f, Holzriese f, Riesbahn f
дрезина *f (Eb)* Draisine f, Motordraisine f
дрейф *m* 1. *(Eln)* Drift f, Wanderung f; zeitliche Parameteränderung f; 2. *(Schiff)* Abdrift f ‖ ~/**диффузионный** *(Eln)* Diffusionsdrift f ‖ ~/**задержанный** *(Eln)* gebremste Drift f, Langzeitdrift f ‖ ~/**замедленный** *(Eln)* задержанный ‖ ~/**западный** *(Geoph)* Westdrift f ‖ ~ **ионов** *(Eln)* Ionenwanderung f, Ionendrift f ‖ ~/**ионосферный** *(Geoph)* Ionosphärendrift f ‖ ~/**континентальный** *(Geoph)* Kontinentaldrift f, Kontinentalverschiebung f ‖ ~ **континентов** s. ~/континентальный ‖ ~ **нуля** 1. *(Meß)* Null[punkts]drift f, Nullpunkt[s]wanderung f; 2. *(Inf)* Null[punkt]verschiebung f *(Analogrechner)* ‖ ~ **параметров** *(Reg, Meß)* Parameterdrift f ‖ ~/**постепенный** *(Eln)* Langzeitdrift f ‖ ~/**температурный** *(Ph)* Temperaturdrift f ‖ ~ **уровня** *(Ph)* Pegeldrift f ‖ ~ **частоты** *(El)* Frequenzdrift f, Frequenz[ab]wanderung f ‖ ~ **электронов** *(Eln)* Elektronenwanderung f, Elektronendrift f

дрейфовать 1. treiben, driften, abtreiben; 2. *(Eln)* driften, wandern
дректов *m* Treibankerleine f *(Ausrüstung für Rettungsboote)*
дрель f Handbohrmaschine f
дрена f Drän m, Sickergraben m, Entwässerungsgraben m, Rigole f ‖ ~/**галерейная** Großrohrdrän m, Galeriedrän m ‖ ~/**пластовая** Dränschicht f ‖ ~/**пристенная** Fundamentschutzdrän m ‖ ~/**трубчатая** Rohrdrän m
дренаж m Dränage f, Dränung f, Entwässerung f, Bodenentwässerung f *(Bgb)* Gasabsaugung f ‖ ~/**закрытый** Dränung f ‖ ~/**наслойный** Hangdränung f, Böschungsdränung f ‖ ~/**открытый** Grabenentwässerung f ‖ ~/**пластовой** *(Bgb)* Flözentwässerung f ‖ ~ **подземными выработками** *(Bgb)* Streckenentwässerung f ‖ ~/**электрический** elektrische Dränage f, Streustromableitung f
дрена-осушитель f Saugdrän n
дрена-собиратель f Sammeldrän m, Dränsammler m
дренирование n s. дренаж
дреноукладчик m [grabenherstellende] Dränmaschine f ‖ ~/**бестраншейный** Maulwurfdränmaschine f, grabenlose Dränmaschine f
дресва f *(Geol)* Grus m *(Verwitterungsprodukt von Festgesteinen)* ‖ ~/**гранитная** Granitgrus m
дрессировать *(Wlz)* dressier[walz]en
дрессировка f Dressier[walz]en n
дрешер m *(Pap)* Drescher m, Haderndrescher m
дриллометр m *(Bgb)* Zugkraftmesser m, Drillometer n *(Bohrung)*
дрильбор m *(Med)* Drillbohrer m
дрифтер m 1. *(Bgb)* schwerer Bohrhammer m; 2. *(Schiff)* Treibnetzfänger m, Drifter m
дробемёт m *(Gieß)* Schleuderrad n *(Schleuderstrahlanlage)*
дробемётный Schrotschleuderstrahl...
дробеструйка f *(Gieß)* Kugeldruckstrahlen n; Schrotdruckstrahlen n
дробеструйный *(Gieß)* Schrotdruckluftstrahl...
дробилка f 1. Zerkleinerungsmaschine f, Brecher m, Brechwerk n; Mühle f; 2. *(Lebm)* Schrotmühle f, Schroter m ‖ ~/**барабанная** Trommelmühle f, Kugelmühle f, Trommelbrecher m ‖ ~/**бичевая** Schlagmühle f ‖ ~/**валковая** Walzenbrecher m, Walzenbrechwerk n; Brechwalzwerk n ‖ ~/**валково-зубчатая** Zahnwalzenbrecher m ‖ ~/**вальцовая** s. ~/валковая ‖ ~/**вторичная** Nachbrecher m ‖ ~ **вторичного дробления** Nachbrecher m *(Sammelbegriff für Kegel- und Walzenbrecher)* ‖ ~/**грибовидная** Flachkegelbrecher m, Kurzkegelbrecher m, Granulator m ‖ ~/**грибовидная конусная** Kegelgranulator m ‖ ~/**двухвалковая молотковая** Hammerbre-

дробилка

cher *m* mit zwei Hammerwellen, Titanbrecher *m* ‖ ~/**двухвальцевая** Zweiwalzenmühle *f* ‖ ~/**двухроторная молотковая** Doppelhammerbrecher *m* ‖ ~/**дисковая** Tellerbrecher *m*, Scheibenbrecher *m*; Scheibenmühle *f* ‖ ~ **для крупного дробления** Grobbrecher *m*, Vorbrecher *m* ‖ ~ **для крупного дробления/конусная** Grobrundbrecher *m* ‖ ~ **для мелкого дробления** Feinbrecher *m*, Mühle *f* ‖ ~ **для первичного дробления** Grobbrecher *m*, Vorbrecher *m* ‖ ~ **для среднего дробления** Zwischenbrecher *m*, Nachbrecher *m* ‖ ~/**забойная** *(Bgb)* Vorortbrecher *m* ‖ ~/**зубчатая [валковая]** Stachelwalzenbrecher *m*, Zahnwalzenbrecher *m* ‖ ~/**игольчатая** Stachelwalzenbrecher *m* ‖ ~/**конусная** Kegelbrecher *m*, Kegelmühle *f* ‖ ~ **кормов** *(Lw)* Futterreißer *m* ‖ ~/**короткокорпусная** *s*. ~/**грибовидная** ‖ ~ **крупного дробления** Vorbrecher *m*, Grobbrecher *m* ‖ ~/**крыльчатая** Flügelbrecher *m* ‖ ~ **мелкого дробления** Feinbrecher *m*, Feinquetsche *f* ‖ ~/**многовальцовая** Mehrwalzenmühle *f* ‖ ~/**молотковая** Hammerbrecher *m*, Prallbrecher *m*, Flügelbrecher *m*, Hammermühle *f* ‖ ~/**молотко-отражательная** Prallhammerbrecher *m* ‖ ~/**ножевая** Messerbrecher *m* ‖ ~/**одновалковая** Knollenbrecher *m* ‖ ~/**однороторная молотковая** Hammerbrecher *m* mit einem Schlagwerk ‖ ~/**отражательная** Prallbrecher *m* ‖ ~/**первичная** Vorbrecher *m*, Grobbrecher *m* ‖ ~/**роторная** Kreiselbrecher *m* ‖ ~ **с зубчатыми валками** Stachel[walzen]brecher *m* ‖ ~/**угольная** Kohlenbrecher *m* ‖ ~/**ударная** Schlagbrecher *m*, Prallbrecher *m* ‖ ~/**ударно-отражательная** Schlagprallbrecher *m* ‖ ~/**червячная** Schneckenbrecher *m*, Brechschnecke *f* ‖ ~/**четырёхвалковая** Doppelwalzenbrecher *m* ‖ ~/**четырёхвальцовая** Vierwalzenschrotmühle *f* ‖ ~/**шаровая** Kugelmühle *f*, Trommelmühle *f* ‖ ~/**щековая** Backenbrecher *m*

дробилка-гребнеотделитель *f* Entrappungsmühle *f (Weinbereitung)*

дробимость *f* Brechbarkeit *f*, Zerkleinerungsverhalten *m (des Nutzminerals)*

дробина *f (Brau)* Treber *pl (Rückstände beim Brauen)* ‖ ~/**пивная** Biertreber *pl* ‖ ~/**солодовая** Malztreber *pl* ‖ ~/**хмелевая** Hopfentreber *pl*

дробить zerkleinern, brechen; granulieren; schroten *(Malz, Futtermittel)* ‖ ~/**предварительно** vorbrechen

дробление *n* Zerkleinern *n*, Zerkleinerung *f*, Brechen *n*; Granulieren *n*; Schroten *n (Malz, Futtermittel)* ‖ ~/**взрывное** *(Bgb)* Sprengzerkleinerung *f* ‖ ~/**вторичное** Sekundärzerkleinerung *f*, Nachbrechen *n*, Nachzerkleinerung *f* ‖ ~/**грубое** *s*. ~/**крупное** ‖ ~/**двухстадийное** zweistufiges Brechen *n* ‖ ~/**дополнительное** Nachzerkleinerung *f* ‖ ~/**крупное** Vorzerkleinerung *f*, Vorbrechen *n*, Grobzerkleinerung *f*, Grobbruch *m* ‖ ~/**мелкое** Feinzerkleinerung *f*, Feinbrechen *n*, Feinbruch *m*, Feinmahlen *f* ‖ ~/**мокрое** Naßzerkleinern *n*, Naßzerkleinerung *f*, Naßmahlen *n*; *(Brau)* Naßschrotung *f (Malz)* ‖ ~/**первичное (первое, предварительное)** *s*. ~/**крупное** ‖ ~/**среднее** Mittel[korn]zerkleinerung *f*, Schroten *n*, Grießmahlen *n* ‖ ~ **стружек** *(Fert)* Spänezerkleinerung *f (Späneaufbereitung)* ‖ ~/**сухое** Trockenzerkleinerung *f*, Trockenmahlen *f*; *(Brau)* Trockenschrotung *f (Malz)* ‖ ~/**тонкое** Feinstzerkleinerung *f (s. a.* ~/**мелкое***)* ‖ ~/**трёхстадийное** dreistufiges Brechen *n*

дробёнка *f* Rohstaub *m*, grobgemahlene Kohle *f*

дробопитатель *m (Bgb)* Schrotschleuse *f (Bohrung)*

дробь *f* 1. *(Math)* Bruch *m*; 2. *(Typ)* Bruchziffer *f*; 3. Schrot *m*; 4. *(Met)* Stahlkugeln *fpl*, Granalien *fpl*; 5. *(Gieß)* Stahlsand *m (Gußputzerei)*; Strahlgut *n*, Strahlmittel *n*, Strahlkies *m (Entzunderungsanlage)* ‖ ~/**бесконечная** *(Math)* unendlicher Bruch *m* ‖ ~/**буровая** *(Bgb)* Bohrschrot *m (Bohrung)* ‖ ~/**десятичная** *(Math)* Dezimalbruch *m* ‖ ~/**неправильная** *(Math)* unechter Bruch *m* ‖ ~/**непрерывная** *(Math)* kontinuierlicher Bruch *m*, Kettenbruch *m* ‖ ~/**периодическая** *(Math)* periodischer Bruch *m* ‖ ~/**правильная** *(Math)* echter Bruch *m* ‖ ~/**стальная** *(Gieß)* Stahlschrot *m*, Stahlkies *m*; Stahldrahtkorn *n*; Strahlmittel *n* auf Stahlbasis ‖ ~/**стеклянная** Glasbruch *m* ‖ ~/**сходящаяся цепная** *(Math)* konvergenter Kettenbruch *m* ‖ ~/**цепная** *(Math)* Kettenbruch *m* ‖ ~/**чугунная** *(Gieß)* Hartgußgranulat *n*, Hartgußschrot *m*; Hartgußkies *m*

дроволка *f* Holzspaltemaschine *f*

дрожание *n* 1. *(Opt)* Tanzen *n*, Zittern *n (eines Bildes)*; 2. Zittern *n*, Zitterbewegung *f (z. B. des Elektrons)*; 3. Tanzen *n (des Reglers)*; 4. Flackern *n (des Lichtbogens)*; 5. Vibration *f*, Schwingung *f* ‖ ~ **вала** *(Reg)* Wellendröhnen *n*, Wellenflattern *n* ‖ ~ **регулятора** *(Masch)* Reglertanzen *n* ‖ ~ **цифрового сигнала электросвязи/фазовое** *(Nrt)* Jitter *m*

дрожжанка *f (Lebm)* Hefewanne *f*

дрожжевание *n* **кормов** *(Lw)* Gärfutterbereitung *f*

дрожжевать *(Lw)* vergären, einsäuern, silieren

дрожжевой Hefe...

дрожжегенератор *m s*. аппарат/дрожжерастительный

дрожжи *pl* Hefe *f* ‖ ~/**верхнебродящие** *s*. ~/**верховые** ‖ ~/**верхнего брожения** *s*. ~/**верховые** ‖ ~/**верховые** obergärige Hefe *f*, Oberhefe *f* ‖ ~/**винные** Weinhefe *f* ‖ ~/**винокуренные** Brennereihefe *f* ‖ ~/**задаточные** Anstellhefe *f*, Stellhefe *f* ‖ ~/**задаточные густые** dickbreiige Anstellhefe *f* ‖ ~/**избыточные** Überschußhefe *f (Versandhefe)* ‖ ~/**искусственные** Backpulver *n* ‖ ~/**кормовые** *(Lw)* Futterhefe *f* ‖ ~/**культурные** Kulturhefe *f* ‖ ~/**маточные** Mutterhefe *f* ‖ ~/**нижебродящие** *s*. ~/**низовые** ‖ ~ **низового брожения** *s*. ~/**низовые** ‖ ~/**низовые** untergärige Hefe *f*, Unterhefe *f* ‖ ~/**паточные** Melasse[schlempe]hefe *f* ‖ ~/**пекарские** Bäcker[ei]hefe *f*, Backhefe *f* ‖ ~/**пивные** Bierhefe *f* ‖ ~/**пищевые** Nährhefe *f* ‖ ~/**прессованные** Preßhefe *f* ‖ ~/**семенные** Mutterhefe *f* ‖ ~/**семенные густые** *s* задаточные густые ‖ ~/**спиртовые** Brennerhefe *f* ‖ ~/**сульфитные** Sulfit[ablauge]hefe *f* ‖ ~/**товарные** Versandhefe *f* ‖ ~/**хлопьевидные** Bruchhefe *f* ‖ ~/**холодостойкие** Kaltgärhefe *f* ‖ ~ **чистой культуры** Reinzuchthefe *f*

дропаут *m* Drop-out *n*, Signalausfall *m*
дропин *m* Drop-in *n*, Störsignal *n*
дросселирование *n* Drosseln *n*, Drosselung *f*, Abdrosseln *n* ‖ ~ **всасывания** Saugdrosselung *f (Verdichter)* ‖ **~/многоступенчатое** mehrstufige Drosselung *f* ‖ ~ **пара** Dampfdrosselung *f*, Dampfdruckminderung *f*
дросселировать [ab]drosseln
дроссель *m* 1. *(El)* Drossel[spule] *f*; 2. *(Hydr)* Drosselventil *n*, Stromventil *n*, Mengenventil *n* ‖ **~/встроенный** *(Hydr)* Drossel *f* für Rohreinbau ‖ **~/высокой частоты** *(El)* Hochfrequenzdrossel *f* ‖ **~/высокочастотный** *(El)* Hochfrequenzdrossel *f* ‖ ~ **для подавления помех** *(El)* Entstör[ungs]drossel *f* ‖ **~/заземляющий** *(El)* Erdungsdrossel *f* ‖ **~/закорачивающий** *(El)* Kurzschlußdrossel *f* ‖ **~/игольчатый** *(Hydr)* Nadelventil *n* ‖ **~/коммутационный** *(El)* Schaltdrossel *f* ‖ ~ **магнитного усилителя** *(El)* Magnetverstärkerdrossel *f* ‖ **~/модуляционный** *(El)* Modulationsdrossel *f* ‖ ~ **на железном сердечнике** *(El)* Eisendrossel *f* ‖ ~ **насыщения** *(El)* Sättigungsdrossel *f* ‖ **~/ограничительный** *(Nrt)* Begrenzungsdrossel *f* ‖ **~/осевой** *(Hydr)* Drossel *f* mit Axialkerbe ‖ **~/перепускной** *(Hydr)* Überströmdrosselventil *n* ‖ ~ **с винтовой канавкой** *(Hydr)* Drossel *f* mit Wendelkerbe ‖ ~ **с воздушным зазором** *(El)* Luftspaltdrossel *f* ‖ ~ **с обратным клапаном/игольчатый** *(Hydr)* kombiniertes Nadel- und Rückschlagventil *n* ‖ ~ **с регулятором** *(Hydr)* Drosselgleichgangventil *n*, Drossel *f* mit Druckwaage ‖ **~/сглаживающий** *(El)* Glättungsdrossel *f* ‖ ~ **смесителя** *(Hydr)* Mischerdrosselklappe *f* ‖ ~ **фильтра** *(El)* Siebdrossel *f*
дроссельный Drossel...
дроссы *pl* Krätze *f*, Schaum *m*, Asche *f (NE-Metallurgie)*
друза *f (Min)* Druse *f*
друмлины *mpl (Geol)* Drumlins *mpl*, Drums *mpl*, Schildberge *mpl*, Rückenberge *mpl*
ДС *s.* 1. **сила/диастатическая**; 2. **свет/дневной**
ДТЛ *s.* **логика/диодно-транзисторная**
ДУ *s.* **установка/дизельная**
дуализм *m*/**корпускулярно-волновой** *(Ph)* Dualismus *m* Welle-Teilchen, Welle-Teilchen-Dualismus *m*
дуальность *f (Ph, Math)* Dualität *f*
дубильный Gerb...
дубильня *f* Gerberei *f*
дубитель *m* 1. Gerbstoff *m*; Gerbmittel *n*; 2. *(Photo)* Härtemittel *n*
дубить 1. gerben; 2. *(Photo)* härten
дубление *n* 1. Gerbung *f*, Gerben *n*; 2. *(Photo)* Härten *n*, Härtung *f* ‖ **~/альдегидное** Aldehydgerbung *f* ‖ **~/барабанное** Faßgerbung *f* ‖ **~/двухванное** Zweibadgerbung *f* ‖ **~/двухванное (двухфазное) хромовое** Zweibandchromgerbung *f* ‖ **~/жировое** Fettgerbung *f* ‖ **~/замшевое** Sämischgerbung *f* ‖ **~/квасцовое** Weißgerbung *f*, Alaungerbung *f* ‖ **~/лайковое** Glacégerbung *f* ‖ **~/минеральное** mineralische Gerbung *f* ‖ **~/несветовое** Dunkelhärtung *f* ‖ **~/однованное** Einbadgerbung *f* ‖ **~/однованное хромовое** Einbadchromgerbung *f* ‖ **~/предварительное** Vorgerbung *f* ‖ **~/растительное** pflanzliche (vegetabilische) Gerbung *f* ‖ **~/све-** **товое** Lichthärtung *f* ‖ **~/синтанное** Gerbung *f* mit Syntanen (synthetischen Gerbstoffen) ‖ **~/соково-барабанное** Gruben-Faß-Gerbung *f* ‖ **~/соковое** Brühengerbung *f* ‖ **~/сульфитцеллюлозное** Ligninextraktgerbung *f* ‖ **~/сыпочное** Grubengerbung *f*; Altgrubengerbung *f* ‖ **~/таннидное** pflanzliche Gerbung *f*, Lohgerbung *f* ‖ **~/темновое** Dunkelhärtung *f*, Wärmehärtung *f* ‖ **~/формальдегидное** Formaldehydgerbung *f* ‖ **~/фотографическое** (Photo) Härtung *f*, Gerbung *f* ‖ **~/хромовое** Chromgerbung *f* ‖ **~/хроморастительное** chrompflanzliche Gerbung *f*
дублёр *m* 1. *(Wlz)* Blechdoppler *m*, Doppler *m*; 2. Zweiteinrichtung *f* ‖ **~/автоматический** selbständiger Doppler *m*
дублет *m* 1. Dublette *f (Edelsteinimitation)*; 2. *(Kern)* Dublett *n* ‖ **~/неправильный** *s.* ~ экранирования ‖ **~/нерегулярный** irreguläres Dublett *n* ‖ **~/правильный** *s.* ~ релятивистский ‖ **~/регулярный** reguläres Dublett *n* ‖ **~/релятивистский** relativistisches (reguläres) Dublett *n*, reguläres Spindublett *n* ‖ **~/рентгеновский** Röntgendublett *n* ‖ **~/спиновый** Spindublett *n* ‖ ~ **экранирования** Abschirm[ungs]dublett *n*
дубликат *m (Photo)* Duplikat *n*, Duplikatfilm *m*
дублирование *n* 1. *(Wlz)* Doppeln *n*, Blechdoppeln *n*, Falten *n (Bleche)*; 2. Duplizierung *f*, Doppeln *n*; 3. *(Text)* Dublieren *n*, Doublieren *n*; 4. Kaschieren *n (Kunstleder)* ‖ ~ **листового металла** *s.* дублирование 1.
дубль-киноплёнка *f* Duplikatkinofilm *m*
дубль-негатив *m (Photo)* Duplikatnegativ *n*, Dupnegativ *n*, Zwischennegativ *n*
дубль-позитив *m (Photo)* Duplikatpositiv *n*, Duppositiv *n*
дубьё *n (Led)* Lohmehl *n*
дуга *f* 1. Bogen *m*, Kreisbogen *m*, Kreis *m*; 2. Bügel *m*; 3. Segment *n* ‖ **~/буксирная** *(Schiff)* Schleppbügel *m* ‖ **~/вспомогательная** *(Schw)* Hilfslichtbogen *m*, Pilotlichtbogen *m* ‖ **~/высокоамперная** *(El)* Hochstromlichtbogen *m* ‖ **~/высоковольтная** *(El)* Hochspannungslichtbogen *m* ‖ **~/дежурная** *s.* ~/вспомогательная ‖ ~ **зари** *(Astr)* Dämmerungsbogen *m* ‖ ~ **захвата** *(Wlz)* Berührungsbogen *m (Walzgut-Walze)* ‖ ~ **зацепления** Eingriffsbogen *m (Verzahnung)* ‖ ~ **касания** Berührungsbogen *m (z. B. Riementrieb)* ‖ ~ **качения** *(El)* Schaltlichtbogen *m* ‖ **~/коммутационная** *(El)* Kontaktbügel *m (Fahrleitung)*; 2. *(Wlz)* Berührungsbogen *m (Walzgut-Walze)*; 3. *(Fert)* Eingriffsbogen *m* ‖ ~ **кривой** Kurvenbogen *m* ‖ **~/мощная** *(El)* Hochstromlichtbogen *m* ‖ **~/низковольтная** *(El)* Niederspannungslichtbogen *m* ‖ ~ **обхвата** Umschlingungsbogen *m (Riemenscheibe)* ‖ ~ **окружности** Kreisbogen *m*, Kreisbogenabschnitt *m* ‖ ~ **отключения** *(El)* Abschaltlichtbogen *m* ‖ ~ **переменного тока** *(El)* Wechselstromlichtbogen *m* ‖ ~ **петли/игольная** *(Text)* Nadelmaschenkopf *m (Wirkerei; Kulierware)* ‖ ~ **петли/платинная** *(Text)* Platinenmaschenkopf *m (Wirkerei; Kulierware)* ‖ **~/пилотная** *s.* ~/вспомогательная ‖ **~/плазменная** *(Schw)* Plasmalichtbogen *m* ‖ **~/поворотная контактная** *(El)*

дуга Drehbügel *m (Fahrleitung)* ‖ ~ **постоянного тока** *(El)* Gleichstromlichtbogen *m* ‖ ~ **при коротком замыкании** *(El)* Kurzschlußlichtbogen *m* ‖ ~ **размыкания** *(El)* Öffnungslichtbogen *m (Schalter)* ‖ ~/**разрывная** *(El)* Abschaltlichtbogen *m* ‖ ~/**ртутная** *(El)* Quecksilberlichtbogen *m* ‖ ~/**сварочная** *(Schw)* Schweißlichtbogen *m* ‖ ~ **свода** *(Bw)* Gewölbebogen *m* ‖ ~/**сжатая** *(Schw)* eingeschnürter Lichtbogen *m* ‖ ~/**скользящая** Schleifbügel *m*; Gleitbogen *m* ‖ ~/**сумеречная** *s.* ~ **зари** ‖ ~/**токоприёмная** *(El)* Bügelstromabnehmer *m* ‖ ~/**траловая** *(Schiff)* Fischgalgen *m* ‖ ~/**угольная** *(El)* Kohlelichtbogen *m* ‖ ~/**электрическая** [elektrischer] Lichtbogen *m*
дуговой *(Masch)* als Kreisbogen gemessen, Kreisbogen...
дугогаситель *m (El)* Lichtbogenlöscher *m*
дугообразный bogenförmig, gekrümmt, gewölbt
дугообразование *n (El)* Lichtbogenbildung *f* ‖ ~/**двойное** *(Schw)* Doppellichtbogenbildung *f*
дугостойкость *f (El)* Lichtbogenfestigkeit *f*
дужка *f* 1. Bügel *m*; Haken *m*; 2. Kreisstück *n*, Kreisbogen *m*; 3. *(Text)* Bogen *m*, Henkel *m*, Bügel *m (Maschenbildung)* ‖ ~ **бегунка** Bogen *m* des Ringläufers *(Ringspinnmaschine)* ‖ ~ **вьюрка** Drallgeberbügel *m* ‖ ~/**падающая** Fallbügel *m*
дуктилометр *m* Duktilometer *n (Gerät zur Messung der Dehnbarkeit)*
дуктильность *f* Duktilität *f*, Ziehbarkeit *f*, Streckbarkeit *f*, Formbarkeit *f*
дуктор *m (Typ)* Duktor *m*
дунит *m* Dunit *m (Gestein)*
дунст *m* 1. Dunstmehl *n*, Dunst *m (Müllerei)*; 2. Vogeldunst *m*, Vogelschrot *m (sehr feiner Schrot für Jagdpatronen)*
дуо *n s.* стан дуо *und* клеть дуо
дуо-клеть *f* Duo-Gerüst *n* ‖ ~ **с верхним неприводным валком** Duo-Schleppwalzgerüst *n*
дуо-стан *m s.* стан дуо
дуплекс *m* 1. *(Nrt)* Gegensprecheinrichtung *f*, Duplexbetrieb *m*; 2. *(Typ)* Duplexdruck *m* ‖ ~/**дифференциальный** Gegensprecheinrichtung *f* in Differentialschaltung ‖ ~/**мостовой** Gegensprecheinrichtung *f* in Brückenschaltung ‖ ~/**полный** *(Nrt)* Vollduplex *m*, Duplex *m*
дуплекс-автотипия *f (Typ)* Duplexautotypie *f*
дуплекс-насос *m* Duplexpumpe *f*
дуплекс-процесс *m (Met)* Duplexverfahren *n*, Verbundverfahren *n*
дуплиграмма *f* Dupligramm *n*
дуплиграмметрия *f* Dupligrammetrie *f*, Dupligrammethode *f*
дуплистый *(Forst)* abhaldig, hohl *(Bäume)*
дуромит-бетон *m (Bw)* Duromitbeton *m*
дуропласт *m s.* пластмасса/термореактивная
дустирование *n (Lw)* Stäuben *n*, Nebeln *n (von Pflanzenschutzmitteln)*
дутики *mpl (Geol)* Lößpuppen *fpl*, Lößkindel *npl (Mergelkonkretion im Löß)*
дуть 1. blasen; wehen *(Wind)*; 2. *(Met)* [er]blasen, windfrischen, verblasen *(z. B. Stahl im Konverter)*
дутьё *n* 1. Blasen *n*; 2. Luftstrom *m*, Luftstrahl *m*; 3. *(Met)* Wind *m*; 4. Gebläsewind *m*, Gebläseluft *f*; Luftzufuhr *f*; 5. Pressen *n*, Pressung *f (Gase)*; 6. Gebläse *n*; 7. *(El)* Beblasung *f*, Beblasen *n*, Blaswirkung *f* ‖ ~/**верхнее** 1. *(Met)* Oberwind *m*; 2. Oberluft *f (Feuerungstechnik)* ‖ ~/**воздушное** 1. *(El)* Luftbeblasung *f*; 2. *s.* ~ **горячее** 2. ‖ ~/**газовое** 1. *(El)* Gasbeblasen *n*; 2. *(Met)* Gasblasen *n* ‖ ~/**горячее** 1. *(Met)* Heißwind *m*, heißer Gebläsewind *m*; 2. Blasen *n*, Warmblasen *n (Wassergasgenerator)* ‖ ~/**кислородное** *(Met)* Sauerstoffblasen *n*; Sauerstoffaufblasen *n* ‖ ~/**магнитное** *(El)* magnetische Beblasung *f*; 2. Magnetgebläse *(eines Lichtbogensenders)* ‖ ~/**нагретое** *(Met)* 1. Heißwind *m*, heißer Gebläsewind *m*; 2. Warmluftblasen *n (Ofen)* ‖ ~/**нижнее** 1. *(Met)* Unterwind *m*; 2. Unterwind *m (Feuerungstechnik)* ‖ ~/**обогащённое кислородом** *(Met)* mit Sauerstoff angereicherter Gebläsewind *m* ‖ ~/**острое** Hochdruckluft *f*, Hochdruckwind *m (Feuerungstechnik)* ‖ ~/**охлаждающее** Kühlgebläseluft *f* ‖ ~/**паровое** *s.* ~/холодное ‖ ~/**поверхностное** *(Met)* Aufblasen *n*, Aufblasverfahren *n (Konverterstahlerzeugung)* ‖ ~ **под колосниковую решётку** Unterwind *m (Feuerungstechnik)* ‖ ~/**поперечное** *(El)* Querbeblasung *f*; Querbespülung *f* ‖ ~/**продольное** *(El)* Längsblasung *f*; Längsbespülung *f* ‖ ~/**увлажнённое** *(Met)* 1. angefeuchteter Wind *m*; 2. Naßblasen *n* ‖ ~/**холодное** *(Met)* 1. Kaltwind *m*, kalter Gebläsewind *m*; 2. Kaltblasen *n (Ofen)*; 3. Gasen *n*, Dampfblasen *n*, Kaltblasen *n (Wassergasgenerator)*
дух *m* Geist *m*, Gittergeist *m (im Beugungsspektrum)*
дучка *f* [/**выпускная**] *(Bgb)* Rolloch *n*, Abzugsöffnung *f*
душ *m* Dusche *f*, Brause *f* ‖ ~/**воздушный** Luftdusche *f*
душевая Duschraum *m*
душник *m (Gieß)* 1. Luftspieß *m*; 2. Luftkanal *m (in einer Form)*
дующий *(Bgb)* quellend *(Boden)*
ДШ *s.* шнур/детонирующий
дым *m* Rauch *m*; Qualm *m* ‖ ~ **выпуска** *f* Auspuffqualm *m* ‖ ~/**густой** Qualm *m* ‖ ~/**сварочный** *(Schw)* Schweißrauch *m*
дымка *f (Meteo)* [trockener] Dunst *m* ‖ ~/**атмосферная** Atmosphärenschleier *m*, Dunstschleier *m* der Atmosphäre ‖ ~/**приземная** Bodendunst *m*
дымление *n* Rauchentwicklung *f*, Rauchen *n*; Qualmen *n*
дымник *m* Rauchfang *m*
дымогенератор *m* Rauchgenerator *m*, Raucherzeuger *m (Fischräucherei)*
дымомер *m* Rauch[gas]dichtemesser *m*
дымоотвод *m* 1. Rauchabführung *f*; 2. Rauchabzug[skanal] *m*
дымосос *m* Saugzuglüfter *m* ‖ ~ **прямого действия** Rauchgasventilator *m* ‖ ~/**рециркуляционный** Rauchgasrückführ[ungs]gebläse *n* ‖ ~/**эжекционный** Rauchgasejektor *m*
дымоуловитель *m* Rauchfang *m*, Rauchkammer *f*
дымоход *m* 1. Zug *m*, Rauchzug *m*, Abgaszug *m*; Ofenzug *m*, Heizzug *m*, Kesselzug *m*, Feuerzug *m*; 2. Kanal *m*, Rauchkanal *m* ‖ ~/**боковой** Seitenzug *m*, Abgaszug *m* ‖ ~/**вертикальный** Vertikalzug *m* ‖ ~/**верхний** Oberzug *m* ‖ ~/**вос-

ходящий steigender Zug m ‖ ~/**нижний** Unterzug m ‖ ~/**отводящий** Rauchabzug m ‖ ~/**рециркуляционный** Rauchgasrückführungskanal m

дыра f Loch n; Öffnung f ‖ ~ **озона** Ozonloch n ‖ ~/**озоновая** Ozonloch n ‖ ~/**чёрная** (Astr) schwarzes Loch n (Endstadium der Sternentwicklung)

дырка f 1. (Krist) Leerstelle f, Gitterleerstelle f, Gitterlücke f, Vakanz f, Zwischengitterlücke f (s. a. unter **вакансия**); 2. s. ~/**электронная** ‖ ~/**поверхностная** Oberflächenleerstelle f ‖ ~ **проводимости** Leerstelle f, Defektelektron n (Halbleiter) ‖ ~/**центральная** (Krist) zentrale Lücke f, Zentrallücke f ‖ ~/**электронная** Defektelektron n, [positives] Loch n, Mangelelektron n, Elektronenleerstelle f, Elektronenfehlstelle f

дыропробивной, дыропробивочный Loch[stanz]..., Lochungs..., Perforier...

дыхание n **почвы** (Lw) Bodendurchlüftung f

дэндироль m s. равнитель

ДЭЯР s. резонанс/двойной электронно-ядерный

дюбель m Dübel m ‖ ~/**модельный** (Gieß) Modelldübel m ‖ ~/**стальной** (El) Stahldübel m mit Innengewinde (Überputzverlegung) ‖ ~/**шпальный** (Eb) Schwellendübel m

дюкер m (Hydt) Düker m ‖ ~/**напорный** Druckrohrdüker m

дюмонтит m (Min) Dumontit m (Uranglimmer)

дюна f (Geol) Düne f ‖ ~/**материковая** Kontinentaldüne f, Festlandsdüne f, Binnendüne f, Innendüne f ‖ ~/**параболическая** Parabeldüne f

дюраль m s. дюралюмин

дюралюмин[ий] m Dural n, Duralumin[ium] n

дюрен m s. дюрит

дюрит m Durit m, Mattkohle f (Mikrolithotyp der Kohle)

дюрометр m Durometer n, Härtemesser m (Härteprüfung von Metallen, Gummi)

Е

Е s. эман
европий m (Ch) Europium n, Eu
европлата f (Inf) Europakarte f
ед. ВК s. единица Виндиша-Кольбаха
единица f 1. (Math) Eins f, Einselement n; 2. (Meß) Einheit f, Maßeinheit f; 3. (Mech) Baustein m, Bauelement f; Einzelstück n ‖ ~/**абсолютная** absolute Einheit f, CGS-Einheit f ‖ ~ **активности** s. ~ радиоактивности ‖ ~/**астрономическая** Astronomische Einheit f, AE (SI-fremde Längeneinheit in der Astronomie) ‖ ~ **атомного веса** Atomgewichtseinheit f, Einheit f der relativen Atommasse ‖ ~ **бинарной информации** binäre Informationseinheit f, Bit n ‖ ~ **величины** Einheit f [einer Größe] (im Meßwesen) ‖ ~ **Виндиша-Кольбаха** (Brau) Windisch-Kolbach-Einheit f, °WK ‖ ~/**внесистемная** systemfremde Einheit f ‖ ~/**времени** Zeiteinheit f ‖ ~/**громкости** (Ak) Volum[en]einheit f ‖ ~/**грузовая** Ladeeinheit f ‖ ~/**двоичная** (Inf) Bit n, binäre Einheit f ‖ ~ **длины** Längeneinheit f ‖ ~/**дольная** Teil m einer Einheit ‖ ~/**зависимая** Sekundäreinheit f ‖ ~ **заряда** (El) Ladungseinheit f ‖ ~ **измерения** Maßeinheit f ‖ ~ **измерения длины** Längeneinheit f ‖ ~ **информации** Informationseinheit f, Nachrichteneinheit f ‖ ~/**когерентная** kohärente Einheit f, Systemeinheit f ‖ ~ **количества информации/двоичная** (Inf) Shannon n (Maßeinheit) ‖ ~ **количества информации/десятичная** (Inf) Hartley (Maßeinheit) ‖ ~ **количества тепла** Wärme[mengen]einheit f ‖ ~/**кратная** Vielfaches n einer Einheit ‖ ~/**массовая** s. ~ массы/атомная ‖ ~ **массы** Masseneinheit f ‖ ~ **массы/атомная** (Kern) 1. [atomare] Masseneinheit f, ME, Atommasseneinheit f, [atomphysikalische] Masseneinheit f, Kernmasseneinheit f, kernphysikalische Masseneinheit f; 2. [vereinheitlichte] Atommassenkonstante f; [vereinheitlichte] atomare Masseneinheit f ‖ ~ **массы/физическая атомная** s. ~ массы/атомная 1. ‖ ~/**международная** internationale Einheit f, SI-Einheit f ‖ ~ **МКС** MKS-Einheit f ‖ ~/**мнимая** imaginäre Einheit f ‖ ~/**монтажная** Montageeinheit f, Montageelement n ‖ ~ **объёма** Volum[en]einheit f ‖ ~/**основная** Basiseinheit f, Grundeinheit f ‖ ~/**пастеризационная** (Brau) Pasteureinheit f ‖ ~ **плоского угла** Einheit f des ebenen Winkels ‖ ~ **площади** Flächeneinheit f ‖ ~/**подвижная снегоуборочная** (Eb) Schneeräumeinheit f, Schneeräumzug m ‖ ~ **подвижного состава/тяговая** Triebfahrzeug n ‖ ~/**производная** abgeleitete Einheit f ‖ ~ **радиоактивности** Aktivitätseinheit f, Einheit f der Radioaktivität ‖ ~/**сборочная** Baugruppe f, Montagebaugruppe f ‖ ~/**световая** lichttechnische (photometrische) Einheit f ‖ ~ **СИ** SI-Einheit f ‖ ~ **системы допусков и посадок** (Fert) Toleranzeinheit f, Paßeinheit f ‖ ~ **системы МКС** MKS-Einheit f ‖ ~ **системы СГС** CGS-Einheit f, absolute Einheit f ‖ ~ **системы СИ** SI-Einheit f ‖ ~/**согласованная** kohärente Einheit f, Systemeinheit f ‖ ~ **твёрдости** Härteeinheit f ‖ ~ **тепла** (Therm) Maßeinheit f der Wärme ‖ ~/**тепловая** s. ~/тепла ‖ ~ **технологического оборудования** (Fert) Einzelausrüstung f, Einzelstück n ‖ ~/**узаконенная** gesetzliche Einheit f ‖ ~/**условная** vereinbarte Einheit f ‖ ~/**фотометрическая** s. ~/световая

единиц[ы] 1. Einheits...; 2. direkt, unmittelbar; 3. (Masch) Original... (z. B. Originalkonstruktion, Gegensatz zu Baukastenbauweise)

единственность f (Math) Eindeutigkeit f, Unität f ‖ ~ **решения** Lösungseindeutigkeit f

единство n Einheit f, Einheitlichkeit f ‖ ~ **меры** Maßeinheitlichkeit f

едкий (Ch) ätzend, kaustisch, Ätz...

едкость f (Ch) Ätzkraft f, Kaustizität f

ёж m Drahtigel m, Igel m

езда f Fahrt f

ЕИ s. единица информации

ёлка f/**фонтанная** Eruptionskreuz n, Eruptionskopf m (Erdölbohrung)

ёмкостный (El) kapazitiv, Kapazitäts...

ёмкость f 1. Rauminhalt m, Volumen n, Inhalt m; 2. Fassungsvermögen n, Kapazität f; 3. Kubikinhalt m; 4. Geräumigkeit f; 5. Kapazität f (eines Produktionsbetriebes); 6. (El) [elektrische] Kapazität f (z. B. eines Kondensators); (Nrt) Kanalka-

ёмкость

pazität *f*; *(Inf)* Speicherkapazität *f*; 7. Behälter *m* *(s. a. unter* резервуар*)*; 8. *(Bgb)* Kaverne *f*, Speicher *m* ‖ ~ **анод-защитная сетка** *(Eln)* Anoden-Bremsgitter-Kapazität *f* ‖ ~ **анод-катод** *(El)* Anoden-Kathoden-Kapazität *f* ‖ ~ **анод-сетка** *(El)* Anoden-Gitter-Kapazität *f* ‖ ~ **анодуправляющая сетка** *(Eln)* Anoden-Steuergitter-Kapazität *f* ‖ ~ **антенны** Antennenkapazität *f* ‖ ~ **АТС** *(Nrt)* Kapazität (Anschlußkapazität) *f* einer Fernsprechzentrale ‖ ~ **/барьерная** Sperrschichtkapazität *f (Halbleiter)* ‖ ~ **бункера** Bunkerinhalt *m*, Bunkervolumen *n* ‖ ~ **/буферная** *(Ch)* Pufferkapazität *f* ‖ ~ **вводов** *(Eln)* Zuleitungskapazität *f* ‖ ~ **/внутренняя** *(El)* innere Kapazität *f*, Innenkapazität *f* ‖ ~ **/внутренняя входная** *(Eln)* innere Eingangskapazität *f* ‖ ~ **/входная** *(El)* Eingangskapazität *f* ‖ ~ **/выводов** *(El)* Zuleitungskapazität *f* ‖ ~ **/выходная** *(El)* Ausgangskapazität *f* ‖ ~ **граничного слоя** *(Eln)* Grenzschichtkapazität *f*, Randschichtkapazität *f*, Übergangskapazität *f (Halbleiter)* ‖ ~ **/диффузионная** Diffusionskapazität *f (Halbleiter)* ‖ ~ **дорожки** *(Inf)* Spurkapazität *f* ‖ ~ **запирающего слоя** *(Eln)* Sperrschichtkapazität *f (Halbleiter)* ‖ ~ **запирающего слоя коллектора** Kollektorsperrschichtkapazität *f* ‖ ~ **запирающего слоя эмиттера** Emittersperrschichtkapazität *f* ‖ ~ **/запоминающая** *(Inf)* Speicherkapazität *f* ‖ ~ **запоминающего устройства** *(Inf)* Speicherkapazität *f* ‖ ~ **/зарядная** *(El)* 1. Ladekapazität *f*; 2. Raumladungskapazität *f (Halbleiter)* ‖ ~ **затвор-исток** *(Eln)* Gate-Source-Kapazität *f* ‖ ~ **затвор-сток** *(Eln)* Gate-Drain-Kapazität *f* ‖ ~ **ЗУ в знаках** *(Inf)* Speicherkapazität *f* in Zeichen ‖ ~ **/измерительная** *(El)* Meßkapazität *f* ‖ ~ **/информационная** Informationskapazität *f*, Nachrichtenvolumen *n* ‖ ~ **канала** *(Nrt, Inf)* Kanalkapazität *f* ‖ ~ **катушки** *(El)* Spulenkapazität *f* ‖ ~ **колебательного контура** *(El)* Schwingkreiskapazität *f* ‖ ~ **коллектор-база** Kollektor-Basis-Kapazität *f (Halbleiter)* ‖ ~ **корпуса** *(Eln)* Gehäusekapazität *f* ‖ ~ **линии** *(El, Nrt)* Leitungskapazität *f* ‖ ~ **магнитной ленты** *(Inf)* Magnetbandkapazität *f* ‖ ~ **/меж[ду]электродная** *(Eln)* Interelektrodenkapazität *f* ‖ ~ **меню** *(Inf)* Menütiefe *f* ‖ ~ **монтажа** *(El, Eln)* Verdrahtungskapazität *f* ‖ ~ **на единицу длины** *(El, Nrt)* Kapazität *f* je Längeneinheit, Kapazitätsbelag *m* ‖ ~ **на землю** *(El)* Erdkapazität *f*, Kapazität *f* gegen Erde ‖ ~ **накопителя** *(Eln)* Speicherkapazität *f* ‖ ~ **накопления** *(Eln)* Speicherkapazität *f* ‖ ~ **/напорная** Druckgefäß *n*; Hochbehälter *m* ‖ ~ **/начальная** *(El)* Anfangskapazität *f* ‖ ~ **/номинальная** Nennkapazität *f* ‖ ~ **/обратная** *(El)* Kehrwert *m* der Kapazität, kapazitiver Blindleitwert *m* ‖ ~ **/общая** *(El)* Gesamtkapazität *f* ‖ ~ **/оконечная** *(El)* Endkapazität *f* ‖ ~ **/основная** *(El)* Grundkapazität *f* ‖ ~ **/остаточная** *(El)* Restkapazität *f* ‖ ~ **относительно корпуса [прибора]** *(El)* Körperkapazität *f (Kapazität eines Bauelements gegen Masse)* ‖ ~ **относительно тела [оператора]** *(El)* Körperkapazität *f (Kapazität des menschlichen Körpers gegen Erde)* ‖ ~ **памяти** *(Inf)* Speicherkapazität *f* ‖ ~ **памяти с произвольной выборкой** RAM-Kapazität *f* ‖ ~ **памяти/свободная** freier Speicherplatz *m* ‖ ~ **/паразитная** *(El)* parasitäre Kapazität *f*, Störkapazität *f* ‖ ~ **перехода** Übergangskapazität *f*, Sperrschichtkapazität *f (Halbleiter)* ‖ ~ **/поверхностная** *(El)* Oberflächenkapazität *f* ‖ ~ **/погонная** *(Nrt)* Kapazität *f* je Längeneinheit, Kapazitätsbelag *m* ‖ ~ **/полезная** Nutzkapazität *f*; Nutzinhalt *m*, Nutzraum *m* ‖ ~ **/полная** Gesamtkapazität *f* ‖ ~ **/поперечная** *(El)* Querkapazität *f* ‖ ~ **/продольная** *(El)* Längskapazität *f* ‖ ~ **пространственного заряда** *(Eln)* Raumladungskapazität *f (Halbleiter)* ‖ ~ **пространственного заряда на коллекторе** *(Eln)* Kollektorraumladungskapazität *f* ‖ ~ **/проходная** *(El)* Durchgriffskapazität *f* ‖ ~ **/рабочая** *(Nrt)* Betriebskapazität *f* ‖ ~ **/разрядная** *(El)* Entladekapazität *f* ‖ ~ **/распределённая** *(Nrt)* verteilte Kapazität *f (der Verdrahtung)* ‖ ~ **рассеяния** *(El)* Streukapazität *f* ‖ ~ **связи** *(Nrt)* Kopplungskapazität *f* ‖ ~ **сетки** *(Eln)* Gitterkapazität *f* ‖ ~ **/складская** Lagerkapazität *f*, Lagerfassungsvermögen *n* ‖ ~ **/собственная** Eigenkapazität *f* ‖ ~ **/сосредоточенная** *(El)* punktförmige (konzentrierte) Kapazität *f* ‖ ~ **сток-затвор** *(Eln)* Drain-Gate-Kapazität *f* ‖ ~ **схемы** *(El)* Schaltungskapazität *f* ‖ ~ **/транспортная** Transportgefäß *n* ‖ ~ **/удельная** *(El)* spezifische Kapazität *f* ‖ ~ **/частичная** Teilkapazität *f* ‖ ~ **/эквивалентная** *(El)* Ersatzkapazität *f* ‖ ~ **/эксплуатационная** *(El)* Betriebskapazität *f (einer Zelle oder Batterie)* ‖ ~ **эмиттер-база** Emitter-Basis-Übergangskapazität *f (Halbleiter)*

ендова *f (Bw)* Kehle *f*, Dachkehle *f*

ЕОС *s.* система/ёмкостная опрашивающая

ерунок *m (Wkz)* Gehrungswinkel *m*

ёрш *m (Bw)* Rundbürste *f* ‖ ~ **/ловильный** *(Bgb)* Seilspeer *m*, Seilfangspeer *m (Bohrung)*

естествознание *n* Naturwissenschaften *fpl*

Ж

жад *m (Min)* Jade *m*; Nephrit *m*

жадеит *m (Min)* Jadeit *m (Pyroxen)*

жакет *m* 1. Mantel *m*; 2. *(Gieß)* Formrahmen *m (kastenloses Formen)*; Überziehrahmen *m*, Überstreifrahmen *m*

жаккардовый *(Text)* Jacquard-...

жалюз *n* **радиатора** *(Kfz)* Kühlerjalousie *f*

жар *m s.* жара

жара *f (Wmt)* Hitze *f* ‖ ~ **/белокалильная** Weißglühhitze *f* ‖ ~ **калильная** Glühhitze *f*

жаргон *m (Min)* Jargon *m (Zirkon)*

жаропрочность *f* Warmfestigkeit *f*, Hitzebeständigkeit *f (gegen mechanische Belastungen bei hohen Temperaturen)*

жаропрочный warmfest, hitzebeständig *(gegen mechanische Belastungen bei hohen Temperaturen)*

жаростойкий 1. hitzefest, zunderfest *(metallische Werkstoffe)*; 2. feuerfest, feuerbeständig *(keramische und andere Werkstoffe)*

жаростойкость *f* 1. Hitzefestigkeit *f*, Zunderfestigkeit *f (metallische Werkstoffe)*; 2. Feuerfestigkeit *f*, Feuerbeständigkeit *f (keramischer und anderer Werkstoffe)*

жароупорность *f s.* жаростойкость 1.

жароупорный *s.* жаростойкий 1.

жатка f (Lw) 1. Mäher m, Mähmaschine f; 2. Mähwerk n, Schneidwerk n || ~/безмотовильная haspelloses Mähwerk n || ~/валковая Schwadmäher m
жатка-самосброска f (Lw) Mähmaschine f mit Selbstablage
жвака-галс m (Schiff) Kettenslipvorrichtung f (Ankerkette)
жгут m Strang m; Litze f; (Med) Schlauch m || ~/волоконно-оптический (Opt) Lichtleiterfaserbündel n || ~/кабельный Kabelbaum m || ~/пеньковый Hanfzopf m; Hanfstrick m (zur Abdichtung von Rohrverbindungen) || ~ ткани Gewebestrang m || ~/эластичный (Med) Schlauchbinde f
жгутик m 1. (Wkzm) Spanbruchstück; 2. (Text) Noppe f (Faserfehler)
жгуторасправитель m (Text) Strangöffner m; Strangausbreiter m
жгуторезка f (Text) Schneidemaschine f (Chemiefaserherstellung)
жгутоукладчик m (Text) Strangableger m, Kabelablegevorrichtung f (Chemiefaserherstellung)
ж.д. s. дорога/железнодорожная
желатин m s. желатина
желатина f Gelatine f || ~/беспримесная (Photo) Inertgelatine f, begleitstofffreie Gelatine f || ~/взрывчатая Sprenggelatine f || ~/известковая (Photo) gekälkte Gelatine f || ~/инертная s. ~/беспримесная || ~/привитая (Photo) Pfropfgelatine f || ~/фотографическая (Photo) photographische Gelatine f, Photogelatine f || ~/хромированная (Photo) Bichromatgelatine f
желатин-динамит m Gelatine-Dynamit n (Sprengstoff)
желатин-донарит m Gelatine-Donarit n (Sprengstoff)
желатинизация f Gel[atin]ierung f, Gelbildung f
желатинирование n Gel[atin]ierung n, Gelbildung f
желваки mpl глины (Geol) Tongallen fpl || ~/рудные (Geol) Erznieren fpl, Erzknollen fpl
железистокислый (Ch) ...ferrit n, ...ferrat(III) n; eisen(III)-sauer
железистосинеродистый (Ch) ...hexazyanoferrat(II) n
железистый eisenhaltig, Eisen...
железнение n Verstählen n (galvanisches Überziehen mit Eisen)
железнодорожный Eisenbahn..., Bahn...
железнокислый (Ch) ...ferrat n, ...ferrat(VI) n; eisen(VI)-sauer
железняк m (Min) Eisenstein m, Eisenerz n || ~/красный Roteisenerz n, Hämatit m || ~/луговой бурый Raseneisenerz n || ~/магнитный s. магнетит || ~/титанистый s. ильменит || ~/хромистый s. хромит || ~/шпатовый s. сидерит
железо n (Ch) Eisen n, Fe; (Met) Eisen n (s. a. unter сталь) || ~ в порошке Eisenpulver n || ~ высокой чистоты Reineisen n, technisch reines Eisen n || ~/высокочастотное (El) Hochfrequenzeisen n || ~/губчатое Eisenschwamm n || ~/динамное (El) Dynamoblech n || ~/закисное zweiwertiges Eisen n || ~/ковкое schmiedbares Eisen n || ~/кричное Luppeneisen n, Frischeisen n || ~/листовое Eisenblech n || ~/метеоритное Meteoriteisen n || ~/мягкое Weicheisen n || ~/науглероженное gekohltes (zementiertes) Eisen n || ~/окисное dreiwertiges Eisen n || ~/пирофорное pyrophores Eisen n || ~/самородное gediegenes Eisen n || ~/технически чистое technisch reines Eisen n, Reineisen n || ~/технически технисches Eisen n (0,05 bis 0,2 % C) || ~/трансформаторное (El) Transformatorblech n, Trafoblech n || ~/электролитическое Elektrolyteisen n
α-железо n α-Eisen n, Ferrit m
β-железо n β-Eisen n
γ-железо n γ-Eisen n, Austenit m
δ-железо n δ-Eisen n
железобетон m (Bw) Stahlbeton m || ~/монолитный monolithischer Stahlbeton m || ~/предварительно-напряжённый vorgespannter Stahlbeton m, Spannbeton m || ~/сборный Stahlbetonfertigteile npl, vorgefertigter Stahlbeton m
железоотделитель m Eisen[ab]scheider m
железорудный Eisenerz...
железосинеродистый (Ch) ...hexazyanoferrat(III) n
железосодержащий eisenhaltig, eisenführend
железоуглеродистый eisen- und kohlenstoffhaltig, Eisen-Kohlenstoff...
железоцементит m (Ch) Eisencarbid n; (Met) Eisencarbid n, Zementit m
жёлоб m 1. Rinne f; Graben m (s. a. unter лоток); 2. Gerinne n, Mulde f, Trog m; 3. Schütte f, Schurre f, Rutsche f; 5. (Bw) Ablaufleiste f; Ablauf m, Ablaufblech n; 6. (Masch) Nut f; Rille f; Laufbahn f (Wälzlager); 7. (Bgb) Spülungsrinne f (Bohrung) || ~/буровой (Bgb) Spülrinne f (Bohrung) || ~/вибрационный Schwingrinne f, Schüttelrinne f, Kurzhubschüttelrinne f || ~/водосточный Dachrinne f, Dachtraufe f, Traufe f; Wasserablaufrinne f || ~/входной Einstoßrinne f (Rohrwalzwerk); Einführungsrinne f || ~ выливания (Met, Gieß) Gießrinne f (Ofen); Gießschnauze f (Pfanne) || ~/выпускной (Met) Abstichrinne f, Stichrinne f || ~/гидравлический Schwemmrinne f || ~/глубоководный [океанический] (Geol) Tiefseegraben m, Tiefseerinne f || ~/грануляционный Granulierrinne f, Granuliertrog m, Granulationsrinne f || ~/жомовый (Lw) Schnitzelrinne f || ~/заваловочный (Met) Beschick[ungs]rinne f, Einsatzrinne f || ~/загрузочный Aufgaberinne f, Aufgaberutsche f, Verladerinne f || ~/заливочный (Met, Gieß) Gießrinne f (Ofen) || ~/инерционный Schwingförderrinne f || ~/качающийся Schwingrinne f, Schüttelrutsche f, Schüttelrinne f, Pendelrutsche f, Pendelrinne f, Wurfrinne f || ~/конвейера Fördertrog m || ~/концентрационный Gerinne n, Rinnenwäsche f, Rinnenwäscher m, Gefluter m, Pendelrinne f || ~/моечный Waschtrog m (Aufbereitung) || ~/наклонный Sturzrinne f, Rutsche f (Aufbereitung) || ~/направляющий (Wlz) Schlingenführung f || ~ оправки/направляющий Dornstangenführungsbett n (Stopfenwalzwerk) || ~/опрокидывающий Kipprinne f (Rohrwalzwerk) || ~/оросительный Berieselungsrinne f || ~/отводящий Abfuhrrinne f (Rohrwalzwerk) || ~/отсадочный Absetzrinne f,

жёлоб

Setzrinne f ll ~/**питательный (питающий)** Zuführmulde f, Speiserinne f ll ~/**пневмотранспортный** pneumatische Rinne (Förderrinne) f ll ~/**поворотный** Schwenkschurre f ll ~/**погрузочный** Schüttrinne f; Verladeschurre f ll ~/**подающий** Zuführmulde f, Zulaufrinne f, Aufgabeschurre f ll ~/**подводящий** Zufuhrrinne f (Rohrwalzwerk) ll ~/**подогревательный** Heizrinne f (Drahtwalzen) ll ~/**подхватывающий** Auflaufschurre f ll ~/**приёмный** 1. Einlaufrinne f, Auffangrinne f; 2. Aufnahmerinne f (Rohrwalzen) ll ~/**промывной** Waschrinne f, Waschtrog m (Aufbereitung) ll ~/**промывочный** s. ~/промывной ll ~/**разгрузочный** Entladerinne f, Ausladerinne f, Entladeschurre f, Austragsschurre f ll ~/**разливочный** Gießrinne f (Schleudergießmaschine) ll ~/**самотечный** Rutsche f, Schurre f ll ~/**сборный** Sammelmulde f ll ~/**сбросный** (Hydt) Sturzrinne f ll ~/**сливной** 1. (Met) Abstichrinne f, Stichrinne f; Überlaufrinne f (Ofen); 2. s. ~/**сточный** 1. ll ~/**соковый** Saft[ableitungs]rinne f ll ~/**спиральный** (Masch) Drallnut f ll ~/**спускной** 1. Schurre f, Rutsche f; 2. (Met) Abstichrinne f, Stichrinne f (Ofen) ll ~/**сточный** 1. Abflußrinne f, Ablaufrinne f, Ausflußrinne f; 2. s. ~/**водосточный** ll ~/**транспортирующий** Förderrinne f ll ~/**транспортный** Förderrinne f ll ~/**уплотняющий** (Text) Preßmulde f ll ~/**фильтрационный** (Brau) Läutergrant m, Würzegrant m ll ~/**центральный** (Met) Masselgraben m (Gießhalle) ll ~/**цепной** (Schiff) Kettenrutsche f ll ~/**шлаковый** (Met) Schlacken[ab]stichrinne f ll ~/**шлакоотделительный** (Met) Abstichrinne (Gießrinne) f mit Schlackenfang

жёлоб-грохот m Siebrutsche f

желобок m (Masch) Riefe f, Rille f; Einschnitt m (Schraubenkopf) ll ~/**канатный** Seilrille f (Seilscheibe) ll ~/**клинообразный** Keilrille f (Keilriemenscheibe)

жёлоб-спуск m Rutsche f

желобчатый 1. geriffelt, Rillen...; 2. trogförmig, muldenförmig

желонка n (Bgb) Schöpfen n (eines Bohrlochs)

желонка f Schappe f, Schlammlöffel m (Schürf- und Erdölbohrungen) ll ~/**буровая** Ventilbohrer m, Schappenbohrer m ll ~/**тартальная** Schöpfbüchse f, Schöpfer m

желтение n (Pap) Gilben n

желтозём m (Geol) Gelberde f (Bodentyp)

желтоломкость f Gelbbrüchigkeit f (Stahl)

жёлтый m Gelb n ll ~/**хромовый** Chromgelb n, Bleichromgelb n

жёлудь m (Eln) Eichelröhre f, Acornröhre f, Knopfröhre f

жемчужинка f (El) Perlkondensator m

жеода f (Geol) Geod n, Konkretion f in Sedimentiten

жердняк m (Forst) Stangenholz n ll ~/**крупный** dickes (derbes) Stangenholz n ll ~/**мелкий** dünnes (geringes) Stangenholz n

жердь f 1. (Forst) Stange f, Gerte f, Reitel m; 2. (Bw) Barre f

жеребейка f (Gieß) 1. Kernstütze f, Kernböckchen n; 2. Kühleisen n, Abschreckeisen n ll ~/**двусторонняя** doppelstegige Kernstütze f

жерло n Mündung f, Ausmündung f ll ~ **вулкана** (Geol) Vulkanschlot m, Eruptionsschlot m, Eruptionskanal m

жёрнов m Mahlstein m, Mühlstein m ll ~ **бегунов** Kollergangsläufer m, Läuferstein m (des Kollergangs) ll ~/**верхний** Oberstein m (eines Mahlgangs) ll ~/**нижний** Unterstein m, Bodenstein m (eines Mahlgangs)

жёсткий 1. rauh (z. B. Arbeitsbedingungen); 2. starr, steif; unnachgiebig; 3. fest, nicht veränderbar (z. B. Programmierung); 4. starr [verkettet] (Verbindungsart von Maschinenteilen)

жёсткозаделанный starr eingespannt

жёсткость f 1. (Mech) Starrheit f, Righeit f (Widerstand gegen elastische Formänderung); 2. (Fest) Steifigkeit f; Biegewiderstand m; 3. Härte f (Strahlungen, Wasser) ll ~/**акустическая** Schallhärte f ll ~/**бикарбонатная** s. ~/карбонатная ll ~ **вакуума** Güte f des Vakuums ll ~ **ванны** (Text) Starrheit f der Tauchwanne (Chemiefaserherstellung) ll ~ **воды** Wasserhärte f ll ~/**временная** s. ~/карбонатная ll ~/**динамическая** dynamische Steife f ll ~/**изгибная** s. ~/при изгибе ll ~/**излучения** (Kern) Strahlenhärte f, Strahlungshärte f ll ~ **к сдвигу (срезу)** Schubsteifigkeit f ll ~/**кальциевая** Kalkhärte f ll ~/**карбонатная** Karbonathärte f, vorübergehende (temporäre) Härte f ll ~ **кручения** s. ~ на кручение ll ~/**магниевая** Magnesiahärte f ll ~ **на изгиб** s. ~ при изгибе ll ~ **на кручение** Torsionssteifigkeit f, Verdreh[ungs]steifigkeit f, Drill[ungs]steifigkeit f ll ~ **на поперечный сдвиг** s. ~/поперечная ll ~ **на растяжение** Zugsteifigkeit f ll ~ **на сдвиг** Scher[ungs]steifigkeit f ll ~/**некарбонатная** Nichtkarbonathärte f, bleibende (permanente) Härte f ll ~/**общая** Gesamthärte f ll ~/**поперечная** Quersteifigkeit f, Quersteife f ll ~/**постоянная** 1. bleibende Steifigkeit (Steifheit) f; 2. s. ~/некарбонатная ll ~ **при изгибе** Biegesteifigkeit f, Biegungssteifigkeit f, Biegesteifheit f ll ~ **при кручении** s. ~ на кручение ll ~ **при растяжении** Dehn[ungs]steife f ll ~ **при сдвиге** Scher[ungs]steifigkeit f ll ~ **при сжатии** Drucksteifigkeit f, Kompressionssteifigkeit f ll ~/**пространственная** Raumsteifigkeit f ll ~ **рентгеновских лучей** Strahlqualität f, Strahlenhärte f (Röntgenstrahlen), Röntgenstrahlenhärte f ll ~ **рессора** Federhärte f, Federsteife f ll ~ **связи** Kopplungssteifigkeit f ll ~/**статическая** statische Steifigkeit f ll ~/**структурная** Struktursteifigkeit f, Struktursteifheit f

жестчение n Härtung f, Energieraufsetzung f (Strahlung) ll ~ **излучения** Strahlenhärtung f, Strahlungshärtung f

жесть f Blech n, niedriggekohltes Feinblech n (s. a. лист 1. und металл/листовой) ll ~/**белая** Weißblech n ll ~ **в рулонах** Rollblech n ll ~ **для глубокой штамповки** Tiefziehblech n ll ~ **для штамповки** Stanzblech n, Ziehblech n ll ~/**рулонная** in Bunden gewalztes Feinblech n ll ~/**тонкая** Feinblech n ll ~/**тончайшая** Feinstblech n ll ~/**чёрная** Schwarzblech n (Halbfabrikat zur Herstellung von Weißblech oder lackiertem Blech) ll ~/**штамповочная** Stanzblech n

жестянка f Büchse f, Blechbüchse f

жжёнка f (Brau) Röstmalz n ll ~/**пивоваренная** Farbmalz n, Röstmalz n

живец *m (Led)* ungegerbte Innenschicht *f*
живица *f* Terpentin *n(m)* ‖ **~/еловая** Fichtenterpentin *n* ‖ **~/сосновая** Kiefernterpentin *n*
животноводство *n* Tierproduktion *f* ‖ **~/племенное** Herdbuchzucht *f*
живучесть *f* **судна** Havariesicherheit *f* des Schiffes
жидкий 1. flüssig; 2. [dünn]flüssig, schmelzflüssig *(Metall, Schlacke)*; 3. gießfähig, fließfähig, fließbar *(Metall, Schlacke, Formstoff)*
жидкокристаллический kristallin-flüssig, flüssig-fest
жидкомагнитный liquidmagnetisch
жидкоплавкость *f* Dünnflüssigkeit *f (Metall, Schlacke)*
жидкоподвижность *f* 1. *(Gieß)* Fließfähigkeit *f*, Fließbarkeit *f (Formstoff)*; 2. *(Met, Gieß)* Dünnflüssigkeit *f (Schlacke)*
жидкость *f* Flüssigkeit *f*; *(Led)* Flotte *f*, Brühe *f* ‖ **~/агрессивная** angreifende (aggressive) Flüssigkeit *f* ‖ **~/амортизаторная** Schwingungsdämpferflüssigkeit *f* ‖ **~/ассоциированная** *(Ph)* Assoziationsflüssigkeit *f*, angelagerte Flüssigkeit *f* ‖ **~/белильная** Bleichflüssigkeit *f*, Bleichlösung *f* ‖ **~/варочная** Kochflüssigkeit *f* ‖ **~/вязкая** *(Hydrom)* zähe (viskose, reibungsbehaftete) Flüssigkeit *f* ‖ **~/вязкоупругая** viskoelastische Flüssigkeit *f (Zuckergewinnung)* ‖ **~/диффузионная** Diffusionsflüssigkeit *f (Zuckergewinnung)* ‖ **~/закалочная** Härteflüssigkeit *f*, Härtemittel *n*, Abschreckmittel *n*, Abschreckflüssigkeit *f* ‖ **~/запорная** Sperrflüssigkeit *f* ‖ **~/здоровая синовиальная** *(Hydrod)* gesunde Synovialflüssigkeit *f* ‖ **~/зольная** *(Led)* Äscher *m*, Äscherbrühe *f*, Äscherflotte *f* ‖ **~/идеальная** *(Hydrom)* ideale (reibungslose) Flüssigkeit *f* ‖ **~/изоляционная** Isolierflüssigkeit *f* ‖ **~/иммерсионная** Immersionsflüssigkeit *f*, Einbettungsflüssigkeit *f* ‖ **~/иммерсионная высокопреломляющая** hochbrechende Immersionsflüssigkeit *f* ‖ **~/искусственная синовиальная** *(Hydrod)* künstliche Synovialflüssigkeit *f* ‖ **~/калибровочная** Kalibrierflüssigkeit *f* ‖ **~ Клеричи** *(Krist)* Clericische Lösung *f (Dichtebestimmung)* ‖ **~/культуральная** Kulturflüssigkeit *f*, Kulturlösung *f* ‖ **~/межкристальная** Mutterlösung *f*, Muttersirup *m (Zuckergewinnung)* ‖ **~/моющая** Waschflüssigkeit *f* ‖ **~/мягчильная** *(Led)* Weichwasser *n* ‖ **~/невязкая** *s.* **~/идеальная** ‖ **~/незамерзающая** [flüssiges] Frostschutzmittel (Gefrierschutzmittel) *n* ‖ **~/неньютоновская** *(Hydrom)* nicht-Newtonsche Flüssigkeit *f* ‖ **~/неоднородная** *(Hydrom)* inhomogene Flüssigkeit *f* ‖ **~/несжимаемая** *(Hydrom)* inkompressible Flüssigkeit *f* ‖ **~/однородная** *(Hydrom)* homogene Flüssigkeit *f* ‖ **~/охлаждающая** Kühlflüssigkeit *f* ‖ **~/перегретая** überhitzte Flüssigkeit *f* ‖ **~/переохлаждённая** unterkühlte Flüssigkeit *f* ‖ **~/пикельная** *(Led)* Pickel *m*, Pickelbrühe *f* ‖ **~/питательная** Nährflüssigkeit *f*, Nährlösung *f* ‖ **~/поверочная** Prüfflüssigkeit *f*, Prüfgut *n* ‖ **~/поддерживающая** Tragflüssigkeit *f (Kreiselkompaß)* ‖ **~/пробная** Spürflüssigkeit *f (Lecksuche; Vakuumtechnik)* ‖ **~/промывочная** 1. Spülflüssigkeit *f*, Spülung *f (Erdölbohrungen)*; 2. Waschflüssigkeit *f* ‖ **~/противообледенительная** *(Flg)* Enteisungsflüssigkeit *f* ‖

~/рабочая 1. Betriebsflüssigkeit *f*; 2. *(Text)* Spinnbad *n (Chemiefaserherstellung)*; 3. *(Hydr)* Drucköl *n* ‖ **~/сдувочная** *(Pap)* Abdrucklauge *f* ‖ **~/сжимаемая** kompressible Flüssigkeit *f* ‖ **~/силиконовая** Silikonflüssigkeit *f*, Silikonöl *n* ‖ **~/смазочная** Schmierflüssigkeit *f* ‖ **~/смазочно-охлаждающая** *(Fert)* Kühl-Schmier-Mittel *n*, Schmier-Kühl-Flüssigkeit *f*, Fertigungshilfsstoff *m*, kühlende Flüssigkeit *f* ‖ **~/смазочно-режущая** *(Fert)* schmierende Schneidflüssigkeit *f* ‖ **~/смачивающаяся** Benetzungsflüssigkeit *f* ‖ **~/тормозная** Bremsflüssigkeit *f* ‖ **~/травильная** Ätzflüssigkeit *f*; Beizflüssigkeit *f* ‖ **~ Туле** *(Min)* Thouletsche Lösung *f (Kaliumquecksilberiodidlösung zur Dichtebestimmung)* ‖ **~/тяжёлая** *(Min)* Schwereflüssigkeit *f*, schwere Lösung *f (Dichtebestimmung)* ‖ **~/уплотняющая** Dichtflüssigkeit *f*, Sperrflüssigkeit *f* ‖ **~/Фелингова** *(Ch)* Fehlingsche Lösung *f* ‖ **~/электроизолирующая (электроизоляционная)** Elektroisolierflüssigkeit *f* ‖ **~/этиловая** Ethylfluid *n (Antiklopfmittel)*
жидкость-носитель *f* Trägerflüssigkeit *f*
жидкотекучесть *f* 1. Dünnflüssigkeit *f*, Flüssigkeit *f*; 2. *(Gieß)* Formfüllungsvermögen *n (Metall)*; 3. *(Gieß)* Fließbarkeit *f (Formstoff)*; 4. Flüssigkeitscharakter *m*, Fluidität *f* ‖ **~ расплавленного металла** *(Gieß)* Formfüllungsvermögen *n* ‖ **~ шлака** *(Met, Gieß)* Schlackenviskosität *f*
жижа *f* **/навозная** *(Lw)* Jauche *f*; Gülle *f*
жижеразбрасыватель *m* Jaucheverteiler *m*; Gülleverteiler *m*
жижесборник *m (Lw)* Güllesammelbehälter *m*, Sammelgrube *f*; Jauchegrube *f*
жизнеобеспечение *n* Lebenserhaltung *f*
жизнеспособность *f* Lebensfähigkeit *f* ‖ **~ зерна** Keimpotenz *f*
жиклёр *m* Düse *f*, Vergaserdüse *f (Vergasermotor)* ‖ **~/воздушный** Luftdüse *f* ‖ **~/главный** Kraftstoffhauptdüse *f*, Hauptdüse *f* ‖ **~/дополнительный** Zusatzdüse *f* ‖ **~/затопленный** unterhalb des Kraftstoffspiegels angeordnete Düse *f* ‖ **~ карбюратора** Vergaserdüse *f* ‖ **~/компенсационный** Korrekturdüse *f*, Ausgleichdüse *f* ‖ **~/малого газа** Leerlaufdüse *f* ‖ **~ мощности** Vollastdüse *f* ‖ **~/незатопленный** oberhalb des Kraftstoffspiegels angeordnete Düse *f* ‖ **~/основной** Hauptdüse *f* ‖ **~/пускового карбюратора/воздушный** Starterluftdüse *f (Startvergaser)* ‖ **~/пусковой** Startdüse *f*, Startkraftstoffdüse *f (Startvergaser)* ‖ **~ системы холостого хода/эмульсионный** Leerlaufmischdüse *f* ‖ **~/топливный** Kraftstoffdüse *f* ‖ **~ холостого хода** Leerlaufdüse *f* ‖ **~ холостого хода/воздушный** Leerlaufdüse *f* ‖ **~ холостого хода/топливный** Leerlaufkraftstoffdüse *f* ‖ **~ экономайзера** Spardüse *f* ‖ **~ экономайзера с механическим приводом** mechanisch betätigte Spardüse *f* ‖ **~ экономайзера с пневматическим приводом** druckluftbetätigte Spardüse *f* ‖ **~ эконостата** *s.* **~ экономайзера** ‖ **~/эмульсионный** Mischdüse *f*
жиклёр-корректор *m* Korrekturdüse *f (Vergaser)*
жиклёр-распылитель *m* **ускорительного насоса** Spritzrohr *n* der Beschleunigerpumpe *(Vergasermotor)*

жила f 1. *(El)* Ader f, Seele f *(z. B. eines Kabels)*; Leiter m; 2. *(Geol)* Gang m, Gesteinsgang m; Ader f *(s. a. unter* жилы*)* ‖ **~/алюминиевая** *(El)* Aluminiumader f ‖ **~/бедная** *(Geol)* erzarmer Gang m; dürftiger (grober) Gang m ‖ **~/безрудная** *(Geol)* erzfreier (tauber, fauler, nicht fündiger) Gang m ‖ **~/богатая** *(Geol)* fündiger (edler) Gang m ‖ **~/боковая** *(Geol)* Seitengang m; Apophyse f ‖ **~/ветвящаяся** *(Geol)* verzweigter Gang m ‖ **~/водяная** *(Geol)* Wasserader f, Quellader f, Quellengang m ‖ **~/вспомогательная** *(El)* Hilfsader f ‖ **~/высокотемпературная** *(Geol)* hypothermaler (hochthermaler) Gang m ‖ **~/гибкая многопроволочная** *(El)* Litze f ‖ **~/гидротермальная** *(Geol)* hydrothermaler Gang m ‖ **~/гипотермальная** *(Geol)* hypothermaler Gang m ‖ **~/главная** *(Geol)* Hauptgang m ‖ **~/двойная** 1. *(El)* Doppelleiter m; Doppelader f *(Kabel)*; 2. *(Geol)* Doppelgang m, Zwillingsgang m ‖ **~/запасная** *(Nrt)* Vorratsader f, Reserveader f ‖ **~ замещения** *(Geol)* Verdrängungsgang m ‖ **~/золотоносная** *(Geol)* goldführender Gang m, Goldader f ‖ **~ изверженной породы** *(Geol)* Eruptiv[gesteins]gang m ‖ **~/интрузивная** *(Geol)* Intrusionsgang m, Intrusivgang m; Eruptivgang m ‖ **~/инфильтрационная** *(Geol)* Infiltrationsgang m ‖ **~/инъекционная** *(Geol)* Injektionsgang m ‖ **~/кабельная** *(El)* Kabelader f, Kabelseele f ‖ **~/камерная** *(Geol)* Kammergang m ‖ **~/кварцевая** *(Geol)* Quarzgang m, Quarzader f ‖ **~/контактная** *(Geol)* Kontaktgang m ‖ **~/контрольная** *(El)* Kontrollader f, Überwachungsader f ‖ **~/крутопадающая** *(Geol)* steiler (steileinfallender) Gang m ‖ **~/лавовая** *(Geol)* Lavagang m ‖ **~/лестничная** *(Geol)* treppenförmiger (stufenförmiger) Gang m ‖ **~/маломощная** *(Geol)* geringmächtiger Gang m ‖ **~/медная** *(El)* Kupferader f ‖ **~/межпластовая** *(Geol)* Schichtgang m ‖ **~/мезотермальная** *(Geol)* mesothermaler Gang m ‖ **~/меридионального простирания** *(Geol)* von Nord nach Süd streichender Gang m ‖ **~/метасоматическая** *(Geol)* metasomatischer Gang m ‖ **~/наклонная** *(Geol)* tonnlägiger (geneigter) Gang m ‖ **~/неповреждённая** *(Geol)* unbeschädigte Ader f ‖ **~/непромышленная** *(Geol)* unbauwürdiger Gang m ‖ **~/нетронутая** *(Geol)* unverritzter Gang m ‖ **~/нулевая** *(El)* Nulleiter m ‖ **~/обломочная** *(Geol)* klastischer Gang m ‖ **~/одиночная** *(El)* Einzelader f ‖ **~/основная** *(Geol)* Hauptgang m ‖ **~/отвесная** *(Geol)* seigerer Gang m ‖ **~/параллельная** *(Geol)* Nebengang m, Beigang m ‖ **~/пегматитовая** *(Geol)* Pegmatitgang m ‖ **~/пластовая** *(Geol)* Lagergang m *(in den Schichtfugen liegender Gang)* ‖ **~/пневматолитическая** *(Geol)* pneumatolytischer Gang m ‖ **~ по простиранию** *(Geol)* Längsspaltengang m ‖ **~/побочная** s. **~/параллельная** ‖ **~/повреждённая** *(El)* beschädigte Ader f ‖ **~/погребённая** s. **~/слепая** ‖ **~/полая** *(El)* Hohlleiter m ‖ **~/полог[опадающ]ая** *(Geol)* flacher (flachfallender) Gang m ‖ **~/поперечная** *(Geol)* transversaler Gang m, Quergang m, quergreifender (quer zur Schichtung des Nebengesteins liegender) Gang m ‖ **~/продольная** *(Geol)* Längsspaltengang m ‖ **~/промышленная** *(Geol)* bauwürdiger (industriell nutzbarer) Gang m ‖ **~/простая** *(Geol)* einfacher (eigentlicher) Gang m ‖ **~/разрабатываемая рудная** *(Geol)* angenommener (behauener) Gang m, in Abbau befindlicher Erzgang m ‖ **~/рудная** *(Geol)* Erzgang m ‖ **~/световая** *(Geol)* Lichtwellenleiterader m ‖ **~/сдвоенная** s. **~/двойная** 2. ‖ **~/седловидная** *(Geol)* Sattelgang m ‖ **~/секущая** *(Geol)* kreuzender Gang m ‖ **~/сетчатая** *(Geol)* Netzgang m ‖ **~/скрученная** *(El)* verseilte Ader f ‖ **~/слепая** *(Geol)* geheimer (verschütteter) Gang m ‖ **~/сложная** *(Geol)* zusammengesetzter Gang m, Gang m gemischter Zusammensetzung, Gangsystem n ‖ **~/согласного залегания** *(Geol)* rechtfallender (konkordanter) Gang m ‖ **~/сплошная** *(El)* volle (massive) Ader f ‖ **~/среднетемпературная** *(Geol)* mesothermaler Gang m ‖ **~/ступенчатая** *(Geol)* stufenförmiger (treppenförmiger) Gang m ‖ **~/телескопированная** *(Geol)* teleskopischer Gang m ‖ **~/телефонная** *(Nrt)* Sprechader f ‖ **~/токопроводящая** *(El)* stromführende Ader f ‖ **~/тонкая** *(Geol)* geringmächtiger Gang m ‖ **~/трещинная** *(Geol)* Spaltengang m ‖ **~/флецовая** s. **~/пластовая** ‖ **~/центральная** *(El)* Innenleiter m *(des Kabels)* ‖ **~/чётковидная** *(Geol)* perlenschnurartiger Gang m ‖ **~ широтного простирания** *(Geol)* E-W streichender Gang m, Abendgang m, Morgengang m ‖ **~/экранированная** *(El)* geschirmte Ader f

жила-проводник f *(Geol)* [kleiner] Begleitgang m
жила-спутник f s. 1. жила/параллельная; 2. жила-проводник
жилет m/**спасательный** Rettungsweste f
жилистость f *(Led)* Adrigkeit f
жилище n Wohnung f, Wohnstätte f
жилой 1. Wohn..., Wohnungs...; 2. Lebens...
жилы fpl *(Geol)* gpl *(s. a. unter* жила 2.*)* ‖ **~/пересекающиеся** kreuzende Gänge mpl ‖ **~/радиально расходящиеся** Strahlengänge mpl, radiale Gänge mpl
жильный *(Geol)* gangartig
жимок m Klemme f
жир m Fett n; Talg m, Speck m, Schmalz n; Tran m; Öl n ‖ **~/животный** tierisches Fett n, Tierfett n ‖ **~/китовый** Waltran m, Walöl n ‖ **~/копытный** Klauenöl n, Klauenfett n ‖ **~/костный** Knochenfett n ‖ **~/нейтральный** Neutralfett n ‖ **~/отверждённый** gehärtetes (hydriertes) Fett (Öl) n ‖ **~/печёночный** Lebertran m, Leberöl n ‖ **~/пищевой** Speisefett n ‖ **~/пластический** halbgehärtetes Fett (Öl) n ‖ **~/растительный** pflanzliches Öl (Fett) n, Pflanzenfett n ‖ **~/рыбий** Tran m, Fischöl n ‖ **~/твёрдый** Hartfett n ‖ **~/топлёный** Schmalz n ‖ **~/тресковый** Dorschlebertran m ‖ **~/шёрстный** Wollfett n ‖ **~/шерстяной** Wollfett n
жирноразмолотый *(Pap)* schmierig gemahlen
жирность f 1. Fettigkeit f; 2. *(Pap)* Schmierigkeit f
жирный 1. fett[ig]; Fett...; *(Pap)* schmierig
жирование n Fetten n, Einfetten n, Fetten n, Schmieren n, Einschmieren n ‖ **~/эмульсионное** Fettlickern n, Lickern n *(Gerberei)*
жировать 1. [ein]fetten; 2. *(Led)* lickern; 3. elastifizieren *(Kunstdärme)*

жировик m (Min) Speckstein m, Steatit m (dichter Talk)
жирозаменитель m Fettersatz m
жироловка f [Öl- und] Fettabscheider m, Fettfang m
жироловушка f s. жироловка
жиронепроницаемость f Fettdichtigkeit f, Fettundurchlässigkeit f
жирообрабатывающий fettverarbeitend
жироотделитель m s. жироловка
жироперерабатывающий fettverarbeitend
жиропот m (Text) Fettschweiß m, Wollschweiß m, Schafschweiß m
жирорастворимость f Fettlöslichkeit f
жирорастворимый fettlöslich
жирорастворитель m Fettlösungsmittel n, Fettlöser m
жирорасщепление n Fettspaltung f
жирорасщепляющий fettspaltend
жиросодержащий fetthaltig
жиротопка f Trankochen n
жиротопление n (Lebm) Ausschmelzen (Auslassen) n von Fett ‖ ~/**мокрое** Naßschmelze f, Naßschmelz[verfahr]en n ‖ ~/**сухое** Trockenschmelze f, Trockenschmelz[verfahr]en n
жироулавливание n [Öl- und] Fettentfernung f (Abwasserreinigung)
жироуловитель m [Öl- und] Fettabscheider m, Fettfang m
ЖК, ж.к. s. коэффициент/жидкостный
ЖКИ s. индикатор/жидкокристаллический
ЖКУ s. удобрение/комплексное жидкое
ЖКЯ s. ячейка/жидкокристаллическая
ЖМД s. диск/жёсткий магнитный
жмых m Preßkuchen m, Ölkuchen m; (Lw s. a. ~/**хлопьевидный**) ‖ ~/**конопляный** Hanfkuchen m ‖ ~/**льняной** Leinkuchen m ‖ ~/**масляный** Ölkuchen m ‖ ~/**плодовый** Tresterkuchen m ‖ ~/**подсолнечниковый** Sonnenblumenkuchen m ‖ ~/**хлопьевидный** Expeller m, Schilfer m
жмыходробилка f Ölkuchenschrotmühle f (Futtermühle)
жнейка f s. жатка
жом m 1. (Lw) Rübenschnitzel npl, Zuckerrübenschnitzel npl (Futtermittel); 2. (Met) Luppenquetsche f; 3. Preßkuchen m (Fischmehlerzeugung); 4. (Med) Quetschzange f ‖ ~/**кислый** (Lw) eingesäuerte Zuckerrübenschnitzel npl ‖ ~/**мокрый** s. ~/**свежий** ‖ ~/**отжатый (отпрессованный)** (Lw) Preßschnitzel npl ‖ ~/**свежий** (Lw) Naßschnitzel npl, Diffusionsschnitzel npl ‖ ~/**свекловичный** s. жом ‖ ~/**сухой (сушёный)** (Lw) Trockenschnitzel npl
жомосушение n (Lw) Schnitzeltrocknung f
жомосушилка f (Lw) Schnitzeltrockner m, Schnitzeltrocknungsanlage f
жомосушка f s. жомосушение
жордан m (Pap) Jordan-Kegel[stoff]mühle f
жорнов m s. жёрнов
ЖРД s. двигатель/жидкостный ракетный ‖ ~/**кислородно-водородный** Sauerstoff-Wasserstoff-Flüssigkeitsraketen triebwerk n
журавчик m (Geol) Lößkindel n, Lößmännchen n, Lößpuppe f
журнал m : ‖ ~/**бортовой** (Flg) Bordbuch n ‖ ~/**вахтенный** (Schiff) Wachjournal n, Wachta-

gebuch n ‖ ~/**геодезический** Vermessungsbuch n ‖ ~ **заданий** (Inf) Jobnachweis m ‖ ~/**корабельный** s. ~/**судовой** ‖ ~/**машинный** (Schiff) Maschinentagebuch n, Maschinenjournal n ‖ ~/**навигационный** Navigationstagebuch n ‖ ~/**системный** (Inf) Systemprotokoll n ‖ ~ **строительных работ** (Bw) Bautagebuch n ‖ ~/**судовой** Schifftagebuch n, Logbuch n ‖ ~ **счёта заданий** (Inf) Jobabrechnungsprotokoll n
ЖФЭ s. эпитаксия/жидкофазная

З

заанкерить s. заанкеровать
заанкеровать verankern
заармировать bewehren
заатмосферный exoatmosphärisch
забалластированние n Ballastung f, Anreicherung f mit Ballaststoffen
забалластировать ballastieren, mit Ballaststoffen anreichern ‖ ~ **путь** (Eb) das Gleis verfüllen
забел m (Brau) Ankommen n (Gärstadium des Jungbieres)
забеловка f (Led) Aufschlitzen n
забереги pl (Hydrol) Randeis n
забетонировать (Bw) betonieren, mit Beton ausfüllen; einbetonieren
забивание n s. забивка
забивать f 1. einschlagen, einrammen; 2. verstopfen, zustopfen (z. B. ein Stichloch); 3. (Schm) einschmieden, anschmieden; 4. (Typ) zusetzen (Druckform)
забивка f 1. Einschlagen n, Einrammen n; 2. Verstopfen n, Zustopfen n, Stopfen n (z. B. des Stichloches); (Lw) Verstopfen n (von Erntemaschinen); 3. (Schm) Einschmieden n, Anschmieden n; 4. (Typ) Zusetzen n (einer Druckform); 5. (Bgb) s. забойка 2. ‖ ~ **воронки** Verstopfen n des Trichters ‖ ~ **колков** (Text) Zusetzen (Verstopfen) n der Schlagstifte (Putzerei) ‖ ~ **сваи** (Bw) Pfahleinrammen n, Einrammen n des Pfahls ‖ ~ **сваи/пробная** Probrammung f ‖ ~ **сваи с подмывом** Einspülen n des Pfahles ‖ ~ **шпунта** Einrammen n von Spundbohlen
забирание n Aufnehmen n, Erfassen n
забирать aufnehmen, erfassen ‖ ~ **мощность из сети** (El) dem Netz Leistung entnehmen (entziehen), Leistung vom Netz aufnehmen
заблокирование n 1. Absperren n, Blockieren n; 2. (Eb) Blocken n, Vorblocken n
заблокировать 1. absperren, blockieren; 2. (El) [vor]blocken
забоина f Beschädigung f durch Schlag und Stoß, Einhieb m, Scharte f, Schramme f; (Text) Dickstelle f (im Gewebe)
забой m 1. (Bgb) Ort m; Ortsstoß m, Stoß m, Abbaustoß m; 2. Sohle f (Bohrloch); 3. (Inf) Löschen n ‖ **в забое** (Bgb) vor Ort ‖ ~/**безлюдный** mannloser Streb m ‖ ~/**вскрышной** Abraumstoß m ‖ ~/**встречный** Gegenort n ‖ ~/**диагональный** Diagonalbau m, Diagonalstreb m, Schrägbau m; Schrägstoß m ‖ ~/**длинный** Langstoß m ‖ ~/**дугообразный** Bogenstreb m ‖ ~/**зарубной** Schramort m ‖ ~/**лавы** Strebstoß m, Strebfront f ‖ ~/**лобовой** Kopfböschung f ‖

забой

~/механизированный mechanisierter Streb *m* || ~/огневой Feuerstoß *m*, Feuerabbau *m* *(untertägige Kohlenvergasung)* || ~/очистной Abbaustoß *m*, Ort *n*, Gewinnungsort *n* || ~/подготовительный Vorrichtungsort *n*, Vorrichtungsbetrieb *m* || ~/подрубленный unterschrämter Stoß *m* || ~/продольный *s.* ~/фронтальный || ~/проходческий Vortriebsort *n* || ~/прямолинейный geradliniger Stoß *m* || ~ скважины Bohrlochsohle *f* || ~/сплошной durchgehene Abbaufront *f*, Langfrontbau *m* || ~/струговой Hobelstreb *m* || ~/тупиковый *s.* ~/глухой || ~/угольный Kohlenstoß *m*, Kohlenfront *f* || ~/фронтальный Böschung *f* bei Frontverhieb *(Tagebau)* || ~ шахтного ствола Schachttiefstes *n* || ~ штрека Steckenort *n*
забойка 1. *(Fert)* Schlagstelle *f (Beschädigung)*; 2. *(Bgb)* Besatz *m*, Verdämmung *f (Sprengtechnik)* || ~/внешняя *(Bgb)* Außenbesatz *m* || ~/внутренняя *(Bgb)* Innenbesatz *m* || ~/водяная *(Bgb)* Wasserbesatz *m* || ~/воздушная *(Bgb)* 1. Luftbesatz *m*; 2. Besetzen *n* mit Druckluft || ~/глиняная (глинистая) *(Bgb)* Lettenbesatz *m*, Lehmbesatz *m* || ~/промежуточная *(Bgb)* Zwischenbesatz *m* || ~ шпура *(Bgb)* Besetzen (Verdämmen) *n* des Sprenglochs
забойник *m (Bgb)* Ladestock *m (Sprengtechnik)*
забойный *(Bgb)* Stoß..., Ort...; Sohlen...
заболачивание *n (Ökol)* Versumpfung *f*
заболонь *f* Splint *m*
забор *m* 1. Entnahme *f*; Aufnahme *f*; 2. Einsaugen *n*; 3. *(Bw)* Zaun *m*, Umzäunung *f*, Bauplanke *f* || ~ воды Wasserentnahme *f*, Wassernehmen *n* || ~ резца *(Fert)* Eingriff *m (eines Schneidwerkzeugs)*
заборник *m* Eintrittsöffnung *f*, Einströmöffnung *f* || ~ воздуха Lufteintritt *m*, Ansaugschacht *m*
забороновать *(Lw)* eggen
забортный See..., Außenbord...
забраживание *n (Ch)* Angärenlassen *n*, Angärung *f*
забракование *n* Verwerfen *n (zu Ausschuß erklären)*
забракованный verworfen, zu Ausschuß erklärt
забраковать verwerfen, zu Ausschuß erklären
забраковка *f* Aussonderung *f (von Ausschuß)*
забрало *n (Hydt)* Tauchschild *m*
забрасыватель *m*/**механический** mechanischer Wurfbeschicker *m*, Einwurfvorrichtung *f*; Rostbeschicker *m (Feuerung)*
забрасывать 1. zuwerfen, zuschaufeln *(Schachtarbeiten)*; 2. einwerfen
заброд *m s.* забел
забродить zu gären anfangen, angären, ankommen
забронированный gepanzert; armiert
заброс *m (Reg)* Überschwingung *f*, Überregelung *f*
забуривание *n (Bgb)* Anbohren *n*
забуривать *(Bgb)* anbohren *(ein Bohrloch beginnen)*
забурка *f (Bgb)* Anbohren *n (eines Bohrloches)*
забурник *m (Bgb)* Anfangsbohrer *m*, Anbohrinstrument *n*
забутка *f (Bw)* 1. Hintermauerung *f*; 2. Innenschicht *f (bei zwei- und mehrsteindicken Wänden)*

забутовка *f 1. s.* забутка; 2. *(Bgb)* Hinterfüllung *f*, Verfüllung *f*, Verpackung *f*, Hintermörtelung *f (Ausbau)*
забучивание *n (Bgb)* Hinterfüllen *n*, Verfüllen *n*, Hintermörteln *n*
забучивать *(Bgb)* ausfüllen; hinterfüllen *(Ausbau)*
завал *m* 1. Verschüttung *f*, Verstopfung *f*; 2. *(Bgb)* Bruch *m*, Zusammenbruch *m (eines Grubenbaus)*; 3. *(Schiff)* eingezogene Form *f (Spanten, Bordwände)*; 4. Abfall *m*, Absinken *n (Frequenzen)*
заваливание *n* 1. Zuschütten *n*, Verschütten *n*; 2. *(Schiff)* Einschwenken *n (Rettungsboot)*; Einklappen *n (Fallreep)*
заваливать 1. zuschütten, verschütten; 2. *(Schiff)* einschwenken *(Rettungsboot)*; einklappen *(Fallreep)*; 3. *(Bgb)* zu Bruch werfen
заваливаться *(Bgb)* zu Bruch gehen *(Grubenbau)*
завалка *f (Met)* 1. Einsatz *m*, Gicht *f*; Satz *m*, Charge *f*; 2. Beschicken *n*, Begichten *n*, Chargieren *n*; Setzen *n (s. a. unter* засылка.) || ~/боковая Seitenbegichtung *f (Kupolofen)* || ~/жидкая Flüssigeinsatz *m* || ~/краевая Randbegichtung *f*, Randbegichtung *f (Schachtofen)* || ~/рабочая Einsatz *m*, Gicht *f*; Satz *m*, Charge *f* || ~/смешанная Flüssig-Fest-Einsatz *m (Herdofen)* || ~/твёрдая fester Einsatz *m* || ~/холодная fester Einsatz *m* || ~/центральная Zentralbeschickung *f*, Zentralbegichtung *f (Schachtofen)*
завалочный *(Met)* Beschickungs..., Chargier..., Einsatz...
завальцовывать einwalzen
заваривание *n s.* заварка
заваривать 1. verschweißen, zuschweißen, einschweißen; 2. [auf]kochen, [auf]brühen
заварить *s.* заваривать
заварка *f* 1. Ankochen *n*; Aufkochen *n*; Aufbrühen *n*; 2. Verschweißen *n*, Zuschweißen *n* || ~/горячая Warm[ver]schweißung *f* || ~ заливкой Gieß[schmelz]schweißen *n* || ~ кратера Verschweißen *n* des Kraters *(am Nahtende)* || ~/литейная Gieß[schmelz]schweißen *n* || ~ переливом жидкого металла Gieß[schmelz]schweißen *n* || ~/ремонтная Reparaturschweißen *n* || ~/холодная Kalt[ver]schweißung *f*
заведение *n* **в лунки** *(Bgb)* Einbühnen *n (Schachtausbau)*
завёртка *f* 1. Festschrauben *n*, Anziehen *n (Schrauben)*; 2. Schraubenschlüssel *m*; 3. *(Bw)* Einreiberverschluß *m*, Vorreiber *m*, Zungenreiber *m (Tür- bzw. Fensterverschluß)*
завёртывать festschrauben, anziehen *(Schrauben)*; zudrehen; einschrauben *(Teile mit Außengewinde)*
завершение *n*/**аварийное** *(Inf)* Abbruch *m*, anormale Beendigung *f (Betriebssystem)* || ~ **задания** *(Inf)* Jobbeendigung *f (Betriebssystem)* || ~/**нормальное** *(Inf)* normale Beendigung *f (Betriebssystem)* || ~ **программы** *(Inf)* Programmbeendigung *f*
завершённость *f*/**функциональная** funktionelle Abgeschlossenheit *f*
завеса *f* 1. Vorhang *m*, Schleier *m*; 2. *(Hydt)* teilweise Dichtung *f (Erdstaudamm)* || ~/**водяная** *(Bgb)* Wasserschleier *m (zur Staubbekämpfung)*;

(Schiff) Wasservorhang *m* ‖ ~/**воздушная** Luftschleier *m* ‖ ~/**паровая** *(Wmt)* Dampfschleier *m*, Dampfverschluß *m* ‖ ~/**противофильтрационная** Dichtungsschürze *f* ‖ ~/**солнцезащитная** Sonnenschutzblende *f* ‖ ~/**тепловая** Warmluftschleier *m* ‖ ~/**цепная** Ketteneinbauten *mpl (Zementdrehofen)*
завивающийся *(Fert)* Schrauben... *(z. B. Schraubenspan)*
завивка *f* **ворса** *(Text)* Ratinieren *n* ‖ ~ **кокона** *(Text)* Spinnen *n* des Kokons *(Seide)*
завинчивание *n (Fert)* Festschrauben *n*, Anziehen *n (Schrauben)* ‖ ~ **сваи** *(Bw)* Einschrauben *n* des Pfahles
завинчивать einschrauben; anziehen ‖ ~ **до отказа** festschrauben
зависание *n* 1. Hängen *n*, Hängenbleiben *n*; Brückenbildung *f*, Gewölbebildung *f (z. B. von Schüttgut in Bunkern oder Schachtöfen)*; 2. Schweben *n*, Schwebeflug *m* ‖ ~ **клапанов** *(Masch)* Festfressen (Festgehen) *n* der Ventile
зависимость *f* 1. Abhängigkeit *f*; Beziehung *f*; 2. *(Math)* Abhängigkeit *f*; Zusammenhang *m* ‖ ~/**амплитудная** *(Eln)* Amplitudenabhängigkeit *f* ‖ ~/**временна́я** Zeitabhängigkeit *f* ‖ ~/**квадратичная** quadratische Abhängigkeit *f* ‖ ~/**линейная** lineare Abhängigkeit *f* ‖ ~/**маршрутная** *(Reg)* Fahrstraßenabhängigkeit *f* ‖ ~/**массарадиус** *(Astr)* Masse-Radius-Beziehung *f* ‖ ~ **масса-светимость** *(Astr)* Masse-Leuchtkraft-Beziehung *f* ‖ ~/**нелинейная** *(Reg)* nichtlineare Abhängigkeit *f* ‖ ~ **от времени** Zeitabhängigkeit *f* ‖ ~ **от направления** *(Rad)* Richtungsabhängigkeit *f* ‖ ~ **от напряжения** *(El)* Spannungsabhängigkeit *f* ‖ ~ **от тока** *(El)* Stromabhängigkeit *f* ‖ ~ **от частоты** Frequenzabhängigkeit *f* ‖ ~ **период-светимость** *(Astr)* Perioden-Helligkeits-Beziehung *f*, Perioden-Leuchtkraft-Funktion *f (Delta Cephei-Sterne)* ‖ ~/**период-спектр** *(Astr)* Perioden-Spektrum-Beziehung *f* ‖ ~ **скорость-расстояние/лучевая** *(Astr)* Radialgeschwindigkeits-Entfernungs-Beziehung *f* ‖ ~ **спектр-светимость** *s.* диаграмма Герцшпрунга-Рессела ‖ ~/**температурная** Temperaturabhängigkeit *f*, thermische Abhängigkeit *f* ‖ ~/**транзитивная** *(Inf)* transitive Abhängigkeit *f* ‖ ~/**функциональная** *(Kyb)* funktionale Abhängigkeit *f* ‖ ~ **цвет-светимость** *s.* диаграмма цвет-светимость ‖ ~/**частотная** Frequenzabhängigkeit *f*
зависимый 1. abhängig *(Zusammensetzungen s. unter* зависящий*)*; 2. *(Inf)* mitlaufend, gekoppelt, angeschlossen
зависящий abhängig ‖ ~ **от амплитуды** amplitudenabhängig ‖ ~ **от материала** werkstoffabhängig ‖ ~ **от напряжения** spannungsabhängig ‖ ~ **от [питающей] сети** netzabhängig ‖ ~ **от тока** stromabhängig ‖ ~ **от частоты** frequenzabhängig
завитки *mpl (Brau)* Kräusen *pl (Gärstadium des Jungbieres)* ‖ ~/**белые низкие** Jung- oder Niederkräusen *pl* ‖ ~/**[коричневые] высокие** Hochkräusen *pl* ‖ ~/**низкие** Niederkräusen *pl*, Jungkräusen *pl* ‖ ~/**опадающие** fallende Kräusen *pl*
завитой *(Fert)* gewunden *(Span)*

завиток *m* 1. Windung *f*; 2. *(Text)* Schleife *f (Fehler im Fasergut)* ‖ ~/**ростовый** *(Krist)* spiralartige Wachstumsinhomogenität (Swirldefektverteilung) *f*
завихрение *n* Wirbelung *f*, Turbulenz *f*, Aufwirbelung *f*, Aufwirbeln *n*
завихрённость *f* 1. Wirbeligkeit *f*; 2. *(Meteo)* Vorticity *f* ‖ ~/**графита** *(Wkst)* Graphitverästelung *f*, Graphitverwirbelung *f*
завихривание *n s.* завихрение
завихритель *m* Drallkörper *m*, Dralleinsatz *m (Ölbrenner)*
завод *m* 1. Fabrik *f*, Werk *n*, Betrieb *m (s. a. unter* цех*)*; 2. Aufziehen *n (Uhrwerk)*; 3. Andrehen *n*, Anlassen *n*, Ankurbeln *n*, Anwerfen *n*, Starten *n (Motor)*; 3. Aufzug *m*; Werk *(Mechanismus)* ‖ ~/**авиационный** Flugzeugwerk *n* ‖ ~/**автоматизированный** automatisiertes Werk *n* ‖ ~/**аммиачный** Ammoniakfabrik *f* ‖ ~/**бетонный** Transportbetonwerk *n*, Lieferbetonwerk *n* ‖ ~/**брикетный** Brikettfabrik *f* ‖ ~/**бумажный** Papierfabrik *f* ‖ ~/**вагоноремонтный** *(Eb)* Wagenausbesserungsfabrik *f* ‖ ~/**газовый** Gaswerk *n* ‖ ~/**гибкий автоматизированный** *(Fert)* flexibler Fertigungsbetrieb *m* ‖ ~/**гидрогенизационный** Hydrierwerk *n* ‖ ~/**двигателестроительный** Motorenfabrik *f*, Motorenwerk *n* ‖ ~/**доменный** *(Met)* Hochofenwerk *n*, Hochofenbetrieb *m* ‖ ~/**инструментальный** Werkzeugfabrik *f* ‖ ~/**кабельный** Kabelwerk *n* ‖ ~/**калийный** Kaliwerk *n* ‖ ~/**качественной металлургии** Edelstahlwerk *n*, Qualitätsstahlwerk *n*; Sonderstahlwerk *n* ‖ ~/**кожевенный** Lederwerk *n*, Lederfabrik *f*; Gerberei *f* ‖ ~/**коксовый** Kokerei *f*, Kokereibetrieb *m* ‖ ~/**крахмальный** Stärkefabrik *f* ‖ ~/**лакокрасочный** Lack- und Farbenwerk *n* ‖ ~/**ламповый** Lampenwerk *n*, Lampenfabrik *f* ‖ ~/**лесопильный** Sägewerk *n* ‖ ~/**литейный** Gießerei *f*, Gießereibetrieb *m* ‖ ~/**металлургический** Hüttenwerk *n*, Hütte *f* ‖ ~/**молочный** Molkerei *f* ‖ ~/**нефтеперерабатывающий** *s.* нефтезавод ‖ ~/**обогатительный** Aufbereitungsfabrik *n* ‖ ~/**опытный** Versuchswerk *n* ‖ ~/**открытый бетонный** offenes Lieferbetonwerk *n* ‖ ~/**передвижной бетонный** ortsveränderliches Lieferbetonwerk *n* ‖ ~/**перерабатывающий** Verarbeitungsbetrieb *m* ‖ ~/**пивоваренный** Bierbrauerei *f*, Brauerei *f* ‖ ~/**плавильный** Hütte *f*, Hüttenbetrieb *m*; Schmelzhütte *f* ‖ ~/**плавучий рыбоконсервный** Fabrikmutterschiff *n*, schwimmende Fischkonservenfabrik *f* ‖ ~/**плавучий рыбомучной** schwimmende Fischmehlfabrik *f* ‖ ~/**прокатный** Walzwerk *n* ‖ ~/**радиотехнический** Funkwerk *n*; Rundfunkwerk *n*; Werk *n* für Nachrichtenelektronik *n* ‖ ~/**растворный** Mörtelwerk *n* ‖ ~/**рафинировочный** Frischhütte *f*, Raffinerie *f* ‖ ~/**регенерационный** *(Kern)* Wiederaufbereitungsanlage *f*, WAA, Kernbrennstoffwiederaufbereitungsanlage *f* ‖ ~/**ремонтный** *(Eb)* Ausbesserungswerk *n* ‖ ~/**сахарный** Zuckerfabrik *f* ‖ ~/**сахарорафинадный** Zuckerraffinerie *f* ‖ ~/**сборного железобетона** Betonwerk *n* ‖ ~/**сернокислотный** Schwefelsäurefabrik *f* ‖ ~/**сталеплавильный** Stahlwerk *n* ‖ ~/**стационарный бетонный** stationäres Lieferbetonwerk *n* ‖ ~/**стекольный** Glashütte *f*,

завод

Glasfabrik *f* || ~/**судоремонтный** Schiffsreparaturbetrieb *m*, Schiffsreparaturwerft *f* || ~/**судостроительный** Schiffswerft *f*, Schiffbauwerft *f* || ~/**телевизионный** Fernsehgerätewerk *n* || ~/**тепловозоремонтный** (*Eb*) Diesellokomotivausbesserungswerk *n* || ~/**трубопрокатный** Rohrwalzwerk *n* || ~/**туковый** Düngemittelfabrik *f* || ~/**тукосмесительный** Mischdüngerwerk *n* || ~/**фаянсовый** Steingutfabrik *f* || ~ **цветной металлургии** Metallhütte *f* || ~/**целлюлозный** Zellstoffabrik *f* || ~/**цементный** (*Bw*) Zementwerk *n*, Zementfabrik *f* || ~/**цинкоплавильный** Zinkhütte *f* || ~/**чугунолитейный** Graugießerei *f*, Eisengießerei *f* || ~/**щебёночный** Schotterwerk *n* || ~/**электрический** elektrischer Aufzug *m* (*einer Uhr*) || ~/**электровозоремонтный** (*Eb*) Elektrolokomotivausbesserungswerk *n* || ~/**электроламповый** Lampenwerk *n*, Lampenfabrik *f* || ~/**электромашиностроительный** Elektromaschinenbaubetrieb *m* || ~/**электрометаллургический** Elektrostahlwerk *n*, E-Stahlwerk *n*
завод-автомат *m* automatisches Werk *n*
завод-изготовитель *m* Herstellerbetrieb *m*, Herstellerwerk *n*
заводить aufziehen (*Uhrwerk*) || ~ **в зацепление** einrasten (*Sperre*); einrücken (*Kupplung*); in Eingriff bringen (*Zahnräder*) || ~ **в лунки** (*Bgb*) einbühnen (*Schachtausbau*) || ~ **затвор** (*Photo*) den Verschluß spannen
заводиться anspringen (*Motor*)
заводка *f* s. завод 1.; 2. || ~ **кристаллов** Kristallbildung *f*, Kornbildung *f* (*Zuckergewinnung*) || ~ **кристаллов сахара** Kornfußbildung *f* (*Zuckergewinnung*)
заводнение *n* (*Bgb*) Fluten *n* || ~/**внутриконтурное** (*Erdöl*) Lagerstättenfluten *n* || ~/**законтурное** (*Erdöl*) Randwasserfluten *n*
заводнять (*Bgb*) fluten
завод-поставщик *m* Lieferwerk *n*
заводь *f* (*Hydt*) Stillwasser *n*, tote Wasserecke *f*, Strömungsschatten *m*
завозить якорь den Anker ausbringen (*Schwimmbagger*)
завозка *f* **якоря** Ausbringen *n* des Ankers (*Schwimmbagger*)
завозня *f* Ankerboot *n*
заворот *m* 1. Einbiegung *f*; 2. (*Typ*) Einschlag *m*, umgeklappter Rand *m* (*Buchbinderei*) || ~ **для склейки** (*Typ*) Kleberand *m* (*Kartonagen*) || ~ **слоя** (*Gum*) Lagenschluß *m* (*Reifen*)
завороток *m* Rebralänge *f* (*Handschuhfertigung*)
завуалированный verschleiert
завязка *f* **кристаллов** s. заводка кристаллов
загар *m* (*Schw*) Abbrand *m* || ~/**пустынный** (*Geol*) Wüstenlack *m*
загиб *m* 1. Biegung *f*, Abbiegung *f*, Krümmung *f*, Knickung *f*, Falzung *f*; Abknicken *n* (*einer Kurve*); 2. Falz *m*; 3. (*Bgb*) Haken *m* (*Flöze, Gänge*) || ~ **вперёд** Vorwärtskrümmung *f* (*Turbinenschaufeln*) || ~ **кромки** (*Fert*) Bördeln *n*, Bördelung *f*, Falzen *n* || ~ **назад** Rückwärtskrümmung *f* (*Turbinenschaufeln*) || ~ **характеристики** Kennlinienknick *m*
загибание *n* Falzen *n*
загибать biegen, anbiegen, einbiegen, abbiegen, zusammenbiegen; falzen || ~ **кромку** bördeln

загибка *f* Biegen *n*, Anbiegen *n*, Einbiegen *n*, Zusammenbiegen *n* (*z. B. Blech*); Falzen *n*; Abkanten *n*, Falten *n*
заглохание *n* [**реактивного**] **двигателя** Triebwerksausfall *m*, Brennschluß *m* des Triebwerks
заглушать 1. dämpfen (*Schall, Geräusche*); 2. absperren; drosseln; 3. (*Kfz*) abstellen (*Motor*); 4. (*El*) unterdrücken; 5. blind flanschen, anflanschen, direkt setzen (*Rohrleitungen*)
заглушение *n* 1. Dämpfung *f*, Dämpfen *n* (*Schall, Geräusche*); 2. Absperrung *f*; Drosselung *f*; 3. Verstopfung *f*
заглушить *s.* заглушать
заглушка *f* 1. Blindflansch *m*; Rohrpfropfen *m*, Verschlußklappe *f*; Verschlußschraube *f*; 2. (*Nrt*) Abdichtstöpsel *m* (*für Kabelkanäle*) || ~/**резьбовая** Verschlußschraube *f* || ~/**фланцевая** Blindflansch *m*
загнать *s.* загонять
загнивание *n* Faulen *n*
загниватель *m* Faulbecken *n*, Faulkammer *f* (*Abwasserreinigung*)
загнутый gekrümmt || ~ **внутрь** eingekrümmt || ~ **назад** zurückgebogen
заголовок *m* **ленты** Magnetbandvorsatz *m* || ~ **сообщения** Nachrichtenvorsatz *m* || ~ **таблицы** Tabellenkopf *m* || ~ **цикла** (*Inf*) Laufangabe *f*
загон *m* 1. (*Typ*) Übersatz *m*; 2. (*Lw*) Hürde *f*, Umzäunung *f* (*der Viehweide*)
загонять einschlagen (*z. B. Nagel*); [ein]treiben
загорание *n* Zünden *n*, Entzündung *f*; Aufleuchten *n*
загораться anbrennen; aufleuchten
загореться *s.* загораться
загортач *m* (*Lw*) Zustreicher *m* (*Sämaschine*)
заготовка *f* 1. Beschaffung *f*, Bereitstellung *f*; Aufbereitung *f*; 2. Werkstück *n*, Arbeitsstück *n*; Rohling *m*; 3. (*Wlz*) Rohling *m*, Halbzeug *n*, Knüppel *m*; (*Fert*) Ausgangsteil *n*; 4. (*Schm*) Schmiederohling *m*, Schmiedehalbzeug *n*, Stück *n*; 5. (*Gieß*) Gießstrang *m* (*Stranggießen*); 6. (*Met*) Ausgangsprofil *n*, Vorprofil *n* (*beim Ziehen von Stangen, Rohren und Profilen*); 7. (*Led*) Oberleder *n*, Schaft *m* || ~/**закалённая** gehärtetes Werkstück *n* || ~/**исходная** (*Fert*) Rohling *m*, Ausgangswerkstück *n* || ~/**квадратная** (*Wlz*) Quadratknüppel *m*, Vierkantknüppel *m*, Vierkantbarren *m*, Walzblock *m*, Vorblock *m*, Block *m* || ~/**кованая** Schmiederohteil *n* || ~/**круглая** (*Wlz*) Rundknüppel *m* || ~/**крупная** (*Wlz*) schweres Halbzeug *n* || ~/**кузнечная** Schmiederohling *m*, Schmiedehalbzeug *n*, Stück *n*, Schmiedeblock *m* || ~/**листовая** Platine *f*, Flachknüppel *m* || ~/**литая** Gußrohteil *n*, gegossenes Rohteil *n* || ~/**обжатая** (*Wlz*) Vorbramme *f* || ~/**обрабатываемая** zu bearbeitendes Werkstück *n* || ~/**обработанная** bearbeitetes Werkstück *n* || ~/**плоская** (*Fert*) flaches Rohteil *n*; flaches Werkstück *n*; (*Wlz*) Flachknüppel *m*, Bramme *f*, Platine *f* || ~/**полая** (*Fert*) Hohlwerkstück *n*, Hohlrohteil *n*; (*Wlz*) Hohlblock *m*, Hohlrohling *m*, Hülse *f*, Luppe *f* (*Rohrwalzen*) || ~/**прессовая** Preßstück *n*, Preßrohling *m*, Preßrohteil *n* || ~/**проволочная** (*Wlz*) Drahtknüppel *m* || ~/**прокатная** Walzknüppel *m*, Knüppel *m*, Walzstab *m* || ~/**прутковая** Rohteil

n aus Stangenmaterial ‖ ~/**сварная** Schweißrohteil *n* ‖ ~/**сортовая** (Wlz) Knüppel *m* (leichtes Halbzeug für Formeisenstraßen) ‖ ~/**сырая** Rohwerkstück *n*, rohes Werkstück *n* ‖ ~/**трубная** (Wlz) Rohrknüppel *m*, Rohrluppe *f*, Rohrblock *m*, Röhrenstreifen *f*, Streifen *m* ‖ ~/**центробежн[олит]ая** (Gieß) Schleudergußteil *n* ‖ ~/**штампованная** Preßrohteil *n*
заготовочная *f* Vorbereitungsraum *m* (Großküche, Restaurant)
заградитель *m* (El, Nrt) Sperre *f*, Sperrkreis *m* ‖ ~/**боновый** (Schiff) Ölsperrenleger *m* ‖ ~/**высокочастотный** (Nrt) Hochfrequenzsperre *f* ‖ ~ **обратной связи** (Nrt) Rückkopplungssperre *f* ‖ ~/**полосовой** (Nrt) Bandsperre *f* ‖ ~ **помех** (Nrt) Krachsperre *f*, Rauschsperre *f* ‖ ~ **эха** (Nrt) Echosperre *f*
заграждение *n* Sperre *f* ‖ ~/**боновое** (Ökol) mechanische Ölsperre *f*
загромождать (Fert) versperren
загрудить *s*. загружать
загружатель *m* Beschicker *m*, Speiser *m*, Aufgeber *m*, Aufgabevorrichtung *f* (*s. a. unter* дозатор 1. *und* питатель 1.)
загружать 1. beladen, laden; eingeben (Werkstücke); 2. auslasten; belasten; 3. (Met) beschicken, chargieren (Ofen); begichten (Hochofen); 4. (Fert) aufgeben, einsetzen, eintragen; zuführen (Werkstücke); 5. (Inf) laden (Programm)
загружение *n s*. загрузка 1.; 2.; 3.; 5.
загруженность *f* Auslastung *f*
загрузить *s*. загружать
загрузка *f* 1. Beladen *n*, Beladung *f*; Zustellung *f*; 2. Belastung *f*, Auslastung *f*; 3. (Met) Beschicken *n*, Chargieren *n* (des Ofens); Begichten *n* (des Hochofens); Eintragen *n*, Einfüllen *n*, Einsetzen *n*, Einlegen *n* (des Beschickungsmaterials) (*s. a. unter* засыпка 1.; 2. *und* завалка 2.); 4. (Met) Einsatz *m*; Gicht *f*; Charge *f*; 5. (Inf) Laden *n* (Programme) ‖ ~/**бадьевая** (Met) Kübelbeschickung *f*; Kübelbegichtung *f*, Gefäßbegichtung *f* ‖ ~/**бескапсельная** (Ker) kapselloses Setzen *n* ‖ ~ **блок-форм** Beschickung *f* der Gefrierformen (Gefrierapparat) ‖ ~/**бочная** (Inf) Blockladen *n*, zusammenhängendes Laden *n* ‖ ~/**бункерная** (Met) Beschickung *f* vom Bunker aus ‖ ~ **вагранки** (Met) Kupolofenbeschickung *f*; Kupolofenbegichtung *f* ‖ ~ **вразброс** (Inf) gestreutes Laden *n* ‖ ~ **врассыпную** (Inf) gestreutes Laden *n* ‖ ~ **вычислительной машины** Rechnerbelastung *f* ‖ ~/**двухъярусная** (Ker) doppeltes Setzen *n* ‖ ~ **доменной печи** (Met) Hochofenbegichtung *f* ‖ ~ **колосниковой решётки** Rostbeschickung *f* (Feuerung) ‖ ~ **колошника** Beschickung *f*, Begichtung *f* (Hochofen) ‖ ~/**магазинная** Beschickung *f* vom Magazin aus ‖ ~ **машины** Maschinenauslastung *f* ‖ ~ **на колошник** Beschickung *f*, Begichtung *f* (Hochofen) ‖ ~/**начальная** *s*. ~ начальной программы ‖ ~ **начальной программы** (Inf) Anfangs[programm]laden *n*, einmaliges (erstmaliges) Programmladen *n* ‖ ~/**одноярусная** (Ker) einfaches Setzen *n* ‖ ~ **памяти** (Inf) Speicherbelegung *f* ‖ ~ **пассажирами** (Flg) Fluggastzuladung *f* ‖ ~/**первоначальная** (Inf) Anfangsprogrammladen *n* ‖ ~/**периодическая** (Met) Chargenbetrieb *m* ‖ ~ **печи** (Met) 1. Beschicken *n*, Setzen *n*, Begichten *n*, Chargieren *n*; 2. Satz *m*, Gicht *f*, Charge *f* ‖ ~/**программы** (Inf) Programmladen *n* ‖ ~ **реактора** (Kern) Reaktorbeschickung *f* ‖ ~ **реактора/первая** Reaktorerstbeschickung *f*, Erstbeschickung (Erstbeladung) *f* des Reaktors ‖ ~ **регистра** (Inf) Registerbelegung *f* ‖ ~/**ручная** 1. (Met) Handbeschickung *f* (Ofen); 2. (Fert) manuelle Zuführung *f* (von Werkstücken) ‖ ~ **сита** (Brau) Belegung (Beschickung) *f* der Keimhorde ‖ ~/**скиповая** (Met) Kippkübelgichtung *f*, Kippgefäßbegichtung *f*, Kippwagenbegichtung *f* (Schachtofen) ‖ ~ **смены** Schichtauslastung *f* ‖ ~/**тонкослойная** (Glas) Einlegen *n* in dünner Schicht, Dünnschichteinlage *f* ‖ ~ **трюмов** (Schiff) Beladung *f* der Laderäume ‖ ~/**частичная** Teilbelastung *f* ‖ ~ **шихты** (Glas) Gemengeeinlegen *n*
загрузка-разгрузка *f* (Fert) Zu- und Abführung *f* (von Werkstücken); Be- und Entladen *n* (von Werkzeugmaschinen)
загрузочный (Met, Gieß) Beschickungs..., Begichtungs..., Chargier...; Aufgabe...; Einstoß...; Speise...
загрузчик *m* 1. Aufgeber *m*, Chargiervorrichtung *f*; 2. (Fert) Zuführeinrichtung *f*, Beschickungseinrichtung *f*, Lader *m*; 3. (Inf) Ladeprogramm *n*, Lader *m* ‖ ~/**исходный** (Inf) Initial-Lader *m*, Initiallader *m* ‖ ~/**начальный** (Inf) Urlader *m* ‖ ~/**первичный** (Inf) Urlader *m*, Bootstrap-Lader *m* ‖ ~/**прикладной** (Inf) Anwendungslader *m*, AL ‖ ~/**тонкослойный** (Glas) Dünnschichteinlegevorrichtung *f*, Dünnschichtbeschicker *m*
загрязнение *n* 1. Verunreinigung *f*, Verschmutzung *f*; 2. (Kern) Kontamination *f*, [radioaktive] Verseuchung *f*; 3. (Lw) Schmutzbesatz *m*, Verschmutzung *f* (von Erntegut) ‖ ~/**антропогенное** (Ökol) anthropogene Verschmutzung *f* ‖ ~/**атмосферное** Verunreinigung *f* der Luft, Luftverunreinigung *f*, Luftverschmutzung *f* ‖ ~/**бактериальное** (Ökol) bakterielle Verunreinigung *f* ‖ ~/**биологическое** (Ökol) biologische Verunreinigung *f* ‖ ~ **биосферы/радиоактивное** (Kern) radioaktive Verunreinigung *f* der Biosphäre ‖ ~ **воздуха** *s*. ~ атмосферное ‖ ~ **воздуха/химическое** chemische Luftverunreinigung *f* ‖ ~/**глобальное** (Ökol) Globalverschmutzung *f* ‖ ~/**естественное** natürliche Verunreinigung *f* ‖ ~/**катастрофическое** (Ökol) katastrophale Verschmutzung *f* ‖ ~/**локальное** (Ökol) lokale Verunreinigung *f* ‖ ~/**нефтяное** (Ökol) Erdölverschmutzung *f* ‖ ~ **окружающей среды** Umweltverschmutzung *f* ‖ ~/**остаточное** (Ökol) Restverschmutzung *f* ‖ ~ **поверхностей/снимаемое** (Kern) abnehmbare Oberflächenkontamination *f* ‖ ~ **поверхностей/фиксированное** (Kern) festhaftende Oberflächenkontamination *f* ‖ ~/**повседневное** (Ökol) alltägliche Verschmutzung *f* ‖ ~ **почв** (Ökol) Bodenverunreinigung *f* ‖ ~/**радиоактивное** (Kern) Kontamination *f*, [radioaktive] Verseuchung *f* ‖ ~ **радиоактивными веществами** (Kern) Kontamination *f*, [radioaktive] Verseuchung *f* ‖ ~/**региональное** (Ökol) regionale Verschmutzung *f* ‖ ~/**ртутное** (Ökol) Quecksilberkontamination *f*, Verunreinigung *f* durch Quecksilber ‖ ~/**свинцовое** (Ökol) Bleikontamination *f* ‖ ~/**тепловое** Thermalverunrei-

загрязнение

nigung f ‖ ~ **тяжёлыми металлами** (Ökol) Schwermetallkontamination f
загрязнённость f Verschmutzungsgrad m, Verunreinigungsgrad m
загрязнённый verschmutzt, verunreinigt
загрязнитель m (Ökol) Verschmutzer m, Verunreiniger m
загустевание n Eindicken n, Verdicken n (Flüssigkeit); Dickflüssigwerden n
загустевать eindicken
загустение n s. загустевание
загустеть s. загустевать
загуститель m Eindickungsmittel n, Verdickungsmittel n
загустка f s. загуститель
задаваемый выводами (EIn) pinprogrammierbar ‖ ~ **пользователем** (Inf) benutzerdefinierbar
задавать 1. aufgeben (Material); 2. beschicken (Ofen); begichten (Hochofen); 3. (Wlz) einstechen, [an]stecken; 4. eintragen (Aufbereitung)
задание n 1. Aufgabe f, Auftrag m; 2. Soll n, Sollwert m; Vorgabe f; 3. (Inf) Job m, Aufgabe f ‖ ~ **напряжений** (El) Spannungsvorgabe f ‖ ~/**ненастроенное** (Inf) Job m ohne Wiedereinlaufmöglichkeit f ‖ ~/**техническое** technische Aufgabenstellung f
заданный [vor]gegeben, Soll...; geplant; gefordert
задатчик m (Reg) Geber m, Einsteller m; Sollwertgeber m ‖ ~/**местный** im Regler eingebauter Sollwertgeber m ‖ ~ **регулируемого значения** Sollwertgeber m, Sollwert[ein]steller m
задача f 1. Aufgabe f; Problem n; (Inf) Aufgabe f, Task f; 2. Aufgabe f (Material); 3. Beschickung f (Ofen); Begichtung f (Hochofen); 4. (Wlz) Stich m, Einstich m, Einstechen n, Anstecken n, Stecken n; 5. Eintragen n, Eintrag m (Aufbereitung) ‖ ~/**арифметическая** Rechenaufgabe f ‖ ~/**вариационная** (Kyb) Optimierungsproblem n, Variationsaufgabe f ‖ ~/**внешняя краевая** (Math) äußeres Randwertproblem n ‖ ~/**внутренняя краевая** (Math) inneres Randwertproblem n ‖ ~ **главных осей** Hauptachsenproblem n ‖ ~ **двух тел** (Mech) Zweikörperproblem n; Kepler-Problem n ‖ ~ **Дирихле** (Math) Dirichletsches Problem (Randwertproblem) n, Dirichlet-Problem n ‖ ~ **запрещения** (Inf) Warteproblem n ‖ ~ **Кеплера** s. ~ двух тел ‖ ~/**кеплерова** s. ~ двух тел ‖ ~ **Коши** (Math) Cauchysches Problem n ‖ ~/**краевая** (Math) Randwertproblem n, Randwertaufgabe f ‖ ~ **минимума** (Ph) Minimumproblem n ‖ ~ **многих тел** (Mech) Mehrkörperproblem n, Vielkörperproblem n, n-Körperproblem n ‖ ~ **многих тел/статистическая** statistisches Mehrkörperproblem n ‖ ~ **моментов** (Mech) Momentenproblem n ‖ ~/**начальная** (Math) Anfangswertproblem n ‖ ~ **Неймана** (Math) Neumannsches Problem (Randwertproblem) n ‖ ~/**нелинейная краевая** (Math) nichtlineares Randwertproblem n ‖ ~/**неоднородная краевая** (Math) inhomogenes Randwertproblem n ‖ ~/**обратная** (Math) inverse Aufgabe f ‖ ~ **одного тела** (Mech) Einkörperproblem n ‖ ~/**однородная краевая** (Math) homogenes Randwertproblem n ‖ ~ **оптимизации** (Kyb) Optimierungsaufgabe f ‖ ~/**плоская** (Mech) ebenes Problem n ‖ ~/**присоединён-**

224

ная (Inf) angeschlossene Aufgabe f ‖ ~/**производственная** fertigungstechnisches Problem n ‖ ~ **рассеяния** Streuproblem n ‖ ~ **Римана-Гильберта** s. ~ связи ‖ ~ **связи** (Math) Kopplungsproblem n, Riemann-Hilbert-Problem n ‖ ~ **сейсмики/обратная** (Geoph) inverse Aufgabe f der Seismik ‖ ~ **сейсмики/прямая** (Geoph) direkte Aufgabe f der Seismik ‖ ~ **семенных дрожжей** (Brau) Anstellen n [der Würze] (Zugabe der Hefe zur Würze) ‖ ~/**смешанная краевая** (Math) gemischtes Randwertproblem n ‖ ~/**схемная** (El) Schaltungsaufgabe f ‖ ~ **теории очередей** (Inf) Warteschlangenproblem n ‖ ~/**третья краевая** (Math) drittes Randwertproblem n ‖ ~ **трёх пучков** Dreistrahlproblem n ‖ ~ **трёх тел** (Mech) Dreikörperproblem n ‖ ~ **трёх тел/ограниченная** eingeschränktes Dreikörperproblem n ‖ ~ **Штурма-Лиувилля** (Math) Sturm-Liouvillesches Problem (Randwertproblem) n
задающий частоту frequenzbestimmend
задвижка f 1. Riegel m, Schubriegel m (Tür); 2. Schieber m, Absperrschieber m (Gas-, Wasser- und Dampfleitungen); 3. (Hydt) Schieberverschluß m ‖ ~/**автоматическая** selbsttätige Schiebersperre f ‖ ~/**быстродействующая (быстроходная)** Schnellabsperrschieber m, Schnellschlußschieber m ‖ ~/**вальцовая** Walzenschieber m ‖ ~/**вентиляционная** Lüftungsschieber m ‖ ~/**водяная [запорная]** Wasser[absperr]schieber m ‖ ~/**воздушная** Startschieber m (Vergaser) ‖ ~/**двухходовая** Zweiwegeschieber m ‖ ~/**запорная** 1. Absperrschieber m; 2. (Eb) Verschlußriegel m (Sicherungstechnik) ‖ ~/**клиновая** Keil[platten]schieber m (Dampf-, Gas- und Wasserleitungen) ‖ ~/**кольцевая** Ringschieber m (Dampf-, Gas- und Wasserleitungen) ‖ ~/**паровая [запорная]** Dampf[absperr]schieber m ‖ ~/**плоская** Flachschieber m ‖ ~/**противовыбросовая** (Bgb) Explosionsschutz m, Eruptionsschieber m (Erdöl- bzw. Erdgasbohrung) ‖ ~/**пусковая** Anlaßschieber m, Anfahrschieber m (Dampfturbine) ‖ ~/**ручная** Handschieber m ‖ ~/**трёхходовая** Dreiwegeschieber m ‖ ~/**фонтанная** (Bgb) Eruptionsschieber m (Erdöl- bzw. Erdgasbohrung) ‖ ~/**фурменная** Düsenabsperrschieber m (Schachtofen, Konverter)
задвижка-регулятор f Regelschieber m, Einstellschieber m
задел m 1. Vorrat m; 2. Vorlauf m ‖ ~ **деталей** (Fert) Werkstückvorrat m ‖ ~/**межоперационный** (Wkzm) Werkstückzwischenvorrat m ‖ ~/**научно-технический** wissenschaftlich-technischer Vorlauf m
заделка f 1. Abdichten n, Abdichtung f; Verstopfen n, Zumachen n, Verschließen n; Verkittung f; 2. Ausbessern n; (Met) Ausflicken n (Ofen); (Gieß) Abdämmen n (Form); 3. (Bw) Einbetonieren n, Einbettung f; Einspannung f; 4. (Schiff) Festigkeitsblende f, Schubblech n ‖ ~ **арки** (Bw) Bogenverankerung f ‖ ~ **в бетоне** (Bw) Einbetonieren n ‖ ~ **в стене** (Bw) Befestigung f im Mauerwerk ‖ ~/**концевая кабельная** (El) Kabelendverschluß m ‖ ~ **коуша** (Schiff) Einspleißen n einer Kausch ‖ ~ **кратера** Verschweißen n des Kraters ‖ ~ **литья** Guß[teil]ausbesserung f ‖

~ **металлизацией** (Met) Zuspritzen n (z. B. Risse oder Lunker in Gußteilen) ‖ **~/оконечная** Abspannen n (von Leitungsdrähten) ‖ **~ при пахоте** (Lw) Einpflügen n, Unterpflügen n ‖ **~ пробоины** (Schiff) Leckabdichtung f, Abdichten n eines Lecks ‖ **~ семян** (Lw) Saatguteinbringung f, Einbetten n ‖ **~ швов** (Bw) Verfugen n, Vermörteln n der Fugen
задел-накопитель m (Fert) Vorratsspeicher m (für Werkstücke)
заделывать 1. abdichten, verstopfen, zumachen, verschließen; verkitten; verblenden (eine Öffnung); 2. ausbessern; (Met) flicken (Ofen); 3. (Bw) einbetonieren, einbetten; einspannen ‖ **~ коуш** (Schiff) eine Kausch einspleißen ‖ **~ пробоину** (Schiff) ein Leck abdichten
задержать s. задерживать
задерживать aufhalten, verzögern, hemmen
задержка f 1. Aufenthalt m, Halten n; 2. Störung f, Hemmung f; 3. Verzögerung f, Aufschub m (s. a. unter замедление und запаздывание) ‖ **~/амплитудная** Amplitudenverzögerung f ‖ **~ включения** Einschaltverzögerung f ‖ **~ во времени** s. ~ времени ‖ **~ воспламенения** Zündverzögerung f, Zündverzug m (Viertaktdiesel) ‖ **~ времени** (Reg) Zeitverzögerung f, [zeitliche] Verzögerung f, Zeitverzug m ‖ **~ выключения** 1. (El) Ausschaltverzögerung f, Ausschaltverzug m, Öffnungszeit f; 2. (Kern) Abschaltverzögerung f (Reaktor) ‖ **~/групповая** Gruppenlaufzeit f ‖ **~ зажигания** s. ~ воспламенения ‖ **~ импульса** Impulsverzögerung f ‖ **~ импульса/временная** Impulszeitverzögerung f ‖ **~ кипения** Siedeverzug m, Siedeverzögerung f ‖ **~ конденсации** Kondensationsverzug m ‖ **~ отключения** s. ~ выключения 1.; 2. ‖ **~ отпускания** Abfallverzögerung f (eines Relais) ‖ **~ поезда** (Eb) Zughalt m, Anhalten n eines Zuges ‖ **~ пролёта** Laufzeitverzögerung f ‖ **~ развёртки** Abtastverzögerung f ‖ **~ разряда** Entladeverzug m, Entladungsverzug m ‖ **~/регулируемая** regelbare (einstellbare) Verzögerung f ‖ **~ сдвига** Scherverzögerung f ‖ **~ срабатывания реле** Ansprechverzögerung f eines Relais ‖ **~ счёта [/статистическая]** [statistische] Zählverzögerung f ‖ **~/фазовая** (El) Phasennacheilung f, Phasenverzögerung f
задержник m (Schiff) Stopper m (Stapellauf)
задир m 1. (Masch) Festlaufen n, Festfressen n; 2. Anriß m, Kratzer m; Riefe f, Freßstelle f; 3. (Wlz) Walzgrat m, Grat m ‖ **~ холста** (Text) Schälen n des Wickels (Putzerei)
задирание n 1. s. задир 1.; 2.; Riefenbildung f; 3. (Wlz) Gratbildung f
задирать (Masch) festgehen
задок m (Wkz) Finne f, Schmalbahn f (Hammer)
задраивание n (Schiff) Verschließen n, Verriegeln n (Türen, Klappen)
задраивать (Schiff) verschließen, verriegeln (Türen, Klappen)
задрайка f (Schiff) Verschluß m; Vorreiber m ‖ **~/барашковая** Flügelmutterverschluß m; Korbmutterverschluß m ‖ **~/быстродействующая** Schnellverschluß m (Lukendeckel) ‖ **~/индивидуальная клиновая** Einzelvorreiberverschluß m ‖ **~/клиновая** Vorreiberverschluß m ‖ **~ на тягах/клиновая** Krallenverschluß m ‖ **~ на тягах/клиновая** Stangenvorreiberverschluß m

задуб m/**мёртвый** m (Led) Totgerbung f
задубка f 1. Härtung f, Gerbung f (Emulsion); 2. (Led) Angerbung f; Anfärbung f ‖ **~/световая** Lichthärtung f
задубливать 1. (Photo) härten; 2. (Led) angerben; anfärben
задувать (Met) anblasen, aufheizen (Schachtofen); einblasen (Hochofen, Kupolofen)
задувка f (Met) Anblasen n, Aufheizen n (Schachtofen); Einblasen n (Hochofen, Kupolofen)
заедание n 1. (Masch) Festfressen n, Fressen n (z. B. Lager); 2. Anfressung f (Korrosion); 3. (Wkz) Einhaken n (Drehmeißel) ‖ **~ поршня** (Masch) Kolbenfressen n ‖ **~ трущихся частей** (Masch) Fressen n der Gleitflächen
заедать 1. (Masch) [fest]fressen (z. B. Lager); 2. anfressen (Korrosion); 3. einhaken (Drehmeißel)
зажатие n Spannen n, Festspannen n (Werkstück); Klemmen n, Festklemmen n ‖ **~ волокна** (Text) Faserklemmung f ‖ **~/гидравлическое** (Wkzm) hydraulisches Spannen n ‖ **~/механическое** (Wkzm) mechanisches Spannen n ‖ **~/пневматическое** (Wkzm) pneumatisches Spannen n
зажать s. зажимать 1.; 2.
зажгучивание n (Text) Verzopfung f
зажжение n заряда Initiierung f (Sprengladung)
зажигалка f Zündvorrichtung f, Anzünder m ‖ **~/электрическая** elektrischer Gasanzünder m
зажигание n 1. Zündung f, Zünden n (Verbrennungsmotoren); 2. Entzündung f, Anzünden n ‖ **~/батарейное** Batteriezündung f ‖ **~/верхнее** Oberzündung f ‖ **~/вспомогательное** Hilfszündung f ‖ **~ дуги** Lichtbogenzündung f ‖ **~/двойное** Doppelzündung f ‖ **~/запаздывающее** Spätzündung f ‖ **~/импульсное** Impulszündung f ‖ **~/искровое** Kerzenzündung f, Funkenzündung f ‖ **~/калоризаторное** Glühkopfzündung f (Diesel) ‖ **~ на отрыв** Abreißzündung f ‖ **~/начальное** (Schw) Zünden n bei der ersten Berührung (der Elektrode mit dem Werkstück) ‖ **~/неисправное (неправильное)** Fehlzündung f ‖ **~/нижнее** Unterzündung f ‖ **~/обратное** Rückzündung f ‖ **~ обрызгиванием** Spritzzündung f ‖ **~/отсечками** Abreißzündung f ‖ **~/повторное** (Schw) Wiederzünden n (nach Unterbrechung des Schweißvorgangs) ‖ **~/позднее** Spätzündung f ‖ **~/полуволновое** (Eln) Halbwellenzündung f ‖ **~/постороннее** Fremdzündung f ‖ **~/преждевременное** Frühzündung f ‖ **~/прямое** Durchzündung f ‖ **~/раннее** Vorzündung f ‖ **~/факельное** Flammenzündung f ‖ **~/электрическое** elektrische Zündung f; Funkenzündung f ‖ **~/электронное** elektronische Zündung f
зажигатель m Zündelektrode f, Ignitor m ‖ **~/полупроводниковый** Halbleiterzündelektrode f ‖ **~/электромагнитный** Magnetstarter m, Magnetzünder m
зажигательный Zünd...
зажигать 1. zünden; 2. aufleuchten (z. B. Signalleuchte)
зажим m 1. Klemme f, Klemmstück n; Halter m; Zwinge f; Schelle f; 2. Greifer m; 3. (Fert) Aufspannung f, Einspannung f, Spannen n (eines Werkstücks); 4. (Wkz) Spannschlüssel f; Spanner m; 5. (Fert) Spanneinrichtung f; Spannkopf

зажим *m*; Spannzeug *n*; Spannmittel *n* (für Werkstücke und Werkzeuge); 6. (Schm) Stich *m* (Schmiedefehler); 7. Niederhalter *m* (Schere); 8. (El) Klemme *f*, Anschlußklemme *f*; 9. (Masch) Klemmgesperre *n*, Klemmeinrichtung *f* (für Maschinenteile) ‖ **~/анкерный** Verankerungsklemme *f* ‖ **~/анодный** Anodenklemme *f* ‖ **~/антенный** Antennenklemme *f* ‖ **~/батарейный** Batterieklemme *f* ‖ **~/боковой** (Fert) Seitenspanner *m* ‖ **~/быстродействующий** (Fert) Schnellspanner *m* ‖ **~/вакуумный** (Fert) Vakuumspanner *m*; Vakuumteller *m* ‖ **~/винтовой** 1. (Ch) Quetschhahn *m* [nach Hoffmann], Schraubklemme *f* (Laborgerät); 2. (Fert) Schraubspanner *m*; 3. (Med) Schraubenpinzette *f* ‖ **~ волокна** (Text) Faserklemmung *f* (Streckwerk) ‖ **~/входной** (El) Eingangsklemme *f* ‖ **~/выводной** (El) Herausführungsklemme *f* ‖ **~/выходной** (El) Ausgangsklemme *f* ‖ **~/гидравлический** (Fert) 1. hydraulisches Spannen *n*; 2. Hydraulikspanner *m* ‖ **~ Гофмана** *s.* **~/винтовой** 1. ‖ **~/двухсторонний** (Wkzm) doppelseitiges Spannen *n* ‖ **~/заземляющий** (El) Erd[ungs]klemme *f* ‖ **~/закрепляющий** Befestigungsklemme *f* ‖ **~/зубчатый** (Med) Hakenklemme *f* ‖ **~/испытательный** (Nrt) Prüfklemme *f* ‖ **~/кабельный** (El) Kabelklemme *f* ‖ **~/канатный** Seilklemme *f*, Seilschloß *m* ‖ **~/клиновой** (Masch) 1. Keilspannung *f*; 2. Keilspanner *m* ‖ **~/кольцевой** (Med) Ringkralle *f* ‖ **~/компактный кольцевой** (El) Kompaktklemmring *m* (z. B. für Kabel) ‖ **~ контактного провода/фиксирующий** (El, Eb) Fahrdrahtklemme *f* ‖ **~/контактный** (El) Kontaktklemme *f* ‖ **~/корпусный** (El) Gehäuseklemme *f* ‖ **~/лабораторный** *s.* **~/винтовой** 1. ‖ **~/механический** (Masch) 1. mechanisches Spannen *n*; 2. mechanischer Spanner *m*, Kraftspanner *f* ‖ **~ Мора** *s.* **~/пружинящий** ‖ **~ нагрузки** (El) Lastklemme *f* ‖ **~/натяжной** Abspannklemme *f*, Spannklemme *f* ‖ **~/несущий** Tragklemme *f* ‖ **~/ответвительный** (El) Abzweigklemme *f* ‖ **~/питающий** Stromzuführungsklemme *f* ‖ **~/пневматический** (Masch) 1. pneumatisches Spannen *n*; 2. Pneumatikspanner *m* ‖ **~/потенциальный** (El) Potentialklemme *f* ‖ **~/прессуемый тросовый** (Schiff) Seilpreßhülse *f* ‖ **~/присоединительный** (El) Anschlußklemme *f* ‖ **~/проволочный** Drahthalter *m* (Drahtziehen) ‖ **~/пружинный** Federklemme *f*; (Wkzm) Federspanner *m* ‖ **~/пружинящий** (Ch) Federklemme *f*, Quetschhahn *m* nach Mohr (Laborgerät) ‖ **~/распорный** Spreizklemme *f* ‖ **~/ручной** (Masch) Handspannung *f*; manuelles Spannen *n* ‖ **~/соединительный** (El) Verbindungsklemme *f* ‖ **~/сосудистый** (Med) Gefäßklemme *f* ‖ **~/стопорный** Feststellklemme *f* ‖ **~/токовый** Stromzuführungsklemme *f* ‖ **~/толкающий** (Wkzm) Druckspannung *f* ‖ **~/тросовый** (Schiff) Trossenklemme *f* ‖ **~/тянущий** (Wkzm) Zugspannung *f* ‖ **~ узловязателя** (Lw) Fadenhalter *m* (Mähbinder) ‖ **~/фрикционный** Reibungsklemme *f* ‖ **~/цанговый** (Wkzm) 1. Zangenspannung *f*; 2. Zangenspanner *m* ‖ **~/эксцентриковый** (Wkzm) 1. Exzenterspannung *f*; 2. Exzenterspanner *m* ‖ **~/электродный** Elektrodenklemme *f*

зажимание *n* 1. Klemmen *n*, Einklemmen *n*; 2. (Fert) Einspannen *n*, Aufspannen *n*, Spannen *n* (*s. a.* зажим 3.); 3. (Bgb) Festsitzen *n*, Festklemmen *n* (*des Bohrgestänges im Bohrloch*)
зажимать 1. (Masch) [ein]klemmen; 2. (Wkzm) spannen (Werkstücke, Werkzeuge)
зажимный 1. (Masch) klemmend, Klemm...; durch Klemmen wirkend (Arbeitsweise von Greifern); 2. (Wkzm) Spann...
зажимодержатель *m* Klemmhalter *m*
зажим-пинцет *m* (Med) Klemmpinzette *f*
зажим-расширитель *m* (Med) Klemmsperrer *m*, Spreizklemme *f*
зажор *m* (Hydrod) Eisschlammversetzung *f*, Eisbreiversetzung *f*, Eisstopfung *f*
заземление *n* 1. (El) Erdung *f*; Erd[ungs]leitung *f*; 2. (Nrt) Erdschluß *m* ‖ **~/грозозащитное** Blitzschutzerdung *f* ‖ **~/защитное** Schutzerdung *f* ‖ **~ на корпус** Masseerdung *f* ‖ **~/нейтрали** Sternpunkterdung *f* ‖ **~/рабочее (эксплуатационное)** Betriebserdung *f*
заземлённый (El) geerdet, auf Masse gelegt
заземлитель *m* (El) Erder *m*, Erdelektrode *f* ‖ **~/вспомогательный** Hilfserder *m* ‖ **~/глубинный** Tieferder *m* ‖ **~/грозозащитный** Blitzschutzerder *m* ‖ **~/защитный** Schutzerder *m* ‖ **~/кольцевой** Ringerder *m* ‖ **~/пластинчатый** Plattenerder *m* ‖ **~/поверхностный** Oberflächenerder *m* ‖ **~/стержневой** Staberder *m* ‖ **~/сферический** Kugelerder *m* ‖ **~/трубчатый** Rohrerder *m*
заземлять *s.* заземлять
заземлять (El) erden, auf Masse legen ‖ **~ линию** eine Leitung erden ‖ **~ на корпус** an Masse (Erde) legen, erden
заземляющий (El) Erd[ungs]...
зазор *n* 1. Spalt *m*, Schlitz *m*; 2. Spiel *n*, Luft *f*; toter Gang *m*; 3. Abstand *m*, Zwischenraum *m*, Spielraum *m*, Lücke *f*; 4. (Schw) Nahtspalt *m*; 5. (Masch) Spiel *n* (einer Passung) • **без зазора** (Masch) spielfrei ‖ **~/аксиальный** (Masch) Axialspiel *n*, Längsspiel *n*; Axialluft *f* (Wälzlager) ‖ **~/боковой** (Masch) Seitenspiel *n*; Flankenspiel *n* (Verzahnung, Gewinde) ‖ **~ в зацеплении** (Masch) Verzahnungsspiel *n*, Eingriffsspiel *n* ‖ **~ в зубчатой передаче** (Masch) Zahnspiel *n* ‖ **~ в клапанах** Ventilspiel *n* ‖ **~ в передаче** Getriebespiel *n* ‖ **~ в подшипнике** (Masch) Lagerspiel *n*, Lagerluft *f* (Wälzlager) ‖ **~ в сварном соединении** (Schw) Stegabstand *m*, Wurzelspalt *m* ‖ **~ в стыке** Stoßlücke *f* ‖ **~ вальцового станка/рабочий** Mahlspalt *m* ‖ **~/воздушный** (Masch) Luftspalt *m*, Luftschlitz *m* ‖ **~/гарантированный боковой** (Masch) Mindest-Eingriffsflankenspiel *n* ‖ **~/главный электромашинный** *s.* **~/воздушный** ‖ **~/действительный** funktionelles (wirksames) Spiel *n* ‖ **~ клапана** Ventilspiel *n* ‖ **~/клапанный** Ventilspiel *n* ‖ **~/клиновой** Keilspalt *m* ‖ **~/кольцевой** 1. (El) Ringspalt *m*, ringförmiger Luftspalt *m*; 2. (Bgb) Ringraum *m* (Bohrloch) ‖ **~/контактный** Kontaktabstand *m* ‖ **~/лопаточный** Schaufelspalt *f* (Dampfturbine) ‖ **~ между валками** (Wlz) Walzenöffnung *f*, Walzenspalt *m* ‖ **~ между валом и подшипником** Lagerspiel *n* (Lager und Welle); Lagerspalt *m*; Ölluft *f* (Lager und Welle) ‖ **~ между поршнем и цилин-**

дром Kolbenspiel n || **~ между ребордой и рельсом** (Eb) Spurspiel n (Spiel zwischen Spurkranz und Schienenkopf) || **~/монтажный** Einbauspiel n, Montagespiel n || **~/наибольший** Größtspiel n (Welle und Bohrung) || **~/наименьший** Kleinstspiel n (Welle und Bohrung) || **~/нулевой** Nullspiel n || **~/осевой** Längsspiel n, Axialspiel n, Axialluft f (Wälzlager) || **~/паяльный** (Schw) Lötspalt m || **~ по боковой поверхности** Flankenspiel n (Gewinde) || **~ при входе профилей в зацепление** Flankeneintrittsspiel n (Zahnrad) || **~/рабочий** 1. Magnetkopfspalt m, Kopfspalt m, Nutspalt m; 2. (Masch) Arbeitsspiel n || **~/рабочий воздушный** (El) Arbeitsluftspalt m, wirksamer Luftspalt m || **~/радиальный** Radialspiel n, Radialluft f (Wälzlager); Kopfspiel n (Zahnrad) || **~/сборочный** Einbauspiel n, Montagespiel m || **~ связи** (El) Koppelspiel m || **~/стыковой** 1. Stoßfuge f, Fuge f; 2. (Eb) Wärmelücke f (Schienenstoß) || **~/тангенциальный боковой** (Fert) Verdrehflankenspiel n || **~ червяка** (Masch) Schneckenspiel n || **~/энергетический** (Eln) 1. Energiespalt m, Energielücke f; 2. verbotenes Band n (Bändermodell)

зазорник m (Eb) Lückeneisen n (Bau)
зазубренный (Masch) gezackt, gezahnt; geriffelt; schartig
зазубрина f Kerbe f; Zacke f, Scharte f
заиление n (Hydrol) Verlandung f, Verschlammung f (Seen, Kanäle, Speicher) || **~ водохранилища** Stauraumauflandung f, Stauraumverlandung f
заиливание n s. заиление
зайчик m/**световой** (Inf) Lichtzeiger m, Lichtmarke f
заказник m (Ökol) Schutzgebiet n (s. a. unter заповедник) || **~/долгосрочный** Langzeitschutzgebiet n || **~/ландшафтный** Landschaftsschutzgebiet n || **~/озёрный** Seenschutzgebiet n || **~/орнитологический** Vogelschutzgebiet n, ornithologisches Schutzgebiet n || **~/фаунистический** faunistisches Schutzgebiet n, Tierschutzgebiet n
заказной (Inf) kundenspezifisch [angepaßt]
закал m Härten n, Härtung f (Stahl, Glas)
закалённый gehärtet, abgeschreckt
закаливаемость f (Härt) Härtbarkeit f, Härtefähigkeit f
закаливание n s. закалка
закаливать (Härt) härten, abschrecken; (Glas) verspannen, härten
закалить s. закаливать
закалка f (Härt) Härten n, Abschrecken n, Abschreckhärten n; (Glas) Verspannen n, Härten n || **~/бейнитовая** Härten n auf Bainitstruktur || **~ в вакууме** Vakuumhärten n || **~ в воде** Wasserhärten n || **~ в воздухе** Lufthärten n || **~ в горячих средах** Warmbadhärtung f, Thermalhärtung f || **~ в двух средах** gebrochenes (unterbrochenes) Härten n || **~ в жидких средах** (Glas) Verspannen (Härten) n im Ölbad || **~ в масле** Ölhärten n || **~ в продольном направлении/последовательная** Linienhärtung f || **~ в цианистой ванне** Zyanbadhärten n || **~/вакуумная** Vakuumhärten n || **~/воздушная** Lufthärten n || **~/вторичная** Anlaßhärten n, Anlaß-

härtung f || **~/высокочастотная** Hochfrequenzhärten n, HF-Härten n || **~/газопламенная** Autogenhärten n || **~/газопламенная поверхностная** Brennhärten n, Flamm[en]härten n, Autogenhärten n || **~/двукратная** Doppelhärten n || **~/дифференциальная** s. **~/местная** || **~/изотермическая** isotherme Härtung f, isothermes Härten n, Warmbadhärten n, Warmbadvergüten n, Zwischenstufenvergütung f || **~/индукционная** induktives Härten n || **~/кислородно-ацетиленовая** Flamm[en]härten n, Brennhärten n, Autogenhärten n || **~/корпусная** Mantelhärtung f || **~/лазерная** Laserhärtung f || **~ лазерным лучом** Laserhärtung f || **~/масляная** Ölhärten n, Ölabschreckung f || **~/местная** örtliches (partielles) Härten n || **~ на мартенсит/изотермическая** isotherme Härtung f auf Martensitgefüge || **~ на сорбит/изотермическая** isotherme Härtung f auf Sorbitgefüge || **~ на троостит/изотермическая** isotherme Härtung f auf Troostitgefüge || **~/неполная** unvollständiges Härten n || **~/непрерывная** kontinuierliches Härten n || **~/объёмная** Durchhärten n || **~/обычная** s. **~/полная** || **~/огневая** s. **~/пламенная** || **~ оплавлением поверхности** (Härt) Schmelzhärtung f || **~ оплавлением поверхности/электронно-лучевая** Elektronenstrahl-Schmelzhärtung f || **~ охлаждением в металлах** Patentieren n, Patentierung f || **~/пламенная [поверхностная]** Brennhärten n, Flamm[en]härten n, Autogenhärten n || **~/пламенная поступательная** Vorschubhärten n || **~/пламенная стационарная** Brennhärten n im stationären Verfahren (Stillstandverfahren) || **~ по поверхности/индукционная одновременная** Standhärtung f, Stillstand- und Umlaufhärtung f || **~/поверхностная** Oberflächenhärten n || **~/поверхностная индукционная одновременная** Standhärtung f, Stillstand- und Umlaufhärtung f || **~ погружением** Tauch[bad]härten n || **~ под давлением** Druckhärten n, Kalthärten n || **~/полная** vollständiges Härten n || **~/прерывистая** gebrochenes Härten n, Härten n in zwei Härtemitteln || **~ с отпуском** Vergüten n || **~/сварочная** Aufhärten n || **~/светлая** Blankhärten n || **~/сквозная** Durchhärten n || **~/струйная (струйчатая)** Spritzhärten n || **~/ступенчатая** gestuftes Härten n, Härten n bei fallender Hitze || **~/электроконтактная** Härten n mit Widerstandserhitzung
закалочная f Härterei f (Betriebsabteilung)
закапчивание n 1. Berußen n, Einrußen n, Anblaken n; 2. Verrußen n
закат m 1. Walzgrat m, Walznaht m, Einwalzung f, Walzbart m, Überwalzung f; 2. Bördelung f; 3. (Astr) Untergang m (Sonne, Mond)
закатать (Wlz) einwalzen, überwalzen; (Gum) rändern (Tauchartikel)
закатка f 1. Rollen n, Einrollen n; 2. Ebnen n, Glattrollen n; 3. (Glas) Walzen n, Marbeln n (eines Glaspostens auf ebener Platte); 4. (Glas) Wulchern n, Motzen n (eines Glaspostens in einer eiförmig ausgehöhlten Formhälfte); 5. Bördelung f; 6. (Gum) Einwickeln n; 7. Einrollverschluß m (Konservendosen) || **~ банок** Verschließen n der Dosen (Konservendosen)

закатывание *n* **краской** *(Typ)* 1. Einfärben *n* *(der Schicht in der Druckformenherstellung)*; 2. Einfärben *n (Druckvorgang)*
закатывать 1. einwalzen, überwalzen; 2. Konservendosen verschließen
закачивать [hin]einpumpen
закачка *f* Einpumpen *n*, Hineinpumpen *n*
закваска *f (Lebm)* Sauerteig *m*, Sauer *m*
заквашивание *n (Lebm)* Einsäuern *n*
заквашивать *(Lebm)* [ein]säuern, ansäuern
закипание *n* Siedebeginn *m*, Aufwallen *n* ‖ ~ **двигателя** Kochen *n* des Motors ‖ ~ **охладителя** *(Kfz)* Kochen *n* der Kühlflüssigkeit
закисание *n* Sauerwerden *n*
закись *f (Ch)* niedriges (niederwertiges) Oxid *n*, Oxid der niedrigeren Oxidationsstufe (Wertigkeitsstufe)
закись-окись *f* gemischtes Oxid *n*
закладка *f* 1. Einlegen *n*, Einbringen *n*; Einwurf *m*; 2. *(Bw)* Gründung *f*; 3. *(Bgb)* Versatz *m*; 4. *(Bgb)* Ansetzen *n*, Anlegen *n (Bohrung, Schacht)* ‖ ~ **вручную** *(Inf)* manuelle Eingabe *f* ‖ ~**/гидравлическая** *(Bgb)* Spülversatz *m*, hydraulischer Versatz *m* ‖ ~**/гидропневматическая** *(Bgb)* Spülblasversatz *m* ‖ ~**/мокрая** *(Bgb)* Naßversatz *m* ‖ ~**/плотная** *(Bgb)* Vollversatz *m* ‖ ~**/пневматическая** *(Bgb)* Blasversatz *m* ‖ ~**/полная** *(Bgb)* Vollversatz *m* ‖ ~ **прутка** *(Text)* Ruteneintrag *m (Weberei)* ‖ ~**/ручная** *(Bgb)* Handversatz *m* ‖ ~**/самотёчная** *(Bgb)* Fließversatz *m* ‖ ~ **скважины** *(Bgb)* Ansetzen *n* einer Bohrung ‖ ~**/скреперная** *(Bgb)* Schrapperversatz *m* ‖ ~ **судна** *(Schiff)* Kiellegung *f* eines Schiffes ‖ ~**/сухая** *(Bgb)* Trockenversatz *m* ‖ ~**/твердеющая** *(Bgb)* selbsthärtender Versatz *m* ‖ ~ **фундамента** *(Bw)* Grundsteinlegung *f* ‖ ~**/частичная** *(Bgb)* Teilversatz *m*
закладной 1. *(Bgb)* Versatz...; 2. *(Schiff)* Kiellegungs...
закладочный *(Bgb)* Versatz...
закладывать 1. einlegen, einbringen; 2. *(Bw)* gründen; 3. *(Bgb)* versetzen; 4. *(Bgb)* ansetzen, anlegen *(Bohrung, Schacht)* ‖ ~ **судно** Schiff auf Kiel legen
заклеивать *(Typ)* hinterkleben
заклепать *(Fert)* nieten
заклёпка *f* Niet *m*, Nietstift *m* ‖ ~**/взрывная** Sprengniet *m* ‖ ~**/винтовая** Nietschraube *f* ‖ ~**/двухсрезная** zweischnittiger Niet *m* ‖ ~**/декоративная** Ziernagel *m* ‖ ~**/многосрезная** mehrschnittiger Niet *m* ‖ ~**/односрезная** einschnittiger Niet *m* ‖ ~**/полупустотельная** Bördelniet *m* ‖ ~**/потайная** Senkniet *m* ‖ ~**/пустотельная** Bördelniet *m*, Hohlniet *m* ‖ ~**/разрубная** Zweispitzniet *m* ‖ ~ **с конической головкой** Kegelkopfniet *m* ‖ ~ **с низкой полукруглой головкой** Flachrundniet *m* ‖ ~ **с плоской головкой** Flachniet *m* ‖ ~ **с полукруглой головкой** Halbrundniet *m* ‖ ~ **с полупотайной головкой** Linsenniet *m* ‖ ~ **с потайной головкой** Senkniet *m* ‖ ~**/сплошная** Vollniet *m* ‖ ~**/трубчатая** Rohrniet *m* ‖ ~**/цельная** Vollniet *m*
заклёпник *m (Wkz)* Niethammer *m*
заклинённый *(Fert)* verkeilt *(Verbindungsart)*
заклинивание *n* 1. Verkeilen *n*, Verspannung *f*, Verriegelung *f*; 2. Verdrückung *f*; 3. Eintreiben *n*; 4. Blockieren *n* ‖ ~ **бурового снаряда** *(Bgb)* Festwerden *n* der Bohrgarnitur ‖ ~ **керна** *(Bgb)* Verkiesen *n (des Bohrkernes)* ‖ ~ **тормоза** Blockieren *n* der Bremse
заклинивать 1. verkeilen; 2. eintreiben
заклиниваться *(Masch)* festgehen *(Zahnräder)*; sich verkeilen *(Zahnräder)*; sich verklemmen *(Montage)*
заклинка *f* **керна** *(Bgb)* Verkiesen *n (des Bohrkernes)*
заключение *n* **петель** *(Text)* Einschließen *n (Wirkerei; Maschenbildung)*
заключённый в кожух gekapselt
закол *m (Bgb)* Löser *m*, Ablösungskluft *f*
закольцовывать *(Text)* in einen Ring schließen *(Chemiefaserherstellung)*
закон *m* Gesetz *n*; Prinzip *n*; Satz *m* ‖ ~ **Авогадро** *(Ch)* Avogadrosches Gesetz *n*, Avogadrosche Regel *f* ‖ ~**/альбитовый** *(Krist)* Albitgesetz *n* ‖ ~ **Ампера** Ampéresches Gesetz *n* ‖ ~**/ассоциативный** *(Math, Ph)* assoziatives Gesetz *n*, Assoziativgesetz *n* ‖ ~**/бавенский** *(Krist)* Bavenoer Zwillingsgesetz *n* ‖ ~ **Бейс-Балло** *s.* ~ **ветра/барический** ‖ ~ **Био** *(Opt)* Biotsches Gesetz *n*; Biotsche Formel *f (natürliche optische Aktivität)* ‖ ~ **Блазиуса** Blasiussches Gesetz *n* ‖ ~ **Бойля-Мариотта** *s.* ~ **Мариотта** ‖ ~ **больших чисел** Gesetz *n* der großen Zahlen *(Wahrscheinlichkeitsrechnung)* ‖ ~ **Браве** *(Krist)* Bravaissches Gesetz *n* ‖ ~**/бразильский** *(Krist)* Brasilianer Gesetz *n* ‖ ~ **Брюстера** *(Krist)* Brewstersches Gesetz *n (Erzeugung polarisierten Lichtes durch Reflexion)* ‖ ~ **Вант-Гоффа** *(Ph)* RGT-Regel *f*, Reaktionsschwindigkeit–Temperatur-Regel *f*, [Avogadro-]-van't Hoffsche Regel *f (Osmose)* ‖ ~ **Вейса** *(Krist)* Weisssches Gesetz *n*; Zonenverbandsgesetz *n* ‖ ~**/вероятностный** Wahrscheinlichkeitsgesetz *n* ‖ ~ **ветра/барический** *(Meteo)* barisches Windgesetz *n*, Buys-Ballotsches Gesetz *n* ‖ ~ **взаимозаместимости** Reziprozitätsgesetz *n* ‖ ~ **взаимосвязи массы и энергии** *(Ph)* Gesetz *n* der Wechselbeziehung von Masse und Energie *(Einsteinsche Energie-Masse-Beziehung)* ‖ ~ **Вина** *s.* ~ **излучения Вина** ‖ ~ **возрастания энтропии** *s.* начало термодинамики/второе ‖ ~ **всемирного тяготения [Ньютона]** *(Mech)* Newtonsches Gravitationsgesetz *n*, Gravitationsgesetz *n* [von Newton] ‖ ~ **Гагена-Пуазейля** Hagen-Poiseuille-Gesetz *n*, Hagen-Poiseuillesches Gesetz *n (Rohrströmungen)* ‖ ~ **Галилея** *(Ph)* Galileisches Trägheitsgesetz *n* ‖ ~ **Гаюи** *s.* ~ рациональности отношений параметров *f* ‖ ~ **Гейгера-Неттола** *(Kern)* Geiger-Nuttalsche Beziehung (Reichweitebeziehung) *f* ‖ ~ **Гей-Люссака** *(Ph)* Gay-Lussacsches Gesetz *n* ‖ ~ **Гука** *(Mech)* Hookesches Gesetz *n* ‖ ~ **Дальтона** *(Ph)* Daltonsches Gesetz *n*, Gesetz *n* der Partialdrücke ‖ ~ **движения** Bewegungsgesetz *n* ‖ ~ **двойникования** *(Krist)* Zwillingsgesetz *n* ‖ ~ **двойникования/альбитовый** Albitgesetz *n* ‖ ~ **двойникования/бразильский** Brasilianer Zwillingsgesetz *n* ‖ ~ **двойникования/дофинейский** Dauphinéer Gesetz *n* ‖ ~ **двойникования/карлсбадский** Karlsbader Gesetz *n* ‖ ~ **двойникования/манебахский** Manebacher Gesetz *n* ‖ ~ **двойникования/шпинель-**

ный Spinellgesetz *n* ‖ **~/двойниковый** *(Krist)* Zwillingsgesetz *n* ‖ **~ действия и противодействия** s. **~ Ньютона/третий** ‖ **~ действия масс** Massenwirkungsgesetz *n* ‖ **~ действующих масс** Massenwirkungsgesetz *n* ‖ **~ Джоуля** *(Therm)* Joulesches Gesetz *n* der Thermodynamik *(Abhängigkeit der inneren Energie eines idealen Gases nur von der Temperatur und nicht vom Volumen)* ‖ **~ Джоуля-Ленца** *(El)* Joulesches Gesetz *n* (*Wärmewirkung des elektrischen Stroms in leitendem Material*) ‖ **~/дистрибутивный** *(Math)* distributives Gesetz *n*, Distributivgesetz *n* ‖ **~/дофинейский** *(Krist)* Dauphinéer Gesetz *n* ‖ **~ Дюлонга и Пти** *(Ph)* Dulong-Petitsches Gesetz *n* *(Atomwärme)* ‖ **~ зон** Zonen[verbands]gesetz *n* ‖ **~ излучения** *(Ph)* Strahlungsgesetz *n*, Strahlungsformel *f* ‖ **~ излучения Вина** *(Therm)* T^5-Gesetz *n*, *T*-hochfünf-Gesetz *n*, Wiensches Gesetz (Strahlungsgesetz) *n* ‖ **~ излучения Кирхгофа** *(Ph)* Kirchhoffsches Gesetz (Strahlungsgesetz) *n* ‖ **~ излучения Планка** *(Ph)* Plancksches Gesetz (Strahlungsgesetz) *n*, Strahlungsformel *f* von Planck ‖ **~ излучения Рэлея-Джинса** *(Ph)* [Rayleigh-]Jeanssches Strahlungsgesetz *n*, Rayleigh-Jeanssche Strahlungsformel *f* ‖ **~ излучения Стефана-Больцмана** *(Ph)* Stefan-Boltzmannsches Gesetz (Strahlungsgesetz) *n* ‖ **~ изображения** s. **~ оптического изображения** ‖ **~/индукции** *(El)* Induktionsgesetz *n* ‖ **~ инерции** s. **~ Ньютона/первый** ‖ **~ инерции Галилея** Galileisches Trägheitsgesetz *n* ‖ **~/карлсбадский** *(Krist)* Karlsbader Gesetz *n* ‖ **~ Кеплера/второй** *(Astr)* zweites Keplersches Gesetz *n* *(Bewegung in der Bahn)*; Flächensatz *m* ‖ **~ Кеплера/первый** *(Astr)* erstes Keplersches Gesetz *n* *(Bahnform)* ‖ **~ Кеплера/третий** *(Astr)* drittes Keplersches Gesetz *n* *(Verbindung von Bahngröße und Umlaufzeit)* ‖ **~ Кирхгофа** *(El)* Kirchhoffsches Gesetz *n*, Kirchhoffscher Satz *m* ‖ **~ Кирхгофа/второй** *(El)* zweites Kirchhoffsches Gesetz *n*, Maschenregel *f*, Maschensatz *m* ‖ **~ Кирхгофа/первый** *(El)* erstes Kirchhoffsches Gesetz *n*, Knotenregel *f*, Knoten[punkt]satz *m* ‖ **~ количества движения** *(Mech)* Impulssatz *m* ‖ **~ коммутативности** *(Math)* Kommutativgesetz *n*, kommutatives Gesetz *n*, Vertauschungsregel *f*, Vertauschbarkeitsgesetz *n* ‖ **~/коммутативный** s. **~ коммутативности** ‖ **~ контуров** *(El)* Maschengesetz *n*, Maschensatz *m* ‖ **~ кратных отношений отрезок** s. **~ рациональности отношений параметров** ‖ **~ Кулона** *(Ph)* Coulombsches Gesetz *n* ‖ **~ Кюри** *(Ph)* Curiesches Gesetz *n* ‖ **~ Ламберта** 1. *(Math)* Lambertsches Kosinusgesetz *n*; 2. *(Opt)* Lambertsches Gesetz *n* *(Beleuchtungsstärke)* ‖ **~ Ламберта-Бера** *(Opt)* Lambert-Beersches Gesetz *n* *(Lichtabsorption)* ‖ **~ лучеиспускания Джинса** s. **~ излучения Рэлея-Джинса** ‖ **~ лучеиспускания Планка** s. **~ излучения Планка** ‖ **~ малых чисел** *(Math)* Gesetz *n* der kleinen Zahlen ‖ **~/манебахский** *(Krist)* Manebacher Gesetz *n* ‖ **~ Мариотта** *(Therm)* Boyle-Mariottesches Gesetz *n*, Boylesches Gesetz *n* ‖ **~ Мозли** *(Kern)* Moseleysches Gesetz *n*, Moseleysche Formel *f* ‖ **~ моментов** *(Mech)* allgemeiner Flächensatz

(Drehimpulssatz) *m*, Impulsmomentensatz *m*, Drehmomentensatz *m* ‖ **~ накопления погрешностей** *(Meß)* Fehlerfortpflanzungsgesetz *n* ‖ **~ наложения [электрических токов]** *(El)* Überlagerungsgesetz *n*, Superpositionsgesetz *n* ‖ **~ Ньютона/первый** *(Mech)* erstes Newtonsches Gesetz (Axiom) *n*, Beharrungsgesetz *n*, Trägheitsprinzip *n* ‖ **~ Ньютона/третий** *(Mech)* drittes Newtonsches Gesetz (Axiom) *n*, Reaktionsgesetz *n*, Gesetz *n* von der Wirkung und Gegenwirkung ‖ **~ об охране окружающей среды** Umweltschutzgesetz *n* ‖ **~ об охране природы** Naturschutzgesetz *n* ‖ **~ Ома** *(El)* Ohmsches Gesetz *n* ‖ **~ оптического изображения** *(Opt)* Abbildungsgesetz *n* ‖ **~/основной** Grundgesetz *n* ‖ **~ отражения** *(Opt)* Reflexionsgesetz *n* ‖ **~ ошибок** [Gaußsches] Fehlergesetz *n*, Fehlergleichung *f* ‖ **~ падения** Fallgesetz *n* ‖ **~ переместительности** s. **~ коммутативности** ‖ **~/переместительный** s. **~ коммутативности** ‖ **~/периклиновый** *(Krist)* Periklingesetz *n* ‖ **~ Планка** s. **~ излучения Планка** ‖ **~ площадей** 1. *(Mech)* Flächensatz *m*; 2. s. **~ Кеплера/второй** ‖ **~ погрешностей/гаусов** s. **~ ошибок** ‖ **~ подобия** 1. Ähnlichkeits[kenn]zahl *f*, dimensionslose Kennzahl *f*; 2. Ähnlichkeitsregel *f*; 3. Maßstabsgesetz *n* ‖ **~ подобия Ньютона** Newtonsches Ähnlichkeitsgesetz *n* ‖ **~ ползучести** *(Mech)* Kriechgesetz *n* ‖ **~ полного потокосцепления (тока)** Durchflutungsgesetz *n* *(magnetische Feldstärke)* ‖ **~ постоянства углов [кристаллов]** *(Krist)* Stenosches Gesetz *n*, Gesetz *n* der konstanten Flächenwinkel, Stenosche Regel *f* ‖ **~ поясов** *(Krist)* Zonen[verbands]gesetz *n* ‖ **~ преломления** *(Opt)* Brechungsgesetz *n* ‖ **~ радиоактивного распада** *(Kern)* Zerfallsgesetz *n* [der Radioaktivität], Gesetz *n* des radioaktiven Zerfalls ‖ **~ радиоактивного смещения** *(Kern)* radioaktives Verschiebungsgesetz *n* ‖ **~ распределения** Verteilungsgesetz *n* ‖ **~ распределения ошибок (погрешностей)** s. **~ ошибок** ‖ **~ распределения тока** *(El)* Stromverteilungsgesetz *n* ‖ **~/распределительный** s. **~/дистрибутивный** ‖ **~ рациональности индексов** *(Krist)* Gesetz *n* der Rationalität der Indizes ‖ **~ рациональности отношений параметров** *(Krist)* Gesetz *n* der rationalen Parameterkoeffizienten, Gesetz *n* von der Rationalität der Achsenabschnitte ‖ **~ Рэлея-Джинса** s. **~ излучения Рэлея-Джинса** ‖ **~ сил/нелинейный** *(Mech)* nichtlineares Kraftgesetz *n* ‖ **~ сложения погрешностей** Fehlerfortpflanzungsgesetz *n* ‖ **~ сложения скоростей** [Einsteinsches] Additionstheorem *n* der Geschwindigkeiten; Gesetz *n* der Addition der Geschwindigkeiten ‖ **~ смещения [Вина]** *(Ph)* [Wiensches] Verschiebungsgesetz *n* ‖ **~ смещения Содди-Фаянса** *(Kern)* radioaktive Verschiebungssätze *mpl* von Soddy und Fajans], Fajans-Soddysche Verschiebungsregeln *fpl*, [Soddy-Fajansscher-]Verschiebungssatz *m* ‖ **~ Снеллиуса** *(Opt)* Snelliussches Gesetz, Brechungsgesetz *n* ‖ **~ соответственных состояний** *(Ph)* Theorem *n* der korrespondierenden (übereinstimmenden) Zustände ‖ **~ сохранения** *(Ph)* Erhaltungssatz *m*, Erhaltungsgesetz *n* ‖ **~ сохранения барионного**

закон

заряда *(Kern)* Satz *m* von der Erhaltung der Baryonenzahl, Baryonenzahlerhaltungssatz *m*, Erhaltungssatz *m* der Baryonenzahl ‖ **~ сохранения вещества** *s.* ~ сохранения массы ‖ **~ сохранения движения центра масс** *(Mech)* Schwerpunkt[erhaltungs]satz *m*, Satz *m* von der Erhaltung der Schwerpunktsbewegung, Erhaltungssatz *m* der Schwerpunktsbewegung ‖ **~ сохранения заряда** Satz *m* von der Erhaltung der [elektrischen] Ladung, Ladungserhaltungssatz *m* ‖ **~ сохранения изотопического спина** *(Kern)* Satz *m* von der Erhaltung des Isospins (Isotopenspins, Isobarenspins) ‖ **~ сохранения лептонного заряда** *(Kern)* Satz *m* von der Erhaltung der Leptonenzahl (leptonischen Ladung) ‖ **~ сохранения массы** *(Ph)* Satz *m* (Prinzip *n*) von der Erhaltung der Masse, Massenerhaltungssatz *m* ‖ **~ сохранения странности** *(Kern)* Gesetz *n* (Satz *m* von) der Erhaltung der Strangeness (Seltsamkeit) ‖ **~ сохранения углового момента** *(Mech)* Satz *m* von der Erhaltung des Drehmomentes, Erhaltungssatz *m* des Drehimpulses, Drehimpuls[erhaltungs]satz *m* ‖ **~ сохранения чётности** Satz *m* von der Erhaltung der Parität, Paritätserhaltungssatz *m* ‖ **~ сохранения электрического заряда** *s.* ~ сохранения заряда ‖ **~ сохранения энергии** Energie[erhaltungs]satz *m*, Energieprinzip *n*, Satz *m* (Prinzip *n*) von der Erhaltung der Energie, Erhaltungssatz *m* der Energie ‖ **~/сочетательный** *s.* ~/ассоциативный ‖ **~ Стефана-Больцмана** *(Ph)* Stefan-Boltzmannsches Gesetz (Strahlungsgesetz) *n* ‖ **~ Стокса** 1. *(Mech)* Stokessches Gesetz (Widerstandsgesetz, Reibungsgesetz *n*, Stokessche Formel *f*; 2. *(Opt)* s. правило Стокса; 3. *(Math)* s. формула Стокса ‖ **~ столкновения** *(Mech)* Stoßgesetz *n* ‖ **~ термодинамики/второй** *s.* начало термодинамики/второе ‖ **~ термодинамики/первый** *s.* начало термодинамики/первое ‖ **~ тяготения [Ньютона]** *s.* ~ всемирного тяготения ‖ **~ тяготения Эйнштейна** *(Mech)* Einsteinsches Gravitationsgesetz *n* ‖ **~ узлов** *(El)* Knotenpunktgesetz *n*, Knoten[punkt]satz *m* ‖ **~ фаз** *s.* правило фаз ‖ **~ Фарадея** *(El, Ch)* Faradaysches Gesetz *n* ‖ **~ Фика** *(Ph)* Ficksches Gesetz *n* *(Diffusion)* ‖ **~ Хаббла** *(Astr)* Hubble-Beziehung *f*, Hubblesches Gesetz *n* *(Rotverschiebung extragalaktischer Nebel)* ‖ **~ Хагена-Пуазейля** *s.* ~ Гагена-Пуазейля ‖ **~ Чайлда-Ленгмюра** Child-Langmuirsches Gesetz *n* ‖ **~ Шперера** *(Astr)* Spörersches Gesetz *n* *(Verlagerung der Sonnenfleckenbildungszone)* ‖ **~/шпинельный** *(Krist)* Spinellgesetz *n* ‖ **~ эволюции** *(Ph)* Evolutionsgesetz *n*

законность *f* 1. Gesetzlichkeit *f*; 2. Rechtmäßigkeit *f*, Gültigkeit *f*

закономерность *f* Gesetzmäßigkeit *f* ‖ **~/общая** allgemeingültige Gesetzmäßigkeit *f*

закономерный gesetzmäßig

законтривание *n (Masch)* Verkontern *n (durch Gegenschraube feststellen)*

закорачивание *n (El)* Kurzschließen *n*

закорачивать *(El)* kurzschließen

закоротить *s.* закорачивать

закраина *f* Rand *m* ‖ **~ обода** Felgenrand *m*

закрасить 1. färben; 2. *(Bw)* überstreichen, übertünchen

закраска *f* 1. Färben *n*, Färbung *f*; Farbgebung *f*; 2. *(Bw)* Überstreichen *n*, Übertünchen ‖ **~ бумажной массы** *(Pap)* Färben *n* in der Masse, Massefärbung *f*, Holländerfärbung *f* ‖ **~ в роллах** *s.* ~ бумажной массы ‖ **~ [книжных] обрезов** *(Typ)* Schnittfärben *n*

закрахмаливание *n (Text)* Stärken *n*, Appretieren *n*, Zurichten *n*

закрашивать *s.* закрасить

закрепитель *m (Photo)* Fixiermittel *n*, Fixiersalz *n*; Fixierbad *n* ‖ **~/быстроработающий** Schnellfixiersalz *n*; Schnellfixierbad *n* ‖ **~/дубящий** Härtefixierbad *n*, gerbendes (härtendes) Fixierbad *n* ‖ **~ запаха** Fixateur *m (Duftstoffe)* ‖ **~/кислый** saures Fixiersalz *n*; saures Fixierbad *n* ‖ **~/обыкновенный** neutrales Fixiersalz *n*; neutrales Fixierbad *n*

закрепить *s.* закреплять

закрепление *n* 1. Befestigung *f*, Befestigen *n*; Festlegen *n*; 2. *(Bgb)* Ausbau *m*, Einbauen *n*; 3. *(Fert)* Einspannung *f*, Aufspannung *f*; Klemmen *n*, Festklemmen *n*; 4. Verklammerung *f*; 5. *(Photo)* Fixieren *n*; 6. *(Text)* Fixieren *n*, Verriegeln *n* *(Veredlung)* ‖ **~/анкерное** *(Bw)* Verankerung *f*, Ankerbefestigung *f* ‖ **~ винтами** Schraubbefestigung *f* ‖ **~ грунта** Bodenstabilisierung *f*, Baugrundverfestigung *f* ‖ **~ грунта нагнетанием** Baugrundinjektion *f* ‖ **~ до конца** *(Photo)* Ausfixieren *n*, Ausfixierung *f* ‖ **~/жёсткое** *(Fert)* feste Einspannung *f* ‖ **~ инструмента** *(Wkzm)* Werkzeugbefestigung *f* ‖ **~ клином** Keilbefestigung *f* ‖ **~/концевое** Endbefestigung *f* ‖ **~ осей** *(Eb)* Achsfestlegung *f* ‖ **~/постоянное бывающее Befestigung *f* ‖ **~ путей противоугонами** *(Eb)* Gleisverankerung *f* ‖ **~ пути** *(Eb)* Gleisstabilisierung *f* ‖ **~ шва** *(Text)* Nahtverriegelung *f* ‖ **~/шпоночное** 1. *(Bw)* Dübelbefestigung *f*; 2. *(Masch)* Keilbefestigung *f* ‖ **~ штифтами** *(Masch)* Stiftbefestigung *f*

закреплять 1. befestigen, festmachen; 2. sichern, sicherstellen, reservieren (*z. B. einen Platz*); 3. *(Fert)* [auf]spannen *(Werkstück)*; klemmen *(Teile)*; 4. *(Photo)* fixieren; 5. *(Typ)* fixieren *(Farbe)*; 6. *(Text)* fixieren, verriegeln *(Veredlung)*; 7. *(Bgb)* ausbauen; 8. verfestigen, härten *(Erzbrikett)* ‖ **~ винтами** verschrauben ‖ **~ штифтами** verstiften

закругление *n* 1. Abrundung *f*, Abrunden *n*; 2. Rundung *f*, Biegung *f*; Krümmung *f*, Kurve *f*; Ausrundung *f*; 3. *(Eb)* krummer Strang *m*; 4. *(Eln)* Verrundung *f (Scheibenherstellung)* ‖ **~ края** *(Eln)* Randverrundung *f (Scheibenherstellung)* ‖ **~ кромки** *(Eln)* Kantenverrundung *f (Scheibenherstellung)* ‖ **~ пути** *(Eb)* Bahnkurve *f*, Kurve *f* ‖ **~ реки** *(Hydt)* Stromschlängelung *f*, Mäanderbildung *f*

закруглить *s.* закруглять

закруглять *v. a.; (Fert)* ausrunden

закрутка *f* 1. Verdrehung *f*, Drall *m*, Torsion *f*; 2. Knebel *m* ‖ **~ лопасти** Blattverwindung *f* ‖ **~/лопатки** *(Masch)* Schaufelverwindung *f*

закрученный 1. *(Fert)* gelockt *(Span)*; 2. *(Flg)* verwunden *(Tragflügel)*

закручивание *n* Verdrehung *f*, Verdrehen *n*, Verdrillen *f*, Verdrillung *f*, Drall *m*; Zusammendrehen *n*

закручивать 1. verdrehen, verdrillen; zusammendrehen; 2. anziehen *(Schrauben)*; 3. zudrehen *(Hahn)*
закрывание *n* Schließen *n*, Absperren *n*
закрывать 1. schließen, sperren; 2. auf Halt stellen (legen) *(Signal)*; 3. verdecken; 4. abdecken
закрылок *m* 1. *(Flg)* Klappe *f*, Flügelklappe *f*, Landeklappe *f*; 2. *(Schiff)* Hilfsflosse *f (Flettner-Ruder)* ‖ **~/выдвижной** *(Flg)* Fowler-Klappe *f (ausfahrbare Landeklappe)* ‖ **~/двухщелевой** *(Flg)* Doppelspaltklappe *f* ‖ **~/многозвенный (многосекционный)** *(Flg)* Mehrfachklappe *f* ‖ **~/многощелевой** *(Flg)* Mehrfachspaltklappe *f* ‖ **~/направляющий** Leitblech *n*, Leitschaufel *f (Turbine)* ‖ **~/посадочный** *(Flg)* Landeklappe *f* ‖ **~/тормозной** *(Flg)* Bremsklappe *f* ‖ **~ Фаулера** *s.* **~/выдвижной** ‖ **~/щелевой** *(Flg)* Spaltklappe *f*
закрытие *n* 1. Schließen *n*, Schluß *m*; 2. Abdeckung *f*, Verschluß *m* ‖ **~/быстрое** Schnell[ver]schluß *m* ‖ **~ зева** *(Text)* Fachschließen *n*, Fachschluß *m (Weberei)* ‖ **~/люковое** *(Schiff)* Lukenabdeckung *f* ‖ **~/мгновенное** Schnell[ver]schluß *m* ‖ **~/механизированное люковое** *(Schiff)* mechanisch betätigte Lukenabdeckung *f* ‖ **~/наматываемое люковое** *(Schiff)* aufrollbare Lukenabdeckung *f* ‖ **~/откатывающееся люковое** *(Schiff)* fahrbare Lukenabdeckung *f*, Rollukenabdeckung *f* ‖ **~/откидное люковое** *(Schiff)* Klapplukenabdeckung *f* ‖ **~ пути** *(Eb)* Gleissperrung *f* ‖ **~/складывающееся люковое** *(Schiff)* Faltlukenabdeckung *f* ‖ **~/съёмное люковое** *(Schiff)* auflegbare Lukenabdeckung *f* ‖ **~ файла** *(Inf)* Dateiabschluß *m*
закрытый 1. verschlossen, geschlossen; 2. gekapselt *(Elektromotor)*; 3. *(Masch)* geschlossen *(Bauweise, z. B. von Getrieben)* ‖ **~ в нормальном положении** *(El)* normal[erweise] geschlossen, Ruhe…, Öffnungs… *(Kontakt)*
закупорка *f* 1. Verstopfung *f (Rohre)*; 2. Verschließen *n (Verpackungsmittel)*
закуривать серой [ein]schwefeln
закусить *s.* закусывать
закусывание *n (Fert)* Anschnäbeln *n*
закусывать *(Fert)* anschnäbeln
зал *m* Saal *m*; Halle *f* ‖ **~/автоматный** *(Nrt)* Wählerraum *m*, Wählersaal *m* ‖ **~/билетный** *(Eb)* Schalterraum *m* ‖ **~/коммутаторный** *(Nrt)* Vermittlungsraum *m* ‖ **~/машинный** Maschinenhalle *f* ‖ **~/многопролётный** vielschiffige (mehrschiffige) Halle *f* ‖ **~ ожидания** *(Eb)* Wartesaal *m* ‖ **~/турбинный** Turbinensaal *m*
залегание *n (Geol)* Lagerung *f (räumliche Anordnung der Gesteine)* ‖ **~/горизонтальное** horizontale (söhlige) Lagerung *f* ‖ **~/изоклинальное** isoklinale Lagerung *f* ‖ **~/ингрессивное** ingressive Lagerung *f* ‖ **~/моноклинальное** monoklinale Lagerung *f* ‖ **~/нарушенное** gestörte (dislozierte) Lagerung *f* ‖ **~/ненарушенное** ungestörte Lagerung *f* ‖ **~/несогласное** diskordante (ungleichförmige, ungleichsinnige) Lagerung *f*, Diskordanz *f* ‖ **~/нормальное** normale Lagerung *f* ‖ **~/облекающее** *s.* **~/пластщеобразное** ‖ **~/опрокинутое** inverse Lagerung *f* ‖ **~/параллельное** parallele Lagerung *f* ‖ **~/первичное** *s.* **~/ненарушенное** ‖ **~/пере-**межающееся Wechsellagerung *f* ‖ **~/периклинальное** periklinale Lagerung *f* ‖ **~/плащеобразное** mantelförmige Lagerung *f* ‖ **~/регрессивное** regressive (zurückbleibende) Lagerung *f*, Regressionslagerung *f* ‖ **~/согласное** konkordante (gleichförmige, gleichsinnige) Lagerung *f*, Konkordanz *f* ‖ **~/трансгрессивное** transgredierende (übergreifende) Lagerung *f* ‖ **~/центроклинальное** zentroklinale Lagerung *f*, muldenförmige Einlagerung *f*
залегать *(Bgb)* anstehen *(Gestein)*; *(Geol)* lagern
залежь *f* 1. *(Bgb, Geol)* Lager *n*, Vorkommen *n*, Lagerstätte *f*; 2. *(Lw)* Brachland *n*, Brache *f* ‖ **~/интрузивная** Intrusivlager *m*, intrusiver Lagergang *m* ‖ **~ каменного угля** Steinkohlenlager *n* ‖ **~ каменной соли** Steinsalzlager *m* ‖ **~/линзообразная рудная** linsenförmiges Erzlager *n* ‖ **~/межпластовая** *s.* **~/интрузивная** ‖ **~ нефти** Erdöllager *n* ‖ **~/пластовая (пластообразная) рудная** stratiformes (schichtgebundenes) Erzlager *n* ‖ **~/рудная** Erzlager *n* ‖ **~/торфяная** Torflager *n* ‖ **~/штокообразная рудная** stockförmiges Erzlager *n*
залечивание *n* Ausheilen *n*, Ausheilung *f (Halbleitertechnologie)*
залив *m* 1. *(Hydrol)* Bucht *f*; Meerbusen *m*, Golf *m*; 2. *(Gieß)* Gußgrat *m (Gußfehler)*
заливаемость *f* Überflutbarkeit *f*
заливание *n (Schiff)* Überfluten *n*, Überspülen *n (z. B. des Decks) (s. a.* заливка 1. *bis* 4.*)*
заливать 1. überschwemmen, überspülen, überfluten; 2. [be]gießen; vergießen, verschütten; 3. löschen; 4. übergießen; 5. ausgießen *(z. B. Lagerschalen)*; anfüllen
заливина *f (Gieß)* Gußgrat *m*
заливка *f* 1. Eingießen *n*, Einguß *m*; 2. *(Gieß)* Gießen *n*, Guß *m (s. a. unter* литьё 2.); 3. Ausgießen *n (Lagerschalen)*; 4. Vergießen *n (Fundament)*; 5. Vergußmasse *f*, Ausgußmasse *f* ‖ **~/антифрикционная** Gleitschicht *f (Gleitlager)* ‖ **~/баббитовая** Weißmetallausguß *m* ‖ **~ беспузырьковым компаундом** blasenfreie Einbettung *f (elektronischer Baugruppen)* ‖ **~ вкладыша** Lagerschalenausguß *m*, Lagerschalengleitschicht *f* ‖ **~ под силой тяжести** Schwerkraftgießen *n* ‖ **~ подшипников** Lagerausguß *m*, Lagergleitschicht *f* ‖ **~ скважины цементом** *(Bgb)* Zementieren *n* des Bohrloches ‖ **~ формы** Abgießen *n* einer Form, Formfüllung *f* ‖ **~ формы/стопочная** Mündungsgießen *n*, Mündungsguß *m*, Stapelguß *m*
заливщик швов Fugenvergußgerät *n*
заличать *(Led)* vorgerben, angerben
заличка *f (Led)* Vorgerbung *f*, Angerbung *f*
заложение *n s.* закладка
заложить *s.* закладывать
залом *m (Text)* Knitter *m*
залуживание *n* Verzinnen *n*, Verzinnung *f*
залуживать verzinnen
зальбанды *mpl (Geol)* Salbänder *npl (Begrenzungsflächen der Gänge)*
замагазинированный *(Bgb)* magaziniert
замагазинировать magazinieren, speichern
замазка *f* 1. Kitten *n*, Verkitten *n*, Verschmieren *n*, Verkleben *n*, Verleimen *n*, Spachteln *n*; 2. Kitt *m*, Klebemittel *n* ‖ **~/асбестовая** Asbestkitt *m* ‖ **~/битумная** Bitumenkitt *m* ‖ **~/железная** Ei-

замазка 232

senkitt *m*, Rostkitt *m* ‖ **~/железосуриковая** Eisenmennigekitt *m* ‖ **~/каолиновая** Kaolin-Borax-Kitt *m* ‖ **~/каучуковая** Kautschukkitt *m* ‖ **~ на жидком стекле** Wasserglaskitt *m* ‖ **~ на основе жидкого стекла** Wasserglaskitt *m* ‖ **~ на основе окиси металла** Metalloxidkitt *m* ‖ **~/оконная** Glaserkitt *m*, Fensterkitt *m* ‖ **~/смоляная** Teerkitt *m* ‖ **~/стекольная** 1. Glaserkitt *m*; 2. Glaswarenkitt *m* ‖ **~/суриковая** Mennigekitt *m* ‖ **~/цементная** Mastixkitt *m*
замазывание *n* s. замазка 1.
замаривать коконы dörren *(Kokons)*
замасливание *n* 1. Fetten *n*, Einfetten *n*, Ölen *n*; 2. *(Text)* Schmälzen *n*, Einschmälzen *n*, Schmieren *n*
замасливатель *m (Text)* Schmälze *f*, Schmälzmittel *n*, Präparationsmittel *n* ‖ **~/водно-эмульсионный** Wasseremulsionsschmälze *f* ‖ **~/парафиновый** Paraffinschmälze *f*
замасливать 1. ölen, fetten; 2. *(Text)* schmälzen
замаслить s. замасливать
замачивание *n* 1. Anfeuchten *n*, Benetzen *n*; Wässern *n*; 2. Quellen *n*, Einquellen *n*; 3. Einweichen *n*, Weichen *n*; 4. Weichverfahren *n*, Weiche *f (Mälzerei)* ‖ **~/водяное** Wasserweiche *f (Mälzerei)* ‖ **~/воздушно-водяное** Luft-Wasser-Weiche *f*, pneumatisches Weichverfahren *n (Mälzerei)* ‖ **~/воздушное** Luftweiche *f*, Trockenweiche *f (Mälzerei)* ‖ **~/воздушно-оросительное** Sprühweiche *f*, Sprühweichverfahren *n (Mälzerei)* ‖ **~ коконов** *(Text)* Kokoneinweichen *n* ‖ **~/сухое** s. ~/воздушное
замачивать anfeuchten, benetzen; [ein]wässern; [ein]quellen; [ein]weichen
замедление *n* 1. Verzögerung *f*, Verzug *m*; Verlangsamung *f (s. a. unter* задержка *und* запаздывание*)*; 2. Abbremsung *f*, Bremsung *f*, Hemmung *f*; *(Kern)* Moderation *f* ‖ **~ времени/лоренцово** s. ~ хода времени ‖ **~ времени/стробоскопическое** *(Ph)* stroboskopische Zeitdehnung *f* ‖ **~ ионизацией** *(Ph)* Ionisationsbremsung *f* ‖ **~ нейтронов** *(Kern)* Neutronenbremsung *f*, Neutronenverlangsamung *f* ‖ **~ регулировки** Regel[ungs]verzögerung *f* ‖ **~ реле при отпускании** Abfallverzögerung *f (Relais)* ‖ **~ реле при притяжении** Anzug[s]verzögerung *f (Relais)* ‖ **~ реле при срабатывании** Ansprechverzögerung *f (Relais)* ‖ **~ течения времени** s. ~ хода времени ‖ **~ хода времени** *(Ph)* Zeitdilatation *f*, Zeitdehnung *f*, Einstein-Dilatation *f*, Einsteinsche Zeitdilatation *f*
замедленный 1. verzögert; verlangsamt; 2. abgebremst ‖ **~ на отпускание** abfallverzögert *(Relais)* ‖ **~ на притяжение** anzug[s]verzögert *(Relais)* ‖ **~ на срабатывание** ansprechverzögert *(Relais)*
замедлитель *m* 1. *(Ch)* Verzögerer *m*, Verzögerungsmittel *n*; Hemmstoff *m*, Inhibitor *m*; 2. *(Kern)* Moderator *m*, Bremsstoff *m* ‖ **~/вагонный** *(Eb)* Gleisbremse *f (Ablaufberg)* ‖ **~/весовой вагонный** *(Eb)* gewichtsabhängige Gleisbremse *f* ‖ **~ вулканизации** *(Gum)* Vulkanisationsverzögerer *m* ‖ **~/графитовый** *(Kern)* Graphitmoderator *m* ‖ **~ коррозии** Korrosionsverzögerer *m*, Korrosionsschutzmittel *n* ‖ **~ нейтронов** *(Kern)* Neutronenmoderator *m* ‖ **~ окисления** Oxidationsinhibitor *m*, Oxidationsverhinderer *m*, Antioxidans *n* ‖ **~ полимеризации** *(Ch)* Polymerisationsverzögerer *m* ‖ **~ схватывания** *(Bw)* Abbindeverzögerer *m*, Bindezeitverzögerer *m* ‖ **~ химического созревания** *(Photo)* Hemmkörper *m* der chemischen Reifung ‖ **~/электродинамический [вагонный]** *(Eb)* elektrodynamische Gleisbremse *f*
замедлить s. замедлять
замедлять 1. verzögern, verlangsamen; 2. *(Kern)* abbremsen, bremsen, moderieren *(Neutronen)*
замедляться langsamer werden
замена *f* 1. Substitution *f*, Austausch *m*; Auswechselung *f*, Vertauschung *f*, Ersatz *n* *(s. a. unter* смена 1.*)*; 2. *(Math)* Kommutation *f*, Vertauschung *f*; Substitution *f (Variabler)* ‖ **~ адреса** *(Inf)* Adressensubstitution *f* ‖ **~ грунта** Bodenaustausch *m* ‖ **~/круговая** *(Inf)* zyklische Vertauschung *f* ‖ **~/ламп/групповая** *(Licht)* Gruppenauswechselung *f* von Lampen ‖ **~ материалов** Materialsubstitution *f* ‖ **~ переменных** *(Math)* Variablentransformation *f (Statistik)*
заменимость *f* Austauschbarkeit *f*, Auswechselbarkeit *f*
заменитель *m* Ersatz[stoff] *m*, Austauschstoff *m*; Substituent *m* ‖ **~ каучука** Synthesekautschuk *m* ‖ **~ кожи** Lederersatz *m*, Kunstleder *n*
заменять [aus]wechseln, [aus]tauschen; ersetzen
замер *m* Messung *f*, Vermessung *f* *(s. a. unter* измерение*)*
замерзание *n* 1. Gefrieren *n*; Erstarren *n*, Erstarrung *f*; Einfrieren *n*; 2. Eisbildung *f*
замеривание *n* vermessen
замерять s. замеривать
замес *m* Mischerfüllung *f*, Mischgut *n*, Füllung *f (körnige Stoffe)*
заместитель *m (Ch)* Substituent *m* ‖ **~/акцепторный** s. ~/электрофильный ‖ **~/анионоидный** s. ~/нуклеофильный ‖ **~ в ядре** Kernsubstituent *m* ‖ **~/донорный** s. ~/нуклеофильный ‖ **~/катионоидный** s. ~/электрофильный ‖ **~/нуклеофильный** nukleophiler (anionoider) Substituent *m*, Elektronendonatorsubstituent *m*, Donatorsubstituent *m* ‖ **~/электроакцепторный** s. ~/электрофильный ‖ **~/электродонорный** s. ~/нуклеофильный ‖ **~/электрофильный** elektrophiler (kationoider) Substituent *m*, Elektronenakzeptorsubstituent *m*, Akzeptorsubstituent *m*
замесы *mpl (Bw)* Chargen *fpl (Beton)*
замешивание *n* 1. Anrühren *n*, Einrühren *n*; 2. Kneten *n*, Durchkneten *n*
замешивать 1. anrühren, einrühren; 2. [durch]kneten
замещаемый substituierbar, auswechselbar
замещать 1. ersetzen; 2. *(Ch)* substituieren
замещение *n* 1. Ersetzen *n*; 2. Substitution *f*, Substituieren *n* ‖ **~ адреса** *(Inf)* Adressensubstitution *f* ‖ **~/биомолекулярное** *(Ch)* biomolekulare Substitution *f* ‖ **~ в боковой цепи** *(Ch)* Seitenkettensubstitution *f* ‖ **~ в ядре** *(Ch)* Kernsubstitution *f* ‖ **~/гомолитическое** *(Ch)* homolytische Substitution *f* ‖ **~/непосредственное** *(Ch)* direkte Substitution *f* ‖ **~/нуклеофильное** *(Ch)* nukleophile (anionoide) Substitution *f* ‖ **~/радикальное** *(Ch)* radikalische Substitution *f* ‖ **~ узлов решётки** *(Eln, Krist)* Gitterpunktsubstitution *f* ‖ **~/электрофильное** *(Ch)* elektrophile (kationoide) Substitution *f*

замещённое *n (Ch)* Substitutionsprodukt *n*
замещённый substituiert, ersetzt, ausgetauscht
замин *m (Led)* 1. Falte *f*; 2. Preßfalte *f*
замирание *n* 1. Abschwächen *n*, Schwund *m*; 2. Verhallen *n*; 3. *(Rf, Nrt)* Schwunderscheinung *f*, Schwund *m*, Fading *n* • **без замираний** schwundfrei ‖ **~/абсорбционное** Absorptionsschwund *m* ‖ **~/амплитудное** Amplitudenschwund *m*, Amplitudenfading *n* ‖ **~/ближнее** Nahschwung *m* ‖ **~/дальнее** Fernschwund *m* ‖ **~/длительное (долговременное)** Lang[zeit]schwund *m* ‖ **~/избирательное** selektiver Schwund *m* ‖ **~/интерференционное** Interferenzfading *m*, Interferenzschwund *m* ‖ **~/кратковременное** Kurz[zeit]schwund *m* ‖ **~ несущей [волны]** Trägerschwund *m* ‖ **~/общее** Totalschwund *m* ‖ **~/полное** *s.* ~/общее ‖ **~/поляризационное** Polarisationsfading *n*, Polarisationsschwund *m* ‖ **~ следа** Spurfading *n* ‖ **~/сумеречное** Dämmerungsschwund *m* ‖ **~ сцинтилляций** Szintillationsschwund *m*
замкнутость *f* Abgeschlossenheit *f*
замкнутый geschlossen; gesperrt ‖ **~/многократно** *(El)* vermascht, mehrfach geschlossen *(Leitungsnetz)* ‖ **~/накоротко** *(El)* kurzgeschlossen
замкнуть *s.* замыкать
замок *m* 1. Schloß *n*; 2. *(Mil)* Verschluß *m (Geschütz)*; 3. Schloß *n*; *(Masch)* Schlitz *m (z. B. an Federscheiben, Kolbenringen)*; 4. *(Arch)* Schlußstein *m (eines Bogens)*; 5. *(Schiff)* Laschung *f*, Laschenverbindung *f (Holzverbindung)*; 6. *(Bgb)* Verbinder *m (Bohrgestänge)* ‖ **~ автосцепки** Anhängerkupplung *f* ‖ **~ анкера** *(Bgb)* Ankerschloß *m*, Ankersitz *(Ankerausbau)* ‖ **~ антиклинали** *(Geol)* Scharnier *n* einer Antiklinale, Sattelscheitel *m* ‖ **~/арки** *(Bw)* Bogenscheitel *m* ‖ **~/байонетный** Bajonettverschluß *m* ‖ **~/блокирующий** *(Eb)* Blockschloß *m (Sicherungstechnik)* ‖ **~/буквенный** Buchstabenschloß *n (Safe)* ‖ **~/бурильный** *(Bgb)* Gestängeverbinder *m (Bohrgestänge)* ‖ **~/быстродействующий** 1. Schnellverschluß *m*; 2. *(Wkzm)* Schnellspannschluß *m* ‖ **~/быстроразъёмный** 1. Schnelltrennverschluß *m*, Schnelltrennschloß *n*; 2. *(Bgb)* Schnellverbinder *m (Bohrgestänge)* ‖ **~/висячий** Vorhängeschloß *n*, Vorlegeschloß *n* ‖ **~ внахлёстку** *(Bw)* überlappter Stoß *m (Holzverbindung)* ‖ **~/врезной** *(Bw)* Blindschloß *m*, Einsteckschloß *n* ‖ **~/встроенный** Einbauschloß *m (z. B. im Türgriff eines Kfz)* ‖ **~/гаечный** *(Masch)* Schraubensicherung *f* ‖ **~ зажигания** *(Kfz)* Zündschloß *n* ‖ **~ земляной плотины** *(Hydt)* Deichanker *m* ‖ **~/игольный** *(Text)* Nadelschloß *n*, Strickschloß *n (Großrundstrickmaschine)* ‖ **~/канатный** Seilschloß *m*, Seilklemme *f*, Seilgehänge *n*, Gehänge *n* ‖ **~ капота** *(Kfz)* Motorhaubenverschluß *m*, Motorhaubenschloß *n* ‖ **~/клапанный** *m* Etagenschloß *n* ‖ **~/клиновой** Keilschloß *n*, Keilsicherung *f*, Keilverschluß *m* ‖ **~/кодовый** *(Inf)* Kodierungsschlüssel *m* ‖ **~ кольцевого поршня** Kolbenringstoß *m* ‖ **~ кольцевого Sprengring *m*, Sicherungsring *m* ‖ **~ купола** *(Arch)* Nabel *m (Kuppelbau)* ‖ **~/лопастный** Schaufelschloß *m (Dampfturbine)* ‖ **~/магнитный** Magnetschloß *m* ‖ **~/маршрутный** *(Eb)* Fahrstraßenschloß *m* ‖ **~/многосувальдный** Schloß *m* mit mehreren Zuhaltungen ‖ **~/накладной** Kastenschloß *n* ‖ **~/однооборотный односувальдный** eintouriges Schloß *n* mit einer Zuhaltung ‖ **~/платиновый** *(Text)* Platinenschloß *n (Strickerei)* ‖ **~ поршневого кольца** Kolbenringstoß *m* ‖ **~ поршневого кольца/косой** schräger Kolbenringstoß *m*, Schrägstoß *m (Motorkolben)* ‖ **~ поршневого кольца/прямой** gerader Kolbenringstoß *m*, Geradstoß *m (Motorkolben)* ‖ **~ поршневого кольца/ступенчатый** überlappter Stoß (Kolbenringstoß) *m (Motorkolben)* ‖ **~/приваренный** *(Bgb)* Vorschweißverbinder *m (Bohrgestänge)* ‖ **~/приводной** *(Eb)* Weichenriegel *m* ‖ **~/прирезной** *s.* ~/накладной ‖ **~/проволочный** Drahtverschluß *m* ‖ **~/пружинный** Federverschluß *m* ‖ **~/рамочный** Bügel *m* ‖ **~ ремня** Riemenschloß *m* ‖ **~ ровничной машины** *(Text)* Schaltwerk *n*, Schaltapparat *m*, Kehrapparat *m (Flyer)* ‖ **~/рычажный** Hebelverschluß *m* ‖ **~ с зубом** *(Bw)* Hakenblatt *n (Holzverbindung)* ‖ **~ с коленчатым рычагом** Kniehebelsicherung *f* ‖ **~ с контергайкой/гаечный** Schraubensicherung *f* mit Gegenmutter ‖ **~ свода** *(Met)* Wölbungsschluß *m*, Wölbungskrone *f*, Gewölbekrone *f*, Bogenscheitel *m (Herdofen)* ‖ **~/секретно-перестановочный** Kombinationsschloß *n (Zahlen- bzw. Buchstabenschloß für Safes)* ‖ **~ синклинали** *(Geol)* Scharnier *n* einer Synklinale (Mulde), Muldenscheitel *m* ‖ **~ складки** *(Geol)* Scharnier *n* einer Falte, Faltenscheitel *m* ‖ **~/стержневой** Stangenschloß *n* ‖ **~ стержня** *(Gieß)* Kernmarke *f* ‖ **~ стержня оправки** Dornschloß *n (Pilgerschritt- und Rockright-Walzwerk)* ‖ **~/стойки** *(Bgb)* Stempelschloß *m (Ausbau)* ‖ **~/стрелочный** *(Eb)* Weichenschloß *n* ‖ **~/стрелочный контрольный** *(Eb)* Kontrollschloß *m* ‖ **~/стрелочный приводной контрольный** *s.* ~/приводной ‖ **~/стяжной** Spannschloß *m* ‖ **~/сцепной** Kettenschloß *n*; *(Schiff)* Kupplungsschloß *n (Schubschiffahrt)* ‖ **~ цепи** Kettenschloß *n* ‖ **~/цилиндровый** Zylinderschloß *n*, Sicherheitsschloß *n* ‖ **~/часовой** Uhrwerkschloß *n* ‖ **~/шланговый** Schlauchverbinder *m* ‖ **~/штанговый** *(Bgb)* Gestängeverbinder *m (Bohrgestänge)* ‖ **~/штифтовой** Stiftschloß *m*, Stiftverschluß *m*, Splintverschluß *m*
замок-защёлка *f (Led)* Druckschloß *n*
замок-открывка *f (Led)* Reißschloß *n*
замоноличивание *n (Bw)* Vermörteln *n*; Ausbetonieren *n*
замораживание *n* 1. Gefrieren *n*; Einfrieren *n*; Erstarren *n*; 2. *(Bgb)* Gefrierverfahren *n (künstliche Vereisung wasserführender Bodenschichten beim Abteufen von Schächten)*; 3. Frosten *n*, Einfrieren *n*, Gefrierkonservierung *f (Lebensmittel)* ‖ **~/бесконтактное** indirekte Gefrierkonservierung *f* ‖ **~/быстрое** Schnellgefrierverfahren *n*, Feinfrosten *n* ‖ **~/воздушное** Luftgefrieren *n*, Luftfrosten *n (Fischverarbeitung)* ‖ **~/контактное** Kontaktgefrieren *n*, Kontaktfrosten *n (Fischverarbeitung)* ‖ **~/контактное плиточное** Kontaktplattengefrieren *n*, Kontaktplattenfrosten *n (Fischverarbeitung)* ‖ **~/низкотемпературное** Tiefgefrieren *n*, Tieffrosten *n* ‖ **~ печи** *(Met)* Einfrieren *n* des Ofens ‖ **~ плавки** *(Met)* Einfrieren *n* (Erstarren) *n* der Schmelze *(im Ofen)*

замораживать 1. gefrieren; 2. frosten, einfrieren *(Lebensmittel)*
заморозок m/**радиационный** Strahlungsfrost m
замочка f 1. *(Text)* Einweichen n *(s. a. unter* замачивание*)*; 2. *(Led)* Gerbbrühe f ‖ ~ **целлюлозы** *(Text)* Tauchen n des Zellstoffes *(Chemiefaserherstellung)*
замуровать vermauern, einmauern
замша f Sämischleder n ‖ ~/**искусственная** Velourkunstleder n
замыкание n 1. Schluß m, Abschluß m; Schließung f; 2. *(Math)* [abgeschlossene] Hülle f, Abschließung f; 3. *(Masch)* Formschluß m; Schluß m • **с геометрическим замыканием** formschlüssig • **с силовым замыканием** kraftschlüssig; 4. *(El)* Schluß m; Schließen n; 5. *(Eb)* Verriegelung f, Sperre f *(Sicherungstechnik)* ‖ ~/**близкое короткое** *(El)* Nahkurzschluß m ‖ ~ **в обмотке/короткое** *(El)* Wicklungs[kurz]schluß m ‖ ~ **в сети/короткое** *(El)* Netzkurzschluß m ‖ ~ **витков/короткое** *(El)* Windungs[kurz]schluß m ‖ ~ **выходных зажимов/короткое** *(El)* ausgangsseitiger Kurzschluß m ‖ ~/**двухполюсное короткое** *(El)* zweipoliger Kurzschluß m ‖ ~/**жёсткое** *(Masch)* starrer Schluß (Kraftschluß) m ‖ ~/**кинематическое** *(Masch)* Formschluß m ‖ ~ **контактов** *(El)* Kontaktschluß m ‖ ~/**короткое** *(El)* Kurzschluß m ‖ ~/**корпусное** *(El)* Masseschluß m, Gehäuseschluß m ‖ ~ **маршрута** s. ~/маршрутное ‖ ~/**маршрутное** *(Eb)* Fahrstraßenfestlegung f, Fahrstraßenverschluß m *(Eisenbahnsicherungswesen)* ‖ ~/**междуэлектродное** *(El)* Elektrodenschluß m ‖ ~ **множества** *(Math)* Abschluß m (Hülle f) einer Menge f ‖ ~ **на зажимах/короткое** *(El)* Klemmenkurzschluß m ‖ ~ **на землю** *(El)* Erdschluß m ‖ ~ **на землю/двойное** Doppelerdschluß m ‖ ~ **на землю/двухфазное** zweiphasiger Erdschluß m ‖ ~ **на землю/длительное** Dauererdschluß m, bleibender (stehender) Erdschluß m ‖ ~ **на землю/множественное** Mehrfacherdschluß m ‖ ~ **на землю/неполное** unvollkommener Erdschluß m ‖ ~ **на землю/неустойчивое** selbstlöschender Erdschluß m ‖ ~ **на землю/однофазное** einphasiger Erdschluß m ‖ ~ **на землю/устойчивое** s. ~ на землю/длительное ‖ ~ **на корпус** s. ~/корпусное ‖ ~ **на линии/короткое** *(El)* Leitungskurzschluß m ‖ ~ **на однополюсное короткое** *(El)* einpoliger Kurzschluß m ‖ ~/**постоянное короткое** *(El)* Dauerkurzschluß m ‖ ~/**предварительное (предмаршрутное)** *(Eb)* Annäherungsverschluß m *(Eisenbahnsicherungswesen)* ‖ ~ **проводов между собой** *(El)* Leiterschluß m ‖ ~ **ротора/короткое** *(El)* Läuferkurzschluß m ‖ ~/**секционное [электрическое]** *(Eb)* [elektrische] Teil-Fahrstraßenfestlegung f *(Eisenbahnsicherungswesen)* ‖ ~/**силовое** *(Masch)* energieübertragende Verbindung f, Kraftschluß m ‖ ~/**сквозное короткое** *(El)* Totalkurzschluß m ‖ ~ **складки/периклинальное** *(Geol)* periklinaler Faltenschluß m ‖ ~ **складки/центроклинальное** *(Geol)* zentroklinaler Faltenschluß m ‖ ~ **стрелки** *(Eb)* Weichenverriegelung f ‖ ~ **стрелки от руки** *(Eb)* Handverschluß m der Weiche ‖ ~/**трёхполюсное короткое** *(El)* dreipoliger Kurzschluß m ‖ ~/**трёхфазное короткое** *(El)* dreiphasiger Kurzschluß m ‖ ~/**установившееся (устойчивое) короткое** *(El)* Dauerkurzschluß m ‖ ~ **форм** *(Gieß)* Formenschluß m *(Druckgieß- und Kokillengießverfahren)* ‖ ~/**фрикционное** *(Masch)* Reibschluß m ‖ ~ **цепи** Schließen n des Stromkreises ‖ ~ **через землю/короткое** *(El)* Erdkurzschluß m ‖ ~ **шва** *(Schw)* Schließen n der Naht
замыкатель m 1. *(El)* Kontaktgeber m, Schließer m; 2. *(Eb)* Verschluß m, Verschlußstück n, Schloß n ‖ ~/**крю[ч]ковый стрелочный** *(Eb)* Hakenspitzenverschluß m *(Weiche)*; Hakenweichenschloß n ‖ ~/**распорный стрелочный** *(Eb)* Gelenkspitzenverschluß m *(Weiche)* ‖ ~/**стрелочный** *(Eb)* Spitzenverschluß m, Weichenspitzenverschluß m, Zungenriegel m *(Weiche)* ‖ ~ **тока** *(Eb)* Stromschließer m ‖ ~ **тока/рельсовый** *(Eb)* Schienenstromschließer m
замыкать *(Fert)* schließen; *(El)* [ab]schließen ‖ ~ **на согласованное сопротивление** *(El)* über einen angepaßten Widerstand schließen ‖ ~ **на сопротивление** *(El)* über einen Widerstand kurzschließen ‖ ~ **накоротко** *(El)* kurzschließen ‖ ~ **цепь** den Stromkreis schließen
замычка f *(Eb)* Verriegelung f, Verschluß m, Sperre f *(Eisenbahnsicherungstechnik)* ‖ ~/**вспомогательная** Hilfsklinke f ‖ ~/**запорная** Sperrschloß n ‖ ~/**маршрутная** Fahrstraßenriegel m, Fahrstraßenklinke f ‖ ~/**педальная** [elektrische] Tastensperre f, [elektrische] Streckentastensperre f, [elektrische] Druckknopfsperre f ‖ ~/**противоповторная** Wiederholungssperre f
замятие n [**перфо]карт** *(Inf)* Kartenstau m
занавес m/**воздушный** Luftschleier m
зандры mpl *(Geol)* Sander mpl
заневоливание n [**пружины**] *(Masch)* Setzen n *(Feder)*
занесение n Verwehen n, Zuwehen n; Verlanden n ‖ ~ **водохранилищ** *(Ökol, Hydrol)* Verlandung f des Staugewässers ‖ ~ **селевым потоком** *(Hydt)* Übermurung f ‖ ~ **файла в архив** *(Inf)* Dateiarchivierung f
занос m s. занесение ‖ ~ **снегом** Schneeverwehung f
заносить *(Inf)* 1. eingeben, einspeichern *(Daten)*; 2. übertragen *(Daten)*
зануление n *(El)* Nullung f, Nullen n *(Schutzmaßnahme gegen Berührungsspannung)*
занятие n *(Nrt, Eb)* Belegen n, Belegung f ‖ ~/**двойное** *(Nrt)* Doppelbelegung f ‖ ~ **маршрута** *(Eb)* Fahrstraßenbelegung f ‖ ~/**повторное** *(Nrt)* Doppelbelegung f ‖ ~ **пути** *(Eb)* Gleisbelegung f ‖ ~ **стрелки** *(Eb)* Weichensperre f
занятость f *(Nrt)* Besetztzustand m, Belegung f; *(Eb)* Besetzung f, Sperre f ‖ ~ **пути** *(Eb)* Gleisbesetzung f ‖ ~ **стрелки** *(Eb)* Weichensperre f
занятый belegt, besetzt
заострение n *(Masch)* Spitzenbildung f *(am Zahn eines Zahnrades)*
заоткоска f Abböschung f
западина f *(Geol)* Steppenpfuhl m
запаздывание n 1. Verspätung f; 2. Verzögerung f, Verzug m *(s. a. unter* задержка *und* замедление*)*; 3. Nacheilung f, Nacheilen n; 4. *(Reg)* Totzeit f ‖ ~ **впрыска** Einspritzverzug m, Einspritzverzögerung f *(Dieselmotor)* ‖ ~ **закрытия**

(Kfz) Nachschluß *m*, Spätschluß *m (Ventil)* ‖
~/**инерционное** *(El)* Trägheitsverzögerung *f* ‖
~ **коммутации** *(El)* Schaltverzögerung *f*, Schaltverzug *m* ‖ ~ **открытия** *(Kfz)* Öffnungsverzug *m (Ventil)* ‖ ~/**паразитное** *(Reg)* parasitäre Totzeit *f* ‖ ~/**переменное** *(Reg)* veränderliche Totzeit *f* ‖ ~ **по фазе** *(El)* Phasennacheilung *f*, Phasennachlauf *m* ‖ ~/**постоянное** *(Reg)* konstante Totzeit *f* ‖ ~ **регулятора** Totzeit *f* des Reglers ‖ ~ **тормоза** *(Eb)* Schließzeit *f* der Bremse ‖ ~/**чистое** *(Reg)* reine Verzögerung *f*
запаздывать 1. [sich]verspäten, zu spät kommen; 2. *(El)* nacheilen *(Phase)*
запаивание *n* Verlöten *n*
запаивать verlöten, zulöten
запал *m* 1. Zündung *f*; 2. Zünder *m*; Zündhütchen *n* ‖ ~/**искровой** 1. Funkenzündung *f*; 2. Spaltfunkenzünder *m* ‖ ~/**тёрочный** Reibzünder *m*
запальник *m* Zünder *m*, Zündhilfe *f*
запань *f* Flößrechen *m*, Fangrechen *m (im Fluß)*
запаривание *n* Dämpfen *n*; Abbrühen *n* ‖ ~ **коконов** *(Text)* Kokonkochen *n* ‖ ~ **кормов** *(Lw)* Futterdämpfen *n*, Dämpfen *n* von Hackfrüchten
запаривать dämpfen; abbrühen
запарить *s.* запаривать
запарка *f* 1. *s.* запаривание 1.; 2. *(Text)* Dämpfer *m (Apparat zur Dampfbehandlung)*
запарник *m* Dämpfer *m*, Dämpfanlage *f*, Dämpfvorrichtung *f*
запарник-смеситель *m (Lw)* Dämpf- und Mischanlage *f*
запас *m* 1. Vorrat *m*; Bestand *m (s. a. unter* запасы*)*; 2. Ersatz *m*; Reserve *f*; Überschuß *m*; 3. Sicherheit *f* ‖ ~ **воды [в атмосфере]** *(Meteo)* Wassergehalt *m* der Luft ‖ ~ **горючего/потребный** Kraftstoffbedarf *m*; Brennstoffbedarf *m* ‖ ~ **данных** *(Inf)* Datenbestand *m* ‖ ~/**излишний** überflüssiger Vorrat *m* ‖ ~/**кавитационный** Kavitationssicherheit *f (Pumpe)* ‖ ~/**максимальный** Höchstvorrat *m* ‖ ~/**минимальный** Mindestvorrat *m* ‖ ~ **мощности** Leistungsreserve *f*; Leistungsüberschuß *m* ‖ ~ **надёжности** Sicherheitsreserve *f* ‖ ~ **напряжения** *(En)* Spannungsreserve *f* ‖ ~ **нити** *(Text)* Fadenreserve *f* ‖ ~ **плавучести** *(Schiff)* Reserveauftrieb *m*, Auftriebsreserve *f*, Auftriebsüberschuß *m* ‖ ~ **прочности** *(Wkst)* Sicherheit *f*, Sicherung *f*; Sicherheitsgrad *m*; Sicherheitsfaktor *m*; Bruchsicherheit *f* ‖ ~ **проявления** *(Photo)* Entwicklungsspielraum *m* ‖ ~/**складской** Lagervorrat *m* ‖ ~/**средний** Durchschnittsbestand *m* ‖ ~/**страховой** Sicherheitsvorrat *m* ‖ ~ **топлива** Brennstoffvorrat *m*; Kraftstoffvorrat *m*, Treibstoffvorrat *m* ‖ ~ **устойчивости** 1. Standsicherheit *f*, Stabilitätsreserve *f*, Stabilitätssicherheit *f*; Kippsicherheit *f*; 2. *(Nrt)* Pfeifsicherheit *f*, Stabilität *f* ‖ ~ **устойчивости по амплитуде** *(Reg)* Amplitudenvorrat *m* ‖ ~ **устойчивости по фазе** *(Reg)* Phasenvorrat *m* ‖ ~ **экспозиции** *(Photo)* Belichtungsspielraum *m* ‖ ~ **энергии** *(En)* Energiereserve *f*
запасение *n* Bevorratung *f*, Speicherung *f*
запасовка *f* Seilführung *f (Hebezeug)*
запасы *mpl (Bgb, Geol)* Vorräte *mpl*; Reserven *fpl (s. a. unter* запас 1., 2.) ‖ ~/**активные** Aktivvorräte *mpl*, aktive Vorräte *mpl* ‖ ~/**балансовые** bauwürdige Vorräte *mpl* ‖ ~/**вероятные** wahrscheinliche (mutmaßliche) Vorräte *mpl* ‖ ~/**видимые** sichtbare Vorräte *mpl* ‖ ~ **водной энергии** *(Hydt)* Wasserkraftreserven *fpl* ‖ ~/**возможные** mögliche Vorräte *mpl* ‖ ~/**вскрытые** aufgeschlossene (erschlossene, freigelegte) Vorräte *mpl (Tagebau)* ‖ ~/**готовые [к выемке]** [zur Gewinnung] fertige Vorräte *mpl* ‖ ~/**достоверные** sichere Vorräte *mpl* ‖ ~/**забалансовые** Außerbilanzvorräte *mpl* ‖ ~/**изученные** bemusterte (erforschte) Vorräte *mpl* ‖ ~/**кондиционные** den Konditionen entsprechende Vorräte *mpl*, Bilanzvorräte *mpl* ‖ ~ **месторождения** Lagerstättenvorräte *mpl* ‖ ~/**подготовленные** vorbereitete (greifbare) Vorräte *mpl* ‖ ~ **подземных вод/искусственные** künstliche Grundwasservorräte *mpl* ‖ ~ **подземных вод/эксплуатационные** nutzbare Grundwasservorräte *mpl* ‖ ~ **полезных ископаемых/вероятные** mutmaßliche Vorräte *mpl* an Bodenschätzen ‖ ~ **полезных ископаемых/достоверные** zuverlässige Vorräte *mpl* an Bodenschätzen ‖ ~/**предполагаемые** vermutete Vorräte *mpl* ‖ ~/**промышленные** [ab]bauwürdige Vorräte *mpl* ‖ ~/**разведанные** erkundete Vorräte *mpl* ‖ ~/**установленные** festgestellte Vorräte *mpl*
запатентовывать patentieren [lassen]
запатентованный patentiert, patentrechtlich (durch Patent) geschützt
запахивание *n (Lw)* Unterpflügen *n*, Einpflügen *n*
запашка *f s.* запахивание
запашник *(Lw)* Saatpflug *m*
запаянный 1. verlötet, zugelötet; 2. *(Glas)* zugeschmolzen
заперемычить *(Bgb)* abdämmen *(Grubenbrand)*
запил *m* Kerbe *f*, Kerb *m*
запирание *n* Sperren *n*, Blockieren *n*; Verriegeln *n*; Absperren *n* ‖ ~ **электронного луча** Strahl[ab]sperrung *f*, Dunkelsteuerung *f*
запирать 1. abschließen, schließen; verriegeln; 2. einklinken; 3. absperren, sperren
записать aufzeichnen, registrieren; *(Inf)* [ein]speichern; *(Inf)* ablegen (in Puffer) ‖ ~ **на магнитную ленту** auf Magnetband aufnehmen (aufzeichnen, speichern)
записи *fpl (Inf)* Sätze *mpl*, Datensätze *mpl* ‖ ~/**итоговые** Summensätze *mpl* ‖ ~/**неблокированные** ungeblockte Sätze *mpl* ‖ ~/**сблокированные** geblockte Sätze *mpl* ‖ ~/**усечённые** Füllsätze *mpl*
записывать *s.* записать
запись *f* 1. Aufzeichnung *f*, Registrierung *f*; 2. *(Ak)* Aufzeichnen *n*, Aufnahme *f*, Speicherung *f*; 3. *(Kine)* Aufnehmen *n*, Aufnahme *f*, Aufzeichnen *n*; 4. *(Inf)* Datensatz *m*, Satz *m* (*s. a. unter* записи); 5. *(Math)* Schreibweise *f* (*z. B. einer Formel*) ‖ ~ **базы данных** *(Inf)* Datenbasissatz *m* ‖ ~ **без возвращения к нулю** *(Inf)* Ohne-Rückkehr-zu-Null-Aufzeichnung *f*, NRZ-Aufzeichnung *f* ‖ ~/**бесскобочная** polnische Notation *f* ‖ ~/**бинарное** binäre (duale) Aufzeichnung *f* ‖ ~ **в восьмеричном коде** *(Inf)* oktale Schreibweise *f* ‖ ~ **в двоичном коде** *(Inf)* binäre Schreibweise *f* ‖ ~ **в десятичном коде** *(Inf)* dezimale Schreibweise *f* ‖ ~ **в память (запоминающее устройство)** *(Inf)* Speichern *n*, Speicherung *f*, Abspeichern *n*, Abspei-

запись

cherung f ll ~ **в позиционной системе** (Inf) Basisschreibweise f ll ~ **в троичном коде** (Inf) ternäre Schreibweise f ll ~ **в шестнадцатеричном коде** (Inf) hexadezimale Schreibweise f ll ~ **видеосигнала** Bildsignalaufzeichnung f, Video[signal]aufzeichnung f ll ~ **видеосигналов/диагональная** (TV) Schrägspuraufzeichnung f ll ~ **видеосигналов/поперечная** (TV) Querspuraufzeichnung f ll ~ **во всю ширину ленты** Vollspuraufzeichnung f ll ~ **времени** Zeitregistrierung f ll ~/**главная** (Inf) Hauptsatz m ll ~ **голограмм** Hologrammaufzeichnung f ll ~/**граммофонная** Schallplattenaufnahme f ll ~/**групповая** (Inf) Gruppenaufzeichnung f ll ~ **данных** (Inf) 1. Datensatz m; 2. Datenaufzeichnung f ll ~/**двусторонняя поперечная** Biamplitudenschrift f, Biamplitudenaufzeichnung f ll ~/**двухдорожечная** Doppelspur[en]aufzeichnung f, Zweispuraufzeichnung f, Doppelspurbetrieb m ll ~/**заглавная** (Inf) Kopfsatz m ll ~ **звука** Schallaufzeichnung f, Schallaufnahme f, Schallspeicherung f; (Kine) Tonaufnahme f ll ~ **звука/магнитная** magnetische Schallaufzeichnung (Schallschrift) f, Magnetaufzeichnung f ll ~ **звука [на киноплёнку]** Tonaufzeichnen n (auf Kinefilm) ll ~ **звука/оптическая** [photo-]optisches Schallaufzeichnungsverfahren (Schallspeicherverfahren) n, Lichttonaufzeichnung f, Lichttonverfahren n ll ~ **звука с изображением/синхронная** bildsynchrone Tonaufzeichnung f ll ~ **звука/фотографическая** (Photo) Lichttonschrift f ll ~ **зонами** Gruppenaufzeichnung f ll ~ **изображения** Bildaufzeichnung f, Bildspeicherung f ll ~ **информации** Informationsaufzeichnung f ll ~ **информации/объёмная** dreidimensionale Informationsaufzeichnung f ll ~/**итоговая** 1. (Inf) Summensatz m ll ~/**каротажная** Bohrlochregistrierung f, Bohrlochaufzeichnung f, Bohrlochmessung f ll ~/**каталогизированная** Katalogeintrag m ll ~/**корректирующая** (Inf) Korrektursatz m ll ~/**логическая** (Inf) Satz m, logischer Satz (Datensatz) m ll ~/**магнитная** magnetische Aufzeichnung f, Magnetaufzeichnung f ll ~/**многодорожечная** Mehrspuraufzeichnung f ll ~ **на магнитной ленте** Magnetbandaufzeichnung f, Bandaufnahme f ll ~ **на стальную ленту** Stahlbandverfahren n (Aufzeichnungsverfahren) ll ~/**наклонно-строчная** Schrägspuraufzeichnung f ll ~/**негативная** (Typ) Negativaufzeichnung f ll ~/**незашифрованная** (Typ) Klarschrift f ll ~/**неопределённой длины** (Inf) Satz m undefinierter Länge ll ~/**нулевая** (Inf) Spurbeschreibungssatz m ll ~ **об ошибке** (Inf) Fehlersatz m ll ~ **описателя дорожки** (Inf) Spurbeschreibungssatz m ll ~/**оптическая** optische Aufzeichnung f ll ~/**открытая** (Typ) Klarschrift f ll ~ **переменной длины** (Inf) Satz m variabler Länge ll ~ **переменной плотности** (Photo) Sprossenschrift f ll ~/**переполнения** (Inf) Überlaufsatz m, Spurverbindungssatz m ll ~ **по всей ширине** Vollspuraufzeichnung f ll ~/**позитивная** (Typ) Positivaufzeichnung f ll ~/**полудорожками** Halbspuraufzeichnung f ll ~/**поперечная** Transversalaufzeichnung f ll ~/**поперечная оптическая** Amplitudenschrift f ll ~/**поперечно-строчная** Querspuraufzeichnung f ll

~/**построчная** (Photo) Sprossenschrift f ll ~/**продольная** Längsaufzeichnung f ll ~/**расширенная** (Inf) segmentierter Satz m ll ~/**ручная** handschriftliche Aufzeichnung f ll ~ **с возвращением к нулю** (Inf) Rückkehr-zu-Null-Aufzeichnung f, RZ-Aufzeichnung f ll ~ **с микрофона** Mikrofonaufnahme f ll ~/**световая** s. ~/**оптическая** ll ~/**сейсмическая** seismische Registrierung (Aufzeichnung) f ll ~ **системного вывода/программная** (Inf) Systemausgabeprogramm n ll ~ **статистических данных** (Inf) Fehlerstatistiksatz m ll ~ **телевизионных изображений/магнитная** magnetische Fernsehbildaufzeichnung (Fernsehspeicherung) f ll ~/**тензорная** Tensorschreibweise f ll ~/**термопластическая** (Photo) thermoplastische Aufzeichnung f ll ~ **файла в архив** (Inf) Dateiarchivierung f ll ~/**физическая** (Inf) Block m, physischer Satz m ll ~ **фиксированной длины** (Inf) Satz m fester Länge ll ~/**фотографическая** photographische Aufzeichnung f

заплавление n Einschmelzen n
заплести s. **заплетать**
заплетать [основу] (Text) ketteln (Weberei)
заплечик m 1. Ansatz m, Nase f; 2. Absatz m, Schulter f, Bund m (Welle); 3. Anschulterung f ll ~ **вала** Wellenbund m ll ~ **втулки** Nabenwulst m(f) ll ~ **коленчатого вала** Kurbelwellenbund m ll ~/**осевой** Achsbund m ll ~ **подшипника** Lagerbund m ll ~ **ступицы** s. ~ **втулки**
заплывание n Trübung f; (Photo) Bildverbreiterung f, Konturenverbreiterung f
заповедник m Hegeforst m, Gehege n; Schutzgebiet n, Naturschutzgebiet n (s. a. unter **заказник**) ll ~/**биосферный** Biosphärennaturschutzgebiet n ll ~/**историко-архитектурный** Denkmalschutzgebiet n ll ~/**международный** internationales Naturschutzgebiet n ll ~ **направленного режима** zielgerichtetes Naturschutzgebiet n (Gebiet, das einen menschlichen Eingriff zum Erhalt seiner Besonderheiten erfordert)
заподлицо bündig; (Schiff) bündig, glatt, versenkt (z. B. Lukendeckel)
запоздавший verzögert
заполнение n 1. Auffüllung f, Ausfüllung f, Füllung f; 2. (Inf) Besetzung f ll ~/**бетонное** (Bw) Betonhinterfüllung f, Betonanfüllung f ll ~ **калибра** (Wlz) Kaliberfüllung f, Füllung f des Kalibers ll ~ **каркаса** (Bw) Ausfachung f des Gebäudeskeletts) ll ~ **кладкой** (Bw) Ausmauerung f ll ~ **нулями** (Inf) Auffüllen n mit Nullen, Nulleinsteuerung f ll ~ **по утку** (Text) Schußfüllung f ll ~/**сплошное** (El) massive Füllung f (Kabel) ll ~ **стен** (Bw) Wandausfachung f ll ~ **ткани** (Text) Gewebedichte f ll ~ **фахверка** s. ~ **каркаса** ll ~ **формы** (Gieß) Formenfüllung f ll ~ **швов** (Bw) Fugenverschluß m, Fugenabdichtung f
заполненный gefüllt, voll; (Krist) besetzt, belegt ll ~ **маслом** ölgefüllt (z. B. Kabel)
заполнитель m 1. (Bw) Zuschlag m, Zuschlagstoff m, Füller m, Füllstoff m; 2. (Typ) Füllstoff m; 3. (Schiff) Stützschicht f, Kernschicht f (Rettungsboot aus glasfaserverstärktem Kunststoff); 4. (El) Beilauf m, Zwickelfüllung f (Kabel) ll ~ **бетона** Betonzuschlagstoff m ll ~/**волокнистый** faseriger Zuschlagstoff m ll ~/**высокопористый** stark poröser Zuschlagstoff m ll ~/**грубый**

Grobzuschlag[stoff] *m* ‖ ~/**искусственный** *(Bw)* künstlicher Zuschlagstoff *m* ‖ ~/**крупный** Grobzuschlagstoff *m* ‖ ~/**мелкий** Feinzuschlagstoff *m*, Leichtzuschlagstoff *m* ‖ ~/**мелкопористый** feinporiger Zuschlagstoff *m* ‖ ~/**плотный** dichter Zuschlagstoff *m* ‖ ~/**пористый** poröser Zuschlagstoff *m* ‖ ~/**природный** natürlicher Zuschlagstoff *m* ‖ ~/**тяжёлый** Schwerzuschlagstoff *m*, schwerer Zuschlagstoff *m* ‖ ~/**шлаковый** Schlacke[n]zuschlagstoff *m*
заполнить *s.* заполнять
заполнять 1. füllen, auffüllen, ausfüllen, anfüllen; 2. nachholen, vollenden ‖ ~ **самотёком** *(Schiff)* fluten *(einen Tank)*
запоминание *n (Inf)* Speicherung *f* ‖ ~/**автоматическое** automatische Speicherung *f* ‖ ~/**буферное** Pufferspeicherung *f* ‖ ~ **информации** Informationsspeicherung *f* ‖ ~ **программы** Programmspeicherung *f* ‖ ~/**промежуточное** Zwischenspeicherung *f* ‖ ~/**рассеянное** gestreute Speicherung *f* ‖ ~/**фотографическое** photographische Speicherung *f* ‖ ~/**цифровое** digitale Speicherung *f* ‖ ~ **экстремума** Extremwertspeicherung *f*
запоминать speichern *(Daten, Programme)*
запомнить *s.* запоминать
запор *m* 1. Verschluß *m*; 2. *(Eb)* Verriegelung *f*, Riegel *m*, Verschluß *m (Sicherungstechnik)* ‖ ~/**винтовой** Schraubverschluß *m* ‖ ~/**герметический** Luftabschluß *m* ‖ ~ **сопла** *(Kfz)* Düsenverstopfung *f*
запорный Sperr..., sperrend, in Sperrichtung
запотевание *n* 1. Beschlagen *n*, Anlaufen *n (Scheiben)*, Schwitzen *n*; 2. Schwitzwasserbildung *f*
заправка *f* 1. Vorrichten *n*, Zurichten *n*; *(Met)* Ausflicken *m*, Herrichten *n (Ofen, Gießform)*; 2. *(Text)* Einziehen *n*; 3. Tanken *n*, Betankung *f*, Betanken *n*; Auffüllen *n*, Auftanken *n*; 4. *(Photo)* Einlegen *n*, Laden *n (Film)* ‖ ~ **в воздухе** *(Flg)* *s.* ~ **топливом в полёте** ‖ ~ **ванны** *(Text)* Flottenansatz *m (Veredlung)* ‖ ~ **горючим** Tanken *n*, Kraftstoffübernahme *f*, Kraftstoffauffüllung *f* ‖ ~ **ленты** *(Text)* Anlegen *n* des Bandes; Bandbeschickung *f*; 2. *(Inf)* Bandeinzug *m* ‖ ~ **машины** Maschineneinstellung *f*; Maschinenbeschickung *f* ‖ ~ **на патрон** *(Text)* Anspinnen *n* an Hülse *(Flyer)* ‖ ~ **нити** *(Text)* Fadenanlegen *n*, Einfädeln *n* ‖ ~ **основы на навой** *(Text)* Kettenaufziehen *n* ‖ ~/**повторная** Nachtanken *n*, Nachbetankung *f* ‖ ~/**принудительная** Druckbetankung *f* ‖ ~ **проволоки** Einführen *n* des Spritzdrahtes *(Drahtspritzgerät)* ‖ ~ **с резервной бобиной** *(Text)* Doppelaufsteckung *f* von Spulen ‖ ~ **топливом в полёте** *(Flg)* Betankung *f (Auftankung)* *f* in der Luft, Luftbetankung *f* ‖ ~ **холста** *(Text)* Anlegen *n* des Wickels
заправленный aufgetankt ‖ ~ **полностью** vollgetankt
заправлять 1. zurichten, zurechtmachen; 2. *(Met)* ausflicken, herrichten *(Ofen, Gießform)*; 3. *(Fert)* nachsetzen, einsetzen, aufnehmen *(z. B. Drehmeißel)*; 4. *(Text)* aufziehen, einlegen *(Kette, Webstuhl)*; 5. *(Kfz, Flg)* auftanken, betanken *(Schiff)* bebunkern ‖ ~ **ленту** das Band einlegen ‖ ~**нить** den Faden anlegen *(Spinnerei)* ‖ ~ **торцы пружины** *(Fert)* anbiegen *(Federenden)*

заправщик *m* Tankwagen *m* ‖ ~ **горючего** *(Rak)* Brennstofftankwagen *m* ‖ ~ **окислителя** *(Rak)* Oxidatortankwagen *m*
запрашивание *n (Inf)* Abfragen *n (Speicher)*
запрессовать einpressen; anpressen; *(Schiff)* voll füllen *(einen Tank unter Druck)*
запрессовка *f* Einpressen *n*, Einpressung *f*; Anpressen *n*; Einbettung *f*
запрет *m* Verbot *n*; Unterdrückung *f* ‖ ~ **на полёт** Flugverbot *n* ‖ ~ **Паули** *(Eln)* Pauli-Verbot *n*
запретный *(Masch)* unzugänglich, nicht nutzbar *(z. B. Räume bei Industrierobotern)*
запрещение *n s.* запрет
запрещённый verboten
запрограммировать *(Inf)* einprogrammieren
запрос *m* 1. Abfrage *f*; *(Rad)* Kennungsabfrage *f*; 2. *(Inf)* Anfrage *f*, Anforderung *f*, Request *f* ‖ ~ **данных** *(Inf)* Datenanforderung *f* ‖ ~ **интеррупта** *s.* ~ **прерывания** ‖ ~ **на ввод** *(Inf)* Eingabeanforderung *f* ‖ ~ **на вывод** *(Inf)* Datenausgabeanforderung *f* ‖ ~ **на обслуживание** *(Inf)* Bedienungsanforderung *f* ‖ ~ **на посадку** *(Flg)* Einholen *n* der Landegenehmigung ‖ ~ **прерывания** *(Inf)* Unterbrechungsanforderung *f*, Interrupt-Request *f* ‖ ~ **тома/специфический** *(Inf)* gezielte Datenträgeranforderung *f*
запросчик *m* 1. Abfragegerät *n*; *(Rad)* Kennungsabfragegerät *n*; 2. *(Inf)* Abfrageplatz *m*, Abfragestelle *f* ‖ ~/**бортовой** Bordabfragegerät *n* ‖ ~/**наземный** Bodenabfragegerät *n*, Bodenabfragegerät *n* ‖ ~/**радиолокационный** Radarabfragegerät *n* ‖ ~/**самолётный** Flugzeugkennungsabfragegerät *n* ‖ ~ «**свой-чужой**» Freund-Feind-Kenngerät *n* ‖ ~ **системы опознавания** Kennungsabfragegerät *n*
запроявка *f (Photo)* Überentwicklung *f*
запроявление *n (Photo) s.* запроявка
запруда *f (Hydt)* 1. Damm *m*, Deich *m*; Eindämmung *f*, Eindeichung *f*, Deichanlage *f (s. a.* **дамба, плотина***)*; 2. Sperranlage *f*, Sperre *f* ‖ ~/**водосливная поперечная** Überfallquerdamm *m* ‖ ~/**главная** Hauptsperre *f* ‖ ~/**донная** Grund[wasser]wehr *n*, Stauschwelle *f* ‖ ~/**поперечная** Querdamm *m*
запрудить *s.* запружать
запружать *(Hydt)* abdämmen, eindämmen; zudämmen *(Fluß)*; stauen
запруживание *n (Hydt)* Aufstauung *f*
запрядка *f* **оборванных нитей** *(Text)* Anlegen *n* gebrochener Fäden
запуск *m* 1. Anlauf *m*, Anfahren *n*, Inbetriebnahme *m*; Ingangsetzen *n*, Anlassen *n*, Starten *n*, Start *m*; Aussetzen *n (Satelliten)*; 2. Anstoß *m*, Anstoßen *n*; 2. *(El)* Auslösung *f*, Triggerung *f* ‖ ~/**внутренний** *(El)* innere Triggerung *f* ‖ ~/**дистанционный** Ferneinschaltung *f* ‖ ~/**зимний** Kaltstart *m* ‖ ~/**импульсный** *(El)* Impulsauslösung *f*, Triggerung *f*, Triggern *n* ‖ ~ **на орбиту** *(Rak)* Start *m* in eine Umlaufbahn ‖ ~/**повторный** *(Inf)* Wiederanlauf *m* ‖ ~ **программы** *(Inf)* Programmstart *m* ‖ ~ **ракетного двигателя** *(Rak)* Zündung *f* des Raketentriebwerks ‖ ~ **триггера** *s.* ~/**импульсный** ‖ ~/**холодный** Kaltstart *m*
запускать 1. schleudern, werfen; 2. anlassen, anlaufen lassen, anwerfen, in Gang setzen, starten *(z. B. Motoren)*; 3. *(El)* auslösen, triggern; 4.

запустить

(Fert) einschleusen (z. B. Werkstücke in den Fertigungsprozeß)
запустить s. запускать
запчасть f Ersatzteil n
запылённость f Verstaubung f, Staubgehalt m
запястье n Handgelenk n, Greiferhandgelenk n (Teil der Werkzeughalterung bei Robotern)
запятая f (Inf) Komma n ‖ ~/**двоичная** Binärkomma n ‖ ~/**десятичная** Dezimalkomma n, Dezimalpunkt m ‖ ~/**настраиваемая** einstellbares Komma n ‖ ~/**плавающая** Gleitkomma n, Fließkomma n ‖ ~/**раздвижная** einstellbares Komma n ‖ ~/**устанавливаемая** einstellbares Komma n ‖ ~/**фиксированная** Festkomma n
заработка f **петель** (Text) Maschenanschlag m ‖ ~ **початка** (Text) Anspinnen n
заражать радиоактивными веществами (Kern) radioaktiv machen, aktivieren
заражение n 1. Impfung f (Schlamm, Kristalle); 2. (Kern) Kontamination f, [radioaktive] Verseuchung f ‖ ~ **воздуха** [/**радиоактивное**] (Kern) Kontamination f der Luft, Luftverseuchung f ‖ ~ **ила** Impfung f des Schlammes ‖ ~ **кристаллом** (Krist) Animpfen n, Impfen n (mit Impfkristallen) ‖ ~ **местности**/**радиоактивное** (Kern) langfristige indirekte radioaktive Strahlung f, Rückstandsstrahlung f (des Geländes) ‖ ~ **продуктами деления** (Kern) Spaltproduktverseuchung f ‖ ~ **радиоактивное** (Kern) [radioaktive] Verseuchung f, Kontamination f ‖ ~ **радиоактивными веществами** (Kern) Kontamination f, [radioaktive] Verseuchung f
зарастание n (Ökol) Verlanden n, Verkrauten n, Zuwachsen n, Verwildern n (Flüsse, Seen)
зарница f (Meteo) Wetterleuchten n
зародыш m (Krist) Keim m, Keimling m, Kristallisationskeim m ‖ ~ **дефекта** (Eln, Krist) Defektkeim m ‖ ~ **звезды** (Astr) Sternembryo m ‖ ~ **ионизации** (Ph) Ionisationskern m ‖ ~ **кристаллизации** (Krist) Kristall[isations]keim m ‖ ~ **проявления** Entwicklungskeim m, Vollkeim m ‖ ~/**субмикроскопический** submikroskopischer Keim m, Subkeim m ‖ ~/**сферический** (Eln, Krist) kugelförmiger (sphärischer) Keim m ‖ ~ **чувствительности** Empfindlichkeitskeim m
зародышеобразование n (Krist) Keimbildung f
зародышеобразователь m (Krist) Keimbildner m ‖ ~/**гетерогенный** heterogener Keimbildner m ‖ ~/**гомогенный** homogener Keimbildner m
зарождение n (Krist) Keimbildung f
зарубать 1. kerben, auskerben, einkerben; 2. (Bgb) schrämen; schlitzen
зарубка f 1. Kerbe f, Einkerbung f; Anschnitt m, Einschnitt m; 2. Kerben n, Einkerben n; Ankerben n; 3. (Bgb) Schrämen n, Schrämarbeit f; Schrämbetrieb m ‖ ~ **шпал** (Eb) Einschneiden n, Dechseln n der Plattenauflager (Schwellen)
заряд m 1. (El) Ladung f; 2. (El) Laden n, Aufladen n, Ladung f, Aufladung f; 3. Füllen n, Einlegen n, Laden n; 4. (Rak) Treibsatz m; 5. (Bgb) Schuß m ‖ ~/**атомного ядра** Kernladungszahl f, Ordnungszahl f ‖ ~ **базы** Basisladung f (Halbleiter) ‖ ~/**барионный** (Kern) Baryonenladung f, Baryonenzahl f ‖ ~/**бедный** kraftstoffarme (luftreiche) Ladung f (Verbrennungsmotor) ‖ ~/**богатый** kraftstoffreiche (luftarme) Ladung f (Verbrennungsmotor) ‖ ~ **внутреннего действия** (Bgb) Erschütterungsladung f ‖ ~/**внутренний** (Bgb) Innenladung f ‖ ~ **выброса** (Bgb) Ausbruchsladung f, Auswurfladung f ‖ ~/**гиперонный** (Kern) Hyperonenladung f, Hyperonenzahl f ‖ ~/**единичный** Einzelladung f (Halbleiter) ‖ ~/**избыточный** Überschußladung f (Halbleiter) ‖ ~ **ионов** (Ph) Ionenladung f ‖ ~/**камерный** (Bgb) Kammerladung f (geballte Ladung) ‖ ~/**камуфлетный** (Bgb) Erschütterungsladung f ‖ ~ **конденсатора** (El) 1. Kondensatorladung f; 2. Kondensatoraufladung f ‖ ~/**коронный** (El) Korona[entladung] f, Sprühentladung f ‖ ~/**котловой** (Bgb) Kesselschuß m ‖ ~/**лептонный** (Kern) Leptonenzahl f, Leptonenladung f ‖ ~/**линейный** (El) Linienladung f ‖ ~/**максимальный** (El) Höchstladung f ‖ ~/**минный** (Bgb) Minenladung f (geballte Ladung) ‖ ~/**наведённый** induzierte Ladung f (Halbleiter) ‖ ~/**накладной** (Bgb) Aufleger m, Knäpper m ‖ ~/**накопленный** (El) Speicherladung f ‖ ~/**наружный** (Bgb) Außenladung f; Aufleger m ‖ ~/**начальный** (El) Anfangsladung f ‖ ~/**неподвижный** (El) ruhende Ladung f ‖ ~/**нуклонный** (El) Nukleonenladung f, nukleare Ladung f, Kernladung f ‖ ~/**общий** (El) Gesamtladung f ‖ ~/**общий поверхностный** (Eln) Gesamtoberflächenladung f ‖ ~/**объёмный** s. ~/**пространственный** ‖ ~/**одноимённый** (El) gleichnamige Ladung f ‖ ~/**остаточный** (El) Restladung f ‖ ~/**отрицательный** (El) negative Ladung f ‖ ~/**парный** (Eln) Ladungspaar n (Elektron-Loch) ‖ ~/**первичный** (El) Primärladung f, Erstladung f (eines Akkumulators) ‖ ~/**плоский** (Bgb) ebene Ladung f ‖ ~/**поверхностный** (El) Oberflächenladung f ‖ ~/**положительный** (El) positive Ladung f ‖ ~/**пороховой** (Rak) Feststofftreibsatz m ‖ ~/**приповерхностный** (Eln) oberflächennahe Ladung f ‖ ~/**пространственный** (El) Raumladung f ‖ ~/**разноимённый** (El) ungleichnamige Ladung f ‖ ~ **ракеты** [/**топливный**] (Rak) Raketentreibsatz m ‖ ~/**рассредоточенный** (Bgb) geteilte Ladung f ‖ ~/**рыхления** (Bgb) Auflockerungsladung f ‖ ~/**свежий** Frischladung f (Verbrennungsmotor) ‖ ~/**связанный** (El) gebundene (feste) Ladung f ‖ ~/**сосредоточенный** (Bgb) geballte Ladung f ‖ ~/**сплошной цилиндрический** (Rak) Zylinderaußenbrenner m ‖ ~ **твёрдого ракетного топлива** (Rak) Feststoffraketentreibsatz m ‖ ~/**точечный** (El) Punktladung f ‖ ~/**трубчатый** (Rak) Röhrenbrenner m, Zylinderinnenbrenner m ‖ ~/**удельный** (Bgb) spezifische Ladung f ‖ ~/**удлинённый** (Bgb) gestreckte Ladung f ‖ ~/**шпуровой** (Bgb) Bohrlochladung f ‖ ~/**электрический** elektrische Ladung f ‖ ~/**электрический элементарный** (Ph) elektrische Elementarladung f, elektrisches Elementarquantum n
заряд-дырка (Eln) Loch n, Defektelektron n
зарядить s. заряжать
зарядка f 1. (El) Laden n, Aufladen n, Ladung f, Aufladung f (s. a. unter **заряд** 1.; 2.); 2. (El) Ladung f, Ladungszustand m; 3. (Text) Füllen n, Laden n, Aufstecken n; 4. s. **заряд** 3. ‖ ~ **камеры** (Photo) Einlegen n des Filmes, Laden n einer Kamera, Filmeinlegen n ‖ ~ **кассеты** (Schw) Umspulen n des Schweißdrahtes (auf das richtige Format der Drahtspule) ‖ ~ **ленты**

Bandeinlegen n, Einlegen n (eines Magnettonbandes) ‖ ~ плёнки f (Photo) Filmeinlegen n ‖ ~ челнока (Text) Schützenfüllen n, Schützenladen n
зарядчик m (Bgb) Sprengstoffladegerät n ‖ ~/нагнетательный Druckkesselladegerät n ‖ ~/пневматический pneumatisches Ladegerät n ‖ ~/порционный mengenregelndes Ladegerät n ‖ ~/эжекторный Ejektorladegerät n
заряжание n 1. Laden n, Auflagen n; 2. (Bgb) Laden n, Einbringen n von Sprengstoff (Sprengtechnik) ‖ ~ шпуров (Bgb) Laden (Besetzen) n der Sprengbohrlöcher (Schüsse) ‖ ~/электростатическое (El) elektrostatische Auflagung f
заряжать 1. (El) [auf]laden; 2. einlegen ‖ ~ до положительного потенциала positiv aufladen ‖ ~ фотоаппарат einen Film einlegen (in den Fotoapparat) ‖ ~ шпур (Bgb) besetzen (Sprengtechnik)
заряжаться sich aufladen ‖ ~ положительно sich positiv aufladen
заряжённость f (El) Ladezustand m
заряжённый 1. (El) [auf]geladen; 2. (Bgb) geladen (mit Sprengstoff) ‖ ~/отрицательно negativ geladen ‖ ~/положительно positiv geladen
заря f/**вечерняя** (Meteo) Abendrot n, Abendröte f ‖ ~/утренняя (Meteo) Morgenrot n, Morgenröte f
засаживание n Verschmieren n, Zusetzen n (z. B. Schleifkörper)
засаживать (Lw, Forst) bepflanzen, anpflanzen, bestellen
засаливать (Lebm) einsalzen, pökeln
засасывание n 1. Saugen n, Ansaugen n, Einsaugen n; 2. (Schiff) Sog m ‖ ~/волновое Wellensog m ‖ ~ трения Reibungssog m
засасывать [an]saugen, einsaugen
засахаривание n Zuckern n, Kandieren n (Früchte)
засахаривать zuckern, kandieren (Früchte)
засахарить s. засахаривать
засверливание n (Fert) Anbohren n
засверливать (Fert) anbohren
засветка f (Photo) Belichtung f, Nachbelichtung f, Zweitbelichtung f (beim Umkehrprozeß); 2. (TV) Aufhellung f; Belichten n, Belichtung f (eines Bildschirms) ‖ ~/вторичная (Photo) Zweitbelichtung f, Nachbelichtung f ‖ ~/предварительная (Photo) Anbelichtung f, Vorbelichtung f
засвечивать (Photo) nachbelichten, belichten
засев m (Lw) s. засевание
засевание n (Lw) 1. Aussaat f, Säen n; 2. Impfen n, Impfung f (Nährböden)
засевать 1. säen, aussäen; 2. impfen (Nährböden)
засекать (Fert) 1. auskerben, kerben; ritzen; 2. (Geod) anschneiden, einschneiden; 3. (Rad) [an]peilen; 4. (Bgb) anschlagen, anfahren (Gebirge bei Vortrieb oder Abbau)
заселённость f (Ph) 1. Population f; 2. Besetzung f (des Niveaus), Termbesetzung f, Belegung f (s. a. unter населения); 3. (Fert) Besetzungsdichte f
засечка f 1. Kerbe f; Ritze f; Anriß m; 2. (Geod) Anschneiden n, Einschneiden n; Einschnitt m; 3. (Rad) Peilen n, Anpeilen n, Peilung f; 4. (Bgb) Anschlag m, Anfahren n, Anschneiden n; 5. (Schm) Kerbeisen n ‖ ~/обратная (Geod) Rückwärtseinschneiden n, Rückwärtseinschnitt m ‖ ~/пространственная (Geod) räumlicher Vorwärtseinschnitt m ‖ ~/прямая (Geod) Vorwärtseinschneiden n, Vorwärtseinschnitt m ‖ ~ цели (Rad) Zielpeilung f
засечь s. засекать
заскакивание n Einfallen n, Einrasten n, Einklinken n (z. B. Sperrklinke)
заслон m 1. Schirm m; 2. (Bgb) Staubsperre f, Sperre f (Explosionsschutz) ‖ ~/водяной (Bgb) Wasser[trog]sperre f ‖ ~/сланцевый (Bgb) Gesteinsstaubsperre f (Schlagwetterverhütung)
заслонка f 1. Klappe f; Zugklappe f, Schieber m, Register n (s. a. unter задвижки 2.); 2. Schornsteinregister n; 3. ~ питателя-смесителя ‖ ~/воздушная (Kfz) Drosselklappe f, Starterklappe f (des Vergasers) ‖ ~/возвратная Rückschlagklappe f ‖ ~/впускная Einlaßschieber m ‖ ~/дроссельная 1. Drosselklappe f (Kfz-Vergaser); 2. Luftklappe f (Einspritzmotor) ‖ ~/дымовая Rauchschieber m, Rauchklappe f ‖ ~/загрузочная Füllklappe f ‖ ~/обратная Rückschlagklappe f ‖ ~/отражательная Prellklappe f ‖ ~/очистительная (Text) Ausstoßklappe f ‖ ~/падающая Fallklappe f ‖ ~ питателя-смесителя (Text) Regulierblech n, Reglerklappe f (Mischballenöffner) ‖ ~/поворотная Drehklappe f, Kreisschieber m ‖ ~/поворотная регулирующая Regulierklappe f ‖ ~/предохранительная Sicherheitsklappe f ‖ ~/противопожарная (Schiff) Brandschutzklappe f, Feuerschutzklappe f ‖ ~/пусковая Starterklappe f (Kfz-Vergaser) ‖ ~/разгрузочная Auslaufschieber m, Entleerungsschieber m ‖ ~/регулирующая Regelschieber m, Einstellschieber m; Reglerklappe f
засмолок m (Forst) Verkienung f, verharzte Stelle f
заснежённый schneebedeckt
засов m 1. Sperriegel m, Riegel m; 2. Barre f
засол m Salzen n, Einsalzen n
засоление n (Lw) Versalzen n (des Bodens)
засоленность f Salzhaltigkeit f, Salzgehalt m
засолить s. засаливать
засолка f Salzen, Salzung f; (Led auch: Salzkonservierung) ‖ ~ врасстил (Led) Stapelsalzung f ‖ ~/тузлучная (Led) Salzlakenbehandlung f, Salzlakenkonservierung f ‖ ~/штапельная (Led) Stapelsalzung f
засорение n Verschmutzen n, Verschmutzung f, Verunreinigen n, Verunreinigung f; Verstopfen n, Verstopfung f ‖ ~ камнями (Lw) Steinbesatz m (Boden) ‖ ~ сорняками (Lw) Unkrautbesatz m
засорённость f Verschmutzung f, Verunreinigungsgrad m
застёжка f 1. Agraffe f, Spange f; 2. Falle f; 3. (Text) Verschluß m ‖ ~ на пуговицы Knopfverschluß m
застёжка-молния f Reißverschluß m
застекление n Verglasen n, Verglasung f
застеклить s. застеклять
застеклять verglasen
застой m Stauung f, Stagnation f, Stillstand m ‖ ~ охлаждающей воды Kühlwasserstau m ‖ ~ тепла Wärmestau m
застраивать bebauen

застревание *n (El)* Hängenbleiben *n*, Schleichen *n (des Motors beim Hochlaufen)*
застроить s. застраивать
застройка *f (Bw)* Bebauung *f* ‖ ~/**жилая** Wohnbebauung *f* ‖ ~ **ленточная** Bandbebauung *f* ‖ ~/**открытая** offene Bebauung *f* ‖ ~/**периметральная** Randstraßenbebauung *f*, perimetrale Bebauung *f* ‖ ~ **по склону** Hangbebauung *f* ‖ ~ **разрывов между зданиями** Baulückenschließung *f* ‖ ~ **с разрывами** halboffene Bebauung *f* ‖ ~/**свободная** offene Bebauung *f* ‖ ~/**смешанная** Mischbebauung *f* ‖ ~/**строчная** Zeilenbebauung *f* ‖ ~/**усадебная** Bebauung *f* auf Gartengrundstücken, Einzelhausbebauung *f*
застропка *f* **груза** *(Schiff)* Anschlagen *n* einer Last
застропливать *(Schiff)* anschlagen *(eine Last)*
застроповка *f* Anbinden *n*, Anschlagen *n (Lasten)*
заступневание *n* s. желатинизация
заступ *m (Text)* Fachvertritt *m (Weberei)*
застывание *n* 1. Erstarren *n*, Erstarrung *f*, Erkaltung *f*; 2. *(Met)* Einfrieren *n (Schmelze im Ofen oder in der Pfanne)*
застывать 1. erstarren, erkalten; stocken; 2. *(Met)* einfrieren *(Schmelze im Ofen oder in der Pfanne)*
засуха *f (Meteo)* Dürre *f*, Trockenheit *f*
засухоустойчивость *f* Dürreresistenz *f*
засушливый arid, trocken *(Klima)*
засылка *f* Übertrag *m*
засыпать 1. [ein]schütten, einsetzen *(Beschickungsmaterial)*; 2. beschicken, chargieren *(Ofen)*; begichten *(Hochofen)*
засыпка *f* 1. Einschütten *n*, Einsatz *m (des Beschickungsmaterials)*; 2. Beschickung *f*, Chargierung *f (des Ofens)*; Begichtung *f (des Hochofens) (s. a. unter* завалка 2. *und* загрузка 3.*)*; 3. Aufschüttung *f*, Schüttung *f* ‖ ~ **боя** *(Glas)* Scherbeneinlage *f* ‖ ~ **дроби** *(Bgb)* Schrotschüttung *f (Schrotbohrung)* ‖ ~ **за подпорной стенкой** Stützmauerhinterfüllung *f* ‖ ~/**обратная** Hinterfüllung *f* ‖ ~/**окислительная** *(Met)* sauerstoffabgebendes Temperiermittel (Glühmittel) *n*, Tempererz *n* ‖ ~ **шихты** *(Glas)* Gemengeeinlage *f* ‖ ~ **щебнем** *(Eb)* Beschotterung *f*
засыпь *f* 1. *(Met)* Schüttung *f*, Gicht *f*, Satz *m*, Charge *f*; 2. *(Brau)* Schüttung *f (die für einen Sud aufgewendete Malz- und Rohfruchtmenge)*
заталкиватель *m* 1. *(Wlz)* Einstoßvorrichtung *f*, Speisevorrichtung *f*, Einstoßer *m*, Speiser *m*, Vorholer *m (Pilgerschrittwalzwerk)*; 2. *(Fert)* Einstoßer *m*
заталкивать *(Met, Fert)* einstoßen
затапливать anheizen, einheizen
затаривание *n* Abfüllen *n*, Abpacken *n*
затачивание *n (Fert)* Scharfschleifen *n*, Anschleifen *n (s. a. unter* заточка 2.*)* ‖ ~/**глубинное** Tiefscharfschleifen *n* ‖ ~/**машинное** s. ~/станочное ‖ ~ **режущего инструмента** Werkzeugscharfschleifen *n* ‖ ~/**ручное** Freihandscharfschleifen *n* ‖ ~/**станочное** maschinelles Scharfschleifen *n*
затачивать *(Fert)* scharfschleifen, anschleifen
затвердевание *n* 1. Erhärten *n*, Erstarren *n*, Erstarrung *f*, Verfestigung *f*, Festwerden *n*; 2. *(Met)* Einfrieren *n*, Erstarrung *f*; 3. *(Bw)* Abbinden *n*; 4.

(Gieß) Aushärten *n (Formstoff)* ‖ ~/**диффузионное** *(Gieß)* Diffusionserstarrung *f* ‖ ~ **металла** Metallerstarrung *f*, Metallkristallisation *f* ‖ ~/**направленное** *(Met)* geordnetes (gerichtetes) Erstarren *n* ‖ ~ **под давлением** *(Gieß)* Druckerstarrung *f (von Al-Schmelzen)* ‖ ~ **при точке эвтектики** *(Met)* eutektische Erstarrung *f*
затвердевать 1. erhärten, hart (fest) werden, verhärten, erstarren; 2. *(Bw)* abbinden; 3. *(Gieß)* aushärten *(Formstoff)* ‖ ~ **при точке эвтектики** *(Met)* eutektisch erstarren
затверделость *f* Verhärtung *f*
затвор *m* 1. Verschluß *m*; Verschlußstück *n*; 2. Verschlußpfropfen *m*; Verschlußkappe *f*; 3. *(Eln)* Tor *n*, Gate *n*, Gatter *n*; 4. *(Inf)* Verklemmung *f*, Deadlock *n*; 5. *(Mil)* Verschluß *m (Geschütz)*; Schloß *m (Schützenwaffen)*; 6. *(Hydt)* Schütz *n*, Schütze *f*, Verschluß *m (Wehr)*; 7. *(Schw)* Vorlage *f* ‖ ~/**аварийный** *(Hydt)* Absperrschütz *n* ‖ ~/**байонетный** Bajonettverschluß *m* ‖ ~/**барабанный** *(Bw)* Trommelklappenverschluß *m* ‖ ~/**блендовый** *(Photo)* Blendenanschnittsverschluß *m* ‖ ~/**бродильный** *(Hydt)* Gärausatz *m*, Gärverschluß *m* ‖ ~/**бункерный** Bunkerverschluß *m*; Schnellschlußabsperrventil *n* ‖ ~/**быстродействующий** Schnellverschluß *m* ‖ ~/**быстропадающий** *(Hydt)* Freifallschütz *n* ‖ ~/**вальцовый** *(Hydt)* Walzenverschluß *m (Walzenwehr)* ‖ ~/**взрывобезопасный** explosionssicherer Verschluß *m*, Explosionssicherung *f* ‖ ~/**внутренний** Innenverschluß *m* ‖ ~ **водосброса** *(Hydt)* Entlastungsschütz *n* ‖ ~/**водяной** 1. *(Schw)* Wasservorlage *f*, Sicherheitswasservorlage *f*; 2. *(Bw)* Geruchsverschluß *m*, Siphon *m*, Traps *m* ‖ ~/**воздухонепроницаемый** luftdichter Abschluß *m* ‖ ~/**воздушный** Luftverschluß *m* ‖ ~/**газовый** s. ~/колошниковый ‖ ~/**герметический** hermetischer Verschluß *m* ‖ ~/**гидравлический** hydraulischer Verschluß *m (automatische Beregnungsanlage)* ‖ ~/**гидравлический бутылочный** s. ~/водяной 2. ‖ ~/**глубинный** *(Hydt)* Grundablaßschütz *n* ‖ ~/**горизонтальный шиберный** Horizontalflachschieberverschluß *m* ‖ ~/**гусеничный** *(Hydt)* Raupenschütz *n* ‖ ~/**двойной** *(Eln)* Doppelgate *n*, Doppeltor *n* ‖ ~ **жалюзи** *(Photo)* Jalousieverschluß *m* ‖ ~/**загрузочный** Einfahrschleuse *f*, Einlaufverschluß *m* ‖ ~/**игольчатый** *(Hydt)* Ringschieber *m*, Nadelverschluß *m* ‖ ~/**изолированный** *(Eln)* isoliertes Gate *n* ‖ ~/**катковый** *(Hydt)* Rollschütz *n* ‖ ~/**клапанный** *(Hydt)* Klappenverschluß *m* ‖ ~/**клинкетный** *(Hydt)* Klappschütz *n* ‖ ~/**колёсный плоский** *(Hydt)* Rollschütz *n* ‖ ~/**колошниковый** *(Met)* Gicht[gas]verschluß *m*, Gasverschluß *m*, Gasfang *m (Hochofen)* ‖ ~/**кольцевой** *(Eln)* Ringsteuerelektrode *f*, Ringtor *n* ‖ ~/**кремниевый** *(Eln)* Siliciumgate *n*, Si-Gate *n* ‖ ~/**крышевидный** *(Hydt)* Doppelklappenverschluß *m*, Zweiklappenverschluß *m (Dachwehr)* ‖ ~/**крышевидный опускной** Senkschütz *n* ‖ ~/**кулисный** *(Hydt)* Registerschütz *n*, Kulissenschütz *n* ‖ ~/**лазовый** Mannlochverschluß *m* ‖ ~/**лепестковый** *(Photo)* Lamellenverschluß *m* ‖ ~/**лопастный** Zellenradschleuse *f* ‖ ~/**люковой** *(Bgb)* Rollenverschluß *m* ‖ ~/**масляный** Ölverschluß *m*, Öl-

vorlage f ll ~/**междулинзовый** m (Photo) Zentralverschluß m ll ~/**моментальный** (Photo) Momentverschluß m ll ~ **на жидких кристаллах** Flüssigkristallverschluß m ll ~/**напорный** (Hydt) Stauschütz n ll ~/**Г-образный** (Hydt) Hakenschütz n ll ~/**одинарный** (Met) Glocken- und Trichter[gicht]verschluß m ll, Parry-Gichtverschluß m (eines Hochofens) ll ~/**односекторный люковой** (Bgb) einteiliger Segmentverschluß m ll ~/**основной** (Hydt) Betriebsschütz n ll ~/**откидной** Klapp[en]verschluß m ll ~/**отрывной** Aufreißdeckel m, Aufreißverschluß m (der Verpackung) ll ~/**пальцевый** Klinkenverschluß m, Krallenverschluß m ll ~/**пальцевый люковой** (Bgb) Fingerverschluß m, Klinkenverschluß m ll ~/**паровой** Dampfverschluß m ll ~/**паронепроницаемый** dampfdichter Abschluß m ll ~/**песочный** (Met) Sandverschluß m, Sandtasse f (z. B. Haubenofen) ll ~/**плавучий** 1. (Hydt) Schwimmschütz n, Schwimmtor n, Schleusenbarke f, Schiebeponton n, Dockverschluß m ll 2. (Eln) Floatinggate n ll ~/**плоский** (Hydt) Flachschütz n, Tafelschütz n ll ~/**пневматический** Druckluftverschluß m ll ~/**подпорный** Stauverschluß m ll ~/**подъёмный** Hubwehr n ll ~/**предохранительный** (Schw) Sicherheitsvorlage f ll ~/**принудительный** Zwangsschluß m, zwangsläufiger Verschluß m ll ~ **промывного отверстия** (Hydt) Spülschütz n ll ~/**рабочий** (Hydt) Betriebsschütz n ll ~/**разгрузочный** Auslaufverschluß m ll ~/**реечный бункерный** Flachschieberverschluß m mit Zahnstangentrieb ll ~/**роторный** (Photo) Rotationsverschluß m ll ~ **рудоспуска** (Bgb) Erzrollenverschluß m ll ~/**ружейный** Gewehrschloß n ll ~ **с падающей шторой** (Photo) Fallverschluß m ll ~/**самосовмещённый** (Eln) selbstjustierendes Gate n ll ~/**сдвоенный Г-образный** (Hydt) Doppelhakenschütz n ll ~/**сегментный** (Hydt) Segmentschütz n, Segmentverschluß m (Segmentwehr) ll ~/**секторный** Drehschieberverschluß m, Rundschieberverschluß m; (Hydt) Sektorverschluß m (Sektorwehr) ll ~/**секционный** (Hydt) Kulissenschütz n ll ~/**сифонный** (Hydt) Heberverschluß m ll ~ **ската** (Bgb) Rollochverschluß m ll ~/**скользящий плоский** (Hydt) Gleitschütz n, Falle f ll ~/**спицевой** (Hydt) Nadelverschluß m (Nadelwehr) ll ~/**спускной** Ablaßschieber m, Auslaufverschluß m ll ~/**стопорный** (Met) Stopfen[stangen]verschluß m (Gießpfanne) ll ~/**сухой [предохранительный]** (Schw) Trockenvorlage f ll ~/**тонущий** (Hydt) Senkwehr n, Senkschütz n ll ~/**трёхпоясный плоский** (Hydt) Dreigurtschütz n ll ~ **холостого водосброса** (Hydt) Leerlaufschütz n ll ~/**центральный** (Photo) Zentralverschluß m ll ~/**центральный междулинзовый** (Photo) Objektivverschluß m ll ~/**цилиндрический** (Hydt) Ringschieber m ll ~/**челюстной** Doppeldrehschieberverschluß m, Doppelrundschieberverschluß m (Bunker) ll ~/**шандорный** (Hydt) Dammbalkenverschluß m (Dammbalkenwehr) ll ~/**шаровой** 1. (Hydt) Kugelschieber m; 2. (Photo) Kugellamellenverschluß m ll ~/**шахтный клетьевой** (Bgb) Korbsperre f, Falle f ll ~ **шахты** (Bgb) Schachttür f, Schachtverschluß m ll ~/**шиберный** Schieberverschluß m; Flachschieberverschluß m (Bunker) ll ~/**шпингалетный** Treibriegelverschluß m, Stangenverschluß m, Baskülverschluß m ll ~/**шторный** (Photo) Rolloverschluß m, Schlitzverschluß m ll ~/**штыковой** Bajonettverschluß m ll ~/**щеколдовый** s. ~ **щеколдой** ll ~ **щеколдой** Riegelverschluß m ll ~/**щелевой** (Photo) Schlitzverschluß m

затворение n (Bw) Anmachen n (Mörtel, Beton)
затворённый (Bw) angemacht (Mörtel, Beton) ll ~/**пластично** weich angemacht (Mörtel, Beton)
затворитель m 1. Verdünnungsmittel n, Lösungsmittel n; 2. Zusatzstoff m, Zusatzmittel n; Anmachflüssigkeit f (für Bindemittel)
затворить s. затворять
затвор-обтюратор m (Photo) Flügelverschluß m, Sektorenverschluß m
затворять 1. schließen, verschließen; einschließen; 2. (Bw) anmachen (Mörtel, Beton)
затекаемость f (Schw) Fließvermögen n
затекание n Fließen n, Einfließen n (z. B. der Schmelze beim Schweißen)
затемнение n (Opt) Verdunklung f, Abdunkeln n; Abblenden n
затенение n 1. Beschattung f; 2. Schattierung f
затереть s. затирать
затирание n 1. Einmaischen n, Maischen n (Brauerei); 2. Anreiben n (Farbe) ll ~/**двухотварочное** Zweimaischverfahren n ll ~/**декокционное** Dekoktionsverfahren n, Kochverfahren n ll ~/**инфузионное** Infusionsverfahren n, Aufgußverfahren n ll ~/**настойное** s. ~/**инфузионное** ll ~/**отварочное** s. ~/**декокционное** ll ~/**предварительное** Vormaischen n
затирать 1. auswischen, ausreiben, verwischen; 2. (Bw) abreiben (Putz); 3. anreiben (Farbe); 4. (Brau) [ein]maischen
затирка f (Bw) Glattputz m, Glattstrich m, verriebener Putz m ll ~ **швов** Fugenverstrich m ll ~ **штукатурки войлоком** Filzen (Abfilzen) n des Putzes
затишье n (Meteo) Stille f, Windstille f
затишья npl/**экваториальные** (Meteo) äquatoriale Zone f der Windstillen, Mallungen fpl, Doldrum n
затмение n (Astr) Finsternis f, Verfinsterung f ll ~/**кольцеобразное** ringförmige Finsternis ll ~/**кольцеобразное солнечное** ringförmige Sonnenfinsternis f ll ~/**кольцеобразно-полное** ringförmig-totale Finsternis f ll ~/**лунное** Mondfinsternis f ll ~/**оптическое** optische Finsternis f ll ~/**полное** totale Finsternis f ll ~/**полное лунное** totale Mondfinsternis f ll ~/**полное солнечное** totale Sonnenfinsternis f ll ~/**солнечное** Sonnenfinsternis f ll ~/**частное** partielle Finsternis f ll ~/**частное лунное** partielle Mondfinsternis f ll ~/**частное солнечное** partielle Sonnenfinsternis f
затопить s. 1. затапливать; 2. затоплять
затопление n 1. Überschwemmen n, Überfluten n; 2. Versenken n (Schiffe); 3. (Schiff) Fluten n (z. B. einer Zelle); (Schiff) Überflutung f (Schiffsräume); 4. (Bgb) Ersaufen n, Absaufen n; Fluten n (Grubenbau); 5. Einheizen n, Anheizen n ll ~/**одноотсечное** (Schiff) Überflutung f einer Abteilung (Lecksicherheit) ll ~/**приливное** Gezeitenüberschwemmung f ll ~/**частичное** (Schiff) Teilflutung f (einer Abteilung)

затоплять 1. überschwemmen, überfluten; 2. versenken *(Schiffe)*; 3. *(Schiff)* überfluten *(Schiffsräume)*; 4. *(Bgb)* ersaufen, fluten *(Grubenbaue)*

затор *m* 1. Aufstau *m*, Stauung *f*; 2. Stockung *f*, Verkehrsstockung *f*; 3. *(Brau)* Maische *f*; 4. *(Hydrol)* Eisversetzung *f*, Eisstauung *f* ǁ ~/**густой** *(Brau)* Dickmaische *f* ǁ ~/**жидкий** *(Brau)* Dünnmaische *f* ǁ ~/**несоложёный** *(Brau)* Rohfruchtmaische *f* ǁ ~/**общий (объединённый)** *(Brau)* Gesamtmaische *f* ǁ ~/**основной** *(Brau)* Hauptmaische *f* ǁ ~/**солодовый** *(Brau)* Malzmaische *f*

затормаживание *n* Bremsen *n*, Abbremsen *n*, Abbremsung *f*

затормаживать [ab]bremsen

заторфовывание *n (Geol)* Vertorfung *f (Sumpf)*

заточка *f (Fert)* 1. Scharfschleifen *n*, Anschleifen *n*; Hinterschleifen *n (s. a. unter* затачивание*)*; 2. Anschliff *m* ǁ ~/**вогнутая** Hohlschliff *m*, hohler Anschliff *m* ǁ ~/**выпуклая** Balligschliff *m*, balliger Anschliff *m* ǁ ~/**двойная** Doppelanschliff *m*, doppelter Anschliff *m* ǁ ~/**косая** Schräganschliff *m* ǁ ~/**нормальная (обыкновенная, одинарная)** normaler (gewöhnlicher, einfacher) Anschliff *m* ǁ ~/**тонкая** Feinschärfen *n (von Werkzeugen)* ǁ ~/**торцовая** Rückenschliff *m*

затравка *f* 1. *(Krist)* Impfkristall *m*, Impfling *m*; Keimbildner *m*, Keim *m (Schmelze)*; 2. *(Gieß)* Anfahrkopf *m*, Anfahrstrang *m (Stranggießen)* ǁ ~ **длительного действия (эффекта)** *(Gieß)* Langzeitimpfmittel *n*

затравливание *n* Einimpfen *n*, Impfen *n (Kristallisation)*

затравливать impfen *(mit einem Kristallkeim)*

затрамбовать *(Gieß)* feststampfen, einstampfen, anstampfen *(Modell)*

затрата *f* Aufwand *m*, Bedarf *m*; Verbrauch *m* ǁ ~ **времени** Zeitaufwand *m* ǁ ~/**дополнительная** Mehraufwand *m* ǁ ~ **мощности** Leistungsaufwand *m* ǁ ~ **топлива** Treibstoffbrauch *m*, Brennstoffverbrauch *m*, Kraftstoffverbrauch *m* ǁ ~ **энергии** Energieaufwand *m*

затраты *fpl* [**машинного**] **времени** *(Inf)* Maschinenzeitaufwand *m* ǁ ~ **на один каналокилометр** *(Nrt)* kilometrische Sprechkreiskosten *pl*, Kosten *pl* pro Kanalkilometer ǁ ~ **на программирование** Programmieraufwand *m* ǁ ~ **памяти** *(Inf)* Speicheraufwand *m*

затухание *n* Dämpfung *f*; Abklingen *n (einer Schwingung)*; Abschwächung *f*, Abfall *m* • **без затухания** dämpfungslos, ungedämpft • **с затуханием** gedämpft • **с малым затуханием** dämpfungsarm ǁ ~/**антенное** Antennen[kreis]dämpfung *f* ǁ ~/**апериодическое** aperiodische Dämpfung *f* ǁ ~/**аэродинамическое** Luftdämpfung *f* ǁ ~/**балансное** Fehlerdämpfung *f*, Fehlerdämpfungskoeffizient *m* ǁ ~ **в антенне** *s.* ~/антенное ǁ ~ **в жидкой среде** Flüssigkeitsdämpfung *f* ǁ ~ **в кабеле** Kabeldämpfung *f*, Leitungsdämpfung *f* ǁ ~ **в линии** Leitungsdämpfung *f* ǁ ~ **в свободном пространстве** *(Nrt)* Freiraumdämpfung *f* ǁ ~/**вносимое** *(Nrt)* Einfügungsdämpfung *f* ǁ ~ **волн** Wellendämpfung *f* ǁ ~ **вследствие излучения** *(Ph)* Strahlungsdämpfung *f* ǁ ~ **вследствие отражения** *(Nrt)* Reflexionsdämpfung *f* ǁ ~ **вследствие поглощения** *(Nrt)* Absorptionsdämpfung *f* ǁ ~ **вследствие столкновения** *(Ph)* Stoßdämpfung *f* ǁ ~/**встречное переходное** *(Nrt)* Fernnebensprechdämpfung *f* ǁ ~ **выше критического** *(Ph)* überkritische Dämpfung *f*, Überdämpfung *f* ǁ ~ **гипотетической эталонной цепи** *(Nrt)* Bezugskreisdämpfung *f* ǁ ~/**гироскопическое** Kreiseldämpfung *f*, Gyrodämpfung *f* ǁ ~ **звука (звуковых волн)** *(Ph)* Schalldämpfung *f* ǁ ~ **из-за рассогласования** *(Nrt)* Fehlerdämpfung *f* ǁ ~/**излучением** *(Ph)* Strahlungsdämpfung *f* ǁ ~ **импульса** Impulsabfall *m* ǁ ~/**интермодуляционное** *(Nrt)* Übersprechdämpfung *f* ǁ ~/**километрическое** *(Nrt)* kilometrische Dämpfung *f* ǁ ~ **колебаний** *(Mech)* Schwingungsdämpfung *f*, Ausschwingen *n* ǁ ~ **колебательного контура** *(El)* Schwingkreisdämpfung *f* ǁ ~/**критическое** *(Nrt)* kritische Dämpfung *f* ǁ ~ **линии** Leitungsdämpfung *f* ǁ ~ **местного эффекта** *(Nrt)* Rückhördämpfung *f* ǁ ~ **на ближнем конце/переходное** *(Nrt)* Nahnebensprechdämpfung *f* ǁ ~ **на дальнем конце/переходное** *(Nrt)* Fernnebensprechdämpfung *f* ǁ ~ **на единицу длины** *(Nrt)* Dämpfung *f* je Längeneinheit, Dämpfungsbelag *m* ǁ ~ **на участке линии** *(Nrt)* Streckendämpfung *f*, Felddämpfung *f* ǁ ~ **нелинейности** Klirrdämpfung *f* ǁ ~ **нелинейных искажений** Klirrdämpfung *f* ǁ ~/**обратное** *(Nrt)* Rückwärtsdämpfung *f* ǁ ~/**общее переходное** *(Nrt)* Gesamtübersprechdämpfung *f* ǁ ~/**остаточное** Restdämpfung *f* ǁ ~/**относительное** relative Dämpfung *f* ǁ ~/**переходное разговора** *s.* ~/переходное ǁ ~/**переходное** *(Nrt)* Nebensprechdämpfung *f*; Übersprechdämpfung *f* ǁ ~/**полное** *s.* ~/суммарное ǁ ~/**потерь** *(El)* Verlustdämpfung *f* ǁ ~/**пространственное** Freiraumdämpfung *f*; *(Nrt)* räumliche Dämpfung *f* ǁ ~/**прямое** *(Nrt)* Vorwärtsdämpfung *f* ǁ ~/**рабочее** *(Nrt)* Betriebsdämpfung *f* ǁ ~/**радиационное** *(Ph)* Strahlungsdämpfung *f* ǁ ~ **сейсмической энергии** Dämpfung *f* der seismischen Energie ǁ ~/**собственное** Eigendämpfung *f* ǁ ~/**сравнительное** *(Nrt)* Vergleichsdämpfung *f* ǁ ~ **столкновением** *(Ph)* Stoßdämpfung *f* ǁ ~/**суммарное** *(Nrt)* Gesamtdämpfung *f*, Summendämpfung *f* ǁ ~/**теплопроводности** Wärmeleitungsdämpfung *f* ǁ ~/**удельное** spezifische Dämpfung *f* ǁ ~ **цепи/собственное** *(El)* Leitungsdämpfung *f*, Gesamtdämpfung *f* der Leitung ǁ ~ **четырёхполюсника** *(Nrt)* Vierpoldämpfung *f* ǁ ~/**эквивалентное** *(Nrt)* Ersatzdämpfung *f*

затухать 1. erlöschen, abklingen; 2. *(El)* dämpfen; gedämpft werden, ausschwingen, abklingen

затухнуть *s.* затухать

затыкать verstopfen; abdichten; absperren

затылование *n (Fert)* Hinterdrehen *n*; Hinterarbeiten *n* ǁ ~/**токарное** Hinterdrehen *n* ǁ ~ **фрезерованием** Hinterfräsen *n* ǁ ~ **шлифованием** Hinterschleifen *n*

затыловать *(Fert)* hinterdrehen; hinterarbeiten

затылок *m (Wkz)* Zahnrücken *m*

затычка *f* Stöpsel *m*, Pfropfen *m*; Verschlußstopfen *m*

затягивание *n* 1. Hinziehen *n*, Verzögern *n*; 2. Anziehen *n*, Festziehen *n (Schrauben)*; 3. Spannen *n (z. B. Riemen)*; 4. *(Rf)* Ziehen *n*, Fre-

quenzmitziehen *n*; 5. *(Bgb)* Verschalen *n (Ausbau)* ‖ ~ **до отказа** Festziehen *n (von Schrauben)* ‖ ~ **фурм** Einfrieren *n* der Windformen *(Hochofen)*
затягивать 1. hinziehen, verzögern; 2. anziehen, festziehen *(Schrauben)*; 3. spannen *(Riemen)*; 4. *(Rf)* ziehen, mitziehen *(Frequenzen)*; 5. *(Bgb)* verziehen, verschalen *(Ausbau)*
затяжка *f* 1. Verzögerung *f*; 2. Anziehen *n (Schrauben)*; 3. *(Bw)* Bundbalken *m*, Zugbalken *m*, Zuganker *m*; 4. Klammer *f*; 5. *(Bgb)* Verzug *m (Ausbau)*; 6. Festfahren *n (Bohrgestänge)*; 7. *(Led)* Zwicken *n (Schutzherstellung)*; 8. *(Bw, Wlz)* Zugband *n*, Spannband *n*; 9. *(Text)* Fadenhänger *m*, Fadenzieher *m (Fehler an Geweben oder Gestricken)* ‖ ~ **боков** *(Bgb)* Stoßverzug *m* ‖ ~ **боковых стенок** *(Bgb)* Stoßverzug *m* ‖ ~ **бурового снаряда** *(Bgb)* Festfahren *n* des Bohrstranges ‖ ~ **вразбежку** *(Bgb)* Zaunverzug *m* ‖ ~ **всплошную** *(Bgb)* Vollverzug *m* ‖ ~/**гибкая** *(Bw)* elastisches Zugband *n (Brückenkonstruktion)* ‖ ~ **горбылём** *(Bgb)* Schwartenverzug *m* ‖ ~/**деревянная** *(Bgb)* Holzverzug *m* ‖ ~/**дополнительная** Nachspannung *f (Riemen)* ‖ ~ **досками** *(Bgb)* Vertäfelung *f (Getriebezimmerung)* ‖ ~/**железобетонная** *(Bgb)* Stahlbetonverzug *m (Ausbau)* ‖ ~/**жёсткая** *(Bw)* versteiftes Zugband *n (Bogenbrücke)* ‖ ~ **забоя** *(Bgb)* Ortsvertäfelung *f (Getriebezimmerung)* ‖ ~ **кровли** *(Bgb)* First[en]verzug *m* ‖ ~/**нитяная** *(Typ)* Fadenklammer *f* ‖ ~/**полная** *(Bgb)* Vollverzug *m* ‖ ~ **почвы досками** *(Bgb)* Sohlenverschalung *f*, Sohlenvertäfelung *f* ‖ ~/**предварительная** Vorspannung *f (Riemen)* ‖ ~ **проволочной сеткой** *(Bgb)* Maschendrahtverzug *m* ‖ ~ **пружины** Federspannung *f* ‖ ~ **пружины/предварительная** Federvorspannung *f* ‖ ~ **распилами** *(Bgb)* Halbholzverzug *m* ‖ ~/**сплошная** *(Bgb)* Vollverzug *m*
затянуть *s.* затягивать
заусенец *m* 1. Grat *m*, Bart *m*; 2. *(Wlz)* Walzgrat *m*; 3. Preßgrat *m*; 4. Gußgrat *m*
заформовать 1. *(Fert)* einbetten *(Fügeverfahren)*; 2. *(Gieß)* [ein]formen
зафронтальный *(Meteo)* postfrontal
захват *m* 1. Greifen *n*, Fassen *n*; Mitnahme *f*; 2. *(Masch)* Greifer *m*, Greiforgan *n*, Greiferhand *f (Roboter)*; Greifereinrichtung *f*; *(Wlz)* Mitnehmer *m*; 3. *(Ph)* Einfang *m*; 4. *(Bgb)* Schrämtiefe *f*; 5. *s.* ~/**рабочий** ‖ ~/**адаптивный** adaptiver Greifkopf *m (Roboter)* ‖ ~/**балансирный** Lastausgleichstraverse *f (Hebezeuge)* ‖ ~/**быстросменный** *(Fert)* Schnellwechselgreifer *m* ‖ ~/**вакуумный** Saugheber *m*, Vakuumlasthaftgerät *n (Hebezeuge)*; *(Masch)* Vakuumgreifer *m* ‖ ~/**вилочный** Klammergabel *f (Gabelstapler)*; Krangabel *f* ‖ ~/**внешний** Außengreifer *m* ‖ ~/**внутренний** Innengreifer *m* ‖ ~ **воды** *(Hydt)* Wasserfassung *f* ‖ ~/**гибкий** *(Fert)* Softgreifer *m* ‖ ~/**двупалый** *(Masch)* Zweifingergreifer *m* ‖ ~ **дырок** *(Ph)* Lochfang *m*, Defektelektroneneinfang *m* ‖ ~/**клещевой** Zangengreifer *m* ‖ ~/**магнитный** 1. *(Fert)* Magnetgreifer *m*; 2. *(Förd)* magnetisches Lasthaftgerät *n* ‖ ~/**мульдовый** *(Met)* Muldengreifer *m*, Muldengehänge *n*, Muldenzange *f (Muldenkran)* ‖ ~ **найтова** *(Schiff)* Dollbordhaken *m* ‖ ~/**наружный** Außengreifer

m ‖ ~ **нейтронов/радиационный** *s.* ~/**радиационный** ‖ ~ **носителей [заряда]** *(Ph)* Trägerhaftung *f*, Ladungsträgerhaftung *f* ‖ ~ **объекта** *(Rad)* Zielerfassung *f*, Zielmarkierung *f* ‖ ~ **орбитального электрона** *(Kern)* E-Einfang *m*, Elektroneneinfang *m* ‖ ~/**палочный** *(Masch)* Fingergreifer *m* ‖ ~ **позитрона** *(Kern)* Positroneneinfang *m*, β-Einfang *m* ‖ ~/**позитронный** *s.* ~ позитрона ‖ ~/**рабочий** *(Lw)* Arbeitsbreite *f (Landmaschinen)* ‖ ~/**радиационный** *(Kern)* Strahlungseinfang *m*, strahlender Einfang *m*, (x,y)-Prozeß *m* ‖ ~/**резонансный** *(Kern)* Resonanzeinfang *m* ‖ ~ **резонансных электронов** *(Kern)* Resonanzelektroneneinfang *m* ‖ ~ **стока** *(Ph)* Lichteinfang *m* ‖ ~ **стока** *(Hydt)* Abflußerfassung *f* ‖ ~/**телескопический** Teleskopgreifer *m (Hebezeuge)* ‖ ~/**траверсный** Traverse *f* ‖ ~/**трёхпалый** Dreifingergreifer *m*, Dreifingergreifeinheit *f (Roboter)* ‖ ~ **частиц** *(Kern)* Teilcheneinfang *m* ‖ ~/**челюстной** *(Fert)* Zangengreifer *m*, Greifzange *f* ‖ ~/**эксцентриковый** Exzenterklemme *f* ‖ ~/**электромагнитный** Magnetheber *m* ‖ ~ **электрона** *s.* ~ орбитального электрона ‖ ~/**ядерный** *s.* ~ ядром ‖ ~ **ядром** *(Kern)* Kerneinfang *m*, Einfangsprozeß *m*, Anlagerungsprozeß *m*
K-захват *m (Kern)* K-Einfang *m*, K-Elektroneneinfang *m*
L-захват *m (Kern)* L-Einfang *m*, L-Elektroneneinfang *m*
захватка *f* 1. Sperrhaken *m*, Sperrklinke *f*; 2. *(Wlz)* Fangarm *m*; 3. *(Met)* Rohrangel *f (beim Ziehen von Rohren)*; abgespitztes Ende *n (beim Ziehen vorher gepreßter Stangen)*; 4. *(Bw)* Arbeitsabschnitt *m*, Arbeitsbereich *m*; Arbeitstakt *m*
захватывание *n* Mitnahme *f*, Mitnehmen *n (s. a. unter* захват 1.*; 3.)* ‖ ~ **груза** Lastaufnahme *f* ‖ ~ **частоты** *(El)* Frequenzmitnahme *f*
захватывать 1. nehmen, ergreifen; 2. aufnehmen *(ein Werkstück im Spannfutter)*; 3. *(Kern)* einfangen *(Neutronen)*
захлёбывание *n (Ch)* Spucken *n*, Überfluten *n (Fehler in Destillationskolonnen)*
захлёбывать *(Ch)* fluten *(Destillationskolonnen)*
захлёбываться *(Ch)* spucken, überfluten *(von Kolonnen)*
захлёстывание *n* **нити** *(Text)* Fadenschleudern *n*, Fadenverschlingung *f*
захлопка *f* Schnellschlußklappe *f*, Klappenventil *n*, Rückschlagklappe *f* ‖ ~/**бортовая (штормовая)** *(Schiff)* Sturmklappe *f*
захлопывание *n* Zusammensturz *m*, Zusammenfallen *n*, Einsturz *m* ‖ ~ **полостей** Blasenimplosion *f*, Blaseneinsturz *m (Kavitation)*
заход *m* 1. Untergang *m (Sonne, Mond)*; 2. *(Flg)* Anflug *m*; 3. *(Schiff)* Anlaufen *n (einen Hafen)*; Einlaufen *n (in einen Hafen)*; 4. *(Fert)* Gang *m (des Gewindes)* ‖ ~ **в порт** Anlaufen *n* eines Hafens, Einlaufen *n* in einen Hafen ‖ ~/**гелиакический** *(Astr)* heliakischer Untergang *m* ‖ ~ **на посадку** *(Flg)* Landeanflug *m* ‖ ~ **на цель** *(Flg)* Zielanflug *m* ‖ ~/**сверху** *(Flg)* Überkurve *f* ‖ ~ **снизу** *(Flg)* Unterschneidkurve *f*
заходить в порт einen Hafen anlaufen, einlaufen *(in einen Hafen)*
заходка *f (Bgb)* Feld *n*, Gasse *f (Tiefbau)*; Streifen *m*, Schnitt *m*, Block *m (Tagebau)*

захоранивать *(Ökol)* endlagern
захоронение *n* 1. Lagerung *f*, Beseitigung *f (Abfälle)*; 2. *(Geol)* Einbettung *f*; 3. *(Ökol)* Endlagerung *f* ‖ ~ **отходов** Abfallbeseitigung *f*; Abfallagerung *f* ‖ **~/подземное** unterirdische Endlagerung *f* ‖ ~ **радиоактивных отходов** [/**окончательное**] Endlagerung *f* radioaktiver Abfälle
зацентровать *s*. зацентровывать
зацентровка *f (Fert)* Zentrieren *n*
зацентровывать *(Fert)* zentrieren
зацепка *f* 1. Sperrhaken *m*, Sperrklinke *f*; 2. Daumen *m*, Mitnehmer *m*; 3. Verhaken *n*, Hängenbleiben *n*
зацепление *n (Masch)* 1. Verzahnung *f*; 2. Eingriff *m (Zahnräder)*; 3. Greifen *n*, Greifvorgang *m (der Walzen)* ‖ **~/беззазорное** spielfreie Verzahnung *f* ‖ **~/внешнее** Außenverzahnung *f* ‖ **~/внутреннее** Innenverzahnung *f* ‖ **~/гипоидное** Hypoidverzahnung *f* ‖ **~/двухточечное** Doppelpunktverzahnung *f* ‖ **~/длительное** Dauereingriff *m* ‖ ~ **звёздочки/зубчатое** Kettenradverzahnung *f*; Zahneingriff *m*; Kämmen *n*, Kämmung *f (Zahnräder)* ‖ ~ **колёсами с укороченными зубьями** Kurzverzahnung *f* ‖ **~/корригированное** korrigierte Verzahnung *f* ‖ **~/косозубое** Schrägverzahnung *f* ‖ **~/косозубых конических колёс** Kegelschrägverzahnung *f* ‖ ~ **круговыми зубьями** Bogenverzahnung *f* ‖ **~/кулачковое** *s*. ~/цевочное ‖ **~/нулевое** Nullverzahnung *f* ‖ **~/одиночное** Einzelverzahnung *f* ‖ **~/октоидное** Oktoidenverzahnung *f* ‖ **~/парное** Paarverzahnung *f* ‖ **~/плоское** Planverzahnung *f* ‖ **~/прямозубое** Geradflankenverzahnung *f* ‖ **~/реечное** 1. Zahnstangenverzahnung *f*; 2. Zahnstangeneingriff *m* ‖ **~/рядовое** Satzräderverzahnung *f* ‖ ~ **с неподрезанными зубьями** unterschnittfreie Verzahnung *f* ‖ **~/смешанное** Mischverzahnung *f* ‖ **~/специальное** Sonderverzahnung *f* ‖ **~/точечное** 1. Punktverzahnung *f*; 2. Punkteingriff *m* ‖ **~/цевочное** Daumenverzahnung *f*, Triebstockverzahnung *f*, Zapfenverzahnung *f* ‖ **~/циклоидное** Zykloidenverzahnung *f* ‖ **~/червячное зубчатое** Schneckenradverzahnung *f* ‖ **~/шевронное [зубчатое]** Pfeilverzahnung *f* ‖ **~/эвольвентное** Evolventenverzahnung *f* ‖ **~/эпициклоидное** Epizykloidenverzahnung *f*
зацеплять *(Masch)* eingreifen [ineinander], in Eingriff bringen
зацепляться 1. *(Fert)* im Eingriff stehen, [miteinander] kämmen *(Zahnräder)*; 2. sich verhaken *(Montage)*
зачаливание *n s*. зачалка
зачалка *f (Förd)* Anbinden *n*, Anhängen *n*, Anschlage *n (Last)*
зачаток *m s*. зародыш
зачеканить verstemmen, einstemmen
зачеканка *f (Bw)* Ausfüllen *n*, Ausstopfen *n*, Abdichten *n*, Verschließen *n*
зачистка *f* 1. Reinigen *n*, Reinigung *f*, Säubern *n*; 2. Oberflächenvorbehandlung *f (vor einer galvanischen oder elektrolytischen Bearbeitung)*; 3. *(Wlz)* Entsintern *n*, Entsinterung *f*; 4. Putzen *n*, Verputzen *n*, Nachputzen *n*; Feinputzen *n (Gußteil)*; 5. Nachbearbeitung *f (z. B. von Ausschuß)*; 6. *(Bgb)* Putzen *n (des Kohlehangenden)* ‖

~ **заусенцев** *(Gieß)* Entgraten *n*, Abgraten *n* ‖ ~ **изоляции** *(El)* Abisolieren *n*, Entisolieren *n* ‖ **~/кислородная** *(Schw)* Brennputzen *n* ‖ ~ **литья** *(Gieß)* Gußputzen *n*, Putzen *n* ‖ **~/мокрая** Naßreinigung *f* ‖ **~/огневая** Flammputzen *n*, Flammhobeln *n*, Brennputzen *n*, Flämmen *n (Guß, Walzgut, Schmiedeteile)* ‖ ~ **отливок** *(Gieß)* Gußputzen *n*, Putzen *n* ‖ **~/сухая** Trockenreinigung *f*
зачищать 1. reinigen, säubern; 2. *(Wlz)* entsintern; 3. nacharbeiten *(fehlerhafte Teile)*; 4. putzen *(Gußteile)* ‖ ~ **изоляцию** *(El)* abisolieren, entisolieren
зашивка *f* Verschalung *f*, Verkleidung *f*; *(Schiff)* Wegerung *f*, Verkleidung *f*
зашлаковка *f s*. зашлаковывание
зашлаковывание *n* Verschlacken *n*, Verschlackung *f*; Schlackenbildung *f*
зашламо[вы]вание *n (Bgb)* Verschlammen *n (des Bohrloches)*
зашплинтовывать *(Fert)* versplinten *(einen Bolzen)*
заштрихованный schraffiert
заштыбовка *f (Bgb)* Verstopfung *f*, Verkeilen *n (der Kohlenschrämmaschine durch Schrämklein)*
зашунтированный *(El)* geshuntet, mit Nebenschluß versehen; parallelgeschaltet, nebengeschaltet
зашунтировать *s*. шунтировать
защёлка *f* 1. Sperrklinke *f*, Sperre *f*, Klinke *f*, Sperrhaken *m*; Falle *f*, Schnapper *m*; 2. *(Masch)* Sperradgetriebe *n*; Gesperre *n*; 3. *(Inf)* Latch *m* ‖ **~/блокировочная** Verriegelungsklinke *f*; Sperrklinke *f*; Riegel *m* ‖ **~/западающая** Einfallklinke *f*, Sperrfalle *f* ‖ **~/предохранительная** Sicherungsklinke *f* ‖ **~/расцепная** Auslöseklinke *f* ‖ **~/храповая** Sperrklinke *f* ‖ **~/шариковая** Kugelraste *f*; Kugelschnapper *m*
защёлкивание *n* Einklinken *n*, Einschnappen *n*
защемление *n* Klemmen *n*, Verklemmen *n*, Festklemmen *n* ‖ ~ **входов** *(Inf)* Latch-up-Effekt *m*
защипать *(Fert)* zusammendrücken
защита *f* 1. Schutz *m*; Abschirmung *f*; Sicherung *f*; 2. Schutzeinrichtung *f*, Schutzvorrichtung *f* ‖ **~/аварийная** *(El)* Schutzschaltung *f* ‖ **~/анодная** anodischer Korrosionsschutz *m*, anodische (elektrochemische) Passivierung *f*; anodische Polarisation *f* ‖ **~/антикоррозионная** Korrosionsschutz *m*; Rostschutz *m* ‖ **~/бетонная** *(Kern)* Betonschutzschicht *f*, Betonabschirmung *f (Reaktor)* ‖ **~/биологическая** *(Kern)* biologische Abschirmung *f*, biologischer Schutz *m* ‖ **~/верхняя** obere Abschirmung *f* ‖ **~/водоёмов/санитарная** Gewässerschutz *m*, Gewässerhygiene *f* ‖ **~/водометаллическая** *(Kern)* Metall-Wasser-Abschirmung *f*, Metall-Wasser-Schutz *m* ‖ **~/вторичная** *(Kern)* Sekundärstrahlungsschutz *m* ‖ **~/грозовая** *(El)* Gewitterschutz *m*, Blitzschutz *m* ‖ ~ **данных** *(Inf)* Datensicherung *f*, Datenschutz *m* ‖ ~ **данных паролем** Kennwortdatenschutz *m*, Datenschutz *m* über Kennwort ‖ ~ **данных по ключу** Datenschutz *m* über Schlüsselwort ‖ **~/дистанционная** *(El)* Distanzschutz *m* ‖ **~/индукционная** *(El)* Induktionsschutz *m* ‖ **~/катодная** *(El)* Kathodenschutz *m*, kathodischer Schutz *m* ‖ **~/конструктивная противопожарная** baulicher Brand-

schutz *m* ‖ ~/**коррозионная** Korrosionsschutz *m*; Rostschutz *m* ‖ ~/**ледовая** *(Schiff)* Eisschutz *m* ‖ ~/**максимальная токовая** *(El)* Überstromschutz *m* ‖ ~/**металловод[ород]ная** *s.* ~/**водометаллическая** ‖ ~/**направленная** *(El)* Richtungsschutz *m* ‖ ~ **напряжения** *(El)* Spannungsschutz *m* ‖ ~ **напряжения/максимальная** Überspannungsschutz *m* ‖ ~ **напряжения/минимальная** Unterspannungsschutz *m*, Spannungsrückgangsschutz *m* ‖ ~ **населения** *(Ökol)* Bevölkerungsschutz *m* ‖ ~ **объёмных изделий** Hohlraumschutz *m* ‖ ~ **окружающей среды** Umweltschutz *m* ‖ ~ **оксидными плёнками** Passivierung *f (von Metallen)* ‖ ~ **от взрыва** Explosionsschutz *m* ‖ ~ **от гамма-излучения** *(Kern)* Abschirmung *f* gegen Gammastrahlung; Gammastrahlenabschirmung *f*, Gammastrahlenschutz *m* ‖ ~ **от действия рентгеновских лучей** *(Kern)* Röntgen[strahlen]schutz *m* ‖ ~ **от замыкания на землю** *(El)* Erdschlußschutz *m* ‖ ~ **от звуковых колебаний** Schallschutz *m* ‖ ~ **от излучений** *(Kern)* Strahlenschutz *m*, Strahlenabschirmung *f*; Strahlenschild *m*, Strahlungsschild *m* ‖ ~ **от излучения/местная** lokaler Strahlenschutz *m* ‖ ~ **от изменения полярности** *(El)* Verpolungsschutz *m* ‖ ~ **от короткого замыкания** *(El)* Kurzschlußschutz *m* ‖ ~ **от коррозии** Korrosionsschutz *m*; Rostschutz *m* ‖ ~ **от максимального напряжения** *(El)* Überspannungsschutz *m* ‖ ~ **от нейтронов** *(Kern)* Neutronenschutz *m*, Neutronenabschirmung *f*, Schutz *m* gegen Neutronen ‖ ~ **от неправильной полярности** *(El)* Verpolungsschutz *m* ‖ ~ **от обледения** Vereisungsschutz *m* ‖ ~ **от окисления** Oxidationsschutz *m* ‖ ~ **от ореолов** *(Photo)* Lichthofschutz *m* ‖ ~ **от оружия массового поражения** Schutz *m* vor Massenvernichtungswaffen ‖ ~ **от перегрузок** *(El)* Überlast[ungs]schutz *m*, Überlastungssicherung *f* ‖ ~ **от перенапряжения** *(El)* Überspannungsschutz *m* ‖ ~ **от повышения частоты** *(El)* Überfrequenzschutz *m* ‖ ~ **от подслушивания** *(Nrt)* Mithörschutz *m* ‖ ~ **от помех** *(Rf)* Störschutz *m* ‖ ~ **от понижения частоты** *(El)* Unterfrequenzschutz *m* ‖ ~ **от прикосновения** *(El)* Berührungsschutz *m* ‖ ~ **от ржавления** Rostschutz *m* ‖ ~ **от сверхтоков** *(El)* Überstromschutz *m* ‖ ~ **от столкновения** Kollisionsschutz *m* ‖ ~ **от шумов** Lärmschutz *m* ‖ ~ **памяти** *(Inf)* Speicherschutz *m (Schreibsperre)* ‖ ~ **паролем** *(Inf)* Dateischutz *m* über Kennwort ‖ ~ **первичная** *(El)* Primärstrahlungsschutz *m* ‖ ~ **по записи** *(Inf)* Schreibsperre *f* ‖ ~ **по ключу** *(Inf)* Datenschutz *m* über Kennwort ‖ ~ **по считыванию** *(Inf)* Lesesperre *f* ‖ ~ **по поверхности** Oberflächenschutz *n* ‖ ~/**полигонная** *(El)* Polygonschutz *m* ‖ ~/**поперечная дифференциальная** *(El)* Querdifferentialschutz *m* ‖ ~ **почвы от эрозии** *(Lw)* Bodenschutzmaßnahmen *fpl* gegen Erosion ‖ ~ **предохранителями** *(El)* Absicherung *f* ‖ ~ **природы** Naturschutz *m*, Schutz *m* der Natur ‖ ~ **программ[ы]** *(Inf)* Programmschutz *m* ‖ ~ **протекторами** *s.* ~/**электрохимическая** ‖ ~/**противодымная** Rauchschutz *m* ‖ ~/**противокоррозионная** Korrosionsschutz *m* ‖ ~/**противоореольная** *(Photo)* Lichthofschutz *m* ‖ ~/**противопаводковая** Schutz *m* gegen Hochwasser, Hochwasserschutz *m* ‖ ~/**радиационная** *s.* ~ **от излучений** ‖ ~ **растений** *(Ökol, Lw)* Pflanzenschutz *m* ‖ ~ **реактора/аварийная** *(Kern)* Schnellschlußeinrichtung *f*, Schnellschlußsystem *n (Reaktor)* ‖ ~/**релейная** *(El)* Relaisschutz *m* ‖ ~/**свинцовая** Bleiverkleidung *f* ‖ ~/**селективная** *(Inf)* wahlweiser Schutz *m* ‖ ~ **сетей** *(El)* Netzschutz *m* ‖ ~/**сильноточная** *(El)* Starkstromschutz *m* ‖ ~/**тепловая** Wärmeschutz *m*; *(Kern)* Wärmeabschirmung *f (in der Spaltzone des Reaktors)* ‖ ~ **тока/минимальная** *(El)* Unterstromschutz *m* ‖ ~/**токовая** *(El)* Stromschutz *m* ‖ ~ **тома** *(Inf)* Datenträgerschutz *m* ‖ ~/**тросовая** *(El)* Erdseilschutz *m*, Blitzseilschutz *m* ‖ ~ **файла** *(Inf)* Dateischutz *m* ‖ ~ **защита файла с помощью ключа** Dateischutz *m* über Kennwort ‖ ~/**электрохимическая** elektrochemischer Schutz *m* ‖ ~ **ядерного реактора** *(Kern)* Reaktorabschirmung *f*

защитный Schutz…, Sicherheits…
защищать schützen, sichern; abschirmen ‖ ~ **предохранителями** *(El)* absichern
защищающий от коррозии korrosionsschützend, vor korrosivem Angriff schützend
защищённость *f* Schutz *m*, Sicherheit *f* ‖ ~ **от переходных разговоров** *(Nrt)* Nebensprechunterdrückung *f* ‖ ~ **от помех** Störsicherheit *f*, Störschutz *m*
защищённый geschützt, gesichert; abgeschirmt ‖ ~ **от атмосферных влияний** wettergeschützt ‖ ~ **от взрыва** explosionsgeschützt, *(Bgb)* schlagwettergeschützt ‖ ~ **от излучений** strahlungsschutz, strahlungsgeschützt, strahlensicher, strahlengeschützt ‖ ~ **от капежа** tropfwassergeschützt ‖ ~ **от коррозии** korrosionsgeschützt ‖ ~ **от мороза** frostgeschützt ‖ ~ **от помех** entstört ‖ ~ **от прикосновений** berührungsgeschützt ‖ ~ **от пыли** staubgeschützt
заэвтектический übereutektisch, hypereutektisch *(Gefüge)*
заэвтектоидный übereutektoid, hypereutektoid *(Gefüge)*
заявка *f* Anzeige *f*, Anmeldung *f*, Anforderung *f*; *(Nrt)* Gesprächsanmeldung *f*; *(Inf)* Anforderung *f*, Anfrage *f*
ЗВ *s.* **звонок**
звезда *f (Astr, El, Masch)* Stern *m* ‖ ~/**азимутальная** *(Astr)* Azimutstern *m* ‖ ~/**азотная** *(Astr)* Stickstoffstern *m* ‖ ~/**аннигиляции** *(Kern)* Zerstrahlungsstern *m* ‖ ~ **Барнарда [/летящая]** *(Astr)* [Barnardscher] Pfeilstern *m* ‖ ~/**близполярная** *(Astr)* Zirkumpolarstern *m* ‖ ~/**ведущая** *s.* ~/**гидирующая** ‖ ~/**взрывная переменная** *(Astr)* Eruptionsveränderlicher *m* ‖ ~/**визуально-двойная** *(Astr)* visueller Doppelstern *m* ‖ ~ **Вольфа-Райе** *(Astr)* Wolf-Rayet-Stern *m* ‖ ~/**вспыхивающая** *(Astr)* Flarestern *m* ‖ ~/**гидирующая** *(Astr)* Leitstern *m* ‖ ~/**главная** *(Astr)* Hauptstern *m*, Hauptkomponente *f* ‖ ~ **главной последовательности** *(Astr)* Hauptreihenstern *m (Hertzsprung-Russell-Diagramm)* ‖ ~/**двойная** *(Astr)* Doppelstern *m* ‖ ~/**долгопериодическая переменная** *(Astr)* langperiodischer Veränderlicher (veränderlicher Stern) *m*

звезда

|| ~/**затменная** *(Astr)* Bedeckungsstern *m* ||
~/**затменная [двойная] переменная** *(Astr)*
Bedeckungsveränderlicher *m* || ~/**затменно-
переменная** *(Astr)* Bedeckungsveränderlicher
m || ~/**карликовая** *(Astr)* Zwergstern *m* || ~/**ка-
таклизмическая переменная** *(Astr)* kataklys-
mischer Veränderlicher *m* || ~/**красная полу-
правильная пульсирующая** *(Astr)* roter halb-
regelmäßiger Pulsationsveränderlicher *m* ||
~/**кратная** *(Astr)* Mehrfachstern *m* || ~/**магнит-
ная** *(Astr)* magnetischer Stern *m* || ~/**магнитно-
переменная** *(Astr)* magnetischer Veränderli-
cher (veränderlicher Stern) *m* || ~ **малой свети-
мости** *(Astr)* Stern *m* geringer Leuchtkraft ||
~/**металлическая** *(Astr)* Metallinienstern *m* ||
~/**незаходящая** *(Astr)* Zirkumpolarstern *m* ||
~/**нейтронная** *(Astr)* Neutronenstern *m* || ~/**не-
подвижная** *(Astr)* Fixstern *m* || ~/**неправиль-
ная переменная** *(Astr)* unregelmäßiger Verän-
derlicher *m* || ~/**неправильная пульсирую-
щая** *(Astr)* unregelmäßiger Pulsationsveränder-
licher *m* || ~/**новая** *(Astr)* Nova *f*, Neuer Stern *m*
|| ~/**новоподобная [переменная]** *(Astr)* nova-
ähnlicher Veränderlicher *m* || ~/**одиночная**
(Astr) Einzelstern *m* || ~/**околополярная** *s.*
~/**близполярная** || ~/**опорная** *(Astr)* Anhalts-
stern *m*, Fundamentalstern *m* || ~/**оптическая
двойная** *(Astr)* optischer Doppelstern *m* || ~/**оп-
тическая переменная** *(Astr)* optischer Verän-
derlicher *m* || ~/**падающая** *(Astr)* Sternschnup-
pe *f* || ~/**переменная** *(Astr)* Veränderlicher *m*,
veränderlicher Stern *m* || ~/**повторная новая**
(Astr) wiederkehrende Nova *f*, Novula *f* || ~/**по-
луправильная переменная** *(Astr)* halbregel-
mäßiger Veränderlicher *m* || ~ **поля** *(Astr)* Feld-
stern *m* || ~/**полярная** *(Astr)* Polarstern *m*,
Nordstern *m*, Stella Polaris || ~/**пульсирующая
переменная** *(Astr)* Pulsationsveränderlicher *m*
|| ~ **расщепления** *(Kern)* Zertrümmerungsstern
m || ~/**роторная** *(El)* Rotorstrom *m*, Läuferkreuz
n || ~/**рулонная** *(Typ)* Rollenstern *m* *(Druckma-
schine)* || ~ **с протяжённой атмосферой**
(Astr) Hüllenstern *m* || ~/**сверхновая** *(Astr)*
Supernova *f* || ~/**слабая** *(Astr)* lichtschwacher
Stern *m* || ~/**спектрально-двойная** *(Astr)*
spektroskopischer Doppelstern *m* || ~ **сравне-
ния** *(Astr)* Vergleichsstern *m* || ~ **типа Миры/
переменная** *(Astr)* Mira-Stern *m*, Mira-Verän-
derlicher *m* || ~ **типа Т Тельца** *(Astr)* T-Tauri-
Stern *m* || ~/**тройная** *(Astr)* Dreifachstern *m* ||
~/**углеродная** *(Astr)* Kohlenstoffstern *m*
~/**физическая двойная** *(Astr)* physischer
Doppelstern *m* || ~/**физическая переменная**
(Astr) physischer Veränderlicher *m* || ~/**фото-
метрическая двойная** *(Astr)* photometrischer
Doppelstern *m* || ~/**часовая** *(Astr)* Zeitstern *m* ||
~/**эруптивная переменная** *(Astr)* Eruptions-
veränderlicher *m* || ~/**якорная** *(El)* Ankerstern
m, Ankerkreuz *m*

звезда-гигант *f (Astr)* Riesenstern *m*, Riese *m*,
Gigant *m*

звезда-карлик *f (Astr)* Zwerg[stern] *m*, Hauptrei-
henstern *m*

звезда-сверхгигант *f (Astr)* Überriese *m*, Übergi-
gant *m*

звезда-субгигант *f (Astr)* Unterriese *m*, Untergi-
gant *m*

звезда-субкарлик *f (Astr)* Unterzwerg *m*

звёздный Stern[en]..., stellar, Stellar...; siderisch

звездолёт *m* interstellares Raumschiff *n*, interstel-
larer Raumflugkörper *m*

звездообразование *n (Astr)* Sternbildung *f*,
Sternentstehung *f*

звездоподобный sternähnlich, sternartig

звездотрясение *n* Sternbeben *n*

звёздочка *f* 1. *(Masch)* Kettenrad *n*, Kettenstern
m; Kettennuß *f*, Nuß *f*; 2. *(Masch)* Daumenrad *n*,
Daumenrolle *f*; 3. *(Inf)* Schutzstern *m*, Sternzei-
chen *n*; 4. *(Math)* Stern *m*, Sternchen *n* *(Sym-
bol)*; 5. *(Schiff)* Kettennuß *f (Ankerwinde)* ||
~/**ведомая** *(Masch)* angetriebenes Kettenrad
n || ~/**ведущая** *(Masch)* Antriebskettenrad *n* ||
~ **зубчатой цепи** *(Masch)* Zahnkettenrad *n* ||
~/**направляющая** *(Masch)* Umlenkkettenrad *n*
|| ~/**натяжная** *(Masch)* Spannkettenrad *n* ||
~/**отклоняющая** *(Masch)* Ablenkkettenrad *n* ||
~/**поворотная** *(Masch)* Umlenkkettenrad *n* ||
~/**разъёмная** *(Masch)* geteiltes Kettenrad *n* ||
~ **собирателя** *(Typ)* Sammlerstern *m* || ~/**цен-
ная** *(Masch)* Kettenrad *n*, Kettenstern *m*; Ket-
tennuß *f*, Nuß *f (Kettentrieb)*

звено *n* 1. Glied *n* *(z. B. einer Kette)*, Schake *f*
(einer Kette); 2. Strang *m* *(z. B. einer Rohrlei-
tung)*; 3. Schuß *m (Kessel)*; 4. *(Reg)* Übertra-
gungsglied *n*, Glied *n*; *(Inf)* Verbindungsglied *n*;
5. *(El)* Gleisjoch *n* || ~/**активное** *(Reg)* aktives
Glied (Element) *n* || ~/**апериодическое** *(Reg)*
Verzögerungsglied *n*; aperiodisch wirkendes
Glied *n* || ~/**астатическое** *(Reg)* astatisches
Glied *n* *(s. a.* ~/**интегрирующее**) || ~ **без запаз-
дывания** *(Reg)* totzeitfreies Glied *n* || ~/**безы-
нерционное** *(Reg)* trägheitsloses Glied *n* ||
~/**бинарное** *(Reg)* binäres Glied *n* || ~/**веду-
щее** *(Masch)* Antriebsglied *n*, treibendes Glied *n*
|| ~/**время-импульсное** *(Reg)* Impulszeitglied *n*
|| ~/**входное** *(Reg)* Eingangsglied *n* || ~/**вы-
ходное** *(Reg)* Ausgangsglied *n* || ~/**гусенич-
ное** Gleiskettenglied *n* || ~/**данных** *(Inf)* Daten-
verbindung *f* || ~/**двухпозиционное** *(Reg)* bi-
stabiles Glied *n* || ~/**демпфирующее** *(Kyb)*
Dämpfungsglied *n*, Dämpfungselement *n* ||
~ **дискретного действия/запаздывающее**
(Reg) unstetiges Totzeitglied *n* || ~/**дифферен-
цирующее** *(Reg)* D-Glied *n*, differenzierendes
Glied *n*, Differenzier[ungs]glied *n* || ~/**задержи-
вающее** *(Reg)* Verzögerungsglied *n*, Verzöge-
rungselement *n* || ~ **задержки** *s.* ~/**задержи-
вающее** || ~/**запаздывающее** *(Reg)* Totzeit-
glied *n*, T_0Glied *n* || ~/**запирающее** *(Reg)*
Sperrglied *n* || ~/**идеальное запаздывающее**
(Reg) ideales (reines) Totzeitglied *n* || ~/**изме-
рительное** 1. *(Reg)* Vergleichsglied *n*; 2. Meß-
glied *n*, Meßelement *n* || ~/**инерционное** *(Reg)*
träges (trägheitsbehaftetes) Glied *n*, Trägheits-
glied *n* || ~/**интегрирующее** *(Reg)* I-Glied *n*,
integrierendes Glied *n*, Integrierglied *n*, Integra-
tionsglied *n* || ~/**исполнительное** *(Reg)* Stell-
glied *n*, Stellwerk *n* || ~/**компенсирующее**
(Reg) Kompensationsglied *n* || ~/**конечное**
(Reg) Endglied *n*, Schlußglied *n* || ~/**концевое**
Endglied *n (Ankerkette)* || ~/**корректирующее**
(Reg) Korrekturglied *n*, Korrektionsglied *n* ||
~/**линейное** *(Reg)* lineares Glied (Element) *n* ||
~/**линейное передаточное** lineares Übertra-

gungsglied *n* ‖ ~ **линии задержки** *(Reg)* Laufzeitglied *n* ‖ **~/логическое** *(Reg)* logisches Glied *n*, Logikglied *n* ‖ **~/множительное** *(Reg)* Multiplikationsglied *n*, Multiplikator *m* ‖ **~/нелинейное** *(Reg)* nichtlineares Glied (Element) *n* ‖ **~ непрерывного действия/запаздывающее** *(Reg)* stetiges Totzeitglied *n* ‖ **~/неустойчивое** *(Reg)* instabiles Glied *n* ‖ **~/общее** Normalglied *n* (Ankerkette) ‖ **~/операционное** *(Reg)* Operationsglied *n*, Operationselement *n* ‖ **~ опережения** *(Reg)* Vorhalteglied *n* ‖ **~ оптоэлектроники/элементарное** (Eln) Elementaroptron *n*, Optron *n*, op[toelek]tronisches Koppelelement *n* ‖ **~/передающее** *(Reg)* Übertragungsglied *n* ‖ **~/пассивное** *(Reg)* passives Glied *n* ‖ **~ переменного тока/корректирующее** *(Reg)* Wechselstromkorrekturglied *n* ‖ **~/подвижное** bewegliches Glied *n* ‖ **~/предваряющее** *(Reg)* Vorhaltglied *n* ‖ **~/преобразовательное (преобразующее)** *(Reg)* Umform[er]glied *n* ‖ **~/промежуточное** *(Reg)* Zwischenglied *n* ‖ **~/пропорциональное** *(Reg)* P-Glied *n*, proportionales (proportionalwirkendes) Glied *n*, Proportionalglied *n* ‖ **~ пупинизированной линии** *(Nrt)* Spulenfeld *n*, Bespulungsglied *n*, Pupinglied *n* ‖ **~ регулирования** Regelglied *n* ‖ **~ регулятора** Reglerglied *n* ‖ **~/релейное** *(Reg)* Relaisglied *n* ‖ **~/рельсовое** *(Eb)* Gleisjoch *n* ‖ **~ с насыщением** *(Reg)* Sättigungsglied *n* ‖ **~ с опережением** *(Reg)* Vorhaltglied *n* ‖ **~ с отставанием** *(Reg)* Verzögerungsglied *n* ‖ **~ связи** *s*. **~/связывающее** ‖ **~/связывающее** *s*. **~/связывающее** *(Reg)* Bindeglied *n*; Kopplungsglied *n*, Koppelglied *n* ‖ **~/симметрирующее** *(Reg)* Symmetrieglied *n*, Anpassungsglied *n* ‖ **~/следящее** *(Reg)* Folgeglied *n* ‖ **~/согласующее** *(Reg)* Anpaßglied *n*, Anpassungsglied *n*; Abgleichglied *n* ‖ **~/соединительное** 1. Kettenschloß *n*; 2. Verbindungsglied *n* (Ankerkette) ‖ **~/сравнивающее** *(Reg)* Vergleichsglied *n*, Vergleichselement *n* ‖ **~/стабилизирующее** *(Reg)* Stabilisierungsglied *n* ‖ **~/статическое** *(Reg)* statisches Glied (Element) *n* ‖ **~/стопорное** Sicherungsglied *n* ‖ **~/структурное** 1. *(El)* Bauglied *n*, Bauelement *n*; 2. *(Ch)* Strukturelement *n*, Bauelement *n*; 3. *(Kst)* Grundmolekül *n*, Staudinger-Einheit *f* ‖ **~/усилительное** *(Reg)* Verstärkerglied *n*, Verstärkungsglied *n* ‖ **~/успокоительное** *(Reg)* Dämpfungsglied *n* ‖ **~/устойчивое** *(Reg)* stabiles Glied *n* ‖ **~/фазовращающее** *(Reg)* Phasendrehglied *n*, Phasenschieberglied *n* ‖ **~/фазосдвигающее** *s*. **~/фазовращающее** ‖ **~/фиксирующее** *(Reg)* Halteglied *n* ‖ **~ фильтра** *(El)* Siebglied *n*, Filterglied *n* ‖ **~ фильтра нижних частот** *(El)* Tiefpaßglied *n* ‖ **~ холостое** Leerschake *f* (Eimerkettenbagger) ‖ **~ цепи** Kettenglied *n* ‖ **~ цепи регулирования** Regelkreisglied *n* ‖ **~ цепи/соединительное** Kettenschloß *n* ‖ **~/цифровое** *(Reg)* digitales Glied *n* ‖ **~ четырёхполюсника** *(Nrt)* Teilvierpol *m*
звеноукладка *f (Eb)* Gleisjochverlegung *n*
звень *f* Gelenkarm *m*
звонить [по телефону] *(Nrt)* [an]rufen
звонок *m* 1. Glocke *f*; 2. *(El)* Wecker *m*, Klingel *f* ‖ **~/блокировочный** *(Eb)* Blockwecker *m* ‖ **~/двухчашечный** Zweischalenwecker *m* ‖

~ переменного тока Wechselstromwecker *m* ‖ **~/электрический** elektrical Klingel *f*
звук *m* Laut *m*, Ton *m*, Schall *m* ‖ **~/воздушный** Luftschall *m* ‖ **~ высокой частоты** Hochfrequenzschall *m*, HF-Schall *m* ‖ **~/контрольный** Pilotton *m* ‖ **~/материальный** *(Ak, Bw)* Bodenschall *m*, Körperschall *m* ‖ **~/основной** Grundton *m* ‖ **~/сложный** Tongemisch *n* ‖ **~/слышимый** hörbarer Schall *m* ‖ **~/стереофонический** 3-D-Klang *m*, Raum[ton]klang *m* ‖ **~/структурный** Körperschall *m* ‖ **~/ударный** Trittschall *m* ‖ **~/ультракороткий** Hyperschall *m* ‖ **~ фильма** Filmton *m*
звуковизуальный audiovisuell
звуковой Schall..., Ton...
звуковоспроизведение *n* Schallwiedergabe *f*; Tonwiedergabe *f*
звуковоспроизводящий Schallwiedergabe...; Tonwiedergabe...
звукозаписывающий Schallaufzeichnungs...; Tonaufzeichnungs...
звукозапись *f* Schallaufzeichnung *f*, Schallaufnahme *f*; Tonaufzeichnung *f*, Tonaufnahme *f* ‖ **~/амплитудная** Amplitudenschrift *f* ‖ **~/интенсивная** Intensitätsschrift *f*, Sprossenschrift *f* ‖ **~/магнитная** magnetische Schallaufzeichnung (Schallschrift) *f*; Magnetonaufzeichnung *f* ‖ **~/механическая** mechanisches Schallaufzeichnungsverfahren; mechanisches Tonaufzeichnungsverfahren *n*; Nadeltonverfahren *n* ‖ **~/многодорожечная** Mehrspur[schall]aufzeichnung *f*; Viel[fachton]spuraufzeichnung *f* ‖ **~/обесшумленная** Tonaufzeichnung *f* ohne Grundrauschen ‖ **~/оптическая** optisches Schallaufzeichnungsverfahren *n*; Lichttonaufzeichnung *f*, Lichttonverfahren *n* ‖ **~/поперечная** transversale Tonaufzeichnung *f*, Zackenschrift-Tonaufzeichnung *f* ‖ **~/трансверсальная** Zackenschrift *f* ‖ **~/фотографическая** *s*. **~/оптическая**
звукоизлучатель *m* Schallstrahler *m*
звукоизлучение *n* Schall[aus]strahlung *f*, akustische Strahlung *f*, Schallabstrahlung *f*
звукоизолятор *m* Schallisolator *m*, Schalldämmstoff *m*
звукоизоляция *f* Schalldämmung *f*; Schallschutz *m*
звуколокатор *m* Schallradar *n*
звуколокация *f* Schallortung *f*
звуколюминесценция *f* Sonolumineszenz *f (bei Anregung durch Ultraschall)*
звукомер *m* Lautstärkemesser *m*
звукометрия *f* Schallmessung *f*, Phonometrie *f*
звукомонтаж *m* Tonmontage *f*, Tonmischung *f*
звуконепроницаемый schalldicht, schalltot
звуконоситель *m* Schallträger *m*, Tonträger *m* ‖ **~/ленточный** Tonträgerband *n* ‖ **~/магнитный** Magnettonträger *m* ‖ **~/проволочный** Tonträgerdraht *m*
звукообразование *n* Schallerzeugung *f*, Schallerregung *f*
звукоотражатель *m* Schallreflektor *m*
звукопеленгация *f* akustische Peilung *f*
звукопередатчик *m* Schallsender *m*
звукопередача *f* Schallübertragung *f*
звукопоглотитель *m* Schallschluckstoff *m*, schallschluckender Stoff *m*, schallschluckendes (schallabsorbierendes) Material *n*

звукопоглощение

звукопоглощение n Schallabsorption f
звукоприёмник m Schallempfänger m
звукопровод m Schalleiter m; [akustischer] Wellenleiter m
звукопроводность f 1. Schalleitung f; 2. Schallleitfähigkeit f
звукопроводный schalleitend
звукопроводящий schalleitend
звукопроницаемость f Schalldurchlässigkeit f
звукосниматель m Tonabnehmer m ǁ ~/**динамический** dynamischer Tonabnehmer m ǁ ~/**пьезоэлектрический** Kristalltonabnehmer m, piezoelektrischer Tonabnehmer m
звукоусилитель m Tonverstärker m
звукофикация f Beschallung f
звукочастотный hörfrequent, tonfrequent, Tonfrequenz..., Audiofrequenz...
звучание n Schallen m; Klang m; Tönen n; Hall m ǁ ~/**объёмное** s. ~/**стереофоническое** ǁ ~/**стереофоническое** (Rf) Raum[ton]klang m, 3-D-Klang m, 3-D-Raumklang m, stereophoner Klangeindruck m
звучность f Klang m; Tonstärke f
ЗГ s. генератор/звуковой
здание n Bau m, Gebäude n, Haus n (s. a. unter дом) ǁ ~/**административное** Verwaltungsgebäude n ǁ ~/**башенное** Turmhaus n ǁ ~/**безоконное** fensterloses Gebäude n ǁ ~/**бесфонарное** Gebäude n ohne Oberlicht ǁ ~/**блокированное производственное** Produktionsgebäude n in Kompaktbauweise ǁ ~/**временное** Behelfsbau m ǁ ~/**высотное** Hochhaus n ǁ ~/**двухпролётное** zweischiffiges Gebäude n (Hallenbauten) ǁ ~/**жилое** Wohnhaus n, Wohngebäude n ǁ ~/**капитальное** langlebiges Gebäude n, Massivgebäude n ǁ ~/**каркасное** Skelettbau m ǁ ~/**каркасно-панельное** Skelettplattenbau m ǁ ~/**кирпичное** Ziegelbau m ǁ ~/**контейнерное** Container-Gebäude n (z. B. Wohncontainer) ǁ ~/**крупноблочное** Großblockbau m, Großblockgebäude n ǁ ~/**крупнопанельное** Großplattenbau m, Großplattengebäude n ǁ ~/**малоэтажное** weniggeschossiges Gebäude n (1 bis 2 Geschosse), Flachbau m ǁ ~/**машинное** Maschinenhaus n ǁ ~/**многопролётное** mehrschiffiges Gebäude n ǁ ~ **многоцелевого назначения** Mehrzweckgebäude n ǁ ~/**многоэтажное** mehrgeschossiges Gebäude n (6 bis 18 Geschosse) ǁ ~/**надшахтное** (Bgb) Schachtgebäude n ǁ ~/**неоштукатуренное кирпичное** Backsteinrohbau m, Ziegelrohbau m ǁ ~/**общественное** Gesellschaftsbau m, Gebäude n von gesellschaftlichen Einrichtungen ǁ ~/**однопролётное** einschiffiges Gebäude n (Hallenbauten) ǁ ~ **павильонного типа** Hallenbau m, Flachbau m ǁ ~/**пассажирское** Empfangsgebäude n ǁ ~/**пневматическое складское** Traglufthalle f (Lager) ǁ ~ **повышенной этажности** Hochhaus n ǁ ~/**подносборное** Gebäude n in Vollmontagebauweise, Fertigteilhaus n ǁ ~/**производственное** Industriegebäude n, Produktionsgebäude n ǁ ~/**пролётное** Halle f, hallenartiges Gebäude n ǁ ~/**промышленное** s. ~/производственное ǁ ~/**сборно-монолитное** Gebäude n in Mischbauweise ǁ ~/**силовое** ~ электростанции ǁ ~/**складское** Speicher m, Lagergebäude n ǁ ~/**сред-**

неэтажное mehrgeschossiges Gebäude n (3 bis 5 Geschosse) ǁ ~ **фахверковой конструкции** Fachwerkbau m ǁ ~ **электростанции** Krafthaus n, Kraftwerksgebäude n
здание-город m Großwohneinheit f
здания npl/**культурно-бытовые** Kultur- und Sozialbauten pl, gesellschaftliche Bauten pl
здоровый fehlerfrei, gesund (Werkstoffe)
зев m 1. Öffnung f; 2. (Wkz) Maul n (Schraubenschlüssel); Rachen m (Lehre); 3. (Text) Webfach n, Fach n (Weberei); Rachen m ǁ ~ **валков** (Wlz) Walzspalt m, Walzenöffnung f ǁ ~/**верхний** (Text) Hochfach n; Oberfach n ǁ ~/**волновой** (**волнообразный**) (Text) Wellenfach n ǁ ~/**двойной** (Text) Doppelfach n ǁ ~ **дробилки** Brech[er]maul n (Backenbrecher) ǁ ~/**задний** (Text) Hinterfach n ǁ ~/**закрытый** (Text) Geschlossenfach n ǁ ~/**косой** (Text) Schrägfach n ǁ ~/**нечистый** (Text) unreines Fach n ǁ ~/**нижний** (Text) Unterfach n, Tieffach n ǁ ~/**образованный** (Text) abgehobenes Fach n ǁ ~/**открытый** (Text) Offenfach n, offenes Fach n ǁ ~/**передний** (Text) Vorderfach n ǁ ~/**полный** (Text) Hoch- und Tieffach n ǁ ~/**прутковый** (Text) Rutenfach n ǁ ~/**полуоткрытый** (Text) Halboffenfach n ǁ ~ **черпака** Eimermaul n (Bagger) ǁ ~/**чистый** (Text) reines Fach n
зевообразование n (Text) Fachbildung f (Weberei) ǁ ~/**волнообразное** Wellenfachbildung f
зейгерование n (Met) 1. Entmischen n, Seigern n, Zonenseigern n; 2. Seigern n, Ausseigern n (NE-Metalle) ǁ ~ **слитка**/**обратное** umgekehrte Blockseigerung f
зейгеровать (Met) 1. entmischen, seigern; 2. seigern, ausseigern (NE-Metalle)
зелень f Grün n (Farbmittel)
земледелие n Ackerbau m, Acker- und Pflanzenbau m ǁ ~/**орошаемое** Feldbau m mit Bewässerung ǁ ~/**поливное** s. ~/орошаемое
землепользование n (Ökol) Bodennutzung f, Landnutzung f ǁ ~/**комплексное** komplexe Bodennutzung f ǁ ~/**эффективное** effektive Bodennutzung f
землеройный Aushub..., Bagger..., Schürf...
землесос m 1. Schlammpumpe f; Dichtstoffpumpe f; 2. Saug[schwimm]bagger m (s. a. unter земснаряд) ǁ ~/**баржевый** Schutensauger m ǁ ~/**папильонажно-рефулёрный** Schwingsaugbagger m mit Schwimmrohrleitung ǁ ~/**папильонажный** Schwingsaugbagger m ǁ ~/**плавучий** Saugschwimmbagger m ǁ ~/**рефулёрный** Saugschwimmbagger m mit Schwimmrohrleitung ǁ ~/**самоотвозной** Hopper[saug]bagger m, Hoppersauger m, Laderaumsaugbagger m, Laderaumschwimmbagger m ǁ ~/**самоотвозящий** ~ /самоотвозной
землетрясение n (Geol) Erdbeben n ǁ ~/**вулканическое** Ausbruchsbeben n, vulkanisches (magmatisches) Beben n ǁ ~/**глубокофокусное** Tiefbeben n ǁ ~/**денудационное** ǁ ~/**дислокационное** s. ~/тектоническое ǁ ~/**континентальное** kontinentales Erdbeben n ǁ ~/**мелкофокусное** (**неглубокое**) Flachbeben n ǁ ~/**обвальное** Einsturzbeben n, Einbruchbeben n ǁ ~/**плутоническое** plutonisches (tiefes) Erdbeben n, Tiefbeben n ǁ ~/**подводное** submarines Beben n, Seebe-

ben n || ~/провальное s. ~/обвальное ||
~/тектоническое tektonisches Beben (Erdbeben) n, Dislokationsbeben n
землечерпалка f Eimerschwimmbagger m, Naßbagger m || ~ **с бункером** Hopperbagger m
землечерпание n Naßbaggerung f
землечерпательный Bagger...
земли fpl/**поливные** (Lw) Stauwassergebiete npl (z. B. Auenwiesen) || ~ **редкие** (Ch) seltene Erden fpl, Seltenerden fpl
землистовлажный (Bw) erdfeucht (Betonmasse)
Земля f (Astr) Erde f
земля f 1. Erde f, Boden m, Land n; 2. (El) Erdschluß m, Erde f, Masse f; 3. (Gieß) Sand m, Formsand m, Formstoff m; Formmasse f • **под землёй** (Bgb) unter Tage || ~/**брошенная** (Ökol) verlassener Boden m, verlassenes Land n || ~/**выбитая** (Gieß) ausgeschlagener (ausgeleerter) Formstoff m, Altformstoff m || ~/**горелая** (Gieß) Altformstoff m, Altsand m || ~/**деградированная** (Ökol) degradierte Erde f, Bodenverschlechterung f || ~/**диатомовая** Diatomeenerde f, Kieselgur f || ~/**жирная [формовочная]** (Gieß) fetter Formsand m (20 bis 30 % Tongehalt) || ~/**засолённая** (Ökol) versalzter Boden m || ~/**затапливаемая** (Ökol) Überschwemmungsboden m || ~/**квасцовая** s. глина/квасцовая || ~/**компостная** (Lw) Erdkompost m, Komposterde f || ~/**моховая** Moosmoorerde f || ~/**нарушенная** (Ökol) zerstörter Boden m || ~/**насыпная** (Bw) aufgeschütteter Boden m || ~/**невозделанная** (Ökol) brachliegender (unbebauter) Boden m || ~/**непахотноспособная** Ödland n (kultivierbar) || ~/**неплодотворная** unergiebiger Boden m || ~/**неудобная** Unland n (nicht kultivierbar) || ~/**оборотная [формовочная]** (Gieß) Umlaufformstoff m; Haufensand m || ~/**отбеливающая (отбельная)** (Ch) Bleicherde f || ~/**отработанная** (Gieß) Altformstoff m, Altsand m || ~/**пастбищная** Weideland n || ~/**пахотная** Acker m, Ackerland n || ~/**перегнившая (перегнойная)** Düngererde f, Humuserde f || ~ **повторного использования** (Ökol) wiederholt genutzter Boden m || ~ **под паром** Brachland n || ~/**радиоляриевая** (Geol) Radiolarit m || ~/**садовая** Blumenerde f, Gartenerde f || ~/**свежая** (Gieß) 1. Neuformsand m; 2. Frischsand m, Neusand m || ~/**стержневая** (Gieß) Kernformstoff m, Kernsand m; Kernmasse f || ~/**сырая** (Gieß) Grünsand m || ~/**торфяная** Torferde f || ~/**тощая [формовочная]** (Gieß) magerer Sand m (2 bis 10 % Tongehalt) || ~/**фарфоровая** s. глина/фарфоровая || ~/**формовочная** (Gieß) Formstoff m, Formsand m; Formmasse f || ~/**фуллерова** (Ch) Fullererde f
земник m (Bgb) Sohlenkohle f
земснаряд m Schwimmbagger m, Naßbagger m (s. a. unter землесос 2.) || ~/**грейферный** Greiferschwimmbagger m || ~/**грейферный самоотвозной** Greifer-Hopperbagger m || ~/**грейферный трюмный** Greifer-Hopperbagger m || ~/**многочерпаковый** Eimerketten[schwimm]bagger m || ~/**морской** Hochseebagger m, seegehender Bagger m || ~/**морской многочерпаковый** See-Eimerkettenschwimmbagger m || ~/**одночерпаковый штанговый** Löffelschwimmbagger m || ~/**самоотвозной**

(Förd) Hopperbagger m || ~/**свайный** Schwimmbagger m mit Haltepfählen, von Pfählen gehaltener Schwimmbagger m || ~/**якорный** Ankerschwimmbagger m, von Ankern gehaltener Schwimmbagger m
зенит m (Astr) 1. Zenit m(n); 2. Scheitelpunkt m
зенит-телескоп m (Astr) Zenitteleskop n
зенкер m (Wkz) Senker m; Aufsenker m || ~/**двузубый (двуперый, двухлезвийный)** zweischneidiger Senker m || ~/**конический** m Kegelsenker m || ~/**леворежущий** linksschneidender Senker m || ~/**многозубый (многолезвийный, многоперый)** mehrschneidiger (vielschneidiger) Senker m || ~/**насадной** Aufstecksenker m || ~/**праворежущий** rechtsschneidender Senker m || ~ **с направляющей цапфой** Senker m mit Führungszapfen, Führungssenker m || ~ **с покрытием** [hartstoff]beschichteter Senker m || ~ **с цапфой** s. ~ с направляющей цапфой || ~ **с цилиндрическим хвостовиком** Senker m mit Zylinderschaft || ~/**сборный** zusammengebauter Senker m || ~/**спиральный** Spiralsenker m || ~/**ступенчатый** Stufensenker m || ~/**твердосплавный** Hartmetallsenker m || ~/**торцовый** Stirn[schnitt]senker m || ~/**хвостовой** Schaftsenker m || ~/**цельный** Vollsenker m (Schneidenteil und Schaft aus einem Werkstück) || ~/**черновой** Vorsenker m, Schruppsenker m || ~/**чистовой** Fertigsenker m, Schlichtsenker m
зенкер-зенковка m (Fert) Aufsenk-Einsenk-Werkzeug n
зенкерование n (Fert) Aufsenken n, Innenrundsenken n
зенкеровать (Fert) aufsenken
зенкеровка f s. зенкерование
зенкер-сверло m (Wkz) Senk-Bohr-Werkzeug n
зенкование n (Fert) Einsenken n (von profilierten Vertiefungen); Innenformsenken n
зенковать (Fert) einsenken
зенковка 1. (Wkz) Senker m, Einsenker m; 2. (Fert) Einsenkung f, Einsenken n || ~/**насадная** (Wkz) Aufsteckeinsenker m || ~/**центровочная** (Wkz) Zentriersenker m, Ansenker m
зеркалка f (Photo) Spiegelreflexkamera f
зеркало n 1. Spiegel m; 2. Spiegel[stand] m ; 3. (Med) Spekulum n || ~/**автоколлимационное** (Opt) Autokollimationsspiegel m || ~/**алюминированное** (Opt) aluminiumbeschichteter Spiegel m, Aluminiumspiegel m || ~ **антикатода** (Ph) Antikathodenspiegel m || ~/**асферическое** (Opt) asphärischer Spiegel m || ~ **ванны** (Met) Badspiegel m (im Ofen) || ~/**внеосевое** (Opt) außeraxialer Spiegel m || ~/**внешнее** Außenspiegel m || ~/**внутреннее** Innenspiegel m || ~/**вогнутое** (Opt) Hohlspiegel m, Konkavspiegel m || ~ **воды** (Hydrol) Wasserspiegel m || ~/**вращающееся** (Opt) Drehspiegel m || ~/**вторичное** (Opt) Sekundärspiegel m (im Teleskop) || ~/**выпуклое** (Opt) Konvexspiegel m || ~/**главное** (Opt) Hauptspiegel m || ~/**глазное** (Med) Augenspiegel m, Pharyngoskop n || ~/**глоточное** (Med) Rachenspiegel m || ~ **горения** Verbrennungsoberfläche f (Feuerungstechnik) || ~/**гортанное** (Med) Kehlkopfspiegel m, Laryngoskop n || ~ **грунтовых вод** (Hydrol) Grundwasserspiegel m || ~ **жидкости** Flüssigkeitsspiegel m || ~ **заднего вида** (Kfz) Rückspiegel

зеркало

m ‖ ~ **заднего вида/внутреннее** Innenrückspiegel m ‖ ~ **заднего вида/наружное** Außenrückspiegel m ‖ ~/**заднего вида/панорамное** Panoramarückspiegel m ‖ ~ **золотника** Schieberspiegel m *(Dampfmaschine)* ‖ ~ **испарения** 1. *(Wmt)* Verdampfungsspiegel m *(Dampfkessel)*; 2. *(Meteo)* Verdunstungsspiegel m, Verdunstungsoberfläche f ‖ ~/**качающееся** *(Opt)* Pendelspiegel m, Schwingspiegel m ‖ ~ **коллиматора** *(Opt)* Kollimatorspiegel m ‖ ~ **лазера** Laserspiegel m ‖ ~/**металлическое** *(Opt)* Metallspiegel m ‖ ~/**носовое** *(Med)* 1. Nasenspiegel m, Rhynoskop n; 2. Nasendilatator m ‖ ~/**опорное** *(Opt)* Referenzspiegel m ‖ ~/**оптическое** optischer Spiegel m ‖ ~/**откидное** *(Opt)* umklappbarer Spiegel m ‖ ~/**параболическое** *(Opt)* Parabolspiegel m ‖ ~/**первичное** *(Opt)* Primärspiegel m ‖ ~/**плоское** *(Opt)* Planspiegel m ‖ ~/**поворотное** *(Opt)* Umkehrspiegel m, Umlenkspiegel m ‖ ~/**полупрозрачное** *(Opt)* halbdurchlässiger Spiegel m ‖ ~/**проекционное** *(Opt)* Projektionsspiegel m ‖ ~/**прожекторное** *(Opt)* Scheinwerferspiegel m ‖ ~/**разделительное** *(Opt)* Teilerspiegel m ‖ ~/**резонаторное** *(Opt)* Resonatorspiegel m ‖ ~ **с прицельным устройством** *(Opt)* Spiegel m mit Zielfernrohr ‖ ~/**сигнальное** Signalspiegelgerät n *(Ausrüstung für Rettungsboote)* ‖ ~ **складчатости** *(Geol)* Faltenspiegel m ‖ ~ **скольжения** *(Geol)* Harnisch m *(geglättete und häufig Rutschstreifen aufweisende Fläche einer Störung)* ‖ ~ **скольжения/гладкое** Spiegelharnisch m ‖ ~ **скольжения/ложное** Lappenharnisch m ‖ ~ **скольжения со штрихами** Streifenharnisch m ‖ ~ **скольжения/штриховатое** gestufter Harnisch m ‖ ~/**сменное золотниковое** Schieberplatte f *(Dampfmaschine)* ‖ ~/**солнечное** *(Opt)* Sonnenspiegel m ‖ ~/**соляное** *(Geol)* Salzspiegel m ‖ ~/**стеклянное** *(Opt)* Glasspiegel m ‖ ~/**сферическое** sphärischer Spiegel m ‖ ~/**трёхгранное** Tripelspiegel m ‖ ~/**уголковое** *(Opt)* Winkelspiegel m ‖ ~/**ушное** *(Med)* Otoskop n, Ohrenspiegel m ‖ ~/**фацетное** *(Opt)* Facettenspiegel m ‖ ~/**целостатное** *(Astr)* Coelostatenspiegel m ‖ ~/**цилиндра** *(Kfz)* Zylinderlauffläche f ‖ ~/**электронное** Elektronenspiegel m ‖ ~/**эллиптическое** *(Opt)* Ellipsoidspiegel m, elliptischer Spiegel m ‖ ~/**эталонное** *(Opt)* Normalspiegel m ‖ ~/**юстировочное** Justierspiegel m

зеркало-теплофильтр m Wärmeschutzfilter n, Wärmereflexionsfilter n

зеркально-отражённый gespiegelt

зеркально-перевёрнутый seitenverkehrt

зеркальный 1. spiegelbildlich; 2. Spiegel..., spiegelblank

зёрна npl/**мелкие** *(Lebm)* Ausputz m ‖ ~/**металла** *(Met)* Metallgranalien fpl ‖ ~/**проросшие** *(Lebm)* Auswuchs m ‖ ~/**равнопадающие** Gleichfälligkeitskörner npl *(Aufbereitung)*

зернение n Körnung f, Körnen n, Granulieren n ‖ ~/**щёточное** *(Typ)* Bürstenkörnung f *(Druckplatten)* ‖ ~/**электрохимическое** *(Typ)* elektrochemisches Aufrauhen n *(Druckplatten)*

зернистость f 1. Körnung f, Granulierung f; Korngröße f; 2. *(Photo)* Körnigkeit f; 3. *(Fert)* Körnung f, Körnungsgröße f, Korngröße f, Körnigkeit f ‖ ~/**крупная** *(Photo)* Grobkörnigkeit f; *(Fert)* grobe Körnung f ‖ ~/**морщинистая** *(Photo)* Runzelkorn n ‖ ~/**структурная** *(Photo)* rms-Wert m, RMS-Wert m ‖ ~/**тонкая** *(Photo)* Feinkörnigkeit f ‖ ~/**цветная** *(Photo)* Farbkörnigkeit f

зернить körn[igmach]en, granulieren

зерно n 1. Korn n; Granalie f, Granulum m; Kern m; 2. Getreide n, Korn n; Samenkorn n ‖ ~/**абразивное** *(Wkz)* Abrasiv[mittel]korn n ‖ ~/**алмазное** *(Wkz)* Diamantkorn n ‖ ~/**вторичное** *(Gefüge)* ‖ ~/**граничное** *(Bgb)* Grenzkorn n, Trennkorngröße f *(Aufbereitung)* ‖ ~/**грубое** *(Met)* Grobkorn n *(Gefüge)* ‖ ~/**дроблёное** *(Met)* Schrot m, Granalien *(Met)* ‖ ~/**единичное** Einzelkorn n ‖ ~/**избыточное** Überkorn n *(Grobkorn im Siebdurchgang)* ‖ ~/**кормовое** *(Lw)* Futtergetreide n ‖ ~/**кристаллическое** *(Met)* Kristallkorn n, Kristallit n *(Gefüge)* ‖ ~/**крупное** *(Met)* Grobkorn n *(Gefüge)* ‖ ~/**ледниковое** *(Geol)* Gletscherkorn n, Eiskorn n ‖ ~/**мелкое** *(Met)* Feinkorn n *(Gefüge)*; *(Photo)* Feinkorn n, feines Korn n ‖ ~/**отсеянное** Ausfallkörnung f ‖ ~/**первичное** *(Met)* Primärkorn n, Primärkristallit m *(Gefüge)* ‖ ~/**посевное** *(Lw)* Saatkorn n ‖ ~/**режущее** *(Wkz)* Schneidkorn n ‖ ~/**свободное** *(Wkz)* nichtgebundenes Abrasivkorn (Läppkorn) n ‖ ~/**связанное** *(Wkz)* freies (loses) Korn n ‖ ~/**трудное** trennschwieriges Korn n *(Aufbereitung)* ‖ ~/**фирновое** *(Geol)* Firnkorn n, körniger Firn m

зерноаспиратор m *(Lw)* Aspirateur m, Vorreiniger m, Grobreiniger m, Mähdruschnachreiniger m

зерновоз m Getreideschiff n, Getreidetransporter m

зернодробилка f Schrotmühle f *(Futtermühle)*

зернонепроницаемый *(Schiff)* getreidedicht, korndicht *(z. B. Schott)*

зерноперегружатель m *(Lw)* Getreide[um]lader m

зерноплющилка f *(Lw)* Quetschmühle f *(Futtermühle)*

зернопогрузчик m *(Lw)* Getreidelader m, Getreideförderanlage f; Zuführelevator m *(z. B. Beizmaschine)*

зернорудовоз m Getreide-Erz-Frachtschiff n, Getreide-Erz-Transportschiff n

зерносушилка f *(Lw)* Getreidetrockner m

зернохранилище n *(Lw)* Getreidespeicher m

зигзаг-машина *(Text)* Zickzack-Nähmaschine f

зиг-машина f *(Fert)* Sickenmaschine f *(Blechbearbeitung)*

зиговать *(Fert)* sicken *(Fügeverfahren)*

зиговка f *(Fert)* Sicken n *(Fügeverfahren)*

зимостойкий winterfest, winterhart

зимостойкость f Winterfestigkeit f

змеевик m 1. Rohrschlange f, Schlangenrohr n; 2. *(Bgb)* Spiralbohrer m; 3. *(Geol)* s. серпентинит ‖ ~/**вертикальный** hängendes Schlangenrohr n ‖ ~/**гладкий** Glattrohrschlange f ‖ ~/**горизонтальный** liegendes Schlangenrohr n ‖ ~/**греющий** Heizschlange f ‖ ~ **испарителя** Verdampferschlange f ‖ ~/**нагревательный** Heizschlange f ‖ ~/**охлаждающий** Kühlschlange f ‖ ~/**плоский** ebene Rohrschlange f ‖ ~/**подогревательный** Vorwärm[er]schlange f ‖

~/**пространственный** räumliche Rohrschlange f ‖ ~/**ребристый** Rippenrohrschlange f ‖ ~/**трубчатый** Rohrschlange f ‖ ~/**холодильный** s. ~/**охлаждающий**
змейка f Spiraltrieur m, Schneckentrieur m (Getreidereinigung)
знак m 1. Zeichen n, Kennzeichen n; Anzeichen n; Sinn m; Merkmal n, Spur f; 2. (Ch) Symbol n; 3. (Math) Vorzeichen n (Plus- bzw. Minuszeichen); 4. Index m; 5. (Gieß) Kernmarke f ‖ ~/**алфавитно-цифровой** (Inf) alphanumerisches Zeichen n ‖ ~/**алфавитный** (Inf) alphabetisches Zeichen n ‖ ~/**буквенно-цифровой** s. ~/**алфавитно-цифровой** ‖ ~/**буквенный** s. ~/**алфавитный** ‖ ~/**восьмеричный** (Inf) Oktalzeichen n ‖ ~ **амперсанда** (Inf) kommerzielles UND-Zeichen n, Ampersandzeichen n ‖ ~ **визуальный** Schauzeichen n ‖ ~/**водяной** (Pap) Wasserzeichen n ‖ ~ **вставки** (Inf) Einfügungszeichen n ‖ ~ **вычитания** (Inf) Subtraktionszeichen n ‖ ~ **главной зоны** (Krist) Vorzeichen n der Hauptzone ‖ ~/**двоичного умножения** (Inf) doppeltes Multiplikationszeichen n ‖ ~/**двоично-кодированный** (Inf) binär kodiertes Zeichen n ‖ ~/**двоичный** (Inf) Bit n, Binärzeichen n ‖ ~ **деления** (Math) Divisionszeichen n ‖ ~ **деления на отсеки** (Schiff) Unsinkbarkeitszeichen n, Unsinkbarkeitssymbol n ‖ ~/**десятичный** (Math) Dezimalzeichen n ‖ ~/**дорожный [сигнальный]** Verkehrszeichen n ‖ ~ **заполнения** (Inf) Füllzeichen n ‖ ~ **зодиака** (Astr) Tierkreiszeichen n; Sternzeichen n ‖ ~/**иконографический** (Inf) ikonisches Zeichen n ‖ ~ **интеграла** (Math) Integralzeichen n ‖ ~ **качества** Gütezeichen n ‖ ~/**километровый** (Eb) Kilometerstein m ‖ ~/**кодовый** Kodezeichen n ‖ ~/**контрольный** (Inf) Prüfziffer f ‖ ~ **корня** (Math) Wurzelzeichen n, Radikal n ‖ ~/**логический** (Inf) logisches Zeichen n ‖ ~/**маркерный** Justiermarke f ‖ ~/**маркшейдерский** (Bgb) Markzeichen n, Festpunkt m ‖ ~/**математический** mathematisches Zeichen (Symbol) n ‖ ~/**межевой** (Geod) Grenzmarke f, Grenzzeichen n ‖ ~ **минус** (Math) Minus[zeichen] n ‖ ~/**младший** (Inf) niederwertiges Bit n, Bit n niedrigster Wertigkeit f ‖ ~/**навигационный** Seezeichen n ‖ ~ **направления вращения** Drehsinn m, Umlaufsinn m ‖ ~ **неравенства** (Math) Ungleichheitszeichen n ‖ ~/**номерной** (Kfz) Nummernschild n, Kennzeichen n ‖ ~/**обратный** umgekehrtes Vorzeichen n ‖ ~ **ограждения фарватера** (Schiff) Fahrwasserzeichen n ‖ ~ **окончания передачи** (Nrt) Schlußzeichen n ‖ ~ **операции** (Math, Inf) Operationszeichen n ‖ ~ **отката** (Inf) Rücksetzzeichen n ‖ ~/**отрицательный** negatives Vorzeichen n ‖ ~/**печатный** Druckzeichen n ‖ ~/**подчёркивания** (Inf) Unterstreichungszeichen n ‖ ~/**позывной** (Nrt) Rufzeichen n ‖ ~/**положительный** positives Vorzeichen n ‖ ~/**полярности** (Ph) Polaritätsvorzeichen n, Polarität f ‖ ~ **порядка** Vorzeichen n des Exponenten ‖ ~/**предупредительный (предупреждающий)** (Eb) Warnzeichen n ‖ ~/**присваивания** (Inf) Ergibtzeichen n ‖ ~ **пробела** Leerzeichen n ‖ ~ **пропуска** (Inf) Leerzeichen n ‖ ~ **рабочего положения** (Меß) Gebrauchslagezeichen n ‖ ~ **равенства** (Math) Gleichheitszeichen n ‖ ~ **рода тока** (El) Stromartzeichen n ‖ ~/**светящийся** (Schiff) Leuchtbake f ‖ ~/**сигнальный** (Eb) Signalbild n; (Schiff) Signalbake f ‖ ~ **сложения** (Math) Plus[zeichen] n ‖ ~ **соответствия** Übereinstimmungszeichen n ‖ ~/**специальный** Sonderzeichen n ‖ ~ **сравнения** (Math) Vergleichszeichen n ‖ ~/**створный** (Schiff) Richtbake f, Leitbake f; (Flg) Richtfeuer n ‖ ~/**стержневой** (Gieß) Kernlager n, Kernauflage f, Kernmarke f am Kern ‖ ~ **стержня** s. ~/**стержневой** ‖ ~/**стёртый** (Inf) Löschzeichen n ‖ ~/**троичный** (Inf) ternäres Zeichen n ‖ ~ **удлинения кристалла** (Krist) Vorzeichen n der Indikatrix; optischer Charakter m des Kristalls ‖ ~ **умножения** (Math) Multiplikationszeichen n ‖ ~/**управляющий** (Inf) Steuerzeichen n ‖ ~/**химический** chemisches Zeichen n, Elementsymbol n ‖ ~/**цифровой** (Inf) numerisches Zeichen n ‖ ~/**чёткий** (Inf) lesbares Zeichen n

знаки mpl/**волноприбойные** (Geol) Wellenrippeln fpl, Rippelmarken fpl, Wellenfurchen fpl ‖ ~/**морские навигационные** Seezeichen npl ‖ ~ **ряби** s. ~/**волноприбойные**

знаково-ориентированный zeichenorientiert
знакогенератор m Zeichengenerator m, ZG ‖ ~/**графический** Graphik-Zeichengenerator m
знакоопределённость f (Math) Definitheit f
знакопеременный alternierend
знаменатель m (Math) Nenner m • **с общим знаменателем** gleichnamig (Bruch) • **с разным знаменателем** ungleichnamig (Bruch) ‖ ~ **геометрической прогрессии** (Math) Stufensprung m ‖ ~/**общий** gemeinsamer Nenner m, Hauptnenner m, Generalnenner m
значение n 1. (Math) Wert m; Größe f; Betrag m (s. a. unter **величина**); 2. Bedeutung f; Sinn m ‖ ~/**абсолютное** absoluter Betrag m (f), Absolutwert m ‖ ~/**амплитудное** (El) Amplitudenwert m, Amplitude f ‖ ~ **вектора/численное** absoluter Betrag m eines Vektors, wahre Größe f eines Vektors ‖ ~ **величины** (Меß) Wert m einer Größe, Größenwert m ‖ ~ **величины/номинальное** Nennwert m einer Größe ‖ ~ **выпрямленного напряжения/среднее** (El) Gleichspannungsmittelwert m ‖ ~/**действительное** (Меß) [konventionell] richtiger Wert m ‖ ~/**действующее** Effektivwert m ‖ ~ **добротности** Gütefaktor m, Q-Wert, Gütewert m ‖ ~/**допустимое** zulässiger Wert m ‖ ~/**задаваемое** Sollwert m ‖ ~/**заданное** vorgegebener Wert m, Vorgabewert m, Sollwert m ‖ ~/**замеренное** Meßwert m, gemessener Wert m ‖ ~/**идеальное** günstigster (idealer) Wert m ‖ ~/**измеренное (измеряемое)** Meßwert m, gemessener Wert m ‖ ~/**истинное** wahrer Wert m, Realwert m ‖ ~/**комплексное мгновенное** komplexer Augenblickswert m ‖ ~/**конечное** Endwert m, Grenzwert m; Größtwert m, Extremwert m ‖ ~/**краевое** Grenzwert m; Randwert m ‖ ~/**критическое** Grenzwert m, kritischer Wert m ‖ ~/**литеральное** (Inf) Literalwert m ‖ ~/**логическое** (Inf) logistischer Wert m, Aussagewert m ‖ ~/**максимальное** Maximalwert m, Spitzenwert m, Höchstwert m ‖ ~/**мгновенное** Augenblickswert m, Momentanwert m ‖ ~/**минимальное** Minimalwert m, Mindestwert m ‖ ~/**мнимое**

значение

imaginärer Wert *m*, Scheinwert *m* ‖ ~/**наибольшее** *s*. ~/**максимальное** ‖ ~/**наименьшее** *s*. ~/**минимальное** ‖ ~ **напряжения** *(El)* Spannungswert *m* ‖ ~ **напряжения короткого замыкания/относительное** *(Eln)* bezogene Kurzschlußspannung *f* ‖ ~ **напряжённости поля** *(El)* Feldstärkewert *m* ‖ ~/**начальное** Anfangswert *m* ‖ ~ **непрозрачности** *(Opt)* Opazitätswert *m* ‖ ~/**номинальное** Nennwert *m* ‖ ~/**нормирующее** normierter Wert *m*; Normalzahl *f* ‖ ~/**обратное** reziproker Wert *m*, Kehrwert *m* ‖ ~/**опорное** Grundwert *m*, Basiswert *m* ‖ ~/**оптимальное** Optimalwert *m*, optimaler Wert *m* ‖ ~/**ориентировочное** Richtwert *m*, Orientierungswert *m* ‖ ~/**особое** singulärer Wert *m* ‖ ~/**относительное** Relativbetrag *m* ‖ ~/**отсчитанное** Ablesewert *m* ‖ ~ **параметра/максимальное** Größtwert *m*, maximaler Wert *m* der Kenngröße ‖ ~ **параметра/минимальное** Kleinstwert *m*, miminaler Wert *m* der Kenngröße ‖ ~/**пиковое** Höchstwert *m*, Spitzenwert *m*, Scheitelwert *m* ‖ ~ **погрешности/абсолютное** Betrag *m* des Fehlers ‖ ~/**пороговое** *(El)* Schwell[en]wert *m*; Ansprechwert *m (eines Relais)* ‖ ~ **постоянного тока/среднее** *(El)* Gleichstrommittelwert *m* ‖ ~/**постоянное** konstanter Wert *m* ‖ ~/**предельное** Grenzwert *m* ‖ ~/**преобразованное** transformierter Wert *m* [einer Meßgröße] *(z. B. elektrisches Ausgangssignal eines Druckwandlers)* ‖ ~/**приближённое** Näherungswert *m*, angenäherter Wert *m* ‖ ~/**приведённое** reduzierter Wert *m* ‖ ~ **рабочее** Betriebswert *m*, Arbeitswert *m* ‖ ~ **разряда** *(Inf)* Stellenwert *m* ‖ ~ **регулируемой величины** Istwert *m* der Regelgröße ‖ ~ **регулируемой величины/заданное (требуемое)** Sollwert *m* der Regelgröße ‖ ~/**собственное** Eigenwert *m* ‖ ~ **сопротивления** *(El)* Widerstandswert *m* ‖ ~/**среднее** Mittel[wert *m*] *n*, Durchschnitt[swert] *m* ‖ ~/**среднеквадратичное** quadratischer Mittelwert *m*, Effektivwert *m* ‖ ~/**текущее** Istwert *m*, Momentanwert *m* ‖ ~ **тока** *(El)* Strom[stärke]wert *m* ‖ ~ **тока короткого замыкания/установившееся** *(El)* Dauerkurzschlußstromwert *m* ‖ ~/**требуемое** Sollwert *m* ‖ ~/**фактическое** Istwert *m* ‖ ~/**фиксированное** *(Inf)* konstanter (fester) Wert *m*, Festwert *m* ‖ ~ **флегмового числа/минимальное** *(Ch)* Mindestrücklaufverhältnis *n (einer Rektifizierlonne)* ‖ ~ **функции/цифровое** *(Inf)* digitaler Funktionswert *m* ‖ ~ **частоты** *(El)* Frequenzwert *m* ‖ ~/**численное** Zahlenwert *m*, Maßzahl *f*, numerischer Wert *m* ‖ ~ **шкалы** Skalenwert *m* ‖ ~ **шкалы/конечное** Skalenendwert *m*; Größtwert *m* einer Skale ‖ ~ **шкалы/начальное** Skalenanfangswert *m* ‖ ~ **шумового напряжения/псофометрическое** *(Rf)* [frequenz]bewertete Störspannung *f*, Geräuschspannung *f* ‖ ~/**экспериментальное** experimentell ermittelter Wert *m* ‖ ~/**экстремальное** Extremwert *m* ‖ ~ **элемента данных** Datenwert *m* ‖ ~/**эмпирическое** empirischer Wert *m* ‖ ~/**эффективное** Istwert *m*
значение pH pH-Wert *m*, Wasserstoff[ionen]exponent *m* ‖ ~ **Q** *(Kern)* Q-Wert *m* ‖ ~ **R_f** R_f-Wert *m*, Verzögerungsfaktor *m*, Rückhaltefaktor *m (Chromatographie)* ‖ ~ **rH** rH-Wert *m (physikalische Ch)*

значения *npl* предельно допустимой концентрации *(Schw)* MAK-Werte *mpl (max. zulässige Konzentration von Schadstoffen am Arbeitsplatz)*
значимость *f (Inf)* Stellenwert *m*; Wertigkeit *f*
Зодиак *m (Astr)* Tierkreis *m*, Zodiak *m (Sternbild)*
зодчество *n* architektonisches Schaffen *n*, Architektentätigkeit *f*
зола *f* Asche *f* ‖ ~/**буроугольная** Braunkohlenasche *f* ‖ ~/**колосниковая** Rostasche *f* ‖ ~/**костяная** Knochenasche *f* ‖ ~/**легкоплавкая** niedrigschmelzende Asche *f* ‖ ~/**летучая** Flugasche *f* ‖ ~/**наносная** Flugasche *f* ‖ ~/**спёкшаяся** Aschensinter *m* ‖ ~ **фильтров** Filterasche *f*
зола-унос *f* Flugasche *f*
золение *n (Led)* Äschern *n*, Äscherverfahren *n* ‖ ~/**обжорное** Kälken *n* ‖ ~/**трёхчанное** Dreiäschersystem *n*
золёный *(Led)* geäschert
зольный *(Led)* Äscher...
золистость *f* Asche[n]haltigkeit *f*
золистый asche[n]haltig
золить *(Led)* äschern
золка *f s.* золение
золобетон *m* Aschenbeton *m*
золоотвал *m* Aschehalde *f*
золоотстойник *m* Ascheabsetzbehälter *m*, Ascheabsetzbecken *n*
золоприёмник *m* Ascheaufnehmer *m*
золотник *m* 1. Schieber *m (Steuerelement in Kolbendampfmaschinen)*; 2. *(Hydr)* Wegeventil *n* mit Längsschieber, Längsschiebewegeventil *n* ‖ ~/**выпускной** *(Masch)* Auslaßschieber *m (Doppelschiebersteuerung)* ‖ ~/**двойной коробчатый** *(Masch)* Doppelmuschelschieber *m* ‖ ~/**двойной цилиндрический** *(Masch)* Doppelkolbenschieber *m* ‖ ~/**коробчатый** *(Masch)* Muschelschieber *m*, Flachschieber *m* ‖ ~/**напорный** *(Hydr)* Druckbegrenzungsventil *n* ‖ ~/**плавающий** *(Hydr)* Ventil *n* mit schwimmendem Kolben, Freikolbenventil *n* ‖ ~/**плоский** *s.* ~/коробчатый ‖ ~/**поворотный** *(Masch)* Drehschieber *m*, Trickschieber *m* ‖ ~/**поддерживающий** *(Hydr)* Halteventil *n* ‖ ~/**простой коробчатый** *(Masch)* einfacher Muschelschieber, Einzelmuschelschieber *m* ‖ ~/**распределительный** *(Masch)* Expansionsschieber *m (oberer Schieber des Doppelmuschelschiebers)* ‖ ~/**реверсивный** *(Hydr)* Längsschieber-Umsteuerwegeventil *n*, Reversierventil *n* ‖ ~ **следящий** *(Hydr)* Folgeschaltventil *n* ‖ ~/**сливной** *(Hydr)* Überströmventil *n* ‖ ~/**цилиндрический** *(Masch)* Kolbenschieber *m*, zylindrischer Schieber *m*
золотник-пилот *m (Masch)* Vorsteuerschieber *m*
золотник-поршень *m (Masch)* Steuerkolben *m*
золото *n* Gold *n*, Au; *(Met)* Gold *n* ‖ ~/**жильное** *(Min)* Ganggold *n*, Berggold *n* ‖ ~/**листовое** Blattgold *n* ‖ ~/**россыпное** *(Min)* Seifengold *n*, Waschgold *n*, Schwemmgold *n* ‖ ~/**сусальное** Musivgold *n*, Muschelgold *n (Zinndisulfid)* ‖ ~/**шлиховое** *(Min)* Waschgold *n*, Goldschlich *n*
золотоносный *(Bgb)* gold[erz]führend, goldhaltig
золоудаление *n* Entaschung *f*, Entaschen *n (Feuerungstechnik) (s. a.* гидроудаление, пневмоудаление*)* ‖ ~/**гидравлическое** Spülentaschung *f* ‖ ~/**механическое** mechanische Entaschung *f* ‖ ~/**мокрое** Naßentaschung

f ‖ ~/**пневмовакуумное** Saugluftentaschung f, pneumatische Entaschung f ‖ ~/**ручное** Handentaschung f, manuelle Entaschung f ‖ ~/**скребковое** Kratzerbandentaschung f ‖ ~/**смывное** Spülentaschung f ‖ ~/**сухое** Trockenentaschung f

золоулавливатель m s. золоуловитель
золоуловитель m Ascheabscheider m, Entstauber m ‖ ~/**гравитационный** Schwerkraftentstauber m ‖ ~/**многосекционный** Vielzellenentstauber m ‖ ~/**сухой** Trockenentstauber m
золочение n Vergolden n, Vergoldung f ‖ ~/**гальваническое** galvanisches Vergolden n ‖ ~/**огневое** Feuervergolden n ‖ ~/**порошковое** Anreibevergolden n, kaltes Vergoldeverfahren n
золь m (Ch) Sol n
зольник m 1. Aschenkasten m; Aschenraum m; 2. (Led) Äscher m, Ascherbrühe f, Äscherflotte f; 3. (Led) Äschergrube f, Äscher m ‖ ~/**гнилой** (Led) alter (fauler) Äscher m ‖ ~/**известковый** (Led) Kalkäscher m ‖ ~/**использованный** (Led) Stinkäscher m ‖ ~/**мышьяковый** (Led) Arsenikäscher m ‖ ~/**обжорный** (Led) reiner Kalkäscher m, Weißkalkäscher m ‖ ~/**обострённый** m (Led) angeschärfter Äscher m ‖ ~/**старый** s. ~/использованный
зольность f Aschegehalt m
зольный 1. asche[n]haltig; 2. (Led) Äscher...
зона f 1. Zone f, Bereich m; Gürtel m (s. a. unter пояс); 2. (Inf) Abschnitt m (Magnetband); Region f (Speicher); 3. (Krist) Zone f; 4. Energieband n (s. a. unter полоса 3.) ‖ ~/**адсорбционная** Adsorptionszone f ‖ ~/**активная** aktive Zone f, Spaltzone f (eines Kernkraftwerkreaktors) ‖ ~/**базовая** Basisbereich m, Basisgebiet n (Halbleiter) ‖ ~/**базы** s. ~/базовая ‖ ~ **Беньоффа** (Geol) Benioff-Zone f, Subduktionszone f ‖ ~/**береговая** (Geol, Hydrol) Küstenzone f, Uferzone f ‖ ~/**ближнего приёма** (Rf) Nahempfangszone f ‖ ~/**ближних замираний** (Rf) Nahschwundzone f, Nahschwundgebiet n ‖ ~/**ближняя** (Opt) Nahfeld n ‖ ~ **Бриллюэна** [/**поверхностная**] (Krist) Brillouin-Zone f (Halbleiter) ‖ ~/**буферная** (Inf) Pufferbereich m ‖ ~/**валентная** (Krist) Valenzband n ‖ ~ **ввода** (Inf) Eingabebereich m ‖ ~/**ведущая** (Flg) Leitweg m ‖ ~ **ведущего луча** (Rad) Leitstrahlzone f ‖ ~ **взлёта и посадки** Flughafenkontrollzone f ‖ ~ **вихрей** (Meteo) Wirbelzone f ‖ ~ **водозабора** (Hydt) Entnahmefeld n (Staudamm) ‖ ~/**водоохранная** (Ökol) Wasserschutzzone f, Gewässerschutzgebiet n ‖ ~ **возбуждения** (Eln) Anregungsband n, Anregungszone f ‖ ~ **возделывания сельскохозяйственных культур** (Lw) landwirtschaftliches Anbaugebiet n ‖ ~ **возрождения/мобильная** (Geol) mobile Regenerationszone f ‖ ~/**воспламенения** Zündzone f ‖ ~/**воспроизводства** (Kern) Brutmantel m, Brutzone f, Blankett n (Brutreaktor); Brutzone f, Brutbereich m (eines Hybridreaktors) ‖ ~ **воспроизводства/внешняя** (Kern) äußere Brutzone f (Brutreaktor) ‖ ~ **воспроизводства/внутренняя** (Kern) innere Brutzone f (Brutreaktor) ‖ ~/**восстановительная** (Met, Gieß) Reduktionszone f (Schachtofen) ‖ ~ **восстановления** s. ~/восстановительная ‖ ~ **всасывания** (Geol) Subduktionszone f ‖

~ **вторичного обогащения** (Geol) Zone f (Gebiet n) sekundärer Anreicherung ‖ ~ **выветривания** (Geol) Verwitterungszone f (oberer Teil der Erdkruste) ‖ ~ **вывода** (Inf) Ausgabebereich m ‖ ~ **выдавливания** Ausstoßzone f, Pumpzone f (einer Extruderschnecke) ‖ ~ **выдержки** (Met) Haltezone f, Verweilzone f, Aufheizzone f (Wärmebehandlungsofen) ‖ ~ **выравнивания температуры** (Met) Temperaturausgleichszone f (Wärmebehandlungsofen) ‖ ~ **высокого давления** (Meteo) Hochdruckzone f, Hochdruckgürtel m ‖ ~ **высокого давления/субтропическая** subtropischer Hochdruckgürtel m, Roßbreitengürtel m ‖ ~/**высоколегированная** (Eln) hochdotierte Zone f (Halbleiter) ‖ ~ **горения** (Text) Verzugszone f, Reckzone f ‖ ~ **горения** Verbrennungszone f, Brennzone f (Schachtofen); Feuerzone f ‖ ~/**городская** (Nrt) Ortsverkehrsbereich m ‖ ~/**городского тяготения** (Bw, Ökol) Einzugsbereich m einer Stadt ‖ ~/**дальняя** (Opt) Fernfeld n ‖ ~ **действия** Einwirkort m, Einwirkzone f, Einwirkbereich m, , Prozeßort m ‖ ~ **депрессии** (Geol) Depressionszone f ‖ ~ **деформации** (Wlz) Formänderungszone f, Umformzone f, Umformbereich m ‖ ~/**дозволенная** erlaubtes Energieband n (Halbleiter) ‖ ~ **дробления** (Geol) Ruschelzone f, Zerrüttungszone f ‖ ~ **дуги** (Schw) Lichtbogenschweißzone f ‖ ~ **дуги захвата** (Wlz) Formänderungszone f, Umformzone f, Umformbereich m ‖ ~/**дырочная** s. ~/дырочной проводимости ‖ ~ **дырочной проводимости** (Eln) P-Bereich m, P-leitender Bereich m (Halbleiter) ‖ ~/**жилая** (Bw, Ökol) Wohnzone f, Wohngebiet n, Wohnbereich m (Städtebau) ‖ ~/**заполненная** (Eln) vollbesetztes Band (Energieband) n (Halbleiter) ‖ ~/**запретная (запрещённая)** (Fert) unzugänglicher (nicht nutzbarer) Raum m (des Roboters) ‖ ~/**засушливая** (Geol) Trockenzone f ‖ ~ **затвердевания** (Met) Erstarrungszone f ‖ ~ **затишья** (Meteo) Windstillengürtel m, Kalmengürtel m, Mallungen pl, Doldrum n ‖ ~ **зацепления** (Masch) Eingriffsfeld n, Eingriffsgebiet n (Zahnräder) ‖ ~ **избегания [/галактическая]** (Astr) nebelfreie Zone f ‖ ~ **излучения** 1. (Ph) Strahlungszone f; 2. (Met) Strahlraum m (Ofen) ‖ ~ **интерференционных искажений** (Rf) Verwirrungsgebiet n, Zone f gestörten Empfangs ‖ ~/**капиллярная** (Bodenwasser) Kapillarsaum m ‖ ~/**кислородная** (Met) Verbrennungszone f, Brennzone f, Oxidationszone f (Schachtofen) ‖ ~/**климатическая** Klimagebiet n (Gebiet auf der Erde mit definiertem Klima) ‖ ~ **ключа** (Eln) Kennfeld n für Anschlußmarkierung (Kennzeichnung des 1. Anschlusses) (von IS) ‖ ~/**коллекторная** (Eln) Kollektorbereich m, Kollektorgebiet n (Halbleiter) ‖ ~/**кольцевая** Ringzone f ‖ ~/**коммутационная** (El) Kommutierungszone f, Stromwendezone f ‖ ~ **компенсации** (Eln) Kompensationszone f, Regenerationszone f ‖ ~/**комфортная** Behaglichkeitsfeld n (im h,x-Diagramm) ‖ ~/**конвективная** (Astr) Konvektionszone f ‖ ~ **конвергенции/внутритропическая** innertropische Konvergenzzone f ‖ ~ **конденсации** (Gieß) Kondensationszone f ‖ ~ **контакта** (Fert) Kontaktbereich m; Kontaktzone f ‖ ~/**контактово-метаморфическая**

зона *(Geol)* Kontakthof *m (bei Metamorphose)* ‖ **~/контактово-метасоматическая** *(Geol)* Kontakthof *m (bei Metasomatose)* ‖ **~ концентрации рабочих мест** *(Bw)* Arbeitsstättengebiet *n (Städtebau)* ‖ **~/краевая** Randzone *f* ‖ **~ кристалла** Kristallzone *f* ‖ **~ кристаллизации** Kristallisationszone *f,* Erstarrungszone *f* ‖ **~ ликвации** *(Met)* Seiger[ungs]zone *f,* Seiger[ungs]stelle *f* ‖ **~/ликвационная** *s.* **~ ликвации** ‖ **~/литоральная** *(Geol, Hydrol)* Litoral *n* ‖ **~/маргинальная** *(Ökol)* Randgebiet *n,* Sicherheitszone *f* ‖ **~/междугородная** *(Nrt)* Fernverkehrsbereich *m* ‖ **~/мёртвая** *(Rf)* [empfangs-]tote Zone *f;* Nullstelle *f (einer Antenne)* ‖ **~/мобильная** *(Geol)* mobile Zone *f (Erdkruste)* ‖ **~ молчания** *(Rf)* [empfangs]tote Zone *f* ‖ **~ нагрева** *(Met)* Heizzone *f;* Aufheizzone *f,* Wärmzone *f (Ofen)* ‖ **~ нарушений** *(Geol)* Störungszone *f (Erdkruste)* ‖ **~ насыщения** Sättigungsbereich *m* ‖ **~ науглероживания** *(Met)* Kohlungszone *f (Schachtofen)* ‖ **~/незаполненная** *(Eln)* nicht vollbesetztes Band (Energieband) *n (Halbleiter)* ‖ **~ несплавления** *(Schw)* nichtverschmolzene Zone *f (Spalt zwischen Schweiße und Grundwerkstoff)* ‖ **~ нечувствительности** Unterdrückungsbereich *m,* Unempfindlichkeitsbereich *m;* Totzone *f* ‖ **~/нижняя** *(Eln)* unteres Band (Energieband) *n,* Valenzband *n (Halbleiter)* ‖ **~ обеднения** *(Eln)* Verarmungsbereich *m (Halbleiter)* ‖ **~ обезуглероживания/поверхностная** *(Met)* Randentkohlungszone *f* ‖ **~ обжига** *(Met)* Brennzone *f (Röstofen)* ‖ **~ обнаружения** *(Rad)* Auffaßbereich *m,* Ortungsbereich *m* ‖ **~ обработки** *(Fert)* Bearbeitungszone *f* ‖ **~ обрушения** *(Bgb)* Bruchzone *f,* Nachbruchzone *f* ‖ **~/обслуживаемая** *f* ‖ Versorgungsgebiet *n,* Versorgungsbereich *m;* 2. *(Fert)* Bedienraum *m (eines Roboters)* ‖ **~ ограждения** 1. *(Fert)* umzäumter und/oder unterwerter Raum *m;* 2. Sperrzone *f* ‖ **~ окисления** 1. *(Met)* Oxidationszone *f,* Verbrennungszone *f,* Brennzone *f (Schachtofen);* 2. *(Gal)* Oxidationszone *f* ‖ **~/окислительная** *s.* **~ окисления** ‖ **~/околошовная** *(Schw)* Schweißnahtzone *f,* Nahtbereich *m,* Wärmeeinflußzone *f* ‖ **~/оливиновая** *(Geol)* Olivinzone *f,* Olivinschicht *f* ‖ **~/опасная** 1. Gefährdungsbereich *m;* 2. *(Glas)* Kühlbereich *m (Temperaturintervall zwischen oberem und unterem Kühlpunkt)* ‖ **~ опасного сдвижения поверхности** *(Bgb)* Zone *f* gefährlicher Verschiebungen *(Tagesoberfläche)* ‖ **~ опорного давления** *(Bgb)* Kämpferdruckzone *f;* Auflagedruckzone *f* ‖ **~ оседания** *(Bgb)* Senkungszone *f* ‖ **~ ослабленных пород** *(Bgb)* Auflockerungszone *f* ‖ **~ основания** *(Eln)* Basisbereich *m (Halbleiter)* ‖ **~ отдыха** *(Ökol)* Erholungsgebiet *n,* Erholungszone *f* ‖ **~ отжига** *(Met)* Glühzone *f;* Temperzone *f (im Glüh- bzw. Temperofen)* ‖ **~ отложения солей** *(andere)* Salzablagerungszone *f* ‖ **~ охлаждения** *(Met)* Kühlzone *f,* Kühlbereich *m;* Abkühlzone *f (Wärmebehandlungsofen)* ‖ **~ парообразования** Ausdampfzone *f,* Verdampfungszone *f* ‖ **~ перехода** *(Eln)* 1. Übergangszone *f;* 2. Bereich *m* des PN-Überganges ‖ **~/перигляциальная** *(Geol)* Periglazialgebiet *n* ‖ **~/перовскитовая** *(Geol)* Perovskith-Zone *f,* Perovskith-Schicht *f* ‖ **~ печи/рабочая** *(Met)* Schmelzraum *m (Herdofen);* Schmelzzone *f (Schachtofen)* ‖ **~ питания** Füllzone *f,* Einzugszone *f (einer Extruderschnecke)* ‖ **~/плавильная** *s.* **~ плавления** ‖ **~ плавления** *s.* **печи/рабочая** ‖ **~/плечевая** Schulterpartie *f,* Schulterbereich *m (der Reifen)* ‖ **~/плоская** *(Eln)* Flachband *n* ‖ **~/поверхностная** *(Eln)* 1. Oberflächenbereich *m;* 2. Oberflächenenergieband *n* ‖ **~ повышенного давления** 1. *(Meteo)* Hochdruckzone *f,* Hochdruckgürtel *m;* 2. *(Bgb)* Zusatzdruckzone *f* ‖ **~ повышенного давления/субтропическая** *(Meteo)* subtropischer Hochdruckgürtel *m,* Roßbreitengürtel *m* ‖ **~/подвижная** *(Geol)* mobile Zone *f (Erdkruste)* ‖ **~ подогрева** Vorwärmzone *f* ‖ **~ подпора** *(Hydt)* Staugebiet *n* ‖ **~ покоя** *(Ökol)* Ruhezone *f* ‖ **~/полумартенситная** *(Met)* Übergangszone *f (Übergangsgebiet n)* zwischen Martensit und Troostit *(Gefüge)* ‖ **~ понижения** *(Gal)* Absenkungszone *f* ‖ **~ поперечной прокатки** Querwalzteil *n (Mannesmannwalze)* ‖ **~ предварительного нагрева** *(Met)* Vorwärmzone *f (Schachtofen)* ‖ **~ при реверсе** Umkehrspanne *f* ‖ **~/прибортовая** *(Geol)* Randzone *f* ‖ **~ прибоя** *(Text)* Anschlagzone *f (Weberei)* ‖ **~/пригородная** 1. *(Nrt)* Vorort[s]verkehrsbereich *m;* 2. *(Bw)* Staadtrandzone *f* ‖ **~/призабойная** *(Bgb)* Ortsstoßbereich *m* ‖ **~/приледниковая** *(Geol)* Periglazialgebiet *n* ‖ **~ применения** Anwendungsbereich *m;* Gültigkeitsbereich *m,* Definitionsbereich *m* ‖ **~/примесная** *(Krist)* Stör[stellen]zone *f;* Stör[stellen]band *n;* Verunreinigungszone *f (Halbleiter)* ‖ **~/примесная акцепторная** *(Krist)* Akzeptorstörstelle *f,* Störstelle *f* vom Akzeptortyp ‖ **~/приповерхностная** oberflächennaher Bereich *m* ‖ **~ проводимости** *(Eln)* Leitfähigkeitsband *n,* Leitungsband *n,* L-Band *n (Halbleiter)* ‖ **~ проводимости/примесная донорная** *(Krist)* Donatorstörstelle *f,* Störstelle *f* vom Donatortyp, Überschußstörstelle *f* ‖ **~ прокаливания** *(Härt)* Glühzone *f (im Glühofen)* ‖ **~/промышленная** *(Ökol)* Industriegebiet *n* ‖ **~ проплавления** *(Schw)* Einbrandbereich *m* ‖ **~ пропорциональности** Aussteuerungsbereich *m,* Proportionalitätsbereich *m* ‖ **~ пространственного заряда** *(Eln)* Raumladungsgebiet *n,* Raumladungszone *f,* RLZ *(Halbleiter)* ‖ **~ пуска** *(Rak)* Startzone *f* ‖ **~/пустая** *s.* **~/свободная** ‖ **~ пятен (пятнообразования)** *(Astr)* Fleckenzone *f (Sonne)* ‖ **~/рабочая** 1. *(Masch)* Arbeitsraum *m (ohne Einbeziehung der Fahrbewegung);* 2. *(Reg)* Prozeßort *m* ‖ **~ равной слышимости** *s.* **~ равносигнальная** ‖ **~/равносигнальная** *(Rad)* Dauerstrichzone *f,* Leitstrahlzone *f,* Leitstrahl *m* ‖ **~ радиационной опасности** *(Kern)* strahlungsgefährdete Zone *f* ‖ **~ разломов** *(Geol)* Bruchzone *f* ‖ **~ разрежения [ядерного взрыва]** *(Kern)* Unterdruckphase *f,* Sogphase *f (Kernexplosion)* ‖ **~/разрешённая** *(Eln)* erlaubter (zugelassener) Energiebereich *m,* erlaubtes Band (Energieband) *n (Halbleiter)* ‖ **~ разрушения** *(Bgb)* Zertrümmerungszone *f,* Bruchzone *f* ‖ **~ разрыва** *(Mech)* Bruchzone *f,* Bruchstelle *f* ‖ **~ расслоения** *(Bgb)* Aufblätterungszone *f* ‖ **~ растяжения** *(Bgb)* Zerrungszone *f* ‖ **~ реактора/активная** *(Kern)* aktive Zone *f,* Spaltzone *f,* Spaltraum *m*

(Reaktor) ‖ ~/**режущая** *(Fert)* Schneidzone *f* ‖ ~ **реконструкции** *(Bw, Ökol)* Rekonstruktionsgebiet *n* ‖ ~/**ректификационная** Fraktionierzone *f* ‖ ~/**рифтовая** *(Geol)* Riftzone *f* ‖ ~/**свободная** *(Eln)* unbesetztes (leeres) Band *n*, freies Energieband *n (Halbleiter)* ‖ ~ **сегерации** *(Met)* Seiger[ungs]zone *f*, Seiger[ungs]stelle *f* ‖ ~/**сейсмическая** *(Geoph)* Erdbebenzone *f* ‖ ~ **сейсмической тени** *(Geoph)* seismische Schattenzone *f* ‖ ~/**сейсмогенная** *(Geoph)* seismische (seismogene) Zone *f* ‖ ~/**сейсмоопасная** *(Geoph)* seismisch gefährdete Zone *f* ‖ ~/**селитебная** *(Bw, Ökol)* Wohnbereich *m*, Siedlungszone *f* ‖ ~/**сетевой (сетной)** Netzsonde *f (Schleppnetzfischerei)* ‖ ~ **сжатия** 1. Kompressionszone *f*, Druckzone *f (einer Extruderschnecke)*; 2. *(Bgb)* Pressionszone *f*; 3. *(Kern)* Überdruckphase *f*, Kompressionsphase *f* ‖ ~ **скалывания** *(Geol)* Absicherungszone *f* ‖ ~ **скольжения** *(Krist)* Gleitzone *f* ‖ ~ **слышимости** Hörbarkeitszone *f*; Hörzone *f* ‖ ~ **смятия** 1. *(Kfz)* Walkzone *f (des Reifens)*; 2. *(Geol)* Quetschzone *f* ‖ ~ **собственной проводимости** *(Eln)* i-Gebiet *n*, I-Bereich *m*, Eigenleitungsgebiet *n*, Eigenleitungsband *n (Halbleiter)* ‖ ~ **сортировки** *(Text)* Ecartement *n*; Abreißabstand *m (Kämmaschine)* ‖ ~ **сотовых пузырей** *(Met)* Randblasenschicht *f*, Randblasen *fpl (am Gußblock)* ‖ ~ **сохранения** *(Inf)* Sicherstellungsbereich *m* ‖ ~ **спекания** *(Met)* Sinterungszone *f* ‖ ~ **спектральной чувствительности** *(Photo)* Farbempfindlichkeitsbereich *m* ‖ ~ **сплавления** *(Schw)* Verschmelzungszone *f*, Schmelzbereich *m* ‖ ~/**субдукции** *(Geol)* Subduktionszone *f* ‖ ~/**сублиторальная** *(Geol, Hydrol)* Sublitoral *n* ‖ ~/**сумеречная** Dämmerungszone *f* ‖ ~/**супралиторальная** *(Geol, Hydrol)* Eulitoral *n* ‖ ~ **сушки** *(Bgb)* Trocknungszone *f (Untertagevergasung)* ‖ ~ **схватывания** Bindezone *f (beim Preßschweißen)* ‖ ~/**тарифная** *(Nrt)* Gebührenzone *f*, Tarifzone *f* ‖ ~/**теневая** *(Rf)* Abschattungsbereich *m*, Abschattungszone *f*, Funkschatten *m* ‖ ~ **термического влияния** *(Schw)* wärmebeeinflußte Zone *f*, Wärmeeinflußzone *f*, WEZ *f* ‖ ~/**томильная** *(Met)* Glühzone *f*; Temperzone *f (im Glüh- bzw. Temperofen)* ‖ ~ **транскристаллизации** *(Met)* Transkristallisationszone *f*, Transkristallisationsgebiet *n* ‖ ~/**тропическая** *(Meteo)* tropische Zone *f*, Tropen *pl*, Tropenzone *f* ‖ ~/**умеренная** *(Meteo)* gemäßigte Zone *f* ‖ ~/**упругая** *(Wkst)* elastischer Bereich *m* ‖ ~ **Френеля** *(Opt)* Fresnelsche Zone *f* ‖ ~/**фронтальная** *(Meteo)* Frontalzone *f* ‖ ~/**функциональная** Funktionsbereich *m*, Wirkungsbereich *m* ‖ ~/**фурменная** *(Met)* Form[en]zone *f (Hochofen)* ‖ ~ **цементации** *(Geol)* Zementationszone *f* ‖ ~/**шлаковая** *(Met)* Schlackenzone *f*; Schlackenlinie *f*, Schlackenebene *f (Schmelzofen)* ‖ ~/**шпинелевая** *(Geoph)* Spinell-Zone *f*, Spinell-Schicht *f* ‖ ~/**экстраглациальная** *(Geol)* Periglazialgebiet *n* ‖ ~/**электронной проводимости** *(Eln)* N-[leitender] Bereich *m*, Elektronenleitungsband *n (Halbleiter)* ‖ ~ **эмиттера** *(Eln)* Emitterbereich *m (Halbleiter)* ‖ ~/**энергетический** *(Eln)* Energieband *n*, Energiezone *f (Halbleiter)* ‖ ~/**эпицентральная** *(Geoph)* Epizentralgebiet *n*, Herdgebiet *n*

зональность *f* Zonalität *f*, Gürtelung *f* ‖ ~ **в распределении оруденения** Zonalität *f* in der Vererzungsverteilung ‖ ~/**вертикальная** vertikale Zonalität *f* ‖ ~/**вторичная** sekundäre Zonalität *f* ‖ ~/**гипогенная** hypogene (aszendente) Zonalität *f* ‖ ~/**горизонтальная** horizontale Zonalität *f* ‖ ~/**первичная** Primärzonalität *f* ‖ ~/**супергенная** supergene (deszendente) Zonalität *f*

зонд *m* Sonde *f*, Meßkopf *m*; Fühler *m*, Taster *m*, Tastspitze *f* ‖ ~/**акустический** Sondenmikrofon *n* ‖ ~/**аэростатный** Ballonsonde *f* ‖ ~/**вибрирующий** schwingende Sonde *f* ‖ ~/**волоконно-оптический** faseroptische Sonde *f* ‖ ~/**вращающийся** rotierende Sonde *f* ‖ ~/**глоточный** *(Med)* Rachensonde *f* ‖ ~/**гортанный** *(Med)* Kehlkopfsonde *f* ‖ ~/**двухточечный** Zweipunktsonde *f* ‖ ~/**измерительный** Meßsonde *f*, Meßfühler *m* ‖ ~/**импульсный** Impulsfühler *m* ‖ ~/**испытательный** Prüfsonde *f*, Prüftaster *m* ‖ ~/**корпускулярно-лучевой** Korpuskularstrahlsonde *f* ‖ ~/**космический** Raumsonde *f* ‖ ~/**лазерный** Lasersonde *f* ‖ ~/**магнитный** Magnetsonde *f* ‖ ~/**межзвёздный** interstellare Raumsonde *f* ‖ ~/**метеорологический** Wettersonde *f*, meteorologische Sonde *f* ‖ ~/**многоточечный** Vielfach[punkt]sonde *f* ‖ ~/**нейтронный** *(Kern)* Neutronensonde *f*, Neutronenmeßkopf *m* ‖ ~/**плазменный** Plasmasonde *f* ‖ ~/**ракетный** Raketensonde *f* ‖ ~/**сканирующий** Abtastsonde *f* ‖ ~/**температурный (термоизмерительный)** Temperaturfühler *m* ‖ ~/**точечный** Punktsonde *f* ‖ ~/**электронный** Elektronensonde *f*

зондаж *m* s. зондирование

зондирование *n* 1. Sondieren *n*, Sondierung *f*, Messung *f*, Abtasten *n* ‖ ~/**аэростатное** *(Meteo)* Ballonsondierung *f* ‖ ~/**вертикальное** *(Geoph)* Vertikalsondierung *f* ‖ ~/**вертикальное электрическое** elektrische Tiefensondierung *f* ‖ ~/**глубинное сейсмическое** *(Geoph)* seismische Tiefensondierung *f* ‖ ~/**дистанционное** Fernerkundung *f*, Remote sensing *n*; Fernmessung *f* ‖ ~/**магнитотеллурическое** *(Geoph)* magnetotellurische Sondierung *f* ‖ ~/**надирное** *(Meteo)* Nadirsondierung *f*, Sondierung *f* in Nadirgeometrie ‖ ~/**наклонное** *(Meteo)* Limbsondierung *f*, Sondierung *f* in Limbgeometrie ‖ ~/**ракетное** *(Meteo)* Raketensondierung *f* ‖ ~/**сейсмическое** *(Geoph)* seismische Sondierung *f* ‖ ~/**строительное** *(Bw)* Einteilung *f* in Bauzonen ‖ ~/**ультразвуковое** Ultraschall[echo]lotung *f* ‖ ~/**функциональное** *(Bw)* Einteilung *f* nach der Flächennutzung ‖ ~/**частотное** *(Geoph)* Frequenzsondierung *f (Geomagnetismus)* ‖ ~/**электромагнитное** *(Geoph)* elektromagnetische Sondierung *f*

зонт *m* 1. Schirm *m*; Haube *f*; 2. *(Bw)* Vordach *n*, Schutzdach *n* ‖ ~/**вытяжной** *(Met)* Abzugshaube *f*, Rauchfang *m*, Schirm *m* ‖ ~/**дымовой трубы** *(Bw)* Schornsteinaufsatz *m* ‖ ~/**светозащитный** *(Photo)* Sonnenblende *f*

зоны *fpl* **роста** *(Krist)* Wachstumszonen *fpl*; Zonarstruktur *f*

зрачок *m (Opt)* Pupille *f* ‖ ~/**входной** Eintrittspupille *f* ‖ ~/**выходной** Austrittspupille *f* ‖ ~ **объектива** Objektivpupille *f* ‖ ~/**окулярный** Okularpupille *f*

зрельник *m (Text)* Dämpfer *m (Veredlung)* ‖ ~ **непрерывного действия** Kontinuedämpfer *m*

ЗТВ *s.* зона термического влияния

ЗУ *s.* устройство/запоминающее

зуб *m* 1. *(Masch)* Zahn *m (Zahnrad)*; 2. *(Wkz)* Zahn *m*, Schneidenzahn *m*, Messer *n (z. B. Fräser)*; 3. *(Hydt)* Schürze *f*, Dichtungsschürze *f (Staudamm)*; 4. Zacke *f*; 5. *(Lw)* Zinken *m (einer Egge)* • **на один** ~ *(Masch)* bei Drehung um einen Zahn *(Zahnradprüfung)* ‖ ~ **бёрда** *(Text)* Rietnagel *m*, Rietstift *m*, Rietstab *m (Weberei)*; Blattrohr *n*, Blattriet *n (Webblatt)* ‖ ~/**бетонный** *(Hydt)* Betonherdmauer *f*, Betonschürze *f* ‖ ~/**винтовой** Schraubenzahn *m (Zahnrad)* ‖ ~/**вставной** eingesetzter Zahn *m (Zahnrad)* ‖ ~/**вычёсывающий** *(Text)* Räumzahn *m (Wellenfachweben)* ‖ ~/**глубокий** *(Hydt)* Untergrundstauwand *f*, Dichtungsschürze *f*, Sporn *m (Erdstaudamm)* ‖ ~/**жёсткий** *(Lw)* starrer Zinken *m* ‖ ~/**затылованный** *(Wkz)* hinterarbeiteter Zahn *m (Fräser)*; hinterschliffener Zahn *m (Zahnrad)* ‖ ~ **зубчатого соединения** Kupplungszahn *m (Kupplung)* ‖ ~/**конусный** Kegelzahn *m* ‖ ~/**косой** Schrägzahn *m*, schräger Zahn *m (Zahnrad)* ‖ ~/**криволинейный** Kurvenzahn *m*; gekrümmter Zahn *m (Zahnrad)* ‖ ~/**круговой** Kreisbogenzahn *m (Zahnrad)* ‖ ~/**ледовый** *(Schiff)* Eissporn *m* ‖ ~ **муфты** Kupplungszahn *m*, Frosch *m (Kupplung)* ‖ ~/**неподрезанный** unterschnittfreier Zahn *m (Zahnrad)* ‖ ~ **плотины** *(Hydt)* Herdmauer *f*, Mauersporn *m* ‖ ~/**полушевронный** geteilter Pfeilzahn *m (Zahnrad)* ‖ ~/**прибойный** *(Text)* Anschlagzahn *m* ‖ ~/**прочёсывающий** *(Text)* Räumzahn *m* ‖ ~/**пружинный** *(Lw)* Federzinken *m*, federnder Zinken *m* ‖ ~/**прямобочный** geradflankiger Zahn *m (Zahnrad)* ‖ ~/**прямой** Geradzahn *m*, gerader Zahn *m (Zahnrad)* ‖ ~/**разведённый** geschränkter Zahn *m (Säge)* ‖ ~/**режущий** *(Wkz)* Schneidzahn *m*, schneidender Zahn *m* ‖ ~/**смещённый шевронный** versetzter Pfeilzahn *m (Zahnrad)* ‖ ~/**сопряжённый** Gegenzahn *m (Zahnrad)* ‖ ~/**соседний** Nachbarzahn *m (Zahnrad)* ‖ ~/**спиральный** Spiralzahn *m*, spiralförmiger Zahn *m (Zahnrad)* ‖ ~/**ступенчатый** Stufenzahn *m (Zahnrad)* ‖ ~/**тангенциальный** Tangentialzahn *m (Zahnrad)* ‖ ~/**торцовый** Stirnzahn *m (Zahnrad)* ‖ ~/**цевочный** Stiftzahn *m*, Zapfenzahn *m (Triebstockverzahnung)* ‖ ~/**черновой** *(Wkz)* Schruppzahn *m* ‖ ~/**чистовой** *(Wkz)* Schichtzahn *m* ‖ ~/**шевронный** Pfeilzahn *m (Zahnrad)* ‖ ~/**эвольвентный** Evolventenzahn *m (Zahnrad)* ‖ ~/**эпициклоидный** Epizykloidenzahn *m (Zahnrad)*

зубец *m* 1. Zahn *m*; 2. Zinke *f*; 3. Klaue *f (Kupplung)* ‖ ~/**коммутирующий** *(El)* Wendepolzahn *m*

зубило *n* 1. Meißel *m*; 2. *(Schm)* Schröter *m* ‖ ~/**канавочное** *(Wkz)* Nutenmeißel *m* ‖ ~/**кузнечное** *(Schm)* Schrotmeißel *m*, Schrothammer *m*, Schroteisen *n*, Schröter *m* ‖ ~/**обрубное** *(Gieß)* Putzmeißel *m* ‖ ~/**одностороннее** *(Schm)* einseitig schräger Schrotmeißel *m* ‖ ~/**пневматическое** *(Wkz)* Druckluftmeißel *m* ‖ ~/**прямое** *(Wkz)* Meißel *m* mit gerader Schneide ‖ ~/**слесарное** Schlossermeißel *m* ‖ ~/**фасонное** *(Schm)* Hohlmeißel *m*

зубодолбление *n (Fert)* 1. Verzahnungsstoßen *n*; 2. Zahnradstoßen *n* ‖ ~/**черновое** Verzahnungsschruppstoßen *n* ‖ ~/**чистовое** Verzahnungsschlichtstoßen *n*

зубозачистка *f (Fert)* Verzahnungsentgraten *n*, Zahnentgraten *n*

зубомер *(Meß)* 1. Zahnmeßgerät *n*, Verzahnungsmeßgerät *n*; 2. Zahnradmeßgerät *n* ‖ ~/**тангенциальный** Zahnradmeßgerät *n* zur Bestimmung der Profilverschiebung

зубонакатывание *n (Fert)* 1. Zahnwalzen *n*; 2. Zahnradwalzen *n*

зубонарезание *n (Fert)* 1. spanendes Verzahnen *n*; 2. Zahnradschneiden *n*

зубонарезной *s.* зуборезный

зубообрабатывающий 1. Zahnbearbeitungs...; 2. Zahnradbearbeitungs...

зубообработка *f (Fert)* 1. Verzah[nungs]bearbeitung *f*; 2. Zahnradbearbeitung *f*

зубопритирка *f (Fert)* 1. Verzahnungsläppen *n*; 2. Zahnradläppen *n*

зуборезный *(Fert)* 1. Verzahn..., zum Verzahnen; 2. Zahnradschneide..., zur spanenden Zahnradbearbeitung

зубострогание *n (Fert)* 1. Verzahnungshobeln *n*; 2. Zahnradhobeln *n*

зуботочение *n (Fert)* Wälzschälen *n*

зубофрезерование *n (Fert)* 1. Verzahnungsfräsen *n*; 2. Zahnradfräsen *n*

зубохонингование *n (Fert)* 1. Verzahnungslanghubhonen *n*; 2. Zahnradlanghubhonen *n*

зубошевингование *n (Fert)* 1. Verzahnungsschaben *n*; 2. Zahnradschaben *n*

зубошлифование *n (Fert)* 1. Verzahnungsschleifen *n*; 2. Zahnradschleifen *n*

зубцовый Zahn...

зубчатка *f* 1. *(Masch)* Ritzel *n*, Zahnrad *n*; 2. *(Bw)* Kröneleisen *n*

зубья *mpl (Masch)* Verzahnung *f*, Zähne *mpl* • **с дуговыми зубьями** bogenverzahnt • **с косыми зубьями** schrägverzahnt • **с круговыми зубьями** kreisbogenverzahnt • **с прямыми зубьями** kreuzverzahnt • **с шевронными зубьями** pfeilverzahnt ‖ ~/**дуговые** Bogenverzahnung *f* ‖ ~/**круговые** Kreisbogenverzahnung *f* ‖ ~ **шевронные** Pfeilverzahnung *f*

ЗУМ *s.* устройство микропрограмм/запоминающее

зуммер *m (Nrt)* Summer *m* ‖ ~/**гетеродинный** Überlagerungssummer *m*

зуммирование *n (Nrt)* 1. Pfeifen *n (Verstärker)*; 2. Summton *m*

ЗУМП *s.* устройство микропрограмм/запоминающее

зумпф *m* 1. Sumpf *m (Schmelzofen)*; 2. *(Gieß)* Gießtümpel *m*, Eingußtümpel *m*; 3. *(Bgb)* Sumpf *m*, Schachtsumpf *m* ‖ ~/**насосный** *(Bgb)* Pumpensumpf *m* ‖ ~ **шахты** *(Bgb)* Schachtsumpf *m*, Schachttiefstes *n*

зумпф-штрек *m (Bgb)* Sumpfstrecke *f*

ЗУ ОМТ *s.* устройство обратного магазинного типа/запоминающее

ЗУПВ *s.* устройство с произвольной выборкой/запоминающее

ЗУР *s.* ракета/зенитная управляемая

забрение *n* Kehlen *n (Fischverarbeitung)*

зябь *f (Lw)* Herbstfurche *f*, Winterfurche *f*

И

«И» UND *n (logische Funktion)*
ИАГ *s.* гранат/иттрий-алюминиевый
ИАФ *s.* фильтр/интегральный аналоговый
ИВ *s.* искатель вызовов
ИВК *s.* комплекс/измерительно-вычислительный
ИВУ *s.* интерфейс внешнего устройства
ИГ *s.* генератор/импульсный
игданит *m (Bgb)* Igdanit *m (Sprengstoff)*
игла *f* 1. Nadel *f*; 2. *(Schm)* Preßdorn *m (Strangpressen)*; 3. *(Wlz)* Rohreintreibdorn *m (Rohrwalzen)* ‖ **~/алмазная** *(Wkz)* Diamantnadelabrichter *m (Abrichten von Gewindeschleifkörpern)* ‖ **~/алмазная гравировальная** *(Wkz)* Gravierdiamant *m* ‖ **~/вышивальная** *(Text)* Sticknadel *f* ‖ **~/движковая** *(Text)* Schiebernadel *f* ‖ **~/двойная** *(Text)* Doppelnadel *f* ‖ **~/деккерная** *(Text)* Deckernadel *f* ‖ **~/дисковая** *(Text)* Rippnadel *f (Wirkerei)* ‖ **~ для горячего прессования** *(Schm)* Warmpreßdorn *m (Strangpressen)* ‖ **~ для переноса петель** *(Text)* Nadel *f* für Maschenübertragung *(Wirkmaschine)* ‖ **~ для холодного прессования** *(Schm)* Kaltpreßdorn *m (Strangpressen)* ‖ **~ для штопки** *(Text)* Ausnähnadel *f*, Stopfnadel *f* ‖ **~/дозирующая** *(Kfz)* Düsennadel *f*; Teillastnadel *f* ‖ **~ жаккардовой машины** *(Text)* Jacquardnadel *f (Platinennadel der Jacquardmaschine)* ‖ **~/желобчатая** *s.* ~/пазовая ‖ **~/закладная** *(Text)* Einlegenadel *f (für den Schußfaden)* ‖ **~ иглопробивной машины** *(Text)* Filznadel *f*, Feltingnadel *f* ‖ **~ игольчатого диска** *(Text)* Nadel *f* der Rippscheibe *f*, Rippnadel *f (Wirkerei; Interlockmaschine)* ‖ **~/изогнутая** gebogene Nadel *f* ‖ **~/индивидуально-подвижная** *(Text)* einzeln bewegliche Nadel *f (Flach- und Rundstrickmaschinen)* ‖ **~/кеттельная** *(Text)* Kettelnadel *f (Kettelmaschine)* ‖ **~ кругловязальной машины** *(Text)* Rundstricknadel *f* ‖ **~/крючковая** *(Text)* Spitzennadel *f*, Hakennadel *f (Wirkerei)* ‖ **~/ощупывающая** *(Meß)* Tastnadel *f*, Abtastnadel *f* ‖ **~/пазовая** *(Text)* Schiebernadel *f*, Rinnennadel *f (Wirkmaschine)* ‖ **~/печатающая** Drucknadel *f* ‖ **~/плоская** *(Text)* Flachnadel *f* ‖ **~ поплавка/запорная** *(Kfz)* Schwimmernadel *f (Vergaser)* ‖ **~/проборная** *s.* крючок/оборный ‖ **~/проволочная** *(Text)* Drahtnadel *f* ‖ **~/противоположная** *(Text)* Gegenhaltenadel *f* ‖ **~/прошивная** *(Text)* Nähnadel *f (Nähwirkmaschine)* ‖ **~/прямая** *(Text)* gerade Nadel *f* ‖ **~/радиоактивная** *(Kern, Med)* radioaktive Nadel *f* ‖ **~/разметочная** *(Fert)* Reißnadel *f* ‖ **~ риппшайбы** *(Text)* Tellernadel *f (Strickmaschine)* ‖ **~ с высокой пяткой** *(Text)* Hochfußnadel *f* ‖ **~ с короткой пяткой** *(Text)* Niederfußnadel *f* ‖ **~ с круглой колбой** *(Text)* Rundkolbennadel *f* ‖ **~ с плоской колбой** *(Text)* Flachkolbennadel *f* ‖ **~/сбавочная** *(Text)* Decknadel *f*, Mindernadel *f (Wirkerei)* ‖ **~/ступенчатая** abgesetzte Dornspitze *f (beim Rohrpressen)* ‖ **~ трикотажной машины** *(Text)* Wirk[maschinen]nadel *f* ‖ **~/трубчатая** *(Text)* Röhrchennadel *f (Wirkerei)* ‖ **~/ушковая** *(Text)* Lochnadel *f (Wirkerei; Kettenwirkmaschine, Ra-* schelmaschine*)* ‖ **~ форсунки** *s.* ~/форсуночная ‖ **~/форсуночная** *(Kfz)* Düsennadel *f (Einspritzdüse; Dieselmotor)* ‖ **~ цилиндра** *(Text)* Zylindernadel *f (Wirkerei; Interlockmaschine)* ‖ **~/швейная** *(Text)* Nähnadel *f* ‖ **~ штифтовой форсунки/запорная** *(Kfz)* Düsennadel *f* der Zapfendüse *(Einspritzdüse; Dieselmotor)* ‖ **~/штопальная** *(Text)* Stopfnadel *f* ‖ **~/щуповая** Tastnadel *f*, Tastspitze *f* ‖ **~/язычковая** *(Text)* Zungennadel *f*, Löffelnadel *f*, Scharniernadel *f*
игловод *m (Text)* Musterschwinge *f (Wirkerei, Strickerei)*
игловодитель *m (Text)* Nadelführer *m*, Nadelschieber *m*, Nadelträger *m*, Nadelstange *f*, Führungsstange *f (Nähmaschine)*
иглодержатель *m* 1. Nadelbefestigungsteil *n (eines Plattenspielers)*; 2. *(Med)* Nadelhalter *m*
иглопробивание *n (Text)* Vernadelung *f (Nadelvlies)*
иглопрокалывание *n (Text)* Nadeln *n*; Nadeleinstich *m*
иглофильтр *m* Nadelfilter *n*; Filterrohr *n*
игнимбрит *m (Geol)* Ignimbrit *m*, Schmelztuff *m*, Gluttuff *m*
игнитрон *m (Eln)* Ignitron *n*, Ignitronröhre *f* ‖ **~/мощный** Hochleistungsignitron *n*
игольница *(Text)* Nadelbett *n*, Nadelbarre *f*, Legeschiene *f*, Fontur *f (Wirkerei)* ‖ **~/задняя** hinteres Nadelbett *n* ‖ **~ передняя** vorderes Nadelbett *n* ‖ **~/подвижная** bewegliches Nadelbett *n*
игольчатый Nadel…, nadelförmig
игра *f* 1. *(Masch)* Spiel *n*, Luft *f (s. a. unter* зазор 2.*)*; 2. *(Kyb)* Spiel *n* ‖ **~/бескоалиционная** *(Kyb)* nichtkooperatives Spiel *n* ‖ **~ бесконечная** *(Kyb)* unendliches Spiel *n* ‖ **~/боковая** *(Masch)* Seitenspiel *n* ‖ **~ в подшипнике** *(Masch)* Lagerheft *n*, Lagerspiel *n* ‖ **~ клапана** *(Kfz)* Ventilspiel *n* ‖ **~/коалиционная** *(Kyb)* kooperatives Spiel *n* ‖ **~/конечная** *(Kyb)* endliches Spiel *n* ‖ **~/кооперативная** *(Kyb)* kooperatives Spiel *n* ‖ **~/корректная** *(Kyb)* faires Spiel *n* ‖ **~/некорректная** *(Kyb)* unfaires Spiel *n* ‖ **~/несущественная** *(Kyb)* unwesentliches Spiel *n* ‖ **~/осевая** *(Masch)* Längsspiel *n*, Axialspiel *n* ‖ **~ подшипника** *(Masch)* Lagerspiel *n* ‖ **~/продольная** *s.* ~/осевая ‖ **~/радиальная** *(Masch)* Radialspiel *n* ‖ **~ рессоры** *(Masch)* Federspiel *n* ‖ **~ с неполной информацией** *(Kyb)* unbestimmtes Spiel *n* ‖ **~ с нулевой суммой** *(Kyb)* Nullsummenspiel *n* ‖ **~/статистическая** *(Kyb)* statistisches Spiel *n* ‖ **~/стратегическая** *(Kyb)* strategisches Spiel *n* ‖ **~/телевизионная** Videospiel *n* ‖ **~/честная** *(Kyb)* faires Spiel *n*
идемпотент *m (Math)* Idempotent *m*
идентификатор *m* 1. Identifizierungsgerät *n*; 2. *(Inf)* Satzadresse *f*, Bezeichnung *f*, Kennzeichen *n*, Identifier *m* ‖ **~ переменной** *(Inf)* Variablenname *m* ‖ **~ программы** *(Inf)* Programmkennzeichner *m*, Programmidentifizierer *m*
идентификация *f (Inf)* Identifizierung *f*, Identifikation *f*, Kennzeichnung *f* ‖ **~/безошибочная** fehlerfreie Identifikation *f* ‖ **~ метки** Kennsatzidentifizierung *f* ‖ **~ программы** Programmkennzeichnung *f*, Programmidentifikation *f*

идиобластический s. идиобластовый
идиобластовый *(Min)* idioblastisch
идиобласты *mpl (Min)* Idioblasten *mpl*
идиогеосинклиналь *f (Geol)* Idiogeosynklinale *f*, Vortiefe *f*, Saumtiefe *f*, Randsenke *f*, Außensenke *f*
идиоморфизм *m (Min)* Idiomorphismus *m*, Eigengestaltigkeit *f*
идиоморфный *(Min)* idiomorph, automorph, eigengestaltig
идиохроматизм *m (Min)* Idiochromatie *f*, Eigenfarbigkeit *f*
идиохроматический *(Min)* idiochromatisch, eigenfarbig
идти вразнос durchgehen *(Motor)*
иерархический hierarchisch
иерархия *f (Inf)* Hierarchie *f*, Rangordnung *f* ǁ ~ **данных** Datenhierarchie *f* ǁ ~ **запоминающего устройства** Speicherhierarchie *f* ǁ ~ **обработки** Verarbeitungshierarchie *f* ǁ ~ **памяти** Speicherhierarchie *f* ǁ ~ **приоритетов** Prioritätshierarchie *f*, Vorrangsstufung *f* ǁ ~ **управления** *(Reg)* Steuerungshierarchie *f*
иероглифы *mpl (Geol)* Hieroglyphen *fpl (Schichtflächenmarken unterschiedlicher Art)* ǁ ~ **биогенные** s. биоглифы
изаллобара *f (Meteo)* Isallobare *f*
изаллотерма *f (Meteo)* Isallotherme *f*
изанемона *f (Meteo)* Isanemone *f*
изаномала *f (Meteo, Geoph)* Isanomale *f*, Linie *f* gleicher Abweichung vom Normalwert, Linie *f* gleicher Anomalie
избирание *n* 1. Auswählen *n*, Auswahl *f*, Wahl *f*; 2. *(Kyb)* Auslese *f*, Selektion *f*; 3. *(Nrt)* Anwahl *f*, Wählen *n* ǁ ~ **групповое** *(Nrt)* Gruppen[an]wahl *f*
избиратель *m (Nrt)* Wähler *m* ǁ ~ **частотный** Frequenzwähler *m*
избирательность *f (Nrt, Rf)* Selektivität *f*, Trennschärfe *f* ǁ ~ **амплитудная** Amplitudenselektion *f* ǁ ~ **временная** Zeitselektion *f*, Zeitauswahl *f* ǁ ~ **модовая** Modenselektivität *f* ǁ ~ **по соседнему каналу** Nachbarkanalselektivität *f* ǁ ~ **предварительная** Vorselektion *f* ǁ ~ **приёмника** Empfängertrennschärfe *f* ǁ ~ **реальная** wirksame Selektion *f*, Gesamtselektion *f* ǁ ~ **фильтра** Selektivität (Trennschärfe) *f* des Filters ǁ ~ **частотная** Frequenzselektion *f*
избирательный selektiv, Selektiv...
избыток *m* 1. Überschuß *m*; 2. *(Math, Astr)* Exzeß *m* ǁ ~ **амплитуды** *(Ph)* Amplitudenrand *m*, Amplitudenabstand *m* ǁ ~ **воздуха** Luftüberschuß *m* ǁ ~ **излучения** *(Kern)* Strahlungsüberschuß *m* ǁ ~ **кислорода** *(Ch)* Sauerstoffüberschuß *m* ǁ ~ **кислоты** *(Ch)* Säureüberschuß *m* ǁ ~ **массы** *(Ph)* Massenüberschuß *m* ǁ ~ **мощности** Leistungsüberschuß *m* ǁ ~ **нейтронов** *(Kern)* Neutronenüberschuß *m* ǁ ~ **носителей** *(Eln)* Trägerüberschuß *m* ǁ ~ **основания** *(Ch)* Basenüberschuß *m* ǁ ~ **протонов** *(Ph)* Protonenüberschuß *m* ǁ ~ **радиации** *(Ph)* Strahlungsüberschuß *m* ǁ ~ **фазы** *(Ph)* Phasenrand *m*, Phasenabstand *m* ǁ ~ **цвета** *(Astr)* Farb[en]exzeß *m (Maß für die Verfärbung eines Sterns)* ǁ ~ **щёлочи** *(Ch)* Laugenüberschuß *m*, Alkaliüberschuß *m* ǁ ~ **электронов** *(Kern)* Elektronenüberschuß *m* ǁ ~ **энергии** Energieüberschuß *m*

избыточность *f* 1. Überschuß *m*, Überfluß *m*; 2. *(Inf)* Redundanz *f* ǁ ~ **информационная** Informationsredundanz *f* ǁ ~ **кода** Koderedundanz *f* ǁ ~ **памяти** Speicherredundanz *f* ǁ ~ **сигналов** Signalredundanz *f* ǁ ~ **сообщения** Nachrichtenredundanz *f* ǁ ~ **схемная** Schaltungsredundanz *f*
избыточный überzählig, überschüssig, Über...; *(Inf)* redundant
извержение *n (Geol)* Erguß *m*, Ausbruch *m*; *(Geol, Astr)* Auswurf *m*, Ejektion *f* ǁ ~ **вулкана** *(Geol)* vulkanischer Ausbruch *m*, Eruption *f* ǁ ~ **глубинное** *(Geol)* Tiefeneruption *f* ǁ ~ **площадное** *(Geol)* Arealeruption *f* ǁ ~ **смешанное** *(Geol)* Mischeruption *f* ǁ ~ **трещинное** *(Geol)* Spalteneruption *f*, Lineareruption *f* ǁ ~ **фотосферное** s. эрупция ǁ ~ **центральное** *(Geol)* Zentraleruption *f* ǁ ~ **экструдивное** *(Geol)* Extrusion *f*, Oberflächeneruption *f*, superkrustale Eruption *f* ǁ ~ **эффузивно-эксплозионное** *(Geol)* Ejektion *f*, explosive Eruption *f*
известегасилка *f (Bw)* Kalklöschanlage *f*, Kalklöscher *m*
известемешалка *f (Bw)* Kalkmischanlage *f*, Kalkmischer *m*
известкование *n* 1. *(Bw)* Kalken *n*; 2. *(Lw)* Kalken *n*, Kalkdüngung *f* ǁ ~ **избыточное** *(Lw)* Überkalkung *f* ǁ ~ **почвы** *(Lw)* Bodenkalkung *f*, Kalkdüngung *f*
известковый *(Geol)* Kalk..., kalkhaltig
известняк *m (Geol)* Kalkstein *m* ǁ ~ **асфальтовый** Asphaltkalkstein *m* ǁ ~ **биоморфный** biomorpher Kalkstein *m* ǁ ~ **битуминозный (вонючий)** bituminöser Kalkstein *m*, Stinkkalk *m* ǁ ~ **гидравлический** hydraulischer Kalkstein *m* ǁ ~ **глинистый** toniger Kalkstein *m* ǁ ~ **доломитизированный** dolomitischer Kalkstein *m* ǁ ~ **железистый** Eisenkalkstein *m* ǁ ~ **коралловый** Korallenkalk *m* ǁ ~ **кремнистый** Kieselkalk[stein] *m* ǁ ~ **кристаллический** kristalliner Kalkstein *m* ǁ ~ **ленточный** Plattenkalk *m* ǁ ~ **мергелистый** Mergelkalkstein *m* ǁ ~ **мшанковый** Bryozoenkalk *m* ǁ ~ **оолитовый** oolithischer Kalkstein *m*, Kalkoolith *m* ǁ ~ **песчанистый** Kalksandstein *m*, sandiger Kalkstein *m* ǁ ~ **плитняковый** Plattenkalk[stein] *m*, Kalkschiefer *m* ǁ ~ **пресноводный** Süßwasserkalk *m*, Tuffkalk *m*, Kalktuff *m* ǁ ~ **пропитанный асфальтом** Asphaltkalkstein *m* ǁ ~ **раковинный (раковистый)** Muschelkalk *m* ǁ ~ **рифовый** Riffkalk *m* ǁ ~ **рифогенный** Korallenkalk *m* ǁ ~ **сланцевый** Kalkschiefer *m*, Schieferkalk *m* ǁ ~ **флюсовый** Hüttenkalk *m*, Zuschlagkalk *m* ǁ ~ **фораминиферовый** Foraminiferenkalk *m*
известняк-ракушечник *m* Muschelkalk *m*
известь *f* Kalk *m* ǁ ~ **белая** Weißkalk *m* ǁ ~ **белильная** s. ~ хлорная ǁ ~ **быстрогасящаяся** schnellöschender Kalk *m* ǁ ~ **воздушная** Luftkalk *m* ǁ ~ **газовая** Gaskalk *m* ǁ ~ **гашёная** gelöschter Kalk *m*, Löschkalk *m* ǁ ~ **гидравлическая** hydraulischer Kalk *m*, Wasserkalk *m* ǁ ~ **доломитовая** Graukalk *m*, Dolomitkalk *m* ǁ ~ **едкая** Ätzkalk *m* ǁ ~ **жжёная** s. ~ обожжённая ǁ ~ **жирная** Fettkalk *m*, fetter Kalk *m* ǁ ~ **кальциевая** Weißkalk *m*, reiner Kalk *m* ǁ ~ **карбидная** Carbidkalk *m* ǁ ~ **комовая**

Stückkalk m ‖ ~/**кормовая** Futterkalk m ‖ ~/**кремнистая** Kieselkalk m ‖ ~/**кристаллическая** Kristallkalk m ‖ ~/**магнезиальная** Magnesiakalk m, Dolomitkalk m ‖ ~/**молотая** Feinkalk m ‖ ~/**натронная** Natronkalk m ‖ ~/**негашёная** ungelöschter Kalk m ‖ ~/**негашёная молотая** Staubkalk m ‖ ~/**обожжённая** gebrannter Kalk m, Branntkalk m ‖ ~/**обожжённая кусковая** Stückkalk m ‖ ~/**пережжённая** totgebrannter Kalk m ‖ ~/**предельная** Zementkalk m ‖ ~/**серая** Graukalk m, Schwarzkalk m ‖ ~/**сильная гидравлическая** hochhydraulischer Kalk m ‖ ~/**строительная** Baukalk m ‖ ~/**сухогашёная** trocken gelöschter Kalk m ‖ ~/**товарная** Industriekalk m ‖ ~/**тощая** Magerkalk m, Graukalk m ‖ ~/**хлорная** Chlorkalk m, Bleichkalk m ‖ ~/**цементная** Zementkalk m
известь-кипелка f ungelöschter Kalk m, Branntkalk m
известь-пушонка f Kalkstaub m, pulverförmig gelöschter Kalk m
извеща́тель m (El) Melder m ‖ ~/**биметаллический** Bimetallmelder m ‖ ~/**дифференциальный автоматический** Differentialmelder m ‖ ~/**максимальный автоматический** Maximalmelder m ‖ ~/**пожарный** Feuermelder m ‖ ~ **теплового действия/автоматический** Wärmemelder m
извеща́ть melden
ивива́ние n (Text) Kräuseln n
извили́на f/**речная** Flußschleife f; Mäander m
извитость f (Text) Windung f (Baumwolle); Kräuselung f (Wolle) ‖ ~/**структурная** Spinnkräuselung f
извитый (Text) gewunden (Baumwolle); gekräuselt (Wolle)
извлека́ть 1. ausziehen; extrahieren; 2. (Bgb) gewinnen; fangen, ziehen (Kerne, Rohre, Gestänge); rauben (Ausbau); 3. ausbringen (Aufbereitung); 4. (Gieß) ausheben, ziehen, herausheben (Modelle aus der Form); 5. (Bw) ziehen (Pfähle)
извлече́ние n 1. Ausziehen n, Extraktion f; Gewinnung f (s. a. unter получение 2.); 2. (Bgb) Gewinnen n, Fangen n; Ziehen n (Kerne, Rohre, Gestänge); Rauben n (Ausbau); 3. Ausbringen n (Metall aus Erz); 4. (Gieß) Ausheben n, Ziehen n, Herausheben n (eines Modells aus der Form); 5. (Bw) Ziehen n (Pfähle) ‖ ~ **волокна** (Text) Fasergewinnung f ‖ ~ **данных** (Inf) Datenauszug m ‖ ~ **из стека** (Inf) Entkellern n ‖ ~ **корня** (Math) Radizieren n, Wurzelziehen n ‖ ~ **металлов** Metallgewinnung f (aus Erzen) ‖ ~ **модели** (Gieß) Modellausheben n, Modellziehen n ‖ ~ **по металлу** Metallausbringen n ‖ ~ **поглощением** absorptive Extraktion f ‖ ~ **эфиром** Ausethern n
изгарь f Gekrätz n (NE-Metallurgie) ‖ ~/**свинцовая** Krätzblei n, Bleikrätze f, Bleiasche f, Bleischlamm m, Bleischaum m ‖ ~/**чёрная свинцовая** Bleischwärze f
изги́б m 1. (Wkst, Fest) Biegung f (Beanspruchungsart); Verbiegung f; 2. Biegung f, Bogen m, Krümmung f, Knie n, Kröpfung f (s. a. unter кривизна) ‖ ~ **в горячем состоянии** Warmbiegen n, Warmbiegung f ‖ ~ **в области насыщения** (El) Sättigungsknick m ‖ ~ **в пластичной зоне** (Fest) Biegung f im plastischen Bereich ‖ ~ **в холодном состоянии** Kaltbiegen n, Kaltbiegung f ‖ ~/**обычный** (Fest) reine Biegung f ‖ ~/**пластический** (Fest) plastische (bleibende) Biegung f ‖ ~/**плоский** einfache Biegung f ‖ ~/**поперечный** 1. (Fest) Quer[kraft]biegung f; 2. Querbiegung f (des Schiffskörpers) ‖ ~ **при кручении (скручивании)** (Fest) Drillknickung f, Drehknickung f ‖ ~/**продольный** 1. (Fest) Quer[kraft]biegung f; 2. Längsbiegung f (des Schiffskörpers); 3. Knickung f ‖ ~ **профиля** Profilknick m, Profilbeugung f (Reifen) ‖ ~/**сложный** (Fest) zusammengesetzte Biegung f ‖ ~/**сосредоточенный** Biegung f eines Trägers auf zwei Stützen durch symmetrisch angreifende Einzellast ‖ ~/**ударный** Biegung f durch Schlag (Stoß) ‖ ~/**упругий** (Fest) elastische Biegung f ‖ ~ **характеристики** (Eln) Kennlinienknick m ‖ ~/**чистый** (Fest) reine Biegung f ‖ ~/**чистый продольный** (Fest) Biegeknickung f
изгиба́ние n 1. Biegen n; 2. Kröpfen n, Kröpfung f, Abkröpfung f ‖ ~ **крышек/предварительное** (Typ) Vorbrechen n der Decken
и́згородь f/**пастбищная** Weidezaun m ‖ ~/**электрическая** elektrischer Weidezaun m, Elektro[weide]zaun m
изготови́тель m Hersteller m, Herstellerwerk n
изгото́вить s. изготовлять
изготовле́ние n Herstellung f (s. a. unter производство 2.) ‖ ~/**заводское** industrielle Fertigung f, Werksfertigung f ‖ ~ **заготовок** Rohteilfertigung f ‖ ~/**крупносерийное (массовое)** Großserienfertigung f, Massenfertigung f, Massenproduktion f ‖ ~/**мелкосерийное** Kleinserienfertigung f, Kleinserienproduktion f ‖ ~/**постро́ечное** (Bw) Baustellenfertigung f ‖ ~/**серийное** Serienfertigung f, Serienproduktion f ‖ ~/**стендовое** (Bw) Standfertigung f
изготовля́ть herstellen, fertigen ‖ ~/**заранее** vorfertigen
изде́лие n 1. Erzeugnis n, Produkt n, Fabrikat n, Artikel m; 2. Werkstück n (s. a. unter изделия); 3. (Fert) Montageeinheit f ‖ ~/**бракованное** (Fert) Ausschuß m, Ausschußteil n ‖ ~/**гончарное** (Ker) Töpferware f, Tongut n, Irdenware f ‖ ~/**железобетонное** Stahlbetonfertigteil n ‖ ~/**кованое** Schmiedestück n, Schmiededeil n ‖ ~/**комплексное** (Fert) Komplex-Montageeinheit f (enthält Gruppen, Baugruppen, Einzelteile) ‖ ~/**крупногабаритное** (Bw) großformatiges Erzeugnis n ‖ ~/**кузнечное** Schmiedestück n, Schmiededeil n ‖ ~/**литейное** Gießereierzeugnis n, Gußerzeugnis n ‖ ~/**литое** (Kst) Spritzling m, Spritzteil n ‖ ~/**литьевое** (Kst) Spritzgußartikel m ‖ ~/**маканое [резиновое]** (Gum) Tauchartikel m ‖ ~/**массового производства** (Fert) Massenartikel m ‖ ~/**махровое** (Text) Frottierware f ‖ ~/**металлокерамическое** Mischkörper m, metallkeramischer Körper m (Pulvertallurgie) ‖ ~/**нетканое** (Text) nichtgewebtes Flächengebilde n ‖ ~/**отлитое** Gußteil n, Gußstück n, Gußerzeugnis n ‖ ~/**плетёное** (Text) Geflecht n ‖ ~/**прессованное** (Fert) Preßteil n ‖ ~/**прокатное** Walz[werks]erzeugnis n ‖ ~/**промежуточное** Halbfertigteil n ‖ ~/**простое** (Fert) einfache Montageeinheit f (nur aus Baugruppen und Einzelteilen bestehende Montage) ‖ ~/**сва-**

изделие

риваемое Schweißteil n, Schweißstück n ||
~/**светотехническое** (Licht) lichttechnisches Erzeugnis n (Sammelbegriff für Lampen, Leuchten, Beleuchtungssysteme) || ~/**собираемое** (Fert) Montageeinheit f || ~/**фасонное** Formteil n, Formstück n || ~/**формованное** (Fert) Formteil n, Preßteil n || ~/**штампованное** 1. Gesenkschmiedeteil n; 2. Stanzteil n, Stanzerzeugnis n; 3. Prägeteil n || ~/**эбонитовое** Hartgummiartikel m || ~/**электроустановочное** Elektroinstallationsmaterial n
изделия npl Erzeugnisse npl (s. a. unter изделие) || ~/**вязально-прошивные** (Text) Nähwirkwaren fpl || ~/**качественные картонажные** Feinkartonagen fpl || ~/**кожаные** Lederartikel mpl || ~/**на брос/текстильные** Wegwerftextilien pl || ~/**погонные** Meterware f, Zuschnittmaterial n || ~/**скобяные** Eisenwaren fpl, Eisenzeug n (z. B. Tür- und Möbelbeschläge); Baubeschläge mpl || ~/**текстильные** Textilien pl, Textilwaren fpl || ~/**трикотажные** (Text) Wirkwaren fpl, Strickwaren fpl; Trikotagen fpl; Maschenware f
издержки pl Aufwand m, Kosten pl, Ausgaben pl || ~/**годовые** Jahreskosten pl || ~/**косвенные** mittelbare Kosten pl || ~/**непосредственные** unmittelbare Kosten pl || ~/**отдельные** Einzelkosten pl || ~ **производства** Produktionskosten pl, Herstellungskosten pl || ~/**эксплуатационные** Betriebskosten pl
изентальпа f (Therm) Isenthalpe f, Drossellinie f
излив m **источника** (Hydt) Quellschüttung f
излишек m Überschuß m
изложница f (Met) Kokille f, Blockform f, Blockkokille f, Stahlwerkskokille f (s. a. unter кокиль) || ~/**глуходонная** Sackkokille f || ~/**закрытая снизу** Sackkokille f
излом m (Fest) Bruch m; Bruchfläche f || ~/**волокнистый** (Fest, Min) faseriger Bruch m || ~/**вязкий** s. ~/пластический || ~/**горячий** (Fest) Warmbruch m, Warmriß m, Heißbruch m || ~/**грубозернистый** s. ~/крупнозернистый || ~/**динамический** s. ~/усталостный || ~/**длительный** (Fest) Dauerbruch m, Ermüdungsbruch m || ~/**замедленный** (Fest) verzögerter Bruch m || ~/**занозистый** (Min) splittriger Bruch m || ~/**зернистый** (Min) körniger Bruch m || ~ **коррозионной усталости** (Fest) Korrosionsdauerbruch m || ~ **кривой** Kennlinienknick m || ~/**крупнозернистый** (Fest) grobkörniger Bruch m || ~/**крючковатый** (Fest) hakiger Bruch m || ~/**листоватый** (Min) blättriger Bruch m || ~/**лучистый** (Fest) Strahl[en]bruch m || ~/**неровный** (Min) unebener Bruch m || ~/**остаточный** (Fest) Restbruch m || ~/**пластический** 1. (Fest) zäher Bruch m, Zähbruch m, Verformungsbruch m; 2. (Min) blättriger Bruch m || ~/**полухрупкий** (Fest) Mischbruch m || ~/**раковистый** (Min) muscheliger Bruch m || ~/**ровный** (Min) ebener Bruch m || ~/**рыхлый** Faulbruch m (TempergußFehler) || ~/**слоистый** || ~/**шиферный** (Min) || ~/**ступенчатый** (Min) stufenförmiger Bruch m; splittriger Bruch m || ~ **усталости** s. ~/усталостный || ~/**усталостный** (Fest) Dauer[schwingungs]bruch m, Ermüdungsbruch m || ~ **характеристики** Kennlinienknick m || ~/**хрупкий** (Fest) Sprödbruch m || ~/**чёрный** (Fest)

Schwarzbruch m || ~/**шероховатый** (Min) rauher Bruch m || ~/**шиферный** Schieferbruch m, schieferiger Bruch m (Bau-, Werkzeug-, Federstähle)
излучатель m (El, Kern) Strahler m; Emitter m, Impulsgeber m || ~/**абсолютно чёрный** absolut schwarzer Strahler (Körper) m || ~/**активный** aktiver (gespeister) Strahler m || ~/**антенный** Antennenstrahler m || ~/**всенаправленный** Rundstrahler m || ~/**вторичный** Sekundärstrahler m || ~/**дипольный** Dipolstrahler m || ~/**звуковой** Schallstrahler m, akustischer Strahler m || ~/**избирательный** (Licht) Selektivstrahler m || ~/**инфракрасный** Infrarotstrahler m, IR-Strahler m || ~/**кольцевой** Ringstrahler m || ~ **Ламберта** (Opt) Lambertscher Strahler m, Lambertsche Quelle f, Lambert-Strahler m; vollkommen matte Fläche f (Photometrie) || ~/**линейный** Linearstrahler m || ~/**люминесцентный** Lumineszenzstrahler m || ~/**направленный** Richtstrahler m || ~/**нейтронов** Neutronenstrahler m || ~/**ненаправленный** ungerichteter Strahler m || ~/**объёмный** Volumenstrahler m || ~/**одиночный** Einzelstrahler m || ~/**первичный** Primärstrahler m || ~ **Планка** Planckscher Strahler m, schwarzer Körper (Strahler) m || ~/**поверхностный** Flächenstrahler m || ~ **позитронов** Positronenstrahler m || ~/**полупроводниковый** Halbleiterstrahler m || ~/**полупроводный диодный** Lumineszenzdiode f, Leuchtdiode f, Lichtemissionsdiode f || ~/**полый** Hohlraumstrahler m, schwarzer Strahler (Körper) m || ~/**продольный** Längsstrahler m || ~ **протонов** Protonenstrahler m || ~/**рупорный** Hornstrahler m, Trichterstrahler m || ~/**селективный** Selektivstrahler m, selektiver Strahler m || ~/**стержневой** stabförmiger Strahler m || ~/**сферический** Kugelstrahler m || ~/**тёмный** Dunkelstrahler m || ~/**тепловой** Wärmestrahler m, thermischer Strahler m || ~/**точечный** Punktstrahler m || ~/**трубчатый** Rohrstrahler m || ~/**ультразвуковой** Ultraschallstrahler m || ~/**флуоресцентный** Fluoreszenzstrahler m || ~ **фотоэлектронов** Photoemitter m || ~/**чёрный** s. ~ Планка || ~/**широкоугольный** Breitwinkelstrahler m || ~/**щелевой** Schlitzstrahler m || ~/**элементарный** Elementarstrahler m
излучательность f (Ph) [spezifische] Ausstrahlung f
излучательный Strahlungs...
излучать [aus]strahlen, abstrahlen
излучение n (Ph, Kern, Astr, El) Strahlung f, Ausstrahlung f, Abstrahlung f; Emission f (s. a. unter лучи, радиация, радиоизлучение) || ~ **абсолютно чёрного тела** (Ph) Strahlung f des absolut schwarzen Körpers, schwarze Strahlung f, Hohlraumstrahlung f || ~ **абсолютно чёрного тела/тепловое** Temperaturstrahlung f des absolut schwarzen Körpers || ~/**акустическое** akustische Abstrahlung (Strahlung) f, Schall[ab]strahlung f || ~/**анизотропное** anisotrope Strahlung f || ~/**аннигиляционное** Vernichtungsstrahlung f, Annihilationsstrahlung f || ~/**атмосферное** atmosphärische Strahlung f (langwellige IR-Strahlung) || ~ **атмосферы/встречное** Gegenstrahlung f, langwellige Himmelsstrahlung f || ~ **атомного взрыва/свето-**

вое Lichtstrahlung f *(einer Kernwaffendetonation)* ‖ ~/**бетатронное** Betatronstrahlung f ‖ ~ **Вавилова-Черенкова** s. ~ Черенкова-Вавилова ‖ ~/**вакуумное ультрафиолетовое** VUV-Strahlung f *(nichtlineare Optik)* ‖ ~/**видимое** sichtbare Strahlung f, Licht n ‖ ~/**внегалактическое** extragalaktische Strahlung f ‖ ~/**внеземное** außerterrestrische (extraterrestrische) Strahlung f ‖ ~/**возбуждающее** Anregungsstrahlung f, anregende Strahlung f ‖ ~ **воздуха/радиоактивное** Luftstrahlung f *(radioaktive Strahlung der unteren Luftschichten)* ‖ ~/**волновое** Wellen[ab]strahlung f ‖ ~ **Вселенной/фоновое** 3K-Hintergrundstrahlung f ‖ ~/**встречное** s. ~ атмосферы/встречное ‖ ~/**вторичное** Sekundärstrahlung f ‖ ~/**вторичное космическое** kosmische Sekundärstrahlung f ‖ ~/**вынужденное** induzierte (erzwungene) Strahlung f, erzwungene (stimulierte) Emission f ‖ ~/**галактическое** galaktische Strahlung f ‖ ~/**гомогенное** s. ~/однородное ‖ ~/**гравитационное** Gravitationsstrahlung f ‖ ~/**дипольное** Dipolstrahlung f ‖ ~/**длинноволновое** langwellige Strahlung f ‖ ~/**жёсткое** harte Strahlung f ‖ ~/**жёсткое рентгеновское** harte Röntgenstrahlung f ‖ ~/**захватное** Einfangstrahlung f *(bei Neutroneneinfang durch den Strahlenschutzstoff)* ‖ ~/**звуковое** s. ~/акустическое ‖ ~/**земное** terrestrische Strahlung f, Erdstrahlung f, [langwellige thermische] Eigenstrahlung f der Erdoberfläche ‖ ~/**избирательное** selektive Strahlung f, Selektivstrahlung f ‖ ~/**импульсное** Impuls[ab]strahlung f, Impulsaussendung f ‖ ~/**индуцированное** s. ~/вынужденное ‖ ~/**интегральное** s. ~/полное ‖ ~/**инфракрасное** Infrarotstrahlung f, IR-Strahlung f, infrarote Strahlung f ‖ ~/**ионизирующее** ionisierende Strahlung f ‖ ~/**источника сравнения** *(Photom)* Bezugslichtart f ‖ ~/**квадрупольное** Quadrupolstrahlung f ‖ ~/**квантовое** Quantenstrahlung f *(s. a.* ~/фотонное*)* ‖ ~/**когерентное** kohärente Strahlung f *(Laser)* ‖ ~/**коротковолновое** kurzwellige Strahlung f ‖ ~/**коротковолновое рентгеновское** harte (durchdringende) Strahlung f; harte Röntgenstrahlung f ‖ ~/**корпускулярное** Korpuskularstrahlung f, Teilchenstrahlung f, Partikelstrahlung f ‖ ~/**космическое** kosmische Strahlung f, Höhenstrahlung f ‖ ~/**космологическое** s. ~/реликтовое ‖ ~/**лазерное** Laserstrahlung f ‖ ~ **лазеров** Laserstrahlung f ‖ ~/**люминесценции** Lumineszenzstrahlung f ‖ ~/**магнитотормозное** magnetische Bremsstrahlung f, Magnetobremsstrahlung f ‖ ~ **метеора** s. свечение метеора ‖ ~/**микроволновое фоновое** *(Astr)* Mikrowellenhintergrundstrahlung f *(3K-Strahlung)* ‖ ~/**многомодовое** Multimodestrahlung f ‖ ~/**монохроматическое** monochromatische Strahlung f *(Strahlung einer Wellenlänge)* ‖ ~/**моноэнергетическое** s. ~/однородное ‖ ~/**мультипольное** Multipolstrahlung f ‖ ~/**мягкое** weiche Strahlung f ‖ ~ **накачки** Pumpstrahlung f *(Laser)* ‖ ~/**направленное** gerichtete Strahlung f, Richtstrahlung f ‖ ~ **неба** Himmelsstrahlung f ‖ ~/**невидимое** s. ~ невидимой части спектра ‖ ~ **невидимой части спектра** unsichtbare Strahlung f, Strahlung f im unsicht-

baren Spektralbereich ‖ ~/**нейтронное** Neutronenstrahlung f ‖ ~/**некогерентное** inkohärente (nichtkohärente) Strahlung f ‖ ~/**немонохроматическое** nichtmonochromatische Strahlung f ‖ ~/**немоноэнергетическое** s. ~ неоднородное ‖ ~/**ненаправленное** ungerichtete Strahlung f, Rundstrahlung f ‖ ~/**неоднородное** heterogene Strahlung f ‖ ~/**непрерывное** kontinuierliche Strahlung f, Dauerstrahlung f ‖ ~/**ночное** nächtliche Ausstrahlung f, Effektivstrahlung f *(Erdoberfläche)* ‖ ~/**общее** s. ~/полное ‖ ~/**одномодовое** Einmodenstrahlung f ‖ ~/**однородное** homogene Strahlung f ‖ ~/**остаточное** Reststrahlen mpl, Reststrahlung f ‖ ~/**отражённое** reflektierte Strahlung f, Reflexionsstrahlung f ‖ ~/**падающее** einfallende Strahlung f ‖ ~/**паразитное** *(Rf)* Nebenausstrahlung f, Störstrahlung f ‖ ~/**первичное [космическое]** Primärstrahlung f ‖ ~/**первичное эталонное** Primäretalonstrahlung f *(für die Darstellung einer Längeneinheit)* ‖ ~/**плазмы** Plasmastrahlung f ‖ ~ **плазмы/рекомбинационное** 1. Rekombinationsstrahlung f *(Plasma)*; 2. s. ~/аннигиляционное ‖ ~/**позитронное** Positronenstrahlung f; Positronenemission f ‖ ~/**полное** Gesamtstrahlung f, Totalstrahlung f ‖ ~/**поляризованное** polarisierte Strahlung f ‖ ~/**пространственное** Raumstrahlung f ‖ ~/**равновесное** Gleichgewichtsstrahlung f ‖ ~/**радиоактивное** radioaktive Strahlung f ‖ ~/**радиочастотное** Radio[frequenz]strahlung f, hochfrequente Strahlung f ‖ ~ **разряда** Entladungsstrahlung f *(Gasentladung)* ‖ ~/**рамановское** Raman-Strahlung f ‖ ~/**рассеянное** Streustrahlung f, gestreute (diffuse) Strahlung f ‖ ~/**резонансное** Resonanzstrahlung f ‖ ~/**рекомбинационное** s. ~ плазмы/рекомбинационное ‖ ~/**реликтовое** *(Astr)* Reliktstrahlung f ‖ ~/**рентгеновское** Röntgenstrahlung f ‖ ~/**самопроизвольное** spontane Strahlung f ‖ ~ **света** s./световое ‖ ~/**световое** Licht n *(im ursprünglichen Sinn die vom menschlichen Auge wahrnehmbare elektromagnetische Strahlung)*; Lichtemission f, Licht[aus]strahlung f ‖ ~/**селективное** s. ~/избирательное ‖ ~/**серое** graue Strahlung f ‖ ~/**синхротронное** Synchrotronstrahlung f ‖ ~/**сложное** s. ~/смешанное ‖ ~/**смешанное** Strahlengemisch n, Strahlungsgemisch n, Mischstrahlung f ‖ ~/**собственное** Eigenstrahlung f ‖ ~/**солнечное** Sonnenstrahlung f ‖ ~/**сопутствующее корпускулярное** korpuskulare Sekundärstrahlung f ‖ ~/**составное** Mischstrahlung f ‖ ~/**спонтанное** spontane Strahlung f ‖ ~/**стандартное** Normlichtart f ‖ ~/**стандартное ахроматическое** weißes Licht n *(im farbmetrisch vereinbarten Sinne)* ‖ ~/**стимулированное** s. ~/вынужденное ‖ ~/**суммарное** s. ~/полное ‖ ~/**тёмное** Dunkelstrahlung f ‖ ~/**температурное** s. ~/тепловое ‖ ~/**тепловое** Wärmestrahlung f, thermische Strahlung f; Wärmeausstrahlung f, Wärmeabstrahlung f ‖ ~/**тепловое тормозное** thermische Bremsstrahlung f ‖ ~/**тормозное** Bremsstrahlung f ‖ ~/**тормозное рентгеновское** Bremsstrahlung f, Röntgenbremsstrahlung f, weiße Röntgenstrahlung f ‖ ~/**трёхградусное** *(Astr)* 3K-Strahlung f ‖ ~ **ультрафиолета** s. ~/ультрафио-

излучение

летовое ll ~/**ультрафиолетовое** Ultraviolettstrahlung f, UV-Strahlung f, ultraviolette Strahlung f ll ~ **факела** Flammenstrahlung f ll **флуоресцентное** Fluoreszenzstrahlung f, Röntgenfluoreszenzstrahlung f, Fluoreszenzröntgenstrahlung f, Barkla-Strahlung f ll ~/**фоновое** Untergrundstrahlung f, Umgebungsstrahlung f ll ~/**фотонное** Photonenstrahlung f, Photonenemission f ll ~ **фотонов** s. ~/фотонное ll ~/**характеристическое [рентгеновское]** charakteristische Röntgenstrahlung f, Eigenstrahlung f, Fluoreszenzröntgenstrahlung f, Röntgenfluoreszenzstrahlung f ll ~/**хроматическое** farbiges Licht n ll ~/**циклотронное** Zyklotronstrahlung f ll ~ **частиц** Teilchenstrahlung f, Partikelstrahlung f ll ~/**частичное** Teilstrahlung f ll ~ **Черенкова-Вавилова** Čerenkov-Strahlung f, Tscherenkow-Wawilow-Strahlung f, Wawilow-Tscherenkow-Strahlung f ll ~/**черенковское** s. ~ Черенкова-Вавилова ll ~ **чёрного тела** schwarze Strahlung f, Strahlung f des schwarzen Körpers f ll ~/**чёрное** s. ~ чёрного тела ll ~/**электромагнитное** elektromagnetische Strahlung f ll ~ **электронов [в ускорителях]** Elektronenstrahlung f (Teilchenbeschleuniger) ll ~ **энергии** Energie[aus]strahlung f, Energieabstrahlung f ll ~/**эффективное** effektive Strahlung f (Summe der eigenen und reflektierten Strahlung eines Körpers) ll ~ **ядер** Kernstrahlung f ll ~ **ядерного взрыва** Lichtstrahlung f (einer Kernwaffendetonation) ll ~/**ядерное** 1. Kernstrahlung f; 2. s. ~/ионизирующее
К-излучение n K-Strahlung f ll ~/**рентгеновское** K-Röntgenstrahlung f, Röntgen-K-Strahlung f
3°-К-излучение n s. фон космических лучей
L-излучение n/рентгеновское L-Röntgenstrahlung f, Röntgen-L-Strahlung f
излучина (Hydt) Mäander m, Flußwindung f, geschlängelter Flußlauf m
измельчать 1. zerkleinern, brechen; granulieren; zermahlen; 2. (Text) zerfasern (Viskose); 3. (Met) feinen, verfeinern (Metallgefüge); 4. einstampfen (Makulatur); 5. (Bgb) schroten (Erze, Kohle); 6. (Lw) hächseln
измельчение n 1. Zerkleinern n, Zerkleinerung f; Zermahlen n; Zerbröckeln n, Brechen n (s. a. unter дробление); 2. (Text) Zerfasern n, Zerkleinern n (Viskose); 3. (Met) Verfeinern n (Metallgefüge); 4. (Pap) Einstampfen n (Makulatur); 5. (Bgb) Schroten n (Erze, Kohle); 6. (Lw) Hächseln n ll ~ **агломерата** Sinterbrechen n, Zerkleinern n des Agglomerats ll ~/**вибрационное** Schwingmahlung f ll ~/**грубое** 1. Grobmahlen n, Grobmahlung f; 2. Grobbrechen n, Grobzerkleinerung f (Aufbereitung) ll ~/**дополнительное** Nachzerkleinerung f ll ~ **зёрен (зерна)** Kornfeinung f (Metallgefüge) ll ~ **зернистости** 1. Kornfeinung f (Metallgefüge); 2. weiteres Zerkleinern n durch Brechen oder Mahlen (Aufbereitung) ll ~/**избирательное** selektive Zerkleinerung f ll ~/**крупное** 1. /грубое ll ~/**мелкое** s. ~/тонкое ll ~ **микроструктуры** Kornfeinung f (Metallgefüge) ll ~/**мокрое** Naßzerkleinerung f, Naß[ver]mahlung f ll ~ **на бегунах** Mahlen n im Kollergang, Kollern n ll ~/**повторное** Nachzerkleinerung f, Nachbrechen n ll ~/**предварительное** Vorzerkleinern n, Vorzerkleinerung f ll ~ **Vorbrechen** n ll ~ **руды** Erzzerkleinerung f ll ~/**сверхтонкое** Feinstzerkleinerung f, Feinmahlung f ll ~/**сухое** Trockenzerkleinerung f, Trocken[ver]mahlung f ll ~ **твёрдых тел** Hartzerkleinerung f (Aufbereitung) ll ~/**тонкое** 1. Feinmahlen n, Feinmahlung f; 2. Feinbrechen n, Feinzerkleinerung f (Aufbereitung)
измельчитель m 1. Mahlwerk n, Zerkleinerungsmaschine f; Brecher m; Mühle f; Schroter m; 2. (Text) Zerfaserer m (Viskose); 3. (Lw) Häcksler m, Häckselmaschine f ll ~/**вибрационный** Schwingmühle f, Vibrationsmühle f ll ~/**дисковый** (Text) Scheibenzerfaserer m (Viskose) ll ~ **непрерывного действия** (Text) kontinuierlicher Zerfaserer m (Viskose) ll ~ **периодического действия** (Text) diskontinuierlicher Zerfaserer m (Viskose)
изменение n Änderung f, Veränderung f; Umschlag m, Umschlagen n ll ~ **адреса** (Inf) Adressenmodifikation f ll ~ **блеска** (Astr) Lichtwechsel m (veränderlicher Stern) ll ~ **в пространстве** räumliche Änderung f ll ~/**вековое [геомагнитное]** (Geoph) [geomagnetische] Säkulärvariation f (Erdmagnetfeld) ll ~ **во времени** zeitliche Änderung f ll ~ **ёмкости с температурой** temperaturabhängige Kapazitätsänderung f ll ~ **знака** Vorzeichenwechsel m, Vorzeichenumkehr f ll ~ **климата** (Meteo) Klimaänderung f ll ~ **напора** (Hydt) Gefällwechsel m ll ~ **напряжения** (El) Spannungsänderung f; Spannungsschwankung f ll ~ **параметров** Parameteränderung f ll ~ **полного сопротивления** Impedanzänderung f ll ~ **полярности** (El) Umpolung f, Polaritätsänderung f, Pol[aritäts]wechsel m ll ~/**скачкообразное** sprunghafte Änderung f ll ~ **скорости вращения** Drehzahländerung f ll ~ **сопротивления** (El) Widerstandsänderung f ll ~ **состояния** Zustandsänderung f ll ~ **среды/необратимое** unumkehrbare Umweltveränderung (Medienveränderung) f ll ~/**структурное** s. ~ структуры ll ~ **структуры** 1. (Ph) strukturelle Modifikation f; 2. (Met) Gefügeänderung f, Gefügeumwandlung f; 3. Strukturwandel m ll ~ **тока** (El) Stromänderung f ll ~ **уклона** Gefällwechsel m ll ~ **формы** Formänderung f, Deformation f; Gestaltsänderung f ll ~ **цвета** Farbänderung f ll ~ **частоты** (El) Frequenzänderung f ll ~ **числа оборотов** (Masch) Drehzahländerung f
изменить s. изменять
изменять [ver]ändern ll ~ **знак** Vorzeichen ändern, alternieren ll ~ **полярность** (El) umpolen
изменяющийся variabel, veränderlich ll ~/**равномерно** stetig veränderlich
измерение n Messung f, Messen n, Vermessung f, Ausmessen n ll ~/**абсолютное** Fundamentalmeßmethode f, Fundamentalmessung f; Absolutmessung f ll ~ **аккомодации** Akkommodationsmessung f, Akkommodatrie f ll ~/**аналоговое** analoge Messung f, Analogmessung f ll ~ **атмосферного давления** Luftdruckmessung f, Barometrie f ll ~ **базиса** (Geod) Basismessung f ll ~/**базисное** (Geod) Basismessung f ll ~/**бесконтактное** berührungslose Messung f ll ~ **биения** (Masch) Laufmessung f (Messung des Rund- oder Stirnlaufs) f ll ~ **блеска** Glanzmessung f (an Oberflächen) ll ~/**болометриче-**

ское *(Opt)* Bolometermessung *f* ‖ ~ **величины** *p*H *p*H-Wertmessung *f*, *p*H-Messung *f* ‖ ~ **влаги (влажности)** Feuchtemessung *f*, Feuchtigkeitsmessung *f*, Feuchtebestimmung *f* ‖ ~/**внешнее отвесное** Außenlotung *f (geometrische Bestimmung des Fassungsvermögens von Lagermeßbehältern)* ‖ ~/**внутреннее** Innenmessung *f* ‖ ~/**внутреннее отвесное** Innenlotung *f (geometrische Bestimmung des Fassungsvermögens von Lagermeßbehältern)* ‖ ~ **вращающего момента** Drehmomentmessung *f* ‖ ~ **времени** Zeitmessung *f* ‖ ~ **выбросов** *(Ökol)* Emissionsmessung *f* ‖ ~ **выбросов/автоматическое** automatische Emissionsmessung *f* ‖ ~ **выбросов/дистанционное** Distanzemissionsmessung *f*, Fernmessung *f* der Emission ‖ ~/**высоковольтное** Hochspannungsmessung *f* ‖ ~ **высот** Höhenmessung *f*, Hypsometrie *f* ‖ ~ **вязкости** Viskosimetrie *f*, Zähigkeitsmessung *f*, Viskositätsmessung *f* ‖ ~/**геодезическое** Vermessung *f* ‖ ~ **глубины** Lotung *f*; Tiefenmessung *f* ‖ ~ **горизонтальных углов** Horizontalwinkelmessung *f* ‖ ~ **громкости** Lautstärkemessung *f* ‖ ~/**грубое** Grobmessung *f* ‖ ~ **давления** 1. Druckmessung *f*; 2. Tonometrie *f* ‖ ~ **дальности** Entfernungsmessung *f* ‖ ~/**двухточное** Zweipunktmessung *f* ‖ ~ **деформации растяжения** *(Wkst)* Dehnungsmessung *f* ‖ ~ **диаметра отверстия** *(Fert)* Bohrungsmessung *f* ‖ ~/**дилатометрическое** Ausdehnungsmessung *f*, Wärmedehnungsmessung *f* ‖ ~/**динамическое** dynamische Messung *f* ‖ ~ **дисбаланса** Unwuchtmessung *f* ‖ ~/**дискретное** diskrete (diskontinuierliche) Messung *f* ‖ ~/**дистанционное** Fernmessung *f* ‖ ~ **диэлектрической проницаемости** DK-Metrie *f*, Dielektrometrie *f* ‖ ~ **длин** Längenmessung *f*; *(Geod)* Streckenmessung *f* ‖ ~ **длин/оптическое** optische Streckenmessung *f* ‖ ~ **длины волны** Wellenlängenmessung *f* ‖ ~/**дозиметрическое** Strahlenschutzmessung *f*, dosimetrische Messung *f* ‖ ~ **дозы** Dosismessung *f*, Dosimetrie *f* ‖ ~/**дополнительное** zusätzliche Messung *f*, Zusatzmessung *f*, Nachmessung *f* ‖ ~ **ёмкости** Kapazitätsmessung *f* ‖ ~/**ёмкостное линейное** kapazitive Längenmessung *f*, Luftspaltmessung *f*, Spaltmessung *f* ‖ ~ **затухания** Dämpfungsmessung *f* ‖ ~ **зубчатых колёс** Zahnradmessung *f*, Verzahnungsmessung *f*, Zahnradmeßverfahren *n* ‖ ~ **излучений** Strahlungsmessung *f*, Strahlenmessung *f*, Radiometrie *f* ‖ ~ **импеданса** Impedanzmessung *f* ‖ ~/**импульсное** 1. Impulsmessung *f*; 2. Impulsmessverfahren *n* ‖ ~/**индуктивное** induktive Messung *f* ‖ ~/**индуктивное линейное** induktive Längenmessung *f* ‖ ~ **индуктивности** Induktivitätsmessung *f* ‖ ~ **интенсивности** Intensitätsmessung *f* ‖ ~/**интерференционное** Interferenzmessung *f* ‖ ~/**комплексное** komplexe Messung *f* ‖ ~ **конечное** Endmessung *f* ‖ ~/**контактное** Berührungsmessung *f*, Messung *f* mit [mechanischem] Kontakt ‖ ~/**контрольное** Kontrollmessung *f*, Überwachungsmessung *f* ‖ ~/**контрольно-испытательное** Kontroll- und Prüfmessung *f* ‖ ~ **конусов** Kegelmessung *f* ‖ ~ **коротких промежутков времени** Kurzzeitmessung *f* ‖ ~/**косвенное** indirekte (mittelbare) Messung *f* ‖ ~ **коэффициента мощности** Leistungsfaktormessung *f* ‖ ~/**линейное** 1. Längenmessung *f*; 2. *(Geod)* Streckenmessung *f* ‖ ~ **малых интервалов времени** Kurzzeitmessung *f* ‖ ~ **методом сравнения** Vergleichsmessung *f* ‖ ~/**механическое** mechanische Messung *f* ‖ ~/**многократное** Mehrfachmessung *f* ‖ ~/**многопозиционное** Mehrstellenmessung *f* ‖ ~/**мостовое** *(El)* Brückenmessung *f*, Messung *f* mittels Brückenschaltung ‖ ~ **мощности** Leistungsmessung *f* ‖ ~ **мутности** Trübungsmessung *f*, Turbidimetrie *f* ‖ ~ **на постоянном токе** *(El)* Gleichstrommessung *f* ‖ ~ **наклона** Neigungsmessung *f* ‖ ~/**рентгенографическое** *(Mech)* röntgenographische Spannungsmessung *f* ‖ ~ **напряжения** *(El)* Spannungsmessung *f* ‖ ~/**наружное** Aussenmessung *f* ‖ ~ **наружной резьбы** Außengewindemessung *f* ‖ ~ **наружных конусов** Aussenkegelmessung *f* ‖ ~ **натяжения** Tensometrie *f* ‖ ~/**непосредственное** unmittelbare (direkte) Messung *f* ‖ ~/**непрерывное** kontinuierliche Messung *f* ‖ ~/**неразрушающее** *(Wkst)* zerstörungsfreie Messung *f* ‖ ~ **неразрушающим методом** zerstörungsfreie Messung *f* ‖ ~/**объёма** Volumenmessung *f* ‖ ~/**однократное** Einzelmessung *f*, Einfachmessung *f* ‖ ~ **окружного шага** Teilkreisteilungsmessung *f (an Zahnrädern)* ‖ ~ **осадков** *(Meteo)* Niederschlags[mengen]messung *f* ‖ ~ **осадков/радиолокационное** Radarniederschlagsmessung *f* ‖ ~ **остаточного затухания** *(Nrt)* Restdämpfungsmessung *f* ‖ ~ **отверстий** *(Fert)* Bohrungsmessung *f* ‖ ~/**отвесное** Lotung *f* ‖ ~/**относительное** relative Messung *f*, Relativmessung *f* ‖ ~ **переменного тока** *(El)* Wechselstrommessung *f* ‖ ~ **плотности** Dichtemessung *f*, Dichtebestimmung *f* ‖ ~ **плотности газа** Gasdichtebestimmung *f* ‖ ~/**повторное** Wiederholungsmessung *f*, Nachmessung *f* ‖ ~ **поглощения** Absorptionsmessung *f*, Absorptiometrie *f* ‖ ~/**полигонное** *(Geod)* Polygonvermessung *f* ‖ ~/**потенциалов/стробоскопическое** stroboskopische Potentialmessung *f* ‖ ~ **потерь** Verlustmessung *f* ‖ ~/**предварительное** Vormessung *f* ‖ ~/**прецизионное** Präzisionsmessung *f*, Feinmessung *f* ‖ ~ **при пульсации потока** Messung *f* pulsierender Strömung *(Durchflußmessung)* ‖ ~ **проводимости** Leitfähigkeitsmessung *f* ‖ ~/**пространственное** räumliche Messung *f*, 3-D-Messung *f*, Direktmessung *f* ‖ ~/**прямое** direkte (unmittelbare) Messung *f*, Direktmessung *f* ‖ ~ **прямолинейности с помощью лазера** Laser-Geradheitsmessung *f* ‖ ~/**псофометрическое** *(Nrt)* Geräuschspannungsmessung *f*, psophometrische Bestimmung *f* (Bewertung) ‖ ~/**радиотехническое** radiotechnische (funktechnische) Messung *f* ‖ ~ **разности расстояний** *(Rad)* Entfernungsdifferenzmessung *f* ‖ ~/**разрушающее** zerstörende Messung *f* ‖ ~ **расстояния** Entfernungsmessung *f* ‖ ~ **расхода** Durchflußmengenmessung *f* ‖ ~ **резьбы** Gewindemessung *f* ‖ ~/**реологическое** rheologische Messung *f* ‖ ~ **силы тяжести** Schweremessung *f*, Schwerkraftmessung *f*, Gravimetrie *f* ‖ ~ **скорости** Geschwindigkeitsmessung *f* ‖ ~ **скорости/бесконтактное** berührungslose Geschwindigkeitsmessung *f* ‖ ~ **соб-**

измерение

ственных напряжений/рентгенографическое *(Fest)* röntgenographische Eigenspannungsmessung *f* II ~ **совокупное** zusammengesetzte Messung *f* II ~ **сопротивления** *(El)* Widerstandsmessung *f* II ~ **сопряжённых размеров** *(Fert)* Paarungsmessung *f* II ~/**специальное отвесное** Sonderlotung *f* II ~/**сравнительное** Unterschiedsmessung *f*; Vergleichsmessung *f* II ~/**статическое** statische Messung *f* II ~ **степени помутнения** *s*. ~ **мутности** II ~/**суммарное** Summenmessung *f* II ~ **твёрдости** Härtemessung *f* II ~ **твёрдости вдавливанием шарика** Kugeldruckhärteprüfung *f* II ~ **твёрдости/ультрамикроскопическое** Ultramikrohärtemessung *f* II ~ **температуры** Temperaturmessung *f* II ~/**тензометрическое** Dehnungsmessung *f (Kraftmessung)* II ~ **тепла** Wärmemessung *f*, Kalorimetrie *f* II ~ **теплового излучения** Wärmestrahlungsmessung *f* II ~/**тепловое** Wärmemessung *f*, Kalorimetrie *f* II ~ **тока** *(El)* Strommessung *f* II ~ **толщины** Dickenmessung *f* II ~ **толщины неразрушающим методом** zerstörungsfreie Dickenmessung *f* II ~ **толщины покрытия (слоя)** Schichtdickenmessung *f* II ~ **точки росы** Taupunktsbestimmung *f* II ~/**точное** Feinmessung *f*, genaue (exakte) Messung *f* II ~/**трёхконтактное** Dreipunktmessung *f* II ~ **угла (углов)** Winkelmessung *f* II ~/**угловое** Winkelmessung *f* II ~ **удлинения** *(Wkst)* Dehnungsmessung *f* II ~ **уровня** Niveau[stands]messung *f*, Pegel[stands]messung *f* II ~ **уровня наполнения** Füllstandsmessung *f* II ~ **уровня/радиоактивное** radioaktive Füllstandsmessung *f* II ~ **усиления** *(Rf)* Verstärkungsmessung *f* II ~ **ускорений** Beschleunigungsmessung *f* II ~/**фазовое** *(El)* Phasenmessung *f* II ~ **цвета** Farbmessung *f* II ~/**цифровое** digitale Messung *f*, Digitalmessung *f* II ~ **частоты** Frequenzmessung *f* II ~ **числа оборотов** Drehzahlmessung *f* II ~ **шага [зубчатых колёс]** Teilungsmessung *f (an Zahnrädern)* II ~ **шага [резьбы]** Steigungsmessung *f (am Gewinde)* II ~ **шероховатости** Rauheitsmessung *f* II ~ **эхолотом** [akustische] Echolotung *f* II ~ **ядерного излучения** Kernstrahlungsmessung *f*

измеримость *f* Meßbarkeit *f*

измеритель *m* Meßgerät *n*, Meßinstrument *n* II ~ **абсолютного давления** Absolutdruckmesser *m* II ~ **активной мощности** *(El)* Wirkleistungsmesser *m* II ~ **активности** Aktivitätsmesser *m* II ~ **вибраций** Schwingungsmesser *m*, Schwingungsmeßgerät *n*, Vibrometer *n* II ~ **видимости** *(Meteo)* Sichtmesser *m*; Sichtweitenmesser *m* II ~ **вращающего момента** *s*. ~ **крутящего момента** II ~ **времени** Zeitmesser *m*, Zeitmeßgerät *n* II ~ **давления** Druckmesser *m* II ~ **дальности** Entfernungsmesser *m* II ~ **деформации растяжения** Dehnungsmesser *m* II ~/**дистанционный** Fernmesser *m (für kürzere Entfernungen)* II ~ **добротности** Gütemesser *m*, Q-Meter *m* II ~ **допусков** Toleranzmeßgerät *n*, Toleranzmesser *m* II ~ **ёмкости** Kapazitätsmesser *m* II ~ **заземления** Erdungsmesser *m* II ~ **запусков** Toleranzmeßgerät *n*, Toleranzmesser *m* II ~ **затухания** Dämpfungsmesser *m* II ~ **звуковых давлений** Schalldruckmesser *m* II ~ **излучения** *s*. ~ **ядерных излучений** II ~ **импульсов** Impulsmesser *m* II ~ **индуктивности** Induktivitätsmesser *m* II ~ **интенсивности** Intensitätsmesser *m* II ~ **интенсивности звука** Schallstärkemesser *m*, Akustimeter *n* II ~ **искажений** Verzerrungsmesser *m* II ~ **колебаний** *s*. ~ **вибраций** II ~ **концентрации** Konzentrationsmesser *m* II ~ **коротких промежутков времени** Kurzzeitmesser *m* II ~ **коэффициента мощности** Leistungsfaktormesser *m*, cos φ-Messer *m* II ~ **коэффициента шума** Rauschzahlmesser *m*, Rauschfaktormesser *m* II ~ **кривизны** Krümmungsmesser *m*, Kurvimeter *n* II ~ **крутящего момента** Drehmoment[en]messer *m*, Torsions[moment]messer *m*, Torsiometer *n* II ~ **кручения** Torsionsmesser *m*, Verdrehungsmesser *m* II ~ **магнитного поля** Magnetfeldmesser *m* II ~/**многодиапазонный (многопредельный)** Vielbereichmeßgerät *n* II ~/**мостиковый** *(El)* mit Brücke arbeitendes Meßgerät *n* II ~ **мощности** Leistungsmesser *m* II ~ **мощности дозы** Dosisleistungsmesser *m* II ~ **мощности/калориметрический** Wärmeleistungsmesser *m* II ~ **напряжения** Spannungsmesser *m* II ~ **напряжения помех** Störspannungsmesser *m* II ~ **напряжённости поля** Feldstärkemesser *m* II ~ **небаланса** Fehlerdämpfungsmesser *m* II ~ **освещённости** Beleuchtungsstärkemesser *m* II ~/**первичный** Primärmeßgerät *n*, primäres Meßgerät *n* II ~ **периода** 1. Schwingungszeitmesser *m*, Schwingungszeitmeßanlage *f*; 2. Reaktorperiodenmesser *m*, Periodenmesser *m* II ~ **пиковой мощности** Spitzenleistungsmesser *m* II ~ **плотности** Dichtemesser *m* II ~ **поглощения** Absorptiometer *n* II ~ **поля** Feldmesser *m* II ~ **поля помех** Störfeldmesser *m* II ~ **помутнения** Trübungsmesser *m* II ~/**поточный** Durchflußmesser *m* II ~ **прозрачности** Transparenzmesser *m* II ~ **путевой скорости** Weggeschwindigkeitsmesser *m* II ~ **радиоактивности** Aktivitätsmesser *m* II ~ **радиопомех** Funkstörmeßgerät *n* II ~/**радиотехнический** funktechnisches Meßgerät *n* II ~ **растяжения** Dehnungsmesser *m*, Dilatometer *n* II ~ **реактивного и активного токов** Blind- und Wirkstrommesser *m* II ~ **реактивности** Reaktivitätsmesser *m* II ~ **связи** Kopplungsmesser *m* II ~ **скорости** Geschwindigkeitsmesser *m* II ~ **скорости вращения** Drehzahlmesser *m* II ~ **скорости/индуктивный** induktiver Beschleunigungsmesser *m* II ~ **скорости и сноса/доплеровский** Doppler-Navigator *m* II ~ **скорости/лазерный доплеровский** Laser-Doppler-Anemometer *n* II ~ **скорости счёта** Impulsdichtemesser *m*, Integrator *m* II ~ **скорости течения** Strömungs[geschwindigkeits]messer *m* II ~ **сноса** Abtriftmesser *m* II ~ **сопротивления** Widerstandsmesser *m* II ~/**стрелочный** Zeigermeßgerät *n* II ~ **твёрдости** *s*. прибор для испытания твёрдости II ~ **температуры** Temperaturmesser *m* II ~ **теплопроводности** Wärmeleitfähigkeitsmesser *m*, Kat[h]arometer *n* II ~ **течения** Strömungsmesser *m*, Rheometer *n* II ~ **тока** Strommesser *m* II ~ **тока/электромагнитный** elektromagnetischer Strommesser *m*, Dreheisenstrommesser *m*, Weicheisenstrommesser *m* II ~ **толщины** Dickenmesser *m*, Dickenmeßgerät *n* II ~ **тол-**

щины слоя Schichtdickenmesser *m* ‖ ~ толщины стенок Wanddickenmesser *m* ‖ ~ угла Winkelmesser *m* ‖ ~ удлинения Dehnungsmesser *m* ‖ ~ уклонов Neigungsmesser *m*, Gefällemesser *m* ‖ ~ уровня Niveau[stand]messer *m*; Pegelmesser *m* ‖ ~ уровня воды Pegelmesser *m*, Pegelzeiger *m* ‖ ~ усиления Verstärkungs[grad]messer *m* ‖ ~ ускорения Beschleunigungsmesser *m* ‖ ~ ускорения/ёмкостный kapazitiver Beschleunigungsmesser *m* ‖ ~ фазы Phasenmesser *m* ‖ ~/цифровой digitales Meßgerät *n* ‖ ~ частоты Frequenzmesser *m* ‖ ~ частоты/резонансный Resonanzfrequenzmesser *m* ‖ ~ частоты/цифровой digitaler Frequenzmesser *m* ‖ ~ шума (шумов) Rauschmesser *m* ‖ ~/электрический elektrisches Meßgerät *n*, Elektromeßgerät *n* ‖ ~/эталонный Normalmeßgerät *n* ‖ ~ ядерных излучений Kernstrahlungsmeßgerät *n*, Strahlungsmesser *m*, Strahlungsmeßgerät *n* ‖ ~ яркости Leuchtdichtemesser *m* ‖ ~ pH pH-Meßgerät *n*, pH-Meter *n*, pH-Messer *m*
измерительно-технический meßtechnisch
измерительный Meß...
измеритель-преобразователь *m* Meßumformer *m*, Meßgrößenwandler *m* ‖ ~ уровня Niveau-Meßumformer *m* ‖ ~ уровня/пневматический pneumatischer Niveau-Meßumformer *m*
измерить *s.* измерять
измерять messen, vermessen, abmessen, durchmessen ‖ ~ на расстоянии fernmessen
изморозь *f (Meteo)* Nebelfrostablagerung *f* ‖ ~/зернистая Rauhfrost *m* ‖ ~/кристаллическая Rauhreif *m*
изнанка *f* 1. Rückseite *f*, Kehrseite *f*, linke Seite *f*; 2. *(Text)* linke Seite des Gewebes
изнашиваемость *f (Fest)* 1. Abnutzbarkeit *f*; Verschleiß *m*; 2. Abnutzungsgrad *m*
изнашивание *n* 1. *(Fest,Trib)* Verschleißen *n*, Verschleiß *m*, Abnutzung *f* (*s. a. unter* износ 1.); 2. Auslaufen *n* (des Lasers) ‖ ~/абразивное abrasiver Verschleiß *m*, Abrasivverschleiß *m* ‖ ~/водородное Wasserstoffverschleiß *m* ‖ ~/газообразивное gasabrasiver Verschleiß *m* ‖ ~/гидроабразивное hydroabrasiver Verschleiß *m* ‖ ~/кавитационное Kavitationsverschleiß *m* ‖ ~/коррозионно-механическое korrosionsmechanischer Verschleiß *m* ‖ ~/механическое mechanischer Verschleiß *m* ‖ ~/молекулярно-механическое molekularmechanischer Verschleiß *m* ‖ ~/окислительное Oxidationsverschleiß *m* ‖ ~/при фреттинг-коррозии Verschleiß *m* bei Reibkorrosion, Reibkorrosionsverschleiß *m* ‖ ~/ударно-абразивное abrasiver Stoßverschleiß *m* ‖ ~/усталостное Ermüdungsverschleiß *m* ‖ ~/установившееся stationärer Verschleiß *m* ‖ ~/эрозионное Erosionsverschleiß *m*
изнашиваться sich abnützen, sich abarbeiten, verschleißen
износ *m* 1. *(Fest, Trib)* Verschleiß *m*, Abnutzung *f* (*s. a. unter* изнашивание 1.); 2. *(Met)* Ausbrand *m (Ofenfutter)* ‖ ~/абляционный Ablationsverschleiß *m* ‖ ~/абразивный mechanischer Verschleiß *m* ‖ ~/атомарный atomarer Verschleiß *m* ‖ ~ без смазки Verschleiß *m* ohne Schmierung ‖ ~/весовой Masseverschleiß *m* ‖ ~ из-за кавитации Kavitationsschaden *m*, Kavitationszerstörung *f* ‖ ~ истиранием reibender Verschleiß *m* ‖ ~/катастрофический intensiver Verschleiß *m*, Verschleiß *m* großer Verschleißintensität ‖ ~/линейный linearer Verschleiß *m* ‖ ~/нормальный normaler Verschleiß *m* ‖ ~ от коррозии korrosiver Verschleiß *m* ‖ ~ от усталости Ermüdungsverschleiß *m* ‖ ~/относительный relativer Verschleiß *m* ‖ ~ подшипников Lagerverschleiß *m* ‖ ~/предельный *(Fest)* Grenzverschleiß *m*, zulässiger Verschleiß *m* ‖ ~ при качении Rollverschleiß *m*, rollender Verschleiß *m* ‖ ~ при микрорезании Verschleiß *m* bei Mikroschneiden ‖ ~ при пластическом контакте Verschleiß *m* bei plastischem Kontakt ‖ ~ при упругом контакте Verschleiß *m* bei elastischem Kontakt ‖ ~/приработочный Einlaufverschleiß *m* ‖ ~/смешанный Mischverschleiß *m* ‖ ~/тепловой Wärmeverschleiß *m*; thermischer Verschleiß *m* ‖ ~ ударами Stoßverschleiß *m* ‖ ~ футеровки *(Met, Gieß)* Futterverschleiß *m*, Futterausbrand *m* ‖ ~ шин *(Kfz)* Reifenabrieb *m* ‖ ~/электрический elektrischer Verschleiß *m* ‖ ~/электромеханический elektromechanischer Verschleiß *m*
износостойкость *f (Fest)* Verschleißwiderstand *m*, Verschleißfestigkeit *m*
изоаврора *f s.* изохазма
изоакустика *f* Is[o]akuste *f (Linie gleicher Lautstärke)*
изоанабаза *f (Geol)* Isoanabase *f*, Isobase *f (Verbindungslinie zwischen Orten gleicher tektonischer Hebung)*
изоанемона *f* Isanemone *f (Linie mittlerer Windgeschwindigkeit)*
изоаномала *f (Geoph)* Isoanomale *f (Linie, die Punkte gleicher Abweichung von einem Normalwert verbindet)*
изобава *f (Geol)* Isobase *f (Oberbegriff für* изоанабаза *und* изокатабаза*)*
изобар *m [/ядерный] (Kern)* Isobar *n*, Kernisobar *n*
изобара *f* 1. *(Therm)* Isobare *f*; 2. *s.* резонанс/барионный ‖ ~ адсорбции Adsorptionsisobare *f* ‖ ~ реакции Reaktionsisobare *f*
изобара-изостера *f* isobar-isostere Linie *f*, Isobare-Isostere *f*
изобария *f* Isobarie *f*
изобата *f (Geoph)* Isobathe *f*, Linie *f* gleicher Wassertiefe
изобатиерма *f* Isobathyrme *f*
изобозон *m (Kern)* Isoboson *n*
изображение *n* 1. Bild *n*, Abbildung *f*; 2. Darstellung *f*, Projektion *f*; 3. *(Math)* Transformierte *f*, Unterfunktion *f* ‖ ~/автоколлимационное *(Opt)* Autokollimationsbild *n* ‖ ~/аналоговое *(Inf)* Analogdarstellung *f* ‖ ~/анаморфированное *(Opt)* anamorphotisches Bild *n* ‖ ~/астигматическое *(Opt)* astigmatische Abbildung *f* ‖ ~/афокальное *(Opt)* afokales Bild *n* ‖ ~/ахроматическое *(Opt)* achromatische Abbildung *f* ‖ ~/безаберрационное *(Opt)* aberrationsfreies Bild *n* ‖ ~/бочкообразное *(Opt)* tonnenförmige Abbildung *f (Aberrationsart)* ‖ ~ в плане Planansicht *f*, Grundriß *m* ‖ ~ в тепловых ИК-лучах *(Geol)* Abbildung *f* im thermischen IR ‖

изображение

~/**вертикальное** 1. Aufriß m; 2. (Photo) hochformatiges Bild n ‖ ~/**вещественное** (Photo) materielles Bild n ‖ ~/**виртуальное** s. ~/**мнимое** ‖ ~/**внутреннее** (Photo) Innenbild n ‖ ~/**воздушное** (Opt) Luftbild n ‖ ~/**воспроизводное** (Inf) graphische Darstellung f ‖ ~/**вялое** (Photo) flaues Bild n ‖ ~/**голографическое** (Opt) holographische Abbildung f ‖ ~/**графическое** graphische Darstellung f ‖ ~ **даты** (Inf) Datumsdarstellung f ‖ ~/**двоичное** (Inf) Dualdarstellung f ‖ ~/**двойное** (Typ) Dublieren n ‖ ~/**действительное** (Opt) reelles Bild n, reelle Abbildung f ‖ ~/**дифракционное** (Opt) Beugungsbild n ‖ ~/**зеркальное** (Opt) Spiegelbild n, Reflexionsbild n ‖ ~ **знака** (Inf) Vorzeichendarstellung f ‖ ~/**изометрическое** (Opt) isometrische (längengetreue) Abbildung f ‖ ~/**конгруэнтное** (Opt) kongruente Abbildung f ‖ ~/**контрастное** (Photo) kontrastreiches Bild n, kontrastreiche Abbildung f ‖ ~/**контрольное** Kontrollbild n ‖ ~/**красочное** (Photo) Farbstoffbild n ‖ ~/**линейное** lineare Darstellung f ‖ ~/**малоконтрастное** (Photo) flaches (kontrastarmes) Bild n ‖ ~/**мнимое** (Opt) virtuelles Bild n, virtuelle Abbildung f ‖ ~/**многоконтурное (многократное)** Mehrfachbild n ‖ ~/**многоспектральное** Multispektralbild n ‖ ~ **на индикаторе дальности** (Rad) A-Schirmbild n ‖ ~ **на экране** Leuchtschirmbild n, Schirmbild n ‖ ~/**негативное** (Photo) Negativbild n, negatives Bild n ‖ ~/**неконгруэнтное** seitenverkehrtes Bild n ‖ ~/**неконтрастное** (Photo) kontrastloses (flaues) Bild n ‖ ~/**неподвижное** (Photo) Stehbild n ‖ ~/**непрозрачное** (Photo) Aufsichtsbild n ‖ ~/**обращённое** (Photo) Umkehrbild n ‖ ~/**объёмное** Raumbild n, Stereobild n, dreidimensionales Bild n ‖ ~/**оптическое** optische Abbildung f ‖ ~/**остаточное** (Photo) 1. Nachbild n (auf Negativen); 2. Restbild n ‖ ~/**паразитное** Echobild n, Doppelbild n, Geisterbild n; Phantombild n, Nebenbild n ‖ ~/**перевёрнутое** (Photo) umgekehrte Abbildung f, kopfstehendes Bild n ‖ ~/**плоское** (Photo) flaches (kontrastarmes) Bild n ‖ ~ **по Кельвину** (Math) Kelvin-Transformierte f ‖ ~ **по Лапласу** (Math) Laplace-Transformierte f ‖ ~/**побочное** s. ~/паразитное ‖ ~/**поверхностное** Oberflächenbild n ‖ ~/**повторное** s. ~/паразитное ‖ ~/**подвижное** (Photo) Laufbild n ‖ ~/**подповерхностное** (Photo) oberflächennahes Bild n ‖ ~/**подушкообразное** (Opt) kissenförmige Abbildung (Aberrationsart) f ‖ ~/**позитивное** (Photo) Positivbild n, positives Bild n ‖ ~/**полное** (TV) Vollbild n, vollständiges Bild n, Raster m ‖ ~/**полутоновое** (Photo) Halbtonbild n ‖ ~ **проводников** (El, Eln) Leiterbild n, Leiterkonfiguration f ‖ ~/**прозрачное** (Photo) Durchsichtsbild n ‖ ~/**проявленное** entwickelte Abbildung f ‖ ~/**пузырьковое** (Photo) Vesikularbild n ‖ ~/**радиолокационное** Radar[schirm]bild n ‖ ~/**растровое** Rasterbild n ‖ ~/**растянутое** (Photo) entzerrtes Bild n ‖ ~/**рентгеновское** Röntgenbild n, Röntgenogramm n ‖ ~ **с резкими контурами** (Typ) randscharfe Wiedergabe f ‖ ~/**светопольное** Hellfeldabbildung f ‖ ~/**световое** Lichtbild n ‖ ~/**светящееся** Leuchtbild n ‖ ~/**скрытое** latentes Bild n; Latentbild n ‖ ~/**скрытое внутреннее (глубинное)** latentes Innenbild n ‖ ~/**скрытое поверхностное** latentes Oberflächenbild n ‖ ~/**сопряжённое** (Opt) konjugiertes Bild n ‖ ~/**статическое** s. ~/**неподвижное** ‖ ~/**стереоскопическое** stereoskopische Abbildung f ‖ ~/**стигматическое** (Opt) stigmatische (punktförmige) Abbildung f ‖ ~/**телевизионное** Fernsehbild n, TV-Bild n ‖ ~/**темнопольное** (Opt) Dunkelfeldabbildung f ‖ ~/**теневое** (Opt) Schattenbild n, Schattenabbildung f ‖ ~/**тестовое** (TV) Testbild n, Prüfbild n ‖ ~/**точечное** s. ~/стигматическое ‖ ~/**трёхцветное** (TV) Dreifarbenbild n ‖ ~/**цветное** (Photo) Farbbild n, Colorbild n ‖ ~/**цветное телевизионное** Farbfernsehbild n ‖ ~/**цветоделённое** (Photo, Typ) Farbauszug m, Teilfarbenbild n ‖ ~/**цветоделённое негативное** Teilfarbennegativ n ‖ ~/**цветоделительное** s. ~/цветоделённое ‖ ~/**цифровое** Digital[luft]bild n, Digitalaufnahme f ‖ ~/**чёрно-белое** (TV) Schwarzweißbild n ‖ ~ **чисел/двоично-десятичное** (Inf) dualdezimale Darstellung f ‖ ~ **щели** (Opt) Spaltbild n ‖ ~/**эквивалентное** Ersatzdarstellung f

изобразительный darstellend, beschreibend, deskriptiv

изобретательство n Erfindungswesen n

изобретение n Erfindung f

изобутан m (Ch) Isobutan n, 2-Methylpropan n

изовалентность f (Ph) Isovalenz f

изогала f Isogale f

изогалина f Isohaline f

изогамма f (Geoph) Isogamme f (Linie gleicher Schwerkraftwerte der Erde)

изогеопотенциаль f Isogeopotential[lini]e f

изогеотерма f Isogeotherme f (Linie gleicher Erdtemperatur)

изогиета f Isohyete f (Linie gleicher Niederschlagshöhe)

изогипса f (Geod) Isohypse f, Höhenlinie f

изогира f (Opt) Isogyre f, Linie f gleicher Drehung (Schwingungsrichtung)

изогнутость f **поверхности** Oberflächenverkrümmung f

изогнутый gekröpft; gekrümmt, geknickt ‖ ~ **в верх** nach oben gekröpft ‖ ~ **вниз** nach unten gekröpft

изогона f 1. (Geoph) Isogone f (Linie gleicher Werte der magnetischen Ablenkung); 2. (Meteo) Isogone f (Linie gleicher Windrichtung)

изогональность f (Math) Isogonalität f, Winkeltreue f

изогональный isogonal, gleichwinklig

изограда f Isograde f

изоградиент m Isogradient m

изодесмический (Krist) isodesmisch (Kristallgitter)

изодина f s. изодинама

изодинама f 1. (Geoph) Isodyname f (Linie gleicher Intensität des erdmagnetischen Feldes); 2. (Meteo) Isodyname f (Linie gleicher Windgeschwindigkeiten)

изодинамический isodynamisch

изодоза f (Kern) Isodose f

изодозограф m (Kern) Isodosograph m

изодром m PI-Glied n (s. a. звено/апериодическое)

изоинверсия f Isospiegelung f

изокатабаза f (Geol) Isokatabase f (Verbindungslinie zwischen Orten gleicher tektonischer Senkung)
изокатанабара f (Meteo) Isokatanabare f
изоквота f Isoquote f
изоклина f 1. (Geoph) Isokline f (Linie gleicher Inklination; Erdmagnetfeld); 2. (Math) Isokline f (graphische Integrierung von Integralgleichungen)
изоклиналь f (Geol) Isoklinalfalte f
изоклинотропизм m Isoklinotropismus m
изоконцентрата f Isokonzentrate f (Linie gleicher Konzentration)
изокоррелята f Isokorrelate f
изокосма f Isokosme f (Linie gleicher Intensität der kosmischen Strahlung)
изолиния f Isolinie f, Isorithme f (Sammelbegriff für Verbindungslinien gleicher Werte in der Geophysik, Meteorologie, Chemie)
изолир m Arretierung[seinrichtung] f
изолирование n s. изолировка 1.
изолировать isolieren; trennen; [ab]dämmen (Schall)
изолировка f 1. Isolieren n, Isolierung f, Isolation f; 2. Isolierband n
изолог m Isolog n
изолюкса f (Photo) Isoluxkurve f, Isoluxe f
изолятор m (El) Isolator m, Nichtleiter m; Isolierstoff m ll **~/антенный** Antennenisolator m ll **~/аппаратный** Geräteisolator m ll **~/вводный** Einführungsisolator m; Durchführungsisolator m, Durchführung f ll **~/входной** Einführungsisolator m ll **~/выводной** Durchführungsisolator m, Durchführung f ll **~/высоковольтный** Hochspannungsisolator m ll **~/высокочастотный** Hochfrequenzisolator m ll **~/гирляндный** Kettenisolator m ll **~/горшковый** Topfisolator m ll **~/двухъюбочный** Zweimantelisolator m, Doppelglockenisolator m ll **~/дисковый проходной** Scheibendurchführung f ll **~/длинностержневой** Langstabisolator m ll **~/единичный** Einzelisolator m ll **~/кварцевый** Quarzisolator m ll **~/керамический** Keramikisolator m ll **~/колокольный** Glockenisolator m ll **~/колпачковый** Kappenisolator m ll **~/кольцевой** Ringisolator m ll **~/конденсаторный проходной** Kondensatordurchführung f ll **~/крышевой** Dachisolator m ll **~/линейный** Leitungsisolator m ll **~/наружной установки/опорный** Freiluftstützer m ll **~/натяжной** Abspannisolator m ll **~/низковольтный** Niederspannungsisolator m ll **~/опорный** Stützisolator m ll **~/орешковый** Ei[er]isolator m, Isolierei m ll **~/палочный** Stabisolator mll **~/перекрываемый** nicht durchschlagbarer Isolator m ll **~/пластмассовый длинностержневой** Kunststofflangstabisolator m ll **~/поворотный** Drehisolator m ll **~/подвесной** Hängeisolator m ll **~/подвесной линейный** Freileitungshängeisolator m ll **~/полый** Hohlisolator m ll **~/потолочный** Deckenisolator m ll **~/пробиваемый** durchschlagbarer Isolator m ll **~/проходной** Durchführungsisolator m, Durchführung f ll **~/проходной антенный** Antennendurchführungsisolator m, Antennendurchführung f ll **~/проходной линейный** Freileitungsdurchführung f ll **~/проходной фарфоровый** Porzellandurchführung f ll **~ с двойной юбкой** Zweimantelisolator m, Doppelglockenisolator m ll **~/слюдяной** Glimmerisolator m ll **~ со сплошным телом** Vollkernisolator m ll **~/сплошной опорный** Massivstützer m ll **~/станционный** Stationsisolator m ll **~/стержневой** Stabisolator m ll **~/стержневой опорный** Stützer m ll **~/стержневой подвесной** Freileitungsstabisator m ll **~/телеграфный** Telegraphenisolator m ll **~/телефонный** Telephonisolator m ll **~/трансформаторный проходной** Transformatordurchführung f ll **~/участковый** Trennungsisolator m, Unterbrechungssolator m (bei Fahrleitungen) ll **~/фарфоровый** Porzellanisolator m ll **~/фарфоровый опорный** Porzellanstützer m ll **~/штыревой [опорный]** Stützenisolator m ll **~/юбочный (юбчатый)** Mantelisolator m, Manschettenisolator m
изоляторостроение n Isolatorenbau m
изоляция f 1. (El) Isolieren n, Isolierung f, Isolation f; 2. Isolation f, Isolierung f (Zustand; Einrichtung oder Umhüllung zu Isolierzwecken); 3. (Ak) Abdämmung f, Dämmung f (Schall); 4. Absonderung f **• с пластмассовой изоляцией** kunststoffisoliert ll **~/бумажная** Papierisolation f ll **~/вакуумная** Vakuumisolation f ll **~/влагостойкая** Feuchtigkeitsschutzisolation f ll **~/внешняя** Außenisolation f, äußere Isolation f ll **~/внутренняя** Innenisolation f, innere Isolation f ll **~/воздушная** Luftisolation f ll **~/высоковольтная** Hochspannungsisolation f ll **~/главная** Hauptisolation f ll **~/диодная** s. **~ pn-переходом** ll **~/диэлектрическая** dielektrische Isolation f ll **~/лаковая** Lackisolation f ll **~/меж[ду]витковая** Windungsisolation f ll **~/междукатушечная** Spulenisolation f ll **~/междуслойная** Lagenisolation f ll **~/межламельная** Lamellenisolation f ll **~/пенопластовая** Schaumstoffisolation f ll **~ pn-переходом** Isolation f durch PN-Übergang ll **~/пластмассовая** Kunststoffisolierung f ll **~/поливинилхлоридовая** PVC-Isolation f ll **~/проводниковая** Leiterisolation f ll **~/резиновая** Gummiisolation f ll **~/слюдяная** Glimmerisolation f ll **~/сплошная** Vollisolation f, Massivisolation f ll **~/тепловая** Wärmeisolierung f, Wärmeschutz m ll **~/шайбовая** Scheibenisolation f ll **~/эмалевая** Lackisolation f
изомер m (Ch) Isomer[e] n ll **~/вращательный** s. **~/поворотный** ll **~/геометрический** geometrisches Isomer n, cis-trans-Isomer n ll **~/зеркальный (оптический)** s. антипод/оптический ll **~/поворотный** Rotationsisomer n ll **~/пространственный** Stereoisomer n, Raumisomer n ll **~/структурный** Strukturisomer n ll **~/ядерный** (Kern) Kernisomer n, isomerer Kern m
изомераза f (Ch) Isomerase f
изомеризация f (Ch) Isomerisation f, Isomerisierung f
изомеризование n s. изомеризация
изомеризоваться (Ch) [sich] isomerisieren
изомерия f (Ch) Isomerie f ll **~ атомного ядра** (Kern) Kernisomerie f, Isomerie f des Atomkerns ll **~ валентности** Valenzisomerie f ll **~/гидратная** Hydratisomerie f ll **~/ионизационная** Ionisationsisomerie f ll **~/координационная** Koordinationsisomerie f ll **~/оптическая** optische

изомерия

изомерия Isomerie f, Spiegelbildisomerie f, Enantiomorphie f ΙΙ ~ **остова** Kernrumpfisomerie f ΙΙ ~/**поворотная** Rotationsisomerie f ΙΙ ~ **положения** Stellungsisomerie f, Substitutionsisomerie f ΙΙ ~/**пространственная** Stereoisomerie f, Raumisomerie f ΙΙ ~/**ротационная** s. ~/поворотная ΙΙ ~ **скелета** Kettenisomerie f, Kernisomerie f der Alkane ΙΙ ~/**структурная** Strukturisomerie f ΙΙ ~ **углеродного скелета** s. ~ скелета ΙΙ ~ **углеродной цепи** s. ~ скелета ΙΙ ~ **цис-транс** cis-trans-Isomerie f ΙΙ ~/**ядерная** s. ~ атомного ядра ΙΙ ~ **ядра** s. ~ атомного ядра

изометабола f Isometabole f

изометрия f (Math) Isometrie f (darstellende Geometrie)

изоморфизм m 1. (Krist) Isomorphie f, Isomorphismus m, Diadochie f; 2. (Math) Isomorphie f (Gruppentheorie) ΙΙ ~**гетеровалентный** (Krist) heterovalente Isomorphie f ΙΙ ~/**изовалентный** (Krist) isovalente Isomorphie f ΙΙ ~/**компенсационный** (Krist) [monomere und polymere] Diadochie f ΙΙ ~/**полярный** (Krist) heterovalente Diadochie f ΙΙ ~/**смешанослойный (цепной)** (Krist) gekoppelte Diadochie f

изоморфия f s. изоморфизм 1.

изоморфность f s. изоморфизм 1.

изоморфный 1. (Krist, Min) isomorph, isostrukturell; 2. (Math) isomorph

изонефа f (Meteo) Isonephe f (Linie gleicher Bewölkungsmenge)

изоопака f (Photo) Isoopake f (Kurve gleicher Opazität)

изопауза f Isopause f

изопаха f s. изопахита

изопахита f (Geol) Isopache f, Isopachyse f (Linie gleicher Mächtigkeit); Mächtigkeitslinie f

изопикна f (Geoph) Isopykne n, Isophere f, isometrische Linie f (Linie konstanten Volumens)

изопланатизм m (Opt) Isoplanasie f

изоплера f s. изохора

изоплета f (Geoph, Meteo) Isoplethe f (Linie gleicher Werte)

изоповерхность f Isofläche f

изополиморфизм m Isopolymorphismus m, Isopolymorphie f

изополяра f Isopolare f

изопора f (Geoph) Isopore f (Linie gleicher säkularer Variation)

изопотенциал m s. линия/изопотенциальная

изоптера f Isoptere f

изорада f Isoradlinie f, Isoradkurve f

изоротация f Isorotation f

изосвеча f Isocandelakurve f (Linie gleicher Lichtstärke)

изосейста f (Geoph) Isoseiste f (Linie gleicher Erdbebenintensität)

изоскаляр m Isoskalar m

изосклера f Isosklere f (Härtemessung)

изоспин m (Ph) Isospin m

изостазия f (Ph) Isostasie f, Massenkompensation f

изостата f (Mech) Hauptspannungstrajektorie f, Hauptspannungslinie f, Spannungstrajektorie f

изостера f s. изохора

изоструктура f (Ch) isotaktische Struktur f

изоструктурность f (Krist) Strukturgleichheit f (geometrische Ähnlichkeit)

изоструктурный (Krist) isostrukturell, strukturgleich

изотактический isotaktisch (Polymere)

изотаха f 1. (Meteo) Isotache f, Isanemone f (Linie gleicher Windgeschwindigkeiten im Jahresmittel); 2. (Hydrol) Isotache f (Linie gleicher Strömungsgeschwindigkeiten)

изотерма f Isotherme f, isothermische Kurve f (Linie gleicher Temperaturwerte) ΙΙ ~ **адсорбции** Adsorptionsisotherme f ΙΙ ~ **десорбции** Desorptionsisotherme f ΙΙ ~ **ликвидус** Liquidusisotherme f ΙΙ ~ **плавления** Schmelzisotherme f ΙΙ ~ **реакции** Reaktionsisotherme f ΙΙ ~ **солидус** Solidusisotherme f ΙΙ ~ **спекания** Sinterisotherme f

изотермический isotherm

изотермобата f Isothermobathe f

изотипичный (Krist) isotyp

изотипия f (Krist) Isotypie f (gleicher Bautypus)

изотон m (Kern) Isoton n

изотонический isotonisch, isosmotisch

изотоп m (Kern) Isotop n ΙΙ ~/**долгоживущий** langlebiges Isotop n ΙΙ ~/**дочерний** Tochterisotop n ΙΙ ~/**материнский** Mutterisotop n ΙΙ ~/**нестабильный** instabiles Isotop n ΙΙ ~/**радиоактивный** radioaktives Isotop n, Radioisotop n ΙΙ ~/**стабильный** stabiles Isotop n

изотопический isotop, Isotopen…, Isotopie…

изотопия f (Kern, Math) Isotopie f

изотропия f (Ph) Isotropie f

изотропность f s. изотропия

изофаза f Isophase f (Linie gleicher Phase)

изофана f Isophane f

изофота f Isophote f (Linie gleicher Helligkeit)

изохазма f (Geoph) Isochasme f

изохалина f (Geoph) Isohaline f

изохимена f Isochimene f

изохора f (Therm) Isochore f, Isoplere f, Linie f konstanten Volumens

изохроматический isochrom[atisch], gleichfarbig, farbtonrichtig

изохромы fpl (Krist) Isochromaten fpl (Linien gleicher Farbe bei der Untersuchung doppelbrechender Substanzen mit polarisiertem Licht)

изохрона f 1. (Geoph, Hydrol) Isochrone f (Linie gleicher Zeiten); 2. (Astr) s. линия равного возраста

изохронизм m s. изохронность

изохронность f Isochronie f, Isochronismus m

изохронный isochron, gleichzeitig

изоцикл m (Ch) Isocyclus m, Homocyclus m, isocyclischer (homocylischer) Ring m

изоциклический (Ch) isocyclisch, carbocyclisch, homocyclisch

изоэлектрический isoelektrisch

изоэнтальпа f (Therm) Isenthalpe f (Linie gleicher Enthalpie)

изоэнтальпийный (Therm) isenthalp

изоэнтропийный s. изэнтропический

изразец m Kachel f ΙΙ ~/**печной** Ofenkachel f ΙΙ ~/**сплошной** Vollkachel f ΙΙ ~/**угловой** Eckkachel f

изреживание n (Forst) Ausläuterung f, Freistellung f ΙΙ ~/**антропогенное** anthropogene Ausläuterung f, Durchforstung eines Bestandes f ΙΙ ~/**естественное** natürliche Lichtstellung f

изрезанность f (Geol) Zerfurchung f

изумруд *m (Min)* Smaragd *m*
изъян *m* Fehler *m*, Materialfehler *m*; Mangel *m*, Schaden *m*
изыскания *n* 1. Erforschung *f (s. a. unter* исследование 2.*)*; 2. Schürfung *f (Bodenkunde)*; 3. *(Eb)* Streckenplanung *f*, Vorbereitung *f* der Trassenführung
изыскания *npl*/**инженерно-геологические** Baugrunduntersuchungen *fpl* ‖ ~/**инженерные** ingenieurtechnische Erkundungen *fpl*
изэнтропа *f (Meteo)* Isentrope *f*
изэнтропический isentrop[isch]
ИИС *s.* система/измерительная информационная
ИК *s.* курс/истинный
ИК *s.* инфракрасный
ИКА *s.* агрегат/испарительно-конденсаторный
ИК-видикон *m (TV)* Infrarot-Vidikon *n*, IR-Vidikon *n*
ИК-излучение *n s.* излучение/инфракрасное
ИК-измерение *n s.* измерение/инфракрасное
ИКМ *s.* модуляция/импульсно-кодовая
ИКО *s.* индикатор кругового обзора
иконоскоп *m (TV)* Ikonoskop *n*
икосаэдр *m (Krist)* Ikosaeder *m*, [regelmäßiger] Zwanzigflächner *m*
икоситетраэдр *m (Krist)* Ikositetraeder *n*
ИК-сушка *f* Infrarottrocknung *f*
ил *m* 1. *(Geol)* Schlamm *m*; Schlick *m*; 2. Trübe *f (Aufbereitung)* ‖ ~/**активный** *(Bw)* Belebtschlamm *m*, aktivierter Schlamm *m (Abwasserreinigung)* ‖ ~/**анодный** *(El)* Anodenschlamm *m* ‖ ~/**вулканический** *(Geol)* vulkanischer Schlamm *m* ‖ ~/**глобигериновый** *(Geol)* Globigerinenschlamm *m* ‖ ~/**глубоководный** *(Geol)* Tiefseeschlamm *m* ‖ ~/**гнилой** *(Geol)* Faulschlamm *m* ‖ ~/**гнилостный** *(Geol)* Sapropel *m (Faulschlamm aus tierischen Fett- und Eiweißstoffen)* ‖ ~/**голубой** *(Geol)* Blauschlick *m*, Blauschlamm *m* ‖ ~/**диатомовый** *(Geol)* Diatomeenschlamm *m*, Diatomeenschlick *m* ‖ ~/**зелёный** *(Geol)* Grünschlick *m* ‖ ~/**известковый** *(Geol)* Kalkschlamm *m* ‖ ~/**континентальный** *(Geol)* Kontinentalschlamm *m*, terrigener Schlamm *m* ‖ ~/**красный** *(Geol)* Rottschlick *m* ‖ ~/**ледниковый** *(Geol)* Gletscherschlamm *m*, Gletschermehl *n* ‖ ~/**морской** *(Geol)* mariner Schlamm *m* ‖ ~/**наносный** *(Geol)* angeschwemmter Schlick (Schlamm) *m* ‖ ~/**озёрный** *(Geol)* Seeschlamm *m*, Binnenseeschlamm *m* ‖ ~/**перегнивший** *(Bw)* ausgefaulter Schlamm *m*, Faulschlamm *m (Abwasserreinigung)* ‖ ~/**плавающий** *(Bw)* Schwimmschlamm *m* ‖ ~/**прудовой** *(Geol)* Teichschlamm *m* ‖ ~/**птероподовый** *(Geol)* Pteropodenschlamm *m* ‖ ~/**радиоляриевый** *(Geol)* Radiolarienschlamm *m* ‖ ~/**речной** *(Geol)* Flußschlamm *m*, fluviatiler Schlamm *m* ‖ ~/**сброженный** *s.* ~/перегнивший ‖ ~ **свинцовой камеры** Bleikammerschlamm *m (Schwefelsäureherstellung)* ‖ ~/**синий** *s.* ~/голубой
илем *m* Urplasma *n*, Urstoff *m*, Urmaterie *f*, Ylem *n*
илистость *f* Schlammgehalt *m*, Schwebstoffgehalt *m*
ИЛИ-схема *f (Inf)* ODER-Schaltung *f*
иллит *m (Min)* Illit *m*, Hydromuskovit *m*

иллюминатор *m (Schiff)* Schiffsfenster *n* ‖ ~/**бортовой** Außenhautfenster *n* ‖ ~/**глухой** *(Schiff)* Festfenster *n* ‖ ~/**круглый** *(Schiff)* Bullauge *n*, rundes Schiffsfenster *n* ‖ ~/**оптический** Sichtfenster *n (Versuchsaufbau für massenspektrometrische Analysen)* ‖ ~/**палубный** *(Schiff)* Decksglas *n* ‖ ~/**прямоугольный** *(Schiff)* Rechteckfenster *n* ‖ ~/**рубочный** *(Schiff)* Schiffsfenster *n* für Aufbauten ‖ ~/**створчатый** *(Schiff)* Klappfenster *m*
ильземаннит *m (Min)* Ilsemannit *m*
ильм *m* Ulme *f*, Rüster *f*
ильменит *m (Min)* Ilmenit *m*, Titaneisenerz *n*
ИМ *s.* 1. модуляция/импульсная; 2. механизм/исполнительный
имеджортикон *m (TV)* Image-Orthikon *n*, Superorthikon *n*, Zwischenbildorthikon *n*, Orthikon *n* mit Vorabbildung
имид *m (Ch)* Imid *n*, Imidoverbindung *f*
имин *m (Ch)* Imin *n*, Iminoverbindung *f*
иминокислота *f (Ch)* Iminosäure *f*
иминомочевина *f (Ch)* Iminoharnstoff *m*, Guanidin *n*
имитатор *m* Simulator *m*, Nachbildner *m* ‖ ~ **дуги** *(Schw)* Lichtbogensimulator *m* ‖ ~ **радиационный** Radarsimulator *m*
имитация *f* Simulation *f*, Nachbildung *f*
иммерсия *f (Opt)* Immersion *f (Mikroskop)* ‖ ~/**водная** Wasserimmersion *f* ‖ ~/**гомогенная** Homogenimmersion *f* ‖ ~/**масляная** Ölimmersion *f*
иммитанс *m (El)* Immittanz *f* ‖ ~ **короткого замыкания** Kurzschlußimmittanz *f*
иммитанц *m s.* иммитанс
импактор *m* Impaktor *m* ‖ ~/**многоступенчатый** Kaskadenimpaktor *m*
импеданс *m (El)* Impedanz *f* ‖ ~ **без нагрузки** Betriebsimpedanz *f* ‖ ~/**входной** Eingangsimpedanz *f* ‖ ~/**выходной** Ausgangsimpedanz *f* ‖ ~ **источника** Quellenimpedanz *f* ‖ ~/**передаточный** Übertragungsimpedanz *f* ‖ ~ **связи** Kopplungsimpedanz *f* ‖ ~/**согласующий** Anpassungsimpedanz *f* ‖ ~ **холостого хода** Leerlaufimpedanz *f*, Leerlaufscheinwiderstand *m* ‖ ~ **шунта** Querimpedanz *f*; Nebenschlußimpedanz *f*
импеданц *m s.* импеданс
импеллер *m* 1. Laufrad *m (in Kreiselpumpen, Turbokompressoren, Ventilatoren, Turboladern)*; 2. axiales Laufrad *n*; 3. *s.* колесо/насосное
имплантация *f* Implantation *f (Halbleiter)* ‖ ~/**ионная** Ionenimplantation *f* ‖ ~ **ионов** Ionenimplantation *f* ‖ ~ **примесей** Störstellenimplantation *f*
имплантировать implantieren *(Halbleiter)*
импликатор *m* Implikator *m*
импликация *f* Implikation *f* ‖ ~/**обратная** inverse Implikation *f*
импост *m (Bw)* 1. Kämpfer *m (einer Säule)*; 2. Kämpferholz *n*, Fensterkämpfer *m*
импрегнат *m* Tränkungsmittel *n*
импрегнирование *n* Imprägnieren *n*, Imprägnierung *f*
импульс *m* 1. Impuls *m*, Anstoß *m*, Stoß *m*; 2. *(Mech)* Impuls *m*; Bewegungsgröße *f*; 3. *(El)* Impuls *m*; 4. Antrieb *m (Unruh des Uhrwerks)* • **в виде импульса** impulsförmig ‖ ~/**апериоди-**

ический *(El)* Einzelimpuls *m*, einmaliger Impuls *m*, Stoß *m* ‖ ~/**бланкирующий** *(TV)* Austastimpuls *m*, Löschimpuls *m* ‖ ~/**ведущий** Leitimpuls *m* ‖ ~/**вертикальный гасящий** *(El)* Vertikalaustastimpuls *m* ‖ ~/**вертикальный синхронизирующий** *(El)* Vertikalsynchronimpuls *m* ‖ ~/**вобулирующий** *(Rf)* Wobbelimpuls *m* ‖ ~/**возмущающий** *(Reg)* Störgröße *f*, Störimpuls *m* ‖ ~/**вращательный** *(Mech)* Drehimpuls *m*, Drall *m* ‖ ~ **временной селекции** *(Inf)* Zeitselektionsimpuls *m*, Zeitschachtelungsimpuls *m* ‖ ~/**вторичный** *(Reg)* Sekundärimpuls *m*, Störimpuls *m* ‖ ~/**входной** *(El)* Eingangsimpuls *m* ‖ ~/**выпускной** Auspuffstoß *m* *(Verbrennungsmotoren)* ‖ ~/**выравнивающий** *(TV)* Ausgleich[s]impuls *m*, Trabant *m* ‖ ~/**высоковольтный** Hochspannungsimpuls *m* ‖ ~/**выходной** *(El)* Ausgangsimpuls *m* ‖ ~ **вычитания** *(Inf)* Subtraktionsimpuls *m*, Subtrahierimpuls *m* ‖ ~/**гасящий** *(TV)* Löschimpuls *m*, Austastimpuls *m* ‖ ~/**горизонтальный гасящий** *(TV)* Horizontalaustastimpuls *m*, Zeilenaustastimpuls *m* ‖ ~/**горизонтальный согласующий** *(TV)* Horizontalsynchron[isier]impuls *m*, Zeilensynchron[-isier]impuls *m* ‖ ~ **ежесекундный** *(Reg)* Sekundenimpuls *m* ‖ ~ **замыкания** *(El)* Schließungsimpuls *m* ‖ ~/**запирающий** *(El)* Sperrimpuls *m*; Austastimpuls *m* ‖ ~/**запросный** *(Rad)* Abfrageimpuls *m* ‖ ~/**зарядный** *(El)* Ladeimpuls *m* ‖ ~/**звуковой** *(Ak)* Schallimpuls *m* ‖ ~/**зондирующий** 1. *(Rad)* Suchimpuls *m*; 2. *(Rf)* Sendeimpuls *m* ‖ ~/**игловидный (игольчатый)** *(El)* Nadelimpuls *m* ‖ ~/**излучаемый** Sendeimpuls *m* *(Echolot, Radar)* ‖ ~/**измерительный** *(Meß)* Meßimpuls *m* ‖ ~/**кадровый** *(TV)* Bildimpuls *m*, Raster[wechsel]impuls *m* ‖ ~/**кадровый синхронизирующий** *(TV)* Bildsynchron[isier]impuls *m*, Bildgleichlaufimpuls *m*, Rastersynchron[isations]impuls *m* ‖ ~/**качающий** *(Rf)* Wobbelimpuls *m* ‖ ~/**колоколообразный** *(El)* Glockenimpuls *m* ‖ ~/**командный** *(Inf)* Kommandoimpuls *m*, Befehlsimpuls *m* ‖ ~/**короткий (кратковременный)** *(Reg, El)* Kurzzeitimpuls *m*, kurzzeitiger Impuls *m* ‖ ~ **корпускулярного излучения** *(Ph)* Teilchenimpuls *m* ‖ ~/**ложный** *(Kern)* Pseudoimpuls *m* *(Zählrohr)* ‖ ~/**мешающий** *(El)* Störimpuls *m* ‖ ~ **на включение** *(El)* Einschaltimpuls *m* ‖ ~/**наборный** *(Rf)* Wählimpuls *m* ‖ ~ **напряжения** *(El)* Spannungsimpuls *m* ‖ ~/**нарушающий** *(Reg)* Störimpuls *m*, Störgröße *f* ‖ ~/**начальный** Anfangsimpuls *m*, Nullimpuls *m*; Initialimpuls *m* ‖ ~/**обобщённый** *(Mech)* verallgemeinerter (generalisierter) Impuls *m* *(Lagrangesche Bewegungsgleichungen)* ‖ ~ **опознавания** *(Rad)* Kenn[ungs]impuls *m* ‖ ~ **опроса** *(Rad)* Abfrageimpuls *m* ‖ ~/**остаточный** *(El)* Restimpuls *m* ‖ ~/**ответный** *(Rad)* Antwortimpuls *m* ‖ ~/**отпирающий** *(El)* Öffnungsimpuls *m*; Zündimpuls *m* ‖ ~/**отражённый** *(Rad)* Echoimpuls *m*, Rückstrahlimpuls *m* ‖ ~/**передаваемый** Sendeimpuls *m* ‖ ~/**пилообразный** *(El)* Sägezahnimpuls *m* ‖ ~/**поджигающий** *(El)* Zündimpuls *m* ‖ ~/**поисковый** *(Rad)* Suchimpuls *m* ‖ ~/**полукадровый** *(TV)* Halbbildimpuls *m* ‖ ~ **предельного значения** *(Reg)* Grenzwertimpuls *m* ‖ ~/**приёмный** *(Rad)* Empfangsimpuls *m*

‖ ~/**прямоугольный** *(El)* Rechteckimpuls *m* ‖ ~/**радиолокационный** Radarimpuls *m* ‖ ~ **развёртки** *(TV)* Abtastimpuls *m* ‖ ~ **размыкания** *(El)* Öffnungsimpuls *m* ‖ ~ **регулирования** Regelimpuls *m* ‖ ~/**синусоидальный** *(El)* Sinusimpuls *m* ‖ ~/**синхронизирующий** Synchronisierimpuls *m*, Synchron[isations]impuls *m* ‖ ~/**стробирующий** Strobimpuls *m*, Auftastimpuls *m* ‖ ~/**строчный бланкирующий (гасящий)** *(TV)* Zeilenaustastimpuls *m*, Horizontalaustastimpuls *m* ‖ ~/**строчный синхронизирующий (согласующий)** *(TV)* Zeilensynchron[isations]impuls *m*, Horizontalsynchronimpuls *m* ‖ ~/**счётный** Zählimpuls *m* ‖ ~/**тактовый** Taktimpuls *m* ‖ ~ **телеграфный** Telegraphie[r]impuls *m*, Telegrafierschritt *m* ‖ ~ **тока** *s*. ~/**токовый** ‖ ~/**токовый** *(El)* Stromimpuls *m*, Stromstoß *m*; *(Nrt)* Stromschritt *m* *(Telegraphie)* ‖ ~/**треугольный** *(El)* Dreieckimpuls *m* ‖ ~/**ударный** *(Mech)* Stoßimpuls *m* ‖ ~/**ультракороткий световой** *(Eln)* ultrakurzer Lichtpuls *m* *(Quantenelektronik)* ‖ ~ **управления** *s*. ~/**управляющий** ‖ ~/**управляющий** *(Reg)* Steuerimpuls *m*; *(Inf)* Kommandoimpuls *m*, Befehlsimpuls *m* ‖ ~/**уравнивающий (уравнительный)** *(El)* Abgleichimpuls *m*, *(TV)* Ausgleich[s]impuls *m*, Trabant *m* ‖ ~/**эталонный** *(Reg)* Eichimpuls *m*

импульс-формирователь *m* *(El)* Impulsformer *m*

импфирование *n* Impfen *n*, Impfung *f* *(Kesselwasserenthärtung)*

ИМС *s*. **микросхема/интегральная**

имя *n* *(Inf)* Name *n* ‖ ~ **библиотеки** Bibliotheksname *m* ‖ ~/**внешнее** externes Symbol *n* ‖ ~/**индексированное** indizierter Name *m* ‖ ~/**мнемоническое** Merkname *m* ‖ ~ **набора данных** Dateiname *m* ‖ ~ **описания данных** Datendefinitionsname *m* ‖ ~ **переменной** Variablensymbol *n* ‖ ~ **программы** Programmsymbol *n* ‖ ~/**простое** einfacher Name *m* ‖ ~/**символическое** symbolischer Name *m* ‖ ~ **события** Ereignisname *m* ‖ ~/**составное** qualifizierter Name *m* ‖ ~ **устройства** Gerätename *m* ‖ ~ **файла** Dateiname *m* ‖ ~ **функции** Funktionsname *m*

инактивация *f* Inaktivierung *f*, Desaktivieren *n*

инактивировать inaktivieren, desaktivieren

инвар *m* Invar *n* *(Nickel-Eisen-Legierung)*

инвариант *m* *(Math)* Invariante *f* ‖ ~ **переноса** Translationsinvariante *f*, Schiebungsinvariante *f* ‖ ~/**трансляционный** *s*. ~ **переноса**

инвариантность *f* Invarianz *f*, Unveränderlichkeit *f* ‖ ~/**трансляционная** *(Krist)* Translationsinvarianz *f*

инвентаризация земель *(Ökol)* Bodenerfassung *f*, Bodeninventarisierung *f* ‖ ~ **лесов** *(Ökol)* Waldinventur *f*, Zustandserfassung *f* des Waldes ‖ ~ **природных ресурсов** *(Ökol)* Inventur *f* der Naturressourcen

инвентарная *f* Geräte[abstell]raum *m*

инверсия *f* 1. Inversion *f*, Umkehr[ung] *f*, Umstellung *f*, Gegenläufigkeit *f*; 2. *(Inf)* Negation *f*; Umkehr *f*; 3. *(Math)* Inversion *f* *(Transformation durch reziproke Radien)*; 4. *(Meteo)* ~/**температурная**; 4. *(Krist)* Inversion *f*, Spiegelung *f* *(Symmetrieoperation)* ‖ ~ **знака** Vorzeichenumkehr *f* ‖ ~/**кинематическая** kinematische

Umkehrung *f* ‖ ~ **конфигурации** Konfigurationsumkehr *f*, Inversion *f* der Konfiguration ‖ ~ **координат** Inversion *f* des Koordinatensystems ‖ ~ **оседания** Schrumpfungsinversion *f*, Absinkinversion *f* ‖ ~/**приземная** *(Meteo)* Bodeninversion *f* ‖ ~ **рельефа** *(Geol)* Reliefumkehr *f*, Inversion *f* ‖ ~ **сжатия** *s*. ~ оседания ‖ ~/**температурная** *(Meteo)* Inversion *f*, Temperaturinversion *f* ‖ ~ **фазы** Phasenumkehr[ung] *f*

инвертирование *n* 1. Invertierung *f*, Inversion *f*, Umkehr *f*; 2. *(El)* Wechselrichtung *f*

инвертировать 1. invertieren, umkehren; 2. *(El)* wechselrichten

инвертный Invers..., Umkehr..., invers

инвертор *m* 1. Wechselrichter *m* *(zur Umformung von Gleich- in Wechselstrom)*; 2. *(Inf)* Inverter *m*, Negator *m* ‖ ~/**автономный** selbstgeführter Wechselrichter *m* ‖ ~/**ведомый сетью** netzgeführter Wechselrichter *m* ‖ ~/**зависимый (неавтономный)** fremdgeführter Wechselrichter *m* ‖ ~/**независимый** *s*. ~/автономный ‖ ~/**параллельный** Parallelwechselrichter *m* ‖ ~/**параллельный резонансный** Parallelschwingkreiswechselrichter *m* ‖ ~ **тока** Stromwechselrichter *m* ‖ ~/**транзисторный** Transistorwechselrichter *m*

инволюция *f (Math)* Involution *f*

ингалятор *m (Med)* Inhalator *m*, Inhalationsapparat *m*

ингибирование *n* Inhibition *f*, Verzögerung *f*, Hemmung *f* ‖ ~ **проявления** *(Photo)* Entwicklungsverzögerung *f*, Entwicklungshemmung *f*

ингибитор *m (Ch)* Inhibitor *m*, Hemmstoff *m*, Verzögerer *m* ‖ ~ **вуали** *(Photo)* Klarhalter *m*, Antischleiermittel *n* ‖ ~ **коррозии** Korrosionsinhibitor *m*, Korrosionsverzögerer *m* ‖ ~ **окисления** Oxidationsinhibitor *m*, Oxidationsverzögerer *m*, Antioxidans *n* ‖ ~ **химического созревания** *(Photo)* Hemmkörper *m* der chemischen Reifung

ингредиент *m (Ch)* Ingredienz *f*, Ingrediens *n*

индекс *m* 1. Index *m*; 2. Nullstrich *m*; 3. Kennzeichnungszahl *f*; 4. Ablesemarke *f*, Meßmarke *f (an Meßgeräten)*; 5. *(Math, Inf, Krist)* Index *m* ‖ ~ **аридности** *(Meteo)* Ariditätsindex *m*, Trokkenheitsindex *m* ‖ ~/**верхний** Exponent *m* ‖ ~ **влажности** *(Ökol)* Feuchtigkeitsindex *m* ‖ ~/**вторичный** *(Inf)* Sekundärindex *m* ‖ ~ **вязкости** Viskositätsindex *m (Kennzahl für Schmieröle)* ‖ ~/**главный** *(Inf)* Hauptindex *m* ‖ ~ **загрязнения** *(Ökol)* Verunreinigungsindex *m*, Verschmutzungsindex *m* ‖ ~/**ледовый** *(Schiff)* Eisklassezeichen *n*, Eisklassesymbol *n* ‖ ~ **на нижнюю линию** [tiefstehender] Index *m* ‖ ~ **насыщения** Sättigungsindex *m* ‖ ~ **оглавления** Verzeichnisindex *m* ‖ ~ **расплава** *(Kst)* Schmelz[fluß]index *m*, Graderwert *m* ‖ ~ **шума** *(Ökol)* Lärmindex *m*

индексирование *n (Inf)* Indexierung *f*

индексно-последовательный *(Inf)* indexsequentiell

индекс-регистр *m (Inf)* Indexregister *n*

индексы *mpl (Krist)* Indizes *mpl* ‖ ~ **Бравэ** Bravaissche Indizes *mpl* ‖ ~ **граней кристалла** Flächenindizes *mpl* ‖ ~ **грани** *s*. ~/миллеровские ‖ ~ **зоны** Zonenindizes *mpl* ‖ ~ **Миллера** *s*. ~/миллеровские ‖ ~/**миллеровские** Millersche Indizes *mpl*, Miller-Indizes *mpl*, Flächenindizies *m* ‖ ~ **символа** *(Krist)* Symbolindizes *mpl*

индивид *m* **двойника** *(Krist)* Zwillingsindividuum *n*

индиго *n* Indigo *m(n) (Farbstoff)* ‖ ~/**белое** Indig[o]weiß *n*, Leuk[o]indigo *m* ‖ ~/**красное** Indig[o]rot *n*, Indirubin *n* ‖ ~/**синее** Indig[o]blau *n*, Indigotin *n*

индигоид *m* Indigoid *n*, Indigoidfarbstoff *m*

индигоидный indigoid, Indigoid...

индигокраситель *m* Indigofarbstoff *m*

индиголит *m (Min)* Indigolith *m (Turmalin)*

индиготин *m* Indigotin *n*, Indig[o]blau *n*

индий *m (Ch)* Indium *n*

индикатор *m* 1. Indikator *m*, Anzeigegerät *n*, Anzeiger *m*; 2. *(Rad)* Sichtgerät *n*, Sichtindikator *m*, Sichtanzeiger *m*; Schirmbild *n*; 3. *(Meß)* Meßuhr *f*; anzeigendes Meßgerät *n*, Zeigermeßgerät *n*; 4. *(Ch)* Indikator *m*; 5. *(Kern)* Indikator *m*, Tracer *m*, markiertes Atom *n* ‖ ~/**азимута** Azimut[anzeige]schirm *m* ‖ ~/**вакуумный люминесцентный** Vakuum-Fluoreszenz-Display *n* ‖ ~ **веса** Masseanzeiger *m*, Drillometer *n (hydraulischer Zugkraftmesser an Erdölbohrtürmen)* ‖ ~/**визуальный** Sichtgerät *n*, Sichtindikator *m*, Sichtanzeiger *m* ‖ ~/**внешний** *(Inf)* externer Anzeiger *m* ‖ ~/**выносной** *(Rad)* Tochtersichtgerät *n* ‖ ~ **высоты** *(Rad)* Höhensichtgerät *n*, Höhenanzeiger *m* ‖ ~ **дальности** *(Rad)* Entfernungssichtgerät *n*, Entfernungsanzeigegerät *n* ‖ ~/**динамометрический** Indikator *m (zur Aufzeichnung des Indikatordiagramms von Dampfmaschinen, Hubkolbenmotoren und Hubkolbenverdichtern)* ‖ ~/**длины ленты** Bandlängenanzeiger *m* ‖ ~/**жидкокристаллический** *(Eln)* LC-Display *n*, LCD-Anzeigegerät *n*, Flüssigkristallanzeigegerät *n*, LCD ‖ ~ **загрязнения** *(Ökol)* Verschmutzungsindikator *m* ‖ ~ **защиты** *(Inf)* Schutzanzeiger *m* ‖ ~ **излучений** *(Kern)* Strahlungsindikator *m*, Strahlungsanzeiger *m* ‖ ~/**изотопный** *(Kern)* Leitisotop *n*, Tracerisotop *n*, Indikatorisotop *n*, isotoper Indikator *m* ‖ ~/**квазианалоговый** quasianaloge Anzeigeeinrichtung *f* ‖ ~/**кварцевый** *s*. ~/пьезокварцевый ‖ ~/**кислотно-щелочной** *(Ch)* Säure-Basen-Indikator *m*, pH-Indikator *m* ‖ ~ **кругового обзора** *(Rad)* Rundsichtgerät *n*, Rundsichtanzeiger *m*, Panoramagerät *n* ‖ ~/**крупноформатный жидкокристаллический** großflächiges LC-Display (LCD) *n* ‖ ~ **метана** *(Bgb)* Methananzeigegerät *n* ‖ ~/**многооборотный** Meßuhr *f* mit großem Meßbereich ‖ ~ **на светодиодах** Leuchtdiodenanzeiger *f* ‖ ~ **напряжения** Spannungsindikator *m* ‖ ~ **настройки** *(Rf)* Abstimmanzeiger *m* ‖ ~/**нулевой** Nullindikator *m*, Null[an]zeiger *m* ‖ ~ **окиси углерода** *(Bgb)* CO-Anzeigegerät *n* ‖ ~/**окислительно-восстановительный** Redoxindikator *m* ‖ ~/**оптический** optischer Indikator *m*, Schwingspiegelindikator *m* ‖ ~ **переполнения** *(Inf)* Überlaufanzeiger *m* ‖ ~ **положения** *(Reg)* Positionsanzeiger *m* ‖ ~ **положения стержня [реактора]** *(Kern)* Steuerstab-Stellungsanzeiger *m*, Stabstandanzeiger *m (Reaktor)* ‖ ~/**посадочный курсовой** *(Rad)* Landekurs-Sichtgerät *n* ‖ ~ **последней записи** *(Inf)* Dateiendeanzeiger *m* ‖ ~ **потока** Strömungsanzeiger *m* ‖

индикатор

~ приближения Sensor m ‖ **~/пружинный** Federindikator m ‖ **~/пьезокварцевый (пьезоэлектрический)** piezoelektrischer Indikator, Quarzindikator m, elektrischer Indikator m mit Quarzgeber ‖ **~ радиоактивности** *(Kern)* Strahlungsindikator m, Strahlungsanzeiger m ‖ **~/радиоактивный** *(Kern)* radioaktiver Indikator (Tracer) m, Radioindikator m, radioaktives Leitisotop n, Radiotracer m ‖ **~ радиолокационной обстановки (станции)** *(Rad)* Radarsichtgerät n ‖ **~/радиолокационный** *(Rad)* Bildschirmeinheit f ‖ **~ рудничного газа** s. **~ метана** ‖ **~ рыбопоисковой станции** Fischsichtgerät m, Fischlupe f ‖ **~/рычажно-зубчатый** mechanischer Feinzeiger m ‖ **~/светодиодный** Leuchtdiodenanzeige f ‖ **~ ситуаций** *(Schiff)* Kollisionsverhütungssichtgerät n, Kollisionsverhütungsradar n ‖ **~/стрелочный** Zeigerindikator m; Meßuhr f, Feinzeiger m ‖ **~/сцинтилляционный** *(Kern)* Szintillationszähler m ‖ **~ тока** *(El)* Stromindikator m ‖ **~ уровня записи** Aussteuerungsanzeige f, Aussteuerungskontrolle f ‖ **~/фазовый** Phasenindikator m ‖ **~/цветной** Farb[stoff]indikator m ‖ **~/цифровой** Digitalanzeiger m ‖ **~ часового типа** Meßuhr f ‖ **~ частоты** Frequenzanzeiger m ‖ **~ экологического стресса** ökologischer Streßindikator m ‖ **~/электрический** elektrisches Anzeigegerät n, elektrischer Indikator m ‖ **~ pH** s. **~/кислотно-щелочной**

индикаторный Indikator…, Anzeige…

индикатриса f *(Math, Opt, Krist)* Indikatrix f ‖ **~/оптическая** s. эллипсоид Коши ‖ **~ рассеяния** *(Opt)* Streuindikatrix f; Streudiagramm n, Strahlendiagramm n ‖ **~ яркости** Leuchtdichteindikatrix f

индикация f 1. Indikation f; 2. Anzeige f ‖ **~/аналоговая** Analoganzeige f ‖ **~/визуальная** Sichtanzeige f ‖ **~ глубины/световая** *(Schiff)* Rotlichtanzeige f *(Echolot)* ‖ **~/десятичная** Dezimalanzeige f ‖ **~/жидкокристаллическая** Flüssigkristallanzeige f ‖ **~/информации** Informationsanzeige f ‖ **~ истинного движения** *(Schiff)* Absolutanzeige f, Absolutdarstellung f *(Radar)* ‖ **~ кругового обзора** *(Rad)* Rundsicht[bild]darstellung f ‖ **~/многоразрядная** mehrstellige Anzeige f ‖ **~ на светодиодах** Lumineszenzdiodenanzeige f, LED-Anzeige f ‖ **~ напряжения** Spannungsanzeige f ‖ **~ напряжённости поля** Feldstärkeanzeige f ‖ **~ настройки** *(Rf)* Abstimm[ungs]anzeige f ‖ **~/одноразрядная** einstellige Anzeige f ‖ **~ относительного движения** *(Schiff)* Relativanzeige f, Relativdarstellung f *(Radar)* ‖ **~/панорамная** s. **~ кругового обзора** ‖ **~ тока** Stromanzeige f ‖ **~/цифровая** Digitalanzeige f

индикт m Indiktion f, Jahreszirkel m

индирубин m Indirubin n, Indig[o]rot n *(Farbstoff)*

индуктаж m *(El)* Induktanz f

индуктанц m s. индуктанс

индуктивность f *(El)* 1. Induktivität f, Induktionskoeffizient m; Selbstinduktivität f, Selbstinduktionskoeffizient m; 2. Induktivität f *(Gegenstand)*, Spule f ‖ **~ вводов** Zuleitungsinduktivität f ‖ **~/взаимная** Gegeninduktivität f ‖ **~/изменяющаяся** veränderliche Induktivität f ‖ **~/километрическая** kilometrische Induktivität f, Induktivität f je Kilometer ‖ **~ колебательного контура** Schwingkreisinduktivität f ‖ **~/корректирующая** 1. Abgleichinduktivität f; Korrekturinduktivität f; 2. Abgleichspule f; Korrekturspule f ‖ **~ линии** Leitungsinduktivität f ‖ **~ на единицу длины [линии]** s. **~/погонная** ‖ **~/общая** Gesamtinduktivität f ‖ **~/погонная** Induktivitätsbelag m, Induktivität f je Längeneinheit ‖ **~ рассеяния** Streuinduktivität f ‖ **~ связи** Kopplungsinduktivität f ‖ **~/суммарная** Gesamtinduktivität f ‖ **~/частичная** Teilinduktivität f ‖ **~ цепи возбуждения** Erregerkreisinduktivität f

индуктивный 1. *(El)* induktiv; 2. *(Masch)* Leit… *(z. B. Leitlinie, Leitdraht für leitliniengeführte Transportroboter)*

индуктор m 1. *(El)* Induktor m, Induktionsapparat m; 2. *(El)* s. **~/нагревательный** ; 3. *(Nrt)* s. **~/телефонный** ‖ **~/блокировочный** *(Eb)* Blockinduktor m, Kurbelinduktor m ‖ **~/вызывной** *(Nrt)* Rufinduktor m ‖ **~/высоковольтный** Hochspannungsinduktor m ‖ **~/закалочный** *(Härt)* Härteinduktor m, Härtungsinduktor m ‖ **~/нагревательный** *(El)* Heizinduktor m ‖ **~/путьевой** *(Eb)* Gleisinduktor m ‖ **~/телефонный** Fernsprechinduktor m

индуктор-нагреватель m s. индуктор/закалочный

индукционный 1. *(El)* Induktions…; 2. *(Masch)* Leit… *(z. B. Leitlinie, Leitdraht für leitliniengeführte Transportroboter)*

индукция f *(El, Math)* Induktion f ‖ **~/взаимная** gegenseitige Induktion f, Gegeninduktion f ‖ **~/магнитная** magnetische Induktion f ‖ **~/максимальная остаточная** Remanenz f, Sättigungsremanenz f ‖ **~/насыщения** Sättigungsinduktion f ‖ **~/остаточная** wahre Remanenz f, remanente Induktion f ‖ **~/поверхностная** Oberflächeninduktion f ‖ **~/средняя** mittlere Induktion f ‖ **~/электромагнитная** elektromagnetische Induktion f ‖ **~/электростатическая** elektrostatische (elektrische) Induktion f, Influenz f

индулин m Indulin n, Indulinfarbstoff m

иней m *(Meteo)* Reif m

инертность f s. 1. инерция; 2. инерционность ‖ **~/реакционная** Reaktionsträgheit f

инертный 1. inert, träge, inaktiv; 2. *(El)* verzögert, träge *(Sicherung)*

инерционность f 1. *(Mech)* Trägheit f, Trägheitsverhalten n, Beharrungszustand n; Inaktivität f; 2. *(El)* Einstelldauer f, Einstellzeit f; Nachlauf m *(Relais)* ‖ **~ системы** Systemträgheit f

инерция f 1. *(Mech)* Trägheit f, Beharrungsvermögen n; 2. s. инерционность ‖ **~/вращательная** Rotationsträgheit f, Drehungsträgheit f ‖ **~/масс[ы]** Massenträgheit f ‖ **~ реактора/тепловая** *(Kern)* Wärmeträgheit f, thermische Trägheit f *(Reaktor; Kehrwert der Temperaturanstiegsraten)* ‖ **~ судна** *(Schiff)* Stoppstrecke f, Stoppweg m ‖ **~/тепловая** Wärmebeharrungsvermögen n *(s. a. ~ реактора/тепловая)* ‖ **~/фотографическая** photographische Trägheit f *(Sensitometrie)*

инжектировать injizieren *(Halbleiter)*

инжектор m 1. Strahlpumpe f, Dampfstrahlpumpe f, Wasserstrahlpumpe f, Injektor m; 2. Dampfstrahl-Flüssigkeitsförderer m *(Dampfkesselspei-*

sepumpe); 3. *(Text)* Injektor *m* ‖ ~ **горелки** *(Schw)* Injektor *m*, Druckdüse *f (Saugbrenner)*
инжекция *f* 1. Injektion *f*; 2. *(Kern)* Einschießen *n*, Einschuß *m*, Injektion *f*, Einschleusen *n (von Teilchen in den Beschleuniger)*; 3. *(Eln)* Injektion *f (Halbleiter)* ‖ ~ **дырок** Defektelektroneninjektion *f*, Löcherinjektion *f (Halbleiter)* ‖ ~ **носителей заряда** Ladungsträgerinjektion *f*, Trägerinjektion *f (Halbleiter)* ‖ ~ **цемента (цементного молока)** *(Bw)* Zementinjektion *f*, Zementeinspritzung *f*, Zementeinpressung *f* ‖ ~ **частиц** *(Kern)* Einschuß *m*, Einbringen *n (der Teilchen in den Beschleuniger)* ‖ ~ **электронов** *(Kern)* Elektroneneinschuß *m*, Elektroneninjektion *f*, Elektroneneinschleusung *f (in den Beschleuniger)*
инженерия *f*/**генная** Gentechnik *f* ‖ ~/**космическая** Weltraumtechnologie *f*, Weltraumtechnik *f (Bauten im Weltall)*
инженерный ingenieurmäßig, ingenieurtechnisch
инициатор *m* **отверждения** *(Kst)* Härtekatalysator *m* ‖ ~ **полимеризации** *(Ch)* Polymerisationsanreger *m*, Polymerisationsinitiator *m* ‖ ~ **эмульсионной полимеризации** Initiator *m* der Emulsionspolymerisation
инициатор-терминатор *m (Inf)* Programmlauforganisator *m*
инициация *f* **программ[ы]** *(Inf)* Programmstart *m*
инициирование *n* 1. *(Ch)* Einleitung *f*, Initiierung *f (einer Reaktion)*; 2. *(Inf)* Initialisierung *f*; 3. *(Bgb)* Initiierung *f (Sprengtechnik)*
инициировать 1. *(Ch)* einleiten *(Reaktionen)*; 2. *(Bgb)* initiieren *(Sprengstoff)*
инклинатор *m* [/**стрелочный**] *(Geoph)* Inklinatorium *n (Messung der erdmagnetischen Inklination)*
инклинограмма *f (Bgb)* Inklinogramm *n (Bohrung)*
инклинограф *m (Schiff)* Inklinograph *m (Krängungsmeßgerät)*
инклинометр *m (Bgb)* Inklinometer *n*, Neigungsmesser *m (für Bohrlöcher)*
инклинометрия *f (Bgb)* Inklinometrie *f*, Neigungsmessung *f (Bohrung)*
инклюзы *pl (Min)* Inklusen *pl (organische Einschlüsse)*
инкорпорация *f* **радиоактивных веществ** *(Kern)* Inkorporation *f*, Inkorporierung *f (Aufnahme radioaktiver Stoffe durch den menschlichen, tierischen und pflanzlichen Organismus)*
инкрементор *m (Inf)* Inkrementierer *m*, Inkrementer *m*
инкрустация *f* Verkrustung *f*, Krustenbildung *f*, Inkrustierung *f*
инкубатор *m* Inkubator *m*
инопланетный außerirdisch *(von einem anderen Planeten)*
иносиликаты *mpl (Krist)* Inosilikate *npl*, Kettensilikate *npl*
ИНС *s.* система/инерциальная навигационная
инсектицид *m* Insektizid *n*, Insektenvertilgungsmittel *n*, Insektengift *n* ‖ ~/**контактный** insektizides Berührungsgift *n*, Kontaktinsektizid *n*
инсинератор *m* Müllverbrennungsanlage *f*
инсоляция *f (Meteo)* Insolation *f*, direkte Sonnenstrahlung *f*
инспекция *f* **по технике безопасности** Sicherheitsinspektion *f*

институт *m* Institut *n*; Hochschule *f* ‖ ~/**научно-исследовательский** Forschungsinstitut *n*
инструкция *f* 1. Instruktion *f*, Unterweisung *f*; 2. *(Inf)* Befehl *m*, Instruktion *f (s. a. unter* команда 2.*)*; 3. Gebrauchsanweisung *f*; 4. Vorschrift *f*, Dienstvorschrift *f*, Verfügung *f*, Anordnung *f* ‖ ~/**абсолютная** *(Inf)* absoluter Befehl *m* ‖ ~ **испытания** Prüfungsvorschrift *f* ‖ ~ **к пользованию** Bedienungsanweisung *f* ‖ ~/**начальная** *(Inf)* Anfangsanweisung *f*, Bandbefehl *m* ‖ ~ **по использованию** Gebrauchsanweisung *f* ‖ ~ **по испытанию** Prüfanweisung *f* ‖ ~ **по монтажу** Montageanweisung *f* ‖ ~ **по обслуживанию** Bedienungsvorschrift *f* ‖ ~ **по поверке** Eichanweisung *f* ‖ ~ **по применению** Gebrauchsweisung *f* ‖ ~ **по смазке** *(Masch)* Schmieranweisung *f* ‖ ~ **по уходу** Bedienungsvorschrift *f*, Gebrauchsanweisung *f* ‖ ~ **по эксплуатации** Betriebsanweisung *f* ‖ ~/**производственная** Betriebsvorschrift *f* ‖ ~/**пустая** *(Inf)* Leeranweisung *f* ‖ ~/**рабочая** Arbeitsanweisung *f* ‖ ~/**служебная** Dienstanweisung *f*, Dienstvorschrift *f*, Betriebsvorschrift *f* ‖ ~/**технологическая** Arbeitsunterweisung *f* ‖ ~/**холостая** *(Inf)* Scheinbefehl *m*, Blindbefehl *m* ‖ ~/**эксплуатационная** 1. Betriebsanweisung *f*; 2. *(Nrt)* Dienstanweisung *f*
инструмент *m* 1. Werkzeug *n*; 2. Instrument *n (s. a. unter* прибор*)* ‖ ~/**абразивный** *(Wkz)* Abrasivwerkzeug *n* ‖ ~/**аварийный** *(Bgb)* Fangwerkzeug *n (Bohrung)* ‖ ~/**алмазный** *(Wkz)* Diamantwerkzeug *n* ‖ ~/**бурильный (буровой)** *(Bgb)* Bohrwerkzeug *n* ‖ ~/**быстрорежущий** *(Wkz)* Schnellarbeitsstahlwerkzeug *n*, Werkzeug *n* aus Schnellarbeitsstahl ‖ ~/**волочильный** *(Wkz)* Ziehwerkzeug *n* ‖ ~/**вставной** *(Wkz)* Einsatzwerkzeug *n* ‖ ~/**вырубной** *(Wkz)* Stanzwerkzeug *n* ‖ ~/**высокопроизводительный** *(Wkz)* Hochleistungswerkzeug *n* ‖ ~/**гибочный** *(Schm)* Biegewerkzeug *n* ‖ ~ **для глубокой вытяжки** *(Wkz)* Tiefziehwerkzeug *n* ‖ ~ **для правки** *(Wkz)* Abrichtwerkzeug *n* ‖ ~/**доводочный** *(Wkz)* 1. Maßläppwerkzeug *n*; 2. Abziehwerkzeug *n* ‖ ~/**дыропробивной** *(Wkz)* Lochwerkzeug *n*, Perforierwerkzeug *n* ‖ ~/**зажимный** *(Wkz)* Spannwerkzeug *n*, Spannmittel *n* ‖ ~/**затыловочный** *(Wkz)* Hinterdrehwerkzeug *n* ‖ ~/**измерительный** Meßinstrument *n*, Meßzeug *n* ‖ ~/**ковочно-штамповочный** Gesenkschmiedewerkzeug *n* ‖ ~/**контрольно-измерительный** Kontrollmeßinstrument *n* ‖ ~/**крепёжно-зажимный** *s.* ~/**зажимный** ‖ ~/**кромкозагибочный** *(Wkz)* Bördelwerkzeug *n*, Umbördelwerkzeug *n*; Falzwerkzeug *n*, Abkantwerkzeug *n* ‖ ~/**кузнечный** Schmiedewerkzeug *n*, Freiformschmiedewerkzeug *n* ‖ ~/**листогибочный** *(Wkz)* Blechbiegewerkzeug *n* ‖ ~/**ловильный** *(Bgb)* Fangwerkzeug *n*, Fanggerät *n (Bohrung)* ‖ ~/**машинный** *(Wkz)* Maschinenwerkzeug *n* ‖ ~/**многопроходный** *(Wkz)* Mehrschnittwerkzeug *n* ‖ ~/**модельный** *(Gieß)* Urformwerkzeug *n*, UFW ‖ ~/**нагревательный** *(Schw)* Heizelement *n*, Heizspiegel *m* ‖ ~/**накатной** *(Wkz)* Walzwerkzeug *n*, Glättwerkzeug *n* ‖ ~/**насадной** *(Wkz)* Aufsteckwerkzeug *n* ‖ ~/**обкатной** *(Wkz)* Wälzwerkzeug *n* ‖ ~/**отделочный** *(Wkz)* Feinbearbeitungswerk-

инструмент

zeug n || ~/**отклоняющий** (Bgb) Ablenkvorrichtung f (Bohrung) || ~/**пассажный** (Astr) Passageinstrument n, Durchgangsfernrohr n || ~/**пневматический** Druckluftwerkzeug n || ~/**поверочный** (Wkz) Kontrollwerkzeug n, Prüfwerkzeug n, Kontrollkaliber n, Prüfkaliber n || ~/**правящий** Abrichtwerkzeug n || ~/**пробивной** (Wkz) Lochwerkzeug n; Perforierwerkzeug n || ~/**протяжной** (Wkz) Ziehräumwerkzeug n || ~/**разметочный** (Wkz) Anreißwerkzeug n || ~/**расточный** (Wkz) Ausdrehwerkzeug n || ~/**режущий** (Wkz) spanendes Werkzeug n, Spanungswerkzeug n || ~/**резьбонакатный** (Wkz) Gewindewalzwerkzeug n || ~/**ручной** Handwerkzeug n || ~/**самопишущий** Registriergerät n, Schreiber m || ~/**сверлильный** (Wkz) Bohrwerkzeug n || ~/**слесарный** Schlosserwerkzeug n || ~/**столярный** Tischlerwerkzeug n || ~/**твердосплавный** (Wkz) Hartmetallwerkzeug n || ~/**токарный** (Wkz) Drehwerkzeug n || ~/**точный** 1. (Meß) Präzisionsinstrument n; 2. (Wkz) Präzisionswerkzeug n || ~/**угломерный** (Geod) Winkelmeßinstrument n, Winkelmesser m, Feldwinkelmesser m || ~/**универсальный** 1. (Astr, Geod) Universalinstrument n (Winkelmeßinstrument); 2. (Wkz) Universalwerkzeug n, universelles Werkzeug n || ~/**фасонный** (Wkz) Formwerkzeug n || ~/**формовочный** (Gieß) Formerwerkzeug n || ~/**фрезерный** (Wkz) Fräswerkzeug n || ~/**хонинговальный** (Wkz) Langhubhonwerkzeug n || ~/**чашечный** (Wkz) Formmeißel m mit gekrümmter (konkaver oder konvexer) Schneide || ~/**черновой** (Wkz) Schruppwerkzeug n || ~/**чистовой** (Wkz) Schlichtwerkzeug n || ~/**шлифовальный (шлифующий)** (Wkz) Schleifwerkzeug n || ~/**штамповочный** (Schm) Stanzwerkzeug n || ~/**электронный музыкальный** elektronisches Musikinstrument n

инструментодержатель m (Wkzm) Werkzeughalter m
инструментоноситель m (Wkzm) Werkzeugträger m
интеграл m (Math) Integral n || ~ **Абеля** Abelsches Integral n || ~ **активации** (Kern) Aktivierungsintegral n || ~ **вектора/контурный** Umlaufintegral n, Randintegral n (Vektor) || ~ **вероятности** Wahrscheinlichkeitsintegral n || ~ **во времени** Zeitintegral n || ~ **Гамильтона** s. действие по Гамильтону || ~/**двойной** Doppelintegral n || ~ **действия** s. действие по Гамильтону || ~/**контурный** Kurvenintegral n, Linienintegral n || ~/**неопределённый** unbestimmtes Integral n || ~/**обменный** (Ph) Austauschintegral n (Austauschwechselwirkung) || ~ **обращения** Umkehrintegral n || ~/**определённый** bestimmtes Integral n || ~ **перекрытия** (Ph) Überlappungsintegral m (Austauschwechselwirkung) || ~ **по контуру** Umlaufintegral n, Randintegral n (Vektor) || ~ **по поверхности** Flächenintegral n || ~ **Пуассона** Poissonsches Integral n || ~/**статистический** (Ph) Zustandsintegral n || ~/**тригонометрический** s. ~ Фурье || ~ **Фурье** Fourier-Integral n
интегральный 1. integriert; 2. (Math) integral, Integral...

интегратор m 1. (Inf) Integrator m, Integrierer m; 2. (Eln) Integrierglied n; 3. (Meß) Integrator m, integrierendes Meßgerät n || ~/**аналоговый** analoger Integrator m || ~/**запоминающий** Speicherintegrator m || ~ **ионного тока** Ionenstromintegrator m || ~/**сеточный** Netzintegrator m || ~/**считывающий** Leseintegrator m || ~/**цифровой** digitaler Integrator m || ~/**электромеханический** elektromechanischer Integrator m || ~/**электронный** elektronischer Integrator m
интеграция f (Eln) Integration f || ~/**большая** Großintegration f, hohe Integration f, hoher Integrationsgrad m, LSI || ~/**вертикальная** Vertikalintegration f || ~/**горизонтальная** Horizontalintegration f || ~/**крупномасштабная** s. ~/большая || ~/**малая** Kleinintegration f, geringe Integration f, SSI || ~ **малой степени** s. ~/малая || ~/**сверхбольшая (сверхвысокая)** Höchstintegration f, VLSI || ~ **со степенью выше сверхвысокой** Super-LSI f || ~/**среднемасштабная** s. ~/средняя || ~/**средняя** mittlere Integration f, mittlerer Integrationsgrad m, MSI || ~/**схемная** Schaltungsintegration f || ~/**элементная** Bauelementeintegration f || ~ **элементов** Bauelementeintegration f
интегриметр m Integrimeter n
интегрирование n (Math, Inf) Integration f, Integrieren n || ~/**графическое** graphische Integration f || ~/**двойное** Doppelintegration f || ~ **импульсов** Impulsintegration f || ~ **напряжения** Spannungsintegration f || ~ **по частям** partielle Integration f, Teilintegration f || ~/**приближённое** Näherungsintegration f || ~/**численное** numerische Integration f
интегрировать integrieren
интегрируемость f (Math) Integrabilität f, Integrierbarkeit f || ~/**равномерная** gleichmäßige Integrierbarkeit f
интегрируемый/абсолютно (Math) unbeschränkt integrabel
интегрирующий integrierend, Integrier..., Integrations...
интеллект m/**искусственный** künstliche Intelligenz f, KI
интеллигенция f/**искусственная** künstliche Intelligenz f, KI
интенсивность f 1. Intensität f; Stärke f, Kraft f; 2. Ergiebigkeit f || ~ **ассимиляции** Assimilationsrate f || ~ **в эпицентре** (Geoph) Epizentralintensität f || ~ **взаимодействия** Stärke f der Wechselwirkung || ~ **вихря** (Hydrod) Wirbelstärke f, Wirbelintensität f || ~ **движения** Verkehrsdichte f || ~ **звука** Schallintensität f, Schallstärke f || ~ **излучения** 1. Energieflußdichte f; 2. Strahlungsintensität f; Emissionsstärke f || ~ **изнашивания** Verschleißintensität f || ~ **импульса** Impulsstärke f || ~ **контроля** Prüfungsgrad m || ~/**макросейсмическая** (Geoph) makroseismische Intensität f, Erschütterungsintensität f || ~ **нагрузки** (Nrt) Verkehrsintensität f, Verkehrsstärke f || ~ **намагничивания** Magnetisierungsintensität f, Magnetisierungsstärke f || ~ **напряжений** Spannungsintensität f || ~ **облучения** Bestrahlungsstärke f, Bestrahlungsintensität f || ~ **осадков** (Meteo) Niederschlagsintensität f || ~ **освещения** Lichtintensität f, Lichtstärke f || ~ **отказов** Ausfallintensität f, Ausfallrate f (Zu-

verlässigkeitstheorie) ∥ **~ охлаждения** *(Met, Gieß, Härt)* Abkühlungsintensität *f*, Abkühl[ungs]geschwindigkeit *f*; Abschreckintensität *f* ∥ **~ разгона** *(Flg, Rak)* Beschleunigungsvermögen *n* ∥ **~ распада** *(Kern)* Zerfallsintensität *f (Anzahl der zerfallenden Atome je Zeiteinheit)* ∥ **~ рассеяния** *(Ph)* Streuintensität *f* ∥ **~/сейсмическая** *(Geoph)* seismische Intensität *f*, Erschütterungsintensität *f* ∥ **~ сотрясения** *s.* **~/сейсмическая** ∥ **~/спектральная** Spektraldichte *f*, Spektrumsdichte *f* ∥ **~ фотона/аномальная** Grautonanomalie *f*
интенсиметр *m* 1. *(Ak)* Intensimeter *n*; 2. *s.* рентгенметр
интервал *m* 1. Intervall *n*, Zwischenraum *m*, Abstand *m*; 2. Abschnitt *m*, Bereich *m*, Zone *f* ∥ **~/бланкирующий** *(TV)* Austastlücke *f* ∥ **~/видимый** 1. scheinbarer Teilstrichabstand *m*; 2. sichtbares Intervall *n* ∥ **~ времени** *s.* **~/временной** ∥ **~/временной** Zeitablauf *m*, Zeitintervall *n*, Zeitspanne *f* ∥ **~ выкипания** Siedebereich *m*, Siedepunktsintervall *n* ∥ **~ дискретизации** *(Nrt)* Abtastschritt *m* ∥ **~ диффузии** *(Ph)* Diffusionsbereich *m* ∥ **~/доверительный** Vertrauensbereich *m* ∥ **~/закрытый (замкнутый)** *(Math)* abgeschlossenes Intervall *n* ∥ **~ замедления** *(Geol)* Verzögerungsintervall *n (Sprungtektonik)* ∥ **~ затемнения** *(Ph)* Verdunklungsintervall *n* ∥ **~ застывания (затвердевания)** *(Met)* Erstarrungsbereich *m*, Erstarrungsintervall *n (s. a.* **~ кристаллизации)** ∥ **~/измерительный** Anzeigespanne *f* [*eines Meßgerätes*], Umfang *m* des Anzeigebereichs ∥ **~ кипения** *s.* **~ выкипания** ∥ **~ класса** Klassenintervall *n* ∥ **~ контрастности объекта съёмки** *(Photo)* Objektumfang *m* ∥ **~ кристаллизации** *(Met)* Kristallisationsbereich *m*, Kristallisationsintervall *n (s. a.* **~ застывания)** ∥ **~/критический** *(Wkst)* Umwandlungsgebiet *n* ∥ **~ между дефектами** Störstellenabstand *m (Halbleiter)* ∥ **~/межповерочный** Eichfrist *f* ∥ **~ напряжений цикла** *(Wkst)* Belastungsbereich *m*, Spannungsausschlag *m* ∥ **~ оптических плотностей** 1. Dichteumfang *n*; 2. *(Photo)* Schwärzungsumfang *m* ∥ **~ плавления** *(Met)* Schmelzbereich *m*, Schmelzintervall *n*, Solidus-Liquidus-Bereich *m* ∥ **~ плотностей** *s.* **~ оптических плотностей** ∥ **~ плотностей/полезный** *(Photo)* nutzbarer Dichteumfang *m* ∥ **~ превращения** Umschlagintervall *n*, Umschlagbereich *m (eines Indikators)* ∥ **~ размягчения** Erweichungsintervall *n*, Erweichungsbereich *m (der Temperatur)* ∥ **~ регулирования** Regelungsintervall *n* ∥ **~ температур** Temperaturbereich *m*, Temperaturintervall *n* ∥ **~ температур застывания (затвердевания)** *s.* **~ застывания** ∥ **~/частотный** Frequenzintervall *n*, Frequenzlücke *f* ∥ **~ шкалы** Skalenteil *m* ∥ **~ экспозиций** *(Photo)* Belichtungsumfang *m* ∥ **~ экспозиций/полезный** nutzbarer Belichtungsumfang *f* ∥ **~/энергетический** *(Eln)* Bandabstand *m* ∥ **~ яркостей** *(Photo)* Leuchtdichteumfang *m*
интервалометр *m* Zeitfolgeregler *m*, Bildfolgeregler *m*, Intervallometer *n*
интергляциал *m s.* межледниковье
интергранулярный *(Krist)* intergranular
интеркостельный *(Schiff)* interkostal

интеркристаллитный *(Krist)* interkristallin
интерлиньяж *m (Typ)* Zeilenabstand *m*
интермодуляция *f (Nrt)* Übersprechen *n*
интермолекулярный *s.* межмолекулярный
интерниды *pl (Geol)* Interniden *pl*
интерполирование *n s.* интерполяция
интерполятор *m* Interpolator *m* ∥ **~/внешний** Außeninterpolator *m* ∥ **~/встроенный** Inneninterpolator *m* ∥ **~/круговой** Kreisinterpolator *m*, zirkular arbeitender Interpolator *m* ∥ **~/линейный** Linearinterpolator *m*, linearer Interpolator *m* ∥ **~/параболический** parabolisch arbeitender Interpolator *m*, Parabelinterpolator *m*
интерполяция *f (Math)* Interpolation *f*, Einschaltung *f* ∥ **~/круговая** Kreisinterpolation *f*, Zirkularinterpolation *f*, zirkulare (kreisförmige) Interpolation *f* ∥ **~/линейная** Linearinterpolation *f*, lineare Interpolation *f* ∥ **~/параболическая** parabolische Interpolation *f*, Parabelinterpolation *f* ∥ **~/трёхмерная линейная** 3D-Linearinterpolation *f*
интерпретатор *m (Inf)* Systemeingabeprogramm *n*; Interpreter *m*, Interpretierprogramm *n*, interpretierendes Programm *n* ∥ **~ ввода** Eingabeinterpreter *m* ∥ **~ входного языка** Interpreter *m* der Eingabesprache ∥ **~ ошибки** Fehleranalyseprogramm *n*
интерпретация *f* Interpretation *f*, Deutung *f*, Auslegung *f* ∥ **~ программы** *(Inf)* Programminterpretation *f* ∥ **~ языка** Spracheninterpretation *f*
интерстадиал *m (Geol)* Interstadial *n*, Interstadialzeit *f*
интерфейс *m (Inf)* Interface *n*, Schnittstelle *f* ∥ **~ ввода** Eingabeinterface *n* ∥ **~ внешнего устройства** Peripherieschnittstelle *f* ∥ **~ вывода** Ausgabeinterface *n* ∥ **~ вызова** Aufrufschnittstelle *f* ∥ **~/графический** graphische Schnittstelle *f* ∥ **~/оптический** otische Schnittstelle *f* ∥ **~/параллельный** Parallelinterface *n* ∥ **~/периферийный** Peripherschnittstellenadapter *m* ∥ **~/программируемый периферийный** programmierbarer Anschlußbaustein *m* ∥ **~/стандартный** Standardinterface *n*, SI
интерференция *f* 1. Wechselwirkung *f*, Beeinflussung *f*; 2. *(Opt)* Interferenz *f (Wellenlehre)* ∥ **~ боковых полос [частот]** Seitenbandinterferenz *f* ∥ **~/двухлучевая** Zweistrahlinterferenz *f* ∥ **~ Лауэ** Laue-Interferenz *f*, Röntgenstrahlinterferenz *f* nach Laue ∥ **~/многолучевая** Mehrstrahlinterferenz *f* ∥ **~/муаровая** Moiréinterferenz *f* ∥ **~/однолучевая** Einstrahlinterferenz *f* ∥ **~ пользователя** nutzerspezifischer Anschluß *m*, nutzerspezifische Schnittstelle *f* ∥ **~ равного наклона** Interferenz *f* gleicher Neigung ∥ **~ равной толщины** Interferenz *f* gleicher Dicke ∥ **~ рентгеновских лучей** Röntgenstrahl[en]interferenz *f* ∥ **~ света** Lichtinterferenz *f* ∥ **~ электронов** Elektroneninterferenz *f*
интерферировать interferieren
интерферограмма *f (Opt)* Interferogramm *n*
интерферометр *m* 1. *(Opt)* Interferometer *n*, Interferenzgerät *n*; 2. *(Astr)* Interferometer *n*, Radiointerferometer *n*; 3. *(Rad)* Interferometer *n* ∥ **~/акустический** Schallinterferometer *n* ∥ **~/двухлучевой** Zweistrahlinterferometer *n* ∥ **~ Жамена** Jamin-Interferometer *n* ∥ **~/звёздный** Sterninterferometer *n* ∥ **~ интенсив-**

интерферометр

ностей Intensitätsinterferometer *n* II ~ **Кёстерса** Interferenzkomparator *m* nach Kösters, Kösters-Interferometer *n* II ~/**контактный** Kontaktinterferometer *n* II ~/**космический** Weltrauminterferometer *n* II ~/**лазерный** Laserinterferometer *n* II ~ **Майкельсона** Michelson-Interferometer *n* II ~ **Маха-Цендера** Mach-Zehnder-Interferometer *n* II ~/**многоантенный** Mehrfachantenneninterferometer *n* II ~/**поляризационный** Polarisationsinterferometer *n* II ~ **Рождественского** Roshdestwenski-Interferometer *n* II ~ **Рэлея** Rayleigh[-Haber-Löwe]-Interferometer *n*, Interferometer *n* nach Rayleigh-Haber-Löwe II ~ **Тваймана** Twyman-Interferometer *n* II ~/**ультразвуковой** Ultraschallinterferometer *n* II ~ **Фабри-Перо** Fabry-Perot-Interferometer *n* II ~/**фазовый** Phaseninterferometer *n* II ~ **Физо** Fizeau-Interferometer *n*

интерферометрия *f (Opt)* Interferometrie *f* II ~/**голографическая** Interferenzholographie *f* II ~/**лазерная** Laserinterferometrie *f* II ~/**ультразвуковая** Ultraschallinterferometrie *f* II ~/**электронная** Elektroneninterferometrie *f*

интерьер *m (Bw)* Innenraum *m*, Interieur *n*

интрамолекулярный *s.* внутримолекулярный

интринзик-концентрация *f (Eln)* Intrinsic-Dichte *f*, Eigenleitungsträgerdichte *f (Halbleiter)*

интрузив *m (Geol)* Intrusivkörper *m*

интрузия *f (Geol)* 1. Intrusion *f (magmatischer Prozeß)*; 2. Intrusivkörper *m (magmatischer Körper)* II ~/**абиссальная** abyssische Intrusion *f* II ~/**аккордантная** akkordante (pseudokonkordante) Intrusion *f* II ~/**гипабиссальная** hypabyssische Intrusion *f* II ~/**диапировая** diapirische Intrusion *f* II ~/**дискордантная** diskordante Intrusion *f* II ~/**доорогенная** präorogene Intrusion *f* II ~/**кольцевая** Ringintrusion *f* II ~/**конкордантная** konkordante Intrusion *f* II ~/**межформационная** interformationelle Intrusion *f* II ~/**многократная** mehrfache Intrusion *f* II ~/**многофазная** s. ~/сложная II ~/**несогласная** diskordante Intrusion *f* II ~/**пластовая** Intrusivlager *n*, intrusiver Lagergang *m* II ~/**позднеорогенная** serorogene (spätorogene) Intrusion *f* II ~/**послеорогенная (посторогенная)** postorogene Intrusion *f* II ~/**протыкающая** s. ~/диапировая II ~/**синкинематическая** synkinematische Intrusion *f* II ~/**синорогенная** synorogene (primorogene) Intrusion *f* II ~/**сложная** Intrusion *f* unterschiedlicher stofflicher und zeitverschiedener Zusammensetzung II ~/**согласная** konkordante Intrusion *f* II ~/**субвулканическая** subvulkanische Intrusion *f* II ~/**трещинная** Spaltenintrusion *f*

интубатор *m (Med)* Intubator *m*

инфильтрация *f* Infiltration *f*

инфлюация *f (Geol)* Versinkung *f (Eindringen von Wasser durch weite Hohlräume in den Untergrund)*

информатика *f* Informatik *f*

информационно-перерабатывающий informationsverarbeitend, Informationsverarbeitungs-...

информация *f* 1. Information *f*, Nachricht *f*; 2. *(Inf)* Information *f* II ~/**алфавитно-цифровая** alphanumerische Information *f* II ~/**априорная** A-priori-Information *f* II ~/**бинарная** s. ~/двоичная II ~/**буквенная** Buchstabeninformation *f* II ~/**буквенно-цифровая** alphanumerische Information *f* II ~/**вводимая** Eingabeinformation *f* II ~/**визуальная** visuelle Information *f* II ~/**входная** Eingabeinformation *f* II ~/**выводимая** Ausgabeinformation *f* II ~/**выходная** Ausgabeinformation *f* II ~/**двоичная** Binärinformation *f*, binäre Information *f* II ~/**дискретная** diskrete Information *f* II ~/**достоверная** wahre Information *f* II ~/**задающая** Leitinformation *f* II ~/**закодированная** kodierte Information *f*, Kodeinformation *f* II ~/**заранее накопленная** vorgespeicherte Information *f* II ~/**измерительная** Meßinformation *f* II ~/**импульсно-модулированная** impulsmodulierte Information *f* II ~/**иррелевантная** irrelevante (belanglose) Information *f* II ~/**искажённая** verstümmelte Information *f* II ~/**исходная** Ausgangsinformation *f*, Primärinformation *f* II ~/**кодовая** Kodeinformation *f* II ~/**командная** Befehlsinformation *f* II ~/**контрольная** Kontrollinformation *f*, Testinformation *f* II ~ **о перемещении** Bewegungsinformation *f (Roboter)* II ~ **об остойчивости** *(Schiff)* Stabilitätsinformation *f* II ~/**первичная входная** Primäreingabeinformation *f* II ~/**переменная** veränderliche Information *f* II ~/**полезная** Nutzinformation *f* II ~/**путевая** Weginformation *f* II ~/**радиолокационная** Radarinformation *f* II ~/**секретная** konfidentielle Information *f* II ~/**семантическая** semantische Information *f* II ~/**справочная** Bezugsinformation *f* II ~/**структурная** strukturelle Information *f* II ~/**тактильная** taktile Information *f* II ~/**текстовая** Textinformation *f* II ~/**телеизмерения** Fernmeßinformation *f* II ~/**тестовая** Testinformation *f*, Prüfinformation *f* II ~/**управляющая** Steuerinformation *f* II ~/**учётная** Abrechnungsinformation *f* II ~/**цветовая** *(TV)* Farbinformation *f* II ~/**цифровая** digitale Information *f*, Digitalinformation *f* II ~/**числовая** numerische Information *f*

инфразвук *m (Ak)* Infraschall *m*

инфракрасный infrarot, Infrarot-..., IR-...

инфраниский infraniedrig, Tiefst-...

инфраплёнка *f (Photo)* Infrarotfilm *m*

инфраструктура *f (Bw)* Infrastruktur *f (Städtebau, Gebietsplanung)*

инфрасъёмка *f (Photo)* Infrarotaufnahme *f*

инфрахроматический infrarotempfindlich *(Filme)*

инъекция *f s.* инжекция

ИО *s.* 1. орган/исполнительный; 2. интенсивность отказов; 3. оптика/интегральная

иоганнит *m (Min)* Johannit *m*, Uranvitriol *m*

иод *m (Ch)* Iod *n*, J II ~/**радиоактивный** *(Kern)* radioaktives Iod *n*, Radioiod *n*

иодаргирит *m (Min)* Jodargyrit *m*, Jodit *m*, Jodsilber *n*

иодат *m* Iodat *n*, Iodat(V) *n*

иодид *m (Ch)* Iodid *n*

иодистый *(Ch)* ...iodid *n*; iodhaltig

иодит *m s.* иодаргирит

иодкрахмальный Iodstärke-...

иодноватистокислый *(Ch)* ...hypoiodit *n*, ...iodat(I) *n*; hypoiodigsauer

иодноватокислый *(Ch)* ...iodat *n*, ...iodat(V) *n*; iodsauer

иоднокислый *(Ch)* ...periodat *n*, ...iodat(VII) *n*; periodsauer

иодобромит *m (Min)* Jodobromit *m*, Jodbromchlorsilber *n*
иодоводород *m (Ch)* Iodwasserstoff *m*, Hydrogeniodid *n*
иодометрия *f (Ch)* Iodometrie *f*
иол *m (Schiff)* Yawl *f*; Yawl-Takelung *f*
иолит *m s.* кордиерит
ион *m (Ph, Ch)* Ion *n* ‖ **~/адсорбированный** Adion *n*, Haftion *n* ‖ **~/активный** aktives Ion *n* ‖ **~/акцепторный** Akzeptorion *n* ‖ **~/амфотерный** Zwitterion *n*, Ampho-Ion *n*, Dipol-Ion *n* ‖ **~ внедрения** Zwischengitterion *n* ‖ **~/внедрённый** *s.* ~ внедрения ‖ **~/водородный** Wasserstoffion *n* ‖ **~/вторичный** Sekundärion *n* ‖ **~/диполярный** *s.* ~/амфотерный ‖ **~/донаторный** Donatorion *n* ‖ **~ донора** Donatorion *n* ‖ **~/комплексный** Komplexion *n*, komplexes Ion *n* ‖ **~/мешающий** Störion *n* ‖ **~/многозарядный** mehrfach geladenes Ion *n* ‖ **~/молекулярный** Molekülion *n*, Molekelion *n* ‖ **~/обменный** Austauschion *n*, austauschfähiges Ion *n* ‖ **~/однозарядный** einfach geladenes Ion *n* ‖ **~/осколочный** Fragmention *n* ‖ **~/остаточный** Restion *n* ‖ **~ отдачи** Rückstoßion *n* ‖ **~/отрицательный** Anion *n*, negatives Ion *n* ‖ **~/положительный** positives Ion *n*, Kation *n* ‖ **~/посторонний** Fremdion *n* ‖ **~ примеси** Fremdion *n* ‖ **~/сложный** *s.* ~/комплексный ‖ **~/центральный** Zentralion *n*
ионизатор *m* Ionisator *m*
ионизация *f (Ph)* Ionisation *f*, Ionisierung *f* ‖ **~ атмосферы** *s.* ~ воздуха ‖ **~ внутренних оболочек [атома]** Ionisation *f* innerer Elektronenschalen ‖ **~ воздуха** Luftionisierung *f*, Luftionisation *f*, atmosphärische Ionisation *f* ‖ **~ газа** Gasionisation *f*, Gasionisierung *f* ‖ **~ давлением** Druckionisation *f* ‖ **~/колонная** Kolonnenionisation *f* ‖ **~/контактная** *s.* ~/поверхностная ‖ **~/ступенчатая** ‖ **~/кумулятивная** *s.* ~/многократная ‖ **~/многократная** Mehrfachionisation *f* ‖ **~/объёмная** Volumenionisation *f* ‖ **~/поверхностная** Oberflächenionisation *f*, Kontaktionisation *f*, Grenzflächenionisation *f* ‖ **~/полная** totale Ionisation *f* ‖ **~/посторонняя** Fremdionisation *f* ‖ **~/предварительная** Autoionisation *f*, Präionisation *f*, Selbstionisation *f* ‖ **~ при столкновении** *s.* ~/ударная ‖ **~ с диссоциацией** dissoziative Ionisation *f* ‖ **~ светом** Photoionisation *f* ‖ **~ столкновением ионов** Ionenstoßionisierung *f* ‖ **~ столкновениями** *s.* ~/ударная ‖ **~/ступенчатая** Stufenionisation *f* ‖ **~/термическая** thermische Ionisation *f*, Temperaturionisation *f* ‖ **~/ударная** Stoßionisation *f*, Stoßionisierung *f* ‖ **~/удельная** 1. spezifische Ionisation *f*, Ionisationsstärke *f*; 2. *s.* плотность ионизации/линейная ‖ **~/фотоэлектрическая** Photoionisation *f* ‖ **~ электронным ударом** Elektronenstoßionisation *f*
ионизирование *n s.* ионизация
ионизируемость *(Ph) f* Ionisierbarkeit *f*
ионий *m (Ch)* Ionium *n*, Io
ионит *m (Ch)* Ionenaustauscher *m*, Ionit *m*
ионно-имплантационный *(Eln, Krist)* Ionenimplantations...
ионно-имплантированный *(Eln, Krist)* ionenimplantiert
ионно-лучевой Ionenstrahl...

ионно-оптический ionenoptisch
ионность *f (Ch, Ph)* Ionengehalt *m*
ионный Ionen...
ионогенный ionogen
ионограмма *f (Ph)* Ionogramm *n*
ионозонд *m* Ionosonde *f*, Ionosphärensonde *f*
ионоколориметр *m* Ionisationskolorimeter *n*
ионолитография *f (als Teilgebiet der Mikrolithographie)*
ионолюминесценция *f* Ionenlumineszenz *f*
ионообмен *m* Ionenaustausch *m*
ионообменник *m s.* ионит
ионопровод *m (Kern)* Ionenleiter *m (Beschleuniger)*
ионосфера *f (Ph)* Ionosphäre *f*, Thermosphäre *f*, Heaviside-Schicht *f*
ионотропный ionotrop
ионоуничтожение *n s.* рекомбинация ионов
ионофон *m* Ionophon *n*
ионтрон *m* Iontron *n*
ИП *s.* 1. преобразователь/измерительный; 2. пеленг/истинный; 3. источник питания; 4. искатель повреждений
ИПС *s.* система/информационно-поисковая
иразер *m* Iraser *m*, Infrarotmaser *m*, IR-Maser *m*
иридий *m (Ch)* Iridium *n*, Ir ‖ **~/осмистый** *(Min)* Osmiridium *n*, Newjanskit *m*
иридосмин *m (Min)* Iridosmin *m*, Iridosmium *n*
иризация *f (Opt, Min)* Irisieren *n*
иризирование *n s.* иризация
ирис-ножницы *pl (Med)* Irisschere *f*
ИРП *s.* радиопеленг/истинный
иррадиация *f (Opt)* Irradiation *f*, Überstrahlung *f*
иррациональность *f (Math)* Irrationalität *f*
ирригатор *m.* 1. *(Med)* Irrigator *m*, Spülapparat *m*; 2. *(Lw)* Berieselungsmaschine *f*
ирригация *f (Lw)* Bewässerung *f*, Berieselung *f*
ИС *s.* 1. система/измерительная; 2. схема/интегральная; 3. источник света
ИСЗ *s.* спутник Земли/искусственный
искажать 1. verzerren; 2. *(Meß)* verfälschen *(Ergebnisse)*
искажение *n* Verzerrung *f*, Entstellung *f*; *(TV)* Verzeichnung *f* ‖ **~/амплитудное** *(El)* Amplitudenverzerrung *f*; *(Nrt)* Dämpfungsverzerrung *f* ‖ **~/бочкообразное** *(TV)* Tonnenverzeichnung *f* ‖ **~ затухания** *(El)* Dämpfungsverzerrung *f* ‖ **~ изображения** *(TV)* Bildverzerrung *f*, Verzeichnung *f* ‖ **~/импульсное** *(El)* Impulsverzerrung *f* ‖ **~ коэффициента третьей гармоники/нелинейное** *(El)* kubische Verzerrung *f* ‖ **~/линейное** *(Nrt)* lineare Verzerrung *f* ‖ **~/нелинейное** *(Nrt)* nichtlineare Verzerrung *f*; Klirrverzerrung *f*, Klirr *m* ‖ **~ оптического изображения** Verzerrung *f* der optischen Abbildung ‖ **~ от обратной связи** *(El)* Rückkopplungsverzerrung *f* ‖ **~ передачи** Übertragungsverzerrung *f* ‖ **~/перспективное** Schrägverzerrung *f* ‖ **~/подушкообразное** *(TV)* Kissenverzeichnung *f* ‖ **~ при передаче** *(El)* Übertragungsverzerrung *f* ‖ **~ профиля** 1. *(Flg)* Profilverzerrung *f*; 2. *(Wlz)* Profilverzug *m*, Querschnittsverzug *m* ‖ **~/рабочее** *(Nrt)* Betriebsverzerrung *f* ‖ **~/результирующее** Gesamtverzerrung *f* ‖ **~/рельефное** Bildverzerrung *f* durch Relief ‖ **~ решётки** *(Krist)* Gitterverzerrung *f*, Gitterversetzung *f* ‖ **~ сигнала** Signalverzerrung *f*, Signalverstüm-

искажение

melung f; Zeichenverzerrung f ll ~ **сканерного изображения** Verzerrung f der Scannerabbildung ll ~ **слов [при передаче]** (Nrt) Wortverstümmelung f ll ~ **снимка/рельефное** (TV) Bildverzerrung f durch Relief, Radialverzerrung f ll ~/**фазовое** (El) Phasenverzerrung f ll ~/**фотографическое** photographische Verzerrung f ll ~/**характеристическое** (Nrt) charakteristische Verzerrung f, Einschwingverzerrung f ll ~ **цвета** (Photo) Farbverfälschung f, Farbfehler m ll ~/**частотное** (El) Frequenzverzerrung f
исказить s. искажать
искание n 1. Suchen n, Suche f; 2. (Nrt) Wahl f ll ~/**групповое** (Nrt) Gruppenwahl f ll ~/**дальнее** (Nrt) Fernwahl f ll ~ **импульсами переменного тока/дальнее** (Nrt) Wechselstromfernwahl f ll ~ **импульсами постоянного тока/дальнее** (Nrt) Gleichstromfernwahl f ll ~ **импульсами тональной частоты/дальнее** (Nrt) Tonfrequenzfernwahl f ll ~/**предварительное** (Nrt) Vor[stufen]wahl f ll ~/**прямое** (Nrt) unmittelbare Wahl f, Direktwahl f ll ~/**прямое предварительное** (Nrt) Vorwärtswahl f, Verteilerwahl f ll ~/**свободное** (Nrt) freie Wahl f, Freiwahl f ll ~ **синусоидальными импульсами/дальнее** (Nrt) Einfrequenzfernwahl f ll ~/**шаговое** (Nrt) Schrittwahl f
искатель m 1. (Nrt) Wähler m; 2. Sucher m; Prüfer m; 3. (Astr) Sucher m, Suchfernrohr n; 4. (Photo) Sucher m ll ~/**вращательный** (Nrt) Drehwähler m ll ~/**вращательный шаговый** Schrittschaltdrehwähler m ll ~/**вращающийся** (Nrt) Drehwähler m ll ~ **вызовов** (Nrt) Anrufsucher m, AS ll ~/**гидравлический шаговый** (Lw) Schrittschaltwerk n (z. B. in automatischer Beregnungsanlage) ll ~/**групповой** (Nrt) Gruppenwähler m, GW ll ~/**декадно-шаговый** (Nrt) [dekadischer] Hebdrehwähler m ll ~/**контрольный** (Nrt) Steuerwähler m ll ~/**круговой** (Nrt) Rotary-Wähler m ll ~/**линейно-групповой** (Nrt) Leitungsgruppenwähler m, LGW ll ~/**линейный** (Nrt) Leitungswähler m, LW ll ~/**машинный** (Nrt) Wähler m mit Maschinenantrieb (Gruppenantrieb) ll ~/**меридианный** (Geod) Sucher m, Meridiansucher m ll ~/**моторный** (Nrt) Motorwähler m ll ~/**панельный** (Nrt) Flachwähler m ll ~ **повреждений** Fehlerortungssucher m, Fehlersuchgerät n ll ~/**подъёмно-вращательный** (Nrt) Hebdrehwähler m ll ~/**предварительный** (Nrt) Vorwähler m, VW ll ~/**приёмный** (Nrt) Empfangswähler m ll ~/**приёмный шаговый** (Nrt) Empfangsschrittwähler m ll ~/**регистровый** (Nrt) Registerwähler m ll ~/**релейный** (Nrt) Relaiswähler m ll ~ **Ротари** (Nrt) Rotary-Wähler m ll ~ **с двумя движениями щёток** (Nrt) Wähler m mit zwei Bewegungsrichtungen ll ~ **с одним движением щёток** (Nrt) Wähler m mit einer Bewegungsrichtung ll ~/**служебный** (Nrt) Dienstwähler m ll ~/**смешивающий** (Nrt) Mischwähler m, MW ll ~ **станции** (Nrt) Amtswähler m ll ~/**телефонный шаговый** Fernsprechschritt[schalt]wähler m ll ~ **утечки** Lecksucher m ll ~/**шаговый** (Nrt) Schritt[schalt]wähler m, Schrittschaltwerk n
исключать 1. ausschließen, ausscheiden, aussondern; 2. eliminieren

278

исключение n 1. Ausnahme f; 2. Ausschluß m, Ausscheiden n, Aussondern n; 3. Eliminieren n ll ~ **незначащих нулей** (Inf) Nullenunterdrückung f
ископаемое n (Geol) Fossil n ll ~/**руководящее** Leitfossil n
ископаемые pl/**полезные** (Geol) Bodenschätze mpl, nutzbare Mineralien npl
ископаемый (Geol) fossil
искра f Funke[n] m ll ~/**вакуумная** Vakuumfunke m ll ~/**высоковольтная** Hochspannungsfunke m ll ~ **зажигания** Zündfunke m ll ~/**зажигающая (запальная)** Zündfunke m ll ~ **затухающая** Löschfunke m ll ~/**импульсная** Impulsfunke m ll ~/**первичная** Einsatzfunke m ll ~ **послеразряда** Nachentladungsfunke m ll ~ **прерывания** s. размыкания ll ~ **пробоя** Schließfunke m ll ~ **размыкания** Abreißfunke m, Öffnungsfunke m, Unterbrechungsfunke m ll ~/**разрядная** Entladungsfunke m ll ~/**скользящая** Gleitfunke m
искрение n 1. Funkenbildung f; 2. (El, Fert) Funkensprühen n, Feuern n; Funkenflug m ll ~/**брызгающее** Spritzfeuer n ll ~ **коллектора** (El) Bürstenfeuer n ll ~ **под щётками** (El) Bürstenfeuer n
искривление n 1. Biegung f, Krümmung f, Verkrümmung f; Knickung f; 2. Verzerrung f; Verwerfung f, Verzug m; 3. Inflexion f, Kurvatur f ll ~/**азимутальное** s. азимут искривления ll ~ **изображения** (Opt) Bildfeldwölbung f ll ~ **лучей** Strahl[en]krümmung f ll ~ **провода** Leiterdurchbiegung f ll ~/**тепловое** Wärmeverzug m, Warmverzug m ll ~ **траектории** Bahnkrümmung f
искривлённость f Verwindung f
искрить funken, feuern
искробезопасность f Funkensicherheit f
искробезопасный funkensicher
искровой Funken...
искрогаситель m 1. (El) Funkenlöscher m; 2. s. искроуловитель
искрогасительный Funkenlösch...
искрогасящий Funkenlösch...
искрогашение n Funkenlöschung f
искрозащищённый funkengeschützt
искроловитель m s. искроуловитель
искронепроницаемый funkendurchschlagsicher
искротушитель m s. искроуловитель
искроулавливатель m s. искроуловитель
искроуловитель m Funkenfänger m (Feuerungstechnik); Funkenkammer f (Schachtofen)
испарение n Verdampfung f, Verdunstung f (unterhalb des Siedepunktes) ll ~/**автоэлектронное** Feldverdampfung f ll ~/**вакуумное** Vakuumverdampfung f ll ~/**вторичное** Rückverdampfung f ll ~/**двухступенчатое** Zweistufenverdampfung f ll ~/**катодное** Kathodenzerstäubung f ll ~ **металла** Metallverdampfung f ll ~ **нейтронов** Neutronenverdampfung f ll ~/**непосредственное** direkte Verdampfung f ll ~/**однократное (одноступенчатое)** einfache (einstufige) Verdampfung f, Einfachverdampfung f ll ~/**плёночное** Dünnschichtverdampfung f ll ~/**равновесное** Gleichgewichtsverdampfung f, geschlossene Verdampfung f ll ~ **электронным лучом** Elektronenstrahlverdampfung f ll ~/**электростатическое** Feldverdampfung f ll

~ ядра *(Kern)* Verdampfung f des Kerns, Kernverdampfung f
испаритель m 1. *(Kält)* Verdampfer m; 2. Verdampferteil m *(Dampferzeuger)*; 3. Treibmittelbad n, Heiztopf m, Siedekolben m *(Dampfstrahlvakuumpumpe)*; 4. Vergasungsrüssel m, Gasvorwärmer m *(Flüssiggasmotor)*; 5. *(Meteo)* Evaporimeter n, Verdunstungsmesser m ‖ **~/аммиачный** *(Kält)* Ammoniakverdampfer m ‖ **~/вакуумный** *(Kält)* Vakuumverdampfer m ‖ **~/вертикальнотрубный** *(Kält)* Steilrohrverdampfer m, Vertikalrohrverdampfer m ‖ **~/гладкотрубный** *(Kält)* Glattrohrverdampfer m ‖ **~/двухтрубный** *(Kält)* Doppelrohrverdampfer m ‖ **~/дисковый** Scheibenverdampfer m ‖ **~/затопленный** *(Kält)* überfluteter Verdampfer m ‖ **~/змеевиковый** *(Kält)* Rohrschlangenverdampfer m ‖ **~/каскадный** *(Kält)* Kaskadenverdampfer m ‖ **~/кожухозмеевиковый** *(Kält)* Rohrschlangenkesselverdampfer m, Tauchverdampfer m ‖ **~/кожухотрубный** *(Kält)* Rohrbündelverdampfer ‖ **~/листотрубный** *(Kält)* Plattenrohrverdampfer m ‖ **~/многоходовой** *(Kält)* mehrzügiger Verdampfer m ‖ **~/оросительный** *(Kält)* Berieselungsverdampfer m, Rieselverdampfer m ‖ **~/плиточный** *(Kält)* Plattenverdampfer m ‖ **~/поверхностный** Oberflächenverdampfer m ‖ **~/ребристый** *(Kält)* Rippenrohrverdampfer m, berippter Verdampfer m ‖ **~/сухой** *(Kält)* trockener Verdampfer m ‖ **~/трубчатый** *(Kält)* Röhrenverdampfer m, Rohrverdampfer m ‖ **~/фреоновый** *(Kält)* Frigenverdampfer m ‖ **~/циркуляционный** *(Wmt)* Umlaufverdampfer m ‖ **~/шнековый** *(Kält)* Schneckenverdampfer m ‖ **~/электронно-лучевой** Elektronenstrahlverdampfer m
испарить[ся] s. испарять[ся]
испаряемость f 1. Verdampfbarkeit f, Verdampfungsfähigkeit f; Verdampfungsvermögen n; 2. Verdunstungsvermögen n; 3. Evaporabilität f, Verdunstbarkeit f; 4. Verdunstungszahl f; 5. *(Meteo)* potentielle Evapotranspiration f
испарять 1. verdampfen; 2. verdunsten lassen
исраряться 1. verdampfen; 2. verdunsten
исподник m *(Schm)* Gesenkamboß m, Untergesenk n ‖ **~ обжимки** Untergesenk n
исполнение n Ausführung f; Bauform f, Bauweise f ‖ **~/бескорпусное** gehäuselose Ausführung f ‖ **~/взрывобезопасное (взрывозащищённое)** *(Bgb)* explosionssichere Ausführung f *(von Grubenausrüstungen)* ‖ **~/закрытое** geschlossene Ausführung f ‖ **~/компактное** kompakte Ausführung (Bauweise) f, Kompaktbauweise f ‖ **~/микромодульное** *(Eln)* Mikromodulbauweise f, Mikromodulausführung f ‖ **~/моноблочное** Monoblockbauart f *(von Kreiselpumpen)* ‖ **~/пылезащищённое** staubgeschützte Ausführung f ‖ **~/стандартное** Standardbauweise f ‖ **~/теплозащищённое** wärmegeschützte Ausführung f
исполнитель m Entzerrer m
использование n Ausnutzung f, Benutzung f, Nutzung f, Gebrauch m; Nutzbarmachung f; Inanspruchnahme f; Verbrauch m; Auslastung f
• **многоразового использования** *(Raumf)* wiederverwendbar • **с использованием ЭВМ** rechnergestützt, rechnerunterstützt ‖ **~ вод/промышленное** *(Ökol)* industrielle Wassernutzung f ‖ **~ водной энергии** Wasserkraftnutzung f ‖ **~/высокочастотное уплотнённое** *(Nrt)* Mehrfachausnutzung f mit Trägerfrequenzsystem, trägerfrequente Mehrfachausnutzung f ‖ **~/многократное** *(Nrt)* Mehrfachausnutzung f ‖ **~ отходов** *(Ökol)* Abfallverwertung f, Abproduktnutzung f ‖ **~ отходящего тепла** *(Wmt)* Abwärmeverwertung f, Abwärmenutzung f ‖ **~ природных ресурсов** *(Ökol)* Naturressourcennutzung f ‖ **~ пространства** Raumausnutzung f ‖ **~ тепла** Wärmenutzung f ‖ **~ фантомных цепей** *(Nrt)* Phantomausnutzung f, Phantomkreisnutzung f
исправить s. исправлять
исправление n 1. Verbesserung f, Berichtigung f, Korrektur f *(s. a. unter* коррекция 1.*)*; 2. Ausbesserung f, Reparatur f, Instandsetzung f ‖ **~/автоматическое** *(Inf)* automatische Berichtigung f ‖ **~ дефектов** Beseitigung f (Abstellen n, Beheben n) einer Störung, Störungsbeseitigung f; Fehlerausbesserung f, Fehlerbeseitigung f ‖ **~ импульсов** Impulskorrektur f ‖ **~ ошибок (погрешностей)** Fehlerkorrektur f, Fehlerausgleichung f
исправлять 1. reparieren, ausbessern; 2. korrigieren
исправность f einwandfreier Zustand (Betriebszustand) m
испускание n Emission f; Abstrahlung f; Strahlung[semission] f, Strahlenemission f; Aussendung f [von Strahlen] *(s. a. unter* эмиссия*)* ‖ **~ бета-лучей** Betaemission f; Betastrahlung f ‖ **~ гамма-лучей** Gammaemission f; Gammastrahlung f ‖ **~ позитронов** Positronemission f ‖ **~/резонансное** *(Ph)* Resonanzstrahlung f ‖ **~ света** *(Opt)* Lichtausstrahlung f, Lichtemission f ‖ **~ фотонов** Photonenemission f, Photonenstrahlung f ‖ **~ электронов** Elektronenausstrahlung f, Elektronenemission f
испускать aussenden, emittieren, ausstrahlen
испустить s. испускать
испытание n 1. Prüfung f, Erprobung f; Versuch m; Test m; 2. *(Math)* Versuch m *(Wahrscheinlichkeitsrechnung)* ‖ **~ без разрушения [образца]** zerstörungsfreie Werkstoffprüfung (Materialprüfung) f, Defektoskopie f ‖ **~/буксировочное** *(Schiff)* Schleppversuch m *(eines Modells)* ‖ **~ в аэродинамическом канале (трубе)** Windkanalversuch m *(Strömungslehre)* ‖ **~ водопроницаемости** *(Geol)* Wasserdurchlässigkeitsprüfung f ‖ **~/выборочное** Stichprobenprüfung f ‖ **~ высоким напряжением** Hochspannungsprüfung f ‖ **~/граничное** Grenzwertprüfung f ‖ **~ давлением** Abdrücken n, Druckversuch m, Abdrückversuch m, Dichtheitsprüfung f ‖ **~/динамическое** dynamische Prüfung f ‖ **~/длительное** Dauerversuch m; Dauererprobung f ‖ **~ длительным нагружением** Dauerprüfung f ‖ **~ знакопеременной ударной нагрузкой** Wechselschlagversuch m ‖ **~ знакопеременным ударом** Wechselschlagversuch m ‖ **~ Изода** Isod-Kerbschlag[biege]versuch m ‖ **~/имитационное** Blindprüfung f ‖ **~ качества** Güteprüfung f, Qualitätsprüfung f; Qualitätskontrolle f ‖ **~/контрольное** 1. Gegenprobe f, Gegenversuch m; Überprüfung f; 2. Abnahme-

испытание

prüfung *f* II ~/**коррозионное** Korrosions[widerstands]prüfung *f*, Korrosionsversuch *m* II ~/**кратковременное** Kurzzeitprüfung *f* II ~ **купелированием** Kapellenprobe *f (NE-Metallurgie)* II ~/**лабораторное** Laborversuch *m*, Kleinversuch *m* II ~ **материалов** Werkstoffprüfung *f*, Materialprüfung *f* II ~ **материалов без разрушения** zerstörungsfreie Werkstoffprüfung *f* II ~ **материалов/износоусталостное** Verschleißermüdungsversuch *m* II ~ **материалов/неразрушающее** zerstörungsfreie Werkstoffprüfung *f* II ~/**мокроразрядное** *(El)* Überschlagprüfung *f* unter Regen *(von Isolatoren)* II ~ **мощности** Leistungsversuch *m (Kraftmaschinen)* II ~ **на безотказность** Zuverlässigkeitsprüfung *f* II ~ **на бортование** Bördelprobe *f* II ~ **на вибрационную выносливость** Dauerschwing[ungs]festigkeitsprüfung *f*, Dauerwechselfestigkeitsprüfung *f*, Schwingungsprüfung *f*, Wechselfestigkeitsprüfung *f* II ~ **на вибропрочность** Vibrationsfestigkeitsprüfung *f* II ~ **на выдёргивание** Ausziehversuch *m* II ~ **на выносливость** *s.* ~ на усталость II ~ **на вытягиваниенити** *(Text)* Faden[verzugs]probe *f* II ~ **на вытяжку** Tiefungsversuch *m* II ~ **на вытяжку по Эриксену** Tiefungsversuch *m* [nach Erichsen], Erichsen-Tiefungsversuch *m*, Erichsen-Tiefung *f* II ~ **на герметичность** *s.* ~ на утечку II ~ **на глубокую вытяжку** Tiefziehprüfung *f*, Tiefziehversuch *m* II ~ **на горячее растяжение** Warmzugversuch *m* II ~ **на горячее скручивание** Warmverdreh[ungs]versuch *m*, Warmtorsionsversuch *m* II ~ **на горячий изгиб** Warmbiegeversuch *m* II ~ **на горячую осадку** Warmstauchversuch *m* II ~ **на динамическое растяжение** *s.* ~ прочности при ударном растяжении II ~ **на длительную прочность** *s.* ~ на усталость II ~ **на долговечность** Lebensdauerprüfung *f* II ~ **на жидкотекучесть** *(Gieß)* Probe *f* auf Formfüllungsvermögen, Fließprobe *f*, Vergießprobe *f (Gießspirale)* II ~ **на загиб** Faltversuch *m*, Biege-versuch *m* II ~ **на закалку** Härteversuch *m* II ~ **на закрутку** Verwindeversuch *m* II ~ **на затвердевание** *(Bw)* Erhärtungsprüfung *f (Beton)* II ~ **на изгиб** Biegeversuch *m* II ~ **на изгиб над-резного образца** Kerbbiegeversuch *m* II ~ **на изгиб/ударное** Schlagbiegeversuch *m* II ~ **на излом** Bruchversuch *m* II ~ **на износ** Verschleiß[festigkeits]prüfung *f*, Verschleißversuch *m* II ~ **на истирание** Verschleiß[festigkeits]prüfung *f*; Prüfung *f* auf Abriebfestigkeit, Abreibungsversuch *m* II ~ **на качку** *(Schiff)* Schlingerprüfung *f* II ~ **на ковкость** Schmiedeversuch *m* II ~ **на коксуемость** Verkokungsprobe *f* II ~ **на короткое замыкание** *(El)* Kurzschlußprüfung *f* II ~ **на коррозии** Korrosionsprüfung *f* II ~ **на коррозионную усталость** Korrosions[dauer]versuch *m*, Korrosionsprüfung *f* II ~ **на кручение** *s.* ~ на скручивание II ~ **на кубиковую прочность** Würfelprobe *f* II ~ **на микротвёрдость** Mikrohärteprüfung *f* II ~ **на мощность** Leistungsprüfung *f (Kraftmaschinen)* II ~ **на навивание [проволоки]** Wickelversuch *m (Draht)* II ~ **на надёжность** Zuverlässigkeitsprüfung *f* II ~ **на непроницаемость** Dichtheitsprüfung *f*, Dichtigkeitsprüfung *f* II ~ **на обжатие труб** Aufweiteversuch *m (Rohre)* II ~ **на обрабатываемость** Bearbeitbarkeitsprüfung *f* II ~ **на окисляемость** [при высокой температуре] Verzunderungsversuch *m* II ~ **на осадку** Stauchversuch *m* II ~ **на осадку труб** Aufweitversuch *m (Rohre)* II ~ **на отбортование (отбортовку)** Bördelversuch *m* II ~ **на перегиб [в холодном состоянии]** Hin- und Herbiegeversuch *m* II ~ **на переменный изгиб** Wechselbiegeversuch *m*, Wechselbiegeprüfung *f* II ~ **на плавкость** Schmelzversuch *m* II ~ **на плотность** Abdrücken *n*, Druckversuch *m*, Abdrückversuch *m*, Dichtprüfung *f (z. B. Gußteile)* II ~ **на плотный загиб** Faltversuch *f* um 180°II ~ **на плющение** Stauchversuch *m* II ~ **на ползучесть** Dauerstandversuch *m*, Zeitstandversuch *m* II ~ **на ползучесть при изгибе** Biege-Dauerstandversuch *m*, Dauerbiegeversuch *m* II ~ **на ползучесть при кручении** Torsions-Dauerstandversuch *m*, Dauertorsionsversuch *m* II ~ **на ползучесть при растяжении** Zug-Dauerstandversuch *m*, Dauerzugversuch *m* II ~ **на пригодность** überschlägige Prüfung *f*; Bewertungsprüfung *f* II ~ **на пробивку (пробивку)** 1. Durchschlagversuch *m*, Loch[ungs]versuch *m (z. B. Rohre)*; 2. Aufweitversuch *m (z. B. Rohre)*; 3. *(Gieß)* Prüfung *f* auf Ausschlagbarkeit *(Formstoff)* II ~ **на пробой** *(El)* Durchschlagprüfung *f* II ~ **на продольный изгиб** Knickversuch *m* II ~ **на прочность** Festigkeitsprüfung *f*, Festigkeitsuntersuchung *f* II ~ **на развальцовку** Aufweiteversuch *m (Rohre)* II ~ **на раздавливание** Quetschversuch *m* II ~ **на раздачу** 1. Aufweiteversuch *m (z. B. Rohre)*; 2. Breitungsversuch *m* II ~ **на раздробление** Brechversuch *m*, Zerquetsch[ungs]probe *f (stückiges Gut)* II ~ **на разрушение** 1. Bruchversuch *m*; 2. Bruchfestigkeitsuntersuchung *f* II ~ **на разрыв** *s.* ~ на растяжение 2. II ~ **на расплющивание** Breitungsversuch *m* II ~ **на растрескивание [/коррозионное]** Prüfung *f* auf innere Spannungen, Spaltversuch *m (feuerfester Werkstoffe)* II ~ **на растяжение** 1. Dehnungsversuch *m*, Reckversuch *m*; 2. Zugversuch *m*, Zugprüfung *f*, Zerreißversuch *m*, Zerreißprüfung *f* II ~ **на растяжение/динамическое** Schlagzugversuch *m* II ~ **на растяжение/ударное** *s.* ~ прочности при ударном растяжении II ~ **на режущую способность** Schneidfähigkeitsprüfung *f (Schneidwerkzeuge)* II ~ **на свариваемость** Prüfung *f* auf Schweißbarkeit, Schweißbarkeitsprüfung *f* II ~ **на сдвиг** 1. Schubfestigkeitsprüfung *f*, Schubversuch *m*; 2. *(Geol)* Scherprüfung *f (für tonige Gesteine)* II ~ **на сжатие** Druckfestigkeitsprüfung *f*, Druckversuch *m* II ~ **на сжатие/динамическое (ударное)** Schlagdruckversuch *m* II ~ **на синеломкость** Blaubruchversuch *m* II ~ **на скалывание** Spaltprobe *f (Feuerfeststoff)* II ~ **на склероскопическую твёрдость** Rücksprunghärteprüfung *f (nach Shore)* II ~ **на скручивание** Torsionsversuch *m*, Verdreh[ungs]versuch *m* II ~ **на слабые места** Schwachstellenprüfung *f*, Schwachstellenermittlung *f* II ~ **на сплющивание** Faltversuch *m* II ~ **на срез** Scherversuch *m*, Abscherversuch *m* II ~ **на срок службы** Lebensdauerprüfung *f* II ~ **на старение** Alterungsversuch *m*, Alterungsprüfung *f* II ~ **на стойкость против атмосферных влияний** Wetterbeständigkeitsprüfung *f* II ~ **на твёрдость** *s.*

~ твёрдости ‖ ~ на удар Schlagversuch *m* ‖ ~ на ударное растяжение Schlagzugversuch *m* ‖ ~ на ударное сжатие Schlagdruckversuch *m* ‖ ~ на ударную выносливость Dauerschlagversuch *m* ‖ ~ на ударную вязкость Kerbschlag[biege]versuch *m* ‖ ~ на ударный изгиб Schlagbiegeversuch *m* ‖ ~ на ударный предел выносливости Dauerschlagfestigkeitsversuch *m* ‖ ~ на усталость [dynamische] Dauerfestigkeitsprüfung *f*, Dauerversuch *m*, Dauerprüfung *f* ‖ ~ на усталость изгибом Dauerbiegeversuch *m* ‖ ~ на усталость при знакопеременном цикле Dauerschwingversuch *m*, Schwingungsversuch *m* ‖ ~ на усталость при пульсирующих напряжениях 1. Schwellfestigkeitsprüfung *f*; 2. Dauerwechselfestigkeitsprüfung *f* ‖ ~ на усталость при сжатии Drukkermüdungsversuch *m* ‖ ~ на усталость при статической нагрузке Dauerversuch *m* mit ruhender Belastung (Beanspruchung) ‖ ~ на усталость при ударе Dauerschlagversuch *m* ‖ ~ на утечку Leckprüfung *f*, Dicht[igkeits]prüfung *f* ‖ ~ на фальцевание Falzversuch *m* ‖ ~ на хладноломкость Kaltbruchversuch *m* ‖ ~ на холодную вытяжку Kaltstreckversuch *m* ‖ ~ на холодную осадку Kaltstauchversuch *m* ‖ ~ на холостом ходу Leelaufprüfung *f* ‖ ~ на штампуемость Stanzversuch *m* ‖ ~ на эмиссию Emissionsprüfung *f* ‖ ~ нагрузкой Belastungsprüfung *f* ‖ ~ надрезанных образцов/ударное Kerbschlagversuch *m* ‖ ~ напряжением (*El*) Spannungsprüfung *f* ‖ ~ неразрушающее zerstörungsfreie Prüfung *f* ‖ ~ обрабатываемости Bearbeitkeitsprüfung *f* ‖ ~/образцовое Musterprüfung *f* ‖ ~ осадкой Stauchversuch *m* ‖ ~ /перекрёстное (*Gum*) Ringversuch *m* ‖ ~ пластов (*Geol*) Schichttest *m* ‖ ~ по методу Вёлера Wöhler-Versuch *m*, Dauerfestigkeitsprüfung *f* nach Wöhler ‖ ~/повторное Überprüfung *f*, nochmalige (wiederholte) Prüfung *f* ‖ ~ под нагрузкой Belastungsprüfung *f* ‖ ~/полевое Feldversuch *m* ‖ ~ ползучести Dauerstandversuch *m* ‖ ~ ползучести по сокращённому методу Zeitstandversuch *m* ‖ ~ породы на размокание (*Geol*) Untersuchung *f* des Quellverhaltens der Gesteine ‖ ~ породы на сжатие (*Geol*) Kompressionsprüfung *f*, Zusammendrückbarkeitsprüfung *f* ‖ ~ породы на трёхосное сжатие (*Geol*) Triaxialversuch *m*, triaxialer Druckversuch *m* ‖ ~/последовательное Folgetest *m* (*statistische Qualitätskontrolle*) ‖ ~/поштучное Einzelprüfung *f* ‖ ~/приёмное (приёмочное) Abnahmeprüfung *f*, Abnahmeversuch *m*, Übernahmeprüfung *f* ‖ ~/пробеговое (*Kfz*) Fahrerprobung *f* (*Reifen*) ‖ ~/проверочное Gegenprobe *f*, Kontrollprobe *f*, Überprüfung *f* ‖ ~/продолжительное Dauerprüfung *f*; Dauerversuch *m* ‖ ~/производственное Betriebsprüfung *f*, Prüfung *f* unter Betriebsbedingungen ‖ ~ прочности при кручении *s*. ~на скручивание ‖ ~ прочности при ударном растяжении Schlagzugversuch *m* ‖ ~/пусковое Anfahrprüfung *f*, Startversuch *m* ‖ ~ растяжением-сжатием Zug-Druck-Versuch *m* ‖ ~/реологическое rheologische Untersuchung *f* ‖ ~/речевое Sprech-Hör-Versuch *m* ‖ ~ с падающим шариком Kugelfallversuch *m* ‖ ~ с разрушением образца zerstörende Prüfung *f* ‖ ~/самоходное Propulsionsversuch *m* (*eines Schiffsmodells*) ‖ ~/сдаточное Abnahmeprüfung *f* ‖ ~/серийное Serienprüfung *f*, Reihenprüfung *f* ‖ ~/склерометрическое Ritzhärteversuch *m*, Ritzhärteprüfung *f* ‖ ~ скорости хода судна (*Schiff*) Fahrtprobe *f*, Geschwindigkeitsprobe *f* ‖ ~/скоростное (*Bw*) Schnellprüfung *f* ‖ ~/специальное Sonderprüfung *f*, Spezialprüfung *f* ‖ ~/сравнительное Vergleichsprüfung *f* ‖ ~ сравнительными методами Vergleichsprüfung *f* ‖ ~/статическое statische Prüfung *f* ‖ ~/стендовое Prüfstand[s]erprobung *f*, Stand[s]untersuchung *f* ‖ ~/стройплощадочное (*Bw*) Baustellenprüfung *f* ‖ ~ схемы (*El*) Schaltungsprüfung *f* ‖ ~ твёрдости Härtebestimmung *f*, Härteprüfung *f* ‖ ~ твёрдости динамическим вдавливанием Schlaghärteprüfung *f* ‖ ~ твёрдости по Бринеллю Brinellhärteprüfung *f*, Härteprüfung *f* nach Brinell ‖ ~ твёрдости по Виккерсу Vickershärteprüfung *f*, Härteprüfung *f* nach Vickers ‖ ~ твёрдости по методу царапания Ritzhärteprüfung *f* ‖ ~ твёрдости по Роквеллу Rockwellhärteprüfung *f*, Härteprüfung *f* nach Rockwell ‖ ~ твёрдости по Шору Shorehärteprüfung *f*, Härteprüfung *f* nach Shore, Rücksprunghärteprüfung *f* ‖ ~ твёрдости/склероскопическое *s*. ~ твёрдости по Шору ‖ ~ твёрдости царапанием Ritzhärteprüfung *f* ‖ ~/тензометрическое Tensometerprüfung *f* ‖ ~/типовое Typenprüfung *f* ‖ ~ торможением Bremsprobe *f*; Abbremsversuch *m* ‖ ~/тормозное Abbremsung *f*, Bremsversuch *m* (*Maschinenleistung*) ‖ ~ тормозов (*Kfz*) Bremsprüfung *f*, Bremsenerprobung *f* ‖ ~/точностное Genauigkeitsprüfung *f* ‖ ~ травлением Ätzversuch *m* ‖ ~/ударное Schlagversuch *m* ‖ ~/уплотнённости породы (*Geol*) Verdichtungsprüfung *f* ‖ ~/ускоренное Kurz[zeit]prüfung *f*, Kurzzeitversuch *m* ‖ ~/ускоренное дорожное beschleunigte Straßenerprobung *f* (*Reifen*) ‖ ~ усталости *s*. ~ на усталость ‖ ~/усталостное *s*. ~ на усталость ‖ ~ формовочных смесей (*Gieß*) Formstoffprüfung *f* ‖ ~/ходовое (*Schiff*) Probefahrt *f* ‖ ~ циклическим растяжением Schwellfestigkeitsprüfung *f* auf Zug; Zugfestigkeitsprüfung *f* im Schwellbereich ‖ ~ циклическим сжатием Schwellfestigkeitsprüfung *f* auf Druck; Druckfestigkeitsprüfung *f* im Schwellbereich ‖ ~/швартовное (*Schiff*) Standerprobung *f* ‖ ~/эксплуатационное 1. Betriebsprüfung *f*; 2. Straßenerprobung *f* (*Reifen*)

испытатель *m* Prüfer *m*, Prüfgerät *n* ‖ ~ ёмкостей (*El*) Kapazitätsprüfer *m* ‖ ~ изоляции (*El*) Isolationsprüfer *m* ‖ ~/линейный (*El*) Leitungsprüfer *m*

испытать *s*. испытывать

испытывать испытать, тестен; erproben ‖ ~ давление Druck prüfen ‖ ~ давлением abdrücken (*Hohlräume*) ‖ ~ на эмиссию auf Emission[sfähigkeit] prüfen

исследование *n* 1. Untersuchung *f*, Prüfung *f*; 2. Forschung *f*, Erforschung *f* ‖ ~ грунтов Bodenuntersuchung *f* ‖ ~/демографическое (*Ökol*) demographische Forschung *f* ‖ ~ загрязнения воздуха (*Ökol*) Untersuchung *f* der Luftver-

исследование

schmutzung *f* ‖ ~ **космического пространства** Weltraumforschung *f*, Raumforschung *f* ‖ ~ **космоса** *s*. ~ космического пространства ‖ ~ **макроструктуры** *(Wkst)* Grobgefügeuntersuchung *f*, Makrogefügeuntersuchung *f* ‖ ~ **микроструктуры** *(Wkst)* Feingefügeuntersuchung *f*, Mikrogefügeuntersuchung *f* ‖ ~ **надёжности/ускоренное** zeitraffende Zuverlässigkeitsuntersuchung *f* ‖ ~ **окружающей природной среды** *(Ökol)* Untersuchung *f* der natürlichen Umwelt ‖ ~ **операций** Unternehmensforschung *f*, Operationsforschung *f* ‖ ~**/основное** Grundlagenforschung *f* ‖ ~ **по основаниям** Grundlagenforschung *f* ‖ ~ **рынка** Marktforschung *f* ‖ ~ **структуры** *(Wkst)* Gefügeuntersuchung *f* ‖ ~ **структуры кристаллов** Kristallstrukturuntersuchung *f* ‖ ~ **усталостной прочности** Dauerfestigkeitsuntersuchung *f* ‖ ~ **шлифа** *(Wkst)* Schliffuntersuchung *f*, metallographische Untersuchung *f* ‖ ~**/экологическое** ökologische Untersuchung *f* ‖ ~ **эксплуатационной прочности** Betriebsfestigkeitsuntersuchung *f* ‖ ~**/электронно-микроскопическое** elektronenmikroskopische Untersuchung *f*
истечение *n* Ausströmen *n*, Auslaufen *n*, Ausfließen *n*; Ausfluß *m*, Abfluß *m*
истираемость *f* Zerreiblichkeit *f*, Abreibbarkeit *f*; *(Pap)* Radierfestigkeit *f*
истирание *n* 1. Zermahlen *n*, Zerkleinern *n*, Zerreiben *n*; 2. Abrieb *m*, Verschleiß *m*, Abnutzung *f* durch Verschleiß
истираться verschleißen; sich abnutzen
исток *m* Quelle *f*, Source *f*, S-Pol *m* *(Halbleiter)*
источник *m* 1. Quelle *f* *(allgemein)*; 2. *(Hydrol)* Quelle *f* *(Wasserquelle)*; 3. *(Hydrod)* Quelle *f* *(als Strömungsbegriff)* ‖ ~ **альфа-частиц** *(Kern)* Alphastrahlungsquelle *f*, Alphaquelle *f* ‖ ~ **атомного пучка** *(Kern)* Atomstrahl[licht]quelle *f* ‖ ~**/барьерный** *(Hydrol)* Barrierequelle *f*, Stauquelle *f* ‖ ~ **бета-излучения** *(Kern)* Betastrahlungsquelle *f*, Betaquelle *f* ‖ ~ **ввода** *(Inf)* Quelldatei *f*, Eingabequelle *f* ‖ ~**/взрывной** Explosionsquelle *f* ‖ ~ **вибрационного типа** Vibrationsquelle *f* ‖ ~ **вихрей** Wirbelquelle *f* ‖ ~**/воображаемый** Bildquelle *f*, virtuelle Quelle *f* ‖ ~**/восходящий** *(Hydrol)* aufsteigende Quelle *f* ‖ ~ **гамма-излучения** *(Kern)* Gammastrahlungsquelle *f*, Gammaquelle *f* ‖ ~**/горячий** heiße Quelle *f*, Therme *f* ‖ ~ **данных** *(Inf)* Datenquelle *f* ‖ ~ **дейтеронов** *(Kern)* Deuteronenquelle *f* *(Teilchenbeschleuniger)* ‖ ~ **доставки** Bezugsquelle *f* ‖ ~ **жёсткого излучения** harter Strahler *m* ‖ ~**/изливающийся** *(Geol)* Überlaufquelle *f*, Überfallquelle *f* ‖ ~ **излучения** Strahlenquelle *f*, Strahlungsquelle *f*, Strahler *m* ‖ ~ **инфракрасного излучения** Infrarotstrahler *m*, Infrarotlichtquelle *f*, IR-Strahler *m* ‖ ~**/ионный** *(Kern)* Ionenquelle *f* ‖ ~ **когерентного излучения** *s*. лазер ‖ ~ **молекулярного пучка** Molekularstrahlenquelle *f* ‖ ~ **накачки** Pumpquelle *f* *(Lasertechnik)* ‖ ~**/напорный** *(Geol)* Stauquelle *f*, Barrierequelle *f* ‖ ~ **напряжения** *(El)* Spannungsquelle *f* ‖ ~ **напряжения/радиоактивный** radioaktive Spannungsquelle *f*, Radionuklidbatterie *f*, Isotopenbatterie *f*, Kernbatterie *f* ‖ ~ **нейтронов** *(Kern)* Neutronenquelle *f* ‖ ~ **нейтронов/пусковой** Neutronenquelle *f* für den Reaktoranlauf ‖ ~**/нисходящий** *(Hydrol)* absteigende Quelle *f* ‖ ~**/переливающийся** *(Hydrol)* Überfallquelle *f* ‖ ~ **переменного напряжения** *(El)* Wechselspannungsquelle *f* ‖ ~ **переменного тока** *(El)* Wechselstromquelle *f* ‖ ~ **питания** *(El)* Speisungsquelle *f*, Speisequelle *f*; Speisepunkt *m* ‖ ~ **питания/автономный** netzunabhängige Stromquelle *f* ‖ ~ **питания/высоковольтный** Hochspannungsspeisepunkt *m* ‖ ~ **питания/многопостовой** *(Schw)* Mehrstellenstromquelle *f* ‖ ~ **питания/однопостовой** *(Schw)* Einzelstromquelle *f*, Einstellenstromquelle *f* ‖ ~ **питания/резервный** Notstromversorgung *f* ‖ ~ **питания/универсальный** *(Schw)* VC-Stromquelle *f* ‖ ~**/пластовый** *(Geol)* Schichtquelle *f* ‖ ~ **погрешности** Fehlerquelle *f* ‖ ~ **помех** Störquelle *f*; Rauschquelle *f*; Geräuschquelle *f* ‖ ~ **протонов** *(Kern)* Protonenquelle *f* *(Teilchenbeschleuniger)* ‖ ~**/пусковой нейтронный** *(Kern)* Neutronenanfahrquelle *f* ‖ ~ **радиоизлучения** Radio[strahlungs]quelle *f* ‖ ~ **радиоизлучения/внегалактический** *(Astr)* extragalaktische Radioquelle *f* ‖ ~ **радиоизлучения/галактический** *(Astr)* galaktische Radioquelle *f* ‖ ~ **радиоизлучения/дискретный** *(Astr)* diskrete Radioquelle *f* ‖ ~ **радиоизлучения/квазизвёздный** *s*. квазар ‖ ~ **рентгеновский** *(Astr)* Röntgenquelle *f* ‖ ~**/сбросовый** *(Geol, Hydrol)* Verwerfungsquelle *f* ‖ ~ **света** Lichtquelle *f*, Lampe *f* ‖ ~ **света/вторичный** Sekundärlichtquelle *f*, Fremdleuchter *m* ‖ ~ **света/газоразрядный** Gasentladungslichtquelle *f* ‖ ~ **света/первичный** Primärlichtquelle *f*, Selbstleuchter *m* ‖ ~**/сейсмический** *(Geoph)* seismische Quelle *f*, seismischer Herd *m* ‖ ~**/соляной** *(Geol)* Salzquelle *f*, Solquelle *f* ‖ ~ **сырья** Rohstoffquelle *f* ‖ ~ **тепла** Wärmequelle *f* ‖ ~ **теплового излучения** Wärmestrahlungsquelle *f* ‖ ~ **тепловой** Wärmequelle *f* ‖ ~ **тока** *(El)* Stromquelle *f* ‖ ~ **тока/зарядный** Ladestromquelle *f* ‖ ~**/точечный** Punktquelle *f* ‖ ~**/щелочной** alkalische Quelle *f* ‖ ~ **электронов** Elektronenquelle *f*, Elektronenspender *m*, Don[at]or *m* ‖ ~ **электронов/сильноточный** Hochstromelektronenquelle *f* ‖ ~ **электроэнергии/вспомогательный** elektrische Hilfsenergiequelle *f* ‖ ~**/эманирующий** *(Kern)* Emanationsquelle *f* ‖ ~ **энергии** Energiequelle *f* ‖ ~ **эталонного напряжения** *(El)* Normalspannungsquelle *f* ‖ ~ **ядерных излучений** *(Kern)* Kernstrahlenquelle *f*
истощение *n* *(Eln)* Aufzehrung *f*, Erschöpfung *f*, Verarmung *f* *(Halbleiter)* ‖ ~ **акцепторов** Akzeptorenerschöpfung *f*, Akzeptorverarmung *f* ‖ ~ **доноров** Donatorerschöpfung *f*, Donatorverarmung *f* ‖ ~ **примесей** *s*. ~ примесных уровней ‖ ~ **примесных уровней** Störstellenerschöpfung *f*, Störstellenverarmung *f*
истребитель *m* Jagdflugzeug *n* ‖ ~**/всепогодный** Allwetterjagdflugzeug *n* ‖ ~ **дальнего действия** Fernjagdflugzeug *n* ‖ ~**/многоцелевой** Mehrzweckjagdflugzeug *n* ‖ ~**/реактивный** Strahljagdflugzeug *n* ‖ ~**/сверхзвуковой** Überschalljagdflugzeug *n*
истребитель-бомбардировщик *m* Jagdbombenflugzeug *n*

истребитель-перехватчик m Abfangjagdflugzeug n
истребитель-ракетоносец m raketentragendes Jagdflugzeug n
истребитель-торпедоносец m torpedotragendes Jagdflugzeug n
истребитель-штурмовик m Erdkampfflugzeug n
истребление n вредителей (Lw) Schädlingsvertilgung f
исходный Ausgangs...
исходящий abgehend, Abgangs...
исчезновение n порядка (Inf) Exponentenunterschreitung f ‖ ~ рабочего напряжения (El) Betriebsspannungsausfall n ‖ ~ скрытого изображения (Photo) Repression f des latenten Bildes
исчисление n (Math) Rechnen n ‖ ~ бесконечно малых Infinitesimalrechnung f, Differential- und Integralrechnung f ‖ ~/вариационное Variationsrechnung f ‖ ~ вероятностей Wahrscheinlichkeitsrechnung f ‖ ~/операционное Operatorenrechnung f ‖ ~ предикатов Prädikatenkalkül n
ИТ s. трансформатор/импульсный
итерация f (Math) Iteration f ‖ ~/подпространственная Subspace-Iteration f (Schwingungslehre)
итерирование n (Math) Iterieren n
иттербий m (Ch) Ytterbium n, Yb
иттрий m (Ch) Yttrium n, Y
иттрогранат m (Min) Yttriumgranat m, Yttergranat m
иттротанталит m (Min) Yttertantalit m, Yttrotantalit m
иттрофлюорит m (Min) Yttro-Flußspat m
ИУ s. устройство/исполнительное
ИУУ s. устройство/измерительно-управляющее
ифзанит m (Bgb) Ifsanit m (Sprengstoff)
ИЧПТ s. транзистор/ионно-чувствительный полевой

Й

йовиграфический iovigraphisch (auf Jupiter)
йонструпит m (Min) Johnstrupit m (Mineral seltener Erden)

К

К s. 1. катод; 2. кельвин
КА s. аппарат/космический
кА s. килоампер
кабелевоз m Kabeltransportwagen m
кабелеискатель m Kabelsuchgerät n
кабелеиспытательный Kabelprüf...
кабелепровод n Kabelführung f
кабелестроение n Kabelfertigung f, Kabelherstellung f
кабелеукладчик m Kabellegemaschine f
кабель m 1. (El) Kabel n; 2. (Bw) Tragseil n (bei Hängebrücken) ‖ ~/абонентский Teilnehmerkabel n, Anschlußkabel n ‖ ~/аварийный Havariekabel n ‖ ~/алюминиевый Aluminiumkabel n ‖ ~/антенный Antennenkabel n ‖ ~/арматурный Bewehrungsseil n ‖ ~/армированный s. ~/бронированный ‖ ~/асфальтированный Asphaltkabel n, Kabel n mit Asphaltumhüllung ‖ ~/береговой Küstenkabel n ‖ ~ большой ёмкости hochpaariges (mehrpaariges) Kabel n ‖ ~/бронированный bewehrtes (armiertes) Kabel n ‖ ~/вводный Einführungskabel n ‖ ~/ведущий Leitkabel n ‖ ~/внутренний Innenkabel n ‖ ~/воздушный Luftkabel n ‖ ~/волоконно-оптический Lichtleitfaserkabel n, faseroptisches Kabel n ‖ ~/входной Eingangskabel n ‖ ~/высоковольтный Hochspannungskabel n ‖ ~ высокого напряжения Hochspannungskabel n ‖ ~/высокоомный hochohmiges Kabel n ‖ ~/высокочастотный Hochfrequenzkabel n, HF-Kabel n; Trägerfrequenzkabel n, TF-Kabel n ‖ ~/высокочастотный телефонный Trägerfrequenzfernsprechkabel n ‖ ~/выходной Ausgangskabel n ‖ ~/газонаполненный Gasdruckkabel n, Druckgaskabel n ‖ ~/гибкий biegsames (flexibles) Kabel n ‖ ~/гибкий полый flexibles Hohlkabel n ‖ ~/голый blankes Kabel n ‖ ~/глубоководный Tiefseekabel n ‖ ~/городской Ortskabel n, Ok ‖ ~/городской телефонный Ortsfernsprechkabel n ‖ ~/грозозащитный Blitzschutzkabel n ‖ ~ дальней связи Weitverkehrskabel n, Fernkabel n, Fk ‖ ~/двухжильный (двухпроводной) zweiadriges Kabel n, Zweileiterkabel n ‖ ~/запасной Reservekabel n, Vorratskabel n ‖ ~/измерительный Meßkabel n ‖ ~/изолированный isoliertes Kabel n ‖ ~/каротажный Bohrlochmeßkabel n ‖ ~/коаксиальный Koax[ial]kabel n, Koaxialleitung f, konzentrisches (koaxiales) Kabel n ‖ ~/концентрический s. ~/коаксиальный ‖ ~/крарупизированный Krarup-Kabel n ‖ ~/круглый Rundkabel n ‖ ~/лентобронированный Bandpanzerkabel n ‖ ~/ленточный Bandkabel n ‖ ~/линейный Verbindungskabel n ‖ ~/магистральный Hauptkabel n ‖ ~/малоёмкостный s. ~ малой ёмкости ‖ ~ малой ёмкости niedrigpaariges Kabel n ‖ ~/маслонаполненный Ölkabel n ‖ ~/междугородный Fernkabel n, Fk ‖ ~/мелкий s. ~ малой ёмкости ‖ ~ местной связи Ortskabel n, Ok ‖ ~/местный s. ~ местной связи ‖ ~/микрофонный Mikrophonkabel n ‖ ~/многожильный mehradriges Kabel n, Mehrleiterkabel n ‖ ~/многопарный mehrpaariges Kabel n ‖ ~/многослойный коаксиальный geschichtetes Koax[ial]kabel n ‖ ~/монтажный Schaltkabel n ‖ ~/морской Seekabel n ‖ ~/надземный oberirdisch verlegtes Kabel n ‖ ~/направляющий Leitkabel n ‖ ~/наружный Außenkabel n ‖ ~/небронированный unbewehrtes Kabel n ‖ ~/незащищённый blankes Kabel n ‖ ~/непупинизированный unpupinisiertes (unbespultes) Kabel n ‖ ~/неэкранированный ungeschirmtes Kabel n ‖ ~/низковольтный Niederspannungskabel n ‖ ~ низкого напряжения Niederspannungskabel n ‖ ~/низкочастотный Niederfrequenzkabel n, NF-Kabel n ‖ ~/обратный s. ~/отсасывающий ‖ ~ обычной пупинизации normal pupinisiertes Kabel n ‖ ~/оголённый blankes Kabel n ‖ ~/одножильный einadriges Kabel n, Einleiterkabel n ‖ ~/оптиковолоконный s. ~/волоконно-оптический ‖ ~/оптический optisches Kabel n, Lichtleitkabel

кабель

n, Lichtwellenleiterkabel n, LWL-Kabel n || ~/**освинцованный** Blei[mantel]kabel n || ~/**ответвительный** Abzweigkabel n || ~/**отсасывающий** Stromrückleitungskabel n, Rückleitungskabel n || ~ **парной скрутки** paarverseiltes Kabel n || ~/**питающий** Speisekabel n, Versorgungskabel n || ~/**плоский** Flachkabel n || ~ **повышенной гибкости** hochflexibles Kabel n || ~ **под давлением** Druckkabel n || ~/**подводный** Unterwasserkabel n || ~/**подводящий** Zuführungskabel n || ~/**подземный** Erdkabel n || ~/**полевой** Feldkabel n || ~/**полый** Hohlkabel n || ~ **приёмопередатчика** Transceiverkabel n || ~/**пропитанный компаундом** Massekabel n || ~/**пупинизированный** Pupin-Kabel n, pupinisiertes (bespultes) Kabel n || ~/**радиотрансляционный** Rundfunkkabel n, Drahtfunkkabel n || ~/**радиочастотный** Funkfrequenzkabel n || ~/**распределительный** Verteilungskabel n || ~/**речной** Flußkabel n || ~ **с вязкой пропиткой** Massekabel n || ~ **с потерями** verlustbehaftetes Kabel n || ~/**световодный** Lichtleitkabel n || ~ **связи** Fernmeldekabel n, Nachrichten[übertragungs]kabel n || ~ **связи высокой частоты** Trägerfrequenzkabel n, TF-Kabel n || ~ **связи/междугородный** Nachrichtenfernkabel n || ~ **связи тональной частоты** Niederfrequenzkabel n, NF-Kabel n || ~/**сигнальный** Signalkabel n || ~/**силовой [электрический]** [elektrisches] Leistungskabel n || ~/**сильноточный** Starkstromkabel n || ~/**симметричный** symmetrisches Kabel n || ~/**скрученный** verseiltes Kabel n || ~/**скрученный двойной звездой** Doppelsternkabel n || ~/**скрученный парами** paarverseiltes Kabel n || ~/**скрученный четвёрками** viererverseiltes Kabel n || ~/**слаботочный** Schwachstromkabel n || ~ **со скруткой звездой** sternverseiltes Kabel n, Sternkabel n, St-Kabel n || ~ **со скрученными жилами** verseiltes Kabel n || ~/**соединительный** Verbindungskabel n, Anschlußkabel n || ~/**станционный** Innenkabel n (für Vermittlungsstellen) || ~/**стекловолоконный** Glasfaserkabel n || ~/**стеклянный волоконно-оптический** Glasfaserkabel n || ~/**сухопутный** Landkabel n || ~/**телевизионный** Fernsehkabel n || ~/**телеграфный** Telegraphenkabel n || ~/**телефонный** Fernsprechkabel n, Telephonkabel n || ~/**телефонный абонентский** Fernsprechanschlußkabel n || ~/**телефонный многожильный** vieladriges Fernsprechkabel n || ~/**токоподводящий** Stromkabel n || ~ **трала** Jager m (Schleppnetz) || ~/**трансокеанский** Überseekabel n || ~/**трёхжильный (трёхпроводный)** dreiadriges n, Dreileiterkabel n || ~/**трёхфазный** Dreiphasenkabel n || ~/**фидерный** Speisekabel n, Versorgungskabel n || ~ **четвёрочной скрутки** viererverseiltes Kabel n || ~/**четырёжильный (четырёхпроводный)** vieradriges Kabel n, Vierleiterkabel n || ~/**шахтный** Bergwerkskabel n; Schachtkabel n || ~/**широкополосный** Breitbandkabel n || ~/**шланговый** Schlauchkabel n; Gummischlauchkabel n || ~/**экранированный** [ab]geschirmtes Kabel n, Abschirmkabel n || ~/**экранированный ленточный** geschirmtes Bandkabel n

кабель-буксир m Schleppkabel n
кабель-кран m s. кран/кабельный
кабельтов m (Schiff) Kabellänge f (0,1 Seemeile oder 185,2 m)
кабина f Kabine f; Zelle f || ~ **видеотелефона** Bildfernsprechzelle f || ~ **водителя** Fahrerkabine f, Fahrerhaus n || ~/**герметическая** (Flg) Druckkabine f, Überdruckkabine f || ~/**дикторская** Sprech[er]kabine f || ~/**застеклённая** (Flg) Vollsichtkanzel f || ~ **лётчика** Flugzeugführerkabine f, Cockpit n || ~/**лунная** Mondkabine f || ~ **машиниста** (Eb) Führerhaus n, Führerstand m || ~/**переговорная** Fernsprechzelle f || ~ **подъёмника** Fahrstuhlkabine f; (Bgb) Fahrkorb m || ~/**посадочная** (Raumf) Landekabine f, Landekapsel f || ~ **радиста** Funk[er]kabine f, Funk[er]raum m || ~ **распыления** s. ~/**распылительная** || ~/**распылительная** Sprühkabine f (für Oberflächenbearbeitungsverfahren) || ~/**телефонная** Fernsprechzelle f || ~/**управления** 1. (Eb) Steuerabteil n (Wendezug); 2. (Rak) Leitkabine f
каблирование n (El) Verkabelung f, Verkabeln n
каболка f (Schiff) Seilfaden m, Seilgarn n (Seil)
каботаж m (Schiff) Küstenfahrt f || ~/**большой** große Küstenfahrt f || ~/**малый** kleine Küstenfahrt f
каботажник m Küstenschiff n
каботажный Küsten[schiffahrts]...
кабрирование n (Flg) Hochziehen n, Hochreißen n
кавальдер m (Bw) Dammkippe f, Halde f
кавернограмма f Kavernogramm n (Bohrlochgeophysik)
кавернозность f **горных пород** (Geol) Hohlraumbildungen fpl im Gestein
кавернозный (Geol) kavernös (Gesteine)
каверномер m Kalibermesser m (Bohrlochgeophysik)
кавернометрия f Kavernometrie f, Kalibermessung f (Bohrlochgeophysik)
каверны fpl (Geol) Kavernen fpl, Hohlräume mpl (im Gestein) || ~ **выщелачивания** (Geol) Lösungshohlräume mpl
кавитация f (Hydr) Kavitation f, Hohlraumbildung f || ~/**парциальная** partielle Kavitation f || ~/**плоскостная** Flächenkavitation f || ~/**ультразвуковая** Ultraschallkavitation f || ~/**щелевая** Spaltkavitation f
кагат m (Lw) Miete f (für Rüben)
кагатирование n, **кагатировка** f (Lw) Einmietung f (von Rüben)
кадастр m (Ökol) Kataster m(n) || ~/**ландшафтный** Landschaftskataster m || ~/**лесной** Forstkataster m, Waldkataster m || ~ **особо охраняемых природных объектов и территорий** Kataster m der besonders geschützten Naturobjekte und Territorien
кадмий m (Ch) Cadmium n, Cd || ~/**жёлтый** Cadmiumgelb n, Cadmiumocker m(n) || ~/**красный** Cadmiumrot n
кадмийорганический cadmiumorganisch, Organocadmium...
кадмирование n (Met) Verkadmen n, Kadmieren n, Kadmierung f
кадмировать (Met) verkadmen, kadmieren

кадр m 1. (TV) Vollbild n, [vollständiges] Bild n, Raster m; 2. (Inf) Frame n; 3. (Photo) Filmbild n, Einzelbild n ‖ ~ **данных** (Inf) Datenfenster n (auf dem Bildschirm) ‖ ~ **стереопары** (Opt) [stereoskopisches] Halbbild n ‖ ~ **телевизионный** s. кадр 1. ‖ ~ **/цветной** (TV) mehrfarbiges Vollbild n, Farbraster m
казеин m (Ch) Casein n
казённик m Verschlußstück n
казолит m (Min) Kasolit m (Uransilikat)
каинит m (Min) Kainit m (Kalisalz)
кайла f (Bgb) Keilhaue f, Lettenhaue f, Schramhaue f
кайма 1. Randzone f, Saum m; 2. (Text) Leiste f, Gewebekante f, Bordüre f ‖ ~ **/капиллярная** (Geol) Kapillarsaum m (Bodenwasser) ‖ ~ **/обезуглероженная** (Met) entkohlte Randzone f ‖ ~ **/окислённая** (Met) oxidierte Randzone f (Temperguß) ‖ ~ **/перлитная** (Met) perlitische Randzone f (Temperguß) ‖ ~ **с зубчиками** Zackenrand m ‖ ~ **/цветная** Farbsaum m
кайнозой m (Geol) Kurzwort für 1. эратема/кайнозойская 2. эра/кайнозойская
кайнофит m (Geol) Känophytikum n
какирит m (Geol) Kakirit m, Bruchbrekzie f
какоксен m (Min) Kakoxen n (Eisenphosphat)
кал s. калория
калаверит m (Min) Calaverit m (Goldmineral)
каламин m (Min) Kieselzinkerz n, Kieselgalmei m, Hemimorphit m
каландр m Kalander m, Kalanderwalze f ‖ ~ **/бумажный** Papierkalander m, Satinierkalander m ‖ ~ **/высокоточной** s. ~ **/прецизионный** ‖ ~ **/гофрировальный** Gaufrierkalander m ‖ ~ **/двухвальный** Zweiwalzenkalander m ‖ ~ **для тиснения** Prägekalander m ‖ ~ **/дублирующий (дублировочный)** Dublierkalander m ‖ ~ **/запарной** (Text) Dämpfkalander m ‖ ~ **/листовальный** Plattenkalander m, Glättkalander m ‖ ~ **/листовой** (Pap) Bogenkalander m ‖ ~ **/лощильный** (Text) Friktionskalander m, Hochglanzkalander m ‖ ~ **/машинный** (Pap) Glättwerk n ‖ ~ **/многовальный** (Pap) Mehrwalzenkalander m ‖ ~ **/мокрый** (Pap) Feuchtglättwerk n, Naßglättwerk n ‖ ~ **/мокрый двухвальный** (Pap) Zweiwalzenfeuchtglättwerk n ‖ ~ **/отделочный** (Text) Finish-Kalander m, Veredlungskalander m ‖ ~ **/плёночный** Folienkalander m, Feinfolienkalander m, Bogenkalander m ‖ ~ **/подогревательный** Vorwärmkalander m ‖ ~ **/прецизионный** Präzisionskalander m ‖ ~ **/промазочный** (Pap) Streichkalander m, Streicher m ‖ ~ **/протекторный (профильный)** (Gum) Profilkalander m ‖ ~ **с рельефными валиками** (Pap) Prägekalander m ‖ ~ **с сукном** (Text) Filzkalander m ‖ ~ **/сатинировальный** (Pap) Satinagekalander m ‖ ~ **/сушильный** Trockenkalander m ‖ ~ **/тиснильный** Prägekalander m ‖ ~ **/трёхвалковый** Dreiwalzenkalander m ‖ ~ **/фрикционный** Friktionskalander m
каландрировать s. каландровать
каландрование n Kalandrieren n, Kalandern n; (Pap) Satinieren n
каландровать kalandrieren, kalandern; (Pap) satinieren
каландры mpl**/спаренные** Tandemkalander m (Gummiindustrie)

каление n (Härt, Schm) Glühen n; Glut f ‖ ~ **/белое** Weißglut f; Weißglühen n ‖ ~ **/вишнёво-красное** Kirschrotglut f ‖ ~ **/жёлтое** Gelbglut f ‖ ~ **/красное** Rotglut f, Rothitze f; Rotglühen n ‖ ~ **/ослепительное белое** blendende Weißglut f ‖ ~ **/светло-жёлтое** Hellgelbglut f ‖ ~ **/светло-красное** Hellrotglut f ‖ ~ **/светло-оранжевое** Hellorangeglut f ‖ ~ **/тёмно-красное** Dunkelrotglut f ‖ ~ **/тёмно-оранжевое** Dunkelorangeglut f
кали n (Ch) Kali n, Kalium[mon]oxid n; Kalisalz n; Kalidüngesalz n ‖ ~ **/едкое** Ätzkali n (Kaliumhydroxid)
калибр m 1. (Wlz) Kaliber n, Walzenkaliber n; 2. (Meß) Lehre f, Maßlehre f; 3. (Met) Dicke f (Blech); 4. Durchmesser m (Ankerkette) ‖ ~ **/баночный** (Wlz, Bw) Trägerkaliber n ‖ ~ **/валковый** (Wlz) Walzenkaliber n ‖ ~ **/выпускной** (Wlz) Austrittskaliber n ‖ ~ **/выступающий** (Wlz) Patrizenkaliber n, erhabenes Kaliber n ‖ ~ **/вытяжной** 1. (Fert) Ziehkaliber n; 2. (Wlz) Vor[streck]kaliber n, Streckkaliber n, Vorwalzkaliber n, Blockkaliber n ‖ ~ **/глубокий** (Wlz) Matrizenkaliber n ‖ ~ **/двусторонний** (Meß) zweiseitig ausgebildete Lehre f (Gut- und Ausschußlehre liegen auf je einer Seite) ‖ ~ **/двухпредельный** (Meß) Lehre f mit Gut- und Ausschußseite (Verkörperung beider Grenzmaße) ‖ ~ **для [контроля] вала** (Meß) Wellenlehre f ‖ ~ **для [контроля] отверстия** (Meß) Bohrungslehre f ‖ ~ **для контроля уступов** (Meß) Absatzlehre f ‖ ~ **/жёсткий** (Meß) feste (nichtverstellbare) Lehre f ‖ ~ **/закрытый** (Wlz) geschlossenes Kaliber n ‖ ~ **/исходный** s. ~ **/начальный** ‖ ~ **/квадратный** Quadratkaliber n ‖ ~ **/кольцевой** (Meß) Ringlehre f, Lehrring m ‖ ~ **/комплексный** (Meß) Mehrfachlehre f (wird zur gleichzeitigen Prüfung mehrerer tolerierter Kenngrößen eingesetzt) ‖ ~ **/конический** (Meß) Kegellehre f ‖ ~ **/контрольный** (Meß) Prüflehre f (wird zur Überwachung der Lehrenabnutzung und zum Nachstellen verstellbarer Lehren eingesetzt) ‖ ~ **/конусный** (Meß) Kegellehre f ‖ ~ **/краевой** (Wlz) Randkaliber n ‖ ~ **/круглый** (Wlz) Rundkaliber n ‖ ~ **/кузнечный** (Schm) Schmiedelehre f ‖ ~ **/многоступенчатый** (Meß) Stufenlehre f ‖ ~ **/начальный** (Wlz) Anstichkaliber n, Anfangskaliber n ‖ ~ **/недовыполненный** (Meß) leergehendes (schlecht gefülltes) Kaliber n ‖ ~ **/непроходной** (Meß) Ausschußlehre f ‖ ~ **/нерегулируемый** (Meß) feste (nichtverstellbare) Lehre f ‖ ~ **/обжимный** s. ~ **/черновой** ‖ ~ **обратного пропуска** (Wlz) Rücklaufkaliber n, Rückwärtskaliber n ‖ ~ **/овальный** (Meß) Ovalkaliber n ‖ ~ **/односторонний** (Meß) Grenzlehre f, die nur ein Grenzmaß verkörpert ‖ ~ **/односторонний** (Meß) einseitige Lehre f (Gut- und Ausschußlehre auf einer Seite) ‖ ~ **/осаживающий** (Wlz) Stauchkaliber n, Kantkaliber n ‖ ~ **/отделочный** Schlichtkaliber n, Schlußkaliber n, Fertigkaliber n, Polierkaliber n ‖ ~ **/периодический** (Wlz) periodisches Kaliber n ‖ ~ **/плоский** 1. (Meß) Flachlehre f; 2. (Wlz) Flachkaliber n ‖ ~ **/поверочный** s. ~ **/контрольный** ‖ ~ **/подготовительный** (Wlz) ~ **/черновой** n ‖ ~ **/полировочный** (Wlz) Glättkaliber n, Polierkaliber n ‖ ~ **/предварительный** (Wlz) Vorkali-

калибр

ber n ‖ ~/**предельный** *(Меß)* Grenzlehre f, Toleranzlehre f ‖ ~/**предельный угловой** *(Меß)* Winkellehre f ‖ ~/**предотделочный (предчистовой)** *(Wlz)* Vorschlichtkaliber n, Schlichtkaliber n ‖ ~/**приёмный** *(Меß)* Abnahmelehre f ‖ ~/**проволочный** 1. *(Меß)* Drahtlehre f; 2. *(Wlz)* Drahtkaliber n ‖ ~/**проkatный** s.
~ прокатных валков ‖ ~ **прокатных валков** *(Wlz)* Walzenkaliber n, Kaliber n, Walzspalt m *(bei Profilwalzen)* ‖ ~/**проходной** *(Меß)* Gutlehre f ‖ ~/**прямоугольный** *(Wlz)* Rechteckkaliber n, Vierkantkaliber n, Kastenkaliber n ‖ ~/**рабочий** *(Меß)* Arbeitslehre f ‖ ~/**рёбровый** *(Wlz)* Stauchkaliber n, Kantkaliber n, Hochkantkaliber n ‖ ~/**регулируемый** *(Меß)* einstellbare Lehre f ‖ ~/**резьбовой** *(Меß)* Gewindelehre f ‖ ~/**рельсовый** *(Wlz)* Schienenkaliber n ‖ ~/**роликовый** *(Fert)* Rollenkaliber n *(Ziehen)* ‖ ~/**ромбический** *(Wlz)* Spießkantkaliber n, rhombisches Kaliber n, Rautenkaliber n ‖ ~/**ромбический черновой** *(Wlz)* Rautenvorwalzkaliber n ‖ ~ **с индикатором** *(Меß)* anzeigende Lehre f ‖ ~/**слепой** s. ~/холостой ‖ ~/**сменный** auswechselbares Kaliber n *(Rockright-Walzwerk)* ‖ ~/**стрельчатый** *(Wlz)* Spitzbogenkaliber n ‖ ~/**твёрдосплавный** *(Меß)* Hartmetallehre f ‖ ~/**точный** *(Wlz)* Präzisionslehre n ‖ ~/**трапецеидальный** *(Wlz)* Trapezkaliber n ‖ ~/**углублённый** *(Wlz)* eingeschnittenes Kaliber n, Matrizenkaliber n ‖ ~/**универсальный** *(Меß)* Mehrfachlehre f ‖ ~/**установочный** *(Меß)* Einstellehre f *(Normallehre als Maßverkörperung für die Einstellung anzeigender Meßgeräte)* ‖ ~/**фасонный** 1. *(Wlz)* Profilkaliber n, Formkaliber n, Kaliber n; 2. Ziehprofil n, Ziehkaliber n; 3. *(Меß)* Formlehre f ‖ ~/**холостой** *(Wlz)* Blindkaliber n, Totkaliber n ‖ ~/**цилиндрический** *(Меß)* Lehrdorn m ‖ ~/**черновой** *(Wlz)* Vor[streck]kaliber n, Streckkaliber n, Vorwalzkaliber n, Blockkaliber n ‖ ~/**чистовой** *(Wlz)* Fertigkaliber n, Polierkaliber n, Schlichtkaliber n, Schlußkaliber n ‖ ~/**шведский овальный** *(Wlz)* Schwedenoval n ‖ ~/**шлицевой** *(Меß)* Keilnutenlehre f ‖ ~/**эталонный** *(Меß)* Vergleichskaliber n, Urlehre f ‖ ~/**ящичный** *(Wlz)* s. ~/прямоугольный

калибратор m Kalibrator n, Kalibrierinstrument n, Einmeßgerät n; *(El)* Kalibriergenerator m, Kalibrator m ‖ ~/**кварцевый** *(El)* Quarzkalibriergenerator m ‖ ~/**прецизионный** *(El)* Präzisionskalibriergenerator m ‖ ~/**частотный** *(El)* Frequenzkalibriergenerator m

калибр-втулка f/конусная *(Меß)* Kegellehrhülse f

калибрирование n s. калибровка

калибр-кольцо m *(Меß)* Lehrring m ‖ ~/**конусный** Kegellehrring m ‖ ~/**непроходной** Ausschußlehrring m ‖ ~/**проходной** Gutlehrring m ‖ ~/**резьбовой** Gewindelehrring m

калибрование n s. калибровка

калиброванный 1. *(Меß)* kalibriert; justiert; 2. *(Wlz)* kalibriert, formgewalzt; prägegewalzt; 3. genau geschmiedet; 4. geprägt, maßgeprägt; 5. gezogen ‖ ~ **по частоте** *(El)* frequenzkalibriert

калибровать 1. *(Меß)* kalibrieren, einmessen; justieren; 2. *(Wlz)* kalibrieren, formwalzen; prägewalzen; 3. genau schmieden; 4. [maß]prägen; 5. ziehen ‖ ~ **входную** *(Wlz)* kaltprofilieren

калибровка f 1. *(Меß)* Kalibrieren n, Kalibrierung f; Justieren n; 2. *(Меß)* Absolutprüfung f, Prüfung f in sich *(z. B. eines Spiegelpolygons)*; 3. *(Меß)* Lehrung f; 4. *(Wlz)* Kalibrieren n, Formwalzen n; Prägewalzen n; 5. *(Wlz)* Kaliberfolge f, Kaliberanordnung f; 6. Genauschmieden n; 7. Prägen n, Maßprägen n; 8. Ziehen n; 9. Kalibrieren n, Genaupressen n, Kalibrierung f *(Pulvermetallurgie)* ‖ ~/**американская** *(Wlz)* amerikanische Blockwalzenkalibrierung f ‖ ~ **валков** *(Wlz)* Walzenkalibrierung f ‖ ~/**дополнительная** Zusatzkalibrierung f, zusätzliche Kalibrierung f, zusätzliche Einmessung f ‖ ~/**европейская** *(Wlz)* europäische Blockwalzenkalibrierung f ‖ ~ **квадрат-квадрат** *(Wlz)* Kaliberfolge f Quadrat-Quadrat ‖ ~ **квадрат-овал** *(Wlz)* Kaliberfolge f Quadrat-Oval ‖ ~ **квадрат-ромб** *(Wlz)* Kaliberfolge f Quadrat-Spießkant ‖ ~/**круглая** *(Wlz)* Rundkalibrieren n, Rundkalibrierung f ‖ ~/**обжимная** *(Wlz)* Vorstreckkalibrieren n, Vorstreckkalibrierung f ‖ ~/**объёмная** *(Schm)* Kalibrieren n im Gesenk, Gesenkkalibrierung f ‖ ~ **овал-круг** *(Wlz)* Kaliberfolge f Oval-Rund ‖ ~ **по размеру** *(Меß)* Kalibrieren n, Kalibrierung f *(Pulvermetallurgie)* ‖ ~ **по стенке** *(Wlz)* Glattwalzen n, Fertigwalzen n *(Rohrwalzen)* ‖ ~ **по форме** Prägen n *(Pulvermetallurgie)* ‖ ~ **ромб-квадрат** *(Wlz)* Kaliberfolge f Raute-Quadrat ‖ ~/**частотная** Frequenzkalibrierung f ‖ ~ **электросчётчиков** Elektrizitätszählerkalibrierung f

калибр-пробка m *(Меß)* Lehrdorn m ‖ ~/**комплексный** Mehrfachlehrdorn m *(z. B. Keilnabenlehre)* ‖ ~/**конический** Kegellehrdorn m ‖ ~/**непроходной** Ausschußlehrdorn m ‖ ~/**проходной** Gutlehrdorn m ‖ ~/**регулируемый** einstellbarer Lehrdorn m ‖ ~/**резьбовой** Gewindelehrdorn m ‖ ~/**шлицевой** Keilnabenlehre f, Keilnabenlehrdorn m

калибр-скоба m *(Меß)* Rachenlehre f ‖ ~/**гребенчатый** Grenzrachenlehre f mit Spitzen *(Gewindeprüfung)* ‖ ~/**непроходной** Ausschußrachenlehre f ‖ ~/**предельной** Grenzrachenlehre f ‖ ~/**проходной** Gutrachenlehre f ‖ ~/**регулируемый** einstellbare Rachenlehre f

калибры mpl/**сопряжённые** zusammenarbeitende Kaliber npl *(übereinanderliegende Kaliber im Triowalzwerk)*

калий m *(Ch)* Kalium n, K ‖ ~/**марганцовокислый** Kaliumpermanganat n, Kaliummanganat(VII) n ‖ ~/**углекислый** Kaliumcarbonat n, Pottasche f

калильный *(Wmt)* Glüh...

калоризатор m Glühkopf m *(Glühkopfmotor)*

калорийность f 1. Heizwert m *(eines Brennstoffes) (s. a. unter* теплотворность*)*; 2. Energiegehalt m, Energieinhalt m, physiologischer Brennwert m *(eines Nahrungsmittels)*

калорийный 1. heizwertreich, heizkräftig *(Brennstoffe)*; 2. energiereich *(Nahrungsmittel)*

калориметр m *(Меß)* Kalorimeter n, Wärmemengenmesser m ‖ ~/**адиабатический** adiabatisches Kalorimeter n ‖ ~/**бунзеновский** s. ~/ледяной ‖ ~/**вакуумный** Vakuumkalorimeter n ‖ ~/**высокотемпературный** Hochtemperaturkalorimeter n ‖ ~/**газовый** Gaskalorimeter n ‖ ~/**двойной** s. ~/дифференциальный ‖ ~/**двойной массивный** Zwillingsmetallkalori-

meter *n* ‖ ~/**дифференциальный** Differentialkalorimeter *n*, Zwillingskalorimeter *n* ‖ ~/**дыхательный** *(Med)* Respirationskalorimeter *n* ‖ ~/**жидкостный** Flüssigkeitskalorimeter *n*, Misch[ungs]kalorimeter *n* ‖ ~/**изотермический** isothermes Kalorimeter *n* ‖ ~/**испарительный** Verdampfungskalorimeter *n* ‖ ~/**конденсационный** *s.* ~/**паровой** ‖ ~/**ледяной** Eiskalorimeter *n* [nach Bunsen], Bunsensches Eiskalorimeter *n* ‖ ~/**массивный** Metallkalorimeter *n* ‖ ~ **Нернста** Nernstsches Kalorimeter (Metallkalorimeter) *n* ‖ ~/**обыкновенный** *s.* ~/**жидкостный** ‖ ~/**паровой** Dampfkalorimeter *n*, Kondensationskalorimeter *n* ‖ ~/**проточный** Strömungskalorimeter *n* ‖ ~/**радиационный** Strahlungskalorimeter *n* ‖ ~ **с испарением** Verdampfungskalorimeter *n* ‖ ~/**смешения** *s.* ~/**жидкостный**
калориметрический kalorimetrisch
калориметрия *f (Therm)* Kalorimetrie *f*, Wärme[mengen]messung *f*
калорифер *m* Lufterhitzer *m*; *(Eb)* Heizkörper *m (Wagen)* ‖ ~ **второго подогрева** Nachwärmer *m (Klimaanlage)* ‖ ~/**огневоздушный** *(Wmt)* Feuerlufterhitzer *m* ‖ ~/**огневой** *(Wmt)* fremdbeheizter Lufterhitzer (Winderhitzer) *m* ‖ ~/**паровой** *(Wmt)* dampfbeheizter Lufterhitzer (Winderhitzer) *m* ‖ ~/**пластинчатый** *(Wmt)* Plattenlufterhitzer *m* ‖ ~/**трубчатый** Röhrenlufterhitzer *m* ‖ ~/**электрический** elektrischer Lufterhitzer *m*
калория *f* Kalorie *f*, cal *(SI-fremde Einheit der Wärmemenge und Energie)*
кальдера *f (Geol)* Caldera *f*, Krater *m* ‖ ~/**взрывная** Explosionscaldera *f*, Explosionskrater *m* ‖ ~ **обрушения** Einsturzcaldera *f*, Einsturzkrater *m* ‖ ~/**эксплозивная** Explosionscaldera *f*, Explosionskrater *m* ‖ ~/**эрозионная** Erosionscaldera *f*, Verwitterungscaldera *f*
калька *f* 1. Pause *f (Zeichnung)*; 2. Pauspapier *n* ‖ ~/**бумажная** Pauspapier *n* ‖ ~/**полотняная** Pausleinwand *n* ‖ ~/**чертёжная** Pauspapier *n*
калькировать durchpausen
кальций *m (Ch)* Calcium *n*, Ca ‖ ~/**безводный хлористый** entwässertes Calciumchlorid *n (Trockenmittel)* ‖ ~/**углеродистый** Calciumcarbid *n*, Carbid *n*
кальцинатор *m* Kalzinieranlage *f*
кальцинация *f* Kalzinieren *n*, Kalzination *f*
кальцит *m (Min)* Kalkspat *m*, Calcit *m*
камбуз *m (Schiff)* Kombüse *f*
камвольный *(Text)* Kammgarn…
камедь *f* Gummi *m* ‖ ~/**арабийская** Gummiarabikum *n* ‖ ~/**древесная** Holzgummi *n*
камедь-смола *f* Gummiharz *n*
каменоломня *f* Steinbruch *m*
камень *m* 1. Stein *m*; Felsen *m*; 2. *(Pap)* Schleif[er]stein *m*; 3. *(Glas)* Stein *m*, Steinchen *n (Fehler)* ‖ ~/**адский** Höllenstein *m (Silbernitrat)* ‖ ~/**амазонский** *s.* амазонит ‖ ~/**бегунный** Läufer[stein] *m*, Mahlstein *m* ‖ ~/**бетонный** Betonstein *m*, Betonwerkstein *m*, Betonbaustein *m* ‖ ~/**булыжный** Feldstein *m* ‖ ~/**бутовый** *(Bw)* Bruchstein *m* ‖ ~/**верхний** Oberstein *m (eines Mahlgangs)* ‖ ~/**винный** Weinstein *m (Kaliumhydrogentartrat)* ‖ ~/**гороховый** *(Geol)* Erbsenstein *m* ‖ ~/**горшечный** *(Geol)* Topfstein *m* ‖ ~/**дефибрерный** Defibratorstein *m*, Schleif-

[er]stein *m* ‖ ~/**драгоценный** Edelstein *m* ‖ ~/**дырчатый** *(Bw)* Lochstein *m* ‖ ~/**естественный** Naturstein *m* ‖ ~/**замковый** *(Arch)* Schlußstein *m*, Knopf *m*, Knauf *m (eines Gewölbes oder Bogens)* ‖ ~/**звенящий** *s.* фонолит ‖ ~/**икряной** *(Geol)* Rogenstein *m* ‖ ~/**искусственный** *(Bw)* Kunststein *m* ‖ ~/**карьерный** *(Bw)* Bruchstein *m* ‖ ~/**квасцовый** *(Geol)* Alaunstein *m* ‖ ~/**километровый** *(Eb)* Kilometerstein *m* ‖ ~/**клинчатый** *(Bw)* Wölbstein *m* ‖ ~/**колотый** *(Bw)* Spaltstein *m*, gespaltener Stein *m* ‖ ~/**кровавый** *s.* гематит 1. ‖ ~/**кулисный** *(Masch)* Gleitstein *m (Kurbelschleife)*; Kulissenstein *m* ‖ ~/**литой шлаковый** *(Bw)* Gußschlackenstein *m* ‖ ~/**лунный** *(Min)* Mondstein *m (Feldspat)* ‖ ~/**лучистый** *(Min)* Aktinolith *m*, Strahlstein *m* ‖ ~/**мостовой** Pflasterstein *m* ‖ ~/**нижний** Bodenstein *m*, Unterstein *m (eines Mahlgangs)* ‖ ~/**облицовочный** *(Bw)* Vormauerungsstein *m*, Verblendstein *m* ‖ ~/**оловянный** *s.* касситерит ‖ ~/**поделочный** *(Arch)* Dekorationsstein *m*, Schmuckstein *m* ‖ ~/**полудрагоценный** Halbedelstein *m* ‖ ~/**пробирный** *(Ch)* Probierstein *m* ‖ ~/**пустотелый** *(Bw)* Hohlstein *m* ‖ ~/**пятовый** Widerlagerstein *m (Ofengewölbe)* ‖ ~/**рвотный** *(Ch)* Brechweinstein *m* ‖ ~/**сводовый** *(Bw)* Wölbstein *m*, Wölber *m* ‖ ~/**синтетический** *(Min)* synthetischer Stein *m* ‖ ~/**скользящий** *(Masch)* Gleitstein *m* ‖ ~/**смоляной** *(Geol)* Pechstein *m* ‖ ~/**солнечный** *(Min)* Sonnenstein *m*, Aventurinfeldspat *m* ‖ ~/**стеновой** *(Bw)* Wandstein *m* ‖ ~/**тёсаный** *(Bw)* behauener Stein *m*, Werkstein *m* ‖ ~/**точильный** *(Wkz)* Schleifstein *m*, Wetzstein *m* ‖ ~/**трахитовый смоляной** *(Geol)* Trachytpechstein *m* ‖ ~/**фасонный** *(Bw)* Profilstein *m* ‖ ~/**фильтровальный** *(Ch)* Filtrierstein *m* ‖ ~/**шамотный** Schamottestein *m* ‖ ~/**шлаковый** *(Bw)* Schlackenstein *m* ‖ ~/**ювелирный** Juwel *m*, Edelstein *m*
камера *f* 1. Kammer *f*; Raum *m*; Gehäuse *f*; Zelle *f*; 2. *(Kfz)* Schlauch *m (Bereifung)*; 3. *(Photo, Kine)* Kamera *f* ‖ ~ **агитации** Rühr[werks]zelle] *f*, Rührwerkskammer *f* ‖ ~/**агитационная** *s.* ~ агитации ‖ ~/**анодная** Anodenschutzglocke *f (NE-Metallurgie)* ‖ ~/**аппаратная** *(Kine)* Bildwerferraum *m* ‖ ~/**аэрофотограмметрическая** Luftbild[meß]kamera *f*, Meß[bild]kammer *f* ‖ ~/**аэрофотосъёмочная** Luftbildaufnahmegerät *n* ‖ ~/**бетонная** *(Kern)* Betonbunker *m (als Schutz gegen Strahlung)* ‖ ~/**борная** *(Kern)* Bor[trifluorid]kammer *f* ‖ ~/**вакуумная** 1. *(Kern)* Vakuumkammer *f*; 2. *(Pap)* Saugkasten *m* ‖ ~/**варочная** *(Gum)* Heizschlauch *m*, Wasserheizschlauch *m*, Reifenvulkanisierschlauch *m* ‖ ~/**велосипедная** Fahrradschlauch *m* ‖ ~/**вентиляторная** *(Bgb)* Lüfterkammer *f* ‖ ~ **визирования** Visierfernrohr *n* ‖ ~ **Вильсона** *s.* ~/**вихревая** Wirbelkammer *f (Wirbelkammer-Dieselmotor)* ‖ ~/**водяная** *(Hydt)* Wasserkammer *f*, Wasserstube *f* ‖ ~/**воздухоэквивалентная ионизационная** Luftwändekammer *f*, [luftäquivalente] Ionisationskammer *f (Ionisationskammer mit dünner Gehäusewandung aus*

камера *luftäquivalentem Stoff)* ‖ ~/**воздушная** 1. Luftkammer f *(Ofen)*; 2. Luftschleuse f; 3. *(Schiff)* Windkammer f, Luftkammer f *(Luftkissenfahrzeug)* ‖ ~/**воздушная регенеративная** *(Met)* Luft[vorwärm]kammer f, Windkammer f *(SM-Ofen)* ‖ ~/**воздушно-вспомогательная** Luftspeicher m *(Luftspeicher-Dieselmotor)* ‖ ~/**воздушно-эквивалентная ионизационная** s. ~/**воздухоэквивалентная ионизационная** ‖ ~ **впуска** Eintrittskammer f, Einströmgehäuse n *(Dampfturbine)* ‖ ~/**впускная** Dampfeinströmkammer f *(Dampfmaschine)*; Zulaufkammer f *(Wasserturbine)* ‖ ~ **вращения** Rotationskammer f, Umlaufkammer f ‖ ~/**выемочная** *(Bgb)* Abbaukammer f ‖ ~ **выпуска** Austrittskammer f *(Dampfturbine)* ‖ ~/**высоковольтная** *(Eb)* Hochspannungskammer f, Hochspannungsschrank m *(Lok)* ‖ ~ **высокого давления** Hochdruckkammer f *(Dampfturbine)* ‖ ~ **высокого давления/ионизационная** *(Kern)* Hochdruckionisationskammer f ‖ ~/**газовая регенеративная** Gas[vorwärm]kammer f *(SM-Ofen)* ‖ ~ **гашения энергии** *(Hydt)* Bremskammer f; Beruhigungskammer f *(Stauwerk)* ‖ ~ **горания (горения)** s. ~ **сгорания** ‖ ~/**горячая** *(Kern)* heiße Kammer (Zelle) ‖ ~ **гофрирования** *(Text)* Stauchkammer f, Kräuselkammer f ‖ ~/**гофрировочная** s. ~ **гофрирования** ‖ ~ **грохочения** *(Bgb)* Brecherkammer f ‖ ~/**грязевая** *(Pap)* Schmutzkammer f ‖ ~/**двойная поплавковая** *(Kfz)* Doppelschwimmergehäuse n *(Vergaser)* ‖ ~ **двойного изображения** s. ~/**стереофотограмметрическая** ‖ ~ **деления** *(Kern)* Spalt[ungs]kammer f, Fissionskammer f ‖ ~/**делительная** s. ~ **деления** ‖ ~/**дифференциальная ионизационная** *(Kern)* Differential[ionisations]kammer f, differentielle Ionisationskammer f ‖ ~/**длиннофокусная** *(Photo)* langbrennweitige Kamera f ‖ ~ **для серийной съёмки** *(Photo)* Reihen[bild]kamera f ‖ ~ **дожигания** *(Flg)* Nachbrenner m, Nachbrennraum m ‖ ~/**дробемётная** *(Met)* Strahlkabine f *(Entzunderung)*; *(Gieß)* Schleuderstrahlputzkabine f, Schleuderstrahlputzkammer f ‖ ~/**дробеструйная** *(Met)* Druckluftstrahlkabine f *(Entzunderung)*; *(Gieß)* Druckluftstrahlputzkabine f, Druckluftstrahlputzkammer f ‖ ~ **дробления** *(Bgb)* Brechraum m, Brecherraum m ‖ ~/**дугогасительная** *(El)* Lichtbogenlöschkammer f ‖ ~ **завихрения** Wirbelkammer f, schalltoter (reflexionsfreier) Raum m ‖ ~/**загрузочная** Beladekammer f *(Preßform)* ‖ ~/**закалочная** Härteraum m ‖ ~/**запарная** *(Text)* Dämpfkammer f ‖ ~/**зарядная** s. ~/**загрузочная** ‖ ~/**зеркальная** Spiegelreflexkammer f ‖ ~/**импульсная [ионизационная]** *(Kern)* Impuls[ionisations]kammer f, zählende Ionisationskammer f ‖ ~/**интегрирующая ионизационная** *(Kern)* integrierende Ionisationskammer f, Integrationskammer f ‖ ~/**ионизационная** *(Kern)* Ionisations[meß]kammer f, Ionenkammer f ‖ ~/**искровая** Funkenkammer f ‖ ~/**искрогасительная** *(El)* Funkenlöschkammer f ‖ ~/**карманная ионизационная** *(Kern)* Taschen[ionisations]kammer f ‖ ~/**киносъёмочная** Filmkamera f, Filmaufnahmekamera f ‖ ~/**классифицирующая** Klassierzelle f *(Aufbereitung)* ‖ ~ **коксования** Verkokungskammer f, Koks[ofen]kammer f ‖ ~/**кольцевая** Ringkammer f *(z. B. zur Druckentnahme an Wirkdruckdurchflußmeßgeräten)* ‖ ~/**кольцевая поплавковая** *(Kfz)* Ringschwimmergehäuse n *(Vergaser)* ‖ ~ **комбайна/приёмная** *(Lw)* Einlegekammer f *(Mähdrescher)* ‖ ~/**компенсационная (компенсированная) ионизационная** *(Kern)* kompensierte Ionisationskammer f, Kompensationskammer f ‖ ~ **конденсаторного типа/ионизационная** *(Kern)* Kondensator[ionisations]kammer f ‖ ~/**конденсационная** s. ~ Вильсона ‖ ~/**контактная** Kontaktkammer f, Kontaktraum m ‖ ~/**кривошипная** *(Kern)* Kurbelkasten m, Kurbelkammer f ‖ ~ **Ланова** Lanova-Brennkammer f *(Typ eines Diesel-Luftspeichers)* ‖ ~/**лебёдочная** *(Bgb)* Haspelkammer f ‖ ~/**малогабаритная** kleinformatige Kamera f ‖ ~/**малого формата** Kleinbildkamera f ‖ ~/**малоформатная** Kleinbildkamera f ‖ ~ **масляного выключателя/дугогасительная** *(El)* Ölschalterlöschkammer f ‖ ~/**многозональная** Multispektralkamera f, Multispektralkammer f ‖ ~/**морозильная** *(Kält)* Gefrierraum m ‖ ~/**нагнетательная** Druckkammer f, Druckraum m ‖ ~/**нагревательная** Vorwärmkammer f, Anwärmkammer f; Heizkammer f *(Ofen)* ‖ ~/**напёрстковая ионизационная** *(Kern)* Fingerhut[ionisations]kammer f ‖ ~/**напорная** Druckraum m, Druckkammer f ‖ ~ **насоса** 1. Pumpenraum m; 2. Pumpengehäuse n ‖ ~/**нейтронная** *(Kern)* Neutronen[ionisations]kammer f ‖ ~/**низкого давления** Unterdruckkammer f ‖ ~/**низкотемпературная** *(Kält)* Tiefkühlraum m ‖ ~/**нормальная [ионизационная]** *(Kern)* normale Ionisationskammer f, Normal[ionisations]kammer f ‖ ~/**обжигательная (обжиговая)** Röstkammer f *(Erzröstofen)* ‖ ~/**обогреваемая** Heizkammer f ‖ ~/**оросительная** Befeuchtungskammer f ‖ ~ **орошения** Befeuchtungskammer f ‖ ~/**осадительная** Setzkammer f, Niederschlagskammer f, Abscheidekammer f, Absetzkammer f ‖ ~/**отжигательная** Glühkammer f, Glühraum m *(Ofen)*; *(Glas)* Kühlkammer f ‖ ~/**отсасывающая** Absaugekammer f ‖ ~/**отстойная** Absetzkammer f, Absetzraum m ‖ ~/**охлаждающая** Kühlkammer f ‖ ~/**очистная** *(Bgb)* Abbaukammer f ‖ ~/**паровая** Dampfraum m ‖ ~ **пассивирования** *(Schiff)* Passivierkabine f *(Vorkonservierung)* ‖ ~/**передающая телевизионная** Fernsehaufnahmekamera f ‖ ~/**пескоструйная** *(Gieß)* Sandstrahlkabine f ‖ ~/**печная** Ofenkammer f, Ofenraum m ‖ ~/**плавильная** Schmelzraum m *(Herdofen)* ‖ ~/**пластинчатая ионизационная** *(Kern)* Plattenionisationskammer f ‖ ~/**плёночная** Filmkamera f, Kamera f ‖ ~/**плоская ионизационная** s. ~/**нормальная ионизационная** ‖ ~/**подводная телевизионная** Unterwasserfernsehkamera f ‖ ~ **подводного телевидения** Unterwasserfernsehkamera f ‖ ~/**подземная** *(Geol)* Kaverne f ‖ ~/**помольная** Mahlkammer f, Mahlraum m ‖ ~/**помольно-разделительная** Mahl- und Sichtraum m *(einer Strahlmühle)* ‖ ~/**поплавковая** *(Kfz)* Schwimmergehäuse n *(Vergaser)* ‖ ~/**потоконаправляющая** *(Schiff)* Strömungsleitkammer f ‖ ~/**предварительная** Vorkammer f *(Dieselmotor)* ‖ ~ **прессования** Preßkammer f *(Druckgießmaschine)* ‖ ~ **прецесии** *(Krist)* Präzessionsretigraph m, Buergerscher Retigraph m ‖ **~/призменная** *(Astr)* Prismenkamera f ‖ ~ **прикладного телевидения** Industriefernsehkamera f ‖ **~/провизионная** *(Schiff)* Proviantraum m ‖ ~ **промышленного телевидения** Industriefernsehkamera f ‖ **~/прядильная** *(Text)* Spinnkammer f, Spinnrotor m, Spinnturbine f ‖ **~/пузырьковая** *(Kern)* Blasenkammer f ‖ **~/пусковая ионизационная** *(Kern)* Ionisationsanfahrquelle f ‖ ~ **пучка** *(Kern)* Strahlenemissionskammer f ‖ **~/пылевая (пылеосадительная)** s. ~/пылесобирательная ‖ **~/пылеотделительная** Entstaubungskammer f ‖ **~/пылесобирательная (пылеуловительная)** *(Met)* Staubkammer f, Staubtasche f; Sackkammer f *(z. B. des Hochofens)* ‖ **~/рабочая** 1. *(Bw)* Arbeitskammer f *(Caisson)*; 2. *(Text)* Füllkammer f *(Ballenöffner)* ‖ **~/радиационная** Strahlungsraum m *(Feuerung)* ‖ ~ **разделения** Schwimmzelle f *(Flotation)* ‖ **~/размольная** Mahlkammer f, Mahlraum m ‖ ~ **разрежения** Unterdruckkammer f, Barokammer f; *(Met)* Saugkammer f, Saugkasten m *(Sinterband)* ‖ **~/разрядная** *(El)* Entladungskammer f ‖ ~ **рассеяния** *(Ph)* Streukammer f ‖ ~ **расширения** *(Therm)* Expansionskammer f, Expansionsraum m ‖ **~/реакционная** Reaktionsraum m, Reaktionskammer f ‖ **~/реверберационная** *(Ak)* Nachhallraum m, Hallraum m, Echoraum m ‖ **~/регенеративная** *(Met)* Regenerativkammer f, Regeneratorkammer f, Kammer f *(SM-Ofen)* ‖ **~/регенераторная** s. ~/регенеративная ‖ **~/редукционная** Reduktionskamera f ‖ ~ **рукава** *(Gum)* Schlauchseele f ‖ **~/ручная** Handkamera f ‖ ~ **с дутьём/дугогасительная** *(El)* Strömungslöschkammer f *(für Lichtbögen)* ‖ ~ **с масляным заполнением/дугогасительная** *(El)* ölgefüllte Lichtbogenlöschkammer f ‖ ~ **с откидной крышкой** *(Photo)* Klappkamera f ‖ **~/сберегательная** *(Hydt)* Sparkammer f, Sparbecken n, Sparraum m *(Sparschleuse)* ‖ **~/сверхдлиннофокусная** Telekamera f ‖ **~/свинцовая** Bleikammer f *(Schwefelsäureherstellung)* ‖ ~ **сгорания** Brennkammer f, Verbrennungskammer f, Verbrennungsraum m, Feuerungsraum m *(eines brennstoffbeheizten Ofens)*; Brennkammer f, Verbrennungskammer f, Brennschacht m *(Winderhitzer)* ‖ ~ **сгорания/вихревая** Wirbelkammer f *(Dieselmotor)* ‖ ~ **сгорания/воздушно-камерная** Luftspeicherbrennraum m ‖ ~ **сгорания высокого давления** Hochdruckbrennkammer f *(Gasturbine)* ‖ ~ **сгорания/газотурбинная** Turbinenbrennkammer f ‖ ~ **сгорания дизеля/дополнительная** Nebenbrennraum m *(Dieselmotor)* ‖ ~ **сгорания дизеля/неразделённая** ungeteilter Brennraum m des Dieselmotors für Direkteinspritzung *(Brennraum ohne Vorkammer, Wirbelkammer oder Luftspeicher)* ‖ ~ **сгорания дизеля/основная** Hauptbrennraum m *(Dieselmotor)* ‖ ~ **сгорания дизеля/разделённая** geteilter Brennraum m des Dieselmotors *(bestehend aus Hauptbrennraum und Vorkammer, Wirbelkammer oder Luftspeicher)* ‖ ~ **сгорания/индивидуальная** Einzelbrennkammer f *(Turbinenluftstrahltriebwerk)* ‖ ~ **сгорания/кольцевая** Ringbrennkammer f *(Turbinenluftstrahltriebwerk)* ‖ ~ **сгорания/многокамерная** Mehrkammerbrennraum m *(Verbrennungsmotor)* ‖ ~ **сгорания непосредственного впрыска** s. ~ сгорания дизеля/неразделённая ‖ ~ **сгорания низкого давления** Niederdruckbrennkammer f *(Gasturbine)* ‖ ~ **сгорания/Г-образная** Brennraum m mit L-Kopf *(Kolbenmotor)* ‖ ~ **сгорания/Т-образная** Brennraum m mit T-Kopf *(Kolbenmotor)* ‖ ~ **сгорания/отдельная** Einzelbrennkammer f *(Turbinenluftstrahltriebwerk)* ‖ ~ **сгорания/плоская** Brennraum m mit flachem Kopf *(Kolbenmotor)* ‖ ~ **сгорания/полусферическая** Brennraum m mit halbkugelförmigem Kopf *(Kolbenmotor)* ‖ ~ **сгорания/трубчатая** Rohrbrennkammer f *(Turbinenluftstrahltriebwerk)* ‖ ~ **сгорания/шатровая** Brennraum m mit kegelförmigem Kopf *(Kolbenmotor)* ‖ ~ **сжатия** 1. Verdichtungsraum m, Kompressionsraum m *(Verbrennungsmotor)*; 2. Druckkammer f, Preßkammer f *(Druckgießmaschine)* ‖ **~/скороморозильная** *(Kält)* Schnellgefrierraum m ‖ **~/смесительная** 1. Mischdüse f *(Injektorschneidbrenner)*; 2. Mischkammer f, Mischgehäuse n *(Vergasermotor)* ‖ ~ **смешения** 1. Mischkammer f *(bei qualitativ unterschiedlichen Luftvolumenströmen)*; 2. *(Schw)* Mischkammer f *(Gleichdruckbrenner)* ‖ **~/сопловая** Düsenkammer f, Einströmkammer f *(Dampfturbine)* ‖ **~/спутниковая** Satellitenkamera f ‖ **~/стандартная [ионизационная]** s. ~/нормальная ионизационная ‖ **~/стереоскопическая (стереосъёмочная)** *(Photo)* Stereokamera f ‖ **~/стереофотограмметрическая** *(Photo)* Raumbild[meß]kammer f, Stereo[meß]kammer f, Doppelkammer f, Zweibildkammer f ‖ **~/стержневая сушильная** *(Gieß)* Kerntrockenkammer f ‖ **~/студийная** Studiokamera f ‖ **~/судовозная** *(Hydt)* Trogschleuse f *(Schiffshebewerk)* ‖ **~/судоподъёмника** Schiffstrog m *(Schiffshebewerk)* ‖ **~/сухая** *(Kern)* Trockenbox f, Trockenkammer f ‖ **~/сушильная** 1. Darrkammer f, Trockenkammer f, Trockenraum m *(Ofen)* ‖ **~/счётная** Zählkammer f ‖ **~/телевизионная** Fernseh[aufnahme]kamera f, Videokamera f ‖ **~/тёмная** Dunkelkammer f ‖ **~/топочная** Feuerkammer f, Feuerraum m, Brennkammer f ‖ **~/трансформаторная** *(El)* Transformator[en]raum m, Traforaum m ‖ ~ **турбины/впускная** Turbineneintrittsgehäuse n; Turbinen[einlauf]kammer f *(Wasserturbine)* ‖ **~/увлажнительная** *(Text)* Befeuchtungskammer f ‖ **~/угарная** *(Text)* Abfallkammer m, Abfallkammer f ‖ **~/узкоплёночная съёмочная** *(Photo)* Schmalfilmkamera f ‖ **~/универсальная холодильная** *(Kält)* Mehrzweckkühlraum m ‖ **~/уравнительная** Beruhigungskammer f, Ausgleichkammer f ‖ **~/ускорительная** *(Kern)* Beschleunigungskammer f ‖ **~/успокоительная** Beruhigungsraum m, Beruhigungskammer f ‖ **~/форсажная** Nachbrennkammer f, Nachbrenner m *(Gasturbine, Turbinenluftstrahltriebwerk)* ‖ **~/форсуночная** Befeuchter m *(Klimaanlage)* ‖ **~/фотограмметрическая** *(Photo)*

камера

Meßkammer f, Meßbild[aufnahme]kammer f ‖ ~/**фотограмметрическая базисная** (Photo) Bodenmeßkammer f ‖ ~/**холодильная** Kühlkammer f ‖ ~ **хранения** 1. Lagerraum m; 2. Gepäckaufbewahrung f, Handgepäckaufbewahrung f ‖ ~ **хранения/низкотемпературная** (Kält) Gefrierlagerraum m ‖ ~ **цветного телевидения** Farbfernseh[aufnahme]kamera f ‖ ~/**шлюзная** (Hydt) Schleusenkammer f ‖ ~/**экранированная** (Kern) Abschirmkammer f ‖ ~/**эластичная** (Masch) Luftkörper m (im druckluftbetätigten Beugefinger eines IR) ‖ ~/**ящичная** (Photo) Box f
камера-зеркалка f (Photo) Spiegelreflexkamera f
камера-обскура f Lochkamera f, Camera f obscura
камера-убежище f (Bgb) Fluchtkammer f
камерно-столбовой (Bgb) Kammer-Pfeiler-...
камертон m (Ak) 1. Kammerton m, Kammertonhöhe f; 2. Stimmgabel f
камин m Kamin m, Schwadenrohr n
камнебетон m (Bw) Beton m mit Steinzuschlagstoffen
камнедробилка f (Bw) Steinbrecher m ‖ ~/**валковая** Walzenbrecher m, Walzwerk n ‖ ~/**конусная** Kreiselbrecher m, Kegelbrecher m ‖ ~/**ударная** Schlagbrecher m, Prallbrecher m ‖ ~/**челюстная (щековая)** Backenbrecher m, Maulbrecher m
камнедробитель m (Med) Lithotripter m, Steinzertrümmerungszange f
камнеломня f Steinbruch m
камнеотделитель m (Lw) Steintrenneinrichtung f
камнепад m Steinschlag m
камнерезный Steinschneide...
камнеуловитель m (Lw) Steintrenneinrichtung f, Steinfänger m
камнещуп m (Med) Steinsonde f
кампания f 1. Kampagne f; 2. (Met) Reise f (Ofen) ‖ ~ **горючего** (Kern) Brennstofflebensdauer f ‖ ~/**отопительная** Heizperiode f ‖ ~ **печи** (Met) Ofenreise f, Ofengang m ‖ ~ **реактора** (Kern) Reaktorbetriebsperiode f
кампилит m (Min) Kampylit m
камфора f (Ch) Kampfer m, Campher m ‖ ~/**японская** Japancampher m
камы mpl (Geol) Kames pl
камышекосилка f Schilfmähmaschine f
камышит m Schilfbauplatte f
канава f 1. (Bw, Hydt) Graben m; Rigole f; Rinne f; 2. (Bgb) Rösche f, Längsrösche f ‖ ~ **вдоль насыпи** (Bw) Böschungsmulde f ‖ ~/**водоотводная (водоотливная)** 1. (Bw) Abzugsgraben m, Rigole f; 2. (Bgb) Wasserrösche f, Rösche f, Wasserseige f; 3. (Eb) Wasserabflußgraben m (an der Strecke) ‖ ~/**водоприёмная** (Hydt) Auffanggraben m ‖ ~/**водосборная** (Hydt) Wassersammelgraben m ‖ ~/**водосточная** s. ~/**водоотводная** ‖ ~/**выпускная сточная** (Bw) Abstichgraben m ‖ ~/**дренажная** (Bw) Entwässerungsgraben m, Sickergraben m ‖ ~/**кабельная** (El) Kabelgraben m ‖ ~/**литейная** (Gieß) Gießgrube f ‖ ~/**ловчая** (Hydt) Einfanggraben m, Fanggraben m, Saumgraben m ‖ ~/**нагорная** (Hydt) Abfanggraben m ‖ ~/**оросительная** (Hydt) Bewässerungsgraben m; Beetgraben m ‖ ~/**осушительная** (Hydt) Entwässerungsgraben m, Drängraben m ‖ ~/**разведочная** (Bgb) Schürfgraben m ‖ ~/**ремонтная** Reparaturgrube f; (Eb) Reparaturkanal m ‖ ~/**сборная** (Hydt) Fanggraben m ‖ ~/**смотровая** (Eb) Gleisgrube f, Besichtigungsgrube f ‖ ~/**сточная** 1. (Bw, Hydt) Abflußgraben m, Siel m; 2. (Bgb) Abgraben m ‖ ~/**чугунная** Roheisenrinne f, Roheisenbett n (Hochofen) ‖ ~/**шлаковая** Schlackenrinne f, Schlackenbett n (Hochofen)
канавка f 1. (Fert) Nut f, Rille f; Riefe f; Einstich m, Einschnitt m, Aussparung f (s. a. unter **канава** 1., желоб[ок], паз); 2. Lauffläche f (Kugellager) ‖ ~ **в форме ласточкина хвоста** Schwalbenschwanznut f ‖ ~ **вала** Wellennut f ‖ ~/**винтовая** Windelnut f, Drallnut f (Spiralbohrer, Fräser) ‖ ~/**замкнутая** Auslaufrille f (Schallplatte) ‖ ~/**заусеночная** (Schm) Gratrinne f, Gratbahn f (Gesenk) ‖ ~/**звуковая** Tonrille f, Schallrille f (Schallplatte) ‖ ~/**канатная** Seilrille f ‖ ~/**кольцевая** Ringnut f ‖ ~/**маслоотводная** Ölableitungsnut f ‖ ~/**маслоподводящая** Ölzuleitungsnut f ‖ ~/**маслораспределительная** Ölverteilungsnut f ‖ ~/**маслоулавливающая (маслоуловительная)** Fangnut f, Ölfangnut f ‖ ~/**V-образная** V-Nut f ‖ ~/**полукруглая** Rundrille f ‖ ~/**поперечная** Quernut f ‖ ~/**поршневая** Kolbenringnut f ‖ ~/**посадочная** (Lw) Pflanzrille f ‖ ~/**продольная** Längsnut f ‖ ~/**промывочная** (Bgb) Spülkanal m (Bohrwerkzeug) ‖ ~/**резьбовая** Gewindenut f ‖ ~/**сборная** Fangrille f ‖ ~/**слиповая** Slipgraben m, Stroppgraben m (Hecktrawler) ‖ ~/**смазочная** Schmiernut f ‖ ~/**спиральная** s. ~/**винтовая** ‖ ~/**стружечная** (Wkz) Spannut f ‖ ~/**стружколомающая (стружкоразделительная)** (Wkz) Spanbrechernut f, Spanteilungsnut f ‖ ~/**уплотняющая** Dichtungsrille f ‖ ~ **шкива** Seilrille f einer Seilscheibe, Scheibenrille f ‖ ~/**шпоночная** (Masch) 1. Federnut f, Paßfedernut f; 2. Keilnut f; 3. Langloch n
канавокопатель m (Bw) Grabenbagger m, Grabenpflug m, Grabenzieher m; Dränmaschine f ‖ ~/**многоковшовый** Eimerkettengrabenbagger m, Trencher m ‖ ~/**одноковшовый** Grabenlöffelbagger m (Löffeltiefbagger) ‖ ~/**плунжерный** Grabenpflug m ‖ ~/**фрезерный** Grabenfräse f
канал m 1. Kanal m; Leitung f, Rinne f; 2. Zug m; 3. (Bw) Lochung f (Lochstein); 4. (Text) Lumen n (Baumwollfaser); 5. (Nrt) Kabelrohrstrang m; Kabelkanal m; Kanal m; 6. (TV, Inf) Kanal m, Übertragungskanal m; 7. (Inf) Spur f ‖ ~/**аналоговый** (Inf) Analogkanal m ‖ ~/**вентиляционный** 1. (Bw) Abzug m, Lüftungskanal m; 2. (Gieß) Entlüftungskanal m; Entlüftungssteiger m; 3. (Bgb) Wetterkanal m ‖ ~/**вертикальный воздушный** (Met) Luftzug m, Luftkanal m (SM-Ofen) ‖ ~ **верхнего бьефа** (Hydt) Oberkanal m, Ober[wasser]graben m ‖ ~/**верховой** (Hydt) Oberkanal m, Obergraben m ‖ ~/**водозаборный** (Hydt) Entnahmekanal m ‖ ~/**водоотводный** (Hydt) Flutgraben m; Wasserabzugsgraben m, Wasserableitungskanal m ‖ ~/**водоподводящий** (Hydt) Wasserzuleitungsgraben m ‖ ~/**водопроводный** (Hydt) Wasserleitungskanal m, Wasserversorgungskanal m ‖ ~/**водосборный** (Hydt) Einfanggraben m ‖ ~/**водосбросный (водосливный)** (Hydt) Überlaufka-

nal m, Überfallkanal m ‖ ~/**водоспускной** (Hydt) Flutgerinne n ‖ ~/**возвратный** Rückführkanal m (Kreiselpumpe) ‖ ~/**воздухоподводный** (**воздухоподводящий**) Luftzufuhrkanal m, Zuluftkanal m ‖ ~/**воздухораспределительный** Luftverteilungskanal m ‖ ~/**волноводный** (Eln) Wellenleiterkanal m ‖ ~/**впускной** (Kst) Anschnittkanal m ‖ ~/**встроенный** (Eln) Verarmungskanal m, Depletion-Kanal m ‖ ~ **вторичного воздуха** Oberluftkanal m, Oberwindkanal m, Primärluftkanal m (Feuerungstechnik) ‖ ~ **вулкана** (Geol) Förderröhre f, Förderschlot m ‖ ~/**входной** Eintrittskanal m, Einlaßkanal m ‖ ~/**выпускной** Auslaßkanal m, Auspuffkanal m, Auspuffleitung f ‖ ~/**высокочастотный** Trägerfrequenzkanal m, TF-Kanal m (s. a. ~ **несущей частоты**) ‖ ~/**высокочастотный телефонный** Fernsprechträgerfrequenzkanal m ‖ ~/**вытяжной** Absaugkanal m, Abzugkanal m, Abluftkanal m, Abzugsschacht m ‖ ~/**газовый** (Met) Gaskanal m, Gaszug m (SM-Ofen) ‖ ~/**газоотводный** s. ~/дымовой ‖ ~/**газораспределительный** Gasverteil[ungs]kanal m ‖ ~ **дальней связи** (Nrt) Weitverkehrskanal m ‖ ~/**двусторонний** Fernmeldeleitung f, Fernsprechkreis m ‖ ~/**деривационный** (Hydt) 1. Abzweigkanal m; 2. s. ~/подводящий ‖ ~/**дренажный** s. ~/осушительный ‖ ~/**дуплексный частотный** (Nrt) Duplexfrequenzkanal m, Zweirichtungsfrequenzkanal m ‖ ~/**дутьевой** Frischluftkanal m, Windkanal m (Feuerung) ‖ ~/**дымовой** Abgaskanal m, Abgasleitung f, Rauch[gas]kanal m, Rauchgasleitung f; Fuchs m (eines brennstoffbetriebenen Ofens) ‖ ~/**замковый** Schloßkanal m ‖ ~/**запасной** Reservekanal m ‖ ~ **записи** Aufzeichnungskanal m, Aufsprechkanal m ‖ ~ **захвата** (Kern) Einfangkanal m ‖ ~/**звуковой** Tonkanal m ‖ ~/**измерительный** Meßkanal m ‖ ~ **изображения** (TV) Bildkanal m, Videokanal m ‖ ~/**импульсный** Impulskanal m ‖ ~ **индукционной печи** (Gieß) Induktionsrinne f, Induktor m, Schmelzrinne f, Rinne f (des Rinneninduktionsofens) ‖ ~/**индуцированный** (Eln) Anreicherungskanal m, Enhancement-Kanal m ‖ ~/**интерфейсный** (Inf) Interfacekanal m ‖ ~/**информационный** (Inf) Informationskanal m ‖ ~/**кабельный** Kabelkanal m ‖ ~/**каптажный** (Hydt) Fassungskanal m ‖ ~ **карбюратора/входной** Vergasersaugkanal m ‖ ~/**кольцевой** 1. Ringkanal m; Umführungskanal m (Dampfturbine); 2. Ringspalt m, (Kst) Düsenspalt m; 3. (Met) Induktionsrinne f, Schmelzrinne f (des Rinneninduktionsofens) ‖ ~ **коммуникации** (Inf) Informationsübertragungskanal m, Datenübertragungskanal m ‖ ~ **лидера** (El) Leader[entladungs]kanal m ‖ ~/**литниковый** 1. (Gieß) Einlauf[kanal] m (Gießsystem); 2. (Kst) Angußkanal m ‖ ~ **между лопатками** Schaufelzwischenraum f, Leitkanal m (Strömungsmaschinen) ‖ ~ **молнии** Blitz[entladungs]kanal m ‖ ~/**морской портовый** Seehafenkanal m ‖ ~/**мультиплексный** (Inf) Multiplexkanal m ‖ ~/**наведённый** s. ~/индуцированный ‖ ~/**навозосборный** (Lw) Güllekanal m, Staukanal m; Sammelkanal m ‖ ~/**нагорный** (Hydt) Randgraben m, Abfanggraben m ‖ ~/**направляющий** Leitkanal m (Strömungs-

maschinen) ‖ ~ **несущей частоты** (Nrt) Trägerfrequenzkanal m, TF-Kanal m ‖ ~ **нижнего бьефа** (Hydt) Unterkanal m, Unter[wasser]graben m ‖ ~/**низкочастотный** (Nrt) Niederfrequenzkanal m, NF-Kanal m ‖ ~/**низовой** s. ~ нижнего бьефа ‖ ~/**обводной** Begehkanal m (Ofen) ‖ ~/**обводной судоходный** Umführungskanal m ‖ ~ **обратной связи** Rückkopplungskanal m ‖ ~/**обратный** (Pap) Wendekanal m, Rücklaufkanal m ‖ ~/**обходный** (Hydt) Umlauf m, Umkehrkanal m, Seitenkanal m, Umgehungskanal m ‖ ~/**односторонний** (Nrt) Simplexübertragungskanal m ‖ ~ **оптической связи** (Nrt) optischer Übertragungskanal m ‖ ~/**оросительный** (Hydt) Bewässerungskanal m ‖ ~/**осушительный** (Hydt) Entwässerungskanal m ‖ ~/**отводный** 1. (Hydt) Abzug[skanal] m; 2. Abluftkanal m ‖ ~/**отводящий** (Hydt) Unter[wasser]kanal m ‖ ~/**отжигательный** (Glas) Kühlkanal m ‖ ~/**отопительный** Feuerzug m, Heizzug m (Ofen) ‖ ~/**паровпускной** Einlaßkanal m, Eintrittskanal m (Dampfmaschinen-Schiebersteuerung) ‖ ~/**парораспределительный** (Wmt) Dampfverteilungskanal m ‖ ~/**переводной** Überleitkanal m, Überströmkanal m (Kreiselpumpe) ‖ ~ **передачи** (Nrt, Inf) Übertragungskanal m, Übertragungsweg m ‖ ~ **передачи данных** Datenübertragungskanal m ‖ ~ **передачи информации (сообщения)** Nachrichtenübertragungskanal m ‖ ~ **передачи/цифровой** (Rf) digitaler Übertragungsweg m ‖ ~/**перепускной** Überströmkanal m ‖ ~/**плавильный** Schmelzrinne f, Induktorrinne f, Induktionsrinne f (des Rinneninduktionsofens) ‖ ~/**подводящий** (Hydt) Ober[wasser]kanal m, Zuführungskanal m, Zulaufkanal m, Zuflußkanal m, Zugangskanal m (s. a. ~/рабочий 1.) ‖ ~/**подовый** (Met) Sohlkanal m (Koksofen) ‖ ~/**подходящий** (Hydt) Zugangskanal m; Zufahrtskanal m ‖ ~ **приёма** (Nrt) Empfangskanal m, Aufnahmekanal m ‖ ~/**приёмный** s. ~ приёма ‖ ~ **п-проводимости** (Eln) N-Kanal m ‖ ~ **р-проводимости** (Eln) P-Kanal m ‖ ~/**проводной** Leitungskanal m ‖ ~/**промывной** (Hydt) Schwemmkanal m, Spülkanal m, Spülrinne f ‖ ~ **рабочего колеса** Laufradkanal m, Laufschaufelkanal m (Strömungsmaschinen) ‖ ~/**рабочий** 1. (Hydt) Werkgraben m, Werkkanal m; 2. (Kern) Brennelement[kühl]kanal m (des Reaktors); 3. (Kern) Druckrohr n, Druckröhre f (eines Druckröhrenreaktors) ‖ ~/**радиовещательный** Rundfunkkanal m ‖ ~/**радионавигационный** Funkortungskanal m ‖ ~ **радиосвязи** Funkkanal m ‖ ~/**радиотелефонный** Funksprechkanal m ‖ ~/**разводящий литниковый** (Kst) Anguß-Verteilerkanal m, Anguß-Verteilerkreuz n, Angußspinne f (bei Mehrfachspritzgießwerkzeugen) ‖ ~/**разрядный** (El) Entladekanal m, Entladungskanal m ‖ ~ **распада** (Kern) Zerfallskanal m, Zerfallsweg m ‖ ~/**распределительный** 1. (Nrt) Verteilungskanal m; 2. Steuerbohrung f (einer Einspritzpumpe) ‖ ~ **рассеяния** Streukanal m ‖ ~ **реактора** (Kern) Reaktorkanal m ‖ ~ **реактора/рабочий** s. ~/рабочий 2.; 3. ‖ ~ **реакции** (Kern) Reaktionskanal m, Reaktionsweg m (einer Kernreaktion) ‖ ~ **с помехами** (Eln) gestörter (verrauschter) Kanal m ‖

канал

~/**самотёчный** (Lw) Fließkanal m; Schwemmkanal m (Entmistung) ‖ ~/**сборный** Sammelkanal m (Entwässerung) ‖ ~ **связи** 1. Nachrichten[übertragungs]kanal m; 2. (Inf) Bus m, Bussystem n ‖ ~ **связи/выделенный** (Inf) Standleitung f ‖ ~ **связи/коммутируемый** (Inf) Wählleitung f ‖ ~ **связи/некоммутируемый** (Inf) Standleitung f ‖ ~ **связи/оптоэлектронный** optoelektronischer Nachrichten[übertragungs]kanal m ‖ ~ **связи/проводной** leitungsgebundener Nachrichtenkanal m ‖ ~/**сейсмический** (Geoph) seismischer Kanal m ‖ ~/**селекторный** (Inf) Selektorkanal m ‖ ~/**смазочный** Ölkanal m, Schmierbohrung f ‖ ~/**смежный** Nachbarkanal m ‖ ~/**соединительный** Verbindungskanal m ‖ ~ **сопла** Düsenkanal m (Vergaser, Strömungsmaschinen) ‖ ~/**соседний** Nachbarkanal m ‖ ~/**сточный** (Hydt) Abflußkanal m, Abzugskanal m ‖ ~/**судоходный** Schiffahrtskanal m ‖ ~ **телевизионной передачи** Fernsehkanal m ‖ ~/**телевизионный** Fernsehkanal m ‖ ~ **телеграфной передачи (связи)** s. ~/**телеграфный** ‖ ~/**телеграфный** Telegraphie[übertragungs]kanal m ‖ ~/**телемеханический** Fernwirkkanal m ‖ ~ **телефонной связи** s. ~/**телефонный** ‖ ~/**телефонный** Fernsprechkanal m, Telephoniekanal m ‖ ~/**телефонный высокочастотный** Fernsprechträgerfrequenzkanal m, trägerfrequent betriebener Fernsprechübertragungsweg m ‖ ~/**технологический** s. ~ **реактора**/**рабочий** ‖ ~ **тонального телеграфа (телеграфирования)** Wechselstromtelegraphiekanal m, WT-Kanal m, Tontelegraphiekanal m ‖ ~ **тональной частоты** Niederfrequenzkanal m, NF-Kanal m ‖ ~/**тональный** s. ~ **тональной частоты** ‖ ~ **ТРД/входной** Einlaufkanal m, Diffusor m (Turbostrahltriebwerk, Strömungsmaschine) ‖ ~ **трубопровода** Kanalzug m, Zug m (eines Kabelkanals) ‖ ~/**тупиковый** (Hydt) Kanalstumpf m ‖ ~/**уравнительный** Überströmkanal m, Ausgleichkanal m (Strömungsmaschine) ‖ ~/**фильмовый** Filmkanal m ‖ ~/**фототелеграфный** Bildtelegraph[ie]übertragungskanal m ‖ ~ **холостого хода** (Kfz) Leerlaufbohrung f (Vergaser) ‖ ~ **цветности** (TV) Farbkanal m ‖ ~/**частотный [односторонний]** (Nrt) Frequenzkanal m ‖ ~/**четырёхпроводной** Vierdrahtkanal m ‖ ~ **шлюза/донный** (Hydt) Sohlenkanal m (Schleuse) ‖ ~ **шлюза/подходный** (Hydt) Schleusenkanal m ‖ ~ **шлюзного водопровода/поперечный** (Hydt) Stichkanal m (Schleuse) ‖ ~/**шлюзный** (Hydt) Schleusenkanal m ‖ ~/**экспериментальный** (Kern) Versuchskanal m

канализация f 1. (Bw) Entwässerung f, Abwasserbeseitigung f; 2. (Nrt) Kabelkanal m; Kabelanlage f; Leitungsführung f; 3. (El) Kanalanlage f ‖ ~/**блочная** s. ~/**кабельная** ‖ ~/**внутренняя (внутридомовая)** Gebäudeentwässerung f ‖ ~/**внутриквартальная** Grundstücksentwässerung f ‖ ~/**городская** Stadtentwässerung f ‖ ~/**дворовая** s. ~/**внутриквартальная** ‖ ~/**домовая** Hausentwässerung f ‖ ~/**кабельная** Kabelkanalanlage f, Kabelkanal m ‖ ~/**ливневая** Regenwasserableitung f ‖ ~/**многоотверстная** (Nrt) Mehrlochkanal m (Kabelkanal mit mehreren Einzelrohrzügen) ‖ ~/**наружная** Stadtentwässerung f, Ortsentwässerung f ‖ ~/**общесплавная** (Bw) Mischentwässerung f, Mischsystem n ‖ ~/**полураздельная** kombinierte Entwässerung f ‖ ~/**производственная** Betriebsentwässerung f, Industrieentwässerung f, Industrieabwasserableitung f ‖ ~/**раздельная** Trennentwässerung f, Trennsystem n ‖ ~/**хозяйственно-фекальная** Brauchwasserableitung f

каналокопатель m Grabenpflug m; Grabenbagger m

каналоочиститель m Grabenräumer m, Grabenräummaschine f

канат m Seil n, Tau n, Trosse f (s. a. unter **трос**) ‖ ~/**боковой** Seitentau n (Schwimmbagger) f ‖ ~/**буксирный** Schleppseil n, Schleppau n; Schlepptrosse f ‖ ~/**вожжевой** Kupplungsdraht m (Schubschiffahrt) ‖ ~/**грузоподъёмный** Hubseil n, Lastseil n, Förderseil n ‖ ~/**задний боковой** hinteres Seitentau n (Schwimmbagger) ‖ ~/**задний становой** s. ~/**кормовой становой** ‖ ~/**квадратного сечения** s. ~/**квадратный** ‖ ~/**квадратный** [geflochtenes] Vierkantseil n (Verflechtung von 8, 12 oder 16 Litzen) ‖ ~ **комбинированной свивки** kombiniertes rechts- und linksgängiges Seil n ‖ ~/**кормовой боковой** hinteres Seitentau n (Schwimmbagger) ‖ ~/**кормовой становой** Hintertau n, Achtertau n, Hecktau n (Schwimmbagger) ‖ ~ **крестовой свивки** Kreuzschlagseil n ‖ ~/**круглопрядный** Rundlitzenseil n ‖ ~/**направляющий** (Bgb) Führungsseil n (Förderung) ‖ ~/**натяжной** Spannseil n ‖ ~/**некрутящийся** drallfreies (drallfestes) Seil n ‖ ~/**носовой боковой** vorderes Seitentau n (Schwimmbagger) ‖ ~/**носовой становой** Vortau n (Schwimmbagger) ‖ ~/**овальнопрядный (овальный)** Ovalseil n, Flachlitzenseil n mit elliptischen Litzenquerschnitten ‖ ~/**односторонней (параллельной) свивки** Gleichschlagseil n ‖ ~/**передний боковой** vorderes Seitentau n (Schwimmbagger) ‖ ~/**передний становой** Vortau n (Schwimmbagger) ‖ ~/**плоский** Flachseil n, Bandseil n ‖ ~/**плоскопрядный** Flachlitzenseil n (mit rechteckigem Litzenquerschnitt) ‖ ~/**подъёмный** Hubseil n, Förderseil n ‖ ~/**порожняковый** (Bgb) Leerseil n (Förderung) ‖ ~/**приводной** Antriebsseil n ‖ ~/**причальный** Anlegetau n, Anlegetrosse f ‖ ~/**проволочный** Drahtseil n ‖ ~ **прямой свивки** Gleichschlagseil n ‖ ~/**спиральный** Spiralseil n ‖ ~/**тормозящий** Fangseil n (Schachtförderung) ‖ ~/**трёхграннопрядный** Dreikantlitzenseil n ‖ ~/**тяговый** Zugseil n ‖ ~/**уравновешивающий** (Bgb) Unterseil n, Ausgleichsseil n (Schachtförderung)

канатик m (El) Litze f, Litzendraht n ‖ ~/**антенный** Antennenlitze f ‖ ~/**проволочный** Drahtlitze f ‖ ~/**щёточный** Bürstenlitze f

канатоёмкость f Seilfassungsvermögen n, Seilfassung f (Windentrommel)

канатоукладчик m Seilaufspulvorrichtung f, Trossenaufspuleinrichtung f

кандела f Candela f, cd ‖ ~ **на квадратный метр** Candela f pro Quadratmeter, cd/m²

канифас-блок m (Schiff) Klappblock m, Fußblock m, Umlenkblock m

канифоль f Kolophonium n

канкринит *m (Min)* Cancrinit *m (Feldspatvertreter)*
кант *m* 1. *(Led)* Rand *m*, Schnitt *m*; 2. Kante *f*, Einfassung *f*, Bordüre *f*; 3. *(Forst)* Saum *m*
кантование *n s.* кантовка 1. bis 5.
кантователь *m* 1. *(Fert)* Wendeeinrichtung *f*; 2. *(Wlz)* Kantvorrichtung *f*, Kanter *m*; 3. *(Schm)* Wendevorrichtung *f*, Wender *m* ‖ ~/**барабанный** *(Wlz)* Profilstahlkantvorrichtung *f*, Profilstahlkanter *m* ‖ ~/**крючковый** *(Wlz)* Hakenkanter *m* ‖ ~/**кузнечный** *(Schm)* Wendevorrichtung *f*, Manipulator *m* ‖ ~/**роликовый** *(Wlz)* Rollenkantvorrichtung *f*, Rollenkanter *m*
кантовать 1. kippen, kanten; 2. *(Fert)* wenden *(Werkstücke)*; 3. *(Masch)* waagerecht pendeln *(Bewegung des Greifers im Greiferhandgelenk)*; 4. *(Wlz)* kanten *(Block)*; 4. abkanten *(umbiegen)*; 6. abgraten, abstoßen *(Blechkante)*
кантовка *f* 1. Kippen *n*, Kanten *n*; 2. *(Fert)* Wenden *n (Werkstücke)*; 3. *(Masch)* Pendeln *n (waagerechte Bewegung des Greifers im Greiferhandgelenk)*; 4. *(Wlz)* Kanten *n*; 5. *(Typ)* Fälzeln *n (Einband)*; 6. *(Typ)* Falz *m (schmaler Streifen)*, Fälzel *m*
канфильдит *m (Min)* Canfieldit *m (Germaniummineral)*
каньон *m (Geol)* Cañon *m (Kerbtal mit gestuftem Profil)*; Talschlucht *f*, Tobel *m* ‖ ~/**подводный** submariner Cañon *m*
канюля *f (Med)* Kanüle *f*
канюляр *m (Med)* Kanülenträger *m*
каолин *m (Geol)* Kaolin *m*, Porzellanerde *f*; [technisches] Kaolin *n*, Schlämmkaolin *n*, Feinkaolin *n*
каолинизация *f (Geol)* Kaolinisierung *f*
каолинит *m (Min)* Kaolinit *m*
каон *m (Kern)* Kaon *n*, K-Meson *n*
кап *m (Schiff)* Niedergangskappe *f* ‖ ~ **машинного отделения** Maschinenoberlicht *n* ‖ ~/**машинный** Maschinenoberlicht *n*
капанье *n* Tropfen *n*, Tröpfeln *n*
капацитрон *m (Ph)* Kapazitron *n*
капёж *m* Tropfwasser *n*
капель *f* Scheidekapelle *f*, Kapelle *f (NE-Metallurgie)*
капелька *f* **жидкости** Flüssigkeitströpfchen *n*
капельница *f* 1. Tropfflasche *f*, Tropfglas *n*, Tropfgefäß *n*; 2. Tropföler *m*, Tropfdüse *f*; 3. Tropfenzähler *m*
капилляр *m* Kapillare *f*, Kapillarröhrchen *n*, Haarröhrchen *n*
капиллярность *f* Kapillarität *f*
капилляроскоп *m* Kapillarmikroskop *n*
капиллярокопия *f* Kapillarmikroskopie *f*
капиллятор *m* Kapillator *m*
капиталовложение *n* Investitionen *fpl*
капитальность *f* [**здания**] Bewertungsstufe *f (eines Gebäudes)* nach der Lebensdauer
капитель *f* 1. *(Arch)* Kapitell *n*, Kapitäl *n*; 2. *(Typ)* Kapitälchen *n* ‖ ~ **колонный** Säulenkapitell *n*, Säulenkopf *m*
капкан *m* Falle *f*; Tellereisen *n*, Fußeisen *n*; Klappfalle *f*
каплезащищённый tropfwassergeschützt, mit Tropfwasserschutz
капленепроницаемый tropfwasserfest, tropfwassersicher

каплеобразование *n* Tropfenbildung *f*, Tröpfchenbildung *f*
каплеотделитель *m* Tropfenabscheider *m*
каплер *m* Kescher *m (Seiner)*
каплеуказатель *m* Tropfanzeiger *m (Schmierung)*
капля *f* Tropfen *m*; Perle *f*, Kügelchen *n*, Pille *f* ‖ ~ **индия** Indianerperle *f*, Indianerkügelchen *n* ‖ ~ **росы** Tautropfen *m* ‖ ~/**стекла** Glasperle *f*
капор *m* **сифонного водосброса** *(Hydt)* Saughaube *f (Heberwehr)*
капот *m (Flg, Kfz)* Haube *f*, Schutzhaube *f*, Verkleidung *f* ‖ ~ **двигателя** *(Kfz)* Motorhaube *f*; *(Flg)* Triebwerkhaube *f*, Triebwerksverkleidung *f* ‖ ~/**носовой** *(Flg)* Bugverkleidung *f* ‖ ~/**обтекаемый** Stromlinienverkleidung *f* ‖ ~ **радиатора** *(Kfz)* Kühlerverkleidung *f*
капотирование *n (Flg)* Kopfstand *m*, Überschlag *m*
каппа-мезон *m s.* каон
капремонт *m* Generalüberholung *f*
капролактам *m (Ch)* Caprolaktam *n*
капсель *m (Ker)* Kapsel *f* ‖ ~/**шамотный** Schamottekapsel *f*
капсулировать [ver]kapseln, verkappen
капсулотом *m (Med)* Kapselmesser *n*
капсюлирование *n* Kapselung *f*, Verkapselung *f*
капсюль *m* 1. Kapsel *f*, Verschlußkapsel *f*; 2. Zündhütchen *n* ‖ ~/**микрофонный** *(Nrt)* Sprechkapsel *f*, Mikrophonkapsel *f* ‖ ~/**телефонный** Hörkapsel *f*, Telephonkapsel *f*
капсюль-детонатор *m* Sprengkapsel *f*, Zünder *m*
каптаж *m (Hydt)* Fassung *f*, Wasserfassung *f*, Wasserfassungsmaßnahme *f* ‖ ~ **газа** *(Bgb)* Gasabsaugung *f*, Entgasung *f* ‖ ~ **галереями** Stollenfassung *f* ‖ ~ **грунтовых вод** Grundwasserfassung *f* ‖ ~ **источника** Quellenfassung *f* ‖ ~ **штольнями** Stollenfassung *f*
каптал *m (Typ)* Kapital[band] *n*, Kaptal[band] *n*
кар *m* 1. *(Geol)* Kar *n*; 2. *s.* карат
карабин *m* 1. Karabiner *m (Schußwaffe)*; 2. Karabinerhaken *m*
карабинчик *m (Text)* Karabinerhaken *m (Weberei)*
карабура *f (Bw)* Reisigfaschinenpackung *f* mit Steinbeschwerung, Senkfaschine *f*
караван *m*/**буксирный** *(Schiff)* Schleppzug *m*, Schleppverband *m* ‖ ~/**палубный** *(Schiff)* Holzdeckskalung *f*
карамель *f (Lebm)* Karamel *m*; Zuckerkulör *f (gelöster Karamel)*
карандаш *m* Bleistift *m* ‖ ~/**алмазный** *(Wkz)* Diamantvielkornabrichter *m*, Diamantabrichtstift *m* ‖ ~/**оптический** *s.* ~/**световой** ‖ ~/**световой** Lichtstift *m*, Lichtgriffel *m* ‖ ~/**химический** Kopierstift *m* ‖ ~/**цветной** Buntstift *m*
карасик *m (Wkz)* Vogelzunge *f (Feile)*
карат *m* [metrisches] Karat *n*, k, Kt *(Sl-fremde, aber noch gültige Einheit der Masse)*
карбаминовокислый *(Ch)* ...carbamat *n*; carbamidsauer
карбид *m (Ch, Wkst)* Carbid *n* ‖ ~ **бора** Borcarbid *n (Schleifmittel)* ‖ ~/**вторичный** *(Wkst)* Sekundärcarbid *n*, Sekundärzementit *m* ‖ ~ **выделяющийся по границам зёрен** *(Wkst)* Korngrenzencarbid *n* ‖ ~ **железа** *(Wkst)* Eisencarbid *n*;

карбид

(Wkst) Zementit *m* II ~/**зелёный** grünes Siliciumcarbid *n (Schleifmittel)* II ~ **кальция** Calciumcarbid *n*, Carbid *n* II ~/**комплексный** *(Wkst)* Komplexcarbid *n*, Mischcarbid *n* II ~ **кремня** Siliciumcarbid *n*, Carborundum *n*, Karborund *m (Schleifmittel)* II ~/**ледебуритный** *(Wkst)* ledeburitischer Zementit *m*, Ledeburit *m* II ~/**первичный** *(Wkst)* Primärcarbid *n*, Primärzementit *m* II ~/**сложный** *(Wkst)* Mischcarbid *n*, Komplexcarbid *n* II ~/**чёрный** schwarzes Siliciumcarbid *n (Schleifmittel)*

карбидизация *f (Wkst)* Carbidbildung *f*

карбидообразователь *m (Wkst)* Carbidbildner *m*

карбидообразующий *(Wkst)* carbidbildend

карбидостабилизирующий *(Wkst)* carbidstabilisierend

карбоксил *m (Ch)* Carboxyl *n*, Carboxylgruppe *f*

карбоксилирование *n (Ch)* Carboxylierung *f*

карбоксилсодержащий *(Ch)* carboxylgruppenhaltig

карбон *m (Geol)* Kurzbezeichnung für 1. период/каменноугольный; 2. система/каменноугольная

карбонадо *n* 1. *(Min)* Carbonado *m (polykristalliner Natur- oder synthetischer Diamant)*; 2. *(Fert)* Karbonado *m (Bohr- und Schleifmittel aus schwärzlichen Diamantsplittern)*

карбонат *m (Ch)* Carbonat *n* II ~ **калия** Kaliumcarbonat *n (Pottasche)* II ~ **натрия** Natriumcarbonat *n (Soda)*

карбонатит *m (Geol)* Karbonatit *m (Eruptivgestein)*

карбонатность *f* [горных пород] *(Geol)* Carbonatgehalt *m (der Gesteine)*

карбонизатор *m* 1. *(Ch)* Karbonisieranlage *f*, Karbonisator *m*; 2. *(Met)* Kohlungsmittel *n*

карбонизация *f* 1. *(Ch)* Karbonisieren *n*, Karbonisation *f (Soda-, Phenol- oder Getränkeherstellung)*; 2. Umwandlung *f* in Kohlenstoff; Kohlenstoffanreicherung *f*; Verkokung *f*, Entgasung *f (von Kohle)*; Verkohlung *f*, Entgasung *f (von Holz)*; 3. *(Text)* Karbonisieren *n*, Karbonisation *f*, Auskohlen *n*, Entkletten *n (von Wolle)*; 4. *(Geol)* Inkohlung *f*, Kohlenreifung *f*; 5. *(Bw)* Karbonisierung *f (Behandlung kalkhaltiger Baustoffe mit Kohlensäure zwecks Beschleunigung der Trocknung)*; 6. *(Met)* Aufkohlung *f* II ~/**предварительная** Vorkarbonisieren *n*

карбонизировать 1. *(Ch)* karbonisieren *(Soda-, Phenol- oder Getränkeherstellung)*; 2. in Kohlenstoff umwandeln; mit Kohlenstoff anreichern; verkoken, entgasen *(Kohle)*; verkohlen, entgasen *(Holz)*; 3. *(Text)* karbonisieren, auskohlen, entkletten *(Wolle)*; 4. *(Met)* aufkohlen

карбонил *m (Ch)* Carbonyl *n*

карбонилирование *n* Carbonylierung *f (Acetylenchemie)*

карборунд *m s.* карбид кремня

карбоциклический *(Ch)* carbocyclisch, isocyclisch, homocyclisch

карбуран *m (Min)* Carburan *n (pechartige Substanz mit etwa 5 % Uranoxid)*

карбюратор *m (Kfz)* Vergaser *m (Vergasermotor)* II ~/**авиационный** Flugmotorenvergaser *m* II ~/**автомобильный** Kraftfahrzeugvergaser *m* II ~/**бензиновый** Benzinvergaser *m* II ~/**бесплавковый** schwimmloser Vergaser *m* II ~/**впрыскивающий** Einspritzvergaser *m* II ~/**всасывающий** Saugvergaser *m*, Unterdruckvergaser *m* II ~/**вспомогательный** Zusatzvergaser *m* II ~/**гоночный** Vergaser *m* für Rennmotoren II ~/**двухзолотниковый** Doppelschiebervergaser *m* II ~/**двухкамерный** Zweikammervergaser *m* II ~/**жиклёрный** Spritzdüsenvergaser *m* II ~/**золотниковый** Schiebervergaser *m* II ~/**малогабаритный** Kleinvergaser *m* II ~/**многокамерный** Mehrfachvergaser *m* II ~/**наклонный** Schräg[strom]vergaser *m* II ~/**одножиклёрный** Eindüsenvergaser *m* II ~/**основной** Hauptvergaser *m* II ~/**поплавковый** [**всасывающий**] Schwimmervergaser *m* II ~/**пусковой** Startvergaser *m*, Hilfsvergaser *m* II ~ **с восходящим потоком** Steigstromvergaser *m*, Vertikalvergaser *m* II ~ **с горизонтальным потоком** Flachstromvergaser *m*, Horizontalvergaser *m* II ~ **с дозирующей иглой/золотниковый** Düsennadelvergaser *m* II ~ **с дроссельной заслонкой** Drosselklappenvergaser *m* II ~ **с наклонно расположенными жиклёрами** Schrägdüsenvergaser *m* II ~ **с нисходящим (падающим) потоком** Fallstromvergaser *m* II ~ **с падающим потоком/двухкамерный** Zweikammer-Fallstromvergaser *m* II ~/**сдвоенный** Doppelvergaser *m* II ~/**трёхжиклёрный золотниковый** Dreidüsenvergaser *m* II ~ **тяжёлого топлива** Schwerölvergaser *m*

карбюратор-смеситель *m* Vergaser *m* mit Gas-Luft-Mischer

карбюрация *f* 1. *(Kfz)* Kraftstoffzerstäubung *f*, Vergasung *f*; 2. *(Härt)* Zementierung *f*, Einsatzhärtung *f*; Aufkohlung *f*

карбюризатор *m (Härt)* Aufkohlungsmittel *n*, Kohlungsmittel *n*, Einsatzhärter *m*, Einsatzmittel *n*, Zementationsmittel *n* II ~/**жидкий** flüssiges Einsatzmittel *n*, Badhärtemittel *n*; feuerflüssiges Einsatzmittel *n*, Badhärtemittel *n (geschmolzene cyanidhaltige Salze)* II ~/**порошкообразный** Aufkohlungspulver *n*, Zementationspulver *n*, Einsatzpulver *n* II ~/**твёрдый** festes Einsatzmittel *n* (Aufkohlungsmittel) *n*

карбюрировать 1. karburieren *(Gase)*; 2. vergasen *(Kraftstoff im Motor)*

карга *f (Schiff)* Teufelsklaue *f (Ankerzurrung)*

каргоплан *m (Schiff)* Ladeplan *m*

кардан *m* Kardangelenk *n*, Kupplungsgelenk *n* II ~/**жёсткий** starres Gelenk *n* II ~/**закрытый** geschlossenes Wellengelenk (Kardangelenk) *n* II ~/**мягкий** elastisches Gelenk *n* II ~/**открытый** offenes Wellengelenk (Kardangelenk) *n* II ~ **равных угловых скоростей** Gleichlaufgelenk *n* II ~/**разборный** *s.* ~ **с подшипниками скольжения** II ~ **с игольчатыми подшипниками** Kreuzgelenk *n* mit Nadellagern II ~ **с крестовиной/жёсткий** Zapfenkreuzgelenk *n* II ~ **с подшипниками скольжения** Kreuzgelenk *n* mit Gleitlagern II ~ **с резиновыми втулками/мягкий** Gummigelenk *n*, Silentblockgelenk *n* II ~ **с упругими дисками/мягкий** Scheibengelenk *n*, Gewebescheibengelenk *n* II ~ **с упругими пластинками/мягкий** Laschengelenk *n*, Gewebelaschengelenk *n* II ~/**синхронный** Gleichlaufgelenk *n*, homokinetisches Gelenk *n*

кардинал *m (Math)* Kardinalzahl *f*

кардиограф m/**ультразвуковой** (Med) Ultraschallkardiograph m, Echokardiograph m
кардиоида f (Math) Kardioide f, Herzkurve f, herzförmige Kurve f
кардиостимулятор m (Med) Herzschrittmacher m, HSM
кардиосфигмограф m (Med) Kardiosphygmograph m, Herzpulsschreiber m
кардиотокограф m (Med) Kardiotokograph m
кардочесание n (Text) Kardieren n, Krempeln n
каретка f 1. (Masch) Schlitten m; Wagen m (s. a. unter салазки); (Wkzm) Bettschlitten m (Drehmaschine); 2. (Fert) Verfahreinheit f (Roboter); 3. (Typ) Karren m, Schlitten m (Druckmaschine); 4. Schreib[maschinen]wagen m; 5. Laufkatze f, Katze f (Kreiskettenförderer) || **~ буровая** (Bgb) Bohrwagen m || **~ верхнего зева/ремизоподъёмная** (Text) Hochfach-Schaftmaschine f || **~/верхняя** (Wkzm) Oberschlitten m (Drehmaschine); 2. s. **~ ровничной машины/верхняя** || **~/волочильная** (Fert) Ziehwagen m, Ziehschlitten m || **~ гребнечесальной машины** (Text) Wagen m, Zangenapparat m (Kämmaschine) || **~/двухподъёмная ремизная** (Text) Doppelhub-Schaftmaschine f || **~ для полного зева/ремизоподъёмная** (Text) Hoch- und Tieffach-Schaftmaschine f || **~ закрытого зева/ремизоподъёмная** (Text) Geschlossenfach-Schaftmaschine f || **~/замковая** s. **~ плоской фанговой машины/замковая** || **~/измерительная** Meßschlitten m || **~/катушечная** s. **~ ровничной машины/верхняя** || **~ косого зева** (Text) Schrägfach-Schaftmaschine f || **~ нижнего зева/ремизоподъёмная** (Text) Tieffach-Schaftmaschine f || **~/нижняя** s. **~ ровничной машины/нижняя** || **~/одноподъёмная ремизная** (Text) Einhub-Schaftmaschine f || **~ отвесов** (Меß) Lotwagen m || **~ открытого зева/ремизоподъёмная** (Text) Offenfach-Schaftmaschine f || **~ плоской фанговой машины/замковая** (Text) Schlitten m, Schloßschieber m (Flachstrickmaschine) || **~ подачи** (Fert) Zubringerschlitten m (Ziehbank) || **~/подающая** (Fert) Zubringerschlitten m (Ziehbank) || **~/подъёмная** (Masch) Führungsgetriebe n für Senkrechtbewegung (eines Industrieroboters) || **~/резцовая** (Wkzm) Oberschlitten m mit Drehmeißelhalter || **~/ремизная** s. **~/ремизоподъёмная** || **~/ремизоподъёмная** (Text) Schaftmaschine f (Schaftwebstuhl) || **~ ровничной машины/верхняя** (Text) Spulenbank f, Spulenwagen m (Flyer) || **~ ровничной машины/нижняя** (Text) Spindelbank f (Flyer) || **~ рычажная ремизоподъёмная** (Text) Zugstangen-Schaftmaschine f || **~ сельфактора** (Text) Wagen m, Selfatorwagen m, Spinnwagen m, fahrbarer Spindelträger m (Selfaktor) || **~/талерная** (Typ) Karren m, Druckkarren m (Flachdruckmaschine) || **~ ткацкого станка** s. **~/ремизоподъёмная** || **~/узлонзальная** (Text) Wanderknoter m || **~ центрального зева/ремизоподъёмная** (Text) Hoch- und Tieffach-Schaftmaschine f || **~/циркулирующая** (Text) umlaufender Wagen n (Flachstrickautomat) || **~ щёткодержателя** (El) Bürstenwagen m, Kontaktschlitten m || **~/эджерная** (Wlz) Stauchwalzenschlitten m (Bandagen- und Radscheibenwalzwerk) || **~/экс-**центрисковая ремизоподъёмная (Text) Exzenterschaftmaschine f
кариокинез m (Kern) Karyokinese f, Mitose f (indirekte Kernteilung)
кариоплазма f (Ph) Karyoplasma n
каркас m 1. Gerüst n, Gestell n (Stahlkonstruktion, z. B. eines Ofens); Gerippe n; Skelett n; 2. Fachwerk n; 3. (Gieß) Gerüst n (eines Kerns); 4. (Text) Trägerschicht f (Nadelvlies); 5. (Gum) Karkasse f (Reifen) || **~/арматурный** (Bw) Bewehrungskorb m, Bewehrungsskelett n || **~ вагона** (Eb) Wagenkastengerippe n || **~/внутренний** (Bw) Innengerippe n, Innenskelett n || **~ здания** Gebäudeskelett n || **~/карбидный** Hartstoffskelettkörper m (Pulvermetallurgie) || **~ катушки** (El) Spulenkörper m, Spulenträger m, Spulenrahmen m || **~ катушки/керамический** keramischer Spulenkörper m || **~ ковра** (Text) Teppichgrund m || **~ ленты/тканевый** Bandgewebekern m, Gurtgewebekern m (Förderband) || **~/многоярусный** (Bw) mehrgeschossiges Skelett n || **~/несущий** (Bw) Traggerüst n, tragendes Gerippe n, Traggerippe n || **~ печи** Ofengerüst n, Ofengerippe n || **~ покрышки** (Gum) Karkasse f (Reifen) || **~/рамносвязевый** (Bw) Skelett n mit kombinierter Aussteifung || **~/рамный** (Bw) Rahmenskelettkonstruktion f || **~/связевый** (Bw) [durch Verbände] ausgesteiftes Skelett n || **~/силовой** Triebwerksgerüst n || **~/стержневой** (Gieß) Kernarmierung f, Kerneisen n, Kernbewehrung f || **~ стержня** s. **~/стержневой** || **~ топки** Feuerungsgerüst n
карлик m (Astr) Zwerg m, Zwergstern m || **~/белый** weißer Zwerg (Stern) || **~/жёлтый** gelber Zwerg (Stern) || **~/красный** roter Zwerg (Stern) || **~/чёрный** schwarzer Zwerg m
карлингс m (Schiff) Unterzug m
карман m Tasche f; (Inf) Ablegefach n || **~/анодный** Anodensack m (NE-Metallurgie) || **~ брака** (Inf) Rückweisungsfach n || **~/бункерный** Bunkertasche f, Bunkerzelle f || **~/загрузочный (засыпочный)** (Glas) Einlegevorbau m, Gemengetasche f || **~/лопаточный** Schaufelkammer f, Schaufeltasche f (Dampfturbine) || **~/масляный** Ölfangtasche f || **~/передний** (Glas) Vorherd m || **~/переливной** Ablaufschacht m (einer Rektifizierkolonne) || **~/петлевой** Schlingentieflauf m, Schlingengrube f, Schlingenkanal m (Feinwalzwerk) || **~/погрузочный** (Wlz) Verladetasche f || **~/подающий** (Inf) Kartenzuführungsmagazin n || **~/подпалубный** (Schiff) Unterzug m || **~/пылевой** Staub[sammel]tasche f, Staubsack m || **~/собирательный** Sammeltasche f, Auffangtasche f || **~/уборочный** Verladetasche f
кармин m Karmin[rot] n
карналлит m (Min) Karnallit m (Kalisalz)
карнеол m (Min) Karneol m (Chalzedon)
карнеолоникс m (Min) Karneolonyx m (Achat)
карниз m (Bw) Gesims m, Sims m, Karnies n || **~/венчающий (главный)** Kranzgesims n || **~/ленточный** Bandgesims n || **~/оконный** Fenstersims n || **~/соляной** (Geol) Salzüberhang m; Salzpilz m || **~/цокольный** Sockelgesims n
карнизник m (Wkzm) Simshobel m

карнотит m (Min) Carnotit m (Uranylvanadat)
каротаж m (Bgb, Geol) Karot[t]age f, Bohrlochmessung f, Bohrlochaufnahme f (Bohrlochgeophysik) ‖ **~/акустический** akustische Karotage (Bohrlochmessung) f, Akustiklog n ‖ **~/боковой** seitliche Korotage (Bohrlochmessung) f, Laterologmessung f ‖ **~/газовый** Gasanalyse f der Spülung, Spülungsbefund m auf Gas ‖ **~/геотермический** thermische Bohrlochmessung f ‖ **~/индукционный** Induktionslog n ‖ **~ методом собственных естественных потенциалов** Eigenpotentialmessung f ‖ **~ методом сопротивления** Widerstandsmessung f ‖ **~/нейтрон-нейтронный** Neutron-Neutron-Bohrlochmessung f ‖ **~/радиоактивный** radioaktive Bohrlochmessung f, radioaktives (kernphysikalisches) Verfahren (Meßverfahren) n ‖ **~/сейсмический** seismische Karotage (Bohrlochmessung) f ‖ **~ скважин** s. каротаж ‖ **~ стратометром** Strata- und Neigungsmessung f ‖ **~/электрический** elektrische Bohrlochmessung f
карры pl (Geol) Karren fpl, Schratten fpl (Karstscheinung)
карсинотрон n Karzinotron n, Rückwärtswellenröhre f
карст m (Geol) Karst m
карт m K-Wagen m
карта f Karte f; Lochkarte f ‖ **~/апертурная** Mikrofilmkarte f ‖ **~/астрономическая** (Astr) Sternkarte f ‖ **~ аэрофотосъёмки** Luftbildplan m, Luftbildkarte f ‖ **~/батиметрическая** (Geod) Tiefenkarte f, Isobathenkarte f, bathymetrische Karte f ‖ **~/бумажная** (Text) Pappkarte f, Papierkarte f ‖ **~ в горизонталях** s. **~/гипсометрическая** ‖ **~ в изобатах** s. **~/батиметрическая** ‖ **~/генеральная** Übersichtskarte f ‖ **~/географическая** Landkarte f, Karte f ‖ **~/геотермическая** (Geoph) geothermische Karte f ‖ **~/гипсометрическая** (Geod) Höhen[linien]karte f, Höhenschicht[en]karte f, Schicht[lini]enplan m, Umrißkarte f ‖ **~/гравиметрическая** (Geoph) Schwerekarte f ‖ **~/дорожная** Wegekarte f, Verkehrskarte f ‖ **~/дуальная** Verbundlochkarte f ‖ **~/жаккардовая** (Text) Jacquardkarte f ‖ **~/завершающая** (Inf) Folgekarte f, Endekarte f ‖ **~/звёздная** (Astr) Sternkarte f, Himmelskarte f ‖ **~ изобар** (Meteo) Isobarenkarte f ‖ **~ изогамм** (Geoph) Isogammenkarte f ‖ **~ изогипс** s. **~/гипсометрическая** ‖ **~ изолиний** s. **~/гипсометрическая** ‖ **~ изосейст** (Geoph) Isoseistenkarte f ‖ **~/информационная** Lochkarte f ‖ **~/классификационная** Klassifizierungskarte f ‖ **~/контурная** s. **~/гипсометрическая** ‖ **~/конформная** winkeltreue Karte f ‖ **~/Луны** Mondkarte f ‖ **~/магнитная** Magnetkarte f ‖ **~/маршрутная** 1. (Fert) Arbeitsplan m; 2. (Flg) Streckenkarte f ‖ **~/метеорологическая** Wetterkarte f ‖ **~/морская** Seekarte f ‖ **~/навигационная** Navigationskarte f ‖ **~ намыва** (Hydt) Spülfläche f ‖ **~ неба** s. **~/звёздная** ‖ **~/обзорная** Übersichtskarte f ‖ **~/перфорационная (перфорированная)** Lochkarte f ‖ **~/программная** (Inf) Programmkarte f ‖ **~ продолжения** (Inf) Fortsetzungskarte f ‖ **~/путевая** Segelkarte f, Kurskarte f (Seekarte) ‖ **~ путей сообщения** Verkehrskarte f ‖ **~/радиолокационная** Radarkarte f ‖ **~/радиолокационная метеорологическая** Radarwetterkarte f ‖ **~ радиопеленгов** Funkpeilungskarte f ‖ **~/рыболовная** Fischereikarte f ‖ **~ с горизонталями** s. **~/гипсометрическая** ‖ **~ сборки/технологическая** (Fert) Montagekarte f ‖ **~ сейсмического районирования** (Geoph) seismische Rayonierungskarte f ‖ **~/синоптическая** (Meteo) Wetterkarte f ‖ **~ счёта/магнитная** (Inf) Magnetkontokarte f ‖ **~/тематическая** thematische Karte f ‖ **~ теплового потока** (Geoph) Wärmestromkarte f, Heat-flow-Karte f ‖ **~/технологическая** (Fert) Arbeitsplanstammkarte f ‖ **~/топографическая** topographische Karte f ‖ **~/узорная** (Text) Musterkarte f ‖ **~/управляющая** (Reg) Steuerkarte f ‖ **~/циркумнополярная** Zirkumpolarkarte f ‖ **~/частная** Teilkarte f (Seekarte); Sonderkarte f
карта-шаблон f (Inf) Indexkarte f, Leitkarte f
картер m (Kfz, Masch) Gehäuse n, Käfig m; Kurbelgehäuse n (s. a. unter коробка 2.) ‖ **~ ведущего моста** Antriebsachsgehäuse n ‖ **~ главной передачи** Hinterachsgehäuse n (für Achsantrieb und Ausgleichgetriebe) ‖ **~ двигателя** Kurbelgehäuse n (Verbrennungsmotor) ‖ **~ заднего моста [автомобиля]** Differentialgehäuse n der Hinterachse ‖ **~ кардана** Gelenkgehäuse n ‖ **~ коробки передач [скоростей]** Getriebegehäuse n (Schaltgetriebe) ‖ **~ маховика** Schwungradgehäuse n (Verbrennungsmotor) ‖ **~ подшипника** Lagergehäuse n ‖ **~ редуктора** s. **~ главной передачи** ‖ **~ рулевого механизма** Lenkvorrichtungsgehäuse n ‖ **~ рулевой передачи** Lenkgetriebegehäuse n
картина f/интерференционная Interferenzbild n ‖ **~ магнитного поля** magnetisches Feldbild n ‖ **~ мира** Weltbild n (KI) ‖ **~/муаровая** Moiré[bild] n ‖ **~/проекционная** (Opt) Projektionsbild n, Projektionsabbildung f ‖ **~ течения** Strömungsbild n, Stromlinienbild n ‖ **~ чисел оборотов** Drehzahlschaubild n ‖ **~ шумов** Rauschbild n
картирование n Kartierung f (Geographie)
картограмма f (Krist) Kartogramm n
картограф m Kartograph m, Bildkartiergerät n, Kartiergerät n
картографирование n Kartierung f
картография f Kartographie f
картон m Karton m (150 bis 500 g/m^2); Pappe f (500 bis 2000 g/m^2) ‖ **~/асбестовый** Asbestpappe f ‖ **~/бурый древесный** Braunholzpappe f ‖ **~/волнистый** Wellpappe f ‖ **~/вулканизированный** Vulkanfiber f, Fiber f ‖ **~/высокосортный** Feinpappe f ‖ **~/глянцевый** Glanzkarton m ‖ **~/гофрированный** Wellpappe f ‖ **~/жаккардовый** (Text) Jacquardkarton m, Karten fpl, Jacquardkartenkette f (Jacquardwebstuhl) ‖ **~/кашированный блестящей плёнкой** glanzfolienkaschierte Pappe f ‖ **~/клеёный** geklebter Karton m ‖ **~/коробочный** Faltschachtelkarton m ‖ **~/кровельный** Dachpappe f ‖ **~/макулатурный** Schrenzpappe f (Abfall) ‖ **~/многослойный машинный** mehrlagiger Karton m ‖ **~/обувной** Schuhpappe f (ohne Lederfasergehalt) ‖ **~/одинарный** Naturkarton m ‖ **~/опорный** (Brau) Filterschicht f (pappeähnliche Stützschicht) ‖ **~/переплётный** Buch-

binderpappe *f* ~/**прокладочный** Dichtungskarton *m*; *(Text)* Glanzpappe *f (Pressen von Tuch)* ‖ ~ **ремизоподъёмной каретки** *(Text)* Karten *fpl (Schaftwebstuhl)* ‖ ~/**рисовальный** Zeichenkarton *m* ‖ ~/**трёхслойный** dreischichtige Pappe *f*
картон-основа *m* Rohpappe *f*
картон-триплекс *m* dreischichtige Pappe *f*
картопечатание *n (Тур)* Landkartendruck *m*, Kartendruck *m*
картосхема *f* Kartenskizze *f*
картотека *f* Kartei *f* ‖ ~/**рентгенографическая** *(Krist)* ASTM-Index *m*, ASTM-Pulverdaten *pl*
картоукладчик *m (Wlz)* Tafelstapler *m*, Tafelablagevorrichtung *f*
картофелезапарник *m (Lw)* Kartoffeldämpfer *m*, Kartoffeldämpfanlage *f* ‖ ~/**опрокидывающийся** Kippdämpfer *m*, Kartoffelkippdämpfer *m*
картофелекопатель *m (Lw)* Kartoffelroder *m* ‖ ~/**барабанно-сетчатый** Siebtrommelkartoffelroder *m* ‖ ~ **швыряльного типа** Schleuderradroder *m*, Breitwurfroder *m (Fließarbeitsroder)*
картофелекопатель-валкоукладчик *m (Lw)* Vorratsroder *m*
картофелемойка *f (Lw)* Kartoffelwäsche *f*
картофелемялка *f (Lw)* Kartoffelquetsche *f (Futterbereitung)*
картофелесажалка *f (Lw)* Kartoffellegemaschine *f*
картофелесортировка *f (Lw)* Fraktionierung *f*, Sortierung *f*
картофелехранилище *n (Lw)* Kartoffellager *n*, Kartoffellageranlage *f*, Kartoffellagerhaus *n*
картушка *f* Kompaßrose *f*
карусель *f* Karussell *n* ‖ ~ **автомата** *(Wkzm)* Automatenkarussell *n*
карусельный *(Wkzm)* Karussell... *(Bauweise)*
карцинотрон *m s.* карсинотрон
карьер *m* Tagebau *m* ‖ ~/**буроугольный** Braunkohlentagebau *m* ‖ ~/**глиняный** Lehmgrube *f* ‖ ~/**глубокий** Tieftagebau *m* ‖ ~/**горнорудный** Erztagebau *m* ‖ ~/**гравийный** Kiesgrube *f*, Schottergrube *f* ‖ ~/**железорудный** Eisenerztagebau *m* ‖ ~/**каменный** Bruch *m*, Steinbruch *m* ‖ ~/**мраморный** Marmorbruch *m* ‖ ~/**песчаниковый** Sandsteinbruch *m* ‖ ~/**песчаный** Sandgrube *f* ‖ ~/**рудный** Erztagebau *m* ‖ ~/**сланцевый** Schiefer[stein]bruch *m*, Schiefergrube *f* ‖ ~/**угольный** Steinkohlentagebau *m*, Kohlentagebau *m*
касательная *f (Math)* Tangente *f* ‖ ~ **в вершине** Scheiteltangente *f* ‖ ~ **в точке перегиба** Wendetangente *f* ‖ ~/**геодезическая** geodätische Tangente *f* ‖ ~/**каноническая** kanonische Tangente *f* ‖ ~/**общая** gemeinsame Tangente *f*
касательный tangential, Tangential...; *(Eb)* am Radumfang *(Zugkraft, Leistung)*
каска *f (Bgb)* Helm *m*, Grubenhelm *m*
каскад *m* Kaskade *f*; Treppe *f*; Stufe *f* ‖ ~/**балансный** *(Rf)* Balancestufe *f* ‖ ~/**буферный** *(Rf)* Pufferstufe *f* ‖ ~ **видеосигнала/выходной** *(TV)* Bildendstufe *f* ‖ ~/**видеоусилительный** *(TV)* Videoverstärkerstufe *f* ‖ ~ **видеоусилителя/оконечный** *(TV)* Videoendstufe *f* ‖ ~ **видеочастоты/усилительный** *(TV)* Videoverstärkerstufe *f* ‖ ~ **вобуляции** *(Rf)* Wobbelstufe *f* ‖ ~ **водохранилищ** *(Hydt)* Speicherkette *f*; Haltungstreppe *f* ‖ ~/**возбуждающий** *(Rf)* Erregerstufe *f* ‖ ~/**входной** *(Rf)* Eingangsstufe *f* ‖ ~/**входной усилительный** Eingangsverstärkerstufe *f* ‖ ~/**выпрямительный** *(Rf)* Gleichrichterstufe *f* ‖ ~ **высокой частоты/усилительный** *(Rf)* Hochfrequenzverstärkerstufe *f* ‖ ~/**высокочастотный** *(Rf)* Hochfrequenzstufe *f*, HF-Stufe *f* ‖ ~/**выходной** *(Rf)* Ausgangsstufe *f*, Endstufe *f* ‖ ~/**выходной усилительный** Ausgangsverstärkerstufe *f* ‖ ~ **гамма-квантов** *(Kern)* Gamma-[Gamma-]Kaskade *f* ‖ ~ **гидроустановок** *(Hydt)* Werktreppe *f* ‖ ~ **гидроэлектростанции** *(En)* Kraftwerkskaskade *f* ‖ ~/**двойной** *(Rf)* Doppelstufe *f* ‖ ~ **двойных совпадений** *(Ph)* Zweifachkoinzidenzstufe *f* ‖ ~/**двухтактный** *(Rf)* Gegentaktstufe *f* ‖ ~/**двухтактный оконечный** Gegentaktendstufe *f* ‖ ~/**детекторный** *(Rf)* Demodulatorstufe *f*, Detektorstufe *f* ‖ ~/**дифференциальный** *(Rf)* Differentialstufe *f*, Differentialkaskade *f* ‖ ~/**задающий** *(Rf)* Vorendstufe *f*, Treiber *m*, Treiberstufe *f* ‖ ~ **заземлённого анода** *(Rf)* Anodenbasisstufe *f*, AB-Stufe *f* ‖ ~ **заземлённого катода** *(Rf)* Kathodenbasisstufe *f*, KB-Stufe *f* ‖ ~ **заземлённой сетки** *(Rf)* Gitterbasisstufe *f*, GB-Stufe *f* ‖ ~/**запоминающий** *(Eln)* Speicherstufe *f*, Speicherkaskade *f* ‖ ~/**измерительный** Meßstufe *f* ‖ ~/**импульсный** *(Rf)* Impulsstufe *f* ‖ ~/**инвертирующий** *(Inf)* Umkehrstufe *f* ‖ ~/**кадровой развёртки** *(TV)* Bildablenkstufe *f* ‖ ~ **канала изображения/оконечный** *(TV)* Videoendstufe *f* ‖ ~ **качания [частоты]** *(Rf)* Wobbelstufe *f* ‖ ~/**компенсирующий** *(Rf)* Kompensationsstufe *f* ‖ ~/**манипуляторный** *(Rf)* Taststufe *f* ‖ ~/**модулирующий (модуляторный)** *(Rf)* Modulationsstufe *f* ‖ ~/**мощный** *(Rf)* Leistungsstufe *f* ‖ ~/**мощный оконечный** Leistungsendstufe *f* ‖ ~/**накопительный** *(Eln)* Speicherstufe *f*, Speicherkaskade *f* ‖ ~/**начальный** *(Rf)* Anfangsstufe *f* ‖ ~ **низкой частоты/усилительный** *(Rf)* Niederfrequenzverstärkerstufe *f* ‖ ~/**низкочастотный** *(Rf)* Niederfrequenzstufe *f*, NF-Stufe *f* ‖ ~/**ограничительный** *(Rf)* Begrenzerstufe *f*, Begrenzungsstufe *f* ‖ ~/**однотактный** *(Rf)* Eintaktstufe *f* ‖ ~/**однотактный оконечный** Eintaktendstufe *f* ‖ ~/**однотактный смесительный** Eintaktmischstufe *f* ‖ ~/**однотактный усилительный** Eintaktverstärkerstufe *f* ‖ ~/**оконечный** *(Rf)* Endstufe *f*, Ausgangsstufe *f* ‖ ~/**оконечный отклоняющий** Ablenkendstufe *f* ‖ ~/**отклоняющий** *(TV)* Ablenkstufe *f* ‖ ~ **передатчика/мощный** *(Rf)* Sende[r]leistungsstufe *f*, Senderendstufe *f*, Endstufe *f* ‖ ~ **передатчика/усилительный** *(Rf)* Sende[r]verstärkerstufe *f* ‖ ~/**предварительный** *(Rf)* Vorstufe *f* ‖ ~/**предоконечный** *(Rf)* Vorendstufe *f*, Treiberstufe *f* ‖ ~/**преобразовательный** *(El)* Umformerstufe *f*; Umsetzerstufe *f* ‖ ~ **приёмника/входной** *(Rf)* Empfängereingangsstufe *f* ‖ ~ **промежуточной частоты** *(Rf)* Zwischenfrequenzstufe *f*, ZF-Stufe *f* ‖ ~/**промежуточный** *(Rf)* Zwischenstufe *f* ‖ ~ **радиоприёмника/входной** Empfängereingangsstufe *f* ‖ ~/**разделительный** *(Rf)* Trennstufe *f* ‖ ~/**разрядный** *(El)* Entladestufe *f* ‖ ~/**реактивный** *(Rf)* Reaktanzstufe *f* ‖ ~ **с общей сеткой** *(Rf)* Gitterbasisstufe

каскад

f, GB-Stufe f ll ~/**смесительный** (TV) Mischstufe f ll ~ **совпадений** (El) Koinzidenzstufe f ll ~ **соединения** (El) Koppelstufe f ll ~ **строчной развёртки/выходной** (TV) Zeilenendstufe f ll ~/**транзисторный усилительный** (Rf) Transistorverstärkerstufe f ll ~ **удвоения** (El) Verdopplerstufe f ll ~ **умножения** (Rf) Multiplikationsstufe f, Vervielfacherstufe f ll ~ **усиления** (Rf) Verstärkerstufe f, Verstärkungsstufe f, Verstärkerkaskade f ll ~ **усиления/двухтактный** Gegentaktverstärkerstufe f ll ~ **усиления/дроссельный** drosselgekoppelte Verstärkerstufe f, Drosselverstärkerstufe f, LC-Verstärkerstufe f ll ~ **усиления/предварительный** Vorverstärkerstufe f ll ~ **усиления/реостатный** Verstärkerstufe f mit veränderbarem Widerstand ll ~/**усилительный** s. ~ **усиления** ll ~ **усилителя низкой частоты/предварительный** (Rf) Niederfrequenzvorverstärkerstufe f, NF-Vor[verstärker]stufe f ll ~/**фазоинверсный (фазоинверторный, фазоопрокидывающий, фазопереворачивающий)** (Rf) Phasenumkehrstufe f ll ~/**электромашинный** (En) Maschinenkaskade f

каскадирование n Kaskadenbildung f; Kaskadierung f

каскад-ограничитель m (Rf) Begrenzerstufe f, Begrenzungsstufe f

каскод m (Eln) Kaskode f ll ~ **реакторов** Reaktorkaskode f

касса f/**билетная** (Eb) Fahrkartenschalter m, Fahrkartenausgabe f

кассета f 1. (Photo) Kassette f; Plattenhalterung f; 2. (Gum) Lage f (eines Reifens); 3. Tonbandspule f, Bandspule f; 4. (Wkzm) Ladekäfig m ll ~/**барабанная** Trommelkassette f (eines Schleifenoszillographen) ll ~/**взаимозаменяемая** (Photo) austauschbare Kassette f ll ~/**двойная** (Photo) Doppelkassette f ll ~ **дисков** (Inf) Magnetplattenkassette f ll ~ **для зарядки на свету** (Photo) Tageslichtkassette f ll ~/**магазинная** Kassettenmagazin n ll ~/**магнитофонная** Tonbandspule f, Tonbandkassette f ll ~/**многоместная ячеистая** (Eln) Vielfachchipkassette f ll ~/**пластиночная** Plattenkassette f ll ~/**плёночная** (Photo) Filmkassette f ll ~/**подающая** Vorratskassette f; Abwickelkassette f (Magnettonband) ll ~/**приёмная** Aufwickelkassette f ll ~ **проволоки** (Schm) Drahtspule f, Drahtkassette f ll ~ **проектора** Feuerschutztrommel f (Projektor) ll ~ «**Рапид**» (Photo) Schnelladekassette f, SL-Kassette f ll ~/**рентгеновская** Röntgenfilmkassette f ll ~/**рулонная** Ablaufkassette f (eines Schleifenoszillographen) ll ~ **с литерным диском** Typenradkassette f ll ~ **с магнитной лентой** Magnetbandkassette f ll ~/**сменная** (Photo) Wechselkassette f ll ~/**сушильная** (Lw) Hordenkasten m (Dreschmaschine) ll ~ **тепловыделяющих элементов** (Kern) Brennelementbündel n ll ~ **типа «Смена»** (Photo) Schnelladekassette f, SL-Kassette f ll ~/**формовочная** (Bw) Batterieform f

кассетировать (Fert) Kassette f (mit Teilen) füllen

касситерит m (Min) Cassiterit m, Zinnstein m

кастор m (Text) Kastor m, Coating m, Flaus m, Fries m

катабатический (Meteo) absteigend, katabatisch (Wind)

катаболизм m Katabolismus m, Dissimilation f

катавотра f s. **понор**

катадиоптрика f (Opt) Katadioptrik f

катадиоптрический (Opt) katadioptrisch

катакаустика f (Opt) 1. katakaustische Linie f, Kaustik f; 2. katakaustische Fläche f, Katakaustik f

катаклаз m (Geol) Kataklase f

катаклазиты mpl (Geol) Kataklasite mpl

катакустика f Echolehre f, Katakustik f

катализ m (Ch) Katalyse f ll ~/**адсорбционный** Adsorptionskatalyse f ll ~/**антиокислительный** Antioxidationskatalyse f ll ~/**газовый** Gaskatalyse f, Oberflächenkatalyse f, Kontaktkatalyse f ll ~/**гетерогенный** heterogene Katalyse f, Oberflächenkatalyse f, Kontaktkatalyse f ll ~/**гомогенный** homogene Katalyse f ll ~/**кислотно-основный** Säure-Base[n]-Katalyse f ll ~/**кислотный** s. ~ **кислотой** ll ~ **кислотой** Säurekatalyse f ll ~/**контактный** s. ~/**гетерогенный** ll ~/**неоднородный** s. ~/**гетерогенный** ll ~/**однородный** s. ~/**гомогенный** ll ~/**окислительный** katalytische Oxidation f ll ~ **основанием** Basenkatalyse f ll ~/**отрицательный** negative Katalyse f, Antikatalyse f, Inhibition f

катализатор m (Ch) Katalysator m; Kontaktkatalysator m, Kontakt[stoff] m (bei heterogener Katalyse) ll ~/**ванадиевый** Vanadiumkatalysator m ll ~ **восстановления** Reduktionskatalysator m ll ~ **гидрогенизации** Hydrier[ungs]katalysator m ll ~ **горения** Verbrennungskatalysator m ll ~/**дегидратирующий** Dehydratisierungskatalysator m ll ~/**дегидрирующий** Dehydrierungskatalysator m ll ~/**железный** Eisenkatalysator m ll ~/**кобальтовый** Kobaltkatalysator m ll ~/**медно-никелевый** Kupfer-Nickel-Katalysator m ll ~/**металлический** Metallkatalysator m ll ~/**никелевый** Nickelkatalysator m ll ~ **окисления** Oxidationskatalysator m ll ~/**окисный** Oxidkatalysator m ll ~/**отработавший** Altkatalysator m, gebrauchter (erschöpfter) Katalysator m ll ~/**отрицательный** negativer Katalysator m, Antikatalysator m, Inhibitor m ll ~/**псевдоожижённый** Wirbelbettkatalysator m, Fließbettkatalysator m, quasi-flüssiger (fluidisierter) Katalysator m ll ~/**пылевидный** staubförmiger Katalysator m, Katalysatorstaub m, Kontaktstaub m ll ~ **сгорания** Verbrennungsbeschleuniger m ll ~/**скелетный** Skelettkatalysator m, Legierungsskelettkatalysator m ll ~/**скелетный никелевый** Nickelskelettkatalysator m ll ~/**смешанный** Mischkatalysator m, Mehrstoffkatalysator m ll ~/**сплавный** s. ~/**скелетный** ll ~/**стационарный** Festbettkatalysator m, festliegender (ruhender) Katalysator m ll ~/**таблетированный** gekörnter Katalysator m ll ~ **Фишера-Тропша** Fischer-Tropsch-Synthesekatalysator m ll ~/**флюидизированный** s. ~/**псевдоожижённый**

каталка f (Glas) Marbel[platte] f, Wälzplatte f ll

каталог m Katalog m ll ~/**абсолютный [звёздный]** (Astr) Absolutkatalog m ll ~ **двойных звёзд** (Astr) Doppelsternkatalog m ll ~ **запасных частей** Ersatzteilkatalog m ll ~/**звёзд-**

ный *(Astr)* 1. Sternkatalog *m*, Sternverzeichnis *n* *(als Sammelbegriff)*; 2. Positionskatalog *m* ‖ ~ **звёздных величин** *(Astr)* Helligkeitskatalog *m* ‖ ~ **звёздных положений** *(Astr)* Positionskatalog *m* ‖ ~ **звёздных спектов** *(Astr)* Spektralkatalog *m* ‖ ~ **звёздных яркостей** *(Astr)* Helligkeitskatalog *m* ‖ ~ **землетрясений** *(Geoph)* Erdbebenkatalog *m* ‖ ~/**зонный звёздный** *(Astr)* Zonenkatalog *m* ‖ ~ **лучевых скоростей** *(Astr)* Radialgeschwindigkeitskatalog *m* ‖ ~ **набора данных** *(Inf)* Dateikatalog *m* ‖ ~/**обзорный звёздный** *(Astr)* Durchmusterungskatalog *m*, Durchmusterung *f* ‖ ~ **параллаксов [звёзд]** *(Astr)* Parallaxenkatalog *m* ‖ ~ **переменных звёзд** *(Astr)* Veränderlichenkatalog *m* ‖ ~ **положений** *(Astr)* Positionskatalog *m* ‖ ~/**системный** *(Inf)* Systemkatalog *m* ‖ ~ **слабых звёзд** *(Astr)* Katalog *m* schwacher Sterne ‖ ~ **собственных движений [звёзд]** *(Astr)* Eigenbewegungskatalog *m* ‖ ~ **спектральных характеристик [звёзд]** *(Astr)* Spektralkatalog *m* ‖ ~/**точный** *(Astr)* Präzisionskatalog *m* ‖ ~ **туманностей** *(Astr)* Nebelkatalog *m* ‖ ~/**фундаментальный [звёздный]** *(Astr)* Fundamentalkatalog *m*
каталогизация *f* Katalogisierung *f*
катальник *m* *(Glas)* Wallholz *n*, Wälzklotz *m*
катамаран *m* *(Schiff)* Katamaran *m*, Doppelrumpfschiff *n*; Doppelrumpfboot *n*
катанка *f* Walzdraht *m*; Drahtstab *m* ‖ ~/**протягиваемая** Ziehgut *n*, zu ziehender Walzdraht *m*
катаный gewalzt
катапульта *f* Katapult *m(n)*
катаракт *m* Katarakt *m*, Ölkatarakt *m*, Öldämpfer *m* ‖ ~/**масляный** Ölbremse *f*
катарометр *m* Kat[h]arometer *n*, Wärmeleitfähigkeitsmesser *m*
катарометрия *f* Kat[h]arometrie *f*, Wärmeleitfähigkeitsmessung *f*
катастрофа *f*/**азотная** *(Ph)* Stickstoffkatastrophe *f* ‖ ~/**инфракрасная** *(Kern)* Ultrarotkatastrophe *f*, Ultrarotdivergenz *f*, Infrarotdivergenz *f* ‖ ~/**резонансная** Resonanzkatastrophe *f*
кататермометр *m* *(Meteo)* Katathermometer *n*
катать walzen ‖ ~ **на ребро** hochkant walzen, stauchen
катафактор *m* Kataindex *m*
катафорез *m* Kataphorese *f* *(physikalische Ch)*
катафот *m* *(Kfz)* Rückstrahler *m*
катафронт *m* *(Meteo)* Katafront *f*, Abgleitfläche *f*, Abgleitfront *f*
категория *f* Kategorie *f*, Klasse *f* ‖ ~ **волн** Wellenkategorie *f* ‖ ~ **запасов** *(Bgb)* Vorratsklasse *f* ‖ ~ **защищённости** Schutzart *f* *(elektrischer Erzeugnisse)* ‖ ~ **средств измерений** Meßmittelart *f*
катеноид *m* *(Math)* Katenoid *n*, Kettenfläche *f*
катер *m* Boot *n*, Kutter *m*, Pinasse *f* *(s. a. unter* **лодка***)* ‖ ~/**беспалубный** offenes Boot *n* ‖ ~/**буксирный** Schleppboot *n*, Schleppbarkasse *f* ‖ ~/**водоизмещающий** Verdrängungsboot *n*, Verdrängerboot *n* ‖ ~/**глиссирующий** Gleitboot *n* ‖ ~/**гоночный** Rennboot *n* ‖ ~/**гребной** Ruderboot *n*, Ruderkutter *m* ‖ ~/**каютный** Kajütboot *n* ‖ ~/**лоцманский** Lotsen[versetz]boot *n* ‖ ~/**мореходный** seegehendes Fahrzeug *n*; Schwerwetterboot *n* ‖ ~/**моторный** Motorboot *n* ‖ ~ **на подводных крыльях** Tragflügelboot *n* ‖ ~/**парусный** Segelkutter *m* ‖ ~/**патрульный** Patrouillenboot *n* ‖ ~/**пожарный** Feuerlöschboot *n* ‖ ~/**портовый** Hafenbarkasse *f* ‖ ~/**прогулочный** Ausflugsboot *n*, Tourenboot *n* ‖ ~/**разъездной** Verkehrsboot *n* ‖ ~/**служебно-разъездной** Dienst- und Verkehrsboot *n*
катер-искатель *m* **мин** Minensuchboot *n*
катеростроение *n* Bootsbau *m*
катер-ракетоносец *m* Raketenschnellboot *n*
катер-тральщик *m* Räumboot *n*
катет *m* **сварного шва** Schweißnahtschenkel *m* ‖ ~ **углового шва** *(Schw)* Kehlnahthöhe *f*
катетер *m* *(Med)* Katheter *m*
катион *m* *(Ch, Ph)* Kation *n* ‖ ~/**обменный** Austauschkation *n*, austauschbares Kation *n*
катионирование *n* **[воды]** Wasserenthärtung *f* durch Kationenaustausch
катионировать Wasser durch Kationenaustauscher enthärten
катионит *m* Kationenaustauscher *m*
катод *m* *(El, Eln)* Kathode *f* ‖ ~/**активированный** aktivierte Kathode *f* ‖ ~/**бифилярный [спиральный]** Bifilarkathode *f*, Kehrwendelkathode *f* ‖ ~/**болтовый** *(Schw)* Bolzenkathode *f* ‖ ~/**быстродействующий** Schnellheizkathode *f* ‖ ~ **Венельта** Wehnelt-Kathode *f* ‖ ~/**внешний** Außenkathode *f* ‖ ~/**вольфрамовый** Wolframkathode *f* ‖ ~/**вспомогательный** Hilfskathode *f* ‖ ~/**вторично-электронный (вторично-эмиссионный)** Sekundäremissionskathode *f*, Dynode *f* ‖ ~/**главный** Hauptkathode *f* ‖ ~/**горячий** heiße Kathode *f* ‖ ~/**двойной** Doppelkathode *f* ‖ ~/**дуговой** Bogenkathode *f* ‖ ~/**железный** Eisenkathode *f* ‖ ~/**жидкий** flüssige Kathode *f*, Flüssigkeitskathode *f* ‖ ~/**калящийся** Glühkathode *f* ‖ ~/**капельный** Tropfkathode *f* ‖ ~/**кольцевой** Ringkathode *f* ‖ ~ **косвенного накала** indirekt geheizte Kathode *f* ‖ ~/**круглый** Rundkathode *f* ‖ ~/**ленточный** Bandkathode *f* ‖ ~/**медный** Kupferkathode *f* ‖ ~/**металлокапиллярный** Metallkapillarkathode *f*, MK-Kathode *f* ‖ ~/**металлокерамический** metallkeramische Kathode *f* ‖ ~/**металлоплёночный** Metallfilmkathode *f* ‖ ~/**мозаичный** Mosaikkathode *f* ‖ ~/**мощный** Hochleistungskathode *f* ‖ ~/**накалённый (накаливаемый)** Glühkathode *f* ‖ ~/**нитевидный** Fadenkathode *f* ‖ ~/**оксидный** Oxidkathode *f* ‖ ~/**основной** Hauptkathode *f* *(einer Dekadenzählröhre)* ‖ ~/**плоский** Flachkathode *f* ‖ ~/**плоский спиральный** Spiralkathode *f* ‖ ~/**поджигающий** Hilfskathode *f* ‖ ~/**подогреваемый** geheizte Kathode *f* ‖ ~/**полупроводниковый** Halbleiterkathode *f* ‖ ~/**полый** Hohlkathode *f* ‖ ~/**проволочный** Drahtkathode *f* ‖ ~ **прямого накала** direktgeheizte Kathode *f* ‖ ~ **прямого накала/петлевой** direktbeheizte Haarnadelkathode *f* ‖ ~ **прямого накала с большой поверхностью/проволочный** direktbeheizte Großflächen-Drahtkathode *f* ‖ ~ **прямого накала с малой поверхностью/проволочный** direktgeheizte Kleinflächen-Drahtkathode *f* ‖ ~/**прямонакальный** direktgeheizte Kathode *f* ‖ ~/**ртутный** Quecksilberkathode *f* ‖ ~ **с большой поверхностью/массивный** Großflächen-Massivkathode *f*, groß-

flächige Massivkathode *f* ‖ ~ **с большой поверхностью [эмиссии]** Großflächenkathode *f* ‖ ~ **с малой поверхностью [эмиссии]** Kleinflächenkathode *f* ‖ ~ **с малой поверхностью/массивный** Kleinflächen-Massivkathode *f*, kleinflächige Massivkathode *f* ‖ **~/сетчатый** Netzkathode *f*, Maschenkathode *f* ‖ **~/сложный** zusammengesetzte Kathode *f* ‖ **~/спечённый** Sinterkathode *f* ‖ **~/спиральный** Wendelkathode *f* ‖ **~/стержневой** Stabkathode *f* ‖ **~/сферический** Kugelkathode *f* ‖ **~/торированный** thorierte Kathode *f* ‖ **~/точечный** punktförmige Kathode *f* ‖ **~/туннельный** Tunnelkathode *f* ‖ **~/фольговый** Folienkathode *f* ‖ **~/фотоэлектронный** Photokathode *f* ‖ **~/фотоэмиссионный** Photoemissionskathode *f* ‖ **~/холодный** kalte Kathode *f*, Kaltkathode *f* ‖ **~/цилиндрический** Zylinderkathode *f* ‖ **~/щелочной** Alkalikathode *f* ‖ **~/экономический** Sparkathode *f*

катодный kathodisch, Kathoden...

катододержатель *m* Kathodenhalter *m*; Kathodenträger *m (NE-Metallurgie)*

катодолюминесценция *f* Kathodolumineszenz *f*, Kathodenlumineszenz *f*

катодофосфоресценция *f* Kathodophosphoreszenz *f*

каток *m* Rolle *f*; Walze *f*; Laufrolle *f* ‖ **~/ведомый** *(Masch)* Abtriebsscheibe *f (Reibradgetriebe)*; angetriebene Laufrolle *f* ‖ **~/ведущий** *(Masch)* Antriebsscheibe *f (Reibradgetriebe)*; Treibrolle *f* ‖ **~/гладильный** *(Text)* Wäschemangel *f*, Wäscherolle *f (Veredlung)* ‖ **~/гладкий [дорожный]** *(Bw, Lw)* Glattwalze *f* ‖ **~/дорожный** *(Bw)* Straßenwalze *f* ‖ **~/кольчато-зубчатый** *(Lw)* Cambridgewalze *f* ‖ **~/кольчато-шпоровый** *(Lw)* Croskillwalze *f* ‖ **~/кольчатый** *(Lw)* Ringelwalze *f* ‖ **~/кулачковый [дорожный]** *(Bw)* Schaffußwalze *f* ‖ **~/моторный** *(Bw)* Motorstraßenwalze *f* ‖ **~ на пневматическом ходу** Gummiradwalze *f* ‖ **~ на пневмошинах** Gummiradwalze *f* ‖ **~/направляющий** Laufrolle *f*, Führungsrolle *f* ‖ **~/полевой** *(Lw)* Ackerwalze *f* ‖ **~/прикатывающий** *(Lw)* Druckrolle *f (z. B. Sämaschine)* ‖ **~/рифлёный** *(Lw)* Rauhwalze *f* ‖ **~ с падающими грузами** *(Bw)* Fallgewichtswalze *f* ‖ **~/сдвоенный** Tandemwalze *f* ‖ **~/уплотняющий** *(Lw)* Packer *m*

каток-комкодробитель *m (Lw)* Krümelwalze *f*

католит *m* Katolyt *m*, kathodischer Elektrolyt *m (Elektrolyse)*

катоптрический *(Opt)* katoptrisch

катофорит *m (Min)* Katophorit *m (Amphibol)*

каточек *m*/**боевой** *(Text)* Schlagrolle *f (Webstuhl, Unterschlag)*

катушечный Spulen...

катушка *f* 1. *(El)* Spule *f*; 2. *(Text)* Spule *f*, Garnrolle *f (s. a. unter* шпуля*)*; Wickelrolle *f (Bandwickelmaschine)*; 3. *(Photo)* Spule *f*, Filmspule *f*; 4. *(Wlz)* Ablaufhaspel *f*, Ablaufkrone *f* ‖ **~/анодная** *(El)* Anodenspule *f* ‖ **~/антенная** Antennenspule *f* ‖ **~/антенная удлинительная** Antennenverlängerungsspule *f* ‖ **~/безопасная** *(Schiff)* Sicherheitsspill *n* ‖ **~/бескаркасная** *(El)* freigewickelte (rahmenlose) Spule *f* ‖ **~/бочкообразная** *(Text)* ballige (bauchige) Spule *f* ‖ **~ вертикального отклонения** *s.* ~ /кадровая ‖ **~ возбуждения** *(El)* Erregerspule *f* ‖ **~/вращающаяся** *(El)* Drehspule *f* ‖ **~/вспомогательная** *(El)* Hilfspule *f* ‖ **~/вторичная** *(El)* Sekundärspule *f* ‖ **~/втягивающаяся** *(El)* Tauchspule *f* ‖ **~/входная** *(El)* Eingangsspule *f* ‖ **~/высевающая** *(Lw)* Särad *n (Drillmaschine)* ‖ **~/высевающая стандартная** Einheitssärad *n* ‖ **~ высокой частоты** *(El)* Hochfrequenzspule *f*, HF-Spule *f* ‖ **~/высокочастотная** *(El)* Hochfrequenzspule *f*, HF-Spule *f* ‖ **~/гасительная** *(El)* Löschspule *f* ‖ **~ гашения** *(El)* Löschspule *f* ‖ **~/гетеродинная** *(El)* Überlagererspule *f* ‖ **~/гибридная** *(El)* Hybridspule *f* ‖ **~/главная** *(El)* Hauptspule *f* ‖ **~ горизонтального отклонения** *(TV)* Horizontalablenkspule *f*, Zeilenablenkspule *f* ‖ **~/громоотводная** *(El)* Blitzableiterspindel *f* ‖ **~/грунтропная** Klotje *f (Grundschleppnetz)* ‖ **~/двойная** *(El)* Doppelspule *f* ‖ **~/двухконусная** *(Text)* Doppelkegelspule *f* ‖ **~/двухслойная** *(El)* doppellagige Spule *f* ‖ **~/двухфланцевая** *(Text)* Doppelrandspule *f* ‖ **~/демпферная** *(El)* Dämpfungsspule *f* ‖ **~/дисковая** *(El)* Scheibenspule *f* ‖ **~ для намотки** Aufwickelspule *f* ‖ **~ для разматки** Abwickelspule *f* ‖ **~/дроссельная** *(El)* Drossel[spule] *f* ‖ **~/дугогасящая (дугогасящая)** *(El)* 1. Lichtbogenlöschspule *f*; 2. Erdschluß[drossel]spule *f*, Petersen-Spule *f* ‖ **~ зажигания** Zündspule *f (Verbrennungsmotor)* ‖ **~/заземляющая дугогасящая** *s.* ~/дугогасительная 2. ‖ **~/запасная** Reservespule *f* ‖ **~/звуковая** Sprechspule *f* ‖ **~/измерительная** Meßspule *f* ‖ **~/индуктивности** *(El)* Induktivitätsspule *f*, Induktivität *f* ‖ **~/индукционная** 1. *(El)* Induktionsspule *f*; 2. Zündspule *f (Verbrennungsmotor)* ‖ **~/искательная** *(El)* Suchspule *f* ‖ **~/искрогасительная (искрогасящая)** *(El)* Funkenlöschspule *f* ‖ **~/кадровая [отклоняющая]** *(TV)* Raster[ablenk]spule *f*, Bildablenkspule *f*, Vertikalablenkspule *f* ‖ **~/каркасная** *(El)* Spule *f* mit Tragkörper, Rahmenspule *f* ‖ **~/кольцевая** *(El)* Ring[kern]spule *f*, Toroidspule *f* ‖ **~/компенсирующая** *(El)* Kompensationsspule *f*, Ausgleichspule *f* ‖ **~/контурная** *(Rf)* Schwingkreisspule *f* ‖ **~/концевая** *(Rf)* Endspule *f* ‖ **~/концентрирующая** *(El)* Konzentrier[ungs]spule *f* ‖ **~/корректирующая** *(El)* Korrekturspule *f*, Korrektionsspule *f* ‖ **~/крестообразная** *(El)* Kreuzspule *f* ‖ **~/круглая** Rundspule *f* ‖ **~/магнитная** *(El)* Magnetspule *f* ‖ **~/многослойная** *(El)* mehrlagige Spule *f*, Mehrlagenspule *f* ‖ **~/молниеотводная** *s.* ~/громоотводная ‖ **~/нагревательная** *(El)* Heizspule *f*, Induktor *m* ‖ **~/наматывающая** Aufwickelspule *f* ‖ **~/направляющая** *(El)* Richtspule *f* ‖ **~ напряжения** *(El)* Spannungsspule *f* ‖ **~/настройки** *(Rf)* Abstimmspule *f* ‖ **~ настройки антенны** *(Rf)* Antennenabstimmspule *f* ‖ **~/неподвижная** *(El)* Festspule *f*, fest[stehende]e Spule *f* ‖ **~/ниток** *(Text)* Fadenrolle *f (Nähmaschine)* ‖ **~ нулевого напряжения** *(El)* Nullspannungsspule *f* ‖ **~/одновитковая** *(El)* Spule *f* mit einer Windung ‖ **~/односекционная** *(El)* Spule *f* mit einer Spulenseite je Nut ‖ **~/опережающая** *(Text)* voreilende Spule *f* ‖ **~/отклоняющая** *(Eln)* Ablenkspule *f* ‖ **~/отсасывающая** *(El)* Saugdrossel[spule] *f* ‖ **~/параллельная** *(El)* Parallelspule *f*, Neben-

schlußspule f ll ~/**первичная** (El) Primärspule f ll ~/**передающая** (Rf) Sende[r]spule f ll ~ **Петерсена** s. ~/**дугогасительная** 2. ll ~/**петлевая** (El) Schleifenspule f ll ~/**печатная** (El) gedruckte Spule f ll ~/**питающая** (El) Speisespule f ll ~/**плоская** (El) Flachspule f ll ~/**подающая** (Photo) Abwickelspule f, Vorratsspule f ll ~/**поисковая** (El) Suchspule f ll ~/**полевая** (El) Feldspule f ll ~/**полная** (Text) volle Spule f, gefüllte Spule f ll ~/**полосовая** Bandspule f ll ~/**полюсная** (El) Polspule f ll ~/**последовательная** (El) Reihenschlußspule f, Hauptschlußspule f ll ~/**приёмная** 1. (Rf) Empfangsspule f; 2. (Text) Auflaufspule f; 3. s. ~/**наматывающая** ll ~/**проволочная** (El) Drahtspule f ll ~ **Пупина** (El) Pupin-Spule f ll ~/**пупиновская** (El) Pupin-Spule f ll ~/**реактивная** (El) Drosselspule f ll ~ **реле** (El) Relaisspule f ll ~/**ровничная** (Text) Flyerspule f, Vorgarnspule f ll ~/**роторная** Rotorspule f, Suchspule f (eines Radiogoniometers) ll ~ **Румкорфа** (El) Ruhmkorff-Induktor m, Ruhmkorffscher Funkeninduktor m ll ~ **с воздушным сердечником** (El) Luftspule f ll ~ **с железным сердечником** (El) Eisenkernspule f ll ~ **с магнитным сердечником** (El) Magnetkernspule f ll ~ **с малыми потерями** (El) verlustarme Spule f ll ~ **с нитками** (Typ) Fadenrolle f ll ~ **с потерями** (El) verlustbehaftete Spule f ll ~ **с ферритовым сердечником** (El) Ferritkernspule f ll ~ **самоиндукции** (El) Selbstinduktionsspule f, Drossel[spule] f ll ~ **связи** (El) Koppelspule f, Kopplungsspule f ll ~/**сглаживающая** (El) Glättungsdrossel[spule] f ll ~/**секционированная** (El) Mehrkammerspule f ll ~/**секционная** (Text) Teilkettbaum m ll ~/**силовая** (El) Leistungsspule f, Starkstromspule f ll ~ **сопротивления**/**измерительная** (El) Widerstandsmeßspule f ll ~/**статорная** (El) Statorspule f, Festspule f (eines Radiogoniometers) ll ~/**строчной отклоняющая** (Eln) Zeilenablenkspule f, Horizontalablenkspule f ll ~/**термическая** (El) Hitz[draht]spule f ll ~/**тороидальная** (El) Toroidspule f, Ring[kern]spule f ll ~/**тростниковая** (Text) Dublierspule f (Fachmaschine) ll ~/**удлинительная** (El) Verlängerungsspule f ll ~/**уравнительная** (El) Ausgleichspule f, Kompensationsspule f ll ~/**фасонная** s. ~/**шаблонная** ll ~/**фланцевая** (Text) Scheibenhülse f, Scheibenspule f, Flanschenhülse f ll ~/**фокусирующая** (El) Fokussier[ungs]spule f, Sammelspule f ll ~ **центровки телевизионного изображения** (TV) Bildeinstellspule f ll ~/**цилиндрическая** (El) Zylinderspule f ll ~/**шаблонная** (Text) Formspule f, Schablonenspule f ll ~/**эквивалентная** (El) Ersatzspule f ll ~/**экранированная** (El) abgeschirmte Spule f ll ~ **электрического сопротивления** (El) Widerstandsspule f ll ~/**эталонная** (El) Normalspule f, Spulennormal m ll ~/**якорная** (El) Ankerspule f
катушка-искатель f Suchspule f, Rotorspule f (eines Radiogoniometers)
катушка-рамка f (El) rähmchenförmige Spule f
каупер m (Met) Cowper-Winderhitzer m, Regenerativwinderhitzer m, Cowper m
каустизатор m (Ch) Kaustifikator m, Kausti[fi]zierbehälter m
каустизация f (Ch) Kausti[fi]zierung f

каустизировать (Ch) kausti[fi]zieren
каустик m (Ch) Ätznatron n, kaustische Soda f; Kaustikum n, Ätzmittel n
каустика f (Opt) Kaustik f
каустификация f s. каустизация
каустицирование n s. каустизация
каустичность f (Ch) Kaustizität f
каустобиолиты mpl (Geol) Kaustobiolithe mpl, brennbare Biolithe mpl
каутер m/**высокочастотный** (Med) Hochfrequenzkauter m
каучук m Kautschuk m(n) ll ~/**бутадиен-нитрилакриловый** Butadien-Akrylnitril-Kautschuk m ll ~/**бутадиеновый** Butadienkautschuk m ll ~/**бутадиен-стирольный** Butadien-Styrol-Kautschuk m ll ~/**дивинильный** Butadienkautschuk m ll ~/**диметилбутадиеновый** Methylkautschuk m ll ~/**изопреновый** Isoprenkautschuk m ll ~/**кремнийорганический** Silikonkautschuk m ll ~/**маслонаполненный** ölplastizierter (ölgestreckter) Kautschuk m ll ~/**натуральный** Naturkautschuk m ll ~/**низкотемпературный** s. ~/**холодный** ll ~/**нитрильный** Nitrilkautschuk m ll ~/**олефиновый** Olefinkautschuk m ll ~/**отстоявшийся** Latexrahm m ll ~/**плантационный** Plantagenkautschuk m, Pflanzungskautschuk m ll ~/**плиточный** Blockkautschuk m ll ~/**полисульфидный** Polysulfidkautschuk m, Thiokautschuk m ll ~/**регенерированный** Regeneratkautschuk m ll ~/**роговой** Hartkautschuk m, Hartgummi m ll ~/**силиконовый (силоксановый)** Silikonkautschuk m ll ~/**синтетический** Synthesekautschuk m ll ~/**сырой** Rohkautschuk m ll ~/**хлорированный** Chlorkautschuk m ll ~/**хлоропреновый** Chloroprenkautschuk m ll ~/**холодный** kalt polymerisierter Kautschuk m, Kaltkautschuk m
каучуконосный kautschukhaltig, kautschukführend
каучукоподобный kautschukartig
кафель m Kachel f
кахолонг m (Min) Cacholong m, Kascholong m
качалка f 1. Wippe f; Schaukel f; 2. Pumpenbock m, Pumpenantrieb m (Erdölförderung)
качание n 1. Pendelung f, Pendeln n, Schwankung f, Schwanken n (periodisch); 2. (El) Wobbeln n, Wobbelung f ll ~/**вынужденное эрзwungene** Pendelung f ll ~/**импульсов** (El) Impulswobbelung f ll ~ **луча** Strahlschwankung f ll ~ **мощности** Leistungspendelung f ll ~ **регулятора** Reglerpendelung f ll ~ **частоты** (El) Frequenzwobbelung f
качать pendeln (wippen, schaukeln) lassen
качаться pendeln, wippen, schaukeln; schlingern; (Fert) [senkrecht] pendeln (Arm eines Industrieroboters)
качающийся Taumel..., Pendel..., Schwenk...
качение n 1. Rollen n, Wälzen n, Wälzung f; 2. Abwälzung f, Abrollen n; 3. s. ~/**взаимное** ll ~/**взаимное** (Typ) Abwicklung f (der Zylinderoberflächen) ll ~ **с проскальзыванием** (Trib) Wälzen m mit Schlupf ll ~/**чистое** (Trib) Zylinderabwicklung f, reines Wälzen)
качества npl Eigenschaften fpl ll ~/**взлётные** (Flg) Starteigenschaften fpl, Startvermögen n ll ~/**выпрямительные** (El) Gleichrichtereigen-

качества

schaften *fpl* ~/**динамические** *(Kfz)* dynamische Fahreigenschaften *fpl* ‖ ~/**ездовые** *(Kfz)* Fahreigenschaften *fpl* ‖ ~/**изолирующие** Isoliereigenschaften *fpl* ‖ ~/**лавировочные** *(Schiff)* Kreuzeigenschaften *fpl*, Eigenschaften *fpl* auf der Kreuz ‖ ~/**лётно-технические** flugtechnische Eigenschaften *fpl* ‖ ~/**лётные** *(Flg)* Flugeigenschaften *fpl*, Flugleistungen *fpl* ‖ ~/**манёвренные** *(Schiff)* Manövereigenschaften *fpl*, Manövriereigenschaften *fpl* ‖ ~/**мореходные** See-Eigenschaften *fpl*, seegehende Eigenschaften *fpl*, Seeverhalten *n (eines Schiffes)* ‖ ~/**пропульсионные** *(Schiff)* Vortriebseigenschaften *fpl*, Propulsionseigenschaften *fpl* ‖ ~/**пусковые** Startfreudigkeit *f*, Startwilligkeit *f*, Starteigenschaften *fpl (Verbrennungsmotor)* ‖ ~/**тормозные** Bremseigenschaften *fpl* ‖ ~/**усилительные** *(El)* Verstärkereigenschaften *fpl* ‖ ~/**ходовые** *(Schiff)* Fahr[t]eigenschaften *fpl*, Fahrverhalten *n; (Eb)* Laufeigenschaften *fpl (Fahrzeuge)* ‖ ~/**эксплуатационно-технические** betriebstechnische Eigenschaften *fpl* ‖ ~/**эксплуатационные** Betriebseigenschaften *fpl*, Betriebsverhalten *n*
качественный 1. qualitativ; qualitätsgerecht; 2. Güte..., Qualitäts..., wertvoll
качество *n* Güte *f*, Qualität *f*; Beschaffenheit *f*, Eigenschaft *f* ‖ ~/**антидетонационное** Klopffestigkeit *f*, Klopffestigkeit *f* ‖ ~/**гарантийное** Qualitätsgarantie *f* ‖ ~ **звука** Tonqualität *f* ‖ ~ **звуковоспроизведения** Tonwiedergabequalität *f* ‖ ~ **звучания** Klanggüte *f* ‖ ~ **изготовления** Herstellungsqualität *f*, Herstellungsgüte *f*, Fertigungsqualität *f*, Fertigungsgüte *f* ‖ ~ **освещения** *(Licht)* Beleuchtungsqualität *f*, Beleuchtungsniveau *n* ‖ ~ **передачи** *(Nrt, Rf)* Übertragungsgüte *f* ‖ ~ **поверхности** *(Fert)* Oberflächenqualität *f*, Oberflächengüte *f* ‖ ~ **поставляемой продукции** Lieferqualität *f* ‖ ~ **приёма** *(Nrt, Rf)* Empfangsgüte *f* ‖ ~ **продукции** Erzeugnisqualität *f*, Produktqualität *f*, Herstellungsqualität *f* ‖ ~ **проекта** Entwurfsqualität *f* ‖ ~ **разговора** *(Nrt)* Sprachgüte *f* ‖ ~ **разделения** Trenngüte *f (Chromatographie)* ‖ ~/**среднее выходное** Durchschnittsqualität *f* ‖ ~/**торговое** handelsübliche Qualität *f* ‖ ~/**эксплуатационное** 1. Betriebsverhalten *n*, Funktionsverhalten *n*; 2. Gebrauchseigenschaft *f*
качка *f* 1. Schaukeln *n*, schwingende Bewegung *f*; 2. Pumpen *n (Wasser)*; 3. *(Schiff)* Schiffsbewegung *f*, Schlingern *n (mitunter im Sinne von „Rollen" verwendet)* ‖ ~/**боковая** *(Eb)* Wanken *n*, Wankbewegung *f*, Rollen *n*; *(Schiff)* Schlingern *n* ‖ ~/**бортовая** *(Schiff)* Rollen *n*, Rollbewegung *f*, Rollschwingungen *fpl* ‖ ~/**вертикальная** *(Schiff)* Tauchen *n*, Tauchbewegung *f*, Tauchschwingungen *fpl* ‖ ~/**килевая** *(Schiff)* Stampfen *n*, Stampfbewegung *f*, Stampfschwingungen *fpl* ‖ ~/**поперечная** *(Eb)* Wanken *n (Lok)*; *(Schiff)* Schwingen *n* in Querrichtung, seitliches Schwingen *n* ‖ ~/**продольная** *(Eb)* Nicken *n (Lok)*; *(Schiff)* Schwingen *n* in Fahrtrichtung (Längsrichtung), Längsschwingung *f*
каше *n s.* кашета
кашета *f* Abdeckmaske *f*, Abdeckblende *f*, Maske *f*; *(Kine)* Kameramaske *f*
кашерование *n* Walzenschmelzen *n (Kunstleder)*

кашировать блестящей плёнкой *(Typ)* mit Glanzfolie kaschieren
каштан *m* Kastanie *f*
каюта *f (Schiff)* Kabine *f*, Kammer *f*; Kajüte *f* ‖ ~/**блочная** Appartementkabine *f*
кают-компания *f (Schiff)* Offiziersmesse *f*
КБ *s.* конец блока
кбайт *s.* килобайт
кбит *s.* килобит
КВ *s.* коэффициент вскрыши
кВ *s.* киловольт
кв. *s.* квадрат
квадр *m (Bw)* Quader *m*, Quaderstein *m*
квадрант *m* 1. Quadrant *m*; 2. Neigungshebel *m (Waage)*; 3. Lochbrett *n (Edelsteinbearbeitung)* ‖ ~/**оптический** Winkellibelle *f* mit Mikroskop
квадрат *m* 1. *(Math)* Quadrat *n (Fläche)*; 2. *(Math)* Quadrat *n*, zweite Potenz *f*; 3. *(Wlz)* Vierkantkaliber *n*, Quadratkaliber *n*; 4. *(Bgb)* Mitnehmerstange *f*, Kelly *n (Rotarybohren)* ‖ ~/**внутренний** Innenvierkant *m (z. B. eines Schraubenkopfes)* ‖ ~/**отделочный** Schlichtquadrat *n (Kaliber)* ‖ ~/**предотделочный** Vorschlichtquadrat *n*
квадратно-гнездовой *(Lw)* Quadratdibbel..., Quadratnest...
квадратный quadratisch, Vierkant...
квадратура *f* 1. *(Math)* Quadratur *f*; 2. *(Astr)* Quadratur *f (Konstellation)*; 3. *(TV)* Quadraturmodulation *f* ‖ ~/**восточная** *(Astr)* östliche Quadratur *f* ‖ ~/**западная** *(Astr)* westliche Quadratur *f* ‖ ~ **круга** Quadratur *f* des Kreises
квадрика *f (Math)* Quadrik *f*, Fläche *f* zweiter Ordnung
квадруплет *m (Ph)* Quadruplett *n*
квадруполь *m (Ph)* Quadrupol *n* ‖ ~/**акустический** *(Ak)* akustischer Quadrupol *m* ‖ ~/**электрический** elektrischer Quadrupol *m*
квадрупольный Quadrupol...
квазаг *m s.* галактика/квазизвёздная
квазар *m (Astr)* Quasar *m*, quasistellare Radioquelle *f*
квазиадиабатический quasiadiabatisch
квазибаротропный quasibarotrop
квазивероятность *f* Quasiwahrscheinlichkeit *f*
квазиволна *f* Quasiwelle *f*
квазигеоид *m* Quasigeoid *n*
квазидиэлектрик *m* Quasidielektrikum *n*
квазимолекула *f* Quasimolekül *n*
квазинасыщение *n* Quasisättigung *f*
квазипроводник *m* Quasileiter *m*
квазиравновесие *n* Quasigleichgewicht *n*
квазисовпадение *n* Quasikoinzidenz *f*
квазистационарный quasistationär
квазичастица *f* Quasiteilchen *n*
квалиметр *m* Qualitätsmesser *m*, Qualimeter *n*, Penetrometer *n (für Röntgenstrahlung)*
квалиметрия *f* Qualimetrie *f*
квант *m (Ph)* Quant *n* ‖ ~ **акустических колебаний** Phonon *n*, Schallquant *n* ‖ ~ **действия** [Plancksches] Wirkungsquantum *n* ‖ ~ **излучения** Strahlungsquant *n*, Lichtquant *n*, Photon *n* ‖ ~ **поля** Feldquant *n* ‖ ~ **света** *s.* фотон ‖ ~/**световой** *s.* фотон ‖ ~ **тормозного излучения** Bremsstrahlungsquant *n* ‖ ~ **тяготения** *s.* гравитон ‖ ~ **энергии** Energiequant *n*
γ-квант *m* Gammaquant *n*
квантизация *f* Quantisierung *f*

квантиль *m* Quantil *n* (*mathematische Statistik*)
квантификация *f* (*Math*) Quantifizierung *f*
квантование *n* 1. (*Ph*) Quantisierung *f*, Quantelung *f*; 2. *s.* дискретизацио; 3. (*Nrt*) Quantisierung *f* (*eines Nachrichtensignals*) ‖ ~ **во времени** Zeitquantisierung *f*, Zeitquantelung *f*; (*Inf*) Zeitzuteilung *f*, Zeitscheibentechnik *f* ‖ **~/временное** *s.* ~ во времени ‖ **~/вторичное** (*Ph*) zweite Quantelung *f*, Hyperquantelung *f* ‖ **~ по амплитуде** Amplitudenquantisierung *f*, Amplitudenquantelung *f* ‖ **~ по времени** *s.* ~ во времени ‖ **~/пространственное** Raumquantelung *f* ‖ **~ энергии** Energiequantelung *f*
квантованный по амплитуде amplitudenquantisiert, amplitudengequantelt
квантовать (*Ph*) quantisieren, quanteln
квантовомеханический quantenmechanisch
квантовотеоретический quantentheoretisch, Quanten...
квантометр *m* Quantometer *n* (*Spektroskopie*)
квантор *m* (*Math*) Quant[ifikat]or *m*
кварк *m* (*Kern*) Quark *m* (*Grundbestandteil der Elementarteilchen*)
квартира *f* Wohnung *f* ‖ **~/благоустроенная** Komfortwohnung *f* ‖ **~ в двух уровнях** Maisonnettewohnung *f*, Wohnung *f* über zwei Geschosse ‖ **~/двухэтажная** *s.* ~ в двух уровнях ‖ **~/мансардная** Mansardenwohnung *f* ‖ **~/повышенной комфортности** Komfortwohnung *f* ‖ **~ с гибкой планировкой** Wohnung *f* mit flexiblem Grundriß
кварто *n s.* стан-кварто *und* клеть кварто
кварто-стан *m s.* стан-кварто
квартроп *m* Knüppeltau *n* (*Schleppnetz*)
кварц *m* (*Min*) Quarz *m* ‖ **~/дымчатый** Rauchquarz *m* ‖ **~/жильный** Gangquarz *m* ‖ **~/звёздчатый** Sternquarz *m* ‖ **~/левый** Linksquarz *m* ‖ **~/молочный** Milchquarz *m* ‖ **~/правый** Rechtsquarz *m* ‖ **~/пылевидный** Quarzmehl *m*, Marschallit *m* ‖ **~/пьезоэлектрический** Piezoquarz *m* ‖ **~/розовый** Rosenquarz *m* ‖ **~/скипетровидный** Szepterquarz *m* ‖ **~/эталонный** Eichquarz *m*, Normalquarz *m*
α-**кварц** α-Quarz *m*, Tiefquarz *m*
β-**кварц** β-Quarz *m*, Hochquarz *m*
кварцедержатель *m* Quarzhalter *m*
кварцит *m* (*Geol*) Quarzit *m* ‖ **~/железистый** Eisenquarzit *m* ‖ **~/сланцеватый** *s.* сланец/кварцитовый
кварцкалибратор *m* (*El, Eln*) Quarzeichgenerator *m*
квасцевание *n* (*Led*) Alaungerbung *f*, Weißgerbung *f*
квасцевать (*Led*) alaungerben, weißgerben
квасцование *n s.* квасцевание
квасцовый alaunen, alaun[halt]ig, Alaun...
квасцы *pl* (*Ch*) Alaun *m* ‖ **~/жжёные** gebrannter Alaun *m*
кватернион *m* (*Math*) Quaternion *n* (*viergliedrige komplexe Zahl*)
квашение *n* Säuern *n*, Einsäuern *n*; Silieren *n*, Silierung *f*
квебрахо *n* (*Led*) Quebracho *n*, Quebrachoextrakt *m*, Quebrachogerbstoff *m*
квершлаг *m* (*Bgb*) Querschlag *m* ‖ **~/вентиляционный** Wetterquerschlag *m* ‖ **~/главный (горизонтный, капитальный)** Hauptquerschlag *m* ‖ **~/откаточный** Förderquerschlag *m* ‖ **~/подэтажный (промежуточный)** Teilsohlenquerschlag *m* ‖ **~/соединительный** Verbindungsquerschlag *m* ‖ **~/участковый** Abteilungsquerschlag *m* ‖ **~/этажный** Sohlenquerschlag *m*
квинтет *m* (*Ph*) Quintett *n*
квинтиль *m* Quintil *n* (*mathematische Statistik*)
КВЛ *s.* ватерлиния/конструктивная
КВП *s.* воздухоподогреватель/каскадный
кВт *s.* киловатт
КГ *s.* генератор/кварцевый
кгс *s.* килограмм-сила
кГц *s.* килогерц
кд *s.* кандела
КДП *s.* пост/командно-дальномерный
кедер *m* (*Brau*) Fülleinlage *f*
кейпер *m* (*Geol*) Keuper *m* (*oberste Abteilung der germanischen Trias*)
кек *m* Filterkuchen *m*, Filterrückstand *m*
кельвин *m* 1. (*Thermod*) Kelvin *n* (*Basiseinheit der Temperatur*); 2. (*Ph*) Kelvin *n*, K (*Einheit der Temperaturdifferenz oder des Temperaturintervalls*)
кельма *f* (*Bw*) Mau[r]erkelle *f*
кембрий *m* (*Geol*) Kambrium *n*
кенотрон *m* (*Eln*) Kenotron *n*
керамзит *m* Keramsit *m*, Porensinter *m*
керамзитобетон *m* (*Bw*) Keramsitbeton *m*
керамзитопенобетон *m* (*Bw*) Keramsitschaumbeton *m*
керамика *f* Keramik *f*, keramische Erzeugnisse *npl* ‖ **~/высокочастотная** (*El*) Hochfrequenzkeramik *f* ‖ **~/глинистая** tonhaltige Keramik *f* ‖ **~/глинозёмистая** tonerdehaltige Keramik *f* ‖ **~/инструментальная** (*Wkz*) Schneidkeramik *f* ‖ **~/ковровая** Mosaikkeramik *f* ‖ **~/конденсаторная** (*El*) Kondensator[en]keramik *f* ‖ **~/конструкционная** (*Bw*) Konstruktionskeramik *f*, konstruktive Keramik *f* ‖ **~/облицовочная** Wandkeramik *f*, Keramikverkleidung *f* ‖ **~/оксидная** Oxidkeramik *f* ‖ **~/пенистая** (*Bw*) Schaumkeramik *f* ‖ **~/полупроводниковая** keramische Werkstoffe *mpl* mit Halbleitereigenschaften ‖ **~/радиотехническая** funktechnische (radiotechnische) Keramik *f* ‖ **~/режущая** (*Wkz*) Schneidkeramik *f* ‖ **~/сантехническая** Sanitärkeramik *f* ‖ **~/установочная** Armaturenkeramik *f*, Installationskeramik *f* ‖ **~/фасадная** Verblendkeramik *f* ‖ **~/электротехническая** Elektrokeramik *f* ‖ **~/ячеистая** Porenkeramik *f*
керамит *m* Keramit *n*
кераргирит *m s.* хлораргирит
кератин *m* Keratin *n*, Hornsubstanz *f*
кератофир *m* (*Geol*) Keratophyr *m*
керма *f* (*Ph*) Kerma *f* (*ionisierende Strahlung*)
кермезит *m* (*Min*) Kermesit *m*, Rotspießglanz *m*, Antimonblende *f*; Pyrostibit *m*
кермет *m* (*Wkz*) Cermet *m* (*metallkeramischer Werkstoff*)
керн *m* 1. (*Bgb*) Kern *m*, Bohrkern *m* (*bei Gesteinsprobenentnahmen im Kernbohrverfahren*); 2. (*Fert*) Körner *m*, Körnungspunkt *m*, Körnermarke *f*; 3. (*Eln*) Kathodenkörper *m*; 4. Spitze *f*, Zapfen *m*; 5. Kerndraht *m* • **на кернах** spitzengelagert, mit Spitzenlagerung ‖ **~/буровой** (*Bgb*) Bohrkern *m* ‖ **~/вольфрамовый** Wolframkörper *m*

керн *(in Elektronenröhren)* || ~/**стальной** Stahlspitze f *(in Elektronenröhren)*
кернение n *(Fert)* Körnen n, Ankörnen n
кернер m *(Wkz)* Körner m *(Werkzeug)* || ~/**двойной** Doppelkörper m, doppelseitiger Körner m || ~/**разметочный** Anreißkörner m || ~/**центровочный** Zentrierkörner m
кернит m *(Min)* Kernit m *(Bormineral)*
кернодержатель m *(Bgb)* Kernhalter m *(Bohrung)*
керноловитель m *(Bgb)* Kernfänger m *(Bohrung)*
керноотборник m *(Bgb)* Bohrlochkernentnahmegerät n
кернорватель m *(Bgb)* Kernfangvorrichtung f, Kernfangeinrichtung f, Kernziehgerät n || ~/**кольцевой** Kernfangring m, Kernfanghülse f || ~/**пружинный** Kernfangfeder f
кернохранилище n *(Bgb)* Kernlager n
керн-функция f Kernfunktion f *(Laplace-Transformation)*
керосин m 1. Petroleum n, Leuchtöl n; 2. Kerosin n *(Raketenflüssigtreibstoff)* || ~/**осветительный** Leuchtpetroleum n
керосинорез m *(Schw)* Petroleumschneidgerät n
керсантит m *(Geol)* Kersantit m
кессон m 1. *(Hydt, Bw)* Caisson m, Senkkasten m *(Herstellung von Unterwassergründungen)*; 2. *(Hydt, Bw)* Druckluftsenkkasten m *(für Unterwasserarbeiten)*; 3. *(Schiff)* Hebeprahm m *(zur teilweisen Hebung eines Schiffes, z. B. bei Reparaturarbeiten an der Schraube)* || ~/**опускной** Druckluftsenkkasten m || ~/**плавучий** Schwimmkasten m || ~/**спасательный** *(Schiff)* Rettungscaisson m, Tiefseerettungscaisson m
кетен m *(Ch)* Keten n
кетогруппа f *(Ch)* Ketogruppe f, Carbonylgruppe f, Oxogruppe f
кетоза f *(Ch)* Ketose f, Ketonzucker m
кетокислота f *(Ch)* Ketonsäure f, Keto[carbon]säure f
кетон m *(Ch)* Keton n
кетонокислота f *(Ch)* Ketonsäure f, Keto[carbon]säure f
кетосахар m *(Ch)* Ketonzucker m, Ketose f
кетоспирт m *(Ch)* Ketonalkohol m, Ketol n, Hydroxyketon n
кеттлёвка f *(Text)* Ketteln n, Anketteln n
Ки s. **кюри**
кианизация f Kyanisierung f *(Holzschutz)*
кианит m s. **дистен**
кибернетика f Kybernetik f || ~/**прикладная техническая** angewandte technische Kybernetik f || ~/**промышленная** industrielle Kybernetik f || ~/**техническая** technische Kybernetik f
кизельгур m *(Geol)* Kieselgur f, Infusorienerde f
кизерит m *(Min)* Kieserit m
килевание n Kielholen n *(eines Schiffes)*
килевой *(Schiff)* Kiel...
килектор m *(Schiff)* Ankerleichter m, Kettenschute f, Vertäuleichter m
килоампер m *(El)* Kiloampere n, kA
килоамперметр m *(El)* Kiloameremeter n
килобайт m *(Inf)* Kilobyte n, kbyte
килобит *(Inf)* Kilobit n, kbit
киловар m *(El)* Kilovar n, kvar
киловар-час m *(El)* Kilovarstunde f, kvar-h
киловаттметр m *(El)* Kilowattmeter m

киловатт-час m *(El)* Kilowattstunde f, kWh
киловебер m *(El)* Kiloweber n, kWb
киловольт m *(El)* Kilovolt n, kV
киловольтметр m *(El)* Kilovoltmeter n
килогерц m *(El)* Kilohertz n, kHz
килограмметр m Kilogrammeter n
килограмм-сила f Kilopond n, kp *(SI-fremde Einheit der Kraft)*
килоджоуль m *(El)* Kilojoule n, kJ
килолюкс m *(Licht)* Kilolux n, klx
килолюмен m *(Licht)* Kilolumen n, klm
километр m **пробега порожних вагонов** *(Eb)* Leerwagenkilometer m || ~/**тарифный** *(Eb)* Tarifkilometer m
километраж m *(Eb, Geod)* Kilometrierung f || ~ **пробега** [/**дорожный**] zurückgelegte Fahrstrecke f, Reifenfahrstrecke f *(Kfz-Reifen)* || ~ **шины** Reifenlaufzahl f; Reifenfahrstrecke f
киломоль m Kilo[gram]mol n, Kilogrammolekül n
килоом m *(El)* Kiloohm n, kΩ
килоэлектрон-вольт m Kiloelektronenvolt n
киль m 1. *(Schiff)* Kiel m; 2. *(Flg, Rak)* Stabilisierungsflosse f || ~ **антиклинали** *(Geol)* Sattelfirste f, Firstlinie f *(einer Antiklinale)* || ~/**боковой (бортовой)** *(Schiff)* Schlingerkiel m || ~/**брусковый** *(Schiff)* Balkenkiel m || ~/**вертикальный** *(Schiff)* Mittelträger m *(Doppelboden)*; Mittelkielschwein n *(Einfachboden)* || ~/**горизонтальный** *(Schiff)* Flachkiel m || ~/**опускной** *(Schiff)* Kielschwert n, Schwertkiel m || ~/**плавниковый** *(Schiff)* Flossenkiel m || ~/**ровный** *(Schiff)* ebener Kiel m, gerader Kiel m || ~ **синклинали** *(Geol)* Muldentiefstes n, Kiellinie f *(einer Synklinale)* || ~/**складки** s. ~ **антиклинали**; 2. ~ **синклинали** || ~/**скуловой** *(Schiff)* Schlingerkiel m || ~/**туннельный** *(Schiff)* Tunnelkiel m
кильблок m *(Schiff)* 1. Kielpallung f, Kielstapel m, Pallung f; 2. Bootsklampe f *(Rettungsboot)* || ~/**доковый** Dockpallung f || ~/**скуловой** Kimmpallung f || ~/**шлюпочный** Bootsklampe f
кильн m Kiln[ofen] m
кильсон m *(Schiff)* Kielschwein n
КИМ s. **машина/координатная измерительная**
кимберлит m *(Geol)* Kimberlit m
кингстон m *(Schiff)* Seeventil n; Flutventil n, auch: Seekasten m
кинематика f *(Mech)* Kinematik f || ~ **механизмов** technische Kinematik f, Getriebelehre f
кинематография f Kinematographie f || ~/**высокоскоростная** Hochfrequenzkinematographie f
кинескоп m *(Eln, TV)* Fernseh[bild]röhre f, Bild[wiedergabe]röhre f || ~/**масочный** Lochmaskenröhre f, Schattenmaskenröhre f, Dreistrahlmaskenröhre f || ~/**проекционный** Projektions[bild]röhre f || ~ **с прямоугольным экраном** Rechteck[bild]röhre f || ~ **с теневой маской** [/**трёхлучевой**] s. ~/**масочный** || ~/**цветной Фарб[fernseh]bildröhre f, Farbbildwiedergaberöhre f || ~/**чёрно-белый** Schwarzweiß-Bildröhre f
кинестат m Kinestat m
кинетика f *(Mech)* Kinetik f || ~ **реакции** [chemische] Reaktionskinetik f, chemische Kinetik f || ~/**физическая** physikalische Kinetik f, kinetische Theorie f, Statistik f irreversibler Prozesse || ~/**химическая** s. ~ **реакции** || ~ **химических реакций** s. ~ **реакции**

кинетокардиотокограф m (Med) Kinetokardiotokograph m
киноателье n Filmatelier n
киноварь f (Min) Zinnober m, Cinnabarit m
кинокадр m (Kine) Einzelbild n, Phasenbild n; Laufbild n, Kinebild n
кинокамера f Filmkamera f, Kinekamera f
кинолаборатория f (Photo) Entwicklungs- und Kopieranstalt f
киноплёнка f Kinefilm m ‖ ~/бесфильтровая filterschichtfreier Kinefilm m ‖ ~ 8-мм/двойная Doppel-8-Film m, Doppelachtfilm m ‖ ~/звуковая Tonfilm m ‖ ~/негативная Negativfilm m ‖ ~/негорючая Sicherheitsfilm m ‖ ~/нормальная Normalfilm m ‖ ~/неэкспонированная Rohfilm m ‖ ~/обратная Umkehrfilm m ‖ ~ 8-мм/одинарная Single-8-Film m, Singleachtfilm m ‖ ~/ортохроматическая orthochromatischer Film m ‖ ~/позитивная Positivfilm m ‖ ~/сырая Rohfilm m ‖ ~/узкая Schmalfilm m ‖ ~/чёрно-белая Schwarzweiß-Kinefilm m
кинопроектор m Filmprojektor m ‖ ~/звуковой Tonfilmprojektor m ‖ ~/немой Stummfilmprojektor m ‖ ~/узкоплёночный Schmalfilmprojektor m ‖ ~/универсальный Universalfilmprojektor m ‖ ~/широкоплёночный Breitfilmprojektor m
кинопроекционная f s. проекционная
кинопроекция f Filmprojektion f, Kinoprojektion f
кинопрожектор m Filmscheinwerfer m
кинопрокат m Filmverleih m
киноспектрометр m s. спектрометр/скоростной
киносъёмка f (Kine) Filmaufnahme f ‖ ~/высокоскоростная Hochfrequenzaufnahme f ‖ ~/замедленная Zeitrafferaufnahme f ‖ ~/комбинированная Kombinationsaufnahme f ‖ ~/нормальная Normal[bild]aufnahme f ‖ ~/подводная Unterwasseraufnahme f ‖ ~/покадровая Einzelbildaufnahme f ‖ ~/сверхскоростная s. ~/высокоскоростная ‖ ~/скоростная s. ~/ускоренная ‖ ~/стандартная s. ~/нормальная ‖ ~/трюковая Trickaufnahme f ‖ ~/ускоренная Zeitdehneraufnahme f, Zeitlupenaufnahme f ‖ ~/цветная Farbfilmaufnahme f ‖ ~ шлирен-методом Schlierenkinematographie f
кинотеодолит m Kinotheodolit m
киноустановка f Filmwiedergabeanlage f
кинофильм m (Kine) Film m ‖ ~/документальный Dokumentarfilm m ‖ ~/звуковой Tonfilm m ‖ ~/короткометражный Kurzfilm m ‖ ~/мультипликационный Trickfilm m ‖ ~/научно-популярный populärwissenschaftlicher Film m ‖ ~/немой Stummfilm m ‖ ~/стереоскопический Stereofilm m, plastischer Film m ‖ ~/телевизионный Fernsehfilm m ‖ ~/учебный Lehrfilm m ‖ ~/художественный Spielfilm m ‖ ~/цветной Farbfilm m ‖ ~/чёрно-белый Schwarzweißfilm m
киноэкран m Filmbildwand f (Zusammensetzungen s. unter экран)
киоск m 1. Kiosk m; 2. (Nrt) Linienverzweiger m, LV ‖ ~/распределительный (El) Schaltkästchen n ‖ ~/трансформаторный (El) Transformator[en]häuschen n, Umspannerzelle f
КИП s. 1. прибор/контрольно-измерительный; 2. комплект измерительных приборов

кип m 1. Aufwallen n, Wallen n, Wallung f (Metallbad); 2. (Met) Kochperiode f; 3. (Schiff) Keep f, Rille f; 4. (Schiff) Klampe f, Klüse f
кипа f Ballen m ‖ ~ хлопка (Text) Baumwollballen m
кипелка f (Bw) gebrannter Kalk m, Branntkalk m
кипение n 1. Kochen n, Sieden n; Gasen n; 2. (Met) Frischreaktion f; Rohfrischperiode f; Schäumen n; 3. Verdampfen n (Kältetechnik) ‖ ~/бурное Aufwallen n (Metallbad) ‖ ~ мартеновской ванны Frischreaktion f (SM-Ofen) ‖ ~/непосредственное (Kält) direkte Verdampfung f ‖ ~/плёночное (Kält) Filmverdampfung f, Filmsieden n
кипеть sieden; gasen (z. B. Akkumulator während des Ladens)
кипоразборщик m (Text) Ballenfräse f
кипоразрыхлитель m s. разрыхлитель
кипп-генератор m (Eln, TV, Meß) Kipp[schwingungs]generator m
кипп-реле n (Reg) Kipprelais f
кип-процесс (Met) Erzfrischreaktion f
кипрегель m (Geod) Kippregel f, Meßtischaufsatz m
кипс m (Led) Kips m
кипятильник m 1. Sieder m, Siedekessel m, Heißwasserbereiter m, Wassererhitzer m; 2. (Kält) Austreiber m (von Sorptionskältemaschinen) ‖ ~/электрический погружаемый Tauchsieder m
кипячение n под давлением Druckkochung f
кир 1. (Geol) 1. Kir m (mit Sand oder Ton vermischte Ablagerungen von verdicktem Erdöl oder Asphalt an Erdölaustritten); 2. s. озокерит
кирза f 1. (Typ) Druckfilm m; 2. Kirsa-Lederersatz m
кирка f (Bw) Hacke f, Keilhacke f
кирковщик m (Bw) Aufreißer m (Straßenpflug)
кирпич m Ziegel[stein] m, Backstein m, Stein m ‖ ~/алый Weichbrandstein m ‖ ~/алюмосиликатный Tonerdesilikatstein m ‖ ~/арочный Wölber m, Wölbstein m, Gewölbestein m (Ofenauskleidung) ‖ ~/воздушный Luftziegel m ‖ ~/высокоглинозёмистый tonerdereicher Stein m ‖ ~/глазурованный glasierter Ziegel m ‖ ~/глинозёмистый (глиняный) Tonerdestein m ‖ ~/голландский Klinker m, Verblendstein m ‖ ~/диатомитовый Diatomitstein m ‖ ~/динасовый Silikastein m, Silikaziegel m, Dinasstein m, Dinasziegel m, Tondinasstein m ‖ ~/длянасадок Gitterstein m, Kammerstein m ‖ ~/доломитовый Dolomitstein m ‖ ~/дорожный Straßenbauklinker m, Klinker m ‖ ~/дырчатый Lochstein m ‖ ~/забутовочный s. ~/рядовой ‖ ~/известково-песчаный s. ~/силикатный ‖ ~/кислотоупорный säurefester Stein m ‖ ~/кислый saurer Feuerstein m ‖ ~/клинкерный Klinker[ziegel] m ‖ ~/клиновой 1. (Bw) Keilstein m, Wölbstein m; 2. s. ~/арочный ‖ ~/клинчатый s. ~/клиновой 1. ‖ ~/ковшовый (Met) Pfannenstein m ‖ ~/корундовый Korundstein m ‖ ~/красный Mauerziegel m ‖ ~/легковесный Leichtstein m, Leichtziegel m ‖ ~/лекальный Ringziegel m, Radialziegel m, Radialstein m, Formstein m, Brunnenstein m, Schachtstein m ‖ ~/магнезитовый Magnesitstein m, Magnesitziegel m, Magnesiastein m ‖

кирпич

~/**многодырчатый** Lochziegel *m*, Hohlstein *m* ‖ ~/**насадочный** (Met) Gitterstein *m*, Kammerstein *m* ‖ ~/**нейтральный** neutraler Feuerfeststein *m* ‖ ~/**нормальный** Norm[al]stein *m* ‖ ~/**обезвоздушенный** entlüfteter Ziegel *m* ‖ ~/**облицовочный** Blendstein *m*, Verblender *m*, Verblendstein *m* ‖ ~/**обыкновенный** Norm[al]stein *m* ‖ ~/**огнеупорный** feuerfester Ziegel (Stein) *m*, Feuerfeststein *m* ‖ ~/**основный** basischer Feuerfeststein *m* ‖ ~/**отформованный** Formling *m* ‖ ~/**песчано-глинистый** Sandtonstein *m* ‖ ~ **полной длины/сводовый** Ganzwölber *m*, Wölber *m*, Wölbstein *m*, Gewölbestein *m* (Ofenauskleidung) ‖ ~/**пористый** poröser Stein *m* ‖ ~/**пустотелый** Lochstein *m*, Hohlziegel *m* ‖ ~/**пятовый клиновой** Anfangsstein *m* (Ofengewölbe) ‖ ~/**радиальный** *s*. ~/**лекальный** ‖ ~ **ручной формовки** Handschlagziegel *m*, Schlemmziegel *m* ‖ ~/**рядовой** Hintermauerungsziegel *m*, Hintermauerungsstein *m* ‖ ~ **сводовый** Ganzwölber *m*, Wölber *m*, Wölbstein *m*, Gewölbestein *m* (Ofenauskleidung) ‖ ~/**сводовый клиновой** Querwölber *m*, Quergewölbestein *m* (Ofenauskleidung) ‖ ~/**сводчатый** *s*. ~/**сводовый** ‖ ~/**силикатный** Kalksandziegel *m*, Kalksandstein *m*, Silikatstein *m* ‖ ~/**силикокарбидный** Karborundstein *m*, Siliciumcarbidstein *m* ‖ ~/**сифонный** Kanalstein *m* (Kokillengespann) ‖ ~/**скошенный** Schrägstein *m* ‖ ~/**слабообожжённый** Schwachbrandziegel *m* ‖ ~/**сплошной** Vollstein *m* ‖ ~/**стандартный** Normalziegel *m*, Norm[al]stein *m* ‖ ~/**стеновой** Mauerziegel *m* ‖ ~/**твердообожжённый** Hartbrandziegel *m* ‖ ~/**трепельный** Kieselgurziegel *m* ‖ ~/**трёхчетвертной** Dreiviertelstein *m*, Dreiquartier *n* ‖ ~/**углеродистый** Kohlenstoffstein *m*, Kohlenstoffziegel *m* ‖ ~/**фасонный** Formstein *m*, Profilstein *m*, Formziegel *m* ‖ ~/**хромистый** *s*. ~/**хромитовый** ‖ ~/**хромитовый** Chromerzstein *m*, Chromeisenstein *m*, Chromitstein *m* ‖ ~/**хромито-магнезитовый** *s*. хромомагнезитовый ‖ ~/**хромомагнезитовый** Chromerz-Magnesitstein *m*, Chrom[it]-Magnesiastein *m* ‖ ~/**цельный** ganzer Stein *m*, Vierquartier *n* ‖ ~/**цирконовый** Zirkonstein *m* ‖ ~/**шамотный** Schamottestein *m*, Schamotteziegel *m* ‖ ~/**шлаковый** Schlackenstein *m*, Schlackenziegel *m* ‖ ~/**шлакоуловительный** (Met) Schlacken[stau]stein *m*, Schlackenschütze *f*, Schlackenstauer *m*

кирпич-сырец *m* Rohziegel *m*, Formling *m*
киселевание *n* (Led) Beizen *n*, Beizprozeß *m*
кислород *m* (Ch) Sauerstoff *m*, O ‖ ~/**активный** aktiver Sauerstoff *m* ‖ ~/**атмосферный** Luftsauerstoff *m* ‖ ~/**атомарный** atomarer Sauerstoff *m*, Monosauerstoff *m* ‖ ~/**газообразный** Sauerstoffgas *n* ‖ ~/**жидкий** flüssiger (verflüssigter) Sauerstoff *m* ‖ ~/**молекулярный** molekularer Sauerstoff *m* ‖ ~/**обычный** *s*. ~/природный ‖ ~/**природный** natürliches Sauerstoffisotopengemisch *n* ‖ ~/**режущий** Schneidsauerstoff *m* (Schneidbrenner) ‖ ~/**синглетный** Singulettsauerstoff *m*
кислородомер *m* Sauerstoffanalysator *m*
кислородсодержащий sauerstoffhaltig

кислота *f* Säure *f* ‖ ~/**азотистая** salpetrige Säure *f* ‖ ~/**азотная** Salpetersäure *f* ‖ ~/**азотноватистая** hyposalpetrige Säure *f* ‖ ~/**аккумуляторная** Akkumulatorensäure *f* ‖ ~/**аминоуксусная** Aminoessigsäure *f*, Glykokoll *n*, Glycin *n* ‖ ~/**башенная** Turmsäure *f* (Schwefelsäureherstellung) ‖ ~/**безводная уксусная** wasserfreie Essigsäure *f*, Eisessig *m* ‖ ~/**бензойная** Benzoesäure *f*, Benzolcarbonsäure *f* ‖ ~/**бескислородная** Wasserstoffsäure *f* ‖ ~/**борная** Borsäure *f* ‖ ~/**варочная** (Pap) Kochsäure *f* ‖ ~/**галлодубильная** Gallusgerbsäure *f*, Tannin *n* ‖ ~/**галогенводородная** Halogenwasserstoffsäure *f* ‖ ~/**галогензамещённая** Halogensäure *f* ‖ ~/**гидросернистая (гипосернистая)** dithionige Säure *f* ‖ ~/**гипофосфористая** hypophosphorige Säure *f* ‖ ~/**гипофосфорная** Hypophosphorsäure *f*, Diphosphorsäure *f* ‖ ~/**гловерная** Gloversäure *f* (Schwefelsäureherstellung) ‖ ~/**гремучая** Knallsäure *f*, Fulminsäure *f* ‖ ~/**двухосновная** zweibasige Säure *f* ‖ ~/**дезоксирибонуклеиновая** Desoxyribonucleinsäure *f*, DNS ‖ ~/**дейтеросерная** deuterierte (schwere) Schwefelsäure *f* ‖ ~/**дубильная** Gerbsäure *f* ‖ ~/**дымящая азотная** rauchende Salpetersäure *f*, Oleum *n* ‖ ~/**дымящая серная** rauchende Schwefelsäure *f* ‖ ~/**дымящая соляная** rauchende Salzsäure *f* ‖ ~/**жирная** Fettsäure *f* ‖ ~/**иодистоводородная** Iodwasserstoffsäure *f* ‖ ~/**камерная** Kammersäure *f* ‖ ~/**карболовая** Carbolsäure *f* (wäßrige Lösung von Phenol) ‖ ~/**карбоновая** Carbonsäure *f* ‖ ~/**кислородная** Sauerstoffsäure *f*, Oxosäure *f* ‖ ~/**контактная [серная]** Kontakt[schwefel]säure *f* ‖ ~/**кремнёвая** Kieselsäure *f* ‖ ~/**крепкая** (Pap) Starksäure *f*, hochkonzentrierte (hochprozentige) Kochsäure *f* ‖ ~/**лимонная** Zitronensäure *f* ‖ ~/**масляная** Buttersäure *f*, Butansäure *f* ‖ ~/**метановая** Methansäure *f*, Ameisensäure *f* ‖ ~/**многоосновная** mehrbasige Säure *f* ‖ ~/**молочная** Milchsäure *f* ‖ ~/**монофтороуксусная** Fluoressigsäure *f* ‖ ~/**мочевая** Harnsäure *f* ‖ ~/**муравьиная** Ameisensäure *f*, Methansäure *f* ‖ ~/**насыщенная жирная** gesättigte Fettsäure *f*, Paraffinmonocarbonsäure *f* ‖ ~/**нитрующая** Nitriersäure *f* (Salpetersäure-Schwefelsäure-Mischung) ‖ ~/**обменная** Austauschsäure *f* ‖ ~/**одноосновная** einbasige Säure *f* ‖ ~/**олеиновая** Ölsäure *f*, Oleinsäure *f* ‖ ~/**орошающая** Rieselsäure *f* ‖ ~/**ортофосфористая** [ortho]phosphorige Säure *f* ‖ ~/**ортофосфорная** Orthophosphorsäure *f*, Phosphorsäure *f* ‖ ~/**отработанная** Abfallsäure *f*, Rückstandssäure *f*, verbrauchte Säure *f* ‖ ~/**парная** gepaarte (gekuppelte) Säure *f* ‖ ~/**пиросерная** Pyroschwefelsäure *f*, Dischwefelsäure *f* ‖ ~/**пиросернистая** pyroschweflige (dischweflige) Säure *f* ‖ ~/**пирофосфористая** pyrophosphorige (diphosphorige) Säure *f* ‖ ~/**пирофосфорная** Pyrophosphorsäure *f*, Diphosphorsäure *f* ‖ ~/**плавиковая** Flußsäure *f*, Fluorwasserstoffsäure *f* ‖ ~/**предельная** gesättigte Säure *f* ‖ ~/**продукционная** Produktionssäure *f* (Schwefelsäureherstellung) ‖ ~/**рибонуклеиновая** Ribonucleinsäure *f* ‖ ~/**салициловая** Salicylsäure *f* ‖ ~/**серная** Schwefelsäure *f* ‖ ~/**сернистая** schweflige Säure *f* ‖ ~/**серноватистая**

Thioschwefelsäure *f* ‖ ~/**синильная** Blausäure *f*, Zyanwasserstoffsäure *f* ‖ ~/**соляная** Salzsäure *f*, Chlorwasserstoffsäure *f* ‖ ~/**сопряжённая** konjugierte (korrespondierende) Säure *f (Säure-Base-Theorie)* ‖ ~ **средней силы** mäßig starke Säure *f* ‖ ~/**сырая** Rohsäure *f* ‖ ~/**тиосерная** Thioschwefelsäure *f* ‖ ~/**тиосернистая** thioschweflige Säure *f* ‖ ~/**трёхосновная** dreibasige Säure *f* ‖ ~/**турменная** Turmsäure *f (Schwefelsäureherstellung)* ‖ ~/**угольная** Kohlensäure *f* ‖ ~/**уксусная** Essigsäure *f*, Ethansäure *f* ‖ ~/**уксусная лесохимическая** Holzessig *m*, Rohholzessig *m* ‖ ~/**фосфористая** [ortho]phosphorige Säure *f* ‖ ~/**фосфорная** Phosphorsäure *f*, Orthophosphorsäure *f* ‖ ~/**фосфорноватая** Hypophosphorsäure *f* ‖ ~/**фосфорноватистая** hypophosphorige Säure *f* ‖ ~/**фтористоводородная** Fluorwasserstoffsäure *f*, Flußsäure *f* ‖ ~/**хлористоводородная** Chlorwasserstoffsäure *f*, Salzsäure *f* ‖ ~/**циановодородная** Zyanwasserstoffsäure *f*, Blausäure *f* ‖ ~/**циановая** Zyansäure *f* ‖ ~/**чернильноорешкова** Gallussäure *f* ‖ ~/**щавелевая** Oxalsäure *f*, Kleesäure *f* ‖ ~/**экстракционная фосфорная** Naßphosphorsäure *f* ‖ ~/**яблочная** Apfelsäure *f*, Apfelsäure *f* ‖ ~/**янтарная** Bernsteinsäure *f*

кислотно-растворимый säurelöslich
кислотнореагирующий *(Ch)* sauer reagierend
кислотность *f (Ch)* Säuregehalt *m*, Azidität *f*, Säuregrad *m* ‖ ~/**обменная** Austauschazidität *f* ‖ ~/**общая** Gesamtsäuregehalt *m*, Gesamtazidität *f* ‖ ~ **почвы** *(Lw)* Bodenazidität *f*
кислотный Säure...
кислотооборот *m* Säurekreislauf *m*
кислотообразование *n* Säurebildung *f*
кислотопонижение *n (Lebm)* Entsäuerung *f*
кислоторастворимость *f* Säurelöslichkeit *f*, Löslichkeit *f* in Säuren
кислоторастровимый säurelöslich
кислотостойкий säurefest, säurebeständig, widerstandsfähig gegen Säuren
кислотостойкость *f* Säurefestigkeit *f*, Säurebeständigkeit *f*, Säurewiderstandsfähigkeit *f*
кислотоупорность *f s.* кислотостойкость
кислотоупорный *s.* кислотостойкий
кислотоупоры *mpl* säurefeste (säurebeständige) Materialien *npl*
кислотоустойчивость *f s.* кислотостойкость
кислотоустойчивый *s.* кислотостойкий
кислый sauer ‖ ~/**мышьяковистокислый** *(Ch)* ...hydrogenarsenit *n*, ...hydrogenarsenat(III) *n* ‖ ~/**мышьяковокислый** *(Ch)* ...hydrogenarsenat *n*, ...hydrogenarsenat(V) *n* ‖ ~/**сернистокислый** *(Ch)* ...hydrogensulfit *n* ‖ ~/**сернистый** *(Ch)* ...hydrogensulfid *n* ‖ ~/**сернокислый** *(Ch)* ...hydrogensulfat *n* ‖ ~/**углекислый** *(Ch)* ...hydrogencarbonat *n*
кисть *f* 1. Pinsel *m*; 2. Hand *f*, Greiferhand *f (des Manipulators)*; 3. *(Fert)* Werkzeughalterung *f* ‖ ~ **захвата** Greiferhand *f* ‖ ~ **руки** *s.* кисть 2.
китобаза *f* Walfangmutterschiff *n*
китобоец *m* Walfänger *m*
КИУ *s.* устройство/контрольно-измерительное
КК *s.* 1. корабль/космический; 2. курс/компасный
КЛ *s.* линия/килевая

Кл *s.* кулон
КЛА *s.* аппарат/космический летательный
клавиатура *f* 1. Klaviatur *f*, Tastatur *f*, Tastenfeld *n (Klavier, Orgel, Schreibmaschine, Computer)*; 2. Tastenbrett *n* ‖ ~/**десятичная** *(Inf)* numerische Tastatur *f* ‖ ~ **обслуживания** *(Inf)* Bedienertastatur *f* ‖ ~/**полн[оклавишн]ая** *(Inf)* alphanumerische Tastatur *f* ‖ ~/**тембровая** *(Rf)* Klangregister *n* ‖ ~/**узкая** Schmaltastatur *f* ‖ ~/**широкая** Volltastatur *f*
клавиш *m s.* клавиша
клавиша *f* 1. Taste *f*, Drucktaste *f*, Tastenschalter *m*; 2. *(Lw)* Horden *fpl*, Laden *fpl (Strohschüttler)* ‖ ~/**виртуальная** *(Inf)* virtuelle Funktionstaste *f* ‖ ~ **возврата каретки** *(Inf)* Carriage-Return-Taste *f*, Wagenrücklauftaste *f* ‖ ~/**звонковая** Klingeltaste *f* ‖ ~/**крючковая** *(Text)* Platinentaste *f (Schaftmaschine)* ‖ ~ **обратного хода** Rücklauftaste *f*, Wagenrücklauftaste *f* ‖ ~/**переводная** *(El)* Umschalttaste *f* ‖ ~/**прерывания** Unterbrechungstaste *f* ‖ ~/**пустая** Leertaste *f*
кладка *f* 1. Legen *n (Rohre, Leitungen)*; 2. *(Bw)* Mauern *n*; 3. *(Bw)* Mauerwerk *n*; 4. Ausmauerung *f*, Zustellung *f*, Futter *n (Ofen)*; 5. *(Text)* Legung *f (Faden)* ‖ ~/**армированная** bewehrtes Ziegelmauerwerk *n* ‖ ~/**бутовая** 1. Bruchsteinmauerwerk *n*; 2. *(Bgb)* Bergemauerung *f* ‖ ~/**графитовая** *(Kern)* Graphitkonstruktion *f*, Graphitstruktur *f (Reaktor)* ‖ ~ **заплечиков** Rastmauerung *f*, Rastmauerwerk *n (Hochofen)* ‖ ~/**каменная** Gemäuer *n*, Mauerwerk *n* ‖ ~/**кирпичная** Backsteinmauerwerk *n*, Ziegelmauerwerk *n* ‖ ~/**облицовочная** Verblendmauerwerk *n* ‖ ~/**огнеупорная** *(Met)* Feuerfestausmauerung *f (Ofen, Pfanne)*; Gittermauerung *f*, Ziegelmauerwerk *n*, Ziegelausgitterung *f (Regenerator)* ‖ ~ **печи [/внутренняя]** *(Met)* Ofenausmauerung *f*, Ofenmauerwerk *n* ‖ ~/**пода** *(Met)* Herdfutter *n*, Herdzustellung *f* ‖ ~/**свода** *(Bw)* Einwölbung *f* ‖ ~/**смешанная** *(Bw)* gemischtes Mauerwerk *n* ‖ ~/**сухая** *(Bw)* Trockenmauerwerk *n* ‖ ~/**тёсовая** *(Bw)* Quadermauerwerk *n* ‖ ~ **шахты** *(Met)* Schachtmauerwerk *n*, Schachtgemäuer *n (Schachtofen)*
кладовая *f (Schiff)* Storeraum *m*, Store *m (im Maschinenbereich)*; Last *f*, Hellegatt *n (im Decksbereich)*; Last *f*, Raum *m (im Wirtschaftsbereich)* ‖ ~/**малярная** Farbenlast *f* ‖ ~/**механическая** Maschinenstore *m*, Maschinenstoreraum *m* ‖ ~/**провизионная** Proviantraum *m*, Proviantlast *f* ‖ ~/**рефрижераторная** Kühlraum *m* ‖ ~/**сетевая** Netzstore *m*, Netzstore *m* ‖ ~/**шкиперская** Bootsmannslast *f* ‖ ~/**электромеханическая** Elektrostore *m*, Elektrostoreraum *m*
клапан *m* 1. Ventil *n*; Klappe *f (s. a. unter* заслонка*)*; 2. *s.* вентиль 3. ‖ ~/**аварийный** Schnellschlußventil *n* ‖ ~/**аварийный сбросный** Notablaßventil *n* ‖ ~/**автоматический** Selbstschlußventil *n*, selbsttätiges Ventil *n* ‖ ~/**автоматический створчатый** Selbstschlußklappenventil *n* ‖ ~/**байпасный** Nebenschlußventil *n*, Überströmventil *n*, Bypaßventil *n* ‖ ~/**балластный** *(Schiff)* Ballastventil *n* ‖ ~/**беспружинный** federloses (freigehendes, unbefedertes) Ventil *n* ‖ ~/**боковой** *s.* ~/**нижний** ‖ ~/**быстродействующий** Schnellöffnungsventil *n* ‖ ~/**быстрозапорный** Schnellschlußventil *n*

клапан

(Dampfturbine) II ~/**быстрооткрывающийся** Schnellöffnungsventil *n* II ~ **верхнего продувания** *(Schiff)* Abschäumventil *n (Kesselanlage)* II ~/**верхний** hängendes Ventil *n (Verbrennungsmotor)* II ~/**вибрирующий** Flatterventil *n* II ~/**вихревой** Wirbelstromventil *n* II ~/**возвратный** Rückschlagventil *n* II ~/**воздухорегулирующий** Luftregelventil *n*, Luftsteuerventil *n* II ~/**воздушный** Luftventil *n* II ~/**впускной** Einlaßventil *n*, Einströmventil *n*, Einlaufventil *n* II ~/**всасывающий** Saugventil *n (Kolbenpumpe, Kolbenverdichter)* II ~/**всасывающий воздушный** Luftansaugventil *n* II ~/**вспомогательный** Hilfsventil *n* II ~/**встроенный** Einbauventil *n* II ~/**встроенный двухходовой** Zweiwege-Einbauventil *n* II ~/**вызывной** *(Nrt)* Anrufklappe *f* II ~/**выпускной** Auslaßventil *n* II ~ **высокого давления** Hochdruckventil *n* II ~/**выхлопной** Auspuffventil *n*, Auslaßventil *n (Verbrennungsmotor)* II ~/**газовый** Gasventil *n* II ~/**газораспределительный** Steuerventil *n*, Gaswechselsteuerventil *n (Verbrennungsmotor)* II ~/**гидравлический** Hydraulikventil *n* II ~/**главный** Hauptventil *n* II ~/**главный пусковой** Hauptauslaßventil *n* II ~/**грунтовой** Wechselklappe *f*, Schüttklappe *f (Eimerkettenschwimmbagger)* II ~/**групповой** Düsengruppenventil *n (Dampfturbine)* II ~/**грязевой** *(Pap)* Schmutzventil *n* II ~ **давления** Druckventil *n* II ~ **давления/регулируемый** Druckregelventil *n* II ~ **давления/управляемый** Drucksteuerventil *n* II ~/**двойной** 1. Doppelventil *n*; 2. Doppelsitzventil *n* II ~/**двойной предохранительный** Doppelsicherheitsventil *n* II ~/**двухпоршневой тормозной** Zweikolbenbremsventil *n* II ~/**двухседельный регулирующий** Doppelsitzregelventil *n* II ~/**двухтарельчатый** Doppelsitztellerventil *n* II ~/**двухходовой** Zweiwegeventil *n* II ~/**диафрагменный регулирующий** Membranregelventil *n* II ~/**дифферентовочный** *(Schiff)* Trimmventil *n* II ~/**дозирующий** Dosierventil *n*, Zuflußsteuerventil *n* II ~/**донный** Bodenklappe *f* II ~/**дыхательный** *(Kfz)* Entlüfter *m (Kurbelgehäuse des Motors)* II ~/**желоночный** Schlammbüchsenventil *n*, Schöpfbüchsenventil *n* II ~/**жидкостный** Flüssigkeitsventil *n* II ~/**забортный** *(Schiff)* Seeventil *n*, Flutventil *n* II ~/**запорный** Absperrventil *n*, Verschlußventil *n*; Verschlußkappe *f*; Rückhaltventil *n* II ~/**золотниковый** Schieberventil *n* II ~/**игольчатый** Nadelventil *n (Vergaser)* II ~/**исполнительный** Stellventil *n* II ~/**качающийся** 1. Pendelklappe *f*; 2. massebelastetes Ventil *n* II ~/**кингстонный** *(Schiff)* Seeventil *n*, Flutventil *n* II ~/**колпачковый** Glockenventil *n* II ~/**кольцевой** Ringventil *n* II ~/**компрессорный** Verdichterventil *n* II ~/**конический** Kegel[sitz]ventil *n* II ~/**конусный** *(Met)* Glockenventil *n (SM-Ofen)* II ~/**короткоходовый** Niederhubventil *n* II ~/**котельный** Kesselventil *n* II ~/**ленточный** Blattfederventil *n*, Lamellenventil *n* II ~/**магнитный** Magnetventil *n* II ~/**магнитоэлектрический регулирующий** Magnetregelventil *n* II ~/**малогабаритный** Miniaturventil *n* II ~/**мембранный** Membranventil *n* II ~/**микрорегулирования** Feinregelventil *n* II ~/**миниатюрный** *s.* ~/малогабаритный II ~/**нагнетательный** 1. Druckventil *n (Kolbenpumpe, Hubkolbenverdichter)*; 2. Förderventil *n* II ~/**наливной** Füllventil *n*, Einlaufventil *n* II ~/**напорный** Druckventil *n* II ~ **направления потока** Sperrventil *n (Gruppenbegriff für Rückschlag-, Überström-, Gegendruck-, Halte- und Rohrbruchventile)* II ~/**невозвратно запорный** absperrbares Rückschlagventil *n*, Rückschlagklappe *f* II ~/**невозвратный** Rückschlagventil *n*, Rückschlagklappe *f* II ~/**неразгруженный** unentlastetes Ventil *n* II ~/**нижний** stehendes Ventil *n (Verbrennungsmotor)* II ~ **нитепроводника** *(Text)* Fadenführerklappe *f* II ~/**обводный** Bypaßventil *n*, Umgehungsventil *n*, Überströmventil *n* II ~/**обратный** Rückschlagventil *n*, Rücklaufventil *n* II ~/**обратный дроссельный** Drosselrückschlagventil *n* II ~/**обратный питательный** Rückspeiser *m*, Rückspeisevorrichtung *f* II ~/**обратный подъёмный** Rückschlagventil *n* II ~/**обходный** *s.* ~/обводный II ~/**односедельный** Einsitzventil *n* II ~/**односедельный регулирующий** Einsitzregelventil *n* II ~/**осушительный** *(Schiff)* Lenzventil *n* II ~/**отбойный** *(Nrt)* Schlußklappe *f* II ~/**откидной** Klappenventil *n (Kolbenpumpe)* II ~/**отливной** Ausgußventil *n* II ~/**отсечный** Schnellschlußventil *n* II ~ **парового байпаса** Dampfbeipaßventil *n* II ~/**паровой** Dampfventil *n* II ~/**паровой редукционный** Dampfdruckminderer *m* II ~/**паровпускной** Dampfeinströmventil *n*, Dampfturbinenregelventil *n* II ~/**паровыпускной** Dampfentnahmeventil *n* II ~/**парозапорный** Dampfabsperrventil *n* II ~/**парораспределительный** Dampfsteuerventil *n* II ~ **перегретого пара** Heißdampfventil *n* II ~ **перегрузки** Überlastventil *n* II ~/**перекидной** Umstellklappe *f*, Umsteuerklappe *f*; *(Met)* Wechselklappe *f*, Siemens-Klappe *f (SM-Ofen)* II ~/**переключающий** Umschaltventil *n* II ~/**переливной** Überlaufventil *n*, Überströmventil *n*, Bypaßventil *n* II ~/**перепускной** Nebenschlußventil *n* II ~/**переходный** Wechselklappe *f* II ~/**питательный** Speise[wasser]ventil *n (Kessel)* II ~/**пневматический** Pneumatikventil *n* II ~/**пластинчатый** Plattenventil *n* II ~/**поворотный** Umführungsventil *n*, Umlenkventil *n* II ~ **подачи топлива/игольчатый** Schwimmernadelventil *n (Vergaser)* II ~/**подвесной** *s.* ~/верхний II ~/**подпорный** Gegendruckventil *n*; Stauklappe *f (Bunkerverschluß)* II ~/**подъёмный** Hubventil *n* II ~/**полноподъёмный** Vollhubventil *n* II ~/**полосовой** Lamellenventil *n*, Plattenventil *n* II ~/**поплавковый** Schwimmerventil *n* II ~/**поршневой** Kolbenventil *n* II ~ **постоянного давления/редукционный** *(Hydr)* Druckregulierventil *n*, Druckminderventil *n* II ~/**предохранительный** Sicherheitsventil *n* II ~/**приёмный** Saugventil *n* II ~/**принудительный** zwangsgesteuertes Ventil *n* II ~/**продувной** *s.* ~/продувочный II ~/**продувочный** 1. Durchblaseventil *n*, Belüftungsventil *n*; 2. Abschlammventil *n (Dampfkessel)* II ~/**пропорциональный ходовой** Proportional-Wegeventil *n* II ~ **противодавления** Gegendruckventil *n* II ~/**проходной** Durchgangsventil *n*, Ventil *n* in Durchgangsform II ~/**пружинный** federbelastetes Ventil *n*, Federventil *n* II ~/**пружинный предохранительный** Federsicherheitsventil *n* II ~/**пусковой** Anlaßventil *n (Verbrennungsmotor)*; Anfahrventil *n*

(Turbine) || ~/**пустотелый** Hohl[körper]ventil *n* || ~/**рабочий** Arbeitsventil *n* || ~/**разгрузочный** Entlastungsventil *n* || ~/**разделительный** Verteilerventil *n* || ~/**распределительный** 1. Steuerventil *n*; 2. Umstellklappe *f* || ~/**раструбный** Muffenventil *n* || ~/**расширительный** Drosselventil *n*, Entspannungsventil *n*, Expansionsventil *n* || ~/**реверсивный** 1. Umsteuerventil *n*; 2. *(Met)* Wechselklappe *f*, Siemens-Klappe *f (SM-Ofen)* || ~/**регулирующий** Regelventil *n* || ~/**регулирующий питательный** Speiseregelventil *n* || ~/**редукционный** Druckminderventil *n*, Reduzierventil *n* || ~/**ручной пусковой** Handanfahrventil *n (Turbine)* || ~ **с задержкой времени** *(Reg)* Zeitverzögerungsventil *n* || ~ **с краном/питающий** Speisekopf *m*, Speiseventil *n* || ~ **с регулятором/редукционный** vorgesteuertes Druckminderventil *n* || ~/**самозакрывающийся вызывной** *(Nrt)* [automatische] Rückstellklappe *f* || ~/**световой** Lichtschleuse *f* || ~/**сегментный (секторный)** Segmentventil *n* || ~ **Сименса** *s.* ~/**реверсивный** 2. || ~/**сливной** Entleerungsventil *n*; Abflußventil *n*; *(Schiff)* Ausgußventil *n* || ~/**смесительный** Mischventil *n* || ~/**соленоидный** Magnetventil *n*, Solenoidventil *n* || ~/**сопловой** Düsenventil *n* || ~/**спускной** *s.* сливной || ~/**створчатый откидной** Klappenventil *n* || ~/**стопорный** 1. Absperrventil *n*; 2. Schnellschlußventil *n (Turbine)*; 3. *(Schiff)* Hauptdampfventil *n* || ~/**сточный** Ablaufverschluß *m*, Ablaufventil *n* || ~/**тарельчатый** Tellerventil *n* || ~/**тарельчатый регулирующий** Tellerregelventil *n* || ~/**телефонный** *(Nrt)* Fallklappe *f* || ~/**термоуправляемый** Temperatursteuerventil *n* || ~/**топливный** Kraftstoffventil *n*, Brennstoffventil *n* || ~/**тормозной** Bremsventil *n* || ~/**трёхходовой** Dreiwegeventil *n* || ~/**трубчатый** Rohrventil *n* || ~/**управляемый** Steuerventil *n* || ~/**уравнительный** Druckausgleichventil *n* || ~/**уравновешивающий** Entlastungsventil *n* || ~/**ускорительный** Beschleunigungsventil *n* || ~/**фланцевый** Flanschventil *n* || ~/**ходовой** Fahrventil *n* || ~ **холодного дутья** *(Met)* Kaltwindschieber *m*, Kaltwindventil *n (Ofen)* || ~/**цилиндровый** Kolbenventil *n* || ~/**шариковый** Kugelventil *n* || ~/**шариковый возвратный** Kugelrückschlagventil *n*, Rückschlagkugelventil *n* || ~/**шарнирный** Klappenventil *n* || ~/**шаровой** Kugelventil *n* || ~/**шпиндельный** Spindelventil *n* || ~/**шунтовой** Nebenschlußventil *n* || ~/**экранированный** Ventil *n* mit Abschirmblech (Ablenkblech)

клапан-золотник *m* Schieberventil *n*; Kolbenventil *n*
клапан-мигалка *m* Pendelklappe *f*
клапанный Ventil…; *(Nrt)* Klappen…
клапанооткрыватель *m (Text)* Nadelzungenöffner *m*
клапан-регулятор *m* Regelventil *n*
кларен *m s.* кларит
кларит *m* Clarit *m (Mikrolithotyp der Kohle)*
класс *m* 1. Klasse *f*; Sorte *f*; Gattung *f*; 2. Kristallklasse *f*, Symmetrieklasse *f (Zusammensetzungen s. unter* вид симметрии*)* || ~ **вагона** *(Eb)* Wagenklasse *f* || ~ **верхний** *s.* ~/**крупный** 2. || ~ **волны** *(Ph)* Wellenklasse *f* || ~ **вычетов** *(Math)* Restklasse *f (eines Rings)* || ~/**гранулометрический** *s.* ~ крупности 1. || ~ **дивизоров** *(Math)* Divisorklasse *f* || ~ **зернистости** *(Wkst)* Kornklasse *f* || ~ **идеалов** *(Math)* Idealklasse *f* || ~ **изоляции** *(El)* Isolationsklasse *f* || ~ **исполнения** Ausführungsklasse *f* || ~ **климатических испытаний** Klimaprüfklasse *f* || ~ **крупности** 1. Korn[größen]klasse *f (körniges Gut)*; 2. *(Wkst)* Kornklasse *f* || ~/**крупный** 1. Grobkornklasse *f (körniges Gut)*; 2. Überkorn *n*, Grobkorn *n (Siebklassierung)* || ~/**мелкий** 1. Feinkornklasse *f (körniges Gut)*; 2. Unterkorn *n*, Feinkorn *n (Siebklassierung)* || ~/**модовый** Modenklasse *f* || ~ **напряжения** *(El)* Spannungsklasse *f* || ~/**нижний** Durchlauf *m*, Unterkorn *n*, Durchfall *m (Siebung)* || ~ **по равнопадаемости** Gleichfälligkeitsklasse *f (Siebung)* || ~ **погрешности** Fehlerklasse *f* || ~/**поздний спектральный** *(Astr)* späte Spektralklasse *f (kalte Sterne)* || ~ **прерываний** *(Inf)* Unterbrechungsklasse *f* || ~ **прибора** Geräteklasse *f* || ~/**ранний спектральный** *(Astr)* frühe Spektralklasse *f (heiße Sterne)* || ~ **светимости** *(Astr)* Leuchtkraftklasse *f* || ~ **симметрии** *(Krist)* Symmetrieklasse *f (Zusammensetzungen s. unter* вид симметрии*)* || ~/**смежный** *(Math)* Nebenklasse *f*, Nebengruppe *f* || ~/**спектральный** *(Astr)* Spektralklasse *f*, Spektraltyp *m* || ~/**средний** Mittelkornklasse *f (körniges Gut)* || ~ **точности** Genauigkeitsklasse *f*, Meßgenauigkeitsklasse *f*, Toleranzgruppe *f*, Klasse *f (bei Bauelementen)* || ~/**тяговый** *(Lw)* Zugkraftklasse *f (Schlepper)* || ~ **шероховатости** *(Fert)* Rauheitsklasse *f*, Güteklasse *f (Oberflächenbeschaffenheit)* || ~ **эквивалентности** *(Math)* Äquivalenzklasse *f*, Abstraktionsklasse *f*

классировка *f* Klassieren *n*, Klassierung *f*
классификатор *m* Klassierer *m*, Klassierapparat *m*, Klassiersieb *n*, Sichter *m (Aufbereitung)* || ~/**барабанный** Trommelklassierer *m*, Trommelsichter *m* || ~/**винтовой** Schraubenklassierer *m* || ~/**воздушный** Windsichter *m* || ~/**гидравлический** Naßklassierer *m*, Stromklassierer *m* || ~/**гравитационный** Schwerkraftsichter *m* || ~/**двухспиральный** Doppelschraubenklassierer *m* || ~/**дражный** Kratz[er]bandklassierer *m* || ~/**конический (конусный)** Klassierkegel *m* || ~/**механический** mechanischer Klassierer *m* || ~/**механический гидравлический** mechanischer Naßklassierer *m* || ~/**многореечный** Mehrfachrechenklassierer *m* || ~/**обезвоживающий** Entwässerungsklassierer *m* || ~/**одногребковый** Einfachrechenklassierer *m*, Simplexrechenklassierer *m* || ~/**однокамерный** Einfachsierer *m* || ~/**однореечный** Einfachrechenklassierer *m* || ~/**односпиральный** Einschraubenklassierer *m* || ~/**пирамидальный** Spitzkasten *m* || ~/**плоский** Flächenklassierer *m* || ~/**пневматический** Windsichter *m* || ~/**противоточный** Gegenstromklassierer *m* || ~/**реечный** Rechenklassierer *m* || ~ **с восходящей струёй воды** Aufstromklassierer *m* || ~/**скребковый цепной** Kratz[band]klassierer *m* || ~/**спиральный** Schraubenklassierer *m* || ~/**трубчатый** Rohrklassierer *m* || ~/**центробежный** Zentrifugalsichter *m* || ~/**циркуляционный воздушный** Streuwindsichter *m* || ~/**чашечный** Schüsselklassierer *m* || ~/**четырёхреечный** Doppel-

duplexklassierer *m* ‖ ~/**шнековый** Schraubenklassierer *m*
классификация *f* 1. Klassifizieren *n*, Klassifikation *f*, Einteilung *f*, Einstufung *f*, Einordnung *f*; 2. Klassieren *n*, Klassierung *f (Trennung nach Korngröße)*; Sortieren *n (Trennung nach physikalischen Eigenschaften)*; Sichten *n*, Windsichten *n (Trennung im Gasstrom)*; 3. *(Math)* Klasseneinteilung *f* ‖ ~ **в водной среде** Naßstromklassierung *f* ‖ ~ **в воздушной среде** Windsichtung *f* ‖ ~ **в восходящем потоке** Aufstromklassierung *f*, Klassierung *f* im aufsteigenden Strom ‖ ~ **в горизонтальном потоке** Horizontalstromklassierung *f* ‖ ~/**водная** *s*. ~/мокрая ‖ ~/**воздушная** Windsichtung *f*, Windsichten *n*, Luftstromsichtung *f*, Windseparation *f* ‖ ~/**гидравлическая [бесситовая]** Hydroklassieren *n*, Naßklassieren *n* ‖ ~/**гравитационная** Schwerkraftklassierung *f*, Schwerkraftsichtung *f* ‖ ~/**звёзд/спектральная** *(Astr)* Spektralklassifikation *f* ‖ ~/**мокрая** Naßklassierung *f* ‖ ~/**первичная** Vorklassieren *n*, Vorklassierung *f* ‖ ~/**пневматическая** *s*. ~/воздушная ‖ ~/**ситовая** Siebklassierung *f* ‖ ~ **со свободным падением** *s*. ~/гравитационная ‖ ~/**сухая** Trockenklassierung *f* ‖ ~/**центробежная** Zentrifugalsichtung *f*, Fliehkraftklassierung *f*
классифицировать 1. klassifizieren, einteilen, einstufen, einordnen; 2. klassieren *(nach Korngröße)*; sortieren *(nach physikalischen Eigenschaften)*; sichten *(im Gasstrom)*
кластер *m* 1. *(Ph)* Cluster *m*, Schwarm *m*, Haufen *m*; *(Kern auch:)* Schwarm *m*; 2. *(Photo)* Cluster *m*, Kornzusammenballung *f*; 3. *(Krist)* Leerstellencluster *m*; 4. *(Kern)* Molekülcluster *m*, Molekülschwarm *m*
клатрат *m* *(Ch)* Klathrat *n*, Klathratverbindung *f*, Käfigeinschlußverbindung *f*
клаудетит *m* *(Min)* Claudetit *m*, Rhombarsenid *n*
клевеит *m* *(Min)* Cleveit *m* *(uranhaltiges Mineral)*
клеверотёрка *f (Lw)* Kleereiber *m*, Saatgutreiber *m*
клеемешалка *f (Gum)* Lösungsmaschine *f*
клеёнка *f* Wachstuch *n*
клей *m* Leim *m*, Klebstoff *m* ‖ ~/**альбуминный (альбуминовый)** Albuminleim *m* ‖ ~/**высококосмоляной** *(Pap)* hochfreiharzreicher Leim *m* ‖ ~/**глютеновый** Glutinleim *m* ‖ ~ **горячего отверждения** heißhärtender Leim *m*, Warmleim *m* ‖ ~/**декстриновый** Dextrinleim *m* ‖ ~/**животный** tierischer Leim *m* ‖ ~/**жидкий** flüssiger Leim *m*, Klärleim *m* ‖ ~/**зазорозаполняющий** spaltfüllender Klebstoff *m (Fügetechnik)* ‖ ~/**казеиновый** Kaseinleim *m* ‖ ~/**канифольно-парафиновый** *(Pap)* Harz-Paraffin-Leim *m* ‖ ~/**конструкционный** aushärtender (festwerdender) Klebstoff *m* ‖ ~/**костяной** Knochenleim *m* ‖ ~/**крахмальный** Stärkeleim *m* ‖ ~/**неконструкционный** elastischer (elastisch bleibender) Klebstoff *m* ‖ ~/**парафиновый** *(Pap)* Paraffinleim *m* ‖ ~/**подмыльный** Leimniederschlag *m (Seifenherstellung)* ‖ ~/**полностью омылённый** *(Pap)* vollverseifter Leim *m* ‖ ~/**растительный** Pflanzenleim *m* ‖ ~/**резиновый** Gummilösung *f*, Kautschuklösung *f* ‖ ~/**рыбный** Fischleim *m* ‖ ~/**синтетический** synthetischer Leim *m*, Kunstharzleim *m* ‖ ~/**смоляной** Harzleim *m* ‖ ~/**столярный** Tischlerleim *m*; Warmleim *m* ‖ ~/**токопроводящий** Leitkleber *m*, Leitklebstoff *m* ‖ ~ **холодного отверждения** kalthärtender Leim *m*, Kaltleim *m* ‖ ~/**холодный** *s*. ~ холодного отверждения
клейкий leimig, klebrig
клейковина *f* Kleber *m*, Klebereiweiß *n*, Gluten *n*
клейковинность *f* Klebergehalt *m*
клейкость *f* Klebrigkeit *f*
клеймение *n* Markierung *f*, Signierung *f*, Stempelung *f*
клеймить 1. stempeln, markieren, signieren; 2. *(Meß)* aufbringen des Eichstempels (Eichzeichens)
клеймление *n* Stempeln *n (Gütekontrolle)*
клеймо *n* 1. Marke *f*, Stempelung *f*; Stempel *m (Gütekontrolle)*; 2. Schlagstempel *m* ‖ ~/**главное поверительное** Hauptstempel *m (zur Bestätigung einer gültigen Eichung)* ‖ ~/**поверительное** Eichzeichen *n*, Eichstempel *m* ‖ ~/**предохранительное** Sicherungsstempel *n*, Sicherungszeichen *n (zur Sicherung der Unversehrtheit gültig geeichter Meßmittel)* ‖ ~/**приёмочное** Abnahmestempel *m* ‖ ~/**фабричное** Warenzeichen *n* ‖ ~/**фирменное** Firmenzeichen *n*
клейнит *m* *(Min)* Kleinit *m (sekundäres Quecksilbermineral)*
клейстеризация *f* Verkleisterung *f*
клемма *f (El, Nrt)* Klemme *f*, Anschlußklemme *f (Zusammensetzungen s. unter* зажим*)*
клеммник *m* *(El)* Klemm[en]leiste *f*, Klemm[en]brett *n*, Klemm[en]streifen *m*
клепать *(Fert)* nieten
клёпка *f (Fert)* 1. Nieten *n (Verfahren)*; 2. Nietung *f (Ergebnis)* ‖ ~ **внахлёстку** Überlappnieten *n* ‖ ~/**горячая** Warmnieten *n* ‖ ~/**двусторонняя** zweiseitiges Nieten *n* ‖ ~/**машинная** Maschinennieten *n* ‖ ~/**многорядная** mehrschnittiges Nieten *n* ‖ ~/**обратная** indirektes Nieten *n* ‖ ~/**однорядная** einschnittiges Nieten *n* ‖ ~/**орбитальная** Nieten *n* durch Taumeln *(des Werkzeuges)* ‖ ~/**прямая** direktes Nieten *n* ‖ ~/**ручная** Handnieten *n* ‖ ~/**холодная** Kaltnieten *n* ‖ ~/**шахматная** Zickzacknietung *f*
клеровка *f* Kläre *f (Zuckergewinnung, Lösegut)*
клерс *m* Deckkläre *f*, Klärsel *n (Zuckergewinnung)*
клети *fpl (Wlz)* Gerüst *n (s. a. unter* клеть 2.*)* ‖ ~ **проволочного стана/предчистовые** Mittelstaffel *f* der Drahtstraße ‖ ~ **проволочного стана/черновые** Vorstaffel *f* der Drahtstraße ‖ ~ **проволочного стана/чистовые** Fertigstaffel *f* der Drahtstraße ‖ ~ **прокатного стана/предчистовые** Mittelstaffel *f* der Walzstraße ‖ ~ **прокатного стана/черновые** Vorstaffel *f* der Walzstraße ‖ ~ **прокатного стана/чистовые** Fertigstaffel *f* der Walzstraße
клетка *f* 1. Käfig *m*; 2. *(Schiff)* Kielstapelung *f*, Aufklotzung *f* ‖ ~/**балочная** Trägerrost *m* ‖ ~/**беличья** *(El)* Kurzschlußkäfig *m* ‖ ~/**двойная [беличья]** *(El)* Doppelkäfig *m* ‖ ~/**доковая** *(Schiff)* Trockengrating *f*, Rost *m* ‖ ~/**кильблочная** *(Schiff)* Kielpalle *f*, Kielpallung *f* ‖ ~/**короткозамкнутая** *(El)* Kurzschlußkäfig *m* ‖ ~ **проезжей части моста/балочная** *(Bw)* Fahrbahnrost *m (einer Brücke)* ‖ ~/**пусковая**

(El) Anlaufkäfig *m* ‖ ~ **ротора/беличья** *(El)* Läuferkäfig *m* ‖ ~**/спусковая** *(Schiff)* Ablaufpalle *f*, Ablaufpallung *f (Querablauf)* ‖ ~ **Фарадея** *(Ph, El)* Faradayscher Käfig *m* ‖ ~**/экранирующая** *(El)* Abschirmkäfig *m*
клеточка *f*/**откидная** *(Text)* Riemchenkäfig *m (Ringspinnmaschine)* ‖ ~ **патрона/закрашенная** Bindepunkte *mpl (in der Patrone)*
клетчатка *f* Cellulose *f*
клетчатый *(Text)* kariert
клеть *f* 1. *(Bgb)* Gestell *n*, Fördergestell *n*, Korb *m*, Förderkorb *m*; 2. *(Wlz)* Gerüst *n*, Walzgerüst *n*; Walzwerk *n (s. a. unter* клети*)* ‖ ~ **блюминга** Blockwalzgerüst *n*, Blockwalzwerk *n* ‖ ~ **бремсберга** Bremsbergsgestell *n* ‖ ~**/валковая** Walz[en]gerüst *n* ‖ ~**/ведомая** Antriebsgerüst *n (offene Straße)* ‖ ~**/вертикальная** Vertikal[walzen]gerüst *n*, Senkrecht[walzen]gerüst *n* ‖ ~**/вспомогательная** Nebengerüst *n*, Ausgleichsgerüst *n* ‖ ~**/главная** Hauptgerüst *n* ‖ ~**/горизонтальная** Horizontal[walz]gerüst *n*, Waagerecht[walz]gerüst *n*, Hauptgerüst *n* ‖ ~**/грузовая** Fahrkorb *m (Bauaufzug)* ‖ ~**/грузолюдская** Gestell *n* für Förderung und Seilfahrt ‖ ~ **двойное дуо** Doppelduo[walzen]gerüst *n*, Doppelduo *n* ‖ ~**/двухвалковая** Doppel[walzen]gerüst *n*, Zweiwalzengerüst *n*, Duo[walz]gerüst *n*, Duo *n* ‖ ~**/двухэтажная** zweietagiger Förderkorb *m* ‖ ~ **для подкатки** Nachwalzgerüst *n* ‖ ~ **для поперечно-винтовой прокатки** Schrägwalzgerüst *n (Rohrwalzen)* ‖ ~ **для прокатки труб** Rohrwalzgerüst *n* ‖ ~ **для рифления** Riffel[walz]gerüst *n* ‖ ~**/дрессировочная** Dressier[walz]gerüst *n*, Nachwalzgerüst *n* ‖ ~ **дуо** Duo *n*, Duo[walz]gerüst *n*, Zweiwalzengerüst *n*, Doppel[walzen]gerüst *n* ‖ ~ **дуо/горизонтальная** Horizontalduo[walz]gerüst *n* ‖ ~ **дуо для рифления листов** Duoriffelblechwalzgerüst *n* ‖ ~ **дуо/листовая** Duoblech[walz]gerüst *n* ‖ ~ **дуо/отделочная** Duofertiggerüst *n* ‖ ~ **дуо/реверсивная** Umkehrduo *n*, Reversierduo *n*, Duoreversiergerüst *n* ‖ ~ **дуо-реверсивная толстолистовая** Grobblech-Duoreversiergerüst *n*, Umkehr-Grobblechduo[walzgerüst] *n* ‖ ~ **дуо/реверсивная черновая** Duoreversierstreckgerüst *n*, Umkehr-Streckduo[walzgerüst] *n* ‖ ~ **дуо снеприводными валками** Schleppduo[walzgerüst] *n* ‖ ~ **дуо/толстолистовая** Duogrobblechwalzgerüst *n* ‖ ~ **дуо/универсальная** Universalduo[walzgerüst] *n* ‖ ~ **дуо/чистовая** Duofertig[walz]gerüst *n* ‖ ~ **заготовочного стана** Knüppel[walz]gerüst *n* ‖ ~**/калибровочная** Kalibriergerüst *n* ‖ ~ **калибровочного стана** Maßwalzgerüst *n (Rohrwalzen)* ‖ ~ **кварто** Quarto *n*, Quarto[walz]gerüst *n*, Vierwalzengerüst *n* ‖ ~ **кварто/дрессировочная** Dressierquarto[gerüst] *n* ‖ ~ **Nachwalz-Quarto[gerüst]** *n* ‖ ~ **кварто/реверсивная** Umkehrquarto *n*, Reversierquarto *n*, Quartoreversiergerüst *n*, Quartoumkehrgerüst *n* ‖ ~ **кварто/уширительная** Quartovorstauchgerüst *n* ‖ ~ **кварто холодной прокатки** Kaltwalzquarto[gerüst] *n* ‖ ~**/косовалковая** Schrägwalzgerüst *n (Rohrwalzen)* ‖ ~ **Лаута** Lautsches Trio[walz]gerüst *n*, Lautsches Trio *n* ‖ ~**/левая** Linksgerüst *n* ‖ ~**/лёг-**

кая Leichtgerüst *n* ‖ ~**/листовая** Blech[walz]gerüst *n* ‖ ~ **листового стана** Blech[walz]gerüst *n* ‖ ~ **листового стана/отделочная [чистовая]** Blechfertig[walz]gerüst *n* ‖ ~ **листопрокатного стана** Blech[walz]gerüst *n* ‖ ~**/людская** *(Bgb)* Seilfahrtgestell *n* ‖ ~ **маятникового действия** Pendelgerüst *n* ‖ ~**/мелкосортная** Feinstahl[walz]gerüst *n* ‖ ~ **мелкосортного стана** Feinstahl[walz]gerüst *n* ‖ ~**/многовалковая** Mehrwalzengerüst *n* ‖ ~**/многоэтажная** mehrgeschossiges Fördergerüst *n* ‖ ~**/обжимная** *s.* ~ **обжимного стана** ‖ ~ **обжимного стана** Block[walz]gerüst *n*, Vor[block]gerüst *n*, Vorwalzgerüst *n*, Vorstreckgerüst *n* ‖ ~**/однокалибровая** Einkaliber[walz]gerüst *n*, Einkaliberwalzwerk *n* ‖ ~**/опрокидная** Kippgestell *n* ‖ ~**/отделочная** Fertiggerüst *n*, Poliergerüst *n*, Schlichtgerüst *n*, Endkalibergerüst *n*, Nachwalzgerüst *n*, Dressiergerüst *n* ‖ ~**/отдельная** Einzelgerüst *n* ‖ ~**/пильгерная** Pilgerwalzwerk *n*, Pilgergerüst *n* ‖ ~ **пильгерного стана** Pilgerwalzwerk *n*, Vor[walz]gerüst *n*, Vor[walz]werk *n* ‖ ~**/подъёмная** *(Bgb)* Fördergestell *n*, Förderkorb *m* ‖ ~**/полировочная** Poliergerüst *n*, Fertiggerüst *n* ‖ ~ **полосового стана** Flachstahl[walz]gerüst *n*; Langblech[walz]gerüst *n* ‖ ~**/последняя** Endgerüst *n* ‖ ~**/предварительная** Vorprofil[walz]gerüst *n* ‖ ~**/предотделочная (предчистовая)** Vorschlicht[walz]gerüst *n* ‖ ~**/прицепная** Folgegerüst *n* ‖ ~**/прокатная** *s.* ~ **прокатного стана** ‖ ~ **прокатного стана** Walzgerüst *n*, Gerüst *n*; Walzwerk *n* ‖ ~ **прокатного стана дуо** Duo *n*, Duo[walz]gerüst *n*, Zweiwalzengerüst *n* ‖ ~**/промежуточная [рабочая]** Zwischengerüst *n*, Mittelgerüst *n* ‖ ~**/рабочая** Arbeitsgerüst *n* ‖ ~**/реверсивная [рабочая]** Umkehrwalzgerüst *n*, Reversierwalzgerüst *n* ‖ ~ **реверсивного стана дуо** Umkehrduo *n*, Reversierduo *n*, Duoreversiergerüst *n*, Duoumkehrgerüst *n* ‖ ~**/редукционная** Reduziergerüst *n* ‖ ~**/ручьевая** Formgerüst *n*, Profilgerüst *n*, Kalibergerüst *n* ‖ ~ **с вытяжным калибром** Streck[kaliber]gerüst *n* ‖ ~ **с горизонтальными валками** Horizontal[walz]gerüst *n*, Waagerecht[walz]gerüst *n*, Hauptgerüst *n* ‖ ~ **с калиброванными валками** Formgerüst *n*, Profilgerüst *n*, Kalibergerüst *n* ‖ ~ **с колонками** Säulengerüst *n* ‖ ~ **с плоскими калибрами** Flach[walz]gerüst *n* ‖ ~ **с ящичными калибрами** Kastenprofil[walz]gerüst *n* ‖ ~**/сортовая** Formgerüst *n*, Profilgerüst *n*, Kalibergerüst *n*; Stabstahlgerüst *n* ‖ ~ **сортового стана** Formgerüst *n*, Profilgerüst *n*, Kalibergerüst *n*; Stabstahlgerüst *n* ‖ ~ **сортового стана трио** Stabstahltrio[walzgerüst] *n* ‖ ~**/среднелистового стана** Mittelblech[walz]gerüst *n* ‖ ~**/толстолистовая** Grobblechgerüst *n* ‖ ~ **толстолистового стана** Feinblechgerüst *n* ‖ ~**/трёхвалковая** *s.* ~ **трио** ‖ ~ **трио** Trio *n*, Trio[walz]gerüst *n*, Dreiwalzengerüst *n* ‖ ~ **трио Лаута** *s.* ~ **трио с приводимыми валками** ‖ ~ **трио/рабочая** Trioarbeitsgerüst *n* ‖ ~ **трио с неприводными валками** Schlepptrio[walzgerüst] *n* ‖ ~ **трио с плавающими валками** Lautsches Trio[walz]gerüst *n*, Lauthsches Trio *n* ‖ ~ **трио/универсальная** Universaltrio[walzgerüst] *n* ‖ ~ **трио/черновая**

клеть

Triovorwalzgerüst n, Vorwalztrio n ‖ ~ **трио/чистовая** Triofertig[walz]gerüst n ‖ ~ **трубопрокатного агрегата Штифеля** Stiefel-Gerüst n, Stiefel-Walzgerüst n ‖ ~**/универсальная** Universal[walz]gerüst n (mit Horizontal- und Vertikalwalzen); Stechwalzengerüst n ‖ ~**/универсальная отделочная (чистовая)** Universalfertig[walz]gerüst n ‖ ~**/уширительная** Breitungsgerüst n, Vorstauchgerüst n; Aufweitwalzwerk n (Blechwalzen) ‖ ~**/фольгопрокатная** Folienwalzgerüst n, Folienwalzwerk n ‖ ~**/холостая** Blindgerüst n ‖ ~**/черновая** Vor[walz]gerüst n, Vorwalzwerk n, Vorprofilgerüst n ‖ ~ **чернового [прокатного] стана трио** Triovorwalzgerüst n, Vorwalztrio n ‖ ~**/четырёхвалковая** Quarto n, Quarto[walz]gerüst n, Vierwalzengerüst n ‖ ~**/чистовая** Fertiggerüst n, Poliergerüst n, Endgerüst n, Polierwalzwerk n, Nachwalzwerk n ‖ ~**/шведская** Schwedengerüst n ‖ ~**/шестерённая** Kammwalzengerüst n ‖ ~ **штрипсового стана** Flachstahlgerüst n, Flachbandgerüst n (für Rohrstreifen) ‖ ~**/эджерная** Stauchgerüst n

клещевина f (Schm) Aufnahmezapfen m (für die Manipulatorzange)

клещевой (Masch) Zangen... (Bauweise z. B. von Greifern)

клещи pl 1. (Wkz) Zange f, Kneifzange f; 2. (Wlz, Met) Ziehzange f, Schleppzange f; Tragzange f ‖ ~**/болваночные** (Wlz) Blockzange f ‖ ~**/волочильные** Drahtschleppzange f, Schleppzange f, Ziehzange f (Ziehbank) ‖ ~**/горловые** (Glas) Kopfformzange f, Mundstückzange f ‖ ~**/горновые** s. ~**/кузнечные** ‖ ~ **для точечной сварки** Punktschweißzange f ‖ ~**/дыропробивочные** Lochzange f ‖ ~**/кузнечные** Schmiedezange f ‖ ~**/пломбировочные** Plombierzange f ‖ ~**/подъёмные** Hubzange f ‖ ~**/разводные** pl Schränkzange f ‖ ~ **с трансформатором/сварочные** Trafo-Schweißzange f (eines Schweißroboters) ‖ ~**/сварочные** Schweißzange f ‖ ~**/стрипперные** (Met) Blockabstreifzange f ‖ ~**/тигельные** (Gieß) Tiegelzange f ‖ ~**/токоизмерительные** (El) Strommeßzange f, Zangenstrommesser m ‖ ~**/электроизмерительные** Elektromeßzange f

клещи-кусачки pl (Wkz) Beißzange f

кливаж m 1. (Geol) Spaltbarkeit f, Schieferung f, Schieferungsfähigkeit f, Spaltung f, Clivage f; 2. (Bgb) Schlechten fpl ‖ ~**/веерообразный** Schieferungsfächer m, Fächerstellung f der Schieferung ‖ ~**/волнистый** Runzelschieferung f (nach Born); Schubklüftung f (nach Scholtz); S₂-Schieferung f ‖ ~**/вторичный** s. кливаж 1. ‖ ~ **истечения** s. ~ **течения** ‖ ~**/напластования** Linearschieferung f ‖ ~ **осевой плоскости** Achsenflächenschieferung f, Transversalschieferung f, S₁-Schieferung f ‖ ~**/параллельный** Parallelschieferung f, Linearschieferung f, parallele Spaltbarkeit f ‖ ~**/первичный** Kristallisationsschieferung f ‖ ~**/пластинчатый** S₁-Schieferung f ‖ ~ **разлома** Bruchschieferung f, Schubklüftung f ‖ ~ **размятия** s. ~ **течения** ‖ ~ **скалывания** Gleitschieferung f, zur Verwerfung gleichlaufende Spaltung f (Übergangsform zwischen Druck- und Bruchschieferung) ‖ ~ **скольжения** s. ~**/волнистый** ‖ ~ **смещения** s. ~ **скалывания** ‖ ~ **течения** Druckschieferung f, Quetschschieferung f, Fließschieferung f

клидонограмма f (El) Klydonogramm n

клидонограф m (El) Klydonograph m, Wellenschreiber m ‖ ~**/трёхфазный** Dreiphasenklydonograph m

климаграмма f Klimagramm n

климат m (Meteo) Klima n ‖ ~**/аридный** arides Klima n ‖ ~**/высокогорный** Hochgebirgsklima n ‖ ~**/городской** Stadtklima n ‖ ~**/гумидный** humides Klima n ‖ ~**/континентальный** Kontinentalklima n, Landklima n ‖ ~**/морской** maritimes Klima n, Seeklima n ‖ ~**/муссонный** Monsunklima n ‖ ~**/океанический** ozeanisches Klima n ‖ ~**/рудничный** (Bgb) Grubenklima n ‖ ~**/солнечный (солярный)** Solarklima n ‖ ~**/сухой** Trockenklima n (Oberbegriff für Steppen- und Wüstenklima) ‖ ~**/тропический** tropisches Klima n ‖ ~**/умеренный** gemäßigtes Klima n

климатизация f Klimatisierung f
климатология f Klimatologie f, Klimakunde f
климаустойчивость f Klimabeständigkeit f
климограмма f Klimogramm n

клин m 1. Keil m; Keilstück n; 2. (Wkzm) Keilleiste f; 3. (Schiff) Paßstück n (Hauptmaschinenfundament); 4. Schlupf m (Schuhproduktion); 5. (Text) s. ~**/замковый** 1. ‖ ~**/буксовый** (Eb) Achslagerstellkeil m, Radsatzlagerstellkeil m (Lokomotive) ‖ ~ **высокого давления** (Meteo) Hochdruckkeil m ‖ ~**/гидродинамический** (Trib) hydrodynamischer Schmierkeil m ‖ ~**/двойной** Doppelkeil m ‖ ~**/двухскосный** Keil m mit doppeltem Anzug, zweiseitiger Keil m ‖ ~**/забивной** 1. Abtreibkeil m. 2. (Bgb) Setzkeil m (Stempelausbau) ‖ ~**/закладной** Einlegekeil m ‖ ~**/заключающий** (Text) Einschließteil n (Strickmaschine) ‖ ~ **замка** s. ~**/замковый** ‖ ~**/замковый** 1. (Text) Schloßteil n, Schloßdreieck n (Wirkmaschine, Großrundstrickmaschine); 2. (Bgb) Schloßkeil m (Stempelausbau) ‖ ~**/затяжной** (Bgb) Schleppkeil m (Stempelausbau) ‖ ~**/измерительный** Meßkeil m ‖ ~**/кварцевый** (Krist) Quarzkeil m (Kompensator) ‖ ~**/кольцевой** (Photo) Drehkeil m ‖ ~**/компенсирующий** (Photo) Ausgleichskeil m ‖ ~**/конический** konischer Keil m ‖ ~**/круговой** Kreiskeil m ‖ ~**/кулирный** (Text) Kulierteil n, Abzugskeil n ‖ ~**/ледяной** (Geol) Eiskeil m ‖ ~**/масляный** (Trib) Schmierkeil m ‖ ~**/направляющий** (Text) Führungsteil n (Großrundstrickmaschine) ‖ ~**/натяжной** Anzugkeil m, Spannkeil m; Befestigungskeil m, Setzkeil m ‖ ~**/нейтрально-серый** (Opt) Graukeil m ‖ ~**/нейтральный** s. ~**/нейтрально-серый** ‖ ~**/обратный** Gegenkeil m ‖ ~**/односкосный** Keil m mit einseitigem Anzug; einseitiger Keil m ‖ ~**/оптический** (Opt) [optischer] Keil m ‖ ~**/отбойный** (Text) Abschlagteil n ‖ ~**/отклоняющий** (Bgb) Ablenkkeil m (Bohrung) ‖ ~**/плавный** (Photo) Verlaufskeil m, kontinuierlicher Keil m ‖ ~**/поворотный** (Bgb) Schwenkkeil m (Stempelausbau) ‖ ~**/поглощающий** Absorptionskeil m ‖ ~**/подвижный оптический** (Opt) Schiebekeil m ‖ ~**/подкладной** Unterlegkeil m ‖ ~**/подъёмный** (Text) Nadelheber m, Nadelaustriebsteil n ‖ ~**/поперечный** Querkeil m ‖ ~**/предохранительный**

(Text) Sicherheitsschloßteil n ‖ ~/**продольный** Längskeil m ‖ ~/**распорный** Distanzkeil m, Spreizkeil m; *(Bgb)* Setzkeil m *(Stempelausbau)* ‖ ~/**регулировочный** Nachstellkeil m, Stellkeil m ‖ ~/**сбрасывающий** *(Text)* Abschlagteil n *(Großrundstrickmaschine)* ‖ ~/**сенситометрический** *(Opt)* Sensitometerkeil m ‖ ~/**серый** *(Opt)* Graukeil m ‖ ~/**смазочный** *(Trib)* Schmierkeil m ‖ ~/**стеклянный** *(Opt)* Glaskeil m ‖ ~/**ступенчатый** *(Opt)* Stufenkeil m ‖ ~/**упорный** Fangkeil m ‖ ~/**установочный** Einstellkeil m, Stellkeil m, Unterlegekeil m ‖ ~/**фанговый** *(Text)* Fangteil n ‖ ~/**фотометрический** *(Opt)* Vergleichskeil m, Graukeil m ‖ ~/**цветовой** *(Typ)* Farbkeil m
клин-баба m Rammkeil m *(Bodenauflockerung)*
клинец m Splitt m
клинкер m Klinker m, Hartbrandstein m; Klinkerstein m, Klinkerziegel m ‖ ~/**дорожный** Pflasterziegel m ‖ ~/**портландцементный** Portlandklinker m ‖ ~/**цементный** Zementklinker m
клинкерование n Klinkerbildung f, Klinkerung f *(Zementherstellung)*
клинкет m Schieber m, Absperrschieber m
клиногеотропизм m Klinogeotropismus m
клинок m 1. Klinke f; 2. Klinge f
клиноклаз m *(Min)* Klinoklas m, Strahlerz n
клинометр m Neigungsmesser m; *(Schiff)* Krängungsmeßgerät n, Krängungsmesser m
клинооось f *(Krist)* Klinoachse f
клиностат m Klinostat m
клинохлор m *(Min)* Klinochlor m *(Chlorit)*
клиноцоизит m *(Min)* Klinozoisit m
клиноэнстатит m *(Min)* Klinoenstatit m *(Pyroxen)*
клинья mpl *(Bgb)* Abfangkeile mpl *(Bohrung)*
клипс m 1. *(Text)* Klips m *(Deckelstab)*; 2. *(Text)* Käfigstütze f *(Riemchenkäfig)*; 3. *(Med)* Klammer f; Klipp m
клирфактор m *(Nrt, Rf)* Klirrfaktor m, Klirrgrad m
клирфакторметр m Klirrfaktormesser m
клистрон m *(Eln)* Klystron n, Triftröhre f ‖ ~/**двухконтурный** s. ~/двухрезонаторный ‖ ~/**двухконтурный усилительный** Zweikammerverstärkerklystron n, Zweikreisverstärkerklystron n ‖ ~/**двухполостный (двухрезонаторный)** Zweikammerklystron n, Zweikreisklystron n, Zweiresonatorklystron n ‖ ~/**импульсный** Impulsklystron n ‖ ~/**многоконтурный (многорезонаторный)** Mehrkammerklystron n, Mehrkreisklystron n, Kaskadenklystron n ‖ ~/**мощный** Hochleistungsklystron n, Leistungsklystron n ‖ ~/**однорезонаторный** Einkammerklystron n, Einkreisklystron n, Einresonatorklystron n ‖ ~/**отражательный** Reflex[ions]klystron n ‖ ~/**пролётный** Triftröhre f, Klystron n ‖ ~/**рефлексный** s. ~/отражательный ‖ ~/**трёхрезонаторный** Dreikammerklystron n, Dreikreisklystron n, Dreiresonatorklystron n ‖ ~/**узкодиапазонный** Schmalbandklystron n ‖ ~/**умножительный** Vervielfacherklystron n ‖ ~/**усилительный** Verstärkerklystron n ‖ ~/**частотоумножительный** Frequenzvervielfacherklystron n ‖ ~/**широкодиапазонный** Breitbandklystron n
клистрон-генератор m *(Eln)* Generatorklystron n, Oszillatorklystron n

клистрон-усилитель m *(Eln)* Verstärkerklystron n
клифф m *(Geol)* Kliff n, Steilufer n
клк s. **килолюкс**
клм s. **килолюмен**
клот[ик] m *(Schiff)* Flaggenknopf m *(am Mast oder Flaggenstock)*
клочок m *(Text)* Flocke f ‖ ~ **волокон** Faserflocke f ‖ ~ **хлопка** Baumwollflocke f
клубок m *(Text)* 1. Knäuel m; 2. Bandwickel m, Kreuzwickel m *(Wollspinnereivorbereitung)*
клупп m 1. *(Wkz)* Gewinde[schneid]kluppe f, Schneidkluppe f *(Gewindeschneiden)*; 2. *(Text)* Kluppe f ‖ ~/**игольчатый** *(Text)* Nadelkluppe f
клюв m **платины** *(Text)* Platinenschnabel m, Schnabel m *(Wirkerei)*
клюз m *(Schiff)* Klüse f ‖ ~/**бортовой** Seitenklüse f ‖ ~/**буксирный** Schleppklüse f ‖ ~/**кормовой** Heckklüse f ‖ ~/**палубный** Deckklüse f ‖ ~/**панамский** Panamaklüse f ‖ ~/**швартовный** Verholklüse f ‖ ~/**якорный** Ankerklüse f
ключ m 1. Schlüssel m *(Türschloß)*; 2. *(Nrt)* Taste f *(Telegraphie)*; Schalter m *(Telephonie)*; 3. *(Wkz)* Schlüssel m *(Schraubenschlüssel)*; im Russischen auch Zange m *(bestimmte Rohrzangen)*; 4. *(Bw)* Scheitel m ‖ ~ **арки** *(Bw)* Bogenscheitel m ‖ ~ **базы данных** *(Inf)* Datenbasisschlüssel m ‖ ~/**буровой** *(Erdöl)* Gestängezange f, Maschinenzange f *(Bohrung)* ‖ ~/**вторичный** *(Inf)* Sekundärschlüssel m ‖ ~/**вызывной** *(Nrt)* Rufschalter m, Ruftaste f ‖ ~/**гаечный** *(Wkz)* Maulschlüssel m ‖ ~/**гаечный односторонний** *(Wkz)* Einmaulschlüssel m ‖ ~/**двухпозиционный** *(Nrt)* Zweistellungsschalter m, Zweipunktschalter m ‖ ~/**двухсторонний гаечный** *(Wkz)* Doppelmaulschlüssel m ‖ ~/**двухсторонний торцовый** *(Wkz)* Doppelsteckschlüssel m ‖ ~/**динамометрический** *(Wkz)* Drehmomentenschlüssel m ‖ ~/**замкнутый** s. ~/накидной ‖ ~ **защиты [памяти]** *(Inf)* Speicherschutzschlüssel m, Schutzschlüssel m ‖ ~/**испытательный** Prüfschalter m, Prüftaste f ‖ ~/**квитирующий** *(Nrt)* Quittier[ungs]schalter m ‖ ~/**командный** *(Inf)* Befehlsschlüssel m ‖ ~/**контрольный** *(Inf)* Überwachungsschalter m ‖ ~/**логический** Logikschlüssel m ‖ ~/**машинный** s. ~/буровой ‖ ~/**микрометренный** *(Wkz)* Feinbewegungsschlüssel m ‖ ~/**многоконтактный наборный** *(Nrt)* Mehrfachwählerschalter m ‖ ~ **Морзе** *(Nrt)* Morsetaste f ‖ ~/**наборный** *(Nrt)* Wählerschalter m, Wählertaste f ‖ ~/**накидной** *(El)* geschlossener Schraubenschlüssel m ‖ ~ **обратного вызова** *(Nrt)* Rückrufschalter m ‖ ~/**объектный** Anlagenschalter m ‖ ~/**односторонний гаечный** *(Wkz)* einfacher Schraubenschlüssel m, Einmaulschlüssel m ‖ ~/**опросно-вызывной** *(Nrt)* Abfrage-Ruf-Umschalter m, AR-Umschalter m ‖ ~/**опросный** *(Nrt)* Abfrageschalter m, Abfragetaste f ‖ ~/**оптоэлектронный** optoelektronischer Schalter m ‖ ~/**отбойный** *(Erdöl)* Hakenschlüssel m *(Bohrung)* ‖ ~/**открытый** *(Wkz)* offener Schraubenschlüssel m ‖ ~/**поисковый** *(Inf)* Suchschlüssel m ‖ ~/**предельный** *(Wkz)* Drehmomentenschlüssel m ‖ ~/**разговорно-вызывной** s. ~/опросно-вызывной ‖ ~/**разговорный** *(Nrt)* Sprechschalter m, Sprechtaste f ‖ ~/**раздвиж-**

ной гаечный *(Wkz)* verstellbarer Schraubenschlüssel (Maulschlüssel) *m* ‖ ~/**размыкающий (разъединяющий)** *(Nrt)* Trennschalter *m*, Trenntaste *f* ‖ ~ **с трещёткой** *(Wkz)* Ratschenschlüssel *m*, Knarrenschlüssel *m* ‖ ~ **свода** *(Bw)* Gewölbescheitel *m*, Scheitel *m*, Gewölbeschluß *m* ‖ ~/**стрелочный** *(Wkz)* Weichenschlüssel *m (Weichenschloß)* ‖ ~/**телеграфный** Telegraphentaste *f* ‖ ~/**телефонный роликовый** Kipp[hebel]schalter *m* ‖ ~/**тиристорный** *(El)* Thyristorschalter *m* ‖ ~/**токовый** *(El)* Stromschalter *m* ‖ ~/**торцовый гаечный** *(Wkz)* Steckschlüssel *m*, Ringschlüssel *m* ‖ ~/**транзисторный** *(Eln)* Transistorschalter *m* ‖ ~/**трёхпозиционный** *(Nrt)* Dreistellungsschalter *m*, Dreipunktschalter *m* ‖ ~/**универсальный гаечный** *(Wkz)* Universalschraubenschlüssel *m* ‖ ~ **управления** *(Reg)* Steuerschalter *m* ‖ ~/**цепной** *(Erdöl)* Kettenzange *f (Bohrung)* ‖ ~/**четырёхгранный гаечный** *(Wkz)* Vierkantschlüssel *m (Schraubenschlüssel)* ‖ ~/**шарнирный** *(Bgb)* Gliederzange *f (Bohrung)* ‖ ~/**шестигранный гаечный** *(Wkz)* Sechskantschlüssel *m (Schraubenschlüssel)*
ключ-манипулятор *m* Taste *f*
ключ-мастер *m* Generalschlüssel *m*
клярен *m s.* кларит
клячёвка *f* Joch *n (Schleppnetz)*
КМДП-микросхема *f (Eln)* CMIS-Mikroschaltung *f*, CMIS-Mikroschaltkreis *m*
КМДП-микросхема *f (Eln)* CMIS-Mikroschaltung *f*, CMIS-Mikroschaltkreis *m*
КМДП-структура *f (Eln)* CMIS-Struktur *f*, komplementäre CMIS-Struktur *f*
КМДП-схема *f (Eln)* CMIS-Schaltung *f*, CMIS-Schaltkreis *m*, komplementärer CMIS-Schaltkreis *m*
КМОП-схема *f (Eln)* CMOS-Schaltung *f*, CMOS-Schaltkreis *m*
КМОП-технология *f (Eln)* CMOS-Technologie *f*
КМОП-транзистор *m (Eln)* CMOS-Transistor *m*
КН *s.* конец носителя
кнебелит *m (Min)* Knebelit *m (Eisenmanganolivin)*
кнехт *m (Schiff)* Poller *m* ‖ ~/**буксирный** Schlepppoller *m* ‖ ~/**двойной** Doppelpoller *m* ‖ ~/**крестовый** Kreuzpoller *m* ‖ ~/**одинарный** Einfachpoller *m* ‖ ~/**швартовный** Festmachpoller *m*, Vertaupoller *m*
книга/красная *(Ökol)* rotes Buch *n (Liste der vom Aussterben bedrohten Tier- und Pflanzenarten)*
КНИ-технология *f s.* технология «кремний на изоляторе»
кница *f (Schiff)* Knieblech *n* ‖ ~/**бимсовая** Balkenknie *n*, Decksbalkenknieblech *n* ‖ ~/**вертикальная** Stehblech *n*, Stehplatte *f*, Stehknie *n* ‖ ~/**отфланцованная** geflanschtes Knieblech *n* ‖ ~/**скуловая** Kimmstützplatte *f*
КНК-технология *f s.* технология «кремний на кварце»
КНС-технология *f s.* технология «кремний на сапфире»
кнопка *f* 1. *(El)* Knopf[schalter] *m*, Druck[knopf]schalter *m*, Druckknopf *m*; 2. *(Nrt)* Taste *f*, Drucktaste *f*; Drucktastenschalter *m* ‖ ~/**аварийная** Notausschaltknopf *m*; Notdruckknopf[schalter] *m* ‖ ~ **бдительности** *(Eb)* Wachsamkeitstaste *f*, Sicherheitsfahrschalter *m* ‖ ~/**блокировочная (блокирующая)** *(Nrt)* Halteschalter *m*, Sperrschalter *m*; Werktaste *f* ‖ ~ «**быстрая остановка**» Schnellstopptaste *f (Magnettongerät)* ‖ ~/**вызывная** *(Nrt)* Ruftaste *f* ‖ ~ **для воспроизведения** Wiedergabetaste *f (Magnettongerät)* ‖ ~ **для записи** Aufnahmetaste *f (Magnettongerät)* ‖ ~ **для обратного хода** Rücklauftaste *f (Magnettongerät)* ‖ ~ **запроса** *(Inf)* Abruftaste *f* ‖ ~ **запуска** Anlaßtaste *f*, Starttaste *f (Magnettongerät)* ‖ ~ **интервалов** Leertaste *f*, Zwischenraumtaste *f* ‖ ~/**испытательная** *(Nrt)* Prüfknopf *m*, Prüftaste *f* ‖ ~/**нажимная** Druck[knopf]schalter *m*, Knopfschalter *m* ‖ ~/**нажимная звонковая** *(Nrt)* Klingeldrücker *m*, Klingelknopf *m* ‖ ~ **настройки** *(Rf)* Abstimmknopf *m* ‖ ~ **обратного хода** Rücklauftaste *f (Magnettongerät)* ‖ ~ **обратной намотки** Rückspultaste *f (Magnettongerät)* ‖ ~/**отбойная** *(Nrt)* Schlußtaste *f* ‖ ~ **прерывания на консоли** *(Inf)* Taste *f* für externe Unterbrechungen ‖ ~ **прямого хода** Vorlauftaste *f (Magnettongerät)* ‖ ~ «**пуск**» Anlaßdruckknopf *m*; Starttaste *f*; Ein-Drucktaste *f*, Ein-Taste *f* ‖ ~/**размыкающая (разъединяющая)** *(Nrt)* Trenntaste *f*, Trennschalter *m* ‖ ~ **регулировки** Einstellknopf *m* ‖ ~/**сигнальная** *(Nrt)* Signaltaste *f* ‖ ~ «**стоп**» Haltdruckknopf *m*; Halttaste *f*; Aus-Drucktaste *f*, Aus-Taste *f* ‖ ~ **управления** Bedienknopf *m*, Betätigungsknopf *m*, Steuer[ungsdruck]knopf *m*
КНС *s.* кремний на сапфире
князёк *m (Bw)* Dachfirst *m*, First *m*
КО *s.* камера орошения
коагулирование *n (Ch)* Koagulieren *n*, Koagulation *f*, Gerinnen *n*, Ausflocken *n*
коагулировать *(Ch)* koagulieren, gerinnen lassen, zur Ausflockung bringen
коагулироваться *(Ch)* koagulieren, gerinnen, sich zusammenballen, [aus]flocken
коагулянт *m s.* коагулятор 1.
коагулят *m (Ch)* Koagulat *n*, Koagulum *n*
коагулятор *m (Ch)* 1. Koagulant *m*, Ausflockungsmittel *n*, Koagulationsmittel *n*; 2. Koagulator *m (Apparat zur Ausflockung kolloidaler Stoffe)*
коагуляция *f (Ch)* Koagulation *f*, Koagulieren *n*, Gerinnung *f*, Ausflockung *f* ‖ ~ **карбидов** Carbidausscheidung *f (an den Korngrenzen)* ‖ ~/**электролитная** Elektrolytkoagulation *f*
коалесценция *f (Ch)* Koaleszenz *f*
коацерват *m (Ch)* Koazervat *n*
коацервация *f (Ch)* Koazervation *f*, Koazervierung *f*
кобальт *m (Ch)* Kobalt *n*, Co ‖ ~/**шпейсовый** *s.* скуттерудит
кобальтин *m (Min)* Cobaltin *m*, Kobaltglanz *m*, Glanzkobalt *m*
кобальтовый Kobalt...
кобальтокальцит *m s.* сферокобальтит
кобальторганический *(Ch)* kobaltorganisch, Organokobalt...
ковалентность *f (Ch)* Kovalenz *f*, kovalente Wertigkeit *f*
ковалентный *(Ch)* kovalent, homöopolar
ковариант *m (Math)* Kovariante *f*
ковариантность *(Math)* Kovarianz *f*
ковариантный *(Math)* kovariant

ковариация f (Math) Kovarianz f
ковать schmieden ‖ ~ **в горячем состоянии** warmschmieden ‖ ~ **в холодном состоянии** kaltschmieden, hartschmieden ‖ ~ **в штампах (штампе)** gesenkschmieden, schmieden im Gesenk ‖ ~ **вгорячую** warmschmieden ‖ ~ **вручную** handschmieden
ковеллин m (Min) Kupferindig m(n), Covellin m
ковёр m/**кровельный** Dacheindeckung f
ковка f 1. Schmieden n; 2. Freiformschmieden n; 3. Schmiedearbeit f ‖ ~ **в штампах (штампе)** Gesenkschmieden n ‖ ~/**вторичная** Nachschmieden n ‖ ~/**горячая** Warmschmieden n, Schmieden n oberhalb der Rekristallisationstemperatur ‖ ~/**грубая** Grobschmieden n ‖ ~/**косая** Schrägschmieden n ‖ ~/**круговая** Rundschmieden n ‖ ~/**машинная** Schmieden n mit Maschinenhammer; maschinelles Schmieden n, Maschinenschmieden n ‖ ~ **на кругу** Rundschmieden n ‖ ~/**окончательная** Fertigschmieden n ‖ ~/**от прутка** Freiformschmieden n von der Stange ‖ ~/**повторная** Nachschmieden n ‖ ~ **под молотом** [maschinelles] Freiformschmieden n, Schmiedehämmern n, Hämmern n ‖ ~ **под прессом** Schmiedepressen n, Preßschmieden n, Warmpreßschmieden n ‖ ~/**получистовая** Grobschmieden n ‖ ~/**прецизионная** s. ~/точная ‖ ~/**ручная** Handschmieden n, Schmieden n von Hand ‖ ~/**свободная** Freiformschmieden n ‖ ~/**точная** Genauschmieden n, Präzisionsschmieden n, Feinschmieden n ‖ ~/**фасонная** Formschmieden n, Fassonschmieden n ‖ ~/**холодная** Kaltschmieden n, Schmieden n unterhalb der Rekristallisationstemperatur ‖ ~/**черновая** Vorschmieden n ‖ ~/**чистовая** Fertigschmieden n
ковка-штамповка f 1. Vorschmieden n auf Sätteln und Fertigschmieden n im Gesenk; 2. Sammelbezeichnung für Freiform- und Gesenkschmieden
ковкий schmiedbar
ковкость f Schmiedbarkeit f; Warmbildsamkeit f
ковроткачество n (Text) Teppichweberei f
ковш m 1. Kübel m, Trog m; 2. Pfanne f (Gießpfanne); Eimer m (Eimerkettenbagger); Löffel m (Löffelbagger); Becher m (Becherwerk); 3. (Schiff) geschützter Anlegeplatz m (für kleinere Schiffe und Boote); 4. (Met) Pfanne f, Gießpfanne f; Kübel m ‖ ~/**барабанный** (Gieß) Trommel[gieß]pfanne f ‖ ~/**вакуумный** Vakuum[gieß]pfanne f ‖ ~/**волокушный** Schürfkübel m, Zugschaufel f (Schürfkübelbagger) ‖ ~/**грейферный** Greiferkübel m ‖ ~/**двухчелюстной** Zweischalengreifer m ‖ ~ **драглайна** s. ~/волокушный ‖ ~/**загрузочный** 1. Einwurftrichter m, Schüttkasten m; Aufgabetasche f; 2. (Bw) Ladelöffel m, Ladeschaufel f (Betonmischer); 3. (Lw) Einlegelade f (Silohäcksler) ‖ ~/**заливочный** (Gieß) Gießpfanne f, Pfanne f ‖ ~/**засыпной** (Lw) Zulaufbehälter m (Saatgutbereiter) ‖ ~/**качающийся** 1. Pendelbecher m (Pendelbecherwerk); 2. (Gieß) Schüttelpfanne f ‖ ~/**крановый** [**литейный**] Kran[gieß]pfanne f ‖ ~/**литейный** (Gieß) Gießpfanne f, Pfanne f; Kelle f ‖ ~/**мелкий** Flachbecher m (Becherwerk) ‖ ~/**наклоняемый** s. ~/опрокидывающийся ‖ ~/**обезвоживающий** Entwässerungsbecher m (Becherwerk) ‖ ~/**опрокидывающийся** kippbarer Kübel m (eines Innenmischers); (Gieß) Kipppfanne f ‖ ~/**переносный** (Gieß) Gabelpfanne f, Scherenpfanne f; Handpfanne f; Gießlöffel m ‖ ~/**питательный** (Lw) Schöpfraum m (Kartoffellegemaschine) ‖ ~/**поворотный** Kipppfanne f ‖ ~/**погрузочный** Ladeschaufel f, Ladekübel m ‖ ~/**подвесной** (Gieß) Hängebahnpfanne f ‖ ~/**раздаточный** (Met) Verteilerpfanne f, Sammelpfanne f ‖ ~/**разливочный** (Met) Gießpfanne f, Pfanne f ‖ ~/**скреперный** Schrapperkübel m ‖ ~/**сталеразливочный** Stahlgießpfanne f ‖ ~/**створчатый** Klappkübel m ‖ ~/**стопорный** Stopfenpfanne f, Gießpfanne f mit Stopfenverschluß f ‖ ~/**тележечный** Gießpfanne f auf einem Fahrgestell, fahrbare Gießpfanne f, Gieß[pfannen]wagen m ‖ ~/**чайниковый** (Gieß) Teekesselpfanne f, Kipppfanne f mit Schlackenfang ‖ ~/**черпальный** Schöpfer m, Schöpfbecher m (Becherwerk) ‖ ~/**чугунный** Roheisenpfanne f ‖ ~/**чугуновозный** Roheisenpfannenwagen m ‖ ~/**шлаковозный** (Met) Schlackentransportpfanne f ‖ ~/**шлаковый** (Met) Schlackenpfanne f, Schlackenkübel m ‖ ~/**экскаватора** Eimer m (Eimerkettenbagger); Löffel m (Löffelbagger)
ковш-автоклав m (Met, Gieß) Druckpfanne f
ковш-ложка m (Gieß) Gießlöffel m, Handgießlöffel m; Handgießpfanne f; Handgießtiegel m
ковш-миксер m (Met) Mischerpfanne f
ковшовый 1. (Met, Gieß) Pfannen...; 2. (Förd) Kübel...
когезия f (Ph) 1. Kohäsion f; 2. s. адгезия
когерентность f (Ph, Opt) Kohärenz f ‖ ~/**временная** zeitliche Kohärenz f ‖ ~ **лазерного излучения** Kohärenz f der Laserstrahlung ‖ ~ **по фазе** Phasenkohärenz f ‖ ~/**пространственная** räumliche Kohärenz f ‖ ~/**частичная** partielle Kohärenz f
когти pl [/**монтёрские**] Klettereisen n, Steigeisen n
код m (Inf) Kode m, Schlüssel m; Kennzahl f ‖ ~ **адреса** Adressenkode m ‖ ~ **Айкена** Aiken-Kode m ‖ ~/**алфавитно-цифровой** alphanumerischer Kode m ‖ ~/**алфавитный** alphabetischer Kode m ‖ ~/**безопасный** Sicherheitskode m ‖ ~/**бинарный** Binärkode m ‖ ~ **Бодо** Baudot-Alphabet n ‖ ~/**буквенно-цифровой** alphanumerischer Kode m ‖ ~/**буквенный** Buchstabenkode m ‖ ~/**быстродействующий** Schnellkode m ‖ ~/**взвешенный** gewichteter (stellenbewerteter) Kode m ‖ ~/**внешний** externer Maschinenkode m ‖ ~/**внешний машинный** externer Kode m ‖ ~/**внутренний** interner Kode m ‖ ~/**внутренний машинный** interner Maschinenkode m ‖ ~ **возврата** Rückkehrkode m ‖ ~/**восьмеричный** oktaler Kode m ‖ ~/**временной** Zeitkode m ‖ ~ **выбора** Auswahlkode m, Wahlkode m ‖ ~ **выбора группы** Gruppenwahlkode m ‖ ~/**вызывной** Rufkode m, Kennzahl f ‖ ~ **выполнения** Maschinenkode m ‖ ~ **вычисления** s. ~ вычислительной машины ‖ ~ **вычислительной машины** Rechnerkode m, Maschinenkode m ‖ ~ **Грея** Gray-Kode m ‖ ~/**групповой** Gruppenkode m ‖ ~ **Грэя** s. ~ Грея ‖ ~ «**два из пяти**» 2-aus-5-Kode m ‖ ~/**двоично-десятичный** binär-dezimaler (dezimal-binärer) Kode m, BCD-Kode m ‖ ~/**двоич-**

код 316

но-пятеричный *(Inf)* Biquinärkode *m*, biquinärer Kode *m* ‖ **~/двоично-четверичный** binärtetradischer Kode *m* ‖ **~/двоичный** Binärkode *m*, binärer Kode *m*; Dualkode *m*, dualer Kode *m* ‖ **~/двоичный импульсный** binärer Impulskode *m* ‖ **~/двоичный телеграфный** Telegraphenalphabet *n* mit zwei Kennzuständen ‖ **~/двоичный цифровой** dualer Ziffernkode *m* ‖ **~/двухадресный** Zweiadressenkode *m* ‖ **~/декадный** *s*. **~/десятичный** ‖ **~ дескриптора** Beschreibungskode *m* ‖ **~/десятичный** dezimaler Kode *m*, Dezimalkode *m*, Zehnerkode *m* ‖ **~/десятичный цифровой** dezimaler Ziffernkode *m* ‖ **~/дополнительный** Zusatzkode *m*, Komplement[är]kode *m* ‖ **~ доступа** Zugriffskode *m* ‖ **~/дуальный** Dualkode *m* ‖ **~/единичный** unitärer Kode *m* ‖ **~/единый** Einheitskode *m* ‖ **~ завершения** Beendigungskode *m* ‖ **~ запроса** Abfragekode *m* ‖ **~ знака** Zeichenkode *m* ‖ **~ зоны** Bereichskennzahl *f* ‖ **~/избирающий** Auswahlkode *m*, Wahlkode *m* ‖ **~/избыточный** redundanter Kode *m* ‖ **~/импульсный** Impulskode *m*, Pulskode *m* ‖ **~ инструкций** Befehlskode *m*, Operationskode *m*, Instruktionskode *m* ‖ **~ ИСО** ISO-Kode *m* ‖ **~/каскадный** Kaskadenkode *m* ‖ **~/командный** Kommandokode *m*, Befehlskode *m* ‖ **~ команды** *s*. **~/командный** ‖ **~/комплектарный** vollständiger Kode *m* ‖ **~/корректирующий** korrigierender Kode *m*, Korrekturkode *m* ‖ **~/личный** unbenannter Programmabschnitt *m* ‖ **~/машинный** Maschinenkode *m*, Rechnerkode *m* ‖ **~/междугородный** Kennzahl *f* ‖ **~/международный телеграфный** zwischenstaatlicher (internationaler) Telegraphenkode *m* ‖ **~/мнемонический** mnemonischer Kode *m* ‖ **~/многоадресный** Mehradressenkode *m* ‖ **~/многочастотный** Multifrequenzkode *m*, MFC ‖ **~/модифицированный** modifizierter Kode *m* ‖ **~/модифицированный двоичный** zyklischbinärer Kode *m* ‖ **~/модифицированный дополнительный** modifizierter Komplementkode *m* ‖ **~/модифицированный обратный** modifizierter inverser Kode *m* ‖ **~ Морзе** Morsekode *m* ‖ **~ назначения** Zielkode *m* ‖ **~ направления** Leitkode *m* ‖ **~/некомплектарный** unvollständiger Kode *m* ‖ **~ обмена** Austauschkode *m* ‖ **~/обратный** inverser Kode *m*, Rückkode *m* ‖ **~/одноадресный** Einadressenkode *m* ‖ **~ операций** Operationskode *m* ‖ **~/оптимальный** Optimalkode *m* ‖ **~ ответа** Antwortkode *m* ‖ **~ ошибки** Fehlerkode *m* ‖ **~/параллельный** Parallelkode *m*, paralleler Kode *m* ‖ **~ передачи** Übertragungskode *m* ‖ **~ перестановочный** Permutationskode *m* ‖ **~ пользователя** Benutzerkode *m*, Anwenderkode *m* ‖ **~/помехозащитный** Störbefreiungskode *m* ‖ **~/помехоустойчивый** störfester Kode *m* ‖ **~/попарно сбалансированный** alternierender Kode *m* ‖ **~/последовательный** sukzessiver Kode *m* ‖ **~ прерывания** Unterbrechungskode *m* ‖ **~ программы/исходный** Quelltext *m* des Programms, Quellkode *m* ‖ **~/прогрессивный двоичный** progressiver Dualkode *m* ‖ **~/прямой** direkter Kode *m*, Direktkode *m* ‖ **~/пятерично-двоичный** Quibinärkode *m* ‖ **~/пятизначный [телеграфный]** Fünfertelegraphenkode *m*, Fünfschrittkode *m* ‖ **~/рабочий** *s*. **~ инструкций** ‖ **~/радиолюбительский** Funkschlüssel *m* für den Amateurfunkverkehr ‖ **~/расширенный** erweiterteter Kode *m* ‖ **~ с автоматической коррекцией ошибок** selbstkorrigierender Kode *m* ‖ **~ с избытком (излишком) три** Drei-Exzess-Kode *m*, Drei[er]exzeßkode *m*, Drei-Überschuß-Kode *m*, Stibitz-Kode *m* ‖ **~ с исправлением ошибок** fehlerkorrigierender Kode *m*, Fehlerkorrekturkode *m* ‖ **~ с контролем ошибок** Fehlerprüfkode *m* ‖ **~ с минимальным кодовым расстоянием** Kode *m* mit minimalem Abstand ‖ **~ с обнаружением искажений (ошибок)** Fehlererkennungskode *m*, fehlererkennender Kode *m* ‖ **~ с самопроверкой** selbstprüfender Kode *m* ‖ **~/самокорректирующийся** selbstkorrigierender Kode *m* ‖ **~/сбалансированный симметрический** Kode *m* ‖ **~/семиразрядный** siebenstelliger Kode *m* ‖ **~/синоптический** Wetterschlüssel *m*, Wetterkode *m* ‖ **~/станционный** Amtskennzahl *f* ‖ **~/стартстопный** *s*. **~/телетайпный** ‖ **~/телеграфный** Telegraphenalphabet *n*, Telegraphenkode *m* ‖ **~/телетайпный** Fernschreibalphabet *n*, Fernschreibkode *m* ‖ **~ типа устройства** Gerätetypkode *m* ‖ **~/троичный** Ternärkode *m* ‖ **~/унитарный** unitärer Kode *m* ‖ **~/управляющий** Steuerkode *m* ‖ **~/условный** Pseudokode *m* ‖ **~ Хемминга** Hamming-Kode *m* ‖ **~/циклический** zyklischer Kode *m* ‖ **~/цифровой** numerischer (digitaler) Kode *m*, Zahlenkode *m*, Ziffernkode *m* ‖ **~/частотный** Frequenzkode *m* ‖ **~/четверичный** Quaternärkode *m* ‖ **~/четырёхразрядный** vierstelliger Kode *m* ‖ **~/числовой** Zahlenkode *m*, numerischer Kode *m* ‖ **~/число-импульсный** Impulszahlkode *m* ‖ **~/шестнадцатеричный** Hexadezimalkode *m* ‖ **~/штриховой** Strichkode *m*

кода [/сейсмическая] *(Geoph)* [seismische] Coda *f*, Codawellen *fpl*

кодек *s*. **кодер-декодер**

кодер-декодер *m (Nrt)* Kodierer-Dekodierer *m*, Codec *m*

кодирование *n (Inf)* Kodierung *f*, Verschlüsselung *f* ‖ **~/абсолютное** absolute Kodierung *f* ‖ **~/алфавитное** alphabetische Kodierung *f* ‖ **~/алфавитно-цифровое** alphanumerische Kodierung *f* ‖ **~/буквенное** Buchstabenkodierung *f* ‖ **~/двоичное** binäre Kodierung *f*, Binärkodierung *f*; duale Kodierung *f*, Dualkodierung *f* ‖ **~/десятичное** dezimale Kodierung *f*, Dezimalkodierung *f* ‖ **~ двоичным кодом** Binärkodierung *f* ‖ **~ знаков** Zeichenverschlüsselung *f* ‖ **~/избыточное** redundante Kodierung *f* ‖ **~/импульсно-временное** Impulsabstandskodierung *f* ‖ **~/импульсно-групповое** Impulsgruppenkodierung *f* ‖ **~ информации** Informationskodierung *f* ‖ **~ команды** Befehlskodierung *f* ‖ **~/местное** Speicherfolgekodierung *f* ‖ **~ с сокращением избыточности** redundanzarme Kodierung *f* ‖ **~/сжатое** komprimierte Kodierung *f* ‖ **~ сообщения** Nachrichtenkodierung *f* ‖ **~/цветовое** Farbkodierung *f* ‖ **~/цифровое** Digitalkodierung *f*, digitale Kodierung *f* ‖ **~/число-буквенное** alphanumerische Kodierung *f* ‖ **~/числовое** Zahlenkodierung *f*, numerische Kodierung *f*

кодировать *(Inf)* kodieren ‖ ~/**оптимально** optimal kodieren
кодировка *f s.* кодирование
кодово-импульсный Impulskode..., Pulskode...
кодовый Kode...
кодограмма *f* kodierter (verschlüsselter) Funkspruch *m*
кодоимпульсный *s.* кодово-импульсный
кодообразование *n* Kodebildung *f*
кодопреобразователь *m* Kodewandler *m*
кожа *f* 1. Leder *n*; 2. Haut *(unter histologischem Aspekt)*; 3. Schale *f*, Hülse *f* ‖ ~/**выделанная** unzugerichtetes Leder *n (bei den meisten Lederarten ein Halbfabrikat)* ‖ ~/**галантерейная** Galanterie- und Täschnerleder *n* ‖ ~/**жёсткая** 1. Hartleder *n (Ledertyp, z. B. Leder für Schuhsohlen und diverse technische Zwecke)*; 2. [zu] hartes Leder *n* ‖ ~/**замшевая** Sämischleder *n* ‖ ~/**искусственная** Kunstleder *n*, Lederersatz[stoff] *m* ‖ ~/**каблучная** Absatzleder *n* ‖ ~/**краснодубная** *s.* ~ таннидного дубления ‖ ~/**лаковая** Lackleder *n* ‖ ~/**лицевая** genarbtes Leder *n* ‖ ~/**нарезная** gepreßtes (genarbtes) Leder *n* ‖ ~/**натуральная** Leder *n*; echt Leder *n (im betonten Unterschied zu Kunstleder)* ‖ ~/**обивочная** Polsterleder *n* ‖ ~/**одёжная** Bekleidungsleder *n* ‖ ~/**переплётная** Buchbinderleder *n* ‖ ~/**перчаточная** Handschuhleder *n* ‖ ~/**плотная** kerniges Leder *n* ‖ ~/**подкладочная** Futterleder *n*, Innenschaftleder *n* ‖ ~/**подошвенная** Sohlleder *n* ‖ ~/**пористая искусственная** Schaumkunstleder *n* ‖ ~/**свиная** Schweinsleder *n* ‖ ~/**стелечная** Brandsohlleder *n* ‖ ~/**сыромятная** Weißleder *n* ‖ ~ **таннидного дубления** lohgares Leder *n*, pflanzlich gegerbtes Leder *n* ‖ ~/**телячья** Kalbleder *n* ‖ ~/**техническая** technisches Leder *n* ‖ ~/**хребтовая** Kernleder *n* ‖ ~/**хромовая** *s.* ~ хромового дубления ‖ ~ **хромового дубления** Chromleder *n*, chromgares Leder *n* ‖ ~/**цельная** *s.* ~/лицевая ‖ ~/**эластичная** 1. geschmeidiges Leder *n*; 2. Softy-Leder *n* ‖ ~/**яловая** Kalbinnenhaut *f*
кожаный Leder..., ledern
кожгалантерея *f* Lederwaren *fpl*
кожевенный Gerberei..., Leder... *(auf den Lederherstellungsprozeß bezogen)*
кожевня *f* Gerberei *f (Handwerksbetrieb)*
кожзавод *m* Lederwerk *n*, Lederfabrik *f*, Gerberei *f*
кожзаменитель *m* Lederaustausch[werk]stoff *m*, Ledersubstitut *n*
кожица *f* хлопкого семечка *(Text)* Samenschale *f*
кожный Haut...
кожсырьё *n* Rohhäute *fpl*; Rohware *f*
кожтовары *mpl* Leder *npl (Erzeugnisse)*
кожух *m* 1. Gehäuse *n*, Käfig *m (s. unter* картер, коробка*)*; Kapsel *f*; Tasche *f*; Kasten *m*; Behälter *m*; 2. Mantel *m*, Hemd *n (s. a. unter* рубашка*)*; Haube *f*; Panzer *m*; Außenmantel *m*; Verkleidung *f* ‖ ~/**вакуумный** Vakuummantel *m* ‖ ~ **вентилятора** Ventilatorgehäuse *n* ‖ ~/**входной** Eintrittsgehäuse *n* ‖ ~/**защитный** Schutzummantelung *f*, Schutzmantel *m*, Schutzgehäuse *n*, Verkleidung *f* ‖ ~/**металлический** Metallmantel *m*, Metallummantelung *f* ‖ ~/**обогревающий** Heizmantel *m* ‖ ~/**охлаждающий** Kühlmantel *m* ‖ ~/**пылезащитный** Staubschutzmantel *m* ‖ ~/**светозащитный** Lichtschutzhaube *f* ‖ ~/**стальной** Stahlmantel *m*, Stahlgehäuse *n* ‖ ~/**теплоизоляционный** *(Wmt)* Wärmeschutzmantel *m* ‖ ~/**экранирующий** *s.* кожух-экран
кожух-экран *m* Abschirmgehäuse *n*, Abschirmmantel *m*
козёл *m* 1. Bock *m*; 2. *(Met)* Ofensau *f*, Bodensau *f*
козлина *f* Ziegenleder *n*
козлы *pl* 1. Gerüst *n*, Gestell *n*; 2. *(Bgb)* Kreuzbock *m (Bohrgeräte)* ‖ ~/**подъёмные** *(Eb)* Hebebock *m*
козырёк *m* 1. Schild *m*, Schirm *m*; Schutzblech *n*, Spritzblech *n*; 2. *(Bw)* Vordach *n (über Außentüren)*; 3. *(Met)* aufgerissenes hinteres Rohrende *n (Defekt beim Rohrziehen)* ‖ ~/**защитный** Schutzschild *m*, Schutzschirm *m* ‖ ~/**напорный** *s.* ~/передний ‖ ~/**откидной** *(Hydt)* Aufsatzklappe *f (Walzenwehr)* ‖ ~/**передний** *(Hydt)* Stauschild *m (Walzenwehr)* ‖ ~/**противосолнечный** *(Kfz)* Sonnenschutzblende *f*
коинцидентность *f* Koinzidenz *f*, Deckung *f*, Zusammenfallen *n*, Zusammentreffen *n*
койка *f (Schiff)* Koje *f* ‖ ~/**двухъярусная** Doppelstockkoje *f*
койлер *m (Text)* Drehwerk *n*, Drehtopfeinrichtung *f*
кокиль *m (Met, Gieß)* Kokille *f*, Blockform *f*, Blockkokille *f* ‖ ~/**вращающийся** Schleudergußkokille *f*, Schleudergießkokille *f* ‖ ~ **для непрерывной разливки** Stranggußkokille *f*, Stranggießkokille *f*, Kristallisator *m* ‖ ~ **для слитков** Blockkokille *f*, Blockform *f* ‖ ~ **для слябов** Brammenkokille *f* ‖ ~ **для центробежного литья** Schleudergußkokille *f*, Schleudergießkokille *f* ‖ ~/**литейный** Kokille *f*, Dauerform *f* ‖ ~/**многоместный** Mehrfachkokille *f* ‖ ~/**многопозиционный** Mehrfachkokille *f* ‖ ~/**облицованный** ausgekleidete Kokille *f* ‖ ~/**однопозиционный** Einfachkokille *f* ‖ ~/**открытый** offene Kokille *f*, Halbkokille *f* ‖ ~/**разъёмный** mehrteilige Kokille *f* ‖ ~/**фасонный** Formgußkokille *f*
кокколиты *mpl (Geol)* Kokkolithen *mpl (Kalkkörperchen organischen Ursprungs in den Ablagerungen der Tiefsee)*
коклюшка *f (Text)* Fadenträger *m*, Klöppel *m*
кокон *m* Kokon *m*, Galette *f (Seide)* ‖ ~/**двойной** Doppelkokon *m* ‖ ~/**племенной** Aufzuchtkokon *m*
кокономорилка *f* /**паровая** *(Text)* Trockenkammer *f (Trockenraum m)* zum Abtöten der Kokons durch Dampf
кокономотание *n (Text)* Seidenhaspelei *f*, Haspeln *n*, Abhaspeln *n (der Kokons)*
кокоосушилка *f (Text)* Trockenkammer *f (Trockenraum m)* zum Abtöten der Kokons durch Heißluft
кокора *f* 1. *(Forst)* Rodestamm *m*; 2. *(Schiff)* Kniebolz *n*
кокпит *m (Schiff)* Cockpit *n*, Plicht *f* ‖ ~/**самоотливной** selbstlenzendes Cockpit *n*, selbstlenzende Plicht *f*

кокс *m* Koks *m* II ~/**антрацитный** Anthrazitkoks *m* II ~/**буроугольный** Braunkohlenkoks *m* II ~ **в обломках** Bruchkoks *m* II ~/**высокотемпературный** Hochtemperaturkoks *m* II ~/**газовый** Gaskoks *m*, Retortenkoks *m* II ~/**генераторный** Generator[en]koks *m* II ~/**горновой** Schmiedekoks *m* II ~/**грохочёный** Siebkoks *m* II ~/**доменный** Hüttenkoks *m*, metallurgischer Koks *m*, Zechenkoks *m*, Hochofenkoks *m* II ~/**задувочный** Füllkoks *m*, Bettkoks *m*, Koksbett *n* (*Schachtofen*) II ~/**каменноугольный** Steinkohlenkoks *m* II ~/**крупнокусковой** grobstückiger (großstückiger) Koks *m* II ~/**крупный** Großkoks *m* II ~/**кузнечный** Schmiedekoks *m* II ~/**литейный** Schmelzkoks *m*, Gießerei[schmelz]koks *m* II ~/**мелкий** Kleinkoks *m* II ~/**мелкокусковой** feinstückiger (kleinstückiger) Koks *m* II ~/**металлургический** metallurgischer Koks *m*, Hüttenkoks *m*, Zechenkoks *m* II ~/**низкотемпературный** Tieftemperaturkoks *m* II ~/**пековый** Pechkoks *m*, Teerkoks *m* II ~/**плавильный** Schmelzkoks *m* II ~/**порошкообразный** Koksmehl *n* II ~ **рабочей колоши** Satzkoks *m* II ~/**ретортный** Gaskoks *m*, Retortenkoks *m* II ~/**торфяной** Torfkoks *m* II ~/**тощий** Magerkoks *m* II ~ **швелевания** Schwelkoks *m*
коксик *m* Kleinkoks *m*, Koksklein *n*, Koksgrus *m*
коксобатарея *f* Koks[ofen]batterie *f*, Verkokungsbatterie *f*
коксовальный Verkokungs-..., Kokungs-..., Koks-...
коксование *n* Verkoken *n*, Verkokung *f* II ~/**высокотемпературное** Hochtemperaturverkokung *f* II ~/**низкотемпературное** Tieftemperaturverkokung *f* II ~ **под давлением** Druckverkokung *f* II ~/**среднетемпературное** Mitteltemperaturverkokung *f*
коксовать verkoken
коксовыталкиватель *m* Koksausstoßvorrichtung *f*, Koks[aus]drückmaschine *f*
коксодробилка *f* Koksbrecher *m*
коксосортировка *f* Kokssortieranlage *f*
коксуемость *f* Verkokungsfähigkeit *f*, Verkokbarkeit *f*
коксующийся verkokungsfähig, verkokbar
кол *m* 1. Pflock *m*, Stange *f*, Pfahl *m*; 2. (*Gieß*) Führungspflock *m*, Führungspfahl *m*; 3. (*Geod*) Pflock *m*, Absteckpflock *m*, Absteckpfahl *m* II ~/**нивелирный** (*Geod*) Nivellierpflock *m* II ~/**пикетный** (*Geod*) Absteckpflock *m* II ~/**трассировочный** (*Geod*) Markscheiderstock *m*
колба *f* (*Ch, El*) Kolben *m* II ~/**грушеобразная** birnenförmiger Kolben *m* II ~/**двугорлая** Zweihalskolben *m* II ~ **дистилляционная** Destillierkolben *m* II ~ **для перегонки** *s*. ~/**дистилляционная** II ~/**зеркализированная (зеркальная)** verspiegelter Kolben *m* II ~/**измерительная** *s*. /**мерная** II ~/**кварцевая** Quarz[glas]kolben *m* II ~/**керамическая** Keramikkolben *m* II ~/**коническая** Erlenmeyer-Kolben *m* II ~/**круглодонная** Rundkolben *m* II ~/**ламповая** Lampenkolben *m*; Röhrenkolben *m* II ~ **лампы накаливания** Glühlampenkolben *m* II ~/**матированная (матовая)** Mattglaskolben *m* II ~/**мерная** Meßkolben *m*, Meßflasche *f* II ~/**низкогорлая** Kurzhalskolben *m* II ~/**перегонная** Destillierkolben *m* II ~/**плоскодонная** Stehkolben *m* II ~/**стеклянная** Glaskolben *m* II ~/**трёхгорлая** Dreihalskolben *m* II ~/**трёхгорлая круглодонная** Dreihals-Rundkolben *m* II ~/**узкогорлая** Enghalskolben *m* II ~/**широкогорлая** Weithalskolben *m*
колбодержатель *m* (*Ch*) Haltevorrichtung *f* für Kolben (*Laborgerät*)
колбонагреватель *m* (*Ch*) Kolbenerhitzer *m*, Kolbenheizaggregat *n* (*Laborgerät*)
колебание *n* 1. (*Ph*) Schwingung *f*, Oszillation *f* (*s. a. unter* гармоника *und* колебания); 2. Schwankung *f* (*s. a. unter* флуктуация) II ~/**акустическое** akustische Schwingung *f* II ~/**амплитудно-модулированное** amplitudenmodulierte Schwingung *f*, AM-Schwingung *f* II ~/**ангармоническое** anharmonische Schwingung *f* II ~/**апериодическое** aperiodische Schwingung *f* II ~/**атомное** Atomschwingung *f* II ~/**беспорядочное** regellose Schwingung *f* II ~/**бетатронное** Betatronschwingung *f*, Kerst-Schwingung *f* II ~/**блуждающей волны** Wanderwellenschwingung *f* II ~/**боковое** Seitenschwingung *f* II ~/**валентное** (*Ch*) Valenzschwingung *f* II ~/**вековое** (*Meteo*) säkulare Schwankung *f* II ~/**возбуждённое** angefachte Schwingung *f* II ~/**возрастающее** anklingende (aufklingende, wachsende, anwachsende) Schwingung *f* II ~/**вынужденное** erzwungene Schwingung *f*, Zwangsschwingung *f* II ~/**вынужденное радиально-фазовое (синхротронное)** (*Kern*) erzwungene Synchrotronschwingung *f* II ~/**высокочастотное** Hochfrequenzschwingung *f*, HF-Schwingung *f* II ~ **высоты полюса** Polhöhenschwankung *f* II ~ **высоты тона** Tonhöhenschwankung *f* II ~/**гармоническое** harmonische Schwingung *f* II ~ **географических широт** Polhöhenschwankung *f* II ~/**главное** *s*. /**нормальное** II ~ **давления** Druckschwankung *f* II ~/**двухполосное** Zweiseitenbandschwingung *f* II ~/**деформационное** (*Mech*) Deformationsschwingung *f*, Biegeschwingung *f*, Biegungsschwingung *f* II ~ **зазора** (*Masch*) Spielschwankung *f* II ~/**затухающее** abklingende (gedämpfte) Schwingung *f* II ~/**звуковое** Schallschwingung *f* im Tonfrequenzbereich, tonfrequente Schwingung *f*, Tonfrequenzschwingung *f* II ~ **звуковых частот** *s*. /**звуковое** II ~/**изгибное** *s*. /**деформационное** II ~ **измерительного усилия** Meßkraftschwankung *f* II ~/**ионно-звуковое** Ionenschallschwingung *f*, Ionenschall *m* (*Plasma*) II ~/**квадрупольное** Quadrupolschwingung *f* II ~/**квазистационарное** quasistationäre Schwingung *f* II ~ **Керста** *s*. ~/**бетатронное** II ~ **климата** (*Meteo*) Klimaschwankung *f* II ~/**когерентное** kohärente Schwingung *f* II ~/**комбинационное** Kombinationsschwingung *f* II ~/**крутильное** (*Mech*) Torsionsschwingung *f*, Verdreh[ungs]schwingung *f* II ~ **Ленгмюра** Langmuir-Schwingung *f*, longitudinale Elektronenschwingung *f* II ~/**ленгмюровское** *s*. ~ **Ленгмюра** II ~/**линейное** *s*. ~/**плоскополяризованное** II ~/**линейное гармоническое** lineare harmonische Schwingung *f* II ~/**линейное механическое** lineare mechanische Schwingung *f* II ~/**линейно-поляризованное** *s*. ~/**плоскополяризованное** II ~/**ма-**

гнитострикционное Magnetostriktionsschwingung f II ~/маятниковое Pendelschwingung f II ~/механическое mechanische Schwingung f II ~/модулированное modulierte Schwingung f II ~/модулирующее Modulationsschwingung f II ~/молекулярное Molekülschwingung f II ~ мощности 1. (El) Leistungsschwankung f; 2. (Kern) Leistungsschwingung f (des Reaktors) II ~/наводимое induzierte Schwingung f II ~ нагрузки Belastungsschwankung f, Lastschwankung f II ~ напряжения Spannungsschwankung f II ~ напряжения [в] сети Netz[spannungs]schwankung f II ~ напряжённости поля Feldstärkeschwankung f II ~/нарастающее ansteigende (anklingende) Schwingung f II ~/негармоническое s. ~/ангармоническое II ~/незатухающее ungedämpfte (kontinuierliche) Schwingung f II ~/нелинейное nichtlineare Schwingung f II ~/непрерывное kontinuierliche Schwingung f II ~/несинусоидальное nichtsinusförmige Schwingung f II ~ несущей частоты Träger[frequenz]schwingung f II ~/низкочастотное Niederfrequenzschwingung f, NF-Schwingung f II ~/нормальное Normalschwingung f, Eigenschwingung f, Hauptschwingung f, Fundamentalschwingung f II ~/однополосное Einseitenbandschwingung f II ~/основное Grundschwingung f II ~/паразитное parasitäre (wilde) Schwingung f, Störschwingung f II ~/периодическое periodische Schwingung f II ~/пилообразное Sägezahnschwingung f II ~/плазменное Plasmaschwingung f II ~/плоскополяризованное linear polarisierte Schwingung f, lineare (geradlinige) Schwingung f II ~ по энергии Energieschwankung f II ~/поперечное Querschwingung f, Transversalschwingung f II ~ постоянного напряжения Gleichspannungsschwankung f II ~/предельное Grenzschwingung f II ~/продольное Längsschwingung f, Longitudinalschwingung f II ~/противофазное gegenphasige Schwingung f, Gegentaktschwingung f II ~/прямолинейное Translationsschwingung f II ~/прямоугольное Rechteckschwingung f II ~/радиально-фазовое s. ~/синхротронное II ~/радиационное (Kern) Strahlungsschwankung f II ~ реактивности Reaktivitätsoszillation f II ~/резонансное Resonanzschwingung f, Mitschwingung f II ~/релаксационное Relaxationsschwingung f, Kippschwingung f II ~ решётки Gitterschwingung f II ~/самовозбуждённое selbsterregte Schwingung f II ~ сверхвысокой частоты s. ~/сверхвысокочастотное II ~/сверхвысокочастотное Höchstfrequenzschwingung f; Superhochfrequenzschwingung f, SHF-Schwingung f II ~ сверхзвуковой частоты überhörfrequente Schwingung f, Ultraschallschwingung f II ~/световое Lichtschwingung f II ~/свободное freie Schwingung f II ~ сжатия Verdichtungsschwingung f, Vibrationsschwingung f, Druckschwingung f II ~ силы Kraftschwingung f II ~/синусоидальное Sinusschwingung f, Gleichtaktschwingung f II ~/синфазное gleichphasige Schwingung f, Gleichtaktschwingung f II ~/синхротронное (Kern) Synchrotronschwingung f II ~ скорости вращения Drehzahlschwankung f II ~/сложное zusammengesetzte Schwingung f II ~/собственное (Mech) Eigenschwingung f II ~/суточное геомагнитное geomagnetische Tagesvariation f (Erdmagnetfeld) II ~/сфероидальное sphäroidale Schwingung f (Mode der Eigenschwingung der Erde) II ~ температуры 1. Temperaturschwankung f; 2. Temperaturschwingung f II ~ тока Stromschwankung f II ~/тороидальное toroidale Schwingung f (Mode der Eigenschwingung der Erde) II ~/угловое Drehschwingung f II ~/ультравысокочастотное Ultrahochfrequenzschwingung f, UHF-Schwingung f II ~/ультразвуковое s. ~ сверхвысокой частоты II ~ уровня 1. Niveau[stand]schwankung f; 2. Pegelschwankung f; 3. Amplitudenschwankung f (Magnettontechnik) II ~ уровня воды (Hydt) Wasserspiegelschwankung f II ~/фазовое (Kern) Phasenschwingung f II ~/фазово-модулированное phasenmodulierte Schwingung f II ~/циклотронное (Kern) Zyklotronschwingung f II ~/частотно-модулированное frequenzmodulierte Schwingung f, FM-Schwingung f II ~ частоты Frequenzschwankung f II ~/электромагнитное elektromagnetische Schwingung f II ~/электронное Elektronenschwingung f II ~/эталонное Normalschwingung f, Eichschwingung f II ~ яркости Helligkeitsschwankung f

колебания npl Schwingungen fpl (s. a. unter колебание) II ~ Баркгаузена-Курца (El) Barkhausen-Kurz-Schwingungen fpl, Bremsfeldschwingungen fpl II ~ заряжённых частиц/фазовые (Ph) Phasenschwingungen fpl II ~ Земли/собственные Eigenschwingungen fpl der Erde II ~ земной коры/вековые (Geol) säkulare Hebungen (Senkungen) fpl (der Erdrinde); epirogenetische Bewegungen fpl II ~/нестационарные случайные (Mech) instationäre Zufallsschwingungen fpl II ~/параметрические (Ph) parametrische Schwingungen fpl II ~/связанные (Ph) gekoppelte Schwingungen fpl, Koppelschwingungen fpl II ~ сети (El) Netzschwankungen fpl II ~/фрикционные (Trib) Reibungsschwingungen fpl II ~/циркулярно-поляризованные (Ph) zirkular polarisierte Schwingungen fpl II ~/эллиптические elliptische Schwingungen fpl II ~/эллиптически-поляризованные (Ph) elliptisch polarisierte Schwingungen fpl

колебательность f Schwingneigung f, Schwingfähigkeit f; (Masch) Schwankung f (Antriebe) II ~ системы (Kyb) Schwingfähigkeit f des Systems

колебательный Schwingungs..., oszillierend, Oszillations...

колебаться 1. schwingen; 2. schwanken
колеблющийся schwingend, oszillierend
колеманит m (Min) Colemanit m (Bormineral)
колено n 1. Knie n; Krümmer m (Rohr); Kröpfung f (Kurbelwelle); Anschlußstück n, Schenkel m; 2. Krümmung f, Biegung f (eines Flusses) II ~ вала Wellenkröpfung f, Kurbelkröpfung f II ~/впускное Ansaugkrümmer m, Einlaßkrümmer m II ~/всасывающее Saugkrümmer m II ~/входное Eintrittskrümmer m II ~/выпускное Auslaßkrümmer m, Auspuffkrümmer m II ~/двойное Doppelkrümmer m, Doppelbogen m II ~/литое Gußkrümmer m II ~/S-образное S-

колено

Krümmer *m* ‖ ~/**V-образное** V-Rohr *n*, Doppelkrümmer *m* ‖ ~/**отводное** Abflußkrümmer *m* ‖ ~/**переходное** Übergangsbogen *m* ‖ ~/**раструбное** Doppelmuffenkrümmer *m* ‖ ~/**сдвоенное** Doppelkrümmer *m* ‖ ~ **со стойкой** Fußkrümmer *m* ‖ ~ **трубы** Rohrknie *n*, Rohrkrümmer *m* ‖ ~/**фланцевое** Flanschkrümmer *m*

коленчатый gekröpft *(Kurbelwelle)*

колёса *npl* Räder *npl (s. a. unter* колесо*)* ‖ ~ **рядового зацепления/зубчатые** Satzräder *npl* ‖ ~/**рядовые** Satzräder *npl* ‖ ~/**спаренные** *(Eb)* Kuppelradsätze *mpl*, gekuppelte Radsätze *mpl*

колёсный Rad...

колесо *n* Rad *n (s. a. unter* шестерня *und* колёса*)* ‖ ~/**активное** Aktionsrad *n*, Gleichdruckrad *n (Dampfturbine)* ‖ ~/**активное свободноструйное** Freistrahlrad *n*, Peltonlaufrad *n (Wasserturbine)* ‖ ~ **активной турбины** *s.* ~/**активное** ‖ ~/**анкерное** Ankerrad *n* ‖ ~/**бандажное** *(Eb)* bandagiertes (bereiftes) Rad *n* ‖ ~ **без гребня** *(Eb)* Rad *n* ohne Spurkranz, spurkranzloses Rad *n* ‖ ~/**блочное** Blockrad *n* ‖ ~/**большое** Großrad *n*, großes Rad *n (eines Zahnradpaares)* ‖ ~/**бороздное** *(Lw)* Schleifsohle *f*, Furchenrad *n (Pflug)* ‖ ~/**быстроходное рабочее** schnelläufiges Laufrad *n* ‖ ~/**ведомое** Abtriebsrad *n*, getriebenes Rad *n*; getriebenes Zahnrad *n* ‖ ~/**ведущее** Antriebsrad *n*, treibendes Rad *n*; treibendes Zahnrad *n*; *(Eb)* Treibrad *n (Lok)* ‖ ~/**ведущее переднее** Frontantriebsrad *n* ‖ ~/**верхнебойное водяное** oberschlächtiges Wasserrad *n* ‖ ~/**ветряное** Windrad *n*, Flügelrad *n* ‖ ~/**винтовое зубчатое** Schraubenrad *n* ‖ ~ **внешнего зацепления/цилиндрическое зубчатое** Außenstirnrad *n* ‖ ~ **внутреннего зацепления/цилиндрическое зубчатое** Innenstirnrad *n*, Hohlrad *n* ‖ ~/**водоподъёмное** Heberad *n*, Wasserschöpfrad *n* ‖ ~/**водяное** Wasserrad *n* ‖ ~/**гиперболоидальное** Hyperboloidrad *n*, Hyperbelrad *n* ‖ ~/**гипоидное** *(Masch)* Hypoidzahnrad *n* ‖ ~/**гипоидное коническое** Hypoidkegelrad *n* ‖ ~/**глобоид[аль]ное** Globoidrad *n*, globoidförmiges Rad *n* ‖ ~/**горловое** Kehlrad *n (bei Hyperbelradverzahnung)* ‖ ~/**двойное зубчатое** Doppelzahnrad *n* ‖ ~/**двухвенечное рабочее** zweikränziges Laufrad *n (Dampfturbine)* ‖ ~/**двухребортное** Doppelkranzlaufrad *n* ‖ ~/**двухскатное** zweikränziges Laufrad *n (Dampfturbine)* ‖ ~/**двухстороннее рабочее** Laufrad *n* mit zweiseitigem Einlauf, zweiflutiges Laufrad *n (Kreiselradpumpe)* ‖ ~/**двухшевронное [зубчатое]** Doppelpfeilrad *n* ‖ ~/**делительное [зубчатое]** Teilungsrad *n*, Teilzahnrad *n* ‖ ~/**диагональное рабочее** Diagonal[lauf]rad *n (Kreiselpumpe; Wasserturbine)* ‖ ~/**дисковое** Scheibenrad *n*, Vollrad *n* ‖ ~/**желобчатое фрикционное** Rillenreibrad *n* ‖ ~/**жёсткое** starres Rad *n* ‖ ~/**заднее** *(Kfz)* Hinterrad *n* ‖ ~/**задненаливное водяное** oberschlächtiges Wasserrad *n (von oben beaufschlagt)* ‖ ~/**заключающее** *(Text)* Einschließrad *n (französische Rundwirkmaschine)* ‖ ~/**закрытое рабочее** geschlossenes Laufrad *n (Kreiselpumpe)* ‖ ~/**запасное** Reserverad *n* ‖ ~/**зеркальное** *(TV)* Spiegelradabtaster *m*, Spiegelrad *n* ‖ ~/**зубчатое** 1. Zahnrad *n*; 2. Großrad *n (im Zahnradtrieb)* ‖ ~/**измерительное** Lehrzahnrad *n* ‖ ~/**импульсное** Impulsrad *n* ‖ ~ **Кертиса** Curtisrad *n (Dampfturbine)* ‖ ~/**клинчатое** Keilrad *n* ‖ ~/**ковшовое** Löffelrad *n*, Schaufelrad *n* ‖ ~/**кодовое** Impulsscheibe *f (eines Fernmelders)* ‖ ~/**коническое [зубчатое]** Kegelrad *n* ‖ ~/**консольное рабочее** fliegendes Laufrad *n* ‖ ~/**корончатое зубчатое** Kronenrad *n* ‖ ~/**косозубое [зубчатое]** Schrägzahnrad *n*, schrägverzahntes Rad *n* ‖ ~/**косозубое коническое** Schrägzahnkegelrad *n*, schrägverzahntes Kegelrad *n* ‖ ~/**кривозубое [зубчатое]** Kurvenzahnrad *n*, kurvenverzahntes Rad *n* ‖ ~/**кривозубое коническое** Kurvenzahnkegelrad *n*, kurvenverzahntes Kegelrad *n* ‖ ~/**круговое** Schleifrad *n* ‖ ~/**крыльчатое** Schaufelrad *n*, Flügelrad *n* ‖ ~/**кулисное** Kulissenrad *n* ‖ ~ **левого вращения/рабочее** linksgängiges Laufrad *n (Kreiselradpumpe)* ‖ ~/**лентопротяжное** Vorschubrad *n* ‖ ~/**лобовое** Schildrad *n* ‖ ~/**лопастного насоса/рабочее** Laufrad *n (Kreiselradpumpe)* ‖ ~/**лопастное** Flügelrad *n*, Schaufelrad *n* ‖ ~/**магнитное** Polrad *n*, Magnetrad *n* ‖ ~/**малое [зубчатое]** Kleinrad *n*, Ritzel *n*, Zahnritzel *n* ‖ ~/**маховое** Schwungrad *n* ‖ ~/**мелющее** Schlagrad *n* ‖ ~/**минутное** Minutenrad *n (elektrischer Uhren)* ‖ ~/**многовенцовое** Radblock *m* ‖ ~/**многоступенчатое турбинное** mehrstufiges Turbinenlaufrad *n* ‖ ~/**наборное** Impulszählrad *n* ‖ ~/**наливное водяное** *s.* ~/**верхнебойное водяное** ‖ ~/**направляющее** 1. Lenkrad *n*; 2. Leitrad *n (Turbine; Kreiselpumpe)* ‖ ~/**насосное** Pumpenlaufrad *n* ‖ ~/**натяжное** Spannrad *n* ‖ ~/**неполное зубчатое** Aussetzzahnrad *n* ‖ ~/**неприводное** antriebsloses Rad *n* ‖ ~/**нижнебойное водяное** unterschlächtiges Wasserrad *n* ‖ ~/**низкого давления** Niederdrucklaufrad *n (Dampfturbine)* ‖ ~/**обкаточное [зубчатое]** Wälz[zahn]rad *n* ‖ ~/**одноточное рабочее** einflutiges (einseitig beaufschlagtes) Laufrad *n (Kreiselpumpe)* ‖ ~/**одностороннее рабочее** Laufrad *n* mit einseitigem Einlauf, einflutiges Laufrad *n (Kreiselpumpe)* ‖ ~/**одноступенчатое турбинное** einstufiges Turbinenlaufrad *n (Turbine; Strömungswandler)* ‖ ~/**опорное** *(Lw)* Stelzrad *n (Pflug)*, Stützrad *n (Schlepper)* ‖ ~/**осевое** Axialrad *n (Strömungsmaschine)* ‖ ~/**открытое рабочее** offenes Laufrad *n (Kreiselpumpe)* ‖ ~/**паразитное [зубчатое]** Zwischen[zahn]rad *n* ‖ ~ **Пельтона** Peltonrad *n*, Löffelrad *n (Peltonturbine)* ‖ ~ **перебора/зубчатое** Vorgelegerad *n* ‖ ~/**передаточное** Getrieberad *n* ‖ ~ **передачи** Getrieberad *n* ‖ ~/**передвижное [зубчатое]** Schiebe[zahn]rad *n*, verschiebbares Rad (Zahnrad) *n* ‖ ~/**переднее** *(Kfz)* Vorderrad *n* ‖ ~/**печатающее литерное** Typenrad *n*, Druckrad *n* ‖ ~/**планетарное [зубчатое]** Planeten[zahn]rad *n*, Umlaufrad *n* ‖ ~/**плоское [зубчатое]** Plan[zahn]rad *n* ‖ ~ **подачи/зубчатое** Vorschubritzel *n* ‖ ~/**подачи/сменное** Vorschubwechselrad *n* ‖ ~/**подающее** Vorschubrad *n* ‖ ~/**поддерживающее** *(Bw)* tragendes Rad *n (einer Drehbrücke)* ‖ ~/**подливное водяное** *s.* ~/**нижнебойное водяное** ‖ ~/**подрессоренное** [ab]gefedertes Rad *n* ‖ ~/**подъёмное** *(Hydt)* Heberad *n*

‖ ~ покоя Ruherad *n (Uhr)* ‖ ~/полевое *(Lw)* Landrad, Stützrad *n (Pflug)* ‖ ~/полое Hohlrad *n* ‖ ~/полуосевое рабочее halbaxiales Laufrad *n*, Diagonalrad *n* ‖ ~ правого вращения/рабочее rechtsgängiges Laufrad *n (Kreiselpumpe)* ‖ ~/прессовое *(Text)* Preßrad *n (französische Rundwirkmaschine)* ‖ ~/прецизионное зубчатое Präzisions[zahn]rad *n* ‖ ~/приводное [зубчатое] Antriebs[zahn]rad *n* ‖ ~/приводящее [зубчатое] Erzeugungsrad *n*, erzeugendes Rad *n* ‖ ~/промежуточное [зубчатое] Zwischen[zahn]rad *n* ‖ ~/промежуточное сменное Zwischenwechselrad *n* ‖ ~/пропеллерное рабочее Propeller[lauf]rad *n (Propellerturbine; Axialpumpe)* ‖ ~/прямозубое [зубчатое] Geradzahnrad *n*, geradverzahntes Rad *n* ‖ ~/рабочее 1. Arbeitsrad *n*; 2. *(Hydr)* Laufrad *n (Sammelbegriff für Pumpen-, Verdichter- und Turbinenlaufräder)*; 3. Prüfrad *n* ‖ ~/рабочее зубчатое Arbeitsrad *n* ‖ ~/рабочее лопастное Schleuderrad *n (Pumpe)* ‖ ~/радиальное Radialrad *n (Strömungsmaschine)* ‖ ~/радиальное рабочее Laufradgitter *n* radialer Bauart ‖ ~/радиально-осевое Francis-Laufrad *(Wasserturbine)* ‖ ~/разъёмное geteiltes Rad *n* ‖ ~/реактивное Überdrucklaufrad *n*, Reaktionsrad *n (Überdruckturbine)* ‖ ~ реактивной турбины/рабочее Überdruckturbinenlaufrad *n* ‖ ~/реечное [зубчатое] Zahnstangenrad *n* ‖ ~/рулевое *(Kfz)* Lenkrad *n* ‖ ~ с внешними зубьями außenverzahntes Zahnrad *n*, Außen[zahn]rad *n* ‖ ~ с внутренними зубьями innenverzahntes Zahnrad *n*, Innen[zahn]rad *n* ‖ ~ с выштампованными спицами/дисковое *(Kfz)* Scheibenspeichenrad *n* ‖ ~ с зацеплением Новикова/зубчатое Zahnrad *n* mit Novikov-Verzahnung ‖ ~ с кольцевыми прорезями/дисковое *(Kfz)* Schlitzscheibenrad *n*, Lochscheibenrad *n* ‖ ~ с отрицательным смещением профиля/зубчатое Zahnrad *n* mit negativer Profilverschiebung ‖ ~ с паллоидным зацеплением/коническое Palloidkegelrad *n* ‖ ~ с положительным смещением профиля/зубчатое Zahnrad *n* mit positiver Profilverschiebung ‖ ~ с проволочными спицами *(Kfz)* Drahtspeichenrad *n* ‖ ~ с эвольвентной линией зуба/коническое зубчатое Klingelnberg-Palloidspiralkegelrad *n* ‖ ~/сателлитное Planeten[zahn]rad *n* ‖ ~/сегнерово *(Brau)* schottisches Drehkreuz *n (Überschwänzvorrichtung im Läuterbottich)* ‖ ~/секторное Segmentrad *n* ‖ ~/сменное [зубчатое] Wechselrad *n* ‖ ~ со смещением Rad *n* mit Profilverschiebung, profilverschobenes Rad *n*, V-Rad *n* ‖ ~ со спиральными зубьями/коническое *s.* ~/спирально-коническое ‖ ~ со съёмным ободом/литое спицевое *(Kfz)* Stahlgußspeichenrad *n* mit lösbarer Felge ‖ ~/солнечное *s.* ~/центральное [зубчатое] ‖ ~/сопряжённое [зубчатое] Gegen[zahn]rad *n*, gepaartes Rad (Zahnrad) *n* ‖ ~/составное geteiltes Rad *n* ‖ ~/спаренное Kuppelrad *n* ‖ ~/спирально-коническое Spiral[zahn]kegelrad *n*, spiralverzahntes Kegelrad *n* ‖ ~/спицевое *(Eb, Kfz)* Speichenrad *n* ‖ ~/сплошное дисковое *(Kfz)* Vollscheibenrad *n* ‖ ~/спусковое Sperrad *n* ‖ ~/среднебойное водяное mittelschlächtiges Wasserrad *n* ‖ ~/среднее Mittelrad *n*, mittleres Rad *n* ‖ ~/ступенчатое зубчатое stufenverzahntes Zahnrad *n*, Stufenzahnrad *n* ‖ ~/счётное Zählrad *n* ‖ ~/тарельчатое коническое [зубчатое] Plankegelrad *n* ‖ ~ типа моноблок *(Eb)* Vollrad *n*, Monoblockrad *n* ‖ ~/типовое Typenrad *n (Drucker)* ‖ ~/тихоходное радиально-осевое langsamläufiges Radialrad *n*, Francis-Langsamläufer *m (Wasserturbine)* ‖ ~/тормозное Bremsrad *n* ‖ ~/турбинное *(Hydr)* Turbinenlaufrad *n (Turbinen; Strömungskupplung, Strömungswandler)* ‖ ~/тяговое Haspelrad *n* ‖ ~/узорообразующее *(Text)* Musterrad *n* ‖ ~ Френсиса/тихоходное Francis-Langsamläufer *m (Wasserturbine)* ‖ ~/фрикционное Reibrad *n* ‖ ~/фрикционное коническое Kegelreibrad *n* ‖ ~/ходовое Gangrad *n*, Laufrad *n* ‖ ~/холостое leer mitlaufendes Rad *n* ‖ ~/храповое Sperrad *n*, Schaltrad *n (Klinkenschaltwerk)* ‖ ~/цевочное Triebstock[zahn]rad *n* ‖ ~/цельное Vollrad *n (aus einem Stück gefertigt)* ‖ ~/цельнокатаное *(Eb)* Vollrad *n* ‖ ~/центральное [зубчатое] Zentral[zahn]rad *n*, Sonnenrad *n* ‖ ~/ценное Kettenrad *n*, Kettenstern *m* ‖ ~/цилиндрическое [зубчатое] Stirnrad *n* ‖ ~/цилиндрическое косозубое [зубчатое] schrägverzahntes Stirnrad *n*, Schrägstirnrad *n* ‖ ~/цилиндрическое кривозубое [зубчатое] bogenverzahntes Stirnrad *n* ‖ ~/цилиндрическое круговое kreisbogenverzahntes Stirnrad *n* ‖ ~/цилиндрическое прямозубое geradverzahntes Stirnrad *n*, Geradstirnrad *n* ‖ ~/часовое Stundenrad *n (elektrischer Uhren)* ‖ ~/червячное [зубчатое] Schneckenrad *n*, Heberad *n* ‖ ~/швырялением *(Lw)* Schleuderrad *n*, Wurfrad *n* ‖ ~/шевронное Pfeil[zahn]rad *n*, pfeilverzahntes Rad *n* ‖ ~/шевронное коническое Pfeil[zahn]kegelrad *n*, pfeilverzahntes Kegelrad *n* ‖ ~/шевронное цилиндрическое Pfeil[zahn]stirnrad *n*, pfeilverzahntes Stirnrad *n* ‖ ~/штурвальное *(Schiff)* Steuerrad *n* ‖ ~/эвольвентное [зубчатое] Evolventen[zahn]rad *n* ‖ ~/эталонное [зубчатое] Meister[zahn]rad *n*

колесо-сателлит *m (Masch)* Umlaufrad *n*, Planeten[zahn]rad *n*

колея *f (Eb)* Fahrspur *f*; *(Kfz)* Spur *f*, Spurweite *f* ‖ ~/дорожная Radspur *f* ‖ ~/метровая *(Eb)* Meterspur *f* ‖ ~/нормальная *(Eb)* Normalspur *f (1435 mm)* ‖ ~/рельсовая Gleis *n* ‖ ~/технологическая *(Lw)* Regelspur *f*, Leitspur *f*, Fahrgasse *f*, Fahrspur *f* ‖ ~/узкая *(Eb)* Schmalspur *f (unter 1435 mm)* ‖ ~/широкая *(Eb)* Breitspur *f (über 1435 mm)*

количественный quantitativ, mengenmäßig, Mengen...

количество *n* Anzahl *f*, Menge *f*, Quantum *n*, Quantität *f*, Betrag *m*; Größe *f* ‖ ~ вещества *s.* ~ молей ‖ ~ витков *(El)* Windungszahl *f* ‖ ~ включений *(El)* Schaltzahl *f* ‖ ~ данных Datenmenge *f* ‖ ~ движения *(Mech)* Bewegungsgröße *f*, Impuls *m* ‖ ~ движения/обобщённое generalisierte Bewegungsgröße *f*, generalisierter Impuls *m* ‖ ~ движения системы Bewegungsgröße *f* eines Systems ‖ ~ информации Nachrichtenvolumen *n*, Nachrichtenmenge *f* ‖ ~ кислот/общее Gesamtsäure *f* ‖ ~ конденсата

количество *(Wmt)* Kondensatmenge *f* ‖ **~/максимально-допустимое** maximal erreichbare Menge *f* ‖ **~ молей** *(Ch, Ph)* Stoffmenge *f*, Molmenge *f* ‖ **~/недостаточное** unzureichende Menge *f*, Unterschuß *m* ‖ **~ осадков** *(Meteo)* Niederschlagsmenge *f*, Niederschlagshöhe *f* ‖ **~/отбираемое** Entnahmemenge *f (z. B. Dampf)* ‖ **~ переключений** *(El)* Schaltzahl *f* ‖ **~ переключений в единицу времени** Schaltzahl *f* je Zeiteinheit, Schalthäufigkeit *f* ‖ **~ разрядов** *(Inf)* Stellenanzahl *f* ‖ **~ света** Lichtmenge *f*, Lichtarbeit *f*, Lichtenergie *f (Photometrie)* ‖ **~/следовое** Spur *f (sehr geringe Menge)* ‖ **~/среднее** Durchschnittsmenge *f*; durchschnittliche (mittlere) Anzahl *f* ‖ **~ строк [разложения]** *(TV)* Zeilenzahl *f* ‖ **~ стружки** *(Fert)* Spanmenge *f* ‖ **~ тепла** Wärmemenge *f* ‖ **~ флегмы** Rücklaufmenge *f (Destillation)* ‖ **~/эквивалентное** Äquivalentmenge *f* ‖ **~ энергии** Energiemenge *f*
колкость *f* Spaltbarkeit *f (Holz)*
коллапс *m* Zusammensturz *m*, Einsturz *m*, Kollaps *m* ‖ **~/гравитационный** Gravitationskollaps *m*
коллектор *m* 1. Kollektor *m*, Sammler *m*; 2. Sammelbehälter *m*, Sammelkasten *m*; Sammelgefäß *n*, Sammelbottich *m*; 3. Sammelleitung *f*, Sammelrohr *n*; *(El)* Sammelkanal *m*, begehbarer Leitungstunnel *m*; 4. *(El)* Kommutator *m*, Stromwender *m*; Ladungsabnehmer *m (beim Bandgenerator)*; 5. *(Eln)* Kollektor *m*, Kollektorelektrode *f*, Elektronenauffänger *m*, Auffangelektrode *f (Lauffeldröhre)*; Kollektorzone *f (Halbleiter)*; Kollektoranschluß *m (Halbleiter)*; 6. *(Bw, Hydt)* Sammelleitung *f*, Sammelrohr *n*; Sammelkanal *m*, Kollektor *m (Kanalisation)*; 7. *(Geol)* Speichergestein *n (Erdöl, Erdgas)*; 8. Dampfsammler *m (Kesselanlage)* ‖ **~/водяной** Wassersammler *m*; Untertrommel *f (Dampfkessel)* ‖ **~/воздушный** Windring *m*, Windmantel *m*, Windkorb *m (Gießereischachtofen)* ‖ **~/впускной** Ansaugtopf *m*, Ansaugsammelleitung *f (Verbrennungsmotor)* ‖ **~/входной** Eintrittssammler *m (Dampfkessel)* ‖ **~/выпускной** Auspufftopf *m (Verbrennungsmotor)* ‖ **~/газовый** 1. Gassammelleitung *f*, Gassammelkanal *m*, Gasfang *m*; Gasverteilerleitung *f*; 2. *(Bgb)* Gasspeicher *m*, Gasspeichergestein *n*; 3. *s.* ~/распределительный ‖ **~/газосборный** *s.* ~ газосборник ‖ **~ горючей смеси** Gemischverteiler *m (Verbrennungsmotor)* ‖ **~/зернистый** *(Geol)* granularer Speicher *m (Erdöl, Erdgas)* ‖ **~/кабельный** *(El)* Kabelsammelkanal *m* ‖ **~/канализационный** *(Bw)* Kanalisationssammelkanal *m* ‖ **~ нефти** *(Geol)* Erdölspeicher *m*, Erdölspeichergestein *n*, Erdölkollektor *m* ‖ **~/общий** *(Bw)* Sammelkanal *m (Bewässerung)* ‖ **~/паровой** Dampfsammler *m*; Obertrommel *f (Dampfkessel)* ‖ **~ пыли** Staubsammler *m*, Staubfänger *m*, Staubfang *m* ‖ **~/распределительный** Verteilerleitung *f*, Verteiler *m* ‖ **~/сборный** Sammelleitung *f* ‖ **~/сточный** *(Bw)* Abwasserkanal *m*, Abwasserkollektor *m* ‖ **~/точечный** *(El)* Spitzenkollektor *m*
коллектор-коммутатор *m (El)* Unterbrecherkommutator *m*
коллиматор *m* 1. *(Opt, Astr)* Sucherfernrohr *n*, Sucher *m*; 2. *(Kern)* Kollimator *m*

коллимация *f (Opt, Kern)* Kollimation *f*, Bündelung *f*, Ausblendung *f (eines Strahlenbündels)*
коллинеарность *f (Math)* Kollinearität *f*
коллинеация *f (Math)* Kollineation *f*
коллоид *m (Ch)* Kolloid *n* ‖ **~/защитный** Schutzkolloid *n* ‖ **~/молекулярный** Molekülkolloid *n* ‖ **~/необратимый** irresolubles (irreversibles) Kolloid *n* ‖ **~/обратимый** resolubles (reversibles) Kolloid *n* ‖ **~/почвенный** Bodenkolloid *n*
коллоидно-дисперсный *(Ch)* kolloiddispers
коллоидно-растворимый *(Ch)* kolloidlöslich
коллоидный *(Ch)* kolloid[al], Kolloid...
коллоидообразование *n (Ch)* Kolloidbildung *f*
коллювий *m (Geol)* Kolluvium *n (Ablagerungen bei Hangabtragung)*
коловорот *m (Wkz)* Bohrwinde *f*
кологарифм *m (Math)* negativer Logarithmus *m*
колода *f* 1. *(Inf)* Stapel *m*, Packen *m (Lochkarten)*; 2. *(Led)* Gerberbaum *m* ‖ **~/объектная** Objektkartensatz *m*
колодец *m* 1. Brunnen *m*; Schacht *m*; 2. *(Nrt)* Kabelschacht *m*; 3. Tiefofen *m* ‖ **~/абиссинский** *(Hydt)* Abessinierbrunnen *m*, Rammbrunnen *m* ‖ **~/артезианский** *(Hydt)* artesischer Brunnen *m* ‖ **~/береговой** *(Hydt)* Uferbrunnen *m (unmittelbare Brauchwasserentnahme am Ufer fließender und stehender Gewässer)* ‖ **~/вводный кабельный** *(El)* Einführungskabelschacht *m* ‖ **~/вертлюжный** *(Bgb)* Rattenloch *n*, Kellyloch *n (Bohrung)* ‖ **~/водобойный** *(Hydt)* Tosbecken *n*, Sturzbecken *n (Wehr)* ‖ **~/водозаборный** *(Hydt)* Wasserhaltungsbrunnen *m*; Entnahmebrunnen *m* ‖ **~/водосборный коллекторный** *(Hydt)* Sammelschacht *m* ‖ **~/грунтовый** Schüttbrunnen *m (Eimerkettenschwimmbagger)* ‖ **~/естественный** *s.* ~/карстовый ‖ **~/забивной** *s.* ~/абиссинский ‖ **~/кабельный** *(El)* Kabelschacht *m* ‖ **~/карстовый** *(Geol)* Karstbrunnen *m* ‖ **~ картера** Ölsumpf *m (Verbrennungsmotor)* ‖ **~/компенсационный** Steigrohr *n (Brunnen m der Korrektionseinrichtung (Vergaser)* ‖ **~/мелкотрубчатый** *s.* ~/абиссинский ‖ **~/многоместный** *(Met)* Kammertiefofen *m*, Herdtiefofen *m*, Mehrzellentiefofen *m* ‖ **~/нагревательный** *(Met)* Tiefofen *m*, Ausgleichsofen *m*, Schachtglühofen *m* ‖ **~/[нагревательный] неотапливаемый** *(Met)* unbeheizter Tiefofen *m*, Wärmeausgleichsgrube *f*, Durchweichgrube *f* ‖ **~/неполный (несовершенный)** *(Hydt)* unvollkommener Brunnen *m* ‖ **~/одноместный** *(Met)* Zellentiefofen *m*, Einzellentiefofen *m* ‖ **~/опускной** *(Hydt)* Senkbrunnen *m* ‖ **~/осадочный** *(Hydt)* Absetzbrunnen *m*, Klärbrunnen *m* ‖ **~/осушительный** *(Schiff)* Lenzbrunnen *m* ‖ **~/отапливаемый [нагревательный]** *(Met)* beheizter (heizbarer) Tiefofen *m* ‖ **~/перепадной** *(Hydt)* Absturzschacht *m*; Überfallbauwerk *n* ‖ **~/петлевой** *(Wkz)* Schlingengrube *f*, Schlingenschacht *m* ‖ **~/поглотительный (поглощающий)** *(Hydt)* Sickerbrunnen *m*, Sickergrube *f* ‖ **~/полный** *s.* ~/совершенный ‖ **~/промывной** Spülschacht *m* ‖ **~/разветвительный кабельный** *(El)* Abzweigkabelschacht *m*, abzweigender Kabelschacht *m* ‖ **~/регенеративный [нагревательный]** *(Met)* Regenerativ-Tiefofen *m*, Tiefofen *m* mit Regenerativfeuerung ‖ **~/рекуперативный нагревательный** *(Met)* Reku-

колонна

perativ-Tiefofen m, Tiefofen m mit Rekuperativfeuerung ‖ ~/**сборный** (Hydt) Sammelbrunnen m ‖ ~/**смотровой** Revisionsschacht m, Kanalschacht m, Kontrollschacht m ‖ ~/**совершенный** (Hydt) vollkommener Brunnen m ‖ ~/**сточный** 1. Abflußschacht m; 2. (Schiff) Lenzbrunnen m ‖ ~/**томильный** 1. (Met) Tiefofen m; 2. (Gieß) Schachtglühofen m ‖ ~/**трубчатый** (Hydt) Bohrbrunnen m, Rohrbrunnen m ‖ ~/**угловой кабельный** (El) Kabelschacht m an Winkelpunkten ‖ ~ **холостого хода** (Kfz) Leerlaufrohr n (Vergaser) ‖ ~/**шахтный** Schachtbrunnen m, Kesselbrunnen m ‖ ~/**эмульсионный** (Kfz) Gemischraum m (Verbrennungsmotor) ‖ ~/**эмшерский** (Bw) Emscherbrunnen m, Imhoffbrunnen m (Abwasserkläranlage)
колодец-печь m (Met) Tiefofen m
колодец-фильтр m (Hydt) Filterbrunnen m
колодка f 1. Klotz m; Knagge f; 2. (Masch) Bakken m, Backe f; 3. (Text) Halter m (Hechelmaschine); 4. Halterung f ‖ ~/**висячая штепсельная** (El) Hängesteckdose f ‖ ~/**зажимная** 1. (Masch) Klemmbacke f; 2. (El) Klemmenleiste f, Klemmenbrett n ‖ ~/**контактная** (El) Kontaktklotz m ‖ ~ **подшипника** (Masch) Lagerklotz m (Gleitlager); Lagersegment n ‖ ~/**прессовая** (Gieß) Preßhaupt n, Preßholm m, Preßklotz m, Preßplatte f ‖ ~ **с гнёздами** (El) Steckbuchsenleiste f, Buchsenleiste f ‖ ~ **с зажимами** s. ~/**зажимная** 2. ‖ ~/**самоустанавливающаяся** (Masch) Kippsegment n (Drucklager) ‖ ~/**скользящая** (Masch) Gleitbacke m ‖ ~/**тормозная** 1. (Kfz) Bremsbacken m; 2. (Eb) Bremsklotz m ‖ ~/**упорная** (Masch) Druckklotz m (Lager)
колодочка f (Led) 1. Formschablone f; 2. Tischschere f (für Handbetrieb)
колок m (Text) Schlagstift m (Putzerei)
колокол m Glocke f ‖ ~/**водолазный** Tauch[er]glocke f ‖ ~ **громкого боя** (Schiff) Alarmglocke f ‖ ~/**измерительный** Meßglocke f ‖ ~/**ловильный** (Bgb) Fangglocke f (Bohrung) ‖ ~ **погружения** (Gieß) Tauchglocke f, Tauchbehälter m (Modifizieren, Reinigen) ‖ ~/**погружной** s. ~/**погружения** ‖ ~/**разделительный** Abscheideglocke f ‖ ~/**судовой** Schiffsglocke f
колонка f 1. Säule f; Ständer m (s. a. unter колонна); 2. (Bgb) Kern m, Bohrkern m; 3. (Typ) Spalte f; 4. (Led) Säulennähmaschine f ‖ ~/**бензозаправочная (бензораздаточная)** Tanksäule f ‖ ~/**Бруна/тарельчатая** (Ch) Bodenkolonne f nach Bruun, Bruun-Kolonne f ‖ ~/**Видмера** (Ch) Glasspiralkolonne f nach Widmer, Widmer-Kolonne f ‖ ~/**винтовая** s. ~/распорная ‖ ~/**винторулевая** (Schiff) Schwenkpropelleranlage f, Ruderpropeller m ‖ ~/**гидравлическая** (Eb) Wasserkran f ‖ ~ **громкоговорителей** (Rf) Lautsprecherbox f ‖ ~/**грузовая** (Schiff) Ladepfosten m ‖ ~/**заправочная** Tanksäule f ‖ ~ **изоляторов** Isolatorsäule f ‖ ~/**ионная** Ionenkomplex m ‖ ~/**ионообменная** Ionenaustauschsäule f ‖ ~/**капиллярная** Kapillarsäule f (Chromatographie) ‖ ~/**керновая** (Bgb) Kernrohr m (Tiefbohrtechnik) ‖ ~/**коммутационная** (El) Schaltsäule f ‖ ~/**лабораторная** (Ch) Labor[atoriums]kolonne f ‖ ~/**направляющая** (Wkzm) Führungssäule f ‖ ~/**насадочная** gepackte (gefüllte) Trennsäule f (Chromatographie)

‖ ~/**плёночная** (Ch) Dünnschichtdestillator m ‖ ~/**поворотная** (Schiff) Lenkpropeller m, Ruderpropeller m, Lenksäule f, Z-Antrieb m, Wendepropeller m ‖ ~/**поворотно-винтовая** s. ~/**винторулевая** ‖ ~/**поглотительная** (Ch) Absorptionsturm m, Chlorcalciumtrockenturm m (Laborgerät) ‖ ~ **продолжения** (Inf) Fortsetzungsspalte f ‖ ~/**прямая** gestreckte Trennsäule f (Chromatographie) ‖ ~/**рабочая** Meßsäule f (Chromatographie) [Bohrspreize f, Spannsäule f (für Bohrhämmer)] ‖ ~/**реакционная** (Ch) Reaktionsturm m; Reaktionsofen m (Bergius-Verfahren) ‖ ~/**ректификационная лабораторная** (Ch) Laborrektifizierkolonne f ‖ ~/**рулевая** 1. (Schiff) Steuersäule f, Steuerstand m; 2. (Kfz) Lenksäule f ‖ ~ **с насадкой** (Ch) Füllkörperkolonne f; Füllkörpersäule f ‖ ~/**спиральная** spiralige Trennsäule f, Säulenspirale f (Chromatographie) ‖ ~/**сравнительная** Vergleichssäule f (Chromatographie) ‖ ~ **станины** (Masch) Ständersäule f ‖ ~/**топливораздаточная** Kraftstoffzapfsäule f ‖ ~/**храповичная буровая** (Bgb) Ratschenbohrsäule f ‖ ~/**хроматографическая** chromatographische Säule f, Chromatographiesäule f, Trennsäule f ‖ ~ **штурвала** s. ~/**штурвальная** ‖ ~/**штурвальная** 1. (Schiff) Steuersäule f, Steuerstand m; 2. (Flg) Steuersäule f ‖ ~/**экстракционная** (Ch) Extraktionskolonne f
колонна f 1. Säule f (s. a. unter колонка); Pfeiler m; 2. (Wkzm) Säule f; Ständer m; Kastenständer m; 3. (Ch) Kolonne f, Turm m; 4. (Bgb) Rohrtour f, Rohrstrang m (Bohren) ‖ ~/**абсорбционная** (Ch) Absorptionskolonne f, Absorptionsturm m ‖ ~/**аммиачная** (Ch) Ammoniakwäscher m; Ammoniaksyntheseofen m, Ammoniakkontaktofen m (Haber-Bosch-Verfahren) ‖ ~/**бражная** (Ch) Maischekolonne f, Maischesäule f ‖ ~/**бурильная** (Bgb) Bohr[gestänge]strang m, Bohrgestänge n ‖ ~ **бурильных труб** s. ~/**бурильная** ‖ ~/**буровая** 1. ~ **буровых труб** s. ~/**бурильная** ‖ ~/**вакуум-дистилляционная** (Ch) Vakuumdestillationskolonne f ‖ ~/**витая** (Bw) Schlangensäule f ‖ ~/**водозакрывающая** (Bgb) wassersperrende Rohrtour f (Bohrung) ‖ ~/**гибкая** (Bw) schlanke Säule f, schlanker Pfeiler m ‖ ~/**грузовая** (Schiff) Ladepfosten m ‖ ~/**двухветвенная** (Bw) zweistielige Stütze f, Gliederstütze f ‖ ~/**дистилляционная** (Ch) Destillationskolonne f, Destillierkolonne f, Destilliersäule f ‖ ~/**диффузионная** Diffusionsturm m (Zuckergewinnung) ‖ ~/**защемлённая** (Bw) eingespannte Stütze f ‖ ~/**ионообменная** (Ch) Ionenaustauschsäule f ‖ ~/**исчерпывающая** (Ch) Abtriebskolonne f ‖ ~/**карбонизационная** (Ch) s. ~/осадительная ‖ ~/**колпачковая** (Ch) Glockenbodenkolonne f ‖ ~/**конденсаторная** (Ch) Kondensatorsäule f ‖ ~/**консольная** (Bw) Konsolstütze f ‖ ~ **коробчатой формы** (Wkzm) Kastenständer m ‖ ~/**крайняя** (Bw) Randstütze f ‖ ~/**круглая** (Ch) Lutterkolonne f ‖ ~/**люттерная** (Ch) Lutterkolonne f ‖ ~/**многокамерная** (Ch) Mehrkammerkolonne f ‖ ~/**многотрубчатая** (Ch) Rohrbündelkolonne f ‖ ~/**направляющая** (Bgb) Leitrohrtour f (Bohrung) ‖ ~/**насадочная** (Ch) Füllkörperkolonne f ‖ ~/**обсадная** (Bgb) Rohrtour f; Futter-

колонна

rohrtour f, Verrohrung f (Bohrung) ‖ **~/опережающая** (Bgb) vorauseilende Verrohrung f (Schlagbohren) ‖ **~/опорная** (Bw) Stütze f, Tragsäule f ‖ **~/осадительная** (Ch) Fällkolonne f, Karbonisierungskolonne f ‖ **~/отбелочная** (Ch) Bleichkolonne f ‖ **~/отмывочная** (Ch) Waschturm m, Waschkolonne f, Wäscher m ‖ **~/перегонная** (Ch) Destillationskolonne f, Destillierkolonne f, Destilliersäule f ‖ **~/поворотная** Drehsäule f (Säulendrehkran) ‖ **~/поглотительная** (Ch) Absorptionskolonne f, Absorptionsturm m ‖ **~/поглотительная насадочная** (Ch) Absorptionsfüllkörperkolonne f ‖ **~/подающая** (Wkzm) Vorschubsäule f ‖ **~/подкрановая** Kranbahnstütze f; Kransäule f ‖ **~/подъёмная** Hubsäule f ‖ **~/потайная** (Erdöl) verlorene Rohrtour f (Bohrung) ‖ **~ предкатализа** (Ch) Vorkatalysekolonne f ‖ **~/промежуточная** (Erdöl) Zwischenrohrtour f; technische Rohrtour f (Bohrung) ‖ **~/пучковая** (Bw) Bündelsäule f, Bündelpfeiler m ‖ **~/разделительная** (Ch) Trennkolonne f, Trennsäule f ‖ **~/распылительная** (Ch) Sprühkolonne f, Sprühturm m ‖ **~/реакционная** (Ch) Reaktionsturm m ‖ **~/ректификационная** (Ch) Rektifizierkolonne f, Rektifiziersäule f ‖ **~/решетчатая 1.** (Ch) Gitterbodenkolonne f, Turbogridkolonne f; 2. (Bw) Fachwerkstütze f ‖ **~/решетчатая безраскосная** (Bw) strebenlose Fachwerkstütze f ‖ **~/роторная** (Ch) Kolonne f mit rotierendem Einsatz, Drehscheibenkolonne f ‖ **~ с колпачковыми тарелками** (Ch) Glockenbodenkolonne f ‖ **~/сплошная** (Bw) Vollprofilstütze f ‖ **~/средняя** (Bw) Mittelstütze f ‖ **~/тампонажная** (Bgb) wassersperrende Rohrtour f (Bohrung) ‖ **~/тарельчатая** (Ch) Bodenkolonne f ‖ **~/тепловая [графитовая]** (Kern) thermische Säule f (Grube) f, Graphitsäule f ‖ **~/техническая** (Bgb) technische Rohrtour f; Zwischenrohrtour f (Bohrung) ‖ **~/тюбинговая** (Bgb) Tübingsäule f (Schachtausbau) ‖ **~/укрепляющая** (Ch) Verstärkungskolonne f ‖ **~/ходовая** (Bgb) nacheilende Verrohrung f (Bohrung) ‖ **~/шарнирная** (Bw) Pendelstütze f ‖ **~/щелевая** Engspaltkolonne f (Destillation) ‖ **~/эксплуатационная** (Erdöl) Förderkolonne f, Förder[rohr]tour f, Produktionsrohrtour f (Bohrung) ‖ **~/экстракционная** (Ch) Extraktionskolonne f ‖ **~/эпюрационная 1.** (Ch) Vorlaufkolonne f; 2. (Gum) Scheidungskolonne f

колонна-стабилизатор f (Erdöl) Stabilisationskolonne f

колонштейн m Hebestift m (einer mechanischen Uhr)

колориметр m 1. (Ch) Kolorimeter n; 2. (Opt) Chrom[at]ometer n, Farbmesser m, Farbmeßgerät n ‖ **~/дифференциальный фотоэлектрический** lichtelektrisches Differentialkolorimeter n ‖ **~/компенсационный** Kompensationskolorimeter n ‖ **~ погружения** Tauchkolorimeter n ‖ **~/трёхцветный** Dreifarbenmeßgerät n ‖ **~/фотоэлектрический** lichtelektrisches Kolorimeter n

колориметрировать kolorimetrieren, kolorimetrisch bestimmen

колориметрия f 1. (Ch) Kolorimetrie f; 2. (Opt) Farbmetrik f; Farbmeßtechnik f

колор-индекс m (Astr) Farb[en]index m
колор-эксцесс m s. избыток цвета
колосник m Rost m; Roststab m (Feuerung) ‖ **~/балочный** s. ~/брусчатый ‖ **~/брусчатый** balkenförmiger Roststab m, gerader Planroststab m ‖ **~/двойной** Doppelroststab m, Zwillingsroststab m ‖ **~/дожигательный** Ausbrennroststab m ‖ **~/змеевиковый** Schlangenroststab m ‖ **~/качающийся** Schwingroststab m; Kipprost m ‖ **~/крайний** Endroststab m ‖ **~/маятниковый** Pendelrost m ‖ **~/опрокидной** Kipproststab m ‖ **~/плитчатый** Planroststab m; Rostplatte f ‖ **~/поворотный** Kipproststab m ‖ **~/пустотелый** Hohlrost m ‖ **~/ребристый** Rippenroststab m ‖ **~/шлаковый** Schlackenroststab m

колотушка f 1. Klopfer m, Schlägel m; 2. (Text) Botthammer m (Flachsbearbeitung)

колоша f (Met) Satz m, Gicht f, Charge f, Beschickung f, Möller m, Beschickungsgut n, Ofengicht f ‖ **~/доменная** Hochofenmöller m, Hochofensatz m, Möller m, Hochofengicht f ‖ **~/коксовая** Kokssatz m, Koksgicht f, Kokscharge f ‖ **~/коксовая холостая** Füllkokssatz m ‖ **~/рабочая** Satz m, Möller m, Betriebsgicht f, Betriebscharge f, Beschickung f ‖ **~/рудная** Erzsatz m, Erzcharge f, Erzcharge f ‖ **~/самоплавкая** selbstgehende Gicht f, selbstgehender Möller m (Hochofen) ‖ **~/топливная** Kokssatz m, Koksgicht f, Kokscharge f ‖ **~/холостая** Füllkoks m, Bettkoks m, Füllgicht f, Koksbett n; Füllkokssatz m ‖ **~ чугуна** Roheisensatz m, Roheisengicht f (Kupolofen)

колошник m (Met) 1. Gichtboden m, Gichtbühne f, Ofengicht f (Schachtofen); 2. Gichtöffnung f, Gicht f (Schachtofen); oberer Kegel m (Hochofen)

колпак m 1. Kappe f, Haube f, Deckel m, Glocke f, Schale f (s. a. unter колпачок); 2. (Kfz) Rad[naben]kappe f; 3. (Licht) Leuchtenschale f, Leuchtenglocke f, Leuchtenschirm f ‖ **~/вентиляционный** Belüftungshaube f ‖ **~/воздушный** Windkessel m (in Kolbenpumpen) ‖ **~/всасывающий [воздушный]** Saugwindkessel m (in Kolbenpumpen) ‖ **~/вытяжной** Abzugshaube f, Dunsthaube f, Brüdenfang m ‖ **~/защитный** Schutzkappe f ‖ **~ колеса** Rad[naben]kappe f ‖ **~/нагнетательный воздушный** Druckwindkessel m (in Kolbenpumpen) ‖ **~/предохранительный** Schutzkappe f, Schutzhaube f, Schutzglocke f ‖ **~/пропарочный** (Bw) Dampfhaube f, Bedampfungshaube f ‖ **~/стеклянный** Glasglocke f

колпачок m Kappe f, Hut m; Glocke f (s. a. unter колпак 1.) ‖ **~/анодный** (Eln) Anodenkappe f ‖ **~/защитный** Schutzkappe f, Schutzglocke f ‖ **~/круглый** Rundglocke f ‖ **~/прямоугольный** s. ~/туннельный ‖ **~/пылепредохранительный** Staubschutzkappe f ‖ **~/регулирующий** Einstellkappe f ‖ **~/сеточный** (Eln) Gitterkappe f ‖ **~/туннельный** (Ch) Tunnelglocke f ‖ **~/шпульный** (Text) Spulenkapsel f (Nähmaschine) ‖ **~/экранирующий 1.** Abschirmkappe f; 2. (Eln) Entstörkappe f

колумбит m (Min) Columbit m (Mineral seltener Erden)

колун m (Wkz) Schrotaxt f

колчедан m (Min) Kies m (Erz) ‖ **~/белый никелевый** s. хлоантит ‖ **~/железный** s. пирит ‖

~/**железокобальтовый** s. саффлорит ‖
~/**железоникелевый** s. пентландит ‖ ~/**кобальтовый** Kobaltkies m; Linneit m ‖ ~/**кобальто-мышьяковый** s. глаукодот ‖ ~/**кобальто-никелевый** Kobaltnickelkies m, Siegenit m ‖ ~/**лучистый** s. марказит ‖ ~/**магнитный** s. пирротин ‖ ~/**медный** s. халькопирит ‖ ~/**мышьяковистый** s. леллингит ‖ ~/**мышьяково-кобальтовый** s. скуттерудит ‖ ~/**мышьяково-никелевый** s. хлоантит ‖ ~/**мышьяковый** s. арсенопирит ‖ ~/**никелево-мышьяковый** s. герсдорфит ‖ ~/**никелевый** s. миллерит ‖ ~/**оловянный** s. станнин ‖ ~/**серебряный** Silberkies m ‖ ~/**серный** s. пирит

колчеданистый (Min) kiesig, kieshaltig
колышек m 1. (Geod) Pflock m, Absteckpflock m, Absteckpfahl m (Zusammensetzungen s. unter кол); 2. (Text) Warze f
кольматаж m 1. (Geol) Kolmation f, Kolmatage f, Auflandung f; 2. (Erdöl) Kolmatation f
кольпомикроскоп m (Med) Kolpomikroskop n
кольпоскоп m (Med) Kolposkop n
кольца npl Ringe mpl (s. a. unter кольцо 1.) ‖ ~/**каменные** (Geol) Steinringe mpl, Steinkränze mpl ‖ ~/**конденсированные** (Ch) kondensierte Ringe mpl, kondensiertes Ringsystem n ‖ ~ **Лизеганга** (Min) Liesegangsche Ringe mpl (kolloide Mineralien) ‖ ~ **Ньютона** (Opt) Newtonsche Ringe mpl
кольцедержатель m (Text) Ringhalter m
кольцо n 1. Ring m (s. a. unter кольца); 2. (Wkz) Schleifring m; 3. (Photo) Filmschleife f; Bandschleife f, endlose Schleife f (Magnetband); 4. s. волока ‖ ~/**антибаллонное (баллоноограничительное)** (Text) Ballon[einengungs]ring m (Ringspinnmaschine) ‖ ~/**бензольное** (Ch) Benzenring m, Benzolring m ‖ ~/**блокирующее** Sperring m ‖ ~/**боевое** (Bw) Rammkopf m ‖ ~/**бортовое** 1. Bordring m, Bordscheibe f; 2. (Kfz) Drahtkern m (Bereifung) ‖ ~ **включения** (Masch) Ausrückring m (Kupplung) ‖ ~/**внешнее** 1. Außenring m, äußerer Ring m; 2. (Astr) äußerer Ring m, A-Ring m (Saturn) ‖ ~/**внутреннее** 1. Innenring m, innerer Ring m; 2. (Astr) Innenring m, B-Ring m (Saturn) ‖ ~/**воздухораспределительное** Windringleitung f (Schachtofen) ‖ ~/**волочильное** (Met) Ziehring m, Ziehwerkzeug n ‖ ~/**вставное** Einsatzring m ‖ ~/**вытяжное** (Flg) Zugring m (Fallschirm) ‖ ~ **вычетов** (Math) Restklassenring m, Faktorring m ‖ ~/**газоуплотнительное** Verdichtungsring m, Kompressionsring m ‖ ~/**гибкое** flexibler (elastischer) Ring m ‖ ~ **главных идеалов** (Math) Hauptidealring m ‖ ~/**графитовое** Graphitring m ‖ ~ **дальности/неподвижное** fester Entfernungs[meß]ring m (Schiffsradar) ‖ ~ **дальности/подвижное** variabler Entfernungs[meß]ring m (Schiffsradar) ‖ ~/**двойное пружинное** Doppelfederring m ‖ ~/**декоративное** Zierring m ‖ ~/**делительное** Teilring m ‖ ~ **Диксона** (Ch) Dixon-Ring m (Füllkörper) ‖ ~/**дистанционное** Distanzring m, Abstandsring m ‖ ~/**дифракционное** (Opt) Beugungsring m ‖ ~ **для вала/стопорное** Sicherungsring m für Welle ‖ ~ **для отверстия/стопорное** Sicherungsring m für Bohrung ‖ ~/**жаровое порш-**

невое Feuerring m (oberster Kolbenring) ‖ ~/**жёсткое** Versteifungsring m, starrer Ring m ‖ ~/**зажимное** Druckring m, Spannring m, Klemmring m; Anpreßring m ‖ ~/**замковое** Schließring m; Halterung f, Sprengring m ‖ ~/**запорное** Verschlußring m; Absperring m (Stopfbuchse) ‖ ~/**защитное** Schutzring m ‖ ~ **защиты файла** (Inf) Schreibring m (Magnetband) ‖ ~/**индольное** (Ch) Indolring m ‖ ~/**интерференционное** (Opt) Interferenzring m ‖ ~/**калиберное** 1. Kaliberring m (Ziehen); 2. s. калибр-кольцо ‖ ~/**карданное** Kardanring m ‖ ~ **катания** Drehkranz m, Rollkranz m (Krandrehwerk) ‖ ~/**кодобое** Kodering m, Kodierring m ‖ ~/**колеблющееся** Taumelscheibe f ‖ ~/**колосниковое** Rostring m ‖ ~/**компрессионное** Verdichtungsring m ‖ ~/**компрессионное поршневое** Verdichtungskolbenring m, Kompressionskolbenring m ‖ ~/**конвертера/опорное** (Met) Konverterstützring f, Konverter[trag]ring m, Birnen[trag]ring m ‖ ~/**конвертерное** s. ~ конвертера/опорное ‖ ~/**контактное** (El) Kontaktring m, Schleifring m ‖ ~/**контрольное** Lehrring m (s. a. калибр-кольцо) ‖ ~/**короночное** (Bgb) Kronenkörper m (Bohrkrone) ‖ ~/**короткозамыкающее** (El) Kurzschlußring m ‖ ~ **крепи** (Bgb) Ausbauring m ‖ ~/**креповое** (Astr) Kreppring m, Florring m, C-Ring m (Saturn) ‖ ~/**крутильное** (Text) Zwirnring m ‖ ~/**лабиринтное** Labyrinthring m ‖ ~/**лактонное** (Ch) Lactonring m ‖ ~ **лимба** Skalenring m ‖ ~/**мараторное** (Met) Hochofentragring m, Tragring m, Tragkranz m ‖ ~/**маслозащитное** Ölabspritzring m, Ölabweiser m (Lagerabdichtung) ‖ ~/**маслоотражательное** Ölabstreifring m (Schmierung) ‖ ~/**маслосбрасывающее [поршневое]** Ölabstreifring m (Kolben) ‖ ~/**маслосъёмное [поршневое]** (Kfz) Ölabstreifring m (Kolben) ‖ ~/**маслоудерживающее** Ölring m (Stopfbuchse) ‖ ~/**маслоуловительное** Ölfangring m ‖ ~/**масляное** Öl[abstreif]ring m (Kolben); Schmierring m (Ringschmierlager) ‖ ~/**многочленов** (Math) Polynomring m ‖ ~ **набивки** s. ~/набивочное ‖ ~/**набивочное** (Masch) Packungsring m (Stopfbuchse) ‖ ~/**наварное** [aufgeschweißter] Bund m (z. B. einer Welle) ‖ ~/**нажимное** Druckring m ‖ ~/**направляющее** (Masch) Führungsring m ‖ ~/**наружное** (Masch) Außenring m (Wälzlager) ‖ ~/**насадочное** Füllring m (Destillation) ‖ ~/**образцовое коническое** Kegellehrhülse f ‖ ~/**ограничительное** Begrenzungsring m; Abstand[s]ring m ‖ ~/**одинарное пружинное** einfacher Federring m ‖ ~/**опорное** 1. Tragring m, Auflagerring m; 2. Drehkranz m, Stützring m (Drehkran); 3. (Bgb) Tragring m (Schachtausbau) ‖ ~ **отношений** (Math) Quotientenring m ‖ ~/**охранное** Schutzring m ‖ ~ **Паля** (Ch) Pall-Ring m (Füllkörper) ‖ ~/**пароуплотнительное** Dampfdichtungsring m ‖ ~/**передвижное** Schiebering m ‖ ~/**поводковое** Mitnehmerring m ‖ ~/**подкрепляющее** Verstärkungsring m, Versteifungsring m ‖ ~/**поднабивочное** Packungsgrundring m (Stopfbuchse) ‖ ~/**подножное** Stauring m ‖ ~ **подпятника/упорное** Spurring m ‖ ~/**подслеживающее** Nachführungsring m ‖ ~ **подшипника** (Masch) Lagerring m ‖ ~ **подшипни-**

кольцо

ка/внутреннее Lagerinnenring *m* || ~ подшипника/наружное Lageraußenring *m* || ~ подшипников качения Wälzlagerring *m* || ~ полиномов *(Math)* Polynomring *m* || ~/**поршневое** *(Kfz)* Kolbenring *m* || ~/**потенциальное** *(El)* Potentialring *m* || ~/**предохранительное** Schutzring *m* || ~/**пригнанное** Paßring *m* || ~/**прижимное** Andrückring *m*, Druckring *m* || ~ **Прим** *(Ch)* Prym-Ring *m* *(Füllkörper)* || ~/**принудительно вращающееся** *(Text)* angetriebener Ring *m* || ~/**притирочное** *(Wkz)* Läppring *m* || ~/**причальное** Festmacherring *m* || ~/**проволочное** Drahtring *m* || ~/**прокладочное** Dichtungsring *m* || ~/**промасленное** Fettpackungsring *m* || ~/**промежуточное** Zwischenring *m* || ~/**проставное** *(Wkzm)* Abstandsring *m*, Zwischenring *m* || ~/**протяжное** *(Met)* Ziehring *m* *(Ziehen)* || ~/**пружинное** Federring *m* || ~/**пружинящее** Überstreifring *m* || ~/**прядильное** *(Text)* Spinnring *m* ~ **прядильной машины** *(Text)* Spinnring *m* || ~/**пылезащитное** Staubschutzring *m*, Staubkragen *m* || ~/**пятичленное** *(Ch)* Fünf[er]ring *m* || ~/**радиального шарикоподшипника/внутренее** *(Masch)* Rillenkugellager-Innenring *m* || ~ **радиального шарикоподшипника/наружное** *(Masch)* Rillenkugellager-Außenring *m* || ~/**радиальное уплотняющее** *(Masch)* Radialdichtring *m* || ~/**разбрызгивающее** Spritzring *m* *(Schmierung)* || ~/**разгрузочное** Entlastungsring *m* || ~/**разжимное** Spreizring *m*, Sprengring *m* || ~/**разрезное** Schlitzring *m* || ~/**разрезное поршневое** offener (geschlitzter) Kolbenring *m* || ~ **разрешения записи** Schreibring *m*, Schreiberlaubnisring *m* *(Magnettonband)* || ~/**распорное** 1. Abstandsring *m*, Distanzring *m*; 2. *(Eb)* Sprengring *m* *(Rad)*; 3. Spreizring *m* || ~/**распределительное** Prallschürze *f* *(Hochofen)* || ~ **Рашига** *(Ch)* Raschig-Ring *m* *(Füllkörper)* || ~/**рвательное** *(Bgb)* Kernfangring *m* *(Bohrung)* || ~/**резиновое** Gummiring *m*, Gummidichtung *f* || ~ **роликоподшипника** *(Masch)* Rollenlagerring *m* || ~ **с делениями** *(Masch)* Teilring *m*, Gradring *m* || ~ **с дорожкой качения** Rollbahnring *m* *(Wälzlager)* || ~ **с наплавом** *(Gum)* Lippenring *m* || ~ **с прорезью** *(Masch)* Schlitzring *m* || ~ **с резьбой** *(Masch)* Gewindering *m* || ~/**самопружинящее** *(Masch)* selbstspannender Ring *m* || ~/**самопружинящее поршневое** selbstspannender Kolbenring *m* || ~/**самосмазывающееся** selbstschmierender Ring *m* || ~/**свободное смазочное** loser Schmierring *m* || ~ **свода** *(Met)* Gewölbering *m* *(Lichtbogenofen)* || ~ **скольжения** Gleitring *m* || ~/**смазочное** *(Masch)* Schmierring *m*, Ölring *m* *(Lager)* || ~/**сопловое** *(Masch)* Düsenring *m*; Düsenkranz *m* || ~/**составное смазочное** *(Masch)* geteilter Schmierring *m* || ~/**спасательное** *(Schiff)* Rettungswurfring *m* || ~/**стопорное** Sperring *m*, Feststellring *m*, Sicherungsring *m*; Haltering *m* || ~/**стяжное** 1. Schrumpfband *n*; Schrumpfring *m*; 2. *(Wkzm)* zweiteiliger Klemmring *m*; 3. *(El)* Klemmring *m* *(Kollektor)*; 4. Wadenring *m* *(Ringwade; Fischfangtechnik)* || ~/**съёмочное** Abstreifring *m* || ~/**токособирательное (токосъёмное)** *(El)* Schleifring *m* || ~/**тормозящее** Bremsring *m* || ~/**трёхчленное** *(Ch)* Drei[er]ring *m* || ~ **тюбингов** *(Bgb)* Tübbingring *m*, Cuvelagekranz *m* *(Schachtausbau)* || ~/**углеродное** *(Ch)* Kohlenstoffring *m* || ~/**уплотнительное (уплотняющее)** *(Masch)* Dicht[ungs]ring *m*; Packungsring *m* *(Stopfbuchse)*; Verdichtungsring *m* *(Kolben)* || ~/**упорное** *(Masch)* Stoßring *m*, Anschlagring *m*, Druckring *m* *(z. B. Lager)*; Gleitandruckring *m* || ~/**упорное наружное** Sprengring *m* || ~/**упругое** elastischer Ring *m* || ~/**установочное** 1. Stellring *m*, Einstellring *m*; 2. Laufring *m* *(Reibfläche)*; 3. Abstandsring *m*, Zwischenring *m* *(Fräsmaschine)* || ~/**ферритовое** *(El)* Ferritring *m* || ~/**фетровое** Filzring *m* || ~/**фрикционное** Reibring *m* || ~/**фурменное** *(Met)* Form[en]zonenring *m*, Windformzonenring *m* *(Hochofen, andere Schachtschmelzöfen)* || ~ **частных** *(Math)* Quotientenring *m* || ~ **шарикоподшипника** *(Masch)* Kugellagerring *m* || ~/**шестичленное** *(Ch)* Sechs[er]ring *m* || ~/**шлифовальное** *(Fert)* Schleifring *m* || ~/**юстирующее** Justierring *m*

кольцо A *s.* ~/внешнее 2.
кольцо B *s.* ~/внутреннее
кольцо C *s.* кольцо/креповое
кольцо-анод *n* *(El)* Ringanode *f*
кольцованный vermascht, mehrfach geschlossen *(Leitungsnetz)*
кольцо-секция *n* *(Bgb)* Senkkörper *m* *(Senkschachtverfahren)*
кольцо-счётчик *n* Zählring *m*
колья *mpl* забивной крепи *(Bgb)* Triebpfähle *mpl*, Getriebepfähle *mpl* *(Getriebezimmerung)*
колюр *(Astr)* Kolur *f* || ~ **равноденствий** Äquinoktialkolur *m* || ~ **солнцестояний** Solstitialkolur *m*
коляска *f* **мотоцикла** Seitenwagen *m*, Beiwagen *m* *(Motorrad)*
колясочная *f* Kinderwagenabstellraum *m*
кОм *s.* килом
кома *f* 1. *(Opt)* Koma *f* *(Aberrationsart)*; 2. *(Astr)* Koma *f* *(eines Kometen)* || ~/**анизотропная** *(Opt)* anisotrope Koma *f* || ~/**изотропная** *(Opt)* isotrope Koma *f* || ~ **линзы** *(Opt)* Linsenkoma *f* || ~/**меридиональная** *(Opt)* meridionale Koma *f* || ~ **отклонения** *(Opt)* Ablenkkoma *f* || ~/**сагиттальная** *(Opt)* sagittale Koma *f*, Rinnenfehler *m*
команда *f* 1. Mannschaft *f*; Besatzung *f* *(z. B. eines Schiffes)*; 2. *(Inf)* Befehl *m*, Anweisung *f* *(s. a. unter* инструкция 2. *und* операция 4.*)* || ~/**абсолютная** absoluter Befehl *m* || ~/**адресная** Adressenbefehl *m*, speicherbezogener Befehl *m* || ~/**арифметическая** arithmetischer Befehl *m*, Arithmetikbefehl *m* || ~/**ассемблера** Assemblerbefehl *m*, Assemblerinstruktion *f* || ~/**безадресная** Nulladreßbefehl *m*, adressenloser Befehl *m* || ~ **безусловного перехода** unbedingter Sprungbefehl *m* || ~/**блокирующая** Blockierungsbefehl *m* || ~ **ввода** Eingabebefehl *m* || ~ **ввода-вывода** Eingabe-Ausgabe-Befehl *m* || ~/**вводная** Eingabebefehl *m* || ~/**видоизменённая** modifizierter Befehl *m* || ~ **возврата** Rückkehrbefehl *m*, Rücksprungbefehl *m* || ~ **вывода** Ausgabebefehl *m* || ~/**выводная** Ausgabebefehl *m* || ~ **вызова** Rufbefehl *m*, Aufruf *m* || ~/**выходная** Ausgangsbefehl *m* || ~/**групповая** Komplexbefehl *m* || ~/**двухадресная** Zweiadreßbefehl *m*, Zweiadressenbefehl *m* || ~ **за-**

грузки Ladebefehl *m* ll ~ задания/управляющая Jobsteueranweisung *f* ll ~ записи Schreibbefehl *m* ll ~/импульсная Impulsbefehl *m* ll ~ исполнения Ausführungsbefehl *m* ll ~/исполнительная Ausführungsbefehl *m*; Stellbefehl *m* ll ~/логическая Logikbefehl *m*, logischer Befehl *m* ll ~/ложная falscher Befehl *m*, Falschbefehl *m* ll ~/машинная Maschinenbefehl *m*, Maschinenanweisung *f* ll ~/многоадресная Mehradreßbefehl *m*, Mehradressenbefehl *m* ll ~/начальная Anfangsbefehl *m* ll ~/нулевая Nullbefehl *m* ll ~ обмена Kommunikationsbefehl *m* ll ~ обработки Verarbeitungsbefehl *m* ll ~/общая Gesamtbefehl *m* ll ~/одноадресная Einadreßbefehl *m*, Einadressenbefehl *m* ll ~ оператора Bedienerkommando *n*, Operatorkommando *n* ll ~/операционная Operationsbefehl *m* ll ~ опроса Abfragebefehl *m* ll ~/основная Basisbefehl *m* ll ~ останова Stoppbefehl *m*, Haltbefehl *m* ll ~ отвергнута Kommando verworfen ll ~ перерыва/условная bedingter Haltbefehl *m* ll ~ пересылки Transferbefehl *m*, Übertragungsbefehl *m* ll ~ перехода Sprungbefehl *m* ll ~/предварительная Vorbefehl *m* ll ~/привилегированная privilegierter Befehl *m* ll ~ программы Programmbefehl *m* ll ~ пропуска Leerbefehl *m* ll ~/пустая Leerbefehl *m* ll ~/рабочая Arbeitsbefehl *m* ll ~ разблокировки Freigabekommando *n* ll ~ регулирования Regelbefehl *m* ll ~/сдаточная (Schiff) Erprobungskommando *n* ll ~ сдвига Schiebebefehl *m* ll ~ снятия резервирования Freigabekommando *n* ll ~/телемеханическая Fernwirkbefehl *m* ll ~ телеуправления (ТУ) Fernsteuerbefehl *m* ll ~ управления Steuerbefehl *m* ll ~ управления программой Programmsteuerbefehl *m* ll ~ условного останова bedingter Haltbefehl *m* ll ~ условного перехода bedingter Sprungbefehl *m* ll ~/фиктивная (холостая) Scheinbefehl *m*, Blindbefehl *m*

командоаппарат *m* 1. Kommandogerät *n*, Befehlsgerät *n*; 2. *s.* командоконтроллер ll ~ управления производством (Reg, Fert) Produktionssteuereinheit *f* ll ~/цикловой программируемый (Reg) [programmierbarer] Folgeregler *m*

командование *n* (Inf) Befehlsgabe *f*, Befehlsgebung *f*

командоконтроллер *m* (El, Reg) Befehlsschalter *m*, Steuerschalter *m*, Kommandoschalter *m*; Meistersteuerschalter *m* ll ~/барабанный Walzensteuerschalter *m*; Meisterwalze *f*, Meisterschalter *m* ll ~/кулачковый Nockensteuerschalter *m*; Nockenmeisterschalter *m*

комбайн *m* 1. (Lw) Kombine *f*, Vollerntemaschine *f*; 2. (Bgb) Kombine *f*, Abbaumaschine *f*; Schrämlader *m* ll ~/барабанный [выемочный] (Bgb) Schrämwalzenlader *m* ll ~/баровый [выемочный] (Bgb) Auslegerschrämlader *m* ll ~/буровой [выемочный] (Bgb) Bohrschrämlader *m* ll ~/буровой проходческий (Bgb) Vortriebsmaschine *f* mit bohrendem Arbeitsorgan ll ~/выемочный (Bgb) Gewinnungskombine *f* ll ~/горный (Bgb) Bergbaukombine *f*, Schrämlademaschine *f*, Schrämlader *m* ll ~/двухбарабанный [выемочный] (Bgb) Doppelwalzenschrämlader *m* ll ~/дисковый [выемочный] (Bgb) Scheibenschrämlader *m* ll ~/добычный *s.* ~/выемочный ll ~/зерноуборочный (Lw) Mähdrescher *m* ll ~/зерноуборочный косогорный (Lw) Hangmähdrescher *m* ll ~/картофелеуборочный (Lw) Kartoffelsammelroder *m*, Kartoffelvollerntemaschine *f* ll ~/коноплеуборочный (Lw) Hanfvollerntemaschine *f*, Hanfkombine *f* ll ~/кормоуборочный (Lw) Feldhäcksler *m* (Mäh- oder Aufsammelhäcksler für Halmfrüchte) ll ~/корнеуборочный (Lw) Wurzelgemüse-Vollerntemaschine *f*; Rübenvollerntemaschine *f* ll ~/кукурузоуборочный (Lw) Maisvollerntemaschine *f*, Maiskombine *f* ll ~/льноуборочный (Lw) Flachsvollerntemaschine *f*, Flachskombine *f* ll ~/очистной *s.* ~/выемочный ll ~/проходческий (Bgb) Vortriebskombine *f*, Streckenvortriebsmaschine *f* ll ~/самоходный (Lw) selbstfahrende Vollerntemaschine *f* ll ~/свеклоуборочный (Lw) Rübenvollerntemaschine *f*, Rübenkombine *f* ll ~/свеклоуборочный бункерный Zuckerrüben-Bunkerkombine *f* ll ~/силосоуборочный *s.* ~/кормоуборочный ll ~/угольный (Bgb) Kohlenkombine *f*, Kohlenschrämlader *m* ll ~/узкозахватный (Bgb) Schmalschnittschrämlader *m* ll ~/широкозахватный (Bgb) Breitschrämlader *m* ll ~/шнековый (Bgb) Schrämschneckenlader *m*

комбайнирование *n*/прямое (Lw) Einphasenernte *f* ll ~/раздельное (Lw) Zweiphasenernte *f*

комбайн-погрузчик *m*/картофелеуборочный (Lw) Verladeroder *m*, Rodelader *m*

комбикорм *m* (Lw) Mischfuttermittel *n*, Mischfutter *n* (industriell hergestellt)

комбинаторика *f* (Math) Kombinatorik *f*, Kombinationslehre *f*

комбинация *f* Kombination *f* ll ~ знака Zeichenkombination *f* ll ~ излучателей Strahlerkombination *f* ll ~/кодовая (Inf, Nrt) Kodekombination *f*, Zeichenkombination *f*; (Nrt) Strom[schritt]kombination *f* ll ~/служебная (Inf) Funktionsbefehl *m*

комета *f* (Astr) Komet *m* ll ~ Галлея Halleyscher Komet *m* ll ~/долгопериодический langperiodischer Komet *m* ll ~/короткопериодическая kurzperiodischer Komet *m* ll ~/родительская *s.* ~-родоначальница

комета-родоначальница *f* erzeugender Komet *m*, Mutterkomet *m*

кометограф *m* Kometograph *m*

кометоискатель *m* (Astr) Kometensucher *m* (lichtstarkes Fernrohr)

коминге *m* (Schiff) Süll *n* ll ~ люка Lukensüll *n* ll ~/люковый Lukensüll *n* ll ~/поперечная Quersüll *n* ll ~/продольный Längssüll *n*

комки *mpl*/почвенные (Lw) Erdklumpen *mpl*, Erdballen *mpl*, Kluten *pl*

комкование *n* 1. Klumpen *n*, Verklumpen *n*, Klumpigwerden *n*, Klumpenbildung *f*; 2. Konglomerieren *n* (Pulvermetallurgie)

комковатость *f* Klumpigkeit *f*, Stückigkeit *f* (z. B. Erz, Agglomerat)

комкодавитель *m* (Lw) Klutenballon *m*, Klutenwalze *f*

комкодробитель *m* (Lw) Klutenrost *m*, Rollenrost *m*, Reinigungsrost *m* (Rübenerntemaschinen)

коммуникации *fpl*/**инженерные** *(Bw)* Versorgungsleitungen *fpl*
коммуникация *f* 1. Verbindung *f*; 2. Verkehr *m*; 3. Verbindungsweg *m*; Verkehrsweg *n*; 4. Nachrichtenmittel *n* ‖ ~/**морская** Seeverbindungsweg *m*, See[verkehrs]verbindung *f*, Seeweg *m* ‖ ~/**прибрежная** küstennaher Seeverbindungsweg *m*
коммутант *m (Math)* 1. Kommutator *m*; 2. Kommutant *m*, Ableitung *f*, abgeleitete Gruppe *f*
коммутативность *f (Math)* Kommutativität *f*
коммутатор *m* 1. *(Nrt)* Vermittlung *f*, Vermittlungsstelle *f*; 2. *(Nrt)* Umschalteschrank *m*, Vermittlungsschrank *m*; 3. *(El)* Kommutator *m*, Stromwender *m*, Kollektor *m*; 4. *(Math)* Kommutator *m (Gruppentheorie, Ringtheorie)*; 5. Kommutator *m (Vertauschungsrelation; Quantenmechanik)* ‖ ~/**адресный** Adressenwähler *m*, Adressenwahlschalter *m* ‖ ~/**антенный** Antennenwahlschalter *m* ‖ ~/**групповой** Gruppen[um]schalter *m* ‖ ~/**диспетчерский [телефонный]** Dispatcher-Fernsprechvermittlungsschrank *m*, Dispatcher-Vermittlungszentrale *f* ‖ ~/**заказной** Meldeplatz *m* ‖ ~/**клапанный** Klappenschrank *m* ‖ ~/**междугородный** Fernschrank *m*, Fernplatz *m* ‖ ~/**междугородный входящий** Ankunftsplatz *m*, B-Platz *m* ‖ ~/**междугородный исходящий** Meldefernplatz *m*, Abgangsplatz *m*, A-Platz *m* ‖ ~ **местной связи** *s.* ~/**местный** ‖ ~/**местный** Vermittlungsschrank *m* für Ortsverkehr ‖ ~/**одинарный элементный** Einfachzellenschalter *m* ‖ ~ **операторов** Operatorenkommutator *m (Operatorenvertauschungsrelation)* ‖ ~ **операции** Operationskommutator *m* ‖ ~/**передаточный** Fernvermittlungsschrank *m*, Vorschaltplatz *m*, V-Platz *m* ‖ ~/**программный** Programmkommutator *m*, Programmschalter *m* ‖ ~/**распределительный** Verteiler[schalter] *m*; A-Platz *m*, Abgangsplatz *m*, Meldefernplatz *m* ‖ ~ **ручного обслуживания** Vermittlungseinrichtung *f* für Handbedienung ‖ ~/**ручной** *s.* ~ ручного обслуживания ‖ ~/**рычажный** Kurbelschalter *m*, Drehschalter *m* ‖ ~ **с клапанной сигнализацией** Schauzeichenschrank *m* ‖ ~ **с многократным полем** Vielfachumschalter *m* ‖ ~ **сберегательных бассейнов** *(Hydt)* Sparbeckenwähler *m* ‖ ~/**соединительный** Ankunftsplatz *m*, B-Platz *m* ‖ ~ **телеграфной связи** Fernschreibvermittlungsschrank *m* ‖ ~/**телефонный** Fernsprechvermittlungsschrank *m* ‖ ~ **токов** Stromkommutator *m (Vertauschungsrelation der Ströme)* ‖ ~ **центральной батареи** Vermittlungseinrichtung *f* für ZB-Betrieb, ZB-Schrank *m* ‖ ~/**шнуровой** Schnurvermittlungsschrank *m* ‖ ~/**штепсельный** Stöpsel[um]schalter *m* ‖ ~/**электронно-лучевой** Elektronenstrahlschalter *m* ‖ ~/**электронный** elektronischer Umschalter (Schalter) *m*, Elektronen[um]schalter *m* ‖ ~/**элементный** Zellenschalter *m*
коммутационный 1. Umschalt..., Schalt...; 2. *(El)* Kommutierungs..., Stromwende...; 3. *(Nrt)* Vermittlungs...
коммутация *f* 1. Umschalten *n*, Schalten *n*; 2. *(El)* Kommutierung *f*, Kommutation *f*, Stromwendung *f*; 3. *(Nrt)* Vermittlung *f* ‖ ~/**адресная** Adressenauswahl *f* ‖ ~/**безыскровая** *(El)* funkenlose (funkenfreie) Stromwendung *f* ‖ ~/**временная** *(Nrt)* zeitgeteilte Vermittlung *f*, Zeit-Vielfach *n* ‖ ~/**жёсткая** *(Inf)* Festverdrahtung *f* ‖ ~/**многокоординатная** *(Nrt)* Mehrfachkoordinatenschaltervermittlung *f* ‖ ~/**однокоординатная** *(Nrt)* Einfachkoordinatenschaltervermittlung *f* ‖ ~ **пакетов** *(Nrt)* Paketvermittlung *f* ‖ ~/**пространственная** *(Nrt)* raumgeteilte Vermittlung *f*, Raum-Vielfach *n* ‖ ~/**пространственно-временная** *(Nrt)* raum-zeitgeteilte Vermittlung *f*, Raum-Zeit-Vielfach *n* ‖ ~/**ручная** *(Nrt)* Handvermittlung *f*, handbediente Vermittlung *f* ‖ ~ **сообщений** *(Nrt)* Paketvermittlung *f* ‖ ~ **сопротивлением** *(El)* Widerstandsstromwendung *f* ‖ ~/**телефонная** Fernsprechvermittlung *f* ‖ ~ **тока** *(El)* Stromwendung *f*, Kommutierung *f* ‖ ~ **частот** *(El)* Frequenzumtastung *f*
коммутирование *n s.* коммутация
коммутировать 1. [um]schalten; 2. *(El)* kommutieren, die Stromrichtung ändern, den Strom wenden
коммутирующий 1. Umschalt..., Schalt...; 2. *(El)* kommutierend, stromwendend, Kommutierungs..., Stromwende...
комната *f* Zimmer *n*, Raum *m* ‖ ~/**весовая** Wägeraum *m*, Wägezimmer *n* ‖ ~/**измерительная** Meßraum *m*, Meßzimmer *n* ‖ ~/**контрольная** Regieraum *m*, Kontrollraum *m* ‖ ~/**светлая** Hellraum *m* ‖ ~/**чистая** *(Eln)* Cleanroom *m*, Reinstraum *m*
комната-эхо *f (Ak)* Hallraum *m*
компакт *m s.* множество/компактное
компакт-диск *m* Kompaktdisk *m*, CD *f*
компактность *f* 1. *(Math)* Kompaktheit *f*; 2. Packungsdichte *f* ‖ ~ **нити** *(Text)* Fadenschluß *m (Chemieseidenherstellung)*
компактный 1. kompakt, fest, gedrängt; 2. *(Math)* kompakt
компандер *m* **сигнала электросвязи** *(Nrt)* Signalkompander *m*, Kompander *m*
компандирование *n* Kompandierung *f* ‖ ~ **сигнала электросвязи** *(Nrt)* Kompandierung *f* des Nachrichtensignals *(Kompression + Expandierung)*
компаратор *m (Opt)* Komparator *m* ‖ ~ **длин волн** Wellenlängenkomparator *m* ‖ ~/**интерференционный** Interferenzkomparator *m* ‖ ~/**оптико-механический** optisch-mechanischer Komparator *m* ‖ ~/**оптический** optischer Kompensator *m*, Kompensationsplatte *f* ‖ ~/**поперечный** Transversalkomparator *m* ‖ ~/**продольный** Longitudinalkomparator *m* ‖ ~ **согласования** *(El)* Anpassungskomparator *m* ‖ ~/**фазовый** *(El)* Phasenkomparator *m*, Phasenvergleicher *m* ‖ ~ **цветов** Farb[en]komparator *m*
компарирование *n* Vergleich *m*, Komparierung *f*; Gegenüberstellung *f*
компас *m* Kompaß *m* ‖ ~/**авиационный** Flugzeugkompaß *m*, Bordkompaß *m* ‖ ~/**аэронавигационный** Flugnavigationskompaß *m* ‖ ~/**висячий** Hängekompaß *m* ‖ ~/**гироиндукционный** Kreiselinduktionskompaß *m* ‖ ~/**гиромагнитный** Magnetkreiselkompaß *m* ‖ ~/**гироскопический** Kreiselkompaß *m* ‖ ~/**главный** Peilkompaß *m* ‖ ~/**главный магнитный** Magnetpeilkompaß *m* ‖ ~/**двухгироскопный** Zweikreiselkompaß *m* ‖ ~/**индукционный** Indukti-

onskompaß *m* ‖ ~/**магнитный** Magnetkompaß *m* ‖ ~/**магнитный путевой** Magnetsteuerkompaß *m* ‖ ~/**одногироскопный** Einkreiselkompaß *m* ‖ ~/**основной** Mutterkompaß *m* ‖ ~/**пеленгаторный** Peilkompaß *m* ‖ ~/**путевой** Steuerkompaß *m* ‖ ~/**путевой магнитный** Magnetsteuerkompaß *m* ‖ ~/**судовой** Schiffskompaß *m* ‖ ~/**шахтный** Grubenkompaß *m*
компас-репитер *m* Tochterkompaß *m*
компаунд *m* 1. Mischung *f*, Gemisch *n*; Kompoundmasse *f*; 2. *(El)* Kompoundmaschine *f*, Verbundmaschine *f*, Doppelschlußmaschine *f* ‖ ~/**заливочный** Vergußmasse *f*, Ausgußmasse *f*, Füllmasse *f* ‖ ~/**изоляционный** Isoliermasse *f* ‖ ~/**пропиточный** Tränkmasse *f*
компаунд-генератор *m (El)* Kompoundgenerator *m*, Verbundgenerator *m*, Doppelschlußgenerator *m*
компаундирование *n (El)* Kompoundierung *f (1. Beeinflussung der Erregung durch den Laststrom; 2. Kabelisolierung durch Kompoundmasse)*
компаундировать kompoundieren, mit Kompoundmasse isolieren; kompoundieren
компаунд-масса *f* Kompoundmasse *f*
компаунд-машина *f s.* компаунд 2.
компаунд-мельница *f* Verbundmühle *f*
компаунд-мотор *m (El)* Kompoundmotor *m*, Verbundmotor *m*, Doppelschlußmotor *m*
компаунд-ядро *n s.* ядро/промежуточное
компенсатор *m* 1. Kompensator *m*, Kompensationsapparat *m*; 2. *(El)* Phasenschieber *m*; 3. [selbsttätige] Nachspannvorrichtung *f*, Spannwerk *n (für Fahrdrähte)*; 4. *(Wmt)* Ausdehnungsgefäß *n*, Ausgleichsgefäß *n*, Expansionsgefäß *n*; Ausgleicher *m*, Ausgleichvorrichtung *f*, Ausgleichstück *n*; Kompensator *m*, Ausdehnungsbogen *m (in Rohrleitungen)*; 5. *(Rf)* Ausgleicher *m*; 6. Vorspanner *m* ‖ ~/**асинхронный** *(El)* asynchrone Blindleistungsmaschine, asynchroner Phasenschieber *m* ‖ ~ **Бабине** *(Krist)* Babinet-Kompensator *m (Quarzkeilkompensator)* ‖ ~ **Береке** *(Krist)* Berek-Kompensator *m (Kalkspatkompensator)* ‖ ~/**биметаллический** Bimetallkompensator *m* ‖ ~ **высоты** *(Bgb)* Anhebevorrichtung *f (für Förderwagen am Füllort)* ‖ ~/**грузовой** Gewichtsnachspannung *f (für Fahrdrähte)* ‖ ~/**двухклиновой** *(Opt)* Doppelkeilkompensator *m* ‖ ~/**измерительный** Meßkondensator *m* ‖ ~ **искажений** Entzerrer *m* ‖ ~ **искажений/дифференциальный** Differenzierentzerrer *m* ‖ ~/**кристаллический** Kristallkompensator *m* ‖ ~/**линзовый** *(Opt)* Linsenkompensator *m* ‖ ~/**лирообразный** *(Wmt)* Kompensationsrohr *n*, Ausgleichschleife *f*, Lyra *f (Ausgleich der Wärmeausdehnung in Rohrleitungen)* ‖ ~/**маятниковый** Pendelkompensator *m* ‖ ~ **натяжения нити** *(Text)* Fadenspannungsausgleichvorrichtung *f* ‖ ~ **объёма** *s.* бак/компенсационный ‖ ~ **переменного тока** Wechselstromkompensator *m* ‖ ~/**полутеневой** Halbschattenkompensator *m* ‖ ~ **постоянного тока** Gleichstromkompensator *m* ‖ ~/**проволочный** Schleifdrahtkompensator *m*, Meßdrahtkompensator *m* ‖ ~/**пружинный** Federnachspannvorrichtung *f*, Federausgleicher *m* ‖ ~ **с оптическим клином** *(Opt)* Drehkeilpaar *n*, Herschelsches Doppelprisma *n* ‖ ~/**сальниковый** Stopfbuchsenausgleicher *m*, Ausgleichstopfbuchse *f*, Stopfbuchsenrohr *n* ‖ ~/**сигнальный** *(Eb)* Signalspannwerk *n* ‖ ~/**синхронный** *(El)* synchroner Phasenschieber *m*, Synchronphasenschieber *m* ‖ ~ **Солейля** Soleil-Kompensator *m*, Soleilscher Kompensator *m* ‖ ~ **температуры** *(Wmt)* Temperaturkompensator *m*, Temperaturausgleicher *m* ‖ ~/**трубчатый** *(Wmt)* Ausgleichrohr *n* ‖ ~/**фазовый** *(El)* Phasenschieber *m* ‖ ~/**шарнирно-шаровой** Kugelgelenkausgleicher *m* ‖ ~/**электромашинный** *(El)* umlaufender Phasenschieber *m*, Blindleistungsmaschine *f* ‖ ~/**эталонный** *(El)* Normalkompensator *m*
компенсатор-баллоноограничитель *m (Text)* Ballonkompensator *m*
компенсация *f* 1. Kompensierung *f*, Kompensation *f*, Abgleichen *n*, Abgleich *m*, Ausgleichung *f*, Ausgleich *m*; 2. Deckung *f (von Verlusten)*; 3. *(Reg)* Stabilisierung *f*, Kompensation *f*, Korrektion *f* ‖ ~/**автоматическая** automatische Kompensation *f*, Selbstausgleich *m* ‖ ~ **астигматизма** *(Opt)* Astigmatismuskompensation *f* ‖ ~ **времени пролёта** *(El)* Laufzeitkompensation *f*, Laufzeitausgleich *m* ‖ ~/**динамическая** dynamische Kompensation *f* ‖ ~/**диодная** Diodenkompensation *f* ‖ ~ **длины** Längenausgleich *m* ‖ ~/**ёмкостная** *(El)* Kapazitätsausgleich *m* ‖ ~ **затухания** Dämpfungsausgleich *m*, Dämpfungsentzerrung *f*, Entdämpfung *f* ‖ ~ **искажений** Entzerrung *f* ‖ ~ **крутящего момента** Drehmomentenausgleich *m* ‖ ~ **нулевого напряжения** Nullspannungskompensation *f (Hallgenerator)* ‖ ~ **ошибок** *s.* погрешности ‖ ~ **перекрёстной наводки** *(Nrt)* Nebensprechausgleich *m* ‖ ~ **переходного разговора** *(Nrt)* Nebensprechausgleich *m* ‖ ~ **погрешности** Fehlerkompensation *f*, Fehlerausgleich *m* ‖ ~ **помех** *(Nrt)* Störkompensation *f* ‖ ~/**поперечная** *(El)* Querkompensation *f* ‖ ~/**последовательная** *s.* /продольная ‖ ~ **потерь/активная** *(Rf)* aktive Verlustkompensation *f (bei Frequenzfiltern)* ‖ ~ **предыскажений** *(El)* Deakzentuierung *f*, Deemphasis *f*, Nachentzerrung *f* ‖ ~/**продольная** *(El)* Längskompensation *f*, Reihenkompensation *f* ‖ ~/**раствора** *(Photo)* Badregenerierung *f* ‖ ~ **реактивного сопротивления** *(El)* Blindwiderstandskompensation *f* ‖ ~ **сдвига фаз** *(El)* Phasenausgleich *m*, Phasenentzerrung *f* ‖ ~/**температурная** Temperaturausgleich *m*, Temperaturkompensation *f* ‖ ~ **фазы** *(Opt)* Phasenkompensation *f* ‖ ~/**частотная** *(El)* Frequenzkompensation *f* ‖ ~ **чёрного пятна** *(TV)* Störsignalkompensation *f* ‖ ~/**широкополосная** *(El)* Breitbandkompensation *f* ‖ ~ **шума** Rauschunterdrückung *f*, Rauschkompensation *f* ‖ ~ **шума способом Дольби** Dolby-Rauschunterdrückung *f*
компенсировать 1. abgleichen, ausgleichen, kompensieren; 2. *(Eb)* nachspannen *(Fahrdrähte, Zugdrähte für Weichen und Signale)*; 3. stabilisieren, kompensieren
компенсограф *m* Kompensograph *m*, Kompensationsschreiber *m*
компилирование *n s.* компиляция
компилировать kompilieren *(Programme)*

компилятор *m (Inf)* Kompilierer *m*, Kompiliererprogramm *n*, Compiler *m*, Compilerprogramm *n*
компиляция *f (Inf)* Kompilieren *n*, Kompilation *f*
компланарность *f (Math)* Ko[m]planarität *f*
компланарный *(Math)* ko[m]planar
комплекс *m* 1. Komplex *m*, Gesamtheit *f*; Umfang *m*; 2. *(Math)* Komplex *m (Topologie)*; 3. Gerätegruppe *f* ‖ **~/бурозакладочный** *(Bgb)* Bohr-Versatz-Komplex *m* ‖ **~/винторулевой** *(Schiff)* Propeller-Ruder-Komplex *m* ‖ **~/водоносный** *(Hydrol)* Grundwasserstockwerk *n* ‖ **~/врубонавалочный** *(Bgb)* Schrämkomplex *m* ‖ **~/вскрышной** *(Bgb)* Abraumkomplex *m (Tagebau)* ‖ **~/выемочно-отвальный** *(Bgb)* Kombination *f* von Gewinnungs-, Verlade- und Absetzgeräten *(Tagebau)* ‖ **~/выемочный** *(Bgb)* Abbaukomplex *m* ‖ **~/вычислительный** Rechnergruppe *f* ‖ **~/газово-пылевой** *(Astr)* Gas-Staub-Komplex *m*, Gas-Staub-Wolke *f (interstellar)* ‖ **~/гибкий** *(Fert)* flexibler Komplex *m* ‖ **~/гибкий производственный** flexibler Fertigungskomplex *m* ‖ **~/движительно-рулевой** *(Schiff)* Propulsions- und Ruderkomplex *m*, Komplex *m* der Propulsions- und Ruderanlage ‖ **~/движительный** *(Schiff)* Propulsionskomplex *m*, Komplex *m* der Propulsionsanlage ‖ **~/добычной** *s.* **~/выемочный** ‖ **~/измерительно-вычислительный** Meß- und Rechenanlage *f* ‖ **~/измерительный** Meß[geräte]komplex *m*, Meß[geräte]einheit *f* ‖ **~/интрузивный** *(Geol)* Intrusivkomplex *m* ‖ **~/ледниковых отложений** *(Geol)* glazialer Ablagerungskomplex *m* ‖ **~/молочный** *(Lw)* Milchproduktionsanlage *f*, Milchviehanlage *f* ‖ **~/обратный** *(Math)* inverser Komplex *m* ‖ **~/орбитальный** *(Raumf)* Orbitalkomplex *m* ‖ **~/очистной** *s.* **~/выемочный** ‖ **~/подъёмный** Luftkissenerzeugungsanlage *f (Luftkissenschiff)* ‖ **~ показателей точности** Prüfkomplex *m* ‖ **~/производственный** Fertigungskomplex *m* ‖ **~/проходческий** *(Bgb)* Vortriebskomplex *m*, Abteufkomplex *m* ‖ **~/пусковой** *(Bw)* übergabefertiger Bauwerkskomplex *m* ‖ **~/ракетнокосмический** kosmischer Raketenkomplex *m* ‖ **~/ракетный** Raketenkomplex *m* ‖ **~/роботизированный** *(Fert)* Einzelausrüstung *f* mit Industrieroboter, roboterbestückter Komplex *m* ‖ **~/роботизированный технологический** *(Fert)* Fertigungszelle *f* mit Industrieroboter (IR) ‖ **~/робото-технологический** *(Eln)* robotertechnologischer Komplex *m (für Verkappung bzw. Hermetisierung von Gehäusen)* ‖ **~/скреперный** *(Bgb)* Schrapperbandanlage *f* ‖ **~/теплообменный** Wärmeübertragerkomplex *m* ‖ **~/транспортно-отвальный** *(Bgb)* Förder- und Absetzkomplex *m (Tagebau)* ‖ **~/управляющий вычислительный** Steuer-Rechner-Einheit *f* ‖ **~ вычислительных машин** Rechnerkopplung *f*
комплексно-механизированный komplexmechanisiert
комплексно-насыщенный *(Schiff)* voll vorausgerüstet *(z. B. Sektion)*
комплексно-сопряжённый konjugiert komplex
комплексометрия *f s.* хелатометрия
комплексообразование *n (Ch)* Komplexbildung *f*
комплексообразователь *m (Ch)* Komplexbildner *m*

комплект *m* Garnitur *f*, Satz *m*, Gruppe *f (s. a. unter* набор 1.*)* ‖ **~ бурильных (буровых) труб (штанг)** *(Bgb)* Gestängesatz *m (Bohrung)* ‖ **~ деталей** *(Masch)* Montagesatz *m*, Teilesatz *m* ‖ **~/запасной** Reservesatz *m* ‖ **~/измерительный** Meßbaukasten *m* ‖ **~ измерительных приборов** Meß[geräte]satz *m* ‖ **~ контактов** Kontaktsatz *m* ‖ **~ лопаток** Schaufelsatz *m*, Beschaufelung *f (Turbine)* ‖ **~ мер** Maßverkörperungssatz *m* ‖ **~/модельный** *(Gieß)* Modelleinrichtung *f*, Urformwerkzeug *n*, UFW ‖ **~ образцовых мер** Satz *m* von Normalen, Normalsatz *m (z. B. Härtenormalplattensatz, Normalendmaßsatz, Satz von Massenormalen)* ‖ **~ объективов** *(Photo)* Objektivsatz *m* ‖ **~ призм** *(Opt, Photo)* Prismensatz *m* ‖ **~ программ** *(Inf)* Softwareunterstützung *f* ‖ **~/пупинизации** *(Nrt)* Pupin-Spulensatz *m* ‖ **~ пупиновских катушек** *s.* **~/пупинизации** ‖ **~ рабочих лопаток** Laufschaufelsatz *m (Turbine)* ‖ **~/сборочный** Montagesatz *m* ‖ **~/стержневой** *(Gieß)* Kernpaket *n* ‖ **~/фильерный** *(Text)* Düsenpaket *n*, Düseneinsatz *m*, Spinndüsenpaket *n (Chemiefaserherstellung)* ‖ **~ фильтров** *(Opt)* Filtersatz *m* ‖ **~ шаров** Kugelfüllung *f (Kugelmühle)* ‖ **~ шестерён** Radsatz *m*
комплектация *f* Komplettierung *f*; *(Eln)* Bestückung *f* ‖ **~ печатных плат** Leiterplattenbestückung *f*, Bestücken *n* von Leiterplatten ‖ **~ сборных конструкций** *(Bw)* Komplettierung *f (Vorfertigung)* ‖ **~/строительно-технологическая** *(Bw)* bautechnologische Versorgung *f*
комплектность *f* Komplettheit *f*, Vollständigkeit *f*, Vollzähligkeit *f*
комплектование *n s.* комплектация
комплектовать komplettieren; *(Fert)* zusammenstellen *(z. B. Teile zum Fügen)*; *(Eln)* bestücken
композит *m* 1. *(Wkz)* Komposit *n (Schneidwerkstoff)*; 2. *(Met)* Verbund *m (Pulvermetallurgie)*
композиция *f* 1. Komposition *f*, Zusammensetzung *f*; 2. Mischung *f*, Masse *f*, Gemisch *n*; 3. Verbundwerkstoff *m (NE-Metallurgie; Pulvermetallurgie)*; 4. *(Math)* Verknüpfung *f*, Komposition *f*; 5. *(Math)* Komposition *f*, Zergliederung *f*, Zerfällung *f* ‖ **~/градостроительная** *(Bw)* städtebauliche Komposition *f* ‖ **~ объёмов/архитектурная** *(Bw)* Baukörpergestaltung *f* ‖ **~ фасада/архитектурная** *(Bw)* Fassadengestaltung *f*
компонент *m* 1. *(Ch)* Komponente *f*, Anteil *m*, Bestandteil *m*; 2. *(Mech)* Bauteil *n*, Bauelement *n*, Konstruktionsteil *n*; 3. *(Eln)* [aktives] Bauelement *n*, Teil *n* ‖ **~/активный** aktive Komponente *f* ‖ **~/аппаратный** Gerätekomponente *f* ‖ **~ аппаратных средств** *(Inf)* Hardwarekomponente *f* ‖ **~ волокна** Faserkomponente *f* ‖ **~/высококипящий** hochsiedende (schwersiedende) Komponente *f*, Schwer[er]siedende *n* ‖ **~/дискретный** diskrete Komponente *f* ‖ **~/избыточный** ausgeschiedene Komponente *f (Sekundärausscheidung)* ‖ **~/интегральный (интегрированный)** *(Eln)* integriertes Bauelement *n* ‖ **~ легирования** *s.* **~ сплава** ‖ **~/легкоплавкий** niedrigschmelzende (leichtschmelzende) Komponente *f*, niedrigschmelzender (leichtschmelzender) Legierungsbestandteil (Mischungsbestandteil) *m* ‖ **~/логический** *(Math)* logische Komponente *f* ‖ **~/микроминиатюрный** *(Eln)*

Mikro[miniatur]bauelement *n* ‖ ~/**низкокипящий** leicht[er]siedende Komponente *f*, Leicht[er]siedende *n* ‖ ~/**основной** Hauptkomponente *f*, Grundkomponente *f* ‖ ~/**пассивный** passive Komponente *f* ‖ ~/**печатный** (*Eln*) gedruckte Komponente *f* ‖ ~/**плёночный** (*Eln*) Schichtbauelement *n*, Filmbauelement *n* ‖ ~ **программного обеспечения** Softwarekomponente *f* ‖ ~ **расплава** Schmelzkomponente *f* ‖ ~ **раствора** Lösungskomponente *f* ‖ ~ **реакции** Reaktionskomponente *f*, reagierende Komponente *f* ‖ ~/**рудный** Erzbestandteil *m*, Haltiges *n* ‖ ~/**системный** Systemkomponente *f* ‖ ~ **смеси** Mischungsbestandteil *m*, Mischungskomponente *f* ‖ ~ **сплава** Legierungskomponente *f*, Legierungsbestandteil *m* ‖ ~ **схемы** (*El*) Schaltungskomponente *f*, Schaltungselement *n*, Schaltkreiselement *n* ‖ ~/**тонкоплёночный** Dünnschichtbauelement *n*, Dünnfilmbauelement *n* ‖ ~ **топлива** (*Rak*) Treibstoffkomponente *f* ‖ ~/**тугоплавкий** hochschmelzende (schwerschmelzende) Komponente *f*, hochschmelzende (schwerschmelzender) Legierungsbestandteil (Mischungsbestandteil) *m* ‖ ~ **шихты** (*Met*) Gattierungskomponente *f*, Gattierungsbestandteil *m*; (*Glas*) Gemengebestandteil *m*, Gemengekomponente *f*
компонента *f* 1. (*Math*) Komponente *f* (*s. a. unter* **составляющая**); 2. (*Photo*) Kuppler *m* ‖ ~/**бесцветная** (*Photo*) Farbloskuppler *m*, Weißkuppler *m* ‖ ~/**главная** Hauptkomponente *f* ‖ ~/**голубая** *f* (*Photo*) Blaugrünkuppler *m* ‖ ~ **двойной звезды** (*Astr*) Doppelsternkomponente *f* ‖ ~/**двухэквивалентная** (*Photo*) Zweiäquivalentkuppler *m* ‖ ~ **деформации** (*Mech*) Formänderungskomponente *f*, Verzerrungskomponente *f* ‖ ~/**жёлтая** (*Photo*) Gelbkuppler *m* ‖ ~/**защищаемая (защищённая)** (*Photo*) geschützter Kuppler *m*, Fettrestkuppler *m* ‖ ~/**краскообразующая** (*Photo*) Farbkuppler *m*, Farbbildner *m* ‖ ~/**маскирующая** (*Photo*) Maskenkuppler *m* ‖ ~ **напряжения** (*Mech*) Spannungskomponente *f* ‖ ~/**неокрашенная** *s.* ~/бесцветная ‖ ~ **нулевой последовательности/индуктивная** (*Eln*) induktive Nullkomponente *f* ‖ ~/**пурпурная** (*Photo*) Purpurkuppler *m* ‖ ~ **силы** (*Mech*) Kraftkomponente *f* ‖ ~ **скорости** (*Mech*) Geschwindigkeitskomponente *f* ‖ ~/**цветная** (*Photo*) Farbkuppler *m* ‖ ~ **цветного проявления** *s.* ~/цветная ‖ ~/**цветообразующая** *s.* ~/цветная ‖ ~/**четырёхэквивалентная** (*Photo*) Vieräquivalentkuppler *m*
компонент-модуль *m* Baugruppe *f (von konkreten Gegenständen)*; Baustein *m (z. B. von Systemen, Programmen)*
компонентоустойчивость *f* (*Photo*) Kupplerfestigkeit *f*, Kupplerbeständigkeit *f*
компоненты *fpl* **цвета/трёхцветные** Normfarbwerte *mpl*, Farbmaßzahlen *fpl* (*Photometrie*)
компоновка *f* 1. Bauart *f*, Anordnung *f*, Ausführung *f*; 2. Aufmachung *f*, Ausstattung *f* ‖ ~ **схем** (*Eln*) Schaltungstechnik *f*
компост *m* (*Lw*) Kompost *m*
компостер *m* (*Eb*) Fahrkartenlocher *m*
компостирование *n* (*Lw*) Kompostierung *f* ‖ ~ **отходов** Abfallkompostierung *f*
компрессия *f* 1. (*Mech*) Kompression *f*, Verdichtung *f*, Verdichten *n*; 2. (*El, Ak*) Dynamikpressung *f*, Pressung *f* ‖ ~ **речи** Sprachkompression *f*
компрессор *m* (*Masch*) 1. Verdichter *m* (*s. a. unter* **вентилятор** *und* **воздуходувка**); 2. Lader *m*, Ladeverdichter *m* (*s. a. unter* **нагнетатель**) ‖ ~/**авиационный** Ladeverdichter *m*, Ladepumpe *f* (*Flugzeugtriebwerk*) ‖ ~/**активный** Verdichter *m* mit innerer Verdichtung ‖ ~/**аммиачный** Ammoniakverdichter *m* ‖ ~/**бескрейцкопфный [поршневой]** Hubkolbenverdichter *m* mit Kurbelwellen- und Pleuelantrieb, kreuzkopfloser Verdichter *m*, Tauchkolbenverdichter *m (stehende Bauart)* ‖ ~/**бескривошипный** *s.* двигатель-компрессор ‖ ~/**бескрейцкопфный** ‖ ~/**бессальниковый [поршневой]** halbhermetischer Verdichter (Hubkolbenverdichter) *m*, Hermetikverdichter *m* ‖ ~/**вакуумный** Vakuumverdichter *m* ‖ ~/**веерообразный [поршневой]** Fächerverdichter *m* ‖ ~/**вертикальный [поршневой]** stehender Verdichter (Hubkolbenverdichter) *m* ‖ ~/**винтовой** Schraubenverdichter *m* ‖ ~/**водокольцевой [ротационный]** Wasserringverdichter *m*, Flüssigkeitsringverdichter *m* ‖ ~/**водородный** Wasserstoffverdichter *m* ‖ ~/**воздуха для хознужд** (*Schiff*) Arbeitsluftkompressor *m*, Arbeitsluftverdichter *m* ‖ ~/**воздушный** Luftverdichter *m* ‖ ~/**высокого давления** Hochdruckverdichter *m* ‖ ~/**газовый** Gasverdichter *m* ‖ ~/**газотурбинный** Gasturbinenverdichter *m* ‖ ~/**герметический [поршневой]** hermetischer Verdichter (Hubkolbenverdichter) *m*, Hermetikverdichter *m* ‖ ~/**горизонтальный [поршневой]** liegender Verdichter (Hubkolbenverdichter) *m* ‖ ~/**двойного действия** doppeltwirkender Verdichter *m* ‖ ~/**двухкривошипный** Zweikurbelverdichter *m* ‖ ~/**двухпоточный** doppelflutiger Verdichter *m* ‖ ~/**двухступенчатый** Zweistufenverdichter *m*, zweistufiger Verdichter *m* ‖ ~/**диафрагменный** Membranverdichter *m* (Hubkolbenverdichter) ‖ ~ **динамического диапазона** (*Ak*) Dynamikpresser *m* ‖ ~ **динамического сжатия** Kreiselverdichter *m* ‖ ~/**зарядный** Ladeverdichter *m*, Lader *m*, Ladepumpe *f* ‖ ~/**звездообразный [поршневой]** Sternverdichter *m*, Hubkolbensternverdichter *m* ‖ ~/**звездообразный четырёхцилиндровый** Vierzylindersternverdichter *m*, X-Verdichter *m* ‖ ~/**звездообразный шестицилиндровый** Sechszylindersternverdichter *m*, Boxerverdichter *m* ‖ ~/**звездчатый** Sternverdichter *m* ‖ ~/**комбинированный** Axial-Radial-Verdichter *m*, Radiaxverdichter *m* ‖ ~/**крейцкопфный [поршневой]** Kreuzkopfverdichter *m*, Hubkolbenverdichter *m* mit Kreuzkopf, Verdichter *m* mit Kurbelwellen- und Kreuzkopfantrieb (*vorwiegend liegende Bauart*) ‖ ~/**лопаточный** Kreiselverdichter *m*, Turboverdichter *m* (*Radial- oder Axialverdichter*) ‖ ~/**мембранный** Membranverdichter *m* ‖ ~/**многокорпусный** Mehrgehäuseverdichter *m* ‖ ~/**многокривошипный** Mehrkurbelverdichter *m* ‖ ~/**многооборотный** schnellaufender Verdichter *m* ‖ ~/**многоступенчатый** 1. mehrstufiger Verdichter *m*; 2. Verbundverdichter *m* ‖ ~/**многоцилиндровый** Mehrzylinderverdichter *m* ‖ ~/**непрямоточный [поршневой]** Gegenstromhubkolbenverdichter *m* ‖ ~ **низкого**

компрессор

давления Niederdruckverdichter *m* ‖ ~/V-образный [поршневой] V-Verdichter *m*, Hubkolbenverdichter *m* mit V-förmiger Anordnung der Zylinder ‖ ~/VV-образный [поршневой] Fächerformverdichter *m* ‖ ~/W-образный [поршневой] W-Verdichter *m*, Hubkolbenverdichter *m* mit W-förmiger Zylinderanordnung ‖ ~/объёмный Kolbenverdichter *m (Verdrängerbauart)* ‖ ~/однокривошипный Einkurbelverdichter *m* ‖ ~/одноступенчатый Einstufenverdichter *m*, einstufiger Verdichter *m* ‖ ~/одноцилиндровый Einzylinderverdichter *m* ‖ ~/осевой Axialverdichter *m* ‖ ~/осецентробежный Axial-Radial-Verdichter *m (Turboverdichterkombination von zwei Bauarten)* ‖ ~/пароструйный Dampfstrahlverdichter *m* ‖ ~/пластинчатый Zellenverdichter *m* ‖ ~/пластинчатый ротационный Drehschieberverdichter *m*, Rotationskompressor *m* mit Schieberplatten ‖ ~/поджимающий поршневой Hubkolben-Vorschaltverdichter *m*, Booster-Verdichter *m* ‖ ~/поджимающий ротационный Umlaufkolben-Vorschaltverdichter *m* ‖ ~/поджимающий центробежный Radial-Vorverdichter *m* ‖ ~/поршневой Kolbenverdichter *m*, Kolbenkompressor *m*; Hubkolbenverdichter *m (Gruppenbegriff)* ‖ ~ простого действия einfachwirkender Verdichter (Hubkolbenverdichter) *m* ‖ ~/прямоточный [поршневой] Gleichstrom-Hubkolbenverdichter *m* ‖ ~ пускового воздуха Anlaßkompressor *m*, Anlaßluftverdichter *m* ‖ ~/пусковой Anlaßverdichter *m* ‖ ~/радиальный *s.* ~/центробежный ‖ ~/рефрижераторный *s.* ~/холодильный ‖ ~/ротационный Umlaufkolbenverdichter *m* ‖ ~/ротационный пластинчатый Zellenverdichter *m* ‖ ~/роторный Kreiskolbengebläse *n*, Wälzkolbenverdichter *m* ‖ ~/рядный [поршневой] Reihenverdichter *m*, Hubkolbenreihenverdichter *m (stehende oder liegende Bauart mit Anordnung der Zylinder nebeneinander)* ‖ ~ с вращающимся поршнем (ротором) Drehkolbenverdichter *m* ‖ ~ с дифференциальным поршнем/двухступенчатый [поршневой] zweistufiger Verdichter (Hubkolbenverdichter) *m* mit Differentialkolben ‖ ~ с катящимся поршнем/ротационный Wälzkolbenverdichter *m*, Rollkolbenverdichter *m* ‖ ~ с качающимся поршнем (ротором) Rollkolbenverdichter *m* ‖ ~ с ползуном *s.* ~/крейцкопфный ‖ ~ с ротором/ротационный Wälzkolbenverdichter *m*; Rollkolbenverdichter *m* ‖ ~/сальниковый [поршневой] Hermetikverdichter *m* ‖ ~/свободнопоршневой Freiflugkolbenverdichter *m*, Flugkolbenverdichter *m* ‖ ~ среднего давления Mitteldruckverdichter *m* ‖ ~ статического сжатия Kolbenverdichter *m (Verdrängerbauart)* ‖ ~/строенный Drillingsverdichter *m* ‖ ~/струйный Strahlverdichter *m* ‖ ~ телескопии *(Schiff)* Belüftungskompressor *m*, Belüftungsverdichter *m*, Belüftungspumpe *f (Posaunenrohre der Hauptmaschine)* ‖ ~/термический thermischer Verdichter *m* ‖ ~/тронковый Tauchkolbenverdichter *m* ‖ ~/турбинный Turboverdichter *m* ‖ ~/угловой [поршневой] Winkelverdichter *m (Hubkolbenverdichter in Winkelbauart)* ‖ ~ умеренного давления *s.* ~ среднего давления ‖ ~/фреоновый Frigenverdichter *m (Kältemittelverdichter)* ‖ ~/холодильный Kühlkompressor *m*, Kühlverdichter *m*, Kältemittelverdichter *m* ‖ ~/холодильный центробежный Turbokältemittelverdichter *m* ‖ ~/центробежный Kreiselverdichter *m*, Turboverdichter *m*, Radialverdichter *m* ‖ ~/центробежный двухколёсный zweistufiger Radialverdichter *m*

компропорционирование *n* Komproportionierung *f*, Komproportionierungsreaktion *f*

комптон-эффект *m (Ph)* Compton-Effekt *m*

компьютер Computer *m (s. a. unter* машина/вычислительная*)* ‖ ~/персональный Personalcomputer *m*, PC

компьютеризация *f* Computerisierung *f*

комфортный *(Inf)* anwenderfreundlich, bedienerfreundlich

конвейер *m* 1. Fließband *n*, Gurtband *n*, Rollenbahn *f*; 2. Fördermaschine *f*, Förderwerk *n*; Stetigförderer *m (Becherwerk, Förderband, Zubringer von Massengut)*; 3. *(Gbp)* Rutsche *f* ‖ ~/аккумулирующий *(Bgb)* Sammelförderer *m* ‖ ~/бортовой [глубокий] Trogbandförderer *m* ‖ ~/бремзберговый *(Bgb)* Bremsförderer *m* ‖ ~/вертикальный винтовой Steilschneckenförderer *m* ‖ ~/взвешивающий Wägebandn *(Förderbandwaage)* ‖ ~/вибрационный Schwingförderer *m*, Vibrationsförderer *m*; Wuchtförderer *m* ‖ ~/винтовой Schneckenförderer *m* ‖ ~/волочильный Schlepper *m* ‖ ~/волочильный ленточный Schleifgurtförderer *m* ‖ ~/волочильный цепной Schleppkettenförderer *m* ‖ ~/врубово-навалочный *(Bgb)* Schrämförderer *m* ‖ ~/врубово-цепной *(Bgb)* Schrämkettenförderer *m* ‖ ~/выносной Austragförderer *m*, Austragband *n* ‖ ~/горизонтальный Waagerechtbandförderer *m* ‖ ~/грабельный Rechenförderer *m*, Förderrechen *m* ‖ ~/гравитационный Schwerkraftförderer *m* ‖ ~/двухвинтовой Doppelschnecke *f*, Doppelschneckenförderer *m* ‖ ~/двухцепной *(Bgb)* Doppelkettenförderer *m*, Zweikettenförderer *m* ‖ ~/двухцепной скребковый Zweiketten[kratz]förderer *m*, Zweikettenstegförderer *m* ‖ ~/двухцепной тормозной Zweikettenbremsförderer *m* ‖ ~/доильный *(Lw)* Fließbandmelkanlage *f* ‖ ~/желобчатый Rinnenförderer *m*, Abbauförderer *m* ‖ ~/забойный *(Bgb)* Strebförderer *m*, Abbauförderer *m* ‖ ~/загрузочный винтовой Aufgabeschnecke *f*, Beschickungsschnecke *f* ‖ ~/загрузочный ленточный *(Bgb)* Zwischenförderband *n*; Aufgabeband *n* ‖ ~/заливочный *(Gieß)* Gießconveyor *m*, Gießband *n* ‖ ~/зарубный Schrämförderer *m* ‖ ~/звеньевой Gliederförderer *m*, Gliederbandförderer *m* ‖ ~/изгибающийся *(Bgb)* Kurvenband *n* ‖ ~/инерционный Schwingförderer *m*, Rüttelförderer *m*; Wurfförderer *m*, Wuchtförderer *m* ‖ ~/инспекционный Auslesefließband *n* ‖ ~/канатно-ленточный Seilgurtförderer *m*, Seilbandförderer *m* ‖ ~/карманный Taschenförderer *m* ‖ ~/качающийся Schwing[förder]rinne *f*, Schüttelrinne *f*; Schüttelrutsche *f*, Schwingförderer *m*, Rüttelförderer *m* ‖ ~/ковшовый Pendelbecherwerk *n*, Becherförderer *m* ‖ ~/кольцевой Rundfließband *n* ‖ ~/ленточно-канатный *(Bgb)* Seilgurtförderer *m*, Seilbandförderer *m* ‖ ~/ленточно-цепной Gliederkettenförderer *m*; Kettengurtförderer *m* ‖ ~/ленточный Bandför-

derer *m*, Gurt[band]förderer *m*, Bandförderanlage *f* ‖ ~/**литейный** *s.* ~/**разливочный** ‖ ~/**лотковый ленточный** Troggurtförderer *m*, Muldengurtförderer *m* ‖ ~/**люлечно-ковшовый** Pendelbecherwerk *n*, Schaukelbecherwerk *n* ‖ ~/**люлечный** Schaukelförderer *m*, Schaukelelevator *m*; Paternosteraufzug *m* ‖ ~/**магистральный** *(Bgb)* Hauptstreckenförderband *n* ‖ ~/**маятниковый ковшовый** Pendelbecherwerk *n* ‖ ~/**метательный** Abwurfbandförderer *m*, Trimmer *m* ‖ ~/**метательный ленточный** *(Bgb)* Schleuderband *n* ‖ ~ **моста** *(Bgb)* Brückenband *n* ‖ ~/**наклонный** Schrägbandförderer *m* ‖ ~/**одноцепной скребковый** Einkettenkratzförderer *m*, Stegkettenförderer *m* ‖ ~/**одноцепной тормозной** Einkettenförderer *m* ‖ ~ **отвального уступа** *(Bgb)* Kippenstrossenband *n* ‖ ~/**отвальный** *(Bgb)* Haldenförderer *m* ‖ ~/**отливочный** *s.* ~/**разливочный** ‖ ~/**охладительный** Kühlförderer *m*, Kühlband *n* ‖ ~/**панцирный скребковый** *(Bgb)* Panzerförderer *m* ‖ ~/**перегрузочный** Übergabeband *n*, Übergabeförderer *m* ‖ ~/**передвижной качающийся** Schieberutsche *f* ‖ ~/**плавучий** Schwimmförderer *m* ‖ ~/**пластинчато-ковшовый** Troggliederbandförderer *m* ‖ ~/**пластинчатый** Plattenband *n*, Plattenbandförderer *m* ‖ ~/**пневматический качающий** Druckluftschüttelrutsche *f* ‖ ~/**погрузочный** Aufgabeförderer *m*, Aufgabeband *n* ‖ ~/**подвесной** Hängeförderer *m*, Kreisförderer *m*, Umlaufförderer *m*, Gehängeförderer *m* ‖ ~/**подъёмный** Steilförderer *m* ‖ ~/**поперечный** Querförderer *m*, Querband *n* ‖ ~/**промежуточный** Zwischenförderer *m* ‖ ~/**просеивающий винтовой** Siebschneckenförderer *m* ‖ ~/**разливочный** *(Gieß)* Gießconveyor *m*, Gießband *n* ‖ ~/**расфасовочный** Verpackungsfließband *n* ‖ ~/**реверсивный** umsteuerbarer Bandförderer *m*, Reversierförderer *m* ‖ ~/**роликовый качающийся** Rollenrutsche *f* ‖ ~/**рыборазделочный** Fischbearbeitungsband *n*, Schlachtband *n (für Fisch)* ‖ ~/**сборный** Sammelförderband *n*, Zubringerförderer *m* ‖ ~/**секционный** *s.* ~/**звеньевой** ‖ ~/**скребковый** Kratzer[förderer] *m*, Kratzband *n*, Kratz[band]förderer *m* ‖ ~/**сортировочный** Sortierband *n* ‖ ~/**тележечный** Kastenbandförderer *m* ‖ ~/**тормозной** Bremsförderer *m* ‖ ~/**транспортный винтовой** Förderschnecke *f*, Schneckenförderer *m* ‖ ~/**уступный** *(Bgb)* Strossenband *n* ‖ ~/**цепной** Kettenförderer *m* ‖ ~/**червячный** Schneckenförderer *m* ‖ ~/**шатунный** Schubstangenförderer *m* ‖ ~/**шнековый** Schneckenförderer *m*
конвейер-грохот *m* Siebförderer *m*
конвейер-метатель *m* Schleuderband *n*
конвейер-отвалообразователь *m (Bgb)* Bandabsetzer *m*, Bandabwurfgerät *n*
конвейер-питатель *m* Aufgabeförderer *m*; Dosierförderer *m*; Überladeförderer *m*
конвейер-стрела *m* Bandausleger *m*
конвектор *m* Konvektorheizkörper *m*
конвекция *f (Hydrom)* Konvektion *f*, Mitführung *f* ‖ ~/**вынужденная** Zwangskonvektion *f*, erzwungene Konvektion *f* ‖ ~/**естественная** natürliche (freie) Konvektion *f* ‖ ~ **жидкости/ячеистая** Zellularkonvektion *f* ‖ ~/**свободная** natürliche (freie) Konvektion *f* ‖ ~/**тепловая** Wärmekonvektion *f*, Wärmeströmung *f*
конвергенция *f* 1. *(Meteo)* Konvergenz *f*; 2. *(Bgb)* Konvergenz *f (Verkleidung von Grubenbauen)*; 3. *s.* схождение морских течений
конверсия *f (Ch)* Konvertierung *f*, Umwandlung *f*; *(Kern)* Konversion *f* ‖ ~/**внутренняя** *(Kern)* innere Konversion (Umwandlung) *f (Gammastrahlen)* ‖ ~ **водяного газа** *(Ch)* Wassergaskonvertierung *f* ‖ ~ **пары** *(Kern)* Paarkonversion *f*, Paarumwandlung *f*
конвертер *m* 1. *(Rf, TV)* Konverter *m*; *(El)* Stromrichter *m*, statischer Umformer *m*; 2. *(Kern)* Konverter *m*; Neutronenwandler *m*, Neutronen[fluß]konverter *m*; 3. *(Met)* Konverter *m*, Birne *f*, Windfrischkonverter *m*; 4. Konvertierungsofen *m*, Reaktionsofen *m* ‖ ~/**барабанный** *(Met)* Trommelkonverter *m*, liegender Konverter *m* ‖ ~ **Бессемера** *s.* ~/**бессемеровский** ‖ ~/**бессемеровский** *(Met)* Bessemerkonverter *m*, Bessemerbirne *f*, saurer Konverter *m* ‖ ~/**вертикальный** *(Met)* birnenförmiger Konverter *m*, Konverterbirne *f* ‖ ~ **гидролиза** *(Ch)* Hydrolyseofen *m*, Reaktionsofen *m* für die Hydrolyse ‖ ~/**горизонтальный** *(Met)* liegender Konverter *m*, Trommelkonverter *m* ‖ ~/**грушевидный** *s.* ~/**вертикальный** ‖ ~/**кислородный** *(Met)* Sauerstoff-Blaskonverter *m* ‖ ~/**кислый** *s.* ~/**бессемеровский** ‖ ~/**коротковолновый** *(El)* Kurzwellenkonverter *m*, KW-Konverter *m* ‖ ~/**лежащий** *s.* ~/**горизонтальный** ‖ ~/**малый бессемеровский** *(Met)* Kleinkonverter *m*, Klein[bessemer]birne *f*, Bessemer-Kleinkonverter *m* ‖ ~/**опрокидывающийся** *(Met)* kippbarer Konverter *m*, Konverterbirne *f* ‖ ~/**основной** *s.* ~/**томасовский** ‖ ~/**томасовский** *(Met)* Thomaskonverter *m*, Thomasbirne *f*, basischer Konverter *m* ‖ ~/**ультракоротковолновый** Ultrakurzwellenkonverter *m*, UKW-Konverter *m*
конвертирование *n (Met)* 1. Windfrischen *n*, Verblasen *n (Roheisen)*; 2. Konvertieren *n (Stein)* ‖ ~ **чугуна** Roheisenfrischen *n* im Konverter ‖ ~ **штейна** Kupfersteinverblasen *n*, Kupferbessemern *n* ‖ ~ **штейнов** Steinfrischen *n (NE-Metallurgie)*
конвертировать 1. *(Ch)* konvertieren, umwandeln; 2. *(Met)* windfrischen, im Konverter verblasen, bessemern
конвертоплан *m* Wandelflugzeug *n*, Konvertiplan *m*, Convertiplan *m*
конвертор *m s.* конвертер
конгломерат *m* 1. *(Typ)* 1. Gemenge *n*, Gemisch *n (aus verschiedenen Dingen)*; Haufwerk *n*; 2. *(Geol)* Konglomerat *n (Trümmergestein aus gerundeten Bruchstücken)*; Mengestein *n* ‖ ~/**базальный** *(Geol)* Basalkonglomerat *n* ‖ ~/**мономиктовый** *(Geol)* monomiktes (monogenes) Konglomerat *n* ‖ ~/**основной** *(Geol)* Basalkonglomerat *n* ‖ ~/**полимиктовый** *(Geol)* polymiktes (polygenes) Konglomerat *n*
конго-краситель *m* Kongofarbstoff *m*
конгрев *m* 1. *(Typ)* 1. Congrevedruck *m (Farbendruckverfahren)*; 2. Prägedruck *m*, Reliefdruck *m (auf Bucheinbänden)*
конгруэнтность *f (Math)* Kongruenz *f (Planimetrie)*
конгруэнтный seitenrichtig

конгруэнция *f (Math)* Kongruenz *f (gerader Linien)*
конденсат *m* Kondensat *n* ‖ **~/атмосферный** Niederschlagswasser *n* ‖ **~/обратный** Rück[lauf]kondensat *n*
конденсатоотводчик *m* Kondenswasserableiter *m*
конденсатопровод *m* Kondenswasserleitung *f*
конденсатор *m* 1. *(El, Wmt)* Kondensator *m*; 2. *(Kält)* Verflüssiger *m* ‖ **~/абсорбционный** *(Wmt)* Absorptionskondensator *m* ‖ **~/аварийный** *(Kern)* Störungskondensator *m* ‖ **~/автомобильный** Kfz-Entstörkondensator *m* ‖ **~/антенный** Antennenkondensator *m* ‖ **~/барометрический** *(Wmt)* offener Kondensator *m*, Fallrohrkondensator *m* ‖ **~/безындукционный** induktionsloser (induktionsfreier) Kondensator *m* ‖ **~/блокировочный (блокирующий)** Blockierkondensator *m*, Blockkondensator *m*, Sperrkondensator *m* ‖ **~/блочный** Blockkondensator *m* ‖ **~/бочоночный** Hütchenkondensator *m* ‖ **~/бумажно-масляный** Ölpapierkondensator *m* ‖ **~/бумажный** *(El)* Papierkondensator *m*, Pko ‖ **~/вакуумный** Vakuumkondensator *m* ‖ **~/вертикально-трубный** 1. *(Kält)* Steilrohrverflüssiger *m*; 2. *(Wmt)* Steilrohrkondensator *m* ‖ **~/вибрационный (вибрирующий)** Schwingkondensator *m* ‖ **~/воздушный** 1. *(El)* Luftkondensator *m*; 2. *(Wmt)* luftgekühlter Kondensator (Verflüssiger) *m* ‖ **~/воздушный переменный** Luftdrehkondensator *m*, Drehkondensator *m* mit Luftdielektrikum ‖ **~/высоковольтный** Hochspannungskondensator *m* ‖ **~/высокочастотный** Hochfrequenzkondensator *m*, HF-Kondensator *m* ‖ **~/гасящий** Löschkondensator *m*, Kommutierungskondensator *m* ‖ **~/гетинаксовый** Hartpapierkondensator *m* ‖ **~/гладкотрубный** *(Kält)* Glattrohrverflüssiger *m* ‖ **~/горшковый** Topfkondensator *m* ‖ **~/двухпластинчатый** Zweiplattenkondensator *m* ‖ **~/двухтрубный** *(Kält)* Doppelrohrverflüssiger *m*, Doppelrohrkondensator *m* ‖ **~/делительный** *(Wmt)* Spannungsteilerkondensator *m* ‖ **~/дисковый** Scheibenkondensator *m* ‖ **~/дисковый керамический** Keramikscheibenkondensator *m* ‖ **~/дисковый подстроечный** Scheibentrimmer[kondensator] *m* ‖ **~/диффузионный** 1. Sperrschichtkapazität *f*; 2. eindiffundierter Kondensator *m* ‖ **~/жидкостный электролитический** Flüssigkeits[elektrolyt]kondensator *m*, Naßelko *m* ‖ **~/заградительный** *s.* **~/блокировочный** ‖ **~/зарядный** Ladekondensator *m* ‖ **~/защитный** Schutzkondensator *m* ‖ **~/змеевиковый** *(Kält)* Rohrschlangenverflüssiger *m* ‖ **~/измерительный** Meßkondensator *m* ‖ **~/искрогасящий** Funkenlöschkondensator *m* ‖ **~/испарительный** *(Kält)* Verdunstungsverflüssiger *m* ‖ **~/керамический** Keramikkondensator *m* ‖ **~/керамический плёночный** Keramik-Schichtkondensator *m* ‖ **~/керамический подстроечный** Keramiktrimmer[kondensator] *m* ‖ **~/коаксиальный фольговый** koaxialer Folienkondensator *m* ‖ **~/кожухозмеевиковый** *(Kält)* Rohrschlangenkesselverflüssiger *m*, Tauchkondensator *m* ‖ **~/кожухотрубный** *(Kält)* Rohrbündelverflüssiger *m* ‖ **~/компенсирующий** Kompensationskondensator *m*, Phasenschieberkondensator *m* ‖ **~/контурный** Schwingkreiskondensator *m* ‖ **~/лакоплёночный** Lackfilmkondensator *m* ‖ **~/лакофольговый** Lackfolienkondensator *m* ‖ **~/листотрубный** *(Kält)* Plattenrohrverflüssiger *m* ‖ **~/мал[огабаритн]ый** Kleinkondensator *m* ‖ **~/масляный** Ölkondensator *m* ‖ **~/металлобумажный** Metallpapierkondensator *m*, MP-Kondensator *m*, MPko ‖ **~/многопластинчатый** Mehrplattenkondensator *m* ‖ **~/многосекционный** Mehrfachkondensator *m*, Vielfachkondensator *m* ‖ **~/многослойный** Mehrschichtkondensator *m*, Vielschichtkondensator *m* ‖ **~/мокрый электролитический** Flüssigkeits[elektrolyt]kondensator *m* ‖ **~/мощный** Hochleistungskondensator *m* ‖ **~/настроечный** Abstimmkondensator *m* ‖ **~/низковольтный** Niederspannungskondensator *m* ‖ **~/низковольтный постоянный** Niederspannungsfestkondensator *m* ‖ **~ обратной связи** Rückkopplungskondensator *m* ‖ **~/однофазный** Einphasenkondensator *m* ‖ **~/оксидно-полупроводниковый** *(El)* Elektrolytkondensator *m* mit halbleitenden Elektrolyten, Festelektrolytkondensator *m*, Festelko *m* ‖ **~ опреснителя** *(Wmt)* Destillierkondensator *m* *(Seewasserverdampfer)* ‖ **~/оросительный** *(Wmt)* Rieselkondensator *m* ‖ **~/орошаемый** *(Kält)* Berieselungsverflüssiger *m*, Rieselkondensator *m* ‖ **~/основной** *(Wmt)* Hauptkondensator *m* ‖ **~/отклоняющий** Ablenkkondensator *m* ‖ **~/параллельно точный** *(Wmt)* Gleichstromkondensator *m* ‖ **~/параллельный** Parallelkondensator *m* ‖ **~ переменной ёмкости** veränderbarer Kondensator *m*; Drehkondensator *m*, Dreko *m* ‖ **~/переменный** *s.* **~ переменной ёмкости** ‖ **~/переходный** Kopplungskondensator *m*, Koppelkondensator *m* ‖ **~/пластинчатый** Plattenkondensator *m* ‖ **~/плёночный** Folienkondensator *m*, Kunstfolienkondensator *m* ‖ **~/плоский** Flachkondensator *m* ‖ **~/поверхностный** *(Wmt)* Oberflächenkondensator *m* ‖ **~/подстроечный** Abgleichkondensator *m* ‖ **~/полупроводниковый** Halbleiterkondensator *m* ‖ **~/помехоподавляющий** Entstörkondensator *m*, Störschutzkondensator *m* ‖ **~/последовательный** Serienkondensator *m*, Reihenkondensator *m* ‖ **~ постоянной ёмкости** Festkondensator *m* ‖ **~/предварительный** *(Wmt)* Vorkondensator *m* ‖ **~/предвключаемый** *(El)* Vor[schalt]kondensator *m* ‖ **~/проволочный подстроечный** Drahttrimmer[kondensator] *m* ‖ **~/промежуточный** *(Wmt)* Zwischenkondensator *m* ‖ **~/противопомеховый** *s.* **~/помехоподавляющий** ‖ **~/противоточный** *(Wmt)* Gegenstromkondensator *m* ‖ **~/противофоновый** Entbrummkondensator *m* ‖ **~/проточный** *(Wmt)* Durchlaufkondensator *m* ‖ **~/проходной** Durchführungskondensator *m* ‖ **~/пружинный подстроечный** Quetschkondensator *m*, Quetschtrimmer *m* ‖ **~/прямоволновый [переменный]** *(Rf)* wellen[längen]gerader Druckkondensator *m*, Nierenplattendrehkondensator *m* ‖ **~/прямоёмкостный [переменный]** kapazitätsgerader Drehkondensator *m*, Kreisplattendrehkondensator *m* ‖ **~/прямоточный** *(Wmt)* Gleichstromkondensator *m* ‖ **~/прямочастотный [переменный]** frequenzgerader Drehkon-

densator m, Sichelplattendrehkondensator m ‖ ~/**пуговичный** Knopfkondensator m ‖ ~/**пусковой** Anlaßkondensator m ‖ ~/**радиотехнический** Funkfrequenzkondensator m ‖ ~/**развязывающий** Entkopplungskondensator m ‖ ~/**разделительный** Trennkondensator m ‖ ~/**ребристый** *(Kält)* Rippenrohrverflüssiger m ‖ ~/**регулируемый** Regelkondensator m, regelbarer (verstellbarer) Kondensator m ‖ ~/**рулонный** Wickelkondensator m ‖ ~/**связи** Koppelkondensator m ‖ ~/**сглаживающий** Siebkondensator m ‖ ~/**сдвоенный переменный** Zweifachdrehkondensator m ‖ ~/**сериесный** s. ~/последовательный ‖ ~/**сеточный** Gitterkondensator m ‖ ~/**сеточный блокировочный** Gitterblockkondensator m ‖ ~/**сильноточный** Starkstromkondensator m ‖ ~/**симметрирующий** Symmetrierkondensator m ‖ ~/**слюдяной** Glimmerkondensator m ‖ ~/**смешивающий** *(Wmt)* Einspritzkondensator m ‖ ~/**спиральный** Wikkelkondensator m ‖ ~/**стеклокерамический** Glaskeramikkondensator m ‖ ~/**стеклоэмалевый** Glasemaillekondensator m ‖ ~/**стеклянный** Glaskondensator m ‖ ~/**строенный переменный** Dreifachdrehkondensator m ‖ ~/**субминиатюрный** Subminiaturkondensator m ‖ ~/**сухой электролитический** Trocken[elektrolyt]kondensator m, Trockenelko m ‖ ~/**трёхфазный** Dreiphasenkondensator m, Drehstromkondensator m ‖ ~/**трубчатый** Röhrchenkondensator m, Rohrkondensator m ‖ ~/**трубчатый подстроечный** Rohrtrimmer[kondensator] m ‖ ~/**укорачивающий** Verkürzungskondensator m ‖ ~/**утечки** Ableitkondensator m, Siebkondensator m ‖ ~/**фазодвигающий (фазорегулирующий)** Phasenschieberkondensator m ‖ ~/**фарфоровый** Porzellankondensator m ‖ ~/**фольговый** Folienkondensator m ‖ ~/**цилиндрический** Zylinderkondensator m ‖ ~/**шайбовый подстроечный** Scheibentrimmer[kondensator] m ‖ ~/**шунтирующий** Nebenschlußkondensator m ‖ ~/**электролитический** Elektrolytkondensator m, Elko m ‖ ~/**эталонный** Normalkondensator m

конденсатор-вымораживатель m Ausfrierkondensator m

конденсаторостроение n Kondensatorbau m

конденсатор-охладитель m Kühlkondensator m

конденсация f 1. Kondensation f, Kondensierung f, Verdichtung f; 2. Verflüssigung f; 3. *(Mech)* Verdichtung f, Kondensation f ‖ ~ **Бозе-Эйнштейна** *(Ph)* [Bose-]Einstein-Kondensation f ‖ ~/**вакуумная** *(Ch)* Vakuumkondensation f ‖ ~/**внутренняя (внутримолекулярная)** *(Ch)* intramolekulare (innere) Kondensation f ‖ ~/**дегидратационная** *(Ch)* Dehydratisierungskondensation f ‖ ~/**дегидрогенизационная** *(Ch)* Dehydrierungskondensation f ‖ ~/**капельная** *(Ch)* Tropfenkondensation f, Tröpfchenkondensation f ‖ ~/**капиллярная** Kapillarkondensation f ‖ ~ **колец** *(Ch)* Ringkondensation f ‖ ~/**корональная** *(Astr)* koronale Kondensation f *(Sonnenkorona)* ‖ ~/**межмолекулярная** *(Ph)* intermolekulare Kondensation f, Autokondensation f, Selbstkondensation f ‖ ~/**обратная** *(Ph)* rückläufige Kondensation f, retrograde Verdampfung

f ‖ ~ **пар** *(Ph)* Paarkondensation f ‖ ~/**плёночная** *(Ph)* Filmkondensation f ‖ ~/**совместная** *(Ch)* Kokondensation f ‖ ~/**фракционированная** *(Ch)* fraktionierte Kondensation f ‖ ~ **циклов** *(Ch)* Ringkondensation f ‖ ~/**частичная** *(Ch)* Teilkondensation f, Dephlegmation f *(Destillation)*

конденсер m *(Text)* Kondenser m, Abscheider m *(Putzerei)*

конденсировать 1. kondensieren; 2. *(Mech)* niederschlagen, verdichten; 3. verflüssigen; 4. *(Ch)* kondensieren *(Ringsysteme)*

конденсор m *(Opt)* Kondensor m, Kondensorlinse f ‖ ~/**зеркальный** Spiegelkondensor m ‖ ~ **косого освещения** Schräglichtkondensor m ‖ ~/**линзовый** Linsenkondensor m ‖ ~/**поляризационный** Polarisationskondensor m ‖ ~ **с кольцевой линзой** Ringlinsenkondensor m, Ringlinse f ‖ ~ **с кольцевым зеркалом** Ringspiegel[kondensor] m, sammelnder Ringspiegel m ‖ ~/**сменный** Wechselkondensor m ‖ ~/**темнопольный** Dunkelfeldkondensor m

конденсородержатель m *(Photo, Opt)* Kondensorhalter m, Kondensorträger m

кондиционер m 1. Klimaanlage f, Klimagerät n; 2. *(Lebm)* Konditionierapparat m, Konditioneur m; 3. *(Ch)* Zusatzstoff m (zur besseren Handhabung einer Chemikalie) ‖ ~/**автономный** Einzelklimagerät n, Klimagerät n ‖ ~/**вагонный** *(Eb)* Klimaanlage f für Reisezugwagen ‖ ~/**комнатный** Zimmerklimaanlage f ‖ ~/**комфортный** Komfortklimaanlage f ‖ ~/**круглогодичный** Sommer-Winter-Klimaanlage f, Vollklimaanlage f ‖ ~/**местный** Dezentralklimaanlage f ‖ ~/**оконный** Fensterklimagerät n ‖ ~/**подвесной** Deckenklimagerät n ‖ ~/**подоконный неавтономный** Klimatruhe f ‖ ~/**промышленный** Industrieklimaanlage f ‖ ~ **рабочей среды** hydraulisches (pneumatisches) Fluidaufbereitungsgerät n ‖ ~/**шкафной** Klimatruhe f, Klimaschrank m

кондиционер-доводчик m/**эжекционный** Induktionsklimaanlage f

кондиционер-светильник m Klimaleuchte f

кондиционирование n 1. Klimatisierung f *(durch Klimaeinflüsse)*; 2. Konditionieren n *(durch chemische Einwirkung)*; 3. *(Text)* Konditionieren n *(Prüfverfahren)* ‖ ~ **воздуха/зимнее** Klimatisierung f für den Winterfall ‖ ~ **воздуха/летнее** Klimatisierung f für den Sommerfall ‖ ~ **воздуха/полное** *(Luftaufbereitung ohne Einschränkung)* ‖ ~ **воздуха/частичное** Teilklimatisierung f *(spezielle Luftaufbereitung, wie z. B. Be- oder Entfeuchten, Kühlen usw.)* ‖ ~/**горячее** *(Ch)* Warmkonditionieren n

кондуктанц m *(El)* Konduktanz f, Wirkleitwert m

кондуктометрический *(Ch)* konduktometrisch

кондуктометрия f *(Ch)* Konduktometrie f

кондуктор m 1. Leiter m, Konduktor m (z. B. für elektrischen Strom); 2. *(Eln)* Leiterbahn f, Leiterzug m; 3. *(Fert)* Führungsteil m (für Werkzeuge); 4. *(Fert)* Führungsschablone f, Führungslehre f; 5. *(Met)* Führung f *(Richtvorrichtung für gepreßte Rohre)*; 6. *(Schiff)* Lehrgerüst n; 7. *(Bw)* Montagelehre f; 8. *(Bgb)* Leitrohrtour f, Konduktor m *(Bohrung)*

кондуктор-шаблон *m (Fert)* Führungsschablone *f*, Führungslehre *f*
конёк *m (Bw)* First *m (Dach)*
конец *m* 1. Ende *n*, Schluß *m*; 2. Spitze *f*; 3. Auslauf *m (einer Bewegung)*; 4. *(Schiff)* Seil *n*, Leine *f*, Tau *n* ‖ ~ **блока** *(Inf)* Blockende *n* ‖ ~**/бросательный** *(Schiff)* Wurfleine *f* ‖ ~**/буксирный** *(Schiff)* Schleppleine *f*, Schlepptrosse *f* ‖ ~**/вытяжной** *(Schiff)* Beihiever *m (Trawler)* ‖ ~**/грузонесущий** *(Masch)* Lastaufnahmeteil *m (z. B. eines Armes eines Industrieroboters)* ‖ ~**/загрузочный** Aufgabeende *n*, Beladeende *n*; Einlaufende *n* ‖ ~ **записи** *(Inf)* Satzende *n* ‖ ~**/заправочный** Bandvorsatz *m*, Vorspannband *n (Magnetband)* ‖ ~**/зарядный** *(Photo)* Filmzunge *f*, Allonge *f* ‖ ~ **зоны** *(Inf)* Bereichsende *n* ‖ ~**/коренной** *(Schiff)* feste (stehende) Part *f (eines Taljenläufers)* ‖ ~**/кормовой** *(Schiff)* Achterleine *f* ‖ ~**/кутковый** Steertleine *f (Schleppnetzfischerei; Ubergabesteert)* ‖ ~ **набора данных** *(Inf)* Dateiende *n* ‖ ~ **носителя** *(Inf)* Datenträgerende *n* ‖ ~ **обмотки** *(El)* Wicklungsende *n (Spule)* ‖ ~ **обмотки/выведенный** herausgeführtes Wicklungsende *n*, Wicklungs[auβen]anschluß *m* ‖ ~ **передачи** *(Inf)* Übertragungsende *n* ‖ ~**/передающий** *(Rf)* Sende[r]seite *f* ‖ ~**/переходной** *(Schiff)* Umgehungsstander *m (Schleppnetz)* ‖ ~**/питающий** *(El)* Speiseseite *f* ‖ ~**/прибыльный** *(Met)* verlorener Kopf *m* ‖ ~**/приёмный** *(Rf)* Empfangsseite *f*, Empfängerseite *f* ‖ ~ **работы [двигателя]** *(Rak)* Brennschluß *m* ‖ ~ **работы канала** *(Inf)* Kanalende *n* ‖ ~**/разгрузочный** *(Ch)* Austrag[s]ende *n*, Abzugsende *n*, Entnahmeende *n*; Ablaufende *n*, Auslaufende *n* ‖ ~ **связи** *(Inf)* Kommunikationsende *n* ‖ ~ **секции** *(El)* Spulenende *n* ‖ ~ **секции/выведенный** herausgeführtes Spulenende *n* ‖ ~ **сообщения** *(Inf)* Nachrichtenende *n* ‖ ~**/спасательный** Manntau *n (Rettungsboot)* ‖ ~**/ступенчатый закруглённый** Ansatzkuppe *f (Schraube)* ‖ ~**/сферический** Linsenkuppe *f*, Rundkuppe *f (Schraubenende)* ‖ ~ **текста** *(Inf)* Textende *n* ‖ ~ **тома** *(Inf)* Datenträgerende *n* ‖ ~ **топенанта/ходовой** *(Schiff)* Baumaufholer *m*, "Faulenzer" *m (Ladegeschirr)* ‖ ~ **файла** *(Inf)* Dateiende *n* ‖ ~**/ходовой** *(Schiff)* holende (laufende) Part *f (eines Taljenläufers)* ‖ ~**/швартовный** *(Schiff)* Festmacher *m*, Festmachertrosse *f*, Verholtrosse *f*
конечный 1. begrenzt, endlich; 2. *(Forst)* gipfelständig
коника *f s.* сечение/коническое
конимeтрия *f* Konimetrie *f*, Staub[gehalts]messung *f*
кони[о]скоп *m* Koniskop *n*
конкреции *fpl* **/мергельные** *(Geol)* Lößpuppen *fpl*, Lößkindl *npl*
конкреция *f (Min, Geol)* Konkretion *f (Hohlraumausscheidung)* ‖ ~**/железистая** Eisenkonkretion *f* ‖ ~**/марганцовая** *(Geol)* Manganknolle *f*, Manganknollen *f* ‖ ~ **пирита** Pyritkonkretion *f*, Eisenkieskonkretion *f*
конлок *m (Schiff)* Staustück *n (Containerzurring)*
коннода *f (Ch, Ph)* Kon[n]ode *f (Linie im Phasendiagramm)*
коноид *m (Text)* Konoid *m*, Konustrommel *f (Flyer)*

конопатить kaltfatern, [mit Werg] abdichten
коноплекомбайн *m s.* комбайн/коноплеуборочный
коноплесноповязалка *f (Lw)* Hanf[mäh]binder *m*
конормаль *f* Konormale *f*
коноскоп *m (Opt)* Konoskop *n (Polarisationsmikroskop mit konvergentem Licht)*
коноскопия *f (Opt)* Konoskopie *f*
консерв *m* **/стерилизованный** Vollkonserve *f*, Sterilkonserve *f*
консервант *m* Konservierungsmittel *n (für Nahrungs- und Futtermittel)*
консерватор *m (El)* Ausdehnungsgefäß *n*, Ölkonservator *m (eines Transformators)*
консервация *f s.* консервирование
консервирование *n* Konservierung *f* ‖ ~**/влажное** Naßkonservierung *f* ‖ ~**/длительное** Dauerkonservierung *f* ‖ ~ **замораживанием** Tiefkühlung *f*, Frosten *n*, Gefrierkonservierung *f* ‖ ~**/сухое** Trockenkonservierung *f*
консервировать 1. konservieren; 2. speichern *(Fernsehprogramme)* ‖ ~ **замораживанием** frosten, gefrierkonservieren
консистентность *f s.* консистенция
консистенция *f* Konsistenz *f*
консистометр *m* Konsistometer *n*
консолидация *f (Bw)* Konsolidierung *f*, Verdichtung *f (Baugrund)* ‖ ~ **грунта/вторичная** Sekundärsetzung *f* ‖ ~ **грунта/начальная** Initialsetzung *f*
консоль *f* 1. *(Bw, Masch)* Konsole *f*, Krage *f*, Tragarm *m*; Auskragung *f*; 2. *(Bw)* Kragarm *m*, Kragstütze *f*; Ausleger *m (Stahlbau)*; Konsolträger *m*, Freiträger *m (einseitig eingespannter Träger)*; 3. *(Nrt)* Konsole *f*, Ausleger *m*, Stütze *f*, Träger *m (Verlegung von Freileitungen)*; 4. *(El)* Kabelhalter *m (in Kabelschächten)*; 5. *(Wkzm)* Winkeltisch *m (einer Fräsmaschine)*; 6. *(Inf)* Bedieneinheit *f*; 7. *s. unter* кронштейн *und* стрела ‖ ~**/двухпутная** *(Eb)* Ausleger *m* für zweigleisige Strecke, Zweigleisausleger *m* ‖ ~**/конвейерная** Förderbandausleger *m* ‖ ~**/многопутная** *(Eb)* Ausleger *m* für mehrgleisige Strecke ‖ ~ **моста** Förderbrückenausleger *m* ‖ ~**/наклонная** Schrägausleger *m* ‖ ~**/однопутная** *(Eb)* Ausleger *m* für eingleisige Strecke ‖ ~**/опорная** Tragkonsole *f* ‖ ~**/отвальная** *(Bgb)* Abwurfausleger *m (Absetzer)* ‖ ~**/поворотная** Drehausleger *m*; Schwenkarm *m*
константа *f (Math, Ph, Ch)* Konstante *f*, Festwert *m*, gleichbleibende Größe *f (s. a. unter* постоянная*)* ‖ ~**/адресная** *(Inf)* Adreßkonstante *f*, Adressenkonstante *f* ‖ ~ **вещества** Materialkonstante *f*, Stoffkonstante *f* ‖ ~ **взаимодействия** *(Ph)* Wechselwirkungskonstante *f* ‖ ~ **действия Ферми** *(Kern)* Kopplungskonstante *f* für den Beta-Zerfall, Fermi-Konstante *f* ‖ ~**/восьмеричная** *(Inf)* oktale Konstante *f* ‖ ~**/двоичная** *(Inf)* binäre Konstante *f* ‖ ~**/десятичная** *(Inf)* dezimale Konstante *f* ‖ ~ **кристалла/геометрическая** geometrische Kristallkonstante *f* ‖ ~**/кристаллографическая** kristallographische Konstante (Kristallkonstante) *f*, geometrische Kristallkonstante *f* ‖ ~ **магнитоупругая** *(Ph)* magnetoelastische Konstante *f* ‖ ~ **магнитоупругой связи** *(Ph)* magnetoelastische Kopp-

lungskonstante f ll ~ **Максвелла** Maxwell-Konstante f, Maxwellsche Konstante f ll ~ **метки** (Inf) Marke f ll ~/**оптическая** (Krist) optische Konstante f ll ~ **преломления** Refraktionskoeffizient m, Refraktionskonstante f ll ~ **пропорциональности** Proportionalitätskonstante f ll ~ **равновесия** (Ch) Gleichgewichtskonstante f, Massenwirkungskonstante f (Massenwirkungsgesetz) ll ~ **с плавающей запятой** (Inf) Gleitkommakonstante f ll ~ **с повышенной точностью** (Inf) Konstante f mit doppelter Genauigkeit ll ~ **с удвоенной точностью** (Inf) Konstante f mit erhöhter Genauigkeit ll ~ **с фиксированной запятой** (Inf) Festkommakonstante f ll ~ **связи** Kopplungskonstante f ll ~ **скорости** Geschwindigkeitskonstante f ll ~ **скорости реакции** (Ch) Reaktionsgeschwindigkeitskonstante f ll ~ **трения** Reibungskonstante f ll ~ **упругости** Elastizitätskonstante f ll ~/**целочисленная** (Inf) ganzzahlige Konstante f ll ~/**шестнадцатеричная** (Inf) hexadezimale Konstante f
константан m (Met) Konstantan n
конструкции fpl/**гидротехнические** Wasserbauten pl
конструкция f Konstruktion f, Bauform f, Bauart f, Ausführung f; Bau m, Aufbau m ll ~/**агрегатная** Aggregatbauweise f ll ~/**армокаменная** bewehrte Mauerwerkskonstruktion f, Stahlsteinkonstruktion f ll ~/**балочно-стоечная** Mastenbauweise f ll ~/**бетонная** Betonkonstruktion f ll ~/**блочная** Blockkonstruktion f, Blockbauweise f ll ~/**большепролётная** weitgespannte Konstruktion f ll ~/**вантовая** Seilnetzwerk n, Seilnetzkonstruktion f ll ~/**висячая** Hänge[trag]werk n ll ~/**двухстоечная** (Masch) Zweiständerkonstruktion f ll ~/**железобетонная** Stahlbetonkonstruktion f ll ~/**железобетонная предварительно напряжённая** vorgespannte Stahlbetonkonstruktion f, Spannbetonkonstruktion f ll ~/**закрытая** (El) geschlossene Bauart f, Kapselung f ll ~/**защищённая** (El) geschützte Bauart f ll ~/**изолирующая (изоляционная)** (El) Isolationsaufbau m ll ~ **кабеля** (El) Kabelaufbau m ll ~/**каменная** Steinkonstruktion f, Ziegelkonstruktion f, Mauerwerk n ll ~/**каркасно-панельная** Skelettbau m, Ständerbau m ll ~/**каркасно-панельная** Skelettplattenkonstruktion f, Skelettplattenbauweise f ll ~/**кирпичная** Ziegelkonstruktion f, Ziegelmauerwerk n ll ~/**клеёная** Holzleimkonstruktion f ll ~/**клёпаная** Nietkonstruktion f ll ~/**консольная** Kragkonstruktion f; auskragende Konstruktion f ll ~/**коробчатая** (Masch) Kastenkonstruktion f ll ~/**крупноблочная** Großblockkonstruktion f, Großblockbauweise f ll ~/**крупнопанельная** Großplattenkonstruktion f, Großplattenbauweise f ll ~/**купольная** Kuppel f, Kuppelkonstruktion f ll ~/**литая** (Masch) Gußkonstruktion f ll ~/**металлическая лёгкая** Metalleichtbaukonstruktion f, Metalleichtbau m ll ~/**многослойная** Mehrschichtkonstruktion f, Sandwichkonstruktion f ll ~/**моноблочная** (Masch) Monoblockkonstruktion f ll ~/**монолитная** monolithische Konstruktion f ll ~/**несущая** 1. (Bw) tragende Konstruktion f, Tragwerk n; 2. (Flg) Tragwerk n, Tragsystem n ll ~/**облегчённая** Leichtbaukonstruktion f ll ~/**оболочная** Schalenkonstruktion f ll ~/**объединённая** Verbundbau m ll ~/**ограждающая** Umfassungskonstruktion f, Umhüllungskonstruktion f, Gebäudehülle f ll ~/**одностоечная** (Masch) Einständerkonstruktion f ll ~/**основная** Grundkonstruktion f ll ~/**открытая** (El) offene Bauart f; (Masch) offene Konstruktion f ll ~ **перекрытий/неразрезная** durchlaufende Deckenkonstruktion f ll ~/**пластинчатая** Scheibenkonstruktion f ll ~/**плоская несущая** ebenes Tragwerk n, Flächentragwerk n ll ~/**плоскостная** Flächentragwerk n ll ~/**подвесная** (Masch) Hängekonstruktion f ll ~/**пролётных строений** (Bw) Überbaukonstruktion f ll ~/**пространственная несущая** räumliches Tragwerk n, Raumtragwerk n ll ~/**пространственно-искривлённая** räumlich gekrümmtes Tragwerk n ll ~/**противопожарная** (Schiff) Brandschutztrennfläche f ll ~/**раздельная** (Bw) zweischalige Konstruktion f ll ~/**рамная** Rahmenkonstruktion f, Rahmenbauweise f ll ~/**рамная несущая** (Bw) Rahmentragwerk n ll ~/**решётчатая** Fachwerkkonstruktion f, Fachwerk n ll ~/**сборная** (Bw) vorgefertigte Konstruktion f, Fertigteilkonstruktion f; (Masch) zusammengebaute Konstruktion f ll ~/**сборно-монолитная** (Bw) Verbundkonstruktion f ll ~/**сборно-монолитная бетонная** Betonverbundkonstruktion f ll ~/**сдвоенная** (Masch) Zwillingskonstruktion f ll ~/**сейсмостойкая** (Bw) erdbebensichere Konstruktion f ll ~/**сквозная** Fachwerkkonstruktion f, Fachwerk n ll ~/**складчатая** (Bw) Faltwerk n ll ~/**смешанная** (Bw) Konstruktion f in Mischbauweise f ll ~/**составная** (Bw) Verbundkonstruktion f, Konstruktion f in Verbundbauweise f ll ~/**стальная** Stahlkonstruktion f ll ~/**стержневая** (Bw) Stabkonstruktion f, Stabtragwerk n ll ~/**строительная** Baukonstruktion f ll ~/**технологичная** technologiegerechte Konstruktion f ll ~/**тонкостенная** (Bw) Leichtbau m ll ~ **Эвальда** (Krist) Ewaldsche Konstruktion f ll ~/**ячеечная** (Masch) Zellenkonstruktion f

контакт m 1. Kontakt m, Berührung f; 2. Kontaktschicht f, Berührungsschicht f; 3. (El) Kontaktstück n, Kontaktglied n, Schaltstück n; 4. (El) Anschluß m; 5. (Geol) Kontaktzone f, Kontakthof m; 6. (Ch) Katalysator m; 7. (Fert) Eingriff m (z. B. eines Fräsers) ll ~/**базовый** Basiskontakt m (Halbleiter) ll ~ **базы** s. ~/**базовый** ll ~/**блокировочный (блокирующий)** (El) Sperrkontakt m, Haltekontakt m ll ~ **в полу** Fußbodenkontakt m ll ~/**вакуумный** Vakuumkontakt m ll ~/**вилочный** (El) Steckkontakt m ll ~/**винтовой** (El) Schraubkontakt m ll ~/**водонефтяной** (Erdöl) Öl-Wasser-Grenze f ll ~/**временно замыкающий** (El) Zeitarbeitskontakt m, Wischkontakt m ll ~/**временно размыкающий** (El) Zeitruhekontakt m, Wischkontakt m ll ~/**вспомогательный** Hilfskontakt m, Nebenkontakt m ll ~/**встречный** Gegenkontakt m ll ~/**входной** (El) Eingangskontakt m ll ~/**выпрямительный** Gleichrichterkontakt m ll ~/**выходной** (El) Ausgangskontakt m ll ~/**главный** (El) Hauptkontakt m ll ~/**дверной** Türkontakt m ll ~/**дугогасительный** (El) Lichtbogenlöschkontakt m ll ~/**заземляющий** (El) Erd[ungs]kontakt m ll ~/**замыкающий** Schließkontakt m, Arbeits[strom]kontakt m, Einkontakt m (Relais) ll ~/**защитный** (El)

контакт

Schutzkontakt *m* ‖ ~/**золотой** *(Eln)* Goldkontakt *m* ‖ ~/**золочёный** *(Eln)* vergoldeter Kontakt *m* ‖ ~ **зуба** *(Masch)* Zahnkontakt *m*, Zahnberührung *f* ‖ ~/**интрузивный** *(Geol)* intrusiver Kontakt *m* ‖ ~/**искрогасительный** *(El)* Funkenlöschkontakt *m* ‖ ~/**катящийся** *(El)* Wälzkontakt *m*, Abwälzkontakt *m* ‖ ~/**клиновой** *(El)* Keilkontakt *m* ‖ ~/**кнопочный** *(El)* Drucktastenkontakt *m* ‖ ~/**коллекторный** Kollektorkontakt *m (Halbleiter)* ‖ ~/**конечный (концевой)** *(El)* Endkontakt *m* ‖ ~/**магнитоуправляемый** *(El)* Magnetsteuerkontakt *m*, magnetgesteuerter Kontakt *m* ‖ ~/**максимальный** Oberwertkontakt *m* ‖ ~/**мгновенный** *(El)* Momentankontakt *m*, Sofortkontakt *m* ‖ ~/**медный** *(El)* Kupferkontakt *m* ‖ ~ **металл-полупроводник** *(Eln)* Metall-Halbleiter-Kontakt *m* ‖ ~/**многоточечный** *(El)* Mehrpunktkontakt *m* ‖ ~/**монетный** *(Nrt)* Münz[fühl]kontakt *m* ‖ ~/**нажимной** *(El)* Druckkontakt *m* ‖ ~/**ненадёжный** *(El)* schlechter Kontakt *m*; Wackelkontakt *m* ‖ ~/**несогласный** *(Geol)* diskordanter Kontakt *m* ‖ ~/**ножевой** *(El)* Messerkontakt *m* ‖ ~/**ножной** *(El)* Fußkontakt *m* ‖ ~ **номеронабирателя** *(Nrt)* Nummernschalterkontakt *m* ‖ ~/**нормально закрытый** *(El)* normal geschlossener Kontakt *m*, Öffnungskontakt *m*, Ruhe[strom]kontakt *m* ‖ ~/**нормально открытый** *(El)* normal offener Kontakt *m*, Schließkontakt *m*, Arbeits[strom]kontakt *m* ‖ ~/**обгорающий** *(El)* Abbrennkontakt *m* ‖ ~/**одноточечный** *(El)* Einpunktkontakt *m* ‖ ~/**омический** *(El)* ohmscher Kontakt *m* ‖ ~/**оптический** *(Meß)* optischer Kontakt *m* ‖ ~/**педальный** *(El)* Fußkontakt *m* ‖ ~/**перекидной** *(El)* Umschalt[e]kontakt *m* ‖ ~/**перемыкающий** Umschalt[e]kontakt *m* ohne Unterbrechung, unterbrechungsloser Umschalt[e]kontakt *m* ‖ ~/**пластинчатый** *(El)* Lamellenkontakt *m* ‖ ~/**плоский** *(El)* Flachkontakt *m* ‖ ~/**плотный** *(El)* inniger Kontakt *m* ‖ ~/**плохой** *s.* ~/**ненадёжный** ‖ ~/**поверхностный** *(El)* Flächenkontakt *m* ‖ ~ **подъёма** *(Nrt)* Kopfkontakt *m (bei Hebdrehwählern)* ‖ ~ **покоя** *s.* ~/**нормально закрытый** ‖ ~/**прерывистый** intermittierender Kontakt *m* ‖ ~ **прохода поля** *(Nrt)* Durchdrehkontakt *m*, dk-Kontakt *m* ‖ ~/**пружинный (пружинящий)** *(El)* Federkontakt *m* ‖ ~/**рабочий** *s.* ~/**нормально открытый** ‖ ~/**разделяющий** *(El)* Trennkontakt *m* ‖ ~/**размыкающий** *s.* ~/**нормально закрытый** ‖ ~/**разрывной** *(El)* Ausschaltkontakt *m*; Abreißkontakt *m* ‖ ~/**расцепительный** *(El)* Trennkontakt *m* ‖ ~/**рекомбинационный** Rekombinationskontakt *m (Halbleiter)* ‖ ~/**рельсовый** Schienenkontakt *m*, Schienenstromschließer *m*, Radtaster *m* ‖ ~/**роликовый** *(Eln)* Rollenkontakt *m* ‖ ~/**рубящий** *(El)* Messerkontakt *m* ‖ ~/**сильноточный** Starkstromkontakt *m* ‖ ~/**скользящий** *(El)* Schleifkontakt *m*, Gleitkontakt *m* ‖ ~/**сплавной** Legierungskontakt *m (Halbleiter)* ‖ ~/**спокойный** *s.* ~/**нормально закрытый** ‖ ~/**стыковый** *s.* ~/**торцовый** ‖ ~/**тектонический** *(Geol)* tektonischer Kontakt *m*, tektonische Grenzfläche *(Diskordanz)* *f* ‖ ~/**тепловой** thermischer Kontakt *m*, Wärmekontakt *m* ‖ ~/**торцовый** *(El)* Stirnkontakt *m*, Kopfkontakt *m* ‖ ~/**точечный** Punktkontakt *m*, punktförmiger Kontakt *m*; *(Eln)* Spitzenkontakt *m (Halbleiter)*; *(Fert)* Punktkontakt *m*, punktförmiger Kontakt *m*; *(Masch)* punktförmiger Eingriff *m (Getriebe)* ‖ ~/**трансгрессивный** *(Geol)* transgressiver Kontakt *m*, Transgressionskontakt *m* ‖ ~/**угольный** *(El)* Kohlekontakt *m* ‖ ~/**управляющий** *(Reg)* Steuerkontakt *m* ‖ ~/**упругий** *(Fert)* elastischer Eingriff *m* ‖ ~/**фрикционный** *(Trib)* Reibkontakt *m* ‖ ~ **холостого хода** *(El)* Nummernschalterruhekontakt *m*, Überbrückungskontakt *m*, nsr-Kontakt *m* ‖ ~/**холостой** *(El)* Leerkontakt *m* ‖ ~/**штепсельный** *(El)* Steckkontakt *m*, Stöpselkontakt *m* ‖ ~/**штифтовой** *(El)* Stiftkontakt *m*; Kontaktstift *m* ‖ ~/**штыревой** *(El)* Stiftkontakt *m*; Steckkontakt *m* ‖ ~/**шунтирующий** *(El)* Überbrückungskontakt *m* ‖ ~/**щёточный** *(El)* Bürstenkontakt *m*

контактирование *n* 1. Kontaktgabe *f*; 2. *(El)* Kontaktieren *n (mit einem Kontaktwerkstoff versehen)* ‖ ~/**проволочное** *(Eln)* Drahtbonden *n*

контактно-каталитический kontaktkatalytisch

контактный 1. taktil *(Sensoren)*; 2. kontaktbehaftet, Kontakt...

контактово-метаморфический *(Geol)* kontaktmetamorph

контактодержатель *m (El)* Kontaktarm *m*, Kontaktträger *m*

контактор *m (El)* 1. Schütz *n*, Schaltschütz *n*; 2. Kontaktgeber *m* ‖ ~/**воздушный** Luftschütz *n* ‖ ~/**главный** Hauptschaltschütz *m* ‖ ~/**линейный** Linienschütz *n* ‖ ~/**масляный** Ölschütz *n* ‖ ~/**нормально закрытый** Schütz *n* mit Ruhekontakt ‖ ~/**нормально открытый** Schütz *n* mit Arbeitskontakt ‖ ~ **переменного тока** Wechselstromschütz *n* ‖ ~ **постоянного тока** Gleichstromschütz *n* ‖ ~/**пусковой** Anlaßschütz *n* ‖ ~/**реверсирующий** Wendeschütz *n* ‖ ~ **с выдержкой времени** verzögertes Schütz *n* ‖ ~/**токовый** Stromschütz *n* ‖ ~/**тормозной** Bremsschütz *n* ‖ ~/**трёхфазный** Drehstromschütz *n* ‖ ~ **управляющего напряжения** Steuerspannungsschütz *m*

контейнер *m* 1. Container *m*, Behälter *m*, Transportbehälter *m*; 2. *(Met)* Rezipient *m (Strangpresse)* ‖ ~ **большой грузоподъёмности** Schwergutbehälter *m* ‖ ~/**вентилируемый** belüfteter Container *m* ‖ ~/**засыпной** *(Gieß)* Schüttbehälter *m (für Maskenformverfahren)* ‖ ~/**изотермический** Isoliercontainer *m*, Thermocontainer *m*, isothermischer Container *m* ‖ ~ **международного стандарта** ISO-Container *m* ‖ ~/**морозильный** Tiefkühlcontainer *m* ‖ ~ **на катках** Rollbehälter *m* ‖ ~/**невозвратный** Einwegcontainer *m* ‖ ~/**плавучий** Schwimmcontainer *m* ‖ ~/**порожний** Leercontainer *m* ‖ ~/**пусковой** *(Rak)* Startbehälter *m* ‖ ~/**рефрижераторный** Kühlcontainer *m*, Maschinenkühlcontainer *m* ‖ ~/**решетчатый** Gitterbehälter *m* ‖ ~/**свинцовый** *(Kern)* Bleicontainer *m* ‖ ~/**специальный** Einzweckcontainer *m* ‖ ~/**универсальный** Mehrzweckcontainer *m* ‖ ~/**холодильный** Kühlcontainer *m*

контейнеровместимость *f* Containerladefähigkeit *f*, Containerkapazität *f (eines Schiffes)* ‖ ~ **в грузовых трюмах** Containerkapazität *f* in den Laderäumen ‖ ~ **на главной палубе** Containerkapazität *f* auf Hauptdeck ‖ ~ **на палубе** Containerkapazität *f* unter Deck ‖ ~ **на трейлерах** Con-

tainerkapazität f auf Trailern ‖ ~ **под палубой** Containerkapazität f auf Deck
контейнеровоз m [Voll-]Containerschiff n ‖ **~/безлюковый** offenes Containerschiff n ‖ **~ внутреннего плавания** Binnencontainerschiff n ‖ **~/комбинированный** Teil-Containerschiff m ‖ **~/универсальный** Mehrzweck-Containerschiff n ‖ **~/фидерный** Containerzubringerschiff n ‖ **~ ячеистой конструкции** Containerzellenschiff n
контейнеровоз-доставщик m Containerzubringerschiff n
контейнероопрокидыватель m Containerkippvorrichtung f
контейнер-пусковая труба m (Rak) Transport- und Startbehälter m
контейнер-цистерна f Tankcontainer m, Flüssiggutcontainer m
контекст m **аппаративного обеспечения** (Inf) Hardware-Kontext m ‖ **~ программного обеспечения** (Inf) Software-Kontext m
контекстуальный (Inf) textabhängig
континуанта f (Math) Kontinuante f, Kettenbruchdeterminante f
континуум m (Math) Kontinuum n (s. a. спектр/сплошной und среда/сплошная) ‖ **~/диссоциационный** (Ph) Dissoziationskontinuum n ‖ **~/ионизационный** (Kern) Ionisationskontinuum n, Ionisierungskontinuum n ‖ **~/рекомбинационный** (Kern) Rekombinationskontinuum n
контражур m (Photo) Gegenlicht n
контрапозиция f (Math) Kontraposition f
контраполяризация f Gegenpolarisation f
контраст m 1. Kontrast m, Gegensatz m, Unterschied m; 2. (Opt, Photo, TV) Kontrast[umfang] m, Bildkontrast m ‖ **~/амплитудный** Amplitudenkontrast m ‖ **~ деталей** Detailkontrast m ‖ **~/дифракционный** Beugungskontrast m ‖ **~ изображения** Bildkontrast m, Abbildungskontrast m ‖ **~/краевой** Randkontrast m ‖ **~ печати/относительный** (Typ) relativer Druckkontrast m ‖ **~ печатного изображения** (Typ) Druckkontrast m ‖ **~/пороговый** Schwellenkontrast m, Kontrastschwelle f ‖ **~/последовательный** Nachkontrast m ‖ **~/фазовый** Phasenkontrast m ‖ **~/цветовой** Farbkontrast m ‖ **~/яркостный** 1. (Photo) Helligkeitskontrast m; 2. (Licht) Leuchtdichtekontrast m
контрастирование n Kontrastierung f; (TV) Abhebung f
контрастность f Kontrastwirkung f, Kontrast m, Kontrastschärfe f; (Photo) Kontrastgrad m, Härte f ‖ **~/предельная** (Photo) Grenzgradation f
контрастный kontrastreich; (Photo auch) hart
контрастор m (TV) Gammaentzerrer m
контратип m (Photo) Zwischennegativ n, Internegativ n, Duplikat[film] m
контратипирование n (Photo) Dupen n, Dubeln n, Duplikatherstellung f ‖ **~/прямое** Direktduplikatherstellung f
контрвинт m s. контрпропеллер
контргайка f 1. Gegenmutter f, Kontermutter f; 2. (Meß) Überwurfmutter f (Meßschraube)
контргруз m Gegenmassestück n
контрдопирование n Gegendotierung f, Umdotierung f (Halbleiter)
контрейлер Contrailer m, fahrbarer Container m

контрить kontern, durch Gegenmutter feststellen
контркалибр m Kontrollehre f, Prüflehre f, Gegenlehre f
контрклин m Gegenkeil m
контркривошип m (Masch) Gegenkurbel f; Schwingkurbel f
контрлегирование n s. контрдопирование
контроллер m 1. (El, Eb) Fahrschalter m, Kontroller m; Steuerschalter m; 2. (Reg, Inf) Steuergerät n; 3. (Eln) Steuereinheit f ‖ **~/барабанный** Walzensteuerschalter m, Walzen[stufen]schalter m, Steuerwalze f ‖ **~/вынесенный программируемый** intelligente Remote-Steuerung f ‖ **~/главный** Meisterschalter m ‖ **~/двойной ступенчатый** Doppelstufenschalter m ‖ **~/контакторный** Schützenfahrschalter m ‖ **~/крановый** Kranfahrschalter m; Kransteuerschalter m ‖ **~/кулачковый** Nocken[steuer]schalter m; Nockenfahrschalter m ‖ **~/локальной сети** Lokalnetzkontroller m ‖ **~/педальный** Fußschalter m ‖ **~/подъёмно-крановый** Hubkranfahrschalter m ‖ **~/программируемый программиербаре Steuerung** f ‖ **~/пускоездовой** Anlaßfahrschalter m ‖ **~/реверсивный** Wendefahrschalter m ‖ **~/тормозной** Bremskontroller m
контроль m 1. Kontrolle f, Prüfung f, Nachprüfung f; 2. Überwachung f, Aufsicht f, Beaufsichtigung f ‖ **~/активный** aktive Kontrolle f (statistische Qualitätskontrolle); 2. Meßsteuerung f ‖ **~/аппаратный** (Inf) Hardwarekontrolle f, Hardwareprüfung f ‖ **~ бдительности** (Eb) Wachsamkeitskontrolle f ‖ **~ без разбраковки** nichtsortierende Prüfung f (statistische Qualitätskontrolle) ‖ **~/визуальный** Sichtkontrolle f ‖ **~/внутриреакторный** (Kern) Incoremessung f ‖ **~/входной** Eingangskontrolle f ‖ **~/выборочный** Stichprobenprüfung f, Stichprobenkontrolle f ‖ **~/выходной** Ausgangskontrolle f ‖ **~ данных/автоматический** (Inf) automatische Datenüberwachung f ‖ **~/двойной** Doppelkontrolle f ‖ **~/двухступенчатый выборочный** Doppelstichprobenprüfung f (statistische Qualitätskontrolle) ‖ **~/диспетчерский** (Eb) Zuglaufüberwachung f ‖ **~/дистанционный** Fernkontrolle f, Fernüberwachung f ‖ **~/дозиметрический** (Kern) Strahlenschutzüberwachung f, Kernstrahlungskontrolle f ‖ **~ за обеспечением качества** Gütesicherung f, Qualitätskontrolle f ‖ **~ за состоянием среды** Umweltkontrolle f ‖ **~ загрязнения** (Ökol) Verschmutzungskontrolle f ‖ **~ заряда** Ladekontrolle f ‖ **~/избыточный** (Inf) Redundanzprüfung f ‖ **~/индивидуальный дозиметрический** (Kern) individuelle Strahlenschutzüberwachung f ‖ **~/инспекционный** Befundprüfung f ‖ **~ исправности** Störungsüberwachung f ‖ **~ качества** Qualitätskontrolle f, Qualitätsprüfung f, Gütekontrolle f, Güteprüfung f ‖ **~ качества/автоматизированный** rechnergestützte Qualitätskontrolle f ‖ **~ качества поверхности** Oberflächenprüfung f, Oberflächenprüfverfahren n ‖ **~ качества/статистический** statistische Qualitätskontrolle f ‖ **~/летучий** Laufprüfung f (Prüfung zu einem zufälligen Zeitpunkt) ‖ **~ материалов/неразрушающий** zerstörungsfreie Werkstoffprüfung f ‖ **~/межоперационный** Betriebskontrolle f ‖ **~/многоступен-**

контроль

~чатый выборочный Mehrfachstichprobenprüfung f (statistische Qualitätskontrolle) ‖ ~ на нечётность (Inf) ungeradzahlige Paritätsprüfung f ‖ ~ на поперечную чётность (Inf) Vertikalprüfung f ‖ ~ на расстоянии s. ~/дистанционный ‖ ~ на чётность (Inf) Paritätsprüfung f ‖ ~ на чётность/вертикальный vertikale Paritätsprüfung f ‖ ~ на чётность/поперечный Querparitätsprüfung f ‖ ~ на чётность/продольный Längsparitätsprüfung f ‖ ~/неразрушающий zerstörungsfreie Prüfung f ‖ ~ нечётности (Inf) ungeradzahlige Paritätsprüfung f ‖ ~/одноступенчатый выборочный Einfachstichprobenprüfung f (statistische Qualitätskontrolle) ‖ ~/ожесточённый verschärfte Prüfung f (statistische Qualitätskontrolle) ‖ ~/окончательный Endprüfung f, Endkontrolle f ‖ ~ окружающей среды Umgebungsüberwachung f ‖ ~/оперативный operative Steuerung f ‖ ~/ослабленный reduzierte Prüfung f ‖ ~ отказов Ausfallüberwachung f ‖ ~/параллельный Paralleltest m ‖ ~/первичный Erstprüfung f ‖ ~ по альтернативному признаку Attributprüfung f ‖ ~ по непрерывному пределу (Меß) Ausschußprüfung f (z. B. durch Lehren) ‖ ~ по сопряжённому пределу/активный Paarungsmeßsteuerung f ‖ ~/пооперационный Zwischenprüfung f ‖ ~/последовательный Folgestichprobenprüfung f (statistische Qualitätskontrolle) ‖ ~ посылки вызова (Nrt) Rufstromkontrolle f ‖ ~/предельный (Меß) Toleranzprüfung f ‖ ~ пригодности Güteprüfung f; Eignungsprüfung f ‖ ~ пригодности/предварительный Vorprüfung f ‖ ~/приёмочный Abnahmeprüfung f, Annahmeprüfung f ‖ ~/программ[иртован]ный (Inf) programmierte Prüfung (Testung) f (des Rechners) ‖ ~ продукции Erzeugnisprüfung f ‖ ~ продукции/входной Wareneingangskontrolle f, Wareneingangsprüfung f ‖ ~/производственный Fertigungsprüfung f, Fertigungskontrolle f; Betriebskontrolle f ‖ ~/промежуточный Zwischenkontrolle f ‖ ~/промышленный Verfahrenskontrolle f ‖ ~/профилактический prophylaktische (vorbeugende) Kontrolle f ‖ ~ прохождения (Fert) Durchlaufkontrolle f ‖ ~/радиационный (Kern) Strahlenschutzüberwachung f ‖ ~/радиографический Durchstrahlungsprüfung f ‖ ~/радиологический (Kern) Strahlenschutzüberwachung f ‖ ~/радиолокационный Radarüberwachung f ‖ ~/радиометрический (Kern) radiometrische Kontrolle f ‖ ~/разрушающий (Wkst) zerstörende Prüfung f ‖ ~/рентгеновский Röntgenprüfung f ‖ ~/сейсмический (Geoph) seismische Kontrolle (Überwachung) f ‖ ~/секундный (Astr) Sekundenkontrolle f (Fernrohrnachführung) ‖ ~/сквозной (Nrt) Durchkontrolle f, Durchprüfung f ‖ ~/статистический приёмочный statistische Annahmeprüfung f ‖ ~/схемный schaltungstechnische Kontrolle f, Schaltungskontrolle f ‖ ~/технический betriebstechnische Kontrolle f ‖ ~ технологического процесса Prozeßüberwachung f, Prozeßsteuerung f ‖ ~/ультразвуковой Ultraschallprüfung f ‖ ~ уровня излучения Strahlungskontrolle f, Strahlenkontrolle f ‖ ~ уровня шума (Ökol) Lärmpegelkontrolle f ‖ ~/усечённый abgebrochene Prüfung f (statistische Qualitätskontrolle) ‖ ~/усиленный verschärfte Prüfung f ‖ ~/централизованный (Schiff) zentrale Maschinenüberwachung f ‖ ~ чётности (Inf) geradzahlige Paritätsprüfung f ‖ ~/эхоимпульсный Echo-Impulsprüfung f

контрольник m Kontrollgerät n, Prüfgerät n; Lochprüfer m

контропора f (Masch) Gegenlagerung f

контроттяжка f (Schiff) Preventer m

контрпар m Gegendampf m

контрпоршень m Gegenkolben m

контрпривод m (Masch) Vorgelege n ‖ ~/планетарный Planetenvorgelege n

контрпропеллер m (Schiff) Gegenpropeller m, Kontrapropeller m, Leitpropeller m

контрпружина f Gegenfeder f

контррезервуар m (Hydt) Gegenbehälter m

контррельс m (Eb) Führungsschiene f, Leitschiene f, Gegenschiene f, Flügelschiene f

контрруль m (Schiff) Kontraruder n, Gegenruder n

контрслой m (Photo) Rückschicht f ‖ ~/желатиновый NC-Schicht f ‖ ~/противоореольный Lichthofschutz-Rückschicht f, Lichthofschutzschicht f

контртрепало n (Text) Gegenschläger m (Wollkämmaschine)

контрфланец m Gegenflansch m

контрфорс m 1. (Bw) Gegenpfeiler m, Pfeiler m, Widerlagspfeiler m, Widerlager n; Strebepfeiler m, Strebe f; 2. (Schiff) Steg m, Kettensteg m ‖ ~ арки Kämpferpfeiler m ‖ ~/арочный Strebebogen m ‖ ~ плотины (Hydt) Sperrmauerpfeiler m

контршаблон m (Schiff) Lehrspant n, Gegenschablone f

контршкив m (Masch) Gegenscheibe f (Transmission)

контрштамп m (Schm) Gegenschnitt m, Gegen[schnitt]werkzeug n, Gegenschneide f

контршток m (Masch) Führungsstange f (deckelseitiges Ende einer rückwärtig verlängerten Kolbenstange); Rücklaufregelstange f

контур m 1. Kontur f, Umriß m; Kreis m; 2. (El) [unverzweigter] Stromkreis m, Kreis m; Strommasche f (von Leitern gebildeter geschlossener Kurvenzug); (Reg) Kreis m, Netzwerk n; 3. (Masch) Masche f (Untergruppe von Gliedern einer kinematischen Kette, die ihrerseits eine geschlossene kinematische Kette bilden) ‖ ~/активный (El) aktives Netzwerk n ‖ ~/анодный Anoden[strom]kreis m ‖ ~/анодный колебательный Anodenschwing[ungs]kreis m ‖ ~/антенный Antennen[strom]kreis m ‖ ~/апериодический (Rf) aperiodischer Kreis m ‖ ~/балансный (Nrt) Leitungsnachbildung f ‖ ~ воды/краевой (Erdöl) Randwasserlinie f ‖ ~/возбуждающий (El) Erreger[strom]kreis m ‖ ~/вспомогательный (El) Hilfs[strom]kreis m ‖ ~/вторичный 1. (El) Sekundär[strom]kreis m; 2. Sekundär[kühl]kreislauf m (eines Kraftwerkreaktors) ‖ ~/входной (El) Eingangs[strom]kreis m, Vorkreis m ‖ ~ выработки (Bgb) Grubenbaukontur f ‖ ~/высокочастотный (El) Hochfrequenzkreis m, HF-Kreis m ‖ ~/выходной (El) Ausgangs[strom]kreis m ‖ ~ газоносности (Bgb, Geol) Grenze f der Gasführung ‖ ~/гася-

щий *(El)* Löschkreis *m* ‖ ~ **генератора/колебательный** Oszillatorschwing[ungs]kreis *m* ‖ **~/горшкообразный** *(El)* Topfkreis[resonator] *m* ‖ **~/дифференцирующий** *(El)* differenzierendes Netzwerk *n*, Differenzier[ungs]netzwerk *n* ‖ **~/заглушающий** *(El)* Löschkreis *m* ‖ **~/заграждающий** *(Rf)* Sperrkreis *m* ‖ ~ **задающего генератора** *(El)* Erreger[strom]kreis *m* ‖ **~/замкнутый** 1. geschlossener Linienzug *m*; geschlossener Kreis *m*; 2. *(El)* geschlossener [unverzweigter] Stromkreis *m*; geschlossene Strommasche *f*; 3. *(Masch)* geschlossene Form *f* ‖ **~/запирающий** *(Rf)* Sperrkreis *m* ‖ ~ **затухания** *(Rf)* Dämpfungskreis *m* ‖ **~/избирательный** *(Rf)* selektiver Kreis *m*, Trennkreis *m* ‖ **~/измерительный** Meßkreis *m* ‖ ~ **изображения** *(TV)* Bildkontur *f* ‖ **~/интегрирующий** *(El)* integrierendes Netzwerk *n*, Integriernetzwerk *n* ‖ **~/исходный** Bezugskontur *f*, Bezugsprofil *n* *(Zahnrad)* ‖ ~ **карьерного поля** *(Bgb)* Tagebaukante *f* ‖ **~/катодный колебательный** Kathodenschwing[ungs]kreis *m* ‖ **~/колебательный** *(Rf)* Schwing[ungs]kreis *m*, Resonanzkreis *m* ‖ **~/компенсирующий** *(El)* Kompensationskreis *m*, Kompensationsnetzwerk *n* ‖ **~/коротковолновый** *(El)* Kurzwellenschwing[ungs]kreis *m*, Kurzwellenkreis *m* ‖ **~/короткозамкнутый** *(El)* Kurzschlußkreis *m* ‖ ~ **многократной настройки** *(Rf)* Mehrfachabstimmkreis *m* ‖ **~/нагревательный** *(El)* Heizkreis *m* ‖ **~/настраиваемый (настраивающийся)** *(Rf)* Abstimmkreis *m* ‖ **~/незамкнутый** *(Masch)* offene Form *f* ‖ ~ **обратной связи** 1. Rückkopplungskreis *m*, Rückkoppelnetzwerk *n*; 2. *(Reg)* Rückführ[ungs]kreis *m*, Rückführ[ungs]netzwerk *n*; Rückkopplungsschleife *f* ‖ **~/объёмный [колебательный]** Hohlraumresonator *m*, Hohlraum[resonanz]kreis *m* ‖ **~/одночастотный** *(Rf)* Einfrequenzkreis *m* ‖ **~/основной** 1. *(El)* Hauptkreis *m*, Hauptschleife *f*; 2. *(Hydr)* Arbeitsleitung *f*, Hauptleitung *f* ‖ ~ **отпечатка** Eindruckkontur *f* *(Härtemessung)* ‖ **~/отсасывающий** *(El)* Saugkreis *m*, Absorptionskreis *m* ‖ **~/охлаждения** Kühlkreis[lauf] *m* ‖ **~/параллельный** *(El)* Parallelkreis *m* ‖ **~/параллельный колебательный (резонансный)** Parallelschwing[ungs]kreis *m*, Parallelresonanzkreis *m* ‖ **~/пассивный** *(El)* passives Netzwerk *n* ‖ **~/первичный** 1. *(El)* Primär[strom]kreis *m*; 2. Primär[kühl]kreislauf *m*, Kühlkreislauf *m* *(eines Kraftwerkreaktors)* ‖ ~ **питания** *(Erdöl)* Begrenzung *f* des Zuflußgebietes ‖ **~/последовательный** *(El)* Serienkreis *m*, Reihenkreis *m* ‖ **~/приёмный** *(El)* Empfangskreis *m* ‖ ~ **радиоприёмника/входной** Funkempfängereingangskreis *m* ‖ **~/радиочастотный** *(El)* Funkfrequenzkreis *m* ‖ **~/расстроенный** *(El)* verstimmter Kreis *m* ‖ ~ **регулирования** Regelkreis *m* ‖ **~/регулирующий** Regelkreis *m* ‖ **~/резонансный** Resonanz[strom]kreis *m* ‖ **~/сверхвысокой частоты** Höchstfrequenzkreis *m*; Superhochfrequenzkreis *m*, SHF-Kreis *m* ‖ ~ **сетки** s. **~/сеточный** ‖ **~/сеточный** *(El)* Gitter[strom]kreis *m* ‖ **~/смесительный** *(El)* Mischkreis *m* ‖ **~/согласующий** *(El)* Anpassungskreis *m*, Anpassungsnetzwerk *n* ‖ ~ **теплоносителя** Kreislauf *m* des Wärmeträgers *(eines Kraftwerkreaktors)* ‖ ~ **тока/последовательный** Serienstromkreis *m* ‖ **~/торцовый** *(Masch)* Stirnprofil *n* *(Zahnrad)* ‖ **~/ударный** *(El)* Stoßkreis *m* ‖ ~ **управления** Regelkreis *m* ‖ **~/фазирующий** *(El)* phasendrehender (phasenrichtender) Kreis *m*, Phasenrichtkreis *m* ‖ **~/фазовыравнивающий** *(El)* Phasenentzerrer *m* ‖ **~/частотный** *(El)* Frequenzkreis *m* ‖ **~/чёткий** scharfe Kontur *f* ‖ **~/эквивалентный** *(El)* Ersatzkreis *m* ‖ **~/электрический** 1. unverzweigter Stromkreis *m*; Strommasche *f*; 2. *(Reg)* elektrischer Kreis *m*, elektrisches Netzwerk *n* ‖ ~ **энергетического реактора/вторичный** Sekundär[kühl]kreislauf *m* *(eines Kraftwerkreaktors)* ‖ ~ **энергетического реактора/первичный** Primär[kühl]kreislauf *m*, Kühlkreislauf *m* *(eines Kraftwerkreaktors)*

контурирование *n* *(Led)* Trimmen *n*
контурный 1. Kontur…, Umriß…; 2. *(El)* Kreis…; Maschen…; 3. *(Fert)* Bahn…, bahngesteuert
контуры *mpl* **с ёмкостной связью** *(El)* kapazitiv gekoppelte Kreise *mpl* ‖ ~ **с индуктивной связью** *(El)* induktiv gekoppelte Kreise *mpl* ‖ ~ **с трансформаторной связью** *(El)* transformatorgekoppelte Kreise *mpl* ‖ **~/связанные [колебательные]** *(El)* gekoppelte Schwing[ungs]kreise *mpl*

конус *m* 1. Kegel *m*, Konus *m*; 2. *(Met)* Glocke *f*, Gichtglocke *f*, Begichtungsglocke *f* *(Hochofen)*; 3. Klassierkegel *m*, Klassierspitze *f* *(Aufbereitung)* ‖ **~/асимптотический** Asymptotenkegel *m* ‖ **~/ведомый** getriebener Kegel *m* ‖ **~/ведущий** treibender Kegel *m* ‖ **~/верхний** Oberglocke *f*, oberer Kegel *m* *(Hochofen)* ‖ **~/ветровой** *(Meteo)* Windsack *m* ‖ **~/внешний** *(Wkz)* Außenkegel *m*, äußerer Kegel *m* ‖ **~/внутренний** *(Wkz)* Innenkegel *m*, innerer Kegel *m* ‖ **~/воздушный** Luftsack *m* ‖ ~ **впадин** 1. Kernkegel *m* *(Kegelgewinde)*; 2. Fußkegel *m* *(Zahnrad)* ‖ **~/встречный** Gegenkegel *m* ‖ **~/вулканический** *(Geol)* Vulkankegel *m* ‖ **~/входной** *(Wlz)* Einführungskonus *m*, Zentrierkonus *m* *(Mannesmannwalze)* ‖ ~ **выноса** *(Geol)* Schuttkegel *m* ‖ ~ **выпуска** *(Wlz)* Austrittskegel *m* *(Mannesmannwalze)* ‖ ~ **выступов** *(Masch)* Kopfkegel *m* *(Kegelrad)* ‖ ~ **герполодии** *(Mech)* Rastpolkegel *m*, Herpolhodiekegel *m*, Spurkegel *m* *(kräftefreier Kreisel)* ‖ **~/гидравлический** Klassierkegel *m*, Klassierspitze *f* *(Aufbereitung)* ‖ **~/грязевой** *(Geol)* Schlammkegel *m* ‖ ~ **давления** *(Masch)* Druckkegel *m*; Verspannungskegel *m*; Spannungskegel *m* *(Schraubenverbindung)* ‖ **~/делительный** *(Masch)* Teilkegel *m* ‖ **~/дополнительный** *(Masch)* Ergänzungskegel *m*, Rückenkegel *m* *(Kegelzahnrad)* ‖ **~/дробящий** Brechkonus *m*, Brechkegel *m* *(Kegelbrecher)* ‖ **~/заборный** *(Wkz)* 1. Anschnittkegel *m*; 2. Bohrerspitze *f* *(Spiralbohrer)* ‖ **~/загрузочный** Gichtglocke *f*, Begichtungsglocke *f* *(Hochofen)* ‖ **~/зажимный** *(Wkz)* Spannkegel *m*, Klemmkegel *m* *(Spannfutter, Spannzange, Spanndorn)* ‖ ~ **Зегера** Segerkegel *m*, Brennkegel *m*, Seger-Schmelzkegel *m*, Schmelzkegel *m* *(Temperaturmessung im keramischen Ofen)* ‖ **~/земляной** s. **~/откосный** ‖ ~ **и воронка [Парри]** Parry-Verschluß *m*, Parry-Trichter *m*, Parryscher Trichter *m*, Parry-Glocke *f* *(Hoch-*

конус

ofen) ‖ ~/**инструментальный** *(Wkz)* Werkzeugkegel *m* ‖ ~ **касательных напряжений** *(Masch)* Schubspannungskegel *m* ‖ ~ **качения** *(Masch)* Wälzkegel *m (Kegelrad)* ‖ ~ **колошникового затвора** Gichtglocke *f*, Begichtungsglocke *f (Hochofen)* ‖ ~/**колошниковый** Begichtungsglocke *f*, Gichtglocke *f (Hochofen)* ‖ ~ **Маха** *(Aero)* Machscher Kegel *m* ‖ ~ **мельницы** Mahlkegel *m*, Brechkegel *m (Kegelbrecher)* ‖ ~ **молчания** Schweigekegel *m* ‖ ~ **Морзе** Morse-Kegel *m* ‖ ~/**наклонный** *(Math)* schiefer Kegel *m* ‖ ~/**направляющий** 1. *(Fert)* Führungskegel *m*; 2. *(Bgb)* Führungskonus *m (Bohrung)* ‖ ~/**наружный** *(Wkz)* Außenkegel *m*, äußerer Kegel *m* ‖ ~/**начальный** *(Masch)* Erzeugungswälzkegel *m*, Rollkegel *m*, Wälzkegel *m (Kegelrad)* ‖ ~/**несущий** Tragkegel *m (Kegelbrecher)* ‖ ~/**носовой** *(Rak)* ballistische Haube *f* ‖ ~ **нутации** *(Mech)* Nutationskegel *m (Kreisel)* ‖ ~ **облучения** Bestrahlungskegel *m* ‖ ~/**обратный** 1. *(Math)* Gegenkegel *m*; 2. *(Masch)* Rückenkegel *(am Kegelrad)* ‖ ~/**осадительный** Klassierkegel *m*, Klassierspitze *f (Aufbereitung)* ‖ ~/**основной** Grundkegel *m* ‖ ~/**откосный** *(Bw)* Böschungskegel *m (Uferpfeiler)* ‖ ~ **Парри** *s.* ~ **и воронка Парри** ‖ ~/**переходный** 1. *(Rak)* Übergangskonus *m*; 2. *(Wkz)* Reduzierhülse *f* ‖ ~/**пирометрический** *s.* ~ **Зегера** ‖ ~/**пологий** *(Masch)* schlanker Kegel *m* ‖ ~ **полодии** *(Mech)* Gangpolkegel *m*, Laufkegel *m*, Polhodiekegel *m* ‖ ~/**посадочный** Aufnahmekegel *m* ‖ ~ **потока** Strömungskegel *m* ‖ ~ **прецессии** *(Mech)* Präzessionskegel *m* ‖ ~/**рабочий** *(Umf)* Reduktionskegel *m*, Reduzierkegel *m*, Formabschnitt *m*, Fassonabschnitt *m (Ziehen)* ‖ ~ **раскатки** *(Wlz)* Auswalzkegel *m (Pilgerwalze)* ‖ ~ **рассеяния** Streu[ungs]kegel *m* ‖ ~/**реактивный** *(Flg, Rak)* Schubdüsenkegel *m* ‖ ~/**световой** Lichtkegel *m* ‖ ~ **сдвига** *(Mech)* Scherungskegel *m* ‖ ~ **сжатия** *(Mech)* Kompressionstubus *m* ‖ ~/**солифлюкционный** *(Geol)* Solifluktionskegel *m* ‖ ~/**ступенчатый** Stufenkegel *m* ‖ ~ **течения** Strömungskegel *m* ‖ ~ **ТРД/подвижный (регулирующий)** Reguliereinsatz *m* der Schubdüse, Schubdüsenkegel *m (Regeldüse des Turbinen-Luftstrahltriebwerks)* ‖ ~/**усечённый** *(Math)* Kegelstumpf *m* ‖ ~/**фрикционный** Reib[ungs]kegel *m (Kegelreibradgetriebe)* ‖ ~/**центрирующий** *(Wkz)* Zentrierkegel *m*, Körnerspitze *f*, Zentrierspitze *f*

конус-воронка *m (Met)* Gichtverschluß *m*, Gasverschluß *m (Hochofen)*

конус-гранулятор *m* Granulierkonus *m (Schlackengranulierung)*

конус-калибр *m (Fert)* Lehrenkegel *m*

конус-классификатор *m* Klassierkegel *m*, Klassierspitze *f (Aufbereitung)*

конусность *f* 1. Konizität *f*, Keg[e]ligkeit *f*; 2. Kegelform *f*; 3. [kegelige] Verjüngung *f*; 4. *(Wkzm)* Kegelverhältnis *n (beim Drehen)* ‖ ~/**модельная** *(Gieß)* Modellschräge *f* ‖ ~/**формовочная** *(Gieß)* Formschräge *f*, Aushebeschräge *f*, Gußschräge *f*

конусомер *m* Kegelmeßgerät *n*, Kegelprüfgerät *n*, Kegelmeßeinrichtung *f*

конусообразность *f* Kegelform *f*, Kegelförmigkeit *f*, Keg[e]ligkeit *f*

конференцсвязь *f*, **конференц-связь** *(Nrt)* Telekonferenz *f*, Konferenzverbindung *f*, Konferenzschaltung *f* ‖ ~/**телефонная** Telephonkonferenz *f*, Fernsprechkonferenz[verbindung] *f*, Konferenzschaltung *f*, Konferenzverbindung *f*

конфигурация *f* 1. Konfiguration *f*, Bildung *f*, Gestaltung *f*; 2. *(Math)* Konfiguration *f (Geometrie)*; 3. *(Astr) s.* ~ **планет** ‖ ~ **доменов** Domänenmuster *n* ‖ ~ **машины** *(Inf)* Maschinenkonfiguration *f* ‖ ~ **оборудования** *(Inf)* Hardware-Konfiguration *f*, Gerätekonfiguration *f* ‖ ~/**основная** Grundkonfiguration *f (von Geräten)* ‖ ~ **памяти** *(Inf)* Speicherkonfiguration *f* ‖ ~ **планет** *(Astr)* Konstellation *f* ‖ ~/**пространственная** *(Ch)* sterische (räumliche) Konfiguration *f* ‖ ~ **сети** Netzkonfiguration *f* ‖ ~ **системы** *(Inf)* Systemkonfiguration *f* ‖ ~ **схемы** *(El)* Schaltungskonfiguration *f* ‖ ~ **технических средств** *(Inf)* Gerätekonfiguration *f* ‖ ~/**унифицированная** *(Inf)* Standardkonfiguration *f* ‖ ~/**электронная** *(Kern)* Elektronenkonfiguration *f*

конфокальный *(Opt)* konfokal, homofokal

конформация *f (Ch)* Konformation *f*, Konstellation *f*

конформность *f (Math)* Konformität *f*

конформный 1. *(Math)* konform, formengleich; 2. *(Geod)* winkeltreu

конфузор *m (Aero)* Düse *f (s. a. unter* сопло *und* форсунка*)* ‖ ~ **аэродинамической трубы** Kontraktionsdüse *f (des Windkanals)*

конхоида *f (Math)* Konchoide *f*, Muschellinie *f*

концевание *n* Abspannung *f*, Verankerung *f*

концентрат *m* 1. Konzentrat *n*; 2. Konzentrat *n*, Anreicherungsprodukt *n*, Erzkonzentrat *n (Aufbereitung)*; 3. *(Lw)* Kraftfutter *n*; 4. Einkochung *f* ‖ ~/**готовый** abnahmefähiges Konzentrat *n (Aufbereitung)* ‖ ~/**грубый** Vorkonzentrat *n (Aufbereitung)* ‖ ~/**коллективный** kollektives Konzentrat *n*, Mischkonzentrat *n*, Sammelkonzentrat *n (Aufbereitung)* ‖ ~/**кондиционный** *s.* ~/**готовый** ‖ ~/**конечный** fertiges Konzentrat *n*, Endkonzentrat *n (Aufbereitung)* ‖ ~/**магнитный** Magnetscheidungskonzentrat *n* ‖ ~/**мелкий** Feinkonzentrat *n (Aufbereitung)* ‖ ~ **обогащения** Anreicherungskonzentrat *n*, Konzentrat *n (Aufbereitung)* ‖ ~/**окислённый** oxidisches Konzentrat *n (NE-Metallurgie)* ‖ ~/**отсадочный** Setzkonzentrat *n (Aufbereitung)* ‖ ~/**пенный** Schaumkonzentrat *n (Flotation)* ‖ ~ **первичной флотации** *s.* /**первичный** ‖ ~/**первичный** Vorkonzentrat *n*, Rohkonzentrat *n (Aufbereitung)* ‖ ~/**пиритный (пиритовый)** Pyritkonzentrat *n*, Schwefelkieskonzentrat *n (NE-Metallurgie)* ‖ ~/**предварительный** Vorkonzentrat *n (Aufbereitung)* ‖ ~/**рудный** Erzkonzentrat *n*, Erzschlick *m* ‖ ~/**селективный** selektives Konzentrat *n (Aufbereitung)* ‖ ~/**сульфидный** sulfidisches Konzentrat *n (NE-Metallurgie)* ‖ ~/**суммарный** *s.* ~/**коллективный** ‖ ~/**флотационный** Flotationskonzentrat *n*, Schaumkonzentrat *n*, Schwimmkonzentrat *n (Schwimmaufbereitung)* ‖ ~/**цинковый** Zinkkonzentrat *n (NE-Metallurgie)* ‖ ~/**черновой** *s.* ~/**первичный**

концентратор *m* 1. Anreicherungsapparat *m*, Konzentrationsapparat *m*, Konzentrator *m (Auf-*

bereitung); 2. Reiniger *m*; 3. *(Opt)* Fokussier[ungs]einrichtung *f*; 4. *(Nrt)* Umschalter *m*; 5. *(Nrt)* Vorfeldeinrichtung *f* ‖ **~/барабанный** Trommelkonzentrator *m*, Drumkonzentrator *m* ‖ **~/башенный** Keßler-Konzentrator *m*, Turmkonzentrator *m* ‖ **~ напряжений** *(Mech)* Spannungskonzentrator *m*, spannungserhöhende Unstetigkeitsstelle *f* ‖ **~/штепсельный** *(Nrt)* Klinkenumschalter *m*
концентрация *f* 1. Konzentration *f*, Anreicherung *f*, Sättigung *f*, Gehalt *m*; 2. Eindickung *f*, Anreicherung *f (Aufbereitung)* ‖ **~ акцепторных примесей** *(Eln)* Akzeptor[en]konzentration *f*, Akzeptor[en]dichte *f* ‖ **~ в воздухе/предельно допустимая** *(Kern)* maximale Arbeitsplatzkonzentration *f*, Grenzkonzentration *f*, MAK-Wert *m* ‖ **~ в щёлоке/предельная** *(Ch)* Grenzlaugenkonzentration *f* ‖ **~/весовая** Massenkonzentration *f* ‖ **~ водородных ионов** *(Ch)* Wasserstoffionenkonzentration *f* ‖ **~ вырождения** *(Eln)* Entartungskonzentration *f (Halbleiter)* ‖ **~/галактическая** *(Astr)* galaktische Konzentration *f* ‖ **~ дон[ат]орных примесей** *(Eln)* Donatorkonzentration *f*, Donatordichte *f (Halbleiter)* ‖ **~/допустимая** zulässige (verträgliche) Konzentration *f*, Toleranzkonzentration *f* ‖ **~ дырок** *(Eln)* Defektelektronenkonzentration *f*, Löcherkonzentration *f*, Löcherdichte *f (Halbleiter)* ‖ **~ дырок проводимости/критическая** kritische Defektelektronendichte *f*, kritische Leitungslöcherdichte *f (Halbleiter)* ‖ **~ загрязняющих веществ** *(Ökol)* Schmutzstoffkonzentration *f* ‖ **~/избыточная** *(Eln)* Überschußkonzentration *f (Halbleiter)* ‖ **~ избыточных носителей** *(Eln)* Überschußladungsträgerdichte *f (Halbleiter)* ‖ **~/ионная** Ionenkonzentration *f* ‖ **~ ионов водорода** Wasserstoffionenkonzentration *f* ‖ **~ кислоты** *(Ch)* Säuredichte *f*, Säurekonzentration *f* ‖ **~/конечная** *(Ch)* Endkonzentration *f* ‖ **~/критическая** *(Eln)* kritische Konzentration *f*, Entartungskonzentration *f (Halbleiter)* ‖ **~/максимально допустимая** *s.* **~/предельно допустимая** ‖ **~/массовая** Massenkonzentration *f* ‖ **~/молекулярная (мольная)** *s.* **~/полярная** ‖ **~/мольно-объёмная** *s.* **~/молярная объёмная** ‖ **~/молярная** *(Ch)* molale Konzentration *f*, Molalität *f*, Kilogramm-Molalität *f* ‖ **~/молярная** *(Ch)* Stoffmengenkonzentration *f*, Molarität *f*, molare Konzentration *f* ‖ **~ напряжений** *(Mech)* Spannungskonzentration *f* ‖ **~/насыщения** *(Ch)* Sättigungskonzentration *f* ‖ **~/начальная** Anfangskonzentration *f* ‖ **~ неосновных носителей** *(Eln)* Minoritätsträgerdichte *f (Halbleiter)* ‖ **~/нормальная** *(Ch)* Normalität *f* ‖ **~ носителей [заряда]** *(Eln)* Ladungsträgerkonzentration *f*, Ladungsträgerdichte *f (Halbleiter)* ‖ **~ носителей [заряда]/избыточная** *(Eln)* Überschuß[ladungs]trägerkonzentration *f*, Überschuß[ladungs]trägerdichte *f (Halbleiter)* ‖ **~ обработки** *(Fert)* Prozeßstufenintegration *f* ‖ **~/объёмная** *(Ch)* Volum[en]konzentration *f* ‖ **~/объёмно-молекулярная** *s.* **~/молярная** ‖ **~/основных носителей** Majoritätsträgerdichte *f (Halbleiter)* ‖ **~ переходов обработки** *(Fert)* Arbeitsstufenintegration *f* ‖ **~/поверхностная** Oberflächenkonzentration *f*, Oberflächendichte *f* ‖ **~/полная** Gesamtkonzentration *f* ‖ **~/пороговая** *(Ökol)* Schwellenwertkonzentration *f* ‖ **~/предельная** Grenzkonzentration *f* ‖ **~/предельно допустимая** maximal zulässige Konzentration *f*, höchstzulässige Konzentration *f*, MZK, zulässige Grenzwertkonzentration *f* ‖ **~ примесей** *(Eln)* Störstellenkonzentration *f*, Störstellendichte *f (Halbleiter)* ‖ **~ примесных атомов** *(Eln)* Fremdatomkonzentration *f* ‖ **~ пыли/малая** *(Eln)* geringe Staubkonzentration *f* ‖ **~ равновесия** Gleichgewichtsdichte *f* ‖ **~ раствора** *(Ch)* Lösungskonzentration *f*, Lösungsstärke *f* ‖ **~/собственная** *(Eln)* Eigenleitungsdichte *f*, Intrinsic-Dichte *f*, I-Dichte *f (Halbleiter)* ‖ **~/электронная** *(Eln)* Elektronenkonzentration *f*, Elektronendichte *f (Halbleiter)* ‖ **~ электронов/критическая** *(Eln)* kritische Elektronendichte *f*, Elektronenzünddichte *f*
концентрирование *n* *(Ch)* Konzentrieren *n*, Konzentrierung *f*, Konzentration *f*, Anreicherung *f*; Einengen *n* ; Einengung *f*, Eindicken *n (einer Lösung)*; Verdichten *n*, Eindicken *n (einer Suspension)*; Anreichern *n (von Isotopen)*
концентрировать konzentrieren, anreichern; einengen *(Lösungen)*; verdichten, eindicken *(Suspensionen)*; anreichern *(Isotope)*
концентрический konzentrisch
концентричность *f* Konzentrizität *f*
концентричный konzentrisch
концепция *f* **виртуальной памяти** *(Inf)* virtuelles Speicherkonzept *n* ‖ **~ испытаний** Prüfkonzept *n*
концкорм *m s.* **корм/концентрированный** ‖ **~ с высоким содержанием белка** *(Lw)* Eiweißkonzentrat *n*
концы *mpl* 1. Putzwolle *f*; 2. *(Wlz)* Knüppelenden *npl*; 3. *(El)* Verbindungsleitung *f (zwischen Geräten)* ‖ **~/шлихтовальные** *(Text)* Schlichtfäden *mpl*
кончик *m* 1. Spitze *f*; 2. *(Typ)* Schlußlinie *f* ‖ **~ зерна** Kornspitze *f*
конш *m (Lebm)* Konche *f*, Längsreibe[maschine] *f (temperierte Reibemaschine zur Veredlung von Schokoladenmassen)*
конширование *n (Lebm)* Konchieren *n*, Konchierung *f*
коншировать *(Lebm)* konchieren
коншмашина *f s.* **конш**
коньюнктивный konjunktiv
коньюнктор *m* Konjunktor *m*
коньюнкция *f (Math)* Konjunktion *f*, logisches Produkt *n*
координата *f* Koordinate *f (s. a. unter* **координаты***)* ‖ **~ времени** Zeitkoordinate *f* ‖ **~/переменная** Bewegungskoordinate *f (Roboter)* ‖ **~/поперечная** Breitenkoordinate *f* ‖ **~/продольная** Längskoordinate *f* ‖ **~/угловая** Winkelkoordinate *f* ‖ **~/циклическая** zyklische Koordinate *f*
координатограф *m* Koordinatograph *m*, Koordinatenschreiber *m*, X-Y-Schreiber *m*
координатор *m* **[/навигационный]** *(Flg)* Koordinatenrechner *m*
координаты *fpl* Koordinaten *fpl (s. a. unter* **координата***)* ‖ **~/ареографические** *(Astr)* areographische Koordinaten *fpl* ‖ **~/астрономические** *(Astr)* astronomische Koordinaten *fpl* ‖ **~/безразмерные** *(Math)* dimensionslose Koordinaten

координаты

fpl ‖ ~/**видимые** *(Astr)* scheinbare Koordinaten *fpl* ‖ ~/**галактические** *(Astr)* galaktische Koordinaten *fpl* ‖ ~/**гелиографические** *(Astr)* heliographische Koordinaten *fpl* ‖ ~/**гелиоцентрические** *(Astr)* heliozentrische Koordinaten *fpl (bezogen auf den Sonnenmittelpunkt)* ‖ ~/**географические** geographische Koordinaten *fpl* ‖ ~/**геодезические** geodätische Koordinaten *fpl* ‖ ~/**геодезические полярные** geodätische Polarkoordinaten *fpl* ‖ ~/**геоцентрические** *(Astr)* geozentrische Koordinaten *fpl (bezogen auf den Erdmittelpunkt)* ‖ ~/**горизонтальные** Horizontalkoordinaten *fpl* ‖ ~/**декартовы** *(Math)* kartesische Koordinaten *fpl* ‖ ~/**дифференциальные** *(Astr)* differentielle Koordinaten *fpl* ‖ ~/**естественные** *(Math)* natürliche Koordinaten *fpl* ‖ ~/**идеальные** *(Astr)* Idealkoordinaten *fpl,* theoretische Koordinaten *fpl* ‖ ~/**косоугольные** *(Math)* schiefwinklige Koordinaten *fpl* ‖ ~/**криволинейные** *(Phys)* krummlinige Koordinaten *fpl,* Kurvenkoordinaten *fpl* ‖ ~/**Лагранжа** *s.* ~/**обобщённые** ‖ ~/**лагранжевые** *s.* ~/**обобщённые** ‖ ~ **механической системы** Systemkoordinaten *fpl* ‖ ~ **Минковского** *(Astr)* Minkowskische Raum- und Zeitkoordinaten *fpl,* Minkowskische Koordinaten *fpl* ‖ ~/**небесные** *(Astr)* Koordinaten *fpl* [am Himmel]; astronomisches Koordinatensystem *n* ‖ ~/**нормальные** *(Astr)* Normalkoordinaten *fpl* ‖ ~/**нормированные** нормальные *(Mech)* normierte Normalkoordinaten *fpl* ‖ ~/**обобщённые** *(Mech)* verallgemeinerte (generalisierte) Koordinaten *fpl,* Lagrangesche Koordinaten *fpl* ‖ ~/**орбитальные** *(Astr)* Bahnkoordinaten *fpl* ‖ ~/**относительные** *(Astr)* relative Koordinaten *fpl* ‖ ~/**планетографические** *(Astr)* planetographische Koordinaten *fpl* ‖ ~/**плоские** *(Math)* ebene Koordinaten *fpl* ‖ ~/**полярные** *(Math)* Polarkoordinaten *fpl* ‖ ~/**полярные сферические** Kugelkoordinaten *fpl* ‖ ~/**пространственные** *(Math)* räumliche Koordinaten *fpl,* Koordinaten *fpl* im Raum; *(Geod)* Raumkoordinaten *fpl* ‖ ~/**прямоугольные** *(Math)* rechtwinklige Koordinaten *fpl* ‖ ~/**прямоугольные пространственные** картетische Koordinaten *fpl* ‖ ~/**селенографические** *(Astr)* selenographische Koordinaten *fpl (Mondoberfläche)* ‖ ~ **симметрии** Symmetriekoordinaten *fpl* ‖ ~ **скорости** Geschwindigkeitskoordinaten *fpl* ‖ ~/**сферические** *(Math)* Kugelkoordinaten *fpl,* räumliche Polarkoordinaten *fpl* ‖ ~/**топографические** [relative] Geländekoordinaten *fpl* ‖ ~/**топоцентрические** *(Astr)* topozentrische Koordinaten *fpl (bezogen auf den Beobachtungsort als Mittelpunkt)* ‖ ~ **точек на аэроснимке** Bildkoordinaten *fpl* ‖ ~/**фотографические** photographische Koordinaten *fpl* ‖ ~ **цвета** *(Licht)* Farbkoordinaten *fpl,* Farbmeßzahlen *fpl,* Normfarbwerte *mpl* ‖ ~/**цилиндрические** Zylinderkoordinaten *fpl* ‖ ~/**экваториальные** *(Astr)* Äquatorialkoordinaten *fpl* ‖ ~/**экваториальные прямоугольные** rechtwinklige (orthogonale) Äquatorialkoordinaten *fpl* ‖ ~/**экваториальные сферические** sphärische Äquatorialkoordinaten *fpl* ‖ ~/**эклиптические** *(Astr)* Ekliptikalkoordinaten *fpl*

координация *f*/**модульная** *(Bw)* Maßordnung *f*

копание *n* Baggern *n,* Graben *n,* Schürfen *n* ‖ ~/**верхнее** Hochschnitt *m (Bagger)* ‖ ~/**горизонтальное** Baggern *n* auf Planum ‖ ~/**нижнее** Tiefschnitt *m (Bagger)*

копатель *m (Bw)* Schachtgerät *n,* Schürfgerät *n,* Bagger *m*

копатель-подборщик *m (Lw)* Sammelroder *m*

копать 1. graben, [aus]schachten; 2. roden *(Hackfrüchte)*

копач *m (Lw)* Rodewerkzeug *n (an der Rübenerntemaschine)* ‖ ~/**вибрационный** Polderschar *n* ‖ ~/**вильчатый** Rodespitze *f,* Rodezinken *m* ‖ ~/**дисковый** Roderad *n* ‖ ~/**ротационно-вильчатый** *s.* ~/**вильчатый**

копёр *m* 1. *(Bw)* Ramme *f,* Fallwerk *n,* Fallhammer *m,* Pfahlramme *f;* Rammgerät *n;* 2. *(Bgb)* Förderturm *m,* Förderturm *m;* Bohrgerüst *n (s. a. unter* **вышка, башня)***;* 4. *s.* ~/**маятниковый** ‖ ~/**бадейный** *(Bgb)* Kübelfördergerüst *n* ‖ ~/**башенный** *(Bgb)* Förderturm *m* ‖ ~/**вертикальный** 1. Fallwerk *n,* Fallhammer *m;* 2. *(Schm)* Senkrechtfallhammer *m* ‖ ~/**гидравлический** *(Bw)* Hydropfahltreiber *m* ‖ ~/**гравитационный** *s.* ~/**вертикальный** 1. ‖ ~/**консольный** *(Bw)* Auslegeramme *f* ‖ ~/**маятниковый** *(Wkst)* Pendelschlagwerk *n,* Pendelhammer *m (zur Bestimmung der Kerbschlagzähigkeit)* ‖ ~/**надшахтный** *(Bgb)* Fördergerüst *n (Oberbegriff für endgültige und Abteuffördergerüste)* ‖ ~/**наклонный** Schrägramme *f* ‖ ~/**А-образный** *(Bgb)* Bockfördergerüst *n* ‖ ~/**плавучий** *(Bw)* Schwimmramme *f* ‖ ~/**постоянный** *s.* ~/**эксплуатационный** ‖ ~/**проходческий** *(Bgb)* Abteuf[förder]gerüst *n* ‖ ~/**ручной** *(Bw)* Zugramme *f,* Handzugramme *f* ‖ ~/**свайный** *(Bw)* Pfahlramme *f* ‖ ~/**скиповой** *(Bgb)* Skipfördergerüst *n* ‖ ~ **со свободнопадающей бабой** *(Bw)* Freifallramme *f* ‖ ~/**четырёхстоечный** *(Bgb)* vierbeiniges Fördergerüst *n* ‖ ~ **Шарпи** *(Wkst)* Pendelschlagwerk *n* nach Charpy, Charpy-Hammer *m* ‖ ~/**шатровый** *(Bgb)* Doppel[bock]fördergerüst *n* ‖ ~/**шахтный** *(Bgb)* Fördergerüst *n,* Schachtgerüst *n* ‖ ~/**эксплуатационный** *(Bgb)* endgültiges Fördergerüst *n*

копиапит *m (Min)* Copiapit *m,* Ihleit *m (Eisensulfat)*

копилка *f* Münzkassette *f,* Kassierbehälter *m (am Münzfernsprecher)*

копильник *m* 1. *(Gieß)* Sammler *m,* Vorherd *m (Kupolofen);* 2. Roheisenmischer *m* ‖ ~ **вагранки** Kupolofenvorherd *m* ‖ ~/**качающийся** *s.* ~/**опрокидывающийся** ‖ ~/**обогреваемый** *(Gieß)* beheizbarer Vorherd *m;* 2. *(Met)* beheizbarer Roheisenmischer *m* ‖ ~/**опрокидывающийся** 1. *(Gieß)* kippbarer Vorherd *m;* 2. *(Met)* Rollmischer *m (Roheisen)*

копир *m* 1. Schablone *f,* Nachformschablone *f;* 2. *(Fert)* Nachformstück *n,* Formstück *n;* Richtungsschablone *f,* Leitschablone *f (Nachformdrehen, Nachformfräsen);* 3. Kurvenschablone *f (in Automaten);* 4. *(Lw)* Tastrad *n,* Taster *m (Erntemaschine);* 5. *(Math)* Kurvenkörper *m;* 6. Kopierer *m* ‖ ~/**вращающийся** *(Fert)* rotierende Nachformschablone *f* ‖ ~/**многоцветный** Farb[graphik]kopierer *m* ‖ ~/**накладной** *(Wkzm)* auflegbare Kurvenscheibe *f* ‖ ~/**объёмный** Stereo-Kopierer *m* ‖ ~/**резьбовой** *(Wkzm)* Leitpatrone *f (Revolverdrehmaschine)* ‖ ~/**эвольвентный** *(Wkzm)* Evolventenschablone *f*

копир-линейка f (Fert) Kopierlineal n, Kopierschiene f (Nachformvorrichtung)
копировальный (Wkzm) Nachform..., Kopier... (Zusatz zur Maschinenbezeichnung)
копирование n 1. Kopieren n; 2. (Fert) Nachformen n || **~/автоматическое** (Fert) automatisches Nachformen n || **~/контурное** (Fert) Umrißnachformen n || **~/механическое** (Fert) mechanisches Nachformen n || **~/негативное** Negativkopierverfahren n, Negativkopieren n || **~/объёмное** (Fert) räumliches Nachformen n || **~/позитивное** Positivkopieren n || **~ программы** Programmkopieren n || **~/продольное** (Fert) Längsnachformen n || **~/прямое** (Fert) Direktnachformen n || **~/строчечное** (Fert) Zeilennachformfräsen n || **~/трёхмерное** (Fert) räumliches Nachformen n || **~/фотоэлектронное** lichtelektrische (photoelektrische) Abtastung f (einer lichtelektronisch gesteuerten Brennschneidmaschine)
копировать 1. kopieren; 2. (Fert) nachformen
копирующий (Masch) handgeführt (Industrieroboter)
копир-шаблон m (Fert) Nachformschablone f
копирэффект m (Ak) Kopiereffekt m
копия f 1. Kopie f, Duplikat n; 2. Nachbildung f || **~/вспомогательная** Lichtpause f || **~/контактная** Kontaktkopie f || **~/пигментная** Pigmentkopie f || **~/фильмоточная** (Kine) Archivkopie f || **~/чёрно-белая** Schwarz-Weiß-Kopie f
копланарность f s. компланарность
копланарный s. компланарный
копнитель m (Lw) Strohsammler m (des Mähdreschers)
коптильня f Räucherei f (Betrieb)
коптить 1. (Lebm) räuchern; 2. mit Ruß schwärzen; 3. rußen, Ruß absondern
копчение n (Lebm) 1. Räuchern n, Räucherei f; 2. Räuchernwaren fpl || **~/горячее** Warmräucherei f || **~/холодное** Kalträucherei f
копыл m (Schiff) Aufklotzstempel m, Schiffsabstützung f (Stapellaufschlitten), Stapellaufschlittenstütze f || **~/кормовой** Achterschiffsaufklotzstempel m, Achterschiffsabstützung f, achtere Stapellaufschlittenstütze f || **~/носовой** Vorschiffsaufklotzstempel m, Vorschiffsabstützung f, vordere Stapellaufschlittenstütze f
копылья mpl (Schiff) Stempelaufklotzung f, Aufklotzstempel mpl
копьё n/**кислородное** (Met) Sauerstoff[einblas]lanze f, Lanze f
кора f Rinde f; Kruste f; Baumrinde f, Borke f || **~ выветривания** (Geol) Verwitterungskruste f || **~ выветривания/каолиновая** Kaolinisierungskruste f, kaolinitische Verwitterungskruste f || **~ выветривания/латеритная** lateritische Verwitterungskruste f, Lateritkruste f || **~ выветривания/наложенная** überlagernde Verwitterungskruste (Verwitterungsdecke) f || **~ выветривания/остаточная** Kruste f aus Verwitterungsrückständen || **~ выветривания/перемытая** ausgewaschene Verwitterungskruste f || **~ выветривания/размытая** erodierte Verwitterungskruste f || **~/древесная** Baumrinde f, Borke f || **~/земная** (Geol) Erdkruste f, Lithosphäre f || **~/континентальная** kontinentale Erdkruste f || **~/мыльная** Seifenrinde f || **~/океаническая** ozeanische Erdkruste f || **~/чешуйчатая** Schuppenborke f, Schuppenrinde f
кораблевождение n Schiffsführung f, Navigation f
кораблестроение n Schiffbau m
кораблестроительный Schiffbau..., schiffbaulich
корабль m 1. Schiff n (vorwiegend Kriegsschiff) (s. a. unter судно); 2. Raumschiff n; 3. (Bw) s.неф || **~/боевой** Kampfschiff n || **~/военный** Kriegsschiff n || **~/десантный** Landungsschiff n || **~/дозорный** Vorpostenschiff n || **~/конвойный** Geleitschiff n || **~/космический** Raumfahrzeug n, Raumschiff n || **~/линейный** Schlachtschiff n || **~ многоразового действия/космический** Raumfähre f, wiederverwendbares Raumfahrzeug n || **~/многоразового действия/космический** s. **~ многоразового действия/космический** || **~/многоразовый транспортный космический** [wiederverwendbarer] Raumtransporter m || **~/надводный** Überwasserschiff n || **~/подводный** Unterwasserschiff n, U-Schiff n || **~/противоракетный** Raketenabwehrschiff n || **~/ракетный** Raketenschiff n || **~ типа «шаттл»/космический** Space Shuttle n || **~/тральный** Räumschiff n || **~/транспортный космический** Raumtransporter m, Transportraumfahrzeug n || **~/эскортный** Geleitschiff n
корабль-конвоир m Geleitschiff n
корабль-ракетоносец m Raketenträger[schiff] n
коразмерность f (Math) Kodimension f
кордиерит m (Min) Cordierit m, Dichroit m
корень m 1. Wurzel f; 2. (Math) Wurzel f, Radix f || **~ зуба** (Masch) Zahngrund m; Zahnwurzel f (nichtaktiver Teil des Zahnfußes) || **~/комплексно-сопряжённый** (Math) konjugiertkomplexe Wurzel f || **~/комплексный** (Math) komplexe Wurzel f || **~ лопатки** Schaufelfuß m, Schaufelwurzel f (Turbine) || **~ покрова** s. **~ шарьяжа** || **~/целочисленный** (Math) ganzzahlige Wurzel f || **~ шарьяжа** (Geol) Deckenwurzel f || **~ шва** (Schw) Nahtwurzel f
корешок m 1. (Typ) Rücken m, Buchrücken m; Bund m; 2. Talon m (z. B. eines Quittungsblockes)
коридор m Gang m, Korridor m, (Flg auch) Schneise f || **~/бортовой** Wallgang m (Zweihüllenschiff) || **~ взлёта** (Flg) Ausflugschneise f, Abflugschneise f || **~/воздушный** Luftkorridor m || **~ гребного вала** (Schiff) Wellentunnel m || **~ заходы на посадку** (Flg) Anflugschneise f || **~ обслуживания** Bedienungsgang m || **~/подпалубный [бортовой]** (Schiff) Wallgang m (Zweihüllenschiff) || **~/сушильный** Trockenkanal m
корка f 1. Rinde f, Schale f, Haut f; 2. Kruste f; 3. (Met) Randschicht f, Randzone f || **~/глинистая** (Bgb) Tonkruste f (Bohrloch) || **~/почвенная** (Lw) Bodenkruste f
корм m (Lw) Futtermittel npl, Futterstoffe mpl, Futter n || **~/грубый** Grobfutter n, Hartfutter n, Rauhfutter n || **~/зелёный** Grünfutter n || **~/квашеный** s. **~/силосованный** || **~/комбинированный** s. комбикорм || **~/концентрированный** Kraftfutter n, Mastfutter n; Konzentratfutter n || **~/объёмистый** s. **~/грубый** || **~/подножный**

корм

Weidefutter *n*, Grünfutter *n*, Grasfutter *n* ‖ **~/силосованный** Silofutter *n*, Sauerfutter *n*, Gärfutter *n*, Silage *f* ‖ **~/сочный** Saftfutter *n* (zusammenfassende Bezeichnung für Futterhackfrüchte, Gärfutter, Biertreber, Pulpe, Naßschnitzel, Schlempe) ‖ **~/сухой** Trockenfutter *n*, Raufenfutter *n* ‖ **~/травяной** Grasfutter *n*, Halmfutter *n* ‖ **~/формованный** (*Lw*) Preßfutter *n*, Preßlinge *mpl*, Pellets *npl*
корма *f* (*Schiff*) Heck *n*; Gatt *n* ‖ **~/вельботная** Waalbootheck *n* ‖ **~/заостренная** Spitzgattheck *n* ‖ **~/крейсерская** Kreuzerheck *n* ‖ **~/откидная** Klappheck *n*
кормовой (*Schiff*) achter, hinter, Achter..., Hinter...
кормозапарник *m* (*Lw*) Futterdämpfer *m*, Futterdämpfanlage *f*
кормокухня *f* (*Lw*) Futterküche *f*
кормоплющилка *f* (*Lw*) Futterquetsche *f*
кормопровод *m* (*Lw*) Futterrohrleitung *f* (*Rohrkettenförderer*)
кормопроизводство *n* (*Lw*) Futtermittelproduktion *f* ‖ **~/попевое** (*Lw*) Futterbau *m*, Ackerfutterbau *m*
кормораздатчик *m* (*Lw*) Futterverteilungswagen *m* ‖ **~/ленточный** dosierender Futterverteilungswagen *m* mit Bandförderer
корморезка *f* (*Lw*) Futterreißer *m*; Futtermuser *m*
кормоцех *m* (*Lw*) Futterhaus *n*
кормушка *f* (*Lw*) Krippe *f*, Futtertrog *m*, Futterkasten *m*, Futterraufe *f*, Raufe *f* ‖ **~/автоматическая** Futterautomat *m*, Selbstfütterer *m*
корнезаборник *m* (*Lw*) Förderrad *n* (*Rübenerntemaschinen*)
корнеклубнемойка *f* (*Lw*) Hackfruchtwaschmaschine *f*
корнеплод *m* (*Lw*) Hackfrucht *f*; Wurzelfrucht *f*
корнеплодохранилище *n* (*Lw*) Bergeraum *m* (*Lagerraum*) *m* für Hackfrüchte
корнерезка *f* (*Lw*) Schnitzelmaschine *f* für Hackfrüchte, Wurzelfruchtschneider *m*; Rübenschneider *m*
корнерупин *m* (*Min*) Kornerupin *m*, Prismatin *m*
короб *m* 1. Korb *m*, Kiepe *f*; 2. Transportbehälter *m* ‖ **~/томильный** (*Gieß*) Glühtopf *m*, Glühkasten *m*, Glühbehälter *m* (*meist zum Tempern*)
коробиться (*Fert*) sich verziehen, sich werfen (*z. B. Bleche*)
коробка *f* 1. Schachtel *f*, Dose *f*; 2. Gehäuse *n*, Mantel *m* (*s. a. unter* картер, кожух *und* корпус 1.) ‖ **~ блока** Flasche *f* (*Flaschenzug*) ‖ **~/весовая** Waageschale *f* ‖ **~/воздушная** (*Met*) Windkasten *m*, Windring *m*, Windmantel *m* (*Kupolofen*) ‖ **~/впускная клапанная** Einlaßventilgehäuse *n* ‖ **~/всасывающая** Saugkorb *m* (*Pumpe*) ‖ **~/выводная** (*El*) Klemmenkasten *m* ‖ **~/выпускная клапанная** Auslaßventilgehäuse *n* ‖ **~ главных предохранителей** (*El*) Hauptsicherungskasten *m* ‖ **~/гребенная** (*Text*) Hackerkasten *m*, Hackergehäuse *n* (*Deckelkarde*) ‖ **~/грязевая** Schlammkasten *m* ‖ **~/дверная** (*Bw*) Türzarge *f* ‖ **~/дифференциальная** (*Kfz*) Differentialgehäuse *n*, Gehäuse *n* des Ausgleichsgetriebes ‖ **~/загрузочная** Aufgabekasten *m*, Füllkasten *m* ‖ **~ здания** (*Bw*) Rohbau *m*, Gebäudehülle *f* ‖ **~/золотниковая** Schieberkasten *m*, Schiebergestänge *n* (*Dampfmaschine*) ‖ **~/индивидуальная клапанная** Einzelventilgehäuse *n* ‖ **~/инструментальная** (*Kfz*) Werkzeugkasten *m* ‖ **~/клапанная** 1. Ventileinsatz *m*, Ventilkammer *f*; 2. Einströmkasten *m*, Einströmgehäuse *n* (*Dampfturbine*) ‖ **~ конвертера/воздушная (фурменная)** (*Met*) Konverterwindkasten *m* ‖ **~/набивочная** (*Masch*) Packungsraum *m* (*Stopfbüchse*) ‖ **~/направляющая** (*Masch*) Leitgehäuse *n*, Führungsgehäuse *n*; (*Wlz*) Führungskasten *m* ‖ **~ Нортона** (*Masch*) Norton-Getriebe *n*, Norton-Getriebekasten *m* ‖ **~/огневая** (*Met*) Heizkammer *f*, Feuerkammer *f* (*Ofen*) ‖ **~/оконная** (*Bw*) Fensterzarge *f* ‖ **~/отбора мощности** (*Masch*) Zapfwellengetriebe *f* ‖ **~/ответвительная** (*El*) Abzweigdose *f*; Abzweigkasten *m* ‖ **~/отсасывающая** Saugkasten *m*, Absaugkammer *f* ‖ **~/паровая** Dampfeinströmkasten *m*, Einströmkasten *m*, Einströmgehäuse *n* (*Dampfturbine*) ‖ **~/пароразборная** Dampfentnahmesammler *m* (*Dampfturbine*) ‖ **~/парораспределительная клапанная** Ventilgehäuse *n* der Frischdampfregelung (*Dampfturbine*) ‖ **~ передач** (*Masch, Kfz*) Getriebe *n*, Schaltgetriebe *n*, Wechselgetriebe *n* ‖ **~ передач/бесступенчатая** stufenloses Getriebe *n* ‖ **~ передач/гидравлическая** Strömungsgetriebe *f* ‖ **~ передач/двухскоростная** Zweigangschaltgetriebe *n*, Zweigang[wechsel]getriebe *n* ‖ **~ передач/дополнительная** Zusatzgetriebe *n* ‖ **~ передач/зубчатая** Zahnradgetriebe *n* ‖ **~ передач/планетарная** Planetenwechselgetriebe *f*, Umlaufwechselgetriebe *n* ‖ **~ передач/пятиступенчатая** Fünfgang[wechsel]getriebe *n*, Fünfgang[schalt]getriebe *n* ‖ **~ передач/раздаточная** Verteilergetriebe *n* (*Mehrachsantrieb*) ‖ **~ передач/реверсивная** Umsteuergetriebe *n*, Wende[schalt]getriebe *n* ‖ **~ передач/синхронизированная (синхронная)** Synchrongetriebe *n*, Getriebe *n* mit Gleichlaufeinrichtung ‖ **~ передач/трёхступенчатая** Dreigangschaltgetriebe *n*, Dreigang[wechsel]getriebe *n* ‖ **~ передач/четырёхступенчатая** Viergangschaltgetriebe *n*, Viergang[wechsel]getriebe *n* ‖ **~ переключения скоростей** (*Wkzm*) Schalteinrichtung *f* (*für Drehzahlen*) ‖ **~ питания** (*Text*) Speiserost *n* (*Wollkämmaschine*) ‖ **~ подач** 1. (*Wkzm*) Vorschubgetriebe *n*; 2. (*Masch*) Einströmgehäuse *n* (*Dampfturbine*; *Dampfmaschine*); (*Masch*) Vorschubgetriebe *n* ‖ **~ подач/зубчатая** (*Masch*) Zahnradvorschubgetriebe *n* ‖ **~ подач/реверсивная** (*Masch*) Vorschubumsteuergetriebe *n* ‖ **~/подъёмная [челночная]** (*Text*) Steigkasten *m* (*Schützenwechsel; Webstuhl*) ‖ **~/предохранительная** 1. (*El*) Sicherungsdose *f*; 2. (*Wlz*) Brechtopf *m* ‖ **~/приёмная** (*Wlz*) Aufnahmekasten *m*, Führungskasten *m*, Einführungskasten *m*, Einführungstrichter *m* ‖ **~ проводки** (*Wlz*) Einführungskasten *m*, Führungskasten *m*, Aufnahmekasten *m* ‖ **~/проводковая** ~ проводки ‖ **~/просасывающая** Saugkasten *m*, Saughaube *f* (*Sinterband*) ‖ **~/разветвительная** ~ ответвительная ‖ **~/разгрузочная** Austragkammer *f* (*Aufbereitung*) ‖ **~/распределительная** 1. Verteilerkopf *m*, Verteilergehäuse *n* (*Drehofen*); 2. (*El*) Verteilerdose *f*; Verteilerkasten *m*; 3. (*Masch*) Verteilergehäuse *n*; Steuer-

getriebe n || **реверса** *(Wkzm)* Umsteuergetriebe n *(für Drehrichtung)* || ~/**револьверная [челночная]** *(Text)* Revolverkasten m *(Schützenwechsel; Webstuhl)* || ~ **с откидной крышкой** Klappschachtel f || ~ **сальника** Stopfbuchsengehäuse n || ~ **скоростей** *(Masch)* Hauptgetriebe n, Getriebe n zur Geschwindigkeitsstufung *(s. a.* unter ~ передач*)* || ~/**сменная [челночная]** *(Text)* Wechselkasten m, Schützenwechselkasten m *(Webstuhl)* || ~/**соединительная** *(El)* Anschlußdose f || ~/**сопловая** *(Flg)* Düsenkammer f || ~/**топочная** Heizkammer f, Feuerkammer f *(Ofen)* || ~ **узорообразующего механизма** *(Text)* Musterbandgehäuse n *(Jacquard-Rundstrickmaschine)* || ~/**фурменная** *(Met)* Windkasten m, Windring m, Windmantel m *(Schachtofen, Konverter)* || ~/**челночная** *(Text)* Schützenkasten m *(Weberei)* || ~/**червячная** Schneckengetriebe n || ~/**шестерённая** *(Wlz)* Kammwalzengetriebe n || ~/**шпиндельная** Spindelkasten m
коробка-рама f/**ножевая** *(Text)* Messerkasten m *(Jacquardmaschine)*
коробление n Verwerfen n, Verwinden n, Verziehen n; Querkrümmung f, Hohlkrümmung f, Verwölbung f || ~/**продольное** Längskrümmung f
короблённость f Querkrümmungsgrad m
коробоватость f Verzug m, Verwerfung f, Unebenheit f; Welligkeit f *(Walzgut)*
коробчатый *(Masch)* kastenförmig
коровник m *(Lw)* Rinderstall m
королёк m Regulus m
король m *(Hydt)* Drempel m
коромысло n 1. Schwengel m; 2. Hebelstange f, Ausgleichhebel m; 3. Balancier m; Schwinghebel m, Schwinge f, Wippe f; 4. Lenker m, Kreuzlenker m; 5. Waagebalken m, Haupthebel m *(Waage)*; 6. Propeller m *(Regner)* || ~/**клапанное** Kipphebel m, Ventilhebel m *(Verbrennungsmotor)*
корона f 1. *(Astr)* Korona f, Sonnenkorona f; 2. *(Astr)* Korona f, Halo m *(der Galaxis)*; 3. *(El)* Korona f, Koronaentladung f, Sprühentladung f || ~/**галактическая** *(Astr)* galaktische Korona f *(Radiostrahlung)* || ~/**отрицательная** *(El)* negative Korona f || ~ **покрышки** *(Gum)* Reifenkorona f || ~/**положительная** *(El)* positive Korona f || ~/**солнечная** s. ~ 1. || ~/**фраунгоферова** s. F-корона
F-корона f *(Astr)* F-Komponente f [der Sonnenkorona], Fraunhofer-Komponente f
K-корона f *(Astr)* K-Komponente f, kontinuierliche Komponente f
L-корона f *(Astr)* L-Komponente f der Koronastrahlung, L-Korona f
корональный *(Astr)* koronal *(auf Sonnenkorona bezogen)*
коронирование n *(El)* Koronaerscheinung f
коронировать *(El)* sprühen
коронка f 1. *(Bgb)* Bohrkrone f; 2. Oberteil n *(eines Edelsteins)* || ~/**алмазная [буровая]** *(Bgb)* Diamant[bohr]krone f || ~/**алмазная кольцевая** *(Wkz)* Diamantbohrkrone f, Diamanthohlbohrkrone f || ~/**буровая** *(Bgb)* Krone f, Bohrkrone f || ~/**дробовая** *(Bgb)* Schrotbohrkrone f || ~/**зубчатая** *(Bgb)* Zahnbohrkrone f, Stiftbohrkrone f || ~/**импрегнированная алмазная** *(Bgb)* imprägnierte Diamantbohrkrone f || ~/**мелкоалмазная** *(Bgb)* Diamantsplitterkrone f || ~/**ребристая** *(Bgb)* Rippenbohrkrone f || ~/**самозатачивающаяся** *(Bgb)* selbstschärfende Bohrkrone f || ~/**твердосплавная** *(Bgb)* Hartmetallbohrkrone f
коронограф m *(Astr)* Koronograph m *(zur Beobachtung der Sonnenkorona)*
короностойкость f *(El)* Koronafestigkeit f
короободирка f *(Pap)* Entrindungsmaschine f, Schälmaschine f || ~/**барабанная** Trommelschälmaschine f, Entrindungstrommel f, Schältrommel f || ~/**водоструйная (гидравлическая)** Wasserstrahlschälmaschine f; Streambarker m || ~/**дисковая** s. ~/**ножевая** || ~ **для длинника** Langholzschälmaschine f, Langholzschäler m || ~ **для доокорки** Nachschälmaschine f, Nachschäler m || ~ **для коротья** Kurzholzschälmaschine f, Kurzholzschäler m || ~/**ножевая** Messer[scheiben]entrinder m, Messerschälmaschine f || ~ **трения** Schälmaschine f für Naßentrindung (Reibungsentrindung) || ~/**цепная** Kettenentrinder m
короткий жирный *(Pap)* kurzschmierig
коротковолновик[-любитель] m Kurzwellenamateur m
коротковолновый *(Rf)* kurzwellig, Kurzwellen...
короткволокнистый 1. kurzfaserig; 2. *(Text)* kurzstapelig
короткогорлый Kurzhals..., kurzhalsig
короткодействующий von geringer Reichweite, kurzreichweitig, Nahwirkungs..., nahwirkend
короткозамкнутый *(El)* kurzgeschlossen, Kurzschluß...
короткозамыкатель m *(El)* Kurzschlußbügel m
короткозамыкающий *(El)* Kurzschluß...
короткоствольный *(Forst)* kurzschäftig, geringschäftig *(Bäume)*
короткофокусный kurzbrennweitig *(Objektive)*
корпус m 1. Gehäuse n, Mantel m; 2. Ständer m, Gestell n; 3. *(Wkz)* Körper m, Grundkörper m, Tragkörper m *(eines Werkzeugs)*; 4. *(Masch)* Führungsgehäuse n *(eines Führungsgetriebes)*; 5. *(Rf)* Block m, Gebäudeblock m; 6. *(Schiff)* Spantenriß m *(Teil des Linienrisses)* || ~/**безводной** *(El)* anschlußloses Gehäuse n || ~ **буксы** *(Eb)* Achslagergehäuse n, Radsatzlagergehäuse n || ~/**винтовой** *(Lw)* Wendelkörper m *(Pflug)* || ~/**впускной** *(Masch)* Eintrittsgehäuse n, Einströmgehäuse n || ~ **выпарки** Verdampferkörper m, Verdampferstufe f || ~/**выступающий** Aufbaugehäuse n || ~/**дробящий** Brechmantel m *(Kegelbrecher)* || ~/**дублированный** zweiflutiges Gehäuse n *(Dampfturbine; Turboverdichter)* || ~ **карбюратора** Vergasergehäuse n || ~/**керамический** Keramikgehäuse n || ~ **коллектора** *(El)* Kommutatorkörper m || ~ **конденсатора** Kondensatorgehäuse n, Kondensatorbecher m || ~ **корабля** Schiffskörper m, Schiffsrumpf m || ~ **коробки передач** *(Masch)* Getriebebegehäuse n *(Fert)* Vorschubgetriebegehäuse n || ~ **котла** *(Wmt)* Kesselkörper m, Kesselgerüst n || ~/**литой** Gußgehäuse n || ~/**металлокерамический** Metall-Keramik-Gehäuse n || ~/**металлопластмассовый** Metall-Kunststoff-Gehäuse n || ~/**металлостеклянный** Metall-Glas-Gehäuse n || ~/**многослойный керами-**

корпус

ческий *(Eln)* Mehrlagenkeramikgehäuse *n*, MK-Gehäuse *n* ‖ ~/**монтажно-испытательный** 1. *(Rak)* Montageturm *m (Aufrüstung und Startvorbereitung von Trägerraketen)*; 2. *(Fert)* Montagebereich *m* und Versuchsfeld *n* ‖ ~ **насоса** Pumpengehäuse *n*, Pumpenkörper *m* ‖ ~/**отмаркированный лазером** *(Eln)* lasermarkiertes Gehäuse *n* ‖ ~/**печной** Ofenmantel *m*, Ofengehäuse *n*, Ofenpanzer *m* ‖ ~/**пластмассовый** Kunststoffgehäuse *n* ‖ ~/**плоский** *(Eln)* Flachgehäuse *n*, Flat-Pack[-Gehäuse] *n (für integrierte Schaltkreise)* ‖ ~ **подшипника** *(Masch)* Lagergehäuse *n*; Lagerkörper *m* ‖ ~ **подшипника/разъёмный** geteiltes Lagergehäuse *n* ‖ ~ **подшипников распределительного вала** *(Kfz)* Nockenwellenlagergehäuse *n* ‖ ~/**полувинтовой** *(Lw)* Halbwendelkörper *m (Pflug)* ‖ ~/**получашечный керамический** *(Eln)* Zweischalenkeramikgehäuse *n*, Keramikhalbschalengehäuse *n* ‖ ~ **приёмника** *(Rf, TV)* Empfängergehäuse *n* ‖ ~/**разъёмный** geteiltes Gehäuse *n* ‖ ~ **реактора** *(Kern)* Reaktorbehälter *m*, Reaktorgefäß *n*; Reaktordruckgefäß *n* ‖ ~ **с двухрядным расположением выводов** *(Eln)* DIL-Gehäuse *n*, Dual-in-line-Gehäuse *n*, DIP ‖ ~/**сварной** geschweißtes Gehäuse *n* ‖ ~ **судна** Schiffskörper *m*, Schiffsrumpf *m* ‖ ~/**теоретический** *(Schiff)* Spantenriß *m* ‖ ~ **теоретического чертежа** *(Schiff)* Spantenriß *m* ‖ ~ **типа ДИП** *(Eln)* Dual-in-line-Gehäuse *n*, DIL-Gehäuse *n*, DIP ‖ ~/**утопленный** Einbaugehäuse *n* ‖ ~/**фарфоровый** Porzellankörper *m* ‖ ~/**цельносварной** vollgeschweißter Schiffskörper *m* ‖ ~ **червячной передачи** *(Masch)* Schneckengetriebegehäuse *n* ‖ ~ **штепселя** *(El)* Stöpselkörper *m*

корпусирование *n (Eln)* Verkappen *n*, Verkapseln *n*
корпускула *f (Ph)* Korpuskel *n*
корпусостроение *n* Schiffskörperbau *m*
корразия *f (Geol)* Korrasion *f*, Windschliff *m*, Sandschliff *m*
корректирование *n s.* коррекция
корректировать korrigieren; ausgleichen, kompensieren ‖ ~ **искажения** *(El)* entzerren
корректор *m* 1. Korrektor *m*, Korrektureinrichtung *f*, Korrekturglied *n*; 2. *(El)* Entzerrer *m*; 3. Nullsteller *m (eines Meßgerätes)* ‖ ~/**амплитудный** *(El)* Amplitudenentzerrer *m* ‖ ~/**высотный** *(Flg)* Höhenregler *m* ‖ ~/**фазовый** *(El)* Phasenentzerrer *m* ‖ ~/**частотный** *(El)* Frequenzkorrektor *m*

коррекция *f* 1. Korrektion *f*, Berichtigung *f*, Ausgleich *m*; 2. Korrektur *f (s. a. unter* поправка 1.*)*; 3. *(El)* Entzerrung *f* ‖ ~/**амплитудная** *(El)* Amplitudenkorrektur *f*, Amplitudenentzerrung *f* ‖ ~ **временных искажений** Korrektur *f* von Zeitbasisfehlern ‖ ~/**высотная** *(Masch)* Profilhöhenverschiebung *f*, Höhenverschiebung *f (Verzahnung)* ‖ ~/**динамическая** *(El)* Dynamikentzerrung *f* ‖ ~ **замирания** Schwundausgleich *m*, Fadingausgleich *m* ‖ ~ **зубчатого зацепления** *(Masch)* Profilverschiebung *f*, Zahnkorrektur *f (Zahnrad)* ‖ ~ **импульса** Impulsentzerrung *f* ‖ ~ **искажений** 1. Korrektur *f* der Abweichungen, Fehlerkorrektur *f*; 2. *(El)* Entzerrung *f* ‖ ~ **нуля** *(El)* Null[punkt]korrektur *f* ‖ ~ **нуля/автоматиче-**

ская automatischer Nullabgleich *m* ‖ ~/**обратная** *(Eln)* reziproke Entzerrung *f*, Deemphasis *f*, Deakzentuierung *f* ‖ ~/**отрицательная** *(Masch)* Minuskorrektur *f* ‖ ~/**подстроечная** *(Eln)* Nachstimmkorrektur *f* ‖ ~/**положительная** *(Masch)* Pluskorrektur *f* ‖ ~/**предварительная** *(El)* Vorentzerrung *f*, Preemphasis *f*, Akzentuierung *f* ‖ ~/**предыскажения** *s.* ~/**обратная** ‖ ~/**резьбы** *(Fert)* Gewindekorrektur *f* ‖ ~ **тембра** *(Ak)* Klangfarbenregelung *f* ‖ ~ **траектории** *(Rak)* Bahnkorrektur *f* ‖ ~/**фазовая** *(El)* Phasenentzerrung *f*, Phasenkorrektur *f* ‖ ~/**частотная** *(El)* Frequenz[gang]korrektur *f*, Frequenz[gang]entzerrung *f*, Frequenz[gang]kompensation *f* ‖ ~ **шага винта** *(Fert)* Spindelsteigungs[fehler]korrektur *f*

коррелограмма *f* Korrelogramm *n*
коррелограф *m* Korrelograph *m* ‖ ~/**низкочастотный** Niederfrequenzkorrelograph *m*
коррелометр *m* Korrelationsmesser *m*
коррелята *f* Korrelate *f*
коррелятивный korrelativ, korrelat, aufeinander bezogen
коррелятор *m (El)* Korrelator *m* ‖ ~/**высокочастотный** Hochfrequenzkorrelator *m* ‖ ~/**гетеродинный** Überlagerungskorrelator *m* ‖ ~/**микроволновый** Mikrowellenkorrelator *m* ‖ ~/**низкочастотный** Niederfrequenzkorrelator *m*

корреляция *f* 1. Korrelation *f*, Wechselbeziehung *f*, gegenseitige Beziehung (Abhängigkeit) *f*; 2. *(Math)* Korrelation *f (Statistik)*; 3. *(Geol) s.* ~ **пластов** ‖ ~/**взаимная** Kreuzkorrelation *f*, gegenseitige Korrelation *f* ‖ ~/**встречная** *s.* ~/**взаимная** ‖ ~/**кадровая** *(TV)* Rasterkorrelation *f* ‖ ~/**каноническая** *(Kern)* kanonische Correlation *f* ‖ ~/**кратковременная** *(TV)* Kurzzeitkorrelation *f* ‖ ~/**линейная** *(Math)* lineare Korrelation *f* ‖ ~/**ложная** *(Math)* Scheinkorrelation *f* ‖ ~/**множественная** *(Math)* Mehrfachkorrelation *f*, multiple Korrelation *f* ‖ ~/**нелинейная** *(Math)* nichtlineare Korrelation *f* ‖ ~/**нормальная** *(Math)* Korrelation *f* zwischen normal verteilten Größen ‖ ~ **пластов** *(Geol)* Schichtenparallelisierung *f*, Schichtenkorrelation *f* ‖ ~/**по времени** zeitliche Korrelation *f*, Zeitkorrelation *f* ‖ ~/**полная** *(Math)* totale (vollkommene) Korrelation *f* ‖ ~/**положительная** *(Math)* positive Korrelation *f* ‖ ~/**ранговая** *(Math)* Rangkorrelation *f* ‖ ~/**сериальная** *(Math, Kyb)* Reihenkorrelation *f*, Serienkorrelation *f*, Autokorrelation *f*, Eigenkorrelation *f* ‖ ~/**спиновая** *(Kern)* Spinkorrelation *f* ‖ ~/**строчная** *(TV)* Zeilenkorrelation *f* ‖ ~/**схоластическая** *(Math)* Scheinkorrelation *f* ‖ ~ **точки изображения** *(TV)* Bildpunktkorrelation *f* ‖ ~/**угловая** *(Kern)* Winkelkorrelation *f*, Richtungskorrelation *f* ‖ ~/**электронно-нейтринная** *(Kern)* Elektron-Neutrino-Winkelkorrelation *f*, Elektron-Neutrino-Richtungskorrelation *f*

корригирование *n* зубчатого зацепления *(Masch)* Verzahnungskorrektur *f (Zahnrad)*
корродирование *n s.* коррозия
корродировать korrodieren, angreifen *(Metall)*
корродироваться korrodieren, der Korrosion unterliegen (ausgesetzt sein)
корродируемость *f* Korrodierbarkeit *f*, Korrosionsempfindlichkeit *f*, Korrosionsanfälligkeit *f*

корродируемый korrodierbar, korrosionsempfindlich, korrosionsanfällig
коррозиеустойчивость f Korrosionsbeständigkeit f, Korrosionsfestigkeit f; Rostbeständigkeit f
коррозиеустойчивый korrosionsbeständig, korrosionsfest; rostbeständig
коррозийность f Korrosivität f, korrodierende Wirkung f
коррозиметр m Korrosimeter n
коррозионно-агрессивный korrosionsaggressiv
коррозионно-активный korrosionsaktiv
коррозионно-защитный Korrosionsschutz...
коррозионно-инертный korrosionsträge
коррозионно-опасный korrosionsgefährdet
коррозионно-стойкий korrosionsbeständig, korrosionsfest; rostbeständig
коррозия f Korrosion f, Korrodieren n; Rosten n, Verrosten n || **~/атмосферная** atmosphärische Korrosion f, Korrosion f durch Witterungseinflüsse || **~/биметаллическая** bimetallische Korrosion f || **~/биологическая** biologische Korrosion f, Biokorrosion f || **~ блуждающим током** Streustromkorrosion f || **~ в щелях** Spaltkorrosion f || **~/влажная** Feuchtigkeitskorrosion f, Korrosion f durch Feuchtigkeit || **~/высокотемпературная** Hochtemperaturkorrosion f || **~/газовая** Gaskorrosion f, Korrosion f durch Gase || **~/застойная** Stillstandskorrosion f || **~/избирательная** selektive (teilweise) Korrosion f || **~/интеркристаллитная** s. **~/межкристаллитная** || **~/кавитационная** Kavitationskorrosion f || **~/кислотная** Säurekorrosion f, Säureangriff m || **~/контактная** Berührungskorrosion f, Kontaktkorrosion f || **~/котельная** Kesselkorrosion f || **~/локальная** s. **~/местная** || **~/межкристаллитная** interkristalline Korrosion f, Korngrenzenkorrosion f, Kornzerfall m || **~/местная** örtliche (lokale) Korrosion f, Lokalkorrosion f || **~/морская** Seewasserkorrosion f || **~/начальная** Anfangskorrosion f || **~/питтинговая** s. 1. **~/точечная**; 2. **~/местная** || **~ по границам зёрен** s. **~/межкристаллитная** || **~/поверхностная** Oberflächenkorrosion f || **~ под действием излучения** Strahlungskorrosion f || **~ под защитным покровом** s. **~/подплёночная** || **~ под напряжением** Spannungs[riß]korrosion f || **~/подводная** Unterwasserkorrosion f || **~/подземная** Erdbodenkorrosion f, Bodenkorrosion f, unterirdische Korrosion f || **~/подплёночная** Unterkorrosion f; Unterrosten n, Unterrostung f || **~/послойная** Schichtkorrosion f || **~/почвенная** s. **~/подземная** || **~ при трении** Reiboxidation f, Reibkorrosion f, Tribokorrosion f || **~/равномерная** gleichmäßige (gleichförmige, ebenmäßige) Korrosion f || **~/радиационная** Strahlungskorrosion f || **~/селективная** selektive (teilweise) Korrosion f || **~/сильная** starke Korrosion f || **~/сквозная** durchgehende Korrosion f, durchgehender Lochfraß m || **~/солевая** Korrosion f durch Salze || **~/сплошная** Gesamtkorrosion f, Vollkorrosion f || **~/средняя** mittlere Korrosion f || **~ стали** Rosten n, Rostung f || **~/структурная** Gefügekorrosion f, Mikrokorrosion f || **~/сульфатная** Sulfatkorrosion f, Sulfatangriff m || **~/сухая** trockene Korrosion f, Trokkenkorrosion f || **~/точечная** punktförmige (grübchenförmige, lochförmige) Korrosion f, Punktkorrosion f, Grubenkorrosion f, Lochfraßkorrosion f || **~/транскристаллитная** transkristalline Korrosion f || **~/фрикционная** s. **~ при трении** || **~/химическая** chemische Korrosion f || **~/щелевая** Spaltkorrosion f || **~/электрохимическая** elektrochemische Korrosion f
корунд m Korund m (Schleifmittel) || **~/красный** roter Korund m, Rubin m || **~/природный** Naturkorund m (Schleifmittel) || **~/синий** blauer Korund m, Saphir m || **~/спечённый** Sinterkorund m
корундофиллит m (Min) Korundophilit m (Magnesiumchlorit)
корчеватель m [пней] Stockrodemaschine f, Stubbenroder m
корчеватель-собиратель m (Forst) Stockrode- und -räummaschine f; (Lw) Stubbenrode- und Steinsammelgerät n
корыто n Trog m, Mulde f; Wanne f || **~/балластное** (Eb) 1. Kieskoffer m, Bettungskoffer m (im Oberbau); 2. Fahrbahntrog m (zur Aufnahme der Bettung auf Eisenbahnbrücken) || **~/загрузочное** Schöpftrog m || **~ конвейера** Fördertrog m || **~/красочное** (Typ) Farbwanne f || **~/опрокидывающееся** Kipptrog m || **~/отсадочное** Setztrog m || **~ плюсовки** (Text) Klotztrog m, Foulardtrog m (Veredlung) || **~/шлихтовальное** (Text) Schlichtetrog m
корьё n [geschälte] Rinde f || **~/дубильное** Gerbrinde f, Gerblohe f, Lohe f || **~/дубовое** Eichenlohe f || **~/еловое** Fichtenlohe f
корьедробилка f (Led) Lohmühle f
корьерезка f Rindenschneider m
корявина f (Schm) Narbigkeit f (Schmiedefehler)
КОС s. станция/космическая орбитальная
коса f 1. (Lw) Sense f; 2. (Geol) Landzunge f; 3. (Led) Streicheisen n, Streichmesser n || **~/песчаная** (Geol) Sand[riff]nehrung f
косвенный 1. indirekt, mittelbar; 2. schief
косеканс m (Math) Kosekans m, cosec
косилка f (Lw) Mäher m, Mähmaschine f; Mähwerk n (Halmfruchtmahd) || **~/валковая** Schwadmäher m || **~/двухножевая беспальцевая** fingerloses Doppelmesserschneidwerk n || **~/ротационная** Scheibenmähwerk n, Rotationsmäher m, Kreiselmäher m, Flügelmäher m, Sichelmäher m || **~/самоходная** Motormäher m
косилка-измельчитель f/**роторная** f Feldhäcksler m, Schlegelhäcksler m, Schlegelernter m || **~/самоходная** selbstfahrender Feldhäcksler m
косилка-плющилка f/**валковая** Schwadmäher m || **~ с гладкими вальцами** Mähquetscher m || **~ с рифлёными вальцами** Mähknicker m || **~/самоходная** selbstfahrender Schwadmäher m
косилка-погрузчик f (Lw) Mählader m (Elevatorlader)
косилка-подборщик-измельчитель f (Lw) Aufsammelhäcksler m
косинус m (Math) Kosinus m, cos || **~/направляющий** Richtungskosinus m || **~/обратный гиперболический** Areakosinus m, Areacosinus m hyperbolicus || **~ фи** (El) Leistungsfaktor m, cos φ
косинусоида f (Math) Kosinuslinie f, Kosinuskurve f

космический 1. kosmisch; 2. Weltraum..., Raum... *(in der Raumfahrt)*; 3. weltraumgestützt
космогенный kosmogen
космогонический kosmogonisch
космогония *f (Astr)* Kosmogonie *f* ‖ ~/**звёздная** Stellarkosmogonie *f* ‖ ~/**планетная** Kosmogonie *f* des Planetensystems
космодром *m* Raketenstartplatz *m*, Weltraumbahnhof *m*, Kosmodrom *m*
космология *f* Kosmologie *f* ‖ ~/**ньютонианская** Newtonsche (nichtrelativistische) Kosmologie *f* ‖ ~/**релятивистская** relativistische (Einsteinsche) Kosmologie *f*
космонавт *m* Raumfahrer *m*, Kosmonaut *m*
космонавтика *f* Weltraumfahrt *f*
космонавт-исследователь *m* Forschungskosmonaut *m*
космос *m* Kosmos *m*, Weltraum *m* ‖ ~/**далёкий** erdferner [kosmischer] Raum *m* ‖ ~/**околосолнечный** Sonnenumgebung *f* ‖ ~/**открытый** *(Raumf)* freier Weltraum *m*
космофотосъёмка *f* Fernerkundungs[photo]aufnahme *f*
космохимия *f* Kosmochemie *f*
косовичник *m (Bgb)* Begleitstrecke *f*
косогор *m* Bergabhang *m*, Abhang *m*, Hang *m*, Berglehne *f*, Bergseite *f*
косозубый schrägverzahnt
кососвет *m (El)* Schrägstrahler *m*
кослоистость *f (Geol)* Schrägschichtung *f*, Diagonalschichtung *f*
косоур *m (Bw)* Treppenwange *f*, Wange *f*
коспас *s.* система/космическая спасательная
коссирит *m (Min)* Cossyrit *m*
костёр *m (Bgb)* Kasten *m*, Kastenpfeiler *m*, Pfeiler *m* ‖ ~/**металлический** Stahlkastenpfeiler *m* (aus Schienen oder Doppel-T-Trägern) ‖ ~/**породный** Bergkasten *m*
костыль *m* 1. Hakenstift *m*, Hakennagel *m*; 2. *(Eb)* Schienennagel *m*; 3. *(Flg)* Sporn *m* ‖ ~/**винтовой** *(Eb)* Schwellenschraube *f* ‖ ~/**пружинный** *(Eb)* Federnagel *m* ‖ ~/**путевой (рельсовый)** *(Eb)* Schienennagel *m* ‖ ~/**хвостовой** *(Flg)* Hecksporn *m*
костюм *m*/**высотный [компенсационный]** *(Flg, Raumf)* Druckanzug *m* ‖ ~/**обогреваемый** *(Flg, Raumf)* beheizbarer Schutzanzug *m* ‖ ~/**противоперегрузочный** *(Flg, Raumf)* Druckanzug *m*, Anti-g-Anzug *m*, Beschleunigungsschutzanzug *m* ‖ ~/**штормовой** Ölzeug *n*
косынка *f (Bw)* Knotenblech *n*, Eckblech *n*, Schrägblech *n*, Versteifungsblech *n*
косяк *m* 1. *(Bw)* Gewände *n*, Pfosten *m*, Pfeiler *m* *(Türen, Fenster)*; 2. *(Bgb)* Türstock *m (Zimmerung)* ‖ ~/**дверной** *(Bw)* Türpfeiler *m*, Türpfosten *m* ‖ ~/**оконный** *(Bw)* Fensterpfosten *m*, Setzholz *n* ‖ ~ **рыбы** Fischschwarm *m*
котангенс *m (Math)* Kotangens *m*, cotg, ctg ‖ ~/**обратный гиперболический** Areakotangens *m*, Areacotangens *m* hyperbolicus
котёл *m* 1. Kessel *m*; 2. Dampfkessel *m*, Dampferzeuger *m* ‖ ~/**барабанный** Trommelkessel *m* ‖ ~/**безбарабанный** Zwangdurchlaufkessel *m* ‖ ~/**бинарный** Zweistoffkessel *m* ‖ ~/**битумоплавильный** Bitumenkocher *m* ‖ ~/**бучильный** *(Text)* Beuchkessel *m* ‖ ~/**варочный** 1. Kochkessel *m*, Siedekessel *m*; Kocher *m*; 2. *(Pap)* Zellstoffkocher *m* ‖ ~/**вертикально-водотрубный** Steilrohrkessel *m* ‖ ~/**вертикальный газотрубный** stehender Rauchrohrkessel *m* ‖ ~/**вертикальный паровой** Stehkessel *m* ‖ ~/**водогрейный** Warmwasserkessel *m* ‖ ~/**водотрубный** Wasserrohrkessel *m*, Siederohrkessel *m* ‖ ~/**водотрубный судовой** Schiffswasserrohrkessel *m* ‖ ~/**вращающийся шаровой варочный** *(Pap)* Kugeldrehkocher *m* ‖ ~/**вулканизационный** *(Gum)* Vulkanisationskessel *m* ‖ ~/**высокого давления** Hochdruckkessel *m* ‖ ~/**высоконапорный паровой** Hochdruckdampfkessel *m* ‖ ~/**газотрубный** Rauchrohrkessel *m* ‖ ~/**горизонтально-водотрубный** Schrägrohrkessel *m* ‖ ~/**горизонтальный** liegender Kessel *m* ‖ ~/**двухбарабанный** Zweitrommelkessel *m* ‖ ~/**двухжаротрубный** Zweiflammrohrkessel *m* ‖ ~/**двухконтурный** Zweikreiskessel *m* ‖ ~/**двухходовой** Zweizugkessel *m* ‖ ~/**девулканизационный** *(Gum)* Regenerierkessel *m*, Devulkanisierkessel *m* ‖ ~/**дефекационный** Scheidepfanne *f (Zuckergewinnung)* ‖ ~/**древопарочный** *(Pap)* Braunholzkocher *m*, Braunholzdämpfer *m* ‖ ~/**жаротрубный** Flammrohrkessel *m* ‖ ~/**запарной** Dämpfkessel *m*, Dekatierkessel *m* ‖ ~/**запечный** Abhitzekessel *m* ‖ ~/**заторно-суслоsvaрочный** *(Brau)* Maisch- und Würzepfanne *f* ‖ ~/**заторный** *(Brau)* Maischbottichkessel *m*, Maischpfanne *f* ‖ ~/**инвертный** Kessel *m* mit Deckenfeuerung ‖ ~/**исполинов** *(Geol)* Strudelloch *n* ‖ ~/**камерный** Kammerkessel *m* ‖ ~/**клеровальный (клеровочный)** Klärepfanne *f*, Lösepfanne *f (Zuckergewinnung)* ‖ ~/**лаковарочный** Lack[koch]kessel *m*, Lackseidekessel *m* ‖ ~/**ледниковый** *(Geol)* Gletschertopf *m*, Gletscherkessel *m* ‖ ~/**мазутный** Ölfeuerungskessel *m*, ölgefeuerter Kessel *m* ‖ ~/**малогабаритный** Kleinkessel *m* ‖ ~/**мыловаренный** Seifensiedekessel *m* ‖ ~/**наклонно водотрубный** Schrägrohrkessel *m* ‖ ~/**нефтяной** *(Schiff)* ölgefeuerter Kessel *m* ‖ ~ **низкого давления** Niederdruckkessel *m* ‖ ~/**огнетрубный** Behälterkessel *m*, Heizrohrkessel *m*, Flammrohrkessel *m*, Rauchrohrkessel *m* ‖ ~/**однобарабанный** Eintrommelkessel *m*, Trommelkessel *m* ‖ ~/**одножаротрубный** Einflammrohrkessel *m* ‖ ~/**однокамерный** Einkammerkessel *m* ‖ ~/**однотрубный** Einrohrkessel *m* ‖ ~/**одноходовой** Einzugkessel *m* ‖ ~/**осветительный** Abwasserklärkessel *m* ‖ ~/**отварочный** *(Brau)* Sudpfanne *f* ‖ ~/**отопительный** Heizkessel *m* ‖ ~ **паровой** Dampfkessel *m*, Dampferzeuger *m* ‖ ~/**пиковый** Spitzen[last]kessel *m*, Bereitschaftskessel *m* ‖ ~/**плавильный** Schmelzkessel *m* ‖ ~/**полимеризационный** Polymerisationskessel *m* ‖ ~/**полуэкранный** Halbstrahlungskessel *m* (Verdampfungsfläche ist nur teilweise der Strahlung der Flamme ausgesetzt) ‖ ~/**производственно-отопительный** Betriebsheizkessel *m* ‖ ~/**прямоточный** Zwangdurchlaufkessel *m* (z. B. Benson-Kessel, Ramsin-Kessel) ‖ ~/**прямотрубный** Geradrohrkessel *m* ‖ ~/**реакционный** Reaktionskessel *m* ‖ ~/**сатурационный** *s.* сатуратор ‖ ~ **сверхвысокого давления** Höchstdruckkessel *m* ‖ ~/**сверхмощный** Höchstleistungskessel *m* ‖

~/сдвоенный Verbundkessel m; Doppelkessel m ‖ ~/секционный Sektionskessel m, Teilkammerkessel m (Schrägrohrkessel) ‖ ~ среднего давления Mitteldruckkessel m ‖ ~/стационарный ortsfester Kessel m ‖ ~/судовой Schiffskessel m ‖ ~/сусловарочный (Brau) Würzepfanne f, Braupfanne f ‖ ~/трёхбарабанный Dreitrommelkessel m ‖ ~/трёхжаротрубный Dreiflammrohrkessel m ‖ ~/трёххoдoвой Dreizugkessel m ‖ ~/трубный Röhrenkessel m ‖ ~/угольный kohlegefeuerter Kessel m ‖ ~/утилизационный Abgaskessel m ‖ ~/цилиндрический Großwasserraumkessel m (Walzenkessel) ‖ ~/цилиндрический вращающийся варочный (Pap) Drehkocher m ‖ ~/шаровой (Pap) Kugelkocher m ‖ ~/экра[нирова]нный Strahlungskessel m ‖ ~/энергетический Kraftwerkkessel m

котёл-аккумулятор m Speicherkessel m
котёл-газогенератор m/**паровой** Dampfkesselgaserzeuger m
котёл-испаритель m Verdampferkessel m
котёл-утилизатор m Abhitzekessel m ‖ ~/**вертикально-трубный** Steilrohrabhitzekessel m ‖ ~/**водогрейный** Warmwasserabhitzekessel m ‖ ~/**отопительный** Abwärmeheizkessel m
котельная f Kesselhaus n ‖ ~/**отопительная** Heizungskesselanlage f, Heizhaus n ‖ ~/**районная** Heizwerk n (für ein Wohngebiet)
котлоагрегат m Kesseleinheit f, Kesselaggregat n ‖ ~/**прямоточный** Durchlaufkesselaggregat n
котлован m 1. (Bw) Baugrube f, Grube f; 2. (Hydt) Graben m; 3. (Bgb) Vorschacht m ‖ ~ **зуба плотины** (Hydt) Herdgraben m ‖ ~/**креплёный** abgestützte Baugrube f ‖ ~/**ограждаемый** umschlossene Baugrube f ‖ ~/**с откосами** geböschte Baugrube f ‖ ~/**фундамента** Fundamentgraben m
котлованокопатель m Baugrubenaushubmaschine f
котловина f (Geol) Becken n (mehr oder weniger geschlossene Einsenkung der Erdoberfläche, auch des Meeresbodens); Talkessel m, Kessel m (bei rundlichem Grundriß); Wanne f (bei länglicher Form) ‖ ~/**бессточная** geschlossener (abflußloser) Talkessel m ‖ ~/**выдувания** Deflationskessel m, Hohlkehle f (durch Windeinwirkung entstandener Talkessel) ‖ ~/**замкнутая** s. ~/бессточная ‖ ~/**межгорная** Bergkessel m, Gebirgskessel m ‖ ~/**эрозионная** Erosionskessel m
котлонадзор m Kesselüberwachung f
котлостроение n Kesselbau m
котонизация f (Text) Kotonisieren n
котонизирование n (Text) Kotonisieren n
котонизировать (Text) kotonisieren
котрель m Siemens-Lurgi-Cottrell-Elektrofilter n (für elektrische Entstaubung)
коттон-машина f s. машина/плоскочулочная
коуш m Kausch[e] f ‖ ~/**круглый** runde Kausch[e] f, Rundkausch[e] f ‖ ~/**продолговатый** Herzkausch[e] f
кофактор m (Math) Kofaktor m, Adjunkte f, Adjungierte f
кофермент m (Ch) Koferment n, Koenzym n
коффердам m (Schiff) Kofferdamm m
кочегарка f Heizraum f einer Kesselanlage

кочерга f Schürstange f, Feuerhaken m
кочка f (Geol, Lw) Höcker m, Bülte f, Bult m
кочкорез m (Lw) Wiesenhobel m
кочубеит m (Min) Kotschubeit m (Chromchlorit)
кошельковый Ringwaden... (Fischereinetz)
кошка f 1. Laufkatze f, Katze f (s. a. unter тележка 3.); 2. (Schiff) Dragg[en] m, Dragganker m; Suchanker m; 3. Steigeisen n, Klettereisen n
коэрцитивность f Koerzitivkraft f
коэффициент m Koeffizient m, Faktor m, Kennzahl f, Kennziffer m; Wert m, Beiwert m; Grad m (s. a. unter показатель) ‖ ~ **абсорбции** (Ph) Absorptionsgrad m ‖ ~ **адмиралтейский** (Schiff) Admiralitätskonstante f, Admiralitätsformel f (zur Ermittlung der Wellenleistung) ‖ ~ **адсорбции** (Ch) Adsorptionskoeffizient m ‖ ~ **аккомодации** (Ph) Akkommodationskoeffizient m ‖ ~ **активности** (Ph) Aktivitätskoeffizient m ‖ ~ **амплитудных искажений** (El) Amplitudenverzerrungsfaktor m ‖ ~ **аридности** Ariditätsindex m, Trockenheitsindex m ‖ ~ **армирования** (Bw) Bewehrungsziffer f ‖ ~ **асимметрии** (Ph) Asymmetriebeiwert m, Asymmetriefaktor m ‖ ~/**ассимиляционный** Assimilationsquotient m ‖ ~/**аэродинамический** (Aero) aerodynamischer Beiwert m ‖ ~ **бегущей волны** (El) Wanderwellenkoeffizient m ‖ ~ **безопасности** (Ph) Sicherheitsfaktor m, Sicherheitsgrad m ‖ ~/**биномиальный** (Math) Binomialkoeffizient m, Binomialzahl f ‖ ~ **блокирования** (Inf) Blockungsfaktor m ‖ ~ **Больцмана** (Ph) Boltzmann-Konstante f, Boltzmann-Faktor m ‖ ~ **быстроходности** spezifische Drehzahl f, Laufzahl f (einer Strömungsmaschine) ‖ ~ **валентности** Wertigkeitsfaktor m ‖ ~ **вариации** (Ph) Variationskoeffizient m, Variabilitätskoeffizient m, Variationsbeiwert m ‖ ~ **величины возмущения** (Reg) Störquotient m ‖ ~ **вертикальной полноты** (Schiff) vertikaler Zylinderkoeffizient m ‖ ~ **взаимной диффузии** (Ph) Interdiffusionskoeffizient m ‖ ~ **взаимной корреляции** (Ph) Kreuzkorrelationskoeffizient m, gegenseitiger Korrelationskoeffizient m ‖ ~ **взаимной модуляции** (El) Intermodulationsfaktor m ‖ ~ **взаимных отражений** (Ph) Interreflexionswirkungsgrad m ‖ ~ **взаимодействия** Wechselwirkungsfaktor m ‖ ~ **взаимоиндукции** (El) Gegeninduktionsfaktor m ‖ ~ **влияния** (Ph) [Maxwellsche] Einflußzahl f ‖ ~ **влияния корпуса** (Schiff) Gütegrad m des Schiffskörpers, Schiffsgütegrad m ‖ ~ **вместимости** Füllvolumenkennwert m (Mengenmessung von Flüssigkeiten mit Lagerbehältern) ‖ ~ **внутреннего поглощения** (El, Opt) [spektraler] Reinabsorptionsgrad m ‖ ~ **внутреннего пропускания** (El, Opt) [spektraler] innerer Transmissionsgrad m ‖ ~ **внутреннего трения** s. ~ вязкости ‖ ~ **внутренней конверсии** (Kern) Konversionskoeffizient m, Umwandlungsfaktor m, Koeffizient m der inneren Konversion (Umwandlung) ‖ ~ **внутренней теплопроводности** ~ теплопроводности ‖ ~ **вобуляции** (El) Wobbelfaktor m ‖ ~ **возврата** 1. (Kern) Rückgewinnungsfaktor m; 2. (El) Rückgangsverhältnis n (Relais) ‖ ~ **волнистости** (Fert) Welligkeitszahl f (Oberflächengüte bearbeiteter Werkstücke) ‖ ~ **волнового сопротивления** (Aero) Wellenwiderstandsbeiwert m ‖ ~ **вос-**

коэффициент

производства [ядерного топлива] *(Kern)* Brutverhältnis *n*, Brutfaktor *m*; Konversionskoeffizient *m*, Konversionsgrad *m (Brutreaktor)* ‖
~ **воссоединения** *(Eln)* Wiedervereinigungskoeffizient *m*, Rekombinationskoeffizient *m* ‖
~ **восстановления** *(Mech)* Wiederherstellungskoeffizient *m*, Restitutionskoeffizient *m* ‖
~ **вскрыши** *(Bgb)* Abraumkennziffer *f*, Abraum-Kohle-Verhältnis *n* ‖ ~ **вскрыши/граничный** ökonomische Grenzteufe *f (Tagebau)* ‖ ~ **вскрыши/эксплуатационный** Betriebsverhältnis *n (Tagebau)* ‖ ~ **выигрыша** *(Kern)* optimales Bestrahlungsverhältnis *n*, Adventagefaktor *m* ‖
~ **выключения** *(El)* Schaltfaktor *m* ‖ ~ **выпрямления** 1. *(El)* Gleichrichtungsfaktor *m*, Gleichrichtungskoeffizient *m*; 2. *(Eln)* Richtfaktor *m (Halbleiter)* ‖ ~ **выпучивания** Ausbauchungsfaktor *m* ‖ ~ **вытеснения тока** *(El)* Stromverdrängungsfaktor *m* ‖ ~ **вытяжки** 1. *(Wlz)* Abnahmekoeffizient *m*, Streckungskoeffizient *m*; 2. *(Umf)* Ziehverhältnis *n (Ziehen)* ‖ ~ **вытяжки/общий (суммарный)** 1. *(Wlz)* Gesamtabnahmekoeffizient *m*, Gesamtstreckungskoeffizient *m*; 2. *(Umf)* Gesamtziehverhältnis *n (Ziehen)* ‖
~ **вязкости** *(Hydrom)* [dynamische] Zähigkeit *f*, [dynamische] Viskosität *f*, Koeffizient *n* der inneren Reibung, [innerer] Reibungskoeffizient *m*, Viskositätskoeffizient *m*, Viskositätskonstante *f* ‖
~ **вязкости/динамический** *s.* ~ вязкости ‖
~ **вязкости/кинематический** *(Hydrom)* kinematische Viskosität (Zähigkeit) *f* ‖ ~**/вязкостно-температурный** *(Ph)* Viskositäts-Temperaturkoeffizient *m* ‖ ~ **газового усиления** *(Kern)* Gasverstärkungskoeffizient *m* ‖ ~ **гамма** *s.*
~ **контрастности** ‖ ~ **гармоник** *(El, Ak)* Klirrfaktor *m*, Oberschwingungsgehalt *m*, Klirrgrad *m* ‖ ~ **гашения** Extinktionskoeffizient *m* ‖ ~ **Генри** *(Ph, Ch)* Henryscher Koeffizient (Löslichkeitskoeffizient) *m*, Henry-Koeffizient *m* ‖ ~ **гетеродиффузии** Heterodiffusionskoeffizient *m* ‖
~ **гибкости** *(Mech)* Schlankheitsgrad *m* ‖ ~ **гидравлического (гидродинамического) сопротивления** *(Hydr)* Widerstandsbeiwert *m*, Strömungswiderstandsbeiwert *m* ‖ ~ **гистерезиса** *(El)* Hysteresiskoeffizient *m* ‖ ~ **давления** Druckkoeffizient *m*, Druckbeiwert *m*; Druckverteilungsverhältnis *n (eindimensionaler Gasstrom)* ‖ ~ **давления/температурный** *(Therm)* Spannungskoeffizient *m*, Teilungsverhältnis *n* ‖ ~ **деления напряжения** *(El)* Spannungsteilungsverhältnis *n* ‖ ~ **деления/нечётный** ungeradzahliges Teilungsverhältnis *n* ‖ ~ **деления тока** *(El)* Stromteilungsverhältnis *n* ‖ ~ **деления частоты** *(El)* Frequenzteilungsverhältnis *n* ‖ ~ **демпфирования** *(Ph)* Dämpfungskennwert *m*, Dämpfungsfaktor *m* ‖ ~ **деформации** *(Umf)* Umformgrad *m*, Formänderungskoeffizient *m* ‖ ~ **Джоуля** *(Ph)* Joule-Koeffizient *m*, Joulescher Koeffizient *m* ‖
~ **Джоуля-Томсона** Joule-Thomson-Koeffizient *m* ‖ ~ **динамической вязкости** *s.* ~ вязкости ‖ ~ **дисперсии** *(Opt)* 1. Dispersionskoeffizient *m*; 2. reziproke relative Dispersion *f*, Abbesche Zahl *f*, Abbe-Zahl *f* ‖ ~ **диффузии** *(Ph)* Diffusionskoeffizient *m*, Diffusionskonstante *f* ‖ ~ **диффузии пара** Dampfdurchlaßzahl *f* ‖ ~**/диэлектрический** *(El)* Dielektrizitätskonstante *f*, DK ‖

~ **диэлектрических потерь** dielektrischer Verlustfaktor *m* ‖ ~ **добротности** Gütefaktor *m*, Güte[zahl] *f* ‖ ~ **доверия** *(Meß)* Vertrauenskoeffizient *m*, Konfidenzkoeffizient *m* ‖ ~ **долговечности** Lebensdauerfaktor *m* ‖ ~ **дрейфа** *(Eln)* Driftfaktor *m* ‖ ~ **дрейфового поля** Driftfeldfaktor *m* ‖ ~ **дубности** *(Led)* Durchgerbungszahl *f* ‖ ~ **ёмкости** *(El)* Kapazitätskoeffizient *m*, Kapazitätsfaktor *m* ‖ ~ **ёмкости/температурный** Kapazitätstemperaturkoeffizient *m* ‖ ~ **естественной освещённости** *(Licht)* Tageslichtquotient *m*, Tageslichtfaktor *m* ‖ ~ **жёсткости** *(Mech)* Steifigkeitskoeffizient *m*, Steifekoeffizient *m*; Federkonstante *f* ‖ ~ **жёсткости стержня** Steifigkeitsziffer *f*, Steifigkeitsbeiwert *m* ‖
~**/жидкостный** *(Led)* Flottenverhältnis *n* ‖
~ **заводнения** *(Bgb)* Flutungskoeffizient *m (Erdölbohrung)* ‖ ~ **загрузки** *(El)* Belastungsfaktor *m*, Belastungsgrad *m*, Lastfaktor *m (eines Kraftwerks)* ‖ ~ **замедления** 1. *(Ch)* Verzögerungsfaktor *m*, Retentionsfaktor *m*, R_f-Faktor *m (Chromatographie)*; 2. Retardierungskoeffizient *m*; 3. *(Kern)* Bremsverhältnis *n (Moderator)* ‖ ~ **запаса** *(Fest)* Sicherheitsgrad *m* ‖ ~ **запаса прочности** Sicherheitsfaktor *m*, Sicherheitsgrad *m*, Sicherheitszahl *f* ‖ ~ **запила** Kerbwirkungszahl *f* ‖
~ **заполнения** 1. Füllkoeffizient *m*, Füllfaktor *m*; 2. *(Bgb)* Verfüllungsgrad *m (Versatz)*; 3. *(Schiff)* Füllfaktor *m (Berechnung der Windangriffsfläche)*; 4. *(Wlz, Schm)* Füll[ungs]grad *m* ‖ ~ **заполнения медью** *(El)* Kupferfüllfaktor *m* ‖ ~ **зарядки** *(El)* Ladekoeffizient *m*, Ladefaktor *m* ‖ ~ **заряжания** *(Bgb)* Füllungsgrad *m (Sprengloch)* ‖ ~ **засасывания** *(Schiff)* Sogziffer *f* ‖
~ **затухания** 1. *(El)* Dämpfungskoeffizient *m*, Dämpfungsbelag *m*, Dämpfungskonstante *f (einer Übertragungsleitung)*; 2. *(Kern, Licht)* Schwächungskoeffizient *m*; 3. Dämpfungsfaktor *m*, Abklingfaktor *m*, Abklingkoeffizient *m* ‖ ~ **затухания звука** *(Ak)* Schalldämpfungskonstante *f* ‖ ~ **затухания четырёхполюсника** [/**характеристический**] *(Nrt)* Vierpoldämpfungskoeffizient *m* ‖ ~ **захвата** *(Kern)* Einfangfaktor *m*, Einfangkoeffizient *m* ‖ ~ **звукоотражения** *(Ak)* Reflexionskoeffizient *m*, Schallreflexionsgrad *m*, Schallreflexionskoeffizient *m* ‖ ~ **звукопоглощения** *(Ak)* Schallabsorptionskoeffizient *m*, Schallabsorptionsgrad *m*, Schallschluckgrad *m*; Dämmfaktor *m*, Dämmzahl *f* ‖ ~ **звукопроводности (звукопроницаемости)** *(Ak)* Schalltransmissionsgrad *m*, Schalldurchlaßgrad *m*, Schalltransmissionskoeffizient *m* ‖ ~ **Зеебека** *(Ph)* Seebeck-Koeffizient *m* ‖ ~ **зонда** *(Bgb)* Sondenfaktor *m (Erdölbohrung)* ‖ ~ **избирательности** Selektivitätskoeffizient *m*; Trennschärfefaktor *m* ‖ ~ **избытка воздуха** Luftbedarfszahl *f*, Luftüberschußzahl *f*, Luftverhältnis *n (Verbrennungsmotoren; Feuerung)* ‖ ~ **извлечения** *(Ch)* Extraktionskoeffizient *m (Ph)* Ausbeutekoeffizient *m*, Ausbringen *n* ‖ ~ **излучения** *(Ph)* Strahlungsleitwert *m*; *(Wmt)* Strahlungszahl *f*, Emissionszahl *f* ‖ ~ **износа** *(Trib)* Verschleißzahl *f*, Verschleißkoeffizient *m*, Abtragsrate *f (Korrosion)*; *(Met)* Ausbrandrate *f (Futter)* ‖ ~ **изотермической сжимаемости** *(Therm)* Kompressibilitätskoeffizient *m* ‖ ~ **изотопного обмена** *(Kern)* Austauschfaktor *m*,

Austauschquotient *m* ‖ ~ **импульса** *(El, Fmt)* Impulsfaktor *m*, Impulsverhältnis *n* ‖ ~ **инверсии** Inversionsfaktor *m* ‖ ~/**индуктивности** *(El)* Induktivitätskoeffizient *m* ‖ ~ **индуктивности/температурный** Induktivitätstemperaturkoeffizient *m* ‖ ~ **инерции** Trägheitskoeffizient *m* ‖ ~ **инжекции** Injektionswirkungsgrad *m*, Emitterwirkungsgrad *m (Halbleiter)* ‖ ~ **интеллектуальности** *(Kyb)* Intelligenzquotient *m*, IA ‖ ~ **ионизации** *(Kern)* Ionisierungskoeffizient *m* ‖ ~ **искажения** 1. Verzerrungskoeffizient *m*, Verzerrungsfaktor *m*; 2. *s.* ~ гармоник ‖ ~ **использования** Nutz[ungs]faktor *m*; Ausnutzungsfaktor *m*, Ausnutzungsgrad *m* ‖ ~ **использования напряжения** *(El)* Spannungsausnutzungsfaktor *m* ‖ ~ **использования объёма** Volum[en]auslastungsziffer *f* ‖ ~ **использования светового потока** *(Licht)* Beleuchtungswirkungsgrad *m*, beleuchtungstechnischer Nutzfaktor *m* ‖ ~ **использования станка** *(Wkzm)* Maschinenausnutzungsgrad *m* ‖ ~ **истечения** *(Hydt)* Ausflußkoeffizient *m*, Ausflußzahl *f*, Ausflußbeiwert *m*, Mengenkoeffizient *m* ‖ ~ **калибровки** *(Meß)* Kalibrierfaktor *m* ‖ ~ **Калье** *(Photo)* Callier-Quotient *m (photographische Schwingung)* ‖ ~ **канального эффекта** *(Ph)* Kanal[effekt]faktor *m*, Kanalverlustfaktor *m* ‖ ~/**качественный** Gütezahl *f*, Gütefaktor *m* ‖ ~ **когерентного рассеяния** *(Ph)* kohärenter Streukoeffizient *m* ‖ ~ **комптоновского рассеяния** *(Kern)* Comptonscher Streukoeffizient *m*, Compton-Streukoeffizient *m* ‖ ~ **конвективного теплообмена** *(Wmt)* Wärmeübertragungskoeffizient *m* ‖ ~ **конверсии** *s.* ~ **внутренней конверсии** ‖ ~ **конденсации** *(Therm)* Kondensationskoeffizient *m* ‖ ~ **контрастности** *(Photo)* Gamma *n*, Gammawert *m*, Kontrastfaktor *m* ‖ ~ **контрастности/монохроматический** monofrequenter Gammawert *m* ‖ ~ **контрастности/предельный** Grenzgradation *f*, Gammaunendlich *n* ‖ ~ **концентрации напряжений [в надрезе]** *(Wkst)* Kerbwirk[ungs]zahl *f*, Kerbeinflußzahl *f*, Kerbziffer *f*, Formzahl *f*, Formziffer *f* ‖ ~ **концентрации примесей** *(Eln)* Dotierungsfaktor *m*, Dotierungsgrad *m (Halbleiter)* ‖ ~ **корреляции** Korrelationskoeffizient *m*, Korrelationsfaktor *m (Statistik)* ‖ ~ **кратности** *(Inf)* Wiederholungsfaktor *m* ‖ ~ **крепости** *(Bgb)* Härtegrad *m (Gestein)* ‖ ~ **крутизны** *(Ph)* Steilheitskonstante *f* ‖ ~ **крутки (кручения)** *(Text)* Drehungskoeffizient *m*, Drehungsgrad *m* ‖ ~ **линейного расширения** *(Therm)* linearer Ausdehnungskoeffizient *m (Wärmeausdehnungskoeffizient)*, Längenausdehnungskoeffizient *m* ‖ ~ **линейного сжатия** linearer Kompressibilitätskoeffizient *m* ‖ ~ **магнитной анизотропии** Anisotropiefaktor *m* ‖ ~ **массообмена** *s.* ~ **переноса массы** ‖ ~ **массопередачи/общий** totale Stoffübergangszahl *f*, Gesamtstoffübergangszahl *f* ‖ ~ **массопроводимости** *(Ph)* Massenleitzahl *f* ‖ ~ **масштаба** Skalenfaktor *m*, Maßstabsfaktor *m* ‖ ~ **множественности** 1. *(Krist)* Formfaktor *m*; 2. *(El)* Gangzahl *f (bei Wicklungen)* ‖ ~ **модуляции** *(Nrt, Eln)* Modulationsfaktor *m*, Modulationsgrad *m*, Aussteuerungskoeffizient *m* ‖ ~ **момента** *(Aero)* Momentenbeiwert *m*, Momentenzahl *f*; *(Mech)* Impulsbeiwert *m* ‖ ~ **момента крена** *(Flg)* Roll-momentenbeiwert *m*; *(Schiff)* Krängungsmomentenbeiwert *m* ‖ ~ **момента рыскания** *(Flg)* Giermomentenbeiwert *m* ‖ ~ **момета тангажа** *(Flg)* Kippmomentenbeiwert *m*; *(Schiff)* Stampfmomentenbeiwert *m* ‖ ~ **мощности** 1. *(El)* Leistungsfaktor *m*, Wirkfaktor *m*; 2. *(Kern)* Leistungskoeffizient *m* [der Reaktivität]; 3. Leistungsbeiwert *m (einer Strömungsmaschine)* ‖ ~ **нагрузки** Belastungsverhältnis *n*, Lastverhältnis *n*; Belastungszahl *f*, Belastungsfaktor *m* ‖ ~ **надёжности** Zuverlässigkeitsfaktor *m*, Zuverlässigkeitskennzahl *f (Kern)* ‖ ~ **наплавки** *(Schw)* Abschmelzfaktor *m*, Abschmelzkoeffizient *m* ‖ ~ **напластования** *(Geol)* Schichtungskoeffizient *m* ‖ ~ **направленности** Richt[ungs]faktor *m*, Richtwirkungsfaktor *m (einer Antenne)* ‖ ~ **насыщения** Sättigungskoeffizient *m*, Sättigungsgrad *m* ‖ ~ **насыщения известью** *(Bw)* Kalkstandard *m (Bindemittel)* ‖ ~ **нелинейных искажений** *s.* ~ **гармоник** ‖ ~ **необнаруженных ошибок** *(Inf)* Restfehlerrate *f* ‖ ~ **неопределённости** *(Math)* Unbestimmtheitsmaß *n* ‖ ~ **неплотности** *(Ström)* Undichtigkeitszahl *f*, Leckbeiwert *m* ‖ ~ **непрозрачности** *(Opt)* Opazität *f*, reziproker Durchlaßgrad *m* ‖ ~ **неравномерности** Ungleichförmigkeitsgrad *m*, Ungleichförmigkeitszahl *f* ‖ ~ **нефтеотдачи** Entölungsgrad *m*, Entölungsfaktor *m (Erdölbohrung)* ‖ ~ **обжатия** *(Wlz)* Abnahmekoeffizient *m*, Abnahmebeiwert *m*, Abnahmezahl *f*, Stauchfaktor *m*, Stauchungskoeffizient *m* ‖ ~ **облучения** 1. *(Kern)* Expositionsfaktor *m*; 2. Einstrahlzahl *f* ‖ ~ **обмена** Austauschkoeffizient *m*; *(Bgb)* Austauschwert *m (Bewetterung)* ‖ ~/**обмоточный** *(El)* Wicklungsfaktor *m* ‖ ~ **обогащения** Anreicherungskoeffizient *m*, Anreicherungsfaktor *m*, Fraktionierfaktor *m (Destillation)*; Anreicherungsverhältnis *n (Aufbereitung)* ‖ ~ **образования пар[ы]** *(Kern)* Paarbildungskoeffizient *m* ‖ ~ **обратимости** *(Ph)* Reversibilitätskoeffizient *m* ‖ ~ **обратного рассеяния** *(Ph)* Rückstreufaktor *m* ‖ ~ **обратной связи** *(El)* Rückwirkungsfaktor *m*, Rückkopplungskoeffizient *m*; *(Reg)* Rückführ[ungs]koeffizient *m* ‖ ~ **общей полноты** *(Schiff)* Blockkoeffizient *m*, Völligkeitsgrad *m* der Verdrängung ‖ ~ **объёмного расширения** Volumenausdehnungskoeffizient *m* ‖ ~ **объёмной концентрации** Volumenfüllfaktor *m (einer Magnetschicht)* ‖ ~ **одновременности** Gleichzeitigkeitsfaktor *m* ‖ ~ **омыления** *(Ch)* Verseifungszahl *f* ‖ ~ **опережения** Vorhaltfaktor *m* ‖ ~ **ориентации** Ausrichtungsquotient *m (Magnetband)* ‖ ~ **ориентирования волокон** Faserorientierungsfaktor *m (z. B. bei Stahlfaserbeton)* ‖ ~ **орошения** Befeuchtungswirkungsgrad *m* ‖ ~ **ослабления** 1. Dämpfungskonstante *f*; 2. *(Licht)* Extinktionskoeffizient *m*; 3. *(Kern)* Schwächungskoeffizient *m (Strahlungsdosis)*; 4. *(Wmt)* Abschwächungsfaktor *m (Kesselfeuerungen)*; 5. *(Opt)* Dämpfungsbelag *m* ‖ ~ **ослабления/атомный** *(Ph)* atomarer Schwächungskoeffizient *m* ‖ ~ **ослабления гамма-лучей** *s.* ~ **поглощения** 2. ‖ ~ **ослабления/массовый** *(Ph)* Massenschwächungskoeffizient *m (Strahlung)* ‖ ~ **основности** *(Met, Gieß)* Basizitätsgrad *m*, Schlak-

коэффициент

kenziffer f ∥ ~ **отдачи** (El) Strom[mengen]wirkungsgrad m, Gütegrad m (eines Akkumulators) ∥ ~ **отклонения** (Reg) dynamischer Regelfaktor m ∥ ~/**отопительный** Leistungszahl f für Wärmepumpen ∥ ~ **отравления** (Kern) Vergiftungsfaktor m, Vergiftungskoeffizient m ∥ ~ **отражения** (Opt) Reflexionsgrad m; [Fresnelscher] Reflexionskoeffizient m; (El) Reflexionskoeffizient m, Reflexionsfaktor m ∥ ~ **отталкивания** Abstoßungskoeffizient m ∥ ~/**оценочный** Bewertungsfaktor m ∥ ~ **паропроводности** Dampfleitzahl f ∥ ~ **первого порядка/температурный** Temperaturkoeffizient m erster Ordnung, linearer Temperaturkoeffizient m ∥ ~ **перегрузки** (Masch) Überlastungsfaktor m ∥ ~/**передаточный** Übertragungsfaktor m ∥ ~ **передачи контраста** (Photo) Kontrastübertragungsfaktor m ∥ ~ **передачи мощности** Leistungsübertragungsfaktor m ∥ ~ **передачи напряжения** (El) Spannungsübertragungsfaktor m, Spannungsübertragungsmaß n ∥ ~ **передачи/характеристический** Übertragungsfaktor m ∥ ~ **передачи энергии** Energieübertragungskoeffizient m ∥ ~ **перекрёстной модуляции** Kreuzmodulationsfaktor m ∥ ~ **перекрытия [зубчатой передачи]** (Masch) Eingriffsdauer f, Profilüberdeckung f, Überdeckungsgrad m (Zahnräder) ∥ ~ **перемещения** (Inf) Verschiebungsfaktor m ∥ ~ **перенапряжения** (El) Überspannungsfaktor m ∥ ~ **переноса массы** (Ph) Austauschzahl f, Stoffaustauschzahl f, Stoffübergangszahl f, Massenübergangszahl f ∥ ~ **пересчёта** (Kern) Untersetzungsfaktor m, Untersetzung f, Zählfaktor m ∥ ~ **пересыщения** (Ch) Übersättigungszahl f, Übersättigungskoeffizient m ∥ ~/**переходный** (Hydt) Übergangsfaktor m, Übergangszahl f (Hydrometrie) ∥ ~ **переэкскавации** (Bgb) Umsetzungsfaktor m (Tagebau) ∥ ~ **печати** Kopierfaktor m ∥ ~ **поверхностного трения** Oberflächenreibungskoeffizient m ∥ ~ **повторения** (Inf) Wiederholungsfaktor m ∥ ~ **погасания** (Photo) Extinktionskoeffizient m ∥ ~ **поглощения** 1. (Ph) Absorptionskoeffizient m, [natürliche] Absorptionskonstante f; 2. (Kern) Absorptionskoeffizient m (Energie); 3. (Opt) Absorptionskoeffizient m; 4. (Wmt) Absorptionskoeffizient m, Absorptionsindex m; 5. (Krist) Absorptionszahl m; 6. (Bgb) Koeffizient m des Spülungsverlustes (Bohrung); 5. s. ~ **звукопоглощения** ∥ ~ **поглощения/атомный** (Ph) atomarer Absorptionskoeffizient m ∥ ~ **поглощения/линейный** (Kern) linearer Absorptionskoeffizient m (Gammastrahlenabsorption) ∥ ~ **поглощения энергии** (Kern) Energieabsorptionskoeffizient m ∥ ~ **поглощения энергии/массовый** (Kern) Massenabsorptionskoeffizient m, Massen-Energieabsorptionskoeffizient m ∥ ~ **подавления одного удара/подавления** Unterdrückungsfaktor m, Unterdrückungsverhältnis n ∥ ~ **подачи** (Hydt) Liefer[ungs]grad m (Pumpe) ∥ ~ **подобия** Ähnlichkeitsverhältnis n; Ähnlichkeitsfaktor m ∥ ~ **подъёмной силы** (Aero) Auftriebsbeiwert m, Auftriebszahl f ∥ ~ **полезного действия** Wirkungsgrad m, Nutzeffekt m ∥ ~ **полезного действия/гидравлический** hydraulischer Wirkungsgrad m (Pumpe); Strömungswirkungsgrad m ∥ ~ **полезного действия/механический** mechanischer Wirkungsgrad m (Arbeits- und Kraftmaschinen) ∥ ~ **полезного действия на обходе** Laufradwirkungsgrad m, Schaufelwirkungsgrad m (Strömungsmaschinen) ∥ ~ **полезного действия/номинальный** Nennwirkungsgrad m, Wirkungsgrad m bei Nennbetrieb ∥ ~ **полезного действия/объёмный** Liefergrad m, volumetrischer Wirkungsgrad m (Pumpe, Verdichter) ∥ ~ **полезного действия/относительный лопаточный** Laufradwirkungsgrad m, Schaufelwirkungsgrad m (Strömungsmaschine) ∥ ~ **полезного действия/полный** Gesamtwirkungsgrad m ∥ ~ **полезного действия/тепловой (термический)** 1. (Therm) thermischer Wirkungsgrad, Carnot-Faktor m; 2. Wärmewirkungsgrad m (einer Wärmepumpe) ∥ ~ **полезного действия цикла Карно** (Therm) Carnotscher Wirkungsgrad m, Carnot-Wirkungsgrad m ∥ ~ **полезного действия/энергетический** (Therm) energetischer Wirkungsgrad m ∥ ~ **ползучести** (Mech) Kriechzahl f ∥ ~ **полноты** (Schiff) Völligkeitsgrad m ∥ ~ **полноты водоизмещения** (Schiff) Blockkoeffizient m, Völligkeitsgrad m der Verdrängung ∥ ~ **полноты диаграммы** Völligkeitsgrad m, Gütegrad m (Indikatordiagramm; Verbrennungsmotor; Kolbenverdichter) ∥ ~ **полноты конструктивной ватерлинии** (Schiff) Völligkeitsgrad m der Konstruktionswasserlinie ∥ ~ **полноты/призматический** (Schiff) Völligkeitsgrad m des Hauptspantzylinders, Zylinderkoeffizient m, Längenschärfegrad m, prismatischer Koeffizient m ∥ ~ **полноты сгорания** Verbrennungswirkungsgrad m (Gasturbine) ∥ ~ **полюсного перекрытия** (El) Polbedeckungsfaktor m ∥ ~ **поляризации** Polarisationsfaktor m ∥ ~ **поперечной деформации** (Fest) Querdehnzahl f ∥ ~ **поперечной силы** (Mech) Querkraftbeiwert m ∥ ~ **поперечной чувствительности** Querrichtungsfaktor m ∥ ~/**поправочный** Korrekturfaktor m, Korrekturkoeffizient m ∥ ~ **попутного потока** (Schiff) Nachstromziffer f, Mitstromziffer f ∥ ~ **пористости** (Bw, Hydt, Met) Porenziffer m, Porositätsgrad m, Porositätszahl f ∥ ~ **потерь** Verlustfaktor m ∥ ~ **потерь в диэлектрике** (El) dielektrischer Verlustfaktor m ∥ ~ **потерь на гистерезис** (El) Hysteresekoeffizient m, Hysteresefaktor m ∥ ~ **потерь/общий** Gesamtverlustfaktor m ∥ ~ **превращения энергии** (El) Energieumwandlungskoeffizient m ∥ ~ **преломления** (Opt) Brechungskoeffizient m, Brechungsindex m, Brech[ungs]zahl f ∥ ~ **преобразования** (Eln) Transformationskoeffizient m (elektrische Maschinen); (Eln) Modulationsübertragungskoeffizient m ∥ ~ **проводимости** (El) Leitwertkoeffizient m ∥ ~ **продольного изгиба** (Fest) Knickbeiwert m, Knickzahl f ∥ ~ **производительности** Leistungsziffer f, Leistungszahl f ∥ ~ **проницаемости температуры** Temperaturleitfähigkeit f ∥ ~ **пропорциональности** Proportionalitätsfaktor m ∥ ~ **пропускания** Durchlaßkoeffizient m, Durchlässigkeitskoeffizient m (Wellen); (Opt) Transmissionskoeffizient m, Transmissionsgrad m, Durchlaßzahl f; Durchlässigkeitsfaktor m (Kristalle) ∥ ~ **прочности** Festigkeitsgrad m, Sicherheitsfaktor m ∥ ~ **прямоугольности** Rechteckigkeitsfaktor m, Rechteckigkeitsverhältnis *n* ‖ ~ **Пуассона** *(Ph)* Poissonsche Zahl (Konstante) *f*, Quer[kontraktions]zahl *f* ‖ ~ **пульсации** *(Eln)* Pulsationskoeffizient *m*, Welligkeitsfaktor *m* ‖ ~ **равномерности** Gleichmäßigkeitskoeffizient *m* ‖ ~ **равнопадаемости** *(Bgg)* Gleichfälligkeitsfaktor *m* *(Aufbereitung)* ‖ ~ **разборчивости** Verständlichkeitsfaktor *m* ‖ ~ **разделения** 1. *(Kern)* Trennfaktor *m*, Isotopentrennfaktor *m*; 2. Zentrifugenzahl *f* *(Trennfaktor bei der Zentrifugierung)* ‖ ~ **разделения/общий** Fraktionierfaktor *m* *(Destillation)* ‖ ~ **различимости** *(El)* Rauschabstand *m* ‖ ~ **разложения** *(Ph)* Zerlegungsfaktor *m*; *(Ch)* Zersetzungskoeffizient *m* *(organischer Substanzen)* ‖ ~ **размагничивания** Entmagnetisierungsfaktor *m* ‖ ~ **размножения** *(Kern)* Neutronenvermehrungsfaktor *m*, Multiplikationsfaktor *m*, *k*-Faktor *m* ‖ ~ **размножения на быстрых нейтронах** *(Kern)* Schnellspalt[ungs]faktor *m* ‖ ~ **размножения/эффективный** *(Kern)* effektiver Vermehrungsfaktor *m*, effektiver Multiplikationsfaktor *m*, k_{eff} ‖ ~ **разряда** *(El)* Entladungsfaktor *m* ‖ ~ **разубоживания [руды]** *(Bgg)* Verdünnungsziffer *f*, Verdünnungskoeffizient *m* ‖ ~ **распределения** *(Ch)* Verteilungskoeffizient *m* ‖ ~ **распространения** *(Nrt)* Fortpflanzungskonstante *f*, Fortpflanzungszahl *f* ‖ ~ **рассеяния** 1. *(Ak)* Schalldissipationsgrad *m*, Dissipationsgrad *m*; 2. *(El, Opt)* Streufaktor *m*, Streuziffer *f*, Streugrad *m*; 3. *(Ph)* Streukoeffizient *m* *(der Strahlung)*; 4. *s.* ~ **дисперсии** ‖ ~ **рассеяния нейтронов** *(Kern)* Neutronenstreukoeffizient *m* ‖ ~ **растворимости** *(Ph)* Löslichkeitszahl *f*, Löslichkeitskoeffizient *m* ‖ ~ **расхода** Durchflußzahl *f*, Durchflußbeiwert *m* ‖ ~ **расходный** Verbrauchskennziffer *f* ‖ ~ **расширения** Ausdehnungskoeffizient *m*, Dehnungskoeffizient *m* ‖ ~ **расширения сопла** *(Rak)* Erweiterungsverhältnis *n* *(Entspannungsverhältnis)* *n* der Düse ‖ ~ **расширения/температурный** Temperaturausdehnungskoeffizient *m*, Wärmeausdehnungskoeffizient *m* ‖ ~ **реактивной мощности** *(El)* Blindleistungsfaktor *m* ‖ ~ **реактивности/температурный** *(Kern)* Temperaturkoeffizient *m* der Reaktivität, Reaktivitätstemperaturkoeffizient *m* ‖ ~ **регрессии** *(Math)* Regressionskoeffizient *m* ‖ ~ **регулирования** Regelfaktor *m*, Regelgrad *m* ‖ ~/**редукционный** *(Hydr)* Reduktionsfaktor *m*, Reduktionsbeiwert *m* ‖ ~ **режима** Betriebsfaktor *m* ‖ ~ **резонанса** Resonanzfaktor *m* ‖ ~ **рекомбинации** *(Eln)* Rekombinationskoeffizient *m* *(Halbleiter)* ‖ ~ **рефракции** *s.* ~ преломления ‖ ~ **самодиффузии** *(Ph)* Selbstdiffusionskoeffizient *m* ‖ ~ **самоиндукции** *(El)* Selbstinduktionskoeffizient *m*, Induktionskoeffizient *m* ‖ ~ **светопоглощения** *(Opt)* Selbstabsorptionskoeffizient *m* ‖ ~ **связи** *(Rf)* Koppelfaktor *m*, Kopplungsfaktor *m*, Kopplungskoeffizient *m* ‖ ~ **сглаживания** *(Eln)* Glättungsfaktor *m*, Filterfaktor *m* ‖ ~ **сдвига** *(Fest)* Schubgröße *f*, Schubkoeffizient *m*, reziproker Schubmodul *m* *(s. a.* ~ смещения*)* ‖ ~ **сдвинутой вязкости** *(Hydrom)* Scherviskosität *f* ‖ ~ **сегрегации** Segregationskoeffizient *m* ‖ ~ **селективности [сепаратора]** Trenngrad *m*, Trennschärfe *f* ‖ ~ **сжатия** Kontraktionskoeffizient *m*, Kontraktionsziffer *f*, Kontraktionsgrad *m* ‖

~ **сжижения** Verflüssigungsgrad *m* ‖ ~ **скорости [истечения]** *(Hydr)* Durchflußzahl *f*, Ausströmgeschwindigkeitsbeiwert *m*, Düsenbeiwert *m* *(Ausströmgeschwindigkeit)* ‖ ~ **скоростного напора** *(Hydr)* Staudruckkoeffizient *m* ‖ ~ **слышимости** *(Nrt)* Hörbarkeitsfaktor *m*, Hörbarkeitsgrad *m* ‖ ~ **смачивания** Benetzungskoeffizient *m*, Benetzungsgrad *m* ‖ ~ **смещения** *(El)* Verschiebungsfaktor *m*, Grundschwingungsleistungsfaktor *m* ‖ ~ **смещения/суммарный** Gesamtverschiebungsfaktor *m* ‖ ~ **согласия** *(Math)* Konkordanzkoeffizient *m* ‖ ~ **сопротивления** 1. *(El)* Widerstandskoeffizient *m*; 2. *s.* ~ гидравлического сопротивления ‖ ~ **сопротивления воздуха** *(Aero)* Luftwiderstandsbeiwert *m* ‖ ~ **сопротивления профиля** *(Aero)* Formwiderstandsbeiwert *m* ‖ ~ **сопротивления/температурный** *(El)* Widerstandstemperaturkoeffizient *m* ‖ ~ **спектрального отражения** *(Opt)* spektraler Remissionsgrad *m*, spektraler Reflexionsgrad *m* ‖ ~ **спектральной прозрачности** *(Opt)* spektraler Transmissionsgrad *m* ‖ ~ **стока** *(Hydrol)* Abflußbeiwert *m*, Abflußverhältnis *n* ‖ ~ **стоячей волны** *(El)* Stehwellenverhältnis *n*, Welligkeitsfaktor *m* ‖ ~ **строчной корреляции** *(TV)* Zeilenkorrelationsfaktor *m* ‖ ~ **сужения** *(Fest)* Einschnürungskoeffizient *m* ‖ ~/**суммарный пропульсивный** *(Schiff)* Gütegrad *m* der gesamten Propulsion ‖ ~ **сходимости** *(Math)* Konvergenzfaktor *m* ‖ ~ **сцепления** 1. *(Ph)* Adhäsionszahl *f*, Adhäsionsbeiwert *m*; 2. *(El)* Haftreibwert *m* *(Rad-Schiene)* ‖ ~ **текучести** *(Ph)* Fluidität *f*, Fließbarkeit *f* *(Kehrwert der Viskosität)* ‖ ~/**температурный** Temperaturkoeffizient *m* ‖ ~ **температуропроводности** *(Wmt)* Temperaturleitfähigkeitskoeffizient *m*, Temperaturleitzahl *f* ‖ ~ **теплового расширения** *(Wmt)* Wärmeausdehnungskoeffizient *m*, Wärmeausdehnungszahl *f* ‖ ~ **теплообмена** *(Therm)* Wärmeübertragungszahl *f*; Wärmeübertragungskoeffizient *m* ‖ ~ **теплоотдачи** *s.* ~ теплообмена ‖ ~ **теплопередачи** Wärmedurchgangskoeffizient *m* ‖ ~ **теплопоглощения** Wärmeabsorptionskoeffizient *m* ‖ ~ **теплопроводности** Wärmeleitfähigkeit *f*, Wärmeleitkoeffizient *m* ‖ ~ **термического расширения** *s.* ~ теплового расширения ‖ ~ **термического сопротивления** *(Bw)* Wärmedämmwert *m*, Wärmedämmkoeffizient *m* ‖ ~ **термодиффузии** Thermodiffusionskoeffizient *m* ‖ ~ **термоупругости** Thermoelastizitätskoeffizient *m* ‖ ~ **трансформации** *(El)* Transformationsfaktor *m*, Transformationskoeffizient *m*; Übersetzungsfaktor *m*, Übersetzungsverhältnis *n* ‖ ~ **трансформации по напряжению** *(El)* Spannungsübersetzungsfaktor *m* ‖ ~ **трансформации пропускного направления** *(Eln)* Durchlaßspannungsübersetzungsfaktor *m* ‖ ~ **трения** *(Hydr, Aero)* Reibungskoeffizient *m*, Reibungsbeiwert *m*, Reibungszahl *f* ‖ ~ **трения катания (качения)** *(Mech)* Rollreibungszahl *f*, Koeffizient *m* der rollenden Reibung ‖ ~ **трения покоя** *(Mech)* Haftreibungszahl *f*, Haftreibungskoeffizient *m* ‖ ~ **трения скольжения** *(Mech)* Gleitreibungszahl *f*, Gleitreibungskoeffizient *m* ‖ ~ **трещиноватости** *(Bgg, Geol)* Klüftigkeitszahl *f* ‖ ~ **турбулентного обмена/кинематический** *(Hydt)* Austauschgröße

коэффициент *f*, Austauschkoeffizient *m* ‖ ~ **увеличения** Vergrößerungsfaktor *m*; *(Opt)* Vergrößerung *f*, Vergrößerungszahl *f* ‖ ~ **угленосности** *(Geol)* Kohlenführung *f*, Kohlenführungskoeffizient *m* *(Verhältnis der Kohlenmächtigkeit zur Gesamtschichtmächtigkeit)* ‖ ~ **удлинения** Dehn[ungs]zahl *f*, Dehnungskonstante *f* ‖ ~ **удлинения/температурный** linearer Wärmeausdehnungskoeffizient *m* ‖ ~ **ужирнения** *(Pap)* Schmierigkeitskoeffizient *m* ‖ ~ **укорочения** *(Eln)* Verkürzungsfaktor *m* ‖ ~ **укрепления** Verstärkungsverhältnis *n (Destillation)* ‖ ~ **уплотнения** *(Bgb)* Verdichtungsziffer *f (Versatz)* ‖ ~ **упругости** 1. Elastizitätskoeffizient *m*; 2. *s.* ~ **удлинения** ‖ ~ **усадки** 1. Schwindungszahl *f*, Schwindungskoeffizient *m*; 2. *(Bgb)* Versatzfaktor *m*, Mächtigkeitsschwund *m* ‖ ~ **усадки при сушке** Trockenschwindungszahl *f* ‖ ~ **усиления** Verstärkungsfaktor *m*, Verstärkungskoeffizient *m* ‖ ~ **усиления антенны** *(Rf, TV)* Antennenverstärkungsfaktor *m*, Antennengewinn *m* ‖ ~ **усиления антенны по мощности** Leistungsgewinn *m (der Antenne)* ‖ ~ **усиления антенны по напряжению** Spannungsgewinn *m (der Antenne)* ‖ ~ **усиления мощности** *(El)* Leistungsverstärkungsfaktor *m*, Leistungsgewinn *m* ‖ ~ **усиления напряжения** *(El)* Spannungsverstärkungsfaktor *m* ‖ ~ **усиления/общий** *(El)* Gesamtverstärkungsfaktor *m* ‖ ~ **усиления по мощности** Leistungsverstärkungsfaktor *m*, Leistungsgewinn *m* ‖ ~ **усиления по напряжению** *(El)* Spannungsverstärkungsfaktor *m* ‖ ~ **усиления по току** *(El)* Stromverstärkungsfaktor *m* ‖ ~ **успокоения** *(Ph)* Dämpfungskoeffizient *m*, Dämpfungsfaktor *m* ‖ ~ **устойчивости** *(Mech)* Stabilitätskoeffizient *m* ‖ ~ **устойчивости/расчётный** rechnerische Standsicherheit *f* ‖ ~ **утолщения** Schlankheitsgrad *m (Antennen)* ‖ ~ **уширения** *(Met, Wlz)* Breitungskoeffizient *m*, Breitungszahl *f* ‖ ~/**фазовый** *(Nrt)* Phasenfaktor *m*, Phasenkonstante *f* ‖ ~ **фильтрации** 1. *(Hydt)* Durchlässigkeitszahl *f*, Durchlässigkeitsfaktor *m (Erdboden)*; 2. *(Rf)* Filterfaktor *m*, Glättungsfaktor *m* ‖ ~ **формы** 1. Formzahl *f (Dauerschwingversuch)*; 2. *(Nrt)* Formfaktor *m* ‖ ~ **формы антенны** Schlankheitsgrad *m (Antenne)* ‖ ~ **формы зуба** *(Masch)* Zahnformfaktor *m* ‖ ~ **фотоупругости** spannungsoptischer (photoelastischer) Koeffizient *m* ‖ ~ **фотоэлектрического поглощения** *(Kern)* photoelektrischer Absorptionskoeffizient *m* ‖ ~ **Фурье** *(Math)* Fourier-Koeffizient *m* ‖ ~ **Фурье/обобщённый** verallgemeinerter Fourierkoeffizient *m* ‖ ~ **Холла** *(Eln)* Hall-Koeffizient *m*, Hall-Konstante *f* ‖ ~/**холодильный** *(Kält)* Leistungszahl *f* des Kälteprozesses, Kälteleistungszahl *f*, E-Wert *m* ‖ ~ **числа зубьев** Zähnezahlfaktor *m (Zahnrad)* ‖ ~/**числовой** Zahlenfaktor *m* ‖ ~ **чувствительности** *(Fert)* Empfindlichkeitsziffer *f*, Kerbempfindlichkeitszahl *f* ‖ ~/**шаговый обмоточный** *(El)* Sehnungsfaktor *m*, Schrittverkürzungsfaktor *m (Wicklung)* ‖ ~ **Шварцшильда** *(Opt)* Schwarzschild-Exponent *m* ‖ ~ **шероховатости** *(Hydr)* Rauhigkeitsbeiwert *m*, Rauhigkeitszahl *f*, Rauhigkeitsgrad *m (Kanalwände, Rohrleitungen, Flußbett)* ‖ ~ **шума** *(Eln)* Rauschzahl *f*, Rauschfaktor *m* ‖ ~ **шума/общий** Gesamtrauschzahl *f* ‖ ~ **шума/спектральный** spektrale Rauschzahl *f* ‖ ~ **экранирования** Schirmfaktor *m*, Abschirmfaktor *m* ‖ ~ **эксплуатации** *(Bgb)* Betriebskoeffizient *m*, Ausbeutungsfaktor *m* ‖ ~ **экспонирования** *(Photo)* Belichtungsfaktor *m* ‖ ~ **экстинкции** *(Geoph, Meteo)* Extinktionskoeffizient *m* ‖ ~/**эмпирический** Erfahrungskoeffizient *m* ‖ ~ **яркости** 1. *(Glas)* Glanzkoeffizient *m*, Glanzzahl *f*; 2. *(Opt, Photo)* Remissionsgrad *m*, Helligkeitsfaktor *m*

КП *s.* 1. *(Inf)* конец передачи; 2. *(Inf)* подпрограмма/контролирующая; 3. *(Schiff)* пеленг/компасный; 4. *(Schiff)* перпендикуляр/кормовой; 5. коэффициент пульсации

КПБ *s.* клапан парового байпаса

КПД *s.* 1. коэффицент полезного действия; 2. пункт/командно-диспетчерский; 3. домостроение/крупнопанельное

к.п.д. *s.* коэффициент полезного действия

КПН *s.* коэффицент передачи напряжения

Кр *s.* ремонт/капитальный

краболов *m (Schiff)* Krabbenfänger *m*

край *m* 1. Rand *m*; Kante *f (s. a. unter* кромка 1.*)*; Grat *m*; 2. Grenze *f*, Saum *m* (‖ ~/**базовый Безусыхание** *f* ‖ ~ **бочки** Ballenbund *m (Walze)* ‖ ~ **головки рельса/верхний** *(Eb)* Schienenoberkante *f* ‖ ~/**закатанный** Bördel *m*, Saum *m* ‖ ~ **зоны** *s.* граница зоны ‖ ~ **обреза** *(Typ)* Schnittkante *f* ‖ ~/**обрезаемый** *(Typ)* abfallender Rand *m* ‖ ~/**обрезной** *(Typ)* Schnittkante *f* ‖ ~ **отражения** *(Opt)* Reflexionskante *f* ‖ ~ [**полосы**] **поглощения** *(Ph)* Absorptionskante *f* ‖ ~ **полюса** *(El)* Polkante *f* ‖ ~ **полюса/набегающий** auflaufende Polkante *f* ‖ ~ **полюса/сбегающий** ablaufende Polkante *f* ‖ ~/**раздавленный** *(Typ)* Quetschrand *f* ‖ ~ **щётки/набегающий** *(El)* auflaufende Bürstenkante *f*, Bürstenauflaufkante *f* ‖ ~ **щётки/сбегающий** *(El)* ablaufende Bürstenkante *f*, Bürstenablaufkante *f*

крайний слева *(Typ)* linksbündig ‖ ~ **справа** *(Typ)* rechtsbündig

кран *m* 1. Hahn *m*; Ventil *n*; 2. Kran *m* ‖ ~ **аварийного торможения** *(Eb)* Notbremsventil *n* ‖ ~/**аварийный** Bergungskran *m*, Unfallkran *m*; *(Eb)* Aufgleiskran *m* ‖ ~/**аварийный плавучий** Bergungsschwimmkran *m* ‖ ~/**автомобильный** Autokran *m* ‖ ~/**автомобильный поворотный** Autodrehkran *m* ‖ ~/**башенный** [**поворотный**] Turmdrehkran *m* ‖ ~/**береговой** Uferkran *m* ‖ ~/**большегрузный** Schwerlastkran *m* ‖ ~/**большегрузный кабельный** Schwerlastkabelkran *m* ‖ ~/**большегрузный стреловой** Schwerlastauslegerkran *m* ‖ ~/**вантово-мачтовый** Derrick[kran] *m* ‖ ~/**вездеходный** Geländefahrkran *m* ‖ ~/**велосипедный** Velozipedkran *m*, Deckenführungskran *m* ‖ ~/**вентиляционный** Entlüftungshahn *m* ‖ ~/**водомерный** Wasserstandshahn *m* ‖ ~/**водопроводный** Wasser[leitungs]hahn *m* ‖ ~/**водоспускной** Entwässerungshahn *m*, Wasserablaßhahn *m* ‖ ~/**воздухозапорный** Luftabsperrhahn *m* ‖ ~/**воздушный** Entlüftungshahn *m* ‖ ~/**впускной** Einlaßhahn *m* ‖ ~/**высотный строительный** Hochbaukran *m* ‖ ~/**газовый** Gashahn *m* ‖ ~/**грейферный** Greiferkran *m*, Krangreifer *m* ‖ ~/**грейферный кабельный** Greiferkabelkran *m* ‖ ~/**грейферный поворотный** Greiferdrehkran *m* || ~/**грузовой** Ladekran *m* || ~/**грузоподъёмный** Kran *m* || ~/**грязевой** Schmutzventil *n* || ~/**гусеничный** Raupenkran *m* || ~/**гусеничный поворотный** Raupendrehkran *m* || ~/**двуногий** Schwenkkran *m* || ~/**двухфланцевый проходной** Doppelflanschhahn *m* || ~/**двухходовой** Einweghahn *m*, Durchgangshahn *m* || ~ **для слитков** *s.* ~/**стрипперный** || ~/**дроссельный** Drosselhahn *m* || ~/**железнодорожный** *(Eb)* Eisenbahnkran *m* || ~/**железнодорожный поворотный** Eisenbahndrehkran *m* || ~/**завалочный** *s.* ~/**загрузочный** 1. || ~/**загрузочный** 1. *(Met)* Setzkran *m*, Chargierkran *m*, Beschick[ungs]kran *m*; 2. Füllhahn *m* || ~/**заливочный** Gießkran *m* || ~/**запорный** Absperrhahn *m* || ~/**звеносборочный** *(Eb)* Gleisjochmontagekran *m* || ~/**кабельный** Kabelkrananlage *f*, Kabelkran *m* || ~/**клапанный** Hahnventil *n* || ~/**козловой** Bockkran *m* || ~/**козловой плавучий** Schwimmbockkran *m* || ~/**колодцевый** *(Met)* Tiefofenkran *m*, Block[ausziehkran *m* || ~/**кольцевой передвижной кабельный** kreisfahrbarer Kabelkran *m* || ~/**консольный** Konsolkran *m* || ~/**консольный передвижной** Konsollaufkran *m* || ~/**контейнерный** Containerkran *m*, Portainer *m* || ~/**контрольный** Kontrollhahn *m*, Probierhahn *m* || ~/**кюбельный** Kübelkran *m* || ~/**литейный** Gießereikran *m*; Gießkran *m* || ~/**магнитно-грейферный** *(Met)* Magnetgreiferkran *m* || ~/**магнитный** Magnetkran *m* || ~/**маслоспускной** Ölablaßhahn *m*, Ölablaufhahn *m* || ~/**мачтово-стреловой** *s.* ~/**мачтовый** || ~/**мачтовый** Mastenkran *m*, Derrick[kran] *m* || ~ **машиниста** *(Eb)* Führerbremsventil *n* || ~/**монтажный** Montagekran *m* || ~/**многоходовой** Mehrwegekran *m* || ~/**мореходный плавучий** seegängiger Schwimmkran *m* || ~/**мостовой** Brückenkran *m*, Laufkran *m* || ~/**мостовой кабельный** Brückenkabelkran *m* || ~/**моторный** Motorkran *m* || ~/**мульдо-загрузочный** *(Met)* Muldenbeschickkran *m*, Muldensetzkran *m*, Chargierkran *m* || ~ **на пневмоколёсном ходу** *s.* ~/**пневмоколёсный** || ~/**набережный** Hafenkran *m*, Kaikran *m*, Uferkran *m* || ~/**наполнительный** Füllhahn *m* || ~/**однобалочный** Einträgerlaufkran *m* || ~/**операторский** *(TV, Kine)* Kamerakran *m* || ~/**паровой запорный** Dampfabsperrhahn *m* || ~/**перегрузочный** Umladekran *m*, Überladekran *m*, Umschlagkran *m* || ~/**перегрузочный кабельный** Verladekabelkran *m* || ~/**передвижной** fahrbarer Kran *m* || ~/**переключающий** Umschalthahn *m* || ~/**переливной** Überlaufhahn *m* || ~/**перепускной** Überströmhahn *m* || ~/**плавучий** Schwimmkran *m* || ~/**пневмоколёсный** Mobilkran *m*; Autokran *m* || ~/**поворотный** Drehkran *m* || ~/**поворотный настенный** Wanddrehkran *m* || ~/**поворотный стреловой** Auslegerdrehkran *m* || ~/**погрузочный** Verladekran *m*, Ladekran *m* || ~/**погрузочный кабельный** Ladekabelkran *m*, Verladekabelkran *m* || ~/**погрузочный козловой** Verladebockkran *m* || ~/**подвесной** Hängekran *m* || ~/**подвижной кабельный** fahrbarer Kabelkran *m* || ~/**подъёмный** Kran *m* || ~/**ползучий** Kletterkran *m* || ~/**полноповоротный** Drehkran *m (360°-Schwenkbereich)* || ~/**полноповоротный башенный** Turmdrehkran *m* || ~/**полнопортальный** Vollportalkran *m* || ~/**полуповоротный** Halbportalkran *m* || ~/**портальный** Portalkran *m* || ~/**портовый** Hafenkran *m*, Kaikran *m* || ~/**портовый плавучий** Hafenschwimmkran *m* || ~/**посадочный** *s.* ~/**загрузочный** 1. || ~/**причальный** Kaikran *m* || ~/**пробный** Probe[nehmer]hahn *m*, Probierhahn *m* || ~/**продувательный** Durchblasehahn *m*, Durchblaseventil *n* || ~/**проходной** Durchgangshahn *m*, Einweghahn *m* || ~/**путевой** *(Eb)* Gleiskran *m*, Gleisverlegekran *m* || ~/**радиальный кабельный** schwenkbarer Kabelkran *m* || ~/**разборный** Entnahmehahn *m* || ~/**разливочный** Gießkran *m* || ~/**рельсоукладочный** *(Eb)* Gleisverlegekran *m* || ~/**руднокозловый** *s.* ~/**рудный** || ~/**рудный** Erzverladekran *m*, Erzverladebrücke *f* || ~ **с переменным вылетом** Wippkran *m* || ~ **с поворотной платформой** Scheibendrehkran *m* || ~/**сальниковый** Stopfbuchsenhahn *m* || ~/**самоподъёмный [ползучий]** Kletterkran *m* || ~/**самоходный** Fahrzeugkran *m* || ~/**сборочный** Montagekran *m* || ~/**сдвоенный** Doppelkran *m* || ~/**сливной** Ablaßhahn *m*; Überlaufhahn *m*, Entleerungshahn *m* || ~/**смесительный** Mischhahn *m* || ~ **со стрелой** Auslegerkran *m* || ~/**спаренный** Doppelkran *m* || ~/**спускной** Ablaßhahn *m*, Zapfhahn *m* || ~/**стационарный кабельный** feststehender (ortsfester) Kabelkran *m* || ~/**стапельный** *(Schiff)* Hellingkran *m* || ~/**стопорный** Absperrhahn *m*, Abstellhahn *m* || ~/**сточный** Abflußhahn *m* || ~/**стреловой** Auslegerkran *m* || ~/**стреловой поворотный** Auslegerdrehkran *m* || ~/**стреловой самоходный** Mobilkran *m* || ~/**стрипперный** *(Met)* Blockziehkran *m*, Blockabstreif[er]kran *m*, Stripperkran *m*, Abstreifkran *m* || ~/**судовой поворотный** Schiffsdrehkran *m* || ~/**суcловой** *(Brau)* Läuterwechsel *m*, Läuterhahn *m* || ~/**тормозной** *(Eb)* Bremsventil *n* || ~/**трёхходовой** Dreiweghahn *m* || ~/**угловой** Eckhahn *m*; Eckventil *n* || ~ **управления** *(Hydr)* Wegeventil *n* mit Drehschieber, Drehschieberwegeventil *n*, Drehschieber *n* || ~ **управления/двухпозиционный** *(Hydr)* Drehschieberwegeventil *n* mit zwei Stellungen (Schaltstellungen) || ~ **управления/трёхпозиционный** *(Hydr)* Drehschieberwegeventil *n* mit drei Stellungen (Schaltstellungen) || ~/**фильтрационный** Läuterhahn *m* || ~/**четырёхходовой** Vierwegehahn *m* || ~/**шихтовый** *s.* ~/**загрузочный** 1. || ~ **экстренного торможения** *(Eb)* Notbremsventil *n*

кран-балка *m (Schiff)* Davit *m* || ~/**люковая** Lukendavit *m*

кран-деррик *m* Derrick[kran] *m*, Mastenkran *m* || ~/**вантовый** verspannter Derrickkran (Mastenkran) *m* || ~/**жёсткий** unverspannter Derrickkran (Mastenkran) *m*

кран-дозатор *m* Dosierhahn *m*

кранец *m* 1. *(Schiff)* Fender *m*; 2. *(Led)* Randversteifungsleiste *f* || ~/**мягкий** Tau[werk]fender *m*, Wulstfender *m*, Wieling *f* || ~/**носовой** Bugfender *m* || ~/**оплетённый (плетёный)** geflochtener Fender *m*, Mattenfender *m* || ~/**пневматический** aufblasbarer Gummifender *m* || ~/**проб-

ковый Korkfender *m* ‖ **~/шлюпочный** Bootsfender *m*
краностроение *n* Kranbau *m*
кран-смеситель *m* Mischhahn *m*
кран-тележка *m*/**операторский** *(TV, Kine)* Dolly *m*, Kamerawagen *m*
кран-штабелёр *m*/**мостовой** Brückenstapelkran *m*
крапп *m* Krapp *m*, Färberröte *f*
крарупизация *f (Nrt)* Krarup[is]isierung *f (von Kabelleitungen)*
краситель *m* Farbstoff *m* ‖ **~/ализариновый** Alizarinfarbstoff *m* ‖ **~/анилиновый** Anilinfarbstoff *m* ‖ **~/бензидиновый** Benzidinfarbstoff *m* ‖ **~/десенсибилизирующий** *(Photo)* Desensibilisierungsfarbstoff *m* ‖ **~/диазотируемый (диазотирующийся)** diazotierbarer Farbstoff *m*, Diazotierungsfarbstoff *m* ‖ **~/диазотирующийся прямой** diazotierbarer Direktfarbstoff *m* ‖ **~/индигоидный** Indigoidfarbstoff *m*, Indigoid *n* ‖ **~/кислотный** Säurefarbstoff *m*, sauerziehender (saurer) Farbstoff *m* ‖ **~/кислотный протравной** saurer Beizenfarbstoff *m* ‖ **~/кислотный хромирующийся** Säurechromfarbstoff *m* ‖ **~/кубовый** Küpenfarbstoff *m* ‖ **~/лазерный** Laserfarbstoff *m* ‖ **~/лаковый** Lackfarbstoff *m* ‖ **~/ледяной** Eisfarbstoff *m*, Kältefarbstoff *m* ‖ **~/однохромовый** Einbadchromierfarbstoff *m* ‖ **~/омедняемый прямой** kupferbarer Direktfarbstoff *m* ‖ **~/основный** basischer Farbstoff *m* ‖ **~/пигментный** Pigmentfarbstoff *m* ‖ **~/природный** Naturfarbstoff *m* ‖ **~/противоореольный** Lichthofschutzfarbstoff *m*, Schirmfarbstoff *m* ‖ **~/протравной** Beizenfarbstoff *m*, Beize *f*, heterochromer Farbstoff *m* ‖ **~/прочный** Echtfarbstoff *m* ‖ **~/проявляющийся** Entwicklungsfarbstoff *m* ‖ **~/прямой** *s.* **~/субстантивный** ‖ **~/растительный** Pflanzenfarbstoff *m* ‖ **~/ровнокроющий** Egalisierungsfarbstoff *m* ‖ **~/светопрочный** lichtechter Farbstoff *m* ‖ **~/сенсибилизирующий** Sensibilisierungsfarbstoff *m*, spektraler Sensibilisator *m* ‖ **~/субстантивный** substantiver (direktziehender) Farbstoff *m*, Direktfarbstoff *m* ‖ **~/фильтровый** Filterfarbstoff *m*, Schirmfarbstoff *m* ‖ **~/холодный** Kältefarbstoff *m*, Eisfarbstoff *m* ‖ **~/хромированный комплексный** Chromkomplexfarbstoff *m* ‖ **~/хромировочный** Chromierfarbstoff *m* ‖ **~/хромовый протравной** Chrombeizenfarbstoff *m* ‖ **~/хромовый прочный** Chromechtfarbstoff *m* ‖ **~/эгализирующий** Egalisierungsfarbstoff *m* ‖ **~/экранирующий** *s.* **~/фильтровый**
красить 1. färben; 2. streichen
краска 1. Farbe *f*; Anstrichfarbe *f*; 2. *(Gieß)* Schlichte *f*, Schwärze *f*, Lack *m* ‖ **~/акварельная** Aquarellfarbe *f* ‖ **~/алюминиевая** Aluminium[bronze]farbe *f* ‖ **~/анилиновая** Anilinfarbe *f* ‖ **~/антикоррозийная (антикоррозионная)** Korrosionsschutz[anstrich]farbe *f*, Antikorrosionsfarbe *f*; Rostschutzfarbe *f* ‖ **~/битуминозная антикоррозионная** Bitumenrostschutzfarbe *f* ‖ **~/бронзовая** Bronzefarbe *f* ‖ **~/водопрочная** wasserfeste Farbe *f* ‖ **~/водорастворимая** wasserlösliche Farbe *f* ‖ **~/водостойкая** waschechte Farbe *f* ‖ **~/водяная** Wasserfarbe *f* ‖ **~/вязкая** *(Typ)* strenge Farbe *f* ‖ **~/глубокопечатная** *(Typ)* Tiefdruckfarbe *f* ‖ **~/глянцевая** Glanzfarbe *f* ‖ **~ горячей сушки/эмалевая** ofentrocknende Lackfarbe *f* ‖ **~/грунтовая** 1. Grundfarbe *f*; 2. *(Typ)* Unterdruckfarbe *f* ‖ **~/густотёртая** Farbpaste *f* ‖ **~/диазотирующаяся** Diazotierfarbe *f* ‖ **~/жирная** fetthaltige Farbe *f* ‖ **~/земляная** Erdpigment *n*, natürliches anorganisches Pigment *n* ‖ **~/известковая** Kalkfarbe *f* ‖ **~/известковоустойчивая** kalkechte Farbe *f* ‖ **~/клеевая** Leimfarbe *f* ‖ **~/кокильная** *(Gieß)* Kokillenschlichte *f*, Kokillenschwärze *f*, Kokillenlack *m* ‖ **~/кроющая** Deckfarbe *f* ‖ **~/лаковая** Lackfarbe *f* ‖ **~/люминесцентная** Lumineszenzfarbe *f* ‖ **~/магнитная типографская** magnetische Druckfarbe *f* ‖ **~/малярная** Anstrichfarbe *f*, Anstrichstoff *m* ‖ **~/малярная масляная** Öl[anstrich]farbe *f* ‖ **~/минеральная** Mineralpigment *n*, künstliches anorganisches Pigment *n* ‖ **~/надглазурная** *(Ker)* Aufglasurfarbe *f*, Emailfarbe *f* ‖ **~/натуральная** *s.* **~/земляная** ‖ **~/необрастающая** *(Schiff)* Antifoulingfarbe *f* ‖ **~/нескользящая** *(Schiff)* rutschfeste Farbe *f* ‖ **~/нитроцеллюлозная покровная** Nitrocellulosedeckfarbe *f* ‖ **~/нитроэмалевая** Nitro[lack]farbe *f* ‖ **~/огнезащитная** Feuerschutzanstrichfarbe *f*, Flammschutz[anstrich]farbe *f* ‖ **~/огнеупорная** 1. feuerfeste Farbe (Anstrichfarbe) *f*; 2. Kokillenlack *m* (*s. a.* **~/кокильная** und **~/формовочная**) ‖ **~/основная** basische Anstrichfarbe *f* ‖ **~/отделочная** Deckfarbe *f* ‖ **~/переводная** *(Typ)* Fettfarbe *f*, Umdruckfarbe *f* ‖ **~/печатная** Druckfarbe *f*, Druckerschwärze *f* ‖ **~/подглазурная** *(Ker)* Unterglasurfarbe *f* ‖ **~/полноцветная** *(Typ)* volltonige Farbe *f* ‖ **~/прозрачная печатная** *(Typ)* lasierende Druckfarbe *f* ‖ **~/противокоррозионная** *s.* **~/антикоррозионная** ‖ **~/противообрастающая** *(Schiff)* Antifoulingfarbe *f* ‖ **~/противорадиолокационная** Radartarnfarbe *f* ‖ **~ с красноватым оттенком** *(Typ)* rotanteilige Farbe *f* ‖ **~/самополирующаяся** selbstpolierende (selbstglättende) Farbe *f* ‖ **~/светопрочная** lichtechte Farbe *f* ‖ **~/светостойкая** lichtechte Farbe *f* ‖ **~/светящаяся** Leuchtfarbe *f* ‖ **~/свинцовая** Bleifarbe *f* ‖ **~/силикатная** Wasserglasfarbe *f* ‖ **~/стержневая** *(Gieß)* Kernschlichte *f*, Kernschwärze *f* ‖ **~/строительная** Bauten[anstrich]farbe *f* ‖ **~/сухая** Trockenfarbe *f*, Farbpulver *n* ‖ **~/текстовая** *(Typ)* Werkfarbe *f* ‖ **~/термопластическая печатная** thermoplastische Druckfarbe *f* ‖ **~/термочувствительная** hitzeanzeigende Farbe *f*, Temperaturmeßfarbe *f* ‖ **~/тёртая** angeriebene Farbe *f* ‖ **~/типографская** Buchdruckfarbe *f* ‖ **~/углеродная** Kohlenstofffarbe *f* ‖ **~/флексографская** Flexodruckfarbe *f* ‖ **~/фоновая** *(Typ)* Unterdruckfarbe *f* ‖ **~/формовочная** *(Gieß)* Formschlichte *f*, Formschwärze *f* ‖ **~/цветная** bunte Farbe *f*, Buntfarbe *f* ‖ **~/церусситовая** *s.* **~/свинцовая** ‖ **~/эластографская** Flexodruckfarbe *f* ‖ **~/эмалевая** [hochglänzende] Lackfarbe *f*
краска-грунтовка *f* Grund[anstrich]farbe *f*, Grundierfarbe *f*
краски *fpl*/**литейные** *(Gieß)* flüssige Formschutzüberzüge *mpl* (*Sammelbegriff für alle Formschlichten, -schwärzen und -lacke*)

красковосприимчивость f Farbfreudigkeit f; (Typ) Farbannahme f
краскооттиск m (Typ) Farbdruck m
краскопульт m Druckluftaggregat n für Farbspritzarbeiten, Farbspritzapparat m
краскораспылитель m Farbspritzgerät n, Farbsprühgerät n, Farbspritzpistole f, Farbsprühpistole f; Farbzerstäuber m ‖ ~ **безвоздушного распыления** Airless-Spritzpistole f; Airless-Spritzgerät n ‖ ~/**ручной** Handspritzpistole f
краскотёрка f Farbreibwerk n ‖ ~/**вальцовая** Walzenfarbreibwerk n ‖ ~/**многовалковая (многовальцовая)** Vielwalzenfarbreibwerk n
красноватый rötlich
краснодубный lohgar
красно-жёлтый rotgelb
краснозём m (Geol) Roterde f, Rotlatosol m
краснолом m (Met) Warmbruch m, Rotbruch m
красноломкий (Met) warmbrüchig, rotbrüchig
красноломкость f (Met) Warmbrüchigkeit f, Warmsprödigkeit f, Warmversprödung f, Rotbrüchigkeit f
красностойкость f (Fert) Warmfestigkeit f (Schnellarbeitsstahl, Hartmetall)
краснота f rote Verfärbung f
красочница f (Typ) Farbkasten m
кратер m 1. (Geol) Krater m (Vulkan); 2. (El) Krater m (Bogenlampe) ‖ ~/**адвентивный** (Geol) Adventivkrater m ‖ ~ **взрыва** 1. (Astr) Explosionskrater m; 2. Sprengkrater m, Explosionstrichter m ‖ ~/**концевой** Endkrater m (Schweißnaht) ‖ ~/**латеральный** (Geol) Nebenkrater m ‖ ~/**лунный** Mondkrater m ‖ ~/**метеоритный** Meteoritenkrater m ‖ ~/**наложенный** (Geol) aufgesetzter Krater m ‖ ~/**паразитический** (Geol) Nebenkrater m, Parasitärkrater m
кратковременный kurzzeitig, kurz[dauernd], Kurzzeit...
кратное n (Math) Vielfache[s] n ‖ ~ **единицы** Vielfaches n einer Einheit ‖ ~/**наименьшее общее** kleinstes gemeinschaftliches Vielfaches n
кратность f 1. (Math) Multiplizität f, Vielfachheit f, Verhältnis n; 2. (Krist) Zähligkeit f ‖ ~/**алгебраическая** algebraische Vielfachheit f ‖ ~ **воздухообмена** Luftwechselzahl f, Luftrate f ‖ ~ **вспенивания** Verschäumungsgrad m ‖ ~ **вырождения** (Kern) Entartungsgrad m, Grad m der Entartung ‖ ~ **вытяжки** (Text) Reckverhältnis n (Chemieseidenherstellung) ‖ ~ **деления напряжения** (El) Spannungsteilungsverhältnis n ‖ ~ **набухания** (Text) Quellgrad n (Chemiefaser) ‖ ~/**общая** (Math) Gesamtvielfachheit f ‖ ~ **перенапряжения** (El) Überspannungsverhältnis n ‖ ~ **светофильтра** (Photo) Filterfaktor m ‖ ~ **состояния** s. ~ вырождения ‖ ~ **циркуляции наружного воздуха** Außenluftwechselkoeffizient m ‖ ~ **циркуляции приточного воздуха** Zuluftwechselkoeffizient m ‖ ~ **шлака** (Met, Gieß) Schlackenziffer f, Basizitätsgrad m
крато[ге]н m (Geol) Krato[ge]n n ‖ ~/**континентальный** Hochkraton n ‖ ~/**океанический** Tiefkraton m
крафтцеллюлоза f Kraftzellstoff m
крахмал m Stärke f ‖ ~/**ассимиляционный** Assimilationsstärke f ‖ ~/**грязевой** Schlammstärke f, Sekundastärke f ‖ ~/**декстринизированный** Dextrinstärke f ‖ ~/**запасный** Reservestärke f ‖ ~/**картофельный** Kartoffelstärke f ‖ ~/**кукурузный** Maisstärke f ‖ ~/**ловушечный** Stärkeschlamm m; Schlammstärke f, Sekundastärke f ‖ ~/**маисовый** s. ~/кукурузный ‖ ~/**растворимый** lösliche Stärke f ‖ ~/**резервный** Reservestärke f ‖ ~/**рисовый** Reisstärke f ‖ ~/**сухой** Trockenstärke f ‖ ~/**сырой** Rohstärke f, Grünstärke f
крахмаление n (Text) Stärken n
крахмалистость f Stärkegehalt m
крахмалистый stärkehaltig, stärkereich
крахмалить (Text) stärken, steifen
крахмалорасщепляющий stärkespaltend
крахмал-сырец m Rohstärke f, Grünstärke f
крацевание n (Fert) Bürsten n
крацер m Drahtbürste f
крашение n 1. (Text) Färben n, Färbung f, Färbeverfahren n; 2. (Bw, Pap) Streichen n ‖ ~/**аппаратное** (Text) Apparatefärberei f ‖ ~/**барабанное** (Led) Weißfaßfärbung f, Faßfärbung f ‖ ~ **в волокне** (Text) Flockenfärberei f ‖ ~ **в жгуте** (Text) Strangfärberei f ‖ ~ **в кусках** (Text) Stückfärberei f ‖ ~ **в массе** 1. (Pap) Färben n in der Masse, Massefärbung f, Holländerfärbung f; 2. (Text) Spinnfärbung f, Erspinnfärbung f, Düsenfärbung f ‖ ~ **в роллах** s. ~ в массе 1. ‖ ~ **враспрaвку** (Text) Breitfärberei f ‖ ~/**высокотемпературное** Hochtemperaturfärben n, Hochtemperaturfärberei f ‖ ~/**гранулята** (Text) Granulatfärberei f ‖ ~/**двуванное** (Text) Zweibad[färb]verfahren n ‖ ~/**двустороннее** (Pap) doppelseitiges Streichen n, doppelseitiger Streichfarbenauftrag m ‖ ~/**жгутом** (Text) Strangfärberei f ‖ ~/**кампешем** (Text) Blauholzfärben n ‖ ~ **кислотными красителями** Färben n mit Säurefarbstoffen, saure Färbung f, Sauerfärbung f ‖ ~/**кубовое** Küpenfärbung f, Küpenfärberei f ‖ ~ **кубовыми красителями** s. ~/кубовое ‖ ~/**ледяное** Eisfärbung f, Kaltfärbung f, kalte Färbung f ‖ ~ **на каландрах** (Pap) Kalanderfärbung f, Oberflächenfärbung f im Kalander ‖ ~/**непрерывное** kontinuierliches Färben n, Kontinuefärberei f ‖ ~/**одностороннее** (Pap) einseitiges Streichen n, einseitiger Streichfarbenauftrag m ‖ ~/**основное** s. ~ основными красителями ‖ ~ **основными красителями** Färben n mit basischen Farbstoffen, basische Färbung f, basisches Färben n ‖ ~/**паковочное** Packfärberei f ‖ ~ **погружением** Tauchfärben n, Färben n im Tauchverfahren ‖ ~/**покровное** (Text) Deckfärbung f ‖ ~/**протравное** s. ~/протравными красителями ‖ ~ **протравными красителями** (Text) Beiz[en]färben n, Beizenfärberei f ‖ ~/**прямое** s. ~ прямыми красителями ‖ ~ **прямыми красителями** (Text) direktes Färben n, Direktfärbung f, Direktfärberei f ‖ ~/**сернистое** Schwefelfärbung f, Färben n mit Schwefelfarbstoffen ‖ ~/**субстантивное** s. ~/прямыми красителями ‖ ~/**ходовое** s. ~/непрерывное ‖ ~/**холодное** s. ~/ледяное ‖ ~/**хромировочное** (Text) Färben n mit Chromfarbstoffen ‖ ~/**штучное** Stückfärben n ‖ ~ **щёткой** (Led) Bürstfärbung f
крейсер m Kreuzer m ‖ ~/**ракетный** Raketenkreuzer m
крейсер-ракетоносец m Raketenkreuzer m

крейцкопф *m s.* ползун 1.
крейцмейсель *m (Wkz)* Kreuzmeißel *m*
крекинг *m* 1. Kracken *n*, Krackung *f*; 2. Krackanlage *f* ‖ ~ **в смешанной фазе** Gemischtphasenkracken *n* ‖ ~/**высокоскоростной контактный** Kontaktschnellkrackung *f* ‖ ~/**гидрирующий (гидрогенизационный)** *s.* гидрокрекинг ‖ ~/**жидкофазный** Flüssigkeitsphasenkracken *n* ‖ ~/**каталитический** katalytisches Kracken *n*, Katkracken *n* ‖ ~/**парофазный** Dampfphasenkracken *n*, Gasphasenkracken *n* ‖ ~ **с подвижным катализатором** Bewegtbettkracken *n* ‖ ~/**термический** thermisches Kracken *n*
крекинг-бензин *m* Krackbenzin *n*, Spaltbenzin *n*
крекинг-газ *m* Krackgas *n*, Spaltgas *n*
крекинг-насос *m* Pumpe *f* für Erdölprodukte und Erdölrückstände *(thermische Krackanlage)*
крекинговый Krack...
крекинг-остаток *m (Erdöl)* Krackrückstand *m*, Spaltrückstand *m*
крекинг-процесс *m (Erdöl)* Krackverfahren *n*
крекирование *n (Erdöl)* Kracken *n*, Krackung *f*
крекированный gekrackt, Krack...
крекировать kracken *(Erdöl)*
кремальера *f* 1. Zahnstange *f*, Zahnstangentrieb *m (Feinmechanik)*; 2. Feintrieb *m*, Feinstellschraube *f*
кремень *m (Min)* Feuerstein *m*, Flint *m*
кремневодород *m (Ch)* Siliciumwasserstoff *m*, Siliciumhydrid *n*, Silan *n*
кремневый Kiesel...; Kieselsäure...
кремнезём *m (Geol)* Kieselerde *f*
кремнекаучук *m* Siliconkautschuk *m*
кремнекислота *f (Ch)* Kieselsäure *f*; Metakieselsäure *f*
кремнекислый ...silikat *n*; ...metasilikat *n*; kieselsauer
кремнефторист[оводородн]ый ...[hexa]fluorosilikat *n*
кремниевый Silicium...
кремний *m (Ch)* Silicium *n*, Si ‖ ~/**аморфный** amorphes Silicium *n* ‖ ~ **на сапфире** *(Eln)* Silicium *n* auf Saphir, SOS *(Halbleiter)* ‖ ~/**нейтронно-легированный** *(Eln)* neutronendotiertes Silicium *n (Halbleiter)* ‖ ~/**необработанный** Rohsilicium *n*
кремнийорганический siliciumorganisch, Organosilicium...
кремнистый ...silicid *n*; siliciumhaltig
крен *m* 1. *(Schiff)* Krängung *f*, Schräglage *f*; 2. *(Flg)* Rollen *n (Drehbewegung um die Längsachse)* ‖ ~/**большой** 1. *(Schiff)* starke Schlagseite *f*; 2. *(Flg)* starke Querlage *f* ‖ ~ **на левый борт** *(Schiff)* Backbordschlagseite *f* ‖ ~ **на правый борт** *(Schiff)* Steuerbordschlagseite *f* ‖ ~/**небольшой** *(Schiff)* leichte Schlagseite *f* ‖ ~ **самолёта** *s.* крен 2.
кренгельс *m (Schiff)* Rundkausche *f*, Ringkausche *f*
кренгование *n (Schiff)* 1. Kielholen *n (eines Schiffes)*; 2. *s.* кренование
кренить *(Schiff)* zum Krängen bringen, krängen
крениться *(Schiff)* krängen, sich auf die Seite legen
креннерит *m (Min)* Krennerit *m*, Weißtellurerz *n*

кренование *n (Schiff)* Krängung *f*, Krängen *n* ‖ ~/**опытное** Krängungsversuch *m*
креновый *(Schiff)* Krängungs...
кренодифферентометр *m (Schiff)* Krängungs- und Trimmeßgerät *n*
креномер *m s.* кренометр
кренометр *m* Neigungsmesser *m*; *(Schiff)* Krängungsmesser *m*, Krängungsmeßgerät *n* ‖ ~/**гироскопический** Kreiselkrängungsmesser *m* ‖ ~/**продольный** Längsneigungsmesser *m*
креозот *m (Ch)* Kreosot *n*
крепёжный *(Bgb)* Ausbau...
крепеукладчик *m (Bgb)* Ausbausetzgerät *n*
крепеустановщик *m (Bgb)* Ausbausetzgerät *n*
крепитель *m (Гиеß)* 1. Binder *m*, Bindemittel *n*, Binderwerkstoff *m*; 2. Härter *m* ‖ ~/**быстродействующий стержневой** Erstarrungskernbinder *m* ‖ ~/**литейный** Binder *m*, Bindemittel *n*, Binderwerkstoff *m* ‖ ~/**органический** organischer Binder *m* ‖ ~/**самотвердеющий** *(Гиеß)* Erstarrungsbinder *m*, kalthärtender Binder *m* ‖ ~/**смоляной** *(Гиеß)* Harzbinder *m* ‖ ~/**стержневой** Kernbinder *m*, Kernbindemittel *n*, Kernbinderwerkstoff *m* ‖ ~/**эмульсионный** Emulsions[kern]binder *m*
крепить 1. stärken, festigen; versteifen; befestigen; 2. *(Bgb)* abstützen, absteifen; 3. *(Bgb)* ausbauen *(Schacht, Strecke)*; verzimmern *(Holzausbau)*; 4. festbinden, zurren *(Schiffe)* ‖ ~ **по-походному** seefest verzurren *(Schiffe)* ‖ ~ **подкосами (раскосами)** *(Bw)* abstreben, versteben ‖ ~ **распорками** *(Bw)* abspreizen
крепление *n* 1. Befestigung *f*, Halterung *f*; 2. *(Bgb)* Ausbauen *n*; Ausbau *m (s. a. unter* крепь*)* ‖ ~/**арочное** *(Bgb)* Bogenausbau *m*, Stahlbogenausbau *m* ‖ ~ **бетонитами** *(Bgb)* Formsteinausbau *m* ‖ ~ **верхняками** *(Bgb)* Kappenausbau *m* ‖ ~/**временное** *(Bgb)* provisorischer (vorläufiger) Ausbau *m* ‖ ~ **дверными окладами** *(Bgb)* Türstockausbau *m* ‖ ~/**изменяемое** variable Halterung *f* ‖ ~/**каменное** *(Bgb)* Steinausbau *m*, Ausbau *m* in Trockenmauerung ‖ ~/**кирпичное** *(Bgb)* Ziegelausbau *m*, Ziegelmauerung *f* ‖ ~/**консольное** 1. Kragbefestigung *f*; 2. Firstenzimmerung *f* ‖ ~ **котла** *(Eb)* Kesselsattel *m*, Kesselauflager *m*, Kesselabstützung *f (Kesselwagen)* ‖ ~ **котлована** *(Bw)* Baugrubenverbau *m*, Baugrubenbefestigung *f* ‖ ~ **кровли** *(Bgb)* Firstenausbau *m* ‖ ~/**найтовное** *(Schiff)* Zurrung *f (mit Zurrseil, Zurrkette oder Zurrstange)* ‖ ~ **одиночными стойками** *(Bgb)* Einstempelbau *m* ‖ ~/**очистного забоя** *(Bgb)* Strebausbau *m* ‖ ~ **подкосами** *(Bw)* Schrägabstützung *f* ‖ ~ **по-походному** *(Schiff)* seefeste Zurrung *f*, seefeste Verzurrung *f* ‖ ~/**походное** *(Schiff)* seefeste Zurrung *f* ‖ ~ **по-штормовому** *s.* ~ по-походному ‖ ~ **распорками** *(Bw)* Verstrebung *f*, Versteifung *f* ‖ ~/**сводчатое** *(Bgb)* Gewölbeausbau *m* ‖ ~ **скважин/телескопическое** *(Erdöl)* Teleskopverrohrung *f (Bohrtechnik)* ‖ ~ **скобами** *(El)* Anschellen *n (eines Kabels)* ‖ ~ **стойками** *(Bgb)* Vollschrotzimmerung *f* ‖ ~ **стойками** *(Bgb)* Stempelausbau *m* ‖ ~/**трёхточечное** Dreipunktbefestigung *f*, Dreipunktlagerung *f* ‖ ~ **туннеля** *(Bw)* Tunnelzimmerung *f* ‖ ~ **штангами** *(Bgb)* Ankerausbau *m* ‖ ~/**штормовое**

(Schiff) seefeste Zurrung *f* ‖ ~ **щитами** *(Bgb)* Schildausbau *m*
крепость *f* 1. Festung *f*; 2. Festigkeit *f*, Stärke *f (Widerstandsfähigkeit)*; 3. Grädigkeit *f*, Gradstärke *f (z. B. von Alkohol)* ‖ ~ **грунта** Bodenfestigkeit *f* ‖ ~/**диэлектрическая** *(El)* dielektrische Festigkeit *f* ‖ ~/**пробивная** *(El)* Durchschlag[s]festigkeit *f*
крепь *f (Bgb)* Ausbau *m (s. a. unter* крепление 2.*)* ‖ ~/**агрегатная** mechanischer Ausbau *m (in Gewinnungskomplexen)* ‖ ~/**анкерная** Ankerausbau *m* ‖ ~/**бесстоечная** stempelloser Ausbau *m* ‖ ~/**бетонная** Ausbau *m* in Beton, Betonausbau *m (massiver Ausbau)* ‖ ~/**венцовая** Geviertzimmerung *f (Schachtausbau, Sammelbegriff für Vollschrot- und Bolzenschrotzimmerung)* ‖ ~/**венцовая подвесная** Unterhängezimmerung *f (Bolzenschrotausbau)* ‖ ~/**венцовая сплошная (срубовая)** Vollschrotzimmerung *f*, ganze Schrotzimmerung *f* ‖ ~/**водонепроницаемая** Cuvelage *f* ‖ ~/**гидравлическая** hydraulischer Ausbau *m* ‖ ~/**горная** Grubenausbau *m* ‖ ~/**деревянная** Holzausbau *m*, Zimmerung *f* ‖ ~/**железобетонная** Stahlbetonausbau *m (massiver Ausbau)* ‖ ~/**жёсткая** starrer Ausbau *m*, steifer Ausbau *m* ‖ ~/**забивная** Getriebezimmerung *f* ‖ ~/**замкнутая** geschlossener Ausbau *m* ‖ ~/**извлекаемая** raubbarer Ausbau *m* ‖ ~/**индивидуальная** Einzelausbau *m* ‖ ~/**кольцевая** Ringausbau *m* ‖ ~/**комбинированная** Verbundausbau *m* ‖ ~/**костровая** Ausbau *m* mit Holzkästen, Holzpfeilerausbau *m*, Wanderpfeilerausbau *m* ‖ ~/**кустовая** Stempelbündelausbau *m*; Ausbauverband *m* ‖ ~/**металлическая** Stahlausbau *m* ‖ ~/**многоугольная** Vieleckausbau *m*, Polygonausbau *m* ‖ ~ **на бабках (стойках)/венцовая** Bolzenschrotzimmerung *f (Schachtausbau)* ‖ ~/**незамкнутая** offener Ausbau *m* ‖ ~/**неизвлекаемая** verlorener Ausbau *m* ‖ ~/**ограждающая** Schildausbau *m* ‖ ~/**опережающая** voreilender Ausbau *m*, Vorpfändung *f* ‖ ~/**опускная** Senkkörper[ausbau] *m (Senkschachtverfahren)* ‖ ~/**органная** Reihenstempel *mpl*, Reihenstempelausbau *m* ‖ ~/**передвигающаяся** schreitender Ausbau *m* ‖ ~/**передвижная механизированная** mechanisch rückbarer (wandernder) Ausbau *m* ‖ ~/**передовая** Vorpfändung *f* ‖ ~/**переносная костровая** Wanderkastenausbau *m* ‖ ~/**погружная** *s.* ~/**опускная** ‖ ~/**податливая** nachgiebiger Ausbau *m* ‖ ~/**подвесная венцовая** Unterhängezimmerung *f (Schachtausbau)* ‖ ~/**полигональная (полигонная)** Polygonausbau *m*, Vieleckausbau *m*, vieleckiger Ausbau *m* ‖ ~/**портальная** Portalausbau *m* ‖ ~/**посадочная** Ausbau *m* an der Bruchkante, Ausbau *m* am Strebbruch, Bruchkantensicherung *f (Strebbruchbau)* ‖ ~/**постоянная** endgültiger Ausbau *m* ‖ ~/**потерянная** verlorener Ausbau *m* ‖ ~/**потолочная** Kappenausbau *m* ‖ ~/**предварительная** vorläufiger Ausbau *m*, provisorischer Ausbau *m* ‖ ~/**призабойная** Ortsausbau *m*; Strebausbau *m* ‖ ~/**рамная** Rahmenausbau *m* ‖ ~/**распорная** Spreizenausbau *m*, Spreizenzimmerung *f* ‖ ~/**рудничная** Grubenausbau *m* ‖ ~/**сборная железобетонная** Stahlbetonausbau *m* ‖ ~/**секционная** *s.*

~/**опускная** ‖ ~/**смешанная** gemischter Ausbau *m* ‖ ~/**сплошная** Vollausbau *m* ‖ ~/**сплошная венцовая** Vollschrotzimmerung *f*, Schrotzimmerung *f* ‖ ~/**срубовая** *s.* ~/**сплошная венцовая** ‖ ~/**станковая** Rahmengeviertzimmerung *f*, Geviertausbau *m* ‖ ~/**стоечная** Stempelausbau *m* ‖ ~/**стропильная** Türstockausbau *m* mit Spreizen, K-Ausbau *m* ‖ ~/**трапецевидная** Trepezausbau *m* ‖ ~/**тюбинговая** Tübbingausbau *m* ‖ ~/**усиленная** verstärkter Ausbau *m* ‖ ~/**шагающая** Schreitausbau *m* ‖ ~/**шарнирная** Gelenkausbau *m* ‖ ~/**шарнирная арочная** Gelenkbogenausbau *m* ‖ ~/**шарнирно-арочная** Gelenkbogenausbau *m* ‖ ~/**шахтная** Grubenausbau *m* ‖ ~/**анкерная** ‖ ~/**штанговая** *s.* ~/**анкерная** ‖ ~/**щитовая** Schildausbau *m*
кресло *n* Sitz *m* ‖ ~/**катапультное** *(Flg)* Schleudersitz *m*
кресло-каталка *n* Krankenfahrstuhl *m*, Krankenrollstuhl *m*
кресло-кровать *n* in ein Bett umwandelbares Sitzmöbel *n*
крест *m* Kreuz *n* ‖ ~/**визирный** Visierstrichkreuz *n* ‖ ~/**мальтийский** *(Masch)* Malteserkreuz *n* ‖ ~ **нитей** *(Opt)* Fadenkreuz *n* ‖ ~/**световой** *(Opt)* Lichtkreuz *n*
крест-накрест überkreuz *(angeordnet)*
крестовина *f* 1. *(Masch)* Kreuz[stück] *n*, Querhaupt *n*, Kreuzkopf *m*; 2. *(Bgb)* Strebebalken *m*, Kreuzstück *n (Bohrturm)*; 3. Vierwegestück *n (einer Rohrverbindung)*; 4. *(Bw)* Kreuzstempel *m*; Querhaupt *n*; 5. *(Eb)* Herzstück *n (einer Weiche)*, Weichenherzstück *n*; 6. *(Schiff)* Kreuzbalken *m*, Pollerkreuz *n*; 7. *(Gieß)* Schere *f*, Scherengitter *n* ‖ ~/**воздушная** *(El)* Luftkreuzung *f (Fahrleitung)* ‖ ~/**глухая** *(Eb)* Doppelherzstück *n*, doppeltes Herzstück *n (einer Weiche)* ‖ ~/**двойная** Doppelkreuz *n* ‖ ~/**опорная** Fundamentkreuz *n* ‖ ~/**ротора** *(El)* Läuferkreuz *n*, Rotorstern *m* ‖ ~/**стрелочная** *(Eb)* Weichenkreuz *n* ‖ ~/**тупая** *(Eb)* Doppelherzstück *n (einer Weiche)* ‖ ~/**якорная** *(El)* Ankerkreuz *n*, Ankerstern *m*
кривая *f* 1. Kurve *f*, Bogen *m*; 2. *(Math)* Kurve *f*; 3. *(Eb)* Gleisbogen *m*; 4. Kennlinie *f*, Linie *f*, Kurve *f (s. a. unter* диаграмма, характеристика, эпюра) ‖ ~ **адаптации** Adaptionskurve *f* ‖ ~/**адиабатная** *(Ph, Therm)* Adiabate *f* ‖ ~/**амплитудная** Amplitudenkurve *f* ‖ ~/**баллистическая** *(Mech)* ballistische Kurve *f* ‖ ~ **блеска** *(Astr)* Lichtkurve *f (z. B. veränderlicher Sterne)* ‖ ~ **Брэгга** *(Ph)* Braggsche Kurve *f (Ionisation)* ‖ ~ **Вёлера** *(Fest)* Wöhler-Kurve *f (Dauerschwingversuch)* ‖ ~/**верёвочная** *(Fest)* Seillinie *f (Seileck)* ‖ ~ **вероятности** *s.* ~ **Гаусса** ‖ ~ **Вина** Wiensche Kurve *f* ‖ ~ **водоизмещения** *(Schiff)* Verdrängungskurve *f* ‖ ~ **возбуждения** *(El)* Anregungskurve *f* ‖ ~/**вольтамперная** *(El)* Spannungs-Strom-Kurve *f*, U-I-Kurve *f* ‖ ~ **впуска пара** Dampfeinströmlinie *f (Dampfturbine)* ‖ ~/**вспомогательная** *(Math)* Hilfskurve *f* ‖ ~ **выносливости** *s.* ~ **Вёлера** ‖ ~ **высшая шатунная** *(Mech)* höhere Koppelkurve *f* ‖ ~ **выхода** Ausbeutekurve *f* ‖ ~/**выходная** Austrittskurve *f (Chromatographie)* ‖ ~ **Гаусса** Gauß-Kurve *f*, Gaußsche Kurve *f*, [Gaußsche] Fehlerkurve *f* ‖ ~/**геодезическая** geodätische Kurve *f*

кривая

|| ~ **гистерезиса** *(El)* Hysteresekurve *f* || ~ **гистерезиса по индукции** Induktionskurve *f* || ~ **градуировки** Einmeßkurve *f* || ~ **гранулометрического состава** Korn[größen]mischungslinie *f*, Kornverteilungskurve *f*, Kornverteilungslinie *f*, Körnungslinie *f*, Korn[größen]spektrum *n*; Sieblinie *f*, Siebkurve *f* || ~ **громкости** *(Ak, Med)* Audiogramm *n* || ~ **Гюгонью** *(Aero)* Hugoniot-Kurve *f*, Rankine-Hugoniotsche Kurve *f* || ~ **давление-температура** Temperatur-Druck-Kurve *f* || ~ **давления** Druckkurve *f*, Druckkennlinie *f* || ~ **давления/обратимая** Gleichgewichtsdruckkurve *f* || ~ **депрессии** *(Hydt)* Depressionslinie *f*, Absenkungskurve *f*, Senkungskurve *f* || ~/**депрессионная** *s*. ~ депрессии || ~/**дисперсионная** Disperionskurve *f* (*von Oberflächenwellen*) || ~/**дифференциальная термическая** *(Min)* Kurve *f* der Differentialthermoanalyse, DTA-Kurve *f* || ~/**дифференциальная термовесовая (термогравиметрическая)** *(Min)* Kurve *f* der Differentialthermogravimetrieanalyse, DTG-Kurve *f* || ~ **ДТА** *s*. кривая/дифференциальная термическая || ~ **ДТГ** *s*. кривая/дифференциальная термовесовая || ~ **зависимости скорости от момента** Drehzahl-Drehmoment-Kurve *f* || ~ **затвердевания** Erstarrungsschaubild *n*, Erstarrungsdiagramm *n*, Erstarrungskurve *f*, Erstarrungslinie *f* || ~ **затухания** Dämpfungskurve *f*, Abklingkurve *f* || ~/**звездовидная** *(Math)* Sternkurve *f*, Astroide *f* || ~/**зернового состава** *s*. ~ гранулометрического состава || ~ **изгиба** Biegelinie *f* || ~ **изменения блеска** *s*. ~ блеска || ~ **изменения веса** *s*. ~/термовесовая || ~ **изменения напряжения** *(El)* Spannungskurve *f* || ~ **изменения тока** *(El)* Stromkurve *f* || ~ **инверсии** *s*. ~/инверсионная || ~/**инверсионная** Inversionslinie *f (Joule-Thomson-Effekt)* || ~ **истощения стока** *(Hydrol)* Rückgangskurve *f*, Trockenwetterganglinie *f* || ~/**калибровочная** Eichkurve *f*, Eichfunktion *f* || ~/**каноническая** *(Math)* kanonische Kurve *f* || ~/**каротажная** *(Masch)* Abwälzkurve *f*, Wälzkurve *f* || ~ **кипения** Siedekurve *f*, Siedelinie *f*, Verdampfungskurve *f* || ~ **конденсации** Kondensationslinie *f* || ~ **консистенции** Konsistenzkurve *f* || ~ **контрастно-временной зависимости** *(Photo)* Gamma-Zeit-Kurve *f* || ~/**конфокальная** *(Math)* konfokale Kurve *f* || ~/**координатная** Ortskurve *f* || ~ **коэффициента полезного действия** Wirkungsgradkurve *f* || ~ **крупности** *s*. ~ гранулометрического состава || ~ **кручения** *s*. ~ скручивания || ~ **Ландаля** Landahl-Kurve *f*, *(Schiff)* strakende Kurve *f*, Strak *m* || ~ **Ленгмюра** Langmuir-Diagramm *n*, Langmuir-Kurve *f* || ~ **ликвидуса** Liquiduskurve *f*, Liquiduslinie *f* || ~ **лопатки** Schaufelkrümmung *f (Strömungsmaschine)* || ~ **Лоренца** Lorentz-Kurve *f* || ~ **лучевой скорости** *(Astr)* Radialgeschwindigkeitskurve *f* || ~ **магнитной индукции** Feldkurve *f* || ~ **магнитной проницаемости** Permeabilitätskurve *f* || ~ **мнимая** *(Math)* imaginäre Kurve *f* || ~ **набегания** Anlaufkurve *f* || ~ **нагрева** Erhitzungskurve *f*, Anheizkurve *f* || ~ **«нагрузка-осадка»** *(Bw)* Last-Setzungslinie *f*, Last-Setzungsdiagramm *n* || ~ **нагрузки** Lastkurve *f*, Belastungsdiagramm *n*; Belastungskurve *f*; Belastungsverlauf *m* || ~ **накопленной частоты** Summenkurve *f* || ~ **намагничивания** Magnetisierungskurve *f* || ~ **намагничивания/начальная (первоначальная)** Neukurve *f*, Erstmangetisierungskurve *f* || ~/**направляющая** *(Math)* Leitkurve *f* || ~ **напряжения** *(El)* Spannungskurve *f* || ~ **нарастания** *(Kern)* Anstiegskurve *f*, Nachbildungskurve *f* || ~ **насыщения** Sättigungskurve *f*, Sättigungslinie *f* || ~ **начала плавления** Soliduskurve *f*, Soliduslinie *f* || ~ **неровностей** *(Fert)* Profillinie *f* des Istprofils *(Rauhigkeit)* || ~ **нулевой скорости** Nullgeschwindigkeitskurve *f*, Hillsche Grenzkurve *f* || ~ **обеспеченности** *(Hydrol)* Wahrscheinlichkeitsverteilung *f (Wasserstände/Durchflüsse)* || ~/**С-образная** *(Wkst)* Zeit-Temprartur-Umwandlungs-Schaubild *n*, ZTU-Schaubild *n*, ZTU-Diagramm *n* || ~ **объёмов отсека** *(Schiff)* Tankinhaltskurve *f* || ~/**огибающая** Hüllkurve *f* || ~ **осаждения** *s*. ~/седиментационная || ~ **остаточного намагничивания** Remanenzkurve *f* || ~ **отказа** Versagungskriterium *n* || ~ **оттока** *(Hydt)* Ablaufkurve *f* || ~ **охлаждения** Abkühl[ungs]kurve *f* || ~ **ошибок [Гаусса]** ~ Гаусса || ~ **пара/предельная** Dampfgrenzkurve *f* || ~ **первоначального намагничивания** Neukurve *f*, Erstmagnetisierungskurve *f* || ~/**переводная** *(Eb)* Weichenbogen *m* || ~/**переходная** 1. Übergangskurve *f*, Transitionskurve *f*; 2. *(Eb)* Übergangsbogen *m* || ~ **плавления** Schmelzkurve *f* || ~/**плавная** 1. *(Math)* strakende (stetige) Kurve *f*; 2. *(Schiff)* strakende Kurve *f*, Strak *m* || ~/**плоская** Flachkurve *f*, ebene (flache) Kurve *f* || ~ **повторяемости** *(Hydt)* Häufigkeitskurve *f*, Häufigkeitslinie *f* || ~ **повторяемости одинаковых горизонтов (уровней)** *(Hydt)* Wasserstandsdauerlinie *f*, Benetzungsdauerlinie *f* || ~ **поглощения** Absorptionskurve *f* || ~ **погони** *(Rak, Flg)* Verfolgungskurve *f* || ~/**пограничная** Grenzkurve *f* || ~ **погрешностей** Fehlerkurve *f* || ~ **подачи** Vorschubkurve *f* || ~ **подпора** *(Hydt)* Staulinie *f*, Staukurve *f* || ~ **ползучести** Kriechkurve *f* || ~/**пологая** *(Math)* flache Kurve *f* || ~ **поля** *(El)* Feldkurve *f* || ~ **поляризации** Polarisationskurve *f* || ~/**полярографическая** Polarogramm *n*, polarographische Kurve *f* || ~ **поправок** Korrektionskurve *f* || ~/**потенциальная** Potentialkurve *f* || ~ **почернения** *(Photo)* Schwärzungskurve *f*, Gradationskurve *f (Emulsion)* || ~ **превращения** Umwandlungskurve *f* || ~/**предельная** Grenzkurve *f* || ~ **преследования** *s*. ~ погони || ~ **приливов** Tide[n]kurve *f* || ~ **притока** *(Hydt)* Anlaufkurve *f* || ~ **притока/интегральная** *(Hydrol)* Zuflußsummenlinie *f* || ~ **продолжительности** *(Hydrol)* Dauerlinie *f (Wasserstände/Durchflüsse)* || ~ **проницаемости** Permeabilitätskurve *f* || ~ **пропускания** 1. *(El)* Durchlaßkurve *f*; 2. *(Opt)* Durchlässigkeitskurve *f* || ~ **просеивания** Sieblinie *f* || ~/**профильная** 1. Profilbild *n*, Profilkurve *f*; 2. Rauhtiefenkurve *f*, Rauhtiefenschaubild *n* || ~ **профиля/опорная** *(Masch)* Profilstützkurve *f* || ~ **пути** *(Eb)* Gleisbogen *m*, Gleiskrümmung *f* || ~ **рабочая** Betriebskurve *f*, Arbeitskurve *f* || ~ **равной освещённости** *(Photom)* Kurve *f* gleicher Beleuchtungsstärke *f* || ~ **радиоактивного распада**

(Kern) Zerfallkurve *f*, Aktivitätskurve *f* ‖ ~ **развёртки** *(Eln)* Abtastkurve *f* ‖ ~ **разгонки** Siedekurve *f* ‖ ~ **разгрузки** Entlastungskurve *f* ‖ ~ **разделения** Separationskurve *f*, Trennungskurve *f* ‖ ~ **размагничивания** *(El)* Entmagnetisierungskurve *f* ‖ ~ **разряда** *(El)* Entladungskurve *f* ‖ ~ **распада** *(Kern)* Zerfallkurve *f*, Aktivitätskurve *f* ‖ ~ **распределения** *(Math)* [kumulative] Verteilungskurve *f*, Häufigkeitskurve *f* ‖ ~ **распределения гранулометрического состава** *s.* ~ гранулометрического состава ‖ ~ **распределения поля** *(El)* Feldverteilungskurve *f* ‖ ~ **распределения размеров зёрен** *(Photo)* Korngrößenverteilungskurve *f* ‖ ~ **распределения светового тока** Lichtstromverteilungskurve *f* ‖ ~ **распределения силы света** Licht[stärke]verteilungskurve *f* ‖ ~ **распределения тока** Stromverteilungskurve *f* ‖ ~ **рассева** Siebkurve *f*, Sieblinie *f (s. a.* ~ гранулометрического состава*)* ‖ ~ **растворимости** Löslichkeitslinie *f*, Löslichkeitskurve *f*, Grenzkurve *f* der Löslichkeit ‖ ~ **расхода воды** *(Hydrol)* Durchflußkurve *f* ‖ ~ **расходов** *(Hydt)* Abflußmengen[gang]linie *f*, Abflußmengenkurve *f* ‖ ~ **расчётная** rechnerische Kurve *f* ‖ ~ **расширения** Ausdehnungskurve *f*, Expansionskurve *f*, Expansionslinie *f* ‖ ~ **регрессии** *(Math)* Regressionskurve *f* ‖ ~ **/резонансная** Resonanzkurve *f* ‖ ~ **роста** *(Astr)* Wachstumskurve *f (Spektroskopie)* ‖ ~ **светового потока** Lichtstromverteilungskurve *f* ‖ ~ **сгорания** Verbrennungslinie *f (Feuerung; Gasturbine)* ‖ ~ **/седиментационная** Sedimentationskurve *f* ‖ ~ **сжатия** Verdichtungskurve *f*, Kompressionskurve *f* ‖ ~ **сил веса** *(Schiff)* Gewichtskurve *f* ‖ ~ **сил поддержания** *(Schiff)* Auftriebskurve *f* ‖ ~ **/синусоидальная** Sinuskurve *f* ‖ ~ **скручивания** Torsionskurve *f*, Verdreh[ungs]kurve *f* ‖ ~ **солидуса** Solidusline *f*, Soliduskurve *f* ‖ ~ **состояния** Zustandskurve *f* ‖ ~ **/софокусная** *(Math)* konfokale Kurve *f* ‖ ~ **спада** Senkungslinie *f*, Senkungskurve *f*, Abfallkurve *f* ‖ ~ **/спектральная** *(Opt)* Spektralkurve *f* ‖ ~ **спектральной чувствительности** 1. *(Opt)* Spektralempfindlichkeitskurve *f*; 2. Farbempfindlichkeitskurve *f* ‖ ~ **/спектрорадиометрическая** *(Opt)* Kurve *f* der spektralen Energieverteilung ‖ ~ **стока** *(Hydt)* Wasserfrachtlinie *f* ‖ ~ **стока/ интегральная** *(Hydrol)* Abflußsummenlinie *f* ‖ ~ **стрелки (стрелочного перевода)** *(Eb)* Weichenbogen *m* ‖ ~ **сумм** Summenlinie *f*, Summenkurve *f* ‖ ~ **схватывания** *(Bw)* Abbindeverlauf *m* ‖ ~ **ТГА** *s.* ~ /термовесовая ‖ ~ **температура-время** Temperatur-Zeit-Kurve *f* ‖ ~ **температура-состав** Temperatur-Konzentrations-Kurve *f* ‖ ~ **/термовесовая (термогравиметрическая)** *(Min)* Kurve *f* der Thermogravimetrieanalyse, TGA-Kurve *f* ‖ ~ **ток-напряжение** *(El)* Strom-Spannungs-Kurve *f*, I-U-Kurve *f* ‖ ~ **тока** *(El)* Stromkurve *f* ‖ ~ **/трансцендентная** *(Math)* transzendente Kurve *f*, Transzendente *f* ‖ ~ **уклона** Gefällekurve *f* ‖ ~ **уплотнения** *(Gieß)* Verdichtungskurve *f*, Verdichtungsdiagramm *n*, Verdichtungsschaubild *n* ‖ ~ **/управляющая** Steuerkurve *f* ‖ ~ **ускорения** Beschleunigungskurve *f* ‖ ~ **усталости** *s.* ~ Вёлера ‖ ~ **устойчивости** Stabilitätskurve *f*, Stabilitätslinie *f* ‖ ~ **фазового равновесия** Phasengleichgewichtskurve *f* ‖ **~/фотометрическая** *s.* ~ блеска ‖ **~/характеристическая** 1. charakteristische Kurve *f*, Kennlinie *f*, Charakteristik *f*; 2. *(Photo)* Schwärzungskurve *f*; Gradationskurve *f* ‖ ~ **хода уровней воды** *(Hydt)* Wasserstandskurve *f* ‖ ~ **холостого хода** Leerlaufkurve *f* ‖ ~ **центров величины** *(Schiff)* Formschwerpunktskurve *f* ‖ **~/чувствительности** Empfindlichkeitskurve *f* ‖ **~/эвтектическая** *(Met)* eutektische Linie *f* ‖ **~/эквивалентная** Ersatzkurve *f*

C-кривая *f* Zeit-Temperatur-Umwandlungsschaubild *n*, ZTU-Diagramm *n*
кривизна *f* Krümmung *f*; Durchbiegung *f* ‖ **~/гауссова** *(Math)* Gaußsche Krümmung *f*, Gaußsches Krümmungsmaß *n* ‖ **~/геодезическая** *(Math)* geodätische Krümmung *f* ‖ **~/главная** *(Math)* Hauptkrümmung *f* ‖ **~ земной поверхности** Erdkrümmung *f* ‖ **~ изображения** Bildkrümmung *f* ‖ **~/нормальная** *(Math)* Normalkrümmung *f* ‖ **~ поверхности** Flächenkrümmung *f* ‖ **~/полная** *(Math)* Integralkrümmung *f*, Gesamtkrümmung *f*, Totalkrümmung *f* ‖ **~ поля зрения (изображения)** Bildfeldkrümmung *f*, Bild[feld]wölbung *f* ‖ **~ пути** *(Eb)* Gleiskrümmung *f*, Gleisbogen *m* ‖ **~ скважины** *(Bgb)* Bohrlochkrümmung *f*, Bohrlochabweichung *f* ‖ **~/средняя** *(Math)* mittlere Krümmung *f* ‖ **~ траектории** Bahnkrümmung *f*
криволинейный *(Masch)* 1. ungeradlinig; 2. Kurven..., Bogen..., bogenverzahnt *(z. B. Verzahnung)*
кривошип *m (Masch)* Kurbel *f*; Kurbelkröpfung *f* ‖ **~/ведомый** getriebene Kurbel *f* ‖ **~/ведущий** treibende Kurbel *f* ‖ **~/главный** Hauptkurbel *f* ‖ **~/концевой** Stirnkurbel *f* ‖ **~/коренной (основной)** Hauptkurbel *f* ‖ **~/эксцентриковый** Exzenterkurbel *f*
кривошипно-коленный *(Wkzm)* Kniehebel...
кривошипно-шатунный *(Masch)* Schubkurbel...
кривые *fpl*/**гидростатические** *(Schiff)* Formkurven *fpl*, Formkurvenblatt *n*
кризис *m*/**экологический** ökologische Krise *f* ‖ **~/энергетический** Energiekrise *f*
криогения *f* 1. Kryogenik *f*, Tieftemperaturforschung *f*; 2. Kryotechnik *f*, Tieftemperaturtechnik *f*
криогенный krygen[isch], Kryogen..., Tieftempe ratur...
криогидрат *m* Kryohydrat *n*
криоконит *m (Geol)* Krykonit *m*
криокристалл *m* Krykristall *m*
криолит *m (Min)* Kryolith *m*, Eisstein *m*
криолюминесценция *f* Kryolumineszenz *f*
криометрия *f* Kryometrie *f*, Tieftemperaturmessung *f*
крионасос *m* Kryopumpe *f*, kryogene Pumpe *f*
криопедология *f* Kryopedologie *f*, Lehre *f* vom Frostboden
криопедометр *m* Kryopedometer *n*, Bodenfrostmesser *m*
криосар *m* Kryosar *n (Tiefsttemperaturbauteil)*
криоскоп *n* Kryoskop *n*, Gefrierpunktmesser *m*
криоскопический kryoskopisch
криоскопия *f* Kryoskopie *f*
криостат *m* Kryostat *m (Thermostat für tiefe Temperaturen)* ‖ **~/вакуумный** Vakuumkryostat *m*

криосушка f Gefriertrocknung f, Lyophilisierung f, Sublimationstrocknung f
криосфера f Kryosphäre f
криотрон m Kryotron n *(Tiefsttempreaturbauteil)* || **~/плёночный** Schichtkryotron n, Filmkryotron n || **~/проволочный** Drahtkryotron n
криофизика f Kryophysik f, Tieftemperaturphysik f
криоэлектроника f Kryo[elek]tronik f
крип m s. ползучесть
крипоустойчивость f Kriechbeständigkeit f, Kriechfestigkeit f
крипоустойчивый kriechbeständig
криптокристаллический *(Min)* kryptokristallin
криптон m Krypton n
кристалл m 1. Kristall m; 2. *(EIn)* Chip m || **~/анизотропный** anisotroper Kristall m || **~/бочковидный** tonnenförmiger Kristall m *(mineralogische Kristallform)* || **~/вакантный** Lückenfehlkristall m || **~/валентный** Kristall m mit kovalenter Bindung || **~/волосистый** haarförmiger Kristall m *(mineralogische Kristallform)* || **~/вторичный** Sekundärkristall m, Zweitkristall m || **~/выпрямляющий** Gleichrichterkristall m || **~/гемиморфный** hemimorpher Kristall m, Hemimorphiekristall m || **~/германиевый** Germaniumkristall m || **~/гетеродесмический** heterodesmischer Kristall m || **~/гетерополярный** heteropolarer Kristall m || **~/гомодесмический** homodesmischer Kristall m || **~/двойниковый** Zwilling m, Zwillingskristall m || **~/двоякопреломляющий** doppelbrechender Kristall m || **~/двуосный** zweiachsiger Kristall m || **~/дендритовый** Dendritekristall || **~/депозитный** Depositkristall m || **~/детекторный** Detektorkristall m || **~/жидкий** flüssiger Kristall m, kristalline (anisotrope) Flüssigkeit f || **~/замаркированный** geinkter Chip m || **~/затравочный** Impfkristall m || **~/игольчатый** Nadelkristall m, nadelförmiger Kristall m || **~/идеальный** Idealkristall m, Idealstruktur f des Kristalls || **~/избыточный** s. ~/вторичный || **~/изогнутый** gebogener Kristall m *(bei Polygonisation)* || **~/изогональный** isogonaler Kristall m || **~/изоморфный** isomorpher Kristall m || **~/изотипичный** isotyper Kristall m || **~/изотропный** isotroper Kristall m || **~/ионный** Ionenkristall m || **~/искажённый** verzerrter Kristall m || **~ кварца** s. ~/кварцевый || **~/кварцевый** Quarzkristall m || **~/колеблющийся** Schwingkristall m || **~ кремния** Siliciumkristall m || **~/кремниевый** Siliciumkristall m || **~/лазерный** Laserkristall m || **~/листоватый** blättriger Kristall m *(mineralogische Kristallform)* || **~/ложный** Pseudokristall m || **~/магнитный** magnetischer Kristall m || **~/мозаичный** Mosaikkristall m || **~/молекулярный** Molekülkristall m, Molekularkristall m || **~/нарастающий** aufwachsender (aufgewachsener) Kristall m *(Epitaxie)* || **~/немагнитный** unmagnetischer Kristall m || **~/нематический жидкий** nematischer Flüssigkristall m, nematische Phase f || **~/непоглощающий** nichtabsorbierender Kristall m || **~/неполярный** nichtpolarer (unpolarer) Kristall m || **~/непроводящий** nichtleitender Kristall m || **~/нитевидный** Nadelkristall m, Haarkristall m, Whisker m || **~/одиночный** Ein[zel]kristall m, Monokristall m || **~/одноосный** einachsiger Kristall m || **~/однопреломляющий** einfachbrechender Kristall m || **~/основной** s. кристалл-хозяин || **~ основы** s. кристалл-хозяин || **~/отрицательный [одноосный]** optisch negativer Kristall m || **~/первичный** Primärkristall m, Erstkristall m || **~/пластинчатый** plattenförmiger (plattiger) Kristall m *(mineralogische Kristallform)* || **~/сегнетоэлектрический** ferroelektrischer Kristall m || **~/скаленоэдрический** skalenoedrischer Kristall m *(mineralogische Kristallform)* || **~/скелетный** Kristallskelett n || **~/слоистый** Schichtkristall m || **~/смектический жидкий** smektische Phase f, smektischer Flüssigkristall m || **~/смешанный** Mischkristall m || **~/совершенный** s. ~/идеальный || **~/стабилизирующий** Steuerkristall m || **~/столбчатый** Stengelkristall m; säulenförmiger Kristall m *(mineralogische Kristallform)* || **~/табличный** tafeliger Kristall m *(mineralogische Kristallform)* || **~ твёрдого раствора** Mischkristall m || **~ холестерического типа/жидкий** cholesterische (cholesterinische) Phase f, cholesterischer Flüssigkristall m || **~/чешуйчатый** schuppiger Kristall m *(mineralogische Kristallform)* || **~/шестоватый** stengeliger Kristall m *(mineralogische Kristallform)*|| **~/энантиоморфный** enantiompher Kristall m

кристалл-зародыш m Keimkristall m, Kristallkeim m, Keim m || **~/посторонний** Fremdkeim m

кристалл-затравка m Impfkristall m
кристаллизатор m 1. *(Ch)* Kristallisator m, Kristallisierapparat m, Kristallisationsgefäß n; 2. *(Ch)* Kristallierschale f *(Laborgerät)*; 3. *(Met)* Stranggußkokille f, Stranggießkokille f, Kristallisator m, Gleitkokille f, Kühlkokille f || **~/барабанный** Rohrkristallisator m *(Stranggießen; Gießwalzen)* || **~/барабанный вращающийся** *(Ch)* Drehrohrkristallisator m || **~/башенный** Kristallisierturm m, Sprühkristallisator m || **~/вальцовый** *(Ch)* Kristallisierwalze f || **~/водоохлаждаемый** *(Ch)* кристаллизатор 3. || **~/качающийся** *(Ch)* Kristallisierwiege f || **~/лабораторный** *(Ch)* Kristallisierschale f *(Laborgerät)* || **~/медный** Kupferkokille f *(Stranggießen)* || **~/многоручьевой** Mehrstrangkokille f, Mehrstrangkristallisator m *(Stranggießverfahren)* || **~ овального типа/криволинейный** Ovalbogenkokille f, Ovalbogenkristallisator m *(Stranggießen)* || **~/радиальный** Kreisbogenkokille f, Kreisbogenkristallisator m *(Stranggießen)* || **~ с мешалкой** *(Ch)* Rühr[werks]kristallisator m || **~/сборный** Aufbaukokille f, Aufbaukristallisator m *(Stranggießen)* || **~/трубчатый** s. ~/барабанный вращающийся *(Ch)* || **~/шнековый** *(Ch)* Schlämmschnecke f, Kühlschnecke f *(Kristallisierapparat)* || **~/ящичный** *(Ch)* Kastenverdunstungskristallisator m

кристаллизация f Kristallisieren n, Kristallisation f, Kristallbildung f, Kornbildung f, Kristallausscheidung f || **~ в колонке** Kolonnenkristallisieren n || **~/вторичная** Sekundärkristallisation f, Sekundärausscheidung f, cекундärkristallisation f || **~ выпариванием** Verdampfungskristallisation f || **~/массовая** Massenkristallisation f || **~/мелкая** feinkörnige Kristallisation f || **~ методом зонной плавки** *(Met)* Zonenschmelzverfahren *n* ‖ ~/**осевая** Achsenkristallisation *f* ‖ ~/**первичная** Primärkristallisation *f*, Primärkornbildung *f*, Primärausscheidung *f*, primäre Kristallisation *f* ‖ ~/**принудительная** Zwangskristallisation *f* ‖ ~/**раздельная** fraktionierte Kristallisation *f* ‖ ~/**регулируемая** geleitete Kristallisation *f* ‖ ~/**собирательная** Sammelkristallisation *f* ‖ ~/**смешанная** Mischkristallisation *f* ‖ ~/**столбчатая** Stengelkristallisation *f* ‖ ~/**фракционированная** *s.* ~/**раздельная**

кристаллиз[ир]овать auskristallisieren, zur Kristallisation bringen
кристаллиз[ир]оваться [aus]kristallisieren, Kristalle bilden
кристаллизуемость *f* Kristallisationsfähigkeit *f*, Kristallisationsvermögen *n*, Kristallbildungsvermögen *n*, Kristallisierbarkeit *f*
кристаллит *m* Kristallit *f*, Kristallkorn *n*
кристаллобластез *m* (*Geol*) Kristalloblastese *f*, Kristallsprossung *f*
кристаллогидраты *mpl* Kristallwasser *npl*
кристаллография *f* Kristallographie *f* ‖ ~/**рентгеновская** Röntgen[strahlen]kristallographie *f* ‖ ~/**структурная** Kristallstrukturanalyse *f*
кристаллодержатель *m* 1. Kristallhalterung *f*, Kristallhalter *m*, Kristallträger *m*; 2. (*Eln*) Chip-Carrier-Gehäuse *n*; 3. (*Eln*) Mittellinse *f* (*im Trägerstreifen*)
кристаллоид *m* Kristalloid *n*
кристаллолюминесценция *f* Kristall[ol]]umineszenz *f*
кристаллометр *m* Kristallmesser *m*
кристаллометрия *f* Kristallmessung *f*
кристалломорфология *f* Kristallmorphologie *f*
кристаллообразование *n* Kristallbildung *f*, Kristallisieren *n*, Kristallisation *f*
кристаллооптика *f* Kristalloptik *f*
кристаллоспектрограф *m* Kristall[gitter]spektrograph *m*
кристаллофизика *f* Kristallphysik *f*
кристаллофосфоресценция *f* Kristall[o]phosphoreszenz *f*
кристаллохимический kristallchemisch
кристаллохимия *f* Kristallchemie *f*
кристалл-подложка *m* (*Eln*) Substratkristall *m*
кристалл-рефрактометр *m* (*Krist*) Kristallrefraktometer *n*, Kugelrefraktometer *n*, Abbé-Refraktometer *n*
кристалл-хозяин *m* Wirt[s]kristall *m*, Grundkristall *m*
кристаллы *mpl*/**мелкие** Feinkorn *n*, Kristallmehl *n* (*Zuckergewinnung*)
кристобалит *m* (*Min*) Cristobalit *m* (*SiO₂-Modifikation*)
критерии *mpl*/**оценочные** Bewertungskriterien *npl*
критерий *m* 1. Kriterium *n*; 2. [statistischer] Test *m* (*Statistik*); 3. Testgröße *f*, Prüfzahl *f* (*Statistik*) ‖ ~/**вероятностный** Wahrscheinlichkeitskriterium *n* ‖ ~ **вырождения** (*Krist*) Entartungskriterium *n* ‖ ~ **Гурвица** (*Reg*) Hurwitz-Kriterium *n* ‖ ~ **заедания** (*Trib*) Freßkriterium *n* ‖ ~ **знаков** Vorzeichentest *m*, Zeichentest *m* ‖ ~ **значимости** Signifikanztext *m* ‖ ~ **Maxa** Machsches Kriterium *n* ‖ ~ **неустойчивости** Labilitätskriterium *n* ‖ ~ **нормальности** Normal[itäts]test *m* ‖ ~ **Нуссельта** (*Aero*) Nußelt-Zahl *f*, Nußeltsche Kennzahl *f*, Nußeltsche Zahl *f*, *Nu*, Biot-Zahl *f*, *Bi* ‖ ~ **оптимальности** Optimalitätskriterium *n* ‖ ~ **Пекле** (*Aero*) Péclet-Zahl *f*, Péclesche Kennzahl *f*, *Pe* ‖ ~ **подобия** Ähnlichkeits[kenn]zahl *f*, [dimensionslose] Kennzahl *f* ‖ ~ **прочности** Festigkeitskriterium *n* ‖ ~ **равновесия** Gleichgewichtskriterium *n* ‖ ~ **рассеяния** Streuungstest *m* ‖ ~ **случайности** Zufälligkeitstest *m* ‖ ~ **согласия** Anpassungstest *m* ‖ ~ **Стантона** (*Aero*) Stanton-Zahl *f*, Stantonsche Kennzahl *f*, *St*, Margoulis-Zahl *f*, *Mg* ‖ ~ **устойчивости** Stabilitätskriterium *n* ‖ ~ **Фруда** (*Aero*) Froude-Zahl *f*, Froudesche Zahl (Kennzahl) *f*, *Fr* ‖ ~ **хи-квадрат** (*Meß*) Chi-Quadrat-Test *m*
критический/почти (*Kern*) fast kritisch
кричный (*Met*) Frisch..., Fein..., Gar...; Luppen..., Renn...
кровавик *s.* гематит
кровля *f* 1. (*Bw*) Dacheindeckung *f*, Dachhaut *f*, Dach *n*; 2. (*Bgb*) Firste *f*, Hangende[s] *n* ‖ ~/**бесшовная** (*Bw*) fugenlose Dacheindeckung *f* ‖ ~/**висячая** (*Bw*) Hängedach *n* ‖ ~/**водонаполненная** (*Bw*) Flachdach *n* mit Kühlwasserschicht ‖ ~/**водоупорная** (*Hydrol*) Grundwasserdeckfläche *f* ‖ ~/**жёсткая** (*Bw*) harte Dachdeckung *f* ‖ ~/**крепкая** (*Bgb*) gesundes (festes) Hangendes *n* ‖ ~/**ложная** (*Bgb*) falsches Hangendes *n*, Nachfallpacken *m* ‖ ~/**мягкая** (*Bw*) weiche Dachdeckung *f* ‖ ~/**неисправная** (*Bw*) defektes (undichtes) Dach *n* ‖ ~/**непосредственная** (*Bgb*) unmittelbares Hangendes *n* ‖ ~/**обнажённая** (*Bgb*) freigelegtes Hangendes *n* ‖ ~/**основная** (*Bgb*) Haupthangendes *n* ‖ ~/**плоская** (*Bw*) Flachdach *n* ‖ ~/**противоштормовая** (*Bw*) Sturm[dach]deckung *f* ‖ ~/**рулонная** (*Bw*) Pappeindeckung *f* mit Rollenmaterial ‖ ~/**скатная** (*Bw*) Schrägdach *n* ‖ ~/**слабая** (*Bgb*) gebräches (schwaches) Hangendes *n* ‖ ~/**стеклянная** Glasdach *n* ‖ ~/**толевая** (*Bw*) Pappdach *n* (*Teerpappe*) ‖ ~/**устойчивая** (*Bgb*) standfestes (gutes) Hangendes *n* ‖ ~/**черепичная** (*Bw*) Ziegeldach *n*, Ziegeleindeckung *f* ‖ ~/**шиферная** (*Bw*) Schieferdach *n*
крокидолит *m* (*Min*) Krokydolith *m*, Blaueisenstein *m* (*Amphibol*)
крокоит *m* (*Min*) Krokoit *m*, Rotbleierz *n*
кромка *f* 1. Kante *f*; Rand *m*; Saum *m* (*s. a. unter* край 1.); 2. Grat *m* (*Rippe*); 3. Bord *m*, Bördel *m*, Krempe *f*, Wulst *m(f)*; 4. (*Text*) Kante *f*, Webleiste *f*, Leiste *f*, Borte *f*; 5. (*Wkz*) Schneide *f*, Schneidkante *f* • **с острой кромкой** scharfkantig ‖ ~/**безударная входная** stoßfreier Eintritt *m* an der Schaufeleintrittskante ‖ ~/**вспомогательная [режущая]** (*Wkz*) Nebenschneide *f* ‖ ~/**входящая** Eintrittskante *f* (*an der Schaufel von Strömungsmaschinen*) ‖ ~/**выходная** Austrittskante *f* (*an der Schaufel von Strömungsmaschinen*) ‖ ~/**главная [режущая]** (*Wkz*) Hauptschneide *f* ‖ ~ **забоя** (*Bgb*) Abbaukante *f*, Strebkante *f* ‖ ~/**задняя** Hinterkante *f*, Austrittskante *f* (*Strömungsmaschinen*) ‖ ~ **золотника** Schieberkante *f* ‖ ~ **клина** Keilkante *f* ‖ ~/**лобовая** Stirnkante *f* ‖ ~/**лопасти/входная** Schaufeleintrittskante *f* (*Lauf- und Leitrad von Strömungsmaschinen*) ‖ ~ **лопасти/выходная** Schaufelaustrittskante *f* (*Lauf- und Leitrad von Strömungsmaschinen*) ‖ ~/**передняя** Vorderkante *f*, Ein-

кромка 366

trittskante f (Strömungsmaschinen) ‖ ~/**переходная [режущая]** Übergangsschneide f ‖ ~/**поперечная [режущая]** (Wkz) Querschneide f (Spiralbohrer) ‖ ~/**предохранительная** (Wkz) Schutzkante f, Schutzfase f ‖ ~/**пылеуловительная** Staublippe f (Manschettendichtung) ‖ ~/**режущая** 1. (Wkz) Schneide f; 2. Schürfschneide f (Bagger) ‖ ~/**сварная** (Schw) Fugenflanke f ‖ ~/**скошенная** gebrochene Kante f ‖ ~/**срезанная** abgefaste Kante (Ecke) f ‖ ~/**торцовая [режущая]** (Wkz) Stirnschneide f ‖ ~/**угловая [режущая]** (Wkz) abgewinkelte Hauptschneide f (Stirnfräser, Messerkopf)
кромкокрошитель m (Wkz) Häckselschere f, Hilfsschere f (zum Kleinschneiden des Saumschrotts)
кромкоулавливатель m (Text) Kantenwächter m
крон m 1. Chrom[at]farbe f; 2. (Opt) Kronglas n ‖ ~/**лёгкий** Leichtkronglas n ‖ ~/**тяжёлый** Schwerkronglas n ‖ ~/**фосфатный** Phosphatkronglas n
кронблок m (Bgb) Kronenblock m, Oberblock m, Turmrollenblock m (Bohrturm)
кронглас m s. крон 2.
кронинг-процесс m (Gieß) Maskenformverfahren n, Croning-Verfahren n
кронциркуль m 1. Außentaster m, Meßzirkel m; 2. Greifzirkel m; 3. Nullenzirkel m
кронштедтит m (Min) Cronstedtit m, Chlormelan m
кронштейн m 1. Halterung f; 2. (Bw) Konsole f, Kragstein m, Kragstütze f; 3. (Masch) Konsole; Lagerkonsole f; Bock m, Stütze f, Tragstütze f; Träger m; Auflagesockel m; Ausleger m ‖ ~ **гребного вала** (Schiff) Wellenbock m ‖ ~ **копира** (Wkzm) Kopierbock m (Nachformvorrichtung) ‖ ~/**опорный** Auflage f, Bock m, Tragarm m, Traggerüst n, Stützlager n ‖ ~ **перебора** (Masch) Vorgelegearm m ‖ ~/**передвижной** Stellarm m ‖ ~/**поворотный** Schwenkarm m ‖ ~/**рессорный** (Kfz) Federbock m, Federstütze f (Federaufhängung) ‖ ~/**рулевой** (Schiff) Ruderträger m (Halbschweberuder) ‖ ~/**стенной** Wandarm m, Wandkonsole f ‖ ~/**токоприёмный (токосъёмный)** (El) Stromabnehmerarm m
кросс m (Nrt) 1. Verteiler m; 2. Verteilerraum m ‖ ~/**главный** Hauptverteiler m ‖ ~/**промежуточный** Zwischenverteiler m
кроссинг m (Bgb) Wetterkreuz n, Wetterbrücke f (Bewetterung)
кроссинг-симметрия f (Ph) Kreuzsymmetrie f (Hochenergiephysik)
кроссит m (Min) Crossit m (Amphibol)
кросс-корреляция f s. корреляция/взаимная
кросс-коунтри m (Wlz) Zick-Zack-Anordnung f, Cross-country-Anordnung f (der Walzgerüste)
кросс-модуляция f (El) Kreuzmodulation f
кросс-релаксация f (Kern) Kreuzrelaxation f
кросс-система f (Inf) Cross-System n
кросс-трейдер m Cross-Trade-Schiff n
кротователь m (Lw) Maulwurfpflug m; Maulwurfdränmaschine f, grabenlose Dränmaschine f
крошение n **почвы** (Lw) Krümelung f (des Bodens)
крошка f (Text) Schnitzel n, Granulat n (Chemiefaserherstellung) ‖ ~/**хмелевая** (Brau) Hopfenabrieb f

КРУ s. устройство/комплектное распределительное
круг m 1. (Math) Kreis m, Kreisfläche f, Kreisscheibe f (s. a. unter окружность 1.); 2. Scheibe f (s. a. unter диск 1.); 3. (Wlz) Rundkaliber n ‖ ~/**абразивный** m (Wkz) Schleifkörper m, Schleifscheibe f ‖ ~/**абразивный чашечный** (Wkz) Topfschleifkörper m, Topfschleifscheibe f ‖ ~/**азимутальный** (Geod) Azimutalkreis m ‖ ~/**алмазный** (Wkz) Diamantschleifkörper m, Diamantschleifscheibe f ‖ ~/**алмазный отрезной** (Wkz) Diamanttrennschleifkörper m ‖ ~/**ведущий** (Wkz) Regelkörper m, Regelscheibe f (Spitzenlosschleifen) ‖ ~/**вертикальный** 1. Vertikalkreis m, Höhenkreis m (Instrument zur Messung der Zenitdistanz von Gestirnen); 2. s. вертикал 2. ‖ ~/**войлочный полировальный** (Wkz) Filz[ringpolier]scheibe f (Metallpolieren) ‖ ~/**высотный** s. вертикал 2. ‖ ~/**высоты** s. вертикал 2. ‖ ~/**гончарный** Töpferscheibe f ‖ ~ **дальности/неподвижный** fester Entfernungs[meß]ring m (Schiffsradar) ‖ ~/**подвижный** variabler Entfernungs[meß]ring m (Schiffsradar) ‖ ~/**делительный** (Wkz) Teilscheibe f (des Teilkopfes) ‖ ~/**засаленный** (Wkz) verschmierte Scheibe f ‖ ~ **Зодиака** (Astr) Tierkreis m, Zodiakus m ‖ ~ **инерции Мора[-Ланда]** (Fest) Mohr-Landscher Trägheitskreis m ‖ ~ **катания** (Eb) Laufkreis m (Rad) ‖ ~/**кожаный полировальный** (Wkz) Leder[polier]scheibe f, Pließtscheibe f ‖ ~/**корундовый** (Wkz) Korundscheibe f ‖ ~ **кривизны** (Math) Krümmungskreis m (Kurve) ‖ ~/**крупнозернистый** (Wkz) grobkörnige Scheibe f ‖ ~/**мелкозернистый** (Wkz) feinkörnige Scheibe f ‖ ~/**меридианный** Meridiankreis m (astronomisches Instrument) ‖ ~/**многониточный [резьбошлифовальный]** (Wkz) Mehrprofilschleifscheibe f, mehrrillige Schleifscheibe (Gewindeschleifscheibe) f ‖ ~ **Мора** (Fest) Mohrscher Spannungskreis m ‖ ~ **на керамической связке** (Wkz) keramisch gebundene Scheibe f ‖ ~/**наждачный** (Wkz) Schmirgelscheibe f, Schleifscheibe f, Schleifkörper m ‖ ~ **напряжений [Мора]** s. ~ Mopa ‖ ~/**обдирочно-шлифовальный** (Wkz) Schälschleifscheibe f ‖ ~/**однониточный [резьбошлифовальный]** (Wkz) Einprofilschleifscheibe f, einrillige Schleifscheibe (Gewindeschleifscheibe) f ‖ ~/**отделочный** (Wlz) Schlichtrund n, Schlichtrundkaliber n ‖ ~/**отрезной** (Wkz) Trennscheibe f ‖ ~/**отрезной шлифовальный** (Wkz) Trennschleifscheibe f ‖ ~/**пальцевой шлифовальный** (Wkz) Schleifstift m ‖ ~/**плоский** (Wkz) Flachscheibe f ‖ ~/**плоский наращённый** (Wkz) gerader Schleifkörper m mit Stahlblechauflage f ‖ ~/**плоский рифлёный** (Wkz) gerader Schleifkörper m mit einseitigen Ringnuten ‖ ~/**поворотный** 1. (Wlz) Drehscheibe f, Drehboden m; 2. (Eb) Drehscheibe f ‖ ~/**подающий** Vorschubscheibe f ‖ ~/**полировальный** (Wkz) Polierscheibe f ‖ ~/**полярный** Polarkreis m ‖ ~/**правящий** (Wkz) Abrichtscheibe f ‖ ~/**предчистовой** (Wlz) Vorschlichtrund[kaliber] n ‖ ~ **прицепа/поворотный** (Kfz) Drehkranz m (Anhänger) ‖ ~/**профилированный шлифовальный** (Wkz) Profilschleifscheibe f, Profil-

schleifkörper *m* ‖ ~ **прямого профиля** *(Wkz)* gerade Scheibe *f* ‖ ~ **прямого профиля/плоский** *(Wkz)* gerader Umfangsschleifkörper *m* ‖ ~ **равной высоты** *s.* ~ **равных высот** ‖ ~ **равных высот** *(Astr)* Horizontalkreis *m*, Azimutalkreis *m*, Almukantarat *m* ‖ ~/**рабочий** *(Wkz)* Arbeitsscheibe *f* ‖ ~/**резьбовой (резьбошлифовальный)** *(Wkz)* Gewindeschleifscheibe *f* ‖ ~/**роликовый** Rollenkreuz *n* ‖ ~/**сегментный** *(Wkz)* Segment[schleif]scheibe *f* ‖ ~/**сегментный отрезной** *(Wkz)* Segmenttrennscheibe *f* ‖ ~ **склонений** *s.* ~/**часовой** ‖ ~ **склонения [светила]** *s.* ~/**часовой** ‖ ~ **склонения телескопа** *(Astr)* Deklinations[teil]kreis *m (am Fernrohr)* ‖ ~/**скоростной шлифовальный** *(Wkz)* Schnellschleifscheibe *f* ‖ ~/**соприкасающийся** *(Math)* Schmiegekreis *m* ‖ ~/**спасательный** *(Schiff)* Rettungsring *m* ‖ ~ **сходимости** *(Math)* Konvergenzkreis *m* ‖ ~ **телескопа/часовой** *(Astr)* Stunden[teil]kreis *m (am Fernrohr)* ‖ ~ **теодолита/вертикальный** *(Geod)* Vertikalkreis *m (Theodolit)* ‖ ~ **теодолита/горизонтальный** *(Geod)* Teilkreis *m*, Horizontalkreis *m*, Limbus *m (Theodolit)* ‖ ~/**тканевый [полировальный]** *(Wkz)* Tuch[polier]scheibe *f*, Schwabbelscheibe *f* ‖ ~/**точильный** *(Wkz)* Werkzeugschärfscheibe *f* ‖ ~/**тригонометрический** *(Math)* Einheitskreis *m (Kreis vom Radius r = 1)* ‖ ~/**фасонный шлифовальный** *(Wkz)* Profilschleifscheibe *f*, Formschleifscheibe *f* ‖ ~/**фетровый [полировальный]** *(Wkz)* Filz[ringpolier]scheibe *f* ‖ ~/**часовой** *(Astr)* Stundenkreis *m* ‖ ~/**чашечный** *(Wkz)* Topfscheibe *f*, topfförmige Scheibe *f* ‖ ~/**чистовой** *(Wlz)* Schlichtrund[kaliber] *n* ‖ ~/**шлифовальный** *(Wkz)* Schleifkörper *m*, Schleifscheibe *f*

круг-кольцо *m (Wkz)* ringförmige Scheibe *f* ‖ ~/**шлифовальный** Schleifring *m*, Stirnschleifring *m*

кругление *n* Runden *n*, Abrunden *n* ‖ ~ **корешка (Typ)** Rückenrunden *n (Buchrücken)*

круглить runden, abrunden

круглограмма *f* Kreisformdiagramm *n*, Rundheitsdiagramm *n*

круглогубцы *pl (Wkz)* Rundzange *f*

кругломер *m* Kreisformmeßgerät *n*, Kreisformprüfgerät *n*, Rundheitsmeßgerät *n*

круглоплетение *(Text)* Rundflechten *n*

круглость *f* Kreisform *f*, Rundheit *f*

круговой 1. kreisförmig; 2. *(Masch)* kreisbogenverzahnt *(Zahnräder)*; 3. *(Masch)* Rund..., Rundteil...

круговорот *m* Kreislauf *m*, Umlauf *m*, Zirkulation *f* ‖ ~ **воды [в природе]** *(Hydrol)* Wasserkreislauf *m*

кругообращение *n* Zirkelbewegung *f*, Kreisdrehung *f*; Kreislauf *m*

круг-тарелка *m (Wkz)* Tellerscheibe *f*, tellerförmige Scheibe *f* ‖ ~/**шлифовальный** Tellerschleifscheibe *f*

круг-чашка *m (Wkz)* Topfscheibe *f*, topfförmige Scheibe *f* ‖ ~/**конический** keglige Topfschleifscheibe *f* ‖ ~/**цилиндрическая** zylindrische Topfschleifscheibe *f* ‖ ~/**шлифовальный** Topfschleifscheibe *f*, topfförmige Schleifscheibe *f*

кружала *npl (Bw)* Lehrgerüst *n*, Bogengerüst *n*, Wölbgerüst *n*

кружево *n (Text)* Spitze *f*

кружка *f* Krug *m*; Kanne *f* ‖ ~/**прядильная** *(Text)* Spinntopf *m* ‖ ~ **центрифуги** *(Text)* Spinntopf *m (Chemiefaserherstellung)*

кружок *m* kleiner Kreis *m*; Scheibchen *n*; *(Met)* Ronde *f* ‖ ~/**дифракционный** *(Opt)* Beugungsscheibchen *n*, Beugungsscheibe *f* ‖ ~ **[наименьшего] рассеяния** *(Opt)* Unschärfe[n]kreis *m*, Streu[ungs]kreis *m*, Streuscheibchen *n* ‖ ~ **Эри** Airy-Scheibchen *n (Beugungsscheibchen)*

круиз *m (Schiff)* Kreuzfahrt *f*

крук[е]сит *m (Min)* Crookesit *m (Thalliummineral)*

крупинка *f* Körnchen *n*, Kügelchen *n*

крупка *f* 1. Grieß *m*, Schrot *m*; 2. *(Lebm)* Grieß *m* ‖ ~/**пробковая** Korkschrot *m*

крупновейка *f* Grießputzmaschine *f*

крупногабаритный groß, Groß... *(mit großen Abmessungen)*

крупнозернистость *f* Grobkörnigkeit *f (Gefüge)* ‖ ~/**наследственная** Grobkörnigkeit *f* infolge Wärmebehandlung *(Metall)*

крупнозернистый grobkörnig *(Gefüge)*

крупнозубый *(Masch)* grobgezahnt, grobverzahnt

крупнокалиберный großkalibrig

крупноклетчатый grobzellig

крупнокристаллический makrokristallin, grobkristallin *n*, grobkörnig *(Gefüge)*

крупномодульный *(Fert)* mit großem Modul, großmodulig

крупнопористый grobporig

крупносортный Grobstahl...

крупносортовой Grobstahl...

крупность *f* 1. Größe *f*; 2. *(Met)* Stückgröße *f*; 3. Körnung *f*, Korngröße *f*; 4. Feinheit *f*, Feinheitsgrad *m (eines Mahlproduktes)* ‖ ~ **зёрен** Körnung *f*, Korngröße *f* ‖ ~ **зерна/предельная** Grenzkorngröße *f* ‖ ~ **частиц** Teilchengröße *f*, Körnung *f*, Korngröße *f*, Kornfeinheit *f (körniges Gut, Metall)*

крупнота *f* Feinheit *f*, Feinheitsgrad *m*

крупноячеистый grobmaschig, weitmaschig *(z. B. Netz)*

крупон *m (Led)* Knupon *m*, Croupon *m*, Kernstück *n*

крупонирование *n (Led)* Knuponieren *n*, Crouponieren *n*

крупорушка *f* 1. Graupenmühle *f*, Grützmühle *f*); 2. Schälmaschine *f (Gruppenbegriff für Buchweizen- und Hirseschälmaschinen)*

крустификация *f (Geol)* Inkrustierung *f*, Inkrustation *f*

крутизна *f* 1. *(El)* Steilheit *f*; 2. *(Geol)* Absturz *m* ‖ ~/**динамическая** *(El)* dynamische Steilheit *f* ‖ ~ **напряжения** *(El)* Spannungssteilheit *f* ‖ ~/**начальная** *(El)* Anfangssteilheit *f* ‖ ~ **преобразования [частоты]** *(El)* Konversionssteilheit *f*, Mischsteilheit *f* ‖ ~/**рабочая** *(El)* Arbeitssteilheit *f*, Betriebssteilheit *f* ‖ ~ **ската** *(Geol)* Böschungsgrad *m*, Fallwinkel *m* ‖ ~/**управления** *(El)* Steuersteilheit *f* ‖ ~ **фронта** *(El)* Flankensteilheit *f (eines Impulses)*; Stirnsteilheit *f (einer Welle)* ‖ ~ **фронта импульса** *(El)* Impulsflankensteilheit *f* ‖ ~ **характеристики** *(El)* Kennliniensteilheit *f* ‖ ~ **характеристики/динамическая** *s.* ~/**рабочая**

крутильно-жёсткий torsionssteif

крутильный 1. *(Ph, Mech)* Torsions..., Dreh..., Drillungs...; 2. *(Text)* Zwirn...
крутить drehen; verdrehen, verwinden, verdrillen ‖ ~ **шёлк** *(Text)* m[o]ulieren
крутка f 1. *(Text)* Draht *m*, Drehung *f (beim Zwirnen; s. a. unter* кручение*)*; 2. Schlag *m (Seilerei)*; 3. *(Flg)* Verwindung *f (Tragflügel; s. a.* закручивание 2.*)* ‖ ~/**высокая** *(Text)* harter Draht *m*; Kreppzwirnen *n* ‖ ~/**дополнительная** *(Text)* Nachrehung *f*, Nachdraht *m (beim Spinnen)* ‖ ~ **каната** Seilschlag *m* ‖ ~/**креповая** Kreppdrehung *f* ‖ ~/**крестовая** Kreuzschlag *m (Seil)* ‖ ~/**круглая** Rundschlag *m (Seil)* ‖ ~/**левая** 1. *(Text)* S-Draht *m*, S-Drehung *f*; 2. Linksschlag *m (Seil)* ‖ ~/**ложная** *(Text)* falscher Draht *m*, Falschdraht *m*; Falschdrehung *f* ‖ ~ **накрест** *s.* ~/крестовая ‖ ~/**низкая** *(Text)* lose Drehung *f*, weiche Drehung *f* ‖ ~/**окончательная** *(Text)* Auszwirnen *n* ‖ ~/**параллельная** Gleichschlag *m*, Längsschlag *m (Seil)* ‖ ~/**правая** 1. *(Text)* Z-Draht *m*, Z-Drehung *f*; 2. Rechtsschlag *m (Seil)* ‖ ~/**прямая** *s.* ~/параллельная ‖ ~/**слабая** *(Text)* loser (weicher) Draht *m*
круткомер 1. Torsionsmesser *m*, Verdrehungsmesser *m*; 2. *(Text)* Fadendrehungsmesser *m*, Drehungsprüfer *m*
крутонарастающий steil ansteigend
кручение *n* 1. Verdrehung *f*, Torsion *f*, Drall *m*; 2. *(Text)* Drehungserteilung *f*, Drehen *m*, Torsion *f*, Zwirnen *n*; 3. *(Math)* Torsion *f*, Schmiegung *f*, zweite Krümmung *f (einer Raumkurve)* ‖ ~/**вторичное** *(Text)* Auszwirnen *n*, Nachzwirnen *n* ‖ ~/**двойное** *(Text)* Doppeldrahtzwirnen *n* ‖ ~/**дополнительное** *(Text)* Nachzwirnen *n* ‖ ~/**изгибное** *(Fest)* Biegeverdrehung *f*, Biegetorsion *f* ‖ ~/**мокрое** *(Text)* Naßzwirnen *n* ‖ ~/**окончательное** *(Text)* Nachzwirnen *n*; Auszwirnen *n* ‖ ~/**первое (предварительное, приготовительное)** *(Text)* Vorzwirnen *n* ‖ ~ **с вытягиванием** *(Text)* Reckzwirnen *n* ‖ ~/**свободное** *s.* ~/чистое ‖ ~/**стеснённое** *s.* ~/изгибное ‖ ~/**сухое** *(Text)* Trockenzwirnen *n* ‖ ~/**фасонное** *(Text)* Effektzwirnen *n* ‖ ~/**чистое** *(Fest)* freie Torsion *f*, de Saint-Venantsche Torsion *f*
кручёный *(Text)* gedreht, gezwirnt
крыло *n* 1. Flügel *m*; 2. *(Flg)* Flügel *m*, Tragflügel *m*, Tragfläche *f*; 3. *(Geol)* Flügel *m*, Flanke *f*, Schenkel *m*; 4. *(Kfz)* Kotflügel *m*; 5. *(Bw)* Flügel *m* ‖ ~ **антиклинали** *(Geol)* Antiklinalflanke *f*, Sattelflanke *f*, Sattelschenkel *m* ‖ ~/**бипланное** *(Flg)* Doppeldeckerflügel *m* ‖ ~/**верхнее** *s.* ~ лежачей складки/верхнее ‖ ~ **водослива** *(Hydt)* Überfallrand *m*, Wehrschwelle *f* ‖ ~/**двойное** Doppelwulstkern *m (Reifen)* ‖ ~/**двухлонжеронное** *(Flg)* Zweiholmtragflügel *m*, zweiholmiger Tragflügel *m* ‖ ~/**дельтавидное** *(Flg)* Delta[trag]flügel *m*, Dreieckflügel *m* ‖ ~/**дождевальное** *(Lw)* Regnerflügel *m* ‖ ~/**заднее** *(Kfz)* hinterer Kotflügel *m* ‖ ~ **лежачей складки/верхнее** *(Geol)* Hangendflügel *m*, hangender Schenkel *m (liegende Falte)* ‖ ~ **лежачей складки/нижнее** *(Geol)* Liegendflügel *m*, liegender Schenkel *m (liegende Falte)* ‖ ~/**летающее** Nurflügelflugzeug *n*, Nurflügler *m* ‖ ~/**многолонжеронное** *(Flg)* Mehrholmtragflügel *m*, vielholmiger Tragflügel *m* ‖ ~ **мостика** *(Schiff)* Brückennock *f* ‖ ~/**неразъёмное** *(Flg)* nicht unterteilter (zerlegbarer) Tragflügel *m* ‖ ~/**нижнее** *s.* ~ лежачей складки/нижнее ‖ ~/**однолонжеронное** *(Flg)* einholmiger Tragflügel *m* ‖ ~/**откосное** *(Hydt)* Flügelmauer *f (Einkammerschleuse)* ‖ ~/**переднее** *(Kfz)* vorderer Kotflügel *m* ‖ ~ **плотины** *(Hydt)* Dammflügel *m* ‖ ~/**подводное** *(Schiff)* Tragfläche *f*, Tragflügel *m (Tragflächenschiff)* ‖ ~/**покрышки** Wulst *m(f) (Reifendecke)* ‖ ~/**противоположное** *(Geol)* Gegenflanke *f*, Gegenflügel *m (einer Mulde)* ‖ ~/**прямое** *(Flg)* gerader Tragflügel *m (Oberbegriff für Rechteck- und Trapezflügel)* ‖ ~/**прямоугольное** *(Flg)* Rechteck[trag]flügel *m* ‖ ~/**разъёмное** *(Flg)* unterteilter (zerlegbarer) Tragflügel *m* ‖ ~ **с двойной стреловидностью** *(Flg)* Tragflügel *m* mit doppelter Pfeilung ‖ ~ **с обратной стреловидностью** *(Flg)* Tragflügel *m* mit negativer Pfeilung ‖ ~ **с прямой стреловидностью** *(Flg)* Tragflügel *m* mit positiver Pfeilung ‖ ~ **с центропланом/разъёмное** *(Flg)* zerlegbarer Tragflügel *m* mit Flügelmittelstück *(häufig bei Kleinflugzeugen)* ‖ ~ **сброса** *(Geol)* Verwerfungsflügel *m* ‖ ~ **сброса/верхнее** Hangendflügel *m (einer Verwerfung)* ‖ ~ **сброса/нижнее** Liegendflügel *m (einer Verwerfung)* ‖ ~ **сброса/опущенное** gesunkener Flügel *m (einer Verwerfung)* ‖ ~ **сброса/[при]поднятое** gehobener Flügel *m (einer Verwerfung)* ‖ ~/**свободнонесущее** *(Flg)* freitragender Tragflügel *m* ‖ ~ **синклинали** *(Geol)* Muldenflügel *m*, Muldenschenkel *m*, Synklinalflügel *m* ‖ ~ **складки** *(Geol)* Faltenschenkel *m*, Faltenflanke *f*, Faltenflügel *m* ‖ ~ **складки/крутое** *(Geol)* steile Faltenflanke *f*, steiler Faltenflügel *m* (Faltenschenkel) ‖ ~ **складки/нижнее** *(Geol)* liegender Schenkel *m (einer Falte)* ‖ ~ **складки/опрокинутое** *(Geol)* überkippter Schenkel *m*, überkippte Flanke *f (einer Falte)* ‖ ~ **соляного штока** *(Geol)* Salzstockflanke *f* ‖ ~/**стреловидное** *(Flg)* Pfeilflügel *m*, gepfeilter Tragflügel *m* ‖ ~ **типа «обратная чайка»** *(Flg)* umgekehrter (negativer) Knickflügel *m (der Innenflügel bildet mit dem Flugzeugrumpf ein umgekehrtes V)* ‖ ~ **типа «чайка»** *(Flg)* Knickflügel *m (der Innenflügel bildet mit dem Rumpf des Flugzeugs ein V)* ‖ ~ **трала** Flügel *m* des Schleppnetzes ‖ ~/**трапециевидное** *(Flg)* Trapezflügel *m* ‖ ~/**треугольное** *(Flg)* Delta[trag]flügel *m* ‖ ~/**управляемое подводное** *(Schiff)* verstellbare Tragfläche *f*, verstellbarer Tragflügel *m (Tragflächenboot)* ‖ ~ **флексуры** *(Geol)* Flexurflügel *m* ‖ ~/**цельное** *(Flg)* durchgehender Tragflügel *m* ‖ ~ **шахтного поля** *(Bgb)* Grubenfeldflügel *m*
крыльчатка *f* Flügelrad *n* ‖ ~ **компрессора** Verdichterlaufrad *n (Kreiselverdichter)* ‖ ~ **насоса** Pumpenlaufrad *n (Kreiselpumpe)*
крыша *f* 1. *(Bw)* Dach *n (s. a. unter* кровля 1.*)*; 2. *(Bgb) s. unter* кровля 2. ‖ ~/**бесчердачная** *(Bw)* einschlagiges Dach *n* ‖ ~/**бесчердачная утеплённая** Warmdach *n* ‖ ~/**вальмовая** *(Bw)* Walmdach *n* ‖ ~/**двускатная** *(Bw)* Satteldach *n*, Giebeldach *n* ‖ ~/**коническая** *(Bw)* Kegeldach *n*, rundes Zeltdach *n* ‖ ~/**купольная** *(Bw)* Kuppeldach *n* ‖ ~/**мансардная** *(Bw)* Mansardendach *n* ‖ ~/**односкатная** *(Bw)* Pultdach *n* ‖ ~/**пилообразная** *(Bw)* Sägedach *n*, Sheddach

n ‖ ~/**пирамидальная** *(Bw)* Pyramidendach *n*, Zeltdach *n* ‖ ~/**плоская** *(Bw)* Flachdach *n* ‖ ~/**полувальмовая** *(Bw)* Halbwalmdach *n*, Krüppelwalmdach *n* ‖ ~/**свисающая** *(Bw)* überstehendes Dach *n* ‖ ~/**сводчатая** *(Bw)* Bogendach *n*, Wölbdach *n* ‖ ~/**скатная** *(Bw)* Steildach *n* ‖ ~/**складчатая** *(Bw)* Falt[schalen]dach *n* ‖ ~/**совмещённая** *(Bw)* einschaliges Dach *n* ‖ ~/**чашеобразная** *(Bw)* schalenförmiges Dach *n* ‖ ~/**чердачная** *(Bw)* zweischaliges Dach *n* ‖ ~/**четырёхскатная** *(Bw)* Walmdach *n* ‖ ~/**шатровая** *s.* ~/пирамидальная ‖ ~/**шедовая** *(Bw)* Sheddach *n*, Sägedach *n* ‖ ~/**щипцовая** *s.* ~/двускатная

крыша-терраса *f (Bw)* 1. Terrassendach *n*; 2. Dachterrasse *f*
крышка *f* Abdeckung *f*, Deckelplatte *f*, Deckel *m*; Haube *f*, Kappe *f* ‖ ~/**аркообразная** Gewölbedeckel *m (Herdofen)* ‖ ~ **багажника** Kofferraumhaube *f* ‖ ~/**бумажная переплётная** Papierbanddecke *f* ‖ ~/**вдавливаемая** Eindrückdecke *f (Verpackung)* ‖ ~ **выключателя** *(El)* Schalterdeckel *m* ‖ ~/**выпрямленная** *(Typ)* ausgebogene Decke *f* ‖ ~/**декоративная** Blende *f (z. B.* am Armaturenbrett für späteren Einbau eines Radios) ‖ ~/**запорная** Verschlußdeckel *m* ‖ ~/**защитная** Schutzdeckel *m* ‖ ~/**золотниковая** Schiebergehäusedeckel *m* ‖ ~/**клюзовая** *(Schiff)* Klüsendeckel *m*, Klüsenblende *f* ‖ ~ **колодца** *(Nrt)* Schachtabdeckung *f (Kabelschacht)* ‖ ~ **корпуса** Gehäusedeckel *m* ‖ ~/**литая ребристая** Rippengußdeckel *m* ‖ ~/**люковая** *(Schiff)* Lukendeckel *m* ‖ ~/**наматываемая люковая** *(Schiff)* aufrollbarer Lukendeckel *m* ‖ ~/**откатываемая люковая** *(Schiff)* fahrbarer Lukendeckel *m*, Rollukendeckel *m* ‖ ~/**откидная люковая** *(Schiff)* Klappenlukendeckel *m* ‖ ~/**откидная складывающаяся люковая** *(Schiff)* Faltlukendeckel *m* ‖ ~/**очистительная** *(Text)* Ausstoßklappe *f* ‖ ~/**переплётная** *(Typ)* Einbanddecke *f*, Buchdecke *f*, Bucheinband *m* ‖ ~/**подовая** Bodenklappe *f (z. B.* Gießereischachtofen) ‖ ~/**подшипника** Lagerdeckel *m* ‖ ~/**понтонная люковая** *(Schiff)* Pontonlukendeckel *m* ‖ ~/**сдвижная люковая** *(Schiff)* Schiebelukendeckel *m* ‖ ~/**складная (складывающаяся) люковая** *(Schiff)* Faltlukendeckel *m* ‖ ~ **станины** *(Wlz)* Ständerquerhaupt *n*, Ständerkappe *f* ‖ ~/**створчатая люковая** *(Schiff)* Klapplukendeckel *m* ‖ ~ **счётчика** Zählerkappe *f* ‖ ~/**съёмная** *(Wlz)* abnehmbares Querhaupt *n*, Kappe *f* ‖ ~ **чесальной машины/передняя** *(Text)* Ausstoßklappe *f* ‖ ~/**четырёхсекционная люковая** *(Schiff)* vierteiliger Lukendeckel *m* ‖ ~/**шедовая** *(Bw)* Sheddach *n* ‖ ~ **шпарутки** *(Text)* Breithalterdeckel *m* ‖ ~/**штормовая** *(Schiff)* Seeschlagblende *f*

крюйс-пеленг *m (Schiff)* Kreuzpeilung *f*
крюк *m* 1. Haken *m (s. a. unter* крючок); 2. *(Nrt)* Hakenstütze *f*, Stütze *f*, Träger *m* ‖ ~/**буксирный** Schlepphaken *m* ‖ ~ **винтовой стяжки** *(Eb)* Zughaken *m (Schraubenkupplung)* ‖ ~/**грузовой (грузоподъёмный)** Lasthaken *m* ‖ ~/**двойной (двурогий)** Widderkopf *m* ‖ ~/**захватывающий** *(Eb)* Überfallhaken *m (Kupplung)* ‖ ~ **изолятора** *(El)* gebogene Isolatorenstütze *f* ‖ ~/**кантовальный** *(Wlz)* Kantklaue *f*, Kanthaken *m* ‖ ~ **кантователя** *s.* ~/кантовальный ‖ ~/**ковшоподъёмный** *(Gieß)* Pfannenhaken *m*, Gießpfannenhaken *m* ‖ ~/**ловильный** *(Bgb)* Glückshaken *m*, Fanghaken *m (Bohrung)* ‖ ~/**натяжной** Spannhaken *m* ‖ ~/**однорогий грузовой** einfacher Lasthaken *m* ‖ ~/**отводной** *(Bgb)* Zentrierhaken *m (Bohrung)* ‖ ~/**отпорный** Bootshaken *m* ‖ ~/**пластинчатый** Lamellenhaken *m* ‖ ~/**подъёмный** *(Bgb)* Förderhaken *m*, Bohrhaken *m* ‖ ~/**прицепной** *(Kfz)* Anhängerhaken *m*, Zughaken *m* ‖ ~ **с проушиной** Ösenhaken *m* ‖ ~ **с цепным шкивом** Kettenhaken *m (Flaschenzug)* ‖ ~/**тяговый (упряжной)** *(Eb)* Zughaken *m* ‖ ~/**шлюпочный** Bootshaken *m*

крючок *m* Haken *m (s. a. unter* крюк 1.) ‖ ~ **для рыбинки** *(Text)* SchweißBlattenhalterung *f* ‖ ~ **жаккардовой машины** *(Text)* Jacquardplatine *f* ‖ ~/**замыкающий** *(Text)* Schließdraht *m (Nähwirkmaschine)* ‖ ~/**карабинный** *(Text)* Karabinerhaken *m (Jacquardmaschine)* ‖ ~/**нитенаправительный** *(Text)* Fadenführerhaken *m (französische Rundwirkmaschine)* ‖ ~/**поворотный** *(Text)* Wendehaken *m* ‖ ~/**проборный** *(Text)* Blattstecher[haken] *m*, Einziehhaken *m*, Einziehnadel *f*, Fädelhaken *m (Weberei)* ‖ ~/**проволочный** *(Text)* Drahthaken *m* ‖ ~/**ремизный** *(Text)* Geschirrhaken *m*, Schafthaken *m (Weberei)* ‖ ~ **ремизоподъёмной каретки** *(Text)* Schaftplatine *f*, Hakenplatine *f (Schaftmaschine)* ‖ ~/**рыболовный** Angelhaken *m* ‖ ~/**упорный** Anschlaghaken *m*
крючок-зонд *m (Med)* Hakensonde *f*
крючок-подъёмник *m (Med)* Hakenelevator *m*
кряж *m* 1. Blockholz *n*, Block *m*, Klotz *m*, Abschnitt *m*; 2. *(Geol)* Gebirgskette *f*, Bergkette *f*, Gebirgszug *m* ‖ ~/**фанерный** Furnierblock *m*, Schälfurnierblock *m*, Schälholz *n* ‖ ~/**шпальный** Schwellenholz *n*

КС *s.* 1. камера смешенио; 2. сеть/кабельная
кс *s.* коэффициент сцепления
ксантат *m s.* ксантогенат
ксантат-барабан *m (Text)* Sulfidiertrommel *f*, Knetapparat *m (Chemiefaserherstellung)*
ксантат-смеситель *m* Xanthatkneter *m (Chemiefaserherstellung)*
ксантогенат *m (Ch)* Xanth[ogen]at *n*
ксантогенатор *m* Xanthatmaschine *f*
ксантогенирование *n* Xanthogenierung *f*, Sulfidierung *f*, Xanthogenatverfahren *n (Chemiefaserherstellung)*
ксантогеновокислый *(Ch)* ...xanthogenat *n*, ...xanthat *n*; xanthogensauer
ксантогеновый *(Ch)* Xanthogen...
ксантофиллит *m (Min)* Xantophyllit *m (Sprödglimmer)*
ксенокристалл *m (Geol)* Xenokristall *m*
ксенолит *m (Geol)* Xenolith *m*
ксеноморфный *(Min)* xenomorph, allotriomorph, fremdgestaltig
ксенон *m (Ch)* Xenon *n*, Xe
ксенотим *m (Min)* Xenotim *m*, Ytterspat *m*
ксерографирование *n* Herstellung *f* xerographischer Aufnahmen
ксерография *f* Xerographie *f*

ксерокопирование *n* xerographisches Kopieren *n*

ксерорадиография *f* Xeroradiographie *f*, Röntgenxerographie *f*

ксилолит *m (Bw)* Xylolith *m*, Steinholz *n*

КСС *s.* степень сбраживания

КТ *s.* конец текста

КТА *s.* аппарат/кожухотрубный теплообменный

КТВ *s.* телевидение/кабельное

КТП *s.* подстанция/комплектная трансформаторная

КУ *s.* угол/курсовой

куб *m* 1. *(Math)* Kubus *m*, Würfel *m*; 2. *(Math)* Kubikzahl *f*, dritte Potenz *f*; 3. *(Krist)* Kubus *m*, Würfel *m*, Hexaeder *n*; 4. *(Ch)* Küpe *f (alkalische Lösung des Küpenfarbstoffs)*; 5. *(Ch)* Küpe *f (Färbebottich)*; 6. *(Geol)* quaderförmige Absonderung *f*; 7. *s.* ~/перегонный ‖ ~/красильный *(Text)* Färbekufe *f*, Färbeküpe *f* ‖ ~/перегонный Destillationsblase *f*, Blase *f* ‖ ~/пирамидальный *s.* тетрагексаэдр ‖ ~/разделительный *(Opt)* Teilerwürfel *m (z. B. im Autokollimationsfernrohr)*

кубатура *f (Math)* 1. Kubatur *f (Rauminhaltsberechnung)*; 2. Kubikinhalt *m*, Rauminhalt *m*, Raum *m* ‖ ~ грузовых трюмов *(Schiff)* Laderauminhalt *m* ‖ ~ здания *(Bw)* umbauter Raum *m* ‖ ~/потребная Raumbedarf *m* ‖ ~/удельная погрузочная *(Schiff)* Staufaktor *m*, Staukoeffizient *m (der Ladung)*

кубик *m* Würfel *m* ‖ ~/мостовой Pflasterwürfel *m*

кубический *(Krist)* kubisch

кубометр *m (Forst)* Kubikmeter *m* ‖ ~/плотный Festmeter *n* ‖ ~/несущий *s.* кулак 3.; ~/складочный Raummeter *n*, Schichtfestmeter *n*

кубооктаэдр *m (Krist)* Kubooktaeder *n (Koordinationspolyeder)*

кубрик *m (Schiff)* Logisraum, Mannschaftsraum *m*

кувалда *f* Vorschlaghammer *m*; *(Schm)* Zuschlaghammer *m*

кудель *f (Text)* Werg *n* ‖ ~/прочёсанная kardiertes Werg *n*

кудель-спут *f (Text)* Bärtelwerg *n*

кузнечно-прессовый *(Umf)* Umform- und Zerteil..., zum Umformen und Zerteilen

кузница *f* Schmiede[werkstatt] *f*; Eisenhammerwerk *n*, Hammerwerk *n* ‖ ~/штамповочная Gesenkschmiede *f*

кузов *m* 1. *(Eb)* Aufbau *m*, Wagenkasten *m*, Kasten *m*; 2. *(Kfz)* Karosserie *f*, Aufbau *m*; 3. Einhängebehälter *m*, Bunker *m (von Schüttgutcontainern)* ‖ ~/бескаркасный *(Kfz)* gerippeloser Aufbau *m* ‖ ~ вагонного типа *(Kfz)* Waggonkarosserie *f (Autobus)* ‖ ~/грузо-пассажирский *(Kfz)* Kombi[nations]kraftwagenkarosserie *f* ‖ ~/закрытый *(Kfz)* geschlossene Karosserie *f* ‖ ~/закрытый четырёхместный geschlossene viersitzige Karosserie *f* ‖ ~/каркасный *(Kfz)* Gerippeaufbau *m*, Karosserie *f* in Spantenbauweise *(Autobus)* ‖ ~/кузов *(Kfz)* selbsttragende Karosserie *f* ‖ ~/опрокидывающийся Kippkasten *m* ‖ ~/открытый *(Kfz)* offene Karosserie *f* ‖ ~/открытый четырёхместный offene viersitzige Karosserie *f* ‖ ~/самосвальный *(Kfz)* Kipperaufbau *m* ‖ ~/сетчатый *(Lw)* Häckselaufbau *m* ‖ ~ типа фургон/закрытый *(Kfz)* geschlossener Kastenaufbau *m* ‖ ~/цельнометаллический *(Kfz)* Ganzmetallkarosserie *f*, Karosserie *f* in Ganzmetallbauweise ‖ ~/четырёхдверный *(Kfz)* viertürige Karosserie *f*

кукурузодробилка-сортировка *f* kombinierte Mahl- und Sortiermaschine *f* für Mais

кулак *m* 1. Kreuzkopf *m (s. a. unter* кулачок 3.*)*; 2. Würfelanthrazit *m (Anthrazit in Stücken von 50 bis 100 mm)* ‖ ~/боевой *(Text)* Schlagscheibe *f (Webstuhl; Knickschlageinrichtung)* ‖ ~/двухпараллельный симметричный [in Bezug auf die Zylinderachse] symmetrischer Zweigleitbahnkreuzkopf *m (Dampfmaschine)* ‖ ~/однопараллельный Eingleitbahnkreuzkopf *m (Dampfmaschine)* ‖ ~ с параллелью Kreuzkopf *m* mit Gleitbahn *(Dampfmaschine)*

кулаки *mpl*/посадочные *(Bgb)* Aufsetzvorrichtung *f (Fördergestell)*

кулачковый *(Masch)* 1. nockenbetätigt, Nocken...; 2. kurvenbetätigt, mit Kurve *(z. B. Zuführeinrichtung, Vorschubeinrichtung)*

кулачок *m* 1. *(Wkzm)* Backe *f*, Futterbacke *f*, Spannbacke *f*; 2. *(Wkzm)* Kurvenstück *n (am Drehautomaten)*; 3. *(Masch)* Nocken *m*, Steuerkurve *f*, Kurventräger *m*; Kurvenkörper *m*, Kurvenglied *n (Kurvengetriebe)*; 4. *(Masch)* Klaue *f*, Daumen *m (Kupplung)* ‖ ~/барабанный Trommelkurve *f*, Trommelzylinder *m* ‖ ~ быстрого хода Eilgangkurve *f* ‖ ~/впускной Einlaßnocken *m (Nockenwelle; Verbrennungsmotor)* ‖ ~/вращающийся 1. Umlaufkurve *f*; 2. umlaufender (rotierender) Kurvenkörper *m* ‖ ~/выпускной Auslaßnocken *m (Nockenwelle; Verbrennungsmotor)* ‖ ~/делительный Teilungskurve *f* ‖ ~/дисковый *(Masch)* Kurvenscheibe *f*, Kurvenstück *f* ‖ ~/зажимный Spannbacke *f* ‖ ~/закрытый geschlossene Kurve *f* ‖ ~/затылования Hinterdrehkurve *f* ‖ ~/качающийся 1. Schwingdaumen *m*; 2. Pendelbacke *f* ‖ ~/конический Kurvenkegel *m* ‖ ~/контактный Kontaktnocken *m* ‖ ~ люнета Setzstockbacke *f* ‖ ~/мерительный Meßbacke *f* ‖ ~/наборный *(Nrt)* Wählnocken *m* ‖ ~/насадный Aufsetzbacke *f (Zweibackenfutter)* ‖ ~/незакалённый ungehärtete Backe *f* ‖ ~/основной Grundbacke *f (Zweibackenfutter)* ‖ ~ патрона Futterbacke *f* ‖ ~/плоский *m* ebener Kurvenkörper *m*; 2. flache Backe *f* ‖ ~/подвижный bewegliche Backe *f* ‖ ~ постоянного диаметра *(Masch)* Kurvenscheibe *f* konstanten Durchmessers ‖ ~/поступательно-движущийся Schubkurve *f (Kurvenplatte)* ‖ ~/пространственный räumlicher Kurvenkörper *m (Oberbegriff für Kurvenzylinder, Kurvenkegel und Kurvengloboid)* ‖ ~ распределительного вала Steuernocken *m (Nockenwelle; Verbrennungsmotor)* ‖ ~ с кинематическим замыканием/дисковый Kurvenscheibe *f* mit Formschluß ‖ ~ с силовым замыканием/дисковый Kurvenscheibe *f* mit Kraftschluß ‖ ~/сферический *(Masch)* Kurvensphäroid *n* ‖ ~ тормозных колодок/раздвижной Bremsnocken *m (Backenbremse)* ‖ ~/торцевой (торцовый) *(Masch)* Wulstkurvenscheibe *f*, Nutkurvenscheibe *f*, Stirnkurve *f* ‖ ~/узорный *(Text)* Musterkurvenscheibe *f* ‖ ~/упорный Anschlag-

nocken m, Anschlag m || ~ управления 1. Steuerkurve f; 2. Steuernocken m || ~/цилиндрический Zylinderkurve f, Kurvenzylinder m
кулирование n (Text) Kulieren n (Wirkerei)
кулиса f (Masch) Kulisse f, Kurbelschleife f, Schleife f, Schwinge f || ~/вращающаяся Umlaufschleife f, umlaufende (rotierende) Schleife f || ~/качающаяся Schwingschleife f, Kurbelschwinge f || ~/крестовая Kreuzschleife f || ~/поперечная Kreuzschleife f
кулисный s. кулисообразный
кулисообразный (Geol) kulissenförmig, Kulissen... (z. B. Kulissenfaltung); en échelon (Verwerfungen, Falten, Bruchzonen)
кулич m (Text) Kuchen m || ~/прядильный Spinnkuchen m (Chemiefaserherstellung)
куличедержатель m/складной (Text) zusammenlegbarer Spinnkuchenhalter m (Chemiefaserherstellung)
кулометр m (El) Coulo[mb]meter n || ~/весовой s. ~/массовый || ~/водородный Wasser[stoff]coulometer n, Knallgascoulometer n || ~/массовый Massecoulometer n || ~/объёмный Volumencoulometer n || ~/точный Feincoulometer n || ~/электролитический газовый s. ~/водородный
кулон m (El) Coulomb n, C
кулон[о]метр m s. кулометр
кулонометрия f Coulometrie f, coulometrische Analyse f
кулуары pl (Bw) Wandelgang m, Verbindungsgang m
кульм m (Geol) Kulm m
кульминация f (Astr) Kulmination f || ~/верхняя obere Kulmination f || ~ небесного светила Kulmination f || ~/нижняя untere Kulmination f
кульминировать (Astr) kulminieren
кульсонит m (Min) Coulsonit m, Vanadiumspinell m
культиватор m (Lw) Grubber m, Kultivator m || ~/дисковый Scheibenegge f || ~/лёгкий Feingrubber m || ~/междурядный Reihenkultivator m (Federzinkengrubber) || ~/паровой Brachlandgrubber m || ~/пропашной Hackgrubber m, Hackgerät n, Pflegegerät n
культиватор-окучник m (Lw) Häufelgrubber m, Grubber m mit Häufelvorrichtung
культиватор-плоскорез m (Lw) Breitschargrubber m, Flachkultivator m
культиватор-растениепитатель m (Lw) Grubber m mit Reihendüngungsvorrichtung
культивировать (Lw) grubbern (Boden)
культура f 1. Kultur f, Pflanze f, Gewächs n; Frucht f; 2. Anbau m || ~/водяная Hydroponik f, Hydrokultur f || ~/зимнестойкая überwinternde Kultur f || ~/кормовая Futteranbau m || ~/кормовая стеблевая Halmfutter n, Halmfutterpflanze f, Halmfutterkultur f || ~/легкоосыпаемая ausfallgefährdete Kultur f || ~/масличная Ölfrucht f || ~/овощная Gemüsekultur f || ~/озимая Winterfrucht f; Wintersaat f || ~/плодовоягодная Beerenobstkultur f || ~/побочная Nebenkultur f || ~/пожнивная Stoppelfrucht f, Stoppelkultur f || ~/последующая Folgefrucht f || ~/предшествующая Vorfrucht f || ~/промежуточная Zwischenfrucht f || ~/ранняя Frühkultur f || ~/смешанная Mischkultur f, Gemenge n || ~/яровая Sommerfrucht f, Sommersaat f

куметр m Güte[faktor]messer m, Q-Meter n
кумуляция f загрязняющих веществ (Ökol) Schmutzstoffanhäufung f
купажирование n Verschnitt m (von Weinen aus verschiedenen Traubensorten)
купажировать verschneiden, vermischen (Wein)
купелирование n (Met) Treibarbeit f, Treiben n, Abtreiben n, Treibprozeß m, Kupellation f, Kupellieren n (NE-Metallurgie) || ~/непрерывное kontinuierliches (ununterbrochenes) Treiben n || ~/окончательное Reichtreiben n || ~/периодическое periodisches (diskontinuierliches) Treiben n
купелировать (Met) kupellieren, kapellieren, [ab]treiben (NE-Metallurgie)
купеляция f s. купелирование
куперит m (Min) Cooperit m (Platinmineral)
купол m 1. Kuppe f, Kuppel f; 2. Gewölbe n; 3. (Geol) Kuppel f, Dom m || ~/вращающийся (Astr) drehbare Kuppel f (Sternwarte) || ~/вулканический (Geol) Quellkuppe f, vulkanische Kuppel f || ~ лампы Kolbendom m (Glühlampe) || ~/ледниковый (Geol) Gletscherkuppel f || ~/магматический (Geol) Dom m (rundlich gewölbter Pluton) || ~ набухания s. вулканический || ~/надувной Traglufthalle f || ~/неподвижный (Astr) feststehende Kuppel f (Planetarium) || ~/соляной (Geol) Salzdom m || ~/стержневой сетчатый (Bw) Stabnetzwerkkuppel f
куприт m (Min) Kuprit m, Rotkupfererz n
купрокс 1. (Ch) Vitriol m; 2. (El) Kupfer(I)-oxidelement m, Kuproxelement n || ~/медный (Ch) Kupfervitriol m || ~/урановый s. иоганнит
купрошеелит m (Min) Cuprosсheelit m
купферштейн m Kupfer[konzentrations]stein m
курвиметр m Kurvimeter n, Kurvenmesser m; Krümmungsmesser m
курлатирование n (Pap) Curlatieren n, Kräuseln n (des Faserstoffs)
курлатор m (Pap) Curlator m (Maschine zum Kräuseln des Faserstoffs)
куроводство n (Lw) Hühnerhaltung f
курок m Hahn m (Jagdgewehr, Revolver, Pistole); Schlagstück n (Gewehr) || ~/спусковой (Schiff) Stopper m, Klinkenstopper m (Stapellauf)
курс m Kurs m (Navigation) || ~/встречный Gegenkurs m || ~/генеральный (Schiff) Generalkurs m, Hauptkurs m || ~/встречный (Schiff) Regattakurs m || ~ захода по посадку Landeanflugkurs m || ~/зигзагообразный Zickzackkurs m || ~/истинный (Schiff) rechtweisender Kurs m || ~/компасный (Schiff) Kompaßkurs m || ~/магнитный mißweisender Kurs m; (Flg auch) magnetischer Kurs m || ~ на столкновение Kollisionskurs m || ~/обратный Gegenkurs m || ~/обратный посадочному Landegegenkurs m || ~/переменный Wechselkurs m || ~ подхода Anflugkurs m, Einflugkurs m || ~/посадочный Landekurs m
курсограф m Kursschreiber m
курсозадатчик m Kursgeber m
курсомер m Kursmesser m, Auswanderungsmesser m
курсопрокладчик m s. автопрокладчик
курсор m (Inf) Cursor m

курсоуказатель *m* Kursanzeiger *m*, Kursweiser *m*
курум *m (Geol)* Blockstrom *m*, Blockmeer *n*, Steinstrom *m*
курчатовий *m (Kern)* Kurtschatovium *n*, Rutherfordium *n*
кусачки *pl (Wkz)* Zange *f*, Kneifzange *f* ‖ ~/**боковые** *pl* Seitenschneider *m* ‖ ~/**шарнирно-рычажные** Bolzenschneider *m*
куски *mpl* **кабеля** Fertigungslängen *fpl (eines Kabels)*
кусковатость *f (Met)* Stückigkeit *f*
кусковатый stückig
кусковой stück[enförm]ig, in Stücken, Stück...
кусочно-линейный stückweise linear
кусочно-непрерывный stückweise stetig
куст *m* 1. Zweig *m (eines Netzwerks)*; Bündel *n*; 2. *(Bw)* Pfahlbündel *n*; 3. *(Bgb)* Stempelbündel *n*, Stempelbatterie *f*
кустовой verzweigt
куток *m (Schiff)* Netzsteert *m* ‖ ~/**дрейфующий (плавучий)** Übergabesteert *m (Fischfang)*
куфта *f (Text)* Docke *f*
кухня-ниша *f (Bw)* Kochnische *f*
кухня-рабочая *f (Bw)* Arbeitsküche *f*, Küche *f* ohne Eßplatz
кухня-столовая *f (Bw)* Wohnküche *f*
кухтыль *m* Auftriebskugel *f*, Schwimmkörper *m*, Auftriebskörper *m (Schleppnetz)*
куча *f* Haufen *m*; Stapel *m*
кущение *n (Lw)* Bestockung *f*, Bestocken *n*
куэста *f (Geol)* Cuesta *f*, Landstufe *f*, Schichtstufe *f*
КШ *s.* шина/кодовая
КЭС *s.* электростанция/конденсационная
кэт *m (Schiff)* Kat *f*, Cat *f*; Kat-Takelung *f*
кэч *m (Schiff)* Ketsch *f*; Ketschtakelung *f*
кэш-память *f (Inf)* Cache *m*, Daten-Cache *m (Speichertyp)*
кюбель *m* Kübel *m*, Gefäß *n (s. a. unter* бадья *und* ковш 1.)
кювет *m* 1. *(Bw)* Straßengraben *m*; Entwässerungsrinne *f (Asphaltstraße)*; 2. *(Eb)* Seitenrinne *f*; Böschungsmulde *f (Bahnkörper)* ‖ ~/**дорожный** *(Bw)* Straßengraben *m* ‖ ~/**открытый** offener Entwässerungsgraben *m*
кювета *f* Küvette *f*; *(Photo)* Schale *f*, Entwicklungsschale *f*, Entwicklerschale *f*, Photoschale *f* ‖ ~ **поливного устройства** *(Photo)* Gießerschale *f*
кюветокопатель *m*/**плужный** *(Bw)* Grabenpflug *m*
кюветоочиститель *m (Bw)* Grabenräumer *m*, Grabenreiniger *m*
кюретка *f (Med)* Kürette *f*
кюри *m (Ph)* Curie *n*, Ci *(SI-fremde Einheit der Aktivität)*
кюрий *m (Ch)* Curium *n*, Cm
кюрит *m (Min)* Curit *m (Uranoxid)*

Л

Л *s.* марка/летняя грузовая
л *s.* литр
ЛА *s.* 1. аппарат/летательный; 2. линия/автоматическая

лабаз *m (Text)* Kammer *f*, Behälter *m* ‖ ~/**смесительный** Mischkammer *f*, Mischfach *n*
лабильность *f* Labilität *f*
лабиринт *m* 1. *(Ak)* Labyrinth *n*; 2. Labyrinth *n*, Labyrinthdichtung *f* ‖ ~/**световой** *(Photo)* lichtdichte Filmschleuse *f*
лаборатория *f* Labor[atorium] *n*; Versuchsfeld *n* ‖ ~/**высоковольтная** Hochspannungslabor[atorium] *n* ‖ ~/**высоковольтная испытательная** Hochspannungsprüffeld *n* ‖ ~/**горячая** *(Kern)* heißes Labor[atorium] *n* ‖ ~/**заводская** Betriebslabor[atorium] *n* ‖ ~/**измерительная** Meßraum *m*, Meßlabor[atorium] *n* ‖ ~/**испытательная** Prüfraum *m*, Prüflabor[atorium] *n*; Prüffeld *n* ‖ ~/**космическая** Weltraumlabor *n* ‖ ~/[**научно-**]**исследовательская** Forschungslabor[atorium] *n* ‖ ~/**поверочная** Prüflabor *f*, Eichlabor *f* ‖ ~/**производственная** Industrielabor[atorium] *n* ‖ ~/**фотографическая** Photolabor *n*
лабрадор *m (Min)* Labrador *m (Feldspat)*
лава *f* 1. *(Geol)* Lava *f*; 2. *(Bgb)* Streb *m* ‖ ~/**агломератовая** *(Geol)* Agglomeratlava *f* ‖ ~/**базальтовая** *(Geol)* Basaltlava *f* ‖ ~/**безлюдная** mannloser Streb *m* ‖ ~/**волнистая** *(Geol)* Fladenlava *f*, Gekröselava *f* ‖ ~/**вязкая** *(Geol)* zähflüssige Lava *f* ‖ ~/**глыбовая** *(Geol)* Blocklava *f*, Schollenlava *f* ‖ ~/**диагональная** *(Bgb)* Diagonalstreb *m* ‖ ~/**длинная** *(Bgb)* Langfrontbetrieb *m* ‖ ~/**дренажная** *(Bgb)* Entwässerungsstreb *m* ‖ ~/**дугообразная** *(Bgb)* Bogenstreb *m* ‖ ~/**канатная** *(Geol)* Seillava *f*, Stricklava *f* ‖ ~/**кислая** *(Geol)* saure (kieselsäurereiche) Lava *f* ‖ ~/**комбайновая** *(Bgb)* Schrämladerstreb *m* ‖ ~/**машинная** *(Bgb)* Schrämmaschinenstreb *m* ‖ ~/**механизированная** *(Bgb)* mechanisierter Streb *m* ‖ ~/**одиночная** *(Bgb)* Einzelstreb *m*, einflügeliger Streb *m* ‖ ~/**основная** *(Geol)* basische Lava *f* ‖ ~/**остановленная** *(Bgb)* gestundeter Streb *m* ‖ ~/**подушечная** *(Geol)* Kissenlava *f*, Pillowlava *f* ‖ ~/**сдвоенная (спаренная)** *(Bgb)* Doppelstreb *m*, zweiflügeliger Streb *m* ‖ ~/**струговая** *(Bgb)* Hobelstreb *m* ‖ ~/**текучая** *(Geol)* leichtflüssige Lava *f* ‖ ~/**шаровая** *(Geol)* Kugellava *f*
лава-этаж *f (Bgb)* Langstrebbau *m*
лавёр *m* Laveur *m (ein Waschapparat)*; Gaswäscher *m*, Gaswäscher *m*
лавина *f* Lawine *f* ‖ ~/**ионная** *(Ph)* Ionenlawine *f* ‖ ~/**носителей [заряда]** *(Eln)* Trägerlawine *f*, Ladungsträgerlawine *f* ‖ ~/**пылевая** *s.* ~ **сухого снега** ‖ ~ **сухого снега** Trockenschneelawine *f* ‖ ~/**электронная** *(Eln)* Elektronenlawine *f*
лавирование *n* Kreuzen *n (Segelschiff)*
лавировать kreuzen *(Segelschiff)*
лавировка *f* Kreuzen *n (Segelschiff)*
лавобрекчия *f (Geol)* Lavabrekzie *f*, lavazementierte Brekzie *f*
лаг *m (Schiff)* Log *n*, Fahrtmeßanlage *f* • **лагом** *(Schiff)* zur Seite, seitlich, längseits • ~ **лагом к ветру** quer zum Wind • ~ **лагом к волнению** *(Schiff)* quer zur Welle ‖ ~/**вертушечный** Patentlog *n* ‖ ~/**гакабортный** Heckrelingslog *n* ‖ ~/**гидродинамический** hydrodynamisches Log *n*, Staudrucklog *n* ‖ ~/**донный** Grundlog *n*, Bodenlog *n* ‖ ~/**индукционный** Induktionslog *n*, elektrodynamisches (elektromagnetisches) Log *n* ‖ ~/**механический** Schlepplog *n* ‖ ~/**су-**

довой Schiffslog n ‖ ~/штевневой Stevenlog n ‖ ~/электромеханический s. ~/индукционный
лага f (Bw) Lagerholz n (Dielenfußboden)
лаглинь m (Schiff) Logleine f
лагранжиан m 1. (Mech) Lagrange-Funktion f, kinetisches Potential n; 2. Lagrange-Funktion f (Feldtheorie); 3. s. плотность лагранжиана
лагуна f (Geol) Lagune f
ЛАД s. двигатель/линейный асинхронный
лаз m Mannloch n, Einsteigeloch n, Einsteigeöffnung f, Einstieg m, Aussteigeöffnung f; Luke f ‖ ~/ремонтный Reparatureinstieg m ‖ ~/смотровой Revisionseinstieg m
лазер m Laser m, Laserstrahler m, optischer Maser m ‖ ~/азотный Stickstofflaser m ‖ ~/аргоновый [ионный] Argon[ionen]laser m ‖ ~ видимого диапазона Laser m im sichtbaren Spektralbereich ‖ ~/волноводный Wellenleiterlaser m ‖ ~/вспомогательный Hilfslaser m ‖ ~/высокой энергии Hochenergielaser m ‖ ~/высокоэнергетический Hochleistungslaser m, Hochenergielaser m ‖ ~/газовый Gaslaser m ‖ ~/газовый импульсный Impuls[gas]laser m ‖ ~/газовый ионный Ionengaslaser m ‖ ~/газодинамический gasdynamischer Laser m ‖ ~/газоразрядный Gas[entladungs]laser m ‖ ~/гелий-неоновый Helium-Neon-Laser m, He-Ne-Laser m ‖ ~ гигантских импульсов Riesenimpulslaser n ‖ ~/двухчастотный Zweifrequenzlaser m ‖ ~/диодный Diodenlaser m ‖ ~/жидкостный Flüssigkeitslaser m ‖ ~/импульсный Impulslaser m, gepulster Laser m ‖ ~/импульсный четырёхуровневый Vierniveauimpulslaser m ‖ ~/инжекционный Injektionslaser m ‖ ~ инфракрасного диапазона Infrarotlaser m, Iraser m ‖ ~/инфракрасный Infrarotlaser m, Iraser m ‖ ~/ионный [газовый] Ionen[gas]laser m ‖ ~/кадмиевый Kadmium[dampf]laser m ‖ ~/кислородный Sauerstofflaser m ‖ ~/кольцевой Ringlaser m ‖ ~/компактный газовый kompakter Gaslaser m ‖ ~/криптоновый Kryptonlaser m ‖ ~/кристаллический Kristallaser m ‖ ~/ксеноновый Xenonlaser m ‖ ~/малошумящий rauscharmer Laser m ‖ ~ малошумящий многоцелевой rauscharmer Mehrzwecklaser m ‖ ~/многомодовый Vielmodenmaser m ‖ ~/многоцелевой Mehrzwecklaser m ‖ ~/молекулярный [газовый] Molekül[gas]laser m ‖ ~/мощный Hochleistungslaser m ‖ ~ на азоте Stickstofflaser m ‖ ~ на антимониде галлия Galliumantimonidlaser m, GaSb-Laser m ‖ ~ на арсениде галлия/инжекционный Galliumarsenid-Injektionslaser m, GaAs-Injektionslaser m ‖ ~ на газовой смеси Mischgaslaser m ‖ ~ на гетеропереходах/инжекционный Heteroinjektionslaser m, Mehrschichthalbleiterlaser m ‖ ~ на ионах Ionen[gas]laser m ‖ ~ на красителях Farbstofflaser m ‖ ~ на неодимовом стекле Neodym[glas]laser m ‖ ~ на органических красителях [органических] Farbstofflaser m ‖ ~ на парах кадмия Kadmiumdampflaser m ‖ ~ на парах металла Metalldampflaser m ‖ ~ на p-n переходе Laser m mit PN-Übergang ‖ ~ на полупроводнике Halbleiterlaser m ‖ ~ на полупроводниковом диоде Halbleiterdiodenlaser m ‖ ~ на рубине (рубиновом кристалле) Rubinlaser m ‖ ~ на свободных электронах Freie-Elektronenlaser m, FEL ‖ ~ на стекле Glaslaser m ‖ ~ на стеклянном волокне Glasfaserlaser m ‖ ~ на твёрдом теле Festkörperlaser m ‖ ~ на твёрдом теле/импульсный Festkörper-Impulslaser m ‖ ~ на углекислом газе Kohlendioxidlaser m, CO_2-Laser m ‖ ~ на центрах окраски Farbzentrenlaser m ‖ ~ на эксимерах Excimer-Laser m ‖ ~ на эксимерах аргона-фтора/газовый Argon-Fluor-Excimer-Gaslaser m ‖ ~ на CO_2 s. на углекислом газе ‖ ~ на CO_2/мощный CO_2-Hochleistungslaser m ‖ ~ на KrF/эксимерный Kryptonfluoridlaser m, KrF-Laser m ‖ ~ на XeCl/эксимерный Xenonchloridlaser m, XeCl-Laser m ‖ ~/неодимовый Neodym[glas]laser m ‖ ~ непрерывного излучения на красителях Dauerstrich-Farbstofflaser m ‖ ~ непрерывного режима работы s. ~/непрерывный ‖ ~/непрерывный Dauerstrichlaser m, kontinuierlich strahlender Laser m ‖ ~/одномодовый Einmodenlaser m ‖ ~/перестраиваемый durchstimmbarer (abstimmbarer) Laser m ‖ ~/полупроводниковый Halbleiterlaser m ‖ ~/рамановский Raman-Laser m ‖ ~/рентгеновский Röntgenlaser m ‖ ~/рубиновый Rubinlaser m ‖ ~ с конфокальным резонатором Laser m mit konfokalem Resonator ‖ ~ с модулированной добротностью gütemodulierter Laser m ‖ ~ с оптической накачкой optisch gepumpter Laser m ‖ ~ с плоскими зеркалами Planspiegellaser m ‖ ~ с синхронизацией мод modensynchronisierter Laser m ‖ ~ с химическим возбуждением на хлористом водороде chemisch angeregter Chlorwasserstofflaser m ‖ ~ с ядерной накачкой/рентгеновский nuklear gepumpter Laser m ‖ ~/сканируемый s. ~/перестраиваемый ‖ ~/стеклянный Glaslaser m ‖ ~/твердотельный Festkörperlaser m ‖ ~/трёхуровневый Dreiniveaulaser m ‖ ~ ультрафиолетового диапазона Ultraviolettlaser m, UV-Laser m ‖ ~/ультрафиолетовый s. ~ ультрафиолетового диапазона ‖ ~/химический chemisch angeregter Laser (Glaslaser) m ‖ ~/хирургический chirurgischer Laser m ‖ ~/частотно-модулированный frequenzmodulierter Laser m ‖ ~/четырёхуровневый Vierniveaulaser m ‖ ~/эксимерный Excimerlaser m ‖ ~/юстировочный Justierlaser m
CO_2-лазер m CO_2-Laser m, Kohlendioxidlaser m ‖ ~/волноводный CO_2-Wellenleiterlaser m
лазер-гранулометр m Laser-Granulometer n (zur Korngrößenbestimmung)
лазерно-генерированный lasererzeugt
лазерный Laser...
лазпорт m (Schiff) Außenhautpforte f, Ladepforte f ‖ ~/бортовой Seitenpforte f ‖ ~/грузовой Ladepforte f ‖ ~/кормовой Heckpforte f
лазулит m (Min) Lazulith m, Blauspat m
лазурит m (Min) Lasurit m, Lasurstein m; Lapislazuli m, Ultramarin n
лазурь f Lasur f, Lasurfarbe f
лайка f Glacé[leder] n
лайнер m 1. im Liniendienst eingesetztes Schiff n, Linienschiff n; 2. (Bgb) verlorene Rohrtour f (Bohrung) ‖ ~/грузовой Linienfrachter m, Lini-

лайнер

enfrachtschiff *n* || ~/круизный Kreuzfahrt-Linienschiff *n* || ~/пассажирский Linienfahrgastschiff *n*, Fahrgastliner *m*
лак *m* Lack *m* || ~/алкидный Alkydharzlack *m* || ~/антикоррозионный Korrosionsschutzlack *m* || ~/бесцветный Klarlack *m* || ~/битумный Bitumenlack *m* || ~ воздушной сушки lufttrocknender (kalthärtender) Lack *m* || ~ горячей сушки ofentrocknender (heißhärtender) Lack *m*, Ofenlack *m* || ~/защитный Schutzlack *m* || ~/изоляционный Isolationslack *m* || ~/кислотостойкий säurebeständiger (säurefester) Lack *m* || ~/кокильный (*Gieß*) Kokillenschlichte *f*, Kokillenlack *m* || ~/красильный (красочный) Farblack *m* || ~/кремнийорганический Siliconlack *m* || ~/летучий flüchtiger Lack *m* || ~/лодочный Bootslack *m* || ~/магнитный magnetische Suspension *f*, Magnetitlösung *f* (*für Magnettonbänder*) || ~/масляный Öllack *m* || ~/нитроцеллюлозный Nitro[cellulose]lack *m* || ~/печной *s*. ~ горячей сушки || ~ печной сушки *s*. ~ горячей сушки || ~/подмазочный Grund[ier]lack *m* || ~/покрывной Decklack *m*, Überzugslack *m* || ~/поливинилхлоридный Polyvinylchloridlack *m*, PVC-Lack *m* || ~/прозрачный Klarlack *m* || ~/противоореольный (*Photo*) Lichthofschutzschicht *f* || ~/противоразрядный (*Photo*) Antistatikschicht *f* || ~/противоскручивающий (*Photo*) NC-Schicht *f* || ~ скольжения Gleitlack *m* (*für Oberflächenbeschichtungen*) || ~/смоляной Harzlack *m* || ~/токопроводящий (*El*) Leitlack *m*, leitender Lack *m* || ~ холодной сушки *s*. ~ воздушной сушки || ~/цапоновый Zaponlack *m* || ~/шлифовальный Schleiflack *m* || ~/электроизолирующий (электроизоляционный) Elektroisolierlack *m* || ~/эпоксидный Epoxidharzlack *m*
лакирование *n* Lackieren *n*, Lackierung *f* || ~ окунанием Tauchlackierung *f* || ~ пульверизацией (распылением) Spritzlackierung *f*
лакировка *f s*. лакирование
лакколит *m* (*Geol*) Lakkolith *m*
лакмус *m* (*Ch*) Lackmuspapier *n*
лакобумага *f* Lackpapier *n*
лаковарня *f* 1. Lackkochen *n*, Lacksieden *n*; 2. Lackküche *f*, Lacksiederei *f*
лакокрасочный Lack- und Farben..., Anstrich...
лакообразование *n* Lackbildung *f*
лакоткань *f* Lackgewebe *n*, Lacktuch *n*
лактам *m* (*Text*) Laktam *n* (*Chemiefaserherstellung*)
лактат *m* (*Ch*) Lactat *n*
лактид *m* (*Ch*) Lactid *n*
лактоденсиметр *m* Laktodensimeter *n*, Milchspindel *f* (*Milchprüfung*)
лактоза *f* (*Ch*) Lactose *f*, Milchzucker *m*
лактометр *m s*. лактоденсиметр
лактон *m* (*Ch*) Lacton *n*
лактонизация *f* (*Ch*) Lactonisierung *f*
лактоскоп *m* Laktoskop *n* (*Milchprüfung*)
лакуна *f* (*Math*) Lücke *f* (*z. B. in einer Potenzreihe*)
ламберт *m* Lambert *n*, la, (*SI-fremde Einheit der Leuchtdichte*)
ламель *f* Lamelle *f* || ~/контактная Kontaktlamelle *f* || ~ основонаблюдателя (*Text*) Kettfadenwächterlamelle *f*

ламинарный (*Hydr*) laminar (*wirbelfrei in parallelen Schichten fließend*)
ламинирование *n* (*Kst*) Laminieren *n*
лампа *f* 1. (*El*) Lampe *f* (*s. a. unter* лампочка); 2. (*Eln*) Röhre *f* (*s. a. unter* трубка 2.) • **на [электронных] лампах** röhrenbestückt, Röhren... || ~/автомобильная Autolampe *f*, Kraftfahrzeuglampe *f* || ~/аргоновая Argonlampe *f* || ~/бактерийубивающая (бактерицидная) Entkeimungslampe *f*, Entkeimungsstrahler *m* || ~ бегущей волны Wanderfeldröhre *f* || ~ белого света Weißlichtlampe *f* || ~/биспиральная Doppelwendellampe *f* || ~ в молочной колбе Milchglaslampe *f* || ~ в прозрачной колбе Klarsichtlampe *f* || ~/вакуумная 1. Vakuum-[glüh]lampe *f*; 2. Vakuumröhre *f* || ~/велосипедная Zwerglampe *f* für Fahrradbeleuchtung, Fahrradlampe *f* || ~/вибростойкая vibrationsfeste (erschütterungsfeste) Lampe *f* || ~/виброударостойкая stoßfeste (stoßgesicherte) Lampe *f* || ~ включения габаритных огней/контрольная (*Kfz*) Kontrolleuchte *f* für Außenbeleuchtung || ~ включения дальнего света фар/контрольная (*Kfz*) Fernlichtkontrolleuchte *f* || ~ включения ручного тормоза/контрольная (*Kfz*) Kontrolleuchte *f* für angezogene Handbremse || ~ включения указателей поворота/контрольный (*Kfz*) Blinkkontrolleuchte *f* || ~/водородная Wasserstofflampe *f* || ~/вольфрамовая Wolframdrahtlampe *f* || ~/входная Eingangsröhre *f* || ~/вызывная Anruflampe *f* || ~/выпрямительная [электронная] Gleichrichterröhre *f* || ~/высоковакуумная Hochvakuumröhre *f* || ~/высоковольтная 1. Hochspannungslampe *f*; 2. Hochspannungsröhre *f* || ~/высоковольтная выпрямительная Hochspannungsgleichrichterröhre *f* || ~ высокого давления Hochdrucklampe *f* || ~ высокого давления/газосветная Hochdruckgasentladungslampe *f* || ~ высокого давления/ксеноновая Xenonhochdrucklampe *f* || ~ высокого давления/натриевая Natriumdampf-Hochdrucklampe *f* || ~ высокого давления/ртутная Quecksilber[dampf]hochdrucklampe *f*, Hg-Hochdrucklampe *f* || ~ высокого давления/ртутно-галоидная Quecksilberdampf-Hochdrucklampe *f* mit Halogenidzusätzen || ~ высокого напряжения *s*. ~/высоковольтная 1 || ~/высокочастотная Hochfrequenzröhre *f* || ~/выходная End[stufen]röhre *f* || ~/газонаполненная gasgefüllte Glühlampe *f*, Gasfüllungslampe *f* || ~/газоразрядная 1. Gasentladungslampe *f*, Entladungslampe *f*; 2. Gasentladungsröhre *f*, Entladungsröhre *f* || ~/газосветная Gasentladungslampe *f* || ~/галогенная Halogenlampe *f* || ~/гелиевая Heliumröhre *f* || ~/генераторная Generatorröhre *f*, Oszillatorröhre *f* || ~/двухсветная автомобильная (*Kfz*) Biluxlampe *f* || ~/декадная счётная Dekadenzählröhre *f*, Dekatron *n* || ~/декоративная Zierformlampe *f* || ~/динатронная Dynatronröhre *f*, Dynatron *n* || ~/длинноволновая генераторная Langwellensenderöhre *f* || ~ дневного света Tageslichtlampe *f* || ~ дневного света/[фото]люминесцентная Tageslichtleuchtstofflampe *f* || ~ дневной сигнализации (*Schiff*) Tagessignalscheinwerfer *m*

II ~/**долговечная** 1. Langlebensdauerlampe f; 2. Langlebensdauerröhre f II ~/**дуговая** Bogenlampe f, Lichtbogenlampe f II ~/**дуговая ртутная** Quecksilberbogenlampe f II ~/**дуговая угольная** Kohlebogenlampe f II ~ **дугового разряда** Bogenlampe f II ~ **дугового разряда/газосветная** Bogenentladungslampe f (Oberbegriff für Edelgas- und Metalldampflampen) II ~ **дугового разряда/люминесцентная** Leuchtstofflampe f II ~/**ёлочная** Kerzenkleinlampe f, Lampe f für Weihnachtsbaumbeleuchtung f II ~ **заливающего света** Flutlichtlampe f II ~ **занятости** Besetztlampe f, Belegtlampe f II ~/**запирающая** Sperröhre f II ~ **заряда аккумуляторной батареи/контрольная** (Kfz) Ladekontrolleuchte f II ~/**зарядная** Laderöhre f II ~/**зеркальная** verspiegelte Lampe f II ~/**измерительная** Meßlampe f II ~/**импульсная [газосветная]** Impulslampe f II ~/**импульсная генераторная** Impulsgeneratorröhre f II ~/**индикаторная** Anzeigelampe f; Signallampe f II ~/**интенсивная дуговая** Intensiv[kohlen]bogenlampe f II ~/**инфракрасная** Infrarotlampe f II ~ **инфракрасного излучения** Infrarotlampe f, Infrarotstrahler m II ~/**испытательная** Prüflampe f II ~/**кадмиевая** Kadmium[dampf]lampe f, Cd-Lampe f II ~/**калиевая** Kaliumlampe f II ~/**кварцевая** Quarzlampe f II ~/**кварцевая галогенная** Halogenglühlampe f [mit Kieselglaskolben] II ~/**кварцевая ртутная** Quarzquecksilber[dampf]lampe f II ~/**кинопроекционная** Kinoprojektionslampe f II ~/**кольцевая люминесцентная** ringförmige Leuchtstofflampe f, LR II ~/**коммутирующая** Schaltröhre f II ~/**контрольная** Kontrollampe f, Überwachungslampe f II ~/**контрольная вызывная** Anrufkontrollampe f, Rufüberwachungslampe f II ~/**контрольная отбойная** Schlußkontrollampe f II ~/**контрольная сигнальная** Anzeigelampe f, Signallampe f, Kontrollampe f II ~/**коротковолновая** Kurzwellenröhre f II ~/**криптоновая** Kryptonlampe f, Kr-Lampe f II ~/**ксеноновая** Xenonlampe f, Xe-Lampe f II ~/**ленточная** Bandlampe f II ~/**люминесцентная** Leuchtstofflampe f, L-Lampe f II ~/**магнетитовая дуговая** Magnetitbogenlampe f II ~/**малогабаритная** 1. Kleinlampe f; 2. Kleinröhre f II ~/**матированная** Mattglaslampe f II ~/**матированная изнутри** innenmattierte Lampe f II ~/**матированная снаружи** außenmattierte Lampe f II ~/**матовая** s. ~/матированная II ~/**миниатюрная** 1. Miniaturlampe f; 2. Miniaturröhre f II ~/**моноспиральная** Einfachwendellampe f II ~/**мощная** 1. Hochleistungslampe f; 2. Hochleistungsröhre f II ~/**мощная прожекторная** Hochleistungsscheinwerferlampe f II ~ **накаливания** Glühlampe f II ~ **накаливания/безвоздушная (вакуумная)** Vakuumglühlampe f II ~ **накаливания/зеркальная** Reflektorglühlampe f II ~ **накаливания/осмиевая** Osmiumglühlampe f II ~ **накаливания с металлической нитью** Metallfadenglühlampe f II ~ **накаливания с прямой нитью** Langdrahtglühlampe f II ~ **накаливания/свечеобразная** Kerzenglühlampe f II ~ **накаливания/угольная** Kohlefadenglühlampe f II ~ **накаливания/универсальная** Allgebrauchslampe f, Vielzwecklampe f

f II ~ **накаливания/цилиндрическая** Röhren[form]lampe f II ~ **накачки** Pumplichtquelle f (Laser) II ~/**накопительная** Speicherröhre f II ~ **наличия в баке резервного топлива/контрольная** (Kfz) Anzeigeleuchte f für Kraftstoffreserve II ~/**натриевая [паросветная]** Natrium[dampf]lampe f II ~/**натриевая спектральная** Natriumspektrallampe f II ~/**неоновая [газосветная]** Neonlampe f II ~/**неоновая дуговая** Neonbogenlampe f II ~/**неоновая тлеющая** Neonglimmlampe f II ~/**неслепящая** Blendschutzlampe f II ~/**низковольтная** 1. Niederspannungslampe f; 2. Niederspannungsröhre f II ~ **низкого давления** Niederdrucklampe f II ~ **низкого давления/натриевая** Natriumdampf-Niederdruckentladungslampe f II ~ **низкого давления/ртутная** Quecksilber[dampf]niederdrucklampe f, Hg-Niederdrucklampe f II ~ **низкого давления/фотолюминесцентная ртутная** Quecksilberdampf-Niederdruckleuchtstoffröhre f II ~ **низкого напряжения** s. ~/низковольтная f II ~/**низкочастотная** Niederfrequenzröhre f, NF-Röhre f II ~ **обратной волны** Karzinotron n, Rückwärtswellenröhre f II ~ **общего применения** Allgebrauchslampe f, Vielzwecklampe f II ~/**ограничительная** Begrenzerröhre f II ~/**односпиральная** Einfachwendellampe f II ~/**окрашенная** Lampe f mit gefärbtem Kolben f II ~/**опаловая** Opal[glas]lampe f II ~ **освещения багажника** (Kfz) Kofferraumleuchte f II ~ **освещения вещевого ящика** (Kfz) Handschuhfachleuchte f II ~ **освещения гнезда электроприкуривателя** (Kfz) Zigarrenanzünderleuchte f II ~ **освещения щитка приборов** Instrumentenbrettleuchte f; (Kfz) Armaturenbrettleuchte f II ~/**отбойная** Schlußlampe f II ~/**открытая дуговая** offene Bogenlampe f II ~ **падения давления масла/контрольная** (Kfz) Kontrolleuchte f für Öldruck, Öldruckkontrolleuchte f II ~/**парометаллическая** Metalldampflampe f II ~/**паротутная** s. ~/ртутная II ~/**паросветная** Metalldampflampe f II ~/**паяльная** Lötlampe f II ~/**передающая** Senderöhre f II ~ **переменного тока** Wechselstromlampe f II ~/**подкапотная** (Kfz) Motorraumleuchte f II ~/**продолжительного горения** Dauerbrandlampe f II ~/**проекционная** Projektionslampe f II ~/**прожекторная** Scheinwerferlampe f II ~/**прозрачная** Klarglaslampe f II ~/**пролётная** Triftröhre f II ~/**пустотная** s. ~/вакуумная II ~ **рабочего места/контрольная** Platzlampe f II ~/**разрядная** Entladungslampe f II ~ **резерва топлива/контрольная** (Kfz) Kraftstoffkontrolleuchte f II ~/**резонансная** Resonanzlampe f II ~/**релейная** Relaisröhre f II ~/**релейная дуговая** Relaisbogenlampe f II ~/**ртутная** Quecksilber[dampf]lampe f II ~/**ртутная спектральная** Quecksilberspektrallampe f II ~/**рубидиевая** Rubidiumlampe f, Rb-Lampe f II ~/**рубидиевая спектральная** Rubidiumspektrallampe f II ~/**с вольфрамовой нитью** Wolframfadenlampe f II ~/**с двумя нитями [накала]** Zweifadenlampe f, Doppelfadenglühlampe f II ~/**с натриевыми парами/газосветная** Natrium[dampf]lampe f II ~/**с парами металлов/газосветная** Metalldampflampe f II ~/**с тлеющим разрядом** Glimmlampe f II ~/**сверх-**

лампа

высокого давления Höchstdrucklampe *f* ‖ ~ сверхвысокого давления/газовая Edelgashöchstdrucklampe *f* ‖ ~ сверхвысокого давления/ксеноновая Xenonhöchstdrucklampe *f*, Xe-Höchstdrucklampe *f* ‖ ~ сверхвысокого давления/ртутная Quecksilber[dampf]höchstdrucklampe *f*, Hg-Höchstdrucklampe *f* ‖ ~/сверхвысокочастотная Höchstfrequenzröhre *f* ‖ ~/сверхвысокочастотная генераторная Höchstfrequenzgeneratorröhre *f* ‖ ~/сверхминиатюрная Subminiaturröhre *f* ‖ ~/сверхмощная 1. Höchstleistungslampe *f*; 2. Höchstleistungsröhre *f* ‖ ~/сверхмощная генераторная Höchstleistungsgeneratorröhre *f* ‖ ~/светокопировальная Lichtpauslampe *f* ‖ ~/свечеобразная Kerzenglühlampe *f* ‖ ~/сериесная дуговая Hauptstrombogenlampe *f* ‖ ~/сигнальная Signallampe *f* ‖ ~/сигнальная тлеющая Signalglimmlampe *f* ‖ ~ силы света/образцовая светоизмерительная Lichtstärkenormal *n*, Lichtstärkenormallampe *f* ‖ ~/синхронизирующая Synchronisierungslampe *f* ‖ ~ смешанного света Mischlichtlampe *f* ‖ ~ со спиральнойнитью Spiraldrahtlampe *f*, Wendeldrahtlampe *f* ‖ ~/софитная Soffittenlampe *f* ‖ ~/спектральная Spektrallampe *f* ‖ ~ сравнения Vergleichslampe *f* ‖ ~/субминиатюрная Subminiaturröhre *f* ‖ ~/счётная Zählröhre *f* ‖ ~/таллиевая Thalliumlampe *f*, Tl-Lampe *f* ‖ ~/таллиевая спектральная Thalliumspektrallampe *f* ‖ ~/танталовая Tantallampe *f* ‖ ~/тёмная Dunkellampe *f* ‖ ~ тлеющего разряда Glimm[entladungs]lampe *f*, Glimm[entladungs]röhre *f* ‖ ~ тлеющего разряда/аргоновая Argonglimmlampe *f* ‖ ~ тлеющего разряда/газосветная Glimmentladungslampe *f* ‖ ~ тлеющего разряда/люминесцентная Leuchtstoffglimmlampe *f* ‖ ~/точечная Punkt[licht]lampe *f* ‖ ~/трёхспиральная Dreifachwendellampe *f* ‖ ~/трёхэлектродная дуговая Dreielektrodenbogenlampe *f*, Dreikohlebogenlampe *f* ‖ ~/триспиральная Dreifachwendellampe *f* ‖ ~/трубчатая Röhren[form]lampe *f*, röhrenförmige Lampe *f* ‖ ~/увиолевая Uviolglaslampe *f* ‖ ~/угольная Kohleden[glüh]lampe *f* ‖ ~/ультрафиолетовая Ultraviolettlampe *f* ‖ ~ ультрафиолетового излучения Ultraviolettstrahler *m*, UV-Strahler *m* ‖ ~/универсальная Allgebrauchslampe *f*, Vielzwecklampe *f* ‖ ~/управляющая Steuerröhre *f* ‖ ~/усилительная Verstärkerröhre *f* ‖ ~/фазоиндикаторная Phasen[anzeige]lampe *f* ‖ ~/фарная Scheinwerferlampe *f* ‖ ~/фотографическая Photolampe *f* ‖ ~/фотолюминесцентная Leuchtstofflampe *f*, L-Lampe *f* ‖ ~/цезиевая Caesiumlampe *f*, Cs-Lampe *f* ‖ ~/цезиевая спектральная Caesiumspektrallampe *f* ‖ ~/цинковая Zinklampe *f* ‖ ~/цинковая спектральная Zinkspektrallampe *f* ‖ ~/цифровая [индикаторная] Ziffernanzeigeröhre *f* ‖ ~/читающая Ionaufnahmelampe *f* (*beim Lichttonverfahren*) ‖ ~/шаровая Kugellampe *f*, kugelförmige Lampe *f* ‖ ~/шунтовая дуговая Nebenschlußbogenlampe *f* ‖ ~/щёлочеразрядная Alkalidampflampe *f* ‖ ~/электролюминесцентная Elektrolumineszenzlampe *f*, Kondensatorlampe *f* ‖ ~/электронная Elektronenröhre *f* ‖ ~/электронно-лучевая Elektronenstrahlröhre *f*, Kathodenstrahlröhre *f* ‖ ~/эритемная люминесцентная Erythemstrahler *m* ‖ ~/эталонная [светоизмерительная] Normallampe *f*, Standardlampe *f*

лампа-абажур *f* Lampen-Leuchte *f*, Kegelstumpfzierformlampe *f*

лампа-вспышка *f* (*Photo*) Blitzlichtlampe *f*, Blitzgerät *n* ‖ ~/электронная Elektronenblitzlampe *f*

лампа-выпрямитель *f* Gleichrichterröhre *f*

лампа-гетеродин *f* Oszillatorröhre *f*

лампа-индикатор *f* Anzeigelampe *f*; Signallampe *f*

лампа-манипулятор *f* Taströhre *f*, Austaströhre *f*

лампа-регулятор *f* Regelröhre *f*

лампа-усилитель *f* Verstärkerröhre *f*

ламповая *f* (*Bgb*) Lampenstation *f*

ламповый 1. Lampen...; 2. Röhren...; mit Röhrenbestückung, röhrenbestückt

лампoдержатель *m* Lampenfassung *f*

лампoризация *f* Kurzzeiterhitzung *f* (*Wein*)

лампочка *f* [kleine] Lampe *f*, Lämpchen *n* (*s. a. unter* лампа 1.) ‖ ~ занятости (*Nrt*) Besetztlampe *f*, Belegtlampe *f* ‖ ~/осветительная Beleuchtungslämpchen *n* ‖ ~/сигнальная Signallämpchen *n* ‖ ~/шкальная Skalenlämpchen *n*

лампрофир *m* (*Geol*) Lamprophyr *m*

ланаметр *m* (*Text*) Lanameter *n* (*Gerät zum Messen der Wollfaserfeinheit*)

лангбейнит *m* (*Min*) Langbeinit *m* (*Salzmineral*)

ландшафт *m* Landschaft *f*

лантан *m* (*Ch*) Lanthan *n*, La

лантаниды *pl* Lanthaniden *npl*

ланцет *m* (*Med*) Lanzette *f*, Lanzenmesser *n*

ЛАП *s.* линия/автоматическая переналаживаемая

лапа *f* 1. (*Masch*) Fuß *m*, Tragfuß *m* (*Gehäuse*); Pratze *f*, Klaue *f*, Lasche *f*; Ansatz *m*; 2. (*Lw*) Zinke *f*; Schar *n* (*Grubber*) ‖ ~/буксовая (*Eb*) Achsgabel *f*, Achshalter *m* ‖ ~/двойная (*Lw*) Doppelschar *n* ‖ ~/контактная Kontaktfinger *m* ‖ ~ кронштейна гребного вала (*Schiff*) Wellenbockflansch *m* ‖ ~/культиваторная (*Lw*) Grubberzinken *m*; Grubberschar *n* ‖ ~/рыхлительная (*Lw*) Lockerungswerkzeug *n* (*Bodenbearbeitung*) ‖ ~/рыхлящая (*Lw*) Spurlockerer *m*, Radspurlockerer *m* ‖ ~/станины (*Wlz*) Ständerfuß *m* ‖ ~/стрельчатая (*Lw*) Gänsefußschar *n* (*Grubber*); Gänsefußmesser *n* (*Hackmaschine*) ‖ ~/чизельная долотообразная (*Lw*) Meißelschar *n*, Herzschar *n* (*Untergrundlockerer*) ‖ ~/чизельная стрельчатая (*Lw*) Breitschar *n* (*Untergrundlockerer*) ‖ ~ якоря (*Schiff*) Ankerflunke *f*

лапа-окучник *f* (*Lw*) Häufelschar *n*

лапилли *pl* (*Geol*) Lapilli *pl* (*nußgroße Lavateilchen*)

лапка *f* (*Wkz*) Mitnehmer *m*, Klemme *f*; Lappen *m* ‖ ~ замочного механизма (*Text*) Stechfinger *m* ‖ ~/нажимная (*Text*) Preßfinger *m* (*Flyerflügel*) ‖ ~/поддерживающая (*Text*) Spulendrücker *m* (*Wellenfachweben*) ‖ ~ рогульки (*Text*) Preßfinger *m* (*Flyerflügel*) ‖ ~ хвоста (*Wkz*) Mitnehmerlappen *m* (*Spiralbohrer*) ‖ ~ швейной машины (*Text*) Nähfuß *m*

лапка-затягиватель *m* (*Text*) Nähfuß *m* mit Faltvorrichtung; Doppelkappfuß *m* (*Nähmaschine*)

лебёдка

ла́пка-руби́льник m (Text) Saumfuß m (Nähmaschine)
ла́пка-сута́шер m (Text) Soutacheurfuß m
ла́пки fpl (Schiff) Hahnepot m ‖ ~ распо́рной доски́ Scherbretthahnepot m (Schleppnetz)
ларинго́скоп m (Med) Kehlkopfspiegel m, Laryngoskop n
ларингофо́н m (Nrt) Kehlkopfmikrophon n
ларь m/низкотемперату́рный (Kält) Tiefkühltruhe f, Gefriertruhe f
ла́стик m (Text) 1. Rand m (Wirkerei); 2. Ränderware f, Rippware f
ласти́чный (Text) gerippt
ла́текс m (Gum) Latex m, Kautschuksaft m ‖ ~/вулканизо́ванный [vor]vulkanisierter Latex m ‖ ~/натура́льный Natur[kautschuk]latex m ‖ ~/това́рный handelsüblicher Latex m
латериза́ция f (Geol) Lateritbildung f, lateritische Verwitterung f
латери́т m (Geol) Laterit m
латунелите́йная f Messinggießerei f
латуни́рование n Überziehen n mit Messing
латуннолите́йная f Messinggießerei f
лату́нь f Messing n ‖ ~/деформи́руемая Messingknetlegierung f ‖ ~/ка́таная gewalztes Messing n, Walzmessing n ‖ ~/ко́вкая Schmiedemessing n ‖ ~/кра́сная Rotguß m ‖ ~/листова́я Messingblech n ‖ ~/лите́йная Gußmessing n, Messinggußlegierung f ‖ ~/морска́я seewasserbeständiges Messing n, Marinelegierung f ‖ ~/прока́тная (прока́тываемая) walzbares Messing n, Walzmessing n ‖ ~/ро́льная Walzmessing n ‖ ~/специа́льная Sondermessing n ‖ ~/спечённая Sintermessing n (Pulvermetallurgie) ‖ ~/твёрдая Hartmessing n
лаури́т m (Min) Laurit m (Rutheniummineral)
лауэгра́мма f (Krist) Laue-Diagramm n, Laue-Aufnahme f
лафе́т m (Mil) Lafette f ‖ ~/самохо́дный Selbstfahrlafette f
лаха́р m (Geol) Lahar m (vulkanischer Schutt- und Schlammstrom)
лацпо́рт m (Schiff) Außenhautpforte f, Ladepforte f ‖ ~/бортово́й Seitenpforte f ‖ ~/грузово́й Ladepforte f ‖ ~/кормово́й Heckladepforte f ‖ ~/носово́й Bugladepforte f
ЛБ s. борт/ле́вый
ЛБВ s. ла́мпа бегу́щей волны́
ЛБТ s. тру́бная/легкоспла́вная бури́льная
ЛВС s. сеть/лока́льная вычисли́тельная
ЛД s. дио́д/лави́нно-пролётный
ЛДИС s. измери́тель ско́рости/ла́зерный до́плеровский
ЛДПТ s. дви́гатель постоя́нного то́ка/лине́йный
лебёдка f 1. Winde f; Windwerk n; 2. (Schiff) Winde f, Winch f, Winsch f; 3. (Bgb) Haspel f(m) f ‖ ~/ава́нтовая Vortauwinde f (Schwimmbagger) ‖ ~/автомати́ческая швартовна́я (Schiff) automatische Verholwinde f ‖ ~/бараба́нная Trommelwinde f ‖ ~/бараба́нная тя́говая Trommelfahrwinde f (Kabelkran) ‖ ~/безопа́сная кана́тная Sicherheitsseilwinde f ‖ ~/безредукторная getriebelose Winde f ‖ ~/бокова́я Seitentauwinde f (Schwimmbagger) ‖ ~/букси́рная (Schiff) Schleppwinde f ‖ ~/бурова́я (Bgb) Tiefbohrwinde f, Hebewerk n ‖ ~/ва́ерная Kurrleinenwinde f (Trawler) ‖ ~/вспомога́тельная Hilfswinde f ‖ ~ вспомога́тельного подъёма Hilfshubwerk n ‖ ~/вытяжна́я Beihieverwinde f (Trawler) ‖ ~/ги́невая Gienwinde f (Trawler) ‖ ~ гинь-та́лей Gienwinde f (Trawler) ‖ ~/гла́вная Hauptwinde f ‖ ~/гре́йферная Greiferwinde f ‖ ~/грузова́я Ladewinde f ‖ ~/грузолюдска́я (Bgb) Förderhaspel f(m) ‖ ~/грузоподъёмная Hubwinde f, Lastwinde f ‖ ~ грунто́вых лотко́в Schüttrinnenwinde f (Eimerkettenbagger) ‖ ~/двухбараба́нная Zweitrommelwinde f ‖ ~/за́дняя бокова́я hintere Seitentauwinde f (Schwimmbagger) ‖ ~/за́дняя станова́я s. ~/кормова́я станова́я ‖ ~/инструмента́льная (Bgb) Schlagtrommel f (Schlagbohranlage) ‖ ~/ка́бельная Jagerwinde f (Trawler) ‖ ~/ка́бельно-вытяжна́я Jager- und Beihieverwinde f (Trawler) ‖ ~ ка́бельного кра́на Kabelkranwinde f ‖ ~/кана́тная Kabelwinde f, Seilwinde f ‖ ~/кана́тно-бараба́нная Seiltrommelwinde f ‖ ~ кана́тных отка́ток (Bgb) Schlepperwinde f, Streckenförderhaspel f(m) ‖ ~ [коло́шникового] ко́нуса Gichtglockenwinde f, Glockenwinde f (Hochofen) ‖ ~/кормова́я бокова́я hintere Seitentauwinde f (Schwimmbagger) ‖ ~/кормова́я станова́я Hintertauwinde f, Achtertauwinde f, Hecktauwinde f (Schwimmbagger) ‖ ~/корчева́льная (Forst) Stumpfzieher m (Rodevorrichtung) ‖ ~/кранова́я Kranwindwerk n ‖ ~/ли́фтовая Aufzugswinde f ‖ ~/лоткоподъёмная Schüttrinnenwinde f (Eimerkettenschwimmbagger) ‖ ~/манёвровая Rangierwinde f, Rangierhapsel f ‖ ~/механи́ческая Motorwinde f ‖ ~/многобараба́нная Mehrtrommelwinde f ‖ ~/мото́рная Motorwinde f ‖ ~/намото́чная Wickelhaspel f(m) ‖ ~/насте́нная Wandwinde f ‖ ~/неразде́льная трало́вая Kombifischereiwinde f ‖ ~/носова́я бокова́я vordere Seitentauwinde f (Schwimmbagger) ‖ ~/носова́я станова́я Vortauwinde f (Schwimmbagger) ‖ ~/однобараба́нная Eintrommelwinde f ‖ ~/отка́точная 1. (Eb) Rangierwinde f; 2. (Bgb) Schlepperhaspel f(m), Förderhaspel f(m) ‖ ~ оття́жки (Schiff) Geienwinde f, Geerenwinde f ‖ ~/папильона́жная Schwingwinde f (Schwimmbagger) ‖ ~/пере́дняя бокова́я vordere Seitentauwinde f (Schwimmbagger) ‖ ~/пере́дняя станова́я Vortauwinde f (Schwimmbagger) ‖ ~/поворо́тная Schwenkwinde f (Schwimmbagger) ‖ ~/погру́зочная Beladevorrichtung f ‖ ~/подъёмная 1. Hubwinde f, Hebewinde f; 2. (Bgb) Förderhaspel f, Aufzughaspel f ‖ ~/промы́словая Fischereiwinde f(m), Fischnetzwinde f(m) ‖ ~/проходческая (Bgb) Abteufwinde f ‖ ~/рабо́чая Antriebswinde f, Windwerk n ‖ ~/рамоподъёмная Baggerleiterwinde f (Schwimmbagger) ‖ ~/ручна́я Handkurbelwinde f, Kurbelwinde f ‖ ~/ручна́я монта́жная Montagehandwinde f ‖ ~/се́йнерная Seinerwinde f, Ringwaden[einhol]winde f (Seiner) ‖ ~/скипова́я Gefäßaufzugswinde f; Kippkübelaufzugswinde f (z. B. am Schachtofen) ‖ ~/складска́я Speicherwinde f ‖ ~/скоростна́я Schnellwinde f, Winde f mit großer Arbeitsgeschwindigkeit ‖ ~/скре́перная (Bgb) Schrapperhaspel f ‖ ~/тарта́льная (Bgb) Schöpfwinde f, Schöpftrommel f (Bohrgerät) ‖ ~/топена́нтная (Schiff) Hangerwinde f ‖ ~/трало́вая (Schiff) Schlepp-

лебёдка

netzwinde f ‖ ~/**тралово-сейнерная** kombinierte Schleppnetz-Ringwadenwinde f ‖ ~/**трёхбарабанная** Dreitrommelwinde f ‖ ~/**тягальная** (Bgb) Schlepperhaspel f(m), Zugwinde f ‖ ~/**тяговая** Zughaspel f(m) ‖ ~/**фрикционная** 1. Reibradwinde f; 2. Reibungshaspel f(m) ‖ ~/**ходовая** Fahrwinde f ‖ ~/**червячная** Schneckenwinde f ‖ ~/**четырёхбарабанная** Viertrommelwinde f (Schwimmbagger) ‖ ~/**швартовная** (Schiff) Verholwinde f, Vertäuwinde f ‖ ~/**якорная** (Schiff) Ankerwinde f ‖ ~/**якорно-швартовная** (Schiff) Ankerverholwinde f ‖ ~/**ярусная** Langleinenwinde f (Fischfang) ‖ ~/**ярусовыборочная (ярусоподъёмная)** Langleinenwinde f (Fischereifahrzeug)

лебёдки fpl/**оперативные** Baggerwinden fpl (Schwimmbagger) ‖ ~/**пооперационные** (Schiff) separate Fischereiwinden fpl für die einzelnen Arbeitsvorgänge (Kurrleinen-, Jager- und Beihieverwinde; Trawler)

левеит m (Min) Loeweit m, Löweit m (Salzmineral)
левиафан m (Text) Leviathan m, Wollwaschmaschine f
левовращающийся linksdrehend
левозаходный linksgängig, linkssteigend (Gewinde)
левополяризованный (Opt) linkspolarisiert, linksdrehend polarisiert
леворежущий (Fert) linksschneidend
левоходовой s. левозаходный
левулёза f (Ch) Lävulose f, Fruchtzucker m, D-Fructose f
легирование n 1. (Met) Legieren n; Zulegieren n, Auflegieren n, Nachlegieren n; 2. (Eln) Legierung f, Dotierung f, Dopen f, Fremdstoffbeimischung f (Halbleiter) ‖ ~/**газовое** (Eln) Gasphasendotierung f ‖ ~/**диффузионное** (Eln) Diffusionslegierung f, Diffusionsdotierung f ‖ ~/**ковшовое** (Met) Pfannenlegieren n, Legieren n in der Gießpfanne ‖ ~/**комплексное** (Eln) Komplexlegieren n, Legieren n mit Komplexlegierungsmitteln ‖ ~ **наплавлением** (Met) Aufschmelzlegieren n ‖ ~/**обратное** (Eln) Gegendotierung f ‖ ~ **переливанием** (Met) Übergießlegieren n, Übergieß-Legierverfahren n ‖ ~/**поверхностное** (Eln) Oberflächendotierung f ‖ ~ **подложки** (Eln) Substratdotierung f ‖ ~/**последующее** (Met) Zulegieren n, Auflegieren n, Nachlegieren n ‖ ~ **примесью** s. легирование 2. ‖ ~/**радиакционное** (Eln) strahlungsinduzierte Legierung f ‖ **трансмутационное** Transmutationsdotierung f (Halbleiter)
легированный 1. (Met) legiert; 2. (Eln) legiert, dotiert, gedopt (Halbleiter) ‖ ~ **марганцем** (Eln) mangandotiert (Halbleiter)
легировать 1. (Met) legieren; zulegieren; 2. (Eln) legieren, dotieren, dopen (Halbleiter) ‖ ~/**противоположно** (Eln) gegendotieren, umdotieren (Halbleiter)
легируемость f (Met, Eln) Legierbarkeit f
легковес m (Bw, Met) Leichtstein m
легковоспламеняющийся zündfreudig, leichtentzündlich
легколетучий leichtflüssig, volatil
легкоокисляемый leicht oxidierbar (oxidabel)

легкоплавкий niedrigschmelzend, leichtschmelzend
легкоплавкость f (Met) Leichtschmelzbarkeit f; Leichtgängigkeit f
легкорастворимость f Leichtlöslichkeit f
легкорастворимый leichtlöslich
легкость f **изготовления** leichte Herstellbarkeit f ‖ ~ **обслуживания** leichte Bedienbarkeit f
легумин m (Ch) Legumin n
лёд m Eis n ‖ ~/**битый** (Schiff) gebrochenes Eis n ‖ ~/**блочный** Blockeis n ‖ ~/**внутриводный** (Hydrol) Eis n im unterkühlten Wasser ‖ ~/**глетчерный** Gletschereis n ‖ ~/**донный** Grundeis n ‖ ~/**дрейфующий** Treibeis n ‖ ~/**естественный** Natureis n ‖ ~/**зернистый** Firn m, Firnschnee m ‖ ~/**искусственный** Kunsteis n ‖ ~/**кристаллический** Kristalleis n ‖ ~/**крупнобитый** (Schiff) grob gebrochenes Eis n ‖ ~/**ледниковый** (Geol) Gletschereis n ‖ ~/**материковый** Festlandeis n, Inlandeis n ‖ ~/**мелкобитый** (Schiff) fein gebrochenes Eis n ‖ ~/**мёртвый** Toteis n ‖ ~/**многолетний** mehrjähriges Alteis n, Packeis n ‖ ~/**мутно-молочный (мутный)** Trübeis n ‖ ~/**натуральный** Natureis n ‖ ~/**осевший** abgesetztes Eis n ‖ ~/**паковый** Packeis n ‖ ~/**плавучий** Treibeis n ‖ ~/**пластинчатый (плиточный, плитный)** Platteneis n ‖ ~/**пресноводный** Süßwassereis n ‖ ~/**прозрачный** Klareis n, Kristalleis n ‖ ~/**речной** Flußeis n ‖ ~/**сплошной** Festeis n ‖ ~/**сухой** Trockeneis n, Kohlensäureschnee m ‖ ~/**чешуйчатый** Schuppeneis n
ледебурит m Ledeburit m (Gefüge)
ледник m Gletscher m ‖ ~/**альпийский** alpiner Gletscher[typ] m ‖ ~/**аляскинский** Gletscher m vom Alaskatyp ‖ ~/**висячий** Hängegletscher m, Hanggletscher m ‖ ~ **висячих долин** Hängetalgletscher m ‖ ~ **возвышенности** Hochlandeis n, Plateaugletscher m ‖ ~/**возрождённый** neuformierter Gletscher m (nach einem Abbruch) ‖ ~ **вулканического конуса** Vulkankegelgletscher m ‖ ~/**высокогорий** Hochgebirgsgletscher m ‖ ~/**горный** Gebirgsgletscher m ‖ ~/**дендритовый** dendritischer (baumförmig verzweigter) Gletscher m ‖ ~/**долинный** Talgletscher m ‖ ~/**каровый** Kargletscher m ‖ ~/**древовидный** s. ~ дендритовый ‖ ~ **маляспина** Malaspinagletscher m ‖ ~/**материковый** Inlandeis n ‖ ~/**мёртвый** Toteis n ‖ ~/**остаточный** Restgletscher m ‖ ~/**перемётный** Jochgletscher m ‖ ~ **плоских вершин** Plateaugletscher m, Hochflächengletscher m ‖ ~ **подножия** s. ~/предгорный ‖ ~/**предгорный** Piedmontgletscher m, Malaspinagletscher m, Vorlandgletscher m ‖ ~/**регенерированный** neuformierter Gletscher m (nach einem Abbruch) ‖ ~/**рудиментарный** Restgletscher m ‖ ~/**фирновый** Firn[feld]gletscher m (alpiner Gletschertyp)
ледниковье n (Geol) Kaltzeit f, Eiszeit f, Glazialzeit f
ледогенератор m s. льдогенератор
ледокол m Eisbrecher m ‖ ~/**атомный** Atomeisbrecher m ‖ ~/**вспомогательный** Hilfseisbrecher m ‖ ~/**линейный** Linieneisbrecher m ‖ ~/**портовый** Hafeneisbrecher m

ледопад *m (Geol)* Gletscherfall *m*, Gletscherbruch *m*
ледопроходимость *f (Schiff)* Eisfahrteigenschaften *fpl*
ледорез *m* 1. *(Hydt)* Eisbrecherpfeiler *m*, Pfeilerschutz *m*, Pfeilerkopf *m (Brückenbau)*; 2. *(Schiff)* Eisschneider *m*
ледосброс *m (Hydt)* Eisablaß *m*
ледостав *m (Hydrol)* Eisstand *m*
ледоход *m (Hydrol)* Eisgang *m (auf Flüssen)*
леер *m (Schiff)* 1. Reling *f*; 2. Strecktau *n*; 3. Durchzug *m*, Handleiste *f*, Handlauf *m (Geländer)* ‖ ~/**бортовой** Reling *f* ‖ ~/**кормовой** Achtergeländer *n* ‖ ~/**спасательный** Greifleine *f*, Handhalt *m (am Rettungsboot, am Rettungsring u. a.)* ‖ ~/**штормовой** Strecktau *n*
лежащий навалом *(Fert)* ungeordnet *(Lage gespeicherter Teile)*
лежень *m* 1. *(Bgb)* Schwelle *f*, Fußholz *n (Türstockausbau)*; 2. *(Bw)* Grundbalken *m*, Schwelle *f (Holzbrückenbau)* ‖ ~/**двойной** *(Eb)* Doppelschwelle *f* ‖ ~/**мёртвый красный** *(Geol)* Rotliegendes *n* ‖ ~/**поперечный** *(Bgb)* Querschwelle *f (Türstock)* ‖ ~/**продольный** *(Bgb)* Längsschwelle *f (Türstock)*
лёжка *f (Gieß)* Lagern *n*, Auslagern *n (Legierung, Formstoff)*
лезвие *n* 1. *(Wkz)* [geometrisch bestimmte] Schneide *f*, Regelschneide *f*; 2. Rasierklinge *f* ‖ ~/**вспомогательное** *(Wkz)* Nebenschneide *f* ‖ ~/**главное** *(Wkz)* Hauptschneide *f* ‖ ~ **лемеха** *(Lw)* Scharschneide *f (Pflug)* ‖ ~/**поперечное** *(Wkz)* Querschneide *f* ‖ ~/**разметочное** *(Wkz)* Anreißschneide *f* ‖ ~ **ракли** *(Text)* Rakelblatt *n* ‖ ~/**режущее** s. лезвие 1. ‖ ~/**режущее]** Meißelschneide *f (Drehmeißel)*; Messerschneide *f (Messerkopf)* ‖ ~ **сверла [/режущее]** *(Wkz)* Bohrerschneide *f* ‖ ~/**скошенное** *(Wkz)* schräge Schneide *f* ‖ ~ **топора** Axtblatt *n* ‖ ~/**торцовое** *(Wkz)* Stirnschneide *f* ‖ ~ **фрезы [/режущее]** *(Wkz)* Fräserschneide *f*
лезвийный *(Wkz)* mit geometrisch bestimmter Schneide
лейас *m (Geol)* Lias *m*
лейка *f (Schiff)* Ösfaß *n*, Ösfatt *n*, Ötzfatz *n (Schöpfgerät)*
лейкометр *m* Leukometer *n*
лейкооснование *n (Ch)* Leukobase *f*
лейкопирит *m (Min)* Leukopyrit *m*
лейкосоединение *n (Ch)* Leukoverbindung *f*
лейна-селитра *f (Lw)* Leunasalpeter *m*, Montansalpeter *m*, Ammonsulfatsalpeter *m*
лейхтенбергит *m (Min)* Leuchtenbergit *m*, Mauleonit *m (Chlorit)*
лейцит *m (Min)* Leucit *m (Feldspatvertreter)*
лейцитофир *m (Geol)* Leuzitophyr *m*
лекало *n* 1. Kurvenlineal *n*; 2. *(Schiff)* Formblech *n (Bauvorrichtung)*; 3. *(Text)* Schablone *f*, Schnittmusterbogen *m* ‖ ~ **для раскроя** *(Text)* Zuschneideschablone *f* ‖ ~/**откосное** *(Bw)* Schnürbock *m*, Lattenprofil *m*
лекальность *f (Schiff)* strakende Form *f*
лекальный *(Schiff)* strakend
лёллингит *m (Min)* Arsenikalkies *m*, Löllingit *m*, Arseneisen *n*, Leukopyrit *m*
лемех *m* 1. *(Lw)* Schar *m*, Pflugschar *n*; 2. *(Bgb)* Kippenpflug *m*, Planierschar *m* ‖ ~/**вибрационный** Schwingschar *n* ‖ ~/**долотообразный** Meißelschar *n* ‖ ~/**лущильный** Schälsech *n*
лемма *f (Math)* Lemma *n*, Hilfssatz *m*
лемнискат *f (Math)* Lemniskate *f*, Schleifenlinie *f*; *(Krist)* Lemniskate *f (bei konoskopischen Untersuchungen)*
лемпач *m (Bw)* roher, getrockneter Lehmziegel *m*, Lehmpatzen *m*
лён *m* Lein *m*; Flachs *m*
лён-долгунец *m* Faserlein *m*
леникс *m (Masch)* Spannrolle *f*, Riemenspannrolle *f*, Spannrad *n (Riemenantrieb)*
лента *f* Band *n*; Streifen *m*; Bahn *f* ‖ ~/**абразивная** *(Wkz)* mit Abrasivmittel beschichtetes Band *n* ‖ ~/**агломерационная** Sinterband *n*, Bandsinteranlage *f*, Sinterrost *m (Aufbereitung)* ‖ ~/**алмазная полировальная** *f* Diamantpolierband *n* ‖ ~/**алмазная шлифовальная бесконечная** endloses Diamantschleifband *n* ‖ ~/**альтернативная** *(Inf)* Wechselband *n* ‖ ~/**асбестовая** Asbestband *n* ‖ ~/**барографа** *(Meteo)* Barographenstreifen *m* ‖ ~/**бесконечная** endloses Band *n* ‖ ~/**биметаллическая** Bimetallband *n*, Bimetallstreifen *m* ‖ ~/**бумаги** Papierbahn *f* ‖ ~/**бумажная** Papierstreifen *m*, Papierband *n* ‖ ~/**главная** *(Inf)* Stammband *n* ‖ ~/**гребенная** *(Text)* Kammzug *m (Spinnerei)* ‖ ~/**гусеничная** Gleiskette *f*, Kette *f* ‖ ~/**двойной длительности звучания** Doppelspielband *n (Magnettonband)* ‖ ~/**двухслойная** Zweischichtband *n (Magnettonband)* ‖ ~/**дефектов упаковки** Stapelfehlerband *n* ‖ ~/**дистрибутивная** *(Inf)* Urband *n* ‖ ~/**для видеозаписи** Videoband *n* ‖ ~ **для звукозаписи** Tonband *n*, Audioband *n* ‖ ~/**долгоиграющая [магнитофонная]** Langspiel[ton]band *n* ‖ ~/**желобчатая** Muldengurt *m*, Muldenband *n* ‖ ~/**загрузочная** Aufgabeband *n* ‖ ~/**записанная** besprieltes (besprochenes) Band *n* ‖ ~/**защитная** Schutzband *n* ‖ ~/**звуковая** Tonband *n*, Magnet[ton]band *n* ‖ ~/**иглонесущая** *(Text)* Nadeltragstreifen *m* ‖ ~/**игольчатая** *(Text)* Kratzenbeschlag *m*, Kratzenband *n*, Kratzengarnitur *f (Krempel)* ‖ ~/**идентификационная** Hartband *n*, Identifizierungsband *n* ‖ ~/**измерительная** Bandmaß *n*, Meßband *n*; Bezugsband *n* ‖ ~/**изоляционная** *(El)* Isolierband *n* ‖ ~/**исходная** *(Inf)* Urband *n* ‖ ~/**кардная** *s.* ~/игольчатая ‖ ~/**кассетная магнитная** Kassettenmagnetband *n* ‖ ~/**клейкая** Klebeband *n*; Klebestreifen *n* ‖ ~/**конвейерная** Fördergurt *m*, Band *n (Bandförderer)* ‖ ~/**контрольная** Kontrollstreifen *m* ‖ ~/**корытообразная** Trogband *n*, Troggurt *m*, muldenförmiger Gurt *m (Bandförderer)* ‖ ~/**красящая** Farbband *n (Schreibmaschine)* ‖ ~/**лавсановая** Polyesterband *n*, PETP-Band *n* ‖ ~/**лидерная** Startband *n*, Verspannband *n* ‖ ~/**липкая** Klebeband *n*; Klebestreifen *m* ‖ ~/**лотковая** Muldenband *n*, Muldengurt *m*, muldenförmiger Gurt *m (Bandförderer)* ‖ ~/**лотковая конвейерная** Muldenfördergurt *m*, Muldenförderband *n* ‖ ~/**магнитная** Magnetband *n* ‖ ~/**магнитная перфорированная** Magnetfilm *m* ‖ ~/**магнитофонная** Magnet[ton]band *n*, Tonband *n* ‖ ~/**малошумная** rauscharmes Band *n*, LN-Band *n*, Low-noise-Band *n (Magnettonband)* ‖ ~/**маркерная** Schaltband *n (Magnettonband)* ‖ ~/**медная**

Kupferband *n* || ~/**мерная** *(Geod)* Meßband *n* || ~/**металлизированная магнитная** metallbeschichtetes Magnetband *n* || ~/**метательная** *(Bgb)* Schleuderband *n* || ~/**многослойная** f Mehrschichtband *n*, Schichtband *n (Magnettonband)* || ~/**нагревательная** *(Met)* Heizband *n (Widerstandsofen)* || ~/**наклонная** Schrägband *n* || ~/**натяжная** Spannband *n* || ~/**неперфорированная бумажная** ungelochtes Papierband *n* || ~/**непомеченная магнитная** kennsatzloses Magnetband *n* || ~/**нормальная** Normalband *n (Magnettonband)* || ~/**ободная** *(Kfz)* Felgenband *n (Tiefbettfelge)*; Wulstband *n (Flachbettfelge)* || ~/**однородная массивная** Masseband *n (Magnettonband)* || ~/**однослойная** Einschichtband *n (Magnettonband)* || ~/**ориентированная** f Magnetband *n* mit orientierter Magnetschicht *(Magnettonband)* || ~/**основная** *(Inf)* Stammband *n* || ~/**очёсочная** *(Text)* Ausstoßbelag *m (Putzwalze der Krempel)* || ~/**первичная** Primärlochstreifen *m* || ~/**перфораторная** *s.* ~/**перфорационная** || ~/**перфорационная** Lochstreifen *m*, Lochband *n* || ~/**перфорированная магнитная** Magnetfilm *m*, Magnetonfilm *m* || ~/**пильчатая** *(Text)* Sägezahndraht *m*, Sägezahnbeschlag *m (Vorreißer der Deckelkarde)* || ~/**плакированная** *(Wlz)* plattierter Bandstahl *m*, Bimetallband *n* || ~/**пластинчатая** *(Förd)* Plattenband *n* || ~/**пластинчатая стальная** *(Förd)* Stahlgliederband *n* || ~/**пластмассовая** Kunststoffband *n* || ~/**плоская конвейерная** *(Förd)* Flachband *n*, Flachgurt *m* || ~/**поворотная** Schwenkband *n* || ~/**погрузочная** *(Förd)* Ladeband *n* || ~/**подкрученная** *(Text)* vorgedrehtes Band *n* || ~/**полировальная** *(Wkz)* Polierband *n*, Schleifband *n* für die Finishbearbeitung || ~/**породоотборная** *(Bgb)* Leseband *n (Aufbereitung)* || ~ [**приёмного валика**]/**пильчатая** *(Text)* Sägezahnbeschlag *m (Krempel; Vorreißer)* || ~/**проволочная бортовая** *(Kfz)* Drahtwulstband *n (Bereifung)* || ~/**проволочная конвейерная** Drahtfördergurt *m* || ~/**промежуточная** *(Inf)* Zwischenspeicherband *n* || ~/**пропитанная (проявляюще-фиксирующая)** *(Photo)* mit Entwickler- und Fixierlösung getränktes Band *n* || ~/**пружинная** Federbandstahl *n* || ~/**разгрузочная** Austragband *n* || ~/**ракордная** *(MB)* Vorspannband *n*, Endband *n*, Kennband *n (Magnettonband)* || ~/**распределительная** Verteilerband *n* || ~/**ребристая** Rippengurt *m* || ~/**резиновая** Gummigurt *m* || ~/**рудоразборная (рудосортировочная)** Leseband *n*, Klaubeband *n (Aufbereitung)* || ~ **с ленточной машины** *(Text)* Streckenband *n* || ~ **с металлическим пигментом** Metallpigmentband f *(Magnettonband)* || ~ **с переслежинами** *(Text)* schnittiges Band *n* || ~ **самописца** *(Meß)* Registrierstreifen *m*, Diagrammstreifen *m* || ~/**сбрасывающая** *(Bgb)* Abwurfband *n* || ~/**скребковая** Kratzband *n (Kratzförderer)* || ~/**сновальная** *(Text)* Schärband *n (Blockschärmaschine)* || ~/**сплошная** *s.* ~/**однородная массивная** || ~/**стальная** 1. *(Wlz)* Bandstahl *m*; 2. *(Förd)* Stahlband *n* || ~/**стальная пластинчатая** *(Förd)* Stahlgliederband *n* || ~/**стяжная** Spannband *n* || ~/**типовая** Vergleichsband *n* ||

~/**тканевая [конвейерная]** Gewebefördergurt *m* || ~ **тройной длительности звучания** Dreifachspielband *n (Magnettonband)* || ~/**убирающая** Abnahmeband *n (Bandscheider)* || ~/**угарная** *s.* ~/**очёсочная** || ~/**узкая** *(Wlz)* Schmalband *n* || ~/**управляющая** Steuerlochstreifen *m* || ~/**ферромагнитная** Magnet[ton]band *n*, Tonband *n* || ~/**холоднокатаная** Kalt[walz]band *n* || ~/**холоднокатаная стальная** kaltgewalztes Stahlband *n* || ~ **хронографа** Chronographenstreifen *m* || ~/**цветная** Farbband *n* || ~/**чесальная** *(Text)* Kardenband *n*, Krempelband *n (Spinnerei)* || ~/**чистая** Leerband *n*, Frischband *n*, unbespieltes Band *n (Magnettonband)* || ~/**широкая** *(Wlz)* Breitband *n* || ~/**шлифовальная** *(Wkz)* Schleifband *n* || ~/**шлифовальная бесконечная** endloses Schleifband *n* || ~/**штапелированная** *(Förd)* Konverterband *n* || ~ **электрического нагревательного прибора** bandförmiger Heizleiter *m* || ~/**эталонная** Typband *n*, Bezugsband *n (Magnettonband)*

лентонаправитель *m (Text)* Bandführer *m*
лентообразование *n (Text)* Bandbildung *f*
лентопротяжка *f* 1. Bandvorschub *m*; 2. Magnetbandlaufwerk *n*, MBL
ленторазделитель *m (Text)* Bandteiler *m*
лентоткачество *n (Text)* Bandweberei *f*
лентоукладчик *m (Text)* Drehwerk *n*, Bandableger *m (Spinnereivorbereitung)*
ленточка *f* 1. Bändchen *n*; 2. *(Fert)* Fase *f (am Drehmeißel oder Spiralbohrer)*; 3. *(Text)* Schmalband *n* || ~/**направляющая** Führungsfase *f*
ленточка-фазка *f s.* ленточка 2.
ленточный Band...
леонгардит *m (Min)* Leonhardit *m*, Starkeyit *m (Zeolith)*
леонит *m (Min)* Leonit *m*, Kali-Astrakanit *m (Salzmineral)*
лепесток *m* 1. Keule *f*, Antennenkeule *f (eines Richtdiagramms, Radioteleskops)*; 2. *(Opt)* Verschlußsegment *n*, Lamelle *f* || ~/**боковой** Nebenkeule *f*, Seitenkeule *f*, Nebenzipfel *m (des Antennendiagramms)* || ~/**главный** Hauptkeule *f (des Antennendiagramms)* || ~ **диаграммы направленности излучения** Strahlungskeule *f (des Antennendiagramms)* || ~ **для припайки [контактный]** Lötfahne *f* || ~/**контактный** Kontaktstreifen *m* || ~/**подсоединительный (присоединительный)** Anschlußstreifen *m*, Anschlußfahne *f*
лепёшка *f* 1. Fladen *m*; Filterkuchen *m*, Preßkuchen *m*, Kuchen *m*; 2. *(Gieß)* Ansteckteil *n (Modell)* || ~/**фильтрационная** Filterkuchen *m*
лепидокрокит *m (Min)* Lepidokrokit *m*, Rubinglimmer *m*
лепидолит *m (Min)* Lepidolith *m (Lithionglimmer)*
лепидомелан *m (Min)* Lepidomelan *m*, Eisenbiotit *m*, Eisenglimmer *m*
лепнина *f (Bw)* Stuckplastik *f*
лептохлориты *mpl (Min)* Leptochlorite *mpl (Fereiche Chlorite)*
лерка *f (Wkz)* Gewindeschneideisen *n*
лес *m* 1. Wald *m*; Forst *m*; 2. Holz *n (s. a. unter древесина und лесоматериал)* || ~/**высокоствольный** Hochwald *m* || ~/**защитный** Schutzwald *m* || ~/**низкоствольный** Niederwald *m* || ~/**прореженный** durchforsteter Wald *(Forst)* ||

‖ ~/редкостойный lichter Wald m ‖ ~/смешанный Mischwald m ‖ ~/хвойный Nadelwald m
леса́ f Angelschnur f
леса́ pl (Bw) 1. Gerüst n, Baugerüst n (s. a. unter подмости); 2. Rüstholz n ‖ ~/вися́чие Hängerüstung f; Hängegerüst n ‖ ~/выпускны́е Auslegergerüst n, fliegendes Gerüst n ‖ ~/консо́льные Konsolgerüst n ‖ ~/коренны́е Stangengerüst n ‖ ~/ле́стничные Leitergerüst n ‖ ~/металли́ческие тру́бчатые Metallrohrgerüst n ‖ ~/монта́жные Montagegerüst n ‖ ~/опалу́бочные Schalungsgerüst n ‖ ~/опо́рные Stützgerüst n ‖ ~/передвижны́е Fahrgerüst n ‖ ~/подвесны́е s. ~/вися́чие ‖ ~/подвижны́е Wanderrüstung f ‖ ~/ста́пельные (Schiff) Hellinggerüst n ‖ ~/стоечные Ständerrüstung f ‖ ~/тру́бчатые Rohrgerüst n
леска́ f s. леса́
лесно́й 1. forstlich, Wald...; Forst...; 2. Holz...
лесове́дение n Waldkunde f
лесово́дство n 1. Forstwissenschaft f; 2. Forstwesen n, Forstwirtschaft f, Waldbau m
лесово́з m Holzfrachter m, Holzfrachtschiff n
лесовосстановле́ние n Forstregenerierung f
лесозагото́вки fpl Holzgewinnung f, Holzwerbung f
лесозащи́та f Forstschutz m, Waldschutz m
лесоматериа́л m Holz n (s. a. unter древесина und пиломатериа́л) ‖ ~/брако́ванный Ausschußholz n, Fehlholz n ‖ ~/длинноме́рный Langholz n ‖ ~/комлевый Stammware f ‖ ~/крепёжный (Bgb) Grubenholz n, Ausbauholz n ‖ ~/кру́глый Rundholz n ‖ ~/крупноме́рный Derbholz n ‖ ~ ли́ственных поро́д Laubholz n ‖ ~/обзо́листый waldkantiges Holz n ‖ ~/пилёный Schnittholz n ‖ ~/поде́лочный Nutzholz n, Werkholz n ‖ ~/рудни́чный Grubenholz n ‖ ~/строи́тельный Bauholz n ‖ ~/сучкова́тый astreiches Holz n ‖ ~/сыро́й grünes Holz n ‖ ~/сырьево́й Rohholz n ‖ ~/тёсаный behauenes Holz n ‖ ~ хво́йных поро́д Nadelholz n
лесомелиора́ция f Forstmelioration f
лесонасажде́ние n 1. Aufforstung f, Waldanpflanzung f; 2. Holzbestand m, Baumbestand m
лесоохра́на f Waldschutz m, Schutz m des Waldes (z. B. vor schädigenden Umwelteinflüssen)
леспа́рк m Waldpark m
лесопи́лка f 1. Sägewerk n, Schneidemühle f, Sägemühle f, Gatterwerk n; 2. Sägemaschine f, Gatter n
лесоразведе́ние n Aufforstung f, Holzanbau m, Waldanbau m ‖ ~/полезащи́тное Schutzwaldanbau m, Schutzwaldanlegung f
лесосе́ка f (Forst) Hiebsfläche f, Schlagfläche f, Gehau n, Hau m, Geräumte f
лесоска́т m s. лесоспуск
лесоспла́в m Flößerei f
лесоспу́ск m (Forst) Riese f, Riesbahn f, Riesweg m
лесосуши́лка f Holztrockenanlage f
лесота́ска f (Holz) Blockaufzug m
лесохи́мия f Forstchemie f; Holzchemie f
лёсс m (Geol) Löß m
лессирова́ть lasieren, mit Lasur überziehen
лессиро́вка f Lasieren n, Lasur f

ле́стница f 1. (Bw) Treppe f; 2. Leiter f; 3. (Bgb) Fahrt f ‖ ~/авари́тная Nottreppe f ‖ ~/верёвочная Strickleiter f ‖ ~/винтова́я Wendeltreppe f ‖ ~/вися́чая freitragende Treppe f ‖ ~/встро́енная eingebaute Treppe f ‖ ~/выдвижна́я ausziehbare Leiter f ‖ ~/двухма́ршевая zweiläufige Treppe f ‖ ~/криволине́йная gewundene Treppe f ‖ ~ на косоу́рах Wangentreppe f (Stein, Beton) ‖ ~ на тети́вах Wangentreppe f (Holz) ‖ ~/одноматшевая einläufige Treppe f ‖ ~/основна́я Haupttreppe f ‖ ~/откры́тая Freitreppe f ‖ ~/подви́жная Rolltreppe f, Fahrtreppe f ‖ ~/пожа́рная Feuerwehrleiter f ‖ ~/предго́рная (Geol) Piedmonttreppe f, Rumpftreppe f ‖ ~/приставна́я Anstellleiter f ‖ ~ ро́ста Wachstumstreppe f ‖ ~/ры́бная (рыбохо́дная) (Hydt) Fischleiter f, Fischtreppe f ‖ ~/складна́я Klappleiter f ‖ ~/спаса́тельная (Bgb) Notfahrt f ‖ ~/ходова́я Steigleiter f ‖ ~/ша́хтная (Bgb) Fahrt f
ле́стничка f Treppenkurve f
ле́стничный 1. (Bw) Treppen...; 2. (Bgb) Fahrt[en]...
лета́ние n/безмото́рное motorloser Flug m, Segelflug m, Gleitflug m
лете́ть fliegen ‖ ~ визуа́льно nach Sicht fliegen ‖ ~ на встре́чных ку́рсах auf Gegenkurs fliegen
лётка f (Met) Abstich m, Abstichloch n, Abstichöffnung f, Stich m, Stichloch n, Stichöffnung f ‖ ~/запасна́я Notstich m, Notstichloch n (Schmelzofen) ‖ ~/чугу́нная Eisen[ab]stich m, Eisenabstichloch n; Roheisenstichloch n, Roheisenabstich m ‖ ~/шла́ковая Schlacken[ab]stich m, Schlackenstichloch n, Schlackenauge n, Abschlacköffnung f
лётно-техни́ческий flugtechnisch
летоисчисле́ние n Zeitrechnung f, Chronologie f
лету́честь f Flüchtigkeit f ‖ ~/лёгкая Leichtflüchtigkeit f ‖ ~/ма́лая Schwerflüchtigkeit f ‖ ~/относи́тельная relative Flüchtigkeit f, Trennfaktor m (Destillation)
лету́чие npl flüchtige Bestandteile mpl, Flüchtiges n
лету́чий 1. flüchtig, volatil; 2. fliegend; 3. verwehbar (Sand, Boden)
лётчик m Flieger m
лётчик-инстру́ктор m Fluglehrer m
лётчик-испыта́тель m Testpilot m
лётчик-космона́вт m Fliegerkosmonaut m
леща́дь f (Met) Herd[boden] m, Herdsohle f, Boden m (Schachtofen); Gestellboden m, Bodenstein m (Hochofen) ‖ ~ пе́чи Ofensohle f, Ofenboden m, Ofenherd m
ЛЗ s. 1. ли́ния заде́ржки; 2. ма́рка/лесна́я зи́мняя грузова́я
ЛЗУ s. устро́йство/ла́зерное запомина́ющее
ЛИ s. искатель/линейный
либетени́т m (Min) Libethenit m
либра́ция f (Astr) Libration f (Mond) ‖ ~/опти́ческая optische Libration f ‖ ~/параллакти́ческая parallaktische Libration f ‖ ~ по долготе́ Libration f in [selenographischer] Länge ‖ ~ по широте́ Libration f in [selenographischer] Breite ‖ ~/су́точная tägliche Libration f ‖ ~/физи́ческая physische Libration f
ли́вень m 1. (Meteo) Schauer m, Starkregen m; 2. (Kern) Schauer m (kosmischer Strahlung) ‖

ливень

~/**каскадный** (Kern) Kaskadenschauer m ‖
~ **мезонов** (Kern) Mesonenschauer m ‖ ~**неустойчивости** (Kern) Instabilitätsschauer m ‖
~ **с градом** (Meteo) Hagelschauer m ‖ ~ **частиц** (Kern) Teilchenschauer m
ливер m 1. Stechheber m; 2. Faßpumpe f
ливнеприёмник m s. **дождеприёмник**
ливнеспуск m (Hydt) Regenflutrinne f
ливнесток m Regenablauf m, Regenabfluß m
лигамент m (Geol) Ligament n
лиганд m (Ch, Ph) Ligand m, Addend m
лигатура f 1. (Met) Vorlegierung f, Zusatzlegierung f, Zwischenlegierung f (Produkt); 2. (Met) Zusatzmetall n zu Edelmetallen (z. B. Kupfer zu Gold); 3. (Typ) Ligatur f
лигатура-раскислитель f (Met) Desoxidationslegierung f
лигнин m (Ch) Lignin n
лигнит m (Geol) Lignit m (Weichbraunkohle mit erkennbarer Holzstruktur)
лигроин m Testbenzin n (Siedebereich 140 bis 230 °C); Schwerbenzin n (Siedebereich 110 bis 200 °C); Ligroin (Siedebereich 60 bis 80 °C)
ЛИД s. **линия истинного движения**
лидер m 1. (El) Leaderentladung f, Leitentladung f (Blitzentladung); 2. Vorspann m, Hartband n (Film, Magnettonband); 3. (Mil) Großzerstörer m ‖ ~ **конца ленты** Endband n ‖ ~ **молнии** Blitzbahn f
лидер-пилот m (El) Leaderpilotentladung f
лидит m (Geol) Lydit m (Kieselschieferart)
лиеврит m (Min) Lievrit m, Ilvait m
лизиметр m (Hydrol, Meteo) Lysimeter n
лизолоид m s. **эмульсия/твёрдая**
ликват m (Met) Liquat n, Ausseigerung f, ausseigernder Bestandteil m
ликвация f 1. (Met) Ausseigerung f, Seigern n, Entmischung n, Ausseigern n (einer Komponente in der Schmelze); 2. (Geol) Liquation f, liquide Entmischung f (Form der magmatischen Differentiation) ‖ ~ **в кристаллах** s. ~/дендритная ‖ ~ **в слитке** s. ~/дендритная ‖ ~/**внутрикристаллитная** s. ~/дендритная ‖ ~/**газовая** (Met) Gasblasenseigerung f, Seigerung f im Bereich von Gasblasen ‖ ~/**дендритная** (Met) Dendritenseigerung f, interdendritische Seigerung f, Mikroseigerung f, Korn[grenzen]seigerung f, Kristallseigerung f ‖ ~ **зёрен** s. ~/дендритная ‖ ~/**зональная** (Met) Blockseigerung f, Zonenseigerung f, Makroseigerung f ‖ ~/**капельная** s. ~/газовая ‖ ~/**макроскопическая** s. ~/зональная ‖ ~/**межкристаллическая (микроскопическая)** s. ~/дендритная ‖ ~/**нормальная** (Met) normale Seigerung f; normale Blockseigerung f ‖ ~/**обратная** (Met) umgekehrte Blockseigerung f ‖ ~/**первичная** (Met) Primärseigerung f ‖ ~ **по удельному весу** (Met) Schwereseigerung f ‖ ~/**прямая** (Met) normale Blockseigerung f ‖ ~/**цементная** (Met) Zementierung f
ликвидация f **завала** (Bgb) Aufwältigen n eines Bruches ‖ ~ **обрывани** (Text) Fadenbruchbeseitigung f (Ringspinnmaschine)
ликвидус m (Met) Liquiduslinie f, Liquiduskurve f (Zustandsdiagramm)
ликвировать (Met) [aus]seigern, entmischen

лимб m 1. Limbus m, Gradbogen m; Horizontalkreis m; Teilkreis m; 2. Skale f, Skalenscheibe f; 3. (Astr) Rand m (z. B. der Sonne); 4. (Astr) Limbus m (Teilkreis) ‖ ~ **антенны** Antennenanzeigeskale f ‖ ~ **грубой установки** Grobteilung f (z. B. am Außenring eines Winkelmeßgerätes); Teilkreis m zur [visuellen] Grobeinstellung ‖ ~/**делительный** (Wkz) Teilscheibe f ‖ ~ **Луны** (Astr) Mondrand m ‖ ~/**образцовый** Normal[teil]kreis m ‖ ~/**оптический** Glasteilkreis m; optischer Teilkreis m ‖ ~ **угломера** Teilkreis m eines Winkelmeßgerätes
лимбургит m (Geol) Limburgit m (Alkalibasalt)
лимниграмма f (Hydrol) Schreibpegeldiagramm n, Schreibpegelbogen m
лимниграф m (Hydrol) Limnimeter n, Limnograph m
лимнический (Geol) limnisch, lakustrisch
лимнокальцит m s. **известняк/пресноводный**
лимнология f (Hydrol) Limnologie f, Seenkunde f, Binnengewässerkunde f
лимонит m (Min) Limonit m, Brauneisenerz n, Brauneisenstein m
лимоннокислый (Ch) ...citrat n; zitronensauer
линатрон m Linatron n
лингвистика f/**математическая** mathematische Linguistik f
линеамент m s. **разлом/глубинный**
линеаризатор m (Reg) linearisierendes Glied n
линеаризация f Linearisierung f ‖ ~/**вибрационная** Vibrationslinearisierung f ‖ ~/**гармоническая** harmonische Linearisierung f ‖ ~/**принудительная** Zwangslinearisierung f
линеаризовать linearisieren
линейка f 1. Lineal n; 2. Leiste f; 3. (Typ) Filet n (Einband); 4. Schaumlatte f, Schaumleiste f (Papiermaschine); 5. s. ~/металлическая 2. ‖ ~/**запорная** Sperrschiene f ‖ ~/**измерительная** Prüflineal n ‖ ~/**измерительная стальная** Stahlmaßstab m ‖ ~/**исправляющая** Korrekturlineal n ‖ ~ **катания** Wälzlineal n (am Zahnradmeßgerät) f; 3. (Typ) Filet n Lineal n ‖ ~/**кодовая** Kodelineal n, kodiertes Lineal n ‖ ~/**комбинаторная** (Nrt) Sendewählschiene f, Wählschiene f ‖ ~/**контрольная** Prüflineal n ‖ ~/**конусная** (Wkz) Leitlineal n (zum Kegeldrehen); Kegeldrehlineal n ‖ ~/**копирная** (Wkz) Kopierlineal n, Kopierschiene f (Nachformvorrichtung) ‖ ~/**корректирующая** Korrekturlineal n ‖ ~/**лекальная** Haarlineal n ‖ ~/**масштабная** Maßstablineal n, Maßstab m, Lineal n mit Teilung, Skale f, Strichmaßstab m ‖ ~/**металлическая** 1. Metallineal n; 2. (Gieß) Streicheisen n, Streichlineal n, Streichschiene f, Abstreifeisen n ‖ ~/**металлическая измерительная** Stahlmaßstab m ‖ ~/**направляющая** Gleitschiene f, Führungslineal n (z. B. an Bandsäge-, Kreissäge- und Abrichthobelmaschinen) ‖ ~ **обката** s. ~ катания ‖ ~/**образцовая** Normallineal n ‖ ~/**ограничительная** 1. Begrenzungsleiste f (Papiermaschine); 2. (Photo) Gießerlineal n, Gießerstab m ‖ ~/**оптическая** optisches Lineal n ‖ ~ **параллаксов** Parallaxenlineal n ‖ ~/**параллельная** Parallellineal n ‖ ~/**плоская** Flachlineal n ‖ ~/**поверочная** Prüflineal n; Tuschierlineal n ‖ ~/**прямоугольного сечения** Lineal n mit rechteckigem Querschnitt ‖ ~ **с диоптрами** (Geod) Diopterlineal n

‖ ~/**светодиодная** Leuchtdiodenzeile f ‖ ~/**селекционная** (Nrt) Empfängerwählschiene f ‖ ~/**синусная** Sinuslineal n ‖ ~/**складная** Gliedermaßstab m ‖ ~/**сменная** bewegliches (auswechselbares) Lineal n ‖ ~/**стальная** Stahllineal n ‖ ~/**стальная измерительная** Stahlmaßstab m ‖ ~/**стеклянная** Glasmaßstab m ‖ ~/**счётная** Rechenschieber m ‖ ~/**тангенсная** Tangenslineal n ‖ ~/**трёхгранная** Dreikantlineal n ‖ ~/**усадочная** (Gieß) Schwindmaß[stab m] n ‖ ~ **формовщика** (Gieß) Abstreicher m, Abstreichholz n, Abstreichlatte f (Formerei) ‖ ~/**четырёхгранная** Vierkant[haar]lineal n

линейка-мостик f [/**поверочная**] Tuschierbrücke f
линейно-возрастающий linear ansteigend
линейно-изменяющийся linear veränderlich
линейно-ломаный (Mech) geradlinig geknickt
линейно-поляризованный (Opt) linear polarisiert
линейность f 1. Linearität f, Geradlinigkeit f; 2. (TV) Linearität f ‖ ~ **изображения** (TV) Bildlinearität f ‖ ~ **настройки** (TV) Abstimmlinearität f ‖ ~ **по вертикали** (TV) Bildlinearität f ‖ ~ **по горизонтали** (TV) Zeilenlinearität f ‖ ~ **развёртки** (TV) Ablenklinearität f, Abtastlinearität f
линейно-убогающий linear abfallend
линейный 1. linear, geradlinig; linienförmig; 2. (El) Leitungs..., Freileitungs...; 3. (Math) linear, eindeutig; 4. (Schiff) Linien... ‖ ~ **во времени** zeitlinear
линза f 1. (Opt) Linse f; 2. (Geol) Linse f (linsenförmige Schicht) ‖ ~/**акустическая** akustische Linse f ‖ ~/**апохроматическая** apochromatische Linse f ‖ ~/**асферическая** asphärische Linse f ‖ ~/**афокальная** afokale Linse f ‖ ~/**ахроматическая** achromatische Linse f ‖ ~/**Бертрана** Bertrand-Linse f (Konoskop) ‖ ~/**бифокальная** bifokale Linse f ‖ ~/**вогнутая** Konkavlinse f ‖ ~/**вогнуто-выпуклая** konkavkonvexe Linse f, Konkavkonvexlinse f ‖ ~/**волноводная** Wellenleiterlinse f (Lichtwellenleitertechnik) ‖ ~/**волоконная** Faserlinse f ‖ ~/**выпуклая** Konvexlinse f ‖ ~/**выпукло-вогнутая** konvexkonkave Linse f, Konvexkonkavlinse f ‖ ~/**высоковольтная** Hochspannungslinse f ‖ ~/**газовая** Gaslinse f ‖ ~/**гиперхроматическая** hyperchromatische Linse f ‖ ~/**главная собирательная** Hauptsammellinse f ‖ ~/**двойная** Doppellinse f; Bilinse f ‖ ~/**двояковогнутая** bikonkave Linse f, Bikonkavlinse f ‖ ~/**двояковыпуклая** bikonvexe Linse f, Bikonvexlinse f ‖ ~/**двухэлектродная** Zweielektrodenlinse f ‖ ~/**дисковая** Scheibenlinse f (Antennentechnik) ‖ ~/**дифракционная** Beugungslinse f ‖ ~/**диэлектрическая** dielektrische Linse f ‖ ~/**длиннофокусная** langbrennweitige Linse f ‖ ~/**дырчатая** Lochlinse f ‖ ~/**жидкостная** Flüssigkeitslinse f ‖ ~/**замедляющая** Verzögerungslinse f (Antennentechnik) ‖ ~/**зеркальная** Spiegellinse f ‖ ~/**зональная** (зонированная) Zonenlinse f (Antennentechnik) ‖ ~/**иммерсионная** Immersionslinse f ‖ ~/**интраокулярная** intraokulare Linse f ‖ ~/**катодная** Kathodenlinse f ‖ ~/**квадрупольная** Quadrupollinse f ‖ ~/**коллиматорная** Kollimatorlinse f ‖ ~/**компенсирующая** Kompensationslinse f ‖ ~/**конденсорная** Kondensorlinse f ‖ ~/**контактная** Kontaktlinse f, Kontaktglas n; Haftschale f (Augenoptik) ‖ ~/**короткофокусная** kurzbrennweitige Linse f ‖ ~/**корректирующая** Korrekturlinse f, Ausgleichslinse f ‖ ~/**магнитная** magnetische Linse f, Magnetlinse f ‖ ~/**магнитостатическая** magnetostatische Linse f ‖ ~/**менисковая** Meniskuslinse f ‖ ~/**металлическая** Metallinse f (Antennentechnik) ‖ ~/**металлопластинчатая** Metallplattenlinse f ‖ ~/**мягкорисующая** Weichzeichnerlinse f ‖ ~/**насадочная** Zusatzlinse f, Vorsatzlinse f ‖ ~/**оборачивающая** Umkehrlinse f ‖ ~/**объектива**/**задняя** Hinterlinse f (Objektiv) ‖ ~/**объектива**/**передняя** Frontlinse f (Objektiv) ‖ ~/**объективная** Objektivlinse f ‖ ~/**одиночная** Einzellinse f ‖ ~/**осветительная** Beleuchtungslinse f ‖ ~/**отображающая** Abbildungslinse f ‖ ~/**отрицательная** s. ~/**рассеивающая** ‖ ~/**очковая** Brillenglas n ‖ ~/**перископическая** periskopische Linse f ‖ ~/**планарная волноводная** planare Wellenleiterlinse f (Lichtwellenleitertechnik) ‖ ~/**пластинчатая** Plattenlinse f (Antennentechnik) ‖ ~/**плоско-вогнутая** plankonkave Linse f, Plankonkavlinse f ‖ ~/**плоско-выпуклая** plankonvexe Linse f, Plankonvexlinse f ‖ ~/**полевая** Feldlinse f, Kollektivlinse f ‖ ~/**полеспрямляющая** Ebnungslinse f ‖ ~/**положительная** s. ~/**собирательная** ‖ ~/**послеускоряющая** Nachbeschleunigungslinse f ‖ ~/**пригоночная** Anpassungslinse f ‖ ~/**проекционная** Projektionslinse f ‖ ~/**промежуточная** Zwischenlinse f ‖ ~/**пустотелая** Hohlkörperlinse f ‖ ~/**рассеивающая** Zerstreuungslinse f ‖ ~/**растровая** Rasterlinse f ‖ ~/**расширяющая** Aufweitlinse f ‖ ~/**собирательная** Sammellinse f, Fokussierungslinse f ‖ ~/**собирающая** s. ~/**собирательная** ‖ ~/**стеклянная** Glaslinse f ‖ ~/**ступенчатая** Stufenlinse f (Antennentechnik) ‖ ~/**сферическая** sphärische Linse f, Kugellinse f ‖ ~/**толстая** dicke Linse f ‖ ~/**тонкая** dünne Linse f ‖ ~/**торическая** torische Linse f ‖ ~/**трёхэлектродная** Dreielektrodenlinse f ‖ ~/**трубчатая** Rohrlinse f ‖ ~/**тубусная** Tubuslinie f ‖ ~/**увеличивающая** Vergrößerungslinse f ‖ ~/**увеличительная** s. ~/**увеличивающая** ‖ ~/**ультразвуковая** Ultraschallinse f ‖ ~/**уменьшающая** Verkleinerungslinse f ‖ ~/**ускоряющая** Beschleunigungslinse f (Antennentechnik) ‖ ~/**фокусирующая** s. ~/**собирательная** ‖ ~ **Френеля** Fresnel-Linse f, [Fresnelsche] Gürtellinse f, Stufenlinse f ‖ ~/**фронтальная** Frontlinse f (Objektiv) ‖ ~/**цветная** Farblinse f ‖ ~/**цилиндрическая** Zylinderlinse f ‖ ~/**шайбовая** Scheibenlinse f (Antennentechnik) ‖ ~/**шар-[ик]овая** Kugellinse f (Antennentechnik) ‖ ~/**электромагнитная** elektromagnetische Linse f ‖ ~/**электронная** Elektronenlinse f ‖ ~/**электронная собирательная** Elektronensammellinse f, elektronische Konkavlinse f ‖ ~/**электростатическая** elektrische (elektrostatische) Linse f
линза-сверхпроводник f supraleitende Linse f
линза-фильтр f Filterlinse f
линзообразный linsenförmig
линии fpl 1. Linien fpl; Streifen mpl; 2. (Nrt, El) Leitungen fpl (s. a. unter линия 3.) ‖ ~ **высту-**

пов и впадин [микропрофиля] (Fert) Hülllinien fpl (am Rauhtiefenprofil einer Oberfläche) ‖ ~ Гартмана s. ~ Людерса ‖ ~ деформации s. ~ Людерса ‖ ~/котидальные Linien fpl gleicher Hochwasserzeit, Flutstundenlinien fpl ‖ ~ Людерса (Wkst) Lüderssche Linien fpl, Fließfiguren fpl, Tschernowsche Linien fpl, Hartmannsche Linien fpl ‖ ~/остановочные (Wkst) Rastlinien fpl (Dauerschwingversuch) ‖ ~/пересекающиеся sich schneidende Linien fpl ‖ ~/растровые Rasterlinien fpl ‖ ~ серии Лаймана [/спектральные] (Astr) Lymann-Linien fpl ‖ ~/силовые (Ph) Feldlinien fpl, Kraftlinienbild n ‖ ~ течения (Wkst) Fließfiguren fpl, Lüderssche (Tschernowsche, Hartmannsche) Linien fpl ‖ ~ Чернова s. ~ Людерса ‖ ~ Шмидта (Kern) Schmidt-Linien fpl, Schmidt-Grenzen fpl

линия f 1. Linie f; Strich m; Zeile f; 2. Strecke f, Strang m; 3. (Nrt, El) Linie f; Strecke f; Leitung f; 4. (Masch) Straße f; Maschinenstraße f, Werkzeugmaschinenstraße f; Maschinenreihe f; 5. (Wlz) Straße f, Strecke f, Strang m ‖ ~ абонента s. ~/абонентская ‖ ~/абонентская Teilnehmer[anschluß]leitung f, Anschlußleitung f ‖ ~/абонентская телеграфная Fernschreibanschlußleitung f ‖ ~/абонентская телефонная Fernsprechanschlußleitung f ‖ ~/абсорбционная (Ph) Absorptionslinie f ‖ ~/аварийная (El) Havarieleitung f ‖ ~/автоматизированная (Masch) automatisierte Linie f; (Fert) Fertigungslinie f, Fertigungsstraße f ‖ ~/автоматическая (Fert) Taktstraße f, automatische (automatisch arbeitende) Straße f ‖ ~/автоматическая переналаживаемая flexible Taktstraße f ‖ ~/автоматическая станочная Automatenstraße f ‖ ~/агрегатная (Fert) Baukastenstraße f, baukastenmäßig angelegte Straße f ‖ ~/аккумуляторная (Hydr) Druckspeicherleitung f ‖ ~/анодная (El) Anodenleitung f ‖ ~/антистоксова Anti-Stoker-Linie f, antistokessche Linie f (Laser) ‖ ~ апсид (Astr) Apsidenlinie f ‖ ~/асимптотическая (Math) Asymptotenlinie f, Haupttangentenlinie f ‖ ~/атмосферная Atmosphärenlinie f, Linie f des atmosphärischen Druckes (Indikatordiagramm von Verbrennungsmotor, Hubkolbenverdichter und Dampfmaschine) ‖ ~/базисная 1. Basislinie f; 2. Grundlinie f, Bezugslinie f ‖ ~/базовая 1. Basislinie f; 2. (Fert) Mittelprofil n, Mittelprofillinie f (Rauhigkeitsprofil) ‖ ~/байпасная Beipaß[leitung f] m, Umgehungsleitung f ‖ ~/балансная (El) Eichleitung f ‖ ~/бальмеровская (Ph) Balmer-Linie f ‖ ~ без потерь verlustfreie (verlustlose) Leitung f ‖ ~/береговая (Geol) Strandlinie f, Küstenlinie f ‖ ~/бункерная (Fert) Linie f mit Bunker ‖ ~ вала (Schiff) Wellenleitung f ‖ ~ валков/средняя Walzenmittellinie f ‖ ~ валов (Masch) Wellenleitung f, Wellenstrang m (Transmission) ‖ ~ валов/главная Hauptwellenstrang m, Hauptwellenleitung f (Transmission) ‖ ~/векторная (Math) Vektorlinie f, Feldlinie f (Vektorfeld) ‖ ~ Вёлера (Wkst) Wöhler-Linie f, Wöhler-Kurve f (Dauerschwingversuch) ‖ ~/верхняя контактная Fahrdrahtoberleitung f ‖ ~ ветвления Verzweigungslinie f ‖ ~ видимого горизонта Kimmlinie f ‖ ~/визирная s. ~ визирования ‖ ~ визирования (Geod) Visierlinie f, Sehlinie f ‖

~/винтовая (Math) Schraubenlinie f ‖ ~/вихревая (Hydrod) Wirbellinie f ‖ ~ влияния 1. (El) beeinflussende (störende) Leitung f; 2. (Mech, Fest) Einflußlinie f ‖ ~/влияющая s. ~ влияния ‖ ~ водорода (Opt) Wasserstofflinie f (Spektrum) ‖ ~/возбуждающая Erregerlinie f (Laser) ‖ ~ воздействия Wirkungslinie f ‖ ~/воздушная 1. (El) oberirdische (oi) Linie f, Freileitung[slinie] f; 2. (Flg) Fluglinie f; 3. Luftlinie f ‖ ~/воздушная высоковольтная (El) Hochspannungsfreileitung f ‖ ~/воздушная кабельная (Nrt) Kabelfreileitung f ‖ ~/воздушная медная (Nrt) Kupfer[draht]freileitung f ‖ ~/воздушная местная (Flg) örtliche Fluglinie f ‖ ~/воздушная низковольтная (El) Niederspannungsfreileitung f ‖ ~/воздушная телефонная Fernsprechfreileitung f ‖ ~ возмущений s. ~ Маха ‖ ~/волнистая Wellenlinie f ‖ ~ волнистости/базовая Welligkeitsbezugsprofil n, Bezugsprofil n der Welligkeit (Rauhtiefenprofil einer Oberfläche) ‖ ~/волноводная (El) Hohl[rohr]leitung f ‖ ~ впадин 1. Fußlinie f (Zahnstange); 2. Grund[profil]linie f (Rauhtiefenprofil einer Oberfläche) ‖ ~ впуска пара Dampfeinströmlinie f (Indikatordiagramm) ‖ ~/вращательная Rotationslinie f ‖ ~ вращающего момента Drehmomentenlinie f ‖ ~ времени Zeitlinie f ‖ ~/всасывающая (Erdöl) Saugleitung f (Bohrlochspülung) ‖ ~/вспомогательная (Hydr) Nebenleitung f ‖ ~/вторая срединная (Krist) zweite Mittellinie f, stumpfe (zweite) Bisektrix f ‖ ~/вторичная (Flg) Nebenleitung f ‖ ~/входящая (Nrt) ankommende Leitung f ‖ ~/входящая соединительная (Nrt) ankommende Amtsleitung f ‖ ~/выделенная (Nrt) Standleitung f ‖ ~/вызываемая (Nrt) angerufene Leitung f ‖ ~/вызывающая (Nrt) anrufende Leitung f ‖ ~/выкидная (Erdöl) Druckleitung f (Bohrlochspülung) ‖ ~ выносливости s. ~ Вёлера ‖ ~/высоковольтная (El) Hochspannungsleitung f ‖ ~ высокого напряжения (El) Hochspannungsleitung f ‖ ~/высокочастотная Hochfrequenzleitung f, HF-Leitung f; Trägerfrequenzleitung f, TF-Leitung f ‖ ~/высокочастотная кабельная (El) Hochfrequenzkabelleitung f; Trägerfrequenzkabelleitung f ‖ ~/высокочастотная коаксиальная Hochfrequenz-Koaxialleitung f ‖ ~/высокочастотная телефонная Trägerfrequenzleitung f, TF-Leitung f ‖ ~ высокочастотной пупинизации (Nrt) kurzbespulte Leitung f ‖ ~ выступов 1. (Masch) Zahnkopflinie f, Kopflinie f (Zahnstange); Hüllinie f; 2. (Fert) Spitzenlinie f (Rauhigkeitsprofil) ‖ ~ газовой резки [/поточная] Brennschneidfließstraße f, Brennschneidfließreihe f ‖ ~/газорезательная s. ~ газовой резки ‖ ~ гальванического лужения galvanische Verzinnlinie f ‖ ~/геодезическая (Math) geodätische Linie f, kürzeste Linie f ‖ ~/гибкая (Fert) flexible Straße f ‖ ~/гибкая автоматизированная flexible Fertigungslinie f (zum Umformen und Zerteilen); flexible Fertigungsstraße f (zum Spanen und Abtragen) ‖ ~/гибкая автоматическая (Fert) flexible Taktstraße f ‖ ~/главная Hauptleitung f ‖ ~/головоотсекающая Köpflinie f, Köpfstraße f (Fischverarbeitung) ‖ ~ горизонта 1. (Math) Horizont m; 2. (Geod)

Horizontallinie f; 3. Kimm f ‖ ~/**городская кабельная** (Nrt) Ortskabelleitung f ‖ ~ **городской телефонной сети** (Nrt) Orts[verbindungs]leitung f, OVL ‖ ~ **горячего лужения** Heißverzinnlinie f, Heißverzinnanlage f ‖ ~/**грузовая** s. ~ нагрузки ‖ ~/**групповая поточная** (Fert) Gruppenfließstraße f ‖ ~ **давления** Drucklinie f, Verdichtungslinie f (Indikatordiagramm) ‖ ~ **дальнего абонента/абонентская** (Nrt) Fern[teilnehmer]leitung f ‖ ~ **дальней связи/воздушная** (El) Freileitung f für Weitverkehr ‖ ~ **дальней связи/кабельная** Fern[kabel]leitung f ‖ ~/**дальняя** (El) Fernleitung f, Weitverkehrsleitung f ‖ ~ **даты** (Astr) Datum[s]grenze f ‖ ~ **движения уровня** s. ~ изменения уровня ‖ ~/**двусторонняя соединительная** (Nrt) Amtsleitung f für ankommenden und abgehenden Verkehr ‖ ~/**двухканальная радиотелефонная** Zweikanalfunksprechstrecke f ‖ ~/**двухпроводная** (Nrt) Doppelleitung[slinie] f, Zweidrahtleitung f ‖ ~/**двухпроводная кабельная** (El) Zweidrahtkabelleitung f ‖ ~/**двухпроводная контактная** (El) Doppelfahrleitung f ‖ ~/**двухпроводная соединительная** (Nrt) zweiadrige Ortsverbindungsleitung f ‖ ~ **депрессии** (Hydt) Sickerlinie f ‖ ~ **дислокации** (Krist) Versetzungslinie f ‖ ~/**добавочная** (El) Nebenleitung f ‖ ~/**дренажная** (Hydr) Leckölleitung f ‖ ~/**дуплексная** (Nrt) Duplexleitung f, Gegensprechleitung f ‖ ~/**железнодорожная** (Eb) Eisenbahnlinie f, Eisenbahnstrecke f ‖ ~/**жёсткая** (Wkzm) starre Straße f ‖ ~ **забоя** (Bgb) Abbaufront f, Abbaulinie f, Abbaukante f ‖ ~ **задержки** (El) Verzögerungsleitung f ‖ ~ **задержки/акустическая** akustische Verzögerungsleitung f ‖ ~ **задержки/корректирующая** Korrekturverzögerungsleitung f ‖ ~ **задержки/магнитная** magnetische Verzögerungsleitung f ‖ ~ **зажима** (Text) Klemmlinie f (Streckwerk) ‖ ~/**заземлённая** (El) geerdete Leitung f ‖ ~/**заказная** (Nrt) Meldeleitung f ‖ ~/**закороченная** (El) kurzgeschlossene Leitung f ‖ ~ **замка свода** (Bw) Scheitellinie f (Gewölbe) ‖ ~/**замкнутая** (Fert) geschlossene Straße f, Fertigungsstraße f in geschlossener Bauform ‖ ~/**запрещённая [спектральная]** (Ph) verbotene Spektrallinie f ‖ ~ **зацепления** (Masch) Eingriffslinie f (Zahnrad) ‖ ~ **зацепления головки** (Masch) Kopfeingriffslinie f (Zahnrad) ‖ ~/**зигзагообразная** Zickzacklinie f ‖ ~/**зимняя грузовая** (Schiff) Winterladelinie f ‖ ~ **зрения** (Geod) Sichtlinie f ‖ ~ **изгиба** (Fest) Biegelinie f ‖ ~/**излучения** (Kern) Emissionslinie f ‖ ~ **изменения даты** Datum[s]grenze f ‖ ~ **изменения уровня** (Hydt) Spiegelganglinie f ‖ ~/**измерений** Meßachse f, Meßrichtung f, Meßlinie f ‖ ~/**измерительная** (El) Meßleitung f ‖ ~/**измерительная волноводная** Hohlrohrmeßleitung f ‖ ~/**изогнутая** (Math) Biegelinie f ‖ ~/**изопотенциальная** (Ph) Isopotentiallinie f, Isopotentiale f ‖ ~/**изотермическая** s. изопикна ‖ ~/**индуктивная** (Masch) Leitlinie f (Roboter) ‖ ~/**индукционная** 1. (Masch) Leitdraht m (für leitliniengeführte Transportroboter); 2. (El) magnetische Induktionslinie (Flußlinie) f ‖ ~/**инфлюэнтная** s. ~ влияния ‖ ~/**искровая** Funkenlinie f ‖ ~/**искусственная** (Nrt) künstliche

Leitung f, Leitungsnachbildung f ‖ ~ **испускания** (Kern) Emissionslinie f ‖ ~/**испытательная** (Nrt) Prüfleitung f ‖ ~ **истинного движения** (Schiff) Absolutkurs m, Absolutkurslinie f (Radar) ‖ ~/**исходная** 1. (Nrt) abgehende Leitung f, Abgangsleitung f; 2. Ablauflinie f; 3. (Fert) Bezugslinie f (bei Rauhigkeitsmessungen) ‖ ~ **исходного контура [зубчатой рейки]** /**средняя** (Masch) Profilmittellinie f (Zahnstange) ‖ ~/**исходящая** (Nrt) abgehende Leitung f, Abgangsleitung f ‖ ~/**исходящая соединительная** abgehende Amtsleitung f ‖ ~/**кабельная** 1. Kabelleitung f; 2. Kabelstrecke f ‖ ~/**кабельная высоковольтная** Hochspannungskabelleitung f ‖ ~/**кабельная низковольтная** Niederspannungskabelleitung f ‖ ~/**кабельная сухопутная** Landkabelleitung f ‖ ~ **калибра/нейтральная** (Wlz) Kalibermittellinie f, Schwerpunktlinie f des Kalibers ‖ ~/**калиброванная измерительная** (El) Eichleitung f ‖ ~ **касания зубьев** (Masch) Berührungslinie f (Zahnräder) ‖ ~/**килевая** (Schiff) Kiellinie f ‖ ~ **клетей** (Wlz) Straße f, Walzstraße f, Strecke f, Gerüststrang m, Walzwerk n ‖ ~ **клетей дуо/чистовая** Duofertigstraße f, Duofertigstrecke f, Duofertigstaffel f ‖ ~ **ключа свода** s. ~ замка свода ‖ ~/**коаксиальная** (Nrt) Koaxialleitung f, Koax[ial]kabel n ‖ ~/**коаксиальная высокочастотная** koaxiale HF-Leitung f ‖ ~/**колебательная** Schwingungslinie f (Laser) ‖ ~/**коллективная** (Nrt) Gemeinschaftsanschluß m, Gemeinschaftsleitung f ‖ ~ **коллективного пользования** s. ~/коллективная ‖ ~/**кольцевая** 1. (Fert) ringförmige Straße (Fertigungsstraße) f, ringförmig angeordnete Straße f; 2. (El) Ringleitung f ‖ ~ **комбинационного рассеяния** (Ph) Raman-Linie f ‖ ~/**комплексная** (Fert) komplexe Straße (Fertigungsstraße) f ‖ ~/**конвейерная** Förderstrang m; Bandstraße f ‖ ~ **конвергенции** (Ph) Konvergenzlinie f ‖ ~/**консервная** Konserven[produktions]straße f (Fischverarbeitung) ‖ ~/**контактная** (El, Eb) Fahrleitung f ‖ ~ **контура** Werkstückkante f, Umrißlinie f (z. B. in technischen Zeichnungen) ‖ ~ **концентрации возмущения** s. ~ Maxa ‖ ~/**корональная** (Astr) Koronalinie f (Sonnenkorona) ‖ ~/**короткозамкнутая** (El) kurzgeschlossene Leitung f ‖ ~/**крарупизированная** (El) Krarup-Leitung f ‖ ~/**красная** (Bw) Baufluchtlinie f, Fluchtlinie f ‖ ~ **криптона** (Opt) Kryptonlinie f (im Spektrum) ‖ ~/**круговая** (Fert) kreisförmig angeordnete Straße (Fertigungsstraße) f ‖ ~/**лазерная** Laserlinie f ‖ ~ **Лайман альфа** (Astr) L_g (Lyman-Alpha)-Linie f (Wasserstofflinie) ‖ ~ **лёгкой пупинизации** (Nrt) leicht bespulte (pupinisierte) Leitung f ‖ ~ **лентопрокатного (ленточного) стана/чистовая** (Wlz) Bandfertigstraße f ‖ ~/**ленточная** (El) Bandleidelinie f ‖ ~ **Лехера** (El) Lecher-Leitung f ‖ ~ **ликвидуса** (Met) Liquiduslinie f, Liquiduskurve f ‖ ~/**линейная** (Fert) linienförmig angeordnete Straße (Fertigungsstraße) f ‖ ~/**ложбины** (Meteo) Troglinie f ‖ ~/**ломаная** (Math) gebrochene Linie f ‖ ~/**лопастная** (Geol) Lobenlinie f, Sutur f ‖ ~ **лужения** (Eln) Verzinnlinie f, Tauchbelotungsanlage f ‖ ~/**лучевая** (Astr) Sichtlinie f ‖

~/магистральная 1. (El) Hauptleitung f, Stammleitung f; 2. (Hydr) Arbeitsleitung f, Hauptleitung f ll ~/магнитная силовая magnetische Kraftlinie (Feldstärkelinie) f ll ~ магнитной индукции (El) magnetische Induktionslinie f ll ~ Маха (Aero) Machsche Linie f (Machsche Welle in ebener Strömung) ll ~ машин (Lw) Maschinenlinie f, MaL ll ~/медная (El) Kupferleitung f ll ~/медная воздушная Kupfer[draht]freileitung f ll ~/междугородная (Nrt) Fernleitung f, Weitverkehrsleitung f ll ~/междугородная кабельная Fernkabelleitung f ll ~ междугородной связи (Nrt) Fernleitung f, Weitverkehrsleitung f ll ~/межевая (Geod) Grenzlinie f ll ~ межзвёздного покраснения (Astr) Verfärbungslinie f, Verfärbungsgerade f (im Zweifarbendiagramm) ll ~/межсистемная (El) Kuppelleitung f (Energieaustausch) ll ~/межстанционная городская (Nrt) Orts[verbindungs]leitung f, OVL ll ~/межстанционная соединительная (Nrt) Verbindungsleitung f zwischen Vermittlungsstellen ll ~ мелкосортного стана (Wlz) Fein[stahl]straße f, Fein[stahl]strecke f ll ~ мелкосортного стана/черновая (Wlz) Feineisenvorstaffel f, Feineisenvorstraße f, Feinstahlvorstraße f ll ~ мелкосортного стана/чистовая (Wlz) Feinstahlfertigstaffel f, Feinstahlfertigstraße f ll ~/мерная (Schiff) Meßmeile f ll ~/местная (Nrt) Orts[verbindungs]leitung f, OVL ll ~ местного абонента (Nrt) Ortsteilnehmerleitung f ll ~ местной телефонной связи (Nrt) Orts[verbindungs]leitung f, OVL ll ~/мешающая (El) störende (beeinflussende) Leitung f ll ~/мировая Weltlinie f, Linie (Kurve) f in der vierdimensionalen Raum-Zeit-Welt ll ~/многоканальная (Nrt) Mehrkanalstrecke f, mehrkanalige Leitung f ll ~/многоканальная радиорелейная (Nrt) Mehrkanalrichtfunkstrecke f ll ~/многоканальная радиотелефонная (Nrt) Mehrkanalfunksprechstrecke f ll ~/многократная резонансная (Nrt) Mehrfachresonanzleitung f ll ~/многопроводная (El) Mehrdrahtleitung f ll ~ наведения (Rak) Leitlinie f ll ~/нагнетательная Druckleitung f ll ~ нагрузки (Mech) Belastungskurve f, Belastungsdiagramm n ll ~ надвига (Geol) Überschiebungslinie f ll ~/на[д]земная oberirdische Leitung f ll ~/напорная s. ~ энергии ll ~ направленной радиосвязи Richtfunkstrecke f ll ~/направляющая (Math) Leitlinie f ll ~насыщения s. кривая насыщения ll ~ натрия (Opt) Natriumlinie f (Spektrum) ll ~/нейтральная (Fest) neutrale Linie f, Neutrale f, Nullinie f ll ~/неоднородная (El) inhomogene Leitung f ll ~/непупинизированная (Nrt) unbespulte (nichtpupinisierte) Leitung f, U-Leitung f ll ~/несимметричная (El) unsymmetrische Leitung f ll ~/неуплотнённая (Nrt) einfach ausgenutzte Leitung f ll ~/нивелирная (нивелировочная) (Geod) Nivellierlinie f ll ~/низковольтная (El) Niederspannungsleitung f ll ~/низкой частоты/ кабельная (El) Niederfrequenzkabelleitung f ll ~/нодальная (Geoph) Nodallinie f ll ~/обводная Umgehungsleitung f, Umgang m f Einweidung und Entweidung Köpf- und Entweidestraße f, Schlachtstraße f (Fischverarbeitung) ll ~ обреза кровли (Bgb) Bruchkante f, Bruchlinie f ll ~ обрушения s. ~ обреза кровли ll ~/обходная Umgehungsleitung f ll ~/огибающая (Fert) Hüllinie f (bei der Rauheitsmessung) ll ~/одиночная s. ~/однопроводная ll ~/однопроводная (El) Einfachleitung f, Einzelleitung f, Eindrahtleitung f ll ~/однородная (El) homogene Leitung f ll ~/однофазная (El) Einphasenleitung f ll ~ оползня (Bgb) Rutschlinie f (Böschung) ll ~ опорная 1. Bezugslinie f, Basislinie f; 2. Bezugsleitung f, Referenzleitung f ll ~/опытная (El) Versuchsleitung f ll ~/осветительная (El) Lichtleitung f ll ~/осевая Mittellinie f ll ~/основная 1. (El) Hauptleitung f, Stammleitung f; 2. Basis f, Basislinie f; 3. (Geod) Grundlinie f, Hauptlinie f ll ~ основного аппарата (Nrt) Hauptschlußleitung f, Amtsleitung f ll ~ отвеса s. ~/отвесная ll ~/отвесная (Ph) Lotlinie f (Schwerkraft) ll ~ ответвления (El, Fmt) Zweigleitung f ll ~/отдельная (El, Fmt) Einzelleitung f ll ~ относительного движения (Schiff) Relativkurs m, Relativkurslinie f (Radar) ll ~/отходящая (Nrt) Abgangsleitung f, abgehende Leitung f ll ~ очень лёгкой пупинизации (Nrt) sehr leicht bespulte (pupinisierte) Leitung f, S-Leitung f ll ~ падения (Geol) Fallinie f ll ~/палубная (Schiff) Decksstrich m ll ~ параллельных вибраторов Dipolgruppe f (Antenne) ll ~ перегиба (Geol) Scheitellinie f, Kammlinie f ll ~/переговорная (Nrt) Verständigungsleitung f ll ~ передачи (El, Nrt) Übertragungsleitung f ll ~ передачи/беспроводная leitungslose Übertragungsstrecke f ll ~ передачи высокого напряжения Hochspannungs[übertragungs]leitung f ll ~ передачи данных/лазерная Laserdatenübertragungsleitung f ll ~ передачи/оптическая s. ~ передачи/световодная ll ~ передачи радиовещания Rundfunkübertragungsleitung f ll ~ передачи/световодная Lichtwellenleiterübertragungsstrecke f, LWL-Übertragungsstrecke f ll ~ передачи/световодная двунаправленная bidirektionale LWL-Übertragungsstrecke f ll ~ передачи электрической энергии Elektroenergie-Übertragungsleitung f ll ~ переменного тока Wechselstromleitung f ll ~ «переменное трио» (Wlz) Wechseltrio[walz]straße f, Wechseltrio[walz]strang m ll ~ перемены даты (Astr) Datum[s]grenze f ll ~ пересечения 1. Schnittlinie f; 2. (Masch) Durchdringungslinie f (bei Durchdringung zweier geometrischer Körper; technisches Zeichnen) ll ~/питательная (питающая) Energieleitung f, Speiseleitung f, Feeder m ll ~ планирования (Flg) Gleitweg m, Gleitbahn f ll ~ поверхностной волны Oberflächenwellenleitung f ll ~/поглощающая (Nrt) Schluckleitung f ll ~ поглощения Absorptionslinie f (Laser) ll ~ поглощения/ межзвёздная (Astr) interstellare Absorptionslinie f ll ~/подводящая Zuführungsleitung f, Zubringerleitung f ll ~/подземная unterirdische Leitung f, Erdleitung f ll ~/подключённая (El) Zuführungsleitung f ll ~/полевая кабельная (Nrt) Feldkabelleitung f ll ~ положения (Flg, Schiff) Standlinie f (Peilung) ll ~ положения/ высотная Höhenstandlinie f ll ~ полосового (полосопрокатного) стана/чистовая (Wlz) Bandfertigstaffel f, Bandfertigstraße f ll ~/полуволновая (El) Halbwellenleitung f, $^{\lambda}/_2$-Leitung f ll ~/полуденная (Astr) Mittagslinie f ll ~/полюсная *(Masch)* Wälzachse f *(Zahnradtrieb)* ‖ ~ поля [силы] s. ~/силовая ‖ ~ потенциальной энергии 1. Drucklinie f; 2. Druckleitung f ‖ ~ потока Flußlinie f ‖ ~/поточная *(Fert)* Fließstraße f, Fließreihe f, Fertigungslinie f ‖ ~/предохранительная Leitung (Ölleitung) f zum Sicherheitsventil ‖ ~ прибоя *(Text)* Anschlaglinie f *(Weberei)* ‖ ~/пригородная *(Eb)* Vorortstrecke f ‖ ~/присоединительная *(El, Nrt)* Anschlußleitung f ‖ ~/проводная *(El)* Drahtleitung f ‖ ~ проволочного стана *(Wlz)* Draht[walz]straße f, Drahtstrecke f ‖ ~ проволочного (проволочно-прокатного) стана/чистовая *(Wlz)* Drahtfertigstaffel f, Drahtfertigstraße f ‖ ~ прогиба s. ~/упругая ‖ ~ прокатки *(Wlz)* Walzlinie f, Walzachse f ‖ ~/прокатная *(Wlz)* Walzstraße f, Straße f, Walzstrecke f ‖ ~ прокатного стана дуо Duowalzstraße f, Duowalzstrecke f ‖ ~ прокатных валков *(Wlz)* Walzlinie f ‖ ~ прокатных валков/средняя Walz[en]mittellinie f ‖ ~ прокатных клетей s. ~ клетей ‖ ~/промежуточная *(El)* Zwischenleitung f ‖ ~/простая контактная *(El)* selbsttragende Fahrleitung f ‖ ~ простирания *(Geol)* Streichlinie f ‖ ~ простирания пласта *(Geol)* Streichlinie f (Streichen n) einer Schicht ‖ ~/простирания складки *(Geol)* Streichlinie (Streichrichtung) f einer Falte ‖ ~/профиля *(Geol)* Profillinie f, Schnittlinie f ‖ ~ профиля/средняя *(Fert)* Mittellinie f des Profils, Profilmittellinie f *(am Rauhigkeitsprofil)* ‖ ~/прямая *(Math)* gerade Linie f, Gerade f ‖ ~/пунктирная punktierte Linie f ‖ ~/пупинизированная *(Nrt)* pupinisierte (bespulte) Leitung f, Pupin-Leitung f, Spulenleitung f ‖ ~ пути Weglinie f ‖ ~/заданная beabsichtigte Weglinie f ‖ ~/пьезометрическая s. ~ потенциальной энергии ‖ ~ пят *(Bw)* Kämpferlinie f *(Bogen)* ‖ ~/рабочая Arbeitslinie f *(Einheit von Motor, Getriebe, Kammwalzengerüst, Kuppelspindeln und Arbeitsgerüst eines Walzwerks)* ‖ ~ рабочих клетей листового (листопрокатного) стана *(Wlz)* Blech[walz]straße f ‖ ~ рабочих клетей [прокатного] стана Walzstraße f, Gerüststrang m ‖ ~ рабочих клетей среднесортного [прокатного] стана *(Wlz)* Mittel[stahl]straße f, Mittelstrecke f *(Sortiment)* ‖ ~ рабочих клетей широкополосового [прокатного] стана *(Wlz)* Breitbandstraße f ‖ ~ равного потенциала Äquipotentiallinie f, Linie f gleichen Potentials ‖ ~/равносигнальная *(Radar)* Leitstrahl m, Leitstrahlachse f ‖ ~ равных расстояний Linie f gleicher Entfernungen ‖ ~/радиовещательная Rundfunk[übertragungs]leitung f ‖ ~/радиорелейная телевизионная Fernsehrelaisstrecke f, Fernsehübertragungsstrecke f ‖ ~/радиоретрансляционная Richtfunkstrecke f, Ballempfangsstrecke f ‖ ~ радиосвязи *(Nrt)* Funk[verkehrs]linie f, Funkverbindungsstrecke f ‖ ~ радиосвязи/ультракоротковолновая Ultrakurzwellen-Funkverkehrslinie f, UKW-Funkstrecke f ‖ ~/радиотелефонная *(Nrt)* Funksprechverbindung f, Funksprechstrecke f ‖ ~/радиотрансляционная s. ~ радиотрансляционной сети ‖ ~ радиотрансляционной сети Rundfunk[übertragungs]leitung f ‖ ~ раздела кадров *(Photo)* Bildstrich m ‖ ~ разделки рыбы Fischbearbeitungsstraße f, Fischschlachtstraße f *(Fischverarbeitung)* ‖ ~ разлома *(Geol)* Bruchlinie f, Störungsspur f, Störungslinie f ‖ ~/размерная Maßlinie f *(technische Zeichnungen)* ‖ ~ разреза s. ~ профиля ‖ ~ разъёма Trennlinie f ‖ ~/рамановская *(Ph)* Raman-Linie f ‖ ~/распределительная Verteilungsleitung f ‖ ~/реактивная *(El)* Reaktanzleitung f, Blindleitung f ‖ ~ регулирования застройки *(Bw)* Baufluchtlinie f ‖ ~ резания *(Bgb)* Schrämlinie f ‖ ~/роторная *(Fert)* Rotor[fließ]straße f ‖ ~/ртутная *(Opt)* Quecksilberlinie f *(im Spektrum)* ‖ ~ рубки *(Typ)* Schneidlinie f ‖ ~/рыбообрабатывающая (рыбоперерабатывающая) Fischverarbeitungsstraße f ‖ ~/рыборазделочная Fischbearbeitungsstraße f, Fischschlachtstraße f ‖ ~ с гибкой связью *(Fert)* lose verkettete Straße f, Straße (Fertigungsstraße) f in loser Verkettung ‖ ~ с жёсткой связью *(Fert)* starr verkettete Straße f, Straße (Fertigungsstraße) f in starrer (fester) Verkettung ‖ ~ с потерями *(El)* verlustbehaftete Leitung f ‖ ~/сборочно-автоматическая *(Masch)* Montagestraße f ‖ ~ сброса *(Geol)* Verwerfungslinie f, Verwerfungsspur f ‖ ~/свободная *(Nrt)* freie [unbesetzte] Leitung f ‖ ~ свободной поверхности s. ~ уреза воды ‖ ~ связи Verbindungsleitung f, Übertragungsleitung f; Übertragungskanal m; Verbundleitung f *(eines Verbundsystems)*; Fernmeldeleitung f, Fernmeldelinie f, Nachrichtenverbindung[sleitung] f ‖ ~ связи/воздушная Fernmeldefreileitung f, oberirdische (oi) Fernmeldelinie f ‖ ~ связи/волноводная Hohlleiter-Nachrichtenverbindungsstrecke f ‖ ~ связи/волоконно-оптическая *(Nrt)* Lichtwellenleiternachrichtenübertragungsstrecke f, LWL-Nachrichtenübertragungsstrecke f, faseroptische Übertragungsleitung f ‖ ~ связи/кабельная *(Nrt)* unterirdische (ui) Fernmeldelinie f; Fernmeldekabelleitung f ‖ ~ связи/магистральная *(Nrt)* Hauptverkehrslinie f ‖ ~ связи/многоканальная *(Nrt)* Mehrfachnachrichtenstrecke f ‖ ~ связи/неисправная gestörte Leitung f ‖ ~ связи/оптическая *(Nrt)* optische Nachrichtenstrecke f ‖ ~ связи/подвесная *(Nrt)* Fernmeldefreileitung f ‖ ~ связи/проводная *(Nrt)* Drahtübertragungsstrecke f ‖ ~ связи/радиорелейная Funkrelaislinie f ‖ ~ сдвига *(Wkst)* Gleitlinie f, Fließfigur f ‖ ~ сжатия Verdichtungslinie f, Verdichtungskurve f *(Indikatordiagramm des Verbrennungsmotors)* ‖ ~/силовая *(El)* Feld[stärke]linie f, Kraftlinie f ‖ ~ сильного тока Starkstromleitung f ‖ ~/сильноточная Starkstromleitung f ‖ ~/симметричная *(El)* symmetrische Leitung f, Bergstrich m ‖ ~ ската *(Geod)* Gefällinie f, Bergstrich m ‖ ~ скольжения 1. *(Bgb)* Gleitlinie f *(Böschung)*; 2. *(Krist)* Gleitlinie f *(bei Verzerrung des Kristallgitters durch Stufensetzung)* ‖ ~ скрещения Kreuzungslinie f *(Schraubgetriebe)* ‖ ~ слабого тока/слаботочная Schwachstromkabelleitung f ‖ ~/слаботочная Schwachstromleitung f ‖ ~/служебная *(Nrt)* Dienstleitung f ‖ ~/снеговая *(Meteo)* Schneegrenze f ‖ ~ со сдвоенным контактным проводом *(El, Eb)* Doppelfahrleitung f

ЛИНИЯ

~/соединительная 1. *(Nrt)* Verbindungsleitung *f*, Anschlußleitung *f*; Amtsleitung *f*; 2. *(El)* Verbindungsleitung *f*, Kuppelleitung *f (Verbindung zweier Kraftwerke)* || ~/соединительная служебная *(Nrt)* Sammeldienstleitung *f* || ~ солидус *(Fest)* Soliduslinie *f*, Soliduskurve *f* || ~/спектральная Spektrallinie *f* || ~/спиральная *(Nrt)* Wendelleitung *f* || ~/сплошная ausgezogene (volle) Linie *f*, Vollinie *f (technische Zeichnung)* || ~/справочная *(Nrt)* Auskunftleitung *f*, Bescheidleitung *f* || ~ средней пупинизации *(Nrt)* mittelschwer bespulte (pupinisierte) Leitung *f* || ~ срыва *(Bgb)* Abrißkante *f (Böschung)* || ~/станочная Werkzeugmaschinenstraße *f*, Maschinenfließstraße *f*, Maschinenfließreihe *f*, MFR || ~/стационарная ruhende Linie *f (interstellare Absorption)* || /створная *(Schiff)* Deckpeillinie *f*, Deckpeilung *f (Schiffsnavigation)* || ~/стоксова *(Ph)* Stokessche Linie *f* || ~/сутурная *(Geol)* Lobenlinie *f*, Sutur *f* || ~ сходимости *(Ph)* Konvergenzlinie *f* || ~/тактовая Taktstraße *f* || ~/тектоническая *(Geol)* tektonische Linie *f* || ~/телевизионная Fernsehleitung *f* || ~/телевизионная радиорелейная Fernsehübertragungsstrecke *f*, Fernsehrelaisstrecke *f* || ~/телеграфная Telegraphenleitung *f* || ~ телеизмерения Fernmeßleitung *f*, Telemetrieleitung *f* || ~/телефонная Fernsprechleitung *f*, Telephonleitung *f* || ~/теллурическая *(Opt)* terrestrische (tellurische) Linie *f (Spektrum)* || ~ течения *(Wkst)* Fließfiguren *fpl* || ~ тока *(Hydrod)* Stromlinie *f*, Strömungslinie *f*; *(Astr)* Stromlinie *f* || ~/токоведущая *(El)* Strompfad *m* || ~/транзитная 1. *(El)* Transitleitung *f (Elektroenergie)*; 2. *(Eb)* Transitverkehrsbahn *f* || ~/трёхфазная *(El)* Drehstromleitung *f*, Dreiphasenstromleitung *f* || ~ трубы/визирная Visierlinie *f*, Sehachse *f (Fernrohr)* || ~/тупиковая *(El)* Stichleitung *f* || ~ удара *(Mech)* Stoßlinie *f (zweier Körper)* || ~/узкоколейная *(Eb)* Schmalspurstrecke *f* || ~ узлов *s.* ~/узловая || ~/узловая Nodallinie *f*, Knotenlinie *f* || ~/уплотнённая *(Nrt)* mehrfach ausgenutzte Leitung *f* || ~ управления *(Hydr)* Steuerleitung *f* || ~/упругая *(Fest)* elastische Linie *f*, Biegelinie *f* || ~ уреза воды *(Hydt)* Wasserspiegellinie *f* || ~ уровня *(Math)* Niveaulinie *f (skalarer Felder)* || ~/фазирующая *(El)* Umwegleitung *f* || ~/фидерная *s.* ~/питательная || ~/филейная Filetstraße *f*, Filetierstraße *f (Fischverarbeitung)* || ~ филетирования *s.* ~/филейная || ~/филетировочная *s.* ~/филейная || ~ фильтрации *s.* ~ депрессии || ~/фокальная *(Opt)* Brennlinie *f*, Fokallinie *f* || ~/хребтовая *(Led)* Rückenlinie *f* || ~/цепная *(Math)* Kettenlinie *f* || ~/цепная контактная *(Eb)* Kettenfahrleitung *f* || ~/частой пупинизации *(Nrt)* kurzbespulte Leitung *f*, K-Leitung *f* || ~/черновая *(Wlz)* Vorstaffel *f*, Vor[walz]straße *f*, Vor[walz]strecke *f* || ~/четырёхпроводная *(El)* Vierdrahtleitung *f* || ~/чистовая *(Wlz)* Fertigstaffel *f*, Fertig[walz]straße *f*, Fertig[walz]strecke *f* || ~ шкалы/базовая Bezugslinie *f einer Skale* || ~ шквалов *(Meteo)* Böenlinie *f* || ~/шлейфовая *(El)* Schleifenleitung *f* || ~/шовная *(Geol)* Lobenlinie *f*, Sutur *f* || ~/эвтектическая *(Fest)* eutektische Linie *f* || ~/эквипотенциальная Äquipotentiallinie *f*, Linie *f gleichen Potentials* ||

~/экранированная *(El)* [ab]geschirmte Leitung *f* || ~/экситонная *(Krist)* Exzitonlinie *f* || ~/электрифицированная *(Eb)* elektrifizierte Strecke *f* || ~/электрическая elektrische Leitung *f* || ~ электропередачи Elektroenergieübertragungsleitung *f*, elektrische Übertragungsleitung *f*, Fernleitung *f* || ~ электропередачи/высоковольтная Hochspannungs[übertragung]leitung *f* || ~/эмиссионная Emissionslinie *f* || ~ энергии *(Hydr)* 1. Energieleitung *f*; 2. Energielinie *f*

линкор *m* Schlachtschiff *n*

линт *m* *s.* пух/хлопковый

Линц-Донавиц-процесс *m (Met)* LD-Blasstahlverfahren *n*, LD-Verfahren *n*, Linz-Donawitz-Verfahren *n*

линь *m (Schiff)* Leine *f* || ~/бросательный Wurfleine *f* || ~/плетёный geflochtene Leine *f* || ~/пусковой Reißleine *f (z. B. am Rettungsfloß)* || ~/спасательный Rettungsleine *f (am Rettungsring)*

лиофилизация *f* Lyophilisierung *f*, Gefriertrocknung *f*, Sublimationstrocknung *f*

липа *f* 1. Linde *f*; 2. *s.* липучка

липарит *m (Geol)* Liparit *m*, Rhyolith *m*

липкость *f* 1. Klebrigkeit *f*; 2. Schmierfähigkeit *f*, Schmiergüte *f*, Schmierwert *m (eines Schmieröls)*; 3. Klebfähigkeit *f*, Haftfähigkeit *f (zäher Flüssigkeiten an festen Körpern)*

липохром *m (Ch)* Lipochrom *n*

липтобиолиты *mpl (Geol)* Liptobiolithe *pl*

липучка *f* Klettverschluß *m*

лира *f (Wmt)* Ausgleichschleife *f (Rohrleitungen)*

лист *m* 1. *(Met)* Platte *f*; Blech *n*; 2. Blatt *n (Papier)*; 3. *(Typ)* Bogen *m*, Druckbogen *m* || ~/бракетный Stützplatte *f*, Stützblech *n* || ~/броневой Panzerplatte *f* || ~/вкладной *(Typ)* Einsteckbogen *m* || ~/волнистый Wellblech *n* || ~/гладкополированный Hochglanzblech *n* || ~/горизонтальный поясной *(Bw)* horizontale Gurtlamelle *f* || ~/готовый Fertigblech *n* || ~/гофрированный Wellblech *n* || ~/днищевый Bodenplatte *f* || ~/дублирующий Doppelung *f* || ~/железный Stahlblech *n* || ~/забойный *(Schiff)* Paßplatte *f*, Paßblech *n* || ~/запечатанный *(Typ)* Druckbogen *m* || ~/зеркально-полированный Hochglanzblech *n* || ~/интеркостельный *(Schiff)* interkostale Platte *f* || ~/катодный Kathodenblech *n (Elektrolyse)* || ~/килевой *(Schiff)* Kielplatte *f* || ~/книжный *(Typ)* Satzbogen *m* || ~/кормовой Heckplatte *f* || ~/крайний междудонный *(Schiff)* Randplatte *f* || ~/лобовой Bugplatte *f* || ~/матричный *s.* ~/катодный *f* || ~/металлический Tafelblech *n*, Blechtafel *f*, Blech *n* || ~/накладной Doppelung *f*, Blechdopplung *f* || ~/направляющий Leitblech *n* || ~/необработанный Rohblech *n* || ~/нефальцованный *(Typ)* Planobogen *m* || ~/отбойный *(Schiff)* Schlagschott *n*, Schlagplatte *f*; Decksmittelträger *m (Tanker)* || ~/отбортованный gebördeltes Blech *n*, Bördelblech *n* || ~/переплётный *(Typ)* Buchbinderbogen *m* || ~/перфорированный gelochtes Blech *n*, Siebblech *n* || ~/печатный *(Typ)* Druckbogen *m* || ~/плакированный plattiertes Blech *n*, Bimetallblech *n* || ~/поясной *(Bw)* Gurtlamelle *f (Brückenbau)* || ~/разрезной *(Schiff)* interkostale Platte *f* || ~/ребристый *s.* ~/рифлёный || ~/рессорный

Federblatt n II ~/**рифлёный** Riffelblech n, Rippenblech n II ~ **сердечника** (El) Kernblech n II
~ **сердечника ротора** (El) Läuferblech n II
~ **сердечника статора** (El) Ständerblech n II
~ **сердечника якоря** (El) Ankerblech n II
~/**стальной** Stahlblech n II ~/**толстый** Grobblech n II ~/**тонкий** Feinblech n II ~/**травлёный** dekapiertes (gebeiztes, entzundertes, gestrahltes) Blech n II ~/**транцевый** (Schiff) Transomplatte f II ~/**узловой фасонный** s.
~/**фасонный** II ~/**универсальный** (Wlz) Breitblech n II ~/**фасонный** (Bw) Knotenblech n, Versteifungsblech n II ~/**флорный** (Schiff) Bodenwrangenplatte f II ~/**холоднокатаный** kaltgewalztes Blech n II ~/**штамповочный** Stanzblech n II ~/**штрипсовый** (Wlz) Streifenblech n, Rohrstreifenblech n
листинг m (Inf) Listing n, Protokoll n, Übersetzungsprotokoll n II ~ **ассемблера** Assemblerlisting n, Assemblerauflistung f, Assemblerprotokoll n II ~ **программы** Programmlisting n, Programmauflistung f, Programmprotokoll n II
~ **ссылок** Ausdruck m des Symbolnachweises
листодержатель m Blechhalter m, Blechhaltevorrichtung f, Niederhalter m (Blechpressen) II
~/**верхний** oberer Blechhalter m II ~/**нижний** unterer Blechhalter m
листок m Blättchen n, Plättchen n
листоотделочная f Blechzurichterei f
листопроводка f (Typ) Bogenanleger m
листопрокатка f (Wlz) Blechwalzen n
листоукладчик m (Wlz) Blechstapelvorrichtung f
литейная f Gießerei f, Gießereibetrieb m II ~ **ковкого чугуна** Tempergießerei f II ~ **лёгких металлов** Leichtmetallgießerei f II ~ **по отливке слитков** Blockgießerei f II ~ **стального литья** Stahlgießerei f II ~ **тяжёлых металлов** Schwermetallgießerei f II ~ **цветных металлов** Nichteisenmetallgießerei f, NE-Metallgießerei f; Buntmetallgießerei f II ~ **чугуна** Eisengießerei f, Graugießerei f
литейный Gießerei...
литерал m (Inf) Literal n, Direktoperand m II ~ **адресов** Adressenliteral n II ~ **постоянных** Konstantenliteral n
литий m (Ch) Lithium n, Li
литийорганический (Ch) lithiumorganisch, Organolithium...
литийсодержащий lithiumhaltig
литионит m (Min) Lithionit m (Bezeichnung für Lithiumglimmer)
литник m Gießtrichter m, Einguß[kanal] m; Einlauf m; Anschnitt m, Auslauf m; 2. (Kst) Anguß[kegel] m (am Spritzteil); 3. Angußkanal m (am Spritzgießwerkzeug) II ~/**вилкообразный** (Gieß) Gabeleinguß m II ~/**дождевой** (Gieß) Siebeinlauf m, Siebeinguß m II ~/**змеевидный** (Gieß) Schlangeneinlauf[kanal] m, Schlangeneinguß[kanal] m II ~/**клинообразный** s. ~/щелевой II ~/**кольцеобразный** (Gieß) Ringeinlauf m, Ringeinguß m II ~/**ножевой** s. ~/щелевой II ~/**распределительный** (Kst) Angußverteilerkreuz n; Verteilersystem n, Angußspinne f II ~/**рожковый** (Gieß) Horneinlauf m, Horneinguß m II ~/**сифонный** (Gieß) 1. Einguß m für das steigende Gießen, Einguß m für Bodenguß; 2. Steigrohr n, Steigkanal m II

~/**ступенчатый** (Gieß) Stufeneinlauf m, Stufenanschnitt m II ~/**центральный** (Met) Gespanneinguß m (Kokillengespann) II ~/**щелевой** (Gieß) Keileinlauf m, Keileinguß m, Schlitzeinlauf m, Schlitzeinguß m
литники mpl (Gieß) Trichterschrott m
литогенез[ис] m (Geol) Lithogenese f (Bildung bei Sedimentgesteinen)
литография f Lithographie f II ~/**ионно-лучевая** Ionenstrahllithographie f II ~/**оптическая** optische Lithographie f, Photolithographie f II ~/**рентгенолучевая** Röntgenstrahllithographie f II
~/**электронно-лучевая** Elektronenstrahllithographie f
литоидит m (Geol) Lithoidit m
литоклаза f (Geol) Lithoklase f, Gesteinskluft f
литология f (Geol) Lithologie f, Sedimentpetrologie f
литораль f (Geol) Litoral n
литоральный (Geol) litoral
литосфера f (Geol) Lithosphäre f, Erdkruste f, Gesteinshülle f der Erde
литр m Liter m, l (SI-fremde Einheit des Volumens)
литраж m Hubraum m, Hubvolumen n (Verbrennungskolbenmotor; Hubkolbenverdichter) II
~ **двигателя** Gesamthubraum m
литца f s. литцендрат
литцендрат m (El) Litze f
лить (Gieß) [ab]gießen
литьё n (Met, Gieß) 1. Guß m, Gußteile npl, Gußstücke npl; 2. Gießen n, Abgießen n, Abguß m, Guß m; Gießverfahren m II ~/**алюминиевое** Aluminiumguß m II ~ **блоков** Blockguß m, Blockgießen n II ~/**бронзовое [фасонное]** Bronze[form]guß m II ~/**бронзовое художественное** Bronzekunstguß m II ~/**бумажное** (Pap) Papp[en]guß m II ~ **в кокиль** Kokillengießerei f, Kokillenguß m II ~ **в кокиль под противодавлением** Gegendruck-Kokillengießverfahren n II ~ **в оболочковые формы** (Gieß) Maskenformverfahren n, Croningverfahren n, Formmaskenverfahren n, Maskenformguß m, Formmaskenguß m II ~ **в опоках** Gießen n in Formkästen, Kastenguß m II ~ **в песок** s. ~ в песчаные формы II ~ **в песчаные формы** Gießen n in Sandformen, Sandguß m II ~ **в постоянные формы** Gießen n in Dauerformen, Dauerformguß m; Gießen n in Kokille, Kokillenguß m, Kokillengießverfahren n II ~ **в формы** Formgießverfahren n, Formguß m II ~ **в формы ручной формовки** Handformgießverfahren n, Handformguß m II ~/**вакуумное** Vakuumgießen n, Vakuumguß m, Saugguß m, Vakuumgießverfahren n II ~/**вакуумное прецизионное** Vakuumpräzisionsguß m, Vakuumpräzisionsgießverfahren n, Vakuumfeinguß m II ~/**всухую** s. ~ по сухому II ~ **всырую** s. ~ по-сырому II ~/**годное** Gußausbringen n, guter Guß m II ~/**гравитационное** Schwerkraftgießen n, Schwerkraftguß m II ~/**двухслойное** Verbundgießverfahren n, Verbundgießen n, Verbundguß m II ~ **деталей сложной формы/центробежное** (Gieß) Schleuderformgießverfahren n, Schleuderguß m II ~ **заготовок** Formatguß m, Formatgießen n II ~/**закалённое** Hartguß m II ~/**каменное** Steinguß m, Steingußerzeugnis n II
~ **кокилей под низким давлением** Nieder-

литьё

druckkokillengießverfahren *n* || ~/**кокильное** Kokillenguß *m* || ~/**корковое** Maskenformguß *m* || ~/**красное** Rotguß *m* || ~/**крупное** Großguß *m* || ~ /**латунное** Messingguß *m* || ~ **лёгких металлов** Leichtmetallguß *m* || ~/**машинное** Maschinenformgießverfahren *n*; Maschinenformguß *m* || ~ **машинной формовки** *s*. ~/машинное || ~/**мелкое** Kleinguß *m* || ~/**металлическое** Metallguß *m* || ~/**необработанное (необрубленное)** *s*. ~/неочищенное || ~/**неотожжённое** ungeglühter Guß *m* || ~/**неочищенное** Rohguß *m*, ungeputzter (unbearbeiteter) Guß *m* || ~/**непрерывное** Stranggießen *n*, Strangguß *m*; kontinuierliches Stranggießen *n*, kontinuierlicher Strangguß *m*, Stranggießverfahren *n* || ~/**оболочковое** Maskenformguß *m* || ~/**опочное** *s*. ~ в опоках || ~/**отбелённое** Hartguß *m*; Temperrohguß *m* || ~ **по выплавляемым моделям** Modellausschmelzverfahren *n*, Wachsausschmelzverfahren *n*; Feinguß *m*, Präzisionsguß *m* || ~ **по-сухому** Gießen *n* in Trockenformen (trockene Sandformen), Trockenguß *m*, Trockengießverfahren *n* || ~ **по-сырому** Gießen *n* in Naßgußformen (Grünformen), Naßguß *m*, Naßgießverfahren *n* || ~ **под вакуумом** *s*. ~/вакуумное || ~ **под давлением** Druckgießverfahren *n*, Druckgießen *n*, Druckguß *m*; (*Kst*) Spritzgußverfahren *n* || ~ **под давлением в вакуумированные пресс-формы** Vakuumdruckgießen *n*, Vakuumdruckguß *m*, Vakuumdruckgießverfahren *n* || ~ **под давлением/кокильное** Druck-Kokillengießverfahren *n* || ~ **под низким давлением** Niederdruck[kokillen]gießverfahren *n*, Niederdruckguß *m* || ~ **под противодавлением** Gegendruckgießverfahren *n*, Gegendruckguß *m* || **под противодавлением/кокильное** Gegendruckkokillengießverfahren *n*, Gegendruckkokillenguß *m* || ~/**полунепрерывное** diskontinuierliches Stranggießen *n* || ~/**полустальное** Halbstahlguß *m*, Schnelltemperguß *m* || ~/**последовательное непрерывное** Sequenz[strang]gießen *n* || ~ **прессованием** Preßgießen *n*, Preßguß *m*, Verdrängungsgießen *n* || ~/**прецизионное** *s*. ~ по выплавляемым моделям || ~/**рыночное** Handelsguß *m* || ~ **слитков в кокиль** Kokillenblockgießen *n*, Kokillenblockguß *m* || ~/**стальное** Stahl[form]guß *m* || ~/**стержневое** Guß *m* mit Kernen, Kernguß *m* || ~/**стопочное** Stapelgießen *n*, Stapelgießverfahren *n*, Stapelguß *m* || ~/**ступенчатое [стопочное]** unechter Stapelguß *m*, unechtes Stapelgießverfahren *n* || ~/**термообработанное стальное** Vergütungsstahl[form]guß *m* || ~/**точное** *s*. ~ по выплавляемым моделям || ~/**тяжёлое цветное** Schwermetallguß *m*, Buntmetallguß *m* || ~/**улучшенное стальное** Vergütungsstahl[form]guß *m* || ~/**фасонное** Formguß *m* || ~/**фасонных деталей/центробежное** Schleuderformgießverfahren *n*, Schleuderformguß *m* || ~/**хозяйственное** Handelsguß *m* || ~/**художественное** Kunstguß *m* || ~/**цветное** ~ цветных металлов || ~ **цветных металлов** Nichteisenmetallguß *m*, NE-Metallguß *m*; Buntmetallguß *m* || ~/**центробежное** Schleudergießverfahren *n*, Schleuderguß *m*, Schleudergießen *n* || ~/**чугунное** Grauguß *m*, Gußteile *npl* aus grauem Gußeisen, Eisenguß *m* || ~/**шликерное** Schlickergießen *n*, Schlickerguß *m* (*Pulvermetallurgie*) || ~/**этажное** *s*. стопочное

лит-эффект *m* (*Photo*) Lith-Effekt *m*

лифт *m* Fahrstuhl *m*, Aufzug *m*, Lift *m* (*s. a. unter* подъёмник 1.) || ~/**быстроходный** Schnellaufzug *m* || ~/**газовый** (*Erdöl*) Gaslift *m* (*Bohrung*) || ~/**грузовой** Lastenaufzug *m* || ~/**малогрузовой** Kleinlastenaufzug *m* || ~/**пассажирский** Personenaufzug *m* || ~/**фасадный** Fassadenlift *m*

лифтостроение *n* Aufzugbau *m*

лихтер *m* (*Schiff*) Leichter *m* || ~/**портовый** Hafenleichter *m* || ~/**спасательный** Bergungsleichter *m* || ~/**сухогрузный** Trockenfrachtleichter *m*

лихтеровоз *m* Leichterträgerschiff *n*, Lash-Schiff *n* || ~/**фидерный** Zubringer-Leichterträgerschiff *n*, Feeder-Lash-Schiff *n*

лица *f* (*Text*) Harnischlitze *f*, Litze *f* (*Jacquardmaschine*) || ~/**жаккардовая** Jacquardlitze *f* || ~/**перевивочная** Dreherlitze *f*

лицевой (*Led*) Narben...

лицо *n* Stirn[seite] *f*, Ansichtsfläche *f*; (*Led*) Narben *m* || ~/**кожи** (*Led*) Narben *m* || ~ **молотка** (*Schm*) Hammerfinne *f* || ~ **наковальни** (*Schm*) Amboßbahn *f* || ~/**облагороженное** (*Led*) korrigierter Narben *m* || ~/**отдушистое** (*Led*) loser Narben *m*, Losnarbigkeit *f* || ~/**стянутое** (*Led*) gezogener Narben *m*, Narbenzug *m*; Schrumpfnarben *m* || ~ **ткани** (*Text*) Grund *m* (*Gewebe*); rechte Seite *f* des Gewebes

личинка *f*/**монетная** Geldeinwurf *m*, Münzeinwurf *m* (*am Münzfernsprecher*)

лишённый потерь verlustfrei, verlustlos

лк *s*. люкс

ЛЛ *s*. 1. марка/лесная летняя грузовая; 2. лампа/люминесцентная

ЛМ *s*. микроанализ/лазерный

лм *s*. люмен

ЛМК *s*. конструкция/металлическая лёгкая

лоб *m* Stirn *f* || ~ **молотка** (*Schm*) Hammerfinne *f*

лобзик *m* 1. Laubsäge *f*; 2. (*Wkzm*) Dekupiersägemaschine *f*; 3. (*Wkz*) Sägeblatt *n* (*für Dekupier- und Laubsägen*)

лобовина *f* Stirnwand *f*, Kopfwand *f*; Kopfstück *n*

лов *m* Fischen *n*, Fischerei *f*, Fang *m* || ~/**автономный** autonomer Fang *m*, autonome Fischerei *f* || ~/**близнецовый** Tucken *n*, Tuckfischerei *f*, Gespannfischerei *f*, Gespannschleppnetzfischerei *f* || ~/**глубинный (глубоководный)** Tiefenfischerei *f* || ~/**донный** Grundfischerei *f* || ~/**дрифтерный** Treibnetzfischerei *f*, Treibnetzfang *m* || ~/**кошельковый** Ringwadenfischerei *f*, Ringwadenfang *m* || ~ **на [электро]свет** Lichtfischerei *f* || ~/**одиночный** Scherbrettfischerei *f*, Einspännerfischerei *f* || ~/**океанический** transozeanische Fischerei *f* || ~/**парный** *s*. /близнецовый || ~/**пелагический** pelagisches Fischen *n*, pelagische Fischerei *f*, pelagischer Fang *m* || ~/**подлёдный** Fang *m* unter den Eis, Eisfischerei *f* || ~/**прибрежный** Küstenfischerei *f*, Küstenfang *m* || ~/**придонный** halbpelagische Fischerei *f*, halbpelagisches Fischen *n*, halbpelagischer Fang *m* || ~/**прицельный** gezielter Fang *m*, gezieltes Fischen *n*, gezielte Fischerei *f* || ~/**разноглубинный** *s*.

~/пелагический ‖ ~/снюрреводный Snurrewadenfischerei f, Snurrewadenfang m ‖ ~/траловый Schleppnetzfischerei f, Schleppnetzfang m, Schleppnetzfischen n ‖ ~/экспедиционный Flotillenfischerei f, Flotillenfang m ‖ ~/ярусный Langleinenfischerei f, Langleinenfang m
ловец m (Schiff) Fangschiff n, Zubringer m
ловитель m Fangvorrichtung f; Fänger m (Förderkorb, Aufzug) ‖ ~/клещевой Zangenfangvorrichtung f (Aufzug) ‖ **~ кокономотального таза** (Text) Fadenanleger m, Fadenanlage f ‖ ~/магнитный (Bgb) Magnetfänger m (Bohrung) ‖ ~/скользящий Gleitfangvorrichtung f (Aufzug)
ловушка f 1. Falle f; Fischnetz n; 2. Fänger m; Abscheider m, Auffänger m; 3. (Pap) Zeugfänger m, Stoffänger m, Stoffang m; 4. (Vak) Kühlfalle f, Baffle m; 5. Trap m, Falle f, Haftstelle f, Fangstelle f (Halbleiter); 6. (Met) Scheider m, Abscheider m, Fänger m (z. B. Staub, Schlacke) ‖ ~/вакуумная Vakuumfalle f ‖ ~/глубокая (Eln) tiefliegende Haftstelle f (Halbleiter) ‖ ~/дырочная (Eln) Löcherhaftstelle f, Löchertrap m (Halbleiter) ‖ ~/ионная (Kern) Ionenfalle f ‖ ~/катодная (Eln) Kathodenfalle f ‖ ~/коническая (Pap) Trichterstoffänger m ‖ ~/магнитная Magnetfalle f ‖ ~/массная (Pap) Faserabscheider m ‖ ~/мелкая (Eln) flachliegende Haftstelle f (Halbleiter) ‖ ~/многоразрядная (Eln) Mehrfachhaftstelle f (Halbleiter) ‖ ~/нефтяная Ölabscheider m, Ölfang m, Ölfänger m f ‖ ~/носителей [заряда] (Eln) Trägerfalle f, Ladungsträgerfalle f (Halbleiter) ‖ ~/осадительная (Pap) Sedimentationsstoffänger m, Absetzstoffänger m ‖ ~/отстойная s. ~/осадительная ‖ ~/охлаждаемая Kühlfalle f, Ausfrierfalle f ‖ ~/радиолокационная (Mil) Funkmeßköder m ‖ ~/рекомбинационная (Eln) Rekombinationshaftstelle f, Rekombinationstrap m (Halbleiter) ‖ ~/скребковая (Pap) Kratzerstoffänger m ‖ ~ фильтрующего типа (Pap) Filterstoffänger m ‖ ~/флотационная (Pap) Flotationsstoffänger m, Schwimmstoffänger m ‖ ~/электронная (Eln) Elektronenhaftstelle f (Halbleiter)
логарифм m (Math) Logarithmus m
логатом m (Nrt) Logatom n, zusammenhanglose Silbe f
логгер m 1. (Inf) Logger m, Datenlogger m; 2. (Schiff) Logger m, Heringslogger m
логика f (Math, Kyb, Inf) Logik f ‖ ~/быстродействующая Hochgeschwindigkeitslogik f ‖ ~/вероятностная Wahrscheinlichkeitslogik f ‖ ~/внешняя äußere Logik f ‖ ~/входная Eingangslogik f, Ansteuerlogik f ‖ ~ высказываний Aussagenlogik f, Aussagenkalkül m ‖ ~/двоичная (двузначная) zweiwertige (binäre) Logik f ‖ ~/диодная Diodenlogik f ‖ ~/диодно-транзисторная Dioden-Transistor-Logik f, DTL ‖ ~/интегральная инжекционная integrierte Injektionslogik f, IIL ‖ ~/конструктивная konstruktive Logik f ‖ ~/магнитная Magnetkernlogik f ‖ ~/мажоритарная Majoritätslogik f ‖ ~/многозначная mehrwertige Logik f ‖ ~/отрицательная negative Logik f ‖ ~/переключения Schaltlogik f ‖ ~/положительная positive Logik f ‖ ~/помехоустойчивая störsichere Logik f ‖ ~ предикатов Prädikatenlogik f,

Prädikatenkalkül m, Funktionenkalkül m ‖ ~/резистивная одноквантовая Einquanten-Widerstand-Logik f ‖ ~/резисторно-транзисторная Widerstands-Transistor-Logik f, RTL ‖ ~ с эмиттерной связью emitter[strom]gekoppelte Logik f, ECL ‖ ~ системного проектирования (Inf) Systementwicklungslogik f ‖ ~/суперинжекционная Superinjektionslogik f ‖ ~ схемы Schaltungslogik f ‖ ~/транзисторно-транзисторная Transistor-Transistor-Logik f, TTL ‖ ~/троичная dreiwertige Logik f ‖ ~ управления Steuerlogik f ‖ ~/формальная formale Logik f ‖ ~/эмиттерно-связанная emitter[strom]gekoppelte Logik f, ECl ‖ ~/эмиттерно-связанная транзисторная emitter[strom]gekoppelte Transistorlogik f, ECTL
логический logisch, Logik...
логометр m (El) Quotientenmesser m ‖ ~/магнитоэлектрический двухрамочный Doppeldrehspulquotientenmesser m ‖ ~ со скрещёнными катушками Kreuzspulquotientenmesser m ‖ ~/электромагнитный Dreheisenquotientenmesser m
логометр-омметр m (El) Quotientenwiderstandsmesser m, Ohmmeter n mit Quotientenmeßwerk
логометр-фарадометр m (El) Quotientenkapazitätsmesser m
логон m (Inf) Logon n
ЛОД s. линия относительного движения
лодка f Boot n (s. a. unter катер und шлюпка) ‖ ~/атомная подводная kernkraftgetriebenes U-Boot n, U-Boot n mit Kernkraftantrieb, (umgangssprachlich) Atom-U-Boot n ‖ ~/десантная Landungsboot n ‖ ~/летающая Flugboot n ‖ ~/надувная Schlauchboot n ‖ ~/подводная Unterseeboot n, U-Boot n ‖ ~/ракетная подводная Lenkwaffen-U-Boot n ‖ ~/резиновая надувная Gummischlauchboot n ‖ ~/рыбачья Fischerboot n ‖ ~/рыболовная Fischerboot n, Fischkutter m ‖ ~/спасательная Rettungsboot n ‖ ~/стеклопластиковая Boot n aus glasfaserverstärktem Kunststoff
лодка-ракетоносец f/подводная Lenkwaffen-U-Boot n
лодка-транспорт f/подводная Transport-U-Boot n
лодка-цель f/подводная Ziel-U-Boot n
лодочка f 1. Schiffchen n (Laborgerät); 2. (Glas) Ziehdüse f ‖ ~/фарфоровая Porzellanschiffchen n (Laborgerät)
ложа f Schaft m (einer Handfeuerwaffe)
ложбина f 1. (Geol) Senke f, Trog m; 2. s. ~/барическая ‖ ~/барическая (Meteo) Tiefdruckrinne f, Tiefdrucktrog m
ложе n (Hydrol) Bett n ‖ ~/водоупорное Grundwassersohle f ‖ ~ ледника (Geol) Gletscherbett n, Gletscherunterlage f ‖ ~ реки Flußbett n, Strombett n
ложечка f Schöpflöffel m, Schöpfgreifer m (Kartoffellegemaschine)
ложка f 1. (Met) Löffel m, Probenlöffel m; 2. (Gieß) Gießlöffel m, Schöpflöffel m, Handlöffel m; Abstreichlöffel m (Schlacke, Schaum); 3. (Flg) Winddelle f (Ballon) ‖ ~/буровая Bohrlöffel m
ложок m (Bw) Läufer[stein] m, Langbinder m
локализация f Ortsbestimmung f, Ortung f, Lokalisierung f; Eingrenzung f ‖ ~ неисправностей

локализация 392

(ошибок)/**быстрая** (Inf) schnelle Fehlerlokalisierung f ‖ **~ повреждения** Fehlereingrenzung f; Fehlerortsbestimmung f
локализуемость f Lokalisierbarkeit f
локатор m Ortungsgerät n ‖ **~/инфракрасный** Infrarotortungsgerät n ‖ **~/лазерный** Laserradar n(m)
локация f Ortung f; Positionsbestimmung f ‖ **~ глубины** Tiefenlotung f ‖ **~/звуковая** Schallortung f, akustische Ortung f ‖ **~/инфракрасная** Infrarotortung f ‖ **~/лазерная** Laserortung f, Laserradar n(m) ‖ **~/ультразвуковая** Ultraschallortung f
локомотив m (Eb) Lokomotive f, Lok f (s. a. unter **тепловоз, электровоз**) ‖ **~/горочный** Abdrücklokomotive f, Berglokomotive f ‖ **~/грузовой** Güterzuglokomotive f ‖ **~ зубчатой железной дороги** Zahnradlokomotive f ‖ **~/магистральный** Streckenlokomotive f ‖ **~/маневровый** Rangierlokomotive f, Verschiebelokomotive f ‖ **~ нормальной колеи** Normalspurlokomotive f ‖ **~/откаточный** (Bgb) Hauptstreckenlok f ‖ **~/пассажирский** Reisezuglokomotive f ‖ **~ пассажирских поездов** Reisezuglokomotive f ‖ **~/подталкивающий** Schiebelokomotive f ‖ **~/рудничный** (Bgb) Grubenlokomotive f ‖ **~/сборочный** (Bgb) Zubringerlok f ‖ **~/сдвоенный** Doppellokomotive f ‖ **~ скорого поезда** Schnellzuglokomotive f ‖ **~/скоростной** Schnellfahrtlokomotive f ‖ **~/сочленённый** Gelenklokomotive f, Duplexlokomotive f ‖ **~/тележечный** Drehgestellokomotive f ‖ **~/тендерный** Tenderlokomotive f ‖ **~/товарный** Güterzuglokomotive f ‖ **~/узкоколейный** Schmalspurlokomotive f ‖ **~/шахтный** (Bgb) Grubenlok f
локомотив-толкач m (Eb) Schiebelokomotive f
локоть f (Fert) Ellbogen m (Roboter)
локсодрома f (Math) Loxodrome f
локтевой Ellbogen... (Roboter)
локус-диаграмма f (Reg) Ortskurve f
лом m 1. (Wkz) Hebeeisen n, Brecheisen n, Brechstange f; 2. Bruch m; 3. Schrott m; 4. (Met) Absticheisen n ‖ **~/бетонный** Betonbruch m ‖ **~/валковый** 1. Walzenbruch m (Bruchstücke); 2. Walzenschrott m ‖ **~/гипсовый** Gips[form]bruch m ‖ **~/кирпичный** Ziegelbruch m, Ziegelsplitt m ‖ **~/литейный** Gußbruch m, Gußschrott m ‖ **~/медный** Altkupfer n ‖ **~/металлический** Metallschrott m, Metallbruch m, Schrott m, Bruch m, Altmetall m ‖ **~/покупной** Fremdschrott m, Kaufschrott m ‖ **~/свинцовый** Altblei n ‖ **~/стальной** Stahlschrott m ‖ **~/стекольный** Glasbruch m ‖ **~/цинковый** Altzink n ‖ **~/чугунный** Gußbruch m, Gußeisenschrott m
ломание n стружки (Fert) Spanbrechen n
ломатель m Masselbrecher m, Blockbrecher m, Brecher m
ломать brechen (Erz, Masseln)
ломик m (Wkz) Brecheisen n
ломка f Brechen n (z. B. Erze; Substrate)
ломкость f Sprödigkeit f, Zerbrechlichkeit f, Brüchigkeit f
ломонтит m s. леонгардит
лонгкулуар m Baggergutrutsche f, Baggergutrinne f

лонжерон m (Flg) Holm m, Längsträger m ‖ **~/балочный** Vollwandträgerholm m ‖ **~/главный** Hauptholm m ‖ **~/двухстеночный** zweistegiger Holm m, Kastenholm m ‖ **~/коробчатый** Kastenholm m ‖ **~/ложный** Zwischenholm m ‖ **~/многостеночный** vielstegiger Holm m ‖ **~/несущий** Tragholm m ‖ **~/поперечный** Querholm m ‖ **~/сплошной** Voll[wand]holm m ‖ **~ стабилизатора** Flossenträger m ‖ **~/тавровый** Doppel-T-Holm m ‖ **~/ферменно-балочный** Fachwerk-Vollwandträgerholm m ‖ **~/ферменный** Fachwerk[träger]holm m ‖ **~/фюзеляжа** Rumpfholm m ‖ **~/швеллерный** Holm m mit U-Profil, U-Profil-Holm m
лонжерон-пояс m Holmgurt m (Fachwerkrumpf)
лопарь m (Schiff) Läufer m (Talje)
лопасть f 1. Schaufel f, Blatt n, Flügel m, Schaufelblatt n (Mischer); 2. (Wlz) Bajonett m (Walze und Kuppelspindel); 3. (Gum) Knetarm m (einer Lösungsmaschine); 4. (Schiff) Radschaufel f ‖ **~ батана** (Text) Ladenschwinge f, Ladenarm m, Ladenstelze f (Weblade) ‖ **батанная s. ~ батана** ‖ **~ битера** (Lw) Auswerferflügel m (Landmaschinen) ‖ **~ валка** Blattzapfen m (Walze) ‖ **~/вентиляционная** Lüfterflügel m, Lüfterschaufel f ‖ **~/всасывания** Saugflügel m ‖ **~ гребного винта** (Schiff) Propellerflügel m ‖ **~/месильная** Knetflügel m (Knetmaschine) ‖ **~ мешалки** Rührarm m, Rührflügel m (Rührwerk) ‖ **~ нагнетания** Förderflügel m ‖ **~/направляющая** Leitschaufel f, Leitblech n ‖ **~/поворотная** drehbarer Propellerflügel m (Verstellpropeller) ‖ **~/разгрузочная** Austragschaufel f, Hubschaufel f (Läutertrommel) ‖ **~/съёмная** (Schiff) angeschraubter Propellerflügel m
лопата f 1. Schaufel f, Schippe f; 2. s. unter **лопата** ‖ **~/вскрышная** (Bgb) Abraumlöffelbagger m ‖ **~/метательная** Wurfschaufel f (z. B. Sandslinger) ‖ **~/обратная [механическая]** Tieflöffel m (Löffelbagger) ‖ **~/пневматическая** (Bw, Bgb) Spatenhammer m ‖ **~/погрузочная** (Bw) Ladeschaufel f ‖ **~/прямая [механическая]** Hochlöffel m (Löffelbagger) ‖ **~/штыковая** Spaten m
лопатка f 1. (Wkz) Schaufel f; Spaten m; 2. Radschaufel f; 3. (Masch) Flügel m; 4. (Arch) Lisene f (hervortretender Mauerstreifen); 5. Schaufel f (Mischer); 6. s. unter **лопата** ‖ **~/активная** Gleichdruck[profil]schaufel f (Dampfturbine; Gasturbine) ‖ **~/винтовая** verwundene Schaufel f (Dampfturbine; Gasturbine) ‖ **~/направляющая** Leitschaufel f (Strömungsmaschine) ‖ **~ направляющего колеса** Leitradschaufel f (Strömungsmaschine) ‖ **~/неподвижная направляющая** Umlenkschaufel f, Umkehrschaufel f, Rückführschaufel f (Strömungsmaschine) ‖ **~/рабочая** Laufschaufel f (Strömungsmaschinen) ‖ **~/радиальная** Radialschaufel f (Laufrad, Strömungsmaschinen) ‖ **~/реактивная** Überdruckschaufel f (Dampfturbine) ‖ **~ с верховой посадкой** Schaufel f mit Reiterfuß, Reiterfußschaufel f (Dampfturbine)
лорандит m (Min) Lorandit m (Thalliummineral)
лоренц-инвариантность f (Math) Lorentz-Invarianz f
лоск m (Text) Glanz m (Veredlung)
лоскут m Abfallstücke npl, Ausschußstücke npl

лот m Lot n, Senklot n, Senkblei n
лотковый Rinnen..., Mulden..., Trog...
лоткообразный muldenförmig
лоток m 1. Schurre f, Förderrinne f; Rutsche f, Fülltrog m; Mulde f (s. a. unter жёлоб); 2. (Bw) Straßenrinne f, Gosse f ‖ ~/**вибрационный** Schwingrinne f ‖ ~/**вилообразный** (Bgb) Hosenschurre f ‖ ~/**выгрузной** (Lw) Ballenschurre f, Ballenrutsche f (Sammelpressen) ‖ ~/**выгрузочный** Austragrinne f ‖ ~/**выпускной** Auslaufrinne f; (Bw) Austragrutsche f (Steinbrecher) ‖ ~/**гидродинамический** Umlaufversuchskanal m (für Schiffsmodellversuche) ‖ ~/**грунтоотводный** Schüttrinne f (Eimerkettenschwimmbagger) ‖ ~/**дренажный** (Hydt) Rigole f ‖ ~/**испытательный** (Hydt) Versuchsgerinne n ‖ ~/**качающийся** Schüttelrutsche f ‖ ~/**маслосборный** Tropfschale f, Tropfbehälter m (Schmierung) ‖ ~/**направляющий** (Text) Gleitblech n, Leitblech n ‖ ~/**опытовый** (Hydt) Versuchsgerinne n ‖ ~/**отводящий (отвод)** (Hydt) Ableitungsrinne f ‖ ~/**перегрузочный** (Bgb) Übergabeschurre f ‖ ~/**промывной** (Hydt) Spülrinne f ‖ ~/**разветвляющий** (Bgb) Hosenschurre f ‖ ~/**разгрузочный** 1. (Bw) Ausfallrinne f (Betonmischer); 2. Auslaufrinne f, Austrageschnauze f; 3. Austragschurre f, Austragrinne f ‖ ~/**роликовый** (Masch) Rollenbahn f ‖ ~/**сливной** (Met) Stichrinne f, Abstichrinne f, Abflußrinne f ‖ ~/**сотрясательный** 1. Schwingrinne f, Schüttelrinne f; 2. Schüttelspeiser m ‖ ~/**спускной** Schurre f ‖ ~/**сточный** Ablaufrinne f, Abflußrinne f ‖ ~/**транспортный** Förderrinne f ‖ ~/**фильтрационный** (Brau) Läutergrant m, Würzegrant m
лоток-быстроток m (Hydt) Schußrinne f
лоток-чищалка m (Bgb) Krätzer m (Sprengtechnik)
лоция f (Schiff) 1. Lotsen n; 2. Seehandbuch n, nautisches Handbuch n
лощение n 1. Glätten n, Polieren n; 2. (Led) Glanzstoßen n; Glanzschleifen n; 3. (Pap) Satinieren n; 4. (Text) Glätten n, Kalandern n (Veredlung)
лощило n 1. Glättwerkzeug n, Poliereisen n; 2. (Led) Gerbstahl n
лощина f (Geol) Bodensenkung f
лощить 1. glätten, polieren; 2. glanzstoßen (Leder); 3. (Pap) satinieren, kalandrieren; 4. (Text) glätten, kalandrieren
ЛП s. 1. линия положения; 2. программирование/линейное
ЛПМ s. механизм/летопротяжёный
ЛПЭ s. потеря энергии/линейная
ЛС s. линия связи
ЛСА s. схема алгоритма/логическая
ЛТ s. трансформатор/линейный
лубрикатор m Schmiervorrichtung f; Schmierpresse f
луговодство n (Lw) Grünlandwirtschaft f, Wiesenanbau m, Wiesenwirtschaft f
лудить verzinnen, überzinnen
лужение n Verzinnen n, Verzinnung f ‖ ~/**гальваническое** galvanisches Verzinnen n ‖ ~/**горячее** Feuerverzinnen n, Feuerverzinnung f, Heißverzinnen n ‖ ~ **погружением** Tauchverzinnen n, Tauchverzinnung f ‖ ~/**электролитическое** elektrolytisches Verzinnen n, elektrolytische Verzinnung f

лузга f (Lebm) Hülse f, Schale f, Spelze f
луковица f (Arch) Zwiebeldach n, Zwiebelkuppel f
Луна f Mond m (Erdmond)
луна f (Astr) Mond m ‖ ~/**ложная** Nebenmond m
лунация f (Astr) Lunation f (vollständiger Ablauf aller Mondphasen)
лунка f 1. [kleine] runde Grube f, Aushöhlung f; 2. (Wkst) Eindruckfläche f, Kugelkalotte f, Kalotte f, Eindruck m (Brinellprüfung); 3. (Wkst) Rondell n (Ziehprobe); 4. Sumpf m (Stranggießen); 5. (Fert) Hohlkehle f; [eingeschliffene] Spanleitrille f (z. B. am Bohrer, Drehmeißel); 6. (Wkz) Kolkmulde f, Kolk m, Auskolkung f (Verschleißerscheinung an Schneidwerkzeugen); 7. (Lw) Loch n (Pflanzloch); 8. (Bgb) Bühnloch n (Türstockzimmerung); 9. (Astr) Krater m, Kratergrube f (Mond); 10. Zweieck n ‖ ~/**заводная** (Bgb) Bühnloch n (Ausbau) ‖ ~/**износа** (Wkst) Verschleißmulde f ‖ ~/**посадочная** Pflanzloch n
лункокопатель m (Lw) Pflanzlochstern m, Pflanzlochgerät n, Pflanzlochmaschine f
лункообразователь m s. лункокопатель
лункообразование n (Fert) Kolkbildung f, Auskolkung f
лунник m (Raumf) Mondsonde f
лунотрясение n Mondbeben n
луноход m (Raumf) Lunochod n, Mondfahrzeug n, Mondmobil n ‖ ~/**пилотируемый** bemanntes Mondfahrzeug n
лупа f (Opt) Lupe f, Vergrößerungslinse f ‖ ~/**апланатическая** aplanatische Linse f ‖ ~/**бинокулярная** binokulare Lupe f ‖ ~/**дихроскопическая** s. дихроскоп ‖ ~/**измерительная** Meßlupe f ‖ ~/**монокулярная** s. лупа ‖ ~ **Хайдингера** s. дихроскоп
луппер m (Wlz) Schlingenhalter m
луч m Strahl m (s. a. unter лучи) ‖ ~/**ведущий** (Rad) Leitstrahl m ‖ ~/**ведущий лазерный** Laserleitstrahl m ‖ ~/**визирный** Zielstrahl m ‖ ~/**главный** (Opt) Hauptstrahl m (z. B. im Interferometer) ‖ ~/**глиссадный** (Rad) Gleit[weg]leit]strahl m ‖ ~/**гомоцентрический** (Opt) homozentrischer Strahl m ‖ ~ **Декарта** (Opt) Descartesscher (mindestgedrehter) Strahl m, Grenzstrahl m der Brechung ‖ ~/**записывающий** Schreibstrahl m ‖ ~/**звуковой** (Ak) Schallstrahl m ‖ ~/**земной** (Rf) Bodenstrahl m ‖ ~/**зондирующий** Teststrahl m (Laser) ‖ ~ **зрения** 1. (Opt) Sehstrahl m; 2. (Astr) Sichtlinie f ‖ ~/**краевой** (Opt) Randstrahl m ‖ ~/**лазерный** Laserstrahl m ‖ ~/**меридиональный** (Opt) Meridionalstrahl m ‖ ~/**направленный** Richtstrahl m ‖ ~/**(Rad)** Leitstrahl m ‖ ~/**нулевой** s. ~/параксиальный ‖ ~/**опорный** Bezugsstrahl m, Vergleichsstrahl m, Referenzstrahl m ‖ ~/**осевой** (Opt) Axialstrahl m ‖ ~/**отражённый** reflektierter Strahl m ‖ ~/**параксиальный** (Opt) Paraxialstrahl m, achsennaher Strahl m ‖ ~/**посадочный** (Rad) Anflugleitstrahl m, Landeleitstrahl m ‖ ~/**приосевой** s. ~/параксиальный ‖ ~/**радиолокационный** Radarstrahl m ‖ ~/**развёртывающий** Abtaststrahl m ‖ ~/**развёртывающий световой** Abtest[licht]strahl m ‖ ~/**развёртывающий электронный** Abtast[elektronen]strahl m ‖ ~/**сагиттальный** (Opt) Sagittalstrahl m ‖ ~/**световой** Lichtstrahl m ‖ ~/**сопряжённый** (Math) konjugierter Strahl m ‖

луч

~/**стирающий** Löschstrahl m ‖ ~/**считывающий** Lesestrahl m ‖ ~/**тепловой** Wärmestrahl m ‖ ~/**фокальный** Brennstrahl m ‖ ~/**электронный** Elektronenstrahl m ‖ ~/**юстировочный** (Opt) Justierstrahl m
лучевидный strahlenförmig
лучеиспускание n Strahlenemission f, Ausstrahlung f
лученепроницаемый strahlenundurchlässig
лучеобразный strahlenförmig
лучепоглощение n Strahlenabsorption f, Strahlungsabsorption f
лучепреломление n Strahlenbrechung f, Refraktion f ‖ ~ **в потоке/двойное** (Opt) Strömungsdoppelbrechung f ‖ ~/**двойное** Doppelbrechung f, doppelte Strahlenbrechung f
лучепреломляемость f Strahlenbrechungsvermögen n
лучи mpl Strahlen mpl, Strahlung f (s. a. unter луч, излучение und радиация) ‖ ~/**анодные** Anodenstrahlen mpl ‖ ~/**вторичные космические** [kosmische] Sekundärstrahlung f ‖ ~/**жёсткие рентгеновские** harte (kurzwellige) Röntgenstrahlung f ‖ ~/**инфракрасные** Infrarotstrahlen mpl, IR-Strahlen mpl ‖ ~/**канaловые** Kanalstrahlen mpl ‖ ~/**катодные** Kathodenstrahlen mpl ‖ ~/**космические** kosmische Strahlung f, Höhenstrahlung f, Ultrastrahlung f (Teilchen) ‖ ~/**молекулярные** Molekülstrahlen mpl, Molekularstrahlen mpl ‖ ~/**мягкие рентгеновские** weiche (langwellige) Röntgenstrahlung f ‖ ~/**первичные космические** [kosmische] Primärstrahlung f ‖ ~/**рентгеновские** Röntgenstrahlen mpl, Röntgenstrahlung f ‖ ~/**рентгеновы** s. ~/рентгеновские ‖ ~/**тепловые** Wärmestrahlen mpl ‖ ~/**ультрафиолетовые** Ultraviolettstrahlen mpl, UV-Strahlen mpl ‖ ~/**характеристические [рентгеновские]** charakteristische Röntgenstrahlung f, Eigen[röntgen]strahlung f
лучинка f Spanholz n
лучистость f Strahl[ungs]dichte f
лучистый 1. Strahlungs...; 2. strahlig (z. B. Gefüge)
лущение n 1. (Lebm) Aushülsen n, Enthülsen n, Ausschoten n; 2. Stoppelfurche f, Schälfurche f, Schälschnitt m
лущильник m (Lw) Schälpflug m ‖ ~/**дисковый** Scheibenschälpflug m
лущить 1. (Lebm) schälen, enthülsen, aushülsen, ausschoten; 2. (Lw) schälen, stürzen (Stoppelfeld)
лыж[к]а f (Flg) Kufe f
лыска f (Fert) Abflachung f
льдогенератор m (Kält) Eiserzeuger m, Eisgenerator m ‖ ~/**вакуумный** Vakuumeiserzeuger m ‖ ~/**оросительный** Berieselungseiserzeuger m ‖ ~/**погружной** Taucheiserzeuger m ‖ ~ **чешуйчатого льда** Schuppeneiserzeuger m (Fischverarbeitung)
льноводство n Flachsbau m, Leinbau m
льнокомбайн m (Lw) Flachsvollerntemaschine f
льномолотилка f (Lw) Flachsdreschmaschine f
льномялка f (Text) Flachsknicke f, Flachsknickmaschine f
льноподборщик m Flachshebe- und Bindemaschine f, Flachsaufnehmer m

льнопрядение n (Text) Flachs[garn]spinnerei f
льнопрядильный (Text) Flachsspinn...
льносноповязалка f (Lw) Flachsbindemaschine f
льносушилка f (Text) Flachsdarre f
льнотеребилка f Flachsraufmaschine f, Flachsraufe f
льнотёрка f (Text) Flachsreiber m
льнотрепалка f Flachsschwingmaschine f, Flachsschwinge f
льночесалка f (Text) Flachshechel f
льяло n (Schiff) Bilge f
льяльный (Schiff) Bilgen...
ЛЭ s. элемент/логический
ЛЭП s. линия электропередачи
люк m 1. Luke f, Einsteig[e]öffnung f, Mannloch n; 2. (Bgb) Rolloch n, Rolle f; Rollenschnauze f ‖ ~/**аварийно-спасательный** (Schiff) Rettungsluke f ‖ ~/**арочный** (Eb) gewölbte Bodenentladeklappe f (Güterwagen) ‖ ~/**глухой** (Schiff) Blindluke f ‖ ~/**грузовой** (Schiff) Ladeluke f ‖ ~/**загрузочный** 1. (Met) Beschickungsöffnung f, Chargieröffnung f (SM-Ofen); Gichtöffnung f (Kupolofen); 2. (Schiff) Beladungsluke f (in Tanks für Getreide) ‖ ~/**колодца** Einstiegöffnung f, Mannloch n ‖ ~/**кормовой** (Schiff) Heckluke f ‖ ~/**одинарный** (Schiff) Einzelluke f ‖ ~/**рыбный** (Schiff) Fischluke f (Trawler) ‖ ~/**светлый (световой)** (Schiff) Oberlicht n ‖ ~/**сдвижной** (Schiff) Schiebeluke f ‖ ~/**сетевой** Netzluke f (Fischereifahrzeug) ‖ ~/**смотровой** (Schiff) Schauluke f, Beobachtungstür f, Schautür f, Schauloch n ‖ ~/**сходной** (Schiff) Einstiegluke f, Niedergangsluke f ‖ ~/**центральный** (Schiff) Zentralluke f ‖ ~/**чердачный** (Bw) Bodenluke f
люки mpl **Кирквуда** s. окна Кирквуда
люковый (Schiff) Luken...
люкс m Lux n, lx (Einheit der Beleuchtungsstärke)
люксметр m Beleuchtungsmesser m, Luxmeter m
люксон m s. троланд
люкс-секунда f Luxsekunde f, lx · s
люкс-час m Luxstunde f, lx · h
люлька f 1. Hängegerüst n; Hängebühne f, Hängepodest n; 2. Förderschale f; 3. (Masch) Wiege f (z. B. einer Zahnradwälzmaschine); 4. (Eb) Wiege f, Wiegenbalken m (Drehgestell eines Fahrzeugs) ‖ ~/**подвесная** Hängegerüst n, hängende Arbeitsbühne f
люмен m Lumen n, lm (SI-fremde Einheit des Lichtstroms)
люмен[о]метр m Lichtstrommesser m, integrierendes Photometer n
люмен-секунда f Lumensekunde f, lm · s
люмен-час m Lumenstunde f, lm · h
люминесцентный Lumineszenz..., Leuchtstoff...
люминесценция f Lumineszenz f ‖ ~/**антистоксовая** Anti-Stokes-Lumineszenz f ‖ ~/**вынужденная** stimulierte Lumineszenz f ‖ ~/**инжекционная** Injektionslumineszenz f ‖ ~/**поляризованная** polarisierte Lumineszenz f ‖ ~/**резонансная** Resonanzfluoreszenz f ‖ ~/**рекомбинационная** Rekombinationsleuchten n ‖ ~/**спонтанная** spontane Lumineszenz f
люминоген m (Fest) Aktivator m, Lumineszenzaktivator m, Lumineszenzerreger m
люминофор m (Fest) Luminophor m, Lumineszenzstoff m; Leuchtstoff m

394

люнет m (Wkzm) Setzstock m, Lünette f ‖ ~/**неподвижный** feststehender Setzstock m ‖ ~/**подвижный** mitgehender Setzstock m ‖ ~/**токарный** Drehsetzstock m
люнетодержатель m (Wkzm) Setzstockhalter m
люрекс m (Text) Lurexfaden m
люстр m Lüster m, Lüsterglasur f
лютеций m (Ch) Lutetium n, Lu
люфт m s. зазор 2.
лючок m Rohrverschluß m (Wasserrohrkessel) ‖ ~/**досыпной** (Schiff) Trimmluke f, Nachfüllöffnung f (Getreidefrachter)
лягушка f 1. (Bw) Abstandshalter m (Betonbewehrung); 2. (Nrt) Kniehebelklemme f, Froschklemme f; 3. (Schiff) Stahlbetonanker m (Bojenanker); 4. s. насос/мембранный
ляда f 1. (Schiff) Bodenklappe f (Klappschute); 2. (Bgb) Schachtklappe f
ляды fpl/**противопожарные** (Bgb) Brandschutzklappen fpl (Schacht)
лямбда-гиперон f (Kern) Lambda-Hyperon n
лямбда-переход f (Ph) Lambda-Übergang m, λ-Übergang m
лямбда-удвоение f (Kern) Lambda-Aufspaltung f
льябда-частица f s. лямбда-гиперон
лямка f/**подвесная** (Flg) Traggurt m (Fallschirm)
ляпис m (Ch) Höllenstein m (Silbernitrat)
ляпис-лазурь f s. лазурит

М

МА s. мегаампер
мА s. миллиампер
маар m (Geol) Maar n
магазин m 1. Magazin n; 2. (El) Kasten m (Maßverkörperungsumsatz) • **с инструментальным магазином** (Wkzm) mit Magazin ‖ ~/**барабанный** (Wkzm) Trommelmagazin n, trommelförmiges Magazin n ‖ ~/**бункерный** Bunkermagazin n ‖ ~/**быстросменный** (Wkzm) Schnellwechselmagazin n ‖ ~/**входной** (Inf) Eingabemagazin n ‖ ~/**выходной** (Inf) Ausgabemagazin n ‖ ~/**дисковый** (Wkzm) Scheibenmagazin n ‖ ~ **ёмкостей** (El) Kapazitätskasten m ‖ ~ **загрузки** (Inf) Zufuhrmagazin n, Zufuhrfach n ‖ ~/**загрузочный** (Photo) Vorlaufschrank m, Vorlaufmagazin n ‖ ~ **запаса** (Photo) Filmspeicher m, Schleifenzieher m ‖ ~/**индуктивностей** (El) Induktivitätskasten m ‖ ~/**инструментальный** (Fert) Magazin n, Werkzeugmagazin n ‖ ~/**кассетный** (Wkzm) Kassettenmagazin n ‖ ~/**плавучий** Versorgungsschiff n, schwimmende Versorgungseinrichtung f ‖ ~/**разгрузочный** 1. (Wkzm) Entlademagazin n; Abführmagazin n; 2. (Photo) Nachlaufschrank m, Nachlaufmagazin n ‖ ~ **резисторов** (El) Widerstandskasten m ‖ ~/**сменный** (Wkzm) Wechselmagazin n ‖ ~ **сопротивлений** s. ~ резисторов ‖ ~/**трубчатый** (Wkzm) Rohrmagazin n, Stangenmagazin n ‖ ~/**цепной** (Wkzm) Kettenmagazin n
магазинирование n (Bgb) Speicherbau m, Magazinbau m
магазинированный (Bgb) maganiziert
магазинировать (Bgb) maganizieren
магазин-накопитель m (Wkzm) Speichermagazin n
магазин-транспортёр m (Wkzm) Fördermagazin n
маггемит m (Min) Maghemit m, Oxymagnetit m
магистраль f 1. Hauptstraße f, Magistrale f, Hauptverkehrsader f; 2. (Eb) Hauptstrecke f, Magistrale f; 3. (El) Hauptleitung f; Hauptlinie f; Hauptkabel n; 4. (Inf) Bus m; 5. Hauptleitung f, Hauptleitungsrohr n; 6. (Schw) Ringleitung f (zur Gasversorgung der Schweißplätze) ‖ ~ **адреса** (Inf) Adreßbus m ‖ ~/**балластная** (Schiff) Hauptballastleitung f ‖ ~/**воздушная** (Eb) Bremsluftleitung f, Hauptluftleitung f ‖ ~/**всасывающая** (Hydr) Saugleitung f, Eintrittsleitung f (Pumpe) ‖ ~/**вспомогательная** (Hydr) Nebenleitung f ‖ ~/**вылетная** Ausfallstraße f ‖ ~/**газовая** Hauptgasleitung f ‖ ~/**горячая** Heißwasserhauptleitung f ‖ ~/**грузовая** (Schiff) Frachtroute f ‖ ~/**давления** Hauptdruckleitung f ‖ ~/**данных** (Inf) Datenbus m ‖ ~/**исполнительная** (Hydr) Steuerkreisleitung f (Leitung vom Steuerorgan zum Hydromotor und zurück) ‖ ~/**командная** (Inf) Befehlsleitung f ‖ ~/**масляная** Schmiermittelverteilerleitung f, Ölverteilerleitung f (Verbrennungsmotor; Kolbenverdichter) ‖ ~/**нагнетательная** 1. Druckhauptleitung f; 2. Verdichterhauptleitung f; 3. Pumpenhauptdruckleitung f ‖ ~/**напорная** Druckleitung f, Austrittsleitung f (Pumpe) ‖ ~/**отопительная** (Schiff) Hauptlenzleitung f ‖ ~/**отопительная** Heizstrang m, Hauptheizleitung f ‖ ~/**рабочая** (Hydr) Arbeitsleitung f, Hauptleitung f ‖ ~/**распределительная** Verteilungsleitung f ‖ ~/**сливная** (Hydr) Rückölleitung f ‖ ~ **слов** (Inf) Datenbus m ‖ ~/**судоходная** Schiffahrtsstraße f ‖ ~/**тормозная воздушная** (Eb) Bremsluft[haupt]leitung f
магма f (Geol) Magma n ‖ ~/**анатектическая** anatektisches Magma n ‖ ~/**базальтовая** Basaltmagma n ‖ ~/**вторичная** sekundäres (palingenes) Magma n ‖ ~/**гибридная** hybridisches Magma n ‖ ~/**глубинная** Tiefenmagma n ‖ ~/**гранитная** Granitmagma n ‖ ~/**жидкая** liquides (schmelzflüssiges) Magma n ‖ ~/**кислая** saures Magma n ‖ ~/**материнская** Muttermagma n, Stammagma n, Urmagma n ‖ ~/**несамостоятельная** Ganggefolgemagma n ‖ ~/**основная** basisches Magma n ‖ ~/**остаточная** Restmagma n ‖ ~/**первичная** primäres (juveniles) Magma n ‖ ~/**перидотитовая** Peridotitmagma n ‖ ~/**прототектическая** primäres (juveniles) Magma n ‖ ~/**родоначальная** s. ~/материнская ‖ ~/**сателлитовая** Ganggefolgemagma n ‖ ~/**сиалическая** sialisches Magma n ‖ ~/**симатическая** simatisches Magma n ‖ ~/**синтетическая** synthetisches Magma n ‖ ~/**ультраосновная** ultrabasisches Magma n ‖ ~/**щелочная** alkalisches Magma n ‖ ~/**щёлочноземельная** erdalkalisches Magma n ‖ ~/**эффузивная** Effusivmagma n
магматизм m (Geol) Magmatismus m
магнавольт m (El) Magnavolt n, Magnavolt[verstärker]maschine f
магнезит m (Min) Magnesit m, Bitterspat m ‖ ~/**гидравлический** (Bw) Magnesiahydraulit m ‖ ~/**необожжённый** Rohmagnesit m ‖ ~/**обожжённый (спёкшийся, спечённый)** Sintermagnesit m

магнезия f *(Ch)* Magnesia f ‖ ~/**жжёная** gebrannte Magnesia f ‖ ~/**каустическая** kaustische Magnesia f
магнесин m *(El)* Magnesyn n
магнесин-датчик m Gebermagnesyn n, Magnesyngeber m
магнескоп m *(El)* Magneskop n, Vorsatzlinse f
магнетизм m Magnetismus m ‖ ~/**земной** Erdmagnetismus m ‖ ~/**индуктированный** induzierter Magnetismus m ‖ ~/**остаточный** remanenter Magnetismus m, Remanenz f, Restmagnetismus m ‖ ~/**постоянный** permanenter Magnetismus m ‖ ~/**судовой** Schiffsmagnetismus m ‖ ~/**ядерный** Kernmagnetismus m
магнетик m 1. Magnetikum n, magnetisches Medium n; 2. magnetischer Werkstoff m
магнетит m *(Min)* Magnetit m, Magneteisenstein m
магнето n *(Kfz, El)* Magnetzünder m, Zündmagnet m
магнетодинамика f Magnetodynamik f
магнетометр m *(El)* Magnetometer n, Magnetflußmeßgerät n ‖ ~/**астатический** astatisches Magnetometer n ‖ ~/**квантовый** Quantenmagnetometer n ‖ ~/**крутильный** Torsionsmagnetometer n ‖ ~/**протонный** Protonenmagnetometer n ‖ ~/**сверхпроводящий** supraleitendes Magnetometer n
магнетометрический Magnetometer...
магнетон m Magneton n *(Маßeinheit für atomare magnetische Momente)* ‖ ~ **Бора** Bohrsches Magneton n ‖ ~/**протонный (ядерный)** Kernmagneton n
магнетоплазмодинамика f Magnetoplasmadynamik f
магнетостартер-генератор m Dynastartanlage f, Dynastarter m
магнетостатика f Magnetostatik f
магнетосфера f Magnetosphäre f
магнетохимический magnetochemisch
магнетохимия f Magnetochemie f
магнетоэлектроника f Magnetikaelektronik f
магнетрон m *(Eln)* Magnetron n, Magnetronröhre f ‖ ~ **бегущей волны** Wanderfeldmagnetron n ‖ ~/**импульсный** Impulsmagnetron n ‖ ~/**мощный** Hochleistungsmagnetron n ‖ ~/**настраиваемый** abstimmbares (durchstimmbares) Magnetron n ‖ ~/**разрезной** Schlitzanodenmagnetron n ‖ ~/**электронно-волновой** Elektronenwellenmagnetron n ‖ ~/**электронно-лучевой** Elektronenstrahlmagnetron n ‖ ~/**ядерный** Kernmagnetron n
магниевый Magnesium...
магний m *(Ch)* Magnesium n, Mg ‖ ~/**основный углекислый** basisches Magnesiumcarbonat n *(Magnesiaweiß)* ‖ ~/**первичный** Hüttenmagnesium n
магнийорганический magnesiumorganisch, Organomagnesium...
магнит m Magnet m ‖ ~/**барабанный** Trommelmagnet m ‖ ~/**броневой** Mantelmagnet m ‖ ~/**включающий** Einschaltmagnet m ‖ ~/**вращающийся** Drehmagnet m ‖ ~/**грузовой (грузоподъёмный)** Hebemagnet m, Hubmagnet m; Lasthebemagnet m ‖ ~/**записывающий** Schreibmagnet m ‖ ~/**звездообразный** Sternmagnet m ‖ ~/**измерительный** Meßmagnet m ‖ ~/**кольцевой** Ringmagnet m ‖ ~/**компенсирующий** Kompensationsmagnet m ‖ ~/**ленточный** Bandmagnet m ‖ ~/**литой** Gußmagnet m ‖ ~/**маршрутно-затворный** *(Eb)* Fahrstraßenfestlegemagnet m ‖ ~/**металлокерамический** Sintermagnet m ‖ ~/**направляющий** Richtmagnet m ‖ ~/**освобождающий (отбойный)** Auslösemagnet m ‖ ~/**отклоняющий** Ablenkmagnet m ‖ ~/**отключающий** Ausschaltmagnet m, Abschaltmagnet m ‖ ~/**передвигающий (питающий)** Nachschubmagnet m ‖ ~/**пишущий** Schreibmagnet m ‖ ~/**пластинчатый** Flachmagnet m ‖ ~/**плоский** Flachmagnet m ‖ ~/**поворотный** Drehmagnet m ‖ ~/**подающий** Nachschubmagnet m ‖ ~/**подковообразный** Hufeisenmagnet m ‖ ~ **подъёма** s. ~/**грузовой** ‖ ~/**подъёмный** s. ~/**грузовой** ‖ ~/**полюсный** Feldmagnet m ‖ ~/**постоянный** Dauermagnet m, Permanentmagnet m ‖ ~/**сверхпроводящий** supraleitender Magnet m ‖ ~/**стержневой** Stabmagnet m ‖ ~/**стирающий** Löschmagnet m ‖ ~/**сцепляющий** Kupplungsmagnet m ‖ ~/**тормозной** Bremsmagnet m ‖ ~/**удерживающий** Haltemagnet m ‖ ~/**фокусирующий** Fokussiermagnet m
магнитик m kleiner Magnet m
магнитно-жёсткий hartmagnetisch, magnetisch hart
магнитно-мягкий weichmagnetisch, magnetisch weich
магнитность f magnetisches Verhalten n
магнитогазодинамика f Magnetogasdynamik f, MGD, Magnetodynamik f der Gase
магнитогидродинамика f Magnetohydrodynamik f, MHD, Hydromagnetik f
магнитогидродинамический magnetohydrodynamisch, hydromagnetisch, MHD...
магнитограмма f Magnetogramm n
магнитограф m Magnetograph m ‖ ~/**двойной** Doppelkanalmagnetograph m
магнитодиод m Magnetdiode f
магнитодиэлектрик m Magnetodielektrikum n, ferromagnetischer Isolator m
магнитометр m s. магнетометр
магнитомеханический magnetomechanisch
магнитомоторный Magnetmotor...
магнитомягкий weichmagnetisch, magnetisch weich
магнитооптика f Magnetooptik f
магнитооптический magnetooptisch
магнитопауза f Magnetopause f
магнитопирит m *(Min)* Magnetkies m, Pyrrotin m
магнитоплазма f magnetisch aktives Plasma n, Magnetoplasma n
магнитопоглощение n Magnetoabsorption f
магнитопровод m *(El)* 1. Magnetleiter m; 2. Magnetkern m, Eisenkern m *(bei Transformatoren)* ‖ ~ **статора** Ständerblechpaket n *(einer elektrischen Maschine)* ‖ ~/**ферромагнитный** Ferromagnetkern m ‖ ~/**шихтованный** geschichteter Eisenkern m
магнитопроницаемый magnetisch durchlässig
магниторазведка f *(Bgb, Geol)* Magnetik f, Geomagnetik f, magnetometrisches Prospektieren n, magnetometrische Erkundung f ‖ ~/**скважинная** Bohrlochmagnetik f *(geophysikalische Erkundung)*

магниторезистор *m (El)* Magnet[o]widerstand *m (Bauelement)*
магнитоскоп *m* Magnetoskop *n*
магнитоскопия *f s.* дефектоскопия/магнитная
магнитосопротивление *n* 1. magnetischer Widerstand *m*, Reluktanz *f (physikalische Größe)*; 2. *s.* магниторезистор
магнитостатика *f* Magnetostatik *f*
магнитостатический magnetostatisch
магнитострикстор *m (Bgb)* Magnetostriktionstauchhammer *m (Bohrung)*
магнитострикционный magnetostriktiv, Magnetostriktions...
магнитострикция *f* Magnetostriktion *f*
магнитосфера *f (Astr)* Magnetosphäre *f (z. B. der Erde)*
магнитотвёрдый hartmagnetisch, magnetisch hart
магнитотеллурика *f (Geoph)* Magnetotellurik *f*
магнитотранзистор *m* Magnetotransistor *m*
магнитотропизм *m* Magnetotropismus *m*
магнитоупорядоченный magnetorientiert
магнитоуправляемый magnetgesteuert
магнитоупругий magnetoelastisch
магнитоупругость *f* Magnetoelastizität *f*
магнитофон *m* Magnet[ton]bandgerät *n*, Tonbandgerät *n* ‖ ~/бытовой Heimmagnetbandgerät *n* ‖ ~/двухкассетный Doppelkassettenrecorder *m* ‖ ~/диктовальный Banddiktiergerät *n* ‖ ~/кассетный Kassettentonbandgerät *n*, Kassettenrecorder *m* ‖ ~/катушечный Spulentonbandgerät *m* ‖ ~/ленточный Magnetbandgerät *n* ‖ ~/любительский Amateurtonbandgerät *n* ‖ ~ переносного типа Koffertonbandgerät *n* ‖ ~/портативный Koffertonbandgerät *n* ‖ ~/студийный Studiomagnetbandgerät *n*
магнитофон-приставка *m* Kassettendeck *n*, Tonbanddeck *n*
магниточувствительность *f* Magnetfeldempfindlichkeit *f*
магниточувствительный magnetfeldempfindlich
магнитоэлектрический magnet[o]elektrisch, permanentelektrisch, Dauermagnet...
магнитуда *f* Magnitude *f*
магнит-успокоитель *m* Dämpfungsmagnet *m*
магнон *m (Ph)* Magnon *n (Spinwellen)*
мадистор *m (Eln)* Madistor *m*, Magnetdiode *f*
мажоранта *f (Math)* Majorante *f*, Oberreihe *f*
мазер *m* Maser *m*, Molekularverstärker *m* ‖ ~/аммиачный Ammoniakmaser *m* ‖ ~ бегущей волны Wanderwellenmaser *m*, Wanderfeldmaser *m* ‖ ~ бегущей волны оптического диапазона optischer Wanderwellenmaser (Wanderfeldmaser) *m*, Wanderwellenlaser *m* ‖ ~/газовый Gasmaser *m* ‖ ~/импульсный Impulsmaser *m* ‖ ~/многоуровневый Mehrniveaumaser *m* ‖ ~/молекулярный Molekularstrahlmaser *m* ‖ ~ на молекулярном пучке Molekularstrahlmaser *m* ‖ ~ на твёрдом теле Festkörpermaser *m* ‖ ~/оптический optischer Maser *m*, Laser *m* ‖ ~ оптического диапазона optischer Maser *m*, Laser *m* ‖ ~/резонаторный Resonatormaser *m* ‖ ~/рубиновый Rubinmaser *m* ‖ ~ с оптической накачкой optisch gepumpter Maser *m* ‖ ~/трёхуровневый Dreiniveaumaser *m*
мазер-генератор *m* Maseroszillator *m*

мазер-усилитель *m* Maserverstärker *m*
мазут *m* Schweröl *n*, Masut *n*, Dunkelöl *n* ‖ ~ прямой перегонки Destillationsmasut *n* ‖ ~/смазочный Masutschmieröl *n* ‖ ~/топочный Masutheizöl *n*
мазутопровод *m* Heizölleitung *f*
мазь *f* Paste *f*, Schmiere *f* ‖ ~/графитная Graphitschmiermittel *n* ‖ ~/притирочная *(Fert)* Läppaste *f* ‖ ~/смазочная konsistentes Schmiermittel *n*; Schmierfett *n*, Starrschmiere *f*
майон *m* Zwischenschake *f (Eimerkettenschwimmbagger)*
макадам *m (Bw)* Makadam *m(n)*, Kleinschlagpflaster *m* ‖ ~/пропитанный Tränkmakadam *m* ‖ ~/смешанный Mischmakadam *m* ‖ ~/щебёночный Schottermakadam *n*
макание *n (Gum, Kst)* Tauchen *n*
макать *(Gum, Kst)* tauchen
макет *m* 1. Muster *n*, Modell *n*; Funktionsmuster *n*; 2. *(Typ)* Entwurf *m*; 3. *(Typ)* Musterband *m*, Probeband *m*, Blindband *m*; 4. *(Typ)* Makette *f*; Skizze *f*; Layout *n* ‖ ~/архитектурный *(Bw)* Modell *n (in verkleinertem Maßstab vor- oder nachgebildetes Bauwerk)* ‖ ~/действующий Funktionsmodell *n* ‖ ~ схемы *(El)* Musterschaltkreis *m*
макро *n (Inf)* Makro *m*, Makrodefinition *f*
макроанализ *m (Wkst)* Grobstrukturuntersuchung *f*, Grobgefügeuntersuchung *f* ‖ ~/рентгеновский Röntgen-Grobstrukturuntersuchung *f*
макроассемблер *m (Inf)* Makroassembler *m*
макроатом *m (Ph)* Makroatom *m*
макробиблиотека *f (Inf)* Makrobibliothek *f*
макроблок *m (Inf)* Makroblock *m*
макровключение *n (Met)* Makroeinschluß *m (Gefüge)*
макровызов *m (Inf)* Makroaufruf *m*
макровязкость *f (Ph)* Makroviskosität *f*
макрогенерация *f (Inf)* Makrogenerierung *f*
макрогеометрия *f* Makrogeometrie *f*; *(Fert)* Form-, Lage- und Maßgenauigkeit *f*
макрография *f (Met)* Makrographie *f*
макрозейгерование *n s.* макроликвация
макрозернистость *f (Photo)* Grobkörnigkeit *f*
макроинструкция *f (Inf)* Makrobefehl *m*, Makroanweisung *f*
макроисследование *n (Wkst)* Grobstrukturuntersuchung *f*, Grobgefügeuntersuchung *f*
макрокиносъёмка *f* Makrokinematographie *f*
макроклимат *m* Makroklima *n*, großräumiges Klima *n*
макрокод *m (Inf)* Makroprogrammier[ungs]sprache *f*
макрокоманда *f (Inf)* Makrobefehl *m*, Makroanweisung *f*
макрокоррозия *f (Met)* Makrokorrosion *f*, Oberflächenkorrosion *f*
макрокристаллический makrokristallin, grobkristallin *(Gefüge)*
макроликвация *f (Met)* Makroseigerung *f*, Blockseigerung *f*, Zonenseigerung *f*
макромодель *f (Inf)* Makromodell *n*
макромолекула *f (Ch)* Makromolekül *n*
макромолекулярный *(Ch)* makromolekular
макрооперация *f (Inf)* Makrooperation *f*
макроопределение *n (Inf)* Makrodefinition *f*

макроотклонение n (Fert) Makroabweichung f, makrogeometrische Abweichung f
макроплазма f (Ph) Makroplasma n
макропора f Makropore f, Großpore f
макропористость f Makroporosität f, Großporigkeit f
макропризма f (Krist) Prisma n II. Stellung, Querprisma n, Makroprisma n
макропрограмма f (Inf) Makroprogramm n
макропрограммирование n (Inf) Makroprogrammierung f
макропроцессор m (Inf) Makroprozessor m
макрорадиография f Makroradiographie f
макрорасширение n (Inf) generierte Anweisungsfolge f (eines Makros)
макрорегулирование n Makroregelung f
макрорельеф m (Geol) Makrorelief n, Großrelief n
макрорешение n (Inf) Makroentscheidung f
макросейсмика f Makroseismik f
макросернистость f (Photo) Grobkörnigkeit f (des Films)
макросимвол m/**растровый** (Inf) gerastertes Makrozeichen n
макроскопия f (Wkst) Grobstrukturuntersuchung f, Grobgefügeuntersuchung f
макроснимок m s. макрофотоснимок
макросостояние n (Ph) Makrozustand m (Maxwell-Boltzmann-Statistik)
макроструктура f Makrogefüge n, Grobstruktur f
макросъёмка f s. макрофотосъёмка
макротвёрдость f (Wkst) Makrohärte f
макротравление n (Wkst) Grobätzen n, Grobätzung f (Grobschliff)
макротрещина f (Wkst) Makroriß m
макротурбулентность f Makroturbulenz f
макроудобрение n (Lw) 1. Makronährstoffdüngung f; 2. Makronährstoffdüngemittel n
макроуправление n (Reg) Makrosteuerung f
макрофотоснимок m Makroaufnahme f, Makro[photo]graphie f
макрофотосъёмка f Makro[photo]graphie f
макрочастица f (Ph) Makroteilchen n
макрошлиф m (Wkst) Grobschliff m, Schliff m für Grobstrukturuntersuchungen
макроязык m (Inf) Makrosprache f
максвелл m Maxwell n, Mx (SI-fremde Einheit des magnetischen Flusses)
максимум m 1. Maximum n; Höchstwert m, Größtwert m, Spitzenwert m; 2. (Meteo) s. антициклон II ~/**боковой** Nebenmaximum n II ~/**главный** Hauptmaximum n; (Rf auch) Hauptkeule f (Antennentechnik) II ~/**годовой** (Meteo) Jahresmaximum n II ~/**дифракционный** (Opt) Diffraktionsmaximum n II ~ **излучения** (Kern) Strahlungsmaximum n II ~/**интерференционный** (Opt) Interferenzmaximum n II ~ **контура** (Opt) Linienmaximum n II ~ **нагрузки** Belastungsmaximum n, Lastmaximum n II ~ **напряжения** (El) Spannungsmaximum n II ~ **обратного рассеяния** (Ph) Rückstreumaximum n, Rückstreupeak n II ~/**побочный** (Opt) Nebenmaximum n II ~ **солнечных пятен** Fleckenmaximum n, Sonnenfleckenmaximum n II ~/**суточный** Tagesmaximum n II ~ **тока** (El) Strommaximum n
максимумы mpl **профиля/наибольшие** (Fert) höchste Punkte mpl (Rauhigkeitsprofil)

макси-пресс m 1. (Schm) Starrpresse f, vertikale Gesenkschmiedekurbelpresse f, Gesenkschmiedepresse f geschlossener Ausführung
млакон m (Min) Malakon m (uranhaltiges Mineral; Abart des Zirkons)
малахит m (Min) Malachit m
малка f (Schiff) Schmiege f
малковать (Schiff) schmiegen
малковка f (Schiff) Schmiegen n
малогабаритный klein, Klein..., in Kleinbauweise
малодебитный 1. (Hydt) von geringer Ergiebigkeit (Quelle, Brunnen); 2. (Bgb) ertragsarm
малоёмкостный (El) kapazitätsarm; niedrigpaarig (Kabel)
малоинерционный trägheitsarm
малокалиберный Kleinkaliber..., KK-..., kleinkalibrig
малокалорийный kalorienarm
малокислотный schwach sauer, wenig säurehaltig
малоконтрастный kontrastarm
малолегированный (Met) leichtlegiert, niedriglegiert, schwachlegiert
маломощный 1. leistungsschwach, leistungsarm, [mit] kleiner Leistung, Kleinleistungs...; 2. (Bgb) geringmächtig
малонасыщенный schwach gesättigt
малообогащённый schwachangereichert, leichtangereichert (z. B. Kernbrennstoff)
малоомный (El) niederohmig, Niederohm...
малоотходный abproduktarm (Produktion)
малопроизводительный wenig produktiv, von geringer Leistung (Produktivität)
малопроцентный geringhaltig
малорастворимый schwerlöslich, wenig löslich, schlecht löslich
малореакционный reaktionsträge, reaktionsschwach
малосветосильный lichtschwach
малосеребряный silberarm, mit geringem Silbergehalt
малосернистый schwefelarm, mit geringem Schwefelgehalt (Stahl)
малосминаемый (Text) bügelarm, knitterarm
малоуглеродистый kohlenstoffarm, niedriggekohlt (Stahl)
малоупругий schwachelastisch
малоусадочность f (Text) Schrumpfarmut f, Krumpfarmut f
малоустойчивый wenig standfest
малоформатный kleinformatig; Kleinbild...
малофосфористый phosphorarm, mit geringem Phosphorgehalt (Stahl)
малочник m (Schiff) Schmiege f, Schmiegestock m
малошумный 1. geräuscharm; 2. (Eln) rauscharm
малощелочной alkaliarm, mit geringem Alkaligehalt
мальгогер m Rollenklampe f (auf Fischereifahrzeugen)
мальева f (Text) Mailleuse f, Platinenrad n, Maschenrad n (Rundwirkmaschine)
мальм m (Geol) Malm m
мальтоза f Maltose f, Malzzucker m
малярная f (Schiff) Farbenraum m, Farbenlast f
малярно-технический anstrichtechnisch

маммография f (Med) Mammographie f
маммут-насос m s. насос/пневматический
маммут-растворитель m Mammutrührwerk n, Mammutrühranlage f (Kaliindustrie)
манганат m (Ch) Manganat n, Manganat(VI) n
манганит m (Min) Manganit m, Braunmanganerz n
манганозит m (Min) Manganosit m (oxidisches Manganerz)
манганокальцит m (Min) Manganokalcit m
манганофиллит m (Min) Manganophyllit m (Abart von Biotit)
манёвр m Manöver n ‖ ~ **встречи** (Raumf) Rendezvousmanöver n ‖ ~ **расхождение** (Schiff) Raumgebemanöver n, Ausweichmanöver n ‖ ~ **на сближение** Annäherungsmanöver n ‖ ~ **по направлению** (Flg) Kursmanöver n ‖ ~ **по скорости** (Flg) Geschwindigkeitsmanöver n ‖ ~ **рулём** (Schiff) Rudermanöver n ‖ ~ **стыковки** s. ~ встречи ‖ ~ **швартовки** (Schiff) Anlegemanöver n
манёвренность f Manövrierfähigkeit f, Beweglichkeit f, Wendigkeit f (eines Fahrzeuges); (Schiff) Manövrierfähigkeit f, Manövereigenschaften fpl
манекен m/**паровоздушный** (Text) Garderobenformer m, Dampfbügelpuppe f
манжета f 1. Manschette f; 2. Schutzhülle f, Umschlag m ‖ ~/**изолирующая** Isoliermanschette f, Isolierkappe f ‖ ~/**кожаная** Ledermanschette f ‖ ~ **поршня** Kolbenmanschette f ‖ ~/**резиновая** Gummimanschette f ‖ ~/**уплотнительная** Dichtmanschette f
манипулирование n s. манипуляция
манипулировать (Masch) 1. handhaben (Gegenstände, z. B. Werkstücke); 2. bewegen (Werkzeuge beim Bearbeiten); 3. (Nrt) tasten
манипулятивный (Masch) bestimmfähig (Arbeitsorgane eines IR)
манипулятор m 1. Manipulator m, Manipuliervorrichtung f, Handhabungsgerät n, Handler m; 2. (Nrt) Taster m, Tastgerät n; 3. (Schw) Manipulator m, Schweißmanipulator m; 4. (Kern) Manipulator m (der heißen Kammer); 5. (Fert) Handhabeeinrichtung f (Oberbegriff); Manipulator m (handgesteuert); Industrieroboter m, IR (automatisch gesteuert); 6. (Wlz) Kant- und Verschiebevorrichtung f, Blockwender m, Kanter m (Walzwerk) ‖ ~/**автоматический** Industrieroboter m, IR ‖ ~/**автономный** autonomer (autonom arbeitender) Manipulator m ‖ ~/**адаптивный** flexibel programmierbarer Manipulator m ‖ ~/**антигравитационный** (Masch) Ausgleichsheber m ‖ ~/**гидравлический** hydraulisch betätigter Fernmanipulator m ‖ ~/**двурукий** zweiarmiger Manipulator m ‖ ~/**двусторонний** Kant- und Verschiebevorrichtung f mit zweiseitigem Antrieb ‖ ~/**дистанционно управляемый** ferngesteuerter Manipulator m ‖ ~/**задающий** [steuerungs-]führender Manipulator m, Mastermanipulator m ‖ ~/**импульсный** (Radar) Impulshochtastgerät n, Hochtastgerät n ‖ ~/**инструментальный** Werkzeugmanipulator m, technologischer Manipulator m ‖ ~/**копирующий** mechanisch betätigter Fernmanipulator m mit allseitig beweglichem Greifer m ‖ ~/**кузнечный** Schmiedemanipulator m ‖ ~ **листового стана** (Wlz) Blechmanipulator m ‖ ~/**механический** щипцевидный mechanisch betätigter Zangenmanipulator m ‖ ~/**многогозвенный** Manipulator m mit mehreren Gelenkfreiheitsgraden ‖ ~/**многорукий** mehrarmiger Manipulator m ‖ ~/**многосуставный** [антропоморфный] s. ~/многозвенный ‖ ~/**монтажный** Montagemanipulator m ‖ ~/**мостовой** Brückenmanipulator m (mit Längs-, Quer- und Hubbewegung ähnlich einem Laufkran) ‖ ~/**напольный** flurgebundener Manipulator m, Bodenmanipulator m ‖ ~/**однорукий** einarmiger Manipulator m ‖ ~/**передвижной** mobiler (fahrbarer) Manipulator m ‖ ~/**программно-управляемый** programmierbarer Manipulator m ‖ ~/**промышленный** Industriemanipulator m ‖ ~/**прямолинейный** Manipulator m mit geradliniger dreidimensionaler Greiferbewegung ‖ ~ **с интерактивным управлением** teilweise handgesteuerter Industrieroboter m, Handhabeautomat m ‖ ~ **с кантователем** (Wlz) Kant- und Verschiebevorrichtung f ‖ ~ **с несколькими степенями подвижности** s. ~/многозвенный ‖ ~ **с программным управлением** programmgesteuerter Manipulator m, Industrieroboter m ‖ ~ **с ручным управлением** manuell gesteuerter Manipulator m ‖ ~ **с силовым управлением** Manipulator m mit Greifkraftregelung ‖ ~ **с силомоментным управлением/многозвенный** Manipulator m mit Greifkraftregelung und mehreren Freiheitsgraden
манипулятор-накопитель m Manipulator m
манипуляция f Manipulation f; Handhaben n, Handhabung f; (Nrt) Tasten n, Tastung f • **с импульсной манипуляцией** impulsgetastet ‖ ~/**двухтональная** Doppeltonstastung f ‖ ~/**дистанционная** Ferntastung f ‖ ~/**жёсткая** Harttastung f ‖ ~/**импульсная** Impulstastung f ‖ ~/**многократная** Mehrfachtastung f ‖ ~/**мягкая** Weichtastung f ‖ ~/**сеточная** Gittertastung f ‖ ~/**телеграфная** Telegraphietastung f ‖ ~/**тональная** Tonfrequenztastung f ‖ ~/**частотная** Frequenztastung f ‖ ~/**яркостная** Helltastung f
манифест m/**пассажирский** (Flg) Passagierliste f, Fluggastliste f
манифольд m Verteiler m, Verteilungsstück n ‖ ~ **насоса** Manifold n, Pumpenleitung f
манодетандер m s. редуктор
манометр m Manometer n, Druckmesser m, Druckmeßgerät n; manchmal auch: Vakuummeter n ‖ ~/**альфа-ионизационный** Alphatron n ‖ ~/**бета-ионизационный** Beta-Ionisationsmanometer n (für Hoch- und Höchstdruckmessungen) ‖ ~/**вакуумный** Vakuummeter n ‖ ~/**водяной** Wassermanometer n ‖ ~/**воздушный** Druckluftmesser m (z. B. in Eisenbahnbremssystemen) ‖ ~/**вязкостный** s. ~/динамический ‖ ~/**газовый** Gasmanometer n ‖ ~/**гамма-ионизационный** Gamma-Ionisationsmanometer n (für Hoch- und Höchstdruckmessungen) ‖ ~/**гидравлический** hydraulisches Manometer n, Flüssigkeitsmanometer n ‖ ~/**грузопоршневой** s. ~/поршневой ‖ ~/**двухтрубный** [жидкостный] s. ~/U-образный ‖ ~/**демпферный вязкостный** Schwingungsvakuummeter n, Reibungsvakuummeter n mit schwingendem Quarzfaden ‖ ~/**деформационный** Manometer n mit

манометр

elastischem Meßglied, Federmanometer *n (Gruppenbegriff für Membran- und Röhrenfedermanometer)* || ~/**деформационный трубчатый** Röhrenfedervakuummeter *n* || ~/**динамический** Reibungsvakuummeter *n*, Quarzfadenvakuummeter *n* || ~/**дифференциальный** Differenzdruckmeßgerät *n*, Differenzdruckmesser *m* || ~/**ёмкостный** kapazitives Membranmanometer *n* || ~/**жидкостный** Flüssigkeitsmanometer *n*, hydraulisches Manometer *n* || ~/**ионизационный** Glühkathoden[ionisations]manometer *n* || ~ **Кнудсена** *s.* ~/**радиометрический** || ~/**колебательный вязкостный** *s.* ~/**демпферный вязкостный** || ~/**колокольный** Tauchglockenmanometer *n* || ~/**кольцевой** Rohrfedermanometer *n (mit ringförmiger oder U-förmiger Rohrfeder)* || ~/**компрессионный** Kompressionsvakuummeter *n [nach McLeod]*, McLeodsches Manometer (Vakuummeter) *n*, Leod-Vakuummeter *n* || ~/**котловый** Dampfdruckmesser *m (Dampfkessel)* || ~ **Ленгмюра** *s.* ~/**динамический** || ~/**магнитный электроразрядный** Philips-Manometer *n*, Penning-Manometer *n*, Gasentladungsmanometer *n [nach Penning]*, Philips-Ionisationsvakuummeter *n*, Philips-Vakuummeter *n*, Penning-Vakuummeter *n* || ~/**магнитострикционный** magnetostriktives Manometer *n* || ~/**магнитоупругий** *s.* ~/**магнитострикционный** || ~ **Мак-Леода** *s.* ~/**компрессионный** || ~/**масляный** Ölmanometer *n* || ~/**мембранный** Plattenfedermanometer *n*, Membranmanometer *n*, Kapselmanometer *n*, Aneroidmanometer *n* || ~/**мембранный пружинный** Membranfedermanometer *n*, Plattenfedermanometer *n* || ~/**механический [пружинный]** *s.* ~/**деформационный** || ~/**молекулярный** *s.* ~/**динамический** || ~/**наклонный [трубный]** Schrägrohrmanometer *n* || ~ **U-образный** U-Rohrmanometer *n* || ~ **Пеннинга** *s.* ~/**магнитный электроразрядный** || ~ **Пирани** Pirani-Manometer *n* || ~ **Пирани/теплоэлектрический** Pirani-Vakuummeter *n* || ~/**поплавковый** Flüssigkeitsmanometer *n* mit Schwimmer, Schwimmermanometer *n* || ~/**поршневой** Kolbenmanometer *n*, Druckwaage *f* || ~/**пружинный** *s.* ~/**деформационный** || ~/**пьезоэлектрический** piezoelektrisches Manometer *n*, Kristallmanometer *n* || ~/**радиоактивный [ионизационный]** Alphatron *n* || ~/**радиометрический** Radiometervakuummeter *n* nach Knudsen, Molvakuummeter *n*, Molekulardruckvakuummeter *n* || ~/**резистивный** [elektrisches] Widerstandsmanometer *n* || ~/**ртутный** Quecksilbermanometer *n* || ~/**ртутный компрессионный** *s.* ~/**компрессионный** || ~ **с винтовой трубкой** Schraubenrohrfedermanometer *n* || ~ **с пьезосопротивлением** *s.* ~/**пьезоэлектрический** || ~ **с сильфоном/пружинный** *s.* ~/**сильфонный** || ~/**самопишущий** schreibendes Manometer *n*, Registriermanometer *n*, Schreibmanometer *n* || ~/**сильфонный** Balgenfedermanometer *n*, Wellrohr[feder]manometer *n* || ~ **сопротивления** Widerstandsvakuummeter *n*, Hitzdrahtvakuummeter *n*, Pirani-Vakuummeter *n* || ~/**статический** statisches Manometer *n* || ~/**статический U-образный** U-Rohrmanometer *n* || ~/**тепловой** Wärmeleitungsvakuummeter *n (Gruppenbegriff für Pirani-, Widerstands- und thermoelektrische Vakuummeter)* || ~/**теплоэлектрический** *s.* ~/**тепловой** || ~/**термисторный** Thermistorvakuummeter *n (Wärmeleitungsvakuummeter in Verbindung mit einem Thermistor)* || ~/**термопарный (термоэлектрический)** Thermoelementmanometer *n*, thermoelektrisches Manometer *n* || ~/**трубчатый пружинный** Röhrenfedermanometer *n*, Bourdon-Röhre *f* || ~ **Филипса** *s.* ~/**магнитный электроразрядный [однотрубный]** Einschenkelmanometer *n* || ~/**шинный** Reifenluftdruckmeßgerät *n*, Reifendruckprüfer *m* || ~/**электрический** elektrisches Manometer *n* || ~/**электронный ионизационный** Ionisationsvakuummeter *n* || ~/**электроразрядный** Gasentladungsvakuummeter *n* || ~/**эталонный** Normalmanometer *n*

манометр-датчик *m* Druckgeber *m*, druckempfindliches Meßglied *n*

маностат *m* Manostat *m*, Druckhalter *m*

мансарда *f (Bw)* Mansarde *f*; Dachgeschoß *n*

мантель *m*/**замковый** *(Text)* Schloßmantel *m (Interlock-Rundstrickmaschine)*

мантисса *f (Math)* Mantisse *f* || ~ **переменной длины** *(Inf)* variable Mantissenlänge *f* || ~ **числа** *(Inf)* Mantisse *f*

мантия *f (Geol)* Mantel *m*, Hülle *f* || ~/**верхняя** oberer Mantel *m* || ~ **Земли** Erdmantel *m* || ~/**нижняя** unterer Mantel *m*

мантыль *m (Schiff)* Stander *m (z. B. an einer Gei)* || ~ **оттяжки** Geienstander *m*

маншон *m (Led)* Filzärmel *m (an der Walze der Abwelkmaschine)* ||

маратор *m (Mech)* Tragring *m*, Stützring *m (des Schmelzofens)*; Schachtring *m (des Kupolofens)* || ~/**доменной печи** Hochofentragring *m*, Hochofenstützring *m*

марблит *m* Trübglas *n*, Opalglas *n*

марганец *m (Ch)* Mangan *n*, Mn

марганцевый Mangan...

марганцевокислый *(Ch)* ...manganat *n*; mangansauer

марганцовистый manganhaltig; Mangan...

марганцовка *f (Ch)* Kaliumpermanganat *n*

марганцовокислый *(Ch)* ...permanganat *n*; permangansauer

маргарит *m (Min)* Margarit *m*, Kalkglimmer *m*, Perlglimmer *m*

марена *f s.* крапп

мареограф *m (Schiff)* Mareograph *m*, selbstregistrierender Flutmesser *m* || ~/**навигационный** Schiffahrtspegel *m* || ~/**самопишущий** selbstschreibender (selbstregistrierender) Gezeitenpegel *m*, Mereograph *m*

мареограф-самописец *m s.* мареограф/самопишущий

марзан *m (Typ)* Steg *m* || ~/**головной** Kopfsteg *m* || ~/**корешковый** Bundsteg *m* || ~/**нижний** Fußsteg *m*

мариалит *m (Min)* Marialith *m*, Natronskapolith *m*

марикультура *f (Ökol)* Meereskultur *f*, Seekultur *f*

марка *f* 1. Marke *f*, Sorte *f*, Gattung *f*; 2. Marke *f (Begrenzungszeichen)* || ~ **времени** Zeitmarke *f* || ~/**грузовая** *(Schiff)* Lademarke *f*, Freibordmarke *f* || ~/**зимняя грузовая** *(Schiff)* Winterlademarke *f* || ~/**лесная зимняя грузовая**

(Schiff) Winter-Holzlademarke *f* ll ~/**лесная летняя грузовая** *(Schiff)* Sommer-Holzlademarke *f* ll ~/**лесная тропическая грузовая** *(Schiff)* Tropenholzlademarke *f* ll ~/**летняя грузовая** *(Schiff)* Sommerlademarke *f* ll ~ **осадки** *(Schiff)* Tiefgangsmarke *f*, Ahming *f* ll ~ **осадки в средней части судна** Tiefgangsmarke *f* mittschiffs, Ahming *f* mittschiffs ll ~ **осадки кормой** Tiefgangsmarke *f* achtern, Ahming *f* achtern ll ~ **осадки носом** Tiefgangsmarke *f* vorn, Ahming *f* vorn ll ~/**тоннажная** *(Schiff)* Tonnagemarke *f*, IMCO-Marke *f*, Vermessungsmarke *f* ll ~/**тропическая грузовая** *(Schiff)* Tropenlademarke *f* ll ~ **углубления** *s*. ~ **осадки**
марказит *m (Min)* Markasit *m*, Strahlkies *m*, Speerkies *m*, Leberkies *m*, Kammkies *m*
маркёр *m* 1. Markierer *m*, Markierung *f*, Marke *f*; *(Photo)* Kennmarke *f*; 2. *(Flg)* Markierungssender *m*; 3. *(Lw)* Spurreißer *m* ll ~ **адреса** *(Inf)* Adreßmarke *f*, Adressenmarke *f* ll ~/**адресный** *s*. ~ **адреса** ll ~ **конца [ленты]** *(Inf)* Endmarke *f* ll ~ **ленты** *(Inf)* Bandmarke *f* ll ~ **начала [ленты]** *(Inf)* Anfangsmarke *f* ll ~/**общий** *(Nrt)* zentraler Markierer *m*, Zentralmarkierer *m* ll ~/**отражающий** *(Photo)* Reflexionsmarke *f* ll ~ **файла** *(Inf)* Dateimarke *f*
маркёрный Markierungs..., Kennzeichnungs...
маркёр-отражатель *m* Reflektormarke *f (Magnetband)*
маркетка *f (Met)* Ziehkissen *n*
маркировка *f* Markierung *f*, Beschriftung *f*, Etiketierung *f*; *(Eln)* Kennzeichnen *n*, Stempeln *n* (*z. B. Schaltkreise)* ll ~ **времени** Zeitmarkierung *f*, Zeitmarkengebung *f* ll ~/**световая** *(Photo)* Lichtsignierung *f*
маркость *f (Led)* Abfärben *n*
маркшейдерия *f (Bgb)* Markscheidewesen *n*
маркшейдерский *(Bgb)* Markscheide...
марсианский *(Astr)* Mars...
мартенование *n (Met)* Siemens-Martin-Verfahren *n*, SM-Verfahren *n*, Herdfrischen *n*
мартенсит *m (Wkst)* Martensit *m* ll ~/**бесструктурный** strukturloser (feinnadeliger) Martensit *m* ll ~/**игольчатый** Nadelmartensit *m*, nadeliger Martensit *m*, Martensitnadeln *fpl* ll ~/**остаточный** Restmartensit *m* ll ~ **отпуска** Anlaßmartensit *m* ll ~/**пластинчатый** lamellarer (lamellenförmiger) Martensit *m*
мартенситный *(Met)* martensitisch, Martensit...
мартингал *m (Math)* Martingal *n (Wahrscheinlichkeitsrechnung)*
мартит *m (Min)* Martit *m (Hämatit)*
марш *m*/**лестничный** *(Bw)* Treppenlauf *m*
марши *pl* Marschen *fpl (Geographie)*
маршрут *m* 1. Marschroute *f*, Fahrroute *f*; 2. *(Eb)* Fahrstraße *f*, Fahrweg *m*; 3. Flugstrecke *f*, Route *f*; 4. Streifen *m*, Flugstreifen *m (Luftmeßbild)*; 5. *(Fert)* Bearbeitungsablauf *m* ll ~/**аэросъёмки** *(Flg)* Bildstrecke *f*, Luftbildstrecke *f* ll ~/**выходной** *(Eb)* Ausfahrstraße *f* ll ~/**ломаный** *(Flg)* Wechselkurs *m* ll ~/**маневровый** *(Eb)* Rangierfahrstraße *f* ll ~/**обратный** Gegenflugstrecke *f*, Rückflugroute *f* ll ~ **отправления** *(Eb)* Ausfahrstraße *f* ll ~ **подхода** Anflugstrecke *f* ll ~ **полёта** Flugstrecke *f*, Route *f* ll ~ **полёта/обратный** Rückflugstrecke *f* ll ~/**полярный** *(Flg)*

Polar[flug]route *f* ll ~ **приёма** *(Eb)* Einfahrstraße *f* ll ~ **сборки** Montageverlauf *m* ll ~ **сквозного пропуска (прохода)** *(Eb)* Durchfahrstraße *f* ll ~/**технологический** *(Fert)* Arbeitsfolge *f*, Bearbeitungsfolge *f* ll ~/**транспортный** festgelegter Förderweg *m* ll ~/**туристский** *(Schiff)* Touristenroute *f*
маршрутизация *f (Eb)* Ganzzugbildung *f*
маска *f* Maske *f*, Abdeckung *f*, Abdeckblende *f*; Schablone *f*; *(Kine)* Kamerakasch *m* ll ~/**блуждающая** *(Photo)* Wandermaske *f* ll ~/**бумажная** *(Eln)* Lötmaske *f* ll ~/**движущаяся** *(Photo) s*. ~/**блуждающая** ll ~ **для вакуумного напыления** Vakuumdampfmaske *f* ll ~/**лаковая** *(Eln)* Lackmaske *f*, Resistmaske *f* ll ~/**металлическая** *(Eln)* Metallmaske *f* ll ~/**ограничительная** Bild[feldbegrenzungs]maske *f* ll ~/**паяльная** *(Eln)* Lötmaske *f* ll ~ **прерывания** *(Inf)* Interruptmaske *f* ll ~ **программы** *(Inf)* Programmmaske *f* ll ~/**рабочая** Arbeitsmaske *f (einer Leiterplatte)* ll ~/**резистная** *(Eln)* Resistmaske *f*, Lackmaske *f* ll ~/**системная** *(Inf)* Systemmaske *f* ll ~ **системы** *s*. ~/**системная** ll ~/**теневая** *(TV)* Schattenmaske *f*, Lochmaske *f* ll ~ **файла** *(Inf)* Datenbestandsmaske *f* ll ~/**фоторезистивная** *(Eln)* Photolackmaske *f*, Photoresistmaske *f*
маскирование *n s.* **маскировка**
маскировка *f* 1. Maskieren *n*, Maskierung *f*; 2. *(Ak)* Maskieren *n*, Abdecken *n*
маслёнка *f* Öler *m*, Ölkanne *f* ll ~/**групповая** Gruppenöler *m* ll ~/**игольчатая** Nadelöler *m* ll ~/**индивидуальная** Einzelöler *m* ll ~/**капельная** Tropföler *m* ll ~/**колпачковая** Helmöler *m* ll ~/**многоточечная** Öler *m* für mehrere Schmierstellen ll ~/**ручная** Handöler *m* ll ~ **с шариком** Kugelöler *m* ll ~/**фитильная** Dochtöler *m* ll ~/**штифтовая** Stiftöler *m*
масличность *f* Ölgehalt *m*
масло *n* 1. Öl *n*; 2. Butter *f* ll ~/**авиационное** Flug[zeug]motorenöl *n* ll ~/**автотракторное** Auto- und Traktorenöl *n* ll ~/**анилиновое** Anilinöl *n*, technisches Anilin *n* ll ~/**антикоррозийное (антикоррозионное)** Korrosionsschutzöl *n*; Rostschutzöl *n* ll ~/**антискачковое** Anti-Stick-slip-Schmierstoff *m* ll ~/**аппретурное** Appretieröl *n* ll ~/**арктическое** Arktisöl *n* ll ~/**белое** Weißöl *n* ll ~/**бескислотное** säurefreies Öl *n* ll ~/**буроугольное** Braunkohlen[teer]öl *n* ll ~/**вазелиновое** Vaselinöl *n*, Paraffinöl *n* ll ~/**вакуумное** Vakuumöl *n* ll ~/**веретённое** Spindelöl *n* ll ~/**высоковакуумное** Hochvakuumöl *n* ll ~/**высыхающее** trocknendes Öl *n* ll ~/**газовое** Gasöl *n* ll ~/**графитное** Graphitöl *n* ll ~/**дегтярное** Teeröl *n* ll ~/**дизельное** Dieselmotorenöl *n*, Dieselschmieröl *n*, Dieselzylinderöl *n* ll ~/**дистиллятное** Destillatöl *n* ll ~/**жирное** fettes Öl *n* ll ~/**закалочное** Härteöl *n* ll ~/**затворное** Sperröl *n* ll ~/**зимнее** Winteröl *n* ll ~/**изоляционное** Isolieröl *n* ll ~/**индустриальное** Industrieöl *n*, technisches Öl *n* ll ~/**кабельное** Kabelöl *n* ll ~/**каменноугольное** Steinkohlen[teer]öl *n* ll ~/**компаундированное** Compoundöl *n*, compoundiertes (gefettetes) Öl *n* ll ~/**компрессорное** Verdichteröl *n*, Kompressor[en]öl *n* ll ~/**конденсаторное** Kondensatoröl *n* ll ~/**купоросное** [wasser-

масло

haltige] концентрированная серная кислота f ll ~/**лёгкое** Leichtöl n ll ~/**летнее** Sommeröl n ll ~/**машинное** Maschinenöl n ll ~/**минеральное** Mineralöl n ll ~/**минеральное смазочное** Mineralschmieröl n ll ~/**напорное** Drucköl n ll ~/**насосное** Pumpenöl n ll ~/**нафталиновое** Naphthalenöl n ll ~/**невысыхающее** nichttrocknendes Öl n ll ~/**неочищенное** Rohöl n ll ~/**нефтяное смазочное** Schmieröl n aus Erdöl, Schmieröl n auf Erdölbasis ll ~/**оксидированное** oxidiertes (geblasenes) Öl n, Blasöl n ll ~/**осветительное** Leuchtöl n ll ~/**остаточное** Rückstandsöl n ll ~/**остаточное смазочное** Rückstandsschmieröl n ll ~/**отработанное** Altöl n, Alböl n, Gebrauchtöl n ll ~/**охлаждающее** Kühlöl n ll ~/**очищенное** gereinigtes (raffiniertes) Öl n ll ~/**подшипниковое** Lageröl n ll ~/**полимеризованное** polymerisiertes Öl n, Standöl n ll ~/**полувысыхающее** halbtrocknendes Öl n ll ~/**приборное** Instrumentenöl n ll ~/**приработочное** Einlauföl n ll ~/**продутое** geblasenes (oxidiertes) Öl n, Blasöl n ll ~/**пропитывающее** Imprägnieröl n ll ~/**рафинированное** raffiniertes (gereinigtes) Öl n ll ~/**регенерированное трансформаторное** Transformatorölregenerat n ll ~/**силиконовое** Siliconöl n ll ~/**силовое** Drucköl n, Kraftöl n ll ~/**синтетическое** Syntheseöl n ll ~/**скипидарное** Terpentinöl n ll ~/**сланцевое** Schieferöl n ll ~/**сланцевое смазочное** Schmieröl n aus Schiefer ll ~/**смазочное** Schmieröl n ll ~/**смоляное** Harzöl n, Grünöl n, Pechöl n ll ~/**сосновое** Kienöl n ll ~/**среднее** Mittelöl n ll ~/**стержневое** Kernbinder m auf Ölbasis, Kern[binder]öl n ll ~/**сточное** Ablauföl n ll ~/**сульфированное** sulf[at]iertes (sulfuriertes) Öl n ll ~/**топочное** Heizöl n ll ~/**трансформаторное** Transformator[en]öl n ll ~/**тунговое** Tungöl n, Holzöl n ll ~/**тяжёлое** Schweröl n ll ~ **холодного прессования** kaltgepreßtes (kaltgeschlagenes) Öl n ll ~/**цилиндровое** Zylinderöl n ll ~/**швейное** Nähmaschinenöl n ll ~/**шиферное** Schieferöl n ll ~/**экстракционное** Extraktionsöl n ll ~/**эфирное** etherisches Öl n

маслобак m Ölbehälter m ll ~/**напорный** Druckölbehälter m
маслобойка f s. маслоизготовитель
маслобойня f Ölmühle f, Ölfabrik f, Ölschlägerei f
масловодоотделитель m Öl- und Wasserabscheider m (Verdichteranlage)
масловспрыскивание n Öleinspritzung f (Schmierung von Schraubenverdichtern)
маслоделие n Buttererzeugung f
маслоёмкость f Ölaufnahmefähigkeit f; Ölbedarf m
маслоизготовитель m Butterfertiger m, Butter[herstell]ungsmaschine f
масломанометр m Öldruckmanometer n
маслонаполненный (Gum) ölgestreckt, ölplastiziert
маслонасос m Ölpumpe f ll ~/**аварийный** Notölpumpe f ll ~/**дренажный** Leckölpumpe f ll ~/**зубчатый** Zahnradölpumpe f ll ~/**поршневой** Kolbenölpumpe f ll ~/**циркуляционный** Umlaufölpumpe f ll ~/**шестерёночный** Zahnradölpumpe f

маслонепроницаемость f Öldichtheit f, Ölundurchlässigkeit f
маслонепроницаемый öldicht
маслоотделение n Entölung f, Ölabscheidung f
маслоотделитель m (Masch) Ölabscheider m, Entöler m
маслоотражатель m Ölabstreifring m, Ölabstreifer m, Abstreifring m; Ölabweiser m
маслоотстойник m Ölabsetzbehälter m, Ölabsetzkammer f
маслоохладитель m Ölkühler m ll ~/**пластинчатый** Lamellenölkühler m ll ~/**сотовый** Wabenölkühler m ll ~/**трубчатый** Röhrenölkühler m
маслоочиститель m Ölreiniger m, Ölfilter n
маслоочистка f Ölreinigung f, Ölaufbereitung f
маслоподогреватель m 1. Olvorwärmer m (Verbrennungsmotor; Kolbenverdichter); 2. Ölheizer m, Ölheizelement n
маслоприёмник m Ölsaugkopf m (Umlaufschmierung)
маслопровод m Öl[rohr]leitung f, Schmierleitung f ll ~/**напорный** Druckölleitung f ll ~/**смазочный** Schmierölleitung f
маслорадиатор m Ölkühler m
маслораспылитель m Ölzerstäuber m, pneumatischer Nebelöler m
маслорастворимый öllöslich
маслосборник m Ölsammelbehälter m, Ölauffangbehälter m, Ölbehälter m
маслосбрасыватель m Ölabweiser m
маслосодержащий ölhaltig
маслостойкий ölfest, ölbeständig, ölecht
маслостойкость f Ölbeständigkeit f
маслотурбонасос m Turboölpumpe f
маслоуказатель m Ölstand[s]anzeiger m, Ölstandsglas m ll ~/**поплавковый** Schwimmerölstand[s]anzeiger m
маслоуловитель m Ölfang m, Ölfänger m
маслоупорность f Ölfestigkeit f, Ölbeständigkeit f
маслофильтр m Ölfilter n
маслохранилище n Ölvorratsbehälter m
масляник m (El) Öl[leistungs]schalter m
маслянистость f 1. Fettigkeit f; Schmierfähigkeit f (eines Schmiermittels); 2. s. липкость 2.
маслянистый ölhaltig, ölig, buttrig
маслянокислый (Ch) ...butyrat n; buttersauer
масляный Fett..., fettig; Öl..., ölig
масочно-программируемый (Inf) maskenprogrammierbar
масса f 1. Masse f (kg); 2. (El) Masse f (als Erdpunkt); 3. Masse f, Mittel m, Stoff m (als Werkstoff) ll ~ **атома** (Ph) Masse f des Atoms, Atommasse f ll ~ **атома/абсолютная** absolute Atommasse f ll ~/**атомная** s. ~ атома ll ~/**белая древесная** (Pap) Weißschliff m ll ~/**бумажная** (Pap) Ganzstoff m, Zeug n, Ganzzeug n, Papierganzstoff m ll ~/**бурая древесная** (Pap) Braunschliff m ll ~/**взорванная** (Bgb) hereingesprengtes Haufwerk n ll ~/**возвратно-поступательно движущаяся** (Masch) hin- und hergehende Masse f, oszillierende Masse f ll ~/**воздушная** (Meteo) Luftmasse f ll ~/**волокнистая** (Pap) Faserbrei m ll ~/**вращающаяся** (Masch) Schwungmasse f, umlaufende (rotierende) Masse f ll ~/**газоочист[итель]ная** Gasreinigungsmasse f ll ~/**горная** (Bgb) Haufwerk n,

Rohhaufwerk n ‖ ~ для набивки 1. (Met) Stampfmasse f, Zustell[ungs]masse f, Auskleidungsmasse f (Ofenfutter); 2. (Gieß) Hinterstampfmasse f ‖ ~ для формовки (Gieß) Formmasse f ‖ ~/древесная (Pap) Holzschliff m, Holzstoff m, Holzmasse f, Schleifmasse f ‖ ~/жильная (Geol) Gangfüllung f, Gangmasse f ‖ ~/жирная s. ~ жирного помола ‖ ~ жирного помола (Pap) schmieriger (schmierig gemahlener) Stoff m ‖ ~/заливочная Vergußmasse f, Ausgußmasse f, Füllmasse f ‖ ~/заливочная кабельная (El) Kabel[verguß]masse f ‖ ~/заправочная (Met) Flickmasse f, Ausflickmasse f (Ofenfutter) ‖ ~/заторная (Brau) Maische f ‖ ~/изолирующая (изоляционная) (El) Isoliermasse f ‖ ~/инертная (Mech) träge Masse f ‖ ~/кабельная (El) Kabel[verguß]masse f ‖ ~/керамическая (Gieß) Keramikmasse f (Modellausschmelzverfahren) ‖ ~/компаундная (El) Kompoundmasse f ‖ ~/контактная 1. Kontaktmasse f (Zusatz bei der Wasserenthärtung); 2. Katalysator m (Gastechnik) ‖ ~/критическая (Kern) kritische Masse f (Kettenreaktion) ‖ ~/ловушечная (Pap) Fangstoff m ‖ ~/магнезитовая набивная (Met) Magnesitstampfmasse f, Magnesiastampfmasse f (Ofenfutter) ‖ ~/механическая древесная (Pap) mechanischer Holzschliff m ‖ ~/молекулярная (Ph, Ch) Molmasse f, molare Masse f ‖ ~/молекулярная средневесовая gewichtmittlere Molmasse f ‖ ~/молекулярная среднечисловая zahlenmittlere Molmasse f ‖ ~/молярная s. ~/молекулярная ‖ ~ на единицу тяги (Rak, Flg) Masse-Schub-Verhältnis n, Schubmasse f ‖ ~ на смоляной связке/доломитовая (Met) Teer-Dolomit-Stampfmasse f, Teer-Dolomit-Gemisch n (Ofenfutter) ‖ ~/набивная (Met) Stampfmasse f, Zustell[ungs]masse f, Auskleidungsmasse f (Ofenfutter) ‖ ~/наполнительная Füllmasse f, Füllstoff m, Füll[ungs]mittel n ‖ ~/начальная (Rak) Startmasse f ‖ ~/неуравновешенная (Masch) Unwuchtmasse f ‖ ~/носителя заряда (Eln) Ladungsträgermasse f ‖ ~/огнеупорная Feuerfestmasse f ‖ ~/отбитая (Bgb) Haufwerk n ‖ ~/отсортированная (Pap) Feinstoff m, Gutstoff m, büttenfertiger Stoff m ‖ ~/очистная (Ch) Reinigungsmasse f ‖ ~/очищенная s. ~/отсортированная ‖ ~ перевозимых грузов Transportmasse f ‖ ~/пластическая 1. Kunststoff m; 2. plastische Masse f ‖ ~/подрессорная (Eb) abgefederte Masse f (Fahrzeug) ‖ ~ покоя (Ph) Ruh[e]masse f ‖ ~ покоя электрона Ruhemasse f des Elektrons, Elektronenruhemasse f ‖ ~ покоя ядра Ruhemasse f des Atomkerns ‖ ~/полимеризационная (Ch) Polymerisationsmasse f ‖ ~/прессовочная (Kst) Preßmasse f ‖ ~/приведённая (Masch) reduzierte Masse f ‖ ~/провяленная (Lw) Welkgut n ‖ ~/пропиточная кабельная (El) Kabeltränkmasse f ‖ ~/ракеты/стартовая (Rak) Startmasse f ‖ ~/реакционная (Ch) Reaktionsmasse f, Reaktionsgemisch n ‖ ~/рудная Haufwerk n, Rohhaufwerk n ‖ ~/сгущённая (Pap) Dickstoff m ‖ ~/служебная (Eb) Dienstmasse f (Lok) ‖ ~/собственная s. ~ покоя ‖ ~/соломенная (Pap) Stroh[zell]stoff m ‖ ~/спекающаяся (Met) Sintermasse f ‖ ~/стартовая (Rak) Startmasse f ‖ ~/стеклянная Glasmasse f; Glasschmelze f ‖ ~/стержневая (Gieß) Kernmasse f, Kernformstoff m ‖ ~ судна/доковая Dockmasse f [eines Schiffs] ‖ ~/сухая Trockensubstanz f ‖ ~/сучковая (Pap) Ästestoff m, Knotenstoff m ‖ ~/термопластичная пластическая Thermoplast m, thermoplastischer (nichthärtbarer) Kunststoff m ‖ ~/термореактивная пластическая Duroplast m, duroplastischer (härtbarer) Kunststoff m ‖ ~/тонкая высококачественная древесная (Pap) Feinschliff m ‖ ~/тощая (Pap) röscher Stoff m ‖ ~/трамбовочная Stampfmasse f ‖ ~ тысячи зёрен Tausendkornmasse f, TKM ‖ ~/удельная 1. (Ph) Massendichte f, spezifische Masse f; 2. (Rak, Flg) Masse-Schub-Verhältnis n, Schubmasse f ‖ ~/уравновешенная (Masch) ausgeglichene Masse f ‖ ~/уравновешивающая (Masch) Ausgleichmasse f, Auswuchtmasse f, Gegenmasse f ‖ ~/утфельная Füllmasse f (Zuckergewinnung) ‖ ~/формовочная (Gieß) Formmasse f, Masse f, fetter Formsand m ‖ ~/химическая древесная (Pap) chemischer Schliff (Holzschliff) m, Chemieschliff m ‖ ~/шамотная Schamottemasse f ‖ ~/электродная Elektrodenmasse f ‖ ~ электрона/эффективная (Ph) effektive Elektronenmasse f

массив m 1. Massiv n; Massenkörper m; 2. (Bw) Quaderunterstützung f; Feld n, Massiv n; 3. (Inf) Datei f, Datenfeld n; 4. (Bgb, Geol) Massiv n, Anstehendes n; Schild m ‖ ~/горный (Geol) Gebirgsmassiv n, Gebirgskörper m, Gebirgsstock m ‖ ~ горных пород (Bgb, Geol) Gebirgsverband m, Gebirge n, Gesteinsmassiv n ‖ ~ данных (Inf) Datenbestand m, Datenblock m, Datenbereich m; Datei f, File n ‖ ~ данных/описательный Datenbeschreibungsdatei f, DBD ‖ ~ данных/последовательный m ‖ ~/жилой Wohngebiet n ‖ ~/закладочный (Bgb) Versatzmassiv n, Versatzkörper m ‖ ~/интрузивный (Geol) Intrusivkörper m ‖ ~ информации (Inf) Informationsmassiv n ‖ ~/исходный (Inf) Quelldatei f ‖ ~/каменный (Geol) Gesteinsmassiv n, Steinmassiv n, Felsmassiv n ‖ ~ констант (Inf) Konstantenbereich m ‖ ~/лесной Waldkomplex m, Waldung f ‖ ~/ненарушенный (нетронутый) (Bgb) unverritztes Gebirge n, Unverritztes n ‖ ~/основной (Inf) Stammdatei f, Hauptmassiv n, Bestandsdatei f ‖ ~/программный (Inf) Befehlsblock m, Programmblock m ‖ ~ результатов (Inf) Ergebnisfeld n ‖ ~/рудный (Bgb) anstehendes Erz n ‖ ~/справочный (Inf) Auskunftsdatei f ‖ ~/угольный (Bgb) anstehende Kohle f ‖ ~/экзотический (Geol) exotische Klippe f ‖ ~ ячеек памяти (Inf) Speicherbereich m, Bereich m von Speicherzellen

массикот m (Min) Bleiglätte f, Bleiocker m, Massicot m, Massicotit m
массогон m (Pap) Stofftreiber m
массоловка f s. массоловушка
массоловушка f (Pap) Stoffänger m, Stoffang m ‖ ~/фильтрационная Filterstoffänger m
массомялка f (Pap) Masseknetmaschine f
массообмен m (Ph, Ch) Stoffaustausch m, Massenaustausch m, Stofftransport m
массопередача f s. массообмен

массоперенос *m (Eln)* Massentransport *m*
массосодержание *n* Gehalt *m* in Masseeinheiten, Masse[n]gehalt *m*
масс-сепаратор *m (Kern)* Massenseparator *m*, Massentrenner *m* ‖ **~ по времени полёта** Laufzeitmassentrenner *m*, Flugzeitmassentrenner *m*
масс-спектр *m (Kern)* Massenspektrum *n*
масс-спектрограмма *f (Kern)* Massenspektrogramm *n*
масс-спектрограф *m (Kern)* Massenspektrograph *m* ‖ **~ Маттауха-Герцога** Mattauch-Herzogscher Massenspektrograph *m* ‖ **~ по времени пролёта** Laufzeitmassenspektrograph *m*
масс-спектрографический massenspektrographisch
масс-спектрография *f (Kern)* Massenspektrographie *f*
масс-спектрометр *m (Kern)* Massenspektrometer *n* ‖ **~ вторичных ионов** Sekundärionenmassenspektrometer *n*, SIMS ‖ **~ Демпстера** Dempstersches Massenspektrometer *n*, Massenspektrometer *n* nach Dempster ‖ **~/импульсный** Impulsmassenspektrometer *n* ‖ **~/импульсный прямоточный** Impulslaufzeitmassenspektrometer *n* ‖ **~/квадрупольный** Quadrupolmassenspektrometer *n* ‖ **~ Нирша** Niersches Massenspektrometer *n* ‖ **~ по времени пролёта** Laufzeitmassenspektrometer *n* ‖ **~/радиочастотный** Funkfrequenzlaufzeitspektrometer *n*
масс-спектрометрия *f (Kern)* Massenspektrometrie *f* ‖ **~/лазерная** Lasermassenspektrometrie *f*
масс-спектроскоп *m* Massenspektroskop *n*
масс-спектроскопия *f* Massenspektroskopie *f* ‖ **~/вторично-ионная** Sekundärionen-Massenspektroskopie *f*, SIMS
массы *fpl* **воды/присоединённые** *(Schiff)* mitschwingende Wassermassen *fpl*, hydrodynamische Massen *fpl (Schiffsschwingungen)* ‖ **~/вскрышные** *(Bgb)* Abraummassen *fpl*
мастер-колесо *n (Masch)* Meisterzahnrad *n*
мастер-модель *f (Gieß)* Muttermodell *n*, Urmodell *n*
мастерок *m* Maurerkelle *f*
мастерская *f* Werkstatt *f* ‖ **~/авторемонтная** Kfz-Reparaturwerkstatt *f*, Autoreparaturwerkstatt *f* ‖ **~/заводская** Betriebswerkstatt *f* ‖ **~/механическая** *(Schiff)* Maschinenwerkstatt *f* ‖ **~/модельная** *(Gieß)* Modelltischlerei *f*, Modellbauwerkstatt *f*, Urformwerkzeugbau *m*, UFW-Bau *m* ‖ **~/плавучая** Werkstattschiff *n* ‖ **~/ремонтная** Reparaturwerkstatt *f* ‖ **~/сборочная** Montagewerkstatt *f* ‖ **~/слесарная** Schlosserwerkstatt *f*, Schlosserei *f* ‖ **~/столярная** Tischlerwerkstatt *f*, Tischlerei *f* ‖ **~/электромеханическая** Elektrowerkstatt *f* ‖ **~/электроремонтная** Elektroreparaturwerkstatt *f*
мастер-станок *m (Wkzm)* Werkzeugmaschine *f* höchster Genauigkeit, Meistermaschine *f*
мастер-штамп *m* Meistergesenk *n*, Mustergesenk *n*, Einschlaggesenk *n*, Urgesenk *n*
мастика *f* 1. Mastix *m*, Mastixharz *n*; 2. *(El)* Compound *n (Füllmasse)*; 3. Bohnerwachs *m* ‖ **~/асфальтовая** *(Bw)* Asphaltmastix *m* ‖ **~/горячая битумная** Heißbitumenklebemasse *f* ‖ **~/уплотняющая** Dichtungsmasse *f*, Dichtungskitt *m* ‖ **~/холодная битумная** Kaltbitumenklebemasse *f*
масштаб *m* 1. Maßstab *m*; Skale *f*, Teilung *f*; 2. Maßstab *m (auf Plänen, Karten, Zeichnungen)* • **в естественном (истинном, реальном) масштабе времени** Echtzeit…, Realzeit… ‖ **~ аэрофотографирования** Luftbildmaßstab *m* ‖ **~/вертикальный** vertikaler Maßstab *m* ‖ **~ времени** Zeitmaßstab *m* ‖ **~ времени/истинный (реальный)** *(Inf)* Echtzeit *f*, Realzeit *f*; Echtzeitbetrieb *m* ‖ **~ выпуска** Produktionsumfang *m*, Produktionszahlen *fpl* ‖ **~/горизонтальный** horizontaler Maßstab *m* ‖ **~ заложения склона** *(Geod)* Böschungsmaßstab *m* ‖ **~ изображения** Bildmaßstab *m*, Abbildungsmaßstab *m* ‖ **~/линейный** lineare Teilung *f*, Längenmaßstab *m* ‖ **~/мезометеорологический** *(Geoph)* mesometeorologischer Maßstab *m*, mesometeorologische Skale *f* ‖ **~/микрометеорологический** *(Geoph)* mikrometeorologischer Maßstab *m*, mikrometeorologische Skale *f* ‖ **~ площадей** Flächenmaßstab *m* ‖ **~/поперечный** Quermaßstab *m*, Transversalmaßstab *m* ‖ **~/продольный** Längsmaßstab *m*, Longitudinalmaßstab *m* ‖ **~ производства** Produktionsumfang *m*, Produktionszahlen *fpl* ‖ **~ увеличения** Vergrößerungsmaßstab *m* ‖ **~ уменьшения** Verkleinerungsmaßstab *m* ‖ **~/усадочный** *(Gieß)* Schwindmaßstab *m*, Schwindmaß *n*
масштабирование *n* 1. Skalierung *f*, Scaling *n*, Skalierungsverhalten *n*; 2. Dimensionierung *f*, Anpassung *f (von Meßwerten)* ‖ **~/вертикальное** vertikale Skalierung *f*
масштабировать 1. skalieren; maßstabsgerecht ändern; 2. dimensionieren, anpassen *(Meßwerte)*
мат *m* Matte *f* ‖ **~/изоляционный** *(Text)* Isoliermatte *f (Nähwirktechnik)* ‖ **~/наступный** *(Fert)* Kontaktplatte *f (Sicherheitseinrichtung)* ‖ **~/шпигованный** *(Schiff)* gesteppte Havariematte *f*
математика *f* Mathematik *f* ‖ **~/высшая** höhere Mathematik *f* ‖ **~/прикладная** angewandte Mathematik *f* ‖ **~/элементарная** Elementarmathematik *f*
материал *m* 1. Material *n*, Stoff *m*, Gut *n (s. a. unter* вещество*)*; 2. Werkstoff *m*, Material *n* ‖ **~/абразивный** *(Fert)* Schleifmittel *n*, Abrasivwerkstoff *m*, abrasiver Werkstoff *m* ‖ **~/акустический** *(Bw)* Material *n* (Werkstoffe *mpl*) für Schallschutz und Raumakustik ‖ **~/антикоррозионный** korrosionsbeständiger Werkstoff *m* ‖ **~/антифрикционный** *(Masch)* Lagerwerkstoff *m*, Werkstoff *m* mit guten Gleiteigenschaften ‖ **~/базовый** *(Eln)* Substratmaterial *n (Halbleiter)* ‖ **~/безопасный плёночный** Sicherheitsfilm *m* ‖ **~/беспористый** dichter (porenfreier) Werkstoff *m (Pulvermetallurgie)* ‖ **~/валунный** *(Geol)* Geschiebematerial *n* ‖ **~/взрывчатый** Sprengmittel *n* ‖ **~/виброизоляционный** *(Bw)* Schwingungsdämmstoff *m* ‖ **~/влажный** Naßgut *n (Aufbereitung)* ‖ **~/возгоняемый** *(Ch)* Sublimationsgut *n* ‖ **~/войлочный** Filz *m*, Filzmaterial *n* ‖ **~/волокнистый** Faserstoff *m*, Fasermaterial *n*, Fasergut *n* ‖ **~/волокнистый композиционный** faserverstärkter Verbundwerkstoff *m (Pulvermetallurgie)*

|| ~/**высокоочищенный** hochreines Material n, hochreiner Werkstoff m || ~/**высокочастотный изоляционный** Hochfrequenzisolierstoff m || ~/**высушиваемый** Trockengut n || ~/**высушиваемый** s. ~/просушиваемый || ~/**выщелачиваемый** (Ch) Laugegut n || ~/**вяжущий** Bindemittel n || ~/**вязально-прошивной** (Text) Nähgewirke n || ~/**гидроизоляционный** (Bw) Sperrstoff m || ~/**делящийся** (Kern) Spaltmaterial n || ~/**диамагнитный** diamagnetischer Werkstoff m || ~/**дистиллируемый** (Ch) Destilliergut n || ~/**диэлектрический** dielektrischer Werkstoff m ~ **для диффузионного процесса** (Photo) Diffusionsübertragungsmaterial n || ~/**древесный** Holzwerkstoff m || ~/**дробимый** Brechgut n, Mahlgut n || ~/**дублированный** (Text) Verbundstoff m || ~/**дырочный** (Eln) P-leitendes (P-dotiertes) Material n, P-Material n (Halbleiter) || ~/**жирующий** (Led) Fettungsmittel n || ~/**забоечный** (Bgb) Besatz m (Sprengtechnik) || ~/**загружаемый** 1. Aufgabegut n (Aufbereitung); 2. s. ~/шихтовый || ~/**закладочный** (Bgb) Versatzmaterial n, Versatzgut n || ~/**замачиваемый** Weichgut n (Mälzerei) || ~/**заменный** Austauschstoff m, Austauschmaterial n || ~/**заправочный** (Met) Flickmasse f, Ausflickmasse f (Ofenfutter) || ~/**звукоизоляционный** (Bw) Schalldämmstoff m, schalldämmendes Material n || ~/**звукопоглощающий** (Bw) Schallschluckstoff m, Schalldämmstoff m, Schallabsorptionsstoff m || ~/**измельчаемый** Zerkleinerungsgut n, Mahlgut n || ~/**измельчённый** Mahlprodukt n || ~/**износостойкий** verschleißfester Werkstoff m || ~/**изолировочный (изолирующий, изоляционный)** 1. (El) Isolier[werk]stoff m; Isoliermaterial n, Isolationsmaterial n; 2. (Ak) Dämmstoff m; 3. (Bw) Sperrstoff m || ~/**инструментальный** s. режущий || ~/**испытываемый** 1. Prüfwerkstoff m, Prüfmaterial n; 2. Probe f, Prüfgegenstand m || ~/**исходный** Ausgangswerkstoff m, Ausgangsmaterial n || ~/**каркасный** (Text) Grundware f || ~/**керамикометаллический [режущий]** (Wkz) metallkeramischer Spanungswerkstoff m, Cermet n || ~/**кислотоупорный** (Ch) säurebeständiger Werkstoff m || ~/**классифицированный** klassierter Austrag m, klassiertes Gut n (Aufbereitung) || ~/**классифицируемый** Klassiergut n, Sichtgut n || ~/**композитный** Verbundwerkstoff m (Pulvermetallurgie) || ~/**композиционный** Verbundstoff m; Schichtpreßstoff m || ~/**конструктивный (конструкционный)** Baumaterial n, Baustoff m || ~/**кровельный** (Bw) Dachdeckstoff m || ~/**крупный** Grobgut n, stückiges Material (Gut) n || ~/**кусковой** s. крупный || ~/**лазерный** Lasermaterial n || ~/**лакокрасочный** Anstrichstoff m || ~/**легирующий** (Eln) Dotierungsstoff m (Halbleiter) || ~/**ленточный** (Typ) Bahnmaterial n, Rollenmaterial n || ~/**линейно-вязкоупругий** viskoelastisches Material n || ~/**листовой** Blech n, Bleche npl, Plattenmaterial n, Platten fpl || ~/**литейный волокно-усиленный** (Gieß) faserverstärkter Gußwerkstoff m || ~/**литой** Gußwerkstoff m || ~/**литьевой** Spritzgußmasse f || ~/**магнитный** magnetischer Werkstoff m, Magnetwerkstoff m || ~/**магнитомягкий** weichmagnetischer Werkstoff m || ~/**магнитострикционный** magnetostriktiver Werkstoff m || ~/**магнитотвёрдый** hartmagnetischer Werkstoff m || ~/**местный строительный** Baumaterial n aus örtlichen Vorkommen || ~/**минералокерамический режущий** (Wkz) oxidkeramischer Spanungswerkstoff m || ~/**мокрый** Naßgut n (Aufbereitung) || ~/**молотый** Mahlprodukt n || ~/**моренный** (Geol) Moränenmaterial n || ~/**набивочный** Packungswerkstoff m, Dichtungsstoff m, Packung f (Stopfbuchse) || ~/**наплавочный** Auftragschweißwerkstoff m || ~/**наполненный** (Kst) verstrecktes Material n || ~/**наполнительный** (Gieß) Füllmaterial n, Füllmasse f (z. B. in Kernen); Hinterfüllmaterial n, Hinterfüllmasse f || ~/**напылённый** Spritzgut n, Spritzwerkstoff m || ~/**насыпной** Schüttgut n || ~/**непроводящий** (El) nichtleitender Werkstoff m, Nichtleiterwerkstoff m || ~/**нетканый** nichtgewebtes Flächengebilde n (Nähgewirke) || ~/**неэлектропроводный** elektrisch nichtleitender Werkstoff m || ~/**обжигаемый** Röstgut n (NE-Metallurgie) || ~/**облицовочный** (Bw) Verkleidungsmaterial n, Verblendmaterial n || ~/**обогащённый** Anreicherungsgut n, Aufbereitungsgut n, Konzentrat n || ~/**обожжённый** (Met) Röstprodukt n || ~/**оборотный** Kreislaufmaterial n, Umlaufmaterial n; Umlaufgut n, Rückgut n || ~/**обрезной** Beschnittholz n, Beschnittmaterial n || ~/**огнеупорный** feuerfester Baustoff m, Feuerfeststoff m, feuerfester Werkstoff m || ~/**оседающий** Sinkgut n (Aufbereitung) || ~/**основной** (Schw) Grundwerkstoff m || ~/**отбираемый** Klaubegut n (Berge bzw. Haltiges); Ausschläge mpl (Kupferschiefer) || ~/**отделочный** Ausbaumaterial m, Ausbaumaterial n || ~/**отжигаемый** (Met) Glühgut n || ~/**открытоячеистый** offenzelliger (offenporiger) Schaum[kunst]stoff m, Schwammstoff m || ~/**отощающий** (Ker) Magerungsmittel n || ~/**отсеиваемый** Siebgut n || ~/**охлаждаемый** Kühlgut n || ~/**парамагнитный** Paramagnetikum n, paramagnetischer Stoff m || ~/**пароизоляционный** Dampfsperrstoff m || ~/**пенистый пластический** geschlossenporiger (geschlossenzelliger) Schaum[kunst]stoff m || ~/**перегоняемый** (Ch) Destilliergut n || ~/**перемешиваемый** Mischgut n || ~/**переплавляемый** (Met) Umschmelzgut n || ~/**переплётный** (Typ) Einbandstoff m, Bindematerial n || ~/**печатный** (Typ) Bedruckstoff m || ~/**поглощающий** (Ph) Absorbermaterial n (Kernreaktor) || ~ **подложки** (Eln) Scheibenmaterial n, Scheibensubstrat n (Halbleiter) || ~/**подшипниковый** (Masch) Lagerwerkstoff m || ~/**подшихтовочный** (Met) Zuschlagmaterial n, Zuschläge mpl (Schmelzofen) || ~/**полимерный** Polymerwerkstoff m || ~/**полупроводниковый** Halbleiter[werk]stoff m, Halbleitermaterial n || ~/**пористый пластический** offenporiger (offenzelliger) Schaum[kunst]stoff m, Schwamm[stoff] m || ~/**порошковый контактный** Sinterkontaktwerkstoff m (Pulvermetallurgie) || ~/**порошковый магнитомягкий** weichmagnetischer Sinterwerkstoff m (Pulvermetallurgie) || ~/**посевной** (Lw) Saatgut n || ~/**посевной дражированный** pilliertes Saatgut n || ~/**пошивочный** (Text) Nähmaterial n, Nähgut n || ~/**прессовочный** Preß-

материал

stoff *m* ‖ ~/**прессуемый** *(Met)* Preßwerkstoff *m*, Preßmaterial *n*, Preßgut *n* (Strangpressen, Flüssigpressen) ‖ ~/**прикладной** Zutatenmaterial *n* ‖ ~ **примеси** Dotierungsmaterial *n*, Dotant *m* (Halbleitertechnik) ‖ ~/**природный скальный** *(Bw)* Naturstein *m* ‖ ~/**присадочный** 1. Zuschlagmaterial *n*, Zuschläge *mpl* (Schmelzofen); 2. Schweißzusatzwerkstoff *m* ‖ ~/**проводниковый** *(El)* Leiterwerkstoff *m* ‖ ~/**проводящий** *(El)* leitender Werkstoff *m*, Leiterwerkstoff *m* ‖ ~/***n*-проводящий** *(Eln)* N-leitender Werkstoff *m* (Halbleiter) ‖ ~/**прокатываемый** Walzgut *n*, Walzmaterial *n* ‖ ~/**прокладочный** Dichtungsmaterial *n* ‖ ~/**проклеенный** *(Typ)* kaschiertes Material *n* ‖ ~/**промываемый** Waschgut *n* (Aufbereitung) ‖ ~/**проращиваемый** *(Brau)* Keimgut *n* (Mälzerei) ‖ ~/**просеиваемый** Siebgut *n* ‖ ~/**просушиваемый** zu trocknendes Gut *n*, Trocknungsgut *n*, Trockneraufgabegut *n* ‖ ~/**протравливаемый** *(Met)* Beizgut *n* ‖ ~/**протягиваемый** *(Umf)* Ziehgut *n* (Ziehen) ‖ ~/**профильный** Profilstahl *m*, Profile *npl* ‖ ~/**прутковый** *(Wlz)* Stabmaterial *n*, Stangenmaterial *n* ‖ ~/**прутковый круглый** *(Wlz)* Rundstabmaterial *m* ‖ ~/**прямого почернения** *(Photo)* direktschwärzendes Material *n* ‖ ~/**прямой обращаемый** *(Photo)* Direktpositivmaterial *n* ‖ ~/**радиокерамический** keramischer Hochfrequenzisolierstoff *m* ‖ ~/**разгружаемый** Austrag *m*, Austraggut *n* (Aufbereitung) ‖ ~/**раздробляемый** Brechgut *n* ‖ ~/**размалываемый** Mahlgut *n* ‖ ~/**размолотый** Mahlgut *n* ‖ ~/**разрезаемый** Schneidgut *n* ‖ ~/**расплавленный** Schmelzgut *n*, Schmelze *f*, Gießgut *n* ‖ ~/**режущий** *(Wkz)* Spanungswerkstoff *m*, Schneid[werk]stoff *m*, Werkzeugwerkstoff *m* ‖ ~/**режущий сверхтвёрдый** superharter Spanungswerkstoff *m* ‖ ~/**резистивный** *(Eln)* Resist *n* ‖ ~/**рентгеновский резистивный** *(Eln)* Röntgenresist *n* ‖ ~/**рулонный** 1. *(Bw)* bahnenförmiges Material *n*, Bahnenbelag *m*; 2. *(Typ, Pap)* Rollenmaterial *n*, Bahnmaterial *n* ‖ ~ **с заданными свойствами** Werkstoff *m* nach Maß, Werkstoff *m* mit vorgegebenen Eigenschaften ‖ ~/**самосмазывающийся** selbstschmierender Werkstoff *m* ‖ ~/**сварочный** Schweißzusatzwerkstoff *m* ‖ ~/**сверхпроводящий** *(Eln)* supraleitender Werkstoff *m* ‖ ~/**сверхтвёрдый** Superhartstoff *m*, superharter Werkstoff *m* ‖ ~/**сверхтвёрдый инструментальный** *(Wkz)* superharter Schneidwerkstoff *m* ‖ ~/**сверхчистый** Material *n* von (mit) höchstem Reinheitsgrad ‖ ~/**светотехнический** Werkstoff *m* für die Lichttechnik, lichttechnischer Werkstoff *m* (Sammelbegriff für Metalle, Legierungen, Kunststoffe, Glas, Keramik u. a. für Lampen und Leuchten) ‖ ~/**сепарируемый** Scheidegut *n*, Sichtgut *n* (Aufbereitung) ‖ ~/**слоистый прессовочный** Schichtpreßstoff *m* ‖ ~/**смазочный** Schmierstoff *m*, Schmiermittel *n* ‖ ~/**смешиваемый** Mischgut *n* ‖ ~/**сортовой** Formstahl *m*, Profilmaterial *n* ‖ ~/**спекаемый** Sinterwerkstoff *m*, Werkstoff *m* zum Sintern (Pulvermetallurgie) ‖ ~/**спечённый** Sinterwerkstoff *m*, gesinterter Werkstoff *m* (Pulvermetallurgie) ‖ ~/**стачиваемый** *(Text)* Nähmaterial *n*, Nähgut *n* ‖ ~/**стекловолокнистый** Glasfaserwerkstoff *m* ‖ ~/**стеновой** *(Bw)* Wandbaustoff *m* ‖ ~/**строительный** Baumaterial *n*, Baustoff *m* ‖ ~/**сухой** Trockengut *n* ‖ ~/**сушильный** Trockengut *n* ‖ ~/**сшиваемый** *(Text)* Nähmaterial *n*, Nähgut *n* ‖ ~/**сшитый** *(Kst)* vernetztes Material *n* ‖ ~/**сыпучий** Schüttgut *n*, Schüttstoff *m* ‖ ~/**твёрдый смазочный** *(Trib)* Festkörperschmierstoff *m* ‖ ~/**твёрдый электроизоляционный** *(El)* fester Isolierstoff *m* ‖ ~/**теплоизоляционный** Wärmeisolierstoff *m*, Wärmeisolationsstoff *m*, Wärmeisolationsmaterial *n*, Wärmedämmstoff *m* ‖ ~/**термоизоляционный** *s.* ~/**теплоизоляционный** ‖ ~ *i*-**типа** *(Eln)* I-leitendes (eigenleitendes) Material *n*, I-Material *n* ‖ ~ *n*-**типа** *s.* ~/**электронный** ‖ ~ *p*-**типа** *s.* ~/**дырочный** ‖ ~/**транспортируемый** Fördergut *n* ‖ ~ **трения** Reibwerkstoff *m* ‖ ~/**упаковочный** 1. Einbettmaterial *n* (Pulvermetallurgie); 2. *(Gieß)* Packmittel *n* (Tempergruß) ‖ ~/**уплотняющий** Dichtungsmaterial *n* ‖ ~/**установочный** Installationsmaterial *n* ‖ ~/**фасонный листовой** Formblech *n* ‖ ~/**ферромагнитный** ferromagnetischer Werkstoff *m*, Ferromagnetikum *n* ‖ ~/**фильтруемый** Filtergut *n* ‖ ~/**фильтрующий** Filtermittel *n*, Filtermedium *n* ‖ ~/**флотирующийся** Schwimmgut *n* (Flotation) ‖ ~/**флюсующий** Flußmittel *n*, Schmelzmittel *n*; *(Met)* Zuschlag[s]material *n*, Zuschlag *m* ‖ ~/**формовочный** *(Gieß)* Formstoff *m*, Formmaterial *n* ‖ ~/**фотографический** *(Photo)* Photomaterial *n* (*s. а.* фотоматериал) ‖ ~/**фрикционный** Reibwerkstoff *m* ‖ ~/**футеровочный** *(Met)* Stampfmasse *f*, Zustell[ungs]masse *f*, Auskleidungsmasse *f* ‖ ~/**цветной многослойный** *(Photo)* Mehrschichtenfarbmaterial *n* ‖ ~/**цементирующий** *(Härt)* Einsatzmaterial *n*, Einsatzgut *n* (Einsatzhärtung) ‖ ~/**центрифугируемый** Schleudergut *n* ‖ ~/**шихтовый** *(Met)* Einsatz *m*, Einsatzgut *n*, Beschickungsgut *n*, Beschickung *f*, Charge *f* ‖ ~/**шлакующий** *(Met)* Zuschlagstoff *m*, Zuschlagmaterial *n*, schlackenbildendes Material *n* ‖ ~/**штучный** 1. Stückgut *n*; 2. stückiges Material *n* ‖ ~/**экстрагируемый** Extraktionsgut *n* ‖ ~/**электроизолирующий (электроизоляционный)** Elektroisolierstoff *m* ‖ ~/**электронно-резистивный** *(Eln)* Elektronenstrahlresist *n* ‖ ~/**электронный** N-leitendes (elektronenleitendes) Material *n*, N-Material *n* ‖ ~/**эталонный** Fixpunktmaterial *n* (für die Darstellung der Temperaturskale)

материаловедение *n* Werkstoffkunde *f*
материалоёмкий materialaufwendig, materialintensiv
материк *m* Kontinent *m*, Festland *n*
матирование *n* 1. *(Fert)* Mattieren *n*, Mattierung *f*; 2. *(Glas)* Mattätzen *n* ‖ ~/**внешнее** Außenmattierung *f* ‖ ~/**внутреннее** Innenmattierung *f*
матировка *f s.* матирование
матка *f* *(Gum)* Vormischung *f*, Masterbatch *m* ‖ ~/**сажевая** Rußvormischung *f* ‖ ~/**ускорительная** Beschleunigervormischung *f* ‖ ~/**цинковая** Zinkweißvormischung *f*
матобеспечение *n* *(Inf)* Systemunterlagen *fpl*, Software *f* ‖ ~/**машинно-ориентированное** maschinenorientierte Systemunterlagen *fpl* (Software *f*) ‖ ~/**проблемно-ориентированное**

problemorientierte Systemunterlagen *fpl* (Software *f*)

матование *n* (*Glas*) Mattierung *f*, Mattieren *n* ‖ ~/**пескоструйное** Sandstrahlmattierung *f*

матовость *f* (*Text*) Matteffekt *m*, Mattigkeit *f*

матовый blendfrei; matt

маточник *m* Mutterlauge *f*

матрица *f* 1. (*Math*) Matrix *f*; 2. (*El, Eln*) Array *n*; Netzwerk *n*; 3. (*Typ*) Mater *f*, Matrize *f*; 4. (*Umf*) Matrize *f*, Stanzmatrize *f*, Stanzform *f*; 5. Preßring *m*; 6. Prägeform *f*, Modell *n* (*Prägen*); 7. (*Umf*) Ziehform *f*, Ziehdüse *f*, Zieheisen *n* (*Ziehen*); 8. Niederschlagform *f* (*Galvanisieren*); 9. (*Fert*) Schnittwerkzeug *n*, Schnitt *m*; Matrize *f*, Unterstempel *m* ‖ ~/**алмазная** (*Umf*) Diamantziehform *f*, Diamantziehdüse *f*, Diamantziehstein *m* (*Ziehen*) ‖ ~/**вентильная** (*Eln*) Gate-Array *n*, Gatteranordnung *f*, Gatterfeld *n* ‖ ~/**верхняя** (*Schm*) Obergesenk *n* (*Presse*) ‖ ~ **возмущений** (*Ph*) Störungsmatrix *f* ‖ ~ **волновой проводимости** Wellenleitwertmatrix *f* (*Wellenleiter*) ‖ ~/**волочильная** (*Umf*) Drahtziehform *f*, Drahtziehdüse *f*, Drahtziehdorn *m*, Hohlziehwerkzeug *n* ‖ ~/**декодирующая** (*Eln*) Dekodiermatrix *f* ‖ ~/**диагональная** (*Math*) Diagonalmatrix *f* ‖ ~/**диодная** (*Eln*) Dioden-Array *n*, Diodenmatrix *f*, Diodennetzwerk *n* ‖ ~ **доступа** Zugriffsmatrix *f* ‖ ~/**единичная** Einheitsmatrix *f* ‖ ~/**жёсткости** (*Mech*) Streifigkeitsmatrix *f* ‖ ~/**жидкокристаллическая** Flüssigkristalldisplay *n* ‖ ~ **запоминающего устройства** (*Inf*) Speichermatrix *f* ‖ ~/**индикаторная** Anzeigematrix *f* (*Flüssigkristallanzeige*) ‖ ~ **когерентности** (*Opt*) Kohärenzmatrix *f* ‖ ~/**кодирующая** (*Eln, Inf*) Kodiermatrix *f* ‖ ~/**комплексно-сопряжённая** (*Math*) konjugiert komplexe Matrix *f* ‖ ~ **коэффициентов** Koeffizientenmatrix *f* ‖ ~/**лазерная** Lasermatrix *f* ‖ ~/**логическая** (*Eln, Inf*) Logikanordnung *f*, Logik-Array *n*, Schaltungsanordnung *f* ‖ ~/**металлическая** (*Met*) Legierungsträger *m*, Grundmetall *n* (Grundmasse *f*) einer Legierung *f* ‖ ~/**многомерная** (*Math*) mehrdimensionale Matrix *f* ‖ ~/**многоочковая** Mehrlochmatrize *f* (*Pulvermetallurgie*) ‖ ~/**накопительная** (*Inf*) Speichermatrix *f* ‖ ~/**насосная** (*Pap*) Pumpmatrize *f* ‖ ~/**некоммутируемая логическая** (*Eln*) unverdrahtete Logikanordnung *f*, ULA ‖ ~/**нижняя** (*Schm*) Untergesenk *n* ‖ ~/**обратная** (*Inf*) inverse Matrix *f* ‖ ~/**обрезная** (*Fert*) Abgratschnittwerkzeug *n*, Abgratschnitt *m*, Entgrateschnittwerkzeug *n*, Entgrateschnitt *m* ‖ ~/**оптоэлектронная** (*Eln*) optoelektronische Matrix *f* ‖ ~/**осадочная** (*Umf*) Vormatrize *f* (*Rohrziehen*) ‖ ~ **памяти** (*Inf*) Speichermatrix *f* ‖ ~ **Паули** *s*. ~ Паули/спиновая ‖ ~ **Паули/спиновая** (*Kern*) [Paulische] Spinmatrix *f*, Pauli-Matrix *f*, Paulische Matrix *f* ‖ ~/**передаточная** (*El*) Übertragungsmatrix *f* ‖ ~/**переключательная** (*El*) Umschaltmatrix *f*, Schaltmatrix *f* ‖ ~/**переходов** (*Inf*) Übergangsmatrix *f* ‖ ~/**подвижная** Schwebemantelmatrize *f* (*Pulvermetallurgie*) ‖ ~/**подсосная** (*Pap*) Saugmatrize *f* ‖ ~/**правильного штампа** (*Schm*) Planiermatrize *f*; Richtgesenk *n* ‖ ~/**преобразования** (*Math*) Transformationsmatrix *f* ‖ ~/**присоединённая** (*Math*) adjungierte Matrix *f* ‖ ~ **проводимостей** (*El*) Leitwert[s]matrix *f* (*Vier-*

pol) ‖ ~/**программируемая логическая** (*Inf*) programmierbare Logik-Matrix *f*, PLM ‖ ~ **программируемого запоминающего устройства** (*Inf*) Festwertspeichermatrix *f* ‖ ~/**протяжная** Ziehbrett *n* (*Ziehen*) ‖ ~/**рабочая** 1. Matrize *f*, Untergesenk *n*; 2. Schnitt *m*, Schnittwerkzeug *n*; 3. Schnittplatte *f* ‖ ~/**разъёмная** (*Schm*) Einsatzgesenk *n* ‖ ~ **распознавания** (*Inf*) Erkennungsmatrix *f* ‖ ~ **рассеяния** Streumatrix *f* ‖ ~ **рихтовочного штампа** (*Schm*) Planiermatrize *f*; Richtgesenk *n* ‖ ~/**самосканирующая самостабтастеnде** Matrix *f* ‖ ~/**сенсорная** (*Eln*) Sensor[en]matrix *f* ‖ ~/**систологическая** (*Inf*) systologische Matrix *f* ‖ ~ **сопротивления** (*El*) Widerstandsmatrix *f* ‖ ~ **сопряжения** (*Eln*) Koppelmatrix *f* ‖ ~/**спиновая** *s*. ~ Паули/спиновая ‖ ~/**столбцовая** (*Math*) Spaltenmatrix *f* ‖ ~ **столкновений** (*Ph*) Stoßmatrix *f* ‖ ~/**транзисторная** (*Eln*) Transistor-Array *n* ‖ ~/**транспонированная** (*Math*) transponierte (gestürzte) Matrix *f* ‖ ~/**унитарная** unitäre Matrix *f* ‖ ~/**ферритовая** Ferritkernmatrix *f* ‖ ~/**фотодиодная** Photodiodenmatrix *f* ‖ ~/**фотоприёмная** Photo[zellen]matrix *f*, *oft*: CCD-Matrix *f* ‖ ~/**фотопроводящая** (*Eln*) photoelektrische Matrix *f* ‖ ~/**функциональная** (*Math*) Funktionalmatrix *f* ‖ ~/**цеп[оч]ная** Kettenmatrix *f* ‖ ~ **четырёхполюсника** (*El*) Vierpolmatrix *f* ‖ ~ **штырьковых выводов** (*Eln*) Anschlußstiftmatrix *f*

RC-матрица *f* (*El, Eln*) RC-Matrix *f*, RC-Netzwerk *n*

S-матрица *f* S-Matrix *f*, Streumatrix *f* (*Quantenmechanik*)

матрица-вставка *f* Matrizeneinsatz *m*, Matrizenauskleidung *f* (*Pulvermetallurgie*)

матрица-накопитель *f* (*Inf*) Speichermatrix *f*

матрица-образец *f* (*Schm*) Mustergesenk *n*, Meistergesenk *n*

матрица-столбец *f* (*Math*) Spaltenmatrix *f*

матрица-строка *f* (*Math*) Zeilenmatrix *f*, Zeilenvektor *m*

матрицедержатель *m* 1. Schnittplattenhalter *m*, Matrizenhalter *m*; 2. (*Schm*) Mundring *m*, Mundringhalter *m* (*Horizontalstrangpresse*); 3. Matrizenhalter *m* (*Pulvermetallurgie*)

матрицирование *n* Matrizierung *f*

мах *m* 1. Schwung *m*, Schwingung *f*; 2. Flügelholm *m* (*Windrad*); 3. *s*. число Маха

маховик *m* 1. (*Masch*) Schwungrad *n*; 2. (*Wkzm*) Handrad *m* (*Bedienelement*) ‖ ~/**дисковый** Scheibenschwungrad *n*; Schwungradscheibe *f* ‖ ~ **регулирования** Stellglied *n* ‖ ~/**спицовый** Speichenschwungrad *n*

маховик-шкив *m* **канатной передачи** Seilscheibenschwungrad *n*

маховичок *m* (*Masch*) Handrad *n* ‖ ~ **с лимбом** Handrad *n* mit Anzeigeskale

мацерировать mazerieren

мачта *f* Mast *m*; Turm *m*; Säule *f* (*s. a. unter* колонна 1. *und* стойка) ‖ ~/**ажурная** Gittermast *m* ‖ ~/**антенная** Antennenmast *m* ‖ ~/**буровая** (*Bgb*) Bohrmast *m* ‖ ~/**выдвижная** ausfahrbarer Mast *m* ‖ ~/**грузовая** (*Schiff*) Lademast *m* ‖ ~/**двуногая** Zweibeinmast *m*, A-Mast *m* ‖ ~/**железная ферменная** Stahlgittermast *m* ‖ ~/**заваливающаяся** (*Schiff*) Klappmast *m* ‖ ~/**кабельная** (*Rak*) Kabelmast *m* ‖ ~/**мон-

мачта

та́жная (Bw) Aufstellmast m, Rüstmast m, Montagemast m ‖ ~/Л-образная A-Mast m, Zweibeinmast m ‖ ~/одина́рная (одино́чная) Einzelmast m ‖ ~/опо́рная Trägermast m, Stützmast m ‖ ~/П-образная Portalmast m ‖ ~/поворо́тная Drehsäule f (eines Krans) ‖ ~/подде́рживающая Stützmast m ‖ ~/радиолокацио́нная Radarmast m ‖ ~/решётчатая Gittermast m ‖ ~ с оття́жками abgespannter Mast m ‖ ~/семафо́рная (сигна́льная) (Eb) Signalmast m ‖ ~/составна́я (Schiff) gebauter Mast m ‖ ~/треногая (трёхно́гая) Dreibeinmast m ‖ ~/тру́бчатая Rohrmast m

мачта-анте́нна f selbstschwingender (selbststrahlender) Antennenmast m, Mastantenne f

мачта-многодере́вка f s. мачта/составна́я

мачта-трено́га f Dreibeinmast m

маши́на f Maschine f ‖ ~/абсорбцио́нная холоди́льная Absorptionskältemaschine f ‖ ~/абстра́ктная (Kyb) abstrakte Maschine f ‖ ~/абстра́ктная вычисли́тельная abstrakter Rechner m, Pseudorechner m ‖ ~/авиадеса́нтная (Mil) Luftlandefahrzeug n ‖ ~/автоге́нная сва́рочная Autogenschweißmaschine f, Gas[schmelz]schweißmaschine f ‖ ~/автомати́ческая бухга́лтерская Buchungsautomat m ‖ ~/автомати́ческая вычисли́тельная Rechenautomat m ‖ ~/автомати́ческая конта́ктная automatische Widerstandsschweißmaschine f, Widerstandsschweißautomat m ‖ ~/автомати́ческая стыкова́я automatische Widerstandsstumpfschweißmaschine f ‖ ~ автомати́ческого монта́жа (Eln) Bestückungsautomat m ‖ ~/автоно́мная Maschine f mit Eigenantrieb ‖ ~/авторемо́нтная Kfz-Reparaturwerkstatt f, Autoreparaturwerkstatt f, Kfz-Instandsetzungswerkstatt f ‖ ~/агломерацио́нная Sintermaschine f, Sinteranlage f, Sinterapparat m, Sintergerät n (Aufbereitung) ‖ ~/агрега́тная ротацио́нная [печа́тная] (Typ) Aggregatrotationsmaschine f ‖ ~/алфави́тно-цифрова́я вычисли́тельная alphanumerischer Rechner m ‖ ~/аммиа́чная холоди́льная Ammoniakkältemaschine f ‖ ~/анало́говая вычисли́тельная Analogrechner m ‖ ~/анало́говая управля́ющая [вычисли́тельная] analoger Prozeßrechner m, analoge Prozeßrechenanlage f ‖ ~/ана́лого-цифрова́я вычисли́тельная Analog-Digital-Rechner m, Hybridrechner m ‖ ~/аппрету́рная (Led) Appreturmaschine f ‖ ~/арко́вая врубо́вая (Bgb) Bogenstrebschrämmaschine f ‖ ~/армату́рная (Bw) Bewehrungsmaschine f ‖ ~/асинхро́нная (El) Asynchronmaschine f ‖ ~/асинхро́нная вычисли́тельная Asynchronrechner m, asynchrone Rechenmaschine f ‖ ~/асинхро́нная короткозамкну́тая (El) Asynchronmaschine f mit Kurzschlußläufer (Kurzschlußanker) ‖ ~/асинхро́нная трёхфа́зная (El) Drehstromasynchronmaschine f ‖ ~/асинхро́нная цифрова́я вычисли́тельная digitaler Asynchronrechner m ‖ ~/асинхро́нная электри́ческая (El) Asynchronmaschine f ‖ ~/ба́зовая вычисли́тельная Basisrechenmaschine f ‖ ~/балансиро́вочная (Masch) Auswuchtmaschine f ‖ ~/банкомое́чная Dosenwaschmaschine f (Konservenherstellung) ‖ ~/бараба́нная подъёмная (Bgb) Trommelfördermaschine f ‖ ~/бараба́нная стира́льная [электри́ческая] Trommelwaschmaschine f ‖ ~/бараба́нная шлихтова́льная (Text) Zylinderschlichtmaschine f, Sizingmaschine f ‖ ~/ба́ровая (Bgb) Schrämmaschine f ‖ ~/ба́ровая врубо́вая (Bgb) Kerbmaschine f ‖ ~/басо́нная (Text) Posamentiermaschine f, Galonmaschine f ‖ ~/безредукторная подъёмная формо́вочная (Gieß) Formmaschine f für das kastenlose Formen ‖ ~/безредукторная подъёмная getriebelose Fördermaschine f ‖ ~/бельево́го произво́дства/вяза́льная Untertrikotagenwirkmaschine f ‖ ~/бёрдовяза́льная (Text) Blattbindemaschine f ‖ ~/бёрдоочисти́тельная (Text) Blattputzmaschine f ‖ ~/бёрдопробо́рная (Text) Webblatteinziehmaschine f, Blattstechmaschine f ‖ ~/бёрдочная (Text) Blattbindemaschine f ‖ ~/бесколле́кторная (El) kommutatorlose Maschine f ‖ ~ бесшве́йного скрепле́ния (Typ) Klebebindemaschine f ‖ ~/бетоноотде́лочная Betondeckenfertiger m, Betonstraßenfertiger m ‖ ~/бетоноукла́дочная Betoniermaschine f, Betonverteiler m ‖ ~/бигова́льная (Typ) Rillen[biege]maschine f ‖ ~/би́тельная (Text) 1. Beetlemaschine f (Faseraufbereitung); 2. Stoßkalander m; Stampfkalander m ‖ ~/бланширо́вочная (Led) Blanchiermaschine f ‖ ~/боби́нная (Text) Spulmaschine f ‖ ~/боби́нажно-перемо́точная (Text) Bobinenumspulmaschine f (Kreuzspulmaschine) ‖ ~/боби́нетовая (Text) Bobinetmaschine f ‖ ~/боби́нная подъёмная (Bgb) Bobinenfördermaschine f ‖ ~/болтоко́вочная Bolzenschmiedepresse f, Bolzenschmiedemaschine f ‖ ~/больша́я вычисли́тельная Mainframe m, Großrechner m ‖ ~/бортова́я цифрова́я вычисли́тельная Bordrechner m, Bordcomputer m ‖ ~/бортореза́тельная (Gum) Wulstschneidemaschine f, Entwulstmaschine f ‖ ~/ботвоубо́рочная (Lw) Krauterntemaschine f (Kartoffeln); Köpflader m (Rüben) ‖ ~/брако́вочная (Text) Warenschaumaschine f ‖ ~/брако́вочно-мери́льная (Text) Warenschau- und Meßmaschine f ‖ ~/брошюро́вочная (Typ) Broschiermaschine f (zum Leimen, Einhängen, Anreiben und Pressen von Broschüren) ‖ ~/бры́згальная (Text) Spritzmaschine f ‖ ~/брызгозащищённая [электри́ческая] (El) spritzwassergeschützte Maschine f ‖ ~/бу́квенно-цифрова́я вычисли́тельная alphanumerischer Rechner m ‖ ~/бумагоде́лательная Papiermaschine f ‖ ~/бумагокра́сильная (Pap) Streichmaschine f ‖ ~/бумагоре́зательная Papierschneidemaschine f ‖ ~/бумагоре́зательная трёхножева́я (Typ) Dreischneider m, Dreiseitenbeschneidemaschine f ‖ ~/бунтовяза́льная (Wlz) Bundbindemaschine f ‖ ~/бурова́я (Bgb) Bohrgerät n, Bohrmaschine f (s. стано́к/бурово́й) ‖ ~/буро[по]грузочная (Bgb) Bohr- und Lademaschine f ‖ ~/буты́лочная (Glas) Flaschenblasmaschine f ‖ ~/бухга́лтерская Buchungsmaschine f ‖ ~/быстроде́йствующая вычисли́тельная Schnellrechner m ‖ ~/быстрохо́дная Schnelläufer m, hochtourige Maschine f, Maschine f mit hoher Drehzahl ‖ ~/бытова́я стира́льная Haushaltwaschmaschine f ‖

~/бытовая швейная Haushaltnähmaschine f ll
~/вакуум-закаточная Vakuum-Dosenverschließmaschine f (Konservenherstellung) ll
~/вакуумная холодильная Vakuumkältemaschine f ll ~/вакуумно-выдувная (Glas) Saugblasemaschine f ll ~/вакуум-упаковочная Evakuierungsvorrichtung f, Evakuierungsgerät n (für Verpackungszwecke) ll ~/вакуум-формовочная (Kst) Vakuumformmaschine f ll ~/валиковая меловальная (Pap) Walzenstreichmaschine f, Glättwalzenstreichmaschine f ll ~/валичная отжимная (Led) Walzenabwelkmaschine f ll ~/валичная разводная (Led) Walzenausreckmaschine f ll ~/валичная сукновальная (Text) Walzenwalke f ll ~/валичная чесальная (Text) Walzenkrempel f, Walzenkarde f ll ~/валичная чистильная (Led) Walzenentfleischmaschine f ll ~/валяльная s.
~/сукновальная ll ~/ваточная чесальная (Text) Mittelkrempel f, Wattekrempel f ll ~/вертикальная Maschine f in vertikaler (stehender) Bauart, Vertikalmaschine f ll ~/вертикально-ковочная Senkrechtschmiedemaschine f ll
~/ветросиловая Windkraftmaschine f, Windrad n ll ~/взрывозащищённая (El) explosionsgeschützte Maschine f; (Bgb) schlagwettergeschützte Maschine f ll ~/вибрационная 1. Rüttelmaschine f, Schüttelmaschine f; 2. Schwing[ungs]prüfmaschine f ll ~/вибрационная формовочная (Gieß) Vibrationsformmaschine f, Vibroformmaschine f, Vibrorüttler m ll ~/винтозавёртывающая (Wkzm) Schrauber m für Außengewindeteile ll ~/виртуальная (Inf) virtuelle Maschine f ll ~/вкладочно-швейная (Typ) Zusammentrag- und Heftmaschine f ll ~/водозащищённая [электрическая] (El) strahlwassergeschützte Maschine f; schwallwassergeschützte Maschine f ll ~/водочерпательная Wasserschöpfwerk n ll ~/воздуходувная (Met) Gebläsemaschine f, Windmaschine f, Gebläse n (Hochofen) ll ~/воздухоохладительная (Bgb) Wetterkühlmaschine f ll ~/воздушная холодильная Kaltluftkältemaschine f ll ~/войлочно-ворсовальная (Text) Filzrauhmaschine f ll
~/волокноотделительная (Text) Egreniermaschine f, Entkörnungsmaschine f ll ~/волокно-очистительная s. волокноочиститель ll
~/волососогонная Enthaarmaschine f ll
~/вольтодобавочная электрическая (El) spannungserhöhende Boostermaschine f ll
~/вольтопонижающая электрическая (El) spannungserniedrigende Boostermaschine f, Boostermaschine f in Gegenschaltung ll ~/ворсовальная (Text) Rauhmaschine f ll ~ враспpавку/промывная (Text) Breitwaschmaschine f ll ~/вращательная бурильная (Bgb) Drehbohrmaschine f ll ~/вращательно-ударная бурильная (Bgb) Drehschlagbohrmaschine f ll ~/врубовая (Bgb) Schrämmaschine f ll ~/врубово-навалочная (врубо-погрузочная) (Bgb) Schrämmlader m, Schrämlademaschine f ll ~/врубо-отбойная (Bgb) Schrämmaschine f ll ~/вскрышная (Bgb) Abraumgerät n ll ~/вспомогательная вычислительная Satellitenrechner m ll ~/вспомогательная подъёмная Nebenfördermaschine f ll ~/встряхивающая (Gieß) Rüttelmaschine f, Rüttler m ll

~/встряхивающая стержневая (Gieß) Rüttelkernformmaschine f, Kernrüttler m ll ~/встряхивающая формовочная Rüttelformmaschine f, Rüttler m ll ~ второго поколения/вычислительная Rechner m der zweiten Generation ll ~/выгрузочная Entlademaschine f, Entlader m ll ~/выдувная Blas[e]maschine f ll ~/выемочная (Bgb) Gewinnungsgerät n ll ~/выемочно-погрузочная (Bgb) Gewinnungs- und Ladegerät n ll ~/высадочная (Schm) Stauchmaschine f ll ~/высоковольтная (El) Hochspannungsmaschine f ll ~ высокого давления/формовочная (Gieß) Hochdruck-Preßformmaschine f ll ~/высокой вытяжки/ленточная (Text) Hochverzugsstrecke f ll ~ высокой вытяжки/тазово-перегонная ровничная (Text) Hochverzugsmittelflyer m ll ~ высокой вытяжки/тазово-тонкая ровничная (Text) Hochverzugsfeinflyer m ll ~ высокой печати (Typ) Hochdruckmaschine f, Buchdruckmaschine f ll ~ высокой частоты (El) Hochfrequenzmaschine f ll ~/высокопроизводительная Hochleistungsmaschine f ll ~/высокотемпературная красильная (Text) Hochtemperaturfärbemaschine f ll ~/высокочастотная (El) Hochfrequenzmaschine f ll ~/вытяжная Ziehmaschine f ll ~/вычислительная Rechner m, Computer m ll ~/вышивальная 1. (Met) Bindemaschine f, Bundbindemaschine f; 2. (Text) Strickmaschine f, Wirkmaschine f ll ~/вязально-прошивная (Text) Nähwirkmaschine f ll ~/газетная печатная Zeitungsdruckmaschine f ll ~/газетная ротационная Zeitungsrotationsmaschine f ll ~/газовая холодильная Kaltgaskältemaschine f ll
~/газодувная s. газодувка ll ~/газонепроницаемая [электрическая] (El) gasdicht gekapselte Maschine f ll ~/газоопаливающая (Text) Gassengmaschine f, Gasiermaschine f ll ~/газопрессовая [сварочная] Gaspreßschweißmaschine f ll ~/газорежущая (газорезательная) Brennschneidmaschine f ll ~/газосварочная Gasschmelzschweißmaschine f, Autogenschweißmaschine f ll ~/гайкозавёртывающая (Wkzm) Schrauber m für Innengewindeteile ll ~/гвоздильная Nagelpresse f, Nagelmaschine f (Herstellung von Nägeln) ll ~/герметически закрытая [электрическая] (El) gas- und wasserdicht gekapselte Maschine f ll ~/гибочная Biegemaschine f, Umbiegemaschine f; Abbiegemaschine f (Stranggießen) ll ~/гибочно-профилировочная (Met) Profilier- und Sickenmaschine f, Profilbiegemaschine f ll ~/гибридная вычислительная Hybridrechner m ll ~/гидравлическая рулевая (Schiff) hydraulische Rudermaschine f ll ~/гидравлическая формовочная (Gieß) hydraulische Formmaschine f ll
~/гипотетическая вычислительная abstrakter Rechner m, Pseudorechner m ll ~/главная вычислительная Hostcomputer m, Hostrechner m ll ~/главная подъёмная (Bgb) Hauptschachtfördermaschine f ll ~/гладильная (Text) Plättmaschine f, Bügelmaschine f (Veredlung) ll ~/глазировочная Glasiermaschine f (Fischverarbeitung) ll ~ глубокой печати/листовая Bogentiefdruckmaschine f, Tiefdruckbogenmaschine f ll ~ глубокой печати/листовая ро-

машина

тационная Bogenrotationstiefdruckmaschine f, Tiefdruckbogenrotationsmaschine f ‖ ~ **глубокой печати/ротационная** Rotationstiefdruckmaschine f, Tiefdruckrotationsmaschine f ‖ ~ **глубокой печати/рулонная** Rollentiefdruckmaschine f, Tiefdruckrollenmaschine f ‖ ~ **глубокой печати/рулонная ротационная** Rollenrotationstiefdruckmaschine f, Tiefdruckrollenrotationsmaschine f ‖ ~/**головоотрезающая (головоотсекающая, головорубочная)** Köpfmaschine f *(Fischverarbeitung)* ‖ ~/**горизонтальная** Maschine f in horizontaler (liegender) Bauart, Horizontalmaschine f ‖ ~/**горизонтально-высадочная** *(Schm)* Horizontalstauchmaschine f ‖ ~/**горизонтально-гибочная** Horizontalbiegepresse f ‖ ~/**горизонтально-ковочная** Waagerechtschmiedemaschine f ‖ ~/**горная** *(Bgb)* Berg[bau]maschine f ‖ ~/**горнодобывающая** *(Bgb)* Gewinnungsmaschine f ‖ ~/**горнопроходческая** *(Bgb)* Vortriebsgerät n, Vortriebsmaschine f ‖ ~/**гофрировочная** *(Text)* Stauchkräuselmaschine f ‖ ~/**гребенная ленточная** *(Text)* Nadelstabstrecke f, Hechelfeldstrecke f ‖ ~/**гребковая погрузочная** *(Bgb)* Zughakenlader m ‖ ~/**гребнечесальная** Kämmaschine f *(Spinnerei)* ‖ ~/**грейферная погрузочная** *(Bgb)* Greifer m *(Schachtabteufen)* ‖ ~/**грубая ленточная** *(Text)* Grobstrecke f ‖ ~/**грубая чесальная** *(Text)* Grobkrempel f, Vorkrempel f, Vorkarde f, Reißkrempel f ‖ ~/**грузоподъёмная** Hebemaschine f *(Sammelbegriff für Krane und andere Hebezeuge)* ‖ ~/**грунтосмесительная** *(Bw)* Bodenfräse f, Bodenvermischer m ‖ ~/**грунтоуплотнительная** *(Bw)* Bodenverdichtungsmaschine f ‖ ~/**гусеничная** Kettenfahrzeug n ‖ ~/**гусеничная буровая** *(Bgb)* Raupenbohrgerät n ‖ ~/**гусеничная врубовая** *(Bgb)* Kettenschrämmaschine f ‖ ~/**дальнеструйная дождевальная** *(Lw)* Weitstrahlberegnungsmaschine f ‖ ~/**двоильная** *(Led)* Spaltmaschine f ‖ ~/**двоильно-мерильная** *(Text)* Gewebefalt- und Meßmaschine f, Meß-Dublier-Legemaschine f, Meß-Dublier-Wickelmaschine f ‖ ~/**двойная круглая трикотажная** zweifonturige Rundwirkmaschine f ‖ ~/**двойная кругловязальная** zweifonturige Rundstrickmaschine f ‖ ~/**двойная основовязальная** Doppelkettenwirkmaschine f ‖ ~/**двойная плоская фанговая** zweifonturige Flachstrickmaschine f ‖ ~/**двойная ротационная [печатная]** *(Typ)* Zwillingsrotationsmaschine f ‖ ~ **двойного действия/паровая** doppeltwirkende Dampfmaschine f ‖ ~ **двойного кручения [/крутильная]** *(Text)* Doppeldrahtzwirnmaschine f ‖ ~ **двойного расширения/паровая** Dampfmaschine f mit doppelter Expansion, Doppelexpansionsmaschine f ‖ ~/**двусторонняя гребнечесальная** *(Text)* Doppelkämmaschine f ‖ ~/**двусторонняя льнотрепальная** *(Text)* doppelseitige Flachsschwingmaschine f ‖ ~/**двусторонняя печатная** *(Typ)* Schön- und Widerdruckmaschine f ‖ ~/**двухадресная вычислительная** Zweiadreßrechner m ‖ ~/**двухбарабанная круглочесальная** *(Text)* Rundkämmaschine f mit zwei Kammtrommeln *(Seidenspinnerei)* ‖ ~/**двухбарабанная офсетная** *(Typ)* Zweizylinderoffsetmaschine f ‖ ~/**двухбарабанная тре-**

пальная *(Text)* Doppeltrommelschlagmaschine f ‖ ~/**двухбарабанная чесальная** *(Text)* Tandemkarde f ‖ ~/**двухкамерная пневматическая закладочная** *(Bgb)* Zweikammer-Blasversatzmaschine f ‖ ~/**двухкатушечная офсетная** *(Typ)* Zweirollenoffsetmaschine f ‖ ~/**двухкрасочная двухоборотная печатная** *(Typ)* Zweifarben-Zweitourenmaschine f ‖ ~/**двухкрасочная листовая офсетная** Zweifarben-Offsetbogendruckmaschine f ‖ ~/**двухкрасочная офсетная печатная** Zweifarben-Offsetdruckmaschine f ‖ ~/**двухкрасочная печатная** *(Typ)* Zweifarbendruckmaschine f ‖ ~/**двухкрасочная ротационная [печатная]** Zweifarbenrotationsmaschine f ‖ ~/**двухкрыльчатая трепальная** *(Text)* doppelte Schlagmaschine f, Doppelschlagmaschine f ‖ ~/**двухнакладная** *(Typ)* Doppelbogenanlage f ‖ ~/**двухниточная кеттельная** *(Text)* zweifädige Kettelmaschine f ‖ ~/**двухоборотная** *(Typ)* Zweitourenmaschine f ‖ ~/**двухоборотная печатная** *(Typ)* Zweitouren[druck]maschine f ‖ ~/**двухоборотная плоскопечатная** *(Typ)* Zweitouren-Flachdruckmaschine f ‖ ~/**двухподъёмная жаккардовая** *(Text)* Doppelhub-Jacquardmaschine f ‖ ~/**двухпольная гребенная ленточная** *(Text)* Doppelnadelstabstrecke f, Doppelnetzfeldstrecke f ‖ ~/**двухпроходная** *(Typ)* Winkelkreisschere f ‖ ~/**двухрулонная ротационная [печатная]** *(Typ)* Zweirollenrotationsmaschine f ‖ ~/**двухтетрадная фальцевальная** *(Typ)* Doppelbogenfalzmaschine f ‖ ~/**двухточечная [электросварочная]** Doppelpunktschweißmaschine f ‖ ~/**двухфонтурная кулирная** *(Text)* zweifonturige Kulierwirkmaschine f ‖ ~/**двухфонтурная основовязальная трикотажная** *(Text)* Doppelkettenwirkmaschine f ‖ ~/**двухфонтурная трикотажная** *(Text)* zweifonturige Rundwirkmaschine f ‖ ~/**двухцилиндровая офсетная** *(Typ)* Zweizylinderoffsetmaschine f ‖ ~/**декатировочная (декатирующая)** *(Text)* Dekatiermaschine f *(Gewebeausrüstung)* ‖ ~/**делительная** Teilmaschine f (Herstellung von Skalen für Meßzeuge); *(Opt)* Gitterteilmaschine f ‖ ~/**деревянно-шпилечная** *(Led)* Holznagelmaschine f *(Schuhherstellung)* ‖ ~/**диагностическая вычислительная** Rechenanlage f für Diagnoseaufgaben ‖ ~/**диагональная лопаточная** Strömungsmaschine f mit Diagonallaufrad ‖ ~/**диагонально-резательная** *(Pap)* Diagonalschneidemaschine f ‖ ~/**диафрагмовая отсадочная** *(Bgb)* Membran[kolben]setzmaschine f, Diaphragmasetzmaschine f ‖ ~/**дисковая ворсовальная** *(Text)* Postiermaschine f ‖ ~/**дисковая врубовая** *(Bgb)* Radialschrämmaschine f, Scheibenschrämmaschine f ‖ ~/**дисковая метательная** Wurfrad n, Schleuderrad n ‖ ~/**дискретная** *(Inf)* diskrete Maschine f, Maschine f diskreter Arbeitsweise f ‖ ~/**дискретная вычислительная** diskreter (diskret arbeitender) Rechner m ‖ ~/**дискретно-непрерывная вычислительная** Digital-Analog-Rechner m ‖ ~/**длинносеточная бумагоделательная** *(Pap)* Langsieb[papier]maschine f ‖ ~/**длинносеточная картонная** *(Pap)* Langsiebkartonmaschine f ‖ ~/**длинноситовая обезвоживающая** *(Pap)* Langsiebentwässerungsmaschine f II ~/длинноситовая отливная (Pap) Fourdriniermaschine f II ~ для газовой резки Autogenbrennschneidmaschine f II ~ для горячей правки Warmrichtmaschine f II ~ для дробемётной очистки (Gieß) Schleuderstrahlputzmaschine f II ~ для испытания (Wkst) Prüfmaschine f (s. a. unter ~ для испытания на ...) II ~ для испытания длительной прочности Dauerstandprüfmaschine f II ~ для испытания материалов Werkstoffprüfmaschine f II ~ для испытания на вибропрочность (вибрационную выносливость) Schwing[ungs]festigkeitsprüfmaschine f, Wechselfestigkeitsprüfmaschine f, Schwing[ungs]prüfmaschine f (Dauerschwingversuch) II ~ для испытания на знакопеременное скручивание (кручение) Wechseltorsions[prüf]maschine f II ~ для испытания на знакопеременный изгиб Wechselbiege[prüf]maschine f II ~ для испытания на изгиб Biegeprüfmaschine f II ~ для испытания на износ (истирание) Verschleißprüfmaschine f II ~ для испытания на кручение Verdreh[prüf]maschine f, Torsionsmaschine f II ~ для испытания на ползучесть Dauerstandprüfmaschine f II ~ для испытания на прочность Festigkeitsprüfmaschine f II ~ для испытания на растяжение Zugprüfmaschine f, Zerreißmaschine f II ~ для испытания на растяжение-сжатие Zug-Druck-Prüfmaschine f II ~ для испытания на сжатие Druckprüfmaschine f II ~ для испытания на скручивание Torsions[prüf]maschine f II ~ для испытания на твёрдость Härteprüfmaschine f II ~ для испытания на усталость Dauerversuchsmaschine f, Dauerschwingprüfmaschine f II ~ для испытания на усталость при переменном изгибе Dauerbiegemaschine f II ~ для испытания пульсирующими усилиями Wechseldruck[prüf]maschine f II ~ для контактной [электро]сварки Widerstandsschweißmaschine f II ~ для коротких волокон/прядильная Kurzfaserspinnmaschine f II ~ для косого зева/жаккардовая (Text) Schrägfach-Jacquardmaschine f II ~ для крашения в кусках (Text) Stückfärbemaschine f II ~ для крашения врасправку (Text) Breitfärbemaschine f II ~ для литья в постоянные формы (Met) Kokillengießmaschine f II ~ для литья под давлением Druckgießmaschine f, Druckgußmaschine f II ~ для литья с противодавлением Gegendruckgießmaschine f II ~ для многокрасочной высокой печати Mehrfarbenbuchdruckmaschine f II ~ для многократной крутки (Text) Mehrfachzwirnmaschine f II ~ для наматывания клубков (Text) Knäuelwickelmaschine f II ~ для обкатки труб (Wlz) Rohrabrollmaschine f II ~ для оболочковых форм (Gieß) Maskenformmaschine f II ~ для обработки данных [/вычислительная] Datenverarbeitungsanlage f II ~ для огневой зачистки 1. Brennputzmaschine f; 2. (Gieß) Flämmhobler m II ~ для очистки литья (Gieß) Gußputzmaschine f II ~ для поверхностной проклейки бумаги (Pap) Oberflächenleimungspresse f II ~ для потрошения Entweidemaschine f, Ausweidemaschine f (Fischverarbeitung) II ~ для правки Richtmaschine f II ~ для промывки мотков (Text) Strangwaschmaschine f II ~ для протравливания (Lw) Beizmaschine f II ~ для рельефной [электро]сварки Buckelschweißmaschine f II ~ для рихтовки пути (Eb) Gleisrichtmaschine f, Gleisrichtaggregat n II ~ для роликовой сварки Rollennahtschweißmaschine f II ~ для сварки Schweißmaschine f II ~ для сварки труб Rohrschweißmaschine f II ~ для стыковой сварки Stumpfschweißmaschine f II ~ для стыковой сварки оплавлением [/электросварочная] Abbrennstumpfschweißmaschine f II ~ для тиснения (Typ) Prägemaschine f II ~ для тканей/стригальная (Text) Tuchschermaschine f, Gewebeschermaschine f II ~ для точечной сварки Punktschweißmaschine f II ~ для ультразвуковой [точечной] сварки Ultraschallpunktschweißmaschine f (Kunststoffschweißen) II ~ для ультразвуковой шовной сварки Ultraschallrollennahtschweißmaschine f II ~ для флексографской печати Flexodruckmaschine f II ~ для хлопка/гребнечесальная (Text) Baumwollkämmaschine f II ~ для центробежного литья Schleudergießmaschine f, Schleudergußmaschine f II ~ для шерсти/гребнечесальная (Text) Wollkämmaschine f II ~ для шитья Nähmaschine f II ~ для шитья термонитками (Typ) Fadensiegelmaschine f II ~ для шлифования ленты (полосы) (Wlz) Bandschleifmaschine f II ~ для шовной сварки [/сварочная] 1. Nahtschweißmaschine f; 2. Rollenschrittschweißmaschine f II ~ для штапельного волокна/прядильная Zellwollspinnmaschine f II ~ для электродуговой сварки/сварочная Lichtbogenschweißmaschine f II ~/добычная (Bgb) Gewinnungsgerät n II ~/добычно-погрузочная (Bgb) Gewinnungs- und Lademaschine f II ~/дождевальная (Lw) Regner m II ~/дозировочная Dosiermaschine f II ~/доильная (Lw) Melkmaschine f II ~/дорожно-строительная Straßenbaumaschine f II ~/доставочная (Bgb) Abbauförderaggregat n II ~/дробильно-размольная Grob- und Feinzerkleinerungsmaschine f (Aufbereitung) II ~/Жаккарда s. ~/жаккардовая II ~/жаккардовая (Text) Jacquardmaschine f, Jacquard-Maschine f (Weberei, Wirkerei) II ~/жгутовая промывная (Text) Strangwaschmaschine f (Gewebeausrüstung) II ~/жгутовая шлихтовальная (Text) Strangschlichtmaschine f II ~/жгутомойная (Text) Strangwaschmaschine f II ~/жгутоотжимная (Text) Strangquetsche f II ~/завалочная (Met) Setzmaschine f, Beschick[ungs]maschine f, Chargiermaschine f II ~/заварочная (El) Verschmelzmaschine f (Glühlampenherstellung) II ~/завёрточная Einwickelmaschine f II ~/загрузочная (Met) Setzmaschine f, Beschick[ungs]maschine f, Chargiermaschine f II ~/задненавесная (Lw) Heckanbaumaschine f II ~/задняя (El) Hintermaschine f II ~/закалочная Härtemaschine f, Härtevorrichtung f II ~/закаточная 1. [Konserven-]Dosenverschlußmaschine f; 2. (Gum) Wickelmaschine f II ~/закладочная (Bgb) Versatzmaschine f II ~/заключительная декатировочная (Text) Nachdekatiermaschine f, Finish-Dekatiermaschine f

машина

(Gewebeausrüstung) f || **~/закройно-ленточная** Bandmessermaschine f || **~/закрытая** *(El)* geschlossene (gekapselte) Maschine f, Maschine f geschlossener Bauart (Ausführung) || **~/закрытая паровая** Kapseldampfmaschine f || **~/заливочная** Gießmaschine f, Vergießeinrichtung f || **~/запаечная** *(El)* Einschmelzmaschine f || **~/заправочная** Richtmaschine f || **~/затяжная** *(Led)* Zwickmaschine f *(Schuhherstellung)* || **~/землеройная** *(Bw)* Erdbaumaschine f, Schürfmaschine f || **~/землеройно-транспортная** Bodengewinnungs- und -bewegungsmaschine f || **~/землеройно-фрезерная** Bodenfräse f || **~/землечерпательная** Naßbagger m || **~/зерномоечная** Getreidewaschmaschine f *(Mühlenindustrie)* || **~/зерноочистительная** Getreidereinigungsmaschine f, Getreidereiniger m || **~/игловорсовальная** *(Text)* Kratzenrauhmaschine f, Nadelrauhmaschine f || **~/иглонаборная** *(Text)* Kratzensetzmaschine f || **~/иглопробивная** *(Text)* Nadelmaschine f, Nadelfilzmaschine f || **~/измерительная** Meßmaschine f || **~/изобарозаливочная** Gegendruckfüllmaschine f, Gegendruckfüller m || **~/импульсная конденсаторная** Kondensator-Impulsschweißmaschine f || **~/индукционная** *(El)* Induktionsmaschine f || **~/интеллектуальная вычислительная** intelligenter Rechner m || **~ интерлок** Interlock[rundwirk]maschine f, Interlockrundstrickmaschine f || **~/интерлочная s. ~ интерлок** || **~/информационная** Informationsmaschine f || **~/испытательная** Prüfmaschine f || **~/кабелепрокладочная** *(El)* Kabellegemaschine f || **~/камнерезная** Steinfräsmaschine f, Steinfräse f || **~/камнеуборочная** *(Lw)* Steinsammelmaschine f || **~/канатная врубовая** *(Bgb)* Seilschrämmaschine f || **~/кантовальная** *(Wlz)* Kantvorrichtung f, Kanter m || **~/каплезащищённая** *(El)* tropfwassergeschützte Maschine f || **~/карасная крутильная** *(Text)* Karaßmaschine f *(Seidenzwirnerei)* || **~/кардонаборная** *(Text)* Kratzensetzmaschine f || **~/кардочесальная** *(Text)* Krempel f, Karde f || **~/кардочесальная валичная** *(Text)* Walzenkarde f || **~/кардочесальная двухбарабанная** *(Text)* Tandemkarde f || **~/кардочесальная малогабаритная** *(Text)* Kleinkarde f || **~/кардочесальная шляпочная** *(Text)* Deckelkarde f || **~/карликовая** Kleinstmaschine f || **~/карманная счётная** Taschenrechner m || **~/картовязальная** *(Text)* Kartenbindemaschine f || **~/картокопировальная** *(Text)* Kartenkopiermaschine f, Repetiermaschine f *(Weberei)* || **~/картонасекальная** *(Text)* Kartenschlagmaschine f, Kartenlochmaschine f *(Weberei)* || **~/картонасекальная и копировальная** Kartenschlag- und Kopiermaschine f *(Weberei)* || **~/картофелепосадочная** *(Lw)* Kartoffellegemaschine f || **~/картофелесортировальная** *(Lw)* Kartoffelsortierer m, Sortiereinrichtung f || **~/картофелеуборочная** *(Lw)* Kartoffelerntemaschine f, Kartoffelroder m || **~/карусельная разливочная** 1. Rundfüller m; 2. *(Gieß)* Gießkarussell n || **~/карусельная стеклоформовочная** *(Glas)* Drehtischmaschine f, Karussellmaschine f || **~ карусельного типа/кокильная** *(Gieß)* Kokillengießkarussell n || **~/каскадная холодильная** Kaskadenkältemaschine f || **~/кассетная фальцевальная** *(Typ)* Taschenfalzmaschine f, Stauchfalzmaschine f || **~/катушечно-мотальная** *(Text)* Scheibenspulmaschine f || **~/кеттельная** *(Text)* Kettelmaschine f || **~/клеепромазочная** *(Gum)* Streichmaschine f || **~/клепальная** *(Masch)* Nietmaschine f || **~/клетевая подъёмная** *(Bgb)* Gestellfördermaschine f || **~/клубочная** *(Text)* Knäuelwickelmaschine f, Knäuelwickler m || **~/книговставочная** *(Typ)* Buch[block]einhängemaschine f || **~/ковочная** Schmiedemaschine f || **~/ковочно-осаживающая** Schmiedestauchmaschine f || **~/ковочно-штамповочная** Freiform- und Gesenkschmiedemaschine f || **~/коклюшечная оплёточная** Klöppelmaschine f *(Kabelherstellung)* || **~/кокономотальная** *(Text)* Kokonhaspelmaschine f *(Seide)* || **~/колёсная врубовая** *(Bgb)* Radschrämmaschine f || **~/коллективного пользования/вычислительная** Rechner m mit Vielfachzugriff, Mehrfachzugriffsrechner m || **~/коллекторная** *(El)* Kommutatormaschine f, Stromwendermaschine f || **~/колонковая бурильная** *(Bgb)* Säulenbohrmaschine f || **~/колонковая врубовая** *(Bgb)* Säulenschrämmaschine f || **~/колпачная крутильная** *(Text)* Glockenzwirnmaschine f || **~/колпачная прядильная** *(Text)* Glockenspinnmaschine f || **~/кольцевая крутильная** *(Text)* Ringzwirnmaschine f || **~/кольцевая прядильная** *(Text)* Ringspinnmaschine f || **~/кольцевая тростильно-крутильная** *(Text)* Ringfach- und Zwirnmaschine f || **~/кольцекрутильная** *(Text)* Ringzwirnmaschine f || **~/кольцепрядильная** *(Text)* Ringspinnmaschine f || **~/комбинированная вычислительная** Hybridrechner m || **~/компаундная** *(El)* Kompoundmaschine f, Doppelschlußmaschine f, Verbundmaschine f || **~/компрессионная холодильная** Kompressionskältemaschine f || **~/конденсационная паровая** Kondensationsdampfmaschine f || **~/контактная сварочная** Widerstandsschweißmaschine f || **~/контактная электросварочная** Widerstandsschweißmaschine f || **~/конторская** Büromaschine f || **~/контрольно-измерительная** Kontrollmeßmaschine f || **~/конусная сновальная** *(Text)* Konusschärmaschine f || **~/концервальная** *(Text)* Reißer m, Reißmaschine f, Reißwolf m *(Reißwollspinnerei)* || **~/координатная измерительная** Koordinatenmeßmaschine f || **~/корнеуборочная** *(Lw)* Rübenerntemaschine f; Rübenrodelader m || **~/корообдирочная** *(Pap)* Entrindungsmaschine f, Schälmaschine f || **~/корчевальная** *(Forst)* Stockrodemaschine f, Stubbenrodemaschine f || **~/котонная** *(Text)* Cotton-Maschine f || **~/краеобмёточная швейная** *(Text)* Overlock[näh]maschine f || **~/красильная** Färbemaschine f || **~/красильная роликовая** *(Text)* Färbejigger m, Jigger m || **~/красильная сопловая (эжекторная)** *(Text)* Düsenfärbemaschine f, Jet-Färbemaschine f || **~/краскотёрочная** Farb[en]reibwerk n || **~ крестовой мотки** *(Text)* Kreuzspulmaschine f || **~/крестомотальная** *(Text)* Kreuzspulmaschine f || **~/кривошипная сукновальная** *(Text)* Kurbelwalke f || **~/кромко[за]гибочная** 1. Bördelma-

schine f; 2. Abkantpresse f, Abkantmaschine f ‖ ~/**кромкообрезная** (Wlz) Kantenbesäummaschine f ‖ ~/**кромкостригальная** (Text) Kantenschermaschine f ‖ ~/**круглая жаккардовая фанговая** Jacquard-Rundstrickmaschine f ‖ ~/**круглая кеттельная** (Text) Rundkettelmaschine f, Kettelmaschine f mit Nadelkranz ‖ ~/**круглая кулирная** (Text) Rundkulierwirkmaschine f ‖ ~/**круглая трикотажная** (Text) Rundwirkmaschine f, Rundstuhl m ‖ ~/**круглая фанговая** (Text) Rundränder[strick]maschine f ‖ ~/**круглая чулочная** (Text) Rundstrumpfwirkmaschine f ‖ ~/**кругловязальная** (Text) Rundstrickmaschine f, Großrundstrickmaschine f ‖ ~/**кругловязальная оборотная** (Text) Links/Links-Rundstrickmaschine f ‖ ~/**кругловязальная однофонтурная** (Text) Rechts/Links-Großrundstrickmaschine f ‖ ~/**кругловязальная тонколастичная** (Text) Feinripp-Rundstrickmaschine f, Feinripp-Großrundstrickmaschine f, Feinrippmaschine f ‖ ~/**кругложаккардовая** (Text) Jacquard-Rundstrickmaschine f ‖ ~/**круглооборотная** (Text) Links/Links-Rundstrickmaschine f ‖ ~/**круглосеточная бумагоделательная** (Pap) Rundsieb[papier]maschine f ‖ ~/**круглосеточная картонная** (Pap) Rundsiebkartonmaschine f ‖ ~/**круглоситовая обезвоживающая** (Pap) Rundsiebentwässerungsmaschine f ‖ ~/**круглотрикотажная** (Text) Rundwirkmaschine f ‖ ~/**круглофанговая** (Text) Rund[ränder]strickmaschine f ‖ ~/**круглочесальная** (Text) Rundkämmaschine f (Seidenspinnerei) ‖ ~/**круглочулочная** (Text) Rundstrumpfstrickmaschine f, Rundstrickstrumpfmaschine f ‖ ~/**круговая делительная** Kreisteilmaschine f ‖ ~/**круговая измерительная** Teilkreismeßmaschine f, Kreisteilmeßmaschine f ‖ ~ **кругового действия/широкозахватная дождевальная** (Lw) Kreisberegnungsanlage f, Beregnungsanlage f mit kreisförmiger kontinuierlicher Vorwärtsbewegung ‖ ~/**кружевная** (Text) Spitzenstuhl m, Spitzenmaschine f ‖ ~/**крупная** Großmaschine f ‖ ~/**крутильная** 1. (Text) Zwirnmaschine f; 2. (El) Kabelverseilmaschine f ‖ ~/**крутильная двухъярусная (двухэтажная)** (Text) Etagenzwirnmaschine f ‖ ~/**крутильная рогулечная** (Text) Flügelzwirnmaschine f ‖ ~/**крутильная этажная** (Text) Etagenzwirnmaschine f ‖ ~/**крутильно-вытяжная** (Text) Reckzwirnmaschine f ‖ ~/**крышкоделательная** (Typ) Buchdecken[herstellungs]maschine f ‖ ~/**куделеприготовительная** (Text) Wergveredlungsmaschine f ‖ ~/**кузнечно-прессовая** (Wkzm) Werkzeugmaschine f zum Umformen und Zerteilen ‖ ~/**кукурузоуборочная** (Lw) Maisentemaschine f ‖ ~/**кулирная [трикотажная]** (Text) Kulierwirkmaschine f ‖ ~/**кюветная поливная** (Photo) Tauchbegießmaschine f ‖ ~/**лазерная вычислительная** Laserrechner m, Laserdatenverarbeitungsanlage f ‖ ~/**лазерная гравировальная** Lasergraviermaschine f ‖ ~/**лазерная резальная** Laserschneidmaschine f ‖ ~/**ламелепроборная** (Text) Lamellensteckmaschine f ‖ ~/**ластичная** (Text) Ränderwirkmaschine f, Rippmaschine f; Rechts/Rechts-Strickmaschine f ‖ ~/**леворукавная** Zickzack-

nähmaschine f (Schuhherstellung) ‖ ~/**лентодублирующая** (Text) Banddubliermaschine f ‖ ~/**лентосоединительная** (Text) Bandwickelmaschine f, Bandwickler m, Bandvereinigungsmaschine f (Spinnerei) ‖ ~/**ленточная** (Text) Strecke f, Walzenstrecke f (Spinnerei) ‖ ~/**ленточная агломерационная** Sinterband n, Bandsinteranlage f, Bandsinterapparat m (Aufbereitung) ‖ ~/**ленточная двухпольная** (Text) Doppelnadelstabstrecke f, Intersekting f ‖ ~/**ленточная отливочная** (Photo) Bandgießmaschine f ‖ ~/**ленточная питательная** Bandaufgeber m, Bandspeiser m ‖ ~/**ленточная полировочная** (Wlz) Bandpoliermaschine f ‖ ~/**ленточная разливочная** (Met) Bandgießmaschine f, Masselgießband n ‖ ~/**ленточная разрывно-штапелирующая** (Text) Reißkonverter m ‖ ~/**ленточная резально-штапелирующая** (Text) Schneidkonverter m ‖ ~/**ленточная сновальная** (Text) Bandschärmaschine f ‖ ~/**ленточная шлифовальная** (Wlz) Bandschleifmaschine f ‖ ~/**ленточно-штапелирующая** (Text) Konverter m ‖ ~/**линейно-роликовая** s. ~/шовная ‖ ~/**линовальная** (Typ) Liniermaschine f ‖ ~/**листовая офсетная** (Typ) Offsetbogendruckmaschine f ‖ ~/**листовая печатная** Bogen[druck]maschine f, Druckmaschine f mit Bogenanlage ‖ ~/**листовая ротационная офсетная** (Typ) Offset-Rotationsmaschine f mit Bogenanlage, Offset-Bogenrotationsmaschine f ‖ ~/**листогибочная** Blechbiegemaschine f, Blechprofiliermaschine f, Plattenbiegemaschine f ‖ ~/**листоподборочная** (Typ) Bogenzusammentragmaschine f, Zusammentragmaschine f ‖ ~/**листоправильная** (Wlz) Blechrichtmaschine f, Plattenrichtmaschine f ‖ ~/**листопрофилировочная** (Wlz) Blechprofiliermaschine f, Sickenmaschine f ‖ ~/**листорезальная** (Typ) Bogen[durch]schneidemaschine f ‖ ~/**листосчётная** (Typ) Bogenzählmaschine f ‖ ~/**листоформовочная** (Bw) Plattenformmaschine f (Asbestzementplatten) ‖ ~/**литейная** Gießereimaschine f; Gießmaschine f ‖ ~/**литьевая** (Gieß) Gießmaschine f; (Kst) Spritzgießmaschine f, Spritzgußmaschine f ‖ ~/**лопастная** s. ~/лопаточная ‖ ~/**лопастная рулевая** (Schiff) Drehflügelrudermaschine f ‖ ~/**лопаточная** Strömungsmaschine f, Turbomaschine f ‖ ~/**лощильная** (Led) Glanzstoßmaschine f ‖ ~/**льнообрабатывающая** Flachsaufbereitungsmaschine f ‖ ~/**льноотжимная** Flachsquetsche f ‖ ~/**льнопрядильная** Flachsspinnmaschine f ‖ ~/**льнотеребильная** Flachsraufmaschine f ‖ ~/**льнотрепальная** Flachsschwingmaschine f, Flachsschwingturbine f, Flachsknickmaschine f ‖ ~/**льноуборочная** Flachserntemaschine f ‖ ~/**льночесальная** Flachshechelmaschine f ‖ ~/**малая вычислительная** Kleinrechner m, Kleincomputer m ‖ ~/**малая подъёмная** Förderhaspel f ‖ ~/**малая холодильная** Kleinkältemaschine f ‖ ~/**малая электронная вычислительная** Kleinrechner m, Kleincomputer m ‖ ~/**малогабаритная вычислительная** Kleinrechner m, Kleincomputer m ‖ ~/**маркировочная** (Led) Stempelmaschine f ‖ ~/**мездрильная** (Led)

машина

Entfleischmaschine *f* ‖ ~/**мелкосортная правильная** Feineisenrichtmaschine *f* ‖ ~/**мерейная** *(Led)* 1. Narbenpreßmaschine *f*; 2. Chagriniermaschine *f* ‖ ~/**мерильная** *(Text)* Meßmaschine *f*, Gewebemeßmaschine *f* ‖ ~/**мерсеризационная** *(Text)* Merzerisiermaschine *f* ‖ ~/**месильная** Knetmaschine *f*, Kneter *m* ‖ ~/**мешальная** Mischmaschine *f* ‖ ~/**многокамерная флотационная** Mehrzellenflotationsmaschine *f*, Mehrzellenflotator *m (Aufbereitung)* ‖ ~/**многоканатная подъёмная** *(Bgb)* Mehrseilfördermaschine *f* ‖ ~/**многокрасочная [печатная]** *(Typ)* Mehrfarben[druck]maschine *f* ‖ ~/**многокрасочная плоскопечатная** *(Typ)* Mehrfarbenflachdruckmaschine *f* ‖ ~/**многооперационная рыборазделочная** Fischbearbeitungsmaschine *f* für mehrere Arbeitsgänge ‖ ~/**многороликовая правильная** *(Wlz)* Mehrrollenrichtmaschine *f* ‖ ~/**многоситовая бумагоделательная** *(Pap)* kombinierte Papiermaschine *f* ‖ ~/**многотетрадная фальцевальная** *(Typ)* Mehrbogenfalzmaschine *f* ‖ ~/**многоточечная [электросварочная]** Vielfachpunktschweißmaschine *f* ‖ ~/**многофазная коллекторная** *(El)* Mehrphasen-Kommutatormaschine *f* ‖ ~/**многоцилиндровая** Mehrzylindermaschine *f* ‖ ~/**многоцилиндровая паровая** Mehrzylinderdampfmaschine *f* ‖ ~/**многоярусная [печатная]** *(Typ)* Etagendruckmaschine *f* ‖ ~/**мобильная сельскохозяйственная** mobile Landmaschine *f* ‖ ~/**моечная** *(Text)* Waschmaschine *f* ‖ ~/**мозаично-шлифовальная** *(Bw)* Terrazzoschleifmaschine *f* ‖ ~ **мокрого кручения/кольцекрутильная** *(Text)* Naßringzwirnmaschine *f* ‖ ~ **мокрого прядения** *(Text)* Naßspinnmaschine *f* ‖ ~ **мокрого прядения/кольцевая прядильная** *(Text)* Naßringspinnmaschine *f* ‖ ~/**молотовая валяльная** *(Text)* Hammerwalke *f*, Hammerwalkmaschine *f* ‖ ~/**мотальная** *(Text)* 1. Spulmaschine *f*; 2. Haspelmaschine *f* ‖ ~/**мягчительная** 1. *(Text)* Batschmaschine *f*, Softener *m (Jute)*; 2. *(Led)* Stollmaschine *f* ‖ ~/**мяльная** *(Text)* Knickmaschine *f (Flachs, Hanf)* ‖ ~/**мяльно-трепальная** *(Text)* kombinierte Brech- und Schwingmaschine *f*, Brechschwinge *f*, Schwingaggregat *n*, Flachsaufbereitungsanlage *f (Vereinigung von Brech- und Schwingprozeß)* ‖ ~ **на ... s. а. unter ~ для испытания [на]** ... ‖ ~ **на переменный изгиб** *(Wkst)* Dauerbiegemaschine *f* ‖ ~ **на растяжение-сжатие** *(Wkst)* Zug-Druck-Maschine *f*, Zug-Druck-Prüfmaschine *f* ‖ ~ **на усталость/крутильная** *(Wkst)* Torsionsschwingungsmaschine *f* ‖ ~ **на усталость при кручении** *(Wkst)* Dauererschwingungsmaschine *f* ‖ ~/**набойко-прибивная** *(Led)* Oberfleckaufnagelmaschine *f (Schuhherstellung)* ‖ ~/**наборная** *(Typ)* Setzmaschine *f*, Aufrollmaschine *f*; 2. *(Led)* Krispelmaschine *f* ‖ ~/**намазная** 1. Einstreichmaschine *f*; 2. Auftragmaschine *f (für Klebstoffe)*; 3. *(Led)* Schwödemaschine *f* ‖ ~/**намёточная** *(Text)* Heft[naht]maschine *f*; Pikiermaschine *f* ‖ ~/**намоточная** 1. *(Wlz)* Haspel *f*, Aufwickelmaschine *f*, Wickelmaschine *f*, Wickelvorrichtung *f*, Aufwickelvorrichtung *f*; 2. *(Text)* Aufspulmaschine *f* ‖ ~/**намоточная роликовая** Rollenwickelmaschine *f (ohne Trommel)* ‖ ~/**нанизочная** Spittmaschine *f (Fischverarbeitung)* ‖ ~/**насекальная** s. ~/**картонасекальная** ‖ ~/**настилочная** *(Text)* Legemaschine *f*, Auflegemaschine *f* ‖ ~/**настольная вычислительная** [электронисчер] Tischrechner *m*, Tischrechenmaschine *f* ‖ ~/**научно-информационная** wissenschaftliche Informationsmaschine *f* ‖ ~/**неводовыборочная** Zugnetzeinholmaschine *f (Seiner)* ‖ ~/**независимая** Alleinmaschine *f* ‖ ~ **непрерывного действия** Maschine *f* kontinuierlicher Arbeitsweise; Analog[ie]maschine *f* ‖ ~ **непрерывного действия/гребнечесальная** *(Text)* kontinuierliche Kämmaschine *f (Spinnerei)* ‖ ~ **непрерывного действия/интегрирующая** *(Inf)* analoge Integrieranlage *f* ‖ ~ **непрерывного действия/копировальная** *(Photo)* Durchlaufkopiermaschine *f* ‖ ~ **непрерывного действия/проявочная** *(Photo)* Durchlaufentwicklungsmaschine *f* ‖ ~/**непрямоточная паровая** Gegenstromdampfmaschine *f* ‖ ~/**неявнополюсная** *(El)* Vollpolmaschine *f* ‖ ~/**низковольтная** *(El)* Niederspannungsmaschine *f* ‖ ~ **низкого давления/паровая** Niederdruckdampfmaschine *f* ‖ ~/**низкооборотная** langsamlaufende Maschine *f*, Langsamläufer *m* ‖ ~/**низкотемпературная** Tieftemperaturkältemaschine *f*, Kaskadenkältemaschine *f*, Kältemaschine *f* mit mehrstufiger Verdichtung ‖ ~/**нитепроборная** *(Text)* Fadeneinziehmaschine *f* ‖ ~/**ниткошвейная** *(Typ)* Fadenheftmaschine *f* ‖ ~/**ножевая фальцевальная** *(Typ)* Schwertfalzmaschine *f*, Messerfalzmaschine *f* ‖ ~/**обдуваемая** *(El)* oberflächenbelüftete Maschine *f* ‖ ~/**обезрепеивающая** *(Led)* Klettenwolf *m (mechanisches Entkletten der Rohwolle)* ‖ ~/**обеспыливающая** 1. Entstaubungsmaschine *f*; 2. *(Text)* Abfallreinigungsmaschine *f* ‖ ~/**обкат[оч]ная** *(Wlz)* Reelingmaschine *f*; Friemelmaschine *f*, Abrollwalzwerk *n* ‖ ~/**обогатительная** Aufbereitungsmaschine *f*; Agglomerisationsmaschine *f* ‖ ~/**обоечная** Schälmaschine *f (Mühlenindustrie)* ‖ ~/**оборотная** Links/Links-Strickmaschine *f* ‖ ~/**обрезная** *(Led)* Eckenausstoßmaschine *f (Herstellung von Schuhtmodellen)* ‖ ~/**обтяжная** *(Led)* Überholmaschine *f (Schuhherstellung)* ‖ ~/**обучающая** *(Inf)* lehrende Maschine *f*, Lehrmaschine *f*, Lernmaschine *f* ‖ ~/**обучающаяся** [selbst]lernende Maschine *f*, Lernmaschine *f* ‖ ~ **общего назначения** Universalmaschine *f*, universell einsetzbare Maschine *f* ‖ ~ **общего назначения/вычислительная** Universalrechner *m*, Universalrechenmaschine *f* ‖ ~ «**оверлок**»/**швейная** *(Text)* Overlock[näh]maschine *f* ‖ ~/**огневая** *(Met)* Heißflammstrahlmaschine *f (Putzerei)* ‖ ~ **огневой чистки** Brennputzmaschine *f*, Flämmmaschine *f* ‖ ~ **одиночного расширения/паровая** Dampfmaschine *f* mit einfacher Expansion, Einfachexpansionsmaschine *f* ‖ ~/**одноадресная вычислительная** Einadreßrechenmaschine *f* ‖ ~/**однобарабанная подъёмная** Eintrommelfördermaschine *f* ‖ ~/**одноигольная вязальная** Einnadelstrickmaschine *f*, Einnadelstuhl *m* ‖ ~/**одноигольная швейная** Einnadelnähmaschine *f* ‖ ~/**однокамерная закладочная** *(Bgb)* Einkammerversatzmaschine *f* ‖ ~/**одноканатная подъёмная** *(Bgb)* Einseil-

машина

fördermaschine f ‖ ~/**однокрасочная офсетная** (Typ) Einfarbenoffsetmaschine f ‖ ~/**однокрасочная печатная** (Typ) Einfarbendruckmaschine f ‖ ~/**однокрасочная плоскопечатная** (Typ) Einfarbenflachdruckmaschine f ‖ ~/**однокривошипная** (Masch) Einkurbelmaschine f ‖ ~/**однокрыльчатая трепальная** (Text) einfache Schlagmaschine f ‖ ~/**одноничточная кеттельная** (Text) einfädige Kettelmaschine f ‖ ~/**одноножевая резальная** (Typ) Einmesser[schneide]maschine f ‖ ~/**однооборотная** (Typ) Eintourenmaschine f ‖ ~/**одноплатная электронная вычислительная** Einkartenrechner m, Einkartencomputer m, Einplatinenrechner m, Single-Board-Computer m ‖ ~/**однопроцессная трепальная** (Text) einfache Schlagmaschine f, Einprozeßschlagmaschine f ‖ ~/**односгибная фальцевая** (Typ) Einbruchfalzmaschine f ‖ ~/**односеточная бумагоделательная** (Pap) Einsiebpapiermaschine f ‖ ~/**односторонняя печатная** (Typ) Maschine f für den Schöndruck, Schöndruckmaschine f ‖ ~/**одноточечная [электросварочная]** Ein[zel]punktschweißmaschine f ‖ ~/**однофазная асинхронная** (El) Einphasenasynchronmaschine f ‖ ~/**однофазная последовательная** (El) Einphasen-Reihenschlußmaschine f, Einphasen-Hauptschlußmaschine f ‖ ~/**однофонтурная круглая трикотажная** einfache (einfonturige) Rundwirkmaschine f ‖ ~/**однофонтурная кругловязальная** (Text) Rechts/Links-Großrundstrickmaschine f ‖ ~/**однофонтурная основовязальная (трикотажная)** einfache (einfonturige) Kettelmaschine f ‖ ~/**одноформовая** (Glas) Einformmaschine f ‖ ~/**одноцилиндровая паровая** Einzylinderdampfmaschine f ‖ ~/**окантовочная** (Typ) Fälzelmaschine f ‖ ~/**опаливающая** (Text) Sengmaschine f ‖ ~/**оплёточная** Flechtmaschine f (Kabelherstellung) ‖ ~/**оптическая аналоговая вычислительная** optischer Computer (Analogrechner) m ‖ ~/**опытная** Versuchsmaschine f ‖ ~/**осадочная** (Schm) Stauchmaschine f ‖ ~/**осевая лопаточная** (Masch) Axialmaschine f ‖ ~/**осецентробежная лопаточная** (Masch) Diagonalmaschine f ‖ ~/**основовязальная [трикотажная]** (Text) Kettenwirkmaschine f ‖ ~/**основомотальная** Kett[garn]spulmaschine f (Weberei) ‖ ~/**основопроборная** s. ~/проборная ‖ ~/**острильная** (Wlz) Anspitzmaschine f ‖ ~/**отбельная** (Text) Bleichmaschine f ‖ ~/**отбельно-моечная** (Text) Strangbleich- und Waschmaschine f ‖ ~/**отбойная** (Bgb) Gewinnungsgerät n, Gewinnungsmaschine f ‖ ~/**отвалообразующая** (Bgb) Kippgerät n, Abraumgerät n, Absetzer m (Tagebau) ‖ ~/**отделочная** (Text) Veredlungsmaschine f; Gewebeausrüstungsmaschine f ‖ ~/**отжимная** (Led) Abwelkmaschine f ‖ ~/**отжимная разводная** kombinierte Ausreck- und Abwelkmaschine f ‖ ~/**отколочная** (Glas) Absprengmaschine f ‖ ~/**открытая** (El) offene Maschine f, Maschine f offener Bauart (Ausführung) ‖ ~/**отливочная** (Photo) Gießmaschine f ‖ ~/**отопочная** (Glas) Verschmelzmaschine f ‖ ~/**отсадочная** (Aufbereitung) ‖ ~ **Оуэнса/стеклоформующая** (Glas) Owens-Flaschenblasmaschine f ‖ ~/**оф-** сетная (Typ) Offset[druck]maschine f ‖ ~/**очистная** (Bgb) Gewinnungsgerät n, Gewinnungsmaschine f ‖ ~/**паголеночная** (Text) Längenfußmaschine f (Strumpfwirkerei) ‖ ~/**паголеночно-следовая** (Text) Längenfußmaschine f (Strumpfwirkerei) ‖ ~/**пакеторасформирующая** Entpalletiermaschine f ‖ ~/**пакетоформирующая** Palettiermaschine f ‖ ~/**панировочная** Paniermaschine f (Fischverarbeitung) ‖ ~/**папочная** (Pap) Pappenmaschine f ‖ ~/**параллелограммная газорезательная** Pantographenbrennschneidmaschine f ‖ ~/**параллельная** (El) Nebenschlußmaschine f ‖ ~/**параллельная вычислительная** Parallelrechner m, Parallelrechenmaschine f ‖ ~ **параллельного возбуждения** (El) Nebenschlußmaschine f ‖ ~ **параллельного действия/вычислительная** Parallelrechner m, Parallelrechenmaschine f ‖ ~ **параллельного действия/цифровая вычислительная** Paralleldigitalrechner m ‖ ~ **параллельной мотки/мотальная** (Text) Parallelspulmaschine f ‖ ~/**параллельно-последовательная вычислительная** Parallel-Serien-Rechner m ‖ ~ **параллельно-последовательного возбуждения** (El) Reihenschlußmaschine f mit Nebenschlußverhalten ‖ ~ **параллельно-последовательного действия/[цифровая] вычислительная** kombinierter Parallel- und Serien-Digitalrechner m ‖ ~/**паровая** Dampfmaschine f ‖ ~/**паровая холодильная** Kaltdampfkältemaschine f (alle Kältemaschinen mit Kaltdampf als Arbeitsmittel) ‖ ~/**пароводяная холодильная** Wasserdampfkältemaschine f, Kältemaschine f mit Wasserdampf als Arbeitsmittel ‖ ~/**парокомпрессионная холодильная** Kompressionskältemaschine f, Verdichter[kaltdampf]kältemaschine f ‖ ~/**паронепроницаемая [электрическая]** (El) dampfdicht gekapselte Maschine f ‖ ~/**пароструйная холодильная** Dampfstrahlkältemaschine f ‖ ~/**пароэжекторная холодильная** Dampfstrahlkältemaschine f ‖ ~/**партионная сновальная** (Text) Zettelmaschine f ‖ ~/**паяльная** Lötmaschine f ‖ ~/**первая чесальная** s. ~/грубая чесальная ‖ ~ **первого поколения/вычислительная** Rechner m der ersten Generation ‖ ~/**переводная** (Inf) Übersetzungsmaschine f ‖ ~/**перегонная** (Text) Bäummaschine f ‖ ~/**перегрузочная** Verladegerät n, Umschlaggerät n ‖ ~/**передняя** (El) Vordermaschine f ‖ ~ **переменного изгиба/испытательная** (Wkst) Wechselbiegemaschine f ‖ ~ **переменного тока** (El) Wechselstrommaschine f ‖ ~/**переменно-полюсная** (El) Wechselpolmaschine f ‖ ~/**перемоточная** Umspulmaschine f ‖ ~/**переносная** transportable Maschine f ‖ ~ **периодического действия/гребнечесальная** (Text) periodische Kämmaschine f (Spinnerei) ‖ ~ **периодического действия/прядильная** (Text) periodische Spinnmaschine f, Wagenspinnmaschine f, Wagenspinner m, Selfaktor m, Selbstspinner m, Mulemaschine f ‖ ~/**периферийная вычислительная** Satellitenrechner m ‖ ~/**персональная электронная вычислительная** Personalcomputer m, PC ‖ ~/**перфорацион-**

машина

ная Perforiermaschine f ⅠⅠ ~/**пескодувная** *(Gieß)* Sandstrahlmaschine f ⅠⅠ ~/**пескодувная стержневая** *(Gieß)* Kernblasmaschine f, Blasmaschine f ⅠⅠ ~/**пескодувная формовочная** *(Gieß)* Blasformmaschine f ⅠⅠ ~/**пескострельная стержневая** *(Gieß)* Kernschießmaschine f, Schießmaschine f ⅠⅠ ~/**петельная** Knopfloch[näh]maschine f ⅠⅠ ~/**печатная** Druckmaschine f ⅠⅠ ~/**плазморежущая** Plasmaschneidmaschine f ⅠⅠ ~ **планетарного типа/печатная** *(Тур)* Satellitendruckwerk n ⅠⅠ ~/**плетельная** *(Text)* Flechtmaschine f ⅠⅠ ~/**плиссировочная** *(Text)* Plissiermaschine f ⅠⅠ ~/**плоская жаккардовая** *(Text)* Jacquard-Flachstrickmaschine f ⅠⅠ ~/**плоская кеттельная** *(Text)* Flachkettelmaschine f, Kettelmaschine f mit flacher Nadelbarre ⅠⅠ ~/**плоская кулирная** *(Text)* Flachkulierwirkmaschine f ⅠⅠ ~/**плоская оборотная** *(Text)* Links/Links-Flachstrickmaschine f ⅠⅠ ~/**плоская офсетная** *(Тур)* Offsetflachdruckmaschine f ⅠⅠ ~/**плоская фанговая** *(Text)* Flachstrickmaschine f ⅠⅠ ~/**плоская чесальная** *(Text)* Flachkämmaschine f *(Seidenspinnerei)* ⅠⅠ ~/**плоская чулочная** s. ~/**плоскочулочная** ⅠⅠ ~/**плосковязальная** *(Text)* Flachstrickmaschine f ⅠⅠ ~/**плосковязальная карусельная** *(Text)* Flachstrickmaschine f mit umlaufendem Schlitten ⅠⅠ ~/**плоскокулирная** *(Text)* Flachkulierwirkmaschine f ⅠⅠ ~/**плосколастичная** *(Text)* Flachränderwirkmaschine f ⅠⅠ ~/**плоскопечатная** Flachformbuchdruckmaschine f, Zylinderdruckmaschine f, Schnellpresse f ⅠⅠ ~/**плоскофанговая** *(Text)* Flachstrickmaschine f ⅠⅠ ~/**плоскофанговая** *(Тур)* **жаккардовая** Jacquard-Flachstrickmaschine f ⅠⅠ ~/**плоскофанговая оборотная** Links/Links-Flachstrickmaschine f ⅠⅠ ~/**плоскочулочная** *(Text)* Flachstrumpfwirkmaschine f, Cottonmaschine f ⅠⅠ ~/**плунжерная рулевая** *(Schiff)* Tauchkolbenrudermaschine f ⅠⅠ ~/**плюсовальная** *(Text)* Foulard m, Färbefoulard m ⅠⅠ ~/**плющильная** *(Schm)* Stauchmaschine f ⅠⅠ ~/**пневматическая встряхивающая формовочная** *(Gieß)* Druckluftrüttelformmaschine f, Druckluftrüttler m ⅠⅠ ~/**пневматическая закладочная** *(Bgb)* Blasversatzmaschine f ⅠⅠ ~/**пневматическая отсадочная** *(Bgb)* Luftsetzmaschine f ⅠⅠ ~/**пневматическая подъёмная** Druckluftschebezeug n ⅠⅠ ~/**пневматическая разгрузочная** pneumatischer Entlader m, Saugluftentlader m ⅠⅠ ~/**пневматическая сверлильная ручная** Druckluftbohrmaschine f ⅠⅠ ~/**пневматическая формовочная** *(Gieß)* Druckluftformmaschine f ⅠⅠ ~/**поворотно-баровая врубовая** *(Bgb)* Schwenkkerbmaschine f ⅠⅠ ~ **повышенной проходимости** Geländefahrzeug n ⅠⅠ ~/**погрузочная** *(Bgb)* Lademaschine f, Ladegerät n, Lader m *(s. a. unter погрузчик)* ⅠⅠ ~/**погрузочно-доставочная** *(Bgb)* Fahrlader m ⅠⅠ ~/**погрузочно-разгрузочная** Be- und Entlademaschine f, Be- und Entladegerät n ⅠⅠ ~/**подбивочная** *(Eb)* Gleisstopfmaschine f ⅠⅠ ~/**подборочная** *(Тур)* Zusammentragmaschine f ⅠⅠ ~/**подборочно-швейная** *(Тур)* Zusammentrag- und Heftmaschine f ⅠⅠ ~/**подметательная** Straßenkehrmaschine f ⅠⅠ ~/**подметательно-уборочная** Straßenkehr- und -reinigungsmaschine f ⅠⅠ ~/**подъёмная** Hebezeug n; *(Bgb)*

Fördermaschine f *(Schachtförderung)* ⅠⅠ ~/**поливально-моечная** Straßenspreng- und -reinigungsmaschine f ⅠⅠ ~/**поливочная** *(Kst)* Gießmaschine f ⅠⅠ ~/**полиграфическая** *(Тур)* polygraphische Maschine f ⅠⅠ ~/**полировочная** 1. Poliermaschine f; 2. *(Wlz)* Friemelmaschine f, Reeling-Maschine f *(Rohre)* ⅠⅠ ~/**полугусеничная** Halbkettenfahrzeug n ⅠⅠ ~/**полузакрытая** *(El)* Maschine f halbgeschlossener Bauart (Ausführung) ⅠⅠ ~/**полунавесная** *(Lw)* Aufsattelmaschine f ⅠⅠ ~/**поперечная стригальная** *(Text)* Querschermaschine f ⅠⅠ ~/**поперечно-баровая врубовая** *(Bgb)* Querschrämmaschine f ⅠⅠ ~/**поперечно-вязальная трикотажная** *(Text)* Kulierwirkmaschine f ⅠⅠ ~/**поперечно-стригальная** *(Text)* Querschermaschine f ⅠⅠ ~/**портальная газорезательная** Portalbrennschneidmaschine f ⅠⅠ ~/**портативная электрическая швейная** elektrische Koffernähmaschine f ⅠⅠ ~/**поршневая** Kolbenmaschine f ⅠⅠ ~/**поршневая газовая** Kolbengasmaschine f ⅠⅠ ~/**поршневая паровая** Kolbendampfmaschine f ⅠⅠ ~/**поршневая расширительная** Kolbenexpansionsmaschine f ⅠⅠ ~/**поршневая холодильная** Kältemaschine f mit Kolbenkompressor ⅠⅠ ~/**посадочная** 1. *(Schm)* Wärmeofeneinsetzmaschine f für Schmiedestücke; 2. *(Lw)* Pflanzmaschine f, Legemaschine f *(für Kartoffeln)* ⅠⅠ ~/**последовательного** s. 1. ~ последовательного действия/вычислительная; 2. последовательного возбуждения ⅠⅠ ~ **последовательного возбуждения** *(El)* Reihenschlußmaschine f, Hauptschlußmaschine f ⅠⅠ ~ **последовательного действия/вычислительная** Serienrechner m, seriell arbeitender Rechner m ⅠⅠ ~ **последовательного действия/цифровая вычислительная** Seriendigitalrechner m, seriell arbeitender Digitalrechner m ⅠⅠ ~ **последовательно-параллельного возбуждения** *(El)* Nebenschlußmaschine f mit Reihenschlußverhalten ⅠⅠ ~ **постоянного тока** *(El)* Gleichstrommaschine f ⅠⅠ ~ **постоянного тока последовательного возбуждения** Gleichstromreihenschlußmaschine f, Gleichstromhauptschlußmaschine f ⅠⅠ ~ **постоянного тока/шунтовая** Gleichstromnebenschlußmaschine f ⅠⅠ ~/**потрошильная** Entweidemaschine f, Schlachtmaschine f *(Fischverarbeitung)* ⅠⅠ ~/**почвообрабатывающая** *(Lw)* Bodenbearbeitungsmaschine f; Bodenbearbeitungsgerät n ⅠⅠ ~/**правильная** *(Wlz)* Richtmaschine f ⅠⅠ ~/**правильно-гибочная** *(Wlz)* Richt- und Biegemaschine f ⅠⅠ ~/**правильно-тянущая** *(Wlz)* Richtmaschine f mit Abzugsvorrichtung, Richt- und Abzugsmaschine f ⅠⅠ ~/**предварительная чесальная** s. ~/**грубая чесальная** ⅠⅠ ~ **предварительной крутки** *(Text)* Vorzwirnmaschine f ⅠⅠ ~ **прерывного действия/копировальная** *(Photo)* Schrittkopiermaschine f ⅠⅠ ~/**прессовая стержневая** *(Gieß)* Kernpreßmaschine f ⅠⅠ ~/**прессовая формовочная** *(Gieß)* Preßformmaschine f ⅠⅠ ~/**прессовыдувная** *(Glas)* Preßblasmaschine f ⅠⅠ ~/**прессовая закладочная** *(Bgb)* Preßversatzmaschine f ⅠⅠ ~/**приводная** Antriebsmaschine f ⅠⅠ ~/**приготовительная ленточная** *(Text)* Grobstrecke f ⅠⅠ ~/**приёмно-намоточная** *(Text)* Aufspulmaschine f *(Chemieseidenherstellung)* ⅠⅠ

~/**присучальная** *(Text)* Andrehmaschine *f (Andrehen der Kettfäden)* ‖ ~/**прицепная** *(Lw)* Anhängemaschine *f* ‖ ~/**пробивная** *s.* ~/насекальная ‖ ~/**проборная** *(Text)* Einziehmaschine *f (Einziehen der Kettfäden)* ‖ ~/**проволокошвейная** *(Typ)* Drahtheftmaschine *f* ‖ ~/**программируемая вычислительная** programmierbarer Rechner *m* ‖ ~/**продольная стригальная** *(Text)* Langschermaschine *f* ‖ ~/**продольно-баровая врубовая** *(Bgb)* Längsschrämmaschine *f* ‖ ~/**продольно-стригальная** *(Text)* Längsschermaschine *f* ‖ ~/**промазочная** *(Led)* Einstreichmaschine *f*, Flächenzementiermaschine *f (Schuhherstellung)* ‖ ~/**маcливающая** *(Wlz)* Einfettvorrichtung *f*, Einfettmaschine *f* ‖ ~/**промывная** *(Text)* Waschmaschine *f* ‖ ~/**промывная широкополотенная** Breitwaschmaschine *f* ‖ ~/**промывочная** Wascher *m*, Wäscher *m*, Waschanlage *f*, Waschvorrichtung *f (Aufbereitung)* ‖ ~/**пропашная** *(Lw)* Hackmaschine *f* ‖ ~/**пропиточная** *(El)* Imprägniermaschine *f*, Tränkmaschine *f (Kabelherstellung)* ‖ ~/**просеивающая** Siebmaschine *f*, Sichter *m*, Sichtmaschine *f* ‖ ~/**простого действия/паровая** einfachwirkende Dampfmaschine *f* ‖ ~/**противокомпаундная** *(El)* gegenkompoundierte Maschine *f*, Gegenverbundmaschine *f* ‖ ~/**противоточная** *(Lebm)* Passiermaschine *f* ‖ ~/**профилировочная** *(Fert)* Profiliermaschine *f (für Bleche und Bänder)* ‖ ~/**профилировочно-гибочная** *(Fert)* Profilier- und Sickenmaschine *f*, Profilbiegemaschine *f* ‖ ~/**проходная формовочная** *(Gieß)* Durchlaufformmaschine *f* ‖ ~/**проходческая** *(Bgb)* Streckenvortriebsmaschine *f*, Vortriebsmaschine *f* ‖ ~/**проходческая подъёмная** *(Bgb)* Abteuffördermaschine *f* ‖ ~/**проявочная** *(Photo)* Entwicklungsmaschine *f* ‖ ~/**прядильная** *(Text)* Spinnmaschine *f* ‖ ~/**прядильная аэродинамическая** Open-End-Luftspinnmaschine *f*, OE-Luftspinnmaschine *f* ‖ ~/**прядильная бобинная** Spulenspinnmaschine *f* ‖ ~/**прядильная пневмомеханическая (роторная)** Open-End-Spinnmaschine *f*, OE-Spinnmaschine *f*, Rotorspinnmaschine *f* ‖ ~/**прядильная центрифугальная** Zentrifugenspinnmaschine *f* ‖ ~/**прядильно-крутильная** *(Text)* kombinierte Spinn-, Fach- und Zwirnmaschine *f* ‖ ~/**прямоточная паровая** Gleichstromdampfmaschine *f* ‖ ~/**пуговичная** Knopfannähmaschine *f* ‖ ~/**пульсаторная** *(Bgb)* Pulsator[setz]maschine *f*, Pulsator *m* ‖ ~/**путевая** *(Eb)* Gleisbaumaschine *f*, Gleisbaugerät *n* ‖ ~/**путепередвижная (путепереукладочная)** *(Eb)* Gleisrückmaschine *f* ‖ ~/**путеукладочная** *s.* ~/путевая ‖ ~/**пылезащищённая [электрическая]** *(El)* staubgeschützte Maschine *f* ‖ ~/**пятивалковая правильная** *(Fert)* Richtmaschine *f* mit fünf Richtwalzen ‖ ~/**пяточная** *(Text)* Fersenmaschine *f (Strumpfwirkerei)* ‖ ~/**рабочая** Arbeitsmaschine *f* ‖ ~/**радиальная лопаточная** Radialmaschine *f (Pumpe, Verdichter, Turbine)* ‖ ~/**радиально-осевая лопаточная** Diagonalmaschine *f* ‖ ~/**разборная** *(Typ)* Ableger *m*, Ablegemechanismus *m* ‖ ~/**разводная** *(Led)* Ausstoßmaschine *f*; Ausreckmaschine *f* ‖ ~/**разводная барабанная** *(Led)* Trommelausstoßmaschine *f* ‖ ~/**разводная столовая** *(Led)* Tafelausstoßmaschine *f* ‖ ~/**разгибочно-правильная** *(Met)* Aufbiege- und Richtmaschine *f* ‖ ~/**разгрузочная** Entladmaschine *f*, Entlader *m* ‖ ~/**разделочная** Fischbearbeitungsmaschine *f*; Schlachtschine *f (Fischverarbeitung)* ‖ ~/**разливочная** 1. *(Met)* Masselgießmaschine *f*; 2. *(Gieß)* Gießmaschine *f* ‖ ~/**разливочная рядовая** *(Lebm)* Reihenfüller *m* ‖ ~/**разливочно-укупорочная** Abfüll- und Verschließmaschine *f (für Flaschen)* ‖ ~/**разметочная** 1. Signiermaschine *f*; 2. *(Fert)* Anreißmaschine *f* ‖ ~/**размоточная** Entrollungsmaschine *f*, Abbaugerät *n* ‖ ~/**разрабатывающая** *(Bgb)* Gewinnungsmaschine *f* ‖ ~/**разрывная** *(Wkst)* Zerreißmaschine *f*; Zugfestigkeitsprüfmaschine *f* ‖ ~/**разрывная универсальная** Universal[werkstoff]prüfmaschine *f* ‖ ~/**разрывная штапелирующая** *(Text)* Reißkonverter *m* ‖ ~/**разрыхлительная** *(Text)* Auflösungsmaschine *f*, Öffnungsmaschine *f* ‖ ~/**рантовшивная** *(Led)* Einstechmaschine *f*, Rahmeneinstechmaschine *f (Schuhherstellung)* ‖ ~/**раскладочная** *(Wlz)* Schrägwalzenglättmaschine *f* ‖ ~/**раскладочная** Legemaschine *f*, Anlegemaschine *f (Flachsspinnerei)* ‖ ~/**распилочная** *(Led)* Spaltmaschine *f* ‖ ~/**распускная** Riemenschneidemaschine *f* ‖ ~/**рассадопосадочная** Pflanzmaschine *f*, Setzlingspflanzmaschine *f* ‖ ~/**растяжная правильная** *(Schm)* Reckrichtmaschine *f*, Streckrichtmaschine *f* ‖ ~/**расфасовочно-упаковочная** Paketiermaschine *f* ‖ ~/**расширительная** Expansionsmaschine *f* ‖ ~/**расшифровочная (расшифровывающая)** *(Inf)* Lochschriftübersetzer *m* ‖ ~/**ратинирующая** *(Text)* Ratiniermaschine *f*, Kräuselmaschine *f* ‖ ~/**реактивная синхронная** *(El)* Reaktionsmaschine *f*, Reluktanzmaschine *f* ‖ ~/**реверсивная [плоскопечатная]** *(Typ)* Schwingzylindermaschine *f* ‖ ~/**резальная** *(Typ)* Schneidemaschine *f*, Beschneidemaschine *f* ‖ ~/**рельефная [сварочная]** Buckelschweißmaschine *f* ‖ ~/**рельефно-сварочная** Buckelschweißmaschine *f* ‖ ~/**рельсоправильная** *(Eb, Wlz)* Schienenrichtmaschine *f* ‖ ~/**рельсосварочная** Schienenschweißmaschine *f* ‖ ~/**ровничная** *(Text)* Vorspinnmaschine *f*, Flyer *m* ‖ ~/**рогульчатая крутильная** *(Text)* Flügelzwirnmaschine *f* ‖ ~/**рогульчатая прядильная** *(Text)* Flügelspinnmaschine *f* ‖ ~/**рогульчатая ровничная** *(Text)* Flügelvorspinnmaschine *f*, Flyer *m* ‖ ~/**рогульчато-прядильная** *(Text)* Flügelspinnmaschine *f* ‖ ~/**ролевая печатная** *(Typ)* Rollenmaschine *f* ‖ ~/**ролевая ротационная офсетная** *(Typ)* Offsetrollenmaschine *f* ‖ ~/**роликовая** *s.* ~/шовная ‖ ~/**роликовая гибочная** *(Wlz)* Roll[en]biegemaschine *f* ‖ ~/**роликовая листогибочная** *(Wlz)* Bördelmaschine *f*; Sickenmaschine *f* ‖ ~/**роликовая правильная** *(Wlz)* Rollenrichtmaschine *f* ‖ ~/**роликовая разгибочная** *(Wlz)* Rollenaufbiegemaschine *f* ‖ ~/**ролико-правильная** *(Wlz)* Rollenrichtmaschine *f* ‖ ~/**ростоотбивная** *(Brau)* Malzentkeimungsmaschine *f* ‖ ~/**ротационная газетная печатная** Zeitungsrotationsmaschine *f* ‖ ~/**ротационная гибочная** *(Met)* Karusselbiegemaschine *f* ‖ ~/**ротационная листовая печатная** Bogenrotationsmaschine *f* ‖ ~/**рота-**

машина

ционная многорулонная офсетная Offsetrotationsrollenmaschine f ll ~/ротационная печатная (Тур) Rotationsmaschine f ll ~/ротационная рулонная печатная Rollenrotationsmaschine f ll ~/ротационная холодная Kältemaschine f mit Rotationskompressor ll ~/роторно-поршневая Rotationskolbenmaschine f ll ~/рубительная (Pap) Hackmaschine f ll ~/рубительная дисковая Messerscheibenzerspaner m, Flachscheibenzerspaner m ll ~/рулевая (Schiff) Rudermaschine f ll ~/рулонная печатная (Тур) Rollenmaschine f ll ~/рулонная ротационная офсетная (Тур) Offsetrollenmaschine f ll ~/рулоноразвёртывающая (Wlz) Bundentrollmaschine f ll ~/ручная бурильная Handbohrmaschine f ll ~/рыбомоечная Fischwaschmaschine f (Fischverarbeitung) ll ~/рыборазделочная Fischbearbeitungsmaschine f; Fischschlachtmaschine f ll ~ с двойным кожухом [/электрическая] (El) Maschine f mit Mantelkühlung ll ~ с зигзагообразной строчкой/швейная (Text) Zickzacknähmaschine f ll ~ с независимым возбуждением (El) Maschine f mit Fremderregung, fremderregte Maschine f ll ~ с независимым охлаждением (El) Maschine f mit Fremdkühlung, fremdgekühlte (fremdbelüftete) Maschine f ll ~ с перекидыванием (Gieß) Schwenkformmaschine f, Umschwenkformmaschine f, Umlegeformmaschine f, Umrollformmaschine f ll ~ с плоской платформой/швейная (Text) Flachbettnähmaschine f ll ~ с повторением решения/аналоговая вычислительная Analogrechner m mit periodischer Wiederholung der Lösung, repetierender Analogrechner m ll ~ с поперечным полем (El) Querfeldmaschine f ll ~ с поразрядной организацией [памяти]/вычислительная Stellenrechenmaschine f ll ~ с программным управлением/вычислительная programmgesteuerte Rechenmaschine f ll ~ с противодавлением/разливочная Gegendruckfüllmaschine f, Gegendruckfüller m ll ~ с роторным питанием (El) läufergespeiste Maschine f ll ~ с самовозбуждением [/электрическая] (El) selbsterregte Maschine f ll ~ с самоохлаждением [/электрическая] (El) eigenbelüftete Maschine f ll ~ с шунтовой характеристикой (El) Maschine f mit Nebenschlußverhalten ll ~/садочная (Met) Beschick[ungs]maschine f, Chargiermaschine f ll ~/самообучающаяся (Inf) lernende Maschine f, Lernautomat m ll ~/самосъёмочная бумагоделательная Selbstabnahme[papier]maschine f, Yankee-Maschine f ll ~/самоходная (Lw) selbstfahrende Maschine f, Selbstfahrmaschine f, Selbstfahrer m ll ~/самоходная сельскохозяйственная selbstfahrende Landmaschine f ll ~/сварочная Schweißmaschine f ll ~/свекломоечная Rübenwaschmaschine f ll ~/свеклоуборочная (Lw) Rübenerntemaschine f ll ~/свёртывающая (Wlz) Aufwickelmaschine f, Haspel f ll ~/свечеотливная Kerzengießmaschine f ll ~/свободнопоршневая Freikolbenmaschine f, Flugkolbenmaschine f ll ~/сдвоенная паровая Zwillingsdampfmaschine f ll ~/сдвоенная ротационная (Тур) Zwillingsrotationsmaschine f ll ~/сдвоенная формовочная (Gieß) Zwillingsformmaschine f ll ~/сдувоподметательная Kehr-Blas-Gerät n ll ~/секторная рулевая (Schiff) Quadrantrudermaschine f ll ~/секционная сновальная (Text) Teilbaumschärmaschine f ll ~/сельскохозяйственная Landmaschine f ll ~/семеочистительная (Lw) Saatgutbereiter m, Saatgutreinigungsanlage f ll ~/сеноуборочная (Lw) Heuwerbungsmaschine f ll ~/сериесная (El) Reihenschlußmaschine f, Hauptschlußmaschine f ll ~/серийная Serienmaschine f ll ~/сетевыборочная Netzeinholmaschine f ll ~/сетевязальная Netz[wirk]maschine f (Wirkerei) ll ~/сигнально-вызывная (Nrt) Ruf- und Signalmaschine f, RSM f ll ~/синхронная (El) Synchronmaschine f, synchrone Maschine f ll ~/синхронная вычислительная Synchronrechner m, synchroner Rechner m ll ~/синхронная цифровая вычислительная digitaler Synchronrechner m ll ~/синхронная электрическая (El) Synchronmaschine f ll ~/синхронная явнополюсная (El) Schenkelpol[synchron]maschine f ll ~/ситцепечатная (Text) Zeugdruckmaschine f ll ~/скатывающая ленточная (Text) Nitschelstrecke f ll ~ скипового подъёма/подъёмная (Bgb) Skipfördermaschine f ll ~/складальная (Text) Legemaschine f, Faltmaschine f ll ~/складально-мерильная (Text) Meß-Legemaschine f ll ~/скоростная ленточная (Text) Schnelläuferstrecke f ll ~/следовая (Text) Fußmaschine f (Strumpfwirkerei) ll ~/смесовая (Text) Mischmaschine f ll ~ смешанного возбуждения (El) Kompoundmaschine f, Doppelschlußmaschine f, Verbundmaschine f, Zettelmaschine f (Weberei, Wirkerei) ll ~ со статорным питанием (El) ständergespeiste Maschine f ll ~/солодополировочная (Brau) Malzpoliermaschine f, Malzputzmaschine f ll ~/сорбционная холодильная Sorptionskältemaschine f ll ~/сортировальная (сортирующая, сортирующая) Sortiermaschine f ll ~/сортогибочная (Wlz) Profilstahlbiegemaschine f ll ~/сортоправильная (Wlz) Formstahlrichtmaschine f, Profilstahlrichtmaschine f ll ~/спекательная Sintermaschine f (Aufbereitung) ll ~/специализированная вычислительная Spezialrechner m, Spezialrechenmaschine f ll ~/спиральная ленточная (Text) Schraubenstrecke f ll ~/средняя вычислительная mittlere Rechenanlage f ll ~/средняя ровничная (Text) Mittelflyer m ll ~/ссучивающая ленточная (Text) Nitschelstrecke f ll ~/стабилизационная сушильно-ширильная (Text) Spannrahmenfixiermaschine f ll ~/сталкивательная (Тур) Schüttelmaschine f ll ~/стандартная Standardmaschine f ll ~/стационарная ortsfeste (stationäre) Maschine f ll ~/стегальная (Text) Steppmaschine f ll ~/стеклоделательная Glasverarbeitungsmaschine f ll ~/стеклоформующая Glasformmaschine f ll ~/стержневая [формовочная] (Gieß) Kernformmaschine f ll ~/стиральная (Text) Waschmaschine f ll ~/стоп-цилиндровая печатная Stoppzylinderdruckmaschine f ll ~/стрейнирующая червячная (Kst, Gum) Strainer m, Siebkopf-Spritzmaschine f ll ~/стри-

машина

гальная Schermaschine f ΙΙ ~/строгальная (Led) Falzmaschine f, Egalisiermaschine f ΙΙ ~/строенная паровая Drillingsdampfmaschine f ΙΙ ~/строительная Baumaschine f ΙΙ ~/строительно-дорожная Straßenbaumaschine f ΙΙ ~/стыковая [электросварочная] Stumpfschweißmaschine f, Widerstandsstumpfschweißmaschine f ΙΙ ~/судовая паровая Schiffsdampfmaschine f ΙΙ ~/сукновальная (Text) Walkmaschine f, Walke f ΙΙ ~ сухого кручения/кольцекрутильная (Text) Trockenringzwirnmaschine f ΙΙ ~ сухого прядения [/прядильная] Trockenspinnmaschine f ΙΙ ~/сушильная Trockner m, Trocknungsmaschine f, Trockenmaschine f ΙΙ ~/сушильная барабанная Trommeltrockner m ΙΙ ~/сушильная барабанная сетчатая (Text) Durchlüftungstrockner m ΙΙ ~/сушильная воздушно-роликовая (Text) Hotfluetrockner m ΙΙ ~/сушильная конвейерная Bandtrocknungsmaschine f ΙΙ ~/сушильно-гладильная (Text) Trocken- und Plättmaschine f ΙΙ ~/сушильно-ширильная (Text) Spann- und Trockenmaschine f, Spannrahmentrockner m (Gewebeausrüstung) ΙΙ ~/счётная Rechenmaschine f, Rechner m ΙΙ ~/счётно-цифровая Digitalrechner m, digitaler Rechner m ΙΙ ~/табетировочная Tabletiermaschine f ΙΙ ~/табулирующая Tabelliermaschine f ΙΙ ~/тазовая ровничная (Text) Kannenflyer f ΙΙ ~/тазово-перегонная ровничная (Text) Mittelflyer f ΙΙ ~/тазово-тонкая ровничная (Text) Feinflyer f ΙΙ ~/тамбурная вышивальная (Text) Kettenstickmaschine f ΙΙ ~/тамбурная швейная Kettenstichnähmaschine f ΙΙ ~/тандем-компаунд Tandemverbunddampfmaschine f ΙΙ ~/тахометрическая [электрическая] (El) Tacho[meter]maschine f ΙΙ ~/текстурирующая (Text) Texturiermaschine f (Chemieseidenbearbeitung) ΙΙ ~/темперирующая (Lebm) Temperiermaschine f ΙΙ ~/теплофикационная паровая Anzapfdampfmaschine f ΙΙ ~/термоэлектрическая холодильная thermoelektrische Kältemaschine f ΙΙ ~/тесёмочная плетельная Litzenflechtmaschine f ΙΙ ~/тестоделительная (Lebm) Teigteilmaschine f ΙΙ ~/тестозакаточная (Lebm) Teigrollmaschine f ΙΙ ~/тестомесильная (Lebm) Teigknetmaschine f ΙΙ ~/тестоформовочная (тестоформующая) (Lebm) Teigformmaschine f ΙΙ ~/типографская [печатная] (Typ) Hochdruckmaschine f, Buchdruckmaschine f ΙΙ ~/тихоходная langsamlaufende Maschine f, Langsamläufer m ΙΙ ~/ткацкая многозевная (Text) Wellenfachwebmaschine f, Mehrsenwebmaschine f ΙΙ ~/толстая ровничная (Text) Grobflyer m ΙΙ ~/тонкая ленточная (Text) Feinstrecke f ΙΙ ~/тонкая ровничная (Text) Feinflyer m ΙΙ ~/тонкая чесальная (Text) Feinkrempel f, Feinkarde f ΙΙ ~/туннелепроходческая (Bgb, Bw) Tunnelvortriebsmaschine f ΙΙ ~/топсовая ленточная (Text) Ausstrecke f, Endstrecke f ΙΙ ~/точечная Punktschweißmaschine f ΙΙ ~/точечная [электро]-сварочная Punktschweißmaschine f ΙΙ ~/точная крестомотальная (Text) Präzisionskreuzspulmaschine f ΙΙ ~/точной ковки Feinschmiedemaschine f, Genauschmiedemaschine f, Präzisionsschmiedemaschine f ΙΙ ~/трамбовочная (трамбующая) Stampfmaschine f (Straßenbau) ΙΙ ~/транспортная 1. Transportgerät n; 2. (Förd) Fördermaschine f (Hebezeuge, Krane, Förderbänder) ΙΙ ~/траншейная Grabenbagger m ΙΙ ~/трепальная (Text) 1. Schlagmaschine f, Batteur m (Spinnerei); 2. Schwingmaschine f, Schwingturbine f (Flachsaufbereitung) ΙΙ ~ третьего поколения/вычислительная Rechner m der dritten Generation ΙΙ ~/трёхадресная (Inf) Dreiadreßrechner m ΙΙ ~/трёхбарабанная офсетная (Typ) Dreizylinderoffsetmaschine f ΙΙ ~/трёхбарабанная чесальная (Text) [Kammwoll-]Dreifachkrempel f ΙΙ ~/трёхвалковая [листо]гибочная (Wlz) Dreiwalzenbiegemaschine f ΙΙ ~/трёхниточная кеттельная (Text) dreifädige Kettelmaschine f ΙΙ ~/трёхножевая (трёхсторонняя) резальная (Typ) Dreimessermaschine f, Dreischneider m ΙΙ ~/трёхсгибная фальцевая (Typ) Dreibruchfalzmaschine f ΙΙ ~/трёхфазная (El) Drehstrommaschine f, Dreiphasenmaschine f ΙΙ ~/трёхфазная асинхронная (El) Drehstromsynchronmaschine f ΙΙ ~/трёхфазная последовательная Drehstromreihenschlußmaschine f, Drehstromhauptschlußmaschine f ΙΙ ~/трёхфазная шунтовая Drehstromnebenschlußmaschine f ΙΙ ~ трёхфазного [переменного] тока s. ~/трёхфазная ΙΙ ~/трикотажная (Text) Wirkmaschine f ΙΙ ~/трикотажная ворсовая Polwirkmaschine f ΙΙ ~/трикотажно-вязальная (Text) Wirk- und Strickmaschine f ΙΙ ~ тройного расширения/паровая Dampfmaschine f mit dreifacher Expansion, Dreifachexpansionsmaschine f ΙΙ ~/тростильная (Text) Fachmaschine f ΙΙ ~/тростильная крестомотальная (Text) Kreuz[spul]fachmaschine f ΙΙ ~/тростильно-крутильная (Text) Fachzwirnmaschine f (Seidengarn) ΙΙ ~/трубоволочильная Rohrziehmaschine f ΙΙ ~/трубогибочная Rohrbiegemaschine f ΙΙ ~/труболитейная центробежная Rohrschleudergießmaschine f ΙΙ ~/трубоправильная Rohrrichtmaschine f ΙΙ ~/трубосварочная [контактная] Rohrstumpfschweißmaschine f ΙΙ ~ трубосварочного стана/трубоформовочная Streifenrollmaschine f (Rohrschweißanlage) ΙΙ ~/трубоформовочная 1. (Wlz) Streifenrollmaschine f; 2. (Gieß) Rohrformmaschine f ΙΙ ~/трясильная (Text) Schüttelmaschine f (Flachs- und Hanfaufbereitung) ΙΙ ~/тряскоформовочная (Gieß) Rüttelformmaschine f ΙΙ ~/турбовоздуходувная Turbogebläse n ΙΙ ~/турбокомпрессорная холодильная Kältemaschine f mit Turbokompressor ΙΙ ~ Тьюринга (Inf, Kyb) Turing-Maschine f ΙΙ ~/тюлевая (Text) Bobinetmaschine f ΙΙ ~/тяговая Fahrmaschine f ΙΙ ~/тянульная (тянульно-мягчильная) (Led) Stollmaschine f ΙΙ ~/уборочная 1. (Lw) Erntemaschine f, Erntebergungsmaschine f; 2. (Bgb) Torfgewinnungsmaschine f ΙΙ ~/увлажнительная (Text) Einsprengmaschine f, Anfeuchtmaschine f, Sprühanfeuchtmaschine f (Gewebeausrüstung) ΙΙ ~/угароочистительная (угароочищающая) (Text) Abfallreinigungsmaschine f (Streichgarnspinnerei) ΙΙ ~/углепогрузочная Kohlenlademaschine f, Kohlenlader m ΙΙ ~/ударная врубовая (Bgb) Schlagkerbmaschine f ΙΙ ~/ударная клепальная Schlagnietmaschine f

машина

‖ ~/ударно-поворотная бурильная *(Bgb)* Drehschlagbohrmaschine *f* ‖ ~/узкозахватная выемочная *(Bgb)* Schmalschnittmaschine *f* ‖ ~/узловязальная *(Text)* Anknotmaschine *f*, Andrehmaschine *f*, Webkettenanknüpfmaschine *f* ‖ ~/укупорочная Verschließmaschine *f* ‖ ~/ультразвуковая зубоврачебная *(Med)* Ultraschallbohrmaschine *f* ‖ ~/ультразвуковая сварочная Ultraschallschweißmaschine *f* ‖ ~/ультразвуковая точечная Ultraschallpunktschweißmaschine *f* ‖ ~/ультразвуковая шовная Ultraschallrollennahtschweißmaschine *f* ‖ ~/универсальная бытовая швейная Universal-Haushaltnähmaschine *f* ‖ ~/универсальная врубовая *(Bgb)* Schräm- und Kerbmaschine *f*, Universalschrämmaschine *f* ‖ ~/универсальная вычислительная Universalrechner *m* ‖ ~/универсальная испытательная Universalwerkstoffprüfmaschine *f* ‖ ~/универсальная цифровая вычислительная universeller Digitalrechner *m* ‖ ~/универсально-гибочная Universalbiegemaschine *f* ‖ ~/униполярная *(El)* Unipolarmaschine *f* ‖ ~/упаковочная Einschlagmaschine *f (Verpackung)* ‖ ~/управляющая [цифровая] вычислительная ProzeßrechnerHIBATED *m*, PR, Prozeßrechenanlage *f* ‖ ~/уравнительная *(El)* Ausgleichmaschine *f* ‖ ~/уточно-мотальная (уточно-шпульная) *(Text)* Schuß[garn]spulmaschine *f* ‖ ~/утюжно-мерейная *(Led)* Chagrinier- und Bügelmaschine *f* ‖ ~/фактурная Fakturiermaschine *f* ‖ ~/фактурно-бухгалтерская Buchungs- und Fakturierautomat *m* ‖ ~/фактурно-счётная Fakturiermaschine *f* ‖ ~/фальцевальная *(Typ)* Falzmaschine *f* ‖ ~/фанговая Strickmaschine *f* ‖ ~/фасовочная Abfüllmaschine *f* ‖ ~/фасонная крутильная *(Text)* Effektzwirnmaschine *f* ‖ ~/фасонно-крутильная *(Text)* Effektzwirnmaschine *f* ‖ ~/фестонная поливная *(Photo)* Hängebegießmaschine *f* ‖ ~/фидерная стеклофармующая *(Glas)* Speisermaschine *f* ‖ ~/филейная *s.* ~/филетировочная ‖ ~/филетировочная Filetiermaschine *f (Fischverarbeitung)* ‖ ~/флотационная Flotationsapparat *m (Aufbereitung)* ‖ ~/фонарная крутильная Korbverseilmaschine *f (Kabelherstellung)* ‖ ~/форзацприклеечная *(Typ)* Vorsatzklebemaschine *f* ‖ ~/формовочная *(Gieß)* Formmaschine *f* ‖ ~/формовочная импульсная Impulsformmaschine *f* ‖ ~/фотонаборная *(Typ)* Lichtsetzmaschine *f*, Photosetzmaschine *f* ‖ ~/фрезерная почвообрабатывающая *(Lw)* Bodenfräse *f* ‖ ~/фронтальная навесная *(Lw)* Frontanbaumaschine *f* ‖ ~/хлопкоочистительная *(Text)* Entkörnungsmaschine *f*, Entkörner *m* ‖ ~/хлопкоуборочная *(Text)* Baumwollpflückmaschine *f* ‖ ~/ходовая Fahrmotor *m*, Fahrantriebsmaschine *f*, Propulsionsmaschine *f* ‖ ~/холодильная Kältemaschine *f* ‖ ~/холодновысадочная *(Umf)* Kaltstauchmaschine *f* ‖ ~/холстовая чесальная *(Text)* Mittelkrempel *f*, Vlieskrempel *f* ‖ ~/холстовытяжная *(Text)* Wickelstrecke *f*, Kehrstrecke *f* ‖ ~/холстосоединительная *(Text)* Wattenmaschine *f (Seidenfasern)* ‖ ~/ценонаборная *(Text)* Fadenkreuzeinlesemaschine *f (Weberei)* ‖ ~/центральная вычислительная Zentralrechner *m* ‖ ~/центрифугальная прядильная *(Text)* Zentrifugalspinnmaschine *f* ‖ ~/центробежная *(Gieß)* Schleudergießmaschine *f* ‖ ~/центробежная закладочная *(Bgb) (Masch)* Schleuderversatzmaschine *f* ‖ ~/центробежная лопаточная Radialströmungsmaschine *f (das Medium strömt radial von innen nach außen)* ‖ ~/центростремительная лопаточная *(Masch)* Zentripetal-Radialströmungsmaschine *f (das strömende Medium strömt radial von außen nach innen)* ‖ ~/цепевязальная *(Fert)* Kettengliederpreß- und Kettenwickelmaschine *f* ‖ ~/цепная врубовая *(Bgb)* Kettenschrämmaschine *f* ‖ ~/цепная ширильная *(Text)* Kettenbreitstreckmaschine *f* ‖ ~ цепного стежка/швейная *(Text)* Kettenstichnähmaschine *f* ‖ ~/цилиндрическая сукновальная *(Text)* Zylinderwalke *f* ‖ ~/цифровая вычислительная Digitalrechenmaschine *f*, digitaler Rechner *m* ‖ ~/цифровая управляющая вычислительная digitaler Prozeßrechner *m*, digitale Prozeßrechenanlage *f* ‖ ~/чеканочная *(Lw)* Schnittmaschine *f (Weinbau)* ‖ ~/червячная ленточная *(Text)* Schraubenstrecke *f* ‖ ~/черпальная *(Pap)* Schöpfpapiermaschine *f* ‖ ~/чертёжная Plotter *m*, Zeichenmaschine *f* ‖ ~/чесальная *(Text)* 1. Krempel *f*, Karde *f (Wolle, Baumwolle)*; 2. Hechelmaschine *f (Flachs)* ‖ ~/чесальная двухбарабанная Doppelkarde *f*, Doppelkrempel *f*, Tandemkarde *f* ‖ ~/чесальная малогабаритная Kleinkarde *f* ‖ ~/чесальная четырёхбарабанная *(Text)* [Kammwoll-]Vierfachkrempel *f* ‖ ~/чесальная шляпочная Deckelkarde *f* ‖ ~ четвёртого поколения/вычислительная Rechner *m* der vierten Generation ‖ ~/четырёхвалковая гибочная Vierwalzenbiegemaschine *f* ‖ ~/четырёхвалковая листогибочная Vierwalzenblechbiegemaschine *f* ‖ ~/четырёхмолотовая кузнечная Vierhammerschmiedemaschine *f* ‖ ~/четырёхцилиндровая ленточная *(Text)* Vierwalzenstrecke *f* ‖ ~/четырёхшарикового *(Trib)* Vierkugelapparat *m (Schmierstoffprüfung)* ‖ ~/чешуеочистительная (чушесъёмочная) Entschuppungsmaschine *f (Fischverarbeitung)* ‖ ~/чистильная *(Led)* Streichmaschine *f* ‖ ~/чистильно-щёточная *(Wlz)* Reinigungs- und Bürstmaschine *f* ‖ ~ чистовой ковки *s.* ~ точной ковки ‖ ~/читающая Klarschriftleser *m* ‖ ~/швейная 1. *(Typ)* Heftmaschine *f*; 2. *(Text)* Nähmaschine *f* ‖ ~/швейная бытовая Haushaltnähmaschine *f* ‖ ~/швейная выпускновая Biesennähmaschine *f* ‖ ~/швейная двухлинейная Zweiliniennähmaschine *f* ‖ ~/швейная длиннорукавная Langarmnähmaschine *f* ‖ ~/швейная колонковая Säulennähmaschine *f* ‖ ~/швейная короткорукавная Kurzarmnähmaschine *f* ‖ ~/швейная краеобмёточная Überwendlichnähmaschine *f* ‖ ~/швейная многоигольная Mehrnadelnähmaschine *f* ‖ ~/швейная одноигольная Einnadelnähmaschine *f* ‖ ~/швейная однолинейная Einliniennähmaschine *f* ‖ ~/швейная плоская Flachbettnähmaschine *f* ‖ ~/швейная промышленная Industrienähmaschine *f* ‖ ~/швейная регулярная Regulärnähmaschine *f* ‖ ~/шёлкокрутильная *(Text)* Seidenzwirnmaschine *f* ‖

~/шелушильная Schälmaschine f (Mühlenindustrie) ‖ ~/шерстомойная (Text) Wollwaschmaschine f, Wollspülmaschine f ‖ ~/шерстосгонная (Led) Enthaarmaschine f ‖ ~/ширильная (Text) Breitstreckmaschine f, Gewebestreckmaschine f (Gewebeausrüstung) ‖ ~/ширококозахватная (Bgb) Breitschnittmaschine f ‖ ~/шкуросъёмная Enthäutungsmaschine f (Fischverarbeitung) ‖ ~/шлифовальная (Led) Schleifmaschine f, Dolliermaschine f (Lederzurichtung) ‖ ~/шлихтовальная (Text) Schlichtmaschine f ‖ ~/шляпочная чесальная (Text) Deckelkrempel f, Deckelkarde f ‖ ~/шнековая плавильная (Text) Schmelzextruder m ‖ ~/шнуроплетельная шнурочная плетельная) (Text) Kordelflechtmaschine f, Rundflechtmaschine f ‖ ~/шовная Rollennahtschweißmaschine f ‖ ~/шовная импульсная конденсаторная Kondensator-Impuls-Rollennahtschweißmaschi ne f ‖ ~/шовная [электро]сварочная Rollennahtschweißmaschine f ‖ ~/шпалоподбивочная (Eb) Gleisstopfmaschine f ‖ ~/штамповочная Stanzmaschine f, Stanze f ‖ ~/штанговая врубовая (Bgb) Stangenschrämmaschine f ‖ ~/штифтовая сновальная (Text) Stiftschärmaschine f ‖ ~/шунтовая (El) Nebenschlußmaschine f ‖ ~/щебнеочистительная (Eb) Schotterreinigungsmaschine f, Bettungsreinigungsmaschine f ‖ ~/щетинодёргательная Borstenrupfmaschine f ‖ ~/щёточная (Text, Led) Bürstmaschine f ‖ ~/щёточная бумагокрасильная (Typ) Bürstenstreichmaschine f ‖ ~/щёточная ворсовальная (Text) Bürstenrauhmaschine f ‖ ~/щёточно-чистильная (Wlz) Bürstenreinigungsmaschine f, Bürstmaschine f; Blockbürstmaschine f ‖ ~/щипальная (Text) Krempelwolf m ‖ ~/щипально-смешивающая (Text) Krempelwolf m ‖ ~/экстратолстая ровничная (Text) Extragrobflyer m ‖ ~/экстратонная ровничная (Text) Extrafeinflyer m ‖ ~/экструзионная Extruder m, Schneckenpresse f ‖ ~/электрическая elektrische Maschine f, Elektromaschine f (Sammelbegriff für Generatoren und Motoren) ‖ ~/электрическая полотёрная elektrische Bohnermaschine f ‖ ~/электрогидравлическая рулевая (Schiff) elektrohydraulische Rudermaschine f ‖ ~/электродуговая сварочная Lichtbogenschweißmaschine f, Elektro[schmelz]schweißmaschine f ‖ ~/электронная вычислительная elektronischer Rechner m, Elektronenrechner m, Computer m (s. a. unter ЭВМ) ‖ ~/электросварочная Elektroschweißmaschine f, elektrische Schweißmaschine f (s. a. unter ~/электродуговая сварочная) ‖ ~/электростатическая Elektrisiermaschine f ‖ ~/электростиральная elektrische Waschmaschine f ‖ ~/этажная крутильная (Text) Etagenzwirnmaschine f ‖ ~/этикетировочная Etikettiermaschine f ‖ ~/явнополюсная (El) Einzelpolmaschine f, Schenkelpolmaschine f ‖ ~/ящикомоечная Kastenwaschmaschine f

машина-автомат f/контактная vollautomatische Widerstandsschweißmaschine f, Widerstandsschweißautomat m ‖ ~/стиральная Waschautomat m

машина-двигатель f Kraftmaschine f ‖ ~/первичная primäre Kraftmaschine f (Wärme-, Wasser-, Gaskraftmaschine)

машина-каталог f/электронная справочная elektronische Auskunftsanlage f

машина-компаунд [/паровая] Verbunddampfmaschine f

машина-переводчик f Übersetzungsmaschine f, Sprachübersetzungsmaschine f

машина-пресс f/контактная Schweißpresse f (Buckelschweißmaschine mit großflächigen Elektroden)

машинизация f Computerisierung f

машинка f взрывная Zündmaschine f ‖ ~/консольная пишущая 1. (Inf) Abfrageeinheit f; 2. Schreibmaschinenkonsole f ‖ ~/пишущая Schreibmaschine f ‖ ~/подрывная s. ~/взрывная ‖ ~/рулевая (Schiff, Flg) Rudermaschine f

машинно-независимый (Inf) maschinenfern

машинно-ориентированный rechnerorientiert, rechnerabhängig

машинный 1. Maschinen...; maschinell; 2. rechnerintern

машиноведение n Maschinenkunde f

машиностроение n Maschinenbau m ‖ ~/сельскохозяйственное Landmaschinenbau m ‖ ~/судовое Schiffsmaschinenbau m ‖ ~/тяжёлое Schwermaschinenbau m

машины fpl на стоянке (Kfz) ruhender Verkehr m

маяк m 1. (Schiff, Flg) Leuchtturm m, Leuchtfeuer n; 2. (Geod) Richtpunkt m; 3. Putzleiste f ‖ ~/аэродромный (Flg) Platzfeuer n, Platzeinflugzeichen n ‖ ~/береговой Küstenleuchtturm m, Küstenleuchtfeuer n ‖ ~/ближний приводной (Flg) Platzeinflugzeichen n ‖ ~/вращающийся Drehfeuer n ‖ ~/всенаправленный Rundstrahlbake f ‖ ~/глиссадный [посадочный] (Flg) Gleitwegbake f ‖ ~/дальний приводной Voreinflugzeichen n ‖ ~/кодовый (Flg) Kodeleuchtfeuer n ‖ ~/маркерный Markierungsfeuer n ‖ ~/мигающий Blinkfeuer n ‖ ~/плавучий Feuerschiff n ‖ ~/пограничный (Flg) Grenzlinienbake f ‖ ~/портовый Hafenfeuer n ‖ ~/посадочный Landefeuer n ‖ ~/приводной (Flg) Ansteuerungsfeuer n (NDB oder VOR) ‖ ~/промежуточный маркерный (Flg) Haupteinflugzeichen n ‖ ~/равносигнальный (Rad) Leitstrahlsender m ‖ ~/радиолокационный Radarbake f (s. a. unter радиомаяк); (Schiff auch) Ramark-Bake f, Ramark-Funkfeuer n ‖ ~/световой Leuchtfeuer n ‖ ~/створный Richtfeuer n, Leitfeuer n

маяк-ответчик m/радиолокационный Radarwiederholerbake f; (Schiff auch) Racon-Bake f, Radarantwortbake f

маятник m (Mech) Pendel n ‖ ~/гироскопический Kreiselpendel n, gyroskopisches Pendel n ‖ ~/компенсационный Kompensationspendel n ‖ ~/конический Kegelpendel n ‖ ~/круговой Kreispendel n ‖ ~/крутильный Torsionspendel n ‖ ~/математический mathematisches Pendel n ‖ ~/оборотный Reversionspendel n ‖ ~/пружинный Federpendel n (geradliniger Schwinger) ‖ ~/секундный Sekundenpendel n ‖ ~/физический physikalisches Pendel n ‖ ~ Фуко Foucaultsches Pendel n, Foucault-Pen-

del *n* II ~/**центробежный** Fliehkraftpendel *n* (Fliehkraftregler)
МБ s. 1. барабан/магнитный; 2. батарея/местная
Мбайт s. мегабайт
Мбит s. мегабит
МБР s. ракета/межконтинентальная баллистическая
МВ s. 1. мегавольт; 2. модуль/вычислительный; 3. волна/метровая
мВ s. милливольт
МВЛ s. линия/воздушная местная
МВт s. мегаватт
мВт s. милливатт
МГ s. головка/магнитная
мГ s. миллигенри
МГД s. 1. магнитогидродинамический; 2. гидродинамика/магнитная
МГДГ s. генератор/магнитогидродинамический
МГДУ s. установка/магнитогидродинамическая
МГДЭС s. электростанция/магнитогидродинамическая
мгновенный/почти *(Kern)* fast promt
МГц s. мегагерц
МД s. магнитодиод
МДж s. мегаджоуль
МДМ-диод *m (Eln)* MIM-Diode *f*, Metall-Isolator-Metall-Diode *f*
МДМ-структура *f (Eln)* MIM-Struktur *f*, Metall-Isolator-Metall-Struktur *f*
МДПДМ-структура *f (Eln)* MISIM-Struktur *f*, Metall-Isolator-Halbleiter-Isolator-Metall-Struktur *f*
МДП-структура *f (Eln)* MIS-Struktur *f*, Metall-Isolator-Halbleiter-Struktur *f*
МДП-технология *f (Eln)* MIS-Technologie *f*, Metall-Isolator-Halbleiter-Technologie *f*
МДП-транзистор *m (Eln)* MIS-Transistor *m*, MIS-Feldeffekttransistor *m*, MISFET II ~/***n*-канальный** N-Kanal-MIS-Feldeffekttransistor *m* II ~/***p*-канальный** P-Kanal-MIS-Feldeffekttransistor *m*
МДС s. сила/магнитодвижущая
меандр *m* 1. *(Arch)* Mäander *m (Ornamentleiste)*; 2. *(Masch)* Mäandergetriebe *n (Zahnradschaltgetriebe in Werkzeugmaschinen)*; 3. *(El)* Mäanderimpuls *m*
меандрообразный mäanderförmig
мегаампер *m (El)* Megaampere *n*, MA
мегабайт *m (Inf)* Megabyte *n*, Mbyte *n*
мегабит *m (Inf)* Megabit *n*, Mbit *n*
мегаватт *m (El)* Megawatt *n*, MW
мегаватт-час *m (El)* Megawattstunde *f*, MW · h
мегавольт *m (El)* Megavolt *n*, MV
мегагерц *m (El)* Megahertz *n*, MHz
мегаджоуль *m (El)* Megajoule *n*, MJ
мегаом *m (El)* Megaohm *n*, MΩ
мегаомметр *m (El)* Megaohmmeter *n*
мегасименс *m (El)* Megasiemens *n*, MS
меггер *m* s. мегаомметр
мегом *m* s. мегаом
мегомметр *m* s. мегаомметр
медведка *f* 1. *(Schm)* Lochhammer *m*, Locheisen *n*; 2. Stanze *f*; 3. Zweiradkarren *m*
меделитейная *f* Kupfergießerei *f*
меденосный kupferführend, kupferhaltig
медиана *f (Math)* 1. Seitenhalbierende *f (Geometrie, Dreieck)*; 2. Medianwert *m (Wahrscheinlichkeitsrechnung)* II ~ **выборки** Stichprobenzentralwert *m (statistische Qualitätskontrolle)*
медистый Kupfer...
медленность *f (Ökol)* Slowness *f*, inverse Scheingeschwindigkeit *f*, „Langsamkeit" *f*
меднение *n* Verkupfern *n*
меднить verkupfern
меднолитейная *f* Kupfergießerei *f*
медный Kupfer...
медогонка *f (Lw)* Honigschleuder *f*
медь *f (Ch)* Kupfer *n*, Cu; *(Met)* Kupfer *n* II ~/**анодная** Anodenkupfer *n*, Elektrolytkupfer *n* II ~/**волосатая** Haarkupfer *n* II ~/**вторичная** Altkupfer *n*; regeneriertes Kupfer *n* II ~/**гранулированная** Kornkupfer *n*, Kupfergranalien *fpl* II ~/**губчатая** Schwammkupfer *m*, Kupferschwamm *m (Pulvermetallurgie)* II ~/**деревянистая** *(Min)* Holzkupfererz *n (Abart von Olivenit)* II ~/**жёлтая** Messing *n*, Gelbkupfer *n* II ~/**зейгерованная** Darrkupfer *n* II ~/**катодная** Kathodenkupfer *n*, Elektrolytkupfer *n* II ~/**конвертерная** Konverterkupfer *n*, Schwarzkupfer *n*, Rohkupfer *n* II ~/**красная** Rotkupfer *n*, reines Kupfer *n* II ~/**листовая** Kupferblech *n*, Walzkupfer *n*; Blattkupfer *n* II ~/**литая** Gußkupfer *n* II ~/**нагартованная** Hartkupfer *n* II ~/**неочищенная** Schwarzkupfer *n* II ~/**обмоточная** Wickelkupfer *n* II ~/**полосовая** Bandkupfer *n*, Flachkupfer *n* II ~/**прутковая** Stangenkupfer *n* II ~/**пузырчатая** Blasenkupfer *n* II ~/**рафинированная** Raffinatkupfer *n*, Hüttenkupfer *n*, Garkupfer *n*, Zähkupfer *n* II ~/**самородная** gediegenes Kupfer *n*, Bergkupfer *n* II ~/**сортовая** Profilkupfer *n* II ~/**стандартная** Normkupfer *n* II ~/**сырая** s. ~/чёрная II ~/**цементная** Zementkupfer *n* II ~/**чёрная** Schwarzkupfer *n*, Konverterkupfer *n*, Rohkupfer *n*, rohgares Kupfer *n* II ~/**черновая** s. ~/чёрная II ~/**чушковая** Barrenkupfer *n* II ~/**шинная** Stabkupfer *n* II ~/**штыковая** Blockkupfer *n* II ~/**электролитная** Elektrolytkupfer *n*
меж... s. а. *unter* между...
межатомный interatomar
межбазовый Zwischenbasis... *(Halbleiter)*
межгалактический *(Astr)* intergalaktisch
межгорсвязь *f (Nrt)* Fernverkehr *m*, Weitverkehr *m*, Fernverbindung *f*
междолинный Zwischental... *(Halbleiter)*
междоузельный *(Krist)* Zwischengitter..., interstitiel
междоузлие *n (Eln)* Zwischengitterplatz *m*
между... s. а. *unter* меж...
междувитковый *(Eln)* zwischen den Windungen [befindlich], Windungs...
междугородный *(Nrt)* Fern..., Weit...
междудонный *(Schiff)* Doppelboden...
междукаскадный *(El)* zwischen den Stufen [befindlich], zwischen den Stufen liegend, Zwischenstufen...
междуполюсный *(El)* zwischen den Polen [befindlich, zwischen den Polen liegend]
междупутье *n (Eb)* Gleisabstand *m*
междустрочный Zwischenzeilen...
межень *f (Hydrol)* Niedrigwasserperiode *f*
межзвёздный *(Astr)* interstellar
межзернистый intergranular
межзонный Interband... *(Halbleiter)*
межкристаллический interkristallin

межледниковье n (Geol) Warmzeit f, Interglazial n ‖ ~/**ваальское** Waal-Warmzeit f ‖ ~/**гольштинское** Holstein-Warmzeit f, Holsteininterglazial n ‖ ~/**гюнц-миндельское** Günz-Mindel-Warmzeit f, Günz-Mindel-Interglazial n ‖ ~/**кромерское** Cromer-Warmzeit f ‖ ~/**лихвинское** Lichwin-Warmzeit f ‖ ~/**мазовецкое (мазурское)** masovische Warmzeit f, Masovien n ‖ ~/**микулинское** Mikulino-Warmzeit f (Osteuropa) ‖ ~/**миндель-рисское** Mindel-Riß-Warmzeit f (Alpengebiet) ‖ ~/**рисс-вюрмское** Riß-Würm-Warmzeit f (Alpengebiet) ‖ ~/**сангамонское** Sangamon-Warmzeit f (Nordamerika) ‖ ~/**сандомирское** Sandomierz-Warmzeit f, Sandomivien n (Polen) ‖ ~/**тегеленское** Tegelen-Interglazial n, Tegelen-Warmzeit f ‖ ~/**эемское** Eem-Warmzeit f, Eem-Interglazial n ‖ ~/**эльстер-заальское** Elster-Saale-Warmzeit f, Elster-Saale-Interglazial n ‖ ~/**ярмаусское** Yarmouth-Warmzeit f (Nordamerika)
межмолекулярный intermolekular, zwischenmolekular
межопорный (Masch) zwischen zwei Lagern [angeordnet]
межотраслевой mehrere Industriezweige umfassend
межпланетный (Astr) interplanetar
межрайонный überregional (Verbundsystem)
межсистемный zwischensystemig, Zwischensystem...
межсоединение n (El) Zwischenverbindung f
межстаночный (Fert) zwischen Werkzeugmaschinen [angeordnet], Zwischen...
межферменный (Bw) im Binderzwischenraum gelegen, zwischen Binderober- und -untergurt gelegen
межцентромер m Zweiflankenwälzprüfgerät n, Achsabstandsprüfgerät n
межэлектронный interelektronisch
мезадиод m (Eln) Mesadiode f
мезаобласть f (Eln) Mesabereich m
мезаспособ m (El) Mesaverfahren n
мезаструктура f (Eln) Mesastruktur f
мезатехнология f (Eln) Mesatechnologie f (Halbleiter)
мезатранзистор m (Eln) Mesatransistor m ‖ ~/**германиевый** Germaniummesatransistor m ‖ ~/**диффузионо-сплавной** diffundiert-legierter Mesatransistor m ‖ ~/**эпитаксиальный** Epitaxie-Mesatransistor m
мезатриод m s. мезатранзистор
меза-фотодиод m (Eln) in Mesastruktur ausgeführte Photodiode f
мезга f Pulpe f, Maische f, Fruchtbrei m; Saatbrei m (zur Ölgewinnung vorzerkleinertes und gewärmtes Saatgut); (Lw) Maische f, Treber m, Trester m, Pülpe f (als Futtermittel) ‖ ~/**густая** Dickmaische f ‖ ~/**крупная** Grobfaser f (Stärkeherstellung) ‖ ~/**мелкая** Feinfaser f (Stärkeherstellung) ‖ ~/**сухая** Trockenpulpe f ‖ ~/**сырая** Naßpulpe f
мезголовушка f Pulpefänger m
мездра f (Led) 1. Leimleder n; 2. Fleischseite f
мездрение n (Led) Entfleischen n
мездрить (Led) entfleischen
мездровый aus Leimleder hergestellt; (Led) Fleisch..., Aas...
мездряк m (Led) Scherdegen m
мезиты mpl (Geol) Mesite mpl
мезо... (Ch) Meso..., meso...
мезоатом m (Kern) Meson[en]atom n, Mesoatom n
мезодинамика f Meson[en]dynamik f
мезозой m s. 1. эратема/мезозойская; 2. эра/мезозойская
мезоклимат m Mesoklima n
мезолит m (Min) Mesolith m (Zeolith)
мезомерия f (Ch) Mesomerie f, Resonanz f, Strukturresonanz f
мезометеорология f Mesometeorologie f
мезомолекула f Meso[nen]molekül n, Mesonmolekül n
мезон m (Kern) Meson n
К-мезон m (Kern) K-Meson n, k-Meson n, Kappa-Meson n
мезоний (Kern) Mesonium n
мезонин m (Bw) Mezzanin n, Zwischengeschoß n
мезосидерит m Mesosiderit m (Meteorit)
мезоскаф m Mesoskaph m
мезосоединение n Mesoform f
мезосфера f Mesosphäre f
мезоторий m (Ch) Mesothorium n
мезофит m (Geol) Mesophytikum n
мейонит m (Min) Mejonit m, Meionit m, Calcio-Cankrinit m (Calciumskapolith)
мел m (Geol) 1. Kreide f (Gestein, petrographischer Begriff); 2. Kreide f (stratigraphischer Begriff; siehe hierzu: система/меловая und период/меловой) ‖ ~/**дезинтегрированный** feinstgemahlene Kreide f (ohne kristalline Bestandteile, für kosmetische und medizinische Zwecke) ‖ ~/**жирный** Fettkreide f ‖ ~/**искусственный** künstliche Kreide f ‖ ~/**комовый (кусковой)** Stückkreide f ‖ ~/**молотый** gemahlene Kreide f ‖ ~/**мягкий** Weichkreide f ‖ ~/**озёрный** Seekreide f ‖ ~/**отмученный** Schlämmkreide f ‖ ~/**писчий** Schreibkreide f ‖ ~/**плавленный** s. ~/отмученный ‖ ~/**природный** Naturkreide f ‖ ~/**химический** s. ~/искусственный ‖ ~/**чёрный** schwerer schreibfähiger Schieferton m, Griffelschiefer m
мелаконит m (Min) Melakonit m, Schwarzkupfererz n
меланж m Melange f, Gemisch n
меланжер m (Med) Mischpipette f
меланжир m (Text) Mischstrecke f, Melangeuse f
меланит m (Min) Melanit m (Granat)
мелантерит m (Min) Melanterit m, Eisenvitriol n(m)
меласса f Melasse f (Zuckergewinnung) ‖ ~/**остаточная** Restmelasse f ‖ ~/**свекловичная** Rübenmelasse f
мелассообразование n Melassebildung f
мелассообразователь m Melassebildner m
мелафир m (Geol) Melaphyr m
мелеть (Geol) seicht werden, versanden (Fluß)
мелинит m 1. (Ch) Melinit n, Picrinsäure f, Trinitrophenol n (Sprengstoff); 2. (Min) Melinith m (Feldspatvertreter)
мелиорация f (Lw) Melioration f ‖ ~/**агролесотехническая** Melioration f durch forstwirtschaftliche Maßnahmen ‖ ~/**гидротехническая** Melioration f durch Be- und Entwässerungsanlagen
мелитоза f (Ch) Melit[ri]ose f, Raffinose f

мелководье

мелководье *n (Hydt)* Minimalwasser *n pl*, flache Wasser *n pl*, niedriger Wasserstand *m*, Seichtheit *f*, Untiefe *f*, Flachwasser *n*
мелкодроблёный feingebrochen
мелкозернистость *f* Feinkörnigkeit *f*, Kornfeinheit *f* ǁ ~/наследственная Feinkörnigkeit *f* infolge Wärmebehandlung
мелкозернистый feinkörnig
мелкозубчатый feingezähnt; mit kleinem Modul *(Zahnrad)*; feingekerbt
мелкокалиберный Kleinkaliber..., KK-..., kleinkalibrig
мелкокомковатый kleinklumpig, in kleinen Klumpen, kleinstückig, in kleinen Stücken
мелкокристаллический feinkristallin, feinkörnig
мелкокусковой feinstückig, kleinstückig
мелколесье *n* Kleingehölz *n*, niedrige Waldung *f*
мелкомасштабный in kleinem Maßstab, maßstäblich klein
мелкомолотый feingemahlen
мелкопетлистый feinmaschig
мелкопластинчатый feinstreifig *(Gefüge)*
мелкопористый engporig, feinporig
мелкораздробленный fein zerkleinert; fein gemahlen
мелкоразмолотый feingemahlen
мелкосерийный Kleinserien...
мелкосопочник *m (Geol)* Hügelland *n*
мелкосортный *(Wlz)* Feinprofil..., Feinstahl...
мелкосортовой s. мелкосортный
мелкотёрка *f* Kreidemühle *f*
мелкоячеистый feinmaschig, engmaschig
мелование *n (Pap)* Streichen *n*, Strich *m*; Beschichten *n* ǁ ~/машинное *(Pap)* Streichen *n* in der Papiermaschine, maschinelles Streichen *n*, Maschinenstrich *m*
меловой *(Geol)* 1. kretaz[e]isch *(zum Kreidesystem bzw. zur Kreideperiode gehörig)*; 2. Kreide... *(petrographische Bezeichnung, z. B. меловой туфф Kreidetuff)*
мелонит *m (Min)* Melonit *m*, Tellurnickel *n*
мелочь *f* 1. Feines *n*, Feingut *n*, Grus *m*; 2. *(Pap)* Mehlstoff *m* ǁ ~/буровая *(Bgb)* Bohrklein *n* ǁ ~/зарубная *(Bgb)* Schrämklein *n* ǁ ~/рудная Kleinerz *n*, Grießerz *n*, Grieß *m*
мель *f* Untiefe *f*
мелькание *n* Flimmern *n (s. a. unter* мерцание*)*
мельниковит *m (Min)* Melnikowit *m (Gelform des Eisendisulfids)*
мельница *f* Mühle *f*; Mahlwerk *n*; *(Pap)* Stoffmühle *f* ǁ ~/барабанно-шаровая Trommelkugelmühle *f* ǁ ~/бегунная Kollergang *m*, Kollermühle *f* ǁ ~/бильная Schlägermühle *f*, Schleudermühle *f* ǁ ~/бичевая Schlägermühle *f*, Schlagmühle *f* ǁ ~/быстроходная Schnelläufer *m*, Schnelläufermühle *f* ǁ ~/валковая (вальцовая) Walzenmühle *f*, Walzenstuhl *m* ǁ ~/ветряная Windmühle *f* ǁ ~/вибрационная [шаровая] Schwingmühle *f*, Vibrationsmühle *f*, Vibromühle *f* ǁ ~/вихревая Wirbelstrommühle *f* ǁ ~/гравитационная Schwerkraftmühle *f* ǁ ~/гребенчатая *(Pap)* Walzenkammerzfaserer *m* ǁ ~/двухвальцовая Zweiwalzenmühle *f* ǁ ~ Джордана s. ~ Жордана ǁ ~/дисковая *(Pap)* Scheibenmühle *f*, Diskusmühle *f* ǁ ~ для мокрого дробления (измельчения, помола, размола) Naßmühle *f* ǁ ~/домалывающая *(Pap)* Feinmühle *f* ǁ ~/дробильная Brechmühle *f (Bezeichnung für alle Trommel- und Kugelbrecher)* ǁ ~/жерновая Steinmühle *f* ǁ ~ Жордана [/коническая] *(Pap)* Jordan-Kegel[stoff]mühle *f* ǁ ~/качающаяся Schwingmühle *f* ǁ ~/коллоид[аль]ная Kolloidmühle *f* ǁ ~/колокольная Glockenmühle *f*, Kegelmühle *f* ǁ ~/кольцевая Wälzmühle *f*, Ringmühle *f*, Ringzellen[wälz]mühle *f (Gruppenbegriff für Pendelrollen- und Fliehkraftmühlen)* ǁ ~/коническая (конусная) Kegelmühle *f*, Glockenmühle *f*; *(Pap)* Kegelstoffmühle *f* ǁ ~/крестовая *(Pap)* Drehkreuzmühle *f* ǁ ~/кулачковая s. ~/молотковая ǁ ~/лабораторная Labormühle *f* ǁ ~/маятниковая [ролико-кольцевая] Pendel[rollen]mühle *f*, Fliehkraftpendelmühle *f*, Fliehkraftwalzenmühle *f* ǁ ~/маятниковая центробежная s. ~/маятниковая ǁ ~/многовалковая (многовальцовая) Mehrwalzenmühle *f* ǁ ~/многокамерная трубная Mehrkammer[rohr]mühle *f*, Verbundrohrmühle *f* ǁ ~/молотковая Hammermühle *f*, Schlägermühle *f* ǁ ~/мукомольная Getreidemühle *f (Betrieb)* ǁ ~/нориевая Becherwerksumlaufmühle *f* ǁ ~/однокамерная трубная Einkammerrohrmühle *f* ǁ ~/отражательная Prallmühle *f* ǁ ~/пневматическая Prallmühle *f*, Prallzerkleinerer *m (Kohlenstaubfeuerung)* ǁ ~/пружинная Federrollen[wälz]mühle *f*, Verbundrohrmühle *f* ǁ ~/прутковая *(Pap)* Stabmühle *f*, Stangenmühle *f*, Stiftmühle *f* ǁ ~/роликовая s. ~/кольцевая ǁ ~/роликовая центробежная s. ~/маятниковая ǁ ~/рудоразмольная Erzmühle *f* ǁ ~ с ситами/шаровая Siebtrommelmühle *f* ǁ ~/сепараторная Stromsichtermühle *f*, Sichtermühle *f* ǁ ~/смешивающая Mischmühle *f* ǁ ~/смешивающая шаровая Mischkugelmühle *f* ǁ ~ средней скорости Mittelläufermühle *f* ǁ ~/среднеходная Mittelläufer *m*, Mittelläufermühle *f* ǁ ~/струйная Strahlmühle *f* ǁ ~/струйно-ударная Strahlprallmühle *f* ǁ ~/тихоходная Langsamläufer *m*, Langsamläufermühle *f* ǁ ~/трёхвальцовая Dreiwalzenmühle *f* ǁ ~/трёхкамерная комбинированная Dreikammerverbund[rohr]mühle *f* ǁ ~/трубчатая Rohrmühle *f* ǁ ~/ударная 1. Schlagmühle *f (Gruppenbegriff für Schlägermühlen, Hammermühlen, Kreuzschlagmühlen, Desintegratoren)*; 2. *(Gieß)* Prallmühle *f (zur Formstoffaufbereitung)* ǁ ~/ударно-дисковая [штифтовая] Schlagstiftmühle *f* ǁ ~/ударно-крестовая Schlagkreuzmühle *f* ǁ ~/ударно-отражательная Prallmühle *f*, Schlagprallmühle *f* ǁ ~/центробежная Fliehkraftmühle *f* ǁ ~/цилиндрическая *(Pap)* Zylindermühle *f* ǁ ~/цилиндроконическая шаровая Konusmühle *f*, Doppelkegelmühle *f* ǁ ~/четырёхвальцовая Vierwalzenmühle *f* ǁ ~/шаровая Kugelmühle *f (Abart der Trommelmühle)* ǁ ~/шаровая центробежная Fliehkraftkugelmühle *f* ǁ ~/шахтная [бильная] Schachtmühle *f* ǁ ~/шелушильная Schälmaschine *f*
мельница-гидрофайнер *f*/коническая *(Pap)* Hydrofiner *m*, Hydromühle *f (schnellaufende Kegelstoffmühle)*
мельчить zermahlen, [fein]zerkleinern *(z. B. Erze)*; pochen; zerstampfen
мельштоф *m (Pap)* Mehlstoff *m*

мембрана f Membran[e] f ‖ ~/воздушная Luftmembran f (Einspritzvergaser) ‖ ~ громкоговорителя Lautsprechermembran f ‖ ~/коническая (конусная) Konusmembran f ‖ ~/плоская Flachmembran f ‖ ~/полупроницаемая Diaphragma n ‖ ~/сдвоенная Doppelmembran f ‖ ~/топливная Kraftstoffmembran f (Einspritzvergaser) ‖ ~/угольная Kohlemembran f
мемоскоп m Memoskop m
менделевий m (Ch) Mendelevium n, Md
мензула f (Geod) Meßtisch m, Mensel f
мениск m 1. (Ph) Meniskus m (gekrümmte Flüssigkeitsoberfläche in Kapillaren); 2. (Opt) Meniskus m, Meniskuslinse f ‖ ~/вогнутый konkaver (vertiefter) Meniskus m (bei benetzender Flüssigkeit) ‖ ~/выпуклый konvexer (nach oben gewölbter) Meniskus m (bei nicht benetzender Flüssigkeit, z. B. Quecksilber) ‖ ~ жидкости s. мениск 1. ‖ ~/отрицательный (Opt) negativer Meniskus m ‖ ~/положительный (Opt) positiver Meniskus m ‖ ~ равной кривизны (Opt) Nullinse f ‖ ~/рассеивающий s. ~/отрицательный ‖ ~/собирательный s. ~/положительный
меню (Inf) Menü n • с управлением меню menügesteuert
мера f 1. Maßnahme f; 2. Maß n; Maßverkörperung f ‖ ~/вероятностная Wahrscheinlichkeitsmaß n ‖ ~ взаимоиндуктивности (El) Gegeninduktivitätsmaßverkörperung f ‖ ~ времени Zeitmaß n ‖ ~/вспомогательная Hilfsmaß n ‖ ~/градуса Gradmaß n ‖ ~ деформации Verformungsmaß n, Verzerrungsmaß n ‖ ~ длины Längenmaßverkörperung f; Längenmaß n ‖ ~ длины волны/образцовая Wellenlängennormal n ‖ ~ длины/концевая Endmaß n ‖ ~ длины/многозначная штриховая Strichmaß[stab m] n mit durchgehender Teilung (mehrere Teillängen verkörpernd) ‖ ~ длины/однозначная штриховая Strichmaß[stab m] n mit zwei Endstrichen (eine Länge verkörpernd) ‖ ~ длины/плоскопараллельная концевая Parallelendmaß n ‖ ~ длины/штриховая Strichmaß[stab m] n ‖ ~ ёмкости (El) Kapazitätsmaßverkörperung f ‖ ~/жёсткая угловая feste Winkelmaßverkörperung f; festes Winkelmaß n (z. B. Winkelendmaß, Spiegelpolygon und Stahlwinkel) ‖ ~/защитная концевая Schutzendmaß n ‖ ~/зубоизмерительная Maßverkörperung (Formverkörperung) f für die Verzahnung ‖ ~ индуктивности (El) Induktivitätsmaßverkörperung f ‖ ~ искажения (El) Verzerrungsmaß n ‖ ~/исходная Bezugsmaß n; Ausgangsmaß n ‖ ~/клиновая Meßkeil m ‖ ~/контрольная Prüfnormal n ‖ ~/концевая Endmaß n ‖ ~ Лебега (Math) Lebesguesches Maß n ‖ ~/метрическая metrisches Maß n ‖ ~/многозначная mehrfache Maßverkörperung f ‖ ~ мутности Trübungsmaß n ‖ ~/образцовая Normalmaßverkörperung f; Vergleichsmaß n ‖ ~/образцовая угловая Normalwinkelmaßverkörperung f ‖ ~/образцовая штриховая Vergleichsstrichmaß n ‖ ~/одноштриховая einfache Maßverkörperung f (z. B. Endmaß und Winkelendmaß) ‖ ~/одноштриховая Strichendmaß n ‖ ~ по роликам Prüfmaß n (bei der Zahnradmessung) ‖ ~ помутнения Trübungsmaß n ‖ ~/преимущественная Vorzugsmaß n ‖ ~/рабочая Arbeitsmaß n ‖ ~/радианная Bogenmaß n ‖ ~ разброса Streuungsmaß n ‖ ~ рассеяния Streuungsmaß n ‖ ~/резьбоизмерительная Gewindemaßverkörperung f ‖ ~ сопротивления (El) Widerstandsmaßverkörperung f ‖ ~/сотенная угловая Winkelmaß n mit Neugradteilung ‖ ~/стеклянная Glasmaßstab m ‖ ~ твёрдости Härtenormalplatte f ‖ ~/типографская (Typ) typographisches Maß n ‖ ~ точности Genauigkeitsmaß n ‖ ~/угловая Winkelmaß n; Winkelmaßverkörperung f ‖ ~/угловая концевая Winkelendmaß n ‖ ~/установочная Einstellmaß n ‖ ~ шероховатости Rauheitsmaß n ‖ ~/штриховая Strichmaß n, Strichmaßstab m, Strichmaßverkörperung f ‖ ~/электрическая elektrische Maßverkörperung f ‖ ~/электродвижущей силы (El) Maßverkörperung f der EMK (elektromotorischen Kraft), EMK-Maßverkörperung f ‖ ~/эталонная Etalon n, Normal n
мергель m (Geol) Mergel m ‖ ~/битуминозный bituminöser Mergel m ‖ ~/гипсовый Gipsmergel m ‖ ~/глауконитовый Glaukonitmergel m, glaukonitischer Mergel m ‖ ~/глинистый Tonmergel m ‖ ~/доломитовый Dolomitmergel m, dolomitischer Mergel m ‖ ~/известковый Kalkmergel m ‖ ~/каменистый Steinmergel m ‖ ~/луговой Wiesenmergel m ‖ ~/озёрный Seemergel m ‖ ~/песчаный (песчанистый) Sandmergel m ‖ ~/пламенный Flammenmergel m ‖ ~/пресноводный Süßwassermergel m ‖ ~/пятнистый Fleckenmergel m ‖ ~/роговый Hornmergel m ‖ ~/слюдистый (слюдяной) Glimmermergel m ‖ ~/суглинистый lehmiger Mergel m ‖ ~/цементный Zementmergel m
мерейный (Led) genarbt, Narben...
мерея f (Led) Narben m, Narbenbild n
мерзлота f (Geol) Gefrornis f, Verfrostung f ‖ ~/активная aktive Verfrostung f ‖ ~/вечная ewige Gefrornis f, Dauerfrostboden m, Permafrost m ‖ ~/реликтовая relikte Gefrornis f ‖ ~/сезонная jahreszeitlich bedingte Gefrornis f ‖ ~/сухая trockene Verfrostung f
мерзлотоведение n Frostbodenkunde f
мёрзнуть gefrieren, einfrieren, zufrieren
меридиан m Meridian m, Meridianlinie f ‖ ~/астрономический astronomischer Meridian m ‖ ~/географический geographischer Meridian m ‖ ~/гринвичский Meridian m von Greenwich ‖ ~/истинный rechtweisender Meridian m ‖ ~/магнитный (Geoph) magnetischer Meridian m ‖ ~/небесный (Astr) Meridian m, Himmelsmeridian m
меридиональный meridional, in N-S-Richtung, nordsüdlich gerichtet
мерительный 1. Meß...; 2. Peil... (Füllstand von Tanks)
мерка f Maß n
мерник m Meßgefäß n, Meßkolben m, Meßtank m ‖ ~/образцовый Eichkolben m (Mengenmessung von Flüssigkeiten); Normalmeßkolben m
мерность f Dimension f
мерный maßgebunden, maßabhängig
n-мерный n-dimensional
мероопределение n Maßbestimmung f

мероприятие n Maßnahme f ll ~/**антисейсмическое** Maßnahme f zur Bebenresistenz ll ~/**защитное** Schutzmaßnahme f
мероэдр m (Krist) Meroeder n
мероэдрия f (Krist) Meroedrie f (Kristallklassensymmetrie)
мерсеризация f (Text) Merzerisieren n, Merzerisation f
мерсеризировать (Text) merzerisieren
мертвообожжённый totgebrannt
мерцание n Flimmern n, Flackern n, Schlieren n; (Astr) Szintillation f; (Eln) Funkeln n, Funkeleffekt m ll ~ **звёзд** (Astr) Szintillation f ll ~ **изображения** (TV) Bildflimmern n ll ~/**меж[ду]строчное** (TV) Zwischenzeilenflimmern n ll ~ **строк** s. ~/**междустрочное** ll ~/**цветное (цветовое)** (TV) Farb[en]flimmern n ll ~ **цветов** (TV) Farb[en]flimmern n
мерцать flimmern
месдоза f s. мессдоза
месилка-взвивалка f Knet- und Rührmaschine f
меситель-смеситель m Mischkneter m
месить kneten
мессдоза f Meßdose f, Kraftmeßdose f ll ~/**индуктивная** induktive Meßdose f ll ~/**пьезоэлектрическая** piezoelektrische Meßdose f
местность f Örtlichkeit f; Gegend f ll ~/**заселённая** besiedeltes Gebiet n
местный 1. örtlich, lokal, Orts…; 2. einheimisch, bodenständig
место n 1. Ort m, Stelle f; 2. (Flg, Schiff) Standort m, Position f; (Schiff) Besteck n ll ~/**автоматизированное рабочее** automatisierter (rechnergestützter) Arbeitsplatz m ll ~/**астрономически определённое** (Schiff) astronomischer Schiffsort m; astronomisches Besteck n ll ~ **включения** (El, Nrt) Anschlußstelle f ll ~ **водозабора** (Hydt) Zapfstelle f ll ~/**возвышенное** Geländeerhebung f ll ~ **вскрытия** (Bgb, Geol) Aufschlußpunkt m ll ~/**вспомогательное рабочее** (Nrt) Hilfsplatz m ll ~/**входящее рабочее** (Nrt) Ankunftsplatz m, B-Platz m ll ~ **горячего спая** Heißlötstelle f ll ~/**горячее** (Gieß) thermisches Zentrum n ll ~/**грузовое** Kollo n ll ~ **для лежания** (Eb) Liegeplatz m, Bett n (im Schlafwagen); Bettplatz m, Schlafwagenplatz m ll ~ **для сидения** (Eb) Sitzplatz m ll ~ **добычи** (Bgb) Gewinnungspunkt m ll ~ **замыкания на землю** (El) Erdschlußstelle f ll ~ **запуска** (Rak) Startplatz m ll ~ **звезды** (Astr) Ort m (Position f) eines Gestirns ll ~ **звезды/видимое** (Astr) scheinbarer Ort m eines Gestirns ll ~ **измерения** Meßstelle f ll ~/**исправленное** (Schiff) beschickter Schiffsort m; beschicktes Besteck n ll ~/**истинное** (Schiff) wahrer Schiffsort; wahres Besteck n ll ~/**исходящее рабочее** (Nrt) Abgangsplatz m, A-Platz m ll ~ **короткого замыкания** (El) Kurzschlußort m ll ~ **надреза** Kerbstelle f (einer Probe zur Prüfung auf Kerbschlagbiegezähigkeit) ll ~ **назначения** (Eb) Bestimmungsort m ll ~/**ночное рабочее** (Nrt) Nachtplatz m ll ~ **обгона** (Eb) Überholstelle f ll ~/**обсервованное** (Schiff) beobachteter Schiffsort m; beobachtetes Besteck n ll ~/**опасное** Gefahrenstelle f ll ~/**опорное** Lagerstelle f, Auflagerstelle f ll ~ **опоры** s. /опорное ll ~ **отбора** Anzapfstelle f (Dampf); Entnahmestelle f ll ~ **от-**

ветвления 1. (Eb) Abzweig m, Abzweigstelle f; 2. (El) Abzweigstelle f; Anzapfpunkt m, Abgreifpunkt m ll ~ **передачи** (Rf, Nrt) Sende[r]ort m, Sendestelle f ll ~/**построечное** (Schiff) Hellingplatz m ll ~ **приёма** (Rf, Nrt) Empfangsort m, Empfangsstelle f ll ~ **приёма/рабочее** (Nrt) Aufnahmeplatz m ll ~/**пропущенное** (Lw) Fehlstelle f (bei Aussaat, Setzen und Legen) ll ~/**рабочее** 1. Arbeitsplatz m, Arbeitsstelle f; 2. (Nrt) Platz m, Vermittlungsplatz m; Bedienungsplatz m ll ~/**расчётное** Rechenstandort m, berechneter Standort m ll ~/**свободное** (Eln) Gitterfehlstelle f, Gitterleerplatz m, Leerstelle f (Halbleiter) ll ~/**складское** Lagerplatz m, Lagerort m; Ablage f, Ablagestelle f ll ~/**спальное** (Eb) Bettplatz m, Schlafwagenplatz m ll ~/**стапельное** (Schiff) Hellingplatz m ll ~ **стоянки** (Schiff) Ankerplatz m, Ankerliegeplatz m ll ~ **судна** Schiffsort m; Besteck n ll ~/**счислимое** (Schiff) gegißter Ort m; gegißtes Besteck n ll ~/**укрупнённое грузовое** (Schiff) Ladeeinheit f ll ~/**унифицированное грузовое** (Schiff) Einheitskollo n ll ~ **холодного спая** (El) kalte Lötstelle f, Kaltlötstelle f ll ~ **якорной стоянки** (Schiff) Ankerliegeplatz m
местонахождение n 1. Ort m (s. a. unter место); 2. s. месторождение
местоположение n 1. Lage f; Ortslage f, Standort m; 2. (Ch) Stellung f, Position f
месторождение n (Bgb, Geol) Lagerstätte f, Vorkommen n ll ~/**биметасоматическое** bimetasomatische Lagerstätte f ll ~/**буроугольное** Braunkohlenlagerstätte f ll ~/**вскрытое** aufgeschlossene Lagerstätte f ll ~/**вторичное** sekundäre Lagerstätte f ll ~ **выветривания** Verwitterungslagerstätte f ll ~/**выработанное** erschöpfte Lagerstätte f ll ~/**высокотемпературное** katathermale Lagerstätte f ll ~/**гидротермальное** hydrothermische Lagerstätte f ll ~/**гипотермальное** katathermale Lagerstätte f ll ~/**гистеромагматическое** hysteromagmatische (spätmagmatische) Lagerstätte f ll ~/**горизонтальное (горизонтально залегающее)** horizontal lagernde (söhlige) Lagerstätte f ll ~/**гравийное** Kiesvorkommen n ll ~/**диалитическое** s. ~/поверхностное ll ~/**железной руды** s. ~/железорудное ll ~/**железорудное** Eisenerzlagerstätte f, Eisenerzvorkommen n ll ~/**жильное** gangartige Lagerstätte f, Ganglagerstätte f ll ~/**инфильтрационное** Infiltrationslagerstätte f, deszendente Lagerstätte f ll ~/**инъекционное** Injektionslagerstätte f ll ~/**истощённое** erschöpfte Lagerstätte f ll ~/**каменноугольное** Steinkohlenlagerstätte f ll ~/**карстовое** Karstlagerstätte f, Lagerstätte f vom Karsttyp ll ~/**комплексное** Komplexlagerstätte f ll ~/**конкреционное** konkretionäre Lagerstätte f ll ~/**контактное (контактовое)** Kontaktlagerstätte f ll ~/**контактово-метаморфическое** kontaktmetamorphe Lagerstätte f ll ~/**контактово-метасоматическое** kontaktmetasomatische Lagerstätte f ll ~/**коренное** primäre (ursprüngliche) Lagerstätte f ll ~/**криптомагматическое** kryptomagmatische Lagerstätte f ll ~/**крутопадающее** steil (stark) einfallende Lagerstätte f ll ~/**ликвационное** liquidmagmatische Lagerstätte f ll ~/**магматическое** magma-

tische Lagerstätte f, Lagerstätte f der magmatischen Abfolge ‖ **~/магматогенное** magmatogene Lagerstätte f ‖ **~/мезотермальное** mesothermale Lagerstätte f ‖ **~/метаморфизованное** metamorphisierte Lagerstätte f ‖ **~/метаморфическое** metamorphe Lagerstätte f, Lagerstätte f der metamorphen Abfolge ‖ **~/метасоматическое** metasomatische Lagerstätte f ‖ **~/нерудное** Nichtmetalllagerstätte f ‖ **~/нетронутое** unverritzte Lagerstätte f ‖ **~/нефтяное** Erdöllagerstätte f, Erdölvorkommen n ‖ **~/низкотемпературное** epithermale Lagerstätte f, Niedrigtemperaturlagerstätte f ‖ **~/обводнённое** wasserführende (verwässerte) Lagerstätte f ‖ **~/обломочное рудное** Trümmererzlagerstätte f ‖ **~/обнажённое** Lagerstätte f mit Ausbiß an der Erdoberfläche ‖ ~ **осадочное ряда** s. **~/осадочное** ‖ **~/осадочное** sedimentäre Lagerstätte f, Lagerstätte f der sedimentären Abfolge ‖ **~/остаточное** Residuallagerstätte f ‖ **~/пегматитовое** pegmatitische Lagerstätte f ‖ **~/первичное** s. **~/коренное** ‖ **~/перимагматическое** perimagmatische Lagerstätte f ‖ **~/перспективное** höffige Lagerstätte f ‖ **~/пластовое** Flözlagerstätte f, Schichtlagerstätte f ‖ **~/пневматолитическое (пневматолитовое)** pneumatolytische Lagerstätte f ‖ **~/поверхностное** ausgehende Lagerstätte f, Oberflächenlagerstätte f (an der Oberfläche bzw. unter geringer Lockergesteinsbedeckung ausstreichende Lagerstätte) ‖ **~/подводно-морское** submarine Lagerstätte f ‖ **~/позднемагматическое** spätmagmatische (hysteromagmatische) Lagerstätte f ‖ ~ **полезных ископаемых** Lagerstätte f nutzbarer Minerale ‖ **~/полиметаллическое** polymetallische Lagerstätte f ‖ **~/послемагматическое** postmagmatische Lagerstätte f ‖ ~ **природного газа** Erdgaslagerstätte f ‖ **~/промышленное** abbauwürdige Lagerstätte f ‖ **~/протомагматическое** s. **~/сегрегационное** ‖ **~/разрабатываемое** in Abbau (Nutzung) befindliche Lagerstätte f ‖ **~/россыпное** Seife f, Seifenlagerstätte f (s. a. unter россыпь) ‖ **~/рудное** Erzlagerstätte f ‖ **~/сегрегационное** eumagmatische Lagerstätte f ‖ **~/секреционное** sekretionäre Lagerstätte f ‖ **~/сингенетическое (сингенетичное)** syngenetische Lagerstätte f ‖ **~/скарновое** Skarnlagerstätte f ‖ **~/скрытое** verdeckte (verborgene) Lagerstätte f (nicht an der Erdoberfläche ausstreichende Lagerstätte) ‖ **~/слепое** s. **~/скрытое** ‖ **~/сложное** komplizierte Lagerstätte f ‖ **~/соляное** Salzlagerstätte f ‖ **~/среднетемпературное** mesothermale Lagerstätte f ‖ ~ **твёрдых горючих ископаемых** Lagerstätte f fester Brennstoffe ‖ **~/телемагматическое** telemagmatische Lagerstätte f ‖ **~/телетермальное** telethermale Lagerstätte f ‖ **~/трубообразное (трубчатое)** röhrenförmige Lagerstätte f ‖ **~/угольное** Kohlenlagerstätte f, Kohlenlager n, Kohlenvorkommen n ‖ **~/фузивное** s. **~/позднемагматическое** ‖ **~/цементационное** Zementationslagerstätte f ‖ **~/штокверковое** Stockwerklagerstätte f ‖ **~/эвмагматическое** eumagmatische Lagerstätte f ‖ **~/экзогенное** exogene Lagerstätte f ‖ **~/эксгаляционное** Exhalationslagerstätte f ‖ **~/эндогенное** endogene Lagerstätte f ‖ **~/эпигенетическое** epigenetische Lagerstätte f ‖ **~/эпитермальное** epithermale Lagerstätte f

месяц m 1. Monat m; 2. Mond m, Mondsichel f (kleiner als Halbmond) ‖ **~/аномалистический** anomalistischer Monat m ‖ **~/драконический** drakonitischer Monat m ‖ **~/звёздный** siderischer Monat m ‖ **~/лунный** synodischer Monat m ‖ **~/сидерический** siderischer Monat m ‖ **~/синодический** synodischer Monat m ‖ **~/средний календарный** mittlerer Kalendermonat m (1/12 gregorianisches Jahr) ‖ **~/тропический** tropischer Monat m (1/12 tropisches Jahr)

метабластез m (Geol) Metablastese f

метагалактика f (Astr) beobachtbares Weltall n, Metagalaxis f

метадин m (El) Metadyne[maschine] f (eine Querfeldmaschine)

метадин-генератор m (El) Metadyn[e]generator m, Generatormetadyne f

метадин-преобразователь m (El) Metadyn[e]umformer m, Umformermetadyne f

метазамещённый (Ch) meta-substituiert, m-substituiert

металимнион m (Hydrol) Metalimnion n

металл m Metall n ‖ **~/антифрикционный** Lagermetall n, Antifriktionsmetall n ‖ **~/белый** Weißmetall n ‖ **~/благородный** Edelmetall n ‖ ~ **в слитках** Barrenmetall n, Metallbarren mpl; Masselmetall n ‖ **~/вторичный** Altmetall n; Umschmelzmetall n, Sekundärmetall n ‖ **~/вторичный чёрный** Eisenschrott m, Eisenbruch m ‖ **~/выплавленный (выплавляемый)** Schmelze f, Metallschmelze f, Schmelzgut n, flüssiges Metall n ‖ **~ высокой чистоты** Reinmetall n, hochreines Metall n ‖ **~/гранулированный** Granalien fpl ‖ **~/двухслойный** Verbundmetall n; Bimetall n ‖ **~/дефицитный** Sparmetall n, Defizitmetall n, defizitäres Metall n ‖ **~/деформируемый** Knetmetall n, Preßmetall n ‖ **~/драгоценный** Edelmetall n ‖ **~/жидкий** Schmelze f, Schmelzgut n, flüssiges Metall n ‖ **~/загружаемый** Einsatz m, Einsatzgut n (Wärmeofen); Satz m, Einsatzmaterial n, Einsatzgut n (Kupolofen); Charge f, Chargenmaterial n (Schmelzofen) ‖ **~/земельный** Erdmetall n ‖ **~/зеркальный** Spiegelmetall n ‖ **~/зернистый** Schrot m, Metallgranalien fpl ‖ **~/исходный** Ausgangsmetall n ‖ **~/легирующий** Legierungsmetall n, Legierungszusatz m, Zusatzmetall n ‖ **~/лёгкий** Leichtmetall n ‖ **~/легкоплавкий** niedrigschmelzendes (leichtschmelzendes) Metall n ‖ **~/листовой** Tafelblech n, Blech n ‖ **~/многослойный** Verbundmetall n ‖ **~/мягкий** Weichmetall n ‖ **~/нагреваемый** Wärmegut n, Einsatz m, Einsatzgut n (Wärmeofen) ‖ **~/наплавленный** (Schw) 1. reines Schweißgut n; 2. Auftragsschweißgut n, Auftragsschweiße f ‖ **~/нежелезный** Nichteisenmetall n, NE-Metall n; Buntmetall n ‖ **~/неочищенный (нераскисленный)** Rohmetall n ‖ **~/оборотный** 1. Umlaufmetall n, Umlaufschrott m; 2. Kreislaufmetall n, Rücklaufmetall n ‖ **~/основной** 1. Basismetall n, Grundmetall n (einer Legierung, auch in der Pulvermetallurgie); 2. (Schw) Grundwerkstoff m ‖ **~/первичный** Primärmetall

металл *n*, Neumetall *n*, Hüttenmetall *n* ‖ ~/**переплавленный** Umschmelzmetall *n* (s. a. ~/**вторичный**) ‖ ~/**плакированный** plattiertes Metall *n* ‖ ~/**плакирующий** Plattiermetall *n* (Auftragsmetall) ‖ ~/**подшипниковый** Lagermetall *n*; Lagerweißmetall *n* ‖ ~/**полупроводниковый** Halbleitermetall *n* ‖ ~/**порошковый** Sintermetall *n* ‖ ~/**присадочный** 1. Zuschlagmetall *n* (z. B. Ferrolegierungen); 2. Schweißdraht *m*; Schweißstab *m*; 3. *(Schw)* Zusatzwerkstoff *m* ‖ ~/**протравливаемый** Beizgut *n*; zu ätzendes Metall *n* ‖ ~/**раскисляющий** Desoxidationsmetall *n* ‖ ~/**расплавленный** Schmelze *f*, Metallschmelze *f*, Schmelzgut *n*, flüssiges Metall *n* ‖ ~/**рассеянный** Spurenmetall *n* ‖ ~/**рафинированный** Feinmetall *n*, gefeintes Metall *n*, Reinmetall *n* ‖ ~/**связующий** Bindemetall *n* (Pulvermetallurgie) ‖ ~/**смешанный** Mischmetall *n* ‖ ~/**сопутствующий** Begleitmetall *n*, Beimetall *n* ‖ ~/**спечённый** Sintermetall *n* ‖ ~/**технически чистый** technisch reines Metall *n* (Reinheitsgrad 99,00 bis 99,99 %) ‖ ~/**тонколистовой** Feinblech *n* ‖ ~/**тугоплавкий** hochschmelzendes (schwerschmelzbares) Metall *n* ‖ ~/**тяжёлый** Schwermetall *n* ‖ ~/**химически чистый** chemisch reines Metall *n* (Reinheitsgrad von 99,99 bis 99,999 %) ‖ ~/**хрупкий** sprödes Metall *n* ‖ ~/**цветной** Buntmetall *n*; Nichteisenmetall *n*, NE-Metall *n* ‖ ~/**черновой** Rohmetall *n* ‖ ~/**чёрный** Eisenmetall *n*, Schwarzmetall *n* ‖ ~/**чистый** Reinmetall *n*, Feimetall *n*, gefeintes Metall *n* ‖ ~/**щёлочноземельный** Erdalkalimetall *n* ‖ ~/**щелочной** Alkalimetall *n* ‖ ~/**электролитический** Elektrolytmetall *n*
металл-восстановитель *m* Reduktionsmetall *n*
металл-диэлектрик-полупроводник *m* (Eln) Metall-Isolator-Halbleiter *m*, MIS
металл-заменитель *m* Substitutionsmetall *n*, Ersatzmetall *n*
металл-изолятор-полупроводник *m* (Eln) Metall-Isolator-Halbleiter *m*, MIS
металлизатор *m* Metallspritzgerät *n*, Metallspritzpistole *f* (Metallspritzverfahren) ‖ ~/**газовый** Flammspritzgerät *n* ‖ ~/**газовый проволочный** Flamm-Drahtspritzgerät *n* ‖ ~/**газопламенный** Flammspritzgerät *n* ‖ ~/**порошковый** Pulverspritzgerät *n* ‖ ~/**электрический** Lichtbogenspritzgerät *n*
металлизация *f* Metallspritzen *n*, Metallisieren *n*, Metallisierung *f*, Metallaufbringung *f*; (Eln auch:) Metallhinterlegung *f* (Röhrentechnik) ‖ ~/**алюминием** Spritzaluminieren *n* ‖ ~/**вакуумная** Vakuummetallisierung *f* ‖ ~/**газовая (газопламенная)** Flammspritzen *n* ‖ ~/**гальваническая** galvanisches Metallisieren *n* ‖ ~/**двухслойная** Zweischichtmetallisierung *f* ‖ ~/**двухуровневая** (Eln) Zweiebenenmetallisierung *f* ‖ ~/**диффузионная** Diffusionsmetallisierung *f*, Diffusionsmetallisieren *n* ‖ ~/**дуговая** Lichtbogenspritzen *n* ‖ ~/**многоуровневая** (Eln) Mehrebenenmetallisierung *f* ‖ ~/**плазменная** Plasmaspritzen *n* ‖ ~ **распылением** Spritzmetallisierung *f*, Metallspritzverfahren *n* ‖ ~ **сталью** Spritzverstählen *n* ‖ ~/**термическая** Thermometallisierung *f*, Thermometallisieren *n* ‖ ~ **тигельным аппаратом** Schmelzbadspritzen *n* ‖ ~ **цинком** Spritzverzinken *n* ‖ ~/**электрическая (электродуговая)** *s.* ~/**дуговая**
металлизировать metallisieren; Metall aufspritzen
металлмикроскоп *m* Metallmikroskop *n*
металл-нитрид-полупроводник *m* (Eln) Metall-Nitrid-Halbleiter *m*, MNS
металловедение *n* Metallkunde *f*
металловедческий metallkundlich
металловидный metallartig
металловключение *n* (Met, Gieß) metallischer Einschluß *m*
металловыделение *n* Metallabscheidung *f*
металлографический metallographisch
металлография *f* (Wkst) Metallographie *f*, Gefügelehre *f* ‖ ~/**высокотемпературная** Hochtemperaturmetallographie *f* ‖ ~/**интерференционная** Interferenzschichtenmetallographie *f* ‖ ~/**низкотемпературная** Tieftemperaturmetallographie *f*
металлодобавка *f* Metallzuschlag *m*
металлоид *m* Metalloid *n*, Nichtmetall *n*
металлоискатель *m* Metallsuchgerät *n*
металлокерамика *f* 1. Pulvermetallurgie *f*, Sintermetallurgie *f*; 2. metallkeramischer (keramometallischer) Werkstoff *m*
металлокерамический pulvermetallurgisch, sintermetallurgisch
металл-окисел-полупроводник *m* (Eln) Metall-Oxid-Halbleiter *m*, MOS
металлолом *m* Schrott *m*, Bruch *m*, Altmetall *n*
металлоносность *f* (Geol) Metallführung *f*, Metallhaltigkeit *f*
металлообрабатывающий metallbearbeitend, Metallbearbeitungs...
металлообработка *f* Metallbearbeitung *f*
металлооптика *f* Metalloptik *f*
металлоорганический metallorganisch, Organometall...
металлоподаватель *m* Metallzuführung *f*
металлопокрытие *n* 1. metallische Schutzschicht *f*, Metallüberzug *m*; 2. Aufbringen *n* einer metallischen Schutzschicht ‖ ~/**горячее** Tauchmetallisieren *n*, Auftragen *n* einer metallischen Schutzschicht durch Tauchen
металлоприёмник *m* 1. Vorherd *m*, Sammler *m*; Unterherd *m* (Schachtofen); 2. Gestell *n*, Unterherd *m*; 3. Roheisenmischer *m*
металлорежущий spanend, Spanungs..., zum Spanen und (oder) Abtragen
металлорезание *n* (Fert) Metallspanen *n*
металл-основа *m* Trägermetall *n*, Basismetall *n* (einer Legierung)
металлофизика *f* Metallphysik *f*
металл-примесь *m* Spurenmetall *n*, Nebenmetall *n*
металл-спутник *m* Begleitmetall *n*, Beimetall *n*
металлургия *f* 1. Metallurgie *f*, Hüttenwesen *n*; 2. Hüttenkunde *f* ‖ ~/**вакуумная** Vakuummetallurgie *f* ‖ ~/**вторичная** Sekundärmetallurgie *f*, Metallurgie *f* sekundärer Rohstoffe ‖ ~/**огневая** Pyrometallurgie *f*, Thermometallurgie *f* ‖ ~/**плазменная** Plasmametallurgie *f* ‖ ~/**порошковая** 1. Pulvermetallurgie *f*, Sintermetallurgie *f*; 2. Metallpulverkunde *f* ‖ ~/**цветная** *s.* ~ цветных металлов ‖ ~ **цветных металлов** 1. Nichteisenmetallurgie *f*, NE-Metallurgie *f*; Buntmetallur-

gie f; 2. Metallhüttenkunde f ll ~/**чёрная** s. ~ **чёрных металлов** ll ~ **чёрных металлов** 1. Eisenmetallurgie f, Schwarzmetallurgie f; 2. Eisenhüttenkunde f

метамерия f (Ch) Metamerie f

метаморфиды pl (Geol) Metamorphiden pl (Gebirgsstränge, die im zentralen Bereich von Geosynklinalen entstanden sind)

метаморфизация f Metamorphisierung f

метаморфизм m (Geol) Metamorphose f, Metamorphismus m ll ~/**аддитивный [контактный]** additive Metamorphose f ll ~/**геотермальный** geothermischer Metamorphismus m ll ~/**гидатотермический** Hydatomorphose f; hydatothermische Metamorphose f ll ~/**гидротермальный [контактный]** hydrothermale Metamorphose f ll ~/**глубинный** [regionale] Tiefenmetamorphose f, [regionaler] Tiefenmetamorphismus m, [regionale] Versenkungsmetamorphose f ll ~ **давления** (Geol) durch [erhöhten] Druck hervorgerufene Metamorphose f ll ~/**динамический** Dynamometamorphose f ll ~/**динамотермальный** regionale Dynamothermometamorphose f; i. e. S. Regionalmetamorphose f ll ~/**дислокационный** Dislokationsmetamorphose f, Dynamometamorphose f, Reibungsmetamorphose f ll ~/**импрегнационный** Imprägnationsmetamorphose f ll ~/**инъекционный** Injektionsmetamorphose f ll ~/**катакластический** kataklastische Metamorphose f ll ~/**каустический** kaustische Metamorphose f ll ~/**кинетический** kinetische Metamorphose f ll ~/**контактный (контактовый)** Kontaktmetamorphose f ll ~/**локальный (местный)** lokale Metamorphose f (Gruppenbegriff für Kontakt- und Dislokationsmetamorphose) ll ~/**механический** mechanische Metamorphose f ll ~ **нагрузки** Belastungsmetamorphose f ll ~/**плутонический** Tiefengesteinsmetamorphose f ll ~/**пневматолитический [контактный]** pneumatolytische Metamorphose f ll ~/**повторный** Diaphthorese f ll ~/**попятный** s. ~/**регрессивный** ll ~/**прогрессивный** progressive Metamorphose f ll ~/**региональный** 1. regionale Metamorphose f (im Deutschen i.w.S. Gruppenbegriff für regionale Versenkungsmetamorphose und regionale Dynamothermometamorphose); 2. s. ~/**глубинный**; 3. ~/**динамотермальный** ll ~/**регрессивный (ретроградный)** regressive (retrograde) Metamorphose f, Retromorphose f, Diaphthorese f ll ~/**статический** statische Metamorphose f, Belastungsmetamorphose f ll ~/**термальный [контактный]** Thermometamorphose f ll ~ **трения** s. ~/**дислокационный** ll ~/**фрикционный** s. ~/**дислокационный**

метаморфиты mpl (Geol) Metamorphite mpl (metamorphe Gesteine)

метамышьяковистокислый (Ch) ...metaarsenit n, ...metaarsenat(III) n; metaarsenigsauer

метамышьяковокислый (Ch) ...metaarsenat n, ...metaarsenat(V) n; metaarsensauer

метан m (Ch) Methan n

метаналь m (Ch) Methanal n, Formaldehyd m

метановоз m (Schiff) Methantanker m

метановыделение n (Bgb) Methanaustritt m, Methanausscheidung f

метанодобываемость f (Bgb) Methangewinnbarkeit f

метаноёмкость f (Bgb) Methangehalt m (Wetter)

метанол m (Ch) Methanol n, Methylalkohol m

метаномер m (Bgb) Methanmeßgerät n

метаноносность f (Bgb) Methanführung f

метаносный (Bgb) methanführend

метанообильность f (Bgb) Methananreicherung f (Wetter)

метантенк m Abwasserfaulraum m, geschlossener Faulraum m (Abwasserklärung)

метаположение n (Ch) Metastellung f, m-Stellung f, 1,3-Stellung f

метареология f Metarheologie f

метасиликат m (Ch) Metasilikat n

метасимвол m (Inf) Metasymbol n, Superzeichen n

метасоматизм m (Geol, Min) Metasomatose f

метасоматиты fpl (Geol) Metasomatite pl

метасоматический (Geol) metasomatisch, Verdrängungs...

метасоматоз m (Geol) Metasomatose f ll ~/**гидротермальный** Hydrothermalmetasomatose f ll ~/**контактный** Kontaktmetasomatose f

метасостояние n (Ph) Metazustand m

метастабильный metastabil

метаструктура f s. **структура**/**вторичная**

метасурьмянистокислый (Ch) ...metaantimonit n, ...metaantimonat(III) n; metaantimonigsauer

метасурьмянокислый (Ch) ...metaantimonat n, ...metaantimonat(V) n; metaantimonsauer

метатексис m (Geol) Metatexis f

метатель m Wurfrad n, Wurfförderer m; (Bgb) Schleuder f (zum Versatzeinbringen)

метафайл m (Inf) Zwischendatei f

метафосфористокислый (Ch) ...metaphosphit n; metaphosphorigsauer

метафосфорнокислый (Ch) ...metaphosphat n; metaphosphorsauer

метацентр m (Schiff) Metazentrum n ll ~/**начальный** Anfangsmetazentrum n, Metazentrum n bei kleinen Neigungen ll ~/**поперечный** Breitentazentrum n ll ~/**продольный** Längenmetazentrum n

метацентрический metazentrisch

метаязык m (Inf) Metasprache f, Zwischensprache f

мeтельник m (Eb) Bahnräumer m (Lokomotive)

метеор m (Astr) Meteor m(n) ll ~ **потока** Strommeteor m ll ~/**спорадический** sporadischer Meteor m

метеорадиолокатор m Wetterradargerät n, Wetterradar n

метеорадиолокация f Wetterfunkortung f

метеорит m (Astr) Meteorit m ll ~/**железный** Eisenmeteorit m ll ~/**железокаменный** Stein-Eisen-Meteorit m, Siderolith m ll ~/**каменный** Steinmeteorit m, Meteorstein m, Aerolith m

метеоритика f Meteoritenkunde f, Meteoritenastronomie f

метеорный Meteor...

метеорограмма f (Meteo) Meteorogramm n

метеорограф m (Meteo) Meteorograph m

метеороид m (Astr) Meteoroid m

метеорология f Meteorologie f, Wetterkunde f ll ~/**авиационная** Flugmeteorologie f ll ~/**динамическая** dynamische Meteorologie f ll ~/**ме-**

метеорология 430

дицинская Medizinmeteorologie *f* ‖ ~/морская maritime Meteorologie *f* ‖ ~/прикладная angewandte Meteorologie *f* ‖ ~/радиолокационная Radarmeteorologie *f* ‖ ~/синоптическая Synoptik *f*, synoptische Meteorologie *f* ‖ ~/спутниковая Satellitenmeteorologie *f* ‖ ~/теоретическая theoretische Meteorologie *f* ‖ ~/экспериментальная experimentelle Meteorologie *f*
метеоротропизм *m* Meteorotropismus *m*
метеосводка *f* Wetterbericht *m*
метеослужба *f* Wetterdienst *m* ‖ ~/авиационная Flugwetterdienst *m*, flugmeteorologischer Dienst *m*, AWS ‖ ~/морская Seewetterdienst *m*
метеостанция *f* Wetterwarte *f*, Wetterstation *f* ‖ ~/авиационная Flugwetterwarte *f* ‖ ~/морская Seewetterwarte *f*
метизы *mpl* Metallwaren *fpl*; Kleineisenzeug *n* (z. B. Schrauben, Muttern, Bolzen)
метик *m (Forst)* Kernriß *m*, Markriß *m*, Kernkluft *f*
метил *m (Ch)* Methyl *n*
метилзамещённый methylsubstituiert
метилирование *n (Ch)* Methylierung *f* ‖ ~/дополнительное Nachmethylierung *f* ‖ ~/исчерпывающее erschöpfende Methylierung *f*
метилировать *(Ch)* methylieren
метилкаучук *m* Methylkautschuk *m*
метиловый Methyl...
метилцеллюлоза *f* Methylcellulose *f*
метка *f* 1. Markierung *f*, Marke *f*, Zeichen *n*; Kerbe *f*; 2. *(Fert)* Ankörnung *f* *(Anreißen)*; 3. *(Inf)* Kennsatz *m*, Marke *f*, Merkmal *n* ‖ ~ **адреса** *(Inf)* Adressenmarke *f* ‖ ~/**адресная** *(Inf)* Adressenmarke *f* ‖ ~/**визирная** Visiermarke *f*; Sichtmarke *f* ‖ ~/**внешняя** *(Inf)* externe Kennzeichnung *f*, externer Kennsatz *m* ‖ ~ **внутренняя** *(Inf)* interner Kennsatz *m* ‖ ~ **времени** Zeit[meß]marke *f* ‖ ~/**головная** Vorsatz *m (Magnetband)* ‖ ~/**градуировочная** Eichmarke *f*, Eichstrich *m* ‖ ~/**грубая** Grobpositioniermarke *f* ‖ ~ **дальности** Entfernungsmarke *f* ‖ ~ **деления** Teilstrich *m* ‖ ~ **заголовка** Vorsatz *m (Magnetband)* ‖ ~/**задняя** *(Inf)* Hintergrundmarke *f*, Bildhintergrundmarke *f* ‖ ~ **записи** *(Inf)* Satzmarke *f* ‖ ~ **идентификации** Identifizierungskennzeichen *n* ‖ ~ **измерительная** Meßmarke *f* ‖ ~/**кольцевая** Ringmarke *f* *(am Meßkolben)* ‖ ~/**конечная** Nachsatz *m (Magnetband)* ‖ ~/**контрольная** *(Typ)* Paßzeichen *n* ‖ ~/**маркерная** Markierungspunkt *m* ‖ ~ **набора данных** *(Inf)* Dateikennsatz *m* ‖ ~ **набора данных/конечная** Dateinachsatz *m* ‖ ~/**начальная** *(Inf)* Anfangsmarke *f*, Vorsatz *m* ‖ ~/**нестандартная** *(Inf)* Nichtstandardkennsatz *m* ‖ ~ **пользователя** *(Inf)* Benutzerkennsatz *m* ‖ ~/**приводочная** *(Typ)* Paßzeichen *n* ‖ ~/**световая** *(Photo)* Lichtmarkierung *f*, Lichtsignierung *f* ‖ ~/**стандартная** *(Inf)* Standardkennsatz *m* ‖ ~ **тома** *(Inf)* Datenträgerkennsatz *m* ‖ ~/**точная** Feinmarke *f* ‖ ~/**трейлерная** *(Inf)* Traileretikett *n* ‖ ~ **уровня воды** *(Hydt)* Wasserstandsmarke *f* ‖ ~ **файла** *(Inf)* Datei[en]kennsatz *m* ‖ ~/**яркостная** Helligkeitsmarke *f*
метка-крест *f (Typ)* Paßkreuz *n*

метод *m* Verfahren *n*, Methode *f* *(s. a. unter* способ*)* ‖ ~/**абсолютный** absolute Methode *f*, Absolutmethode *f* ‖ ~/**агрегатный** *(Fert)* Baukastenmethode *f* ‖ ~/**аддитивный** Additivverfahren *n*, additives Verfahren *n* ‖ ~ **адресации** *(Inf)* Adressierungsart *f*, Adressierungsmethode *f* ‖ ~/**азотнокарбонатный** *(Lw)* Nitrokarbonatverfahren *n* ‖ ~/**азотнокислый** *(Pap)* Salpetersäure[aufschluß]verfahren *n* ‖ ~/**азотносернокислотный** *(Lw)* Nitrosulfatverfahren *n* ‖ ~/**азотнофосфорно-кислотный** *(Lw)* Nitrophosphatverfahren *n* ‖ ~/**амальгамный** *(Ch)* Amalgamverfahren *n* ‖ ~ **амперметра** *(El)* Amperemeterverfahren *n*, Strommesserverfahren *n* ‖ ~/**аналитический** Analysenverfahren *n*, analytisches Verfahren *n* ‖ ~ **аналогий** Analogieverfahren *n*, Ähnlichkeitsmethode *f* ‖ ~/**анодно-механический** *(Fert)* anodenmechanisches Verfahren *n* ‖ ~ **аппроксимации** *(Math)* Näherungsverfahren *n* ‖ ~ **атомных орбиталей** *(Kern)* Atomorbitalmethode *f*, AO-Methode *f* ‖ ~ **базирования** *(Wkzm)* Bestimmethode *f*, Bestimmverfahren *n* ‖ ~/**балансный** Abgleichverfahren *n* ‖ ~/**баритовый** Barytverfahren *n*, Bariumsaccharatverfahren *n* *(Zuckergewinnung)* ‖ ~/**бесконтактный** berührungsloses Verfahren *n* ‖ ~ **бестигельной зонной плавки** *(Krist)* Zonenschmelzen *n*, Zonen-Floating-Verfahren *n* ‖ ~ **биений** *(El)* Schwebungs[ton]verfahren *n*, Schwebungsmethode *f* ‖ ~/**бинарный** *(Wmt)* Zweistoffverfahren *n (Dampfturbine)* ‖ ~ **Борда** *s.* ~ **взвешивания замещением** ‖ ~ **Бриджмена** *(Krist)* Bridgman-Verfahren *n (Kristallzüchtung)* ‖ ~ **Бриджмена-Стокбаргера** *(Krist)* Verfahren *n* nach Bridgman und Stockbarger *(Kristallzüchtung)* ‖ ~ **Бринелля** *(Wkst)* Brinell-Härteprüfverfahren *n* ‖ ~ **Брэгга** *s.* ~ **Вульфа-Брэгга** ‖ ~ **Брэгга-Брентано** *(Krist)* Bragg-Brentano-Methode *f (Röntgenstrukturanalyse; fokussierende Pulvermethode)* ‖ ~ **Бургера** *(Krist)* Buergersches Präzessionsretigraphverfahren *n (Röntgenstrukturanalyse)* ‖ ~ **бурения** *(Bgb)* Bohrverfahren *n* ‖ ~/**быстрый** Schnellmethode *f* ‖ ~ **Бюргера** *s.* ~ **Бургера** ‖ ~ **вакуумного напыления** Vakuumaufdampfverfahren *n* ‖ ~/**вакуумный прессовыдувной** *(Glas)* Saug-Preß-Blas-Verfahren *n* ‖ ~ **валентных связей (схем)** Valenzstrukturmethode *f*, VB-Methode *f (Quantenchemie)* ‖ ~ **ван Аркеля-де-Бора** *(Krist)* Van-Arkel-de-Boer-Verfahren *n*, Aufwachs-Verfahren *n (Kristallzüchtung)* ‖ ~/**вариационный** Variationsmethode *f* ‖ ~/**вариационный иммерсионный** *(Krist)* Variationsimmersionsmethode *f (Brechungsindex)* ‖ ~/**ваттметровый** *(El)* Wattmeterverfahren *n*, Leistungsmesserverfahren *f* ‖ ~ **ввода** *(Inf)* Eingabemethode *f*, Eingabeart *f* ‖ ~ **вдавливания** *(Wkst)* Härteprüfung *f* mit Eindringkörper ‖ ~ **вдавливания конуса** *(Wkst)* Kegeleindringverfahren *n (Härtemessung)* ‖ ~ **вдавливания пирамидального наконечника** *(Wkst)* Pyramideneindringverfahren *n (Härtemessung)* ‖ ~ **вдавливания шарика** *(Wkst)* Kugeleindringverfahren *n (Härtemessung)* ‖ ~ **ведущего луча** *(Rad)* Leitstrahlverfahren *n* ‖ ~ **Вейссенберга** *(Krist)* Weissenberg-Methode *f (Röntgenographie)* ‖ ~ **Вёлера** *(Wkst)* Wöhler-Verfahren *n (Dauerschwingver-*

such) ‖ ~ **Вернейля** (Krist) Verneuil-Verfahren n (Edelsteinsynthese) ‖ ~/**вероятностный выборочный** Wahrscheinlichkeitsstichprobenverfahren n ‖ ~ **вертикального вытягивания** (Glas) Vertikalziehverfahren n ‖ ~ **вертикальной бестигельной зонной плавки** (Krist) Zonen-Floating-Verfahren n ‖ ~/**весовой** (Ch) massenanalytisches (gravimetrisches) Verfahren n ‖ ~ **взвешивания замещением** Substitutionsmethode f (Bordasche Wägung) ‖ ~ **взвешивания перестановкой** Vertauschungsmethode f (Doppelwägung nach Gauß) ‖ ~/**вибросейсмический** (Geoph) Vibroseisverfahren n ‖ ~ **Виккерса** (Wkst) Vickers-Härteprüfverfahren n ‖ ~ **Вина** (Ph) Durchströmungsmethode f [von Wien] (Kanalstrahlen) ‖ ~ **вихревых токов** Wirbelstromverfahren n ‖ ~ **ВКБ** s. приближение/квазиклассическое ‖ ~ **возвратной работы** Rückarbeitsverfahren n (Ermittlung des Wirkungsgrades) ‖ ~/**возвратный преобразовательный** Reziprozitätsmethode f ‖ ~ **вольтметра** (El) Voltmeterverfahren n, Spannungsmesserverfahren n ‖ ~ **вращательного вытягивания** (Krist) Dreh-Zieh-Verfahren n (Kristallzüchtung) ‖ ~ **вращения кристалла** (Krist) Drehkristallverfahren n, Drehkristallmethode f (Röntgenographie) ‖ ~/**врезной** (Wkzm) Einstechverfahren n ‖ ~ **временного разделения** (Nrt) Zeitteilungsverfahren n ‖ ~ **временного уплотнения** (Nrt) Zeitmultiplexverfahren n ‖ ~ **временной многоканальности** (Nrt) Zeitmultiplexverfahren n ‖ ~ **встречного включения** (El) Gegenschaltungsverfahren n ‖ ~ **Вульфа-Брэгга** (Krist) Drehkristallverfahren n, Braggsche Methode f, Braggsches Verfahren n ‖ ~ **вывода** (Inf) Ausgabemethode f, Ausgabetechnik f ‖ ~ **выравнивания зон** (Eln) Zonenhomogenisierung f (Halbleiter) ‖ ~ **выравнивания ошибок** Fehlerabgleichmethode f ‖ ~ **выращивания** (Krist) Züchtungsverfahren n, Ziehverfahren n ‖ ~ **выращивания кристаллов** (Krist) Kristallzüchtungsverfahren n, Kristallziehverfahren n ‖ ~ **выращивания кристаллов/бестигельный** (Krist) tiegelfreies Verfahren n (Kristallzüchtung) ‖ ~ **выращивания кристаллов по Чохральскому** s. ~ Чохральского ‖ ~/**высокочастотный** Hochfrequenzverfahren n ‖ ~/**вытеснительный хроматографический** Verdrängungstechnik f (Chromatographie) ‖ ~ **вытягивания** (Krist) Ziehverfahren n, Züchtungsverfahren n (s. a. unter ~ выращивания) ‖ ~ **вытягивания диффузией** (Krist) Diffusionsziehverfahren n (Kristallzüchtung) ‖ ~ **вытягивания кристаллов по методу Чохральского** s. ~ Чохральского ‖ ~/**вычислительный** Rechenmethode f, Rechenverfahren n ‖ ~ **Габера-Боша** (Ch) Haber-Bosch-Verfahren n (Ammoniaksynthese) ‖ ~/**газодуговой** Plasmastrahlverfahren n ‖ ~/**газофазный** Gasphasenmethode f, Gasphasenverfahren n ‖ ~ **Гаусса** s. ~ взвешивания перестановкой ‖ ~/**гелиевый** s. ~ определения абсолютного возраста/гелиевый ‖ ~/**гетеродинный** (El) Überlagerungsverfahren n ‖ ~ **гетероэпитаксиального наращивания** (Krist) Heteroepitaxie f ‖ ~ **гидравлического разрыва** (Bgb) Aufreißmethode f, Frac-Behandlung f (Erdölförderung) ‖ ~/**гидрометаллургический** naßmetallurgisches Verfahren n ‖ ~ **гидротермального синтеза** s. ~/гидротермальный ‖ ~/**гидротермальный** (Krist) Hydrothermalverfahren n (Edelsteinsynthese) ‖ ~ **Гинье** (Krist) Guinier-Methode f (Röntgenstrukturanalyse) ‖ ~ **гомоэпитаксиального выращивания** (Krist) Homoepitaxie f ‖ ~/**гравиметрический** (Ch) gravimetrisches (massenanalytisches) Verfahren n ‖ ~ **градуирования** Eichverfahren n ‖ ~/**графический** graphisches Verfahren n ‖ ~/**дальномерный** Entfernungsmeßverfahren n, Streckenmeßverfahren n ‖ ~ **двойного интегрирования** (Eln) Dual-Slope-Verfahren, Zweiflankenverfahren n, Zweirampenverfahren n ‖ ~ **двойного тона** (Ak) Doppeltonverfahren n ‖ ~ **двойного экспонирования** (Photo) Doppelbelichtungsmethode f ‖ ~ **двойной диффузии** Doppeldiffusionsverfahren n ‖ ~ **двойной записи** Doppelaufzeichnungsverfahren n ‖ ~/**двухзондовый** Zweisondenverfahren n, Zweispitzenverfahren n ‖ ~/**двухлучевой** Zweistrahlmethode f, Zweistrahlverfahren n ‖ ~/**двухполюсный двухпроводный** (Nrt) Zweidraht-Getrenntlageverfahren n ‖ ~/**двухпоточный (двухструйный)** (Photo) Doppeleinlaufmethode f ‖ ~/**двухтональный** (Ak) Doppeltonverfahren n ‖ ~ **де Йонг-Боумана** (Krist) de-Jong-Bouman-Rotationsretigraphverfahren n (Röntgenstrukturanalyse); Goniometerverfahren n von Bouman-de Jong ‖ ~ **Дебая-Шеррера** (Krist) Debye-Scherrer-Verfahren n, Debye-Scherrer-Methode f, Pulvermethode f, Pulverfahren n (Röntgenstrukturanalyse) ‖ ~/**декадный** dekadisches Verfahren n ‖ ~ **декорирования** (Krist) Dekorierungsverfahren n ‖ ~ **деления** Teilungsmethode f ‖ ~ **деления длины** (Fert) Aufteilung f in Teilwege (des Aufmaßes) ‖ ~ **деления припуска** (Fert) Aufteilung f in Teilaufmaße ‖ ~ **дефектоскопии/ультразвуковой** (Wkst) Impuls-Echo-Verfahren n ‖ ~ **деформаций** Formänderungsverfahren n, Drehwinkelverfahren n ‖ ~ **динамического программирования** (Inf) dynamisches Programmierverfahren n ‖ ~ **динамической отладки** (Inf) dynamisches Testverfahren n ‖ ~/**дифференциальный** Differentialverfahren n ‖ ~ **диффузии** Diffusionsverfahren n, Diffusionsmethode f ‖ ~ **диффузии в газоносителе** (Eln) Trägergasdiffusionsverfahren n ‖ ~ **диффузионного легирования** (Eln) Diffusionsdotierung f (Halbleiter) ‖ ~/**диффузионный** s. ~ диффузионного легирования ‖ ~ **добычи** (Bgb) Gewinnungsverfahren n ‖ ~ **дополнения** (Meß) Ergänzungsmeßmethode f ‖ ~ **дополнительного канала промежуточной частоты** (TV) Paralleltonverfahren n, Paralleltonbetrieb m ‖ ~ **дополнительной плавки** (Krist) Nachschmelzverfahren n (Kristallzüchtung) ‖ ~ **доступа** (Inf) Zugriffsmethode f ‖ ~ **доступа/базисный** Basiszugriffsmethode f, einfache Zugriffsmethode f ‖ ~ **доступа/базисный индексно-последовательный** einfache indexsequentielle Zugriffsmethode f ‖ ~ **доступа/базисный последовательный** einfache sequentielle Zugriffsmethode f ‖ ~ **доступа/базисный разделённый** einfache Zugriffsmethode f für untergliederte Dateien ‖

метод

~ доступа/базисный телекоммуникационный einfache Zugriffsmethode f für Datenfernverarbeitung ǁ ~ доступа/графический Zugriffsmethode f für Bildschirmgeräte ǁ ~ доступа/дистанционный s. ~ доступа/телекоммуникационный ǁ ~ доступа/индексно-последовательный indexsequentielle Zugriffsmethode f ǁ ~ доступа/последовательный sequentielle Zugriffsmethode f ǁ ~ доступа с буферизацией gepufferte Zugriffsmethode f ǁ ~ доступа с очередями erweiterte Zugriffsmethode f ǁ ~ доступа с очередями/индексно-последовательный erweiterte indexsequentielle Zugriffsmethode f ǁ ~ доступа/телекоммуникационный Datenfernverarbeitungszugriffsmethode f ǁ ~ жидкостной (жидкофазной) рекристаллизации (эпитаксии) (Krist, Eln) Flüssigphasenepitaxie f, Flüssigphasenepitaxieverfahren n, Flüssigphasenrekristallisation f, Schmelzlösungsepitaxie f, LPE ǁ ~ закалки (Glas) Abschreck[ungs]methode f, polythermische Methode f ǁ ~ замещения 1. Substitutionsmethode f, Substitutionsverfahren n, Ersatzverfahren n; 2. s. ~/двухлучевой ǁ ~ записи (Inf) Aufzeichnungsverfahren n; Speicherverfahren n ǁ ~ записи/глубинный Tiefenschriftverfahren n, Edison-Schriftverfahren n ǁ ~ записи изображения Bildaufzeichnungsverfahren n ǁ ~ затылования (Fert) Hinterdrehverfahren n ǁ ~ защиты Schutzverfahren n ǁ ~ звукозаписи Schallaufzeichnungsverfahren n, Tonaufzeichnungsverfahren n ǁ ~ звукозаписи/магнитный Magnettonaufzeichnungsverfahren n ǁ ~ звукозаписи/механический mechanisches Tonaufzeichnungsverfahren n, Nadeltonverfahren n ǁ ~ звукозаписи/фотографический [photo]optisches Tonaufzeichnungsverfahren n, Lichttonverfahren n ǁ ~ Зеемана-Болина (Krist) Seemann-Bohlin-Methode f (Röntgenstrukturanalyse; fokussierende Pulvermethode) ǁ ~/зондовый (Eln) Sondenverfahren n ǁ ~ зонного выращивания (Eln) Zonen-Levelling-Verfahren n ǁ ~ зонного рафинирования (Krist) Zonenreinigungsverfahren n (Kristallzüchtung) ǁ ~ зонной бестигельной плавки (Krist) Fließzonentechnik f (Kristallzüchtung) ǁ ~ зонной кристаллизации (Krist) Zonenschmelzverfahren n (Kristallzüchtung) ǁ ~ зонной очистки (Krist) Zonenreinigungsverfahren n (Kristallzüchtung) ǁ ~ зонной плавки (Krist) Zonenschmelzverfahren n, Zonenfloating n (Kristallzüchtung) ǁ ~ избирания (Nrt) Auswahlverfahren n, Auswahlmethode f ǁ ~ избирания/групповой (Nrt) Gruppen[an]wahlverfahren n ǁ ~ избирания/двухчастотный (Nrt) Zweifrequenzanwahlverfahren n ǁ ~ избирания/частотный (Nrt) Frequenzanwahlverfahren n ǁ ~ изготовления Fertigungsverfahren n ǁ ~ измерения s. ~ измерения ǁ ~ измерения Meßverfahren n, Meßmethode f ǁ ~ измерения/абсолютный Absolut[meß]methode f (z. B. Prüfung einer Kreisteilung in sich ohne Normal); fundamentales Meßverfahren n ǁ ~ измерения/баллистический ballistisches Meßverfahren n ǁ ~ измерения/бесконтактный berührungsfreie Meßmethode f ǁ ~ измерения/вероятностный statistische Meßmethode f ǁ ~ измерения/высокочастотный (El) Hochfrequenzmeßverfahren n ǁ ~ измерения/дефиниционный definitionsgemäßes Meßverfahren n (Meßverfahren, das mit der Definition der Einheit dieser Größe übereinstimmt) ǁ ~ измерения/динамический dynamische Meßmethode f ǁ ~ измерения/дифференциальный Differenzmeßmethode f; Vergleichsmethode f, Vergleichsverfahren n ǁ ~ измерения длины/интерференционный interferentielles Längenmeßverfahren n, Interferenz-Längenmeßverfahren n ǁ ~ измерения компарированием vergleichendes Meßverfahren n ǁ ~ измерения/контактный Meßmethode f mit mechanischem Kontakt ǁ ~ измерения/косвенный indirektes Meßverfahren n ǁ ~ измерения/мостовой (El) Brückenmeßverfahren n ǁ ~ измерения/нулевой Nullmeßverfahren n; Nullabgleichmeßmethode f ǁ ~ измерения обратного рассеяния Rückstreumeßverfahren n ǁ ~ измерения переменного перепада давления Wirkdruckverfahren n (Durchflußmessung von Flüssigkeiten und Gasen) ǁ ~ измерения по двухлучевой схеме (Photometrie) Zweistrahlverfahren n, Zweikanalprinzip n ǁ ~ измерения/прямой direktes Meßverfahren n ǁ ~ измерения расхода/парциальный Durchflußmessung f nach dem Teilstromverfahren n ǁ ~ измерения/резонансный Resonanzmeßverfahren n ǁ ~ измерения/сравнительный Relativ[meß]methode f (z. B. Vergleich des Prüflings mit einem Normal wie Teilkreis oder Spiegelpolygon) ǁ ~ измерения/статистический statistische Meßmethode f ǁ ~ измерения углов Winkelmeßverfahren n, Winkelmeßmethode f ǁ ~ измерения частоты Frequenzmeßverfahren n ǁ ~ измерения/электрический elektrisches Meßverfahren n ǁ ~ изолиний (Geoph) Äquipotentiallinienverfahren n (elektrisches Prospektionsverfahren) ǁ ~ изохромат Isochromatenmethode f ǁ ~/иммерсионный (Krist) Immersionsmethode f, Einbettungsmethode f ǁ ~ импульсной пеленгации Impulspeilverfahren n, Impulspeilung f ǁ ~/импульсно-кодовый Impulskodeverfahren n, Pulskodeverfahren n ǁ ~/импульсно-частотный Impulsfrequenzverfahren n, Pulsfrequenzverfahren n ǁ ~/импульсный Impulsverfahren n ǁ ~ инверсии Inversionsmethode f ǁ ~/индикаторный s. ~ меченых атомов ǁ ~ индукции (Geoph) Induktionsverfahren n (elektrisches Prospektionsverfahren) ǁ ~/индукционно-зарядовый (Eln) EBIC-Verfahren n ǁ ~ интегрирования (Inf, Math) Integrationsmethode f, Integrationsverfahren n ǁ ~ интенсивности [магнитного поля] (Geoph) Intensitätsmethode f (elektrisches Prospektionsverfahren nach Sundberg) ǁ ~ интервалов времени (Reg) Zeitintervallverfahren n ǁ ~/интерполяционный (Math) Interpolationsverfahren n ǁ ~/интерпретирующий (Inf) interpretierende (andeutende) Methode f ǁ ~/интерференционный (Ph) Interferenzverfahren n (Mikroskopie) ǁ ~ искажённых волн Störwellenverfahren n ǁ ~ испытания Prüf[ungs]verfahren n ǁ ~ испытания/магнитный (Wkst) Magnetpulverprüfverfahren n, Magnetpulverprüfung f ǁ ~ испытания/неразрушающий (Wkst) zerstörungsfreies Prüfverfahren n ǁ ~ испытания погружением Tauchverfahren n, Tauchmethode f ‖ ~/ионизационный (Ph) Ionisationsverfahren n ‖ ~ испытательных строк (TV) Prüfzeilenverfahren n ‖ ~ исследования напряжений/оптический Spannungsoptik f, spannungsoptisches (photoelastisches) Verfahren n ‖ ~ итерации [Пикара] (Math) iteratives Näherungsverfahren n, Methode f (Verfahren n) der sukzessiven Approximationen ‖ ~/итерационный s. ~ итерации ‖ ~/кадровый (Eln) Rasterfolgeverfahren n, Rasterwechselverfahren n ‖ ~ каналовых лучей Kanalstrahlmethode f ‖ ~/капельный (Ch) Tüpfelmethode f, Tüpfelanalyse f ‖ ~ капилляра Kapillarmethode f ‖ ~ Карле-Хауптмана (Krist) Karle-Hauptmann-Methode f (Röntgenstrukturanalyse; direkte Methode) ‖ ~ квитирования (Inf) Rückmeldeverfahren n ‖ ~ Киропулоса (Krist) Kyropoulos-Verfahren n, Nacken-Kyropoulos-Verfahren n (Kristallzüchtung) ‖ ~ кодирования (Inf) Kodier[ungs]verfahren n ‖ ~ компарирования Vergleichsmethode f ‖ ~ компенсации Kompensationsverfahren n, Ausgleichverfahren n ‖ ~ компенсации погрешности Fehlerkompensationsverfahren n ‖ ~ конвергенции Konvergenzverfahren n [von Kratky] ‖ ~ конгруэнтности (Math) Kongruenzmethode f ‖ ~ конечных моментов (Math) Methode f der finiten Momente ‖ ~ конечных разностей (Math) Differenzenmethode f, Differenzenverfahren n ‖ ~ конечных элементов (Math) Elementemethode f, Finit-Element-Methode f ‖ ~ контактирования (Eln) Kontaktierungsverfahren n ‖ ~/контактный 1. (Eln) Tastverfahren n, Kontaktverfahren n; 2. (Ch) Kontakt[schwefelsäure]verfahren n; 3. (Fert) Abtastverfahren n (Bestimmung der Oberflächengüte mit dem Rauhtiefeprofilmesser) ‖ ~ контроля Prüfverfahren n, Testverfahren n; Kontrollmethode f ‖ ~ контроля/капиллярный (Wkst) Eindringprüfverfahren n ‖ ~ коррекции Korrekturverfahren n ‖ ~/корреляционно-измерительный Korrelationsmeßverfahren n ‖ ~/косвенный indirektes (mittelbares) Verfahren n ‖ ~ косого опыления Schrägbedampfung f, Schrägaufdampfung f ‖ ~ косого отражения Schrägreflexionsverfahren n ‖ ~ Крарупа (El) Krarup-Verfahren n (Kabel) ‖ ~ кристаллизации ‖ ~ выращивания n (Krist) ‖ ~ кристаллизации/бестигельный (Krist) tiegelfreies Verfahren n (Kristallzüchtung) ‖ ~ критического пути Methode f des kritisches Weges. CPM ‖ ~ купания (Photo) Tauchverfahren n ‖ ~ Лауэ (Krist) Laue-Verfahren n (röntgenographisches Einkristallverfahren) ‖ ~ легирования Dotierungsverfahren n (Halbleiter) ‖ ~ линейного измерения/пневматический pneumatisches Längenmeßverfahren n ‖ ~/линейный lineare Methode f ‖ ~/логометрический Quotienten[meß]verfahren n ‖ ~/ломаных (Math) Polygonzugverfahren n ‖ ~/лучевой (Geoph) Strahlenverfahren n (Berechnungs- und Modellierungsverfahren in der Seismik) ‖ ~ Лэнга (Krist) Lang-Methode f (Röntgenstrukturanalyse) ‖ ~ магнитного порошка (Wkst) [trockenes] Magnetpulververfahren n (zerstörungsfreie Werkstoffprüfung) ‖ ~ магнитной звукозаписи Magnetton[aufzeichnungs]verfahren n ‖ ~ магнитной суспензии (Wkst) Magnafluxverfahren n, nasses Magnetpulververfahren n (zerstörungsfreie Werkstoffprüfung) ‖ ~ максимального правдоподобия (Math) Maximum-Likelihood-Methode f (Wahrscheinlichkeitsrechnung) ‖ ~ математической оптимизации mathematische Optimierungsmethode f ‖ ~/маятниковый Pendelverfahren n (Härtemessung) ‖ ~ медиан и крайних значений Median-Grenzwert-Verfahren n (statistische Qualitätskontrolle) ‖ ~ меченых атомов (Kern) Tracer-Methode f, Tracer-Verfahren n, Indikatorverfahren n, Indikatormethode f, Leitisotopenmethode f, Isotopenmethode f ‖ ~ микроволновый Mikrowellentechnik f, Mikrowellenmethode f ‖ ~ минимизации Minimierungsverfahren n ‖ ~ многоканальности во (по) времени (Nrt) Zeitmultiplexverfahren n, Zeitmultiplex m, zeitgeteiltes Verfahren n ‖ ~ многоканальности по частоте (Nrt) Frequenzmultiplexverfahren n, Frequenzmultiplex m ‖ ~ многократного интегрирования (Inf) Mehrfachrampenverfahren n ‖ ~/многолучевой Mehrstrahlverfahren n ‖ ~ многолучевой интерференции (Eln) Mehrstrahlinterferenzverfahren n ‖ ~ многочленов (Math) Polynommethode f ‖ ~ мо (молекулярных орбиталей) (Ch) MO-Methode f, Molekularorbitalmethode f ‖ ~ модуляции (Eln) Modulationsverfahren n ‖ ~ моментов (Math) Momentenmethode f (Wahrscheinlichkeitsrechnung) ‖ ~ монтажа (Bw) Montageverfahren n ‖ ~ Монте-Карло (Ph) Monte-Carlo-Methode f, Monte-Carlo-Verfahren n, Monte-Carlo-Technik f ‖ ~/мостовой (El) Brückenverfahren n ‖ ~ муаровых картин (Eln) Moiré-Bild-Verfahren n (Ebenheitskontrolle) ‖ ~ мультиплексирования (Eln) Multiplexmethode f ‖ ~ наведённого тока s. ~/индукционно-зарядовый ‖ ~ наибольшего ската s. ~ перевала ‖ ~ наименьших квадратов (Math) Methode f der kleinsten Quadrate (Quadratsummen) ‖ ~ наложения (Eln) Überlagerungsverfahren n ‖ ~ нанесения/вихревой (Kst) Wirbelsinterverfahren n ‖ ~ нанесения/газопламенный Flamm[en]spritzverfahren n, Flammsprühverfahren n ‖ ~ нанесения/переносный Umkehrverfahren n (Kunstleder) ‖ ~ нанесения/электростатический elektrostatisches Spritzverfahren n ‖ ~ наращивания (Krist) Stufenziehverfahren n, Stufenziehen n (Kristallzüchtung) ‖ ~/натронный (Pap) Natron[aufschluß]verfahren n ‖ ~/нелинейный nichtlineare Methode f ‖ ~ неопределённых коэффициентов (Math) Methode f der unbestimmten Koeffizienten ‖ ~ непосредственного измерения direktes Meßverfahren n ‖ ~ непосредственного отсчёта direktanzeigende Methode f ‖ ~ непосредственного сравнения Vergleichs-Meßmethode f ‖ ~ непосредственной оценки direktanzeigendes Verfahren n ‖ ~/непосредственный direkte Methode f, direktes Verfahren n ‖ ~ непрерывного литья (Gieß) Stranggießverfahren n, Stranggußverfahren n ‖ ~/непрерывный kontinuierliches Verfahren n; Analogverfahren n ‖ ~/неразрушающий (Wkst) zerstörungsfreie Methode f ‖ ~/нулевой Nullmethode f; Nullabgleich[meß]methode f ‖ ~ нулевых биений

метод

Nullschwebungsmethode f, Schwebungsnullverfahren n ‖ ~ **нулевых моментов** Nullmoment[en]methode f ‖ ~ **обката (обкатки, обкатывания)** (Wkzm) 1. Wälzverfahren n, Abwälzverfahren n; 2. Außenglattwalzverfahren n ‖ ~ **обогащения** Anreicherungsverfahren n ‖ ~ **обработки** 1. Bearbeitungsverfahren n; 2. Verarbeitungsmethode f; 3. Auswertverfahren n; 4. (Pap) Aufschlußverfahren n, Kochverfahren n ‖ ~ **обработки жидкого металла** (Gieß) 1. Flüssigmetallbehandlungsverfahren n; 2. Modifzierungsverfahren n, Impfverfahren n ‖ ~ **обработки/отделочный (финишный)** Feinbearbeitungsverfahren n ‖ ~ **обратного плавления** (Krist) Rückschmelzverfahren n (Kristallzüchtung) ‖ ~ **обратного рассеяния** Rückstreuverfahren n, Reflexionsverfahren n ‖ ~ **обратной связи** Rückkopplungsverfahren n; (Reg) Rückführungsmethode f ‖ ~/**обратный** (Met) Hohlstempelverfahren n, indirektes Verfahren n (Strangpressen) ‖ ~ **обращения** (Photo) Umkehrverfahren n ‖ ~/**объёмный** volumetrisches (maßanalytisches) Verfahren n ‖ ~ **оврагов** (Eln) Grabenverfahren n ‖ ~ **огибания** (Fert) Hüllschnittverfahren n ‖ ~ **одной боковой полосы** (Eln) Einseitenbandverfahren n ‖ ~/**однополосный двухпроводный** (Nrt) Zweidrahtgleichlageverfahren n ‖ ~ **однотактного [аналого-цифрового] преобразования** (Eln) Einrampenverfahren n, Single-Slope-Prinzip n ‖ ~ **озонирования** Ozon[auf]spaltung f; Ozonlüftung f, Ozonisierungsverfahren n (zur Wasserentkeimung) ‖ ~ **определения абсолютного возраста/гелиевый** (Geol) Heliummethode f [der absoluten Altersbestimmung] (von Gesteinen) ‖ ~ **определения абсолютного возраста/иониевый** (Geol) Ioniummethode f [der absoluten Altersbestimmung] (von Gesteinen) ‖ ~ **определения абсолютного возраста/калий-аргоновый** (Geol) Kalium-Argon-Methode f [der absoluten Altersbestimmung] (von Gesteinen) ‖ ~ **определения абсолютного возраста/калий-кальциевый** (Geol) Kalium-Calcium-Methode f [der absoluten Altersbestimmung] (von Gesteinen) ‖ ~ **определения абсолютного возраста/рубидиево-стронциевый** (Geol) Rubidium-Strontium-Methode f [der absoluten Altersbestimmung] (von Gesteinen) ‖ ~ **определения абсолютного возраста/свинцовый** (Geol) Bleimethode f [der absoluten Altersbestimmung] (von Gesteinen) ‖ ~ **определения абсолютного возраста/тритиевый** (Geol) Tritiummethode f [der absoluten Altersbestimmung] (von Gesteinen) ‖ ~ **определения абсолютного возраста/углеродный радиоактивный** (Geol) Radiocarbonmethode f [der absoluten Altersbestimmung] (von Gesteinen) ‖ ~ **оптического сечения** (Eln) Lichtschnittverfahren n ‖ ~ **оптической звукозаписи** [photo]optisches Tonaufzeichnungsverfahren n, Lichttonverfahren n ‖ ~ **осевого сечения** Achsenschnittverfahren n (z. B. bei der Gewindemessung) ‖ ~ **остаточной активности** (Kern) Reaktivitätsmethode f ‖ ~ **остаточных лучей** (Kern) Reststrahl[en]methode f ‖ ~ **отвесных измерений** Lot[meß]verfahren n (geometrische Bestimmung des Volumens von Behältern) ‖ ~/**отделочный** s. ~ обработки/отделочный ‖ ~ **отклонения** Ausschlag[s]verfahren n; Ablenkverfahren n ‖ ~ **отладки [программ]** (Inf) Testverfahren n ‖ ~ **относительных измерений** Verhältnismeßmethode f ‖ ~ **отпечатка** Abdruckverfahren n, Abdrucktechnik f ‖ ~ **отражения** (Hydr) Spiegelungsmethode f ‖ ~ **отражённых импульсов** Impulsreflexionsverfahren n, Impulsechoverfahren n ‖ ~ **отражённых [сейсмических] волн** (Geoph) Reflexionsverfahren n, reflexionsseismisches Verfahren (Prospektionsverfahren) n, Reflexionsseismik f ‖ ~ **очистки** Reinigungsverfahren n ‖ ~ **очистки/сернокислотный** Schwefelsäureraffination f, Raffination f mit Schwefelsäure ‖ ~ **падающего шарика** Kugelfallmethode f (Viskositätsbestimmung) ‖ ~ **падающих капель** Tropfenfallmethode f, Methode f der fallenden Tropfen ‖ ~/**палеомагнитный** paläomagnetisches Verfahren n, paläomagnetische Methode f ‖ ~ **параллельного преобразования** Parallel[umsetz]verfahren n ‖ ~ **параллельного сечения** Parallelschnittverfahren n ‖ ~ **парциальных волн** Partialwellenmethode f, Teilwellenmethode f ‖ ~ **пассивации** Passivierungsverfahren n ‖ ~ **Паттерсона** (Krist) Patterson-Methode f (Röntgenstrukturanalyse) ‖ ~ **Паунда** (Kern) Pound-Methode f (Kernpolarisation) ‖ ~ **перевала** (Math) Sattelpunktmethode f, Paßmethode f ‖ ~ **передачи** (El) Übertragungsverfahren n ‖ ~ **передачи двух боковых полос** (Eln) Zweiseitenbandverfahren n ‖ ~ **передачи единицы** Anschlußmethode f der Einheit, Methode f zur Weitergabe der Einheit ‖ ~ **переменного тока** Wechselstromverfahren n ‖ ~ **перемещений** s. ~ деформации ‖ ~ **переноса изображения** Bildübertragungsverfahren n ‖ ~ **переплавки** (Krist) Nachschmelzverfahren n (Kristallzüchtung) ‖ ~ **перераспределения моментов** Momentenausgleichverfahren n ‖ ~ **перераспределения углов поворота** Drehwinkelausgleichverfahren n ‖ ~ **перестановки** Vertauschungsmeßmethode f ‖ ~/**пескоструйный** Sandstrahlverfahren n ‖ ~ **петли** (El) Schleifenverfahren n ‖ ~ **печатания/термический** (Text) Thermodruckverfahren n ‖ ~ **плавающего тигля** (Krist) Schwimmtiegelverfahren n, Schwimmtiegelmethode f (Kristallzüchtung) ‖ ~ **плавающих капель** Methode f der schwebenden Tropfen ‖ ~ **плавки** Schmelzverfahren n ‖ ~/**плазмалучевой** Plasmastrahlverfahren n ‖ ~/**планарный** Planarverfahren n (Halbleiter) ‖ ~/**плюсовочно-запарной** (Text) Klotzdämpfverfahren n, Pad-Steam-Verfahren n ‖ ~/**плюсовочный** (Text) Klotzverfahren n, Foulardierverfahren n ‖ ~ **поверки** Prüfmethode f, Eichmethode f ‖ ~ **подобия** s. ~ аналогий ‖ ~ **подстановки** Substitutionsmethode f ‖ ~ **подъёма** Hubverfahren n ‖ ~ **подъёма перекрытий** (Bw) Deckenhubverfahren n ‖ ~ **подъёма этажей** (Bw) Geschoßhebeverfahren n ‖ ~ **поиска** (Inf) Suchverfahren n ‖ ~ **полей времён** (Geoph) Zeitfeldmethode f (Seismik) ‖ ~ **полиномов** (Math) Polynommethode f ‖ ~ **поляризации ядер Гортера-Розе** (Kern) Rose-Gorter-Methode f, Rose-Gortersche Methode f ‖ ~ **поправок** s. ~ релаксационный

|| ~ порошка (Krist) Pulverfahren n (Röntgenstrukturanalyse) || ~ **последовательной передачи цветов** (TV) Farbwechselverfahren n, Farbfolgeverfahren n || ~ **последовательной подстановки** (Math) Methode f der sukzessiven Substitution, sukzessive Substitution f || ~ **последовательных исключений** (Math) Methode f der schrittweisen Eliminierung || ~ **последовательных приближений** (Math) Verfahren n (Methode f) der sukzessiven Näherung, schrittweise Näherung f, schrittweises Näherungsverfahren n || ~ **послойного анализа** Schichtentrennungsverfahren n, Serienschnittverfahren n || ~/**послойный** Lagenverfahren n (Reifenherstellung) || ~ **постоянного тока** (Geoph) Gleichstrom[prospektions]verfahren n, geoelektrische Gleichstromsondierung f || ~ **постоянных волн** Konstantwellenmethode f || ~ **постройки/островной** (Schiff) Inselbauweise f || ~ **постройки/пирамидальный** (Schiff) Pyramidenbauweise f || ~ **поточно-скоростной** (Bw) Schnellbaufließfertigung f || ~ **поштучного испытания** Einzelprüfmethode f (statistische Qualitätskontrolle) || ~ **представления [чисел]** (Inf) Zahlenschreibweise f || ~ **преломлённых [сейсмических] волн** (Geoph) Refraktionsverfahren n, refraktionsseismisches Verfahren (Prospektionsverfahren) n, Refraktionsseismik f || ~ **преломлённых [сейсмических] волн/корреляционный** (Geoph) korrelatives refraktionsseismisches Verfahren (Prospektionsverfahren) n, korrelative Refraktionsseismik f || ~ **преобразования** (Inf) Umformungsverfahren n || ~ **приближения** (Math) Näherungsverfahren n, Näherungsmethode f, Approximationsverfahren n || ~ **приближённого расчёта** s. ~ приближения || ~/**приближённый** (Math) Näherungsverfahren n || ~ **приправки порошком** (Typ) Streupulververfahren n || ~ **проверки** Prüfverfahren n, Testverfahren n || ~ **программирования** (Inf) Programmier[ungs]verfahren n || ~ **программирования/трёхточечный** Dreipunktprogrammierung f || ~ **проектирования** (Bw) Projektierungsverfahren n || ~ **прозвучивания** Durchschallungsprüfung f, Schalldurchstrahlungsverfahren n || ~ **производства/поточный** Fließfertigung f || ~ **пропускания** (Kern) Durchstrahlungsverfahren n, Durchstrahlungsmethode f || ~ **просвета** Lichtspaltmethode f (z. B. bei der Prüfung von Haarlinealen) || ~ **просвечивающей электронной микроскопии** Transmissionselektronenmikroskopie f, TEM-Verfahren n || ~ **простого взвешивания** Proportionalmethode f, einfache Wägung f || ~ **противовключения** (El) Gegenschaltungsmethode f || ~ **протока** Strömungsmethode f (Kalorimetrie) || ~ **прохождения** s. ~ пропускания || ~ **прямого доступа/базисный** (Inf) einfache Direktzugriffsmethode f || ~ **прямого дублирования** (Photo) Direktduplikatverfahren n || ~/**прямой** direktes (unmittelbares) Verfahren n, direkte (unmittelbare) Methode f || ~ **прямых Стрекензугверфарен** n || ~ **прямых измерений** direkte Meßmethode f || ~ **Раби** Rabi-Verfahren n, Rabi-Methode f, Molekularstrahlresonanzmethode f (Methode der Hochfrequenzspektroskopie) || ~ **работы** Arbeitsmethode f || ~ **равносигнальной зоны** (Rad) Dauerstrichzonenverfahren n || ~ **радиодальнометрии** Radarentfernungsmaßverfahren n, Radarentfernungsmessung f || ~/**радиолокационный** Radarverfahren n, Rückstrahl[ortungs]verfahren n || ~ **радиопеленгации** Funkpeilverfahren n || ~ **разведки/геофизический** (Geoph) geophysikalisches Prospektionsverfahren (Prospektieren) n || ~ **разведки/радиоактивный** (Geoph) Radiometrie f || ~ **развёртки** Abtastverfahren n || ~ **разделения** Trennungsverfahren n, Trennungsmethode f || ~ **разделения времени** (Inf) Zeitteilverfahren n || ~ **разделения каналов/временной** (Nrt) Zeitmultiplexverfahren n, Zeitmultiplex m || ~ **разделения каналов/частотный** (Nrt) Frequenzmultiplexverfahren n, Frequenzmultiplex m || ~ **разложения** Abtastverfahren n || ~ **разностного тона** (Ak) Differenztonverfahren n || ~ **разностной факторизации** (Math) Methode f der Differenzenfaktorisierung, Differenzenfaktorisierungsmethode f || ~/**разностный** 1. Differenzmeßmethode f, Differenzenverfahren n; 2. Differenzmethode f, Gitterpunktmethode f || ~ **разработки** (Bgb) Abbauverfahren n, Abbaumethode f || ~ **рассеяния** Streuverfahren n, Streumethode f || ~ **рассеяния света** Streulichtmethode f, Streulichtverfahren n || ~ **расчёта** Rechenmethode f, Rechenverfahren n || ~ **расчёта/эмпирический** empirisches Berechnungsverfahren n || ~ **рафинирования** (Met, Gieß) Veredelungsverfahren n || ~ **регенерации/кислотный** (Ch) Säure[regenerier]verfahren n || ~ **регенерации/щелочной** (Ch) Alkali[regenerier]verfahren n || ~ **регулирования** Regelverfahren n || ~ **резонанса в атомном пучке** (Kern) Atomstrahlresonanzmethode f (Hochfrequenzspektroskopie) || ~/**резонансно-мостовой** (El) Resonanzbrückenverfahren n || ~/**релаксационный** Relaxationsmethode f, Korrektionsverfahren n, Korrekturverfahren n || ~/**рентгеногониометрический** (Krist) Röntgengoniometerverfahren n; Drehkristallmethode f nach Weissenberg || ~/**рентгено-дифракционный** Röntgen-Diffraktionsverfahren f || ~ **рентгеноструктурного анализа/прямой** (Krist) direkte Methode f (Röntgenstrukturanalyse) || ~ **реплик** ~ отпечатка || ~ **Розе-Гортера** (Kern) Rose-Gorter-Methode f, Rose-Gortersche Methode f || ~ **Роквелла** (Wkst) Rockwell-Härteprüfverfahren n || ~ **рубидиево-стронциевый** s. ~ определения абсолютного возраста/рубидиево-стронциевый || ~ **Рунге-Кутта** (Math) Runge-Kutta-Verfahren n || ~/**ручной** manuelle Methode f, manuelles Verfahren n || ~ **с движущейся плёнкой** (Krist) Bewegtfilmmethode f (Röntgenstrukturanalyse) || ~ **самообучения** (Kyb) Lernverfahren n, Lernprozeß m || ~ **самосовмещения** Selbstjustierungsverfahren n || ~ **Саутера** (Krist) [Schieber-]Sauter-Methode f (Röntgenstrukturanalyse; Bewegtfilmmethode) || ~ **сверхвысоких частот** Höchstfrequenzmethode f || ~ **светлого поля** (Opt) Hellfeldverfahren n, Hellfeldmethode f || ~ **светлого поля в проходящем свете** Hellfeldverfahren n im durchfallenden Licht (Mikro-

метод

skopie) ‖ ~ **светового сечения** *(Меß)* Lichtschnittverfahren *n*, Lichtschnittechnik *f* ‖ ~ **световой щели** *(Fert)* Lichtspaltverfahren *n (Prüfen der Ebenheit von bearbeiteten Flächen mit dem Haarlineal)* ‖ ~ **светокопирования** *(Photo)* Lichtpausverfahren *n* ‖ ~ **свилей** Schlierenverfahren *n* ‖ ~/**свинцовый** *s.* ~ **опеределения абсолютного возраста/свинцовый** ‖ ~ **сдвига** *(Opt)* Verdopplungsverfahren *n*, Shearingverfahren *n* ‖ ~ **седловых точек** *s.* ~ **перевала** ‖ ~ **сеток** *s.* ~/**разностный** 2. ‖ ~ **сжатых отображений** *(Math)* Methode *f* der kontraktiven Abbildung ‖ ~/**силикотермический** *(Ch)* silicothermisches Verfahren *n*, Silicothermie *f* ‖ ~ **симметрирования** Ausgleichsverfahren *n* ‖ ~/**скоростной** Schnellverfahren *n* ‖ ~ **случайных испытаний** *s.* ~ Монте-Карло ‖ ~ **смещения** Mischungsmethode *f* ‖ ~ **совмещения** *s.* ~ **совпадений** ‖ ~ **совокупных измерений** Meßmethode *f* der serienweisen Kombination ‖ ~ **совпадений** *(Ph)* Koinzidenzmethode *f*, Koinzidenzverfahren *n* ‖ ~ **совпадений/измерительный** Koinzidenzmeßmethode *f* ‖ ~ **сопротивления** *(Geoph)* Widerstands[meß]verfahren *n (elektrisches Prospektionsverfahren)* ‖ ~ **сопутствующих частиц** *(Kern)* Methode *f* der assoziierten Teilchen ‖ ~ **сортировки** Sortierverfahren *n* ‖ ~/**спектрографический** spektrographisches Verfahren *n* ‖ ~/**спектрометрический** spektrometrisches Verfahren *n* ‖ ~ **спинового эха** *(Kern)* Spin-Echo-Verfahren *n*, Impuls-Echo-Verfahren *n (magnetische Kernresonanz)* ‖ ~ **сплавления** Legierungsverfahren *n* ‖ ~ **сравнения** Vergleichsmethode *f*, Vergleichsverfahren *n* ‖ ~ **средних значений и средних квадратических отклонений** Mittelwert-Standardabweichung-Verfahren *n (statistische Qualitätskontrolle)* ‖ ~ **средних значений размахов** Mittelwert-Spannweiten-Verfahren *n (statistische Qualitätskontrolle)* ‖ ~/**статистический** statistisches Verfahren *n* ‖ ~ **статистических испытаний** *s.* ~ Монте-Карло ‖ ~ **статических расчётов** statische Berechnungsmethode *f* ‖ ~/**стереоконоскопический** *(Krist)* Stereokonoskopmethode *f* ‖ ~ **Стокбаргера** *(Krist)* Stockbarger-Verfahren *n (Kristallzüchtung)* ‖ ~ **строчной развёртки** *(TV)* Zeilenverfahren *n* ‖ ~ **суммирования** *(Math)* Summationsverfahren *n*, Summationsmethode *f*, Summierungsverfahren *n* ‖ ~ **Супер-Роквелла** *(Wkst)* Super-Rockwell-Härteprüfverfahren *n* ‖ ~ **счёта** Zählmethode *f*; Zähltechnik *f* ‖ ~ **счёта импульсов** Impulszähltechnik *f* ‖ ~ **телеграфирования/дуплексный** Duplexbetrieb *m*, Duplextelegraphie *f* ‖ ~ **телеграфирования/полудуплексный** Halbduplexbetrieb *m*, Wechselverkehr *m*, Semiduplex-Telegraphie *f* ‖ ~ **телеизмерения/частотно-импульсный** Impulsfrequenz-Fernmeßverfahren *n* ‖ ~ **тёмного зонда** *(Eln)* Dunkelsondenverfahren *n* ‖ ~ **тёмного поля** *(Opt)* Dunkelfeldverfahren *n*, Dunkelfeldmethode *f* ‖ ~ **тёмного поля в проходящем свете** Dunkelfeldverfahren *n* im durchfallenden Licht *(Mikroskopie)* ‖ ~/**теневой** 1. *(Меß)* Schattenbildverfahren *n*; 2. *(Opt)* Schlierenmethode *f*; 3. *(Eln)* schattenoptisches Verfahren *n* ‖ ~ **термокомпрессии** *s.* ~/**термокомпрессионный** ‖ ~/**термокомпрессионный** *(Eln)* Thermokompressionsverfahren *n*, Warmdruckverfahren *n* ‖ ~ **точечно-перемежающейся развёртки** *s.* ~ **черезсточечной развёртки** ‖ ~ **травления** Ätzverfahren *n* ‖ ~ **транзитного соединения** *(Nrt)* Durchschaltungsverfahren *n* ‖ ~ **трафаретной печати** Siebdruckverfahren *n (Halbleitertechnologie)* ‖ ~ **трёх проволочек** Dreidrahtmethode *f (bei der Gewindemessung)* ‖ ~ **ударного отпечатка** Schlagverfahren *n (Härtemessung)* ‖ ~ **узловых напряжений** *(Masch)* Knotenspannungsmethode *f*, Methode *f* der Knotenspannungen ‖ ~ **узловых поворотов** *s.* ~ **деформаций** ‖ ~ **упругого отскока** *(Wkst)* Rücksprunghärteprüfverfahren *n* ‖ ~ **уравновешивания** Abgleichverfahren *n* ‖ ~ **уранового свинца** Uranbleimethode *f*, Radium-G-Methode *f (Bestimmung des absoluten Alters)* ‖ ~ **ускорения частиц/резонансный** *(Kern)* Teilchenbeschleunigung *f* nach dem Resonanzverfahren ‖ ~ **фазового контраста** Phasenkontrastverfahren *n (Mikroskopie)* ‖ ~ **фазовой диаграммы** Phasendiagrammmethode *f* ‖ ~/**фазоконтрастный** Phasenkontrastmethode *f*, Phasenkontrastverfahren *n (Mikroskopie)* ‖ ~/**феносольвановый** Phenosolvanverfahren *n (Abwasserreinigung)* ‖ ~ **формовки/магнитный** *(Gieß)* Magnetformverfahren *n* ‖ ~ **фотографирования обратной решётки** *(Krist)* retigraphische Methode *f (Röntgenstrukturanalyse)* ‖ ~ **фотоупругости** spannungsoptisches Verfahren *n*, Spannungsoptik *f* ‖ ~ **хэш-адресации** *(Inf)* HASH-Verfahren *n (zum Suchen von Einträgen in Großspeichern)* ‖ ~ **царапания** Ritzhärteprüfverfahren *n*, Ritzhärtemeßverfahren *n* ‖ ~ **цветного телевидения** Farbfernsehverfahren *n* ‖ ~ **цветного телевидения/одновременный** Simultan[farbfernseh]verfahren *n* ‖ ~ **цветного телевидения с последовательной передачей точек** *(TV)* Punktfolge[farben]verfahren *n*, Punktwechselverfahren *n* ‖ ~ **цветной иммерсии** Farbimmersionsmethode *f* ‖ ~ **цифровой сортировки** digitales Sortierverfahren *n* ‖ ~ **частотного разделения (уплотнения)** *(Nrt)* Frequenzmultiplexverfahren *n*, Frequenzmultiplex *m* ‖ ~/**частотно-импульсный** Impulsfrequenzverfahren *n* ‖ ~ **частотной модуляции** Frequenzmodulationsverfahren *n*, FM-Verfahren *n* ‖ ~ **чересстрочной развёртки** *(TV)* Zeilensprungverfahren *n* ‖ ~ **черезсточечной развёртки** *(TV)* Punktsprungverfahren *n*, Zwischenpunktverfahren *n* ‖ ~/**черновой** *(Fert)* Schruppbearbeitungsverfahren *n* ‖ ~/**четырёхзондовый** *(Eln)* Vierspitzenverfahren *n*, Vierspitzenverfahren *f* ‖ ~/**числовой** numerisches Verfahren *n* ‖ ~/**чистовой** *(Fert)* Schlichtbearbeitungsverfahren *n* ‖ ~ **Чохральского** *(Krist)* Czochralski-Verfahren *n*, Czochralski-Methode *f*, Ziehen *n* von Kristallen nach dem Czochralski-Verfahren, Kristallzüchtung *f* aus der Schmelze nach dem Czochralski-Verfahren ‖ ~ **шариковый** Kugelfallmethode *f (Viskositätsbestimmung)* ‖ ~ **шелкографии** Siebdruckverfahren *n* ‖ ~ **Шибольда[-Саутера]** *(Krist)* Schiebold-Sauter-Methode *f (Röntgenstrukturanalyse)* ‖ ~ **шлейфа** *(El)* Schleifenverfahren n ll ~ **Шора** (Wkst) Rücksprungverfahren n (Rückprallhärteprüfung f) nach Shore ll ~/**штриховой** (Pap) Federstrichmethode f ll ~ **щупов** (Meß) Ausfühlmethode f ll ~/**эбуллиметрический** Siedepunktmethode f ll ~/**экстракционный** (Ch) Extraktionsverfahren n ll ~ **электрических аналогий** elektrisches Analogieverfahren n ll ~ **электрических сеток** elektrisches Netz[werk]verfahren n ll ~/**электроискровой** (Fert) Funkenerosionsverfahren n, funkenerosives Verfahren n ll ~/**электрофизикохимический** (Fert) Abtragverfahren n, abtragendes Verfahren n ll ~/**электроэрозионный** (Fert) Elektroerosionsverfahren n, elektroerosives Verfahren n ll ~/**эманационный** (Kern) Emaniermethode f, Emanierverfahren n (Untersuchung der Eigenschaften fester Stoffe entsprechend ihrer Emanierfähigkeit) ll ~ **Эммонса** (Krist) Emmons-Methode f, Doppelvariationsmethode f (Brechungsindex) ll ~ **эпитаксиального наращивания** s. ~/эпитаксиальный ~/**эпитаксиальный** (Krist) Epitaxieverfahren n, Epitaxialverfahren n (Verfahren des orientierten Aufwachsens) ll ~/**эталонный** Normalverfahren n ll ~ **ядерных эмульсий** Kernemulsionstechnik f, Emulsionstechnik f

методика f 1. Technologie f (schriftlich festgelegte Herstellungsvorschrift); 2. Methodik f (z. B. Prüfmethodik) ll ~ **измерений** Meßmethodik f, Meßmethode f ll ~ **исследования** Untersuchungsmethodik f, Untersuchungsmethode f ll ~/**типовая** Rahmentechnologie f

метр m 1. Meter m(n); 2. Maßstab m; 3. Meßgerät n, Messer m ll ~ **в минус первой степени** Eins f je Meter, 1/m (Wellenzahl) ll ~ **в секунду** Meter m je Sekunde, m/s (abgeleitete Einheit der Geschwindigkeit) ll ~/**квадратный** Quadratmeter m, m² (abgeleitete Einheit der Fläche) ll ~/**кубический** Kubikmeter m, m³ (abgeleitete Einheit des Volumens) ll ~ **на килограмм/кубический** Kubikmeter m je Kilogramm, m³/kg (abgeleitete Einheit der Dichte) ll ~ **на секунду в квадрате** Meter m je Quadratsekunde, m/s² (abgeleitete Einheit der Beschleunigung) ll ~ **на секунду/квадратный** Quadratmeter m je Sekunde, m²/s ll ~/**погонный** laufender Meter m ll ~/**складной** Metermaß n, Gliedermaßstab m ll ~/**усадочный** (Gieß) Schwindmaßstab m, Schwindmaß n

p**H-метр** m pH-[Wert-]Meßgerät n, pH-Meter n
Q-метр m Q-Meter m, Q-Meßgerät n, Gütemesser m

метраж m 1. Meterzahl f, Länge f in Metern; 2. Vermessung f nach Metern

метризовать (Math) metrisieren

метрика f Metrik f ll ~/**евклидова** (Math) euklidische Metrik f ll ~ **площадей** Flächenmetrik f ll ~ **пространства-времени** Raum-Zeit-Metrik f, raumzeitliche Metrik f

p**H-метрия** f pH-Messung f
метро n U-Bahn f, Untergrundbahn f, Metro f
метрология f Metrologie f, Meßwesen n ll ~/**законодательная** gesetzliches Meßwesen n ll ~/**общая** allgemeines Meßwesen n ll ~/**отраслевая** angewandtes Meßwesen n

метромер m (Photo, Kine) Zählwerk n, Filmzähler m, Filmmeterzähler m

метрополитен m Metro f, U-Bahn f, Untergrundbahn f
метростроение n Untergrundbahnbau m, U-Bahnbau m
метр-угол m Meterwinkel m, mw
метчик m (Wkz) Gewinde[schneid]bohrer m, Schneidbohrer m ll ~/**гаечный** Mutter[n]gewindebohrer m ll ~/**комплектный** Satzgewindebohrer m ll ~/**леворежущий (левоходовой)** linksschneider (linkslaufender) Gewindebohrer m ll ~/**маточный** Meistergewindebohrer m ll ~/**машинный** Maschinengewindebohrer m ll ~/**одинарный** Einzelgewindebohrer m, Einzelschneider m ll ~/**окончательный** Fertiggewindeschneider m ll ~/**плашечный** Schneideisen[gewinde]bohrer m; Schneidbackengewindebohrer m ll ~/**праворежущий (правоходовой)** rechtsgängiger (rechtslaufender) Gewindebohrer m ll ~/**предварительный** Vorschneider m ll ~/**промежуточный** Mittelschneider m ll ~/**ручной** Handgewindebohrer m ll ~/**сборный** zusammengebauter Gewindebohrer m ll ~/**составной** zusammengesetzter Gewindebohrer m ll ~/**средний** Mittelschneider m ll ~/**станочный** Maschinengewindeschneider m ll ~/**трубный** Rohrgewindebohrer m ll ~/**черновой** Schruppgewindebohrer m, Vorschneider m ll ~/**чистовой** Schlichtgewindeschneider m, Fertigschneider m

метчикодержатель m (Wkzm) Gewindebohrerhalter m
мех m 1. Balg m, Blasebalg m; 2. Balgen m (einer Kamera) ll ~/**гармоникообразный** Faltenbalg m, Harmonikabalg m ll ~/**дыхательный** (Med) Beatmungsbalg m, Atembalg m ll ~/**лабораторный** Gebläse n

механизация f Mechanisierung f ll ~/**комплексная** komplexe Mechanisierung f, Komplexmechanisierung f ll ~/**полная** Vollmechanisierung f, vollständige Mechanisierung f

механизировать mechanisieren ll ~/**комплексно** komplexmechanisieren ll ~/**полностью** vollmechanisieren, vollständig mechanisieren ll ~/**частично** teilmechanisieren, teilweise mechanisieren

механизм m 1. Mechanismus m, Vorrichtung f, Werk n (s. a. unter приспособление und устройство); Getriebe n; 2. Mechanismus m (eines Ablaufs); 3. Apparat m ll ~ **адсорбции** (Ph) Adsorptionsmechanismus m ll ~/**алфавитно-цифровой печатающий** (Inf) alphanumerisches Druckwerk n ll ~/**батанный** (Text) Ladenbewegungsgetriebe n ll ~/**батанный беззамочный** Losblattvorrichtung f ll ~/**блокировочный** Verriegelungsvorrichtung f, Verriegelungsmechanismus m (Sicherheitsvorrichtung an Werkzeugmaschinen) ll ~/**боевой** (Text) Schlageinrichtung f, Schützenschlageinrichtung f (Webstuhl) ll ~/**буквопечатающий** Druckmechanismus m, Druckwerk n ll ~/**бумагопротяжный** Papiervorschubmechanismus m ll ~/**быстроходный** Schnellgangmechanismus m ll ~/**вакцинационный** (Eln) Leerstellenmechanismus m ll ~ **верхнего боя** (Text) Oberschlageinrichtung f, Oberschlag m (Oberschlagwebstuhl) ll ~ **верхней подачи** (Text) Obertransport m (Nähmaschine) ll ~/**весовой рычажный** Hebelwerk n (Wägetechnik) ll ~/**винтовой** (Masch) Schraub-

механизм 438

trieb *m*, Schraubmechanismus *m* ‖ **~/винтовой рулевой** Schraubenlenkgetriebe *n* ‖ **~/включающий** *(Masch)* Schaltmechanismus *m*, Einrückvorrichtung *f*; *(El)* Einschaltmechanismus *m* ‖ **~ включения** *s*. **~/включающий** ‖ **~ возбуждения** *(Ph)* Anregungsmechanismus *m* ‖ **~ вращения** *(Masch)* Drehgestell *n* ‖ **~ вращения хобота** *(Met)* Auslegerdrehwerk *n*, Schwengeldrehwerk *n (Chargierkran)* ‖ **~/вспомогательный** Hilfsmechanismus *m*; Hilfswerk *n* ‖ **~/встряхивающий** Abklopfvorrichtung *f*, Rüttler *m (z. B. am Bunker)*; Rüttelvorrichtung *f* ‖ **~ выдержки времени** *(Reg)* Verzögerungswerk *n*, Verzögerungsmechanismus *m*, Zeitverzögerungsmechanismus *m* ‖ **~/выключающий** Ausschaltmechanismus *m* ‖ **~/вытяжной** *(Gieß)* Aushebevorrichtung *f (einer Formmaschine)* ‖ **~ газораспределения** Steuerung *f*, Ladungswechselsteuerung *f (Verbrennungsmotor)* ‖ **~/гидравлический исполнительный** *(Reg)* hydraulischer Stellantrieb *m* ‖ **~/гидравлический шагающий** Hydraulikschreitwerk *n* ‖ **~/глобоидальный (глобоидный) кулачковый** *(Masch)* Globoidkurvengetriebe *f* ‖ **~/гребковый** Krählwerk *n*, Krähler *n (NE-Metallurgie)* ‖ **~/грузоподъёмный** Hydraulik[haupt]kraftheber *m* ‖ **~/движущий** 1. Bewegungsmechanismus *m*; 2. *s*. **~/лентопротяжный** ‖ **~/двухкривошипный** *(Masch)* Doppelkurbel *f* ‖ **~/двухрамочный измерительный** Doppelspulmeßwerk *n* ‖ **~/двухсистемный измерительный** Zweisystemmeßwerk *n* ‖ **~/двухэлементный измерительный** Zweisystemmeßwerk *n* ‖ **~/деблокирующий** *(Eb)* Freigaberegister *n*, Freigabewerk *n (Sicherungstechnik)* ‖ **~/делительный** Teilmechanismus *m*; *(Masch)* Teilgetriebe *n* ‖ **~/диафрагменный измерительный** Membranmeßwerk *n* ‖ **~/дисковый** 1. *(Text)* Musterrad *n (Jacquardstrickmaschine)*; 2. *(Inf)* Plattenspeichergerät *n* ‖ **~/дистанционный счётный** *(Reg)* Fernzählwerk *n* ‖ **~ дифференциальной подачи** *(Text)* Differentialtransport *m (Nähmaschine)* ‖ **~/дифференциальный** Differentialmechanismus *m*; Ausgleichvorrichtung *f*; *(Kfz)* Ausgleichgetriebe *n*, Differential[getriebe] *n* ‖ **~ диффузии** *(Ph)* Diffusionsmechanismus *m* ‖ **~ диффузии/вакансионный** Leerstellendiffusionsmechanismus *m* ‖ **~ диффузии/междоузельный** interstitieller Diffusionsmechanismus *m* ‖ **~ диффузии/эстафетный** Kick-out-Mechanismus *m* ‖ **~/добавочный колёсный** Kontaktlaufwerk *n (elektrischer Uhren)* ‖ **~ доступа** *(Inf)* Zugriffsmechanismus *m* ‖ **~/завалочный (загрузочный)** *(Met)* Beschickungsanlage *f*, Chargiervorrichtung *f* ‖ **~/задающий** Führungsmechanismus *m*, [steuerungs]führender Mechanismus *m*; Sollwertgebermechanismus *m* ‖ **~ зажима** *(Fert)* Spannmechanismus *f*; Klemmechanismus *m* ‖ **~ зажима/цанговый** Zangenspannmechanismus *m* ‖ **~/зажимный** *s*. **~ зажима** ‖ **~ залечивания** *(Eln)* Ausheilmechanismus *m* ‖ **~/замочный** *(Text)* Stecherschützenwächter *m*, Steehereinrichtung *f* ‖ **~/замыкающий** 1. Schließmechanismus *m*, Schließsystem *n (z. B. an Druckgießmaschinen)*; 2. *(Eb)* Verschlußregister *n*, Verschlußschieber *m* ‖ **~ записи**

Schreibvorrichtung *f* ‖ **~/зевообразовательный** *(Text)* Fachbildungseinrichtung *f (Weberei)* ‖ **~/зубчато-кривошипный** *(Masch)* Zahnradkurbelgetriebe *n* ‖ **~/зубчатый** *(Masch)* Zahnradgetriebe *n*, Zahntrieb *m* ‖ **~/зубчатый включающий** *(Masch)* Zahnschaltwerk *n* ‖ **~/зубчатый храповой** *(Masch)* Zahnsperrwerk *n*, Klinkengesperre *n* ‖ **~ изменения шага** *(Schiff)* Verstellanlage *f*, Verstelleinrichtung *f (Verstellpropeller)* ‖ **~/измерительный (измеряющий)** Meßwerk *n (eines Geräts)* ‖ **~/индукционный измерительный** Induktionsmeßwerk *n* ‖ **~/исполнительный** Ausführungsmechanismus *m*; Stellmechanismus *m*; *(Masch)* Führungsgetriebe *n (eines Industrieroboters)* ‖ **~/карданный** *(Masch)* Kardangelenk *n*, Kreuzgelenk *n* ‖ **~/кассирующий** *(Nrt)* Kassiervorrichtung *f (eines Automaten)* ‖ **~/клапанный** Ventiltrieb *m*, Ventilmechanismus *m* ‖ **~/клиновой** Keilmechanismus *m*; *(Masch)* keilbetätigter Trieb *m*, Keiltrieb *m* ‖ **~/кодовый** *(Inf)* Kodiereinrichtung *f* ‖ **~/конический кулачковый** *(Masch)* Kurvenkegelgetriebe *n* ‖ **~ контактной машины/педальный** *(Schw)* Fußhebelschalter *m (Widerstandsstumpfschweißmaschine)* ‖ **~/кривошипно-коромысловый** *(Masch)* Kurbelschwinge *f* ‖ **~/кривошипно-кулисный** *s*. **~/кулисный** ‖ **~/кривошипно-ползунный** *(Masch)* Schubkurbel *f*; Geradschubkurbel *f* ‖ **~/кривошипно-рычажный** *(Masch)* Kurbelhebelgetriebe *f (Oberbegriff für kinematische Ketten von der Art Kurbelschwinge, Kurbelschleife, Schubkurbel)* ‖ **~/кривошипно-шатунный** *(Masch)* Schubkurbel *f*; Kurbelgetriebe *n*; Kurbeltrieb *n*, Kurbeltriebwerk *n* ‖ **~/кривошипный** Kurbeltrieb *m*, Schubkurbeltrieb *m* ‖ **~/крутильно-мотальный** *(Text)* Fortschaltung *f (Ringspinnmaschine)* ‖ **~/кулачково-рычажный** *(Masch)* Kurvenhebelgetriebe *n* ‖ **~/кулачковый** *(Masch)* Kurvenmechanismus *m*; Kurvengetriebe *n* ‖ **~/кулисный** *(Masch)* Kulissenmechanismus *m*, Kurbelschleifenmechanismus *m*; Kurbelschleife *f*, Koppelschleife *f*, Kurbelschleifengetriebe *n* ‖ **~/лентопротяжный** Bandtransportmechanismus *m*, Bandvorschubmechanismus *m*; Laufwerk *n*, Bandantrieb *m*, Bandzugmechanismus *m*; Antriebsanordnung *f (für Magnettongeräte)*; *(Inf)* Magnetbandtransporteinrichtung *f*; *(Kine)* Filmtransportmechanismus *m*, Laufwerk *n (Bild-/Ton-Aufnahme-, Bearbeitungs- und Wiedergabegeräte)*; Kassettenlaufwerk *n* ‖ **~/логометрический измерительный** Quotientenmeßwerk *n* ‖ **~/магнитоэлектрический измерительный** magnetelektrisches Meßwerk *n*, Dauermagnetmeßwerk *n*; magnetelektrisches Drehspulmeßwerk *n* ‖ **~/мальтийский** Malteserkreuzgetriebe *n* ‖ **~ мальтийского креста** Malteserkreuzgetriebe *n* ‖ **~/многозвенный** mehrgliedriger Mechanismus *m* ‖ **~/многокамерный измерительный** Vielkammermeßwerk *n*, Multizellularmeßwerk *n* ‖ **~/мульдозахватный** *(Met)* Muldeneinhängevorrichtung *f*, Muldengreifvorrichtung *f (Muldenkran)* ‖ **~/нагружающий** Belastungsvorrichtung *f*, Belastungseinrichtung *f* ‖ **~ нажатия** *(Masch)* Schaltmechanismus *m (Reibkupplung)* ‖ **~ накачки** Pumpmechanis-

механизм

mus m *(Lasertechnik)* ‖ ~ **наматывания** Aufwickeleinrichtung f ‖ ~/**напорный** Vorstoßwerk n, Vorschubwerk n *(Löffelbagger)* ‖ ~ **нижней подачи** *(Text)* Untertransport m *(Nähmaschine)* ‖ ~ **Нортона** *(Masch)* Nortongetriebe n ‖ ~ **обгона** *(Masch)* Freilauf m; Überholmechanismus m ‖ ~ **обрезания ниток** *(Text)* Fadenabschneider m *(Nähmaschine)* ‖ ~/**опрокидный** Kippmechanik f, Kippwerk n ‖ ~ **ориентации** Ordnungsmechanismus m; Ausrichtmechanismus m ‖ ~ **осадки** s. ~/осадочный *(Schw)* Stauchvorrichtung f *(Widerstandsstumpfschweißmaschine)* ‖ ~ **отказа** Ausfallmechanismus m ‖ ~ **откидного бёрда** *(Text)* Losblattvorrichtung f ‖ ~/**отключающий** Abschaltmechanismus m ‖ ~/**отмеривающий** *(Text)* Abmeßvorrichtung f *(Konfektion)* ‖ ~ **оттягивания (оттяжки) полотна** *(Text)* Warenabzug m, Abzugsvorrichtung f *(Wirk- und Strickmaschinen)* ‖ ~ **очага** *(Geoph)* Herdvorgang m, Herdmechanismus m ‖ ~/**палубный** *(Schiff)* Decksmaschine f ‖ ~/**параллелограммный** *(Lw)* Parallelogrammhebel m ‖ ~/**параллельный кривошипный** *(Masch)* Parallelkurbelgetriebe n; Parallelkurbeltrieb m ‖ ~ **парораспределения/длинноходовой** Langhubsteuerung f *(Dampfmaschine)* ‖ ~/**педальный** Fußhebelschalter m ‖ ~/**передаточный** *(Masch)* Übertragungsmechanismus m ‖ ~ **передачи усилия** Kraftübertragungseinrichtung f, kinematische Kette f ‖ ~ **переключения передач** Gangschalteinrichtung f *(Wechselgetriebe)* ‖ ~/**перемещающий** s. ~ перемещения ‖ ~ **перемещения** 1. *(Reg)* Bewegungsmechanismus m; 2. *(Masch)* Führungsmechanismus m; Führungsgetriebe n für nicht senkrechte geradlinige Bewegungen *(eines Industrieroboters)* ‖ ~/**перестановочный** Verstellmechanismus m, Stellmechanismus m ‖ ~ **петлеобразования** *(Text)* maschenbildendes Werkzeug m *(Wirk- und Strickmaschine)* ‖ ~ **петлителя** *(Text)* Greiferantrieb m *(Nähmaschine)* ‖ ~/**печатающий** Druckwerk n, Schreibwerk n ‖ ~/**печатающий предохранительный** Sicherheitsdruckwerk n ‖ ~/**пилигримношаговый** *(Masch)* Pilgerschrittgetriebe n ‖ ~/**пишущий** Schreibwerk n ‖ ~/**планетарный [зубчатый]** *(Masch)* Umlauf[räder]getriebe n, Planetengetriebe n ‖ ~/**плоский** *(Masch)* ebenes Getriebe n, ebener Mechanismus m ‖ ~/**плоский шарнирный** ebenes Gelenkgetriebe n ‖ ~/**плоский шестизвенный шарнирный** ebenes sechsgliedriges Drehgelenkgetriebe n ‖ ~ **плотины/приводной** *(Hydt)* Schützenwindwerk n ‖ ~/**пневматический грузоподъёмный** Drucklufthebezeug n ‖ ~/**пневматический исполнительный** *(Reg)* pneumatischer Stellantrieb m ‖ ~/**пневматический мембранный исполнительный** *(Reg)* pneumatischer Membranstellantrieb m ‖ ~/**пневматический поршневой исполнительный** *(Reg)* pneumatischer Kolben[stell]antrieb m ‖ ~ **поворота** *(Masch)* Drehgestell n; Schwenkmechanismus m ‖ ~ **поворота крана** Drehwerk n *(Kran)*; Krandrehwerk n ‖ ~ **поворота лопастей** *(Schiff)* Schaufelradverstelleinrichtung f, Verstelleinrichtung f, Verstellanlage f *(Verstellpropeller)* ‖ ~/**поворотный исполнительный**

(Reg) Drehstellantrieb m ‖ ~ **подачи** *(Wkzm)* Vorschubgetriebe n, Vorschubmechanismus m ‖ ~ **подъёма** 1. *(Masch)* Führungsgetriebe n für geradlinige Senkrechtbewegung *(des Industrieroboters)*; 2. *(Förd)* Hubwerk n *(eines Krans)* ‖ ~/**подъёмно-транспортный** Hebezeug n ‖ ~/**подъёмный** Hubmechanismus m, Hubwerk n; Hebevorrichtung f, Hebegerät n ‖ ~ **положения/исполнительный** *(Reg)* Positionssteller m ‖ ~/**предохранительный** Sperrwerk n, Sicherheitsmechanismus m, Sicherheitsvorrichtung f; *(Text auch:)* Wächtervorrichtung f ‖ ~/**предохранительный монетный** Münzsperrwerk n ‖ ~/**приводной** Antriebsmechanismus m, Antrieb m ‖ ~/**приёмно-намоточный** *(Text)* Wickeleinheit f, Wickler m ‖ ~ **прокатных станов/вспомогательный** Walzwerkshilfsausrüstung f *(Scheren, Richtmaschinen usw.)* ‖ ~ **пропуска резов** *(Wlz)* Schnittfolgeregler m *(fliegende Schere)* ‖ ~/**пространственный** *(Masch)* räumliches Getriebe n; Raumgetriebe n; räumlicher Mechanismus m ‖ ~/**проступной зевообразовательный** *(Text)* Trittvorrichtung f *(Weberei)* ‖ ~/**пружинный** *(Masch)* Federgetriebe n ‖ ~/**пружинный измерительный** Federmeßwerk n ‖ ~/**разливочный** Gießvorrichtung f, Gießgerät n ‖ ~/**размалывающий** Mahlgeschirr n, Mahlwerk n ‖ ~/**размыкающий** Auslöser m ‖ ~/**разъединительный** *(Typ)* Ausrückvorrichtung f ‖ ~/**раскладочный** *(Text)* Changiervorrichtung f, Changiergetriebe n ‖ ~/**распределительный** 1. Steuermechanismus m, Steuereinrichtung f; 2. Verteilereinrichtung f ‖ ~/**расцепляющий** Ausrückvorrichtung f, Ausrückmechanismus m, Auslösevorrichtung f ‖ ~/**расцепной** s. ~/расцепляющий ‖ ~ **реакции** *(Ch)* Reaktionsmechanismus m ‖ ~/**реверсивный** 1. *(Masch)* Umsteuer[ungs]mechanismus m; 2. *(Wkzm)* Wendeherz n; 3. *(Text)* Kehrtrieb m, Wendegetriebe n *(Flyer)* ‖ ~/**регулировочный** Regelwerk n ‖ ~/**регулируемый** *(Masch)* einstellbarer Mechanismus m ‖ ~ **регулятора/исполнительный** *(Reg)* Stellglied n ‖ ~/**реечный** *(Masch)* Zahnstangengetriebe m ‖ ~/**режущий** *(Wlz)* Schneidwerk n *(Schere)* ‖ ~/**резальный** Schneidvorrichtung f ‖ ~ **рейки** *(Text)* Hüpfertransport m *(Nähmaschine)* ‖ ~/**ремизоподъёмный** *(Text)* Schaftgetriebe n *(Webstuhl)* ‖ ~/**роликовый счётный** Rollenzählwerk n ‖ ~ **роста** *(Krist)* Wachstumsmechanismus m ‖ ~/**рулевой** *(Kfz)* Lenkvorrichtung f; Lenkgetriebe n ‖ ~/**рычажный** *(Masch)* Hebelgestänge n, Gestänge n, Hebelwerk n; Gelenkkette f ‖ ~ **самозаработки** *(Text)* fester Anfang m *(Strickerei)* ‖ ~/**самоликвидации** *(Rak)* Selbstzerleger m ‖ ~/**самотормозящий** *(Masch)* selbstsperrender (selbsthemmender) Mechanismus m, selbstsperrendes (selbsthemmendes) Getriebe n, Richtgesperre n ‖ ~/**сбавочный** *(Text)* Deckvorrichtung f, Deckeinrichtung f *(Cottonmaschine)* ‖ ~ **свободного хода** Freilauf m ‖ ~ **связи** Koppelmechanismus m ‖ ~ **синхронизации** Synchronisierungsgestänge f, unbelastetes Zwangslaufgestänge n *(Freikolbenverdichter)* ‖ ~/**скачковый** *(Kine)* Schaltwerk n ‖ ~ **складывания** *(Lw)* Einklappmechanismus m *(Straßentransport von Landmaschi-*

механизм 440

nen) ‖ ~/**следящий** (Reg) Nachlaufwerk n; Nachlaufsteuerung f; Folgemechanismus m, Folgewerk n ‖ ~/**соединительный** (Reg) Schaltwerk n, Schaltglied n ‖ ~/**сопряжённый** (Masch) Koppelgetriebe n ‖ ~/**спусковой** (Masch) Hemmwerk n ‖ ~/**стержневой** s. ~/рычажный ‖ ~/**стопорный** (Masch) Gesperre n; (Eb) Drahtbruchsperre f (Weiche) ‖ ~/**стрелочный переводной** (Eb) Stellvorrichtung f (Weiche), Weichenstellvorrichtung f ‖ ~/**стриппперный** (Met) Blockabstreif[er]werk n, Stripperwerk n, Strippervorrichtung f ‖ ~/**сферический** sphärischer Mechanismus m; sphärisches Getriebe n ‖ ~/**счётный** Zählmechanismus m, Zählwerk n ‖ ~/**съёмный** (Text) Abzugvorrichtung f ‖ ~/**трясочный** Schütteleinrichtung f ‖ ~/**ударный** (Wkst) Schlagwerk n ‖ ~/**узловязальный** (Text) Knoter m ‖ ~/**узорообразующий** (Text) Mustereinrichtung f, Mustergetriebe n (Jacquard-Rundstrickmaschine) ‖ ~ **управления** Steuergetriebe n, Steuervorrichtung f, Steuermechanismus m ‖ ~ **управления золотником** Schieberantrieb m ‖ ~/**уравновешивающий** 1. Ausgleichsmechanismus m; (Rak) Federausgleicher m (Startrampe) ‖ **установки** s. ~/установочный ‖ ~/**установочный** Einstellmechanismus m; Zustellmechanismus m; Einstellwerk n ‖ ~/**фильмопротяжный** (Kine) Filmtransportmechanismus m, Laufwerk n (Bild-/Ton-Aufnahme-, Bearbeitungs- und Wiedergabegeräte) ‖ ~/**фрикционный** nach dem Reibungsprinzip arbeitender Mechanismus m ‖ ~ **хода/колёсный** Räderwerk n, Laufwerk n (elektrischer Uhren) ‖ ~/**ходовой** Laufwerk n, Fahrwerk n; Gangwerk n ‖ ~/**храповой** (Masch) Klinkengesperre n; Sperrwerk n, Klinkensperrwerk n, Sperrklinkenmechanismus m; (Wkzm) Vorschubzahngesperre n (Bohrmaschine) ‖ ~/**централизационный сигнальный** (Eb) Signalstellwerk n ‖ ~/**цилиндрический кулачковый** (Masch) Zylinderkurvengetriebe n, Kurvenzylinder m mit Schieber ‖ ~ **часов/ходовой Hemmung** f (Uhr) ‖ ~/**часовой** Uhrwerk n ‖ ~/**червячный** Schneckenmechanismus m ‖ ~/**четырёхзвенный** (Masch) Viergelenkkette f ‖ ~/**четырёхзвенный рычажный** Viergelenkkette f ‖ ~/**четырёхзвенный шарнирный** viergliedriges Gelenkgetriebe n; Gelenkviereck n ‖ ~/**шаговый** (Masch) Schrittmechanismus m; Schrittgetriebe n ‖ ~/**шарнирный** Gelenkgetriebe n; Gelenkmechanismus m ‖ ~/**швартовный** (Schiff) Verholmaschine f ‖ ~/**щёткоподъёмный** (El) Bürstenabhebemechanismus m, Bürstenabheber m ‖ ~/**эксцентриковый** Exzentermechanismus m; (Text) Trittvorrichtung f (Weberei) ‖ ~/**эксцентриковый боевой** (Text) Exzenterschlageinrichtung f (Crompton-Buckskinwebstuhl) ‖ ~/**эксцентриковый кривошипно-шатунный** (Masch) exzentrische Schubkurbel f ‖ ~/**электрический исполнительный** (Reg) elektrischer Stellantrieb m ‖ ~/**электрогидравлический исполнительный** (Reg) elektrohydraulischer Stellantrieb m ‖ ~/**электродвигательный исполнительный** (Reg) elektromotorischer Stellantrieb m ‖ ~/**электроизмерительный** elektrisches Meßwerk n ‖ ~/**электромагнитный измерительный** elektromagnetisches Meßwerk n, Dreheisenmeßwerk n ‖ ~/**электромагнитный исполнительный** (Reg) elektromagnetischer Stellantrieb m ‖ ~/**электростатический измерительный** elektrostatisches Meßwerk n ‖ ~/**якорный** (Schiff) Ankermaschine f

механизмы mpl/**вспомогательные** (Schiff) Hilfsmaschinen fpl

механика f Mechanik f ‖ ~/**волновая** Wellenmechanik f ‖ ~ **горных пород** (Geol, Bgb) Gesteinsmechanik f; Gebirgsmechanik f ‖ ~ **грунтов** Bodenmechanik f, Baugrundmechanik f ‖ ~/**квантовая** Quantenmechanik f ‖ ~/**классическая** klassische (Newtonsche) Mechanik f ‖ ~ **материальных точек** Punktmechanik f, Massenpunktmechanik f ‖ ~/**небесная** Himmelsmechanik f ‖ ~/**ньютоновская** s. ~/классическая ‖ ~/**орбитальная** (Raumf) Bahnmechanik f ‖ ~ **полёта** Flugmechanik f ‖ ~/**прикладная** (Wkst) angewandte Mechanik f ‖ ~ **разрушения** (Wkst) Bruchmechanik f ‖ ~ **разрушения от трещин** Rißbruchmechanik f ‖ ~/**релятивистская** relativistische Mechanik f, Relativitätsmechanik f ‖ ~ **сплошных сред** Kontinuumsmechanik f, Mechanik f der Kontinua ‖ ~/**статистическая** statistische Mechanik f; statistische Physik f ‖ ~/**строительная** Baumechanik f ‖ ~ **сыпучей среды** Schüttgutmechanik f ‖ ~ **твёрдых тел** Mechanik f der festen Körper f ‖ ~/**теоретическая** theoretische Mechanik f ‖ ~/**тканеформирующий** (Text) Webvorrichtung f (Wellenfachwebmaschine) ‖ ~ **точки** Punktmechanik f, Massenpunktmechanik f ‖ ~/**точная** Feinmechanik f; Feingerätetechnik f

механовооружённость f Mechanisierungsgrad m, Mechanisierungsumfang m

механоглифы mpl (Geol) Hieroglyphen fpl anorganischen Ursprungs

механострикция (Ph) Mechanostriktion f

механотроника f „Mechanotronik" f (Kunstwerk, bestehend aus den russischen Bildungselementen механика, электроника, программирование)

механохимический mechanochemisch

механохимия f Mechanochemie f

механоэлектрический mechanisch-elektrisch, elektromechanisch

механоэлектронный mechanisch-elektronisch

мечение n Markierung f ‖ ~ **изотопом** (Ph) [isotope] Markierung f ‖ ~ **отдачей** (Ph) Rückstoßmarkierung f

меченый gekennzeichnet, markiert

меш m Masche f, Siebmasche f, Sieböffnungen fpl (auf 25 mm Länge; Maßeinheit für Drahtsiebe)

мешалка f 1. Mischer m, Mischwerk n; 2. Rührer m, Rührstange f, Rührwerk n; 3. Kneter m, Knetwerk n; 4. Agitator m (Aufbereitung) ‖ ~/**барабанная** Trommelmischer m ‖ ~/**бегунковая** Kollergangmischer m ‖ ~/**быстроходная противоточная** Gegenstromschnellmischer m ‖ ~/**винтовая** Schraubenmischer m, Schraubenquirl m ‖ ~/**геликоидальная** Schneckenmischer m; Schneckenrührer m ‖ ~/**гребковая** Krählwerk n, Krähler m ‖ ~/**двухлопастная** Zweischaufelrührer m ‖ ~/**дисковая** Scheibenrührer m ‖ ~/**импеллерная** Impellerrührer m ‖

~/кольцевая (Pap) Ringrührwerk n ‖ ~/листовая Blattrührer m, Plattenrührer m ‖ ~/лопастная Flügelmischer m, Schaufelmischer m; Schaufelrührer m ‖ ~/магнитная Magnetrührer m ‖ ~/маятниковая Pendelrührer m ‖ ~/непрерывно действующая stetiger (kontinuierlich arbeitender) Mischer m; Durchlaufmischer m ‖ ~ непрерывного действия s. ~/непрерывно действующая ‖ ~ периодического действия Chargenmischer m ‖ ~/планетарная Planetenmischer m; Planetenrührwerk n ‖ ~/пропеллерная (Pap) Propellermischgerät n; Propellerrührwerk n, Propellerrührer m ‖ ~/рамная Gitterrührer m, Rahmenrührwerk n ‖ ~/скоростная Schnellmischer m ‖ ~/скребковая Schaberrührwerk n ‖ ~/смесительная Mischkneter m ‖ ~/тарельчатая Tellermischer m ‖ ~/турбинная Turbomischer m; Turborührer m ‖ ~/центробежная Zentrifugalrührer m ‖ ~/циркуляционная Kreiselmischer m; Kreiselrührer m ‖ ~/червячная Schneckenmischer m, Mischschnecke f ‖ ~/четырёхлопастная Vierschaufelrührer m ‖ ~/якорная Ankerrührer m
мешать 1. mischen; rühren; 2. stören
мешковыколачиватель m Sackklopfmaschine f, Sackentstaubungsmaschine f
мешок m Sack m; Beutel m ‖ ~/бумажный Papiersack m ‖ ~/пылевой Staubsack m, Staubtasche f, Staub[ab]scheider m ‖ ~/сетный Netzsack m (Schleppnetz) ‖ ~/траловый Schleppnetzsack m ‖ ~/фильтровальный (фильтрующий) Filtersack m
МЗУ s. устройство/магнитное запоминающее
миаргирит m (Min) Miargyrit m, Silberantimonglanz m
мигание n Flimmern n, Flackern n, Blinken n
мигать flimmern, flackern, blinken
мигма f (Geol) Migma n
мигматизация f (Geol) Migmatisierung f
мигматит m (Geol) Migmatit m, Mischgestein n
мигнуть s. мигать
миграция f 1. (Geol) Migration f, Wanderung f; 2. Migration f (Transformation in der Tiefenseismik, um die wahre Lage von Reflektoren zu ermitteln); 3. (Eln) Migration f, Wanderung f ‖ ~ вакансий (Eln) Leerstellenwanderung f, Vakanzenmigration f (Halbleiter) ‖ ~ границ зёрен (Krist) Korngrenzenwanderung f, Korngrenzenverschiebung f ‖ ~ дислокации (Krist) Versetzungswanderung f ‖ ~/ионизационно-стимулированная (Eln) strahleninduzierte Diffusion f (Halbleiter) ‖ ~ ионов (Eln) Ionenwanderung f, Ionendrift f, Ionenmigration f (Halbleiter) ‖ ~ нефти (Geol) Migration f (Wandern n) des Erdöls ‖ ~ электронов (Ph) Elektronenwanderung f, Elektronenmigration f ‖ ~ энергии Energiewanderung f
мидель[-шпангоут] m (Schiff) Hauptspant n
МИК s. корпус/монтажно-испытательный
микроавтобус m Minibus m
микроавтоколлиматор m (Opt) Mikroautokollimationsfernrohr n
микроавторадиограмма f s. микроавторадиограф
микроавторадиограф m (Kern) Mikroautoradiogramm n

микроавторадиография f Mikroautoradiographie f
микроампер m (El) Mikroampere n, μA
микроамперметр m (El) Mikroamperemeter n
микроанализ m Mikroanalyse f ‖ ~/лазерный Laser-Mikroanalyse f, LMA ‖ ~/рентгеноструктурный (рентгеновский структурный) Röntgenfeinstrukturuntersuchung f, Röntgen[kristall]strukturanalyse f
микроанализатор m Mikroanalysator m, Mikroanalysengerät n ‖ ~/ионный Sekundärionenmassenspektrometer n, SIMS ‖ ~/лазерный Lasermikroanalysator m ‖ ~/рентгеновский Röntgenmikroanalysator m ‖ ~/электронно-лучевой Elektronenstrahlanalysator m
микроаналитический mikroanalytisch
микробар m (Ak) Mikrobar n, μbar, μb
микробарограмма f Mikrobarogramm f
микробарограф m Mikrobarograph m, Variograph m
микробарометр m Mikrobarometer n, Variometer n
микроватт m (El) Mikrowatt n, μW
микроваттметр m (El) Mikrowattmeter n
микровебер m (El) Mikroweber m, μWb
микровесы pl mikrochemische Waage f
микровиброграф m Mikrovibrograph m
микровихрь m (Ph) Mikrowirbel m
микроволна f Mikrowelle f
микроволнистость f (Eln) Mikrowelligkeit f (ein Defekt)
микроволновый Mikrowellen...
микровольт m (El) Mikrovolt n, μV
микровольтметр m (El) Mikrovoltmeter n
микровыключатель m (El) Mikroschalter m
микровязкость f Mikroviskosität f
микрогенри m (El) Mikrohenry n, μH
микрогеометрия f Mikrogeometrie f
микрогорелка f Mikrobrenner m
микрография f (Kern) Mikrographie f; (Wkst) Metallmikroskopie f, Mikrogefügeuntersuchung f
микродвигатель m Mikromotor m ‖ ~ переменного тока Wechselstrommikromotor m ‖ ~/поляризованный синхронный polarisierter Synchron-Kleinstmotor m ‖ ~ постоянного тока Gleichstrommikromotor m ‖ ~/электрический elektrischer Klein[st]motor m
микроденситометр m Mikrodensitometer n, Mikrophotometer n, Mikrodensograph m, Mikroschwärzungsmesser m
микроденситометрия f Mikrodensitometrie f, Mikroschwärzungsmessung f
микродефект m (Krist) Mikrodefekt m ‖ ~/ростовый eingewachsener (grown-in, züchtungsbedingter) Mikrodefekt m
микродеформация f Mikrodehnung f
микродиод m (Eln) Mikrodiode f, Subminiaturdiode f
микродифракция f Mikrobeugung f
микрозагрязнитель m (Ökol) Mikroverschmutzer m
микроземлетрясение n (Geoph) Mikrobeben n
микрозернистость f (Photo) Fein[st]körnigkeit f
микрозернистый fein[st]körnig
микрозонд m (Ph) Mikro[elektronen]sonde f, Elektronenstrahlmikroanalysator m
микрозондирование n Mikrosondierung f

микроизмеритель m (Meß) Feinmeßzeug n, Feinmeßeinrichtung f (Mikrometer, Minimeter, Feinmeßuhren)
микроизображение n (Eln) Mikroabbildung f
микроиндикатор m (Meß) Feinmeßuhr f; Feinzeiger m
микроинтерферометр m (Opt) Mikrointerferometer n, Interferenzmikroskop n || **~ Линника** (Meß) Mikrointerferometer n nach Linnik (optische Rauhtiefenbestimmung)
микрокалориметр m Mikrokalorimeter n || **~/адиабатический** adiabatisches Mikrokalorimeter n
микрокалькулятор m Taschenrechner m || **~/инженерный** wissenschaftlicher Taschenrechner m || **~/программируемый** programmierbarer Taschenrechner m
микрокалориметрия f Mikrokalorimetrie f
микроканавка f Mikrorille f
микрокапилляр m mikrokapillarer Raum m
микрокарта f Mikrofiche f
микрокатор m s. микромер/пружинный
микроклапан m Mikroventil n
микроклимат m (Meteo) Mikroklima n
микроклиматология f Mikroklimatologie f
микроклин m (Min) Mikroklin m
микрокод m (Inf) Mikro[befehls]kode m
микроколебание n Mikroschwingung f
микрокоманда f (Inf) Mikrobefehl m
микрокомпонент m (Eln) Mikrokomponente f || **~/дискретный** diskrete Mikrokomponente f
микрокомпьютер m Mikrorechner m, MR
микроконденсатор m (El) Mikrokondensator m
микроконтактирование n (Eln) Mikrokontaktierung f
микроконтроллер m/**шестнадцатиразрядный** 16-Bit-Mikrokontroller m
микрокорпус m Mikrogehäuse n
микрокоррозия f Mikrokorrosion f, interkristalline Korrosion f, Gefügekorrosion f, innere Korrosion f (inter- und transkristalline Korrosion)
микрокремнезём m (Bw) Silikastaub m
микрокристалл m Mikrokristall m || **~/эмульсионный** (Photo) Emulsionskorn n, Emulsionsmikrokristall m
микрокулон m (El) Mikrocoulomb n, µC
микролегирование n Mikrolegieren n
микролегированный (Gieß) mikrolegiert, niedrigstlegiert
микроликвация f (Wkst) Mikroseigerung f, Korngrenzenseigerung f, Kristallseigerung f, Dendritenseigerung f, interdendritische Seigerung f
микролит m (Min) Mikrolith m, Niob-Tantal-Pyrochlor n
микролитражка f Kleinstauto n
микролюкс m (Meß) Mikrolux n (Spiegellehre nach Werner)
микроманипулятор m (Opt) Mikromanipulator m (Zusatzgerät zum Mikroskop)
микроманометр m Mikromanometer n, Mikrodruckmesser m
микромашина f (El) Kleinstmaschine f, Mikromaschine f || **~/асинхронная** Asynchronmikromaschine f || **~/синхронная** Synchronmikromaschine f
микромер m (Meß) Feinzeiger m; Feinmeßgerät n, Feinmeßzeug n || **~/индуктивный** Induktionsmikrometer n (Eltas-Prüfverfahren) || **~/пневматический** Druckluftmikrometer n (Solex-Prüfverfahren) || **~/пружинный** Mikrokator m, Torsionsfühlhebel m || **~/рычажный** Fühlhebel m
микрометеорит m (Astr) Mikrometeorit m
микрометеорология f Mikrometeorologie f
микрометр m (Meß) 1. Meßschraube f; 2. Mikrometer n, µm (Teileinheit der Länge) || **~/винтовой** Meßschraube f || **~/винтовой окулярный** Okularmeßschraube f || **~/встроенный** Einbaumeßschraube f || **~/гладкий** Bügelmeßschraube f || **~/зубомерный** 1. Zahnweiten[feinzeiger]meßschraube f; 2. optisches Zahndickenmeßgerät n || **~/клиновой** Schiebeteilmikrometer n || **~/кольцевой** Ringmikrometer n || **~/контактный** (Astr) unpersönliches Mikrometer n; Kontaktmikrometer n || **~/листовой** Blechdickenmeßschraube f || **~/настольный** Ständermeßschraube f, Meßschraube f mit Ständer || **~/нитяной** Fadenmikrometer n || **~/оптический** окулярный Okularmeßmikrometer n || **~/поляризационный** Doppelbildmikrometer n || **~/предметный** Objektmikrometer n || **~/рычажный** Feinzeigermeßschraube f || **~ с отсчётным устройством** Feinzeigermeßschraube f || **~ с цифровым отсчётом** Meßschraube f mit digitaler Anzeige || **~/спиральный** Spiralmikrometer n
микромеханизм m Mikromechanismus m
микроминиатюризация f (Eln) Mikrominiaturisierung f, Subminiaturisierung f
микромодуль m (Eln) Mikromodul[baustein] m, Kompaktbaustein m
микрон m s. микрометр 2.
микронапряжение n Mikrospannung f
микронейр m (Text) Micronaire m (Faserfeinheitsprüfer)
микронеровность f mikroskopische Unebenheit f || **~ поверхности** (Wkst) Rauhtiefe f, Oberflächenrauhtiefe f
микронивелир m Kleinnivelliergerät n
микрообработка f Mikrobearbeitung f, Feinstbearbeitung f || **~/лазерная** Laserstrahlmikrobearbeitung f || **~/электронно-лучевая** Elektronenstrahlmikrobearbeitung f
микрообъектив m (Photo) Mikroobjektiv n
микроом m (El) Mikroohm n, µΩ
микроомметр m (El) Mikroohmmeter n
микроопределение n (Ch) Mikrobestimmung f
микрооптика f **щелевого типа** Spaltoptik f
микропалеонтология f Mikropaläontologie f
микропереключатель m (El) Mikro[um]schalter m
микропипетка f Mikropipette f
микропирометр m Mikropyrometer m
микроплазма f (Ph) Mikroplasma n
микроплата f (Eln) Mikromodulplatte f
микроплёнка f Mikroschicht f; (Photo) Mikrofilm m
микроподача f Feinvorschub m, Feinbewegung f
микрополость f Mikrohohlraum m
микропора f Mikropore f
микропористость f Mikroporosität f, interkristalline Porosität f
микропорок m Fehler m im Feingefüge (z. B. Mikroriß, Mikrolunker)

микропорошок m (Wkz) Mikro[schleif]pulver n, Mikroschleifgranulat n, Schleifpulver n mit μ-Körnung
микропоток m Mikroströmung f
микропривод m Mikroantrieb m
микропримесь f (Ch) Spur[ensubstanz] f, Spurenverunreinigung f
микропрограмма f (Inf) Mikroprogramm n
микропрограммирование n (Inf) Mikroprogrammierung f
микропроектор m Mikroprojektionsgerät n, Mikroprojektor m
микропроцессор m Mikroprozessor m, MP ‖ ~/**ассоциативный** Assoziativmikroprozessor m ‖ ~/**32-битный** 32-Bit-Mikroprozessor m ‖ ~/**быстродействующий 16-разрядный** schneller 16-Bit-Mikroprozessor m ‖ ~/**многокристальный** Multichipmikroprozessor m, Mehrchipmikroprozessor m ‖ ~/**однокристальный** Einchipmikroprozessor m; CPU-Schaltkreis m ‖ ~/**однокристальный сигнальный** Einchipsignalprozessor m ‖ ~/**одноплатный** Einplatinenmikroprozessor m ‖ ~/**разрядно-секционный** Bitslice-Mikroprozessor m ‖ ~/**32-рядный** 32-Bit-Mikroprozessor m, 32-Bit-MP m ‖ ~/**секционн[о-наращиваем]ый** Bitslice-Mikroprozessor m ‖ ~/**сигнальный** Signalprozessor m
микропроцессорно-ориентированный mikroprozessororientiert
микропроцессорно-совместимый mikroprozessorkompatibel
микропустота f Mikrohohlraum m
микропучок m Feinstrahl m, Mikrostrahl m
микрорадиоавтограмма f s. микроавторадиограф
микрорадиоавтограф m s. микроавторадиограф
микрорадиоволна f Mikrowelle f, Höchstfrequenzwelle f
микрорадиограмма f mikroradiographische Aufnahme f, Mikroradiogramm n, Mikroröntgenogramm n
микрорадиография f Mikroradiographie f, Radiographie f von Dünnschliffen
микрорадиометр m Mikroradiometer n
микрорадиоприёмник m (Rf) Mikrofunkempfänger m
микрорайон m Wohnkomplex m
микрорайонирование n/**сейсмическое** (Geoph) seismische Mikrorayonierung f
микрораковина f (Met) Mikrolunker m
микрорегулирование n (Fert) Feinzustellung f (z. B. eines Werkzeugs)
микрорез m Dünnschnitt m
микрорезание n (Masch) Mikroschneiden n (abrasiver Verschleiß)
микрорезистор m (Eln) Mikrowiderstand m (Bauelement)
микрорентгенография f s. микрорадиография
микрорентгеноснимок m Röntgenmikroaufnahme f
микрореология f Mikrorheologie f
микросборка f (Eln) 1. Mikromontage f; 2. Mikromodul[baustein] m; Hybridbaustein m, Hybridschaltkreis m

микросварка f 1. (Schw) Mikroschweißen n; 2. (Eln) Mikrokontaktierung f
микросейсм m (Geoph) leichtes Erdbeben n, Kleinbeben n, mikroseismische Bodenunruhe f
микросекундный Mikrosekunden...
микросименс m (El) Mikrosiemens n, μS
микросин m (El) Mikrosyn n, Kleinstselsyn n
микроскольжение n (Trib) Mikrogleiten n
микроскоп m Mikroskop n ‖ ~/**автоионный** Feldionenmikroskop n, Felddesorptionsmikroskop n ‖ ~/**автоэлектронный** Feldelektronenmikroskop n, Spitzen[über]mikroskop n ‖ ~/**бинокулярный** Doppelmikroskop n, Stereomikroskop n ‖ ~ **в инфракрасных лучах** Infrarotmikroskop n, IR-Mikroskop n ‖ ~ **в ультрафиолетовых лучах** Ultra[violett]mikroskop n, UV-Mikroskop n ‖ ~/**визирный** Visiermikroskop n, Zielmikroskop n ‖ ~/**двойной** 1. Lichtschnittgerät n, Lichtschnittmikroskop n; 2. Doppelmikroskop n [nach Linnik] ‖ ~/**зеркально-растровый** Spiegelrastermikroskop n ‖ ~/**зеркальный** Elektronenspiegelmikroskop n, Spiegelelektronenmikroskop n ‖ ~/**измерительный** Meßmikroskop n ‖ ~/**инструментальный** Werkzeugmikroskop n ‖ ~/**интерференционный** Interferenzmikroskop n ‖ ~/**инфракрасный** Infrarotmikroskop n, IR-Mikroskop n ‖ ~/**ионный** Ionenmikroskop n ‖ ~/**исследовательский** Forschungsmikroskop n ‖ ~/**координатный измерительный** Koordinatenmeßmikroskop n ‖ ~/**лазерный** Lasermikroskop n ‖ ~/**лазерный растровый** Raster-Lasermikroskop n ‖ ~/**лазерный сканирующий** Laserscanmikroskop n ‖ ~ **Ле Шателье** Le-Chatelier-Mikroskop n, gestürztes Mikroskop n ‖ ~/**люминесцентный** Lumineszenzmikroskop n, Fluoreszenzmikroskop n ‖ ~/**магнитный** magnetisches Elektronenmikroskop n ‖ ~/**металлографический** Metallmikroskop n ‖ ~/**мигающий** (Astr) Blinkmikroskop n ‖ ~/**направляющий** Leitmikroskop n ‖ ~/**настольный электронный** Tischelektronenmikroskop n ‖ ~/**оптический** optisches Mikroskop n ‖ ~/**отражательный электронный** Reflexionselektronenmikroskop n ‖ ~/**отсчётный** Ablesemikroskop n ‖ ~/**поляризационный** Polarisationsmikroskop n ‖ ~/**проекционный** Projektionsmikroskop n ‖ ~/**промышленный электронный** kommerzielles Elektronenmikroskop n ‖ ~/**просвечивающий электронный** Transmissionselektronenmikroskop n, TEM ‖ ~/**рабочий** Arbeitsmikroskop n ‖ ~/**растровый** s. ~/**растровый электронный** ‖ ~/**растровый акустический** akustisches Rastermikroskop n ‖ ~/**растровый ионный** Rasterionenmikroskop n ‖ ~/**растровый туннельный** Raster-Tunnelmikroskop n ‖ ~/**растровый электронный** Raster[elektronen]mikroskop n, REM, Scanningmikroskop n ‖ ~/**рентгеновский** Röntgen[strahlen]mikroskop n ‖ ~/**рентгеновский теневой** Röntgenschattenmikroskop n ‖ ~/**ретикульный** Reticlemikroskop n ‖ ~ **с автоэлектронной эмиссией** s. ~/**автоэлектронный** ‖ ~ **с дистанционным управлением** Fernbedienungsmikroskop n ‖ ~ **светового сечения** Lichtschnittmikroskop n ‖ ~/**световой** Lichtmikroskop n ‖ ~/**сканирующий электронный** s. ~/**растровый электрон-**

микроскоп

ный II ~/**спиральный [окулярный]** Spiralmikroskop n II ~ **сравнения** Vergleichsmikroskop n II ~/**стереоскопический** Stereomikroskop n, Präpariermikroskop n II ~/**телевизионный** Fernsehmikroskop n II ~ **теневого сечения** s. ~ **светового сечения** II ~/**теневой [электронный]** Elektronenschattenmikroskop n, Schattenmikroskop n II ~/**ультразвуковой** Ultraschallmikroskop n II ~/**ультрафиолетовый** Ultra[violett]mikroskop n, UV-Mikroskop n II ~/**универсальный** Universalmikroskop n II ~/**универсальный измерительный** Universalmeßmikroskop n II ~/**фазоконтрастный** Phasenkontrastmikroskop n II ~/**флюоресцентный** Fluoreszenzmikroskop n, Lunineszenzmikroskop n II ~/**фотоэлектрический** photoelektrisches (lichtelektrisches) Mikroskop n II ~/**шкаловый** Ablesemikroskop n, Skalenmikroskop n II ~/**электронный** Elektronenmikroskop n II ~/**электронный растровый** s. ~/растровый электронный II ~/**электростатический ионный** s. ~/автоионный II ~/**электростатический электронный** elektrostatisches Elektronenmikroskop n II ~/**эмиссионный электронный** Emissions[elektronen]mikroskop n
микроскоп-верньер m Noniusmikroskop n
микроскопирование n Mikroskopierung f
микроскопия f Mikroskopie f II ~/**автоэмиссионная** Feldemissionsmikroskopie f II ~ **в инфракрасных лучах** Infratrotmikroskopie f, IR-Mikroskopie f II ~ **в отражённом свете** Auflichtmikroskopie f II ~ **в ультрафиолетовых лучах** Ultraviolettmikroskopie f, UV-Mikroskopie f II ~/**высоковольтная** Hochspannungsmikroskopie f II ~/**высоковольтная просвечивающая электронная** Hochspannungs-Transmissionselektronenmikroskopie f, HVEM, High-voltage-TEM f II ~ **высокого разрешения/просвечивающая электронная** hochauflösende Transmissionselektronenmikroskopie f, HREM, High-resolution-TEM f II ~/**интерференционная** Interferenz[kontrast]mikroskopie f II ~ **интерференционного контраста** s. ~/интерференционная II ~/**инфракрасная** s. ~ в инфракрасных лучах II ~/**ионная** Ionenmikroskopie f II ~/**люминесцентная** Lumineszenzmikroskopie f II ~/**поляризационная** Polarisationsmikroskopie f II ~/**просвечивающая** Transmissionsmikroskopie f, Durchstrahlungsmikroskopie f II ~/**просвечивающая электронная** Transmissionselektronenmikroskopie f, TEM II ~/**протонная** Protonenmikroskopie f II ~/**растровая туннельная** Rastertunnelmikroskopie f, STM II ~/**растровая электронная** Rasterelektronenmikroskopie f II ~/**рентгеновская** Röntgenmikroskopie f II ~/**теневая рентгеновская** Röntgenschattenmikroskopie f II ~/**теневая электронная** Schattenelektronenmikroskopie f II ~/**ультрафиолетовая** Ultra[violett]mikroskopie f, UV-Mikroskopie f II ~/**фазоконтрастная** Phasenkontrastmikroskopie f II ~/**флюоресцентная** Fluoreszenzmikroskopie f II ~/**электронная** Elektronenmikroskopie f
микроскоп-микрометр m Ablesemikroskop n, Mikrometermikroskop n
микроскоп-угломер m Winkelmeßmikroskop n

микрослоистость f Mikroschichtung f, mikroskopischer Zustand m
микроснимок m s. микрофотоснимок
микросостояние n Mikrozustand m
микроспектрометрия f Mikrospektroskopie f, Mikrospektrometrie f
микроспектроскопия f s. микроспектрометрия
микроспектрофотометрия f Mikrospektrophotometrie f
микросплавной mikrolegiert, Mikrolegierungs...
микрострип m (Eln) Mikrostrip m, Mikrofilmstreifen m
микростроение n (Fert) Feingestalt f (Oberflächengüte)
микростружка f Mikrospan m
микроструктура f (Wkst, Krist) Feingefüge n, Mikrogefüge n, Mikrostruktur f; Gefügeaufbau m
микроструктурирование n (Eln) Mikrostrukturierung f
микросхема f (Eln) integrierte Schaltung f, integrierter Schaltkreis m; Mikroschaltung f, Mikroschaltkreis m II ~/**аналоговая** Analogschaltkreis m II ~/**аналоговая интегральная** integrierter Analogschaltkreis m II ~/**бескорпусная** Nacktchip m, gehäuseloser Schaltkreis m II ~/**биполярная** bipolarer Mikroschaltkreis m II ~/**биполярная аналоговая** bipolarer analoger Schaltkreis (Mikroschaltkreis) m II ~/**биполярная большая интегральная** bipolarer LSI-Schaltkreis m II ~/**биполярная цифровая интегральная** bipolarer digitaler Schaltkreis (Mikroschaltkreis) m II ~/**бистабильная интегральная** bistabiler Schaltkreis (Mikroschaltkreis) m II ~/**большая гибридная интегральная** Hybrid-LSI-Schaltkreis m II ~/**большая интегральная** LSI-Schaltkreis m (3. und 4. Integrationsstufe) II ~/**вставляемая интегральная** steckbarer Schaltkreis m II ~/**высоковольтная интегральная** Hochvolt[mikro]schaltkreis m, Schaltkreis m in Hochvolttechnologie II ~/**гибридная интегральная** integrierter Hybridschaltkreis m II ~/**заказная [интегральная]** Kundenschaltkreis m, Vollkunden-IS m II ~ **запоминающего устройства** Speicherschaltkreis m, Speicher-IS m II ~/**интегральная** integrierter Schaltkreis m, IS, IC II ~ **интерфейса/интегральная** Interfaceschaltkreis m, Schnittstellenschaltkreis m II ~/**комбинационная интегральная** kombinatorischer Schaltkreis (Mikroschaltkreis) m II ~/**линейная [интегральная]** Analogschaltkreis m II ~/**логическая [интегральная]** Logikschaltkreis m II ~/**малая интегральная** Schaltkreis m geringer Packungsdichte (1. und 2. Integrationsstufe) II ~/**маломощная интегральная** Schaltkreis m mit geringer Leistungsaufnahme, leistungsarmer Schaltkreis m, Low-power-IC m II ~/**матричная** Matrixschaltkreis m II ~/**многокристальная интегральная** Multichipschaltkreis m II ~/**многофункциональная интегральная** Mehrfunktionsschaltkreis m, Mehrzweckschaltkreis m II ~/**монолитная интегральная** monolithisch integrierter Schaltkreis m, Festkörperschaltkreis m II ~ **на дополняющих структурах** CMOS-Schaltkreis m II ~ **на КМОП-структурах** CMOS-Schaltkreis m II ~ **на МОП-**

структурах MOS-Schaltkreis m ‖ ~ на сапфировой подложке SOS-Schaltkreis m ‖ ~ на твёрдом теле Festkörperschaltkreis m, FKS ‖ ~/оптоэлектронная интегральная optoelektronischer Schaltkreis m ‖ ~/периферийная интегральная Peripherieschaltkreis m ‖ ~/плёночная интегральная integrierter Schichtschaltkreis m ‖ ~/полузаказная интегральная semikundenspezifischer Schaltkreis m, Semikunden-IS m, ASIC ‖ ~/полупроводниковая интегральная Festkörperschaltkreis m, FKS, monolithisch integrierter Schaltkreis m ‖ ~ с зарядовой связью CCD-Schaltkreis n ‖ ~/сверхбольшая интегральная VLSI-Schaltkreis m (5. Integrationsstufe) ‖ ~ сверхвысокой степени интеграции s. ~/сверхбольшая интегральная ‖ ~/сенсорная интегральная Sensorschaltkreis m ‖ ~ сопряжения/интегральная Interfaceschaltkreis m, Schnittstellenschaltkreis m ‖ ~ средней мощности/интегральная Smart-power-Schaltkreis m ‖ ~/средняя интегральная Schaltkreis m mittlerer Packungsdichte (3. Integrationsstufe) ‖ ~/стандартная интегральная Standardschaltkreis m, Standard-IC m ‖ ~/твёрдая интегральная Festkörperschaltkreis m, FKS ‖ ~/твёрдотельная Festkörperschaltkreis m, FKS ‖ ~/толстоплёночная [интегральная] Dickschichtschaltkreis m ‖ ~/тонкоплёночная интегральная Dünnschichtschaltkreis m ‖ ~ управления/интегральная Steuerschaltkreis m ‖ ~ управления памятью/интегральная Speichersteuerschaltkreis m ‖ ~/усилительная интегральная Verstärkerschaltkreis m, Verstärker-IS m ‖ ~/цифровая интегральная Digitalschaltkreis m, digitaler integrierter Schaltkreis m
микросхема-фантом f Phantomschaltkreis m
микросхемотехника f (Eln) Mikroschaltungstechnik f
микротвёрдомер m Mikrohärtemesser m
микротвёрдость f Mikrohärte f
микротелескоп m Kleinfernrohr n
микротелефон m (Nrt) Handapparat m, Mikrotelephon n
микротолчок m leichtes Beben n, leichte Erschütterung f
микротравление n (Wkst) Mikroätzung f
микротранзистор m Mikrotransistor m ‖ ~/сплавной Mikrolegierungstransistor m
микротрансформатор m тока (El) Zwergstromwandler m
микротрещина f Mikroriß m, mikroskopischer Riß m, Haarriß m
микротрон m (Kern) Mikrotron n, Elektronenzyklotron n (Beschleuniger)
микротурбулентность f Kleinturbulenz f, Mikroturbulenz f, kleinräumige Turbulenz f
микроудлинение (Mech) Mikrodehnung f
микроудобрение n 1. Mikronährstoffdüngung f; 2. Mikronährstoffdüngemittel n
микроузел m (Eln) Mikrobaugruppe f
микроуправление n Mikrosteuerung f
микрофарада f (El) Mikrofarad n, μF
микрофарад[о]метр m (El) Mikrofaradmeter n
микрофильмирование n Mikrofilmtechnik f, Mikrofilmherstellung f, Mikroverfilmung f

микрофильтр m Mikrofilter n
микрофиша f Mikrofiche n
микрофиширование n Mikrofichesverfilmung f
микрофон m Mikrophon n ‖ ~ давления Druckmikrophon n, Druckempfänger m ‖ ~ давления/ленточный Bändchen-Druckgradientenmikrophon n ‖ ~/двуполосный Zweiwegemikrophon n ‖ ~/двусторонний угольный Doppelkohlemikrophon n ‖ ~/измерительный Meßmikrophon n ‖ ~/индукционный elektrodynamisches Mikrophon n ‖ ~/капсюльный Kapselmikrophon n ‖ ~/катушечный [динамический] Tauchspulmikrophon n ‖ ~/конденсаторный Kondensatormikrophon n ‖ ~/контактный Kontaktmikrophon n ‖ ~/кристаллический Kristallmikrophon n ‖ ~/ленточный Bändchenmikrophon n ‖ ~/нагрудный Brustmikrophon n ‖ ~/направленный Richtmikrophon n ‖ ~/наручный Armbandmikrophon n ‖ ~/настольный Tischmikrophon n ‖ ~/петличный Knopflochmikrophon n ‖ ~/подвесной Hängemikrophon n ‖ ~/пьезоэлектрический Kristallmikrophon n, piezoelektrisches Mikrophon n ‖ ~ с подвижной катушкой Tauchspulmikrophon n ‖ ~/стерео[фонический] Stereomikrophon n ‖ ~/студийный Studiomikrophon n ‖ ~/телефонный Fernsprechmikrophon n ‖ ~/угольный Kohlemikrophon n ‖ ~/электретный Elektretmikrophon n ‖ ~/электродинамический elektrodynamisches Mikrophon n ‖ ~/эталонный Normalmikrophon n, Eichmikrophon n
микрофотогравировка f Photolithographie f
микрофотографирование n Mikrophotographie f, Photomikrographie f, Mikroverfilmung f
микрофотография f s. 1. микрофотографирование; 2. микрофотоснимок ‖ ~ шлифа (Wkst) Mikroschliffbild n ‖ ~/электронная (Photo) elektronenmikroskopische Aufnahme f
микрофотодиод n Mikrophotodiode f
микрофотокопирование n Mikro[photo]kopieren n, Mikro[film]reproduktion f
микрофотокопия f Mikro[photo]kopie f, Mikroaufnahme f
микрофотолитография f Mikrophotolithographie f
микрофотометр m Mikrophotometer n
микрофотометрия f Mikrophotometrie f
микрофотоснимок m (Photo) Mikrophotographie f, Mikrobild n, Mikroaufnahme f
микрофотосъёмка f (Photo) Mikroaufnahme f, Mikrophotographie f
микрохимия f Mikrochemie f, Spurenchemie f
микрочастица f (Kern) Mikroteilchen n (Teilchen von sehr geringer Masse)
микрочелнок (Text) Greiferschützen m (Weberei)
микрошероховатость f [поверхности] Oberflächenfeinstruktur f, Mikrorauheit f
микрошлиф m (Wkst) Mikroschliff m, Schliff m
микро-ЭВМ f Mikrocomputer m, Mikrorechner m ‖ ~ на одном кристалле Einchipmikrorechner m ‖ ~ на одном кристалле/16-разрядная 16-Bit-Einchipmikrorechner m ‖ ~/однокристальная Einchipmikrorechner m, Einchipcomputer m, Single-Chipmikrocomputer m ‖ ~/одночипная Einplatinen-Mikrorechner m ‖ ~/...-разрядный ...-Bit-Mikrorechner m ‖ ~/специализированная anwendungsspezifischer Mikrorechner m

микроэлектрокаротаж *m (Geoph)* Mikrologmessung *f (Verfahren der Bohrlochmessung)*
микроэлектроника *f* Mikroelektronik *f* ‖ **~/инженерная** angewandte Mikroelektronik *f* ‖ **~/интегральная** integrierte Mikroelektronik *f* ‖ **~/полупроводниковая** Halbleitermikroelektronik *f* ‖ **~/промышленная** industrielle Mikroelektronik *f* ‖ **~/толстоплёночная** Dickschichtmikroelektronik *f* ‖ **~/тонкоплёночная** Dünnschichtmikroelektronik *f*
микроэлемент *m (Eln)* Mikro[bau]element *n*; Mikromoduleinheit *f*
микроядро *n (Kern)* Mikronukleus *m*, Kleinkern *m*
миксер *m (Met)* Mischer *m*, Mixer *m*, Roheisenmischer *m*, Kippmischer *m*; Mischpfanne *f* ‖ **~/активный** Vorfrischer *m*, beheizter (beheizbarer) Roheisenmischer (Mixer) *m* ‖ **~/индукционный** induktiv beheizter Ausgleichsofen (Abstehofen) *m* ‖ **~/качающийся** Rollmischer *m*, Kippmischer *m*, Schaukelmischer *m* ‖ **~/неактивный** nicht beheizter (beheizbarer) Roheisenmischer *m*
микшер *m (Ak)* Mischer *m*
микшерная *f (Ak)* Mischraum *m*
микширование *n* Mischen *n*, Mischung *f* ‖ **~ звука** *(Kine)* Tonmischung *f* ‖ **~ изображения** *(TV)* Bildmischung *f* ‖ **~ наплывом** *(TV)* Überblenden *n*, Überblendung *f*
миланез-машина *f (Text)* Milanese-Wirkmaschine *f*
миллерит *m (Min)* Millerit *m*, Haarkies *m*, Nickelkies *m*
миллиампер *m (El)* Milliampere *n*, mA
миллиамперметр *m (El)* Milliamperemeter *n* ‖ **~/выпрямительный (детекторный)** Gleichrichtermilliamperemeter *n* ‖ **~/многопредельный** Vielbereichsmilliamperemeter *n* ‖ **~/образцовый (эталонный)** Normalmilliamperemeter *n*
миллиампер-секунда *f (El)* Milliamperesekunde *f*, mA · s
миллибар *m (Meteo)* Millibar *n*, mbar
милливатт *m (El)* Milliwatt *n*, mW
милливаттметр *m (El)* Milliwattmeter *n*
милливебер *m (El)* Milliweber *n*, mWb
милливеберметр *m (El)* Milliwebermeter *n*
милливольт *m (El)* Millivolt *n*, mV
милливольтметр *m (El)* Millivoltmeter *n* ‖ **~/широкополосный** Breitbandmillivoltmeter *n*
миллигал *m (Geoph)* Milligal *n*, mGal
миллигенри *m (El)* Millihenry *n*, mH
милликулон *m (El)* Millicoulomb *n*, mC
миллилюмен *m (Photom)* Millilumen *n*, mlu
миллиметр *m* Millimeter *n*, mm
миллимикрон *m* Nanometer *n*
миллиом *m (El)* Milliohm *n*, mΩ
миллиомметр *m (El)* Milliohmmeter *n*
миллисекунда *f* Millisekunde *f*, ms
миллисекундный Millisekunden…, ms…
миллистильб *m (Photom)* Millistilb *n*
миллифарада *f (El)* Millifarad *n*, mF
миллифот *m (Photom)* Milliphot *n*
милонит *m (Geol)* Mylonit *m*, Knetgestein *n*
милонитизация *f (Geol)* Mylonitisierung *f*
миля *f* Meile *f (SI-fremde Einheit der Länge)* ‖ **~/английская** englische Meile *f*, Meile *f (1609,344 m)* ‖ **~/морская** [internationale] Seemeile *f*, sm *(1852 m)*

миндалина *f (Min, Geol)* Mandel *f (Hohlraummineralfüllung)*
миндель *m (Geol)* Mindel *n*, Mindeleiszeit *f*
минераграфия *f (Geol)* Auflichtmikroskopie *f (mikroskopische Untersuchung von Gesteinsschliffen mittels Auflichtmikroskop)*
минерал *m* Mineral *n (s. a. unter* минералы*)* ‖ **~/вторичный** sekundäres Mineral *n* ‖ **~/глинистый** Tonmineral *n* ‖ **~/железорудный** Eisenmineral *n* ‖ **~/контактный** Kontaktmineral *n* ‖ **~/нерудный** Nichterzmineral *n* ‖ **~/первичный** primäres Mineral *n* ‖ **~/породообразующий** gesteinsbildendes Mineral *n* ‖ **~/рудный (рудообразующий, рудосодержащий)** erzführendes Mineral *n*, erzhaltiges Gestein *n*; Erzmineral *n* ‖ **~/руководящий** Leitmineral *n* ‖ **~ тяжёлой фракции** Schwermineral *n* ‖ **~/шлакообразующий** Schlackenbildner *m*, Flußmittel *n*, schlackenbildendes Mineral *n*
минерализатор *m (Geol)* Mineralisator *m*, Mineralbildner *m*
минерализация *f* Mineralisation *f*, Mineralisierung *f*; Mineralführung *f*
минераловата *f* Mineralwatte *f*
минералогия *f* Mineralogie *f*
минералокерамика *f* Oxidkeramik *f* ‖ **~/режущая** *(Wkz)* oxidische Schneidkeramik *f*, Oxidkeramik *f*
минералокерамический oxidkeramisch, Oxidkeramik…
минералообразование *n* Mineralbildung *f*, Mineralentstehung *f*
минералы *mpl* Minerale *npl (s. a. unter* минерал*)* ‖ **~/акцессорные** *(Min)* akzessorische Minerale *npl*, Nebengemengteile *npl* ‖ **~/антиферромагнитные** antiferromagnetische Minerale *npl* ‖ **~/жильные** Gangminerale *npl* ‖ **~/ферримагнитные** ferrimagnetische Minerale *npl* ‖ **~/ферромагнитные** ferromagnetische Minerale *npl*
минералы-спутники *mpl* Begleitminerale *npl*
минетта *f (Min)* Minette *f (Brauneisenerz)*
мини-АТС *f (Nrt)* Kleinstvermittlungszentrale *f*
миниатюризация *f (Eln)* Miniaturisierung *f*
миниатюрный *(Eln)* Miniatur…, Kleinst…, in Miniaturausführung, in Miniaturbauweise…
мини-диск *m* Minidiskette *f*
минидисковод *m* Minidiskettenlaufwerk *n*
миникомпьютер *m* Minicomputer *m*, Minirechner *m*
минимально-разрешаемый minimal zulässig
миниметр *m (Meß)* Minimeter *n*, Fühlhebel *m*
минимизация *f* Minimierung *f*
минимум *m* 1. Minimum *n*, Minimalwert *m*, Kleinstwert *m*; 2. Kleinstmaß *n* ‖ **~/абсолютный** absolutes Minimum *n* ‖ **~/дифракционный** *(Opt)* Diffraktionsminimum *n* ‖ **~/интерференционный** *(Opt)* Interferenzminimum *n* ‖ **~/локальный** lokales Minimum *n* ‖ **~ мощности электростанции/технический** technische Kraftwerksmindestleistung *f* ‖ **~ напряжения** *(El)* Spannungsminimum *n* ‖ **~/относительный** relatives lokales Minimum *n* ‖ **~ приёма** *(Rf)* Empfangsminimum *n* ‖ **~ солнечных пятен** Sonnenfleckenminimum *n*, Fleckenminimum *n* ‖ **~ тока** Stromminimum *n* ‖ **~/условный** bedingtes Minimum *n*

минимумы *mpl* **профиля/наибольшие** *(Fert)* tiefste Punkte *mpl (Rauhigkeitsprofil)*
мини-процессор *m* Miniprozessor *m*
миноносец *m* Torpedoboot *m*
минор *m (Math)* Subdeterminante *f*, Unterdeterminante *f*, Minor *m (einer Matrix)*
миноранта *f (Math)* Minorante *f*, Unterreihe *f*
минус *m* 1. *(Math)* Minus *n*, Minuszeichen *n*; 2. *(El)* Minuspol *m*, Minus *n*
минута *f* 1. Minute *f* [im Bogenmaß], Winkelminute *f*, Bogenminute *f (Winkelmaß)*; 2. Minute *f (Teil der Zeiteinheit)* ‖ **~ дуги** *s.* ~ 1. ‖ **~/угловая** *s.* ~ 1.
минуто-занятие *n (Nrt)* Belegungsminute *f*
миогеосинклиналь *f (Geol)* Miogeosynklinale *f*
миоцен *m s.* отдел/миоценовый
МИП *(Eln)* Metall-Isolator-Halbleiter *m*, MIS
МИП-транзистор *m* MIS-Transistor *m*
мира *f* 1. Mire *f*; Testmarke *f*; 2. *(Opt)* Sehprobentafel *f*, Testplatte *f*; 3. *(Opt)* Testobjekt *n* ‖ **~/штриховая** *(Photo)* Strichmire *f*
мираж *m (Geoph)* Luftspiegelung *f*, Fata Morgana *f* ‖ **~/верхний** obere Luftspiegelung *f*, Luftspiegelung *f* nach oben ‖ **~/нижний** untere Luftspiegelung *f*, Luftspiegelung *f* nach unten
МИС *s.* станция/машинно-испытательная
мисцелла *f (Lebm)* Miszella *f (Öl-Lösungsmittel-Gemisch)*
мисцеллосборник *m (Lebm)* Miszellasammler *m*
мисцеллофильтр *m (Lebm)* Miszellafilter *n*
миццонит *m (Min)* Mizzonit *m (Skapolith)*
МИШ *s.* механизм изменения шага
мишень *f* 1. *(Eln)* Zielscheibe *f*, Target *n*, Treffplatte *f*; 2. *(Geod)* Zielscheibe *f (bei Vermessungen)*; 3. *(Kern)* Target *n*; 2. *(TV)* Speicherplatte *f*, Speicherelektrode *f*, Mosaikelektrode *f* ‖ **~/перебегающая** laufende Scheibe *f* ‖ **~/появляющаяся** auftauchende Scheibe *f* ‖ **~ пропускания** *(Kern)* Transmissionstarget *n* ‖ **~ ускорителя** *(Kern)* Treffplatte *f (Vakuumkammer des Teilchenbeschleunigers)*
мишень-отражатель *f (Kern)* Reflexionstarget *n*
МК *s.* 1. микрокоманда; 2. микрокомпьютер; 3. канал/мультиплексный; 4. карта/маршрутная 2.; 5. курс/магнитный; 6. контакт/монетный
мкА *s.* микроампер
МКБР *s.* ракета/межконтинентальная баллистическая
мкВ *s.* микровольт
мкВт *s.* микроватт
мкГ *s.* микрогенри
мкл *s.* маркёр конца ленты
МКО *s.* отделение/машинно-котельное
мкОм *s.* микроом
МКП *s.* микропроцессор
МКС *s.* 1. система единиц МТС; 2. соединитель/многократный координатный
Мкс *s.* максвелл
МКСА *s.* система единиц МКСА
мкФ *s.* микрофарада
МКЭ *s.* метод конечных элементов
МЛ *s.* лента/магнитная
Млечный Путь *m (Astr)* Milchstraße *f*; Milchstraßensystem *n*
МЛЭ *s.* эпитаксия/молекулярно-лучевая
ММ *s.* модель/математическая

ММС *s.* система/мультимикропроцессорная
мнемокод *m (Inf)* mnemonischer (mnemotechnischer) Kode *m* ‖ **~/расширенный** erweiterter mnemonischer Kode *m*
мнемоника *f (Inf)* Mnemonik *f*
мнемосхема *f* Blindschaltbild *n*; mnemonisches Schema *n* ‖ **~/световая** Leucht[schalt]bild *n*
мнимый scheinbar, virtuell; imaginär
МНЛ *s.* маркёр начала ленты
многоадресный Mehradreß..., Mehradressen...
многоанодный mehranodig, Mehranoden...
многоатомность *f (Ch)* Vielatomigkeit *f*, Mehratomigkeit *f*
многоатомный *(Ch)* vielatomig, mehratomig
многовалентность *f (Ch)* Mehrwertigkeit *f*
многовалентный *(Ch)* mehrwertig, polyvalent
многоваловый *(Masch)* Mehrwellen...
многоволновость *f* Mehrwelligkeit *f*
многовходовый mit mehreren Eingängen *(Schaltung)*
многовыводной hochpolig, mit mehreren Anschlüssen *(Schaltung)*
многогоризонтный *(Bgb)* Mehrsohlen...
многогранник *m* 1. Polyeder *n*, Vielflächner *m*; 2. *(Fert)* Mehrkant *m*, Vielkant *m*; 3. *s.* многогранники ‖ **~/выпуклый** konvexes Polyeder *n* ‖ **~/координационный** *(Krist)* Koordinationspolyeder *n* ‖ **~/однородный** homogenes Polyeder *n*
многогранники *mpl (Geol)* [mehrflächige] Windkanter *mpl*, Windschliffe *mpl (durch Windschliff geformte Gesteinsbrocken)*
многодиапазонный Vielbereich..., Mehrbereich..., mit vielen Bereichen (Meßbereichen)
многодорожечный Mehrspur..., Vielspur..., mehrspurig, vielspurig
многожильный *(El)* mehradrig, vieladrig, Mehrleiter...
многозадачный *(Inf)* multitaskingfähig
многозарядный mehrfach geladen
многозахватный Mehrfachgreifer... *(Roboter)*; Mehrteile... *(Greifer)*
многозаходный mehrgängig *(Gewinde)*
многозначность *f (Math)* Vieldeutigkeit *f*, Mehrdeutigkeit *f*; Mehrstelligkeit *f*
многозначный 1. *(Eb)* mehrbegriffig *(Signal)*; 2. *(Math)* vieldeutig, mehrdeutig; mehrstellig
многозольность *f* hoher Aschegehalt *m*
многоимпульсный Mehrfachimpuls...
многоинструментальный *(Wkzm)* Mehrfachwerkzeug... *(Bauweise)*
многокамерный Mehrkammer..., Vielkammer...; Multizellular...
многоканальный Mehrkanal..., Vielkanal..., mehrkanalig, vielkanalig
многокаскадный mehrstufig, Mehrstufen...
многоквартирный *(Bw)* Mehrfamilien...
многокислотный *(Ch)* mehrsäurig
многоковшовый *(Wlz)* mehrgerüstig
многоковшовый *(Förd)* Eimerketten...
многоколенный mehrfach gekröpft *(z. B. Kurbelwelle)*
многокомпонентный *(Ch)* Mehrkomponenten..., Mehrstoff...
многоконтактный vielkontaktig, Vielkontakt..., Mehrfachkontakt...

многоконтурный *(Reg)* mehrkreisig, mehrschleifig, Mehrkreis...
многокорпусный mehrgehäusig; Mehrkörper...
многократный vielfach, mehrfach, multipel; wiederholt
многокристальный *(Eln)* Multichip..., Multischaltkreis...
многолемешный *(Lw)* mehrscharig, vielscharig, Vielschar... *(Pflug)*; mehrfurchig, Mehrfurchen...
многолучевой Mehrstrahl...
многомерность *f (Math)* Mehrdimensionalität *f*
многомерный mehrdimensional, vieldimensional
многоместный 1. mehrsitzig *(Fahrzeuge)*; 2. *(Wkzm)* für mehrere Werkstücke; Mehrstellen...
многомодовый Multimode[n]..., Mehrmoden... *(Lichtwellenleiter)*
многонитoчный mehrrillig, Mehrrillen...
многообразие *n* 1. Vielgestaltigkeit *f*, Vielfältigkeit *f*; 2. *(Math)* Mannigfaltigkeit *f* ‖ **~/алгебраическое** *(Math)* algebraische Mannigfaltigkeit *f* ‖ **~/гомологическое** *(Math)* Homologiemannigfaltigkeit *f* ‖ **~/интегральное** *(Math)* Integralmannigfaltigkeit *f* ‖ **~/характеристическое** *(Math)* charakteristische Mannigfaltigkeit *f*
многоопорный mehrfach gelagert *(z. B. Kurbelwellen)*
многоосновный *(Ch)* mehrbasig
многопарный mehrpaarig *(Kabel)*
многоплан *m (Flg)* Mehrdecker *m*, Vieldecker *m*
многоподовый mehrherdig *(Ofen)*
многопозиционный 1. *(Wkzm)* Mehrfach... *(Bauweise, z. B. von Revolverköpfen)*; 2. *(Wkzm)* Stufen... *(Bauweise von Pressen)*; 3. *(Masch)* Transfer... *(Bauweise z. B. von Pressen)*; 4. *(Masch)* mit mehreren Greiferhänden, Mehrfach... *(Bauweise von Greifern)*; 5. *(Wkzm)* Mehrstationen... *(Bauweise von Werkzeugmaschinen)*
многопользовательский *(Inf)* multiuserfähig
многополюсник *m (El)* Mehrpol *m*, Vielpol *m*
многополюсный *(El)* Mehrpol..., Vielpol..., mehrpolig, vielpolig
многопредельный Vielbereich..., Mehrbereich..., mit vielen Bereichen (Meßbereichen)
многопредметный *(Masch)* für mehrere Werkstücke *(Merkmal von Fertigungsausrüstungen)*
многопроводный *(El)* Mehrdraht..., Mehrleiter...
многопроволочный mehrdrähtig, Mehrdraht...; gelitzt, Litzen...
многопролётный *(Bw)* 1. mehrfeldrig *(Brücke)*; 2. mehrschiffig *(Halle)*
многопутный *(Eb)* mehrgleisig
многоразрядный vielstellig, mehrstellig
многорезцовый *(Wkz)* Mehrmeißel..., Vielmeißel...
многосекционный *(Eb)* mehrteilig *(Zug)*
многосеточный *(Eln)* Mehrgitter...
многословность *f* Weitschweifigkeit *f*, Redundanz *f*
многослойный mehrlagig, Mehrlagen..., mehrschichtig, Mehrschicht[en]...
многосрезный *(Masch)* mehrschnittig *(Niet)*
многостаночный *(Fert)* mit Mehrmaschinenbedienung *(Fertigungsart)*
многоствольный mehrläufig *(Gewehr)*; mehrrohrig *(Geschütz)*
многоступенчатый mehrstufig, Mehrstufen...

многоточечный Mehrpunkt...
многоугольник *m (Math)* Polygon *n*, Vieleck *n* ‖ **~ векторов** Vektorpolygon *n* ‖ **~/верёвочный** Seilpolygon *n*, Seileck *n* ‖ **~/потенциальный** Spannungspolygon *n*, Spannungsvieleck *n* ‖ **~ сил** *s.* **~/силовой** ‖ **~/силовой** Kräftepolygon *n*, Kräfteck *n*, Kräfteplan *m*, Kräftezug *m* ‖ **~ частот** Häufigkeitspolygon *n*
многоуровневый 1. mehrstufig; 2. Mehrlagen..., Mehrebenen...
многофазный *(El)* mehrphasig, Mehrphasen...
многофункциональность *f (Masch)* Vielseitigkeit *f*
многоходовой mehrgängig *(Schraube)*
многоцелевой Mehrzweck..., Vielzweck...
многочастотный mehrfrequent, Mehrfrequenz...
многочерпаковый Eimerketten...
многочлен *m (Math)* Polynom *n*, ganze rationale Funktion *f* ‖ **~ Бернулли** Bernoullisches Polynom *n* ‖ **~ Лагранжа** Lagrangesches Polynom *n* ‖ **~/постоянный** konstantes Polynom *n*
многошинный *(Inf)* Multibus...
многошпиндельный *(Wkzm)* Mehrspindel...
многоштыревой *(El)* Mehr[fach]stift...
многоштырьковый *(El)* Mehr[fach]stift...
многощелочный alkalireich
многоэлектродный Mehrelektroden...
многоэтажный *(Bgb)* Mehrsohlen...
многофункциональный multifunktional
множества *npl (Math)* Menge *f (s. a. unter* **множество***)* ‖ **~/непересекающиеся** elementfremde (disjunkte) Mengen *fpl* ‖ **~/попарно непересекающиеся** paarweise elementfremde Mengen *fpl* ‖ **~/равномощные** gleichmächtige (äquivalente) Mengen *fpl*, Mengen *fpl* gleicher Mächtigkeit *(Kardinalzahl)* ‖ **~/равноупорядоченные** gleichgeordnete Mengen *fpl* ‖ **~/эквивалентные** *s.* **~/равномощные**
множество *n (Math)* Menge *f (Mengenlehre)* ‖ **~/аналитическое** analytische Menge *f* ‖ **~/бесконечное** unendliche Menge *f* ‖ **~/бикомпактное** bikompakte Menge *f* ‖ **~/более чем счётное** überabzählbare Menge *f* ‖ **~/борелевское** Borelsche Menge *f* ‖ **~/в себе плотное** in sich dichte Menge *f* ‖ **~/вполне упорядоченное** wohlgeordnete Menge *f* ‖ **~ всех множеств** Menge *f* aller Mengen ‖ **~/всюду плотное** überall dichte Menge *f* ‖ **~/выпуклое** konvexe Menge *f* ‖ **~/дискретное** diskrete Menge *f* ‖ **~/дополнительное** komplementäre Menge *f* ‖ **~/замкнутое** abgeschlossene Menge *f* ‖ **~ значений** Wertmenge *f* ‖ **~/измеримое** meßbare Menge *f* ‖ **~ Кантора** Cantorsche Menge *f* ‖ **~/канторово** Cantorsche Menge *f* ‖ **~/компактное** kompakte Menge *f* ‖ **~/конечное** endliche Menge *f* ‖ **~/критическое** kritische Menge *f* ‖ **~ меры нуль** Menge *f* vom Maß Null ‖ **~/не более чем счётное** höchstens abzählbare Menge *f* ‖ **~/нигде не плотное** nirgends dichte Menge *f* ‖ **~/нормальное** normale Menge *f* ‖ **~ нулевой меры** Menge *f* vom Maß Null ‖ **~/ограниченное** beschränkte Menge *f* ‖ **~/одноэлементное** einelementige Menge *f* ‖ **~/основное** Fundamentalmenge *f* ‖ **~/открытое** offene Menge *f* ‖ **~/плотно упорядоченное** dichtgeordnete Menge *f* ‖ **~/плотное** dichte Menge *f* ‖ **~/проективное** projektive Menge *f*

~/**пустое** leere Menge f ‖ ~/**рекурсивно перечислимое** rekursiv abzählbare Menge f ‖ ~/**связное** zusammenhängende Menge f ‖ ~/**совершенное** perfekte Menge f ‖ ~/**счётное** abzählbare Menge f ‖ ~ **точек** Punktmenge f ‖ ~/**точечное** Punktmenge f ‖ ~/**упорядоченное** [an]geordnete Menge f ‖ ~/**частично упорядоченное** halbgeordnete (teilweise geordnete) Menge f
множимое n (Math) Multiplikand m
множитель m (Math) Multiplikator m ‖ ~/**интегрирующий** integrierender Faktor m ‖ ~ **Лагранжа** Lagrangescher Multiplikator m, Lagrange-Faktor m ‖ ~ **Ланде** [Landéscher] g-Faktor m, Landé-Faktor m (Spektroskopie); g-Faktor m, gyromagnetischer Faktor m, Landé-Faktor m ‖ ~/**масштабный** Skalierungsfaktor m, Maßstabsfaktor m, Untersetzungsfaktor m ‖ ~/**нормирующий** normierender Faktor m, Normierungsfaktor m ‖ ~ **Симпсона** (Schiff) Simpson-Koeffizient m ‖ ~/**упаковочный** (Kern) Packungsanteil m (Verhältnis des Massendefektes eines Nukleons zu seiner Massenzahl)
множить 1. vermehren, vervielfältigen; 2. (Math) multiplizieren
МНОП (Eln) Metall-Nitrid-Oxid-Halbleiter m, MNOS
МНОП-технология f (Eln) MNOS-Technologie f
МНОП-транзистор m (Eln) MNOS-Transistor m
МО s. отделение/машинное
мобилизм m (Geol) Mobilismus m
мобильность f (Masch) 1. Geschwindigkeitsverhalten n (eines Getriebes); 2. Beweglichkeit f, Verfahrbarkeit f
мобильный (Masch) ortsveränderlich, beweglich, verfahrbar
МОВ s. метод отражённых [сейсмических] волн
МОВА s. авария/максимально опасная восможная
МОД s. дизель/малооборотный
мода f 1. wahrscheinlichster (dichtester) Wert m, Modus m (Statistik und Wahrscheinlichkeitsrechnung); 2. (Eln, Opt) Mode f, Modus m; 3. s. ~ резонатора ‖ ~/**аксиальная** (Eln) axiale Mode f ‖ ~ **волновода** Hohlleitermode f ‖ ~ **колебаний** Schwing[ungs]mode f ‖ ~ **лазера** Lasermode f ‖ ~/**локализированная** (Eln) lokalisierte Mode f ‖ ~/**основная** Grundmode f ‖ ~/**поперечная** Transversalmode f ‖ ~/**продольная** Longitudinalmode f ‖ ~/**радиальная** radiale Mode f ‖ ~ **резонатора** Resonanzmode f ‖ ~/**световодная** Lichtwellenleitermodus m, LWL-Modus m, LWL-Mode f
моделирование n 1. (Ph, Kyb) Modellieren n, Modellierung f, Simulation f; 2. Modellversuch m ‖ ~/**аналоговое** analoge Simulation f ‖ ~/**дискретное** digitale Simulation f ‖ ~/**игровое** Spielsimulation f ‖ ~/**математическое** mathematische Simulation f ‖ ~/**непрерывное** analoge Simulation f ‖ ~/**программное** Programmodellierung f ‖ ~/**статистическое** statistische Simulation f ‖ ~/**стохастическое** stochastische Simulation f ‖ ~ **технологического процесса** Prozeßsimulation f ‖ ~/**цифровое** digitale Simulation f ‖ ~/**электрическое** elektrische Modellierung (Nachbildung) f, Elektromodellierung f ‖ ~ **электросетей** Modellierung f elektrischer Netze, Elektronetzmodellierung f

модель f Modell n; Schablone f, Form f; Baumuster n ‖ ~/**автоматная** (Reg) Automatenmodell n ‖ ~/**аналоговая** (Kyb) analoges Modell n ‖ ~ **атмосферы** Modellatmosphäre f ‖ ~ **атома** (Kern) Atommodell n ‖ ~ **атома Бора** Bohrsches Atommodell n ‖ ~ **атома Бора-Зоммерфельда** Bohr-Sommerfeldsches Atommodell n ‖ ~ **атома/векторная** Vektormodell (Vektorgerüst) n des Atoms ‖ ~ **атома/волномеханическая** wellenmechanisches (undulatorisches) Atommodell n ‖ ~ **атома Кельвина** Kelvinsches Atommodell n (Modifikation des Thomsonschen Modells) ‖ ~ **атома/планетарная** s. ~ атома Резерфорда ‖ ~ **атома Резерфорда** Rutherfordsches Atommodell n ‖ ~ **атома/статистическая** statistisches Atommodell n ‖ ~ **атома/тетраэдрическая** Tetraedermodell n des Atoms ‖ ~ **атома Томаса-Ферми** Thomas-Fermi-Modell n, Thomas-Fermi-Atommodell n ‖ ~ **атома Томсона** Thomsonsches Atommodell n ‖ ~/**атомная** (Kern) Atommodell n ‖ ~/**базовая** Basismodell n ‖ ~/**винтовая** (Gieß) Schraubmodell n ‖ ~/**воздух-земля/двухслойная** (Rf) Zweischichtmodell n Luft-Erde (Antennentechnik) ‖ ~/**воронковая** Trichtermodell n (Strukturmodell) ‖ ~/**восковая** (Gieß) Wachsmodell n ‖ ~/**вращающегося ядра** (Kern) Rotationsmodell n des Atomkerns ‖ ~ **вселенной** (Astr) Weltmodell n, Modell n des Weltalls ‖ ~/**выжигаемая** (Gieß) ausbrennbares Modell n ‖ ~/**выплавляемая** (Gieß) Ausschmelzmodell n, ausschmelzbares Modell n ‖ ~/**высокочастотная** (Eln) Hochfrequenzmodell n ‖ ~/**вязкоупругая** (Ph) viskoelastisches Modell n ‖ ~/**газифицируемая** (Gieß) ausbrennbares Modell n ‖ ~/**гидравлическая** (Hydr) Strömungsmodell n ‖ ~/**гидродинамическая** (Kern) hydrodynamisches Modell (Kernmodell) n ‖ ~/**гипсовая** (Gieß) Gipsmodell n ‖ ~ **данных** (Inf) Datenmodell n ‖ ~/**двухмерная** zweidimensionales Modell n ‖ ~/**деревянная** (Gieß) Holzmodell n ‖ ~/**динамическая** (Inf) dynamisches Modell n ‖ ~/**дифференциальная** Differentialmodell n ‖ ~/**дополнительная** Zusatzmodell n ‖ ~/**замкнутая** (Astr) geschlossenes Weltmodell n ‖ ~ **запрещённой зоны** (Ph) Energielückenmodell n ‖ ~ **Земли** Erdmodell n ‖ ~/**зонная** (Eln) Bändermodell n, Zonenmodell n, Niveauschema n (Halbleiter) ‖ ~/**иерархическая** (Inf) hierarchisches Modell n ‖ ~ **инфляционной вселенной** (Astr) inflationäres Weltmodell n ‖ ~/**испарительная** s. ~ ядра/статистическая ‖ ~/**исходная** (Gieß) Muttermodell n, Urmodell n ‖ ~/**капельная** (Kern) Tröpfchenmodell n (des Atomkerns) ‖ ~ **кварков** (Kern) Quarkmodell n ‖ ~/**кибернетическая** kybernetisches Modell n ‖ ~/**кластёрная** (Kern) Clustermodell n ‖ ~/**колебательная** Schwingungsmodell n ‖ ~/**количественная** (Kyb) quantitatives Modell n ‖ ~/**коллективная** s. ~ ядра/обобщённая ‖ ~/**космическая** s. ~ вселенной ‖ ~/**литейная** Gießereimodell n ‖ ~ **литника** (Gieß) Eingußmodell n ‖ ~ **ловушек** (Gieß) Trapmodell n ‖ ~/**малосигнальная** (Eln) Kleinsignalmodell n ‖ ~/**математико-экономическая** mathematisch-ökonomisches Modell n ‖ ~/**математиче-**

модель

ская mathematisches Modell *n*, mathematische Nachbildung *f* || ~/**матричная** Matrixmodell *n* || ~/**металлическая** *(Gieß)* metallisches Modell *n*, Metallmodell *n* || ~/**многосекционная** *(Eln)* Multichipmodell *n*, Chip-Satz-Modell *n* || ~ **молекулы/векторная** *(Kern)* Vektormodell *n* des Moleküls || ~/**молекулярная** *(Kern)* Molekülmodell *n* || ~/**начальная** *(Gieß)* Muttermodell *n*, Urmodell *n*, Ausgangsmodell *n* || ~/**негативная** *(Gieß)* Negativmodell *n* || ~ **независимых частиц** *(Kern)* Modell *n* unabhängiger Teilchen || ~ **нейтронов/многогрупповая** *(Kern)* Vielgruppenmodell *n* || ~/**неразъёмная** *(Gieß)* einteiliges (unzerlegbares, ungeteiltes) Modell *n* || ~/**обобщённая** verallgemeinertes Modell *n* || ~ **оболочек** *(Kern)* Schalenmodell *n* || ~/**обучаемая** *(Kyb)* belehrbares Modell *n* || ~/**обучения** *(Kyb)* Lernmodell *n* || ~/**объёмная молекулярная** *(Kern)* räumliches Molekülmodell *n* || ~/**одномерная** eindimensionales Modell *n* || ~/**одноэлектронная** *(Kern)* Einelektronenmodell *n* || ~/**оптическая** *(Kern)* optisches Modell *n* || ~/**основная** Grundmodell *n* || ~/**открытая** *(Astr)* offenes Weltmodell *n* || ~ **парных корреляций** *(Kern)* Paarkorrelationsmodell *n* || ~/**первичная (первоначальная)** *(Gieß)* Muttermodell *n*, Urmodell *n*, Ausgangsmodell *n* || ~/**позитивная** *(Gieß)* Positivmodell *n* || ~ **потенциального барьера** *(Ph)* Potentialwallmodell *n* || ~ **потенциальной ямы** *(Ph)* Potentialtopfmodell *n* || ~ **приграничного слоя** *(Ph)* Sperrschichtmodell *n* || ~ **прямых ядерных реакций** *(Kern)* Modell *n* der direkten Kernreaktionen || ~/**пустотелая** *(Gieß)* Hohlmodell *n*; hohlverleimtes Modell *n* || ~/**рабочая** *(Gieß)* Formmodell *n (Gegensatz zum Urmodell)* || ~/**разовая** *(Gieß)* verlorenes Modell *n* || ~/**разъёмная** *(Gieß)* geteiltes (mehrteiliges) Modell *n* || ~ **с протяжкой** *(Gieß)* Durchziehmodell *n* || ~ **сверхпроводимости** *(Ph)* Supraleitungsmodell *n*, Supraleitfähigkeitsmodell *n* || ~ **сгустков** *(Kern)* Clustermodell *n* || ~/**сетевая** Netzwerkdiagramm *n* || ~ **сетей переменного тока** Wechselstromnetzmodell *n* || ~/**сеточная** Netzmodell *n* || ~/**скелетная** *(Gieß)* Rippenmodell *n*, Skelettmodell *n* || ~/**сложная** *(Gieß)* verwickelt gestaltetes Modell *n* || ~ **составного ядра/статистическая** *(Kern)* Compoundkernmodell *n* || ~/**статическая** statisches Modell *n* || ~/**структурная** *(Krist)* Strukturmodell *n* || ~ **структуры кристаллов/ионная** *(Krist)* Ionenkristallmodell *n* || ~/**теоретическая** theoretisches Modell *n* || ~ **Томаса-Ферми** *s*. ~ **Ферми-газа** || ~ **трёх носителей** *(Ph)* Dreiladungsträgermodell *n* || ~ **турбулентности** *(Mech)* Turbulenzmodell *n* || ~ **Ферми-газа** *(Kern)* Fermi-Gas-Modell *n*, Thomas-Fermi-Modell *n (Kernmodell)* || ~ **Хартли-Робинсона/молекулярная** *(Kern)* Hartley-Robinsonsches Molekülmodell *n* || ~ **циклона** *(Meteo)* Zyklonenmodell *n* || ~/**цифровая** digitales Modell *n* || ~ **шаровой молнии** *(Kern)* Feuerballmodell *n* || ~/**шарово-сегментная** *(Krist)* Kalottenmodell *n* || ~/**эконометрическая** ökonometrisches Modell *n* || ~ **электронных оболочек** *(Kern)* Elektronenschalenmodell *n* || ~ **электроэнергетической системы** Elektroenergiesystemmodell *n* || ~/**эталонная** Vergleichsmodell *n* || ~/**ядерная** *(Kern)* Kernmodell *n* || ~ **ядра** *(Kern)* Kernmodell *n* || ~ **ядра/альфа-частичная** Alphateilchenmodell *n (des Atomkerns)*; Alphateilchenkernmodell *n* || ~ **ядра/капельная** *(Kern)* Tröpfchenmodell *n (des Atomkerns)* || ~ **ядра/обобщённая** *(Kern)* kombiniertes (vereinigtes) Kernmodell *n*, Kollektivmodell *n* || ~ **ядра/оболочечная** *(Kern)* Schalenmodell *n* || ~ **ядра/оптическая** *(Kern)* optisches Modell *n* || ~ **ядра/статистическая** *(Kern)* statistisches Kernmodell (Compoundkernmodell) *n* || ~/**ячеечная** Zellenmodell *n*

модем *m* Modem *m(n)*, Modulator-Demodulator *m* || ~ **передачи** Sendemodem *n* || ~ **передачи данных** Datenmodem *n*, Datenübertragungsmodem *n*

модератор *m* Geschwindigkeitsregler *m*

модификатор *m* 1. Modifikator *m*, Modifizierungsmittel *n*; 2. *(Gum)* Regler *m*, Kettenüberträger *m*; 3. Modifikator *m*, Impfmittel *n*, Impfstoff *m*; 4. *(Inf)* Modifizierungssymbol *n* || ~/**графитизирующий** *(Gieß)* graphitbildendes (graphitisierendes) Impfmittel *n* || ~ **длины** *(Inf)* Längenfaktor *m* || ~ **длительного действия (эффекта)** *(Gieß)* Langzeitimpfmittel *n* || ~/**комплексный** *(Gieß)* Kompleximpfmittel *n*, Komplexmodifikator *m*, Komplexmodifizierungsmittel *n* || ~ **порядка [числа]** *(Inf)* Exponentenfaktor *m*

модификация *f* Abänderung *f*, Modifikation *f*, Modifizierung *f*, Abwandlung *f* || ~ **адреса** *(Inf)* Adressenänderung *f* || ~/**высокотемпературная** *(Krist)* Hochtemperaturmodifikation *f* || ~ **команды** *(Inf)* Befehlsmodifikation *f* || ~ **кристалла** *(Krist)* Modifikation *f* || ~/**лабильная** *(Krist)* instabile Modifikation *f* || ~/**метастабильная** *(Krist)* metastabile Modifikation *f (Polymorphie)* || ~/**монотропная** *(Krist)* monotrope Modifikation *f* || ~/**низкотемпературная** *(Krist)* Niedertemperaturmodifikation *f* || ~/**полиморфная** *(Krist)* polymorphe Modifikation *f* || ~ **электропроводности** Leitfähigkeitsbeeinflussung *f* || ~/**энантиоморфная** *(Krist)* enantiomorphe Modifikation *f* || ~/**энантиотропная** *(Krist)* enantiotrope Modifikation *f*

модифицирование *n* Modifizieren *n*, Modifizierung *f*, Abänderung *f*; *(Gieß)* Impfen *n*, Modifizieren *n*, Modifizierung *f (Schmelze)* || ~/**двойное** *(Gieß)* Doppelmodifizierung *f*, Doppelimpfung *f* || ~ **магнием** *(Gieß)* Magnesiumbehandlung *f (von flüssigem Gußeisen)*

модифицированный серой *(Gum)* schwefelmodifziert

модоселективный *(Nrt)* modenselektiv

модулирование *n s*. модуляция

модулированный *(El)* moduliert, gemodelt; *(Ak)* ausgesteuert || ~ **по длительности** pulsbreitenmoduliert, pulslängenmoduliert || ~ **по плотности** dichtemoduliert || ~ **по скорости** geschwindigkeitsmoduliert || ~ **по яркости** helligkeitsmoduliert || ~ **шумами** rauschmoduliert

модулировать *(Eln)* modulieren, modeln; *(Ak)* aussteuern || ~ **в противофазе** gegenphasig modulieren || ~ **голосом** sprachmodulieren, mit Sprache modulieren || ~ **звуковой частотой** tonmodulieren, mit Tonfrequenz modulieren || ~ **напряжением** spannungsmodulieren || ~ **по амплитуде** amplitudenmodulieren || ~ **по фазе**

phasenmodulieren ‖ ~ **по частоте** frequenzmodulieren ‖ ~ **полностью** durchmodulieren
модулометр *m* Modulations[grad]messer *m*; *(Ak)* Aussteuerungs[grad]messer *m*
модуль *m* 1. Modul *m*, Zahl *f*, Ziffer *f*; 2. *(Math)* Modul *m (einer komplexen Zahl bzw. eines elliptischen Integrals)*; 3. *(Eln)* Modul *m*, Baustein *m*, Modulbaustein *m*; 4. *(Meß)* Einheit *f (eines Maßsystems)*; 5. *(Masch)* Modul *m (Zahnräder)*; 6. *(Masch)* Baueinheit *f (Baugruppe im Baukastensystem)*; 7. *(Bw)* Modul *m*, Rastermaß *n*; 8. *(Arch)* Modul *m (Säule)* ‖ **~/абсолютный** *(Inf)* Lademodul *m* ‖ **~/автоматизированный производственный** automatische Fertigungszelle *f* ‖ **~/вертикальный** *(Bw)* Höhenraster *m* ‖ **~/вычислительный** Rechnermodul *m*, Rechnerbaugruppe *f* ‖ **~/гибкий производственный** *(Masch)* 1. flexible Fertigungszelle *f*; 2. technologische Einheit *f (Ausrüstung mit Industrierobotern)* ‖ **~/гибкий производственный станочный** *(Wkzm)* flexible Fertigungszelle *f (aus Werkzeugmaschinen)* zum Spanen und/oder Abtragen ‖ **~/гидравлический** hydraulischer Modul *m*, Hydromodul *m (des Zements)* ‖ **~/горизонтальный** *(Bw)* Grundrißraster *m* ‖ **~/дополнительный** *(Inf)* Erweiterungssteckplatz *m*, Erweiterungsmodul *m* ‖ **~/дробный** *(Bw)* Kleinrastermaß *n* ‖ **~ жёсткости** Steifigkeitsmodul *m* ‖ **~/загрузочный** *(Inf)* Lademodul *m* ‖ **~/запоминающий** *(Inf)* Speichermodul *m* ‖ **~ затвердевания** *(Gieß)* geometrischer Modul *m*, Erstarrungsmodul *m*, Gußteilmodul *m* ‖ **~ зацепления** *(Masch)* Modul *m* ‖ **~ ЗУ/дополнительный** *(Inf)* Speichererweiterung *f* ‖ **~ зубьев колёса** *(Masch)* Modul *m*, Durchmesserteilung *f* ‖ **~/индивидуальный** Personality-Board *n*, Personality-Karte *f*, Personality-Modul *m* ‖ **~/интегральный** *(Eln)* integrierter Baustein *m* ‖ **~/интерфейсный** *(Eln)* Schnittstellenmodul *m*, Schnittstellenbaustein *m* ‖ **~/исходный** *(Inf)* Quellmodul *m*; Ursprungsmodul *m* ‖ **~ коэффициента затухания** Dämpfungsmodul *m* ‖ **~ коэффициента преломления** Refraktionsmodul *m* ‖ **~/кремнезёмный** *(Bw)* Silikatmodul *m* ‖ **~ крупности** *(Bw)* Körnungsziffer *f* ‖ **~/лазерный** Laserbaustein *m* ‖ **~/логический** *(Inf)* Logikmodul *m*, Logikbaustein *m* ‖ **~/микроминиатюрный** Mikromodul[baustein] *m* ‖ **~/микроэлектронный** mikroelektronisches Bauelement *n* ‖ **~/многокристальный** *(Inf)* Multichip-Modul *m* ‖ **~/начальный** *(Masch)* Modul *m* auf dem Wälzkreis *(Zahnrad)* ‖ **~ нормальной упругости** *s.* ~ Юнга ‖ **~/нормальный** *(Masch)* Normalmodul *n (Zahnrad)* ‖ **~/объектный** *(Inf)* Objektmodul *m* ‖ **~/объёмной упругости** *(Mech)* Volum[en]elastizitätsmodul *m*, Volum[en]elastizität *f*, Kompressionsmodul *m*, Volum[en]kompressibilität *f* ‖ **~/оверлейный** *(Inf)* Überlagerungsmodul *m* ‖ **~/основной** *(Bw)* Modul *m*, Grundmodul *m* ‖ **~ памяти** *(Inf)* Speichermodul *m*, Speicherbaustein *m* ‖ **~ FIFO-памяти** *(Inf)* FIFO-Baustein *m* ‖ **~/перемещаемый** *(Inf)* verschiebbarer Modul *m* ‖ **~/периодический** *(Inf)* Perioditätsmodul *m* ‖ **~/планировочный** *s.* ~/горизонтальный ‖ **~ по делительной окружности** *(Masch)* Modul *m* auf dem Teilkreis *(Zahnrad)* ‖ **~ подзем-**
ного стока *(Hydrol)* Grundwasserabflußspende *f* ‖ **~ поперечного сжатия** *s.* коэффициент Пуассона ‖ **~ поперечной упругости** *s.* ~ сдвига ‖ **~ потерь** Verlustmodul *m* ‖ **~/представления** *(Math)* Darstellungsmodul *m* ‖ **~/программный** Programmbaustein *m*, Programmodul *m* ‖ **~ продольной упругости** *s.* ~ Юнга ‖ **~/производный** *(Bw)* abgeleitetes Rastermaß *n* ‖ **~/производственный** *(Wkzm)* 1. Fertigungszelle *f (ohne Industrieroboter)*; 2. technologische Einheit *f (Ausrüstung mit Industrieroboter)* ‖ **~ процессора** Prozessorbaustein *m* ‖ **~ прочности** *s.* ~ растяжения 1. ‖ **~/пьезоэлектрический** piezoelektrischer Modul *m*, Piezomodul *m* ‖ **~ расстояния** *(Astr)* Entfernungsmodul *m* ‖ **~ растяжения** 1. *(Wkst)* Bruchfestigkeit *f*, Bruchgrenze *f*, statische Zerreißgrenze *f*; 2. *s.* ~ Юнга ‖ **~/релаксационный** Relaxationsmodul *m* ‖ **~ связи** Koppelmodul *m* ‖ **~ сдвига** *(Mech)* Schubmodul *m*, Schubelastizitätsmodul *m*, Gleitmodul *m*, zweiter Elastizitätsmodul *m* ‖ **~ сдвиговой упругости** *s.* ~ сдвига ‖ **~/силовой полупроводниковый** *(Eln)* Leistungs-Halbleitermodul *m* ‖ **~/системный** Systembaustein *m* ‖ **~ скольжения** *s.* ~ сдвига ‖ **~ сопротивления** *(Wkst)* Festigkeitswert *m*, Festigkeitszahl *f*, Festigkeitsziffer *f* ‖ **~ специализации** *s.* ~/индивидуальный ‖ **~ сравнения** *(Math)* Kongruenzmodul *m (Zahlentheorie)* ‖ **~ среза** ~ сдвига ‖ **~/ставной** Bausatz *m* ‖ **~ стока** *(Hydrol)* Abflußspende *f* ‖ **~/текстовый** *(Inf)* Textbaustein *m* ‖ **~/температурный** Temperaturmodul *m* ‖ **~/технологический** *(Masch)* Fertigungszelle *f* ‖ **~/торцовый** *(Masch)* Stirnmodul *m (Zahnrad)* ‖ **~/укрупнённый** *(Bw)* Großraster *m* ‖ **~ управления** Ansteuerbaustein *m*, Steuermodul *m* ‖ **~ упрочнения** Verfestigungskoeffizient *m*, Verfestigungskennwert *m* ‖ **~ упругости** *s.* ~ Юнга ‖ **~ упругости/объёмной упругости** *s.* объёмной упругости ‖ **~ упругости основания** Bettungs[flächen]zahl *f* ‖ **~ эластичности** *s.* ~ Юнга ‖ **~ электропроводности** Stromversorgungsmodul *m*, STM ‖ **~ Юнга** *(Mech)* [linearer] Elastizitätsmodul *m*, [linearer] E-Modul *m*, Youngscher Elastizitätsmodul (Modul) *m*, Dehnungsmaß *n*, Dehnungsmodul *m*
модульность *f* 1. *(Masch)* Baukastenbauweise *f (von Maschinen)*; 2. Bausteinausführung *f (bei Programmen)*
модульный Modul..., in Modulbauweise, modular
модуль-привод *m* Antriebsmodul *m*
модулятор *m* Modulator *m*, Modler *m* ‖ **~/амплитудный** *(Nrt)* Amplitudenmodulator *m* ‖ **~/акустооптический** akustooptischer Modulator *m (Laser)* ‖ **~/временной** Zeitmodulator *m* ‖ **~/групповой** Gruppenmodulator *m* ‖ **~/двухтактный** Gegentaktmodulator *m* ‖ **~/диодный** Diodenmodulator *m* ‖ **~ добротности** Gütemodulator *m*, Güteschalter *m*, Q-Schalter *m (Laser)* ‖ **~/импульсный** Impulsmodulator *m*, Pulsmodulator *m* ‖ **~/кольцевой** Ringmodulator *m* ‖ **~/контактный** Kontaktmodulator *m* ‖ **~/магнитооптический** magnetooptischer Modulator *m* ‖ **~/магнитный** Magnetmodulator *m* ‖ **~/мембранный** Membranmodulator *m* ‖ **~/мостовой** Brückenmodulator *m* ‖ **~ незатухающих коле-**

модулятор

баний Dauerstrichmodulator m ‖ ~/**однополосный** Einseitenbandmodulator m ‖ ~/**однополупериодный** Einwegmodulator m ‖ ~/**однотактный** Eintaktmodulator m ‖ ~ **света** Licht[strom]modulator m ‖ ~/**фазовый** Phasenmodulator m ‖ ~/**частотный** Frequenzmodulator m ‖ ~/**широтно-импульсный** Pulslängenmodulator m ‖ ~/**электрооптический** elektrooptischer Modulator m

модулятор-демодулятор m s. модем

модуляция f Modulation f, Modulieren n, Modeln n; (Ak) Aussteuerung f, Aussteuern n • **без модуляций** unmoduliert • **с амплитудной модуляцией** amplitudenmoduliert, AM-... • **с сеточной модуляцией** gittermoduliert • **с частотной модуляцей** frequenzmoduliert, FM-... ‖ ~/**амплитудная** Amplitudenmodulation f, AM ‖ ~/**амплитудно-импульсная** Pulsamplitudenmodulation f, PAM ‖ ~/**амплифазовая** Ampliphasenmodulation f ‖ ~/**анодная** Anoden[spannungs]modulation f ‖ ~/**балансная** Gegentaktmodulation f ‖ ~/**взаимная** Intermodulation f, Kreuzmodulation f ‖ ~ **видеосигналом** Videosignalmodulation f ‖ ~/**внешняя** Fremdmodulation f ‖ ~/**внутренняя** Eigenmodulation f ‖ ~/**временная** Zeitmodulation f ‖ ~/**вспомогательная** Hilfsmodulation f ‖ ~/**групповая** Gruppenmodulation f ‖ ~/**двойная** Doppelmodulation f ‖ ~/**двухполосная** Zweiseitenbandmodulation f ‖ ~/**двухтактная** Zweitaktmodulation f, Gegentaktmodulation f ‖ ~/**диодная** Diodenmodulation f ‖ ~/**звуковая** Tonmodulation f ‖ ~/**импульсная** Pulsmodulation f, PM ‖ ~/**импульсно-кодовая** Pulskodemodulation f, PCM ‖ ~/**катодная** Kathoden[spannungs]modulation f ‖ ~/**квадратурная** (TV) Quadratur[amplituden]modulation f ‖ ~/**кодовая импульсная** Pulskodemodulation f, PCM ‖ ~/**кодово-импульсная** Pulskodemodulation f, PCM ‖ ~/**мешающая** Störmodulation f ‖ ~/**многократная** Mehrfachmodulation f ‖ ~/**негативная** (TV) Negativmodulation f ‖ ~ **несущей изображения** Bildträgermodulation f ‖ ~/**обратная** Gegenmodulation f ‖ ~/**однополосная** Einseitenbandmodulation f ‖ ~/**однотактная** Eintaktmodulation f ‖ ~/**отрицательная** (TV) Negativmodulation f ‖ ~/**паразитная** Störmodulation f ‖ ~/**перекрёстная** Kreuzmodulation f, KM, Quermodulation f ‖ ~ **поглощением** Absorptionsmodulation f ‖ ~/**позитивная** (TV) Positivmodulation f ‖ ~/**положительная** (TV) Positivmodulation f ‖ ~/**помеховая** Störmodulation f ‖ ~/**посторонняя** Fremdmodulation f ‖ ~/**предварительная** Vormodulation f ‖ ~/**световая** Lichtmodulation f ‖ ~/**сеточная** Gitter[spannungs]modulation f ‖ ~/**синусоидальная** Sinusmodulation f ‖ ~/**скоростная** Geschwindigkeitsmodulation f ‖ ~ **смещением/сеточная** Gittergleichstrommodulation f, Gittervorspannungsmodulation f ‖ ~/**сопутствующая** Mitmodulation f ‖ ~/**телеграфная** Telegraphiermodulation f ‖ ~ **толщины базы** Basisdickenmodulation f (Transistorherstellung) ‖ ~/**тональная** Tonmodulation f ‖ ~/**угловая** Winkelmodulation f ‖ ~/**узкополосная частотная** Schmalbandfrequenzmodulation f, NFM ‖ ~/**фазовая** Phasenmodulation f, PM ‖ ~/**фазово-импульсная** Pulsphasenmodulation f, PPM ‖ ~/**частотная** Frequenzmodulation f, FM ‖ ~/**частотно-импульсная** Pulsfrequenzmodulation f, PFM, Impulsfrequenzmodulation f, IFM ‖ ~/**чрезмерная** (Rf) Übermodulation f; (Eln) Übersteuerung f ‖ ~ **толщины базы** s. ~ **толщины базы** ‖ ~/**широкополосная частотная** Breitbandfrequenzmodulation f ‖ ~/**широтно-импульсная** Pulsbreitenmodulation f, Pulslängenmodulation f, PLM, Pulsdauermodulation f, PDM ‖ ~/**шумовая** Rauschmodulation f ‖ ~/**яркостная** Helligkeitsmodulation f

мозаика f 1. Mosaik n; 2. (TV) Mosaikelektrode f, Speicherelektrode f, Speicherplatte f ‖ ~/**многомерная** mehrdimensionale Mosaikanordnung f

мозаичность f Mosaikstruktur f

мозандрит m (Min) Mosandrit m

мозг m/**электронный** (Kyb) Elektronenhirn n

мойка f 1. Waschen n; 2. Wäscher m, Wascheinrichtung f; Waschmaschine f; 3. Wäscherei f, Waschwerk n, Wäschereibetrieb m; 4. Abwaschtisch m, Spülbecken n (z. B. in Küchen); 5. Läutern n, Läuterung f (Aufbereitung); 6. Wäsche f, Waschanlage f, Läuteranlage f (Aufbereitung) ‖ ~/**барабанная** Trommelwäscher m, Waschtrommel f, Läutertrommel f ‖ ~/**барабанно-реечная** Waschtrommel f mit Rechenklassierer ‖ ~/**башенная** Turmwäscher m, Waschturm m ‖ ~/**корытная** Trogwäscher m, Waschtrog m ‖ ~/**кулачная** 1. Quirlwäsche f; 2. Quirlwäscher m ‖ ~/**кухонная** Geschirrspüle f ‖ ~/**обогатительная** Setzwäsche f ‖ ~ **оборудования/безразборная** (Brau) CIP-Reinigung f der Anlagen (cleaning-in-place) ‖ ~/**элеваторная** (Lw) 1. Elevatorwäsche f; 2. Spiralflutwäsche f (Kartoffelwäsche)

мойка-измельчитель f **корнеплодов** (Lw) Wasch- und Zerkleinerungsmaschine f für Wurzelfrüchte (Rüben und Wurzelgemüse)

мойка-корнерезка f (Lw) Rübenwasch- und -zerkleinerungsmaschine f

мокнуть 1. [ein]wässern, einweichen, durchfeuchten; 2. rösten, rotten (Flachs)

мокромолотый naßgemahlen

мокросоление n 1. Naßsalzen n; 2. (Led) Salzen n, Lakenkonservierung f; Stapelsalzung f (frischer Häute)

мокросолёный 1. naßgesalzen; 2. (Led) lakenkonserviert

мол m (Hydt) Mole f, Damm m

моласса f (Geol) Molasse f

молеедина f Mottenfraß m

молектроника f Molekularelektronik f, Molelektronik f

молектронный molekularelektronisch

молекула f (Ch, Ph) Molekül n ‖ ~/**активированная** aktiviertes Molekül n ‖ ~/**активная** aktives Molekül n ‖ ~/**ван-дер-ваальсова** Van-der-Waals-Molekül n ‖ ~/**возбуждённая** angeregtes Molekül n ‖ ~/**вторичная** Tochtermolekül n (in Kometen) ‖ ~/**горячая** "heißes" Molekül n (in Kometen) ‖ ~/**несчётная** Molekül n mit ungerader Elektronenzahl ‖ ~/**нитевидная** Fadenmolekül n ‖ ~/**родительская** Muttermolekül n (in Kometen) ‖ ~/**цепочечная** Kettenmolekül n

молекула-волчок f Kreiselmolekül n

молекула-гигант f (Ch) Makromolekül n

молекула-основа f (Ch) Stammolekül n
молекулярно-дисперсный molekulardispers
молекулярность f Molekularität f
молекулярный molekular, Molekular..., Molekül...
молибден m (Ch) Molybdän n, Mo
молибденит m (Min) Molybdänit m, Molybdänglanz m
молибденовокислый (Ch) ...molybdat n; molybdänsauer
молибденовый (Ch) Molybdän...
молибдит m (Min) Molybdit m, Molybdänocker m
моллирование n (Glas) Senken n
моллисол m Auftauboden m, Mollisol m
молниевидный blitzartig, blitzähnlich
молниезащита f Blitzschutz m
молниеотвод m Blitzableiter m ‖ ~/**пластинчатый** Plattenblitzableiter m ‖ ~/**стержневой** Blitzableiterstange f, Blitzauffangstange f ‖ ~/**угольный** Kohleblitzableiter m
молниеуловитель m s. молниеотвод
молния f Blitz m; Blitzentladung f ‖ ~/**линейная** Linienblitz m ‖ ~/**плоская** Flächenblitz m ‖ ~/**шаровая** Kugelblitz m
молоко n Milch f ‖ ~/**известковое** (Bw) Kalkmilch f, Weiße f ‖ ~/**крахмальное** Stärkemilch f ‖ ~/**распылительное** Sprühmilch f, Zerstäubungsmilchpulver n ‖ ~/**цементное** (Bw) Zementbrühe f, Zementmilch f
молокомер m (Lw) Milchmeßgerät n, Milchmesser m
молокоохладитель m Milchkühler m ‖ ~/**круглый оросительный** Rundrieselmilchkühler m ‖ ~/**оросительный** Berieselungsmilchkühler m ‖ ~/**пластинчатый** Plattenmilchkühler m ‖ ~/**плоский оросительный** Flächenrieselmilchkühler m
молокоочиститель m/**центробежный** Milchreinigungszentrifuge f
молокопровод m (Lw) Milchleitung f (Melkanlage)
молот m (Schm) Hammer m (Maschinenhammer; s. a. unter молоток) ‖ ~/**арочный** Portalhammer m ‖ ~/**балансирный** Brusthammer m, Stielhammer m, Schwanzhammer m ‖ ~/**бесшаботный** Gegenschlaghammer m ‖ ~/**быстродействующий штамповочный** Schnellgesenkhammer m ‖ ~/**быстроходный** Schnellschlaghammer m ‖ ~/**винтовой фрикционный** Reibspindelpresse f ‖ ~/**воздушный** Drucklufthammer m ‖ ~/**газовый** gasbetriebener Oberdruckhammer m ‖ ~/**гидравлический** hydraulischer Hammer m, Hydraulikhammer m ‖ ~/**гладильный** Planhammer m ‖ ~ **двойного действия** Druckhammer m, Oberdruckhammer m, Oberlaufhammer m ‖ ~/**двухстоечный** Doppelständerhammer m ‖ ~ **для свободной ковки** Freiformschmiedehammer m ‖ ~/**ковочно-штамповочный** Gesenkschmiedehammer m ‖ ~/**ковочный** Schmiedehammer m (Freiformschmieden) ‖ ~/**кривошипный** Kurbelhammer m ‖ ~/**кузнечный** Schmiedehammer m ‖ ~/**кулачково-рычажный** Stielhammer m mit Nockenantrieb ‖ ~/**листоштамповочный** Kümpelhammer m ‖ ~/**лобовой** Stirnhammer m ‖ ~/**машинный (механический)** Maschinenhammer m ‖ ~/**мостовой** Brückenhammer m ‖ ~/**одностоечный** Einständerhammer m, einhüftiger Hammer m ‖ ~/**падающий** Fallhammer m ‖ ~/**педальный** Tritthammer m ‖ ~/**пестовой** Fallhammer m, Flachhammer m, Reck[schmiede]hammer m, Ausschmiedehammer m ‖ ~/**приводной** Maschinenhammer m ‖ ~/**приводной пневматический** Drucklufthammer m ‖ ~/**пружинно-рессорный** s. ~/пружинный ‖ ~/**пружинный** Blattfederhammer m, Federhammer m, Bogenfederhammer m ‖ ~/**разгонно-штамповочный** Kümpelhammer m ‖ ~/**разгонный** Treibhammer m ‖ ~/**расковочный** s. ~/плющильный ‖ ~/**рессорн[о-пружинн]ый** s. ~/пружинный ‖ ~/**рихтовальный** Flachhammer m, Richthammer m ‖ ~/**рубильный** (Gieß) Putzhammer m, Stemmhammer m, Druckluftmeißel m ‖ ~/**рычажный** Hebelhammer m, Stielhammer m ‖ ~/**сваебойный** (Bw) Rammbär m ‖ ~/**свайный** (Bw) Pfahlhammer m ‖ ~/**сварочный** Schweißhammer m ‖ ~/**свободнопадающий** Fallhammer m ‖ ~/**толчейный** Quetschhammer m ‖ ~/**фрикционный** Friktionshammer m, Reib[fall]hammer m ‖ ~/**штамповочный** Gesenk[schmiede]hammer m
молотилка f (Lw) Dreschmaschine f ‖ ~/**бильная (бичевая)** Schlagleistendreschmaschine f ‖ ~/**зубовая (штифтовая)** Stiftendreschmaschine f
молотобоина f (Schm) Hammerschlag m, Schmiedeschlacke f, Zunder m
молоток m (Wkz) Hammer m (Handhammer; s. a. unter молот) ‖ ~/**бурильный** (Bgb) Bohrhammer m ‖ ~/**гладильный** Treibhammer m; Schlichthammer m ‖ ~/**заклёпочный** Niethammer m ‖ ~/**кузнечный** Schmiedehammer m ‖ ~/**неврологический** (Med) Reflexhammer m ‖ ~/**осадочный** Stauchhammer m, Setzhammer m ‖ ~/**отбойный** (Bgb) Abbauhammer m, Pickhammer m ‖ ~/**разгонный** Treibhammer m ‖ ~/**телескопный бурильный** (Bgb) Teleskopbohrhammer m ‖ ~/**чеканочный** Stemmhammer m
молоток-кирочка m Maurerhammer m
молоток-клеймо m (Forst) Numerierhammer m, Waldeisen n
молоточек m **звонка** (El) Klöppel m (Klingel) ‖ ~ **прерывателя** Unterbrecherhammer m (Zündung eines Verbrennungsmotors)
молоточек-прерыватель m Hammerunterbrecher m
молоть mahlen, zerkleinern
молотьба f (Lw) Dreschen n, Drusch m
молочко n/**канифольное** (Pap) Harzmilch f, Leimmilch f ‖ ~/**каолиновое** (Pap) Kaolinmilch f, Kaolintrübe f
молочнокислый (Ch) ...lactat n; milchsauer
моль m Mol n, Grammol[ekül] n ‖ ~ **на кубический метр, моль/м³** Mol n je Kubikmeter, mol/m³
моляльность f Molalität f, Kilogramm-Molarität f, molale Konzentration f (Konzentrationsmaß)
моляризация f (Ch) Wiedervereinigung f, Rekombination f, Molekelbildung f
молярность f (Ch) [Liter-]Molarität f, molare Konzentration (Volumenkonzentration) f (Konzentrationsmaß)

момент *m* 1. Moment *m*, Zeitpunkt *m*; 2. *(Mech)* Moment *n* ‖ **~/абсолютный** absolutes Moment *n* ‖ **~ введения** *s*. **~ инжекции** ‖ **~/ветровой** *(Bw)* Windmoment *n* ‖ **~/внутренний** inneres Moment *n* ‖ **~ возврата** *s*. **~/направляющий** ‖ **~/возмущающий** Störmoment *n* ‖ **~/волновой изгибающий** *(Schiff)* Wellenbiegemoment *n* ‖ **~ воспламенения** *(Kfz)* Zündmoment *n* ‖ **~/восстанавливающий** *(Aero)* aufrichtendes (rückdrehendes) Moment *n*, Aufrichtmoment *n*, Rückdrehmoment *n*; *(Schiff auch:)* Stabilitätsmoment *n* ‖ **~/вращательный (вращающий)** *s*. **~ вращения** ‖ **~ вращения** Drehmoment *n*, Rotationsmoment *n* ‖ **~ вращения/начальный** Anfangsdrehmoment *n* ‖ **~ вращения/номинальный** Nenndrehmoment *n* ‖ **~/вспомогательный вращающий** Hilfsdrehmoment *n* ‖ **~/встречный вращающий** Gegendrehmoment *n* ‖ **~/втягивающий** Zugmoment *n* ‖ **~ выделения** *(Ch)* Entstehungszustand *m*, Status nascendi *m* ‖ **~ выключения двигателя [ракеты]** *(Rak)* Brennschluß *m* *(Strahltriebwerk)* ‖ **~/гироскопический** Kreiselmoment *n* ‖ **~ двигателя** Motormoment *n* ‖ **~/движущий** Bewegungsmoment *n*, antreibendes (motorisches) Moment *n* ‖ **~/демпфирующий** Dämpfungsmoment *n* ‖ **~/динамический** dynamisches Moment *n* ‖ **~/дипольный** Dipolmoment *n* ‖ **~ диполя** Dipolmoment *n* ‖ **~/дифференцирующий** *(Schiff)* Trimmoment *n* ‖ **~/дополнительный** Zusatzmoment *n* ‖ **~ зажигания** Zündeinsatzpunkt *m*, Zündzeitpunkt *m* ‖ **~/закручивающий** *s*. **~/крутящий** ‖ **~ запала** *(Kfz)* Zündmoment *n*, Zündzeitpunkt *m* ‖ **~/изгибающий** Biegemoment *n* ‖ **~ инерции** Trägheitsmoment *n*, Massenträgheitsmoment *n* ‖ **~ инерции/главный** [zentrales] Hauptträgheitsmoment *n* ‖ **~ инерции линии** Linienträgheitsmoment *n* ‖ **~ инерции/осевой** axiales (äquatoriales) Trägheitsmoment *n* ‖ **~ инерции/поверхностный** Flächenträgheitsmoment *n*, Moment *n* erster Ordnung ‖ **~ инерции/полярный** polares (Binetsches) Trägheitsmoment *n* ‖ **~ инерции/приведённый** reduziertes Trägheitsmoment *n* ‖ **~ инерции/продольный** *(Schiff)* Längenträgheitsmoment *n* ‖ **~ инерции/центробежный** Zentrifugalmoment *n*, Deviationsmoment *n* ‖ **~ инерции/экваториальный** *s*. **~ инерции/осевой** ‖ **~ инжекции** *(Kern)* Einschußmoment *m*, Einschußzeitpunkt *m*, Injektionsmoment *m* *(Beschleuniger)* ‖ **~/квадрупольный** Quadrupolmoment *n* ‖ **~ количества движения** Drehimpuls *m*, Impulsmoment *n*, Drall *m* ‖ **~ количества движения/орбитальный** *(Astr)* Bahndrehimpuls *m* ‖ **~ количества движения/полный** Gesamtdrehimpuls *m* ‖ **~ короткого замыкания** *(El)* Kurzschlußmoment *n* ‖ **~/корректирующий** Korrekturmoment *n* ‖ **~ крена** *(Flg)* Querneigungsmoment *n*, Rollmoment *n* ‖ **~/кренящий** *(Schiff)* Krängungsmoment *n* ‖ **~/критический** kritisches Moment *n* ‖ **~/крутильный** *s*. **~/крутящий** ‖ **~/крутящий** Torsionsmoment *n*, Verdrehmoment *n*, Drillmoment *n*, Drehmoment *n* [bei Torsionsbeanspruchung] ‖ **~ кручения** *s*. **~/крутящий** ‖ **~/линейный** lineares Moment *n* ‖ **~ магнитного диполя** magnetisches Dipolmoment *n* ‖ **~/магнитный** magnetisches Moment *n* ‖ **~/магнитный спиновый** *(Kern)* [magnetisches] Spinmoment *n* ‖ **~/максимальный** 1. größtes (maximales) Moment *n*, Größtmoment *n*, Höchstmoment *n*; 2. *s*. **~/максимальный вращающий** ‖ **~/максимальный вращающий** maximales Drehmoment *n*, Kippmoment *n* ‖ **~/массы** Massenmoment *n* ‖ **~/мультипольный** Multipolmoment *n* ‖ **~ на волнении/изгибающий** *(Schiff)* Wellenbiegemoment *n* ‖ **~/нагрузочный** Belastungsmoment *n*, Lastmoment *n* ‖ **~/направляющий** Richtmoment *n*, Winkelrichtgröße *f*, Direktionsmoment *n* *(Verdrillung von Stäben oder Drähten)* ‖ **~/номинальный вращающий** Nenndrehmoment *n* ‖ **~/обратный вращающий** rückführendes Drehmoment *n*, Rückdrehmoment *n*, Rückführmoment *n*; *(Meß)* Richtmoment *n* ‖ **~/опорный** *(Bw)* Pfeilermoment *n*, Auflagermoment *n* ‖ **~/опрокидывающий** Kippmoment *n*, maximales Drehmoment *n* ‖ **~/орбитальный** *(Kern)* Bahnmoment *n* *(eines Teilchens)* ‖ **~/осевой** axiales Moment *n*, axial wirkendes Moment *n* ‖ **~/остаточный** Restmoment *n* ‖ **~/отклоняющий** Ablenkmoment *n*, Auslenkmoment *n*, ablenkendes (auslenkendes) Moment *n* ‖ **~ первого порядка** *s*. **~/статический** ‖ **~/перегибающий** Aufbiegemoment *n* ‖ **~/перегрузочный** Überlastmoment *n* ‖ **~/переменный** Wechselmoment *n* ‖ **~/пиковый** Spitzenmoment *n* ‖ **~ по высоте** *(Schiff)* Höhenmoment *n* ‖ **~ по длине** *(Schiff)* Längenmoment *n* ‖ **~ полной нагрузки** Vollastmoment *n* ‖ **~/полный** Gesamtmoment *n* ‖ **~/поправочный** *(Schiff)* Korrekturmoment *n* ‖ **~/постоянный** konstantes (invariables) Moment *n* ‖ **~ потерь** Verlustmoment *n* ‖ **~/предельный** Grenzmoment *n* ‖ **~ прецессии** Präzessionsmoment *n* ‖ **~/приведённый** reduziertes Moment *n* ‖ **~/прогибающий** *(Schiff)* Durchbiegemoment *n* ‖ **~/продольный** Längsmoment *n*, Kippmoment *n*; *(Schiff)* Längenmoment *n* ‖ **~/продольный изгибающий** *(Schiff)* Längsbiegemoment *n* ‖ **~ прокручивания** Anlaufdrehmoment *n* ‖ **~/пролётный** *(Bw)* Feldmoment *n* ‖ **~/противодействующий [вращающий]** entgegenwirkendes Moment *n*, Gegen[dreh]moment *n*; Rückdrehmoment *n*, Rückstellmoment *n*; *(Meß)* Richtmoment; *(Reg)* Einstellmoment *n* ‖ **~ прохождения через перигелий** *(Astr)* Perihelzeit *f* *(Bahnelement)* ‖ **~/пусковой** Anzugsmoment *n*, Anfahrmoment *n*, Startmoment *n* ‖ **~/разрушающий** Bruchmoment *n* ‖ **~/расчётный** rechnerisches Moment *n* ‖ **~/реактивный** Reaktionsmoment *n* ‖ **~ сдвига** Schermoment *n* ‖ **~/сейсмический** seismisches Moment *n (Maß für die Stärke bzw. Energie eines seismischen Ereignisses)* ‖ **~ силы** Kraftmoment *n* ‖ **~/синхронизирующий** Synchronisationsmoment *n* ‖ **~ системы/главный** Hauptmoment *n* ‖ **~ скачка** Sprungmoment *n* ‖ **~ скольжения** Schlupfmoment *n* ‖ **~/скручивающий** *s*. **~/крутящий** ‖ **~ сопротивления** Widerstandsmoment *n* ‖ **~ сравнения** Koinzidenzzeitpunkt *m* ‖ **~/средний вращающий** mittleres Drehmoment *n* ‖

~/статический statisches (lineares) Moment n, Moment n erster Ordnung ‖ ~ съёма Abtastmoment n, Abtastzeitpunkt m ‖ ~ тангажа s.
~/продольный ‖ ~ тока (El) Strommoment n ‖
~/тормозящий Bremsmoment n ‖ ~ трения Reibungsmoment n ‖ ~ трения/демпфирующий dämpfendes Reibungsmoment n ‖ ~ трения качения Rollreibungsmoment n ‖ ~ трения скольжения Gleitreibungsmoment n ‖
~/угловой s. ~ количества движения ‖
~/удельный spezifisches Moment n ‖ ~/удерживающий Haltemoment n ‖ ~/узловой Knoten[punkt]moment n ‖ ~/управляющий Steuermoment n, Stellmoment n ‖ ~/уравнительный Ausgleichsmoment n ‖ ~/ускоряющий Beschleunigungsmoment n ‖ ~/успокаивающий Dämpfungsmoment n ‖ ~/устанавливающий Einstellmoment n ‖ ~/центробежный Fliehmoment n, Zentrifugalmoment n ‖ ~ цифрового сигнала/значащий (Nrt) Kennzeitpunkt m eines digitalen Signals ‖ ~/электрический elektrisches Moment n ‖ ~/электромагнитный elektromagnetisches Moment n ‖ ~/электромеханический elektromechanisches Moment n ‖
~/ядерный s. ~ ядра ‖ ~ ядра (Kern) Kernmoment n ‖ ~ ядра/квадрупольный Kernquadrupolmoment n ‖ ~ ядра/магнитный magnetisches Kernmoment n ‖ ~ ядра/магнитный дипольный magnetisches Kerndipolmoment n ‖ ~ ядра/магнитный квадрупольный magnetisches Kernquadrupolmoment n ‖ ~ ядра/электрический elektrisches Kernmoment n ‖ ~ ядра/электрический дипольный elektrisches Kerndipolmoment n ‖ ~ ядра/электрический квадрупольный elektrisches Kernquadrupolmoment n
монаднок m (Geol) Monadnock m, Härtling n
монацит m (Min) Monazit m, Urdit m
мондхальдеит m (Geol) Mondhaldeit m
монель[-металл] m Monel[metall] m
монетница f Rückgabebecher m (eines Münzfernsprechers)
монетоприёмник m Münzeinwurf[schlitz] m
монетопровод m Münzschacht m (eines Münzfernsprechers)
монжус m (Ch) Montejus n, Druckheber m, Druckbirne f ‖ ~/автоматический Laurentsches Pulsometer n, selbsttätig wirkender Druckheber m ‖ ~/автоматический кислотный Säureautomat m ‖ ~/кислотный Säuremontejus n, Säureheber m
монжю n (Brau) Hefewaschapparat m
монитор m 1. (TV) Monitor m, Kontrollbildgerät n, Bildkontrollgerät n; 2. (Inf) Monitor m, Monitorprogramm n; 3. (Kern) Monitor m, Kontroll- und Überwachungsgerät n, Strahlungskontrollgerät n, Kontrollgerät n, Kontrollinstrument n; 4. (Hydt) Hydromonitor m, Spülstrahlrohr m, Strahlrohr n, Wasserwerfer m ‖ ~/диалоговый Dialogmonitor m ‖ ~ оперативного контроля On-line-Monitor m ‖ ~/отладочный (Inf) Debug[ging]-monitor m ‖ ~ реального времени Echtzeitmonitor m ‖ ~/цветной Farbmonitor m
мониторинг m (Ökol) Monitoring n (Beobachtung, Bewertung und Prognose des Zustandes der Umwelt), Umweltkontrolle f, Warn- und Kontrollsystem n ‖ ~/авиационный Flugmonitoring n, Luftbildmonitoring n ‖ ~/атмосферный Atmosphärenmonitoring n ‖ ~/глобальный globales Umweltmonitoring n ‖ ~/дистанционный Distanzmonitoring n, Entfernungsmonitoring n, Fernmonitoring n (z. B. Umweltkontrolle durch Luft- und Kosmosbild) ‖ ~ загрязнения воды Monitoring n der Wasserverschmutzung ‖
~ качества воздуха Luftqualitätskontrolle f, Monitoring n der Luftqualität ‖ ~/космический kosmisches Monitoring n, kosmische Umweltkontrolle f ‖ ~ окружающей среды Umweltmonitoring n, Umweltkontrolle f ‖ ~/региональный Regionalmonitoring n ‖ ~/сейсмический seismische Überwachung f
моновариантный univariant, monovariant
моноволокно n Einzelfaser f (Lichtwellenleiter)
монозамещение n (Ch) Monosubstitution f, Einfachsubstitution f
монозамещённое n (Ch) Monosubstitutionsprodukt n
моноклиналь f (Geol) Monokline f, Flexur f
моноклинный (Krist) monoklin
моноклиноэдрический (Krist) monoklinoedrisch
монокль m (Opt) Monokel n, Monokellinse f
монокорунд m (Wkz) Monokorund m (Schleifmittel)
монокристалл m (Krist) Einkristall m ‖ ~/бездислокационный versetzungsfreier Einkristall m ‖ ~/полупроводниковый Halbleitereinkristall m ‖ ~/примесный dotierter Einkristall m ‖ ~/профилированный profilierter Einkristall m
монокуляр m (Opt) Monokular n
монокулярный monokular, einäugig
монолит m Monolith m
монолитный monolithisch
моном m (Math) Monom n
мономер m (Ch) Monomer[es] n, monomere Substanz f; (Kst) Grundmolekül n
мономерный (Ch) monomer
мономолекулярный (Ch) monomolekular
мономорфизм m (Math) Monomorphismus m
мононить f Monofil n, Monofilseide f, Monofilfaden m
моноокись f (Ch) Monoxid n
моноплан m (Flg) Eindecker m ‖ ~/высококрылый Hochdecker m ‖ ~/низкокрылый Tiefdecker m ‖ ~/среднекрылый Mitteldecker m
монополярность f Unipolarität f
монополярный unipolar
монорельс m Tragschiene f, Laufschiene f (Einschienenhängebahn); (Masch) Portalgestell n ‖ ~/заливочный Gießhängebahn f
моносахарид m (Ch) Monosaccharid n, Einfachzucker m
моноскоп m (TV) Monoskop n
монослой m monomolekulare Schicht (Adsorptionsschicht) f, Monomolekularfilm m, Monoschicht f
моноспираль f (El) Einfachwendel f
моностабильный monostabil
монотектика f (Met) Monotektikum n, monotektische Legierung f
монотонность f Monotonie f
монотропия f (Ch) Monotropie f
монотропный monotrop

монохроизм *m (Opt)* Monochroismus *m*, isotrope Lichtabsorption *f*
монохромат *m (Opt)* Monochromat *n*
монохроматический *(Opt)* monochromatisch, einfarbig, spektralrein
монохроматичность *f* Monochromasie *f (Laser)*
монохроматор *m (Opt)* Monochromator *m* ‖ ~/**вакуумный** Vakuummonochromator *m* ‖ ~ **двойного разложения** Doppel[spiegel]monochromator *m*; Prismendoppelmonochromator *m* ‖ ~/**дифракционный** Gittermonochromator *m* ‖ ~/**зеркальный** Spiegelmonochromator *m* ‖ ~/**инфракрасный** Infrarotmonochromator *m*, IR-Monochromator *m* ‖ ~/**нейтронный кристаллический** *(Kern)* Kristallmonochromator *m* ‖ ~/**призменный** Prismenmonochromator *m* ‖ ~/**пульсирующий** *(Kern)* Chopper *m* zur Erzeugung von Teilchenimpulsen ‖ ~ **рентгеновского излучения** Röntgenstrahlenmonochromator *m*, Monochromator *m* für Röntgenstrahlen
моноэдр *m s.* педион
монтаж *m* 1. Montage *f*, Zusammenbau *m*; 2. *(El)* Verdrahtung *f*; Beschaltung *f*; 3. *(Eln)* Bestückung *f (Leiterplatten)*; 4. *(Astr, Opt)* Montierung *f*, Aufstellung *f (s. a. unter* монтировка 2.*)* ‖
~ **аэрофотоснимков** Luftbildmosaik *n*, Luftbildmontage *f* ‖ ~/**беспроволочный** drahtlose Montage *f (von Schaltkreisen)* ‖ ~/**блочный** Blockmontage *f* ‖ ~/**жёсткий** *(El)* starre Verdrahtung *f* ‖ ~/**заводской** Werksmontage *f* ‖ ~ **из лицевой поверхности к подложке** *(Eln)* Flip-Chip-Technologie *f* ‖ ~ **интегральных схем** *(Eln)* IC-Montage *f* ‖ ~ **кристаллов** *(Eln)* Chip-Kontaktierung *f*, Chip-Montage *f* ‖ ~/**мягкий** *(Eln)* flexible Verdrahtung *f* ‖ ~ **на клей** *(Eln)* Chipkleben *n* ‖ ~ **на поверхности печатной платы** *(Eln)* Aufsetztechnik *f*, SMT, Aufsetzmontage *f*, Surface mounting, SM ‖ ~ **на эвтектику** *(Eln)* eutektisches Bonden *n* ‖ ~/**навесной** 1. *(Eln)* Durchstecktechnik *f*, Durchsteckmontage *f (bedrahtete Bauelemente)*; 2. *(Bw)* Freivorbaumontage *f* ‖ ~/**накруткой** *(Eln)* Wire-Wrap-Verdrahtung *f* ‖ ~ **наращиванием** *(Bw)* Bestücken *n (Montage)* ‖ ~/**объёмный** *(El)* dreidimensionale Verdrahtung *f* ‖ ~/**печатный** [gedruckte] Leiterplatte *f*, LP, gedruckte Verdrahtung *f*, [gedruckte] Platine *f* ‖ ~/**поверхностный** 1. Oberflächenmontage *f (von Schaltkreisen)*; 2. *s.* ~ **на поверхность печатной платы** ‖ ~ **поворотом** *(Bw)* Eindrehen *n (Montage)* ‖ ~/**полносборный** *(Bw)* Fertigteilmontage *f (Montage unter ausschließlicher Verwendung von Fertigteilen)* ‖ ~/**предварительный** Vormontage *f* ‖ ~/**принудительный** Zwangsmontage *f* ‖ ~/**проводов** *(El)* Leitungsverlegung *f* ‖ ~ **с колёс** *(Bw)* Montage *f* direkt vom Transportfahrzeug ‖ ~ **скольжением** *(Bw)* Gleitmontage *f* ‖ ~ **стержней** *(Gieß)* Kernmontage *f*, Kernzusammenbau *m* ‖ ~/**укрупнительный** *(Bw)* Fertigteilvormontage *f* ‖ ~ **фильма** *(Kine)* Schnitt *m*, Montage *f* ‖ ~ **форм** *(Gieß)* Formenzusammenbau *m* ‖ ~/**электрический** elektrische Montage *f*, Verdrahtung *f*; gedruckte Verdrahtung (Leitungsführung) *f*
монтанселитра *f (Lw)* Montansalpeter *m*, Leunasalpeter *m*, Ammonsulfatsalpeter *m*

монтирование *n* 1. Montage *f*, Zusammenbau *m*; 2. *(El)* Verdrahten *n*, Verdrahtung *f*
монтировать 1. montieren; 2. *(El)* verdrahten
монтировка *f* 1. *s.* монтирование; 2. *(Astr)* Montierung *f* ‖ ~/**азимутальная** azimutale (horizontale) Montierung *f* ‖ ~/**азимут-угломестная** [alt-]azimutale Montierung *f* ‖ ~/**английская** englische Montierung *f* ‖ ~/**вилочная** Gabelmontierung *f* ‖ ~/**немецкая** deutsche Montierung *f* ‖ ~/**параллактическая** parallaktische Montierung *f* ‖ ~ **с рамой/английская** englische Rahmenmontierung *f* ‖ ~/**экваториальная** äquatoriale Montierung *f*
монтичеллит *m (Min)* Monticellit *m (Olivin)*
монтмориллонит *m (Min)* Montmorillonit *m (Tonmineral)*
МОП *(Eln)* Metall-Oxid-Halbleiter *m*, MOS
МОП БИС MOS-LSI-Schaltkreis *m*
мопед *m* Moped *n*
МОП зу *(Eln)* MOS-Speicher *m*
МОП ЗУП MOS-Speicher *m* mit wahlfreiem Zugriff, MOS-RAM
МОП ЗУПВ/динамическое *(Eln)* dynamischer MOS-Speicher *m*, MOS-DRAM
МОП ИС *(Eln)* MOS-Schaltkreis *m*
МОП-кристалл *m (Eln)* MOS-Element *n*, MOS-Chip *m*
МОП-логика *f (Inf)* MOS-Logik *f*
МОП-резистор *m (Eln)* MOS-Widerstand *m*
МОП-ПТ *s.* транзистор на МОП-приборах/полевой
МОП СБИС *(Eln)* MOS-VLSI-Schaltkreis *m*
МОП-структура *f (Eln)* MOS-Struktur *f* ‖ ~/**комплементарная** *(Eln)* CMOS-Bauelement *n* ‖ ~/*n*-**канальная** N-MOS-Schaltkreis *m* ‖ ~/*p*-**канальная** P-MOS-Schaltkreis *m*
МОП-технология *f (Eln)* MOS-Technologie *f*
МОП-транзистор *m* MOS-Transistor *m*, MOS-Feldeffekttransistor *m*, MOSFET ‖ ~/**биполярный** Bipolar-MOS-Transistor *m*, BIFET ‖ ~/**двухзатворный** Doppelgate-MOSFET *m*, Dualgate-MOSFET *m* ‖ ~/**мощный планарный** planarer MOSFET-Leistungstransistor *m* ‖ ~ **с запирающим слоем** Sperrschicht-FET *m*, SFET ‖ ~/**силовой полевой** Leistungs-MOSFET *m*
море *n* Meer *n*, See *f* ‖ ~/**внутреннее** Binnenmeer *n* ‖ ~/**внутриматериковое** Binnenkontinentalmeer *n* ‖ ~/**лунное** *(Astr)* Mare *n* ‖ ~/**междуматериковое** Interkontinentalmeer *n* ‖ ~/**окраинное** Randmeer *n*
морена *f (Geol)* Moräne *f* ‖ ~/**абляционная** Ablationsmoräne *f* ‖ ~/**береговая [отложенная]** [abgelagerte] Seitenmoräne *f* ‖ ~/**боковая [перемещаемая]** Seitenmoräne *f* [in Bewegung], Randmoräne *f* ‖ ~/**внутренняя** Innenmoräne *f* ‖ ~/**движущаяся** *s.* ~/перемещаемая ‖ ~/**донная [перемещаемая]** Grundmoräne *f* [in Bewegung] ‖ ~/**конечная (краевая)** Endmoräne *f*, Stirnmoräne *f* ‖ ~/**локальная (местная)** Lokalmoräne *f* ‖ ~/**нагромождения** Stapelmoräne *f* ‖ ~ **напора** Staumoräne *f*, Stauchmoräne *f* ‖ ~/**нижняя** *s.* ~/донная ‖ ~/**основная [отложенная]** [abgelagerte] Grundmoräne *f* ‖ ~/**перемещаемая** Wandermoräne *f* ‖ ~/**поверхностная** Obermoräne *f*, Oberflächenmoräne *f* ‖ ~/**поддонная** *s.* ~/основная ‖ ~/**продольная [отложенная]** [ab-

gelagerte] Mittelmoräne f ll ~/срединная [перемещаемая] Mittelmoräne f [in Bewegung] ll ~/фронтальная Stirnmoräne f
моретрясение n Seebeben n
мореходность f (Schiff) Seetüchtigkeit f, Seefähigkeit f, Seeverhalten n, seegehende Eigenschaften fpl
мореходный (Schiff) seegehend, seetüchtig; Seefahrts...
морилка f (Bw) Holzbeize f
морион m (Min) Morion m (schwarzer Quarz)
мороженица f Eismaschine f
морозилка f Kühlkammer f, Kühlzelle f, Kühlraum m
морозильник Gefrierschrank m, Tiefkühltruhe f
морозобоина f (Forst) Frostriß m, Frostleiste f, Frostspalte f; (Bw) Frostaufbruch m (Straßendecke)
морозостойкость f Frostbeständigkeit f, Frosthärte f; (Lw) Frostresistenz f
морозоустойчивость f s. морозостойкость
моросить (Meteo) nieseln
морось f (Meteo) Nieseln n; Sprühregen m
морской See...; Hochsee...; Meer[es]...; Übersee...; maritim
мортира f (Schiff) Wellenrohr n (Wellenhose f)
морфий m s. морфин
морфин m (Ch) Morphium n, Morphin n
морфография f (Geol) Morphographie f, Orographie f
морфометрия f (Geol) Morphometrie f, Morphoskopie f, Orometrie f
морфотропизм s. морфотропия
морфотропия f (Krist) Morphotropie f (Änderung des Typs der Kristallstruktur durch Änderung der chemischen Zusammensetzung)
морщение n (Typ) Faltenbildung f
морщина f (Text) Falte f; (Geol) Runzel f, Furche f
морщинистость f (Pap) Welligwerden n, Welligliegen n
моссит m (Min) Mossit m (Mineral seltener Erden)
мост m 1. (Bw, Eb) Brücke f; 2. (El) [elektrische] Brücke f; 3. (Kfz) Achsbrücke f; Achse f ll ~/автодорожный Straßenbrücke f; Autobahnbrücke f ll ~/арочный Bogenbrücke f ll ~/арочный распорный eingespannte Bogenbrücke f ll ~/балансный Abgleichbrücke f, Balancebrücke f ll ~/балочно-вантовый seilverspannte Balkenbrücke f, Schrägseilbrücke f ll ~/балочно-консольный auskragende Balkenbrücke f ll ~/балочный Balkenbrücke f ll ~/балочный неразрезной durchlaufende Balkenbrücke f, Mehrfeldbalkenbrücke f ll ~/балочный разрезной Einfeldbalkenbrücke f ll ~/болометрический (El) Bolometerbrücke f ll ~/вантовый Tragseilbrücke f, verankerte Kabelbrücke f, Seilwerkbrücke f; seilverspannte Balkenbrücke f ll ~/ведущий (Kfz) Antriebsachse f, Triebachse f ll ~/вентиляционный (Bgb) Wetterbrücke f, Wetterkreuz n ll ~/вертикально-подъёмный Senkrechthubbrücke f ll ~ **Вина** (El) Wiensche Brücke f ll ~ **Вина-Робинсона** (El) Wien-Robinson-Brücke f ll ~ **висячий** Hängebrücke f ll ~ **Витстона** s. ~ Уитстона ll ~/волноводный (El) Wellenleiterbrücke f ll ~/временный Behelfsbrücke f, Notbrücke f ll ~/вспомогательный (El) Hilfsbrücke f ll ~/выпрямительный

(El) Gleichrichterbrücke f ll ~/высоководный Hochbrücke f ll ~/высоковольтный (El) Hochspannungs[meß]brücke f ll ~/высокочастотный [измерительный] (El) Hochfrequenz[meß]brücke f, HF-Meßbrücke f ll ~ **Греца** (El) Graetz-Brücke f ll ~/двойной [измерительный] (El) Doppel[meß]brücke f ll ~/двойной несимметричный поворотный doppelte unsymmetrische Drehbrücke f ll ~/двойной симметричный поворотный doppelte symmetrische Drehbrücke f ll ~/Т-образный Doppel-T-Brücke f ll ~/двукрылый поворотный zweiflügelige (zweiarmige) Drehbrücke f ll ~/двукрылый раскрывающийся zweiflügelige Klappbrücke f ll ~/двубалочный Zweiträgerbrücke f ll ~/двуплечий (El) zweiarmige Brücke f ll ~/двухпутный zweigleisige (zweispurige) Brücke f ll ~/двухшарнирный Zweigelenkbogenbrücke f ll ~/двухъярусный Doppelstockbrücke f (Brücke mit zwei übereinanderliegenden Fahrbahnen) ll ~/деревянный Holzbrücke f ll ~/ёмкостный [измерительный] (El) Kapazitäts[meß]brücke f ll ~/железнодорожный (Eb) Eisenbahnbrücke f ll ~/железобетонный Stahlbetonbrücke f ll ~/задний (Kfz) Hinterachse f ll ~/задний ведущий Hinterachsbrücke f (Hinterachsantrieb) ll ~/закрытый geschlossene Brücke f ll ~/измерительный Meßbrücke f ll ~/импеданцный (El) Impedanzbrücke f ll ~/индикаторный (El) Anzeigebrücke f ll ~/интегральный пьезорезисторный (El) integrierte piezoresistive Widerstandsbrücke f ll ~/кабельный 1. Kabelbrücke f (Hängebrückenart); 2. (El) Kabelmeßbrücke f ll ~/каменный Steinbrücke f ll ~/колейный Spur[tafel]brücke f, Spurbahnbrücke f ll ~/компенсационный (El) Kompensationsbrücke f ll ~/конвейерный Bandbrücke f (Tagebau) ll ~/консольный Auslegerbrücke f, Kragbrücke f ll ~/контрольный измерительный (El) Kontrollmeßbrücke f ll ~/коромысловый Zugklappbrücke f (Klappbrücke mit Hebelarm) ll ~/короткозамыкающий (El) Kurzschlußbrücke f ll ~/корытный Trogbrücke f ll ~/линейный (El) Leitungsbrücke f ll ~ лучевой системы/вантовый Tragseilbrücke f mit strahlenförmiger Anordnung der Tragseile ll ~ **Максвелла** (El) Maxwell-Brücke f ll ~/малогабаритный измерительный (El) Kleinmeßbrücke f ll ~/массивный Massivbrücke f ll ~/металлический Stahlbrücke f ll ~/многопролётный mehrfeldrige Brücke f, Mehrfeldbrücke f ll ~/многопролётный висячий Hängebrücke f mit mehreren Öffnungen ll ~/монтажный Montagebrücke f ll ~ **на винтовых домкратах** Hubspindelbrücke f ll ~ **на выдвижных стойках** Brücke f auf Hubstützen ll ~ **на выдвижных стойках/вертикально-подъёмный** Senkrechthubbrücke f auf Hubstützen ll ~ **на пилонах** Pylonenbrücke f ll ~/наплавной Schwimmbrücke f (Ponton-, Schiffs- oder Floßbrücke) ll ~/нейтрализующий (El) Brückenschaltung f zur Neutralisation, Neutralisationsbrücke f ll ~/неразрезной балочный durchlaufende Balkenbrücke f ll ~/несимметрический поворотный unsymmetrische Drehbrücke f ll ~/неуравновешенный [измерительный] (El)

МОСТ

nichtabgeglichene (unabgeglichene) Meßbrücke f ‖ ~/**низкочастотный [измерительный]** (El) Niederfrequenz[meß]brücke f, NF-Meßbrücke f ‖ ~/**одинарный** s. ~ Уитстона ‖ ~/**однобалочный** Einträgerbrücke f ‖ ~/**однокрылый** einflügelige Brücke f ‖ ~/**однокрылый поворотный** einflügelige (einarmig) Drehbrücke f ‖ ~/**однокрылый раскрывающийся** einflügelige Klappbrücke f ‖ ~/**однопролётный** einfeldrige Brücke f, Einfeldbrücke f ‖ ~/**однопролётный балочный** einfeldrige Balkenbrücke f ‖ ~/**однопутный** eingleisige (einspurige) Brücke f ‖ ~/**однорукавный поворотный** einarmige Drehbrücke f ‖ ~/**отвальный** Förderbrücke f (Tagebau) ‖ ~/**откатной** Schubbrücke f ‖ ~/**откатно-раскрывающийся** Rollklappbrücke f ‖ ~/**открытый** offene Brücke f ‖ ~/**перегрузочный** (Förd) Verladebrücke f ‖ ~/**передний** (Kfz) Vorderachse f ‖ ~/**передний ведущий** Vorderachsbrücke f (Vorderradantrieb) ‖ ~ **переменного тока [/измерительный]** (El) Wechselstrom[meß]brücke f ‖ ~/**пешеходный** Fußgängerbrücke f ‖ ~/**плашкоутный** (Schiff) Schiffsbrücke f ‖ ~/**плотовой** Floßbrücke f ‖ ~/**поворотный** Drehbrücke f ‖ ~/**подкосный** Sprengwerkbrücke f ‖ ~/**подъёмный** Zugbrücke f ‖ ~/**показывающий** (El) Anzeigebrücke f ‖ ~/**полууравновешенный [измерительный]** (El) halbabgeglichene Meßbrücke f ‖ ~/**понтонный** Pontonbrücke f ‖ ~ **постоянного тока [/измерительный]** (El) Gleichstrom[meß]brücke f ‖ ~ **постоянный** feste Brücke f (Oberbegriff für Holz-, Stein-, Stahlbeton-, Bogen- und Hängebrücken) ‖ ~/**проводящий** (El) Leiterbrücke f ‖ ~/**проволочный** (El) Drahtbrücke f ‖ ~/**промежуточный** (Kfz) Zwischenachse f ‖ ~/**простой электрический** s. ~ Уитстона ‖ ~/**разбалансированный [измерительный]** (El) verstimmte Meßbrücke f ‖ ~/**разводной** bewegliche Brücke f ‖ ~/**разрезной** (Kfz) geteilte Achse f, Achse f mit Einzelradaufhängung ‖ ~/**рамный** Rahmenbrücke f ‖ ~/**раскрывающийся** Klappbrücke f ‖ ~/**резонансный [измерительный]** (El) Resonanz[meß]brücke f ‖ ~/**реохордный** (El) Schleifdraht[meß]brücke f ‖ ~ **с балками коробчатого сечения** Kastenträgerbrücke f ‖ ~ **с балочной клеткой** Trägerrostbrücke f ‖ ~ **с двумя несущими кабелями/кабельный** Kabelbrücke f mit zwei Tragkabeln ‖ ~ **с двумя пролётами/висячий** Hängebrücke f mit zwei Öffnungen ‖ ~ **с ездой поверху** Brücke f mit obenliegender Fahrbahn, Deckbrücke f ‖ ~ **с ездой по середине/арочный** Bogenbrücke f mit halbversenkter Fahrbahn ‖ ~ **с ездой поверху/арочный** Bogenbrücke f mit obenliegender Fahrbahn ‖ ~ **с ездой понизу** Brücke f mit untenliegender Fahrbahn, Trogbrücke f ‖ ~ **с ездой понизу/арочный** Bogenbrücke f mit untenliegender Fahrbahn ‖ ~ **с заделкой стоек/многопролётный рамный** mehrfeldrige Rahmenbrücke f mit eingespannten Stützen ‖ ~ **с наклонными подвесками/кабельный** Kabelbrücke f mit schrägen Hängestangen ‖ ~ **с неразрезной балкой жёсткости/висячий** Hängebrücke f mit durchlaufendem Versteifungsträger ‖ ~ **с несколькими пролётами/висячий** Hängebrücke f mit mehreren Öffnungen ‖ ~ **с несущим кабелем и вертикальными подвесками/кабельный** Kabelbrücke f mit einem Tragkabel und vertikalen Hängestangen ‖ ~ **с несущим кабелем и наклонными подвесками** Kabelbrücke f mit einem Tragkabel und schrägen Hängestangen ‖ ~ **с одним пролётом/висячий** Hängebrücke f mit einer Öffnung ‖ ~ **с однопролётной балкой жёсткости/висячий** Hängebrücke f mit einfeldrigem Versteifungsträger ‖ ~ **с параллельными подвесками/кабельный** Kabelbrücke f mit parallelen Hängestangen ‖ ~ **с подвесной проезжей частью/арочный** Bogenbrücke f mit angehängter Fahrbahn ‖ ~ **с подъёмной проезжей частью/вертикально-подъёмный** Senkrechthubbrücke f mit Hubfahrbahn ‖ ~ **с проезжей частью на стойках/арочный** Bogenbrücke f mit aufgeständerter Fahrbahn ‖ ~ **с противовесом** Brücke f mit Gegengewicht ‖ ~ **с противовесом/вертикально-подъёмный** Senkrechthubbrücke f mit Gegengewicht ‖ ~ **с решётчатыми фермами** Fachwerk[träger]brücke f, Gitterbrücke f ‖ ~ **с тремя пролётами/висячий** Hängebrücke f mit drei Öffnungen ‖ ~ **с центральной пятой** Brücke f mit Zentralkämpfer ‖ ~ **с центральным барабаном** Brücke f mit Zentraltrommel ‖ ~ **с шарнирами в стойках/многопролётный рамный** mehrfeldrige Rahmenbrücke f mit Pendelstützen ‖ ~/**самоуравновешивающийся** (El) automatische Abgleichbrücke f ‖ ~/**сбалансированный [измерительный]** (El) abgeglichene Meßbrücke f ‖ ~/**симметричный поворотный** symmetrische Drehbrücke f ‖ ~ **системы «арфа»/вантовый** Tragseilbrücke f mit harfenförmiger Anordnung der Tragseile ‖ ~ **смешанной конструкции** Verbundbrücke f, Brücke f in Verbundbauweise ‖ ~ **со сквозными фермами** Fachwerk[träger]brücke f, Gitterbrücke f ‖ ~ **со сквозными фермами/арочный** Fachwerkbogenbrücke f ‖ ~ **со сквозными фермами/балочно-консольный** auskragende Fachwerkbalkenbrücke f ‖ ~ **со сплошной стенкой/балочный** Vollwandbalkenbrücke f ‖ ~ **со сплошными стенками/балочный** vollwandige Balkenbrücke f, Balkenbrücke f mit Vollwandträger ‖ ~ **со сплошными фермами** Vollwandbrücke f ‖ ~ **со стойками/арочный** Bogenbrücke f mit aufgeständerter Fahrbahn ‖ ~/**совмещённый** kombinierte Verkehrsbrücke f ‖ ~/**стальной** Stahlbrücke f ‖ ~/**струнный** s. ~/реохордный ‖ ~/**телеизмерительный** (El) Fernmeßbrücke f ‖ ~/**температурный** (El) Temperaturmeßbrücke f ‖ ~/**тензометрический** (El) Dehnungsmeßbrücke f ‖ ~/**термисторный [измерительный]** (El) Thermistor[meß]brücke f ‖ ~ **Томсона** (El) Thomson-Brücke f ‖ ~/**точный измерительный** (El) Präzisionsmeßbrücke f, Feinmeßbrücke f ‖ ~/**транспортно-отвальный** Abraumförderbrücke f (Tagebau) ‖ ~/**трёхплечий** (El) dreiarmige Brücke f ‖ ~ **Уитстона** (El) Wheatstone-Brücke f, Wheatstonesche Brücke f ‖ ~/**управляемый [передний]** (Kfz) [starre] Vorderradlenkachse f ‖ ~/**уравновешенный [измерительный]** (El) abgeglichene Meßbrücke f ‖ ~/**фазовращательный** (фа-

зовращающий) *(El)* Phasendrehbrücke *f* II ~/**фазовый** *(El)* Phasenbrücke *f* II ~/**цельный** *(Kfz)* Starrachse *f*, ungeteilte Achse *f* II ~/**цельный ведущий** ungeteilte (starre) Antriebsachse *f* II ~/**цельный задний** Banjoachse *f (starre Hinterachse)* II ~/**цепной** Kettenbrücke *f* II ~/**частотный** *(El)* Frequenzbrücke *f* II ~/**частотомерный** *(El)* Frequenzmeßbrücke *f* II ~ **Шеринга** Schering-Brücke *f* II ~/**электроизмерительный** elektrische Meßbrücke *f* II ~ **RC** *(El)* RC-Brücke *f*
мост-водовод *m s.* акведук
мостик *m* 1. *(Ch)* Brücke *f*, Atombrücke *f*, Strukturbrücke *f*; 2. *(Bw)* Steg *m*; 3. *(Bw)* Laufbohle *f (s. a.* unter мостки*)*; 4. *(El)* Brücke *f (s. a.* unter мость 2.*)*; 5. *(El)* Brückendraht *m (eines Hitzdrahtmeßwerks)*; 6. *(Schiff)* Brücke *f (i.e.S. Kurzbezeichnung für Kommandobrücke; i.w.S. Grundbezeichnung für verschiedene brückenartige Decksaufbauten, wie Signalbrücke, Achterbrücke usw.)* II ~/**акустический** Schallbrücke *f (Schallausbreitung)* II ~/**верхний** *(Schiff)* Peildeck *n* II ~/**водородный** *(Ch)* Wasserstoffbrücke *f*, H-Brücke *f* II ~/**вторичный** *(Ch)* sekundäre Brücke *f*, Nebenbrücke *f* II ~/**капитанский** *(Schiff)* Kommandobrücke *f* II ~/**кислородный** *(Ch)* Sauerstoffbrücke *f* II ~/**командный** *(Schiff)* Kommandobrücke *f* II ~/**кормовой** *(Schiff)* Achterbrücke *f* II ~/**навигационный** *(Schiff)* Peildeck *n* II ~/**носовой** *(Ch)* vordere Brücke *f* II ~/**основной** *(Ch)* Hauptbrücke *f* II ~/**пеленгаторный** *(Schiff)* Peildeck *n* II ~/**перегрузочный** *(Schiff)* Ladebrücke *f* II ~/**перекидной** Überladebrücke *f (Lagerwirtschaft)* II ~/**причальный** *(Schiff)* Anlegebrücke *f* II ~/**сигнальный [железнодорожный]** *(Eb)* Signalbrücke *f* II ~/**тралмейстерский** *(Schiff)* Trawlbrücke *f (Hecktrawler)* II ~/**ходовой** *(Schiff)* Kommandobrücke *f*, Brücke *f*
мостикообразующий *(Ch)* brückenbildend
мостить *(Bw)* pflastern
мост-канал *m s.* акведук
мостки *pl (Bw)* 1. Laufgerüst *n*, Brettersteg *m*, Laufsteg *m*; 2. Arbeitsbrücke *f*, Arbeitsbühne *f* II ~/**приёмные** *(Bgb)* Gestängerampe *f*, Gestängeablage *f (Bohrung)*
мостовая *f (Bw)* Pflaster *n* II ~/**брусчатая** Prismenpflaster *n*, Reihenpflaster *n* II ~/**булыжная** Rundsteinpflaster *n*, Katzenkopfpflaster *n* II ~/**мозаичная** Mosaikpflaster *n*
мостостроение *n* Brückenbau *m*
мост-трансбордер *m (Bw)* Schwebefähre *f (Brückenkonstruktion)*
моталка *f* 1. *(Wlz)* Haspel *f*, Bundhaspel *f*, Drahthaspel *f*; Wickeltrommel *f*; 2. Umwickelgerät *n*, Rückspulgerät *n*, Aufroller *m*, Umroller *m (für Filme, Magnettonbänder, Videobänder)*; 3. *(Text)* Spulvorrichtung *f*, Spuler *m* II ~/**вертикальная полосовая** *(Wlz)* Vertikalbandhaspel *f* II ~ **Гаррета** *(Wlz)* Garret-Haspel *f* II ~/**горизонтальная полосовая** *(Wlz)* Horizontalbandhaspel *f* II ~ **Кладно** *(Wlz)* Kladno-Haspel *f* II ~/**ленточная** *(Wlz)* Bandhaspel *f* II ~/**листовая** *(Wlz)* Blechhaspel *f* II ~/**мелкосортная** *(Wlz)* Haspel *f* für Feinprofile II ~/**натяжная [барабанная]** *(Wlz)* Wickeltrommel *f*, Wickelvorrichtung *f (zur Erzeugung von Bandzug)* II ~/**отдающая** *(Wlz)* Ablaufhaspel *f* II ~/**печная** *(Wlz)* Ofenhaspel *f* II ~/**принимающая** *(Wlz)* Auflaufhaspel *f* II ~/**проволочная** *(Wlz)* Drahthaspel *f* II ~/**размоточная** *(Wlz)* Ablaufhaspel *f* II ~/**роликовая** *(Wlz)* Wickeltrommel *f* mit Andrückrollen *f* II ~/**спускная** *(Wlz)* Ablaufhaspel *f* II ~/**штриповая** *(Wlz)* Streifenhaspel *f* II ~ **Эденборна** *(Wlz)* Edenborn-Haspel, Edenborn-Drahthaspel *f*, Drehrohrhaspel *f*
моталки *fpl*/**сортовые** Haspeln *fpl* für Draht, Band und Feineisen
мотание *n* 1. Haspeln *n*, Spulen *n*, Winden *n*; 2. *(Text)* Weifen *n (Garn)*
мотать 1. haspeln, spulen, winden; aufwickeln; 2. *(Text)* weifen *(Garn)*
мотка *f* Haspeln *n*, Wickeln *n*
мотня *f* [**трала**] Bauchstück *n*, Belly *m (Schleppnetz)*
мотобот *m* Motorboot *n* II ~/**водолазный** Tauchermotorboot *n* II ~/**спасательный** Motorrettungsboot *n*
мотовило *n* 1. Haspel *f*, 2. Drahthaspel *f (s. a.* unter моталка*)*; 3. *(Text)* Garnwinde *f*, Weife *f*, Haspel *f* II ~ **для крестовой намотки** Kreuzhaspel *f* II ~ **для проволоки** Drahthaspel *f* II ~/**перегонное** Ablaufhaspel *f* II ~/**поворотное** Wendehaspel *f* II ~/**съёмное** Ansteckhaspel *f*
мотовоз *m (Eb)* Kleinlokomotive *f*
мотозавозня *f* Motorankerboot *n*
моток *m* 1. Rolle *f*; Bund *n*, Drahtbund *n*; 2. *(Text)* Strang *m*, Strähn *m (Garn)* II ~ **пряжи** *(Text)* Strähn *m*, Garndocke *f*, Docke *f*
мотокомпрессор *m (Masch)* Motorverdichter *m*
мотолодка *f* Motorboot *m*
мотоперфоратор *m* Bohrhammer *m*
мотопланёр *m (Flg)* Motorsegler *m*, Motorgleiter *m*, Motorgleitflugzeug *n*
мотопокрышка *f (Kfz)* Motorraddecke *f*
мотор *m s.* 1. двигатель; 2. электродвигатель; 3. гидродвигатель II ~/**бортовой подвесной** Seitenbordmotor *m (Bootsmotor)* II ~/**кормовой подвесной** Heckaußenbordmotor *m (Bootsmotor)* II ~/**подвесной [лодочный]** Außenbordmotor *m (Bootsmotor)*
мотор-вагон *m s.* вагон/моторный
мотор-вентилятор *m* Lüftermotor *m*
мотор-генератор *m (El)* Motorgenerator *m*
моторесурс *m* Betriebszeit (Lebensdauer) *f* eines Motors (bis zur Generalüberholung)
моторизация *f* Motorisierung *f*
мотор-насос *m*/**погружной** Unterwasser-Motorpumpe *f (Erdölgewinnung)*
мотороллер *m* Motorroller *m*
мотор-редуктор *m* Getriebemotor *m*
моторчик *m* Kleinmotor *m*
мотостартер *m* Startermotor *m*
мотоцикл *m* Motorrad *n* II ~ **с коляской** Motorrad *n* mit Beiwagen
моттрамит *m (Min)* Mottramit *m*, Cuprodescloizit *m (sekundäres Vanadiummineral)*
мотыга *f (Lw)* Hacke *f*, Hackgerät *n*; Hackmaschine *f* II ~/**вращающаяся (ротационная)** Rotationshackmaschine *f*; Rotorhacke *f*, Drehhacke *f*
мотыль *m (Masch)* Kurbel *f*; Kurbelkröpfung *f (im Lokomotiv- und Schiffsmaschinenbau)*
мохо *s.* поверхность/Мохоровичича
мочажина *f (Geol)* Sumpffläche *f*, Senke *f* im Moor

мочевина

мочевина *f (Ch)* Harnstoff *m*, Carbamid *n*
мочевокислый *(Ch)* ...urat *n*; harnsauer
мочение *n* Anfeuchten *n*, Einweichen *n*, Einwässern *n*, Wässern *n*; Rösten *n*, Rotten *n*; Röste *f*, Rotte *f (des Flachses)*
мочило *n* Röstbecken *n*, Röstkasten *m*
мочить 1. anfeuchten, einweichen, [ein]wässern; quellen; 2. rösten, rotten *(Flachs)*
мочка *f* 1. Wässerung *f*, Einweichen *n*; Quellen *n*; 2. *(Text)* Rösten *n*; Röste *f*, Rotte *f (Flachs)* ‖ **~/биологическая** biologische (natürliche) Röste *f (Oberbegriff für Fluß-, Teich- und Rasenröste)* ‖ **~/водная (водяная)** Wasserröste *f*, Kaltwasserröste *f (Flachs)* ‖ **~/паровая** Dampfröste *f (Flachs)* ‖ **~/предварительная** Vorröste *f (Flachs)* ‖ **~/росовая (росяная)** Tauröste *f* ‖ **~/тепловодная** Heißwasserröste *f (Flachs)* ‖ **~/химическая** chemische (künstliche) Röste *f (Flachs; Oberbegriff für Röstverfahren mittels Heißwasser, Dampf und Zusatz von Chemikalien)* ‖ **~/холодноводная** Kaltwasserröste *f (Flachs)*
мошка *f (Glas)* Gipse *f*, Gasbläschen *n*
мощение *n (Bw)* Pflastern *n*
мощность *f* 1. Leistung *f*; 2. Kapazität *f*, Leistungsfähigkeit *f*; 3. *(Geol)* Mächtigkeit *f*; Dicke *f (einer Schicht)*; 4. *(Math)* Kardinalzahl *f*; Mächtigkeit *f (Mengenlehre)*; 5. *(El)* Leistung *f*, Energiefluß *m (Watt)*; 6. Macht *f (Statik)* ‖ **~/активная** *(El)* Wirkleistung *f* ‖ **~ антенны** Antennenleistung *f* ‖ **~/безваттная** *(El)* Blindleistung *f* ‖ **~/буксировочная** *(Schiff)* Schleppleistung *f* ‖ **~/буферная** *(Ch)* Pufferkapazität *f* ‖ **~ в воздушном зазоре** *(El)* Luftspaltleistung *f* ‖ **~/ваттная** *(El)* Wirkleistung *f* ‖ **~/взлётная** *(Flg)* Startleistung *f* ‖ **~/внешняя** äußere Leistung *f* ‖ **~/внутренняя** *(El)* innere Leistung *f*; *(Masch)* induzierte Leistung *f (Verbrennungsmotor; Kolbendampfmaschine; Hubkolbenverdichter)* ‖ **~ возбуждения** *(El)* Erregerleistung *f*; Anregungsleistung *f* ‖ **~ воздушного винта** *(Flg)* Luftschraubenleistung *f* ‖ **~/вскрыши** *(Bgb)* Abraummächtigkeit *f* ‖ **~/вторичная** *(El)* Sekundärleistung *f* ‖ **~/входная** *(El)* Eingangsleistung *f* ‖ **~/вынимаемая** *(Bgb)* abgebaute Mächtigkeit *f* ‖ **~/высотная** *(Flg)* Höhenleistung *f* ‖ **~/выходная** *(El)* Ausgangsleistung *f*, Endleistung *f* ‖ **~/гарантийная** Garantieleistung *f*, vertraglich garantierte Leistung *f* ‖ **~/годовая производственная** *(Bgb)* Jahresförderung *f* ‖ **~ двигателя/взлётная** *(Flg)* Startleistung *f (Triebwerk)* ‖ **~ двигателя/высотная** *(Flg)* Höhenleistung *f (Triebwerk)* ‖ **~ двигателя/крейсерская** *(Flg)* Reisefluggeschwindigkeit *f (Triebwerk)* ‖ **~ двигателя/литровая** Literleistung *f*, spezifische Leistung *f (Verbrennungsmotor)* ‖ **~/действительная** Istleistung *f*, tatsächliche Leistung *f* ‖ **~/действующая** Effektivleistung *f*, effektive Leistung *f* ‖ **~/длительная** Dauerleistung *f* ‖ **~/договорная** vertraglich garantierte Leistung *f* ‖ **~ дозы [излучения]** *(Kern)* Dosisleistung *f* ‖ **~/звуковая** *s.* ~ звуковой энергии ‖ **~ звуковой энергии** akustische Leistung *f*, Leistung *f* der Schallquelle ‖ **~/избыточная** Überschußleistung *f*, Leistungsüberschuß *m* ‖ **~/излучаемая** *(Rf, TV)* Strahlungsleistung *f*, Sendeleistung *f* ‖ **~/излучаемая антенной** Antennensendeleistung *f* ‖ **~ излучения** *s.* ~/излучаемая ‖ **~/имеющаяся** verfügbare Leistung *f* ‖ **~/импульсная** Impulsleistung *f* ‖ **~/импульсная выходная** Impulsausgangsleistung *f* ‖ **~/индикаторная** indizierte Leistung *f (Kolbenkraftmaschinen)* ‖ **~ ионной дозы** *(Kern)* Ionendosisleistung *f* ‖ **~ искажения** Verzerrungsleistung *f* ‖ **~ источника** *(Kern)* 1. Stärke (Ergiebigkeit) *f* der Strahlungsquelle; 2. Quell[en]stärke *f* ‖ **~ источника нейтронов** *(Kern)* Neutronenquell[en]stärke *f* ‖ **~/кажущаяся** *(El)* Scheinleistung *f (Wechselstrom)* ‖ **~/каталожная** Katalogleistung *f* ‖ **~ кермы** *(Kern)* Kermaleistung *f*, Kermarate *f* ‖ **~/коммутируемая** *(El)* Schaltleistung *f* ‖ **~ короткого замыкания** *(El)* Kurzschlußleistung *f* ‖ **~/крейсерская** Reiseleistung *f*, Marschleistung *f* ‖ **~ критерия** 1. Macht *f (Statik)*; 2. Trennschärfe *f* des Tests, Teststärke *f (Statik)* ‖ **~ летника** *(Geol)* Gletschertiefe *f* ‖ **~/литровая** *(Kfz)* Hubraumleistung *f*, Literleistung *f* ‖ **~/максимальная** Maximalleistung *f*, Höchstleistung *f* ‖ **~ машины/производственная** Maschinenleistung *f (Produktionsmaschine)* ‖ **~/мгновенная** Momentanleistung *f*, Augenblicksleistung *f* ‖ **~/минимальная** Minimalleistung *f*, Mindestleistung *f* ‖ **~ множеств** *(Math)* Mächtigkeit *f* der Mengen *(Mengenlehre)* ‖ **~/модуляционная** *(Eln)* Modulationsleistung *f* ‖ **~ на валу** *(Masch)* Wellenleistung *f* ‖ **~ на винте** *(Schiff)* Propellerleistung *f* ‖ **~ на гребном валу** *(Schiff)* Wellenleistung *f* ‖ **~ на зажимах** *(El)* Klemmenleistung *f* ‖ **~ на земле/тормозная** *(Flg)* Bodenbremsleistung *f* ‖ **~ на полном газе** *(Flg)* Vollgasleistung *f* ‖ **~ накачки** Pumpleistung *f (Lasertechnik)* ‖ **~/наличная** verfügbare Leistung *f* ‖ **~ насоса** Pumpen[antriebs]leistung *f* ‖ **~ насоса/полезная** Nutzleistung *f* der Pumpe ‖ **~/начальная** Anfangsleistung *f*, Anfahrleistung *f* ‖ **~/недостаточная** Minderleistung *f* ‖ **~/непрерывная** Dauerleistung *f* ‖ **~/номинальная** Nennleistung *f* ‖ **~/номинальная активная** *(El)* Nennwirkleistung *f* ‖ **~/обменная** Austauschleistung *f*, Kupplungsleistung *f* ‖ **~/обратная** *(El)* Rück[lauf]leistung *f* ‖ **~ обратных потерь** *(Eln)* Sperrverlustleistung *f (Halbleiterdiode)* ‖ **~ обратных потерь/импульсная** nichtperiodische Sperrverlustleistung *f (Halbleiterdiode)* ‖ **~ обратных потерь/периодическая** periodische Sperrverlustleistung *f (Halbleiterdiode)* ‖ **~/общая** Gesamtleistung *f*; Gesamtanschlußwert *m* ‖ **~ оптического излучения** optische Strahlungsleistung *f* ‖ **~/отдаваемая** *f* abgegebene Leistung *f* ‖ **~ отключения** *(El)* Abschaltleistung *f*, Ausschaltleistung *f* ‖ **~/первичная** *(El)* Primärleistung *f* ‖ **~ передатчика** *(Rf)* Sende[r]leistung *f* ‖ **~ передачи** 1. *(El)* Übertragungsleistung *f*, Transferleistung *f*; 2. Sendeleistung *f* ‖ **~/переключаемая** *(El)* Schaltleistung *f* ‖ **~ переключения** *(El)* Schaltleistung *f* ‖ **~ печи** *(Met)* 1. Ofenkapazität *f*, Ofenfassungsvermögen *n*, Ofenfassung *f*; 2. Ofenleistung *f* ‖ **~/пиковая** *(El)* Spitzenleistung *f* ‖ **~/плавильная** *(Met)* 1. Schmelzkapazität *f*; 2. Schmelzleistung *f* ‖ **~ пласта** *(Geol, Bgb)* Flözmächtigkeit *f*

~ пласта/истинная wahre Mächtigkeit *f* II
~ пласта/минимальная промышленная geringste abbauwürdige Mächtigkeit *f* II
~ пласта/промышленная abbauwürdige Mächtigkeit *f* II ~ пласта/средняя mittlere Mächtigkeit *f* II ~ /полезная Nutzleistung *f* II
~/полная 1. Gesamtleistung *f*; 2. [elektrische] Scheinleistung *f*; 3. volle Leistung *f*, Vollastleistung *f (eines Motors, Triebwerks)* II ~ помех *(El)* Rauschleistung *f* II ~/постоянная konstante (gleichbleibende) Leistung *f* II ~ потерь Verlustleistung *f* II ~ потерь/номинальная Nennverlustleistung *f* II ~/потребляемая (потребная) erforderliche Leistung *f*, Leistungsbedarf *m*; *(El)* aufgenommene Leistung *f*, Aufnahmeleistung *f*, Leistungsaufnahme *f* II ~/предельная Grenzleistung *f* II ~ привода насоса *s*. ~ насоса II ~ приёмника *(El)* Abnehmerleistung *f*; *(Rf)* Empfängerleistung *f* II ~ приёмника/выходная Empfängerausgangsleistung *f* II ~/принимаемая 1. *(Rf)* Empfangsleistung *f*; 2. Anschlußleistung *f* II ~/присоединённая *(El)* Anschlußleistung *f* II ~/продолжительная Dauerleistung *f* II ~/производственная Produktionskapazität *f*, Leistungsfähigkeit *f* II ~/пропускная *(El)* Übertragungsleistung *f (einer Leitung)* II ~ прямых потерь Durchlaßverlustleistung *f (Halbleiterdiode)* II ~ пучка *(Ph)* Strahlleistung *f* II ~/рабочая *(Bgb)* bauwürdige Mächtigkeit *f* II ~ радиоприёмника *(Rf)* Empfängerleistung *f* II ~/разрывная *(El)* Abschaltleistung *f*, Ausschaltleistung *f* II ~/располагаемая verfügbare Leistung *f* II ~/рассеиваемая *(El)* Verlustleistung *f* II ~ рассеивания (рассеяния) *(El)* Verlustleistung *f* II ~ рассеяния в канале Kanalverlustleistung *f* II ~/реактивная Blindleistung *f* II ~ реактора *(Kern)* Reaktorleistung *f* II ~/резервная Reserveleistung *f* II ~ слоя *s*. ~ пласта II ~ собственного расхода *(En)* Eigenbedarfsleistung *f* II ~/средняя durchschnittliche Leistung *f*, Normalleistung *f* II ~/суммарная 1. *(Geo, Bgb)* Gesamtmächtigkeit *f*; 2. Gesamtanschlußwert *m (einer Maschine)* II ~/тепловая Wärmeleistung *f* II ~/токоприёмника Elektroenergieabnehmerleistung *f* II ~ топки Feuerraumleistung *f* II ~/тормозная Bremsleistung *f* II ~ трансформатора *(El)* Transformatorleistung *f* II ~ трения *(Trib)* Reibungsleistung *f* II ~/трёхфазная Dreiphasenleistung *f*, Drehstromleistung *f* II ~/тяговая *(Eb)* Zugförderleistung *f*, Traktionsleistung *f*; 2. *(Flg, Rak)* Schubleistung *f*, Vortriebsleistung *f* II ~/установленная installierte Leistung *f* II ~/фактическая Istleistung *f*, tatsächliche Leistung *f* II ~ холостого хода Leerlaufleistung *f* II ~/часовая Stundenleistung *f* II ~ шахты *(Bgb)* Förderkapazität *f (eines Schachtes)* II ~ экспозиционной дозы *(Kern)* Expositionsleistung *f (ionisierende Strahlung)* II ~/электрическая elektrische Leistung *f* II ~ электрической цепи/активная elektrische Wirkleistung *f* II ~ электрической цепи/реактивная elektrische Blindleistung *f* II ~/электромагнитная *(El)* elektromagnetische Leistung *f* II ~ электроприёмника Elektroenergieabnehmerleistung *f*, Verbraucherleistung *f* II ~ электростанции *(En)* Kraftwerksleistung *f* II ~ электростанции/резервная Kraftwerksreserveleistung *f* II ~ электростанции/установленная installierte Kraftwerksleistung *f* II ~/эффективная tatsächliche (effektive) Leistung *f*, Effektivleistung *f*, Nutzleistung *f*

мощный 1. stark, kräftig, leistungsfähig, leistungsstark; Hochleistungs..., [mit] großer Leistung; 2. *(Geol)* mächtig, dick *(Schichten)*; tiefgründig *(Boden)*

моющийся waschbar

МП *s*. 1. микропроцессор; 2. *(Eln)* полупроводник/магнитный; 3. пеленг/магнитный; 4. *(El)* переключатель/мощный; 5. *(Bw)* метод подъёма

МПД *s*. 1. мультиплексор передачи данных; 2. метод преломлённых волн

МПЛ *s*. механизм поворота лопастей

МПП *s*. плата/многослойная печатная

МПС *s*. система/микропроцессорная

МПСУ *s*. система управления/микропроцессорная

МПТ *s*. техника/микропроцессорная

МП-техника *f* Mikroprozessortechnik *f*

МПУ *s*. 1. управление/микропрограммное; 2. управление/микропроцессорное

МПЭ *s*. эпитаксия/молекулярно-пучковая

мрамор *m* Marmor *m* II ~/**белый** weißer Marmor *m* II ~/**мелкокристаллический** feinkristalliner Marmor *m* II ~/**однотонный** einfarbiger Marmor *m (meist weißer, seltener schwarzer oder farbiger Marmor)* II ~/**цветной** farbiger Marmor *m* II ~/**чёрный** schwarzer Marmor *m*

мраморировка *f* Marmorisierung *f*, Äderung *f*

МРЛ *s*. радиолокатор/метеорологический

МРМ *s*. радиомаяк/маркёрный

МРП *s*. радиопеленг/магнитный

МРТР *s*. траулер/малый рыболовный рефрижераторный

МС *s*. 1. система/манипуляционная; 2. масс-спектрометр; 3. система/микропроцессорная; 4. микросхема

м/с *s*. метр в секунду

м/с² *s*. метр на секунду в квадрате

м²/с *s*. метр на секунду/квадратный

МСВИ *s*. масс-спектрометр вторичных ионов

МСИ *s*. интерфейс/многосистемный

МТА *s*. агрегат/машинно-тракторный

МТКК *s*. корабль/многоразовый транспортный космический

МТС *s*. 1. станция/междугородная телефонная; 2. сеть/междугородная телефонная

МТС-система *f* единиц *s*. система единиц МТС

МУ *s*. 1. усилитель/магнитный; 2. усилитель/микрофонный

муар *m* Moiré *m(n) (Überlagerungsstörung im Fernsehbild)*; 2. *(Typ)* Moiré *m(n)*, Moirébildung *f (Raster)*; 3. *(Text)* Moiré *m(n) (Gewebe)*; 4. *(Opt)* Moiré *m(n)*, Moirémuster *n*; 5. *(Photo)* Moiréstreifen *mpl*, Moirémuster *n*

муассанит *m (Min)* Moissanit *m (Meteoritenmineral)*

мука *f* Mehl *n* II ~/**буровая** *(Bgb)* Bohrmehl *n*, Bohrklein *n* II ~/**древесная** Holzmehl *n* II ~/**кварцевая** Quarzmehl *n* II ~/**кирпичная** Ziegelmehl *n* II ~/**кормовая** *(Lw)* Futtermehl *n* II ~/**крахмальная** Stärkemehl *n* II ~/**ледниковая** *(Geol)* Gletschermehl *n*; Gletscherschlamm *m* II ~/**магнезитовая** Magnesitmehl *n* II ~/**ро-**

мука

говая *(Lw)* Hornmehl *n (Düngemittel)* ‖ **~/рудная** Mehlerz *n* ‖ **~/томасов[ск]ая** *f (Lw)* Thomasmehl *n (Düngemittel)*
мукомешалка *f* Mehlmischmaschine *f*
мукопросеиватель *m* Mehlsichter *m*
мукосмеситель *m* Mehlmischmaschine *f*
мулинетка *f* 1. Windflügel *m*, Windschraube *f*; 2. *(Flg)* Luftwirbelbremse *f*
муллит *m (Min)* Mullit *m*, Porcellanit *m (Tonmineral)*
мульда *f* 1. *(Met)* Einsatzmulde *f*, Beschick[ungs]mulde *f (SM-Ofen)*; 2. *(Gieß)* Masselgießform *f (Masselgießmaschine)*; 3. *(Geol)* Synklinale *f*, Synkline *f*, Mulde *f (s. a. unter* складка 1.*)* ‖ **~/завалочная (загрузочная)** *(Met)* Beschickungsmulde *f*, Einsatzmulde *f*, Chargiermulde *f* ‖ **~/наложенная** *(Geol)* Überlagerungsmulde *f*, überlagernde Mulde *f* ‖ **~ оседания** 1. *(Bgb)* Senkungsmulde *f*, Senkungstrog *m*; 2. *(Geol)* Kessel *m*
мультивектор *m (Math)* Multivektor *m*, vollständig alternierender Tensor *m*, *p*-Vektor *m*
мультивибратор *m (Eln)* Multivibrator *m* ‖ **~/бистабильный** bistabiler Multivibrator *m*, Multivibrator *m* mit zwei Gleichgewichtslagen ‖ **~/ждущий** *s.* ~/моностабильный ‖ **~/задающий** Steuermultivibrator *m* ‖ **~/задерживающий (запертый)** *s.* ~/моностабильный ‖ **~/моностабильный** monostabiler Multivibrator *m*, Multivibrator *m* mit einer Gleichgewichtslage ‖ **~/однотактный (одноходовой)** *s.* ~/моностабильный ‖ **~ свободных колебаний** freischwingender Multivibrator *m*
мультивибратор-триггер *m (Eln)* Flipflop-Multivibrator *m*
мультидоступ *m (Inf)* Mehrfachzugriff *m*, Vielfachzugriff *m*
мультиметр *m* Vielfachmesser *m*
мультиобработка *f (Inf)* Mehrfachverarbeitung *f*
мультиплан *m (Flg)* Vieldecker *m*
мультиплекс *m* Multiplex *m* ‖ **~/временной** Zeitmultiplex *n*
мультиплекс-интерферометр *m (Opt)* Multiplexinterferometer *n*
мультиплексирование *n* Multiplexen *n* ‖ **~/временное** Zeitmultiplexen *n* ‖ **~/частотное** Frequenzmultiplexen *n*
мультиплексировать multiplexen
мультиплексор *m (Inf)* Multiplexer *m*, MUX, MPX, Multiplexsteuergerät *n*, Mehrfachkoppler *m* ‖ **~/адресный** Adreßmultiplexer *m* ‖ **~ ввода-вывода** E/A-Multiplexer *m* ‖ **~ передачи данных** Multiplexsteuergerät *n*, Multiplexer *m*, MPD
мультиплет *m (Kern)* Multiplett *n*, Linienkomplex *m* ‖ **~/зарядовый** Ladungsmultiplett *n* ‖ **~/интеркомбинационный** verkettetes Multiplett *n* ‖ **~/нормальный** normales Multiplett *n* ‖ **~/обратный** umgekehrtes Multiplett *n* ‖ **~ по спину** Spinmultiplett *n* ‖ **~/регулярный** *s.* ~/нормальный ‖ **~ симметрии** Symmetriemultiplett *n* ‖ **~/спиновый** Spinmultiplett *n* ‖ **~ термов** Termmultiplett *n*
мультиплетность *f (Kern)* Multiplizität *f*, Vielfachheit *f*
мультипликатор *m* 1. Multiplikator *m*, Multiplizierer *m*, Multipliziergerät *n*; 2. *(Photo)* Multiplikator *m*, Belichtungsreihenschieber *m*; 3. *(Masch)*

Druckumformer *m*, Druckübersetzer *m*, Treibapparat *m (hydraulische Pressen)* ‖ **~/винтовой** Druckumformer *m* mit Spindelantrieb; Spindelantrieb *m* ‖ **~/гидравлический** hydraulischer Druckumformer; Hydraulikantrieb *m* ‖ **~/кривошипный** Kurbelantrieb *m* ‖ **~/реечный** Zahnstangenantrieb *m*
мультипликационный Trickfilm...
мультипликация *f* 1. Vervielfachung *f*; 2. *(Photo)* Trickaufnahme *f*
мультиполь *m (Ph)* Multipol *m*
мультипольность *f (Ph)* Multipolordnung *f*, Multipolarität *f*
мультипрограмматор *m (Inf)* Mehrfachprogrammer *m*, Multiprogrammer *m*
мультипрограммирование *n (Inf)* Multiprogrammierung *f*, Multiprogrammbetrieb *m* ‖ **~ с переменным числом задач** Multiprogrammierung *f* mit einer variablen Anzahl von Aufgaben, Multiprogrammbetrieb *m* mit variabler Aufgabenanzahl ‖ **~ с фиксированным числом задач** Multiprogrammierung *f* mit einer festen Anzahl von Aufgaben, Multiprogrammbetrieb *m* mit fester Aufgabenanzahl
мультипроцессор *m (Eln)* Multiprozessor *m*
мультиротация *f (Opt)* Multirotation *f*, Mutarotation *f*
мультиустойчивость *f (Mech)* Multistabilität *f*
мультициклон *m* Multi[zy]klon *m*
мультфильм *m* Trickfilm *m*
мульча *f (Lw)* Mulch *m*, Mulchschicht *f*
мульчирование *n (Lw)* Mulchen *n*, Mulchverfahren *n*, Bodenbedeckung *f*
мундштук *m* 1. *(Schw)* Mundstück *n*, Düse *f (Brenner)*; 2. Preßring *m*, Mundstück *(Strangpressen und Flüssigpressen)* ‖ **~/внутренний** Schneiddüse *f (Schneidbrenner)*; Düse *f* der Schneidgas ‖ **~ волочильной оправки** *(Wlz)* Einschraubende *n* des Ziehdorns *(Rohrziehen)* ‖ **~/многосопловой** *(Schw)* Mehrloch[ring]düse *f (Schneidbrenner)* ‖ **~/наружный** *(Schw)* Heizdüse *f (Schneidbrenner)*; Düse *f* für das Heizgas ‖ **~ сварочной горелки** *(Schw)* Mundstück *n*, Gasdüse *f* ‖ **~ токоподводящий** *(Schw)* Stromkontaktdüse *f (im Schweißkopf)* ‖ **~/щелевой** *(Schw)* Ringdüse *f (Schneidbrenner)*
МУП *s.* память/микропрограммная управляющая
муравьинокислый *(Ch)* ...formiat *n*; ameisensauer
мусковит *m (Min)* Muskovit *m*
мускулоход *m* „Muskelfahrzeug" *n (durch Muskelkraft betriebenes zwei- oder mehrrädriges Fahrzeug)*
мусор *m* 1. Abfall *m*, Müll *m*; 2. Bauschutt *m*
мусоровоз *m* Müllwagen *m*, Entsorgungsfahrzeug *n*
мусородробилка *f* Müllzerkleinerer *m*, Müllwolf *m*
мусорокамера *f* Müllraum *m*
мусоропровод *m* Müllschlucker *m*
мусоросборник *m* Müllbunker *m*; Mülltonne *f*
мусоросжигание *n* Müllverbrennung *f*
мусоросжигатель *m* Müllverbrennungsanlage *f*
муссон *m (Meteo)* Monsun *m* ‖ **~/зимний** Wintermonsun *m* ‖ **~/летний** Sommermonsun *m*

мутатор *m (El)* Stromrichter *m*, Mutator *m*
мутить trüben
мутномер *m* Trübungsmesser *m*
мутность *f* Trübungsgrad *m*, Trübung *f* ‖ **~ атмосферы** Atmosphärentrübung *f*, Lufttrübung *f* ‖ **~ воды** Wassertrübung *f*, Gewässertrübung *f*
муть *f* 1. Trübung *f*; Bodensatz *m*, Satz *m*, Niederschlag *m*, Schlamm *m*; 2. *(Bgb)* Durchlaßschlamm *m*, Trübe *f*, Aufschlämmung *f (Aufbereitung)* ‖ **~/белковая** *(Brau)* Eiweißtrübung *f* ‖ **~/буровая** Bohrschmant *m* ‖ **~/дрожжевая** Hefetrübung *f*, Hefetrub *m* ‖ **~/моечная** Waschtrübe *f (Aufbereitung)* ‖ **~/холодная** *(Brau)* Kältetrübung *f*
МУУ *s.* устройство управления/микропрограммное
муфта *f* 1. Muffe *f*, Hülse *f*; 2. *(Masch)* Kupplung *f* ‖ **~/быстродействующая** Schnellkupplung *f* ‖ **~/вставная** Einsatzhülse *f* ‖ **~/втулочная** Muffenkupplung *f* ‖ **~/втулочно-пальцевая упругая** elastische Bolzenkupplung *f* ‖ **~/гибкая** elastische Kupplung *f* ‖ **~/гидравлическая** Strömungskupplung *f*, hydrodynamische Kupplung *f*, Hydrokupplung *f*, Flüssigkeitskupplung *f* ‖ **~/гидродинамическая** *s.* гидромуфта ‖ **~/гистерезисная управляемая** *(Reg)* Hysterese-Steuerkupplung *f* ‖ **~/глухая** starre Kupplung *f* ‖ **~/двухдисковая [фрикционная]** Zweischeibenkupplung *f* ‖ **~/дисковая фрикционная** Reibscheibenkupplung *f* ‖ **~/жёсткая** starre Kupplung *f* ‖ **~/защитная** Schutzmuffe *f* ‖ **~/зубчатая** Zahnkupplung *f* ‖ **~/кабельная** Kabelmuffe *f* ‖ **~/кабельная концевая** Kabelendverschluß *m* ‖ **~/кабельная ответвительная** Kabelabzweigmuffe *f* ‖ **~/карданная** Kreuzgelenkkupplung *f*, Kardangelenkkupplung *f* ‖ **~/колодочная [фрикционная]** Backenkupplung *f* ‖ **~/компенсирующая** Ausgleichskupplung *f* ‖ **~/конусная** Kegelkupplung *f* ‖ **~/конусная фрикционная** Kegelreibkupplung *f* ‖ **~/концевая** 1. Endverschluß *m*, Abschlußmuffe *f (eines Kabels)*; 2. Endmuffe *f (Seilbefestigung)* ‖ **~/концевая наружная** Freiluftendverschluß *m* ‖ **~/концевая однофазная** Einleiterendverschluß *m* ‖ **~/концевая резиновая** Gummiendverschluß *m* ‖ **~/концевая трёхфазная** Dreiphasenendverschluß *m* ‖ **~/кулачковая** Klauenkupplung *f* ‖ **~/ленточная** Bandkupplung *f* ‖ **~/магнитная** Magnetkupplung *f* ‖ **~/магнитно-порошковая** Magnetpulverkupplung *f* ‖ **~/мачтовая** Mastenverschluß *m* ‖ **~/многодисковая** Lamellenkupplung *f*; Mehrscheibenkupplung *f* ‖ **~/многошпоночная** Vielnutkupplung *f* ‖ **~/надвижная** Überschiebmuffe *f (Rohrverschraubung)* ‖ **~/нарезная** Gewindemuffe *f* ‖ **~/неподвижная** starre Kupplung *f* ‖ **~/обгонная** Überholkupplung *f*, Freilaufkupplung *f* ‖ **~/однодисковая** Einscheibenkupplung *f* ‖ **~ Ольдгама** Oldham-Kupplung *f*, Oldham-Kreuzscheibenkupplung *f* ‖ **~/ответвительная** Abzweigmuffe *f (eines Kabels)* ‖ **~/пальцевая** Bolzenkupplung *f*, Reduziermuffe *f*, Reduzierstück *n* ‖ **~/планетарная** Planetenkupplung *f* ‖ **~/подвижная** bewegliche Kupplung *f* ‖ **~/подвижная зубчатая** bewegliche Zahnkupplung *f (winkelbeweglich)*; verzahnte Schaltmuffe *f* ‖ **~/подвижная кулачковая** bewegliche Klauenkupplung *f*; Schubklauenmuffe *f* ‖ **~/поперечно-компенсирующая** querbewegliche Kupplung *f* ‖ **~/поперечно-свёртная** Flanschkupplung *f*; Scheibenkupplung *f (starre Kupplung)* ‖ **~/порошковая** Pulverkupplung *f* ‖ **~/постоянная** Dauerkupplung *f* ‖ **~/предохранительная** Sicherheitskupplung *f*, Überlast[ungs]kupplung *f* ‖ **~/предохранительная многодисковая [фрикционная]** Sicherheitslamellenkupplung *f* ‖ **~/предохранительная многодисковая обгонная** Lammellenüberholkupplung *f* ‖ **~/предохранительная фрикционная** Rutschkupplung *f*; Sicherheitsrutschkupplung *f*; Sicherheitsreibkupplung *f* ‖ **~/продольно-компенсирующая** *s.* **~/расширительная** ‖ **~/продольно-свёртная** Schalenkupplung *f* ‖ **~/распределительная** Verzweigungsmuffe *f*; Verteilmuffe *f* ‖ **~/расширительная** längsbewegliche Kupplung *f*, Ausdehnungskupplung *f* ‖ **~/реверсивная** Reversierkupplung *f*, Umkehrkupplung *f*, Umsteuerkupplung *f* ‖ **~/регулятора** Reglermuffe *f* ‖ **~/резьбовая** Gewindemuffe *f* ‖ **~ с воздушным замыканием** druckluftgeschaltete Kupplung *f* ‖ **~ с кинематическим замыканием** formschlüssige Kupplung *f* ‖ **~ с поворотной шпонкой** Drehkeilkupplung *f* ‖ **~ с промежуточным диском/крестовая** Kreuzscheibenkupplung *f* ‖ **~ с разрушаемым штифтом (пальцем)/предохранительная** Brechkupplung *f* mit Scherbolzen ‖ **~ с разрушаемым элементом/предохранительная** Brechkupplung *f*, Zerreißkupplung *f* ‖ **~ с силовым замыканием** kraftschlüssige Kupplung *f* ‖ **~ с торцовым зубчатым зацеплением/глухая** Plankerbverzahnungskupplung *f* ‖ **~ с угловой компенсацией** winkelbewegliche Kupplung *f* ‖ **~ с фрикционным диском/электромагнитная** elektromagnetische Reibscheibenkupplung *f* ‖ **~/свинцовая** Bleimuffe *f (eines Kabels)* ‖ **~ свободного хода** Freilaufkupplung *f*, Überholkupplung *f* ‖ **~/синхронная** Synchronisierkupplung *f* ‖ **~ скольжения** Schlupfkupplung *f* ‖ **~ скольжения/электромагнитная** elektromagnetische Schlupfkupplung *f* ‖ **~/соединительная** 1. Verbindungsmuffe *f (Kabel, Seile)*; 2. Kupplung *f* ‖ **~/соединительная кабельная** Kabelverbindungsmuffe *f* ‖ **~/стопорная** Sperrmuffe *f* ‖ **~/стяжная** Spannstoß *n*; Spannmuffe *f* ‖ **~/сухая** Trockenkupplung *f* ‖ **~ сцепления** *(Masch)* Reibkupplung *f*, Schaltkupplung *f*, ausrückbare (lösbare) Kupplung *f* ‖ **~/сцепная зубчатая** Zahnrückkupplung *f*, schaltbare Zahnkupplung *f* ‖ **~/сцепная кулачковая** Klauenrückkupplung *f*, schaltbare Klauenkupplung *f* ‖ **~/сцепная пальцевая** Bolzenrückkupplung *f*, schaltbare Bolzenkupplung *f* ‖ **~/тормозная** Bremskupplung *f* ‖ **~ трения** Reibungskupplung *f* ‖ **~ трения/электромагнитная** elektromagnetische Reibungskupplung *f* ‖ **~/тройниковая** T-Muffe *f* ‖ **~/трубная** *(Bgb)* Rohrmuffe *f*, Gestängemuffe *f (Bohrung)* ‖ **~/уплотнительная** Dichtungsmuffe *f* ‖ **~/управляемая** Steuerkupplung *f* ‖ **~/упругая** elastische Kupplung *f* ‖ **~/упругая кулачковая** elastische Klauenkupplung *f* ‖

муфта

~/фланцевая Flanschkupplung f, Scheibenkupplung f ‖ ~/фрикционная Reibkupplung f, Reibungskupplung f, reibschlüssige Kupplung f ‖ ~/фрикционная ленточная Schraubenbandkupplung f ‖ ~/фрикционная предохранительная Sicherheitsrutschkupplung f ‖ ~/храповая Klinkensperrkupplung f ‖ ~/центробежная Fliehkraftkupplung f ‖ ~/электромагнитная elektromagnetische (elektromagnetisch schaltbare) Kupplung f, Elektromagnetkupplung f ‖ ~/электромагнитная пусковая порошковая Magnetpulver-Anlaßkupplung f ‖ ~/электромагнитная фрикционная Elektromagnetkupplung f ‖ ~/шарнирная Gelenkkupplung f, Kupplungsgelenk n
муфта-маховик f Schwungradkupplung f
мучка f (Lw) Futtermehl n, Kleie f
мучнистость f [зерна] Mehligkeit f, Mehlkörperbeschaffenheit f
мушка 1. (Text) Fluse f, Dickstelle f; 2. Korn n (einer Waffe)
мушкель m (Schiff) Holzhammer m ‖ ~/конопатный Kalfaterhammer m
мФ s. миллифарада
мыкание n (Text) Riffeln n, Riffelung f (Flachs)
мыканица f (Text) Riffelkamm m
мыло n Seife f ‖ ~/известковое Kalkseife f ‖ ~/мазеобразное Schmierseife f ‖ ~/полуядровое Halbkernseife f ‖ ~/твёрдое Hartseife f ‖ ~/хозяйственное Haushaltseife f ‖ ~/ядровое Kernseife f
мыловарение n Seifensieden n, Seifensiederei f
мыловка f (Text) Avivieren n (Viskoseherstellung)
мылорезка f Seifenschneidemaschine f
мычка f (Text) Lunte f; Faserbändchen n (Spinnerei, Flyer)
мышь (Inf) Maus f
мышьяк m (Ch) Arsen n, As
мышьяковистокислый (Ch) ...arsenit n, ...arsenat(III) n; arsenigsauer
мышьяковистый (Ch) ...arsenid n; arsenhaltig
мышьяководород m (Ch) Arsenwasserstoff m, Arsin n
мышьяковокислый (Ch) ...arsenat n, ...arsenat(V) n; arsensauer
мышьяковый Arsen...
мышьякорганический arsenorganisch, Organoarsen...
МЭМ s. модель/математико-экономическая
МЭС s. схема/многоэтажная
мюль-машина f s. машина периодического действия/прядильная
мю-мезон m (Kern) Mü-Meson n, μ-Meson n
мюмезоний m (Kern) Myonium n
мюметалл m Mümetall n, μ-Metall n
мюметр m (El) Permeameter n, Permeabilitätsmesser m
мюоний m (Kern) Myonium n
мю-пространство n (Ph) Molekülraum m, μ-Raum m, My-Raum m
мю-фотомезон m (Kern) Photomyon n, My-Photomeson n
мягкость f Weichheit f ‖ ~ на ощупь (Text) Weichgriffigkeit f ‖ ~ характеристики Weichheit f einer Kennlinie
мягчение n 1. Weichmachung f; Weichmachen n; 2. Weicherwerden n (Röntgenröhre, Elektronenröhre); 3. (Led) Beizen n; 4. (Kst) Plasti[fi]zieren n; 5. Enthärten n (Wasser) ‖ ~ воды Wasserenthärtung f
мягчитель m 1. Weichmacher m, Weichmachungsmittel n, Plastifikator m; 2. (Led) Beize f, Beizmittel n ‖ ~/кожевенный Gerberbeize f
мягчить 1. (Ch) weich machen; enthärten (Wasser); 2. (Led) beizen
мязга f s. мезга
мякина f (Lw) Spreu f, Kaff n
мялка 1. (Text) Knickmaschine f, Brechmaschine f (Flachs); 2. (Led) Walke f ‖ ~/кулачная (Led) 1. Kurbelwalke f; 2. Hammerwalke f ‖ ~/льняная (Text) Flachsbreche f ‖ ~/ударная молотковая (Led) Hammerwalke f
мясига f Maschinenleimleder n
мясорубка f Fleischwolf m
мясохладобойня f Schlachthof m mit Kühlhaus
мятие n Drosseln n (Dampf)
мять 1. hämmern; 2. brechen, knicken (Flachs); 3. walken (Leder); 4. kneten; 5. quetschen; 6. zerknittern; 7. drosseln (Dampf)
мятьё n 1. Hämmern n; 2. Brechen n, Knicken n (Flachs); 3. Walken n (Leder); 4. Kneten n; 5. Quetschen n; 6. Zerknittern n; 7. Drosseln n, Drosselung f (Dampf)

Н

Н s. ньютон
набег n s. набегание
набегание n 1. Auflauf m, Auflaufen n; 2. (Eb) Anlaufen n (Rad an Schiene) ‖ ~ потока (Hydt) Anströmung f
набегать 1. anlaufen, auflaufen; 2. (Eb) anlaufen, aufklettern
набережная f 1. Kai m; Kaimauer f; 2. Uferstraße f ‖ ~/достроечная (Schiff) Ausrüstungskai m ‖ ~/портовая Hafenkai m ‖ ~/ремонтная (Schiff) Reparaturkai m
набивание n s. набивка 1.
набивать 1. [voll]füllen, [voll]stopfen; 2. ausstopfen, [aus]polstern; 3. einschlagen (Nägel); 4. (Masch) packen, [ab]dichten (Stopfbuchsen); lidern; 5. (Met) [aus]stampfen, feststampfen, ausfüttern (Ofen); 6. (Text) [be]drucken (Gewebe) ‖ ~ футеровку (Met, Gieß) zustellen, ausfüttern, auskleiden, ausstampfen (Öfen, Pfannen)
набивка f 1. Füllen n, Füllung f; 2. Füllmasse f, Füllkörper m, Füllung f; 3. Polstern n, Polsterung f; 4. Polstermaterial n, Polsterung f; 5. (Masch) Packen n, Dichten n, Lidern n; 6. Packmasse f, Packung f, Dichtungsmasse f, Dichtung f, Liderung f; 7. (Met) Feststampfen n, Stampfen n, Ausstampfen n; 8. Stampfmasse f (Ofen); 9. (Text) Bedrucken n (Gewebe); 10. (Text) Druck m (Gewebe) ‖ ~/асбестовая (Masch) Asbestdichtung f ‖ ~/кожаная (Masch) Lederdichtung f, Lederpackung f ‖ ~/кольцевая (Masch) Dicht[ungs]ring m, Packungsring m ‖ ~/металлическая (Masch) Metallpackung f ‖ ~/мягкая (Masch) Weichpackung f ‖ ~ на раме (Led) Aufnageln n ‖ ~/пеньковая (Masch) Hanfdichtung f, Hanfpackung f ‖ ~ пода (Met) 1. Herdaufstampfen n; 2. Herdfutter n, Herdzustellung f

(Herdofen) ‖ ~/**резиновая** (Masch) Gummidichtung f, Gummipackung f ‖ ~ **сальника/мягкая** (Masch) Stopfbuchsenweichpackung f ‖ ~/**сальниковая** (Masch) Stopfbuchsendichtung f, Stopfbuchsenpackung f ‖ ~/**угольная** (Met) 1. Kohlenstoffausstampfung f; 2. Kohlenstoffstampfmasse f ‖ ~/**фетровая** (Masch) Filzpakkung f ‖ ~ **формы** (Gieß) Einformen n, Aufstampfen n einer Form ‖ ~ **футеровки** (Met) Zustellen n, Auskleiden n mit Stampfmasse (Ofen) ‖ ~/**хлопчатобумажная** (Masch) Baumwolldichtung f, Baumwollpackung f
набирать 1. sammeln; 2. wählen; 3. (Nrt) vorwählen; 4. (Typ) setzen (den Satz herstellen); 5. (Schiff) konstruieren (in Längs- oder Querspantbauweise); 6. (Glas) anfangen (Posten) ‖ ~ **вразрядку** (Typ) sperren ‖ ~ **высоту** (Flg) steigen, Höhe gewinnen ‖ ~ **нагрузку** Last aufnehmen ‖ ~ **номер** (Nrt) [eine Nummer] wählen
набить s. набивать
наблюдать beobachten; überwachen, beaufsichtigen
наблюдение n Beobachten n, Beobachtung f; Überwachung f, Kontrolle f, Beaufsichtigung f ‖ ~ **в светлом поле** (Opt) Hellfeldbeobachtung f ‖ ~ **в тёмном поле** (Opt) Dunkelfeldbeobachtung f ‖ ~/**дистанционное** Fernbeobachtung f ‖ ~ **за сооружениями** Bauwerksüberwachung f ‖ ~/**меридианное** (Astr) Meridianbeobachtung f ‖ ~ **на просвет** (Opt) Durchlichtbeobachtung f ‖ ~/**наземное** (Astr, Geoph) terrestrische (erdgebundene) Beobachtung f ‖ ~ **под углом** (Opt) Schrägbeobachtung f ‖ ~ **под широким углом** (Opt) Weitwinkelbeobachtung f ‖ ~/**радиолокационное** Radarbeobachtung f, Funkmeßbeobachtung f ‖ ~/**радиолокационное метеорологическое** Radarwetterbeobachtung f ‖ ~/**скважинное** (Geol) Bohrlochbeobachtung f, Bohrlochmessung f ‖ ~/**стробоскопическое** (Opt) stroboskopische Beobachtung f ‖ ~/**телевизионное** Fernsehbeobachtung f ‖ ~/**широтное** (Astr) Polhöhenbeobachtung f (Polschwankungsdienst)
набойка f 1. (Met) Stampfmasse f; Ausstampfung f; Futter n, Stampffutter n (des Ofens); 2. (Text) bedruckter Stoff m, Druckware f; 3. (Led) Oberfleck m (Schuhabsatz); 4. (Gieß) Stampfer m ‖ ~ **горна** Gestübbe n (Hochofen) ‖ ~/**кварцевая** (Gieß) Quarzstampfmasse f ‖ ~/**угольная** (Met) Kohlengestübbe n, Kohlenfutter n ‖ ~/**шамотная** (Met, Gieß) Schamottestampfmasse f
набор m 1. Satz m, Garnitur f, Sortiment n (Gruppe zusammenhängender Gegenstände; s. a. unter **комплект**); 2. Aufnahme f, Übernahme f; 3. (Typ) Satz m, Schriftsatz m; 4. (El) Matrix f, Array n, Netzwerk n; 5. (Nrt) Wahl f, Wählen n; 5. (Schm) Stauchen n, Anstauchen n; 6. (Glas) Posten m; 7. (Glas) Anfangen n [des Postens]; 8. (Glas) Satz m, Ansatz m (Rohstoffrezept des Glasgemenges); 9. [schiffbaulicher] Verband m, [schiffbauliche] Verbände mpl ‖ ~/**бортовой** (Schiff) Seitenverband m, Seitenverbände mpl ‖ ~ **в столбцах** (Typ) Spaltensatz m ‖ ~ **вперебивку** (Typ) durchschossener Satz m ‖ ~ **вразрядку** (Typ) gesperrter Satz m ‖ ~ **высоты** (Flg) 1. Steigflug m; 2. Höhengewinn m ‖ ~/**гребенчатый** (Schiff) durch Ausschnittschweißung

befestigter Verband m ‖ ~/**дальний** (Nrt) Fernwahl f ‖ ~ **данных** (Inf) Datensatz m, Datei f ‖ ~ **данных/библиотечный** untergliederte Datei f ‖ ~ **данных/индексно-последовательный** indexsequentielle Datei f ‖ ~ **данных/каталогизированный** katalogisierte Datei f ‖ ~ **данных/многотомный** Datei f auf mehreren Datenträgern ‖ ~ **данных/обновлённый** Fortschreibungsdatei f ‖ ~ **данных/основной** Stammdatei f, Bestandsdatei f ‖ ~ **данных/последовательный** sequentielle Datei f ‖ ~ **данных/присоединённый** gekettete Datei f ‖ ~ **данных промежуточной памяти** Zwischenspeicherdatei f ‖ ~ **данных/рабочий** Arbeitsdatei f ‖ ~ **данных/разгруженный** Dateikopie f, Dateiabzug m ‖ ~ **данных с прямым доступом** Direktzugriffsdatei f ‖ ~/**данных/совместно используемый** gemeinsam benutzte Datei f ‖ ~ **данных/сцепленный** gekettete Datei f ‖ ~ **данных/фиктивный** Pseudodatei f, Dummy-Datei f ‖ ~/**двухколонный** (Typ) zweispaltiger Satz m ‖ ~/**диодный** (Eln) 1. Diodenarray n, Diodenmatrix f; 2. Diodensortiment n ‖ ~/**днищевый** (Schiff) Bodenverband m, Bodenverbände mpl ‖ ~/**жировой** Fettansatz m, Fettmischung f (Margarineherstellung) ‖ ~ **задачи** (Inf) Problem[ein]stellung f (Analogrechner) ‖ ~ **знаков** (Inf) Zeichensatz m, Zeichenvorrat m ‖ ~ **зубчатых колёс** (Masch) Räderpaar n, Radsatz m ‖ ~ **зубчатых колёс/ступенчатый** Räderblock m, Rädernest n, Stufenrad n ‖ ~ **игл** (Text) Nadelsetzen n; Benadelung f ‖ ~ **измерительных приборов** Meßgerätesatz m ‖ ~ **измерительных трансформаторов** (El) Meßwandlersatz m ‖ ~/**импульсный** (Nrt) Impulswahl f, Impulswählverfahren n ‖ ~ **инструментов** (Wkz) Werkzeugsatz m ‖ ~ **калибров/контрольный** (Meß) Lehrensatz m ‖ ~ **катушек индуктивности** (El) Induktivitätssatz m ‖ ~ **клавишей** Tastenreihe f ‖ ~/**колонковый** (Bgb) Kernbohrgarnitur f ‖ ~ **команд** (Inf) Befehlsvorrat m, Befehlssatz m ‖ ~/**компактный** (Typ) kompresser (nichtdurchschossener) Satz m ‖ ~ **конденсаторов** (El) Kondensator[en]satz m ‖ ~ **концевых мер** (Meß) Endmaßsatz m ‖ ~ **координат** (Wkzm) Koordinatenwahl f ‖ ~ **лопаток** Schaufelsatz m, Beschaufelung f (Strömungsmaschine) ‖ ~/**междудонный** (Schiff) Doppelbodenverband m, Doppelbodenverbände mpl ‖ ~ **мер** (Meß) Maßverkörperungssatz m ‖ ~ **микрокоманд** (Inf) Mikrokodebefehlssatz m ‖ ~/**многоколонный** (Typ) Spaltensatz m ‖ ~/**многоканальный** (Nrt) Mehrfrequenzkodewahl f; Mehrfrequenzkodewählverfahren n ‖ ~/**многочастотный тастатурный** MFC-Tastwahl f ‖ ~ **номера** (Nrt) Nummernwahl f, Rufnummernwahl f ‖ ~ **номера/сквозной** (Nrt) Durchwahl f ‖ ~ **номера/сокращённый** (Nrt) Kurzwahl f ‖ ~/**палубный** (Schiff) Decksverband m, Decksverbände mpl ‖ ~/**повторный** (Typ) Neusatz m ‖ ~/**полосный** (Typ) Kolumnensatz m ‖ ~ **поперечной системы** (Schiff) Querverband m, Querverbände mpl ‖ ~/**поперечный** (Schiff) Querverband m, Querverbände mpl ‖ ~/**предварительный** Vorwahl f ‖ ~/**пробный** (Typ) Satzprobe f, Probesatz m ‖ ~ **продольной системы** (Schiff)

набор

Längsverband *m*, Längsverbände *mpl* ‖ ~/**продольный** *(Schiff)* Längsverband *m*, Längsverbände *mpl* ‖ ~ **пружин** *(Masch)* Federsatz *m* ‖ ~/**прямой** direkte Wahl *f*, Direktwahl *f* ‖ ~/**силовой** *(Flg)* [tragendes] Gerippe *n* ‖ ~ **символов** *(Inf)* Zeichensatz *m* ‖ ~ **скорости** Geschwindigkeitszunahme *f* ‖ ~ **судна** *(Schiff)* Schiffsverband *m*, Schiffsverbände *mpl* ‖ ~/**тональный** tonfrequente Wahl *f*, Tonfrequenzwahl *f* ‖ ~/**транзисторный** *(Eln)* 1. Transistormatrix *f*, Transistorarray *n*; 2. Transistorsortiment *n* ‖ ~ **угловых плиток** *(Меß)* Winkelendmaßsatz *m* ‖ ~ **фрез** *(Wkz)* Fräsersatz *m* ‖ ~ **фюзеляжа** *(Flg)* Rumpfgerippe *n*, Rumpftragwerk *n* ‖ ~/**холодный** *(Typ)* kalter Satz *m* *(Lichtsatz)* ‖ ~/**цельнополосный** *(Typ)* Ganzseitensatz *m* ‖ ~ **шестерён** *(Masch)* Räderpaar *n* *(Zahnräder)* ‖ ~ **шлифовальных кругов** *(Wkz)* Schleifscheibensatz *m* ‖ ~ **щёток** *(El)* Bürstensatz *m* ‖ ~/**электроизмерительный чемоданный** Elektromeßkoffer *m* ‖ ~/**эталонный** *(Меß)* Gruppennormal *n* (*Satz von Primär- oder Sekundärnormalen)*

наборка *f (Glas)* 1. Posten *m*; 2. Anfangen *n* [des Postens]

наброс *m* 1. *(Bw)* Auftrag *m*, Bewurf *m*; 2. *(El)* Aufschaltung *f* ‖ ~ **мощности** *(El)* Leistungsaufschaltung *f*

наброска *f* 1. *(Bw)* Rauhputz *m*; 2. *(Hydt)* Schüttung *f* ‖ ~/**веерная** *(Bw)* Fächerputz *m* ‖ ~/**каменная** 1. *(Hydt)* Steinschüttung *f*, Felsschüttung *f*; 2. Steinschüttdamm *m* ‖ ~ **кельмой** *(Bw)* Kellenwurf *m*

набросок *m* Skizze *f*, Entwurf *m*, Kroki *n*

набрызг *m* Aufspritzen *n*

набрызгбетон *m* Spritzbeton *m*

набухаемость *f* Quellvermögen *n*, Quellbarkeit *f*, Quellfähigkeit *f* ‖ ~/**удельная** *(Photo)* spezifische Quellbarkeit *f*, Quellzahl *f*

набухание *n* Quellen *n*, Quellung *f*, Aufquellen *n*; Schwellen *n*, Anschwellen *n*

набухать [auf]quellen; [an]schwellen

наваливать *(Bgb)* wegfüllen, laden

навалка *f (Bgb)* Wegfüllen *n*

навалом lose, als Schüttgut

навалоотбойка *f (Bgb)* Verhau- und Wegfüllarbeit *f*

навалочник *m (Schiff)* Massengutfrachter *m*, Schüttgutfrachter *m*, Massengutschiff *n*, Schüttgutschiff *n*, Bulkcarrier *m*

навалочный *(Schiff)* Schüttgut..., Schütt..., Massengut...

наваривание *n s.* наварка

наваривать 1. aufschweißen; 2. anschweißen

наварить *s.* наваривать

наварка *f* 1. Anschweißen *n*; 2. Aufschweißen *n*, Auftragschweißen *n* ‖ ~/**многослойная** Mehrlagenschweißen *n* ‖ ~ **футеровки** *(Met, Gieß)* Futterausbesserung *f*

наварыш *m* 1. Aufschweißflansch *m*, Anschweißflansch *m*; 2. Schweißwarze *f*, Schweißraupe *f*

наведение *n* 1. Ansteuern *n*, Leiten *n*, Führen *n*, Lenken *n*; Lenkung *f* (z. B. *von Raketen*); 2. Auftragen *n* (z. B. *Farben*); 3. *(El)* Induzieren *n*, Induzierung *f*, Induktion *f*; 4. *(Reg)* Nachführen *n*, Nachführung *f* ‖ ~/**автономное** *(Rak)* Selbstlenkung *f* ‖ ~/**астроинерционное** *(Rak)* Astroträgheitslenkung *f* ‖ ~/**астронавигационное** *(Rak)* Astronavigationslenkung *f* ‖ ~/**инерциальное (инерционное)** *(Rak)* Trägheitslenkung *f* ‖ ~/**инфракрасное** *(Rak)* Infrarotlenkung *f* ‖ ~ **на штрих** Stricheinstellung *f*, Einfangen *n* eines Teilstrichs ‖ ~ **по [радио]лучу** *(Rak)* Leitstrahllenkung *f* ‖ ~/**программное** *(Rak)* Programmlenkung *f* ‖ ~/**радиоинерциальное** *(Rak)* Funkträgheitslenkung *f* ‖ ~/**радиокомандное** *(Rak)* Funkkommandolenkung *f* ‖ ~/**радиолокационное** *(Rak)* Funkmeßlenkung *f* ‖ ~/**радионавигационное** *(Rak)* Funknavigationslenkung *f* ‖ ~ **справок** Rückfrage *f* ‖ ~ **шлака** *(Met)* Schlackenarbeit *f*, Schlackemachen *n*

навёртывать 1. aufschrauben, anschrauben; 2. aufwickeln; umwickeln

навес *m* 1. Überhang *m (Felsen)*; 2. *(Bw)* Auslegerdach *n*, Kragdach *n*, Klebedach *n*, Vordach *n*; 3. Schutzdach *n*, Wetterdach *n*; Überdachung *f*; Schuppen *m (ohne Wände)*; 4. *(Bgb)* Grubenkaue *f* ‖ ~/**багажный** *(Eb)* Güterschuppen *m* ‖ ~/**консольный** *(Bw)* Kragdach *n* ‖ ~/**многопролётный** *(Bw)* mehrfeldriges Dach (Schutzdach) *n* ‖ ~/**однопролётный** *(Bw)* einfeldriges Dach (Schutzdach) *n* ‖ ~/**перегрузочный** *(Eb)* Umladehalle *f*, Umladeschuppen *m* ‖ ~/**передвижной** verschiebbares Wetterschutzdach *n* ‖ ~/**складчатый** *(Bw)* Faltdach *n* ‖ ~/**соляной** *(Geol)* Salzüberhang *m*

навесить *s.* навешивать

навеска *f* 1. Aufhängung *f*, Einhängung *f*; 2. Einwaage *f*, eingewogene Menge *f*; 3. *(Bw)* Türband *n*, Fensterband *n*, Band *m* ‖ ~/**аналитическая** Analyseneinwaage *f* ‖ ~/**трёхточечная** *(Lw)* Dreipunktaufhängung *f (Schlepper)*

навесной Anbau...

наветренный Luv..., luvseitig

навешивание *n* 1. Einhängen *n*, Aufhängen *n*; 2. Einwägen *n*

навешивать 1. aufhängen, einhängen; 2. einwägen

навивание *n* 1. Aufwickeln *n*, Aufwinden *n*, Wikkeln *n*, Aufrollen *n*, Haspeln *n*, Aufhaspeln *n* (*s. a. unter* навивка); 2. *(Text)* Bäumen *n (Weberei)* ‖ ~ **на барабан** Auftrommeln *n* ‖ ~ **на катушку** Aufspulen *n* ‖ ~ **основы** *(Text)* Aufbäumen *n* der Kette *(Weberei)* ‖ ~ **ткани** *(Text)* Gewebeaufwicklung *f*

навивать [auf]wickeln, [auf]haspeln, aufwinden, aufrollen ‖ ~ **в виде спирали** spiralförmig wickeln, wendeln ‖ ~ **на ребро** hochkant wickeln ‖ ~ **основу** *(Text)* aufbäumen *(Weberei)* ‖ ~ **спирально** gewendelt, als Wendel aufgewickelt

навивка *f s.* навивание ‖ ~/**двухслойная** Zweilagenwicklung *f* ‖ ~/**однослойная** Einlagenwicklung *f* ‖ ~/**трёхслойная** Dreilagenwicklung *f*

навигация *f* 1. Navigation *f*, Schiffsführung *f*; Schiffahrt *f*; 2. Schiffahrtsperiode *f*, Navigationsperiode *f*; 3. *(Flg)* Navigation *f* ‖ ~/**астрономическая** Astronavigation *f* ‖ ~/**ближняя** Kurzstreckennavigation *f*, Nahstreckennavigation *f* ‖ ~ **в полёте** Flugnavigation *f* ‖ ~/**визуальная** Sichtnavigation *f* ‖ ~/**гиперболическая** Hyperbelnavigation *f* ‖ ~/**дальняя** Weitstreckennavi-

gation f, Langstreckennavigation f ‖ ~/доплеровская Doppler-Navigation f ‖ ~ инерциальная Trägheitsnavigation f ‖ ~/комплексная Koppelnavigation f ‖ ~/круглогодичная das ganze Jahr über andauernde Schiffahrt f ‖ ~/маршрутная Streckennavigation f ‖ ~/межпланетная interplanetare Navigation f ‖ ~ по ведущему лучу Leitstrahlennavigation f ‖ ~ по наземным ориентирам terrestrische Navigation f ‖ ~/погодная Wetternavigation f ‖ ~/пропорциональная Proportionalnavigation f (Raketensteuerung) ‖ ~/разностно-дальномерная Hyperbelnavigation f
навиграф m Luftwegzeichner m
навинтить s. навинчивать
навинчивание n Aufschrauben n
навинчивать aufschrauben, anschrauben
нависать überhängen
навить s. навивать
наводить 1. auftragen, aufbringen (z. B. Farben); überziehen (mit Farbe); 2. hinführen, richten (Fernrohr); 3. (El) induzieren
наводка f 1. Einstellen n, Einstellung f; Justieren n, Justierung f; 2. Richten n (Fernrohre); 3. (Glas) Anlaufen n, Anlassen n ‖ ~ на нуль Null[punkt]einstellung f ‖ ~ на резкость (фокус) (Opt) Scharfeinstellen n, Scharfeinstellung f ‖ ~/резкая s. на резкость
наводнение n Überschwemmung f; Beflutung f, Überflutung f
наводораживание n 1. (Met) Wasserstoffaufnahme f; 2. Hydrierung f, Aufladung f mit Wasserstoff (Pulvermetallurgie)
навоз m (Lw) Dung m, Stalldung m, Mist m, Stalldünger m
навозопогрузчик m (Lw) Dunglader m, Stalldunglader m
навозопровод m (Lw) Dungleitung f, Gülleleitung f, Güllekanal m
навозоразбрасыватель m (Lw) Stalldungstreuer m, Düngerstreuer m, Düngerstreumaschine f ‖ ~/рядовой Reihendüngerstreuer m
навозораспределитель m s. навозоразбрасыватель
навозосборник m (Lw) Güllesammelbehälter m, Sammelgrube f
навозохранилище n (Lw) Dungstätte f, Dungplatte f, Stapelplatte f; Dunggrube f
навой m (Text) Kettbaum m ‖ ~/секционный Teilkettenbaum m
нагар m Kruste f, Rußansatz m, Pulverschleim m ‖ ~/масляный Ölkoks f (Zündkerze, Kolben von Verbrennungsmotoren)
нагарообразование n (Kfz) Ölkohlebildung f (am Kolben)
нагароотложение n Ölkohleablagerung f
нагартованный [kalt]verfestigt (Stahl)
нагартовка f Verfestigung f, Erhärtung f, Kaltverfestigung f (Stahl)
нагель m Nagel m, Bolzen m, Stift m
нагиагит m (Min) Nagyagit m, Blättererz n, Blättertellur n
наглазник m 1. (Med) Augenklappe f; 2. (Opt) Okularmuschel f
нагнести s. нагнетать
нагнетание n Drücken n, Zusammendrücken n, Pressen n; Einpressen n; Fördern n ‖ ~ воды/

внутриконтурное (Erdöl) Lagerstättenfluten n ‖ ~ воды/законтурное (Erdöl) Randwasserfluten n
нагнетатель m 1. Verdichter m, Gebläse n; 2. Ladepumpe f, Lader m, Vorverdichter m (in Verbrennungsmotoren); 3. (Hydr) s. колесо/насосное ‖ ~/аксиальный Axialgebläse n; Axialverdichter m ‖ ~/высотный Höhenlader m (Flugmotor) ‖ ~/газовый Gasverdichter m ‖ ~/газотурбинный Turbolader m ‖ ~ двигателя Lader m, Motorladepumpe f ‖ ~/двухлопастный двухроторный zweiflügeliges Drehkolbengebläse n, Wälzkolbengebläse n, Roots-Gebläse n ‖ ~/коловратный s. ~/однороторный ротационный ‖ ~/лопаточный Kreiselgebläse n ‖ ~/многокорпусный Mehrgehäuseverdichter m ‖ ~/наддувочный Aufladegebläse n, Lader m ‖ ~/объёмный Verdrängerlader m, Verdrängergebläse n (Gruppenbegriff für Drehkolben- und Sternkolbenlader) ‖ ~/однопоточный einflutiges Gebläse n ‖ ~/однопоточный радиальный einflutiger Radialverdichter m ‖ ~/однороторный ротационный 1. Zellenverdichter m; 2. Drehschieberverdichter m ‖ ~/осевой Axialgebläse n ‖ ~/поршневой Kolbenladepumpe f; Kolbengebläse n, Kolbenverdichter n ‖ ~/приводной Lader m mit Antrieb von der Nocken- oder Kurbelwelle ‖ ~/приводной центробежный Kreiselgebläse n mit Antrieb von der Kurbelwelle ‖ ~/радиальный Radialgebläse n ‖ ~/ротационный Drehkolbengebläse n, Umlaufkolbengebläse n ‖ ~/ротационный двухроторный Drehkolbengebläse n, Wälzkolbengebläse n, Wälzkolbenlader m, Roots-Lader m ‖ ~/роторный Kapselgebläse n, Kreiskolbengebläse n ‖ ~/трёхлопастный двухроторный dreiflügeliger Drehkolbenlader m ‖ ~/турбонаддувочный Abgasturbolader m ‖ ~/центробежный Turbolader m, Kreiselgebläse n
нагнетать drücken, [zusammen]pressen; fördern (Flüssigkeiten); aufladen, vorverdichten
наговаривать aufsprechen (Text auf Tonspeicher); besprechen (Tonspeicher)
наговорить s. наговаривать
нагон m Aufstau m, Auflauf m ‖ ~/ветровой Windstau m (Anstieg des Wasserspiegels durch Wind)
нагорье n (Geol) Hochland n
нагрев m 1. Erwärmen n, Erwärmung f, Anwärmen n; Erhitzen n, Erhitzung f (s. a. unter нагревание); 2. Heizen n, Heizung f, Beheizen n, Beheizung f; 3. Erwärmung f, Erhitzung f (Zustand); 4. Glut f, Hitze f; 5. (Masch) Heißlaufen n; 6. Heizfläche f ‖ ~/аэродинамический (Kosm) aerodynamische Aufheizung f (kosmischer Flugkörper beim Eintritt in die Atmosphäre) ‖ ~/белый Weißglut f ‖ ~/высокочастотный Hochfrequenzerwärmung f, HF-Erwärmung f, Hochfrequenzerhitzung f, HF-Erhitzung f; Hochfrequenzbeheizung f, HF-Beheizung f ‖ ~/газовый Gas[be]heizung f ‖ ~ гамма-излучением (Ph) Gamma-Aufheizung f ‖ ~/диэлектрический dielektrische (kapazitive) Erwärmung f ‖ ~/дуговой Lichtbogenerhitzung f ‖ ~/индукционный 1. induktive Erwärmung f, Induktionserwärmung f; 2. Induktionsheizung f, induktive Beheizung f ‖ ~/инфракрасный

нагрев

Infrarotbeheizung f, IR-Beheizung f, Infraroterwärmung f, IR-Erwärmung f ‖ ~/**ковочный** Schmiedewärme f, Schmiedehitze f ‖ ~/**конвекционный** direkte Erwärmung f (mit offener Flamme) ‖ ~ **контакта** (El) Kontakterwärmung f ‖ ~/**контактный** s. ~ сопротивлением ‖ ~/**косвенный** indirekte (mittelbare) Erwärmung f ‖ ~/**кратковременный** Kurzzeiterhitzung f ‖ ~/**лучистый** (Kern) Strahlungsaufheizung f, Strahlungserwärmung f ‖ ~/**методический** Erwärmung (Erhitzung) f im Gegenstromverfahren ‖ ~ **нейтронами** (Kern) Neutronenaufheizung f ‖ ~/**непродолжительный** Kurzzeiterhitzung f ‖ ~/**нижний** (Met) Bodenbeheizung f, Herdbeheizung f (Elektroofen); (Met) Unterbrennerbeheizung f ‖ ~/**нормализационный** (Härt, Wkst) Spannungsfreiglühen n ‖ ~ **плавки** (Met) Schmelzguterhitzung f, Schmelzguterwärmung f; (Met) Gang m (Schachtofen) ‖ ~ **под нагрузкой** Erwärmung f bei Belastung; Anwärmung f, Eigenerwärmung f (von Meßgeräten) ‖ ~/**предварительный** Vorwärmen n, Vorwärmung f, Vorheizen n (von Elektroden) ‖ ~/**прокатки** Walzhitze f ‖ ~/**проточный** Durchlauferhitzung f ‖ ~/**прямой** direkte (unmittelbare) Erwärmung f ‖ ~/**радиационный** indirekte Erwärmung f (mit indirekter Flamme) ‖ ~/**сварочный** (Schw) Schweißhitze f ‖ ~/**собственный** Eigenerwärmung f ‖ ~ **сопротивлением** Widerstandserwärmung f, Widerstandserhitzung f, Widerstands[be]heizung f ‖ ~/**среднечастотный** Mittelfrequenzerwärmung f ‖ ~/**ударный** (Mech) Stoßaufheizung f ‖ ~/**электрический** 1. elektrische Erwärmung f; 2. Elektroheizung f ‖ ~/**электронно-лучевой** Elektronenstrahlerwärmung f, Elektronenstrahlheizung f

нагревание n s. нагрев 1., 2. ‖ ~ **водяным паром** Wasserdampfbeheizung f ‖ ~ **голым пламенем** Erhitzen n (über offener Flamme ‖ ~/**лучистое** (Kern) Strahlungsaufheizung f, Strahlungserwärmung f ‖ ~/**микроволновое** Mikrowellenerwärmung f ‖ ~ **отобранным паром** Anzapfdampfvorwärmung f ‖ ~ **под давлением** Druckerhitzung f ‖ ~ **столкновением** (Mech) Stoßaufheizung f ‖ ~/**ударное** (Mech) Stoßaufheizung f

нагреватель m 1. Heizelement n, Heizleiter m; 2. Erwärmungseinrichtung f, Heizgerät n, Heizkörper m, Erhitzer m; 3. Heizer m, Heizdraht m ‖ ~/**ввинчивающий** Einschraubheizkörper m ‖ ~ **высокой частоты** Hochfrequenzerwärmungseinrichtung f ‖ ~/**графитовый** Graphitheizelement n, Graphitstab m ‖ ~/**зонный** Heizschlinge f, Heizring m (beim Zonenschmelzen) ‖ ~/**индукционный** Induktionserwärmungseinrichtung f, Induktionsheizung f ‖ ~/**пластиночный** Flächenheizer m, Plattenheizer m ‖ ~/**проволочный** (El) Heizdraht m ‖ ~/**проточный** Durchlauferhitzer m ‖ ~/**радиационный** Strahlungsheizer m ‖ ~/**ребристо-трубчатый** (Wmt) Rippenrohrheizer m ‖ ~/**спиральный** (El) Heizspirale f, Heizwendel f ‖ ~/**стержневой** (El) Heizstab m ‖ ~/**трубчатый** 1. Rohrheizer m, Rohrblasenofen m (Destillation); 2. Rohrheizkörper m ‖ ~/**электрический** (El) 1. Heizelement n, Heizleiter m; 2. elektrischer Heizkörper m,

elektrisches Heizgerät n ‖ ~/**электрический проточный** Elektro-Durchlauferhitzer m

нагревать [er]wärmen, anwärmen, erhitzen; [be]heizen, aufheizen ‖ ~ **до кипения** zum Sieden bringen ‖ ~ **докрасна** bis zur Rotglut erhitzen ‖ ~/**предварительно** vorheizen

нагревостойкий wärmebeständig, hitzebeständig, hitzefest, thermostabil

нагревостойкость f Wärmebeständigkeit f, Hitzebeständigkeit f, thermische Beständigkeit f

нагреть s. нагревать

нагрудник m/**спасательный** 1. (El) Traggestell n, Tragplatte f (für Brustmikrophone); 2. (Schiff) Rettungskragen m

нагружаемость f Belastbarkeit f

нагружать 1. belasten, beanspruchen (Geräte, Maschinen); beschweren (Gießform); 2. (Met) setzen, beschicken, begichten, chargieren; 3. verladen; befrachten

нагружение n Belastung f, Beanspruchung f (s. a. unter нагрузка)

нагруженный belastet, unter Last; beansprucht ‖ ~ **ёмкостью** (El) kapazitiv belastet, kapazitätsbelastet ‖ ~ **по току** (El) strommäßig belastet ‖ ~ **пружиной** federbelastet

нагрузить s. нагружать

нагрузка f 1. Laden n, Beladen n; 2. Beschicken n, Beschickung f, Chargieren n (Öfen); 3. (Mech) Belastung f, Last f; Beanspruchung f (Geräte, Material); 4. f [elektrische] Belastung f, Last f; 5. (Nrt) Verkehr m • **без нагрузки** (El) belastungsfrei, lastfrei, unbelastet • **под нагрузкой** (El) belastet, unter Last • **с ёмкостной нагрузкой** (El) kapazitiv belastet, kapazitätsbelastet • **с несколькими нагрузками** mehrfach belastet ‖ ~/**аварийная** Havarielast f ‖ ~/**активная** (El) Wirkbelastung f, Wirklast f ‖ ~/**базисная (базовая)** (El) Grundbelastung f, Grundlast f (Kraftwerk) ‖ ~/**безындукционный** (El) induktionsfreie Belastung f ‖ ~/**боковая** (Fest) Seitenkraft f ‖ ~/**бытовая** (El) Belastung f durch Haushalte ‖ ~/**ветровая** (Fest) Windlast f, Windbelastung f; Windangriff m ‖ ~/**вибрационная** (Mech) Rüttelbeanspruchung f ‖ ~/**внезапная** (Fest) plötzlich aufgebrachte Last f; Stoßbelastung f, Stoßbeanspruchung f ‖ ~/**внецентренная** (Fest) außermittige (exzentrische) Belastung f ‖ ~/**водяная** Wasserlast f, Wasserbelastung f ‖ ~/**возрастающая** (Mech) anwachsende Belastung f ‖ ~/**временная** (Fest) vorübergehende (zeitweilige) Belastung f; Nutzlast f ‖ ~/**высокочастотная** (Eln) Hochfrequenzbelastung f, Hochfrequenzlast f, HF-Last f ‖ ~/**выходная** (El) Ausgangsbelastung f ‖ ~/**годовая** Jahresbelastung f ‖ ~/**гололёдная** (Bw) Eislast f (durch Eisablagerungen hervorgerufene Last auf Bauwerken) ‖ ~/**двигательная** Motorbelastung f ‖ ~/**действующая** effektive Belastung f ‖ ~/**динамическая** (Fest) Schlagbelastung f, Schlagbeanspruchung f, dynamische Belastung (Beanspruchung) f ‖ ~/**длительная** Dauerbelastung f, Dauerlast f, Dauerbeanspruchung f ‖ ~/**длительная динамическая** (Fest) dynamische Dauerbeanspruchung f ‖ ~/**добавочная [статическая]** (Fest) zusätzliche Belastung f, Zusatzlast f ‖ ~/**дополнительная** 1. (Wkst) Zusatzbeanspruchung f (Dauerschwingversuch);

нагрузка

2. *(Fest)* zusätzliche Belastung *f*, Zusatzlast *f* ll ~/**допускаемая (допустимая)** *(Fest)* zulässige Belastung (Last) *f*, Belastbarkeit *f* ll ~/**допустимая токовая** Strombelastbarkeit *f* ll ~/**ёмкостная** *(El)* kapazitive Belastung (Last) *f* ll ~/**знакопеременная** *(Fest)* Wechselbelastung *f*, Schwing[ungs]belastung *f*, Wechsellast *f* ll ~/**знакопостоянная** *(Fest)* Schwellbeanspruchung *f*, Schwellbelastung *f* ll ~/**избыточная** *(Fest)* Überbelastung *f* ll ~/**изгибающая** *(Fest)* Biegebeanspruchung *f*; Biegebelastung *f* ll ~/**изменяющаяся** *s.* ~/переменная ll ~/**индуктивная** *(El)* induktive Belastung (Last) *f* ll ~/**инерционная** *(Bw)* Trägheitslast *f* ll ~/**испытательная** Prüfbelastung *f*, Prüflast *f* ll ~/**колебательная** *s.* ~/знакопеременная ll ~/**контактная** *(El)* Kontaktbelastung *f* ll ~/**косвенная** *(Fest)* mittelbare Belastung *f* ll ~/**кратковременная** *(Fest)* Kurzzeitbelastung *f*, Kurzzeitbeanspruchung *f* ll ~/**критическая** *(Fest)* 1. Grenzlast *f*, Grenzbelastung *f*; 2. Knicklast *f* ll ~/**крутящая** *s.* ~/скручивающая ll ~/**ледовая** *(Schiff)* Eislast *f* ll ~/**линейная токовая** Strombelag *m* *(elektrische Maschinen)* ll ~/**максимальная** Höchstbelastung *f*, Höchstlast *f*, Maximalbelastung *f*, Maximallast *f* ll ~/**малоцикличесная** *(Fest)* niederzyklische Beanspruchung *f* ll ~/**меняющаяся** veränderliche Belastung *f* ll ~/**минимальная** Mindestbelastung *f*, Mindestlast *f*, Minimalbelastung *f*, Minimallast *f* ll ~/**на единицу площади** *(Mech)* Einheitslast *f*, Last *f* je Flächeneinheit ll ~ **на окружающую среду** Umweltbelastung *f* ll ~ **на поверхность** *(Fest)* Flächenbelastung *f* ll ~/**начальная** Anfangsbelastung *f*, Anfangslast *f* ll ~/**неподвижная** *(Fest)* statische (ruhende) Belastung *f* ll ~/**непосредственная** *(Fest)* unmittelbare Belastung *f* ll ~/**неравномерно распределённая** *(Fest)* ungleichmäßig verteilte Belastung *f* ll ~/**низкочастотная** *(El)* Niederfrequenzbelastung *f*, Niederfrequenzlast *f*, NF-Last *f* ll ~/**номинальная** Nennbelastung *f*, Nennlast *f* ll ~/**нормальная** *(Fest)* Regellast *f*, Regelbelastung *f* ll ~/**нормативная** Normlast *f* ll ~/**нулевая** Nullast *f* ll ~/**общая** *s.* ~/суммарная ll ~/**объёмная** *(Fest)* Raumbelastung *f* ll ~/**однократная** 1. einmalige Belastung *f*; 2. statische Belastung *f* ll ~/**омическая** *(El)* ohmsche Belastung (Last) *f* ll ~/**осветительная** Licht[netz]belastung *f* ll ~/**осевая** *(Fest)* axiale Belastung *f*, in Achsrichtung wirkende Last (Belastung) *f* ll ~/**основная** *(Fest)* Grundbelastung *f*, Grundlast *f* ll ~ **от гололёда** Eisbelastung *f*, Eislast *f (einer Freileitung)* ll ~ **от собственного веса** *(Fest)* Eigenlast *f*, Eigenmassebelastung *f* ll ~ **от усадки** *(Bw)* Schwindlast *f* ll ~/**отопительная** Heizlast *f* ll ~/**переменная** *(Fest)* 1. Wechselbeanspruchung *f*, Wechsellast *f*; 2. Schwellbeanspruchung *f* ll ~/**периодическая переменная** *s.* ~/переменная ll ~/**пиковая** Spitzenbelastung *f*, Spitzenlast *f* ll ~ **по заеданию/предельная** Freßlastgrenze *f (z. B. beim Zahnradgetriebe)* ll ~ **по переменному току** *(El)* Wechselstrombelastung *f*, Wechselstromlast *f* ll ~ **по размаху** *(Flg)* Spannweitenbelastung *f* ll ~/**поверхностная** *(Fest)* Flächenbelastung *f* ll ~/**повторно-кратковременная** *(Fest)* intermittierende (aussetzende) Belastung *f* ll ~/**погонная [равномерная]** *(Fest)* Streckenlast *f* ll ~/**подвижная** 1. *(Fest)* bewegliche Last *f*; 2. Verkehrslast *f* ll ~/**полезная** 1. Nutzbelastung *f*, Nutzlast *f*; 2. *(Flg)* Zuladung *f* ll ~/**полная** *(Fest)* Vollbelastung *f*, Vollast *f* ll ~/**половинная** *(Fest)* Halblast *f*, halbe Belastung *f* ll ~/**полупиковая** *(Fest)* Mittellast *f* ll ~/**поперечная** *(Fest)* seitliche Belastung *f*, Querbelastung *f* ll ~/**постоянная** *(Fest)* Dauerlast *f*, Dauerbelastung *f*, ständige (konstante) Belastung *f* ll ~/**поступающая** *(Nrt)* Verkehrsangebot *n* ll ~ **потребителя** Verbraucherbelastung *f* ll ~/**предварительная Vorlast** *(Rockwell-Härteprüfung)* ll ~ **предела прочности** *(Fest)* Bruchlast *f* ll ~ **предела текучести** *(Fest)* Belastung *f* an der Streckgrenze ll ~/**предельная** 1. Höchstbelastung *f*, Grenzbelastung *f*; 2. *(Fest)* Bruchlast *f*, Grenzlast *f*, Höchstlast *f*, Höchstbelastung *f*; 3. Traglast *f* ll ~/**предельно-допустимая** zulässige Grenzlast *f*, [maximal] zulässige Last *f* ll ~/**предполагаемая** voraussichtliche Belastung *f* ll ~ **при коротком замыкании** *(El)* Kurzschlußbelastung *f* ll ~ **при растяжении** *(Fest)* Zugbelastung *f*, Belastung *f* durch äußere Zugkräfte ll ~ **при сжатии** *(Fest)* Druckbelastung *f*, Druckbeanspruchung *f* ll ~/**приведённая** *(Fest)* reduzierte (zurückgeführte) Belastung *f* ll ~/**присоединённая** *(El)* angeschlossene Belastung *f* ll ~/**продолжительная** *(Fest)* Dauerlast *f* ll ~/**прямая** *(Fest)* unmittelbare Belastung *f* ll ~/**пульсирующая** *(Fest)* Schwellbeanspruchung *f*, Schwellbelastung *f* ll ~/**рабочая** Arbeitsbelastung *f*, Betriebslast *f* ll ~/**равномерная (равномерно распределённая)** 1. *(El)* gleichmäßige Belastung *f*; 2. *(Fest)* gleichmäßig verteilte Belastung *f*, Flächenlast *f* ll ~/**радиальная** *(Fest)* Radialbelastung *f*, Radiallast *f* ll ~/**разрушающая** *(Fest)* Bruchbelastung *f*, Bruchlast *f* ll ~/**разрывная (разрывная)** *(Fest)* Bruchlast *f*; Reißlast *f*; Höchstlast *f* ll ~/**распределённая** *(Fest)* [stetig] verteilte Last *f*, Streckenlast *f* ll ~/**растягивающая** *s.* ~ **при растяжении** ll ~/**расчётная** berechnete (rechnerische) Belastung *f* ll ~/**реактивная** *(El)* Blindbelastung *f*, Blindlast *f* ll ~/**рычажная** *(Text)* Druckarmbelastung *f (Streckwerk)* ll ~/**сдвиговая** *(Fest)* Scherbelastung *f*; Schublast *f* ll ~/**сейсмическая** *(Geoph)* seismische Last *f* ll ~/**сеточная** *(Eln)* Gitterbelastung *f* ll ~/**сжимающая** *(Fest)* Druckbelastung *f* ll ~/**скручивающая** *(Fest)* Torsionsbeanspruchung *f*, Verdreh[ungs]beanspruchung *f*, Verdrehbelastung *f*, Torsionsbelastung *f* ll ~/**сложная** *(Fest)* zusammengesetzte Belastung *f* ll ~/**снеговая** *(Fest)* Schneelast *f* ll ~/**сосредоточенная** *(Fest)* Einzellast *f*, Punktlast *f* ll ~/**сплошная** *(Fest)* [stetig] verteilte Last *f* ll ~/**сплошная равномерная** *s.* ~/равномерная ll ~/**средняя** Durchschnittsbelastung *f*, mittlere Belastung *f* ll ~/**средняя эксплуатационная** mittlere Betriebslast *f* ll ~/**срезающая** *(Fest)* Scherbelastung *f*; Schublast *f* ll ~/**статическая** *(Fest)* statische (ruhende) Belastung (Last) *f* ll ~/**суммарная** Gesamtlast *f*, Gesamtbelastung *f*, Summenlast *f*, summarische Belastung *f* ll ~/**суточная** Tagesbelastung *f* ll ~/**телефонная**

нагрузка

Fernsprechverkehr[swert] *m* ‖ **~/тепловая** *(Wmt)* Wärmebelastung *f*, thermische Belastung (Beanspruchung) *f*, Wärmelast *f* ‖ **~/тепловлажностная** Wärme- und Feuchtelast *f (Klimatechnik)* ‖ **~/технологическая ударная** technologische Stoßbeanspruchung *f* ‖ **~/токовая** *(El)* Strombelastung *f* ‖ **~/трапецеидальная** *(Fest)* Trapezlast *f* ‖ **~/ударная** *(Wkst)* Schlagbelastung *f*, Schlagbeanspruchung *f*; Stoßbelastung *f*, Stoßbeanspruchung *f* ‖ **~/удельная** *(Fest)* spezifische (bezogene) Belastung *f (Belastung je Längen-, Flächen- oder Raumeinheit)* ‖ **~/фактическая** tatsächliche Belastung *f*, Istbelastung *f*, Istlast *f* ‖ **~/центральная** *(Fest)* mittige Belastung *f* ‖ **~/циклическая** *(Fest)* Schwingbelastung *f*, Wechselbeanspruchung *f*; Schwingungsbeanspruchung *f*; zyklische Belastung *f* ‖ **~/частичная** *(Fest)* Teilbelastung *f* ‖ **~/чисто активная** *(El)* reine Wirkbelastung *f* ‖ **~/эквивалентная** *(Fest)* Lastersatzwert *f* ‖ **~/эксплуатационная** Betriebslast *f* ‖ **~/эксцентричная** *(Fest)* exzentrische (außermittige) Belastung *f* ‖ **~/электрическая** elektrische Belastung *f* ‖ **~/электронная** elektronische Belastung *f (z. B. pro Anschluß)*
нагрузочный *(El)* Belastungs..., Last...
НАГЭС *s.* гидроэлектростанция/насосно-аккумулирующая
надавливание *n* Drücken *n*, Pressen *n*
надатмосферный exoatmosphärisch
надбавка *f* Aufschlag *m*, Zuschlag *m*; Zuschuß *m* ‖ **~/гарантийная** Sicherheitszuschlag *m* ‖ **~ на шероховатость** Zuschlag *m* für Oberflächenrauhigkeit
надбегунник *m (Text)* obere Läuferputzwalze *f*, oberer Putzwender *m (Krempelsatz)*
надвиг *m* 1. *(Geol)* Aufschiebung *f*; Überschiebung *f*; 2. *(Geol)* Vorstoß *m (Vereisung)*; 3. *(Bgb)* Wechsel *m*; 4. *(Eb)* Ablauf *m*, Wagenablauf *m (Rangierbetrieb)* ‖ **~/глыбовый** *(Geol)* Schollenüberschiebung *f* ‖ **~/параллельный** *(Eb)* Parallelablauf *m (Wagen)* ‖ **~/пластовой** *(Geol)* Schichtüberschiebung *f*; Flözaufschiebung *f* ‖ **~ покрова** *s.* ~/покровный ‖ **~/покровный** *(Geol)* Deckenüberschiebung *f*, tektonische Decke *f* ‖ **~ разлома (разрыва)** *(Geol)* Aufschiebung *f* ‖ **~ растяжения** *(Geol)* Extensionsüberschiebung *f* ‖ **~/скалывания** *(Geol)* Abscherungsüberschiebung *f* ‖ **~/складчатый** *(Geol)* Faltenüberschiebung *f*, Faltenaufschiebung *f* ‖ **~/чешуйчатый** *(Geol)* Schuppung *f*, schuppenartige Überschiebung *f* ‖ **~/шотландский** *s.* ~ скалывания ‖ **~/эрозионный** *(Geol)* Reliefüberschiebung *f*
надвигание *n* 1. Aufschieben *n*; Zuschiebung *f*; 2. *s.* надвиг 1.; 2.
надвигать 1. [hin]aufschieben; 2. *(Geol)* überschieben, aufschieben
надвижка *f* Einfahren *n* ‖ **~/плавучая** Einschwimmen *n (Brückenbau)*
надвинутый 1. aufgeschoben; 2. *(Geol)* übergeschoben
надвинуть *s.* надвигать
надводный *(Schiff)* Überwasser...
надвязка *f* [концов нитей] *(Text)* Knüpffaden *m*
надгруппа *f (Math)* Übergruppe *f*, Obergruppe *f*

наддув *m* Auflagung *f (Verbrennungsmotor)* ‖ **~/автономный** Fremdauflagung *f* ‖ **~/высокий** Hochauflagung *f* ‖ **~/газотурбинный** Abgasturboauflagung *f* ‖ **~/повышенный** Hochauflagung *f* ‖ **~/полный** Vollauflagung *f* ‖ **~/турбокомпрессорный** Abgasturboauflagung *f* ‖ **~/частичный** Teilauflagung *f*
надевание *n* Aufsetzen *n*, Aufschieben *n*, Aufstecken *n*
надевать aufsetzen; aufstecken; aufziehen *(z. B. eine Kette)*
надёжность *f* Zuverlässigkeit *f* ‖ **~/аппаратурная** Gerätezuverlässigkeit *f* ‖ **~/данных** *(Inf)* Datenzuverlässigkeit *f* ‖ **~ действия** Betriebszuverlässigkeit *f* ‖ **~/долговременная** Langzeitzuverlässigkeit *f* ‖ **~/контакта** *(El)* Kontaktzuverlässigkeit *f* ‖ **~/общая** Gesamtzuverlässigkeit *f* ‖ **~/повышенная** hohe Zuverlässigkeit *f* ‖ **~ прибора** Gerätezuverlässigkeit *f* ‖ **~ программного обеспечения** *(Inf)* Softwarezuverlässigkeit *f* ‖ **~/производственная** Betriebszuverlässigkeit *f* ‖ **~ пуска** *(Kfz)* Anspringsicherheit *f (Verbrennungsmotor)* ‖ **~ работы** Betriebszuverlässigkeit *f* ‖ **~ снабжения** Versorgungszuverlässigkeit *f* ‖ **~ срабатывания** Ansprechzuverlässigkeit *f (Relais)* ‖ **~/схемная** *(El)* Schaltungszuverlässigkeit *f* ‖ **~/эксплуатационная** Betriebszuverlässigkeit *f*, Funktionsfähigkeit *f* ‖ **~ электроснабжения** Elektroenergieversorgungszuverlässigkeit *f* ‖ **~/энергоснабжения** Energieversorgungszuverlässigkeit *f*
надёжный zuverlässig ‖ **~/эксплуагационно** betriebszuverlässig, betriebssicher
наделка *f* Ansatz *m* ‖ **~/бульбовая** *(Schiff)* Wulstansatz *m*, Wulst *m* ‖ **~/ледовая** *(Schiff)* Eissporn *m* ‖ **~/пропульсивная** *(Schiff)* Propulsionsbirne *f (Aktivruder)*
надземный 1. oberirdisch; 2. *(Bgb)* über Tage, übertägig, Übertage...
надзор *m* Beaufsichtigung *f*, Aufsicht *f*, Überwachung *f*, Kontrolle *f* ‖ **~/горный** *(Bgb)* Bergaufsicht *f*, Bergbehörde *f* ‖ **~ за загрязняющими веществами** Schmutzstoffinspektion *f*, Schmutzstoffkontrolle *f* ‖ **~ за составом сточных вод** Abwasserinspektion *f* ‖ **~ за средствами измерений** Meßmittelüberwachung *f* ‖ **~/котельный** Kesselkontrolle *f*, Kesselüberwachung *f* ‖ **~/медицинский** Gesundheitsinspektion *f*, medizinische Aufsicht *f* ‖ **~/метрологический** metrologische Inspektion *f* ‖ **~/портовый** Hafenaufsicht *f* ‖ **~/санитарный** Gesundheitsinspektion *f*, Sanitätsinspektion *f* ‖ **~/строительный** Bauaufsicht *f* ‖ **~/технический** technische Überwachung *f*; Wartung *f*
надир *m* 1. *(Fert)* Schramme *f*, Streifen *m (Fertigungsfehler)*; 2. *(Geod)* Nadir *m*
надкислота *f (Ch)* Peroxosäure *f*
надкритический *(Kern)* überkritisch
надкритичность *f (Kern)* überschüssige Reaktivität *f (eines Reaktors)*
надлом *m* Bruch *m*, Anbruch *m*, Knick *m*
надмолекулярный *(Ch)* übermolekular
надниточник *m (Text)* Aufwinder *m (Selfaktor)*
надпероксид *m (Ch)* Hyperoxid *n*
надпиливать ansägen; anfeilen, einfeilen
надпирофосфорнокислый *(Ch)* ...peroxodiphosphat *n*; peroxodiphosphorsauer

надпись Aufschrift f
надпороговый (Ph) oberschwellig; überschwellig
надрабатывать (Bgb) überbauen
надработка f (Bgb) Überhauen n, Überfahren n
надрамник m Hilfseimerleiter f (Eimerkettenschwimmbagger)
надрез m 1. Einschnitt m, Kerbe f, Einkerbung f; Ritz m; 2. Einkerben n, Ritzen n; 3. (Eb) Anschnitt m (Streckenbau); 3. s. надрезка
надрезать s. надрезывать
надрезка f 1. Einkerben n, Ankerben n, Kerben n, Einkerbung f; 2. (Gieß) Einschneiden n, Anschneiden n (Formen)
надрезывать 1. einkerben, [an]kerben, einschneiden, ritzen; 2. (Gieß) anschneiden (Form)
надрубать anhauen, ankerben, einkerben
надрубить s. надрубать
надрыв m Anriß m, Einriß m
надрывать einreißen
надсернокислый (Ch) ...peroxo[di]sulfat n; peroxo[di]schwefelsauer
надсинхронный (El) übersynchron
надставка f 1. Aufsatz m, Haube f; Aufbau m; Vorbau m; 2. Ansatzstück n, Verlängerungsstück n ‖ ~/**прибыльная** 1. (Gieß) Speiserhaube f, Speiseraufsatz m; 2. (Met) Blockhaube f, Kokillenhaube f, Haube f (Kokille); Kokillenwärmhaube f
надставной aufsetzbar, ansteckbar, Aufsatz..., Ansatz...; Vorbau...
надстройка f 1. (Bw) Aufbau m; Überbau m; 2. (Schiff) Aufbau m, Aufbauten mpl ‖ ~/**жилая** (Schiff) Wohnaufbau m, Wohnaufbauten pl ‖ ~/**палубная** (Schiff) Decksaufbau m, Decksaufbauten mpl ‖ ~/**поддонная** (Bw) Aufsetzrahmen m ‖ ~/**фонарная** (Bw) Dachoberlichtaufbau m ‖ ~ **этажа** (Bw) Aufstockung f
надстройки fpl (Bw) Zubauten pl, Aufbauten pl
надтепловой (Kern) epithermisch
надувание n Aufblasen n
надувать aufblasen
надувка f Aufblasen n
надуглекислый (Ch) ...peroxo[di]carbonat n; peroxo[di]kohlensauer
надуть s. надувать
надфиль m (Wkz) Nadelfeile f ‖ ~/**алмазный** Diamantennadelfeile f ‖ ~/**баретный** Barettfeile f ‖ ~/**квадратный** Vierkantnadelfeile f ‖ ~/**круглый** Rundnadelfeile f ‖ ~/**ножовочный** Messernadelfeile f ‖ ~/**овальный** Vogelzunge[nnadelfeile] f ‖ ~/**полукруглый** Halbrundnadelfeile f ‖ ~/**ромбический** Schwertnadelfeile f ‖ ~/**трёхгранный** Dreikantnadelfeile f ‖ ~/**трёхгранный односторонний** einseitige Dreikantnadelfeile f
надхромовокислый (Ch) ...peroxochromat n; peroxochromsauer
надшахтный (Bgb) Tages..., Schacht...
наезжать (Masch) auffahren; anfahren
наехать s. наезжать
нажатие n 1. Druck m; 2. Drücken n, Anpressen n; Druckausübung f; 3. Anschlagen n (Tasten) ‖ ~ **изнутри** Innenandruck m ‖ ~/**контактное** Kontaktdruck m ‖ ~ **контактов** Kontaktdruck m
нажать s. нажимать
наждак m (Wkz) Schmirgel m (Schleifmittel)
наждачный Schmirgel...

наживка f Köder m (zum Fangen von Fischen) ‖ ~/**искусственная** künstlicher Köder m
наживление n яруса Beködern n einer Langleine
наживлять (Fert) anfädeln (von Gewindeteilen beim Zusammenschrauben) ‖ ~ **ярус** beködern (eine Langleine)
нажим m 1. Druck m, Andruck m; Pressen n (s. a. нажатие); 2. Druckstück n
нажимать [auf]drücken; anpressen; aufpressen
нажимный Druck...
нажор m Schwellung f, Prallwerden n
название n Name m, Benennung f (chemische Nomenklatur) ‖ ~/**групповое** Gruppenname m ‖ ~/**заместительное** Substitutionsname m ‖ ~/**полусистематическое** halbsystematischer Name m ‖ ~/**присоединительное** Additivname m, additiver Name m ‖ ~ **радикала** Radikalname m, Radikalbenennung f ‖ ~/**рациональное** rationeller Name m ‖ ~/**систематическое** systematischer Name m, systematische Benennung f ‖ ~/**сложное** komplexer Name m ‖ ~/**сокращённое** gekürzter Name m, Kurzname m ‖ ~/**тривиальное** Trivialname m
наземный (Astr) terrestrisch, erdgebunden
назначение n 1. Bestimmung f, Festsetzung f; 2. Verwendungszweck m, Zweck m ‖ ~/**временное** (Inf) temporäre Zuordnung f ‖ ~/**постоянное** (Inf) konstante Zuordnung f ‖ ~ **размеров** Bemessung f, Dimensionierung f ‖ ~ **устройства** (Inf) Gerätezuweisung f ‖ ~ **файла** (Inf) Dateizuordnung f, Dateikennzeichnung f
наименование n Benennung f (s. a. unter название) ‖ ~ **вывода** (Eln) Pin-Bezeichnung f, Anschlußbezeichnung f
найтов m (Schiff) Zurrelement n, Zurrung f (Zurrseil, Zurrkette oder Zurrstange) ‖ ~/**якорный** Ankerzurrung f
накал m 1. Glühen n; 2. Glut f, Gluthitze f, Hitze f; 3. (Eln) Heizung f (Elektronenröhre) • **с косвенным накалом** (Eln) indirekt geheizt • **с непосредственным накалом** (Eln) direkt geheizt ‖ ~/**белый** Weißglut f, Weißglühhitze f ‖ ~/**косвенный** induktive Heizung f ‖ ~/**красный** Rotglut f, Rotglühhitze f ‖ ~/**непосредственный** direkte Heizung f ‖ ~ **постоянным током** Gleichstromheizung f ‖ ~/**предварительный** Vorheizung f ‖ ~/**прямой** direkte Heizung f ‖ ~/**тёмно-красный** Dunkelrotglut f
накаливание n 1. Glühen n, Glühendmachen n, Erhitzung f; 2. (Eln) Heizen n
накаливать 1. glühen, glühend machen, erhitzen; 2. (Eln) heizen 3. [auf]heizen ‖ ~ **добела** weißglühend machen ‖ ~/**предварительно** vorheizen
накалить s. накалять
накалять s. накаливать
накапливание n Aufspeichern n, Ansammeln n
накапливать [auf]speichern, ansammeln, anhäufen, akkumulieren
накат m 1. (Pap) Rollapparat m (Papiermaschine); 2. (Kfz) Auslauf m; 3. (Led) [natürlicher] Narben m; 4. (Bw) Blendboden m, Einschubdecke f; 5. (Bw) Füllkörper m (Decke) ‖ ~/**барабанный** (Pap) Tragtrommelrollapparat m, Tragwalzenroller m ‖ ~/**гипсовый** (Bw) Gipsfüllkörper m ‖ ~ **краски** (Typ) Einfärben n, Farbauftrag m ‖ ~ **краски/избыточный** Überfärbung f ‖ ~ **краски на форму** Einfärben n der Druckform ‖

накат

~/фрикционный *(Pap)* Friktionsrollapparat *m* ‖ **~ чёрного пола** *(Bw)* Fehlboden *m*, Einschub *m*
накатать, накатить *s.* накатывать
накатка *f* 1. *(Fert)* Kordieren *n*, Kordeln *n*, Rändeln *n (Vorgang)*; 2. *(Fert)* Kordel *f*, Riffelung *f*, Kordierung *f*, Rändelung *f (Zustand)*; 3. Walzprägewerkzeug *n (zur Herstellung der Kordierung)*; 4. *(Fert)* Rollen *n (Gewinde)*; 5. *(Wkz)* Rollwerkzeug *n*; 6. Auftragen *n (Farbe, Leim)*; 7. Prägepolieren *n*, Druckhärten *n*; 8. *(Led)* Krispeln *n*; 9. *(Wlz)* Einwalzen *n*, Einwalzung *f*; 10. *(Text)* Aufwickeln *n*, Aufrollen *n* ‖ **~/горизонтальная** *(Schiff)* Roll-on-roll-off-Verkehr *m* ‖ **~/листовая** Sicken *n* ‖ **~ мереи** *(Led)* Krispeln *n*, Krausen *n* ‖ **~ резьбы** *(Fert)* Gewinderollen *n*, Gewindewalzen *n* ‖ **~ резьбы/холодная** *(Fert)* Gewindeformung *f* durch Kaltrollen
накатывание *n* 1. *(Fert)* Walzen *n*; 2. *s.* накатка 1.; 3. *(Fert)* Einrollen *n (Abrichten)*; 4. *(Text)* Aufwickeln *n*, Aufrollen *n*
накатывать 1. aufrollen; 2. aufwalzen; einwalzen; 3. *(Fert)* kordeln, kordieren, rändeln; 4. *(Text)* molettieren; 5. *(Led)* krispeln; 6. druckhärten, prägepolieren ‖ **~ краску** *(Typ)* einfärben, Farbe auftragen ‖ **~ резьбу** *(Fert)* Gewinde walzen
накачать *s.* накачивать
накачивать 1. pumpen *(Laser)*; 2. *(Kfz)* aufpumpen *(Reifen)*
накачка *f* 1. Pumpen *n*, Anregung *f (Laser)*; 2. *(Kfz)* Aufpumpen *n (Reifen)* ‖ **~/высокочастотная** Hochfrequenzpumpen *n* ‖ **~/импульсная** Impulspumpen *n*, gepulstes Pumpen *n* ‖ **~ когерентная** kohärentes Pumpen *n* ‖ **~ лазера** Laserpumpen *n*, Laseranregung *f* ‖ **~/многоуровневая** Multiniveaupumpen *n* ‖ **~/многочастотная** Mehrfrequenzpumpen *n* ‖ **~/оптическая** optisches Pumpen *n*, optische Anregung *f (Laser)* ‖ **~/поперечная** Transversalpumpen *n*, Querpumpen *n* ‖ **~/пороговая** Schwellenanregung *f* ‖ **~/предварительная** Vorpumpen *n* ‖ **~/прямая** direktes Pumpen *n*, direkte Anregung *f* ‖ **~ светом** *s.* ~/оптическая ‖ **~/химическая** chemisches Pumpen *n*, chemische Anregung *f* ‖ **~/широкополосная** Breitbandanregung *f*
накернение *n (Fert)* Körnen *n*, Ankörnen *n*
накернивать *(Fert)* [an]körnen
накернить *s.* накернивать
накипеобразование *n* Inkrustation *f (Rohrleitungen)*; Kesselsteinbildung *f*
накипеобразователь *m* Kesselsteinbildner *m*
накипеотложение *n* Kesselsteinablagerung *f*
накипь *f* 1. Kruste *f*, Sinter *m*, Ansatz *m*, Inkrustation *f*; 2. Kesselstein *m*; 3. Niederschlag *m* des Kühlwassers; 4. Schlammablagerung *f*; 5. Abschaum *m*, Schaum *m*; 6. Schaum *m*, Krätze *f*, Gekrätz *n (NE-Metallurgie)* ‖ **~/карбонатная** Carbonat[kessel]stein *m* ‖ **~/котельная** Kesselstein *m* ‖ **~/силикатная** Silikat[kessel]stein *m* ‖ **~/сульфатная** Sulfat[kessel]stein *m*
накладка *f* 1. Auflage *f*, Bedeckung *f*; 2. Lasche *f*; *(Eb)* Stoßlasche *f*, Lasche *f*; 3. *(Bw)* Blatt *n (Holzverbindung)*; Decklasche *f*; 4. *(Typ)* Bogenanlage *f*; 5. *(Typ)* Anlegebrett *n*, Anlegetisch *m*, Auflegetisch *m*, Einlegetisch *m*; 6. *(Schiff)* Doppelung *f* ‖ **~/верхняя** *(Bw)* obere Decklasche *f* ‖ **~/вилообразная стыковая** Gabellasche *f* ‖ **~/контактная** Schleifleiste *f*; Schleifstück *n*, Kontaktplatte *f* ‖ **~/переходная** *(Eb)* Übergangslasche *f* ‖ **~/продольная** *(Bw)* Längslasche *f* ‖ **~/рельсовая** *(Eb)* Schienenlasche *f* ‖ **~/стыковая** *(Eb)* Stoßlasche *f*, Stoßeisen *n*; *(Bw)* Decklasche *f* ‖ **~ сцепления** *(Kfz)* Kupplungsbelag *m* ‖ **~/теплоизоляционная** Temperaturschutzbelag *m*, Wärmeschutzbelag *m* ‖ **~/тормозная** *(Kfz)* Bremsbelag *m* ‖ **~/узловая** Knotenblech *n* ‖ **~/упругая рельсовая** *(Eb)* Federlasche *f* ‖ **~/фрикционная** *(Masch)* Reibbelag *m*
накладная *f* 1. Frachtbrief *m*; 2. Warenbegleitschein *m*, Lieferschein *m* ‖ **~/багажная** *(Eb)* Gepäckschein *m* ‖ **~/железнодорожная** *(Eb)* Frachtbrief *m*
накладной aufgelegt, Auflage...; auflegbar, Auflege...
накладывание *n* 1. Auflegen *n*; 2. *(Typ)* Anlegen *n*, Bogenanlage *f*
накладывать 1. auflegen; 2. überlagern; 3. *(Typ)* anlegen
наклейка *f* 1. Aufkleben *n*, Anleimen *n*; Aufkitten *n*; *(Led)* Aufkleben *n*, Pasting *n*; 3. Etikett *n*, Aufschrift *f* ‖ **~ на пластины** *(Led)* Aufkleben (Aufstoßen) *n* auf die Trockenplatten ‖ **~ этикеток** *(Brau)* Andrücken (Fixieren) *n* der Etiketten (an der Flasche)
наклёп *m (Met)* Kaltverfestigung *f*, Oberflächenverfestigung *f*, Kalthärtung *f*, Verfestigung *f*, Erhärtung *f* ‖ **~/дробеструйный** Kugelstrahlhärten *n*, Kugelstrahlhärtung *f*, Kugelstrahlverfestigen *n*, Kugelstrahlverfestigung *f* ‖ **~ обкаткой** Oberflächenhärten *n* (Oberflächenhärtung *f*) durch Prägepolieren, Wälzdruckhärten *n*, Wälzdruckhärtung *f* ‖ **~/поверхностный** Oberflächenverfestigung *f*, Kaltverfestigung *f* ‖ **~ при ковке** Schmiedehärte *f* ‖ **~/холодный** Kaltverfestigung *f*, Oberflächenverfestigung *f* ‖ **~ шариками** Kugelstrahlhärten *n*, Kugelstrahlhärtung *f*
наклёпанный 1. kaltverfestigt, verfestigt; 2. aufgenietet
наклон *m* 1. Neigung *f*, Schrägung *f (s. a. unter* наклонение*)*; Steigung *f*; 2. Rampe *f (einer Kurve, eines Impulses)*; 3. *(Bw)* Steigung *f (Straße)*; 4. *(Bgb)* Tonnlage *f*, Flaches *n*, Flachort *n*; 5. *(Fert)* Winklichkeit *f* ‖ **~ балластной постели** *s.* ~ земного полотна ‖ **~/динамической характеристки** dynamische Steilheit *f*, Arbeitssteilheit *f*, Betriebssteilheit *f* ‖ **~ земного полотна** *(Eb)* Abdachung (Schräge) *f* des Planums ‖ **~ зуба** *(Masch)* Zahnschräge *f*, Zahnschrägung *f*, Zahnneigung *f* ‖ **~ зуба/левый** Linkssteigung *f (Zahnrad)* ‖ **~ зуба/правый** Rechtssteigung *f (Zahnrad)* ‖ **~/критический** kristisches Gefälle *n* ‖ **~/крутой** steile Schräglage (Neigung) *f* ‖ **~/литейный** *(Gieß)* Formschräge *f*, Gießschräge *f* ‖ **~ орбиты** *(Astr, Rak)* Bahnneigung *f* ‖ **~ плато [/относительный]** *(Geol)* Plateauneigung *f*, Plateauanstieg *m* ‖ **~ плоскости орбиты** *(Astr)* Neigung *f* der Bahnebene ‖ **~/равный** *(Opt)* gleiche Neigung *f (bei Interferenzen)* ‖ **~/средний** *(Astr)* mittlere Neigung *f* ‖ **~ эклиптики** *(Astr)* Schiefe *f* der Ekliptik

наклонение *n* 1. Neigung *f*; Schrägstellung *f*; 2. *(Astr)* Neigung *f* der Bahnebene, Inklination *f*; 3. [magnetische] Inklination *f*; 4. *(Schiff)* Krängung *f* ‖ **~/магнитное** magnetische Inklination *f* ‖ **~ магнитной стрелки** Magnetnadelneigung *f* ‖ **~/поперечное** Querneigung *f* ‖ **~/продольное** Längsneigung *f* ‖ **~ эклиптики** *s*. наклон эклиптики
наклонённый geneigt, schief, schräg
наклонность *f* Neigung *f*; Inklination *f*
наклонный 1. geneigt, schief, schräg; abfallend, einfallend; 2. *(Bgb)* schwebend; tonnlägig; 3. *(El)* rampenartig, rampenförmig *(Impulse)*
наклономер *m* Neigungsmesser *m*, Klinometer *n*; *(Bgb, Geol)* Schichtneigungsmesser *m* ‖ **~ с уровнем** Libellenneigungsmesser *m*
наклоняемый schwenkbar *(in der Vertikalebene)*
наковальня *f* Amboß *m* ‖ **~/клепальная** Nietamboß *m* ‖ **~/кузнечная** Schmiedeamboß *m*, Hammeramboß *m* ‖ **~/правильная** Richtamboß *m*
наконечник *m* 1. Endstück *n*, Abschlußstück *n*; Spitze *f*, Kuppe *f*; 2. Mundstück *n*; Stutzen *m*; 3. Meßeinsatz *m*, Meßaufsatz *m*; 4. Eindringkörper *m (Härtemessung)* ‖ **~/буровой** *(Bgb)* Bohrwerkzeug *n* ‖ **~/измерительный** 1. Meßeinsatz *m*; 2. Meßaufsatz *m* ‖ **~/кабельный** *(El)* Kabelschuh *m* ‖ **~/капиллярный** *(Eln)* Bondkanüle *f*, Sonotrode *f* ‖ **~/конический** kegelförmiger Eindringkörper *m (Härtemessung)* ‖ **~ мундштука** *(Schw)* Endstück *n*, Verschleißteil *n* der Stromkontaktdüse ‖ **~/ножевой** Schneidenmeßaufsatz *m* ‖ **~/пирамидальный** pyramidenförmiger Eindringkörper *m (Härtemessung)* ‖ **~/полюсный** *(El)* Polschuh *m* ‖ **~/сварочный** *(Schw)* Schwingwerkzeug *n* ‖ **~/сосуновый** Saugkopf *m*, Baggerkopf *m* ‖ **~/сферический (шаровой)** kugelförmiger Eindringkörper *m (Härtemessung)* ‖ **~/экранированный** *(El)* Entstörstecker *m* ‖ **~/эталонный** Etaloneindringkörper *m (Härtemessung)*
накопитель *m* 1. *(Inf)* Speicher *m*; Speichereinheit *f*; Speicherblock *m (s. a. unter* память *und* устройство/запоминающее*)*; 2. *(Fert)* Speicher *m*; Zwischenspeicher *m* ‖ **~/варакторный** Ladungsspeicher *m* auf Varaktordiodenbasis ‖ **~ деталей** *(Fert)* Teilespeicher *m*, Werkstückspeicher *m* ‖ **~ зарядов** Ladungsspeicher *m* ‖ **~ импульсов** Impulsspeicher *m* ‖ **~ информации** Informationsspeicher *m* ‖ **~/кассетный** *(Fert)* Kassettenspeicher *m* ‖ **~/кольцевой** *(Fert)* Ringspeicher *m* ‖ **~/командный** Befehlsspeicher *m* ‖ **~/магнитофонный** Magnetonspeicher *m* ‖ **~/маршрутный** *(Eb)* Fahrstraßenspeicher *m*, Fahrtenspeicher *m* ‖ **~ на гибких [магнитных] дисках** Floppy-Disk-Speicher *m*, Diskettenspeicher *m* ‖ **~ на жёстком [магнитном] диске** Festplattenspeicher *m* ‖ **~ на интегральных схемах** Halbleiterspeicher *m* ‖ **~ на линиях задержки** Laufzeitspeicher *m* ‖ **~ на магнитном барабане** Magnettrommelspeicher *m*, MTS ‖ **~ на магнитных лентах** Magnetbandspeicher *m* ‖ **~ на постоянных магнитных дисках** Festplattenspeicher *m*, FPS ‖ **~ на сменных магнитных дисках** Wechselplattenspeicher *m*, WPS ‖ **~ плёнки** *(Photo)* Schleifenzieher *m* ‖ **~/реальный** Realspeicher *m* ‖ **~ сигнала** Signalspeicher *m* ‖ **~/стендовый** *(Fert)* ortsfester Speicher *m* ‖ **~ уточной нити** *(Text)* Schußfadenspeicher *m* ‖ **~/ферритовый** Ferritkernspeicher *m* ‖ **~ энергии** Energiespeicher *m*
накопительный Speicher...
накопить *s*. накапливать
накопление *n* 1. Anhäufung *f*, Häufung *f*, Ansammlung *f*; 2. *(Inf)* Speichern *n*, Speicherung *f*; 3. *(Krist)* Akkumulation *f*, Anreicherung *f* ‖ **~/вертикальное** *(Geol)* Vertikalstapelung *f*, Anreicherung *f* in vertikaler Richtung *f (Lithologie)* ‖ **~/горизонтальное** *(Geol)* Horizontalstapelung *f*, horizontale Anreicherung *f (Lithologie)* ‖ **~ данных на магнитной плёнке** magnetische Speicherung *f* ‖ **~ заряда в базе** Überschuß[ladungs]trägerspeicherung *f* ‖ **~ зарядов** Ladungsspeicherung *f* ‖ **~ импульсов** Impulsspeicherung *f* ‖ **~ информации** Informationsspeicherung *f* ‖ **~ информации/оптическое** optische Informationsspeicherung *f* ‖ **~/межоперационное** *(Fert)* Zwischenspeicherung *f* ‖ **~ на магнитном барабане** Magnettrommelspeicherung *f* ‖ **~ ошибок** Fehlerhäufung *f* ‖ **~ продуктов деления** *(Kern)* Anhäufung *f* von Spaltprodukten *(im Reaktor)* ‖ **~ пространственного заряда** Raumladungsanhäufung *f* ‖ **~ пучка** *(Kern)* Strahlspeicherung *f* ‖ **~ сигналов** Signalspeicherung *f* ‖ **~ тепла** Wärme[auf]speicherung *f*, Wärmestau *m*, Wärmestauung *f* ‖ **~ энергии** Energiespeicherung *f*
накоплять *s*. накапливать
накрахмаливание *n* Stärken *n*
накрахмали[ва]ть stärken
накрашиваемость *f (Text)* Einfärbbarkeit *f*, Anfärbbarkeit *f*
накренение *n s*. креноваие
накрит *m (Min)* Nakrit *m (Tonmineral)*
накрывание *n (Gieß)* Zulegen *n*, Abdecken *n (Form)*
накрывка *f (Bw)* Oberputz *m*, Deckputz *m*
нактоуз *m (Schiff)* Kompaßsäule *f*, Kompaßgehäuse *n*, Kompaßhaus *n*
налагаемость *f* Zusammenfallen *n*; Kongruenz *f*
налагаемый aufeinanderlegbar, kongruent; abwickelbar
налагаться sich decken
наладить *s*. налаживать
наладка *f* 1. Einrichten *n*, Einrichtung *f (Maschinen)*; 2. Einstellen *n*, Einregulieren *n*, Justieren *n*; 3. *(El)* Abgleich *m*, Abgleichen *n (Schaltungen)*; 4. Störungsbeseitigung *f*, Fehlerbeseitigung *f*; Funktionskontrolle *f*; 5. Ingangsetzen *n*, Inbetriebnahme *f*; 6. *s*. ~/сменная ‖ **~/групповая** *(Fert)* gruppenweises Einrichten *n* ‖ **~ зева** *(Text)* Facheinstellung *f (Weberei)* ‖ **~ программы** *(Inf)* Programmtest *m*, Programmerprobung *f*, Austesten *n (von Programmen)* ‖ **~/сменная** *(Wkzm)* Wechselbacke *f*, auswechselbare Backe *f*
налаживать 1. einrichten *(Maschinen)*; 2. einstellen, einregulieren, justieren; 3. *(El)* abgleichen *(Schaltungen)*; 4. in Gang bringen (setzen); in Ordnung bringen; betriebsfertig machen; Störungen (Fehler) beseitigen
налаживание *n s*. наладка
налегание *n (Geol)* Auflagerung *f*

наледь f (Hydrol) Aufeis n
налёт m 1. Belag m, Film m, dünne Schicht f; 2. (Opt) Beschlag m (auf Linsen); 3. Ansatz m; 4. (Led) Ausschlag m II ~/**жировой** (Led) 1. Fettausschlag m; 2. Fettausharzung f II ~ **ржавчины** Rostfilm m, Rosthaut f II ~ **сажи** Rußansatz m II ~/**твёрдый** 1. (Meteo) Rauheis n; 2. Inkrustation f
налетать sich ansetzen, einen Belag (Überzug, Film) bilden
налететь s. налетать
налив m 1. Eingießen n, Füllen n, Vollgießen n; 2. Spundloch n II ~/**главный** (Brau) Hauptguß m
наливание n s. налив 1.
наливать eingießen, füllen, vollgießen
налипание n 1. Anhaften n; 2. (Met) Anfritten n
налить s. наливать
наличие n Vorhandensein n; Bestand m
наличник m 1. (Bw) Verkleidungsbrett n, Verkleidungsleiste f; Putz[deck]leiste f, Beistoß m; Beischub m; 2. (Masch) Gleitstück n II ~/**буксовый** (Eb) Achslagerleitplatte f II ~/**дверной** (Bw) Türverkleidung f II ~ **наковальни** (Schm) Amboßbahn f II ~/**оконный** (Bw) Fensterverkleidung f
наложение n 1. Auflegen n; Aufbringen n; 2. Anlegen n, Anlegung f; 3. (El) Überlagerung f; Überlappung f; 4. (Geol) Überlagerung f, Superposition f II ~ **волн** Wellenüberlagerung f II ~ **высокочастотного поля** (El) Hochfrequenzüberlagerung f II ~ **импульсов** 1. Impulsüberlagerung f; 2. Impulsüberlappung f II ~ **колебаний** Schwingungsüberlagerung f II ~ **оболочки** Aufpressen (Umpressen) n des Mantels (eines Kabels) II ~ **оплётки** Umflechten n (eines Kabels) II ~ **полос** Bandüberlagerung f II ~ **протектора** (Kfz) Runderneuerung f II ~ **резонансов** Resonanzüberlagerung f II ~ **тока** Stromüberlagerung f
наложенный überlagert
намагничение n s. намагничивание
намагниченность f Magnetisierung f (Zustand) II ~/**действительная остаточная** wahre Remanenz f II ~/**кажущаяся остаточная** scheinbare Remanenz f II ~ **ленты** Bandmagnetisierung f II ~ **насыщения** Sättigungsmagnetisierung f II ~ **насыщения/остаточная** Sättigungsremanenz f II ~/**нелинейная** nichtlineare Magnetisierung f II ~/**остаточная** Remanenz f, Restmagnetisierung f, remanente Magnetisierung f II ~/**относительная остаточная** relative Remanenz f II ~/**поперечная** Quermagnetisierung f II ~/**продольная** Längsmagnetisierung f II ~/**равновесная** Gleichgewichtsmagnetisierung f II ~/**удельная остаточная** spezifische Remanenz f
намагниченный magnetisiert II ~/**предварительно** vormagnetisiert
намагничиваемость f Magnetisierbarkeit f
намагничивание n Magnetisierung f, Magnetisieren n (Vorgang) II ~ **до насыщения** Sättigungsmagnetisierung f II ~/**естественное** freie Magnetisierung f II ~/**первоначальное** Erstmagnetisierung f II ~/**перпендикулярное** s. ~/поперечное II ~/**поперечное** Quermagnetisierung f II ~ **постоянным током** Gleichstrommagnetisierung f II ~/**предварительное** Vormagnetisierung f II ~/**продольное** Längsmagnetisie-

rung f II ~ **продольным полем** Grenzfeldmagnetisierung f
намагничивать [auf]magnetisieren
намагничиваться magnetisch werden
намагничивающийся magnetisierbar
намазка f 1. Bestreichen n, Einschmieren n; Aufstreichen n; Einreiben n; 2. Streichmasse f; Einreibung f
намазывание n s. намазка 1.
намазывать 1. bestreichen, einschmieren; aufstreichen; 2. (Led) schwöden
наматывание n s. намотка
наматывать 1. aufhaspeln, [auf]wickeln, aufspulen, aufwinden; 2. (Text) spulen (Garn); 3. (Fert) umwickeln (Montageverfahren) II ~ **в один слой** (El) einlagig wickeln II ~ **на ребро** (El) hochkant wickeln II ~ **с перекрытием витков** (El) überlappt wickeln
намачивание n 1. Benetzen n; Einweichen n; Wässern n; 2. Rösten n (Flachs)
намачивать 1. anfeuchten; einweichen; wässern; 2. rösten (Flachs)
намёт m (Bw) Bewurf m, Anwurf m II ~ **кельмой/штукатурный** Kellenwurfputz m II ~/**штукатурный** Mörtelbewurf m, Anwurf m, Bewurf m
намётка f (Schm) Ausstanzen n [von Vertiefungen], Ankerben n (Arbeitsgang vor dem Gesenkschmieden durchbrochener Teile)
намин m (Led) fixierte Falte f
намокаемость f (Led) Wasseraufnahme f
намокание n Feuchtwerden n, Naßwerden n; Durchfeuchten n, Durchfeuchtung n
намокать durchfeuchten, anfeuchten
намораживание n Auffrieren n
намот m (Text) Wickelbildung f (Störung beim Funktionsablauf)
намотать s. наматывать
намотка f 1. Aufwicklung f, Wicklung f; 2. (Text) Aufwindung f, Aufwinden n, Spulen n; 3. Aufrollen n, Einrollen n; (Wlz) Aufhaspeln n, Aufwickeln n, Aufspulen n; 4. (El) Wickeln n (von Spulen) II ~/**автоматическая** selbsttätiges Aufwickeln n (z. B. einer Leitung auf eine Spule) II ~/**бифилярная** (El) bifilare Wicklung f, Bifilarwicklung f, Zweifadenwicklung f II ~ **в слой** (El) Lagenwicklung f II ~/**дифференциальная** (Text) Differentialwindung f II ~/**жгутовая** (Text) Bildwicklung f II ~/**крестовая** (Text) Kreuzwicklung f II ~/**многослойная** (El) Mehrlagenwicklung f II ~ **на ребро** (El) 1. Hochkantwickeln n; 2. Hochkantwicklung f II ~/**нарядная** Lage-Lage-Wicklung f II ~/**нити** (Text) Fadenaufwindung f II ~/**однослойная** (El) Einlagenwicklung f II ~/**перекрёстная** (El) Kreuzwicklung f II ~ **плашма** (El) 1. Flachkantwickeln n; 2. Flachkantwicklung f II ~/**початков** (Text) Kopswicklung f II ~/**прецизионная** (Text) Präzisionswicklung f II ~/**резервная** (Text) Reservewicklung f II ~/**сплошная** (El) konzentrierte Wicklung f, dichte (abstandslose, gedrängte) Wicklung f II ~/**фильма/фрикционная** (Kine) Friktionsaufwicklung f
намоты pl [**ленты**] **на валики** (Text) Wickelbildung f auf Walzen; Walzenwickel m (Störung beim Funktionsablauf)
намочить s. намачивать
намушник m Kornschutz m (Schützenwaffe)

намыв m 1. Anschwemmung f, Aufspülung f, Schwemmland n; 2. Spülversatz m ‖ ~ **грунта** 1. Bodenanschwemmung f; 2. Aufspülen n *(Baggergut)* ‖ ~ **основного слоя** Grundanschwemmung f *(Kieselgurfiltration)*
намывание n Anschwemmen n
намывать 1. anschwemmen; 2. durch Auswaschen gewinnen ‖ ~ **грунт** aufspülen *(Baggergut)*
нанесение n Auftragen n, Aufbringen n; Auftrag m, Auftragung f ‖ ~ **аппрета** *(Text)* Appretieren n ‖ ~ **гальванических покрытий тампоном** Tampongalvanisieren n ‖ ~ **гальванического покрытия** Galvanisieren n, Galvanisierung f ‖ ~ **глазури маканием** Tauchglasieren n ‖ ~ **испарением** Aufdampfen n, Bedampfen n ‖ ~**/капельное** Tropfbeschichtung f ‖ ~ **краски** *(Typ)* Einfärben n ‖ ~ **магнитной дорожки** magnetische Beschichtung f, Magnetbeschichtung f ‖ ~ **на карту** *(Geod)* Karteneintragung f ‖ ~ **петель** *(Text)* Auftragen n *(Maschenbildung; Wirkerei)* ‖ ~ **печатной краски** *(Typ)* Einfärben n ‖ ~ **покрытий (покрытия)** 1. Beschichtung f, Beschichten n; 2. Ummanteln *(Kabel)* ‖ ~ **порошковых покрытий** Pulverbeschichten n *(z. B. von Werkstücken)* ‖ ~ **распылением** Spritzbeschichtung f, Spritzauftrag m
нанести s. наносить
нанизка f **рыбы** Spitten n von Fischen *(Fischverarbeitung)*
нанизывать рыбу Fisch spitten *(Fischverarbeitung)*
нановатт m Nanowatt n, nW
нановольтметр m *(El)* Nanovoltmeter n
наногенри m Nanohenry n, nH
нанокулон m *(El)* Nanocoulomb n, nC
нанолитография f *(Eln)* Nanometerlithographie f
нанометр m Nanometer n, nm
нанос m Anschwemmung f, Schwemmland n
наносекунда f Nanosekunde f, ns
наносить auftragen, aufbringen ‖ ~ **покрытие** 1. beschichten; 2. ummanteln *(Kabel)*
наносообразование n Schwemmlandbildung f
наносоудержатели mpl *(Hydt)* Verlandungsbau m
наносы mpl 1. *(Hydrol)* Feststoffe mpl; Sinkstoffe mpl; Schwemmstoffe mpl; 2. *(Geol)* quartäre Sedimente npl; 3. *(Bgb)* Deckgebirge n; Abraum m ‖ ~**/взвешенные** *(Hydrol)* Schweb n, Schmelzstoff m, Flußtrübe f ‖ ~**/донные** *(Hydrol)* Geschiebe n
нанофарада f Nanofarad n, nF
напаивать *(Fert)* auflöten, anlöten
напайка f Auflöten n, Anlöten f
напаять s. напаивать
напечатать s. печатать
напильник m *(Wkz)* Feile f ‖ ~**/алмазный** Diamantfeile f ‖ ~**/барéтный** Barettfeile f, Dachfeile f ‖ ~**/бархатный** Feinschlichtfeile f ‖ ~**/вращающийся** rotierende Feile f, Rotorfeile f ‖ ~**/грубый** Grobfeile f, grobhiebige Feile f ‖ ~**/дисковый [машинный]** Feilscheibe f ‖ ~**/драчовый** Schruppfeile f ‖ ~**/квадратный** Vierkantfeile f ‖ ~**/костный** *(Med)* Knochenfeile f, Knochenschaber m ‖ ~**/круглый** Rundfeile f ‖ ~**/линзовый** Vogelzungenfeile f ‖ ~**/личной** Schlichtfeile f ‖ ~**/наждачный** Schmirgelfeile f ‖ ~**/ножевой (ножовочный)** Messerfeile f ‖ ~**/овальный** 1. ovale Feile f; 2. Vogelzungenfeile f ‖ ~**/остроносый** spitze Feile f ‖ ~**/пазовый** Nutenfeile f ‖ ~**/пересечённый** aufgehauene Feile f, Aufhaufeile f ‖ ~**/плоский** Flachfeile f ‖ ~**/ромбический** Schwertfeile f, Rhombusfeile f ‖ ~**/ротативный** s. ~**/вращающийся** ‖ ~**/слесарный** Schlosserfeile f ‖ ~**/трёхгранный** Dreikantfeile f ‖ ~**/фрезерованный** gefräste Feile f ‖ ~**/четырёхгранный** Vierkantfeile f ‖ ~**/шаровой** Kugelfeile f ‖ ~**/широкий овальный** Vogelzungenfeile f
напильник-брусовка m *(Wkz)* Armfeile f
напильник-рифлуар m *(Wkz)* Riffelfeile f *(für Bildhauer, Graveure, Ziseleure)*
наплавить s. наплавлять
наплавка f 1. Aufschmelzen n; 2. Gießschweißen n; 3. Aufschweißen n, Aufschweißung f, Auftragschweißen n, Auftragschweißung f ‖ ~ **в защитных газах** Schutzgasauftragschweißen n ‖ ~**/вибродуговая** Schwingungsauftragschweißung f, Vibrationsauftragschweißung f ‖ ~**/газопорошковая** Flamm-Pulver-Auftragschweißen n ‖ ~**/многослойная** Mehrlagenauftragschweißen n ‖ ~ **под флюсом** UP-Auftragschweißen n ‖ ~**/расщеплённым электродом** Doppeldrahtauftragschweißen n
наплавление n s. наплавка
наплавлять 1. aufschmelzen; 2. auftragsschweißen
напластование n *(Geol)* Schichtung f, Schichtbildung f, Schichtaufbau m; Aufschichtung f, Überlagerung f; Anlagerung f ‖ ~**/закономерное** regelmäßige Überlagerung f ‖ ~**/незакономерное** unregelmäßige Schichtung f ‖ ~**/несогласное** diskordante (abweichende) Schichtung f; diskordante (ungleichförmige) Überlagerung f ‖ ~**/параллельное** Parallelschichtung f ‖ ~**/правильное (равномерное)** regelmäßige Schichtung f ‖ ~**/согласное** konkordante (gleichförmige) Schichtung f; konkordante Überlagerung f
наплёскивать schleudern *(Emulsion)*
наплыв m 1. Anschwemmung f; 2. *(TV)* Überblenden n, Überblendung f; 3. *(Forst)* Maserholz n, Maserknollen m, Maserknoten m, Beule f, Knorren m, Kallus m *(an Bäumen)*; 4. Farbnase f; 5. Grat, Stich m *(Schmiedefehler)* ‖ ~ **при киносъёмке** *(Kine)* Überblendung f *(Aufnahme)* ‖ ~**/сильный** *(TV)* hartes (scharfes) Überblenden n ‖ ~**/слабый** *(TV)* weiches Überblenden n
наполнение n 1. Anfüllen n, Füllen n, Einfüllung f, Füllung f, Beschickung f; 2. Beschweren n, Beschwerung f; 3. Aufnahme f; 4. Ladung f *(Verbrennungsmotor)* ‖ ~ **азотом** Stickstoffüllung f ‖ ~**/водородное** Wasserstoffüllung f ‖ ~ **газом** Gasfüllung f ‖ ~ **гелием** Heliumfüllung f ‖ ~**/долевое** Teillastfüllung f *(Verbrennungsmotor)* ‖ ~ **инертным газом** Edelgasfüllung f ‖ ~ **неоном** Neonfüllung f ‖ ~ **носителями [заряда]** Ladungsträgernachschub m ‖ ~ **по уровню** Höhenfüllung f *(Abfüllung auf Flaschen)*
наполнитель m 1. Füllstoff m, Füllmittel n, Füllkörper m, Füllmaterial n, Füllmasse f; 2. Füllmaschine f, Füller m ‖ ~**/активный** aktiver Füllstoff m ‖ ~**/волокнистый** faserförmiger (faseriger)

наполнитель

Füllstoff m || ~/**карусельный** Rundfüller m || ~ **кипящего слоя** Bettmaterial n, Inertmaterial n, Inertbett[material] n || ~/**круговой** s. ~/**карусельный** || ~/**неактивный (пассивный)** inaktiver Füllstoff m || ~/**ротационный** s. ~/**карусельный** || ~/**сухой** Trockenfüllstoff m
наполнить s. **наполнять**
наполняемость f Füllungsgrad m
наполнять [ein]füllen; auffüllen; verfüllen; beschicken; speisen (Kessel)
напольный flurgebunden (Bauweise von Maschinen)
напор m 1. Druck m, Druckhöhe f; Förderhöhe f (von Pumpen); 2. (Pap) Stau m, Stauhöhe f (in Stoffauflauf); 3. (Hydr) Fallhöhe f (bei Wasserkraftanlagen); Gefälle n, Druckgefälle n (in Rohrleitungen) || ~ **брутто** Bruttofallhöhe f, Gesamtfallhöhe f, Rohfallhöhe f (Wasserkraftwerk) || ~/**вентиляционный** (Bgb) Depression f (Bewetterung) || ~ **ветра** Winddruck m || ~ **ветра/скоростной** Windstaudruck m || ~ **гидростанции** Stationsfallhöhe f, Stationsgefälle n (Wasserkraftwerk) || ~/**гидростатический** Ruhedruck m || ~/**действующий** Konstruktionsfallhöhe f (Wasserkraftwerk) || ~/**динамический** (Aero, Hydr) Staudruck m, dynamischer Druck m, Geschwindigkeitsdruck m || ~/**дифференциальный** Differenzdruck m, Stufendruck m || ~/**добавочный** Zusatzdruck m (Wasserkraftwerk) || ~ **дутья** 1. Gebläsedruck m; 2. Winddruck m, Staudruck m || ~/**манометрический** manometrische Förderhöhe f (Pumpe) || ~ **на водосливе** (Hydt) Überfallhöhe f, Stauhöhe f || ~ **насоса** Förderhöhe f, spezifische Nutzarbeit f (Pumpe) || ~ **насоса/конечный** Pumpenenddruck m || ~ **насоса/теоретический** theoretische Förderhöhe f || ~ **насосной установки** Förderhöhe f der Pumpanlage || ~ **нетто** Nettofallhöhe f, Nutzfallhöhe f (Wasserkraftwerk) || ~/**остаточный** Restgefälle n || ~ **подачи** Förderhöhe f || ~/**полезный** Nutzgefälle n; Nutzförderhöhe f; nutzbares Druckgefälle n || ~/**полный** Gesamt[druck]höhe f || ~ **при рулевой подаче насоса** Nullförderhöhe f, Förderhöhe f beim Volumenstrom Null (Pumpe) || ~/**пьезометрический** Piezometerdruck m, piezometrischer (statischer) Druck m || ~/**рабочий** Nennfallhöhe f (Wasserkraftwerk) || ~/**располагаемый** verfügbare Fallhöhe f; verfügbares Druckgefälle n (Wasserkraftwerk) || ~/**скоростной** 1. (Hydrod) Geschwindigkeitshöhe f; 2. (Aero, Flg) Staudruck m || ~/**статический** s. ~/**пьезометрический** || ~/**температурный (тепловой)** (Ph) Temperaturgefälle n (Temperaturunterschied zweier aneinandergrenzender Medien) || ~/**частичный** Teildruckgefälle n
напорный Druck...; Stau...;
направитель m Leitvorrichtung f, Leitapparat m (Turbinen, Pumpen, Strömungsmaschinen)
направить s. **направлять**
направление n 1. Richtung f; Sinn m (z. B. Drehsinn); Führung f (eines Radars); 2. (Bgb) Stunde f (Markscheiderei) • **в поперечном направлении** in Querrichtung • **в продольном направлении** in Längsrichtung • **одинакового направления** gleichsinnig, gleichgerichtet || ~/**блокирующее** Sperrichtung f (Transistor) || ~/**ва-** лентное (Ch) Valenzrichtung f || ~ **вдоль оси** Axialrichtung f || ~ **воздействия** Wirkungsrichtung f || ~ **вращающегося поля** Drehfeldrichtung f || ~ **вращения** Rotationsrichtung f, Drehrichtung f, Drehsinn m || ~ **вращения винта** Schraubendrehrichtung f || ~/**встречное** Gegenrichtung f, gegenläufige Richtung f || ~ **выращивания** (Krist) Wachstumsrichtung f || ~ **вытягивания** (Krist) Ziehrichtung f, Züchtungsrichtung f || ~/**главное** Hauptrichtung f || ~ **движения** 1. Bewegungsrichtung f; 2. Richtungsinn m, Sinn m; 3. Fahrtrichtung f || ~ **двойникования** (Krist) Zwillingsrichtung f, Verwachsungsrichtung f || ~ **действия** (Mech) Angriffsrichtung f (der Kraft) || ~ **действия сил** Kraftwirkungsrichtung f || ~ **действия тяги** (Flg) Schubkraftrichtung f || ~ **замера** Meßrichtung f || ~ **запирания** Sperrichtung f (Transistor) || ~/**запирающее (запорное)** Sperrichtung f (Transistor) || ~/**затвердевания** (Met, Gieß) Erstarrungsrichtung f (des flüssigen Metalls) || ~ **зрения** Blickrichtung f || ~ **излучения** Abstrahl[ungs]richtung f, Strahlungsrichtung f || ~ **излучения/главное** Hauptstrahlungsrichtung f || ~ **крутки (кручения)** (Text) Drehungsrichtung f || ~ **ленты** Bandrichtung f || ~ **луча** Strahlrichtung f || ~ **лучом** Strahlführung f || ~/**машинное** (Pap) Maschinenrichtung f, Arbeitsrichtung f || ~ **мощности** Leistungsrichtung f || ~ **намагниченности (намагничивания)** (Ph) Magnetisierungsrichtung f || ~ **напряжения** (El) Spannungsrichtung f || ~/**непроводящее (непропускное)** Sperrichtung f (Transistor) || ~/**обратное** Gegenrichtung f, Rückwärtsrichtung f; (Eln) Sperrichtung f || ~ **обхода** Umfahrungssinn m || ~ **отклонения** Ablenkrichtung f || ~ **отлива** (Pap) Laufrichtung f || ~ **падения** (Geol) Einfallrichtung f || ~ **передачи** (Nrt) Verkehrsrichtung f, Übertragungsrichtung f; (Rf) Senderichtung f || ~/**переключательное** (El) Schaltrichtung f || ~ **перекоса** (Masch) Richtungsinn m (z. B. bei Schrägverzahnung) || ~ **перемещения** Bewegungsrichtung f, Bewegungsinn m || ~ **подачи** 1. Vorschubrichtung f (Werkzeugmaschine); 2. Förderrichtung f || ~ **поля** (Ph, El) Feldrichtung f || ~ **поляризации** Polarisationsrichtung f || ~ **потока** (Aero) Strömungsrichtung f || ~ **приёма** (Rf, TV) Empfangsrichtung f || ~ **приёма/главное** Hauptempfangsrichtung f || ~ **притекания** Anströmrichtung f || ~ **прокатки** (Wlz) Walzrichtung f || ~/**пропускное** (Eln) Durchlaßrichtung f, Flußrichtung f || ~ **простирания** (Geol) Streichrichtung f || ~ **прохождения** Leitweg m; Durchgangsrichtung f || ~ **пусков** (Rak) Startrichtung f || ~/**равносигнальное** s. ~ **равносигнальной зоны** || ~ **равносигнальной зоны** (Rad) Dauerstrichrichtung f, Leitstrahlrichtung f || ~/**радиорелейное** Richtfunkstrecke f || ~/**развёртки** (TV) Ablenkrichtung f; Abtastrichtung f || ~ **распространения** Fortpflanzungsrichtung f, Ausbreitungsrichtung f (Schall, Licht) || ~ **растяжения** (Mech) Zugrichtung f || ~ **скольжения** (Krist) Gleitrichtung f, ~ **скольжения** Translationsrichtung f || ~ **спина** (Kern) Spinrichtung f || ~ **съёмки** Aufnahmerichtung f || ~ **тока** (El) Stromrichtung f

направления *npl*/полярные *(Krist)* polare Richtungen *fpl (Kristallsymmetrie)* ‖ ~/симметрично равные *(Krist)* symmetrisch äquivalente Richtungen *fpl (Kristallsymmetrie)*
направленность *f* 1. Richtwirkung *f*, Richteffekt *m*, Richtschärfe *f*; 2. Gerichtetheit *f*, Richtungsgebundenheit *f*; 3. Richtfähigkeit *f*, Richtvermögen *n*; 4. Bündelung *f (Laser)* ‖ ~ излучения Strahlungsbündelung *f (Laser)*
направлять lenken, leiten, orientieren; führen ‖ ~ запросы на прерывание *(Inf)* Unterbrechungen verlangen
направляющая *f* 1. *(Math)* Leitkurve *f*; 2. *(Masch)* Führung *f*, Führungsschiene *f*, Gleitschiene *f*, Führungsbahn *f (s. a.* направляющие*)*; 3. *(Rak)* Führungsschiene *f*, Startschiene *f* ‖ ~/боковая Seitenführung *f*, Seitenführungsbahn *f*, seitliche Führungsbahn *f* ‖ ~/винтовая Schraubführungsbahn *f* ‖ ~ золотника Schieberführung *f* ‖ ~ качения Wälzführung[sbahn] *f* ‖ ~/кольцевая Ringbahn *f*, ringförmige Führungsbahn *f* ‖ ~ колонны Säulenführungsbahn *f* ‖ ~/коническая kegelförmige Führungsbahn *f* ‖ ~ консоли Auslegerführungsbahn *f*, Konsolführungsbahn *f* ‖ ~ крейцкопфа Kreuzkopf[gleit]führung *f* ‖ ~/криволинейная Kurvenführungsbahn *f* ‖ ~/круглая runde Führungsbahn *f* ‖ ~/круговая kreisförmige Führungsbahn *f* ‖ ~/V-образная V-Führungsbahn *f* ‖ ~/основная Grundführungsbahn *f* ‖ ~/плоская Flach[führungs]bahn *f* ‖ ~ плунжера Stößelführungsbahn *f* ‖ ~ ползуна Kreuzkopf[gleit]führung *f* ‖ ~ поршня Kolbenführungsbahn *f* ‖ ~/призматическая Prismenführung[sbahn] *f*, prismatische Führung[sbahn] *f* ‖ ~/продольная Längsführung [-sbahn] *f*, Führung[sbahn] *f* für die Längsbewegung ‖ ~/прямолинейная Geradführung[sbahn] *f*, Führung[sbahn] *f* für die Geradbewegung ‖ ~/роликовая Rollenführung[sbahn] *f* ‖ ~ скольжения Gleitführung[sbahn] *f* ‖ ~ слазок Schlittenführung[sbahn] *f* ‖ ~/сменная auswechselbare Führungsbahn *f* ‖ ~ стола Tischführung [-sbahn] *f* ‖ ~/шарнирная Gelenkführung [-sbahn] *f*
направляющие *fpl* 1. *(Masch)* Führung *f (mehrere Führungsbahnen) (s. a. unter* направляющее*);* 2. *(Bgb)* Spurlatten *fpl* ‖ ~/боковые seitliche Führung *f*, Seitenführung *f* ‖ ~/горизонтальные Waagerechtführung *f*, waagerecht angeordnete Führung *f* ‖ ~ задней бабки Reitstockführung *f* ‖ ~ качения Wälzführung *f* ‖ ~/клиновые Keilführung *f* ‖ ~/кольцевые Ringführung *f* ‖ ~/конические kegelförmige Führung *f* ‖ ~/круговые Kreisführung *f*, kreisförmige Führung *f* ‖ ~/охватываемые umhüllte Führung *f (Profilform von Führungen)* ‖ ~/охватывающие umhüllende Führung *f (Profilform von Führungen)* ‖ ~ ползуна Stößelführung *f* ‖ ~/поперечные Querführung *f*, Führung *f* für die Querbewegung ‖ ~ поступательного перемещения Führung *f* für die Translationsbewegung, Geradführung *f* ‖ ~/спусковые Ablaufführung *f* ‖ ~ станка Werkzeugmaschinenführung *f* ‖ ~/станочные *s.* ~ станка ‖ ~ суппорта Supportführung *f* ‖ ~ толкателя Stößelführung *f* ‖ ~/цилиндрические Zylinderführung *f*, zylindrische Führung *f*

напрягать 1. spannen; 2. beanspruchen
напряжение *n* 1. *(El, Fest)* Spannung *f*; 2. Spannkraft *f*; Intensität *f*; 3. Beanspruchung *f*, Inanspruchnahme *f*, Belastung *f* ‖ ~/активное *(El)* Wirkspannung *f* ‖ ~ анода *s.* ~/анодное ‖ ~/анодное *(Eln)* Anodenspannung *f* ‖ ~/антенное Antennenspannung *f* ‖ ~ база-эмиттер *(Eln)* Basis-Emitter-Spannung *f* ‖ ~/базисное *(Eln)* Basisspannung *f* ‖ ~/базовое *(Eln)* Basisspannung *f* ‖ ~/базово-коллекторное *(Eln)* Kollektor-Basis-Spannung *f* ‖ ~ батареи *(El)* Batteriespannung *f* ‖ ~ биений *(El)* Schwebungsspannung *f* ‖ ~/блокировки *(El)* Blockier[ungs]spannung *f*, Sperrspannung *f*, Verriegelungsspannung *f* ‖ ~/блокировочное *s.* ~ блокировки ‖ ~/боковое *(Fest)* Randspannung *f* ‖ ~ в антенне Antennenspannung *f* ‖ ~ в контактной сети *(Eb)* Fahrleitungsspannung *f* ‖ ~ в крайнем волокне *(Fest)* Randspannung *f* ‖ ~ в пропускном (прямом) направлении *(Eln)* Durchlaßspannung *f* ‖ ~ в роторе *(El)* Läuferspannung *f* ‖ ~ в сети *(El)* Netzspannung *f* ‖ ~ в спокойном состоянии *(Fest)* Ruhespannung *f* ‖ ~/вертикально отклоняющее *(TV)* Vertikalablenkspannung *f*, Y-Spannung *f* ‖ ~/верхнее [предельное] *(Fest)* Oberspannung *f* ‖ ~ вихря *(Hydrol)* Wirbelstärke *f*, Wirbelintensität *f* ‖ ~ включения *(El)* Einschaltspannung *f*; *(Eln)* Zündspannung *f (Halbleiter)* ‖ ~/внешнее *(Fest)* Fremdspannung *f* ‖ ~/внутреннее *(Fest)* Eigenspannung *f* ‖ ~ возбудителя *(El)* Erregerspannung *f* ‖ ~ возбуждения *(El)* Erregungsspannung *f* ‖ ~/вольтодобавочное *(El)* Boosterspannung *f* ‖ ~ впадины *(Eln)* Talspannung *f* ‖ ~ вращающего поля *(El)* Drehfeldspannung *f* ‖ ~/вспомогательное *(El)* Hilfsspannung *f* ‖ ~/встречное *(El)* Gegenspannung *f* ‖ ~/вторичное *(El)* Sekundärspannung *f* ‖ ~ втягивания *(El)* Anzugsspannung *f* ‖ ~/входное *(El)* Eingangsspannung *f* ‖ ~/входное переменное *(El)* Steuerspannung *f* ‖ ~/выдерживаемое *(El)* Stehspannung *f* ‖ ~/выносливости/верхнее [предельное] *(Fest)* Oberspannung *f* der Dauerfestigkeit ‖ ~/выпрямленное *(El)* gerichtete Spannung *f*, Richtspannung *f* ‖ ~/высокое *(El)* Hochspannung *f* ‖ ~/высокочастотное *(El)* hochfrequente Spannung *f*, Hochfrequenzspannung *f* ‖ ~/высшее *(El, Fest)* Oberspannung *f* ‖ ~ высших гармоник *(El)* Oberzellenspannung *f* ‖ ~/выходное *(El)* Ausgangsspannung *f* ‖ ~ гашения *(El, Fest)* Löschspannung *f* ‖ ~/гидростатические *(Geoph)* hydrostatische Spannungen *fpl* ‖ ~ главного возбудителя *(El)* Haupterregerspannung *f* ‖ ~/главное *(Fest)* Hauptspannung *f* ‖ ~ горения *(El)* Brennspannung *f* ‖ ~/горизонтально отклоняющее *(TV)* Horizontalablenkspannung *f*, X-Spannung *f* ‖ ~/гудения *(Eln)* Brummspannung *f* ‖ ~ гудения/сеточное *(Eln)* Gitterbrummspannung *f* ‖ ~ давления *(Fest)* Druckspannung *f* ‖ ~/действительное 1. *(El)* tatsächliche Spannung *f*, Ist-Spannung *f*; 2. *(Fest)* effektive Spannung *f*, Arbeitsspannung *f* ‖ ~/действующее *(El, Fest)* effektive (wirksame) Spannung *f*, Effektivspannung *f* ‖ ~ деформации *(Fest)* Formänderungsspannung *f*, Umformwiderstand *m* ‖ ~ диффузии *(Eln)* Diffusions-

напряжение

spannung f || ~/**диффузионное** (Eln) Diffusionsspannung f || ~/**добавочное** (El, Fest) Zusatzspannung f || ~/**дополнительное** (El, Fest) Zusatzspannung f || ~/**допускаемое (допустимое)** (Fest) zulässige Spannung f; zulässige Beanspruchung f || ~ **дрейфа** (Eln) Driftspannung f || ~ **дуги** (El) Lichtbogenspannung f || ~/**задаваемое (заданное)** (El) vorgegebene Spannung f, Sollspannung f || ~ **зажигания** (El) Zündspannung f || ~/**закалочное** (Fest) Härtespannung f || ~ **запирания** s. ~/**запирающее** || ~/**запирающее** (Eln) Verriegelungsspannung f, Sperrspannung f || ~/**заряда** (Eln) Ladespannung f, Aufladespannung f || ~ **затвора** (Eln) Gatespannung f, Torspannung f || ~ **затвор-исток** (Eln) Gate-Source-Spannung f || ~ **затухания** (El) Löschspannung f, Abklingspannung f || ~ **Зинера** (Eln) Z-Spannung f, Zener-Spannung f || ~/**зинеровское** ~ Зинера || ~/**знакопеременное** (Fest) Wechselspannung f, Wechselbeanspruchung f || ~ **знакопеременными циклами** (Fest) Dauerschwingspannung f, Wechselspannung f; Dauerschwing[ungs]beanspruchung f, Wechselbeanspruchung f || ~ **изгиба** (Fest) Biegespannung f; Biegebeanspruchung f || ~/**изгибающее** s. ~ изгиба || ~/**измерительное** (Eln) Meßspannung f || ~/**импульсное** (Eln) Impulsspannung f, Stoßspannung f || ~/**импульсное обратное** Spitzensperrspannung f; Impulssperrspannung f || ~/**индуктивное** (El) induktive Spannung f || ~/**индуктированное** (El) induzierte Spannung f || ~ **ионизации** (Eln) Ionisationsspannung f || ~/**ионизирующее** (El) Ionisationsspannung f || ~/**искровое** (El) Funkenspannung f || ~/**испытательное** (El) Prüfspannung f || ~/**истинное** (Fest) wahre (effektive) Spannung f || ~ **истока** (Eln) Sourcespannung f || ~ **исток-сток** (Eln) Source-Drain-Spannung f || ~ **источника** (Eln) Quellenspannung f, Urspannung f || ~/**исходное** 1. (Fest) Anfangsspannung f, Ausgangsspannung f; Ausgangsbeanspruchung f; 2. (El) Grundspannung f; Urspannung f || ~/**итоговое** (Fest) Gesamtspannung f, summarische Spannung f; Integralspannung f || ~/**касательное** (Fest) Tangentialspannung f, tangentiale Spannung f; Schubspannung f || ~ **клеммное** (El) Klemmenspannung f || ~ **коллектора** 1. (El) Kommutatorspannung f (einer elektrischen Maschine); 2. (Eln) Kollektorspannung f (eines Transistors) || ~ **коллектор-база** (Eln) Kollektor-Basis-Spannung f || ~/**коллекторное** s. ~ коллектора || ~ **коллектор-подложка** (Eln) Kollektor-Substrat-Spannung f || ~ **коллектор-эмиттер** (Eln) Kollektor-Emitter-Spannung f || ~/**компенсационное** (El) Kompensationsspannung f || ~ **конденсатора** (Eln) Kondensatorspannung f || ~ **контактного провода** (Eb) Fahrdrahtspannung f, Fahrleitungsspannung f || ~/**контактное** 1. (El) Kontaktspannung f; 2. (Wlz) Walzenpressung f || ~ **контура** (El) Maschenspannung f || ~/**контрольное** (El) Kontrollspannung f || ~ **короткого замыкания** (El) Kurzschlußspannung f || ~/**краевое** (El) Randspannung f || ~/**критическое** 1. (El) kritische Spannung f; 2. (Fest) Bruchspannung f; Knickspannung f, kritische Druck-

spannung f || ~/**крутящее** s. ~ на кручение || ~ **кручения** s. ~ на кручение || ~ **кручения/касательное** (Fest) Verdrehspannung f || ~ **лавинного пробоя** (Eln) Lawinendurchbruchspannung f, Avalanche-Spannung f || ~ **лампы** (El) Lampenspannung f, Lampenbetriebsspannung f || ~/**линейное** (El) 1. Übertragungsspannung f; 2. Leiter-Leiter-Spannung f, Leiterspannung f, Linienspannung f || ~/**литейное** (Fest) Gußspannung f || ~/**литостатическое** (Geoph) lithostatische Spannung f || ~/**максимально-допустимое** (Eln) maximal zulässige Spannung f, Grenzspannung f || ~/**максимальное** 1. (El, Fest) Höchstspannung f, Maximalspannung f; 2. (Fest) Höchstbeanspruchung f; Maximalbeanspruchung f || ~/**максимальное ускоряющее** (Eln) maximale Beschleunigungsspannung f || ~ **материала** Werkstoffbeanspruchung f || ~/**межбазовое** (Eln) Zwischenbasisspannung f || ~ **между базой и эмиттером** (Eln) Basis-Emitter-Spannung f || ~ **между затвором и истоком** (Eln) Gate-Source-Spannung f || ~ **между коллектором и базой** (Eln) Kollektor-Basis-Spannung f || ~ **между эмиттером и базой** (Eln) Emitter-Basis-Spannung f || ~/**междуэмиттерное** (Eln) Emitter-Emitter-Spannung f || ~/**межламельное** (Eln) Lamellenspannung f, Stegspannung f || ~/**механическое** (Fest) mechanische Spannung f; mechanische Beanspruchung f || ~ **мешающее** (El) Störspannung f || ~/**минимальное** 1. (El, Fest) Mindestspannung f, Minimalspannung f; 2. (Fest) Mindestbeanspruchung f, Minimalbeanspruchung f || ~/**модулирующее** (Eln) Modulationsspannung f || ~/**мокроразрядное** (El) Regenüberschlagspannung f || ~ **моста** (El) Brückenspannung f || ~ **на аноде** (El) Anodenspannung f || ~ **на входе** (El) Eingangsspannung f || ~ **на выходе** (El) Ausgangsspannung f || ~ **на зажимах** (El) Klemmenspannung f || ~ **на зажимах якоря** (El) Ankerspannung f || ~ **на защитной сетке** (Eln) Bremsgitterspannung f || ~ **на изгиб** (Fest) Biegespannung f; Biegebeanspruchung f || ~ **на клеммах** s. ~ на зажимах || ~ **на коллекторе** s. ~ коллектора || ~ **на кручение** (Fest) Verdrehspannung f, Torsionsspannung f, Drillspannung f; Verdrehbeanspruchung f, Drehbeanspruchung f, Torsionsbeanspruchung f || ~ **на нити накала** (El) Heizfadenspannung f || ~ **на обмотке** (El) Wicklungsspannung f || ~ **на отражательном электроде** (Eln) Reflektorspannung f || ~ **на первичной обмотке** (El) Primärspannung f || ~ **на первичных зажимах** (El) primäre Klemmenspannung f, Primärklemmenspannung f || ~ **на продольный изгиб** (Fest) Knickspannung f; Knickbeanspruchung f || ~ **на растяжение** (Fest) Zugspannung f; Zugbeanspruchung f || ~ **на реле** (El) Relaisspannung f || ~ **на роторе** (El) Läuferspannung f || ~ **на сдвиг** (Fest) Schubspannung f, Scherspannung f; Schubbeanspruchung f, Scherbeanspruchung f || ~ **на сетке** (Eln) Gitterspannung f || ~ **на скалывание** s. ~ на сдвиг || ~ **на смятие** (Fest) Pressung f || ~ **на срез** (Fest) Scherbeanspruchung f || ~ **на стоке-истоке** (El) Source-Drain-Spannung f || ~ **на тиристоре** (El) Thyristorspannung f || ~ **на управляющей сетке** (Eln) Steuergitterspannung f ‖ ~ **на электродах** (El) Elektrodenspannung f ‖ ~ **на эмиттере** (Eln) Emitterspannung f ‖ ~ **на якоре** (El) Ankerspannung f ‖ ~/**наведённое** (El) induzierte Spannung f ‖ ~/**наибольшее** (El) Höchstspannung f, Maximalspannung f ‖ ~ **насыщения** (Eln) Sättigungsspannung f ‖ ~ **насыщения сток-исток** Drain-Source-Sättigungsspannung f ‖ ~/**начальное** (Fest) Ausgangsspannung f, Anfangsspannung f, Ursprungsspannung f, Eigenspannung f; (El) Anfangsspannung f, Einsatzspannung f ‖ ~/**неподвижное** (Fest) Ruhespannung f, Spannung f bei statischer Belastung ‖ ~/**неполное** (Fest) Teilspannung f ‖ ~/**нестесняющее предварительное** zwängungsfreie Vorspannung f (Spannbeton) ‖ ~/**нижнее [предельное]** (Fest) Unterspannung f ‖ ~/**низкое** (El) Niederspannung f ‖ ~/**низкочастотное** (El) niederfrequente Spannung f, Niederfrequenzspannung f ‖ ~/**низшее** (El) Unterspannung f (eines Transformators) ‖ ~/**низшее [предельное]** (Fest) Unterspannung f ‖ ~/**номинальное** (El, Fest) Nennspannung f ‖ ~/**нормальное** (El, Fest) Normalspannung f ‖ ~/**нулевое** (El) Nullspannung f ‖ ~/**обратное** (Eln) Sperrspannung f, Rückspannung f ‖ ~/**обратное пробивное** (El) Durchbruchsperrspannung f ‖ ~ **обратной связи** (El) Rückkopplungsspannung f; Rückführspannung f ‖ ~ **обхода** (El) Umlaufspannung f ‖ ~/**общее** (El) Gesamtspannung f ‖ ~/**объёмное напряжённое** (Fest) räumlicher (dreiachsiger) Spannungszustand m ‖ ~ **ограничения** (El) Begrenzungsspannung f ‖ ~/**опасное** (El) Gefährdungsspannung f ‖ ~/**опорное** (El) Bezugsspannung f, Referenzspannung f ‖ ~/**осевое** (Fest) Axialspannung f ‖ ~/**остаточное** 1. (Fest) Restspannung f; 2. (Fest) remanente (bleibende) Spannung f, Restspannung f ‖ ~/**остающееся** (El) Restspannung f ‖ ~ **от ползучести** (Fest) Kriechspannung f ‖ ~ **от удара** (Fest) Schlagbeanspruchung f ‖ ~ **отклонения** (El) Ablenkspannung f ‖ ~ **отключения** (El) Abschaltspannung f ‖ ~/**паразитное** (Eln) Störspannung f ‖ ~/**первичное** (Eln) Primärspannung f ‖ ~/**первоначальное** Urspannung f ‖ ~ **перекрытия** (El) Überschlag[s]spannung f, Pinch-off-Spannung f ‖ ~ **переменного изгиба** (Fest) Wechselbiegespannung f ‖ ~/**переменного тока** (El) Wechselspannung f ‖ ~/**переменное** (El) Wechselspannung f ‖ ~/**переменное сеточное** (Eln) Gitterwechselspannung f ‖ ~/**переменное управляющее** (El) Steuerwechselspannung f ‖ ~ **перестройки** (Eln) Durchstimmspannung f ‖ ~/**переходное** (El) Übergangsspannung f, transiente Spannung f ‖ ~/**пиковое** (El) Spitzenspannung f, Scheitelspannung f, Höckerspannung f ‖ ~/**пиковое обратное** Spitzensperrspannung f ‖ ~/**пиковое рабочее** Betriebsspitzenspannung f, Arbeitsspitzenspannung f ‖ ~/**пилообразное** (El) Sägezahnspannung f, Versorgungsspannung f ‖ ~ **питания** (El) Speisespannung f ‖ ~/**питающее** s. ~ **питания** ‖ ~ **питающей сети** (El) Netzspannung f ‖ ~/**поверхностное** (Fest) Oberflächenspannung f ‖ ~/**повышенное** (Fest) 1. Oberspannung f; 2. erhöhte Spannung f; erhöhte Beanspruchung f ‖ ~ **погасания** (El) Löschspannung f ‖ ~ **под щётками** (El) Bürstenspannung f ‖ ~ **пода** Herd[flächen]belastung f (Herdofen) ‖ ~/**поджигающее** (El) Zündspannung f ‖ ~ **подложки** (Eln) Substratspannung f ‖ ~ **покоя** (El) Ruhespannung f ‖ ~/**полезное** (El) Nutzspannung f ‖ ~/**полное** (El) Gesamtspannung f ‖ ~ **полной нагрузки** (El) Vollastspannung f ‖ ~ **помех** (El) Störspannung f; ~/**пониженное** 1. (El, Fest) Unterspannung f; 2. (Fest) verringerte Spannung f; verringerte Beanspruchung f ‖ ~/**поперечное** (El, Fest) Querspannung f (Transistor) ‖ ~ **послеускорения** (El) Nachbeschleunigungsspannung f ‖ ~/**постороннее** (El) Fremdspannung f ‖ ~ **постоянного тока** (El) Gleichspannung f ‖ ~/**постоянное** (El) 1. Gleichspannung f; 2. konstante Spannung f ‖ ~/**постоянное анодное** (Eln) Anodengleichspannung f ‖ ~/**постоянное сеточное** (Eln) Gittergleichspannung f ‖ ~/**постоянное управляющее** (El) Steuergleichspannung f ‖ ~ **потребителей** (El) Verbraucherspannung f ‖ ~/**предварительное** 1. (Fest) Vorspannung f; 2. (Bw) Vorspannung f (Stahlbeton) ‖ ~/**предельное** 1. (Fest) Bruchspannung f, Grenzspannung f; Grenzbeanspruchung f, Höchstbeanspruchung f; 2. (El) Grenzspannung f ‖ ~ **при изгибе** (Fest) Biegespannung f; Biegebeanspruchung f ‖ ~ **при кручении** s. ~ **при продольном изгибе [/критическое]** (Fest) Knickspannung f, Knickbeanspruchung f ‖ ~ **при разрыве** (Fest) Zerreißspannung f, Bruchspannung f, Bruchbeanspruchung f ‖ ~ **при растяжении** (Fest) Zugspannung f, Dehnungsspannung f, positive Spannung f; Zugbeanspruchung f ‖ ~ **при сжатии** (Fest) Druckspannung f, negative Spannung f; Druckbeanspruchung f ‖ ~ **при скручивании** s. ~ **на кручение** ‖ ~ **при холостом ходе** (El) Leerlaufspannung f ‖ ~/**приведённое** (El) reduzierte Spannung f ‖ ~ **приёмника/входного** (Eln) Empfängereingangsspannung f ‖ ~ **приёмника/выходного** (Eln) Empfängerausgangsspannung f ‖ ~ **прикосновения** (El) Berührungsspannung f ‖ ~/**приложенное** (El) angelegte Spannung f ‖ ~/**пробивное** s. ~ **пробоя** ‖ ~ **пробоя** (El) Durchschlag[s]spannung f, Durchbruch[s]spannung f; Überschlag[s]spannung f ‖ ~ **пробоя на коллекторе** (El) Kollektordurchbruchspannung f ‖ ~/**продольного разрыва** (Fest) Knickspannung f; Knickbeanspruchung f ‖ ~/**продольное** (El, Fest) Längsspannung f ‖ ~ **прокола** (Eln) Durchgriffspannung f ‖ ~/**пропускное** (Eln) Durchlaßspannung f ‖ ~/**противодействующее** (El) Gegenspannung f ‖ ~/**противоположное** (El) Gegenspannung f ‖ ~/**прямое** (Eln) Durchlaßspannung f, Flußspannung f ‖ ~/**прямоугольное** (El) Rechteckspannung f ‖ ~ **пульсаций** (Eln) Brummspannung f, pulsierende Spannung f; Impulsspannung f ‖ ~/**пульсирующее** 1. (Fest) Schwellbeanspruchung f; 2. s. ~ **пульсаций** ‖ ~/**рабочее** 1. (El) Betriebsspannung f, Arbeitsspannung f; 2. (Licht) Brennspannung f ‖ ~/**радиальное** (Fest) Radialspannung f ‖ ~ **радиопомех** Funkstörspannung f ‖

напряжение

~ **развёртки** (Eln) Ablenkspannung f; Abtastspannung f ‖ ~ **развёртки времени** (Eln) Zeitablenkspannung f ‖ ~ **разложения** Zersetzungsspannung f (Elektrolyse) ‖ ~/**разностное** (El) Differenzspannung f ‖ ~/**разрушающее** (Fest) Bruchspannung f, Grenzspannung f; Zerreißspannung f; Bruchbeanspruchung f ‖ ~ **разрыва** s. ~/разрушающее ‖ ~/**разрывное** s. ~/разрушающее ‖ ~ **разряда** (El) Entladespannung f, Entladungsspannung f ‖ ~ **разряда/конечное** Entladeschlußspannung f ‖ ~/**разрядное** (El) Entladespannung f, Entladungsspannung f (s. a. ~ пробоя) ‖ ~ **рассеяния** (El) Streuspannung f ‖ ~/**растягивающее** s. ~ при растяжении ‖ ~ **растяжения** s. ~ при растяжении ‖ ~ **реагирования** (El) Ansprechspannung f ‖ ~/**реактивное** (El) Blindspannung f ‖ ~/**регулируемое** (El) regelbare Spannung f; zu regelnde Spannung f ‖ ~/**регулирующее** (El) Regelspannung f ‖ ~/**резонансное** (El) Resonanzspannung f ‖ ~ **ротора** (El) Läuferspannung f ‖ ~ **с знакопеременными циклами** (Fest) Dauerschwingspannung f; Dauerschwingbeanspruchung f ‖ ~/**сверхвысокое** (El) Höchstspannung f ‖ ~ **сверхвысокой частоты** (El) Höchstfrequenzspannung f, Mikrowellenspannung f ‖ ~ **сдвига** s. ~/**сдвигающее** s. ~ **на сдвиг** ‖ ~/**сетевое** (El) Netzspannung f ‖ ~ **сети** (El) Netzspannung f ‖ ~/**сеточное** (Eln) Gitterspannung f ‖ ~/**сеточное управляющее** Gittersteuerspannung f ‖ ~ **сжатия** (Fert) Druckspannung f; Druckbeanspruchung f ‖ ~/**сжимающее** (Fest) Druckspannung f; Druckbeanspruchung f, Druckbelastung f ‖ ~/**симметрическое знакопеременное** (Fest) Schwingspannung f bei gleicher Ober- und Unterlast; Schwingbeanspruchung f bei gleicher Ober- und Unterlast ‖ ~/**синусоидальное** (El) Sinus[oidal]spannung f, sinusförmige Spannung f ‖ ~/**синфазное входное** (Eln) Gleichtakteingangsspannung f ‖ ~/**синхронизирующее** (Eln) Synchronisier[ungs]spannung f, Synchronisationsspannung f ‖ ~ **скалывания** s. ~ **на сдвиг** ‖ ~/**скалывающее** s. ~ **на сдвиг** ‖ ~ **скручивания** s. ~ **на кручение** ‖ ~/**сложное** (Fest) zusammengesetzte Spannung f; zusammengesetzte Beanspruchung f ‖ ~ **смещения** (Eln) Vorspannung f, Bias-Spannung f ‖ ~ **смещения на основании** (Eln) Basisvorspannung f ‖ ~ **смещения на эмиттере** (Eln) Emittervorspannung f ‖ ~ **смещения подложки** (Eln) Substratvorspannung f ‖ ~ **смыкания** (Eln) Durchgriffspannung f, Punch-through-Spannung f ‖ ~ **смятия** (Fest) Pressung f ‖ ~/**снятое** (Geoph) Spannungsabfall m, Stressdrop m ‖ ~/**собственное** (Fest) Eigenspannung f ‖ ~/**сопряжённое** (El) verkettete Spannung f ‖ ~ **срабатывания** (El) Ansprechspannung f ‖ ~ **сравнения** (El) Vergleichsspannung f ‖ ~/**среднее** (Fest) Mittelspannung f; Vorspannung f ‖ ~/**срезывающее** s. ~ **на сдвиг** ‖ ~ **стабилизации** (Eln) Stabilisierungsspannung f, Z-Spannung f (einer Z-Diode) ‖ ~/**стандартное** (El) Standardspannung f, genormte Spannung f ‖ ~/**статическое** (Fest) statische Spannung f ‖ ~ **стока** (Eln) Drain-Spannung f ‖ ~ **сток-затвор** (Eln) Drain-Gate-Spannung f ‖ ~ **сток-исток** (Eln) Drain-Source-Spannung f ‖ ~ **сток-исток/пробивное** Drain-Source-Durchbruchspannung f ‖ ~/**суммарное** 1. (Fest) Gesamtspannung f, Integralspannung f; 2. (El) Summenspannung f, Gesamtspannung f ‖ ~ **сцепления** (Fest) Haftspannung f ‖ ~/**тангенциальное** (Fest) Tangentialspannung f, Randspannung f, Umfangsspannung f; Tangentialbeanspruchung f ‖ ~/**тектоническое** (Geoph) tektonische Spannung f ‖ ~ **текучести** (Fest) Streckgrenze f, Fließgrenze f ‖ ~ **текучести/конечное** untere Streckgrenze f ‖ ~ **текучести/начальное** obere Streckgrenze f ‖ ~/**тепловое** (Wmt) Wärmespannung f, thermische Spannung f ‖ ~/**тепловое пробивное** (El) Wärmedurchschlagspannung f ‖ ~/**термическое** s. ~/тепловое ‖ ~/**трансформаторное** (El) Transformatorspannung f ‖ ~/**требуемое** (El) Spannungsbedarf m, erforderliche Spannung f ‖ ~/**ударное** (Fest) Schlagbeanspruchung f ‖ ~/**управляющее** (El) Steuerspannung f ‖ ~/**уравновешивающее** (El) Ausgleichspannung f ‖ ~/**усадочное** (Fest) Schwindspannung f, Schrumpfspannung f, Gußspannung f (Gießerei) ‖ ~/**ускоряющее** Beschleunigungsspannung f ‖ ~/**условное** (Fest) Nennspannung f, auf den Ausgangsquerschnitt bezogene Spannung f ‖ ~/**фазное (фазовое)** (Eln) Phasenspannung f ‖ ~ **фона [переменного тока]** (Eln) Brummspannung f ‖ ~ **Холла** (Eln) Hall-Spannung f ‖ ~ **холостого хода** (Eln) Leerlaufspannung f ‖ ~ **цикла** (Wkst) Spannung f innerhalb eines Lastspiels (Spannungsspiels) ‖ ~ **цикла выносливости/наибольшее** Oberspannung f der Dauerfestigkeit (Dauerschwingversuch) ‖ ~ **цикла выносливости/наименьшее** Unterspannung f der Dauerfestigkeit (Dauerschwingversuch) ‖ ~ **цикла выносливости/предельное** Grenzspannung f der Dauerfestigkeit beim Dauerschwingversuch (Ober- oder Unterspannung) ‖ ~ **цикла/максимальное** Oberspannung f (Wechselbeanspruchung) ‖ ~ **цикла/минимальное** Unterspannung f (Wechselbeanspruchung) ‖ ~ **цикла/наибольшее** Oberspannung f (Wechselbeanspruchung) ‖ ~ **цикла/наименьшее** Unterspannung f (Wechselbeanspruchung) ‖ ~ **цикла/начальное** Vorspannung f, Mittelspannung f (Wechselbeanspruchung) ‖ ~ **цикла/среднее** Vorspannung f, Mittelspannung f (Wechselbeanspruchung) ‖ ~ **цикла усталости/наибольшее** Oberspannung f der Dauerfestigkeit (Dauerschwingversuch) ‖ ~ **цикла усталости/наименьшее** Unterspannung f der Dauerfestigkeit (Dauerschwingversuch) ‖ ~ **цикла усталости/предельное** Grenzspannung f der Dauerfestigkeit beim Dauerschwingversuch (Ober- oder Unterspannung) ‖ ~/**циклическое** (Fest) Wechselspannung f, Schwingspannung f ‖ ~/**частичное** (El, Fest) Teilspannung f ‖ ~/**частичное предварительное** Teilvorspannung f, stufenweises Vorspannen n (Spannbeton) ‖ ~/**шаговое** (El) Schrittspannung f ‖ ~/**шлюзовое** (El) Schleusenspannung f ‖ ~/**шумовое** (El) Rauschspannung f ‖ ~/**эквивалентное** (El) Ersatzspannung f ‖ ~/**эквивалентное постоянное** (El) Ersatzgleichspannung f ‖ ~/**электрическое** elektrische Spannung f ‖ ~ **элек-**

тросети *(El)* Netzspannung *f* ‖ ~ **эмиттера** *(Eln)* Emitterspannung *f* ‖ ~ **эмиттер-база** *(Eln)* Emitter-Basis-Spannung *f* ‖ ~/**эмиттерное** *(El)* Emitterspannung *f* ‖ ~/**эталонное** *(El)* Eichspannung *f*, Bezugsspannung *f* ‖ ~/**эффективное** *(El, Fest)* effektive (wirksame) Spannung *f*, Effektivspannung *f*
напряжённость *f* Stärke *f*, Intensität *f*; Beanspruchung *f*, Belastung *f* ‖ ~/**задерживающая** Koerzitivkraft *f (Magnetismus)* ‖ ~ **магнитного поля** 1. *(El)* magnetische Feldstärke *f*; 2. Intensität *f* des Magnetfeldes ‖ ~ **намагничивания** Magnetisierungsstärke *f* ‖ ~ **поля** *(El, Ph)* Feldstärke *f* ‖ ~ **поля/аксиальная** *(El)* axiale Feldstärke *f* ‖ ~ **поля/действующая** *(El)* effektive Feldstärke *f* ‖ ~ **поля короны** *(El)* Koronafeldstärke *f* ‖ ~ **поля/критическая** *(El)* kritische Feldstärke *f* ‖ ~ **поля/максимальная** *(El)* Höchstfeldstärke *f*, Maximalfeldstärke *f* ‖ ~ **поля/минимальная** *(El)* Mindestfeldstärke *f* ‖ ~ **поля/начальная** *(El)* Anfangsfeldstärke *f* ‖ ~ **поля передатчика** *(El)* Senderfeldstärke *f* ‖ ~ **поля помех** *(El)* Störfeldstärke *f* ‖ ~ **поля/пробивная** *(El)* Durchschlag[s]feldstärke *f*, Durchbruch[s]feldstärke *f* ‖ ~ **поперечного поля** *(El)* Querfeldstärke *f* ‖ ~ **продольного поля** *(El)* Längsfeldstärke *f*
напряжённый gespannt; intensiv; beansprucht; belastet ‖ ~/**предварительно** vorgespannt *(Beton)*
напуск *m (Fert)* Aufmaß *n (zum Schruppen)*
напыление *n* 1. Aufsprühen *n*, Aufstäuben *n*; Aufdampfen *n*, Bedampfen *n*; Aufspritzen *n*; 2. *(Kst)* Pulverbeschichtung *f*, Auftrag *m* (Auftragen *n*) in Pulverform ‖ ~ **в высоком вакууме** Aufstäuben *n* im Hochvakuum ‖ ~ **в кипящем слое** *s.* ~/**вихревое** ‖ ~/**вакуумное** Vakuumaufdampfen *n (s. a.* ~ **в высоком вакууме)** ‖ ~/**вихревое** *(Kst)* Wirbelsintern *n (Beschichtungsverfahren)* ‖ ~/**газопламенное** 1. Aufdampfen *n*; 2. *(Kst)* Flamm[en]spritzen *n*, Wärmespritzen *n* ‖ ~/**ионно-лучевое** Ionenstrahlaufstäuben *n* ‖ ~/**катодное** kathodisches Aufstäuben *n* ‖ ~/**косое** Schrägbedampfung *f* ‖ ~ **металла** Metallaufstäuben *n*; Metallaufsprühen *n* ‖ ~/**огневое** *s.* ~/**газопламенное** 2. ‖ ~/**плазменное** Plasmaaufdampfen *n*, Plasmaaufstäuben *n* ‖ ~/**пламенное** *s.* ~/**газопламенное** 2. ‖ ~/**электронно-лучевое** Elektronenstrahlaufdampfen *n*
напылённый в вакууме vakuumaufgedampft
напылить *s.* напылять
напыльник *m (Met)* Haube *f*, Konverterhaube *f*
напылять aufdampfen; aufstäuben; *(Kst)* aufspritzen, aufsprühen ‖ ~/**катодно** kathodisch aufstäuben ‖ ~/**реактивно** reaktiv aufstäuben
наработка *f* Nutzungsdauer *f* ‖ ~/**максимальная** Mindestnutzungsdauer *f*; Grenznutzungsdauer *f* ‖ ~ **на отказ/средняя** mittlere Betriebszeit *f* zwischen zwei Ausfällen, mittlere Betriebsdauer *f (Funktionsdauer) f*, mittlerer Ausfallabstand *m*, MTBF-Wert *m* ‖ ~ **на сбой** mittlerer Fehlfunktionsabstand *m* ‖ ~/**эксплуатационная** Ist-Nutzungsdauer *f*
наральник *m (Lw)* Schmalschar *n (Drillmaschine)*
нарастание *n* 1. Anwachsen *n*, Zunehmen *n*, Zunahme *f*, Steigerung *f*; 2. *(Geol, Min)* Aufwach-

sen *n*, Anlagerung *f* ‖ ~ **давления** *(Mech)* Druckanstieg *m* ‖ ~ **импульса** *(El, Mech)* Impulsanstieg *m* ‖ ~ **колебания** *(Mech)* Schwingungsaufschaukelung *f*, Schwingungsanstieg *m* ‖ ~ **напряжения** *(El, Mech)* Spannungsanstieg *m* ‖ ~ **поля** *(El)* Feldaufbau *m* ‖ ~ **тока** *(El)* Stromanstieg *m* ‖ ~ **фронта импульса** *(El)* Impulsflankenanstieg *m*
нарастать anwachsen, ansteigen, steigen, zunehmen
нарасти *s.* нарастать
нарастить *s.* наращивать
наращивание *n* 1. Ansetzen *n*, Anstücken *n*; 2. *(Krist)* Wachsen *n*, Aufwachsen *n*, Züchten *n*, Züchtung *f*; 3. *(El)* Kaskadierung *f*; 4. *(Lw, Forst)* Pfropfen *n*, Pfropfung *f*; 5. *(Bgb)* Nachsetzen *n (Bohrgestänge)* ‖ ~/**гетероэпитаксиальное** *(Krist)* Heteroepitaxie *f* ‖ ~/**гомоэпитаксиальное** *s.* ~/**эпитаксиальное** ‖ ~ **памяти** *(Inf)* Speichererweiterung *f* ‖ ~/**эпитаксиальное** *(Krist)* epitaktisches Aufwachsen *n*, epitaktische Aufwachsung *f*, Epitaxie *f*
наращивать 1. ansetzen, anstücken; 2. aufwachsen *(Kristalle)*; 3. *(Lw, Forst)* [auf]pfropfen
нарез *m s.* нарезка 5.
нарезание *n* 1. Schneiden *n (s. a. unter* резка 1.; 3.*);* 2. Einschneiden *n* ‖ ~ **внутренней резьбы** *(Fert)* spanende Innengewindebearbeitung *f*, Innengewindeschneiden *n* ‖ ~ **гаек** *(Fert)* Muttergewindeschneiden *n* ‖ ~ **зубчатых колёс** *(Fert)* spanende Zahnradbearbeitung *f* ‖ ~ **зубьев** *(Fert)* 1. spanendes Verzahnen *n*; 2. spanende Zahnradbearbeitung *f* ‖ ~ **левой резьбы** *(Fert)* Linksgewindeschneiden *n* ‖ ~ **правой резьбы** *(Fert)* Rechtsgewindeschneiden *n* ‖ ~ **резьбы** *(Fert)* Gewindeschneiden *n* ‖ ~ **шестерён** *s.* ~ **зубчатых колёс**
нарезать 1. schneiden *(Zahnräder)*; verzahnen; 2. *(Bgb)* anfahren, anschneiden *(Gebirge)* ‖ ~ **зубья** *(Fert)* spanend verzahnen ‖ ~ **резьбу** *(Fert)* Gewinde schneiden *(spanend bearbeiten)*
нарезка *f* 1. Schneiden *n (s. a. unter* резка *und* нарезание); 2. *(Fert)* Gewinde *n (s. a. unter* резьба 1.*);* 3. *(Fert)* Verzahnung *f*, Verzahnen *n (s. a. unter* нарезание*);* 4. *(Bgb)* Anschnitt *m*; Vorrichtung *f*; 5. Züge *mpl*, Drall *m (einer Waffe)* ‖ ~ **блока** *(Bgb)* Blockvorbereitung *f* ‖ ~ **забоя** *(Bgb)* Schlitzen *n* des Stoßes, Schrämen *n* ‖ ~ **мерей** *(Led)* Narbenpressen *n*, Charginieren *n* ‖ ~ **метчиков** *(Fert)* Gewindeschneiden *n* mit dem Gewindebohrer ‖ ~/**многозаходная резьбовая** *(Fert)* mehrgängiges Gewinde *n* ‖ ~/**однозаходная резьбовая** *(Fert)* eingängiges Gewinde *n* ‖ ~/**полная** *(Fert)* Schneiden *n* des vollen Gewindeprofils ‖ ~/**слоя** *(Bgb)* Scheibeneinbruch *m* ‖ ~ **уступа** *(Bgb)* Anschneiden *n* an der Strosse ‖ ~/**цокольная** Sockelgewinde *n (Glühlampe)* ‖ ~/**Эдисона** *(El)* Edison-Gewinde *n*
нарезчик *m* **швов** Fugenschneider *m*, Fugenschneidgerät *m*
нарост *m* 1. Ansatz *m*, Kruste *f*; 2. *(Wkz)* Schneidenansatz *m*, Aufbauschneide *f*; 3. *(Krist)* Überwachung *f*; 4. *(Forst)* Maserknoten *m*, Maserknollen *m (Holz)*
наростообразование *n (Wkz)* Schneidenansatzbildung *f*

нарушать stören || ~ **сцепление** *(Masch)* außer Eingriff bringen
нарушение *n* 1. Störung *f*; Defekt *m*; 2. *(Geol)* Störung *f*, Dislokation *f* || ~ **движения** *(Eb)* Betriebsstörung *f* || ~/**дизъюнктивное** *(Geol)* Zerrung *f* || ~/**мягкое радиационное** *(Eln)* strahlungsbedingter reversibler Betriebsfehler *m*, Soft-error *m* || ~/**остаточное** Reststörung *f* || ~/**пликативное** *s.* ~/**складчатое** || ~/**постоянное обратное** *(Eln)* Sperrgleichspannung *f* || ~ **работы** Betriebsstörung *f* || ~ **равновесия** Gleichgewichtsstörung *f* || ~/**радиационное** *s.* повреждение/радиационное || ~ **разгрузки** Austragstörung *f (Silo)* || ~/**разрывное** *(Geol)* disjunktive Dislokation (Störung) *f*, Distraktion *f*, Bruchstörung *f*; Zerrung *f* || ~ **регулярности** Regularitätsdefekt *m* || ~ **решётки** *(Krist)* Gitterdefekt *m*, Gitterstörung *f*, Gitterfehlstelle *f*, Kristallbaufehler *m (Halbleiter)* || ~ **связи** *(Nrt)* Verbindungsstörung *f* || ~ **силы тяжести** *(Ph)* Schwerestörung *f* || ~ **синхронности** Gleichlaufmangel *m (Film- bzw. Bandtransport)* || ~/**складчатое** *(Geol)* kompressive (plikative) Dislokation *f*, Pressung *f* || ~/**скрытое** *(Eln)* vergrabene Störung *f (Halbleiter)* || ~ **устойчивости** *(Mech)* Stabilitätsstörung *f*
нарушенность *f* **месторождения** *(Geol)* Störung *f* der Lagerstätte
нарушить *s.* нарушать
наряд *m* Arbeitsauftrag *m*
нарядная *f (Bgb)* Kaue *f*
насадить *s.* насаживать
насадка *f* 1. Aufsatz *m*, Einsatz *m*; Einbau *m*, Aufbau *m*; 2. Aufsetzen *n*, Aufschieben *n*, Aufziehen *n*; 3. Ausmündung *f*; Ansatzrohr *n*; 4. Düse *f (zur Durchflußmessung)*; Mundstück *n*; 5. Füllmasse *f (eines Regenerators, einer Füllkörperkolonne usw.)*; Füllkörper *m (aus dem die Füllmasse besteht)*; 6. *(Met)* Gitterwerk *n (Regenerativofen)*; 7. *(Wlz)* Dorn *m (Rohrwalzen)*; 8. *(Bw)* Kopfbalken *m*, Kappbaum *m*, Holm *m*; Sattelschwelle *f*, Längsschwelle *f* || ~ **бандажа** Aufschrumpfen *n* des Radreifens || ~/**башенная** Füllkörper *m* || ~ **гребного винта** *(Schiff)* 1. Propellerdüse *f*, Kortdüse *f*; 2. Aufziehen *n* des Propellers || ~ **гребного винта/неповоротная** *(Schiff)* feste Propellerdüse *f*, feste Kortdüse *f* || ~/**дистилляционная** Destillationsaufsatz *m* || ~ **игл** *(Text)* Benadelung *f* || ~/**инструментальная** *(Wkzm)* Aufsatzwerkzeugeinheit *f* || ~/**кирпичная** *(Met)* Gitter[mauer]werk *n*, Gitterkammer *f*, Gitter *n*, Gitterung *f (Regenerativofen)* || ~/**кольцевая** Füllring *m* || ~/**коническая** konischer Dorn *m (Rockright-Walzwerk)* || ~/**короткоструйная** *(Lw)* Kurzstrahlregner *m* || ~/**короткоструйная дефлекторная** *(Lw)* Kurzstrahlregner *m* mit Prallteller, Kurzstrahldeflektorregner *m* || ~/**направляющая** *(Schiff)* Propellerdüse *f*, Kortdüse *f* || ~/**неподвижная [направляющая]** *(Schiff)* feste Propellerdüse *f*, feste (feststehende) Kortdüse *f* || ~/**огнеупорная** *(Met)* Gittermauerwerk *n*, Ziegelausgitterung *f (Regenerativofen)* || ~/**поворотная [направляющая]** *(Schiff)* Ruderdüse *f*, schwenkbare Propellerdüse *f* || ~/**подпорная** Staudüse *f* || ~/**проекционная** Projektionsaufsatz *m* || ~/**разбрызгивающая** Spritzdüse *f* || ~/**регенеративная** *s.* ~/регенератора || ~ **регенератора** *(Met)* Kammerfüllung *f*, Kammermauerwerk *n*, Kammergitterung *f*, Gitterkammer *f*, Gitter *n (SM-Ofen)* || ~/**сверлильная** *(Wkzm)* Aufsatzbohreinheit *f* || ~/**смесительная** Mischdüse *f (Brenner)* || ~/**сопловая** Düsenmundstück *n* || ~/**стационарная [направляющая]** *(Schiff)* feste (feststehende) Propellerdüse *f*, feste (feststehende) Kortdüse *f* || ~/**суперобтекаемая направляющая** *(Schiff)* superstromlinienförmige Propellerdüse *f* || ~/**фракционирующая** Fraktionieraufsatz *m*
насадной, насадный *(Wkzm)* Aufsatz..., Aufsetz..., aufsetzbar; aufsteckbar
насадок *m* Verlängerungsstück *n*, Ansatzstück *n*; Stützen *m*
насаждение *n (Lw, Forst)* Anpflanzen *n*, Anpflanzung *f*; *(Forst)* Bestand *m (Wald- bzw. Forstbestand)* || ~/**ветрозащитное** *(Forst)* Windschutzbestand *m*, Windschutzanpflanzung *f* || ~/**защитное** Schutzpflanzung *f* || ~/**полезащитное** Feldschutzbestand *m*, Feldschutzanpflanzung *f*
насаждённость *f (Forst)* Bestockung *f*
насаживание *n* Aufsetzen *n*; Ansetzen *n*; Aufstecken *n*
насаживать 1. aufsetzen; aufstecken, aufschieben; ansetzen; 2. *(Lw, Forst)* [an]pflanzen || ~ **на оправку** aufdornen *(Rohrwalzen)*
насаливать *(Schiff)* einfetten, schmieren *(Ablaufbahn)*
насалка *f (Schiff)* Stapellauffett *n*
насекание *n (Fert)* Hauen *n (einer Feile)*
насекать *(Fert)* 1. einkerben, einschneiden; 2. hauen *(Feilen)* || ~ **валки** *(Wlz)* Walzen aufrauhen (riffeln) || ~ **камень** *(Bw)* krönein
население *n* Population *f* || ~/**звёздное** *(Astr)* Sternpopulation *f*, Population *f*
населённость *f (Ph, Eln)* Besetzung[sdichte] *f (eines Energieniveaus; Quantenelektronik)* || ~/**избыточная** Überschußbesetzung *f* || ~/**инверсная** inverse Besetzung *f* || ~/**равновесная** Gleichgewichtsbesetzung *f*, Intrinsic-Dichte *f* || ~ **уровня** *s.* населённость
насечка *f* 1. Kerbe *f*, Einkerbung *f*, Einschnitt *m*; 2. *(Fert)* Hieb *m (einer Feile)*; 3. Riffelung *f*, Aufrauhung *f*; Schraffierung *f (einer Walze)*; 4. *(Text)* Kartenschlag *m (Weberei)*; 5. *(Schm)* Kerbeisen *n* || ~/**бархатная** *(Fert)* Feinschlichthieb *m* || ~/**верхняя** *(Fert)* Oberhieb *m*, oberer Hieb *m* || ~/**грубая** *(Fert)* Grobhieb *m* || ~/**двойная** *(Fert)* Doppelhieb *m* || ~ **карт** *(Text)* Kartenschlag *m*, Kartenschlagen *n (Weberei)* || ~/**личная** *(Fert)* Schlichthieb *m* || ~/**маркшейдерская** *(Bgb)* Markscheiderstufe *f*, Marke *f* || ~/**мелкая** *(Fert)* Feinhieb *m* || ~/**перекрёстная** *(Fert)* Kreuzhieb *m*
насечь *s.* насекать
наслаивание *n* Aufschichten *n*, schichtenweises Auftragen (Aufbringen) *n*, Beschichten *n*, Beschichtung *f*
наслаивать 1. [auf]schichten, schichtweise auftragen (aufbringen); 2. in Schichten zerlegen
наследовать *(Fert)* nachbilden, kopieren
наслоение *n* 1. Schichtung *f*, Aufschichtung *f*; 2. *(Geol)* Schichtung *f*, Lagerung *f*; Lamination *f*; 3. *(Typ)* Aufbauen *n (der Farbschicht)*; 4. *(Typ)* Pelzen *n (auf der Farbwalze)*

насос *m* Pumpe *f* II ~/**аварийный осушительный** (Schiff) Notlenzpumpe *f* II ~/**аварийный пожарный** (Schiff) Notfeuerlöschpumpe *f* II ~/**адсорбционный** Adsorptionspumpe *f* (Hochvakuumpumpe) II ~/**аксиально-поршневой** Axialkolbenpumpe *f*, Kolbenzellenpumpe *f* axialer Bauart II ~/**активный** Gleichdruckpumpe *f* II ~/**аспираторный** Wasserstrahlluftpumpe *f* II ~/**багерный** Baggerpumpe *f* (einstufige Kreiselpumpe zur Abförderung grobstofführender Flüssigkeiten, z. B. für hydraulischen Kiestransport) II ~/**балластный** (Schiff) Ballastpumpe *f* II ~/**безвальный поршневой** direktwirkende (schwungradlose) Kolbenpumpe *f* II ~/**безроторный** *s.* ~/**поршневой** II ~/**бензиновый** (Kfz) Kraftstoffpumpe *f*, Benzinpumpe *f* II ~/**бескривошипный** Taumelscheibenpumpe *f* II ~/**бражный** Maischepumpe *f* II ~/**бункеровочный** (Schiff) Bunkerpumpe *f* II ~/**буровой** Spülpumpe *f* (Erdölbohrung) II ~/**бустерный** Vakuumvorschaltpumpe *f*, Boosterpumpe *f*, Booster *m* (Vakuumpumpe) II ~/**быстроходный** Schnelläuferpumpe *f* II ~ **быстрых ходов** Eilgangpumpe *f* II ~/**вакуумный** Vakuumpumpe *f* II ~/**вальный поршневой** Rollkolbenpumpe *f*, Umlaufkolbenpumpe *f* II ~/**вертикальный** vertikale Pumpe *f* II ~/**вертикальный лопастной** Kreiselpumpe *f* mit vertikalem Laufrad II ~/**вертикальный центробежный** vertikale Kreiselpumpe *f* II ~/**вибрационный** Schwingpumpe *f* II ~/**винтовой** Schraubenpumpe *f*, Spindelpumpe *f*, Schneckenpumpe *f* II ~/**винтовой двухпоточный** zweiflutige Spindelpumpe *f* II ~/**винтовой однопоточный** einflutige Spindelpumpe *f* II ~/**винтовой осевой** Schraubenaxialpumpe *f* II ~/**вихревой** Sternradpumpe *f*, Seitenkanalpumpe *f* II ~/**водокольцевой [ротационный]** Wasserringpumpe *f* (Hochvakuumpumpe) II ~/**водоотводный** Entwässerungspumpe *f* II ~/**водоотливной** (Schiff) Notlenzpumpe *f*, Havarielenzpumpe *f* II ~/**водоподъёмный** Schöpfwerkspumpe *f* II ~/**водоснабжения** Wasserwerkspumpe *f* II ~/**водоструйный** 1. Wasserstrahlluftpumpe *f* (Vakuumpumpe); 2. *s.* гидроэлеватор II ~/**водяной** Wasserpumpe *f* II ~/**воздушный** Luftpumpe *f* II ~/**впрыскивающий [ускорительный]** Einspritzpumpe *f* (Beschleunigerpumpe; Vergasermotor) II ~/**вращательный** Turbopumpe *f*, Rotationskolbenpumpe *f*, Umlaufkolbenpumpe *f* (mechanische Vakuumpumpe mit rotierendem Verdränger) II ~/**вращательный поршневой** Wälzkolbenpumpe *f*, Umlaufkolbenpumpe *f* II ~/**всасывающий** Saugpumpe *f* II ~/**вспомогательный** Nebenpumpe *f*, Hilfspumpe *f* II ~/**выравнивания крена** (Schiff) Krängungsausgleichspumpe *f* II ~/**высоковакуумный** Hochvakuumpumpe *f* II ~ **высокого давления** Hochdruckpumpe *f* II ~ **высокого давления/питательный** Hochdruckspeisepumpe *f* II ~ **высокого давления/поршневой** Hochdruckkolbenpumpe *f* II ~ **высокого давления/топливный** Hochdruckeinspritzpumpe *f* II~ **высокого давления/шестерённый** Hochdruckzahnradpumpe *f* II ~ **высокого разрежения** Hochvakuumpumpe *f* II ~/**высоконапорный** Hochdruckpumpe *f* II ~/**вытеснения** Verdrängerpumpe *f*, Pumpe *f* mit Verdrängerwirkung

II ~/**газобалластный** Gasballastpumpe *f* (Vakuumpumpe) II ~/**газовый** 1. Flüssiggaspumpe *f*; 2. Kohlensäurepumpe *f* (Zuckergewinnung) II ~/**герметический** Hermetikpumpe *f* II ~/**геттерно-ионный** *s.* ~/**сорбционно-ионный** II ~/**гидравлический** Hydraulikpumpe *f* II ~/**гидростатический** Verdrängerpumpe *f* II ~/**главный** Hauptpumpe *f* II ~/**главный циркуляционный** Hauptumwälzpumpe *f* II ~/**глубинный** 1. (Erdöl) Tief[brunnen]pumpe *f*; 2. *s.* ~/**погружной** II ~/**глубинный поршневой** (Erdöl) Tiefbrunnenkolbenpumpe *f* II ~/**глубинный штанговый** Tiefbrunnenstangenpumpe *f* II ~ **Гольвека** *s.* ~/**молекулярный** II ~/**горизонтальный** horizontale Pumpe *f* II ~/**горизонтальный лопастной** Kreiselradpumpe *f* mit horizontalem Läufer II ~ **горячей воды/циркуляционный** Heißwasserumwälzpumpe *f* II ~/**горячий** Pumpe *f* für heiße Medien II ~/**грузовой** (Schiff) Ladepumpe *f*, Ladeölpumpe *f* II ~/**грунтовой (грунтовый)** Baggerpumpe *f* (Saugbagger) II ~/**грязевой** Schmutzwasserpumpe *f*; (Erdöl) Spülpumpe *f* II ~ **двигателя/продувочный** Motorspülpumpe *f* (Verbrennungsmotor) II ~ **двигателя-компрессора/продувочный** Spülluftkolbenpumpe *f* (Freikolbenverdichter) II ~ **двойного всасывания** zweiflutige Pumpe *f*, zweiseitig ansaugende Pumpe *f* II ~ **двойного действия** doppeltwirkende Pumpe *f*, Stufenkolbenpumpe *f* II ~/**двухвинтовой** Zweispindelpumpe *f* II ~/**двухкорпусный** Zweigehäusepumpe *f* II ~/**двухкорпусный питательный** Zweigehäusespeisepumpe *f* II ~/**двухлопастной двухроторный** zweiflügelige Wälzkolbenpumpe (Roots-Pumpe) *f* (Vakuumpumpe) II ~/**двухпластинчатый вакуумный** zweistufige Drehschieberpumpe *f* (Hochvakuumpumpe) II ~/**двухпоточный** doppelflutige Pumpe *f* II ~/**двухроторный винтовой** Zweispindelpumpe *f*, Schraubenpumpe *f* II ~/**двухроторный ротационный** *s.* ~/**двухскоростной вакуумный** II ~/**двухсекционный пластинчатый** doppeltwirkende Zellenpumpe *f* II ~/**двухскоростной вакуумный** Feinvakuumpumpe *f*, Wälzkolbenpumpe *f*, Roots-Pumpe *f* II ~/**двухступенчатый** zweistufige (doppelstufige) Pumpe *f* II ~/**двухступенчатый пластинчато-роторный вакуумный** zweistufige Drehschiebervakuumpumpe *f* II ~/**двухцилиндровый** Zwillingspumpe *f* II ~/**диагональный центробежный** Diagonalpumpe *f*, Kreiselpumpe *f* diagonaler Bauart II ~/**диафрагменный** Membranpumpe *f*, Diaphragmapumpe *f* II ~/**диафрагменный ускорительный** Membranbeschleunigerpumpe *f* (Vergasermotor) II ~/**диафрагмовый** *s.* ~/**диафрагменный** II ~/**дизельный топливный** Dieseleinspritzpumpe *f* II ~/**дифферентовочный** (Schiff) Trimmpumpe *f* II ~/**дифференциального действия** Differential[kolben]pumpe *f* II ~/**дифференциальный** Differential[kolben]pumpe *f* II ~/**диффузионно-конденсационный** Diffusionspumpe *f* (Hochvakuumpumpe) II ~/**диффузионный** Diffusionspumpe *f* (Hochvakuumpumpe) II ~/**диффузионный паровструйный** Diffusionsstreibdampfpumpe *f* (Hochvakuumpumpe) II ~/**дозировочный (дозирующий)** Dosierungspumpe *f*

насос

‖ ~/**дренажный** Entwässerungspumpe f, Leckagepumpe f ‖ ~/**жестколопастный осевой** Axialpumpe f mit feststehenden (nichtverstellbaren) Schaufeln ‖ ~/**жидкостно-кольцевой** Flüssigkeitsringpumpe f (Vakuumpumpe) ‖ ~/**жидкоструйный [вакуумный]** Flüssigkeitsstrahlpumpe f (Vakuumpumpe) ‖ ~/**жомовый** Flüssigkeits-Feststoff-Gemischpumpe f, Zuckerrübenschnitzelpumpe f ‖ ~ **забортной воды** (Schiff) Seewasserpumpe f ‖ ~/**загрузочный** Beschickungspumpe f, Füllpumpe f ‖ ~/**затопленный** s. ~/**погружной** ‖ ~/**заторный** Maischepumpe f ‖ ~/**зачистной** (Schiff) Restlenzpumpe f ‖ ~/**золотниковый** Drehkolbenpumpe f mit Gleitschiebersteuerung (Vakuumpumpe) ‖ ~/**золотниковый топливный** Drehkolbeneinspritzpumpe f, Drehstempelpumpe f ‖ ~ **золоудаления/багерный** Entaschungspumpe f (s. a. ~/**багерный**) ‖ ~/**зубчатый** Zahnradpumpe f ‖ ~/**инфузионный** (Med) Infusionspumpe f ‖ ~/**ионный** Ionenpumpe f ‖ ~/**испарительный** Verdampferpumpe f, Sorptionspumpe f (Hochvakuumpumpe) ‖ ~/**испарительный сорбционно-ионный** Ionenverdampferpumpe f (Hochvakuumpumpe) ‖ ~/**канализационный** Schmutzwasserpumpe f, Abwasserpumpe f ‖ ~/**капельный** Zerstäuberpumpe f (Vakuumpumpe) ‖ ~ **карбюратора/ускорительный** Beschleunigerpumpe f (Verbrennungsmotor) ‖ ~/**керамический кислотный** Steinzeugsäurepumpe f ‖ ~/**кислотный** Säurepumpe f, Pumpe f aus säurefestem Werkstoff ‖ ~/**клапанный топливный** ventilgesteuerte Einspritzpumpe f ‖ ~/**коловратный** Kreiskolbenpumpe f ‖ ~/**коловратный масляный** Exzenterschmierölpumpe f (Verbrennungsmotor) ‖ ~/**коловратный продувочный** Drehkolbenspülgebläse n (Zweitakt-Verbrennungsmotor) ‖ ~/**коловратный топливоподающий** Exzenterkraftstofförderpumpe f ‖ ~/**коловратный топливоподкачивающий** Drehkolbenkraftstoffpumpe f, Exzenterkolbenkraftstoffpumpe f (Dieselmotor) ‖ ~/**колодезный** Schachtbrunnenpumpe f ‖ ~/**конденсатный** Kondensatpumpe f ‖ ~/**конденсационный** Dampfstrahlpumpe f ‖ ~/**консольный** Lagerträgerpumpe f ‖ ~/**корпусной** Gehäusepumpe f ‖ ~/**котельного топлива** Heizölpumpe f ‖ ~/**котельно-питательный** Kesselspeise[wasser]pumpe f ‖ ~ **котла/питательный** Kesselspeisepumpe f ‖ ~/**креновый** (Schiff) Krängungspumpe f ‖ ~/**кривошипно-камерный продувочный** Kurbelkammerspülpumpe f (Verbrennungsmotor) ‖ ~/**кривошипный поршневой** Kolbenpumpe f mit Kurbelantrieb, Schwungraddampfpumpe f ‖ ~/**криогенный** Kryopumpe f ‖ ~/**крыльчатый** Flügel[kolben]pumpe f ‖ ~/**кулачковый поршневой** Stößel[kolben]pumpe f, Nockenpumpe f, Kolbenpumpe f mit Stößelantrieb (Nockenantrieb) der Kolben ‖ ~/**кулисный** Pumpe f mit Taumelscheibenantrieb ‖ ~/**лабиринтный** Labyrinthpumpe f ‖ ~ **Ленгмюра** s. ~/**пароструйный вакуумный** ‖ ~/**лопастный** Kreiselradpumpe f (Oberbegriff für Zentrifugal-, Axial-, Radial-, Diagonal- und Seitenkanalpumpen) ‖ ~/**льяльных вод** (Schiff) Bilgenlenzpumpe f ‖ ~/**магнитный электроразрядный** Ionenzerstäuberpumpe f (Hochvakuumpumpe) ‖ ~/**мазутный** Heizölpumpe f ‖ ~/**маслокольцевой** Öldiffusionspumpe f, Ölringpumpe f (Vakuumpumpe) ‖ ~/**маслоподающий** Ölförderpumpe f ‖ ~/**масляновоздушный** Ölluftpumpe f ‖ ~/**масляно-диффузионный** Öldiffusionspumpe f ‖ ~/**масляный** Ölpumpe f (im Schmiersystem); Druckölpumpe f ‖ ~/**масляный пароструйный** Öldampfstrahlpumpe f, Öldiffusionspumpe f (Hochvakuumpumpe) ‖ ~/**массный (массовый)** (Pap) Stoffpumpe f ‖ ~/**мембранный** Membranpumpe f ‖ ~/**металлический диффузионный** Metalldiffusionspumpe f ‖ ~/**механический** mechanische Pumpe f, Pumpe f mit mechanischem Antrieb ‖ ~/**механический вакуумный** mechanische Vakuumpumpe f ‖ ~/**многокамерный** mehrstufige Pumpe f ‖ ~/**многопоршеньковый роторный** umlaufende Kolbenkapselpumpe f ‖ ~/**многопоточный лопастный** mehrströmige Kreiselpumpe f ‖ ~/**многоступенчатый вакуумный** mehrstufige Vakuumpumpe f ‖ ~/**многоступенчатый лопастный** mehrstufige Kreiselpumpe f ‖ ~/**многоступенчатый секционный центробежный** mehrstufige Gliederkreiselpumpe f (Gliederbauart der Stufen) ‖ ~/**многоцилиндровый** Mehrzylinderpumpe f ‖ ~/**мокровоздушный** Naßluftpumpe f ‖ ~/**молекулярный [вращательный]** Molekularpumpe f (Hochvakuumpumpe) ‖ ~/**молочный** Milchpumpe f ‖ ~/**моноблочный** Monoblockpumpe f (Pumpe und Motor zu einem Block vereinigt) ‖ ~/**моторный** motorgetriebene Pumpe f ‖ ~/**нагнетательный** Ladepumpe f (Verbrennungsmotor); Ladegebläse n ‖ ~/**нагнетательный воздушный** Druckluftpumpe f ‖ ~/**наддувочный** Ladepumpe f, Lader m (Verbrennungsmotor) ‖ ~/**напорный водяной** Druckwasserpumpe f ‖ ~/**нерегулируемый** nicht stellbare Pumpe f ‖ ~ **нефтеотходов** (Schiff) Ölrückständepumpe f ‖ ~/**нефтепромысловый** Erdölpumpe f ‖ ~/**нефтяной глубинный** Erdölbohrlochpumpe f ‖ ~ **низкого давления** Niederdruckpumpe f ‖ ~/**давления/шестерённый** Niederdruckzahnpumpe f ‖ ~ **обтекания** s. ~/**лопастный** ‖ ~/**объёмный** hydraulische Verdrängerpumpe f ‖ ~/**объёмный вращательный** Drehkolbenpumpe f (Vakuumpumpe) ‖ ~/**общий** gemeinsame Pumpe f ‖ ~/**однокорпусный** Eingehäusepumpe f ‖ ~/**однокорпусный многоступенчатый** mehrstufige Eingehäuse[kreisel]pumpe f ‖ ~/**однокорпусный питательный** Eingehäusespeisepumpe f ‖ ~ **однократного действия/пластинчатый** einfachwirkende Drehschieberpumpe f ‖ ~/**однороторный (пластинчатый)** s. ~/**пластинчатый** ‖ ~/**однороторный пластинчатый ротационный** einstufige Drehschieberpumpe f ‖ ~/**одноструйный шестерёнчатый** einströmige Zahnradpumpe f ‖ ~/**одноступенчатый** einstufige Pumpe f ‖ ~/**одноступенчатый вакуумный** einstufige Vakuumpumpe f ‖ ~/**одноступенчатый лопастный** einstufige Kreiselradpumpe f ‖ ~/**одноступенчатый пластинчато-роторный вакуумный** einstufige Drehschiebervakuumpumpe f ‖ ~/**одноступенчатый самовсасывающий центробежный einstufige selbstansaugende Kreiselpumpe f II ~/одноступенчатый центробежный einstufige Kreiselpumpe f II ~/одноцилиндровый Einzylinderpumpe f II ~/оросительный Bewässerungspumpe f; Berieselungspumpe f II ~/осевой Axialpumpe f, Kreiselpumpe f axialer Bauart, Propellerpumpe f II ~/осевой погружной Axialpumpe f in Tauchausführung (mit Einlaufbauwerk) II ~/осевой поршеньковый Axialkolbenpumpe f II ~/осевой поршневой Axialkolbenpumpe f II ~/осушительный (Schiff) Lenzpumpe f II ~/откачивающий Entwässerungspumpe f, Wasserhaltungspumpe f II ~/отсасывающий selbstansaugende Pumpe f, Saugpumpe f II ~ охлаждающей воды/циркуляционный Kühlwasserumwälzpumpe f II ~ охлаждающей забортной воды (Schiff) Seekühlwasserpumpe f II ~/охлаждающий Kühlmittelpumpe f, Kühlflüssigkeitspumpe f II ~/паровой Dampfpumpe f II ~/паровой питательный Dampfspeisepumpe f II ~/паромасляный Öldiffusionspumpe f (Hochvakuumpumpe) II ~/пароперекачивающий Umwälzpumpe f für Dampferzeuger II ~/паротртутный Quecksilberdiffusionspumpe f (Hochvakuumpumpe) II ~/пароструйный Dampfstrahlpumpe f II ~/пароструйный бустерный Dampfstrahl-Boosterpumpe f (Hochvakuumpumpe) II ~/пароструйный вакуумный Diffusionspumpe f (Hochvakuumpumpe) II ~/пароструйный эжекторный Dampfstrahlpumpe f (Vakuumpumpe) II ~/перекачивающий 1. Umwälzpumpe f, Zubringerpumpe f; 2. (Schiff) Lenzpumpe f II ~/песковый Flüssigkeits-Feststoff-Gemischpumpe f, Sandpumpe f, Kiespumpe f (s. a. unter ~/багерный) II ~/питательный Speise[wasser]pumpe f (Kessel); Kesselspeisepumpe f II ~ питьевой воды Trinkwasserpumpe f II ~/пластинчато-роторный Einfachflügelzellenpumpe f II ~/пластинчато-статорный Sperrschieberpumpe f II ~/пластинчатый Zellenpumpe f, Drehschieberpumpe f; Flügel[zellen]pumpe f II ~/пластинчатый вакуумный Drehschiebervakuumpumpe f II ~/плунжерный Tauchkolbenpumpe f, Plungerpumpe f II ~/плунжерный масляный Kolbenschmierölpumpe f (Verbrennungsmotor) II ~/пневматический Mammutpumpe f; Druckluft[wasser]heber m, Air-lift-Pumpe f II ~/поворотно-лопастный осевой Axialpumpe f mit verstellbaren Schaufeln II ~/погружной Tauchpumpe f (Brunnenpumpe) II ~/погружной артезианский (Erdöl) Unterwasserpumpe f, Tauchpumpe f II ~/подачи Vorschubpumpe f II ~/подающий Förderpumpe f II ~/пожарный Feuerlöschpumpe f II ~/поливочный Bewässerungspumpe f II ~/портовый Hafenpumpe f II ~/поршеньковый Kolbenzellenpumpe f II ~/поршневой Kolbenpumpe f, Hubkolbenpumpe f II ~/поршневой продувочный Kolbenspülpumpe f, Kolbenspülgebläse n (Zweitakt-Verbrennungsmotor) II ~/поршневой топливоподкачивающий Hubkolbenkraftstoffpumpe f (Dieselmotor) II ~/поршневой ускорительный Hubkolbenbeschleunigerpumpe f (Vergasermotor) II ~ предварительного разрежения Vorvakuumpumpe f II ~ пресной воды (Schiff) Frischwasserpumpe f II ~ пресной

охлаждающей воды (Schiff) Frischkühlwasserpumpe f II ~/прецизионный дозирующий Präzisionsdosierpumpe f II ~/приводной поршневой Umlaufkolbenpumpe f II ~/приёмный Übernahmepumpe f II ~/продувочно-наддувочный Spül- und Ladepumpe f (Verbrennungsmotor) II ~/продувочный Spülpumpe f, Spülgebläse n (Zweitakt-Verbrennungsmotor) II ~/продувочный нагнетательный Ladepumpe f (Spülluftversorgung des Zweitakt-Dieselmotors) II ~/промойный Absüß[wasser]pumpe f (Zuckergewinnung) II ~/промывной Waschpumpe f, Filterwaschpumpe f II ~/промывочный (Bgb) Spülpumpe f (Bohrung) II ~/пропеллерный s. ~/осевой II ~ простого действия einfachwirkende Pumpe f II ~/проходческий (Bgb) Abteufpumpe f II ~/прядильный (Chemiefaserherstellung) II ~/прямодействующий поршневой direktwirkend (schwungradlose) Kolbenpumpe f II ~/прямозубый шестерённый geradverzahnte Zahnradpumpe f II ~/рабочий Arbeitspumpe f II ~/радиально-поршневой Radialkolbenpumpe f, Kolbenzellenpumpe f radialer Bauart II ~/радиальный Radialpumpe f, Zentrifugalpumpe f, Kreiselpumpe f II ~/радиальный роторно-поршневой Radialkolbenpumpe f (Ölhydraulikpumpe) II ~/радиальный центробежный Radialpumpe f, Kreiselpumpe f radialer Bauart II ~/разгоночный selbstfraktionierende Öldiffusionspumpe f, Öldiffusionspumpe f mit Fraktioniereinrichtung (Vakuumpumpe) II ~/разрежающий Vakuumpumpe f II ~/распределительный Steuerpumpe f, Verteilerpumpe f (Hydraulik) II ~/растопочный Anfahrpumpe f II ~/регулируемый stellbare Pumpe f II ~/рециркуляционный Rückführpumpe f II ~/роликовый Rollkolbenpumpe f II ~/ротативный s. ~/роторный und ~/вращательный II ~/ротационно-поршневой Umlaufkolbenpumpe f II ~/ротационный Rotationspumpe f, Umlaufpumpe f II ~/ротационный продувочный Umlaufkolbenspülpumpe f, Umlaufkolbenspülgebläse n (Zweitakt-Verbrennungsmotor) II ~/роторно-поршневой s. ~/кулисный II ~/роторно-поступательный s. ~/кулисный II ~/роторный Umlaufkolbenpumpe f II ~/ртутно-диффузионный (ртутный) Quecksilberdiffusionspumpe f II ~/ртутный пароструйный Quecksilberdampfstrahlpumpe f II ~/рудничный (Bgb) Grubenpumpe f, Wasserhaltungspumpe f II ~ Рутса s. /двухскоростной вакуумный II ~/ручной Handpumpe f II ~/рыбный Fischpumpe f II ~ с внешним зацеплением/шестерённый außenverzahnte Zahnradpumpe f, Zahnradpumpe f mit Außenverzahnung II ~ с внутренним зацеплением/шестерённый innenverzahnte Zahnradpumpe f, Zahnradpumpe f mit Innenverzahnung II ~ с дросселирующей иглой/топливный Einspritzpumpe f mit Drosselregelung (Dieselmotor) II ~ с косозубыми шестернями schrägverzahnte Zahnradpumpe f II ~ с нереверсивным потоком Pumpe f mit nichtumkehrbarer Förderrichtung f II ~ с отоплением/центробежный beheizbare Kreiselpumpe f II ~ с реверсивным потоком Pumpe f mit umkehrbarer Förderrichtung f II ~ с тремя порш-

насос

нями Drillingspumpe *f* II ~ **с шевронными шестернями** pfeilverzahnte Zahnradpumpe *f* II ~**/самовсасывающий** selbstansaugende Pumpe *f* II ~ **санитарной забортной воды** *(Schiff)* Sanitärseewasserpumpe *f* II ~**/сатураторный** Kohlensäurepumpe *f (Zuckergewinnung)* II ~**/сдвоенный** *s.* насос-дуплекс II ~**/сдвоенный лопастный** Zwillingsflügelradpumpe *f* II ~**/секционный [центробежный]** Gliederkreiselpumpe *f,* mehrstufige Kreiselpumpe *f* in Gliederbauart II ~**/сетевой** Netzumlaufpumpe *f,* Heißwasserumwälzpumpe *f (Kreiselpumpe im Warmwasserfernversorgungsnetz)* II ~**/скальчатый** *s.* ~/плунжерный II ~**/скважинный** Tiefbrunnenpumpe *f,* Bohrlochpumpe *f* II ~ **смазки** Schmier[mittel]pumpe *f* II ~ **смазки/шестерённый** Zahnradschmiermittelpumpe *f* II ~**/соковый** Saftpumpe *f* II ~**/сорбционно-ионный** Ionengetterpumpe *f (Hochvakuumpumpe)* II ~**/сорбционный** Sorptionspumpe *f (Vakuumpumpe)* II ~**/спиральный** Spiralgehäusepumpe *f* II ~**/стояночный** *(Schiff)* Hafenpumpe *f* II ~**/стоячий** stehende Pumpe *f* II ~**/строённый** Dreifachpumpe *f* II ~**/струйный** Strahlpumpe *f,* Treibmittelpumpe *f* II ~**/судовой** Schiffspumpe *f* II ~**/сухой воздушный** Trockenluftpumpe *f* II ~**/тепловой** 1. Pumpe *f* für heiße Medien; 2. Wärmepumpe *f* II ~**/топливный** 1. Einspritzpumpe *f (Dieselmotor);* 2. Kraftstoffpumpe *f (Ottomotor)* II ~**/топливоперекачивающий (топливоподающий, топливоподкачивающий)** Kraftstofförderpumpe *f* II ~**/торфяной** Torfschlammpumpe *f (Hydrotorfverfahren)* II ~**/трёхвинтовой** Dreispindelpumpe *f* II ~ **трёхкратного действия** dreifachwirkende Flügelzellenpumpe *n* II ~ **трёхкратного действия/пластинчатый** dreifachwirkende Drehschieberpumpe *f* II ~**/трёхлопастный двухроторный** dreiflügelige Kreiskolbenpumpe *f* mit zwei Umlaufkolben II ~**/трёхплунжерный** Drillingspumpe *f* II ~**/трёхступенчатый** dreistufige Pumpe *f* II ~**/трёхцилиндровый** Drillingspumpe *f* II ~**/трюмный** *(Schiff)* Bilgenlenzpumpe *f* II ~ **трюмных вод** *(Schiff)* Bilgenlenzpumpe *f* II ~**/турбинный регенеративный** *s.* ~/вихревой II ~**/турбомолекулярный** Turbomolekularpumpe *f* II ~ **увлечения** *s.* ~/вихревой II ~ **уровня** Heberpumpe *f* II ~ **уровня/ускорительный** Niveaubeschleunigerpumpe *f (Verbrennungsmotor)* II ~**/ускорительный** Beschleunigerpumpe *f (Verbrennungsmotor)* II ~**/фановый** *(Schiff)* Abwasserpumpe *f* II ~**/фекальный** Fäkalienpumpe *f* II ~**/форвакуумный** Vorvakuumpumpe *f* II ~**/форсуночный Einspritzpumpe** *f;* Zerstäuberpumpe *f* II ~**/фракционирующий (фракционный)** *s.* ~/разгоночный II ~**/центробежный** Kreiselpumpe *f,* Zentrifugalpumpe *f* II ~**/центробежный пивной** Zentrifugal[druck]regler *m (in Brauereien verwendete Pumpe)* II ~**/центробежный пожарный** Kreiselpumpe *f* der Feuerwehr II ~**/центробежный продувочный** Radialspülpumpe *f (Zweitakt-Verbrennungsmotor)* II ~**/центростремительный** Zentripetalpumpe *f* II ~**/циркуляционный** Umlaufpumpe *f,* Umwälzpumpe *f,* Zirkulationspumpe *f* II ~**/циркуляционный паровой** Dampfkesselumwälzpumpe *f* II ~**/червяч-**

ный *s.* ~/винтовой II ~**/шахтный** *s.* ~/рудничный II ~**/шестерённый** Zahnradpumpe *f* II ~**/шестерённый масляный** Zahnradschmierölpumpe *f (Verbrennungsmotor)* II ~**/шестерёночный (шестерёнчатый)** Zahnradpumpe *f* II ~**/шиберный** *s.* ~/пластинчатый II ~**/шламовый** Dickstoffpumpe *f;* Schlammpumpe *f (Wasserspülentaschung von Kesselfeuerungen)* II ~**/штанговый [глубинный]** *(Erdöl)* Gestängetiefkolbenpumpe *f,* Tiefkolbenpumpe *f* II ~**/щёлочестойкий** Laugenpumpe *f* II ~**/эксцентриковый винтовой** Exzenterschneckenpumpe *f (Umlaufkolbenpumpe)* II ~**/эксцентриковый поршневой** *s.* ~/кулачковый поршневой II ~**/электромагнитный** elektromagnetische Pumpe *f (Kernreaktor)* II ~**/электроразрядный сорбционный** Gasentladungssorptionspumpe *f,* Ionenzerstäuberpumpe *f (Hochvakuumpumpe)*
насос-бустер *m* Boosterpumpe *f,* Vorschaltpumpe *f*
насос-дозатор *m* Dosierpumpe *f* II ~**/мембранный** *(Brau)* Membrandosierpumpe *f*
насос-дуплекс *m* Duplexpumpe *f,* doppeltwirkende Pumpe *f* (Tauchkolbenpumpe) *f*
насосик *m (Text)* Pumpe *f* II ~**/дозирующий** *(Text)* Spinnpumpe *f (Viskose)* II ~**/зубчатый прядильный** *(Text)* Zahnradspinnpumpe *f* II ~**/поршневой прядильный** *(Text)* Kolbenspinnpumpe *f* II ~**/прядильный** *(Text)* Spinnpumpe *f*
насос-мешалка *m* Mischpumpe *f,* Rührpumpe *f,* Aufbereitungspumpe *f*
насос-мотор *m* hydraulische Verdrängermaschine *f* mit umkehrbarem Wirkprinzip *(Maschine, die als Verdrängerpumpe oder Verdrängermotor arbeitet)*
насосная *f* Pumpenhaus *n*; Pumpenstation *f*
насосостроение *n* Pumpenbau *m*
насос-регулятор *m* Pumpenregler *m*
насос-тандем *m* Zwillingspumpe *f,* Tandempumpe *f*
насос-турбина *m s.* гидромашина/обратимая лопастная
насос-ускоритель *m* Beschleunigerpumpe *f* II ~**/вакуумный** Niveaupumpe *f (Verbrennungsmotor)* II ~**/поршневой** Kolbenbeschleunigerpumpe *f (Verbrennungsmotor)*
насос-форсунка *m* [kombinierte] Pumpendüse *f (Dieselmotor)*
наставка *f* Ansatz *m,* Ansatzstück *n,* Vorstoß *m*
настаивание *n* Aufguß *m*
настенный *(Masch)* in Wandanordnung
настил *m* 1. Belag *m,* Auflage *f;* Decke *f;* Teppich *m*; 2. *(Text)* Lage *f,* Auflage *f,* Mischbett *n (Putzerei);* 3. *(Schiff)* Beplattung *f,* Beplankung *f (Deck)* II ~ **второго дна** *(Schiff)* Innenbodenbeplattung *f* II ~**/двойной** *(Bw)* Doppelboden *m,* Doppelbelag *m* II ~**/деревянный** 1. *(Bw)* Holzbelag *m,* Bretterbelag *m*; 2. *(Schiff)* Beplankung *f* II ~**/дощатый** *(Bw)* Bretterbelag *m,* Bohlenbelag *m* II ~**/мостовой** *(Bw)* Brückenbelag *m* II ~ **на лесах** *(Bw)* Rüstbrett *n* II ~**/палубный** Decksbeplattung *f (Stahlschiff);* Decksbeplankung *f (Holzschiff)* II ~ **палубы** *s.* ~/палубный II ~**/плиточный** *(Bw)* Plattenbelag *m* II ~ **проезжей части** *(Bw)* Fahrbahndecke *f,* Fahrbahnabdeckung *f,* Fahrbahnbelag *m* II ~**/пустотный** *(Bw)*

Hohlraumdeckenplatte f ‖ ~/**ребристый** (Bw)
Rippendeckenplatte f ‖ ~ **ростверка** (Bw) Rostdecke f, Rostbelag m ‖ ~/**стальной** (Schiff) Beplattung f (Stahlschiffdecks) ‖ ~/**чёрный** (Bw) Blindboden m

настилать 1. (Bw) dielen; 2. beplatten (Stahlschiffe); beplanken (Holzschiffe) ‖ ~ **досками** (Schiff) beplanken ‖ ~ **листами** (Schiff) beplatten

настильность f **траектории** Flugbahnrasanz f (äußere Ballistik)

настильный rasant, flach, gestreckt (Flugbahn)

настольный (Wkzm) in Tischausführung

настраивать (Rf, TV, Reg) abstimmen; einstellen ‖ ~ **в резонанс** auf Resonanz abstimmen ‖ ~ **вручную** von Hand abstimmen ‖ ~ **на размер** maßgerecht (nach Maß) einstellen

настраиваться [на приём] (Rf) auf Empfang gehen

настроить s. настраивать

настроиться s. настраиваться

настройка f Einstellung f, Einstellen n, Abstimmung f, Abstimmen n, Justierung f • **с ёмкостной настройкой** (El) kapazitiv abgestimmt ‖ ~ **антенны** Antennenabstimmung f ‖ ~/**бесшумная** (Rf) Stummabstimmung f ‖ ~ **в резонанс** (Rf) Resonanzabstimmung f ‖ ~ **валков** (Wlz) Walzeneinstellung f ‖ ~/**визуальная** optische Abstimmung f ‖ ~/**грубая** Grobeinstellung f; Grobabstimmung f ‖ ~/**двухконтурная** (Rf) Zweikreisabstimmung f ‖ ~/**дистанционная** (Rf) Fernabstimmung f, Ferneinstellung f ‖ ~/**ёмкостная** (Rf) kapazitive Abstimmung f, C-Abstimmung f ‖ ~/**индуктивная** (Rf) induktive Abstimmung f, L-Abstimmung f ‖ ~/**кнопочная** Druckknopfabstimmung f, Drucktastenabstimmung f ‖ ~/**ложная** Fehlabstimmung f ‖ ~/**многократная** Mehrfachabstimmung f ‖ ~ **на размер** Maßeinstellung f, maßgerechte Einstellung f ‖ ~/**неправильная** Fehlabstimmung f ‖ ~ **нуля**/**автоматическая** automatische Null[punkt]einstellung f ‖ ~/**острая** (Rf) Scharfabstimmung f ‖ ~ **передатчика** Senderabstimmung f ‖ ~/**плавная** stetige (stufenlose) Abstimmung f ‖ ~/**поисковая** (Rf) Sendersuchlauf m ‖ ~/**предварительная** (Rf) Vorabstimmung f ‖ ~ **приёмника** Empfängerabstimmung f ‖ ~ **программы** (Inf) Anpassung f, Generierung f ‖ ~ **регулятора** Reglereinstellung f ‖ ~/**ручная** Handabstimmung f; Handeinstellung f ‖ ~/**ступенчатая** gestaffelte Abstimmung f ‖ ~/**тонкая (точная)** (Rf) Feinabstimmung f ‖ ~ **требуемого значения** Sollwerteinstellung f ‖ ~/**цветовая** (Photo) Farbabstimmung f ‖ ~/**электрическая автоматическая** elektrische Druckknopfabstimmung (Drucktastenabstimmung) f

наступный (Fert) Tritt..., Kontakt... (Bauweise von Sicherheitseinrichtungen)

настуран m s. уранинит

настыль f 1. Ansatz m, Kruste f; (Met) Bär m, Sau f, Wolf m; 2. (Met) Gekrätz n ‖ ~/**оловосодержащая** (Met) Zinngekrätz n ‖ ~/**печная** (Met) Ansatz m, Kruste f; Ofensau f, Ofenbär m, Ofenwolf m, Ofenbrand m ‖ ~/**цинковая** (Met) Zinkgekrätz n, Zinnklicker m ‖ ~/**шлаковая** (Met) Schlackendecke f, Schlackenansatz m

насыпка f (Bw) Aufschüttung f; Damm m ‖ ~ **песка** Sandschüttung f

насыпной 1. aufgeschüttet; Damm...; 2. (Förd) Schütt[gut]...

насыпь f Aufschüttung f, Schüttung f, Aufwurf m, Auftrag m, Anschüttung f, Damm m ‖ ~/**береговая** Uferdamm m ‖ ~/**гравийная** Kiesschüttung f ‖ ~/**земляная** Erdschüttung f, Erddamm m ‖ ~/**намытая** angespülter Damm m ‖ ~/**отвальная** Dammkippe f (Tagebau) ‖ ~/**передовая** Vorkippe f (Tagebau)

насытить s. насыщать

насыщать 1. (Ch) [auf]sättigen, saturieren (Lösungen); 2. [ab]sättigen (Valenzen); 3. (El) sättigen; 4. tränken, imprägnieren; 5. (Schiff) vorausrüsten (Sektion, Blocksektion) ‖ ~ **секцию** (Schiff) eine Sektion vorausrüsten ‖ ~ **углеродом** (Met) aufkohlen

насыщение n 1. (Ch) Sättigen n, Aufsättigen n, Saturieren n, Saturation f (von Lösungen); 2. (Ch) Sättigen n, Absättigen n (Valenzen); 3. (El) Sättigung f; 4. Tränken n, Imprägnieren n; 5. (Schiff) Vorausrüsten n (Sektionen, Blocksektionen) ‖ ~ **водой** Wassersättigung f, Wasseraufnahme f (flüssiges Metall) ‖ ~ **газовое** Gasanreicherung f, Gasaufnahme f (flüssiges Metall) ‖ ~ **газом** s. ~/**газовое** ‖ ~ **кислородом** Sauerstoffanreicherung f, Sauerstoffsättigung f ‖ ~ **кремнием** (Met) Aufsilizieren n, Aufsilizierung f ‖ ~/**магнитное** magnetische Sättigung f ‖ ~ **секции** (Schiff) Vorausrüsten n (Vorausrüstung f) einer Sektion ‖ ~ **серой** (Met) Aufschwefeln n, Aufschwefelung f ‖ ~ **спинов** (Kern) Spinabsättigung f ‖ ~ **углеродом** (Met) Aufkohlen n, Aufkohlung f, Kohlenstoffaufnahme f, Kohlenstoffanreicherung f

насыщенность f 1. Sättigungsgrad m; 2. (Schiff) Vorausrüstungsgrad m ‖ ~ **цвета** (Photo) Farbsättigung f

насыщенный 1. [ab]gesättigt, satt, angereichert; 2. Naß... (Dampf); 3. (Schiff) vorausgerüstet (z. B. Sektionen) ‖ ~ **валентностями** valenzgesättigt ‖ ~ **водой** wassergesättigt ‖ ~ **пылью** staubreich ‖ ~ **хлором** chlorgesättigt

натекание n (Hydr) Anströmung f

натёки mpl (Geol) Sinter m (kristalliner oder amorpher Mineralabsatz an Quellen, Bächen und in Tropfsteinhöhlen)

натирание n Reiben n

натиск m (Typ) Anpreßdruck m

натр m (Ch) Natrium[mon]oxid n ‖ ~/**едкий** Ätznatron n (Natriumhydroxid)

натриевый Natrium...;

натрий m (Ch) Natrium n, Na ‖ ~/**хлористый** Natriumchlorid n (Kochsalz)

натровый Natron...

натролит m (Min) Natrolith m, Nadelzeolith m

натронный s. натровый

натура f **зерна** (Brau) Schüttdichte f (des Getreides)

натурный in situ

натяг m 1. (Fert) Anzug m (z. B. eines Keils); 2. (Wkz) Böttcherzange f, Fügestange f, Reifzwinge f, Reifzange f; 3. Verspannung f; 4. (Fert) Übermaß n (Passungen) ‖ ~/**действительный** (Fert) Istübermaß n (Passungen) ‖ ~/**минимальный** s. ~/**наименьший** ‖ ~/**наибольший** (Fert) Größtübermaß n (Passungen) ‖ ~/**наи-**

натяг

меньший *(Fert)* Kleinstübermaß *m (Passungen)*
‖ **~/осевой** axiale Verspannung *f*, Axialverspannung *f* ‖ **~/предварительный** *(Fert)* Vorspannung *f* ‖ **~/фактический** *(Fert)* Istübermaß *n*, tatsächliches (faktisches) Übermaß *n (Passungen)*
натягивание *n (Fert)* 1. Anziehen *n*; 2. Aufspannen *n*; Aufziehen *n*
натягивать *(Fert)* 1. [an]spannen, anziehen; 2. aufspannen, aufziehen, aufzwicken
натяжение *n* 1. Spannen *n*, Anspannen *n*, Spannung *f*, Zug *m*; mechanische Spannung *f*, Beanspruchung *f (Material)*; Verspannung *f*; 2. Zugkraft *f*; Zugspannung *f* ‖ **~ арматуры навивкой** *(Bw)* Wickeln *n (Bewehrung)* ‖ **~ арматуры/повторное** Nachspannen *n (Bewehrung)* ‖ **~ арматуры/постепенное** *(Bw)* stufenweise Vorspannung *f (Bewehrung)* ‖ **~ арматуры скручиванием** *(Bw)* Verdrillen *n (Bewehrung)* ‖ **~ арматуры/термическое** *(Bw)* thermisches Vorspannen *n (Bewehrung)* ‖ **~ баллона** *(Text)* Ballonzug *m*, Fadenballonzug *m (Ringspinnmaschine)* ‖ **~ бегунка** *(Text)* Läuferzug *m (Ringspinnmaschine)* ‖ **~ верёвки** Seilspannung *f* ‖ **~/заднее** *(Wlz)* Rückwärtszug *m*, rückwärtiger Bandzug *m*, Bremszug *m* ‖ **~ каната** Seilspannung *f* ‖ **~ контактного провода** *(Eb)* Fahrdrahtzug *m* ‖ **~ ленты** Bandzug *m*, Gurtzug *m (Fördertechnik)*; Bandzug *m*, Bandspannung *f (Magnettonband)* ‖ **~/неравномерное** ungleichmäßige Spannung *f* ‖ **~ нити** 1. *(Mech)* Fadenspannung *f*; Saitenspannung *f*; 2. *(Text)* Fadenzug *m*, Fadenspannung *f (Ringspinnmaschine)* ‖ **~ основы** *(Text)* Kett[en]spannung *f (Webstuhl)* ‖ **~/переднее** *(Wlz)* Bandzug *m* in Walzrichtung ‖ **~ плёнки** *(Photo)* Filmzug *m*, Filmspannung *f* ‖ **~/поверхностное** Oberflächenspannung *f* ‖ **~ покоя** *(Mech)* Ruhespannung *f* ‖ **~ почвенной воды** Bodenwasserspannung *f* ‖ **~/предварительное** Vorspannung *f (z. B. Riemen)* ‖ **~ ремешков** *(Text)* Riemchenspanner *m*, Riemchenspannvorrichtung *f (Ringspinnmaschine)* ‖ **~ ремня** Riemenspannung *f*, Riemenzug *m* ‖ **~ ровницы** *(Text)* Vorgarnspannung *f (Spinnerei)*
натяжной Abspann...
науглероживание *n* 1. *(Met)* Kohlenstoffaufnahme *f*, Kohlen *n*, Aufkohlen *n*; 2. *(Härt)* Einsatzhärten *n*, Einsetzen *n* ‖ **~/вторичное** Rückkohlen *n*, Rückkohlung *f* ‖ **~ газом** Gasaufkohlen *n* ‖ **~/поверхностное** Oberflächenaufkohlen *n* ‖ **~ порошком** Pulveraufkohlen *n (Einsatzhärten)*
науглероживатель *m (Met, Gieß)* Kohlungsmittel *n*
науглероживать 1. *(Met)* [auf]kohlen; einsetzen; 2. *(Härt)* einsatzhärten
наугольник *m* 1. Winkelmaß *n*, Winkelmesser *m*; 2. Winkellasche *f*
наука *f* Wissenschaft *f* ‖ **~/прикладная** angewandte Wissenschaft *f*
науковедение *n* Wissenschaftsforschung *f*
науманнит *m (Min)* Naumannit *m*, Selensilber *n*
наушники *mpl* Kopfhörer *mpl* ‖ **~/противошумные** Lärmschutzkopfhörer *mpl*
нафталин *m (Ch)* Naphthalen *n*
нафтен *m (Ch)* Naphthen *n*
нафтеновый *(Ch)* naphthen[bas]isch, Naphthen...
нахлёстка *f* Überdeckung *f*, Überlappung *f*
нахождение *n* 1. Vorkommen *n (in der Natur)*; 2. Verweilen *n*, Aufenthalt *n*
нацедить *s.* нацеживать
нацеживать tropfenweise eingießen
наценка *f* Handelsspanne *f*
начало *n* 1. Beginn *m*, Anfang *m*, Ausbruch *m*; Ursprung *m*, Entstehung *f*; 2. Prinzip *n (s. a. unter* **принцип***)*; 3. Anfangspunkt *m*, Ausgangspunkt *m*; 4. *(Wlz)* Anstich *m* ‖ **~ координат** *(Math)* Anfangspunkt *m*, Leitpunkt *m*, Ursprung *m (Koordinaten)* ‖ **~/красящее** färbendes Prinzip *n*, färbender Bestandteil *m* ‖ **~ [круговой] кривой** Bogenanfang[spunkt] *m (Straßen- und Gleisbau)* ‖ **~ отсчёта** Bezugspunkt *m*; *(Inf)* Benchmark *f* ‖ **~ прилива** *(Hydrol)* 1. Vorflut *f*; 2. Zuflußbeginn *m* ‖ **~ термодинамики** Hauptsatz *m* der Thermodynamik ‖ **~ термодинамики/второе** zweiter Hauptsatz *m* [der Thermodynamik], Entropiesatz *m* ‖ **~ термодинамики/первое** allgemeiner Hauptsatz *m* der Thermodynamik, erstes Postulat *n* der Thermodynamik ‖ **~ термодинамики/третье** dritter Hauptsatz *m* der Thermodynamik, Nernstscher Wärmesatz *m*, Nernstsches Wärmetheorem *n*
начерно *(Fert)* Grob... *(Zusatzbezeichnung zu Verfahren)*
начертание *n* Entwurf *m*, Konzept *n* ‖ **~ шрифта** *(Typ)* Schriftbild *n*
начертить *s.* чертить
начёс *m (Text)* Aufrauhung *f*
начесать *s.* начёсывать
начёсывание *n (Text)* Aufrauhen *n*, Rauhen *n*
начёсывать *(Text)* [auf]rauhen
нашатырь *m (Ch)* Salmiak *m (Ammoniumchlorid)*
нащельник *m (Bw)* Fugendeckleiste *f*
нащупывание *n* Abfühlen *n*, Abtasten *n*
НАЭС *s.* электростанция/насосно-аккумулирующая
НБ *s.* бьеф/нижний
нВт *s.* нановатт
НГ *s.* 1. газ/неконденсирующийся; 2. лампа/газополная
нГ *s.* наногенри
НГМД *s.* накопитель на гибких магнитных дисках
НЕ NICHT *n*; INVERT *n (logische Operation)*
неавтоматизированный handbedient, handgesteuert, nichtautomatisiert
неавтоматический nichtautomatisch, nichtselbsttätig
неавтономный nichtautonom; *(Inf)* on-line, angeschlossen, mitlaufend
неадиабатический *(Meteo)* nichtadiabatisch
неактивность *f (Ch)* Inaktivität *f*, Reaktionsträgheit *f*
неактивный *(Ch)* inaktiv, reaktionsträge, inert
небаланс *m* 1. *(Masch)* Unwucht *f*; 2. Abgleichfehler *m*; 3. Ungleiche *f*, Ungleichheit *f*; Ungleichgewicht *n* ‖ **~ двоичного кода** *(Nrt)* Disparität *f* des Binärkodes ‖ **~/динамический** *(Masch)* dynamische Unwucht *f* ‖ **~ моста** *(El)* Brückenungleiche *f*, Brückenverstimmung *f* ‖ **~/статический** *(Masch)* statische Unwucht *f*
небалансный *(El)* nichtabgleichend, nichtabgeglichen

небо n 1. Himmel m; 2. Decke f (einer Feuerung) ‖ ~ **топки** Feuerraumdecke f
небосвод m Himmelsgewölbe n, Himmel m, Firmament n
небронированный unbewehrt, ohne Bewehrung (Kabel)
небулий m (Astr) Nebulium n
небьющийся unzerbrechlich
невесомость f 1. (Ph) Schwerelosigkeit f; 2. Unwägbarkeit f
невесомый 1. (Ph) schwerelos; massellos; 2. unwägbar, Spuren...
невзаимодействующий nichtwechselwirkend, nicht in Wechselwirkung stehend
невзрывоопасный explosionssicher, explosionsgeschützt; nichtexplosiv
невзрывчатый nichtexplosiv
невключённый nichteingeschaltet
невод m Wade f (Fischereinetz) ‖ ~/**близнецовый** Gespannschleppnetz n, Zweischiff-Schwimmnetz n (Hochseefischerei) ‖ ~/**двухсадковый ставной** Zweikammerreuse f ‖ ~/**донный** Grundwade f ‖ ~/**закидной** Zugnetz n, Zugwade f ‖ ~/**кольцевой** Snurrewade f, Schnurwade f (Hochseefischerei) ‖ ~/**кошельковый** Ringwade f (Hochseefischerei) ‖ ~/**морской закидной** Strandwade f (Zugnetz) ‖ ~/**односадковый ставной** Einkammerreuse f ‖ ~/**распорный** Zugnetz n mit Scherbrettern (Hochseefischerei) ‖ ~/**ставной** Reuse f
неводный nichtwäßrig
невозбуждённый nichterregt, unangeregt, nichtangeregt
невозделанный (Lw) unbebaut, brachliegend, nicht kultiviert
невоспламеняемость f Unentzündbarkeit f, Unentflammbarkeit f
невоспроизводимость f Nichtreproduzierbarkeit f
невосстанавливающий (Ch) nichtreduzierend
невращающийся nichtrotierend; (Masch) drehfest
неврон m Neuron n
невскрытый (Bgb) unaufgeschlossen
невуалируемость f (Photo) Schleierfreiheit f
невыпрямленный (El) ungerichtet, nicht gleichgerichtet
невычет m (Math) Nichtrest m
невьянскит m (Min) Newjanskit m, Osmiridium n
невязка f 1. (Geod) Abweichung f, Abschlußfehler m; 2. (Schiff) Besteckversetzung f (Navigation) ‖ ~ **в направлении** (Geod) Seitenabweichung f ‖ ~ **времени пробега** (Geoph) Laufzeitresiduum n ‖ ~/**высотная** (Geod) Höhenabweichung f ‖ ~/**линейная** (Geod) Linienabweichung f, lineare Abweichung f ‖ ~/**магнитуды** (Geoph) Magnitudenresiduum n ‖ ~ **по высоте** (Geod) Höhenabweichung f, Höhenfehler m ‖ ~/**поперечная** (Geod) Querabweichung f ‖ ~/**продольная** (Geod) Längsabweichung f ‖ ~ **сети** Netzfehler m ‖ ~/**угловая** Winkelabweichung f, Winkelfehler m
негабарит m Übergröße f
негабаритный überdimensional
негатив m (Photo) Negativ n ‖ ~/**вялый** flaues Negativ n ‖ ~/**линейный** Strichnegativ n ‖ ~/**мягкий** weiches Negativ n ‖ ~/**недодержанный** unterbelichtetes Negativ n ‖ ~/**передержанный** überbelichtetes Negativ n ‖ ~/**перепроявленный** überentwickeltes Negativ n ‖ ~/**плотный** dichtes Negativ n ‖ ~/**промежуточный** Zwischennegativ n ‖ ~/**цветной** Farbnegativ n ‖ ~/**цветоделённый** Farbauszugsnegativ n, Teilauszugsnegativ n
негатив-оригинал m (Photo) Originalnegativ n
негатрон m (Ph) Negatron n, negatives Elektron n
негибкий starr, unbiegsam
негистор m (Eln) negativer Widerstand m
негорючесть f Un[ver]brennbarkeit f
негорючий un[ver]brennbar, unverbrennlich
неделимый unteilbar
недетонирующий 1. nicht explodierend; 2. klopffest (Kraftstoff)
недеформируемость f Formbeständigkeit f
недеятельный (Ch) inaktiv, reaktionsträge, inert; (Ch) optisch inaktiv, razemisch
недиффундирующий diffusionsfest
недоброкачественный minderwertig, schlecht, von schlechter Qualität
недовар m (Pap) Unterkochung f, unvollständige Kochung f
недовес m Untergewicht n, Mindergewicht n
недовозбудить s. недовозбуждать
недовозбуждать (Eln) untererregen
недовозбуждение n (Eln) Untererregung f
недовулканизация f (Gum) Untervulkanisation f
недогрев m ungenügende Erwärmung f
недоделки fpl (Bw) 1. Restarbeiten fpl; 2. mangelhafter Abschluß m von Arbeiten
недодержанный (Photo) unterbelichtet
недодержка f (Photo) Unterbelichtung f
недожог m 1. Unverbranntes n; 2. (Ker) Unterbrand m
недокал m zu geringe Erwärmung f (z. B. bei Stahlvergütung)
недокат Walzrest m, Walzschrott m, Saumschrott m
недокись f (Ch) Suboxid n
недокоммутация f Unterkommutierung f
недокомпаундирование n Unterkompoundierung f
недокомпаундированный unterkompoundiert
недокрутка f (Text) Drahtverlust m, unvollständige Drehung f
недолговечность f Kurzlebigkeit f; geringe Haltbarkeit f
недолив m 1. (Gieß) nichtausgelaufenes Gußstück n, nicht voll ausgelaufene Stelle f des Gußstücks; 2. Unterfüllung f (Flasche)
недомачивание n (Brau) Unterweiche f (Malz)
недомер m Untermaß n
недомол m Grieß m, Grobkorn n
недомочка f s. недомачивание
недонапряжение n (Mech) Unterbeanspruchung f, Unterbelastung f
недонасыщенный (Ch) untersättigt
недополировка f Polierfehler m (Linsen)
недопроявление n (Photo) Unterentwicklung f
недоразрядка f Teilaufladung f
недосатурация f, **недосатурирование** n Untersaturation f (Zuckergewinnung)
недосатурированный nicht genügend aussaturiert, untersaturiert (Zuckergewinnung)
недосмазка f (Trib) Mangelschmierung f

недостаток

недостаток *m* 1. Mangel *m*, Fehler *m*, Fehlstelle *f*, Defekt *m*; 2. Nachteil *m*; 3. Defizit *n*, Mangel *m*, unzureichende Menge *f* ‖ ~ **массы** *(Kern)* Massendefekt *m*, Kernschwund *m* ‖ ~ **мощности** Leistungsmangel *m* ‖ ~ **нейтронов** *(Kern)* Neutronendefizit *n* ‖ ~ **электронов** *(Kern)* Elektronenmangel *m*, Elektronendefizit *n*, Elektronenunterschuß *m*
недостоверность *f* **измерения** Meßunsicherheit *f*
недоступность *f* Unzugänglichkeit *f*
недосыщение *n (Ch)* Untersättigung *f*
недоток *m (El)* Unterstrom *m*
недотравленность *f (Eln)* Unterätzung *f (Halbleiter)*
недофокусировка *f* Unterfokussieren *n*
недоэкспонированный *s.* **недодержанный**
недра *pl* **[Земли]** Erdinneres *n*
недублённый ungegerbt
нежёсткий 1. unstarr, schlaff; 2. härtefrei, weich *(Wasser)*
независимость *f* Unabhängigkeit *f* ‖ ~ **данных** *(Inf)* Datenunabhängigkeit *f* ‖ ~/**линейная** *(Kyb, Math)* lineare Unabhängigkeit *f* ‖ ~ **от напряжения** *(El)* Spannungsunabhängigkeit *f* ‖ ~ **от [питающей] сети** *(El)* Netzunabhängigkeit *f* ‖ ~ **от температуры** Temperaturunabhängigkeit *f* ‖ ~/**функциональная** *(Math)* funktionale Unabhängigkeit *f*
независящий unabhängig ‖ ~ **от времени** zeitunabhängig ‖ ~ **от нагрузки** lastunabhängig ‖ ~ **от направления** richtungsunabhängig, ungerichtet ‖ ~ **от напряжения** spannungsunabhängig ‖ ~ **от [питающей] сети** netzunabhängig ‖ ~ **от частоты** frequenzunabhängig
незавуалированный *(Photo)* unverschleiert
незадержанный unverzögert
незадублённый *(Photo)* ungehärtet
незаземлённый *(El)* ungeerdet, nichtgeerdet, nicht auf Masse liegend
незакрученный drehungsfrei
незанятый 1. *(Nrt)* unbesetzt, frei; 2. *(Kern)* unbesetzt, nicht besetzt
незаписанный unbetönt, unbespielt *oder* unbesprochen, ohne Aufzeichnung *(Magnettonband)*
незаполненный *(Kern)* leer, vakant; *(Krist)* unbesetzt
незаряжённый *(Ph)* ungeladen, ladungslos, [elektrisch] neutral
незатаренный unverpackt, lose
незатухающий ungedämpft, nicht gedämpft, dämpfungsfrei
незащищённый ungeschützt
незистор *m (Eln)* Nesistor *m*, Zweipolfieldistor *m*
незосиликаты *mpl (Krist)* Nesosilikate *npl*, Inselsilikate *npl*; Orthosilikate *npl*
неизвестная *f (Math)* Unbekannte *f*
неизменная *f (Math)* Unveränderliche *f*
неизменность *f* Unveränderlichkeit *f*, Dauerhaftigkeit *f*, Beständigkeit *f*; Permanenz *f*, Konstanz *f*
неизменяемость *f s.* **неизменность**
неизолированный unisoliert, nichtisoliert, blank *(Draht)*
неимеющий потерь verlustlos, verlustfrei
неиндуктивный *(Mech)* induktionsfrei
неискажённый *(Opt)* verzerrungsfrei, unverzerrt
неискрящий *(Fert)* funkenfrei, funkenlos

490

неисправность *f* Defekt *m*, Störung *f*, Funktionsstörung *f*; Fehler *m* ‖ ~ **в работе** Betriebsstörung *f* ‖ ~ **в схеме** Schaltungsfehler *m* ‖ ~ **фокусировки** *(Opt)* Fokussierungsfehler *m*
неисправный fehlerbehaftet, fehlerhaft, schadhaft, defekt
нейзильбер *m (Met)* Weißkupfer *n*; Neusilber *n*, Argentan *n (Cu-Ni-Zn-Legierung)*
нейристор *m (Eln)* Neuristor *m*
нейринформатика *f* neuronale Informatik *f*
нейрокомпьютер *m* Neurocomputer *m*
нейрочип *m (Eln)* Neurochip *m*
нейтрализатор *m (Lebm)* Neutralisator *m*, Neutralisationskessel *m*
нейтрализация *f* 1. Neutralisation *f*, Neutralisieren *n*; 2. *(Led)* Entsäuerung *f* ‖ ~ **кожи** *(Led)* Entsäuerung *f*, Neutralisation *f*
нейтрализовать neutralisieren; *(Led)* entsäuern
нейтраль *f (El)* Nulleiter *m*; Neutralleiter *m*, Sternpunktleiter *m*
нейтретто *n (Ph)* neutrales Meson *n*, Neutretto *n*
нейтрино *n (Kern)* Neutrino *n*
нейтрон *m (Kern)* Neutron *n* ‖ ~/**быстрый** schnelles Neutron *n* ‖ ~/**высокоэнергетичный** sehr schnelles Neutron *n* ‖ ~ **деления** Spaltneutron *n* ‖ ~/**запаздывающий** verzögertes Neutron *n* ‖ ~/**мгновенный** promptes Neutron *n* ‖ ~/**медленный** langsames Neutron *n* ‖ ~/**надтепловой** epithermisches Neutron *n* ‖ ~/**промежуточный** intermediäres (mittelschnelles, epithermisches) Neutron *n* ‖ ~/**резонансный** Resonanzneutron *n* ‖ ~/**сверххолодный** ultrakaltes Neutron *n* ‖ ~/**тепловой** thermisches Neutron *n* ‖ ~/**холодный** kaltes Neutron *n*
нейтронно-легированный neutronendotiert *(Halbleiter)*
нейтронно-облучённый neutronenbestrahlt
нейтронно-упорный neutronendicht, neutronenundurchlässig
нейтронный Neutronen...
нейтроновод *m* Neutronenleiter *m*
нейтронограмма *f (Fest)* Neutronenbeugungsbild *n*, Neutronenbeugungsaufnahme *f*, Neutronogramm *n*
нейтронограф *m (Fest)* Neutronendiffraktometer *n*, Neutronenbeugungsgerät *n*
нейтронография *f (Kern)* Neutronenradiographie *f*; *(Wkst)* Neutronendefektoskopie *f*
неквантованный *(Ph)* nichtgequantelt, ungequantelt
некк *m (Geol)* Neck *m*
некогерентность *f* Inkohärenz *f*, Nichtkohärenz *f*
некодированный nicht verschlüsselt, unverschlüsselt, offen
неколебательный nichtschwingend, nichtoszillierend, schwingungsfrei
некоммутативность *f* Nichtvertauschbarkeit *f*, Nichtkommutativität *f*
некомпенсированный 1. nichtkompensiert, unkompensiert; 2. nichtnachgespannt *(Fahrdrähte)*
некорродируемый, некоррозийный, некоррозионный korrosionsbeständig, korrosionsfrei, nichtkorrosiv, nichtangreifbar; rostsicher, nichtrostend
некристаллический nichtkristallin[isch], amorph

некруглость f Unrundheit f
некрутящийся drallfrei
нелетучесть f Nichtflüchtigkeit f
нелетучий nichtflüchtig
нелинейность f Nichtlinearität f ‖ ~/**гистерезисная** (El) Hysteresenichtlinearität f
нелинейный nichtlinear
неломкий unzerbrechlich, nicht zerbrechlich
неломкость f Unzerbrechlichkeit f
немагнитный unmagnetisch
неметалл m Nichtmetall n, Metalloid n
немигающий flimmerfrei
немодулированный unmoduliert, ungemodelt
ненабухающий quellfest
ненагруженный 1. unbelastet; 2. leer, unbeladen
ненадёжность f Störanfälligkeit f, Unzuverlässigkeit f
ненадёжный unzuverlässig, unsicher, störanfällig
ненаполненный (Ch) füllstofffrei, ungefüllt
ненаправленный ungerichtet, richtwirkungsfrei
ненарушенный ungestört
ненастраиваемый nicht abstimmbar, nicht regelbar, nicht einstellbar
ненастроенный nichtabgestimmt, unabgestimmt
ненасыщенность f Ungesättigtsein n, ungesättigter Zustand m
ненасыщенный un[ab]gesättigt, nichtgesättigt
натянутость f Schlaffheit f
ненормальность f Abnorm[al]ität f
необесцвечивающийся farbecht, farbbeständig
необработанный unbearbeitet
необратимость f Nichtumkehrbarkeit f, Irreversibilität f
необратимый nicht umkehrbar, irreversibel
необсаженный (Bgb) unverrohrt (Bohrloch)
необслуживаемый ohne Bedienungspersonal; unbesetzt; unbemannt
неоген m (Geol) Neogen n, Jungtertiär n
неогнеопасный feuersicher
неодим m (Ch) Neodym n, Nd
неоднозначность f Mehrdeutigkeit f
неоднородность f Inhomogenität f, Heterogenität f, Ungleichartigkeit f ‖ ~/**зонная** s. ~/**ростовая** ‖ ~/**литейная** Inhomogenität (Heterogenität, Ungleichmäßigkeit) f des Gußgefüges ‖ ~ **поля** (El) Feldinhomogenität f ‖ ~/**ростовая** (Krist) Wachstumsinhomogenität f ‖ ~/**спиральная** (Krist) spiralförmige Inhomogenität f
неоднородный inhomogen, heterogen; ungleichartig
неокисляемость f Nichtoxidierbarkeit f, Oxidationsbeständigkeit f
неокисляемый nicht oxidierbar, oxidationsbeständig
неокисный nichtoxidisch
неолит m (Geol) Neolithikum n, Jungsteinzeit f
неомылённый (Ch) unverseift
неомыляемость f (Ch) Unverseifbarkeit f
неомыляемые npl (Ch) Unverseifbares n, unverseifbare Begleitstoffe mpl
неомыляемый (Ch) unverseifbar
неон m (Ch) Neon n, Ne
неопределённость f 1. (Math) Unbestimmtheit f; 2. Indeterminiertheit f; 3. (Ph) Unsicherheit f, Ungenauigkeit f, Unbestimmtheit f; 4. (Opt) Unschärfe f ‖ ~ **направления** Richtungsunschärfe f ‖ ~ **энергии** (Kern) Energieunbestimmtheit f

неопределённый (Math) unbestimmt, indefinit
неопределимый/статически statisch unbestimmt
неопрокидываемый unkenterbar (Schiff)
неорганический anorganisch
неориентированность f Unorientiertheit f
неосаждаемый (Ch) nicht [aus]fällbar
неосахарённый (Ch) unverzuckert
неосахариваемый (Ch) unverzuckerbar
неосевой außeraxial
неотверждаемый nichthärtend, thermoplastisch (Kunststoffe)
неотключаемый nichtabschaltbar
неотожжённый ungetempert (Metalle); unausgeteilt (Halbleiter)
неотражающий nichtreflektierend, reflexionsfrei
неочищенный ungereinigt, roh, Roh...
непараллельность f Parallelitätsfehler m, Parallelitätsabweichung f ‖ ~ **осей** (Masch) Neigung f der Achsen
непер m (Math) Neper n, Np
неперепрограммируемый (Inf) festprogrammiert
неперестановочность f (Math) Nichtvertauschbarkeit f, Nichtkommutativität f
непермeтр m Nepermeter n
неперпендикулярность f Nichtrechtwinkligkeit f
непит m (Inf) Nepit n, nepit, nit
неплавкий (Met) unschmelzbar, unverhüttbar
неплавкость f Unschmelzbarkeit f
неплавность f Unstetigkeit f, Ungleichmäßigkeit f ‖ ~/**хода** Laufunruhe f
неплавный unstetig, unruhig
непластифицированный weichmacherfrei, unplastifiziert
непластичный unplastisch, nicht bildsam (verformbar)
неплодородный (Lw) unfruchtbar, unergiebig
неплоскостность f Ebenheitsfehler m; Unebenheit f
неплотность f Undichtigkeit f, geringe Dichte f; Leckage f
неплотный 1. undicht; leck; 2. (Geol) lose, leicht (Gestein)
неподатливый unnachgiebig
неподвергающийся коррозии rostbeständig, rostsicher, nichtrostend ‖ ~ **старению** alterungsbeständig
неподвижность f Unbeweglichkeit f, Starrheit f
неподвижный unbeweglich, ortsfest; stationär, stillstehend; unbewegbar, unverrückbar; bewegungslos, unbewegt
неподрессоренный ungefedert
неполадка f Betriebsstörung f; Schaden m ‖ ~ **в работе** Betriebsstörung f
неполномерность f Untermaß n
неполнота f Unvollständigkeit f
неполноценность f Minderwertigkeit f
неполяризованный nichtpolarisiert, unpolarisiert; ungepolt
неполярный (Ch) unpolar, homöopolar
непостоянный nichtkonstant, inkonstant
непостоянство n Nichtkonstanz f, Inkonstanz f ‖ ~ **во времени** zeitliche Inkonstanz f ‖ ~ **частоты** Frequenzinkonstanz f
непотопляемость f (Schiff) Lecksicherheit f, Unsinkbarkeit f ‖ ~/**одноотсечная** Lecksicherheit (Unsinkbarkeit) f bei Überflutung einer Abteilung

непредельность f *(Ch)* Nichtsättigung f, ungesättigter Zustand m
непредельный *(Ch)* ungesättigt *(Kohlenwasserstoff)*
непрерывно stetig, kontinuierlich, stetig arbeitend
непрерывность f 1. Pausenlosigkeit f; Fortdauer f; 2. Stetigkeit f; 3. *(Masch)* Kontinuität f, Stetigkeit f ‖ ~/**равномерная** *(Math)* gleichmäßige Stetigkeit f ‖ ~ **состояний** Zustandskontinuität f
непрерывный 1. ununterbrochen, fortlaufend, durchgehend, durchlaufend; kontinuierlich [arbeitend]; 2. *(Math)* stetig, kontinuierlich
неприводимый *(Math)* irreduzibel
неприводка f *(Typ)* Paßfehler m
неприступность f Unzugänglichkeit f
непровар m 1. *(Glas)* unvollständiges Durchschmelzen n *(des Gemenges)*; 2. *(Glas)* Ungeschmolzenes n, ungeschmolzener Gemengebestandteil m; 3. *(Schw)* Bindefehler m
непроводник m *(El)* Nichtleiter m
непроводящий nichtleitend
непроволочный drahtlos
непродолжительный во времени kurzzeitig, kurz[dauernd], Kurzzeit...
непродуктивный *(Erdöl)* nicht fündig *(Bohrung)*; nicht ergiebig
непрозрачность f *(Opt)* Undurchsichtigkeit f, Opazität f
непрозрачный *(Opt)* undurchsichtig, opak
непрокрут m *(Text)* nichtgedrehtes Garn n
непромокаемый wasserdicht, undurchlässig *(für Flüssigkeiten)*
непромышленный *(Bgb)* nicht bauwürdig *(Vorräte)*
непроницаемость f 1. Undurchlässigkeit f, Dichthalten n; 2. Impermeabilität f
непроницаемый 1. undurchlässig, undurchdringlich, dicht; 2. impermeabel
непропай m *(Schw)* Bindefehler m
непропечатка f *(Typ)* Wolkigkeit f *(ungleichmäßiger Druck)*
непропрядка f *(Text)* Noppe f, Faserknötchen n
непрореагировавший *(Ch)* nicht in Reaktion getreten, nichtreagiert, nichtumgesetzt
непросвечивающий lichtundurchlässig; adiaphan, nicht durchscheinend
непротиворечивость f [**данных**] *(Inf)* Widerspruchsfreiheit f
непротравленность f *(Eln)* Unterätzung f *(Halbleiter)*
непрочный unbeständig, instabil, labil; unecht ‖ ~ **к свету** lichtunecht, nicht lichtecht
непрядомый *(Text)* unverspinnbar
непрямозонный *(Eln)* mit indirekter (nicht direkter) Bandlücke *(Halbleiter)*
непрямой 1. ungerade, nicht geradlinig; 2. mittelbar, indirekt
непрямолинейность f Ungeradlinigkeit f, Ungeradheit f
непсофометрический nicht [frequenz]bewertet
нептуний m *(Ch)* Neptunium n, Np
непупинизированный *(El)* unbespult, nichtpupinisiert
неработоспособность f Funktionsuntüchtigkeit f, Arbeitsunfähigkeit f

нерабочий nichtarbeitend; *(Masch)* nicht übertragend *(z. B. Zahnflanke)*; Rück... *(z. B. Rückflanke)*
неравенство n 1. Ungleichheit f; 2. *(Math)* Ungleichung f; 3. *(Astr)* Ungleichheit f, Ungleichung f *(Störung der Mondbahn)* ‖ ~ **Бернулли** *(Math)* Bernoullische Ungleichung f ‖ ~ **Бесселя** *(Math)* Besselsche Ungleichung f ‖ ~/**вековое** *(Astr)* säkulare Ungleichung f *(Störung der Mondbahn)* ‖ ~/**годичное** *(Astr)* jährliche Ungleichheit f *(Mondbewegung)* ‖ ~ **треугольника** *(Math)* Dreiecksungleichung f
неравновесие n Nichtgleichgewicht n
неравномерность f Ungleichmäßigkeit f, Ungleichförmigkeit f
неравномерный ungleichmäßig, ungleichförmig
неравноплечий ungleicharmig *(Hebel)*
неравносторонний ungleichseitig
неразведанный *(Bgb)* nicht erkundet
неразветвлённый *(Ch)* unverzweigt, geradlinig, geradkettig
нераздельнокипящий konstant siedend, mit konstantem Siedepunkt
неразличимость f Ununterscheidbarkeit f, Nichtunterscheidbarkeit f
неразличимый ununterscheidbar
неразложимый unzerlegbar, unzersetzbar
неразрезной durchgehend, durchlaufend; kontinuierlich
неразрешимость f Unlösbarkeit f
неразрушаемый zerstörungsfrei
неразрушимость f Unzerstörbarkeit f
неразрыв m Blindgänger m
неразрывный kontinuierlich, stetig, ununterbrochen
неразъедаемый korrosionsfest, nichtrostend
неразъеденный unangegriffen *(von Rost, Säure usw.)*
неразъёмный ungeteilt, einteilig, nicht zerlegbar
нераскалывающийся nicht spaltbar
нераскручивающийся drallfrei, drallarm *(Seil)*
нерастворённый un[auf]gelöst
нерастворимость f Unlöslichkeit f, Nichtlöslichkeit f
нерастворимый unlöslich, nicht löslich
нерастворитель m Nichtlösungsmittel n, Nichtlöser m, inaktives Lösungsmittel n
нерасщепляемый nicht spaltbar
нервюра f *(Flg)* Rippe f ‖ ~/**блочная** Vollwandrippe f ‖ ~/**концевая** Endrippe f ‖ ~/**крылевая** Flügelrippe f, Tragflügelrippe f, Tragflächenrippe f ‖ ~/**носовая** Nasenrippe f ‖ ~ **со стенкой** Stegrippe f ‖ ~/**сплошная** Vollwandrippe f ‖ ~/**ферменная** Gitterrippe f
нерезкость f *(Photo)* Unschärfe f ‖ ~ **изображения** Bildunschärfe f ‖ ~ **изображения по краям** Randunschärfe f ‖ ~/**хроматическая** Farbsaum m
нержавеющий nichtrostend, rostbeständig, rostfrei
неровность *(Fert)* Unebenheit f *(Oberflächenform)* ‖ ~/**островершинная** Unebenheit f mit spitzen Kuppen ‖ ~/**плосковершинная** Unebenheit f mit abgeflachten Kuppen
неровнота f *(Text)* Ungleichmäßigkeit f *(z. B. beim Garn)*
несамоходный *(Schiff)* ohne Eigenantrieb

несахар *m (Ch)* Nichtzucker[stoff] *m*
несбалансированность *f (Masch)* Unausgeglichenheit *f*, Unwucht *f*
несбраживаемый *(Ch)* unvergärbar, nichtvergärbar
несброженный *(Ch)* unvergoren
несвязный locker, lose, nicht bindig, kohäsionslos
несгибаемость *f* Steifigkeit *f*, Steife *f*
несгибаемый steif, unbiegsam, starr
несгораемость *f* Un[ver]brennbarkeit *f*
несгораемый un[ver]brennbar, feuerfest
несгоревший unverbrannt
несеребряный silberfrei *(Filme)*
несетевой *(El)* netzunabhängig
несжимаемость *f* Inkompressibilität *f*, Nichtzusammendrückbarkeit *f*, Nichtkomprimierbarkeit *f*; Raumbeständigkeit *f*, Volumenbeständigkeit *f*
несжимаемый nichtzusammendrückbar, inkompressibel; raumbeständig, volumenbeständig
несимметричность *f* Asymmetrie *f*, Nichtsymmetrie *f*, Unsymmetrie *f*, Lageabweichung *f* von der Symmetrie
несимметричный asymmetrisch, nichtsymmetrisch, unsymmetrisch
несимметрия *f s.* несимметричность
несинфазный *(El)* phasenungleich, phasenvertauscht
несинхронный *(El)* nichtsynchron, asynchron
нескользящий *(Masch)* schlupflos, schlupffrei
неслепящий blendungsfrei
неслоистый ungeschichtet, massig
несмачиваемость *f* Unbenetzbarkeit *f*
несмачиваемый unbenetzbar; wasserabweisend, hydrophob
несмачивание *n (Ph)* Nichtbenetzung *f*
несмешиваемость *f* Nichtmischbarkeit *f*, Unmischbarkeit *f*
несминаемость *f (Text)* Knitterechtheit *f*, Knitterfreiheit *f*, knitterarme Ausrüstung *f*
несминаемый *(Text)* knitterecht, knitterfrei
несовершенство *n* Unvollkommenheit *f*, Imperfektion *f*, Fehler *m*
несовместимость *f* Inkompatibilität *f*, Nichtkompatibilität *f*, Unvereinbarkeit *f*, Unverträglichkeit *f*
несовместимый inkompatibel, nichtkompatibel, unvereinbar, unverträglich
несогласие *n (Geol)* Diskordanz *f* ‖ **~/гетеролитологическое** [hetero]lithologische Diskordanz *f* ‖ **~/дислокационное** *s.* контакт/тектонический ‖ **~/дисперсионное** *s.* ~/рассеянное ‖ **~/краевое** Randdiskordanz *f*, Marginaldiskordanz *f* ‖ **~/литологическое** *s.* ~/гетеролитологическое ‖ **~/ложное** Scheindiskordanz *f* ‖ **~/ложноугловое** Pseudowinkeldiskordanz *f* ‖ **~/локальное (местное)** lokale Diskordanz *f* ‖ **~/рассеянное** Dispersionsdiskordanz *f* ‖ **~/региональное** Regionaldiskordanz *f* ‖ **~/скрытое** Akkordanz *f*, Pseudokonkordanz *f* ‖ **~/стратиграфическое** stratigraphische Diskordanz *f* ‖ **~/структурное** strukturelle Diskordanz *f* ‖ **~/тектоническое** tektonische Diskordanz *f* ‖ **~/трансгрессивное** Transgressionsdiskordanz *f* ‖ **~/угловое** Winkeldiskordanz *f* ‖ **~/эрозионное** Erosionsdiskordanz *f*, Anlagerungsdiskordanz *f*
несогласно-залегающий *(Geol)* diskordant [lagernd]

неупругий

несоизмеримость *f (Math)* Inkommensurabilität *f*
несоизмеримый *(Math)* inkommensurabel
несократимый *(Math)* unkürzbar
несоосность *f* Achsabweichung *f*; *(Masch)* Außermittigkeit *f*; Achsfluchtungsfehler *m*
несоосный nicht fluchtend
несоответствие *n* 1. Mißverhältnis *n*; 2. *(Krist)* Fehlanpassung *f*
несопротивляющийся nicht widerstandsfähig [gegen], anfällig [für]
несплавление *n* Bindefehler *m*, Ungänze *f (beim Schweißen)*
нестабильность *f* Instabilität *f*, Inkonstanz *f*, Labilität *f*, Unbeständigkeit *f* ‖ **~ [реактора]/тепловая** *(Kern)* thermische Instabilität *f* [des Reaktors] ‖ **~ частоты** Frequenzinstabilität *f*
нестареющий alterungsfrei *(Werkstoffe)*
нестационарность *f* nichtstationärer Zustand *m*
нестационарный nichtstationär, instationär
нестойкий unbeständig, flüchtig ‖ **~/химически** chemisch unbeständig (instabil)
нестойкость *f* Unbeständigkeit *f* ‖ **~ на воздухе** Luftempfindlichkeit *f*
несущая *f* Träger *m*, Trägerfrequenz *f*, TF ‖ **~/высокочастотная** Hochfrequenzträger *m* ‖ **~ изображения** *(TV)* Bildträger *m* ‖ **~ сигнала** Signalträger *m* ‖ **~/фототелеграфная** Bildtelegraphieträger *m*
несущий Trag..., tragend ‖ **~ ток** stromführend
несферический nichtsphärisch, nichtkugelförmig, asphärisch
несферичность *f* Deformation *f*, Abweichung *f* von der Kugelfläche
несходство *n* Diskrepanz *f*, Nichtübereinstimmung *f*
нетепловой athermisch
нетеплопроводный nichtwärmeleitend, wärmeisolierend
нетеплопроницаемый atherman, adiatherman, wärmeundurchlässig, wärmedicht
нетокопроводящий nichtstromführend, stromlos
неточность *f* Ungenauigkeit *f* ‖ **~ изготовления** Fertigungsungenauigkeit *f* ‖ **~ измерения** Meßungenauigkeit *f* ‖ **~ положения** Lageungenauigkeit *f* ‖ **~ регулирования** Regel[ungs]fehler *m* ‖ **~ согласования** 1. Fehlanpassung *f*; 2. Anpassungsungenauigkeit *f*
неточный ungenau
нетронутый *(Geol)* unbeschädigt, intakt; *(Bgb)* unverritzt *(Gebirge)*
неуверенность *f* измерения Meßunsicherheit *f (statistischer Anteil des Fehlers)*
неуничтожаемость *f* Unzerstörbarkeit *f*
неупакованный *(Inf)* ungepackt
неуплотнённый 1. *(Nrt)* einfach ausgenutzt, ohne Multiplex; 2. nichtverdichtet
неупорядоченность *f* 1. Ungeordnetheit *f*; 2. Zufälligkeit *f*, Zufallscharakter *m* ‖ **~/структурная** strukturelle Unordnung *f*
неупорядоченный 1. chaotisch, ungeordnet; 2. zufällig
неуправляемый ungesteuert, ungelenkt; nichtsteuerbar; *(Rak)* ungelenkt
неупрочённый unverfestigt
неупругий *(Mech, Kern)* unelastisch, inelastisch, nichtelastisch

неупругость f 1. Inelastizität f, inelastisches Verhalten n; 2. Anelastizität f, anelastische Erscheinung f
неуравновешенность f 1. Unausgeglichenheit f, Unbalance f; 2. *(Masch)* Unwucht f ǁ **~/динамическая** dynamische Unwucht f ǁ **~/остаточная** Restunwucht f ǁ **~/силовая** Schwerpunktsunwucht f ǁ **~/статическая** statische Unwucht f
неуравновешенный unausgeglichen, nichtausbalanciert; unabgeglichen, nichtabgeglichen
неуспокоенный unberuhigt *(Stahl)*
неустановившийся *(El)* nicht eingeschwungen, nicht stationär
неустойчивость f Unbeständigkeit f, Instabilität f, Inkonstanz f, Labilität f
неустойчивый 1. unbeständig, unsicher, instabil, labil; 2. *(Geol)* nicht durchgehend *(geologischer Horizont)* ǁ ~ **против коррозии** korrosionsanfällig, korrosionsgefährdet ǁ **~/статически** statisch instabil
неутомляемый ermüdungsfest, ermüdungsbeständig *(Werkstoffe)*
неф m *(Arch)* Schiff n
нефелин m *(Min)* Nephelin m
нефелинит m *(Geol)* Nephelinit m
нефелометр m *(Ch)* Nephelometer n, Trübungsmesser m
нефелометрический *(Ch)* nephelometrisch
нефелометрия f *(Ch)* Nephelometrie f, nephelometrische Analyse f
нефограф m *(Meteo)* Nephograph m
нефология f *(Meteo)* Wolkenkunde f
нефоме[т]р m *(Meteo)* Nephometer n, Bewölkungsmengenmesser m
нефоскоп m *(Meteo)* Nephoskop n; Wolkenspiegel m ǁ ~ **Бессона/грабельный** Wolkenrechen m ǁ **~/зеркальный** Wolkenspiegel m
нефрит m *(Min)* Nephrit m, Jade n; Jadeit m
нефтебаза f Öltanklager n
нефтеводосепаратор m *(Schiff)* Bilgenwasserentöler m
нефтевоз m Erdöltanker m, Rohöltanker m
нефтегаз m Erdgas n aus Erdölvorkommen
нефтегазоносность f Erdöl- und Erdgasführung f
нефтегазоносный erdöl- und erdgasführend
нефтегазопроявления npl Erdöl- und Erdgasanzeichen npl, Erdöl- und Erdgasaustritte mpl
нефтеденсиметр m Erdöldensimeter n, Mineralölaräometer n
нефтедобывающий Erdölgewinnungs..., erdölgewinnend
нефтедобыча f Erdölförderung f, Erdölgewinnung f
нефтеёмкость f Erdölaufnahmefähigkeit f *(eines Gesteins)*
нефтезавод m Erdölraffinerie f, Raffinerie f, Erdölverarbeitungswerk n
нефтезалежь f Erdöllagerstätte f, Erdölvorkommen n
нефтеловушка f Ölabscheider m, Ölfänger m
нефтемусоросборщик m Öl- und Abfallentsorgungsschiff n
нефтенакопление n Ölanreicherung f, Ölansammlung f
нефтенасыщенность f Erdölsättigung f
нефтенепроницаемый *(Schiff)* öldicht *(z. B. Schott)*

нефтеносность f *(Geol)* Erdölführung f, Erdölhaltigkeit f ǁ **~/предполагаемая** Ölhöffigkeit f
нефтеносный [erd]ölführend, erdölfündig
нефтеотдача f *(Bgb)* Erdölabgabe f *(einer Schicht)*
нефтеочистка f Erdölraffination f
нефтеперегонка f Erdöldestillation f
нефтеперерабатывающий erdölverarbeitend
нефтепереработка f Erdölverarbeitung f
нефтепровод m Erdölleitung f, Pipeline f
нефтепродукт m Erdölprodukt n
нефтепромысел m Erdölfeld n, Erdölförderbetrieb m
нефтепромышленность f Erdölindustrie f
нефтепроток m *(Schiff)* Öllaufloch n *(Tanker)*
нефтепроявления npl Erdölanzeichen npl, Erdölaustritt m
нефтеразведка f Erdölerkundung f
нефтерудовоз m *(Schiff)* Erz-Öl-Frachter m
нефтесбор m Erdölsammelanlage f
нефтесборник m Erdöl[sammel]behälter m, Erdöl[sammel]tank m
нефтескважина f Erdölbohrung f ǁ **~/продуктивная** fördernde Erdölbohrung f
нефтесодержание n/остаточное *(Schiff)* Restölgehalt m *(Bilgenwasser)*
нефтестойкий erdölbeständig
нефтетопливо n Kraftstoff m aus Erdöl; Rohöltreibstoff m; Heizöl n aus Erdöl
нефтетрубопровод m s. нефтепровод
нефтехимикат m Petrochemikalie f *(aus Erdöl bzw. Erdgas)*
нефтехимический petrochemisch *(die Erzeugung von Chemikalien auf Erdöl- bzw. Erdgasbasis betreffend)*; erdölchemisch
нефтехимия f Petrochemie f *(Erzeugung von Chemikalien auf Erdöl- bzw. Erdgasbasis)*; Erdölchemie f
нефтехимовоз m Erdöl- und Chemietanker m
нефтехранилище n Erdölbehälter m, Erdöltank m
нефть f Erdöl n, Naphtha n(f) ǁ **~/ароматическая** aromatisches (benzenoides) Erdöl n ǁ ~ **асфальтового основания** asphalt[bas]isches Erdöl n, Asphalt[basis]öl n ǁ **~/беспарафинистая (беспарафиновая)** paraffinfreies Erdöl n ǁ **~/высокопарафинистая (высокопарафиновая)** hochparaffinhaltiges (paraffinreiches) Erdöl n ǁ **~/лёгкая** Leichtöl n ǁ **~/малопарафинистая (малопарафиновая)** paraffinarmes Erdöl n ǁ **~/метановая** s. ~ парафинового основания ǁ **~/нафтеновая** s. ~ нафтенового основания ǁ ~ **нафтенового основания** naphthen[bas]isches Erdöl n, Naphten[basis]öl n ǁ **~/обводнённая** verwässertes Erdöl n, Naßöl n ǁ **~/обеспарафиненная** entparaffiniertes Öl n ǁ **~/остаточная** im Erdinneren verbliebenes Öl n, Restöl n ǁ **~/отбензиненная** abgetopptes Rohöl n, atmosphärischer Rückstand m, [atmosphärischer] Topprückstand m ǁ **~/очищенная** raffiniertes Erdöl n ǁ **~/парафиновая** s. ~ парафинового основания ǁ ~ **парафинового основания** paraffin[bas]isches Erdöl n, Paraffin[basis]öl n, Methan[erd]öl n ǁ **~/пенящаяся** schaumiges Erdöl n ǁ **~/сернистая** schwefelhaltiges Rohöl n ǁ **~/синтетическая** synthetisches Rohöl n ǁ **~/смешанная** s. ~ смешанного основания ǁ ~ **смешанного**

основания gemischtbasisches Erdöl *n* ‖ ~/**сырая** Erdöl *n*, Rohöl *n* ‖ ~/**сырая лёгкая** leichtes Rohöl *n* ‖ ~/**сырая тяжёлая** schweres Rohöl *n* ‖ ~/**фонтанная** eruptives Rohöl *n*
нефтяной Erdöl…; erdölführend, erdölhaltig, Naphtha…
нехватка *f* Mangel *m*, Fehlbetrag *m* ‖ ~ **в зародышах** *(Met, Gieß)* Keimmangel *m* ‖ ~ **воздуха** Luftmangel *m*
нечёткость *f (Photo)* Unschärfe *f* ‖ ~ **изображения** Bildunschärfe *f* ‖ ~ **изображения по краям** Randunschärfe *f*
нечётность *f* Ungeradzahligkeit *f*
нечётный ungerade *(Zahl)*, ungeradzahlig
нечувствительно к переменному току wechselstromimmun *(z. B. Relais)*
нечувствительность *f* Unempfindlichkeit *f* ‖ ~ **к помехам** Störunempfindlichkeit *f*
нечувствительный unempfindlich ‖ ~ **к помехам** störunempfindlich ‖ ~ **к тряске** erschütterungsunempfindlich
нешифрованный unverschlüsselt
нешумящий rauschfrei; geräuschlos
неэкранированный nichtgeschirmt, un[ab]geschirmt
неэластичный *(Mech)* unelastisch, inelastisch, nichtelastisch
неэлектрифицированный nichtelektrifiziert
неэлектрический nichtelektrisch
неэлектролит *m* Nichtelektrolyt *m*, Anelektrolyt *m*
неэлектролитный nichtelektrolytisch
неэлектронный nichtelektronisch
неэлектропроводный elektrisch nichtleitend
неявный *(Math)* implizit
неядовитый ungiftig, nichttoxisch
НЖК *s.* **кристалл/нематический жидкий**
нивация *f s.* **выветривание/снеговое**
нивелир *m (Geod)* Nivellier[instrument] *n* ‖ ~/**гидростатический** Kanalwaage *f* ‖ ~/**прецизионный** Feinnivellier *n*
нивелирование *n (Geod)* Nivellierung *f*, Nivellement *n*, Höhenaufnahme *f*, Einwägung *f* ‖ ~/**барометрическое** barometrische Höhenmessung (Einwägung) *f* ‖ ~/**геометрическое** geometrische Höhenmessung *f* ‖ ~/**местности** Geländeeinwägung *f* ‖ ~ **площадей (поверхности)** Flächeneinwägung *f* ‖ ~/**точное** genaues (präzises) Nivellement *n* ‖ ~/**тригонометрическое** trigonometrische Höhenmessung *f* ‖ ~ **участка** Grundeinwägung *f*
нивелировать *(Geod)* nivellieren, einwägen
нивелировка *f s.* **нивелирование**
нивенит *m (Min)* Nivenit *m (Uraninit)*
нигрин *m (Min)* Nigrin *m*, Eisenrutil *m*
нижележащий *(Bgb, Geol)* tiefergelegen, unterlagernd
нижесинхронный *(El)* untersynchron
нижник *m (Schm)* Unterteil *m (Schnittwerkzeug)* ‖ ~ **обжимки** Untergesenk *n*, Schlichtlage *f* ‖ ~ **штампа** Gesenkunterteil *n*
низ *m* Unterteil *n*; Boden *m*; *(Gieß)* Form[en]unterteil *n* ‖ ~ **колонны** Kolonnensumpf *m*, Kolonnenboden *m* ‖ ~ **конструкции** *(Bw)* Konstruktionsunterkante *f* ‖ ~/**тяжёлый** *(Bgb)* Schwerstangenstrang *m (Bohrung)*
низкобортный *(Schiff)* niederbordig, niedrigbordig

низковольтный *(El)* Niederspannungs…, Niedervolt…
низкогорье *n* flaches Gebirge *n*, lockeres (niedriges) Bergland *n*
низкокипящий niedrig (leicht) siedend
низкоконтрастный kontrastarm
низкокремнистый siliciumarm *(Stahl)*
низколегированный 1. *(Met)* niedriglegiert, leichtlegiert, schwachlegiert; 2. *(Eln)* schwachdotiert *(Halbleiter)*
низколетящий *(Flg)* tieffliegend
низкомарганцовистый manganarm *(Stahl)*
низконапорный mit niedrigem Druck, Niederdruck…
низкоомный *(El)* niederohmig, Niederohm…
низкоплавкий niedrigschmelzend, leichtschmelzend
низкоплавкость *f* Leichtschmelzbarkeit *f*
низкоплан *m (Flg)* Tiefdecker *m* ‖ ~/**подкосный** abgestrebter Tiefdecker *m* ‖ ~/**расчалочный** verspannter Tiefdecker *m* ‖ ~/**свободнонесущий** freitragender Tiefdecker *m*
низкополимер *m (Ch)* Niederpolymer[e] *n*
низкопробный *(Bgb)* geringhaltig *(Erz)*
низкосернистый schwefelarm *(Stahl)*
низкосимметричный *(Krist)* mit niedriger Symmetrie
низкоствольник *m (Forst)* Niederwald *m*
низкотемпературный Tieftemperatur…; tiefgekühlt
низкоуглеродистый *(Met)* kohlenstoffarm, niedriggekohlt, mit niedrigem (geringem) Kohlenstoffgehalt
низкофосфористый phosphorarm *(Stahl)*
низкочастотный *(El)* niederfrequent, Niederfrequenz…, NF-…
низкочувствительный niedrigempfindlich *(Film)*
низкоэнергетический *(Kern)* energiearm, Niederenergie…
низменность *f* Tiefebene *f*, Tiefland *n*, Flachland *n* ‖ ~/**речная** Flußniederung *f*, Stromflachland *n*
низовье *n* 1. Unterlauf *m (eines Flusses)*; 2. Gegend *f* am Unterlauf eines Flusses, Unterland *n*, Mündungsgebiet *n*
никелевый Nickel…
никелин *m (Min)* Nickelin *m*, Rotnickelkies *m*, Kupfernickel *n*, Arsennickel *m*
никелирование *n* Vernickeln *n* ‖ ~/**контактное** Kontaktvernickelung *f*
никелировать vernickeln
никель *m (Ch)* Nickel *n*, Ni; *(Met)* Nickel *n* ‖ ~ **в форме гранули** Granaliennickel *n*, Nickelgranalien *fpl* ‖ ~/**гранулированный** Granaliennickel *n*, Nickelgranalien *fpl* ‖ ~/**губчатый** Nickelschwamm *m* ‖ ~/**катодный** *s.* ~/**электролитический** ‖ ~/**лигой** Rohnickel *n* ‖ ~/**первичный** Hüttennickel *n*, Rohnickel *m* ‖ ~/**теллуристый** *s.* **мелонит** ‖ ~/**черновой** Rohnickel *n* ‖ ~/**чистый** Reinnickel *n* ‖ ~/**электролитический (электролитный)** Elektrolytnickel *n*, E-Nickel *n*
никельантигорит *m (Min)* Nickelantigorit *m*
николи *mpl/***скрещённые** *(Opt)* gekreuzte Nicols *npl (mpl)*
николь *m (Opt)* Nicolsches Prisma *n*, Nicol *n(m)*
нильпотентность *m (Math)* Nilpotenz *f*
ниобий *m (Ch)* Niob *n*, Nb

ниобит m (Min) Niobit m; Columbit m
ниппель m Nippel m, Stutzen m; Anschlußstück n ‖ **~/двойной** Doppelnippel m ‖ **~/конечный** Einschraubstutzen m (Rohrverschraubung) ‖ **~/проходной** Verbindungsstutzen m (Rohrverschraubung) ‖ **~ с зажимом** Klemmnippel m ‖ **~/смазочный** (Trib) Schmiernippel m ‖ **~/электродный** Elektrodennippel m
НИСЗ s. спутник Земли/навигационный искусственный
нисходящий 1. absteigend, deszendent, abfallend; 2. (Meteo) katabatisch, absteigend (Luftstrom, Wind); 3. (Bgb) einziehend (Wetterstrom)
нит m 1. (Inf) Nit n, nit; 2. s. кандела на квадратный метр
нитевидный fadenförmig
нитевод m s. нитеводитель
нитеводитель m (Text) Fadenführer m ‖ **~/вращающий** rotierender Fadenführer m ‖ **~/крыльчатый** Flügelfadenführer m ‖ **~/трубчатый** Fadenführerröhrchen n
нитенаблюдатель m (Text) Fadenwächter m (Zettelmaschine) ‖ **~/уточный** Schußwächter m (Webstuhl)
нитенаблюдение n (Text) Fadenbewächterung f
нитенакопитель m (Text) Fadenspeicher m
нитенатяжитель m (Text) Fadenspanner m (Zettelmaschine)
нитеобразователь m (Text) Fadenbildner m
нитеотделитель m (Text) Fadenklauber m, Fadenabweiser m (Wirkmaschine)
нитеоттягиватель m (Text) Fadenauszieher m (Nähmaschine)
нитеподаватель m (Text) Fadenzubringer m, Fournisseur m (französische Rundwirkmaschine)
нитеподача f (Text) Fadenzuführung f
нитепритягиватель m (Text) Fadenhebel m, Fadengeber m (Nähmaschine)
нитепроводник m (Text) Fadenführer m (Ringspinnmaschine)
нитеразделитель m (Text) Ballonfänger m, Ballontrenner m (Ringspinnmaschine)
нитераскладчик m (Text) Fadenchangierer m, Fadenleger m, Fadenführer m
нитка f 1. (Text) Faden m, Garn n (s. a. unter нить); 2. (Eb) Schienenstrang m; 3. (Glas) Fadenschliere f ‖ **~/верхняя** (Text) Oberfaden m ‖ **~/двухкраточная** (Text) doppelter (zweidrähtiger) Zwirn m ‖ **~/дублированная** doublierter Zwirn m ‖ **~ каната** Seilstrang m, Seilzug m ‖ **~/кручёная** Zwirn m ‖ **~/лицевая** (Text) Faden m der Ansichtsseite ‖ **~/многокруточная** mehrfacher (mehrdrähtiger) Zwirn m ‖ **~/нарезки** Gewindegang m, Schraubengang m ‖ **~/нижняя** (Text) Unterfaden m ‖ **~/однокруточная** (Text) einfacher (eindrähtiger) Zwirn m ‖ **~/покровная** (Text) Legefaden m ‖ **~/рельсовая** (Eb) Schienenstrang m ‖ **~/сетная** Netzfaden m ‖ **~/челночная** (Text) Greiferfaden m ‖ **~/швейная** Nähgarn n, Nähfaden m
нитки fpl **для шитья** (Typ) Heftzwirn m (Buchbinderei)
нитковдеватель m (Text) Einfädler m
нитометр m (Opt) Nitometer n, Helligkeitsmesser m, Leuchtdichtemesser m
нитрат m (Ch) Nitrat n ‖ **~ аммония** Ammoniumnitrat n (Sprengstoff)

нитратный (Ch) Nitrat...
нитратор m (Ch) Nitrierer m, Nitriergefäß n
нитрация f s. нитрование
нитрид m (Ch) Nitrid n ‖ **~ бора** (Wkz) Bornitrid m (Schleifmittel) ‖ **~ бора/кубический** kubisches Bornitrid m (Schleifmittel)
нитрил m (Ch) Nitril n
нитрирование n (Härt) Nitrieren n, Nitrierhärten n, Aufsticken n (s. a. unter азотирование) ‖ **~/антикоррозионное** Rostschutznitrieren n ‖ **~ в жидких средах** Badnitrieren n ‖ **~/газовое** Gasnitrieren n, Gasnitrierhärten n ‖ **~ газом** s. ~/газовое
нитрировать (Härt) nitrier[härt]en, aufsticken
нитрит m (Ch) Nitrit n
нитритный (Ch) Nitrit...
нитрификация f (Lw) Nitrifikation f, Nitrifizierung f, Nitratbildung f
нитрифицировать (Lw) nitrifizieren, in Nitrat umwandeln
нитроазокраситель m (Ch) Nitroazofarbstoff m
нитробензол m (Ch) Nitrobenzen n, Nitrobenzol n
нитрование n (Ch) Nitrierung f, Nitrieren n ‖ **~/жидкофазное** Flüssigphase[n]nitrierung f ‖ **~/парофазное** Dampfphase[n]nitrierung f, Gasphase[n]nitrierung f
нитровать (Ch) nitrieren
нитрогликоль m Nitroglykol n, Glykoldinitrat n (Sprengstoff)
нитроглицерин m (Ch) Glyceroltrinitrat n (Sprengstoff)
нитрогруппа f (Ch) Nitrogruppe f
нитроза f (Ch) Nitrose f, nitrose Säure f
нитрозность f (Ch) Nitrosekonzentration f, Nitrosität f
нитрозный (Ch) nitros
нитрозобензол m (Ch) Nitrosebenzen n, Nitrosebenzol n
нитрозогруппа f (Ch) Nitrosogruppe f
нитрозокраситель m (Ch) Nitrosofarbstoff m
нитрозосоединение n (Ch) Nitrosoverbindung f
нитроклетчатка f (Ch) Cellulosenitrat n
нитрокраситель m (Ch) Nitrofarbstoff m
нитрокраска f (Ch) Nitro[lack]farbe f
нитролак m (Ch) Nitro[cellulose]lack m
нитромасса f (Ch) Nitrier[ungs]masse f
нитроме[т]р m (Ch) Nitrometer n, Azotometer n
нитролеум m (Ch) Nitriersäure f (Salpetersäure-Schwefelsäure-Mischung)
нитропарафин m (Ch) Nitroparaffin n, Nitroalkan n
нитросмесь f (Ch) Nitrier[ungs]gemisch n, Nitriermischung f; Nitriersäure f (Salpetersäure-Schwefelsäure-Mischung)
нитросоединение n (Ch) Nitroverbindung f
нитрофос m Nitrophosphat n (stickstoffhaltiger Phosphatdünger)
нитроцеллюлоза f (Ch) Cellulosenitrat n
нитроцементация f (Härt) Karbonitrieren n, Nitrierhärten n, Zyanieren n ‖ **~ в солевых расплавах** Salzbad-Nitrocarburierung f (zur Erhöhung der Verschleiß- und Korrosionsbeständigkeit)
нитроцементировать (Härt) karbonitrieren, zyanieren
нитроэмаль f (Ch) Nitro[lack]farbe f
нитрующий (Ch) nitrierend, Nitrier[ungs]...

нить f 1. (Text) Faden m (s. a. unter нитка); 2. (Opt) Haarlinie f; 3. (El) Faden m, Draht m, Wendel f ‖ ~/**армированная** Kernmantelfaden m ‖ ~/**ацетатная** Acetatfaden m (Chemiefaser) ‖ ~/**бикомпонентная** Bikomponentenfaden m ‖ ~/**бисерная** Perlfaden m ‖ ~/**биспиральная** (El) doppelt gewendelter Draht m, Doppelwendel f ‖ ~/**боковая** Seitenfaden m (optische Instrumente) ‖ ~/**болометрическая** Bolometerstreifen m ‖ ~/**вводная** Futterfaden m ‖ ~/**вертикальная** Vertikalfaden m (optischer Instrumente) ‖ ~/**вихревая** (Hydrod) Wirbelfaden m ‖ ~/**волластоновская** Wollaston-Draht m ‖ ~/**вольфрамовая** Wolframdraht m, Wolframfaden m ‖ ~/**ворсовая** Polfaden m ‖ ~/**вспомогательная** Hilfsfaden m ‖ ~/**высокообъёмная** Hochbauschfaden m ‖ ~/**вытянутая комплексная** Reckseide f ‖ ~/**горизонтальная** Horizontalfaden m (optischer Instrumente) ‖ ~/**гофрированная** stauchtexturierte Seide f (Chemiefaserherstellung) ‖ ~/**грунтовая** Grundfaden m ‖ ~/**двойная** Doppelfaden m ‖ ~ **двойного кручения** Doppeldrahtzwirn m ‖ ~/**двухцветная** Jaspéfaden m ‖ ~/**добавочная** Verstärkungsfaden m ‖ ~/**измерительная** Meßfaden m (optischer Instrumente) ‖ ~/**калильная** (El) Glühfaden m, Glühdraht m (bei Glühlampen) ‖ ~/**кварцевая** Quarzfaden m ‖ ~/**коконная** Kokonfaden m (Seide) ‖ ~/**комбинированная** Verbundfaden m, Kombinationsfaden m ‖ ~/**комплексная** polyfile Seide f, Polyfilseide f, Polyfil n ‖ ~/**коренная** Grundfaden m (Zwirnerei) ‖ ~/**кромочная** Leistenfaden m ‖ ~/**кручёная** Zwirn m ‖ ~ **накала** 1. (El) Glühfaden m, Glühdraht m (von Glühlampen); 2. (Eln) Heizfaden m (von Elektronenröhren) ‖ ~ **накала/активированная** aktivierter Heizfaden m ‖ ~ **накала/бифилярная** bifilarer Heizfaden m, Bifilarwendel f ‖ ~/**направляющая** (Opt) Leitfaden m (in optischen Instrumenten) ‖ ~/**непрерывная тянутая комплексная** Spinnseide f ‖ ~/**непрерывная** Seide f (aus einem oder mehreren Elementarfäden bestehender Faden) ‖ ~/**нитратная комплексная** Nitratchemieseide f, Nitratkunstseide f ‖ ~/**обвивочная** Umwindungsfaden m ‖ ~/**оборванная** gebrochener Faden m ‖ ~/**объёмная** Bauschfaden m ‖ ~/**односпиральная** (El) einmalgewendelter Draht m, Einfachwendel f ‖ ~/**опалённая** gesengter Faden m ‖ ~/**оплетённая** umwundener (geflochtener) Faden m ‖ ~/**основная** Kettfaden m, Kette f, Zettel m (Weberei); Grundfaden m (Zwirnerei) ‖ ~/**перевивочная** Dreherfaden m ‖ ~/**переслежистая** schnittiger Faden m ‖ ~/**петлистая** Schlingenfaden m, Schleifengarn n, Loopgarn n ‖ ~/**платировочная** s. ~/покровная ‖ ~/**подкладочная** Futterfaden m ‖ ~/**покровная** Legefaden m, Plattierfaden m (Nähmaschine) ‖ ~/**полиамидная комплексная** Polyamidseide f ‖ ~/**полиэфирная комплексная** Polyesterseide f ‖ ~/**полиэфирная текстурированная** texturierte Polyesterseide f ‖ ~/**препарированная** präparierter Faden m ‖ ~/**провисающая** lockerer (schlaffer) Faden m ‖ ~/**пропитанная** imprägnierter Faden m (für Fischfangnetze) ‖ ~/**разнообразно переплетающаяся** verschiedenbindender Faden m

(Weberei) ‖ ~/**разрезная** Schnittfaden m ‖ ~/**рельсовая** (Eb) Schienenstrang m ‖ ~ **с узелками** Knotenfaden m ‖ ~/**связующая** (Text) Bindefaden m ‖ ~/**сердцевинная** Seele f (Seil) ‖ ~/**скрученная** gedrehter Faden m, Zwirn m ‖ ~/**слабая** lockerer Faden m ‖ ~/**спиральная** (El) gewendelter Draht m, Wendeldraht m ‖ ~/**стеклянная** Glasfaden m ‖ ~/**стержневая** Kernfaden m, Grundfaden m (Zwirnerei) ‖ ~/**текстурированная** texturierte Seide f, strukturierter Faden m ‖ ~/**трощённая** gefachter Faden m ‖ ~ **трубопровода** Rohrstrang m ‖ ~/**угольная** (El) Kohlefaden m ‖ ~/**узорчатая** Musterfaden m ‖ ~/**укращающая** Lurexfaden m ‖ ~/**усилительная** Verstärkungsfaden m ‖ ~/**уточная** Schußfaden m, Schuß m (Weberei) ‖ ~/**фасонная** Effektzwirn m, Effektfaden m; Zierfaden m ‖ ~ **фасонной крутки** Effektzwirn m ‖ ~/**фасонно-кручёная эпонж** Frottézwirn m, Flammenzwirn m ‖ ~/**фибриллированная** Folienfaden m ‖ ~/**фиброиновая** Fibroinfaden m ‖ ~ **фона** Grundfaden m ‖ ~/**футерная** Futterfaden m ‖ ~/**химическая комплексная** Chemieseide f ‖ ~/**челночная** Greiferfaden m (Nähmaschine) ‖ ~/**шёлковая** Seidenfaden m (Naturseide) ‖ ~/**шероховатая** rauher Faden m ‖ ~/**эластичная** elastischer Faden m, Elastikfaden m ‖ ~/**эластомерная** Elastomerfaden m ‖ ~/**элементарная** Elementarfaden m (nichtlängenbegrenztes Gebilde eines Textilfaserstoffs)

нифе n (Geol) Nife-Kern m [Nickel-Eisen-]Erdkern m

нихром m (Met) Nichrom n (Nickel-Chrom-Legierung)

ниша f 1. (Geol) Nische f, Halbkammer f, Einbruch m; 2. (Bw) Nische f; Alkoven m ‖ ~/**оконная** (Bw) Fensternische f ‖ ~/**экологическая** (Geol) ökologische Nische f ‖ ~/**якорная** (Schiff) Ankertasche f

НК s. каучук/натуральный
нКл s. нанокулон
НКП s. кольцо дальности/неподвижное
НЛГ s. нормы лётной годности
НЛК s. кремний/нейтронно-легированный
НЛО s. оптика/нелинейная
нм s. нанометр
Н/м s. ньютон на метр
Н м s. ньютон-метр
НМБ s. накопитель на магнитном барабане
НМД s. накопитель на магнитных дисках
НМЛ s. накопитель на магнитных лентах
НМТ s. точка/нижняя мёртвая
НН s. напряжение/низкое
ННК s. каротаж/нейтрон-нейтронный
нобелий m (Ch) Nobelium n, No
новая f s. звезда/новая
новолуние n (Astr) Neumond m
новообразование n Neubildung f
нога f Bein n; Fuß m (s. a. unter ножка 1.)
нож m 1. Messer n; Schneide f; Meißel n; 2. (Typ) Farbmesser f (Schnellpresse); 3. (Lw) Sech n, Messer n; 4. (Wlz) s. ~/проводковый ‖ ~/**боковой** (Typ) Seitenmesser n (Dreischneider) ‖ ~/**верхний** (Typ) Obermesser n (z. B. einer Pappschere) ‖ ~/**вращающийся фальцевальный** (Typ) rotierendes Falzmesser n (Rota-

НОЖ

tionsmaschine) ‖ ~/**врубовый** *(Bgb)* Schrämmesser *n* ‖ ~/**высекальный** *(Тур)* Ausstanzmesser *n*, Stanzmesser *n (für Papier)* ‖ ~/**головоотсекающий** Köpfmesser *m (Fischverarbeitung)* ‖ ~/**дисковый** 1. Rundmesser *n*, Kreismesser *n (Kreismesserscheren)*; 2. *(Lw)* Scheibensech *n (Pflug)* ‖ ~/**зубчатый** *(Тур)* Perforiermesser *n*, gezahntes Messer *n*, Zackenmesser *n (Rotationsmaschine)* ‖ ~/**измерительный** Meßschneide *f* ‖ ~/**копьевидный** *(Med)* lanzenförmiges Messer *n* ‖ ~/**копулировочный** *(Lw)* Kopuliermesser *n* ‖ ~ **косилки** *(Lw)* Mähmesser *n (Mähmaschine)* ‖ ~/**кососкользящий** *(Тур)* Zugschnittmesser *n*, Diagonalschnittmesser *n (Papierschneidemaschine)* ‖ ~/**красочный** *(Тур)* Farbmesser *n*, Farblineal *n*, Duktorlineal *n (Farbapparat)* ‖ ~/**наклонный** Schrägmesser *n* ‖ ~/**нарезающий** *(Тур)* Ritzmesser *n* ‖ ~/**нижний** *(Тур)* Untermesser *n (z. B. einer Pappschere)* ‖ ~/**обоюдоострый** *(Med)* Inzisionsmesser *n* ‖ ~/**окулировочный** *(Lw)* Okuliermesser *n* ‖ ~/**опорный** *(Wkzm)* Stützschiene *f*, Auflageschiene *f*; Führungsleiste *f*, Werkstückträger *m (Deckelkarde)* ‖ ~ **плуга** *(Lw)* Sech *n*, Pflugsech *n* ‖ ~/**поддерживающий** *s.* ~/**опорный** ‖ ~/**прививочный** *(Lw)* Veredlungsmesser *n* ‖ ~/**проводковый** *(Wlz)* Abstreifmeißel *m*, Hund *m*, Abstreifer *m (Walzarmatur)* ‖ ~/**рабочий** *(El)* Trennmesser *n*, Schaltmesser *n (eines Trennschalters)* ‖ ~/**ракельный** *(Тур)* Rakelmesser *n* ‖ ~/**ручной дисковый** Rundmessermaschine *f* ‖ ~/**садовый** *(Lw)* Gartenmesser *n*, Gärtnermesser *n*, Hippe *f* ‖ ~ **соломорезки** *(Lw)* Häckselmesser *n (Strohhäcksler)* ‖ ~/**стригальный** Schermesser *n (Textilveredlung)* ‖ ~/**сухожильный** *(Med)* Tenotom *n*, Sehnenmesser *n* ‖ ~/**съёмочный** Abstreifmesser *n* ‖ ~/**такелажный** *(Schiff)* Taklermesser *n* ‖ ~/**тарельчатый** Tellermesser *n* ‖ ~/**упорный** *(Pap)* Bodenmesser *n*, Grundmesser *n*, Stockmesser *n (Holländer)* ‖ ~/**фальцевальный** *(Тур)* Einschlagmesser *n (Kartonagenmaschine)*; Falzmesser *n (Rotationsmaschine)*; Falzmesser *n*, Falzschwert *n*, Schwert *n*, Falzlineal *n (Falzmaschine)* ‖ ~/**черенковый** Messersech *n (Pflug)* ‖ ~/**черпаковый** Eimermesser *n (Bagger)* ‖ ~/**чистильный** Abstreifer *m*, Abstreifmesser *n* ‖ ~/**штанцевальный** *(Тур)* Stanzmesser *n*, Stanzeisen *n*, Stempel *m*
ножедержатель *m* Messerträger *m*, Messerhalter *m*
ножеочиститель *m (Тур)* Messerputzer *m*, Messerputzfahne *f*
ножка *f* 1. Fuß *m*; Sockel *m (z. B. einer Lampe)*; 2. *(El)* Anschlußstift *m*; 3. *(Меß)* Schenkel *m (eines Tasters)* ‖ ~/**вильчатая** Gabelfuß *m (Turbinenschaufel)* ‖ ~/**гребешковая** *(El)* Quetschfuß *m* ‖ ~/**девятиштырьковая** *(Eln)* Neunstiftsockel *m*, Novalsockel *m* ‖ ~ **зуба** *(Masch)* Zahnfuß *m (Zahnrad)* ‖ ~/**зубчатая** Sägezahnfuß *m (Turbinensschaufel)* ‖ ~/**измерительная** *(Меß)* Meßschnabel *m*, Meßschenkel *m* ‖ ~/**керамическая** *(El)* Keramikfuß *m* ‖ ~ **лампы** *(Eln)* Röhrenfuß *m*; *(El)* Lampenfuß *m* ‖ ~ **лопатки** *(Masch)* Schaufelfuß *m (Dampfturbine)* ‖ ~/**опорная** Stützenfuß *m* ‖ ~/**плоская**

(El) Preßfuß *m*, Scheibenfuß *m* ‖ ~ **рабочей лопатки** Laufschaufelfuß *m (Turbine)* ‖ ~/**стеклянная** *(El)* Glasfuß *m*
нож-коросним *m (Lw)* Schälmesser *n*
ножницы *pl* Schere *f (als Werkzeug und Werkzeugmaschine)* ‖ ~/**аллигаторные** Alligatorschere *f*, Backenschere *f*, Hebelschere *f*; Maschinenhebelschere *f* mit offenem Maul *(Schrott- und Knüppelschere)* ‖ ~/**барабанные** Trommelschere *f* ‖ ~ **блюминга** *(Met)* Blockschere *f* ‖ ~/**вибрационные** Vibrationsschere *f*, Vibroschere *f* ‖ ~/**вращающиеся** Trommelschere *f*, umlaufende Schere *f* ‖ ~/**высечные** Aushauschere *f* ‖ ~/**гильотинные** *(Wkzm)* Tafelschere *f* ‖ ~/**гильотинные листовые** Blechschlagschere *f* ‖ ~ **горячей резки [металла]** Warmschere *f* ‖ ~/**двойные** Doppelschere *f*, Zweistrangschere *f*, fliegende Schere *f* für zwei Walzgutstränge ‖ ~/**двойные кромкообрезные** Doppelbesäumschere *f* ‖ ~/**двухбарабанные** Zweitrommelschere *f* ‖ ~/**двухдисковые** rotierende Schere *f* mit einem Messerpaar, Kreisschere *f* ‖ ~/**двухстоечные** Zweiständerschere *f* ‖ ~/**дисковые** Kreismesserschere *f*, Rundmesserschere *f*, Rollenschere *f*, umlaufende (rotierende) Schere *f (Gruppenbegriff für Kreis-, Kurven-, Besäum- und Streifenscheren)* ‖ ~/**заготовочные** *(Met)* Knüppelschere *f* ‖ ~/**коленно-рычажные** Kniehebelschere *f* ‖ ~/**комбинированные** Blech- und Formstahlschere *f (kombinierte Schere zum Abziehen, Richten, Fetten und Abschneiden von Bändern)* ‖ ~/**кривошипно-коленные** Kniehebelschere *f* ‖ ~/**кривошипные** Kurbelschere *f* ‖ ~/**кромкообразные** Besäumschere *f*, Säumschere *f*, Beschneideschere *f* ‖ ~/**кулачковые** Nockenschere *f*, Einkurbelschere *f* ‖ ~/**летучие** fliegende Schere *f* ‖ ~/**летучие двухбарабанные** fliegende Zweitrommelschere *f* ‖ ~/**листовые** Blech[besäum]schere *f*, Tafel[messer]schere *f* ‖ ~/**ловильные** *(Erdöl)* Fallfangschere *f*, Fangschere *f (Bohrung)* ‖ ~/**маятниковые** Pendelschere *f* ‖ ~/**обрезные** Beschneideschere *f* ‖ ~/**одинарные** Einstrangschere *f*, fliegende Schere *f* für einen Walzgutstrang ‖ ~/**однобарабанные** Eintrommelschere *f*, Trommelschere *f* ‖ ~/**однобарабанные летучие** Eintrommelschlagschere *f* ‖ ~/**однокривошипные** Einkurbelschere *f*, Nockenschere *f* ‖ ~/**парнодисковые** Kreismesserschere *f* mit einem Kreismesserpaar ‖ ~ **прессового типа** Warmschere *f*, Blockschere *f*, Brammenschere *f* ‖ ~/**профильные** Formstahlschere *f*, Profilstahlschere *f* ‖ ~/**роликовые** Rollenschere *f* ‖ ~/**ротационные** fliegende Kurbelschere *f*, umlaufende Schere *f* ‖ ~/**ручные** Handschere *f* ‖ ~/**ручные рычажные** Handhebelschere *f* ‖ ~/**ручные слесарные** Hand[blech]schere *f* ‖ ~/**рычажно-коленные** Kniehebelschere *f* ‖ ~/**рычажные** Alligatorschere *f*, Backenschere *f*, Hebelschere *f* ‖ ~ **с вылетом** Auslegerschere *f* ‖ ~/**садовые** Gartenschere *f*, Baumschere *f* ‖ ~/**скрапные** Schrottschere *f* ‖ ~/**сортовые** Formstahlschere *f*, Profilstahlschere *f*, Stabstahlschere *f* ‖ ~/**стуловые** Stockblechschere *f* ‖ ~/**сутуночные** Brammenschere *f* ‖ ~/**универсальные** Universalschere *f*, Kombinationsschere *f* ‖ ~/**уточные**

(Text) Schußfadenschere f ‖ **~/фанерные** Furnierschere f, Furnierabschneider m ‖ **~ холодной резки** Kaltschere f ‖ **~/шпаруточные** *(Text)* Breithalterschere f ‖ **~/эксцентриковые** Exzenterschere f, Kurbelschere f ‖ **~/эксцентриковые листовые** Exzentertafelschere f
ножовка f Bügelsäge f ‖ **~/садовая** Baumsäge f ‖ **~/столярная** Handsäge f, Fuchsschwanz m *(Holzsäge)*
нож-скобель m *(Lw)* Schälmesser n
нож-скребок m Abschabemesser n, Abstreifermesser n, Abnahmeschaber m
ноздреватость f *(Gieß)* Porigkeit f, Blasigkeit f, Lunkrigkeit f
ноздреватый 1. schwammig, porig, porös; 2. löcherig *(Holz)*; 3. *(Gieß)* porig, lunkrig, luckig, blasig *(Blöcke)*
нозеан m *(Min)* Nosean m *(Feldspatvertreter)*
нок m *(Schiff)* Nock f *(Ende von Rundhölzern)*
нокметр m Knockmeter n, Klopfstärkemesser m *(Verbrennungsmotor)*
номер m 1. Nummer f *(bei Aufzählungen)*; 2. Nummer f, Größe f, Kaliber n ‖ **~/английский** *(Text)* englische Nummer f *(Feinheitsangabe für Garn, Zwirn)* ‖ **~/атомный** *(Ch)* Ordnungszahl f, Atomnummer f *(der chemischen Elemente)* ‖ **~ зернистости** Körnungsnummer f, Kornzahl f ‖ **~/коллективный** *(Nrt)* Sammelnummer f, Mehrfachanschlußnummer f ‖ **~/метрический** *(Text)* metrische Nummer f *(Feinheitsangabe für Garne, Zwirne)* ‖ **~/низкий** *(Text)* grobe Nummer f *(Feinheitsangabe für Garne, Zwirne)* ‖ **~ носителя данных/архивный** *(Inf)* Datenträgerarchivnummer f ‖ **~/порядковый** 1. Reihenfolgenummer f, Folgenummer f, laufende Nummer f; 2. s. **~/атомный** ‖ **~/последовательный** s. **~/порядковый** 1. ‖ **~/программный** *(Inf)* Programmnummer f ‖ **~ пряжи** *(Text)* Garnnummer f ‖ **~/регистрационный** *(Inf)* Archivnummer f *(Datenträger)* ‖ **~/серийный** *(Nrt)* Sammelnummer f, Mehrfachanschlußnummer f ‖ **~/сетки** Siebnummer f, Maschenzahl f *(Anzahl der Maschen je Zoll linear)* ‖ **~ сита** Siebgröße f, Siebmaschenweite f, Maschenweite f ‖ **~ тома/архивный** *(Inf)* Datenträgerarchivnummer f ‖ **~ тома/порядковый** *(Inf)* Datenträgerfolgenummer f
номеровать s. нумеровать
номеронабиратель m *(Nrt)* Nummernwähler m ‖ **~/дисковый** Nummernschalter m, Drehnummernschalter m ‖ **~/кнопочный** Tastenwähler m
номероуказатель m *(Nrt)* Nummernanzeiger m, Nummernanzeigeeinrichtung f
номинал m Nennwert m ‖ **~ сопротивления** *(El)* Nennwiderstandswert m
номограмма f Nomogramm n ‖ **~ времени резания** *(Fert)* Schnittzeittafel f ‖ **~ скорости резания/лучевая** *(Fert)* Strahlentafel f zur Ermittlung der Schnittgeschwindigkeit
номография f *(Math)* Nomographie f
нонвариантный nonvariant
нониус m s. верньер
нонтронит m *(Min)* Nontronit m, Ferri-Montmorillonit m *(Tonmineral)*
норит m *(Geol)* Norit m ‖ **~/оливиновый** Olivinnorit m, Olivingabbro m

нория f Becherwerk n, Elevator m ‖ **~/ленточная** Gurtbecherwerk n
норма f 1. Norm f; Satz m, Rate f; Menge f *(s. a. unter* нормы*)*; 2. *(Math)* Norm f *(Funktionalanalysis)* ‖ **~ времени** Zeitnorm f ‖ **~ высева** f *(Lw)* Aussaatmenge f, Saatmenge f, Aussaatstärke f, Saatstärke f ‖ **~ гидрологических величин** *(Hydrol)* langjähriger hydrologischer Mittelwert m ‖ **~ загрязнения/допустимая** *(Ökol)* zulässige Verschmutzungsnorm f, Grenzwert m der zulässigen Verschmutzung ‖ **~ отведения сточных вод** Abwasserbelastung f ‖ **~ радиационной безопасности** *(Ökol)* Sicherheitsnorm des Strahlenschutzes f ‖ **~ расхода** Verbrauchsnorm f ‖ **~/суточная** Tagessatz m ‖ **~ точности** Genauigkeitsnorm f ‖ **~ удобрения** f *(Lw)* Düngergabe f
нормалемер m Zahnweitenmeßgerät n *(Zahnradmessung)* ‖ **~/накладной** Zahnweitenreitermeßgerät n
нормализация f 1. *(Met)* Normal[isierungs]glühen n, Normalisieren n, Lufthärten n, Härten n im Luftstrom; 2. *(Gum)* Normalisieren n
нормализовать 1. *(Met)* normalglühen, normalisieren; 2. *(Gum)* normalisieren
нормаль f 1. *(Math)* Normale f, Senkrechte f; 2. Normenblatt n ‖ **~ поверхности** *(Math)* Flächennormale f ‖ **~/ультрафиолетовая** Ultraviolettstandard m, UV-Standard f
нормирование n Normung f; Normierung f
нормировать normen, Normen festlegen
нормы fpl Vorschriften fpl, Bestimmungen fpl *(s. a. unter* норма*.)* ‖ **~ и правила** npl/**строительные** *(Bw)* Bauordnung f, Baunormen- und Bauvorschriften fpl ‖ **~ испытание** Prüfnormen fpl ‖ **~ лётной годности** Flugtüchtigkeitsnormen fpl ‖ **~ передачи** *(Nrt)* Übertragungsnormen fpl ‖ **~/противопожарные** Brandschutzbestimmungen fpl
нос m 1. Nase f *(s. a. unter* носок 1.*)*; 2. *(Schiff)* Bug m ‖ **~/бульбовый** *(Schiff)* Wulstbug m ‖ **~/грозовой** *(Meteo)* Gewitternase f, Böennase f ‖ **~/клиперский** *(Schiff)* Klipperbug m ‖ **~/ледокольный** *(Schiff)* Eisbrecherbug m ‖ **~/ложкообразный** *(Schiff)* Löffelbug m ‖ **~/наклонный** *(Schiff)* ausfallender Bug m ‖ **~/прямой** senkrechter Bug m
носик m *(Gum)* Wulstspitze f, Wulstzehe f ‖ **~ петлителя** *(Text)* Hakengreifer m ‖ **~ платины** *(Text)* Nase f, Platinennase f *(Wirkerei)* ‖ **~ челнока** *(Text)* Greiferspitze f
носилка-измельчитель f *(Lw)* Feldhäcksler m
носилки pl **[/санитарные]** *(Med)* Krankentrage f
носильщик m *(Eb)* Gepäckträger m
носитель m Träger m; Trägersubstanz f ‖ **~/адгезивный** *(Eln)* Folienrahmen m *(für Bonder)* ‖ **~ данных** *(Inf)* Datenträger m ‖ **~ данных/буферный** Pufferdatenträger m ‖ **~ данных/внешний** externer Datenträger m ‖ **~ данных/входной** Eingabedatenträger m ‖ **~ данных/ленточный** bandförmiger Informationsspeicher m ‖ **~ данных/магнитный** magnetischer Datenträger m ‖ **~ данных/машинно-считываемый** maschinenlesbarer (maschinell lesbarer) Datenträger m ‖ **~ данных/промежуточный** Zwischendatenträger m ‖ **~ данных/сменный**

носитель

wechselbarer Datenträger *m*, auswechselbares Speichermedium *n* ‖ ~ **данных/стандартный единичный** Datenträger *m* ‖ ~ **данных/цифровой** digitaler Datenträger *m* ‖ ~ **записи** Informationsträger *m*, Aufzeichnungsträger *m* ‖ ~ **заряда** *(Eln)* Ladungsträger *m* ‖ ~ **заряда/возбуждённый** angeregter Ladungsträger *m* ‖ ~ **заряда/горячий** heißer Ladungsträger *m* ‖ ~ **заряда/избыточный** Überschußladungsträger *m* ‖ ~ **заряда/инжектированный (инъецированный)** injizierter Ladungsträger *m* ‖ ~ **заряда/неосновной** *(Eln)* Minoritäts[ladungs]träger *m (Halbleiter)* ‖ ~ **заряда/неравновесный** Nichtgleichgewichtsladungsträger *m*, Überschußladungsträger *m* ‖ ~ **заряда/основной** Majoritätsladungsträger *m*, Hauptladungsträger *m* ‖ ~ **заряда/отрицательный** negativer Ladungsträger *m* ‖ ~ **заряда/подвижный** freier (frei beweglicher) Ladungsträger *m* ‖ ~ **заряда/положительный** positiver Ladungsträger *m*, Defektelektron *n*; Loch *n* ‖ ~ **заряда/равновесный** Gleichgewichtsladungsträger *m* ‖ ~ **заряда/связанный** gebundener Ladungsträger *m* ‖ ~ **заряда/собственный** Ladungsträger *m* in einem Eigenhalbleiter ‖ ~ **изображения** Bildträger *m* ‖ ~ **информации** 1. *(Inf)* Informationsträger *m*, Datenträger *m*; 2. *(Kine)* Aufzeichnungsträger *m* ‖ ~ **информации в виде карты** blattförmiger Datenträger *m* ‖ ~ **информации/дисковый эластичный** elastischer scheibenförmiger Datenträger *m* ‖ ~ **информации/оптически считываемый** optisch auslesbarer Informationsträger *m* ‖ ~ **информации с высокой плотностью записи** Informationsträger *m* hoher Speicherdichte ‖ ~ **информации с дискретной средой накопления** Informationsträger *m* mit digitalem Speicherungsmedium ‖ ~ **информации с непрерывной средой накопления** Informationsträger *m* mit stetigem (kontinuierlichem) Speicherungsmedium ‖ ~ **кислорода** Sauerstoffträger *m* ‖ ~ **краски** *(Typ)* Farbträger *m* ‖ ~ **кристалла** *(Eln)* Chipträger *m* ‖ ~ **магнитной записи** Magnettonträger *m* ‖ ~ **магнитной записи/металлический** Metallschichtband *n (Magnettonband)* ‖ ~ **магнитной записи/порошковый** Pulverschichtband *n (Magnettonband)* ‖ ~ **/программный** *(Inf)* Programmträger *m* ‖ ~ **сигнала** Tonfrequenzsignal *n*, Signalträger *m* ‖ ~ **термопластической записи** thermoplastischer Aufzeichnungsträger *m* ‖ ~ **тока/неосновной** Minoritätsladungsträger *m* ‖ ~ **тока/основной** Majoritätsladungsträger *m*

носовой *(Schiff)* Vor[der]..., Bug...

носок *m* 1. Hals *m*, Nase *f*, Spitze *f*; 2. Schnauze *f*, Ausguß *m* (z. B. *einer Pfanne)*; 3. *(Led)* Blattkappe *f (Schuh)* ‖ ~ **/водосливный** *(Hydt)* Sprungnase *f* ‖ ~ **ковша/[сливной]** *(Met)* Pfannenschnauze *f* ‖ ~ **коленчатого вала** Zapfen *m* für Kurbelwellenrad *(zum Antrieb der Nockenwelle von Verbrennungsmotoren)* ‖ ~ **крыла/отклоняющийся** Kippnase *f (am Tragflügel)* ‖ ~ **литейного ковша** Gießpfannenschnauze *f* ‖ ~ **/переливной** Überlaufschnauze *f (Gießpfanne)* ‖ ~ **проводки** *(Wlz)* Führungsbackenspitze *f* ‖ ~ **/сливной** *(Met)* 1. Schnauze *f*, Gießschnauze *f*, Pfannenschnauze *f*, Ausguß *m*; 2. Gießrinne *f*, Ausgießrinne *f (Tiegel)*

носок-трамплин *m (Hydt)* Sprungschnauze *f*

нотопечатание *n (Typ)* Notendruck *m*

НП *s.* 1. положение/нижнее; 2. перпендикуляр/носовой; 3. *s.* предел/нижний

НПМД *s.* накопитель на постоянных магнитных дисках

НПУ *s.* устройство/носовое подруливающее

НРЧ *s.* часть/нижняя радиационная

нс *s.* наносекунда

НСМД *s.* накопитель на сменных магнитных дисках

НСТЛ-схема *f (Eln)* DCTL-Schaltkreis *m*, direktgekoppelter Transistorlogikschaltkreis *m*

НТА *s.* абсорбция/низкотемпературная

нувистор *m (Eln)* Nuvistor *m*, Nuvistorröhre *f*

нужды *fpl (En)* Bedarf *m* ‖ ~ **блока/собственные** Blockeigenbedarf *m* ‖ ~ **/электрические собственные** elektrischer Eigenbedarf *m* ‖ ~ **электростанции/собственные** Kraftwerkseigenbedarf *m*

нуклеин *m* Nuklein *n*

нуклеон *m s.* нуклон

нуклеоника *f* Nukleonik *f*, [angewandte] Kernforschung *f* und Kerntechnik *f*

нуклеосинтез *m s.* синтез ядер

нуклеофил *m (Ch)* Nucleophil *n*, nucleophiles (elektronenabgebendes) Reagens *n*

нуклеофильность *f* Nucleophilie *f*

нуклид *m (Kern)* Nuklid *n*, Kernart *f*, Kernsorte *f*, Atomart *f*

нуклон *m (Kern)* Nukleon *n*

нуклор *m (Kern)* Nukleor *n*, Nukleonkern *m*

нуллипоры *pl (Geol)* Nulliporen *pl*, Lithothamnien *pl*

нуллод *m (Eln)* Nullode *f (eine Sperröhre)*

нуль *m* 1. Null *f*; Nullwert *m*; 2. *(Math)* Nullstelle *f*; 3. Nullpunkt *m* (*s. a.* точка/нулевая*)*; 4. *s.* элемент/нулевой ‖ ~**/абсолютный** *(Ph)* absoluter Nullpunkt *m (der Temperatur)* ‖ ~**/ведущий** *(Inf)* Vornull *f*, führende Null *f* ‖ ~ **водомерного поста** *(Hydt)* Nullpunkt *m* des Pegels ‖ ~**/жёсткий** fester Nullpunkt *m* ‖ ~ **карты** *(Schiff)* Kartennull *f* ‖ ~**/нормальный** *(Geod)* Normalnull *n*, Normalnullpunkt *m*, NN ‖ ~**/машинный** Maschinennull *f* ‖ ~**/плавающий** gleitender Nullpunkt *m* ‖ ~**/электрический** elektrischer Nullpunkt *m*

нуль-индикатор *m* Nullindikator *m*, Null[an]zeiger *m* ‖ ~**/детекторный** Gleichrichternullindikator *m*

нуль-инструмент *m* Nullinstrument *n*

нуль-орган *m* Nullindikator *m*

нуль-прибор *m* Nullgerät *n*, Nullinstrument *n*

нуль-реле *n* Nullrelais *n*

нуль-система *f (Math)* Nullsystem *n*, Nullkorrelation *f*

нуль-указатель *m s.* нуль-индикатор

нуме[а]ит *m (Min)* Numeait *m*, Garnierit *m*

нумер *m s.* номер

нумератор *m (Typ)* Numerierapparat *m*

нумерация *f* Numerierung *f* ‖ ~**/закрытая** *(Nrt)* verdeckte Numerierung *f* ‖ ~**/открытая** *(Nrt)* offene Numerierung *f* ‖ ~ **пряжи** *(Text)* Numerierung *f (Garne)* ‖ ~ **страниц** *(Typ)* Seitennumerierung *f*, Paginierung *f*

нумеровать numerieren; abzählen
нуммулиты pl (Geol) Nummuliten pl
нунатак m (Geol) Nunatak m (aus dem Inlandeis herausragende Berge und Felsen)
НУР s. ракета/неуправляемая
нутация f (Astr) Nutation f ‖ ~ **в долготе** Nutation f in Länge ‖ ~ **в наклоне [эклиптики]** Nutation f in Schiefe
нутромер m Innenmeßgerät n, Innentaster m ‖ ~/**индикаторный** 1. Innenfeinzeiger m; 2. Stichmaß n mit Meßuhr ‖ ~/**микрометрический** 1. Innenmeßschraube f; 2. Stichmaß n mit Feinmeßschraube
нутч[-фильтр] m (Ch) Nutsche f, Filternutsche f
НЧ s. 1. низкочастотный; 2. частота/низкая; 3. низкочувствительный
НЧ-усилитель m NF-Verstärker m, Niederfrequenzverstärker m ‖ ~ **мощности** (Rf, TV) NF-Leistungsverstärker m
НЧ-фильтр m (Eln) Tiefpaß m
нырнуть s. нырять
ныряло n Tauchkolben m, Plunger[kolben] m (Verdränger der Tauchkolbenpumpe)
ныряние n 1. Untertauchen n, Tauchen n; 2. (Eb) Tauchen n (Fahrzeug)
нырять 1. [unter]tauchen; 2. (Eb) tauchen (Fahrzeug)
ньютон m Newton n, N (SI-Einheit der Kraft) ‖ ~ **на квадратный метр** Newton/Quadratmeter, N/m² (Einheit des Drucks) ‖ ~ **на метр** Newton n pro Meter, N/m
ньютон-метр m Newtonmeter n, [absolutes] Joule

О

ОАПС s. сигнализация/обобщённая аварийно-предупредительная
обборка f (Bgb) Бereißen n, Berauben n, Beräumen n (der Grubenbaukontur)
обвал m 1. (Geol) Bergsturz m, Felssturz m; 2. (Bgb) Einsturz m, Einbruch m; Nachfall m ‖ ~ **берега** (Hydt) Uferabbruch m ‖ ~ **кровли [выработки]** (Bgb) Firstenbruch m, Firsteinbruch m ‖ ~ **[обломков] породы** (Bgb) Nachfall m, Steinfall m
обваливаться 1. einstürzen, zusammenfallen; 2. (Bgb) hereinbrechen, nachfallen
обвалование n (Hydt) Eindeichung f, Abdeichung f
обваловать (Hydt) umdämmen, umdeichen
обварка f Umschweißen n, Umschweißung f, Schweißen n entlang einer geschlossenen Kontur
обвести s. обводить
обветшалость f (Bw) Baufälligkeit f (Gebäude)
обвивание n 1. Umwinden n, Umwindung f; 2. Umspinnen n, Umspinnung f
обвивать 1. umwinden; 2. umspinnen
обвитый 1. umwunden, umrankt; 2. umsponnen, besponnen
обвить s. обвивать
обвод m 1. Umleitung f, Umgehungsleitung f, Bypass m; 2. Überströmleitung f
обводить 1. umgehen, umziehen; 2. umreißen; 3. beipassen ‖ ~ **контур** (Fert) abfahren (eine Bewegungsbahn)

обводка f 1. Umreißen n, Umriß m; 2. Herumführen n (z. B. Seile um die Rolle); 3. (Wlz) Schlingenführung f, Umführung f ‖ ~/**вертикальная** (Wlz) Rücklaufapparat m, Rücklaufführung f ‖ ~/**круговая** (Wlz) horizontale Umführung f (von Gerüst zu Gerüst) ‖ ~/**роликовая** (Wlz) Rollenrücklaufapparat m
обводнение n 1. Bewässerung f, Berieselung f, Irrigation f; 2. Wasseranreicherung f, Wasseraufnahme f; 3. (Bgb) Verwässerung f
обводнённый 1. bewässert; 2. (Bgb) verwässert
обводнить s. обводнять
обводнять (Lw) bewässern, berieseln
обводы mpl (Schiff) Umrißlinien fpl, Konturen mpl, Konturenverlauf m, Form f ‖ ~/**миделевые** (Schiff) Hauptspantkonturen fpl, Hauptspantform f ‖ ~/**округлые** (Schiff) Rundspantform f ‖ ~/**остроскулые** (Schiff) Knickspantform f ‖ ~/**теоретические** Schiffsform f (Schiffskonturen fpl) im Linienriß
обволакивание n Umhüllung f, Ummantelung f
обволакивать umhüllen, ummanteln
обвязка f 1. Umwicklung f; 2. (Bw) Rahmenwerk n, Fries m; Träger m; (Bgb) Druckleitung f, Manifold m (Bohrung) ‖ ~/**верхняя** (Bw) Rähm m, Rahmenholz n, Bundbalken m, Kappholz n (Fachwerk); Sattelschwelle f; 2. (Bw) Oberrahmen m, Obergurt m (Fahrzeug) ‖ ~/**дверная** Türfries m, Friesrahmen m ‖ ~/**нижняя** (Bw) Schwelle f, Saumschwelle f (Fachwerk); Saumbalken m ‖ ~/**оконная** Fensterrahmen m, Flügelrahmen m ‖ ~/**продольная** (Bw) Längsschwelle f
обгар (Gieß) Abbrand m (z. B. eines Metalls im Schmelzofen)
обгон m Überholung f, Überholen n; Vorbeifahren n ‖ ~ **поезда** (Eb) Überholung f von Zügen
обгонять überholen; vorbeifahren
обгорание n 1. Abbremsen n, Abbrand m (z. B. von Elektroden); 2. (El) Verschmoren n (von Kontakten); 3. (Met) Abbrand m, Abbrennen n, Ausbrand m (Legierungsbestandteile)
обгорать 1. abbrennen (z. B. Elektroden); 2. (El) verschmoren (Kontakte); 3. (Met) abbrennen, ausbrennen (Legierungsbestandteile)
обгореть s. обгорать
обделка f 1. Bearbeitung f; Behandlung f; 2. Verschalung f, Verkleidung f, Ummantelung f ‖ ~/**бетонная** Betonummantelung f ‖ ~/**сборная** Fertigteilauskleidung f, Fertigteilummantelung f
обделывать ummanteln, auskleiden
обдирание n s. обдирка
обдирать 1. bestoßen; 2. (Fert) schälen
обдирка f 1. (Fert) Schälen n; Vorhecheln n (Flachs); 2. Grauen n, Reiben n (Diamantbearbeitung); 4. Entrinden n, Abschälen n, Schälen n ‖ ~ **коры** Entrinden n ‖ ~/**предварительная** (Fert) Vorschälen n
ободрочный (Fert) Schäl... (Bearbeitungsart, Grobbearbeitung)
обдув m 1. Anströmung f, Anblasen n; 2. (El) Belüftung f ‖ ~/**внешний (наружный)** Oberflächenbelüftung f
обдуваемый oberflächenbelüftet
обдувание n (El) Beblasung f; Bespülung f ‖ ~/**поперечное** Querblasung f; Querbespü-

обдувание

lung f ‖ ~/**продольное** Längsbeblasung f; Längsbespülung f
обдувать beblasen; bespülen; ausblasen *(z. B. Hohlraum mit Druckluft)*
обдувка f 1. Anblasen n; 2. Bespülen n; *(Gieß)* Abblasen n, Ausblasen n *(Gießform)*; 3. *(Gieß)* Strahlen n *(Gußputzen)*, ‖ ~ **дробью** *(Gieß)* Strahlen n mit metallischen Strahlmitteln *(Gußputzen)* ‖ ~/**косая** Schräganblasung f ‖ ~ **песком** *(Gieß)* Sandstrahlen n *(Gußputzen)*
обдукция f *(Geol)* Obduktion f
обдуть s. обдувать
обегание n Abtasten n, Abtastung f
обегать umlaufen
обеднение n 1. Verarmung f; Erschöpfung f; 2. *(Kern)* Abreicherung f; 3. *(Bgb)* Vertaubung f, Verarmung f *(Erzgänge)* ‖ ~ **носителями заряда (тока)** *(Eln)* Trägerverarmung f, Ladungsträgerverarmung f ‖ ~ **смеси** Gemischabmagerung f *(Kraftstoff)* ‖ ~ **электронами** *(Eln)* Elektronenverarmung f
обеднённый 1. verarmt; 2. *(Bgb)* vertaubt, verarmt ‖ ~ **носителями тока** *(Eln)* trägerverarmt, ladungsträgerverarmt
обеднять 1. verarmen; 2. *(Kern)* abreichern; 3. *(Bgb)* verarmen, vertauben *(Erzgänge)*
обезводороживание n Wasserstoffentfernung f
обезвоженный entwässert
обезвоживание n Entwässern n, Entwässerung f; Dehydratisieren n; Wasserentzug m ‖ ~/**частичное** Teilentwässerung f
обезвоживать entwässern; dehydratisieren; Wasser entziehen
обезволашивание n *(Led)* 1. Haarlockerung f; 2. Enthaarung f ‖ ~/**механическое** maschinelles Enthaaren n, Maschinenenthaaren n
обезволашивать *(Led)* enthaaren
обезволосить s. обезволашивать
обезвреживание n 1. Unschädlichmachen n; 2. Entschärfung f *(Munition)*
обезвреживать 1. unschädlich machen; 2. entschärfen *(Munition)*
обезгаживание n Entgasung f, Entgasen n, Gasaustreibung f
обезглавливание n Köpfen n *(Fischverarbeitung)*
обезглавливать [рыбу] köpfen *(Fischverarbeitung)*
обезжелезивание n Enteisenung f, Eisenausscheidung f
обезжиренный 1. entfettet; entölt; 2. entrahmt *(Milch)*
обезжиривание n 1. Entfetten n, Entfettung f; Entölung f; 2. Entrahmen n *(Milch)*
обезжириватель m Entfettungsmittel n
обезжиривать 1. entfetten; entölen; 2. entrahmen *(Milch)*
обезжирить s. обезжиривать
обеззараживание n 1. Desinfektion f, Desinfizierung f, Entseuchung f; 2. *(Kern)* Entaktivierung f, Dekontamination f; 3. *(Mil)* Entgiftung f *(Kampfstoffe)* ‖ ~ **воды** Entkeimung f des Wassers ‖ ~ **сточных вод** Abwasserentkeimung f
обеззараживать 1. desinfizieren, entkeimen, keimfrei machen; entseuchen; 2. *(Kern)* dekontaminieren, entaktivieren; 3. *(Mil)* entgiften
обеззаразить s. обеззараживать

502

обеззоливание n 1. Entaschung f; 2. *(Led)* Entäschen n, Entkälken n
обеззоливать 1. entaschen; 2. *(Led)* entäschern, entkälken
обеззолить s. обеззоливать
обезлесение n *(Forst)* Entwaldung f
обезлесить *(Forst)* entwalden
обезмасливание n Entölen n, Entölung f
обезрепеивание n *(Text)* Entkletten n *(Rohwolle)*
обезрепеивать [шерсть] *(Text)* entkletten *(Rohwolle)*
обезуглеродить s. обезуглероживать
обезуглероживание n *(Met)* 1. Entkohlen n, Entkohlung f; 2. Frischen n ‖ ~/**поверхностное** *(Met)* Oberflächenentkohlung f *(allgemein)*; Randentkohlung f *(z. B. eines Gußteils)*
обезуглероживать 1. *(Met)* entkohlen, dekarbonisieren; 2. frischen
обёртка f 1. Umwickelung f, Umhüllung f; 2. Schutzumschlag m *(Buch)*; Umschlag m; 3. Einschlagpapier n, Einwickelpapier n
обертон m *(Ak)* Oberton m, Oberschwingung f ‖ ~/**гармонический** Harmonische f ‖ ~/**основной** Grundton m
обертух m *(Pap)* Abnahmefilz m, Obertuch n
обёртывающая f *(Math)* Hüllkurve f, Einhüllende f, Enveloppe f
обескислороживание n Sauerstoffentzug m; Sauerstoffaustreibung f
обескоривание n Entrindung f, Schälung f
обескорить s. окоривать
обескремнивание n Entkieselung f, Entsilisierung f
обескремнивать entkieseln
обеспечение n Sicherung f, Sicherstellung f, Gewährleistung f; Versorgung f ‖ ~/**аппаратное** s. ~/**техническое** ‖ ~/**базовое программное** *(Inf)* Basissoftware f, Basisprogrammunterstützung f, BPU ‖ ~ **безопасности полётов** *(Flg)* Flugsicherung f ‖ ~/**внутреннее программное** *(Inf)* Firmware f ‖ ~/**геометрическое программное** *(Inf)* geometrische Software f ‖ ~/**графическое программное** *(Inf)* graphische Software f ‖ ~/**диагностическое программное** *(Inf)* Diagnosesoftware f ‖ ~/**информационное** Informationsbereitstellung f ‖ ~ **качества** Qualitätssicherung f ‖ ~ **качества/автоматизированное** rechnergestützte Qualitätssicherung f ‖ ~ **качества и надёжности** Qualitäts- und Zuverlässigkeitssicherung f ‖ ~ **качества программ с помощью ЭВМ** computergestützte Software-Qualitätssicherung f ‖ ~/**математическое** s. ~/**программное** ‖ ~/**метрологическое** metrologische Sicherung f ‖ ~ **надёжности** Zuverlässigkeitssicherung f ‖ ~/**общее математическое** *(Inf)* maschinenorientierte Systemunterlagen fpl (Software f), MOS, Systemsoftware f ‖ ~/**общее программное** *(Inf)* allgemeine Software f ‖ ~ **пользователя/программное** *(Inf)* Anwendersoftware f, Nutzersoftware f ‖ ~/**прикладное программное** *(Inf)* Anwendungssoftware f ‖ ~/**проблемно-ориентированное программное** *(Inf)* problemorientierte Software f, POS, problemorientierte Softwareunterlagen fpl ‖ ~/**программное** *(Inf)* Systemunterlagen fpl, Programmunterstützung f,

Software f ‖ **~/процессорное** (Inf) Prozessorsupport m ‖ **~/резидентное программное** (Inf) residente Software f, Residentsoftware f ‖ **~/сетевое программное** (Inf) Netzsoftware f ‖ **~/системное программное** (Inf) Systemunterlagen fpl, Systemsoftware f ‖ **~/техническое** (Inf) Hardware f, gerätetechnische Mittel fpl (Ausstattung f) ‖ **~/фирменное программное** (Inf) Firmware f ‖ **~ энергией** Energieversorgung f

обеспечивать 1. sichern, gewährleisten; 2. versorgen (mit etwas)

обеспыливание n Entstauben n, Entstaubung f, Staubabscheidung f

обеспыливать entstauben

обессахаривание n Entzuckern n, Auslaugen n [der Rübenschnitzel]

обессахаривать entzuckern, [Rübenschnitzel] auslaugen

обессеривание n (Met) Entschwefelung f, Entschwefeln n, Abschwefelung f, Desulfurieren n

обессериватель m (Met) Entschwefelungsmittel n

обессеривать (Met) entschwefeln, desulfurieren

обессмоливание n Entharzen n

обессоливание n Entsalzen n, Entsalzung f ‖ **~ воды** Wasserentsalzung f

обессоливать entsalzen

обессолить s. обессоливать

обесточение n (El) Abschalten n, Abschaltung f, Stromlosmachen n ‖ **~ судна** (Schiff) Bordnetzausfall m, Black-out m

обесточенный (El) abgeschaltet, stromlos

обесточивание n s. обесточение

обесточивать stromlos machen, Strom wegnehmen (sperren, abschalten)

обесточить s. обесточивать

обесфосфоривание n (Ch, Met) Entphosphoren n, Entphosphorung f

обесхлорить (Ch) entchloren

обесцвеченный verblaßt, ausgebleicht

обесцвечивание n 1. Entfärben n, Entfärbung f; 2. (Text) Bleichen n; 3. (Lebm, Brau) Aufhellen n; 4. (Pap) Deinken n, Deinking n (Entfärben von bedrucktem Altpapier)

обесцвечиватель m Entfärbungsmittel n

обесцвечивать 1. entfärben; 2. (Text) bleichen; 3. (Lebm, Brau) aufhellen; 4. deinken (Entfärben von bedrucktem Altpapier)

обесценение n **тепла** Wärmeabwertung f (qualitativ durch Verringern von Druck und Temperatur) ‖ **~ энергии** Abwertung (Entwertung) f der Energie

обесцинкование n Zinkabtragung f, Entzinkung f

обесшкуривание n **рыбы** Enthäuten n (Enthäutung f) des Fisches (Fischverarbeitung)

обесшкуривать рыбу Fisch enthäuten (Fischverarbeitung)

обесшламывание n Entschlammen n, Entschlammung f

обечайка f 1. Zarge f; 2. Schuß m, Mantelschuß m, Stoß m (Behälterfertigung) ‖ **~ котла** Kesselschuß m ‖ **~/листовая** Blechschuß m

обжаривать rösten

обжарить s. обжаривать

обжатие n 1. Zusammendrücken n, Zusammenpressen n, Komprimieren n; 2. (Wlz) Höhenabnahme f, Abnahme f; Verformung f; 3. (Wlz) Vorwalzen n, Blocken n, Herunterwalzen n; 4. (Schm) Stauchen n, Stauchung f, Herunterstauchen n, Stauchschmieden n ‖ **~/абсолютное** (Wlz) [absolute] Höhenabnahme f ‖ **~/боковое** (Schm) Flankenstauchung f (s. a. ~ по ширине 2.) ‖ **~/горячее** (Schm) Warmstauchen n, Warmstauchung f ‖ **~ за пропуск** (Wlz) Stichabnahme f ‖ **~/линейное** (Schm) lineare (axiale, einachsige) Stauchung f ‖ **~/относительное** (Schm) bezogene (relative) Höhenabnahme (Stichabnahme) f ‖ **~ по высоте** 1. (Wlz) Höhenabnahme f; 2. (Schm) Stauchung f, Höhenverformung f; Abnahme f durch Stauchung ‖ **~ по диаметру** Durchmesserabnahme f ‖ **~ по сечению** Querschnittsabnahme f, Flächenabnahme f (z. B. Formprofile) ‖ **~ по толщине** Dickenabnahme f ‖ **~ по ширине** 1. Breitenabnahme f; 2. (Schm) Querstauchen n, Querstauchung f, Breitenstauchung f, Breitenverformung f; Abnahme f durch Querstauchung ‖ **~/поперечное** (Schm) Querstauchen n, Querstauchung f ‖ **~/суммарное** (Schm) Gesamtstauchung f, Gesamt[höhen]abnahme f

обжечь s. обжигать

обжиг m 1. (Met) Rösten n, Röstung f (Erze); Röstarbeit f (NE-Metallurgie); 2. (Ker) Brennen n, Brand m ‖ **~/агломерационный** (Met) Sinterrösten n, Sinterröstung f (feinkörnige Erze); Pulverrösten n, Pulverröstung f (pulverförmige Erze) ‖ **~/агломерирующий** s. ~/агломерационный ‖ **~/бисквитный** (Ker) Schrühbrand m, Verglühbrand m, Rohbrand m, Bisquitbrand m ‖ **~/быстрый** Schnellbrand m ‖ **~ во взвешенном состоянии** (Met) Schwerösten n, Schweberöstung f, Suspensionsrösten n, Suspensionsröstung f ‖ **~/восстановительный** (Met) reduzierendes Rösten n, Reduktionsröstung f; (Ker) reduzierendes Brennen n, Reduktionsbrand m ‖ **~/двойной** (Met) Doppelrösten n, Doppelröstung f, doppeltes Rösten n; (Ker) Doppelbrand m ‖ **~/двухфазный** Zweibrandverfahren n ‖ **~/диссоциирующий** (Met) dissoziierendes Rösten n, dissoziierende Röstung f ‖ **~/дистилляционный** (Met) Destillationsrösten n (bei der Gewinnung von Quecksilber, Wolfram und Molybdän) ‖ **~/кальцинирующий** (Met) Kalzination f, Kalzinieren n (NE-Metallurgie, z. B. Zink) ‖ **~ кирпича** Ziegelbrennen n ‖ **~/клинкера** Klinkerbrand m ‖ **~/магнетизирующий** (Met) magnetisierendes Rösten n, Magnetisierröstverfahren n ‖ **~/мокрый** Naßbrennverfahren n ‖ **~/муфельный** (Ker) Muffelbrand m ‖ **~ на порошок** (Met) Pulverrösten n, Pulverröstung f, Staubrösten n, Staubröstung f ‖ **~ намертво** (Met) Totrösten n, Totröstung f; (Ker) Totbrennen n ‖ **~/однофазный** Einbrandverfahren n ‖ **~/окислительно-восстановительный** (Met) reduzierendes Rösten n mit Wideroxidation (bei der Gewinnung von Zinn, Arsen und Antimon) ‖ **~/окислительный** (Met) oxidierendes Rösten n, oxidierende Röstung f, Röstreaktionsverfahren n; (Ker) oxidierendes Brennen n ‖ **~/окончательный** (Met) Garbrennen n, Garbrand m ‖ **~/перв[ичн]ый** (Met) Rohbrand m, Vorrösten n ‖ **~/повторный** (Met) Nachrösten n; (Ker) Nachbrand m, Nachbrennen n ‖ **~/политой**

обжиг

(Ker) Glasurbrand *m*, Gutbrand *m*, Glattbrand *m* ‖ ~/**полувзвешенный** *(Met)* Schweberöstung *f* ‖ ~/**полусухой** Halbtrockenbrennverfahren *n* ‖ ~/**предварительный** *(Met)* Vorrösten *n*, Vorröstung *f*; *(Ker)* Vorbrand *m*, Glühbrand *m* ‖ ~ **с плавлением** *(Met)* Röstschmelzen *n* ‖ ~/**сильный** *(Met)* Scharfbrand *m*, Starkbrand *m* ‖ ~/**слабый** *(Met)* Schwachbrand *m*, Leichtbrand *m* ‖ ~/**спекающий** *(Met)* Sinterrösten *n*, Sinterröstung *f* ‖ ~/**сульфати[зи]рующий** *(Met)* sulfatisierendes Rösten *n*, sulfatisierende Röstung *f*, Blenderösten *n* ‖ ~/**сухой** Trockenbrennverfahren *n* ‖ ~/**хлорирующий** *(Met)* chlorierendes Rösten *n*, chlorierende Röstung *f* ‖ ~/**частичный** *(Met)* Teilrösten *n*, Teilröstung *f* ‖ ~/**шлакующий** Schlackenrösten *n*, Schlackenröstung *f*

обжигание *n s.* обжиг

обжигательный 1. *(Met)* Röst...; 2. *(Ker)* Brenn...

обжигать 1. *(Met)* rösten, abrösten; kalzinieren; 2. *(Ker)* brennen

обжиговый *s.* обжигательный

обжим *m* 1. Stauchen *n*, Stauchung *f (durch Walzen, Schmieden, Pressen)*; 2. Engen *n*, Einengen *n (von Hohlkörpern im Preßgesenk)* ‖ ~ **корешка** *(Typ)* Abpressen *n (Buchblock)*

обжимать 1. zusammenpressen, quetschen; 2. *(Wlz)* vorblocken, vorstrecken; verformen; herunterblocken, herunterwalzen; 3. *(Typ)* abpressen *(Buchblöcke)*

обжимка *f* 1. *(Schm)* Rundgesenk *n (für Freihandschmieden, bestehend aus Gesenkhammer und Schlichtlage)*; 2. *(Wkz)* Kopfsetzer *m*, Schellhammer *m*, Döpper *m (Handnietung)*; 4. *s.* обжим ‖ ~/**верхняя** *(Schm)* Gesenkhammer *m*, Obergesenk *n* ‖ ~/**квадратная** *(Schm)* Vierkantgesenk *n* ‖ ~/**круглая** *(Schm)* Rundgesenk *n* ‖ ~/**нижняя** *(Schm)* Untergesenk *n*, Schlichtlage *f* ‖ ~/**плоская** *(Schm)* Setzhammer *m*, Stauchhammer *m* ‖ ~/**поддерживающая** Anpreßstempel *m (Nietmaschine)* ‖ ~ **фальца** *(Typ)* Abpressen *n*, Falzeinpressen *n* ‖ ~/**фасонная** *(Schm)* Formgesenk *n*

обзол *m* Fehlkante *f*, Waldkante *f*, Baumkante *f*, Schalkante *f*, Schalrand *m (Holz)*

обзор *m* 1. Beobachtung *f*; 2. Überblick *m*, Übersicht *f*; 3. *(Rad)* Abtastung *f* ‖ ~ **воздушного пространства** *(Rad)* Luftraumabtastung *f*, Luftraumüberwachung *f* ‖ ~/**звёздный** *(Astr)* Durchmusterung *f* ‖ ~/**зональный** *(Rad)* Zonenabtastung *f* ‖ ~/**конический** *(Rad)* Kegelabtastung *f* ‖ ~/**круговой** *(Rad)* Rundsuche *f*, Rund[um]sicht *f* ‖ ~/**радиолокационный** Radarabtastung *f*, Radarüberwachung *f* ‖ ~/**секторный** *(Rad)* Sektor[en]abtastung *f*

обивка *f* Belag *m*, Überzug *m*; Umflechtung *f*, Umwindung *f*

обилие *n* **электронов** Elektronenüberschuß *m*

обитаемый *(Kosm)* 1. bewohnbar; 2. bemannt

обкатать *s.* обкатывать

обкатка *f* 1. Rollen *n*, Wälzen *n*, Umwälzung *f*; 2. *(Fert)* Abwälzung *f*, Abwälzbewegung *f*; 3. *(Schm)* Freiformschmieden *n* runder Querschnitte, Rundschmieden *n*; 4. *(Wkz)* Außenglattwalzwerkzeug *n*; 5. *(Wlz)* Glattwalzen *n*, Glättwalzen *n*, Friemeln *n (Friemelwalzwerk)*; Abrollen *n* *(Abrollwalzwerk)*; 6. Einfahren *n*, Erproben *n*; Probelauf *m*, Probefahrt *f (von Maschinen oder Fahrzeugen)*; 7. *(Typ)* Druckabwicklung *f* ‖ ~ **прутков круглого сечения** Rundstrangglattwalzen *n* ‖ ~ **роликами** Glattwalzen *n*

обкатывание *n* 1. *(Fert)* Wälzen *n*, Abwälzen *n*; 2. *(Fert)* Außenglattwalzen *n*; 3. *s. unter* обкатка ‖ ~ **валиков** *(Typ)* Einfärben *n* der Walzen ‖ ~ **зубьев** Verzahnungsglattwalzen *n* ‖ ~ **со скольжением** relatives Gleiten *n*, Wälzgleiten *n*

обкатывать 1. *(Fert)* abwälzen; 2. *(Fert)* außenglattwalzen; 3. *(Wlz)* abrollen, friemeln *(Friemelwalzwerk)*; 4. *(Typ)* einfärben *(Druckwalzen)*; 5. *(Masch)* zur Probe laufen lassen, einfahren *(Maschinen oder Fahrzeuge)*

обкатываться *(Fert)* sich abwälzen

обкладка *f* 1. Belegung *f*, Belegen *n*; 2. Umlegen *n*, Einfassen *n*; Besetzen *n*; 3. Belag *m*; Auflage *f*; Abdeckung *f*; Futter *n*, Ausfütterung *f*; 4. Einfassung *f*; Besatz *m* ‖ ~/**металлическая** Metallbelag *m* ‖ ~/**предохранительная** Schutzhülle *f*, Schutzumhüllung *f* ‖ ~/**проводящая** *(El)* leitender Belag *m*, Kontaktbelag *m* ‖ ~/**свинцовая** Bleiauskleidung *f* ‖ ~/**фрикционная** Reibbelag *m*

обкладывание *n (Met)* Ausfüttern *n*, Auskleiden *n*, Zustellen *n*

облавливать fischen, befischen

облагораживание *n* 1. Veredeln *n*, Veredelung *f*; 2. *(Met)* Ausscheidungshärten *n*, Ausscheidungshärtung *f* ‖ ~ **кожи** *(Led)* Narbenkorrektur *f* ‖ ~ **тканей** *(Text)* Webwarenveredelung *f*

облагораживать veredeln

облагородить *s.* облагораживать

обладающий потерями verlustbehaftet

облака *npl* Wolken *fpl*, Bewölkung *f (s. a. unter* облако*)* ‖ ~/**кучево-дождевые** Gewitterwolken *fpl* ‖ ~/**кучевообразные** Haufenwolken *fpl* ‖ ~/**Магеллановы** Magellansche Wolken *fpl (extragalaktische Sternsysteme)* ‖ ~/**перистые** Federwolken *fpl* ‖ ~/**светящиеся** *(Astr)* leuchtende Nachtwolken *fpl* ‖ ~/**серебристые** *s.* ~/светящиеся

облако *n* Wolke *f (s. a. unter* облака*)* ‖ ~ **взрыва** Detonationswolke *f* ‖ ~ **дислокаций** Versetzungswolke *f* ‖ ~/**допланетное** *s.* ~/протопланетное ‖ ~/**дымовое** Rauchwolke *f* ‖ ~/**звёздное** *(Astr)* Sternwolke *f* ‖ ~/**ионное** Ionenwolke *f (Kern)* ‖ ~ **капель** Tröpfchenwolke *f* ‖ ~ **конденсации** Kondenswolke *f* ‖ ~/**межзвёздное пылевое** *(Astr)* interstellare Staubwolke *f* ‖ ~ **Оорта** *(Astr)* Oortsche Kometenwolke *f* ‖ ~ **пространственного заряда** *(Eln)* Raumladungswolke *f* ‖ ~/**протонное** *(Kern)* Protonenwolke *f* ‖ ~/**протопланетное** *(Astr)* protoplanetare Wolke *f (Sternentstehung)* ‖ ~/**радиоактивное** *(Kern)* radioaktive Wolke *f* ‖ ~ **частиц** *(Kern)* Teilchenwolke *f* ‖ ~/**электронное** Elektronenwolke *f* ‖ ~ **электронов** Elektronenwolke *f*

область *f* 1. Gebiet *n*, Bereich *m*; Region *f*; Gegend *f (s. a. unter* диапазон *und* зона*)*; 2. *(Math)* Gebiet *n*, Bereich *m (Mengenlehre)* ‖ ~ **абляции** *(Geoph)* Ablationsgebiet *n (Gletscher)* ‖ ~/**активная** *(Astr)* Aktivitätsgebiet *n (z. B. auf der Sonne)* ‖ ~/**анодная** *s.* ~ анодного падения ‖ ~ **анодного падения** Anoden[fall]gebiet n, Anodenfallraum m ‖ ~/**аридная** (Geol) Trockengebiet n ‖ ~/**асейсмическая** (Geoph) erdbebenfreies Gebiet n ‖ ~/**бессточная** (Hydrol) abflußloses Gebiet n ‖ ~ **ближнего замирания** (Rf, TV) Nahschwundgebiet n, Nahschwundzone f ‖ ~ **ближнего приёма** (Rf, TV) Nahempfangsbereich m, Nahempfangszone f ‖ ~ **блокировки** (Eln) Sperrbereich m ‖ ~ **ввода** (Inf) Eingabebereich m ‖ ~ **ведущего луча** (Rad) Leitstrahlbereich m, Dauerstrichzone f ‖ ~ **Вейса** (Krist) Weißscher Bezirk m, Elementarbezirk m (ferro- und ferrimagnetische Kristalle) ‖ ~ **взаимодействия** Wechselwirkungsbereich m, Wechselwirkungszone f ‖ ~/**видимая** sichtbarer Bereich m (des Spektrums) ‖ ~ **Вина** (Ph) Wienscher Bereich m, Wien-Bereich m ‖ ~/**виртуальная адресная** (Inf) virtueller Adreßbereich m ‖ ~/**вихревая** (Ph) Wirbelbereich m, Wirbelgebiet n ‖ ~/**вторая катодная тёмная** Hittorfscher (Crookesscher) Dunkelraum, innerer Dunkelraum m ‖ ~ **выбега** (Ph) Nachlaufgebiet n ‖ ~ **высоких частот** (El) Hochfrequenzgebiet n, HF-Gebiet n ‖ ~ **гамма-фазы** (Ph) γ-Gebiet n, Gammagebiet n, γ-Bereich m, Gammabereich m (z. B. im Eisen-Kohlenstoff-Diagramm) ‖ ~ **Гаусса** s. ~/**параксиальная** ‖ ~/**геосинклинальная** s. геосинклиналь ‖ ~/**гетерогенная** (Ph) Zweiphasenbereich m, Zweiphasengebiet n ‖ ~ **гидравлического прыжка** (Hydt) Sprungschwallgebiet n ‖ ~/**гиперзвуковая** hoher Überschallbereich m, hypersonischer Bereich m, Hyperschallbereich m ‖ ~ **гистерезиса** (El) Hysteresegebiet n ‖ ~ **граничных лучей** (Kern) Grenzstrahlgebiet n ‖ ~ **дальнего приёма** (Rf, TV) Fernempfangsbereich m, Fernempfangszone f ‖ ~ **данных** (Inf) Datenbereich m ‖ ~ **действия** Gültigkeitsbereich m ‖ ~ **деформации** Umformbereich m, Formänderungszone f ‖ ~ **диагностического сканирования** (Inf) Diagnosebereich m ‖ ~/**динамическая** (Inf) dynamischer Bereich m ‖ ~ **диффузии** s. ~/**диффузионная** ‖ ~/**диффузионная** Diffusionsgebiet n, Diffusionszone f (Halbleiter) ‖ ~/**длинноволновая** (Rf) langwelliger Bereich m ‖ ~/**дозвуковая** (Aero) Unterschallbereich m, Unterschallgebiet n, Subsonikgebiet n ‖ ~ **дозвуковых скоростей** s. ~/**дозвуковая** ‖ ~/**допустимая** zulässiger Bereich m ‖ ~ **допустимых нагрузок** (Wkst) Belastungsbereich m ‖ ~ **жёстких лучей** (Kern) Hauptstrahlgebiet n ‖ ~ **жидкости** Flüssigkeitsgebiet n ‖ ~ **зависимости** Abhängigkeitsgebiet n, Abhängigkeitszone f ‖ ~ **завихренности** s. ~/**вихревая** ‖ ~/**заданная** vorgegebener Bereich m ‖ ~ **запирания** (Eln) Sperrbereich m ‖ ~ **записи** (Inf) Satzbereich m ‖ ~ **запоминающего устройства** s. ~ памяти ‖ ~/**запретная (запрещённая)** (Eln) verbotener (nicht zugelassener) Energiebereich m; Energielücke f; verbotene Zone f (Bändermodell) ‖ ~/**застойная** (Hydrod) Totwasser n, Totraum m ‖ ~/**засушливая** (Geol) Trockengebiet n ‖ ~/**затухания** (El) Dämpfungsbereich m ‖ ~ **захвата (захватывания)** (Kern) Fangbereich m, Einfangbereich m, Einfangzone f ‖ ~/**защищённая** (Inf) geschützter Speicherplatz m ‖ ~ **Зейделя** (Ph) Seidelsches Gebiet n, Seidel-

scher Raum m ‖ ~ **значений** (Math) Wertebereich m ‖ ~ **излучения** (Kern) Strahlungsbereich m ‖ ~ **измерений** Meßbereich m ‖ ~/**индексная** (Inf) Indexbereich m ‖ ~ **интегрирования** Integrationsgebiet n, Integrationsbereich m ‖ ~ **интерференции** (Opt) Interferenzzone f ‖ ~/**инфразвуковая** (Ak) Infraschallbereich m ‖ ~ **инфракрасная** Infrarotbereich m, IR-Bereich m, infrarotes Gebiet n, IR-Gebiet n ‖ ~/**искажённая** verzerrter (gestörter) Bereich m ‖ ~ **истощения** (Eln) Erschöpfungsgebiet n ‖ ~/**катодная** s. ~ катодного падения ‖ ~ **катодного падения** (Eln) Kathoden[fall]gebiet n, Katodenfallraum m ‖ ~ **коллектора** (Eln) Kollektorgebiet n, Kollektorbereich m, Kollektorzone f (Halbleiter) ‖ ~ **команд** (Inf) Befehlsebene f ‖ ~ **констант** (Inf) Konstantenbereich m ‖ ~/**кормовая** (Ph) Nachlaufgebiet n ‖ ~ **корректировки** (Inf) Korrekturbereich m ‖ ~ **коррекции** (Nrt) Entzerrungsbereich m ‖ ~ **кристаллизации** Kristallisationsbereich m, Kristallisationsgebiet n ‖ ~/**магнитно-возмущённая** magnetisches Störungsgebiet n ‖ ~ **максимальной чувствительности** (Opt) Hauptempfindlichkeitsbereich m ‖ ~ **малых энергий** Niederenergiegebiet n ‖ ~ **меток** (Inf) Kennsatzbereich m ‖ ~ **мягких лучей** (Kern) Weichstrahlgebiet n ‖ ~ **нагрузки** (Wkst) Belastungsbereich m ‖ ~ **накала** (Met) Glühbereich m, Glühzone f ‖ ~/**наносекундная** Nanosekundenbereich m ‖ ~ **накопления** Speicherbereich m ‖ ~ **наложения** (Inf) Überlagerungsbereich m ‖ ~ **напряжения** (Wkst) Spannungsbereich m; (El) Spannungsgebiet n ‖ ~ **насыщения** Sättigungsgebiet n, Sättigungsbereich m ‖ ~ **неопределённости** Unbestimmtheitsbereich m ‖ ~ **неприятия** Ungültigkeitsbereich m ‖ ~ **нерезкости** Unschärfezone f ‖ ~ **несмешиваемости** (Krist) Mischungslücke f ‖ ~ **несрабатывания** Nichtansprechbereich m, Ruhebereich m (eines Relais) ‖ ~/**нефтеносная** (Geol) ölführendes Gebiet n ‖ ~ **низких частот** (El) Niederfrequenzgebiet n, NF-Gebiet n ‖ ~ **низкого давления** Niederdruckbereich m, Niederdruckgebiet n ‖ ~/**нулевая** s. ~/**параксиальная** ‖ ~ **образования звёзд** Sternentstehungsgebiet n ‖ ~ **обслуживания** Versorgungsgebiet n ‖ ~ **объёмного заряда** s. ~ пространственного заряда ‖ ~ **оледенения** (Geol) Vereisungsgebiet n ‖ ~ **операторов** (Math) Operatorenbereich m, Operatorenmenge f, Multiplikatorenbereich m ‖ ~ **определения** (Math) Definitionsbereich m, Variabilitätsbereich m ‖ ~ **осадков** (Meteo) Niederschlagsgebiet n ‖ ~ **отжига** Glühbereich m, Glühzone f (Wärmebehandlung) ‖ ~ **отрыва/конечная** endliches Ablösegebiet n (Strömungslehre) ‖ ~ **памяти** (Inf) Speicherbereich m ‖ ~ **памяти/динамическая** dynamischer Speicherbereich m ‖ ~/**параксиальная** (Opt) Paraxialgebiet n, achsennahes Gebiet n, Gaußsches Gebiet n ‖ ~/**первая катодная тёмная** (El) Astonscher Dunkelraum m ‖ ~ **перевозбуждения** (Eln) Übersteuerungsbereich m ‖ ~ **перекрытия** Überlappungsbereich m, Überlappungsgebiet n ‖ ~ **переменной нагрузки натяжением** (Wkst) Zug-Schwell-Bereich m (Dauerschwingversuch) ‖ ~ **переменных**

область

(Math) Variablenbereich *m* || ~ **переполнения** *(Inf)* Überlaufbereich *m* || **~/перлитная** *(Met)* Perlitstufe *f (im Eisen-Kohlenstoff-Diagramm)* || ~ **перлитного превращения** *s*. **~/перлитная** || ~ **питания [ледника]** *(Geol)* Nährgebiet *n (Gletscher)* || ~ **плавления** Schmelzbereich *m*, Schmelzgebiet *n* || ~ **пластичности** *(Mech)* plastischer (unelastischer) Bereich *m*, Plastizitätsbereich *m*, Plastizitätsgebiet *n* || **~/плейстосейстовая** *(Geoph)* pleistoseistische Zone *f (bei Erdbeben am stärksten erschüttertes Gebiet)* || **~/пограничная** Randgebiet *n*, Randbereich *m* || ~ **подпора** *(Hydt)* Staubereich *m*, Staugebiet *n* || ~ **полутени** Halbschatten[gebiet *n*] *m* || ~ **предпочтения** Entscheidungsbereich *m*; Entscheidungszone *f* || ~ **приёма** *(Rf, TV)* Empfangsgebiet *n* || ~ **применения** Anwendungsbereich *m*, Anwendungsgebiet *n* || **~/примесная** *(Eln)* Störstellenbereich *m (Halbleiter)* || ~ **принятия** Gültigkeitsbereich *m* || **~/программная** *(Inf)* Programmbereich *m*, Instruktionsspeicherbereich *m* || ~ **происхождения** Ursprungsgebiet *n* || ~ **пропорциональности** 1. *(Kern)* Proportionalbereich *m (des Zählrohrs)*; 2. *(Reg)* Proportionalitätsbereich *m*; 3. *(Math)* Intervall *m* der Proportionalität || ~ **пропускания** *(Eln)* Durchlaßbereich *m*, Durchgangsbereich *m* || ~ **пространственного заряда** *(Eln)* Raumladungsgebiet *n*, Raumladungsbereich *m*, Raumladungszone *f* || **~/прямая** *(Eln)* Vorwärtsgebiet *n (der Diodenkennlinie)* || **~/рабочая** Arbeitsbereich *m* || ~ **рабочих температур** Betriebstemperaturbereich *m* || ~ **разрежённого пространства** Unterdruckraum *m*, Vakuumraum *m*, evakuierter Raum *m* || ~ **разупорядочения** *(Krist)* Fehlordnungsgebiet *n* || ~ **рассеивания** Streu[ungs]bereich *m*, Streuungszone *f* || ~ **расслаивания** 1. *(Krist)* Entmischungsgebiet *n*; 2. *(Ch)* Mischungslücke *f* || ~ **регулирования** Regel[ungs]bereich *m* || **~/резонансная** Resonanzbereich *m*, Resonanzgebiet *n* || ~ **роста** *(Meteo)* Steiggebiet *n (Luftdruck)* || ~ **сверхвысоких частот** *(El)* Höchstfrequenzgebiet *n*; Ultrahochfrequenzgebiet *n*, UHF-Gebiet *n* || ~ **связи** *(Inf)* Verständigungsbereich *m* || **~/сейсмическая** *(Geoph)* Erdbebengebiet *n* || ~ **сжижения** Verflüssigungsbereich *m* || ~ **слышимости (слышимых звуков)** 1. Hörbarkeitsgebiet *n*, Hörbarkeitszone *f*; 2. Hörbereich *m*, hörbarer Frequenzbereich *m*; Hörfläche *f* || **~/собственная** *s*. *i-*область || ~ **соляризации** *(Photo)* Solarisationsbereich *m* || ~ **спектра** *s*. **~/спектральная** || ~ **спектра/видимая** sichtbarer Spektralbereich *m* || ~ **спектра/инфракрасная** Infrarotgebiet *n*, Infrarot[e] *n* || **~/спектральная** Spektralgebiet *n*, Spektralbereich *m* || ~ **спонтанного намагничения** *(Krist)* Bezirk *m* spontaner Magnetisierung, Magnetisierungsdomäne *f (Ferromagnetismus)* || ~ **срабатывания** Ansprechbereich *m*, Arbeitsbereich *m (eines Relais)* || ~ **средних частот** *(Rf)* Mittelfrequenzbereich *m* || ~ **стока [ледника]** *(Geol)* Zehrgebiet *n (des Gletschers)* || ~ **стягивания тока** *(El)* Stromengegebiet *n* || ~ **схватывания** *(El)* Mitnahmebereich *m* || ~ **сходимости** *(Math)* Konvergenzbereich *m* || ~ **счётчика** Zählerbereich *m* || ~ **температуры** Temperaturbereich *m* ||

~/теневая Schattenbereich *m* || **~/транзитная** *(Inf)* Transientbereich *m* || **~/трёхмерная рабочая** dreidimensionaler Arbeitsraum *m (Roboter)* || ~ **уверенного приёма** *(TV, Rf)* Versorgungsgebiet *n*, Versorgungsbereich *m* || **~/ультрафиолетовая** Ultraviolettbereich *m*, UV-Bereich *m*, ultraviolettes Gebiet *n*, UV-Gebiet *n* || ~ **уменьшения остаточного напряжения** *(Eln)* Übersteuerungsbereich *m* || ~ **усиления** *(El)* Verstärkungsbereich *m* || ~ **усилия** *(Wkst)* Beanspruchungsbereich *m* || ~ **устойчивости** Stabilitätsbereich *m*, Stabilitätsgebiet *n* || ~ **фазовой устойчивости** stabiler Phasenbereich *m*, phasenstabiler Bereich *m* || **~/фарадеева тёмная** *s*. пространство/фарадеево тёмное || **~/физическая** *(Inf)* physischer Bereich *m* || **~/фиксированная** *(Inf)* fester Bereich *m* || **~/фундаментальная** *(Math)* Fundamentalbereich *m* || ~ **шума** Rauschgebiet *n* || **~/электронная** *s*. *n*-область || **~/эмиттерная** Emitterzone *f*, Emitterbereich *m (Halbleiter)*

c-**область** *f* kompensierte Zone *f*, *c*-Zone *f (Halbleiter)*

i-**область** *f (Eln)* I-Gebiet *n*, I-Bereich *m*, Eigenleitungsgebiet *n*, Intrinsic-Leitungsbereich *m (Halbleiter)*

n-**область** *f (Eln)* N-Gebiet *n*, N-Bereich *m*, N-leitende Zone *f*, Elektronengebiet *n (Halbleiter)*

p-**область** *f (Eln)* P-Gebiet *n*, P-Bereich *m*, P-leitende Zone *f*, Löchergebiet *n (Halbleiter)*

γ-**область** *f s*. область гамма-фазы

облачность *f* 1. *(Meteo)* Bewölkung *f*; 2. *(Pap)* Wolkigkeit *f*

облачный 1. *(Meteo)* bewölkt; 2. *(Pap)* wolkig

облегчение *n* Erleichterung *f*; Masseverminderung *f*

обледенение *n* Vereisung *f*, Eisansatz *m*

облесение *n (Forst)* Aufforstung *f*

облесить aufforsten

облёт *m* Umfliegen *n*; Vorbeifliegen *n*, Vorbeiflug *m*, Flyby *m*

облик *m (Krist)* Tracht *f*

облицовка *f* 1. Ummantelung *f*, Umkleidung *f*; Abdeckung *f*; Verkleidung *f (Außenflächen)*; 2. Auskleidung *f*, Auskleiden *n*, Ausfüttern *(Innenflächen)*; *(Met)* Zustellen *n (Ofen)*; 3. *(Gieß)* Anlegen *n (Modellsand an das Modell)*; 4. *(Gieß)* Anlegesand *n*, Modellsand *m*; 5. Plattierungsschicht *f (plattierter Bleche)* || ~ **вала/сплошная** *(Schiff)* durchgehender Wellenbezug *m* || **~/внутренняя** Innenverkleidung *f*, Innenauskleidung *f* || **~/водонепроницаемая** wasserdichte Ummantelung *f* || **~/защитная** 1. Schutzauskleidung *f*; 2. Schutzummantelung *f* || ~ **котла** Kesselverkleidung *f* || **~/набивная** *(Met)* Stampfauskleidung *f*, Zustellung *f* mit Stampfmasse *f*, Stampffutter *n (Ofen, Pfanne)* || **~/наружная** Außenverkleidung *f* || **~/огнеупорная** Feuerfestauskleidung *f* || **~/резиновая** Gummiverkleidung *f*, Gummiüberzug *m (einer Walze)* || ~ **стены** Wandverkleidung *f*, Wandtäfelung *f*, Täfelung *f* || **~/теплоизоляционная** Wärmeschutzverkleidung *f*, Wärmedämmummantelung *f*

облицовывание *n* 1. Verkleiden *n (von Außenflächen)*; 2. Auskleiden *n*, Ausfüttern *n (von Innenflächen)*

облицовывать 1. verkleiden (Außenflächen); 2. auskleiden, ausfüttern (Innenflächen)
облов m Fischen n, Befischen n
обложка f (Typ) Buchumschlag m, Schutzumschlag m
обложной (Meteo) anhaltend (Niederschläge)
облой m 1. (Met, Gieß, Schm) Grat m, Abgrat m, Bart m; Walzgrat m; Schmiedegrat m; Gußgrat m; Preßgrat m; 2. (Met) Butzen m; 3. (Eln) Grat m, Flash m (Kunststoffgrat an Trägerstreifen)
облом m (Forst) Bruch m
обломки mpl Bruchstücke npl, Schutt m, Trümmer pl ‖ ~/строительные Bauschutt m
облопатывать beschaufeln (Turbinen)
облопачивание n 1. Beschaufeln n (Einbau der Schaufeln in Turbinen); 2. Beschaufelung f (Schaufelsystem) ‖ ~/радиальное Radialbeschaufelung f ‖ ~/реактивное Überdruckbeschaufelung f ‖ ~/сверхзвуковое (Flg) Überschallbeschaufelung f (Turbinen)
облопачивать beschaufeln (Turbinen)
облуживание n Verzinnen n
облучаемость f (Kern) Bestrahlungsstärke f
облучатель m Strahler m, Strahlerquelle f, Strahlungsquelle f (eine Bestrahlungsanlage); (Med) Bestrahlungsgerät n, Strahler m ‖ ~/вибраторный (El) Dipolerregerstrahler m ‖ ~/конвергентный (Med) Konvergenzstrahler m ‖ ~/линейный Linearstrahler m ‖ ~/светолечебный (Med) Strahler m für Heliotherapie ‖ ~/точечный Punktstrahler m
облучать bestrahlen ‖ ~/предварительно vorbestrahlen
облучение n Bestrahlung f, Exponierung f, Strahlenexponierung f; Einstrahlung f ‖ ~ гамма-излучением (Kern) Gamma-Bestrahlung f ‖ ~/инфракрасное Infrarotbestrahlung f, IR-Bestrahlung f ‖ ~ инфракрасными лучами Infrarotbestrahlung f, IR-Bestrahlung f ‖ ~/кратковременное полное (Kern) kurzzeitige Ganzkörperbestrahlung f ‖ ~ лазерное Laserbestrahlung f ‖ ~ лазером Laserbestrahlung f ‖ ~ летальное (Kern) letale Bestrahlung f (Bestrahlung mit tödlicher Wirkung) ‖ ~/локальное (Kern) lokale (örtliche) Bestrahlung f ‖ ~/малоинтенсивное (Kern) Schwachbestrahlung f ‖ ~ нейтронами (Kern) Neutronenbestrahlung f; Neutronenbeschuß m ‖ ~ рентгеновскими лучами (Kern) Röntgenbestrahlung f ‖ ~/рентгеновское (Kern) Röntgenbestrahlung f ‖ ~/слабое (Kern) Schwachbestrahlung f ‖ ~/сублетальное (Kern) subletale Bestrahlung f ‖ ~/ультразвуковое Ultraschallbestrahlung f, Ultrabeschallung f ‖ ~/ультрафиолетовое Ultraviolettbestrahlung f, UV-Bestrahlung f ‖ ~/ультрафиолетовыми лучами Ultraviolettbestrahlung f, UV-Bestrahlung f ‖ ~/хроническое (Kern) chronische Strahlenbelastung (Bestrahlung) f (dauernde Strahleneinwirkung auf den Organismus)
облучённость f (Kern) Bestrahlungsstärke f
облучить s. облучать
обмазка f 1. Bestreichen n; 2. Anstrich m; 3. (Bw) Bewurf m, Anwurf m; Rauhputz m; Putzgrund m; 4. Umhüllen n, Ummanteln n (Elektroden); 5. Ummantelung f, Mantel m (Elektroden); 6. Auskleidung f, Verkleidung f ‖ ~/битумная Bitumenanstrich m ‖ ~/изложницы (Met) Kokillenauskleidung f ‖ ~ ковша (Met) Pfannenauskleidung f, Pfannenfutter n ‖ ~/огнеупорная Feuerfestanstrich m ‖ ~ смолой Teeren n
обмазывать 1. anstreichen, bestreichen; 2. einschmieren
обман m/оптический optische Täuschung f
обманка f (Min) Blende f ‖ ~/жёлтая мышьяковая s. аурипигмент ‖ ~/кадмиевая s. гринокит ‖ ~/лучистая цинковая s. вюртцит‖ ~/марганцовая s. алабандин‖ ~/мышьяковая серебряная s. пруштит ‖ ~/обожжённая Röstblende f ‖ ~/роговая Hornblende f ‖ ~/серебряная s. пруштит; пираргирит; сильванит ‖ ~/скорлуповатая цинковая s. сфалерит ‖ ~/смоляная Pechblende f, Uranpecherz n, Uraninit m ‖ ~/сурьмяная s. кермезит ‖ ~/урановая смоляная s. уранинит ‖ ~/флотационная Flotationsblende f ‖ ~/цинковая s. сфалерит
обматывание n s. обмотка 1., 2., 3.
обматывать 1. umwickeln, bewickeln; umhüllen (Elektroden); umspinnen (Kabel); 2. (Bw) umschnüren (Betonfertigteile)
обмен m 1. Tausch m, Austausch m; Wechsel m; 2. (Inf) Austausch m (von Informationen); 3. Umsatz m; 4. (Nrt) Verkehr m ‖ ~/абонентский (Nrt) Teilnehmerverkehr m ‖ ~/анионный (Ch) Anionenaustausch m ‖ ~/белковый Eiweißstoffwechsel m ‖ ~ веществ Stoffwechsel m ‖ ~/водородный Wasserstoffaustausch m ‖ ~ воздуха Luftwechsel m; Lufterneuerung f ‖ ~/входящий (Nrt) ankommend[gerichtet]er Verkehr m ‖ ~ данными (Inf) Datenaustausch m ‖ ~/дейтериевый (Ch) Deuteriumaustausch m ‖ ~ зарядами (Ph) Ladungsaustausch m ‖ ~/изотопный (Kern) Isotopenaustausch m ‖ ~ информацией Informationsaustausch m ‖ ~/ионный (Ch) Ionenaustausch m ‖ ~/исходящий (Nrt) abgehender Verkehr m ‖ ~/катионный (Ch) Kationenaustausch m ‖ ~ количеством движения (Ph) Impulsaustausch m ‖ ~/междугородный (Nrt) Fernverkehr m ‖ ~ местами Platzwechsel m; ~/местный (Nrt) Ortsverkehr m ‖ ~ мощностью Leistungsaustausch m ‖ ~/оконечный (Nrt) Endverkehr m ‖ ~ опытом Erfahrungsaustausch m ‖ ~/радиолюбительский Amateur[funk]verkehr m ‖ ~/радиотелеграфный Funktelegraphieverkehr m ‖ ~/радиотелефонный Funkfernsprechverkehr m, Funktelephonieverkehr m ‖ ~ состояниями (Ph) Zustandsaustausch m ‖ ~ спина (Kern) Spinaustausch m ‖ ~/телеграфный Telegraphieverkehr m ‖ ~/телефонный Fernsprechverkehr m ‖ ~/тепловой Wärmeübertragung f ‖ ~/транзитный (Nrt) Durchgangsverkehr m ‖ ~/углеводный Kohlenhydratstoffwechsel m ‖ ~ фононами (Kern) Phononenaustausch m ‖ ~/электронный (Kern) Elektronenaustausch m ‖ ~/энергетический 1. Energieaustausch m; Energiewechsel m; 2. Energieumsatz m
обменивать [aus]tauschen, wechseln
обменивать s. обменивать
обменник m Austauscher m
обменять s. обменивать
обмер m Ausmessen n, Vermessen n, Vermessung f, Messen n, Messung f ‖ ~ судна Schiffsvermessung f

обмерить

обмерить *s.* обмерять
обмерный Vermessungs... *(Schiffe)*
обмерять 1. vermessen; 2. abtasten
обметать *s.* обмётывать
обмётка *f (Text)* Umstechen *n*, Umnähen *n*
обмётывание *n* **петель** *(Text)* Umstechen *n* von Knopflöchern; Nähen *n* von Knopflöchern
обмётывать *(Text)* umstechen
об/мин *s.* обороты в минуту
обмолачивание *n (Lw)* Ausdreschen *n*, Dreschen *n*, Drusch *m*
обмолачивать *(Lw)* dreschen, ausdreschen
обмолот *m (Lw)* 1. Ausdrusch *m*, Drusch *m*, Dreschen *n*; 2. Dreschgut *n* ‖ ~/**повторный** Nachdrusch *m* ‖ ~/**полный** Reindrusch *m*
обмолотить *s.* обмолачивать
обмотать *s.* обмётывать
обмотка *f* 1. Umwickeln *n*, Wickeln *n*, Umspinnen *n (z. B. Kabel)*; 2. Umhüllung *f (z. B. von Elektroden)*; Umwicklung *f*; 3. *(Eln)* Wicklung *f (elektrischer Maschinen, Transformatoren)*; 4. Wicklung *f*, Windung *f (z. B. von Filmen)*; 5. *(Text)* Spulen *n*; 6. *(Bw)* Umschnüren *n (Betonfertigteile)* ‖ ~/**балансная** Abgleichwicklung *f* ‖ ~/**барабанная** Trommelwicklung *f* ‖ ~/**безындукционная** induktionsfreie Wicklung *f* ‖ ~/**бифилярная** Bifilarwicklung *f* ‖ ~/**блокирующая** Blockierungswicklung *f* ‖ ~/**бумажная** Papierumwicklung *f* ~ **возбуждения** Erregerwicklung *f*, Feldwicklung *f* ‖ ~ **возбуждения/сверхпроводниковая** supraleitende Erregerwicklung *f* ‖ ~/**волновая** Wellenwicklung *f* ‖ ~/**волновая стержневая** Wellenstabwicklung *f* ‖ ~/**вспомогательная** Hilfswicklung *f* ‖ ~/**встречная** Gegenwicklung *f* ‖ ~/**всыпная** Träufelwicklung *f* ‖ ~/**вторичная** Sekundärwicklung *f* ‖ ~/**входная** Eingangswicklung *f* ‖ ~/**высоковольтная** Hochspannungswicklung *f* ‖ ~/**высокого напряжения** Hochspannungswicklung *f* ‖ ~/**высокоомная** hochohmige Wicklung *f*, Hochohmwicklung *f* ‖ ~ **высшего напряжения** Oberspannungswicklung *f* ‖ ~/**выходная** Ausgangswicklung *f* ‖ ~/**главная** Hauptwicklung *f* ‖ ~/**двухпазная** Zweilochwicklung *f* ‖ ~/**двухслойная** Zweischichtwicklung *f*, Zweilagenwicklung *f* ‖ ~/**двухслойная волновая** Zweischicht[en]wellenwicklung *f* ‖ ~/**двухстержневая** Zweistabwicklung *f* ‖ ~/**двухфазная двухслойная** zweisträngige Zweischicht[en]wicklung *f* ‖ ~/**двухходовая** zweigängige Wicklung *f* ‖ ~/**демпферная** Dämpferwicklung *f* ‖ ~/**демпфирующая** Dämpfungswicklung *f* ‖ ~/**диаметральная** Durchmesserwicklung *f* ‖ ~/**дисковая** Scheibenwicklung *f* ‖ ~/**дифференциальная** Differentialwicklung *f* ‖ ~/**дополнительная** Zusatzwicklung *f* ‖ ~/**измерительная** Meßwicklung *f* ‖ ~/**кабельная** Kabelwicklung *f* ‖ ~/**катушечная** Spulenwicklung *f* ‖ ~/**клеточная** Käfigwicklung *f* ‖ ~/**коллекторная** Kommutatorwicklung *f*, Stromwenderwicklung *f* ~/**кольцевая** Ringwicklung *f* ‖ ~/**коммутационная** Wendefeldwicklung *f*, Wendepolwicklung *f* ‖ ~/**компаундная** Kompoundwicklung *f*, Doppelschlußwicklung *f* ‖ ~/**компенсационная (компенсирующая)** Kompensationswicklung *f*, Ausgleichswicklung *f* ‖ ~/**концентрическая** konzentrische Wicklung *f* ‖ ~/**коротко-замкнутая** Kurzschlußwicklung *f* ‖ ~/**ле[воходо]вая** linksgängige Wicklung *f* ‖ ~/**лягушечья** Froschbeinwicklung *f* ‖ ~/**многократнозамкнутая** mehrfach geschlossene Wicklung *f* ‖ ~/**многополюсная** mehrpolige Wicklung *f* ‖ ~/**многослойная** Mehrschicht[en]wicklung *f*, Mehrlagenwicklung *f* ‖ ~/**многоходовая** mehrgängige Wicklung *f* ‖ ~/**накальная** Heizwicklung *f* ‖ ~/**незамкнутая** offene Wicklung *f* ‖ ~/**неперекрещённая (неперекрещивающаяся)** ungekreuzte Wicklung *f* ‖ ~/**низковольтная** Niederspannungswicklung *f* ~ **низкого напряжения** Niederspannungswicklung *f (Transformator)* ‖ ~ **низшего напряжения** Unterspannungswicklung *f (Transformator)* ‖ ~/**однопазная** Einlochwicklung *f* ‖ ~/**однослойная** Einschichtwicklung *f*, Einlagenwicklung *f* ‖ ~/**одностержневая** Einstabwicklung *f* ‖ ~/**однофазная** Einphasenwicklung *f* ‖ ~/**одноходовая** eingängige (einfache) Wicklung *f* ‖ ~/**основная** Hauptwicklung *f* ‖ ~/**параллельная** Parallelwicklung *f* ‖ ~/**параллельно-последовательная** Reihenparallelwicklung *f*, Serienparallelwicklung *f* ‖ ~/**первичная** Primärwicklung *f* ‖ ~/**перекрёстная (перекрещённая)** gekreuzte Wicklung *f* ‖ ~/**петлевая** Schleifenwicklung *f* ‖ ~/**печатная** gedruckte Wicklung *f* ‖ ~/**полношаговая** Durchmesserwicklung *f* ‖ ~/**поляризующая** Polarisationswicklung *f (eines Relais)* ‖ ~/**последовательная** Reihenwicklung *f*, Serienwicklung *f* ‖ ~/**последовательно-параллельная** Reihenparallelwicklung *f*, Serienparallelwicklung *f* ‖ ~ **постоянного тока** Gleichstromwicklung *f* ‖ ~/**прав[оходов]ая** rechtsgängige Wicklung *f* ‖ ~/**проволочная** Drahtwicklung *f* ‖ ~/**простая** eingängige (einfache) Wicklung *f* ‖ ~/**противокомпаундная** Gegenverbundwicklung *f*, Gegenkompoundwicklung *f* ‖ ~/**протяжная** Fädelwicklung *f*, Durchzugswicklung *f*, Durchziehwicklung *f* ‖ ~/**пусковая** Anlaßwicklung *f*, Anlaufwicklung *f* ‖ ~/**равнокатушечная (равносекционная)** Gleichweitwicklung *f* ‖ ~/**разомкнутая** offene Wicklung *f* ‖ ~/**разрез[ан]ная** aufgeschnittene Wicklung *f* ‖ ~/**распределённая** verteilte Wicklung *f* ‖ ~ **ребром** Hochkantwicklung *f* ‖ ~/**регулировочная (регулирующая)** Stellwicklung *f*, Regelwicklung *f* ‖ ~/**ротора** Läuferwicklung *f* ‖ ~/**роторная** Läuferwicklung *f* ‖ ~ **самовозбуждения** Selbsterregerwicklung *f* ‖ ~/**сериесная** Serienwicklung *f*, Reihenwicklung *f* ‖ ~/**сетевая** Netzwicklung *f* ‖ ~/**сеточная** Gitterwicklung *f* ‖ ~/**силовая** Leistungswicklung *f* ‖ ~/**синусная** Sinuswicklung *f* ‖ ~/**сложно-волновая** mehrgängige Wellenwicklung *f* ‖ ~/**сосредоточенная** konzentrierte Wicklung *f* ‖ ~/**спиральная** Spiralwicklung *f* ‖ ~/**стабилиз[ир]ующая** Stabilisierungswicklung *f* ‖ ~/**статорная** Ständerwicklung *f* ‖ ~/**стержневая** Stabwicklung *f* ‖ ~/**ступенчатая** Stufenwicklung *f*, Treppenwicklung *f* ‖ ~/**токовая** stromführende Wicklung *f* ‖ ~/**третичная** Tertiärwicklung *f (Transformator)* ‖ ~/**трёхпазная** Dreilochwicklung *f* ‖ ~/**трёхфазная** Dreiphasenwicklung *f*, Drehstromwicklung *f* ‖ ~/**трёхходовая** dreigängige Wicklung *f* ‖ ~/**удерживающая** Haltewicklung *f* ‖ ~/**управляющая** Steuerwicklung *f* ‖ ~/**уравнитель-**

ная Ausgleichswicklung f ‖ ~/**усилительная** Verstärkerwicklung f ‖ ~/**успокоительная** Dämpferwicklung f ‖ ~/**фазная (фазовая)** Phasenwicklung f ‖ ~/**хордовая** Sehnenwicklung f, gesehnte Wicklung f ‖ ~/**цилиндрическая** Zylinderwicklung f ‖ ~/**шаблонная** Schablonenwicklung f ‖ ~/**шунтовая** Nebenschlußerregerwicklung f, Shuntwicklung f ‖ ~/**эквивалентная** Ersatzwicklung f ‖ ~/**якорная** Ankerwicklung f

обмоткодержатель m (El) Wicklungsträger m
обмоточный Wicklungs..., Wickel...
обмуровать s. обмуровывать
обмуровка f (Bw) Ummauerung f, Vermauerung f, Einmauerung f (Kessel); (Met) Ausmauerung f, Zustellung f (Öfen, Pfannen) ‖ ~ **кладкой** Ausmauerung f ‖ ~ **котла** Kesseleinmauerung f, Kesselummantelung f ‖ ~/**магнезиальная** Magnesitausmauerung f ‖ ~/**набивная** Stampfausmauerung f ‖ ~/**огнеупорная** Feuerfestausmauerung f ‖ ~/**шамотная** Schamotteausmauerung f
обмуровывать vermauern, ummauern; ausmauern, verkleiden; ummanteln; (Met) zustellen (Öfen)
обмывать abwaschen, abspülen; abläutern
обмыть s. обмывать
обнажать 1. (Bgb, Geol) aufschließen, freilegen; 2. (El) blank machen (einen Leiter)
обнажение n 1. Freilegen n, Freilegung f, Bloßlegen n, Bloßlegung f; 2. (Bgb, Geol) Aufschluß m
обнажённый 1. freigelegt, bloßgelegt; 2. (Bgb, Geol) aufgeschlossen
обнажить s. обнажать
обнаружение n 1. Entdecken n, Entdeckung f, Auffinden n, Auffindung f; 2. (Rad) Ortung f; Erfassung f, Erfassen n (Ziele) ‖ ~/**ближнее** (Rad) Nahortung f ‖ ~/**визуальное** (Rad) Sichtortung f ‖ ~/**дальнее** (Rad) Fernortung f ‖ ~ **объекта** (Rad) Zielortung f ‖ ~ **ошибок** Fehlersuche f, Fehlererkennung f, Fehlerermittlung f, Fehlerortung f ‖ ~/**радиолокационное** Radarerfassung f ‖ ~ **течи** Lecksuche f ‖ ~ **цели** (Rad) Zielortung f
обнаружимость f Nachweisbarkeit f
обнаружитель m Detektor m, Nachweisgerät n ‖ ~ **волн** Wellendetektor m ‖ ~ **излучения** Strahlungsnachweisgerät n, Strahlennachweisgerät n, Strahlungsdetektor m, Detektor m ‖ ~ **ошибок** Fehlerdetektor m, Fehlererkennungsgerät n
обновление n 1. Erneuerung f; 2. (Met) Auskleiden n, Zustellen n, Füttern n (Ofen, Pfanne); 3. Fortschreibung f, Aktualisierung f ‖ ~ **данных** (Inf) Datenfortschreibung f, Datenaktualisierung f, Ergänzung (Erneuerung) f der Daten ‖ ~ **памяти** (Inf) Speichererneuerung f
обноска f (Bw) Schnurgerüst n
обнуление n (Inf) Nullen n, Nulleinstellung f
обобщение n (Math) Verallgemeinerung f, Erweiterung f
обогатимость f Aufbereitbarkeit f, Anreicherungsfähigkeit f
обогатитель m Anreicherungsmittel n
обогатительный Aufbereitungs..., Anreicherungs...
обогатить s. обогащать
обогащаемость f Anreicherungsfähigkeit f; Aufbereitbarkeit f

обогащать anreichern, aufbereiten, trennen (Erz)
обогащение n 1. (Bgb) Aufbereiten n, Aufbereitung f, Anreichern n, Anreicherung f; Konzentrieren n, Konzentration (Erz); 2. Trennen n, Trennung f, Scheiden n, Scheidung f (Taubes vom Haltigen); 3. Veredlung f, Vergütung f ‖ ~/**гравитационное** Schwerkraftaufbereitung f; Dichtesortierung f ‖ ~/**механическое** mechanische Aufbereitung f ‖ ~/**мокрое** Naßaufbereitung f ‖ ~/**мокрое гравитационное** nasse Schwerkraftaufbereitung f ‖ ~/**мокромеханическое** Naßaufbereitung f ‖ ~ **мокрым способом** Naßaufbereitung f ‖ ~ **на столах** Herdaufbereitung f ‖ ~ **отсадкой** Setzaufbereitung f ‖ ~ **по удельному весу** Massenkraftaufbereitung f, Massenkraftanreicherung f, Schwerkraftaufbereitung f ‖ ~/**предварительное** Voranreicherung f ‖ ~/**противоточное** Gegenstromklassierung f ‖ ~/**сухое** Trockenaufbereitung f ‖ ~/**флотационное** Flotation f
обогрев m 1. Erwärmen n, Erwärmung f; Heizen n, Heizung f; Beheizen n; 2. Erwärmung f, Erhitzung f (als Zustand) ‖ ~/**боковой** Seitenbeheizung f, Seitenfeuerung f ‖ ~/**внешний** Außen[be]heizung f ‖ ~/**газовый** Gas[be]heizung f, Gasfeuerung f ‖ ~ **глухим паром** indirekte Dampfheizung f ‖ ~ **жидким топливом** Öl[be]heizung f, Ölfeuerung f ‖ ~/**инфракрасный** Infraroterwärmung f, IR-Erwärmung f; Infrarotheizung f, IR-Heizung f ‖ ~/**масляный** Öl[be]heizung f, Ölfeuerung f ‖ ~/**наружный** Außen[be]heizung f ‖ ~/**огневой** direkte Feuerung f ‖ ~/**открытый** (Gum) Freiheizung f, Freivulkanisation f ‖ ~/**паровой** Dampfheizung f ‖ ~/**печной** Ofen[be]heizung f ‖ ~ **стрелки** (Eb) Weichenheizung f ‖ ~/**циркуляционный** Umlaufheizung f, Zirkulationsheizung f
обогревание n s. обогрев 1.
обогреватель m Heizer m, Heizelement n ‖ ~/**пластиночный** Plattenerhitzer m, Plattenheizer m ‖ ~/**стрелочный** (Eb) Weichenheizung[sanlage] f ‖ ~/**электрический инфракрасный** elektrischer Infrarotstrahler m, IR-Strahler m
обогревать anwärmen, beheizen
обогреть s. обогревать
обод m 1. Felge f (Fahrzeugräder); 2. Kranz m (Zahnräder); 3. Abschlußring m ‖ ~/**глубокий** (Kfz) Tiefbettfelge f ‖ ~/**двухребордный** (Eb) Doppelspurkranz m ‖ ~/**зубчатый** Zahnkranz m (Zahnrad) ‖ ~/**канатный** Seilrillenkranz m ‖ ~ **колеса** 1. Radfelge f, Felgenkranz m (Fahrzeugräder); 2. Radkranz m (Zahnräder) ‖ ~/**колёсный** Felge f (Fahrzeugräder) ‖ ~/**кособортный** (Kfz) Schrägschulterfelge f ‖ ~ **маховика** Schwungradkranz m ‖ ~/**плоский** (Kfz) Flachbettfelge f ‖ ~/**полуплоский** (Kfz) Halbflachfelge f ‖ ~/**прямобортный** (Kfz) Geradeseitfelge f ‖ ~ **рабочего колеса** Schaufelkranz m (Turbine; Laufrad) ‖ ~/**разборный [плоский]** (Kfz) Flachbettfelge f mit abnehmbarem Seitenring ‖ ~/**составной** (Kfz) geteilte Felge f ‖ ~/**сборный [плоский]** (Kfz) abnehmbare Flachbettfelge f (Speichenräder) ‖ ~/**тормозной** Bremsscheibenkranz m ‖ ~ **цевочного колеса** (Masch) Triebkranz m (Kronrad) ‖ ~/**червячный** (Masch) Schneckenradkranz m ‖ ~ **шкива**

ободрать

(Masch) Riemenbahn f, Scheibenkranz m *(Riemenscheibe)*

ободрать s. обдирать

обожжённый gebrannt ‖ ~/**намертво** totgebrannt ‖ ~/**предварительно** vorgebrannt

обозначать bezeichnen, markieren, kennzeichnen

обозначение n 1. Bezeichnen n, Bezeichnung f, Kennzeichnen n, Kennzeichnung f; 2. Zeichen n, Bezeichnung f, Kurzzeichen n, Symbol n ‖ ~/**буквенное** Buchstabenbezeichnung f ‖ ~/**глобальное символическое** *(Inf)* globales Symbol n ‖ ~ **допуска** *(Fert)* Toleranzkennzeichnung f ‖ ~ **единицы** *(Меß)* 1. Einheitenzeichen f; 2. Bezeichnung f der Einheit ‖ ~ **зажимов** *(El)* Klemmenbezeichnung f ‖ ~/**кодированное** kodierte Bezeichnung f, Kurzzeichen n, Kurzbezeichnung f ‖ ~/**краткое** Kurzzeichen n, Kurzbezeichnung f ‖ ~/**матричное** Matrixbezeichnung f ‖ ~/**основное** Grundzeichen n ‖ ~/**символическое** Symbol n ‖ ~/**сокращённое** Kurzzeichen n, Kurzbezeichnung f ‖ ~/**стандартное** Standardbezeichnung f ‖ ~/**схемное** Schaltzeichen n ‖ ~/**торговое** Handelsbezeichnung f ‖ ~/**условное** Zeichen n; Kurzzeichen n, Kurzbezeichnung f

обозначить s. обозначать

обозрение n *(Astr)* Durchmusterung f *(Sternkatalog)*

обои pl Tapete f ‖ ~/**звукопоглощающие** schallschluckende Tapete f ‖ ~/**моющиеся** abwaschbare Tapete f ‖ ~/**нагревательные** Heiztapete f ‖ ~/**печатные** bedruckte Tapete f ‖ ~/**светостойкие** lichtbeständige Tapete f ‖ ~/**текстильные** Textiltapete f, textile Tapete f ‖ ~/**тиснёные** gaufrierte Tapete f ‖ ~/**фоновые** einfarbige Tapete f, Unitapete f

обойма f 1. Rahmen m, Fassung f, Gehäuse n; 2. Bügel m, Spange f, Wange f, Schelle f; Streifen m; 3. Hülse f; Ring m; 4. *(Masch)* Laufring m *(eines Wälzlagers)*; Leitring m *(einer Radialkolbenpumpe)*; 5. *(Wlz)* Rahmen m, Wechselrahmen m *(beim Walzenumbau)* ‖ ~/**верхняя** Oberflasche f *(Rollenzug)* ‖ ~/**внешняя** *(Hydr)* Schwenkrahmen m *(Radialkolbenpumpe oder -motor)* ‖ ~ **крюка** Hakenflasche f, Unterflasche f *(Rollenzug)* ‖ ~/**многоблочная** mehrfache Rollenflasche f ‖ ~/**нажимная** Druckschelle f ‖ ~/**подвижная** lose Rollenflasche f, Unterflasche f *(Rollenzug)* ‖ ~/**полиспастовая** Rollenflasche f *(Flaschenzug)* ‖ ~/**рессорная** *(Eb)* Federbund m

обойти s. обходить

оболочка f 1. Hülle, Haut f, Umhüllung f, Überzug m; Umwicklung f; 2. Mantel m, Hemd n; 3. Schale f, Kapsel f; 4. *(Bw)* Schale f, Schalenkonstruktion f; 5. *(Ph)* Schale f, Hülle f *(des Atoms)*; 6. *(Geol)* Hülle f, Erdmantel m ‖ ~/**алюминиевая** Aluminiummantel m ‖ ~/**армированная** *(Bw)* bewehrte Schale f ‖ ~ **атома/электронная** *(Kern)* Elektronenschale f [des Atomkerns], Atomhülle f ‖ ~/**атомная** s. ~ атома/электронная ‖ ~/**базальтовая** *(Geol)* Basaltschale f, Gabbroschale f *(Aufbau der Erdkruste)* ‖ ~/**бетонная** *(Bw)* Betonschale f ‖ ~/**валентная** s. ~ валентных электронов ‖ ~ **валентных электронов** *(Ph)* Valenzschale f, Außenschale f, äußere Schale (Elektronenschale) f ‖ ~/**внешняя [электронная]** s. ~ валентных электронов ‖ ~/**вогнутая** *(Bw)* konkave Schale f ‖ ~/**воздушная** Luftmantel m, Lufthülle f ‖ ~/**восьмиэлектронная** s. L-оболочка f ‖ ~ **вращения** Rotationsschale f ‖ ~/**выпуклая** *(Bw)* konvexe Schale f ‖ ~/**газовая** Gashülle f, Gasmantel m ‖ ~/**гиперболическая** *(Bw)* Hyperbolschale f, HP-Schale f ‖ ~/**гранитовая** *(Geol)* Granitschale f, Gneisschale f *(Aufbau der Erdkruste)* ‖ ~/**двойная** *(Schiff)* Doppelhülle f ‖ ~ **двоякой кривизны** *(Bw)* doppelt gekrümmte Schale f ‖ ~/**железобетонная** *(Bw)* 1. Stahlbetonschale f; 2. Stahlbetonmantel m ‖ ~/**защитная** Schutzmantel m, Schutzhülle f, Schutzumhüllung f ‖ ~ **Земли** *(Geol)* Erdmantel m ‖ ~ **Земли/промежуточная** *(Geol)* Siderosphäre f *(äußerer Erdkern mit vorherrschend siderophilen Elementen)* ‖ ~/**кабельная** Kabelhülle f, Kabelmantel m ‖ ~/**керамическая** *(Gieß)* Keramikform f, Keramikschale f *(Feingießverfahren)* ‖ ~/**коническая** *(Bw)* Kegelschale f ‖ ~/**коноидальная** *(Bw)* Konoidschale f ‖ ~/**купольная** *(Bw)* Kuppelschale f, Kugelschale f ‖ ~/**металлическая** 1. Metallmantel m, Metallhülle f; 2. Metallkolben m ‖ ~/**многопролётная** *(Bw)* mehrfeldrige Schale f ‖ ~/**однопролётная** *(Bw)* einfeldrige Schale f ‖ ~/**осадочная** *(Geol)* Sedimenthülle f *(Aufbau der Erdkruste)* ‖ ~ **переноса** *(Bw)* Translationsschale f ‖ ~/**пневматическая** *(Bw)* Tragluftschale f ‖ ~/**пологая** *(Bw)* flach gekrümmte Schale f ‖ ~/**полусферическая** *(Bw)* Halbkugelschale f ‖ ~ **реактора** *(Kern)* Reaktormantel m ‖ ~/**ребристая** *(Bw)* Rippenschale f ‖ ~/**салическая** s. ~ сиалическая ‖ ~/**свинцовая** Bleihülle f, Bleimantel m *(außen)*; Bleiauskleidung f *(innen)* ‖ ~/**сиалическая** *(Geol)* Sial n, Sal n, Erdkruste f ‖ ~/**силикатная** *(Geol)* Eklogitschale f, Eklogitzone f, Griquaitschale f *(ein zwischen Silikathülle und Sulfid-Oxid-Schale der Erde liegender Bereich)* ‖ ~/**симатическая** *(Geol)* Sima n ‖ ~/**складчатая** *(Bw)* Faltwerk n ‖ ~/**сульфидная (сульфидно-окисная)** *(Geol)* Chalkosphäre f, Sulfid-Oxid-Schale f *(Teil des unteren Erdmantels)* ‖ ~/**сферическая** *(Bw)* Kugelschale f ‖ ~/**твёрдая** feste Hülle f ‖ ~ **тепловыделяющего элемента** *(Kern)* Brennstoffhülle f *(Reaktor)* ‖ ~/**теплозащитная** Wärmeschutzhülle f ‖ ~/**цилиндрическая** *(Bw)* Zylinderschale f ‖ ~/**экранирующая** Abschirmung f ‖ ~/**электронная** *(Ph)* Elektronenschale f, Elektronenhülle f *(des Atoms)* ‖ ~/**эллиптическая** *(Bw)* elliptische Schale f ‖ ~/**ядерная** *(Kern)* Kernschale f ‖ ~ **ядра/заполненная** *(Kern)* abgeschlossene (aufgefüllte) Schale f ‖ ~ **ядра/незаполненная** *(Kern)* nichtaufgefüllte (offene) Schale f

L-оболочка f *(Ph)* L-Schale f, Achterschale f, Oktett n

оборачиваемость f Umlaufdauer f, Umschlagsgeschwindigkeit f ‖ ~ **вагона** *(Eb)* Wagenumlaufzeit f ‖ ~ **варницы** *(Brau)* Sudfolge f *(Anzahl der Sude)*

оборачивание n *(Opt)* Bildumkehrung f, Bildumkehr f *(Umkehrsystem)*

оборачивать [пласт] *(Lw)* wenden *(Boden, Schwaden)*

оборот *m* 1. *(Masch)* Umdrehung *f*, Umlauf *m*; 2. Umsatz *m*, Umschlag *m (Waren)*; Umlauf *m (Geld)*; 3. Umkehrung *f*, Wendung *f (Bewegung)*; 4. Rückseite *f*; 5. *(Eb)* Umlauf *m (Fahrzeuge; Container)* ‖ ~ **вагонов** *(Eb)* Wagenumlauf *m* ‖ ~ **воды** Wasserumlauf *m*, Wasserzirkulation *f* ‖ ~/**неполный** Teildrehung *f* ‖ ~ **пласта** *(Lw)* Wenden *n*, Wendung *f (der Bodenschicht)* ‖ ~ **поддонов** Palettenumlauf *m* ‖ ~ **поездов** *(Eb)* Zugumlauf *m* ‖ ~/**полный** 1. Gesamtdrehung *f*; 2. *(Inf)* zyklische Adreßfolge ‖ ~ **помола/внутренний** innerer Mahlgutumlauf *m (in der Mühle)* ‖ ~ **ролла** *(Pap)* Holländerturnus *m*

обороты *mpl* **в минуту** Umdrehungen *fpl* pro Minute ‖ ~ **в секунду** Umdrehungen *fpl* pro Sekunde

оборудование *n* 1. Ausrüstung *f*, [technische] Einrichtung *f*; Apparatur *f*; Geräte *npl*, Gerätetechnik *f*; 2. Ausrüsten *n*, Einrichtung *f*, Ausstattung *f*, Ausbau *m* ‖ ~/**буровое** Bohrausrüstung *f* ‖ ~/**вагонное** *(Eb)* Wagenausstattung *f*, Wagenausrüstung *f* ‖ ~/**вентиляционное** Belüftungseinrichtung *f*, Lüfteranlage *f* ‖ ~/**внешнее** *s*. ~/**периферийное** ‖ ~/**вспомогательное** Hilfseinrichtung *f* ‖ ~/**встроенное** *(Bw)* Einbauten *mpl* ‖ ~/**высоковольтное** *(El)* Hochspannungsausrüstung *f* ‖ ~/**высотное** Höhenflugausrüstung *f* ‖ ~/**вычислительное** Rechentechnik *f* ‖ ~/**вязальное** *(Text)* Strickereiausrüstung *f* ‖ ~/**гидравлическое** Hydraulikausrüstung *f* ‖ ~/**горнодобывающее** *(Bgb)* Gewinnungsgeräte *npl* ‖ ~/**горное** Bergbauausrüstung *f*, Grubenausrüstung *f* ‖ ~/**горнопроходческое** *s*. ~/**проходческое** ‖ ~/**горноспасательное** *(Bgb)* Grubenrettungsausrüstung *f* ‖ ~ **для герметизации** *(Eln)* Verschließpresse *f*, Spritzpreßmaschine *f*, Verkappungsmaschine *f (für Schaltkreise, Transistoren)* ‖ ~ **для озеленения** *(Bw)* Maschinen (Anlagen) *fpl* für den Grünanlagenbau ‖ ~/**дождевальное** *(Hydt)* Regnergerät *n* ‖ ~/**дренчерное** *(selbsttätige oder handbetätigte Feuerlöscheinrichtung)* ‖ ~/**забойное** *(Bgb)* Abbauausrüstung *f* ‖ ~/**заводское** Betriebseinrichtung *f*; Fertigungs- und Betriebsmittel *npl* ‖ ~/**закладочное** *(Bgb)* Versatzanlage *f* ‖ ~ **зданий/инженерное** technische Gebäudeausrüstung *f* ‖ ~/**измерительное** meßtechnische Ausrüstung *f*, Meßausrüstung *f* ‖ ~/**испытательное** Prüftechnik *f*, Prüfgeräte *npl*, Prüfanlagen *fpl* ‖ ~/**карьерное** Tagebauausrüstung *f*; Tagebaugeräte *npl* ‖ ~/**ковочное (ковочно-штамповочное)** Schmiedeausrüstungen *fpl*, Schmiedemaschinen *fpl (Freiform- und Gesenkschmiedeausrüstungen)* ‖ ~/**коммутаторное (коммутационное)** *(Nrt)* Vermittlungseinrichtungen *fpl* ‖ ~/**контрольно-измерительное** Kontroll- und Meßausrüstungen *fpl* ‖ ~/**кузнечное** Schmiedeausrüstung *f*, Schmiedemaschinen *fpl* ‖ ~/**кузнечно-прессовое** Schmiedepressen *fpl*, Schmiede-Preß-Ausrüstung *f* ‖ ~/**кузнечно-штамповочное** Gesenkschmiedeausrüstung *f*, Gesenkschmiedeausrüstung *f (Hämmer und Pressen)* ‖ ~/**линейное** *(El)* Leitungsausrüstung *f* ‖ ~/**литейное** Gießereimaschinen *fpl*; Gießereiausrüstung *f* ‖ ~/**машинное** Maschinenpark *m* ‖ ~/**металло-**

обрабатывающее Metallbearbeitungsmaschinenanlagen *fpl*, Werkzeugmaschinenanlagen *fpl* zur Metallbearbeitung *f* ‖ ~/**металлургическое** metallurgische Ausrüstung *f*, Hüttenmaschinen *fpl*, Hüttenausrüstung *f* ‖ ~/**монтажное** Montageausrüstung *f* ‖ ~/**навесное** Anbaugerät *n*, Anhängegerät *n* ‖ ~/**навигационное** Navigationsausrüstung *f* ‖ ~/**наземное** *(Bgb)* Tagesanlage *f* ‖ ~ **ночного освещения** *(Flg)* Nachtbefeuerungsanlage *f* ‖ ~/**обогатительное** *(Met, Bgb)* Aufbereitungsanlage *f* ‖ ~/**обслуживающее** Wartungsausrüstung *f*, Wartungseinrichtung *f*; Bedienungseinrichtung *f*; Versorgungsausrüstung *fpl* ‖ ~/**оконечное** *(Nrt)* Endeinrichtungen *fpl* ‖ ~/**основное** Grundausstattung *f* ‖ ~/**отделочное** *(Text)* Veredlungsanlage *f* ‖ ~/**перегрузочное** Umschlageinrichtungen *fpl* ‖ ~/**периферийное** Peripherieausrüstungen *fpl*, Peripherieeinrichtungen *fpl*, periphere Ausrüstung *f (Geräte npl*, Einrichtungen *fpl)* ‖ ~/**печное** Ofenausrüstung *f* ‖ ~/**пилотажно-навигационное** Flugüberwachungsausrüstung *f* ‖ ~/**пневматическое** Pneumatikausrüstung *f* ‖ ~/**подъёмно-транспортное** Hebezeuge *npl* und Fördereinrichtungen *fpl*, Hub- und Transporteinrichtungen *fpl*, Fördertechnik *f* ‖ ~ **помещений/модульное** *(Schiff)* Einrichtung *f* der Räume nach einem Rastersystem ‖ ~/**проверочно-пусковое** *(Rak)* Prüf- und Startausrüstung *f* ‖ ~/**производственное** Produktionseinrichtungen *fpl*, Produktionsanlagen *fpl*; Fertigungskomplex *m* ‖ ~/**прокатное** Walzwerkausrüstung *f*, Walzwerksmaschinen *fpl* ‖ ~/**промысловое** *(Schiff)* Fanggausrüstung *f* ‖ ~/**проходческое** *(Bgb)* Vortriebsausrüstung *f*, Abteufausrüstung *f* ‖ ~/**прядильное** *(Text)* Spinnereiausrüstung *f* ‖ ~/**рабочее** Arbeitsausrüstung *f*, Arbeitsgerät *n* ‖ ~/**разрыхлительно-очистительное** *(Text)* Putzereiausrüstung *f* ‖ ~/**сборочное** Montageausrüstung *f (für Schaltkreise)* ‖ ~/**светосигнальное** Lichtsignalanlage *f* ‖ ~/**смазочное** Schmiereinrichtungen *fpl* ‖ ~/**сменное** auswechselbare Ausrüstung *f*, Wechselgerät *n* ‖ ~/**спасательное** Rettungsausrüstung *f*, Rettungsanlagen *fpl* ‖ ~/**спринклерное** Sprinkleranlage *f (selbsttätige Feuerschutzeinrichtung)* ‖ ~/**стационное** *(Nrt)* Amtseinrichtung *f*, ortsfeste Einrichtung *f* ‖ ~/**стартовое** *(Rak)* Startausrüstung *f* ‖ ~ **стройплощадки** *(Bw)* Baustelleneinrichtung *f* ‖ ~/**студийное** *(TV, Rf)* Studioeinrichtung *f* ‖ ~/**технологическое** *(Fert)* Fertigungsausrüstung *f* ‖ ~/**ткацкое** *(Text)* Webereiausrüstung *f* ‖ ~/**трикотажное** *(Text)* Wirkereiausrüstung *f* ‖ ~/**упаковочное** Verpackungsausrüstung *f*, Packmaschine *f* ‖ ~/**усилительное** *(El)* Verstärkereinrichtung *f* ‖ ~/**цеховое** Betriebseinrichtung *f* ‖ ~/**шахтное** *(Bgb)* Grubenausrüstung *f* ‖ ~/**электрическое** Elektroausrüstung *f*, elektrische Ausrüstung *f*

оборудовать ausrüsten *(mit Geräten)*; ausstatten; installieren *(Geräte)*; einrichten *(Räume)*

обостритель *m* Anschärfmittel *n*

обочина *f* 1. *(Bw)* Schrammbord *n (Brücke)*; Randbankett *n*; 2. *(Eb)* Planumskante *f (Oberbau)*

обрабатываемость *f* Bearbeitbarkeit *f*, Verarbeitbarkeit *f* ‖ ~ **резанием** *(Fert)* Spanbarkeit *f*,

обрабатываемость

Schneidbarkeit *f* ‖ ~/**черновая** *(Fert)* Schruppbarkeit *f* ‖ ~/**чистовая** *(Fert)* Schlichtbarkeit *f*
обрабатывать 1. bearbeiten, verarbeiten; 2. *(Ch)* behandeln; 3. *(Lw)* bebauen, bestellen *(Felder)*; 4. *(Inf)* verarbeiten *(Daten)*; 5. auswerten *(Meßergebnisse)* ‖ ~ **кислотой** mit Säure behandeln; säuern ‖ ~ **начерно** *(Fert)* schruppen ‖ ~ **начисто** *(Fert)* schlichten ‖ ~ **окончательно** fertigbearbeiten, endbearbeiten ‖ ~/**параллельно** *(Fert)* parallelbearbeiten ‖ ~ **паром** dämpfen ‖ ~ **полностью** vollständig bearbeiten, komplettbearbeiten ‖ ~/**последовательно** nacheinanderbearbeiten, hintereinanderbearbeiten ‖ ~/**предварительно** vorbearbeiten ‖ ~ **рашпилем** raspeln ‖ ~ **резанием** *(Fert)* spanend (spanabhebend) bearbeiten
обрабатывающий информацию informationsverarbeitend
обработка *f* 1. Bearbeitung *f*; Gestaltung *f*; 2. Aufbereitung *f*, Behandlung *f*; 3. *(Fert)* Umformung *f*, Formung *f*, Formgebung *f*, Bearbeitung *f*; Behandlung *f*; Verarbeitung *f*; 4. Auswertung *f (Versuchsergebnisse)*; 5. *(Inf)* Verarbeitung *f (von Daten)*; 6. *(Lw)* Bestellen *n*, Bestellung *f (Felder)* ‖ ~/**абразивная** *(Fert)* Abrasivbearbeitung *f*, abrasive Bearbeitung *f* ‖ ~/**абразивно-струйная** *s.* ~/**гидроабразивная** ‖ ~/**автоклавная** *(Bw)* Autoklavbehandlung *f (Beton)* ‖ ~/**алмазная** *(Fert)* Feinstbearbeitung *f* ‖ ~/**аналитическая** rechnerische Auswertung *f (von Versuchsergebnissen)* ‖ ~/**анодно-механическая** *(Fert)* anodenmechanische Bearbeitung *f*, Form-Elysieren *n* ‖ ~/**анодно-химическая** *(Fert)* elektrochemisches Abtragen *n* ‖ ~/**антикоррозионная** Rostschutzbehandlung *f* ‖ ~/**антистатическая** *(Text)* Antistatikausrüstung *f* ‖ ~ **аэрофотоснимков** Luftbildauswertung *f* ‖ ~ **бентонитом** *(Lebm)* Bentonitschönung *f* ‖ ~/**бесстружковая** *(Fert)* spanlose Bearbeitung *f* ‖ ~/**бесцентровая** *(Fert)* spitzenlose Bearbeitung *f* ‖ ~ **буквенно-цифровых данных** alphanumerische Datenverarbeitung *f* ‖ ~ **в барабане** *(Led)* Walken *n* [im Faß] ‖ ~ **в горячем состоянии** *s.* ~ **давлением/горячая** ‖ ~ **в незатемнённом помещении** *(Photo)* Hellraumverarbeitung *f* ‖ ~ **в пакетном режиме** *(Inf)* Stapelverarbeitung *f* ‖ ~ **в реальном масштабе времени** *(Inf)* Echtzeitverarbeitung *f* ‖ ~/**вакуумная** Vakuumbehandlung *f* ‖ ~/**весенняя** *(Lw)* Frühjahrsbestellung *f* ‖ ~/**влажно-тепловая** *(Text)* Naßveredlung *f* ‖ ~ **влажным паром** *(Bw)* Naßdampfbehandlung *f (Beton)* ‖ ~ **воды** Wasseraufbereitung *f* ‖ ~ **воздуха** Luftaufbereitung *f (in Klimaanlagen)* ‖ ~ **вправку** *(Text)* Breitbehandlung *f* ‖ ~/**высокопроизводительная** Hochleistungsbearbeitung *f* ‖ ~/**высокотемпературная** Hochtemperaturbehandlung *f* ‖ ~/**гальваническая** Galvanik *f* ‖ ~/**гидроабразивная** *(Fert)* Bearbeitung *f* durch Strahlspanen, spanende Bearbeitung *f* nach dem Strahlverfahren ‖ ~/**горячая** 1. Wärmebehandlung *f*; 2. *(Met)* Wärmebearbeitung *f*; 3. *(Fert, Wlz)* Umformen *n*, spanlose Formung *f (durch Walzen, Schmieden, Warmpressen usw.; s. a.* ~ **давлением/горячая)** ‖ ~ **горячим воздухом** *(Bw)* Warmluftbehandlung *f (Beton)* ‖ ~/**графитизирующая** *(Met)* Tempern *n*, Temperglühen *n* ‖ ~/**графическая** zeichnerische (graphische) Auswertung *f (von Versuchsergebnissen)* ‖ ~ **графической информации** graphische Datenverarbeitung *f* ‖ ~/**грубая [механическая]** Vorbearbeitung *f*; Grobbearbeitung *f* ‖ ~/**групповая** *(Fert)* Gruppenbearbeitung *f*; *(Inf)* Stapelverarbeitung *f* ‖ ~ **давлением** *(Fert)* umformende Bearbeitung *f*, Umformbearbeitung *f* ‖ ~ **давлением/горячая** *(Fert)* Warmumformung *f*, Warmumformen *n* ‖ ~ **давлением/холодная** *(Fert)* Kaltumformen *n*, Kaltumformung *f* ‖ ~ **данных** Datenverarbeitung *f* ‖ ~ **данных/автоматизированная** automatisierte Off-line-Datenverarbeitung *f*, indirekte Datenverarbeitung *f* ‖ ~ **данных в реальном масштабе времени** Echtzeit[daten]verarbeitung *f* ‖ ~ **данных в режиме разделения времени** Zeitteilverfahren *n*, Time-Sharing *n* ‖ ~ **данных/децентрализованная** dezentralisierte Datenverarbeitung *f* ‖ ~ **данных/дистанционная** Datenfernverarbeitung *f* ‖ ~ **данных/интегрированная** integrierte Datenverarbeitung *f* ‖ ~ **данных/машинная** maschinelle Datenverarbeitung *f* ‖ ~ **данных/местная** lokale Datenverarbeitung *f* ‖ ~ **данных/непосредственная** direkte Datenverarbeitung *f (On-line)* ‖ ~ **данных/непрямая** indirekte Datenverarbeitung *f (Off-line)* ‖ ~ **данных/пакетная** Stapelverarbeitung *f* ‖ ~ **данных/первичная** Primärdatenverarbeitung *f* ‖ ~ **данных/пословная** Wortbearbeitung *f* ‖ ~ **данных/пошаговая** schrittweise Abarbeitung *f* ‖ ~ **данных/централизованная** zentralisierte (integrierte) Datenverarbeitung *f* ‖ ~ **данных/цифровая** digitale Datenverarbeitung *f* ‖ ~ **данных/электронная** elektronische Datenverarbeitung *f* ‖ ~/**дистанционная пакетная** *(Inf)* Stapelfernverarbeitung *f* ‖ ~/**доводочно-притирочная** *(Fert)* Läppbearbeitung *f* ‖ ~ **документов** *(Inf)* Belegverarbeitung *f* ‖ ~ **долблением** *(Fert)* Stoßbearbeitung *f* ‖ ~/**дополнительная** zusätzliche Bearbeitung *f* ‖ ~/**дробеструйная** *(Fert)* Schrotstrahlen *n* ‖ ~/**жгутовая** *(Text)* Strangbehandlung *f* ‖ ~ **жидкого металла** *(Met, Gieß)* Flüssigmetallbehandlung *f*, Schmelz[e]behandlung *f* ‖ ~ **запросов** *(Inf)* Anfragenbearbeitung *f* ‖ ~ **звуковых сигналов** *(Rf)* Tonsignalverarbeitung *f (Studiotechnik)* ‖ ~/**зеркальная** *(Fert)* spiegelbildliche Bearbeitung *f* ‖ ~/**излучением** *(Fert)* Abtragen *n* mit Strahlen *(z. B. Elektronenstrahlen)* ‖ ~ **измерений** Meßwertverarbeitung *f* ‖ ~ **измеряемых величин** Meßwertverarbeitung *f* ‖ ~ **изображения** Bildverarbeitung *f*, Bildbearbeitung *f* ‖ ~ **изображения/оптическая** optische Bildverarbeitung *f* ‖ ~ **изображения/оптоэлектронная** optoelektronische Bildbearbeitung *f* ‖ ~ **изображения/цифровая** digitale Bildbearbeitung *f* ‖ ~/**интерпретирующая** interpretative Abarbeitung *f (von Programmen)* ‖ ~ **информации** Informationsverarbeitung *f* ‖ ~ **информации/оптическая** optische Informationsbearbeitung *f* ‖ ~ **ионным лучом** Ionenstrahlbearbeitung *f* ‖ ~/**кислородная** *s.* строжка/кислородная ‖ ~/**кислотная** Säurebehand-

обработка

lung f, Säuern n ‖ ~ **коммерческих данных** kommerzielle Datenverarbeitung f ‖ ~/**консольная** (Fert) freitragende (fliegende) Bearbeitung f ‖ ~ **конусов** (Fert) Kegelbearbeitung f ‖ ~/**копировальная** (Fert) Nachformbearbeitung f, Nachformen n, Kopieren n ‖ ~ **кратковременная термическая** (Eln) Kurzzeit-Thermobehandlung f, RTA ‖ ~/**кузнечная** Schmieden n, Bearbeitung f durch Schmieden ‖ ~/**лазерная (лазерно-механическая)** (Fert) Laser[strahl]bearbeitung f, Photonenstrahlbearbeitung f, Photonieren n ‖ ~ **лазерным лучом** s. ~/**лазерная** ‖ ~ **литья** Gußbearbeitung f ‖ ~/**лучевая** Strahlbearbeitung f ‖ ~ **лучистым теплом** (Bw) Strahlungswarmbehandlung f (Beton) ‖ ~ **массива** s. ~/**матричная** ‖ ~ **материалов** Werkstoffbearbeitung f ‖ ~/**матричная** (Fert) Matrizenbearbeitung f ‖ ~/**междурядная** (Lw) Zwischenreihenbearbeitung f ‖ ~ **металлов давлением** (Fert) Umformen n und Zerteilen n ‖ ~ **металлов резанием** (Fert) spanende (spanabhebende) Metallbearbeitung f; Spanen n; Abtragen n ‖ ~ **металлов/электроискровая** (Fert) funkenerosives Abtragen n ‖ ~ **металлов/электрохимическая** (Fert) elektrochemisches Abtragen n ‖ ~ **металлов/электроэрозионная** (Fert) funkenerosives Abtragen n ‖ ~ **меток** (Inf) Kennsatzbehandlung f ‖ ~/**микропрограммная** (Inf) Mikro[programm]verarbeitung f ‖ ~ **микроструктур/нетермическая электронно-лучевая** nichtthermische Elektronenstrahlbearbeitung f von Mikrostrukturen ‖ ~/**многованная** (Photo) Mehrbadverarbeitung f ‖ ~/**многоместная** (Fert) Mehrstellenbearbeitung f ‖ ~/**многопозиционная** (Fert) Mehrstationenbearbeitung f ‖ ~/**многорезцовая** (Fert) Mehrmeißelbearbeitung f ‖ ~/**мокрая** Naßbearbeitung f, Naßverarbeitung f ‖ ~ **молотом** (Schm) Hämmern n ‖ ~/**мультипрограммная** (Inf) Multiprogrammverarbeitung f ‖ ~ **на оправке** Dornen n (Rohrwalzen) ‖ ~ **на твёрдый раствор** (Met) Lösungsglühen n, Homogenisieren n, Homogenisierung f ‖ ~/**непосредственная** (Inf) On-line-Betrieb m, On-line-Verarbeitung f ‖ ~/**нетермическая** nichtthermische Bearbeitung f ‖ ~/**низкотемпературная** (Härt) Tieftemperaturbehandlung f, Niedrigtemperaturbehandlung f, Kältebehandlung f ‖ ~/**обдирочная** (Fert) Schälbearbeitung f, Schruppbearbeitung f, Schruppen n ‖ ~ **облучением** Strahlenbehandlung f, Bestrahlung f ‖ ~/**объёмная** (Fert) räumliche Bearbeitung f (dreidimensional) ‖ ~/**огнезащитная** Feuerschutzbehandlung f ‖ ~/**однованная** f (Photo) Einbadverarbeitung f ‖ ~/**одновременная** 1. (Inf) simultane Verarbeitung f, simultane Bearbeitung f, Simultanbearbeitung f ‖ ~/**однопозиционная** (Fert) Einstationenbearbeitung f ‖ ~/**однорастворная** s. ~/**однованная** ‖ ~/**окончательная** (Fert) Fertigbearbeitung f ‖ ~/**осевая** (Fert) axiale Bearbeitung f ‖ ~/**особо тонкая** Feinstbearbeitung f ‖ ~/**отделочная** (Fert) Feinbearbeitung f, Endbearbeitung f ‖ ~ **отжигом** (Härt) Glühen n, Glühbehandlung f; Tempern n, Temperglühen n ‖ ~/**ошибок** (Inf) Fehlerbehandlung f ‖ ~/**пакетная** (Inf) Stapelverarbeitung f ‖ ~/**параллельная** (Fert) Parallelbearbeitung f, Mehrfachbearbeitung f; (Inf) Parallelverarbeitung f, Simultanverarbeitung f ‖ ~ **параллельных программ** Parallelverarbeitung f von Programmen ‖ ~ **паром** Dampfbehandlung f, Dämpfen n ‖ ~ **партиями** (Inf) Stapelverarbeitung f ‖ ~/**первичная** 1. Vorbearbeitung f, Vorbehandlung f; 2. Primär[daten]verarbeitung f ‖ ~ **переплавкой** (Gieß) Umschmelzen n, Umschmelzbehandlung f ‖ ~ **песком** Sandstrahlen n ‖ ~/**пескоструйная** Sandstrahlen n ‖ ~ **питательной воды** Speisewasserbehandlung f ‖ ~/**плазменная** Plasmastrahlbearbeitung f ‖ ~ **по копиру** (Fert) Nachformbearbeitung f ‖ ~/**поверхности** s. ~/**поверхностная** ‖ ~/**поверхностная** Oberflächenbehandlung f; Oberflächenbearbeitung f ‖ ~/**повторная** Nachbearbeitung f, Wiederverarbeitung f ‖ ~ **полей** Feldbestellung f, Ackerbestellung f ‖ ~/**полная** Komplettbearbeitung f ‖ ~/**получистовая** (Fert) Halbschlichtbearbeitung f, Halbschlichten n ‖ ~/**поочерёдная** abwechselndes Bearbeiten n ‖ ~/**последовательная** (Fert) Reihenbearbeitung f; (Inf) sequentielle Verarbeitung f ‖ ~/**последующая** Folgebearbeitung f, Nachbearbeitung f, Nachbearbeitung f, nachfolgende Behandlung f ‖ ~/**послеуборочная** (Lw) Vermarktung f, Aufbereitung f (des Ernteguts) Nachernteaufbereitung f (Obst, Gemüse) ‖ ~/**поточная** (Fert) Fließbearbeitung f ‖ ~ **почвы** (Lw) Bodenbearbeitung f ‖ ~ **почвы/безотвальная** (Lw) pfluglose Bodenbearbeitung f ‖ ~ **почвы/междурядная** (Lw) Zwischenreihenbearbeitung f ‖ ~ **почвы/минимальная** (Lw) Minimalbodenbearbeitung f ‖ ~ **почвы/основная** (Lw) Grundbodenbearbeitung f ‖ ~ **почвы/предпосевная** (Lw) Oberflächenbodenbearbeitung f, Saatbettbereitung f ‖ ~ **почвы/сплошная** (Lw) durchgängige Bodenbearbeitung f, Flächenbearbeitung f ‖ ~/**предварительная** (Fert) Vorbearbeiten n, Vorbearbeitung f; Vorbehandlung f; (Inf) Vorverarbeitung f ‖ ~/**прерываний** (Inf) Unterbrechungsbehandlung f ‖ ~/**прерывистая** (Fert) intermittierende (unterbrochene) Bearbeitung f ‖ ~/**приоритетная** (Inf) Verarbeitung f nach Prioritäten, Vorrangverarbeitung f ‖ ~/**промежуточная** Zwischenbearbeitung f ‖ ~/**радиационная** Strahlenbehandlung f, Bestrahlung f ‖ ~/**раздельная** (Inf) Off-line-Betrieb m, Off-line-Verarbeitung f ‖ ~/**размерная** (Fert) Maßbearbeitung f ‖ ~ **резанием** spanende (spanabhebende) Bearbeitung f, Spanen n ‖ ~ **резанием/скоростное** Schnellspanen n, Hochgeschwindigkeitsspanen n ‖ ~ **резания/копировальная** Nachformspanen n ‖ ~ **результатов** Auswertung f (von Meßergebnissen) ‖ ~/**ручная** manuelle Bearbeitung f, Bearbeitung f von Hand n ‖ ~ **сверлением** (Fert) Bohrbearbeitung f ‖ ~/**сверлильная** (Fert) Bohrbearbeitung f ‖ ~/**сверхчистовая** (Fert) Feinstschlichtbearbeitung f ‖ ~/**светолучевая** s. ~/**лазерная** ‖ ~ **серой** Schwefeln n ‖ ~ **сигналов** s. ~/**сигналов/цифровая** digitale Signalverarbeitung f (Funkmeßtechnik) ‖ ~ **скважины** Bohrlochbehandlung f (Erdölbohrung) ‖ ~/**скоростная** s. ~ **резанием/скоростное** ‖ ~/**списков** (Inf) Listenverarbeitung f ‖ ~ **сточных вод** Abwasserbehandlung f, Abwasserverwertung f ‖ ~/**струй-**

обработка 514

ная Strahlen n (z. B. Sandstrahlen) ‖ ~ **судна** Abfertigung f eines Schiffes (Laden oder Löschen) ‖ ~/**суперфинишная** (Fert) Kurzhubhonbearbeitung f, Superfinishbearbeitung f ‖ ~ **текстов** (Inf) Textverarbeitung f ‖ ~/**тепловая** s. ~/термическая ‖ ~/**тепловлажностная** (Bw) Wärmebehandlung f (Beton) ‖ ~/**термическая** (Härt) thermische Behandlung f, Wärmebehandlung f; (Härt) Vergüten n, Vergütung f ‖ ~/**термическая индуктивная** (Bw) induktive Warmbehandlung f (Beton) ‖ ~/**термомеханическая** thermomechanische Bearbeitung (Behandlung) f (Wärmebehandlung zur Beseitigung unerwüschter Erscheinungen infolge vorangangener Umformung) ‖ ~ **технологических данных** Prozeßdatenverarbeitung f ‖ ~ **типа лит** (Photo) Lith-Verarbeitung f ‖ ~/**товарная** (Lw) Vermarktung f (Kartoffeln) ‖ ~/**токарная** (Fert) Drehbearbeitung f, Drehen n ‖ ~/**тонкая** (Fert) Feinbearbeitung f ‖ ~ **торцевой фрезой** (Fert) Stirnfräsen n ‖ ~ **точением** s. ~/токарная ‖ ~/**точная** (Fert) Genaubearbeitung f ‖ ~ **травлением** (Met) Beizen n, Beizbehandlung f ‖ ~/**удалённая пакетная** (Inf) Stapelfernverarbeitung f ‖ ~/**ультразвуковая** (Fert) Ultraschallbearbeitung f; Stoßläppen n, Schwingläppen n ‖ ~/**файла** (Inf) Dateiverarbeitung f ‖ ~/**фасонная** (Fert) Formbearbeitung f ‖ ~ **фасонных поверхностей/токарная** (Fert) Formdrehbearbeitung f, Formdrehen n ‖ ~/**финишная** (Fert) Feinbearbeitung f ‖ ~/**фотонно-лучевая** s. ~/лазерная ‖ ~/**фрезерная** (Fert) Fräsbearbeitung f ‖ ~/**химико-термическая** (Härt) Warmbehandlung f (von Stahl) in einem chemischen Mittel ~ Nitrieren, Zyanieren, Zementieren) ‖ ~/**химическая электронно-лучевая** strahlenchemische Behandlung (Bearbeitung) f ‖ ~/**хлыщническая** (Lw) Raubbau m ‖ ~/**холодная** Kältebehandlung f, Kältebearbeitung f (z. B. des Stahls nach dem Härten) ‖ ~ **холодом** s. ~/холодная ‖ ~ **цифровых данных** numerische Datenverarbeitung f ‖ ~ **цифровых изображений** digitale Bildbearbeitung f ‖ ~/**черновая** (Fert) Schruppbearbeitung f, Schruppen n ‖ ~/**черновая токарная** Schruppdrehbearbeitung f ‖ ~/**чистовая** (Fert) Schlichtbearbeitung f, Schlichten n ‖ ~ **шлака** (Met) Schlackenbehandlung f, Schlackenarbeit f (Herd- und Tiegelofen) ‖ ~ **шлаком** (Met) Schmelz[e]behandlung f durch Schlacke ‖ ~/**шлифовальная** (Fert) Schleifbearbeitung f, schleifende Bearbeitung f ‖ ~/**щелочная** Alkalibehandlung f, Laugenbehandlung f ‖ ~/**электроискровая** (Fert) Funkenabtragen n, Funkenerodieren n, funkenerosives Abtragen n ‖ ~/**электроконтактная** (Fert) Elektrokontaktbearbeitung f ‖ ~/**электронно-лучевая** (Fert) Elektronenstrahlbearbeitung f, Elektronieren n ‖ ~/**электротермическая** (Fert) elektrothermische Bearbeitung f ‖ ~/**электрохимическая** (Fert) elektrochemische Bearbeitung f, Elysieren n ‖ ~/**электроэрозионная** (Fert) elektroerosive Bearbeitung f, Elektroerosivbearbeitung f, Elektroerodieren n
обработочный Bearbeitungs...
образ m 1. Art f, Weise f; 2. Form f, Gestalt f; 3. (Math) Bild n, Gebilde n ‖ ~/**двоичный** (Inf) Bitmuster n ‖ ~ **действия** Wirkungsweise f ‖ ~/**обратный** (Math) inverses Bild n ‖ ~/**поисковый** (Inf) Suchmuster n

образец m 1. Muster n, Probe f, Probestück n; 2. (Wkst) Probestab m, Probekörper m, Probe f, Prüfling m; 3. (Meß) Referenznormal n; 4. (Meß) Einstellnormal n; Vergleichsstück n (z. B. Oberflächenvergleichsstück); 5. (Bgb) Stufe f ‖ ~ **для горячих испытаний** (Wkst) Probestab m für Warmversuche ‖ ~ **для испытаний** s. ~/испытуемый ‖ ~/**испытуемый (испытываемый)** Probestab m, Prüfkörper m, Prüfstück n, zu prüfende (untersuchende) Probe f ‖ ~/**исходный** (Meß) Einstellnormal n; Ausgangsmuster n ‖ ~/**кварцевый** (Meß) Quarznormal n, Normalquarz n ‖ ~/**клинообразный** (Gieß) Keilprobe f, Gießkeilprobe f ‖ ~/**кольцевой (кольцеобразный)** ringförmige Probe f, Ringprobe f ‖ ~/**контрольный** (Meß) Kontrollstab m, Eichstab m ‖ ~/**лабораторный** Labormuster n ‖ ~/**нормальный** (Wkst) Normal[probe]stab m, Normalprobe f ‖ ~/**опытный** Versuchsmuster n, Funktionsmuster n ‖ ~/**плоский** (Wkst) Flachprobestab m, Flach[stab]probe f ‖ ~ **породы** (Bgb) Gesteinsprobe f ‖ ~ **прибора** Mustergerät n, Funktionsmuster n ‖ ~ **прибора/экспериментальный** Labormuster[gerät] n; Versuchsmustergerät n ‖ ~/**прилитый [к отливке]** (Gieß) angegossene Probe f, angegossener Probestab m ‖ ~/**пропорциональный** (Wkst) Proportional[probe]stab m (Zerreißversuch) ‖ ~ **просвета** (Meß) Vergleichslichtspalt m, Normallichtspalt m ‖ ~/**разрывной** (Wkst) Zerreiß[probe]stab m, Zerreißprobe f ‖ ~ **с запилом (надрезом)** Kerbschlag[biege]probe f, Kerb[probe]stab m, Kerbprobe f ‖ ~ **сравнения** Vergleichsmuster n, Eichmaß n ‖ ~/**стандартный** 1. Normalprobe f (als Vergleichsmuster für die Bestimmung von Stoffdaten und -eigenschaften); 2. (Wkst) Normalstab m (z. B. für Zugversuche) ‖ ~/**тавровый** T-Probe f ‖ ~/**типовой разрывной** (Wkst) Normzerreißprobestab m ‖ ~/**угловой** (Meß) Winkel[referenz]normal n ‖ ~ **утверждённого типа** Mustergerät n einer zugelassenen Bauart ‖ ~/**цилиндрический** Rundprobestab m, Rundprobe f ‖ ~/**эвольвентный** (Meß) Evolventennormal n ‖ ~/**эталонный** 1. (Meß) Vergleichsmuster n, Bezugsmuster n, Urmuster n; 2. (Wkst) Vergleichsstab m

образец-изделие m (Fert) Musterwerkstück n
I-образный (Bw) I-förmig (Träger)
С-образный (Masch) C-förmig, offen (Bauweise von Maschinengestellen)
образование n Bildung f, Erzeugung f • **в момент образования** (Ch) in statu nascendi, im Entstehungszustand, im Moment des Entstehens

образование s. образовывать
образовывать 1. bilden, erzeugen; 2. gestalten
образующая f (Math) Erzeugende f (erzeugende Linie einer gekrümmten Fläche) ‖ ~ **конуса** Kegelmantellinie f ‖ ~/**криволинейная** gekrümmte Mantellinie f
образующий erzeugend, Erzeugungs..., Erzeuger...
обрамление n Einfassung f, Umrahmung f, Umrandung f ‖ ~ **краёв** Randeinfassung f

обрастание n *(Schiff)* Bewuchs m, Bewachsen n
обрастать *(Schiff)* bewachsen
обрат m *(Text)* wiederverspinnbare Abfälle mpl
обратимость f 1. Reversibilität f, Umkehrbarkeit f; 2. Gegenseitigkeit f, Wechselseitigkeit f ‖ ~/**термодинамическая** Umkehrbarkeit (Reversibilität) f thermodynamischer Prozesse ‖ ~ **хода лучей** *(Opt)* Umkehrbarkeit f des Strahlenganges
обратимый Umkehr..., umkehrbar, reversibel; umfunktionierbar ‖ ~/**ограниченно** begrenzt umfunktionierbar ‖ ~/**полностью** vollständig umfunktionierbar
обратный umgekehrt, entgegengesetzt, reziprok, umkehrbar, Umkehr..., reversibel, invers ‖ ~ **по фазе** gegenphasig, mit entgegengesetzter Phase
обращение n 1. Handhabung f, Bedienung f *(eines Geräts)*; 2. Umkehr[ung] f, Invertierung f; 3. Umlauf m, Kreislauf m, Zirkulation f; 4. *(Photo)* Umkehrung f, Umkehrentwicklung f; 5. *(Inf)* Zugriff m; 6. *(Inf)* Konvertierung f, Umkehrung f ‖ ~/**адресное** *(Inf)* Adressenzugriff m ‖ ~ **в нуль** *(Math)* Nullwerden n ‖ ~ **времени** Zeitumkehr f ‖ ~ **геомагнитного поля** *(Geoph)* Inversion f des geomagnetischen Feldes, geomagnetische Feldinversion f ‖ ~/**двойное** *(Inf)* Doppelzugriff m ‖ ~ **диффузионным способом** *(Photo)* Umkehrung f durch Diffusionsübertragung ‖ ~ **знака** *(Inf)* Umkehrung f des Vorzeichens, Vorzeichenumkehr f, Vorzeichenwechsel m ‖ ~ **изображения** *(Photo)* Bildumkehrung f, Bildumkehr f ‖ ~ **к ЗУ (запоминающему устройству)** *(Inf)* Speicherzugriff m ‖ ~ **к ЗУ/непосредственное (прямое)** *(Inf)* Speicherdirektzugriff m, direkter Speicherzugriff m, DMA ‖ ~ **к памяти** *(Inf)* Speicherzugriff m ‖ ~ **к подпрограмме** *(Inf)* Unterprogrammaufruf m, Unterprogrammzugriff m ‖ ~ **к программе** *(Inf)* Programmaufruf m, Programmzugriff m ‖ ~/**многократное** *(Inf)* Mehrfachzugriff m ‖ ~/**непосредственное** *(Inf)* Direktzugriff m, direkter Zugriff m ‖ ~/**произвольное** *(Inf)* wahlfreier (beliebiger) Zugriff m ‖ ~/**прямое** *(Inf)* Direktzugriff m, direkter Zugriff m ‖ ~ **фаз[ы]** Phasenumkehr[ung] f
обрез m 1. *(Bgb)* Bruchkante f *(Strebbau)*; 2. *(Bw)* Randstreifen m *(der Straße)*; 3. *(Typ)* Schnitt m; 4. Stutzen m *(Gewehrtyp)* ‖ ~/**верхний** *(Typ)* Farboberschnitt m ‖ ~/**внешний** *(Typ)* Außenschnitt m ‖ ~/**головочный** *(Typ)* Kopfschnitt m ‖ ~/**золотой** *(Typ)* Goldschnitt m ‖ ~ **книги** *(Typ)* Schnitt m, Beschnitt m ‖ ~/**нижний** *(Typ)* Fußschnitt m ‖ ~/**позолоченный** *(Typ)* Goldschnitt m ‖ ~ **фундамента** *(Bw)* Oberkante f des Gründungskörpers *(eines Widerlagers)* ‖ ~/**цветной** *(Typ)* Farbschnitt m
обрезать *(Fert)* beschneiden, besäumen ‖ ~ **кромки** besäumen *(Blech)*
обрезиновать belegen *(Kord; Reifenherstellung)*
обрезка f 1. Abschneiden n, Beschneiden n, Ablängen n; Schnitt m; 2. Besäumen n *(Holz)*; 3. *(Wlz)* Schopfen n, Abstechen n *(Gußblöcke)*; 4. *(Lw)* Schnitt m, Obstbaumschnitt m; 5. *(Lw)* Beschneiden n, Schneiden n *(Klauen)* ‖ ~ **бортов** Entwulsten n *(Reifen)* ‖ ~ **горячая** *(Met)* Warmabgraten n, Warmentgraten n ‖ ~ **заусенцев** *(Met)* Entgraten n, Abgraten n *(auf der Abgratpresse)* ‖ ~ **концов заготовки** *(Met)* Schopfen n *(Halbzeug)* ‖ ~ **прибыльной части [слитка]** *(Met)* Schopfen n *(Gußblock)* ‖ ~/**холодная** *(Met)* Kaltabgraten n, Kaltentgraten n ‖ ~/**четырёхсторонняя** *(Typ)* Rundumbeschnitt m, vierseitiger Beschnitt f
обрезки fpl Endenabfall m, Saumschrott m ‖ ~/**листовые** Blechschrott m, Blechabfall m
обрезок m *(Met)* 1. Endenabfall m, Schopf m, Ende n; 2. Saumschrott m
обрезывать s. обрезать
обрезь f Beschnitt m, Schnitzel npl
обрешетина f *(Bw)* Dachlatte f
обрешётка f *(Bw)* Belattung f, Lattung f *(eines Daches)* ‖ ~ **кузова** Aufbaugerippe n, Aufbauskelett n *(eines Fahrzeugs)*
обрешечивать *(Bw)* 1. belatten *(Dachsparren)*; 2. mit Spalierlatten benageln *(Spalierlattenputz)*
обрубать 1. behauen, abhauen, abschlagen; 2. *(Text)* [be]säumen; 3. *(Schm)* abschrotten, trennen ‖ ~ **зубилом** abschroten, abmeißeln, trennen
обрубить s. обрубать
обрубка f 1. Behauen n; 2. *(Schm)* Abschroten n, Trennen n; 3. *(Gieß)* Putzen n *(Trennen der Gieß- und Speisesysteme von den Gußteilen)*; 4. *(Text)* Besäumen n ‖ ~ **зубилом** Abschroten n, Abmeißeln n, Trennen n ‖ ~ **литья** *(Gieß)* Gußputzen n *(nur Trennen von Gieß- und Speisesystemen)* ‖ ~ **сучьев** Ausästung f
обрубки fpl *(Met)* Schnittabfälle mpl, Verschnitt m, Schrott m
обруб[оч]ная f *(Gieß)* Putzerei f, Gußputzerei f
обруч m Reif[en] m, Band n, Bandreif m, Ring m, Abschlußring m
обрушаемость f **горных пород** *(Bgb)* Neigung f zum Hereinbrechen, Bruchfähigkeit f
обрушать *(Bgb)* zu Bruch werfen
обрушаться *(Bgb)* 1. einstürzen, zu Bruch gehen; 2. verbrechen, hereinbrechen
обрушение n *(Bgb)* 1. Einsturz m, Einbruch m, Zusammenbruch m; 2. Zubruchgehen n; 3. Zubruchwerfen m; 4. Bruchbau m ‖ ~/**блоковое** Blockbruchbau m ‖ ~ **выработки** Bruch m des Grubenbaus ‖ ~/**искусственное** künstliches Zubruchwerfen n ‖ ~ **кровли** Hereinbrechen n des Hangenden; Zubruchwerfen n des Hangenden ‖ ~ **откоса** Böschungsbruch m ‖ ~/**подэтажное** Teilsohlen[pfeiler]bruchbau m ‖ ~/**полное** vollständiges Zubruchwerfen n ‖ ~ **пород кровли** Hereinbrechen n der Dachschicht ‖ ~/**принудительное** provoziertes Zubruchwerfen n ‖ ~/**слоевое** Scheibenbruchbau m ‖ ~/**управляемое** gelenktes Zubruchgehen n ‖ ~/**частичное** teilweises Zubruchwerfen n ‖ ~/**этажное** Etagenbruchbau m
обрушивать s. обрушать
обрушиваться s. обрушаться
обрушить s. обрушать
обрушиться s. обрушаться
обрыв m 1. Abreißen n; 2. Bruch m; 3. *(Geol)* Steilhang m ‖ ~/**береговой** *(Geol)* Steilufer n, Kliff m ‖ ~ **жилы** *(El)* Aderbruch m ‖ ~ **контактной проволоки** *(Eln)* Bonddrahtabriß m ‖ ~ **ленты** *(Text)* Bandbruch m *(Strecke)* ‖ ~ **линии** *(El)* Leitungsbruch m ‖ ~ **нити** *(Text)* Fadenbruch m ‖ ~ **нити накала** *(El)* Heizfaden-

обрыв

bruch m ‖ ~ **основной нити** *(Text)* Kettfadenbruch m ‖ ~ **петель** *(Text)* Maschenbruch m ‖ ~ **ровницы** *(Text)* Luntenriß m, Vorgarnriß m, Luntenbruch m, Vorgarnbruch m ‖ ~ **утка (уточной нити)** *(Text)* Schußfadenbruch m ‖ ~ **цепи** *(Ch)* Kettenabbruch m
обрывать[ся] abreißen; brechen
обрывки mpl **облаков** Wolkenfetzen m ‖ ~ **тумана** Nebelschwaden m
обрывность f *(Text)* Bruchhäufigkeit f, Fadenbruchzahl f ‖ ~ **нити** Fadenbrüchigkeit f
обрызг m *(Bw)* Bespritzen n
обрызгивание n Sprühen n, Besprühen n
об/с s. обороты в секунду
обсадить s. обсаживать
обсадка f 1. *(Lw, Forst)* Bepflanzung f; 2. *(Bgb)* Verrohrung f *(Bohrung)*
обсадный *(Bgb)* Futterrohr..., Rohr... *(Bohrung)*
обсаженный *(Bgb)* verrohrt *(Bohrung)*
обсаживать 1. *(Lw, Forst)* bepflanzen, umpflanzen; 2. *(Bgb)* verrohren *(Bohrung)*
обсерватория f Observatorium n, Warte f ‖ ~/**астрономическая** Sternwarte f ‖ ~/**аэрологическая** aerologisches Observatorium n ‖ ~/**геофизическая** geophysikalisches Observatorium n ‖ ~/**космическая** Raumobservatorium n ‖ ~/**метеорологическая** meteorologisches Observatorium n ‖ ~/**морская** Seewarte f ‖ ~/**сейсмическая** seismisches Observatorium n ‖ ~/**стратосферная** Stratosphärenobservatorium n
обсервация f Beobachtung f *(Schiffsnavigation)*
обсечка f/**прямоугольная** s. раскатка/плоская
обсечки fpl *(Met)* Trennabfälle mpl, Stanzabfälle mpl
обсидиан m *(Min)* Obsidian m *(vulkanisches Glas)*
обследование n Erhebung f *(Statistik)*
обслуживаемость f Bedienbarkeit f
обслуживаемый 1. wartbar; gewartet *(Anlagen)*; 2. bedient *(mit Bedienungspersonal)*
обслуживание n 1. Bedienung f; Betrieb m; 2. Wartung f, Instandhaltung f; 3. [nachrichtentechnische] Versorgung f ‖ ~/**автоматическое** *(Nrt)* Wählbetrieb m, Wählverkehr m ‖ ~/**аэродромное** Flugplatzwartung f; Flugplatzwartungsdienst m ‖ ~/**береговое** *(Schiff)* 1. landseitige Wartung f; 2. landseitige Abfertigung f ‖ ~ **библиотеки** *(Inf)* Bibliotheksverwaltung f ‖ ~/**бытовое** Dienstleistungen fpl ‖ ~ **дальней связи/автоматическое** *(Nrt)* Selbstwählfernverkehr m, SWF-Verkehr m ‖ ~/**двустороннее** *(Masch)* Zweiseitenbedienung f ‖ ~/**дистанционное** Fernbedienung f ‖ ~ **заявок** *(Inf)* Auftragsbearbeitung f ‖ ~/**машинное** Maschinenausrüstung f; Maschinenpark m ‖ ~/**многоверетённое** *(Text)* Mehrspindelbedienung f ‖ ~/**многостаночное** *(Fert)* Mehrmaschinenbedienung f ‖ ~ **прерывания** *(Inf)* Unterbrechungsbehandlung f, Unterbrechungsverwaltung f ‖ ~ **программного обеспечения/техническое** Software-Wartung f ‖ ~/**ручное** Handbedienung f, Handbetätigung f; *(Nrt)* Handbetrieb m ‖ ~ **списков** *(Inf)* Listenverwaltung f ‖ ~/**текущее** Wartung f, laufende Wartung f, laufende Instandhaltung f ‖ ~/**техническое** [technische] Wartung f

обслуживать 1. bedienen, warten *(Geräte)*; betreuen; 2. versorgen *(z. B. mit Fernsehprogrammen)*
обстановка f 1. Einrichtung f, Ausstattung f; 2. Lage f, Verhältnisse npl ‖ ~/**навигационная** Navigationszeichen npl ‖ ~/**судоходная** *(Schiff)* Seezeichen npl *(Seeschiffahrt)*; Wasserstraßenkennzeichnung f *(Binnenschiffahrt)*
обстановщик m *(Schiff)* Bojenleger m; Bojenwartungsschiff n
обстрагивать behobeln, abhobeln *(Holz)*
обстрел m *(Mil)* 1. Beschuß m; 2. Schwenkbereich m *(Geschütz)*
обстрогать s. обстрагивать
обстройка f **помещений/модульная** *(Schiff)* Ausbau m der Räume nach einem Rastersystem
обстругать s. обстрагивать
обстругивать s. обстрагивать
обстукать s. обстукивать
обстукивать abklopfen *(z. B. Bunker, Formmaschinen)*
обстучать s. обстукивать
обсуждение n **функции** *(Math)* Kurvendiskussion f
обсыпка f Überschütten n, Beschütten n; Zuschütten n
обтачивание n *(Fert)* 1. Außendrehen n; 2. Abdrehen n ‖ ~ **конусов** Außenkegeldrehen n, Außenkegeligdrehen n ‖ ~/**многорезцовое** Mehrmeißelaußendrehen n, Vielmeißelaußendrehen n ‖ ~ **наружных поверхностей** Außendrehen n ‖ ~/**обдирочное** Außenschäldrehen n ‖ ~/**окончательное** Außenfertigdrehen n ‖ ~ **по копиру** Außennachformdrehen n ‖ ~/**получистое** Außenhalbschichtdrehen n ‖ ~/**поперечное** Außenquerdrehen n ‖ ~/**предварительное** Außenvordrehen n ‖ ~/**продольное** Außenlangdrehen n ‖ ~/**тонкое** Außenfeindrehen n ‖ ~/**черновое** Außenschruppdrehen n ‖ ~/**чистовое** Außenschichtdrehen n
обтачивать *(Fert)* 1. außendrehen; 2. abdrehen *(Radreifen)*; 3. langdrehen ‖ **окончательно** außenfertigdrehen ‖ ~ **предварительно** außenvordrehen
обтекаемость f Windschlüpfigkeit f
обтекаемый 1. umströmt; 2. stromlinienförmig verkleidet, Stromlinien...; 3. windschnittig ‖ ~ **током** stromdurchflossen, stromführend
обтекание n 1. Umfließen n, Umströmen n; Anströmen n; 2. Abfließen n ‖ ~/**безотрывное** ablösungsfreie Umströmung f ‖ ~/**лобовое** vordere Umströmung f ‖ ~/**поперечное** Queranströmung f ‖ ~/**продольное** Längsanströmung f ‖ ~ **током** *(El)* Stromführung f
обтекатель m 1. strömungsgünstige Verkleidung f; 2. *(Schiff)* Propellerkappe f; 3. ballistische Haube f *(Munition)* ‖ ~/**антенный** Antennenverkleidung f ‖ ~/**головной** *(Rak)* Bughaube f, Bugverkleidung f
обтекать umfließen, umströmen
обтесать s. обтёсывать
обтёска f **[бревна]** *(Bw)* Behacken n, Behauen n
обтёсывание n s. обтёска
обтёсывать behauen, behacken *(Holz)* ‖ ~ **начерно** grob zurechthauen
обтиратель m Abstreifer m

обточить s. обтачивать
обточка f s. обтачивание
обтюратор m (Opt) Blende f, Verschlußblende f; Umlaufverschluß m, Umlaufblende f ‖ **~/двухлопастный** Zweiflügelblende f ‖ **~/дисковый** Scheibenblende f, Sektorenblende f ‖ **~/зеркальный** Spiegelblende f ‖ **~/конический** Kegelblende f ‖ **~/крыльчатый** Flügelblende f ‖ **~/немигающий** (Kine) flimmerfreier Umlaufverschluß m ‖ **~/трёхлопастный** (Kine) dreiteiliger Umlaufverschluß m ‖ **~/цилиндрический** Trommelblende f ‖ **~/шторный** schwingende Blende f
обтягивание n s. обтяжка 1.
обтягивать 1. beziehen, überziehen, bespannen; 2. (Fert) nachziehen (z. B. Schrauben); 3. (Led) überholen (Schuhherstellung)
обтяжка f 1. Beziehen n, Bespannen n; 2. Bezug m, Überzug m, Bespannung f, Bekleidung f; 3. (Led) Überholen n (des Oberleders bei der Schuhherstellung); 4. (Flg) Außenhaut f; 5. (Umf) Reckziehen n, Reckzug m, Streckziehen n, Streckzug m; Reckbiegen n, Reckbiegung f ‖ **~/кожаная** Lederbespannung f
обуглероживание n (Met) Kohlen n, Aufkohlen n, Kohlung f, Aufkohlung f, Einsetzen n, Zementieren n (z. B. von Stahl in aufkohlender Atmosphäre)
обуглероживать (Met) [auf]kohlen, einsetzen, zementieren (Stahl)
обугливание n Verkohlung f, Verkohlen n (organischer Stoffe an der Oberfläche, ohne zu verbrennen); (Geol) Inkohlung f, Kohlenreifung f ‖ **~/мокрое** (Text) Naßverkohlung f, nasse Karbonisation f ‖ **~/сухое** (Text) Trockenverkohlung f, trockene Karbonisation f
обуривание n (Bgb) Überbohren n (Bohrlochhavarie); Abbohren n
обуривать (Bgb) überbohren (Bohrlochhavarie); abbohren
обух m (Schiff) Auge n, Augplatte f ‖ **~/грузовой** Ladeblockauge n ‖ **~/оттяжки** Geienauge n, Geerenauge n ‖ **~/палубный** Decksauge n, Decksaugplatte f ‖ **~ топенанта** Hangerauge n
обучаемость f (Inf) Belehrbarkeit f
обучаемый (Inf) belehrbar
обучать (Inf) [be]lehren
обучаться lernen
обучающий (Inf) lehrend, Lehr...
обучающийся (Inf) lernend, Lern...
обучение n (Inf) 1. Lehren n; 2. Lernen n ‖ **~/программированное** 1. programmiertes Lehren n; 2. programmiertes Lernen n ‖ **~ робота** Roboterteaching n ‖ **~/ручное** direkte Lernprogrammierung f
обучить[ся] s. обучать[ся]
обушок m (Bgb) Keilhaue f
обхват m 1. Umschlingung f, Umfassung f; 2. Umschlingen n, Umfassen n ‖ **~ линзы** (Opt) Linsenumfassung f ‖ **~/наспинный** Rückengurt m (Fallschirm) ‖ **~/ножной** Schenkelgurt m (Fallschirm) ‖ **~/плечевой** Schultergurt m (Fallschirm)
обхватывать umfassen
обход m 1. Begehung f, Rundgang m; 2. Umleitung f, Umführung f; Umgehungsleitung f, By-pass m; 3. (El) Umlauf m (einer Wicklung); 4. (Forst) Belauf m; 5. (Bgb) Befahrung f ‖ **~/высокочастотный** (El) Hochfrequenzumgehung f ‖ **~ препятствий** Ausweichen n von Hindernissen ‖ **~ участка/сторожевой** (Eb) Streckenbegehung f
обходить 1. umlaufen; 2. (Fert) abfahren (z. B. eine Bewegungsbahn)
обходная f (Bgb) Umfahrung f
обшивать 1. verkleiden, umkleiden, bespannen; 2. säumen, benähen, besetzen; 3. (Schiff) beplatten, beplanken (Außenhaut, Schott) ‖ **~ досками** (Schiff) beplanken (Außenhaut, Schott) ‖ **~ листами** (Schiff) beplatten (Außenhaut, Schott)
обшивка f 1. Auskleidung f, Verschalung f; 2. Verkleidung f, Umkleidung f, Bespannung f; 3. (Schiff) Wegerung f, Beplattung f (Stahlschiffe) Beplankung f (Holzschiffe); 4. (Eb) Beblechung f, Verkleidung f (Wagen); 5. (Bw) Anblendung f; 6. (Flg) Beplankung f, Außenhaut f; 7. (Bgb) Verschalung f (Holzbau); 8. (Text) Benähen n ‖ **~/бортовая** (Schiff) Seitenbeplattung f; Seitenbeplankung f ‖ **~/брусчатая** Bohlenbelag m ‖ **~ внакрой (внахлёстку)** (Schiff) Klinkerbeplankung f ‖ **~/внутренняя** (Schiff) Innenbeplattung f; Innenbeplankung f; Wegerung f ‖ **~/диагональная** (Schiff) Diagonalbeplankung f ‖ **~/днищевая** (Schiff) Bodenbeplattung f; Bodenbeplankung f ‖ **~/досчатая** (Bw) Schalung f, Einschalung f ‖ **~/защитная** Schutzverkleidung f ‖ **~/ледовая** (Schiff) eisverstärkte Außenhaut f ‖ **~/листовая** (Schiff) Beplattung f ‖ **~/наружная** (Schiff) Außenhaut f ‖ **~/несущая** tragende Außenhaut f ‖ **~/работающая** (Flg) tragende Außenhaut f ‖ **~/рифлёная** (Text) Riffelbeschlag m (Warenbaum des Webstuhls) ‖ **~/скуловая** (Schiff) Kimmbeplattung f; Kimmbeplankung f ‖ **~/стальная** (Schiff) Beplattung f, Stahlbeplattung f
общежитие n Wohnheim n, Internat n
общность f Allgemeingültigkeit f
объединение n 1. Vereinigung f, Verband m (Organisation); 2. Verbindung f, Kopplung f; 3. (El) Zusammenschaltung f; 4. (Math) Vereinigungsmenge f ‖ **~/временное** (Inf) Multiplexbetrieb m ‖ **~ вычислительных машин** Rechnerkopplung f ‖ **~ дорожек** (Inf) Spurverbindung f ‖ **~ с отбором** Mischen n mit Aussteuern ‖ **~ системой управления** (Fert) steuerungstechnische Kopplung f ‖ **~ цифровых сигналов/временное** (Nrt) zeitliche Verschachtelung f, Zeitmultiplexen n der digitalen Signale ‖ **~ электростанций** (En) Kraftwerkszusammenschluß m, Kraftwerkekopplung f
объединитель канальных цифровых сигналов (Nrt) Kanal-Multiplexer m
объединить s. объединять
объединять (El) zusammenschalten; (Nrt) vielfach schalten, parallelschalten; (Inf) mischen
объект m 1. Objekt n; Gegenstand m; 2. Anlage f, Einheit f, Einrichtung f; 3. (Reg) Regelstrecke f, Regel[ungs]objekt n ‖ **~/амплитудный** Amplitudenobjekt n (Phasenkontrastverfahren; Mikroskopie) ‖ **~/геометрический** geometrisches Objekt n ‖ **~/двухмерный** (Inf) zweidimensionales Objekt n ‖ **~/излучающий** strahlendes Objekt n ‖ **~/измеряемый** Meßobjekt n, Meß-

объект gegenstand *m* ‖ **~/искусственный космический** Raumflugkörper *m* ‖ **~/испытуемый** Prüfobjekt *n*, Prüfgegenstand *m* ‖ **~/исследуемый** Untersuchungsobjekt *n* ‖ **~/квазизвёздный** *(Astr)* quasistellares Objekt *n*, Quasar *m* ‖ **~/малоконтрастный** kontrastarmes Objekt *n* ‖ **~/неопознанный летающий** UFO *n* ‖ **~/непрозрачный** undurchsichtiges Objekt *n* ‖ **~/неустойчивый регулируемый** instabile Regelstrecke *f* ‖ **~/обучаемый** belehrbares Objekt *n* ‖ **~/оптически однородный** optisch homogenes Objekt *n* ‖ **~/прозрачный** durchsichtiges (transparentes) Objekt *n* ‖ **~/промышленный** industrielles Objekt *n*, Industrieobjekt *n* ‖ **~/пусковой** *(Bw)* übergabefertiges Objekt *n* ‖ **~ регулирования** *(Reg)* Regelstrecke *f*, Regel[ungs]objekt *n* ‖ **~ регулирования/линейный** lineare Regelstrecke *f* ‖ **~ регулирования/промышленный** industrielle Regelstrecke *f* ‖ **~/регулируемый** *s.* ~ регулирования ‖ **~/сканируемый** Abtastobjekt *n* ‖ **~/сосредоточенный** zentralisiertes Objekt *n* ‖ **~ телеизмерения** Fernmeßobjekt *n* ‖ **~/трёхмерный** *(Inf)* dreidimensionales Objekt *n* ‖ **~/управления** *(Reg)* Steuer[ungs]objekt *n*, zu steuerndes Objekt *n*, Steuerstrecke *f*, zu steuernde Strecke *f* ‖ **~ управления второго ранга (порядка)** Steuerstrecke *f* zweiter Ordnung ‖ **~/управляемый** *s.* ~ управления ‖ **~/фазовый** Phasenobjekt *n (Phasenkontrast; Mikroskopie)*

объектив *m (Opt)* Objektiv *n* ‖ **~/ахроматический** achromatisches Objektiv *n* ‖ **~/аэрофотосъёмочный** Objektiv *n* für Luftaufnahmen ‖ **~/безаберрационный** aberrationsfreies Objektiv *n* ‖ **~/вариофокальный** *s.* ~/панкратический ‖ **~/двухкомпонентный** Doppelobjektiv *n* ‖ **~/длиннофокусный** langbrennweitiges Objektiv *n*, Objektiv *n* mit langer Brennweite, Teleobjektiv *n* ‖ **~/дополнительный** Zusatzobjektiv *n* ‖ **~/зеркально-линзовый** Spiegellinsenobjektiv *n* ‖ **~/зеркальный** Spiegelobjektiv *n* ‖ **~ /зондовый** Sondenobjektiv *n (Lithographie)* ‖ **~ Зонненфельда** Sonnenfeld-Objektiv *n* ‖ **~/изображающий** abbildendes Objektiv *n* ‖ **~/иммерсионный** Immersionsobjektiv *n* ‖ **~/камерный** Kameraobjektiv *n* ‖ **~/кинопроекционный** Wiedergabeobjektiv *n* ‖ **~/коллиматорный** Kollimatorobjektiv *n*, Kollimatorlinse *f* ‖ **~/короткофокусный** kurzbrennweitiges Objektiv *n* ‖ **~/малосветосильный** lichtschwaches Objektiv *n* ‖ **~/многолинзовый** mehrlinsiges Objektiv *n* ‖ **~/мягкорисующий** Weichzeichnerobjektiv *n*, Weichzeichnerlinse *f*, Weichzeichner *m*, Soft-Fokus-Objektiv *n* ‖ **~/непросветлённый** unvergütetes Objektiv *n* ‖ **~/нормальноугольный** Normalwinkelobjektiv *n* ‖ **~/нормальный проекционный** Normalprojektionsobjektiv *n* ‖ **~/панкратический** Variobjektiv *n*, Gummilinse *f*, Zoomobjektiv *n*, Objektiv *n* mit veränderlicher Brennweite ‖ **~/призменный** Prismenobjektiv *n* ‖ **~/проекционный** Projektionsobjektiv *n* ‖ **~/просветлённый** vergütetes Objektiv *n* ‖ **~/резкорисующий** scharfzeichnendes Objektiv *n* ‖ **~ с переменным фокусным расстоянием** *s.* ~/панкратический ‖ **~ с постоянным фокусом** Objektiv *n* mit unveränderlicher Brennweite ‖ **~/сверхсветосильный** besonders lichtstarkes Objektiv *n* ‖ **~/сверхширокоугольный** Ultraweitwinkelobjektiv *n* ‖ **~/светосильный** lichtstarkes Objektiv *n* ‖ **~/склеенный** verkittetes Objektiv *n*, Mehrlinser *n* ‖ **~/сложный** *s.* ~/многолинзовый ‖ **~/сменный** auswechselbares Objektiv *n*, Wechselobjektiv *n* ‖ **~/съёмочный** Aufnahmeobjektiv *n* ‖ **~/узкоугольный** Schmalwinkelobjektiv *n* ‖ **~/фазовый** Phasenobjektiv *n* ‖ **~/фазоконтрастный** Phasenkontrastobjektiv *n (Mikroskop)* ‖ **~/фотографический** Photoobjektiv *n* ‖ **~/хроматический** chromatisches Objektiv *n* ‖ **~/широкоугольный** Weitwinkelobjektiv *n*

объектив-анастигмат *m (Opt)* Anastigmat *m*
объектив-апланат *m (Opt)* Aplanat *m*
объектив-апохромат *m (Opt)* Apochromat *m*
объектив-ахромат *m (Opt)* Achromat *m*
объект-микрометр *m* Objektmikrometer *n*
объектодержатель *m (Opt)* Objektträger *m*, Objekthalter *m* ‖ **~/перемещаемый** verstellbarer Objekthalter *m*

объём *m* 1. Umfang *m*, Raum *m*, Kapazität *f*; 2. Rauminhalt *m*, Volumen *n*, Inhalt *m*, Kubikinhalt *m*, Kubatur *f* • **по объёму** quantitativ, volumetrisch, raummäßig ‖ **~/активный** aktives Volumen *n* ‖ **~/архитектурный** *(Bw)* Baukörperform *f* ‖ **~/атомный** Atomvolumen *n* ‖ **~/балластный** Ballastvolumen *n* ‖ **~/башенный архитектурный** *(Bw)* Turmform *f (Architektur)* ‖ **~ водоизмещения** *(Schiff)* Verdrängungsvolumen *n* ‖ **~ водохранилища** *(Hydt)* Wehrstauraum *m*, Stauvolumen *n*, Stauinhalt *m* ‖ **~ воды** Wasservolumen *n*, Wasserinhalt *m* ‖ **~ воды/мёртвый** *(Hydrol)* strömungsloses Wasservolumen *n* ‖ **~ выборки** Stichprobenumfang *m*, Stichprobengröße *f* ‖ **~ вытесненного воздуха** Luftverdrängung *f*, verdrängtes Luftvolumen *n* ‖ **~ вычисления** Rechenaufwand *m* ‖ **~/габаритный** Raumbedarf *m* ‖ **~ данных** Datenmenge *f* ‖ **~ добычи** *(Bgb)* Fördermenge *f*, Förderumfang *m* ‖ **~ жидкости/вытесненный** verdrängtes Flüssigkeitsvolumen *n* ‖ **~ замеса** Fassungsvermögen *n* ‖ **~/занимаемый** Raumbedarf *m* ‖ **~ заполнения** Füllvolumen *n* ‖ **~ здания/строительный** umbauter Raum *m*, Kubatur *f* ‖ **~ зоны обслуживания** Arbeitsraum *m (eines Roboters)* ‖ **~ информации** *(Inf)* Informationsmenge *f*, Informationsumfang *m*, Informationsgehalt *m* ‖ **~ контролируемой выборки** Prüfumfang *m* ‖ **~ масла** Ölvolumen *n (eines Transformators)* ‖ **~ мёртвой полости** Sumpfvolumen *n (bei Lagermeßbehältern)* ‖ **~/мол[екул]ярный** *(Ch)* Molvolumen *n*, molares Volumen *n* ‖ **~ наполнения** Füllvolumen *n* ‖ **~/насыпной** Schüttvolumen *n* ‖ **~/номинальный** Nennvolumen *n* ‖ **~/общий** Gesamtvolumen *n* ‖ **~ памяти** *(Inf)* Speicherkapazität *f*, Speicherumfang *m* ‖ **~ памяти/адресуемый** adressierbarer Speicherbereich *m* ‖ **~ партии [продукции]** Losumfang *m*, Umfang *m* der Charge, Postenumfang *m* ‖ **~/первоначальный** Anfangsvolumen *n* ‖ **~ перевозки** Beförderungsmenge *f* ‖ **~ печи/рабочий** Ofenraum *m*; Ofenkammer *f* ‖ **~/пластинчатый архитектурный** *(Bw)* Scheibenform *f (Architektur)* ‖ **~/полезный** Nutzraum *m* ‖ **~/полный** Gesamtvolumen *n* ‖ ~/**приведённый** Bezugsvolumen *n* ‖ ~ **пробы** Probenumfang *m* ‖ ~ **производства** Produktionsvolumen *n*, Produktionsumfang *m* ‖ ~ **пространства сжатия** Verdichtungsraum *m*, Kompressionsraum *m (Verbrennungsmotor; Hubkolbenverdichter)* ‖ ~/**рабочий** Hubraum *m (Verbrennungsmotor; Hubkolbenverdichter)* ‖ ~ **разрежённого пространства** Unterdruckraum *m*, Vakuumraum *m* ‖ ~ **раскалывания** Spaltvolumen *n* ‖ ~ **резонатора** Resonatorraum *m* ‖ ~ **сжатия** *s.* ~ пространства сжатия ‖ ~/**складочный** *(Forst)* Rauminhalt *m* ‖ ~ **смеси** Mischungsvolumen *n* ‖ ~ **снимаемой стружки** *(Fert)* Spanleistung *f* ‖ ~ **стока** *(Hydrol)* Abflußsumme *f*, Abflußvolumen *n* ‖ ~ **счётчика/чувствительный** *(Kern)* empfindliches Zählervolumen *n* ‖ ~ **топки** Feuerraumvolumen *n*, Brennkammervolumen *n* ‖ ~/**удельно-погрузочный** *(Schiff)* Staufaktor *m*, Staukoeffizient *m (Ladung)* ‖ ~/**удельный** *(Mech)* spezifisches Volumen *n* ‖ ~/**удельный погрузочный** *(Schiff)* Staufaktor *m*, Staukoeffizient *m (Ladung)* ‖ ~/**удерживаемый** Retentionsvolumen *n*, Verzögerungsvolumen *n (Chromatographie)* ‖ ~ **утряски** Klopfdichte *f*, Klopfvolumen *n* ‖ ~/**циклический** zyklisches Volumen *n* ‖ ~ **цилиндра двигателя/рабочий** Hubraum *m (Verbrennungsmotor; Hubkolbenverdichter)* ‖ ~ **цилиндра/полный** Zylindervolumen *n*, Gesamtvolumen *n* des Zylinders *(Summe des Verdichtungs- und Hubraums eines Verbrennungsmotors; Summe des Hubraums und Schadraums eines Hubkolbenverdichters)*

объёмно-аналитический maßanalytisch, titrimetrisch, volumetrisch, Titrations...

объёмно-пористый geschlossene Poren enthaltend

объёмность *f* **изображения** *s.* пластика изображения

объёмно-центрированный *(Krist)* raumzentriert

объёмный räumlich, dreidimensional; volumetrisch, umfassend

объёмомер *m* Volum[en]ometer *n*, Volumenmesser *m*

объявление *n* 1. Vereinbarung *f (s. a. unter* описание*)*; 2. *(Typ, Inf)* Anzeige *f*

объячеивание *n* [рыбы] Maschen *n*, Vermaschen *n (Fischfang)*

объячеивать maschen, vermaschen *(Fischfang)*

овал *m* 1. Oval *n*, Eirund *n*; 2. *(Wlz)* Ovalkaliber *n* ‖ ~/**вытяжной** Streckoval *n (Kaliber)* ‖ ~/**плоский** Schwedenoval *n (Kaliber)* ‖ ~/**предчистовой** Vorschlichtoval *n (Kaliber)*

овал-круг *m (Wlz)* Oval-Rund *n (Kaliberfolge)*

овалоид *m* Ovaloid *n*, Rotationsovaloid *n*

овальность *f (Fert)* Ovalform *f*, Ovalität *f*

овальный oval

оверлок *m (Text)* Overlocknähmaschine *f*

овершот *m (Bgb)* Overshot *m*, Fangglocke *f (Bohrung)*

овёс *m (Lw)* Hafer *m* ‖ ~/**фуражный** *(Lw)* Futterhafer *m*

ови *pl* огни высокой интенсивности

овощеводство *n* Gemüsebau *m*, Gemüseproduktion *f* ‖ ~/**полевое** *(Lw)* Feldgemüsebau *m*

овощевоз *m* Gemüsetransportschiff *n*, Gemüsetransporter *m*

овощезапарник *m* Gemüsedämpfer *m*

овощерезка *f* Gemüseschneider *m*

овощехранилище *n (Lw)* Gemüselager *n*

овощечистка *f* Gemüseputzmaschine *f*

овощи *pl (Lw)* Gemüse *n*

овраг *m (Geol)* Owrag *m*, Schluchtensystem *n (in Steppen- und Waldsteppengebieten)*; Hohlweg *m*

оврагообразование *n* Erosionsbildung *f*, Rinnen- und Hangbildung *f* durch Oberflächenwasserabfluß

ОВС *s.* среда/однородная вычислительная

овсодробилка *f* Haferbrechmaschine *f*

ОВЧ *s.* частота/очень высокая

огарки *mpl (Met)* Abbrände *mpl (s. a. unter* огарок*)*

огарок *m* Abbrand *m*, Abbrände *mpl (NE-Metallurgie)* ‖ ~/**анодный** Anodenrest *m (NE-Metallurgie)* ‖ ~/**железный** Pyritabbrände *mpl*, Schwefelkiesabbrände *mpl* ‖ ~/**колчеданный** Eisenkiesabbrand *m*, Schwefelkiesabbrand *m*, Pyritabbrand *m* ‖ ~/**медный** Kupferrösterz *n* ‖ ~/**оловянный** Zinnasche *f* ‖ ~/**пиритовый** Eisenkiesabbrand *m*, Schwefelkiesabbrand *m*, Pyritabbrand *m* ‖ ~/**цинковый** Zinkrösterz *n*

огибание *n* Umschlingen *n (z. B. Seil um Rolle)*; Umhüllen *n*, Einhüllen *n*

огибать 1. umschlingen *(Seil um Rolle)*; 2. einhüllen, umhüllen; 3. *(Math)* einhüllen *(Kurven)*

огибающая *f (Math)* Einhüllende *f*, Enveloppe *f (Hüllkurve)* ‖ ~ **сейсмических амплитуд** *(Geoph)* Enveloppe *f* der seismischen Amplitude, seismische Amplitudeneinhüllende *f* ‖ ~ **сейсмической трассы** *(Geoph)* seismische Enveloppe *f*, Enveloppe *f* (Einhüllende) *f* der seismischen Registrierung

огивы *fpl (Geol)* Ogiven *pl (Gletscher)*

оглавление *n* Verzeichnis *n*; Inhaltsverzeichnis *n* ‖ ~ **библиотеки** *(Inf)* Bibliotheksverzeichnis *n* ‖ ~ **тома** *(Inf)* Datenträgerverzeichnis *n*

оглеение *n (Geol)* Gleybildung *f*, Vergleyung *f*

огнегасительный feuererstickend, feuerwidrig

огненно-полированный feuerpoliert

огнеопасность *f* Feuergefährlichkeit *f*

огнеопасный feuergefährlich

огнепровод *m* Zündschnur *f*

огнестойкий feuerfest, feuerbeständig, hitzebeständig

огнестойкость *f* Feuerfestigkeit *f*, Feuerbeständigkeit *f*, Hitzebeständigkeit *f*

огнетушитель *m* Feuerlöschapparat *m*, Feuerlöscher *m* ‖ ~/**газовый** *s.* ~/углекислотный ‖ ~/**жидкостный** Naß[feuer]löscher *m* ‖ ~/**пенный** Schaumlöscher *m* ‖ ~/**порошковый** *s.* ~/сухой ‖ ~/**сухой** Trocken[feuer]löscher *m* ‖ ~/**углекислотный** Kohlensäureschneelöscher *m*

огнеупор *m* feuerfestes Erzeugnis (Material) *n*, feuerfester Stein (Baustoff, Werkstoff) *m*; Feuerfestmaterial *n*, Feuerfest[bau]stoff *m* ‖ ~/**глинозёмистый** tonerdehaltiger Feuerfeststoff *m*, Feuerfeststoff *m (Feuerfestmaterial n)* auf Aluminiumoxidbasis (Tonerdebasis) ‖ ~/**динасовый** Silikastein *m* ‖ ~/**динасовый легковесный** Silika[feuer]leichtstein *m* ‖ ~/**доломитовый** [feuerfester] Dolomitstein *m*; Feuerfestmaterial *n* auf Dolomitbasis ‖ ~/**карборундовый** Silicium-

огнеупор

carbidstein m ‖ ~/**кислый** saurer Feuerfeststoff m ‖ ~/**корундовый** Korund[-Feuerfeststoff] m ‖ ~/**кремнезёмистый** Silica[t]feuerfeststoff m ‖ ~/**легковесный** Feuerleichtstein m, feuerfester Leichtstein (Leichtbaustoff) m ‖ ~/**магнезитовый** Magnesitfeuerfeststoff m, [feuerfester] Magnesitstein m, Magnesiterzeugnis n ‖ ~/**основной** basischer Feuerfeststoff m ‖ ~/**силлиманитовый** Sillimanit[-Feuerfeststoff] m, Sillimanitstein m

огнеупорность f s. огнестойкость

огнеупорный s. огнестойкий

огни mpl s. unter огонь ‖ ~/**аэронавигационные** Positionslampen fpl (Flughafen) ‖ ~ **высокой интенсивности** hochintensive Befeuerung f, System n der hochintensiven Befeuerung (Flughafen) ‖ ~/**задние габаритные** (Kfz) hintere Begrenzungsleuchten fpl ‖ ~ **зоны приземления** Markierung f der Aufsetzzone f (Flughafen) ‖ ~/**контурные** Konturenleuchten fpl (Flughafen) ‖ ~ **малой интенсивности** niederintensive Befeuerung f, System n der niederintensiven Befeuerung f (Flughafen) ‖ ~/**осевые** Mittellinienbefeuerung f (Flughafen) ‖ ~/**передние габаритные** (Kfz) vordere Begrenzungsleuchten fpl ‖ ~ **препятствий** Hindernisbefeuerung f (Flughafen) ‖ ~ **приближения** Befeuerung f der Anfluggrundlinie f (Flughafen) ‖ ~ **световых горизонтов** m Befeuerung f der Querhorizonte m (Anflugbefeuerung) ‖ ~/**ходовые** (Schiff) Positionslichter npl, Positionslaternen fpl

оголение n 1. Entblößung f, Freilegung f; 2. (Schiff) Austauchen n ‖ ~/**днища** (Schiff) Slamming n

оголённый unisoliert, abisoliert, blank (Leiter)

оголовок m 1. Kopf m, Kopfstück n; 2. (Hydt) Einlauf m, Eintrittsöffnung f ‖ ~/**входной** (Hydt) Dükereinlauf m ‖ ~/**выходной** (Hydt) Dükerauslauf m ‖ ~/**плотины** (Hydt) Kopf m der Staumauer ‖ ~ **стрелы** Auslegerspitze f (Kran)

оголовье n Kopfbügel m

оголяться (Schiff) austauchen

огон (Schiff) [gespleißtes] Auge n (an einem Seil)

огонь m 1. Feuer n; 2. (Schiff, Eb) Licht n, Laterne f (s. a. unter огни) ‖ ~/**аварийный** Seenotlicht n ‖ ~ **аэродрома/рулёжный** (Flg) Rollbahnfeuer n, Rollbahnbefeuerung f ‖ ~/**аэродромный** Flughafenleuchtfeuer n, Flughafenbefeuerung f, Flugplatz[leucht]feuer n ‖ ~/**аэронавигационный** (Flg) Positionsfeuer n, Positionslicht n ‖ ~/**береговой** (Schiff) Küstenfeuer n, Landfeuer n (Leuchtturm) ‖ ~/**бортовой** (Schiff) Seitenlicht n, Seitenlaterne f ‖ ~/**буксирный** Schlepplicht n ‖ ~/**верхний** (Met) Oberfeuer n (Schachtröstofen) ‖ ~/**водолазный** Taucherlaterne f ‖ ~/**вращающийся** (Schiff) Drehfeuer n (Leuchtturm) ‖ ~/**встречный** Gegenfeuer n (Waldbrandbekämpfung) ‖ ~/**габаритный** (Kfz) Begrenzungsleuchte f ‖ ~/**гакабортный** (Schiff) Hecklicht n, Hecklaterne f ‖ ~/**гакабортный якорный** (Schiff) Heckankerlicht n, Heckankerlaterne f ‖ ~/**глиссадный** (Flg) Anflugwinkelfeuer n ‖ ~/**клотиковый** (Schiff) Morselicht n, Morselaterne f ‖ ~/**кодовый** Kodefeuer n ‖ ~/**контрольный** (Eb) Kontrollicht n, rückwärtiges Signallicht n, Rücklicht n (Signal) ‖ ~/**кормовой** (Schiff) Hecklicht n, Hecklaterne f ‖ ~ **левого борта/отличительный** (Schiff) Backbordlicht n, Backbordlaterne f ‖ ~/**левый бортовой** (Schiff) Backbordlicht n, Backbordlaterne f ‖ ~/**маячный** (Schiff) Leuchtfeuer n (Leuchtturm) ‖ ~/**мигающий проблесковый** Blinkfeuer n ‖ ~ **на коллекторе/круговой** Bürstenfeuer n, Rundfeuer n ‖ ~/**низовой** (Forst) Bodenfeuer n (Waldbrand) ‖ ~/**направляющий** (Flg) Leitfeuer n ‖ ~/**оградительный** Hindernisfeuer n ‖ ~/**отличительный** (Schiff) Positionsfeuer n, Positionslaterne f ‖ ~ **подхода** Anflugfeuer n ‖ ~/**посадочный** (Flg) Landebahnfeuer n, Landebahnbefeuerung f, Landungsfeuer n ‖ ~ **правого борта/отличительный** (Schiff) Steuerbordlicht n, Steuerbordlaterne f ‖ ~/**правый бортовой** (Schiff) Steuerbordlicht n, Steuerbordlaterne f ‖ ~/**путевой мигающий** (Kfz) Blinklicht n ‖ ~ **самолёта/аэронавигационный** (Flg) Stellungslicht n, Positionslicht n ‖ ~/**секторный** (Schiff) Leitfeuer n (Leuchtturm) ‖ ~/**сигнально-проблесковый** (Schiff) Morselicht n, Morselaterne f ‖ ~/**спасательно-поисковый** (Schiff) Nachtrettungslicht n (Schwimmweste) ‖ ~/**створный** Steuerlicht n, Steuerlaterne f (Schiff); Richtfeuer n (Leuchtbaken) ‖ ~/**стояночный** (Kfz) Parkleuchte f, Standlicht n ‖ ~/**топовый** (Schiff) Topplicht n, Topplaterne f ‖ ~/**углублённый** Unterflurfeuer n ‖ ~/**фарватерный** (Schiff) Fahrwasserlicht n, Fahrwasserfeuer n ‖ ~/**хвостовой** (Flg) Hecklicht n ‖ ~/**ходовой** (Schiff) Fahrtlaterne f ‖ ~ **Эльма** Elmsfeuer n

ограда f 1. Sperre f, Barriere f; 2. s. ограждение ‖ ~/**противоснежная** Schneezaun m

ограждать s. ограждать

ограждать einhegen, umzäunen; schützen

ограждение n 1. Einzäunung f; Umfriedung f, Einfriedung f; 2. (Bw) Geländer n; Schutzgeländer n (z. B. um Maschinen); 3. (Schiff) Betonnung f; 4. Verdeck n, Verkleidung f (an Maschinen); 5. (Bgb) Verzug m (Ausbau) ‖ ~/**водозащитное** (Hydt) Umspundung f ‖ ~/**гибкое** flexible Schürze (Randschürze) f (Luftkissenschiff) ‖ ~/**защитное** 1. Umzäunung f; Umwehrung f; 2. Schutzgeländer n; 3. Schutzverkleidung f (an Maschinen); 4. Schutzraum m (z. B. beim Roboterbetrieb) ‖ ~ **котлована** Baugrubenabschluß m, Baugrubenumfriedung f ‖ ~/**леерное** (Schiff) Reling f, Geländer n ‖ ~/**подвижное** bewegliche Schürze (Randschürze) f (Luftkissenschiff) ‖ ~ **поезда** (Eb) Zugdeckung f, Zugsicherung f (durch Signale) ‖ ~/**рогулек/защитное** (Text) Flügelschutzverdeck n (Flyer) ‖ ~ **с жалюзи** (Fert) durchbrochene Umzäunung f (mit Jalousie) ‖ ~ **с отверстиями** (Fert) durchbrochene Umzäunung f ‖ ~/**сплошное** (Fert) volle Umzäunung f (ohne Durchbrüche) ‖ ~ **типа барьеры (перил)** (Fert) Umwehrung f ‖ ~ **фарватера** (Schiff) Fahrwasserbetonnung f

ограничение n Begrenzung f, Beschränkung f, Beschneidung f; Einschränkung f ‖ ~/**автоматическое** (Eln) selbsttätige Begrenzung f ‖ ~/**амплитудное** Amplitudenbegrenzung f ‖ ~/**анодное** (Eln) Anodenstrombegrenzung f ‖ ~ **видимости** Sichtbehinderung f ‖ ~/**выбросов** (Ökol) Auswurfbegrenzung f, Ausstoßbe-

grenzung f || ~ **габарита погрузки** (Eb) Lademaßbegrenzung f, Lademaßeinschränkung f || ~ **длительности импульса** Impulslängenbegrenzung f, Impulsbreitenbegrenzung f || ~ **импульса** Impulsbegrenzung f || ~ **максимального значения** Maximalwertbegrenzung f, Oberwertbegrenzung f || ~ **максимального числа оборотов** Höchstdrehzahlbegrenzung f || ~ **минимального значения** Minimalwertbegrenzung f, Unterwertbegrenzung f || ~ **минимального числа оборотов** Drehzahlbegrenzung f nach unten, Mindestdrehzahlbegrenzung f || ~ **мощности** Leistungsbegrenzung f || ~ **напряжения** (El) Spannungsbegrenzung f || ~ **по максимуму** Maximumbegrenzung f || ~ **по минимуму** Minimumbegrenzung f || ~ **повышения давления** Überdruckbegrenzung f || ~ **полосы частот** (Rf) Frequenz[band]begrenzung f, Frequenzbandbeschneidung f || ~ **помех** Störbegrenzung f || ~ **понижения давления** Niederdruckbegrenzung f || ~ **пространственным зарядом** Raumladungsbegrenzung f || ~ **пучка** (Ph) Strahlbegrenzung f || ~ **скорости** Geschwindigkeitsbegrenzung f || ~ **тока** (El) Strombegrenzung f || ~ **удара** (Mech) Stoßbegrenzung f || ~ **хода** Hubbegrenzung f || ~ **ширины полосы** (Rf) Bandbreite[n]begrenzung f
ограниченность f (Math) Beschränktheit f
ограниченный объёмными зарядами (Eln) raumladungsbegrenzt
ограничивать begrenzen, beschneiden
ограничивающий begrenzend, einschränkend, Begrenzungs...
ограничитель m 1. Begrenzer m, Begrenzungseinrichtung f; Wächter m; Sperre f; 2. Anschlag m (z. B. eines Relais); 3. (Inf) Begrenzungszeichen n || ~**/амплитудный** Amplitudenbegrenzer m || ~ **движения** (Masch) Sperrwerk n, Gesperre n || ~ **движения/зубчатый** Klinkengesperre n; Zahngesperre n || ~ **движения/фрикционный** Reibgesperre n || ~ **максимального давления** Überdruckwächter m, Überdrucksicherheitsschalter m || ~ **максимального числа оборотов** Drehzahlwächter m, Höchstdrehzahlbegrenzer m || ~ **мощности** Leistungsbegrenzungsregler m (Turbine) || ~ **нагрузки** Lastbegrenzer m || ~ **напряжения** (El) Spannungsbegrenzer m || ~ **обратного хода** Rücklaufsperre f || ~ **открытия** Öffnungsbegrenzer m (Ventil) || ~ **переподъёма** (Bgb) Übertreibsicherung f (Schachtförderung); Turmendschalter m (Bohrturm) || ~ **по максимуму** Maximumbegrenzer m || ~ **по минимуму** Minimumbegrenzer m || ~ **подъёма** Hubendschalter m, Hubbegrenzungsschalter m || ~ **поля** Randsteller m (Schreibmaschine) || ~ **помех** Störbegrenzer m, Entstöreinrichtung f || ~ **предельной мощности** Höchstleistungsbegrenzer m (Turbine) || ~ **сеточного тока** (Eln) Gitterstrombegrenzer m; (Bgb) Fahrtregler m (einer Fördermaschine) || ~ **тока** (El) Strombegrenzer m || ~ **хода** Grenzschalter m, Endschalter m || ~ **хода/аварийный** Notschalter m || ~ **хода пружины** Federwegbegrenzer m || ~ **числа оборотов** Drehzahlwächter m || ~ **числа обо**ротов двигателя Drehzahlbegrenzer m (Vergasermotor)
ограничительный Begrenzer..., Begrenzungs...
ограничить s. ограничивать
огранка f 1. (Meß) Gleichdick n, Gleichdickform f; 2. Schliff m; Schliffform f (Edelstein); 3. Feinschleifen n; Facettieren n (Edelsteinbearbeitung) || ~ **кабошоном** Cabochon-Schliff m (Edelstein) || ~ **кристалла** Kristalltracht f, Kristallhabitus m || ~**/круглая бриллиантовая** Brillantschliff m (Edelstein) || ~**/ступенчатая** Treppenschliff m (Edelstein)
огрунтовка f Grundierung f, Vorstreichen n
огузок m (Led) 1. Schild m (z. B. bei Schweinshäuten); 2. Kratze f
ОДГ s. головка/оптическая делительная
одежда f 1. (Text) Kleidung f, Bekleidung f; 2. (Bw) Decke f, Belag m (Straßenbau) || ~**/дорожная** (Bw) Fahrbahndecke f, Straßendecke f || ~**/защитная** Schutzbekleidung f || ~**/штормовая** Ölzeug n || ~**/щебёночная** Steinschlagdecke f, Schotterdecke f (Straße)
одерживание n (Schiff) Stützen n, Stützrudergeben n, Gegenrudergeben n
одерживать (Schiff) stützen, Stützruder geben, Gegenruder geben
одерновка f Rasenbekleidung f, Deckrasen m
ОДМР s. резонанс/оптически детектируемый магнитный
одноадресный (Inf) Einadreß..., Einadressen...
одноанодный (Eln) einanodig, Einanoden...
одноатомный (Ch) einatomig, monoatomar
однобайтовый (Inf) Einbyte...
однобортный (Text) einreihig
однобромистый (Ch) ...monobromid n; Monobrom...
одновалентность f (Ch) Einwertigkeit f
одновалентный (Ch) einwertig, monovalent
однованна f (Photo) Einbad n
одновариантный univariant, monovariant
одновибратор m (Eln) Univibrator m, Monovibrator m; monostabiler Multivibrator m; Monoflop m
одновинтовой (Schiff) Einschrauben...
одноводный (Ch) ...-1-Wasser n; ...monohydrat n
одновременность f Gleichzeitigkeit f; Gleichlauf m
одновременный gleichzeitig
одногорбость f Einhöckerigkeit f (einer Kurve)
одногорбый einhöckerig (Kurven)
однодиапазонный Einbereich..., mit einem Bereich (Meßbereich)
однодорожечный Einspur..., einspurig (Magnettonband)
одножильный (El) einadrig, Einleiter...
однозамещённый einfachsubstituiert
однозахватный (Masch) zum Greifen eines Teils mit einer Greiferhand, Einteil... (Bauweise von Greifern)
однозаходный eingängig (Gewinde)
однозначность f 1. (Math) Eindeutigkeit f; 2. Einwertigkeit f
одноизотопный (Kern) einisotopig, isotopenrein
одноимённый 1. (Math) gleichnamig, gleichen Vorzeichens; 2. (Fert) gleichgerichtet, gleichsinnig (Bewegungen)
одноканальный Einkanal...

однокаскадный

однокаскадный einstufig, Einstufen...
однокислотный (Ch) einsäurig (Basen)
одноклетьевой (Wlz) eingerüstig
одноколонный (Тур) einspaltig
одноконтурный (El) einkreisig, Einkreis...; einschleifig, Einschleifen...
однокристальный einkristallin, Einkristall...; Einchip...
однокромочный (Wkz) einschneidig
однокрылый (Eb) einflügelig, einarmig (Signal)
одноламповый 1. (El) Einlampen...; 2. Einröhren..., mit einer Röhre [bestückt]
однолезвийный (Wkz) einschneidig
однолемешный einfurchig, Einfurchen..., einscharig (Pflug)
одномаршевый (Bw) einläufig, einarmig (Treppe)
одномерный eindimensional
одноместный (Flg) einsitzig
одномодовый Monomode[n]..., Einmoden... (Lichtwellenleiter)
одномолекулярный (Ch) monomolekular
одноокись f (Ch) Monoxid n
одноосновный (Ch) einbasig (Säuren)
одноосный [оптически] [optisch] einachsig
одноплатный (Eln) Einplatinen...
одноподовый (Met) einherdig (Ofen)
однопозиционный (Masch) 1. Einstation[en]...; 2. mit einer Greiferhand, einfach (Bauweise von Industrierobotern)
однополосно-модулированный (Rf) einseitenbandmoduliert
однополосный (Rf) Einseitenband...; (Nrt) Gleichlage...
однополье n Einfelderwirtschaft f
однополюсный einpolig, Einpol...
однопредметный (Fert) ... für ein Werkstück (Merkmal für Fertigungseinrichtungen)
однопроводной eindrähtig, Eindraht...; Einleiter...
однопроволочный (El) eindrähtig, Eindraht...
однопутный (Eb) eingleisig
однораздельный (Bgb) eintrümig
одноразовый nicht wiederverwendbar, Einweg...
одноразрядный (Inf) einstellig
однородность f Homogenität f, Gleichartigkeit f ǁ ~ **времени** (Mech) Homogenität f der Zeit (Symmetrie in der theoretischen Mechanik) ǁ ~/**оптическая** optische Homogenität f des Raumes (Symmetrie in der theoretischen Mechanik) ǁ ~ **толщины слоёв** (Eln) Schichtdickenhomogenität f
однородный homogen, gleichartig
односеточный (Eln) Eingitter...
однослойный einschichtig, Einschicht...
одностабильный (Eln) monostabil
одностворчатый (Bw) einflügelig (Tür, Fenster)
одностоечный (Wkzm) Einständer... (Bauweise)
однотактный Eintakt...
однотипность f Typeneinheitlichkeit f
одноукосный (Lw) einmähig, einschnürig (Wiese)
однофазный (El) einphasig, Einphasen...
однохлористый (Ch) ...monochlorid n; Monochlor...
одноцветность f Einfarbigkeit f, Monochromatizität f
одноцветный einfarbig, monochromatisch

одноцелевой Einzweck...
одночипный Einchip...
одночлен m (Math) Monom n
одношпиндельный (Wkzm) Einspindel... (Bauweise)
одноядерный (Kern) einkernig
одноякорный (El) Einanker...
одноярусный einetagig, Einetagen...
одонтоскоп m (Med) Mundspiegel m, Zahnspiegel m
одорант m Odorans n, Odorier[ungs]mittel n
ОДП s. проводимость/отрицательная дифференциальная
ОДС s. стол/оптический делительный
ОДУ s. дефект упаковки/окислительный
ожеледь f Vereisung f, Eisbehang m
оже-переход m (Kern) Auger-Übergang m, strahlungsloser Übergang m
оже-рекомбинация f (Kern) Auger-Rekombination f
оже-спектроскопия f Auger-[Elektronen-]Spektroskopie f
оже-электрон m (Kern) Auger-Elektron n
оже-эффект m (Kern) Auger-Effekt m
ожидание n 1. Erwartung f; 2. [mathematischer] Erwartungswert m
ожижение n Verflüssigung f ǁ ~ **газа** Gasverflüssigung f, Gasverdichtung f ǁ ~ **угля** Kohleverflüssigung f
ожижитель m Verflüssiger m
ожог m 1. Verbrennung f; 2. Einbrandstelle f
озвучение n (Ak) Beschallung f
озвучивание n (Ak) Vertonung f (Tonfilm)
оздоровление n (Bw) Sanierung f ǁ ~ **города** Stadtsanierung f ǁ ~ **зданий** Gebäudesanierung f ǁ ~ **местности** Geländesanierung f ǁ ~ **окружающей среды** Umweltgesundung f, Umweltsanierung f
озеленение n (Bw) Begrünung f ǁ ~/**вертикальное** Vertikalbegrünung f, Fassadenbegrünung f ǁ ~ **территории** Begrünungsarbeiten fpl, landschaftsgärtnerische Arbeiten fpl
озеро n See m ǁ ~/**анциловое** (Geol) Ancylussee m (Entwicklungsstufe der Ostsee) ǁ ~/**ледниковое** (Geol) Gletschersee m ǁ ~/**прибрежное** (Geol) Strandsee m ǁ ~ **холодного воздуха** Kaltluftsee m
озероведение n Seenkunde f, Limnologie f
озимые pl (Lw) Wintergetreide n
озокерит m (Geol) Ozokerit m, Bergwachs m, Erdwachs n
озоление n Veraschen n, Veraschung f
озолить s. озолять
озолять veraschen
озон m (Ch) Ozon n
озонатор m (Ch) Ozongenerator m, Ozonapparat m; Ozonisierungsmittel n
озонид m (Ch) Ozonid n
озонизация f (Ch) Ozonisierung f
озонирование n (Ch) Ozonisierung f
озонолиз m (Ch) Ozonspaltung f, Ozonolyse f
озонометр m Ozonmesser m
озоностойкий (Ch) ozonbeständig, ozonfest
озоностойкость f Ozonbeständigkeit f, Ozonfestigkeit f
озоносфера f Ozonosphäre f, Ozonschicht f (der Atmosphäre)

ОЗУ s. 1. устройство/оперативное запоминающее; 2. устройство/оптическое запоминающее
озы mpl (Geol) Oser pl, Oscer pl, Esker pl, Wallberge mpl (Erhebungen in Moränenlandschaften)
ОИО-схема f s. схема обнаружения и исправления ошибок
ОК s. 1. выход/открытый коллекторный; 2. коллектор/общий
окаймление n Umrandung f
окаливание n (Met) Verzunderung f
окалина f (Met) Zunder m, Sinter m, Abbrand m ‖ **~/воздушное** Zunder m; Walzsinter m; Hammerschlag m ‖ **~/вторичная** Ofensinter m, Ofenzunder m, Ofenabbrand m, Glühspan m ‖ **~/кузнечная** s. ~/молотобойная ‖ **~/медная** Kupferhammerschlag m (beim Hämmern); Kupferglühspan m (beim Glühen) ‖ **~/молотовая (молотобойная)** Schmiedesinter m, Hammerschlag m ‖ **~/первичная** Walzsinter m, Straßensinter m ‖ **~/печная** Ofensinter m, Ofenzunder m, Ofenabbrand m, Glühspan m ‖ **~/прокатная** Walzzunder m, Walzsinter m
окалиноломатель m (Met) Zunderbrecher m, Entzunderungsgerüst n, Entzunderungswalzwerk n, Entzunderungsmaschine f
окалинообразование n Verzundern n, Verzunderung f, Zundern n, Zunderbildung f, Sintern n, Sinterbildung f, Abbrand m
окалиностойкий zunderfest, zunder[ungs]beständig
окалиностойкость f Zunderbeständigkeit f, Sinterbeständigkeit f
окалывание n судна (Schiff) Loseisen n des Schiffes
окаменелость f (Geol) Fossil n; Versteinerung f
окаменение n (Geol) Petrifikation f, Versteinerung f (Vorgang)
окантовать (Text) einfassen (Saum)
окантовка f 1. (Led) Einfaß m; 2. (Typ) Fälzeln n ‖ **~ в загибку** (Led) französischer Einfaß m
окантовывать (Typ) fälzeln
окатать (Met) pelletieren
окатка f рубчика (Typ) Falzeinbrennen n
окатывание n (Met) Pelletieren n
окатыш m Pellet n ‖ **~/рудный** Erzpellet n ‖ **~/самоковкий** selbstgängiges Pellet n
окварцевание n (Geol) Verquarzung f
ОКГ s. лазер
океанография f Ozeanographie f; Meereskunde f
океанология f Meeresforschung f
окисел n (Ch) Oxid n (s. a. закись und окись) ‖ **~/амфотерный** amphoteres Oxid n ‖ **~/безразличный** indifferentes Oxid n ‖ **/высший** s. окись ‖ **~ затвора** Gateoxid n ‖ **~/индифферентный** indifferentes Oxid n ‖ **~/кислотный** saures Oxid n ‖ **~/маскирующий** Maskenoxid n ‖ **~/подзатворный** Gateoxid n ‖ **~/низший** s. закись ‖ **~/основный** basisches Oxid n ‖ **~/полевой** Feldoxid n ‖ **~/полуторный** Sesquioxid n ‖ **~/термический** thermisches Oxid n ‖ **~/толстый** Feldoxid n ‖ **~/туннельный** tunnelierbare Oxidschicht f
окисление n 1. (Ch) Oxidation f, Oxidieren n; 2. (Met) Frischen n, Windfrischen n; 3. (Met) Abbrand m ‖ **~/анодное** anodische (elektrolytische, elektrochemische) Oxidation f, Anodisieren n‖ **~/влажное** Feuchtoxidation f ‖ **~ воздухом** Luftoxidation f ‖ **~/вторичное** s. ~/повторное ‖ **~/высокотемпературное** Hochtemperaturoxidation f ‖ **~/низкотемпературное** Niedertemperaturoxidation f ‖ **~/повторное** Rückoxidation f, Reoxidation f ‖ **~/полное** Totaloxidation f ‖ **~/предварительное** (Met) Voroxidation f (der Schmelze) ‖ **~ примесей** (Met) Frischen n, Frischwirkung f (z. B. im SM-Ofen) ‖ **~ стали/вакуумное** (Met) Vakuumfrischen n, VOD-Verfahren n ‖ **~/сухое** Trockenoxidation f ‖ **~/термическое** thermische Oxidation f ‖ **~/фотостимулированное** lichtinduzierte Oxidation f, schnelle thermische Oxidation f, RTO ‖ **~/фотохимическое** Photooxidation f ‖ **~/частичное** Partialoxidation f ‖ **~/электролитическое (электрохимическое)** s. ~/анодное
окисление-восстановление n (Ch) Oxidations-Reduktions-Reaktion f, Redoxreaktion f
окислённость f (Ch) Oxidationsgrad m
окислённый (Ch) oxidiert
окислитель m 1. (Ch) Oxidationsmittel n, Frischmittel n, Oxidans n, Sauerstoff abgebendes Mittel n; 2. (Met) Tempererz n; 3. (Rak) Oxidator n, Sauerstoffträger m ‖ **~/пластинчатый** (Bw) Plattenkörper m (Abwasserreinigung)
окислительно-восстановительный (Ch) Oxidations-Reduktions..., Reduktions-Oxidations..., Redox...
окислительный (Ch) oxidativ, Oxidations...
окислить s. окислять
окисляемость f (Ch) Oxidierbarkeit f; Oxidationsvermögen n
окисляемый (Ch) oxidierbar, oxidabel
окислять 1. (Ch) oxidieren; 2. (Met) frischen
окиснослойный Oxidschicht...
окисный (Ch) oxidisch, Oxid...
окись f (Ch) [höherwertiges] Oxid n, Oxid n der höheren Oxidationsstufe (Wertigkeitsstufe) ‖ **~ дейтерия** Deuteriumoxid n, schweres Wasser n
окклюзия f (Meteo) Okklusion f
оклад m/дверной (Bgb) Türstock m (Türstockausbau)
оклеивать 1. schönen (Wein); 2. (Typ) fälzeln
оклеить s. оклеивать
оклейка f (Lebm) Schönen n, Schönung f (des Weins) ‖ **~ обоями** Tapezieren n
оклетнёвывать (Schiff) betakeln (eine Trosse)
окна npl Кирквуда (Astr) Kommensurabilitätslücken fpl (in Verbindung der Umlaufzeiten der Planetoiden)
окно n 1. (Bw) Fenster n; 2. (Bw) Tür f; 3. (Opt) Fenster n, Blende f; 4. (Inf) Fenster n, Window n; 5. (Eb) Sperrpause f (Gleisbau) ‖ **~/атмосферное** (Meteo) atmosphärisches Fenster n ‖ **~/бериллиевое** (Kern) Berylliumfenster n ‖ **~/беспереплётное** (Bw) flügelloses Fenster n ‖ **~/боковое** Seitenfenster n ‖ **~/брюстеровское** (Opt) Brewster-Fenster n, unter dem Brewster-Winkel angeordnetes Fenster n ‖ **~/вентиляционное** (Bgb) Wetterfenster n, Drossel f (an Wettertüren oder -dämmen) ‖ **~/впускное** Einlaßschlitz m (Zweitaktmotor) ‖ **~/входное** 1. Eintrittsöffnung f, Eintrittsfenster n; 2. Eintrittsluke f ‖ **~ выдачи** (Met) Ziehtür f (Ofen) ‖ **~/вы-**

окно

пускное Auslaßschlitz *m*, Auslaßkanal *m*; Austragsöffnung *f* ‖ ~/**выработочное** *(Glas)* Arbeitsöffnung *f*, Arbeitsloch *n* ‖ ~/**выхлопное** Auspuffschlitz *m (Zweitaktmotor)* ‖ ~/**выходное** 1. Austrittsöffnung *f*; 2. Austrittsluke *f* ‖ ~/**газовое** *(Met)* Gaszugmündung *f (SM-Ofen)* ‖ ~/**глухое** *(Bw)* blindes Fenster *n* ‖ ~/**двойное** *(Bw)* Doppelfenster *n* ‖ ~/**двухстворное** *(Bw)* zweiflügeliges Fenster *n* ‖ ~/**завалочное** *s.* ~/**загрузочное** ‖ ~/**загрузочное** *(Met)* Beschickungsöffnung *f*, Eintragsöffnung *f*, Chargieröffnung *f*, Schafttür *f (SM-Ofen)*; Begichtungsöffnung *f (Hochofen)*; Arbeitstür *f (Schmiedeofen)* ‖ ~/**звукоизолирующее** *(Bw)* Schallschutzfenster *n* ‖ ~/**золотниковое** Schieberöffnung *f (Dampfmaschine)* ‖ ~ **изображения** Plotfenster *n (Plotter)* ‖ ~/**кадровое** *n* Bildfenster *n*, Filmfenster *n* ‖ ~/**колошниковое** *(Met)* Beschickungsöffnung *f*, Gichtöffnung *f*, Begichtungstür *f*, Begichtungsöffnung *f (Hochofen)* ‖ ~/**копировальное** *(Kine)* Kopierfenster *n* ‖ ~/**ленточное** *(Bw)* Langfenster *n*, Lichtband *n*, Fensterband *n* ‖ ~/**магазинное** *(Bw)* Schaufenster *n* ‖ ~/**наблюдательное** *s.* ~/**смотровое** ‖ ~/**наружное** *(Bw)* Außenfenster *n* ‖ ~/**нейтронное** *(Kern)* Neutronenaustrittsfenster *n* ‖ ~ **обмотки** *(Eln)* Wickelfenster *n*, Kernfenster *n* ‖ ~/**одинарное** *(Bw)* Einfachfenster *n* ‖ ~/**одностворное** *(Bw)* einflügeliges Fenster *n* ‖ ~/**открывающееся** *(Bw)* Klappfenster *n* ‖ ~/**передаточное** *(Bw)* Durchreiche *f (Küche)* ‖ ~/**пламенное** Feuerbrücke *f (eines Schmelzflammofens)* ‖ ~/**подъёмное** *(Bw)* Schiebefenster *n* ‖ ~/**посадочное** Einsatztür *f*, Beschickungsöffnung *f (Wärmofen)* ‖ ~/**продувочное** Spülschlitz *m (Zweitaktmotor)* ‖ ~/**проекционное** *(Kine)* Projektionsbildfenster *n* ‖ ~/**рабочее** *(Bw)* Arbeitsöffnung *f*, Arbeitsloch *n (Glasschmelzofen)*; Arbeitstür *f (Schmiedeofen)* ‖ ~/**разгрузочное** Austragsöffnung *f* ‖ ~/**раздвижное** *(Bw)* Schiebefenster *n* ‖ ~/**распределительное** Steuerschlitz *m (Zweitaktmotor)* ‖ ~ **с верхнеподвесными створками** *(Bw)* Klappflügelfenster *n* ‖ ~ **с нижеподвесными створками** *(Bw)* Kippflügelfenster *n* ‖ ~ **с поворотными створками** *(Bw)* Drehflügelfenster *n* ‖ ~/**садочное** Einsatztür *f*, Arbeitstür *f (Schmelzflammofen)* ‖ ~ **связи** Koppelfenster *n*, Kopplungsloch *n* ‖ ~/**сердечника** *(El)* Kernfenster *n*, Wickelfenster *n* ‖ ~/**слуховое** *(Bw)* Dachfenster *n*, Bodenfenster *n*, Bodenluke *f*, Aussteigefenster *n* ‖ ~/**смотровое** Sichtfenster *n*, Beobachtungsfenster *n*, Schauloch *n*, Schauöffnung *f*, Beobachtungsloch *n*; Kontrollfenster *n* ‖ ~/**спаренное** *(Bw)* Verbundfenster *n* ‖ ~/**створное** *(Bw)* Flügelfenster *n* ‖ ~/**тектоническое** *(Geol)* tektonisches Fenster *n*, Fenster *n (einer Deckenüberschiebung)* ‖ ~/**трёхстворное** *(Bw)* dreiflügeliges Fenster *n* ‖ ~/**тройное** *(Bw)* Dreifachfenster *n* ‖ ~/**экспозиционное** *(Kine)* Kamerabildfenster *n*

оковка *f* Beschlag *m* ‖ ~ **валка** Umschlingen *n* der Walze *(durch Anhaften des Walzgutes)* ‖ ~ **судна** *(Schiff)* Loseisen *n* des Schiffes

околозвёздный *(Astr)* zirkumstellar
околозвуковой *(Flg)* schallnah, transsonisch
околоземный erdnah *(z. B. Umlaufbahn)*
околозенитный *(Astr)* zirkumzenital

околокритический *(Kern)* fastkritisch
окололунный *(Astr)* mondnah
околомагматический *(Geol)* fastmagmatisch
околопланетный *(Astr)* zirkumplanetar
околополярный *(Astr)* zirkumpolar
околосолнечный *(Astr)* sonnennah
околоток *m (Eb)* Bahnmeisterei *f*; Bahnmeisterbezirk *m*

окомкование *n* 1. Klumpenbildung *f*, Klümpchenbildung *f*; 2. Granulierung *f*, Granulation *f*; 3. *s.* окускование

окомкователь *m (Met)* Pellet[is]iergerät *n*
оконечность *f* Schiffsende *n*, Vorder- oder Hinterteil *n* des Schiffes ‖ ~/**бульбовая носовая** Wulstbug *m* ‖ ~/**кормовая** Achterende *n*, hinteres Schiffsteil *n* ‖ ~/**носовая** Vorschiff *n*, vorderes Schiffsteil *n* ‖ ~/**подъёмная кормовая** *(Schiff)* Heckklappe *f (Fährschiff, Ro-Ro-Schiff)* ‖ ~/**подъёмная носовая** Bugklappe *f (Fährschiff, Ro-Ro-Schiff)* ‖ ~ **судна** *s.* оконечность

оконечный End...
оконтуривание *n (Bgb)* Umgrenzung *f*, Begrenzung *f*, Konturierung *f* ‖ ~/**кабельное** *(El)* Kabelendverschluß *m*

оконцованный mit Kabelschuhen versehen
окончание *n* Beendigung *f*, Beenden *n*, Ende *n*, Schluß *m* ‖ ~ **выполнения задания** *(Inf)* Jobbeendigung *f*, Jobende *n (Betriebssystem)* ‖ ~ **работы** Betriebsschluß *m*, Arbeitsschluß *m*; *(Rak)* Brennschluß *f* ‖ ~ **работы с устройством** *(Inf)* Einheitenende *n (Betriebssystem)* ‖ ~ **события** *(Inf)* Abschluß *m* eines Ereignisses *(Betriebssystem)*

окоривать [древесину] *(Pap)* entrinden *(Schleifholz)*

окорка *f (Pap)* Entrinden *n*, Schälen *n (Schleifholz)* ‖ ~/**барабанная** Trommelentrindung *f*, Trommelschälung *f* ‖ ~/**водоструйная (гидравлическая)** hydraulische Entrindung *f*, Wasserstrahlentrindung *f* ‖ ~/**мокрая** Naßentrindung *f*, Reibungsschälung *f* ‖ ~/**ножевая** Messerentrindung *f*, Messerschälung *f*

окошечко *n*/**прозрачное** *(Kern)* Strahlenaustrittsfenster *n*

окошко *n* Fenster *n*; *(Opt)* Blende *f*, Eintrittsöffnung *f* ‖ ~/**входное** Einlaßfenster *n* ‖ ~/**кварцевое** Quarzfenster *n* ‖ ~/**контрольное** Kontrollfenster *n*

окраска *f* 1. Anstrich *m*; Färben *n*, Färbung *f*; 2. Färbung *f*, Farbe *f*; 3. Anfärbung *f*; Einfärbung *f* ‖ ~/**алкидная** Alkydfarbanstrich *m* ‖ ~/**антикоррозионная** Rostschutzfarbe *f*, Rostschutzanstrich *m* ‖ ~ **звука** *(Ak)* Klangfarbe *f*

окрашенный gefärbt; eingefärbt ‖ ~/**интерференционная** *(Krist)* Interferenzfarbe *f*, Polarisationsfarbe *f* ‖ ~/**казеиновая** Kaseinfarbanstrich *m* ‖ ~/**кислотостойкая (кислотоупорная)** Säureschutzanstrich *m*, säurefester Anstrich *m* ‖ ~/**клеевая** Leimfarbenanstrich *m* ‖ ~/**лаковая** Lackanstrich *m* ‖ ~ **литья** Gußgrundierung *f*; Gußkonservierung *f* ‖ ~/**маркировочная** *s.* ~/**условная** ‖ ~/**масляная** *(Bw)* Ölanstrich *m* ‖ ~/**огнезащитная** Feuerschutzanstrich *m* ‖ ~/**огнестойкая** feuerfester Anstrich *m* ‖ ~/**окончательная** Fertiganstrich *m*, Deckanstrich *m* ‖ ~/**поверхностная** Aufsichtfarbe *f* ‖ ~/**условная** Kennfarbe *f* ‖ ~/**цемент-**

ная Zementanstrich *m* ‖ **~ в куске** *(Text)* stückgefärbt ‖ **~ в массе** *(Text)* [er]spinngefärbt, düsengefärbt ‖ **~ в мотках** *(Text)* stranggefärbt
окрашиваемость *f* Einfärbbarkeit *f*, Anfärbbarkeit *f*, Färbbarkeit *f*
окрашивание *n* Anstreichen *n*; Färben *n (s. a. unter* окраска*)* ‖ **~ в роллах** *(Pap)* Färben *n* in der Masse, Massefärbung *f*, Holländerfärbung *f*
окрашивать färben; einfärben
окремнение *n (Geol)* Verkieselung *f*, Silifikation *f*, Einkieselung *f*
окрестность *f* Umgebung *f*
округление *n* 1. Abrundung *f*, Abrunden *n (z. B. Ecken, Kanten)*; 2. Abrundung *f (Resultat)*; 3. *(Math, Inf)* Rundung *f* ‖ **~ сверху** *(Math)* Aufrundung *f*, Rundung *f* nach oben, Aufrunden *n* ‖ **~ снизу** *(Math)* Abrundung *f*, Rundung *f* nach unten, Abrunden *n*
окружность *f* 1. *(Math)* Kreis *m*, Kreislinie *f*, Kreisperipherie *f*, Kreisumfang *m (s. a. unter* круг 1.*)*; 2. Umgegend *f*, Umgebung *f (z. B. einer Stadt)* ‖ **~ впадин** Fußkreis *m (Zahnrad)* ‖ **~/вписанная** *(Math)* Inkreis *m*, Innenkreis *m* ‖ **~ выступов** *(Masch)* Kopfkreis *m (Zahnrad)* ‖ **~/граничная** Grenzkreis *m* ‖ **~/делительная** *(Masch)* Teilkreis *m (Zahnrad)* ‖ **~ качения** Rollkreis *m*, Wälzkreis *m (Wälzkörper)* ‖ **~ качения/рабочая** Betriebswälzkreis *m (Wälzkörper)* ‖ **~/контрольная** Prüfkreis *m (am Zahnrad)* ‖ **~ конуса плоского зацепления/основная** *(Masch)* Kegelgrundkreis *m* der Planverzahnung *f* ‖ **~/начальная** *(Masch)* Erzeugungswälzkreis *m*, Wälzkreis *m (Zahnrad)* ‖ **~ обкатки** *s*. **~ качения** ‖ **~/описанная** *(Math)* Umkreis *m* ‖ **~/основная** *(Masch)* Grundkreis *m (Zahnrad mit Evolventenverzahnung)* ‖ **~ потерь** *(El)* Verlustkreis *m* ‖ **~/прилегающая** angrenzender Kreis *m* ‖ **~/производящая** *(Masch)* Erzeugungswälzkreis *m*, Rollkreis *m* ‖ **~ ротора** *(El)* Läuferumfang *m* ‖ **~/соприкасающаяся** *(Math)* Krümmungskreis *m*, Schmiegkreis *m*, Oskulationskreis *m* ‖ **~ статора** *(El)* Ständerumfang *m*
оксалат *m (Ch)* Oxalat *n*
оксибензол *m (Ch)* Hydroxybenzen *n*, Hydroxybenzol *n*, Phenol *n*
оксигруппа *f (Ch)* Hydroxygruppe *f*
оксид *m s.* окисел
оксидиметрия *f* Oxidimetrie *f*, Redoxanalyse *f*
оксидирование *n (Met)* Oxidierung *f*, Oxidationsbehandlung *f*; Oxidieren *n (Aufbringen einer künstlichen Oxidschicht auf Metalle)* ‖ **~ алюминия/анодное** Eloxieren *n*, Aloxidverfahren *n*, Aloxidieren *n*, Eloxalverfahren *n* ‖ **~/анодное** anodische (elektrolytische, elektrochemische) Oxidation *f*, Anodisieren *n*; Passivieren *n*, anodisches Oxidieren *n (meist Eloxieren)* ‖ **~/термическое** *(Eln)* thermische Oxidation *f (Schaltkreisfertigung)*
оксидировать oxidieren *(eine künstliche Oxidschicht auftragen)*
оксидоредук[т]аза *f (Ch)* Oxidoreduk[t]ase *f*, Redoxase *f*
оксидоредукция *f (Ch)* Oxidoreduktion *f*, Disproportionierung *f*, Dismutation *f*
оксизамещённый *(Ch)* hydroxysubstituiert
оксикислота *f (Ch)* Hydroxy[carbon]säure *f*

оксиметрия *f* Oxymetrie *f*, Sauerstoffmessung *f (im Blut)*
оксисоединение *n (Ch)* Hydroxyverbindung *f*
оксихлорид *m (Ch)* Oxidchlorid *n*, Oxychlorid *n*
октаэдр *m (Krist)* Oktaeder *m*, Achtflächner *m* ‖ **~/пирамидальный** Tri[aki]soktaeder *m*, Pyramidenoktaeder *m*
октаэдрит *m (Astr)* Oktahedrit *m (Eisenmeteorit)*
октет *m (Kern)* Oktett *n (Supermultiplett aus acht Teilchen)*
октод *m (Eln)* Oktode *f*, Achtpolröhre *f*, Achtelektrodenröhre *f*
октод-смеситель *m (Eln)* Mischoktode *f*
октополь *m (Kern)* Oktupol *m*, Oktopol *m*
ОКУ *s*. усилитель/оптический квантовый
окуляр *m (Opt)* Okular *n* ‖ **~/автоколлимационный** Autokollimationsokular *n* ‖ **~/астрономический** astronomisches Okular *n* ‖ **~ Гаусса** Gaußsches Okular *n* ‖ **~ Гюйгенса** Huygens-Okular *n*, Huygenssches Okular *n* ‖ **~/земной** terrestrisches Okular *n* ‖ **~/зенитный** Steilsichtokular *n* ‖ **~/измерительный** Meßokular *n*, Feinmeßokular *n* ‖ **~/компенсационный** Kompensationsokular *n* ‖ **~/короткофокусный** kurzbrennweitiges Okular *n* ‖ **~/ортоскопический** orthoskopisches (verzerrungsfreies) Okular *n* ‖ **~/отрицательный** *s*. **~ Гюйгенса** ‖ **~/отсчётный** Zählokular *n* ‖ **~ Райта** Wrightsches Okular (Mikroskopokular) *n* ‖ **~ Рамсдена** Ramsden-Okular *n*, Ramsdensches Okular *n* ‖ **~ с перекрестием** Fadenkreuzokular *n* ‖ **~/солнечный** Sonnenokular *n* ‖ **~/сравнительный** Vergleichsokular *n*
окуляр-гониометр *m (Opt)* Goniometerokular *n*
окуляр-куб *m (Opt)* Teilerwürfel *m*, Okularteilerwürfel *m*
окуляр-микрометр *m (Opt)* Okularmikrometer *n*, Meßschraubenokular *n*
окуляр-планиметр *m (Opt)* Planimeterokular *n*
окунание *n* Tauchung *f*
окуривание *n* 1. *(Lw)* Begasung *f (Bekämpfung von Pflanzen- und Bodenschädlingen)*; 2. Begasung *f (Bruthygiene in Geflügelhaltung)*; 3. *(Ker) s*. шмаухование
окускование *n* Stückigmachen *n*, Stückmachung *f*, Zusammenballen *n (Aufbereitung)*
окучивание *n (Lw)* Häufeln *n*, Anhäufeln *n*, Hochhäufeln *n*
окучка *f s*. окучивание
окучник *m (Lw)* Häufelpflug *m*
ОЛ *s*. линия/основная
олеат *m (Ch)* Oleat *n*
оледенение *n (Geol)* 1. Vergletscherung *f*, Vereisung *f*; 2. Kaltzeit *f* ‖ **~/айовское** Iova-Kaltzeit *f (Nordamerika; erstes Stadium der Wisconsin-Kaltzeit)* ‖ **~/апшеронское** Apscheron-Kaltzeit *f (Kaukasus; entspricht der Günz-Kaltzeit)* ‖ **~/архейское** archäische Kaltzeit *f (Kanada, Südafrika)* ‖ **~/брюггенское** Bruggenkaltzeit *f*, Prätelegen *n (Niederlande, Niederrheingebiet)* ‖ **~/валдайское** Waldaikaltzeit *f (Russische Ebene)* ‖ **~/вартинское** Warthestadium *n (Norddeutschland, Polen; Stillstandslage eines bedeutenden Vorstoßes des nordeuropäischen Inlandeises des Quartärs, mitunter als selbständige Kaltzeit gedeutet)* ‖ **~/варшавское I** Warschau-I-Kaltzeit *f (dritte Kaltzeit in Polen; entspricht der*

оледенение

Rißkaltzeit f || **~/варшавское** || Warschau-II-Kaltzeit f *(vierte Kaltzeit in Polen; entspricht der Würmkaltzeit)* || **~/вейбурнское** Weybourne-Kaltzeit f *(England)* || **~/висконсинское** Wisconsin-Kaltzeit f *(Nordamerika)* || **~/вислинское** Weichsel[kalt]zeit f *(nördliches Mitteleuropa)* || **~/вюрмское** Würmkaltzeit f, Würmzeit f || **~/глючское** Glütschkaltzeit f *(Alpen; Stadium der Rißkaltzeit)* || **~/гондванское** s. ~/позднепалеозойское || **~/гуронское** Huronkaltzeit f *(Nordamerika)* || **~/гюнцское** Günz[kalt]zeit f *(Alpen)* || **~ дагу** Dagu-Kaltzeit f *(China; entspricht der Mindelkaltzeit)* || **~/днепровское** Dnjeprkaltzeit f *(Russische Ebene; entspricht der Rißkaltzeit)* || **~/дочетвертичное** pleistozäne Kaltzeit f *(Gruppenbezeichnung für Kaltzeiten des älteren Quartärs)* || **~/дунайское** Donaukaltzeit f || **~/заальское** Saale[kalt]zeit f || **~/зыранское** Syranka-Kaltzeit f *(Nordsibirien; entspricht der Moskaukaltzeit)* || **~/иллинойское** Illionian-Kaltzeit f *(Nordamerika)* || **~/калининское** Kalininkaltzeit f *(Russische Ebene: zeitlich zwischen Waldai- und Moskaukaltzeit)* || **~/кандерское** Kanderkaltzeit f *(Alpen; erste Hochgebirgsvereisung nach der Mindel-Rißwarmzeit)* || **~/канзасское** Kansankaltzeit f *(Nordamerika)* || **~/карпатское** s. ~/краковское || **~/континентальное** s. ~/материковое || **~/краковское** Krakaukaltzeit f, Karpatenkaltzeit f *(Polen; entspricht der Mindelkaltzeit)* || **~/лихвинское** s. ~/окское || **~/лушанское** Luschankaltzeit f *(China; entspricht der Dnjeprkaltzeit)* || **~/материковое** Festlandsvergletscherung f, Kontinentalvergletscherung f || **~/миндельское** Mindel[kalt]zeit f || **~/московское** Moskaukaltzeit f *(Russische Ebene; entspricht dem Warthestadium)* || **~/небрасское** Nebraskakaltzeit f *(Nordamerika)* || **~/окское** Okakaltzeit f *(Russische Ebene; im Russischen zuweilen als Lichwinkaltzeit bezeichnet; entspricht der Mindelkaltzeit)* || **~/осташковское** s. ~/валдайское || **~/поздневисконсинское** Spätstadium n der Wisconsin-Kaltzeit || **~/позднепалсозойское** präkambrische Kaltzeit f || **~/позднепротерозойское** s. ~/гуронское || **~/раннепротерозойское** s. ~/тимискаминское || **~/рисское** Riß[kalt]zeit f *(Alpen)* || **~/сартанское** Sartankaltzeit f *(Nordsibirien)* || **~/среднепольское** mittelpolnische Kaltzeit f *(entspricht dem Warthestadium)* || **~/тимискаминское** Timiskamin-Kaltzeit f || **~/центральнопольское** s. ~/варшавское I || **~/эбуронское** Eburon-Kaltzeit f *(Niederlande, Rheingebiet; zweite Kälteperiode des Altpleistozäns; entspricht der Donaukaltzeit)* || **~/эльстерское** Elsterkaltzeit f || **~/южнопольское** südpolnische Kaltzeit f *(entspricht der Rißkaltzeit)* || **~/ярославское** Jaroslawkaltzeit f *(Polen; entspricht der Elsterkaltzeit)*

олеин m *(Ch)* Olein n, Ölsäure f
олеиновокислый *(Ch)* ...oleat n; ölsauer
олеомаргарин m *(Lebm)* Oleomargarin n
олеометр m Oleometer n, Öläraometer n
олеум m *(Ch)* rauchende Schwefelsäure f, Oleum n
олефин m *(Ch)* Olefin n, Alken n, Ethylenkohlenwasserstoff m
оливенит m *(Min)* Olivenit m, Leukochalcit m
оливин m *(Min)* Olivin m, Peridot m, Chrysolith m
олигоклаз m *(Min)* Oligoklas m *(ein Kalknatronfeldspat)*
олигомер m *(Ch)* Oligo[poly]mer[e] n
олигоцен m s. отдел/олигоценовый
олистострома f *(Geol)* Olisthostrom n, Olisthostroma n
олифа f Firnis m || **~/лаковая** Lackfirnis m || **~/льняная** Leinölfirnis m || **~/масляная** Ölfirnis m || **~/натуральная** reiner Firnis m || **~/оксидированная** oxidierter (geblasener) Firnis m, Blasölfirnis m || **~/оксиполимеризованная** geblasener Standölfirnis m || **~/печатная** Druckfirnis m || **~/полимеризованная** polymerisierter Firnis m, Standölfirnis m || **~/смоляная** Harzfirnis m || **~/типографская** Druckfirnis m

олово n *(Ch)* Zinn n, Sn; *(Met)* Zinn n || **~/вторичное** Altzinn n, regeneriertes (wiedergewonnenes) Zinn n || **~/гранулированное** Körnerzinn n, Zinngranalien fpl, Zinnkörner npl || **~/губчатое** Zinnschwamm m || **~/деревянистое** *(Min)* Holzzinn n *(Abart von Kassiterit)* || **~/зернёное** s. ~/гранулированное || **~/листовое** s. ~/рольное || **~/малаккское** Bankazinn n || **~/прутковое** Stangenzinn n || **~/рольное** Walzzinn n, Zinnblech n || **~/техническое** Hüttenzinn n || **~/черновое** Rohzinn n || **~/чистое** Reinzinn n || **~/чушковое** Barrenzinn n, Blockzinn n

оловяннокислый *(Ch)* ...stannat n, ...stannat(IV) n; zinnsauer
оловянный Zinn...
олоэдрический *(Krist)* holoedrisch, vollflächig
ОЛС s. 1. линия связи/оптическая; 2. система/оптическая локационная
ОНС s. отжиг некогерентным светом
ом m Ohm n, W
омбограф m *(Meteo)* Ombrograph m, registrierender Regenmesser m
омбрOMETR m *(Meteo)* Ombrometer n, Regenmesser m
омегатрон m Omegatron n *(Massenspektroskopie)*
омеднение n Verkupfern n
омеднить s. омеднять
омеднять verkupfern
ОМИ s. огни малой интенсивности
омметр m *(El)* Ohmmeter n, Widerstandsmesser m || **~/ламповый** Röhrenwiderstandsmesser m || **~/логометрический** Quotientenwiderstandsmesser m, Widerstandsmesser m mit Quotientenmeßwerk || **~/магнитоэлектрический** magnetelektrischer Widerstandsmesser m || **~/многопредельный** Vielbereichswiderstandsmesser m || **~/переменного тока** Wechselstromwiderstandsmesser m || **~/постоянного тока** Gleichstromwiderstandsmesser m || **~/прямого отсчёта** direktablesbarer Widerstandsmesser m || **~/прямопоказывающий** direkt[an]zeigender Widerstandsmesser m || **~/самопишущий** selbstschreibender Widerstandsmesser m || **~/цифровой** Digitalwiderstandsmesser m

омметр-логометр m *(El)* Quotientenwiderstandsmesser m, Widerstandsmeser m mit Quotientenmeßwerk
омолаживание n s. омоложение

омолаживать *(Lw, Forst)* verjüngen
омоложение *n (Lw, Forst)* Verjüngung *f*
омоложить *s.* омолаживать
ОМП *s.* оружие массового поражения
ОМ-приёмник *m (Eln)* Einseitenbandempfänger *m*, ESB-Empfänger *m*, SSB-Empfänger *m*
ОМ-система *f (Eln)* Einseitenbandsystem *n*, ESB-System *n*
омфацит *m (Min)* Omphacit *m (Klinopyroxen)*
омы *pl (El)* Ohmwerte *mpl*
омываемый водой 1. *(Hydt)* wasserbenetzt, wasserbespült; 2. *(Wmt)* wasserbenetzt, wasserbespült *(Heizfläche eines Dampfkessels)* ‖ ~ **паром** *(Wmt)* dampfbenetzt *(Heizfläche)* ‖ ~ **пламенем (факелом)** direktberührt *(Heizfläche)*
омывание *n* Umspülung *f*
омыватель *m* **ветрового стекла** *(Kfz)* Scheibenwaschanlage *f*
омыление *n (Ch)* Verseifung *f* ‖ ~/**кислое** saure Verseifung *f* ‖ ~ **сложных эфиров** Esterverseifung *f* ‖ ~/**щелочное** alkalische Verseifung *f*
онгстрём *m* ангстрем
ондограф *m (El)* Ondograph *m*, Wellen[linien]schreiber *m*
ондулятор *m (Nrt)* Undulator *m (Telegraphie)*
оникс *m (Min)* Onyx *m (Chalzedon)*
ОНЧ *s.* частота/очень низкая
оолит *m (Geol)* Oolith *m* ‖ ~/**железный** Eisenoolith *m* ‖ ~/**мелкозернистый (плотный)** Hornmergel *m*
оолитовый *(Geol)* oolithisch
ООС *s.* связь/отрицательная обратная
ОП *s.* 1. память/оперативная; 2. плоскость/основная
опаздывание *n (Eb)* Verspätung *f*
опаивать verlöten
опак-иллюминатор *m (Opt)* Auflichtilluminator *m*, Vertikalilluminator *m*, Opakilluminator *m*
опал *m (Min)* Opal *m* ‖ ~/**благородный** edler Opal *m*, Edelopal *m* ‖ ~/**водяной** Hydrophan *m*, Wasseropal *m* ‖ ~/**восковой** Wachsopal *m* ‖ ~/**древянистый (древесный)** Holzopal *m*; Starstein *m* ‖ ~/**молочный** Milchopal *m*; Hydrophan *m* ‖ ~/**моховой** Moosopal *m* ‖ ~/**натёчный** Geyserit *m*, Kieselsinter *m* ‖ ~/**обыкновенный** gemeiner Opal *m* ‖ ~/**огненный** Feueropal *m* ‖ ~/**ямшовый** Jaspopal *m*, Eisenopal *m*
опалесценция *f* 1. *(Opt)* Opaleszenz *f*; Opalisieren *n*; 2. *(Min)* Opalisieren *n (Farbwirkung des edlen Opals)* ‖ ~/**критическая** *(Opt)* kritische Opaleszenz *f*
опалесцирующий opaleszent, opaleszierend
опаливание *n* Sengen *n* ‖ ~/**газовое** *(Text)* Gasieren *n*, Gassengen *n* ‖ ~/**плитное** *(Text)* Plattensengen *n* ‖ ~ **тканей** *(Text)* Sengen *n (Ausrüstung der Gewebe)*
опаливать газом *(Text)* gasieren
опалка *f s.* опаливание
опалубить *(Bw)* einschalen
опалубка *f (Bw)* Schalung *f*, Verschalung *f* ‖ ~/**внутренняя** Innenschalung *f* ‖ ~/**горизонтальная** Horizontalschalung *f* ‖ ~/**греющая** Heizschalung *f* ‖ ~/**деревянная** Holzschalung *f* ‖ ~/**инвентарная** wiederverwendbare Schalung *f* ‖ ~/**катучая** rollende Wanderschalung *f*, Fahrschalung *f* ‖ ~/**консольная** Kragschalung *f* ‖ ~/**конструктивная** verlorene Schalung *f* ‖ ~/**лобовая** Stirnschalung *f* ‖ ~/**металлическая** Stahlschalung *f* ‖ ~/**наружная** Außenschalung *f* ‖ ~/**несущая** tragende Schalung *f* ‖ ~/**оборачиваемая** wiederverwendbare Schalung *f* ‖ ~ **перекрытия** Deckenschalung *f* ‖ ~/**переставная** Kletterschalung *f* ‖ ~/**подвижная** Gleitschalung *f*; Kletterschalung *f* ‖ ~/**сборно-разборная** Wanderschalung *f (aus wiederverwendbaren Elementen bestehend)* ‖ ~/**сетчатая** Netzwerkschalung *f* ‖ ~/**скользящая** Gleitschalung *f* ‖ ~/**стационарная** verlorene Schalung *f (für nur ein Bauwerk angefertigt, bei bedingter Weiterverwendung des Materials)* ‖ ~/**телескопическая** Teleskopschalung *f* ‖ ~/**торцовая** Stirnschalung *f* ‖ ~/**туннельная** Tunnelschalung *f* ‖ ~/**шагающая** Schreitschalung *f*, Kletterschalung *f*
опалубливание *n (Bw)* Verschalen *n*
опасность *f* Gefahr *f*, Gefährlichkeit *f* ‖ ~ **взрыва** Explosionsgefahr *f* ‖ ~ **загрязнения** Verschmutzungsgefahr *f* ‖ ~ **лучевого поражения** *s.* ~/**радиационная** ‖ ~ **отказа** *(Math)* Ausfallintensität *f*, Ausfallrate *f* ‖ ~/**пожарная** Brandgefahr *f* ‖ ~ **пробоя** *(El)* Durchschlagsgefahr *f* ‖ ~/**производственная** arbeitsbedingte Gesundheitsgefährdung *f* ‖ ~/**радиационная** *(Kern)* Strahlungsrisiko *n*, Strahlenrisiko *n*, Strahlungsgefährdung *f*, Strahlengefährdung *f* ‖ ~/**сейсмическая** seismische Gefährdung *f* ‖ ~ **столкновения** Kollisionsgefahr *f* ‖ ~ **эрозии** Erosionsgefahr *f*
опасный в отношении взрыва explosionsgefährlich, explosiv; explosionsgefährdet ‖ ~ **/в отношении пожара** brandgefährlich, feuergefährlich; brandgefährdet, feuergefährdet
опаять *s.* опаивать
операнд *m (Math, Inf)* Operand *m* ‖ ~/**инвертированный** *(Inf)* invertierter (negierter) Operand *m* ‖ ~/**ключевой** *(Inf)* Schlüsselwortoperand *m*, Kennwortoperand *m* ‖ ~/**непосредственный** *(Inf)* Direktoperand *m* ‖ ~/**позиционный** *(Inf)* Stellungsoperand *m*
оператор *m (Math)* Operator *m*; *(Inf)* Operator *m*, Anweisung *f* ‖ ~/**арифметический** *(Math)* arithmetischer Operator *m* ‖ ~/**ассоциированный** *(Math)* assoziierter Operator *m* ‖ ~/**безусловный** *(Inf)* unbedingte Anweisung *f* ‖ ~/**булев** *(Math)* Boolescher Operator *m* ‖ ~ **ввода** *(Inf)* Eingabeanweisung *f* ‖ ~ **взаимодействия** *(Math)* Wechselwirkungsoperator *m* ‖ ~ **возмущения** *(Math)* Stör[ungs]operator *m* ‖ ~/**вполне непрерывный** *(Math)* vollstetiger Operator *m* ‖ ~ **входа** *(Inf)* Eintrittsanweisung *f* ‖ ~ **вывода** *(Inf)* Ausgabeanweisung *f* ‖ ~ **вызова** *(Inf)* Abrufanweisung *f* ‖ ~/**выполнимый** *(Inf)* ausführbare Anweisung *f* ‖ ~/**вычислительный** Rechenbefehl *m*, Rechenanweisung *f* ‖ ~ **Гамильтона** *(Math)* Hamilton-Operator *m*, Hamiltonscher Operator *m* ‖ ~ **Гейзенберга** *(Math)* Heisenberg-Operator *m*, Ladungsaustauschoperator *m* ‖ ~/**диссипативный** *(Math)* dissipativer Operator *m* ‖ ~/**дифференциальный** *(Math)* Differentialoperator *m* ‖ ~/**дифференцирования** *(Math)* Differentiationsoperator *m* ‖ ~/**единичный** *(Math)* Einheitsoperator *m* ‖ ~ **завершения** *(Inf)* Endeanweisung *f* ‖ ~ **загрузки** *(Inf)*

оператор

Ladeanweisung *f* ‖ ~ **задания/управляющий** *(Inf)* Jobsteueranweisung *f* ‖ ~/**замкнутый** *(Math)* abgeschlossener Operator *m* ‖ ~ **импульса** *(Mech)* Impulsoperator *m* ‖ ~/**интегральный** *(Math)* Integraloperator *m* ‖ ~/**инфинитезимальный** *(Math)* infinitesimaler Operator *m* ‖ ~ **комментария** *(Inf)* Kommentaranweisung *f* ‖ ~/**коммутирующий** *(Math)* kommutierender Operator *m* ‖ ~/**компактный** *(Math)* kompakter Operator *m* ‖ ~ **конца** *(Inf)* Endeanweisung *f* ‖ ~ **Лапласа** *(Math)* Laplace-Operator *m*, Laplacescher Operator *m*, Deltaoperator *m* ‖ ~/**левый обратный** *(Math)* links inverser Operator *m* ‖ ~/**линейный** *(Math)* linearer Operator *m* ‖ ~/**логический** *(Inf)* logischer Operator *m* ‖ ~/**максимальный** *(Math)* maximaler Operator *m* ‖ ~/**матрицы плотности** Dichtematrix *f*, Dichteoperator *m*, statistischer Operator *m* *(Quantenstatistik)* ‖ ~ **матрицы рассеяния** *(Math)* Streumatrix *f*, S-Matrix *f*, Streuoperator *m*, S-Operator *m* ‖ ~ **момента количества движения** Drehimpulsoperator *m* *(Quantentheorie)* ‖ ~ **набла** *(Math)* Nabla *n*, Nabla-Operator *m*, Nabla-Vektor *m* *(Differentialoperator)* ‖ ~/**нелинейный** *(Math)* nichtlinearer Operator *m* ‖ ~/**неограниченный** *(Math)* unbeschränkter Operator *m* ‖ ~/**непрерывный** *(Math)* stetiger Operator *m* ‖ ~/**неприводимый** *(Math)* irreduzibler Operator *m* ‖ ~/**нормальный** *(Math)* normaler Operator *m* ‖ ~/**обобщённый** *(Math)* verallgemeinerter Operator *m* ‖ ~/**обратимый** *(Math)* umkehrbarer Operator *m* ‖ ~/**обратный** *(Math)* inverser Operator *m* ‖ ~/**ограниченный** *(Math)* beschränkter Operator *m* ‖ ~/**однородный** *(Math)* homogener Operator *m* ‖ ~ **описания** *(Inf)* Definitionsanweisung *f* ‖ ~ **описания данных** Datendefinitionsanweisung *f* ‖ ~ **описания файла** Dateidefinitionsanweisung *f* ‖ ~/**описательный** *(Inf)* beschreibende Anweisung *f* ‖ ~ **определения** *(Inf)* Definitionsanweisung *f* ‖ ~ **отладки** *(Inf)* Testhilfeanweisung *f* ‖ ~ **отношения** *(Inf)* Vergleichsanweisung *f* ‖ ~ **Паули** *(Ph)* Pauli-Operator *m*, Paulischer Operator *m* ‖ ~ **переадресации** *(Inf)* Adressenänderungsoperator *m* ‖ ~ **переноса** *(Inf)* Übertragungsoperator *m*; Umwandlungsoperator *m* ‖ ~ **перестановок** *(Math)* Austauschoperator *m*, Vertauschungsoperator *m*, Permutationsoperator *m* *(Teilchensysteme)* ‖ ~/**перестановочный** *s.* ~/**коммутирующий** ‖ ~ **перехода** *(Math)* Übergangsoperator *m*; *(Inf)* Sprunganweisung *f* ‖ ~ **плотности** *(Math)* Dichteoperator *m* ‖ ~/**повелительный** *(Inf)* befehlende Anweisung *f*, Befehl *m* ‖ ~ **положения** *(Math)* Ortsoperator *m*, Koordinatenoperator *m* ‖ ~/**положительно-определённый** *(Math)* positivdefiniter Operator *m* ‖ ~/**положительный** *(Math)* positiver Operator *m* ‖ ~/**полуограниченный** *(Math)* halbbeschränkter Operator *m* ‖ ~ **поля** *(Ph)* Feldoperator *m* ‖ ~/**правый обратный** *(Math)* rechts inverser Operator *m* ‖ ~/**преобразования** Transformationsoperator *m* *(Quantenmechanik)* ‖ ~ **присваивания** *(Inf)* Ergibtanweisung *f* ‖ ~ **проектирования** *(Math)* Projektionsoperator *m*, Projektor *m* ‖ ~/**проекционный** *s.* ~ **проектирования** ‖ ~ **прототипа** *(Inf)* Musteranweisung *f* ‖ ~/**пустой** *(Inf)* Leeranweisung *f* ‖ ~ **рождения [частиц]** *(Ph)* Erzeugungsoperator *m* *(Quantentheorie)* ‖ ~/**самосопряжённый** *(Math)* selbstadjungierter Operator *m* ‖ ~ **сил Гейзенберга** *(Ph)* Heisenberg-Operator *m*, Ladungsaustauschoperator *m* ‖ ~/**симметричный** *(Math)* symmetrischer Operator *m*; hermitescher Operator *m* ‖ ~ **скорости** Geschwindigkeitsoperator *m* ‖ ~/**сопротивления** *(El)* Widerstandsoperator *m* ‖ ~/**сопряжённый** *(Math)* konjugierter Operator *m* ‖ ~/**составной** *(Inf)* Verbundanweisung *f*, zusammengesetzte Anweisung *f* ‖ ~ **спецификации** *(Inf)* Vereinbarungsanweisung *f* ‖ ~ **спина** *(Ph)* Spinoperator *m* *(Quantenmechanik)* ‖ ~ **спина ядра** *(Kern)* Kernspinoperator *m* ‖ ~ **сравнения** *(Inf)* Vergleichsoperator *m* ‖ ~ **умножения** *(Math)* Multiplikationsoperator *m* ‖ ~/**унитарный** *(Math)* unitärer Operator *m* ‖ ~/**управляющий** *(Inf)* Steueranweisung *f* ‖ ~/**усредняющий** *(Math)* Mittelungsoperator *m* ‖ ~ **формирования** *(Inf)* Formieroperator *m* ‖ ~ **Фредгольма** *(Math)* Fredholmscher Operator *m*, linearer Integraloperator *m* ‖ ~ **цикла** *(Inf)* Laufanweisung *f* ‖ ~ **Шрёдингера** *(Math, Ph)* Schrödinger Operator *m* ‖ ~ **энергии** *s.* ~ **Гамильтона** ‖ ~/**эрмитов** *(Math)* hermitescher Operator *m* ‖ ~ **языка [программирования]** *(Inf)* Sprachanweisung *f*

операции *fpl*/**вспомогательные** 1. *(Fert)* Hilfsarbeiten *fpl*; 2. *(Fert)* Beschickungsarbeiten *fpl*; 3. *(Inf)* Hilfsoperationen *fpl* ‖ ~/**грузовые** *(Schiff)* Lade- und Löschbetrieb *m* ‖ ~/**заготовительные** Vorkonfektionieren *n* *(Reifenherstellung)* ‖ ~/**погрузочно-разгрузочные** *(Schiff)* Lade- und Löschbetrieb *m* ‖ ~/**спуско-подъёмные** *(Bgb)* Ein- und Ausbauoperationen *fpl* *(Bohrung)* ‖ ~/**швартовные** *(Schiff)* Verholarbeiten *fpl*

операция *f* 1. Operation *f*, Arbeit *f*, Verrichtung *f* *(s. a. unter* операции*)*; 2. *(Fert)* Arbeitsgang *m*; 3. *(Inf)* [algebraische] Operation *f*, Komposition *f*; 4. *(Math, Inf)* Operation *f*, Rechenoperation *f* • **операции (число операций) в минуту** *(Inf)* Operationen pro Minute ‖ ~/**адресная** *(Inf)* Adressenoperation *f* ‖ ~/**арифметическая** Rechenoperation *f*, arithmetische Operation *f* ‖ ~/**битовая** *(Inf)* Bitoperation *f* ‖ ~/**брошюровочно-переплётная** *(Typ)* buchbinderische Weiterverarbeitung *f* ‖ ~/**булева** *(Inf)* Boolesche Verknüpfung *f* ‖ ~ **ввода** *(Inf)* Eingabeoperation *f* ‖ ~ **ввода-вывода** *(Inf)* Ein-Ausgabe-Operation *f* ‖ ~/**второстепенная** Nebenoperation *f* ‖ ~ **вывода** *(Inf)* Ausgabe *f*, Ausgabeoperation *f* ‖ ~ **высокотемпературной обработки** Hochtemperaturschritt *m* *(Scheibenherstellung)* ‖ ~/**вычислительная** *(Inf)* Rechenoperation *f* ‖ ~ **вычислительной машины** Rechneroperation *f* ‖ ~/**двоичная арифметическая** *(Inf)* Binäroperation *f* ‖ ~ **дизъюнкции** *(Inf)* Disjunktionsoperation *f* ‖ ~/**дополняющая** *(Inf)* komplementäre Operation (Verknüpfung) *f* ‖ ~/**жидкостная** *(Led)* Wasserwerkstattarbeit *f*, Naßarbeit *f* ‖ ~/**завершённая** *(Inf)* vollständige Operation *f* ‖ ~ **изготовления** Fertigungsoperation *f* ‖ ~/**канальная** *(Inf)* Kanaloperation *f* ‖ ~/**коммутационная** *(El)* Schaltoperation *f*, Schalthandlung *f* ‖ ~/**контрольная** Kontrolloperation *f* ‖ ~ **конъюнкции** *(Inf)* Konjunktionsoperation *f* ‖ ~/**линейная** *(Math)* lineare Operation *f* ‖ ~/**ло-**

вильная *(Erdöl)* Fangarbeit *f* II **~/логическая** *(Inf)* logische (Boolesche) Operation *f*, Logikooperation *f* II **~/машинная** *(Inf)* Rechneroperation *f* II **~/мероэдрическая** *(Krist)* meroedrische Operation *f (Symmetrieoperation mit Kristallformen)* II **~/многозначная** *(Math)* mehrdeutige Operation *f* II **~ над данными** *(Inf)* Datenoperation *f* II **~ над стеком** *(Inf)* Kelleroperation *f* II **~ над числами с плавающей запятой** *(Inf)* Gleitkommaoperation *f* II **~ над числами с фиксированной запятой** *(Inf)* Festkommaoperation *f* II **~ обмена** *(Inf)* Austausch *m*, Wechsel *m*, Umspeicherung *f (der Information)* II **~ обработки** Bearbeitungsoperation *f*, Bearbeitungsgang *m* II **~/основная** Grundoperation *f* II **~ отношения** *(Inf)* Vergleichsoperation *f* II **~ отрицания** *(Inf)* Negationsoperation *f* II **~ перехода** *(Inf)* Sprungoperation *f* II **~ поиска** *(Inf)* Suchoperation *f* II **~/поразрядная** *(Inf)* bitweise Operation *f* II **~/предварительная** *(Fert)* Voroperation *f* II **~/привилегированная** *(Inf)* privilegierte Operation *f* II **~ присоединения** *(Inf)* Verkettungsoperation *f* II **~/проверочная** Kontrolloperation *f* II **~ сдвига** *(Inf)* Verschiebeoperation *f* II **~ сканирования** *(Inf)* Durchmusterung *f* II **~/складская** Lagerprozeß *m* II **~ сравнения** *(Inf)* Vergleichsoperation *f* II **~ считывания** *(Inf)* Leseoperation *f* II **~/технологическая** *(Fert)* Arbeitsgang *m* II **~ управления** Steueroperation *f (des Rechners)* II **~ условного перехода** *(Inf)* bedingte Sprungoperation *f* II **~/швейная** *(Text)* Näharbeitsgang *m* II **~/элементарная** Elementaroperation *f*
опережающий *(Masch)* voreilend
опередить *s.* опережать
опережать vor[aus]eilen *(z. B. Phasen)*
опережение *n* Vor[aus]eilen *n*, Vor[aus]eilung *f*; *(Reg)* Vorhalt *m* II **~ впуска** 1. Voreinströmung *f (Dampfmaschine)*; 2. Voreinlaß *m (Verbrennungsmotor)* II **~ выпуска** 1. Vorausströmung *f (Dampfmaschine)*; 2. Vorauslaß *m (Verbrennungsmotor)* II **~ зажигания** Frühzündung *f*, Vorzündung *f (Verbrennungsmotor)* II **~ открытия** Voröffnung *f (Steuerventil eines Verbrennungsmotors)* II **~ по фазе** *(Inf)* Phasenvoreilung *f* II **~/угловое** *(El)* Winkelvoreilung *f*
оперение *n (Flg)* Leitwerk *n*; *(Rak auch:)* Stabilisierungsflächen *fpl* II **~/вертикальное** Seitenleitwerk *n* II **~/горизонтальное** Höhenleitwerk *n* II **~/двухкилевое** doppeltes Seitenleitwerk *n* II **~/крестовидное (крестообразное)** Kreuzleitwerk *n* II **~/трёхкилевое** dreifaches Seitenleitwerk *n* II **~/хвостовое** Leitwerk *n*, Heckleitwerk *n*
опереть *s.* опирать
опереться *s.* опираться
опёртый unterstützt, aufliegend II **~ в отдельных точках** punktgelagert II **~/свободно** freiaufliegend
опечек *m (Glas)* Muffelkühlofen *m*, Kammerkühlofen *m*
ОПЗ *s.* 1. область пространственного заряда; 2. заряд/общий поверхностный
опий *m* Opium *n*
опиливание *n (Fert)* Feilen *n* II **~/грубое** Grobfeilen *n* II **~/окончательное** Fertigfeilen *n* II **~/отделочное** Feinfeilen *n* II **~/чистовое** Schlichtfeilen *n*
опиливать *(Fert)* feilen
опилить *s.* опиливать
опилки *pl* 1. Sägespäne *mpl (Holz)*; 2. *(Fert)* Feilspäne *mpl*, Feilstaub *m* II **~/древесные** Sägemehl *n*, Sägespäne *mpl*
опиловка *f s.* опиливание
опирание *n* Aufliegen *n*, Lagerung *f*; Abstützung *f* II **~ плит** Plattenauflagerung *f* II **~ стержня** *(Gieß)* Kernlagerung *f (in der Form)*
опирать [ab]stützen, [auf]lagern; absetzen
опираться lagern, sich abstützen, sich stützen; sich absetzen
описание *n (Inf)* Vereinbarung *f*; Beschreibung *f* II **~/аналитическое** analytische Beschreibung *f* II **~ данных** Datenbeschreibung *f* II **~ длины** Längeneintragung *f* II **~/контекстуальное** textabhängige Vereinbarung *f* II **~ массива** Feldvereinbarung *f*, Feldbeschreibung *f* II **~ поля** Feldbeschreibung *f* II **~ процедуры** Prozedurvereinbarung *f* II **~/стандартное** Standardvereinbarung *f* II **~/техническое** technische Beschreibung *f* II **~ типа** Typvereinbarung *f* II **~ файла** Dateibeschreibung *f*, Dateidefinition *f* II **~ формата** Formatierung *f*, Formatangaben *fpl* II **~/явное** explizite Vereinbarung *f*
описатель *(Inf)* Attribut *n*, Beschreibungswort *n*, Vereinbarungssymbol *n*
описка *f* Schreibfehler *m*
описывать пространственные траектории *(Masch)* eine räumliche Bewegung ausführen *(Glieder eines Mechanismus)*
оплавиться *s.* оплавляться
оплавление *n* 1. *(Met)* Schmelzen *n*, Verschmelzen *n*; Abschmelzen *n*; 2. *(El)* Schmoren *n (von Kontakten)* II **~ огнеупоров** Sintern *n*, Verglasen *n*, Sinterung *f (feuerfester Stoffe)*
оплавляемость *f (Met)* Schmelzbarkeit *f*, Aufschmelzbarkeit *f*
оплавлять schmelzen, erschmelzen; abschmelzen
оплавляться *(El)* schmoren *(Kontakte)*
оплести *s.* оплетать
оплетать umflechten; umspinnen
оплётка *f* 1. Umspinnung *f*; Umflechtung *f*, Geflecht *n*; 2. Umspinnen *n*; Umflechten *n* II **~/медная** Kupfergeflecht *n*, Kupferumflechtung *f* II **~/проволочная** Drahtgeflecht *n*, Drahtumflechtung *f*
оплывание *n/откоса* *(Bgb)* Böschungsfließen *n*
ОПО *s.* обеспечение/общее программное
оповещение *n* Warnung *f*; Benachrichtigung *f* II **~/аварийное** Havariebenachrichtigung *f*
оподзоливание *n (Lw)* Podsolierung *f (Boden)*
опоек *m (Led)* 1. Kalbfell *n*; 2. Kalbleder *n* II **~ хромового дубления** Boxkalb *f*
опоздание *n (Eb)* Verspätung *f* II **~ поезда** Zugverspätung *f*
опознавание *n* 1. *(Rad, Inf)* Kennung *f*, Erkennung *f*; Identifizierung *f*, Identifikation *f* II **~ знаков** *(Inf)* Zeichenerkennung *f* II **~ знаков/автоматическое** automatische Zeichenerkennung *f* II **~ передающей радиостанции/электронное** elektronische Senderidentifikation *f* II **~ подвижных единиц/автоматическое** *(Eb)* Wagenidentifikation *f* II **~/радиолокационное** Ra-

опознавание

darkennung f ‖ ~ «**свой-чужой**» Freund-Feind-Kennung f, Freund-Feind-Identifizierung f
опознаватель m Identifizierer m
опознавать identifizieren; erkennen
опознание n s. опознавание
опознать s. опознавать
опока f 1. *(Geol)* Opoka f, Kieselkalkton m; 2. *(Gieß)* Kasten m, Formkasten m, Kasten[guß]-form f ‖ ~/**верхняя** *(Gieß)* Oberkasten m ‖ ~/**крановая** *(Gieß)* Kranformkasten m, Formkasten m mit Gehängezapfen ‖ ~/**нижняя** *(Gieß)* Unterkasten m, Unterform f ‖ ~/**откидная** s. ~/**разъёмная** ‖ ~/**профильная** *(Gieß)* Profil[form]kasten m ‖ ~/**разъёмная** *(Gieß)* Abschlag[form]kasten m, Abzieh]form]kasten m, Klappformkasten m, Abstreifkasten m ‖ ~/**составная** *(Gieß)* mehrteiliger Formkasten m ‖ ~/**съёмная** s. ~/**разъёмная** ‖ ~/**фальшивая** *(Gieß)* Sparhälfte f *(Formen)*
оползание n Rutschung f, Abrutschen n ‖ ~ **берега** *(Hydt, Bw)* Böschungsrutschung f ‖ ~ **откосов [земляной плотины]** *(Hydt, Bw)* Dammrutschen n, Dammrutschung f, Dammbewegung f
оползень m Erdrutsch m, Bergrutsch m ‖ ~ **борта** *(Bgb)* Böschungsrutschung f ‖ ~ **карьера** *(Bgb)* Tagebaurutschung f ‖ ~ **отвала** *(Bgb)* Kippenrutschung f ‖ ~ **откоса** *(Bgb)* Böschungsrutschung f ‖ ~/**подводный** *(Geol)* subaquatische Gleitung f ‖ ~ **проседания** *(Bgb)* Setzungsfließen n
опора f 1. Stütze f, Stützpunkt m; Unterstützung f; Abstützung f; Träger m, Lager n, Lagerung f; 2. *(Bw)* Auflager n, Widerlager n; 3. *(El)* Mast m; Gestänge n *(Freileitungen)*; 4. *(Nrt)* Gestänge n, Tragwerk n ‖ ~/**анкерная** Abspannmast m *(einer Freileitung)* ‖ ~/**балансирная** *(Bw)* Kipplager n ‖ ~/**береговая** *(Bw)* Endauflage f *(Brücke)* ‖ ~/**боковая** Seitenstütze f ‖ ~ **вала** *(Masch)* Wellenlagerung f, Wellenlager n ‖ ~/**воздушная** *(Masch)* Luftlagerung f ‖ ~ **воздушной линии** *(El)* Freileitungsmast m ‖ ~/**двойная качающаяся** *(Bw)* Zweipendellager n ‖ ~/**двухветвенная** *(Bw)* zweistielige Stütze f ‖ ~/**деревянная** Holzmast m ‖ ~/**железобетонная** Stahlbetonmast m ‖ ~/**жёсткая** starre Lagerung f, Feststellung f ‖ ~/**защемлённая неподвижная** *(Bw)* starr eingespannte Stütze f ‖ ~/**защемлённая подвижная** *(Bw)* beweglich eingespannte Stütze f ‖ ~ **изолятора** Isolatorstütze f ‖ ~/**катковая** *(Bw)* Rollenlager n, Walzenlager n, Rollenauflagerung f ‖ ~/**качающаяся** Pendellager n, Pendelträger m, Pendelstütze f, Pendelpfeiler m ‖ ~/**керновая** Spitzenlager n ‖ ~ **клети** *(Wlz)* Gerüstsäule f ‖ ~/**козловая** Stützbock m, Auflagebock m *(Trailer)* ‖ ~/**колпачковая** Hutstütze f ‖ ~/**конечная** Endstütze f ‖ ~/**коническая** kegelförmige Lagerung f, Kegellagerung f ‖ ~ **контактной сети** *(Eb)* Fahrleitungsmast m ‖ ~/**концевая** *(El)* Endgestänge n; Endmast m ‖ ~/**линейная** *(El)* Flachmast m ‖ ~/**линейно-подвижная** *(Bw)* allseitig bewegliches Auflager n ‖ ~/**массивная** *(Bw)* massiver Pfeiler m *(Brückenbau)* ‖ ~ **моста** *(Bw)* Brückenjoch n ‖ ~ **моста/ряжевая** Steinkastenbrückenpfeiler m ‖ ~ **моста/свайная** Pfahljoch n ‖ ~ **на высоком свайном ростверке** Pfeiler m *(einer Brücke)* auf hohem Pfahlrost ‖ ~ **на естественном основании** Pfeiler m *(einer Brücke)* auf Flachgründung ‖ ~ **на естественном основании/рамная** Rahmenpfeiler m *(einer Brücke)* auf Flachgründung ‖ ~ **на естественном основании с ригелем/массивная** massiver Pfeiler m auf Flachgründung mit Pfeilerriegel *(Brückenbau)* ‖ ~ **на низком свайном ростверке** Pfeiler m *(einer Brücke)* auf niedrigem Pfahlrost ‖ ~ **на свайном ростверке/рамная** Rahmenpfeiler m *(einer Brücke)* auf Pfahlrost ‖ ~ **на торце катка** *(Masch)* Rollenspurlager n ‖ ~ **на шпиле** Spitzenlagerung f ‖ ~/**начальная** Anfangsmast m, Aufführungsmast m ‖ ~/**неподвижная** *(Bw)* Festlager n, festes Lager n ‖ ~/**А-образная** *(El)* A-Mast m ‖ ~/**Н-образная** *(El)* H-Mast m ‖ ~/**одностоечная** *(El)* Einfachmast m ‖ ~/**оконечная** *(El)* Endmast m; Abspannmast m ‖ ~ **оси** Achshalter m ‖ ~/**передвижная** *(Wkzm)* Wechsellager n *(Schere der Drehmaschine)* ‖ ~/**переходная** Kreuzungsmast m ‖ ~/**плоская** *(El)* Flachmast m ‖ ~/**подвижная** 1. *(Bw)* Gleitlager n; 2. *(Masch)* Fahrgestell n *(z. B. eines Industrieroboters)* ‖ ~/**портальная** *(Bw)* Portalstütze f; *(El)* Portalmast m ‖ ~/**промежуточная Zwischenlager** n; *(El)* Tragmast m, Streckenmast m ‖ ~/**простая** *(El)* Einfachmast m ‖ ~/**рамная** *(Bw)* Rahmenstütze f ‖ ~/**распределительная** *(El)* Verteilungsmast m ‖ ~/**решётчатая** *(El)* Gittermast m; Fachwerkmast m ‖ ~/**роликовая** 1. Rollenbock m *(Drehkran)*; 2. Rollenstuhl m *(Schüttelrutsche)*; 3. Trag[rollen]station f *(Gurtförderer)* ‖ ~ **с утяжкой** s. ~/**анкерная** ‖ ~/**свода** *(Met)* Gewölbepfeiler m *(Ofen)* ‖ ~/**сдвоенная** *(El)* Doppelmast m ‖ ~/**скользящая** s. ~/**подвижная** ‖ ~/**стальная решётчатая** *(El)* Stahlgittermast m ‖ ~/**стенная** Wandstütze f *(einer Freileitung)* ‖ ~/**тангенциальная** *(Bw)* Tangentiallager n *(Brücke)* ‖ ~/**тангенциальная балансирная** Tangentialkipplager n *(Brücke)* ‖ ~/**трубчатая** Rohrmast m ‖ ~/**угловая** Winkelstütze f ‖ ~ **цапфы** *(Masch)* Zapfenlagerung f, Zapfenlager n ‖ ~/**цилиндрическая балансирная** *(Bw)* Zylinderkipplager n ‖ ~/**шарнирная** *(Masch)* Kugellagerung f ‖ ~/**шарнирная** *(Bw)* Gelenkstütze f ‖ ~/**шарнирная неподвижная** Festauflagergelenk n *(Brücke)* ‖ ~/**шаровая** Kugelstütze f
опоражнивать entleeren
опорный tragend
опорожнение n Entleeren n, Entleerung f
опорожнить s. опоражнивать
оппозиция f *(Astr)* Opposition f ‖ ~ **фаз** *(El)* Phasenopposition f, entgegengesetzte Phasenlage f
оправа f 1. Auflage f; 2. Halterung f, Aufnahme f; 3. Einspannung f *(z. B. eines Meßaufsatzes)*; 4. Beschlag m; Fassung f, Einfassung f ‖ ~/**коррекционная** *(Opt)* Korrektionsfassung f *(Mikroskop)* ‖ ~ **линзы** *(Opt)* Linsenfassung f ‖ ~ **объектива** *(Opt)* Objektivfassung f ‖ ~ **окуляра** *(Opt)* Okularfassung f ‖ ~ **очков** Brillenfassung f, Brillengestell n
оправка f 1. Fassung f, Einfassung f *(s. a. unter* оправа*)*; Gehäuse n; 2. *(Wlz)* Dorn m, Walzdorn m, Spanndorn m, Aufspanndorn m, Lochdorn m,

Rohreintreibdorn *m (Rohrwalzen)*; 3. *(Umf)* Ziehdorn *m*, Stopfen *m*, Pfropfen *m (Ziehen)*; 4. *(Schm)* Dorn *m*, Aufnahmedorn *m*, Aufweitdorn *m (Aufnahmevorrichtung für zu schmiedende Hohlkörper und Aufweitwerkzeuge)* ‖ ~/**бочкообразная** *(Schm)* balliger Auftreibedorn (Auftreiber) *m* ‖ ~/**волочильная** *(Umf)* Ziehdorn *m* ‖ ~/**гидравлическая зажимная** *(Fert)* hydraulischer Spanndorn *m* ‖ ~/**двухрезцовая** *f (Wkz)* Zweischneider *m*, zweischneidige Bohrstange *f*, zweischneidiges Ausbohrwerkzeug *n* ‖ ~/**длинная** Dorn *m*, Langdorn *m (Pilgerschritt- und Rockrightwalzwerk)* ‖ ~/**зажимная** 1. *(Wlz)* Aufnahmedorn *m*, Spanndorn *m*; Spannvorrichtung *f*; 2. *(Schm)* Aufnahmedorn *(Gesenk)* ‖ ~/**калибров[очн]ая** *(Schm)* Auftreiber *m*, Aufweitdorn *m (Aufweiten und Glätten von Löchern)* ‖ ~/**качающаяся** *f (Wkz)* Pendeldorn *m* ‖ ~/**консольная** *(Wkz)* freifliegender (freitragender) Dorn *m* ‖ ~/**контрольная** *(Wkz)* Kontrolldorn *m* ‖ ~/**концевая** *(Wkzm)* [einfacher] Dorn *m (mit ebener, rechtwinkliger Stirnfläche)* ‖ ~/**короткая** Stopfen *m (Hohl- und Stopfenwalzwerk)* ‖ ~/**круглая** *(Wkzm)* Runddorn *m* ‖ ~/**кулачковая** *(Wkzm)* Dorn *m* mit Spannbacken ‖ ~/**обрезная** *(Schm)* Abscherdorn *m* ‖ ~/**однорезцовая** *(Wkz)* Einschneider *m*, einschneidige Bohrstange *f*, einschneidiges Ausbohrwerkzeug *n* ‖ ~/**поводковая** *(Schm)* Mitnehmerdorn *m* ‖ ~/**посадочная** *(Wkz)* Aufnahmedorn *m* ‖ ~/**пружинная** Federdorn *m* ‖ ~/**пустотелая** *(Schm)* Hohldorn *m* ‖ ~/**разгоночная** *(Schm)* Streckdorn *m (Strecken von Hohkörpern über dem Dorn)* ‖ ~/**разжимная** *(Wkz)* Spreizdorn *m*; Bohrstange *f* ‖ ~/**расточная** *(Wkz)* Ausdrehdorn *m*; Bohrstange *f* ‖ ~/**самозаклинивающаяся** *(Wkz)* selbstspannender Dorn *m* ‖ ~/**самоцентрирующая** *(Wkz)* selbstzentrierender Dorn *m* ‖ ~/**токарная** *(Wkz)* Drehdorn *m* ‖ ~/**установочная** *(Wkz)* Aufnahmedorn *m*, Stelldorn *m* ‖ ~/**фасонная** *(Schm)* Formdorn *m*, Fassondorn *m (Einschmieden von Nuten u.dgl. in Hohlkörper)* ‖ ~/**фрезерная** *(Wkz)* Fräserdorn *m* ‖ ~/**цанговая** *(Wkz)* Dorn *m* mit Spannzange ‖ ~/**центровая** *(Wkz)* Spitzen[spann]dorn *m*, Zentrierdorn *m* ‖ ~/**шлифовальная** *(Wkz)* Schleif[scheiben]dorn *m*, Schleifkörperaufnahme *f*

оправкоизвлекатель *m* Dornstangen-Ausziehvorrichtung *f*, Dornauszieher *m (Rohrwalzen)*
опрашивание *n (Inf)* Abfrage *f*
опрашивать *(Inf)* abfragen
определение *n* 1. Bestimmung *f*, Festlegung *f*; Begriffserklärung *f*, Definition *f*; Ermittlung *f (von Werten)*; 2. *(Nrt)* Identifizierung *f*; 3. *(Math, Inf)* Definition *f* ‖ ~ **абсолютного возраста** absolute Altersbestimmung *f* ‖ ~ **аналитическим путём** analytische Bestimmung *f* ‖ ~ **возраста** Altersbestimmung *f*, Datierung *f* ‖ ~ **времени** Zeitbestimmung *f* ‖ ~ **высоты** Höhenbestimmung *f*, Höhenmessung *f* ‖ ~ **дальности** Entfernungsmessung *f*, Entfernungsbestimmung *f* ‖ ~ **данных** *(Inf)* Datendefinition *f* ‖ ~ **дебита** *(Hydt)* Ergiebigkeitsbestimmung *f* ‖ ~ **конечной точки** *(Ch)* Endpunktbestimmung *f (bei der Titration)* ‖ ~ **коэффициента полезного действия** Wirkungsgradbestimmung *f* ‖ ~ **места повреждения** *(Nrt)* Fehlerort[sbestimm]ung *f*, Störungseingrenzung *f*, Störungslokalisierung *f* ‖ ~ **местоположения** Ortsbestimmung *f*; Standortbestimmung *f* ‖ ~ **мощности** Leistungsbestimmung *f* ‖ ~ **мощности торможения** Leistungsbestimmung *f* durch Abbremsen *(Kraftmaschinen; Elektromotoren)* ‖ ~ **направления** Richtungsbestimmung *f*; *(Rad)* Peilung *f*, Funkpeilung *f* ‖ ~ **нуля** Nullpunktbestimmung *f* ‖ ~ **объёмное** *(Ch)* volumetrische (maßanalytische) Bestimmung *f* ‖ ~ **плотности** Dichtebestimmung *f*, Dichtemessung *f* ‖ ~ **понятия** Begriffsbestimmung *f* ‖ ~ **предельных значений** *(Reg)* Grenzwerterfassung *f* ‖ ~ **прочности** Festigkeitsbestimmung *f* ‖ ~ **размеров** *(Meß)* Maßbestimmung *f*, Dimensionierung *f*, Bemessung *f* ‖ ~ **расчётное** rechnerische Bestimmung *f* ‖ ~ **сечения** Querschnittsbestimmung *f* ‖ ~ **твёрдости** *(Wkst)* Härtebestimmung *f*, Härteprüfung *f* ‖ ~ **твёрдости вдавливанием шарика** Kugeldruckhärteprüfung *f*, Kugeldruckversuch *m* ‖ ~ **твёрдости методом отскока** Rückprallhärteprüfung *f*, Rücksprunghärteprüfung *f* ‖ ~ **твёрдости по Мартенсу** Martens-Härteprüfung *f*, Kugeldruckhärteprüfung *f* nach Martens ‖ ~ **твёрдости по Шору** Shore-Härteprüfung *f*, Kugeldruckhärteprüfung *f* nach Shore ‖ ~ **ускоренное** *(Ch)* Schnellbestimmung *f* ‖ ~ **экспрессное** *(Ch)* Schnellbestimmung *f* ‖ ~ **экстремальной величины** *(Reg)* Extremwertbestimmung *f* ‖ ~ **экстремума** *(Reg)* Extremwertbestimmung *f*
определённость *f* Definiertheit *f*, Eindeutigkeit *f*, Bestimmtheit *f* ‖ ~ **статическая** statische Bestimmtheit (Bestimmbarkeit) *f*
определимый статически statisch bestimmt
определитель *m* 1. *(Math)* Determinante *f*; 2. *(Nrt)* Identifizierer *m* ‖ ~ **абонентский** *(Nrt)* Identifizierer *m* ‖ ~ **бесконечного порядка** unendliche Determinante *f*, Determinante *f* von unendlicher Ordnung ‖ ~ **коэффициентов** Koeffizientendeterminante *f* ‖ ~ **системы** Systemdeterminante *f* ‖ ~ **тока** Stromdeterminante *f* ‖ ~ **функциональный** Funktionsdeterminante *f* ‖ ~ **четырёхполюсника** *(El)* Vierpoldeterminante *f* ‖ ~ **электронный абонентский** *(Nrt)* elektronischer Identifizierer *m*
определяемый пользователем *(Inf)* benutzerdefinierbar
опреснение *n* Entsalzen *n*, Entsalzung *f (des Wassers)*
опреснитель *m* Frischwassererzeuger *m*, Verdampferanlage *f* ‖ ~/**вакуумный** Vakuumverdampferanlage *f*
опробование *n* 1. Prüfung *f*, Prüfen *n*, Erprobung *f*, Probieren *n*; 2. Probe[ent]nahme *f*; 3. *(Masch)* Probelauf *m*; 4. *(Geol)* Bemusterung *f (beinhaltet Entnahme, Vorbereitung und Untersuchung von Proben zur Bestimmung der Qualitätsmerkmale des Rohstoffes)* ‖ ~ **на занятость** *(Nrt)* Besetztprüfung *f* ‖ ~ **руды/радиометрическое** radiometrisches Testen *n* von Erzen *(auf Urangehalt)* ‖ ~ **скважины** Bohrlochtest *m (Erdölbohrung)* ‖ ~ **тормозов** *(Eb)* Bremsprobe *f*
опробовать 1. prüfen, erproben; 2. bemustern, eine Probe entnehmen

опровержение

опровержение n Widerlegung f, Gegenbeweis m
опрокид m s. опрокидыватель
опрокидывание n 1. Kippung f, Kippen n; Umkippen n; Umklappen n; 2. (Schiff) Kentern n; 3. (Geol) Überkippung f, Kippung f II ~ **волны** Umkippen n der Welle II ~ **грузовой стрелы** (Schiff) Überkippen n des Ladebaums II ~ **течения** Strömungsumkehr f II ~ **фазы** (El) Phasenumkehr[ung] f
опрокидыватель m Wipper m, Kipper m, Kippvorrichtung f; (Eb) Waggonkipper m II ~/**боковой** Seitenkipper m; Kreiselkipper m II ~ **вагонов** (Eb) Waggonkipper m II ~/**двусторонний** Zweifachkipper m II ~/**лобовой** Stirnkipper m II ~/**односторонний** Einfachkipper m II ~/**рудничный** Wipper m, Grubenwagenkipper m; Erz[waggon]kipper m, Erz[waggon]kippvorrichtung f II ~ **рулонов** (Wlz) Bundkipper m, Rollenkipper m (Blech, Draht) II ~ **слитков** (Wlz) 1. Blockwendevorrichtung f, Blockwender m; 2. Blockkippvorrichtung f, Blockkipper m II ~/**торцовый** (Eb) Stirnkipper m
опрокидывать 1. kippen; 2. (Schiff) zum Kentern bringen
опрокидываться 1. kippen, umkippen; 2. (Schiff) kentern
опрокинуть s. опрокидывать
опрокинуться s. опрокидываться
опрос m (Inf) Abruf m, Abrufen n; (Nrt, Inf) Abfrage f, Abfragen n II ~/**циклический** (Inf) zyklische Abfrage f
опросчик m (Rad) Abfragegerät n, Kennungsabfragegerät n II ~/**бортовой** Bordabfragegerät n II ~/**наземный** Bodenabfragegerät n, Bodenkennungsgerät n II ~/**радиолокационный** s. опросчик II ~ **системы опознавания «свой-чужой»** (Rad) Freund-Feind-Kenn[ungs]gerät n
опрыскивание n (Lw) Spritzen n, Spritzung f (Pflanzenschutz, Teilchengröße > 150 µm); Sprühen n (Teilchengröße 50 bis 250 mm) II ~/**мелкокапельное** Feinsprühen n (Pflanzenschutz) II ~/**ранневесеннее** Frühjahrsspritzung f
опрыскиватель m (Lw) Spritzmaschine f, Spritzgerät n, Spritze f, Spritzeinrichtung f; Sprühmaschine f, Sprüher m (Pflanzenschutz) II ~/**авиационный** aviochemische Spritzanlage f; aviochemische Sprühanlage f (Agrarflug) II ~/**автомобильный** Spritzaufsatz m für Kraftfahrzeuge (Pflanzenschutz) II ~/**аэрозольный** Sprühmaschine f, Sprühgerät n, Sprüher m II ~/**вентиляторный** Spritzmaschine f mit [Axial-]Lüfter (Pflanzenschutz) II ~/**ленточный** Bandspritzeinrichtung f II ~/**малообъёмный** LV-Spritzmaschine f, Spritzmaschine f für geringe Aufwandmengen (Pflanzenschutz) II ~/**мелкокапельный** Sprühmaschine f, Sprüher m (Feinsprühen) II ~/**монтируемый** Aufbauspritzgerät n (Pflanzenschutz) II ~/**моторизированный ранцевый** Motorrückenspritze f II ~/**моторный** Motorspritze f II ~/**полевой** Feldspritzmaschine f (Pflanzenschutz) II ~/**ранцевый** Rückenspritze f II ~/**ручной переносный** tragbares Handspritzgerät n II ~/**ручной пневматический** Handdruckluftspritze f, Eimerspritze f II ~/**ручной ранцевый** Handrückenspritze f II ~/**тракторный навесной** Spritzgerät n für Schlepperanbau II ~/**ультрамалообъёмный** UVL-Spritzmaschine f, Spritzmaschine f für extrem kleine Aufwandmengen (Pflanzenschutz) II ~/**штанговый** Spritzmaschine f mit Rohraufhängung (Pflanzenschutz)
опрыскиватель-опыливатель m [/**комбинированный**] [kombiniertes] Sprüh- und Stäubegerät n II ~/**тракторный прицепной комбинированный** kombiniertes Sprüh- und Stäubegerät n für Traktorenzug
оптика f Optik f II ~/**анаморфотная** anamorphotische Optik f II ~/**асферическая** asphärische Optik f II ~/**ахроматическая** achromatische Optik f II ~/**волновая** Wellenoptik f II ~/**волоконная** Faseroptik f, Fiberoptik f II ~/**геометрическая** geometrische Optik f II ~ **движущихся сред** Optik f bewegter Medien II ~/**зеркальная** Spiegeloptik f II ~/**интегральная** integrierte Optik f, IO II ~/**ионная** Ionenoptik f II ~/**квантовая** Quantenoptik f II ~/**кинематографическая** kinematographische Optik f II ~/**когерентная** Kohärenzoptik f II ~/**коллоидов** Kolloidoptik f II ~/**конденсорная** Kondensoroptik f II ~/**линейная** lineare Optik f II ~/**линзовая** Linsenoptik f II ~/**лучевая** s. ~/геометрическая II ~ **металлов** Metalloptik f II ~/**молекулярная** Molekularoptik f II ~/**нелинейная** nichtlineare Optik f II ~/**обычная** Lichtoptik f II ~/**отражательная** Reflexionsoptik f II ~/**прикладная** angewandte Optik f II ~/**проекционная** Projektionsoptik f II ~/**просветленная** Transparenzoptik f II ~/**растровая** Rasteroptik f II ~ **рентгеновских лучей** Röntgenoptik f II ~/**световая** Lichtoptik f II ~/**светосильная** lichtstarke Optik f II ~/**стекловолоконная** Glasfaseroptik f II ~ **тонких слоёв** Dünnschichtoptik f II ~/**физическая** physikalische Optik f II ~/**фотографическая** Photooptik f II ~/**электронная** (**электронно-волновая**) Elektronenoptik f
оптико-акустический optoakustisch, optisch-akustisch
оптико-электронный optoelektronisch, optisch-elektronisch
оптимальность f Optimum n, Optimalität f
оптимальный optimal, Optimal... II ~ **по времени** zeitoptimal
оптиметр m (Meß) Optimeter n (Lehrenprüfgerät)
оптимизатор m (Reg) Optimator m, Optimierungsgerät n II ~/**дискретный** diskreter Optimator m II ~ **качества** Güteoptimator m II ~/**многоканальный** Mehrkanaloptimator m II ~/**электронный автоматический** elektronischer automatischer Optimator m
оптимизация f Optimierung f II ~ **многокритериальных задач** Polyoptimierung f II ~ **раскроя** Verschachtelung f (zur maximalen Nutzung der Bleche beim Zuschneiden von Halbzeug) II ~ **систем регулирования** Regelkreisoptimierung f II ~/**целочисленная** ganzzahlige Optimierung f
оптоакустический optoakustisch, optisch-akustisch
оптоакустика f Optoakustik f
оптограмма f Optogramm n
оптоизолированный optoisoliert
оптоизолятор m (El) Optoisolator m
оптометр m (Med) Optometer n

оптомеханический optomechanisch
оптопара f optoelektrischer Koppler m, Optokoppler m ‖ ~/закрытая optoelektronischer geschlossener Koppler m ‖ ~/интегральная integrierter Optokoppler m ‖ ~/открытая optoelektronischer offener Koppler m ‖ ~/резисторная Widerstandsoptokoppler m ‖ ~/тиристорная Thyristoroptokoppler m
оптотиристор m Optothyristor m, Photothyristor m
оптофон m (El) Optophon n
оптоэлектроника f Op[toelek]tronik f
оптоэлектронный op[toelek]tronisch
оптрон m (Eln) Optokoppler m, optischer Koppler m, Optron n ‖ ~/диодный Optron m mit Photodiodenausgang ‖ ~/изолирующий optoelektronische Trennstufe f ‖ ~/интегральный integriertes Optron n ‖ ~/лазерный Laseroptokoppler m, Laserschranke f ‖ ~ с прямой связью direktgekoppeltes Optron n ‖ ~ с составным транзистором Optron n mit Darlington-Ausgang ‖ ~/согласующий Anpassungsoptron n ‖ ~/тиристорный Optron n mit Thyristorausgang ‖ ~/транзисторный Optron n mit Phototransistorausgang ‖ ~/элементарный Optron n, op[toelek]tronisches Koppelelement n, Elementaroptron n
оптроника f s. оптоэлектроника
оптронно-развязанный optoentkoppelt
оптронный s. оптоэлектронный
опускание n 1. Niedergang m, Abwärtsbewegung f; 2. Senkung f; Absenkung f, Absenken n; Sinken n, Absinken n; 3. Auslassen n, Übergehen n; 4. (Met) Niedergehen n, Niedergang m (Gicht); 5. (Geol) Senkung f, Depression f; 6. (Math) Herunterziehen n (Index)
опускать 1. [ab]senken, herunterlassen; 2. auslassen, übergehen; 3. (Met) niedergehen (Gicht) ‖ ~ перпендикуляр (Math) das Lot fällen, die Senkrechte fällen
опускаться sich senken, sinken; niedergehen, sich abwärts bewegen
опустить s. опускать
опуститься s. опускаться
опустынивание n (Ökol) Wüstenbildung f
опушка f 1. Einfassung f, Rand m; 2. Besatz m
опыливание n (Lw) Stäuben n (von Pflanzenschutzmitteln)
опыливатель m (Lw) Stäub[e]gerät n, Stäuber m, Stäubemaschine f (Pflanzenschutz) ‖ ~/авиационный aviochemische Stäubeanlage f (Agrarflug) ‖ ~/автомобильный (Lw) Stäubeaufsatz m für Kraftfahrzeuge (Pflanzenschutz) ‖ ~/газовый тракторный (Lw) Traktorstäuber m (Pflanzenschutz) ‖ ~/ранцевый ручной (Lw) Rückenstäuber m ‖ ~/ручной (Lw) Handstäubegerät n ‖ ~/тракторный навесной (Lw) Anbaustäub[e]gerät n für Schlepper ‖ ~/тракторный прицепной (Lw) Stäub[e]gerät n für Traktorenzug
опыливатель-дефолиатор m/навесной (Lw) Anbau-Defoliator-Stäubegerät m (Baumwolle, Leguminosen)
опыливатель-культиватор m (Lw) kombinierte Grubber-Stäubeeinrichtung f
опыливатель-опрыскиватель m (Lw) [kombiniertes] Sprüh- und Stäub[e]gerät n ‖ ~/универсальный навесной universelles Anbau-Sprüh- und Stäubegerät n
опыт m 1. Erfahrung f; Empirie f; 2. Versuch m, Experiment n ‖ ~/контрольный Vergleichsversuch m ‖ ~ короткого замыкания (El) Kurzschlußversuch m ‖ ~ кренования (Schiff) Krängungsversuch m ‖ ~ Майкельсона (Ph) Michelson-Versuch m (spezielle Relativitätstheorie) ‖ ~/производственный 1. Betriebserfahrung f; 2. Betriebsversuch m, großtechnischer Versuch m ‖ ~ холостого хода Leerlaufversuch m ‖ ~/холостой Blindversuch m, Nullversuch m ‖ ~ Штерна-Герлаха (Kern) Stern-Gerlach-Versuch m ‖ ~ эксплуатации Betriebserfahrung f
опытный 1. erfahren; 2. Versuchs-..., experimentell, empirisch
ОР s. область разупорядочения
орбита f (Astr, Kosm) Bahn f, Umlaufbahn f, Orbit m ‖ ~/близкая к круговой kreisähnliche Umlaufbahn f ‖ ~/вариационная [Hillsche] Variationsbahn f ‖ ~/возмущённая gestörte Bahn (Umlaufbahn) ‖ ~ вокруг Луны Mondumlaufbahn f ‖ ~ встречи [космических аппаратов] Rendezvousbahn f ‖ ~/геостационарная geostationäre Umlaufbahn (Bahn) f ‖ ~/геоцентрическая geozentrische Bahn (Umlaufbahn) f ‖ ~/гиперболическая hyperbolische Bahn f, Hyperbelbahn f ‖ ~/земная Erd[umlauf]bahn f ‖ ~/истинная wahre Bahn f ‖ ~/квантовая Quantenbahn f ‖ ~/Кеплерова Kepler-Bahn f ‖ ~/круговая Kreisbahn f ‖ ~/лунная Mondbahn f ‖ ~/межпланетная interplanetare Umlaufbahn f ‖ ~/невозмущённая ungestörte Bahn f ‖ ~ ожидания Parkbahn f ‖ ~/околоземная erdnahe Bahn (Umlaufbahn) f ‖ ~/окололунная Mondumlaufbahn f ‖ ~/окончательная definitive Bahn (Umlaufbahn) f ‖ ~/оскулирующая oskulierende Bahn f ‖ ~/параболическая parabolische Bahn f, Parabelbahn f ‖ ~/перелётная Flugbahn f (z. B. einer Raumsonde) ‖ ~/полярная polare Bahn (Umlaufbahn) f, Polarbahn f ‖ ~/промежуточная Parkbahn f ‖ ~/резонансная Resonanzbahn f (Planetoiden) ‖ ~ сближения Rendezvousbahn f ‖ ~ стыковки Kopplungsbahn f ‖ ~/электронная Elektronen[umlauf]bahn f ‖ ~/эллиптическая elliptische Bahn f, Ellipsenbahn f
орбиталь f (Ph, Ch) Orbital n(m) ‖ ~/атомная Atomorbital n
орбитальный (Astr) Bahn-...
óрган m Organ n, Glied n ‖ ~/балансный (Reg) Abgleichorgan n ‖ ~/блокирующий (Reg) Sperrglied n ‖ ~/верхний рабочий Oberwerkzeug n (eines Schweißroboters) ‖ ~/воспринимающий 1. Fühlorgan n, Fühler m; 2. Empfangsteil m (eines Relais) ‖ ~/грузовой (грузоподъёмный) (Förd) Lastorgan m, Huborgan n ‖ ~/грунтозаборный Grundsaugorgan n, Grundsauggerät n (Saugschwimmbagger) ‖ ~/дистанционный (Reg) Distanzmeßglied n ‖ ~/заделывающий (Lw) Zustreichwerkzeug n, Zustreicher m ‖ ~/замедляющий (Reg) Verzögerungsglied n (eines Relais) ‖ ~/запорный Sperrglied m; Absperrorgan n ‖ ~/захватывающий Mitnehmerorgan n, Mitnehmer m ‖ ~/защитный (Reg) Schutzorgan n ‖ ~/измерительный (Reg) 1. Meßglied n; 2. Meßfühler m ‖

о́рган

~/**исполнительный** 1. (Reg) Stellorgan n, Stellglied n; 2. Schaltteil m (eines Relais) ‖ ~/**коммутационный** (El) Schaltorgan n ‖ ~/**крутильный** (Text) Drallkammer f ‖ ~/**нулевой** (Reg) Nullorgan n ‖ ~/**петлеобразующий** (Text) Maschenbildungsorgan n ‖ ~/**пневматический исполнительный** (Reg) pneumatisches Leistungsteil n ‖ ~/**подкапывающий рабочий** (Lw) Rodewerkzeug n ‖ ~/**подъёмный** s. ~/грузовой ‖ ~/**предохранительный** (Reg) Sicherungsorgan n ‖ ~/**приводной** (Masch) Antriebsmittel n, Antriebsorgan n ‖ ~/**промежуточный** (Reg) Zwischenglied n ‖ ~/**пусковой** Startorgan n, Anlaßorgan n ‖ ~/**рабочий** (Masch) 1. Wirkorgan n; 2. Arbeitsorgan n; 3. Funktionsgruppe f ‖ ~ **равновесия** Gleichgewichtsorgan n ‖ ~/**распределительный** (Reg) Steuer[ungs]organ n, Steuerelement n ‖ ~/**регулировочный (регулирующий)** (Reg) Regelorgan n, Regelglied n; Stellglied n, Stellorgan n ‖ ~/**рулевой** Ruderorgan n ‖ ~ **сравнения** (Reg) Vergleichsorgan n, Vergleichsglied n ‖ ~/**сравнивающий** s. ~ сравнения ‖ ~/**тяговой** Zugmittel n; Zugorgan n ‖ ~ **управления** s. ~/управляющий ‖ ~/**управляющий** Steuer[ungs]organ n, Steuerelement n ‖ ~/**уравнивающий** (Reg) Abgleichorgan n ‖ ~/**чувствительный** (Reg) Fühlorgan n, Fühlglied n

орга́н/электронный elektronische Orgel f, Elektronenorgel f

организация f 1. Organisation f; 2. Büro n, Betrieb m ‖ ~/**байтовая** (Inf) Bytestruktur f, byteweise Organisation f ‖ ~/**библиотечная** (Inf) untergliederte Organisation f ‖ ~/**битовая** (Inf) Bitstruktur f ‖ ~ **данных** (Inf) Datenorganisation f ‖ ~ **данных/естественная** natürliche Datenstruktur f ‖ ~ **заданий** (Inf) Joborganisation f ‖ ~/**индексно-последовательная** (Inf) indexsequentielle Dateiorganisation f ‖ ~ **набора данных** (Inf) Dateiorganisation f ‖ ~ **памяти** (Inf) Speicherorganisation f, Speicherstruktur f ‖ ~/**первичная** (Inf) Primärorganisation f ‖ ~/**поразрядная** (Inf) Bitstruktur f ‖ ~/**последовательная** (Inf) sequentielle Dateiorganisation f ‖ ~/**пословная** (Inf) Wortorganisation f, Wortstruktur f ‖ ~/**прямая** (Inf) Direktzugriffsorganisation f ‖ ~ **разделами** (Inf) untergliederte Organisation f ‖ ~/**разрядная** s. ~/поразрядная

организм-индикатор m (Ökol) Indikatororganismus m (z. B. für Verschmutzung)

органка f (Bgb) Reihenstempel mpl, Reihenstempelausbau m

ордер/архитектурный (Bw) Säulenordnung f

ординар m (Hydt) Normalniveau n des Wassers

ордината f (Math) Ordinate f ‖ ~ **центра тяжести** (Schiff) Lage f des Schwerpunkts der Breite nach, „Breitenschwerpunkt" m

ордовик m (Geol) Ordovizium n ‖ ~/**верхний** s. отдел/верхнеордовикский ‖ ~/**нижний** s. отдел/нижнеордовикский

оребрение n Berippung f; Verrippung f

ореол m 1. (Astr) Kranz m; 2. (Meteo) Aureole f (kleiner Hof um Sonne oder Mond); 3. (Opt) Kranz m, Kranzerscheinung f; 4. (Bgb) Aureole (Grubenlampe); 5. (Photo) [photographischer] Lichthof m ‖ ~/**диффузионный** (Photo) Diffusionslichthof m ‖ ~/**контактовый** (Geol) Kontakthof m, Kontaktaureole f ‖ ~ **отражения** (Photo) Reflexionslichthof m ‖ ~ **рассеяния** 1. (Geol) Dispersionshof m; 2. (Photo) Diffusionslichthof m

ореолообразование n (Photo) Lichthofbildung f

орешек m (Text) Samenkapselteil m, Schalenrest m

орешки mpl/**чернильные** (Led) Gallen fpl

ориентация f Ordnen n, Ordnung f; Ausrichten n; Orientierung f ‖ ~/**гравитационная** (Astr) Schwerkraftorientierung f ‖ ~ **двойника** (Krist) Zwillingsorientierung f ‖ ~/**меридиональная** Nord-Süd-Orientierung f ‖ ~ **по времени** Zeitsinn m ‖ ~/**широтная** Ost-West-Orientierung f ‖ ~ **ядер** Kernorientierung f

ориентир m Orientierungspunkt m, Orientierungszeichen n, Orientierungsmarke f ‖ ~/**береговой** Landmarke f (Schiffsnavigation) ‖ ~ **видимости** Sichtmarke f ‖ ~/**вспомогательный** (Flg) Hilfsorientierungszeichen n ‖ ~/**земной** (Flg) Bodenorientierungspunkt m ‖ ~/**световой** (Flg) Lichtorientierungspunkt m

ориентир-буссоль m (Geoph) Orientierbussole f

ориентирование n Orientierung f ‖ ~/**абсолютное внешнее** absolute äußere Orientierung f

ориентированный 1. (Masch) lagebestimmt; 2. (Fert) geordnet (Lage von Teilen); 3. gerichtet (Gefüge nach Erstarrung) ‖ ~ **в пространстве** raumgeordnet, räumlich geordnet ‖ ~ **на диски** (Inf) plattenorientiert ‖ ~ **на дисплей** (Inf) bildschirmorientiert ‖ ~ **на заказчика** (Inf) kundenorientiert ‖ ~ **на массив данных** (Inf) dateiorientiert ‖ ~ **на пользователя** (Inf) anwenderorientiert ‖ ~ **на список** (Inf) listenorientiert ‖ ~ **на стек** (Inf) stackorientiert ‖ ~ **на файл** (Inf) dateiorientiert

орентировать 1. ordnen; ausrichten; 2. (Fert) [Lage] bestimmen; 3. (Math) orientieren

ориентировка f 1. Orientierung f (s. a. ориентация); 2. (Geol) Einregelung f (Gefüge) ‖ ~/**астрономическая** (Astr) Orientierung f nach Gestirnen ‖ ~/**линейная (линейнопараллельная)** (Geol) lineare Streckung f, Faserung f (Gefüge) ‖ ~/**план-параллельная** (Geol) Streckung f flächenhafter Gefüge

ориентометр m Orientometer n

орлец m (Min) Kieselmangan n, Rhodonit m

орнитоптер m Schlagflügelflugzeug n, Schwingenflugzeug n, Ornithopter m

ороген m (Geol) Orogen n

орогенез[ис] m (Geol) Orogenese f, Tekto[no]-genese f

орография f 1. (Meteo) Orographie f; 2. (Geol) s. морфография

орометрия f s. морфометрия

ороситель m (Lw) Regner m; Beregnungsanlage f; Bewässerungsanlage f ‖ ~/**передвижной** Wanderregner m

орошать 1. benetzen, befeuchten, begießen, sprengen; 2. bewässern, berieseln, (künstlich) beregnen

орошение n (Lw) Berieselung f, Bewässerung f, Beregnung f, Verregnung f; Benetzen n, Befeuchten n ‖ ~/**внутрипочвенное** ~ ‖ ~/**подземное** ~ **затоплением** Stauberieselung f, Überstaubewässerung f ‖ ~ **земель** Bodenbewässerung f ‖ ~/**искусственное** künstliche Bewässerung f ΙΙ ~/**капельное** Tröpfchenbewässerung f ΙΙ ~/**наземное** Oberflächenberieselung f, Oberflächenbewässerung f ΙΙ ~/**нерегулируемое** wilde Berieselung f ΙΙ ~/**поверхностное** s. ~/наземное ΙΙ ~/**подземное** Untergrundbewässerung f, Unterflurbewässerung f ΙΙ ~/**подпахотное** s. ~/подземное ΙΙ ~/**подпорное** Staubewässerung f ΙΙ ~/**подпочвенное** s. ~/подземное ΙΙ ~ **полей** Ackerbewässerung f ΙΙ ~/**самотёчное** Rieselbewässerung f, Berieselung f ΙΙ ~ **сточными водами** Bewässerung f mit Abwasser, Abwasserverregnung f ΙΙ ~/**увлажнительное** anfeuchtende Bewässerung f ΙΙ ~/**удобрительное** düngende Bewässerung f

орт m 1. (Bgb) Ort n; 2. (Math) Einheitsvektor m, normierter Vektor m

ортикон m (TV) Orthikon n

ортиконоскоп n Orthikonoskop n

ортит m (Min) Orthit m, Allanit m

ортогеосинклиналь f Orthogeosynklinale f

ортогеотропизм m Orthogeotropismus m

ортогнейс m (Geol) Orthogneis m ΙΙ ~/**щелочной** Alkaliorthogneis m

ортогональность f Orthogonalität f

ортогональный orthogonal, rechtwinklig

ортодрома f (Geod) Orthodrome f, Großkreisbogen m

ортодромия f (Geod) Orthodrome f, Großkreis m

ортозамещённый (Ch) ortho-substituiert, o-substituiert

ортокислота f (Ch) Orthosäure f

ортоклаз m (Min) Orthoklas m (Kalifeldspat)

орто-пара-превращение n (Ph) Ortho-Para-Umwandlung f

ортопозитроний m (Ph) Orthopositronium n

ортоположение n (Ch) Orthostellung f, o-Stellung f, 1,2-Stellung f

орторадиоскопия f Orthoröntgenoskopie f

ортосиликат m Orthosilikat n

ортоскоп m (Krist) Orthoskop n (Polarisationsmikroskop mit parallelem Licht)

ортотерм m (Ph) Orthoterm m

ортотест m Mikrotastmesser m mit Fühlhebel und Zahntrieb (Ablesung 0,001 und 0,002 m)

ортофир m (Geol) Orthophyr m

ортофосфат n (Ch) Orthophosphat n, Phosphat n

ортофосфит m (Ch) Orthophosphit n

ортофосфористокислый (Ch) ...orthophosphit n; orthophosphorigsauer

ортофосфорнокислый (Ch) ...orthophosphat n; orthophosphorsauer

ортохлориты mpl (Min) Orthochlorite mpl

ортохроматический (Photo) orthochromatisch

ортохроматичность f (Photo) Orthochromasie f

ортоцентр m (Math) Höhenpunkt m; Höhenschnittpunkt m, Orthozentrum n

ортоцеракон m (Geol) Orthoceras m (Fossil des Silurs)

ортоэфир m (Ch) Orthoester m

ортштейн m (Geol) Ortstein m

оруденение n (Geol) Vererzung f

орудие n Gerät n, Werkzeug n, Instrument n ΙΙ ~ **задней навески** (Lw) Heckgerät n, gezogenes Gerät n ΙΙ ~/**крючковое рыболовное** Angelgerät n ΙΙ ~ **лова** Fanggerät n (Fischfang) ΙΙ ~ **лова/накидное** stülpendes Fanggerät n ΙΙ

~ **лова/наносящее ранение** verwundendes Fanggerät n (Fischfang) ΙΙ ~ **лова/обкидное** Umschließungsfanggerät n, Umschließungsnetz n ΙΙ ~ **лова/объячеивающее** maschendes Fanggerät n ΙΙ ~ **лова/отцеживающее** seihendes Fanggerät n ΙΙ ~ **лова/сетное** Netzfanggerät n ΙΙ ~ **навесное** (Lw) Anbaugerät n ΙΙ ~/**полунавесное** (Lw) Aufsattelgerät n ΙΙ ~/**почвообрабатывающее** (Lw) Bodenbearbeitungsgerät n ΙΙ ~/**прицепное** (Lw) Anhängegerät n ΙΙ ~ **производства** (Fert) Produktionsausrüstung f ΙΙ ~/**рыболовное** Fischfanggerät n ΙΙ ~/**сельскохозяйственное** (Lw) landwirtschaftliches Gerät n ΙΙ ~/**универсальное** (Lw) Vielfachgerät n ΙΙ ~ **фронтальной навески** (Lw) Frontgerät n, geschobenes Gerät n

оружие n (Mil) Waffe f; Waffen fpl ΙΙ ~/**биологическое** biologische Waffe f ΙΙ ~/**космическое** Weltraumwaffe f ΙΙ ~/**лазерное** Laser[strahlen]waffe f ΙΙ~/**лучевое** Strahlenwaffe f ΙΙ ~ **массового поражения** Massenvernichtungswaffe f ΙΙ ~/**микроволновое** Mikrowellenwaffe f ΙΙ ~ **направленной энергии** Richtenergiewaffe f ΙΙ ~/**плазменное** Plasma[strahlen]waffe f ΙΙ ~/**противоспутниковое** Satellitenabwehrwaffe f, Antisatellitenwaffe f ΙΙ ~/**пучковое** Teilchenstrahlenwaffe f ΙΙ ~/**ускорительное** Beschleunigungswaffe f

ОС s. 1. система/операционная; 2. связь/обратная; 3. станция/оконечная; 4. система/оптимальная; 5. система отклонения

осадитель m Abscheider m, Abscheidemittel n, Ausfällungsmittel n, Fällungsmittel n; Klärmittel n ΙΙ ~/**камерный** Kammerabscheider m ΙΙ ~/**многоячейковый** Vielzellenabscheider m ΙΙ ~/**трубчатый** Röhrenabscheider m

осадка f 1. (Schm) Stauchen n (s. a. unter **высадка**); 2. (Met) Niedergehen n, Nachrutschen n (Gicht im Schachtofen); 3. Einsenken n; 4. Stauchen (Pulvermetallurgie); 5. (Led) Nieteisen n; 6. (Bw) Setzen n, Setzung f, Senkung f (eines Gebäudes); 7. (Geol) Senkung f, Depression f; 8. (Bgb) Setzdruck m (Gebirgsdruck); 9. (Schiff) Tiefgang m ΙΙ ~/**балластная** (Schiff) Ballasttiefgang m ΙΙ ~ **в горячем состоянии** (Schm) Warmstauchen n; Warmeinsenken n ΙΙ ~/**вторичная** (Schw) Nachpressen n, Haltezeit f (Preßschweißen) ΙΙ ~/**горячая** (Schm) Warmstauchen n; Warmeinsenken n ΙΙ ~/**грузовая** (Schiff) Ladetiefgang m ΙΙ ~ **грунта** (Bw) Bodensenkung f ΙΙ ~/**естественная** (Bw) natürliche Setzung f ΙΙ ~ **здания** Gebäudesetzung f ΙΙ ~ **конуса** (Bw) Setzmaß n, Ausbreitmaß n ΙΙ ~ **кормой** (Schiff) hinterer (achterer) Tiefgang m, Tiefgang m hinten ΙΙ ~ **на миделе** (Schiff) Tiefgang m mittschiffs ΙΙ ~ **носом** (Schiff) vorderer Tiefgang m, Tiefgang m vorn ΙΙ ~/**периодическая** (Bgb) Periodendruck m (Gebirgsdruck beim Abbau) ΙΙ ~ **по грузовую марку** (Schiff) Freibordtiefgang m ΙΙ ~ **по миделю судна** (Schiff) Tiefgang m mittschiffs ΙΙ ~ **по тоннажную марку** (Schiff) Tonnagetiefgang m ΙΙ ~ **поврежденного судна** (Schiff) Lecktiefgang m ΙΙ ~ **порожнем** (Schiff) Leertiefgang m ΙΙ ~/**предельная** (Schiff) maximaler Tiefgang m ΙΙ ~/**расчётная** (Schiff) Konstruktionstiefgang m ΙΙ ~ **сооружений** Bauwerkssetzung f ΙΙ ~/**сред-**

осадка

няя *(Schiff)* mittlerer Tiefgang m ‖ **~/теоретическая** *(Schiff)* Konstruktionstiefgang m ‖ **~/холодная** *(Schm)* Kaltstauchen n; Kalteinsenken n ‖ **~ шихты** *(Met)* Niedergehen (Nachrutschen) n der Gicht *(Schachtofen)* ‖ **~/эксплуатационная** *(Schiff)* Betriebstiefgang m
осадки pl 1. *(Meteo)* Niederschlag m; 2. s. отложения ‖ **~/ливневые** *(Meteo)* Schauerniederschläge mpl ‖ **~/обложные** anhaltende Niederschläge mpl ‖ **~/орографические** orographische Niederschläge mpl
осадкомер m 1. *(Meteo)* Niederschlagsmesser m; 2. *(Schiff)* Tiefgangmesser m
осадкообразование n Niederschlagsbildung f
осадкоотделитель m *(Hydt)* Sinkstoffabscheider m
осадкоуплотнитель m *(Hydt)* Sinkstoffverdichter m
осадок m 1. Niederschlag m, Fällprodukt n; Rückstand m, Sediment n; Sinkstoff m; 2. Ausfällung f, Bodensatz m; Filterkuchen m, Filterrückstand m; 3. *(Met)* Bodensatz m *(Ofen)*; 4. *(Geol)* Ablagerung f, Sediment n; Schlammablagerung f; 5. *(Lebm)* Trub m ‖ **~/горячий** *(Brau)* Heißtrub m ‖ **~/грубый** *(Brau)* Grobtrub m ‖ **~/донный** Bodensatz m ‖ **~/дрожжевой** *(Lebm)* Hefegeläger n, Heferückstand m ‖ **~/кристаллический** Kristallabscheidung f ‖ **~/радиоактивный** *(Kern)* radioaktiver Niederschlag m, Fallout m ‖ **~/студенистый** gelatinöser (geliertiger) Niederschlag m ‖ **~/тонкий** *(Brau)* Feintrub m ‖ **~/уплотнённый** verdichteter Sinkstoff m ‖ **~/холодный** *(Brau)* Kühltrub m ‖ **~/эвапоритовый** Evaporat n, Eindampfungssediment n
осаждаемость f Fällbarkeit f, Ausfällbarkeit f, Abscheidbarkeit f
осаждаемый [aus]fällbar, abscheidbar
осаждать scheiden, ausscheiden, abscheiden, absetzen, fällen, ausfällen
осаждаться ausfällen, sich setzen (absetzen, abscheiden, ausscheiden, ablagern, niederschlagen), sedimentieren
осаждение n 1. Scheiden n, Ausscheiden n, Abscheiden n, Ausfällen n, Niederschlagen n, Fällen n, Fällung f, Sedimentation f, Sedimentieren n, Sedimentierung f, Ablagerung f; 2. Nachrutschen n *(z. B. Gicht)* ‖ **~/вакуумное** Vakuumabscheidung f, Abscheidung f im Vakuum ‖ **~/газофазное** s. ~ из газовой фазы ‖ **~/гальваническое** galvanische (elektrolytische) Abscheidung f ‖ **~ двухструйным методом** *(Photo)* Doppeleinlauffällung f ‖ **~/дробное** fraktionierte Fällung f ‖ **~ из газовой фазы [/химическое]** *(Eln)* Gasphasenabscheidung f, Gasphasenepitaxie f, CVD ‖ **~ из паровой фазы** *(Eln)* Dampfphasenabscheidung f, Abscheidung f aus der Dampfphase ‖ **~ металла** Metallabscheidung f ‖ **~ одноструйным методом** *(Photo)* Einzeleinlauffällung f ‖ **~/парофазное** s. ~ из паровой фазы ‖ **~ тонких плёнок** Dünnschichtabscheidung f ‖ **~/фракционированное (фракционное)** s. ~/дробное ‖ **~/химическое** chemische (stromlose) Abscheidung f ‖ **~/электролитическое** elektrolytische (galvanische) Abscheidung f ‖ **~/эпитаксиальное** exitaktische Abscheidung f
осаживать *(Schm)* stauchen

осахаривание n *(Ch)* Verzuckerung f
осахариватель m *(Ch)* Verzuckerungsgerät n
осахаривать *(Ch)* verzuckern
осахарить s. осахаривать
осваивать 1. sich aneignen; auswerten; beherrschen; 2. erschließen, urbar machen
освежение n Auffrischung f; *(Gieß)* Aufbereitung f *(Formstoff)* ‖ **~ проявителя** *(Photo)* Regenerierung (Auffrischung) f des Entwicklers
осветитель m Leuchte f, Beleuchtungseinrichtung f, Beleuchtungsgerät n, Illuminator m ‖ **~/импульсный** *(Photo)* Blitzleuchte f ‖ **~/лазерный** Laserilluminator m ‖ **~/лобный** *(Med)* Stirnlampe f, Stirnleuchte f ‖ **~/люминесцентный** Lumineszenzleuchte f ‖ **~/насадной** Ansatzleuchte f
осветить s. освещать
осветление n 1. Klären n, Klärung f; Läutern n, Läuterung f; 2. *(Lebm)* Schönen n *(des Weins)*; 3. *(Typ)* Aufhellung f; 4. *(Forst)* Auslichten n ‖ **~ воды** Wasserklärung f; Wasserreinigung f ‖ **~/предварительное** Vorklärung f ‖ **~/самопроизвольное** Selbstklärung f ‖ **~/тонкое** Feinklärung f
осветлитель m 1. Kläreinrichtung f; Klärbecken n; 2. Klärmittel n, Läuterungsmittel n *(Zusatz)*; 3. *(Lebm)* Schönungsmittel n
осветлить s. осветлять
осветлять 1. [ab]klären; läutern; 2.*(Lebm)* schönen *(Wein)*; 3. *(Typ)* aufhellen; 4. *(Forst)* auslichten
освечивание n Belichtungsgröße f (cd-s)
освещать *(Licht)* 1. beleuchten, ausleuchten; 2. belichten
освещение n *(Licht)* 1. Beleuchtung f, Ausleuchtung f *(Lichtverteilung im Raum)*; 2. Belichtung f *(Lichteinwirkung auf eine lichtempfindliche Schicht)* ‖ **~/аварийное** Notbeleuchtung f ‖ **~/архитектурное** Lichtarchitektur f, architektonische Beleuchtung f ‖ **~/аэродромное** Flugplatzbefeuerung f ‖ **~/бестеневое** schattenfreie Beleuchtung f ‖ **~/ближнее** 1. Nahbeleuchtung f; 2. *(Kfz)* Abblendlicht n ‖ **~/боковое** Seitenbeleuchtung f ‖ **~/верхнее** Oberlichtbeleuchtung f ‖ **~/внутреннее** Innenbeleuchtung f ‖ **~ встречным светом** Gegenlichtbeleuchtung f, Gegenlicht n ‖ **~/естественное** natürliche Beleuchtung f, Tageslichtbeleuchtung f ‖ **~ жилых помещений** Wohnraumbeleuchtung f ‖ **~ заливающим светом** Flutlichtbeleuchtung f, Anstrahlung f ‖ **~/запасное** Notbeleuchtung f, Ersatzbeleuchtung f ‖ **~/искусственное** künstliche Beleuchtung f ‖ **~ искусственным светом** Kunstlichtbeleuchtung f, Kunstlicht n ‖ **~ комбинации приборов** *(Kfz)* Skalenbeleuchtung f ‖ **~/конторское** Bürobeleuchtung f ‖ **~/лестничное** Treppenbeleuchtung f ‖ **~/люминесцентное** Leuchtstofflampenbeleuchtung f ‖ **~/местное** Arbeitsplatzbeleuchtung f ‖ **~ на транспорте** Verkehrsbeleuchtung f ‖ **~/направленное** gerichtete Beleuchtung f ‖ **~/наружное** Außenbeleuchtung f ‖ **~/настенное** Wandbeleuchtung f ‖ **~/неравномерное** ungleichmäßige Beleuchtung f ‖ **~/ночное** Nachtbeleuchtung f ‖ **~/общее [равномерное]** Allgemeinbeleuchtung f ‖ **~/отражённое** s. ~ отражённым светом ‖ **~ отражённым светом**

indirekte Beleuchtung f, Umfeldbeleuchtung f ll
~/полуотражённое halbindirekte Beleuchtung f ll ~ помещений Raumbeleuchtung f ll ~/потолочное Deckenbeleuchtung f ll ~ приборов Instrumentenbeleuchtung f, Gerätebeleuchtung f ll ~/прожекторное Scheinwerferbeleuchtung f ll ~/промышленное Industriebeleuchtung f ll ~/прямое direkte Beleuchtung f ll ~ прямым светом s. ~/прямое ll ~/равномерное gleichförmige (gleichmäßige) Beleuchtung f ll ~ рассеянным светом gestreute (diffuse) Beleuchtung f ll ~ сбоку 1. seitliche Beleuchtung f; 2. (Photo) Seitenlicht n ll ~/светопольное Hellfeldbeleuchtung f ll ~/темнопольное Dunkelfeldbeleuchtung f ll ~ улиц Straßenbeleuchtung f ll ~ щита Schalttafelbeleuchtung f

освещённость f Beleuchtungsstärke f (Lux) ll ~ в помещении Raumbeleuchtungsstärke f ll ~ вертикальной поверхности vertikale Beleuchtungsstärke f ll ~ горизонтальной поверхности horizontale Beleuchtungsstärke f ll ~ щели Spaltbeleuchtung f ll ~/энергетическая Bestrahlungsstärke f (Watt pro Quadratmeter)

освидетельствование n (Schiff) Revision f, Besichtigung f

освинцовывание n Verbleien n, Verbleiung f; Bleiumhüllung f ll ~/горячее Feuerverbleiung f

освобождать s. освобождать

освобождать 1. freisetzen, freimachen, entwickeln (Gase); 2. (Ph) auslösen; 3. (Lw) freilegen (Nährstoffe); 4. (El) auslösen; 5. (Fert) ausspannen, abspannen (Werkstücke)

освобождение n 1. Freisetzung f, Entwicklung f (von Gasen); 2. (Ph) Auslösung f (Elektronen); 3. Lösen n (Schrauben); 4. (Lw) Freilegung f (von Nährstoffen); 5. (Fert) Ausspannen n, Abspannen n (Werkstücke) ll ~ носителей (Eln) Trägerfreisetzung f, Trägererzeugung f ll ~ памяти (Inf) Speicherplatzfreigabe f ll ~ электронов (Kern) Elektronenablösung f, Elektronenauslösung f

освоение n 1. Aneignung f; Erlernung f; 2. Nutzbarmachung f, Übernahme f, Auswertung f; 3. Beherrschung f; 4. Erschließen n, Erschließung f, Urbarmachung f ll ~/повторное (Bgb) Aufwältigen n; Wiedernutzbarmachung f ll ~ территории Baulanderschließung f, Geländeerschließung f ll ~ целинных земель (Lw) Neulandgewinnung f

оседаемость f Fällbarkeit f, Ausfällbarkeit f

оседание n 1. Senkung f, Einsinken n, Absinken n, Rutschen n; Zusammensacken n; (Met) Niedergehen n (Gicht); 2. Bodensatz m, Niederschlag m, Ablagerung f

оседать 1. sich senken, sich setzen; absacken, einsinken, rutschen; 2. einen Niederschlag (Bodensatz) bilden

оседержатель m Achshalter m

осе-километр m (Eb) Achskilometer m

оселок m (Wkz) Schleifstein m, Wetzstein m, Abziehstein m

осесимметричность f Achssymmetrie f

осесимметричный achssymmetrisch, rotationssymmetrisch

осесть s. оседать

оси fpl координат (Math) Achsenkreuz n ll ~ координат/неподвижные (Math) Bezugsystem

n ll ~/кристаллографические kristallographische Achsen fpl ll ~ снимка Bildachsen fpl

осина f (Forst) Espe f, Zitterpappel f

осколок m Splitter m, Bruchstück n, Scherbe f ll ~ деления [ядра] (Kern) Spaltbruchstück n, Spaltfragment n ll ~ расщепления (Kern) Spallationsprodukt n ll ~ составного ядра (Kern) Zwischenkernfragment n ll ~/ядерный (Kern) Kernbruchstück n, Kernfragment n

оскуляция f (Astr) Oskulation f

ослабитель m 1. (Photo) Abschwächer m, Abschatter m; 2. (Photo) Graufilter n, Schwächungsfilter n; 3. (Opt) Schwächer m; 4. (El, Nrt) Dämpfungsglied n, Dämpfungsnetzwerk n, Abschwächer m; 5. (Typ) Abschwächer m (Retusche) ll ~ Белицкого (Photo) Belitzkischer Abschwächer m ll ~/линейный (Photo) proportionaler Abschwächer m ll ~ реостатного типа (El) veränderbarer Dämpfungswiderstand m ll ~/сверхпропорциональный (Photo) überproportionaler Abschwächer m ll ~/субпропорциональный (Photo) subproportionaler (unterproportionaler) Abschwächer m ll ~/субтрактивный (Photo) subtraktiver Abschwächer m, Oberflächenabschwächer m ll ~/суперпропорциональный s. ~/сверхпропорциональный ll ~ Фармера (Photo) Farmerscher Abschwächer m

ослабить s. ослаблять

ослабление n 1. Abschwächen n, Abschwächung f, Schwächung f; 2. (Mech) Entspannung f; 3. Lockern n, Lockerwerden n, Lösen n (Schrauben); 4. (Kern) Abklingen n, Abkühlung f (Aktivität); 5. (Opt, Photo) Abschwächung f, Schwächung f, Dämpfung f, Attenuation f; 6. (Reg) Dämpfung f; 7. (Schiff) Schwächung f (Konstruktion, Querschnitt); 8. s. экстинкция ll ~ в волноводе Wellenleiterdämpfung f; Hohlleiterdämpfung f ll ~ звука Schallschwächung f, Schalldämpfung f ll ~ излучения (Kern) 1. Schwächung f der Strahlung, Strahlenschwächung f, Strahlungsschwächung f; 2. Strahlenvernichtung f ll ~ излучения/геометрическое geometrische Strahlungsschwäche f (Abnahme der Strahlungsintensität mit zunehmender Entfernung von der Strahlungsquelle) ll ~ интенсивности излучения (Kern) Intensitätsschwächung f ll ~ контрастности Kontrastabschwächung f; Kontrastabfall m ll ~/линейное (Ph) lineare Extinktion f ll ~ низких частот (Ak, Eln) Baßbeschneidung f ll ~/поверхностное (Photo) subtraktive Abschwächung f, Oberflächenabschwächung f ll ~ поля Abschwächung des Feldes, Feldschwächung f, Entregung f ll ~/пропорциональное (Photo) proportionale Abschwächung f, Extinktion f ll ~ света (Ph) Licht[ab]schwächung f, Extinktion f ll ~ сечения (Wlz) Querschnittsschwächung f, Querschnittsverringerung f; Querschnittseinschnürung f ll ~/субтрактивное s. ~/поверхностное

ослаблять 1. [ab]schwächen; 2. lockern, lösen (Schrauben); 3. (Kern) abklingen, abkühlen (Aktivität); 4. (Reg) dämpfen

осланцевание n [инертной пылью] (Bgb) Einstauben n (Gesteinsstaubverfahren zur Verhinderung von Kohlenstaubexplosionen)

ослепление *n* Blendung *f*
ослеплённость *f* Blendung *f*
осматривать рудник *(Bgb)* eine Grube befahren
осмий *m (Ch)* Osmium *n*, Os ‖ ~/иридистый *(Min)* Iridosmium *n*
осмол *m* Kienholz *n*, verkientes Holz *n (Holzchemie)*
осмоление *n* Verharzen *n*
осмометр *m (Ph, Ch)* Osmometer *n (Gerät zur Messung osmotischer Drücke)*
осмос *m (Ph, Ch)* Osmose *f* ‖ ~/обратный Umkehrosmose *f*
осмотр *m* 1. Besichtigung *f*; 2. Inspektion *f (von Fahrzeugen)* ‖ ~/внешний Sichtprüfung *f*, Beschaffenheitsprüfung *f* ‖ ~/периодический Fristinspektion *f (von Fahrzeugen)* ‖ ~/предполётный Vorflugkontrolle *f* ‖ ~/приёмный Abnahmeuntersuchung *f* ‖ ~/стартовый *(Flg)* Startkontrolle *f*
оснастка *f* 1. Ausrüstung *f*; Ausstattung *f*; 2. *(Schiff)* Takelung *f*, Takeln *n*, Takelage *f*; 3. Einscherung *f (Hebemittel)* ‖ ~/бортовая *(Bw)* Schalungsrahmen *m*, Randschalung *f* ‖ ~/зажимная *(Wkzm)* Spannmittel *npl*, Spannzeuge *npl* ‖ ~/измерительная Meßmittel *npl* ‖ ~/литейная gießereitechnologisches Zubehör *n (Sammelbezeichnung für Modell-, Form- und Kerneinrichtungen)* ‖ ~/модельная *(Gieß)* Modelleinrichtung *f*, Modellausrüstung *f* ‖ ~/модельно-опочная *(Gieß)* Modell- und Formkastenausrüstung *f* ‖ ~ подбор Randleinenbestückung *f (Schleppnetz)* ‖ ~/радиотехническая funktechnische Ausrüstung *f*, Funkausrüstung *f* ‖ ~/сборочная Montageausrüstung *f* ‖ ~/телевизионная Fernsehausrüstung *f* ‖ ~ трала 1. Vorgeschirr *n* des Schleppnetzes; 2. Bestückung *f* des Schleppnetzes
оснащать ausrüsten, ausstatten, versehen; *(Eln)* bestücken
оснащение *n s.* оснастка
оснащённость *f* Ausrüstung *f*, Ausstattung *f*; Ausrüstungszustand *m*
оснащённый лампами röhrenbestückt, mit Röhrenbestückung, Röhren... ‖ ~ твёрдым сплавом *(Wkz)* hartmetallbestückt
основа *f* 1. Grundlage *f*, Basis *f*; 2. Schichtträger *m*; 3. *(Text)* Kette *f*, Kettfaden *m*, Zettel *m (Weberei)*; 4. *(Wkz)* Unterlage *f (eines Abrasivmittels)*; *s.* бумага основа ‖ ~/ажурная *(Text)* Dreherkette *f* ‖ ~/безопасная *(Photo)* Sicherheitsunterlage *f* ‖ ~/бумажная Papierunterlage *f* ‖ ~/верхняя *(Text)* Oberkette *f* ‖ ~/ворсовая *(Text)* Florkette *f*; Polkette *f* ‖ ~/грунтовая *(Text)* Grundkette *f* ‖ ~/коренная *(Text)* Grundkette *f*, Futterkette *f*, Stehkette *f* ‖ ~/металлическая metallische Grundmasse *f (Gefüge)* ‖ ~/набивная *(Text)* bedruckte Kette *f* ‖ ~/нижняя *(Text)* Unterkette *f* ‖ ~/перевивочная *(Text)* Dreherkette *f* ‖ ~/полиэфирная *(Photo)* Polyesterunterlage *f* ‖ ~/связывающая *(Text)* Bindekette *f* ‖ ~ сплава *(Met)* Hauptlegierungsmetall *n*, Basismetall *n* eines Legierung ‖ ~ станка *(Wkzm)* Maschinenkörper *m* ‖ ~/структуры *(Wkst)* Grundgefüge *n* ‖ ~/тканевая Gewebeunterlage *f* ‖ ~/узорная *(Text)* Figurkette *f*, Musterkette *f* ‖ ~/шёлковая *(Text)* Seidenkette *f* ‖ ~/шлихтованная *(Text)* geschlichtete Kette *f*

основание *n* 1. Grundlage *f*; Basis *f*; 2. *(Ch)* Base *f*; 3. *(Bw)* Gründung *f*; Fundament *n*; Bettung *f*, Bett *n*, Unterbau *m*; 4. Sohle *f*, Fuß *m*; Auflagerung *f*, Lagerfläche *f*; 5. *(Math)* Basis *f (Potenz, Logarithmus)*; Grundlinie *f (einer geradlinigen Figur, z. B. Dreieck)*; Basisfläche *f*, Grundfläche *f (eines Körpers, z. B. Kegel)*; 6. Grundgruppe *f*; Grundplatte *f (Maschinen, Apparate u. dgl.)*; 7. Basis[schicht] *f*, Basiszone *f (Halbleiter)*; Basiselektrode *f*; Grundplatte *f*; Basismaterialplatte *f*, Schaltaufbauplatte *f*, Trägerplatte *f (einer gedruckten Schaltung)* ‖ ~/аммониевор *(Ch)* Ammoniumbase *f* ‖ ~ антенны *(Rf, Fs)* Antennenfuß[punkt] *m* ‖ ~ балласта *s.* ~ балластного слоя ‖ ~ балластного слоя *(Eb)* Bettungssohle *f*, Bettungsfuß *m* ‖ ~/бетонное *(Bw)* Betonunterbett *n*, Unterbeton *m* ‖ ~ борта *(Gum)* Reifenfuß *m* ‖ ~ быка *(Hydt, Bw)* Pfeilergründung *f* ‖ ~/висячее *(Bw)* schwimmende (schwebende) Gründung *f* ‖ ~/восьмеричное *(Inf)* oktale Darstellung[sbasis] *f* ‖ ~/гравийное *(Bw)* Kiesbettung *f* ‖ ~/грунтовое Bodengründung *f* ‖ ~/двоичное *(Inf)* binäre Darstellung[sbasis] *f* ‖ ~/десятичное *(Inf)* dezimale Darstellung[sbasis] *f* ‖ ~ дуги *(El)* Lichtbogenfußpunkt *m* ‖ ~ дымовой трубы Schornsteinfuß *m* ‖ ~/естественное *(Bw)* natürliche Gründung *f (Felsuntergrund)* ‖ ~ здания *(Bw)* Gebäudegründung *f* ‖ ~ зуба *(Masch)* Zahngrund *m* ‖ ~ импульса *(Ph)* Impulsbasis *f*, Impulsfuß *m* ‖ ~/искусственное *(Bw)* künstliche Gründung *f (z. B. Pfahlgründung)* ‖ ~/каменное *(Bw)* Felsgründung *f* ‖ ~/кессонное *(Bw)* Senkkastengründung *f* ‖ ~ колодца *(Nrt)* Schachtsohle *f (Kabelschacht)* ‖ ~ красителя *(Ch)* Farbbase *f* ‖ ~ логарифма *(Math)* Basis *f*, Grundzahl *f (Logarithmus)* ‖ ~ лопатки Schaufelfuß *m (Dampfturbine)* ‖ ~ мачты Mastfuß *m* ‖ ~ на сваях *(Masch)* Pfahlgründung *f* ‖ ~ надреза *(Masch)* Kerbgrund *m* ‖ ~/неглубокое *(Bw)* Flachgründung *f* ‖ ~ опоры Mastfuß *m* ‖ ~/откоса Böschungsfuß *m* ‖ ~ паза Nutengrund *m* ‖ ~ перпендикуляра *(Math)* Fußpunkt *m* der Senkrechten ‖ ~ песчаное *(Bw)* Sandbettung *f*, Sandgründung *f* ‖ ~ печи *(Met)* Ofenfundament *n*, Ofenfuß *m*, Ofensohle *f* ‖ ~/плоское *(Bw)* Flächengründung *f* ‖ ~/подвижное *(Masch)* Fahrgestell *n (z. B. eines Industrieroboters)* ‖ ~ подшипника *(Masch)* Lagerfuß *m*, Lagersohle *f* ‖ ~/початка *(Text)* Kopsansatz *m (Spinnerei)* ‖ ~/свайное *(Bw, Hydt)* Pfahlgründung *f* ‖ ~/скальное *(Bw)* Felsboden *m*, Felsuntergrund *m*; Felsgründung *f*, elastischer Untergrund *m* ‖ ~/станины *(Masch)* Gestellunterteil *n*; Bettunterteil *n*; *(Wlz)* Ständersohle *f (Walzgerüst)* ‖ ~/степени *(Math)* Basis *f*, Grundzahl *f (Potenz)* ‖ ~/третичное *(Ch)* tertiäre Base *f* ‖ ~/троичное *(Inf)* ternäre Darstellungsbasis *f* ‖ ~/уплотнённое *(Bw)* verdichteter Untergrund *m* ‖ ~/упругое *(Bw)* elastische Gründung *f*, elastischer Untergrund *m*; *(Masch)* elastische Unterlage *f* ‖ ~/четвертичное *(Ch)* quartäre Base *f* ‖ ~/шестнадцатеричное *(Inf)* hexadezimale Darstellung[sbasis] *f* ‖ ~/Шиффово *(Ch)* Schiffsche Base *f* ‖ ~ шпонки *(Masch)* Keilfuß *m* ‖ ~/щебёночное *(Bw)* Schüttlage *f (Straßenbau)*
основная *f (Schiff)* Basis *f*

основной 1. Grund..., Haupt..., Stamm..., hauptsächlich, grundlegend, ursprünglich, primär; basal; 2. *(Fert)* Einheits... (z. B. Einheitsbohrung, Einheitswelle)
основность *f (Ch)* Basizität *f*
основный 1. *(Ch)* basisch; 2. *(Text)* Ketten..., Kett... *(Weberei)*
основонаблюдатель *m (Text)* Kettfadenwächter *m (Webstuhl)*
особняк *m* Einfamilienhaus *n*
особовысокочувствительный *(Photo)* höchstempfindlich
особомелкозернистый *(Photo)* feinstkörnig
особоширокоугольный *(Photo)* Überweitwinkel...
осолонцевание *n* почвы *(Ököl)* Bodenversalzung *f*
оспина *(Led)* Pockennarbe *f*
осреднение *n* Mitteln *n*, Mittelung *f*, Mittelwertbildung *f*
ОСС *s.* спейс шаттл
останавливать anhalten, abschalten, stillsetzen
останавливаться stehenbleiben, stoppen, anhalten
останец *m (Geol)* Härtling *m* ǁ ~ выветривания Verwitterungsrest *m*
останец-свидетель *m (Geol)* Zeugenberg *m*, Zeuge *m*
останов *m* 1. Anhalten *n*, Stillsetzen *n*, Stillsetzung *f*, Abstellen *n*, Stopp *m*; 2. *(Masch)* Gesperre *n*, Sperre *f*, Rast *f*; Stoppvorrichtung *f*, Abstellvorrichtung *f* ǁ ~/аварийная Havariestillsetzung *f*, Notstillsetzung *f*, Havariestopp *m* ǁ ~/автоматический automatischer Stopp *m*, automatische Stillsetzung *f* ǁ ~/выхнужденный außerplanmäßige Stillsetzung *f* ǁ ~/двузубый *(Masch)* zweizähniges Gesperre *n* ǁ ~/зажимной Klemmgesperre *n* ǁ ~/зубчатый Zahngesperre *n* ǁ ~/по требованию *(Inf)* willkürlicher Stopp *m* ǁ ~/промежуточный *(Inf)* Zwischenstopp *m* ǁ ~/роликовый *(Masch)* Rollengesperre *n* ǁ ~/условный *(Inf)* bedingter Stopp *m* ǁ ~/фрикционный *(Masch)* Reibgesperre *n*; Klemmrichtgesperre *n* ǁ ~/храповой *(Masch)* Klinkengesperre *n*, Zahnrichtgesperre *n*, Rastgesperre *n*, Sperrwerk *n*; Hemmschaltwerk *n* ǁ ~/шариковый *(Masch)* Kugelgesperre *n*
остановка 1. Abschalten *n*, Stillsetzen *n*, Stillsetzung *f*, Außerbetriebsetzung *f (s. a. unter* останов 1*.)*; 2. *(Eb)* Haltestelle *f*, Haltepunkt *m*; 3. Halt *m*, Anhalten *n*; 4. Aufenthalt *m*; 5. *(Inf)* Haltepunkt *m (des Programms)* ǁ ~/быстрая Schnellstillsetzung *f* ǁ ~ в пути *(Eb)* Unterwegs[aufent]halt *m* ǁ ~/промежуточная *(Eb)* 1. Zwischenstation *f*, Zwischenhaltestelle *f*; 2. Zwischenhalt *m*
остаток *m* 1. Rest *m*; Rückstand *m*, Residuum *n*; 2. *(Math)* Rest *m*; Radikal *n*; 3. *(Ch)* Radikal *n*, Rest *m*; Molekülrest *m*, Gruppe *f*; 4. Saldo *m* ǁ ~/алифатический *(Ch)* aliphatischer Rest *m*, Fettrest *m*, aliphatische Gruppe *f* ǁ ~/анодный Anodenrest *m*, Anodenschlamm *m (NE-Metallurgie)* ǁ ~ анодов *s.* ~/вспышки сверхновой *(Astr)* Supernovaüberrest *m* ǁ ~/жидкостный Flüssigkeitsrest *m* ǁ ~/зольный Asche[n]rückstand *m* ǁ ~/кислотный *(Ch)* Säurerest *m* ǁ ~ кислоты *(Ch)* Säurerest *m* ǁ ~/кубовый *(Ch)* Blasenrückstand *m*, Sumpfprodukt *n*, Sumpfrückstand *m* ǁ ~/нерастворимый *(Ch)* unlöslicher Rückstand *m*, Löserückstand *m* ǁ ~/нефтяной *(Ch)* Erdöl[destillations]rückstand *m* ǁ ~ [от] перегонки *(Ch)* Destillationsrückstand *m* ǁ ~/сухой *(Ch)* Trockensubstanz *f*; Abdampfrückstand *m*
остаточный restlich, Rest..., remanent, Remanenz...; bleibend, plastisch *(Verformung)*
остекление *n (Bw)* Verglasung *f* ǁ ~/двойное Doppelscheibenverglasung *f* ǁ ~/ленточное Fensterband *n*, Bandfenster *n* ǁ ~/одинарное Einfachverglasung *f* ǁ ~/тройное Dreifachverglasung *f*
остекловывание *n* Vitrifizierung *f*, Verglasung *f*; *(Kern)* Verschmelzung *f (radioaktiver Abfälle)*
остепнение *n (Öko)* Steppenbildung *f*, Versteppung *f*
остов *m* 1. Gerüst *n*, Gerippe *n*; Gestell *n*, Rahmen *m*; 2. Rumpf *m*; Körper *m* ǁ ~ атома Atomrumpf *m* ǁ ~/атомный Atomrumpf *m* ǁ ~ двигателя *(El)* Motorgestell *n*, Motorgehäuse *n* ǁ ~ катушки *(El)* Spulenkörper *m*, Spulenrahmen *m* ǁ ~/несущий Traggerüst *n*, Tragskelett *n* ǁ ~/ядерный Rumpf *m* des Atomkerns, Kernrumpf *m* ǁ ~ ядра *s.* ~/ядерный ǁ ~ якоря *(El)* Ankerkörper *m*
остойчивость *f (Schiff)* Stabilität *f* ǁ ~/аварийная Leckstabilität *f* ǁ ~/динамическая dynamische Stabilität *f* ǁ ~/начальная Anfangsstabilität *f* ǁ ~/поперечная Querstabilität *f* ǁ ~/продольная Längsstabilität *f* ǁ ~/статическая statische Stabilität *f* ǁ ~ судна/чрезмерная Steifheit *f* eines Schiffes
остойчивый *(Schiff)* stabil
остриё *n* 1. *(Wkz)* Spitze *f*, Schneide *f*; 2. Zinke *f*, Zapfen *m* ǁ ~/контактное *(El)* Kontaktspitze *f*; Elektrodenspitze *f* ǁ ~ лемеха *(Lw)* Scharspitze *f* ǁ ~ на импульсе Impulsspitze *f* ǁ ~ сверла *(Wkz)* Bohrerspitze *f* ǁ ~ стрелочного перевода *(Eb)* Weichenspitze *f*
остров *m* Insel *f*
островок *m* Verkehrsinsel *f* ǁ ~/направляющий Verkehrsleitinsel *f* ǁ ~/пешеходный Fußgänger[schutz]insel *f*
острогубцы *pl s.* кусачки
острокомочный *(Wkz)* scharfkantig, mit scharfer Schneidkante
остроконечный spitz, zugespitzt, spitz verlaufend, Spitz...
остронаправленность *f (Eln)* Bündelungsschärfe *f*, Richt[strahl]schärfe *f*
остронаправленный scharf (stark) gerichtet (gebündelt)
остронастроенный *(Rf)* scharf abgestimmt
остроножный zugespitzt, scharfkantig
острорезонансный *(Rf)* resonanzscharf
острота *f* Schärfe *f* ǁ ~ зрения Sehschärfe *f* ǁ ~ направленности Bündelungsschärfe *f*, Richt[strahl]schärfe *f* ǁ ~ настройки *(Rf)* Abstimmschärfe *f* ǁ ~ резонанса *(Rf)* Resonanzschärfe *f* ǁ ~ слуха Gehörschärfe *f*
остроугольный 1. spitzwinklig; 2. scharfkantig
острофокусированный *(Opt)* scharffokussiert, scharfgebündelt
остряк *m (Eb)* Weichenzunge *f* ǁ ~/гибкий federnde Weichenzunge *f* ǁ ~/кривой ablenkende

остряк

Weichenzunge f ll ~/**набегающий** Auflaufzunge f (Weiche)
остывание n 1. Abkühlen n, Erkalten n; 2. Erstarren n
остывочная f (Kält) Kühlraum m
ОСУ s. **система управления/оперативная**
осушать 1. [aus]trocknen; 2. (Lw) trockenlegen, entwässern; 3. (Schiff) lenzen
осушение n 1. Trocknen n, Trocknung f; 2. (Lw) Trockenlegung f; (Lw, Bgb) Entwässerung f, Entwässern n; 3. (Schiff) Lenzen n ll ~ **воздуха** Luftentfeuchtung f ll ~ **грунта (земель)** (Lw) Bodenentwässerung f, Bodentrockenlegung f ll ~/**контурное** (Bgb) Randentwässerung f ll ~/**опережающее** (Bgb) Vorentwässerung f ll ~/**поверхностное** (Lw) Oberflächenentwässerung f
осушитель m 1. Trockenturm m, Trockner m; 2. Trockenmittel n, Trockner m; 3. (Hydt) Drängraben m, Entwässerungsgraben m
осушительный 1. Trocknungs..., Trocken...; 2. (Schiff) Lenz...
осушить s. **осушать**
осушка f s. **осушение**
осциллирование n Oszillieren n, Oszillation f
осциллировать oszillieren
осциллограмма f Oszillogramm n
осциллограф m Oszillograph m; Oszilloskop n ll ~/**аналоговый** analoges Oszilloskop n ll ~/**безынерционный** trägheitsloser Oszillograph m ll ~/**вакуумный** Vakuumoszillograph m ll ~/**вибраторный** Schleifenoszillograph m ll ~/**восьмивибраторный (восьмишлейфовый)** Achtschleifenoszillograph m ll ~/**высоковольтный** Hochspannungsoszillograph m ll ~/**высокочастотный** Hochfrequenzoszillograph m ll ~/**двухвибраторный** Zweischleifenoszillograph m ll ~/**двухлучевой** Zweistrahloszillograph m, Doppelstrahloszillograph m ll ~/**двух-шлейфовый** Zweischleifenoszillograph m ll ~/**запоминающий** Speicheroszilloskop n ll ~/**зеркальный** Spiegeloszillograph m ll ~/**импульсный** Impulsoszillograph m ll ~/**инерционный** träg[heitsbehaftet]er Oszillograph m ll ~/**катодно-лучевой (катодный)** s. ~/**магнитоэлектрический** magnetelektrischer Oszillograph m; Drehspuloszillograph m ll ~/**многолучевой** Mehrstrahloszillograph m ll ~/**многошлейфовый** Mehrschleifenoszillograph m ll ~/**однолучевой** Einstrahloszillograph m ll ~/**проекционный** Projektionsoszillograph m ll ~ **с накоплением (памятью)** Speicheroszillograph m ll ~/**светолучевой** Lichtstrahloszillograph m ll ~/**скорост-ной** Kurzzeitoszillograph m ll ~/**стробоскопический** Sampling-Oszillograph m, Stroboskoposzillograph m ll ~/**тепловой** Hitzdrahtoszillograph m ll ~/**цифровой** digitales Oszilloskop n ll ~/**цифровой запоминающий** digitales Speicheroszilloskop n ll ~/**широкополосный** Breitbandoszillograph m ll ~/**шлейфный (шлейфовый)** Schleifenoszillograph m ll ~/**электроннолучевой (электронный)** Elektronen[strahl]oszillograph m, Kathoden[strahl]oszillograph m ll ~/**электростатический** elektrostatischer Oszillograph m
осциллографический oszillographisch

осциллография f Oszillographie f, oszillographische Darstellung f ll ~/**импульсная** Impulsoszillographie f ll ~/**электронная** Elektronenstrahloszillographie f
осциллометрия f Oszillometrie f
осциллополярография f Oszillopolarographie f, oszillographische Polarographie f
осциллоскоп m (El) Oszilloskop n (s. a. **unter осциллограф**) ll ~/**импульсный** Impulsoszilloskop n ll ~/**электронно-лучевой (электронный)** Elektronenstrahloszilloskop n
осциллоскопия f s. **осциллография**
осциллятор m (El, Ph) Oszillator m, Schwingungserzeuger m, Schwinger m ll ~/**ангармонический** unharmonischer Oszillator m ll ~/**возбуждённый** angeregter Oszillator m ll ~/**вспомогательный** Hilfsoszillator m ll ~ **Ганна** Gunn-Oszillator m ll ~/**гармонический** harmonischer Oszillator m ll ~/**задающий** Steueroszillator m ll ~/**квантовый** Quantenoszillator m ll ~/**кварцевый** Quarzoszillator m ll ~/**лазерный** Laseroszillator m ll ~/**линейный** linearer Oszillator m ll ~/**локальный** Lokaloszillator m ll ~/**невозмущённый** nichtangeregter (ungestörter) Oszillator m ll ~/**одномерный** eindimensionaler Oszillator m ll ~/**перестраиваемый** durchstimmbarer Oszillator m ll ~/**реакторный** Reaktoroszillator m ll ~/**электромагнитный** elektromagnetisches Schwingungssystem n
ОСШ s. **отношение сигнал-шум**
осыпание n 1. Bestreuen n, Überschütten n; 2. Abblättern n; Abbröckeln n; 3. (Bgb) Nachfall m, Nachfallen n (von Gestein); 4. Ausbrechen n der Magnetschicht, Schichtablösung f (Magnettonband)
осыпь f (Geol) Gebirgsschutt m, Gehängeschutt m
ось f 1. Achse f (Koordinatensystem); Mittellinie f; 2. (Masch) Achse f; Bolzen m; 3. (Photo) Filmbahn f, Kern m ll ~ **абсцисс** (Math) Abszissenachse f, x-Achse f ll ~ **автомобиля/ведущая** (Kfz) Antriebsachse f ll ~ **антиклинали** (Geol) Antiklinalachse f (einer Falte); Sattelachse f ll ~ **арки** (Bw) Bogenachse f ll ~/**базовая** Bezugsachse f ll ~ **балки** s. ~ **стержня** ll ~/**бегуновая** (Eb) Laufachse f ll ~ **бобины** (Photo) Spulenkern m ll ~/**большая** (Math) Hauptachse f, große (waagerechte) Achse f (Ellipse) ll ~ **бруса** s. ~ **стержня** ll ~/**быстрая** (Opt) schnelle Achse f (Doppelbrechung) ll ~/**ведомая** (Masch) getriebene Achse f; (Eb) geführte (nachlaufende) Achse f, Nachlaufachse f, Schleppachse f ll ~/**ведущая** (Masch) treibende Achse f; (Eb) führende Achse f, Führungsachse f ll ~/**вертикальная** 1. (Math) Ordinatenachse f; 2. senkrechte (vertikale) Achse f ll ~/**вещественная** reelle Achse f ll ~/**визирная** (Opt) Visierachse f, Zielachse f; Sehachse f ll ~/**вильчатая** (Kfz) Gabelachse f ll ~/**винтовая** (Krist) Schraubenachse f, Helikogyre f ll ~ **волчка** (Ph) Kreiselachse f ll ~ **вращения** 1. (Mech) Drehachse f (Drehbewegung eines starren Körpers); 2. (Math) Rotationsachse f (Rotationskörper) ll ~ **вращения/мгновенная** (Mech) momentane Drehachse f (Drehbewegung eines starren Körpers) ll ~/**временная** Zeitachse f ll ~ **второго порядка** (Krist) zweizählige Symmetrieachse

(Drehungsachse, Drehachse, Rotationsachse) *f* ‖ ~ **гироскопа** *(Ph)* Kreiselachse *f* ‖ ~/**главная** 1. Hauptachse *f (Koordinatensystem)*; 2. *(Nrt)* Empfängerwelle *f (eines Fernschreibers)* ‖ ~/**главная оптическая** optische Achse (Hauptachse) *f* ‖ ~/**глухая** *(Masch)* Blindachse *f* ‖ ~/**горизонтальная** Horizontalachse *f*, horizontale (waagerechte) Achse *f* ‖ ~/**двойниковая** *(Krist)* Zwillingsachse *f* ‖ ~ **двойного лучепреломления** *(Opt)* doppelbrechende Achse *f (Kristalloptik)* ‖ ~/**задняя** *(Kfz)* Hinterachse *f* ‖ ~ **зоны** *s*. ~ **пояса** ‖ ~/**зрительная** *(Opt)* Sehachse *f*, Gesichtsachse *f* ‖ ~ **излучения** Strahlungsachse *f* ‖ ~/**измерительная** Meßachse *f* ‖ ~/**изогнутая** gekrümmte Achse *f* ‖ ~ **инерции** [/**главная**] *(Mech)* Trägheitsachse *f*, Haupträgheitsachse *f (Trägheitsellipsoid)* ‖ ~ **качания** *(Masch)* Schwingachse *f*, Pendelachse *f* ‖ ~ **качения** *(Masch)* Wälzachse *f* ‖ ~ **колёсных пар** *(Masch)* Radsatzachse *f* ‖ ~/**коллимационная** Zielachse *f*, Kollimationsachse *f* ‖ ~/**композиционная** *(Bw)* Kompositionsachse *f (Architektur)* ‖ ~/**консольная** fliegende Achse *f* ‖ ~ **координат** *(Math)* Koordinatenachse *f*, Bezugsachse *f* ‖ ~/**кристаллическая** Kristallachse *f*, kristallographische Achse *f* ‖ ~ **кристаллической зоны** *s*. ~ **пояса** ‖ ~/**кристаллографическая** kristallographische Achse *f* ‖ ~/**кристаллооптическая** kristalloptische Achse *f* ‖ ~ **кручения** *(Mech)* Torsionsachse *f*, Verdreh[ungs]achse *f* ‖ ~ **лазера** Laserachse *f* ‖ ~ **линзы** [/**оптическая**] *(Opt)* Linsenachse *f*, optische Achse *f* [der Linse] ‖ ~ **лобового сопротивления** *(Mech)* Widerstandsachse *f* ‖ ~ **луча** *(Ph)* Strahlachse *f* ‖ ~/**малая** *(Math)* Nebenachse *f*, kleine (senkrechte) Achse *f (Ellipse)* ‖ ~/**мгновенная винтовая** *(Mech)* momentane Schraubenachse *f (der Schraubenbewegung eines Festkörpers)* ‖ ~/**медленная** *(Opt)* langsame Achse *f (Doppelbrechung)* ‖ ~ **мира** *(Astr)* Polachse *f*, Himmelsachse *f* ‖ ~/**мнимая** *(Math)* Nebenachse *f*, imaginäre Achse *f (Hyperbel)* ‖ ~/**модульная разбивочная** *(Bw)* Systemlinie *f* ‖ ~ **моментов** *(Mech)* Momentenachse *f* ‖ ~ **мульды** *(Geol)* Muldenlinie *f*, Muldenachse *f* ‖ ~/**наклонная** *(Ph)* geneigte (schräge) Achse *f* ‖ ~/**направляющая** Lenkachse *f* ‖ ~/**нейтральная** *(Wkst)* neutrale Faser *f*, Nullinie *f*, neutrale Linie *f*, Neutralachse *f*, Nullachse *f (Biegeversuch)* ‖ ~/**неподвижная** *(Masch)* unbewegliche (feststehende) Achse *f*; *(Eb)* feste Achse *f* ‖ ~/**неразрезная** *(Kfz)* Starrachse *f* ‖ ~/**несущая** Tragachse *f* ‖ ~ **обмотки** *(El)* Wicklungsachse *f* ‖ ~/**опорная** *(Masch)* Tragachse *f* ‖ ~/**оптическая** optische Achse *f* ‖ ~/**оптическая вторичная** *(Krist)* sekundäre optische Achse *f*, Biradiale *f*; Achse *f* der äußeren konischen Refraktion; Strahlenachse *f* ‖ ~/**оптическая первичная** *(Krist)* [primäre] optische Achse *f*, Binormale *f*; Achse *f* der inneren konischen Refraktion ‖ ~ **ординат** *(Math)* Ordinatenachse *f*, y-Achse *f* ‖ ~/**основная** *(Astr)* Hauptachse *f (Koordinatensystem)* ‖ ~ **первого порядка** *(Krist)* Symmetrieachse (Drehungsachse, Drehachse, Rotationsachse) *f* ‖ ~/**передвижная** verschiebbare Achse *f* ‖ ~/**передняя** *(Kfz)* Vorderachse *f* ‖ ~ **поворотов** *s*. ~ **вращения** ‖ ~ **поглощения** *(Ph)* Absorptions[haupt]achse *f* ‖ ~/**подвижная** *(Masch)* bewegliche Achse *f*; *(Eb)* verschiebbare (seitenverschiebliche) Achse *f* ‖ ~/**поддерживающая** *(Eb)* Schleppachse *f* ‖ ~/**полая** hohle Achse *f*, Hohlachse *f*; Hohlachswelle *f* ‖ ~/**полностью разгруженная** *(Kfz)* vollfliegende Achse *f* ‖ ~/**полуразгруженная** *(Kfz)* halbfliegende Achse *f* ‖ ~ **полюсов ротора** *(El)* Läuferpolachse *f* ‖ ~/**поперечная** Querachse *f* ‖ ~ **потока/динамическая** *(Hydrol)* dynamische Stromachse *f* ‖ ~ **пояса** *(Krist)* Zonenachse *f* ‖ ~ **прецессии** *(Astr)* Präzessionsachse *f* ‖ ~ **привеса** *(Ph)* Pendelachse *f* ‖ ~/**приводная** Antriebsachse *f*, antreibende Achse *f* ‖ ~ **прицеливания** Zielachse *f*, Kollimationsachse *f* ‖ ~/**продольная** Längsachse *f* ‖ ~/**промежуточная** *(Masch)* Blindachse *f*, Blindwelle *f* ‖ ~ **равновесия** Gleichgewichtsachse *f* ‖ ~/**разгруженная** *(Masch)* fliegende Achse *f* ‖ ~/**разрезная** *(Kfz)* Schwingachse *f*, Pendelachse *f* ‖ ~ **растяжения** Zugachse *f* ‖ ~ **ротора** *(El)* Läuferachse *f* ‖ ~ **световода** *(Opt)* Faserachse *f*, Lichtleiterachse *f* ‖ ~/**свободная** *(Masch)* ungekuppelte Achse *f* ‖ ~ **свода** *(Bw)* Wölb[ungs]achse *f* ‖ ~ **сдвига** Scherungsachse *f* ‖ ~ **симметрии** *(Krist)* 1. Symmetrieachse *f*; 2. Dreh[ungs]achse *f*, Gyre *f*; Deckachse *f* ‖ ~ **симметрии/биполярная** *(Krist)* bipolare Symmetrieachse *f* ‖ ~ **симметрии/винтовая** *(Krist)* Schraubenachse *f* der Zähligkeit ‖ ~ **симметрии второго порядка** *(Krist)* zweizählige Symmetrieachse *f*; zweizählige Drehachse *f*, digonale Achse *f*, Digyre *f* ‖ ~ **симметрии/главная** *(Krist)* Hauptsymmetrieachse *f* ‖ ~ **симметрии/двойная** *(Krist)* zweizählige Symmetrieachse *f* ‖ ~ **симметрии/двойная поворотная** *s*. ~ **симметрии второго порядка** ‖ ~ **симметрии/зеркально-поворотная** *(Krist)* Drehspiegelachse *f* ‖ ~ **симметрии/инверсионная** *(Krist)* Drehinversionsachse *f*, Inversionsdrehachse *f* ‖ ~ **симметрии первого порядка** *(Krist)* einzählige Symmetrieachse *f* ‖ ~ **симметрии/поворотная** *(Krist)* Drehachse *f* der Zähligkeit ‖ ~ **симметрии/полярная** *(Krist)* polare Symmetrieachse *f* ‖ ~ **симметрии третьего порядка** *(Krist)* dreizählige Drehachse *f*, Trigyre *f*, trigonale Achse *f* ‖ ~ **симметрии/тройная** *(Krist)* dreizählige Symmetrieachse *f* ‖ ~ **симметрии/тройная винтовая** *s*. ~ **третьего порядка/винтовая** ‖ ~ **симметрии/тройная поворотная** *(Krist)* dreizählige Drehachse *f*, Trigyre *f* ‖ ~ **симметрии/четвёрная** *(Krist)* vierzählige Symmetrieachse *f* ‖ ~ **симметрии четвёртого порядка** *(Krist)* vierzählige Drehachse *f*, Tetragyre *f*, tetragonale Achse *f* ‖ ~ **симметрии/шестерная** *(Krist)* sechszählige Symmetrieachse *f* ‖ ~ **симметрии шестого порядка** *(Krist)* sechszählige Drehachse *f*, Hexogyre *f*, hexagonale Achse *f* ‖ ~ **синклинали** *(Geol)* Synklinalachse *f* ‖ ~ **системы/оптическая** *(Opt)* optische Achse *f* eines Systems ‖ ~/**складки** *(Geol)* Faltenachse *f* ‖ ~ **складчатости** *(Geol)* Faltungsachse *f* ‖ ~ **склонения [телескопа]** *(Astr)* Deklinationsachse *f (parallaktisch montiertes Fernrohr)* ‖ ~/**спаренная (сцепная)** *(Masch, Eb)* gekuppelte Achse *f*, Kuppelachse *f* ‖ ~ **стержня** *(Mech)* Stabachse *f*, Stabmittellinie

ось

f II ~/**стрелочная** *(Eb)* Weichenache *f* II ~/**сцепная** *(Eb)* Kuppelachse *f (Lok)*; Schleppachse *f* II ~ **телескопа/полярная** *(Astr)* Stundenachse *f (parallaktisch montiertes Fernrohr)* II ~ **телескопа/часовая** *s.* ~ телескопа/полярная II ~ **третьего порядка/винтовая** *(Krist)* dreizählige Schraubenachse *f* II ~ **упругости** *(Krist)* Elastizitätsachse *f* II ~ **центра тяжести** *(Mech)* Schwereachse *f* II ~ **центров** Spitzenachse *f (Drehmaschine)* II ~ **четвёртого порядка** *(Krist)* vierzählige Symmetrieachse (Drehungsachse) *f* II ~/**шарнирная** *(Masch)* Gelenkachse *f* II ~ **шестого порядка** *(Krist)* sechszählige Symmetrieachse (Drehungsachse) *f*, Hexagyre *f* II ~/**эксцентриковая** *(Masch)* Exzenterachse *f*

отава *f (Lw)* Grummet *n*, Grumt *n*, Öhmd *n*
отбалансировать auswuchten
отбел *m s.* отбеливание
отбеливание *n* 1. *(Opt)* Aufhellung *f*; 2. Ausbleichung *f*; 3. *(Met)* Weißeinstrahlen *n*, Weißeinstrahlung *f*, Weißerstarrung *f*; Abschrecken *n (Hartguß)*; Hartgußabschreckung *f*; 4. *s. unter* отбелка II ~/**вправку** *(Text)* Breitbleiche *f* II ~/**кромочное** *(Met)* Randzonenweißeinstrahlung *f*
отбеливатель *m*/**оптический** optischer Aufheller *m*, Weißtöner *m*
отбеливать bleichen
отбелить *s.* отбеливать
отбелка *f (Text)* Bleiche *f*, Bleichen *n* II ~ **в жгуте** Strangbleiche *f* II ~ **в кусках** Stückbleiche *f* II ~ **в мотках** Strangbleiche *f* II ~/**двухступенчатая** Zweistufenbleiche *f* II ~/**многоступенчатая** Mehrstufenbleiche *f* II ~/**одноступенчатая** Einstufenbleiche *f* II ~/**ступенчатая** Stufenbleiche *f*
отбензинивание *n* Entbenzinierung *f (Naturgas)*; Toppen *n (Roheröl)*
отбензинивать entbenzinieren *(Naturgas)*; toppen *(Roheröl)*
отбензинить *s.* отбензинивать
отбивать 1. abschlagen, abhauen; 2. *(Gieß)* ausschlagen, ausleeren, auspacken *(Gußteil aus der Form)*; 3. *(Bgb)* hereingewinnen II ~ **склянки** *(Schiff)* glasen
отбирать 1. abnehmen, fortnehmen; 2. aussuchen, aussondern, auslesen, sichten; sortieren; *(Bgb)* [aus]klauben II ~ **пар** anzapfen, Dampf entnehmen II ~ **пробу** eine Probe entnehmen
отбой *m* 1. Schlußsignal *n*, Schlußzeichen *n*; 2. *(Nrt)* Auslösung *f*, Gesprächsschluß *m* II ~/**двусторонний** *(Nrt)* zweiseitige Auslösung *f*, Auslösung *f* nach Einhängen beider Teilnehmer
отбойка *f (Bgb)* Hereingewinnen *n*, Gewinnen *n*, Gewinnung *f* II ~ **в зажиме** Gewinnung *f* aus dem Zwang II ~ **глубокими скважинами** Gewinnung *f* im Langlochsprengverfahren II ~ **камерными зарядами** *s.* ~/**массовая** Massengewinnung *f* II ~/**машинная** maschinelle Gewinnung *f* II ~/**минная** Abbau *m* mit Kammersprengungen II ~ **минными зарядами** *s.* ~/**минная** II ~/**послойная** scheibenartige Gewinnung *f* II ~/**секционная** sektionsweise Gewinnung *f* II ~/**селективная** selektive Gewinnung *f* II ~ **скважинными зарядами** Gewinnung *f* mit Großbohrlochsprengungen II ~ **шпурами** sprengende Gewinnung *f*

отбойник *m* Prallblech *n*, Prallschild *m*, Prallplatte *f*
отбойный 1. *(Nrt)* Auslöse...; Gesprächsschluß...; 2. *(Bgb)* Gewinnungs...; Abbau...
отбор *m* 1. Sonderung *f*, Auslese *f*; Auswahl *f*, Selektion *f*; 2. Entnahme *f*, Abnahme *f*; 3. Entnahmestelle *f*; 4. Auskopplung *f (Elektroenergie)* II ~ **воды** Wasserentnahme *f* II ~ **давления** Druckentnahme *f (an Wirkdruckdurchflußmeßgeräten)* II ~ **давления/угловой** Eckentnahme *f* des Druckes II ~ **давления/фланцевый** Flanschentnahme *f* des Druckes II ~ **измеряемой величины** Meßwertentnahme *f (statistische Qualitätskontrolle)* II ~ **импульсов** Impulsauswahl *f*; Impulsaussiebung *f* II ~/**многократный** Mehrfachstichprobenentnahme *f* II ~ **мощности** 1. Leistungsentnahme *f*; 2. Leistungsauskopplung *f* II ~ **напряжения** *(El)* Spannungsabgriff *m* II ~ **образцов** *s.* ~ **пробы** II ~ **отработавшего пара** Abdampfentnahme *f* II ~ **пара** Dampfentnahme *f* II ~ **пара/промежуточный** Dampfentnahme *f*, Dampfanzapfung *f (Turbine)* II ~/**последовательный** Folgestichprobenentnahme *f* II ~/**предварительный** Vorauswahl *f* II ~ **пробы** Probe[nent]nahme *f*, Probenziehen *n*, Probennehmen *n*; Stichprobenentnahme *f* II ~ **тепла** Wärmeentzug *m*, Wärmeabfuhr *f* II ~ **тока** *(El)* Stromabnahme *f* II ~/**улучшающий** *(Lw)* Veredlungsauslese *f* II ~ **энергии** *(El)* 1. Energieabnahme *f*; 2. Energieauskopplung *f*
отборка *f (Bgb)* Klauben *n*, Lesen *n (Aufbereitung)*
отбортовка *f* 1. Bördeln *n*, Bördelung *f*, Umbördeln *n*, Umbördelung *f (Umbiegen, Abkanten und Einrollen)*; Kümpeln *n*, Kümpelung *f*; 2. Abbiegen *n*, Hochkantbiegen *n (Stranggießen)*; 3. Aushalsen *f (von Rohren)*; 4. *(Fert)* Kragen *m (an Werkstücken)*
отборотовывать 1. [auf]bördeln; kümpeln; 2. abbiegen; 3. aushalsen *(Rohre)*
отбраковка *f* Aussortierung *f* fehlerhafter Bauteile
отбрасывание *n* 1. Abwurf *m*, Abwerfen *n*; 2. Fortlassen *n*, Weglassen *n*; 3. *(Ch)* Verwerfen *n*; 4. *(Inf)* Abbrechen *n*
отброд *m* Endvergärung *f*, Endvergärungsgrad *m*
отбродить vergären, ausgären
отброс *m* 1. Abgang *m*, Abfall *m*, Rest *m*; 2. *(Meß)* Ausschlag *m*, Zeigerausschlag *m*
отбросы *mpl* Müll *m*; Abfall *m*, Abfälle *mpl (s. a. unter* отходы*)*; Gekrätz *n*; Ausschuß *m* II ~/**жидкие радиоактивные** flüssige radioaktive Abfälle *mpl* II ~/**радиоактивные** radioaktive Abfälle *mpl* II ~/**твёрдые радиоактивные** feste radioaktive Abfälle *mpl*
отвал *m* 1. Schild *m (Erdbewegungsgerät)*; 2. *(Bgb)* Kippe *f*, Halde *f*; 3. *(Lw)* Streichblech *n (Pflug)*; 4. *(Text)* Wendeblech *n (Wickelstrecke)* II ~/**абзетцерный** *(Bgb)* Absetzkippe *f* II ~/**верхний** *(Bgb)* Hochkippe *f* II ~/**винтовой** *(Lw)* vollgewundenes (wendelförmiges) Streichblech *n (Pflug)* II ~/**внешний** *(Bgb)* Außenkippe *f* II ~/**внутренний** *(Bgb)* Innenkippe *f* II ~/**вскрышной** *(Bgb)* Abraumhalde *f* II ~/**гидравлический** *(Bgb)* Spülkippe *f* II ~ **грунта** Bodenablagerung *f* II ~/**культурный** *(Lw)* Kulturstreichblech *n*, Streichblech *n* mit Kulturform *(Pflug)* II ~/**мостовой** *(Bgb)* Brückenkippe *f*, Förderbrückenkippe *f*

|| ~/**намываемый (намывной)** *(Bgb)* Spülkippe *f* || ~/**нижний** *(Bgb)* Tiefkippe *f* || ~/**передовой** *(Bgb)* Vorkippe *f* || ~ **плуга** *(Lw)* Streichblech *n (Pflug)* || ~/**плужный** *(Bgb)* Pflugkippe *f* || ~/**полувинтовой** *(Lw)* halbgewundenes Streichblech *n (Pflug)* || ~/**породный** *(Bgb)* Abraumkippe *f*, Bergehalde *f* || ~/**промежуточный** *(Bgb)* Zwischenkippe *f* || ~ **пустых пород** *(Bgb)* Abraumkippe *f*; Bergehalde *f* || ~/**решётчатый** *(Lw)* Gitterstreichblech *n (Pflug)* || ~/**смывной** *(Bgb)* Spülkippe *f* || ~/**цилиндрический** *(Lw)* zylindrisches Streichblech *n (Pflug)* || ~/**экскаваторный** *(Bgb)* Baggerkippe *f*
отвалообразование *n (Bgb)* Aufhaldung *f*, Verkippen *n*; Kippbetrieb *m* || ~/**бульдозерное** Kippbetrieb *m* mit Planierraupen || ~/**внешнее** Außenkippenbetrieb *m* || ~/**внутреннее** Innenkippenbetrieb *m* || ~/**гидравлическое** Spülkippenbetrieb *m* || ~/**плужное** Pflugkippenbetrieb *m* || ~/**экскаваторное** Kippbetrieb *m* mit Baggern
отвалообразователь *m (Bgb)* Absetzer *m (Abraumförderung)* || ~ **верхнего ссыпания** Hochabsetzer *m* || ~ **верхней отсыпки** Hochabsetzer *m* || ~/**забойный ленточный** Bandabwurfgerät *n* || ~/**ковшово-ленточный** Eimerkettenbandabsetzer *m*, Bandabwurfgerät *m* || ~/**ленточный** Bandabsetzer *m* || ~/**мостовой** Abraumförderbrücke *f* || ~ **нижнего ссыпания** Tiefabsetzer *m* || ~ **нижней отсыпки** Tiefabsetzer *m* || ~/**роторный** Schaufelradabsetzer *m* || ~/**цепной** Eimerkettenabsetzer *m* || ~/**шагающий** Schreitabsetzer *m*
отвальный *(Bgb)* Kippen…, Halden…
отвар *m (Ch)* Abkochung *f*, Dekokt *n*; Absud *m*; Brühe *f* || ~/**серно-известковый** *(Lw)* Schwefelkalkbrühe *f*
отваривание *n* 1. Abkochen *n*, Absieden *n*; 2. *(Text)* Entbasten *n (Seide)*
отварка *f* 1. Abkochung *f*, Absud *m*; 2. *(Brau)* Kochmaische *f*; 3. *(Text)* Entbastung *f (Seide)*
отведение *n* Ableitung *f*, Abführung *f* || ~ **сточных вод** Abwasserableitung *f* || ~ **тепла** Wärmeabfuhr *f*, Wärmeabführung *f*, Wärmeableitung *f*
отвеивание *n (Lw)* Windsichtung *f*, Windsortierung *f*
отвердевание *n* 1. Hartwerden *n*, Erhärten *n*; Erstarren *n*, Gerinnen *n*; 2. *(Ph)* Erstarrung *f (Übergang aus dem flüssigen in den festen Zustand)*; 3. *(Met)* Härtung *f*, Erhärtung *f*, Aushärtung *f*
отвердение *n* s. отвердевание
отвердитель *m (Kst)* Härter *m*, Härtungsmittel *n*, Härtungsbeschleuniger *m* || ~/**кислотный** Säurehärter *m*
отверждение *n* 1. Härten *n*, Härtung *f*; Aushärtung *f*; 2. *s.* отвердевание || ~/**горячее** Warmhärtung *f* || ~ **жиров** Fetthärtung *f* || ~/**холодное** Kalthärtung *f*
отвернуть *s.* отвёртывать
отверстие *n* 1. Loch *n*, Öffnung *f*, Fenster *n*; Spalt *m*; 2. *(Masch)* Bohrung *f*, Loch *n*; 3. *(Opt)* Öffnung *f*, Apertur *f* || ~/**базовое** *(Masch)* Basisbohrung *f* || ~/**бортовое** Seitenöffnung *f* || ~/**вливное** Einfüllöffnung *f* || ~/**водоперепускное** *(Schiff)* Wasserlaufloch *n*, Wasserperforrnung *f* || ~/**водоприёмное** Entnahmeöffnung *f*

отверстие

(für Wasser) || ~/**водопропускное** Wasserdurchlaßöffnung *f*, Wasserdurchflußöffnung *f* || ~/**водоспускное** Wasserablaßöffnung *f*, Wasserabflußöffnung *f* || ~/**воздуховыводящее** Luftaustrittsöffnung *f* || ~/**воздухозаборное** Lufteintrittsöffnung *f* || ~/**впускное** Einlaßöffnung *f*, Einströmöffnung *f*, Einlauföffnung *f* || ~/**входное** 1. Einsteigeöffnung *f*; 2. Einlaßöffnung *f*; 3. *(El)* Einfallfeld *n (Röntgentechnik)*; 4. *s.* **зрачок/входной** *f* || ~/**выпускное** Entleerungsöffnung *f*, Abflußloch *n*; *(Met, Gieß)* Stich *m*, Stichloch *n*, Stichöffnung *f*, Abstichöffnung *f*, Abstich *m (Schachtofen)*; Stopfenöffnung *f*, Auslauföffnung *f (Stopfenpfanne)* || ~/**вытяжное** Abluftöffnung *f*, Abzugsöffnung *f* || ~/**выходное** 1. Austritt *m*, Auslauföffnung *f*; 2. *s.* **зрачок выходной** || ~/**главное** *(Masch)* Hauptbohrung *f* || ~/**глухое** *(Masch)* nichtdurchgehende Bohrung *f*, Grundbohrung *f* || ~/**действующее** *(Opt)* wirksame Öffnung *f (z. B. der Blende)* || ~ **диафрагмы** *(Opt)* Blendenöffnung *f* || ~/**дренажное** Entwässerungsloch *n*, Drainageöffnung *f* || ~/**заваочное** *s.* ~/**загрузочное** || ~/**загрузочное** *(Met)* Beschickungsöffnung *f*, Begichtungstür *f*, Chargieröffnung *f*, Einsatztür *f (Schmelzofen)*; Arbeitstür *f (Schmiedeofen)* || ~/**заклёпочное** *(Masch)* Nietloch *n* || ~/**закрытое** *(Masch)* innen erweiterte Bohrung *f* || ~/**засыпное** *(Met)* Kronloch *n (Röstofen)* || ~/**исходное** *(Masch)* Ausgangsbohrung *f* || ~/**квадратное** *(Masch)* 1. Innenvierkant *m*; 2. Vierkantbohrung *f* || ~/**колошниковое** *(Met, Gieß)* Begichtungstür *f*, Begichtungsöffnung *f*; Beschickungsöffnung *f*, Chargiertür *f (Schmelzofen)* || ~/**коническое** *(Masch)* Kegelbohrung *f* || ~/**контактное** *(El)* Kontaktierungsloch *n (einer Leiterplatte)* || ~/**контрольное** *(Masch)* Kontrollbohrung *f* || ~/**литника** *(Gieß)* Eingußloch *n*, Gießtrichterloch *n* || ~/**маслоспускное** *(Masch, Kfz)* Ölablaß *m* || ~/**многогранное** *(Masch)* Mehrkantbohrung *f* || ~/**многоступенчатое** *(Masch)* mehrfach abgesetzte Bohrung *f* || ~/**монтажное** Montageöffnung *f* || ~ **на проход** *(Masch)* Durchgangsbohrung *f*, durchgehende Bohrung *f* || ~/**направляющее** *(Masch)* Führungsbohrung *f* || ~/**объёмное** *(Schiff)* Vermessungsöffnung *f* || ~ **объектива/действительное** *(Opt)* Nennöffnung *f* des Objektivs || ~ **объектива/действующее** *(Opt)* wirksame Objektivöffnung *f* || ~ **окуляра** *(Opt)* Okularöffnung *f* || ~/**основное** *(Masch)* Einheitsbohrung *f (Passungssystem)*; Lagerbohrung *f (z. B. der Presse)* || ~/**отливное** Ausgußöffnung *f* || ~/**отливное забортное** *(Schiff)* Außenbordabflußöffnung *f*, Außenbordausgußöffnung *f* || ~/**относительное** *(Opt)* Öffnungsverhältnis *n*, relative Öffnung *f (Blende, Objektiv)* || ~/**отсасывающее** Absaugöffnung *f* || ~/**перфорационное** *(Photo)* Perforationsloch *n* || ~ **под болт** *(Masch)* Schraubenloch *n* || ~ **под заклёпку** *(Masch)* Nietloch *n* || ~ **под клин** *(Masch)* Keilloch *n* || ~ **под резьбу** *(Masch)* Gewindekernbohrung *f* || ~ **под шплинт** *(Masch)* Splintloch *n* || ~ **подшипника** *(Masch)* Lagerbohrung *f* || ~/**посадочное** *(Masch)* Paßloch *n* || ~/**продольное** *(Masch)* Längsbohrung *f* || ~/**пропускное (проходное)** Durchlaßöffnung *f*; Durchgangsöffnung *f* || ~/**развёртывающее** *(El)* Abtastöffnung *f*

отверстие

~/**разгрузочное** Austragsöffnung f; Abwurföffnung f (eines Förderers) ‖ ~/**регистровое** (Typ) Registerlochung f ‖ ~ **рефлектора** (Opt) Spiegelöffnung f ‖ ~/**световое** (Opt) Lichtöffnung f ‖ ~ **связи** (El) Kopplungsloch n, Koppelloch n ‖ ~/**сквозное** 1. (Masch) Durchgangsbohrung f, durchgehende Bohrung f; 2. (Opt) Durchtrittsöffnung f ‖ ~/**сливное** Ausflußöffnung f, Abflußöffnung f ‖ ~/**смазочное** (Masch) Schmier[stoff]bohrung f, Schmierloch n ‖ ~/**смотровое** Beobachtungsfenster n, Schauloch, Beobachtungsloch n ‖ ~/**сопловое** (Masch) Düsenbohrung f; Düsenöffnung f ‖ ~/**спускное** Ablaßöffnung f, Ablaßloch n ‖ ~ **стояка** (Gieß) Eingußloch n, Eingußöffnung f ‖ ~/**стружечное** (Wkz) Spanloch n, Spankammer f (Schneideisen); Spanlücke f (einer Reibahle) ‖ ~/**технологическое** (Fert) fertigungsbedingte Bohrung f ‖ ~/**уведённое** (Masch) verlaufende Bohrung f ‖ ~/**фурменное** (Met) Windformaustritt m, Düsenaustritt m, Formmaul n (Blasform des Hochofens) ‖ ~ **фурмы** s. ~/**фурменное** ‖ ~/**центровое** (Masch) Spitzenbohrung f, Körnerbohrung f ‖ ~/**центровочное** (Masch) Zentrierbohrung f ‖ ~/**четверёхгранное** (Masch) Vierkantbohrung f ‖ ~/**шлаковыпускное** (Met) Schlackenstich m, Schlackenabstichöffnung f ‖ ~/**шпунтовое** Spundloch n ‖ ~/**электродное** Elektrodendurchführung f

отверстия npl/**направляющие** Führungslöcher npl

отвертеть s. **отвёртывать**

отвёртка f 1. Abschrauben n; 2. (Wkz) Schraubendreher m

отвёртывать abdrehen; abschrauben, losschrauben

отвес m 1. Lot n; 2. Lotrechte f, Senkrechte f ‖ ~/**маятниковый** Pendellot n ‖ ~/**оптический** optisches Lot n ‖ ~/**струйный** Fadenlot n

отвесный senkrecht, lotrecht

отвести s. **отводить**

ответ оператора (Inf) Bedienerantwort f

ответвитель m (Eln) Koppler m, Verzweiger m ‖ ~/**коаксиальный направленный** koaxialer Richtungskoppler m (Wellenleiter) ‖ ~/**направленный** gerichteter Koppler m, Richt[ungs]koppler m ‖ ~ **тока** Stromteiler m ‖ ~/**широкополосный направленный** Breitbandricht[ungs]koppler m

ответвить s. **ответвлять**

ответвление n 1. (El) Abzweig m, Abzweigung f, Ableitung f; 2. (El) Anzapfung f (Antenne); 3. Ausreißer m (extreme Einzelabweichung innerhalb einer Meßreihe); 4. (Eb) Zweiggleis n, Zweigstrecke f ‖ ~/**абонентское** (Nrt) Hausanschluß m, Teilnehmeranschluß m ‖ ~/**главное** (El) Hauptabzweigung f ‖ ~/**кабельное** (El) Kabelabzweigung f ‖ ~ **линии** (El) Leitungsabzweigung f ‖ ~ **пути** (Eb) Gleisabzweig m, Gleisabzweigung f ‖ ~ **тока** (El) Stromabzweigung f

ответвлять (El) 1. abzweigen; 2. abzapfen; anzapfen (Antenne)

ответить s. **отвечать**

ответственный 1. verantwortlich; wichtig; entscheidend; 2. funktionswichtig (Maschinenteile) ‖ ~/**взаимно** korrelativ, aufeinander bezogen (bezüglich)

ответчик m Antwortgeber m, Antwortgerät n, Beantworter m ‖ ~/**радиолокационный** Radarantwortgerät n ‖ ~/**самолётный** (Flg) Transponder m ‖ ~/**телефонный** [automatischer] Anrufbeantworter m, Telefonanrufbeantworter m

отвечать 1. antworten, erwidern; 2. verantworten, verantwortlich sein

отвешивание n Abwiegen n

отвешивать abwiegen

отвинтить s. **отвинчивать**

отвинчивание n Abschrauben n, Lösen n (Schrauben)

отвинчивать abschrauben, lösen, losschrauben

отвод m 1. Abzug m, Rückzug m; 2. Ableitung f, Abführung f, Abfuhr f (z. B. Wärme); Ablauf m; Abzug m; 3. Abzweig m, Abzweigung f; Anzapfung f (s. a. unter **ответвление**); 4. (Bw) Krümmer m, Bogenrohr n; 5. Abzweigstück n ‖ ~/**кольцевой** schaufelloser Ringraum m (Kreiselpumpe) ‖ ~/**лопаточный** Austrittsleitapparat m, Austrittsleitvorrichtung f (Kreiselpumpe) ‖ ~/**постоянный** (El) fester Abgriff m ‖ ~ **резца** (Wkzm) Meißelrückführung f, Meißelrückzug m ‖ ~/**спиральный** Spiralgehäuse n (Kreiselpumpe) ‖ ~/**средний** (El) Mittelanzapfung f, Mittelabgriff m ‖ ~ **стружки** (Wkzm) Spanabfuhr f, Spanabführung f ‖ ~ **тепла** Wärmeabfuhr f, Wärmeabführung f, Wärmeableitung f

отводить 1. ableiten, abführen; 2. (Wkzm) abheben (z. B. Werkzeug vom Werkstück); 3. zuteilen (z. B. Platz im Speicher); 4. (El) anzapfen; abzweigen

отводка f 1. (Masch) Ausrücker m (Kupplung); Schaltgabel f; 2. Rändern n (Keramik); 3. (Led) Reifeln n; 4. (Led) Reifelmaschine f ‖ ~/**рычажная** (Masch) Hebelausrücker m

отвоз m Abtransport m, Abfuhr f

отволаживание n Anfeuchten n, Befeuchten n

отволаживать anfeuchten, befeuchten

отволожить s. **отволаживать**

отворот m (Flg) Abdrehen n

отгиб m s. **отгибание**

отгибание n 1. Abbiegen n; 2. (Met) Aufbiegen n, Aufbiegung f, Kümpeln n, Kümpelung f

отгибатель полос (Wlz) Endenabbiegevorrichtung f, Endenabbieger m

отгибать 1. abbiegen; 2. (Fert) bördeln; 3. (Met) aufbiegen, kümpeln

отгон m Destillat n ‖ ~/**спиртовой** Alkoholdestillat n

отгонка f Treiben n, Abtreiben n; Abdestillieren n ‖ ~ **лёгких фракций** Abdestillieren n der leichten Fraktionen, Toppen n, Abtoppen n

отгонять [ab]treiben; [ab]destillieren; austreiben (gelöste Gase aus einer Flüssigkeit)

отгрузка f Ausladen n (Gut); Verladen n, Versand m

отдавать 1. zurückgeben; 2. abgeben; 3. loslassen, losmachen ‖ ~ **концы** (Schiff) Leinen loswerfen ‖ ~ **якорь** (Schiff) Anker fallen lassen, Anker werfen, ankern, vor Anker gehen

отдать s. **отдавать**

отдача f 1. Rückerstattung f; 2. Abgabe f; Ausbeute f; 3. Losmachen n; 4. (Ph) Rückstoß m, Rückschlag m (Feuerwaffen); 5. Rückschlag m, Zurückschlagen n ‖ ~ **бета-частицы** (Kern)

Beta-Rückstoß *m* ‖ ~ **валков** *(Wlz)* Walzensprung *m*, Walzenrückzug *m* ‖ ~ **излучением** *(Kern)* Strahlungsrückstoß *m* ‖ ~ **мощности** Leistungsabgabe *f* ‖ ~ **пламени** *s.* воспламенение/возвратное ‖ ~ **протонов** *(Kern)* Protonenrückstoß *m* ‖ ~/**радиационная** *(Kern)* Strahlungsrückstoß *m* ‖ ~/**световая** Lichtausbeute *f* ‖ ~ **тепла** Wärmeabgabe *f*, Wärmeabfuhr *f* ‖ ~ **энергии** Energieabgabe *f* ‖ ~ **ядра** *(Kern)* Kernrückstoß *m* ‖ ~ **якоря** *(Schiff)* Fieren (Fallenlassen) *n* des Ankers

отдел *m* 1. Teil *m*, Abschnitt *m (eines Buches)*; Rubrik *f (in einer Zeitschrift)*; 2. Abteilung *f*, Verwaltungsabteilung *f (eines Betriebes)*; Ressort *m*, Referat *n*; *(Geol)* Abteilung *f (Unterabschnitt eines stratigraphischen Systems)* ‖ ~/**акадийский** Acadian *n*, Mittelkambrium *n* ‖ ~/**верхнедевонский** Oberdevon *n* ‖ ~/**верхнекаменноугольный** Oberkarbon *n*, Siles *n* ‖ ~/**верхнекембрийский** Oberkambrium *n* ‖ ~/**верхнемеловой** Oberkreide *f* ‖ ~/**верхнеордовикский** Oberordovizium *n* ‖ ~/**верхнепермский** Oberperm *n (entspricht der Bezeichnung Zechstein für Mitteleuropa)* ‖ ~/**верхнесилурский** Obersilur *n (nach der russischen Stratigraphie selbständige Abteilung mit den Stufen Downton und Ludlow)* ‖ ~/**верхнетриасовый** Obere Trias *f*, Keuper *m (oberste Abteilung der germanischen Trias)* ‖ ~/**верхнечетвертичный** Oberes Quartär *n*, Jungquartär *n*, Jungpleistozän *n* ‖ ~/**верхнеюрский** Oberjura *m*, Weißer Jura *m*, Malm *m* ‖ ~/**георгийский** Georgian *n*, Unterkambrium *n* ‖ ~/**гуронский** Huron *n (unteres Proterozoikum des Kanadischen Schildes)* ‖ ~/**динантский** Dinant *n (internationale Bezeichnung für Unterkarbon)* ‖ ~/**древнечетвертичный** *s.* ~/**нижнечетвертичный** ‖ ~/**лейасовый** Lias *m(f)*, Schwarzer Jura *m* ‖ ~/**миоценовый** Miozän *n (untere Abteilung des Jungtertiärs)* ‖ ~/**московский** Moskau-Abteilung *f (russische Bezeichnung für Mittelkarbon)* ‖ ~/**неогена/верхний** *s.* ~/**плиоценовый** ‖ ~/**неогена/нижний** *s.* ~/**миоценовый** ‖ ~/**нижнедевонский** Unterdevon *n* ‖ ~/**нижнекаменноугольный** Unterkarbon *n*, Dinant *n* ‖ ~/**нижнекембрийский** Unterkambrium *n*, Georgian *n* ‖ ~/**нижнемеловой** Unterkreide *f* ‖ ~/**нижнеордовикский** Unterordovizium *n* ‖ ~/**нижнепермский** Unterperm *n (entspricht dem Begriff „Rotliegendes" für Mitteleuropa)* ‖ ~/**нижнесилурский** Untersilur *n (nach der russischen Stratigraphie selbständige Abteilung mit den Stufen Wenlock und Llandover)* ‖ ~/**нижнетриасовый** Untere Trias *f (entspricht der Bezeichnung „Buntsandstein", unterste Abteilung der germanischen Trias)* ‖ ~/**нижнечетвертичный** Altquartär *n*, Frühquartär *n*, Altpleistozän *n*, Eopleistozän *n* ‖ ~/**нижнеюрский** Unterjura *m*, Lias *m(f)*, Schwarzer Jura *m* ‖ ~ **олигоцена/верхний** *s.* ~/**олигоценовый** ‖ ~ **палеогена/верхний** *s.* ~/**олигоценовый** ‖ ~ **палеогена/нижний** *s.* ~/**палеоценовый** ‖ ~/**палеоценовый** Paläozän *n* ‖ ~/**плейстоценовый** Pleistozän *n* ‖ ~/**плиоценовый** Pliozän *n* ‖ ~/**среднедевонский** Mitteldevon *n* ‖ ~/**среднекаменноугольный** Mittelkarbon *n (umfaßt nach russischer Stratigraphie die Stufen Westfal und Namur, die nach deutscher Definition dem Oberkarbon zugerechnet werden)* ‖ ~/**среднекембрийский** Mittelkambrium *n*, Acadian *n* ‖ ~/**среднетриасовый** Mittlere Trias *f*, Muschelkalk *m* ‖ ~/**среднечетвертичный** mittleres Quartär *n*, mittleres Pleistozän *n*, Mesopleistozän *n* ‖ ~/**среднеюрский** Mitteljura *m*, Dogger *m*, Brauner Jura *m* ‖ ~/**эоценовый** Eozän *n*

отделать *(Photo)* aufarbeiten, konfektionieren
отделение *n* 1. Abteilung *f (eines Betriebes)*; 2. Abtrennen *n*, Abtrennung *f*, Abscheiden *n*, Separieren *n*; 3. Absonderung *f*, Sekretion *f (von Stoffen mit bestimmter Funktion)*; Exkretion *f (von Ballaststoffen)*; 4. Sekret *n (mit bestimmter Funktion)*; Exkret *n (ausgeschiedener Ballaststoff)*; 5. Kammer *f*, Fach *n*, Zelle *f*; 6. *(Bgb)* Trum *n*, Abteilung *f*; 7. Raum *m (im Fahrzeug)*; Abschnitt *m (im Schiff)* ‖ ~/**бадейное (бадьевое)** *(Bgb)* Kübelfördertrum *n* ‖ ~/**бродильное** *(Brau)* Gärkeller *m* ‖ ~/**варочное** 1. *(Brau)* Sudhaus *n*; 2. Kochstation *f*, Kocherei *f (einer Papierfabrik)* ‖ ~/**вентиляционное** *(Bgb)* Wettertrum *n* ‖ ~/**водотрубное** *s.* ~/**выщелачивательное** Laugerei *f (NE-Metallurgie)* ‖ ~/**грузовое** *(Bgb)* Fördertrum *n* ‖ ~/**грузовое насосное** *(Schiff)* Ladepumpenraum *m (Tanker)* ‖ ~/**дизель-генераторное** *(Schiff)* Hilfsdieselraum *m*, Dieselgeneratorenraum *m* ‖ ~/**жиротопное** Trankochraum *m (Fischtrawler)* ‖ ~/**заливочное** Gießhalle *f*, Gießbetrieb *m* ‖ ~/**замочное** Weichhaus *n (Mälzerei)* ‖ ~/**импеллерное** Rührzelle *f*, Rührwerkskammer *f (Flotationsmaschine)* ‖ ~ **импульсов** *(Eln)* Impulsabtrennung *f* ‖ ~ **капель** *(Schw)* Ablösen *n* der Tropfen *(beim Werkstoffübergang)* ‖ ~/**клетевое** *(Bgb)* Gestellfördertrum *n* ‖ ~/**консервное** Konservenraum *m (Fischverarbeitungsschiff)* ‖ ~/**котельное** *(Schiff)* Kesselraum *m* ‖ ~/**лестничное** Fahrtentrum *n* ‖ ~/**литейное** Gießereiabteilung *f* ‖ ~/**материальное** *(Bgb)* Materialtrum *n* ‖ ~/**машинное** *(Schiff)* Maschinenraum *m* ‖ ~/**машинно-котельное** Maschinen- und Kesselraum *m* ‖ ~/**миксерное** *(Met)* Mischerbetrieb *m*, Mischerhalle *f* ‖ ~/**моечное** Wasch- und Trockenabteilung *f* ‖ ~/**моечно-сушильное** Wasch- und Trockenabteilung *f* ‖ ~/**морозильное** Gefrier[apparate]raum *m (Fischereifahrzeug)* ‖ ~ **мути** *(Ch)* Trubabscheidung *f* ‖ ~/**насосное** 1. *(Schiff)* Pumpenraum *m*; 2. *(Bgb)* Rohrtrum *n* ‖ ~/**отделочное** 1. *(Led)* Zurichterei *f*; 2. *(Gieß)* Putzerei *f* ‖ ~/**отжигательное** *(Härt)* Glüherei *f*; Temperei *f* ‖ ~ **отработанной ступени** *(Rak)* Abtrennung *f* der ausgebrannten Stufe ‖ ~/**отстойное** *(Ökol)* Klärabteilung *f* ‖ ~/**очистное** *(Gieß)* Putzer[abteilung] *f* ‖ ~/**плавильное** *(Met)* Schmelzbetrieb *m*, Schmelzteilung *f*, Schmelzerei *f* ‖ ~/**подъёмное** *(Bgb)* Fördertrum *n* ‖ ~/**помповое** *(Schiff)* Pumpenraum *m* ‖ ~/**породное** *(Bgb)* Bergetrum *n* ‖ ~/**породоотборочное** *s.* ~/**рудоотборочное** ‖ ~/**породоспускное** *(Bgb)* ‖ ~/**рудоотборочное** Klauberei *f*, Klauberei *f (Auslesen des Haltigen aus dem tauben Gestein)* ‖ ~/**рудоспускное** *(Bgb)* Erzrolle *f* ‖ ~/**румпельное** *(Schiff)* Rudermaschinenraum *m* ‖ ~/**рыбомучное** Fischmehlraum *m (Fischtrawler)* ‖ ~/**стационарное** *(Med)* Bettenstation *f* ‖ ~/**трубное**

отделение

(Bgb) Rohrtrum n ‖ ~/**трубно-кабельное** (Bgb) Rohr- und Kabeltrum n ‖ ~/**ходовое** (Bgb) Fahrtrum n ‖ ~/**холодильное** (Kält) Kältesektion f ‖ ~/**шихтовочное** (Met) 1. Möllerbetrieb m (Hochofen); 2. Beschickungsmischbetrieb m (Agglomeration)

отделимость f 1. (Math) Separierbarkeit f, Separabilität f; 2. (Ch) Trennbarkeit f, Abtrennbarkeit f ‖ ~ **шлака** (Schw) Schlackenentfernbarkeit f

отделитель m 1. Scheider m, Abscheider m, Sichter m; Entstauber m; Separator m; 2. Abstandsstück n; 3. (Fert) Zuteiler m ‖ ~/**барабанный** (Wkzm) Trommelzuteiler m ‖ ~/**дисковый** (Wkzm) Scheibenzuteiler m ‖ ~/**кулачковый** (Wkzm) Nockenzuteiler m ‖ ~/**промежуточный** Zwischenabscheider m ‖ ~ **твёрдых частиц** Filter n, Feststoffabscheider m ‖ ~/**центробежный** Zentrifugalabscheider m

отделить s. отделять

отделка f 1. Fertigbearbeitung f, Nachbearbeitung f; Fertigstellung f; 2. Veredlung f, Nachbehandlung f; 3. (Wlz) Fertigwalzen n, Glätten n, Schlichten n, Friemeln n, Dressieren n; 4. Glättschmieden n; 5. (Gieß) Glätten, Polieren n (einer Form); 6. (Text) Ausrüsten n, Ausrüstung f, Appretieren f (Gewebe); Besatz m, Garnitur f, Putz m (Bekleidung); 7. (Led) Zurichten n, Zurichtung f; (Photo) Aufarbeitung f, Konfektionierung f ‖ ~/**безусадочная** (Text) Schrumpffreiausrüstung f, Krumpfechtausrüstung f ‖ ~/**глянцевая** (Text) Glanzappretur f ‖ ~/**грязеотталкивающая** (Text) schmutzabweisende Ausrüstung f ‖ ~/**заключительная** (Text) Nachappretur f, Finish n, Finishbehandlung f ‖ ~ **здания/внутренняя** (Bw) Ausbau m, Innenausbau m ‖ ~/**мокрая** (Text) Naßveredlung f, Naßappretur f ‖ ~ **начисто** (Wlz) Fertigschlichten n ‖ ~/**несминаемая** (Text) Knitterfreiausrüstung f, Knitterechtausrüstung f, Knitterechtappretur f ‖ ~/**окончательная** Fertig[fein]bearbeitung f, abschließende Feinbearbeitung f ‖ ~ **по вырезу** (Schiff) Ausschnittausgurtung f ‖ ~/**полуанилиновая** (Led) Semianilinzurichtung f ‖ ~/**предварительная** (Fert) Vorschlichten n ‖ ~ **проката** Walzgutfertigbearbeitung f (z. B. Dressieren) ‖ ~/**сверхчистовая** Feinstschlichtbearbeitung f ‖ ~ **тканей** (Text) Geweberveredlung f, Gewebeausrüstung f ‖ ~/**черновая** (Met) Vorschlichten n ‖ ~/**чистовая** Feinschlichtbearbeitung f

отделочный (Fert) Fein..., Fertig... (letztes Bearbeitungsverfahren); Veredlungs...

отделывать 1. fertigbearbeiten, nachbearbeiten, fertigstellen; veredeln; 2. zurichten, nachbehandeln; 3. (Wlz) fertigwalzen, glätten, schlichten, friemeln, dressieren; 4. glättschmieden; 5. (Gieß) glätten, polieren (eine Form); 6. (Text) appretieren, ausrüsten

отдельность f 1. Abgeteiltheit f; 2. (Min) Absonderungsvermögen n; 3. (Geol) Absonderung f, Abspaltung f ‖ ~/**базальтовая** basaltische Absonderung f ‖ ~/**квадерная (кубическая)** quaderförmige Absonderung f ‖ ~/**матрацевидная** plattig-bankige (matratzenförmige) Absonderung f ‖ ~/**параллелепипедальная** parallelepipedische Absonderung f ‖ ~/**первичная** Absonderungsklüfte fpl ‖ ~/**пластовая (плитообразная)** schichtförmige (bankförmige) Absonderung f, Bankung f ‖ ~/**подушечная** kissenförmige Absonderung f ‖ ~/**полиэдрическая** polyedrische (unregelmäßig-vielflächige) Absonderung f ‖ ~/**призматическая** säulenförmige (säulige) Absonderung f ‖ ~/**ромбоидальная** rhomboedrische Absonderung f ‖ ~/**скорлуповатая** plattig-schalige Absonderung f ‖ ~/**столбчатая** s. ~/призматическая ‖ ~/**сфероидальная** kugelige Absonderung f

отделывать (Fert) feinbearbeiten

отделять 1. abtrennen, abscheiden, reparieren; ausscheiden; 2. absondern, abscheiden, abteilen; 3. [aus]klauben, scheiden (Aufbereitung); 4. sichten; entstauben; 5. (Fert) abheben (z. B. einen Span)

отдирать (Masch) [sich] ablösen (Verschluß)

отдулина f Beule f, Verbeulung f, Ausbeulung f, Bauch m

отдушивание n Parfümieren n

отдушина f 1. Luftloch n, Abzug m, Luftkanal m, Entlüftungskanal m, Entüfter m; 2. (Gieß) Gußpfeife f, Luftpfeife f, Luftloch n, Windpfeife f (einer Form)

отдушистость f (Led) Losnarbigkeit f

отдушка f Parfümstoff m, Riechstoff m; Geruchsverbesserungsmittel n

отдушник m s. отдушина 2.

отенит m (Min) Autunit m, Kalkuranit m, Kalkuranglimmer m

отёсанный rauhgeschält (Holz)

отжатие n Pressen n, Auspressen n

отжать s. отжимать

отжечь s. отжигать

отжиг m 1. (Met) Glühen n, Glühbehandlung f; Tempern n, Temperung f; 2. (Eln) Temperung f, Tempern n; Ausheilen n (Halbleiter); 3. (Glas) [langsames] Kühlen n, Entspannen n (im Kühlofen); 4. Abschrecken n, Härten n (synthetische Fasern) ‖ ~/**белый** (Met) Blankglühen n ‖ ~/**быстрый** (Eln) Kurzzeittemperung f, schnelle thermische Ausheilung f, RTA ‖ ~ **в вакууме** (Met) Vakuumglühen n ‖ ~ **в газовой среде** (Gieß) Gastempern n ‖ ~ **в железной руде** (Met) Erztempern n, Erzglühfrischen n ‖ ~ **в коробах (ящиках)** (Met) Kastenglühen n, Kistenglühen n ‖ ~/**вторичный** (Met) Nachglühen n ‖ ~/**высокий** s. ~/высокотемпературный 1. ‖ ~/**высокотемпературный** 1. (Met) Hoch[temperatur]glühen n, Grobkornglühen n, Ausgleichsglühen n; Umwandlungsglühen n; 2. (Eln) Temperung f bei hoher Temperatur, Hochtemperaturbehandlung f (Halbleiter) ‖ ~/**гомогенизирующий (гомогенизационный)** (Met) Homogenisierungsglühen n (Stahlformguß) ‖ ~/**графитизирующий** (Met) Graphit[isierungs]glühen n, graphitisierendes Glühen n ‖ ~/**диффузионный** (Met) Lösungsglühen n, Homogenisieren n, Homogenisierungsglühen n, Diffusionsglühen n (von Blöcken und Knüppeln) ‖ ~/**зародышеобразующий** (Eln) Keimbildungstemperatur f (Halbleiter) ‖ ~/**изотермический** 1. (Met) Glühen n auf feinstreifigen Perlit bei konstanter Temperatur; 2. (Eln) isothermische Temperung f (Halbleiter) ‖ ~/**изохронный** (Eln) konventionelle Ausheilung f, Ofenausheilung f (Halbleiter) ‖ ~/**импульсный** (Eln) Impulsausheilung f (Halbleiter) ‖ ~ **ковкого чу-**

гуна (Met) Tempern n, Temperglühen n, Frischen n ‖ ~/контактный (Eln) Kontakttemperung f (Halbleiter) ‖ ~/кратковременный s. ~/быстрый ‖ ~/лазерный (Eln) Laserausheilung f (Halbleiter) ‖ ~/ламповый (Eln) Lampenausheilung f (Halbleiter) ‖ ~/локальный термический (Eln) Temperung f mit gescanntem Energiestrahl, nicht ganzflächige Temperung f (Halbleiter) ‖ ~/маятниковый (Met) Pendelglühen n ‖ ~/микроволновый (Eln) Mikrowellentemperung f (Halbleiter) ‖ ~/мягкий (Met) Weichglühen n ‖ на грубое зерно s. ~/высокотемпературный 1. ‖ ~ на зернистый перлит s. ~/сфероидизирующий ‖ ~ на ковкий чугун (Met) Tempern n, Temperung f ‖ ~ нарушенных слоёв (Eln) Störschichtausheilung f (Halbleiter) ‖ ~/некогерентным светом (Eln) Blitzlampenausheilung f, Halogenlampenbestrahlung f, Lampenbestrahlung f (Temperung mit kohärentem Licht; Halbleiter) ‖ ~/непольный (Met) Weichglühen n ohne (mit teilweiser) Umkörnung des Gefüges, anlassendes Weichglühen n ‖ ~/непрерывный (Met) Durchlaufglühen n, Durchlaufglühung f ‖ ~/низкий (низкотемпературный) 1. (Met) Spannungsarmglühen n, Entspannungsglühen n, Entspannen n; 2. (Eln) Niedertemperaturtemperung f (Halbleiter) ‖ ~/нормализационный (Met) Normal[isierungs]glühen n, normalisierendes Glühen n, Normalisieren n ‖ ~/нормальный (Met) Weichglühen n mit Gefügeumkörnung ‖ ~/обезуглероживающий (Met) Entkohlungsglühen n; Weiß[guß]tempern n, Tempern n auf weißen Temperguß, Entkohlungstempern n ‖ ~/однократный (Met) Einfachglühen n ‖ ~/окончательный (Met) Endglühen n, Abschlußglühung f, Fertigglühen n ‖ ~/печной (Eln) Ofenausheilung f (Halbleiter) ‖ ~/повторный (Met) Nachglühen n ‖ ~/полный (Met) Weichglühen n mit [vollständiger] Umkörnung des Gefüges, umformendes Weichglühen n ‖ ~/послеимплантационный (пострадиационный) (Eln) Postimplantationsausheilung f, Ausheilung f nach der Implantation (Halbleiter) ‖ ~/предварительный (Met) thermische Vorbehandlung f (Halbleiter) ‖ ~/промежуточный (Met) Zwischenglühen n ‖ ~ радиационных дефектов (Eln) Ausheilung f von Strahlenschäden (Halbleiter) ‖ ~/растворяющий (Eln) Homogenisierungstemperung f, Keimauflösungstemperung f ‖ ~/рекристаллизационный (Met) Rekristallisationsglühen n ‖ ~ с перекристаллизацией/полный ‖ ~/высокотемпературный ‖ ~ с фазовой перекристаллизацией (Met) Umwandlungsglühen n ‖ ~/светлый (Met) Blankglühen n, Schutzgasglühen n, Glühen n in schwach reduzierender Atmosphäre ‖ ~/смягчающий (Met) Weichglühen n ‖ ~/стабилизирующий 1. (Met) Stabil[isierungs]glühen n, stabilisierendes Glühen n; 2. (Eln) Thermodonatorentemperung f, TDT ~/(Halbleiter) ‖ ~ стекла (Glas) [langsame] Kühlung f, Entspannung f ‖ ~/ступенчатый (Met) Stufenglühen n, stufenweises (gestuftes) Glühen n ‖ ~/сфероидизирующий (Met) sphärodisierendes Glühen n, Glühen n auf kugelige Zementit ‖ ~/теплопроводный (Eln) Wärmeleitungstemperung f (Halbleiter) ‖ ~/тонкий (Glas)

Feinkühlung f ‖ ~/ферритизирующий (Met) Ferritisierungsglühen n, Glühen n auf Ferrit ‖ ~/фотонный s. ~ некогерентным светом ‖ ~/фотостимулированный (Eln) lichtinduzierte Ausheilung f (Halbleiter) ‖ ~/циклический (Met) Pendelglühen n ‖ ~/частичный (Eln) Teilausheilung f (Halbleiter)
отжигаемость f (Met) Glühbarkeit f, Glühfähigkeit f
отжигание n s. отжиг
отжигать 1. (Met) glühen, tempern; 2. (Eln) tempern; ausheilen (Halbleiter); 3. (Glas) [langsam] kühlen, entspannen (im Kühlofen); 4. abschrecken, härten (synthetische Fasern); 5. ~ вторично (повторно) (Met) nachglühen
отжим m 1. Abdrücken n, Abpressung f, Abpressen n; 2. (Led) Abwelken n; 3. Quetschen n (von Röstflachs); 4. (Bgb) Gang m, Gehen n, Drucklagenbildung f; 5. (Photo) Abquetschrolle f, Abstreifer m, Gummiquetscher m ‖ ~ на центрифуге (Text) Abschleudern n ‖ ~/окончательный Fertigpressen n ‖ ~ угля (Bgb) Ablösen n (Abdrücken n, Gang m) der Kohle
отжимаемость f Abpreßbarkeit f
отжимание n 1. Ausdrücken n, Auspressen n; Auswringen n; 2. Abquetschen n; Abdrücken n; Wegdrücken n, Abpressen n
отжимать 1. wegdrücken, abdrängen; 2. (Masch) lösen (z. B. geklemmte Maschinenteile); 3. (Wkzm) abspannen (z. B. gespannte Werkstücke); 4. [ab]pressen, auspressen, ausdrücken; 5. (Pap) gautschen; 6. (Led) abwelken; 7. quetschen (Röstflachs) ‖ ~ досуха trockenpressen ‖ ~ сок keltern
отзвук m (Ak) Nachhall m, Widerhall m
отзейгеровать [ab]seigern (NE-Metallurgie)
отказ m 1. Absage f, Ablehnung f, Verweigerung f, Zurückweisung f; 2. Verzicht m; 3. (Fert) Ausfall m, Versagen n (z. B. eines Maschinenteils) • с отказами ausfallbehaftet ‖ ~/безусловный Totalausfall f ‖ ~ в приёме Annahmeverweigerung f ‖ ~/внезапный unerwarteter Ausfall m, Spontanausfall m ‖ ~/вторичный s. ~/зависимый ‖ ~/долговременный Lebensdauerausfallrate f (z. B. von Halbleiterbauelementen) ‖ ~/зависимый Folgeausfall m, abhängiger Ausfall m ‖ ~/конструкционный Konstruktionsausfall m ‖ ~/независимый unabhängiger Ausfall m ‖ ~ от закона взаимозаместимости (Photo) Versagen n des Reziprozitätsgesetzes n ‖ ~ от слова (Inf) Löschen n eines Wortes ‖ ~ от строки (Inf) Streichen n einer Zeile ‖ ~/перемежающийся intermittierender Ausfall m ‖ ~/полный Totalausfall m; (Eln auch:) Total-Fail m (von Schaltkreisen) ‖ ~/постепенный (Eln) Driftausfall m, allmählicher Ausfall m ‖ ~/приработочный Frühausfall m ‖ ~ программы (Inf) Programmabsturz m ‖ ~/ранний Frühausfall m (von Schaltkreisen) ‖ ~ символов (Inf) Rückweisung f von Zeichen ‖ ~/случайный Zufallsausfall m, zufälliger Ausfall m ‖ ~/условный Toleranzausfall m ‖ ~/функциональный Funktionsausfall m ‖ ~/частичный partieller Ausfall m ‖ ~ шпура (Bgb) Versager m (Sprengladung)
отказавший ausgefallen (Maschinen, Geräte, Bauteile)
отказать s. отказывать

отказоустойчивый ausfallunempfindlich *(Maschinen, Geräte, Bauteile)*
отказывать 1. absagen, ablehnen, verweigern; 2. ausfallen, versagen *(z. B. Maschinenteile)* ‖ ~ **в приёме** zurückweisen, nicht annehmen
откатка f *(Bgb)* Streckenförderung f, Förderung f ‖ ~ **бесконечным канатом** Förderung f mit geschlossenem (endlosem) Seil ‖ ~/**воздуховозная** Druckluftlokförderung f ‖ ~ **замкнутым канатом** Förderung f mit geschlossenem (endlosem) Seil ‖ ~/**канатная** Seilförderung f ‖ ~ **концевым канатом** Förderung f mit offenem Seil, Schlepperhaspelförderung f ‖ ~/**людская** Mannschaftsfahrung f ‖ ~/**подземная** Untertageförderung f ‖ ~/**рельсовая** Gleisförderung f ‖ ~/**рудничная** Grubenförderung f ‖ ~/**ручная** Handförderung f, Förderung f von Hand ‖ ~/**самокатная** Gefälleförderung f ‖ ~/**цепная** Kettenförderung f ‖ ~/**электровозная** Förderung f mit Elektrolokomotiven
откаточный *(Bgb)* Förder...
откатывание n **пролётного строения** *(Bw)* Verschieben n des Überbaus *(einer Schubbrücke)*
откатывать *(Bgb)* fördern; transportieren
откачать s. откачивать
откачивание n s. откачка
откачивать auspumpen, abpumpen; evakuieren ‖ ~ **воду** *(Bgb)* sümpfen, fördern, heben *(Wasser)*
откачка f 1. Auspumpen n; Evakuieren n; 2. Abzug m; Ablassen n
отклик m Reaktion f, Antwortsignal n; Ausschlag m *(des Zeigers)*
отклонение n 1. Abweichen n, Abweichung f, Schwankung f; Abschweifung f, Abirrung f; Ausweichung f; 2. Ablenkung f; Ausschlag m *(des Zeigers)*; 3. Abänderung f, Abart f, Abwandlung f; Unterschied m; 5. *(Wkst)* Auslenkung f *(Pendelschlagwerk)*; 6. *(Fert)* Abmaß n *(Toleranzen)*; 7. *(Wkzm)* Auswandern n, Verlaufen n *(Werkzeug)* ‖ ~/**вероятное** wahrscheinliche Abweichung f ‖ ~/**вертикальное** vertikale Ablenkung f, Vertikalablenkung f; *(TV auch:)* Bildablenkung f ‖ ~/**верхнее [предельное]** *(Fert)* oberes Abmaß n *(Toleranzen)* ‖ ~ **веска** *(Schiff)* Lotausschlag m *(Krängungsversuch)* ‖ ~/**ветровое** Windabtrieb m ‖ ~/**временное** Zeitabweichung f ‖ ~/**горизонтальное** horizontale (waagerechte) Ablenkung f, Horizontalablenkung f; *(TV auch:)* Zeilenablenkung f ‖ ~/**действительное** Istabmaß n ‖ ~/**допускаемое (допустимое)** 1. zulässige Abweichung f; 2. Toleranz f ‖ ~ **импульса** Impulsauslenkung f ‖ ~ **круглости** Rundheitsfehler m ‖ ~/**круговое** Kreisablenkung f, Kreisauslenkung f ‖ ~ **луча** *(Opt)* Strahlablenkung f ‖ ~/**магнитное** magnetische Ablenkung f ‖ ~/**максимальное** 1. *(Meß)* maximaler (größter) Ausschlag m; 2. maximale Regelabweichung f ‖ ~ **маятника** Pendelausschlag m ‖ ~ **межосевого расстояния** *(Fert)* Achsabstandsabweichung f *(bei Zahnradpaaren)* ‖ ~/**наибольшее** s. ~/максимальное ‖ ~ **наклона** *(Fert)* Winkligkeitsabweichung f ‖ ~ **напряжения** *(El)* Spannungsabweichung f ‖ ~/**начальное** 1. Anfangsabweichung f; 2. *(Meß)* Anfangsanschlag m ‖ ~/**нижнее [предельное]** *(Fert)* unteres Abmaß n *(Toleranzen)* ‖ ~ **нормаль-**

ного шага *(Fert)* Normalteilungsabweichung f *(Verzahnung)* ‖ ~/**нулевое** s. ~ нуля ‖ ~ **нуля** *(Meß)* Nullpunktabweichung f, Nullausschlag m ‖ ~/**основное** *(Meß)* Grundabmaß n ‖ ~/**остаточное** *(Meß)* 1. Restabweichung f; 2. bleibende Abweichung f ‖ ~ **от заданного положения** Lageabweichung f ‖ ~ **от заданного размера** Maßabweichung f ‖ ~ **от заданной величины** Abweichung f von der Sollgröße, Maßabweichung f ‖ ~ **от концентричности** Konzentrizitätsabweichung f ‖ ~ **от круглости** Formabweichung f vom Kreis, Kreisformabweichung f, Rundheitsfehler m ‖ ~ **от линейности** Linearitätsabweichung f ‖ ~ **от номинального значения** *(Meß)* 1. Abweichung f vom Nennwert; 2. Kalibrierfehler m *(eines Meßgerätes)* ‖ ~ **от параллельности** Lageabweichung f von der Parallelität, Unparallelität f ‖ ~ **от пересечения** *(Fert)* Kreuzungsabweichung f ‖ ~ **от перпендикулярности** Lageabweichung f von der Rechtwinkligkeit, Rechtwinkligkeitsabweichung f ‖ ~ **от плоскостности** Abweichung (Formabweichung) f von der Ebene, Ebenheitsabweichung f ‖ ~ **от прямолинейности** Formabweichung f von der Geraden, Geradheitsabweichung f ‖ ~ **от симметричности** Lageabweichung f von der Symmetrie, Symmetrieabweichung f ‖ ~ **от соосности** Lageabweichung f von der Koaxialität, Koaxialitätsabweichung f ‖ ~ **от средней длины** Mittenabweichung f *(bei einem Endmaß)* ‖ ~ **от цилиндричности** Formabweichung f vom Zylinder, Zylinderformabweichung f ‖ ~ **от ширины зуба** Abmaß n der Zahndicke f, Zahndickenabmaß n ‖ ~ **по высоте** Abweichung f in der Höhe ‖ ~ **по дальности** Abweichung f in der Entfernung ‖ ~ **по кадру** *(TV)* Bildablenkung f, Rasterablenkung f ‖ ~ **поверхности/геометрическое** Gestaltabweichung f *(einer Oberfläche)* ‖ ~/**позиционное** Positionsabweichung f ‖ ~/**поперечное** Querablenkung f ‖ ~/**предельное** Abmaß n; zulässige (größte) Abweichung f ‖ ~ **при колебании** lineare Ablenkung f, Schwingungsausschlag m, Elongation f ‖ ~ **при фальцовке** *(Typ)* Falzdifferenz f ‖ ~ **профиля** Profilabweichung f *(Rauheitsmessung)*; Flankenabmaß n ‖ ~ **профиля/среднее арифметическое** arithmetischer Mittenrauhwert m R_a *(Vorzugskenngröße der Oberflächenrauheit)* ‖ ~ **профиля/среднее квадратическое** quadratischer Mittenrauhwert m R_q ‖ ~ **пучка** Strahlablenkung f, Strahlabweichung f ‖ ~ **развёртки** Kippablenkung f ‖ ~ **размера** Abmaß n, Maßabweichung f ‖ ~ **расположения** Lageabweichung f; *(Fert)* Formabweichung f ‖ ~ **света** Lichtablenkung f ‖ ~ **света/гравитационное** *(Astr)* relativistische Lichtablenkung f ‖ ~/**случайное** zufällige Abweichung f ‖ ~ **совокупности/среднее квадратическое** Standardabweichung f einer Grundgesamtheit ‖ ~/**средневероятное** mittlere wahrscheinliche Abweichung f ‖ ~/**среднее** mittleres Abmaß n, mittlere Abweichung f ‖ ~/**среднеквадратическое** 1. *(Math)* mittlere quadratische Abweichung f *(Wahrscheinlichkeitsrechnung)*; 2. *(Meß)* Standardabweichung f *(des Einzelwertes einer Meßreihe)* ‖ ~/**стандартное** Standardabweichung f ‖ ~/**статисти-**

ческое statistische Schwankung *f* ‖ ~ **стрелки** *(Meß)* Zeigerabweichung *f*, Zeigerausschlag *m*; **Nadelabweichung** *f* ‖ **~/строчное** *(TV)* Zeilenablenkung *f*, Zeilenauslenkung *f* ‖ **~/суммарное** Gesamtabweichung *f* ~ **толщины зуба** Abmaß *n* der Zahndicke, Zahndickenabmaß *n* ‖ ~ **торцового шага** Einzelteilungsabweichung *f (Zahnrad)* ‖ **~/угловое** 1. Winkelabweichung *f*; 2. Winkelablenkung *f*; 3. Winkelausschlag *m* ‖ ~ **фазы** Phasenabweichung *f*; Phasenhub *m* ‖ ~ **формы** Formabweichung *f* ‖ ~ **частоты** Frequenzabweichung *f*; Frequenzhub *m* ‖ ~ **шага** *(Masch)* Eingriffsteilungsfehler *m (Zahnrad)* ‖ **~/электромагнитное** elektromagnetische Auslenkung *f*
отклонения *npl*/**предельные** *npl* Grenzabmaße *npl (oberes und unteres Abmaß)*
отклонитель *m* Ablenkvorrichtung *f (Bohrung)* ‖ ~ **поршня** Kolbennase *f* ‖ ~ **струи** 1. Leitrichtung *f* für Flüssigkeits- und Gasströmungen *(Strömungsmaschinen)*; 2. *(Hydr)* Leitvorrichtung *f* für Flüssigkeitsstrahl
отклоняемость *f* Ablenkfähigkeit *f*
отклонить *s.* отклонять
отклониться *s.* отклоняться
отклонять ablenken, auslenken
отклоняться 1. abgelenkt (ausgelenkt) werden; 2. ausschlagen *(Zeiger)*; 3. abweichen
отключать *(El)* abschalten, ausschalten; auslösen *(einen Schalter)*
отключение *n* Abschalten *n*, Ausschalten *n*; Auslösen *n (eines Schalters)* ‖ **~/аварийное** Havarieabschaltung *f* ‖ **~/автоматическое** Selbstabschaltung *f* ‖ ~ **дистанционное** Fernabschaltung *f* ‖ ~ **короткого замыкания** Kurzschlußabschaltung *f* ‖ **~/ложное** Fehlabschaltung *f*; Fehlauslösung *f (eines Relais)* ‖ ~ **от напряжением** Spannungsauslösung *f* ‖ ~ **от руки** Abschaltung *f* von Hand ‖ ~ **от устройства** *(Inf)* Freigabe *f* einer Einrichtung *f (Betriebssystem)* ‖ ~ **тока** *(El)* Stromabschaltung *f*
«отключено» *(El)* „Aus", „Ausgeschaltet", „Abgeschaltet" *(Schaltstellung)*
отключить *s.* отключать
откол *m (Bgb)* Abriß *m*, Rutschung *f*, Ablösen *n*
отколка *f (Glas)* Absprengen *n*
откос *m* 1. Abhang *m*, Abschüssigkeit *f*; 2. *(Bw, Hydr)* Böschung *f*; 3. *(Bw)* Anlauf *m*, Schmiege *f* ‖ **~/береговой** Uferböschung *f* ‖ **~/боковой** Seitenböschung *f* ‖ ~ **борта** *(Bgb)* Randböschung *f* ‖ **~/верховой** wasserseitige (flußseitige) Böschung *f*, Böschung stromauf, Dammbrust *f* ‖ ~ **вскрышного уступа** *(Bgb)* Abraumböschung *f* ‖ ~ **выемки** Böschung *f* im Abtrag; Baggerböschung *f* ‖ **~/гравийный** Kiesböschung *f* ‖ ~ **дамбы** Dammböschung *f* ‖ **~/дверной** Türleibung *f*, Gewände *n* ‖ **~/земляной** Erdböschung *f* ‖ **~/карьерный** *(Bgb)* Tagebauböschung *f* ‖ **~/надводный** Unterwasserböschung *f*, Böschung *f* im Auftrag ‖ **~/насыпи** Dammböschung *f*, Böschung *f* im Auftrag ‖ ~ **оконного Гewände** *n* ‖ ~ **отвала** Kippenböschung *f* ‖ **~/отвальный** Kippenböschung *f* ‖ **~/плотины** Dammböschung *f* ‖ **~/предохранительный** Schutzböschung *f* ‖ **~/русловый** Flußbettböschung *f* ‖ **~/скальный** Felsböschung *f* ‖ **~/торцовый** Kopfböschung *f* ‖ ~ **траншеи** Grabenböschung *f* ‖ **~/уступный** Strossenböschung *f*

открывание *n s.* открытие
открывать 1. öffnen, aufmachen; entsperren; 2. eröffnen; 3. entdecken; 4. auf Fahrt stellen *(Signal)*; 5. *(Bgb, Geol)* erschließen *(Lagerstätte)*
открытие *n* 1. Eröffnung *f*, Öffnung *f*, Öffnen *n*; Entsperren *n*; 2. Entdeckung *f*; 3. *(Bgb, Geol)* Erschließung *f (Lagerstätte)* ‖ ~ **зева** *(Text)* Fachöffnung *f* ‖ ~ **файла** *(Inf)* Eröffnen *n* der Datei
открыть *s.* открывать
отлагать ablagern
отлагаться sich ablagern, abgelagert werden
отладить *s.* отлаживать
отладка *f* Fehlerbeseitigung *f*, Störungsbeseitigung *f*, Austesten *n; (Inf auch:)* Debugging *n*; Funktionsprüfung *f* ‖ **~/автоматизированная** *(Inf)* automatisierte Programmprüfung *f* ‖ **~/автономная** *(Inf)* unabhängige (autonome) Programmprüfung *f* ‖ **~/комплексная** *(Inf)* Systemtest *m* ‖ ~ **программы** *(Inf)* Austesten *n* eines Programms, Programmtestung *f*, Debugging *n* ‖ **~/системная** *(Inf)* Systemtest *m*
отладочный Austest..., Debug[ging]...
отладчик *m s.* программа/отладочная
отлаживать von Fehlern (Störungen) befreien (beräumen), Fehler (Störungen) beseitigen, austesten ‖ ~ **программу** *(Inf)* Fehler im Programm beseitigen, das Programm austesten
отламывание *n* Abschlagen *n*, Abbrechen *n*; Abbröckeln *n*
отламываться abbrechen; abbröckeln
отлив *m* 1. Abfluß *m*, Zurückfluten *n*; 2. Guß *m*, Abguß *m (Vorgang)*; 3. *(Bw)* Wasserschenkel *m*; 4. Ebbe *f*, fallende Tide *f* ‖ **~/двухфильерный** *(Photo)* Doppelgußverfahren *n* ‖ ~ **камня** *(Min)* Labradorisieren *n*, Schillern *n* ‖ **~/оконный** *(Bw)* Fensterablauf *m*
отливание *n* 1. Abgießen *n*; *(Kst)* Spritz[gieß]en *n*
отливать 1. [ab]gießen; 2. *(Kst)* gießen, vergießen; abgießen; *(Kst)* spritz[gieß]en; 3. *(Min)* schimmern, schillern, spielen ‖ ~ **вертикально** *(Gieß)* stehend gießen ‖ ~ **сифоном** *(Gieß)* steigend gießen
отливка *f* 1. Gießen *n*, Abgießen *n*, Vergießen *n*, Guß *m*, Abguß *m*; *(Kst)* Spritzgießen *n (Vorgang)*; 2. Gußteil *n*, Gußstück *n*, Gußerzeugnis *n*; *(Kst)* Spritzgußteil *m*; 3. *(Pap)* Stoffablauf *m* ‖ **~/алюминиевая** 1. Aluminiumgußteil *n*; 2. Aluminium[form]guß *m* ‖ **~/батарейная** *(Ker)* Batterieguß *m*, Serienguß *m* ‖ **~/безопочная** 1. kastenloses Gießen *n*; 2. in kastenlosen Formen hergestelltes Gußteil *n* ‖ **~/бесковшовая** pfannenloses Gußteil *n* ‖ **~/бесстержневая** kernloses Gußteil *n* ‖ **~/бесшишечная** *s.* ~/бесстержневая ‖ **~/биметаллическая** 1. Verbundgießen *n*; 2. Verbundgußteil *n* ‖ **~/бракованная** Ausschußgußteil *n*, Fehlgußstück *n* ‖ **~/бронзовая** 1. Bronzeformguß *m*; 2. Bronzegußteil *n* ‖ ~ **в кокиль** 1. Kokillenguß *m*, Kokillengießverfahren *n*, Kokillenverfahren *n*, Kokillengußstück *n* ‖ ~ **в опоках** 1. Kastenformguß *m*; 2. Kastengußteil *n* ‖ ~ **в песке** Sandguß *m* ‖ ~ **в постоянные формы** 1. Dauerformguß *m*, Kokillenguß *m*; 2. Dauerformgußteil *n* ‖ ~ **вмокрую** 1. Naßgießverfahren *n*, Naßgußverfahren

отливка

n; 2. in einer Naßgießform hergestelltes Gußteil *n* II ~ **всухую** 1. Trockengießverfahren *n*, Trockengußverfahren *n*; 2. in einer Trockengießform hergestelltes Gußteil *n* II ~**/двухслойная** 1. Verbundgießen *n*; 2. Verbundgußteil *n* II ~**/дефектная (забракованная)** *s.* ~/бракованная II ~**/закалённая** 1. Schalenguß *m*; Hartguß *m*; 2. Hartgußteil *n* II ~**/кокильная** *s.* ~ в кокиль II ~**/латунная** 1. Messingguß *m*; 2. Messinggußteil *n* II ~**/необработанная** unbearbeitetes Gußteil *n*, Rohgußteil *n*, Gußrohling *m*; nicht (nicht vollständig) geputztes Gußteil *n* II ~**/неочищенная** Rohguß *m*, ungeputztes Gußteil *n* II ~**/опочная** 1. Kasten[form]guß *m*; 2. Kastengußteil *n* II ~**/отбелённая** 1. Hartgußteil *n*; 2. Graugußteil *n* mit Weißeinstrahlung II ~ **под давлением** 1. Druckgießen *n*, Druckgießverfahren *n*; 2. Druckgußteil *n* II ~ **под противодавлением/кокильная** 1. Gegendruck-Kokillengießen *n*; 2. Gegendruck-Kokillengußteil *n* II ~**/полая** Kernguß *m* II ~**/пористая** 1. poröser (undichter, schwammiger) Guß *m*; 2. poröses Gußteil *n* II ~ **по-сухому** *s.* ~ всухую II ~**/прецизионная** 1. Genauguß *m*; 2. Genaugußteil *n* II ~**/пробная** 1. Probeabguß *m*; 2. Probegußteil *n* II ~**/пустотелая** 1. Hohlguß *m*; 2. Hohlgußteil *n* II ~ **сверху** fallendes Gießen *n*, fallender Guß *m* II ~**/сифонная** steigendes Gießen *n*, steigender Guß *m* II ~ **снизу** steigendes Gießen *n*, steigender Guß *m* II ~**/сплошная** 1. Vollguß *m*; 2. Vollgußteil *n* II ~**/стальная [фасонная]** Stahl[form]gußteil *n*, Stahl[form]gußstück *n* II ~**/сырая** unbeareitetes Gußteil *n*, Rohgußteil *n*, Gußrohling *m* II ~**/точная** 1. maßhaltiges (maßgenaues) Gußteil *n*; 2. Feingußteil *n*, Präzisionsgußteil *n* II ~**/фасонная** Formgußteil *n*, Formgußstück *n* II ~**/центробежная** 1. Schleudergießen *n*, Schleudergießverfahren *n*; 2. Schleudergußteil *n* II ~**/чёрная** unbearbeitetes Gußteil *n*, Rohgußteil *n*, Gußrohling *m* II ~**/чугунная** Gußteil *n* aus Gußeisen

отлипание *n* Ablösen *n*, Ablösung *f*, Abspalten *n*, Abspaltung *f*

отлить *s.* отливать

отлогость *f* [leichtes] Gefälle *n*, Neigung *f*

отложение *n* 1. *(Geol)* Ablagerung *f*, Absatz *m*, Sedimentation *f (s. a. unter* отложения); 2. Beschlag *m* II ~ **накипи** Kesselstein *m*, Kesselsteinbelag *f* II ~ **наносов** *(Hydt)* Schwemmstoffablagerung *f*

отложения *npl (Geol)* Ablagerungen *fpl*, Sedimente *npl (rezente und diagenetisch verfestigte Ablagerungen)* II ~**/абиссальные** abyssische (eupelagische) Ablagerungen *fpl*, Tiefseeablagerungen *fpl* II ~**/автохтонные** autochthone Ablagerungen *fpl (an Ort und Stelle entstandene Ablagerungen)* II ~**/аллохтонные** allochthone Ablagerungen *fpl (vom Bildungsort entfernt befindliche Ablagerungen)* II ~**/аллювиальные** fluviatile Ablagerungen *fpl*, Flußablagerungen *fpl* II ~**/аэрогенные** *s.* ~/эоловые II ~**/батиальные** bathyale Ablagerungen *fpl*, Flachseeablagerungen *fpl* II ~**/биогенные** biogene Ablagerungen *fpl* II ~**/валунные** [erratische] Geröllablagerungen *fpl* II ~**/вмещающие** umgebende Ablagerungen *fpl*, begleitende Sedimente *npl* II ~**/водно-ледниковые** glazifluviatile (fluvioglaziale) Ablagerungen *fpl* II ~**/водные** aquatische Ablagerungen *fpl* II ~**/вулканические** vulkanische Ablagerungen *fpl* II ~**/гемипелагические** *s.* ~/батиальные II ~**/гетеротаксиальные** heterotaxe (ungleichaltrige) Ablagerungen *fpl* II ~**/глинистые** Tonablagerungen *fpl*; Lehmablagerungen *fpl* II ~**/гомотаксиальные** homotaxe (äquivalente) Ablagerungen *fpl* II ~**/дельтовые** Ablagerungen *fpl* in Deltamündungen, Deltasedimente *npl* II ~**/делювиальные** Abspülungsablagerungen *fpl (bei Hangabtragungen durch abrinnendes Regenwasser)*, deluviale Ablagerungen *fpl* II ~**/зоогенные** zoogene Ablagerungen *fpl* II ~**/известковые** Kalkablagerungen *fpl* II ~**/континентальные** terrestrische Ablagerungen *fpl*, Festlandsablagerungen *fpl* II ~**/коррелируемые** korrelierbare Ablagerungen *fpl*, Lagunenablagerungen *fpl* II ~**/ледниково-морские** glaziomarine Ablagerungen *fpl*, Gletscherablagerungen *fpl*, Gletscherschutt *m* II ~**/лимнические** limnische Ablagerungen *fpl* II ~**/литоральные** litorale Ablagerungen *fpl*, Strandablagerungen *fpl* II ~ **мелководья** *s.* ~/неритовые II ~**/морские** marine Ablagerungen *fpl* II ~**/неритовые** neritische Ablagerungen *fpl*, Flachseeablagerungen *fpl* II ~**/обвально-морские** *(Geol)* marine Einsturzablagerungen *fpl* II ~**/обломочные** Trümmergesteinsablagerungen *fpl*, klastische Ablagerungen *fpl*, klastische Sedimente *npl*, Trümmersedimente *npl* II ~**/озёрные** limnische Ablagerungen *fpl*, Ablagerungen *fpl* in Binnenseen II ~**/оползневые** Erdrutschablagerungen *fpl* II ~**/органогенные** organogene Ablagerungen *fpl* II ~**/пегнитогенные** *s.* ~/хемогенные II ~**/пелагические** pelagische Ablagerungen *fpl* II ~**/послеледниковые** postglaziale (rezente) Ablagerungen *fpl* II ~**/прибрежные** küstennahe Ablagerungen *fpl* II ~**/пролювиальные** *s.* пролювий II ~**/речные** fluviatile Ablagerungen *fpl* II ~**/синхронные** synchrone (gleichaltrige) Ablagerungen *fpl*, gleichzeitig entstandene verschiedenartige Ablagerungen *fpl* II ~**/субаэральные** *s.* ~/эоловые II ~**/талассические (талассогенные)** *s.* ~/абиссальные II ~**/терригенные** terrigene Ablagerungen *fpl* II ~**/фитогенные** phytogene Ablagerungen *fpl* II ~**/флювиогляциальные** fluvioglaziale Ablagerungen *fpl* II ~**/хемогенные (химические)** chemische Sedimente *npl*, Ausfällungen *fpl*, Ausfällungssedimente *npl* II ~**/элювиальные** eluviale Ablagerungen *fpl (natürlich ausgeschlämmte bzw. ausgewaschene Sedimente)* II ~**/эоловые** äolische Ablagerungen *fpl*

отломаться, отломиться *s.* отламываться

отлуп *m (Forst)* Kernschäle *f* II ~**/кольцевой** Ringschäle *f* II ~**/частичный** Teilschäle *f*

отмарывание *n (Typ)* Abliegen *n*; Abschmieren *n (Farbe)*

отмель *f (Geol)* Untiefe *f*, Barre *f* II ~**/гравийная** Kiesbank *f* II ~**/материковая** Schelf *m*, Kontinentalsockel *m* II ~**/ракушечная** Muschelbank *f*

отмелять *(Brau)* hopfen, Hopfen zusetzen

отмена *f (Inf)* Abbruch *m*

отменять *(Inf)* abbrechen

отмеривание *n* Abmessen *n*, Dosieren *n*

отмеривать abmessen, dosieren
отметить s. отмечать
отметка f 1. Notiz f, Vermerk m; 2. Note f, Zensur f; 3. Zeichen n, Kennzeichen n, Markierung f, Marke f; 4. Zacke f, Zacken m ‖ **~/абсолютная** (Geod) absolute Höhenkote f ‖ **~ времени** Zeit[meß]marke f ‖ **~/высотная** s. **~ высоты** ‖ **~ высоты** (Geod) Höhenkote f, Kote f, Höhenmarke f ‖ **~ глубины** (Geod) Tiefenwert m, Tiefpunkt m ‖ **~/градуировочная** Graduierungsmarke f, Einmeßstrich m ‖ **~/измерительная** Meßmarke f ‖ **~ изобаты** (Geod) Tiefenwert m ‖ **~ курса** (Rad) Kursmarke f, Vorausmarke f (Navigation) ‖ **~ ложная** (Rad) Störzeichen n, Störecho n ‖ **~/нулевая** (Rad) Nullzacken m ‖ **~/относительная** s. **~/условная** ‖ **~/проектная** Entwurfshöhenkote f, Sollhöhe f ‖ **~/световая** Lichtmarke f ‖ **~/условная** (Geod) bedingte (bezogene) Höhenkote f ‖ **~/установочная** Einstellmarke f ‖ **~/частотная** Frequenzmarke f ‖ **~ шкалы** Teil[ungs]marke f, Skalenmarke f ‖ **~ шкалы/нулевая** Skalennullpunkt m ‖ **~/яркостная** Helligkeitsmarke f
отметки fpl **шкалы/числовые** Skalenbezifferung f
отметчик m (Rad) Sichtgerät n, Anzeigegerät n ‖ **~ времени** Zeitmarkengeber m, Zeitmarkenschreiber m ‖ **~ кругового обзора** (Rad) Panorama[anzeige]gerät n, Rundsicht[anzeige]gerät n
отмечать 1. vermerken, notieren; 2. bemerken, hervorheben; 3. bezeichnen, kennzeichnen, markieren; 4. (Geod) kotieren; 5. (Forst) anschalmen
отмин f (Led) schlechter Narbenbruch m
отмока f (Led) Weiche f, Weichen n (Gerberei)
отмостка f (Bw) Wasserschutzböschung f; Traufpflaster n
отмочка f Einweichen n, Aufweichen n, Abweichen n
отмутить s. отмучивать
отмучивание n Schlämmen n, Abschlämmen n; Feinklassieren n, Feinklassierung f (Aufbereitung) ‖ **~/мокрое** Naßschlämmen n, Hydroklassieren n
отмучивать [ab]schlämmen; feinklassieren (Aufbereitung)
отмывать [ab]waschen, auswaschen; läutern, abschlämmen
отмывка f Waschen n, Abwaschen n; Läutern n, Abschlämmen n; Wäsche f (Aufbereitung)
отмыть s. отмывать
отнимать entziehen
относительно земли (El) auf Erde (Masse) bezogen, gegen Erde (Masse)
относительность f Relativität f
относительный verhältnismäßig; relativ, bezogen
отношение n 1. Verhältnis n, Beziehung f; Bezug m; 2. Verhalten n; 3. (Math) Verhältnis n • **по отношению к земле** (El) auf Erde (Masse) bezogen, gegen Erde (Masse) ‖ **~/ангармоническое** s. **~/двойное** ‖ **~/атомное** (Ch) Atomverhältnis n ‖ **~ Больцмана** (Ph) Boltzmann-Verhältnis n ‖ **~/весовое** (Ch) Massenverhältnis n ‖ **~ ветвей распада** (Kern) Verzweigungsverhältnis n, Abzweigverhältnis n ‖ **~ витков** (El)

отображение

Windungsverhältnis n (Transformator) ‖ **~/водовяжущее** (Bw) Wasser-Bindemittel-Verhältnis n ‖ **~/водоцементное** (Bw) Wasser-Zement-Verhältnis n, Wasser-Zement-Faktor m ‖ **~ выходов** (Kern) Ausbeuteverhältnis n ‖ **~/гиромагнитное** (Ph) gyromagnetisches (magetomechanisches) Verhältnis n ‖ **~ главных напряжений** (El) Hauptspannungsverhältnis n ‖ **~ давлений** Druckverhältnis n (Verdichter, Gebläse, Lüfter) ‖ **~/двойное** (Math) Doppelverhältnis n (projektive Geometrie) ‖ **~/действительное передаточное** tatsächliches Übersetzungsverhältnis n (Getriebe) ‖ **~/дисковое** (Schiff) Flächenverhältnis n (Propellerberechnung) ‖ **~/магнитомеханическое** s. **~/гиромагнитное** ‖ **~ масс** (Rak) Massenverhältnis n, Ziolkowski-Zahl f ‖ **~/молярное** (Ch) Molverhältnis n ‖ **~ мощностей** Leistungsverhältnis n ‖ **~ напряжений** (El, Mech) Spannungsverhältnis n ‖ **~ номинального потока** (MB) Nennflußabstand m ‖ **~/объёмное** (Ch) Volumenverhältnis n ‖ **~ отклонений** Abweichungsverhältnis n ‖ **~/передаточное** (Masch) Übersetzung f, Übersetzungsverhältnis n, Drehzahlverhältnis n (Getriebe); Eingriffsverhältnis n (z. B. Zahnrad) ‖ **~ плеч** (Mech) Übersetzung f, Übersetzungsverhältnis n (Hebel) ‖ **~/полное передаточное** Gesamtübersetzungsverhältnis n, Gesamtübersetzung f (Getriebe) ‖ **~ реактивной мощности** (El) Blindleistungsverhältnis n ‖ **~ сигнал-помеха** (Nrt) Nutz-Stör-Verhältnis n, Störabstand m ‖ **~ сигнал-фон** (Rf) Brummabstand m ‖ **~ сигнал-шум** Signal-Rausch-Verhältnis n, Rauschabstand m, Signal-zu-Rausch-Verhältnis n, S/N-Verhältnis n; Signal-Geräusch-Verhältnis n, Geräuschabstand m ‖ **~ скоростей вращения** Drehzahlverhältnis n ‖ **~ смеси** (Meteo) Mischungsverhältnis n (Verhältnis der Masse des in feuchter Luft enthaltenen Wasserdampfes zur Masse der trockenen Luft) ‖ **~ сходимости** (Math) Konvergenzrelation f ‖ **~/термодиффузионное** Thermodiffusionsverhältnis n ‖ **~ токов** (El) Stromverhältnis n ‖ **~ чисел циклов нагружения** (Wkst) Lastspielzahlverhältnis n (Dauerschwingversuch) ‖ **~/шаговое** (Schiff) Steigungsverhältnis n (Propellerberechnung)
отнятие n Entzug m, Entziehung f ‖ **~ кислорода** Sauerstoffentzug m ‖ **~ тепла** Wärmeentzug m
отнять s. отнимать
отображаемый dargestellt
отображать abbilden, wiedergeben; widerspiegeln; projizieren
отображение n 1. Wiedergabe f, Abbildung f; Darstellen n, Darstellung f (von Informationen); Projektion f; Anzeige f (auf Bildschirm); 2. (Math) Abbildung f ‖ **~/бесконечно малое** infinitesimale Abbildung f ‖ **~/визуальное** visuelle Darstellung f ‖ **~/выпуклое** konvexe Abbildung f ‖ **~/гладкое** glatte Abbildung f ‖ **~/гомоморфное** homorphe Abbildung f ‖ **~/графическое** graphische Darstellung f ‖ **~/дефокусированное** defokussierte Abbildung f ‖ **~/идеальное** ideale Abbildung f ‖ **~/изоморфное** isomorphe Abbildung f ‖ **~/индуцированное** induzierte Abbildung f ‖ **~ информации** Informationsdarstellung f ‖ **~/квадратичное** quadratische Ab-

отображение 552

bildung f II ~/**конгруэнтное** kongruente Abbildung f II ~/**конформное** konforme (winkelgetreue) Abbildung f II ~/**оптическое** optische Abbildung f II ~/**сжимаемое** kompressible Abbildung f II ~/**цифровое** digitale Anzeige f, Digitalanzeige f, Ziffernanzeige f
отобразить s. отображать
отобрать s. отбирать
отогнанный (Ch) abdestilliert
отогнать s. отгонять
отогнуть s. отгибать
отодвигание n Abdrücken n
отодвигать abdrücken
отодвинуть s. отодвигать
отождествление n Identifizierung f, Identifikation f
отожжённый geglüht; getempert
отопление n Heizung f; Heizen n, Beheizung f II ~/**бивалентное** bivalente Heizung f II ~/**водовоздушное** Wasser-Luft-Heizung f II ~/**водяное** Wasserheizung f, Warmwasserheizung f II ~/**воздушное** Luftheizung f II ~ **высокого давления** Hochdruckheizung f II ~**высокого давления/паровое** Hochdruckdampfheizung f II ~/**газовое** Gas[be]heizung f II ~/**гравитационное** Schwerkraftheizung f II ~/**гравитационное водяное** Schwerkraftwarmwasserheizung f II ~/**двухтрубное** Zweirohr[zentral]heizung f II ~/**добавочное** Zusatzheizung f II ~/**зональное** Zonenheizung f II ~/**инфракрасное** Infrarotheizung f II ~/**комбинированное пароводяное** Mischheizung f, Dampf-Warmwasser-Heizung f II ~/**лучистое** Strahlungsheizung f II ~/**мазутное** Ölheizung f II ~/**местное** örtliche Heizung f (Heizquelle im zu beheizenden Raum) II ~ **мятым паром/паровое** Abdampfheizung f II ~/**насосное** Pumpenheizung f II ~/**насосное водяное** Pumpenwasserheizung f II ~/**нефтяное** Ölheizung f II ~ **низкого давления** Niederdruckheizung f II ~ **низкого давления/паровое** Niederdruckdampfheizung f II ~/**низкотемпературное** Niedertemperaturheizung f II ~/**однотрубное** Einrohr[zentral]heizung f II ~ **отходящим теплом** Abwärmeheizung f, Heizung f mit Abwärme II ~/**панельно-лучистое** Flächen[strahlungs]heizung f II ~/**паровое** Dampfheizung f II ~/**паровоздушное** Dampf-Luft-Heizung f II ~/**печное** Ofen[be]heizung f II ~/**плинтусное** Fußleistenheizung f II ~/**подпольное** Fußbodenheizung f II ~/**поездное** Zugheizung f II ~ **пола** Fußbodenheizung f II ~ **помещений** Raumheizung f II ~/**потолочное** Deckenheizung f II ~/**поэтажное** Etagenheizung f II ~/**центральное** Zentral[be]heizung f II ~/**циркуляционное** Umlaufheizung f II ~/**электрическое** elektrische Heizung (Beheizung) f, Elektroheizung f
отощение n (Ker) Magern n, Magerung f
отощитель m (Ker) Mager[ungs]mittel n II ~/**кварцевый** Quarzmager[ungs]mittel n
отпадание n Abfallen n, Abfall m
отпадать abfallen
отпаивать ablöten
отпайка f 1. Ablöten n; Abschmelzen f; 2. (El) Anzapfung f, Abzeig m
отпал m Zünden n, Abtun n (Sprengtechnik)
отпаливать (Text) [ab]sengen (Gewebe)

отпалить zünden, abtun (Sprengtechnik)
отпаривание n Dämpfen n
отпаривать dämpfen; abbrühen
отпарить s. отпаривать
отпасть s. отпадать
отпечатать s. отпечатывать
отпечаток m 1. Eindruck m (Härtemessung); 2. Abdruck m; 3. (Typ) Abdruck m (s. a. unter оттиск); Druckerzeugnis n; 4. (Photo) Abzug m, Kopie f II ~/**контактный** (Photo) Kontaktabzug m, Kontaktkopie f II ~/**машинописный** (Typ) Klarschrift f II ~ **на бумаге** (Typ) Papierabzug m II ~/**образцовый** Eindrucknormal n (Härtemessung) II ~ **шарика** (Wkst) Kugeleindruck m (Brinellprüfung)
отпечатывание n (Typ) Ausdrucken n II ~/**сочное** sattes Ausdrucken n
отпечатывать 1. prägen; 2. eindrücken (Härteprüfung); 3. (Typ) abdrucken, ausdrucken
отпирание n Entsperren n, Öffnen n, Freigabe f, Entblocken n; Einschalten n (beim Thyristor bzw. Thyratron: Übergang zum leitenden Zustand)
отпирать entsperren, öffnen, freigeben, entblocken
отпор m Gegendruck m II ~ **грунта** (Bw) passiver Erddruck m, Erdwiderstand m
отпотевание n 1. Beschlagen n, Anlaufen n, Schwitzen n; Schwitzwasserbildung f; 2. (Met) Seigern n, Ausseigern n, Seigerung f, Ausseigerung f (Zinngewinnung); Ausschwitzen n, Ausschwitzung f (Metall)
отпотевать 1. ausschwitzen; 2. (Met) [aus]seigern
отправитель m Absender m (Gut)
отправить багаж Gepäck abfertigen II ~ **поезд** (Eb) einen Zug abfertigen
отправка f Abfertigung f, Versand m II ~ **багажа** Gepäckabfertigung f II ~ **груза** Güterabfertigung f II ~ **поезда** (Eb) Zugabfertigung f
отправление n Abfahrt f II ~ **груза** Absendung f, Absenden n (Gut)
отпрессовка f Abpressen n, Auspressen n, Pressen n II ~/**горячая** Warmpressung f II ~/**холодная** Kaltpressung f
отпуск m 1. Abgabe f; Auslieferung f; 2. (Met) Anlassen n, Rückglühen n, Rückglühung f; Spannungsarmglühen n, Entspannungsglühen n; 3. (El) Freigabe f; 4. Lösen n (Bremse) II ~ **в масле** (Met) Anlassen n in Öl II ~/**высокий** (Met) Anlassen n bei hohen Temperaturen, Hochtemperaturanlassen n, härtesteigerndes Anlassen n II ~/**многократный** (Met) mehrfaches (wiederholtes) Anlassen n II ~/**низкий** Anlassen n auf niedrige Temperaturen, Niedrigtemperaturanlassen n, entspannendes Anlassen n II ~/**средний** Anlassen n auf mittlere Temperaturen, Anlassen n bei mittleren Temperaturen, zähigkeitssteigerndes Anlassen n II ~/**упрочняющий** (Met) Warmhärten n
отпускание n 1. Abfallen n, Abfall m; 2. (Glas) Kühlen n; 3. Lösen n (Bremse)
отпускать 1. ablassen, verabfolgen; 2. freilassen; 3. nachlassen, entspannen, lockern; 4. wetzen, schärfen, schleifen; 5. (Met) anlassen, rückglühen, spannungsarmglühen, entspannungsglühen; 6. (El) abfallen (Relais) II ~ **болт** eine Schraube lösen (lockern) II ~ **сталь** (Met) anlassen (Stahl)

отпустить s. отпускать
отпылитель m Entstäuber m
отпыловка f (Pap) Entstäuben n (Hadern)
отрабатывать (Bgb) abbauen
отработанный 1. abgearbeitet, verbraucht, abgenutzt; verschlissen; 2. ausgezehrnt (Gerbstofflösungen); 3. (Bgb) abgebaut; 4. ausgebrannt, leergebrannt (Raketenstufen)
отработка f 1. Abarbeitung f, Abarbeiten n (z. B. von Programmen); 2. (Bgb) Verhieb m; Abbau m; 3. (Rak) Ausbrennen n (der Raketenstufe) ‖ ~ блока (Bgb) Blockverhieb m ‖ ~ камер (Bgb) Kammerverhieb m ‖ ~/обратная (Bgb) Rückwärtsbau m ‖ ~ обратным ходом (Bgb) Rückbau m ‖ ~ по восстанию (Bgb) schwebender Verhieb m ‖ ~ по падению (Bgb) fallender Verhieb m ‖ ~ по простиранию (Bgb) streichender Verhieb m ‖ ~/прямая (Bgb) Vorwärtsbau m, Feldwärtsbau m ‖ ~ прямым ходом s. ~/прямая ‖ ~ торцов (Bgb) Strossenendbaggerung f ‖ ~ целиков (Bgb) Hereingewinnung f der Pfeiler
отрава f s. отравитель
отравитель m Gift n, Giftstoff m, toxischer Stoff m
отравить s. отравлять
отравление n Vergiften n, Vergiftung f, Intoxikation f ‖ ~ алкоголем Alkoholvergiftung f ‖ ~ катализатора Katalysatorvergiftung f, Vergiftung f des Katalysators ‖ ~ катода Kathodenvergiftung f, Vergiftung f der Kathode ‖ ~ кислотами Säurevergiftung f ‖ ~ мышьяком Arsenvergiftung f ‖ ~ плутонием (Kern) Plutoniumvergiftung f ‖ ~ реактора (Kern) Vergiftung f des Reaktors ‖ ~ свинцом Bleivergiftung f ‖ ~/урановое (Kern) Uranvergiftung f ‖ ~ ядерного топлива (Kern) Vergällung (Denaturierung) f des Kernbrennstoffs
отравлять vergiften
отражаемость f 1. (Opt) Reflexionsgrad m, Reflexionsvermögen n; 2. (Opt) Sättigungsreflexionsgrad m; 3. (Rad) Rückstrahlvermögen n
отражатель m 1. Reflektor m; Rückstrahler m; 2. (Eln) Reflektorelektrode f, Reflexionselektrode f; 3. Repeller m, Repellerplatte f (Massenspektrometer); 4. (Mil) Auswerfer m (Gewehr) ‖ ~/антенный Antennenreflektor m, Antennenspiegel m ‖ ~/внешний äußerer Reflektor m, Außenreflektor m ‖ ~/внутренний Innenreflektor m, innerer Reflektor m ‖ ~/диффузный diffuser Reflektor m ‖ ~/зеркально-линзовый Spiegellinsenreflektor m ‖ ~ ионов s. отражатель 3. ‖ ~/короткофокусный kurzbrennweitiger Reflektor m ‖ ~/лазерный Laserreflektor m ‖ ~/направляющий Richtspiegel m ‖ ~ нейтронов Neutronenreflektor m, Neutronenspiegel m ‖ ~/параболоидный Parabolspiegel m, parabolischer Reflektor m ‖ ~/плоский Flächenreflektor m, ebener Reflektor m ‖ ~/потолочный Deckenreflektor m ‖ ~/призменный Spiegelprisma n ‖ ~/прожекторный Scheinwerferreflektor m ‖ ~/сферический Kugelreflektor m ‖ ~/сфероидальный Sphäroidreflektor m ‖ ~/уголковый (Rad) Winkelreflektor m ‖ ~ электронов Elektronenreflektor m, Elektronenspiegel m
отражатель-замедлитель m (Kern) Moderator-Reflektor m, Reflektor-Moderator m

отражать (Opt) reflektieren, spiegeln; zurückstrahlen, zurückwerfen
отражающий (Opt) reflektierend, Reflexions..., widerspiegelnd
отражение n (Opt) Rückstrahlung f, Reflexion f; Spiegelung f; Zurückwerfung f, Rückwurf m; (Ak) Nachhall m ‖ ~ бета-частиц (Kern) Betareflexion f ‖ ~ волн Wellenreflexion f ‖ ~/временное Zeitumkehr f ‖ ~ гамма-лучей Gammareflexion f ‖ ~/двойное Doppelreflexion f, zweifache Reflexion f ‖ ~/диффузное diffuse (gestreute) Reflexion f, Rückstreuung f ‖ ~ звука Schallreflexion f ‖ ~/зеркальное regelmäßige (gerichtete, reguläre) Reflexion f, Spiegelreflexion f, Spiegelung f ‖ ~/идеально рассеянное vollkommen diffuse Reflexion f ‖ ~/избирательное s. ~/селективное ‖ ~/ложное (Opt) Fehlecho n ‖ ~ лучей Rückstrahlung f ‖ ~/мешающее Störreflexion f, störende Reflexion f ‖ ~/многократное Mehrfachreflexion f; (Rad) Mehrfachecho n ‖ ~/направленно-диффузное halbdiffuse Reflexion f ‖ ~/направленное gerichtete Reflexion f ‖ ~ от берега (Rad) Landecho n ‖ ~ от морской поверхности (Rad) Seegangreflexion f ‖ ~ от облаков (Rad) Wolkenecho n ‖ ~ от поверхности Земли (Rad) Bodenreflexion f, Bodenrückstrahlung f ‖ ~/полное [внутреннее] Totalreflexion f ‖ ~/рассеянное gestreute (diffuse) Reflexion f ‖ ~ света Lichtreflexion f ‖ ~/селективное selektive Reflexion f ‖ ~/скользящее [зеркальное] streifende Reflexion f ‖ ~ (Krist) Gleitspiegelung f ‖ ~/смешанное gemischte Reflexion f ‖ ~ тепла Wärmerückstrahlung f, Wärmereflextion f
отражённый/зеркально gespiegelt
отразить s. отражать
отрегулирование n Einregulierung f, Abstimmung f
отрезание n s. отрезка
отрезать 1. abschneiden, wegschneiden; abtrennen, abstechen; 2. (Fert) spanend abtrennen; abstechen (auf der Drehmaschine)
отрезка f Abtrennen n; Abstechen m ‖ ~/токарное Abstechdrehen n
отрезок m 1. Abschnitt m, Segment n; 2. (Math) Strecke f, Segment n; Intervall n; 3. (Opt) Schnittweite f ‖ ~ времени Zeitintervall n ‖ ~/главный Hauptabschnitt m ‖ ~/задний (Opt) Bildschnittweite f, bildseitige Schnittweite f ‖ ~ линии (El) Leitungsabschnitt m ‖ ~/передний (Opt) Objektschnittweite f, objektseitige Schnittweite f ‖ ~ пути Wegstrecke f, Laufstrecke f ‖ ~/средний пропорциональный (Math) mittlere Proportionale f ‖ ~ цилиндра (Math) Zylinderabschnitt m, Zylinderhuf m ‖ ~/четвёртый пропорциональный (Math) vierte Proportionale f ‖ ~/элементарный Teilbezugsstrecke f, Bezugsstrecke f
отрезывание n s. отрезка
отрелаксированный ausgeschrumpft (textile Gewebe)
отрицание n Negation f ‖ ~ дизъюнкции (Inf) negierte Disjunktion f ‖ ~ конъюнкции (Inf) negierte Konjunktion f ‖ ~/логическое (Inf) logische Negation f
отрицательный negativ, Negativ...

отрог *m (Meteo)* Ausläufer *m (Zyklone)* ‖ ~ высокого давления Hochdruckausläufer *m* ‖ ~ низкого давления Tief[druck]ausläufer *m*
отросток *m* 1. Ansatz *m*, Ansatzstück *n*; 2. *(El)* Anzapfung *f*; 3. *(Schiff)* Zweigleitung *f*, Abzweigleitung *f*, Nebenleitung *f* ‖ ~/балластный *(Schiff)* Zweigballastleitung *f* ‖ ~/осушительный *(Schiff)* Zweiglenzrohr *n* ‖ ~/приёмный *(Schiff)* Zweigsaugleitung *f*
отруб *m (Forst)* Zopfende *n*, Zopf *m*, oberes Stammende *n* ‖ ~/верхний Zopf *m*, Zopfende *n*, oberes Stammende *n* ‖ ~/нижний unteres Stammende *n* ‖ ~/тонкий *s.* ~/верхний
отрубать 1. abhauen, abschlagen; 2. *(Schm)* abschroten
отруби *pl* Kleie *f* ‖ ~/кукурузные Maiskleie *f* ‖ ~/овсяные Haferkleie *f* ‖ ~/пшеничные Weizenkleie *f* ‖ ~/ржаные Roggenkleie *f* ‖ ~/рисовые Reiskleie *f* ‖ ~/ячменные Gerstenkleie *f*
отрубить *s.* отрубать
отрыв *m* Abreißen *n*, Losreißen *n*; Ablösen *n*, Ablösung *f (von Strömungen)* ‖ ~ вихря *(Aero)* Wirbelablösung *f* ‖ ~ керна *(Bgb)* Kernbrechen *n (Bohrung)* ‖ ~ носовой волны Bugwellenablösung *f* ‖ ~ от воды *(Flg)* Abheben *n* vom Wasser, Wasserstart *m*, Abwassern *n* ‖ ~ от земли *(Flg)* Abheben *n* von der Erde ‖ ~ пограничного слоя Grenzschichtablösung *f* ‖ ~ потока Stromablösung *f*, Strömungsablösung *f*; Abreißen *n* der Strömung ‖ ~ струи *(Aero)* Strahlablösung *f* ‖ ~ турбулентного слоя *(Aero)* turbulente Ablösung *f*
отрывка *f* [грунта] *(Bw)* Aushub *m*
ОТС *s.* станция/оконечная телефонная
отсадка *f* Setzen *n*, Absetzen *n*, Setzarbeit *f*; Sichten *n*, Sichtung *f (Aufbereitung)* ‖ ~ в воздушной среде Windsichten *n*, Windsichtung *f* ‖ ~ крупного материала Grobkernsetzen *n*, Grobkernsetzarbeit *f* ‖ ~ мелкого материала Feinkornsetzen *n*, Feinkornsetzarbeit *f* ‖ ~/пневматическая Trocken[ab]setzen *n*
отсаливаемый aussalzbar
отсаливание *n s.* отсолка
отсаливать aussalzen
отсасывание *n* Absaugen *n*, Saugen *n*
отсасывать [ab]saugen
отсев *m* 1. Aussieben *n*, Siebung *f*, Klassierung *f*; 2. Siebrückstand *m*, Überkorn *n*; 3. Zelle *f (einer Kfz-Batterie)* ‖ ~/коксовый Kleinkoks *m*, Abfallkoks *m*, Koksabrieb *m*, Koksabfall *m*
отсеивание *n* Absieben *n*, Aussieben *n*
отсеивать absieben, aussieben
отсек *m* Abteilung *f*, Zelle *f*, Sektion *f*; Fach *n* ‖ ~/балластный *(Schiff)* Ballastzelle *f* ‖ ~ барки фильтра *(Text)* Filterkammer *f (Viskoseherstellung)* ‖ ~/бортовой *(Schiff)* Wallgangzelle *f*; wasserdichte Bordzelle *f (zwischen Außen- und Innenhautbeplattung)* ‖ ~/водонепроницаемый *(Schiff)* wasserdichte Zelle *(Schiff)* ‖ ~/высокой частоты *(TV)* Hochfrequenzteil *n* ‖ ~/головной *(Rak)* Bugzelle *f* ‖ ~/грузовой *(Schiff)* Ladeabteilung *f*, Laderaumbereich *m* ‖ ~/грузовой наливной *(Schiff)* Ladetank *m* ‖ ~/двигательный *(Rak)* Triebwerkzelle *f* ‖ ~ двойного дна *s.* ~/междудонный ‖ ~/дифферентный *(Schiff)* Trimmzelle *f* ‖ ~/запасной *(Schiff)* Reservezelle *f* ‖ ~ здания Gebäudeabschnitt *m* ‖ ~/командный *(Raumf)* Kommandokapsel *f*, Besatzungszelle *f* ‖ ~/кормовой *(Schiff)* Heckabteilung *f* ‖ ~/лунный *(Raumf)* Mondlandefähre *f*, Mondmodul *m* ‖ ~/межбортовой *(Schiff)* Wallgang *m*, Wallgangzelle *f* ‖ ~/междудонный *(Schiff)* Doppelbodenzelle *f*; Zwischenbodenzelle *f* ‖ ~/наливной *(Schiff)* Tank *m* ‖ ~/носовой приборный *(Flg)* Instrumentenkopf *m* ‖ ~/приборный *(Flg)* Instrumentenmodul *m*, Instrumentenzelle *f*, Gerätezelle *f* ‖ ~ радиста Funk[er]raum *m*, Funk[er]kabine *f* ‖ ~/спасаемый *(Raumf)* Bergungszelle *f* ‖ ~/сухой *(Schiff)* Leerzelle *f* ‖ ~/топливный *(Rak)* Treibstoffzelle *f* ‖ ~ управления Steuerteil *n*, Steuersektion *f*
отсекание *n* Beschneidung *f*, Begrenzung *f*
отсекатель *m* струи Strahlablöser *m (Freistrahlturbine)*
отсекать 1. abtrennen, abschlagen; abschneiden; 2. *(Schm)* abschroten; 3. absperren; abriegeln, abteilen
отсечка *f* 1. Abtrennen *n*; 2. Absperren *n*; 3. *s.* отсекание ‖ ~ пара Absperren *n (Dampf)*, Dampfabsperrung *f* ‖ ~ тока *(El)* Stromabschneidung *f* ‖ ~/фазовая *(El)* Phasenanschnitt *m* ‖ ~ шага Wellentrenner *m*, Wellenfilter *n (bei der Oberflächenmessung)*
отсечь *s.* отсекать
отсеять *s.* отсеивать
отскакивание *n* Rückspringen *n*, Zurückspringen *n*, Rücksprung *m (Härteprüfung)*; Rückfederung *f*, Auffederung *f (Pulvermetallurgie)* ‖ ~ контакта Kontaktprellen *n*
отскакивать 1. abprallen, abspringen; 2. zurückspringen *(Härteprüfung)*
отслаивание *n* [schichtenweises] Abblättern *n*, Abplatzen *n*, Abschichten *n* ‖ ~ холстика *(Text)* Schälen *n* des Wickels
отслаиваться abblättern, sich schichtenweise ablösen, abplatzen
отслеживание *n* траектории Bahnverfolgung *f*
отслоиться *s.* отслаиваться
отсоединение *n (El)* Trennung *f*, Ausschaltung *f*, Abschaltung *f*; Abklemmen *n*
отсоединитель *m (Bgb)* Sicherheitsverbinder *m*, Sollbruch *m (Bohrung)*
отсоединить *s.* отсоединять
отсоединять *(El)* [ab]trennen, ausschalten, abschalten; abklemmen
отсолка *f* Aussalzen *n*, Aussalzung *f (der Seife)*
отсос *m* Absaugung *f*, Absaugen *n*, Abpumpen *n* ‖ ~/вакуумный Unterdruckabsaugung *f* ‖ ~ пограничного слоя *(Aero)* Absaugung *f* der Grenzschicht *(Grenzschichtbeeinflussung)* ‖ ~ паров Dampfabsaugung *f* ‖ ~ пыли Entstauben *n*, Entstaubung *f*, Staubabsaugen *n*, Staubabsaugung *f*
отсосать *s.* отсасывать
отсосик *m* Absaugrohr *n*, Absaugstück *n*
отстав *m (Typ)* Sprungrücken *m (Buchbinderei)*
отставание *n* Zurückbleiben *n*, Nacheilen *n*, Nacheilung *f*, Nachhinken *n*, Verzug *m* ‖ ~ по фазе *(El)* Phasennacheilung *f*, Phasenverspätung *f* ‖ ~ термометра Nachhinken *n* des Thermometers ‖ ~/фазовое *s.* ~ по фазе
отставать 1. zurückbleiben, nacheilen *(Uhr)*; 2. sich loslösen, abgehen; 3. nacheilen ‖ ~ по фазе *(El) (um einen bestimmten Phasenwinkel)* nacheilen, phasenverspätet sein

отстаивание n 1. Abstehen[lassen] n, Absetzen n, Abklären n (Aufbereitung); 2. (Gieß) Abstehenlassen n, Halten n (flüssiges Metall); 3. (Gieß) Schlämmen n (Formstoffprüfung); 4. (Gieß) Reifen n (Formstoff) ‖ ~ **затора в фильтрационном чане** Läuterruhe f, Läuterrast f (Brauerei) ‖ ~ **латекса** (Gum) Aufrahmen n von Latex ‖ ~ **молока** Aufrahmen n der Milch ‖ ~/**предварительное** Vorklären n ‖ ~ **эмульсии** (Gum) Aufrahmen n
отстать s. отставать
отстой m Schlamm m, Bodensatz m, Satz m, Sediment n ‖ ~/**белковый** Trub m (abgesetzte Eiweißteile) ‖ ~/**бочечный** Faßgeläger n ‖ ~/**тарелочный** Kühlgeläger n, Trub m
отстойник m 1. (Bw, Hydt) Absetzbecken n, Klärbecken n; 2. Absetzbehälter m, Klärbehälter m; Klärbottich m; Abscheider m, Absitzkasten m; 3. Klärapparat m; Absetzer m, Dekanteur m, Eindicker m (Zuckergewinnung); 4. Abscheider m, Absetzherd m (Aufbereitung); 5. (Gieß) Sammler m, Vorherd m, Abstehofen m ‖ ~/**вертикальный** (Bw) vertikales Absetzbecken n (Abwasserreinigung) ‖ ~/**вторичный** Nachklärbecken n ‖ ~/**гребковый** Absetzbecken n (Eindicker m) mit Krählwerk ‖ ~/**двухъярусный** Emscherbrunnen m (Abwasserreinigung) ‖ ~ **Имгофа** Imhoff-Becken n ‖ ~/**канализационный** Abwasserabsetzbecken n ‖ ~/**конусный** (Pap) Trichterstoffänger m ‖ ~/**круговой** Rundklärer m (Abwasserreinigung) ‖ ~/**масляный** (Masch) Ölabsetzbehälter m (Umlaufschmierung) ‖ ~/**многоярусный** Mehrkammerabsetzer m, Mehrkammereindicker m; Absetzer (Eindicker) m mit Glockeinbauten (Zuckergewinnung) ‖ ~/**одноярусный** Einkammerabsetzer m, Einkammereindicker m ‖ ~/**первичный** Vorklärbecken n ‖ ~/**противоточный** Gegenstromabsitzbecken n, Gegenstromeindicker m ‖ ~/**радиальный** (Bw) radiales Absetzbecken n mit Schlammkratzer (Abwasserreinigung) ‖ ~/**топливный** (Kfz) Kraftstoff[vor]reiniger m ‖ ~/**трёхкамерный** Dreikammerabsetzbecken m, Dreikammerklärbecken n ‖ ~/**шламовый** Schlammabsitzbecken n, Schlammabscheider m
отстойник-нефтеловушка m Ölabscheider m
отстойник-сгуститель m Eindickbehälter m
отстойный Absetz..., Klär...
отстояние n Abstand m, Entfernung f, Distanz f ‖ ~ **центра тяжести** Schwerpunktsabstand m
отстройка f Ausblenden n
отстропка f **груза** (Schiff) Abschlagen n einer Last
остропливать (Schiff) abschlagen (eine Last)
отстропование n Abschlagen n (Lasten)
отступ m 1. (Bw) Rücksprung m (z. B. der Wand oder Fassade); 2. (Typ) Einzug m
отступание n (Geol) Regression f, Rückzug m, Rückgang m ‖ ~ **моря** f. регрессия моря
отступать 1. zurücktreten, abweichen, zurückweichen; 2. (Typ) einen Abstand (Zwischenraum) lassen; einziehen (Schriftsatz)
отступить s. отступать
отступление n 1. Abweichung f, Abschweifung f, Digression f; 2. Zurückziehen n, Rückzug m
отсутствие n Fehlen n; Mangel m; Freiheit f ‖ ~ **вихрей (завихрений)** (Aerod) Wirbelfreiheit f ‖ ~ **напряжения** Spannungslosigkeit f, spannungsloser Zustand m ‖ ~ **отражения** Reflexionsfreiheit f ‖ ~ **переходного разговора** (Nrt) Nebensprechfreiheit f ‖ ~ **помех** Stör[ungs]freiheit f ‖ ~ **последействия** (Reg) Nachwirkungsfreiheit f ‖ ~ **столкновений** (Mech) Stoßfreiheit f ‖ ~ **тока** (El) Stromlosigkeit f, stromloser Zustand m ‖ ~ **ударов** (Mech) Stoßfreiheit f
отсушивать abdarren
отсчёт m 1. Zählung f, Abzählen n; 2. Anzeige f; 3. Ablesung f, Ablesen n ‖ ~/**абсолютный** Absolutanzeige f ‖ ~/**аналоговый** Analoganzeige f ‖ ~/**беспараллаксный** parallaxe[n]freie Ablesung f, Sichtanzeige f ‖ ~/**визуальный** visuelle (optische) Anzeige f, Sichtanzeige f ‖ ~/**временн**и́ Zeitanzeige f ‖ ~/**грубый** 1. Grob[wert]anzeige f; 2. Grobablesung f ‖ ~/**дистанционный** Fernablesung f ‖ ~/**зеркальный** Spiegelablesung f ‖ ~/**крупный** s. ~/грубый ‖ ~/**мгновенный** Momentenablesung f ‖ ~/**мелкий** Fein[wert]anzeige f ‖ ~/**многократный** Mehrfachzählung f ‖ ~/**непосредственный** 1. Direktanzeige f; 2. Direktablesung f ‖ ~/**по верньеру** Nonienablesung f ‖ ~/**по приборам** Instrumentenablesung f ‖ ~/**световой** Lichtmarkenablesung f ‖ ~ **сигнала электросвязи** (Nrt) Abtastwert m des Nachrichtensignals ‖ ~/**точный** 1. Fein[wert]anzeige f; 2. Feinablesung f ‖ ~/**цифровой** 1. Digitalablesung f; 2. Digitalanzeige f, Ziffernanzeige f
отсчитать s. отсчитывать
отсчитывать 1. [ab]zählen; 2. ablesen (Meßinstrument); 3. anzeigen (Werte)
отсыпка f Schütten n, Schüttung f; (Bgb auch:) Abwurf m (Tagebau) ‖ ~ **в отвал** (Bgb) Verkippen n, Verstürzen n (Berge) ‖ ~/**верхняя** Hochschüttung f ‖ ~/**гравийная** Kiesaufschüttung f ‖ ~/**каменная** Steinschüttung f ‖ ~/**нижняя** Tiefschüttung f
отсыревание n Feuchtwerden n
отсыревать feucht werden, Feuchtigkeit anziehen
отсыреть s. отсыревать
оттаивание n Auftauen n, Abtauen n, Schmelzen n
отталкивание n Abstoßung f; Repulsion f
отталкиватель n Abstoßvorrichtung f
отталкивать abstoßen
оттёк m Ablauf m (Zuckergewinnung) ‖ ~/**аффинационный** Affinationsablauf m ‖ ~/**белый** Weißablauf m, Deckablauf m, Ablauf m ‖ ~/**зелёный** Grünablauf m, Ablauf I m
оттекание n Ablaufen n, Abfließen n
оттенение n Abschattierung f, Abschatten n; Abdecken n; (Photo) Abwedeln f ‖ ~ **объекта** Objektabschattung f
оттенок m Schattierung f, Farbton m, Nuance f, Abtönung f, Tönung f, Stich m, Farbstich m, Abstufung f ‖ ~/**зелёный** (Photo) Grünstich m ‖ ~/**синий** (Photo) Blaustich m
оттепель f (Meteo) Tauwetter n
оттиск m (Typ) 1. Abdruck m, Abzug m; 2. Druckerzeugnis n ‖ ~/**многокрасочный** Farbendruck m Mehrfarbendruck m Vielfarbendruck m ‖ ~ **на оборотной стороне** Widerdruck m ‖ ~/**некачественный** Fehldruck m ‖ ~/**однокрасочный** Einfarbendruck m ‖ ~/**односторонний** Schöndruck m ‖ ~/**отдельный** Sonder[ab]druck m, Separatabdruck m ‖ ~/**переводной** Um-

ОТТИСК

druck m, Überdruck m ‖ ~/**приправочный** Abdruck m für die Zurichtung ‖ ~/**пробный многокрасочный** Farbandruck m ‖ ~/**сигнальный** Aushängebogen m
оттиски mpl/**дефектные** (Typ) Druckmakulatur f, Makulatur f
оттискивать 1. abprägen; 2. (Typ) abziehen, einen Abzug machen, abdrucken
оттиснуть s. оттискивать
оттитровывать (Ch) titrieren
отток m 1. Abfluß m, Abzug m, Wegfließen n; 2. Abzugsröhre f, Abzugskanal m
оттолкнуть s. отталкивать
отторжение n (Geol) erratische Scholle f
оттормаживание n Lösen n (Bremse)
отточие n (Typ) Auspunktieren n
оттрелит m (Min) Ottrelith m, Chloritspat m (Sprödglimmer)
оттягивание n 1. Abziehen n; 2. Verspannen n, Abspannen n ‖ ~ **петель** (Text) Abziehen n (der abgeschlagenen Maschen; Maschenbildung; Wirkerei)
оттягивать 1. abziehen, zurückziehen; 2. abspannen, verspannen
оттяжка f 1. Abspannen n, Verspannen n; 2. Abspannung f, Abspannseil n, Halteseil n; Verankerungsseil n, Zugseil n (einer Hängebrücke); 3. Zurrstange f, Zurrtrosse f (Containerzurrung); 4. Anker m, Mastanker m; 5. (Schm) Strecken n, Streckung f (des Rohlings); 6. (Schiff) Gei f, Geere f; 7. (Text) Abzug m, Abziehen n (Maschenbildung) ‖ ~/**внутренняя** (Schiff) Innengei f, Mittelgei f (Koppelbetrieb) ‖ ~/**поворотная** (Schiff) Schwenkgei f ‖ ~/**прутковая** (Schiff) Zurrstange f (z. B. für Container) ‖ ~/**товара** (Text) Warenabzug m ‖ ~/**тросовая** (Schiff) Zurrtrosse f, Zurrseil n (z. B. für Container) ‖ ~/**центральная** (Schiff) Innengei f, Mittelgei f (Koppelbetrieb) ‖ ~/**цепная** (Schiff) Zurrkette f (z. B. für Container)
оттянутый (Wkz) abgesetzt (Meißelschaft)
оттянуть s. оттягивать
ОТУ s. условия/общие технические
отфильтровывать (El) [aus]filtern, [aus]sieben
отформование n (Gieß) Abformen n, Einformen n
отформовать (Gieß) [ab]formen, einformen
отход m 1. Abgang m, Abfahrt f; 2. s. отходы ‖ ~ **каретки** (Text) Wagenausfahrt f (Selfaktor) ‖ ~/**кубовый** (Ch) Sumpfprodukt n (Destillation) ‖ ~ **поезда** (Eb) Abfahrt f, Ausfahrt f (Zug)
отходы mpl Abfall m, Abfälle mpl, Abgänge mpl; Gekrätz n; Verschnitt m; Ausschuß m ‖ ~/**анодные** Anodenabfälle mpl (NE-Metallurgie) ‖ ~ **атомной промышленности** s. ~/радиоактивные ‖ ~/**возвратные** verwertbare (wiederverwendungsfähige) Abfälle mpl und Rückstände mpl ‖ ~/**газообразные** Abgase npl ‖ ~/**горючие** brennbare Abfälle mpl ‖ ~/**древесные** Holzabfall m ‖ ~/**животноводства** Abfälle mpl aus der Tierzucht ‖ ~/**жидкие** Flüssigabfälle mpl ‖ ~/**листовые** Blechschrott m, Blechabfälle mpl‖ ~/**литейные** 1. Gießereischrott m; Gießereischutt m; 2. a. Gußbruch m‖ ~ **металла** Metallgekrätz n (NE-Metallurgie) ‖ ~ **мойки** (Bgb) Waschberge pl (Aufbereitung) ‖ ~ **обогащения** Aufbereitungsabgänge mpl ‖ ~/**оловосодержащие** (Met) Zinngekrätz n (NE-Metallurgie) ‖

~ **проволоки** Abdraht m, Drahtabfälle mpl ‖ ~ **производства** Abfallstoffe mpl, Abfälle mpl, Abgänge mpl ‖ ~/**промышленные** Industrieabfälle mpl ‖ ~/**радиоактивные** (Kern) radioaktiver Abfall m, Atomabfall m, Atommüll m ‖ ~/**резиновые** Gummiabfälle mpl ‖ ~/**строительные** Bauabfälle mpl; Bauschutt m ‖ ~/**токсические** Giftmüll m, gifthaltiger Abfall m ‖ ~ **флотации** Flotationsrückstände mpl (Aufbereitung) ‖ ~/**шёлковые** (Text) Seidenschappe f (Faserabfälle); Lumpenseide f (Gewebeabfälle)
отцедить s. отцеживать
отцеживание n Abziehen n, Abseihen n
отцеживатель m Seiher m, Seiherpresse f
отцеживать abziehen, abseihen
отцеп m (Eb) Wagengruppe f, Ablauf m
отцепить s. отцеплять
отцеплять abhaken, abhängen, abkuppeln, entkuppeln
отчаливание n (Schiff) Ablegen n
отчёт m/**годовой** [wissenschaftlicher] Jahresbericht m (z. B. einer Universität)
отшвартовка f (Schiff) Ablegen n
отшибать (Glas) absprengen
отшибить s. отшибать
отшлакование n (Met, Gieß) Abschlacken n, Abziehen n der Schlacke; Schlackenabscheiden n
отшлаковать (Met, Gieß) abschlacken, Schlacke abziehen
отшлифовывать [ab]schleifen
отшнуровывание n Einschnürung f
отшнуровывать einschnüren
отщепление n 1. (Ch) Abspalten n, Abspaltung f; 2. Eliminierung f ‖ ~ **группы** (Ch) Eliminierung f einer Atomgruppe
отщепляемость f Abspaltbarkeit f
отщеплять abspalten
ОУ s. усилитель/операционный
офактуривать die Oberfläche behandeln (gestalten)
офикальцит m (Geol) Ophikalzit m
офлюсовать (Met) mit Flußmitteln versetzen
оформить s. оформлять
оформление n Formgebung f, Gestaltung f; Ausstattung f, Aufmachung f ‖ ~/**аппаратурное** apparative Ausstattung (Ausgestaltung, Gestaltung) f, apparativer Aufbau m ‖ ~/**архитектурное** architektonische Gestaltung f ‖ ~ **отхода судна** Ausklarieren n eines Schiffes ‖ ~ **помещений/архитектурное** (Bw) Raumkunst f, Raumgestaltung f ‖ ~ **прихода судна** Einklarieren n eines Schiffes ‖ ~/**цветовое** Farbgestaltung f
оформлять ausstatten, ausgestalten
ОФП s. фотопроводимость/отрицательная
офсет m 1. (Typ) Offset m, Offsetdruck m (zuweilen auch Kurzbezeichnung für Offsetmaschine); 2. (TV) Offset m ‖ ~ **без увлажнения** (Typ) feuchtungsloser Offsetdruck m ‖ ~/**безрастровый** (Typ) rasterloser Offsetdruck m ‖ ~/**глубокий** (Typ) Offsettiefdruckverfahren n ‖ ~/**полустрочный** (TV) Halbzeilenoffset m ‖ ~/**ротационный** (Typ) Bogenoffsetmaschine f ‖ ~/**четвертьстрочный** (TV) Viertelzeilenoffset m
офсет-машина f (Typ) Bogenoffsetmaschine f
офтальмометр m (Med) Ophthalmometer n

офтальмоскоп *m (Med)* Ophthalmoskop *n*, Augenspiegel *m*
охват *(Masch)* Arbeitsbereich *m* eines Greifers, Greifbereich *m* ‖ ~ **цветов** *(Photo)* Farbumfang *m* ‖ ~/**цветовой** *m s.* ~ цветов
охватить *s.* охватывать
охватывать umschließen, umfassen
охладитель *m* 1. Kühler *m*; Kühlanlage *f*; 2. Kühlmittel *n*; 3. *(Härt)* Abschreckmittel *n* ‖ ~/**башенный** Kühlturm *m*, Turmkühler *m*, Gradierwerk *n*, Rieselwerk *n* ‖ ~ **влажного воздуха** *(Kält)* Feuchtluftkühler *m* ‖ ~/**встроенный** eingebauter Kühler *m* ‖ ~/**закалочный** *(Härt)* Härtemittel *n* ‖ ~/**оросительный** Rieselkühler *m* ‖ ~/**перекрёстный** Quer-Gegenstrom-Kühler *m* ‖ ~/**пластинчатый** Plattenkühler *m* ‖ ~/**противоточный** Gegenstromkühler *m* ‖ ~/**прямоточный** Gleichstromkühler *m* ‖ ~/**трубчатый** Röhrenkühler *m*
охладительный *s.* охлаждающий
охладить *s.* охлаждать
охлаждаемый водой wassergekühlt
охлаждать [ab]kühlen
охлаждающий Kühl[ungs]..., kühlend
охлаждение *n* 1. Abkühlen *n*, Abkühlung *f*, Erkalten *n*; 2. Kühlen *n*, Kühlung *f*; Kühlhaltung *f* • **с водяным охлаждением** wassergekühlt • **с воздушным охлаждением** luftgekühlt • **с естественным охлаждением** selbstgekühlt • **с масляным охлаждением** ölgekühlt • **с посторонним охлаждением** fremdgekühlt ‖ ~/**аварийное** Notkühlung *f* ‖ ~/**быстрое** *(Met, Glas)* Abschrecken *n* ‖ ~ **в масле** *(Härt)* Abschrecken *n* in Öl ‖ ~/**внешнее** Außenkühlung *f* ‖ ~/**внутреннее** Innenkühlung *f* ‖ ~/**водомасляное** Wasserkühlung *f* mit Ölumlauf ‖ ~/**водородное** Wasserstoffkühlung *f* ‖ ~/**водяное** Wasserkühlung *f (Verbrennungsmotor)* ‖ ~ **воздухом** *s.* ~/воздушное ‖ ~/**воздушное** Luftkühlung *f (Verbrennungsmotor)* ‖ ~ **впрыском** Einspritzkühlung *f* ‖ ~/**высококипящей жидкостью** Heißkühlung *f* ‖ ~/**глубокое** Tiefkühlung *f* ‖ ~/**дополнительное** Nachkühlung *f* ‖ ~/**естественное** naürliche Kühlung *f*, Selbstkühlung *f* ‖ ~/**жидкостное** Flüssigkeitskühlung *f* ‖ ~ **жидкостной завесой** Schleierkühlung *f*, Kühlung *f* durch Flüssigkeitsschleier ‖ ~ **излучением** Strahlungskühlung *f* ‖ ~/**искусственное воздушное** erzwungene Luftkühlung *f*, Kühlung *f* durch dynamische Belüftung ‖ ~ **испарением** Verdunstungskühlung *f*, Verdampfungskühlung *f* ‖ ~/**испарительное** *s.* ~ испарением 1. ‖ ~ **кипящей водой** Siedekühlung *f* ‖ ~/**конвекционное** Konvektionskühlung *f* ‖ ~ **лучеиспусканием** Strahlungskühlung *f* ‖ ~/**лучистое** Strahlungskühlung *f* ‖ ~/**льдосоляное** Kühlung *f* durch Eis-Salz-Gemisch ‖ ~/**масляное** Ölkühlung *f* ‖ ~/**мгновенное** *(Met, Glas)* Abschrecken *n* ‖ ~ **по замкнутому циклу** geschossene Kreislaufkühlung *f*, Ringlaufkühlung *f* ‖ ~/**поверхностное** Oberflächenkühlung *f* ‖ ~/**постороннее** Fremdkühlung *f* ‖ ~/**предварительное** Vorkühlung *f* ‖ ~/**принудительное** Druckumlaufkühlung *f (Verbrennungsmotor)*; Zwangskühlung *f*, forcierte Kühlung *f* ‖ ~/**принудительное масляное** erzwungene Ölkühlung *f*, Ölumlaufzwangskühlung *f* ‖ ~/**принудительное циркуляционное** Zwangsumlaufkühlung *f* ‖ ~/**проточное** Durchlaufkühlung *f*, Durchflußkühlung *f*; Frischwasserkühlung *f (mit offenem Kühlwasserkreislauf)* ‖ ~/**радиационное** Strahlungskühlung *f*, Kühlung *f* durch Wärmeabstrahlung ‖ ~ **рассолом** Solekühlung *f* ‖ ~/**рассольное** Solekühlung *f* ‖ ~/**расширением** Expansionskühlung *f*, Entspannungskühlung *f* ‖ ~/**рубашечное** Mantelkühlung *f* ‖ ~/**ступенчатое** stufenweises Kühlen *n* ‖ ~/**термосифонное** Thermosiphonkühlung *f*, Selbstumlaufkühlung *f*, Wärmeumlaufkühlung *f (Verbrennungsmotor)* ‖ ~/**циркуляционное** Umlaufkühlung *f (Verbrennungsmotor)*
охлаждённый водой wassergekühlt ‖ ~ **воздухом** luftgekühlt ‖ ~ **лучеиспусканием** strahlungsgekühlt, gekühlt durch Wärmeabstrahlung ‖ ~/**предварительно** vorgekühlt
охмеление *n (Brau)* Hopfengabe *f*, Hopfung *f*, Hopfen *n*
охмелять *(Brau)* hopfen, Hopfen zusetzen (zugeben)
охолощение *n* Entschärfung *f (Munition)*
охра *f (Min)* Ocker *m* ‖ ~/**висмутовая** *s.* бисмит ‖ ~/**молибденовая** Molybdänocker *m*, Molybdit *m* ‖ ~/**свинцовая** Bleiglätte *f*, Bleiocker *m*, Massicotit *m* ‖ ~/**теллуровая** Tellurocker *m*, Tellurit *m* ‖ ~/**урановая** Uranocker *m*, Uranopilit *m* ‖ ~/**хромовая** Chromocker *m*, Anagenit *m*
охрана *f* Schutz *m* ‖ ~ **атмосферы** Schutz *m* der Atmosphäre ‖ ~ **вод (водных ресурсов)** Gewässerschutz *m* ‖ ~ **животных** Schutz *m* der Tierwelt, Tierschutz *m* ‖ ~ **леса** Waldschutz *m*, Schutz *m* des Waldes *(z. B. vor schädigenden Umwelteinflüssen)* ‖ ~ **недр** *(Bgb)* Lagerstättenschutz *m* ‖ ~ **окружающей среды** Umweltschutz *m* ‖ ~ **природы** Naturschutz *m* ‖ ~ **труда** Arbeitsschutz *m* ‖ ~ **чистоты воздуха** Reinhaltung *f* der Luft
охрупчивание *n (Met, Härt, Schw)* Versprödung *f* ‖ ~ **при нагреве** Warmversprödung *f* ‖ ~ **при охлаждении** Kaltversprödung *f* ‖ ~ **при старении** Alterungssprödigkeit *f*, Alterungsversprödung *f*
ОЦ *s.* центр/обрабатывающий
оценивание *n s.* оценка 1. bis 5.
оценивать 1. bewerten, [ab]schätzen; taxieren; 2. veranschlagen *(Kosten)*; 3. auswerten *(Versuche)*
оценка *f* 1. Abschätzung *f*, Bewertung *f*, Wertung *f*; Schätzung *f*, Einschätzung *f*; Taxierung *f*, Schätzfunktion *f*; 2. Veranschlagung *f (Kosten)*; 3. Auswertung *f (eines Versuchs)*; 4. *(Math)* Schätzung *f*, Schätzwert *m*, Bewertungsgröße *f* ‖ ~/**валовая** Gesamtschätzung *f*, Massenschätzung *f* ‖ ~/**видимости** Sichtschätzung *f* ‖ ~ **дальности** Entfernungsschätzung *f* ‖ ~/**доверительная** Konfidenzschätzung *f (Statistik)* ‖ ~ **качества** Gütebeurteilung *f* ‖ ~/**количественная** quantitative Bewertung *f* ‖ ~/**косвенная** indirekte Abschätzung *f* ‖ ~ **на просвет** Lichtspaltverfahren *n* ‖ ~ **надёжности/квалиметрическая** qualimetrische Sicherheitsbewertung *f* ‖ ~/**органолептическая** subjektive (organoleptische) Beurteilung *f* ‖ ~ **ошибок** *s.* ~ погрешностей ‖ ~ **по методу наименьших**

квадратов Gaußsche Schätzfunktion *f* ‖ ~ **погрешностей** Fehlerbeurteilung *f*; Fehlereinschätzung *f*; Fehlerabschätzung *f* ‖ ~/**предварительная** Vorschätzung *f* ‖ ~/**совместная наиболее эффективная** gemeinsame wirksamste Schätzfunktion *f (Statistik)* ‖ ~ **строительных фондов** *(Bw)* Bauzustandsanalyse *f*, Bauzustandserfassung *f* ‖ ~/**точечная** Punktschätzung *f* ‖ ~/**цифровая** digitale Auswertung *f*
оцинкование *n (Met)* Verzinken *n*, Verzinkung *f* ‖ ~/**горячее** Feuerverzinken *n*, Heißverzinken *n* ‖ ~/**диффузионное** Diffusionsverzinken *n*, Sherardisieren *n* ‖ ~/**металлизационное** Spritzverzinken *n* ‖ ~/**огневое** s. ~/горячее ‖ ~/**электролитическое** galvanisches Verzinken *n*
оцинковать s. оцинковывать
оцинковка *f* 1. Verzinkung *f (Überzug)*; 2. s. оцинкование
оцинковывание *n* s. оцинкование
оцинковывать verzinken
оцифровыватель *m (Inf)* Digitalisierer *m*, Digitalisiergerät *n*
оцк-решётка *f (Krist)* innenzentriertes (raumzentriertes) Gitter *n*, kubisch-raumzentriertes Gitter *n*, krg-Gitter *n*
очаг *m* 1. Herd *m*; 2. Herd *m*, Feuerstätte *f* ‖ ~ **деформации** *(Umf)* Umformzone *f*, Formänderungszone *f* ‖ ~ **землетрясения** Erdbebenherd *m* ‖ ~/**коррозионный** Korrosionsherd *m* ‖ ~/**передний** *(Glas)* Vorherd *m* ‖ ~/**рудоносный** *(Geol)* Erzbringer *m*, erzfördernder Magmenherd *m*
очерёдность *f* Reihenfolge *f*, Folge *f* ‖ ~ **обработки** *(Inf)* Abarbeitungspriorität *f* ‖ ~ **слоёв** *(Photo)* Schichtfolge *f*
очередь *f* 1. Reihenfolge *f*, Folge *f*; Abschnitt *m*; 2. *(Inf)* Warteschlange *f*, Kette *f* ‖ ~ **ввода** *(Inf)* Eingabewarteschlange *f* ‖ ~/**входная** *(Inf)* Eingangswarteschlange *f* ‖ ~ **вывода** *(Inf)* Ausgabewarteschlange *f* ‖ ~ **заданий** *(Inf)* Jobwarteschlange *f* ‖ ~ **заявок** *(Inf)* Auftragswarteschlange *f* ‖ ~ **неактивных программ** *(Inf)* Warteschlange *f* der inaktiven Programme ‖ ~ **работ** *(Inf)* Auftragswarteschlange *f*
очертание *n* Außenlinie *f*, Umriß *m*, Kontur *f*, Profil *n* • **прямоугольного очертания** mit rechteckigem Grundriß
очёс *m* 1. *(Text)* Hede *f*, Ausstoß *m* *(s. a.* очёски); Kämmling *m*, Ausputz *m*; 2. Bunkerde *f (Torf)* ‖ ~/**гребенной** *(Text)* Kämmling *m (Kämmaschine)* ‖ ~/**льняной** *(Text)* Flachshede *f* ‖ ~/**пеньковый** *(Text)* Hanfhede *f* ‖ ~/**хлопковый** *(Text)* Baumwollkämmling *m*
очёсы *fpl* s. очёски
очёски *fpl (Text)* Ausstoß *m*, Abfall *m (Kardierabfall)* ‖ ~/**барабанные** Trommelausstoß *m*, Trommelabfall *m* ‖ ~/**съёмно-барабанные** Abnehmerausstoß *m*, Abnehmerabfall *m* ‖ ~/**шляпочные** Deckelausstoß *m*, Deckelstrips *m*, Deckelabfall *m*
очёсывание *n* Ausstoßen *n (bei Kardengarnitur)* ‖ ~/**пневматическое** pneumatisches Ausstoßen *n (Deckelkarde)*
очиститель *m* 1. Reiniger *m*, Reinigungsanlage *f*; 2. Scheider *m*, Abscheider *m*, Sichter *m*; Entstauber *m*; Reinigungsmittel *n*; 3. Klärmittel *n* ; 4. *(Pap)* Stoffreiniger *m*, Zeugreiniger *m*, Zeug-

sichter *m (Reinigung der Papiermasse vor dem Auflauf auf das Sieb)* ‖ ~/**вихревой (водоворотный)** Wirbelreiniger *m*, Wirbelsichter *m* ‖ ~/**жидкостный** Naßabscheider *m* ‖ ~/**инерционный** Fliehkraftabscheider *m*, Fliehkraftreiniger *m* ‖ ~/**наклонный** *(Text)* Stufenreiniger *m* ‖ ~/**осевой** *(Text)* Axialreiniger *m*, Axi-Flo-Reiniger *m* ‖ ~/**прутковый** *(Lw)* Hakenkettenförderer *m (Rübenerntemaschine)* ‖ ~/**сухой** Trockenabscheider *m* ‖ ~/**турбинный** *(Lw)* Siebrad *n (Rüben- und Kartoffelerntemaschine)* ‖ ~/**центробежный** Zentrifugalreiniger *m*, Fliehkraftreiniger *m*
очистить s. очищать
очистка *f* 1. Reinigung *f*, Säuberung *f*; 2. *(Met)* Feinen *n*, Raffinieren *n*, Raffinierung *f*, Raffination *f*, Garen *n*, Gararbeit *f*, Garschmelzen *n*; 3. Putzen *n (Guß)*; 4. Entstauben *n (Luft)*; 5. Läutern *n (Erz)*; 6. *(Inf)* Löschung *f*, Freigabe *f*; 7. *(Bgb)* Räumen *n (Haufwerk)*; 8. *(Bgb)* Spülen *n*, Spülung *f (Bohrloch)*; 9. Läuterung *f*, Wäsche *f (Aufbereitung)* ‖ ~/**барабанная** *(Gieß)* Trommelputzen *n*, Trommeln *n*, Scheuern *n* ‖ ~/**биологическая** biologische Reinigung (Selbstreinigung) *f* ‖ ~ **в барабанах** s. ~/барабанная ‖ ~ **вод** Wasserreinigung *f* ‖ ~/**водяной струёй** s. ~/гидроструйная ‖ ~ **газоу/мокрая** Gasnaßwäsche *f* ‖ ~ **газопламенная** *(Schw)* Flammstrahlen *n*, Flämmen *n* ‖ ~/**гидравлическая** s. ~/гидроструйная ‖ ~/**гидроструйная** *(Gieß)* Naßputzen *n*, Wasserstrahlputzen *n*, Druckwasserstrahlen *n* ‖ ~/**глубокая** Hochreinigung *f*, Feinreinigung *f* ‖ ~/**грубая** 1. Grobreinigung *f*; 2. *(Gieß)* Vorputzen *n*, Rohputzen *n*, Grobputzen *n* ‖ ~/**дробемётная** *(Gieß)* Schleuderstrahlputzen *n* mit metallischen Strahlmitteln; Schleuderentzunderung *f* ‖ ~/**дробеструйная** *(Gieß)* Druckstrahlputzen *n* mit metallischen Strahlmitteln ‖ ~/**зонная** Zonenreinigung *f (Halbleiter)* ‖ ~/**кислотная** *(Ch)* Säureraffination *f* ‖ ~/**конечная** *(Gieß)* Fertigputzen *n*; Feinputzen *n* ‖ ~/**литья** *(Gieß)* Gußputzen *n* ‖ ~/**механическая** mechanische Reinigung *f*; mechanische Aufbereitung *f* ‖ ~/**мокрая** 1. *(Met)* Naßreinigung *f*, Naßwäsche *f*; Berieselung *f*; 2. *(Gieß)* Naßputzen *n*, Wasserstrahlputzen *n*, Druckwasserstrahlen *n* ‖ ~/**огневая** *(Gieß)* Brennputzen *n*, Flammputzen *n* ‖ ~/**окончательная** *(Gieß)* Fertigputzen *n*; Feinputzen *n* ‖ ~ **от изоляции** Abisolieren *n*, Entisolieren *n* ‖ ~ **от окалины** *(Met)* Entzunderung *f*, Entzundern *n* ‖ ~ **от ржавчины** Entrostung *f*, Entrosten *n* ‖ ~ **от чешуи** Entschuppen *n*, Entschuppung *f (Fischverarbeitung)* ‖ ~/**парофазная** *(Ch)* Dampfphase[n]raffination *f*, Gasphase[n]raffination *f* ‖ ~ **переплавкой** *(Met)* Dublieren *n*, Umschmelzen *n* ‖ ~/**пескоструйная** Sandstrahlen *n*; Sandstrahlreinigung *f* ‖ ~/**пламенная** Flammstrahlen *n* ‖ ~/**пред-варительная** Vorreinigung *f*, Schwarzreinigung *f* ‖ ~ **раствора** *(Met)* Laugenreinigung *f (Naßmetallurgie)* ‖ ~/**селективная** *(Ch)* Selektivraffination *f*, Raffination *f* mit selektiven Lösungsmitteln ‖ ~/**сернокислотная** *(Ch)* Schwefelsäureraffination *f* ‖ ~ **сточных вод** Abwasserreinigung *f* ‖ ~ **сточных вод/биологическая** biologische Abwasserreinigung *f* ‖ ~/**струйная** *(Gieß)* Strahlputzen *n*, Putzstrahlen *n* ‖ ~/**сухая**

Trockenreinigung f ‖ ~/**термодистилляционная** s. ~/**зонная** ‖ ~/**тонкая** Fein[st]reinigung f; (Gieß) Feinputzen n ‖ ~ **травлением** (Eln) Ätzreinigung f (z. B. in einer Gasphase) ‖ ~/**щелочная** (Ch) Laugenraffination f, Laugung f ‖ ~/**электрогидравлическая** (Gieß) elektrohydraulisches Putzen n ‖ ~/**электрохимическая** (Gieß) elektrochemisches (elektrolytisches) Putzen n
очистная f (Gieß) Putzerei f
очистной (Bgb) Gewinnungs...; Abbau...
очищать 1. reinigen, säubern; 2. raffinieren, läutern; 3. (Inf) löschen, freigeben; 4. (Met) feinen, raffinieren, garen, garschmelzen; 5. putzen (Guß); 6. entstauben (Luft); 7. (Bgb) räumen (Haufwerk); 8. (Bgb) spülen (Bohrloch); 9. läutern, waschen (Aufbereitung) ‖ ~ **балласт** (Eb) Bettung reinigen ‖ ~ **отливки** (Gieß) gußputzen, putzen ‖ ~ **переплавкой** (Met) dublieren, umschmelzen
очки pl Brille f ‖ ~/**бифокальные** Bifokalbrille f ‖ ~/**защитные** Schutzbrille f ‖ ~/**зеркальные** Brille f mit verspiegelten Gläsern ‖ ~/**изейконические** iseikonische Brille f ‖ ~/**корригирующие** Korrekturbrille f ‖ ~/**лазерные защитные** Laserschutzbrille f ‖ ~/**неофановые** Neophanbrille f ‖ ~/**поляризационные** Polarisationsbrille f ‖ ~/**предохранительные** s. ~/защитные ‖ ~/**призматические** prismatische Brille f ‖ ~/**светозащитные** Lichtschutzbrille f ‖ ~/**слуховые** Hörbrille f ‖ ~/**телескопические** Fernrohrbrille f, Teleskopbrille f ‖ ~/**трифокальные** Trifokalbrille f
очки-консервы pl Erhaltungsbrille f
очко n 1. Auge n, Öse f, Öhr n; 2. (Met) Stich m, Abstichloch n, Abstichöffnung f (Schmelzofen); 3. Düse f, Ziehdüse f; 4. (Typ) Schriftbild n; 5. s. unter **окно** ‖ ~/**волочильное** Ziehdüse f, Ziehstein m, Zieh[eisen]loch n, Auslaßöffnung f, Auslaufloch n (Drahtziehen) ‖ ~/**фурменное** (Met) Windformöffnung f, Formöffnung f, Düsenöffnung f (Schachtofen) ‖ ~/**шлаковыпускное** (Met) Schlacken[ab]stichloch n, Schlackenloch n, Schlackenöffnung f ‖ ~ **шрифта** (Typ) Schriftbild n
очкодержатель m (Fert) Düsenhalter m, Ziehdüsenhalter m
ОЧУ f. устройство/оптическое читающее
очувствить s. очувствлять
очувствление n Sensibilisierung f; Sensorisierung f ‖ ~/**предварительное** Vorsensibilisierung f
очувствленный sensibilisiert; (Masch) mit künstlichen Sinnesorganen (Senoren)
очувствлять sensibilisieren (z. B. Photomaterial); sensorisieren
ошибка f Fehler m, Unrichtigkeit f (s. a. unter погрешность) ‖ ~/**апертурная** (Opt) Öffnungsfehler m, Aperturverzerrung f ‖ ~ **аппроксимации** (Math) Approximationsfehler m ‖ ~ **в выходной шине** (Inf) BUS-A-Fehler m ‖ ~ **в данных** (Inf) Datenfehler m ‖ ~ **в калибровке** (Wlz) Kalibrier[ungs]fehler m ‖ ~ **в отсчёте** (Меß) Ablesefehler m ‖ ~ **в переплетении** (Text) Bindungsfehler m ‖ ~ **в чётности** (Inf) Paritätsfehler m ‖ ~ **ведения** (Astr) Führungsfehler m, Nachführungsfehler m ‖ ~ **визирования** (Geod) Zielfehler m ‖ ~ **внешнего устройства** (Inf) Gerätefehler m ‖ ~ **вычислений** Rechenfehler m ‖ ~/**вычислительная** Rechenfehler m ‖ ~ **гидирования** s. ~ ведения ‖ ~/**двубитная** (Inf) Zweibitfehler m ‖ ~/**динамическая** Trägheitsfehler m, dynamischer Fehler m ‖ ~/**дифракционная** (Opt) Beugungsfehler m ‖ ~/**допускаемая** s. ~/**допустимая** zulässiger Fehler m; (Reg) zulässige Regelabweichung f ‖ ~ **записи** (Inf) Aufzeichnungsfehler m ‖ ~/**измерительная** Meßfehler m, Meßunsicherheit f ‖ ~/**истинная** wahrer Fehler m ‖ ~/**коллимационная** (Opt) Kollimationsfehler m ‖ ~/**личная** s. ~ наблюдателя ‖ ~/**методическая** methodischer Fehler m, Verfahrensfehler m ‖ ~/**многобитная** (Inf) Mehrbitfehler m ‖ ~ **на приёме** Wiedergabefehler m ‖ ~ **наблюдателя** (Astr, Geod) persönlicher (subjektiver) Fehler m ‖ ~ **наведения (наводки)** Einstellfehler m, Einstellunsicherheit f ‖ ~ **наложения записей** (Inf) Überschreibungsfehler m ‖ ~/**одиночная (однобитная)** (Inf) Einzelbitfehler m ‖ ~ **оператора** (Inf) Bedienungsfehler m ‖ ~/**остаточная** (Geod) Restfehler m ‖ ~ **от частоты** Frequenzfehler m ‖ ~ **отбрасывания** (Inf) Abbruchfehler m ‖ ~ **первого рода** Fehler m erster Art, Alpha-Fehler m ‖ ~ **передачи** Übertragungsfehler m ‖ ~ **перекоса** Kippfehler m ‖ ~ **переполнения** (Inf) Überlauffehler m ‖ ~ **по чётности** (Inf) Paritätsfehler m ‖ ~/**полная** (Меß) Gesamtfehler m ‖ ~ **положения** (Geod) Lagefehler m ‖ ~/**поперечная** gd (Geod) Querfehler m ‖ ~/**постоянная** (Inf) permanenter Fehler m, Maximalfehler m; zulässiger Fehler m, Grenzfehler m ‖ ~/**привнесённая** (Inf) eingeschleppter Fehler m ‖ ~ **прогнозы** Vorhersagefehler m ‖ ~/**программная** (Inf) Programmfehler m ‖ ~ **регулирования** Regelabweichung f, Regelfehler m ‖ ~/**семантическая** (Inf) semantischer Fehler m ‖ ~/**синтаксическая** (Inf) syntaktischer Fehler m ‖ ~ **следования** Folgefehler m, Nachlauffehler m ‖ ~/**случайная** zufälliger (unregelmäßiger) Fehler m ‖ ~/**собственная** Eigenfehler m ‖ ~ **согласования** Anpassungsfehler m ‖ ~/**суммарная** Summenfehler m, Gesamtfehler m; akkumulierter Fehler m ‖ ~ **считывания** (Inf) Lesefehler m ‖ ~ **установки** s. ~ наведения ‖ ~ **устройства** Gerätefehler m ‖ ~/**фазная (фазовая)** (El) Phasenfehler m ‖ ~/**формальная** (Inf) formaler Fehler m ‖ ~ **формата** (Inf) Formatfehler m ‖ ~ **хода** (Geod) Zugfehler m, Gangfehler m ‖ ~ **часового ведения** (Astr) Nachführfehler m (am Fernrohr) ‖ ~/**частотная** (El) Frequenzfehler m ‖ ~ **чтения** (Inf) Lesefehler m ‖ ~/**чётности** (Inf) Paritätsfehler m
ошибочность f Unrichtigkeit f, Fehlerhaftigkeit f
ошибочный fehlerhaft, Fehl..., falsch, Falsch...
ошиновка f (El) Stromschienen fpl; Sammelschienen fpl
ошлакование n (Met) Verschlacken n, Verschlackung f, Schlacken n
ошнуровка f (Text) Schnürung f (Weberei) ‖ ~/**групповая аркатная** mehrchoriger Harnisch m ‖ ~/**открытая аркатная** offener Harnisch m ‖ ~/**перекрёстная (скрещённая)** verkreuzter Harnisch m

оштукатуренный *(Bw)* geputzt, verputzt
оштукатуривание *n (Bw)* Putzen *n*, Verputzen *n*
оштукатуривать *(Bw)* [ab]putzen, verputzen
оштукатурить *s.* оштукатуривать
ощупать *s.* ощупывать
ощупывание *n* Abtasten *n*
ощупывать abtasten; anschnäbeln, antasten
ощущение *n* Empfindung *f* ‖ ~ **звука** Klangempfindung *f* ‖ ~/**световое** Lichtempfindung *f* ‖ ~/**цветовое** Farbempfindung *f*, Farbwahrnehmung *f* ‖ ~ **яркости** Helligkeitsempfindung *f*
ОЭ *s.* эмиттер/общий
ОЭП *s.* прибор/оптоэлектронный

П

Па *s.* паскаль
ПАВ *s.* 1. волна/поверхностная акустическая; 2. вещество/поверхностно-активное
павильон *m* 1. Pavillon *m*; 2. Halle *f*; 3. Unterteil *n (Edelstein)* ‖ ~/**надувной** Traglufthalle *f*
паводок *m (Hydrol)* Hochwasser *n* ‖ ~/**дождевой** Regenhochwasser *n* ‖ ~/**ледниковый** Gletscherhochwasser *n* ‖ ~/**талый** Schneeschmelzhochwasser *n*
пагинация *f* [**страниц**] *(Typ)* Paginierung *f*, Seitenzählung *f*
паголенок *m (Text)* Längen *m (Strumpfwirkerei)* ‖ ~ **чулка** *(Text)* Strumpflänge *f*
ПАД *s.* прядение/аэродинамическое
падать [ab]fallen, abnehmen, sinken
падение *n* 1. Fallen *n*, Fall *m*; Sturz *m (Temperatur)*; 2. Abfallen *n*, Abfall *m (Druck, Spannung; s. a. unter* понижение*)*; 3. *(Ph)* Einfall *m (Licht, Wellen)*; Inzidenz *f*; 4. *(Mech)* Fall *m*, Fallbewegung *f* ‖ ~ **давления** Druckabfall *m*; Druckverlust *m* ‖ ~/**естественное** *(El)* natürliches Gefälle *n* ‖ ~/**крутое** *(Geol)* steiles Einfallen *n* ‖ ~ **месторождения** *(Bgb, Geol)* Einfallen *n* der Lagerstätte ‖ ~ **мощности** Leistungsabfall *m*, Leistungsverlust *m* ‖ ~ **напора** Druckabfall *m* ‖ ~ **напряжения** 1. *(El)* Spannungsabfall *m*; 2. *(Mech)* Spannungsabfall *m*, Spannungsgefälle *n* ‖ ~ **напряжения в линии** *(El)* Leitungsspannungsabfall *m* ‖ ~ **напряжения в прямом направлении** *(Eln)* Spannungsabfall *m* in Durchlaßrichtung, Durchlaßspannungsabfall *m* ‖ ~ **напряжения/внутреннее** *(El)* innerer Spannungsabfall *m* ‖ ~ **напряжения/индуктивное** *(El)* induktiver Spannungsabfall *m* ‖ ~ **напряжения/омическое** *(El)* ohmscher Spannungsabfall *m* ‖ ~ **напряжения/полное** *(El)* Gesamtspannungsabfall *m* ‖ ~ **напряжения/прямое** *s.* ~ напряжения в прямом направлении ‖ ~ **несогласное** *(Geol)* widersinniges Einfallen *n* ‖ ~/**опрокинутое** *(Geol)* entgegengesetztes Einfallen *n (über 90°)* ‖ ~ **пластов** *s.* ~ слоёв ‖ ~/**пологое** *(Geol)* flaches Einfallen *n* ‖ ~ **потенциала** *(El)* Potential[ab]fall *m* ‖ ~ **потока/среднее** *(Hydt)* Mittelgefälle *n* ‖ ~ **пучка/отвесное** senkrechter Strahleneinfall *m* ‖ ~ **реки** *(Hydrol)* Flußgefälle *n* ‖ ~ **светового потока** Lichtstromabfall *m*, Lichtstromverlust *m (Photometrie)* ‖ ~/**свободное** *(Mech)* freier Fall *m* ‖ ~/**сильно наклонное** *(Geol)* stark geneigtes Einfallen *n* ‖ ~ **скорости вращения** Drehzahlabfall *m* ‖ ~/**слабо наклонное** *(Geol)* schwaches (schwach geneigtes) Einfallen *n* ‖ ~ **слоёв** *(Geol)* Fallen *n*, Einfallen *n (Schichten)* ‖ ~ **температуры** Temperaturabnahme *f*, Temperatursturz *m*, Temperaturgefälle *n* ‖ ~ **частоты** *(El)* Frequenzabfall *m*
паз *m* 1. Nut *f*, Auskehlung *f*, Kehle *f*, Riefe *f*; 2. Schlitz *m*; 3. *(Bgb)* Schar *n (Türstock)*; 4 *(Schiff)* Naht *f (Längsnaht zwischen Plattengängen)* ‖ ~/**боковой** Seitennut *f* ‖ ~/**винтовой** Drallnut *f*, Wendelnut *f*, Spiralnut *f* ‖ ~ **для установки** *(Masch)* Einstellschlitz *m* ‖ ~/**зажимный** *(Wkzm)* Spannut *f (zum Spannen von Werkstücken, Werkzeugen)* ‖ ~/**закрытый** *(Masch)* innenliegende Nut *f* ‖ ~ **и гребень** *m (Masch)* Nut *f* und Feder *f* ‖ ~/**кольцевой** *(Masch)* Ringnut *f* ‖ ~/**компенсационный** *(El)* Kompensations[wicklungs]nut *f* ‖ ~/**косой** Schrägnut *f*, geschrägte Nut *f* ‖ ~/**криволинейный** *(Wkzm)* Kurvennut *f* ‖ ~/**круглый** *(Masch, El)* Rundnut *f* ‖ ~/**направляющий** *(Masch)* Führungsnut *f* ‖ ~/**Т-образный** *(Masch)* T-Nut *f* ‖ ~/**открытый** *(Masch)* einseitig offene Nut *f* ‖ ~/**поперечный** *(Masch)* Quernut *f* ‖ ~/**продольный** *(Masch)* Längsnut *f* ‖ ~/**роторный** *(El)* Läufernut *f* ‖ ~/**скошенный** *s.* ~/косой ‖ ~/**спиральный** *s.* ~/винтовой ‖ ~ **статора** *(El)* Ständernut *f* ‖ ~ **ступицы/шпоночный** *(Masch)* Nabennut *f* ‖ ~/**тавровый** *(Masch)* T-Nut *f* ‖ ~/**шандорный** *(Hydt)* Dammfalz *m* ‖ ~/**шпоночный** *(Masch)* Keilnut *f*; Federnut *f* ‖ ~ **якоря** *(El)* Ankernut *f*
пазить *(Bw)* abkehlen, aussparen, auskehlen
пазовость *f (El, Masch)* Nutung *f*
пазовый Nut[en]...
пазуха *f* 1. *(Hydt)* Wasserpolster *n*, Wasserpuffer *m*; 2. *(Bw)* Gewölbezwickel *m* ‖ ~ **остряка** *(Eb)* Zungensteg *m (Weiche)*
пайка *f (Fert, Schw)* Löten *n*, Lötung *f*, Lötverfahren *n* ‖ ~ **в вакууме** Vakuumlöten *n* ‖ ~ **в контейнере** Löten *n* in beheiztem Behälter ‖ ~ **в печи** Ofenlöten *n* ‖ ~ **в печи с контролируемой атмосферой** Schutzgasofenlöten *n* ‖ ~ **в соляной ванне** Salzbadlöten *n* ‖ ~/**вакуумная** Vakuumlöten *n* ‖ ~/**вибрационная** *(Eln)* Vibrationsbonden *n* ‖ ~ **волной припоя** Schwallötverfahren *n*, Schwallöten *n* ‖ ~/**восстановительно-реактивная** Reaktionslöten *n* ‖ ~/**высокотемпературная** Hochtemperaturlöten *n*, Hartlöten *n* ‖ ~/**высокотемпературная дуговая** Lichtbogenhartlöten *n* ‖ ~/**высокочастотная** Hochfrequenzlöten *n*, Induktionslöten *n* ‖ ~ **газовой горелкой** Flamm[en]löten *n* ‖ ~/**газопламенная** Flamm[en]löten *n* ‖ ~/**газопламенная механическая** Flammenfeldlöten *n* ‖ ~/**групповая** Massenlöten *n*, Gruppenlöten *n* ‖ ~/**диффузионная** Diffusionslöten *n* ‖ ~/**дуговая** Lichtbogenlöten *n* ‖ ~ **заливкой** Gießlöten *n*, Schwallöten *n* ‖ ~/**импульсная** Impulslöten *n* ‖ ~/**индукционная** Induktionslöten *n* ‖ ~/**капиллярная** Spaltlöten *n* ‖ ~/**каскадная** Kaskadenlöten *n* ‖ ~/**контактная** elektrisches Widerstandslöten *n* ‖ ~/**контактно-реактивная** Kontakt-Reaktionslöten *n* ‖ ~ **кристалла** Chipbonden *n*, Chiplöten *n* ‖ ~/**лазерная** Laserlöten *n* ‖ ~/**мягкая** Weichlöten *n* ‖ ~ **мягким припоем** Weichlöten *n* ‖ ~ **натиранием** Reiblöten *n* ‖ ~/**некапиллярная** Fugenlöten *n* ‖ ~/**низ-**

котемпературная Niedertemperaturlöten *n*, Weichlöten *n* ‖ ~ **окунанием** Tauchlöten *n* ‖ ~ **оплавлением** Aufschmelzlöten *n* ‖ ~/**парофазная** Dampfphasenlöten *n* ‖ ~ **паяльником** Kolbenlöten *n* ‖ ~/**печная** Ofenlöten *n* ‖ ~ **погружением** Tauchlöten *n* ‖ ~/**радиационная** *(Schw)* Löten *n* mit Strahlungsenergie ‖ ~/**реактивная (реакционная)** Reaktionslöten *n* ‖ ~ **сопротивлением** Widerstandslöten *n* ‖ ~ **сопротивлением/электрическая** elektrisches Widerstandslöten *n* ‖ ~/**твёрдая** Hartlöten *n* ‖ ~ **твёрдыми припоями** Hartlöten *n* ‖ ~ **трением** Reiblöten *n* ‖ ~ **угольной дугой** Lichtbogenlöten *n* ‖ ~/**ультразвуковая** Ultraschallöten *n* ‖ ~/**флюсовая** Flußmittellöten *n* ‖ ~/**фрикционная** Reiblöten *n* ‖ ~/**шаберная** Reiblöten *n* ‖ ~/**эвтектическая** *(Eln)* eutektisches Bonden *n*

пайлер *m (Wlz)* Stapelvorrichtung *f*, Blechstapelvorrichtung *f*, Blechstapler *m*
пайол *m (Schiff)* Bodenwegerung *f*; Flurboden *m*
пак *m* Packeis *n*
пакгауз *m (El)* Güterschuppen *m*, Güterboden *m* ‖ ~/**портовый** Kaischuppen *m (Hafen)*
пакеляж *m (Bw)* Packlage *f*, Steinbett *n*, Steinpackung *f (Straßenbau)*
пакер *m (Bgb)* Packer *m (Bohrlochabdichtung)*
пакет *m* 1. Paket *n*; 2. *(Inf)* Programmpaket *n*, Paket *n*; Stapel *m*; 3. *(Schiff)* Palette *f* ‖ ~ **ввода-вывода** *(Inf)* Eingabe-Ausgabe-Paket *n* ‖ ~/**волновой** *(Ph, El)* Wellenpaket *n*, Wellengruppe *f* ‖ ~ **дисков** *(Inf)* Plattenstapel *m* ‖ ~ **дисков/сменный** Wechselplattenstapel *m* ‖ ~ **импульсов** *(El)* Impulspaket *n* ‖ ~ **листов** 1. *(Wlz)* Blechpaket *n*; 2. *(Masch)* Federpaket *n* ‖ ~ **листов якоря** *(El)* Ankerblechpaket *n* ‖ ~ **лопаток** Schaufelpaket *n (Dampfturbine)* ‖ ~ **магнитных дисков** *(Inf)* Magnetplattenstapel *m* ‖ ~ **объектный** *(Inf)* Objektkartenstapel *m* ‖ ~ **операционной системы** *(Inf)* Systemresidenz *f* ‖ ~/**отладочный** *(Inf)* Fehlersuchpaket *n* ‖ ~ **пластин** *(El)* 1. Plattenpaket *n (eines Kondensators)*; 2. Blechpaket *n (eines Eisenblechkerns)* ‖ ~ **поездов** *(Eb)* Zugbündel *n* ‖ ~ **прикладных программ** *(Inf)* Anwenderprogrammpaket *n*, Anwendungsprogrammpaket *n* ‖ ~ **программ** *(Inf)* Programmpaket *n* ‖ ~ **программ ввода-вывода** Eingabe-Ausgabe-Paket *n* ‖ ~ **программ/методически ориентированный** *(Inf)* methodisch orientiertes Programmpaket *n* ‖ ~ **программ/сетевой** *(Inf)* Netzsoftwarepaket *n* ‖ ~ **пружин** Federpaket *n (Kupplung) (El)* Läuferblechpaket *n* ‖ ~ **системных программ** *(Inf)* Systemprogrammpaket *n* ‖ ~/**стержневой** *(Gieß)* Kernpaket *n* ‖ ~ **штампа** *(Eb)* Stanzgestell *n* ‖ ~/**электронный** Elektronenpaket *n* ‖ ~ **якоря** *(El)* Ankerblechpaket *n*
пакетирование *n (Wlz)* Paketieren *n*, Paketierung *f*
пакетовоз *m* Palettenschiff *n*, Palettenfrachter *m*, Paketfrachter *m*
пакля *f* Werg *n*, Hede *f* ‖ ~ **пеньковая** Hanfwerg *n*
паковка *f (Text)* Garnkörper *m*, Auflauf- oder Ablaufkörper *m* ‖ ~/**входная** Aufsteckkörper *m*, Ablaufkörper *m* ‖ ~/**выпускаемая (выходная)** Auflaufkörper *m* ‖ ~/**жёсткая** harter Wickel *m*, harter Garnkörper *m* ‖ ~/**мягкая** weicher Wickel *m*, weicher Garnkörper *m* ‖ ~ **наматывания** Auflaufkörper *m* ‖ ~/**питающая** Ablaufkörper *m* ‖ ~ **пряжи** Garnkörper *m* ‖ ~/**сматываемая** Ablaufkörper *m*
пал *m (Schiff)* Dalben *m*, Dalbe *f*, Poller *m* ‖ ~/**береговой** Kaidalben *m*, Kaipoller *m* ‖ ~/**девиационный** Kompensierdalben *m* ‖ ~/**направляющий** Führungsdalben *m* ‖ ~/**причальный** Kaidalben *m*, Kaipoller *m* ‖ ~/**швартовный** Festmachedalben *m*, Vertäudalben *m*
палатка-холодильник *f* Kühlhalle *f*, Tragluftkühlhalle *f*
палеоандезит *m (Geol)* Paläoandesit *m*
палеоген *m (Geol)* Paläogen *n*, Alttertiär *n*
палеозой *m (Geol)* Paläozoikum *n*
палеоклимат *m (Geol)* Paläoklima *n*
палеолипарит *m (Geol)* Paläoliparit *m*
палеолит *m (Geol)* Paläolithikum *n*, Altsteinzeit *f*
палеомагнетизм *m (Geol)* Paläomagnetismus *m*
палеонтология *f (Geol)* Paläontologie *f*
палеосейсмодислокация *f (Geol)* paläoseismische Dislokation *f*
палеотемпература *f (Geol)* Paläotemperatur *f*
палеофит *m (Geol)* Paläophytikum *n*
палеоцен *m s.* **отдел/палеоценовый**
палета *f* Palette *f (Ankerhemmung im Uhrwerk)*
палетка *f (Geod)* Strichpalette *f*
палец *m* 1. *(Masch)* Finger *m*; Bolzen *m*; Stift *m*; 2. *(Bgb)* Jochschwanz *m (Schrotzimmerung)*; 3. *(Lw)* Mähfinger *m* ‖ ~/**ведущий** Führungsbolzen *m*, Mitnahmebolzen *m* ‖ ~ **верхнего рулевого рычага/шаровой** *(Kfz)* Lenkhebelkugelbolzen *m*, oberer Kugelbolzen *m*, oberer Lenkhebel *m* ‖ ~ **выталкивателя** Auswerferstift *m* ‖ ~ **захвата** Greiferfinger *m (eines Roboters)* ‖ ~/**изгибающий** Beugefinger *m (Greiforgan eines Roboters)* ‖ ~/**контактный** Kontaktfinger *m* ‖ ~/**копировальный** *(Wkzm)* Nachformtaster *m*, Nachformstift *m* ‖ ~ **кривошипа** *(Masch)* Kurbelzapfen *m* ‖ ~/**мотальный** *(Text)* Wickelfinger *m*, Wicklerfinger *m* ‖ ~/**направляющий** *(Masch)* 1. Führungsbolzen *m*; 2. Abhebebolzen *m* ‖ ~/**поводковый** *(Wkzm)* Mitnehmerbolzen *m*, Mitnahmebolzen *m* ‖ ~ **ползуна** 1. *(Wkzm)* Stößelzapfen *m (Kurzhobelmaschine)*; 2. *(Masch)* Kreuzkopfzapfen *m* ‖ ~/**поршневой** *(Kfz)* Kolbenbolzen *m* ‖ ~/**предохранительный** *s.* ~/**срезной** *(Masch)* ‖ ~/**распределительный** *(Masch)* Steuerfinger *m*, Steuerstift *m* ‖ ~ **рулевого рычага/шаровой** *(Kfz)* Spurstangenkugelbolzen *m*, Kugelbolzen *m* ‖ ~/**срезной** *(Masch)* Scherbolzen *m*, Brechbolzen *m*, Scherstift *m*, Sicherheitsstift *m (z. B. in Kupplungen)* ‖ ~/**стопорный** *(Masch)* Sicherungsbolzen *m* ‖ ~ **типа шланга** Schlauchfinger *m*, pneumatischer Finger *m (Greiforgan des Roboters)* ‖ ~/**упорный** *(Wkzm)* Anschlagbolzen *m* ‖ ~/**шаровой** *(Masch)* Kugelbolzen *m* ‖ ~/**щёточный** *(El)* Bürsten[halter]bolzen *m*
палингенез[ис] *m (Geol)* Palingenese *f*
палладий *m (Ch)* Palladium *n*, Pd ‖ ~/**губчатый** Palladiumschwamm *m*
палласит *m* Pallasit *m (Meteorit)*
паллета *f* Windkasten *m (Sinteranlage)*
палочка *f*/**петельная** *(Text)* Maschenschenkel *m (Wirkerei)*

палочный *(Masch)* mit Finger[n] wirkend, Finger... *(Bauweise von Greifern)*

палуба *f (Schiff)* Deck *n* ‖ **~/автомобильная** Autodeck *n*, Wagendeck *n (Autofähre)* ‖ **~/ангарная** Hangardeck *n* ‖ **~ безопасности** Sicherheitsdeck *n (Schwimmdock)* ‖ **~/вагонная** Wagendeck *n (Eisenbahnfähre)* ‖ **~/вертолётная** Hubschrauberdeck *n*, Helikopterdeck *n* ‖ **~/верхняя** Oberdeck *n* ‖ **~/верхняя открытая** Freideck *n* ‖ **~/верхняя расчётная** Gurtungsdeck *n*, Festigkeitsdeck *n* ‖ **~/водонепроницаемая** wasserdichtes Deck *n* ‖ **~/въездная** Rampendeck *n* ‖ **~/главная** Hauptdeck *n* ‖ **~/грузовая** Ladedeck *n* ‖ **~/жилая** Wohn[raum]deck *n* ‖ **~/мостиковая** Brückendeck *n* ‖ **~/навесная** Shelterdeck *n*, Schutzdeck *n* ‖ **~ надводного борта** Freiborddeck *n* ‖ **~ надстройки** Aufbau[ten]deck *n*, Trailerdeck *n* ‖ **~ непотопляемости** Schottendeck *n* ‖ **~/непрерывная** durchlaufendes Deck *n* ‖ **~/нижняя** Unterdeck *n* ‖ **~/обмерная** Vermessungsdeck *n* ‖ **~/открытая** Freideck *n*, freies Deck *n* ‖ **~/паромная** Fährdeck *n* ‖ **~/пеленгаторная** Peildeck *n* ‖ **~ переборок** Schottendeck *n* ‖ **~/пляжная** Lidodeck *n* ‖ **~/подъёмная** hochziehbares Deck *n* ‖ **~/прогулочная** Promenadendeck *n* ‖ **~/промежуточная** Zwischendeck *n* ‖ **~/промысловая** Fangdeck *n (Trawler)* ‖ **~/рабочая** Arbeitsdeck *n (Fischereifahrzeug)* ‖ **~/расчётная** Gurtungsdeck *n* ‖ **~/солнечная** Sonnendeck *n* ‖ **~/спортивная** Sportdeck *n* ‖ **~/средняя** Mitteldeck *n* ‖ **~/твиндечная** Zwischendeck *n* ‖ **~/тентовая** Schattendeck *n*, Sonnenschutzdeck *n* ‖ **~/трейлерная** Trailerdeck *n*, Fahrdeck *n* ‖ **~/шельтердечная** Shelterdeck *n*, Schutzdeck *n* ‖ **~/шлюпочная** Bootsdeck *n* ‖ **~ юта** Poopdeck *n*

палуны *mpl (Hydrol)* Stromschnellen *fpl*

палыгорскит *m (Min)* Palygorskit *m*, Bergleder *n (Amphibol)*

пальмитат *m (Ch)* Palmitat *n*

пальмитиновокислый *(Ch)* ...palmitat *n*; palmitinsauer

ПАМ *s.* прядение/аэромеханическое

памятник *m* **архитектуры** Baudenkmal *n* ‖ **~ природы** Naturdenkmal *n*

память *f (Inf)* Speicher *m (s. a. unter* устройство/запоминающее*)* • **с программируемой памятью** speicherprogrammierbar ‖ **~/автономная** autonomer (autonom arbeitender) Speicher *m*, Off-line-Speicher *m* ‖ **~/адресная** Adreßspeicher *m*, Adressenspeicher *m* ‖ **~/адресуемая** adressierbarer Speicher *m* ‖ **~/акустическая** akustischer Speicher *m* ‖ **~/алфавитно-цифровая оптическая** alphanumerischer Bildspeicher *m* ‖ **~/аналоговая** Analogspeicher *m* ‖ **~/архивная** Massenspeicher *m* ‖ **~/ассоциативная** Assoziativspeicher *m*, assoziativer (inhaltsadressierter) Speicher *m* ‖ **~/ассоциативная плёночная** assoziativer Dünnschichtspeicher *m* ‖ **~/барабанная** Trommelspeicher *m* ‖ **~/биполярная** bipolarer Speicher *m* ‖ **~/биполярная постоянная** bipolarer Festspeicher *m* ‖ **~ большого объёма** Massenspeicher *m* ‖ **~ большой ёмкости** Groß[raum]speicher *m*, Massenspeicher *m* ‖ **~/буферная** Pufferspeicher *m*, Zwischenspeicher *m*, Zusatzspeicher *m* ‖ **~/быстродействующая** schneller Speicher *m*, Schnellspeicher *m* ‖ **~/виртуальная** virtueller Speicher *m*, Pseudospeicher *m* ‖ **~/внешняя** externer Speicher *m*, Externspeicher *m*, peripherer Speicher *m*, Außenspeicher *m*, Fremdspeicher *m*, Zubringerspeicher *m* ‖ **~/внутренняя** interner Speicher *m*, Internspeicher *m* ‖ **~/вспомогательная** Hilfsspeicher *m*, Zusatzspeicher *m*, Ergänzungsspeicher *m* ‖ **~/вторичная** Sekundärspeicher *m* ‖ **~/выходная** Ausgabespeicher *m* ‖ **~/вычислительной машины** Rechenspeicher *m* ‖ **~ генерации изображений** Bildgenerierungsspeicher *m* ‖ **~/главная** Arbeitspeicher *m*, Hauptspeicher *m*, primärer Speicher *m* ‖ **~/графическая оптическая** graphischer Bildspeicher *m* ‖ **~ данных** Datenspeicher *m* ‖ **~/двоичная** Dualzahlenspeicher *m* ‖ **~/двусторонняя** Lese-Schreib-Speicher *m* ‖ **~/динамическая** dynamischer Speicher *m* ‖ **~/дисковая** *s.* **~ на дисках** ‖ **~ для записи форматов** Formatspeicher *m* ‖ **~ для краткосрочного запоминания** Kurzzeitspeicher *m* ‖ **~ для одного двоичного разряда** Einbitspeicher *m*, Einzelbitspeicher *m* ‖ **~/долговременная** Langzeitspeicher *m (s. a. ~/постоянная)* ‖ **~/доменная** Magnetdomänenspeicher *m* ‖ **~/дополнительная** Zusatzspeicher *m*, ZS ‖ **~/ёмкостная** kapazitiver Speicher *m* ‖ **~/защищённая** geschützter Speicher *m* ‖ **~ канала** Kanalspeicher *m* ‖ **~/квазистатическая** quasistatischer Speicher *m* ‖ **~ ключей защиты** Schutzschlüsselspeicher *m* ‖ **~/кратковременная** Kurzzeitspeicher *m* ‖ **~/криогенная** *s.* **~ на криотронах** ‖ **~/логическая** logischer Speicher *m* ‖ **~/локальная** Lokalspeicher *m* ‖ **~/магазинная** *s.* **~/стековая** ‖ **~ магазинного типа** *s.* **~/стековая** ‖ **~/магнитная** Magnetspeicher *m* ‖ **~/магнитная пузырьковая** Magnetblasenspeicher *m* ‖ **~/магнитодинамическая** magnetodynamischer (magnetomotorischer) Speicher *m* ‖ **~/магнитооптическая** magnetooptischer Speicher *m* ‖ **~/массовая** Massenspeicher *m* ‖ **~/матричная** Matrixspeicher *m* ‖ **~/машинная** Rechnerspeicher *m* ‖ **~/местная** *s.* **~/локальная** ‖ **~ микрокоманд** Mikrobefehlsspeicher *m* ‖ **~/микропрограммная** Mikroprogrammspeicher *m*, MPSp ‖ **~/микропрограммная управляющая** Mikroprogramm-Steuerspeicher *m* ‖ **~/многофункциональная виртуальная** virtueller Multifunktionsspeicher *m* ‖ **~/мультиплексная** Multiplexspeicher *m* ‖ **~ на акустической линии задержки** akustischer Laufzeitspeicher *m* ‖ **~ на БИС** LSI-Speicher *m*, Speichereinheit *f* auf Basis von LSI-Schaltkreisen ‖ **~ на дисках** Plattenspeicher *m* ‖ **~ на дисках с фиксированными головками** Fest[kopf]plattenspeicher *m*, FPS ‖ **~ на жёстком [магнитном] диске** Festplattenspeicher *m* ‖ **~ на криотронах** Kryospeicher *m*, kryogener Speicher *m*, supraleitender Schichtspeicher *m* ‖ **~ на линиях задержки** Verzögerungslinienspeicher *m*, VLSp, Laufzeitspeicher *m* ‖ **~ на магнитной ленте** Magnetbandspeicher *m* ‖ **~ на магнитной ленте/кассетная** Kassettenmagnetbandspeicher *m* ‖ **~ на магнитной проволоке** Drahtspeicher *m*, Magnetdrahtspeicher *m* ‖ **~ на маг-**

нитном барабане Magnettrommelspeicher *m*, MTS ‖ ~ **на магнитных дисках** Magnetplattenspeicher *m*, Plattenspeicher *m* ‖ ~ **на магнитных доменах** Magnetdomänenspeicher *m* ‖ ~ **на магнитных картах** Magnetkartenspeicher *m* ‖ ~ **на магнитных лентах** Magnetbandspeicher *m* ‖ ~ **на магнитных плёнках** Magnetfilmspeicher *m* ‖ ~ **на магнитных пузырьках** Magnetblasenspeicher *m* ‖ ~ **на магнитных сердечниках** Magnetkernspeicher *m*, Kernspeicher *m* ‖ ~ **на микросхемах** mikrominiaturisierter Speicher *m* ‖ ~ **на монолитных модулях** monolithischer Speicher *m* ‖ ~ **на МОП-структурах** MOS-Speicher *m* ‖ ~ **на несменных магнитных дисках** Festplattenspeicher *m*, FPS ‖ ~ **на параллельных регистрах** Parallelregisterspeicher *m* ‖ ~ **на постоянных магнитных дисках** Festplattenspeicher *m*, FPS ‖ ~ **на приборах с зарядовой связью** ladungsgekoppelter Speicher *m* ‖ ~ **на ртутных линиях задержки** Quecksilberspeicher *m* ‖ ~ **на СБИС** VLSI-Speicher *m*, Speichereinheit *f* auf Basis von VLSI-Schaltkreisen ‖ ~ **на сверхпроводниках** supraleitender Speicher *m*, Supraleitspeicher *m* ‖ ~ **на сердечниках** Kernspeicher *m* ‖ ~ **на сменных дисках** Wechselplattenspeicher *m*, WPS ‖ ~ **на сменных дисках кассетного типа** Kassettenplattenspeicher *m* ‖ ~ **на сменных магнитных дисках** Wechselplattenspeicher *m* ‖ ~ **на твисторах** *s.* ~/**твисторная** ‖ ~ **на тонких плёнках** Dünnfilmspeicher *m*, Dünnschichtspeicher *m* ‖ ~ **на ультразвуковых линиях задержки** Ultraschallspeicher *m* ‖ ~ **на ферритовых сердечниках** Ferritkernspeicher *m* ‖ ~ **на ферромагнитных сердечниках** Magnetkernspeicher *m* ‖ ~ **на цилиндрических магнитных доменах** Magnetblasenspeicher *m*, Blasenspeicher *m*, Bubblespeicher *m* ‖ ~ **набираемых номеров** Nummernspeicher *m*, Rufnummernspeicher *m* ‖ ~/**непостоянная** nichtpermanenter (flüchtiger) Speicher *m* ‖ ~ **нестираемая** nichtlöschbarer Speicher *m* ‖ ~ **обратного магазинного типа** FIFO-Speicher *m* ‖ ~/**обычная оперативная** normaler Hauptspeicher *m* ‖ ~/**односторонняя** einseitiger Speicher *m*; Fest[wert]speicher *m*, Nur-Lese-Speicher *m*, ROM ‖ ~/**оперативная** operativer Speicher *m*, Operativspeicher *m*, Arbeitsspeicher *m*, Hauptspeicher *m*, OP, OPS ‖ ~/**оперативная адресная** operativer Adressenspeicher *m* ‖ ~/**оптическая** optischer Speicher *m* ‖ ~/**оптоэлектронная** optoelektronischer Speicher *m* ‖ ~/**основная [оперативная]** Hauptspeicher *m*, HS ‖ ~/**параллельная** Parallelspeicher *m*, Speicher *m* mit parallelem Zugriff ‖ ~/**первичная** Primärspeicher *m* ‖ ~/**перепрограммируемая** EPROM-Speicher *m* ‖ ~/**периферийная** *s.* ~/**внешняя** ‖ ~/**плёночная** Filmspeicher *m*, Dünnschichtspeicher *m* ‖ ~/**полупроводниковая** Halbleiterspeicher *m* ‖ ~/**последовательная** 1. Sequenzspeicher *m*, sequentieller Speicher *m*, Speicher *m* mit sequentiellem Zugriff; 2. Serienspeicher *m*, serieller Speicher *m*, Speicher *m* mit seriellem Zugriff ‖ ~/**постоянная** Fest[wert]speicher *m*, Nur-Lese-Speicher *m*, ROM, Konstantspeicher *m* ‖ ~/**постраничная** Seitenspeicher *m* ‖ ~ **программ** Programmspeicher *m* ‖ ~/**программируемая постоянная** programmierbarer Festwertspeicher *m*, PROM ‖ ~/**программная** Programmspeicher *m* ‖ ~/**промежуточная** Zwischenspeicher *m* ‖ ~/**процессорная** Prozessorspeicher *m*, Hauptspeicher *m* ‖ ~ **прямого доступа** Direktzugriffspeicher *m*, RAM ‖ ~/**псевдостатическая** pseudostatischer Speicher *m* ‖ ~/**рабочая** *s.* ~/**оперативная** ‖ ~/**распределяемая** zugewiesener Speicher *m* ‖ ~/**регистровая** Registerspeicher *m* ‖ ~/**релейная** Relaisspeicher *m* ‖ ~ **с байтовой организацией** byteorganisierter Speicher *m* ‖ ~ **с битовой организацией** bitorganisierter Speicher *m* ‖ ~ **с быстрым доступом** Schnellzugriffsspeicher *m* ‖ ~ **с восстановлением информации** regenerativer Speicher *m* ‖ ~ **с двумя портами** Zweiportspeicher *m*, DPM ‖ ~ **с записью микропрограмм** Mikroprogrammspeicher *m* ‖ ~ **с матричной организацией** matrixorganisierter Speicher *m* ‖ ~ **с параллельной выборкой** assoziativer Parallelspeicher *m* ‖ ~ **с последовательным доступом** *s.* ~/**последовательная** ‖ ~ **с пословной организацией** wortorganisierter Speicher *m* ‖ ~ **с пословным доступом** Wortauswahlspeicher *m* ‖ ~ **с произвольной выборкой** *s.* ~ **с произвольным доступом** ‖ ~ **с произвольным доступом** RAM-Speicher *m*, RAM, Speicher *m* mit wahlfreiem Zugriff, Direktzugriffspeicher *m*, Randomspeicher *m* ‖ ~ **с произвольным доступом/статическая** statischer RAM *m*, SRAM ‖ ~ **с произвольным обращением** *s.* ~ **с произвольным доступом** ‖ ~ **с прямым доступом** *s.* ~ **с произвольным доступом** ‖ ~ **с регенерацией информации** leistungsabhängiger Speicher *m*, regenerativer Speicher *m* ‖ ~/**сверхбыстродействующая** ultraschneller Speicher *m* ‖ ~/**сверхоперативная** schneller Speicher *m*, Schnellspeicher *m*, Speicher *m* mit schnellem Zugriff ‖ ~ **связи** Koppelspeicher *m* ‖ ~/**системная** Systemspeicher *m* ‖ ~/**сквозная** Durchgangsspeicher *m* ‖ ~/**сменная** Wechselspeicher *m* ‖ ~ **со страничной организацией** *s.* ~/**страничная** ‖ ~/**списковая** Listenspeicher *m* ‖ ~/**статическая** statischer Speicher *m* ‖ ~/**стековая** Stapelspeicher *m*, Kellerspeicher *m*, Stack *m*, Stackspeicher *m* ‖ ~/**стираемая** löschbarer Speicher *m* ‖ ~/**страничная** Seitenspeicher *m*, seitenorganisierter Speicher *m* ‖ ~/**стэковая** *s.* ~/**стековая** ‖ ~/**твисторная** Twistorspeicher *m* ‖ ~/**тонкоплёночная [магнитная]** Dünnfilmspeicher *m*, Magnetschichtspeicher *m* ‖ ~/**управляющая** Steuerspeicher *m* ‖ ~ **управляющих команд** Steuerbefehlsspeicher *m* ‖ ~ **устройства управления** Steuer[befehls]speicher *m* ‖ ~/**ферритовая** Ferritkernspeicher *m* ‖ ~/**ферромагнитная** ferromagnetischer Speicher *m* ‖ ~/**ферроэлектрическая** ferroelektrischer Speicher *m* ‖ ~/**физическая** physischer Speicher *m* ‖ ~/**фиктивная** Pseudospeicher *m* ‖ ~/**цифровая** digitaler Speicher *m*, Digitalspeicher *m* ‖ ~/**электролитическая** elektrolytischer Speicher *m* ‖ ~/**энергозависимая** flüchtiger Speicher *m* ‖ ~/**энергонезависимая** nichtflüchtiger (leistungsunabhängiger) Speicher *m*

FIFO-память

FIFO-память f FIFO-Speicher m
память f FIFO FIFO-Speicher m
LIFO-память f LIFO-Speicher m
память f LIFO LIFO-Speicher m
панактиничный (Kern) panaktinisch
пандермит m (Min) Pandermit m (Bormineral)
пандус m (Bw) Rampe f, Auffahrt[rampe] f
панелевоз m Tieflader m für Wandplattentransport, Plattentransportfahrzeug n ‖ **~/прицепной** Plattentransportanhänger m ‖ **~/самоходный** selbstfahrendes Plattentransportfahrzeug n
панелирование n **трубопроводов** (Schiff) Bündelverlegung f von Rohrleitungen
панель f 1. (Bw) Platte f, Tafel f; 2. (Bw) Paneel n; 3. (Bw) Feld n, Dachfeld n; 4. (Bgb) Baustreifen m, Abbauabschnitt m; 5. (El) Feld n (Schalttafel); 6. (Schiff) Tableau n (Störungsmeldeanlage); 7. (Schiff) Plattenfeld n ‖ **~/абонентская** (Nrt) Teilnehmerschiene f, Teilnehmerleiste f ‖ **~/акустическая** (Bw) Schalldämmplatte f ‖ **~/асбестоцементная** (Bw) Asbestzementplatte f ‖ **~/батарейная** (El) Batteriefeld n (einer Schalttafel) ‖ **~/бетонная** (Bw) Betonplatte f ‖ **~/бетонная отопительная** Betonheizplatte f ‖ **~/большеразмерная** (Bw) Großplatte f ‖ **~/виброкирпичная** (Bw) im Rüttelverfahren hergestellte Ziegelplatte f ‖ **~/вибропрокатная** (Bw) Rüttelwalzplatte f ‖ **~/вогнутая** (Bw) konkave Platte f ‖ **~/волнистая** (Bw) Wellplatte f, Welltafel f ‖ **~/газобетонная** (Bw) Gasbetonplatte f ‖ **~/газоразрядная индикаторная** (Eln) Plasmabildschirm m ‖ **~/генераторная** (Schiff) Generatorenfeld n (Hauptschalttafel) ‖ **~/гипсовая** (Bw) Gipsplatte f ‖ **~/гипсоволокнистая** (Bw) Gipsfaserplatte f ‖ **~/главная** (El) Grundplatte f ‖ **~/гнездовая** (Nrt) Klinkenfeld n ‖ **~ двоякой кривизны** (Bw) doppelt gekrümmte Platte f ‖ **~/двухконсольная** (Bw) zweiseitig (zweifach) auskragende Platte f ‖ **~/двухслойная** (Bw) zweilagige Platte f ‖ **~/деревянная** (Bw) Paneel n, Holztäfelung f ‖ **~/железобетонная** (Bw) Stahlbetonplatte f ‖ **~/индикации** (El) Anzeigetafel f ‖ **~/испытательная** (El) Prüftafel f; (Eln) Prüfplatine f ‖ **~/кессонная** (Bw) Kassettenplatte f ‖ **~/клавишная** (El) Tastenfeld n ‖ **~/клеммная** (El) Klemmenbrett n ‖ **~/коммутационная** (El) Schalttafel f, Schaltplatte f, Schaltfeld n ‖ **~/контактная** (El) Kontaktplatte f ‖ **~/контрольная** (El) Kontrolltafel f ‖ **~/кровельная** (Bw) Dachplatte f ‖ **~/крупная** (Bw) Großplatte f ‖ **~/ламповая** 1. (Nrt) Lampenfeld n; 2. (Eln) Röhrenfassung f ‖ **~/легкобетонная** (Bw) Leichtbetonplatte f ‖ **~/линейная** (El) Leitungsfeld n, Anschlußschiene f ‖ **~/лицевая** (El, Bw) Frontplatte f, Vorderplatte f ‖ **~/люминесцентная** (Licht) Elektrolumineszenzlampe f, Kondensatorlampe f ‖ **~/многослойная** (Bw) Mehrschichtplatte f, mehrschalige Platte f ‖ **~/монтажная** (Bw, Eln) Montageplatte f ‖ **~/наборная** (El) Schalttafel f ‖ **~/навесная** (El) angehängte (vorgehängte) Platte f ‖ **~/накопительная** (Eln) Speicherplatine f ‖ **~/несущая** (Bw) tragende Platte f ‖ **~/однослойная** (Bw) Einschichtplatte f, einschalige Platte f ‖ **~/оконная** (Bw) Fensterplatte f ‖ **~/отопительная** (Bw) Heizplatte f, Heizwand f ‖ **~/офактуренная** (Bw) oberflächenbehandelte Platte f ‖ **~/пенобетонная** (Bw) Schaumbetonplatte f ‖ **~/передняя** (Eln, Bw) Frontplatte f, Vorderplatte f ‖ **~ перекрытия** (Bw) Überdeckungsplatte f, Abdeckplatte f ‖ **~/плазменная** (Eln) Plasmadisplay n ‖ **~/поворотная лицевая** (Eln) schwenkbare Frontplatte f ‖ **~/потолочная** (Bw) Deckenplatte f ‖ **~ приборов** (Kfz) Armaturenbrett n ‖ **~/промежуточная** (Bw) Zwischenplatte f ‖ **~/пустотелая** (Bw) Hohlplatte f ‖ **~/пустотная** (Bw) Hohlplatte f ‖ **~/распределительная** (El) Verteilertafel f ‖ **~/ребристая** (Bw) Rippenplatte f ‖ **~/релейная** (El) Relaistafel f ‖ **~ с растровой развёрткой/газоразрядная индикаторная** (Eln) Gasentladungsrasterbildschirm m ‖ **~/самонесущая** (Bw) selbsttragende Platte f ‖ **~/санитарно-техническая** (Bw) Installationswand f ‖ **~/сборная** (Bw) Fertigteilplatte f ‖ **~ сигнализации** (Schiff) Meldetableau n (Störungsmeldeanlage) ‖ **~ сигнализации/каютная** Kabinenmeldetableau n (Ingenieuralarmanlage) ‖ **~/сменная программная** (Inf) austauschbare Programmplatte f ‖ **~ солнечных батарей** Sonnenbatterieausleger m (bei Raumfahrzeugen) ‖ **~/сплошная** (Bw) Vollplatte f, Massivplatte f ‖ **~/стеновая** (Bw) Wandplatte f ‖ **~/стыковая** (Bw) Stoßplatte f ‖ **~/теплоизоляционная** (Bw) Wärmedämmplatte f ‖ **~/угловая** (Bw) Eckplatte f ‖ **~ управления** (El) Bedienungstafel n, Bedienungs[schalt]tafel f; (Inf) Bedieneinheit f, Bedienfeld n (eines Rechners) ‖ **~ управления оператора** (Inf) Bedienpult n ‖ **~ фермы** (Bw) Trägerfeld n, Binderfeld n ‖ **~/часторебристая** (Bw) Rippenplatte f ‖ **~/шатровая** (Bw) Randrippenplatte f ‖ **~/штекерная** Steckerfeld n ‖ **~/щитовая** (Hydt) Wehrfeld n
панелька f (Eln) Röhrenfassung f
панель-оболочка f (Bw) Schalenplatte f ‖ **~/ребристая** gerippte Schalenplatte f
пантограф m 1. Pantograph m, Storchschnabel m; 2. (El) Stromabnehmer m, Scherenstromabnehmer m, Parallelogrammabnehmer m (Elektrolokomotive); s. a. токоприёмник
пантокарена f (Schiff) Pantokarene f, Stabilitätsquerkurve f
пантон m Ponton m; Schwimmdach n (bei Lagermeßbehältern)
панхроматизм m Panchromatismus m, Panchromasie f
панхроматический panchromatisch
панхроматичность f (Opt) Panchromasie f
панцирный Panzer...
панцирь m Panzer m, Schirm m
панч-сру (Eln) Durchgriff m, Durchgreifen n
панч-сру-эффект m (Eln) Durchgreifeffekt m
папильонаж m s. папильонирование
папильонирование n Schwingbetrieb m, Schwingbaggerbetrieb m, Pendelbetrieb m, Pendelbaggerbetrieb m (Schwimmbagger)
папка f 1. Pappe f, Karton m; 2. Aktendeckel m; Schnellhefter m
папмашина f (Pap) Rundsiebmaschine f (zur Herstellung von Kartons und Pappen)
папье-маше n Papiermaché n, Pappmaché n
пар m 1. Dampf m; 2. (Lw) Brache f, Brachfeld n, Ruhefeld n, Brachland n ‖ **~/бросовый** Abdampf m ‖ **~/влажный** Naßdampf m ‖ **~/водя-**

ной Wasserdampf *m* ‖ ~/**вторичный** Zweitdampf *m* ‖ ~ **высокого давления** Hochdruckdampf *m*, hochgespannter Dampf *m* ‖ ~/**выхлопной** Auspuffdampf *m*, Abdampf *m* ‖ ~/**глухой** indirekter Dampf *m* ‖ ~/**греющий соковый** Heizbrüden *m (Zuckergewinnung)* ‖ ~ **для обогрева** Heizdampf *m* ‖ ~/**добавочный (дополнительный)** Zusatzdampf *m* ‖ ~/**зелёный** *(Lw)* Grünfutterbrache *f* ‖ ~/**мятый** 1. Abdampf *m*; 2. gedrosselter Dampf *m* ‖ ~/**насыщенный** Sattdampf *m* ‖ ~/**неотработавший** Frischdampf *m* ‖ ~/**обогревательный** Heizdampf *m* ‖ ~/**острый** direkter (offener) Dampf *m* ‖ ~/**отбираемый (отобранный)** Anzapfdampf *m* ‖ ~/**отработанный (отработавший)** Abdampf *m* ‖ ~/**первичный** Erstdampf *m* ‖ ~/**перегретый** überhitzter Dampf *m* ‖ ~/**поздний** *(Lw)* Sommerdampf *f* ‖ ~/**рабочий** Betriebsdampf *m* ‖ ~/**ртутный** Quecksilberdampf *m* ‖ ~/**свежий** Frischdampf *m* ‖ ~/**сухой** trockener Dampf *m*, Trockendampf *m* ‖ ~/**сухой насыщенный** trocken gesättigter Dampf *m*, Sattdampf *m* ‖ ~/**сырой** Brüden *m* ‖ ~/**теплофикационный** Fernheizdampf *m* ‖ ~/**чёрный** *(Lw)* Schwarzbrache *f* ‖ ~/**чистый** *(Lw)* reine Brache *f*

пара *f* 1. Paar *n*; Satz *m*; 2. *(Nrt)* Leiterpaar *n*, Paar *n*; 3. *(Masch)* Radsatz *m*; Trieb *m*; 4. *(Mech)* kinematisches Gelenk *n* ‖ ~ **валков** *(Wlz)* Walzenpaar *n* ‖ ~/**ведущая колёсная** *(Eb)* Treibradsatz *m* ‖ ~ **винт-гайка** *s.* ~/**винтовая** ‖ ~/**винтовая** *(Masch)* 1. Schraubtrieb *m*, Gleitschraubtrieb *m*; 2. Schub- und Drehgelenk *n* ‖ ~/**вращательная [кинематическая]** Drehgelenk *n* ‖ ~/**высшая [кинематическая]** höheres Elementenpaar *n (z. B. Wälzhebelpaar, Wälzlager)* ‖ ~ **выходных зажимов** *(El)* Ausgangsklemmenpaar *n* ‖ ~/**граничная** *(Inf)* Grenzenpaar *n*, Indexgrenzenpaar *n* ‖ ~/**двухподвижная** *(Masch)* Gelenk *n* mit dem Freiheitsgrad zwei ‖ ~/**дисковая фрикционная** *(Masch)* Reibscheibenpaar *n* ‖ ~/**жил** *(El)* Adernpaar *n* ‖ ~ **жил кабеля** *(El)* Kabeladernpaar *n* ‖ ~ **зажимов** *(El)* Klemmenpaar *n* ‖ ~ **значений** *(Math)* Wertepaar *n* ‖ ~/**зубчатая** *(Masch)* Zähnepaar *n* ‖ ~/**измерительная** *(Text)* Meßwalzenpaar *n* ‖ ~ **ионов** *(Kern)* Ionenpaar *n*, Ionenzwilling *m* ‖ ~ **качения/винтовая** *(Masch)* Wälzschraubtrieb *m* ‖ ~/**кинематическая** *(Masch)* kinematisches Gelenk *n* ‖ ~/**колёсная** *(Eb)* Radsatz *m* ‖ ~/**кулачковая** *(Masch)* Kurvengelenk *n*, Kurvenpaarung *f* ‖ ~/**направляющая кинематическая** Richtpaar *n (z. B. Gleitstück in Prismenführung)* ‖ ~/**низшая кинематическая** niederes Elementenpaar *n (z. B. Drehpaar; Richtpaar)* ‖ ~ **носителей заряда** *(Eln)* Ladungsträgerpaar *n* ‖ ~/**одноподвижная** *(Masch)* Gelenk *n* mit dem Freiheitsgrad eins ‖ ~/**опт[оэлект]ронная** *(El)* Optokoppler *m*, optoelektronischer Koppler *m* ‖ ~ **пазов** *(El)* Nutenpaar *n* ‖ ~/**печатная** *(Typ)* Druckpaar *n (Formfläche-Druckfläche)* ‖ ~/**питающая** *(Text)* Zuführwalzenpaar *n*, Speisewalzenpaar *n* ‖ ~/**плоская кинематическая** *(Mech)* Ebenenpaar *n*, Elementenpaar *n* für ebene Bewegung ‖ ~/**плоскостная** *(Masch)* Plattengelenk *n*, Plattenpaarung *f* ‖ ~ **подающих валков** *(Wlz)* Treibwalzenpaar *n*, Antriebswalzenpaar *n* ‖ ~/**поддерживающая колёсная** *(Eb)* Laufradsatz *m (Lokomotive)* ‖ ~ **поездов** *(Eb)* Zugpaar *n* ‖ ~/**поступательная** *(Masch)* Schubgelenk *n* ‖ ~/**поступательно-вращательная** *(Mech)* Schub- und Drehgelenk *n*, Schraubgelenk *n* ‖ ~/**простая кинематическая** *(Mech)* einfaches Elementenpaar *n (Berührung von zwei Elementen)* ‖ ~/**пространственная кинематическая** *(Mech)* Raumpaar *n*, Elementenpaar *n* für räumliche Bewegung ‖ ~ **с геометрическим замыканием/кинематическая** *(Masch)* formschlüssige Paarung *f* ‖ ~ **сил** *(Mech)* Kräftepaar *n* ‖ ~/**сложная кинематическая** *(Mech)* mehrfaches Elementenpaar *n (Berührung von mehr als zwei Elementen)* ‖ ~ **сопряжённых [зубчатых] колёс** *(Masch)* Zahnradpaar *n* ‖ ~/**спаренная колёсная** *(Eb)* Kuppelradsatz *m* ‖ ~/**сферическая** *(Masch)* Kugelgelenk *n*, Kugelpaar *n* ‖ ~/**сцепная колёсная** *(Eb)* Kuppelradsatz *m*, gekuppelter Radsatz *m* ‖ ~/**термоэлектрическая** Thermoelement *n* ‖ ~/**транзисторная** *(Eln)* Transistorpärchen *n*, Komplementärtransistoren *mpl* ‖ ~ **трения** *(Trib)* Reibpaar *n*, Reibpaarung *f* ‖ ~/**трёхподвижная** *(Masch)* Gelenk *n* mit dem Freiheitsgrad drei ‖ ~/**трущаяся** *(Trib)* Gleitpaarung *f* ‖ ~/**фрикционная** *(Trib)* Reibpaarung *f*, Reibpaar *n* ‖ ~/**цилиндрическая** *(Masch)* Drehschubgelenk *n* ‖ ~/**червячная** *(Masch)* Schneckenpaar *n* ‖ ~/**шариковая винтовая** *(Masch)* Kugelschraubtrieb *m* ‖ ~/**шаровая кинематическая** *(Mech)* Kugelpaar *n* ‖ ~/**экранированная** *(El)* geschirmtes Paar *n (eines Kabels)* ‖ ~ **электрон-дырка** *(Eln)* Elektronen-Defektelektronen-Paar *n*, Elektron-Loch-Paar *n* ‖ ~/**электронная** *(Ph)* Elektronenpaar *n* ‖ ~/**электронно-дырочная** *s.* ~ **электрон-дырка** ‖ ~/**электронно-позитронная** *(Ph)* Elektron-Positron-Paar *n*

парабола *f (Math)* Parabel *f* ‖ ~ **метания** Wurfparabel *f*

параболоид *m (Math)* Paraboloid *n* ‖ ~ **вращения** Rotationsparaboloid *n* ‖ ~/**гиперболический** hyperbolisches Paraboloid *n* ‖ ~/**равносторонний** gleichseitiges Paraboloid *n* ‖ ~/**эллиптический** elliptisches Paraboloid *n*

парагелий *m (Ch)* Parhelium *n*

парагенез[из] *m (Min, Geol)* Paragenese *f*; Paragenesis *f*

парагеосинклиналь *f (Geol)* Parageosynklinale *f*

парагнейс *m (Geol)* Paragneis *m*

парагонит *m (Min)* Paragonit *m (Natronglimmer)*

парадокс *m* Paradoxon *n* ‖ ~ **времени** Uhrenparadoxon *n*, Zwillingsparadoxon *n (spezielle Relativitätstheorie)* ‖ ~ **д'Аламбера-Эйлера** hydrodynamisches Paradoxon *n* [von d'Alembert], d'Alembert-Eulersches Paradoxon *n*, d'Alembertsches Paradoxon *n* ‖ ~ **о близнецах** Zwillingsparadoxon *n* ‖ ~ **Ольберса** *s.* ~/**фотометрический** ‖ ~/**фотометрический** *(Astr)* photometrisches (Olbersches) Paradoxon *n* ‖ ~ **часов** *s.* ~ **времени** ‖ ~ **Шезо-Ольберса** *s.* ~/**фотометрический**

парадонтометр *m (Med)* Paradontometer *n*

паразамещённый *(Ch)* para-substituiert, *p*-substituiert

паразит *m* Drop-in *n*, Störsignal *n* (*Magnettontechnik*)
параклаза *f* (*Geol*) 1. Paraklase *f* (*Bezeichnung von Daubrée für Spalte*); 2. *nach russischer Definition*: Spaltenbildung *f* mit Verwerfung
параксиальный paraxial, achsennah
параллакс *m* (*Opt, Astr*) Parallaxe *f* ǁ ~**/вековой** (*Astr*) säkulare Parallaxe *f* ǁ ~**/вертикальный** (*Opt*) Vertikalparallaxe *f* ǁ ~**/годичный** (*Astr*) jährliche Parallaxe *f* ǁ ~**/горизонтальный** (*Astr, Opt*) Horizontalparallaxe *f* ǁ ~**/групповой** (*Astr*) Sternstromparallaxe *f* ǁ ~**/динамический звёздный** (*Astr*) dynamische (hypothetische) Parallaxe *f* ǁ ~**/звёздный** (*Astr*) Sternparallaxe *f* ǁ ~ **отсчёта** (*Opt*) Ableseparallaxe *f* ǁ ~**/поперечный** Vertikalparallaxe *f* ǁ ~ **прибора** (*Opt*) Einstellparallaxe *f* ǁ ~**/продольный** Horizontalparallaxe *f* ǁ ~**/пространственный** räumliche Parallaxe *f* ǁ ~ **Солнца** (*Astr*) Sonnenparallaxe *f* ǁ ~**/спектроскопический** (*Astr*) spektroskopische Parallaxe *f* ǁ ~**/стереоскопический** (*Opt*) stereoskopische Parallaxe *f* (*stereoskopisches Sehen*) ǁ ~**/суточный** (*Astr*) tägliche Parallaxe *f* ǁ ~**/топоцентрический** (*Astr*) topozentrische Parallaxe *f* ǁ ~**/тригонометрический** (*Astr*) trigonometrische Parallaxe *f* ǁ ~**/фотометрический** (*Astr*) photometrische Parallaxe *f* ǁ ~**/экваториальный горизонтальный** (*Astr*) Äquatorial-Horizontal-Parallaxe *f*
параллаксометр *m* Parallaxenmeßgerät *n*
параллелепипед *m* (*Math*) Parallelepiped[on] *n*, Parallelflach *n*, Spat *m* ǁ ~**/прямоугольный** rechtwinkliges Parallelepiped[on] *n*, Quader *m* ǁ ~**/элементарный** *s.* ~ ячейка/элементарная
параллелизация *f* волокон (*Text*) Parallelisieren *n* der Fasern (*Spinnerei*)
параллелизм *m* Parallelismus *m*, Parallelität *f*
параллелограмм *m* (*Math*) Parallelogramm *n* ǁ ~ **движения** *s.* ~ скоростей ǁ ~**/двойной** Doppelparallelogramm *n* ǁ ~ **периодов [/основной]** Periodenparallelogramm *n*, Fundamentalparallelogramm *n* ǁ ~ **сил** Parallelogramm *n* der Kräfte, Kräfteparallelogramm *n* ǁ ~ **скоростей** Geschwindigkeitsparallelogramm *n*, Parallelogramm *n* der Geschwindigkeiten (*Bewegung*)
параллель *f* 1. (*Math*) Parallele *f*; 2. (*Astr*) Breitenkreis *m*, Parallelkreis *m*
параллельно-последовательный (*El*) Parallelserie[n]..., Parallelreihen...
параллельно-поточный Gleichstrom..., Parallelstrom...
параллельность *f* 1. Parallelismus *m*, Parallelität *f*; 2. Planparallelität *f*
паралельный parallel, Parallel...
парамагнетизм *m* (*Ph*) Paramagnetismus *m* ǁ ~**/орбитальный** Bahnparamagnetismus *m* ǁ ~**/ядерный** Kernparamagnetismus *m*
парамагнетик *m* (*El*) Paramagnetikum *n*, paramagnetischer Stoff *m*
парамагнитный paramagnetisch
параметр *m* 1. Konstante *f*; Kennwert *m*, Kenngröße *f*, Kennzahl *f* (*s. a. unter* параметры); 2. (*Math*) Parameter *m* ǁ ~**/аналоговый** analoger Parameter *m* ǁ ~ **асимметрии** Asymmetrieparameter *m* ǁ ~**/безразмерный** dimensionslose Größe *f* ǁ ~ **взаимодействия** Wechselwirkungsparameter *m* ǁ ~**/влияющий** Einflußfaktor *m* ǁ ~**/воспроизводимый** reproduzierbarer Parameter *m* ǁ ~**/временной** Zeitparameter *m* ǁ ~**/входной** Eingangsparameter *m*, Eingangsgröße *f* ǁ ~**/выходной** Ausgangsparameter *m*, Ausgangsgröße *f* ǁ ~**/геометрический** Geometriefaktor *m* ǁ ~ **грани** (*Krist*) Achsenabschnitt *m* ǁ ~ **Грюнайзена** Grüneisen-Parameter *m* ǁ ~ **деформации** Verformungsparameter *m* ǁ ~ **жёсткости** Steifigkeitsparameter *m* ǁ ~**/задающий** (*Reg*) Führungsgröße *f* ǁ ~**/заправочный** Leistungsparameter *m* ǁ ~ **инерции** Trägheitsparameter *m* ǁ ~**/исходный** Ausgangsgröße *f*, Ausgangswert *m* ǁ ~**/ключевой** (*Inf*) Schlüsselwortparameter *m*, Kennwortparameter *m* ǁ ~ **когерентности** Kohärenzparameter *m* ǁ ~ **корреляции** Korrelationsparameter *m* ǁ ~**/кусочно-постоянный** abschnittweise konstanter Parameter *m* ǁ ~ **линии** Leitungsparameter *m* ǁ ~**/лучевой** Strahlenparameter *m* ǁ ~ **набухания** Quellungsparameter *m* ǁ ~**/номинальный** Nennparameter *m* ǁ ~**/обобщённый** verallgemeinerter Parameter *m* ǁ ~**/основной** Grundparameter *m*, Hauptparameter *m* ǁ ~**/позиционный** Stellungsparameter *m* ǁ ~ **потерь** Verlustparameter *m* ǁ ~**/приборный** 1. Geräteparameter *m*, Gerätekenngröße *f*; 2. (*Eln*) Bauelementeparameter *m* ǁ ~**/проверяемый** zu testender (prüfender) Parameter *m* ǁ ~ **проводимости** Leitwertparameter *m* ǁ ~ **пространственного заряда** Raumladungsparameter *m* ǁ ~ **процесса** Prozeßgröße *f* ǁ ~**/рабочий** Betriebsparameter *m*, Betriebskennwert *m* ǁ ~ **разброса** Streuparameter *m* ǁ ~ **разделки/геометрический** (*Schw*) Fugengeometrie *f* ǁ ~ **распределения** Verteilungsparameter *m* ǁ ~**/распределённый** verteilter Parameter *m* ǁ ~ **расщепления** Aufspaltungsparameter *m* ǁ ~**/регулируемый** Regelgröße *f* ǁ ~ **решётки** Gitterkonstante *f* ǁ ~ **ряда** *s.* период трансляции ǁ ~ **связи** Kopplungsparameter *m* ǁ ~**/символический** symbolischer Parameter *m* ǁ ~ **складирования** lagerwirtschaftliche Kennzahl *f* ǁ ~ **скорости** Geschwindigkeitsparameter *m* ǁ ~ **сопротивления** Widerstandsparameter *m* ǁ ~**/сосредоточенный** konzentrierter Parameter *m* ǁ ~ **состояния** 1. (*Ph*) Zustandsgröße *f*; 2. (*Inf*) Statuswert *m* ǁ ~**/справочный** Informationskennwert *m*, Nebenkennwert *m* ǁ ~ **струи** Nachlaufparameter *m* ǁ ~**/схемный** Schaltungsparameter *m* ǁ ~ **удара** Stoßparameter *m* ǁ ~**/фактический** aktueller Parameter *m* ǁ ~**/фиктивный (формальный)** formaler Parameter *m* ǁ ~**/частотный** Frequenzparameter *m* ǁ ~**/шумовой** Rauschparameter *m*, Rauschkenngröße *f* ǁ ~ **эксплуатации** Betriebsparameter *m*
h-параметр *m* h-Parameter *m*, h-Vierpolparameter *m*, Hybridparameter *m*
y-параметр *m* y-Parameter *m*, y-Vierpolparameter *m*, Admittanzparameter *m*
z-параметр *m* z-Parameter *m*, z-Vierpolparameter *m*, Reaktanzparameter *m*
параметрический parametrisch, Parameter...
параметрон *m* (*Eln*) Parametron *n* ǁ ~**/ёмкостный** kapazitives Parametron *n* ǁ ~**/индуктивный** induktives Parametron *n* ǁ ~ **на полупроводниковом диоде** (*Inf*) Diodenparametron *n*

‖ ~ на ферритовом сердечнике *(Inf)* Ferritkernparametron *n*
параметры *mpl* Daten *pl*, Kennwerte *mpl*, Hauptkenndaten *pl (s. a. unter* параметр*)*; Abmessungen *fpl* ‖ ~/**допустимые** zulässige Kennwerte *mpl* ‖ ~/**единичные** *(Krist)* Einheitsparameter *mpl*; Parameter *mpl* der Einheitsfläche ‖ ~ [**зубчатого**] **зацепления** Verzahnungsdaten *pl (Zahnrad)* ‖ ~/**конструкционные** Konstruktionsparameter *mpl*, konstruktive Parameter *mpl* ‖ ~ **машины** Maschinendaten *pl*, Maschinenparameter *mpl* ‖ ~/**объёмно-планировочные** *(Bw)* Raum- und Grundrißparameter *mpl*, Systemmaße *npl* ‖ ~ **поля** Feldgrößen *fpl* ‖ ~/**предельно-допустимые** Grenzkennwerte *mpl* ‖ ~/**предельные** Grenzdaten *pl*, Grenzwerte *mpl* ‖ ~/**расчётные** Bezugsgrößen *fpl* ‖ ~ **Стокса** *(Opt)* Stokessche Parameter *mpl (Polarisationszustand des Lichtes)* ‖ ~/**тепловые** thermische Parameter *mpl*
парамолекула *f* Paramolekül *n*, para-Molekül *n*
параморфоза *f (Min)* Paramorphose *f*
парапет *m (Bw)* Brüstung *f*
параплан[ёр] *m (Flg)* Paragleiter *m*, Faltflügelgleiter *m*
парапозитроний *m (Ph)* Parapositronium *n*
параположение *(Ch)* Parastellung *f*, *p*-Stellung *f*, 1,4-Stellung *f*
парапроводимость *f* Paraleitfähigkeit *f (Tieftemperaturphysik)*
параселена *f (Meteo)* Nebenmond *f*
парасоединение *n (Ch)* para-Verbindung *f*, *p*-Verbindung *f*
парасоль *f (Flg)* Hochdecker *m*
пара-состояние *n (Ph)* Para-Zustand *m*
паратерм *m (Ph)* Paraterm *m*
парафермион *m (Ph)* Parafermion *n*
парафин *m (Ch)* Paraffin *n*, Paraffinkohlenwasserstoff *m*, Alkan *n* ‖ ~/**жидкий** Paraffinöl *n*, Vaselinöl *n* ‖ ~/**легкоплавкий** Weichparaffin *n* ‖ ~/**мягкий** Weichparaffin *n* ‖ ~/**твёрдый** Hartparaffin *n*
парафинирование *n (Ch)* Paraffinierung *f* ‖ ~ **плёнки** *(Photo)* Wachsen *n* des Films
парахор *m (Ph)* Parachor *f (Flüssigkeitsparameter)*
парашют *m* 1. *(Flg)* Fallschirm *m*; 2. *(Bgb)* Fangvorrichtung *f (Seilförderung)* ‖ ~/**вытяжной** Hilfs[fall]schirm *m* ‖ ~/**грузовой** Lastfallschirm *m* ‖ ~/**канатный** Seilfangvorrichtung *f* ‖ ~/**квадратный** Fallschirm *m* mit quadratischer Kappe ‖ ~/**конический** Kegelfallschirm *m* ‖ ~/**круглый** Rundkappen[fall]schirm *m*, Fallschirm *m* mit runder Kappe ‖ ~/**ленточный** Bänderfallschirm *m* ‖ ~/**людской** Personenfallschirm *m* ‖ ~/**маятниковый** Pendelfangvorrichtung *f* ‖ ~/**нагрудный** Brustfallschirm *m* ‖ ~/**наспинный** Rückenfallschirm *m*; Bremsschirm *m* ‖ ~/**ранцевый** Fallschirm *m* ‖ ~ **резания** Sperrfangvorrichtung *f* ‖ ~ **со скользящими ловителями** Gleitfangvorrichtung *f* ‖ ~/**спасательный** Rettungsfallschirm *m* ‖ ~/**тормозной** Bremsfallschirm *m* ‖ ~/**тренировочный** Übungsfallschirm *m* ‖ ~/**управляемый** steuerbarer Fallschirm *m* ‖ ~/**хвостовой** Bremsschirm *m* ‖ ~/**шахтный** Fangvorrichtung *f*

парашютирование *n* Durchsacken *n (bei der Landung)*
параэлектрик *m* Paraelektrikum *n*, paraelektrischer Stoff *m*
параэлектрический paraelektrisch
паргасит *m (Min)* Pargasit *m (Amphibol)*
паргелий *m* 1. *(Meteo)* Nebensonne *f*; 2. *s.* парагелий
парение *n* 1. Schweben *n*; 2. *(Flg)* Segeln *n*, Segelflug *m*; Schwebeflug *m*; Gleitflug *m*; Anschweben *n*; 3. Dampfen *n*; Dampfaustritt *m*
паритет *m (Inf)* Parität *f*
парить 1. dämpfen; 2. dampfen *(Dampf an undichten Stellen durchlassen)*; 3. *(Flg)* schweben, segeln; gleiten; 4. *(Lw)* brachliegen; brachliegen lassen
парк *m* 1. Park *m*, Parkanlage *f (Gartenbau)*; 2. Park *m* ‖ ~/**авиационный** Flugzeugpark *m* ‖ ~/**вагонный** *(Eb)* Wagenpark *m* ‖ ~ **вагонов** *(Eb)* Wagenpark *m* ‖ ~ **вагонов/работающий** arbeitender Güterwagenpark *m* ‖ ~/**гужевой** Fuhrpark *m* ‖ ~/**машинный** Maschinenpark *m* ‖ ~ **отправочных путей** *(Eb)* Ausfahr[gleis]gruppe *f* ‖ ~ **погрузочных путей** *(Eb)* Ladegleisgruppe *f* ‖ ~ **подвижного состава** *(Eb)* Fahrzeugpark *m* ‖ ~ **приёмных путей** *(Eb)* Einfahr[gleis]gruppe *f* ‖ ~ **путей** *(Eb)* Gleisanlage *f*, Gleise *npl*, Gleisgruppe *f* ‖ ~ **путей/формирования поездов** *(Eb)* Zugbildungsgleisgruppe *f*, Zugbildungsgruppe *f (entspricht etwa dem deutschen Begriff Zugbildungsbahnhof)* ‖ ~ **строительных машин** Baumaschinenpark *m* ‖ ~ **экипировочных путей** *(Eb)* Lokomotivbehandlungsgleise *npl*
паркирование *n (Met)* Parkerisieren *n*, Parker-Verfahren *n (Phosphatierungsverfahren)*
паркесирование *n (Met)* Parkesieren *n*, Parkes-Verfahren *n*
паркет *m (Bw)* Parkett *n*, Stabfußboden *m* ‖ ~ **в ёлку** Fischgrätenfußboden *m* ‖ ~/**штучный** Stabparkett *n (aus einzelnen Parkettstäben gebildet)* ‖ ~/**щитовой** Tafelparkett *n*
паркирование *n* Parken *n*
парник *m* Frühbeet *n*, Treibbeet *n*, Treibkasten *m*, Anzuchtkasten *m* ‖ ~/**переносный** Aufsatzkasten *m* ‖ ~/**пикировочный** Pikierbeet *n* ‖ ~/**подвижной** Aufsatzkasten *m* ‖ ~/**холодный** kaltes Beet *n*, kalter Kasten *m*
пар-носитель *m* Trägerdampf *m (Destillation)*
парный 1. paarweise; 2. Tuck... *(Schleppnetzfischerei)*
пароаккумулятор *m* Dampfspeicher *m* ‖ ~ **высокого давления** Hochdruckdampfspeicher *m*
паровоз *m (Eb)* Dampflok[omotive] *f*
парогенератор *m* Dampferzeuger *m*, Dampfgenerator *m*
парогенерация *f* Dampferzeugung *f*
пароизоляция Dampfsperre *f*
пароль *m* Kennwort *n*
паром *m* Fähre *f*, Fährschiff *n* ‖ ~/**автомобильно-пассажирский** Auto- und Passagierfähre *f* ‖ ~/**автомобильный** Autofähre *f* ‖ ~/**грузовой** Frachtfähre *f* ‖ ~/**грузо-пассажирский** Fracht-Fahrgast-Fähre *f* ‖ ~/**железнодорожно-автомобильный** Eisenbahn- und Autofähre *f* ‖ ~/**железнодорожный** Eisenbahnfähre *f* ‖ ~/**канатный** Seilfähre *f* ‖ ~/**морской** Fährschiff

паром *n*, Hochseefähre *f* ‖ **~/мостовой** Fährbrücke *f* ‖ **~/пассажирский** Fahrgastfähre *f* ‖ **~/свайнобойный** Rammfähre *f* ‖ **~/составной** Mehrfachfähre *f*
паромер *m* Dampf[verbrauchs]messer *m*, Dampfmengenmesser *m*
паронепроницаемость *f* Dampfundurchlässigkeit *f*, Wasserdampfdichtheit *f*
паронепроницаемый dampfdicht, dampfundurchlässig
парообразование *n* Dampferzeugung *f*, Dampfentwicklung *f*; Verdampfung *f*
парообразователь *m* Dampferzeuger *m*
пароотвод *m* Dampfableitung *f*, Dampfabführung *f*
пароотделитель *m* Dampfabscheider *m*
пароохладитель *m* Dampfkühler *m*, Heißdampfkühler *m* ‖ **~/поверхностный** Oberflächendampfkühler *m*
пароочиститель *m* Dampfreiniger *m*; Dampfentöler *m*
пароперегрев *m* Dampfüberhitzung *f*
пароперегреватель *m* Dampfüberhitzer *m*, Überhitzer *m* ‖ **~/вторичный (промежуточный)** Zwischenüberhitzer *m* ‖ **~/радиационный** Strahlungsüberhitzer *m* ‖ **~/трубчатый** Dampfrohrüberhitzer *m* ‖ **~/ширмовый** Schottüberhitzer *m*
паропреобразователь *m* Dampfumformer *m*
паропровод *m* Dampfleitung *f* ‖ **~/байпасный** Überströmdampfleitung *f*, Dampfbeipaß *m* ‖ **~/кольцевой** Dampfringleitung *f* ‖ **~/магистральный** Hauptdampfleitung *f* ‖ **~ насыщенного пара** Sattdampfleitung *f* ‖ **~/подводящий** Dampfzuleitung *f* ‖ **~ свежего пара** Frischdampfleitung *f*
паропрогрев *m* 1. Dämpfen *n*; 2. *(Bw)* Dampfhärtung *f (künstliche Härtung durch Dampfbehandlung)* ‖ **~ бетона** *(Bw)* Bedampfung *f* von Beton *(Nachbehandlung)*
паропроизводительность *f* Dampfleistung *f* ‖ **~/общая** Gesamtdampfleistung *f* ‖ **~ поверхности нагрева** heizflächenbezogene Verdampfungsleistung *f* ‖ **~/суммарная** Gesamtdampfleistung *f* ‖ **~/удельная** spezifische Dampfleistung *f*
паропромыватель *m* Dampfwäscher *m*
паропроницаемость *f* Dampfdurchlässigkeit *f*; Wasserdampfdurchlässigkeit *f*, WDD
паропроницаемый dampfdurchlässig
парораспределение *n* 1. Dampfsteuerung *f*, Steuerung *f (Dampfturbine)*; 2. Frischdampfregelung *f*, Zudampfregelung *f (Dampfturbine)* ‖ **~ двойным золотником** Doppelschiebersteuerung *f (Dampfturbine; Kreiselpumpe)* ‖ **~/дроссельное** Drosselregelung *f (Dampfturbine)* ‖ **~/золотниковое** Schiebersteuerung *f* ‖ **~/клапанное** Ventilsteuerung *f* ‖ **~/крановое** Drehschiebersteuerung *f* ‖ **~ плоским золотником** Flachschiebersteuerung *f* ‖ **~/сопловое** Düsen[gruppen]regelung *f*, Füllungsregelung *f*, Mengenregelung *f (Dampfturbine)* ‖ **~ цилиндрическим золотником** Kolbenschiebersteuerung *f*
парораспределитель *m* Dampfverteiler *m*
паросборник *m* Dampfsammler *m*, Dampfbehälter *m*
паросепаратор *m* Dampfabscheider *m*

паросмеситель *m* Dampfmischer *m*
паросодержание *n* Dampfgehalt *m*, Dampfanteil *m*
паросушение *n* Dampftrocknung *f*
паросушитель *m* Dampftrockner *m*
паросъём *m* Dampfentnahme *f*
паротурбина *f s.* **~ турбина/паровая**
паротурбовоз *m (Eb)* Dampfturbinenlokomotive *f*
паротурбогенератор *m* Dampfturbogenerator *m*
паротурбоход *m* Dampfturbinenschiff *n*
пароувлажнитель *m* Dampfbefeuchter *m*
парофазный Dampfphase[n]..., Gasphase[n]...
пароход *m* Dampfschiff *n*, Dampfer *m*
пароходство *n (Schiff)* Reederei *f*
парочка *f (Wlz)* Doppellage *f*, gedoppeltes Blech *n*
парсек *m (Astr)* Parsec *n*, pc, Parallaxensekunde *f (Längeneinheit)*
партионный satzweise, chargenweise, postenweise
партия *f* Los *n*, Fertigungslos *n*, Posten *m* • **партиями** losweise, in Losen ‖ **~ подшипников** *(Masch)* Lagersatz *m (z. B. Wälzlager)* ‖ **~/поставляемая** Lieferlos *n* ‖ **~ продукции** Fertigungslos *n*, Charge *f* ‖ **~/транспортная** *(Fert)* Transportlos *n*
парус *m* Segel *n* ‖ **~/вентиляционный** *(Bgb)* Wettervorhang *m*, Wettertuch *n* ‖ **~/роторный** Rotor-Segel *m*
парусина *f* Segeltuch *n*, Segelleinen *n*
парусник *m* Segelschiff *n*, Segler *m*
Па · с *s.* паскаль-секунда
паскаль *m* Pascal *n*, Pa (= 1 N/m^2)
паскаль-секунда *f* Pascalsekunde *f*, Pa · s
пасма *f* Strang *m*, Strähn *m*, Strähne *f*, Gebinde *n*, Fadenbündel *n (Garnprüfung)*
паспорт *m* Maschinenkarte *f*, Stammkarte *f*, Kennkarte *f (einer Maschine)*; Kurzdatenblatt *n* ‖ **~ ввода** *(Inf)* Einleseversatz *m* ‖ **~ крепления** *(Bgb)* Ausbauregel *f* ‖ **~/световой** *(Photo)* Schaltband *n*, Lichtband *n*, Steuerband *n* ‖ **~/цветосветовой** *(Photo)* Filterband *n*, Blendenband *n* mit Farbkorrekturfiltern
пассажировместимость *f (Schiff)* Fahrgastkapazität *f*
пассажирокилометр *m (Eb)* Personenkilometer *m*
пассажиропоток *m* Verkehrsstrom *m (Personenverkehr)*
пассат *m (Meteo)* Passat *m* ‖ **~/северо-восточный** Nordostpassat *m* ‖ **~/юго-восточный** Südostpassat *m*
пассет *m* 1. *(Ch)* Passette *f*, Passettenboden *m*; Passettenapparat *m (Destillation)*; 2. *(Text)* Blattstecher *m*
пассиватор *m* Passivator *m*, Passivierungsmittel *n*
пассивация *f s.* пассивирование
пассивирование *n* Passivieren *n*, Passivierung *f*, anodisches Oxidieren *n (meist Eloxieren)* ‖ **~/анодное** anodische Passivierung *f* ‖ **~/арсенидное** Arsenpassivierung *f*, As-Passivierung *f* ‖ **~/водородное** Wasserstoffpassivierung *f* ‖ **~/нитридное** Nitridpassivierung *f* ‖ **~ окислом** Oxidpassivierung *f* ‖ **~/поверхностное** Oberflächenpassivierung *f* ‖ **~/электрохимическое** elektrochemische Passivierung *f*

пассивировать passivieren
пассивность f Passivität f; Metallpassivität f ‖ ~/анодная anodische Passivität f ‖ ~/химическая chemische Passivität f
пассиметр m (Меß) Passimeter n
паста f 1. (Wkz) Paste f; 2. (Lebm) Teig m, Masse m ‖ ~/абразивная (Wkz) Abrasivpaste f ‖ ~/алмазная (Wkz) Diamant[abrasivmittel]paste f ‖ ~/алмазная доводочная Diamantläppaste f ‖ ~/доводочная (Wkz) Läppaste f ‖ ~/наждачная (Schw) Schmirgelpaste f ‖ ~/паяльная (Schw) Lötpaste f ‖ ~/полировальная Polierpaste f ‖ ~/притирочная (Wkz) Läppaste f ‖ ~/проявочная (Photo) Entwicklungspaste f ‖ ~/проявочно-закрепляющая (Photo) Fixierentwicklerpaste f ‖ ~/трафаретная Siebdruckpaste f
пастбище n Weide f; Weideplatz m, Weideland n
пастеризатор m (Lebm) Pasteurisierapparat m; Milcherhitzungsapparat m, Milcherhitzer m ‖ ~/барабанный вращательный Trommelerhitzer m, Kreiselerhitzer m ‖ ~/душевой s. ~/туннельный ‖ ~/камерный (Brau) Kammerpasteur m ‖ ~/оросительный s. ~/туннельный ‖ ~/пластинчатый (Brau) Plattenwärmeübertrager m, PWÜ (vor der Füllung auf die Flasche) ‖ ~ с вытеснительным барабаном selbstbebender Trommelerhitzer m ‖ ~ с длительной выдержкой Dauererhitzer m, Heißhalter m ‖ ~ с кратковременной выдержкой Kurzzeiterhitzer m ‖ ~/туннельный (Brau) Tunnelpasteur m, Tunnelpasteurisieranlage f (für die Pasteurisation von abgefüllten Getränken in der Flasche durch Berieselung mit heißem Wasser)
пастеризация f (Lebm) Pasteurisierung f ‖ ~/быстрая s. ~/высокотемпературная ‖ ~ в потоке (струе) (Brau) Durchlaufpasteurisation f, Durchflußpasteurisation f ‖ ~/высокотемпературная Hocherhitzung f, Momenterhitzung f ‖ ~/длительная Dauerpasteurisierung f, Dauererhitzung f ‖ ~/кратковременная Kurzzeiterhitzung f ‖ ~/низкотемпературная s. ~/длительная ‖ ~/проточная s. ~ в потоке ‖ ~/туннельная (Brau) Tunnelpasteurisation f
пастеризовать (Lebm) pasteurisieren
пастировать pasten (Akkumulatorplatten)
пастосмеситель m Pastenmischer m
пасть f дробилки Brech[er]maul n
патентирование n Patentieren n (Wärmebehandlung von Stahldraht)
патентировать patentieren (Draht)
патерностер m Paternoster[aufzug] m für Personenbeförderung, Umlaufaufzug m
патина f (Met) Patina f, Edelrost m
патинирование n Patinieren n, Patinierung f (Kupfer und Kupferlegierungen)
патока f (Lebm) Melasse f, Melassesirup m; Sirup m ‖ ~/белая Weißablauf m, Deckablauf m, Ablauf m ‖ ~/зелёная Grünablauf m, Ablauf I m ‖ ~/кормовая Futtermelasse f ‖ ~/крахмальная Stärkesirup m ‖ ~/свекловичная Rübenmelasse f
патокообразование n Melassebildung f
патокообразователь m Melassebildner m
паточный Melasse...
патрон m 1. (Wkz) Futter n; Spannfutter n; 2. (El) Einsatz m, Patrone f; 3. (Text) Hülse f (Ringspinnmaschine); 4. (Mil, Bgb, Photo) Patrone f ‖ ~/безопасный (Wkzm) Sicherheitsfutter n ‖ ~/боевой (Bgb) Schlagpatrone f (Schießarbeit) ‖ ~/бумажный (Text) Papphülse f ‖ ~/быстродействующий (Wkzm) Schnellfutter n ‖ ~/винтовой (El) Schraubfassung f, Edisonfassung f ‖ ~/винтовой зажимный (Wkzm) Schraubenspannfutter n ‖ ~/винтовочный (Wkzm) Gewehrpatrone f ‖ ~/выдвижной (Wkzm) ausschiebbares Futter n ‖ ~/гидравлический (Wkzm) hydraulisches (hydraulisch betätigtes) Futter n ‖ ~ «Голиаф» (El) Goliath-Fassung f ‖ ~/двухкулачковый (Wkzm) Zweibackenfutter n ‖ ~ для зарядки на дневном свете (Photo) Tageslichtpatrone f ‖ ~ для метчиков (Wkzm) Gewindebohrfutter n ‖ ~ для насечки (Text) Schlagpatrone f ‖ ~ для сырых помещений (El) Feuchtraumfassung f ‖ ~/зажигательный (Bgb) Zündpatrone f (Sprengtechnik) ‖ ~/зажимный (Wkzm) Spannfutter n ‖ ~/закрытый (El) geschlossener Schmelzeinsatz m ‖ ~/качающийся (Wkzm) Pendelfutter n ‖ ~/клиновой (Wkzm) Keilfutter n ‖ ~/кольцевой (Wkzm) Ringfutter n ‖ ~/кольцепрядильной машины (Text) Ringspinnhülse f ‖ ~/концевой (Schiff) Seilhülse f ‖ ~/кулачковый (Wkzm) Backen[spann]futter n ‖ ~/ламповый 1. (El) Lampenfassung f; 2. (El) Röhrenfassung f ‖ ~/магнитный (Wkzm) Magnetfutter n ‖ ~/миниатюрный 1. (El) Zwergfassung f, Miniaturfassung f (einer Lampe); 2. (Eln) Miniaturfassung f (einer Röhre) ‖ ~/нормальный (El) Normalfassung f ‖ ~/осветительный Leuchtpatrone f ‖ ~ переплетения (Text) Bindungspatrone f ‖ ~/плавающий (Wkzm) schwimmend gelagertes Futter n ‖ ~/пневматический (Wkzm) pneumatisches (pneumatisch betätigtes) Futter n ‖ ~/поводковый (Wkzm) Mitnehmer m, Mitnehmerscheibe f; Mitnehmerfutter n ‖ ~/подрывной Sprengpatrone f ‖ ~/потолочный (El) Deckenfassung f ‖ ~/предохранительный (Wkzm) Sicherheitsfutter n ‖ ~ предохранителя (El) Sicherungspatrone f ‖ ~/пустой (Text) leere Hülse f ‖ ~/рабочий (Wkzm) Arbeitsfutter n ‖ ~/резьбовой 1. (El) Schraubfassung f; 2. (Wkzm) Gewindefutter n ‖ ~/резьбонарезной (Wkzm) Spannfutter n für Gewindebohrer, Gewindeschneidfutter n ‖ ~/самовыталкивающий (Wkzm) selbstausrückendes Futter n, Futter n mit Rutschkupplung ‖ ~/самозажимный (Wkzm) selbstspannendes Futter n ‖ ~/самоцентрирующий[ся] (Wkzm) selbstzentrierendes Futter n, Selbstzentrierfutter n ‖ ~ Свана (El) Swan-Fassung f ‖ ~ Свана/штепсельный (El) Steckfassung f, Bajonettfassung f ‖ ~/сверлильный (Wkzm) Bohrfutter n ‖ ~/сигнальный Signalpatrone f, Leuchtpatrone f ‖ ~/софитный (El) Soffittenfassung f ‖ ~/стен-ной (El) Wandfassung f ‖ ~/ступенчатый [зажимный] (Wkzm) Stufenfutter n ‖ ~/токарный (Wkzm) Drehfutter n; Drehmaschinenfutter n ‖ ~/трёхкулачковый (Wkzm) Dreibackenfutter n ‖ ~/тросовый (Schiff) Seilhülse f ‖ ~/фильтрующий Filterkerze f, Filterpatrone f ‖ ~/холостой Platzpatrone f ‖ ~/цанговый (Wkzm) Zangenfutter n ‖ ~/чашечный (Wkzm) glockenförmiges Futter n ‖ ~/штырьковой (El) Bajonettfassung f ‖ ~ Эдисона (El) Edison-Fassung f

патрон-боевик

патрон-боевик *m (Bgb)* Schlagpatrone *f (Sprengtechnik)*
патронирование *n* 1. *(Text)* Patronieren *n (Weberei)*; Musterübertragung *f*; 2. Patronierung *f (Sprengstoff)*
патронированный patroniert *(Sprengstoff)*
патронировать *(Text, Bgb)* patronieren
патронный *(Masch)* Futter... *(Bauweise von Greifern)*
патрубок *m* 1. Stutzen *m*, Rohransatz *m*, Abzweigrohr *n*, Rohrstück *n*, Anschlußstück *n*; 2. Nocken *m*, Auge *n (Dampfzylinder)* ‖ ~ **вакуумного насоса/впускной** Ansaugstutzen *m (Vakuumpumpe)* ‖ ~ **вакуумного насоса/выбрасывающий (выпускной)** Auslaßstutzen *m*, Austrittsstutzen *m (Vakuumpumpe)* ‖ ~/**вакуумный** Vakuumstutzen *m*, Vakuumanschluß *m* ‖ ~/**водяной** Wasseranschlußstutzen *m* ‖ ~/**впускной** Einlaßstutzen *m*; Saugstutzen *m* ‖ ~/**всасывающий** Ansaugstutzen *m*, Saugkrümmer *m*; Saugstutzen *m (Kreiselpumpe)*; Saugmund *m (Lüfter)* ‖ ~/**входной** Eintrittsstutzen *m*, Einlaßstutzen *m* ‖ ~/**выпускной** Austrittsstutzen *m*, Auslaßstutzen *m*; Druckstutzen *m (Vakuumpumpe)*; Abdampfstutzen *m (Dampfturbine)* ‖ ~/**выхлопной** Abdampfstutzen *m (Dampfturbine)*; Abgasstutzen *m (Gasturbine)*; Auspuffstutzen *m (Verbrennungsmotor)* ‖ ~/**заливной** Einfüllstutzen *m* ‖ ~/**нагнетательный (напорный)** Druckstutzen *m* ‖ ~/**отводящий** Austrittsstutzen *m*, Dampfaustrittsstutzen *m (Dampfturbine)* ‖ ~/**отсасывающий** Absaugstutzen *m* ‖ ~/**паровпускной** Dampfeintrittsstutzen *m*, Eintrittsstutzen *m*, Dampfeinlaßstutzen *m*, Einlaßstutzen *m*, Frischdampfstutzen *m (Dampfmaschine)* ‖ ~/**паровыпускной** 1. Dampfaustrittsstutzen *m*, Austrittsstutzen *m*, Dampfauslaßstutzen *m*, Auslaßstutzen *m*, Abdampfstutzen *m (Dampfmaschine)*; 2. Ausströmhals *m (Dampfturbine)* ‖ ~/**переливной** Überlaufstutzen *m*, Überströmstutzen *m* ‖ ~/**переходный** Rohrzwischenstück *n*, Übergangsstück *n* ‖ ~/**питающий** Zulaufstutzen *m*, Einlaufstutzen *m* ‖ ~/**приёмный** *(Schiff)* Saugstutzen *m (Lenzsystem)* ‖ ~/**раздаточный** Verteilerstutzen *m*, Anschlußstutzen *m* ‖ ~/**соединительный** Verbindungsstutzen *m*, Anschlußstutzen *m* ‖ ~/**спускной** Ablaßstutzen *m*, Ablaufstutzen *m*, Abflußstutzen *m*
патрулирование *n* **неба/фотографическое** *(Astr)* photographische Himmelsüberwachung *f*
патруль *m*/**метеорный** *(Astr)* Meteorüberwachung *f*
паттинсонирование *n (Met)* Pattinsonieren *n*, Pattinson-Verfahren *n*
паттинсонировать *(Met)* pattinsonieren
пауза *f* 1. Pause *f*; 2. Rast *f (Gärungschemie)* ‖ ~/**белковая** *(Brau)* Eiweißrast *f* ‖ ~ **осахаривания** Verzuckerungsrast *f* ‖ ~/**позиционная** *(Inf)* stellungskennzeichnende Pause *f* ‖ ~/**предварительная** Vorpause *f* ‖ ~ **с отсутствием напряжения** *(El)* spannungslose Pause *f* ‖ ~/**технологическая** Umstellzeit *f* ‖ ~/**токовая** *(El)* Strompause *f*
паук *m* 1. *(Bgb)* Spinne *f (Fanggerät bei Bohrungen)*; 2. Druckluftverteiler *m*; 3. Abspannkopf *m (Derrickkran)* ‖ ~/**ловильный** *(Bgb)* Fangspinne *f (Bohrlochhavarie)*

570

паули-оператор *m (Math)* Pauli-Operator *m*
паутина *f* Spinnfaden *m*
пахота *f (Lw)* Pflügen *n* ‖ ~/**глубокая** Tiefpflügen *n*
пахоэхоэ *n (Geol)* Pahoehoe-Lava *f*, Fladenlava *f*
пачка *f* 1. Paket *n*, Packen *m*; 2. *(Bgb, Geol)* Packen *m*, Bank *f*, Paket *n* ‖ ~/**верхняя** *(Bgb, Geol)* Oberpacken *m*, Oberbank *f* ‖ ~ **импульсов** *(El)* Impulspaket *n* ‖ ~/**нижняя** *(Bgb, Geol)* Unterpacken *m*, Unterbank *f* ‖ ~ **пластов** *(Geol)* Schichtenpaket *n*
пачкообразный *(Bgb, Geol)* bankig
пашина *f (Led)* Fläme *f*
паяемость *f* Lötbarkeit *f*
паяльник *m* Lötkolben *m* ‖ ~/**молотковый** Hammerlötkolben *m* ‖ ~/**торцовый** Spitzlötkolben *m* ‖ ~/**ультразвуковой** Ultraschallötkolben *m* ‖ ~/**электрический** elektrischer Lötkolben *m*, Elektrolötkolben *m*
паяльный Löt...
паяние *n s.* пайка
паять löten; verlöten; einlöten ‖ ~ **мягким припоем** weichlöten ‖ ~ **твёрдым припоем** hartlöten
ПБ *s.* борт/правый
ПБУ *s.* установка/плавучая буровая
ПВ *s.* продолжительность включения
ПВВ *s.* ввод-вывод/параллельный
ПВД *s.* 1. приёмник воздушного давления; 2. подогреватель высокого давления
ПВМ *s.* матрица/программируемая вентильная
ПВП *s.* правила визуальных полётов
ПВРД *s.* двигатель/прямоточный воздушно-реактивный
ПВУ *s.* устройство/переговорно-вызывное
ПВХ *s.* поливинилхлорид
ПД *s.* 1. память данных; 2. передача данных; 3. диод/полупроводниковый; 4. двигатель/поршневой
ПДВ *s.* выброс/предельно-допустимый
ПД-звено *n (Reg)* PD-Glied *n*
ПДК *s.* концентрация/предельно-допустимая
ПДП *s.* доступ к памяти/прямой
ПД-регулятор *m* PD-Regler *m*
ПД-сигнал *m (Reg)* PD-Signal *n*
ПДУ *s.* пульт дистанционного управления
ПЕ *s.* единица/пастеризационная
пегматит *m (Geol)* Pegmatit *m*
пегматоид *m (Geol)* Pegmatoid *n*, Pseudopegmatit *m*
педаль *f* Pedal *n*, Fußhebel *m* ‖ ~ **акселератора** *(Kfz)* Gasfußhebel *m*, Fahrfußhebel *m* ‖ ~ **конуса** *(Kfz)* Kupplungsfußhebel *m*, Kupplungspedal *n (Kegelkupplung)* ‖ ~/**пусковая** *(Kfz)* Kickstarterhebel *m (Motorrad)* ‖ ~/**путевая (рельсовая)** Schienenkontakt *m*, Schienenstromschließer *m* ‖ ~ **сцепления** *(Kfz)* Kupplungspedal *n* ‖ ~ **тормоза** *(Kfz)* Bremspedal *n* ‖ ~/**тормозная** *(Kfz)* Bremspedal *n* ‖ ~ **управления дросселем** *(Kfz)* Gaspedal *n*
педион *m (Krist)* Pedion *n*, Einflächner *m* ‖ ~/**второй** II. Pedion *n*
педогенез *m* Pedogenese *f*, Bodengenese *f*, Bodenbildung *f*
педометр *m* Pedometer *n*, Schrittzähler *m*, Schrittmesser *m*
пейсмекер *m s.* электрокардиостимулятор

пек m Pech n; Teerpech n, Teerrückstand m, Teerresiduum n ‖ ~/**брикетный** Brikett[ier]pech n ‖ ~/**буроугольный** Braunkohlen[teer]pech n ‖ ~/**газовый каменноугольный** Steinkohlengasteerpech n, Gas[werks]teerpech n, Stadtgasteerpech n ‖ ~/**древесный** Holz[teer]pech n ‖ ~/**каменноугольный** Steinkohlen[teer]pech n ‖ ~/**коксовый каменноугольный** Kokereiteerpech n, Koksofenteerpech n, Zechenteerpech n ‖ ~/**мягкий** Weichpech n ‖ ~/**нефтяной** Erdölpech n ‖ ~/**низкотемпературный** Tieftemperaturteerpech n ‖ ~/**сланцевый** Schieferteerpech n ‖ ~/**твёрдый** Hartpech n ‖ ~/**торфяной** Torfteerpech n
пекотушитель m Pechkühler m
пектин m (Ch) Pektin n
пелагиаль f (Schiff) Pelagial n
пеларус m (Schiff) Peiltochter[kompaß]säule f
пелена f Schleier m ‖ ~ **тумана** Nebelschleier m
пеленг m Peilung f, Peilwinkel m; Funkpeilung f (s. a. unter радиопеленг) ‖ ~/**антенный** Antennenpeilung f ‖ ~/**бортовой** (Flg) Seitenpeilung f ‖ ~/**грубый** Grobpeilung f ‖ ~/**истинный** rechtweisende Peilung f ‖ ~/**компасный** Kompaßpeilung f ‖ ~/**ложный** Fehlpeilung f ‖ ~/**локсодромический** Loxodrompeilung f ‖ ~/**магнитный** Magnetpeilung f, mißweisende Peilung f ‖ ~/**обратный** Gegenpeilung f, umgekehrte Peilung f ‖ ~/**ограждающий** Gefahrenpeilung f (Navigation) ‖ ~/**ортодромический** Großkreispeilung f ‖ ~/**ошибочный** Fehlpeilung f ‖ ~/**точный** Feinpeilung f
пеленгатор m Peiler m, Peilgerät n, Peilanlage f; Funkpeiler m, Funkpeilgerät n, Funkpeilanlage f (Schiff auch:) Peilaufsatz m, Peilscheibe f, Peildiopter m (s. a. unter радиопеленгатор) ‖ ~/**автоматический** Peilautomat m ‖ ~/**астрономический** Sternpeiler m ‖ ~/**береговой** Küstenfunkpeilgerät n ‖ ~/**бортовой** Bord[funk]peilgerät n; (Schiff) Peilaufsatz m, Peildiopter m ‖ ~/**визуальный** Funksichtpeiler m, Sicht[funk]peiler m ‖ ~/**звуковой** Gehörpeiler m ‖ ~/**импульсный** Impulspeilgerät n ‖ ~/**инфракрасный** s. ~/**тепловой** ‖ ~/**корреляционный** Korrelationspeiler m ‖ ~/**наземный** Boden[funk]peilgerät n ‖ ~/**оптический** Fernrohrpeilaufsatz m, optischer Peilaufsatz m ‖ ~ **по равносигнальной зоне** Leitstrahlpeiler m ‖ ~/**рамочный** Rahmenpeiler m ‖ ~ **с поворотной антенной** Drehrahmenpeiler m ‖ ~ **с рамочной антенной** Rahmenpeiler m ‖ ~/**следящий** Nachlaufpeiler m ‖ ~/**судовой** Schiffspeiler m, Schiffspeilgerät n ‖ ~/**тепловой** Infrarotpeiler m, Infrarotpeilgerät n, Wärmewellenpeilgerät n, Wärmepeiler m
пеленгаторный Peil...; Funkpeil...
пеленгация f 1. Anpeilen n, Peilen n, Peilung f, Richtungspeilen n; 2. Peilbetrieb m, Peilverfahren n ‖ ~/**азимутальная** Azimutpeilung f, Seitenpeilung f ‖ ~/**ближняя** Nahpeilung f ‖ ~/**визуальная** Sichtpeilung f ‖ ~/**всенаправленная** Rundumpeilung f ‖ ~/**грубая** Grobpeilung f ‖ ~/**дальняя** Fernpeilung f ‖ ~ **засечкой** Kreuzpeilung f ‖ ~/**корреляционная** Korrelationspeilung f ‖ ~/**круговая** Rundumpeilung f ‖ ~/**ложная** Fehlpeilung f ‖ ~/**морская** Seefunkpeilung f ‖ ~/**ночная** Nachtpeilung f ‖ ~/**ошибочная** Fehlpeilung f ‖ ~/**перекрёстная** Kreuzpeilung f ‖ ~ **по азимуту** Azimutpeilung f, Seitenpeilung f ‖ ~ **по компасу** Kompaßpeilung f ‖ ~ **по максимуму** Maximumpeilung f ‖ ~ **по минимуму** Minimumpeilung f ‖ ~ **по равносигнальной зоне** Leitstrahlpeilung f ‖ ~ **по углу** Winkelpeilung f ‖ ~/**радиолокационная** Radarpeilung f ‖ ~/**точная** Feinpeilung f ‖ ~/**угловая** Winkelpeilung f ‖ ~/**чужая** Fremdpeilung f
пеленгование n s. пеленгация
пеленговать [an]peilen
пелиты mpl (Geol) Pelite mpl, pelitisches Gestein n
пеломиты mpl s. пелиты
пемза f (Geol) Bimsstein m ‖ ~/**базальтовая** Basaltbimsstein m ‖ ~/**молотая** Bims[stein]mehl n
пемзобетон m Bims[kies]beton m
пена f 1. Schaum m, Gischt m; 2. Schaumkunststoff m; 3. (Met) Abstrich m, Abschaum m; Schlicker m, Gekrätz m, Krätze m (NE-Metallurgie) ‖ ~/**бедная** Restschaum m (NE-Metallurgie) ‖ ~/**богатая** Reichschaum m (NE-Metallurgie) ‖ ~/**вторая** s. ~/**бедная** ‖ ~/**латексная** (Gum) Latexschaum m ‖ ~/**огнетушительная** Feuerlöschschaum m ‖ ~/**первая** s. ~/**богатая** ‖ ~/**твёрдая** Hartschaum m ‖ ~/**устойчивая** stabiler Schaum m (Flotation)
пенеплен m (Geol) Fastebene f, Rumpffläche f, Peneplain f
пенесейсмический (Geol) peneseismisch
пенетраметр m Penetrameter n
пенетрация f Penetration f
пенетрометр m 1. (Bw) Penetrometer n, Eindringtiefenmeßgerät n; 2. Härtemesser m, Qualitätsmesser m (Röntgentechnik)
пенистость f Schäumigkeit f, Schaumigkeit f, Schaumvermögen n, Schaumkraft f, Schaumfähigkeit f
пенистый schaumig; schaumartig; schäumend, schaumgebend, Schaum...
пениться 1. schäumen; aufschäumen; 2. perlen (Wein)
пеннин m (Min) Pennin n
пенобетон m (Bw) Schaumbeton m, Gasbeton m (s. a. газобетон) ‖ ~/**автоклавный** autoklav behandelter Schaumbeton m ‖ ~/**конструктивный** konstruktiver Schaumbeton m ‖ ~/**неавтоклавный** natürlich erhärteter Schaumbeton m ‖ ~/**теплоизоляционный** wärmedämmender Schaumbeton m
пенобетоносмеситель m (Bw) Schaumbetonmischer m
пеногазобетон m (Bw) Schaumgasbeton m
пеногаситель m Schaumdämpfer m, Antischaummittel n, Schaumdämpfungsmittel n
пеногашение n Schaumverhütung f, Entschäumen n
пеногенератор m Schaumgenerator m
пеногипс m (Bw) Schaumgips m, Porengips m
пенозолобетон m (Bw) Aschenschaumbeton m ‖ ~/**неавтоклавный** natürlich erhärteter Aschenschaumbeton m
пенокерамика f Schaumkeramik f
пенолатекс m schaumiger Latex m
пеномагнезит m (Bw) Schaummagnesit m
пеномасса f Schaummasse f

пеноматериал *m* Schaumstoff *m*, Leichtstoff *m* ‖ ~/**жёсткий** harter Schaumstoff *m* ‖ ~/**полужёсткий** mittelweicher Schaumstoff *m* ‖ ~/**эластичный** elastischer Schaumstoff *m*
пенонить *f (Text)* Schaum[stoff]faden *m*
пенообразный schaumartig, schaumförmig
пенообразование *n* Schaumbildung *f*, Schaumentwicklung *f*
пенообразователь *m* Schaumbildner *m*; Schaummittel *n (Flotation)*
пенопласт *m* geschlossenporiger (geschlossenzelliger) Schaum[kunst]stoff *m* ‖ ~/**блочный** Schaumstoffblock *m* ‖ ~/**мочевиноформальдегидный** Harnstoff-Formaldehyd-Schaumstoff *m* ‖ ~/**плиточный** Schaumstoffplatte *f*
пенопластмасса *f* s. пенопласт
пенополистирол *m* Polystyrenschaum[stoff] *m*, PS-Schaumstoff *m*, Schaumpolystyren *n*
пенополиуретан *m* Polyurethanschaum[stoff] *m*, Schaumpolyurethan *m*
пенополиэтилен *m* Polyeth[yl]enschaum[stoff] *m*, Schaumpolyeth[yl]en *n*
пенопровод *m* Schaumleitung *f*
пеносборник *m* Schaumsammelgefäß *n*
пеносиликат *m (Bw)* Schaumsilikat *n*, Gassilikatbeton *m*
пеностекло *n (Bw)* Schaumglas *n* ‖ ~/**высокопористое** hochporöses Schaumglas *n*
пеностойкость *f* Schaumstabilität *f*
пенотушение *n* Schaumlöschverfahren *n (Brandbekämpfung)*
пенотушитель *m* Schaumlöscher *m (Brandbekämpfung)*
пеноуловитель *m* Schaumfänger *m*
пеношлакобетон *m (Bw)* Schlackenschaumbeton *m* ‖ ~/**неавтоклавный** natürlich erhärteter Schlackenschaumbeton *m*
пентагон *m (Krist)* Pentagon *n*
пентагон-додекаэдр *m (Krist)* Pentagondodekaeder *n* ‖ ~/**тетраэдрический** *(Krist)* tetraedrisches Pentagondodekaeder *n*; Pentagon-Tritetraeder *n*; Tetardoid *n*
пентагон-икоситетраэдр *m (Krist)* Pentagonikositetraeder *n*
пентагон-триоктаэдр *m* s. пентагон-икоситетраэдр
пентагон-тритетраэдр *m* s. пентагон-додекаэдр/тетраэдрический
пентагрид *m (Rf)* Pentagridröhre *f*, Fünfgitterröhre *f*
пентада *f (Meteo, Inf)* Pentade *f*
пентапризма *f (Opt)* Penta[gon]prisma *n*, Prandtl-Prisma *n*, Goulier-Prisma *n*
пентаэдр *m (Math)* Pentaeder *n*, Fünfflach *n*
пентландит *m (Min)* Pentlandit *m*, Eisennickelkies *m*
пентод *m (Eln)* Pentode *f*, Fünfelektrodenröhre *f* ‖ ~/**высокочастотный** Hochfrequenzpentode *f*, HF-Pentode *f* ‖ ~/**высокочастотный широкополосный** HF-Breitbandpentode *f* ‖ ~/**выходной** Ausgangspentode *f*, Endpentode *f* ‖ ~/**генераторный** Sendepentode *f* ‖ ~/**малогабаритный (миниатюрный)** Miniaturpentode *f* ‖ ~/**мощный** Leistungspentode *f* ‖ ~/**низкочастотный** Niederfrequenzpentode *f*, NF-Pentode *f* ‖ ~/**усилительный** Verstärkerpentode *f* ‖ ~/**широкополосный** Breitbandpentode *f*

пентодный *(Eln)* Pentoden...
пенька *f (Text)* Hanffaser *f*, Hanf *m* ‖ ~/**манильская** Manilahanf *m*, Abakahanf *m* ‖ ~/**сизальская** Sisal[hanf] *m* ‖ ~/**трёпаная** Schwunghanf *m*, Schwinghanf *m*
пеньковый *(Text)* Hanf...
пенькопрядение *n (Text)* Hanfspinnerei *f*
пептизатор *m (Ch)* Peptisator *m*, Peptisierungsmittel *n*
пептизация *f (Ch)* Peptisation *f*, Peptisierung *f*
пептизировать *(Ch)* peptisieren
пептонизировать *(Ch)* peptonisieren
первибратор *m (Bw)* Pervibrator *m*, Innenrüttler *m*
первоочерёдность *f (Math)* Prioritätsordnung *f*
первым пришёл-первым обслужен *(Inf)* FIFO-..., first-in-first-out
пергамент *m* Pergament *n*; Pergamentpapier *n*
пергаментация *f* Pergamentieren *n*
пергамин *m* Pergaminpapier *n*
переадресация *f (Inf)* Adressenänderung *f*, Umadressierung *f* ‖ ~ **входящих вызовов** s. ~ вызова ‖ ~ **вызова** Anrufumleitung *f* ‖ ~ **команд** Befehlsumadressierung *f*
переадресовать s. переадресовывать
переадресовывать *(Inf)* umadressieren
переаминирование *n (Ch)* Transaminierung *f*
переаттестация *f* Nachattestierung *f*
перебег *m (Fert)* Überlauf *m (eines Schneidwerkzeugs)*
перебелка *f* Überbleichung *f*
перебивка *f (Schm)* 1. Balleisen *n*, Kerbeisen *n*; 2. Ankerben *n*, Kerben *n*, Einkerben *n*; Einengen *n (vor dem Recken)*; Einkehlen *n* ‖ ~ **сальника** Packungswechsel *m (Stopfbuchse)* ‖ ~ **стоек** *(Bgb)* Umsetzen *n* der Stempel
перебивка-верхник *f (Schm)* Kehlhammer *m*
перебивка-нижник *f (Schm)* Kehlschrot *m*
перебирать auslesen, sortieren
переблокировка *f (Inf)* Umblockung *f*
перебой *m* Störung *f*; Unterbrechung *f*, Stockung *f* ‖ ~ **в подаче** Förderstörung *f* ‖ ~ **в работе** Betriebsstörung *f*
перебор *m* 1. Überschuß *m*; 2. *(Masch)* Vorgelege *n (im Getriebe)*; 3. *(Bgb)* Mehrausbruch *m* ‖ ~/**выключаемый** *(Masch)* ausrückbares Vorgelege *n* ‖ ~/**двойной** *(Masch)* doppeltes Vorgelege *n* ‖ ~/**зубчатый** *(Masch)* Zahnradvorgelege *n* ‖ ~/**понижающий** *(Masch)* ins Langsame übersetzendes Vorgelege *n*
переборка *f* 1. Sortieren *n*, Sichten *n*; 2. *(Schiff)* Schott *n*, Wand *f* ‖ ~ **ахтерпика** *(Schiff)* Hinterpiekschott *n*, Achterpiekschott *n* ‖ ~/**ахтерпиковая** s. ~ ахтерпика ‖ ~/**боковая** Seitenwand *f (Deckshaus)* ‖ ~/**водонепроницаемая** wasserdichtes Schott *n* ‖ ~/**главная** Hauptschott *n* ‖ ~/**главная огнестойкая** Hauptbrandschott *n* ‖ ~/**гофрированная** gesickte Wand *f*; gesicktes Schott *n* ‖ ~/**двухдуговая** Stopfbuchsenschott *n* ‖ ~/**диаметральная** Mittellängsschott *n* ‖ ~/**доковая** Dockschott *n* ‖ ~ **картофеля** *(Lw)* Verlesen *n (Kartoffeln)* ‖ ~/**кормовая** hinteres (achteres) Schott *n* ‖ ~/**коффердамная** Kofferdammschott *n* ‖ ~/**лобовая** Frontschott *n (Aufbauten)* ‖ ~/**машинная** Maschinenraumschott *n* ‖ ~ **машинного отделения** Maschinenraumschott *n* ‖ ~/**нефтенепроницаемая**

öldichtes Schott *n* ‖ ~/**носовая** Bugschott *n*, vorderes Schott *n* ‖ ~/**огнезадерживающая** feuerhemmendes Schott *n* ‖ ~/**огнестойкая** feuerfestes Schott *n* ‖ ~/**отбойная** Schlagschott *n* ‖ ~/**плоская** Glattschott *n*, glattes (ebenes) Schott *n* ‖ ~/**поперечная** Querschott *n* ‖ ~/**продольная** Längsschott *n* ‖ ~/**проницаемая** offene Wand *f* ‖ ~/**противопожарная** Feuerschott *n*, Brandschott *n* ‖ ~/**пыленепроницаемая** Staubschott *n* ‖ ~/**разделительная** Trennschott *n*, Trennwand *f* ‖ ~/**таранная** Kollisionsschott *n* ‖ ~/**трюмная** Laderaumschott *n* ‖ ~ **форпика** Kollisionsschott *n* ‖ ~/**форпиковая** Vorpiekschott *n*
переборочный *(Schiff)* Schott...; Wand...
перебраживание *n* 1. *(Ch)* Ausgären *n*; 2. *s*. переброс
перебрать *s*. перебирать
переброс *m* 1. Überspringen *n*; 2. *(El)* Überschlag *m (Funken)*; 3. *(Geol)* Aufschiebung *f*, widersinnige Verwerfung *f* ‖ ~ **искры** *(El)* Funkenüberschlag *m* ‖ ~ **кипящей жидкости** Überkochung *f*
переброска *f* Verlagerung *f*, Verlegung *f*, Verschiebung *f*
перебур *m (Bgb)* Überbohrung *f*
перебуривание *n (Bgb)* Nachbohren *n*; Überbohren *n*
перебуривать *(Bgb)* nachbohren; überbohren
перебурить *s*. перебуривать
перевал *m* 1. *(Geol)* Gebirgspaß *m*, Paß *m*; 2. Wallstein *m (Ofen)*; 3. Hubwechsel *m (Verbrennungsmotor)*; 4. *s*. перекат ‖ ~/**ледниковый** Gletscherpaß *m*
перевалка *f* 1. Umschlag *m*, Umladung *f*; 2. *(Bgb)* Umsetzen *n (Abraum)*; 3. *(Wlz)* Walzenwechsel *m*, Walzenumbau *m*, Wechsel (Umbau) *m* der Walzen ‖ ~ **груза** Umschlag *m*, Umschlagen *n (einer Ladung)*; Güterumschlag *m*
перевальцевание *n* 1. *(Wlz)* Überwalzung *f*; 2. *(Gum)* Totwalzen *n*
перевар *m* Überkochung *f*
переварка *f (Gum)* Überheizung *f*
переведение *n* Überführen *n*, Überführung *f* ‖ ~ **в волокнистую массу** *(Pap)* Aufschließen *n (Cellulose)* ‖ ~ **в растворимую форму кислотой** *(Pap)* saurer Aufschluß *m* ‖ ~ **в растворимую форму щёлочью** *(Pap)* alkalischer Aufschluß *m*
перевес *m* Übergewicht *n*
перевести *s*. переводить
перевивка *f (Text)* Kreuzung *f*
перевод *m* 1. Überführung *f*; Umstellung *f*; Übertragung *f*; 2. Übersetzung *f (Sprache)*; *(Inf)* Compiling *n*; 3. Überweisung *f (Geld)*; 4. Durchpausung *f (Zeichnung)*; 5. *(Eb)* Weiche *f*; 6. Umlegen *n (Riemen)* ‖ ~/**английский стрелочный** doppelte Kreuzungsweiche *f* ‖ ~ **в кривой/стрелочный** *(Eb)* Bogenweiche *f* ‖ ~/**двойной стрелочный** *(Eb)* Doppel[kreuzungs]weiche *f* ‖ ~/**двухсторонний перекрёстный** *(Eb)* doppelte Kreuzungsweiche *f* ‖ ~/**криволинейный стрелочный** *(Eb)* Krümmungsweiche *f* ‖ ~ **курсов** *(Schiff)* Kursverwandlung *f (Navigation)* ‖ ~/**левопутный (левый) стрелочный** *(Eb)* Linksweiche *f* ‖ ~/**маневровый** *(Eb)* Verschiebeweiche *f*, Rangierweiche *f* ‖ ~/**машинный** *(Inf)* maschinelle Übersetzung *f* ‖ ~ **на строку** *(Inf)* Zeilenschaltung *f* ‖ ~/**нормальный стрелочный** *(Eb)* Regelweiche *f*, Normalweiche *f* ‖ ~/**одиночный стрелочный** *(Eb)* einfache Weiche *f* ‖ ~/**односторонний криволинейный стрелочный** *(Eb)* gleichlaufende Krümmungsweiche *f* ‖ ~/**односторонний перекрёстный стрелочный** *(Eb)* einfache Kreuzungsweiche *f* ‖ ~ **пеленгов** *(Schiff)* Peilverwandlung *f* ‖ ~/**перекрёстный стрелочный** *(Eb)* Kreuzungsweiche *f* ‖ ~/**правопутный (правый) стрелочный** *(Eb)* Rechtsweiche *f* ‖ ~ **программы** *(Inf)* Programmübersetzung *f* ‖ ~/**простой стрелочный** *(Eb)* einfache Weiche *f* ‖ ~ **ремня** *(Masch)* Riemenwechsel *m* ‖ ~/**ручной стрелочный** *(Eb)* Handweiche *f* ‖ ~ **стрелок** *(Eb)* Umlegen *n* der Weichen ‖ ~/**строки** *(Inf)* Zeilenvorschub *m* ‖ ~ **формуляра** Formularvorschub *m* ‖ ~ **чисел** *(Inf)* Zahlenkonvertierung *f*
переводить 1. umlegen; umstellen, [hin]überführen; 2. übersetzen *(Sprache)*; 3. überweisen *(Geld)*
перевозбуждение *n (El)* Übererregung *f*, Übererregen *n (Generator)*
перевозка *f* Beförderung *f*, Transport *m* ‖ ~/**автогрузовая** Straßentransport *m* ‖ ~/**внутризаводская** innerbetrieblicher Transport *m* ‖ ~/**контейнерная** Containertransport *m* ‖ ~ **от двери до двери** Haus-Haus-Gepäckverkehr *m*
перевозки *fpl* Frachtverkehr *m*, Transportwesen *n* ‖ ~ **грузов** Güterbeförderung *f* ‖ ~/**контейнерные** Containerverkehr *m* ‖ ~ **на поддонах** Palettenverkehr *m* ‖ ~ **от двери до двери** Haus-Haus-Verkehr *m* ‖ ~/**пакетные** Palettenverkehr *m* ‖ ~ **пассажиров** Personenbeförderung *f* ‖ ~/**пассажирские** Personenbeförderung *f* ‖ ~ **штучного груза** Stückgutbeförderung *f*, Stückgutverkehr *m*
перевооружение *n* Neuausrüstung *f*, Neuausstattung *f*
переворачивание *n* 1. Wenden *n*, Umdrehen *n*; 2. Zirkulation *f*, Umwälzung *f*; 3. *(Typ)* Umstülpen *n (Bogen)*
переворот *m* 1. Wendung *f*, Umwälzung *f*; Umlauf *m*; 2. *(Flg)* Überschlag *m*
перевулканизация *f (Gum)* Übervulkanisation *f*
перевязка *f* 1. *(Bw)* Verband *m (Mauerwerk)*; 2. *(Nrt)* Abspannbindung *f (der Leitung)* ‖ ~/**американская** *s*. ~/**многорядная** ‖ ~/**ложковая** *(Bw)* Läuferverband *m*, Halbsteinverband *m (bei $^1/_2$ Stein dicken Wänden)* ‖ ~/**многорядная** *(Bw)* amerikanischer (mehrschichtiger) Verband *m* ‖ ~/**мозаичная** *(Bw)* Mosaikverband *m*, Polygonverband *m* ‖ ~/**облицовочная** *(Bw)* Blendverband *m* ‖ ~/**одиночная** *(Bw)* einschichtiger Verband *m* ‖ ~ **тесовой кладки** *(Bw)* Quaderverband *m* ‖ ~/**трёхрядная** *(Bw)* dreischichtiger Verband *m*, Onistschik-Verband *m* ‖ ~/**трубная** *(Bw)* Schornsteinverband *m* ‖ ~/**тычковая** *(Bw)* Binderverband *m (ein Stein dicke Mauer)* ‖ ~/**цепная** *s*. ~/однорядная
перегиб *m* 1. Biegung *f*, Umbiegung *f*; Falzung *f*; 2. Knick *m*, Knickung *f*; 3. *(Math)* Wendung *f*, Inflexion *f*; 4. *s*. ~ **судна** ‖ ~/**двойной** *(Typ)* Doppelfalzung *f* ‖ ~ **кривой** *(Math)* Wendepunkt *m* der Kurve, Kurvenknick *m* ‖ ~ **судна** Aufbiegung *f* des Schiffes, Hogging *n*

переглубина f Übertiefe f
перегнать s. перегонять
перегной m (Lw) Humus m
перегон m (Eb) Streckenabschnitt m, [freie] Strecke f ‖ ~ **судна** (Schiff) Überführung f eines Schiffes
перегонка f Destillation f, Destillieren n; Brennen n (Alkohol); s. a. unter дистилляция) ‖ ~ **дерева (древесины)/сухая** trockene Destillation f von Holz ‖ ~ **деструктивная** destruktive Destillation f, Zersetzungsdestillation f ‖ ~/**дробная** fraktionierte Destillation f ‖ ~/**плёночная** Dünnschichtdestillation f ‖ ~/**подземная** Untertag[e]vergasung f ‖ ~ **с дефлегмацией/простая** [einfache] Destillation f mit Rücklauf ‖ ~/**сложная** Destillation f in Kolonnen ‖ ~ **спирта** Alkoholdestillation f, Brennen n ‖ ~/**сухая** Trockendestillation f, Entgasen n ‖ ~ **угля/сухая** trockene Destillation f von Kohle ‖ ~/**фракционированная** s. ~/**дробная**
перегонять destillieren; brennen (Alkohol)
перегорание n 1. Verbrennen n, Ausbrennen n; 2. (El) Durchbrennen n (einer Sicherung)
перегорать 1. verbrennen, ausbrennen, verschmoren; 2. (El) durchbrennen (Sicherung)
перегореть s. перегорать
перегородка f 1. Scheidewand f, Zwischenwand f, Trennwand f; Steg m; Membran[e] f; Diaphragma n; 2. Zwischenboden m (Dampfturbine) ‖ ~/**вентиляционная** (Bgb) Wetterscheider m (in Grubenbaulängsachse) ‖ ~/**внутренняя** Innenzwischenwand f ‖ ~/**внутриквартирная** Raumtrennwand f ‖ ~/**каркасно-обшивная** Gerippetrennwand f ‖ ~/**крупнопанельная** Großplattentrennwand f ‖ ~/**междуквартирная** Wohnungstrennwand f ‖ ~/**направляющая** Führungswand f, Leitwand f; Schikane f; Lenkwand f ‖ ~/**отбойная (отражательная)** Prallwand f, Prallplatte f, Prallblech n ‖ ~/**передвижная** versetzbare Trennwand f ‖ ~/**поддерживающая** Stützwand f ‖ ~/**полупроницаемая** semipermeable (halbdurchlässige) Scheidewand f ‖ ~/**поперечная** Quer[zwischen]wand f ‖ ~/**продольная** Längs[zwischen]wand f ‖ ~/**промежуточная** Zwischenwand f ‖ ~/**сливная** Überfallwehr n, Ablaufwehr n (eines Rektifizierbodens) ‖ ~/**стальная** (Text) Stahlsteg m (Großrundstrickmaschine) ‖ ~/**стволовая вентиляционная** (Bgb) Schachtwetterscheider m ‖ ~/**экранирующая** Abschirmwand f
перегребание n Schaufeln n, Fortschaufeln n, Umschaufeln n
перегребатель m Mischarm m, Krählarm m (mechanischer Röstofen)
перегрев m 1. Erhitzen n, Erhitzung f; 2. (El) Überheizung f; 3. Überhitzung f; Übertemperatur f; 4. Wärmestau m ‖ ~/**допустимый** zulässige Übertemperatur f ‖ ~/**конечный** Endüberhitzung f ‖ ~ **пара** Dampf m ‖ ~/**промежуточный** Zwischenüberhitzung f ‖ ~ **шипа** (Masch) Heißlaufen n des Zapfens (Welle)
перегревание n Überhitzen n, Überhitzung f
перегреватель m Überhitzer m (Dampf) ‖ ~/**вторичный** Nachüberhitzer m, Zwischenüberhitzer m ‖ ~/**групповой** Sammelüberhitzer m ‖ ~/**дополнительный** Nachüberhitzer m ‖ ~/**дымогарный** Rauchrohrüberhitzer m ‖ ~/**жаротрубный** Flammrohrüberhitzer m ‖ ~/**змеевиковый** Schlangen[rohr]überhitzer m ‖ ~/**конвективный** Konvektionsüberhitzer m, Berührungsüberhitzer m ‖ ~/**параллельно-поточный** Gleichstromerhitzer m ‖ ~/**паровой** Dampfüberhitzer m ‖ ~/**первичный** Frischdampfüberhitzer m ‖ ~/**промежуточный** Gegenstromüberhitzer m ‖ ~/**прямоточный** Gleichstromüberhitzer m ‖ ~/**радиационно-конвективный** Berührungsstrahlungsüberhitzer m ‖ ~/**ребристотрубный** Rippenrohrüberhitzer m ‖ ~/**ребристый** Rippenrohrüberhitzer m
перегревать überhitzen ‖ ~ **вторично (дополнительно)** nachüberhitzen, zwischenüberhitzen
перегревы mpl (Eln) örtliche Überhitzungen fpl
перегреть s. перегревать
перегружаемость f Überlastbarkeit f, Überlastungsfähigkeit f
перегружатель m 1. Überladegerät n (Krane, Transportbänder); 2. Verladebrücke f ‖ ~/**ленточный** Verladegurtförderer m ‖ ~/**мостовой** Verladebrücke f ‖ ~/**плавучий** schwimmendes Überladegerät n
перегружать 1. überlasten; 2. umladen; umschlagen; 3. (Reg) übersteuern
перегруженный überlastet, Überlast...
перегрузить s. перегружать
перегрузка f 1. Umladung f; Überladung f, Verladung f; 2. Überlastung f; zusätzliche Belastung f; Überlast f; Überbeanspruchung f, Überspannung f; 3. (Reg) Übersteuerung f, Überlastung f; 4. (Flg) Lastvielfaches n ‖ ~ **в межоперационную тару** (Inf) Zwischenmagazinierung f ‖ ~/**временная** zeitweilige Überlastung f ‖ ~ **грузов** Güterumschlag m ‖ ~/**длительная** (El) Dauerüberlastung f ‖ ~/**допустимая** (El) zulässige Überlastung f, Überlastbarkeit f ‖ ~/**мгновенная** (El) Stoßüberlastung f ‖ ~ **на крыло** (Flg) Querlastigkeit f ‖ ~ **по току** (El) Stromüberlastung f ‖ ~/**ударная** (El) Stoßüberlastung f

перегруппировка f 1. Umgruppierung f; 2. (Ch) Umlagerung f; 3. (Math) Umordnung f ‖ ~/**внутримолекулярная** (Ch) intramolekulare Umlagerung f ‖ ~/**межмолекулярная** (Ch) intermolekulare Umlagerung f
передавать 1. übertragen, übermitteln; 2. [be]fördern; 3. (Rf) senden; funken ‖ ~ **по радио** senden, funken ‖ ~ **энергию** Energie übertragen (fortleiten, weiterleiten, transportieren)
передаточный Übertragungs...
передатчик m 1. (Rf) Sender m, Sendeanlage f (s. a. unter радиопередатчик); 2. (Reg) Geber m, Sender m; 3. Übertrager m • **со стороны передатчика** sende[r]seitig, auf der Senderseite ‖ ~/**аварийный** Notsender m ‖ ~ **активных помех** aktiver Störsender m ‖ ~/**большой** Großsender m ‖ ~ **ведущего луча** Leitstrahlsender m (Navigation) ‖ ~/**вспомогательный** Hilfsender m ‖ ~/**главный** Hauptsender m, Leitsender m ‖ ~/**главный судовой** Hauptschiffssender m ‖ ~/**глиссадный** Gleitwegsender m (Navigation) ‖ ~/**двухтактный** Gegentaktsender m ‖ ~/**дециметровый** Dezimeterwellensender m ‖ ~/**диапазонный** Bandsender

m ‖ ~/**длинноволновый** Langwellensender m ‖ ~/**дуговой** Lichtbogensender m ‖ ~ /**звуковой** Tonsender m ‖ ~ **изображения** Bildsender m ‖ ~/**импульсный** Impulssender m ‖ ~/**искровой** Funkensender m ‖ ~/**кварцованный** 1. quarzgesteuerter Sender m; 2. Quarzsender m (Festfrequenz) ‖ ~/**командный** Befehlssender m (Navigation) ‖ ~/**контрольный** Prüfsender m ‖ ~/**корабельный** Schiffssender m ‖ ~/**коротковолновый** Kurzwellensender m ‖ ~/**курсовой** Landekurssender m ‖ ~/**ламповый** Röhrensender m ‖ ~/**любительский** Amateursender m (Inf) ‖ ~/**магистральный** Leitungstreiber m, Bustreiber m ‖ ~/**малогабаритный** Kleinsender m ‖ ~/**маломощный** Kleinleistungssender m, Sender m kleiner (geringer) Leistung ‖ ~/**маркерный** Markierungs[zeichen]sender m, Einflugzeichensender m (Navigation) ‖ ~/**маршрутный** (Eb) Fahrstraßensteller m ‖ ~/**машинный** (Nrt) Maschinensender m ‖ ~ **метровых волн** Meterwellensender m ‖ ~/**мешающий** Störsender m ‖ ~/**модулируемый измерительный** modulierbarer Meßsender m ‖ ~/**мощный** leistungsstarker Sender m, Hochleistungssender m ‖ ~/**мощный радиовещательный** Hochleistungsrundfunksender m, leistungsstarker Rundfunksender m ‖ ~/**навигационный** Navigationssender m ‖ ~/**направленного излучения** Richt[strahl]sender m ‖ ~/**направленный** Richt[strahl]sender m ‖ ~/**опознавательный** Kenn[ungs]sender m ‖ ~/**опытный** Versuchssender m ‖ ~/**основной** s. ~/**главный** ‖ ~/**переносный** tragbarer Sender m ‖ ~/**переносный телевизионный** tragbarer Fernsehsender m ‖ ~ **помех** Störsender m ‖ ~/**портативный** tragbarer Sender m ‖ ~/**посадочный** Landungssender m (Navigation) ‖ ~/**приводный аэродромный** Platzeinflugzeichensender m (Navigation) ‖ ~/**равносигнальный** Leitstrahlsender m (Navigation) ‖ ~/**радиовещательный** Rundfunksender m ‖ ~/**радиолокационный** Radarsender m ‖ ~/**радиолюбительский** Amateursender m ‖ ~/**радионавигационный** Funknavigationssender m ‖ ~ **радиопомех** Funkstörsender m ‖ ~/**радиорелейный** 1. Relaissender m; Funkrelais n; 2. Nebensender m, Tochtersender m; 3. Richtfunksender m ‖ ~/**радиотелефонный** Telephoniesender m ‖ ~/**ранцевый** Tornistersender m ‖ ~/**релейный** s. ~/**радиорелейный** ‖ ~ **ретрансляционный** (Rf) Ballsender m; (TV) Umsetzer m ‖ ~/**самолётный** Flugzeugsender m ‖ ~/**сверхмощный** Höchstleistungssender m, Sender m größter Leistung ‖ ~/**сдвоенный** reservierter Sender m ‖ ~ **секретный** Geheimsender m ‖ ~ **сигналов бедствия** Notrufsender m ‖ ~/**смежный** Nachbarsender m ‖ ~/**средневолновый** Mittelwellensender m ‖ ~/**стационарный** ortsfester (stationärer) Sender m ‖ ~/**судовой** Schiffssender m ‖ ~/**телевизионный** Fernsehsender m ‖ ~/**телеграфный** Telegraphiesender m ‖ ~/**телеизмерительный** Fernmeßsender m, Fernmeßgeber m ‖ ~/**телемеханический** Fernwirksender m ‖ ~/**трансляционный** Relaissender m ‖ ~/**ультракоротковолновый** Ultrakurzwellensender m, UKW-Sender m ‖ ~/**фототелеграфный** Bildtelegraphiesender m ‖ ~ **цепи** (Gum) Kettenüberträger m ‖ ~/**эксплуатационный** (Schiff) Betriebssender m (Funkanlage) ‖ ~ **энергии** Energieübertrager m

передать s. **передавать**

передача f 1. Übergabe f, Übermittlung f; 2. (El) Übertragung f; Fortleitung f (elektrischer Energie); 3. (Masch) Antrieb m, Getriebe n, Trieb m (s. a. unter коробка передач); 4. (Kfz) Gang m (des Wechselgetriebes); 5. (Rf, TV) Sendung f, Übertragung f; Ausstrahlung f, Ausstrahlen n; 6. (Inf) Übermittlung f, Übertragung f, Transfer m (von Daten) ‖ ~ (TV) Direktübertragung f, Direktsendung f, Livesendung f ‖ ~/**асинхронная** (Rf) Asynchronübertragung f ‖ ~/**беззазорная** (Masch) spielfreies Getriebe n ‖ ~/**беспроволочная** (Rf) drahtlose Übertragung f ‖ ~/**бесступенчатая** (Masch) stufenloses (stufenlos regelbares) Getriebe n, Stufenlosgetriebe n ‖ ~/**бесступенчатая гидравлическая** hydraulisches stufenloses Getriebe n ‖ ~ **блоками** (Inf) blockweises Übertragen n (von Daten) ‖ ~/**блочная** s. ~ **блоками** ‖ ~/**бортовая** (Kfz) Seitenvorgelege n, Radvorgelege n ‖ ~/**быстроходная** (Masch) schnellaufendes (hochtouriges) Getriebe n ‖ ~/**вариаторная** (Masch) Variatorgetriebe n ‖ ~/**ватки/поперечная** (Text) Querspeisung f (Krempel) ‖ ~/**ватки/продольная** (Text) Längsspeisung f (Krempel) ‖ ~ **винт-гайка** (Masch) Schraubtrieb m ‖ ~ **винт-гайка качения** Wälzschraubtrieb m ‖ ~/**винтовая** (Masch) 1. Schraubenradgetriebe n; 2. s. ~ **винт-гайка** ‖ ~/**винтовая волновая** (Masch) Schraubwellgetriebe n ‖ ~/**винтовая зубчатая** (Masch) Schraubenradgetriebe n (Spindel und Mutter) ‖ ~/**винто-реечная** (Masch) Schraub-Zahnstangen-Getriebe n ‖ ~/**выездная** Reportageübertragung f, Außenreportage f ‖ ~/**внестудийная телевизионная** Fernsehreportage f, Fernsehaußenübertragung f ‖ ~ **внешнего зацепления** (Masch) außenverzahntes Getriebe n, Außen[zahnrad]getriebe n ‖ ~ **внутреннего зацепления** (Masch) innenverzahntes Getriebe n, Innen[zahnrad]getriebe n ‖ ~/**волновая** (Masch) Wellgetriebe n, Harmonic-Drive m ‖ ~/**волновая зубчатая** (Masch) Zahnradwellgetriebe n ‖ ~/**высоковольтная** Übertragung f auf Hochspannungsleitungen ‖ ~ **высокой мощности** (Masch) Hochleistungsgetriebe n ‖ ~/**высоконагруженная** (Masch) hochbelastetes (hochbeanspruchtes) Getriebe n ‖ ~/**высокочастотная** (Rf, TV) Hochfrequenzübertragung f, hochfrequente Übertragung f, HF-Übertragung f ‖ ~/**гидравлическая** (Masch) hydraulisches Getriebe n, Flüssigkeitsgetriebe n, Strömungsgetriebe n; (Eb) hydraulische Leistungsübertragung f ‖ ~/**гидродинамическая** (Masch) hydrodynamisches Getriebe n; (Eb) hydrodynamische Leistungsübertragung f ‖ ~/**гидромеханическая** (Masch) hydromechanisches Getriebe n; (Eb) hydromechanische Leistungsübertragung f ‖ ~/**гидростатическая** (Masch) hydrostatisches Getriebe n; (Eb) hydrostatische Leistungsübertragung f ‖ ~/**гиперболоидная зубчатая** (Masch) Hyperboloidgetriebe n ‖ ~/**гипоидальная** s. ~/**гипоидная** ‖ ~/**гипоидная** (Masch) 1. Hypoid-Rad n (Zahn-

передача

rad mit spiralförmiger Verzahnung auf einer Hyperboloidfläche); 2. Hypoidgetriebe *n* ‖ ~/**глобоид[аль]ная** *(Masch)* Globoidschneckengetriebe *n* ‖ ~/**градационная** *(Typ)* Tonwertwiedergabe *f* ‖ ~/**дальняя** *(Nrt)* Fernübertragung *f*, Weitverkehr *m* ‖ ~ **данных** *(Inf)* Datenübertragung *f*, Datentransfer *m* ‖ ~ **данных/автоматическая** automatische Datenübertragung *f* ‖ ~ **данных блоками** blockorientierter Datentransfer *m (zwischen 2 Rechnern)* ‖ ~ **данных в диалоговом режиме** Dialogverkehr *m* ‖ ~ **данных/дистанционная** Datenfernübertragung *f*, DFÜ ‖ ~ **данных на расстояние** Datenfernübertragung *f* ‖ ~ **данных/побитовая** bitorientierte Datenübertragung *f* ‖ ~ **данных/последовательная** serielle Datenübertragung *f* ‖ ~ **данных/ускоренная** schnelle Datenübertragung *f* ‖ ~ **двоичной информации** *(Reg)* binäre Informationsübertragung *f* ‖ ~ **двумя токами** *(Nrt)* Doppelstromübertragung *f* ‖ ~/**двусторонняя** *(Nrt)* Gegenverkehr *m*, doppelt gerichteter Verkehr *m*; *(Nrt)* Duplexverkehr *m*, Doppelbetrieb *m* ‖ ~/**двухполосная** *(Rf)* Zweiseitenbandübertragung *f*, Zweiseitenbandsendung *f* ‖ ~/**двухступенчатая** *(Masch)* zweistufiges Getriebe *n*, Zweistufengetriebe *n* ‖ ~/**дифференциальная** *(Kfz)* Differentialgetriebe *n* ‖ ~ **единицы** *s*. ~ *размера единицы* ‖ ~ **заряда** *(Eln)* Ladungsübertragung *f*, Ladungstransfer *m* ‖ ~/**звуковая** Ton[signal]übertragung *f* ‖ ~/**зубчатая** *(Masch)* Zahnradgetriebe *n*, Zahnradtrieb *m*; Zahnradübersetzung *f* ‖ ~/**зубчатая винтовая** *(Masch)* Schraubenradpaar *n* ‖ ~/**зубчато-реечная** *(Masch)* Zahnrad-Zahnstangen-Getriebe *n* ‖ ~/**зубчато-ремённая** Zahnriemengetriebe *n* ‖ ~/**избирательная** Selektivübertragung *f* ‖ ~ **изображений по кабелю** Fernsehkabelübertragung *f*, Kabelfernsehen *n* ‖ ~ **изображений по радио** Funkbildübertragung *f*, drahtlose Bildtelegraphie *f*, Bildfunk *m* ‖ ~ **изображения** *(Nrt)* Bildübertragung *f* ‖ ~ **изображения и звука** Bild- und Tonübertragung *f* ‖ ~/**импульсная** Impulsübertragung *f*, Pulsübertragung *f* ‖ ~ **информации** Informationsübertragung *f*, Informationsübermittlung *f* ‖ ~ **информации/выборочная** selektive Informationsübertragung *f* ‖ ~/**канатная** *(Masch)* Seilgetriebe *n*, Seiltrieb *m*, Seilantrieb *m* ‖ ~/**карданная** *(Masch, Kfz)* Kardanantrieb *m*, Gelenkwellenantrieb *m*, Kardangetriebe *n* ‖ ~/**клиноремённая** *(Masch)* Keilriemengetriebe *n* ‖ ~/**коленно-рычажная** *(Masch)* Kniehebeltrieb *m* ‖ ~/**колёсная** *(Masch)* Rädergetriebe *n* ‖ ~ **команд** *(Inf)* Befehlsübertragung *f* ‖ ~/**коническая [зубчатая]** *(Masch)* Kegelradtrieb *m* ‖ ~/**коническая фрикционная** *(Masch)* Kegelreibradgetriebe *n* ‖ ~/**коротковолновая** *(Rf)* Kurzwellenübertragung *f* ‖ ~/**косозубая** *(Masch)* schrägverzahntes Getriebe *n*, Schrägzahngetriebe *n* ‖ ~/**кривошипная** *(Masch)* Kurbelgetriebe *n* ‖ ~/**кривошипно-шатунная** *(Masch)* Schubkurbelgetriebe *n* ‖ ~/**круглоремённая** *(Masch)* Rundriemengetriebe *n* ‖ ~/**кулачковая** *(Masch)* Kurvengetriebe *n*, Nockengetriebe *n* ‖ ~/**кулисная** *(Masch)* Kurbelschleifengetriebe *n* ‖ ~/**лобовая [фрикционная]** *(Masch)* Planrad[reib]getriebe *n* ‖ ~ **мальтийским крестом** *(Masch)* Malteser-

kreuzgetriebe *n* ‖ ~/**механическая** *(Masch)* mechanisches Getriebe *n* ‖ ~/**мешающая** *(Rf)* Störsendung *f* ‖ ~/**многоканальная** *(Rf)* Mehrkanalübertragung *f*, Mehrkanalsendung *f* ‖ ~/**многократная** *(Rf, Nrt)* Mehrfachübertragung *f* ‖ ~/**многоступенчатая** *(Masch)* Mehrstufengetriebe *n* ‖ ~ **на несущей частоте** *(Nrt)* Trägerfrequenzübertragung *f* ‖ ~ **на четыре колёса** *(Kfz)* Vierradantrieb *m* ‖ ~/**направленная** *(Rf)* Richt[strahl]sendung *f*, gerichtete Sendung *f* ‖ ~/**непосредственная** *(Rf, Nrt)* Direktübertragung *f*, Direktsendung *f*, Live-Sendung *f* ‖ ~/**неравносмещённая [зубчатая]** *(Masch)* V-Getriebe *n* ‖ ~/**низковольтная** *(Nrt)* Niederspannungsübertragung *f* ‖ ~/**нулевая [зубчатая]** *(Masch)* Nullgetriebe *n* ‖ ~/**одиночная** *(Nrt)* Einzelübertragung *f* ‖ ~/**одновременная** *(Nrt)* Simultanübertragung *f* ‖ ~ **одной боковой полосой** *(Rf)* Einseitenbandübertragung *f*, Einseitenbandsendung *f* ‖ ~/**однокадровая** Einzelbildübertragung *f* ‖ ~/**одноступенчатая** *(Nrt)* Einseitenbandübertragung *f*, Einseitenbandsendung *f* ‖ ~/**одноступенчатая** *(Masch)* Einstufengetriebe *n* ‖ ~/**одноцветная** *(TV)* Schwarzweißübertragung *f* ‖ ~/**основная** *(Masch)* Grundgetriebe *n* ‖ ~/**открытая ремённая** *(Masch)* offener Riementrieb *m* ‖ ~/**паллоидная зубчатая** *(Masch)* Palloidspiralkegelradgetriebe *n* ‖ ~/**параллельная** Parallelgetriebe *n* ‖ ~/**параллельная кривошипная** *(Masch)* Parallelkurbelgetriebe *n* ‖ ~ **передвижными [зубчатыми] колёсами** *(Masch)* Schieberädergetriebe *n* ‖ ~/**перекрёстная ремённая** *(Masch)* gekreuzter (geschränkter) Riementrieb *m* ‖ ~/**планетарная [зубчатая]** *(Masch)* Umlaufrädergetriebe *n*, Planeten[räder]getriebe *n* ‖ ~/**плоскоремённая** *(Masch)* Flachriemtrieb *m* ‖ ~/**пневматическая** *(Masch)* Druckluftgetriebe *n* ‖ ~ **по проводам** *(Rf)* leitungsgebundene Übertragung *f*; Draht[rund]funksendung *f* ‖ ~ **по радио** 1. Rundfunkübertragung *f*, Rundfunksendung *f*; 2. Funkübertragung *f* ‖ ~/**поблочная** *(Inf)* Blockübertragung *f* ‖ ~/**повышающая** *(Masch)* ins Schnelle übersetzendes Getriebe *n* ‖ ~/**полуперекрёстная ремённая** halbgeschränkter Riementrieb (Winkeltrieb) *m (bei sich kreuzenden Achsen)* ‖ ~/**понижающая** *(Masch)* Untersetzungsgetriebe *n*; ins Langsame übersetzendes Getriebe *n* ‖ ~/**последовательная** *(TV)* sequentielle Übertragung *f*; *(Inf)* serielle Übertragung *f* ‖ ~/**постоянная** *(Masch)* konstantes (unveränderliches) Getriebe *n*, Trieb *m* mit gleichbleibender Übersetzung ‖ ~/**правильная тональная** *(Photo)* tonwertrichtige Wiedergabe *f* ‖ ~/**пробная** *(TV)* Testsendung *f* ‖ ~/**проволочно-канатная** *(Masch)* Drahtseilgetriebe *n*, Drahtseiltrieb *m* ‖ ~/**прямая** *(Rf, TV)* Direktübertragung *f*, Livesendung *f* ‖ ~/**прямозубая** *(Masch)* geradverzähntes Getriebe *n*, Geradzahngetriebe *n* ‖ ~/**равносмещённая нулевая [зубчатая]** *(Masch)* V-Null-getriebe *n* ‖ ~/**радиовещательная** Rundfunkübertragung *f*, Rundfunksendung *f* ‖ ~/**радиотелефонная** Sprechfunkübertragung *f* ‖ ~ **размера единицы** *(Reg)* Anschluß *m* (Weitergabe *f*, Übertragung *f*) der Einheit ‖ ~ **растрового изображения/градационная** *(Typ)* Rastertonwertübertragung *f* ‖ ~ **растровой точки** *(Typ)* Rasterpunktwiedergabe *f* ‖ **~/реверсивная** *(Masch)* Umsteuergetriebe *n*, Reversiergetriebe *n* ‖ **~/реверсивная гидродинамическая** *(Masch)* Strömungsgetriebe (hydrodynamisches Getriebe) *n* mit umkehrbarer Drehrichtung im Abtrieb *(Turbinenrad)* ‖ **~/регулируемая гидродинамическая** *(Masch)* Strömungsgetriebe *n* mit regelbarer Drehzahl ‖ **~/реечная** *(Masch)* Zahnstangengetriebe *n*, Zahnstangen[an]trieb *m* ‖ **~/реечная рулевая** *(Masch)* Zahnstangengelenkgetriebe *n* ‖ ~ **результатов измерений/дистанционная** Meßwertfernübertragung *f* ‖ **~/ремённая** Riemengetriebe *n*, Riementrieb *m* ‖ **~/рулевая** *(Kfz)* Lenkgetriebe *n* ‖ **~/рычажная** *(Masch)* Hebelgetriebe *n* ‖ ~ **с бесступенчатым регулированием скорости/ремённая** *(Masch)* stufenlos verstellbares Riemengetriebe *n* ‖ ~ **с внешним зацеплением** *s*. ~ внешнего зацепления ‖ ~ **с внутренним зацеплением** *s*. ~ внутреннего зацепления ‖ ~ **с двумя редукторами** *(Masch)* Doppelübersetzung *f* ‖ ~ **с конусными шкивами/ремённая** *(Masch)* Kegelscheiben-Riementrieb *m (stufenlose Regulierung)* ‖ ~ **с косыми зубьями/коническая** *(Masch)* schrägverzahntes Kegelradgetriebe *n* ‖ ~ **с крестовой кулисой/кривошипно-кулисная** *(Masch)* Kreuzschleifengetriebe *n*, Kreuz[schub]kurbelgetriebe *n* ‖ ~ **с частотной модуляцией** frequenzmodulierte Übertragung *f* ‖ **~/силовая** *(Eb)* Leistungsübertragung *f*, Kraftübertragung *f (Lok)* ‖ **~/синхронно-следящая** *(Reg)* Nachlaufübertragung *f* ‖ **~/сменная** *(Masch)* Wechselgetriebe *n* ‖ **~/сменная зубчатая** Zahnradwechselgetriebe *n* ‖ ~ **сменными колёсами** *(Masch)* Wechselrädergetriebe *n* ‖ ~ **сообщений** Nachrichtenübertragung *f* ‖ ~ **сообщений/оптическая** optische Übertragungstechnik *f*, optische Nachrichtenübertragung *f* ‖ **~/студийная** *(Rf)* Studioübertragung *f* ‖ **~/ступенчатая** *(Masch)* Stufengetriebe *n*, gestuftes Getriebe *n* ‖ **~/ступенчатая зубчатая** Stufenrädergetriebe *n* ‖ **~/телевизионная** Fernsehübertragung *f*, Fernsehtechnik *f* ‖ **~/телеграфная** *(Nrt)* Telegraphieübertragung *f* ‖ **~/телемеханическая** *(Reg)* Fernwirkübertragung *f* ‖ **~/телефонная** Fernsprechübertragung *f* ‖ ~ **тепла** Wärmeübertragung *f*, Wärmetransport *m*, Wärmetransfer *m* ‖ **~/тормозная рычажная** Bremsgestänge *n* ‖ **~/тороидная** *(Masch)* Globoidschneckengetriebe *n* ‖ **~/угловая [ремённая]** *(Masch)* Winkelgetriebe *n*, Winkel[an]trieb *m* ‖ **~/узкополосная** *(Rf, Nrt)* Schmalbandübertragung *f* ‖ ~ **усилия** *(Mech)* Kraftübertragung *f* ‖ ~ **ускоряющего хода** *(Masch)* Eilganggetriebe *n*, Schnellganggetriebe *n* ‖ **~/ускорительная** *(Masch)* ins Schnelle übersetzendes Getriebe *n* ‖ **~/ускоряющая** *(Kfz)* Schnellgang *m*, Schongang *m*, Spargang *m* ‖ ~ **утка** *(Text)* Schußübergabe *f* ‖ **~/учебная телевизионная** Unterrichtsfernsehsendung *f* ‖ **~/фау-нулевая** *(Masch)* V-Null-Getriebe *n* ‖ **~/фототелеграфная** *(Nrt)* Bildtelegraphieübertragung *f* ‖ **~/фрикционная** *(Masch)* Reib[rad]getriebe *n* ‖ **~/фрикционная волновая** Reibradwellengetriebe *n* ‖ ~ **фрикционными конусами** *(Masch)* Kegel-

reibradgetriebe *n* ‖ **~/храповая** *(Masch)* Sperrgetriebe *n*, Sperradgetriebe *n*, Klinkengetriebe *n*, Ratschengetriebe *n* ‖ **~/цветная [телевизионная]** Farb[fernseh]übertragung *f* ‖ ~ **передача цепи** *(Gum)* Kettenübertragung *f* ‖ **~/цепная** *(Masch)* Kettengetriebe *n* ‖ ~ **цепью** *(Masch)* Kettenübertragung *f*, Übertragung *f* durch Kette ‖ **~/цилиндрическая [зубчатая]** Stirnradgetriebe *n* ‖ **~/цилиндрическая планетарная зубчатая** Stirnradumlaufgetriebe *n* ‖ **~/цилиндрическая червячная зубчатая** Zylinderschneckengetriebe *n* ‖ **~/цилиндроконическая** *(Masch)* Stirnrad-Kegelrad-Getriebe *n* ‖ **~/цилиндролобовая** *(Masch)* Stirnrad-Planrad-Getriebe *n* ‖ **~/червячная** *(Masch)* Schneckengetriebe *n*, Schneckenantrieb *m* ‖ **~/червячная глобоид[аль]ная** Globoid[schnecken]getriebe *n* ‖ **~/чёрно-белая** *(TV)* Schwarzweißübertragung *f* ‖ **~/шарнирная** *(Masch)* Gelenkgetriebe *n* ‖ **~/шевронная [зубчатая]** *(Masch)* Pfeilradgetriebe *n*, Pfeilrädergetriebe *n* ‖ **~/шестерённая** *(Masch)* Zahnradgetriebe *n*, Zahnradergetriebe *n* ‖ **~/шестерённо-реечная** *(Masch)* Zahnrad-Zahnstangen-Getriebe *n* ‖ **~/широкополосная** *(Rf)* Breitbandübertragung *f* ‖ **~/электрическая** elektrische Übertragung *f*; *(Eb)* elektrische Leistungsübertragung *f* ‖ ~ **электрической энергии** Elektroenergieübertragung *f* ‖ ~ **электрической энергии высокого напряжения** Hochspannungsübertragung *f* ‖ ~ **энергии/линейная** *(Kern)* 1. Energieabgabe *f* je Längeneinheit; 2. *s.* потеря энергии/линейная

передвигаться fortbewegen; *(Masch)* fahren, verfahren

передвижение *n* 1. Fortbewegen *n*, Verschieben *n*, Verschiebung *f*; 2. *(Eb)* Verschieben *n*, Umsetzen *n (Wagen)*; 3. *(Masch)* Fahrbewegung *f*, Verfahrbewegung *f*; 4. *s. unter* перемещение ‖ ~ **ионов** *(Kern)* Ionenwanderung *f* ‖ ~ **людей (рабочих)** *(Bgb)* Fahrung *f*

передвижка *f* Verschiebung *f* ‖ ~ **пути** *(Eb)* Gleisverrückung *f*, Gleisverschiebung *f*, Gleisrücken *n*

передвижной fahrbar, Fahr..., verschiebbar, Schiebe..., beweglich, ortsveränderlich

передел *m* 1. Aufteilung *f*; 2. Umarbeitung *f*, Verarbeitung *f*; 3. *(Met)* Umschmelzen *n*; Frischen *n*; Feinen *n*, Feinarbeit *f*; 4. *(Wlz)* Arbeitsgang *m*, Verarbeitungsgang *m*, Tour *f* ‖ ~ **в кричном горне** *(Met)* Herdfrischen *n (Roheisen)* ‖ **~/второй** *(Met)* zweite Verarbeitungsstufe *f (Stahlerzeugung)* ‖ **~/гидрометаллургический** *(Met)* hydrometallurgische Verarbeitung *f* ‖ **~/кислый** *(Met)* saures Frischverfahren *n* ‖ **~/конвертерный** *(Met)* Windfrischen *n*, Konvertern *n* ‖ **~/кричный** *(Met)* Herdfrischen *n*, Herdfrischverfahren *n*, Siemens-Martin-Verfahren *n*, SM-Verfahren *n*, Siemens-Martin-Prozeß *m*, SM-Prozeß *m* ‖ **~/металлургический** *(Met)* Verhütten *n*, Verhüttung *f* ‖ **~/мокрый** *(Met)* Naßverarbeitung *f* ‖ **~/основный** *(Met)* basisches Frischverfahren *n* ‖ **~/первый** *(Met)* erste Verarbeitungsstufe *f (Hochofenprozeß)* ‖ ~ **руды/мартеновский** *(Met)* Roheisen-Erz-Verfahren *n* ‖ **~/третий** *(Met)* dritte Verarbeitungsstufe *f (Umformen)*

передел

|| ~/**четвёртый** *(Met)* vierte Verarbeitungsstufe *f (Fertigbearbeitung: Kaltwalzen, Ziehen, Oberflächenbeschichten u. a.)* || ~ **чугуна** *(Met)* Roheisen-Umschmelzverfahren *n*, Roheisen[frisch]verfahren *n* || ~ **чугуна продувкой воздухом** *(Met)* Windfrischen *n* || ~ **чугуна/томасовский** *(Met)* Thomasstahlverfahren *n*, basisches Windfrischen (Windfrischverfahren) *n*
переделка *f* Umarbeitung *f*, Umgestaltung *f*
переделывать *(Typ)* umbrechen
передержанный 1. *(Met)* übergar *(Schmelze)*; 2. *(Photo)* überbelichtet
передержка *f (Photo)* Überbelichtung *f*
передняя *f (Bw)* Vorzimmer *n*, Prodomus *m*
передок *m* 1. Vorderteil *n*, Vordergestell *n*; Vorderwand *f*; 2. Vorderwagen *m*, Vorderkarre *f*; 3. *(Typ)* Außensteg *m* || ~/**одноколёсный** *(Lw)* Stelzrad *n*
передувать *(Met)* fertigfrischen, überfrischen, nachblasen, fertigblasen *(Konverter)*
передувка *f (Met)* Fertigfrischen *n*, Überfrischen *n*, Nachblasen *n*, Fertigblasen *n (Konverter)*
переезд *m* 1. Überfahrt *f*; 2. *(Eb)* Wegübergang *m* || ~/**железнодорожный** Bahnübergang *m*, Eisenbahnübergang *m*
пережабина *f (Text)* Kerbe *f*, Einbuchtung *f*, Einschnürung *f (Kops)*
пережигание *n* Ausbrennen *n*
пережим *m* 1. *(Schm)* Ankerben *n*, Kerben *n*, Eikerben *n*, Einziehen *n*; 2. *(Wlz)* Einengen *n*, Einengung *f (Mannesmannwalze)*; 3. *(Wkst)* Eischnürung *f*; 4. *(Met)* Brücke *f*, Wall *m (Ofen)*; 5. *(Bgb)* Verdrückung *f (z. B. des Kohlenflözes)*; Verengung *f (des Bohrlochs)* || ~/**газовый** Feuerbrücke *f (SM-Ofen)* || ~ **пласта** *(Geol)* Verdrükkung *f* der Schicht, Schichtverdrückung *f*
пережимка *f (Schm)* 1. Balleisen *n*; 2. Kerbeisen *n (Herstellung von einseitigen oder beiderseitigen Einkerbungen an Schmiedestücken)*
пережог *m* 1. *(Met)* Verbrennen *n*, Verbrennung *f*; *(Schw auch:)* Vercrackung *f*; 2. *(Ker)* Überbrennen *n*, Überbrand *m*
перезагрузка *f (Inf)* Umladen *n*
перезажимать *(Wkzm)* umspannen
перезаколка *f* **свай** Pfahlvorsetzen *n*, Pfahlvorsatz *m (Schwimmbagger)*
перезакрепить *s.* перезакреплять
перезакреплять *(Wkzm)* umspannen
перезамачивание *n (Brau)* Wiederweiche *f (Mälzerei)*
перезаписать *s.* перезаписывать
перезаписывать 1. überspielen, umspielen, umschneiden; umkopieren; 2. *(Inf)* überschreiben, wiedereinschreiben
перезапись *f* 1. Überspielen *n*, Umspielen *n*, Umschneiden *n*; Umkopieren *n*; 2.*(Inf)* Überschreiben *n*, Überschreibung *f* || ~ **звука** Tonüberspielung *f*
перезаправка *f* **на новую партию** *(Text)* Partiewechsel *m* || ~ **нити** *(Text)* Fadenwechsel *m*, Umstellung *f* des Fadens
перезаряд *m s.* перезарядка
перезарядка *f* 1. Überladung *f*; Umladung *f*; 2. Wiederbeschickung *f*, Neubeschickung *f (einer Form)*; 3. *(El)* Wiederaufladung *f*; Nachladung *f (Sammler)*; 4. *(Eln)* Umladung *f* || ~ **плёнки** *(Photo)* Filmwechsel *m* || ~ **примесных уровней** *(Eln)* Störstellenniveauumladung *f*, Störstelleninversion *f (Halbleiter)* || ~/**резонансная** *(Ph)* Resonanzumladung *f*
перезоление *n (Led)* Überäschern *n*
перезолить *(Led)* überäschern
перезолка *f s.* перезоление
переизвесткование *n (Lw)* Überkalkung *f*
переизлучение *n* Wiederausstrahlung *f*, Sekundärstrahlung *f*; *(Kern)* Reemission *f*
переизмельчение *n* Übermahlen *n*, Übermahlung *f*
перекал *m* Überhitzen *n*, Überheizen *n*
перекалибровка *f (Wlz)* Umkalibrieren *n*, Umkalibrierung *f*
перекаливать 1. überhitzen, totbrennen; 2. überheizen *(Ofen)*; 3. überhärten *(Stahl)*
перекалить *s.* перекаливать
перекантовка *f* Wenden *n (z. B. einer Platte)*
перекат *m* Übergang *m (im Fluß)*, Furt *f*
перекатать *s.* перекатывать
перекатка *f* Überwalzung *f (Walzfehler)*
перекатывание *n* **со скольжением** *(Masch)* Wälzgleiten *n*
перекатывать 1. wegrollen, wegwälzen; 2. *(Wlz)* nachwalzen, umwalzen
перекатываться *(Masch)* abrollen, abwälzen *(z. B. Wälzkörper im Laufring)* || ~ **друг по другу** [aufeinander] abrollen
перекатывающийся Abwälz..., Wälz...
перекачиваемость *f* Pumpfähigkeit *f*
перекачивание *n* 1. Pumpen *n*, Umpumpen *n*, Fortpumpen *n*, Durchpumpen *n*; 2. Umwälzen *n*, Umwälzung *f (Luft)* || ~ **воздуха** Luftzirkulation *f*, Luftumlauf *m*
перекачка *f s.* перекачивание
перекашивание *n* 1. Verkantung *f*, Verwindung *f*; 2. Verzerrung *f*; Verziehen *n*, Werfen *n*
перекашиваться schiefstellen, verkanten
переквалификация *f* Umschulung *f*
перекидной *(Text)* hinterlegt *(Muster)*
перекись *m (Ch)* Peroxid *n* || ~ **водорода** Wasserstoffperoxid *n* || ~/**органическая** organisches Peroxid *n*
переклад *m (Bgb)* Kappe *f (Ausbau)* || ~/**жёсткий** (жёстко соединяемый) шарнирный starrgelenkte Kappe *f*, Kappe *f* mit starrem Gelenk *(Stahlausbau)* || ~/**металлический** Stahlkappe *f*, Schaleisenkappe *f* || ~/**передвижной** (переносный) fliegende Kappe *f* || ~/**разрезной** Gelenkkappe *f (Stahlausbau mit starr oder lose zusammengesetzten Kurzkappen)* || ~ **рамной крепи** Türstockkappe *f*
перекладина *f* 1. Kopfstück *n*, Kopfteil *n*; 2. *(Bw)* Querbalken *m*, Riegel *m*
перекладка *f* 1. Umlegen *n*; 2. *(Bw)* Umsetzen *n (Wände)* || ~ **руля** *(Schiff)* Ruderlegen *n*
перекладывание *n* Umlegen *n (z. B. Treibriemen, Schalter)*
перекладывать umlegen *(z. B. Treibriemen, Schalter)* || ~ **руль** *(Schiff)* legen *(Ruder)*
переключаемый *(El)* umschaltbar
переключатель *m (El)* Umschalter *m*, Schalter *m* || ~/**антенный** 1. Antennen[um]schalter *m*, Antennenwähler *m*; 2. *(Rad)* Sende-Empfangs-Weiche *f*, Duplexer *m* || ~/**барабанный** Trommel[um]schalter *m*; Walzenschalter *m* || ~/**батарейный** Zellenschalter *m (Sammlerbatterie)* ||

~/**бесконтактный** kontaktloser Schalter *m* ‖ ~/**быстродействующий** Schnell[um]schalter *m* ‖ ~/**вилькообразный (вильчатый)** Gabelumschalter *m* ‖ ~ **выбора** Wahlschalter *m*, Fakultativschalter *m* ‖ ~ **выбора адреса** Adressenwahlschalter *m* ‖ ~/**гибридный интегральный электронный** hochintegrierter elektronischer Schalter *m* ‖ ~/**грозовой** Blitzschutzschalter *m* ‖ ~/**групповой** Gruppenschalter *m* ‖ ~/**двунаправленный** bidirektionaler Schalter *m* ‖ ~/**двухпозиционный** *s*. ~ на два положения ‖ ~/**двухполюсный** zweipoliger Umschalter *m* ‖ ~/**декадный** Dekaden[um]schalter *m* ‖ ~ **диапазонов** Bereichsumschalter *m* ‖ ~ **диапазонов волн** Wellenbereichs[um]schalter *m* ‖ ~ **диапазонов измерения** Meßbereichs[um]schalter *m* ‖ ~ **заземления** Erdungsschalter *m* ‖ ~/**избирательный** Wahlschalter *m* ‖ ~ **каналов** Kanal[wahl]schalter *m*, Kanalwähler *m* ‖ ~/**кнопочный** Druck[knopfum]schalter *m*; Drucktastenschalter *m* ‖ ~/**конечный** End[um]schalter *m* ‖ ~/**контактный** Kontaktumschalter *m* ‖ ~/**кулачковый** Nockenschalter *m* ‖ ~/**логический** Bitschalter *m* ‖ ~/**многопозиционный** Mehrstellen[um]schalter *m* ‖ ~/**мощный** Hochleistungsumschalter *m* ‖ ~ **на ближний свет** Abblendschalter *m* ‖ ~ **на два положения** Zweiweg[e]umschalter *m*, Zweistellungsumschalter *m* ‖ ~/**нагрузочный** Last[um]schalter *m* ‖ ~ **направления движения** *(Eb)* Fahrtrichtungsschalter *m (Lok)* ‖ ~ **направления тока** *s*. ~ полюсов ‖ ~ **напряжения** Spannungswahlschalter *m* ‖ ~ **настройки** Abstimmschalter *m* ‖ ~ **ответвлений** Anzapfschalter *m* ‖ ~/**пакетный** Paket[um]schalter *m* ‖ ~/**перекидной** 1. Hebel[um]schalter *m*; 2. Kippschalter *m (Installationsschalter)* ‖ ~/**поворотный** Dreh[um]schalter *m* ‖ ~/**полупроводниковый** Halbleiterschalter *m* ‖ ~ **полюсов** Polwechselschalter *m*, Polumschalter *m*, Stromwender *m* ‖ ~/**пороговый** Schwellwertschalter *m* ‖ ~/**последовательно-параллельный** Hauptschluß-Nebenschluß-Umschalter *m*, Reihen-Parallel-Schalter *m* ‖ ~ **потока** Umschaltklappe *f (einer Durchflußmeßanlage)* ‖ ~ **пределов** Bereichsumschalter *m* ‖ ~/**предохранительный** Schaltschütz *n* ‖ ~ **программ** Programm[wahl]schalter *m* ‖ ~/**пусковой** Anlaßschalter *m* ‖ ~/**путевой** Wegumschalter *m* ‖ ~/**реверсирующий** Reversierschalter *m*, Umsteuerschalter *m* ‖ ~/**ручной** Hand[um]schalter *m*, handbetätigter Schalter *m* ‖ ~ **с предварительной установкой** Vorwahlschalter *m* ‖ ~/**селекторный** Wahlschalter *m* ‖ ~ **со звезды на треугольник** Stern-Dreieck-Schalter *m* ‖ ~ **ступеней** Stufenschalter *m* ‖ ~ **телевизионных каналов** Fernsehkanalschalter *m*, Fernsehkanalwähler *m* ‖ ~/**трёхпозиционный** Dreistellungsschalter *m* ‖ ~/**управляющий** Steuerschalter *m* ‖ ~/**установочный** Vorwahlschalter *m* ‖ ~/**фазовый** Phasenumschalter *m* ‖ ~/**штепсельный** Stöpsel[um]schalter *m* ‖ ~/**электрический** elektrischer Umschalter (Schalter) *m*, Elektroschalter *m* ‖ ~/**электронный** elektronischer Umschalter *m* ‖ ~/**электроустановочный** Installationsschalter *m*

переключательный *(El)* Umschalt..., Schalt...

переключать 1. *(El)* [um]schalten; 2. *(Nrt)* umlegen; 3. umstellen *(z. B. die Fertigung eines Werks)* ‖ ~ **на звезду** *(El)* in Stern [um]schalten ‖ ~ **с треугольника на звезду** *(El)* von Dreieck in Stern [um]schalten

переключение 1. *(El)* Umschalten *n*, Umschaltung *f*, Schalten *n*, Schaltung *f*; 2. *(Nrt)* Umlegung *f*, Umlegen *n*; 3. *(Reg)* Umsteuern *f* ‖ ~ **с переключением по фронту** flankengetriggert *(z. B. Impuls)* ‖ ~ **с переключением полюсов** polumschaltend ‖ ~/**автоматическое** automatische Umschaltung *f* ‖ ~/**быстрое** Schnell[um]schaltung *f* ‖ ~ **головок** Magnetkopfumschaltung *f* ‖ ~ **диапазонов** Bereich[s]umschaltung *f* ‖ ~ **диапазонов волн** Wellenbereich[s]umschaltung *f* ‖ ~ **диапазонов измерения** Meßbereich[s]umschaltung *f* ‖ ~ **задач** Aufgabenwechsel *m* ‖ ~ **каналов** Kanalumschaltung *f*, Kanalwechsel *m* ‖ ~ **консоли** Bedieneinheitenumschaltung *f* ‖ ~/**лавинно-индуцированное** lawineninduziertes (avalanche-induziertes) Schalten *n* ‖ ~/**плавное** sanfte (weiche) Umschaltung *f* ‖ ~ **подач** Vorschub[um]schaltung *f* ‖ ~/**поисковое** Suchumschaltung *f* ‖ ~ **полюсов** Umpolen *n*, Polumschaltung *f* ‖ ~ **пределов** Meßbereichsumschaltung *f* ‖ ~ **программ** Programmwechsel *m* ‖ ~ **с треугольника на звезду** Dreieck-Stern-Umschaltung *f* ‖ ~ **цилиндров** Zylinderumschaltung *f* ‖ ~ **частоты** Frequenzumschaltung *f*

перекликать *s*. переключать

перековать *s*. перековывать

перековка *f* Nachschmieden *n*, Umschmieden *n*

перековывать nachschmieden, umschmieden

перекодирование *n (Inf)* Umkodieren *n*, Umkodierung *f* ‖ ~ **данных** Datenumwandlung *f*, Datenkonvertierung *f*

перекодировать *(Inf)* umkodieren

перекоммутация *f (El, Masch)* Überkommutierung *f*

перекоммутировать *(El, Masch)* überkommutieren

перекомпаундирование *n (El)* Überkompoundierung *f*

перекомпенсация *f* Überkompensierung *f*

перекомпенсировать überkompensieren

перекомплектовка *f (Fert)* Umstellung *f (z. B. von Arbeitsverrichtungen eines Arbeitsganges)*

перекомпоновка *f* Umbauen *n*, Neuzusammenstellen *n*

перекомпоновывать umbauen, neu zusammenstellen

перекопирование *n (Photo)* Umkopieren *n*

перекоррекция *f (El)* Überkorrektur *f*, Überkorrektion *f*

перекос *m* 1. Schiefstellung *f*, Schrägstellung *f*; Verkantung *f*; 2. Verwerfung *f*; 3. *(Eln)* Schräglauf *m*, Schieflauf *m*, Skew *m* ‖ ~ **вала** *(Masch)* Wellenschiefstellung *f* ‖ ~ **вершины** *(El)* Dachschräge *f (eines Impulses)* ‖ ~/**динамический** dynamischer Schräglauf *m* ‖ ~ **поверхностей** Flächenverzug *m (z. B. bei Dichtungen)* ‖ ~ **подшипника** *(Masch)* Lagerschiefstellung *f* ‖ ~ **пути** *(Eb)* Gleiswindung *f* ‖ ~/**статический** statischer Schräglauf *m*

перекосить *s*. перекашивать

перекрепление *n (Bgb)* Umbau *m (Ausbau)* ‖ ~ **шпинделя** Umsetzen *n* der Spindel *(Bohrung)*

перекреплять

перекреплять *(Bgb)* umbauen *(Ausbau)*
перекрестие *n (Opt)* Fadenkreuz *n*, Haarkreuz *n*, Strichkreuz *n*
перекрестить *s.* перекрещивать
перекрёстный Überkreuz..., gekreuzt, Kreuz...
перекрёсток *m* Kreuzung *f (Verkehr)*
перекрещивание *n* 1. Kreuzung *f*, Verkreuzung *f*; 2. Vernetzung *f*; 3. Schräg[ver]stellung *f (der Walzen)*
перекрещивать kreuzen
перекрещиваться *(Masch)* [einander] kreuzen *(Lage von Achsen)*
перекристаллизация *f* Umkristallisation *f*, Umkristallisieren *n (Reinigungsverfahren)*; Rekristallisation *f* ǁ **~/зонная** Zonenkristallisation *f*, Zonenschmelzen *n* ǁ **~/собирательная** Sammelkristallisation *f*
перекрой *m* Überlappung *f*
перекручивание *n* 1. Überdrehen *n (z. B. eines Gewindes)*; 2. Verdrehen *n*, Verwindung *f*
перекрывать 1. bedecken, abdecken; überblatten; 2. überdecken, überlappen; 3. *(El)* überbrücken; 4. *(Text)* flottieren *(Bindungen)* ǁ **~ внахлёстку** überlappen ǁ **~ диапазон** *(Rf)* einen Bereich überdecken (überstreichen)
перекрытие *n* 1. Überdeckung *f*; Überblattung *f*, Überlappung *f*; 2. Abdeckung *f*; Eindeckung *f*; 3. Überschneidung *f*; 4. *(Bw)* Decke *f*, Deckenkonstruktion *f*; 5. *(Text)* Bindepunkt *m (Verkreuzungsstelle von Kett- und Schußfäden; Weberei)*; 6. *(Inf)* Überlappung *f*, Überlagerung *f*; 7. *(Schiff)* Schiffskörperkonstruktion *f (bestehend aus Beplattung und Verbänden)*; 8. *(Rf)* Überdecken *n*, Überstreichen *n (eines Bereichs)*; 9. *(El)* Überschlag *m (eines Funkens)*; 10. *(Gieß)* Zulegen *n*, Abdecken *n (Form)*; 11. Decke *f*, Haube *f (eines Ofens)*; 12. *(Geol) s.* покров/тектонический ǁ **~/армокерамическое** *(Bw)* Stahlsteindecke *f* ǁ **~/аэрофотоснимков** Überdeckung *f* der Luftbilder, Luftbildüberdeckung *f* ǁ **~/балочное** *(Bw)* Trägerdecke *f* ǁ **~/безбалочное** *(Bw)* trägerlose Deckenkonstruktion *f*, freitragende Decke *f* ǁ **~/боковое** Seitenüberdeckung *f (von Luftbildern)* ǁ **~/бортовое** *(Schiff)* Seitenhautkonstruktion *f*, Außenhautkonstruktion *f* ǁ **~/висячее** *(Bw)* Hängedecke *f* ǁ **~/вторичное** *(El)* rückwärtiger Überschlag *m* ǁ **~/гибкое** *(Bgb)* biegsames Dach *n (Ausbau)* ǁ **~/грозовое** *(El)* Blitzüberschlag *m* ǁ **~/декоративное** *(Bw)* Zierdecke *f* ǁ **~/днищевое** *(Schiff)* Bodenkonstruktion *f* ǁ **~ дугой** *(El)* Bogenüberschlag *m* ǁ **~/железобетонное монолитное** *(Bw)* gegossene Stahlbetondecke *f* ǁ **~/железобетонное сборное** *(Bw)* Stahlbetonfertigteildecke *f* ǁ **~ зон** *(Eln)* Bänderüberlappung *f* ǁ **~ изоляции** *(El)* Isolationsüberschlag *m* ǁ **~/импульсное** *(El)* Stoßüberschlag *m* ǁ **~/искровое** *(El)* Funkenüberschlag *m* ǁ **~/кессонное** *(Bw)* Kassettendecke *f* ǁ **~/междуэтажное** *(Bw)* Geschoßdecke *f* ǁ **~/монолитное** *(Bw)* Massivdecke *f*, Volldecke *f* ǁ **~/надподвальное** *(Bw)* Kellerdecke *f* ǁ **~/обратное** *(El)* rückwärtiger Überschlag *m* ǁ **~/основное** *(Text)* Kettbindungspunkt *m*, Kettflottierung *f*, Kettheburg *f*, Ketthochgang *m*, gehobener Kettfaden *m (Bindung; Weberei)* ǁ **~/палубное** *(Schiff)* Deckskonstruktion *f* ǁ **~/плоское** *(Bw)* Flachdecke *f* ǁ **~/поверхностное** *(El)* Überschlag *m* ǁ **~/поперечное** *(Bw)* Querüberdeckung *f* ǁ **~/построчное** Zeilenüberdeckung *f (Scanner)* ǁ **~/продольное** Längsüberdeckung *f* ǁ **~/пустотелое** *(Bw)* Hohldecke *f* ǁ **~/раздельное** *(Bw)* Mehrschalendecke *f* ǁ **~/ребристое** *(Bw)* Rippen[balken]decke *f* ǁ **~/сборно-монолитное** *(Bw)* Fertigteilverbunddecke *f* ǁ **~/сводчатое** *(Bw)* gewölbte Decke *f* ǁ **~ секции крепи** *(Bgb)* Ausbauschild *m* ǁ **~ скважины** *(Bgb)* Verschließen *n* des Bohrloches ǁ **~/смешанное** *(Bw)* komplette Decke *f* mit Fußboden ǁ **~ топочной камеры** Feuerraumdecke *f*, Brennkammerdecke *f* ǁ **~/уточное** *(Text)* Schußbindungspunkt *m*, Schußflottierung *f*, Schußhebung *f*, gehobener Schußfaden *m*, gesenkter Kettfaden *m (Bindung; Weberei)* ǁ **~/частопребристое** *(Bw)* Rippen[platten]decke *f* ǁ **~/чердачное** *(Bw)* Dachbodendecke *f*, Bodendecke *f* ǁ **~/щёточное** *(El)* Bürstenbedeckung *f*
перекрыть *s.* перекрывать
перекрыша *f* Überdeckung *f (Schiebersteuerung bei Dampfmaschinen)* ǁ **~ впуска** Einlaßdeckung *f (Dampfmaschine)* ǁ **~ выпуска** Auslaßdeckung *f (Dampfmaschine)* ǁ **~ золотника** Schieber[über]deckung *f (Dampfmaschine)* ǁ **~ золотника/внешняя** äußere Schieberüberdeckung *f* ǁ **~ золотника/внутренняя** innere Schieberüberdeckung *f* ǁ **~ лопаток** Schaufelüberdeckung *f (Dampfturbine)*
перелёт *m* Überflug *m*; Transferflug *m*; Weitflug *m* ǁ **~/беспосадочный** Nonstopflug *m* ǁ **~/трансатлантический** Transatlantikflug *m* ǁ **~/трансокеанский** Überseeflug *m*
перелетать überfliegen
перелив *m* Überlauf *m*
переливание *n* 1. Überfließen *n*, Überströmen *n*; 2. Umgießen, Umfüllen *n*; 3. Abkühlen *n*
перелог *m* Brachfeld *n*, Brache *f*, Brachland *n*
переложение *n* Überlagerung *f*
перелом *m* Bruch *m* ǁ **~ профиля** *(Eb)* Neigungswechsel *m*, Gefällebrechpunkt *m*; *(Bw)* Gefällebruch *m (Straße)*
перелопачивание *n (Masch)* Umschaufeln *n*, Durchschaufeln *n*, Schaufeln *n* ǁ **~ турбины** Schaufelwechsel *m*, Auswechseln *n* der Schaufeln *(Dampfturbine)*
перелопачиватель *m* Wendevorrichtung *f*
перелопачивать umschaufeln, wenden
перемагничивание *n* Ummagnetisierung *f*, Ummagnetisieren *n*
перемагничивать ummagnetisieren
перемалывание *n* Vermahlen *n*
перемасштабирование *n* Maßstabsänderung *f*
перематывание *n s.* перемотка
перематыватель *m* Umroller *m*, Umspuler *m*, Rückspulvorrichtung *f (für Filme, Magnettonbänder)*
перематывать 1. umspulen, umhaspeln, umwickeln *(neu wickeln)*; 2. *(mit etwas)* umwickeln, umspinnen; 3. umspulen, rückspulen *(Filme, Magnettonbänder)*
перемачивание *n (Brau)* Überweiche *f*, Totweiche *f (Mälzerei)*
перемежаемость *f* zeitweilige Unterbrechung *f*, Aussetzen *n*

перемежать (El) verschachteln (Impulse, Frequenzen)
перемежающий intermittierend, aussetzend
перемежение n (El) Verschachtelung f (von Impulsen, Frequenzen)
перемена f 1. Änderung f, Veränderung f; 2. Vertauschung f; 3. Umschlag m, Wechsel m; Umkehr f; Alternanz f; Alternation f ‖ ~ **знака** (Inf) Vorzeichenwechsel m, Vorzeichenumkehr f ‖ ~ [**знака**] **нагрузки** (Wkst) Lastwechsel m (Dauerschwingversuch) ‖ ~ **направления тока** (El) Strom[richtungs]umkehr f ‖ ~ **полярности** (El) Polaritätswechsel m, Polaritätsänderung f ‖ ~ **потока** Flußwechsel m (Magnettonband) ‖ ~ **частоты** (El) Frequenzwechsel m
переменная f 1. (Math, Inf) Variable f, Veränderliche f; 2. (Astr) veränderlicher Stern m, Veränderlicher m ‖ s. a. **unter звезда**) ‖ ~/**базированная (базируемая)** (Inf) basisbezogene Variable f ‖ ~/**базисная** (Math) Basisvariable f ‖ ~/**булева** (Inf) Boolesche Variable f ‖ ~/**быстрая неправильная** (Astr) rascher (schneller) unregelmäßiger Veränderlicher m ‖ ~/**вещественная** (Math) reelle Variable f ‖ ~/**взрывная** (Astr) Eruptionsveränderlicher m ‖ ~/**временная** (Math) Zeitvariable f ‖ ~/**вспомогательная** (Math) Hilfsvariable f ‖ ~/**двоичная** (Inf) duale Variable f ‖ ~/**зависимая** (Math) abhängige Variable f ‖ ~/**затменная** (Astr) Bedeckungsveränderlicher m ‖ ~/**информационная** (Reg) Meldegröße f ‖ ~/**каноническая** (Math) kanonische Variable (Veränderliche) f ‖ ~/**логическая** (Inf) logische Variable f ‖ ~/**независимая** (Inf) unabhängige Variable f ‖ ~/**неправильная** (Astr) unregelmäßiger (irregulärer) Veränderlicher m ‖ ~ **обратной связи** (Reg) Rückführgröße f ‖ ~/**основная** (Math) Grundvariable f ‖ ~/**полуправильная** (Astr) halbregelmäßiger Veränderlicher m, SR-Stern m ‖ ~/**пульсирующая** (Astr) Pulsationsveränderlicher m ‖ ~/**регулируемая** Regelgröße f ‖ ~ **с индексами** (Inf) indizierte Variable f ‖ ~/**символьная** (Inf) Zeichenvariable f ‖ ~/**случайная** (Math) Zufallsvariable f ‖ ~ **состояния** (Inf) Zustandsvariable f ‖ ~/**управляющая** (Reg) Stellgröße f; gesteuerte Größe f ‖ ~/**фиктивная** (Math) fiktive Variable f, Scheinvariable f ‖ ~/**формальная** (Inf) formale Variable f ‖ ~/**числовая** (Inf) numerische Variable f
переменность f Variabilität f, Veränderlichkeit f
переменный variabel, veränderlich, veränderbar; Wechsel...
переменчивый veränderlich, unbeständig
перемеривать nachmessen
перемерить s. перемеривать
перемерять s. перемеривать
переместительность f s. коммутативность
переместить s. перемещать
переместиться s. перемещаться
перемешивание n 1. Vermischen n, Vermengen n; 2. Durch[einander]mischen n, Durcheinanderrühren n; 3. Durcharbeiten n, Kneten n (Teig); 4. (Inf) Hash-Verfahren n, Hashing n; 5. (Met) Durchmischen n, Krählen n, Durchkrählen n, Krählung f (Erzrösten); 6. Agitation f, Mischen n, Rühren n; 7. Durchwirbelung f (von heißen Gasen); 8. Anrühren n (Farbe) ‖ ~ **ванны** (Met,

Gieß) Schmelzbadbewegung f, Badbewegung f, Baddurchwirbelung f, Badumwirbelung f
перемещаемость f (Inf) Verschiebbarkeit f (Programm)
перемещать 1. umstellen, umlagern; versetzen; 2. bewegen, verschieben, fortbewegen ‖ ~ **вверх** aufwärts bewegen, hochfahren ‖ ~ **вниз** abwärts bewegen, niederfahren ‖ ~ **вперёд** vorwärts bewegen ‖ ~ **назад** zurückbewegen, zurückfahren
перемещаться 1. sich fortbewegen, fahren; 2. (Schiff) übergehen (Ladung)
перемещение n 1. Umstellung f, Verstellung f, Verschiebung f, Verrückung f; 2. Versetzung f, Verlegung f; 3. Dislokation f, Lageveränderung f; 4. Bewegung f; Beförderung f; 5. (Wlz) Schleppen n; 6. (Inf) Umspeicherung f, Transfer m, Umsetzung f; 7. (Masch) Fahrweg m, Verstellweg f ‖ ~ **береговой линии** (Geol) Strandverschiebung f ‖ ~/**быстрое** (Wkzm) Eilgang m ‖ ~ **вверх** Aufwärtsbewegung f, Hochfahren n ‖ ~ **вверх-вниз** Auf- und Abwärtsbewegung f, Hoch- und Niederfahren n ‖ ~/**вертикальное** 1. Senkrechtbewegung f; 2. Höhenverstellung f ‖ ~/**виртуальное** (Mech) virtuelle Verschiebung f ‖ ~ **вниз** Abwärtsbewegung f, Niederfahren n ‖ ~/**внутризаводское** innerbetrieblicher Transport m ‖ ~/**внутрицеховое** Werkhallentransport m ‖ ~/**возможное** s. ~/виртуальное ‖ ~/**встречное** gegenläufige Bewegung f, Gegenbewegung f ‖ ~/**горизонтальное** 1. Waagerechtbewegung f, Seitenverstellung f ‖ ~/**грубое** Grobbewegung f ‖ ~ **грузов** 1. Gütertransport m; 2. (Schiff) Übergehen n der Ladung ‖ ~/**доводочное** Einstellbewegung f, Feinzustellung f ‖ ~ **зарядов** (Eln) Ladungswanderung f ‖ ~ **ионов** (Ph) Ionenwanderung f, Ionendrift f ‖ ~ **континентов** (Geol) Kontinentalverschiebung f, Kontinentaldrift f ‖ ~/**линейное** lineare Verschiebung f, Längsverschiebung f ‖ ~ **людей** (Bgb) Fahrung f ‖ ~ **материков** s. ~ континентов ‖ ~/**медленное** (Wkzm) Langsamgang m ‖ ~/**мелкое** Feinbewegung f ‖ ~/**микрометрическое** Feinbewegung f ‖ ~ **на стройплощадке** Baustellentransport m ‖ ~/**наладочное** (Wkzm) 1. Schleichgang m; 2. Einrichtbewegung f ‖ ~ **носителей заряда** (Eln) Ladungsträgertransport m ‖ ~/**обратное** Rück[wärts]bewegung f ‖ ~/**осевое** Längsverschiebung f, Längsbewegung f ‖ ~/**относительное** Relativbewegung f, relative (bezogene) Verschiebung f ‖ ~/**параллельное** (Mech) Parallelverschiebung f, Translationsbewegung f, Parallelversetzung f ‖ ~/**плавное** (Masch) stick-slip-freie Bewegung f ‖ ~ **полей** (Inf) Übertragung f von Feldern f ‖ ~ **полюсов Земли** (Geol) Polwanderung f ‖ ~/**поперечное** Querbewegung f, Querfahren n ‖ ~/**поступательное** Translationsbewegung f, translatorische (fortschreitende) Bewegung f ‖ ~ **предметов производства** (Fert) Werkstückfluß m ‖ ~/**продольное** Längsbewegung f, Längsfahren n ‖ ~ **рабочих** (Bgb) Fahrung f ‖ ~/**следящее** Nachfahren n, Folgebewegung f ‖ ~ **технологической оснастки** (Fert) Werkzeugfluß m ‖ ~/**тонкое** Feinbewegung f ‖ ~/**угловое** 1. Winkelbewegung f, Winkelverschiebung f; Winkeldrehung f; 2. (Masch) C-Bewe-

перемещение

gung f *(eines Industrieroboters)*; Drehen n *(des Ständers gegenüber der Grundgruppe)* || **~/ускоренное** Schnellverstellung f || **~/частотное** Frequenzumsetzung f, Frequenzkonversion f, Frequenzdrift f || **~/шаговое** schrittweise Bewegung f || **~ щёток** *(El)* Bürstenverstellung f

перемножатель m s. **перемножитель**

перемножение n Multiplikation f || **~ комплексных чисел** komplexe Multiplikation f

перемножитель m Multiplizierer m, Multipliziergerät n

перемодулировать *(Rf)* übermodulieren; *(Eln, Reg)* übersteuern

перемодуляция f *(Rf)* Übermodulation f; *(Eln, Reg)* Übersteuerung f

перемонтаж m *(Bgb)* Umbau m

перемотать s. **перематывать**

перемотка f 1. Umspulen n, Umspulung f; Rückspulen n; 2. Umwickeln n, Umwicklung f; 3. *(Photo)* Transport m, Umspulen n *(Filme)* || **~/быстрая обратная** schneller Rücklauf m *(Magnetband)* || **~ вперёд/быстрая (ускоренная)** schneller Vorlauf m *(Magnetband)* || **~ ленты/ускоренная** Bandrücklauf m || **~ назад/быстрая (ускоренная)** s. **~/быстрая обратная** || **~/обратная** 1. Rückspulen n; 2. Rücklauf m || **~ плёнки** Filmtransport m || **~ пряжи** *(Text)* Umspulen n, Spulen (Treiben) n der Garne *(Weberei)* || **~/прямая** 1. Vorspulen n; 2. Vorlauf m *(Magnetband)*

перемочка f **[льна]** *(Text)* Überröste f *(Flachs)*

перемыкание n *(El)* Überbrückung f, Überbrücken n

перемыкать *(El)* überbrücken

перемычка f 1. Überbrückung f, Steg m; 2. Damm m, Abdämmung f, Verdämmung f, Sperre f; 3. *(Wkz)* Querschneide f *(Spiralbohrer)*; 4. *(Hydt, Bw)* Fangdamm m, Absperrdamm m, Sperrdamm m, Hilfsdamm m; 5. *(Bw)* Sturz m *(Fenster, Tür)*; gerader Bogen m; Oberschwelle f; 6. *(Bgb)* Damm m, Abdämmung m; 7. *(Masch)* Butzen m *(Preßteile)*; 8. *(Astr)* Balken m *(Balkenspirale)*; 9. Steg m, Verbindungssteg m *(eines Kabels)*; 10. *(El)* Überbrückung f, Überbrückungskabel n *(einer Stromschiene)* || **без перемычки** *(Masch)* butzenlos *(Preßteile)* || **~/арочная** *(Bw)* Bogensturz m || **~/балочная** *(Bw)* Überlagsträger m, Sturzträger m *(Tür, Fenster)* || **~/вентиляционная** *(Bgb)* Wetterdamm m *(quer zur Grubenbauachse)* || **~/верховая** *(Hydt)* oberer Fangdamm m || **~/взрывоустойчивая** *(Bgb)* Schießdamm m || **~/водоудерживающая** *(Bgb)* Wasserdamm m || **~/грунтовая** s. **~/земляная** || **~/дверная** *(Bw)* Türsturz m || **~/девая** *(Bgb)* Bretterverschlag m *(Wetterführung)* || **~/закладочная** *(Bgb)* Versatzdamm m || **~/земляная** *(Hydt)* Erdfangdamm m || **~/козловая** *(Hydt)* Bockfangdamm m || **~/короткозамыкающая** *(El)* Kurzschlußbügel m, Kurzschlußbrücke f || **~/настроечная** *(El)* Abstimmschieber m || **~/низовая** *(Hydt)* unterer Fangdamm m || **~/оконная** *(Bw)* Fenstersturz m || **~/перфорационная** *(Photo)* Perforationssteg m, Filmsteg m || **~/песчаная** *(Hydt)* Sanddamm m || **~/проволочная** *(Eln)* Drahtbrücke f || **~/продольная вентиляционная** *(Bgb)* Wetterscheider m || **~/противопожарная** *(Bgb)*

Branddamm m, Brandmauer f || **~/рядовая** *(Hydt)* einseitiger Fangdamm m || **~/ряжевая** *(Hydt)* Kasten[fang]damm m, Steinkasten[fang]damm m || **~/свайная** *(Bw)* Pfahlwand f || **~/шпунтовая** *(Hydt)* Spundbohlenfangdamm m || **~/ячеистая** *(Hydt)* Zellenfangdamm m

перемягчать *(Led)* überbeizen, verbeizen

перемягчённость f *(Led)* Überbeizung f

перемягчить s. **перемягчать**

переналадить s. **переналаживать**

переналадка f 1. Umstellung f; 2. Umrichten n, erneutes Einrichten n; 3. Überregelung f, Nachregulierung f

переналаживание n s. **переналадка**

переналаживать 1. umstellen; 2. umrichten, erneut einrichten; 3. nachregeln

перенапряжение n 1. Überbeanspruchung f, Überlastung f; 2. *(El, Mech)* Überspannung f || **~/атмосферное (внешнее)** *(El)* atmosphärische (äußere, luftelektrische) Überspannung f || **~/водородное** *(Eln)* Wasserstoffüberspannung f || **~/грозовое** *(El)* Blitzüberspannung f || **~/импульсное** *(El)* Stoßüberspannung f || **~/кислородное** *(Eln)* Sauerstoffüberspannung f || **~/коммутационное** *(El)* Schaltüberspannung f || **~/междуфазное** *(El)* Überspannung f zwischen zwei Leitern || **~/резонансное** *(El)* Resonanzüberspannung f

перенапряжённость f *(El)* Überspannung f

перенаселённость f Übervölkerung f

перенастройка f Umstellung f; erneute Einstellung f, Neueinstellen n, Neueinstellung f

перенасыщение n Übersättigung f

перенесение n s. **перенос**

перенормировка f Renormierung f *(Quantenmechanik)*

перенос m 1. Transport m; Übertragung f; 2. Verlagerung f *(von Belastungen)*; 3. *(Inf)* Übertrag m; 4. *(Typ)* Silbentrennung f || **~/автоматический** *(Inf)* automatischer Übertrag m || **~/быстрый** *(Inf)* Schnellübertrag m || **~ вещества** Stofftransport m; Stoffübertragung f || **~ диффузией** *(Photo)* Diffusionsübertragung f || **~/диффузионный** *(Eln)* Diffusionstransport m || **~ загрязняющих веществ** *(Ökol)* Schmutzstofftransport m || **~ загрязняющих веществ/трансграничный** grenzüberschreitender Schmutzstofftransport m || **~ заряда** *(Ph)* Ladungstransfer m, Ladungsübertragung f, Ladungstransport m || **~/избирательный** selektiver Übertrag m *(bei der Reibung)* || **~ излучения** Strahlungstransport m || **~/каскадный** *(Inf)* Kaskadenübertrag m, Rückübertrag m || **~/круговой** *(Inf)* Endübertrag m, Rückübertrag m || **~/массы/диффузионный** *(Eln)* Massendiffusionstransport m || **~ материала** Werkstoffübertrag m *(bei der Reibung)* || **~ металла** *(Schw)* Werkstoffübergang m || **~ носителей [заряда]** *(Eln)* Trägertransport m, Ladungsträgertransport m || **~/параллельный** *(Math)* Parallelverschiebung f || **~ петель** *(Text)* Maschenumhängung f *(Flachstrickmaschine)* || **~/полный** *(Inf)* vollständiger (kompletter) Übertrag m || **~/сквозной** *(Inf)* durchgehender Übertrag m || **~ скрытого электрофотографического изображения** *(Photo)* elektrophotographische

Latentbildübertragung f, Umdruck m des latenten elektrophotographischen Bildes ‖ ~ **тепла** Wärmeübertragung f, Wärmetransport m ‖ ~ **тепла/конвективный** Wärmeübertragung f durch Konvektion f ‖ ~ **тепла/лучистый** Wärmeübertragung f durch Strahlung ‖ ~ **ударов** (Ph) Stoßübertragung f ‖ ~/**ускоренный** (Inf) beschleunigter (vorausermittelter) Übertrag m ‖ ~/**циклический** (Inf) zyklischer Übertrag m, Umlaufübertrag m ‖ ~ **частиц** (Ph) Teilchenübertragung f, Teilchentransport m; Teilchenfluenz f ‖ ~/**частичный** (Inf) Teilübertrag m ‖ ~ **электронного изображения** (TV) Vorabbildung f, elektronische Zwischenbildübertragung f ‖ ~ **электронов** (Ph) Elektronentransport m ‖ ~ **энергии** Energietransport m
переносить 1. übertragen, übergeben; 2. weitergeben; 3. befördern, fördern
переносный tragbar, transportabel, ortsbeweglich
переносчик m Wärmeträger m ‖ ~ **цепи** s. передатчик цепи
переоблучение n (Kern) Überbestrahlung f, Überexponierung f
переобогащение n 1. Überfettung f (Kraftstoffgemisch); 2. Nachaufbereitung f
переоборудование n Umrüsten n, Umrüstung f, Umbau m
переоборудовать umrüsten
переобращение n (Photo) Wiederumkehrung f
переокисление n (Met) Überoxydation f, Überoxidierung f, Überfrischen n, Überfrischung f
переопределённость f Überbestimmung f
переориентация Neuordnen n; Lageänderung f (z. B. eines Werkstücks)
переосаждение n (Ch) Umfällung f
переоснастка f (Schiff) Umtakelung f, Umtakeln n
переотложение n (Geol) Umlagerung f, Wiederablagerung f (angeschwemmter Ton, Verwitterungsprodukte)
переохладитель m Nachkühler m
переохладить s. переохлаждать
переохлаждать 1. nachkühlen; 2. unterkühlen
переохлаждение n 1. Unterkühlung f, Übersättigung f; 2. Nachkühlung f
переоценка f 1. Überschätzung f; 2. Umbewertung f
перепад m 1. Gefälle n; Abfall m; 2. (Hydt) Staustufe f; Gefällestömung f ‖ ~ **давления** Druckgefälle n, Druckabfall m; Wirkdruck m (Durchflußmessung) ‖ ~/**закрытый** (Hydt) geschlossener Absturz m, geschlossene Gefällestufe f ‖ ~/**каскадный** (Hydt) Stufenabsturz m, Gefälleabsturz f, Gefällestufe f, Kaskade f ‖ ~/**конвективный** (Wmt) Temperaturgefälle n durch Konvektion ‖ ~/**многоступенчатый** (Hydt) Absturztreppe f, Kaskadenüberfall m, Kaskade f ‖ ~/**напорный** (Hydt) Staustufe f ‖ ~ **напряжений** 1. (Wkst) Spannungsabfall m, Spannungsgefälle n; 2. (El) Spannungssprung m ‖ ~/**общий** Gesamtgefälle n, Gesamtabfall m ‖ ~/**открытый** (Hydt) offener Absturz m ‖ ~ **парциального давления** (Ph) Partialdruckgefälle n ‖ ~ **потенциала** (El) Potentialgefälle n ‖ ~/**температурный** s. ~ температуры ‖ ~ **температуры** 1. Temperaturabfall m; 2. Temperaturgefälle n, Temperaturdifferenz f, Temperaturgradient m ‖ ~ **тока** (El) Stromgefälle n; Stromsprung m ‖ ~ **шлюза** (Hydt) Schleusengefälle n, Schleusenfall m
перепасовка f (Schiff) Umtakelung f, Umtakeln n
перепахать s. перепахивать
перепахивать (Lw) umpflügen, umackern, umbrechen
перепашка f (Lw) Umpflügen n, Umbruch m, Umbrechen n
переписать s. переписывать
переписывать 1. umschreiben; 2. (Ak) überspielen, umspielen
перепись f 1. Umschreiben n; 2. (Ak) Überspielen n, Umspielen n ‖ ~ **данных** (Inf) Datenumsetzung f ‖ ~ **звука** (Ak) Tonüberspielung f
переплав m (Met) 1. Umschmelzgut n, Zweitschmelze f; 2. Umschmelzen n (s. a. unter переплавка)
переплавка f (Met) Umschmelzen n ‖ ~/**вакуумная** Vakuum[um]schmelzen n ‖ ~ **дроссов (оборотных шлаков)** Krätzfrischen n (NE-Metallurgie) ‖ ~ **отходов** (Met) Schrottumschmelzen n ‖ ~ **съёмов** s. ~ дроссов ‖ ~/**электрошлаковая** (Met) Elektroschlackeumschmelzverfahren n, ESU-Verfahren n
переплавление n s. переплавка
переплёт m 1. Verflechtung f, Geflecht n; Gitterwerk n; 2. (Typ) Einband m; 3. (Bw) Fensterrahmen m ‖ ~/**картонный** (Typ) Pappeinband m ‖ ~/**книжный** (Typ) Bucheinband m ‖ ~/**кожаный** (Typ) Ganzledereinband m, Ledereinband m ‖ ~/**мягкий** flexibler Einband m ‖ ~/**оконный** Fensterflügel m ‖ ~/**составной** Halbband m ‖ ~/**холщовый** Ganzleineneinband m, Leineneinband m ‖ ~/**цельнобумажный** Pappband m
переплетать нити (Text) verflechten, verbinden (Weberei)
переплетение n 1. Flechten n, Verflechten n; 2. (Text) Bindung f, Legung f ‖ ~/**ажурное** Dreherbindung f ‖ ~/**атласное** Atlasbindung f, Kettatlasbindung f ‖ ~/**базовое** Grundbindung f ‖ ~ **в ёлочку** Fischgratbindung f ‖ ~ **в рогожку** Panamabindung f, Würfelbindung f ‖ ~/**вафельное** Waffelbindung f ‖ ~/**ворсовое** Florgewebebindung f ‖ ~/**вышивное** Noppenbindung f, Knötchenbindung f ‖ ~/**газовое** Gazebindung f ‖ ~/**гладкое** glatte Bindung f; Rechts/Links-Grundbindung f ‖ ~/**двухизнаночное** Links/Links-Grundbindung f ‖ ~/**двухлицевое** Rechts/Rechts-Bindung f ‖ ~/**двухслойное** Doppelgewebebindung f ‖ ~/**двухфонтурное** s. ~/двухлицевое ‖ ~/**диагональное** Diagonalbindung f ‖ ~/**жаккардовое** Jacquardbindung f ‖ ~/**киперное** Köperbindung f ‖ ~/**комбинированное** kombinierte Bindung f ‖ ~/**креповое** Kreppbindung f ‖ ~/**крупноузорчатое** großgemusterte Bindung f ‖ ~/**мелкоузорчатое** kleingemusterte Bindung f ‖ ~/**многослойное** Mehrfachgewebebindung f ‖ ~/**орнаментное** Ornamentbindung f ‖ ~ «**панама**» s. ~ в рогожку ‖ ~/**перевивочное** s. ~/ажурное ‖ ~/**перекидное** Hinterlegtbindung f ‖ ~/**пестротканое** buntgewebte Bindung f ‖ ~/**платированное** Plattierbindung f ‖ ~/**плюшевое** Plüschbindung f ‖ ~/**полотняное** Leinwandbindung f ‖ ~/**прессовое** Preßbindung f, Preßmuster n ‖ ~/**производное** abgeleitete Bindung f ‖

переплетение

~/**просвечивающее** durchbrochene Bindung f ‖ ~/**простое** s. ~/**базовое** ‖ ~/**рельефное** Reliefbindung f ‖ ~/**репсовое** Ripsbindung f ‖ ~ «**рогожка**» s. ~ в рогожку ‖ ~/**саржевое** Köperbindung f ‖ ~/**сатиновое** Satinbindung f, Schußatlasbindung f ‖ ~/**сложное** komplizierte Bindung f ‖ ~/**смещённое** abgesetzte (unterbrochene) Köperbindung f ‖ ~/**суконное** Tuchbindung f ‖ ~ **трико** Trikotbindung f, Trikotlegung f ‖ ~/**узорчатое** gemusterte Bindung f ‖ ~/**фанговое** Fangbindung f ‖ ~/**шашечное** Würfelbindung f
переплетённый geflochten, verflochten
переподпор m (Hydt) Überstauung f
переподъём m (Bgb) Übertreiben n (Fördergestell)
переползание n (Krist) Klettern n, Kletterbewegung f (Versetzungen) ‖ ~ **дислокаций** Versetzungskriechen n, Versetzungsklettern n
переполнение n (Inf) Überlauf m, Bereichsüberschreitung f ‖ ~ **дорожек** Spurverbindung f, Spurüberlauf m ‖ ~ **порядка** Exponentenüberlauf m ‖ ~ **разрядной сетки** Stellenbereichsüberschreitung f ‖ ~ **страницы** Seitenüberlauf m ‖ ~ **сумматора** Akkumulatorüberlauf m ‖ ~ **формуляра** Formularüberlauf m ‖ ~ **цилиндра** Zylinderüberlauf m
переполнить s. переполнять
переполнять (Inf) überschreiten
переполюсовка f Umpolung f, Umpolen n
переполяризация f Umpolarisierung f
перепонка f Membran[e] f
переправа f 1. Überfahrt f; 2. Übergang m, Übergangsstelle f; 3. (Eb, Schiff) Fähre f; Eisenbahnfähre f, Fährstelle f, Fährverbindung f ‖ ~/**канатная** Seilfährverbindung f, Seilfähre f ‖ ~/**паромная** (Eb, Schiff) 1. Fährlinie f, Fährverbindung f; 2. Fährübersetzstelle f
переприём m (Nrt) 1. Übertragung f; 2. Umtelegraphieren n ‖ ~/**релейный** Relaisübertragung f ‖ ~/**трансляционный** (Nrt) Übertragung f
перепринимать (Nrt) umtelegraphieren
переприцепка f (Eb) Umsetzen n (Wagen)
перепробовать durchprobieren, durchmustern, prüfen
перепрограммирование n Umprogrammierung f, Neuprogrammierung f
перепрограммировать umprogrammieren, neu programmieren; (Wkzm) flexibel programmieren
перепрограммируемый umprogrammierbar; (Wkzm) flexibel programmierbar
перепрограммирующий umprogrammierend; (Wkzm) flexibel programmierend
перепроявление n (Photo) Überentwicklung f, Überentwickeln n
перепуск m 1. (Hydt) Überlauf m; 2. Beipaß m, Überströmleitung f; 3. (El) Nachstellen n, Nachsetzen n (Elektroden)
перерабатываемость f (Ch) Verarbeitbarkeit f
перерабатывать (Fert) 1. verarbeiten; 2. umarbeiten, überarbeiten
перерабатывающий информацию informationsverarbeitend
переработать s. перерабатывать
переработка f 1. Verarbeitung f; 2. Umarbeitung f; Aufarbeitung f ‖ ~/**азотнокислая** Aufschluß m mit Salpetersäure (Düngemittelindustrie) ‖ ~ **богатых руд** Reicherzverhüttung f ‖ ~ **вторичных металлов** Altmetallverhüttung f ‖ ~/**гидрометаллургическая** naßmetallurgische Verarbeitung f, nasser Weg m ‖ ~ **грузов/складская** Lagerhaltung f ‖ ~/**кислотная** (Pap) saurer Aufschluß m ‖ ~ **методом экструзии** (Kst) Extrusionsverarbeitung f ‖ ~ **пластмасс** Kunststoffverarbeitung f ‖ ~/**повторная** Wiederverarbeitung f ‖ ~ **скрапа** Schrottaufbereitung f ‖ ~ **сырья** Rohstoffaufbereitung f
перераспределение n 1. Umverteilung f, Neuverteilung f; 2. Vertauschung f; 3. Umordnung f, Umlagerung f, Verlagerung f; 4. (Inf) Neuzuordnung f (Speicherplatz) ‖ ~/**динамическое** (Inf) dynamische Verschiebung f ‖ ~ **зарядов** (Eln) Ladungsumverteilung f ‖ ~ **моментов** (Mech) Momentenumverteilung f ‖ ~ **сил** (Mech) Kraftumlagerung f
перерасход m Überverbrauch m, Mehrverbrauch m; Mehrkosten pl
перерасширение n [**пара**] Überexpansion f (Dampfmaschine)
перерегулирование n 1. Regelabweichung f; 2. Übersteuerung f; 3. (Eln) Überschwingen n (Transistor) ‖ ~/**динамическое (устойчивое) былеющая Regelabweichung** f
перерегулировка f s. перерегулирование
перерождение n Umwandlung f (Keramik)
перерыв m 1. Unterbrechung f; 2. Pause f • **без перерыва** unterbrechungslos ‖ ~ **в подаче тока** (El) Stromunterbrechung f, Stromausfall m ‖ ~/**палеонтологический** (Geol) paläontologische Lücke f ‖ ~/**стратиграфический** (Geol) stratigraphische Lücke (Unterbrechung) f, Schichtlücke f
пересатурация f Übersaturieren n, Übersaturation f (Zuckergewinnung)
пересброс m Überlauf m
пересекать 1. [durch]kreuzen; durchqueren; [durch]schneiden; 2. überqueren, überschneiden; 3. (Bgb) durchquertern
пересекаться [einander] schneiden ‖ ~/**взаимно** einander durchdringen (zwei geometrische Körper; technisches Zeichnen)
пересечение n 1. Durchkreuzen n; Durchqueren n; Durchschneiden n; 2. Überqueren n, Überschneiden n; 3. Kreuzung f; Überquerung f; 4. (El, Nrt) Überführung f (von Leitungen über Verkehrswege); 5. Durchdringung f (zweier geometrischer Körper; technisches Zeichnen); 6. (Bgb) Durchörterung f ‖ ~ **в одном уровне** (Bw) Kreuzung f auf einer Ebene, niveaugleiche Kreuzung f ‖ ~ **в разных уровнях** (Bw) Kreuzung f auf verschiedenen Ebenen, niveaufreie Kreuzung f ‖ ~/**глухое** (El) Kreuzung f (zweier Gleise) ‖ ~ **двух линий** (El) Leitungskreuzung f ‖ ~ **дорог** Straßenkreuzung f, Kreuzung f ‖ ~ **дорог в одном уровне** (Bw) Kreuzung f auf (in) einer Ebene, niveaugleiche Kreuzung f ‖ ~ **дорог в разных уровнях** (Bw) Kreuzung f auf (in) mehreren Ebenen, niveaufreie Kreuzung f ‖ ~ **железных дорог** Bahnkreuzung f ‖ ~ **жил** (Geol) Gangkreuz n ‖ ~ [**рельсовых**] **путей** (Eb) Gleiskreuzung f
пересечь s. пересекать
пересжатие n (Masch) Überkompression f, Überverdichtung f

перескок *m* 1. Durchschlag *m*; 2. Überspringen *n*, Sprung *m*, Umschlag *m* ‖ ~ **частоты** Frequenzsprung *m*
переслежистость *f (Text)* Schnittigkeit *f (Garn)*
пересмена *f* **пути** *(Eb)* Gleisumbau *m*
пересоединение *n (El)* Umschalten *n*, Umschaltung *f*; Umpolen *n*, Umpolung *f*
пересоединить *s.* пересоединять
пересоединять *(El)* umschalten; umpolen
пересортировка *f* Nachsortieren *n*
переставить *s.* переставлять
переставлять 1. umstellen, versetzen, verstellen; 2. permutieren; transponieren; 3. nachstellen
переставной 1. verstellbar; 2. versetzbar, umsetzbar
перестановка *f* 1. Umstellen *n*, Umstellung *f*, Versetzen *n*; 2. Verstellen *n*, Verstellung *f*; 3. *(Inf)* Rücksetzen *n*, Rücksetzung *f*, Vertauschen *n*, Vertauschung *f*; 4. *(Math)* Permutation *f*; 5. *(Masch)* Umstecken *n (Wechselräder)*; 6. *(Wkzm)* Umsetzen *n*, Umsetzung *f (Werkstücke)*; Nachsetzen *n (Fräsmesser)* ‖ ~/**автоматическая** *(Inf)* automatisches Rücksetzen *n* ‖ ~/**грубая** *(Wkzm)* Grobverstellung *f* ‖ ~/**нечётная** *(Math)* ungerade Permutation *f* ‖ ~/**обратная** *(Math)* inverse Permutation *f* ‖ ~/**продольная** Längsverstellung *f* ‖ ~/**тождественная** *(Math)* identische Permutation *f* ‖ ~/**циклическая** *(Inf)* zyklische Vertauschung *f* ‖ ~/**чётная** *(Math)* gerade Permutation *f*
перестраивать 1. umbauen; 2. *(Eln)* umstimmen, neu stimmen; durchstimmen, nachstimmen
перестроить *s.* перестраивать
перестройка *f* 1. Umbau *m*; Rekonstruktion *f*; Umgestaltung *f*; 2. *(Ch)* Umgruppierung *f*; 3. *(Eln)* Abstimmung *f*, Durchstimmung *f*, Neuabstimmung *f*; 4. *(Krist)* Umordnung *f* ‖ ~/**акустооптическая** akustooptische Abstimmung *f* ‖ ~ [**кристаллической**] **решётки** Gitterumwandlung *f*, Kristallgitterumwandlung *f* ‖ ~ **частоты** Frequenzdurchstimmung *f* ‖ ~/**электрооптическая** elektrooptische Abstimmung *f*
перестыковка *f (Raumf)* Umkopplung *f (eines bemannten oder unbemannten Raumschiffs an einer Orbitalstation)*
пересушивание *n* Übertrocknen *n*, Übertrocknung *f*
пересушка *f s.* пересушивание
пересъёмка *f (Kine)* Nachaufnahme *f*
пересылка *f (Inf)* Übertragung *f*, Transfer *m* ‖ ~ **данных** Datenübertragung *f* ‖ ~ **записи** Satzbewegung *f* ‖ ~ **переменной** variable Übertragung *f* ‖ ~/**поблочная** Blocktransfer *m*, Blockübertragung *f*, blockweise Übertragung *f*
пересыпка *f* Umschütten *n*, Umfüllen *n*
пересыпь *f (Geol)* Nehrung *f (Meeresküste)*
пересыщение *n (Ch)* Übersättigen *n*, Übersättigung *f* ‖ ~ **по кислороду** Sauerstoffübersättigung *f*
перетапливать überhitzen
перетачивание *n* 1. *(Wkz)* Nachschleifen *n*, Neuschleifen *n*; 2. *(Wlz)* Nachdrehen *n*, Abdrehen *n (der Walzen)*
перетачивать 1. *(Wkz)* nachschleifen, neu schleifen; 2. *(Wlz)* nachdrehen, abdrehen *(Walzen)*
перетекание *n* 1. Überlaufen *n*, Überfließen *n*, Überströmen *n*; Durchfließen *n*; 2. *(Masch)* Verlustströmung *f (Turbinen)* ‖ ~ **подземных вод** *(Geol)* Grundwasserübertritt *m*
перетекать überlaufen, überfließen, überströmen; durchströmen
перетереть *s.* перетирать
перетечь *s.* перетекать
перетискивать *(Typ)* abfärben *(frisch gedruckte Bogen auf der Rückseite)*, abschmieren
перетиснуть *s.* перетискивать
переток *m s.* перетекание
перетопить *s.* перетапливать
перетормаживание *n* Überbremsen *n*
переточить *s.* перетачивать
переточка *f (Wkz)* 1. Nachschliff *m*, Neuschliff *m (Ergebnis)*; 2. *s.* перетачивание
перетягивание *n* **ручки управления** *(Flg)* Überziehen *n* des Steuerknüppels
перетяжеление *n* ungleichseitige (einseitige) Auslastung *f*, Übergewicht *n (nach einer Seite)*; übermäßige Masseerhöhung *f* ‖ ~ **хвостовой части** *(Flg)* Schwanzlastigkeit *f*
перетяжелённость *f s.* перетяжеление
перетянутость *f* Zusammenziehung *f*, Einschnürung *f (durch Zug)*
переувлажнение *n* Überfeuchten *n*, Überfeuchtung *f*
переуглероживание *n (Met)* Überkohlung *f (Schmelze)*
переуглубление *n* Übertiefung *f*
переукладка *f* Umstapeln *n (Paletten)*
переупаковка *f* Umpacken *n (Waren)*
переуплотнение *n* Überverdichtung *f*
переустановка *f (Fert)* Umsetzen *n*, Umspannen *n (des Werkstückes)*
переустройство *n* Umbau *m*, Umgestaltung *f*, Rekonstruktion *f*
перефлотация *f* Nachflotation *f*, Reinigungsflotation *f*
перефокусировка *f (Opt)* Nacheinstellung *f* der Schärfe
перехват *m* Einfangen *n*, Einfang *m* ‖ ~ **воды** Wasserfang *m* ‖ ~ **грунтовых вод** *(Hydt)* Abfangen *n* des Grundwassers ‖ ~ **реки** *(Hydt)* Flußanzapfung *f*
перехлорирование *n* Hochchlorung *f*, Überchlorung *f (des Wassers)*
переход *m* 1. *(Bw)* Übergang *m*, Überführung *f*; Überweg *m*; 2. *(Inf)* Sprung *m*; 3. *(Inf)* Verzweigung *f*; 4. *(Text)* Passage *f*; 5. *(Fert)* Operationsstufe *f*, Arbeitsstufe *f*; 6. *(Schiff)* Reise *f*, Fahrt *f*, Überfahrt *f*; 7. *(Krist)* Grenzschicht *f* ‖ ~ **база-коллектор** *(Eln)* Basis-Kollektor-Übergang *m (Halbleiter)* ‖ ~ **база-эмиттер** *(Eln)* Basis-Emitter-Übergang *m (Halbleiter)* ‖ ~/**балластный** *(Schiff)* Ballastfahrt *f* ‖ ~/**безусловный** *(Inf)* unbedingter Sprung *m* ‖ ~/**безызлучательный** *(Eln)* strahlungsfreier (strahlungsloser) Übergang *m* ‖ ~ **в грузу** *(Schiff)* Fahrt *f* im beladenen Zustand ‖ ~/**вагонный** *(Eb)* Übergang *m* zwischen zwei Wagen, Übergangsbrücke *f* ‖ ~/**водный** *(Eln)* Wellenleiterübergang *m*, Wellenleiterverbindung *f* ‖ ~/**вплавной** *(Eln)* [ein]legierter Übergang *m*, Legierungsübergang *m (Halbleiter)* ‖ ~/**вспомогательный** *(Wkzm)* Hilfsoperationsstufe *f* ‖ ~/**вынужденный** *(Eln)* erzwungener Übergang *m* ‖ ~/**выпрямляющий** *(Eln)* gerichteter Übergang *m (Halbleiter)* ‖

переход

~/**выращенный** *(Eln)* gezogener Übergang *m (Halbleiter)* ‖ ~/**вырожденный** *(Eln)* entarteter Übergang *m (Halbleiter)* ‖ ~/**гетерогенный** *(Eln)* Heteroübergang *m (Halbleiter)* ‖ ~/**гомогенный** *(Eln)* Homoübergang *m (Halbleiter)* ‖ ~/**джозефсоновский** *(Eln)* Josephson-Übergang *m (Halbleiter)* ‖ ~/**диффузионный** *(Eln)* Diffusionsübergang *m (Halbleiter)* ‖ ~/**диффундированный** *(Eln)* eindiffundierter Übergang *m (Halbleiter)* ‖ ~/**железнодорожный** Bahnübergang *m*, Eisenbahnübergang *m* ‖ ~/**запирающий** *(Eln)* Sperrübergang *m*, sperrender Übergang *m (Halbleiter)* ‖ ~/**запретый** *(Eln)* gesperrter Übergang *m (Halbleiter)* ‖ ~/**запрещённый** *(Eln)* verbotener Übergang *m (Halbleiter)* ‖ ~/**зона-зонный** *(Eln)* Band-Band-Rekombination *f*, Zwischenbandrekombination *f*, Zonenübergang *m (Halbleiter)* ‖ ~ **зона-примесь** *(Eln)* Band-Störstelle-Übergang *m (Halbleiter)* ‖ ~/**излучательный** *(Eln)* Strahlungsübergang *m*, Emissionsübergang *m (Halbleiter)* ‖ ~/**инверсионный** *(Eln)* Inversionsübergang *m (Halbleiter)* ‖ ~ **истока** *(Eln)* Source-Übergang *m (Halbleiter)* ‖ ~/**квантовый** *(Eln)* Quantensprung *m*, Quantenübergang *m* ‖ ~ **ковочных операций** *(Schm)* Schmiedestufe *f* ‖ ~ **коллектор-база** *(Eln)* Kollektor-Basis-Übergang *m (Halbleiter)* ‖ ~/**коллекторный** *(Eln)* Kollektorübergang *m (Halbleiter)* ‖ ~/**крутой** *(Eln)* abrupter Übergang *m (Halbleiter)* ‖ ~/**лазерный** Laserübergang *m* ‖ ~/**легированный** *(Eln)* Dotierungsübergang *m*, dotierter Übergang *m (Halbleiter)* ‖ ~ **магнитного потока** Flußwechsel *m (Magnetonband)* ‖ ~/**междолинный** *(Eln)* Zwischentalübergang *m (Halbleiter)* ‖ ~/**межзонный** *s*. ~/**зона-зонный** ‖ ~/**межзонный туннельный** *(Eln)* Zonentunnelübergang *m (Halbleiter)* ‖ ~ **металл-полупроводник** *(Eln)* Metall-Halbleiter-Übergang *m*, Schottky-Übergang *m (Halbleiter)* ‖ ~/**микросплавной** *(Eln)* Mikrolegierungsübergang *m (Halbleiter)* ‖ ~/**многоквантовый** *(Eln)* Mehrquantenübergang *m* ‖ ~/**мостовой** *(Bw)* Kreuzungsbauwerk *n*; Brückenübergang *m* ‖ ~ **на подпрограмму** *(Inf)* Unterprogrammaufruf *m* ‖ ~ **на программу** *(Inf)* Programmaufruf *m* ‖ ~/**надземный** *(Bw)* Überführung *f* ‖ ~ **намагниченности** Magnetisierungswechsel *m* ‖ ~/**неоднородный** *(Eln)* inhomogener Übergang *m*, Heteroübergang *m (Halbleiter)* ‖ ~/**непрямой** *(Eln)* indirekter Übergang *m (Halbleiter)* ‖ ~/**нерадиационный** *(Eln)* strahlungsfreier (strahlungsloser) Übergang *m* ‖ ~/**обратносмещённый** *(Eln)* in Sperrichtung vorgespannter Übergang *m*, sperrgepolter (sperrvorgespannter) Übergang *m (Halbleiter)* ‖ ~/**обратный** *(Inf)* Rücksprung *m* ‖ ~/**однородный** *(Eln)* Homoübergang *m (Halbleiter)* ‖ ~/**окончательный** *(Text)* Endpassage *f*, Finisseur *m* ‖ ~/**оптический** *(Eln)* Photonenübergang *m* ‖ ~/**основной** *(Masch)* Grundoperationsstufe *f* ‖ ~/**пешеходный** Fußgängerüberweg *m* ‖ ~/**плавный** *(Eln)* kontinuierlicher (flacher) Übergang *m (Halbleiter)* ‖ ~/**планарный** *(Eln)* Planarübergang *m (Halbleiter)* ‖ ~/**плоскостной** *(Eln)* Flächenübergang *m (Halbleiter)* ‖ ~/**поверхностно-барьерный** *(Eln)* Oberflächensperrschichtübergang *m*, oberflächennaher Übergang *m (Halbleiter)* ‖ ~/**подземный** Fußgängertunnel *m* ‖ ~ **полупроводник-металл** *(Eln)* Halbleiter-Metall-Übergang *m*, Schottky-Übergang *m (Halbleiter)* ‖ ~ **полупроводник-полупроводник** *(Eln)* Halbleiter-Halbleiter-Übergang *m* ‖ ~ **порожнём** *(Schiff)* Leerfahrt *f* ‖ ~ **порядок-беспорядок** *(Eln)* Ordnungs-Unordnungs-Übergang *m (Halbleiter)* ‖ ~/**примесный** *(Eln)* Störstellenübergang *m (Halbleiter)* ‖ ~/**прыжковый** *(Eln)* sprunghafter Übergang *m (Halbleiter)* ‖ ~/**прямосмещённый** *(Eln)* in Durchlaßrichtung vorgespannter Übergang *m*, durchlaßgepolter Übergang *m (Halbleiter)* ‖ ~/**рабочий** *(Masch)* Arbeitsoperationsstufe *f*, Arbeitsgangstufe *f* ‖ ~/**разрешённый** *(Eln)* erlaubter Übergang *m (Halbleiter)* ‖ ~/**резкий** *(Eln)* abrupter Übergang *m (Halbleiter)* ‖ ~/**резонансный** *(Eln)* Resonanzübergang *m (Halbleiter)* ‖ ~/**рекомбинационный** *(Eln)* Rekombinationsübergang *m (Halbleiter)* ‖ ~/**рекристаллизационный** *(Eln)* Rekristallisationsübergang *m (Halbleiter)* ‖ ~/**сверхрезкий** *(Eln)* hyperabrupter Übergang *m (Halbleiter)* ‖ ~ **сверху** *(El, Nrt)* Wegüberführung *f (Leitungen)* ‖ ~/**синглетный** *(Eln)* Singulettübergang *m (Halbleiter)* ‖ ~/**смещённый** *(Eln)* vorgespannter Übergang *m (Halbleiter)* ‖ ~ **снизу** *(El, Nrt)* Wegeunterführung *f (Leitungen)* ‖ ~/**сплавной** *(Eln)* einlegierter Übergang *m (Halbleiter)* ‖ ~/**спонтанный** *(Eln)* spontaner Übergang *m (Halbleiter)* ‖ ~ **стока** *(Eln)* Drain-Übergang *m (Halbleiter)* ‖ ~ **тело-жидкость/аморфный** *(Eln)* Amorph-Flüssig-Kristallin-Übergang *m (Laser)* ‖ ~ **тепла** Wärmeübergang *m* ‖ ~/**технологический** *(Fert)* technologische Operationsstufe *f* ‖ ~ **тока через нуль** *(El)* Stromnulldurchgang *m* ‖ ~/**точечный** *(Eln)* Spitzen[kontakt]übergang *m (Halbleiter)* ‖ ~ **трубопровода** *(Bw)* Rohr[leitungs]brücke *f* ‖ ~/**туннельный** *(Eln)* Tunnelübergang *m*, Durchtunnelung *f (Halbleiter)* ‖ ~/**тянутый** *(Eln)* gezogener Übergang *m (Halbleiter)* ‖ ~/**условный** *(Inf)* bedingter Sprung *m* ‖ ~/**фазовый** *(Krist)* Phasenübergang *m* ‖ ~ **Шоттки** *(Eln)* Schottky-Übergang *m (Halbleiter)* ‖ ~/**электронно-дырочный** *(Eln)* NP-Übergang *m*, Elektronen-Löcher-Übergang *m (Halbleiter)* ‖ ~/**эмиттерный** *(Eln)* Emitterübergang *m (Halbleiter)* ‖ ~/**эпитаксиально-планарный** *(Eln)* Epiplanarübergang *m (Halbleiter)* ‖ ~/**эпитаксиальный** *(Eln)* Epitaxieübergang *m (Halbleiter)*

переходить übergehen ‖ ~ **на передачу** auf Senden schalten ‖ ~ **на приём** auf Empfang gehen

переходник *m* Übergang *m*, Übergangsstück *n*, Reduzierstück *n (Rohre, Gestänge)* ‖ ~/**противоаварийный** Sicherheitsverbinder *m*, Sollbruch *m (Bohrgestänge)*

переходный Übergangs…, transient

перечень *m* Liste *f*, Verzeichnis *n*, Aufstellung *f* ‖ ~ **команд** *(Inf)* Befehlsliste *f* ‖ ~ **массивов** *(Inf)* Dateiverzeichnis *n*

перечистка *f* Nachreinigung *f*, Nachreinigen *n*, Nachbehandlung *f*, Nachwäsche *f*, Nachsetzen *n*; Nachflotation *f*

перешвартовать *(Schiff)* verholen

перешвартоваться *(Schiff)* sich verholen

перешвартовка f (Schiff) Verholen n
перешлифовать s. перешлифовывать
перешлифовывать (Wkz) nachschleifen, überschleifen, neu schleifen
перещелачивание n известью Überkalkung f (Zuckergewinnung)
переэкскавация f Umbaggern n, Umsetzen n der Massen
переэкспозиция f (Photo) Überexposition f, Überbelichtung f
переэкспонированный (Photo) überbelichtet
периастр m (Astr) Periastron n, Sternnähe f
перигалактий m (Astr) Perigalaktikum n
перигей m (Astr) Perigäum n, Erdnähe f
перигелий m (Astr) Perihel[ium] n, Sonnennähe f (z. B. der Planetenbahnen)
перидот m (Min) Peridot m, Olivin m
перидотит m (Geol) Peridotit m
периклаз m (Min) Periklas m (Magnesiumoxid)
периклин m (Min) Periklin m, Albit m (Plagioklas)
перила pl (Bw) Geländer n, Balustrade f ‖ ~/защитные Schutzgeländer n ‖ ~ лестницы Treppengeländer n
периметр m 1. (Math) Umfang m; 2. (Opt) Perimeter n
периморфоза f (Min, Krist) Perimorphose f, Umhüllungs[pseudo]morphose f
период m 1. Periode f, Zeitabschnitt m, Zeitraum m, Zeit f; 2. Zyklus m, Umlauf m; 3. (Math) Periode f; 4. (Ph) Periode f, Schwingungsdauer f; 5. (El) Periode f (Wechselstrom); 6. (Geol) s. ~/геологический ‖ ~/антропогеновый Anthropogen n (durch die Tätigkeit des Menschen beeinflußter Zeitabschnitt) ‖ ~/безморозный (Meteo) frostfreie Periode f ‖ биений (Ph) Schwebungsperiode f, Schwebungsdauer f ‖ ~/большой (Ch) lange (große) Periode f (des Periodensystems) ‖ ~/вегетационный (Lw) Vegetationszeit f, Vegetationsperiode f ‖ ~ восстановительный Reduktionsperiode f, Kochperiode f, Desoxidationsperiode f (SM-Ofen) ‖ ~ вращения Rotationsperiode f ‖ ~/второй пиродинамический zweite Periode f (innere Ballistik; Schußablauf) ‖ ~/геологический (Geol) Periode f (Bildungszeit eines stratigraphischen Systems) ‖ ~/голоценовый (Geol) Holozän n (als geologischer Zeitbegriff) ‖ ~/девонский (Geol) Devon n (als geologischer Zeitbegriff) ‖ ~ дифракционной решётки (Krist) Periode f des Beugungsgitters, Gitterperiode f ‖ ~ дождей Regenperiode f ‖ ~/дождливый Regenperiode f ‖ ~/задувочный Anblaseperiode f (Schachtofen) ‖ ~ замера Meßperiode f ‖ ~/засушливый (Lw) Dürreperiode f, Trockenzeit f ‖ ~ идентичности Identitätsperiode f, Identitätsabstand m ‖ ~ изменения блеска (яркости) (Astr) Lichtwechselperiode f (z. B. veränderliche Sterne) ‖ ~ импульсов s. ~ повторения импульсов ‖ ~ индукции 1. (El) Induktionsperiode f, Induktionszeit f; 2. (Photo) Induktionsperiode f, Latenzzeit f ‖ ~ кадра (TV) Bildperiode f, Rasterperiode f ‖ ~ кадровой развёртки (TV) Bildabtastperiode f ‖ ~/кадровый s. ~ кадра ‖ ~/каменноугольный (Geol) Karbon n, Steinkohlenzeit f ‖ ~/карбоновый s. ~/каменноугольный ‖ ~/кембрийский (Geol) Kambrium n (als geologischer Zeitbegriff) ‖

~ кипения (Met) Kochperiode f, Frischperiode f, Oxidationsperiode f, Rohfrischperiode f (SM-Ofen); Kochperiode f (Elektroofen) ‖ ~ колебаний (Ph, El) Schwingungsperiode f, Schwingungsdauer f ‖ ~ коммутации (El) Kommutierungsperiode f, Stromwendeperiode f ‖ ~/ксеротермический xerotherme Periode f (Zeit der Wüsten- und Steppenbildung, bedingt durch trockenes und heißes Klima) ‖ ~ ларморовой прецессии (Ph) Larmor-Präzessionszeit f ‖ ~/ледниковый (Geol) Kaltzeit f, Eiszeit f, Glazialzeit f ‖ ~ либрации (Astr) Librationsperiode f ‖ ~/малый (Ch) kurze (kleine) Periode f (des Periodensystems) ‖ ~/меловой (Geol) Kreide f (als geologischer Zeitbegriff) ‖ ~/навигационный Schiffahrtsperiode f, Navigationszeit f ‖ ~ науглероживания (Met) Aufkohlungsperiode f ‖ ~ невесомости (Flg) Periode f der Schwerelosigkeit f ‖ ~/неогеновый (Geol) Neogen n (als geologischer Zeitbegriff) ‖ ~ обращения 1. Umdrehungszeit f, Umdrehungsperiode f; 2. (Astr) Umlaufzeit f, Umlaufsperiode f ‖ ~ обращения/аномалический (Astr) anomalistische Umlaufperiode f, anomalistischer Umlauf m ‖ ~ обращения/драконический (Astr) drakonitische Umlaufzeit f ‖ ~ обращения/звёздный (Astr) siderische Umlaufzeit f ‖ ~ обращения Земли (Astr) Erdumlauf m, Erdrevolution f ‖ ~ обращения полюсов s. ~ Чандлера ‖ ~ обращения/сидерический s. ~ обращения/звёздный ‖ ~ обращения/синодический (Astr) synodische Umlaufzeit f ‖ ~ обращения/тропический (Astr) tropische Umlaufzeit f ‖ ~ окисления s. ~ кипения ‖ ~/орбитальный s. ~ обращения ‖ ~/ордовикский (Geol) Ordovizium n (als geologischer Zeitbegriff) ‖ ~ отбора Entnahmeabstand m (statistische Qualitätskontrolle) ‖ ~/отопительный Heizperiode f ‖ ~ очистки s. ~ рафинирования ‖ ~/палеогеновый (Geol) Paläogen n (als geologischer Zeitbegriff) ‖ ~/первый пиростатический erste Periode f (innere Ballistik; Schußablauf) ‖ ~ переменного тока (El) Wechselstromperiode f ‖ ~ переменности s. ~ изменения блеска ‖ ~/пермский (Geol) Perm n (als geologischer Zeitbegriff) ‖ ~/пиростатический vorläufige Periode f (innere Ballistik; Schußablauf) ‖ ~ плавки (плавления) (Met) Schmelzperiode f ‖ ~/плейстоценовый (Geol) Pleistozän n (als geologischer Zeitbegriff) ‖ ~/плювиальный Pluvialzeit f, Pluvialperiode f ‖ ~ повторения импульсов (Ph, El) Impulsperiode f, Taktperiode f ‖ ~ полувыделения (Kern) Halbwertzeit f ‖ ~ полувыделения/биологический biologische Halbwertzeit f ‖ ~ полувыделения/эффективный effektive Halbwertzeit f ‖ ~ полувыпадения (Kern) Verweilhalbwertzeit f ‖ ~ полуобмена (Kern) Halbwertzeit f des Isotopenaustauschs, Austauschhalbwertzeit f ‖ ~ полуперехода (Kern) Übergangshalbwertzeit f ‖ ~ полураспада (Kern) Halbwertzeit f ‖ ~ превращения Umwandlungsperiode f, Umwandlungszeit f ‖ ~ прецессии (Astr) Präzessionsperiode f ‖ ~ приработки Frühausfallperiode f, Frühausfallphase f ‖ ~ продувки 1. (Met) Blasperiode f, Blasezeit f, Blas[e]dauer f (Konverter); 2. Spülperiode f (Verbrennungsmotor) ‖

период

~/**пусковой** 1. Einstellzeit f, Anlaufzeit f (Destillation); 2. Anlaßzeit f (Verbrennungsmotor) ‖ ~ **работы** 1. Arbeitsabschnitt m; 2. Betriebsdauer f; (El) Einschaltzeit f; 3. (Fert) Eingriffsdauer f (z. B. einer Fräserschneide) ‖ ~ **развёртки** 1. (TV) Abtastperiode f, Abtastzeit f; 2. Ablenkperiode f (bei Oszillographen) ‖ ~ **разгона** (El) Anlaufperiode f ‖ ~ **разогрева** 1. (Met) Anheizzeit f, Anheizperiode f; 2. (Eln) Anheizzeit f ‖ ~ **раскисления [плавки]** s. ~ рафинирования ‖ ~ **рафинирования** (Met) Fein[ungs]periode f, Ausgarzeit f, Garperiode f, Gar[ungs]zeit f (Schmelze) ‖ ~ **реактора** (Kern) Leistungsperiode f des Reaktors, Reaktorperiode f ‖ ~ **регенерации** 1. (Inf) Refresh-Periode f; 2. (Eln) Regenerierungsperiode f ‖ ~ **регрессии** Regressionsperiode f ‖ ~ **сжатия** (Ph) Kompressionszeit f, Verdichtungszeit f ‖ ~ **силурийский** (Geol) Silur n (als geologischer Zeitbegriff) ‖ ~ **складирования** Lager[ungs]dauer f ‖ ~ **следования импульсов** (El) Pulsperiode f, Impulsfolgeperiode f, Impulsabstand m ‖ ~ **собственный** (Ph) Eigenperiode f, Eigenschwingungsdauer f ‖ ~ **солнечных пятен** (Astr) Sonnenfleckenzyklus m, Sonnenfleckenperiode f ‖ ~ **строительства** Bauzeit f ‖ ~ **строительства/основной** Hauptbauzeit f ‖ ~ **строительства/подготовительный** Bauvorbereitungszeit f ‖ ~ **схватывания** Abbindeperiode f, Abbindezeit f (Beton) ‖ ~ **твердения** Erhärtungsperiode f (Beton) ‖ ~ **трансляции** (Krist) Translationsperiode f ‖ ~/**третичный** (Geol) Tertiär n (als geologischer Zeitbegriff) ‖ ~/**триасовый** (Geol) Trias f (als geologischer Zeitbegriff) ‖ ~ **ускорения** (Ph) Beschleunigungsperiode f ‖ ~ **успокоения** (Met) Ausgarzeit f (Schmelze) ‖ ~ **фришевания** (Met) Frischperiode f (Konverter, SM-Ofen) ‖ ~ **холодного дутья** 1. Kaltblasperiode f (Hochofen); 2. Gasperiode f (Wassergasgenerator) ‖ ~ **хранения** (Inf) Sperrfrist f ‖ ~ **Чандлера** (Astr) Chandlersche Polschwankung (Polbewegung, Nubation) f ‖ ~/**четвертичный** (Geol) Quartär n (als geologischer Zeitbegriff) ‖ ~ **Эйлера** (Astr) Eulersche Periode f (Polbewegung) ‖ ~/**юрский** (Geol) Jura m (als geologischer Zeitbegriff)

периодизация f Periodisierung f
периодический periodisch, regelmäßig wiederkehrend, intermittierend, aussetzend ‖ ~/**почти** fastperiodisch
периодичность f Periodizität f ‖ ~/**временная** zeitliche Periodizität f ‖ ~/**кадровая** (TV) Rasterperiodizität f ‖ ~ **строки** (TV) Zeilenperiodizität f
периодограмма f Periodogramm n
периодопреобразователь m (El) Periodenumformer m
периселений m (Astr) Periselen[ium] n, Mondnähe f
перископ m 1. Periskop n, Sehrohr n; 2. (Opt) Periskop n (Objektiv) ‖ ~/**зенитный** Zenitperiskop n ‖ ~/**инфракрасный** Infrarotperiskop n ‖ ~/**панорамный** Rundblickperiskop n ‖ ~/**призменный** Prismenperiskop n ‖ ~/**солнечный** Sonnenperiskop n
перископический Periskop..., periskopisch
перитектика f (Met) Peritektikum n
перитектоид m (Met) Peritektoid n
периферия f 1. (Math) Peripherie f, Umfangslinie f, Umfang m (krummlinig begrenzter Figuren); 2. (Inf) Peripherie f; 3. Umkreis m; 4. Randgebiet n, Stadtrand m ‖ ~ **круга** (Wkz) Scheibenumfang m
пёрка f (Wkz) Zentrierbohrer m, Spindelbohrer m
перкислота f Per[oxo]säure f, Peroxycarbonsäure f
перколировать (Ch) perkolieren
перколят m (Ch) Perkolat n
перколятор m (Ch) Perkolator m; (Brau) Durchlaufhitzer m, Zusatzkocher m (Braupfanne)
перколяция f 1. (Ch) Perkolation f; 2. Perkolation f, Sickerlaugung f (Hydrometallurgie)
перл m (Ch) Perle f ‖ ~ **буры** Boraxperle f
перлит m 1. (Geol) Perlit m (obsidianartiges Gestein mit Perlitstruktur); 2. (Met) 2. Perlit m (Stahlgefüge) ‖ ~/**вспученный** (Bw) Blähperlit m ‖ ~/**глобулярный** (Geol) globularer (körniger) Perlit m ‖ ~/**дисперсный** (Met) feinkörniger Perlit m ‖ ~/**зернистый** s. ~/глобулярный ‖ ~/**крупнопластинчатый (крупный)** (Met) groblamellarer Perlit m ‖ ~/**мелкопластинчатый** (Met) feinstreifiger Perlit m ‖ ~/**пластинчатый** (Met) lamellarer Perlit m ‖ ~/**сорбитообразный** (Met) sorbitischer Perlit m ‖ ~/**точечный** s. ~/мелкий
перлитовый (Met) perlitisch
перманганат m (Ch) Permanganat n, Manganat (VII) n
перманганометрия f (Ch) Permanganometrie f
перманентность f Permanenz f, Unveränderlichkeit f
пермеаметр m (El) Permeameter n, Permeabilitätsmesser m
пермокарбон m (Geol) Permokarbon f, Permosiles n
пермутирование n (Ch) Permutieren n (Wasserenthärtung)
пермь f (Geol) Perm n
перо n 1. Feder f; Blatt n; 2. Stift m (Plotter); 3. (Eln) Griffel m; 4. (Wkz) Steg m, Stollen m (z. B. eines Gewindebohrers) ‖ ~/**замковое** (Text) Stecher m (Weberei) ‖ ~/**контактное** (El) Kontaktfeder f ‖ ~ **лопатки** Schaufelblatt n (einer Strömungsmaschine) ‖ ~ **отвала** (Lw) Streich[blech]schiene f (am Pflug) ‖ ~/**регистрирующее** Schreibfeder f ‖ ~ **руля** (Schiff) Ruderkörper m (Profilruder); Ruderblatt n (Plattenruder) ‖ ~ **с электрическим нагревом** elektrisch heizbarer Aufzeichnungsschreibstift m ‖ ~/**световое** Lichtstift m, Lichtgriffel m ‖ ~/**стрелочное** (Eb) Weichenzunge f ‖ ~/**упорное** (Text) Stecher m (Weberei)
перовскит m (Min) Perowskit m (titanhaltiges Mineral)
пероксид m 1. (Ch) Peroxid n (s. a. перекись)
перпендикуляр m 1. Senkrechte f, Lot n, Normale f; 2. (Schiff) Lot n ‖ ~/**кормовой** (Schiff) hinteres (achteres) Lot n ‖ ~/**носовой** (Schiff) vorderes Lot n
перпендикулярность f Rechtwinkligkeit f
перпендикулярный rechtwinklig, senkrecht [stehend]
перпетуум-мобиле n s. двигатель/вечный
перрон m (Eb) Bahnsteig m ‖ ~/**крытый** Bahnsteighalle f

персистатрон m (Eln) Persistatron n
персистор m (Eln) Persistor m, Persistorelement n
персоль f (Ch) Persalz n
персонал m Personal n ‖ **~/вахтенный** Wachpersonal n, Überwachungspersonal n, diensthabendes Personal n ‖ **~/дежурный** diensthabendes Personal n ‖ **~ надзора** Aufsichtspersonal n ‖ **~/обслуживающий** Bedienungspersonal n ‖ **~/эксплуатационный** Betriebspersonal n
персорбция f Persorption f
перспектива f (Math) Perspektive f (darstellende Geometrie) ‖ **~/купольная** Kugelperspektive f, sphärische Perspektive f ‖ **~/линейная** Linearperspektive f, Zentralperspektive f
перспективный perspektivisch; (Bgb) höffig
перспектограф m Perspektrograph m
персульфат m (Ch) Peroxo[di]sulfat n
пертит m (Min) Perthit m (Verwachsung von Kali- und Natronfeldspat)
пертурбация f s. возмущение 3.
перфокарта f Lochkarte f ‖ **~/апертурная** Filmlochkarte f ‖ **~/программная** 1. Steuerlochkarte f (NC-Maschine); 2. Programmlochkarte f ‖ **~/управляющая** Steuerlochkarte f
перфокод m Lochschrift f, Lochkartenkode m
перфолента f Lochband n, Lochstreifen m ‖ **~/бесконечная** endloses Lochband n ‖ **~/замкнутая** endloses (geschlossenes) Lochband n ‖ **~/управляющая** Steuerlochstreifen m (Drucker)
перфоратор m 1. Perforator m, Locher m; 2. (Inf) Locher m, Lochkartenstanzer m; Lochbandstanzer m; 3. (Bgb) Bohrhammer m, Bohrmaschine f; 4. (Erdöl) Perforator m, Schießgerät n; 5. (Fert) Locher m, Stanzer m, Stanzeinrichtung f; 6. (Photo) Perforiermaschine f; 7. Lochzange f ‖ **~/алфавитно-цифровой** alphanumerischer Locher m ‖ **~/алфавитный** Alphabetlocher m ‖ **~/быстродействующий** Schnellocher m, Schnellstanzer m ‖ **~/быстроударный пневматический** (Bgb) Schnellschlag-Druckluftbohrhammer m ‖ **~/воспроизводящий** Duplizierlocher m ‖ **~/входной** Eingabelocher m ‖ **~/выходной** Ausgabelocher m ‖ **~/вычислительный** Rechenlocher m ‖ **~/гидравлический** (Bgb) Hydraulikbohrhammer m ‖ **~/гидропескоструйный** Erosionsperforator m (Erdölgewinnung) ‖ **~/итоговый** Summenlocher m, Sammellocher m ‖ **~/карточный** Kartenlocher m, Lochkartenstanzer m ‖ **~/клавишный** Tastenlocher m ‖ **~/колонковый** (Bgb) Säulenbohrhammer m ‖ **~/контрольный** Prüflocher m ‖ **~/кумулятивный** (Erdöl) Schießvorrichtung f für Sprengladungen mit geballter (kumulativer) Richtwirkung ‖ **~/ленточный** Streifenlocher m, Bandlocher m ‖ **~/одиночный** (Erdöl) Schießvorrichtung f für Einzelkugelschüsse ‖ **~/печатающий** Schreiblocher m ‖ **~/пневматический** (Bgb) Druckluftbohrhammer m ‖ **~/погружной** (Bgb) Unterflurhammer m, Tieflochhammer m ‖ **~/пороховой (пулевой)** (Erdöl) Kugelschießvorrichtung f ‖ **~/приёмный** Empfangslocher m, Lochstreifenempfänger m ‖ **~/ручной** 1. Handlocher m; 2. (Bgb) leichter Bohrhammer m, Handbohrhammer m ‖ **~ с продувкой** (Bgb) Bohrhammer m mit Luftspülung ‖ **~ с промывкой** (Bgb) Bohrhammer m mit Wasserspülung ‖ **~ с прямым управлением** On-line-Perforator m, On-line-Locher m ‖ **~/символьный** Zeichenlocher m ‖ **~/старт-стопный** Start-Stopp-Locher m ‖ **~/суммарный** s. ~/итоговый ‖ **~/суммирующий** Summenlocher m ‖ **~/телескопический** (Bgb) Teleskopbohrhammer m (Bohren nach oben gerichteter Löcher) ‖ **~/торпедный** (Erdöl) Schießvorrichtung f für Sprenggeschosse ‖ **~/управляемый магнитной лентой** magnetbandgesteuerter Locher m ‖ **~/управляемый перфокартами** lochkartengesteuerter Locher m ‖ **~/управляемый перфолентой** lochbandgesteuerter Locher m
перфоратор-пулемёт m (Erdöl) Salvenschießvorrichtung f für Kugeln
перфорационный Loch..., gelocht, Perforier...; Lochkarten...
перфорация f Lochen n, Lochung f, Perforation f, Stanzen n ‖ **~ вручную** manuelle Lochung f, Handlochung f ‖ **~ данных** Datenlochung f ‖ **~/итоговая** Summenstanzen n ‖ **~/контрольная** Prüflochen n ‖ **~/продольная** Längsperforation f ‖ **~/прямоугольная** Rechtecklochung f ‖ **~/сдвоенная** Doppellochung f ‖ **~/цифровая** Perforieren n, numerische Lochung f
перфорирование n s. перфорация
перфорировать lochen, perforieren; stanzen
перхлорат m (Ch) Perchlorat n, Chlorat(VII) n
перэфир m (Ch) Perester m
пески mpl s. песок ‖ **~/блуждающие** (Geol) Flugsand m, Treibsand m (äolische Abtragung) ‖ **~/бугристые** (Geol) Sandhügelandschaft f (vornehmlich in Wüstengebieten) ‖ **~/грядовые** (Geol) Strichdünen fpl ‖ **~/кучевые** (Geol) hügelartige Sandanhäufungen fpl (in Wüsten und Halbwüsten)
пескодувка f (Gieß) Sandstrahlgebläse n, Sandstrahler m
песколовка f Sandfänger m, Sandfang m ‖ **~/промывная** Spülsandfang m
пескомёт m (Gieß) Sandslinger m, Schleuderformmaschine f ‖ **~/козловый** Brücken[sand]slinger m ‖ **~/консольный** Konsol[sand]slinger m
пескомойка f Kieswaschmaschine f, Sandwaschmaschine f
пескоразбрасыватель m Streumaschine f
пескосеялка f Sandsiebanlage f
пескоструить f (Fert, Gieß) Sandstrahlen n
пескоуловитель m Sandfänger m, Sandfang m
песок m Sand m (s. a. unter пески) ‖ **~/алевритовый** s. ~/пылеватый ‖ **~/аллювиальный** (Geol) Alluvialsand m, Flußsand m ‖ **~/аркозовый** (Geol) Arkosesand m ‖ **~/базальтовый** Basaltsand m ‖ **~/барханный** (Geol) Flugsand m, loser Sand m, Barchansensand m ‖ **~ без добавок/кварцевый** Silbersand m, Glassand m, reiner Quarzsand m ‖ **~/безглинистый** tonfreier Sand m, reiner Quarzsand m ‖ **~/битуминозный** bituminöser Sand m ‖ **~/водно-ледниковый** (Geol) fluvioglazialer Sand m ‖ **~/вулканический** vulkanischer Sand m, Lavasand m ‖ **~/глауконитовый** (Geol) Glaukonitsand m, Grünsand m ‖ **~/глинистый** Tonsand m, toniger Sand m; Lehmsand m ‖ **~/глинистый**

песок

формовочный *(Gieß)* fetter Formsand *m (von der Grube)*; fetter Formstoff *m (Formsand)* ‖ ~/**горячеплакетированный** *(Gieß)* heißumhüllter Sand *m (Maskenformverfahren)* ‖ ~/**гравийный** Kiessand *m* ‖ ~/**граувакковый** *(Geol)* Grauwackesand *m* ‖ ~/**грубозернистый** *(Geol)* grobkörniger Sand *m*, Grobsand *m*, Grit *m* ‖ ~/**грубый** 1. *(Bw)* Feinkies *m*; 2. *(Gieß)* grobkörniger Sand *m* ‖ ~/**долинный** Talsand *m* ‖ ~/**доломитовый** Dolomitsand *m* ‖ ~/**дроблёный** *(Bw)* Brechsand *m* ‖ ~/**дюнный** *(Geol)* Dünensand *m* ‖ ~/**единый формовочный** *(Gieß)* Einheitsformsand *m*, Einheitsformsand *m* ‖ ~/**жирный формовочный** *(Gieß)* Masse *f*, Massesand *m*, fetter Formstoff *m* ‖ ~/**зандровый** *(Geol)* Sand[e]r *m* ‖ ~/**зелёный** 1. *(Gieß)* Grünformstoff *m*, Grünsand *m*; 2. *s.* ~/**глауконитовый** ‖ ~/**зыбучий** *(Geol)* Treibsand *m*, Triebsand *m* ‖ ~/**известняковый** Kalksand *m* ‖ ~/**илистый (иловатый)** Schlammsand *m*, Moddersand *m* ‖ ~/**карьерный** Grubensand *m* ‖ ~/**кварцево-трахитовый** Quarztrachytsand *m* ‖ ~/**кварцевый** Quarzsand *m*, Silbersand *m* ‖ ~/**керамзитовый** Keramitsand *m* ‖ ~/**крупн[озернист]ый** großkörniger (grobkörniger) Sand *m*, Grobsand *m* ‖ ~/**лавовый** *s.* ~/вулканический ‖ ~/**магнетитовый** *(Geol)* Magnetitsand *m* ‖ ~/**мелкий** 1. *(Bw)* Feinsand *m*; 2. *(Gieß)* kleinkörniger Sand *m* ‖ ~/**мелкозернистый** feinkörniger Sand *m*, Feinsand *m*, Silt *m* ‖ ~/**молотый** gemahlener Sand *m* ‖ ~/**монацитовый** *(Geol)* Monazitsand *m* ‖ ~/**моренный** *(Geol)* Moränensand *m* ‖ ~/**морской** *(Geol)* Meeressand *m*, Seesand *m* ‖ ~/**мытый** Waschsand *m* ‖ ~/**наносный** 1. Schwemmsand *m*; 2. Flugsand *m* ‖ ~/**наполнительный формовочный** *(Gieß)* Füllsand *m* ‖ ~/**незакреплённый** loser (unverfestigter) Sand *m* ‖ ~/**нефелиновый** *(Geol)* Nephelinsand *m* ‖ ~/**озёрный** *(Geol)* Seesand *m*, limnischer Sand *m* ‖ ~/**оливиновый** *(Gieß)* Olivinsand *m* ‖ ~/**освежённый** *(Gieß)* regenerierter Formstoff (Formsand, Sand) *m* ‖ ~/**пемзовый** Bimssand *m* ‖ ~/**перлитовый** Perlitsand *m* ‖ ~/**подвижной** Quicksand *m* ‖ ~/**полимиктовый** *(Geol)* Mischsand *m* ‖ ~/**полужирный** *(Gieß)* halbfetter Sand *m* ‖ ~/**пригоревший [формовочный]** *(Gieß)* verbrannter Formstoff (Formsand) *m*, Altformstoff *m*, Altsand *m* ‖ ~/**природный** Natursand *m* ‖ ~/**природный формовочный** *(Gieß)* Naturformsand *m* ‖ ~/**пылеватый (пылевидный)** *(Gieß)* staubförmiger Sand *m* ‖ ~/**размолотый** gemahlener Sand *m* ‖ ~/**речной** Flußsand *m*, fluviatiler Sand *m* ‖ ~/**свежий [формовочный]** *(Gieß)* Neu[form]sand *m*, Frischsand *m* ‖ ~/**синтетический формовочный** *(Gieß)* synthetischer Formstoff (Formsand) *m* ‖ ~/**слюдистый** *(Geol)* Glimmersand *m* ‖ ~/**смоляной** *(Gieß)* Pechsand *m* ‖ ~/**среднезернистый (средний)** mittelkörniger (mittelgrober) Sand *m*, Mittelsand *m* ‖ ~/**старый формовочный** *(Gieß)* Altformstoff *m*, Altsand *m* ‖ ~/**стержневой** *(Gieß)* Kernformstoff *m*, Kern[form]sand *m* ‖ ~/**сухой** trockener Sand *m* ‖ ~/**сыпучий** 1. Streusand *m*; 2. Flugsand *m* ‖ ~/**тонкий** *(Gieß)* feinkörniger Sand *m* ‖ ~/**тощий** *(Gieß)* magerer Sand *m* ‖ ~/**туффитовый** *(Geol)* Tuffsand *m* ‖ ~/**флювиогляциальный** *(Geol)* fluvioglazialer Sand *m* ‖ ~/**формовочный** *(Gieß)* Formstoff *m*, Formsand *m*; Naturformsand *m* ‖ ~/**цирконовый** *(Gieß)* Zirkonsand *m* ‖ ~/**элювиальный** *(Geol)* Eluvialsand *m* ‖ ~/**эоловый** *(Geol)* Flugsand *m*

песочина *f* Sandeinschluß *m (im Metall)*

песочница *f* 1. Sandkasten *m*; 2. *(El)* Sandstreuer *m*, Sandstreueinrichtung *f*; 3. *(Pap, Typ)* Sandfang *m*

пест *m* Stempel *m*, Fallstempel *m (Pulvermetallurgie)*

пестицид *m* Pestizid *n*, Schädlingsbekämpfungsmittel *n*, Pflanzenschutzmittel *n (vorwiegend gegen tierische Schädlinge)*

песчаник *m (Geol)* Sandstein *m* ‖ ~/**аркозовый** Arkose *f* ‖ ~/**битуминозный** bituminöser Sandstein *m*, bitumenhaltiger Sandstein *m* ‖ ~/**гибкий** biegsamer (elastischer) Sandstein *m*, Itakolumit *m* ‖ ~/**гипсовый** Gipssandstein *m* ‖ ~/**глауконитовый** Glaukonitsandstein *m*, Grünsandstein *m* ‖ ~/**глинистый** toniger Sandstein *m* ‖ ~/**граувакковый** Grauwackensandstein *m* ‖ ~/**грубозернистый** grobkörniger Sandstein *m* ‖ ~/**железистый** eisenhaltiger (eisenschüssiger) Sandstein *m* ‖ ~/**зелёный** *s.* ~/глауконитовый ‖ ~/**известковый** Kalksandstein *m*, Plänersandstein *m* ‖ ~/**каменноугольный** Kohlensandstein *m* ‖ ~/**квадровый** Quadersandstein *m* ‖ ~/**кварцевый** Quarzsandstein *m* ‖ ~/**кварцитовый** quarzitischer Sandstein *m* ‖ ~/**красный** roter Sandstein *m* ‖ ~/**кремнистый** kieseliger Sandstein *m*, Glaswacke *f* ‖ ~/**крупнозернистый** grobkörniger Sandstein *m* ‖ ~/**медистый** Kupfersandstein *m* ‖ ~/**мелкозернистый** feinkörniger Sandstein *m* ‖ ~/**мергелистый** Mergelsandstein *m* ‖ ~/**молассовый** Molassesandstein *m* ‖ ~/**мономиктовый** Sandstein *m* aus einem Mineral ‖ ~/**нефтеносный** erdölführender (erdölhaltiger) Sandstein *m* ‖ ~/**огнеупорный** feuerfester Sandstein *m* ‖ ~/**олигомиктовый** Sandstein *m* aus zwei bis drei Mineralen, oligomikter Sandstein *m* ‖ ~/**остеклованный** verglaster Sandstein *m* ‖ ~/**пестроцветный** Buntsandstein *m (lithologisch)* ‖ ~/**пёстрый** Buntsandstein *m (als stratigraphischer Begriff)* ‖ ~/**пластоватый** Flözsandstein *m* ‖ ~/**плитняковый** Quadersandstein *m* ‖ ~/**полевошпатовый** Arkosesandstein *m* ‖ ~/**полимиктовый** Mischsandstein *m*, Sandstein *m* aus mehreren (mehr als drei) Mineralen, polymikter Sandstein *m* ‖ ~/**ракушечный** Muschelsandstein *m* ‖ ~/**слюдистый (слюдяной)** Glimmersandstein *m*, glimmeriger Sandstein *m* ‖ ~/**смолистый** *s.* ~/битуминозный ‖ ~/**соленосный** Salzsandstein *m* ‖ ~/**среднезернистый** mittelkörniger Sandstein *m*

песчаность *f* Sandigkeit *f*

петарда *f (Eb)* Knallkapsel *f*, Knallsignal *n*

петелька *f (El)* [kleine] Schleife *f* ‖ ~/**ремизная** *(Text)* Schaftlitzenauge *n (Webstuhl)*

петельный *(Text)* Maschen...

петлевание *n (Wlz)* Schlingenbildung *f (Drahtstraße)*

петлевой Schleifen...

петледержатель *m s.* петлеуловитель

петлеобразование n 1. Schleifenbildung f; 2. (Text) Maschenbildung f (Wirkerei)
петлеобразный schleifenartig
петлеоткрыватель m (Text) Schlingenöffner m
петлеудержатель m s. петлеуловитель
петлеуловитель m (Wlz) Schlingenhalter m
петлитель m (Text) Greifer m, Kettenstichgreifer m, Schlingenfänger m (Nähmaschine)
петля f 1. Schleife f, Schlinge f; 2. Öse f, Öhr n; 3. (Text) Masche f; 4. (Bw) Kehre f, Serpentine f; 5. (Bw) Band n (Tür, Fenster); 6. (El) Leiterschleife f; Drahtschleife f (eines Schleifenschwingers); 7. (Eb) Kehre f, Kehrschleife f, Gleisschleife f; 8. (Wlz) Schleife f, Schlinge f ‖ ~/ахтерштевня (Schiff) Lagerkloben m des Achterstevens (zur Befestigung des Ruders) ‖ ~/ворсовая (Text) Polhenkel m, Polnoppe f, Polfadenschlinge f ‖ ~/врезная (Bw) Fischband n, Einstellband n (Tür- bzw. Fensterbeschlag) ‖ ~ гистерезиса (El) Hystereseschleife f, Hysteresekurve f ‖ ~ гистерезиса по индукции Induktionskurve f, BH-Kurve f ‖ ~/гистерезисная s. ~ гистерезиса ‖ ~/дверная (Bw) Türband n ‖ ~/дислокации (Krist) Versetzungsschleife f ‖ ~/дислокационная (Krist) Versetzungsschleife f ‖ ~/закрытая (Text) geschlossene Masche f ‖ ~/замкнутая endloses Band n, Bandschleife f ‖ ~/измерительная (El) Meßschleife f ‖ ~/изнаночная (Text) Linksmasche f (Wirk- und Strickwaren) ‖ ~/компенсационная (Wmt) Ausgleichschleife f (Rohrleitungen) ‖ ~/крестовая дверная (Bw) Kreuzband n (Türbeschlag) ‖ ~ кривой расходов воды (Hydrol) Hochwasserschleife f ‖ ~ линии (El) Leitungsschleife f ‖ ~/лицевая (Text) Rechtsmasche f (Wirk- und Strickwaren) ‖ ~/мёртвая (Flg) Looping m ‖ ~ намагничивания (El) Magnetisierungsschleife f ‖ ~/нитяная (Text) Fadenschlinge f ‖ ~ обратной связи (El) Rückkopplungsschleife f; (Reg) Rückführungsschleife f ‖ ~/оконная (Bw) Fensterband n ‖ ~/открытая (Text) offene Masche f ‖ ~/паровая Dampfschleife f (Dampfkessel) ‖ ~/перевёрнутая (Flg) umgekehrter (verdrehter, gedrückter) Überschlag m, umgekehrte (verdrehte, gedrückte) Schleifenkurve f ‖ ~/перенесённая (Text) umgehängte Masche f ‖ ~/платиновая (Text) Platinenmasche f (Wirkerei) ‖ ~/поворотная 1. (Eb) Wendeschleife f; 2. (Text) Umkehrmasche f ‖ ~/проволочная Drahtschleife f ‖ ~/разъёмная дверная (Bw) Aufsatzband n ‖ ~/роялная (Text) Stangenscharnier n (Kämmaschine) ‖ ~ руля (Schiff) Ruderkloben m, Lagerkloben m des Ruders ‖ ~ с глазком (ушком) (Text) Augenknopfloch n ‖ ~/сдвинутая (Text) versetzte Masche f ‖ ~ синхронизации Synchronisationsschleife f ‖ ~/спущенная (Text) Laufmasche f ‖ ~ тока (El) Stromschleife f ‖ ~/тройная (Flg) dreifacher Looping m ‖ ~/уточная (Text) Schußschleife f, Schußschlinge f ‖ ~/шарнирная (Bw) Scharnierband n, Nußband n (Tür- bzw. Fensterbeschlag)
петрография f (Geol) Petrographie f, [strukturelle] Gesteinskunde f ‖ ~/техническая technische Petrographie f ‖ ~/экспериментальная experimentelle Petrographie f
петрология f Petrologie f

петрохимия f Petrochemie f, Gesteinschemie f
петушок m (El) Fahne f ‖ ~/коллекторный Kommutatorfahne f, Stromwenderfahne f ‖ ~/контактный Lötfahne f
печатание n 1. (Typ) Druck m, Drucken n (Vorgang; s. a. unter печать 1.; 4.); 2. (Text) Bedrucken n (Stoffe) ‖ ~ без подкладки (Text) Bedrucken n ohne Mitläufer ‖ ~ в две краски (Typ) Zweifarbendruck m ‖ ~ вразсат (Typ) Irisdruck m ‖ ~ газет Zeitungsdruck m ‖ ~ газет/децентрализованное dezentralisierter Zeitungsdruck m ‖ ~ газет/многокрасочное Mehrfarbenzeitungsdruck m ‖ ~ газет/офсетная Zeitungsoffsetdruck m ‖ ~/газетная s. ~ газет ‖ ~ двойниками (Typ) Druck m zu zwei Nutzen ‖ ~ декоративных бумаг Dekordruck m ‖ ~ дуплексом (Typ) Duplexdruck m ‖ ~ краски на краску (Typ) Zusammendruck m ‖ ~/многокрасочное (Typ) Farbendruck m, Mehrfarbendruck m, Vielfarbendruck m, farbiger Druck m ‖ ~ на жести (Typ) Blechdruck m ‖ ~/непосредственное (Typ) direkter Druck m ‖ ~/односторонее (Typ) Schöndruck m ‖ ~/проекционное optisches Kopieren n ‖ ~ с пластин без фацетов (Typ) facettenloser Plattendruck m ‖ ~ с плоских форм (Typ) Flachdruck m ‖ ~ с растровых форм (Typ) Rasterdruck m ‖ ~ с рельефных форм (Typ) Hochdruck m ‖ ~ с углублённых форм (Typ) Tiefdruck m ‖ ~ со сборной формы (Typ) Zusammendruck m ‖ ~ тиража Auflagedruck m, Fortdruck m ‖ ~/трёхкрасочное (трёхцветное) (Typ) dreifarbiger Druck m ‖ ~ ценных бумаг (Typ) Wertpapierdruck m
печатать 1. (Typ) drucken; 2. (Text) bedrucken (Stoffe) ‖ ~ краску на краску (Typ) übereinanderdrucken
печатно-кодирующий (Typ) setzkodierend
печать f 1. (Typ) Druck m, Drucken n (Vorgang) (s. a. unter печатание; 2. (Typ) Druck m, Druckerzeugnisse npl; 3. (Kine, Photo) Kopieren n; 4. (Inf) Drucken n, Ausdrucken n; 5. (Bgb) Abdruckstück n (Bohrlochhavarie) ‖ ~/автотипная глубокая (Typ) Rastertiefdruck m ‖ ~/акцидентная (Typ) Akzidenzdruck m ‖ ~/анилиновая (Typ) Anilin[gummi]druck m ‖ ~ без увлажнения/офсетная (Typ) feuchtungsloser Offsetdruck m ‖ ~/безрастровая офсетная (Typ) rasterloser Offsetdruck m ‖ ~/бланочная (Typ) Formulardruck m ‖ ~/высокая Hochdruck m, Buchdruck m ‖ ~/глубокая (Typ) Tiefdruck m ‖ ~/групповая (Inf) Drucken n zur Summenzeit ‖ ~/двусторонняя (Typ) Schön- und Widerdruck m, Zweiseitendruck m ‖ ~/двухкрасочная (Typ) Zweifarbendruck m ‖ ~/детальная (Inf) Drucken n zur Postenzeit ‖ ~/иллюстрационная (Typ) Illustrationsdruck m ‖ ~/иммерсионная (Photo) Naßkopieren n, Immersionskopieren n ‖ ~/итоговая (Inf) Sammelgang m ‖ ~/контактная (Photo) 1. Kontaktverfahren n, Kontaktkopieren n; 2. Kontaktkopie f ‖ ~/косвенная (Typ) indirekter Druck (Tiefdruck) m ‖ ~/косвенная офсетная indirekter Offsetdruck m ‖ ~/косвенная трафаретная indirekter Siebdruck m ‖ ~/листовая офсетная (Typ) Bogenoffsetdruck m ‖ ~/малоформатная офсетная (Typ) Kleinoffsetdruck m, kleinformatiger Offsetdruck m ‖

печать

~/многокрасочная *(Тур)* Farbendruck *m*, Mehrfarbendruck *m*, Vielfarbendruck *m*, farbiger Druck *m* ‖ ~/многокрасочная высокая Mehrfarbenbuchdruck *m* ‖ ~/многокрасочная глубокая Mehrfarbentiefdruck *m* ‖ ~/многокрасочная офсетная Mehrfarbenoffsetdruck *m* ‖ ~/многокрасочная трафаретная Mehrfarbensiebdruck *m* ‖ ~/многоплёночная *(Photo)* Mehrbandkopieren *n* ‖ ~ на упругих формах *(Тур)* Flexodruck *m* ‖ ~/надглазурная *(Кег)* Aufglasurdruck *m*, Überglasurdruck *m* ‖ ~/непрерывная *(Photo)* Durchlaufkopieren *n* ‖ ~/односторонняя *(Тур)* Schöndruck *m* ‖ ~/одноцветная глубокая *(Тур)* Einfarbentiefdruck *m* ‖ ~/оптическая *s.* ~/проекционная ‖ ~/офсетная *(Тур)* Offsetdruck *m* ‖ ~/плоская *(Тур)* Flachdruck *m* ‖ ~/построчная *(Inf)* Listgang *m* ‖ ~/прерывистая *(Photo)* Schnittkopieren *n* ‖ ~ продавливанием *(Тур)* Durchdruck *m* ‖ ~/проекционная *(Photo)* Vergrößerungskopieren *n*, optisches Kopieren *n* ‖ ~/ракельная глубокая *(Тур)* Rakeltiefdruck *m*, Rastertiefdruck *m* ‖ ~/рекламная *(Тур)* Werbedruck *m* ‖ ~/ролевая офсетная *(Тур)* Rollenoffsetdruck *m* ‖ ~/ротационная *(Тур)* Rotationsdruck *m* ‖ ~/ротационная глубокая Rotationstiefdruck *m* ‖ ~ с резиновых форм *(Тур)* Gummidruck *m* ‖ ~/селективная *(Inf)* wahlweises Ausdrucken *n* ‖ ~/типографская *s.* ~/высокая ‖ ~/точечная *(Inf)* Punktdrucken *n* ‖ ~/трафаретная *(Тур)* Siebdruck *m* ‖ ~/трёхкрасочная *(Тур)* Dreifarbendruck *m* ‖ ~/трёхкрасочная высокая Dreifarbenbuchdruck *m* ‖ ~/трёхкрасочная глубокая Dreifarbentiefdruck *m* ‖ ~/флексографская *(Тур)* Flexodruck *m* ‖ ~/фототипная *(Тур)* Lichtdruck *m* ‖ ~/цветная *(Тур)* Farbdruck *m*, farbiger Druck *m* ‖ ~/чистовая *(Тур)* Reindruck *m* ‖ ~/шёлкотрафаретная *(Тур)* Siebdruck *m* ‖ ~/этикетно-бланочная *(Тур)* Etiketten- und Formulardruck *m*, Druck *m* von Geschäftsdrucksachen

печь *f* 1. Ofen *m*; 2. *(Bgb)* Überhauen *n*, Aufhauen *n*; Rolloch *n*, Fallort *n*; Durchhieb *m* ‖ ~/агломерационная Sinterofen *m* *(Pulvermetallurgie)* ‖ ~/аккумулирующая Speicherofen *m* ‖ ~/анодная *(Met)* Anodenofen *m* ‖ ~ Аякс/индукционная *(Met)* Ajax-Ofen *m*, Ajax-Induktionsofen *m* ‖ ~/барабанная *(Met)* Trommelofen *m* ‖ ~/барабанная плавильная Trommel[schmelz]ofen *m*, Drehtrommel[schmelz]ofen *m*, Rolloofen *m* ‖ ~/барабанного типа *s.* ~/барабанная ‖ ~/башенная проходная *(Met)* Turmdurchlaufofen *m* ‖ ~ без железного сердечника/индукционная *s.* ~/бессердечниковая индукционная ‖ ~/бесканальная *(Met)* rinnenloser Ofen *m* ‖ ~/беспламенная flammenloser Ofen *m* ‖ ~/бессердечниковая индукционная *(Met)* kernloser (rinnenloser) Induktionsofen *m*, Induktionstiegelofen *m* ‖ ~/бессердечниковая индукционная тигельная kernloser (rinnenloser) Induktionstiegelofen *m* ‖ ~/бытовая Speicherofen *m* ‖ ~/вагонная *(Met)* Wagendurchlaufofen *m*, Herdofen *m* ‖ ~/вакуумная Vakuumofen *m* ‖ ~/вакуумная дуговая *(Met)* Vakuumlichtbogenofen *m*, Lichtbogenvakuumofen *m*

‖ ~/вакуумная индукционная *(Met)* Vakuuminduktionsofen *m*, Induktionsvakuumofen *m* ‖ ~/вакуумная плавильная *(Met)* Vakuumschmelzofen *m* ‖ ~/вакуумная сушильная *(Gieß)* Vakuumtrockenofen *m* ‖ ~/ванная 1. *(Glas)* Wannenofen *m*; 2. *(Härt)* Badofen *m* ‖ ~/ватержакетная *(Met)* Wassermantelofen *m* ‖ ~/вентиляционная *(Bgb)* Wetterüberhauen *n*, Wetterdurchhieb *m* ‖ ~/вертикальная проходная *(Met)* Vertikaldurchlaufofen *m* ‖ ~/вертикальная сушильная *(Gieß)* Schachttrockenofen *m* ‖ ~ верхнего горения Ofen *m* mit oberem Abbrand, Oberbrandofen *m* ‖ ~/верхнепламенная Oberflammofen *m* ‖ ~/восстановительная *(Met)* 1. Reduktionsofen *m*; 2. Regulusofen *m* *(Antimongewinnung)* ‖ ~/вращающаяся *(Met)* Dreh[herd]ofen *m*, Drehrohrofen *m* ‖ ~/вращающаяся барабанная Drehtrommelofen *m* ‖ ~/вращающаяся барабанная обжиговая Drehtrommelröstofen *m* ‖ ~/вращающаяся длинная langer Drehofen *m* ‖ ~/вращающаяся известеобжигательная Kalkdreh[rohr]ofen *m* ‖ ~/вращающаяся короткая kurzer Drehofen *m* ‖ ~/вращающаяся плавильная Drehschmelzofen *m*, Trommelschmelzofen *m* ‖ ~/вращающаяся пламенная Drehflammofen *m*, Dörschel-Ofen *m* ‖ ~/вращающаяся стекловаренная rotierender Glasschmelztrommelofen *m* ‖ ~/вращающаяся трубчатая Drehrohrofen *m* ‖ ~/вращающаяся цементная Zementdreh[rohr]ofen *m* ‖ ~/выдвижная Auszug[s]ofen *m* ‖ ~/выдутая *(Met)* ausgeblasener Ofen *m* ‖ ~/выработочная ванная *(Ker)* Tageswanne *f* ‖ ~ высокой частоты [/индукционная] *s.* ~/высокочастотная ‖ ~/высокопроизводительная Hochleistungsofen *m* ‖ ~/высокотемпературная Hochtemperaturofen *m* ‖ ~/высокочастотная *(Met)* Hochfrequenz[induktions]ofen *m*, HF-Induktionsofen *m* ‖ ~/высокочастотная тигельная Hochfrequenztiegelofen *m*, HF-Tiegelofen *m* ‖ ~/высокошахтная дуговая Elektrohochofen *m* ‖ ~/газовая *(Härt)* Gasofen *m*, gasbeheizter (gasgefeuerter) Ofen *m*, Ofen *m* mit Gasfeuerung ‖ ~/газовая закалочная Gashärteofen *m*, gasbeheizter Härteofen *m* ‖ ~/газовая камерная Gaskammerofen *m*, gasbeheizter Kammerofen *m* ‖ ~/газовая карусельная нагревательная *(Schm)* Drehherdasgwärmofen *m* mit Gasfeuerung ‖ ~/газовая обжигательная *(Met)* Gasröstofen *m* ‖ ~/газовоздушная Gaswarmluftofen *m* ‖ ~/газогенераторная gasbeheizter Ofen *m* mit Regenerator ‖ ~/газокамерная gasbeheizter Kammerofen *m*, Gaskammerofen *m* ‖ ~/газокамерная кольцевая Gaskammerringofen *m* ‖ ~/галерная Galeerenofen *m* *(NE-Metallurgie)* ‖ ~ Гельвига *(Met)* Hellwig-Ofen *m* ‖ ~ Гересгоффа *(Met)* Herreshoff-Ofen *m*, Etagenröstofen *m* ‖ ~ Геро *(Met)* Herault-Ofen *m* ‖ ~/гончарная Töpferofen *m* ‖ ~/горизонтальная Horizontalofen *m* ‖ ~/горизонтальная камерная Horizontalkammerofen *m* ‖ ~/горновая плавильная *(Met)* Herdschmelzofen *m* ‖ ~/горшковая *(Glas)* Hafenofen *m* ‖ ~/графито-трубчатая Graphitrohrofen *m* *(Pulvermetallurgie)* ‖ ~/двухванная [сталеплавильная] *(Met)* Doppelherdofen *m*;

Tandemofen *m* II ~/**двухгоршковая** *(Glas)* Doppelhafenofen *m*, Zweihafenofen *m* II ~/**двухзонная** *(Met)* Zweizonenofen *m* II ~/**двухкамерная** *(Wlz)* Doppel[kammer]ofen *m* II ~/**двухподовая** *(Met)* Doppelherdofen *m* II ~/**двухподовая плавильная** Doppelherdschmelzofen *m*, Doppelkammerschmelzofen *m* II ~/**двухъярусная** *(Met)* Zweietagenofen *m* II ~/**дистилляционная** *(Ch)* Destillationsofen *m*, Destillierofen *m* II ~/**диффузионная** Diffusionsofen *m* II ~ **для длительного горения** Dauerbrandofen *m* II ~ **для азотирования** *(Met)* Nitrierofen *m* II ~ **для гомогенизации** *(Met)* Homogenisier[ungs]ofen *m* II ~ **для закалки [металла]** Härteofen *m* II ~ **для зейгерования** Seigerofen *m*, Darrofen *m* (*Kupferverhüttung)* II ~ **для концентрационной плавки** Konzentrationsofen *m (NE-Metallurgie)* II ~ **для крекинга** Krackofen *m* II ~ **для купелирования** Abtreibeherd *m*, Abtreibeofen *m (NE-Metallurgie)* II ~ **для литья под давлением** *(Met)* Druckgießofen *m* II ~ **для магнетизирующего обжига** *(Met)* Magnetisierröstofen *m* II ~ **для моллирования** *(Glas)* Senkofen *m* II ~ **для нагрева** *s.* ~/нагревательная II ~ **для нагрева заготовок** *(Wlz)* Knüppel[vor]wärmofen *m* II ~ **для нагрева пакетов** *(Wlz)* Paket[vor]wärmofen *m* II ~ **для нагрева слитков** *(Wlz)* Block[vor]wärmofen *m* II ~ **для нагрева слябов** *(Wlz)* Brammen[vor]wärmofen *m*, Brammentiefofen *m* II ~ **для накопления жидкого металла** *(Met, Gieß)* Speicherofen *m* II ~ **для наплавления и накопления** *(Gieß)* Speicherschmelzofen *m* II ~ **для нитрирования** *(Härt)* Nitrierofen *m* II ~ **для нитроцементации** *(Härt)* Karbonitrierofen *m* II ~ **для нормализации** *(Härt)* Normalglühofen *m*, Normalisierofen *m* II ~ **для обжига** *(Met)* Röstofen *m* II ~ **для обжига кирпича** Ziegelbrennofen *m* II ~ **для отжига** *(Härt)* Glühofen *m*, Entspannungsglühofen *m* II ~ **для отжига в коробах (ящиках)** Topfglühofen *m*, Kastenglühofen *m* II ~ **для отжига/колпаковая** *(Wlz)* Haubenglühofen *m* II ~ **для отжига ленты** *s.* ~ **для отжига полосы** II ~ **для отжига листов** *(Wlz)* Blechdurchlauf[glüh]ofen *m* II ~ **для отжига/методическая** *(Wlz)* Durchlaufglühofen *m*, Durchziehglühofen *m* II ~ **для отжига полосы** *(Wlz)* Banddurchlauf[glüh]ofen *m*, Bandglühofen *m* II ~ **для отжига проволоки/протяжная** *(Wlz)* Drahtdurchlauf[glüh]ofen *m*, Drahtglühofen *m* II ~ **для отпуска [металла]** *(Härt)* Anlaßofen *m* II ~ **для пайки** Lötofen *m* II ~ **для переплава (переплавки)** *(Gieß)* Umschmelzofen *m*, Umschmelzaggregat *n* II ~ **для плавки руды** *(Met)* Erzschmelzofen *m* II ~ **для повторного нагрева** *(Härt)* Nachwärmofen *m* II ~ **для поддерживания температуры [жидкого металла]** *(Gieß)* Warmhalteofen *m* II ~ **для подогрева** 1. *(Wlz)* Vorwärmofen *m*; 2. *(Gieß)* Warmhalteofen *m* II ~ **для поковок** Schmiedeofen *m* II ~ **для полукоксования** Schwelofen *m* II ~ **для предварительного нагрева** *(Gieß)* Vorwärmofen *m* II ~ **для предварительного обжига** Vorröstofen *m (NE-Metallurgie)* II ~ **для предварительного расплавления** *(Gieß)* Vorschmelzofen *m*, Vorschmelzer *m* II ~ **для предвари-**

тельной плавки *(Gieß)* Vorschmelzofen *m*, Vorschmelzer *m* II ~ **для пылевидного обжига** Staubröstofen *m*, Schweberöstofen *m* II ~ **для разливки** Vergießofen *m* II ~ **для рафинирования** Raffinierofen *m (NE-Metallurgie)* II ~ **для рафинирования стали** *(Met)* Frischofen *m* II ~ **для рудной мелочи** *(Met)* Feinerzofen *m* II ~ **для светлого отжига** *(Härt)* Blankglühofen *m* II ~ **для сгустительной плавки** Konzentrationsofen *m (NE-Metallurgie)* II ~ **для слиткоу/нагревательная** *(Wlz)* Block[vor]wärmofen *m* II ~ **для снятия внутренних напряжений** *(Härt)* Entspannungsglühofen *m* II ~ **для спекания** *(Met)* Sinterofen *m*, Agglomerierofen *m* II ~ **для стержней/сушильная** *(Gieß)* Kerntrockenofen *m*, Kerntrockenkammer *f* II ~ **для сушки инфракрасным излучением** *(Gieß)* Infrarottrockenofen *m*, Infrarottrockner *m* II ~ **для сушки литейных форм** *(Gieß)* Form[en]trockenofen *m* II ~ **для сушки стержней** *(Gieß)* Kerntrockenofen *m*, Kerntrockenkammer *f* II ~ **для термической обработки** *(Härt)* Warmbehandlungsofen *m*, Wärmebehandlungsofen *m* II ~ **для фришевания** *(Met)* Frischofen *m* II ~ **для цементации** *(Härt)* Einsatzofen *m*, Zementierofen *m* II ~ **для швелевания** Schwelofen *m* II ~ **для эмалирования** Emaillierofen *m* II ~ **для ящичного отжига** *(Met)* Kastenglühofen *m* II ~/**доменная** *(Met)* Hochofen *m* II ~/**дуговая** *(Met)* Lichtbogenofen *m*, Elektrolichtbogenofen *m (s. a. unter ~/*электродуговая*)* II ~/**дуговая восстановительная** Lichtbogenreduktionsofen *m* II ~/**дуговая плавильная** Lichtbogen[schmelz]ofen *m*, Elektrolichtbogen[schmelz]ofen *m* II ~/**дуговая электрическая** Elektrolichtbogenofen *m*, Lichtbogenofen *m* II ~/**задутая** *(Met)* angeblasener Ofen *m* II ~/**закалочная** *(Härt)* Härteofen *m* II ~/**известеобжигательная** Kalk[brenn]ofen *m* II ~ **излучения [/дуговая]** *(Met)* Lichtbogenstrahlungsofen *m* II ~/**индукционная** Induktionsofen *m* II ~/**индукционная вакуумная** Vakuuminduktionsofen *m* II ~/**индукционная канальная** *(Gieß)* Induktionsrinnenofen *m* II ~/**индукционная плавильная** Induktionsschmelzofen *m* II ~/**индукционная тигельная** *(Met)* Induktionstiegelofen *m* II ~ **индукционного нагрева/высокочастотная** Hochfrequenzinduktionsofen *m* II ~/**испарительная** Verdampfungsofen *m* II ~ **кальцинации** Kalzinierofen *m* II ~/**камерная** Kammerofen *m* II ~/**камерная сушильная** *(Gieß)* Kammertrockenofen *m*, Trockenkammer *f* II ~/**камерная туннельная** *(Ker)* Kammertunnelofen *m* II ~/**канальная** *(Gieß)* Rinnenofen *m* II ~/**канальная индукционная** Induktionsrinnenofen *m* II ~/**карбидная** Carbidofen *m* II ~/**карборундовая** *(Met)* Silitstabofen *m* II ~/**карусельная** *(Met)* Drehherdofen *m*, Karussellofen *m* II ~/**качающаяся** *(Met)* Kippofen *m*, Schaukelofen *m*, kippbarer Ofen *m* II ~/**качающаяся и вращающаяся** Schaukeldrehofen *m* II ~/**качающаяся мартеновская** kippbarer Siemens-Martin-Ofen (SM-Ofen) *m* II ~/**качающаяся плавильная** kippbarer Schmelzofen *m*, Kippschmelzofen *m*, Schaukelschmelzofen *m* II ~/**качающаяся реторная** Schwingretortenofen *m* II ~/**кессонированная шахтная** *(Met)*

печь

Wassermantelofen *m* ‖ ~ **кипящего слоя** Wirbelschichtofen *m*, Fließbettofen *m* ‖ **~/кирпичеобжигательная** Ziegel[brenn]ofen *m* ‖ **~/кислая** sauer zugestellter Ofen *m*, Ofen *m* mit saurem Futter ‖ **~/кислая мартеновская** *(Met)* saurer Siemens-Martin-Ofen (SM-Ofen) *m* ‖ **~/ковочно-штамповочная** *(Schm)* Stoßofen *m*, Schmiedeofen *m* ‖ **~/коксов[альн]ая** Kokereiofen *m* ‖ **~/колпаковая** Hauben[glüh]ofen *m*, Glockenofen *m* ‖ **~/колчеданная** *(Met)* Pyrit[röst]ofen *m*, Kies[röst]ofen *m* ‖ **~/кольцевая** Ringofen *m* ‖ **~/кольцевая многокамерная** Mehrkammerringofen *m* ‖ **~/конвейерная** Durchlaufofen *m*, Förderbandofen *m*, Bandofen *m* ‖ **~/конвейерная отжигательная** 1. *(Met)* Durchlaufglühofen *m*; 2. *(Glas)* Bandkühlofen *m* ‖ **~/конвейерная сушильная** *(Gieß)* Durchlauftrockenofen *m* ‖ **~/конвейерная хлебопекарная** Kettenbackofen *m*, Durchgangsofen *m* ‖ **~/конвекционная электрическая** elektrischer Konvektionsofen *m*, Wärmespeicherofen *m* ‖ **~/контактная** Kontaktofen *m* ‖ ~ **косвенного действия (нагрева)/дуговая** indirekter (indirekt beheizter) Lichtbogenofen *m (mit unabhängigem Lichtbogen)*; Lichtbogenstrahlungsofen *m* ‖ **~/кострова́я** Meiler[ofen] *m* ‖ **~/криптоловая** Tamman-Ofen *m (Kohlewiderstandsofen)* ‖ **~/круглая** Ringofen *m*, Rundofen *m* ‖ **~/кузнечная** Schmiedeofen *m* ‖ **~/кузнечная нагревательная** Schmiedeglühofen *m* ‖ **~/купеляционная** Kapellenofen *m*, Treib[e]ofen *m*, Treib[e]herd *m (NE-Metallurgie)* ‖ **~/литейная** Gießereiofen *m* ‖ **~/литейная плавильная** Gießereischmelzofen *m* ‖ **~/литейная пламенная** Gießereiflammofen *m* ‖ **~/литейная тигельная** Gieß[erei]tiegelofen *m* ‖ **~/литейная шахтная** Gießereischachtofen *m*, Kupolofen *m* ‖ **~/люлечная** Schaukel[durchlauf]ofen *m* ‖ **~/мартеновская** *(Met)* Siemens-Martin-Ofen *m*, SM-Ofen *m* ‖ ~ **Машмейера** Oval-Kegel-Ofen *m*, Maschmeyer-Ofen *m (NE-Metallurgie)* ‖ **~/медеплавильная** Kupferschmelzofen *m* ‖ **~/медеплавильная шахтная** Kupferschacht[schmelz]ofen *m*, Kupferhochofen *m* ‖ **~/металлургическая** metallurgischer Ofen *m*, Verhüttungsofen *m* ‖ **~/методическая** *s.* ~ непрерывного действия ‖ **~/методическая индукционная** Induktionsdurchlaufofen *m*, Induktionsstoßofen *m* ‖ **~/механическая обжиговая** Krählofen *m (NE-Metallurgie)* ‖ **~/многокамерная** Mehrkammerofen *m* ‖ **~/многокамерная электронно-лучевая** Mehrkammer-Elektronenstrahlofen *m*, Elektronenstrahl-Mehrkammerofen *m* ‖ **~/многоканальная** Mehrrinnenofen *m* ‖ **~/многоподовая** *(Met)* Mehretagenofen *m*, Etagenofen *m*, Terrassenofen *m*, Staffelofen *m*, Mehrherdofen *m* ‖ **~/многоподовая обжиговая** Etagenröstofen *m*, Herreshoff-Ofen *m* ‖ **~/многорядная [муфельная]** Galeerenofen *m (NE-Metallurgie)* ‖ **~/многоэлектродная** *(Met)* Mehrelektrodenofen *m* ‖ **~/многоэтажная (многоярусная)** *s.* ~ многоподовая ‖ **многоярусная механическая обжиговая** *s.* ~ Гересгоффа ‖ **~/моллировочная** *(Glas)* Senkofen *m* ‖ **~/мусоросжигательная** Müllverbrennungsofen *m* ‖ **~/муфельная** 1. Muffelofen *m*; 2. Galeerenofen *m (NE-*

Metallurgie) ‖ **~/нагревательная** 1. *(Gieß)* Vorwärmofen *m*, Wärmofen *m*, Anwärmofen *m*; 2. *(Glas)* Temperofen *m* ‖ **~/нагревательная ковочно-штамповочная** Schmiede[glüh]ofen *m* ‖ **~/наклоняющаяся** *s.* ~/качающаяся ‖ **~/непрерывная** *s.* ~ непрерывного действия ‖ ~ **непрерывного горения** Dauerbrandofen *m* ‖ ~ **непрерывного действия** Durchlaufofen *m*, Durchstoßofen *m*, Durchsatzofen *m*, kontinuierlicher Wärmeofen *m*, Fließofen *m*, Durchziehofen *m* ‖ **~/непрерывного действия/ванная** *(Glas)* Dauerwannenofen *m*, kontinuierliche Wanne *f* ‖ **~/нефтяная** ölbeheizter Ofen *m*, Ofen *m* mit Ölfeuerung ‖ **~/нефтяная камерная рекуперативная кузнечная** Rekuperativ-Kammerschmiedeofen *m* mit Ölfeuerung ‖ ~ **нижнего горения** Ofen *m* mit unterem Abbrand ‖ ~ **низкой частоты [/индукционная]** *s.* ~/низкочастотная ‖ **~/низкотемпературная** Niedertemperaturofen *m* ‖ **~/низкочастотная [индукционная]** *(Gieß)* Niederfrequenz[induktions]ofen *m*, NF-Induktionsofen *m*, Induktionsrinnenofen *m*, Wärmespeicherofen *m* ‖ **~/низкошахтная** Niederschachtofen *m* ‖ **~/низкошахтная дуговая** Elektronniederschachtofen *m*, Niederschacht[lichtbogen]ofen *m* ‖ **~/нитроцементационная** *(Härt)* Karbonitrierofen *m*, Zyanierofen *m* ‖ **~/обжиговая (обжигательная)** 1. Röstofen *m*, Brennofen *m (NE-Metallurgie)*; 2. *(Ker)* Brennofen *m* ‖ **~/обжиговая газовая** Gasröstofen *m*, gasbetriebener Röstofen *m* ‖ **~/обжиговая муфельная** Muffelröstofen *m (NE-Metallurgie)* ‖ **~/обжиговая шахтная** Schachtröstofen *m*, Röstschachtofen *m (NE-Metallurgie)* ‖ **~/одногоршковая** *(Glas)* Einhafenofen *m* ‖ **~/однозонная** *(Met)* Einzonenofen *m* ‖ **~/однокамерная** *(Met)* Einkammerofen *m* ‖ **~/однокамерная вакуумная** *(Härt)* Einkammervakuumofen *m* ‖ **~/одноподовая** *(Met)* Einherdofen *m*, einherdiger (einetagiger) Ofen *m*, Einetagenofen *m* ‖ **~/однофазная** Einphasenofen *m* ‖ **~/однофазная дуговая** Einphasenlichtbogenofen *m* ‖ **~/одноярусная** *s.* ~/одноподовая ‖ **~/оплавочная** *(Gieß)* Umschmelzofen *m* ‖ **~/опрокидывающаяся** *s.* ~/качающаяся ‖ **~/оптическая** optischer Ofen *m (Abart des Sonnenofens)* ‖ **~/осадительная** Absetzofen *m (NE-Metallurgie)* ‖ **~/основная мартеновская** *(Met)* basischer Siemens-Martin-Ofen (SM-Ofen) *m* ‖ **~/отделочная** *(Glas)* Auftreibofen *m* ‖ **~/отжигательная** 1. *(Met)* Glühofen *m*, Weichglühofen *m*, Temper[glüh]ofen *m*; 2. *(Glas)* Kühlofen *m* ‖ **~/отжигательная вагонеточная** *(Glas)* Wagenwechselkühlofen *m* ‖ **~/отжигательная камерная** *(Glas)* Kammerkühlofen *m* ‖ **~/отжигательная кольцевая** *(Glas)* Ringkühlofen *m* ‖ **~/отжигательная конвейерная** *(Glas)* Bandkühlofen *m* ‖ **~/отжигательная туннельная** *(Glas)* Kanalkühlofen *m* ‖ **~/отпускная** *(Met)* Anlaßofen *m* ‖ **~/отражательная** *s.* ~/пламенная ‖ **~/очковая** *(Fert)* Stangenenden-Anwärmofen *m (mit mehreren runden Einsatzöffnungen bei der Herstellung von Bolzen, Muttern, Nieten u. dgl.)* ‖ **~/паровая хлебопекарная** *(Lebm)* Dampfbackofen *m* ‖ **~/передвижная** transportabler Ofen *m* ‖ ~ **периодического действия** periodisch arbeitender Ofen *m* ‖ ~ **периодического действия/ванная** *(Glas)* Tageswannenofen *m*, periodische Wanne *f* ‖ **~/плавильная** *(Met, Glas)* Schmelzofen *m*, Einschmelzofen *m* (s. a.) **unter ~/электроплавильная)** ‖ **~/плавильная барабанная** Trommelschmelzofen *m* ‖ **~/плавильная вакуумная** *(Met)* Vakuumschmelzofen *m* ‖ **~/плавильная ванная** Wannenschmelzofen *m* ‖ **~/плавильная вращающаяся** Drehschmelzofen *m* ‖ **~/плазменнодуговая** Plasmaschmelzofen *m* ‖ **~/пламенная** *(Met)* Flammofen *m*, Herd[schmelz]ofen *m*, Strahl[ungs]ofen *m* ‖ **~/пламенная газовая** Gasflammofen *m* ‖ **~/пламенная плавильная** Schmelzflammofen *m* ‖ **~/поворотная тигельная** kippbarer Tiegel[schmelz]ofen *m* ‖ **~/подовая** *(Met)* Herd[schmelz]ofen *m*, Sumpfofen *m* ‖ **~/подовая обжигательная** Herdröstofen *m* ‖ **~/подогревательная** 1. Vorwärmofen *m*, Anwärmofen *m*; 2. *(Gieß)* Warmhalteofen *m*, Abstehofen *m* ‖ **~/полочная** *(Gieß)* Plattenofen *m* ‖ **~ полувзвешенного обжига** Schweberöstofen *m*, Staubröstofen *m* ‖ **~/полузакрытая электрическая восстановительная** teilgeschlossener Elektro-Reduktionsofen *m* ‖ **~ полукоксования** Schwelofen *m* ‖ **~/полукоксовая** s. **~ полукоксования** ‖ **~/полумуфельная** *(Ker)* Halbmuffelofen *m* ‖ **~/полушахтная** *(Met)* Halbschachtofen *m* ‖ **~/породоспускная** *(Bgb)* Versatzrolle *f* ‖ **~ постоянного тока** Gleichstromlichtbogenofen *m* ‖ **~/поточная Durchlaufofen** *m* ‖ **~/правильная** *(Glas)* Streckofen *m* ‖ **~ предварительного рафинирования** Vorraffinierofen *m*, Vorraffinationsofen *m* *(NE-Metallurgie)* ‖ **~/пробная** Probenofen *m* ‖ **~/промежуточная** s. **~/подогревательная** ‖ **~/промышленная** Industrieofen *m* ‖ **~ промышленной частоты [/индукционная]** Netzfrequenz[induktions]ofen *m* ‖ **~ промышленной частоты/тигельная** Netzfrequenz[induktions]tiegelofen *m* ‖ **~/противоточная** Gegenstromofen *m* ‖ **~/проточная ванная** *(Glas)* Durchlaßwannenofen *m*, Durchlaßwanne *f* ‖ **~/протяжная (проходная)** s. **~ непрерывного действия** ‖ **~ прямого действия (нагрева)/дуговая** direkter (direkt beheizter) Lichtbogenofen *m* (mit abhängigem Lichtbogen) ‖ **~/работающая на сопротивлениях** Widerstandsofen *m* ‖ **~/радиационная** Strahl[ungs]ofen *m* ‖ **~/разгоночная** Klinkerofen *m* ‖ **~/раздаточная (раздаточно-подогревательная)** *(Gieß)* Warmhalteofen *m*, Tiegelschöpfofen *m* ‖ **~/разливочная** Gießofen *m*, Vergießofen *m* ‖ **~/разрезная** *(Bgb)* Abbauüberhauen *m* ‖ **~/рафинированная** Feinofen *m*, Raffinierofen *m*, Raffinationsofen *m (NE-Metallurgie)* ‖ **~/регенеративная** Regenerativofen *m*, Ofen *m* mit Regenerativfeuerung ‖ **~/регенеративная пламенная** Regenerativflamm[en]ofen *m* ‖ **~/регенеративная стекловаренная** Regenerativglas[schmelz]ofen *m* ‖ **~/рекуперативная** *(Met)* Rekuperierofen *m* ‖ **~/ретортная** Retortenofen *m* ‖ **~/рольганговая** Rollgangofen *m* ‖ **~/ротационная** Drehofen *m*, Trommelofen *m* ‖ **~/рудообжигательная** Erzröstofen *m* ‖ **~/рудоспускная** *(Bgb)* Erzrolle *f* ‖ **~ с ботами/ванная** *(Glas)* Stiefel-

wanne *f*, Wannenofen *m* mit Stiefeln ‖ **~ с вагонеточным тягуном** Wagenzugofen *m* ‖ **~ с верхним обогревом (пламенем, горелок)** Oberbrennerofen *m*, Oberflamm[en]ofen *m*, Ofen *m* mit Oberflamme ‖ **~ с вращающейся ретортой** *(Met)* Trommelofen *m* ‖ **~ с вращающимся подом** *(Met)* Drehherdofen *m*, Tellerofen *m*, Karussellofen *m* ‖ **~ с вращающимся подом/обжиговая** Tellerröstofen *m* ‖ **~ с выдвижным подом** *(Met)* Herdwagenofen *m*, Auszugofen *m* ‖ **~ с выносной топкой** Ofen *m* mit Außenfeuerung ‖ **~ с горизонтальным пламенем** Ofen *m* mit [waagerecht] streichender Flamme ‖ **~ с горячим дутьём** Heißwindofen *m* ‖ **~ с двумя тиглями** *(Met)* Doppeltiegelofen *m* ‖ **~ с естественной тягой** Zugofen *m*, Ofen *m* mit natürlichem Zug ‖ **~ с инфракрасным нагревом** Infrarotofen *m*, IR-Ofen *m*, Ofen *m* mit Infrarotheizung (IR-Heizung) ‖ **~ с каналом** Rinnenofen *m* (Induktionsofen) ‖ **~ с кипящим слоем** Wirbelschichtofen *m*, Fließbettofen *m* ‖ **~ с кислой футеровкой** sauer zugestellter (ausgekleideter) Ofen *m* ‖ **~ с кислым подом** sauer (zugestellter) ausgekleideter Herdofen *m* ‖ **~ с кольцевой камерой** *(Met)* Ring[kammer]ofen *m* ‖ **~ с кольцевым каналом [/индукционная]** *(Gieß)* Rinnen[induktions]ofen *m* ‖ **~ с ленточным подом** Jalousieofen *m* ‖ **~ с лодкой/ванная** *(Glas)* Schwimmwannenofen *m* ‖ **~ с мешалкой** Rührofen *m*, Krählofen *m (NE-Metallurgie)* ‖ **~ с мостом/ванная** *(Glas)* Brückenwanne *f*, Wannenofen *m* mit Brücke ‖ **~ с нагревом излучением/[электро]дуговая** *(Met)* indirekter Elektrolichtbogenofen *m*, Lichtbogenstrahl[ungs]ofen *m* ‖ **~ с наклонным подом** *(Gieß)* Schrägkammerofen *m* ‖ **~ с независимой дугой [/дуговая]** *(Met)* indirekt (indirekt beheizter) Lichtbogenofen *m* (mit unabhängigem Lichtbogen) ‖ **~ с нижним обогревом (пламенем)** Unterbrennerofen *m* ‖ **~ с нижним расположением горелок** Unterbrennerofen *m*, Ofen *m* mit Unterflamme ‖ **~ с обратным пламенем** *(Met)* Ofen *m* mit Umkehrflamme ‖ **~ с опрокидывающим тиглем** *(Met, Gieß)* Kippliegelofen *m* ‖ **~ с основной футеровкой** *(Met)* basisch zugestellter (ausgekleideter) Ofen *m* ‖ **~ с основным подом** *(Met)* basisch (ausgekleideter) zugestellter Herdofen *m* ‖ **~ с отражательным пламенем** *(Met)* Ofen *m* mit Prallflamme ‖ **~ с пережимом/ванная** *(Glas, Ker)* eingeschnürte Wanne *f* ‖ **~ с переменным направлением пламени** *(Met)* Ofen *m* mit Wechselzugflamme (Regenerativofen) ‖ **~ с перемещающейся зоной обжига** Ofen *m* mit wandernder Brennzone (Röstzone) ‖ **~ с подвижным подом** *(Met)* Durchziehofen *m*, Fließbettofen *m* ‖ **~ с подковообразным направлением пламени/ванная** *(Glas)* Wannenofen *m* mit Hufeisenbrennern, Umkehrflammwanne *f* ‖ **~ с подовой тележкой/термическая** *(Met)* Herdwagenofen *m* ‖ **~ с подъёмным подом** *(Met)* Hubherdofen *m* ‖ **~ с полугазовой топкой** *(Gieß)* Halbgasofen *m* ‖ **~ с поперечным направлением пламени/ванная** *(Glas)* Wannenofen *m* mit querziehender Flamme, Querflammwanne *f* ‖ **~ с постоянной зоной об-**

печь

жига Ofen *m* mit feststehender Brennzone (Röstzone) ‖ ~ **с постоянным направлением пламени** Ofen *m* mit Gleichzugflamme ‖ ~ **с принудительной циркуляцией** Luftumwälzofen *m*, Umluftofen *m*, Ofen *m* mit Luftumwälzung ‖ ~ **с протоком/ванная** *(Glas)* Durchlaßwannenofen *m*, Durchlaßwanne *f* ‖ ~ **с пульсирующим подом** Schüttelherdofen *m*, Schwingrostofen *m* ‖ ~ **с регенераторами** *(Met)* Regenerativofen *m*, Wärmespeicherofen *m* ‖ ~ **с роликовым подом** *(Gieß)* Rollen[herd]ofen *m* ‖ ~ **с тарельчатым подом/карусельная** *(Met)* Teller[röst]ofen *m* ‖ ~ **с торцевой выдачей/методическая** *(Wlz)* Durchstoßofen *m*, Durchrollofen *m* ‖ ~ **с холодным дутьём** *(Gieß)* Kaltwindofen *m* ‖ ~ **с цепным подом** Kettenherdofen *m* ‖ ~ **с циркуляцией воздуха** *s.* ~ **с принудительной циркуляцией** ‖ ~ **с шагающим подом** *(Wlz)* Hub[herd]balkenofen *m*, Balkenherdofen *m*, Schrittförderofen *m* ‖ ~ **с шагающими балками** *s.* ~ **с шагающим подом** ‖ ~**/саморазгружающаяся** *(Wlz)* Durchstoßofen *m* ‖ ~**/сварочная** Schweißofen *m* ‖ ~**/сверхмощная** *(Met)* Hochleistungsofen *m*, UHP-Ofen *m* ‖ ~**/сдвоенная** *(Met)* Verbundofen *m*, Kompoundofen *m*, Doppelofen *m* ‖ ~**/секционная** Mehrkammerofen *m* ‖ ~**/смесительная** Mischerofen *m* ‖ ~**/соединительная** *(Bgb)* Durchhieb *m* ‖ ~**/солнечная** Sonnenofen *m* ‖ ~ **сопротивления** Widerstandsofen *m*, widerstandsbeheizter Ofen *m*, Elektrowiderstandsofen *m* ‖ ~ **сопротивления/высокотемпературная** Hochtemperatur[widerstands]ofen *m* ‖ ~ **сопротивления/дуговая** [kombinierter] Lichtbogenwiderstandsofen *m* ‖ ~ **сопротивления косвенного нагрева [/электрическая]** indirekt beheizter Elektrowiderstandsofen (Widerstandsofen) *m* ‖ ~ **сопротивления прямого нагрева [/электрическая]** direkt beheizter Elektrowiderstandsofen (Widerstandsofen) *m* ‖ ~ **сопротивления/электроплавильная [электрический]** Widerstandsschmelzofen *m* ‖ ~ **Спирле** Spirlet-Ofen *m (NE-Metallurgie)* ‖ ~ **средней частоты [/индукционная]** Mittelfrequenz[induktions]ofen *m* ‖ ~**/среднетемпературная** Mitteltemperaturofen *m* ‖ ~**/сталеплавильная** Stahlschmelzofen *m* ‖ ~**/стекловаренная** Glas[schmelz]ofen *m* ‖ ~**/стекловаренная горшковая** Hafenofen *m* ‖ ~**/сульфатная** Sulfatofen *m* ‖ ~**/сушильная** Trockenofen *m*, Darrofen *m* ‖ ~ **Таммана** *(Met)* Tamman-Ofen *m* ‖ ~**/термическая** *(Härt)* Wärmebehandlungsofen *m*; Glühofen *m*; Vergütungsofen *m* ‖ ~**/тигельная** *(Met)* Tiegelofen *m* ‖ ~**/тигельная индукционная** Induktionstiegelofen *m* ‖ ~**/томильная** *(Härt)* Glühofen *m*; Temperofen *m* ‖ ~**/трёхфазная** Dreiphasenofen *m* ‖ ~**/трёхфазная дуговая** Dreiphasenlichtbogenofen *m* ‖ ~**/трёхъярусная** Tripelofen *m*, Dreietagenofen *m* ‖ ~**/трубчатая** Dreh[rohr]ofen *m*, Rotierofen *m*; Röhrenofen *m*, Rohrofen *m*, Rohrblasenofen *m* *(Destillation)* ‖ ~**/туннельная** Tunnelofen *m*, Kanalofen *m* ‖ ~**/туннельная отжигательная** 1. *(Met)* Tunnelglühofen *m*; 2. *(Glas)* Kanalkühlofen *m* ‖ ~**/туннельная сушильная** Kanaltrockenofen *m*, Kanaltrockner *m* ‖ ~ **Фабер-дю-Фора** *(Met)* Faber-du-Faur-Ofen *m* ‖ ~**/фарфоро-обжигательная** Porzellan[brenn]ofen *m* ‖ ~**/ферросилициевая** Ferrosiliciumofen *m* ‖ ~**/ферросплавная восстановительная** Ferrolegierungsofen *m*, Ferroreduktionsofen *m* ‖ ~ **Фурко/ванная** *(Glas)* Fourcault-Wanne *f* ‖ ~**/хлебопекарная** *(Lebm)* Backofen *m* ‖ ~**/ходовая** *(Bgb)* Fahrüberhauen *n* ‖ ~**/цементационная** *(Härt)* Aufkohlungsofen *m*, Zementierofen *m*, Einsatz[härte]ofen *m* ‖ ~**/цемент[ообжигатель]ная** Zement[brenn]ofen *m* ‖ ~**/цинкдистилляционная** Zinkdestillierofen *m*, Zinkdestillationsofen *m* ‖ ~**/циклонная** Umwälzofen *m* ‖ ~**/циркуляционная газовая** Wälzgasofen *m* ‖ ~**/четырёхгоршковая** *(Glas)* Vierhafenofen *m* ‖ ~**/чугуноплавильная** Schmelzofen *m* für Gußeisen ‖ ~**/шахтная** Schachtofen *m* ‖ ~**/шахтная известеобжигательная** Kalkschachtofen *m* ‖ ~**/шахтная форкамерная** *(Glas)* Schachtvorkammerofen *m* ‖ ~**/шахтная цементная** Zementschachtofen *m* ‖ ~**/шахтно-пламенная** [kombinierter] Schacht-Flammen-Ofen *m* ‖ ~ **швелевания** Schwelofen *m* ‖ ~ **Штурцельберга** *(Met)* Stürzelberg-Ofen *m* ‖ ~**/щелевая** *(Fert)* Stangenenden-Anwärmofen *m (mit schlitzförmiger Öffnung)* ‖ ~**/электрическая** elektrischer (elektrothermischer) Ofen *m*, Elektroofen *m* (s. a. unter* электропечь) ‖ ~**/электродно-соляная** *(Härt)* Elektrodensalzbadofen *m* ‖ ~**/электродоменная** Elektrohochofen *m* ‖ ~**/электродуговая** Lichtbogenofen *m*, Elektrolichtbogenofen *m (s. a. unter* ~**/дуговая)** ‖ ~**/электродуговая сталеплавильная** Elektrolichtbogen-Stahlschmelzofen *m*, Lichtbogenstahlschmelzofen *m* ‖ ~**/электронно-лучевая [плавильная]** Elektronenstrahl[schmelz]ofen *m* ‖ ~**/электрооптикалическая** *(Glas)* Elektrokühlofen *m* ‖ ~**/электроплавильная** Elektroschmelzofen *m*, elektrischer Schmelzofen *m (s. a. unter* электропечь *und* ~**/плавильная)** ‖ ~**/электроплавильная дуговая** Lichtbogenschmelzofen *m* ‖ ~**/электроплавильная индукционная** Induktionsschmelzofen *m* ‖ ~**/электроплавильная подовая** Elektroherdschmelzofen *m* ‖ ~**/электроплавильная тигельная** elektrischer Tiegelschmelzofen *m* ‖ ~**/электросталеплавильная** Elektrostahl[schmelz]ofen *m* ‖ ~**/электрошлаковая** Elektroschlackeofen *m* ‖ ~**/эмалировочная** Emaillierofen *m* ‖ ~**/ямная** *(Met)* Tiefofen *m* ‖ ~**/ярусная** Staffelofen *m*, Etagenofen *m* ‖ ~**/ярусная кондитерская** Etagenkonditorbackofen *m*

печь-термостат *m* Heizthermostat *m*
пешня *f (Schiff)* Eispicke *f*
пещера *f (Geol)* Höhle *f* ‖ ~**/карстовая** Karsthöhle *f* ‖ ~**/обвальная** Einsturzhöhle *f* ‖ ~**/поствулканическая** postvulkanische Höhle *f* ‖ ~**/сталактитовая** Tropfsteinhöhle *f*, Stalaktitenhöhle *f*

п-звено *n (Reg)* P-Glied *n*, Proportionalglied *n*
ПЗС *s.* прибор с зарядовой связью
ПЗУ *s.* устройство/постоянное запоминающее
ПИ *s.* 1. программа/тестовая; 2. искатель/предварительный; 3. программа измерений; 4. пропорционально-интегральный; 5. интерфейс пользователя

пивопровод m Bierleitung f
пигмент m Pigment n ‖ ~/**антикоррозионный** Korrosionsschutzpigment n ‖ ~/**красочный** Farbpigment n ‖ ~/**минеральный** Mineralpigment n ‖ ~/**природный минеральный** Erdpigment n
ПИД s. пропорционально-интегрально-дифференциальный
ПИД-регулятор m (Reg) PID-Regler m
ПИД-составляющая f (Reg) PID-Anteil m
пижонит m (Min) Pigeonit m (Pyroxen)
пизолит m s. камень/гороховой
пик m 1. Spitze f (einer Kurve); Scheitel m, Scheitelwert m; 2. (Geol) Pik m, Bergspitze f; 3. (Schiff) Piek f, Piektank m (Vorpiek, Achterpiek); 4. Spike m (Spikebildung beim ELS) ‖ ~/**белый** (TV) Weißspitze f ‖ ~ **движения** Verkehrsspitze f ‖ ~ **зажигания** (El) Zündspitze f ‖ ~ **импульса** (El) Impulsspitze f ‖ ~ **мощности** Leistungsspitze f ‖ ~ **нагрузки** Lastspitze f, Belastungsspitze f ‖ ~ **напряжения** (El, Fest) Spannungsspitze f ‖ ~ **обратного рассеяния** (Ph) Rückstreuspitze f ‖ ~ **паводка** (Hydt) Hochwasserspitze f, Hochwasserscheitel m ‖ ~ **поглощения** (Eln) Absorptionspeak m ‖ ~ **помех** (Eln) Störspitze f ‖ ~/**суточный** Tagesspitze f ‖ ~ **температуры** Temperaturspitze f ‖ ~ **тока** (El) Stromspitze f ‖ ~ **тока включения** Einschaltstromspitze f
пика f 1. Lanze f; 2. Schürspitze f, Stocher m (Feuerung); 3. s. пик 1.
пикап m Kleinlastwagen m, Lieferwagen m
пик-вольтметр m (El) Spitzenspannungsmesser m
пикелевание n (Led) Pickeln n
пикелевать (Led) pickeln
пикель m (Led) Pickelbrühe f, Pickel m
пикет m 1. (Geod) Pflock m; ausgepflockter Vermessungspunkt m; (Nrt) Mastpflock m; 2. (Eb) Hektometer m (Kilometrierungsmaßeinheit von 100 m)
пикетаж m 1. (Geod) Pflocken n; Abpflocken n, Abpfählen n; 2. (Eb) Hektometrierung f (beim Kilometrieren Unterteilung der 1000-m-Strecke in 100-m-Abschnitte), Stationierung f
пикирование n 1. (Lw) Pikieren n, Ausstecken n; 2. Sturzflug m ‖ ~/**пологое** flacher Sturzflug m
пикировать (Flg) 1. [nach vorn] abkippen; 2. einen Sturzflug ausführen
пиклевать s. пикелевать
пикнит m (Min) Pyknit m (Topas)
пикнометр m (Meß) Pyknometer n (Meßgerät zur Dichtebestimmung)
пи-контур m (Eln) Pi-Filter m, π-Filter n
пикосекундный Pikosekunden..., ps...
пикотаж m (Bgb) Pikotage f (Tübbingausbau)
пикотит m (Min) Picotit m, Chromspinell m
пикофарад m Pikofarad n, pF
пикохрон m elektrooptische Hochgeschwindigkeitskamera f
пикрат m (Ch) Pikrat n
пикриновокислый (Ch) ...pikrat n; pikrinsauer
пикрит m (Geol) Pikrit m
пикрофармаколит m (Min) Pikropharmakolith m
пиксел m (Eln) Pixel n, Bildelement n
пик-трансформатор m (El) Spitzentransformator m

пила f 1. Säge f (als Handwerkszeug); 2. Sägeblatt n (für Holzsägemaschinen); 3. s. unter станок ‖ ~/**ажурная** s. ~/лобзиковая 2. ‖ ~/**алмазная** (Wkz) Trennsäge f (mit Diamantscheibe) ‖ ~/**алмазная дисковая сегментная** Diamantsegmentsägeblatt n ‖ ~/**алмазная полосовая** Diamantgattersägeblatt n ‖ ~/**бензиномоторная** (Forst) Motorsäge f ‖ ~/**бочкообразная** Zylindersäge (Trommelsäge) f mit konvexer (faßförmiger) Mantelfläche (umlaufendes Maschinenwerkzeug zur Herstellung von Faßdauben) ‖ ~/**бревнопильная ленточная** s. ~/широкая ленточная ‖ ~/**бугельная** Bügelsäge f (in Metallbügel gespanntes Sägeblatt) ‖ ~/**выкружная** Schweifsäge f, Gestellsäge f für Schweifschnitt (gespannte Handsäge) ‖ ~ **горячей резки** Warmkreissäge f (Metalltrennsäge für Walzwerke) ‖ ~ **горячей резки/рычажная** Hebelwarmsäge f, waagerechte Pendelwarmsäge f (Trennkreissäge für Walzwerke) ‖ ~ **горячей резки/салазковая** Schlittenwarmsäge f (Trennkreissäge für Träger- und Schienenwalzwerke) ‖ ~/**двуручная поперечная** [normale] Schrotsäge f (für Querschnitt); Waldsäge f (ungespannte Handsäge) ‖ ~/**двуручная продольная** Schrotsäge f für Längsschnitt (Trennschnitt) (ungespannte Handsäge) ‖ ~/**делительная ленточная** s. ~/реброва ленточная ‖ ~/**дисковая** 1. Kreissäge f; Trennsäge f; 2. Kreissägeblatt n ‖ ~/**камнерезная** Steinsäge f ‖ ~/**канатная** (Bgb) Seilschrämgerät n ‖ ~/**качающаяся** Taumelsäge f ‖ ~/**коническая** konische Kreissäge f ‖ ~/**круглая** (Wkz) Kreissägeblatt n ‖ ~/**ленточная** 1. Bandsäge[maschine] f; 2. (Wkz) Bandsägeblatt n ‖ ~/**летучая** (Wlz) fliegende Kreissäge f ‖ ~/**лобзиковая** (Wkz) Dekupiersägeblatt n (für Maschinen); 2. Laubsägeblatt n (für Handlaubsägen) ‖ ~/**лучковая** Spannsäge f ‖ ~/**маятниковая** (Wlz) Pendelsäge f ‖ ~/**маятниковая горячая** Pendelwarmsäge f ‖ ~/**многолезвийная** Gattersäge f ‖ ~/**моторцепная** Kettensäge f mit Verbrennungsmotor ‖ ~/**обрезная** Ablängsäge f ‖ ~/**пилорамная** Gattersägeblatt n ‖ ~/**плоская дисковая** Kreissägeblatt n mit Geradschliffzähnen ‖ ~/**полосовая** Langblattsäge f ‖ ~/**поперечная** 1. Quersägeblatt n (für Steifblattquersägemaschine); 2. s. ~/двуручная поперечная ‖ ~/**поперечная лучковая** Quersäge f, Gestellsäge f für Querschnitt (ungespannte Handsäge) ‖ ~/**проволочная** Fadensäge f ‖ ~/**продольная лучковая** Gestellsäge f für Längsschnitt, Trennsäge f ‖ ~/**прорезная** s. ~/лобзиковая ‖ ~/**рамная** Gattersägeblatt n ‖ ~/**распускная** Trennsäge f, Gestellsäge f für Längsschnitt ‖ ~/**реброва** Sägeblatt n für Trennbandsägen ‖ ~ **с жёстким полотном** 1. Steifblattquersägemaschine f; 2. ungespannte Handsäge f (Fuchsschwanz, Stichsäge) ‖ ~ **с натянутым полотном** gespannte Säge f ‖ ~ **с ненатянутым полотном** ungespannte Säge f ‖ ~/**столярная ленточная** s. ~/узкая ленточная ‖ ~/**строгальная [дисковая]** Hobelkreissägeblatt n (für saubere Längs- und Querschnittflächen) ‖ ~/**твёрдосплавная дисковая** Hartmetall-Kreissägeblatt n ‖ ~ **трения** Reibsäge f (Trennkreissäge für Walzwerke)

пила

|| ~/**угольная** (Bgb) Kohlensäge f || ~/**узкая ленточная** schmales (normales) Bandsägeblatt n für Tischlerbandsägen (für Längs-, Quer- und Schweifschnitt) || ~/**фрикционная** s. ~ трения || ~ **холодной резки** Kaltkreissäge f (Metalltrennsäge für Walzwerke) || ~/**цепная** 1. Sägekette f (Werkzeug); 2. Kettensäge f (transportable Sägemaschine mit Antrieb durch Elektro- oder Verbrennungsmotor) || ~/**шипорезная** Zinkensäge f (Maschinenwerkzeug zur Herstellung von offenen Schwalbenverbänden) || ~/**широкая ленточная** breites Bandsägeblatt n für Block- und Trennbandsägemaschinen || ~/**электрическая дисковая редукторная** elektrische Handkreissäge f mit Untersetzungsgetriebe
пила-мелкозубка f/**лучковая** feingezahnte Gestellsäge f (vornehmlich für Querschnitt)
пиление n Sägen n
пилирование n Pilieren n (Seifenherstellung)
пилировать pilieren (Seife)
пилить (Fert) 1. sägen; 2. feilen
пиллерс m (Schiff) Decksstütze f || ~/**бортовой** Seitenstütze f || ~/**коробчатый** kastenförmige Decksstütze f || ~/**трубчатый** Rohrdecksstütze f || ~/**трюмный** Raumstütze f
пиллингование n (Text) Pill-Bildung f, Pilling n
пиллинг-эффект m (Text) Pillingeffekt m
пиловочник m s. лесоматериал/круглый
пилодержатель m (Wkzm) Sägeblattträger m
пиломатериал m Schnittholz n, Schnittware f || ~/**лиственный** Laubschnittholz n || ~ **лиственных пород** Laubschnittholz n || ~/**необрезной** unbesäumtes Schnittholz n || ~/**обрезной** besäumtes Schnittholz n || ~/**поделочный** Nutzschnittholz n || ~ **радиальной распиловки** Spiegelschnittholz n, Spiegelware f || ~/**строганый** behobeltes Schnittholz n || ~/**строительный** Bauschnittholz n || ~ **тангенциальной распиловки** Tangentialschnittholz n, Fladerschnittholz n || ~/**тарный** Kistenschnittholz n, Packgutschnittholz n || ~/**хвойный** Nadelschnittholz n || ~ **хвойных пород** Nadelschnittholz n || ~/**чистообрезной** Kantholz n
пилон m (Bw) Pylon m, Pylone f; Pfeiler m, Stütze f
пилообразный sägezahnartig; sägezahnförmig, Sägezahn...
пилот m (Hydr) Vorsteuerschieber m, Vorsteuereinrichtung f
пилотаж m (Flg) 1. Kunstflug m; 2. Flugtechnik f || ~/**высший** höherer Kunstflug m || ~/**групповой высший** Kunstflug m im Verband
пилотирование n Flugzeugführung f, Flugzeugsteuerung f
пилотируемый bemannt
пилот-сигнал m (Reg) Steuersignal n
пильгервалок m Pilger[schritt]walze f
пильгерование n (Wlz) Pilger[schritt]walzen n, Pilgern n || ~/**горячее** Warmpilgern n || ~/**многократное** Mehrfachpilgern n || ~/**холодное** Kaltpilgern n
пильгерстан m Pilger[schritt]walzwerk n
пилястра f (Bw) Pilaster m, Wandpfeiler m
пи-мезон m (Kern) Pi-Meson n, π-Meson n, Pion n
пимелит m (Min) Pimelit m, Nickelsaponit m
пинакоид m (Krist) Pinakoid n || ~/**второй** seitliches Pinakoid n, II. Pinakoid n || ~/**основной** Basispinakoid n, III. Pinakoid n || ~/**первый** vorderes Pinakoid n, I. Pinakoid n || ~/**третий** s. ~/основной
пиноль f (Wkzm) Pinole f || ~/**выдвижная** herausfahrbare Pinole f || ~/**резьбонарезная** Gewindeschneidpinole f
пинч m s. пинч-эффект
пинч-эффект m (Kern) Pincheffekt m, eigenmagnetische Kompression f, Selbsteinschnürung f, Einschnüreffekt m
пин-электроника f Pin-Elektronik f
пион m s. пи-мезон
пипетирование n (Ch) Pipettieren n
пипетировать (Ch) pipettieren
пипетка f Pipette f || ~/**взрывная газовая** Explosionspipette f || ~/**газовая** Gaspipette f || ~/**градуированная (измерительная)** Meßpipette f || ~/**обыкновенная** s. ~/простая || ~ **Орса** Orsat-Pipette f || ~/**простая** Vollpipette f || ~/**стеклянная** Glaspipette f
пирамида f 1. (Math, Krist) Pyramide f; 2. (Geod) Pyramide f, Gerüst n || ~ **вицинальная** s. пирамиды роста || ~ **второго рода** (Krist) Pyramide f zweiter Art, Deuteropyramide f || ~/**гексагональная** (Krist) hexagonale Pyramide f || ~/**двенадцатигранная (дигексагональная)** (Krist) dihexagonale Pyramide f || ~/**дитетрагональная** (Krist) ditetragonale Pyramide f || ~/**дитригональная** (Krist) ditrigonale Pyramide f || ~/**квадратная** (Krist) tetragonale Pyramide f || ~/**косая (наклонная)** (Math) schiefe Pyramide f || ~ **первого рода** (Krist) Pyramide f erster Art, Protopyramide f || ~/**правильная** (Math) regelmäßige (reguläre) Pyramide f || ~/**прямая** (Math) gerade (senkrechte) Pyramide f || ~/**ромбическая** (Krist) rhombische Pyramide f || ~/**тетрагональная** (Krist) tetragonale Pyramide f || ~/**треугольная** (Math) dreiseitige Pyramide f || ~/**тригональная** (Krist) trigonale Pyramide f || ~/**усечённая** (Math) Pyramidenstumpf m || ~ **цветов** Farb[en]pyramide f || ~/**четырёхугольная** (Math) vierseitige Pyramide f || ~/**шестиугольная** (Math) sechsseitige Pyramide f
пирамиды fpl **роста** (Krist) Wachstumspyramiden fpl; Vizinalpyramiden fpl
пиранометр m (Meteo) Pyranometer n
пиранометрия f (Meteo) Pyranometrie f (Globalstrahlungsmessung)
пираргирит m (Min) Pyrargyrit m, dunkles Rotgültigerz n, Antimonsilberblende f
пиргелиометр m (Meteo) Pyrheliometer n || ~/**абсолютный** Absolutpyrheliometer n || ~/**компенсационный** Kompensationspyrheliometer n
пиргелиометрия f (Meteo) Aktinometrie f, Pyrheliometrie f
пиргеометр m (Meteo) Pyrgeometer n
ПИ-регулятор m PI-Regler m, proportional-integraler Regler m
пирит m (Min) Pyrit m, Schwefelkies m, Eisenkies m || ~/**медистый** Kupferkies m || ~/**мышьяковый** Arsenkies m
пиритный, пиритовый pyrithaltig, pyritisch, Pyrit...
пирог m Kuchen m (Aufbereitung) || ~ **агломерата** Agglomeratkuchen m, Sinterkuchen m ||

~/**агломерационный (спечённый)** s. ~ агломерата
пирогаз m Pyro[lyse]gas n
пиродинамика f Pyrodynamik f (innere Ballistik)
пирокатехин m (Ch) Brenzcatechin n
пирокластолиты mpl (Geol) vulkanische Tuffe mpl, Pyroklastika fpl
пироксенит m (Geol) Pyroxenit m
пироксены mpl (Min) Pyroxene mpl (Mineralfamilie)
пиролиз m (Ch) Pyrolyse f
пиролит m (Geol) Pyrolith m
пиролузит m (Min) Pyrolusit m; Weichmanganerz n
пиромагнетизм m (Ph) Pyromagnetismus m
пирометаллургический pyrometallurgisch, schmelzmetallurgisch, thermometallurgisch
пирометаллургия f Pyrometallurgie f, Schmelzmetallurgie f, Thermometallurgie f
пирометаморфизм m (Geol) Pyrometamorphose f
пирометр m Pyrometer n, Hochtemperaturmesser m (s. a. ~ излучения) (Erfassen der Wärmestrahlen von Körperoberflächen zur Temperaturbestimmung) ‖ ~/**дилатометрический** Stabpyrometer n ‖ ~/**дистанционный** Fernpyrometer n ‖ ~ **излучения [/оптический]** Strahlungspyrometer n, Strahlenpyrometer n ‖ ~/**контактный** Kontaktpyrometer n, Berührungspyrometer n ‖ ~/**монохроматический оптический** Teilstrahlungspyrometer n, Spektralpyrometer n ‖ ~/**оптический** s. ~ излучения/оптический ‖ ~/**погружной** Tauchpyrometer n ‖ ~ **полного излучения** Vollstrahlungspyrometer n, Ardometer n ‖ ~/**радиационный** 1. [elektrisches] Strahlungspyrometer n, [optisches] Strahlenpyrometer n; 2. s. ~ полного излучения ‖ ~ **рефлекторного типа/радиационный** Hohlspiegelpyrometer n ‖ ~ **рефракторного типа/радиационный** Sammellinsenpyrometer n ‖ ~ **с исчезающей нитью** s. ~ с нитью накала/оптический ‖ ~ **с нитью накала/оптический** Kreuzfadenpyrometer n, [optisches] Glühfadenpyrometer n, Leuchtdichtepyrometer n ‖ ~ **с фотоэлементом [/оптический]** s. ~/фотоэлектрический ‖ ~/**самопишущий** Temperaturschreiber m ‖ ~/**сопротивления** Widerstandspyrometer n ‖ ~/**спектральный** Spektralpyrometer n ‖ ~/**термоэлектрический** thermoelektrisches Pyrometer n ‖ ~/**фотоэлектрический [оптический]** Photoelementpyrometer n, Photozellenpyrometer n ‖ ~/**цветовой** Farbpyrometer n ‖ ~ **частичного излучения** Teilstrahlungspyrometer n ‖ ~/**электрический** Elektropyrometer n ‖ ~/**яркостный** Leuchtdichtepyrometer n, Helligkeitspyrometer n
пирометрический pyrometrisch
пирометрия f Pyrometrie f, Hochtemperaturmessung f
пироморфит m (Min) Pyromorphit m, Buntbleierz n, Grünbleierz n, Braunbleierz n
пироп m (Min) Pyrop m (Granat)
пирописсит m (Geol) Pyropissit m, Wachskohle f, Schwelkohle f
пиропроводимость f Heißleitfähigkeit f
пирореакция f (Ch) Pyroreaktion f
пироселекция f pyrometallurgische Trennung f

пиросернистокислый (Ch) ...disulfit n; pyroschwefligsauer
пиросернокислый (Ch) ...disulfat n; pyroschwefelsauer
пироскоп m (Met) Pyroskop n, Segerkegel m, Schmelzkegel m, Schmelzpunktpyrometer n
пиростатика f Pyrostatik f (innere Ballistik)
пиростибит m s. кермезит
пиросфера f Pyrosphäre f (der Erde)
пиротехника f Pyrotechnik f, Feuerwerkerei f
пиротехнический pyrotechnisch, Feuerwerks...
пирофиллит m (Min) Pyrophyllit m (Tonmineral)
пирофорность f Selbstentzündbarkeit f (von Pulvern; Pulvermetallurgie)
пирофористокислый (Ch) ...diphosphit n; pyrophosphorigsauer
пирофосфорнокислый (Ch) ...diphosphat n; pyrophosphorsauer
пирохлор m (Min) Pyrochlor m, Chalkolamprit m (Mineral seltener Erden)
пироэлектрик m Pyroelektrikum n
пироэлектрический pyroelektrisch
пироэлектричество n Pyroelektrizität f ‖ ~/**истинное** wahre Pyroelektrizität f ‖ ~/**ложное** falsche Pyroelektrizität f
пироэффект m pyroelektrischer Effekt m, Pyroeffekt m
пиррол m (Ch) Pyrrol n
пирротин m (Min) Pyrrhotin m, Magnetkies m, Magnetopyrit m
пирс m (Schiff) Pier m(f) ‖ ~/**достроечный** Ausrüstungspier m
пируват m (Ch) Pyruvat n
пистацит m (Min) Pistazit m (Epidot)
пистолет m (Wkz, Mil) Pistole f ‖ ~ **для точечной сварки** Punktschweißpistole f ‖ ~/**заправочный** Zapfpistole f (an Kraftstoffzapfsäulen) ‖ ~/**металлизационный** Spritzpistole f (zum Aufbringen von Metallüberzügen), Metallisator m ‖ ~/**монтажно-строительный** (Bw) Bolzenschießgerät n ‖ ~/**порошковый** Pulverspritzpistole f ‖ ~/**распылительный** Spritzpistole f ‖ ~/**ручной** (Wkz) Handpistole f ‖ ~/**сварочный** Schweißpistole f ‖ ~/**сигнальный** Signalpistole f ‖ ~/**спортивный** Sportpistole f
пистолет-автомат m (Mil) Maschinenpistole f, Mpi
пистолет-напылитель m s. пистолет-распылитель
пистолет-распылитель m Zerstäuberpistole f, Spritzpistole f (für flüssige Farben u. dgl.)
пистон m Zündhütchen n
питаемый (El) gespeist ‖ ~ **от батареи** batteriegespeist ‖ ~ **от сети** netzgespeist ‖ ~ **переменным током** wechselstromgespeist ‖ ~ **постоянным током** gleichstromgespeist ‖ ~ **со стороны ротора** läufergespeist ‖ ~ **током** stromgespeist
питание n 1. Speisung f, Speisen n, Zufuhr f, Zuführung f; 2. (Met) Beschicken n, Beschickung f (Öfen); Aufgeben n, Aufgabe f, Eintragen n (des Gutes); 3. (Gieß) Speisen n, Nachspeisen n (Gußteile); 4. (El) Speisung f, Einspeisung f; Versorgung f (z. B. mit Energie); 5. (Fert) Zuführung f; 6. (Bgb) Schüttung f (Schrotbohren); 7. (Geol) Nährung f (Gletscher) • **с батарейным питанием** (El) batteriegespeist • **с двусторон-**

питание

ним питанием *(El)* zweiseitig [ein]gespeist • с питанием от [электро]сети *(El)* netzgespeist • с питанием со стороны ротора *(El)* läufergespeist • с питанием со стороны статора *(El)* ständergespeist ‖ ~/**аварийное** *(El)* Notstromspeisung *f* ‖ ~/**батарейное** Batteriespeisung *f*; Batteriebetrieb *m* ‖ ~/**береговое** *(Schiff)* Landeinspeisung *f*, Landanschluß *m* ‖ ~/**бесхолстовое** *(Text)* Flockespeisung *f*, wickellose Speisung *f* ‖ ~/**бункерное** 1. Beschickung *f* vom Bunker aus; 2. *(Text)* Füllschachtspeisung *f* ‖ ~/**вакуумное** *(Glas)* Saugspeisung *f* ‖ ~ **ватки/поперечное** *(Text)* Quer[faser]speisung *f (Krempel)* ‖ ~ **ватки/продольное** *(Text)* Längs[faser]speisung *f* ‖ ~/**верхнее** 1. *(El)* Oben[ein]speisung *f (einer Antenne)*; 2. obere Aufgabe *f (Aufbereitung)* ‖ ~ **волноводом** *(El)* Hohlleiterspeisung *f* ‖ ~ **горючим** *(Kfz)* Kraftstoffzufuhr *f* ‖ ~/**двустороннее** *(El)* zweiseitige Speisung *f* ‖ ~/**дистанционное** *(Nrt)* Fernstromversorgung *f*, Fernspeisung *f* ‖ ~ **дробью** *(Bgb)* Schrotzufuhr *f (Bohrung)* ‖ ~/**индивидуальное** *(El)* Einzelspeisung *f* ‖ ~/**капельное** *(Glas)* Tropf[en]speisung *f* ‖ ~ **ледника** *(Geol)* Gletschernährung *f* ‖ ~/**магазинное** *(Wkzm)* Beschickung *f* vom Magazin aus ‖ ~/**мокрое** Naßbeschickung *f*, Beschickung *f* mit aufgeschlämmtem Gut *(Aufbereitung)* ‖ ~ **напряжением** *(El)* Spannungsspeisung *f* ‖ ~/**непрерывное** kontinuierliche Beschickung *f* ‖ ~/**нижнее** 1. *(El)* Fuß[punkt]speisung *f (einer Antenne)*; 2. untere Aufgabe *f (Aufbereitung)* ‖ ~/**обратное** *(El)* Rückspeisung *f* ‖ ~/**одиночное** *(El)* Einzelspeisung *f* ‖ ~ **от батареи** Batteriespeisung *f* ‖ ~ **от сети** *(El)* Netzspeisung *f* ‖ ~ **от центральной батареи** *(Nrt)* Zentralbatteriespeisung *f*, ZB-Speisung *f*, ZB-Stromversorgung *f* ‖ ~ **от электросети** *(El)* Netzspeisung *f* ‖ ~ **от электросети переменного тока** Wechselstromnetzspeisung *f* ‖ ~ **от электросети постоянного тока** Gleichstromnetzspeisung *f* ‖ ~ **переменным током** *(El)* Wechselstromspeisung *f* ‖ ~ **подземных вод/искусственное** *(Hydrol)* Grundwasseranreicherung *f* ‖ ~/**последующее** *(Gieß)* Nachspeisung *f (des Gußkörpers)* ‖ ~ **постоянным током** *(El)* Gleichstromspeisung *f* ‖ ~/**резервное** *(El)* Reserveeinspeisung *f* ‖ ~/**ручное** *(Met, Fert)* Handbeschickung *f*, Beschickung *f* von Hand ‖ ~ **с берега** *(Schiff)* Landeinspeisung *f*, Landanschluß *m* ‖ ~ **с ротора** *(El)* Läuferspeisung *f* ‖ ~/**сетевое** *(El)* Netzspeisung *f* ‖ ~/**смешанное** *(El)* gemischte Speisung *f* ‖ ~ **со статора** *(El)* Ständerspeisung *f* ‖ ~/**тазовое** *(Text)* Kannenspeisung *f* ‖ ~ **током** Stromspeisung *f* ‖ ~/**универсальное** *(El)* Allstromspeisung *f* ‖ ~/**уплотняющее** *(Gieß)* Dichtspeisung *f (des Gußkörpers)* ‖ ~/**холстовое** *(Text)* Wickelspeisung *f* ‖ ~/**шунтовое** *(El)* Nebenschlußspeisung *f* ‖ ~ **электрическим током** *(El)* Stromspeisung *f*

питатель *m* 1. Speiser *m*, Einspeisevorrichtung *f*, Feeder *m*, Zuteilvorrichtung *f*, Zuführeinrichtung *f*, Beschickungsvorrichtung *f*, Aufgabevorrichtung *f*, Aufgabeapparat *m*; Bunkerabzugsvorrichtung *f*, Bunkerentleerungsvorrichtung *f*; 2. *(Gieß)* Anschnitt *m*, Auslauf *m*, Zulauf *m*, Einlauf *m (Gießsystem)*; 3. *(Gieß)* Steiger *m*; 4. *(El)* Speiseleitung *f*; 5. *(Schiff)* Füllschacht *m* ‖ ~/**барабанный** Walzenspeiser *m*, Trommelaufgeber *m*, Trommelspeiser *m*, Zellenradspeiser *m*, Speisewalze *f*, Walzenaufgeber *m* ‖ ~/**бункерный** 1. *(Fert)* Bunkerzubringer *m*; 2. *(Text)* Flockespeiser *m* ‖ ~/**бункерный вибрационный** *(Fert)* Rüttelbunker *m* ‖ ~/**бункерный двухкамерный** *(Text)* Flockespeiser *m* mit geteiltem Schacht *m* ‖ ~/**валковый (вальцовый)** Walzenzubringer *m*, Walzenspeiser *m*, Aufgabewalzen *fpl* ‖ ~/**весовой** Waagespeiser *m* ‖ ~/**вибрационный** Schüttelaufgeber *m*, Vibrationsspeiser *m*, Vibrospeiser *m*, Aufgabevibrator *m*, Schüttelspeiser *m*, Rüttelspeiser *m* ‖ ~/**винтовой** *s.* ~/**шнековый** ‖ ~/**встряхивающий** *s.* ~/**вибрационный** ‖ ~/**выпускной** *(Glas)* Zapfenspeiser *m (Glasautomat)* ‖ ~/**головной** *(Text)* Kastenspeiser *m (Baumwollspinnerei)* ‖ ~/**головной сдвоенный** *(Text)* Doppelkastenspeiser *m* ‖ ~/**гравитационный** Schwerkraftzubringer *m* ‖ ~/**грейферный** Greiferzubringer *m* ‖ ~/**дисковый** Tellerаufgeber *m*, Tellerspeiser *m*, Scheibenzubringer *m* ‖ ~/**дозирующий** Dosiereinrichtung *f*, Aufgabeeinrichtung *f (s. a. unter* дозатор*)* ‖ ~/**звездчатый** *s.* ~/**лопастный** ‖ ~/**зерновой** Getreidefeeder *m* ‖ ~/**капельный** *(Glas)* Tropfenspeiser *m* ‖ ~/**качающийся** 1. Schubwagenspeiser *m (Aufbereitung)*; 2. *s.* ~/**вибрационный** ‖ ~/**кипный** *(Text)* Ballenspeiser *m* ‖ ~/**круглый** *(Gieß)* Ringanschnitt *m* ‖ ~/**ленточный** Abzugsband *n*, Zuteilerband *n*, Aufgabeband *n*, Bandzuteiler *m*, Bandaufgeber *m*, Bandzubringer *m* ‖ ~/**лопастный** Zellenrad *n*, Zellenradspeiser *m*, Zellenradaufgeber *m*, Zellenradzuteiler *m*, Zellenraddosator *m*, Zellenraddosierer *m* ‖ ~/**лотковый** 1. Rinnenaufgeber *m (Aufbereitung)*; 2. *(Bw)* Becherwerksspeiser *m*, Becherwerksbeschicker *m* ‖ ~/**маятниковый** Schwingspeiser *m*, Pendelspeiser *m* ‖ ~/**напорный** *(Gieß)* Druckanschnitt *m*, Druckauslauf *m* ‖ ~/**обратный** Rückspeiser *m*, Rückspeiseventil *n* ‖ ~/**пластинчатый** Aufgabeplattenband *n*, Plattenbandspeiser *m*, Abzugsplattenband *n* ‖ ~/**плоский** *(Gieß)* Flachanschnitt *m*, Flachauslauf *m* ‖ ~/**плунжерный** Plungeraufgabevorrichtung *f*, Tauchkolbenaufgabevorrichtung *f*, Schubspeiser *m*, Kolbenspeiser *m* ‖ ~/**пневматический** Druckluftspeiser *m*, Druckluftaufgeber *m* ‖ ~/**поршневой** *s.* ~/**плунжерный** ‖ ~/**резервный** Reservespeiser *m* ‖ ~/**роликовый** Rollenspeiser *m* ‖ ~/**секторный** Rundbeschicker *m* ‖ ~/**синхронный** Synchronspeiser *m*, zwangsgesteuerter Zuteiler *m* ‖ ~/**скользящий** Schubspeiser *m* ‖ ~/**скребковый** Kratzbandaufgeber *m* ‖ ~/**сотрясательный** Schüttelspeiser *m*, Rüttelspeiser *m (s. a.* ~/**вибрационный***)* ‖ ~/**стаканчиковый** *(Gieß)* Büchsenspeiser *m* ‖ ~/**струйчатый** *(Glas)* Fließspeiser *m* ‖ ~/**тарельчатый** Telleraufgeber *m*, Tellerspeiser *m*, Aufgabeteller *m* ‖ ~/**угарный** *(Text)* Abfallspeiser *m (Baumwollspinnerei)* ‖ ~/**усадочный** *(Gieß)* Speiser *m*, Steiger *m*, Saugmassel *f*; verlorener Kopf *m* ‖ ~/**цепной** Kettenspeiser *m*, Kettenaufgeber *m* ‖ ~/**червячный** Zuteilschnecke *f*, Schneckenzuteiler *m (s. a.* ~/**шнековый***)* ‖ ~/**черпаковый** Schöpfaufgeber *m* ‖ ~/**шнековый** Abzugsschnecke *f*; Schnecken-

speiser *m*, Aufgabeschnecke *f*, Schneckenaufgeber *m*, Schneckenspeisevorrichtung *f*, Speiseschnecke *f* ‖ ~/**щелевой** *s*. ~/**плоский** ‖ ~/**ячейковый** *s*. ~/**лопастный** ‖ ~/**ящичный** Kastenspeiser *m*, Kastenbeschicker *m*
питатель-грохот *m* Siebspeiser *m*
питатель-люк *m (Schiff)* Trimmöffnung *f (Schüttgutfrachter)*
питатель-смеситель *m (Text)* Ballenöffner *m*, Mischballenöffner *m*
питатель-термостат *m* Speiserthermostat *m*
питать 1. beschicken; 2. beladen; 3. *(El)* [ein]speisen
питомник *m* 1. Baumschule *f*; 2. Zuchtstätte *f* für Tiere *(z. B. Hundezucht)*
питтинг *m (Masch)* Punktkorrosion *f*, Pittingkorrosion *f*, Pitting *n*
пи́тч *m (Masch)* Pitch *m*, Pitch-Teilung *f*, Zollteilung *f (Zahnrädern)* ‖ ~/**диаметральный** Diametralpitch *m*
пи-фотомезон *m (Kern)* Pi-Photomeson *n*, π-Photomeson *n*, Photopion *n*
пищеблок *m (Bw)* Großküche *f*
пищик *m (Nrt)* Ticker *m*, Unterbrecher *m*
ПК *s*. 1. котёл/паровой; 2. перфокарта; 3. компенсация/продольная; 4. компьютер/персональный
пк *s*. парсек
ПКГ *s*. генератор/полупроводниковый квантовый
ПКД *s*. 1. круг дальности/подвижный; 2. кольцо дальности/подвижное
пкм *s*. пассажирокилометр
ПКХМ *s*. машина/парокомпрессионная холодильная
ПЛ *s*. 1. перфолента; 2. лазер/полупроводниковый
плав *m* Schmelze *f*, Bad *n*, Schmelzfluß *m* ‖ ~/**восстановительный** reduktive Schmelze *f*, Reduktionsschmelze *f* ‖ ~/**окислительный** oxidative Schmelze *f*, Oxidationsschmelze *f* ‖ ~/**содовый** Sodaschmelze *f* ‖ ~/**трала** Auftriebsmittel *npl* des Schleppnetzes ‖ ~/**щелочной** Alkalischmelze *f*
плавание *n* 1. Schwimmen *n*; 2. *(Schiff)* Fahren *n*, Fahrt *f*, Reise *f* ‖ ~/**балластное** Ballastfahrt *f* ‖ ~ **без огней** Fahren *n* ohne Positionslichter ‖ ~/**безопасное** sichere Schiffahrt *f* ‖ ~/**ближнее** ‖ ~/**малое** ‖ ~/**большое** *s*. ~/**дальнее** ‖ ~ **в стеснённых водах** Revierfahrt *f* ‖ ~ **в тумане** Nebelfahrt *f* ‖ ~ **в узкости** Revierfahrt *f* ‖ ~/**внутреннее** Binnenschiffahrt *f* ‖ ~ **во льдах** Eisfahrt *f* ‖ ~/**дальнее** Große Fahrt *f*, Hochseefahrt *f* ‖ ~/**заграничное** Auslandsfahrt *f* ‖ ~/**каботажное** *s*. ~/**малое** ‖ ~/**летнее** Sommerschiffahrt *f* ‖ ~/**малое** kleine Fahrt *f*, kleine Schiffahrt *f*, Küstennahfahrt *f* ‖ ~/**ночное** Nachtfahrt *f* ‖ ~/**речное** Flußschiffahrt *f*, Stromschiffahrt *f* ‖ ~ **с огнями** Fahren *n* mit Positionslichtern ‖ ~/**учебное** Schulschiffahrt *f*, Ausbildungsfahrt *f*, Ausbildungsreise *f*
плавать 1. schwimmen; 2. fahren *(Schiff)*; zur See fahren *(Seemann)*
плавающий *(Masch)* schwimmend [gelagert]
плавбаза *f* Mutterschiff *n* ‖ ~/**консервная** Konservenfabrikmutterschiff *n* ‖ ~/**рыбоконсервная** Fischkonservenfabrikmutterschiff *n* ‖ ~/**рыбоприёмная** Übernahmemutterschiff *n* ‖ ~/**рыбопромысловая** Fischereimutterschiff *n* ‖ ~/**сельдяная плавучая** Heringsmutterschiff *n*
плавдок *m* Schwimmdock *n*
плавень *m* Flußmittel *n*, Fluß *m*, Schmelzmittel *n*; *(Met)* Zuschlag *m*, Schmelzzuschlag *m*, Zuschlagmaterial *n*
плавильник *m* Schmelzkessel *m*
плавильный Schmelz...
плавильня *f* Schmelzhütte *f*, Schmelzerei *f*
плавить 1. *(Ph)* schmelzen; 2. *(Met)* [er]schmelzen, einschmelzen, verhütten
плавка *f* 1. *(Ph)* Schmelzen *n* (Übergang aus dem festen in den flüssigen Zustand); 2. *(Met)* Schmelzen *n*, Erschmelzen *n*, Einschmelzen *n*; Schmelzverfahren *n*, Schmelzprozeß *m*, Verhüttung *f*; 3. *(Met)* Schmelze *f*, Charge *f* ‖ ~/**автогенная** autogenes (selbstgängiges) Schmelzen *n* ‖ ~/**бессемеровская** 1. Bessemern *n (Schmelzen im Bessemerkonverter)*; 2. Bessemerschmelze *f (Schmelze für die Bessemerbirne)* ‖ ~/**бестигельная** Schwebeschmelzen *n*, tiegelfreies Schmelzen *n* ‖ ~/**бестигельная зонная** tiegelfreies Zonenschmelzen *n*, Zonenfloating *n* ‖ ~/**бесфлюсовая** Schmelzen *n* mit selbstgängiger Schlacke ‖ ~ **в атмосфере защитного газа/плазменная** Plasmaschmelzen *n* unter Schutzgas ‖ ~ **в вагранке** *s*. ~/**ваграночная** ‖ ~ **в вакууме** 1. Vakuumschmelzen *n*, Vakuumschmelzverfahren *n*; 2. Vakuumschmelze *f* ‖ ~ **в дуговой печи** Lichtbogenschmelzen *n*, Lichtbogenschmelzverfahren *n* ‖ ~ **в шахтной печи** Schachtofenschmelz[verfahr]en *n*, Schachtofen[schmelz]prozeß *m* ‖ ~/**ваграночная** 1. Kupolofenschmelzen *f*, Kupolofenschmelze *f* ‖ ~/**вакуум-индукционная** Vakuuminduktionsschmelz[verfahr]en *n* ‖ ~/**вакуумная** ~ **в вакууме** ‖ ~/**ватержакетная** Steinschmelzen *n* im Wassermantelofen ‖ ~/**взвешенная** Schwebeschmelz[verfahr]en *n* ‖ ~ **во взвешенном состоянии** Schwebeschmelz[verfahr]en *n* ‖ ~/**восстановительная** reduzierendes Schmelzen *n*, Reduktionsschmelzen *n*, reduzierende Schmelzbehandlung *f*, Reduktions[schmelz]arbeit *f* ‖ ~/**горновая** Herdofenprozeß *m (Röstreaktionsschmelzen)* ‖ ~/**дефектная** Fehlschmelze *f* ‖ ~/**доменная** 1. Hochofenschmelzverfahren *n*; 2. Hochofenschmelze *f* ‖ ~/**дуговая** 1. Lichtbogenschmelz[verfahr]en *n*; 2. Lichtbogen[ofen]schmelze *f* ‖ ~/**дуговая вакуумная** 1. Vakuumlichtbogenschmelzen *n*; 2. Vakuumlichtbogenschmelze *f* ‖ ~/**дуговая зонная** Zonenschmelzen *n* mit Flammenbogen ‖ ~/**забракованная** Fehlschmelze *f* ‖ ~/**зонная** 1. Zonenschmelzen *n*, Zonenschmelze *f* ‖ ~/**зонная вертикальная** vertikales Zonenschmelzen *n* ‖ ~/**зонная горизонтальная** horizontales Zonenschmelzen *n* ‖ ~/**электронно-лучевая** Elektronenstrahl[zonen]schmelzen *n*, Elektronenstrahl[zonen]schmelzverfahren *n* ‖ ~/**индукционная** 1. Schmelzen *n* im Induktionsofen, Induktionsofenschmelzverfahren *n*; 2. Induktionsofenschmelze *f* ‖ ~/**индукционная вакуумная** 1. Vakuuminduktionsschmelz[verfahr]en *n*; 2. Schmelze *n* aus dem Vakuuminduktionsofen ‖ ~/**капельная**

плавка

Abtropfschmelz[verfahr]en *n* ‖ ~/**кислая** 1. Schmelzen *n* auf saurem Herd; 2. saure Schmelze *f* ‖ ~/**кислородно-факельная** Sauerstoffschwebeschmelzen *n* ‖ ~/**коксовая** Koksmetallurgie *f* ‖ ~/**концентрационная** Konzentrationsschmelzen *n*, Schmelzen *n* auf Konzentrationsstein ‖ ~/**мартеновская** 1. Schmelzen *n* im Siemens-Martin-Ofen (SM-Ofen); 2. Siemens-Martin-Ofen-Schmelze *f*, SM-Ofen-Schmelze *f* ‖ ~/**медно-серная** Onkla-Verfahren *n (NE-Metallurgie)* ‖ ~ **на горячем дутье** Heißwindschmelzen *n*, Heißblasearbeit *f (Schachtofen)* ‖ ~ **на кислом поду** 1. oxidierendes Schmelzen *n*, Schmelzen *n* auf saurem Herd; 2. saure Schmelze *f* ‖ ~ **на основном поду** 1. reduzierendes Schmelzen *n*, Schmelzen *n* auf basischem Herd; 2. basische Schmelze *f* ‖ ~ **на роштейн** *s*. ~ **на штейн** ‖ ~ **на холодном дутье** Kaltwindschmelzen *n*, Kaltblasearbeit *f (Schachtofen)* ‖ ~ **на черновой металл** *s*. ~ **на штейн** ‖ ~ **на штейн** Steinarbeit *f*, Steinschmelzen *n*, Roh[stein]schmelzen *n*, Roharbeit *f (NE-Metallurgie)* ‖ ~/**неокислительная** nichtoxidierendes Schmelzen *n* ‖ ~/**обогатительная** Konzentrationsschmelzen *n*, Spurarbeit *f (NE-Metallurgie)* ‖ ~/**окислительная** oxidierendes Schmelzen *n*, Oxidationsschmelzen *n*, oxidierende Schmelzebehandlung *f*, Oxidationsschmelzarbeit *f*; Rohgarmachen *n (Rohkupfer)* ‖ ~/**опытная** 1. Versuchsschmelzen *n*; 2. Versuchsschmelze *f*, Probeschmelze *f* ‖ ~/**осадительная** niederschlagendes Schmelzen *n*, Niederschlagsschmelzen *n (NE-Metallurgie)* ‖ ~/**основная** *s*. ~ **на основном поду** ‖ ~/**отражательная** Flammofenschmelzen *n*, Flammofenschmelzen *n (NE-Metallurgie)* ‖ ~/**очистительная** 1. Garschmelzen *n*, Gararbeit *f*; 2. Feinen *n*, Raffinieren *n (Blei)* ‖ ~/**пиритная** pyritisches Schmelzen *n*, Pyritschmelzen *n (NE-Metallurgie)* ‖ ~/**плазменная (плазменно-дуговая)** Plasmaschmelz[verfahr]en *n* ‖ ~/**полупиритная** Halbpyritschmelzen *n (Kupferverhüttung)* ‖ ~/**предварительная** 1. Vorschmelzen *n*; 2. Vorschmelze *f* ‖ ~/**разделительная** trennendes Schmelzen *n*, Trennungsschmelzen *n*, Kopfund Bodenschmelzen *n (von Kupfer-Nickel-Feinstein)* ‖ ~/**раскислительная** reduzierendes Schmelzen *n* ‖ ~/**реакционная** Reaktionsschmelzen *n*, Reaktionsarbeit *f* ‖ ~ **с подхватом/зонная** intermittierendes Zonenschmelzverfahren *n* ‖ ~/**сократительная** *s*. ~/концентрационная ‖ ~ **стали на поду** Herdfrischen *n* ‖ ~/**сырая** Rohschmelzen *n*, Roharbeit *f (NE-Metallurgie)* ‖ ~/**тигельная** 1. Tiegel[ofen]schmelzen *n*, Tiegel[ofen]schmelzverfahren *n*; 2. Tiegelofenschmelze *f* ‖ ~/**шахтная** 1. Schacht[ofen]schmelze *n*, Schacht[ofen]schmelzverfahren *n*; 2. Schachtofenschmelze *f* ‖ ~/**шлакующая** verschlackendes Schmelzen *n* ‖ ~/**шлихов** Schlichsschmelzen *n*, Verhütten *n* von Naßkonzentraten *(NE-Metallurgie)* ‖ ~/**щелочная** Alkalischmelzen *n*, Verschmelzen *n* mit Alkali[hydroxiden] ‖ ~/**электрическая** 1. Elektro[ofen]schmelzen *n*, Elektro[ofen]schmelzverfahren *n*; 2. Elektroofenschmelze *f* ‖ ~/**электродуговая** 1. Lichtbogenschmelzen *n*, Lichtbogenschmelzverfahren *n*; 2. Schmelze *f* aus dem Lichtbogenofen ‖ ~ **электронной бомбардировкой/зонная** Zonenschmelzen *n* durch Elektronenbeschuß ‖ ~/**электронно-лучевая** 1. Elektronenstrahlschmelzen *n*, Elektronenstrahlschmelzverfahren *n*; 2. Schmelze *f* aus dem Elektronenstrahlofen ‖ ~/**электрошлаковая** Elektroschlacke[um]schmelzen *n*, Elektroschlacke[um]schmelzverfahren *n*, ESU-Schmelzverfahren *n*

плавкий schmelzbar, Schmelz...; schmelzflüssig

плавкомагнитный liquidmagnetisch

плавкость *f* Schmelzbarkeit *f*

плавкран *m* Schwimmkran *m*

плавление *n* Schmelzen *n* (*s. a. unter* плавка 1., 2.)

плавленный в вакууме vakuumgeschmolzen

плавмагазин *m (Schiff)* Versorgungsschiff *n*, schwimmende Versorgungseinrichtung *f*

плавмастерская *f* Werkstattschiff *n*

плавмаяк *m* Feuerschiff *n*

плавни *pl (Met)* Zuschlagstoffe *mpl*, Zuschläge *mpl*

плавник *m* 1. Flosse *f*, Schwimmflosse *f*; 2. Schwemmholz *n*

плавникорезка *f* Flossenschneider *m (Fischverarbeitung)*

плавность *f* 1. Sanftheit *f*, Weichheit *f*; Gleichmäßigkeit *f*; Flüssigkeit *f (einer Bewegung)*; 2. Stufenlosigkeit *f (z. B. der Regelung)*; 3. *(Masch)* Laufruhe *f*; 4. *(Schiff)* strakende Form *f* ‖ ~ **хода** *(Eb)* Laufgüte *f (Schienenfahrzeug)*

плавный 1. weich, sanft; gleichmäßig (*z. B.* Bewegung); stetig; kontinuierlich; 2. stufenlos (*z. B.* Regelung); 3. *(Schiff)* strakend

плавсредство *n* Wasserfahrzeug *n* ‖ ~/**амфибийное** Amphibienwasserfahrzeug *n*

плавучесть *f (Schiff)* 1. Schwimmfähigkeit *f*; 2. Auftrieb *m*, Auftriebskraft *f* ‖ ~/**дополнительная** Zusatzauftrieb *m* ‖ ~/**остаточная** Restauftrieb *m (z. B. der Regelung)* ‖ ~/**отрицательная** negativer Auftrieb *m*, Untertrieb *m* ‖ ~/**положительная** Auftrieb *m* ‖ ~/**потерянная** Auftriebsverlust *m*

плагиоклазы *mpl (Min)* Plagioklase *mpl (Natronfeldspatfamilie)*

плагионит *m (Min)* Plagionit *m*, Rosenit *m (Bleierz)*

плаз *m (Schiff)* Schnürboden *m*

плазма *f* 1. *(Ph)* Plasma *n*; 2. *(Min)* Plasma *m (Abart von Chalzedon)* ‖ ~ **высокого давления** Hochdruckplasma *n* ‖ ~/**высокотемпературная** Hochtemperaturplasma *n* ‖ ~/**высокочастотная** Hochfrequenzplasma *n* ‖ ~/**газоразрядная** Gasentladungsplasma *n* ‖ ~/**гелиевая** Heliumplasma *n* ‖ ~ **горячая** heißes Plasma *n* ‖ ~ **дуги** *s*. ~/дуговая ‖ ~/**дуговая** Bogenplasma *n*, Lichtbogenplasma *n* ‖ ~/**дуговая аргоновая** Argon-Bogenplasma *n* ‖ ~/**изотермическая** isothermes Plasma *n* ‖ ~/**ионизированная** ionisiertes Plasma *n* ‖ ~/**ионная** Ionenplasma *n* ‖ ~/**искрового разряда** Funkenplasma *n* ‖ ~/**лазерная** Laserplasma *n* ‖ ~/**нетермическая** nichtisothermes Plasma *n* ‖ ~ **низкого давления** Niederdruckplasma *n* ‖ ~ **низкой энергии** Niederenergieplasma *n* ‖ ~/**низкотемпературная** Niedertemperaturplasma *n* ‖ ~ **пламени** Flammenplasma *n* ‖ ~ **разряда** Entladungsplasma *n* ‖ ~ **световой дуги** Lichtbogenplasma *n*, Bogenplasma *n* ‖ ~/**тер-**

мическая thermisches Plasma *n* ‖ **~/холодная** kaltes Plasma *n* ‖ **~/электронная** Elektronenplasma *n*
плазмаграмма *f* Plasma[chromato]gramm *n*
плазмапауза *f* Plasmapause *f*
плазматрон *m* Plasmatron *n*, Plasmastrahlerzeuger *m* ‖ **~/высокочастотный** Hochfrequenzplasmatron *n* ‖ **~/100-киловаттный секционированный** *(Ph)* 100-kW-Kaskaden-Plasmatron *n*
плазмахроматограмма *f* Plasma[chromato]gramm *n*
плазменный Plasma...
плазмограф *m* Plasmagraph *m*
плазмон *m (Ph)* Plasmon *n*
плазмостойкость *f* Plasma[ätz]widerstand *m*, Plasma[ätz]beständigkeit *f*
плазмотрон s. плазматрон
плазовый *(Schiff)* Schnürboden...
плакантиклиналь *f (Geol)* Plakantiklinale *f*, breite Antiklinale *f*, Beule *f*
плакирование *n* 1. Plattieren *n*, Plattierung *f (Bleche)*; 2. *(Gieß)* Umhüllen *n (Maskenformstoff)* ‖ **~ внедрением** Einlageplattieren *n (Pulvermetallurgie)* ‖ **~/горячее** 1. Warmplattieren *n (Bleche)*; 2. *(Gieß)* Heißumhüllen *n*, Heißumhüllung *f (Maskenformverfahren)* ‖ **~ погружением** Tauchplattieren *n*, Gußplattieren *n* ‖ **~/холодное** *(Gieß)* Kaltumhüllen *n*, Kaltumhüllung *f (Maskenformverfahren)*
плакировать 1. plattieren *(Bleche)*; 2. *(Gieß)* umhüllen *(Maskenformstoff)*
плакировка *f* s. плакирование
пламя *n* 1. Flamme *f (s. a. unter* факел*)*; 2. Feuer *n* ‖ **~/ацетиленовое** *(Schw)* Acetylenüberschußflamme *f*, reduzierende Flamme *f* ‖ **~/ацетилено-воздушное** *(Schw)* Acetylen-Luft-Flamme *f* ‖ **~/ацетилено-кислородное** *(Schw)* Acetylen-Sauerstoff-Flamme *f*; Schweißflamme *f* ‖ **~/верхнее** Oberflamme *f* ‖ **~/водородное** *(Schw)* Wasserstoffflamme *f* ‖ **~/водородно-кислородное** *(Schw)* Wasserstoff-Sauerstoff-Flamme *f* ‖ **~/восстановительное** reduzierende Flamme *f*, Reduktionsflamme *f* ‖ **~/восстановительное сварочное** reduzierende Schweißflamme *f* ‖ **~/вспышки** Zündflamme *f* ‖ **~/газосварочное** *s*. **~/сварочное** ‖ **~/голое** offene Flamme *f* ‖ **~/дежурное** *(Schw)* Zündflamme *f*, Anzündflamme *f* ‖ **~/дуги** *(Schw)* Lichtbogenflamme *f* ‖ **~/жёсткое** *(Schw)* harte Flamme *f* ‖ **~/жёсткое сварочное** harte Schweißflamme *f* ‖ **~/запальное** Zündflamme *f* ‖ **~/колошниковое** *(Met)* Gichtflamme *f* ‖ **~/ламинарное** laminare Flamme *f* ‖ **~/мягкое** *(Schw)* weiche Flamme *f* ‖ **~/науглероживающее** *(Schw)* karbonisierende Flamme *f*, Acetylenüberschußflamme *f* ‖ **~/нейтральное** *(Schw)* Normalflamme *f* ‖ **~/несветящееся** nichtleuchtende Flamme *f*, Heizflamme *f (des Gasbrenners)* ‖ **~/нижнее** Unterflamme *f* ‖ **~/нормальное** *(Schw)* Normalflamme *f* ‖ **~/окислительное** oxidierende Flamme *f*, Oxidationsflamme *f* ‖ **~/острое** Stichflamme *f* ‖ **~/паяльное** 1. Lötflamme *f*, Gebläseflamme *f*; 2. *(Glas)* Verschmelzflamme *f* ‖ **~/подковообразное** Hufeisenflamme *f*, U-Flamme *f* ‖ **~/подогревательное (подогревающее)** *(Schw)* Vorwärmflamme *f*, Heizflamme *f (Schneidbrenner)* ‖ **~/режущее** *(Schw)* Schneidflamme *f* ‖ **~/сварочное** *(Schw)* Schweißflamme *f* ‖ **~/светящееся** leuchtende Flamme *f*, Leuchtflamme *f*
план *m* 1. Plan *m*; Entwurf *m*; 2. Übersicht *f*; 3. *(Bw)* Grundriß *m* ‖ **~ в горизонталях** *(Geod)* Schichtenplan *m* ‖ **~/вентиляционный** *(Bgb)* Wetterriß *m* ‖ **~/генеральный** Übersichtsplan *m*, Lageplan *m* ‖ **~/генеральный градостроительный** *(Bw)* Generalbebauungsplan *m* ‖ **~ горизонта** *(Bgb)* Sohlenriß *m* ‖ **~ горных работ** *(Bgb)* Grubenriß *m* ‖ **~/грузовой** *(Schiff)* Ladeplan *m*, Stau[ungs]plan *m* ‖ **~ движения** Bewegungsplan *m* ‖ **~ загрузки [судна]** *s*. **~/грузовой** ‖ **~/задний** Hintergrund *m* ‖ **~ застройки** Bebauungsplan *m* ‖ **~/кабельной трассы/ситуационный** *(El)* Kabellageplan *m* ‖ **~ капиталовложений** Investitionsplan *m* ‖ **~ контроля** Prüfplan *m (Qualitätskontrolle)* ‖ **~/контурный** *(Masch)* Profilbild *n (Verzahnung)* ‖ **~/маркшейдерский** Markscheiderriß *m* ‖ **~ непрерывного отбора** Prüfplan *m* für kontinuierliche Stichprobenentnahme *(Qualitätskontrolle)* ‖ **~/общий** Gesamtübersicht *f*, Lageplan *m* ‖ **~ отбора** Stichprobenplan *m (Qualitätskontrolle)* ‖ **~ очистных работ** *(Bgb)* Abbaugrundriß *m* ‖ **~ палуб** *(Schiff)* Decksplan *m* ‖ **~/передний** Vordergrund *m* ‖ **~ приёмочного выборочного контроля** Annahmestichprobenplan *m (Qualitätskontrolle)* ‖ **~/производственный** Produktionsplan *m* ‖ **~ разработки** *s*. **~ горных работ** ‖ **~ распределения частот** *(El)* Frequenzplan *m* ‖ **~ рудника** *(Bgb)* Grubenriß *m* ‖ **~ сбыта** Absatzplan *m* ‖ **~/ситуационный** Lageplan *m* ‖ **~ транспортных путей/генеральный** *(Bw)* Generalverkehrsplan *m* ‖ **~/учебный** Lehrplan *m*
планахромат *m (Opt)* Planachromat *m (Mikroskop)*
планёр *m* 1. Segelflugzeug *n*, Gleiter *m*, Gleitflugzeug *n*; 2. Flug[zeug]zelle *f*; 3. Raketenkörper *m*; 4. Tragwerk *n (bei Starrflüglern)* ‖ **~/высотный** Höhensegler *m* ‖ **~/грузовой** Lastensegler *m* ‖ **~/космический** *(Raumf)* Raumgleiter *m* ‖ **~/транспортный** Lastensegler *m*
планеризм *m* Segelflugsport *m*, Segelfliegerei *f*
планёр-паритель *m* Hanggleiter *m*, Hängegleiter *m*
планет *m (Lw)* Radhacke *f*
планета *f (Astr)* Planet *m*, Wandelstern *m* ‖ **~/большая** Riesenplanet *m*, Großer Planet *m* ‖ **~/верхняя** oberer Planet *m* ‖ **~/внешняя** äußerer Planet *m* ‖ **~/внутренняя** innerer Planet *m* ‖ **~/возмущённая** gestörter Planet *m* ‖ **~ земного типа** erdähnlicher Planet *m* ‖ **~/малая** *s*. планетоид ‖ **~/нижняя** unterer Planet *m*
планета-гигант *f s*. планета/большая
планетарий *m* Planetarium *n*
планетный planetar, Planeten...
планетоведение *n (Astr)* Planetenkunde *f*
планетогенезис *m (Astr)* Planetenentstehung *f*
планетоид *m (Astr)* Planetoid, Asteroid *m*, kleiner Planet *m*
планетология *f (Astr)* Planetenkunde *f*
планетоцентрический planetozentrisch

планиметр *m* Planimeter *n*, Flächenmesser *m* ‖ **~/дисковый** Schneidenradplanimeter *n* ‖ **~/линейный** Linearplanimeter *n* ‖ **~/обобщённый** Momentenplanimeter *n* ‖ **~/полярный** Polarplanimeter *n* ‖ **~/радиальный** Radialplanimeter *n* ‖ **~/фотоэлектрический** photoelektrisches Planimeter *n*

планиметрия *f (Math)* Planimetrie *f*, ebene Geometrie *f*

планирование *n* 1. Planen *n*; 2. *(Geod, Bw)* Planieren *n*, Einebnen *n*; 3. *(Flg)* Gleitflug *m* ‖ **~/автоматизированное** rechnergestützte Planung *f* ‖ **~/безмоторное** motorloser Gleitflug *m* ‖ **~/ремонтно-строительное** *(Bw)* Baureparaturplanung *f* ‖ **~/сетевое** Netzplanung *f* ‖ **~/текущее** *(Flg)* laufende Planung *f (Hauptteilprozeß der Flugsicherung)*

планировать 1. planen *n*; 2. *(Geod)* planieren, einebnen; 3. *(Flg)* gleiten, im Gleitflug fliegen

планировка 1. *(Fert)* Aufstellplan *m*, Grundrißplan *m*; 2. *(Masch)* Anordnung *f (von Ausrüstungen)*; 3. *s.* планирование 1.; 2. ‖ **~/круговая** *(Masch)* Rundanordnung *f (von Ausrüstungen)* ‖ **~/линейная** *(Masch)* einreihige Reihenanordnung *f* ‖ **~/линейно-параллельная** *(Masch)* zweireihige Reihenanordnung *f* ‖ **~/районная** *(Bw)* Gebietsplanung *f*

планировщик *m* 1. *(Wkzm)* Planiergerät *n*; 2. *(Inf)* Scheduler *m (Steuerprogramm)* ‖ **~/главный** *(Inf)* Master-Scheduler *m* ‖ **~ заданий** *(Inf)* Job-Scheduler *m*, Job-Disponent *m* ‖ **~ каналов** *(Inf)* Kanal-Scheduler *m*, Kanalverwalter *m* ‖ **~ откосов** *(Bw)* Böschungsplaniergerät *n*, Böschungshobel *m* ‖ **~/последовательный** *(Inf)* sequentieller Scheduler *m* ‖ **~ программ** *(Inf)* Programmablaufplaner *m*

планисфера *f (Astr)* Planisphäre *f*, Planiglob[ium] *n (Darstellung der Erd- oder Himmelskugel auf ebener Fläche)*

планка *f* 1. Leiste *f*, Latte *f*; 2. *(Masch)* Schiene *f*; Lasche *f*; 3. *(Schiff)* Planke *f* ‖ **~/бакаутовая** *(Schiff)* Pockholzstab *m (Stevenrohrlager)* ‖ **~/бортовая** Randleiste *f* ‖ **~/гребенная** *(Text)* Nadelstab *m*, Nadelleiste *f* ‖ **~/зажимная** 1. *(Eb)* Klemm[en]leiste *f*; 2. *(Masch)* Spannleiste *f* ‖ **~/закрытая киповая** *(Schiff)* geschlossene Verholklampe *f* ‖ **~/замыкающая** *(Flg)* Abschlußleiste *f (Flügel)* ‖ **~/игольчатая** *(Text)* Nadelstab *m*, Nadelleiste *f (Nadelstabstrecke)*; Stiftbelagbrettchen *n (Reißwolf)* ‖ **~/киповая** *(Schiff)* Verholklampe *f*, Festmacherklampe *f*, Lippklampe *f*, Lippe *f* ‖ **~/клиновая** *(Masch)* Keilleiste *f* ‖ **~/кольцевая** *(Text)* Ringbank *f*, Ringschiene *f (Ringspinnmaschine)* ‖ **~/крепительная** *(Schiff)* Nagelbank *f* ‖ **~/кулачковая** *(Masch)* Nockenleiste *f* ‖ **~/монтажная** *(El)* Lötösenplatte *f*; Lötösenleiste *f* ‖ **~/нажимная** *(Masch)* Druckleiste *f* ‖ **~/направляющая** Führungsschiene *f*, Führungsleiste *f*, Lineal *n*; *(Masch)* Lenkleiste *f*; *(Schm)* Anlegeleiste *f (Gesenk)* ‖ **~ нитеводителя** *(Text)* Fadenführerschiene *f* ‖ **~/носовая киповая** *(Schiff)* Bugklampe *f* ‖ **~/опорная** *(Masch)* Stützleiste *f* ‖ **~/откидная** klappbare Leiste *f* ‖ **~/открытая киповая** *(Schiff)* offene Verholklampe *f* ‖ **~/очистительная** *s.* **~/чистительная** ‖ **~/подигольная** *(Text)* Einstreichblech *n (Rundwirk-*

maschine) ‖ **~/продольная** Längsleiste *f* ‖ **~/ремизная** *(Text)* Schaftstab *m (Webstuhl)* ‖ **~/роульсовая киповая** *(Schiff)* Rollenverholklampe *f* ‖ **~ с роульсами/киповая** *(Schiff)* Rollenverholklampe *f* ‖ **~/соединительная** 1. *(El)* Anschlußleiste *f*; 2. *(Masch)* Verbindungslasche *f* ‖ **~/стопорная** Sicherungsleiste *f* ‖ **~ трепала** *(Text)* Schlagschiene *f (Schlagmaschine)* ‖ **~/треугольная** *(Schiff)* Dreiecksplatte *f (Ladegeschirr)* ‖ **~/упорная** Anschlagleiste *f* ‖ **~/чистительная** *(Text)* Putzleiste *f*; Putzbrett *n*, Putzbrettchen *n*, Putzplatte *f (Bandvereinigungsmaschine, Ringspinnmaschine)* ‖ **~/шарнирная** Gelenkleiste *f*

планка-съёмник *m (Masch)* Abstreifer *m*, Abstreiferplatte *f*

планмонохромат *m (Opt)* Planmonochromat *m*

планобъектив *m (Opt)* Planobjektiv *n (Mikroskop)*

плансуппорт *m (Wkzm)* Plansupport *m*

плантаж *m (Lw)* Tiefpflugkultur *f*, Tiefbearbeitung *f* des Bodens *(60 bis 100 cm)*; Tieffurche *f (bei Anlage von Weinbergen und Obstpflanzungen)*

плантация *f (Lw)* Plantage *f*, Pflanzung *f*

планшайба *f (Wkzm)* Planscheibe *f (Drehmaschine)*; Aufspannplatte *f (Karusselldrehmaschine)* ‖ **~/внешняя** äußere Planscheibe *f* ‖ **~/внутренняя** innere Planscheibe *f*

планшет *m (Geod)* Meßtischplatte *f*; Zeichenbrett *n*, Zeichenunterlage *f* ‖ **~/манёвренный** *(Schiff)* Manöverindikator *m* ‖ **~/накладной оптический** *(Schiff)* Reflexions-Aufsatzplotter *(Radar)* ‖ **~/радиолокационный** *(Schiff)* Radarzeichengerät *n*, Radarplotgerät *n*, Radarspinne *f*

планширь *m (Schiff)* Schanzkleidprofil *n*, Relingsprofil *n (auf einem Schiff)*; Dollbord *m (Boot)*

пласт *m* 1. *(Geol, Bgb)* Schicht *f*, Flöz *n*, Bank *f*, Lage *f*, Band *n*, Lager *n*, Mittel *n*; 2. *(Text)* Lage *f*, Schicht *f*, Strähne *f* ‖ **~ в висячем боку** Hangendflöz *n* ‖ **~ в лежачем боку** Liegendflöz *n* ‖ **~/вертикальный** seiger einfallendes Flöz *n* ‖ **~/верхний** Oberflöz *n*, Hangendflöz *n*, Hangendschicht *f* ‖ **~/висячий** Hangendflöz *n* ‖ **~/водоносный** 1. *(Hydt)* Wasserstockwerk *n*, wasserführende Schicht *f*; 2. *(Hydrol) s.* горизонт/водоносный ‖ **~/водоупорный** undurchlässige Schicht *f* ‖ **~/вскрытый** 1. ausgerichtetes Flöz *n (Tiefbau)*; 2. freigelegtes Flöz *n (Tagebau)* ‖ **~/газоносный (газовый)** gasführende Schicht *f* ‖ **~/главный** Hauptflöz *n* ‖ **~/горизонтальный** horizontal lagerndes Flöz *n*, horizontal lagernde Schicht *f* ‖ **~/защитный** Schutzflöz *n* ‖ **~ земли** 1. *(Geol)* Erdschicht *f*; 2. *(Lw)* Erdstreifen *m* ‖ **~ каменной соли** Steinsalzlager *n* ‖ **~ каменноугольный** Steinkohlenflöz *n* ‖ **~ клочков** *(Text)* Flockeschicht *f* ‖ **~/крутой** steil einfallendes Flöz *n* ‖ **~/крутопадающий** steil einfallende Schicht *f* ‖ **~/лежачий** Liegendflöz *n* ‖ **~/маломощный** geringmächtige Schicht *f*, Flöz *n* geringer Mächtigkeit ‖ **~/мощный** mächtige Schicht *f*, Flöz *n* großer Mächtigkeit ‖ **~/наклонный** schwebendes Flöz *n*, geneigte (tonnlagige) Schicht *f* ‖ **~/нефтеносный (нефтяной)** Erdölschicht *f*, Erdölhorizont *m*, Erdölspeicher *m*, Ölträger *m*, erdölführende Schicht *f*; Erdöllager *n* ‖ **~/нижний** untere Schicht *f*, unteres Flöz *n*, Lie-

gendflöz n ‖ ~/**опрокинутый** überkippte Schicht f, entgegengesetzt einfallendes Flöz n (über 90°) ‖ ~/**отдающий** produktive Schicht f, Förderhorizont m (Bohrung) ‖ ~/**пологопадающий** flach einfallende Schicht f ‖ ~/**почвенный** Bodenschicht f ‖ ~/**раздвоенный** Gabelflöz n, Doppelflöz n ‖ ~/**рудный** Erzflöz n, Erzschicht f ‖ ~/**руководящий** Leitflöz n, Leitschicht f ‖ ~/**сильнонаклонный** stark geneigt einfallendes Flöz n ‖ ~/**слабонаклонный** schwach geneigt einfallendes Flöz n ‖ ~/**соленосный** salzführende Schicht f ‖ ~/**соляной** Salzflöz n, Salzschicht f ‖ ~ **средней мощности** mittleres Flöz n, Flöz n mittlerer Mächtigkeit ‖ ~/**средний** s. ~ средней мощности ‖ ~/**суглинка** Lettenschicht f ‖ ~/**тонкий** geringmächtiges Flöz n ‖ ~/**угольный** Kohlenflöz n ‖ ~/**фонтанный** Schicht f mit hohem Druck (Gasoder Wasserdruck) ‖ ~/**чечевицеобразный** linsenförmige Schicht f
пластик m Kunststoff m (s. a. unter пластмасса) ‖ ~/**акриловый** Akrylharz n ‖ ~/**белковый** Proteinkunststoff m ‖ ~/**древеснослоистый** Holzschichtpreßstoff m, Schichtpreßholz n ‖ ~/**древесный** Kunstholz n ‖ ~/**кремнийорганический** siliciumorganischer Kunststoff m ‖ ~/**литой** Gießharz n, Gußharz n ‖ ~/**поливинилхлоридный** Polyvinylchloridkunststoff m ‖ ~/**полиэфирный** Polyester[harz n] m ‖ ~/**слоистый** Schicht[preß]stoff m ‖ ~/**термопластичный** thermoplastischer (nichthärtbarer) Kunststoff m, Thermoplast m ‖ ~/**термореактивный** duroplastischer (härtbarer) Kunststoff m, Duroplast m, Duromer n, duroplastisches Hochpolymer n
пластика f Plastik f ‖ ~ **изображения** (TV) Bildplastik f
пластикат m (Gum) Plastikat n
пластикатор m (Gum) 1. Plastikator m (Substanz); 2. Mastiziermaschine f
пластикация f (Gum) Plastizierung f, Plastizieren n ‖ ~/**механическая** mechanische Plastizierung f, Mastikation f ‖ ~/**термическая** thermische Plastizierung f, Wärmeplastizieren n
пластина f 1. Lamelle f, Platte f (s. a. unter пластинка); Streifen m; 2. (Led) Schiene f; 3. (Eln) Scheibe f, Wafer m ‖ ~/**аккумуляторная** (El) Akkumulator[en]platte f ‖ ~/**алмазная** (Wkz) Diamantabrichtplatte f ‖ ~/**алюминиевая [формная]** (Typ) Aluminiumdruckplatte f ‖ ~/**анодированная** eloxierte Platte f ‖ ~/**анодная** (El) Anodenplatte f ‖ ~/**биметаллическая [формная]** (Typ) Bimetall[druck]platte f ‖ ~/**вертикального отклонения** (El) Vertikalablenkplatte f, Y-Platte f ‖ ~/**волоконная** Faserplatte f ‖ ~ **временного отклонения** (El) Zeitablenkplatte f ‖ ~ **горизонтального отклонения** (El) Horizontalablenkplatte f, X-Platte f ‖ ~/**двусторонняя [формная]** (Typ) Sandwichdruckplatte f ‖ ~/**дефлекторная** (El) Ablenkplatte f ‖ ~ **для негативного копирования [/формная]** (Typ) Negativdruckplatte f ‖ ~ **для позитивного копирования [/формная]** (Typ) Positivdruckplatte f ‖ ~ **для травления** (Typ) Ätzplatte f ‖ ~/**защитная** Abschirmplatte f ‖ ~/**коллекторная** (El) Kommutatorlamelle f, Stromwenderlamelle f ‖ ~/**кольцевая** Ringplatte f ‖ ~ **конденсатора**

(El) Kondensatorplatte f ‖ ~/**контактная** 1. (El) Kontaktlamelle f; 2. Ansprengplatte f ‖ ~/**кремниевая** (Eln) Wafer m, Siliciumscheibe f, Si-Scheibe f ‖ ~/**крепёжная** Befestigungsplatte f ‖ ~/**линзовая** (Typ) Linsenplatte f ‖ ~/**лучеобразующая** (El) Strahlblech n, Beamplatte f ‖ ~/**магнитная** Magnetplatte f ‖ ~/**мартенситная** (Wkst) Martensitplatte f ‖ ~/**медная** Kupferplatte f; Kupferlamelle f ‖ ~/**монометаллическая офсетная формная** (Typ) Monometall-Offsetdruckplatte f ‖ ~/**монометаллическая формная** (Typ) Monometalldruckplatte f ‖ ~/**направляющая** Führungsblech n, Gleitblech n ‖ ~/**неразделённая** (Eln) nichtvereinzelte Scheibe f ‖ ~/**облучаемая** (Eln) Treffplatte f ‖ ~/**отклоняющая** (El) Ablenkplatte f ‖ ~/**отрицательная** (El) Minusplatte f ‖ ~/**офсетная [формная]** (Typ) Offsetdruckplatte f ‖ ~/**охлаждающая** Kühllamelle f; Kühlblech n ‖ ~/**панцирная** Panzerplatte f ‖ ~/**перфорированная** Lochplatte f ‖ ~/**печатная** (Typ) Druckplatte f ‖ ~/**плавающая** (Wkzm) schwimmend gelagerte Platte f ‖ ~/**плавкая** (El) Abschmelzstreifen m (Streifensicherung) ‖ ~/**плоская** Planplatte f ‖ ~/**плоская стеклянная** Planglasplatte f ‖ ~/**плоскопараллельная** planparallele Platte f, Planparallelplatte f ‖ ~/**плоскопараллельная стеклянная** [planparalleles] Glasprüfmaß n ‖ ~ **подложки** (Eln) Substratscheibe f ‖ ~/**полиметаллическая формная** (Typ) Mehrmetalldruckform f ‖ ~/**положительная** (El) positive Platte f, Plusplatte f (Akkumulator) ‖ ~/**полупроводниковая** Halbleiterscheibe f ‖ ~/**предварительно очувствлённая** (Typ) vorsensibilisierte (vorbeschichtete) Platte f ‖ ~/**прибойная** (Text) Schußanschlagplatine f ‖ ~/**прижимная** (Masch) Andruckplatte f ‖ ~/**противоположная** (El) Gegenplatte f (Akkumulator) ‖ ~/**противорежущая** (Lw) Gegenschneide f, Gegenmesser n ‖ ~ **развёртки** (Eln) Ablenkplatte f ‖ ~/**разделённая** (Eln) vereinzelte Scheibe f (geritzt und gebrochen) ‖ ~/**разделительная** (Gieß) Trennkern m, Kragenkern m, Kehlkern m; Teilerplatte f ‖ ~/**резинотканевая [офсетная]** (Typ) Gummi[druck]tuch n ‖ ~/**решетчатая** (El) Gitterplatte f (Akkumulator) ‖ ~/**роторная** (El) Rotorplatte f (eines Drehkondensators) ‖ ~ **с полным набором изображений структур/кремниевая** (Eln) fertig strukturierte Siliciumscheibe (Si-Scheibe) f ‖ ~/**сигнальная** (El) Signalplatte f ‖ ~/**скрайбированная** (Eln) geritzte Scheibe f ‖ ~/**статорная** (El) Statorplatte f (eines Drehkondensators) ‖ ~/**стеклянная** Glasplatte f ‖ ~/**стереотипная** (Typ) Stereotypieplatte f ‖ ~/**стружкоотводная** (Wkzm) Spanleitplatte f ‖ ~/**триметаллическая** (Typ) Trimetallplatte f ‖ ~/**упорная** Anschlagplatte f ‖ ~/**управляющая** (El) Steuerplatte f ‖ ~/**фильтрационная** Filterplatte f ‖ ~ **фильтр-пресса** Filter[pressen]platte f ‖ ~/**фильтрующая** Filterplatte f ‖ ~/**формная** (Typ) Druckplatte f ‖ ~/**формная алюминиевая** Aluminiumdruckplatte f ‖ ~/**фотогидрофильная** (Typ) photohydrophile Platte f ‖ ~/**фотополимеризующаяся** (Typ) photopolymere Platte f ‖ ~/**цинковая** (Typ) Zinkplatte f ‖ ~/**цинковая офсетная** Offset-Zink[druck]platte f

Si-пластина

Si-пластина f (Eln) Siliciumscheibe f
пластина-диск f (El) Scheibenlamelle f
пластина-звёздочка f (El) Lamellenstern m
пластина-подложка f (Eln) Substratplatte f
пластина-электрод f (El) Scheibenelektrode f
пластинка f Platte f, Plättchen n, Scheibe f, Lamelle f (s. a. unter пластина); (Wkz) Schneidplatte f, Schneidplättchen n ‖ **~алмазная двухслойная** (Wkz) Diamantzweischichtplatte f, Diamantsandwichplatte f (Platte aus Hartmetall oder anderen Materialien mit einer Diamantschicht) ‖ **~/быстрорежущая** (Wkz) Schneidplatte f (Schneidplättchen n) aus Schnellarbeitsstahl, HSS-Wendeschneidplatte f, HSS-Schneidplatte f, HSS-Schneidplättchen n ‖ **~ винтовая режущая** (Wkz) wendelförmiges Schneidplättchen n ‖ **~/выпрямительная** (El) Gleichrichterplättchen n ‖ **~/германиевая** (Eln) Germaniumplättchen n ‖ **~/граммофонная** Schallplatte f ‖ **~/графитовая** (Wkst) Graphitlamelle f ‖ **~/двухслойная** (Wkz) Zweischichtschneidplatte f, Zweischichtschneidplättchen n, Sandwichplatte f ‖ **~/делительная** s. **~/светоделительная** ‖ **~/диапозитивная** (Photo) Diapositivplatte f ‖ **~/долгоиграющая** Langspielplatte f, LP f ‖ **~/зонная** (Opt) Zonenplatte f ‖ **~ из быстрорежущей стали** s. **~/быстрорежущая** ‖ **~ из твёрдого сплава** s. **~/твердосплавная** ‖ **~/кварцевая** (El) Quarzplättchen n ‖ **~/керамическая [режущая]** (Wkz) keramisches Schneidplättchen n, Keramikschneidplatte f, Keramikschneidplättchen n, Schneidkeramikplatte f, Schneidkeramikplättchen n, Keramikwendeschneidplatte f ‖ **~/компенсационная** (Opt) Kompensationsplatte f, Kompensatorplatte f ‖ **~ кристалла** (Eln) Kristallplatte f; Chip m ‖ **~/круглая неперетачиваемая** (Wkz) runde Wendeschneidplatte f, Rundplatte f ‖ **~/минералокерамическая [режущая]** (Wkz) oxidkeramische Schneidplatte f, oxidkeramisches Schneidplättchen n, Oxidkeramikschneidplatte f, Oxidkeramikschneidplättchen n ‖ **~/многогранная [режущая]** (Wkz) mehrkantige Schneidplatte f, mehrkantiges Schneidplättchen n, Schneidplatte f (Schneidplättchen n) mit mehreren Schneidkanten ‖ **~/многослойная** Mehr[fach]schichtplatte f, mehrschichtige Platte f ‖ **~/негативная** (Photo) Negativplatte f ‖ **~/неперетачиваемая [режущая]** (Wkz) Wendeschneidplatte f, Wendeschneidplättchen n, Wegwerfschneidplatte f, Wegwerfschneidplättchen n ‖ **~/обыкновенная граммофонная** Normal[rillen]platte f ‖ **~/опорная** Grundplatte f; Stützplatte f ‖ **~/отклоняющая** (El) Ablenkplatte f ‖ **~/отражательная** (Opt) Reflexionsplättchen n ‖ **~/отрезная неперетачиваемая** (Wkz) Abstechwendeschneidplatte f, Abstechwendeschneidplättchen n, Abstechplatte f, Abstechplättchen n, Stechplatte f ‖ **~/перетачиваемая [режущая]** (Wkz) Nachschleifplatte f, Nachschleifplättchen n ‖ **~/плоскопараллельная** (Opt) planparallele Platte f, Planparallelplatte f ‖ **~/поворотная режущая** (Wkz) Wendeschneidplatte f, Wendeschneidplättchen n, Wegwerfschneidplatte f, Wegwerfschneidplättchen n ‖ **~/полуволновая** (Eln, Opt) Halbwellenplatte f, $\lambda/2$-Platte f ‖ **~/полупроводниковая** (Eln)

Halbleiterplättchen n; Halbleiterscheibe f, Wafer m ‖ **~/правящая** (Wkz) Abrichtplatte f ‖ **~/прорезная неперетачиваемая** (Wkz) Nutstechplatte f, Nutstechplättchen n, Nutschneidwendeplatte f, Nutschneidwendeplättchen n ‖ **~/противоореольная** (Photo) lichthoffreie Platte f ‖ **~/пятигранная режущая** (Wkz) Fünfkantschneidplatte f, Fünfkantschneidplättchen n ‖ **~/режущая** (Wkz) Schneidplatte f, Schneidplättchen n ‖ **~/рентгеновская** Röntgenplatte f ‖ **~/репродукционная** (Photo) phototechnische Platte f, Repro[duktions]platte f ‖ **~/ромбическая неперетачиваемая** (Wkz) rhombische Wendeschneidplatte f, Kopierplatte f ‖ **~/ромбическая режущая** (Wkz) rhombische Schneidplatte f, rhombisches Schneidplättchen n ‖ **~ с стружколомательной канавкой** (Wkz) Wendeschneidplatte f (Wendeschneidplättchen n) mit [eingepreßter] Spanleitstufe f ‖ **~/светоделительная** (Opt) Trennplatte f, Teilungsplatte f, Teilerplatte f ‖ **~/светочувствительная** (Photo) lichtempfindliche Platte f ‖ **~/слюдяная** (Krist, Opt) Glimmerplättchen n (Kompensator) ‖ **~/сменная перетачиваемая** s. **~/перетачиваемая** ‖ **~/стеклянная** Glasplatte f ‖ **~/стереофоническая граммофонная** Stereoschallplatte f ‖ **~/стружколомательная** (Wkz) Spanbrecher m, Spanbrecherplatte f ‖ **~/твердосплавная** (Wkz) Hartmetallplatte f, Hartmetallplättchen n, Hartmetallwendeschneidplatte f, Hartmetallschneidplättchen n ‖ **~/трёхгранная неперетачиваемая [режущая]** (Wkz) Dreikantwendeschneidplatte n, Dreikantschneidplättchen n ‖ **~/трёхгранная [режущая]** (Wkz) Dreikantschneidplatte f, Dreikantschneidplättchen n ‖ **~/фазовая** (Opt) Phasenplatte f ‖ **~/фасонная** (Wkz) Formstück n, Formplatte f, Profilplatte f ‖ **~/фасонная неперетачиваемая** (Wkz) Profilwendeschneidplatte f ‖ **~/фотографическая** Photoplatte f ‖ **~/четвертьволновая** (Opt) $\lambda/4$-Platte f ‖ **~/четырёхгранная неперетачиваемая [режущая]** (Wkz) Vierkantwendeschneidplatte f, Vierkantschneidplättchen n ‖ **~/четырёхгранная [режущая]** (Wkz) Vierkantschneidplatte f, Vierkantschneidplättchen n ‖ **~/шестигранная неперетачиваемая [режущая]** (Wkz) Sechskantwendeschneidplatte f, Sechskantwendeschneidplättchen n ‖ **~/шестигранная [режущая]** (Wkz) Sechskantschneidplatte f, Sechskantschneidplättchen n
пластинодержатель m Plattenhalter m
пластинчатый plattenförmig, Platten...; lamellar, Lamellen...; blättchenartig; schichtig; streifig, Streifen...
пластификатор m (Ch) Plastifikator m, Plastifizierungsmittel n, Weichmacher m
пластификация f (Ch) Plasti[fi]zierung f ‖ **~/предварительная** Vorplasti[fi]zierung f
пластифицирование s. пластификация
пластифицировать plasti[fi]zieren
пластицировать (Gum) plastizieren, abbauen; mastizieren (mechanisch abbauen)
пластично-неупругий plastisch-unelastisch
пластичность f 1. Plastizität f, Bildsamkeit f, Formbarkeit f, Verformbarkeit f; 2. (Met) Formänderungsvermögen n ‖ **~ в нагретом состоя-**

нии Warmbiegsamkeit f ⫽ ~ краски *(Typ)* Farbduktilität f ⫽ ~ кристаллов Kristallplastizität f
пластично-упругий plastisch-elastisch
пластичный 1. gestaltungsfähig, bildsam, formbar, plastisch; 2. *(Bw)* weich angemacht *(Mörtel, Beton)*
пластмасса f Kunststoff *m*, Plast *m (s. a. unter* пластик*)* ⫽ ~/**акриловая** Akrylharz *n* ⫽ ~/**аминоальдегидная** Aminoplast *m* ⫽ ~/**анилиноальдегидная** Anilinharz *n* ⫽ ~/**вспененная (газонаполненная)** Schaum[kunst]stoff *m*, Leichtstoff *m* ⫽ ~/**конденсационная** Polykondensat[ions]kunststoff *m*, Kondensationskunststoff *m* ⫽ ~/**поливинилхлоридная** Polyvinylchloridkunststoff *m*, PVC-Kunststoff *m* ⫽ ~/**полиэфирная** Polyester *m*, Polyesterharz *n* ⫽ ~/**термопластичная** thermoplastischer (nichthärtbarer) Kunststoff *m*, Thermoplast *m* ⫽ ~/**термореактивная** duroplastischer (härtbarer) Kunststoff *m*, Duroplast *m*, Duromer *n*, duroplastisches Hochpolymer *m* ⫽ ~/**фенолоальдегидная** Phenolharz *n* ⫽ ~/**целлюлозная** Celluloseplast *m*
пластмассовый Kunststoff..., Plast...
пластобетон *m (Bw)* Plastbeton *m (Kunststoff als Bindemittel)*
пластомер *m (Ch)* Plastomer *n*
пластометр *m (Gum)* Plastometer *n* ⫽ ~/**быстродействующий** Schnellplastometer *n* ⫽ ~/**выдавливающий** Ausflußplastometer *n* ⫽ **дефо** Deformations[meß]gerät *n*, Defometer *n* ⫽ ~/**торсионный** Torsionsplastometer *n*
пластометрия f *(Mech)* Plastometrie f, Plastizitätsmessung f
пластообразный lagenartig, flözartig, geschichtet
пластырь *m (Schiff)* Lecksegel *n*
плата f 1. Zahlung f; 2. Gebühr f; 3. *(Eln)* Platte f, Leiterplatte f, Substrat *n* • **на плате** auf der Leiterplatte, on-board ⫽ ~/**гибкая печатная** *(Eln)* flexible Leiterplatte f ⫽ ~/**«двойного европейского формата»** *(Eln)* Doppeleuropakarte f ⫽ ~/**двусторонняя печатная** *(Eln)* Zweiebenenleiterplatte f, Zweilagenleiterplatte f, durchkontaktierte Leiterplatte f, DKL ⫽ ~/**двухслойная печатная** *s.* ~/двусторонняя печатная⫽ ~/**жёсткая печатная** *(Eln)* starre Leiterplatte f ⫽ ~ **за использование** Benutzungsgebühr f ⫽ ~/**изоляционная** Isolierstoffplatte f ⫽ ~/**керамическая** Keramikplatte f ⫽ ~/**микропроцессорная** *(Eln)* Mikroprozessorsteckeinheit f, Mikroprozessorkarte f, Mikroprozessorplatine f ⫽ ~/**миниатюрная печатная** *(Eln)* Miniaturleiterplatte f ⫽ ~/**многослойная печатная** *(Eln)* Mehrlagenleiterplatte f, MLL ⫽ ~/**монтажная** *(El)* Montageplatte f; Grundplatte f ⫽ ~/**однослойная печатная** *(Eln)* Einlagenleiterplatte f ⫽ ~/**односторонняя печатная** *(Eln)* Einebenenleiterplatte f ⫽ ~/**основная** Grundgebühr f ⫽ ~ **памяти** *(Eln)* Speicherkarte f ⫽ ~/**печатная** *(Eln)* [gedruckte] Leiterplatte f, Platine f ⫽ ~/**провозная** Fracht f, Frachtgeld *n* ⫽ ~ **с интегральными схемами малой степени интеграции/печатная** *(Eln)* digitale Leiterplatte f mit SSI-Schaltkreisen ⫽ ~ **с интегральными схемами средней степени интеграции/печатная** *(Eln)* digitale Leiterplatte f mit MSI-Schaltkreisen ⫽ ~ **с металлической основой/печатная** *(Eln)* Metallkernleiterplatte f ⫽ ~ **с печатным монтажом** *s.* ~/печатная ⫽ ~/**системная** Systemplatine f *(eines Rechners)* ⫽ ~/**смонтированная печатная** *(Eln)* bestückte Leiterplatte f ⫽ ~/**стандартная печатная** *(Eln)* Standardleiterplatte f ⫽ ~/**теплопроводная печатная** *(Eln)* wärmeableitende Leiterplatte f ⫽ ~/**унифицированная печатная** *(Eln)* Einheitsleiterplatte f ⫽ ~ **ускорителя** *(Eln)* Beschleunigerkarte f ⫽ ~ **центрального процессора** *(Eln)* Prozessorleiterplatte f, CPU-Platine f ⫽ ~/**ЭЛТ/фронтальная** *(TV)* Bildröhrenfrontplatte f
платина f 1. *(Ch)* Platin *n*, Pt; *(Met)* Platin *n*; 2. *(Text)* Platine f *(Wirkerei)* ⫽ ~/**ворсовая** *(Text)* Polplatine f ⫽ ~/**губчатая** Platinschwamm *m* ⫽ ~ **для уточной нити/трубчатая** *(Text)* Schußfadenführerröhrchen *n* ⫽ ~/**жёсткозакреплённая** *(Text)* feststehende Platine f *(englische Rundwirkmaschine)* ⫽ ~/**закладная** *(Text)* Einlegeplatine f ⫽ ~/**заключающая** *(Text)* Einschließplatine f ⫽ ~/**кулирная** *(Text)* Kulierplatine f ⫽ ~/**наносящая** *(Text)* Niederhalteplatine f ⫽ ~/**отбойная** *(Text)* Abschlagplatine f ⫽ ~/**платировочная** *(Text)* Wendeplatine f *(Rundwirkmaschine)* ⫽ ~/**подвижная** *(Text)* bewegliche Platine f *(Rundwirkmaschine)* ⫽ ~/**распределительная** *(Text)* Verteilplatine f ⫽ ~/**рисуночная** *s.* ~/платировочная ⫽ ~ **с высокой пяткой** *(Text)* Hochfußplatine f ⫽ ~/**сбрасывающая** *(Text)* Abschlagplatine f
платинирование *n* Platinieren *n*, Platinierung f
платинировать platinieren, mit Platin überziehen
платинит *m (Min)* Platynit *m*
платиновый Platin...
платинодержатель *m (Text)* Platinenhalter *m (Rundwirkmaschine)*
платинотрон *m (Eln)* Platinotron *n (Höchstfrequenzröhre)* ⫽ ~/**генераторный** Karmatron *n* ⫽ ~/**усилительный** Amplitron *n*
платный 1. gebührpflichtig; 2. Platinen...
плато *n (Geol)* Plateau *n*, Hochebene f, Tafelland *n* ⫽ ~/**вулканическое** vulkanische Aufschüttungsebene f, Lavafeld *n* ⫽ ~/**лавовое** *s.* ~ вулканическое ⫽ ~/**нагорное** Gebirgshochebene f ⫽ ~ **счётчика** *(Kern)* [Geiger-]Plateau *n*, Plateaubereich *m* ⫽ ~ **Ферми** *(Kern)* Fermi-Plateau *n*
плато-базальт *m (Geol)* Plateaubasalt *m*
платок *m (Led)* Hauptteil *n (des Handschuhs)*
платтнерит *m (Min)* Plattnerit *m*, Schwerbleierz *n*
платформа f 1. *(Eb)* Bahnsteig *m*; 2. *(Eb)* Flachwagen *m*, Plattenwagen *m*, Plattformwagen *m*; 3. *(Bw)* Bühne f, Arbeitsbühne f; 4. *(Met)* Bühne f, Ofenbühne f; 5. *(Schiff)* Plattformdeck *n*; 6. *(Bgb)* Bremsberggestell *n*; 7. *(Wkzm)* Podest *m*, Bedienstand *m*; 8. *(Text)* Nähmaschinenplatte f; 9. *(Geol)* Platte f, Tafel f; 10. Palette f ⫽ ~/**абразионная** *(Geol)* Abrasionsplatte f ⫽ ~/**Австралийская** *(Geol)* Australische Tafel f ⫽ ~/**Африканская** *(Geol)* Afrikanische Tafel f ⫽ ~/**багажная** *(Eb)* Gepäckbahnsteig *m* ⫽ ~/**береговая** *(Geol)* Abrasionsplatte f ⫽ ~/**бидонная** *(Eb)* Topfwagen *m* ⫽ ~/**Бразильская** *(Geol)* Brasilianische (Südamerikanische) Tafel f, Kraton *m* ⫽ ~ Brasilia ⫽ ~/**буровая** Bohrplattform f *(Tiefseebohrung)* ⫽ ~/**весовая** *(Eb)* Brückenwaage f, Eisenbahnbrückenwaage f ⫽ ~/**Восточно-Европейская** Osteuropäische Tafel f, Russische Tafel f ⫽ ~ **высокая погрузочная** Hoch-

платформа

rampe f ‖ ~/**геологическая** (Geol) Tafel f, Plattform f, Platte f ‖ ~/**глубоководная буровая** Tiefwasserbohrplattform f (Tiefseebohrung) ‖ ~/**грузовая** 1. s. ~/погрузочная; 2. Ladefläche f, Ladeplattform f; 3. Flachwagen m ‖ ~/**загрузочная** 1. (Eb) Laderampe f, Ladebühne f; 2. (Met) Gichtbühne f, Beschickungsbühne f, Chargierbühne f, Setzbühne f ‖ ~/**Индийская** (Geol) Indische Tafel f ‖ ~/**Китайская** (Geol) Chinesische Tafel f ‖ ~/**контрольная** (Reg) Steuertisch m, Steuerpult n ‖ ~/**монтажная** (Bw) Montagebühne f ‖ ~/**морская стационарная** Bohrinsel f ‖ ~ **на воздушной подушке** Luftkissenplattform f ‖ ~/**наружная** (Eb) Außenbahnsteig m ‖ ~/**пассажирская** (Eb) Bahnsteig m, Personenbahnsteig m ‖ ~/**перегрузочная** (Eb) Umladerampe f, Umladebühne f ‖ ~/**плавучая буровая** schwimmende Bohrinsel f (Bohrplattform) f ‖ ~/**погрузочная** (Eb) Verladerampe f, Beladerampe f, Laderampe f ‖ ~/**подвесная передвижная** (Bw) hängende Schubplattform f (einer Schwebefähre) ‖ ~/**подъёмная** (Bw) Hebebühne f ‖ ~/**поперечная** 1. (Eb) Querbahnsteig m; 2. Schiebebühne f ‖ ~/**пусковая** (Rak) Startplattform f, Abschußplattform f ‖ ~/**рабочая** Arbeitsbühne f ‖ ~/**Русская** (Geol) Russische Tafel f, Osteuropäische Tafel f ‖ ~ **с низкими бортами** (Eb) Flachbordwagen m, Niederbordwagen m ‖ ~ **с турникетом** (Eb) Schemelwagen m, Drehschemelwagen m ‖ ~/**Северо-Американская** (Geol) Nordamerikanische Tafel f, Kraton m Laurentia ‖ ~/**Сибирская** Sibirische Tafel f ‖ ~/**скотопогрузочная** (Eb) Vieh[verlade]rampe f ‖ ~ **со стойками** (Eb) Rungenwagen m ‖ ~/**сортировочная** (Eb) Umladerampe f ‖ ~/**тупиковая грузовая** (Eb) Kopframpe f, Stirnrampe f

платформинг m (Ch) Platformen n, Platforming n, Reformieren n an Platinkatalysatoren

плафон m 1. (Bw) Plafond m (künstlerisch gestaltete Zimmer- oder Saaldecke); 2. (El) Deckenleuchte f, Deckenbeleuchtungskörper m, Dekkenarmatur f ‖ ~/**вентиляционный** Deckenluftverteiler m, Deckenluftdurchlaß m ‖ ~ **внутреннего освещения кузова** (Kfz) Innenbeleuchtung f ‖ ~/**зеркальный** (Bw) Spiegeldecke f ‖ ~/**мозаичный** (Bw) Mosaikdecke f

плашка f (Wkz) 1. Schneideisen n, Gewindeschneideisen n; Schneidbacke f; 2. Gewindewalzeisen n; Gewindewalzbacke f, Walzbacke f ‖ ~/**вращающаяся** umlaufende Schneidbacke f ‖ ~/**зажимная** Klemmbacke f ‖ ~/**квадратная** Vierkantschneideisen n ‖ ~/**клупповая** Kluppenbacke f ‖ ~/**круглая** 1. rundes Schneideisen n; 2. runde Schneidbacke f ‖ ~/**накатная** Gewindewalzbacke f, Walzbacke f ‖ ~/**нарезная** Schneideisen n, Gewindeschneideisen n; Schneidbacke f ‖ ~/**неразрезная** geschlossenes (ungeschlitztes) Schneideisen n ‖ ~/**открытая (пружинная)** s. ~/разрезная ‖ ~/**разрезная** offenes (geschlitztes) Schneideisen n, Schneideisen n mit Schlitz ‖ ~/**резьбонакатная** Gewindewalzbacke f, Gewinderollbacke f ‖ ~/**резьбонарезная** Schneideisen n, Gewindeschneideisen n; Schneidbacke f ‖ ~/**сегментная** Segmentbacke f ‖ ~/**цилиндрическая** Gewinderolle f, Gewindewalze f ‖ ~/**черновая** Schruppschneideisen n ‖ ~/**четырёхгранная** Vierkantschneideisen n ‖ ~/**чистовая** Schlichtschneideisen n ‖ ~/**шестигранная** Sechskantschneideisen n

плашкодержатель m (Wkz) Schneideisenhalter m

плашкоут m Ponton m (z. B. für Krane)

плашмя platt, flach, flachkant

плашник m (Forst) Klobenholz n

ПЛД, ПлД s. двигатель/плазменный

плейстоцен n s. отдел/плейстоценовый

плексиглас m Plexiglas n

плена f 1. (Gieß) Mattschweiße f, Kaltschweiße f (Gußfehler); 2. (Wlz) Walzhaut f, Überwalzung f (Walzfehler)

плёнка f 1. Film m, Haut f, Häutchen n, [dünne] Schicht f; [dünner] Überzug m; Folie f; 2. (Photo) Film m; 3. (Met) Walzhaut f; Gußhaut f ‖ ~/**ацетатная (ацетилцеллюлозная)** (Photo) Acetatfilm m ‖ ~ **без серебра** (Photo) silberfreier Film m ‖ ~/**безопасная** (Kine) Sicherheitsfilm m ‖ ~/**безореольная** (Photo) lichthoffreier Film m ‖ ~/**безэкранная рентгеновская** Röntgenfilm m ohne Verstärkerfolie ‖ ~/**высокоразрешающая** (Photo) hochauflösender Film m, Film m mit hohem Auflösungsvermögen ‖ ~/**грубозернистая** (Photo) grobkörniger Film m ‖ ~/**двойная 8-миллиметровая** (Photo) Doppelachtfilm m, Doppel-8-Film m ‖ ~/**двусторонне-перфорированная** (Photo) doppelseitig perforierter Film m ‖ ~/**двухслойная** (Photo) Zweischichtenfilm m ‖ ~ **для дневного света** (Photo) Tageslichtfilm m ‖ ~ **для искусственного света** (Photo) Kunstlichtfilm m ‖ ~ **для микрофильмирования** (Photo) Mikrofilm m ‖ ~ **для прямого контратипирования** (Photo) Direktduplikatfilm m ‖ ~/**дозиметрическая** (Photo) Dosimeterfilm m ‖ ~/**защитная** Schutzschicht f ‖ ~/**катушечная** (Photo) Rollfilm m ‖ ~/**комбинированная** Verbundfolie f ‖ ~/**конденсатная** (Wmt) Kondensatfilm m ‖ ~/**контратипная** (Photo) Dupnegativfilm m ‖ ~/**лаковая** Lackfilm m ‖ ~/**лакокрасочная** Anstrichfilm m ‖ ~/**листовая** (Photo) Blattfilm m, Planfilm m, Formatfilm m ‖ ~/**магнитная** Magnetfilm m, Magnetschicht f ‖ ~/**малоконтрастная** (Photo) kontrastarmer Film m ‖ ~/**масляная** (Trib) Ölfilm m, Schmierfilm m ‖ ~/**мелкозернистая** (Photo) feinkörniger Film m, Feinkornfilm m ‖ ~/**микратная** (Photo) Mikratfilm m ‖ ~/**многослойная [цветная]** (Photo) Mehrschichten[farb]film m ‖ ~/**монтажная** (Typ) Montagefolie f ‖ ~/**напылённая** (Fert) aufgedampfte Schicht f ‖ ~/**негативная** (Photo) Negativfilm m ‖ ~/**негативная цветная** Negativfarbfilm m ‖ ~/**непроводящая** (El) Sperrschicht f ‖ ~/**несеребряная** (Photo) silberfreier Film m ‖ ~/**неэкспонированная** (Photo) unbelichteter Film m ‖ ~/**нитридная** (Fert) Nitridfilm m, Nitridhaut f, Nitridschicht f ‖ ~/**обратимая** s. ~ с обращением ‖ ~/**однослойная** (Photo) Einschichtfilm m ‖ ~/**окисная (оксидная)** (Fert) Oxidfilm m, Oxidhaut f, Oxidschicht f ‖ ~/**отделанная** (Photo) konfektionierter Film m ‖ ~/**падающая** (Ch) fallender Film m (Molekulardestillation) ‖ ~/**панхроматическая** (Photo) panchromatischer Film m, Panfilm m ‖ ~/**пассивирующая** (Fert) Passivierungsschicht

f, passivierende Schicht f ‖ ~/**плоская** (Photo) 1. Blattfilm m; 2. Planfilm m ‖ ~/**позитивная** (Photo) Positivfilm m ‖ ~/**позитивная цветная** Positivfarbfilm m ‖ ~/**покрывная** (Led) Deckfilm m ‖ ~/**полиамидная** Polyamidfolie f ‖ ~/**полистирольная** Polystyrolfolie f ‖ ~/**политая** (Photo) begossener (beschichteter) Film m ‖ ~/**полупроводниковая** (Eln) Halbleiterschicht f, Halbleiterfilm m ‖ ~/**посторонняя** (Eln) Fremdschicht f ‖ ~/**прокатная** (Wlz) Walzhaut f ‖ ~/**прямая позитивная** (Photo) Direktpositivfilm m ‖ ~/**разбалансированная** (Photo) farbstichiger Film m ‖ ~/**ракордная** (Photo) Kennfilm m ‖ ~/**расщеплённая** Spaltfolie f ‖ ~/**реверсивная** (Photo) Umkehrfilm m ‖ ~/**резистивная** resistente Schicht f ‖ ~/**рентгеновская** Röntgenfilm m ‖ ~/**репрографическая (репродукционная)** (Photo) Reprofilm m, reprographischer Film m, phototechnischer Film m ‖ ~/**роликовая (рулонная)** s. ~/катушечная ‖ ~/**с обращением** (Photo) Umkehrfilm m ‖ ~ **с обращением/цветная** Farbumkehrfilm m, Umkehrfarbfilm m, Color-Umkehrfilm m ‖ ~ **с обращением/чёрно-белая** Schwarzweiß-Umkehrfilm m ‖ ~ **с регулируемым контрастом** (Photo) gammavariabler Film m ‖ ~/**сверхмелкозернистая** (Photo) Film m mit höchster Feinkörnigkeit ‖ ~/**серебряная** (Eln) Silberfilm m ‖ ~/**синтетическая** Kunststoffolie f ‖ ~/**смазочная** (Trib) Schmier[mittel]film m ‖ ~ **со съёмным [эмульсионным] слоем** (Photo) Abziehfilm m, Stripfilm m ‖ ~/**спектрозональная** (Photo) Spektrozonalfilm m, Falschfarbenfilm m, Multispektralfilm m ‖ ~/**субмикронной толщины** (Eln) Submikrometerfilm m ‖ ~ **типа «момент»** (Photo) Sofortbildfilm m ‖ ~/**токопроводящая синтетическая** (El) leitfähige Kunststoffolie f ‖ ~/**тонкая** Dünnschicht f, Dünnfilm m ‖ ~/**трёхслойная цветная** (Photo) Dreischichtenfarbfilm m ‖ ~/**узкая** (Kine) Schmalfilm m ‖ ~/**уксусная** (Ch) Essigkahn m, Essigschleier m ‖ ~/**флуорографическая** Schirmbildfilm m ‖ ~/**фотографическая** [photographischer] Film m, Photofilm m ‖ ~/**фотографическая катушечная** (Photo) Rollfilm m ‖ ~/**фотографическая форматная** (Photo) Planfilm m, Blattfilm m ‖ ~/**фоторезистная** Photoresistfilm m, Photolackfilm m ‖ ~/**цветная** (Photo) Farbfilm m ‖ ~/**чёрно-белая** (Photo) Schwarzweißfilm m ‖ ~/**шлаковая** (Met) Schlackenfilm m ‖ ~/**экранированная рентгеновская** Röntgenfilm m mit Verstärkerfolie ‖ ~/**эпитаксиальная** (Eln) Epitaxieschicht f, Epitaxialschicht f
плёнка-подложка f Trägerfolie f, Filmunterlage f
плёнка-реплика f Abdruckfilm m
плёнкообразование n Filmbildung f, Hautbildung f
плёнкообразователь m Filmbildner m
плёночный Film…, Schicht…, dünnschichtig, Dünnschicht…; Folien…
плёнчатость f Spelzenanteil m (chemisch-physikalisches Merkmal des Getreidekorns)
плеоназм m (Min) Pleonast m, Ceylonit m (Spinellvertreter)
плеоптика f (Opt) Pleoptik f
плеохроизм m (Krist, Opt) Pleochroismus m
плесень f Schimmel[pilz] m; Kahm m

плесневеть verschimmeln, sich mit Schimmel bedecken (überziehen); kahmig werden
плетение n (Text) Flechten n; Flechtarbeit f ‖ ~ **кружев** Klöppeln n (Spitzen)
плечо n 1. Arm m, Schulter f; 2. (Mech) Hebelarm m; Kraftarm m, Arm m des Kräftepaars; 3. Kante f (Keil); 4. Oberarm m, oberer Armteil m (einer Handhabeeinrichtung) ‖ ~ **кривошипа** (Masch) Kurbelarm m ‖ ~/**локомотивное** (Eb) Lokomotivumlauf m ‖ ~ **мост[ик]а** (El) Brückenzweig m ‖ ~ **нагрузки** (Mech) Lastarm m ‖ ~/**направляющее** Führungsarm m (Wägetechnik) ‖ ~ **остойчивости** (Schiff) Stabilitätshebelarm m ‖ ~ **парусности** (Schiff) Hebelarm m des Winddrucks ‖ ~ **пары сил** s. плечо 2. ‖ ~ **переноса** (Schiff) Verlagerungsweg m (Krängungsversuch) ‖ ~/**переходное** (El) Schleifdrahtbrückenzweig m ‖ ~ **рычага** (Mech) Hebelarm m ‖ ~ **силы** (Mech) Kraftarm m ‖ ~ **статической остойчивости** (Schiff) Hebelarm m der statischen Stabilität, statischer Stabilitätshebelarm m ‖ ~ **трения качения** (Trib) Hebelarm m der rollenden Reibung ‖ ~/**тяговое** s. ~/локомотивное
плеяда f [**изотопов**] (Kern) Plejade f, Isotopenplejade f
плинтус m (Bw) Fußleiste f, Scheuerleiste f
плиоцен m s. отдел/плиоценовый
плиссе n (Text) Plissee n ‖ ~/**трикотажное** Wirkplissee n
плиссирование n (Text) Plissieren n
плита f 1. Platte f, Tafel f; 2. (Geol) Platte f; 3. (Bgb) Stückkohle f; 4. Kochherd m ‖ ~/**анкерная** (Bw) Ankerplatte f, Ankervorlage f ‖ ~/**асбестоцементная** (Bw) Asbestzementplatte f ‖ ~/**базовая** (Masch) Basisplatte f, Grundplatte f ‖ ~/**балочная** (Bw) Plattenbalken m (Rippenbalkendecke); Rippenplatte f ‖ ~/**безбалочной перекрытия** Pilzplatte f (Betonbau) ‖ ~/**бетонная** Betonplatte f ‖ ~/**бордюрная** Randschwelle f, Bordsteinschwelle f ‖ ~/**броневая** 1. Panzerplatte f; 2. Mahlplatte f (Kugelmühle) ‖ ~/**бытовая газовая** Gas[koch]herd m ‖ ~/**гипсовая** Gipsdiele f ‖ ~/**гипсоволокнистая** glasfaserverstärkte Gipsplatte f, Glagitplatte f ‖ ~/**доводочная** Läppplatte f ‖ ~/**древесноволокнистая** Holzfaserplatte f, Hartfaserplatte f ‖ ~/**древесностружечная** Holzspanplatte f, Holzfaserplatte f ‖ ~/**дробящая** Brechplatte f, Mahlplatte f (Brecher, Mühle) ‖ ~/**зажимная (закрепляющая)** 1. Spannplatte f (Gesenk); 2. (Gieß) Form[en]träger m, Form[en]aufspannplatte f (Druckgießmaschine) ‖ ~/**замыкающая** (Wlz) Abschlußplatte f ‖ ~/**защемлённая** (Bw) eingespannte Platte f ‖ ~/**защитная** Schlagpanzer m (Kupolofen) ‖ ~/**звукопоглощающая** Schalldämmplatte f, Schallschluckplatte f ‖ ~/**игольная** (Text) Nadelplatte f (Strickerei) ‖ ~/**измерительная** Meßplatte f ‖ ~/**изоляционная** Isolierplatte f ‖ ~/**карнизная** (Bw) Sinusplatte f, Gesimsplatte f ‖ ~/**кассетная модельная** (Gieß) Kassettenmodellplatte f, geteilte Modellplatte f ‖ ~/**качающаяся** (Fert) Wippe f ‖ ~/**кольцеобразная фундаментная** (Bw) ringförmiges Bankett n ‖ ~/**кондукторная** (Wkzm) Bohrplatte f, Bohrerführungsplatte f ‖ ~/**консольная** (Bw) freitragende Platte f ‖

плита
~/**красочная** *(Typ)* Farb[verreib]platte f, Farbtisch m ‖ ~/**крепёжная** *(Fert)* Aufspannplatte f, Spannplatte f, Befestigungsplatte f ‖ ~/**ксилолитовая** Steinholzplatte f ‖ ~/**кузнечная** Schmiedeplatte f, Gesenkplatte f ‖ ~/**легкобетонная** Leichtbetonplatte f ‖ ~/**магнитная** *(Fert)* Magnet[spann]platte f ‖ ~/**магнитная зажимная** *(Wkzm)* Magnetspannplatte f ‖ ~/**магнитная модельная** *(Gieß)* Magnetmodellplatte f ‖ ~ **матрицы/нажимная** *(Met)* Matrizendruckplatte f ‖ ~/**мерейная** *(Led)* Narbenplatte f, Prägeplatte f ‖ ~/**многопролётная** *(Bw)* Platte f auf mehreren Stützen ‖ ~/**многопустотная** *(Bw)* Platte f mit großem Hohlraumanteil ‖ ~/**модельная** *(Gieß)* Modellplatte f, Formplatte f ‖ ~/**монолитная** *(Bw)* monolithische Platte f, Monolithplatte f ‖ ~/**нагревательная** *(Text)* Heizplatte f ‖ ~/**нажимная** *(Gieß)* Preßplatte f, Preßhaupt n, Preßklotz m *(Preßformmaschine)* ‖ ~/**наступная** *(Fert)* Trittplatte f *(Sicherheitseinrichtung)* ‖ ~/**облицовочная** *(Bw)* Verkleidungsplatte f ‖ ~/**однопролётная** *(Bw)* Platte f auf zwei Stützen ‖ ~/**опорная** Auflagerplatte f, Lagerplatte f, Tragplatte f, Stützplatte f; Fußplatte f ‖ ~/**опускающаяся модельная** *(Gieß)* Absenkplatte f *(Modell)* ‖ ~/**ортотропная** *(Bw)* orthotrope Platte f *(Brückenbau)* ‖ ~/**осаживающая** *(Schm)* Preßplatte f ‖ ~/**основная** Grundplatte f ‖ ~/**отбойная (отражательная)** *(Met)* Prallplatte f, Prallschild m *(Schachtofen)* ‖ ~/**охлаждающая** *(Gieß)* Abschreckplatte f, Schreckeisen n, Schreckschale f ‖ ~/**перекрывающая** *(Bw)* Abdeckplatte f *(z. B. für Schächte)* ‖ ~/**плёнкоприсасывающая** *(Typ)* Filmsaugwand f ‖ ~/**поверочная** Prüfplatte f, Meßplatte f *(Fert)* Tuschierplatte f ‖ ~/**поворотная** 1. *(Fert)* Schwenkplatte f, schwenkbare Platte f; 2. *(Gieß)* Wendeplatte f *(Formmaschine)* ‖ ~/**поддерживающая** *(Bw)* Tragplatte f ‖ ~/**подмодельная** *(Gieß)* Aufstampfboden m, Bodenbrett n; Modellplatte f ‖ ~/**подмоторная** Motor[grund]platte f ‖ ~/**подовая** 1. *(Met)* Bodenplatte f, Grundplatte f, Sohlenstein m *(Konverter, Kupolofen)*; 2. Feuerplatte f *(Feuerung)* ‖ ~/**подпанельная** Unterplatte f ‖ ~/**подпятника/опорная** *(Masch)* Spurplatte f *(Spurlager)* ‖ ~/**подферменная** *(Bw)* Auflagerbank f *(eines Brückenpfeilers)*; Auflagerplatte f *(Trägerkonstruktion)* ‖ ~/**подштамповая** Gesenk[spann]platte f, Sattelplatte f, Tischplatte f ‖ ~/**подъёмная** *(Gieß)* Abstreifplatte f *(Formmaschine)* ‖ ~/**полировочная** *(Fert)* Polierplatte f ‖ ~/**половая** Fußbodenplatte f, Fußbodenfliese f ‖ ~/**поперечная соединительная** *(Bw)* querverbindende Platte f ‖ ~/**правильная** *(Fert)* Richtplatte f ‖ ~/**прессующая** *(Gieß)* Preßplatte f, Preßhaupt n, Preßklotz m *(Formmaschine)* ‖ ~/**проваливающаяся модельная** *(Gieß)* Absenkplatte f *(Modell)* ‖ ~ **проезжей части моста** *(Bw)* Fahrbahntafel f *(einer Brücke)* ‖ ~/**протяжная модельная** *(Gieß)* Abstreifplatte f, Abstreifrahmen m, Abstreifkamm m *(Modell)* ‖ ~/**пылевидная** *(Led)* Platte f mit Hauptporennarben ‖ ~/**разметочная** *(Fert)* Anreißplatte f ‖ ~/**раскатная** *(Typ)* Reibtisch m *(Farbwerk)* ‖ ~/**ребристая** Rippenplatte f, Stegdiele f ‖ ~/**реверсивная модельная** *(Gieß)* Wendeplatte f, Umkehr[modell]platte f, Reversier[modell]platte f, doppelseitige Modellplatte f ‖ ~/**решётчатая** *(Bw)* gitterförmige (rostförmige) Platte f ‖ ~ **с заделанными концами** *(Bw)* Platte f mit eingespannten Enden ‖ ~ **с заделанными краями** *(Bw)* eingespannte Platte f ‖ ~ **с заделанными опорами** *(Bw)* Platte f mit eingespannten Auflagern ‖ ~/**самонесущая** *(Bw)* selbsttragende Platte f ‖ ~/**свободно опёртая** *(Bw)* frei aufliegende Platte f ‖ ~/**свода** *(Bw)* Gewölbeplatte f ‖ ~/**стружечная** *(Bw)* Spanplatte f ‖ ~ **стыковой машины/подвижная** Stauchschlitten m *(Widerstandstumpfschweißmaschine, Abbrennschweißmaschine)* ‖ ~/**сушильная** *(Gieß)* Trockenplatte f *(Kerntrocknung)* ‖ ~/**съёмная** s. ~/**футеровочная** ‖ ~/**теплоизоляционная** Wärmedämmplatte f ‖ ~/**тротуарная** Gehwegplatte f ‖ ~/**угловая** *(Fert)* Aufspannwinkel m, Spannwinkel m ‖ ~/**универсальная модельная** *(Gieß)* Universalmodellplatte f ‖ ~/**формовочная** *(Gieß)* Aufstampfboden m, Bodenbrett n ‖ ~ **фундамента/верхняя опорная** *(Schiff)* Toppplatte f ‖ ~/**фундаментная** Grundplatte f, Fundamentplatte f, Bodenplatte f ‖ ~/**футеровочная** 1. Schleißplatte f, Futterplatte f; 2. Mahlplatte f ‖ ~/**холодильная** *(Gieß)* Abschreckplatte f ‖ ~/**шабровочная** *(Fert)* Tuschierplatte f ‖ 1. Gesenkplatte f; 2. Platte f des Stanzwerkzeuges ‖ ~/**электрическая** Elektro[koch]herd m ‖ ~/**электромагнитная** *(Fert)* Magnetspannplatte f

плита-обойма f Spannring m *(Einsatzgesenk)*
плитка f 1. Platte f, Plättchen n *(s. a. unter* плита*)*; 2. *(Bw)* Fliese f; 3. elektrische Kochplatte f, Elektrokocher m ‖ ~ **ворсовых платин** *(Text)* Polplatinenfassung f *(Polwirkmaschine)* ‖ ~/**двухконфорочная** Doppelkochplatte f ‖ ~/**игольная** *(Text)* Nadelblei n, Nadelfassung f *(Nähwirktechnik)* ‖ ~/**излучающая** Strahlungskochplatte f ‖ ~ **крючковых игл** *(Text)* Hakennadelfassung f *(Polwirkmaschine)* ‖ ~ **на три ступени мощности** dreistufig regelbare Kochplatte f ‖ ~/**облицовочная** Verkleidungsplatte f, Wandplatte f, Wandfliese f ‖ ~/**проволочек-движков** *(Text)* Schließdrahtfassung f ‖ ~ **противодержательных игл** *(Text)* Gegenhaltenadelfassung f ‖ ~/**прямоугольная** rechtwinkliges Winkelendmaß n ‖ ~/**угловая** Winkelendmaß n ‖ ~/**упорная** Anschlagplatte f ‖ ~ **ушковых игл** *(Text)* Lochnadelfassung f ‖ ~/**электрическая** elektrische Kochplatte f, Elektrokochplatte f

плитняк m 1. *(Lw)* Haftstein m; 2. *(Bgb)* Stückkohle f
плитовина f *(Wlz)* Sohlplatte f
плица f *(Schiff)* 1. Radschaufel f; 2. Ösfaß n
ПЛМ s. матрица/программируемая логическая
плодородие n Fruchtbarkeit f, Ergiebigkeit f ‖ ~/**естественное** natürliche Fruchtbarkeit f ‖ ~ **почвы** *(Lw)* Bodenfruchtbarkeit f ‖ ~/**убывающее** Fruchtbarkeitsabnahme f, Fruchtbarkeitsverminderung f
плодосмен m *(Lw)* Fruchtfolge f, Rotation f
плодосушилка f Obsttrockner m, Obstdarre f
плойчатость f *(Geol)* Fältelung f, Kleinfaltung f

пломба *f* Plombe *f*, Bleisiegel *n* ‖ **~/предохранительная** Sicherungsplombe *f (zur Sicherung der Unversehrtheit gültig geeichter Meßmittel)*
плоский 1. flach, Flach..., eben, plan, Plan..., planar, Planar...; 2. zweidimensional, flächenhaft
плосковершинность *f (Forst)* Flachgipflichkeit *f*
плоско-вогнутый plankonkav *(Linsen)*
плоско-выпуклый plankonvex *(Linsen)*
плоскогорье *n (Geol)* Hochebene *f*, Hochland *n*, Tafelland *n*
плоскогубцы *pl (Wkz)* Flachzange *f*, Kombizange *f* ‖ **~/комбинированные** Kombizange *f*
плоскодонный Flachboden...
плоскопараллельность *f* Planparallelität *f*
плоскопараллельный planparallel
плоскополяризованный *(Opt)* linear polarisiert *(Licht)*
плоскорез *m (Lw)* Schälpflug *m*
плоскостенный flachwandig, ebenwandig
плоскостной 1. Flächen...; 2. *(Math)* zweidimensional, zweiachsig, eben
плоскостность *f* Ebenheit *f*; *(Photo)* Planlage *f*
плоскость *f* Ebene *f*; [ebene] Fläche *f* ‖ **~/асимптотическая** *(Math)* Asymptotenebene *f* ‖ **~/атомная** *(Krist)* Atomebene *f*, Netzebene *f*, Gitterebene *f* ‖ **~/базовая** *(Fert)* Bezugsebene *f*, Basisebene *f*, Bestimmebene *f* ‖ **~/биссекторная** *(Opt)* Spaltfläche *f*; Doppelfläche *f*; Mittelebene *f (in Teilprismen)* ‖ **~ Бриллюэна** *(Krist)* Brillouinsche Ebene *f* ‖ **~/вертикальная** 1. Lotebene *f*, Vertikalebene *f*, Senkrechtebene *f*; 2. *(Masch)* Aufrißebene *f* ‖ **~/визирная** *(Geod)* Visierebene *f* ‖ **~/визирования** *(Geod)* Visierebene *f* ‖ **~/вогнутая** *(Ph)* sphärische Hohlfläche *f* ‖ **~ вращения** Rotationsebene *f* ‖ **~/вторая главная** *(Opt)* Bildhauptebene *f* ‖ **~/галактическая** *(Astr)* galaktische Ebene *f*, Milchstraßenebene *f* ‖ **~ Гаусса** *(Math)* Gaußsche (konforme) Zahlenebene *f* ‖ **~/главная** *(Opt)* Hauptebene *f* ‖ **~ главного сечения** Hauptschnittebene *f* ‖ **~/горизонтальная** Horizont[al]ebene *f*, Waagerechtebene *f*, waagerechte (horizontale) Ebene *f* ‖ **~ давления** *(Fert)* Druckebene *f* ‖ **~ двойникования** *s.* **~/двойниковая** ‖ **~/двойниковая** *(Krist)* Zwillingsebene *f*, Zwillingsfläche *f*, Zwillingsäquator *m* ‖ **~/делительная** Teilungsebene *f* ‖ **~ дефектов упаковки** *(Krist)* Stapelfehlerebene *f* ‖ **~ деформации** Verformungsebene *f*, Umformungsebene *f* ‖ **~/диаметральная** 1. Druckmesserebene *f*, Diametralebene *f*; 2. *(Schiff)* Mittschiffsebene *f*, Mittellängsebene *f*; 3. **~ дислокаций** *(Krist)* Versetzungsebene *f* ‖ **~/задняя главная** *(Opt)* Bildhauptebene *f* ‖ **~/задняя фокальная** *(Opt)* hintere (bildseitige) Brennebene *f* ‖ **~/запорная** *(Eln)* Sperrfläche *f* ‖ **~ зацепления** *(Masch)* Eingriffsebene *f (Zahnräder)* ‖ **~ изгиба** *(Mech)* Biegungsebene *f* ‖ **~ излома** *(Mech)* Bruchebene *f* ‖ **~/измерительная** Meßebene *f*, ebene Meßfläche *f* ‖ **~ изображения** *(Opt)* Bildebene *f* ‖ **~/изотермическая** *(Met)* isotherm[isch]e Ebene *f* (Fläche) *f (Dreistoffdiagramm)* ‖ **~ инерции/главная** *(Mech)* Hauptträgheitsebene *f* ‖ **~/инструментальная основная** *(Wkz)* Werkzeugbezugsebene *f* ‖ **~/информационная** *(Eln)* Informationsebene *f (einer Leiterplatte)* ‖ **~ исправления** Korrekturebene *f* ‖ **~/картинная** *(Math)* Bildebene *f (Perspektive)* ‖ **~/касательная** 1. *(Math)* Tangentialebene *f*; 2. Wälzebene *f* ‖ **~/кинематическая основная** *(Wkz)* Wirkbezugsebene *f* ‖ **~/колебания** *(Ph)* Schwingungsebene *f* ‖ **~/комплексная** *s.* **~ Гаусса** ‖ **~/композиционная** *(Krist)* Verwachsungsebene *f (Zwillinge)* ‖ **~ концентрации** *s.* **~/концентрационная** ‖ **~/концентрационная** *(Met)* Konzentrationsebene *f*, Konzentrationsfläche *f (Dreistoffdiagramm)* ‖ **~/координатная** Koordinatenebene *f* ‖ **~ кристалла** Kristallebene *f* ‖ **~ кристаллических осей** *(Krist)* [optische] Achsenebene *f* ‖ **~ кристаллической решётки** *s.* **~/атомная** ‖ **~ Лапласа/неизменяемая** *(Astr, Mech)* unveränderliche (invariable) Ebene *f*, Laplacesche Ebene *f* ‖ **~/меридианная** Meridianebene *f (Geometrie)* ‖ **~ мидель-шпангоута** *(Schiff)* Hauptspantebene *f* ‖ **~ наведения** 1. Leitebene *f*; 2. *(Photo)* Einstellebene *f* ‖ **~ надвига** *(Geol)* Überschiebungsfläche *f* ‖ **~/наклонная** *(Mech)* schiefe Ebene *f* ‖ **~ напластования** *(Geol)* Schichtfläche *f* ‖ **~/направляющая** *(Fert)* Führungsfläche *f*, Führungsebene *f* ‖ **~/начальная** *(Masch)* Wälzebene *f (Zahnstange)* ‖ **~ небесного экватора** *(Astr)* Äquatorebene *f*, Ebene *f* des Himmelsäquators ‖ **~/нормальная** *(Math)* Normalebene *f (Kurventheorie)* ‖ **~/нулевая** Nullebene *f*, Bezugsebene *f (Geometrie)* ‖ **~ объекта** *s.* **~ предмета** ‖ **~ объектива** *(Opt)* Objektivebene *f* ‖ **~ оползания** Gleitfläche *f*, Rutschfläche *f* ‖ **~/опорная** 1. *(Fert)* Auflagefläche *f*, Auflageebene *f*; Stützebene *f*; 2. *s.* **~ сравнения** ‖ **~ оптических осей** *(Krist)* [optische] Achsenebene *f* ‖ **~/орбитальная** *(Astr)* Bahnebene *f* ‖ **~ орбиты** *(Astr)* Bahnebene *f* ‖ **~/ориентированная** *(Math)* orientierte Ebene *f (Planimetrie)* ‖ **~/осевая** 1. *(Fert)* Axialebene *f*; 2. *(Krist)* [optische] Achsenebene *f* ‖ **~ ослабления** *(Bgb, Geol)* Schwächefläche *f* ‖ **~/основная** 1. *(Math, Astr)* Bezugsebene *f*, Grundebene *f (eines Koordinatensystems)*; 2. *(Schiff)* Basis *f*; 3. Bezugsebene *f (z. B. des konischen Gewindes)* ‖ **~ отдельности** *(Krist)* Absonderungsfläche *f* ‖ **~ отражения** *(Opt)* Reflexionsebene *f* ‖ **~ падения** *(Ph)* Einfallsebene *f* ‖ **~/первая (передняя) главная** *(Opt)* Objekthauptebene *f*, vordere (objektseitige) Brennebene *f* ‖ **~/передняя фокальная** *(Opt)* vordere (objektseitige) Brennebene *f* ‖ **~ переключения** *(El)* Schaltebene *f* ‖ **~ переноса** *(Math)* Translationsebene *f* ‖ **~ поглощения** *(Eln)* Absorptionsebene *f* ‖ **~ поляризации** *(Opt)* Polarisationsebene *f* ‖ **~ потока** Strömungsebene *f*, Stromebene *f* ‖ **~ предмета** *(Opt)* Dingebene *f*, Objektebene *f*, Gegenstandsebene *f* ‖ **~/предметная** *(Math)* Grundebene *f (Perspektive)* ‖ **~ предметов** *s.* **~ предмета** ‖ **~ преломления** *(Opt)* Brechungsebene *f* ‖ **~/прилегающая** angrenzende Ebene *f* ‖ **~/проектирующая** *(Math)* projizierende Ebene *f (senkrechte Parallelprojektion)* ‖ **~ проекции** *(Opt)* Bildebene *f*, Bildtafel *f*; Projektionsebene *f*, Projektionsfläche *f* ‖ **~ проекции/горизонтальная** Grundrißebene *f (Zwei- und Dreitafelprojektion)* ‖ **~ проекции/профильная** Seiten-

ришеbene f *(Dreitafelprojektion)* ‖ ~ **проекции/фронтальная** Aufrißebene f *(Zwei- und Dreitafelprojektion)* ‖ ~ **профиля** Profilebene f ‖ ~ **проходящая через центр тяжести** *(Math)* Schwereebene f ‖ ~/**рабочая** 1. Funktionsfläche f, Arbeitsfläche f; 2. Meßfläche f ‖ ~ **раздела** s. ~ разъёма ‖ ~ **разделения** *(Bgb, Geol)* Trennfläche f ‖ ~ **разреза** s. ~ сечения ‖ ~ **разрыва** *(Bgb, Geol)* Bruchfläche f ‖ ~ **разъёма** 1. *(Fert)* Teil[ungs]ebene f, Trenn[ungs]fläche f; Teilfuge f, Stoßfuge f; 2. *(Gieß)* Formteilungsebene f ‖ ~ **разъёма подшипника** *(Masch)* Lagerteilebene f, Lagerteilfuge f, Lagertrennungsebene f ‖ ~ **распада** *(Kern)* Zerfallsebene f ‖ ~ **расположения зарядов** *(Bgb, Mil)* Trennschnitt m *(Sprengtechnik)* ‖ ~ **расслоения** *(Bgb, Geol)* Spaltfläche f ‖ ~ **расщепления** *(Krist)* Spaltebene f, Spaltfläche f, Trennfläche f ‖ ~ **режущей кромки** *(Wkz)* Schneidenebene f ‖ ~ **режущей кромки/секущая** Normalebene f einer Schneide *(Drehmeißel, Hobelmeißel)* ‖ ~ **резания** *(Fert)* Schnittebene f *(Spanen)* ‖ ~/**реперная** Bezugsfläche f, Bezugsebene f ‖ ~ **решётки** s. ~/атомная ‖ ~/**сагиттальная** *(Opt)* Sagittalebene f ‖ ~ **сброса** *(Geol)* Verwerfungsfläche f ‖ ~ **сдвига** 1. *(Krist)* Scherungsebene f; 2. *(Fert)* Fließlinie f *(im Scherspan)*, Scherebene f ‖ ~/**секущая** s. ~ сечения ‖ ~/**сетчатая** *(Krist)* Netzebene f ‖ ~ **сечения** *(Math)* Schnittebene f, Schnittfläche f ‖ ~ **сечения пружины** *(Masch)* Federschnittfläche f ‖ ~ **симметрии** *(Krist)* Symmetrieebene f ‖ ~ **скалывания** *(Fert)* Scherebene f *(am Span)* ‖ ~ **складки/осевая** s. поверхность складки/осевая ‖ ~ **скольжения** 1. *(Geol)* Gleitfläche f; 2. *(Krist)* Gleitebene f, Translationsebene f ‖ ~ **скольжения дислокаций** *(Krist)* Versetzungsgleitebene f ‖ ~ **скользящего отражения** *(Krist)* Gleitspiegelebene f ‖ ~ **скоростей** Geschwindigkeitsebene f ‖ ~ **скрещения** *(Masch)* Kreuzungsebene f *(Zahnräder)* ‖ ~/**соприкасающаяся** *(Math)* Schmiegeebene f, Schmiegungsebene f *(Kurventheorie)* ‖ ~ **спайности** *(Krist)* Spaltebene f, Spaltfläche f ‖ ~ **сравнения** *(Opt)* Referenzebene f ‖ ~ **срастания** *(Krist)* Verwachungsebene f, Verwachungsfläche f ‖ ~/**срединная** *(Math)* Mittelebene f ‖ ~/**средняя** *(Krist)* Mittelebene f ‖ ~ **струи** *(Bgb)* Abrißfläche f ‖ ~ **стрельбы** Schußebene f *(Ballistik)* ‖ ~/**сферическая** s. ~/вогнутая ‖ ~ **съёмки** *(Photo)* Aufnahmeebene f ‖ ~ **течения** s. ~ потока ‖ ~/**торцовая** *(Fert)* Stirnebene f ‖ ~/**упорная** *(Fert)* Anlagefläche f ‖ ~ **управления** Leitebene f ‖ ~/**фокальная** *(Opt)* Brennebene f, Fokalebene f ‖ ~ **фокусировки** *(Opt)* Fokussierungsebene f ‖ ~/**фундаментальная** s. ~/основная ‖ ~ **чисел** s. ~ Гаусса ‖ ~/**экваториальная** *(Astr)* Äquatorebene f ‖ ~ **эклиптики** *(Astr)* Ebene f der Ekliptik, Ekliptikebene f, Erdbahnebene f

плот m *(Schiff)* Floß n ‖ ~/**жёсткий спасательный** starres Rettungsfloß n ‖ ~/**надувной спасательный** aufblasbares Rettungsfloß n, Rettungsinsel f ‖ ~/**спасательный** Rettungsfloß n

плотик m *(Geol)* Untergrund m *(im Flußbett)*

плотина f *(Hydt)* Staudamm m, Staumauer f; Wehr n ‖ ~/**арочная** Bogenstaumauer f ‖ ~/**арочно-гравитационная** Bogengewichtsmauer f ‖ ~/**водоподъёмная** s. ~/водосборная ‖ ~/**водосборная** Sturzwehr n ‖ ~/**водосливная** Überfallwehr n, Schußwehr n ‖ ~/**водохранилищная** Talsperre f ‖ ~/**высоконапорная** Hochdruckstaudamm m ‖ ~/**глухая** dichtes (festes) Wehr n, Staudamm m ohne Überfall ‖ ~/**гравитационная** Gewichtsstaumauer f ‖ ~/**земляная** Erdstaudamm m ‖ ~/**каменно-набросная** s. ~/набросная ‖ ~/**контрфорсная** Pfeilerstaumauer f ‖ ~/**массивная** s. ~/гравитационная ‖ ~/**массивно-контрфорсная** Pfeilerkopfstaumauer f ‖ ~/**многоарочная** Gewölbereihenstaumauer f, Pfeilergewölbestaumauer f ‖ ~/**набросная** Steinschüttungsstaudamm m ‖ ~/**намывная [земляная]** gespülter Damm m, Spüldamm m ‖ ~/**низконапорная** Niederdruckstaudamm m ‖ ~/**плитно-контрфорсная** Plattenstaumauer f, Ambursenstaumauer f, Ambursenwehr n ‖ ~/**разборная** bewegliches Wehr n, Wehr n mit beweglichem Verschluß ‖ ~/**ряжевая** Steinkistendamm m, Blockdamm m ‖ ~ **с барабанным затвором** Trommelwehr n, Trommelschützwehr n, Winkelschützwehr n ‖ ~ **с вальцовыми затворами** Walzenwehr n ‖ ~ **с клапанным затвором** Klappenwehr n ‖ ~ **с крышевидным затвором** Doppelklappenwehr n, Dachwehr n ‖ ~ **с плоскими затворами** Schützenwehr n ‖ ~ **с подъёмными затворами** Hubschützenwehr n ‖ ~ **с сегментными затворами** Segmentwehr n ‖ ~ **с секторными затворами** Sektorwehr n ‖ ~ **с сифонными водосбросами** Heberwehr n ‖ ~/**спицевая** Nadelwehr n ‖ ~/**средненапорная** Mitteldruckstaudamm m ‖ ~/**шандорная** Dammbalkenwehr n ‖ ~/**щитовая** Schützenwehr n

плотиностроение n Staumauerbau m, Deichbau m

плотномер m Dichtemesser m, Dichtemeßgerät n, Aräometer n, Senkspindel f; Gas[dichte]waage f *(Gaschromatographie)* ‖ ~ **грунта/радиоактивный** radioaktive Bodensonde f *(Gerät zur Messung der Bodendichte mittels Gammastrahlen im Rückstreuverfahren)* ‖ ~/**динамический** Effusiometer n *(zur Bestimmung der relativen, meist auf Luft bezogenen Dichte von Gasen)* ‖ ~ **жидкости/бесконтактный** Absorptionsdichtemesser m für Flüssigkeiten ‖ ~/**статический** statischer Dichtemesser m *(zur Dichtebestimmung von Flüssigkeiten, z. B. Senkwaage)*

плотность f 1. *(Ph)* Dichte f; *(Mech)* Massendichte f, volumenbezogene Masse f; 2. Dichtheit f, Undurchlässigkeit f *(Gefäße)*; 3. Konsistenz f, Densität f; 4. Gedrungenheit f, Kompaktheit f *(einer Konstruktion)*; 5. Innigkeit f *(einer Verbindung, eines Kontaktes)*; 6. *(Met)* Porenfreiheit f *(Guß)*; 7. *(Photo)* [optische] Dichte f ‖ ~ **акцепторных атомов** *(Eln)* Akzeptorendichte f ‖ ~ **анодного тока** *(Eln)* Anodenstromdichte f ‖ ~ **атомов акцептора** *(Eln)* Akzeptorendichte f ‖ ~ **атомов донатора** *(Eln)* Don[at]orendichte f ‖ ~ **атомов примеси** *(Eln)* Störstellendichte f ‖ ~ **бёрда** *(Text)* Blattdichte f ‖ ~ **в диффузном свете/оптическая** *(Photo)* diffuse Dichte f ‖

ПЛОТНОСТЬ

~ в направленном свете/оптическая *(Photo)* gerichtete Dichte *f* ‖ ~ **вероятности** Wahrscheinlichkeitsdichte *f*, Verteilungsdichtefunktion *f* ‖ ~ **вещества** *(Ph)* Materiedichte *f* ‖ **~/визуальная оптическая** *(Photo)* visuelle Dichte *f* ‖ **~/визуальная эквивалентно-серая** *(Photo)* visuelle grauäquivalente Dichte *f* ‖ ~ **витков** *(El)* Windungszahl *f* pro Längeneinheit *f* ‖ **~/вихревая** Wirbeldichte *f* ‖ ~ **вихревого потока** Wirbelstromdichte *f* ‖ ~ **воздуха** *(Meteo)* Luftdichte *f* ‖ ~ **ворса** *(Text)* Noppendichte *f*, Poldichte *f*, Flordichte *f* ‖ **~/вредная** *(Photo)* Nebendichte *f*, Nebenfarbdichte *f* ‖ ~ **вуали [/оптическая]** *(Photo)* Schleierdichte *f* ‖ ~ **вырождения** *(Krist)* Entartungsdichte *f* ‖ ~ **газа** Gasdichte *f*, Dampfdichte *f* ‖ ~ **гарнитуры** *(Text)* Beschlagdichte *f*, Beschlagfeinheit *f*, Garniturdichte *f*, Garniturfeinheit *f* ‖ ~ **грунта** *(Bw)* Bodendichte *f* ‖ ~ **движения** Fahrzeugdichte *f* ‖ ~ **движения поездов** *(Eb)* Zugdichte *f* ‖ ~ **деталей** *(Eln)* Bauteildichte *f* ‖ ~ **дефектов** *(Krist)* Defektdichte *f*, Störungsdichte *f* ‖ ~ **дислокации** *(Krist)* Versetzungsdichte *f* ‖ ~ **диффузионного [по]тока** *(Ph)* Diffusionsstromdichte *f* ‖ **~/диффузная оптическая** *(Photo)* diffuse Dichte *f* ‖ ~ **донорных атомов** *(Eln)* Don[at]orendichte *f* ‖ ~ **дорожной сети** Dichte *f* des Straßennetzes ‖ ~ **дрейфового тока** Driftstromdichte *f* ‖ ~ **дырочного тока** *(Eln)* Löcherstromdichte *f* ‖ ~ **жилого фонда** Wohndichte *f* ‖ ~ **замедления** Bremsdichte *f* ‖ ~ **записи** *(Inf)* Aufzeichnungsdichte *f*, Schreibdichte *f* ‖ ~ **записи информации** Informationsaufzeichnungsdichte *f* ‖ ~ **запоминания** *(Inf)* Speicherdichte *f* ‖ ~ **заправки** *(Text)* Einzugdichte *f* *(Weberei)* ‖ ~ **заряда** *(Eln)* Ladungsdichte *f* ‖ ~ **заряжания** Ladedichte *f* *(Sprengtechnik)* ‖ ~ **заселения** 1. Wohndichte *f*; 2. Belegungsquote *f* *(durchschnittliche Anzahl Personen je Wohnung)* ‖ ~ **застройки** Bebauungsverhältnis *n*, Bebauungsdichte *f* ‖ ~ **зачернения** *s*. ~ почернения ‖ **~/звёздная** *(Astr)* Sterndichte *f* ‖ ~ **звуковой энергии** *(Ak)* Schall[energie]dichte *f* ‖ ~ **зёрен** Korndichte *f* *(des Films)* ‖ ~ **знаков** *(Inf)* Zeichendichte *f* ‖ ~ **избыточных носителей** *(Eln)* Überschußladungsträgerdichte *f* *(Halbleiter)* ‖ ~ **излучения** *(Ph)* [spezifische] Ausstrahlung *f* ‖ ~ **изображения/оптическая** *(Photo)* Bildschwärzung *f* ‖ ~ **инверсии** Inversionsdichte *f* *(Laser)* ‖ ~ **интеграции** *(Eln)* Integrationsdichte *f* ‖ ~ **информации** *(Kern)* Ionisationsdichte *f*, Ionisierungsdichte *f* ‖ ~ **ионизации/линейная** spezifische Ionisierung (Ionisation) *f*, Ionisationsstärke *f* ‖ ~ **ионизации/объёмная** *(Ph)* Volumenionisationsdichte *f*, Ionisationsdichte *f* je Volumeneinheit ‖ ~ **ионов** *(Ph)* Ionendichte *f* ‖ ~ **источников** *(Kern)* Quell[en]dichte *f* ‖ ~ **катодного тока** *(Eln)* Kathodenstromdichte *f* ‖ ~ **квантового потока** *(Ph)* Quantenflußdichte *f*, Quantenstromdichte *f* ‖ ~ **компоновки** *(Eln)* Bauelementedichte *f*, Packungsdichte *f* ‖ ~ **контакта** *(El)* Innigkeit *f* des Kontakts ‖ ~ **краски** *(Typ)* Farbdichte *f* ‖ ~ **красочного слоя/оптическая** *(Typ)* Farbdichte *f* ‖ ~ **крепи** *(Bgb)* Ausbaudichte *f*; Stempeldichte *f* ‖ ~ **лагранжиана** *(Mech)* Lagrange-Dichte *f*, Lagrangesche Dichte-

funktion *f* ‖ **~/линейная** *(Text)* Feinheit *f* *(des Fasermaterials)* ‖ **~/линейная номинальная** *(Text)* Nennfeinheit *f* ‖ **~/линейная фактическая** *(Text)* Istfeinheit *f* ‖ ~ **линий поля** *(Ph, El)* Feldliniendichte *f* ‖ ~ **лучистого потока** *(Ph)* Strahlungsflußdichte *f* ‖ ~ **магнитного заряда** *(El)* magnetische Ladungsdichte *f* ‖ ~ **магнитного потока** *(El)* magnetische Induktion (Flußdichte) *f* ‖ ~ **массы** *(Ph)* Dichte *f* [der Masse] ‖ **~/монохроматическая** *(Photo)* monofrequente Dichte *f* ‖ ~ **монтажа** *(Eln)* Packungsdichte *f*, Bauelementedichte *f* ‖ ~ **мощности** *(El)* Leistungsdichte *f* ‖ ~ **мощности шума** Rauschleistungsdichte *f* ‖ ~ **набора (наборки) игл** *(Text)* Benadelungsdichte *f*, Nadeldichte *f*, Benadelungsfeinheit *f* ‖ ~ **нагрузки** *(En)* Lastdichte *f* ‖ ~ **намотки** *(Text)* Aufwindungsdichte *f*, Bewicklungsdichte *f* ‖ ~ **насадки игл** *s*. ~ набора игл ‖ ~ **насаждения** *(Forst)* Bestandesdichte *f* ‖ ~ **населения** Bevölkerungsdichte *f* ‖ ~ **населения брутто** Einwohnerdichte *f* ‖ ~ **населения нетто** Wohndichte *f* ‖ ~ **населённости** 1. *(Ph, Ch)* Besetzungsdichte *f*, Belegungsdichte *f*; 2. *(Bw)* Wohndichte *f*, Wohnziffer *f* ‖ ~ **насыщенной фазы** *(Ph, Ch)* Sättigungsdichte *f* ‖ ~ **негатива** *(Photo)* Negativdichte *f* ‖ ~ **нейтронного потока** *(Kern)* Neutronenstromdichte *f* ‖ ~ **нейтронов** *(Kern)* Neutronen[zahl]dichte *f* ‖ ~ **носителей [зарядов]** *(Eln)* Ladungsträgerdichte *f*, Trägerdichte *f* ‖ ~ **нулевого фона** *(Photo)* Grunddichte *f* ‖ ~ **облучения** *(Ph)* Bestrahlungsdichte *f*, Bestrahlungsstärke *f* ‖ ~ **объёмного заряда** *(Ph)* Raumladungsdichte *f* ‖ **~/оптическая** *(Photo)* [optische] Dichte *f*, Deckung *f*, Schwärzung *f* *(Sensitometrie)* ‖ **~/относительная** *(Ph)* relative (bezogene) Dichte *f*, Dichteverhältnis *n*, Dichtezahl *f* ‖ ~ **отражения** *(Ph)* Reflexionsdichte *f* ‖ ~ **паковки** *(Text)* Packungsdichte *f*, Garnkörperdichte *f* ‖ ~ **пар** *(Ph)* Paardichte *f* ‖ ~ **пара** Dampfdichte *f* ‖ **~/паразитная** *(Photo)* Nebenfarbdichte *f* ‖ ~ **перемагничиваний** Flußwechseldichte *f* ‖ **~/пикнометрическая** pyknometrisch bestimmte Dichte *f* ‖ ~ **по вертикали** *(Text)* Vertikaldichte *f* *(Wirk- und Strickware)* ‖ ~ **по горизонтали** *(Text)* Horizontaldichte *f* *(Wirk- und Strickware)* ‖ ~ **по основе** *(Text)* Kettendichte *f* *(Weberei)* ‖ ~ **по утку** *(Text)* Schußdichte *f* *(Weberei)* ‖ **~/поверхностная** *(Ph)* Flächendichte *f* ‖ ~ **поверхностного заряда** *(Eln)* Flächenladungsdichte *f* ‖ ~ **поверхностного тока** *(Eln)* Flächenstromdichte *f* ‖ ~ **поверхностных состояний** *(Eln)* Oberflächenzustandsdichte *f*, Flächenzustandsdichte *f* ‖ ~ **поля** *(Eln)* Feldliniendichte *f* ‖ ~ **поперечных сил** *(Ph)* Querkraftdichte *f* ‖ ~ **породы** *(Geol)* Gesteinsdichte *f* ‖ ~ **потока** *(Ph)* 1. Flußdichte *f*, Stromdichte *f*; 2. Massestromdichte *f*, Masseflußdichte *f* ‖ ~ **потока вероятности** Wahrscheinlichkeitsstromdichte *f* ‖ ~ **потока излучения/поверхностная** Strahlungsflußdichte *f* ‖ ~ **потока ионизирующих частиц** *(Kern)* Teilchenflußdichte *f* ‖ ~ **потока насыщения** Sättigungsflußdichte *f* ‖ ~ **потока теплоты** Wärmestromdichte *f* ‖ ~ **потока частиц** *(Kern)* Teilchenstromdichte *f*, Teilchenflußdichte *f* ‖ ~ **потока энергии** *(Ph)* Energieflußdichte *f*; Ener-

ПЛОТНОСТЬ

giestromdichte *f* ll ~ **потребления** *(En)* Verbrauchsdichte *f* ll ~ **почвы** *f (Lw)* Bodendichte *f*, Bodenbündigkeit *f* ll ~ **почернения** *(Photo)* Schwärzung *f*, Schwärzungsdichte *f* ll ~ **поэтажной площади** *(Bw)* Geschoßflächendichte *f* ll ~ **прессовки** Preßdichte *f (Pulvermetallurgie)* ll ~ **пространственного заряда** *(Ph)* Raumladungsdichte *f* ll ~ **пряжи/линейная** *(Text)* Garnfeinheit *f* ll ~ **пульпы** Trübdichte *f (Aufbereitung)* ll ~ **развёртывания** Abtastdichte *f* ll ~ **расположения растений** *(Lw)* Bestandsdichte *f* ll ~ **распределения** *(Ph)* Verteilungsdichte *f* ll ~ **расселения** *(Bw)* Siedlungsdichte *f*, Besiedlungsdichte *f* ll ~ **реактивности** *(Ph)* Reaktivitätsdichte *f* ll ~/**регулярная** *s.* ~ **в направленном свете** ll ~ **сгустков** *(Photo)* Blobdichte *f* ll ~ **сил** *(Ph)* Kraftdichte *f* ll ~ **силовых линий** *(Ph, El)* Feldliniendichte *f* ll ~ **смен потоков** Flußwechseldichte *f (Magnettonband)* ll ~ **состояний** *(Ph)* Zustandsdichte *f* ll ~/**спектральная** *(Opt)* spektrale Dichte *f*, Spektraldichte *f* ll ~ **спинов** *(Kern)* Spindichte *f* ll ~ **столкновений** *(Kern)* Stoß[zahl]dichte *f*, Kollisionsdichte *f* ll ~ **суммарная** *(Photo)* Gesamtdichte *f*, Gesamtschwärzung *f (Film)* ll ~ **сусла/начальная** *(Brau)* Stammwürzegehalt *m (Extraktgehalt der Stammwürze)* ll ~ **тела/объёмная** Raumdichte *f* der Masse *f (physikalischer Körper)* ll ~/**телефонная** Fernsprechverkehrsdichte *f* ll ~ **теплового потока** *(Ph, El)* Wärmestromdichte *f (W/m²)* ll ~ **ткани** *(Text)* Gewebedichte *f*, Gewebefestigkeit *f* ll ~ **тока** [elektrische] Stromdichte *f* ll ~ **тока/анодная** Anoden[strom]dichte *f* ll ~ **тока короткого замыкания** Kurzschlußstromdichte *f* ll ~ **тока/линейная** Strombelag *m* ll ~ **тока на аноде** Anoden[strom]dichte *f* ll ~ **тока на катоде** Kathodenstromdichte *f* ll ~ **тока насыщения** *(Ph)* Sättigungsstromdichte *f* ll ~ **тока/поверхностная** *(El)* Flächenstromdichte *f* ll ~ **тока термоэмиссии** *(Kern)* Emissionsstromdichte *f* ll ~ **транспортной сети** Verkehrsnetzdichte *f* ll ~/**удельная** *(Ph)* spezifische Masse *f*, Massedichte *f* ll ~ **упаковки** *(Krist)* Packungsdichte *f* ll ~ **упаковки элементов** Bauelementedichte *f*, Packungsdichte *f* ll ~ **фона** *(Ph)* Untergrunddichte *f*, Hintergrunddichte *f* ll ~ **фона/цветная оптическая** *(Typ)* Volltonfarbdichte *f* ll ~/**цветная [оптическая]** [optische] Farbdichte *f* ll ~ **частоты** 1. Häufigkeitsdichte *f*; 2. Frequenzdichte *f* ll ~ **шумов/спектральная** *(Eln)* spektrale Rauschdichte *f* ll ~/**эквивалентно-серая оптическая** *(Photo)* grauäquivalente Dichte *f (Film)* ll ~ **электрического заряда/линейная** *(El)* Linienladungsdichte *f* ll ~ **электрического заряда/объёмная** *(El)* Raumladungsdichte *f* ll ~ **электрического заряда/поверхностная** *(El)* Flächenladungsdichte *f* ll ~ **электрического заряда/пространственная** *(El)* Raumladungsdichte *f* ll ~ **электрического тока** elektrische Stromdichte *f* ll ~ **электронов** *(Ph)* Elektronendichte *f*, Elektronenkonzentration *f* ll ~ **элементов** *(Eln)* Bauelementedichte *f*, Pakkungsdichte *f* ll ~ **энергетических уровней** *(Eln)* Energieniveaudichte *f* ll ~ **энергетической яркости/спектральная** spektrale Strahldichte *f* ll ~ **энергии** *(Ph, El)* Energiedichte *f* ll ~ **энергии магнитного поля** *(Ph)* Energiedichte *f* des magnetischen Feldes ll ~ **энергии электрического поля** *(Ph)* Energiedichte *f* des elektrischen Feldes ll ~ **ямок травления** *(Eln)* Ätzgrubendichte *f*, Etch-pit-Dichte *f*, epd

плотный 1. dicht; 2. gedrungen, dicht, kompakt; 3. spielfrei; innig *(Verbindung)*; 4. *(Met)* porenfrei *(Guß)*

плотопуск *m s.* плотоход

плотоход *m (Hydt)* Floßgasse *f*, Floßschleuse *f*

плоттер *m* Plotter *m*

площадка *f* 1. Platz *m*; Stelle *f*; Fläche *f*; 2. Bühne *f*, Rampe *f*; 3. Bedienungsstand *m*, Stand *m*, Podest *n(m)* ll ~ **буровой вышки** *(Bgb)* Aushängebühne *f (Bohrturm)* ll ~/**верхняя приёмная** *(Bgb)* Hochhängebank *f* ll ~/**взлётно-посадочная** *(Flg)* Start- und Landeplatz *m (Hubschrauber, Kleinflugzeuge)* ll ~/**водобалансовая стоковая** *(Hydrol)* Wasserhaushaltsparzelle *f* ll ~ **гасящего импульса** *(TV)* Schwarzschulter *f* ll ~/**горизонтальная стапельная** *(Schiff)* horizontale Kielsohle *f (Baudock)* ll ~/**грузовая приёмная** *(Bgb)* Förderhängebank *f* ll ~ **для обслуживания** *(Met)* Bedien[ungs]bühne *f*, Arbeitsbühne *f (Ofen)* ll ~/**доильная** *(Lw)* Melkstand *m* ll ~/**загрузочная** *s.* ~/разгрузочная 2.; 3. ll ~/**заливочная** ll ~/**разливочная** ll ~/**игровая** Spielplatz *m* ll ~/**иловая** *(Bw)* Schlammtrockenplatz *m*, Trockenbeet *n (Kläranlagen)* ll ~/**испытательная** Prüfplatz *m* ll ~ **Каптейна/избранная** *s.* площадь/избранная ll ~/**качающаяся** *(Bgb)* Schwingbühne *f* ll ~ **клети** *(Bgb)* Korbboden *m (Förderkorb)* ll ~/**колошниковая** *(Met)* Gichtbühne *f*, Begichtungsbühne *f*, Beschickungsbühne *f*, Chargierbühne *f*, Gichtboden *m*, Beschickungsboden *m* ll ~/**кольцевая** Ringbühne *f (Hochofen)* ll ~ **конвертера/загрузочная** *(Met)* Konverterbühne *f* ll ~ **контактирования** *s.*/контактная 2. ll ~/**контактирующая** *(Eln)* Kontaktier[ungs]fläche *f*, Anschlußfläche *f (s. a.* ~/контактная 2.*)* ll ~/**контактная** 1. *(El)* Kontaktfläche *f*, Berührungsfläche *f*; 2. *(Eln)* Kontaktinsel *f*, Bondinsel *f*, Bondstelle *f*, Kontaktfenster *n* ll ~/**контейнерная** Containerumschlagplatz *m* ll ~/**кошельковая** Netzbühne *f*, Netzplattform *f (Seiner)* ll ~ **кристалла** *(Eln)* Chipinsel *f* ll ~/**крупная строительная** *(Bgb)* Großbaustelle *f* ll ~/**лестничная** *(Bw)* Treppenpodest *n(m)* ll ~/**лестничная промежуточная** Zwischenpodest *n(m) (Treppe)* ll ~/**людская приёмная** *(Bgb)* Seilfahrtsbühne *f* ll ~/**манёвренная** Wendemanöverplatz *m* ll ~/**монтажная** 1. *(Eln)* Montagefläche *f*, Bondfläche *f*; 2. Montagebaustelle *f*; 3. Montagebühne *f* ll ~/**мусоросборочная** Müllsammelplatz *m* ll ~/**неводная** *s.* ~/кошельковая ll ~/**нижняя (нулевая) приёмная** *(Bgb)* Rasenhängebank *f* ll ~/**опрокидывателей** *(Bgb)* Wipperbühne *f* ll ~/**отвала** *(Bgb)* Kippenplanum *n* ll ~/**отвалообразователя/рабочая** *(Bgb)* Absetzerplanum *n* ll ~/**переходная** *(Eb)* Übergangseinrichtung *f*, Übergangsbühne *f* ll ~/**подвесная** *(Bgb)* Hängebühne *f* ll ~/**поднимающаяся** *(Wlz)* Hubtisch *m* ll ~/**подферменная** *(Bw)* Auflagerbank *f (eines Widerlagers)* ll ~/**посадочная** Landeplatz *m (Hubschrauber, Kleinflugzeuge)* ll ~/**предохрани-

тельная (Bgb) Berme f ‖ ~/**рабочая** Bedien[ungs]bühne f, Arbeitsbühne f (Ofen); Abstichbühne f (Hochofen) ‖ ~/**разворотная** Wendeplatz m ‖ ~/**разгрузочная** 1. Entladerampe f, Abwurframpe f, Abzugsbühne f, Entladeplatz m; 2. (Met) Gichtbühne f, Begichtungsbühne f, Beschickungsbühne f, Chargierbühne f, Setzbühne f; 3. (Wlz) Aufgabetisch m ‖ ~/**разливочная** (Met) Gießplatz m, Gießstelle f, Gießbühne f ‖ ~/**сборочная** Fertigungsfläche f, Vormontagefläche f ‖ ~/**сетевая** Netzbühne f (Fischereifahrzeug) ‖ ~/**складская** (Eb) Güterboden m ‖ ~ **соприкосновения** s. ~/**контактная** 1. ‖ ~/**стартовая** (Rak) Startplatz m, Startplattform f, Startrampe f, Abschußrampe f ‖ ~/**строительная** Baustelle f ‖ ~/**хозяйственная** Wirtschaftsfläche f (im Wohngebiet) ‖ ~/**шихтовая** s. ~/разгрузочная 2. ‖ ~/**шкивная** (Bgb) Seilscheibenbühne f, Seilscheibenstuhl m ‖ ~ **экскаватора/рабочая** (Bgb) Baggerplanum n

площадь f 1. Fläche f, Platz m, Areal n; 2. Flächeninhalt m ‖ ~/**активная** aktive Fläche f ‖ ~ **антенны/действующая (эффективная)** wirksame (effektive) Antennenfläche f, Antennenwirkfläche f ‖ ~ **блока** (Bgb) Blockgrundfläche f ‖ ~ **бокового сопротивления** (Schiff) Lateralplanfläche f ‖ ~ **ватерлинии** (Schiff) Wasserlinienfläche f ‖ ~ **витка** Windungsfläche f ‖ ~ **водосбора** (Hydrol) Einzugsgebietsfläche f ‖ ~/**вокзальная** Bahnhofs[vor]platz m ‖ ~ **входа** Eintrittsfläche f, Eintrittsquerschnitt m ‖ ~/**вырубки** (Forst) Abhiebsfläche f ‖ ~ **выхода** Austrittsfläche f, Austrittsquerschnitt m ‖ ~/**городская** (Bw) Stadtfläche f ‖ ~ **давления пара** Dampfdruckfläche f ‖ ~ **живого сечения** (Hydrol) durchströmter Querschnitt m ‖ ~/**жилая** (Bw) Wohnfläche f ‖ ~ **зазора** (Masch) Spaltfläche f ‖ ~ **замедления** Bremsfläche f ‖ ~/**занимаемая** Platzbedarf m, beanspruchter Platz m ‖ ~ **застройки** bebaute Fläche f, Bebauungsfläche f ‖ ~ **Umbauungsfläche** f ‖ ~ **зелёных насаждений** (Bw) Grünfläche f ‖ ~/**избранная** (Astr) [Kapteynsches] Eichfeld n, selected area, ausgewähltes Feld n ‖ ~ **излучения** Strahlungsfläche f ‖ ~/**износа** (Fert) Verschleißmarke f (Schneidwerkzeuge) ‖ ~ **изображения** (Opt) Bildfläche f ‖ ~/**инверсионная** (Eln) Inversionsfläche f ‖ ~/**индикатора** Anzeigefläche f ‖ ~ **испарения** Verdampfungsfläche f ‖ ~ **Каптейна/избранная** s. ~/избранная ‖ ~ **коммуникаций** (Bw) Verkehrsfläche f (im Gebäude) ‖ ~/**контактная** 1. Kontaktfläche f, Berührungsfläche f; (Masch) Eingriffsfläche f (Zahnräder) ‖ ~/**контактная** s. ~ контакта ‖ ~ **кривой** Kurvenfläche f ‖ ~ **лучеиспускания** (Ph) Strahlungsfläche f, Emissionsfläche f ‖ ~ **миграции** (Ph) Migrationsfläche f, Wanderfläche f ‖ ~ **миделя двигателя** größter Triebwerksquerschnitt m, Fläche f des größten Triebwerksquerschnittes ‖ ~ **моментов** (Mech) Moment[en]fläche f ‖ ~ **набора** (Typ) Satzspiegel m, bedruckte Fläche f ‖ ~ **незастраиваемая** (Bw) Freifläche f, unbebaute Fläche f ‖ ~/**неслепящая полезная** blendfreie Nutzfläche f (Bildschirm) ‖ ~ **облеснённая** bewaldete Fläche f ‖ ~/**обслуживаемая** (Schiff) Arbeitsbereich m (Ladebaum) ‖ ~/**описываемая** überstrichene Fläche f ‖ ~/**орошаемая** (Lw) Berieselungsfläche f, Beregnungsfläche f, Bewässerungsfläche f ‖ ~/**освоенная** bewirtschaftete (erschlossene) Fläche f ‖ ~ **основания** (Bw) Grundfläche f ‖ ~ **основного назначения** (Bw) Hauptfunktionsfläche f ‖ ~ **отвала** (Bgb) Kippfläche f ‖ ~/**отвальная** (Bgb) Kippfläche f ‖ ~ **открытого хранения** Freilagerfläche f (Lagerwirtschaft) ‖ ~ **отпечатка** (Wkst) Eindruckfläche f (Härtemessung) ‖ ~ **отработки** (Bgb) Abbaufläche f ‖ ~ **парусности** (Schiff) Windangriffsfläche f ‖ ~ **печатающих элементов/относительная** (Typ) Flächendeckungsgrad m, druckender Flächenanteil m (Druckform) ‖ ~ **питания** (Lw) Standraum m (Pflanzen) ‖ ~ **по ватерлиниям** (Schiff) Wasserlinienfläche f ‖ ~ **поверхности** Inhalt m, Fläche f, Flächeninhalt m; Oberfläche f, Oberflächeninhalt m ‖ ~ **погрузки** Ladefläche f ‖ ~ **под отвал** (Bgb) Kippfläche f, Kippraum m ‖ ~/**полезная** Nutzfläche f, Wirkfläche f ‖ ~ **поперечного сечения** Querschnittfläche f ‖ ~/**посевная** (Lw) Anbaufläche f ‖ ~/**привокзальная** Bahnhofs[vor]platz m ‖ ~ **продувки** Spülquerschnitt m (Verbrennungsmotor) ‖ ~ **пространственного заряда** (Eln) Raumladungsfläche f ‖ ~ **рабочего сечения** wirksame Querschnittfläche f ‖ ~ **развёртки** Abtastfläche f ‖ ~/**развёртываемая** Abtastfläche f ‖ ~ **рассеивания** Streufläche f ‖ ~/**рассеивающая** Streufläche f ‖ ~ **растра** Rasterfläche f ‖ ~ **растровых точек/относительная** (Typ) Rasterrontwert m ‖ ~ **регулирования** Regelfläche f ‖ ~ **сдвига** (Fert) Scherfläche f ‖ ~/**сельскохозяйственная** landwirtschaftliche Fläche f ‖ ~ **сечения** Querschnittfläche f, Schnittfläche f ‖ ~ **сечения вчерне** (Bgb) Ausbruchsfläche f, Ausbruchsprofil n ‖ ~ **сечения горловины сопла** (Rak) Halsquerschnitt m der Schubdüse, engster Düsenquerschnitt m ‖ ~ **сечения калибра** (Wlz) Kaliberfläche f ‖ ~ **сечения фурм** (Met) Blasquerschnitt m, Düsenquerschnitt m (Schachtofen) ‖ ~/**складирования** Lagerungsgrundfläche f ‖ ~/**складская** Lagerfläche f ‖ ~ **соприкосновения** s. ~ контакта ‖ ~ **среза** (Fert) Scherfläche f; (Wkzm) Spanungsquerschnittfläche f ‖ ~ **стоянки** (Kfz) Parkfläche f ‖ ~ **теплоотвода** Wärmeableitfläche f, Kühlfläche f ‖ ~ **усиления** Verstärkungsfläche f ‖ ~ **фурм/общая** Blasquerschnitt m, Düsenquerschnitt m (Schachtofen) ‖ ~ **шпангоута** (Schiff) Spantfläche f ‖ ~ **эпюр моментов** Momentenfläche f ‖ ~/**этажа** (Bw) Geschoßfläche f

ПЛУ s. устройство/программируемое логическое

плуг m (Lw) Pflug m ‖ ~/**балансирный** Kipp-Pflug m ‖ ~/**безрамный** rahmenloser Pflug m ‖ ~ **гладкой пахоты** Kehrpflug m ‖ ~ **гладкой пахоты/дисковый** Scheibenkehrpflug m ‖ ~/**двухкорпусный** Zweischarpflug m, Doppelpflug m, Doppelscharpflug m, zweifurchiger Pflug m ‖ ~/**двухъярусный** Zweischichtenpflug m ‖ ~/**дисковый** Scheibenpflug m ‖ ~/**дренажный** Dränpflug m ‖ ~ **задней навески** Heckanbaupflug m ‖ ~/**канатный** Seilpflug m ‖ ~/**клавишный** Wechselpflug m ‖ ~/**конный** Gespannpflug m ‖ ~/**корчевальный** Rodepflug m ‖ ~/**лемешный** Scharpflug m ‖ ~/**луговой**

плуг Wiesen[umbruch]pflug *m* ‖ ~ **межосевой навески** Zwischenachsanbaupflug *m* ‖ ~/**многокорпусный** Mehrscharpflug *m*, mehrfurchiger Pflug *m* ‖ ~/**многолемешный** *s*. ~/**многокорпусный** ‖ ~/**моторный** Motorpflug *m* ‖ ~/**навесной** Anbaupflug *m* ‖ ~/**оборотный** Drehpflug *m* ‖ ~/**оборотный угловой** Winkeldrehpflug *m* ‖ ~/**однокорпусный** Einscharpflug *m* ‖ ~/**однолемешный** Einscharpflug *m* ‖ ~/**отвальный** *(Bgb)* Kippenpflug *m*; Haldenpflug *m* ‖ ~/**отвальный прицепной** *(Bgb)* Kippenpflug *m*, Kippenräumer *m* ‖ ~/**отвальный самоходный** *(Bgb)* selbstfahrender Kippenpflug *m* ‖ ~/**плантажный** Plantagenpflug *m*, Wühlpflug *m* ‖ ~/**полнооборотный** Volldrehpflug *m* ‖ ~/**прицепной** Anhängepflug *m* ‖ ~/**рамный** Rahmenpflug *m*, Gestellpflug *m* ‖ ~/**ротационный** Kreiselpflug *m* ‖ ~ **с вертикальным ротором** *s*. ~/**ротационный** ‖ ~ **с почвоуглубителем** Tiefwühlpflug *m*, Pflug *m* zur Krumenvertiefung ‖ ~ **с присоединением спереди и сзади/навесной** Front- und Heckanbaupflug *m* ‖ ~/**самоходный** selbstfahrender Pflug *m* ‖ ~ **свально-развальной пахоты/дисковый** Scheibenbeetpflug *m* ‖ ~/**снеговой** Schneepflug *m* ‖ ~/**снегоочистительный** Schneepflug *m* ‖ ~/**ступенчатый** Stufenpflug *m* ‖ ~/**тракторный** Traktorpflug *m* ‖ ~/**трёхкорпусный** Dreischarpflug *m*, dreifurchiger Pflug *m* ‖ ~/**трёхлемешный** *s*. ~/**трёхкорпусный** ‖ ~/**трёхъярусный** Dreischichtenpflug *m* ‖ ~ **фронтальной навески** Frontanbaupflug *m* ‖ ~/**четырёхкорпусный** Vierscharpflug *m*, vierfurchiger Pflug *m* ‖ ~/**четырёхлемешный** *s*. ~/**четырёхкорпусный** ‖ ~/**чизельный** Untergrundlockerer *m*, Krumenbasislockerer *m* ‖ ~/**ярусный** Schichtenpflug *m*, Schäl-Wühlpflug *m*
плуг-дернорез *m (Lw)* Absteckpflug *m*, Rasenschneider *m*
плуг-канавонакопитель *m (Lw)* Grabenpflug *m*
плуг-картофелекопатель *m (Lw)* Kartoffelrodepflug *m*
плуг-кочкорез *m (Lw)* Hümpelpflug *m*
плуг-кротователь *m (Lw)* Maulwurfpflug *m*
плуг-лущильник *m (Lw)* Schälpflug *m*
плуг-окучник *m (Lw)* Häufelpflug *m*
плуг-полольник *m (Lw)* Hackpflug *m*, Feldpflug *m*
плуг-рыхлитель *m (Lw)* Krümelpflug *m*, Wühlpflug *m*
плужок *m* 1. *(Lw)* Pflug *m*, Kleinpflug *m*; 2. Kratzer *m*, Leitschaufel *f* ‖ ~/**прополочный** Jätpflug *m* ‖ ~/**ручной** Handpflug *m*
плумбат *m (Ch)* Plumbat *n*, Plumbat(IV) *n*
плумбит *m (Ch)* Plumbit *n*, Plumbat(II) *n*
плунжер *m* 1. Plunger *m*, Tauchkolben *m (Verdränger der Tauchkolbenpumpe)*; 2. *(Glas)* Treiber *m*; 3. Tauchrohr *n (Vergaser)* ‖ ~/**возвратный** Rückzugskolben *m (hydraulische Presse)* ‖ ~/**литьевой** *(Kst)* Spritzkolben *m (einer Spritzgießmaschine)* ‖ ~/**нагнетательный** Förderkolben *m*, Druckkolben *m*; Druckstutzen *m* ‖ ~/**полый** Hohlplunger *m* ‖ ~/**сплошной** massiver Plunger *m* ‖ ~/**ретурный** *s*. ~/**возвратный** ‖ ~/**управляющий** Steuerplunger *m*
плутон *m (Geol)* Pluton *m*
плутонизм *m (Geol)* Plutonismus *m*
плутоний *m (Ch)* Plutonium *n*, Pu
плутониты *mpl s*. породы/глубинные
плутонометаморфизм *m (Geol)* Tiefengesteinsmetamorphose *f*
плывун *m* 1. *(Geol)* Treibsand *m*, Schwimmsand *m*; 2. *(Bgb)* schwimmendes Gebirge *n*
плювиограмма *f (Meteo)* Pluviogramm *n*, Ombrogramm *n*, Niederschlagsdiagramm *n*
плювиограф *m (Meteo)* Pluviograph *m*, Niederschlagsschreiber *m*, Regenschreiber *m*
плювиометр *m* Regenmesser *m*
плювиометрия *f* Niederschlags[mengen]messung *f*, Pluviometrie *f*, Hyetometrie *f*
плюмбикон *m (TV)* Plumbikon *n*, Plumbikonbildaufnahmeröhre *f*
плюс *m (El)* Pluspol *m*, Plus *m*
плюсование *n (Text)* Foulardieren *n*, Klotzen *n*, Klotzung *f*
плюсовать *(Text)* foulardieren, klotzen
плюсовка *f (Text)* 1. Foulard *m*, Klotzmaschine *f (Färberei)*; 2. *s*. плюсование ‖ ~/**бескорытная** chassisloser Foulard *m* ‖ ~/**двухвальная** Zweiwalzenfoulard *m* ‖ ~ **для крашения** Färbefoulard *m* ‖ ~/**крахмальная** Stärkefoulard *m*, Stärkemaschine *f* ‖ ~/**многовальная** Mehrwalzenfoulard *m* ‖ ~/**отжимная** Quetschfoulard *m*, Entwässerungsfoulard *m* ‖ ~ **с корытом** Foulard *m* mit Chassis
плюш *m (Text)* Plüsch *m* ‖ ~/**двойной** Doppelplüsch *m* ‖ ~/**кулирный** Kulierplüsch *m* ‖ ~/**одинарный** Rechts/Links-Plüsch *m* ‖ ~/**петельный** Schlingenplüsch *m* ‖ ~/**плотный** geschlossener Plüsch *m* ‖ ~/**прутковый** Rutenplüsch *m* ‖ ~/**разрезной** aufgeschnittener (offener) Plüsch *m* ‖ ~/**тиснёный** gepreßter Plüsch *m*
плющение *n* 1. Abplatten *n*; 2. Stauchen *n (Sägeblätter)*; Stauchschmieden *n*; Recken *n*, Reckschmieden *n*; 3. *(Wlz)* Breiten *n*, Breitung *f*
плющёнка *f* Halbflachdraht *m*
плющилка *f* Stauchapparat *m (zum Anstauchen der Sägezähne)*
плющить 1. abplatten; 2. [an]stauchen *(Sägeblätter)*; 3. breiten
пляж *m (Geol)* Strand *m*
ПМВ *s*. полёт на малых высотах
ПН *s*. 1. насос/питательный; 2. напряжение/пороговое
ПНД *s*. подогреватель низкого давления
пневматический pneumatisch, druckluftgesteuert, Druckluft...
пневматолиз *m (Geol)* Pneumatolyse *f (Mineralbildung)*
пневматолитовый, пневматолитический *(Geol)* pneumatolythisch
пневматолиты *mpl (Geol)* Pneumatolythe *mpl*
пневматосфера *f (Geol)* Pneumatosphäre *f*
пневмоавтоматика *f* Druckluftautomatik *f*, Pneumoautomatik *f* ‖ ~/**струйная** Pneumonik *f*
пневмоагрегат *m* pneumatisches Aggregat *n*, pneumatische Gerätekombination *f*
пневмоаппарат *m*/**запорный** pneumatisches Sperrventil *n* ‖ ~/**золотниковый** pneumatisches Schieberventil *n* ‖ ~/**клапанный** pneumatisches Sitzventil *n* ‖ ~/**крановый** pneumatisches Drehschieberventil *n* ‖ ~/**направляющий** pneumatisches Richtungsventil *n* ‖ ~ **с**

плоским поворотным золотником pneumatisches Flachdrehschieberventil *n* ‖ **~ управления расходом** pneumatisches Stromventil *n (Volumenstrombeeinflussung)*
пневмобетон *m* Torkretbeton *m*, Spritzbeton *m*
пневмовибратор *m* Druckluftrüttler *m*
пневмогидравлический pneumohydraulisch, pneumatisch-hydraulisch
пневмогидроавтоматика *f*/**струйная** Fluidik *f*, Fluidtechnik *f*
пневмогидроаккумулятор *m (Hydr)* gasbelasteter (luftbelasteter) Hydraulikspeicher *m*, hydropneumatischer Speicher *m*, Speicher *m* mit Gaspolster ‖ **~ без разделителя** gasbelasteter Hydrospeicher *m* ohne Trennmittel zwischen Druckgas und Drucköl
пневмогидропривод *m* pneumohydraulischer Antrieb *m*
пневмоглушитель *m* pneumatischer Schalldämpfer *m*
пневмограмма *f* Druckluftschreiber *m*, Pneumogramm *n*
пневмодвигатель *m* Druckluftmotor *m*, Pneumatikmotor *m* ‖ **~/поворотный** *(Masch)* Druckluftschwenkmotor *m*, Pneumatikdrehwinkelmotor *m*, Drehwinkelpneumatikmotor *m*
пневмодроссель *m* pneumatisches Drosselventil *n*
пневмозажим *m* 1. pneumatische Halterung *f*; pneumatischer Spanner *m*, Druckluftspanner *m*; 2. pneumatisches Spannen *n (von Werkstücken)*
пневмозакладка *f (Bgb)* Blasversatz *m*
пневмозолоудаление *n* pneumatische Entaschung *f*, Luftentaschung *f (Feuerungstechnik)* ‖ **~/всасывающее** Saugluftentaschung *f* ‖ **~/нагнетательное** Druckluftentaschung *f*
пневмоинструмент *m* Druckluftwerkzeug *n*
пневмоиспытание *n* pneumatisches Prüfverfahren *n*
пневмокаркасный Tragluftskelett...
пневмокаток *m* Gummiradwalze *f*
пневмоклапан *m* Pneumatikventil *n* ‖ **~ быстрого выхлопа** pneumatisches Schnellentlüftungsventil *n* ‖ **~ выдержки времени** pneumatisches Zeitschaltventil *n* ‖ **~ давления** pneumatisches Druckventil *n* ‖ **~ «И»** pneumatisches UND-Ventil *n* ‖ **~/конический** pneumatisches Kegelsitzventil *n* ‖ **~/напорный** pneumatisches Druckbegrenzungsventil *n* ‖ **~/обратный** pneumatisches Rückschlagventil *n* ‖ **~/редукционный** pneumatisches Druckminderventil *n* ‖ **~ с плоским седлом** pneumatisches Plansitzventil *n*
пневмоколонка *f (Bgb)* Druckluftbohrsäule *f*
пневмокостюм *m (Kern)* Strahlenschutzanzug *m (mit Überdruck-Atemversorgung)*
пневмолиния *f* pneumatische Leitung *f*, Druckluftleitung *f* ‖ **~/выхлопная** pneumatische Auslaßleitung *f* ‖ **~ управления** pneumatische Steuerleitung *f*
пневмомашина *f* pneumatische Maschine *f*, Pneumatikmaschine *f*, Druckluftmaschine *f* ‖ **~/объёмная** pneumatische Verdrängermaschine *f*
пневмомельница *f* Strahlmühle *f (Zerkleinerung durch Druckluft oder überhitzten Dampf)* ‖ **~ золотника/рабочая** Schieberfläche *f*

пневмомолоток *m* Druckluftharmmer *m*
пневмомотор *m* pneumatischer Rotationsmotor *m*
пневмоника *f* Pneumonik *f*
пневмообмыв *m* Ausblasen *n* von Luft am Unterwasserschiff *(Eisbrecher)*
пневмооборудование *n* Pneumatikausrüstung *f*
пневмоограничитель *m* **прочёса** *(Text)* Vliesbegrenzung *f*, Vliessäumung *f*
пневмоотсос *m* pneumatische Absaugeinrichtung *f*
пневмоочиститель *m* pneumatischer Fluidreiniger *m*
пневмопитатель *m* pneumatischer Speiser *m*
пневмоподаватель *m* Fördergebläse *n*
пневмоподача *f* pneumatische Förderung *f*
пневмоподборщик *m (Lw)* Druckluftaufnehmer *m*, Pneumatikaufnehmer *m*
пневмоподдержка *f (Bgb)* Druckluftbohrstütze *f*
пневмопочта *f* Rohrpost *f* ‖ **~/внешняя** Stadtrohrpost *f* ‖ **~/внутренняя** Hausrohrpost *f* ‖ **~/всасывающая** Saugluftrohrpost *f* ‖ **~ нагнетания** Druckluftrohrpost *f*
пневмопривод *m* Pneumatikantrieb *m*, Druckluftantrieb *m*, pneumatischer Antrieb *m* ‖ **~ без управления** nicht steuerbares pneumatisches System *n* ‖ **~/компрессорный** pneumatisches System *n* mit Verdichter ‖ **~/магистральный** pneumatisches System *n* mit Hauptleitungsspeisung ‖ **~ с автоматическим управлением** automatisch steuerbares pneumatisches System *n* ‖ **~ с ручным управлением** handsteuerbares pneumatisches System *n* ‖ **~ с управлением** steuerbares pneumatisches System *n*
пневмопробойник *m (Bw)* pneumatisch betriebenes Durchörterungsgerät *n*
пневмопровод *m* Druckluftleitung *f*, Hydraulikleitung *f*
пневморазгрузка *f* Druckluftentladung *f*
пневмораспределитель *m* pneumatisches Wegeventil *n*
пневморессора *f* Luftfeder *f (Fahrzeug)*
пневмосепаратор *m* Druckwindsichter *m*, Luftstromsichter *m*
пневмосистема *f* Pneumatiksystem *n*, pneumatisches System *n*, Druckluftsystem *n*
пневмосмеситель *m* Druckluftmischvorrichtung *f*
пневмосоединение *n (Text)* Verwirbelung *f (Texturierung)* ‖ **~ нитей** Verwirbelung *f* [durch Fadenschluß]
пневмостартер *m* Druckluftanlasser *m*
пневмосушилка *f* pneumatischer Trockner *m*, Stromtrockner *m*
пневмоталь *f* Drucklufthebezeug *n*
пневмотор *m*/**шиберный** pneumatischer Schiebermotor *m*
пневмотрамбовка *f* 1. Druckluftstampfen *n*; 2. Druckluftstampfer *m*
пневмотранспорт *m* 1. pneumatische Förderung *f*; 2. pneumatische Förderanlage *f*, Druckluftförderer *m*
пневмотруба *f* Stromrohr *n*, Trockenrohr *n (eines Stromtrockners)*
пневмоударник *m (Bgb)* Druckluftbohrhammer *m*, pneumatischer Bohrlochsohlenhammer *m*
пневмоуправление *n* Druckluftsteuerung *f*, pneumatische Steuerung *f*

пневмоустановка f/**разгрузочная** pneumatische Entladevorrichtung (Entleerungsvorrichtung) f
пневмоустройство n pneumatisches Gerät n ‖ ~ **без управления** nicht steuerbares pneumatisches Gerät n ‖ ~/**ввертное** pneumatisches Gerät n zum Einschrauben ‖ ~/**встраиваемое** pneumatisches Gerät n für Bohrungseinbau ‖ ~/**модульное** pneumatisches Gerät n in Batterieausführung ‖ ~ **трубного присоединения** pneumatisches Gerät n für Leitungseinbau ‖ ~/**управляемое** steuerbares pneumatisches Gerät n
пневмоформование n (Kst) Druckluftformung f, Blasverformung f ‖ ~ **с применением толкателя** Druckluftformung f mit mechanischer Vorstreckung
пневмоцентрализация f (Eb) Druckluftstellwerk n, pneumatisches Stellwerk n
пневмоцепь f pneumatischer Kreislauf m ‖ ~/**вспомогательная** pneumatischer Hilfskreislauf m ‖ ~/**основная** pneumatischer Hauptkreislauf m ‖ ~ **управления** pneumatischer Steuerkreislauf m
пневмоцилиндр m (Hydr) Pneumatikzylinder m, Druckluftzylinder m ‖ ~ **без крепёжных элементов** Pneumatikzylinder m ohne Befestigungselemente ‖ ~ **без торможения** Pneumatikzylinder m ohne Endlagenbremsung ‖ ~/**двухпозиционный** Pneumatikzylinder m mit zwei festen Stellungen ‖ ~/**мембранный** Pneumatikzylinder m mit Membran ‖ ~/**многопозиционный** Pneumatikzylinder m mit mehreren festen Stellungen ‖ ~ **с вильчатой проушиной** Pneumatikzylinder m mit Gabelauge ‖ ~ **с поворотной проушиной** Pneumatikzylinder m mit Schwenkauge ‖ ~ **с радиальными лапами** Pneumatikzylinder m mit radialem Fuß ‖ ~ **с тангенциальными лапами** Pneumatikzylinder m mit tangentialem Fuß ‖ ~ **с торможением** Pneumatikzylinder m mit Endlagenbremsung ‖ ~ **с фланцем** Pneumatikzylinder m mit Flansch ‖ ~ **с фланцем со стороны задней крышки** Pneumatikzylinder m mit bodenseitigem Flansch ‖ ~ **с фланцем со стороны штока** Pneumatikzylinder m mit ausfahrseitigem Flansch ‖ ~/**сильфонный** Pneumatikzylinder m mit Faltenbalg ‖ ~/**телескопический** pneumatischer Teleskopzylinder m (mehrstufiger Teleskopzylinder)
пневмоцистерна f (Schiff) Hydrophor m
пневмошлем m Druckhelm m
пневмошпиндель m (Masch) druckluftgetriebene Spindel f
ПО БИС s. **схема/процессорно-ориентированная большая интегральная**
побайтно-ориентированный (Inf) byteorientiert
побайтовый (Inf) byteweise
побежалость f (Min, Met) 1. Anlauf m, Anlaufen n; 2. Anlauffarbe f
побела f Engobe f, Begußmasse f, Angußmasse f
побеление n Weißanlaufen n, Weißwerden n (Anstrichschaden)
побелка f (Bw) Weißen n ‖ ~/**известковая** Kalkanstrich m, Tünche f
побережье n (Geol) Küste f; Vorland n ‖ ~/**плоское** Flachküste f ‖ ~/**ровное** gerade Küste f

побитно-ориентированный (Inf) bitorientiert
побой m (Led) Stippe f
побуждение n Erregung f
побурение n Bräunung f
поведение n Verhalten n ‖ ~/**асимптотическое** (Math, Kyb) asymptotisches Verhalten n, Asymptotik f ‖ ~ **в переходном режиме** Übergangsbetrieb m ‖ ~ **в продолжительном времени** Langzeitverhalten n ‖ ~ **в случае аварии** Havarieverhalten n, Zeitverhalten n ‖ ~ **во времени** zeitliches Verhalten n, Zeitverhalten n ‖ ~/**динамическое** dynamisches Verhalten n ‖ ~/**измерительное** Meßverhalten n ‖ ~/**коррозионное** Korrosionsverhalten n ‖ ~ **на переменном токе** (El) Wechselstromverhalten n ‖ ~ **на постоянном токе** (El) Gleichstromverhalten n ‖ ~ **передачи** Übertragungsverhalten n ‖ ~/**предельное** s. ~/**асимптотическое** ‖ ~ **при деформировании** Umformverhalten n ‖ ~ **при переключении** (El) Schaltverhalten n; Umschaltverhalten n ‖ ~ **при продольном течении** (Mech) Dehnströmungsverhalten n ‖ ~ **при сварке** Schweißverhalten n ‖ ~ **при сдвиговом течении** (Mech) Scherströmungsverhalten n ‖ ~/**реологическое** rheologisches Verhalten n (Strömungslehre) ‖ ~ **системы** (Kyb) Systemverhalten n
поверка f 1. Berichtigung f, Korrektur f; 2. [amtliche metrologische] Prüfung f, Eichung f ‖ ~/**арбитражная** Schiedsprüfung f ‖ ~/**внеочередная** außerplanmäßige Eichung f ‖ ~/**выборочная** Eichung f durch Stichprobenprüfung ‖ ~/**первичная** Ersteichung f ‖ ~/**периодическая** periodische Nacheichung f ‖ ~/**повторная** Nacheichung f ‖ ~/**средств измерений** Eichung f (amtliche Prüfung und Stempelung von Meßmitteln) ‖ ~ **средств измерений/инспекционная** Befundprüfung f (von Meßmitteln)
поверхности fpl/**трущиеся** (Fert) [aufeinander] reibende Flächen fpl, Reibflächen fpl
поверхностно-активный grenzflächenaktiv, kapillaraktiv; oberflächenaktiv (an der Grenzfläche Wasser/Luft)
поверхностный 1. Oberflächen...; 2. (Bgb) übertägig, Tages...
поверхность f Oberfläche f, Fläche f • **на поверхности** 1. (Bgb) über Tage, übertage; 2. (Eln) oberflächenmontiert ‖ ~ **абсорбции** Absorptionsfläche f ‖ ~/**активная** aktive Fläche (Oberfläche) f ‖ ~/**анодная** Anoden[ober]fläche f ‖ ~ **антенны/действующая** wirksame (effektive) Antennenfläche f, Antennenwirkfläche f ‖ ~/**асферическая** asphärische (deformierte) Fläche f ‖ ~ **атома** (Kern) Atomrand m, Atomoberfläche f ‖ ~/**атомарно-чистая** (Eln) hochvakuumreine Fläche (Oberfläche) f ‖ ~/**базовая** 1. Bezugs[ober]fläche f; 2. (Fert) Bestimmfläche f; 3. (Fert) Aufnahmefläche f (des Werkstücks) ‖ ~/**боковая** 1. Seitenfläche f, seitliche Fläche f, Flanke f; 2. (Math) Mantel m, Mantelfläche f (Kegel, Zylinder); 3. (Masch) Flanke f (Zahnrad, Gewinde) ‖ ~ **валка** (Wlz) Walzenoberfläche f ‖ ~ **валка/рабочая** Walzenbahn f ‖ ~ **вершин** (Masch) Hüllfläche f (Zahnrad) ‖ ~/**винтовая** Schraubenfläche f, Helikoid n ‖ ~/**вихревая** Wirbelfläche f ‖ ~ **влияния** Einflußfläche f ‖ ~/**внешняя** Außenfläche f, außenliegende Flä-

che *f* ∥ ~/**внутренняя** Innenfläche *f*, innenliegende Fläche *f* ∥ ~/**вогнутая** konkave Fläche *f* ∥ ~/**вогнутая боковая** *(Masch)* konkave Flanke *f (Zahnrad)* ∥ ~/**волновая** *(Ph)* Wellenfläche *f*, Wellenfront *f* ∥ ~ **волны** *s.* ~/**волновая** ∥ ~ **восходящего скольжения** *(Meteo)* Aufgleitfläche *f* ∥ ~ **вращения** Drehfläche *f*, Rotationsfläche *f*, rotationssymmetrische Oberfläche *f* ∥ ~ **вращения/отражающая** spiegelnde Rotationsfläche *f* ∥ ~ **вращения/преломляющая** brechende Rotationsfläche *f* ∥ ~/**временноподобная** zeitartige Fläche *f (relativistische Physik)* ∥ ~/**вспомогательная** Hilfsfläche *f* ∥ ~/**вспомогательная задняя** *(Wkz)* Freifläche *f* der Nebenschneide, Nebenfreifläche *f (am Werkzeug)* ∥ ~ **второго порядка** *(Math)* Fläche *f* zweiten Grades ∥ ~ **Вульфа** *(Krist)* Wulffsche Fläche *f* ∥ ~/**выпуклая** konvexe Fläche *f* ∥ ~ **Гамильтона** *(Mech)* Figuratrix *f*, Hamiltonsche Fläche *f* ∥ ~ **геоида** Geoidfläche *f* ∥ ~/**геометрическая** geometrische (geometrisch ideale) Oberfläche *f* ∥ ~/**гиперболоидная** Hyperboloidfläche *f* ∥ ~/**главная задняя** *(Wkz)* Freifläche *f* der Hauptschneide, Hauptfreifläche *f (am Werkzeug)* ∥ ~ **главная изобарическая** *(Meteo)* Standardisobarenfläche *f* ∥ ~ **головки зуба/боковая** *(Masch)* Kopfflanke *f (Zahnrad)* ∥ ~ **головки/рабочая** Kopfspiegel *m (Magnettonbandgerät)* ∥ ~/**горизонтальная** *(Geod)* Niveaufläche *f*, Niveau *n* ∥ ~/**горизонтальная стабилизирующая** *(Flg)* Höhenflosse *f* ∥ ~ **гравитационных волн** *(Ph)* Gravitationswellenfläche *f* ∥ ~/**граничная** Grenzfläche *f*, Front *f* ∥ ~ **грунтовых вод [/свободная]** *(Hydrol)* Grundwasserspiegel *m* ∥ ~/**действующая** Wirkfläche *f*, wirksame Fläche *f* ∥ ~/**денудационная** *(Geol)* Denudationsfläche *f*, Abtragungsfläche *f* ∥ ~/**депрессионная** *(Hydrol)* Absenkungsfläche *f* ∥ ~/**деформированная** *(Pap)* Schleiffläche *f* ∥ ~/**деформация** Verzerrungsfläche *f*, Formänderungsfläche *f*; *(Math)* Dilatationsfläche *f* ∥ ~/**дисперсионная** *(Ph)* Dispersionsoberfläche *f* ∥ ~/**диффузионная** *(Ph)* Diffusionsfläche *f* ∥ ~/**дневная** *(Bgb)* Tagesoberfläche *f* ∥ ~ **дорожки качения** *(Masch)* Lauffläche *f*, Laufbahn *f (Wälzlager)* ∥ ~ **дрейфа** Driftfläche *f*, Triftfläche *f* ∥ ~ **жидкости** Flüssigkeitsoberfläche *f* ∥ ~ **жидкости/свободная** freie Flüssigkeitsoberfläche *f* ∥ ~/**заданная** Solloberfläche *f*, vorgegebene Oberfläche *f* ∥ ~/**задняя** 1. Rückfläche *f*; 2. *(Wkz)* Freifläche *f (am Werkzeug)* ∥ ~/**замкнутая** geschlossene Fläche *f* ∥ ~ **запирающего слоя** *(Eln)* Sperrschichtfläche *f* ∥ ~/**затылования** *(Fert)* Hinterarbeitungsfläche *f* ∥ ~/**затылочная** *(Wkz)* Zahnrücken *n (Fräser)* ∥ ~ **зацепления** *(Masch)* Eingriffsfläche *f (Zahnrad)* ∥ ~/**зеркально-отражающая** spiegelnde Fläche *f* ∥ ~ **зуба/боковая** *(Masch)* Flanke *f*, Zahnflanke *f (Zahnrad)* ∥ ~ **зуба/левая боковая** *(Masch)* Linksflanke *f (Zahnrad)* ∥ ~ **зуба/правая боковая** *(Masch)* Rechtsflanke *f (Zahnrad)* ∥ ~ **зубчатого зацепления** *(Mech)* Verzahnungsfläche *f* ∥ ~/**излома** *(Mech)* Bruchfläche *f* ∥ ~/**излучающая** *s.* ~/**лучеиспускающая** ∥ ~/**измеренная** gemessene Oberfläche *f* ∥ ~/**измерительная** Meßfläche *f*, Prüffläche *f (z. B. an Lehren)* ∥ ~/**измеряемая** zu messende Oberfläche *f* ∥ ~/**изобарическая** *(Meteo)* isobare Fläche *f* ∥ ~ **изображения** Bildfläche *f* ∥ ~/**изогнутая** Biegungsfläche *f* ∥ ~/**изодозная** *(Ph)* Isodosenfläche *f* ∥ ~/**изопотенциальная** *(Ph)* Isopotentialfläche *f* ∥ ~/**изостатическая** *(Ph)* isostatische Fläche (Ausgleichsfläche) *f* ∥ ~/**изостерная** *(Meteo)* isostere Fläche *f* ∥ ~/**изоэнергетическая** isoenergetische Fläche *f*, Fläche *f* gleicher Energie ∥ ~ **инверсии** Inversionsfläche *f* ∥ ~ **инструмента** Werkzeugoberfläche *f* ∥ ~ **инструмента/задняя** *(Wkz)* Freifläche *f (am Werkzeug)* ∥ ~ **инструмента/передняя** *(Wkz)* Werkzeugspanfläche *f* ∥ ~ **интерференции** Interferenzfläche *f* ∥ ~ **испарения** *s.* ~/**испаряющая** ∥ ~/**испаряющая** Verdunstungsfläche *f*; Verdampfungsfläche *f* ∥ ~/**испускающая** *s.* ~/**лучеиспускающая** ∥ ~ **калибра/боковая** *(Wlz)* Kaliberfläche *f* ∥ ~ **калибра/рабочая** *(Wlz)* Kaliberarbeitsfläche *f*, arbeitende Fläche *f* des Kalibers ∥ ~/**кардная** *(Text)* Kardierfläche *f* ∥ ~ **катания рельса** *(Eb)* Schienenlauffläche *f* ∥ ~ **катушки** *(El)* Spulenmantel *m* ∥ ~ **качения** *(Masch)* Wälzbahn *f* ∥ ~/**компенсирующая** *(Flg)* Ausgleichfläche *f*, Entlastungsfläche *f* ∥ ~/**коническая** *(Math)* Kegelfläche *f* ∥ ~ **контакта** *s.* ~ **соприкосновения** ∥ ~/**контактная** *s.* ~ **соприкосновения** ∥ ~ **конуса/боковая** Kegelmantel *m* ∥ ~/**кривая (криволинейная)** gekrümmte Fläche *f* ∥ ~ **кристалла** Kristalloberfläche *f* ∥ ~ **ликвидуса** *(Met)* Liquidusfläche *f (Dreistoffdiagramm)* ∥ ~/**линейчатая** *(Fert)* gekrümmte Fläche *f* ∥ ~/**лицевая** 1. Vorderfläche *f*; 2. *(Bw)* Sichtfläche *f*, Vorderfläche *f*, Planfläche *f* ∥ ~/**лучевая** *(Ph)* Strahlenfläche *f*, Wellenfläche *f* ∥ ~ **лучеиспускания** *s.* ~/**лучеиспускающая** ∥ ~/**лучеиспускающая** *(Ph)* Emissionsfläche *f*, Strahlungsfläche *f*, strahlende (emittierende) Oberfläche *f* ∥ ~ **магнитного потенциала** *(El)* magnetische Potentialfläche *f* ∥ ~/**матовая** Mattfläche *f* ∥ ~/**межкристаллическая** Kristallgrenzfläche *f* ∥ ~/**мездровая** *(Led)* Fleischseite *f*, Aasseite *f* ∥ ~/**мерительная** *(Meß)* Meßkuppe *f*, Meßfläche *f* ∥ ~/**металлизируемая** Spritzfläche *f* ∥ ~/**металлические** Metallfläche *f* ∥ ~ **Мохоровичича** *(Geol)* Mohorovičić-Diskontinuität *f*, Moho *f* ∥ ~ **нагрева** Heizfläche *f* ∥ ~ **нагрева/внешняя** äußere Heizfläche *f* ∥ ~ **нагрева/внутренняя** innere Heizfläche *f* ∥ ~ **нагрева/конвективная** Konvektionsheizfläche *f (Strahlungskessel)* ∥ ~ **нагрева котла** Kesselheizfläche *f* ∥ ~ **нагрева пароперегревателя** Überhitzerheizfläche *f* ∥ ~ **нагрева/радиационная** Strahlungsheizfläche *f* ∥ ~/**нагревательная** *s.* ~ **нагрева** ∥ ~/**надвига** *(Geol)* Überschiebungsfläche *f* ∥ ~/**наклонная** Schrägfläche *f*, Schräge *f*, geneigte Fläche *f* ∥ ~ **напластования** *(Geol)* Schichtfläche *f* ∥ ~/**напорная** *(Hydt)* Stauwand *f (Walzenwehr)* ∥ ~/**направляющая** Führungsfläche *f* ∥ ~ **напряжений** *(Mech)* Spannungsfläche *f*, Tensorfläche *f* ∥ ~/**наружная** Außenfläche *f*, äußere Fläche *f* ∥ ~/**начальная** *(Masch)* Wälzbahn *f (Zahnräder)* ∥ ~/**нейтральная** *(Wkst)* neutrale Faserschicht *f*, Nullschicht *f (Biegeversuch)* ∥ ~/**нерабочая** 1. Fläche *f* ohne besondere meß-

поверхность

technische Funktion; 2. Seitenfläche f (z. B. eines Endmaßes); 3. Grundfläche f, Deckfläche f (z. B. eines Winkelendmaßes) ‖ ~ **несогласия** (Geol) Diskordanzfläche f ‖ ~**/несущая** (Flg) Tragfläche f, tragende Fläche f des Tragflügels ‖ ~ **нисходящего скольжения** (Meteo) Abgleitfläche f ‖ ~ **ножки зуба/боковая** (Masch) Fußflanke f (Zahnrad) ‖ ~**/номинальная** (Fert) 1. geometrisch ideales Profil n; 2. Nennoberfläche f (Toleranzen); 3. nominelle Berührungsfläche f ‖ ~ **нулевой скорости** (Ph) Nullgeschwindigkeitsfläche f (Hillsche Grenzfläche) ‖ ~**/обрабатываемая** (Fert) zu bearbeitende Fläche f, Bearbeitungsfläche f ‖ ~**/обработанная** (Fert) bearbeitete Fläche f, Schnittfläche f ‖ ~**/общая охлаждающая** Gesamtkühlfläche f ‖ ~**/общая полезная** Gesamtnutzfläche f ‖ ~**/общая фильтрующая** Gesamtfilterfläche f ‖ ~**/овальная** (Math) Eifläche f, Ovoid n ‖ ~**/огибающая** (Math) Hüllfläche f ‖ ~ **оползания** (Bgb) Rutschfläche f, Gleitfläche f ‖ ~**/опорная** 1. Grundfläche f; Stützfläche f, Auflagefläche f, tragende Fläche f, Tragfläche f; 2. s. ~**/посадочная** ‖ ~**/орошаемая** (Lw) Berieselungsfläche f, Beregnungsfläche f, Bewässerungsfläche f ‖ ~ **ослабления** (Bgb, Geol) Schwächefläche f ‖ ~ **основания** Grundfläche f, Basis f ‖ ~ **основы** Trägeroberfläche f (eines Magnettonbands) ‖ ~**/отражающая** 1. Prallfläche f; 2. spiegelnde Fläche f, Spiegelfläche f, Reflexionsfläche f; 3. (Rad) Rückstrahlquerschnitt m, effektive Echofläche f ‖ ~ **охлаждения** Kühlfläche f, Abkühl[ungs]fläche f, Abkühlungsoberfläche f ‖ ~**/передняя** 1. Vorderfläche f, vordere Fläche f; 2. (Wkz) Spanfläche f (am Werkzeug) ‖ ~**/плоская** ebene Fläche f, Ebene f ‖ ~**/плосковогнутая** plankonvexe Oberfläche f ‖ ~**/плоско-выпуклая** plankonvexe Oberfläche f ‖ ~ **поглощения** (Ph) Absorptionsfläche f ‖ ~ **подложки** (Eln) Substratoberfläche f ‖ ~ **подпора** (Hydt) Staufläche f, Stauhaltung f ‖ ~ **подшипника/посадочная** (Masch) Lagersitzfläche f ‖ ~ **покоя** Ruhefläche f (Uhr) ‖ ~ **полюса/рабочая** (El) Pol[ober]fläche f ‖ ~ **полюсного башмака/лицевая** (El) Polschuhstirnfläche f ‖ ~**/поршневого кольца/рабочая** (Masch) Lauffläche f des Kolbenringes ‖ ~ **поршня/рабочая** (Masch) Kolbenlauffläche f ‖ ~ **посадки** s. ~**/посадочная** ‖ ~**/посадочная** (Masch) Paßfläche f, Sitzfläche f, Sitz m ‖ ~ **преломления** s. ~**/преломляющая** ‖ ~**/преломляющая** (Opt) brechende Fläche f ‖ ~**/прилегающая** (Fert) 1. Anlagefläche f, Anliegefläche f; angrenzende Oberfläche f; 2. angrenzende Fläche f (Toleranzen) ‖ ~ **прилипания** Haftfläche f ‖ ~**/припасованная** (Fert) Paßfläche f ‖ ~**/промежуточная** (Typ) Zwischenträger m ‖ ~**/рабочая** 1. Arbeitsfläche f, Grundfläche f, Funktionsfläche f; 2. Meßfläche f, Prüffläche f; 3. (Fert) Aufspannfläche f; 4. Lauffläche f (z. B. des Treibriemens) ‖ ~ **равновесия** (Ph) Gleichgewichtsfläche f ‖ ~ **равного давления** s. ~**/**изобарическая ‖ ~ **равного потенциала** (Ph) Äquipotentialfläche f, Potentialfläche f, Niveaufläche f (Kraftfelder) ‖ ~ **равного удельного объёма** s. ~**/**изостерная ‖ ~ **равной амплитуды** Fläche f gleicher Amplitude ‖ ~ **равной концентрации** Fläche f gleicher Konzentration ‖ ~ **равной плотности** äquidense Fläche f ‖ ~**/равнопотенциальная** s. ~ равного потенциала ‖ ~**/радиационная** s. ~**/**лучеиспускающая ‖ ~ **развёртки** Abtastfläche f ‖ ~**/развёртывающая** (Math) abwickelbare Fläche f, Torse f ‖ ~ **раздела** 1. (Hydrod) [Helmholtzsche] Trennungsfläche f, Diskontinuitätsfläche f, Unstetigkeitsfläche f; 2. (Krist) Grenzfläche f, Trennfläche f; 3. (Met) Grenzfläche f, Grenzschichtgebiet n; 4. Unstetigkeitsfläche f (Seismologie); 5. s. ~ разрыва 1. ‖ ~ **раздела жидкости-газа** Flüssigkeits-Gas-Grenzfläche f, Grenzfläche f Flüssigkeits-Gas ‖ ~ **раздела жидкости-жидкости** Grenzfläche f Flüssigkeit-Flüssigkeit ‖ ~ **раздела фаз** Phasengrenzfläche f ‖ ~ **разлома (разрушения)** (Mech) Bruchfläche f ‖ ~ **разрыва** 1. (Meteo) Diskontinuitätsfläche f; 2. s. ~ раздела 1. ‖ ~ **разъёма** (Masch) Teilfläche f, Trennfläche f ‖ ~ **разъёма модели** (Gieß) Modellteilungsebene f, Teilungsfläche (Teilungsebene) f des Modells ‖ ~ **разъёма формы** (Gieß) Formteilungsfläche f, Formteilungsebene f ‖ ~**/рассеивающая** (Opt) Streufläche f, streuende Fläche f ‖ ~**/реальная** 1. (Fert) 1. Istprofil n (Rauhigkeit); 2. (Masch) wirkliche Oberfläche f (Toleranzen); 3. (Meß) Istoberfläche f, wirkliche (reale) Oberfläche f ‖ ~**/режущая** (Wkz) Schneidfläche f ‖ ~ **резания** (Wkz) Schnittfläche f, Scherfläche f (am Werkzeug) ‖ ~ **резьбы/боковая** (Wkz) Gewindeflanke f ‖ ~ **рельса/верхняя** (Eb, Bw) Schienenoberkante f, SO ‖ ~ **с зеркально-отражающим покрытием** (Opt) verspiegelte Fläche f ‖ ~ **сбега** (Fert) Auslauffläche f (Gewinde) ‖ ~ **сброса** (Geol) Verwerfungsfläche f, Verwerfungsebene f ‖ ~ **сдвига** (Fert) Scherfläche f, Abscherfläche f ‖ ~ **силы света** Lichtstärkeverteilungsfläche f ‖ ~**/синфазная** (Opt) Fläche f konstanter Phase ‖ ~ **складки/осевая** (Geol) Achsenfläche f (bei übergelegter schiefer Form einer Falte); Achsenebene f (bei aufrechter Form einer Falte) ‖ ~**/складчатая** (Math) gefaltete Fläche f, Faltungsfläche f ‖ ~ **скольжения** 1. Gleitfläche f, Schubfläche f, Schiebungsfläche f; 2. (Geol) Gleitfläche f, Rutschfläche f ‖ ~ **смещения** Verschiebungsfläche f ‖ ~**/смоченная** benetzte Fläche f ‖ ~ **солидуса** (Met) Solidusfläche f (Dreistoffdiagramm) ‖ ~ **соприкосновения** Berührungsfläche f, Berührungs[ober]fläche f, Kontaktfläche f ‖ ~ **соударения** Stoßfläche f (Zusammenstoß) ‖ ~**/спланированная** (Bgb) Planum n ‖ ~ **сравнения** Vergleichsfläche f ‖ ~ **срастания** (Krist) Verwachsungsebene f, Verwachsungsfläche f ‖ ~ **среза** (Fert) Scherfläche f, Schnittfläche f ‖ ~**/стыковая** Stoßfläche f (Stoßfuge) ‖ ~**/сферическая** (Math) Kugelfläche f, sphärische Fläche f ‖ ~ **сцепления** Haftfläche f ‖ ~ **теплообмена** 1. Wärmeübertragungsfläche f ‖ ~ **теплопередачи** Wärmeübertragungsfläche f ‖ ~**/торцовая** Stirnfläche f, Vorderfläche f, Planfläche f ‖ ~ **трения** Reib[ungs]fläche f ‖ ~**/удельная** (Ph) spezifische Oberfläche f ‖ ~ **удлинений** Elongationsfläche f ‖ ~**/уплотнительная (уплотняющая)** Abdichtfläche f, Dichtfläche f, Dichtungsfläche f ‖ ~**/уро-**

венная *(Geod)* Niveaufläche *f* ‖ ~/фактическая Istoberfläche *f*, reale Oberfläche *f* ‖ ~/фасонная *(Fert)* Formfläche *f*, Profilfläche *f* ‖ ~/фермиевская *(Ph)* Fermi-Fläche *f*, Fermi-Oberfläche *f* ‖ ~/фокальная 1. *(Opt)* Brennfläche *f (Kaustik)*; 2. *(Math)* Brennfläche *f*, Fokalfläche *f (lineare Kongruenz)* ‖ ~/фотометрическая *s*. ~ центров погружённых объёмов *(Mech)* Auftriebsfläche *f (hydrostatischer Auftrieb)* ‖ ~ цилиндра [/наружная] *(Masch)* Zylinderoberfläche *f* ‖ ~ цилиндра/рабочая *(Masch)* Zylinderlauffläche *f*, Zylinderspiegel *m* ‖ ~/цилиндрическая *(Math)* Zylinderfläche *f* ‖ ~/чувствительная sensible (empfindliche) Fläche *f* ‖ ~/чувствительная к излучению strahlungsempfindliche Fläche *f* ‖ ~/шагреневая *(Krist)* Chagrin *m (optische Erscheinung auf Mineraloberfläche)* ‖ ~/шаровая *(Math)* Kugelfläche *f* ‖ ~ шкива/рабочая *(Masch)* Laufmantel *m (Riemenscheibe)* ‖ ~ шлифа *(Wkst)* Schlifffläche *f* ‖ ~/шлифовальная *(Fert)* Schlifffläche *f*, geschliffene Fläche *f* ‖ ~ шлифовального круга *(Fert)* Scheibentopographie *f* ‖ ~/щётки/контактная *(El)* Bürstenkontaktfläche *f* ‖ ~/щётки/рабочая *(El)* Bürstenlauffläche *f* ‖ ~/эвольвентная Evolventenfläche *f* ‖ ~/эквипотенциальная *s*. ~ равного потенциала ‖ ~/экранная 1. Strahlungsfläche *f*; 2. Kühlschirm *m (Strahlungsselbstfeuerung)* ‖ ~/эмиссионная *s*. ~/лучеиспускающая ‖ ~/эмиттерная *(Eln)* Emitterfläche *f* ‖ ~/эмиттирующая *s*. ~/лучеиспукающая ‖ ~/эталонная Vergleichsfläche *f* ‖ ~/эффективная effektive (wirksame) Fläche *f*, Wirkfläche *f*

повешивание *n (Geod)* Abbaken *n*, Abfluchten *n*
повив *m* **кабеля** *(El)* Kabellage *f*
повивами lagenweise
поводец *m*/**буйковый** Brailtau *n (Treibnetz)* ‖ ~/**вожаковый** Zeising *m (Treibnetz)* ‖ ~ **с крючком** Mundschnur *f (Langleinenfischerei)*
поводка *f (Härt)* Verziehen *n*, Verzug *m*
поводковый *(Masch)* Mitnehmer...
поводок *(Masch)* Mitnehmer *m*
поворачивание *n* 1. Drehen *n*, Wenden *n*; 2. Umwenden *n*, Umkehren *n*; 3. Umschwenken *n*, Schwenken *n*
поворачиватель *m* Wendevorrichtung *f*
поворачивать 1. drehen, wenden; 2. umwenden, umkehren; 3. [um]schwenken
поворот *m* 1. Drehung *f*, Drehen *n*, Umdrehung *f*; 2. Schwenkung *f*, Wendung *f*; 3. Biegung *f*, Krümmung *f (Straße)*; 4. Umlenkung *f*; 5. *(Schiff)* Wende *f*; 6. *(Masch)* Krümmer *m* ‖ ~ **ветра** *(Meteo)* Winddrehung *f* ‖ ~ **влево** *(Schiff)* Wende *f* nach Backbord ‖ ~ **вправо** *(Schiff)* Wende *f* nach Steuerbord ‖ ~/**зеркальный** *(Krist)* Drehspiegelung *f* ‖ ~/**инверсионный** *(Krist)* Drehinversion *f* ‖ ~ **плоскости поляризации** Polarisationsdrehung *f*, Drehung *f* der Polarisationsebene ‖ ~ **поля** *(El)* Felddrehung *f* ‖ ~ **стрелы** *(Schiff)* Schwenken *n* des Ladesbaums ‖ ~ **судна Drehen** *n* des Schiffes *(Stapellauf)* ‖ ~ **третьего порядка/зеркальный** *(Krist)* dreizählige Drehspiegelung *f* ‖ ~ **третьего порядка/инверсионный** *(Krist)* dreizählige Drehinversion *f* ‖ ~/**угловой** Winkel[ver]drehung *f* ‖ ~ **фаз** *(El)*

Phasendrehung *f*, Phasenumkehr *f* ‖ ~ **четвёртого порядка/зеркальный** *(Krist)* vierzählige Drehspiegelung *f* ‖ ~ **четвёртого порядка/инверсионный** *(Krist)* vierzählige Drehinversion *f* ‖ ~ **шестого порядка/зеркальный** *(Krist)* sechszählige Drehspiegelung *f* ‖ ~ **шестого порядка/инверсионный** *(Krist)* sechszählige Drehinversion *f*
поворотить *s*. поворачивать
поворотливость *f* Wendigkeit *f* ‖ ~ **судна** *(Schiff)* Drehfähigkeit *f*, Wendefähigkeit *f*, Wendevermögen *n*
поворотный drehbar, Dreh...; schwenkbar, Schwenk...
повреждаемость *f* Stör[ungs]anfälligkeit *f*, Störempfindlichkeit *f*
повреждение *n* 1. Beschädigen *n*, Beschädigung *f*; Verletzung *f*; 2. Fehler *m*; Störung *f*, Schaden *m* ‖ ~ **груза** Ladegutbeschädigung *f* ‖ ~ **изоляции** *(El)* Isolationsfehler *m* ‖ ~ **ленты** Bandfehlstelle *f* ‖ ~ **линии** *(El)* Leitungsfehler *m*; Leitungsstörung *f* ‖ ~/**механическое** mechanischer Fehler *m*; mechanische Beschädigung *f* ‖ ~/**радиационное** Strahlenschaden *m*, Strahlenschädigung *f*, Strahlungsdefekt *m*
повреждённость *f* Schadhaftigkeit *f*
повреждённый beschädigt, schadhaft; fehlerhaft; *(Nrt)* gestört
повтор *m (TV)* Echobild *n*, Geisterbild *n*
повторитель *f (El)* Folgeschaltung *f*, Folger *m*; *(Nrt)* Repeater *m* ‖ ~/**анодный** Anodenfolgeschaltung *f*, Anodenfolger *m* ‖ ~/**импульсный** Impulsverstärker *m*, Impulswiederholer *m* ‖ ~/**истоковый** Source-Folger *m* ‖ ~/**катодный** Kathodenfolgeschaltung *f*, Kathodenfolger *m* ‖ ~/**эмиттерный** Emitterfolger *m*
повторяемость *f* 1. Häufigkeit *f*; 2. Wiederholbarkeit *f*; 3. Reproduzierbarkeit *f*
повыситель *m* **напряжения** *(El)* Spannungserhöher *m* ‖ ~ **частоты** *(El)* Frequenzerhöher *m*
повышающий erhöhend; *(Masch)* steigernd; mit Übersetzung ins Schnelle ‖ ~ **напряжение** *(El)* spannungserhöhend
повышение *n* Erhöhung *f*, Steigerung *f*, Anstieg *m*, Zunahme *f* ‖ ~ **давления** 1. Druckzunahme *f*; 2. *(Meteo)* Luftdruckanstieg *m* ‖ ~ **жёсткости [воды]** Aufhärtung *f*, Wasserhärtung *f* ‖ ~ **коэффициента мощности** *(El)* Leistungsfaktorverbesserung *f* ‖ ~/**крутизны** *(El)* Versteilerung *f* ‖ ~ **напряжения** *(El)* Spannungserhöhung *f* ‖ ~ **отношения сигнал-шум** *(Eln)* Rauschabstandsverbesserung *f* ‖ ~ **подпора** *(Hydt)* Stauerhöhung *f* ‖ ~ **потенциала** *(Ph)* Potentialanstieg *m* ‖ ~ **производительности** Produktivitätssteigerung *f*, Leistungssteigerung *f* ‖ ~ **скорости вращения** Drehzahlerhöhung *f* ‖ ~ **температуры** Temperaturanstieg *m*, Temperaturerhöhung *f* ‖ ~ **тока** *(El)* Stromerhöhung *f*, Stromanstieg *m* ‖ ~ **точки кипения** Siedepunkterhöhung *f* ‖ ~ **установления скорости** *(Kfz)* Geschwindigkeitsüberschreitung *f* ‖ ~ **цвета** Farberhöhung *f*, Hypsochromie *f (Farbstofftheorie)* ‖ ~ **чувствительности** Empfindlichkeitssteigerung *f*
погасание *n* Erlöschen *n*; *(Krist)* Auslöschung *f* *(optische Erscheinung bei doppelbrechenden*

погасание *Mineralen*) ‖ **~/косое** schräge Auslöschung *f* ‖ **~/прямое** gerade Auslöschung *f* ‖ **~/симметричное** symmetrische Auslöschung *f*
погашать 1. [aus]löschen; 2. *(Bgb)* abwerfen, stilllegen *(Grubenbau)*
погашение *n* 1. Auslöschung *f*, Löschung *f*, Extinktion *f*; 2. *(Bgb)* Abwerfen *n*, Aufgeben *n* (*Grubenbau*) ‖ **~ колебаний** Schwingungsdämpfung *f* ‖ **~ пустот** *(Bgb)* Verfüllen *n* von Hohlräumen ‖ **~ целиков** *(Bgb)* Pfeilerrückbau *m*
погибь *f (Schiff)* Bucht *f* ‖ **~/крышеобразная** Dachbucht *f* ‖ **~ палубы** Decksbucht *f* ‖ **~/плавная криволинейная** Rundbucht *f* ‖ **~/трапецеидальная** Knickbucht *f* ‖ **~ трапецеидальной формы** Knickbucht *f*
поглотитель *m* 1. *(Ch)* Sorbens *n*, Sorptionsmittel *n*, Absorptionsmittel *n*; 2. Absorber *m*, Absorptionsapparat *m*; 3. *(Rf)* Dämpfungsglied *n*; 4. *(Vak)* Getter *m* ‖ **~/выгорающий** *(Kern)* [ab]brennbarer Adsorber *m* ‖ **~/кожухотрубный** *(Kält)* Röhrenkesselabsorber *m* ‖ **~ мощности** Leistungsabsorber *m* ‖ **~ нейтронов** *(Kern)* Neutronenabsorber *m*, Neutronenfänger *m*, Absorber *m* ‖ **~/плёночный** *(Kält)* Rieselfilmabsorber *m* ‖ **~/поверхностный** *(Kält)* Oberflächenabsorber *m* ‖ **~/противоточный** *(Kält)* Gegenstromabsorber *m* ‖ **~/резонансный** *(El)* Resonanzabsorber *m* ‖ **~/сравнительный** Vergleichsabsorber *m* ‖ **~/ультрафиолетовый** UV-Adsorber *m*
поглотительный Absorptions...
поглотить *s.* поглощать
поглощаемость *f* 1. Aufnahmevermögen *n*, Absorptionsfähigkeit *f*; 2. *s.* коэффициент поглощения ‖ **~ энергии** Energieabsorptionsvermögen *n*
поглощать 1. [ver]schlucken, aufnehmen, absorbieren; 2. dämpfen *(Stöße, Schwingungen)*
поглощающий Absorptions..., Schluck...
поглощение *n* 1. Absorption *f*, Absorbieren *n*, Schluckung *f*, Schlucken *n*, Aufnahme *f (s. a. unter* абсорбция*)*; 2. Vernichtung *f (Energie)* ‖ **~ влаги** Feuchtigkeitsaufnahme *f* ‖ **~ воды** Wasseraufnahme *f* ‖ **~ воздуха** Luftabsorption *f* ‖ **~ волн** Wellenabsorption *f* ‖ **~/вынужденное** induzierte Absorption *f (Laser)* ‖ **~ газа** Gasaufnahme *f* ‖ **~ гиперзвука** *(Ak)* Hyperschallabsorption *f*, Schallschluckung *f* ‖ **~ звука** Schallabsorption *f*, ‖ **~/избирательное** Selektivabsorption *f*, selektive Absorption *f* ‖ **~ излучения** Strahlungsabsorption *f* ‖ **~ импульса/первичная** primäre Energiedeponierung *f (Laser)* ‖ **~ инфракрасного излучения** Infrarotabsorption *f*, IR-Absorption *f* ‖ **~ кислорода/химическое** chemischer Sauerstoffbedarf *m*, CSB *(Abwässer)* ‖ **~/межзвёздное** interstellare Extinktion *(Absorption)* ‖ **~ межзвёздных линий** *(Astr)* interstellare Linienabsorption *f* ‖ **~/насыщенное** gesättigte Absorption *f (Laser)* ‖ **~ нейтронов** *(Kern)* Neutronenabsorption *f* ‖ **~/объёмное** Absorption *f* ‖ **~/оптическое** optische Absorption *f* ‖ **~/поверхностное** Oberflächenabsorption *f* ‖ **~/полное** Totalabsorption *f* ‖ **~ примесей** *(Eln)* Störstellenabsorption *f*, Getterung *f* der Verunreinigungen *(Halbleiter)* ‖ **~ примесными центрами** *(Eln)* Absorption *f* durch Störstellen *(Halbleiter)* ‖ **~ промывочной жидкости** *(Bgb)* Spülungsverlust *m (Bohrung)* ‖ **~/резонансное** Resonanzabsorption *f* ‖ **~ света** Lichtabsorption *f* ‖ **~ света/межзвёздное** *(Astr)* interstellare Extinktion *(Absorption) f* ‖ **~ света/непрерывное межзвёздное** *(Astr)* kontinuierliche interstellare Extinktion *(Absorption) f* ‖ **~ света/общее** *(Astr)* Gesamtabsorption *f* ‖ **~ свободными носителями** *(Eln)* Absorption *f* durch freie Ladungsträger *(Halbleiter)* ‖ **~ тепла (теплоты)** Wärmeaufnahme *f*, Wärmebindung *f*, Wärmeabsorption *f* ‖ **~ точечных дефектов** *(Eln)* Punktdefektgetterung *f (Halbleiter)* ‖ **~ энергии** Energieabsorption *f*
погода *f (Meteo)* Wetter *n*, Witterung *f* ‖ **~/лётная** Flugwetter *n* ‖ **~/ливневая** Schauerwetter *n* ‖ **~/местная** *(Flg)* lokales Wetter *n*, Lokalwetter *n* ‖ **~ на маршруте** *(Flg)* Streckenwetter *n* ‖ **~/нелётная** Nichtflugwetter *n* ‖ **~/шквалoвая** böiges Wetter *n*
погодоустойчивость *f* Wetterbeständigkeit *f*, Wetterechtheit *f*, Witterungsbeständigkeit *f*
погодоустойчивый wetterbeständig, wetterfest, witterungsbeständig
поголовье *n (Lw)* Tierbesatz *m*
погон *(Ch)* 1. Destillat *n*; 2. Phlegma *n* ‖ **~/головной** *(Ch)* Vorlauf *m (Labordestillation)*; Kopfprodukt *n (technische Destillation)* ‖ **~/лютерный** Lutter *m*, Lutterfraktion *f (von Alkohol befreiter Rücklauf)* ‖ **~/нефтяной** Erdöldestillat *n* ‖ **~ под буксирный гак** *(Schiff)* Fangschiene *f (Schleppgeschirr)* ‖ **~/хвостовой** Nachlauf *m (diskontinuierliche Destillation)*
погонялка *f (Text)* Schlagstock *m*, Schlagarm *m*, Schläger *m (Webstuhl, Schützenschlageinrichtung)*
погреб *m* 1. Keller *m*; 2. *(Schiff, Mar)* Last *f*, Bunker *m (Vorratsraum für Proviant, Tauwerk, Munition usw.)*
погрешность *f* Fehler *m (s. a. unter* ошибка*)* • **с погрешностями** fehlerbehaftet ‖ **~/абсолютная** absoluter Fehler *m*, Absolutfehler *m* ‖ **~/амплитудная** *(El)* Amplitudenfehler *m* ‖ **~ в процентах** prozentualer Fehler *m*, Fehler *m* in Prozent ‖ **~/вероятная** *(Math)* wahrscheinlicher Fehler *m* ‖ **~ взвешивания** Fehler *m* der Wägung ‖ **~ воспроизведения** Wiedergabefehler *m* ‖ **~ второго порядка** Fehler (Meßfehler) *m* zweiter Ordnung ‖ **~ гирокомпаса/инерционная** *(Schiff)* Beschleunigungsfehler *m* des Kreiselkompasses ‖ **~ гирокомпаса/скоростная** *(Schiff)* Fahrtfehler *m* des Kreiselkompasses ‖ **~ градуирования (градуировки)** *s.* **~/градуировочная** ‖ **~ градуировки круговой шкалы** *(Меß)* Teilungsfehler *m* (Teilungsabweichung *f*) einer Rundskale ‖ **~/градуировочная** *(Меß)* Graduierungsfehler *m* ‖ **~/грубая** grober Fehler *m*, Grobfehler *m* ‖ **~ деления** *(Меß)* Teilungsfehler *m* ‖ **~ деления окружности** Kreisteilungsfehler *m* ‖ **~ диаметра [лимба]/полная** *(Меß)* totaler Teilungsfehler *m* ‖ **~ диаметров [угла]** Durchmesserfehler *m (bei Winkelmessungen)* ‖ **~/динамическая** dynamischer Fehler *m* ‖ **~/дискретности** Diskontinuitätsfehler *m* ‖ **~/доверительная** Vertrauensgrenzen *fpl (für den Fehler eines Meßmittels)* ‖ **~ дозирования** Dosierfehler *m*, Fehler *m* der Dosierung ‖ **~/допускаемая** *(Меß)* zulässiger Fehler

погрешность

m ‖ ~/**допускаемая дополнительная** zulässiger zusätzlicher Fehler *m* (*z. B. durch Veränderung der Anzeige am Meßgerät*) ‖ ~ **закругления** Rundungsabweichung *f* ‖ ~ **зацепления** (*Masch*) Eingriffsfehler *m*, Formfehler *m* der Verzahnung, Eingriffsteilungsfehler *m* ‖ ~ **из-за запаздывания** Nachlauffehler *m* ‖ ~ **измерения** Meßfehler *m* ‖ ~ **измерения амплитуды** Amplitudenfehler *m* ‖ ~ **измерения времени** Zeitmeßfehler *m* ‖ ~ **измерения/динамическая** dynamischer Fehler *m* einer Messung ‖ ~ **измерения/относительная** relativer Fehler (Meßfehler) *m* ‖ ~ **измерения первого порядка** Fehler (Meßfehler) *m* erster Ordnung ‖ ~ **измерения/предельная** [zulässige] Meßunsicherheit *f* ‖ ~ **измерительного прибора** Fehler *m* [der Anzeige] eines Meßgerätes, Meßgerätefehler *m* ‖ ~/**инерционная** Trägheitsfehler *m* ‖ ~/**инструментальная** Instrumentenfehler *m* ‖ ~ **интерполяции** Interpolationsfehler *m* ‖ ~/**искомая** gesuchter Fehler *m* ‖ ~/**исходная** Ausgangsfehler *m* ‖ ~/**кажущаяся** scheinbarer Fehler *m* ‖ ~ **калибровки** Kalibrierfehler *m* ‖ ~/**квадратичная** quadratischer Fehler *m* ‖ ~/**кинематическая** (*Меß*) kinematische Abweichung *f* ‖ ~/**комплексная** (*Меß*) Funktionsabweichung *f* ‖ ~ **контакта** 1. Tragbild *n* (*z. B. einer Zahnflanke*); 2. Berührungsfehler *m* ‖ ~ **контрольного пункта** Kontrollpunktfehler *m* (*eines Meßmittels*) ‖ ~ **копирования** (*Fert*) Nachformfehler *m* ‖ ~ **крена** (*Geod*) Verkantungsfehler *m* ‖ ~/**линейная** (*El*) Leitungsfehler *m* ‖ ~ **личная** subjektiver Fehler *m* ‖ ~/**максимальная** maximaler Fehler *m*, Maximalfehler *m*; (*Reg*) maximale Regelabweichung *f* ‖ ~/**мгновенная** momentaner Fehler *m* ‖ ~ **меры** Fehler *m* (*der Anzeige*) einer Maßverkörperung ‖ ~ **метода** ‖ ~/**методическая** (*Меß*) ‖ ~/**методическая** Verfahrensfehler *m*, methodischer Fehler *m* ‖ ~/**минимальная** Kleinstfehler *m* ‖ ~ **монтажа** Montagefehler *m* ‖ ~ **наблюдения** Beobachtungsfehler *m* ‖ ~ **нагрузки** Belastungsfehler *m* ‖ ~/**наибольшая** *s.* ~/**максимальная** ‖ ~/**наименьшая** *s.* ~/**минимальная** ‖ ~/**накопленная** (*Меß*) Summenabweichung *f*, Sammelfehler *m*; (*Inf*) akkumierter Fehler *m* ‖ ~ **направления** Richtungsfehler *m* ‖ ~ **направления зуба** (*Masch*) Flankenliniengesamtabweichung *f*, Flankenrichtungsfehler *m* ‖ ~ **напряжения** (*El*) Spannungsfehler *m* ‖ ~ **настройки** (*EIn*) Abstimm[ungs]fehler *m*, Einstell[ungs]fehler *m*; Abgleichfehler *m* ‖ ~ **неисключённая систематическая** (*Меß*) nichterfaßter systematischer Fehler *m* ‖ ~ **нуля** (*Меß*) Nullpunktfehler *m* ‖ ~ **обработки** (*Fert*) Bearbeitungsfehler *m* ‖ ~/**общая** Gesamtfehler *m* ‖ ~ **округления** (*Math*) Rundungsfehler *m* ‖ ~/**основная** Grundfehler *m* (*eines Meßmittels unter normalen Anwendungsbedingungen*) ‖ ~ **основного шага** Grundkreisteilungsfehler *m* (*Verzahnung*) ‖ ~ **от гистерезиса** (*El*) Hysteresefehler *m* ‖ ~ **от измерения температуры** Temperaturfehler *m* ‖ ~ **от несимметричности** Asymmetriefehler *m* ‖ ~ **от несовпадения сторон углов** Schenkellagefehler *m* (*bei Winkelmessungen*) ‖ ~ **от параллакса** (*Меß*) Parallaxefehler *m*, parallaktischer Fehler *m* ‖ ~ **от трения** Reibungsfehler *m* ‖ ~ **от эксцентрицитета** (*Меß*) Exzentrizitätsfehler *m* ‖ ~/**относительная** relativer Fehler *m* ‖ ~ **отсчёта** Ablesefehler *m* ‖ ~ **отсчитывания** Ablesefehler *m* ‖ ~ **пеленгования** Peilfehler *m* ‖ ~/**первичная** primärer Fehler *m* ‖ ~ **первого порядка** Fehler (Meßfehler) *m* erster Ordnung ‖ ~/**периодическая** (*Меß*) periodische Abweichung *f* ‖ ~ **по напряжению** (*El*) Spannungsfehler *m* ‖ ~ **по току** (*El*) Stromfehler *m* ‖ ~ **по фазе** (*El*) Phasenfehler *m* ‖ ~ **по частоте** (*El*) Frequenzfehler *m* ‖ ~ **позиционирования** Positionierfehler *m* ‖ ~ **показания [прибора]** (*Меß*) Anzeigefehler *m* ‖ ~ **положения** (*Меß*) Lagefehler *m* ‖ ~/**предельная** Grenzfehler *m*; Meßunsicherheit *f* ‖ ~ **при отсчёте** Ablesefehler *m* ‖ ~ **прибора** Gerät[e]fehler *m*, Instrumentenfehler *m* ‖ ~/**приведённая** reduzierter Fehler *m* ‖ ~ **профиля зуба** Profilgesamtabweichung *f* (*an Zahnrädern*) ‖ ~ **профиля резьбы** (*Masch*) Gewindeflankenformabweichung *f*, Flankenformfehler *m* am Gewinde ‖ ~ **расположения** (*Fert*) Lageabweichung *f*, Lagefehler *m* ‖ ~/**реверсивности** (*Меß*) Umkehrspanne *f* ‖ ~/**результирующая** Gesamtfehler *m*, Summenfehler *m* ‖ ~/**систематическая** systematischer Fehler *m*, systematischer Anteil *m* des Fehlers (*einer Messung*) ‖ ~ **системы** Systemfehler *m* ‖ ~/**случайная** Zufallsfehler *m*, zufälliger Fehler *m*, zufälliger Anteil *m* des Fehlers (*einer Messung*) ‖ ~ **смещения по времени** Zeitversetzungsfehler *m*, Zeitverschiebungsfehler *m* ‖ ~ **согласования** (*El*) Abgleichfehler *m* ‖ ~ **среднего арифметического** Fehler *m* des arithmetischen Mittels, durchschnittlicher Fehler *m* ‖ ~ **средней длины** Mittenmaßfehler *m* (*beim Endmaß*) ‖ ~/**среднеквадратическая** mittlerer quadratischer Fehler *m*, Standardabweichung *f* ‖ ~/**средняя** mittlerer Fehler *m* ‖ ~ **средства измерений/дополнительная** zusätzlicher Fehler *m* (*eines Meßmittels*) ‖ ~ **средства измерений/систематическая** systematischer Fehler *m* (*des Meßmittels*) ‖ ~ **средства измерений/случайная** Reproduzierfehler *m*, zufälliger Fehler *m* (*des Meßmittels*) ‖ ~/**субъективная** subjektiver Fehler *m*, Beobachterfehler *m* ‖ ~/**суммарная** Gesamtabweichung *f*; Summenfehler *m*, Gesamtfehler *m* ‖ ~ **сходимости показаний** Reproduzierfehler *m* (*der Anzeige*) ‖ ~ **счётчика** Zählerfehler *m* ‖ ~/**температурная** Temperaturfehler *m* (*z. B. bei Längenmessungen*) ‖ ~/**токовая** (*El*) Stromfehler *m* ‖ ~ **угловая** Winkelabweichung *f*, Winkelfehler *m* ‖ ~ **углового шага** (*Меß*) Teilungsfehler *m* ‖ ~ **умножения** Multiplizierfehler *m* ‖ ~ **уровня** Libellenfehler *m* (*Neigungsmessung*) ‖ ~ **установившаяся** stationärer (bleibender) Fehler *m*, stationäre (bleibende) Abweichung *f*; (*Reg*) stationäre (bleibende) Regelabweichung *f* ‖ ~ **установки** 1. Anlagefehler *m*; 2. Einstellfehler *m* ‖ ~ **формы** Formfehler *m*, Formabweichung *f* ‖ ~/**частная** (*Меß*) partieller Fehler *m*, Einzelfehler *m*, Teilfehler *m*, Fehlerbeitrag *m* ‖ ~/**частотная** (*El*) Frequenzfehler *m* ‖ ~ **шага** (*Masch*) 1. Teilungs-

погрешность

fehler *m*, Teilungsabweichung *f (Zahnrad)*; 2. Steigungsfehler *m*, Steigungsabweichung *f (Gewinde)* ‖ ~ шага [зубчатого колеса]/накопленная Teilungsgesamtfehler *m*, Teilungsgesamtabweichung *f (Zahnradmessung)* ‖ ~ шага по колесу/накопленная Gesamtteilungsabweichung *f* ‖ ~/элементная *(Meß)* Einzelabweichung *f* ‖ ~ юстировки Justierfehler *m*

погружать 1. tauchen, versenken, absenken; 2. verladen *(Güter)*; beladen *(Wagen)*

погружаться *(Schiff)* eintauchen

погружение *n* 1. Absenkung *f*, Absenken *n*, Einsenkung *f*, Versenkung *f*; 2. Untertauchen *n*, Tauchen *n*, Eintauchen *n* ‖ ~ сваи *(Bw)* Einrammen (Absenken) *n* des Pfahles ‖ ~ сваи/вибрационное Einrütteln *n* des Pfahles ‖ ~ сваи/виброударное Rüttelschlageinbringung *f* des Pfahles ‖ ~ сваи гидросмывом Einspülen *n* des Pfahles

погрузить *s.* погружать 1.

погрузка *f* 1. Laden *n*, Beladen *n*, Verladen *n*; 2. *(Bgb)* Wegfüllen *n* ‖ ~/вертикальная *(Schiff)* Lift-on/lift-off-Betrieb *m*, Lift-in/lift-out-Betrieb *m* ‖ ~/горизонтальная *s.* ~ накатом ‖ ~ накатом *(Schiff)* Roll-on/roll-off-Verkehr *m*, Roll-on/roll-off-Betrieb *m* ‖ ~ породы *(Bgb)* Wegfüllen *n* des Gesteins

погрузочно-разгрузочный Be- und Entlade...; *(Schiff)* Lade- und Lösch...

погрузочный Lade-..., Belade-..., Verlade-...; *(Schiff)* Lösch-...

погрузчик *m* Lader *m*, Lademaschine *f*, Ladegerät *n*, Fahrlader; Verladewagen *m*; Stapler *m* ‖ ~/боковой вилочный Schubgabelstapler *m* ‖ ~/боковой контейнерный *(Schiff)* Containerseitenlader *m* ‖ ~/вилочный Gabelstapler *m* ‖ ~/гребковый Zughackenlader *m* ‖ ~/грейферный Greiferlader *m* ‖ ~/дизельный Diesellader *m*, Dieselstapler *m* ‖ ~/дизельный вилочный Dieselgabelstapler *m* ‖ ~/зачерпывающий Schaufellader *m* ‖ ~/ковшовый Schaufellader *m*; Becherwerkslader *m* ‖ ~/ковшовый поворотный Schwenklader *m* ‖ ~/конвейерный Bandlader *m* ‖ ~/контейнерный Containerlader *m*; Containerstapler *m* ‖ ~/контейнерный самоходный Containerstapelwagen *m* ‖ ~/ленточный Bandlader *m*, Fahrladerband *n* ‖ ~/многоковшовый Becherwerkslader *m* ‖ ~/нагребающий Kratzlader *m* ‖ ~ непрерывного действия Stetiglader *m*, stetig förderndes Ladegerät *n* ‖ ~/одноковшовый Schaufellader *m* ‖ ~/поворотный *(Lw)* Schwenklader *m* ‖ ~/подвесной bodenfreier Stapler *m* ‖ ~/портальный Stapelwagen *m* ‖ ~ прерывного действия Unstetiglader *m*, unstetig förderndes Ladegerät *n* ‖ ~/роторный Schaufel[rad]lader *m*, Kugelschaufler *m* ‖ ~ с боковым приспособлением Quergabelstapler *m* ‖ ~ с задней разгрузкой Überkopflader *m* ‖ ~ с передней разгрузкой *s.* ~/фронтальный ‖ ~ с поворотным ковшом Schwenklader *m*, Schwenkschaufler *m* ‖ ~ с поворотными вилами Schwenkgabelstapler *m* ‖ ~ с подгребающим диском Frässchneidelader *m* ‖ ~ с подгребающими лапами/скребковый Seitengrifflader *m* ‖ ~ с фронтальным приспособлением Gabelstapler *m* ‖ ~/самоходный Fahrlader *m*, selbstfahrendes Ladegerät *n* ‖ ~/скребковый Frässcheibenlader *m* ‖ ~/скреперный Schrapp[er]lader *m* ‖ ~ со скребковоцепным зачерпывающим органом Fräskettenlader *m* ‖ ~/тракторный фронтальный *(Lw)* Frontlader *m* ‖ ~/фронтальный Frontlader *m* ‖ ~/фронтальный контейнерный *(Schiff)* Containerfrontlader *m* ‖ ~/шнековый Förderschnecke *f* ‖ ~ шнеко-ковшовый Becherwerkslader *m* ‖ ~/элеваторный Becherwerkslader *m*

под *m (Met)* 1. Herd *m (Ofen)*; 2. Boden *m*, Herdsohle *f*, Ofensohle *f*, Ofenboden *m*, Sohle *f* ‖ ~/балочный Balkenherd *m* ‖ ~/вращающийся Drehherd *m* ‖ ~/выдвижной ausfahrbarer Herd *m*, Herdwagen *m* ‖ ~/доломитовый Dolomitherd *m* ‖ ~/дырчатый Siebboden *m* ‖ ~/качающийся Schaukelherd *m*, Schwingherd *m* ‖ ~/кислый saurer Herd *m* ‖ ~/конвейерный Wanderherd *m* ‖ ~/ленточный Jalousieherd *m* ‖ ~/люлечный Schaukelherd *m* ‖ ~/магнезитовый Magnesitherd *m* ‖ ~/набивной Stampfherd *m*, Stampfboden *m* ‖ ~/наваренный Sinterherd *m (SM-Ofen)* ‖ ~/неподвижный fester Herd *m* ‖ ~ обжигательной печи Röstsohle *f (Röstofen)* ‖ ~/основный basischer Herd *m* ‖ ~ печи Ofensohle *f*, Ofenherd *m*, Ofenboden *m* ‖ ~ плавильной печи *s.* ~/плавильный ‖ ~/плавильный Schmelzherd *m*, Einschmelzherd *m* ‖ ~/пластинчатый Lattenherd *m* ‖ ~/подвижной beweglicher (bewegter) Herd *m* ‖ ~/подъёмный Hubherd *m* ‖ ~/рабочий Schmelzherd *m*, Einschmelzherd *m* ‖ ~/роликовый Rollenherd *m* ‖ ~/топки Brennkammerboden *m* ‖ ~/цепной Kettenherd *m* ‖ ~/шагающий Hubbalkenherd *m*, Balkenherd *m*, Schrittmacherherd *m*

подавать 1. zuführen, zubringen, aufgeben, eintragen *(Material)*; 2. *(Met)* beschicken, begichten *(Öfen)*; 3. *(Fert)* zustellen *(Drehmeißel)*; 4. *(Wlz)* einstoßen, einsetzen; 5. fördern *(Pumpe)* ‖ ~ дутьё [an]blasen *(Schachtofen)* ‖ ~ песку *(Eb)* sanden *(Lok)*

подавитель *m* 1. *(Rf)* Unterdrücker *m*; 2. *(Rad)* Sperre *f*, Falle *f*; 3. Drücker *m*, drückendes Flotationsmittel *n (Aufbereitung)* ‖ ~ отражённых сигналов *(Rad)* Echosperre *f*, Echofalle *f* ‖ ~ помех *(Rf)* Stör[ungs]unterdrücker *m*, Krachtöter *m* ‖ ~ фона *(Rf)* Entbrummer *m*, Brummotentiometer *n* ‖ ~ шума *(Rf)* Geräuschunterdrücker *m*

подавить *s.* подавлять

подавление *n* 1. *(Rf, Inf)* Unterdrückung *f*; 2. Drücken *n*, Passivieren *n (Aufbereitung)* ‖ ~ боковой полосы Seitenbandunterdrückung *f* ‖ ~ боковых лепестков Nebenzipfelunterdrückung *f*, Nebenkeulendämpfung *f* ‖ ~ гармоник Oberwellenunterdrückung *f* ‖ ~ звука Schallunterdrückung *f* ‖ ~ несущей [частоты] Träger[frequenz]unterdrückung *f* ‖ ~ нулей *(Inf)* Nullenunterdrückung *f* ‖ ~ нуля Nullpunktunterdrückung *f* ‖ ~ отражений от местных предметов *(Rad)* Festzielunterdrückung *f*, Standzeichenunterdrückung *f* ‖ ~ перекрёстных искажений Kreuzmodulationsunterdrückung *f* ‖ ~ помех Störunterdrückung *f*, Entstörung *f* ‖ ~ сигнала Signalunterdrückung *f* ‖ ~ синфаз-

ного сигнала/глубокое *(Reg)* hohe Gleichtaktunterdrückung *f* ‖ ~ фона Brummunterdrückung *f*, Entbrummen *n* ‖ ~ шумов Rauschunterdrückung *f*
подавлять unterdrücken
подавляющий несущую *(Eln)* trägerunterdrückend
подалгебра *f* Teilalgebra *f*, Subalgebra *f* ‖ ~ Ли Liesche Unteralgebra *f*
податливость 1. Nachgiebigkeit *f*, Elastizität *f*; reziproker Wert *m* der Starrheit; 2. *(Gieß)* Formbarkeit *f*, Bildsamkeit *f (des Formstoffs)* ‖ ~ на кручение Drehelastizität *f* ‖ ~/суммарная Gesamtnachgiebigkeit *f* ‖ ~ текучести Kriechnachgiebigkeit *f* ‖ ~/упругая Federsteifigkeit *f*
податливый 1. nachgiebig, gefügig; leicht zu bearbeiten; 2. *(Gieß)* formbar, bildsam *(Formstoff)*
подать *s.* подавать
подача *f* 1. Aufgeben *n*, Zuführen *n*, Zuführung *f*, Zufuhr *f*, Eintragen *n (von Material)*; 2. *(Met)* Möllern *n*, Beschicken *n*, Begichten *n (Hochofen)*; 3. *(Met)* Beschicken *n*, Chargieren *n (SM-Ofen)*; 4. *(Fert)* Vorschub *m*, Zustellung *f*; 5. *(Wlz)* Einstechen *n*, Einstoßen *n*; 6. *(Inf)* Zufuhr *f*, Transport *m*; Vorschub *m*; 7. Förderung *f*; 8. Fördermenge *f* ‖ ~/автоматическая automatischer Vorschub *m*, automatische Zuführung *f* ‖ ~/бесступенчатая stufenloser Vorschub *m* ‖ ~/быстрая *(Fert)* Eilvorschub *m*, Schnellvorschub *m* ‖ ~/вертикальная 1. *(Fert)* Senkrechtvorschub *m*, senkrechter Vorschub *m*; 2. Vertikalförderung *f* ‖ ~ воздуха Luftzufuhr *f*, Luftzuführung *f* ‖ ~ газа Gaszufuhr *f*, Gaszuführung *f* ‖ ~/гидравлическая *(Fert)* hydraulisch betätigter Vorschub *m* ‖ ~/горизонтальная 1. *(Fert)* waagerechter Vorschub *m*; 2. Waagerechtförderung *f* ‖ ~ горючего *(Kfz)* Brennstoffzufuhr *f* ‖ ~ грузовых вагонов под погрузку или выгрузку *(Eb)* Güterwagenbereitstellung *f* ‖ ~/диагональная *(Fert)* Diagonalvorschub *m* ‖ ~ дутья *(Met)* Windzufuhr *f*, Luftzuführung *f*, Luftzufuhr *f*; Anblasen *n (eines Schmelzofens)* ‖ ~/жёсткая *(Fert)* zwangsweiser Vorschub *m* ‖ ~ жидкого металла *(Met, Gieß)* Flüssig[metall]beschickung *f* ‖ ~/задающая *(Fert)* Soll-Vorschub *m (des Kopiertasters)* ‖ ~/замедленная *(Fert)* Schleichgang *m (langsamer Vorschub)* ‖ ~ импульсов *(Nrt)* Impulsgabe *f*, Zuführung *f* der Impulse ‖ ~ инструмента *(Wkzm)* Werkzeugzuführung *f* ‖ ~ к центру *(Wkzm)* Quervorschub *m* nach innen *(beim Drehen, Außenrundschleifen)* ‖ ~/коксовая *(Met)* Kokssatz *m*, Koksgicht *f*, Kokscharge *f* ‖ ~/команды *(Inf)* Befehls[ab]gabe *f* ‖ ~/копировальная *f (Fert)* Nachformvorschub *m* ‖ ~ краски *(Typ)* Farbzuführung *f*, Farbzufuhr *f*, Farbversorgung *f* ‖ ~ краски/нормальная Normalfärbung *f* ‖ ~ краски/постоянная (равномерная) Farbhaltung *f* ‖ ~/круговая *(Fert)* Kreisvorschub *m (beim Schleifen)* ‖ ~ листов *(Typ)* Bogenanlegen *n*, Bogenzuführung *f* ‖ ~ листов/каскадная staffelförmige Bogenanlage *f* ‖ ~ листов/неправильная Fehlbogenanlage *f* ‖ ~ листов/последовательная stetige Bogenanlage *f* ‖ ~ листов/ступенчатая staffelförmige Bogenanlage *f* ‖ ~/маятниковая *(Fert)* Pendelvorschub *m* ‖ ~/микрометрическая Feintrieb *m* ‖ ~/минутная *(Wkzm)* Minutenvorschub *m*, Vorschub *m* je Minute ‖ ~ мощности *(El)* Leistungszuführung *f* ‖ ~ мощности/обратная Leistungsrückführung *f* ‖ ~ на врезание *(Wkzm)* Einstechvorschub *m* ‖ ~ на глубину *(Wkzm)* Tiefenvorschub *m* ‖ ~ на двойной ход *(Wkzm)* Vorschub *m* (Zustellung *f*) je Doppelhub (DH) ‖ ~ на зуб *(Wkzm)* Vorschub *m* je Zahn ‖ ~ на оборот *(Wkzm)* Vorschub *m* je Umdrehung ‖ ~ напряжения *(El)* Spannungszuführung *f* ‖ ~ насоса Fördermenge *f (Pumpe)*; Pumpenliefermenge *f* ‖ ~ насосом Zuführung *f* durch Pumpe, Pumpenzuführung *f* ‖ ~/непрерывная 1. kontinuierliche Zuführung *(Zufuhr) f*; 2. *(Wkzm)* Dauervorschub *m*, stetiger Vorschub *m* ‖ ~/номинальная *(Wkzm)* Nennvorschub *m* ‖ ~/обкатки *(Wkzm)* Wälzvorschub *m* ‖ ~/обратная *(Wkzm)* Vorschub *m* aus dem Werkstück heraus *(z. B. beim Tiefbohren)*; rückläufiger Vorschub *m* ‖ ~/объёмная *(Wkzm)* Vorschub *m (Pumpen, Verdichter)* ‖ ~ от центра *(Wkzm)* Quervorschub *m* nach außen *(beim Drehen, Gewindeschneiden)* ‖ ~ пара Dampfzufuhr *f*, Dampfzuführung *f* ‖ ~ патронов/дозированная *(Text)* dosierte Hülsenzuführung *f (Kopswechsler)* ‖ ~/периодическая *(Fert)* periodische Zuführung *f*, periodischer Vorschub *m* ‖ ~/плавная *(Fert)* sanfter (weicher) Vorschub *m* ‖ ~/пневматическая *(Fert)* pneumatisch betätigter Vorschub *m*, Druckluftvorschub *m* ‖ ~/ползучая *(Fert)* verlangsamter Vorschub *m*, Schleichvorschub *m* ‖ ~/поперечная *(Wkzm)* Quervorschub *m*, Vorschub *m* in Querrichtung ‖ ~/постоянная *(Fert)* konstanter Vorschub *m* ‖ ~/прерывистая *(Wkzm)* 1. intermittierender Vorschub *m*; 2. intermittierende Zuführung *f* ‖ ~/продольная *(Wkzm)* Längsvorschub *m*, Vorschub *m* in Längsrichtung ‖ ~/прямолинейная *(Wkzm)* gerad[linig]er Vorschub *m* ‖ ~/рабочая *(Fert)* Arbeitsvorschub *m*, normaler Vorschub *m* ‖ ~/равномерная *(Fert)* gleichmäßiger Vorschub *m* ‖ ~ ровничных катушек *(Text)* Flyerspulenbeschickung *f (Ringspinnmaschine)* ‖ ~/рудная *(Met)* Erzgicht *f*, Erzcharge *f*, Erzeinsatz *m* ‖ ~/ручная *(Fert)* 1. manueller (handbetätigter) Vorschub *m*, Vorschub *m* von Hand; 2. manuelle Zuführung *f* ‖ ~ самотёком *(Förd)* Zulauf *m* ‖ ~/секундная *(Förd)* sekundlicher Förderstrom *m*, Förderstrom *m* je Sekunde ‖ ~/следящая *(Fert)* Folgevorschub *m* ‖ ~/строчечная *(Wkzm)* Zeilenvorschub *m (Fräsen)* ‖ ~ тока *(El)* Stromzuführung *f*, Kraftstoffzuführung *f*, Kraftstoffzufuhr *f* ‖ ~/ускоренная *(Wkzm)* Eilgang *m*, Eilvorschub *m* ‖ ~/черновая *(Wkzm)* Schruppvorschub *m* ‖ ~/чистовая *(Wkzm)* Schlichtvorschub *m* ‖ ~/шаговая *(Wkzm)* schrittweiser Vorschub *m* ‖ ~/шиберная *(Fert)* Schieberzuführung *f (Einrichtung)* ‖ ~/шихты *(Met)* Beschickung *f*, Begichtung *f*, Chargenzustellung *f* ‖ ~ энергии Energiezuführung *f*
подающий 1. Zuführ[ungs]...; 2. *(Fert)* Vorschub...
подающийся закалке härtbar ‖ ~ прокатке walzbar ‖ ~ улучшению vergütbar
подбабок *m (Bw)* Aufsetzer *m*, Rammknecht *m*, Rammjungfer *f*, Jungfer *f (Pfahlramme)*

подбалка

подбалка f 1. *(Bw)* Sattelholz *n*, Schwelle *f*; Mauerlatte *f*; 2. *(Text)* Träger *m*, Balken *m (des Kopswechslers)*
подбарабанье *n (Lw)* Dreschkorb *m*, Korb *m (der Dreschmaschine)*
подбивать балласт *(Eb)* stopfen *(Schotter)*
подбивка f Unterfutter *n (z. B. des Ofens)* ‖ ~ **пути** *(Eb)* Gleisstopfen *n*, Stopfen *n* des Gleises
подбойка f 1. *(Schm)* Gesenkamboß *m*, Untergesenk *n*; 2. *(Schm)* Setzhammer *m*; 3. *(Met)* Unterfutter *n*; 4. *(Eb)* Stopfhacke f ‖ ~/**круглая** *(Schm)* Sickenhammer *m* ‖ ~/**плоская** *(Schm)* Setzhammer *m* ‖ ~/**полукруглая** *(Schm)* Ballhammer *m*
подбойка-верхник f/**плоская** *(Schm)* Setzhammeroberteil *n* ‖ ~/**полукруглая** *(Schm)* Ballhammeroberteil *n*
подбойка-нижник f/**плоская** *(Schm)* Setzhammerunterteil *n* ‖ ~/**полукруглая** *(Schm)* Ballhammerunterteil *n*
подбор *m* Auswahl *f*, Selektion *f*, Auslese *f* ‖ ~ **материалов** Materialauswahl *f* ‖ ~ **цветов** *(Photo)* Farbangleichung *f*, Farbanpassung *f*, Farbabmusterung *f*
подбора *f* Maulleine *f (Schleppnetz)*; Sperreep *n (Treibnetz)*; Simm *n (Ringwade)* ‖ ~/**боковая** Seitenmaulleine *f (Schleppnetz)*; seitliches Sperrreep *n*, Seitenreep *n (Treibnetz)*; Seitensimm *n (Ringwade)* ‖ ~/**верхняя** obere Maulleine *f*, Headleine *f*, Kopftau *n (Schleppnetz)*; oberes Sperreep *n (Treibnetz)*; Obersimm *n (Ringwade)* ‖ ~/**нижняя** untere Maulleine *f*, Grundtau *n (Schleppnetz)*; unteres Sperreep *n (Treibnetz)*; Untersimm *n (Ringwade)*
подборка *f* **валков** *(Lw)* Schwadaufnahme *f* ‖ ~ **листов** *(Typ)* Zusammentragen *n (Buchbinderei)*
подбородок *m* **платины** *(Text)* Platinenschnabel *m*
подборщик *m (Lw)* Aufnehmer *m*, Aufsammler *m* ‖ ~/**барабанный** Trommelaufnehmer *m*
подборщик-волокушка *m* Schiebesammler-Aufnehmer *m (für Heu und Stroh)*
подборщик-копнитель *m* Strohbergungsmaschine *f*
подборщик-погрузчик *m (Lw)* Sammellader *m*, Ladebunker *m*
подборщик-тюкоукладчик *m (Lw)* Ballenaufnehmer und -lader *m*, Ballenwerfer *m*; Ballenstapler *m*
подбрасывание *n (Eb)* Wogen *n*, Wanken *n*, Querschwingen *n (Fahrzeug)*
подбрюшник *m (Schiff)* Aufklotzung *f*, Unterklobung *f*
подвал *m (Bw)* 1. Souterrain *n*, Kellergeschoß *n*; 2. Keller *m*; Unterkellerung *f* ‖ ~/**бродильный** Braukeller *m* ‖ ~/**зольной** Aschekeller *m* ‖ ~/**масляный** *(Wlz)* Ölkeller *m* ‖ ~/**пыльный** *(Text)* Staubkeller *m* ‖ ~/**складской** Lagerkeller *m*
подварка *f (Schw)* Nachschweißen *n*, Gegenschweißen *n*
подвахта *f (Schiff)* Freiwache *f*
подведение *n* Zuführen *n*, Zuführung *f* ‖ ~ **фундамента** *(Bw)* Unterfangung *f*; Unterfahrung *f*; Abfangen *n*

подвергать 1. unterziehen, unterwerfen, behandeln *(einen Gegenstand irgendeiner Einwirkung aussetzen oder in einen bestimmten Zustand versetzen)*; 2. aussetzen
подвергнуть s. подвергать
подверженность *f* Anfälligkeit *f* ‖ ~ **помехам** Störanfälligkeit *f*, Störempfindlichkeit *f*
подвес *m* 1. Aufhängen *n*; 2. Aufhängung *f*, Aufhängevorrichtung *f*; 3. *(El)* Hängeleuchte *f* ‖ ~/**бифилярный (двунитный, двуниточный)** *(El)* bifilare Aufhängung *f*, Zweifadenaufhängung *f* ‖ ~/**карданный** Kardanaufhängung *f*, kardanische Aufhängung *f (Kompaß)* ‖ ~/**ленточный** *(El)* 1. Bandaufhängung *f*; 2. Aufhängeband *n*, Hängeband *n* ‖ ~/**нитяной (нитяный)** *(El)* 1. Fadenaufhängung *f*; 2. Aufhängefaden *m* ‖ ~/**однонитный (однониточный)** *(El)* unifilare Aufhängung *f*, Einfadenaufhängung *f* ‖ ~/**потолочный** *(Licht)* Deckenpendel *n* ‖ ~/**пружинный** Federaufhängung *f* ‖ ~/**торсионный** Torsionsaufhängung *f* ‖ ~/**унифилярный** s. ~/**однонитный** ‖ ~/**шнуровой** *(El)* Schnurpendel *m (Beleuchtung)*
подвеска *f* 1. Aufhängung *f*; Gehänge *n*; Hängeeisen *n*; 2. *(Bw)* Hängestange *f (einer Kabelbrücke)*; Strebe *f (eines Fachwerkträgers)*; Einhängeträger *m*, Koppelträger *m (eines Gerberträgers)*; 3. *(Bgb)* Aufhängebolzen *m (Unterhängezimmerung)*; 4. Hängebühne *f*; 5. *(Fert)* Halterung *f (z. B. einer Greifereinrichtung)*; Gegenhalter *m* ‖ **пневматической подвеской** luftgefedert ‖ ~/**анодная** *(Met)* Anodenträger *m*, Anodenaufhänger *m* ‖ ~ **антенны** Antennenaufhängung *f* ‖ ~/**бесполиспастная** direkte Aufhängung *f (Aufzugsfahrkorb)* ‖ ~ **ведущего моста** *(Kfz)* Triebachsaufhängung *f* ‖ ~/**грузовая** *(Schiff)* Lastgehänge *n* ‖ ~ **двигателя** *(Kfz)* Motoraufhängung *f*; *(Flg)* Triebwerkaufhängung *f* ‖ ~/**двойная цепная** *(Eb)* Verbundkettenfahrleitung *f* ‖ ~/**жёсткая** starre (ungefederte) Aufhängung *f* ‖ ~ **задней оси** *(Kfz)* Hinterachsaufhängung *f* ‖ ~ **задняя** *(Kfz)* Hinterradaufhängung *f* ‖ ~/**канатная** Seilaufhängung *f* ‖ ~ **ковша** *(Met)* Pfannengehänge *n*, Kranpfannengehänge *n*, Pfannenbügel *m* ‖ ~ **колёс** *(Kfz)* Radaufhängung *f* ‖ ~/**колёс/зависимая** *(Kfz)* Starrachsaufhängung *f*, Radaufhängung *f* an Starrachse (durchgehender Achse) ‖ ~ **колёс/независимая** *(Kfz)* Einzelradaufhängung *f*, Radaufhängung *f* an Schwingachse ‖ ~/**компенсированная цепная** *(Eb)* selbsttätig nachgespannte Kettenfahrleitung *f* ‖ ~/**контактная** *(Eb)* Fahrleitung *f* ‖ ~ **контактного провода** *(Eb)* Fahrleitungsaufhängung *f* ‖ ~ **контактной сети на гибких поперечниках** *(Eb)* Jochaufhängung *f* der Fahrleitung *f* ‖ ~ **[крана]/крюковая** Hakengeschirr *n*, Hakengehänge *n (Kran)* ‖ ~/**магнитная** *(Eb)* Magnetkissen *n* ‖ ~/**мягкая** weiche Federung *f* ‖ ~/**одинарная цепная** *(Eb)* einfache Kettenfahrleitung *f* ‖ ~/**однорычажная** *(Kfz)* Pendelachse *f* ‖ ~/**опорно-осевая** *(Eb)* Tatzlageraufhängung *f (Lok)* ‖ ~/**опорно-рамная** *(Eb)* Rahmenaufhängung *f (Lok)* ‖ ~/**передняя** *(Kfz)* Vorderradaufhängung *f* ‖ ~/**полиспастная** indirekte Aufhängung *f (Aufzugsfahrkorb)* ‖ ~/**поперечная** 1. Quertragwerk *n*; 2. *(Kfz)* Queraufhängung *f* ‖ ~/**продольная** *(Eb)*

Fahrleitung f ll ~/**простая контактная** (Eb) einfache Fahrleitung f, Einfachfahrleitung f ll ~/**пружинная** Federaufhängung f ll ~ **рессор** (Kfz) Blattfederaufhängung f ll ~ **тормозной колодки** (Eb) Brems[klotz]gehänge n (Fahrzeug) ll ~/**торсионная** (Kfz) Drehstabfederung f, Torsionsstabfederung f ll ~/**трамвайная** Straßenbahnfahrleitung f ll ~/**цепная контактная** (Eb) Kettenfahrleitung f ll ~ **шлюпочного блока** (Schiff) Bootsblockgehänge n ll ~/**эластичная** elastische Aufhängung f ll ~ **электрода** (Met) Elektrodenaufhängung f

подвесной aufhängbar, hängend, Hänge..., Gehänge...; in Deckenanordnung ll ~/**многорельсовый** (Masch) hängend, auf mehreren Laufschienen verfahrbar (z. B. Förderer) ll ~/**монорельсовый** (Masch) hängend, auf einer Laufschiene verfahrbar (z. B. Förderer)

подвести s. подводить

подветренный Lee..., leeseitig

подвешивание n Aufhängung f, Einhängung f, Abfederung f, Fahrzeugfederung f, Fahrzeugaufhängung f ll ~ **контактного провода** (Eb) Fahrdrahtaufhängung f ll ~/**поперечное** Querfederung f ll ~/**рессорное** (Eb) Federung f, Abfederung f, Tragfederung f ll ~/**трёхточечное** Dreipunktaufhängung f

подвигание n (Bgb) Voranbringen n, Vorantreiben n, Fortschreiten n; (Geol) Vortrieb m ll ~ **забоя** Abbaufortschritt m, Verhiebsfortschritt m; Verhiebsrichtung f ll ~ **забоя/суточное** Tagesverhieb m ll ~ **фронта [горных] работ** Abbaufortschritt m; Abbaurichtung f

подвижка f **льда** (Geol, Geoph) Eisversetzung f

подвижность f 1. Beweglichkeit f (Förd) Verfahrbarkeit f, Empfindlichkeit f (Wägetechnik); 3. (Mech) Verschiebbarkeit f, Verschieblichkeit f; 4. (Gieß) Gießbarkeit f (des Metalls) ll ~ **атомов в решётке** (Krist) Gitterbeweglichkeit f ll ~/**дрейфовая** (Eln) Driftbeweglichkeit f ll ~ **дырок** (Eln) Löcherbeweglichkeit f, Lochbeweglichkeit f (Halbleiter) ll ~ **ионов** (Eln) Ionenbeweglichkeit f (Halbleiter) ll ~ **краски** (Typ) Zügigkeit f der Farbe ll ~ **нефти** Migrationsfähigkeit f des Erdöls ll ~ **носителей** (Eln) Trägerbeweglichkeit f ll ~ **носителей заряда** (Eln) Ladungsträgerbeweglichkeit f ll ~/**поперечная** Querbeweglichkeit f ll ~ **примесных атомов** (Eln) Störstellenbeweglichkeit f (Halbleiter) ll ~ **электронов** Elektronenbeweglichkeit f

подвижный ortsveränderlich, beweglich, fahrbar; (Förd) verfahrbar

подвинтить s. подвинчивать

подвинчивать fester schrauben, anziehen

подвод m 1. Heranführen n, Heranbringen n; 2. Zufuhr f, Zuleitung f, Zuführung f; 3. (Gieß) Anschneiden n, Anschnitt m ll ~ **газа** (Met) Gaszufuhr f, Gaszuführung f ll ~ **дутья** (Met) Windzufuhr f; Windführung f ll ~ **листов** (Typ) Bogentransport m ll ~ **напряжения** (El) Spannungszuführung f ll ~ **пара** 1. Beaufschlagung f; 2. Dampfzuleitung f, Dampfeinströmung f ll ~/**парциальный** (Masch) partielle Beaufschlagung f, Teilbeaufschlagung f (einer Turbine) ll ~ **под давлением** Druckzuführung f, Zuführung f unter Druck ll ~/**полный** (Masch) Vollbeaufschlagung f (einer Turbine) ll ~ **сжатого воздуха** Druckluftzufuhr f, Druckluftzuleitung f ll ~ **тепла** Wärmezufuhr f, Wärmezuführung f ll ~ **тока** (El) Stromzuführung f ll ~ **топлива** Brennstoffzufuhr f, Brennstoffzuführung f ll ~/**частичный** Teilbeaufschlagung f (Turbine) ll ~ **энергии** (En) Energiezuführung f

подводить 1. heranführen, heranbringen; 2. zuführen, zubringen; 3. zuleiten (Flüssigkeiten); 4. (Fert) zustellen (z. B. Meißel); 5. (Fert) anlegen (z. B. Spannbacken); 6. zuführen (z. B. Wärme) ll ~ **напряжение** (El) eine Spannung anlegen ll ~ **опору** (Bw) abfangen (Fundament)

подводка f 1. Zuführung f, Zuleitung f; 2. Speisung f, Aufgabe f

подводной, подводящий Zufuhr..., Zuführungs...

подводный Unterwasser..., Untersee...

подвоз m Zufuhr f; Anlieferung f, Anfuhr f

подвозбудитель m (El) Hilfserregermaschine f

подволна f (Opt) Subwelle f, [optische] Oberflächenwelle f

подволок m (Schiff) Decke f, Deckenwegerung f

подволочный (Schiff) Decken...

подвспышка f (Geoph) Suberuption f, Mikroeruption f

подвулканизация f (Gum) [vorzeitige] Anvulkanisation f, Anbrennen n, Anspringen n

подвулканизов[ыв]аться (Gum) anvulkanisieren, anbrennen, anspringen

подвязка f **ремиза** (Text) Schnürung f des Geschirrs

подвязь f /**аркатная** (Text) Harnisch m (Webmaschine) ll ~ **ремиза** (Text) Schaftschnur f (Webmaschine)

подвялка f (Led) Ablüften n

подгибание n 1. (Fert) Anbiegen n; 2. (Text) Einschlagen n, Säumen n (Konfektion)

подгибать 1. anbiegen, abkanten; 2. (Text) säumen

подголовник m Kopfstütze f (am Autositz) ll ~/**регулируемый** verstellbare Kopfstütze f

подголовок m Ansatz m (unter dem Kopf einer Schraube) ll ~/**квадратный** Vierkantansatz m (Schraube) ll ~/**прямоугольный** Hammeransatz m (Schraube)

подгонка f 1. Abgleich m, Nachabgleich m, Nachjustierung f, Nachstellung f; 2. Anpassung f; 3. Berichtigung f (Wägetechnik) • **с лазерной подгонкой** lasergetrimmt, laserabgeglichen ll ~ **ёмкости** (El) Kapazitätsabgleich m, kapazitiver Abgleich m ll ~/**лазерная** Laserabgleich m ll ~/**окончательная** Endabgleich m ll ~/**точная** Feinabgleich m

подгоночный Abgleich...

подгонять (Fert) anpassen, einpassen, passend machen

подгорание n 1. Anbrennen n, Verschmoren n, Abbrand m (von Kontakten); 2. s. подвулканизация

подгорать 1. anbrennen, verschmoren (Kontakte); 2. (Gum) anbrennen, anspringen, anvulkanisieren

подгореть s. подгорать

подготавливать vorrichten

подготовительный Vorrichtungs...

подготовка f 1. Vorbereitung f; Vorbehandlung f, Vorbearbeitung f; Zubereitung f; 2. Aufbereitung f

подготовка

f (Erze); 3. *(Bgb)* Vorrichtung *f*; 4. Ausbildung *f* II ~ **блока** *(Bgb)* Blockvorrichtung *f* II ~ **воды** Wasseraufbereitung *f* II ~ **выемочного поля** *(Bgb)* Abbaufeldvorrichtung *f* II ~ **данных** *(Inf)* Datenaufbereitung *f* II ~ **информации** *(Inf)* Informationsvorbereitung *f* II ~ **к полёту** Flugvorbereitung *f* II ~ **к эксплуатации** Einsatzvorbereitung *f* II ~ **месторождения** *(Bgb)* Ausrichtung *f* der Lagerstätte II ~/**панельная** *(Bgb)* Baustreifenvorrichtung *f* II ~ **поверхности** *(Met)* Oberflächenvorbehandlung *f*; Oberflächenbehandlung *f* II ~/**предварительная** Vorbehandlung *f* II ~ **программы** *(Inf)* Programmvorbereitung *f* II ~ **производства/автоматизированная технологическая** rechnergestützte Fertigungsvorbereitung *f* II ~ **шахтного поля** *(Bgb)* Grubenfeldvorrichtung *f* II ~/**этажная** *(Bgb)* Vorrichtung *f* durch Sohlen

подготовлять *s.* подготавливать
подграф *m (Inf)* Teilgraph *m*; *(Math)* Untergraph *m (Graphentheorie)*
подгруппа *f (Math)* Untergruppe *f*, Teilgruppe *f*
поддаваться nachgeben II ~ **обработке** *(Fert)* sich bearbeiten lassen
поддаться *s.* поддаваться
поддвиг *m (Geol)* Unterschiebung *f*
поддержание *n* 1. Unterstützung *f*; Abstützung *f*, Stützung *f*; 2. Aufrechterhaltung *f*, Einhaltung *f*, Unterhaltung *f*; 3. *(Met)* Halten *n (einer Schmelze bei einer bestimmten Temperatur)* II ~ **выработки** *(Bgb)* Offenhalten (Aufrechterhalten) *n* eines Grubenbaues II ~ **кровли** *(Bgb)* Abstützen *n* des Hangenden II ~ **постоянства** Konstanthaltung *f*, Konstanthalten *n*
поддерживание *n s.* поддержание
поддерживать 1. unterstützen, abstützen; 2. aufrechterhalten, einhalten, unterhalten; 3. *(Met)* halten *(eine Schmelze bei einer bestimmten Temperatur)*; 4. *(Bgb)* stützen, ausbauen, abfangen
поддержка *f* 1. *(Masch)* Auflage *f*, Auflagerstütze *f*, Abstützung *f*, Stütze *f*; 2. *(Fert)* Gegenhalter *m (Handnietung)*; Aufpreßstempel *m (Nietmaschine)*; 3. *s. unter* поддержание • **с поддержкой пользователя** *(Inf)* bedienergeführt II ~/**откидная** Klappstütze *f* II ~ **пользователя** *(Inf)* Bedienerführung *f*, Benutzerführung *f* II ~ **тестирования** Testunterstützung *f*
поддержки *fpl (Wkzm)* Gegenhalter *mpl*, Gegenhalterstützen *fpl*, „Schere" *f (Fräsmaschine)*
поддиапазон *m (Rf)* Teilbereich *m*, Unterbereich *m*; Teilband *n*; *(Eln)* Subband *n* II ~ **измерения** Teilmeßbereich *m* II ~/**растянутый** gespreizter Wellenbereich *m* II ~/**частотный** Frequenzteilbereich *m*
поддоменник *m* Abstichbühne *f (Hochofen)*
поддон *m* 1. Untersatz *m*; Tropfschale *f*; Tragbrett *n*; Palette *f*; 2. *(Met)* Gespannplatte *f*, Grundplatte *f*, Gespann *n*, Gießgespann *n*, Kokillengespann *n*; 3. *(Kfz)* Ölsumpf *m*, Ölwanne *f* II ~/**грузовой** Palette *f* II ~ **двигателя** *(Kfz)* Ölwanne *f* des Motors II ~/**двухзаходный** Zweiwegepalette *f* II ~/**двухнастильный** umkehrbare Flachpalette *f* II ~ **для изложниц** *s.* поддон 2. II ~/**душевой** *(Bw)* Brausetasse *f* II ~ **картера** *(Kfz)* Kurbelgehäusewanne *f*, Kurbelgehäuseunterteil *n*, Ölwanne *f* II ~/**масленый** 1. Öl-

wanne *f*; 2. Ölauffangblech *n* II ~ **многократного применения** Mehrwegpalette *f* II ~ **однократного применения** Einwegpalette *f* II ~/**однонастильный** Eindeckflachpalette *f* II ~/**плоский** Flachpalette *f* II ~/**приёмный** Auffangschale *f* II ~ **пружины** Federsitz *m* II ~ **с выступами** Flachpalette *f* mit Plattenvorsprung II ~/**стоечный** Stapelpalette *f*, Gestellpalette *f*, Rungenpalette *f* II ~/**четырёхзаходный** Vierwegepalette *f* II ~/**ящичный** Boxpalette *f*
поддон-спутник *m (Fert)* Maschinenpalette *f*
поддубливание *n (Led)* Vorgerbung *f*
поддувало *n* 1. Aschenfall *m*, Aschenfallraum *m*; 2. Zugloch *n*, Windkanal *m (Feuerungstechnik)*
поддувание *n* 1. Auftreiben *n*, Schwellen *n*, Blähung *f*; 2. *(Geol)* Quellen *n*, Aufquellen *n* II ~ **почвы** Sohlenquellen *n*, Sohlendruck *m*, Liegendquellen *n*, Bodenanschwellung *f*
подера *f (Math)* Fußpunkt[s]kurve *f*
подёргивание *n (Eb)* Zucken *n*, zuckende Bewegung *f (Fahrzeug)*
поджатие *n* 1. Vorverdichtung *f*; 2. Verengungsverhältnis *n*, Verjüngungsverhältnis *n*
поджигание *n (El)* Zündung *f*, Zünden *n*
поджигатель *m (Eln)* Zündelektrode *f*, Zündstift *m (eines Ignitrons)*
поджимать 1. vorverdichten; 2. *(Fert)* andrücken
подзавод *m* Aufzug *m (Uhrentechnik)* II ~/**электрический** elektrischer Aufzug *m*
подзадача *f (Inf)* Unteraufgabe *f*
подзаряд *m (El)* Nachladung *f*, Nachladen *n* II ~/**непрерывный (постоянный)** Dauerladung *f*, laufende Nachladung *f*
подзарядить *s.* подзаряжать
подзарядка *f s.* подзаряд
подзаряжать *(El)* nachladen
подземный 1. unterirdisch; 2. *(Bgb)* untertägig, Untertage...
подзол *m* 1. *(Led)* Äscherschlamm *m*; 2. *s.* подзолы
подзолы *mpl* Podsolböden *mpl*, Bleicherde *f*
подзона *f (Eln)* Subzone *f*, Teilzone *f* II ~ [/**кормовой**] *(Schiff)* Gillung *f*
подина *f (Met, Gieß)* Herd *m*, Ofenherd *m*, Ofensohle *f*; Herdfläche *f* II ~ **печи** Ofenherd *m*
подинтервал *m (Math)* Teilintervall *n*
подканал *m* Unterkanal *m*; Subkanal *m* II ~/**тональный** tonfrequenter Unterkanal *m*
подкасательная *f (Math)* Subtangente *f*
подкат *m (Wlz)* Halbzeug *n*, Rohwalzerzeugnis *n*
подкатегория *f (Math)* Teilkategorie *f*, Unterkategorie *f*
подкатка *f* 1. *(Wlz)* Nachwalzen *n*, Dressieren *n*; 2. *(Schm)* Rollen *n*, Rundschmieden *n* II ~/**холодная** Kaltnachwalzen *n*
подкаток *m (El)* Hilfskathode *f*
подкатывать *(Schm)* rollen
подкачка *f s.* подсветка 2.
подкисление *n (Ch)* Ansäuern *n*, Säuern *n*
подкислить *s.* подкислять
подкислять *(Ch)* [an]säuern
подкладка *f* 1. Unterlage *f*, Unterlegstück *n*; Beilage *f*; 2. Unterlegscheibe *f*, Auflagerplatte *f*; 3. *(Text)* Futterstoff *m*, Unterfutter *n*; 4. *(Bgb)* Quetschholz *n (Ausbau)* II ~/**деревянная** Holzpalette *f* II ~/**путевая (рельсовая)** *(Eb)* Unterlagsplatte *f (Schienenverlegung auf Holzschwel-*

len) ‖ ~ **сдвоенных шпалов/мостовая** *(Eb)* Schienenstoß-Unterlagsplatte *f (Breitschwellenstoß)* ‖ ~**/угловая** Winkelunterlage *f* ‖ ~**/штабельная** Stapelpaßstück *n*, Staupaßstück *n (für Container)*
подкласс *m (Math)* Unterklasse *f*, Teilklasse *f (Mengenlehre)*
подклинивание *n s.* подклинка
подклинка *f (Schiff)* Aufkeilen *n*, Aufklotzen *n*
подключаемый к шине *(Inf)* busfähig
подключать *(El)* anschließen, verbinden, anschalten; *(Nrt)* aufschalten ‖ ~ **к корпусу** an Masse legen ‖ ~ **на землю** an Erde legen, erden
подключение *n (El)* Anschließen *n*, Anschluß *m*, Verbindung *f*, Anschalten *n*; *(Nrt)* Aufschalten *n* ‖ ~ **гибких дисков к микро-ЭВМ** *(Inf)* Mini-Floppy-Anschluß *m* ‖ ~ **к земле** Erdanschluß *m*, Erdverbindung *f* ‖ ~ **к корпусу** Masseanschluß *m*, Masseverbindung *f* ‖ ~ **кабеля** Kabelanschluß *m* ‖ ~ **питания** Spannungsversorgung *f* ‖ ~ **подпрограммы** Unterprogrammanschluß *m*
подключённый *(El)* angeschlossen, angeschaltet; *(Nrt)* aufgeschaltet ‖ ~ **параллельно** parallelgeschaltet, in Parallelschaltung, neben[einander]geschaltet ‖ ~ **согласованно** angepaßt abgeschlossen
подключить *s.* подключать
подключка *f (Typ)* Ausgleichen *n*
подколонник *m (Bw)* Säulenfuß *m*
подкольцо *n (Math)* Unterring *m*, Teilring *m (Algebra)*
подкомплекс *m (Math)* Teilkomplex *m*; Unterkomplex *m (Topologie)*
подконтинуум *m (Math)* Teilkontinuum *n (Topologie)*
подкормка *f (Lw)* 1. Beifütterung *f*; 2. Nachdüngung *f*, Kopfdüngung *f*; Zusatzdüngung *f* ‖ ~**/азотная** Stickstoffdüngung *f* ‖ ~ **известью** Kopfkalkung *f* ‖ ~**/поздняя** Spätkopfdüngung *f*
подкормщик-опрыскиватель *m (Lw)* Kopfdünge- und -spritzvorrichtung *f*
подкос *m* 1. *(Bw)* Strebe *f*; 2. *(Flg)* Abstützstrebe *f*, Stützstrebe *f (Tragwerk)* ‖ ~ **шасси** *(Flg)* Fahrwerkstrebe *f*
подкосный *(Flg)* abgestrebt
подкрепитель *m* **проявителя** *(Photo)* Entwicklerregenerator *m*
подкрепление *n* 1. Verstärkung *f*; Aussteifung *f*; 2. *(Ch)* Aufstärkung *f*, Aufkonzentration *f*; 3. *(Led)* Zubesserung *f (der Äscher- oder Gerbbrühe)* ‖ ~**/ледовое** *(Schiff)* Eisverstärkung *f*
подкреплять verstärken, versteifen, aussteifen
подкрутка *f (Text)* Vordrehung *f*, Vorzwirnung *f*
подкрылок *m (Flg)* Fowler-Klappe *f (Auftriebshilfe)*
подлапок *m (Bgb)* Kappenstück *n*
подлегирование *n* Nachdotieren *n (Halbleiter)*
подлёт *m* Anflug *m (s. a. unter* заход *2.)*
подливать *(Fert)* untergießen
подливка *f* 1. Zugießen *n*, Zuschütten *n*; 2. *(Fert)* Untergießen *n*; 3. Füllmaterial *n*
подлодка *f s.* лодка/подводная
подложка *f* 1. *(Eln)* Substrat *n*, Träger *m*, Schichtträger *m*, Unterlage *f*, Substratscheibe *f (Halbleiter)*; 2. *(Photo)* Unterlage *f*, Träger *m*, Filmschichtträger *m* ‖ ~**/активная** *(Eln)* aktives Substrat *n*

‖ ~**/аморфная** *(Eln)* amorphes Substrat *n* ‖ ~**/антиадгезионная** *(Led)* Mitläufer *m (Kunstleder) (zeitweilges Trägermaterial für die noch unverfestigte Beschichtung oder Zurichtschicht beim Umkehrverfahren)* ‖ ~**/высокоомная** *(Eln)* hochohmiges Substrat *n* ‖ ~**/высокоомная полупроводниковая** hochohmiger Halbleitersubstratkörper *m* ‖ ~**/германиевая** *(Eln)* Germaniumscheibe *f*, Ge-Scheibe *f*, Germaniumsubstrat *n*, Ge-Substrat *n* ‖ ~**/кварцевая** *(Eln)* Quarzscheibe *f*, Quarzsubstrat *n* ‖ ~**/керамическая** *(Eln)* Keramikscheibe *f*, Keramiksubstrat *n* ‖ ~**/кремниевая** *(Eln)* Siliciumscheibe *f*, Si-Scheibe *f*, Siliciumsubstrat *n*, Si-Substrat *n* ‖ ~**/металлическая** *(Eln)* Metallsubstrat *n* ‖ ~**/многослойная** *(Eln)* Mehrschichtsubstrat *n* ‖ ~**/монокристаллическая** *(Eln)* Einkristallscheibe *f*, einkristallines (monokristallines) Substrat *n* ‖ ~**/нейтральная** *(Eln)* passives Substrat *n* ‖ ~**/низкоомная** *(Eln)* niederohmiges Substrat *n* ‖ ~**/пассивная** *(Eln)* inaktives Substrat *n* ‖ ~**/плёнки** Filmunterlage *f* ‖ ~**/поликристаллическая** *(Eln)* polykristallines Substrat *n*, Halbleiterscheibe *f* ‖ ~**/прозрачная** *(Eln)* transparentes Substrat *n* ‖ ~**/сапфировая** *(Eln)* Saphirsubstrat *n*, Saphirscheibe *f* ‖ ~**/стеклянная** *(Eln)* Glassubstrat *n*; Glasschichtträger *m*
подложка-изолятор *m* Isolatorsubstrat *n*
подложкодержатель *m (Eln)* Substrathalter *m*, Substratträger *m*
подлокотник *m (Kfz)* Armstütze *f*
подмагнитить *s.* подмагничивать
подмагничивание *n (El)* Vormagnetisierung *f*, Vormagnetisieren *n* ‖ ~**/высокочастотное** Hochfrequenzvormagnetisierung *f* ‖ ~ **переменным полем** Wechselfeldvormagnetisierung *f* ‖ ~**/постоянное** Gleichstromvormagnetisierung *f* ‖ ~ **постоянным полем** Gleichfeldvormagnetisierung *f*
подмагничивать *(El)* vormagnetisieren
подматрица *f (Math)* Untermatrix *f*, Teilmatrix *f* ‖ ~ **рассеяния** Streuuntermatrix *f*
подмачивать груз *(Schiff)* die Ladung feucht (naß) werden lassen
подметь *f (Text)* Kehrabfall *m*, Kehrwolle *f*
подмешивание *n* Beimischung *f*, Beimischen *n*, Beimengung *f*, Beimengen *n*
подмешивать beimischen, beimengen
подмногообразие *n (Math)* Untermannigfaltigkeit *f*, Teilmannigfaltigkeit *f*
подмножество *n (Math)* Untermenge *f*, Teilmenge *f* ‖ ~ **системы команд** *(Inf)* Untermenge *f* des Befehlsvorrates ‖ ~ **языка** *(Inf)* Teilsprache *f*
подмодель *f (Gieß)* Urmodell *n*, Muttermodell *n*
подмодуль *m (Math)* Untermodul *n*, Teilmodul *m*
подмодулятор *m (Eln)* Vormodulator *m*, Modulationsverstärker *m*
подмокание *n* **груза** *s.* подмочка груза
подмости *pl (Bw)* Gerüst *n*, Bockgerüst *n* ‖ ~**/монтажные** Montagegerüst *m* ‖ ~**/несущие** Traggerüst *n* ‖ ~**/плотины** *(Hydt)* Wehrgerüst *n* ‖ ~**/подвесные** Hängegerüst *n*; Hängerüstung *f* ‖ ~**/подъёмные** Gleitgerüst *n*, Hubgerüst *n* ‖

подмости

~/**раздвижные** Teleskopgerüst n, höhenverstellbare Arbeitsbühne f
подмот m, **подмотка** f (Text) Unterwinden n, Unterwindung f
подмочка f **груза** (Schiff) Feuchtwerden n der Ladung, Naßwerden n der Ladung
подмультиплет m (Ph) Submultiplett n
подмыв m Unterspülung f, Unterwaschung f
подмывание n s. подмыв
подмывать unterspülen
подмыть s. подмывать
поднаковальник m (Schm) Schmiedestock m
подналадить s. подналаживать
подналадка f Nachstellen n, Nachstellung f, Nachregeln n, Nachregelung f ‖ ~/**автоматическая** (Wkzm) automatische Nachstellung f ‖ ~/**размерная** (Wkzm) Maßnachstellung f
подналадочный Nachstell...
подналадчик m (Fert) Nachstelleinrichtung f
подналаживать nachstellen, nachregeln
поднастраивать nachstellen
поднастроить s. поднастраивать
поднастройка f (Fert) Nachstellung f, Nachstellen n
поднесущая f (Eln) Hilfsträger m, Zwischenträger m, Zwischenträgerfrequenz f ‖ ~/**цветовая** (TV) Farb[hilfs]träger m, Farb[hilfs]trägerfrequenz f, Farb[zwischen]träger m
поднимать 1. heben, anheben, hochheben, emporheben; 2. abheben; 3. erhöhen, steigern; 4. (Bgb) fördern (im senkrechten Schacht); 5. (Schiff) hieven; hissen, heißen; setzen, lichten ‖ ~ **груз** (Schiff) eine Last hieven ‖ ~ **паруса** (Schiff) Segel setzen ‖ ~ **флаг** (Schiff) Flagge hissen; Flaggenwechsel vornehmen (bei Schiffsübergabe)
подниматься 1. sich abheben; 2. (Bgb) ausfahren
подниточник m (Text) Gegenwinder m, Spanner m (Spinnerei; Selfaktor)
подножие n (Geol) Fuß m (Gebirge) ‖ ~ **гор** Gebirgsfuß m
подножка f 1. (Eb) Trittbrett n, Tritt m; 2. (Text) Podest n (Flyer)
поднормаль f (Math) Subnormale f (analytische Geometrie)
подносить (Fert) zubringen
подносок m [/**жёсткий**] (Led) Vorderkappe f, Querkappe f, Steifkappe f (Schuh)
подносчик m **катушек** (Text) Spulenträger m
поднутрение n (Fert) Freistich m (Formelement)
поднятие n 1. Heben n, Hebung f; 2. Abheben n; 3. Steigerung f; 4. (Geol) Hebung f; Bodenhebung f; 5. (Math) Heben n, Heraufziehen n (Index) ‖ ~ **ворса** (Text) Polheben f ‖ ~/**капиллярное** (Ph) Kapillarhebung f, Kapillaraszension f, [kapillare] Steighöhe f ‖ ~ **петель** (Text) Hochketteln n
поднять s. поднимать
подняться s. подниматься
подобие n Ähnlichkeit f, Analogon n ‖ ~/**гидравлическое** hydraulisches Analogon n ‖ ~ **цепей** Netzwerkähnlichkeit f
подобласть f (Math) Untergebiet n, Unterbereich m, Teilgebiet n
подоболочка f (Kern) Unterschale f
подобъект m (Math) Unterobjekt n, Teilobjekt n

подогнать s. подгонять
подогрев m 1. Vorwärmen n, Vorwärmung f, Anwärmen n; Erwärmen n, Erhitzen n, Erhitzung f; Erwärmung f, Aufwärmung f; 2. Heizen n, Heizung f • **с косвенным подогревом** (Eln) mit Fremdheizung, fremdgeheizt, indirekt geheizt • **с прямым подогревом** (Eln) mit Eigen[auf]heizung, eigengeheizt; direkt geheizt ‖ ~ **воздуха** Luftvorwärmung f ‖ ~ **горючей смеси** Gemischerwärmung f (Verbrennungsmotor) ‖ ~/**косвенный** (El) Fremdheizung f; indirekte Heizung f ‖ ~/**местный** (Schw) örtliche Erwärmung f (des Werkstücks an der Schweißverbindungsstelle) ‖ ~/**общий** (Schw) Gesamterwärmung f des Werkstücks ‖ ~/**последующий** (Schw) Nachwärmen n (beim Widerstandsstumpfschweißen zur Veränderung des Metallgefüges) ‖ ~/**предварительный** (Schw) Vorwärmen n (beim Abbrennschweißen) ‖ ~/**прямой** (El) Eigen[auf]heizung f, Eigenerwärmung f; direkte Heizung f ‖ ~ **смеси** (Kfz) Gemischaufheizung f ‖ ~/**сопутствующий** (Schw) Vorwärmen n gleichzeitig zur Schweißhitze ‖ ~/**ступенчатый** Stufenvorwärmung f
подогревание n s. подогрев
подогреватель m 1. Vorwärmer m; Anwärmer m; 2. Heizer m, Heizelement n; Heizapparat m ‖ ~/**бифилярный** (El) Bifilarheizfaden m ‖ ~/**водяной** Wasservorwärmer m, Ekonomiser m, Eko m ‖ ~ **воздуха** (Met) Winderhitzer m, Windvorwärmer m, Luftvorwärmer m, Luvo m ‖ ~ **высокого давления** Hochdruckvorwärmer m ‖ ~ **дутья** (Met) Cowper m ‖ ~/**змеевиковый** Schlangenrohrvorwärmer m ‖ ~/**конденсационный** Kondensationsvorwärmer m ‖ ~/**конечный** (Schiff) Endvorwärmer m ‖ ~ **низкого давления** Niederdruckvorwärmer m ‖ ~/**параллельно-поточный** Gleichstromvorwärmer m ‖ ~ **питьевой воды** Speisewasservorwärmer m (Lok, Kessel) ‖ ~/**предпусковой** (Kfz) Anlaßvorwärmer m ‖ ~/**противоточный** Gegenstromvorwärmer m ‖ ~/**прямоточный** Gleichstromvorwärmer m; Gleichstromerhitzer m ‖ ~/**пусковой** (Kfz) Anlaßvorwärmer m ‖ ~/**радиационный** Strahlungsheizer m ‖ ~/**ребристый трубчатый** Rippenrohrvorwärmer m ‖ ~/**регенеративный** (Met) Regenerativvorwärmer m, Regenerativerhitzer m ‖ ~/**спиральный** Heizspirale f ‖ ~ **среднего давления** Mitteldruckvorwärmer m
подогревать 1. vorwärmen, anwärmen, erwärmen, erhitzen, aufwärmen; 2. [auf]heizen, vorheizen
подогреть s. подогревать
подоконник m (Bw) Fensterbank f, Fensterbrett n
подорвать s. подрывать
подотдел m/**отэнский** Autun n, Autunien n, Unterrotliegendes n (Unterabteilung) ‖ ~/**саксонский** Saxon n, Saxonien n, Oberrotliegendes n (Unterabteilung)
подошва f 1. Sohle f, Fuß m, Grundfläche f; Bett n; 2. (Led) Laufsohle f, Sohle f (Schuhwerk); 3. (Bgb) Sohle f, Fuß m (Boden eines Grubenraumes; s. a. горизонт 4.) ‖ ~ **ахтерштевня** (Schiff) Achterstevensohle f, Achterstevenschuh m ‖ ~ **балласта** (Eb) Bettungssohle f ‖ ~ **волны** (Masch) 1. Wellental n; 2. Wellenfuß m, Wel-

lenbasis f ll ~ **выработки** (Bgb) Sohle f des Grubenbaus ll ~ **долины** s. дно долины ll ~ **забоя** (Bgb) Schnittsohle f (Tagebau) ll ~ **карьера** (Bgb) Tagebausohle f, Tagebautiefstes n ll ~ **отвала** (Bgb) Kippenfuß m ll ~ **откоса** (Bw) Böschungsfuß m, Böschungssohle f ll ~ **пилона** (Bw) Pfeilerfuß m ll ~ **плотины** (Hydt) Wehrfuß m ll ~/**плотная** (Lw) verdichteter Unterboden m ll ~ **подшипника** (Masch) Lagersohle f ll ~ **рельса** (Eb) Schienenfuß m, Schienenkante f ll ~ **уступа** (Bgb) Schnittsohle f (Strossenbau) ll ~ **фундамента** (Bw) Gründungssohle f, Fundamentsohle f

подпаивать anlöten
подпайка f Anlöten n
подпергамент m Pergamentersatz[papier n] m
подпереть s. подпирать
подпёртый unterstützt, abgestützt, abgefangen
подпиливать (Fert) nachfeilen
подпилить s. подпиливать
подпирать 1. (Bw) [ab]stützen; unterziehen, abfangen, unterfahren; unterfangen; 2. (Bgb) pölzen
подписчик m Abonnent m (einer Zeitung, Zeitschrift)
подпись f **в печати** (Typ) Imprimatur n ll ~/**подрисуночная** (Typ) Bildunterschrift f
подпитать s. подпитывать
подпитка f (El) Einspeisung f, Speisung f
подпитывать (El) [ein]speisen
подплетина f (Text) Nest n
подпокрытие n (Math) Teilüberdeckung f (Topologie)
подполоса f 1. (Krist) Teilband n; 2. (Opt) Teilbande f
подполье n/**техническое** (Bw) technischer Keller m
подпольный (Förd) Unterflur...
подпор m (Hydrol) 1. [hydraulischer] Stau m, Stauung f, Wasserstau m, Aufstau m; 2. Stauhöhe f; Staudruck m; 3. Oberstau m, Oberwasser n ll ~/**ветровой** Windstau m ll ~ **воды** s. ~ 1. ll ~ **давления** Druckstau m ll ~/**избыточный** Überstau m ll ~/**обратный** Rückstau m ll ~ **подземных вод** Grundwasserstau m ll ~ **у насоса** Zulaufhöhe f der Pumpe
подпора s. подпорка
подпорка f Auflager n, Strebe f, Stütze f, Abstützung f, Pfeiler m
подпоследовательность f (Math) Teilfolge f
подпочва f (Geol) Bodenuntergrund m, Untergrund m
подпрессовать vorpressen
подпрессовка f Vorpressen n, Vorpressung f
подпрограмма f (Inf) Unterprogramm n, UP ll ~/**библиотечная** Bibliotheksunterprogramm n ll ~ **ввода-вывода** Eingabe-Ausgabe-Routine f ll ~/**вложенная** verschachteltes Unterprogramm n ll ~/**внешняя** externe Subroutine f, externes Unterprogramm n ll ~/**вставляемая** s. ~/открытая ll ~ **выбора** Auswahlunterprogramm n ll ~/**диагностическая** Fehlersuchunterprogramm n, Diagnoseunterprogramm n ll ~/**динамическая** dynamisches Unterprogramm n ll ~/**закрытая (замкнутая)** [ab]geschlossenes Unterprogramm n ll ~/**контролирующая (контрольная)** Kontrollunterprogramm n, Überwachungsunterprogramm n, Prüfungsunterprogramm n ll ~/**многоуровневая** mehrstufiges Unterprogramm n ll ~/**открытая** offenes Unterprogramm n ll ~/**повторного запуска** Wiederholunterprogramm n, Wiederanlaufunterprogramm n ll ~/**проверочная** Prüfunterprogramm n ll ~ **рестарта** s. ~ повторного запуска ll ~/**стандартная** Standardunterprogramm n ll ~/**статическая** statisches Unterprogramm n

подпространство n (Math) Unterraum m, Teilraum m (Geometrie); linearer Teilraum (Unterraum) m (Algebra)
подпрыгивание n (Eb) Wogen n, wogende Bewegung f (Fahrzeug)
подпятник m 1. Spurlager n; Drucklager n; Stützlager n; 2. Spurplatte f; 3. Federteller m; 4. Druckplatte f; 5. Lagerpfanne f, Pfanne f (Waage); 6. (Fz) Drehpfanne f (am Fahrzeug); 7. (Kfz) Ausrücker m (Kupplung) ll ~ **качения** (Masch) Wälzstützlager n ll ~/**мачтовый** Mastfußlager n ll ~ **пружины** Federteller m ll ~/**роликовый** Druckrollenlager n (Wälzlager) ll ~ **с подвижными (самоустанавливающимися) сегментами** Kippsegmentspurlager n (Gleitlager) ll ~ **с шариком** Kugelspurlager n (Wälzlager) ll ~/**сегментный** Segmentspurlager n (Gleitlager) ll ~/**сферический** Kugelpfanne f, Kugelschale f ll ~/**шариковый** Kugelstützlager n ll ~/**шаровой** Kugelpfanne f, Kugelschale f

подрабатывать (Bgb) unterbauen, unterfahren
подработать s. подрабатывать
подработка f (Bgb) Unterbauen n, Unterfahren n, Unterfahrung f ll ~/**опережающая** vorauseilendes Unterfahren n ll ~ **поверхности/неполная** teilweise Unterbauung f; Abbau m einer Teilfläche ll ~ **поверхности/полная** vollständige Unterbauung f; Abbau m einer Vollfläche
подраздел m (Math) Unterteilung f, Verdichtung f (Nomographie)
подразделение n 1. Einteilung f, Unterteilung f, Gliederung f; Klassifikation f; 2. s. подраздел ll ~ **времени** Zeitunterteilung f ll ~ **классов** Klasseneinteilung f ll ~ **потенциала** (Ph) Potentialaufteilung f
подразделённый unterteilt
подрегулирование n Nachstellen n, Nachregeln n, Nachregelung f
подрегулировать nachstellen, nachregeln
подрез m 1. (Fert) Unterschneidung f, Unterschnitt m; 2. (Schw) Einbrandkerbe f, Nahteinbrandkerbe f ll ~/**вредный** schädlicher Unterschnitt m
подрезание n 1. Abtrennen n; 2. (Fert) Unterschneiden n (Fehler beim Fräsen und Verzahnen) ll ~/**внутреннее** (Fert) innere Unterschneidung f ll ~ **зубьев** (Fert) Zahnunterschneidung f ll ~/**обратное** (Fert) inverse Unterschneidung f ll ~ **помех** (Eln) Störbegrenzung f, Abkappung f ll ~ **сорняков** (Lw) Abtrennen n der Unkräuter ll ~ **торцов** (Fert) Stirndrehen n
подрезатель m/**комбинированный** (Lw) Kombivorschneider m (Pflug)
подрезать 1. (Fert) plandrehen; 2. (Fert) unterschneiden; 3. (Bgb) anschneiden; (Gieß) anschneiden (Gießsystem) ll ~ **торец** (Fert) plandrehen (Stirnseiten), stirndrehen
подрезка f 1. (Bgb) Anschnitt m, Anschneiden n; Unterschneiden n; 2. s. подрезание 2.; 3. s. по-

подрезка

дрез 1.; 4. *(Тур)* Beschneiden *n* || ~ **конца плёнки** *(Photo)* Filmanschnitt *m*
подрезонанс *m (Ph)* Teilresonanz *f*, Unterresonanz *f*
подрезывать *s*. подрезать
подрессоренный [ab]gefedert
подрессоривание *n* Abfederung *f*, Federung *f* || ~/**осевое** *(Eb)* Achsfederung *f*, Radsatzfederung *f (Fahrzeug)*
подрессоривать [ab]federn
подрессорить *s*. подрессоривать
подрессорник *m* Zusatzfeder *f (der zweistufigen Blattfeder)*
подрешётка *f (Krist)* Untergitter *n*, Teilgitter *n*, Subgitter *n*
подрост *m (Forst)* Anwuchs *m*, Nachwuchs *m*, Unterstand *m*, Unterwuchs *m*
подрубать 1. *(Schw)* ankreuzen, nacharbeiten *(Schweißnaht)*; 2. *(Text)* säumen; 3. *(Bgb)* [unter]schrämen, schlitzen
подрубить *s*. подрубать
подрубка *f* 1. *(Schw)* Auskreuzen *n*, Nacharbeiten *n (Schweißnaht)*; 2. *(Text)* Säumen *n*; 3. *(Bgb)* Unterschrämen *n*, Schlitzen *n*
подрудок *m (Bgb)* Schurerz *n*, Grubenklein *n*
подручник *m (Fert)* Schleifauflage *f*
подрывать 1. sprengen; 2. untergraben, unterwühlen; 3. *(Bgb)* nachreißen, nachschießen
подрывка *f (Bgb)* Nachreißen *n*, Nachschneiden *n* || ~ **кровли** Nachreißen *n* des Hangenden || ~/**нижняя** Strossen *n* || ~ **почвы** Nachreißen *n* des Liegenden, Sohlennachreißen *n*
подряд *m (Math)* Teilreihe *f*
подсадка *f* 1. *(Schm)* Stauchen *n*, Stauchung *f (Gesenkschmieden)*; 2. *(Lw)* Nachpflanzen *n*, Nachpflanzung *f*
подсаживать 1. *(Schm)* stauchen; 2. *(Lw)* durchpflanzen, nachpflanzen, hinzupflanzen
подсасывание *n s*. подсос 1.
подсачивать *(Forst)* harzen
подсборка *f* Baugruppe *f*, Untergruppe *f*, Baueinheit *f*
подсветка *f* 1. Aufhellung *f*, Aufhellen *n*; 2. optische Anregung *f*, Pumpen *n (Laser)*; 3. *(Opt)* Beleuchtungseinrichtung *f* || ~ **изображения** *(TV)* Bildaufhellung *f* || ~/**импульсная** *(TV)* Helltastung *f*, Hellsteuerung *f*
подсветление *n (Opt)* 1. Aufhellung *f*; Lichteinstrahlung *f*; 2. Zusatzbeleuchtung *f*
подсвечивание *n s*. подсветка 1.; 2.
подсвечивать aufhellen
подсвечник *m (Bgb)* Gestängepodium *n*, Gestängepolster *n (Bohrung)*
подсев *m (Lw)* Beisaat *f*, Untersaat *f*, Nachsaat *f*
подсека *f (Forst)* Rodeland *n*
подсекать *(Bgb)* anfahren, anschneiden
подсечка *f* 1. Ankerben *n*, Ankerbung *f*; 2. *(Bgb)* Unterschneiden *n*, Anschneiden *n*; 3. *(Schm)* Kerbeisen *n*, Abschrot *n*, Abschroteisen *n* || ~ **блока** *(Bgb)* Blockeinbruch *m*, Anschneiden *n* eines Blockes
подсинивание *n (Text)* Bläuen *n*, Bläuung *f*
подсинхронный *(Masch)* untersynchron
подсинька *f s*. подсинивание
подсистема *f* 1. *(Geol)* Teilsysten *n (stratigraphische Einheit)*; 2. *(Fert)* Untersystem *n*, Teilsystem *n*; 3. *(Inf)* Teilsystem *n*; 4. *(Astr)* Untersystem *n*; 5. *(Math)* Teilsystem *n (s. a.* подмножество*)* || ~ **ввода задания** *(Inf)* Jobeingabesubsystem *n* || ~/**вспомогательная** *(Fert)* Hilfsuntersystem *n* || ~/**голоценовая** *(Geol)* Holozän *n*, Postglazial *n*, holozänes Teilsystem *n* des Quartärs || ~/**звёздная** *(Astr)* Untersystem *n (Population)* || ~ **информации** Informationsuntersystem *n* || ~/**консольная** *(Inf)* Konsolsubsystem *n* || ~/**неогеновая** *(Geol)* Neogen *n*, neogenes Teilsystem *n* des Tertiärs || ~/**палеогеновая** *(Geol)* Paläogen *n*, paläogenes Teilsystem *n* des Tertiärs || ~/**плейстоценовая** *(Geol)* Pleistozän *n*, pleistozänes Teilsystem *n* des Quartärs || ~/**плоская** *(Inf)* flaches Untersystem *n*, Untersystem *n* der Population I || ~/**промежуточная** *(Astr)* intermediäres Untersystem *n*, Untersystem *n* der Scheibenpopulation || ~/**сферическая** *(Astr)* sphärisches Untersystem *n*, Untersystem *n* der Population II *(Halopopulation)*
подслаивание *n (Photo)* Substrierung *n* der Unterlage, Präparation *f* der Unterlage, Haftschichtauftrag *m*
подслоённый *(Photo)* substriert, präpariert
подслой *m* 1. Unterschicht *f*; Bettungsschicht *f*; 2. Zwischenschicht *f*; 3. *(Photo, Opt)* Substratschicht *f*, Haftschicht *f*, Präparation *f*; 4. *s.* подоболочка || ~/**бетонный** *(Bw)* Unterbeton *m* || ~/**динамический** *(Meteo)* dynamische Unterschicht *f* || ~/**ламинарный** *(Aero)* laminare Unterschicht *f* || ~/**противоореольный** *(Photo)* Lichthofschutzschicht *f* || ~/**сажевый** *(Photo)* Rußzwischenschicht *f*
подслушать *s*. подслушивать
подслушивание *n (Nrt)* Mithören *n*, Abhören *n*
подслушивать *(Nrt)* mithören, abhören
подсобный Hilfs...
подсовокупность *f s*. подмножество
подсоединение *n (El)* Anschließen *n*, Anschluß *m*
подсоединить *s*. подсоединять
подсоединять *(El)* anschließen
подсос *m* 1. Saugen *n*, Ansaugen *n*, Nachsaugen *n*; 2. Sog *m*, Saugwirkung *f* || ~/**обратный** Rücksaugen *n*
подсостояние *n (Ph)* Unterzustand *m*, Teilzustand *m*
подсочить *s*. подсачивать
подсочка *f (Forst)* Harzung *f*, Abharzung *f*, Harzgewinnung *f*
подстава *f (Schiff)* Stempel *m*
подставка *f* Bock *m*, Gestell *n*, Stütze *f*, Ständer *m*; Unterlage *f*, Untersatz *f*, Stativ *n* || ~/**монтажная** Montagebock *m* || ~ **направляющей** Führungsbock *m* || ~ **подшипника** *(Masch)* Lagerbock *m*, Lagerstuhl *m* || ~/**чеканочная** *(Schm)* Prägeklotz *m*
подстановка *f* 1. Umstellung *f*; Umordnung *f*; 2. Einsetzen *n*, Einsetzung *f*; 3. *(Math)* Substitution *f*; Permutation *f* || ~/**круговая (циклическая)** zyklische Vertauschung (Permutation) *f*
подстанция *f* 1. *(El)* Unterwerk *n*, Unterstation *f*, Unterzentrale *f*; 2. *(Nrt)* Unteramt *n*, Teilamt *n* || ~/**аккумуляторная** Akkumulatorenunterwerk *n*, Akkumulatorenstation *f* || ~/**выпрямительная** Gleichrichterunterwerk *n* || ~/**главная трансформаторная** Haupttransformatorensta-

tion f, Hauptumspannwerk n ‖ ~/**комплектная трансформаторная** fabrikfertige Transformatorenstation f, fabrikfertiges Umspannwerk n ‖ ~/**крупная трансформаторная** Großumspannwerk n ‖ ~/**открытая трансформаторная** Freiluftumspannstation f, Freiluftumspannwerk n ‖ ~/**повысительная (повышающая)** Aufspannwerk n, Umspannstation f zum Aufspannen ‖ ~/**понижающая (понизительная)** Abspannwerk n, Umspannstation f zum Abspannen ‖ ~/**преобразовательная** Umformer[unter]werk n, Umformer[unter]station f ‖ ~/**промежуточная** Zwischenumspannwerk n ‖ ~/**районная трансформаторная** regionales Umspannwerk n, Überlandumspannwerk n ‖ ~/**распределительная** Verteilerstation f, Verteilungsstation f ‖ ~/**трансформаторная** Transformator[en]station f, Umspannstation f ‖ ~/**тяговая** (Eb) Unterwerk n, Bahnunterwerk n, Traktionsunterwerk n (Bahnstromversorgung) ‖ ~/**электрическая** Unterstation f, Unterwerk n, Unterzentrale f ‖ ~/**электрочасовая** Uhrenunterzentrale f

подстволок m (Bgb) Schachtsumpf m
подстилать (Bgb, Geol) unterlagern
подстилающий (Bgb, Geol) unterlagernd
подстилка f 1. Unterlage f, Bett n, Belag m; 2. (Lw) Streu f ‖ ~/**соломенная** Einstreu f, Strohunterlage f
подстраивать nachstimmen, nachregeln
подстрижка f (Text) Schurwolle f
подстроечник m (El) 1. Trimmerkondensator m; 2. Abgleichschraube f; Abgleichkern m (einer HF-Spule)
подстроечный (El) Trimmer...; Nachstimm...; Abgleich...
подстроить s. подстраивать
подстройка f (El) Nachstimmung f, Nachstimmen n, Nachregelung f, Nachregeln n; Abgleich m, Abgleichen n, Trimmen n ‖ ~/**точная** Feinabstimmung f ‖ ~ **частоты** Frequenzabstimmung f, Frequenznachstimmung f ‖ ~ **частоты/автоматическая** automatische Frequenzabstimmung (Frequenznachführung) f, AFC ‖ ~ **частоты/цифровая автоматическая** digitale automatische Frequenzabstimmung f, DAFC
подструктура f 1. (Ph) Unterstruktur f; 2. (Math) Teilverband m
подступёнок m (Bw) Setzstufe f
подсумма f s. сумма/частичная
подсушивание n s. подсушка
подсушивать vortrocknen
подсушина f (Forst) verdorrter Baum m
подсушка f Vortrocknen n, Vortrocknung f ‖ ~/**поверхностная** Oberflächentrocknung f
подсхема f (Inf) Subschema n
подсчёт m Zählung f; Berechnung f ‖ ~ **запасов** (Bgb) Vorratsberechnung f ‖ ~ [**числа**] **звёзд** (Astr) Sternzählung f
подталкивание n (Eb) Schieben n, Anschieben n, Nachschieben n (Lok)
подтаскивание n Schleppen n, Ziehen n, Heranziehen n
подтачивание (Wkz) Ausspitzen n, Anspitzen n
подтачивать (Wkz) ausspitzen, anspitzen ‖ ~ **перемычку (поперечную кромку)** die Querschneide ausspitzen (Spiralbohrer)

подтверждение n (Inf) Quittierung f, Bestätigung f ‖ ~ **приёма** (Nrt) Empfangsbestätigung f, Quittierung f
подтекание n Nachtropfen n, Lecken n
подтёки mpl [**краски**] 1. Farbtränen fpl, Farbnasen fpl; 2. (Gieß) Schlieren fpl
подтепловой unterthermisch
подтормаживание n Anbremsen n
подточить s. подтачивать
подточка f (Wkz) 1. Ausspitzung f, Anspitzung f (Ergebnis); 2. Ausspitzen n, Anspitzen n (Werkzeuge) ‖ ~/**крестообразная** Kreuzanschliff m (Spiralbohrer) ‖ ~ **ленточки** Fasenausspitzung f (Spiralbohrer) ‖ ~ **перемычки** Ausspitzung f der Querschneide, Querschneidenausspitzung f (Spiralbohrer) ‖ ~ **сверла** Bohrerausspitzung f
подтравливание n Unterätzen n, Unterätzung f (Leiterplattentechnologie) ‖ ~/**боковое** seitliche Unterätzung f
подтрамбовка f (Gieß) Vorstampfen n, Anstampfen n; Nachstampfen n
подтягивание n 1. Heranziehen n, Heranschleppen n; 2. Nachspannen n, Nachspannung f (Riemen); Nachziehen n (Schrauben) ‖ ~ **сальника** (Masch) Anziehen (Nachziehen) n der Stopfbuchse ‖ ~ **тормоза** Bremsennachstellung f
подтягивать 1. heranziehen, heranschleppen; 2. nachspannen (Riemen); nachziehen (Schrauben)
подтянуть s. подтягивать
подузел (Masch) Untergruppe f, Bauuntergruppe f
подуклонка f **рельса** (Eb) Innenneigung f der Schiene f
подуровень m 1. Unterniveau n, Teilniveau n; Feinstrukturniveau n; 2. s. подсостояние
подуступ m Vorböschung f ‖ ~ **карьера** (Bgb) Schnitt m (Tagebau)
подушка f 1. Kissen n; Polster n; 2. Bett n, Bettung f; 3. (Fert) Kissen n, Ziehkissen n (Presse); 4. (Wlz) Einbaustück n, Druckstück n (Walzenständer); 5. s. ~ **весов** ‖ ~/**балластная** (Eb) Unterbettung f, Kofferbettung f ‖ ~ **безопасности/надувная** (Kfz) Airbag m ‖ ~ **весов** Pfanne f, Lagerpfanne f (Waage) ‖ ~/**водяная** (Hydt) Wasserpolster n, Wasserpuffer m (Stauwerk) ‖ ~/**воздушная** 1. Luftkissen n, Luftpolster n; 2. (Fert) pneumatisches Ziehkissen n ‖ ~/**гидравлическая** (Fert) hydraulisches Ziehkissen n ‖ ~/**гидропневматическая** (Fert) hydropneumatisches Ziehkissen n ‖ ~/**гладильная** (Text) Bügelkissen n, Bügelfläche f ‖ ~/**грузоприёмная** Lastpfanne f (Waage) ‖ ~/**маркетная** (Fert) Ziehkissen n ‖ ~/**масляная** (Masch) Ölkissen n ‖ ~/**механическая** (Fert) mechanisches Ziehkissen n ‖ ~/**наковальни** (Schm) Amboßfutter n ‖ ~/**опорная** 1. Auflager n, Tragstuhl m; 2. Stützpfanne f (Waage) ‖ ~/**паровая** Dampfpolster m ‖ ~/**песчаная** (Eb) Sandbettung f ‖ ~/**пневматическая** (Fert) pneumatisches Ziehkissen n ‖ ~ **подшипника** (Masch) Lagerklotz m (Gleitlager); Lagersegment n (Gleitlager) ‖ ~/**породная** (Bgb) Bergepolster n ‖ ~/**прессовая** (Fert) Ziehkissen n ‖ ~/**рельсовая** (Eb) Schienenstuhl m, Schienenlagerung f ‖ ~ **рессоры** Federsattel m, Federsitz m ‖ ~ **сиденья** Sitzpolster n; Sitzkissen n ‖ ~/**смазочная** (Masch) Schmierkissen n, Schmierpolster n

подушка

‖ ~/соляная *(Geol)* Salzkissen *n* ‖ ~/стрелочная *(Eb)* Weichenstuhl *m* ‖ ~/упорная *(Masch)* Druckstück *n*, Drucksegment *n*, Druckklotz *m (Drucklager)* ‖ ~/фетровая смазочная *(Masch)* Schmierfilz *m* ‖ ~/флюсовая *(Schw)* Schweißpulverunterlage *f*, Schweißpulverbett *n*, Flußunterlage *f*, Pulverkissen *n*, Pulverunterlage *f (UP-Schweißung)* ‖ ~/флюсующая *s.* ~/флюсовая ‖ ~/шлаковая *(Met)* Schlackenbett *n*, Schlackenunterlage *f* ‖ ~/якорная *(Schiff)* Schweinsrücken *m*

подфарник *m (Kfz)* seitliche Begrenzungsleuchte *f*

подфункция *f (Math)* Minorantenfunktion *f*, Minorante *f*

подхват *m (Bgb)* Unterzug *m*, Firstenläufer *m*, Läufer *m (Ausbau)*

подход *m* 1. *(Math)* Ansatz *m*; 2. Anfahrmaß *n (Fördertechnik)*

подходка *f (Led)* Scherdegen *m*

подцветить *s.* подцвечивать

подцветка *f (Pap)* Aufhellung *f*, Bläuung *f (Papiermasse)*; *(Photo)* Tönen *n*, Tönung *f*

подцветки-интенсификаторы *fpl (Pap)* Schönungsmittel *npl*

подцвечивать *(Pap)* aufhellen, bläuen *(Papiermasse)*; *(Photo)* tönen

подцепка *f* Anhängen *n*, Anketten *n*

подцеплять anhaken, anhängen, anketten

подцикл *m (Nrt)* Teilrahmen *m*

подчеканивать *(Fert)* nachstemmen

подчеканить *s.* подчеканивать

подчеканка *f* Nachstemmen *n (Nietung)*

подчёркивание *n (Rf)* Voranhebung *f*, Vorverzerrung *f*, Preemphasis *f* ‖ ~ высоких частот Höhenanhebung *f* ‖ ~ низких частот Tiefenanhebung *f*

подчистить *s.* подчищать

подчищать 1. säubern; 2. *(Forst)* ausputzen, ausästen; 3. ausradieren

подшивка *f* 1. *(Bw)* Verkleidung *f*, Verschalung *f*; 2. *(Text)* Säumen *n*, Einnähen *n* ‖ ~ досками *(Bw)* Bretterverkleidung *f* ‖ ~ подкладки *(Text)* Unternähen *n* von Futter ‖ ~/потайная *(Text)* Blindsäumen *n (Nähmaschine)* ‖ ~ потолка *(Bw)* Deckenschalung *f*, Deckenverkleidung *f*

подшипник *m (Masch)* Lager *n* ‖ ~/аэродинамический aerodynamisches (aerodynamisch geschmiertes) Lager *n* ‖ ~/аэростатический aerostatisches (aerostatisch geschmiertes) Lager *n* ‖ ~/баббитовый Weißmetallager *n* ‖ ~/бакаутовый Pockholzlager *n* ‖ ~/бакаутовый дейдвудный *(Schiff)* Pockholzstevenrohrlager *n* ‖ ~ баллера руля/нижний *(Schiff)* Kokerlager *n*, Führungslager *n (Ruderschaft)* ‖ ~/беззазорный spielfreies Lager *n* ‖ ~/блочный Blocklager *n* ‖ ~/бочкообразный Tonnenlager *n* ‖ ~/буксовый Buchsenlager *n* ‖ ~ вала Wellenlager *n* ‖ ~ валопровода *(Schiff)* Wellenlager *n (Wellenleitung)* ‖ ~ валопровода/опорный *(Schiff)* Traglager *n*, Lauflager *n (Wellenleitung)* ‖ ~ валопровода/промежуточный Lauflager *n (Wellenleitung)* ‖ ~ веретена Aufsteckspindellager *n* ‖ ~/вертикальный Stehlager *n* ‖ ~/внешний Außenlager *n* ‖ ~/внутренний Innenlager *n* ‖ ~/вращающийся rotierendes Lager *n* ‖ ~/вспомогательный Nebenlager *n* ‖ ~/газовый Gaslager *n*, gasgeschmiertes Lager *n* ‖ ~/гибкий flexibles (elastisches) Lager *n* ‖ ~/гидродинамический hydrodynamisches (hydrodynamisch geschmiertes) Lager *n* ‖ ~/гидростатический hydrostatisches (hydrostatisch geschmiertes) Lager *n* ‖ ~/главный Hauptlager *n* ‖ ~/гребенчатый Kammlager *n* ‖ ~ гребного вала/концевой Stevenrohrlager *n* ‖ ~/двойной упорный zweiseitig wirkendes Drucklager *n* ‖ ~/дейдвудный Stevenrohrlager *n* ‖ ~/динамически нагруженный dynamisch beanspruchtes Lager *n* ‖ ~/добавочный Nebenlager *n* ‖ ~ жидкостного трения Lager *n* mit Flüssigkeitsreibung ‖ ~/задний Hinterlager *n*, Schwanzlager *n* ‖ ~/закрытый einteiliges Lager *n* ‖ ~/замкнутый geschlossenes Lager *n* ‖ ~/игольчатый Nadel[rollen]lager *n* ‖ ~ качения Wälzlager *n* ‖ ~ качения/игольчатый Nadel[rollen]lager *n* ‖ ~ качения/однорядный einreihiges Wälzlager *n* ‖ ~ качения/осевой Rollenachslager *n*, Wälzradsatzlager *n*, Rollenradsatzlager *n* ‖ ~ качения/прецизионный Präzisionswälzlager *n* ‖ ~ качения/радиально-упорный Schrägwälzlager *n* ‖ ~ качения/радиальный Radialwälzlager *n* ‖ ~ качения/самоустанавливающийся selbsteinstellendes Wälzlager *n* ‖ ~ качения/упорный Axialwälzlager *n* ‖ ~ коленчатого вала Kurbelwellenlager *n* ‖ ~ коленчатого вала/коренной Grundlager *n* der Kurbelwelle ‖ ~/конический роликовый Kegelrollenlager *n* ‖ ~/консольный Konsollager *n* ‖ ~/конусно-роликовый Kegelrollenlager *n* ‖ ~/концевой Außenlager *n* ‖ ~/коренной Hauptlager *n*, Kurbelwellenlager *n* ‖ ~/коридорный Lauflager *n (Wellenleitung)* ‖ ~ крейцкопфа Kreuzkopflager *n* ‖ ~/многогребенчатый упорный Mehrscheibendrucklager *n* ‖ ~/многорядный mehrreihiges Lager *n* ‖ ~/мотылёвый Kurbellager *n* ‖ ~/направляющий Führungslager *n* ‖ ~/наружный Außenlager *n* ‖ ~/незамкнутый offenes Lager *n* ‖ ~/неподвижный Festlager *n* ‖ ~/неразъёмный einteiliges Lager *n* ‖ ~/несамоустанавливающийся nicht selbsteinstellendes (selbsttätig einstellendes) Lager *n* ‖ ~/несущий Radiallager *n*, Traglager *n* ‖ ~/одногребенчатый (однодисковый) упорный Einscheibendrucklager *n* ‖ ~/однокольцевой упорный Einringdrucklager *n* ‖ ~/опорный *s.* ~/радиальный ‖ ~/осевой Axiallager *n*, Stützlager *n* ‖ ~/основной Grundlager *n* ‖ ~ пальца ползуна Kreuzkopflager *n* ‖ ~ передачи Getriebelager *n* ‖ ~/передний Vorderlager *n* ‖ ~/плавающий Loslager *n*, Schwimmlager *n* ‖ ~/плоский воздушный (аэростатический) прямоугольный ebenes rechteckiges Luftlager *n* ‖ ~/подвесной Hängelager *n* ‖ ~ ползуна Kreuzkopflager *n* ‖ ~/полуоси Stehachsenlager *n* ‖ ~/прецизионный Präzisionslager *n* ‖ ~/промежуточный Zwischenlager *n* ‖ ~/пружинящий federndes Lager *n* ‖ ~/радиально-упорный Radial-Axial-Lager *n* ‖ ~/радиальный Radial-Lager *n* ‖ ~/радиальный роликовый Radialrollenlager *n* ‖ ~/радиальный шариковый Radialkugellager *n* ‖ ~/разгруженный задний entlastetes Hinterlager (Schwanzlager) n ‖ ~/**разъёмный** geteiltes (zerlegbares) Lager n ‖ ~/**разъёмный вертикальный (стояковый)** geteiltes Stehlager n ‖ ~ **распределительного вала** Nockenwellenlager n, Steuerwellenlager n ‖ ~/**регулируемый** nachstellbares (einstellbares) Lager n ‖ ~/**резиновый** Gummilager n ‖ ~/**роликовый** Rollenlager n (s. a. unter роликоподшипник) ‖ ~/**роликовый осевой** Rollenachslager n, Rollenradsatzlager n ‖ ~/**руля/опорно-упорный** Traglager n des Ruders *(Schweberuder)* ‖ ~ **руля/опорный** Führungslager n des Ruders *(Schweberuder)* ‖ ~ **с воздушной смазкой** Luftlager n, luftgeschmiertes Lager n ‖ ~ **с газовой смазкой** gasgeschmiertes Lager n ‖ ~ **с гальваническим покрытием** Galvaniklager n ‖ ~ **с жидкостной смазкой** flüssigkeitsgeschmiertes Lager n ‖ ~ **с закреплённым кольцом для смазки/вертикальный (стояковый)** Stehlager n mit festem Schmierring ‖ ~ **с игольчатыми роликами/роликовый** Nadelrollenlager n ‖ ~ **с коническими роликами/роликовый** Kegelrollenlager n ‖ ~ **с косым разъёмом** schräg geteiltes Lager n ‖ ~ **с крышкой** Deckellager n ‖ ~ **с плавающим (подвижным) кольцом для смазки/вертикальный (стояковый)** Stehlager n mit losem Schmierring ‖ ~ **с предварительным натягом** vorgespanntes Lager n, Lager n mit Vorspannung ‖ ~ **с твёрдой смазкой** Lager n mit Festkörperschmierstoffschmierung *(wartungsarmes Gleitlager)* ‖ ~ **с фланцем** Flanschlager n ‖ ~ **с шаровой пятой** Kugelzapfenlager n ‖ ~/**саморегулирующийся** selbstnachstellendes Lager n ‖ ~/**самосмазывающийся** selbstschmierendes Lager n, Lager n mit Selbstschmierung ‖ ~/**самоустанавливающийся** selbsteinstellendes Lager n ‖ ~/**сегментный** Segmentlager n ‖ ~ **скольжения** Gleitlager n ‖ ~ **скольжения/аэродинамический** aerodynamisches (aerodynamisch geschmiertes) Gleitlager n ‖ ~ **скольжения/аэростатический** aerostatisches (aerostatisch geschmiertes) Gleitlager n ‖ ~ **скольжения/взаимозаменяемый** austauschbares Gleitlager n ‖ ~ **скольжения/гидродинамический** hydrodynamisches (hydrodynamisch geschmiertes) Gleitlager n ‖ ~ **скольжения/гидростатический** hydrostatisches (hydrostatisch geschmiertes) Gleitlager n ‖ ~ **скольжения/желобчатый** Gleitlager n mit Nut *(Längsnuten z. B. bei Wasserschmierung)* ‖ ~ **скольжения жидкостного трения** Gleitlager n mit Flüssigkeitsreibung ‖ ~ **скольжения/закрытый** geschlossenes (einteiliges) Gleitlager n ‖ ~ **скольжения/магнитный** Magnetgleitlager n ‖ ~ **скольжения/многоклиновый** Mehrgleitflächenlager n, Mehrflächengleitlager n ‖ ~ **скольжения/неразъёмный** s. ~ **скольжения/закрытый** ‖ ~ **скольжения/осевой** Gleitachslager n, Gleitradsatzlager n ‖ ~ **скольжения/радиальный** Radialgleitlager n ‖ ~ **скольжения с воздушной смазкой** luftgeschmiertes Gleitlager n ‖ ~ **скольжения с газовой смазкой** gasgeschmiertes Gleitlager n ‖ ~ **скольжения с кольцевой канавкой** Gleitlager n mit Ringnut ‖ ~ **скольжения с кольцевой смазкой** Ringschmierlager n ‖ ~ **скольжения с консистентной смазкой** fettgeschmiertes Gleitlager n, Gleitlager n mit Fettschmierung ‖ ~ **скольжения с многослойной заливкой** Mehrschichtgleitlager n ‖ ~ **скольжения с охлаждением** gekühltes Gleitlager n ‖ ~ **скольжения с плавающей втулкой** Schwimmbuchsenlager n, Gleitlager n mit schwimmender Buchse ‖ ~ **скольжения с твёрдой смазкой** Gleitlager n mit Festkörperschmierung ‖ ~ **скольжения с упругодеформируемой втулкой/многоклиновой** formelastisches Mehrflächengleitlager (Mehrgleitflächenlager) n ‖ ~ **скольжения со смазкой под давлением** Gleitlager n mit Druckölschmierung ‖ ~ **скольжения со спиральной канавкой** Gleitlager n mit Spiralnut, Spiralrillenlager n ‖ ~ **скольжения/узкий** Kurzgleitlager n ‖ ~ **со спиральными канавками** Spiralnutenlager n *(Gleitlager)* ‖ ~/**средний** Mittellager n ‖ ~/**статически нагруженный** statisch belastetes Lager n ‖ ~/**стояковый** Stehlager n ‖ ~/**сферический** sphärisches Lager n, Pendellager n ‖ ~/**сферический роликовый** Pendelrollenlager n ‖ ~/**сферический шариковый** Pendelkugellager n ‖ ~/**трансмиссионный** Transmissionslager n ‖ ~/**упорно-радиальный** Axial-Radial-Lager n ‖ ~/**упорный** Axiallager n, Stützlager n ‖ ~/**упорный двойной** zweiseitig wirkendes Axiallager (Stützlager) n ‖ ~/**упорный одинарный** einseitig wirkendes Axiallager (Stützlager) n ‖ ~/**упорный роликовый** Axialrollenlager n ‖ ~/**упорный шариковый** Axialkugellager n ‖ ~/**упругий** elastisches Lager n ‖ ~/**устанавливающийся** einstellbares Lager n ‖ ~/**хвостовой** s. ~/**задний** ‖ ~ **цапфы** Zapfenlager n ‖ ~ **цапфы/шариковый** Kugelzapfenlager n ‖ ~/**цельный** ungeteiltes Lager n ‖ ~/**червяка** Schneckenlager n ‖ ~/**четырёхрядный** vierreihiges Lager n ‖ ~/**шариковый** Kugellager n (s. a. unter шарикоподшипник) ‖ ~ **шатуна** Pleuellager n ‖ ~ **шатуна/мотылёвый** kurbelseitiges Pleuellager n, Kurbelzapfenlager n ‖ ~/**шатунный** s. ~ **шатуна**

подшихтовать *(Met)* zuschlagen, zugeben *(zur Charge)*
подшихтовка f *(Met)* Zuschlagen n, Zugeben n *(zur Charge)*
подшкиперская f *(Schiff)* Bootsmannslast f
подшлифовать s. подшлифовывать
подшлифование n *(Fert)* Nachschleifen n
подшлифовывать *(Fert)* nachschleifen
подщелачивание n *(Ch)* Alkalisierung f, Alkalisieren n
подщелачивать *(Ch)* alkalisieren, alkalisch machen
подщелочить s. подщелачивать
подъём m 1. Anheben n, Aufheben n; Hebung f; Hub m, Hubbewegung f, Aufwärtsbewegung f; 2. Anstieg m, Ansteigen n; Steigung f; 3. *(Bgb)* Schachtförderung f, Förderung f; Ziehen n, Ausbau m *(Bohrgestänge)*; 4. *(Gieß)* Ausheben n, Abheben n; 5. *(Eb)* Steigung f, Rampe f, Neigung f; 6. *(Flg)* Aufstieg m; 7. *(Aero)* Auftrieb m; 8. *(Schiff)* Heißen m; 9. *(Masch)* Druckhöhe f *(von Pumpen)* ‖ ~/**аварийный** *(Bgb)* Notfahrung f ‖ ~/**аэрологический** *(Meteo)* aerologi-

подъём

scher Aufstieg m ‖ ~/**бадьевой** *(Bgb)* Kübelförderung f, Gefäßförderung f ‖ ~/**бобинный** *(Bgb)* Bobinenförderung f ‖ ~ **высоких частот** *(Rf)* Höhenanhebung f ‖ ~/**главный** *(Bgb)* Hauptschachtförderung f ‖ ~ **груза** *(Schiff)* Hieven n einer Last; Hieve f *(mit einem Arbeitshub beförderte Ladungsmenge)* ‖ ~/**двухклетевой** *(Bgb)* zweitrümige Gestellförderung f ‖ ~/**двухконцевой** *(Bgb)* zweitrümige Förderung f ‖ ~/**двухскиповой** *(Bgb)* zweitrümige Skipförderung f ‖ ~ **днища** *(Schiff)* Aufkimmung f ‖ ~/**канатный** *(Bgb)* Seilförderung f ‖ ~/**капиллярный** kapillare Steighöhe f, Kapillaraustieg m ‖ ~ **клапана** Ventilhub m *(Verbrennungsmotor)* ‖ ~/**клетевой** *(Bgb)* Gestellförderung f, Korbförderung f ‖ ~/**людской** *(Bgb)* Seilfahrt f ‖ ~/**многоканатный** *(Bgb)* Mehrseilförderung f ‖ ~ **модели** *(Gieß)* Modellausheben n, Modellabheben n ‖ ~ **на штифтах** *(Gieß)* Stiftabhebung f *(Modellplatte)* ‖ ~ **напряжения** *(El)* Spannungserhöhung f, Spannungsanstieg m ‖ ~ **несущей** *(Rf)* Trägeranhebung f, Baßanhebung f ‖ ~/**одноконцевой** *(Bgb)* eintrümige Förderung f ‖ ~ **перекрытий** *(Bw)* Deckenhubverfahren n ‖ ~/**переменный** *(Eb)* wechselnde Neigung f ‖ ~ **при помощи газа** Gasliften n, Gasliftförderung f *(Erdöl)* ‖ ~ **прилива** *(Hydrol)* Gezeitenhub n, Tidenhub m ‖ ~/**рудничный** *(Bgb)* Schachtförderung f ‖ ~/**руководящий** *(Eb)* mittlere (maßgebende) Neigung f *(Strecke)* ‖ ~ **самолёта/вертикальный** *(Flg)* senkrechter Aufstieg m ‖ ~/**свободный** *(Masch)* Freihub m ‖ ~ **свода** *(Bw)* Pfeil (Stich) m des Gewölbes ‖ ~ **сифоном** Hebern n, Aushebern n ‖ ~/**скиповой** 1. *(Bgb)* Skipförderung f, Gefäßförderung f; 2. *(Met)* Beschicken n durch Kippkübel, Kippkübelförderung f, Skipförderung f *(Hochofen)* ‖ ~ **скулы** *(Schiff)* Aufkimmung f ‖ ~/**сплошной** *(Eb)* stetige Steigung f ‖ ~ **стрелы** *(Schiff)* Auftoppen n des Ladebaums ‖ ~/**строительный** *(Bw)* Überhöhung f, Stich m ‖ ~ **флага** *(Schiff)* Flaggenhissen n; Flaggenwechsel m *(bei Schiffsübergabe)* ‖ ~/**шахтный** *(Bgb)* Schachtförderung f ‖ ~/**штифтовой** *(Gieß)* Stiftabhebung f *(Modellplatte)* ‖ ~ **этажей** *(Bw)* Geschoßhebeverfahren n

подъёмка f *(Eb)* große Ausbesserung f *(Fahrzeug)*

подъёмник m 1. Aufzug m, Fahrstuhl m, Lift m; 2. Hebezeug n, Hubeinrichtung f ‖ ~/**багажный** Gepäckaufzug m ‖ ~/**бадьевой** *(Met)* Gefäßaufzug m, Kübelaufzug m *(Hochofen)* ‖ ~/**барабанный** *(Lw)* Hubrad n *(Sammelroder)* ‖ ~ **большой грузоподъёмности** Schwerlastaufzug m ‖ ~/**быстроходный** Schnellaufzug m ‖ ~/**вагонный** *(Eb)* Wagenaufzug m ‖ ~/**вакуумный** Saugheber m, Vakuumheber m ‖ ~/**вертикальный** Senkrechtaufzug m, Vertikalaufzug m, Steilaufzug m ‖ ~/**воздушный** Druckluftheber m ‖ ~/**гидравлический** *(Lw)* ölhydraulischer Kraftheber m *(am Schlepper)* ‖ ~/**грузовой** Lastenaufzug m ‖ ~/**грузопассажирский** Personen- und Lastenaufzug m, PL-Aufzug m ‖ ~/**канатный** Seilaufzug m ‖ ~/**ковшовый** Kübelaufzug m ‖ ~/**колошниковый** *(Met)* Gichtaufzug m, Begichtungsaufzug m *(Hochofen)* ‖ ~/**лыжный** Skilift m ‖ ~/**люлечный** Schaukelförderer m, Schaukelelevator m; Paternosteraufzug m, Umlaufaufzug m ‖ ~/**магазинный** Warenhausaufzug m ‖ ~/**малый грузовой** Kleinlastenaufzug m ‖ ~/**мачтовый** Mastenaufzug m ‖ ~/**механический** Hebevorrichtung f; mechanischer Kraftheber m *(am Schlepper)* ‖ ~/**многокабинный** Paternosteraufzug m, Umlaufaufzug m ‖ ~/**наклонный** Schrägaufzug m ‖ ~ **непрерывного действия** [/**пассажирский**] *(Bgb)* Personenumlaufaufzug m, Paternosteraufzug m ‖ ~/**односкиповой** Eingefäßaufzug m ‖ ~/**пассажирский** Personenaufzug m, Personenfahrstuhl m ‖ ~/**пневматический** Druckluftheberzug n, Druckluftheber m; *(Lw)* pneumatischer Kraftheber m *(am Schlepper)* ‖ ~/**рудничный клетевой** *(Bgb)* Fördergestellaufzug m ‖ ~/**самоходный** Hubstapler m ‖ ~/**скиповой** *(Met)* Kippgefäßaufzug m, Kippwagenaufzug m, Kippkübelförderung f, Skipförderung f *(Hochofen)* ‖ ~/**строительный** *(Bw)* Bauaufzug m ‖ ~/**судовой** Schiffshebewerk n ‖ ~/**фасадный** *(Bw)* Fassadenaufzug m, Fassadenlift m ‖ ~/**шахтный клетевой** *(Bgb)* Fördergestellaufzug m ‖ ~/**шихтовый** *(Met)* Gichtaufzug m, Begichtungsaufzug m

подъязык m s. подмножество языка

подъярус m *(Geol)* Zone f, Chronozone f *(stratigraphische Einheit)*

подынтервал m *(Math)* Teilintervall n

подэра f s. подера

подэтаж m *(Bgb)* Teilsohle f

подэтажный *(Bgb)* Teilsohlen...

поезд m *(Eb)* Zug m, Eisenbahnzug m ‖ ~/**автомобильный** Lastzug m ‖ ~/**воинский** Militärzug m ‖ ~/**восстановительный** Hilfszug m ‖ ~/**встречный** Gegenzug m ‖ ~/**высокоскоростной** Hochgeschwindigkeitszug m ‖ ~/**грузовой** Güterzug m ‖ ~ **дальнего следования** Fernzug m ‖ ~/**дачный** Vorortzug m ‖ ~/**двухэтажный** Doppelstockzug m ‖ ~ **для перевозки рельсовых звеньев** Gleisjochzug m ‖ ~/**изотермический** Kühlzug m ‖ ~/**контейнерный** Containerzug m ‖ ~/**курьерский** Expreßzug m, Schnellzug m, Kurierzug m ‖ ~/**маршрутный** Ferngüterzug m, Ganzzug m ‖ ~/**маршрутный контейнерный** Containerganzzug m ‖ ~ **местного сообщения** Zubringerzug m ‖ ~ **метрополитена** U-Bahn-Zug m ‖ ~/**мотовагонный** Trieb[wagen]zug m ‖ ~ **на воздушной подушке** Luftkissenzug m ‖ ~ **на магнитной подвеске** Magnetkissenzug m ‖ ~/**наливной** Kesselwagenzug m ‖ ~ **особого назначения** Sonderzug m ‖ ~/**пассажирский** Reisezug m, Personenzug m ‖ ~/**пожарный** Feuerlöschzug m ‖ ~/**полносоставный** Vollzug m ‖ ~/**порожняковый** Leerwagenzug m ‖ ~/**почтовый** Postzug m ‖ ~/**пригородный** Vorortzug m ‖ ~ **прямого сообщения** Durchgangszug m, direkter Zug m ‖ ~ **прямого сообщения/грузовой** Durchgangsgüterzug m ‖ ~/**путеремонтный** Gleisbauzug m ‖ ~/**путеукладочный** Gleisverlegezug m ‖ ~/**рабочий** Arbeitszug m ‖ ~/**рельсосварный** Schienenschweißzug m ‖ ~/**рельсошлифовальный** Schienenschleifzug m ‖ ~/**ремонтный** Bauzug m ‖ ~/**рефрижераторный** Maschinenkühlzug *m* ‖ ~/**санитарный** Lazarettzug *m* ‖ ~/**сборный товарный** Nahgüterzug *m* ‖ ~/**сдвоенный** Doppelzug *m*, doppelter Zug *m* ‖ ~/**скоростной (скорый)** Schnellzug *m*, D-Zug *m* ‖ ~/**скорый товарный** Eilgüterzug *m* ‖ ~/**снегоуборочный** Schneeräumzug *m* ‖ ~/**сочленённый** Gelenkzug *m* ‖ ~/**специальный** Sonderzug *m* ‖ ~/**строительно-монтажный** Bauzug *m* ‖ ~/**товарно-пассажирский** gemischter Reise- und Güterzug *m* ‖ ~/**товарный** Güterzug *m* ‖ ~/**тяжеловесный грузовой** Schwerlastzug *m* ‖ ~/**ускоренный пассажирский** Eilzug *m*, beschleunigter Personenzug *m* ‖ ~/**ускоренный товарный** Eilgüterzug *m* ‖ ~/**хозяйственный** Dienstzug *m* ‖ ~/**челночный** Wendezug *m* ‖ ~/**экспериментальный** Versuchszug *m*

поездка *f* Fahrt *f* ‖ ~/**опытная** *(Eb)* Versuchsfahrt *f*

поездной Zug...

поездограф *m (Eb)* Zuglaufschreiber *m*, Fahrtenschreiber *m*

поездо-километр *(Eb)* Zugkilometer *m*

поезд-рефрижератор *m (Eb)* Maschinenkühlzug *m*

поезд-экспресс *m (Eb)* Expreßzug *m*

пожар *m* Brand *m* ‖ ~/**беглый** Lauffeuer *n (Waldbrand)* ‖ ~/**вершинный** Wipfelfeuer *n*, Kronenfeuer *n (Waldbrand)* ‖ ~/**лесной** Waldbrand *m* ‖ ~/**наземный (низовой)** Erdfeuer *n*, Bodenfeuer *n (Waldbrand)* ‖ ~/**рудничный** Grubenbrand *m*

пожаробезопасный brandsicher, feuersicher

пожароопасный brandgefährlich, feuergefährlich; brandgefährdet, feuergefährdet

пожаротушение *n* Brandbekämpfung *f*

пожелтение *n* Vergilben *n*, Vergilbung *f*

пожог *m* Röststadel *m*, Rösthaufen *m (NE-Metallurgie)*

позёмок *m (Meteo)* Schneefegen *n*

позистор *m (El)* Thermistor (Widerstand) *m* mit positivem Temperaturkoeffizienten, PTC-Widerstand *m*, Kaltleiter *m*

позитив *m (Photo, Kine)* Positiv *n* ‖ ~/**непосредственный** direktes Positiv *n* ‖ ~/**промежуточный** Zwischenpositiv *n*, Zwischenkopie *f* ‖ ~/**прямой** Direktkopie *f* ‖ ~/**рабочий (смонтированный)** *(Kine)* Arbeitskopie *f*, Schnittkopie *f* ‖ ~/**фонограммы** *(Kine)* Tonkopie *f*, Tonpositiv *n* ‖ ~/**цветной** Farbpositiv *n*

позитрон *m (Kern)* Positron *n*, positives Elektron *n*, Antielektron *n*

позитроний *m (Kern)* Positronium *n*

позиционер *m (Reg)* Position[ier]er *m*, Stellungsregler *m*; *(Fert)* Bestimmeinrichtung *f*

позиционирование *n* Positionieren *n*, Positionierung *f* ‖ ~/**детали** *(Wkzm)* Werkstückpositionierung *f* ‖ ~/**иглы** *(Text)* Positionieren *n* der Nadel *(Nähroboter)* ‖ ~/**точное** *(Wkzm)* Feinpositionierung *f*

позиционно-импульсный *(El)* Pulslagen...

позиционный Positions..., Stellungs...

позиция *f* 1. Position *f*, Stellung *f*; Lage *f*; 2. *(Fert)* Station *f (z. B. Bearbeitungsstation)*; 3. *(Astr)* Ort *m (pl: Örter)* ‖ ~/**битовая** *(Inf)* Bitstelle *f* ‖ ~/**вспомогательная** *(Fert)* Hilfsstation *f* ‖ ~ **выдачи** *(Fert)* Ausgabestation *f* ‖ ~ **загрузки** *(Fert)* Beladestation *f*, Beschickungsstation *f* ‖ ~/**запасная** *(Fert)* Reservestation *f* ‖ ~ **захватывания** *(Fert)* 1. Greifteil *f (Station zum Ergreifen)*; 2. Greifteil *m*, Greifstelle *f (am Werkstück, zum Ergreifen bestimmt)* ‖ ~ **звезды** Ort *m (Position f)* eines Gestirns, Sternort *m* ‖ ~ **измерения** Meßstation *f* ‖ ~ **контроллера** *(Eb)* Fahrschalterstellung *f (Lok)* ‖ ~ **обработки** *(Fert)* 1. Bearbeitungsposition *f*; 2. Bearbeitungsstation *f* ‖ ~/**приёмная** *(Fert)* Übergabestelle *f*; Aufnahmestation *f* ‖ ~/**производственная** *(Fert)* Arbeitsstelle *f*, Bearbeitsstelle *f* ‖ ~/**рабочая** *(Fert)* 1. Arbeitsstelle *f*, Arbeitsstation *f (Ort)*; 2. Arbeitslage *f*, Arbeitsstelle *f (Werkstück)*; 3. Entnahmestelle *(z. B. für den Industrieroboter)* ‖ ~ **слова** *(Inf)* Wortstelle *f* ‖ ~/**ходовая** *(Eb)* Fahrstufe *f* ‖ ~ **цифры** *(Inf)* Ziffernstelle *f*, Ziffernposition *f*

позолота *f* Vergoldung *f*, Goldauflage *f*

позолоченный vergoldet

позывной *m* Rufzeichen *n*, Unterscheidungssignal *n*

поилка *f (Lw)* Tränke *f* ‖ ~/**автоматическая** Selbsttränke *f* ‖ ~/**желобковая** Rinnentränke *f* ‖ ~/**круговая клапанная** Ventilrundtränke *f* ‖ ~/**мобильная групповая сосковая** fahrbare Kälbertränkeinrichtung *f* mit Saugschläuchen ‖ ~/**чашечная** Trogtränke *f*

поиск *m (Inf)* Suche *f*, Suchen *n*; Abfrage *f*, Wiederauffindung *f* ‖ ~/**автоматический** automatisches Suchen *n* ‖ ~/**автономный** abgeschlossenes Suchen *n* ‖ ~ **адреса** Adressensuche *f* ‖ ~/**беспорядочный** untergeordnete Suche *f* ‖ ~/**бинарный** binäres Suchen *n* ‖ ~/**вероятный** Zufallssuchen *f* ‖ ~/**двоичный** binäre Suche *f* ‖ ~ **дефектов** Fehlersuche *f* ‖ ~/**дихотомический** bisektionelles (dichotomisches) Suchen *n* ‖ ~ **информации** Informationssuche *f* ‖ ~ **информации/автоматический** automatische Informationssuche *f* ‖ ~ **информации/ассоциативный** assoziative Informationssuche *f* ‖ ~/**итеративный** Iterationssuche *f* ‖ ~ **комет** *(Astr)* Kometensuche *f* ‖ ~/**круговой** Rundsuche *f*, Rundumbeobachtung *f* ‖ ~/**линейный** lineares Suchen *n* ‖ ~/**логарифмический** logarithmisches Suchen *n* ‖ ~/**локальный** lokales (abgeschlossenes) Suchen *n* ‖ ~ **места повреждения** Fehlerortung *f*, Fehlersuche *f* ‖ ~ **неисправностей** Störungssuche *f* ‖ ~/**непосредственный** direkte Suche *f* ‖ ~/**оверлейный** überlapptes Suchen *n* ‖ ~ **по значению** Suchen *n* nach Wert ‖ ~ **по имени** Suchen *n* auf Kenzeichnung ‖ ~ **по ключу** Suchen *n* auf Schlüssel ‖ ~/**полуавтоматический** halbautomatisches Suchen *n* ‖ ~/**последовательный** sequentielles Suchen *n* ‖ ~ **программы** Programmsuche *f* ‖ ~/**прямой** direktes Suchen *n* ‖ ~/**расширенный** erweitertes Suchen *n* ‖ ~/**слепой** blindes Suchen *n* ‖ ~/**случайный** zufälliges Suchen *n*, Zufallssuche *f* ‖ ~/**точный** genaues Suchen *n* ‖ ~/**упорядоченный** geordnete Suche *f*

поиски *mpl* 1. Suche *f (s. a. unter поиск)*; Nachforschen *n*; 2. *(Geol, Bgb)* Suche *f*, Aufsuchen *n*, Prospektieren *n*, Erschürfen *n* ‖ ~ **месторождения** Aufsuchen *n* einer Lagerstätte, Lagerstättensuche *f*

поисковый Such...
пойма f 1. Vorland n, Talaue f; 2. Überschwemmungsgebiet n
показание n Anzeige f; Ablesung f; Meßwert m ‖ ~ **абсолютной величины** Istwertanzeige f, Absolutwertanzeige f ‖ ~/**аналоговое** Analoganzeige f, Analogablesung f ‖ ~ **барометра** Barometerstand m ‖ ~/**дистанционное** Fernanzeige f ‖ ~/**ложное** Fehlanzeige f, Falschanzeige f ‖ ~/**местное** örtliche Anzeige f ‖ ~/**непосредственное** direkte Anzeige f, Direktanzeige f ‖ ~/**нулевое** Nullanzeige f ‖ ~/**оптическое** optische Anzeige f ‖ ~/**ошибочное** fehlerhafte Anzeige f ‖ ~/**предельное** Grenzanzeige f, Vollausschlag m ‖ ~/**сигнальное** (Eb) Signalbild n ‖ ~ **суммы** Summenanzeige f ‖ ~ **счётчика** Zähleranzeige f ‖ ~/**цифровое** Digitalanzeige f, digitale Anzeige f, Ziffernanzeige f
показатель m 1. Index m, Kennziffer f, Kennzahl f, Kennwert m (s. a. unter **коэффициент**); 2. (Math) Exponent m ‖ ~ **адсорбции** (Ph, Ch) Adsorptionskoeffizient m ‖ ~ **блеска** Glanzzahl f ‖ ~/**водородный** Wasserstoff[ionen]exponent m, pH-Wert m ‖ ~ **экстинкции** s. ~ **гашения** s. ~ **диафрагмы** (Photo) Blendenwert m, Blendenzahl f ‖ ~ **добротности** Güteindex m ‖ ~/**дробный** (Math) gebrochener Exponent m ‖ ~ **затухания** Dämpfungsexponent m, Dämpfungskonstante f ‖ ~ **зернистости** 1. (Photo) K-Zahl m, Körnigkeitszahl f; 2. (Wkst) Kornfeinheitskennziffer f ‖ ~ **испарения** 1. (Ph, Ch) Verdunstungszahl f; 2. Verdunstungskoeffizient m (Vakuumphysik) ‖ ~ **качества** Gütekennwert m, Güte[kenn]ziffer f, Qualitätsindex m, Qualitätskennziffer f ‖ ~/**качественный** s. ~ **качества** ‖ ~ **корня** (Math) Wurzelexponent m, Wurzelindex m ‖ ~ **магнитного поля** (Ph) Magnetfeldindex m, [kritischer] Feldindex m ‖ ~ **микронейра** (Text) Micronairewert m (Faserfeinheit) ‖ ~ **надёжности** Zuverlässigkeitskennzahl f ‖ ~ **направленности** (Ak) Richtungsmaß n, Bündelungsindex m ‖ ~ **неровности по Устеру** (Text) Ungleichmäßigkeitswert m nach Uster ‖ ~ **ослабления** Extinktionsmodul m, Extinktionskonstante f ‖ ~/**передаточный** Übertragungsfaktor m ‖ ~ **повреждения** Schädigungsfaktor m ‖ ~ **преломления** (Opt) Brechzahl f ‖ ~ **преломления/абсолютный** absolute Brechzahl f ‖ ~ **преломления/относительный** relative Brechzahl f ‖ ~ **прочности** (Wkst) Festigkeits[kenn]wert m, Festigkeits[kenn]zahl f ‖ ~ **прядомости** (Text) Spinnwert m ‖ ~ **рассеяния** (Opt) Streukoeffizient m ‖ ~ **растворимости** (Ph) Löslichkeitsexponent m, Löslichkeitsindex m ‖ ~ **сжатия** (Kfz) Verdichtungsexponent m ‖ ~ **слепимости** Blendungsexponent m (physiologische Optik) ‖ ~ **спада магнитного поля** s. ~ **магнитного поля** ‖ ~ **степени** (Math) Hochzahl f, Exponent m (Potenz) ‖ ~ **твёрдости** (Mech) Härte f (Größe) ‖ ~ **тепла** (Astr) Wärmeindex m ‖ ~ **универсальной степени горечи** (Brau) universeller Bitterwert m, UB-Wert m (des Hopfens) ‖ ~ **упрочнения** Verfestigungsexponent m, Verfestigungsindex m ‖ ~ **уширения** (Wlz) Breitungsfaktor m, Breitungskoeffizient m ‖ ~ **цвета** (Astr) Farb[en]index m (Farben der Sterne) ‖ ~ **цвета/визуально-инфракра́сный** visueller infraroter (V-I) Farb[en]index m ‖ ~ **цвета/визуально-красный** visueller roter (V-R) Farb[en]index m ‖ ~ **Швартшильда** (Opt) Schwarzschild-Exponent m ‖ ~ **экстинкции** (Opt) dekadischer Absorptionskoeffizient m, Extinktionsmodul m ‖ ~ **экстремума** Extrem[al]kennwert m ‖ ~ **эффективности** Effektivitätskennzahl f
показать s. **показывать**
показывать anzeigen
показывающий anzeigend, Anzeige...
покатость f Abschüssigkeit f
покачивание n Schaukeln n, Pendeln n; Zitterbewegung f
покачиваться pendeln, wippen, schwingen
поковка f (Schm) Schmiedestück n, Gesenkschmiedestück n; Schmiederohling m ‖ ~/**бракованная** Ausschußschmiedestück n ‖ ~/**крупная** Großschmiedestück n ‖ ~/**осесимметричная** rotationssymmetrisches Schmiedestück n ‖ ~/**точная** Genauschmiedestück n, Feinschmiedestück n ‖ ~/**фигурная** Formschmiedestück n ‖ ~/**штампованная** Gesenkschmiedestück n
поколение n Generation f ‖ ~ **вычислительных машин** Rechnergeneration f, Rechenmaschinengeneration f ‖ ~ **оборудования** Ausrüstungsgeneration f ‖ ~ **приборов** Gerätegeneration f ‖ ~/**пятое** fünfte Generation f (Rechnerentwicklung) ‖ ~ **роботов** Robotergeneration f ‖ ~/**четвёртое** vierte Generation f (Rechnerentwicklung)
покоробленность f Verwerfung f, Verzug m
покос m (Lw) Mahd f
покраска f 1. Anstrich m, Anstreichen n; 2. Färben n, Färbung f; 3. (Gieß) Schlichten n, Schwärzen n (der Formen) ‖ ~/**наружная** Außenanstrich m
покраснение n [**света**]/**межзвёздное** (Astr) interstellare Verfärbung f (Rötung) f
покров m 1. Decke f, Überzug m; Hülle f; 2. (Geol) Deckenüberschiebung f, Deckenüberfaltung f ‖ ~/**волосяной** (Led) Haardecke f, Haarkleid n ‖ ~/**вулканический** ~/**лавовый** ‖ ~/**дерновый** Grasnarbe f ‖ ~/**защитный** Abdecksalz n, Schutzsalz n; Schutz[salz]schicht f, Schutz[salz]decke f (NE-Metallschmelze) ‖ ~/**игольчатый** (Text) Kratzenbeschlag m (Krempel) ‖ ~/**кожный** (Led) Hautkleid n, Haut f ‖ ~/**лавовый** (Geol) Lavadecke f, vulkanische Decke f, Eruptionsdecke f ‖ ~/**ледниковый** (Geol) Gletscherdecke f ‖ ~/**ледяной** Eisdecke f ‖ ~/**облачный** (Meteo) Wolkendecke f ‖ ~ **перекрытия** s. ~/**тектонический** ‖ ~/**почвенный** (Lw) Bodendecke f ‖ ~/**растительный** (Lw) Pflanzenbestand m, Pflanzendecke f ‖ ~/**складчатый** (Geol) Überfaltungsdecke f ‖ ~/**снежный** (Geol) Schneedecke f ‖ ~/**сплошной облачный** (Meteo) geschlossene Wolkendecke f ‖ ~/**тектонический** (Geol) tektonische Decke f, Schubdecke f, Überschiebungsdecke f ‖ ~ **шарьяжа** s. ~/**тектонический** ‖ ~/**шерстяной** (Led) Wolldecke f
покрой m (Text) Schnitt m, Zuschnitt m (Konfektion)
покрывание n 1. Bedecken n; Überdachen n; 2. Umhüllen n; Bekleiden n; 3. Belegen n, Plattieren n, Plattierung f (Metalle); 4. (Schw) Ummanteln n (Elektroden)

покрывать 1. bedecken; überdachen; 2. umhüllen, bekleiden; 3. belegen, plattieren (Metalle); 4. (Schw) ummanteln (Elektroden) ‖ ~ алюминием alitieren, aluminieren ‖ ~ оловом verzinnen ‖ ~ резиной gummieren ‖ ~ свинцом verbleien ‖ ~ эмалью emaillieren

покрытие n 1. Bedecken n, Überziehen n, Beschichten n; 2. Umhüllung f, Ummantelung f (z. B. für Lichtleitkabel); 3. Ummantelungsmasse f (für Elektroden); 4. Belag m, Überzug m (Spiegel); 5. Ummanteln n, Umhüllen n; 6. Bedeckung f, Abdeckung f, Überdachung f; 7. Anstrich m; 8. (Pap) Streichen n, Strich m; Beschichten n, Beschichtung f; 9. (Text) Belag m, Bezug m; 10. (Led) Deckfilm m, Deckschicht f; 11. (Gieß) Abdeckmittel n, Deckschicht f ‖ ~/азотированное Nitrierschicht f ‖ ~ алюминиеren n ‖ ~/антикоррозионное Korrosionsschutzüberzug m, Korrosionsschutzschicht f; Rostschutzüberzug m ‖ ~/антикоррозионное лакокрасочное Korrosionsschutzanstrich m; Rostschutzanstrich m ‖ ~/асбоцементное (Bw) Asbestzementüberzug m ‖ ~/асфальтовое (Bw) Asphaltdecke f; Asphaltschicht f ‖ ~/битумное bituminöser Überzug m, Bitumenüberzug m ‖ ~/блестящее Glanzüberzug m ‖ ~/боридное Boridschicht f ‖ ~/внутреннее лакокрасочное Innenanstrich m ‖ ~/водосвязное щебёночное wassergebundene Steinschlagdecke f (Straßenbau) ‖ ~/водостойкое лакокрасочное wasserbeständiger Anstrich m ‖ ~/гальваническое 1. elektrolytisch (galvanisch) hergestellter (aufgebrachter) Überzug m; galvanischer (elektrolytischer) Überzug m; 2. galvanisches Beschichten (Überziehen) n ‖ ~/гидроизоляционное (Bw) Wasserdämmschicht f ‖ ~/гидрофобизирующее wasserabweisender Überzug m ‖ ~/грунтов[очн]ое лакокрасочное Grundanstrich m, Grundierung f; (Pap) zweiseitiges Streichen n ‖ ~/двухслойное 1. Doppelschichtüberzug m, Duplexschicht f; 2. (Bw) zweilagige Dacheindeckung f ‖ ~/двухслойное лакокрасочное zweischichtiger Anstrich m, Zweischichtenanstrich m ‖ ~/дерновое (Bw) Sodendecke f, Rasendecke f ‖ ~/детонационное Explosivplattieren n, Explosionsplattieren f ‖ ~/диффузионное Diffusions[schutz]schicht f, Diffusionsüberzug m ‖ ~/диэлектрическое dielektrischer Überzug m ‖ ~/дорожное Straßendecke f, Fahrbahnbelag m ‖ ~/железобетонное (Bw) Stahlbetondecke f ‖ ~/жёсткое дорожное Straßenhartbelag m ‖ ~/защитное 1. Schutzschicht f, Schutzüberzug m; 2. Radartarnanstrich m ‖ ~/защитное лакокрасочное Schutzanstrich m ‖ ~ защитной оболочкой s. ~ оболочкой ‖ ~ звезд (Astr) Sternbedeckung f ‖ ~/зеркальное (Opt) Spiegelbelag m, Spiegelschicht f, Verspiegelung f ‖ ~/золотое Goldüberzug m, Goldschicht f ‖ ~ золотом Vergolden n ‖ ~/износостойкое verschleißfeste Schicht f, verschleißfester Überzug m ‖ ~/износостойкое дорожное verschleißfeste Straßendecke f ‖ ~/износостойкое лакокрасочное verschleißbeständiger Anstrich m ‖ ~/изолирующее лакокрасочное isolierender Anstrich m ‖ ~/изоляционное Iso-

lierschicht f, isolierende Schicht (Deckschicht) f ‖ ~ кадмием Verkadmen n ‖ ~/карбоазотированное Karbonitrierschicht f ‖ ~/касательное (Astr) streifende Bedeckung f ‖ ~/катодное kathodisch wirksame Schicht (Schutzschicht) f ‖ ~/керамическое Keramiküberzug m ‖ ~/кислотойкое лакокрасочное säurebeständiger Anstrich m ‖ ~/кокильное (Met, Gieß) Kokillenschlichte f; Kokillenschwärze f ‖ ~/конденсационное aufgedampfte Schutzschicht f ‖ ~/красочное Farbschicht f, Farbüberzug m ‖ ~/кровельное Dachhaut f, Dacheindeckung f ‖ ~/кровельное мягкое weicher Dachbelag m ‖ ~/кровельное наплавляемое aufgeschweißter Dachbelag m ‖ ~/лаковое Lackanstrich m, Lackierung f ‖ ~/лаком горячей сушки Einbrennlackierung f ‖ ~/латунное Messingüberzug m ‖ ~/лицевое (Led) Beschichtung f ‖ ~/маслостойкое лакокрасочное ölbeständiger Anstrich m ‖ ~/масляное Ölschutzschicht f ‖ ~ медное Kupferüberzug m, Kupferschicht f ‖ ~ медью Verkupfern n ‖ ~/металлизационное [auf]gespritzter Metallüberzug m, Spritzmetall[schutz]schicht f ‖ ~/металлическое Metallüberzug m, Metallbelag m ‖ ~ металлов/горячее Tauchmetallisieren n ‖ ~/металлокерамическое Cermetschutzschicht f ‖ ~/многослойное Vielfachschicht f ‖ ~/многослойное лакокрасочное mehrschichtiger Anstrich m ‖ ~/напольное (Text) Fußbodenbelag m ‖ ~/напольное иглопробивное (Text) Nadelfilz-Fußbodenbelag m ‖ ~/напылённое алюминиевое Aluminiumspritzschicht f (Spritzaluminieren) ‖ ~/напылённое антикоррозионное aufgespritzte Korrosionsschutzschicht f ‖ ~/напылённое цинковое Zinkspritzschicht f (Spritzverzinken) ‖ ~/наружное äußerer Überzug m, Außenbeschichtung f ‖ ~/наружное лакокрасочное Außenanstrich m ‖ ~/неметаллическое nichtmetallischer Überzug m, nichtmetallische Schutzschicht f ‖ ~/необрастающее лакокрасочное bewuchsverhindernder Anstrich, Antifoulinganstrich m ‖ ~/непроводящее nichtleitender Überzug m ‖ ~/никелевое Nickelüberzug m ‖ ~/никелево-хромовое Nickel-Chrom-Überzug m ‖ ~ никелем Vernickeln n ‖ ~/нитридное Nitrierschicht f, Nitridschicht f ‖ ~ оболочкой (Kern) Umhüllung f, Einhülsung f (Brennstoffelemente) ‖ ~/огнеметаллическое 1. feuermetallischer Überzug m; 2. Schmelztauchmetallisieren n, Tauchmetallisieren n ‖ ~/огнестойкое feuerfeste Auskleidung f, feuerfeste Schicht (Schutzschicht) f ‖ ~/огнеупорное лакокрасочное feuerfester Anstrich m ‖ ~/одностороннее einseitige Beschichtung f; (Pap) einseitiges Streichen n ‖ ~/окисное Oxidhaut f, Oxidschicht f ‖ ~ оловом Verzinnen n ‖ ~/оловянное Zinnüberzug m, Zinnschicht f ‖ ~/отделочное Außenbeschicht f ‖ ~/отделочное лакокрасочное Deckanstrich m ‖ ~/отражательным слоем Verspiegelung f, Spiegelbelegung f ‖ ~/палубное (Schiff) Decksbelag m ‖ ~/пассивирующее Passivierungsschicht f (z. B. Oxidschutzschicht) ‖ ~ пика нагрузки (En) Spitzenlastdeckung f ‖ ~/плакирующее

покрытие

Plattierungsschicht f ǁ ~/**пластмассовое** Kunststoffüberzug m, Kunststoffschicht f ǁ ~/**платиновое** Platinüberzug m ǁ ~ **платиной** Platinieren n ǁ ~/**плёночное** Dünnschichtüberzug m ǁ ~ **поверхности** Oberflächenbeschichtung f ǁ ~/**подводное лакокрасочное** Unterwasseranstrich m ǁ ~ **пола** (Bw) Fußbodenbelag m ǁ ~/**поливинилхлоридное** PVC-Überzug m, PVC-Beschichtung f ǁ ~/**полиуретановое** PUR-Überzug m, PUR-Beschichtung f ǁ ~/**полиэтиленовое** PE-Überzug m, PE-Beschichtung f ǁ ~/**порошковое** Pulverschicht f, Pulverbeschichtung f ǁ ~ **потерь** (En) Verlustdeckung f ǁ ~ **проезжей части** (Bw) Fahrbahnabdeckung f, Fahrbahndecke f, Fahrbahnbelag m ǁ ~/**противокоррозионное** s. ~/антикоррозионное ǁ ~/**противоотражающее** (Opt) Antireflexionsschicht f, Entspiegelung f ǁ ~/**противопламенное лакокрасочное** feuerhemmender (flammwidriger) Anstrich m ǁ ~/**противорадиолокационное** Antiradarbelag m ǁ ~/**резиновое** Gummischicht f, Gummibelag m ǁ ~ **резиной** Gummierung f, Gummieren n ǁ ~ **ролика** (Text) Walzenbelag m, Walzenbezug m ǁ ~ **с изнанки** (Text) Rückenbeschichtung f, Rückseitenbeschichtung f ǁ ~ **светил Луной** (Astr) Sternbedeckung f ǁ ~/**светоотражающее лакокрасочное** lichtreflektierender Anstrich m ǁ ~/**свинцовое** Bleiüberzug m, Bleischicht f ǁ ~ **свинцом** Verbleien n, Verbleiung f ǁ ~ **серебром** Versilbern n ǁ ~/**серебряное** Silberüberzug m, Silberschicht f ǁ ~/**сетчатое** (Bw) Netzwerk n (für Dacheindeckung) ǁ ~/**смазочное** Schmiermittelschicht f ǁ ~/**специальное лакокрасочное** Spezialanstrich m ǁ ~/**твердосплавное** Hartmetallüberzug m ǁ ~ **телевизионным вещанием** Fernsehversorgung f ǁ ~/**термоизоляционное лакокрасочное** wärmeisolierender Anstrich m ǁ ~/**термостойкое лакокрасочное** wärmebeständiger Anstrich m ǁ ~/**токопроводящее лакокрасочное** stromleitender Anstrich m ǁ ~/**толстоплёночное** Dickbeschichtung f ǁ ~/**тонкослойное** Dünnbeschichtung f ǁ ~/**трёхслойное** Triplexschicht f ǁ ~/**трещиностойкое лакокрасочное** rißbeständiger (rißfester) Anstrich m ǁ ~ **формовочными чернилами** (Gieß) Schwärzen n ǁ ~/**фрикционное** Reibbelag m (Transportband) ǁ ~/**химически стойкое лакокрасочное** chemisch beständiger Anstrich m ǁ ~/**хромовое** Chromüberzug m, Chromschicht f ǁ ~/**цементно-бетонное** Oberbeton m, Überbeton m, Betonbelag m, Betonfahrbahn[decke] f ǁ ~/**цинковое** Zinküberzug m, Zinkschicht f ǁ ~ **цинком** Verzinken n ǁ ~/**чёрное** Schwarzdecke f (Straße) ǁ ~/**щебёночное** Steinschlagdecke f (Straßenbau) ǁ ~/**щелочестойкое лакокрасочное** alkalibeständiger Anstrich m ǁ ~/**электродное** (Schw) Elektrodenmantel m, Elektrodenummantelung f, Elektrodenumhüllung f ǁ ~/**электролитическое** s. ~/гальваническое ǁ ~/**эмалевое** Emailleüberzug m, Emaille[schutz]schicht f ǁ ~/**эпоксидное** Epoxid[harz]überzug m, EP-Beschichtung f n

покрытый окалиной (Met) verzundert ǁ ~ **ржавчиной** verrostet, rostbedeckt

покрыть s. покрывать

покрышка f 1. (Kfz) Reifendecke f, Decke f; 2. (El) Überwurf n (Isolation) ǁ ~/**запасная** Ersatzreifendecke f ǁ ~/**офсетная резиновая** (Typ) Offsetgummituch n ǁ ~/**радиальная** Radialreifen m ǁ ~/**резиновая** (Typ) Gummiüberzug m

пол m (Bw) Fußboden m, Boden m ǁ ~/**асфальтовый** Asphaltfußboden m ǁ ~/**бесшовный** Estrich m, massiver (fugenloser) Fußboden m, Spachtelfußboden m, Estrichfußboden m ǁ ~/**бетонный** Betonfußboden m ǁ ~ **взакрой**/**дощатый** (Hydt) Absturzboden m ǁ ~/**глинобитный** Lehmestrich m ǁ ~/**деревянный** Holzfußboden m ǁ ~/**дощатый** Dielung f, Bretterfußboden m ǁ ~/**каменный** Steinfußboden m ǁ ~/**литый** gegossener Fußboden m ǁ ~/**монолитный** massiver Fußboden m ǁ ~/**облегчённый** Leichtfußboden m ǁ ~/**обогреваемый** beheizbarer Fußboden m ǁ ~/**паркетный** Parkettfußboden m ǁ ~/**плавающий** schwimmender Estrichfußboden m ǁ ~/**плиточный** Fliesenfußboden m ǁ ~/**подвижный** (Lw) Rollboden m, Kratzerboden m ǁ ~/**решётчатый** Spaltfußboden m, Fußbodenrost m (Stallgebäude) ǁ ~/**ровный** ebener Fußboden m ǁ ~/**цементный** Zementfußboden m ǁ ~/**чёрный** Fußbodenunterbau m (Fußboden ohne Verschleißschicht) ǁ ~/**чистый** Fußbodenverschleißschicht f

пола f (Led) Seite f, Flanke f

полдень m (Astr) 1. Süden m (Himmelsrichtung); 2. Mittag m (Tageszeit) ǁ ~/**истинный** wahrer Mittag m ǁ ~/**местный** Ortsmittag m ǁ ~/**средний** mittlerer Mittag m

поле n 1. (Lw) Feld n, Acker m; 2. (Math, Ph) Feld n; 3. (Math) Körper m (Algebra); 4. (Inf) Feld n, Datenfeld n; 5. (Bgb) Feld n, Abbaufeld n ǁ ~ **адреса устройства** (Inf) Gerätedreßfeld n ǁ ~ **алгебраических чисел** (Math) [endlich-]algebraischer Zahlkörper m ǁ ~ **антенное** Antennenfeld n ǁ ~ **атмосферы**/**электрическое** luftelektrisches Feld n ǁ ~/**барионное** (Kern) Baryonenfeld n ǁ ~/**бегущее** (El) Wanderfeld n, Lauffeld n ǁ ~ **без источников** s. ~/соленоидальное ǁ ~/**безвихревое** wirbelfreies Feld (Vektorfeld) n, potentiales (rotationsfreies, dehnungsfreies) Vektorfeld n ǁ ~/**бездивергентное** s. ~/соленоидальное ǁ ~ **бит** (Inf) Bitmusterfeld n ǁ ~/**ближнее** (El) Nahfeld n ǁ ~ **Бозе** (Ph) Bose-Feld n, Bosonenfeld n ǁ ~/**бозонное** s. ~ Бозе ǁ ~ **в зазоре** (El) Spaltfeld n ǁ ~ **в щели** (El) Spaltfeld n ǁ ~/**валентное силовое** (Ph) Valenzkraftfeld n ǁ ~/**ведущее** [**магнитное**] (Kern) [magnetisches] Führungsfeld n (Teilchenbeschleuniger) ǁ ~/**векторное** (Math) Vektorfeld n, vektorielles Feld n ǁ ~ **вероятности** s. ~/случайное ǁ ~ **ветра** (Meteo) Windfeld n ǁ ~ **ветрового давления** (Ph) Winddruckfeld n ǁ ~/**винтовое** (Ph, Math) Schraubenfeld n, schraubenförmiges Feld n ǁ ~/**вихревое** (Ph, Math) Wirbelfeld n, Drehfeld n ǁ ~/**вихревое магнитное** magnetisches Wirbelfeld n ǁ ~ **вихревых токов** (El) Wirbelstromfeld n ǁ ~/**внешнее** äußeres Feld n, Fremdfeld n ǁ ~/**внешнее магнитное** (El) äußeres Magnetfeld n ǁ ~/**внеядерное** (Kern) extranukleares Feld n ǁ ~ **возбуждения** (El) Erregerfeld n ǁ ~/**возмущающее** (El) Stör[ungs]feld n ǁ ~/**вол-**

поле

новое *(Ph)* Wellenfeld *n* ‖ ~/**вращательное** *(El)* Rotationsfeld *n*, Drehfeld *n* ‖ ~/**вращающееся магнитное** *(El)* magnetisches Drehfeld *n*, umlaufendes Magnetfeld *n* ‖ ~/**встречно вращающееся** *(El)* gegenlaufendes (inverses) Feld (Drehfeld) *n* ‖ ~/**встречное** *s.* ~/встречно вращающееся ‖ ~/**вторичное** *(El)* Sekundärfeld *n* ‖ ~/**выемочное** *(Bgb)* Abbaufeld *n*, Baufeld *n* ‖ ~/**выработанное** *(Bgb)* abgebautes Feld *n* ‖ ~ **высокого напряжения** *(El)* Hochspannungsfeld *n* ‖ ~/**высокочастотное** *(El)* Hochfrequenzfeld *n* ‖ ~/**вытягивающее** *(Kern)* extrahierendes Feld *n* ‖ ~/**вытяжное** *(Text)* Streckfeld *n*, Reckfeld *n (Chemieseidenverarbeitung)* ‖ ~ **вышивки** *(Text)* Stickboden *m* ‖ ~/**гнездовое** *(Nrt)* Klinkenfeld *n* ‖ ~/**гравитационное** *(Mech)* Gravitationsfeld *n*, Schwerefeld *n*, Schwerkraftfeld *n* ‖ ~ **градиента давления** *(Ph)* Druckgradientenfeld *n* ‖ ~/**гребеное** *(Text)* Nadelfeld *n*, Hechelfeld *n* ‖ ~ **давления** *(Ph)* Druckfeld *n* ‖ ~/**дальнее** *(El)* Fernfeld *n* ‖ ~ **данных** *(Inf)* Datenfeld *n* ‖ ~/**двукрылое выемочное** *(Bgb)* zweiflügeliges Baufeld *n* ‖ ~/**двумерное** *(El)* zweidimensionales Feld *n* ‖ ~/**деформаций** *(Mech)* Verzerrungsfeld *n*, Verformungsfeld *n* ‖ ~/**дипольное [геомагнитное]** *(El)* Dipolfeld *n* ‖ ~ **добавочного полюса** *(El)* Wendepolfeld *n* ‖ ~/**допуска** *(Fert)* Toleranzfeld *n*, Toleranzbreite *f* ‖ ~ **дрейфа** *(Eln)* Driftfeld *n* ‖ ~/**дрейфующее** *(Eln)* Driftfeld *n* ‖ ~/**задерживающее** *(Kern)* Bremsfeld *n*; *(El)* Verzögerungsfeld *n* ‖ ~/**зазора [/магнитное]** Spaltfeld *n (Magnettonband)* ‖ ~/**замедляющее** *(Kern)* Verzögerungsfeld *n* ‖ ~/**зацепления** *(Masch)* Eingriffsfeld *n (Zahnräder)* ‖ ~/**звуковое** *(Ak)* Schallfeld *n* ‖ ~ **Земли/магнитное** Magnetfeld *n* der Erde, erdmagnetisches Feld *n*, magnetisches Erdfeld *n* ‖ ~ **земного магнетизма** *s.* ~ Земли/магнитное ‖ ~/**зонда** *(Kern)* Sondenfeld *n* ‖ ~ **зрения** *(Opt)* 1. Gesichtsfeld *n*, Sehfeld *n*; 2. *s.* ~ зрения оптической системы ‖ ~ **зрения в стороне изображения** Bildsichtfeld *n*, bildseitiges Sichtfeld *n* ‖ ~ **зрения в стороне объекта** Dingfeld *n*, dingseitiges Gesichtsfeld *n* ‖ ~ **зрения водителя** *(Kfz)* Fahrersicht *f* ‖ ~ **зрения оптической системы** Sichtfeld *m*, Gesichtsfeld *n*, Instrumentengesichtsfeld *n* ‖ ~ **зрения фотографического объектива** Blickfeld *n*, Gesichtsfeld *n (Photoobjektiv)* ‖ ~ **идентификации** Kennfeld *n* ‖ ~ **идентификации задачи** *(Inf)* Problemzeichnungsfeld *n* ‖ ~ **излучения** *(Ph)* Strahlungsfeld *n* ‖ ~ **изображений** *s.* ~ зрения в стороне изображения ‖ ~ **изображения объектива** Bildfeld *n (Objektiv)* ‖ ~ **имени** *(Inf)* Namensfeld *n* ‖ ~/**индуктированное** *(El)* Induktionsfeld *n* ‖ ~ **индукции** *(El)* Induktionsfeld *n* ‖ ~ **инерции** *(Mech)* Trägheitsfeld *n* ‖ ~/**ионизирующее** *(El)* Ionisierungsfeld *n* ‖ ~ **искателя/контактное** *(Nrt)* Wählerkontaktfeld *n* ‖ ~/**кагатное** *(Lw)* Mietenfeld *n*, Rübenlagerplatz *m* ‖ ~ **кадра** *(Opt, Photo, Kine)* Bildfeld *n* ‖ ~/**карьерное** *(Bgb)* Tagebaufeld *n* ‖ ~ **касательных напряжений** *(Ph)* Tangentialspannungsfeld *n* ‖ ~ **клавиатур/основное** Basisfeld *n* der Tastaturen ‖ ~ **ключа** *(Inf)* Schlüsselfeld *n* ‖ ~/**когерентное** *(Opt)* kohärentes Feld *n* ‖ ~/**колебательное** *(Ph)* Schwingungsfeld *n* ‖ ~/**комбинационное вихревое** *(Mech)* Kombinationswirbelfeld *n* ‖ ~ **комментария** *(Inf)* Kommentarfeld *n* ‖ ~ **коммуникации/многоступенчатое** *(Eln)* mehrstufiges Koppelfeld *n* ‖ ~/**коммутационное** *(El)* Schaltfeld *n* ‖ ~/**коммутирующее** *(El)* Kommutierungsfeld *n*, Wendefeld *n* ‖ ~/**консервативное** *(Ph)* konservatives Feld (Kraftfeld) *n* ‖ ~/**контактное** *(Nrt)* Kontaktfeld *n*, Kontaktsatz *m*, Kontaktbank *f* ‖ ~/**кориолисово** *(Ph)* Coriolis-Feld *n* ‖ ~/**круговое вращающееся [магнитное]** *(El)* Kreisdrehfeld *n* ‖ ~/**кулоновское** *(El)* Coulomb-Feld *n* ‖ ~/**лёдяное** Eisschollenfeld *f* ‖ ~/**лётное** Flugfeld *n* ‖ ~ **Лоренца** *(Math)* Lorentz-Feld *n*, Lorentzsches Feld *n* ‖ ~/**магнитное** Magnetfeld *n*, magnetisches Feld *n* ‖ ~/**магнитостатическое** *(Ph)* magnetostatisches Feld *n*, statisches Magnetfeld *n*, statisch-magnetisches Feld *n* ‖ ~/**максвелловское** *(Ph)* Maxwell-Feld *n* ‖ ~ **массовых сил** *(Ph)* Massenkraftfeld *n*, Feld *n* der Massenkräfte ‖ ~/**межзвёздное магнитное** *(Astr)* interstellares Magnetfeld *n* ‖ ~/**межпланетное магнитное** *(Astr)* interplanetares Magnetfeld *n* ‖ ~/**мезонное** *(Kern)* Mesonenfeld *n* ‖ ~ **метки** *(Inf)* Kennsatzfeld *n* ‖ ~/**мешающее** *(El)* Störfeld *n* ‖ ~/**мешающее магнитное** magnetisches Störfeld *n* ‖ ~/**многократное** *(Nrt)* Vielfach[koppel]feld *n* ‖ ~/**наборное** Schalttafel *f*, Stecktafel *f* ‖ ~/**наборное коммутационное** Wählschalttafel *n*, Anwahlschaltfeld *n* ‖ ~/**наведённое** *(El)* induziertes Feld *n* ‖ ~/**наложенное** *(El)* überlagertes Feld *n* ‖ ~ **направлений** *(Math)* Richtungsfeld *n* ‖ ~ **напряжений** *(Mech)* Spannungsfeld *n* ‖ ~/**недипольное** *(Geoph)* Nichtdipolfeld *n* ‖ ~/**нейтронное** *(Kern)* Neutronenfeld *n* ‖ ~/**неоднородное** *(El)* inhomogenes (heterogenes) Feld *n* ‖ ~/**неразвёрнутое** *(Bgb)* unaufgeschlossenes (unverritztes) Feld *n* ‖ ~/**нефтеносное (нефтяное)** *(Bgb, Geol)* Erdölfeld *n* ‖ ~/**нефтяное законсервированное** zurückgestelltes Erdölfeld *n* ‖ ~/**нефтяное разведочное** Erdölschürffeld *n*, Erdölerkundungsfeld *n* ‖ ~/**нуклонное** *s.* ~/ядерное ‖ ~/**обзора** *(Opt)* Blickfeld *n* ‖ ~/**облучения** *(Kern)* Bestrahlungfeld *n*, Strahlungsfeld *n* ‖ ~ **объекта** *(Opt)* Dingfeld *n*, Objektfeld *n* ‖ ~/**однородное** *(El)* homogenes Feld *n* ‖ ~/**одностороннее выемочное** *(Bgb)* einflügliges Baufeld *n* ‖ ~ **операнда** *(Inf)* Operandenfeld *n* ‖ ~ **операции** *(Inf)* Operationsfeld *n* ‖ ~/**опытное** *(Lw)* Versuchsfeld *n* ‖ ~/**орошаемое** *(Bw)* Rieselfeld *n (biologische Abwasserreinigung)* ‖ ~/**осесимметричное** *(Ph, Math)* rotationssymmetrisches Feld *n* ‖ ~/**основное** *(El)* Hauptfeld *n* ‖ ~/**остаточное** *(El)* remanentes Feld *n*, Restfeld *n* ‖ ~/**отклоняющее** *(Eln)* Ablenk[ungs]feld *n* ‖ ~ **отношений** *(Math)* Quotientenkörper *m* ‖ ~/**очищающее** *(Kern)* Reinigungsfeld *n*, Ionenziehfeld *n*, Ziehfeld *n (Wilson-Kammer)* ‖ ~ **памяти** *(Inf)* Speicherfeld *n* ‖ ~/**паразитное** *(Eln)* Störfeld *n* ‖ ~/**паразитное низкочастотное магнитное** niederfrequentes magnetisches Störfeld *n* ‖ ~/**паровое** *(Lw)* Brache *f*, Brachland *n*, Brachfeld *n*, Ruhefeld *n* ‖ ~/**первичное** *(El)* Primärfeld *n* ‖ ~ **переменного тока** *(El)* Wechselstromfeld *n* ‖ ~/**пере-**

поле

менное *(El)* Wechselfeld *n* ‖ **~/переменное магнитное** magnetisches Wechselfeld *n* ‖ **~/перемещающееся** *(El)* wanderndes Feld *n*, Wanderfeld *n* ‖ **~/перепаханное** *(Lw)* gepflügtes Feld *n* ‖ **~ под паром** *s.* **~/паровое** ‖ **~ поддонного складирования** Palettenabstellplatz *m* ‖ **~/полезное** *(El)* Nutzfeld *n* ‖ **~ помех** *(Ph)* Störfeld *n* ‖ **~/поперечное** *(El)* Querfeld *n*, Transversalfeld *n* ‖ **~/постороннее** *(El)* Fremdfeld *n* ‖ **~ постоянного тока** *(El)* Gleichstromfeld *n* ‖ **~/постоянное** 1. *(Ph)* ruhendes Feld *n*, Festfeld *n*; 2. *(El)* Gleichfeld *n* ‖ **~/постоянное магнитное** 1. *(Ph)* konstantes (permanentes) Magnetfeld *n*, magnetisches Gleichfeld *n*; 2. *s.* **~/магнитостатическое** ‖ **~/потенциальное** *(Math)* wirbelfreies Feld *n*, Potentialfeld *n*, Skalarpotentialfeld *n (Vektoranalysis)* ‖ **~ предметов** *(Opt)* Objektfeld *n* ‖ **~/преломляющее** Brechungsfeld *n* ‖ **~/продольное** *(El)* Längsfeld *n*, Longitudinalfeld *n* ‖ **~ пространственного заряда** *(El, Ph)* Raumladungfeld *n* ‖ **~/противофазное** *(El)* gegenphasiges Feld *n* ‖ **~/прямое** *(El)* mitlaufendes (synchrones) Feld *n*, Gleichlauffeld *n*, Mitfeld *n* ‖ **~/рабочее** *(Inf)* Arbeitsfeld *n*, Arbeitsbereich *m* ‖ **~/равномерное** *(El)* homogenes (gleichförmiges) Feld *n* ‖ **~/радиолокационное** Radarfeld *n* ‖ **~/размагничивающее** *(El)* Entmagnetisierungsfeld *n* ‖ **~ рассеивания** *s.* **~ рассеяния** ‖ **~ рассеяния** *(El)* Streufeld *n* ‖ **~ рассеяния/магнитное** magnetisches Streufeld *n*, Magnetstreufeld *n* ‖ **~ рассеяния паза** Nut[en]streufeld *n* ‖ **~/растровое** Rasterfeld *n (Bildschirm)* ‖ **~/рациональное** *(Math)* rationaler Körper *m (Algebra)* ‖ **~ реакции якоря** *(El)* Ankerrückwirkungsfeld *n* ‖ **~/резкости** *(Opt)* Schärfenfeld *n* ‖ **~/резонансное** *(Kern)* Resonanzfeld *n* ‖ **~ результата** *(Inf)* Ergebnisfeld *n*, Resultatfeld *n* ‖ **~/результирующее** *(El)* Gesamtfeld *n* ‖ **~ ротора** *(El)* Läuferfeld *n*, Rotorfeld *n* ‖ **~/рудничное** *(Bgb)* Grubenfeld *n* ‖ **~/рудное** *(Geol)* Erzfeld *n* ‖ **~/самосогласованное** *(Ph)* selbstkonjugiertes Feld *n (Feldtheorie)* ‖ **~ сверхтонкой структуры** *(Ph)* Hyperfeinfeld *n* ‖ **~/светлое** *(Opt)* Lichtfeld *n*, Hellfeld *n (Mikroskop)* ‖ **~ связи** *(Inf)* Verbindungsfeld *n* ‖ **~ сил** *(Ph)* Kraftfeld *n*, Kräftefeld *n* ‖ **~/силовое** *s.* **~ сил** ‖ **~/силовое консервативное** *s.* **~/консервативное** ‖ **~ силы тяжести** *s.* **~/гравитационное** ‖ **~/синусоидальное** *(El)* Sinusfeld *n* ‖ **~/синфазное** *(El)* gleichphasiges Feld *n* ‖ **~/скалярное** *(Math)* skalares Feld *n* ‖ **~/скалярное потенциальное** *s.* **~/безвихревое** ‖ **~/складское** Lagerbereich *m* ‖ **~ скоростей** *(Ph)* Geschwindigkeitsfeld *n* ‖ **~/скошенное** *(Lw)* [ab]gemähtes Feld *n* ‖ **~/случайное** *(Ph)* Wahrscheinlichkeitsfeld *n*, Wahrscheinlichkeitsraum *m* ‖ **~ смещений** *(Ph)* Verrückungsfeld *n*, Verschiebungsfeld *n* ‖ **~/собственное** *(Ph)* Eigenfeld *n* ‖ **~/соленоид[аль]ное** *(Math)* quellenfreies (divergenzfreies, solenoidales) Feld *n (Vektorfeld)* ‖ **~/спинорное** *(Ph)* Spinorfeld *n* ‖ **~/спокойное магнитное** *(Ph)* magnetisches Ruhefeld *n* ‖ **~/стационарное** *(Ph)* stationäres (ruhendes) Feld *n*, Stehfeld *n* ‖ **~/стерневое** *(Lw)* Stoppelfeld *n* ‖ **~/стирающее** Löschfeld *n* ‖ **~/суммарное** *(El)* Gesamtfeld *n* ‖

~/сушильное *(Text)* Trockenfeld *n* ‖ **~ счётчика** *(Mikroskop)* Zählerfeld *n* ‖ **~/тёмное** *(Opt)* Dunkelfeld *n* ‖ **~/температурное** *(Ph)* Temperaturfeld *n* ‖ **~/тепловое** Wärmefeld *n*, Wärmebereich *m* ‖ **~ течения** *(Hydrod)* Strömungsfeld *n*, Stromfeld *n* ‖ **~/тормозящее** *(Kern)* Bremsfeld *n*, Verzögerungsfeld *n* ‖ **~ тяготения** *s.* **~/гравитационное** ‖ **~/управляющее** Steuerfeld *n* ‖ **~ ускорителя/направляющее** *(Kern)* Führungsfeld *n*, Steuerfeld *n (Teilchenbeschleuniger)* ‖ **~/ускоряющее** *(Mech, Eln)* Beschleunigungsfeld *n*, beschleunigendes Feld *n* ‖ **~/фильтрационное** *(Bw)* Bodenfilter *n (biologische Abwasserreinigung)* ‖ **~/фирновое** *(Geol)* Firnfeld *n* ‖ **~ Холла** *(Ph)* Hall-Feld *n* ‖ **~ центральных сил** *(Mech)* Zentralkraftfeld *n*, Zentralkräftefeld *n* ‖ **~ центробежных сил** *(Mech)* Zentrifugalkraftfeld *n* ‖ **~/частичное** Teilfeld *n* ‖ **~ частных** *(Math)* Quotientenkörper *m* ‖ **~/шахтное** *(Bgb)* Grubenfeld *n* ‖ **~ щели** *(Opt)* Spaltfeld *n* ‖ **~/электрическое** elektrisches Feld *n* ‖ **~/электрическое вихревое** elektrisches Wirbelfeld *n* ‖ **~/электромагнитное** elektromagnetisches Feld *n* ‖ **~/электронно-позитронное** *(Kern)* Elektron-Positron-Feld *n* ‖ **~/электростатическое** *(El)* elektrostatisches Feld *n* ‖ **~/ядерное** *(Kern)* Kernfeld *n* [des Atomkern], Feld *n* des Kerns, Nukleonenfeld *n* ‖ **~ ядра** *s.* **~/ядерное** ‖ **~ якоря** *(El)* Ankerfeld *n*

полеводство *n (Lw)* 1. Feldbau *m*, Ackerbau *m*; 2. Feldbaukunde *f*

полегаемость *f (Lw)* Lagerungsanfälligkeit *f (speziell Halmfrüchte)*

полегание *n (Lw)* Lagern *n*, Lagerung *f (speziell von Halmfrüchten)*

полёт *m (Flg)* Flug *m* ‖ **~/активный** aktiver Flug *m*, Antriebsflug *m*, Flug *m* mit Eigenantrieb ‖ **~/атмосферный** Flug *m* in der Atmosphäre, Atmosphärenflug *m* ‖ **~/аэродромный** Flug *m* im Flugleitungsbereich, Platzflug *m* ‖ **~/баллистический** ballistischer Flug *m*, Flug *m* auf einer ballistischen Bahn ‖ **~ без тяги** antriebsloser Flug *m* ‖ **~/буксирный** Schleppflug *m* ‖ **~ в бурю** Sturmflug *m* ‖ **~ в грозу** Gewitterflug *m* ‖ **~ в облаках** Wolkenflug *m* ‖ **~ в стратосфере** Stratosphärenflug *m* ‖ **~/вертикальный** Senkrechtflug *m* ‖ **~/визуальный** Flug *m* mit Bodensicht, Sichtflug *m*, Flug *m* nach Sichtflugregeln ‖ **~/внеатмосферный** Flug *m* außerhalb der Atmosphäre ‖ **~/внеаэродромный** Flug *m* außerhalb des Flugleitungsbereiches ‖ **~/высотный** Höhenflug *m* ‖ **~/гиперзвуковой** Hyperschallflug *m*, hypersonischer Flug *m* ‖ **~/горизонтальный** Horizontalflug *m* ‖ **~/дальний** Langstreckenflug *m*, Fernflug *m* ‖ **~/дневной** Tagflug *m* ‖ **~/дозвуковой** Unterschallflug *m*, Flug *m* mit Unterschallgeschwindigkeit ‖ **~ за облаками** Flug *m* über den Wolken ‖ **~/запрограммированный** programmierter Flug *m* ‖ **~/инструментальный** *s.* **~ по приборам** ‖ **~/испытательный** Testflug *m*, Erprobungsflug *m* ‖ **~ к цели** Zielanflug *m* ‖ **~/космический** Raumflug *m* ‖ **~/крейсерский** Reiseflug *m* ‖ **~/линейный** Linienflug *m*, flugplanmäßiger Flug *m* ‖ **~/маловысотный** Tiefflug *m*, Niedrigflug *m* ‖ **~/малоскоростной** Langsamflug *m* ‖ **~/маршрутный** Streckenflug *m* ‖ **~/межгалактиче-**

ский intergalaktischer Flug (Raumflug) *m* II ~/**межзвёздный** interstellarer Flug (Raumflug) *m* II ~/**межконтинентальный** interkontinentaler Flug *m*, Interkontinentalflug *m* II ~/**межпланетный** interplanetarer Flug (Raumflug) *m* II ~/**мускульный** Flug *m* mit Muskelkraft II ~ **на больших высотах** Höhenflug *m* II ~ **на буксире** Schleppflug *m* II ~ **на воздушное фотографирование** Luftbildflug *m* II ~ **на дальность** Langstreckenflug *m*, Fernflug *m* II ~ **на заправку** Luftbetankungsflug *m* II ~ **на крейсерской скорости** Reiseflug *m*, Flug *m* mit Reisefluggeschwindigkeit II ~ **на Луну** Mondflug *m*, Flug *m* zum Mond II ~ **на малых высотах** Tiefflug *m*, Niedrigflug *m* II ~ **на Марс** Marsflug *m*, Flug *m* zum Mars II ~ **на местной авиации** Zubringerflug *m* II ~ **на орбите** Orbitalflug *m* II ~ **на разведку погоды** Wetter[aufklärungs]flug *m* II ~ **на режиме максимальной тяги** Vollastflug *m* II ~ **на спине** Rückenflug *m* II ~ **на экономическом режиме** Sparflug *m* II ~/**непилотируемый космический** unbemannter Raumflug *m* II ~/**ночной** Nachtflug *m* II ~/**обратный** Rückflug *m* II ~/**околозвуковой** schallnaher Flug *m*, Transsonikflug *m*, Flug *m* im schallnahen (transsonischen) Bereich II ~/**орнитоптерный** Schwingenflug *m* II ~/**парящий** Segelflug *m* II ~/**пассивный** Trägheitsflug *m*, antriebsloser (passiver) Flug *m* II ~/**перевёрнутый** Rückflug *m* II ~/**пикирующий** Sturzflug *m* II ~/**пилотируемый** bemannter Raumflug *m* II ~/**планирующий** Gleitflug *m* II ~ **по кругу** 1. Kreisflug *m*, Rundflug *m*; 2. Platzrundenflug *m* II ~ **по маршруту** Streckenflug *m* II ~ **по орбите** Orbitalflug *m*, Flug *m* auf einer Umlaufbahn II ~ **по ПВП (правилам визуальных полётов)** Flug *m* nach Sichtflugregeln, VFR-Flug *m*, SFR-Flug *m* II ~ **по правилам инструментальных полётов** Flug *m* nach Instrumentenflugregeln, IFR-Flug *m* II ~ **по приборам** Instrumentenflug *m*; Blindflug *m* II ~ **по радиолучу** Leitstrahlflug *m* II ~ **под куполом** Blindflug *m*, Flug *m* mit verdeckten Cockpitscheiben (*üblich bei Trainings- und Überprüfungsflügen*) II ~/**поисково-спасательный** Rettungsflug *m* II ~/**поисковый** Suchflug *m* II ~/**показательный** Vorführungsflug *m* II ~/**приборный** *s.* ~ по приборам II ~/**прямолинейный** Geradeausflug *m*, geradliniger Flug *m* II ~ **с большой скоростью** Geschwindigkeitsflug *m*, Hochgeschwindigkeitsflug *m* II ~ **с малой скоростью** Langsamflug *m* II ~ **с разгоном** Beschleunigungsflug *m* II ~ **с тягой** Antriebsflug *m* II ~ **с экипажем** bemannter Flug *m* II ~/**сверхзвуковой** Überschallflug *m* II ~/**свободный** Freiflug *m*, FF (*s. a.* ~/пасивный) II ~/**слепой** *s.* ~ по приборам II ~ **со сверхзвуковой скоростью** Überschallflug *m* II ~ **со снижением** Sinkflug *m* II ~/**спасательный** *s.* ~ поисково-спасательный II ~/**типовой** Routineflug *m* II ~/**транзитный** Transitflug *m* II ~/**тренировочный** Übungsflug *m*, Trainingsflug *m*, Ausbildungsflug *m*, Schulflug *m* II ~/**управляемый** gesteuerter (gelenkter) Flug *m* II ~/**учебный** *s.* ~/тренировочный II ~/**фигурный** Kunstflug *m*
полётопригодный flugtauglich, flugtüchtig

полёты *mpl*/**всепогодные** Allwetterflugbetrieb *m* II ~ **на мотопланёрах** Motorsegeln *n* II ~/**туристические** Touristikflüge *mpl*
ползун *m* (*Masch*) 1. Kreuzkopf *m* (*Maschinenteil an Kurbelgetrieben, z. B. Kolbendampfmaschine*); 2. Stößel *m*, Stößelschlitten *m*, Hobelschlitten *m* (*Kurzhobelmaschine*); 3. (*allgemein als Maschinenelement*) Gleitstück *n*, Gleitschuh *m*, Gleitstein *m* (*Schubkurbel*); Stein *m*; Schlitten *m*, Schieber *m*; 4. Stempel *m*, Bär *m* (*Presse*); 5. (*Eb*) Flachstelle *f* (*Rad*) II ~/**вильчатый** Gabelkreuzkopf *m* II ~/**вспомогательный** Blechhalter *m*, Niederhalter[stempel] *m* II ~/**высадочный** Stauchstempel *m* II ~/**вытяжной** Ziehstempel *m* II ~/**двусторонний** zweiseitig geführter Kreuzkopf *m* II ~ **квадранта** Quadrantenschieber *m* II ~/**наружный** *s.* ~/вспомогательный II ~/**односторонний** einseitig geführter Kreuzkopf *m* II ~ **пресса** Pressenstößel *m* II ~/**прижимный** Niederhalter[stempel] *m*
ползунок *m* 1. (*El*) Schieber *m*, Gleitstück *n*, Schleifer *m*; 2. (*Masch*) Stößelschlitten *m* (*Presse*) II ~/**контактный** Kontaktschieber *m* II ~ **потенциометра** Potentiometerschleifer *m*
ползучепрочность *f* (*Wkst*) Kriechfestigkeit *f*
ползучесть *f* (*Wkst*) Kriechen *n*, Kriechdehnung *f* (*Standversuch*) • **с высоким пределом ползучести** (*Wkst*) hochdauerstandfest II ~/**высокотемпературная** Hochtemperaturkriechen *n*, Hochtemperaturkriechdehnung *f* II ~/**диффузионная** Diffusionskriechen *n* II ~/**неуравновешенная** ungleichförmige Dehngeschwindigkeit *f* bei unveränderlicher Last II ~/**низкотемпературная** Tieftemperaturkriechen *n*, Tieftemperaturkriechdehnung *f* II ~/**переходная** Übergangskriechen *n* II ~/**уравновешенная** gleichförmige Dehngeschwindigkeit *f* bei unveränderlicher Last II ~/**установившаяся** stationäres Kriechen *n*
ползучий kriechend, Kriech...
ползушка *f* (*Masch*) Gleitstück *n*, Gleitstein *m*
полиаза (*Ch*) Polyase *f*, Polysaccharase *f*
полиазеотропия *f* (*Ch*) Polyazeotropie *f*
полиакрилонитрильный (*Ch*) Polyacrylnitril...
полиамид *m* (*Kst*) Polyamid *n* II ~/**смешанный** Mischpolyamid *n*
полиамидный (*Kst*) Polyamid...
полианит *m* (*Min*) Polianit, Graumanganerz *n*
полив *m* 1. Rieseln *n*; Beregnen *n*; 2. Vergießen *n*, Aufgießen *n*; Beschichten *n*; 3. Beguß *m*, Beschichtung *f*, Schichtauftrag *m* II ~ **дождеванием** (*Lw*) Beregnung *f* II ~ **затоплением** (*Lw*) Staubberieselung *f* (*Anfeuchten und Düngen*) II ~ **купавом валиком** *s.* ~/кюветный II ~/**кюветный** (*Photo*) Tauchwalzenbeguß *m* II ~ **методом дождевания** *s.* ~ дождеванием II ~ **методом «падающей завесы»** (*Photo*) Freifallbeguß *m* II ~/**многослойный** (*Photo*) Mehrschichtbeguß *m* II ~ **по бороздам** (*Lw*) Furchenberieselung *f*, Furchenbewässerung *f* II ~/**удобрительный** (*Lw*) Beregnungsdüngung *f*, Mineraldüngerverregnung *f* II ~/**экструзионный** (*Photo*) Extrusionsbeguß *m*, Schlitzbeguß *m*
полива *f* (*Ker*) Schmelz *m*, Glasur *f*
поливалентный (*Ch*) polyvalent, mehrwertig
поливать 1. aufgießen; 2. begießen, beschichten (*Filme*)

поливектор *m (Math)* Multivektor *m*, zusammengesetzte Größe *f*, vollständig alternierender Tensor *m*

поливинилацетат *m (Ch)* Polyvinylacetat *n*, PVAC

поливиниловый *(Ch)* Polyvinyl...

поливинилхлорид *m (Ch, Kst)* Polyvinylchlorid *n*, PVC ‖ ~/**латексный** *s.* ~/эмульсионный ‖ ~/**мягкий** *s.* ~/**пластифицированный** ‖ ~/**непластифицированный** Hartpolyvinylchlorid *n*, Hart-PVC *n* ‖ ~/**пластифицированный** Weichpolyvinylchlorid *n*, Weich-PVC *n* ‖ ~/**суспензионный** Suspensionspolyvinylchlorid *n*, Suspensions-PVC *n* ‖ ~/**твёрдый** *s.* ~/**непластифицированный** ‖ ~/**хлорированный** nachchloriertes Polyvinylchlorid *n* ‖ ~/**эмульсионный** Emulsionspolyvinylchlorid *n*, Emulsions-PVC *n*

поливода *f (Ch)* Polywasser *n*, Superwasser *n*, überschweres (polymeres) Wasser *n*

полигалит *m (Min)* Polyhalit *m (Salzmineral)*

полигон *m* 1. *(Math)* Polygon *n*, Vieleck *n*; 2. *(Mil)* Schießplatz *m*, Truppenübungsplatz *m*, Übungsgebiet *n*, Versuchsgelände *n*; 3. *(Eb)* Umlauf *m*, Wagenumlauf *m*; 4. offene Fertigungsstätte *f* ‖ ~/**замкнутый** *(Geod)* geschlossenes Polygon *n* ‖ ~/**разомкнутый** *(Geod)* offenes Polygon *n* ‖ ~ **распределения** *(Math)* Verteilungspolygon *n*; Häufigkeitspolygon *n* ‖ ~/**стартовый** Startgelände *n*; Raketenstartplatz *m*

полигонизация *f (Krist)* Polygonisation *f*, Polygonisierung *f*

полигонометрия *f* 1. *(Math)* Polygonometrie *f*; 2. *(Geod)* Polygonverfahren *n*, Polygon[is]ierung *f*, Polygon[zug]verfahren *n*

полиграфия *f* graphische Industrie *f*

полидисперсность *f (Ch)* Polydispersität *f*

полидисперсный *(Ch)* polydispers

полизамещённый *(Ch)* polysubstituiert, mehrfach substituiert, Polysubstitutions...

полиион *m (Ph)* Polyion *n*

поликарбонат *m (Kst)* Polycarbonat *n*

поликарбоциклический *(Ch)* mehrkernig isocyclisch (carbocyclisch)

поликонденсат *m (Ch)* Polykondensat *n*

поликонденсация *f (Ch)* Polykondensation *f* ‖ ~/**межфазная** Grenzflächenpolykondensation *f*, Zweiphasenpolykondensation *f* ‖ ~/**совместная** Copolykondensation *f*, Mischpolykondensation *f*

поликраз *m (Min)* Polykras *m (Mineral seltener Erden)*

поликремний *m (Eln)* Polysilicium *n*, Poly-Si *n*, polykristallines Silicium *n*

поликристалл *m* Polykristall *m*, Vielkristall *m*, Kristallhaufwerk *n*

поликристаллический polykristallin

полимер *m (Ch)* Polymer[e] *n*, Polymerisat *n* ‖ ~/**атактический** ataktisches (räumlich ungeordnetes) Polymer *n* ‖ ~/**блочный** Blockpolymerisat *n*, Blockpolymer *n* ‖ ~/**газонаполненный** Schaumpolymer *n* ‖ ~/**горячий** Wärmepolymerisat *n* ‖ ~/**гранульный** *s.* ~/**суспензионный** ‖ ~/**изотактический** isotaktisches Polymer *n* ‖ ~/**кремнийорганический** Siliconpolymer *n*, Organopolysiloxanpolymer *n* ‖ ~/**линейный** lineares (eindimensionales) Polymer *n*, Kettenpolymer *n* ‖ ~/**привитой** Pfropf[co]polymer

n, Graftpolymer *n*, Pfropfpolymerisat *n* ‖ ~/**пространственный** *s.* ~/**трёхмерный** ‖ ~/**силановый** Silanpolymer *n* ‖ ~/**синдиотактический** syndiotaktisches Polymer *n* ‖ ~/**совместный** Mischpolymerisat *n*, Copolymerisat *n* ‖ ~/**стереорегулярный** stereoreguläres (räumlich geordnetes) Polymer *n* ‖ ~/**структурированный** *s.* ~/**сшитый** ‖ ~/**суспензионный** Suspensionspolymerisat *n*, Perlpolymer *n*, Kornpolymer *n* ‖ ~/**сшитый** vernetztes Polymer *n* ‖ ~ **трения** *(Trib)* Reibpolymer *n (Schmierstoffzusatz)* ‖ ~/**трёхмерный** dreidimensionales Polymer *n*, Raumpolymer *n*

полимер-аналог *m (Ch)* Polymeranalog[e] *n*

полимербензин *m* Polymer[isations]benzin *n*

полимер-гомолог *m* Polymerhomolog[e] *n*

полимеризат *m (Ch)* Polymerisat *n*, Polymerisationsprodukt *n*

полимеризатор *m (Ch)* Polymerisationsanlage *f*, Polymerisator *m*

полимеризация *f (Ch)* Polymerisation *f* ‖ ~/**анионная** anionische Polymerisation *f* ‖ ~/**бисерная** *s.* ~/**суспензионная** ‖ ~/**блочная** Blockpolymerisation *f*, Masse[n]polymerisation *f* ‖ ~ **в газовой среде** Gaspolymerisation *f* ‖ ~ **в массе** Masse[n]polymerisation *f*, Blockpolymerisation *f* ‖ ~ **в растворе** Lösungs[mittel]polymerisation *f*, Polymerisation *f* in Lösung ‖ ~ **в суспензии** *s.* ~/**суспензионная** ‖ ~/**горячая** Wärmepolymerisation *f* ‖ ~/**ионная** Ionen[ketten]polymerisation *f* ‖ ~/**капельная** Tropfenpolymerisation *f (s. a.* ~/**суспензионная)** ‖ ~/**каталитическая** katalytische Polymerisation *f* ‖ ~/**катионная** kationische Polymerisation *f* ‖ ~/**конденсационная** Kondensationspolymerisation *f* ‖ ~/**лаковая** Lösungspolymerisation *f* ‖ ~/**латексная** Emulsionspolymerisation *f* ‖ ~/**низкотемпературная** Tieftemperaturpolymerisation *f* ‖ ~ **прививкой** *s.* ~/**прививочная** ‖ ~/**прививочная** Pfropf[co]polymerisation *f*, Graft[co]polymerisation *f* ‖ ~/**радиационная** Strahlungspolymerisation *f* ‖ ~/**радиационная жидкофазная** Strahlungspolymerisation *f* in Lösung ‖ ~/**радикальная** Radial[ketten]polymerisation *f*, radikalische Polymerisation *f* ‖ ~/**самопроизвольная** Autopolymerisation *f* ‖ ~/**совместная** Mischpolymerisation *f* ‖ ~/**ступенчатая** Stufenpolymerisation *f*, Additionspolymerisation *f* ‖ ~/**суспензионная** Suspensionspolymerisation *f*, Perlpolymerisation *f*, Kornpolymerisation *f* ‖ ~/**термическая** thermische Polymerisation *f* ‖ ~/**фотохимическая** photochemische Polymerisation *f* ‖ ~/**холодная** Kaltpolymerisation *f* ‖ ~/**цепная ионная** Ionen[ketten]polymerisation *f* ‖ ~/**цепная радикальная** Radikal[ketten]polymerisation *f* ‖ ~ **щелочными металлами** Alkalimetallpolymerisation *f* ‖ ~/**эмульсионная** Emulsionspolymerisation *f*

полимеризоваться *(Ch)* polymerisieren

полимеризующийся *(Ch)* polymerisationsfähig

полимербензин *m* Polymer, Polymerisations...

полимолекулярность *f* Polymolekularität *f*

полиморфизм *m (Min, Krist)* Polymorphie *f*, Vielgestaltigkeit *f*

полиморфия *f s.* полиморфизм

полином *m (Math)* Polynom *n* ‖ ~ **Лагерра** Laguerresches Polynom *n*, Laguerre-Polynom *n* ‖ ~ **Лагранжа** Lagrangesches Polynom *n*, La-

grange-Polynom *n* ‖ ~ **Лежандра** Legendresches Polynom *n*, Legrendre-Polynom *n* ‖ ~ **Эрмита** Hermitesches Polynom *n*, Hermite-Polynom *n*
полиприсоединение *n (Ch)* Polyaddition *f*
полировальный *(Fert)* Polier-...
полирование *n (Fert)* Polieren *n* ‖ ~ **в барабанах** Trommelpolieren *n* ‖ ~ **войлоком (войлочным кругом)** Filzen *n* ‖ ~**/гидроабразивное** Strahlpolieren *n*, Polierstrahlen *n* ‖ ~**/зеркальное** Hochglanzpolieren *n* ‖ ~ **кожаным кругом** Pließten *n*, Pliesten *n* ‖ ~ **лентой** Bandpolieren *n* ‖ ~**/окончательное** Fertigpolieren *n* ‖ ~**/получистое** Halbschlichtpolieren *n* ‖ ~**/последующее** Nachpolieren *n* ‖ ~**/предварительное** Vorpolieren *n* ‖ ~ **текстильным (тканевым) кругом** Schwabbeln *n* ‖ ~**/тонкое** Feinpolieren *n* ‖ ~ **травлением** Ätzpolieren *n* ‖ ~**/черновое** Schruppolieren *n* ‖ ~**/чистовое** Schlichtpolieren *n* ‖ ~ **шариками** Trommeln *n*, Trommelpolieren *n*, Kugelpolieren *n* ‖ ~**/электролитическое** *s.* ~**/электрохимическое** ‖ ~**/электрохимическое** elektrochemisches (elektrolytisches) Polieren *n*, Elysierpolieren *n*
полировать *(Fert)* polieren ‖ ~ **травлением** ätzpolieren
полировка *f* 1. Politur *f*; 2. *(Met)* Feinen *n (der Schmelze)*; 3. *s.* полирование ‖ ~**/кислотная** *(Glas)* Säurepolitur *f* ‖ ~**/ледниковая** *(Geol)* Gletscherschliff *m* ‖ ~**/огневая** *(Glas)* Feuerpolitur *f*
полировочный Polier-...
полисоль *f (Ch)* Polysalz *n*
полиспаст *m* Flaschenzug *m* ‖ ~**/винтовой** Schraubenflaschenzug *m* ‖ ~**/дифференциальный** Differentialflaschenzug *m*, Patenttalje *f* ‖ ~**/канатный** Seilflaschenzug *m* ‖ ~**/кратный** gewöhnlicher Flaschenzug *m*, Faktorenflaschenzug *m* ‖ ~**/потенциальный** Potenzflaschenzug *m* ‖ ~**/рамоподъёмный** Baggerleiterflaschenzug *m*, Baggerleitertalje *f (Eimerleiter, Schneidkopfleiter; Schwimmbagger)* ‖ ~**/цепной** Kettenflaschenzug *m*
полистирол *m (Ch)* Polystyren *n*, Polystyrol *n*
политипия *f (Krist)* Polytypie *f*
политроп *i (Therm)* Polytrope *f*
политура *f* Politur *f* ‖ ~**/бесцветная** farblose Politur *f* ‖ ~**/окрашенная** gefärbte Politur *f*
полихлорвинил *m s.* поливинилхлорид ‖ ~**/пластифицированный твёрдый** plastifiziertes Hart-PVC *n*
полихроизм *s.* плеохроизм
полихромия *f (Typ)* Polychromdruck *m*
полиэдр *m (Math)* Polyeder *n*, Vielflächner *m*, Ebenflächner *m* ‖ ~**/координационный** *(Krist)* Koordinationspolyeder *n (Mineralstruktur)*
полиэлектрод *m* Polyelektrode *f*
полиэлектролит *m* Polyelektrolyt *m*
полиэлектрон *m (Ph)* Polyelektron *n*
полиэтилен *s.* полиэтилен
полиэтилен *m (Ch)* Polyethylen *n* ‖ ~**/вспененный** Polyethylenschaum[stoff] *m* ‖ ~ **высокого давления** Hochdruckpolyethylen *n* ‖ ~ **низкого давления** Niederdruckpolyethylen *n* ‖ ~ **среднего давления** Mitteldruckpolyethylen *n*
полиэфир *m (Ch)* Polyether *m* ‖ ~**/простой** Polyether *m* ‖ ~**/сложный** Polyester *m*

полиэфирный *(Ch)* Polyester-...
полка *f* 1. Fach *n*, Regal *n*, Wandbrett *n*; 2. *(Lw)* Jäten *n*, Ausjäten *n*; 3. *(Met)* Flansch *m (T- und I-Stahl)*; Schenkel *m (L- und U-Stahl)*; *(Schw)* Stegblech *n*; 4. *(Flg)* Gurt *m*; 5. *(Led)* Schaufel *f*, Schaufelbrett *n (im Walkfaß)* ‖ ~ **балки** Trägerflansch *m* ‖ ~**/верхняя** 1. *(Flg)* Obergurt *m*; 2. Oberflansch *m (Stahlträger)* ‖ ~**/лонжерона** *(Flg)* Holmgurt *m* ‖ ~**/нижняя** 1. *(Flg)* Untergurt *m*; 2. Unterflansch *m (Stahlträger)* ‖ ~**/сжатая** Druckflansch *m (I-Stahlträger)*
полкирпича *s.* половинка
поллуцит *m (Min)* Pollucit *m*, Pollux *m*
полноавтоматический vollautomatisch
полногранник *m (Krist)* Vollflächner *m*, Holoeder *n*
полногранность *f (Krist)* Holoedrie *f*
полнолуние *n (Astr)* Vollmond *m*
полнонаборный *(Schiff)* Volldeck-...
полнота *f* 1. Fülle *f*, Kernigkeit *f*; 2. Vollständigkeit *f*, Völligkeit *f*, Gesamtheit *f*, Integrität *f*; 3. Weite *f (Schuh, Schuhleisten)*
полночь *f (Astr)* Mitternacht *f* ‖ ~**/истинная** wahre Mitternacht *f* ‖ ~**/средняя** mittlere Mitternacht *f*
половина *f* Hälfte *f* ‖ ~ **вкладыша** *(Masch)* Lagerschalenhälfte *f* ‖ ~ **картера/верхняя** *(Masch)* Kurbelgehäuseoberteil *m* ‖ ~ **картера/нижняя** *(Masch)* Kurbelgehäuseunterteil *m* ‖ ~ **угла профиля** Teilflankenwinkel *m (am Gewinde)* ‖ ~ **угла расхождения [пучка]** *(Kern)* Halbwertsöffnungswinkel *m* ‖ ~ **штампа** *(Schm)* Gesenkhälfte, Gesenkteil *n*
половинка *f (Bw)* Halbstein *m*, Kopf *m* ‖ ~**/продольная** *(Bw)* Riemchen *n*, Meisterquartier *n*
половинчатый 1. geteilt, halbiert; 2. *(Met)* meliert *(Roheisen)*
половица *f (Bw)* 1. Diele *f*; 2. Dielenbrett *n* ‖ ~**/узкая** Riemen *m*
половняк *m (Bw)* Halbziegel *m*
половодье *n (Hydrol)* Hochwasser *n (durch Schneeschmelze und/oder Gletscherschmelze)* ‖ ~**/весеннее** Frühjahrshochwasser *n*
пологий *f* 1. *(Mech)* Polhodie *f*, Pol[hodie]kurve *f*, Gangpolkurve *f (Kreiselbewegung eines starren Körpers)*; 2. *s.* центроида; 3. *(Astr)* Polhodie *f*, Polbahn *f*
положение *n* 1. Lage *f*, Anordnung *f*, Stellung *f*, Position *f*; 2. Lage *f*, Sachlage *f*, Stand *m*, Situation *f*, Zustand *m*; 3. Satz *m*, Leitsatz *m*, These *f*; 4. Verordnung *f*, Bestimmung *f*, Richtlinie *f*, Vorschrift *f* ‖ ~**/блокирующее** *(Eb)* Sperrstellung *f*, Haltestellung *f (Signal)* ‖ ~ **в лодочку/нижнее** *(Schw)* Wannenposition *f* ‖ ~ **в мёртвой точке** Tot[punkt]lage *f* ‖ ~**/вертикальное** 1. *(Schw)* vertikale Position *f*, Senkrechtposition *f (Schweißen senkrechter Nähte an senkrechter Wand)*; 2. vertikale (senkrechte) Lage *f (eines Meßgeräts)* ‖ ~ **включения** Einschaltstellung *f* ‖ ~**/включённое** Einschaltstellung *f* ‖ ~ **вызова** *(Nrt)* Rufstellung *f* ‖ ~**/вызывное** *(Nrt)* Rufstellung *f* ‖ ~ **выключения** Ausschaltstellung *f*, Abschaltstellung *f* ‖ ~ **вычитания** Subtraktionsstellung *f* ‖ ~**/горизонтальное** 1. *(Schw)* Waagerechtposition *f*; 2. horizontale (waagerechte) Stellung *f (eines Meßgeräts)* ‖ ~**/двойное** *(Lw)* Mehrfachbelegung *f (Kartoffellegen)* ‖ ~**/дейст-**

положение

вительное Istlage f, Iststellung f ll ~ **допуска** (Fert) Toleranzablage f ll ~/**заданное** Sollstellung f, vorgegebene Stellung (Lage) f ll ~ **закрытия [клапана]** Ventilschließstellung f (Verbrennungsmotor) ll ~/**закрытое** (Eb) Haltstellung f (Signal) ll ~ **замещения** (Krist) Substitutionslage f ll ~/**замыкающее** s. ~/**блокирующее** ll ~ **запятой** (Inf) Kommastellung f ll ~ **золотника/мёртвое** Schiebertotlage f ll ~ **золотника/среднее** Schiebermittellage f ll ~/**измерительное** Meßstellung f ll ~ **изображения** (Opt) Bildlage f ll ~ **изотопической линии** (Kern) Isotopenlage f ll ~/**исходное** 1. Ausgangsstellung f, Ausgangslage f; 2. Ruhestellung f, Ruhelage f ll ~/**конечное** Endstellung f, Endlage f ll ~/**крайнее** Endstellung f ll ~ **лампы/рабочее** Brennlage f (einer Lampe) ll ~/**левое** Linksstellung f ll ~/**макросиноптическое** (Meteo) Großwetterlage f ll ~/**мёртвое** s. ~ мёртвой точки ll ~ **мёртвой точки** Totpunktstellung f, Tot[punkt]lage f ll ~ **мёртвой точки/верхнее** obere (äußere) Totpunktlage f (Kolben; Verbrennungsmotor) ll ~ **мёртвой точки/нижнее** untere (innere) Totpunktlage f (Kolben; Verbrennungsmotor) ll ~ **механизма/крайнее** (Masch) Grenzlage[nstellung] f eines Gliedes ll ~/**нажатое** Arbeitsstellung f (einer Taste) ll ~/**наклонное** geneigte Lage f, Schräglage f (in der Vertikalebene); Schrägstellung f ll ~ **начальное** Anfangsstellung f, Anfangslage f ll ~/**ненажатое** Ruhelage f (einer Taste) ll ~/**нерабочее** Ruhestellung f ll ~/**нижнее** (Schw) Normalposition f (Schweißen von waagerechten Nähten am liegenden Blech) ll ~/**нормальное** (Eb) Grundstellung f, Ruhestellung f (Signal) ll ~/**нулевое** 1. Nullage f, Nullstellung f; 2. Ausgangslage f, Ausgangsstellung f, Bezugslage f ll ~ **ожидания** Wartestellung f, Warteposition f ll ~/**опросное** (Nrt) Abfragestellung f ll ~/**отключённое** Ausschaltstellung f, Abschaltstellung f ll ~/**открытое** s. ~/разрешающее ll ~/**перпендикулярное** Senkrechtstellung f ll ~/**плёнки/плоское** Planlage f (Filmmaterial) ll ~ **погасания** (Krist) Auslöschungsstellung f ll ~ **подслушивания** (Nrt) Mithörstellung f ll ~ **покоя** Ruhelage f, Ruhestellung f; Nullage f, Nullstellung f; Haltstellung f ll ~/**полупотолочное** (Schw) Halbüberkopfposition f ll ~ **по-походному** (Schiff) seefeste Zurrstellung f (z. B. der Ladebäume) ll ~/**потолочное** (Schw) Überkopfposition f ll ~/**походное** (Schiff) seefeste Zurrstellung f (z. B. der Ladebäume) ll ~/**правое** Rechtsstellung f ll ~/**пусковое** Anlaßstellung f ll ~/**рабочее** 1. Gebrauchslage f, Betriebslage f; 2. Arbeitsstellung f, Betriebslage f; 3. (Met) Blasstellung f (Konverter); 4. Meßstellung f ll ~ **равновесия** Gleichgewichtslage f, Gleichgewichtsstellung f ll ~/**равновесное** s. ~ равновесия ll ~/**разговорное** (Nrt) Sprechstellung f ll ~/**разрешающее** (Eb) Freistellung f, Fahrtstellung f (Signal) ll ~ **разъединения** (Nrt) Trennstellung f ll ~ **сварки** (Schw) Schweißposition f (Oberbegriff) ll ~/**синоптическое** (Meteo) Wetterlage f ll ~/**спектральное** spektrale Lage f ll ~/**среднее** Mittelstellung f, Mittellage f ll ~/**угловое** Winkelstellung f ll ~/**уравновешенное** (Flg) Trimmlage f ll ~/**установившееся** stationäre

Lage f, Dauerzustandsstellung f ll ~/**флюгерное** (Flg) Segelstellung f ll ~ **холостого хода** Leerlaufstellung f ll ~ **центра тяжести** (Flg) Schwerpunktlage f, Lastigkeit f ll ~ **центра тяжести/высокое** Schwerpunkthochlage f ll ~ **центра тяжести/заднее** Schwerpunktrücklage f ll ~ **центра тяжести/низкое** Schwerpunkttieflage f ll ~ **центра тяжести/переднее** (Flg) Schwerpunktvorlage f ll ~ **эксплуатации** Betriebsstellung f, Arbeitsstellung f ll ~/**эксцентричное** exzentrische (außermittige) Lage f
положительный 1. bestimmt, entschieden; 2. positiv, Plus...
положить legen, ablegen, auflegen
полоз m Gleitkufe f, Kufe f ll ~/**контактный** Schleifkufe f ll ~/**посадочный** (Flg) Landekufe f ll ~/**спусковой** (Schiff) Stapellaufschlitten m, Läufer m
полозки mpl 1. Kufen fpl, Schleifkufen fpl; 2. Gleitstücke npl
полозок m (Lw) Gleitstück n, Kufe f; Streifsohle f (Mähmaschine)
полоида f s. полодия
полок m (Bgb) Bühne f ll ~ **клети** Korbboden m (Förderkorb) ll ~ **лестничного отделения** Fahrtenbühne f ll ~/**лестничный** Fahrtenbühne f ll ~/**подвесной** Hängebühne f ll ~/**предохранительный** Sicherheitsbühne f ll ~/**проходческий** Abteufbühne f (Schachtabteufung)
поломка f 1. Bruch m, Entzweigehen n; 2. (Kfz) Panne f ll ~/**косая** (Wkst) Schrägbruch m ll ~/**усталостная** (Wkst) Ermüdungsbruch m
полоний m (Ch) Polonium n, Po
полоса f 1. (El) Band n, Frequenzband n; 2. (Ph) Streifen m, Bande f, Band n (Spektrum); 3. (Eln) Band n, Zone f, Energiebereich m (Halbleiter); 4. Band n, Streifen m (aus Metall oder Folie); 5. (Astr) Bereich m, Farbbereich m; 6. Spurgruppe f (Magnettontechnik); 7. (Met) Band n, Flachstahl m, Flachprofil m; (Wlz) Walzband n; 8. (Bgb) Feld n, Gasse f; 9. (Typ) Kolumne f; 10. (Led) Breitriemen m (Riemenherstellung); 11. s. unter полосы ll ~/**абсорбционная** s. ~ поглощения ll ~ **автобусного движения** Busspur f (Fahrbahn) ll ~/**береговая** Küstenstrich m ll ~/**боковая** (Eln) Seitenband n, unterdrücktes Band n ll ~/**боковая модуляционная** Modulationsseitenband n ll ~ **боковых частот** s. ~/боковая ll ~/**бутовая** (Bgb) Bergepfeiler m, Bergemauer f, Bergerippe f ll ~/**валентная** (Ph) Valenzband n ll ~ **валентных колебаний** (Ph) Valenzschwingungsbande f ll ~/**взлётно-посадочная** Start- und Landebahn f, SLB ll ~ **видеочастот** (TV) Video[frequenz]band n ll ~/**водяная** Wasserstreifen m ll ~ **возбуждения** (Eln) Anregungsband n (Laser) ll ~ **воздушных подходов** Einflugschneise f ll ~/**вращательная** (Ph) Rotationsbande f ll ~ **высоких частот** (Eln) Hochfrequenzband n, HF-Band n ll ~/**горячая** s. ~/горячекатаная ll ~/**горячекатаная** warmgewalztes Band n, Warmband n, warmgewalzter Streifen m (hauptsächlich zur Herstellung geschweißter Rohre) ll ~ **движения** Fahrstreifen m (Straße) ll ~ **дефектов упаковки** (Krist) Stapelfehlerband n ll ~ **деформации** (Ph) Deformationsband n, Verformungsband n ll ~ **для автостоянок** Parkstreifen m (Straße) ll

~ для остановок Haltestreifen m (Straße) ‖ ~/дозволенная (Eln) erlaubtes Band n, erlaubter Energiebereich m ‖ ~ заграждения s. ~ непропускания ‖ ~/заполненная (Eln) besetztes Band n ‖ ~/запрещённая (Eln) verbotenes Band n, verbotener Energiebereich m ‖ ~ застоя (Ph) Stagnationsstreifen m ‖ ~ затмения (Astr) Finsterniszone f ‖ ~ затухания 1. Dämpfungsband n; Dämpfungsbereich m; 2. s. ~ непропускания ‖ ~ звуковых частот Tonfrequenzband n, Hörfrequenzband n ‖ ~ земли (Lw) Landstreifen m, Landstrich m ‖ ~ излучения Emissionsbande f (Spektralanalyse) ‖ ~ инфракрасного поглощения (Ph) Infrarot-Absorptionsbande f, IR-Absorptionsbande f ‖ ~ инфракрасного спектра (Ph) Infrarotbande f, IR-Bande f ‖ ~ испускания s. ~ излучения ‖ ~/колебательная (Opt) Schwingungsbande f ‖ ~ контакта (Typ) Druckberührungsstreifen m ‖ ~/контрольная Teststreifen m ‖ ~/коротковолновая (Eln) Kurzwellenband n ‖ ~ лазерного излучения Laserband n ‖ ~/лесная Waldstreifen m ‖ ~/листовая (Wlz) Breitblech n ‖ ~/люминесцентная (Ph) Lumineszenzbande f ‖ ~/медная Kupferband n; Kupferschiene f ‖ ~/молекулярная s. ~ спектра ‖ ~/муаровая Moiréstreifen m ‖ ~ наложения Überlagerungsstreifen m ‖ ~ неопределённости срабатывания (Eln) Unsicherheitsband n (z. B. eines Triggers) ‖ ~ непрозрачности s. ~ непропускания ‖ ~/непропускания (Eln) Sperrbereich m, Absperrbereich m, Sperrband n ‖ ~ обгона Überholspur f, Überholstreifen m (Fahrbahn) ‖ ~ ослабления s. ~ непропускания ‖ ~ основного колебания (Ph) Grundschwingungsbande f ‖ ~ отвода [железной дороги] (Eb) Bahngelände n, Bahngebiet n ‖ ~ передачи (Rf) Übertragungsfrequenzband n ‖ ~/печатная (Typ) Druckstrang m ‖ ~/поворотная (Lw) Vorgewende n, Angewende n, Anwand f, Vorende n ‖ ~ поглощения (Ph) Absorptionsbande f ‖ ~ поглощения озона Ozonband f ‖ ~/полезных частот (Eln) Nutz[frequenz]band n ‖ ~/посадочная Landebahn f ‖ ~ проводимости (El) Leitfähigkeitsband n ‖ ~ прокаливаемости (Wkst) Durchhärtungsschaubild n, Härtbarkeitsstreuband n ‖ ~/прокатываемая (Wlz) Walzgut n ‖ ~ пропускания (Eln) Durchlaßbereich m, Durchgangsbereich m ‖ ~/пропускная Durchlaßbandbreite f ‖ ~ пропускания [радио]приёмника (Rf) Empfängerbandbreite f ‖ ~ пропускания частот Frequenzdurchlaßbereich m ‖ ~/разворотная s. ~/поворотная ‖ ~ резонанса Resonanzbande f, Resonanzband n ‖ ~ реки/ходовая (Hydt) Fahrrinne f, Fahrwasser n ‖ ~/рессорная Федерblatt n (Blattfeder) ‖ ~ роста (Krist) Wachstumsstreifen m ‖ ~/сборная (El) Sammelschiene f ‖ ~ сброса Knickband n ‖ ~/светлая (световая, светящаяся) (El) Lichtband n, Lichtstreifen m ‖ ~/светоотражающая (Masch) Leitlinie f (als Farbspur) ‖ ~ сегрегационных включений (Met) Seigerungsstreifen m ‖ ~ скольжения (Krist) Gleitband n ‖ ~ спектра (Ph) Bande f, Spektralbande f ‖ ~/спектральная s. ~ спектра ‖ ~/средняя (Wlz) Mittelband n ‖ ~/стальная Bandstahl m; Stahlstreifen m ‖ ~/стояночная Standstreifen m

(Straße) ‖ ~ удержания (Ph) Retentionsband n ‖ ~/узкая (Met) schmaler Flachstahl m; schmaler Streifen m ‖ ~/ультрафиолетового спектра (Ph) Ultraviolettbande f, UV-Bande f ‖ ~/универсальная (Wlz) Breitflachstahl m, Flachstahl m, Universalstahl m, Universalblech n ‖ ~/фотоабсорбционная Photoabsorptionsbande f ‖ ~/холоднокатаная Kalt[walz]band n, kaltgewalzter Flachstahl m, Kaltwalzblech n ‖ ~ частот (El) Frequenzband n ‖ ~ частот/верхняя боковая oberes Seitenband n ‖ ~ частот/нижняя боковая unteres Seitenband n ‖ ~/частотная s. ~ частот ‖ ~/черновая (Wlz) Vorband m; breiter Streifen m ‖ ~/широкая (Wlz) Breitflachstahl m; breiter Streifen m ‖ ~/энергетическая Energieband n

полосатость f 1. Bänderung f, Streifung f; 2. Streifigkeit f; 3. Banding n, Kopfspuren fpl (Magnettonband) ‖ ~ окраски (Text) Farbstreifigkeit f

полосатый gebändert, gestreift, streifig, Streifen...; liniiert

полоска f Bändchen n, Streifen m ‖ ~ Бекке (Krist) Beckesche Linie f ‖ ~/биметаллическая (El) Bimetallstreifen m ‖ ~/измерительная Meßstreifen m ‖ ~/контактная (El) Kontaktstreifen m, Kontaktfahne f ‖ ~/магнитная Magnetstreifen m ‖ ~/проводящая (El) Leiterbahn f ‖ ~ с тензометрическим датчиком (элементом) Dehn[ungs]meßstreifen m, DMS ‖ ~/светящаяся Leuchtstreifen m ‖ ~ фольги Foliestreifen m

полоски fpl [электро]проводящие (Eln) Leitungsbahnen fpl, Leiterbahnen fpl, Leitungsführung f (auf einer Leiterplatte)

полособульб m Flachwulstprofil n

полости fpl Вебера (Bgb, Geoph) Webersche Hohlräume mpl (Gebirgsmechanik)

полость f 1. Hohlraum m, Raum m; Aussparung f; 2. Hohlraum m, Gravur f (Gießform, Gesenk) ‖ ~/воздушная Luftraum m ‖ ~/всасывающая Saugraum m (der Pumpe) ‖ ~/высадочная Stauchgravur f, Stauchform f ‖ ~/выщелоченная (Geol) Lösungshohlraum m ‖ ~/дуговая (Geol) Drusenraum m ‖ ~/кавитационная Kavitationshohlraum m ‖ ~/кольцевая Ringraum m ‖ ~/коническая Innenkegelfläche f, Aufnahme[innen]kegel m ‖ ~/котловая (Bgb) Kessel m (Kesselschießen) ‖ ~/напорная Sumpf m (bei Lagerungsbehältern) ‖ ~/напорная Druckseite f (der Pumpe) ‖ ~ насоса Pumpenraum m ‖ ~/отделочная Fertiggravur f, Fertigform f ‖ ~ разрежения Unterdruckraum m ‖ ~ Роша (Astr) Rochesche Grenzfläche f, Roche-Fläche f ‖ ~/формующая Gravur f (Gesenk) ‖ ~ формы (Gieß) Form[en]hohlraum m

полосчатость f Bänderung f, Streifung f

полосчатый 1. streifig, gebändert; 2. blätterig, blättchenartig, plattenförmig; lamellar

полосы fpl 1. Streifen mpl; 2. Bänder npl; 3. Banden fpl (Spektralanalyse); 4. s. unter полоса ‖ ~/дифракционные (Opt) Beugungsstreifen mpl ‖ ~/интерференционные (Opt) Interferenzstreifen mpl ‖ ~/каменные (Geol) Steinstreifen mpl ‖ ~/красные (Forst) Rotstreifigkeit f (Holz) ‖ ~ падения (Meteo) Fallstreifen mpl ‖ ~/полярные Polarbanden fpl (Spektralanalyse)

ПОЛОСЫ

|| ~ равного наклона *(Opt)* Streifen *mpl* gleicher Neigung *(Interferenz)* || ~ **равной толщины** *(Opt)* Interferenzstreifen *mpl* gleicher Dicke || ~ **феррита** *(Wkst)* Ferritstreifen *mpl*

полотёр *m*/электрический elektrische Bohnermaschine *f*

полотнище *n* 1. Blatt *n*; 2. Tuch *n*; Stoffbahn *f*, Bahn *f*; 3. *(Schiff)* Plattenreihe *f*, Blechreihe *f*, Plattenfeld *n*, flächenförmige Untergruppe *f*; 4. *s. unter* полотно || ~ **палатки** Zeltbahn *f*

полотно *n* 1. Bahn *f (z. B. des Papiers)*; 2. *(Text)* Flächengebilde *n*; leinwandbindiges Gewebe *n (s. a.* ~/**льняное***)*; 3. *(Wkz)* Blatt *n*, Sägeblatt *n*; 4. *(Bw)* Flügel *m*, Band *n (der Tür)*; 5. Bett *n*, Straßenbett *n*; 6. *(Eb)* Körper *m*, Bahnkörper *m* || ~/**антенное** *(Rf)* Richtantennenwand *n*, Vorhangantenne *f* || ~/**безузловое сетное** knotenloses Netztuch *n* || ~/**белёное** *(Text)* gebleichte Leinwand *f* || ~/**бумажное** Papierbahn *f* || ~ **валка** *(Wlz)* Walzenbahn *f* || ~/**вертёлочное** *(Text)* Kettenware *f (Wirkware)* || ~/**волокнистое** Faserbahn *f (Papierherstellung)* || ~/**вязально-прошивное** *(Text)* Nähgewirke *n* || ~/**гребенное** *(Text)* Hechelmantel *m (Hechelmaschine)* || ~/**дверное** *(Bw)* Türflügel *m* || ~/**двухизнаночное** *(Text)* Links-Links-Ware *f (Wirkware)* || ~/**двухпутное** *(Eb)* zweispuriger Bahnkörper *m* || ~ **для пил** Sägeblatt *n (für Bandsägen)* || ~/**дорожное** *(Bw)* Straßenkörper *m* || ~/**ездовое** *(Bw)* Fahrbahn *f* || ~/**железнодорожное** Eisenbahndamm *m*, Bahndamm *m*, Bahnkörper *m* || ~/**запечатанное (запечатываемое) [бумажное]** *(Typ)* Bedruckstoffbahn *f* || ~/**земляное** *(Eb)* Erdplanum *n*, Planum *n* || ~/**иглопробивное [нетканое]** *(Text)* Nadelvliesstoff *m* || ~/**игольчатое** *(Text)* Nadelspeisetuch *n*, Nadellattentuch *n*, Stachellattentuch *n (Öffner)* || ~/**интерлочное** *(Text)* Interlockware *f (Wirkware)* || ~/**клеёное [нетканое]** *(Text)* Klebvliesstoff *m* || ~/**красящее** *(Typ)* Farbtuch *n* || ~/**кругловязаное** *(Text)* Großrundgestrick *n* || ~/**ластичное** *(Text)* Ränderware *f* || ~/**ленточной пилы** *(Wkz)* Bandsägeblatt *n* || ~/**льняное** *(Text)* Flachsleinwand *f*, Leinwand *f*, Leinen *n* || ~/**люковой крышки** *(Schiff)* Beplattung *f* des Lukendeckels || ~/**мальезное** *(Text)* Rundstuhlware *f (Wirkware)* || ~/**махровое** *(Text)* Frottierware *f* || ~/**мостовое** *(Bw)* Brückenfahrbahn *f* || ~/**начёсное** *(Text)* Futterware *f (Wirkware)* || ~/**нетканое** *(Text)* nichtgewebtes textiles Flächengebilde *n*, Vliesstoff *m* || ~/**нитепрошивное** *(Text)* Fadenlagennähgewirke *n* || ~/**ножовочное** *(Wkz)* Bügelsägeblatt *n* || ~/**однопутное** *(Eb)* einspuriger Bahnkörper *m* || ~/**пеньковое** *(Text)* Hanfleinen *n*, Hanftuch *n* || ~ **пилы** *(Wkz)* Sägeblatt *n* || ~/**пиланочное** *(Text)* Lattentuch *n* || ~/**плёнкопрошивное** *(Text)* Folielagen-Nähgewirke *n* || ~/**подающее** *(Text)* Speiselattentuch *n*, Zuführtuch *n* || ~/**покровное** *(Text)* Plattierware *f (Wirkware)* || ~ **проезжей части моста** *(Bw)* Fahrbahntafel *f (einer Brücke)* || ~/**рашельное** *(Text)* Raschelware *f (Wirkware)* || ~/**резиновое** *(Typ)* Gummi[druck]tuch *n* || ~/**рисунчатое** *(Text)* Musterware *f (Wirkware)* || ~/**самотканое** *(Text)* Hausmacherleinwand *f* || ~/**сетное** Netztuch *n* || ~ **сита** 1. Siebbelag *m*; 2. Siebfläche *f* || ~/**суровое** *(Text)* ungebleichte Leinwand *f*, Rohleinen *n* || ~/**текстильное** textiles Flächengebilde *n* || ~/**текстильное ворсованное** textiles gerauhtes Flächengebilde *n* || ~/**термоскреплённое** *(Text)* thermisch verfestigter Vliesstoff *m* || ~/**тканепрошивное** *(Text)* Nähwirkschichtstoff *m* || ~/**ткани** *(Text)* Gewebebahn *f* || ~/**трамвайное** *(Bw)* Straßenbahnkörper *m* || ~/**трикотажное** *(Text)* Gewirke *n*, Gestrick *n* || ~/**триметаллическое** *(Wkz)* Trimetallband *n (für Sägeblätter)* || ~/**трубчатое трикотажное** *(Text)* Schlauchgewirke *n*, Schlauchgestrick *n* || ~/**узловое сетное** geknotetes Netztuch *n* || ~/**холстопрошивное [нетканое]** *(Text)* Nähwirkvliesstoff *m*, Vliesnähgewirke *n* || ~/**шляпочное** *(Text)* Deckelkette *f (Deckelkarde)* || ~/**штапельное** *(Text)* Zellwollgewebe *n*

полотняный *(Text)* Leinwand..., Leinen...

полоть *(Lw)* jäten

полуавтомат *m (Masch)* Halbautomat *m*, halbautomatische (halbautomatisch arbeitende) Maschine *f* || ~/**абразивно-отрезной** halbautomatische Trennschleifmaschine *f* || ~/**агрегатный** Halbautomat *m* in Baukastenbauweise, Baukastenhalbautomat *m* || ~/**барабанный** Trommelhalbautomat *m* || ~/**вертикально-сверлильный** Senkrechtbohrhalbautomat *m* || ~/**вертикальный** Senkrechthalbautomat *m*, Halbautomat *m* mit senkrechter Arbeitsweise || ~/**вертикальный многошпиндельный** Mehrspindelsenkrechthalbautomat *m* || ~/**винтонарезной** Schraubengewindeschneidhalbautomat *m* || ~/**внутришлифовальный** halbautomatische Innenrundschleifmaschine *f* || ~/**гидравлический** hydraulischer (hydraulisch betätigter) Halbautomat *m* || ~/**гидрокопировальный** hydraulischer Nachformhalbautomat *m* || ~/**горизонтальный** Waagerechthalbautomat *m*, Halbautomat *m* mit waagerechter Arbeitsweise || ~/**горизонтальный многошпиндельный** Mehrspindelwaagerechthalbautomat *m* || ~/**горизонтальный токарный** Waagerechtdrehhalbautomat *m* || ~/**двухшпиндельный токарный** Zweispindeldrehhalbautomat *m* || ~/**желобошлифовальный** halbautomatische Kugellaufrillenschleifmaschine *f* || ~/**заточный** Scharfschleifhalbautomat *m*, halbautomatische Scharfschleifmaschine *f* || ~/**зубодолбёжный** Zahnradstoßhalbautomat *m*; Zahnstoßhalbautomat *m* || ~/**зубопритирочный** Zahnflankenläpphalbautomat *m* || ~/**зуборезный** Zahnschneidehalbautomat *m*; halbautomatische spanende Zahnradbearbeitungsmaschine *f* || ~/**карусельный** Karussellhalbautomat *m*, Halbautomat *m* in Karussellbauweise || ~/**копировально-копирный** Nachformdrehhalbautomat *m* || ~/**копировально-фрезерный** Nachformfräshalbautomat *m* || ~/**круглофанговый** *(Text)* Rundstrickhalbautomat *m* || ~/**круглошлифовальный** halbautomatische Außenrundschleifmaschine *f* || ~/**металлорежущий** spanender Halbautomat *m* || ~/**многорезцовый** Mehrmeißelhalbautomat *m* || ~/**многорезцовый копировальный** Mehrmeißelnachformhalbautomat *m* || ~/**многошпиндельный** Mehrspindelhalbautomat *m* || ~/**многошпиндельный токарный** Mehrspindeldrehhalbautomat *m* ||

~ **непрерывного действия** kontinuierlich (stetig) arbeitender Halbautomat *m* ‖ ~/**одношпиндельный** Einspindelhalbautomat *m* ‖ ~/**одношпиндельный револьверный** Einspindel-Revolverdrehhalbautomat *m* ‖ ~/**одношпиндельный токарный** Einspindeldrehhalbautomat *m* ‖ ~/**патронный** Futterhalbautomat *m*, Halbautomat *m* für Futterarbeit ‖ ~/**переносный газорезательный** Handbrennschneidmaschine *f* ‖ ~/**плоскофанговый** *(Text)* Flachstrickhalbautomat *m* ‖ ~/**полировочный** halbautomatische Poliermaschine *f* ‖ ~ **последовательного действия** Reihenhalbautomat *m*, Halbautomat *m* mit Reihenarbeitsweise ‖ ~/**протяжной** Ziehräumhalbautomat *m* ‖ ~/**расточный** Ausdrehhalbautomat *m* ‖ ~/**револьверный** Revolver[dreh]halbautomat *m* ‖ ~/**резьбонарезной** Gewindeschneidhalbautomat *m* ‖ ~/**резьботокарный** Gewindedrehhalbautomat *m* ‖ ~/**резьбошлифовальный** Gewindeschleifhalbautomat *m* ‖ ~ **с числовым программным управлением** NC-Halbautomat *m* ‖ ~/**токарно-копировальный** Nachformdrehhalbautomat *m* ‖ ~/**токарный** Drehhalbautomat *m* ‖ ~/**токарный многорезцовый** Vielschnittdrehhalbautomat *m*, Vielmeißeldrehhalbautomat *m* ‖ ~/**токарный многорезцовый копировальный** Vielschnittnachformdrehhalbautomat *m* ‖ ~/**токарный многошпиндельный** Mehrspindeldrehhalbautomat *m* ‖ ~/**токарный патронный** Drehhalbautomat *m* für Futterarbeit ‖ ~/**тяжёлый слиткоразрезной** schwerer Blockscherenhalbautomat *m (Blockwalzwerk)* ‖ ~/**швейный** *(Text)* Nähhalbautomat *m* ‖ ~/**центровой** Spitzenhalbautomat *m*, Halbautomat *m* für Spitzenarbeit ‖ ~/**шлифовальный** Schleifhalbautomat *m*
полуавтоматический halbautomatisch
полуалгебра *f* Halbalgebra *f*, partielle algebraische Struktur *f*
полуамплитуда *f* halbe Schwingungsweite (Amplitude) *f*
полуапохромат *m (Opt)* Semiapochromat *m*, Fluoritobjektiv *n*
полубайт *m (Inf)* Halbbyte *n*, Nibble *n*
полубак *m (Schiff)* Back *f (im allgemeinen auf Kriegsschiffen)*
полубаллон *m* Halbballonreifen *m*, Semiballonreifen *m*
полубаркас *m* Pinasse *f*
полубархат *m (Text)* Baumwoll[schuß]samt *m*, Velvet *m*, Manchester *m*
полубелка *f (Text)* Halbbleiche *f*
полубимс *m (Schiff)* kurzer Decksbalken *m*, Bastardbalken *m*
полублок *m* [**пластин**] Plattensatz *m (Kfz-Batterie)*
полувагон *m (Eb)* offener Güterwagen *m*, Hochbordwagen *m*
полувальма *f (Bw)* Halbwalm *m*, Krüppelwalm *m*
полуволна *f* Halbwelle *f*, halbe Welle *f* ‖ ~ **напряжения** Spannungshalbwelle *f* ‖ ~ **переменного тока** Wechselstromhalbwelle *f*
полуволновой Halbwellen-..., HW-...
полугидрат *m (Ch)* Halbhydrat *n*, Hemihydrat *n*
полугранник *m (Krist)* Hemieder *n*; Halbflächner *m*

полугранность *f (Krist)* Hemiedrie *f*
полугруппа *f (Math)* Halbgruppe *f*, Assoziativ *n (Algebra)*
полуда *f* 1. Verzinnen *n*; 2. Zinnbelag *m*
полуденный meridional, Mittags...
полудислокация *f (Krist)* Halbversetzung *f*, Teilversetzung *f*
полудорожка *f* Halbspur *f (Film)*
полудуплекс *m (Nrt)* Halbduplexschaltung *f*
полужёсткий halbstarr; halbsteif
полужидкий halbflüssig, dickflüssig, zähflüssig; teigig-flüssig
полужирный *(Typ)* halbfett *(Schrift)*
полузавиток *m (El)* Halbwindung *f*
полузакалённый *(Glas)* schwach verspannt (gehärtet)
полузакрытый halbgeschlossen, halboffen
полузапруда *f (Hydt)* Buhne *f*, Abweiser *m* ‖ ~/**донная** Grundschwelle *f*, Grundbuhne *f* ‖ ~/**фашинная** Faschinenbuhne *f*
полузвено *n (Math, El)* Halbglied *n*
полуизображение *n (Opt)* Halbbild *n*
полукадр *m (TV)* Halbraster *m*, Halbbild *n*
полукатушка *f (El)* Halbspule *f*
полукислый *(Ch)* schwach sauer, halbsauer
полуклюз *m (Schiff)* Bügelklüse *f*, Lippklüse *f (am Schanzkleid)*
полукожа *f* halbes Leder *n*, Hälfte *f*
полукожник *m* 1. Färsenhaut *f*; 2. Stierhaut *f*
полукокс *m* Halbkoks *m*, Schwelkoks *m*, Tieftemperaturkoks *m*
полукоксование *n* Halbverkokung *f*, Schwelung *f*, Tieftemperaturverkokung *f* ‖ ~ **с внешним обогревом** Heizflächenschelung *f* ‖ ~ **с внутренним обогревом (газовым теплоносителем)** Spülgasschwelung *f*
полукоксоваться verschwelt werden
полукоксовый Halbkoks..., Schwel...
полуколлоид *m (Ch)* Semikolloid *n*, Halbkolloid *n*, Hemikolloid *n*
полуколонна *f (Bw)* Halbsäule *f*, Wandsäule *f*
полукольцо *n* Halbring *m*; Ringhälfte *f*
полукомпенсированный *(El)* halbnachgespannt *(Leitungstechnik)*
полукомплект *m (Nrt)* Halbsatz *m*, Untergruppe *f* ‖ ~/**передающий** Geberhalbsatz *m* ‖ ~/**приёмный** Empfangshalbsatz *m*
полукосвенный halbindirekt
полукристаллический halbkristallin; hypokristallin
полукруг *m* Halbkreis *m*
полукруглый halbrund, flachrund
полукрыло *n* Halbflügel *m*, Flügelhälfte *f*
полукупол *m (Bw)* Apsidenkuppel *f*
полулинза *f* [**Френеля**] *(Opt)* Fresnelsche Halblinse *f*
полумасса *f (Pap)* Halbstoff *m* ‖ ~/**линтерная** Lintershalbstoff *m* ‖ ~/**тряпичная** Hadern[halb]stoff *m*
полуметалл *m* Halbmetall *n*
полумикроанализ *m* Halbmikroanalyse *f*, Semimikroanalyse *f*
полумодель *f (Gieß)* Modellhälfte *f*, Modellteil *n*
полумуфта *f (Masch)* Kupplungshälfte *f*; *(Schiff)* aufziehbarer Kupplungsflansch *m (Wellenleitung)*

полумушкель m (Schiff) Kleidkeule f, Kleedkeule f
полунавесной (Lw) Aufsattel..., aufgesattelt
полунагартованный halbhart (Leichtmetallegierungen)
полунаклёпанный teilverfestigt, halbverfestigt (Metall)
полунепрерывный halbkontinuierlich
полуоборот m halbe Umdrehung f, Drehung f um 180°
полуокружность f halber Umfang m
полуопока f (Gieß) Form[en]hälfte f, Formteil n; Formkasten m, Formkastenhälfte f
полуосновный (Ch) schwach basisch
полуось f 1. (Math, Opt) Halbachse f; 2. (Kfz) Halbachse f, Steckachse f, Treibradachse f ‖ **~/большая** große Halbachse f (Ellipse) ‖ **~/вещественная** s. **~/действительная** ‖ **~/внутренняя** (Kfz) innere Halbachse f ‖ **~/действительная** reelle Halbachse f (Hyperbel) ‖ **~/качающаяся** (Kfz) pendelnde (schwingende) Halbachse f ‖ **~/малая** kleine Halbachse f (Ellipse) ‖ **~/наружная** (Kfz) äußere Halbachse f ‖ **~ орбиты/большая** große Bahnhalbachse f (Himmelsmechanik) ‖ **~ орбиты/малая** kleine Bahnhalbachse f (Himmelsmechanik) ‖ **~/полуразгруженная** (Kfz) halbfliegende Achswelle (Achse) f ‖ **~/полярная** polare Halbachse f ‖ **~/разгруженная** (Kfz) [voll]fliegende Achswelle (Achse) f
полуочищенный vorgefrischt (Stahl)
полупар m (Lw) Teilbrache f, Halbbrache f
полупереборка f (Schiff) Stützwand f, Flügelschott n, Stützschott n
полупериметр m halber Umfang m
полупериод m 1. (Kern, El) Halbperiode f; 2. Wechselperiode f (beim Generator) ‖ **~ высокой частоты** (El) Hochfrequenzhalbperiode f, HF-Halbperiode f ‖ **~ запирания** (Eln) Sperrhalbperiode f ‖ **~ переменного тока** (El) Wechselstromhalbperiode f
полупетля f (Text) Halbmasche f
полуплоскость f (Math, Opt) Halbebene f
полупоезд m (Eb) Halbzug m (S-Bahn)
полуполоса f Halbstreifen m
полупотайный 1. halbversenkt; 2. Linsen[kopf]... (Schraube, Niet)
полуприцеп m (Kfz) Sattelauflieger m, Sattelanhänger m ‖ **~/большегрузный** Schwerlastsattelauflieger m ‖ **~/самосвальный** Sattelkipper m
полуприцеп-контейнеровоз m (Kfz) Tragrahmensattelauflieger m
полуприцеп-самосвал m (Kfz) Kippsattelauflieger m
полуприцеп-тяжеловоз m (Kfz) Schwerlastsattelauflieger m
полуприцеп-фургон m (Kfz) Kastenauflieger m
полуприцеп-цистерна m (Kfz) Tank[sattel]auflieger m, Behälterauflieger m
полупроводимость f 1. Halbleitung f (Vorgang); 2. Halbleitfähigkeit f (Eigenschaft)
полупроводник m (Eln) Halbleiter m ‖ **~/аморфный** amorpher Halbleiter m ‖ **~/анизотропный** anisotroper Halbleiter m ‖ **~/беспримесный** s. **~/собственный** ‖ **~/бесцелевой** Halbleiter m mit verschwindender Bandlücke, Halbleiter m mit verschwindendem Bandgap ‖ **~/бинарный** binärer Halbleiter m ‖ **~/варизонный** Halbleiter m mit variabler Bandlücke, Halbleiter m mit variablem Bandgap ‖ **~/вырожденный** entarteter Halbleiter m ‖ **~/гомогенный** homogener Halbleiter m ‖ **~/двойной** binärer Halbleiter m ‖ **~/дырочный** Defekthalbleiter m, Löcherhalbleiter m, P-Halbleiter m ‖ **~/жидкий** Flüssighalbleiter m ‖ **~/загрязнённый** verunreinigter Halbleiter m ‖ **~/ионный** Ionenhalbleiter m ‖ **~/легированный** s. **~/примесный** ‖ **~/многодолинный** Mehrtalhalbleiter m ‖ **~/недотированный** nichtentarteter Halbleiter m ‖ **~/неоднородный** inhomogener Halbleiter m ‖ **~/непрямозонный** Halbleiter m mit indirekter Bandlücke, Halbleiter m mit indirektem Bandgap, indirekter Halbleiter m ‖ **~/несобственный** s. **~/примесный** ‖ **~/однородный** homogener Halbleiter m ‖ **~/примесный** Störstellenhalbleiter m, Extrinsic-Halbleiter m, dotierter Halbleiter m ‖ **~/p-проводящий** s. **~/дырочный** ‖ **~/простой** Elementarhalbleiter m ‖ **~/прямозонный** Halbleiter m mit direktem Bandgap, direkter Halbleiter m ‖ **~ с дырочной [эдектро]проводимостью** s. **~/дырочный** ‖ **~ с собственной [электро]проводимостью** s. **~/собственный** ‖ **~/сложный** Verbindungshalbleiter m ‖ **~/смешанный** zusammengesetzter Halbleiter m ‖ **~/смешанный** Mischhalbleiter m, gemischter Halbleiter m ‖ **~/собственный** Eigenhalbleiter m, Intrinsic-Halbleiter m, I-[Typ-]Halbleiter m ‖ **~ i-типа** s. **~/собственный** ‖ **~ n-типа** N-Halbleiter m, Elektronenüberschußhalbleiter m ‖ **~ p-типа** s. **~/дырочный** ‖ **~/узкозонный (узкоцелевой)** Halbleiter m mit schmaler Bandlücke, Halbleiter m mit schmalem Bandgap ‖ **~/широкозонный** Halbleiter m mit breiter Bandlücke, Halbleiter m mit breitem Bandgap ‖ **~/электронный** Elektronenhalbleiter m ‖ **~/элементарный** Elementarhalbleiter m

n-полупроводник m s. полупроводник n-типа
p-полупроводник m s. полупроводник/ дырочный
полупроводниковый Halbleiter...
полупроводящий halbleitend
полупродукт m Halbzeug m, Zwischenprodukt n, Halbprodukt n, Halbfabrikat n, halbfertiges Erzeugnis n
полупрозрачность f (Opt) Halbdurchlässigkeit f; Diaphanität f
полупрозрачный durchscheinend, diaphan; halbdurchsichtig; halbdurchlässig
полупрокат m vorgewalztes (angewalztes) Halbzeug n
полупроницаемость f (Ph) Halbdurchlässigkeit f, Semipermeabilität f
полупроницаемый halbdurchlässig, semipermeabel
полупросвечивающий halbdurchscheinend
полупространство n (Math) Halbraum m
полупрямая f (Math) Halbgerade f
полупустынный semiarid (Klima)
полуразложившийся (Ch) halbzersetzt
полуразмах m halbe Spannweite f (Flügel)
полураскат m s. полупрокат
полураскос m (Bw) Halbstrebe f
полурасплавленный halbgeschmolzen

полурастр *m s.* полукадр
полурафинированный *(Met)* vorgefrischt
полусинусоида *f* halbe Sinuswelle *f*
полуслово *n (Inf)* Halbwort *n*
полуспечённый *(Met)* gesintert *(Ofenfutter)*
полуспокойный halbberuhigt *(Stahl)*
полусталь *f* Halbstahl *m*
полустержень *m (Gieß)* Kernhälfte *f*
полустрижка *f (Text)* Halbschur *f*
полусумматор *m (Inf)* Halbadd[ier]er *m*
полусуточный halbtägig, zwölfstündig, Halbtags...
полусфера *f* Hemisphäre *f*, Halbkugel *f* ǁ ~ **Аббе** *(Opt)* Halbkugel *f* von Abbe, Abbesche Halbkugel *f*
полутело *n* Halbkörper *m (Strömungslehre)*
полутень *f (Opt)* Halbschatten *m* ǁ ~ **солнечного пятна** *(Astr)* Penumbra *f (Sonnenfleck)*
полутёрок *m (Bw)* Putzlehre *f*
полутолщина *f (Kern)* Halbwertsschichtdicke *f (der Abschirmung)*
полутомпак *m (Met)* Halbtombak *m*
полутон *m (Opt, Ak)* Halbton *m*
полутонкий halbfein
полутрапик *m (Schiff)* Schanzkleidtreppe *f*
полутруба *f (Schiff)* Halbschale *f*
полутурбулентный halbturbulent
полуфабрикат *m* 1. Halbfertigteil *n*, Halbfertigstück *n*, Halbfabrikat *n*, Halbzeug *n*; 2. halbfertig bearbeitetes Werkstück *n*; 3. *(Pap)* Halbstoff *m*; 4. *(Schm)* Rohling *m*
полуфанг *m (Text)* Perlfang *m (Wirkerei; Preßmuster)*
полуферма *f (Bw)* Halbbinder *m*
полуформа *f (Gieß)* Form[en]hälfte *f*, Halbform *f* ǁ ~**/верхняя** obere Form[en]hälfte *f* ǁ ~**/нижняя** untere Form[en]hälfte *f*
полуформат *m (Photo)* Halbformat *n (18 × 24 mm)*
полухорда *f* halbe Flügelsehne *f*; *(Aero)* halbe Profilsehne *f*
полуцеллюлоза *f (Pap)* Halbzellstoff *m*
полуцентр *(Wkzm)* halbe Körnerspitze *f*, Halbspitze *f*, Körnerhalbspitze *f*
полуцилиндр *m* Halbzylinder *m*; *(Schiff)* Halbschale *f*
получение *n* 1. Empfangen *n*, Empfang *m*; Erhalt *m*; Bezug *m*; 2. Erzeugung *f*, Gewinnung *f*; Herstellung *f*; Ausbringung *f* ǁ ~ **дополнительного кода** *(Inf)* Komplementieren *n* ǁ ~ **изотопов** *n s.* ~ **радиоизотопов** ǁ ~ **информации** Informationsgewinnung *f* ǁ ~ **льда** Eiserzeugung *f* ǁ ~**/производственное** industrielle (technische) Gewinnung *f* ǁ ~**/прямое** Direktgewinnung *f* ǁ ~ **радиоизотопов** Isotopenherstellung *f*, Herstellung *f* radioaktiver Isotope ǁ ~ **тяги** *(Rak)* Schuberzeugung *f* ǁ ~ **энергии** Energieerzeugung *f*
получистовой *(Fert)* Halbschlicht...
получистый *(Fert)* 1. halbblank; 2. Vorschlicht... *(z. B. Vorschlichtmeißel)*
полушарие *n* Halbkugel *f*, Hemisphäre *f*
полушария *npl***/анемометрические** *(Meteo)* Anemometerschalen *fpl*
полушерстяной *(Text)* halbwollen...
полуширина *f (Kern)* Halb[werts]breite *f* ǁ ~ **линии** Linienhalbwertsbreite *f* ǁ ~ **максимума** Peakhalbwertsbreite *f* ǁ ~ **резонансной кривой** Halbwertsbreite *f* ǁ ~ **спектральной линии** Halbwertsbreite *f* der Linie *(Spektroskopie)*
полуширота *f* [**/теоретическая**] *(Schiff)* Wasserlinienriß *m*
полушлагбаум *m (Eb)* Halbschrankenanlage *f*, Halbschranke *f*
полуштык *m (Schiff)* halber Stek *(Schlag) m*
полуэбонит *m* Semiebonit *n*, halbharter Gummi *m*
полуэтаж *m***/чердачный** *(Bw)* Drempel *m*, Drempelgeschoß *n*
полуют *(Schiff)* Poop *f (im allgemeinen auf Kriegsschiffen)*
полынья *f (Hydrol)* Wake *f*, Eisloch *n*
польдер *m (Hydt)* Polder *m*, Koog *m*
полье *n (Geol)* Polje *n(f) (Kesseltal in Karstgebieten)*
пользование *n* Anwendung *f*, Nutzung *f*
пользователь *m (Inf)* Anwender *m*, Nutzer *m*, Benutzer *m* • **с поддержкой пользователя** bedienergeführt ǁ ~**/авторизованный (зарегистрированный)** autorisierter Nutzer (Anwender) *m* ǁ ~**/конечный** Endnutzer *m*, Endanwender *m* ǁ ~**/случайный** gelegentlicher Nutzer *m* ǁ ~**/смазочный** *(Eb)* Schmierpolster *n (Wagenachslager)*
полюс *m* 1. Pol *m*; 2. *(Math) s.* ~ **полярных координат** ǁ ~**/внешний** *(El)* Außenpol *m* ǁ ~**/внутренний** *(El)* Innenpol *m* ǁ ~ **вращения/мгновенный** *(Ph)* Momentangeschwindigkeitspol *m*, momentanes Geschwindigkeitszentrum *n* ǁ ~**/вспомогательный** *(El)* Hilfspol *m* ǁ ~**/выступающий** *(El)* ausgeprägter Pol *m*, Schwenkpol *m* ǁ ~ **вязкости** *(Ph)* Viskositätspol *m* ǁ ~ **Галактики** *(Astr)* galaktischer Pol *m* ǁ ~ **Галактики/северный** galaktischer Nordpol *m* ǁ ~**/галактический** *s.* ~ **Галактики** ǁ ~**/геомагнитный** *(Geoph)* geomagnetischer Pol *m*, theoretischer magnetischer Pol *m (der Erde)* ǁ ~**/добавочный (дополнительный)** *(El)* Wendepol *m* ǁ ~ **затухания** *(El)* Dämpfungspol *m* ǁ ~ **зацепления** *(Masch)* Wälzpunkt *m (Zahnradpaarung)* ǁ ~ **Земли/магнитный** *(Geoph)* magnetischer Pol *m* der Erde ǁ ~ **зоны** *(Ph)* Zonenpol *m* ǁ ~**/истинный** *(Astr)* wahrer Pol *m (Präzession)* ǁ ~**/магнитный** 1. Magnetpol *m*; 2. *s.* ~ **Земли/магнитный** ǁ ~**/мгновенный** *(Astr)* momentaner Pol *m* ǁ ~ **мира** *(Astr)* Himmelspol *m* ǁ ~ **мира/верхний** oberer Himmelspol *m* ǁ ~ **мира/истинный** wahrer Himmelspol *m* ǁ ~ **мира/нижний** unterer Himmelspol *m* ǁ ~ **мира/северный** Himmelsnordpol *m*, nördlicher Himmelspol *m* ǁ ~ **мира/южный** Himmelssüdpol *m*, südlicher Himmelspol *m* ǁ ~ **напряжения** *(El)* Spannungspol *m* ǁ ~**/отрицательный** *(El)* negativer Pol *m*, Minuspol *m* ǁ ~**/положительный** *(El)* positiver Pol *m*, Pluspol *m* ǁ ~ **полярных координат** *(Math)* Anfangspunkt *m, der Pol (Polarkoordinaten)* ǁ ~**/противоположный** *(El)* Gegenpol *m* ǁ ~**/расщеплённый** *(El)* gespaltener Pol *m*, Spaltpol *m* ǁ ~**/северный** Nordpol *m* ǁ ~**/средний** *(Astr)* mittlerer Pol *m (Präzession)* ǁ ~ **холода** *(Meteo)* Kältepol *m* ǁ ~ **эклиптики** *(Astr)* Pol *m* der Ekliptik ǁ ~ **эклиптики/северный** Nordpol *m* der Ekliptik ǁ ~ **эклиптики/южный** Südpol *m* der Ekliptik ǁ

полюс

~/**южный** Südpol m ‖ ~/**явн[овыражённ]ый** s. ~/**выступающий**
полюсы mpl/**одноимённые** (El) gleichnamige Pole mpl ‖ ~/**разноимённые** (El) ungleichnamige Pole mpl
поля npl Felder npl, Flächen fpl ‖ ~ **орошения** Bewässerungsfelder npl, Bewässerungsflächen fpl ‖ ~ **фильтрации** Filtrationsfelder npl (Rieselfelder)
поляра f 1. (Math) Polare f; 2. s. ~ **крыла** ‖ ~ **крыла** (Flg) Polare f, [Lilienthalsches] Polardiagramm n (Tragflügel) ‖ ~ **Лилиенталя** s. ~ **крыла** ‖ ~ **скоростей подъёма** (Flg) Polare f der Auftriebsgeschwindigkeit ‖ ~ **сопротивления** Widerstandspolare f
поляризатор m (Opt) Polarisator m ‖ ~ **Волластона** Wollaston-Prisma n, Polarisationsprisma n nach Wollaston ‖ ~/**дихроичный** dichroitischer Polarisator m ‖ ~ **на стопе пластин** Plattenpolarisator m
поляризационный Polarisations...
поляризация f (Ph, Opt, El) Polarisation f ‖ ~/**анодная** (Eln) Anodenpolarisation f ‖ ~ **атомов** (Kern) Atompolarisation f ‖ ~ **в плоскости** s. ~/**линейная** ‖ ~/**вертикальная** (El) Vertikalpolarisation f ‖ ~/**вызванная** (El) induzierte Polarisation f ‖ ~/**горизонтальная** (El) Horizontalpolarisation f ‖ ~/**дипольная** (El) Dipolpolarisation f ‖ ~/**диэлектрическая** (Ph) dielektrische Polarisation f, dielektrische Influenz f ‖ ~ **заряда** (Eln) Ladungspolarisation f ‖ ~/**ионная** (Ph) Ionenpolarisation f ‖ ~ **ионов** (Ph) Ionenpolarisation f ‖ ~/**катодная** (Eln) Kathodenpolarisation f ‖ ~/**концентрационная** (El) Konzentrationspolarisation f ‖ ~ **кристаллизации** Kristallisationspolarisation f ‖ ~/**круговая** (Opt) zirkulare Polarisation f, Zirkularpolarisation f ‖ ~/**левая круговая** (Opt) linkszirkulare Polarisation f ‖ ~/**левоциркулярная** (Opt) linkszirkulare Polarisation f ‖ ~/**линейная** (Opt) lineare Polarisation f, Linearpolarisation f ‖ ~/**магнитная** (El) magnetische Polarisation f ‖ ~/**максимальная остаточная** remanente Sättigungspolarisation f ‖ ~/**межзвёздная** interstellare Polarisation f ‖ ~ **молекул** (Ph) Molekülpolarisation f, molekulare Polarisation f ‖ ~/**молярная** (Ph) Molpolarisation f ‖ ~ **насыщения** Sättigungspolarisation f ‖ ~ **нейтронов** (Ph) Neutronenpolarisation f ‖ ~/**ориентационная** (Eln) Orientierungspolarisation f ‖ ~/**остаточная** remanente Polarisation f, Remanenz f ‖ ~ **по кругу** (Astr) zirkulare Polarisation f ‖ ~/**правая круговая** (Opt) rechtszirkulare Polarisation f ‖ ~/**правоциркулярная** (Opt) rechtszirkulare Polarisation f ‖ ~ **разряда** Durchtrittspolarisation f ‖ ~/**собственная** (Astr) Eigenpolarisation f ‖ ~/**химическая** Reaktionspolarisation f, [elektro]chemische Polarisation f ‖ ~/**электрическая** elektrische Polarisation f ‖ ~/**электролитическая** elektrolytische Polarisation f ‖ ~/**электронная** (Ph) Elektronenpolarisation f ‖ ~/**электрохимическая** s. ~/**химическая** ‖ ~/**эллиптическая** (Opt) elliptische Polarisation f
поляризованность f Polarisation f
поляризованный polarisiert ‖ ~/**вполне** vollständig polarisiert ‖ ~/**частично** teilweise polarisiert

поляризовать polarisieren; polen
поляризуемость f Polarisierbarkeit f ‖ ~/**атомная** atomare Polarisierbarkeit f
поляризуемый polarisiert ‖ ~/**эллиптический** (Krist) elliptisch polarisiert
поляриметр m (Opt) Polarimeter n, Polaristrobometer n
поляриметрия f (Opt) Polarimetrie f
полярность f (El) Polarität f, Polung f ‖ ~/**входная** Eingangspolarität f ‖ ~/**выходная** Ausgangspolarität f ‖ ~/**магнитная** magnetische Polarität f ‖ ~ **напряжения** Spannungspolarität f ‖ ~/**обратная** inverse (umgekehrte) Polarität f, umgekehrte Polung f ‖ ~/**прямая** direkte Polarität f ‖ ~ **тока** Strompolarität f
полярный polar; Polaritäts...
полярограмма f (Ch, El) Polarogramm n
полярограф m (Ch, El) Polarograph m ‖ ~/**квадратноволновой** Rechteckwellenpolarograph m
полярографический polarographisch
полярография f (El, Ch) Polarographie f ‖ ~/**высокочастотная** Hochfrequenzpolarographie f ‖ ~/**дифференциальная** Ableitungspolarographie f, Derivativpolarographie f; Differentialpolarographie f ‖ ~/**осциллографическая** Oszillopolarographie f
поляроид m s. **светофильтр**/**поляризационный**
полярон m (Ph, Krist) Polar[it]on n
поляр[оч]увствительность f Polaritätsempfindlichkeit f
поляр[оч]увствительный polaritätsempfindlich
ПОМ s. **матобеспечение**/**проблемно-ориентированное**
помёт m/**птичий** (Lw) Geflügeldung m; Vogelmist m
помеха f Störung f; Störeinfluß m; Störgeräusch n, Geräusch n, Rauschen n • **без помех** stör[ungs]frei, ungestört ‖ ~/**апериодическая** aperiodische Störung f ‖ ~/**атмосферная** atmosphärische Störung f ‖ ~/**внеземная** exterrestrische Störung f ‖ ~/**внутренняя** innere Störung f, Eigenstörung f ‖ ~/**внешняя** äußere Störung f ‖ ~/**высокочастотная** Hochfrequenzstörung f ‖ ~/**галактическая** galaktische Störung f ‖ ~/**граничная** Randstörung f ‖ ~/**дискретная** diskrete Störung f ‖ ~ **изображению** Bildstörung f ‖ ~/**индуктивная** induktive Störung f ‖ ~/**ионосферная** Ionosphärenstörung f ‖ ~/**краевая** Randstörung f ‖ ~/**местная** lokale Störung f ‖ ~/**низкочастотная** Niederfrequenzstörung f ‖ ~/**посторонняя** Fremdsignalstörung f ‖ ~/**при приёме** s. ~ **приёму** ‖ ~ **приёму** Empfangsstörung f ‖ ~/**прицельная** gerichtete Störung f ‖ ~/**радиолокационная** Radarstörung f ‖ ~ **радиоприёму** Funk[empfangs]störung f ‖ ~ **радиосвязи** Funkverkehrsstörung f ‖ ~/**сейсмическая** seismische Störung f, seismisches Rauschen n ‖ ~/**случайная** zufällige Störung f, Zufallsstörung f ‖ ~/**собственная** Eigenstörung f, innere Störung f ‖ ~/**тепловая** thermisches Rauschen n, Wärmerauschen n ‖ ~/**фоновая** Brummstörung f, Störbumm m ‖ ~/**шумовая** Rauschstörung f, Störrauschen n ‖ ~/**щелчковая** Knackstörung f
помехозащищённость f Stör[ungs]sicherheit f, Störschutz m, Störunempfindlichkeit f

помехозащищённый stör[ungs]sicher
помехоустойчивость f Störunempfindlichkeit f, Störfestigkeit f
помехоустойчивый störfest, störsicher
помещение n 1. Raum m; Gehäuse n; 2. Unterbringen n, Unterbringung f ‖ **~/аккумуляторное** (El) Akkumulator[en]raum m, Batterieraum m ‖ **~/багажное** Gepäckraum m ‖ **~/бродильное** Gär[keller]raum m ‖ **~/бытовое** Sozialraum m; Aufenthaltsraum m ‖ **~/влажное** feuchter Raum m, Naßraum m ‖ **~/временное жилое** Notunterkunft f, Notwohnung f ‖ **~/выставочное** Ausstellungsraum m ‖ **~/грузовое** Laderaum m ‖ **~/доильное** (Lw) Melksaal m ‖ **~/жилое** Wohnraum m ‖ **~/закрытое** geschlossener Raum m ‖ **~ зального типа/конторское** Großraumbüro n ‖ **~/испытательное** Prüfraum m ‖ **~/котельное** Kesselhaus n, Kesselraum m ‖ **~/машинное** Maschinenraum m ‖ **~/насосное** Pumpenraum m ‖ **~/озвучиваемое** beschallter Raum m ‖ **~/производственное** Produktionsraum m, Fabrikationsraum m ‖ **~/складское** Lagerraum m, Lager n, Lagerhalle f ‖ **~/служебное** Dienstraum m ‖ **~/сушильное** Trockenraum m ‖ **~/чердачное** (Bw) Bodenraum m, Bodenkammer f ‖ **~/чистое** (Bw, Eln) Reinraum m, Cleanroom m
помойница f (Bgb) Sumpfstrecke f
помол m 1. Mahlen n, Mahlung f, Ausmahlung f; 2. Mahlgut n, Mahlprodukt n ‖ **~ в замкнутом цикле** Kreislaufmahlung f ‖ **~ в открытом цикле** Durchlaufmahlung f ‖ **~/вторичный** Nachmahlen n, Nachmahlung f ‖ **~/грубый** s. **~/крупный** ‖ **~/жирный** (Pap) schmieriges Mahlen n, Schmiermahlung f, Quetschmahlung f ‖ **~/крупный** 1. Vormahlung f, Grobmahlung f, Grobmahlen n; 2. grobes Mahlgut n ‖ **~ массы** (Pap) Stoffmahlung f ‖ **~/мёртвый** (Pap) Totmahlung f ‖ **~/мокрый** Naßmahlung f ‖ **~/первичный** s. **~/крупный** ‖ **~ средней жирности** (Pap) mittelschmierige Mahlung f ‖ **~/сухой** Trockenmahlung f ‖ **~/тонкий** Feinmahlen n, Fein[ver]mahlung f; 2. feines Mahlgut n ‖ **~/тощий** (Pap) rösche Mahlung f, Röschmahlung f, Schneidmahlung f
помощь f Hilfe f • **при помощи ЭВМ, с помощью ЭВМ** rechnergestützt, rechnerunterstützt
помпа f s. насос
помпаж m Pumpen n (Abreißen der Strömung mit starkem Druckabfall in Kompressoren, Ventilatoren und Pumpen)
помутнение n Trübung f
понд m s. грамм-сила
пони-бретт m Pony-Brett n (Schleppnetz)
понижать herabsetzen; verringern, verkleinern, absenken; niedriger machen, erniedrigen; (El) heruntertransformieren
понижаться sich verringern; sinken, fallen
понижающий erniedrigend; (Masch) mit Übersetzung ins Langsame (z. B. Getriebe)
понижение n Herabsetzen n, Herabsetzung f, Senkung f, Minderung f, Verkleinerung f, Reduktion f; Fallen n, Sinken n ‖ **~ [видимого] горизонта** 1. (Geod) Kimmtiefe f (Winkelabstand zwischen scheinbarem und wahrem Horizont); 2. (Astr) Depression f, [des Horizonts] Kimmtiefe f, Verengung f des Horizonts ‖ **~ давления** Druckerniedrigung f, Druckabsenkung f; Spannungsverminderung f; Entspannung f (Gase); Druckminderung f ‖ **~ давления воздуха** Luftdruckabnahme f, Luftdruckfall m ‖ **~/капиллярное** Kapillardepression f ‖ **~ нулевой точки** Nullpunkt[s]depression f ‖ **~ температуры** Temperaturerniedrigung f, Temperaturabnahme f, Fallen n der Temperatur ‖ **~ температуры замерзания** Gefrierpunktserniedrigung f ‖ **~ температуры замерзания/молекулярное** molare (molekulare) Gefrierpunktserniedrigung f, kryoskopische Konstante f ‖ **~ температуры кипения** Siedepunktserniedrigung f ‖ **~ точки замерзания** s. **~ температуры замерзания** ‖ **~ точки кипения** s. **~ температуры кипения** ‖ **~ точки плавления** Schmelzpunkterniedrigung f, Schmelzpunktdepression f ‖ **~ уровня грунтовых вод** Grundwasserabsenkung f
понизить s. понижать
понизиться s. понижаться
понор m (Geol) Ponor m, Schlundloch n, Schluckloch n, Katavothre f, Katavothra f, Flußschwinde f (Karst)
понтон m Ponton m
понур m (Hydt) 1. Vorboden m (z. B. an Betonwehren); 2. Dichtungsschürze f, Dichtungsdecke f (an Erdstaudämmen) ‖ **~/глинистый** Lehmschürze f, Lehmvorlage f, Dichtungston m (an Erdstaudämmen)
понятие n Begriff m ‖ **~ бесконечности** (Math) Begriff m des Unendlichen ‖ **~ непрерывности** (Math) Stetigkeitsbegriff m ‖ **~ одновременности** (Ph) Gleichzeitigkeitsbegriff m [von Einstein]
пооперационный taktweise, Takt...
поочерёдный aufeinanderfolgend
попадание n Treffen n, Auftreffen n, Aufprall m
попарно paarweise
поперёк quer, transversal ‖ **~ проката** quer zur Walzrichtung (Richtung der Achse eines Probestabes)
поперечина f 1. Traverse f, Querträger m; Steg m, Quersteg m; Querstück n; 2. (Wlz) Querhaupt n (eines Walzgerüsts); 3. (Wkzm) Querbalken m (einer Karusselldrehmaschine) ‖ **~/верхняя** (Wlz) Querhaupt n, Querstück n; 2. s. **~ пресса** ‖ **~/нижняя** 1. (Wlz) unteres Ständerquerstück n, unteres Querhaupt n, untere Ständertraverse f; 2. (Umf) Pressentisch m, Unterholm m (Presse) ‖ **~/подвижная** (Umf) Laufholm m, bewegliches Querhaupt n (Presse) ‖ **~ пресса [/верхняя]** Pressenhaupt n, Pressenkopf m, Oberholm m, Zylinderholm m (hydraulische Presse) ‖ **~ станины/верхняя** (Wlz) Ständerquerhaupt n, Ständerkappe f ‖ **~ станины/нижняя** (Wlz) unteres Ständerquerstück n, untere Ständertraverse f
поперечное n V (Aero, Flg) V-Stellung f, V-Form f (des Tragflügels) ‖ **~ V крыла** V-Stellung (V-Form) f des Tragflügels ‖ **~ V/обратное (отрицательное)** negative V-Stellung (V-Form) f ‖ **~ V/положительное (прямое)** positive V-Stellung (V-Form) f
поперечно-намагничивающий (El) quermagnetisierend
поперечнообтекаемый quer angeströmt, quer umströmt

поперечно-подвижной querbeweglich
поперечность f Transversalität f (elektromagnetischer Wellen)
поперечный quer, Quer..., transversal, Transversal...
поплавковый Schwimmer...
поплавок m 1. Schwimmer m; Schwimmkörper m; 2. Schwimmer m (eines Wasserflugzeugs) ‖ **~/глубинный гидрометрический** (Hydrol) Tiefenschwimmer m (zur Messung der Strömungsgeschwindigkeit) ‖ **~/поверхностный гидрометрический** (Hydrol) Oberflächenschwimmer m (zur Messung der Strömungsgeschwindigkeit) ‖ **~/подкрыльевой** (Flg) Flügelschwimmer m, Tragflügelschwimmer m ‖ **~/профильный** Meßschirm m ‖ **~/сигнальный** Warnschwimmer m ‖ **~ уровнемера** Füllstandschwimmer m ‖ **~/шаровой** Kugelschwimmer m
поплавок-интегратор m/**гидрометрический** (Hydrol) Schwimmer m zur Messung der mittleren vertikalen Strömungsgeschwindigkeit
пополнение n 1. Ergänzung f, Supplement n; 2. (Math) vollständige Erweiterung f, Vervollständigung f ‖ **~ угла до 360°** Ergänzungswinkel m zu 360°
пополнитель m (Photo) Regenerierlösung f
по-походному (Schiff) seefest (zurren)
поправить s. поправлять
поправка f 1. Berichtigung f, Verbesserung f, Korrektur f, Korrektion f (s. a. unter исправление); 2. Ausbesserung f, Reparatur f ‖ **~ азимута** (Astr) Azimutkorrektion f ‖ **~/азимутальная** (Astr) Azimutkorrektion f ‖ **~ апертуры** (Opt) Apertur[blenden]korrektion f ‖ **~/барометрическая** Barometerkorrektion f ‖ **~/болометрическая** (Astr) bolometrische Korrektion f (Sternhelligkeit) ‖ **~ на вакуум** Vakuumkorrektion f ‖ **~ на высоту** Höhenkorrektion f, Höhenkorrektur f ‖ **~ на вытеснение** Verdrängungskorrektion f ‖ **~ на вязкость** Viskositätskorrektur f, Zähigkeitskorrektur f ‖ **~ на дальность** Entfernungskorrektur f ‖ **~ на капиллярность** Kapillar[itäts]korrektion f ‖ **~ на обмен** Austauschkorrektion f ‖ **~ на параллакс** Parallaxenkorrektur f, Korrektur f für (wegen) Parallaxe, parallaktische Korrektion f ‖ **~ на силу тяжести** Schwerekorrektion f, Schwerkraftkorrektion f ‖ **~ на снос** (Flg) Abdriftberichtigung f ‖ **~ на температуру** Temperaturkorrektion f ‖ **~ на фазный сдвиг** (El) Phasenverschiebungskorrektur f ‖ **~ на частоту** (El) Frequenzkorrektion f ‖ **~/релятивистская** (Ph) relativistische Korrektur f ‖ **~/станционная** Stationskorrektur f
поправлять 1. korrigieren, berichtigen; 2. ausbessern, reparieren
популяция f (Astr) Population f (Sterne)
попутный Gleichlauf...
попятный retrograd, rückschreitend
пора f 1. Pore f; 2. (Astr) Pore f (kleiner Sonnenfleck); Kratergrube f (Mondoberfläche) ‖ **~/водонаполненная** Wasserpore f ‖ **~/воздушная** Luftpore f ‖ **~/закрытая** geschlossene Pore f ‖ **~/открытая** offene Pore f ‖ **~/усадочная** (Gieß) Lunkerpore f, Schwindungspore f
поражение n Schädigung f, Verletzung f; Unfall m ‖ **~/грозовое** Blitz[ein]schlag m ‖ **~/лучевое** s. ~/радиационное ‖ **~/радиационное** Bestrahlungsschaden m, Strahlenaffektion f, Strahlenschaden m, Strahlenschädigung f ‖ **~ [электрическим] током** elektrischer Schlag m
поразрядный stellenweise; (Inf) bitweise
порезка f Schneiden n, Schnitt m, Zuschnitt m
пористость f 1. Porosität f, Porigkeit f; Schwammigkeit f; 2. (Geol) Porengehalt m, Hohlraumvolumen n (des Gesteins) ‖ **~/газовая** (Gieß) Gas[blasen]porosität f ‖ **~/грубая** Grobporosität f ‖ **~/диффузионная** diffusionsbedingte Porosität f ‖ **~/закрытая** geschlossene (scheinbare) Porosität f ‖ **~/кажущая** scheinbare Porosität f ‖ **~/корки** s. ~/краевая ‖ **~/коррозионная** Porosität f infolge Korrosion, korrosionsbedingte Porosität f ‖ **~/краевая** (Gieß) Rand[zonen]porosität f, Randporigkeit f ‖ **~/мелкая** Feinporosität f ‖ **~/осевая усадочная** (Met) Mittellinienporosität f (Gußblock) ‖ **~/подкорковая** s. ~/краевая ‖ **~/рассеянная** (Gieß) Mikroporosität f ‖ **~/ситовидная** (Gieß) Nadelstichporosität f ‖ **~/сквозная** durchgehende Porigkeit f ‖ **~/усадочная** (Gieß) Schwindungsporosität f ‖ **~/шлаковая** (Gieß) Schlackenporosität f
пористый 1. porös, porig; löcherig, schwammig; 2. (Gieß, Met) blasig, lunkerig
порог m 1. (Ph) Schwelle f; Schwell[en]wert m; untere Grenze f, Ansprechgrenze f; 2. (Bw) Schwelle f; 3. (Hydt) Drempel m, Stauesentor n; 4. Brücke f (eines Ofens) ‖ **~ аморфизации** (Eln) Amorphisierungsschwelle f (Implantation) ‖ **~ болевого ощущения** (Ak) Schmerzschwelle f, obere Hörschwelle f ‖ **~/болевой** s. ~ болевого ощущения ‖ **~/боровковый** Fuchsbrücke f (Ofen) ‖ **~ видимости** Sichtbarkeitsschwelle f, Sichtbarkeitsgrenze f ‖ **~/водослива** (Hydt) Überfallkante f, Überströmkante f ‖ **~ возбуждения** Reizschwelle f, Schwellenreiz m, Anregungsschwelle f ‖ **~/входной** (Hydt) Einfahrtsschwelle f, Einlaufschwelle f (Einkammerschleuse) ‖ **~ гейгеровской области** (Kern) Geiger-Schwelle f (Zählrohr) ‖ **~ генерации 1.** (Ph) Generationsschwelle f; 2. (El) Pfeifgrenze f, Pfeifpunkt m ‖ **~ генерации лазера** Laserschwelle f ‖ **~ деления [/энергетический]** (Kern) Spalt[ungs]schwelle f ‖ **~/донный** (Hydt) Grundschwelle f, Sohlenschwelle f ‖ **~/загрузочный** Einlauf m, Einlaufschwelle f (Setzmaschine; Aufbereitung) ‖ **~ залечивания** (Eln) Ausheilschwelle f (Halbleiter) ‖ **~/затвора** (Hydt) Schützenschwelle f, Wehrdrempel m (Wehr) ‖ **~/зигзагообразный** (Hydt) Zickzackschwelle f ‖ **~/зубчатый** (Hydt) Zahnschwelle f (Kolkschutz) ‖ **~/измерительный** (Hydt) Staurand m ‖ **~ коагуляции** (Ch) Koagulationsschwelle f ‖ **~ коммутации** (El) Schaltschwelle f ‖ **~ контрастной чувствительности глаза** Kontrastschwellenwert m [des Auges] ‖ **~/магнитуный** (Geoph) Magnitudenschwelle f ‖ **~ обнаружения** Nachweisempfindlichkeit f ‖ **~ обратной реакции** Schwelle f der Umkehrreaktion; Umkehrschwelle f ‖ **~/огневой** s. ~/пламенный ‖ **~ ограничения** Begrenzungsschwelle f, Dropout-Erkennungsschwelle f ‖ **~ ощущения [/разностный]** Kontrastschwellenwert m [des Auges] ‖ **~ переключения** (El) Schaltschwelle f ‖ **~ [пламенной] печи** s. ~/пламенный ‖ **~/пламенный** Feuerbrücke f, Dammstein m, Herd-

породы

brücke f; Flammenführung f (Flammofen); Führungsbrücke f, Brückenkörper m (SM-Ofen) ‖ ~ **пластичности** (Ph) Plastizitätsschwelle f ‖ ~/**потенциальный** Potentialschwelle f, Potentialbarriere f, Potentialwall m ‖ ~ **почернения** Schwellendichte f, Schwärzungsschwelle f (Film) ‖ ~ **реагирования** s. ~ **чувствительности** ‖ ~ **реакции** (Ph) Reaktionsschwelle f, Schwellenenergie f der Reaktion ‖ ~ **самовозбуждения** (Ph) Schwingungseinsatzpunkt m ‖ ~ **слышимости** [untere] Hörschwelle f, Hör[barkeits]schwelle f ‖ ~ **срабатывания** (Reg) Ansprechschwelle f ‖ ~ **стапеля** (Schiff) Hinterkante f Ablaufbahn, Hinterkante f Helling ‖ ~/**топочный** s. ~/**пламенный** s. ~ **трогания** Anlaufwert m (eines Zählers) ‖ ~ **фотоделения** (Ph) Schwellenenergie f der Photospaltung ‖ ~/**фотоэлектрический** Photoschwelle f, photoelektrische (lichtelektrische) Schwelle f, photoelektrische Schwellenenergie f ‖ ~/**цветовой** (Opt) Farbschwelle f ‖ ~ **цветоощущения** (Opt) Farbschwelle f ‖ ~ **чувствительности** 1. Empfindlichkeitsschwelle f, Schwellenempfindlichkeit f; Ansprechschwelle f; 2. s. ~ **слышимости** ‖ ~ **чувствительности уха** s. ~ **слышимости** ‖ ~/**шлаковый** (Met) Schlackenstau[er] m ‖ ~/**энергетический** Energieschwelle f
пороги mpl Stromschnellen fpl
пороговый Schwell[en]...; Ansprech...
порода f 1. (Lw) Rasse f, Varietät f, Stamm m; 2. (Forst) Gattung f, Art f; 3. (Bgb) Berge pl, taubes Gestein n; 4. (Geol) Gestein n (s. a. unter **породы**) ‖ ~/**безрудная** (Bgb) ödes Gebirge n ‖ ~/**боковая (вмещающая)** (Bgb) Nebengestein n, umgebendes (angrenzendes) Gebirge n ‖ ~/**водонасыщенная** wasserhaltiges Gestein n ‖ ~ **вскрыши** (Bgb) Abraum m, Deckgebirge n ‖ ~/**вскрышная** (Bgb) Abraum m ‖ ~/**вторичная** (Geol) Sekundärgestein n ‖ ~/**выбуренная** (Bgb) Bohrklein n ‖ ~/**выветрелая** (Bgb) verwittertes Gestein (Gebirge) n ‖ ~/**вышележащая** (Geol, Bgb) überlagerndes Gebirge n; Deckgebirge n ‖ ~/**газоносная** (Geol) gasführendes Gestein n ‖ ~/**горная** (Geol) Gestein n, Gesteinsart f; Gebirge n ‖ ~/**горная осадочная** (Geol) Sedimentgestein n, Schichtgestein n ‖ ~/**горная трещиноватая** zerklüftetes Gestein n ‖ ~/**давящая** (Bgb) druckhaftes Gebirge n ‖ ~/**древесная** (Forst) Gehölzart f, Holzart f ‖ ~/**дроблёная** (Bgb) Brechberge pl ‖ ~/**закладочная** (Bgb) Versatzberge pl ‖ ~/**защитная** (Forst) Bestandsschutzholz n, Schutzholz n ‖ ~/**зеленокаменная** (Geol) Grünstein n ‖ ~/**крупнозернистая** (Geol) grobkörniges Gestein n ‖ ~ **леса/главная** (Forst) Hauptholz n, Hauptholzart f ‖ ~/**лиственная** (Forst) Laubholz n ‖ ~/**ломкая** (Bgb) brüchiges Gestein n ‖ ~/**материнская** (Geol) Muttergestein n ‖ ~/**мягкая** (Bgb) mildes Gestein n, weiches Gebirge n ‖ ~/**мягколиственная** (Forst) Weichlaubholzart f ‖ ~/**ненарушенная горными работами** (Bgb) unverritztes Gebirge n ‖ ~/**неустойчивая** (Bgb) nichtstandfestes Gebirge n ‖ ~/**обрушающаяся** (Bgb) nachfallendes Gebirge n ‖ ~/**околорудная** (Bgb) Nebengestein n (Erzbergbau) ‖ ~/**омфацитовая** (Geol) Omphazitfels m ‖ ~/**отбитая** (Geol) gebrochenes Gestein n ‖

~/**отсортированная** (Bgb) Klauberge pl ‖ ~/**первичная** (Geol) Grundgebirge n ‖ ~/**перекрывающая** (Bgb) Deckgebirge n ‖ ~/**подвижная рыхлая** (Geol) rolliges Lockergestein n ‖ ~/**подстилающая** (Bgb, Geol) Liegendgestein n, unterlagerndes Gestein n; Grundgebirge n ‖ ~/**покрывающая** (Bgb) Deckgebirge n ‖ ~/**пологозалегающая** (Geol) flachgelagertes Gebirge n ‖ ~/**почвозащитная** (Forst) Bodenschutzholzart f ‖ ~/**почвообразующая** (Lw) Bodengestein n, Muttergestein n ‖ ~/**пучащая** (Bgb) quellendes Gestein n ‖ ~/**рудовмещающая** (Bgb) Nebengestein n (Erzbergbau) ‖ ~/**светолюбивая** (Forst) Lichtholzart f ‖ ~/**скальная** (Geol) Felsgestein n, Fels m, Festgestein n ‖ ~/**сорная древесная** (Forst) Unholz n ‖ ~/**твёрдая древесная** (Forst) Hartholz n ‖ ~/**твердолиственная** (Forst) Hartlaubholz n ‖ ~/**теневыносливая** (Forst) Schattenholzart f ‖ ~/**трещиноватая** (Geol) zerklüftetes Gestein n ‖ ~ **углемойки** (Bgb) Waschberge pl (Kohleaufbereitung) ‖ ~/**угнетённая** (Forst) unterdrückte Holzart f ‖ ~/**устойчивая** (Bgb) standfestes Gebirge n ‖ ~/**хвойная** (Forst) Nadelholz n
порода-коллектор f (Geol) Speichergestein n, Erdölspeichergestein n
породный (Bgb) Gesteins..., Berge..., Abraum...
породообразующий (Geol) gesteinsbildend, petrogenetisch
породоотборка f (Bgb) Klauben n, Lesen n
породоразрущающий gesteinszerstörend
породоспуск m (Bgb) Bergerolle f
породы fpl (Geol) Gesteine npl, Gesteinsart f (s. a. unter **порода**) ‖ ~/**абиссальные** s. ~/**глубинные** ‖ ~/**автохтонные** autochthone Gesteine npl ‖ ~/**аллохтонные** allochthone Gesteine npl ‖ ~/**асхистовые (ашистовые)** aschiste (ungespaltene) Gesteine npl ‖ ~/**безрудные** s. ~/**пустые** ‖ ~/**биогенные** s. ~/**органогенные** ‖ ~/**битуминозные** bituminöse Gesteine npl, Bitumengesteine npl ‖ ~/**водонепроницаемые** wasserundurchlässige Gesteine npl ‖ ~/**водоносные** wasserführende Gesteine npl ‖ ~/**водопроницаемые** wasserdurchlässige Gesteine npl ‖ ~/**водоупорные** wasserstauer mpl ‖ ~/**вулканические** Vulkanite mpl, effusive Gesteine npl, Ergußgestein n ‖ ~/**гемикластические** halbklastische Gesteine npl (z. B. vulkanischer Tuff) ‖ ~/**гибридные** hybridische Gesteine npl, Mischgesteine npl ‖ ~/**гидрогенные** s. ~/**осадочные** ‖ ~/**гипабиссальные** hypabyssische Gesteine npl ‖ ~/**глинистые** tonige Gesteine npl, bindige (nicht rollige) Lockergesteine npl ‖ ~/**глубинные** Tiefengesteine npl, abyssische Gesteine npl, Plutonite npl (Untergruppe der magmatischen oder Erstarrungsgesteine) ‖ ~/**голокластические** s. ~/**обломочные** ‖ ~/**гомомиктные (гомомиктовые)** s. ~/**мономиктовые** ‖ ~/**горелые** verbrannte Gesteine npl ‖ ~/**грубообломочные** makroklastisches Gestein n, Psephite mpl ‖ ~/**давящие** Druck verursachendes Gebirge n, auflastendes Gebirge n ‖ ~/**диасхистые (диашисты)** s. ~/**расщеплённые** ‖ ~/**жильные** Ganggestein n, Gangart f, Gangmasse f, Gangfüllung f ‖ ~/**зоогенные** zoogene Gesteine npl ‖ ~/**извержен-**

породы

~ные eruptive Gesteine *npl*, Erstarrungsgesteine *npl*, magmatische Gesteine *npl*, Magmatite *mpl* ‖ ~/**излившиеся** effusive (extrusive) Gesteine *npl*, Ausbruchsgesteine *npl*, Vulkanite *mpl* ‖ ~/**иловатые** *s*. ~/**глинистые** ‖ ~/**интрузивные** Intrusivgesteine *npl* ‖ ~/**кайнотипные** kainotype [vulkanische] Gesteine *npl*, jungvulkanische Gesteine *npl* ‖ ~/**катакластические** Kataklasite *mpl* ‖ ~/**катогенные** *s*. ~/**осадочные** ‖ ~/**кислые** saure Gesteine *npl* (Gesteine mit hohem Kieselsäuregehalt) ‖ ~/**кластические** *s*. ~/**обломочные** ‖ ~/**контактово-метаморфические** kontaktmetamophe Gesteine *npl* ‖ ~/**коренные** anstehende Gesteine *npl* ‖ ~/**кремнистые горные** Kieselgestein *n* ‖ ~/**кристаллические** kristallines Gestein *n* ‖ ~/**лейкократовые** leukokrate Gesteine *npl* ‖ ~/**лейкоптоховые** *s*. ~/**меланократовые** ‖ ~/**магматические** *s*. ~/**изверженные** ‖ ~/**меланократовые** melanokrate Gesteine *npl* ‖ ~/**меланоптоховые** *s*. ~/**лейкократовые** ‖ ~/**метаморфические** metamorphe Gesteine *npl*, Metamorphite *mpl* ‖ ~/**метасоматические** Metasomatite *mpl* ‖ ~/**миндалекаменные** Amygdaloide *mpl*, Mandelsteine *mpl* ‖ ~/**моногенные** *s*. ~/**мономиктовые** ‖ ~/**монолитные** Monolithgestein *n* ‖ ~/**мономиктовые** monomikte Gesteine *npl* ‖ ~/**налегающие** überlagerndes Gebirge *n*, Deckgebirge *n*, Deckschichten *fpl* ‖ ~/**нейтральные** neutrale (intermediäre) Gesteine *npl* ‖ ~/**нерасщеплённые жиловые** ungespaltene Ganggesteine *npl* ‖ ~/**неустойчивые** nichtstandsicheres (gebräches) Gebirge *n* ‖ ~/**нефтематеринские** Erdölmuttergestein *n* ‖ ~/**нефтеносные** erdölführendes Gestein *n* ‖ ~/**нефтепроизводящие** *s*. ~/**нефтематеринские** ‖ ~/**нефтяные** erdölführendes Gestein *n* ‖ ~/**обломочные** Trümmergesteine *npl*, klastische Gesteine *npl* ‖ ~/**одновозрастные** gleichaltrige Gesteine *npl* ‖ ~/**окремлённые** Kieselgestein *n* ‖ ~/**органогенные** organogene (biogene) Gesteine *npl*, Biolithe *mpl* ‖ ~/**ортоклазовые** Orthoklasgesteine *npl* ‖ ~/**осадочные** Sedimentgesteine *npl*, Schichtgesteine *npl*, Absatzgesteine *npl*, Sedimentite *npl* ‖ ~/**основные** basisches Gestein *n* ‖ ~ **отвала** Kippmassen *fpl* ‖ ~/**палеотипные** paläotype [vulkanische] Gesteine *npl* ‖ ~/**пелитовые** pelitische Gesteine *npl*, Pelite *mpl* (feinklastische Trümmergesteine) ‖ ~/**первичные** Primärgestein *n* ‖ ~/**песчаные** sandige Gesteine *npl*, Sandgesteine *npl*, Sandgebirge *n* ‖ ~/**пирокластические** Pyroklastika *pl*, vulkanoklastische Gesteine *npl* ‖ ~/**пластовые** *s*. ~/**слоистые** ‖ ~/**плутонические** *s*. ~/**глубинные** ‖ ~/**подстилающие** liegende Gesteine *npl* ‖ ~/**покрывающие** Deckgebirge *n*, Deckschichten *fpl* ‖ ~/**полимиктовые** polymikte Gesteine *npl* ‖ ~/**полупроницаемые** halbdurchlässige Gesteine *npl* (viel Wasser aufnehmende und langsam weiterleitende Gesteine, z. B. Löß) ‖ ~/**псаммитовые** Psammite *mpl*, Psammitgestein *n* (mittelkörnige Trümmergesteine) ‖ ~/**псефитовые** Psephite *mpl* (grobkörnige Trümmergesteine) ‖ ~/**пустые** taubes Gestein *n*, totes (taubes) Gebirge *n*, Nebengesteine *npl*, taubes Mittel *n* ‖ ~/**разновозрастные** verschiedenaltrige Gesteine *npl* ‖ ~/**расщеплённые жильные** gespaltene (diaschiste) Ganggesteine *npl* ‖ ~/**рыхлые** unverfestigte Trümmergesteine *npl*, Lockergesteine *npl*, kohäsionslose Gesteine *npl*, loses (rolliges) Gestein (Gebirge) *n* ‖ ~/**синтектические** syntektische Gesteine *npl* ‖ ~/**скальные** Felsgestein *npl*, Felsgebirge *n* ‖ ~/**сланцеватые** Schiefergesteine *npl*, Schiefergebirge *n* ‖ ~/**слоистые** Schichtgesteine *npl*, Schichtgebirge *n* ‖ ~/**соленосные (соляные)** Salzgesteine *npl*, Salzgebirge *n* ‖ ~/**среднеобломочные** Psammite *mpl*, mittelklastische Gesteine *npl* ‖ ~/**средние** intermiäre Gesteine *npl* ‖ ~/**сыпучие** *s*. ~/**рыхлые** ‖ ~/**тонкообломочные** feinklastische Gesteine *npl*, Pelite *mpl* ‖ ~/**трещиноватые** klüftige Gesteine *npl*, klüftiges Gebirge *n* ‖ ~/**туфогенные** tuffogene Gesteine *npl* ‖ ~/**углистые** Kohlengesteine *npl*, Kohlengebirge *n* ‖ ~/**ультраосновные** ultrabasische Gesteine *npl*, Ultrabasite *mpl* ‖ ~/**устойчивые** standsicheres Gebirge *n* ‖ ~/**фитогенные** phytogene Gesteine *npl* ‖ ~/**цементированные** [обломочные] verfestigte Trümmergesteine *npl* ‖ ~/**щелочные** alkalische Gesteine *npl* ‖ ~/**экструзивные** *s*. ~/**вулканические** ‖ ~/**эндогенные** *s*. ~/**изверженные** ‖ ~/**эруптивные** *s*. ~/**изверженные** ‖ ~/**эффузивные** *s*. ~/**вулканические**

порождающий erzeugend, Erzeugungs...
порождение *n* Erzeugung *f*
порожек *m*/**стружкоколомный** (Wkzm) Spanbrecherstufe *f* ‖ ~/**стружкоотводящий** (Wkzm) Spanleitstufe *f*
порожнём (Schiff) leer, ohne Ladung, unbeladen
порожний unbeladen; leer
пороз *m* (Led) Altschneiderhaut *f*
порозиметр *m* Porositätsmesser *m*
порок *m* 1. Fehler *m*, Mangel *m*, Defekt *m*; 2. fehlerhafte Stelle *f*, Fehlstelle *f*; 3. (Gieß) Gußfehler *m*; 4. (Wlz) Walzfehler • **с пороком** fehlerhaft, defekt ‖ ~/**видный** sichtbarer Fehler *m* ‖ ~ **древесины** Holzfehler *m* ‖ ~ **закалки** Härtefehler *m* ‖ ~/**закалочный** Härtefehler *m* ‖ ~/**литейный** Gußfehler *m* ‖ ~ **литья** Gußfehler *m* ‖ ~ **материала** Materialfehler *m*; (i.e. Sinne) Werkstoffehler *m* ‖ ~/**поверхностный** Oberflächenfehler *m*, Außenfehler *m* ‖ ~ **поковки** Schmiedefehler *m* ‖ ~/**прижизненный** (Led) Lebendfehler *m*, am lebenden Tier entstandener Fehler *m* ‖ ~ **проката** Fehler *m* im Walzgut, Walzfehler *m* ‖ ~ **пряжи** (Text) Garnfehler *m* ‖ ~/**скрытый** verdeckter Fehler *m* ‖ ~ **стекла** Glasfehler *m* ‖ ~ **ткани** (Text) Gewebefehler *m* ‖ ~ **чувствительности** Empfindlichkeitsschwelle *f*; Ansprechschwelle *f* (Meßgeräte); Anlaufschwelle *f* (Zähler); Empfindungsschwelle *f*, Reizschwelle *f*, Empfindungsgrenze *f* ‖ ~ **чувствительности/абсолютный** absolute Reizschwelle *f*

поромерик *m* (Wkst) Poromer *n*, poromerer Werkstoff *m*
порометрия *f* Porenmessung *f*
порообразование *n* Porenbildung *f*
порообразователь *m* Porenbildner *m*
поропласт *m* offenporiger (offenzelliger) Schaum[kunst]stoff *m*, Schwamm[stoff] *m*

порось f *(Forst)* Bestockung f, Bestaudung f, Unterholz n, Anflug m, junges Gehölz n
порофоры mpl Porenbildner m, Gasporenbildner m
порох m Pulver n ‖ **~/баллиститный** Ballistitpulver n ‖ **~/бездымный** rauchloses Pulver n ‖ **~/беспламенный** flammenloses Pulver n ‖ **~/быстрогорящий** scharfes (offensives) Pulver n ‖ **~/вискозный** Viskosepulver n ‖ **~/дымный** Schwarzpulver n ‖ **~/зернистый (зерновой)** Kornpulver n, Körnerpulver n ‖ **~/кольцевидный** Ringpulver n ‖ **~/кордитный** Korditpulver n, Fadenpulver n ‖ **~/крупнозернистый** grobkörniges Pulver n, Kieselpulver n ‖ **~/кубический** Würfelpulver n ‖ **~/ленточный** Streifenpulver n ‖ **~/макаронный** s. ~/трубчатый ‖ **~/малодымный** rauchschwaches Pulver n ‖ **~/медленногорящий** langsambrennendes (phlegmatisiertes) Pulver n ‖ **~/минный** Sprengpulver n ‖ **~/нитрированный** Nitratpulver n ‖ **~/нитроглицериновый** Nitroglycerinpulver n, Glycerintrinitratpulver n ‖ **~/нитроцеллюлозный** Nitrocellulosepulver n ‖ **~/пироксилиновый** Schießwollpulver n, Pyroxilinpulver n ‖ **~/пластинчатый** Plattenpulver n ‖ **~/призматический** prismatisches Pulver n, Mammutpulver n ‖ **~/трубчатый** Röhrenpulver n ‖ **~/цилиндрический** Stäbchenpulver n ‖ **~/чёрный** Schwarzpulver n
порошковатость f Pulverförmigkeit f, pulverförmiger Zustand m
порошковый 1. pulverförmig, pulverartig, pulv[e]rig, Pulver…; 2. pulvermetallurgisch, sintermetallurgisch
порошкограмма f *(Krist)* Debye-Scherrer-Diagramm n, Debye-Scherrer-Aufnahme f, Pulverdiagramm n, Pulverbeugungsaufnahme f
порошок m Pulver n ‖ **~/абразивный** *(Fert)* Schleifpulver n, Schleifgranulat n, Abrasiv[mittel]pulver n ‖ **~/алмазный** *(Fert)* Diamant[abrasivmittel]pulver n ‖ **~/аморфный** amorphes Pulver n *(Pulvermetallurgie)* ‖ **~/гранулированный** Pulvergranulat n, granuliertes Pulver n *(Pulvermetallurgie)* ‖ **~/дендритный** dendritisches Pulver n *(Pulvermetallurgie)* ‖ **~/древесноугольный** Holzkohlenpulver n ‖ **~/железный** Eisenpulver n *(Pulvermetallurgie)* ‖ **~/закалочный** Härtepulver n ‖ **~/игольчатый** nadeliges Pulver n *(Pulvermetallurgie)* ‖ **~/карбонильный** Karbonylpulver n *(Pulvermetallurgie)* ‖ **~/классифицированный** klassiertes Pulver n *(Pulvermetallurgie)* ‖ **~/композиционный** Verbundpulver n *(Pulvermetallurgie)* ‖ **~/легированный** Legierungspulver n *(Pulvermetallurgie)* ‖ **~/магнитный** *(Wkst)* Magnetpulver n *(Magnetpulververfahren)* ‖ **~/микрофонный** Mikrophon[kohle]pulver n ‖ **~/многофазный** Verbundpulver n *(Pulvermetallurgie)* ‖ **~/мыльный** Seifenpulver n ‖ **~/наждачный** *(Fert)* Schmirgelpulver n ‖ **~/осаждённый** Fällungspulver n *(Pulvermetallurgie)* ‖ **~/особо тонкий** Feinstpulver n *(Pulvermetallurgie)* ‖ **~/отожжённый** geglühtes Pulver n *(Pulvermetallurgie)* ‖ **~/пластинчатый** flittriges (plättchenförmiges) Pulver n *(Pulvermetallurgie)* ‖ **~/пластифицированный** plastifiziertes Pulver n, durch Plastifizierungsmittel plastisch gemachtes Pulver n *(Pulvermetallurgie)* ‖ **~/полировочный** *(Fert)* Polierpulver n ‖ **~/прессовочный** Preßpulver n ‖ **~/сверхтонкий** s. ~/ультратонкий ‖ **~/свободно насыпанный** Pulverhaufwerk n *(Pulvermetallurgie)* ‖ **~/спечённый алюминиевый** Aluminiumsinterwerkstoff m *(Pulvermetallurgie)* ‖ **~/стиральный** Waschpulver n ‖ **~/сферический** abgerundetes (kugeliges) Pulver n *(Pulvermetallurgie)* ‖ **~/тонкий** Feinpulver n *(Pulvermetallurgie)* ‖ **~/угольный** Kohlenpulver n, Kohlengrieß m ‖ **~/ультратонкий** ultrafeines Pulver n *(Pulvermetallurgie)* ‖ **~/фильтровальный** *(Brau)* Filterhilfsmittel n (z. B. Kieselgur, Perlite) ‖ **~/химически осаждённый** Fällungspulver n *(Pulvermetallurgie)* ‖ **~/чешуйчатый** s. ~/пластинчатый ‖ **~/шлифовальный** *(Fert)* Schleifpulver n, Schleifgranulat n ‖ **~/электролитический** Elektrolytpulver n *(Pulvermetallurgie)* ‖ **~/электрофотографический проявляющий** *(Photo)* elektrophotographischer Trockenentwickler m, Trockentoner m ‖ **~/элементарный** unlegiertes Pulver n *(Pulvermetallurgie)*

порт m 1. *(Schiff)* Hafen n *(s. a. unter* гавань*)*; 2. *(Schiff)* Pforte f; 3. *(Eln)* Anschluß m, Tor n, Port m ‖ **~/баржевый** Schutenhafen m ‖ **~/береговой** Küstenhafen m ‖ **~ ввода** *(Eln)* Eingabeanschluß m ‖ **~ ввода/вывода** *(Eln)* E/A-Port m ‖ **~/внутренний** Binnenhafen m ‖ **~/военный** Kriegshafen m, Marinehafen m ‖ **~ выгрузки** Löschhafen m ‖ **~/глубоководный** Tief[wasser]hafen m ‖ **~/грузовой** 1. Frachthafen m; 2. Ladeporte f ‖ **~/заокеанский** überseeischer Hafen m ‖ **~ захода** Anlaufhafen m, Anlegehafen m ‖ **~/клавиатуры** *(Eln)* Tastaturanschluß m, Tastaturtor m ‖ **~/контейнерный** Containerhafen m ‖ **~/лихтерный** Leichterhafen m ‖ **~/мелководный** Flachwasserhafen m ‖ **~/морской** Seehafen m ‖ **~/морской торговый** Seehandelshafen m ‖ **~ назначения** Bestimmungshafen m ‖ **~/незамерзающий** eisfreier Hafen m ‖ **~/нефтяной** Erdölhafen m, Ölhafen m ‖ **~/озёрный** Binnenseehafen m ‖ **~/осушительный** Wasserpforte f, Lenzpforte f ‖ **~ отправления** Abgangshafen m ‖ **~/пассажирский** Passagierhafen m, Personenverkehrshafen m ‖ **~/перегрузочный** Umschlagshafen m ‖ **~ погрузки** Ladehafen m ‖ **~ приписки** Heimathafen m ‖ **~/рыбачий (рыбный)** Fischereihafen m ‖ **~ сети** *(Nrt)* Übergang m, Netzübergang m ‖ **~/торговый** Handelshafen m ‖ **~/угольный** 1. Kohle[n]hafen m; 2. Bekohlungshafen m ‖ **~/штормовой** Wasserpforte f
портал m Portal n ‖ **~/неподвижный** *(Wkzm)* feststehendes Portal n ‖ **~/подвижный** *(Wkzm)* bewegliches Portal n ‖ **~/роботизированный сварочный** Roboterschweißportal n ‖ **~/сварочный** Schweißportal n
портальный *(Masch)* Portal…; Doppelständer…, Zweiständer…
портативный tragbar, Trag…
портейнер m Kran m für den Umschlag von Containern, Portainer m
портик m 1. *(Bw)* Portikus m, Säulengang m; Vorhalle f, Säulenhalle f, Halle f; 2. *(Schiff)* Pforte f ‖ **~/бортовой** *(Schiff)* Seitenpforte f ‖ **~/штормовой** *(Schiff)* Wasserpforte f

портландит *m (Min)* Portlandit *m*
портландцемент *m (Bw)* Portlandzement *m* ‖ **~/алюминатный** Aluminatportlandzement *m* ‖ **~/белый** weißer Portlandzement *m* ‖ **~/быстротвердеющий** schnellerhärtender Portlandzement *m* ‖ **~/жаростойкий** hitzebeständiger Portlandzement *m* ‖ **~/железистый** Erzzement *m*, Ferrozement *m* ‖ **~/магнезиальный** magnesiareicher Portlandzement *m* ‖ **~/сульфатостойкий** sulfatbeständiger Portlandzement *n* ‖ **~/тампонажный** Bohrlochzement *m* ‖ **~/трассовый** Traßportlandzement *m* ‖ **~/шлаковый** Schlackenzement *m*, Hüttenzement *m*
портовый Hafen...
порт-убежище *m (Schiff)* Nothafen *m*, Schutzhafen *m*
порубы *mpl (Led)* Falztreppen *fpl*
поручень *m (Bw)* Handlauf *m*, Holm *m* ‖ **~/деревянный** Holzgeländer *n* ‖ **~ перил** Geländerholm *m*, Handleiste *f (Geländer)*, Laufstange *f* ‖ **~/штормовой** *(Schiff)* Sturmhandlauf *m*
порфир *m (Geol)* Porphyr *m* ‖ **~/базальтовый** Basaltporphyr *m* ‖ **~/бескварцевый** *s.* **~/ортоклазовый** ‖ **~/биотитовый (биотитово-фельзитовый)** [felsitischer] Biotitporphyr *m*‖ **~/глинистый** Tonsteinporphyr *m* ‖ **~/гранитовый** Granitporphyr *m* ‖ **~/диабазовый** Diabasporphyr *m* ‖ **~/зеленокаменный** Grünsteinporphyr *m* ‖ **~/кварцевый** Quarzporphyr *m* ‖ **~/кремнистый** kieseliger Porphyr *m* ‖ **~/лейцитовый** Leuzitporphyr *m* ‖ **~/ортоклазовый** Ortho[klas]porphyr *m* ‖ **~/полешпатовый** Feldspatporphyr *m* ‖ **~/полосатый** Bänderporphyr *m* ‖ **~/пятнистый** Fleckenporphyr *m* ‖ **~/роговообманковый** Hornblendenporphyr *m* ‖ **~/ромбовый** Rhombenporphyr *m* ‖ **~/сиенитовый** Syenitporphyr *m* ‖ **~/слюдяной [ортоклазовый]** [quarzfreier] Glimmerporphyr *m* ‖ **~/смоляно-каменный** Porphyrpechstein *m* ‖ **~/фельзитовый** felsitischer Porphyr *m* ‖ **~/шаровой** felsitischer Porphyr *m* mit kugeliger Textur ‖ **~/щелочной гранитовый** Alkaligranitporphyr *m*
порфирит *m (Geol)* Porphyrit *m (paläovulkanische Äquivalente der tertiären und jüngeren Andesite)* ‖ **~/авгитовый** Augitporphyrit *m* ‖ **~/диабазовый** Diabasporphyrit *m* ‖ **~/диоритовый** Dioritporphyrit *m* ‖ **~/кварцевый** Quarzporphyrit *m* ‖ **~/пикритовый** Pikritporphyrit *m* ‖ **~/роговообманковый** Hornblendenporphyrit *m*
порфировый *(Geol)* porphyrisch, Porphyr...
порционер *m* Dosiergerät *n*, Dosiereinrichtung *f*, Zuteileinrichtung *f*
порционирование *n* Dosierung *f*, Zuteilung *f*, Zumessung *f*
порция *f* 1. *(Met)* Satz *m*, Beschickung *f*, Gicht *f*, Charge *f*; 2. *(Text)* Füllmenge *f (Flockespeisung)*
поршень *m* 1. Kolben *m (einer Kolbenmaschine)*; 2. *(Gieß)* Druckkolben *m*, Preßkolben *m (einer Druckgießmaschine)*; Amboß *m (einer Rüttelformmaschine)*; 3. *(Meß)* Molch *m (Molchmeßeinrichtung für Volumenmessung von Flüssigkeiten und Gasen)* ‖ **~/алюминиевый** Aluminiumkolben *m* ‖ **~ амортизатора** Stoßdämpferkolben *m*, Dämpferkolben *m* ‖ **~/биметаллический** Bimetallkolben *m*, Zweimetallkolben *m* ‖ **~/бочкообразный** balliger Kolben *m* ‖ **~ высокого давления** Hochdruckkolben *m* ‖ **~/гидравлический** Hydraulikkolben *m* ‖ **~ двойного действия** doppeltwirkender Kolben *m* ‖ **~/дисковый** Scheibenkolben *m* ‖ **~/дифференциальный** Differentialkolben *m*, Stufenkolben *m* ‖ **~/дозирующий** Dosierkolben *m*, Zuteilkolben *m* ‖ **~/дроссельный** Drosselkolben *m* ‖ **~/ёмкостный короткозамыкающий** *(El)* kapazitiver Kurzschlußschieber *m* ‖ **~/золотниковый** Schieberkolben *m* ‖ **~/измерительный** Meßkolben *m* ‖ **~/контактный** *(El)* Kontaktkolben *m* ‖ **~/короткозамыкающий** *(El)* Kurzschlußkolben *m* ‖ **~/нагнетательный** Förderkolben *m*, Druckkolben *m* ‖ **~/настроечный** *(El)* Abstimmkolben *m* ‖ **~/охлаждаемый** gekühlter Kolben *m* ‖ **~/плоский** Flachkolben *m* ‖ **~/пневматический** Pneumatikkolben *m* ‖ **~/приводной** Treibkolben *m* ‖ **~/разъёмный** geteilter Kolben *m* ‖ **~/распределительный** Steuerkolben *m* ‖ **~ с неразрезной юбкой** Vollschaftkolben *m* ‖ **~ с П-образным прорезом** U-Schlitzkolben *m*; Schlitzmantelkolben *m* mit U-Schlitz ‖ **~ с Т-образным прорезом** T-Schlitzmantelkolben *m*, Schlitzmantelkolben *m* mit T-Schlitz ‖ **~ с овальной юбкой** Ovalschaftkolben *m* ‖ **~ с плоским днищем** Flachkolben *m* ‖ **~ с разрезной юбкой** Schlitzmantelkolben *m* ‖ **~ с ремонтным размером** Reparaturmaßkolben *m* ‖ **~ с фасонным днищем** Kolben *m* mit Profilboden ‖ **~/сдвоенный** Doppelkolben *m* ‖ **~ сервомотора** Stellkolben *m* ‖ **~ со сплошной юбкой** Vollschaftkolben *m*, Glattschaftkolben *m*, mehrteiliger (gebauter) Kolben *m* ‖ **~/составной** mehrteiliger (gebauter) Kolben *m* ‖ **~/ступенчатый** Stufenkolben *m (Zweitaktmotor)* ‖ **~/тарельчатый** Scheibenkolben *m* ‖ **~/тронковый** Tauchkolben *m* ‖ **~/трубчатый** Röhrenkolben *m* ‖ **~ управления** Steuerkolben *m* ‖ **~/шариковый (шаровой)** *(Меß)* Kugelmolch *m*
поршень-поплавок *m* Schwimmerkolben *m*
поршень-рейка *m* Zahnstangenkolben *m*
поршневание *n (Erdöl)* Kolben *n*, Pistonieren *n*, Swabben *n*
поршневать *(Erdöl)* kolben, pistonieren, swabben
порыв *m* **[ветра]** *(Meteo)* Windstoß *m*, Bö *f* ‖ **~/восходящий** Steigbö *f* ‖ **~/нисходящий** Fallwind *m*
порывистость *f* **ветра** *(Meteo)* Windunruhe *f*
порядовка *f (Bw)* Hochmaß *n*, Schichtzahl *f*, Schichtenlatte *f*, Schichtenlehre *f*
порядок *m* 1. Ordnung *f*; Reihenfolge *f*, Folge *f*; 2. *(Math)* Grad *m (Gleichungen, Kurven)*; 3. *(Kyb)* Ordnung *f*, Regelmäßigkeit *f*; 4. *(Inf)* Exponent *m* ‖ **~/ближний** *(Krist)* Nahordnung ‖ **~/блочный варочный** *(Brau)* Blocksudwerk *n* ‖ **~/варочный** *(Brau)* Sud[haus]arbeit *f*; Sudwerk *n* ‖ **~ величин[ы]** Größenordnung *f* ‖ **~ включения** *(El)* Schaltordnung *f* ‖ **~ выемки** *(Bgb)* Verhiebsrichtung *f*, Verhieb *m* ‖ **~ выемки/восходящий** schwebender Verhieb *m* ‖ **~ выемки/нисходящий** fallender Verhieb *m* ‖ **~/дальний** *(Krist)* Fernordnung *f* ‖ **~/двоичный** *(Math, Inf)* Zweierpotenz *f* ‖ **~/двойной варочный** *(Brau)* Viergerätesudwerk *n (doppeltes Sudwerk)* ‖ **~/десятичный** *(Math, Inf)* Zehnerpotenz *f* ‖ **~ дифракции** *(Opt)* Beugungs-

ordnung f *(Gitter)* ‖ ~/**дрифтерный** Treibnetzfleet f, Fleet f ‖ ~ **зажигания** Zündfolge f *(Verbrennungsmotor)* ‖ ~ **замачивания (замочки)** Weichschema n, Weicharbeit f *(Mälzerei)* ‖ ~ **интерференции** *(Opt)* Ordnung f der Interferenz, Interferenzordnung f ‖ ~ **клетей** *(Wlz)* Gerüstanordnung f, Gerüstfolge f ‖ ~ **налегания (напластования)** *(Geol)* Schicht[en]folge f, Schichtenabfolge f ‖ ~ **обработки** *(Fert)* Bearbeitungsfolge f ‖ ~ **отработки** *(Bgb)* Abbauführung f, Baufolge f ‖ ~ **отработки/восходящий** schwebender Verhieb m ‖ ~ **отработки/обратный** Rückbau m ‖ ~ **отработки/прямой** Feldwärtsbau m ‖ ~ **полюса** Polordnung f ‖ ~/**простой варочный** *(Brau)* Zweigerätesudwerk n *(einfaches Sudwerk)* ‖ ~ **пространственного расположения** *(Krist)* Raumordnung f, Abbaurichtung f, Abbauführung f ‖ ~ **разработки/восходящий** schwebende Abbauführung f ‖ ~ **разработки/нисходящий** fallende Abbauführung f ‖ ~ **расположения слоёв** *(Photo)* Schichtfolge f, Schichtanordnung f ‖ ~ **реакции** *(Ch)* Reaktionsordnung f ‖ ~ **резов** Schnittfolge f ‖ ~/**сетевой** Netzfleet f *(Treibnetz)* ‖ ~ **следования/естественный** natürliche Reihenfolge f ‖ ~ **следования команд** *(Inf)* Befehlsfolge f, Befehlsreihenfolge f ‖ ~ **следования поездов** *(Eb)* Fahrordnung f *(Züge)* ‖ ~ **термов** *(Kern, Ch)* Termordnung f ‖ ~ **упаковки** Stapelordnung f; Stapelfolge f ‖ ~ **термов** ‖ ~ **уровней** s. ~ термов ‖ ~ **фальцовки** *(Typ)* Falzschema n
посадка f 1. *(Masch)* Passung f; 2. *(Fert)* Aufsetzen n *(Vorgang beim Fügen)*; 3. *(Eb)* Einsteigen n; 4. *(Flg)* Landen n, Landung f; 5. *(Lw, Forst)* Setzen n, Pflanzen n, Einpflanzen n, Auspflanzen n; 6. *(Schiff)* Einschiffen n, Anbordgehen n; 7. *(Schiff)* Schwimmlage f; 8. *(Met)* Einsetzen n, Aufgeben n, Beschicken n *(Schmelzöfen)* ‖ ~/**аварийная** 1. *(Flg)* Bruchlandung f, Notlandung f; 2. *(Schiff)* Leckschwimmlage f ‖ ~/**безукоризненная** *(Flg)* glatte Landung f ‖ ~ **в пути** *(Flg)* Zwischenlandung f ‖ ~ **в системе вала** *(Masch)* Passung f im System Einheitswelle ‖ ~ **в системе отверстия** *(Masch)* Passung f im System Einheitsbohrung ‖ ~/**вертикальная** *(Flg)* Senkrechtlandung f ‖ ~ **вслепую** *(Flg)* Blindlandung f ‖ ~/**вынужденная** *(Flg)* Notlandung f; Notwasserung f ‖ ~/**глухая** *(Masch)* Festpassung f ‖ ~/**гнездовая** *(Lw)* Nestpflanzung f ‖ ~/**горячая** *(Masch)* Schrumpfpassung f ‖ ~/**грубая** *(Flg)* harte Landung f ‖ ~ **движения** *(Masch)* Bewegungspassung f ‖ ~/**защитная** *(Lw)* Schutzpflanzung f ‖ ~/**квадратная** *(Lw)* Quadratpflanzung f ‖ ~/**квадратно-гнездовая** *(Lw)* Quadratnestpflanzung f ‖ ~ **кристаллов** *(Eln)* Chipaufsetzen n, Aufsetzen n der Chips *(auf dem Trägerstreifen)*; Chipbonden n ‖ ~ **кровли** *(Bgb)* Absenken n des Hangenden ‖ ~ **кровли/искусственная** *(Bgb)* Zubruchwerfen n des Hangenden ‖ ~ **кровли/планомерная** *(Bgb)* planmäßiges Hereinwerfen n der Dachschichten, planmäßiges Absenken n des Hangenden ‖ ~/**легкопрессовая** *(Masch)* leichte Preßpassung f ‖ ~/**легкоходовая** *(Masch)* leichte Laufpassung f ‖ ~/**мягкая** *(Raumf)* weiche Landung f ‖ ~ **на воду** *(Flg)*

Wasserung f ‖ ~ **на грунт** s. ~ на мель ‖ ~ **на две точки** *(Flg)* Zweipunktlandung f ‖ ~ **на колёса** s. ~/трёхточечная ‖ ~ **на Луну** *(Raumf)* Mondlandung f ‖ ~ **на мель** *(Schiff)* Grundberührung f, Auflaufen n, Aufgrundlaufen n ‖ ~ **на палубу** *(Flg)* Decklandung f ‖ ~ **на судно** *(Schiff)* Anbordgehen, Einschiffen n ‖ ~ **на три точки** s. ~ трёхточечная ‖ ~ **на фюзеляж** *(Flg)* Bauchlandung f ‖ ~/**неподвижная** *(Masch)* Ruhepassung f ‖ ~/**переходная** *(Masch)* Übergangspassung f ‖ ~/**плотная** *(Masch)* satte Passung f ‖ ~ **по ветру** *(Flg)* Rückenwindlandung f ‖ ~ **по посадочному лучу** *(Flg)* Leitstrahlverfahren n ‖ ~ **по приборам** *(Flg)* Instrumentenlandung f ‖ ~/**подвижная** *(Masch)* bewegliche Passung f, Spielpassung f ‖ ~ **подшипника** *(Masch)* Lagerpassung f ‖ ~/**прессовая** *(Masch)* Preßpassung f ‖ ~/**промежуточная** *(Flg)* Zwischenlandung f ‖ ~/**резьбовая** *(Masch)* Gewindepassung f ‖ ~/**рядовая** *(Lw)* Reihenpflanzung f, Verbandpflanzung f ‖ ~ **с зазором** *(Masch)* Spielpassung f ‖ ~ **с комом** *(Lw, Forst)* Ballenpflanzung f ‖ ~ **с натягом** *(Masch)* Übermaßpassung f, Preßpassung f ‖ ~ **с парашютированием** *(Flg)* Fahrstuhllandung f, Sacklandung f; Schwebelandung f *(Hubschrauber)* ‖ ~ **с убранным шасси** s. ~ на фюзеляж ‖ ~/**свободная** *(Masch)* lose Passung f ‖ ~/**скользящая** *(Masch)* Gleitpassung f ‖ ~/**слепая** *(Flg)* Blindlandung f ‖ ~ **со сносом** *(Flg)* Abdriftlandung f *(bei Seitenwind)* ‖ ~/**трёхточечная** *(Flg)* Dreipunktlandung f ‖ ~/**тугая** *(Masch)* Treibpassung f ‖ ~/**ходовая** *(Masch)* Laufpassung f
посадки fpl **по системе вала** Passungen fpl für Außenmaße *(System „Einheitswelle")* ‖ ~ **по системе отверстия** Passungen fpl für Innenmaße *(System „Einheitsbohrungen")*
посев m *(Lw)* Aussaat f, Saat f, Säen n ‖ ~/**бороздовой** Furchensaat f, Rillensaat f ‖ ~/**весенний** Frühjahrsaussaat f ‖ ~/**гнездовой** Dibbelsaat f, Stufensaat f, Häufchensaat f ‖ ~/**ленточный** Verbandsaat f, Streifensaat f ‖ ~/**непосредственный** Direktsaat f ‖ ~/**обычный рядовой** normale Drillsaat f ‖ ~/**однозерновой (односеменной)** Einzelkornaussaat f ‖ ~/**озимый (осенний)** Herbstaussaat f, Wintersaat f ‖ ~/**перекрёстный** Kreuzdrillsaat f ‖ ~/**пунктирный** s. ~/однозерновой ‖ ~/**разбросной** Breitsaat f ‖ ~/**ранний** Frühaussaat f ‖ ~/**рядовой** Reihensaat f, Drillsaat f ‖ ~/**смешанный** Gemengesaat f, Gemischsaat f ‖ ~/**точный** s. ~/однозерновой ‖ ~/**узкорядный** Engdrillsaat f ‖ ~/**широкорядный** Breitdrillsaat f
посёлок m *(Bw)* Siedlung f, Ansiedlung f ‖ ~/**дачный** Wochenendsiedlung f ‖ ~/**малый** Kleinsiedlung f ‖ ~/**пригородный** Stadtrandsiedlung f ‖ ~/**промышленный** Industriesiedlung f, Werkssiedlung f ‖ ~/**рабочий** Arbeitersiedlung f ‖ ~/**сельский** ländliche Siedlung f
последействие n Nachwirkung f, Spätwirkung f, Nacheffekt m ‖ ~/**магнитное** *(El)* magnetische Nachwirkung f ‖ ~/**пластическое** plastische Nachwirkung f; Relaxation f ‖ ~ **прессовки/упругое** Rückfederung f, Auffederung f *(Pulvermetallurgie)* ‖ ~/**упругое** elastische Nachwirkung f

последним пришёл-первым обслужен *(Inf)* LIFO, last-in-first-out
последовательно serienweise, serienmäßig
последовательность *f* 1. Reihenfolge *f*, Aufeinanderfolge *f*, Folge *f*; Sukzession *f*; 2. Folgerichtigkeit *f*; 3. *(Math)* Folge *f*, Sequenz *f* ‖ ~ **адресов/циклическая** *(Inf)* zyklische Adreßfolge *f* ‖ ~**/возрастающая** aufsteigende Reihenfolge *f* ‖ ~**/временная** Zeitfolge *f* ‖ ~ **гигантов** *(Astr)* Riesenast *m* ‖ ~**/главная** *(Astr)* Hauptreihe *f*, Zwergenast *m* *(Hertzsprung-Russell-Diagramm)* ‖ ~ **двоичных сигналов (символов)** *(Inf)* Binärzeichenfolge *f* ‖ ~ **зажигания** Zündfolge *f* *(Verbrennungsmotor)* ‖ ~ **запуска** *(Fert)* Einschleusungsfolge *f* ‖ ~ **звёзд/главная** *s*. ~/главная ‖ ~ **знака** *(Inf)* Zeichenreihe *f*, Zeichenfolge *f* ‖ ~ **инструкций** *(Inf)* Befehlsreihe *f* ‖ ~ **интервалов** *(Math)* Intervallfolge *f* ‖ ~ **команд** *(Inf)* Befehlsfolge *f* ‖ ~ **кристаллизации** Kristallisationsfolge *f*, Sukzession *f* der Kristallisation ‖ ~ **микрокоманд** *(Inf)* Mikrobefehlssatz *m* ‖ ~**/монтажная** Montagefolge *f* ‖ ~**/нисходящая** absteigende Reihenfolge *f* ‖ ~ **операций** *(Fert)* Operationsfolge *f*, Arbeitsfolge *f* ‖ ~**/принятая** *(Fert)* [einmal] vorgegebene Reihenfolge *f* ‖ ~ **программ** *(Inf)* Programmfolge *f* ‖ ~ **пропусков** *(Wlz)* Stichfolge *f*; Kaliberfolge *f*, Kaliberanordnung *f* ‖ ~ **точек** *(Math)* Punktfolge *f* ‖ ~**/убывающая** absteigende Reihenfolge *f* ‖ ~ **упаковки** Stapelfolge *f* ‖ ~**/управляющая** Steuerfolge *f* ‖ ~ **чисел** *(Math)* Zahlenfolge *f*
последовательный 1. aufeinanderfolgend, sukzessiv; 2. *(El)* in Reihe, Reihen…; 3. *(Inf)* sequentiell; seriell
послезвучание *n (Ak)* Nachhall *m*, Widerhall *m*
послеизображение *n (TV)* Nachbild *n*
послекоррекция *f (Rf)* Nachentzerrung *f*
послеледниковый *(Geol)* postglazial, nacheiszeitlich
послеледниковье *n (Geol)* Postglazial *n*, Postglazialzeit *f*, Nacheiszeit *f*
послепотенциал *m (Ph)* Nachpotential *n*
послеразряд *m (El)* Nachentladung *f*
послесвечение *n* Nachleuchten *n (Lumineszenz)*; Nachglimmen *n*
послеусилитель *m (El)* Nachverstärker *m*
послеускорение *n* Nachbeschleunigung *f*
послефокусировка *f (TV)* Nachfokussierung *f*
послойный geschichtet, in Schichten, schichtweise, Schichten…
посол *m* Salzen *n*, Einsalzen *n*, Salzung *f (Fischverarbeitung)*
посолить *s*. солить
посредственный mittelbar, indirekt
пост *m* Warte *f*; Stand *m* ‖ ~**/багермейстерский** Baggerleitstand *m*, Baggerfahrstand *m* ‖ ~**/водомерный** 1. Pegel *m*; 2. Pegelstation *f* ‖ ~**/высокочастотный** Hochfrequenzzentrale *f*, HF-Zentrale *f* ‖ ~**/гидрологический** hydrologische Station *f* ‖ ~**/дальномерный** Entfernungsmeßstand *m*, E-Meßstand *m* ‖ ~**/диспетчерский** *(Eb)* Fernsteuerstellwerk *n*, Fernsteuerzentrale *f* ‖ ~**/дистанционный водомерный** Fernpegel *m*, Wasserstandsfernmelder *m* ‖ ~ **загрузки и выгрузки** *(Fert)* Einlege- und Entnahmestation *f (eines Roboters)* ‖ ~**/исполнительный** *(Eb)* Wärterstellwerk *n* ‖ ~**/командный** Regelwarte *f* ‖ ~**/командный микрофонный** *(Schiff)* Kommandosprechstelle *f* ‖ ~**/маневровый** *(Eb)* Rangierturm *m* ‖ ~**/микрофонный** Sprechstelle *f* ‖ ~**/наземный командный** Bodenleitstelle *f* ‖ ~ **обобщённой сигнализации** *(Schiff)* Wachstation *f (Ingenieuralarmanlage)* ‖ ~**/пожарный** Feuerlöschstation *f* ‖ ~**/путевой** *(Eb)* Streckenposten *m* ‖ ~**/распорядительно-исполнительный** *(Eb)* Befehlsstellwerk *n* ‖ ~**/распорядительный** Befehlsstelle *f*, Befehlsstellwerk *n*, Kommandostelle *f* ‖ ~**/рулевой** *(Schiff)* Ruderstand *m*, Steuerstand *m* ‖ ~**/сварочный** Schweißstand *m*, Schweißplatz *m* ‖ ~**/секционирования** *(El, Eb)* Kuppelstelle *f (Fahrleitung)* ‖ ~**/сигнальный** *(Schiff)* Signalstelle *f* ‖ ~**/станционный** *(Eb)* Bahnhofsblock *m* ‖ ~ **управления** Steuerstand *m*, Steuerwarte *f*, Steuerzentrale *f*; Fahrstand *m*, Bedienstand *m* ‖ ~ **управления/главный** *(Schiff)* Hauptfahrstand *m*, Hauptbedienstand *m (auf der Brücke)* ‖ ~ **управления главным двигателем** *(Schiff)* Hauptmaschinenfahrstand *m* ‖ ~ **управления грузовыми операциями** *(Schiff)* Bedienstand *m* für den Lade- und Löschbetrieb ‖ ~ **управления/дистанционный** Fernbedienungsstand *m* ‖ ~ **управления/местный** örtlicher Bedienungsstand *m* ‖ ~ **управления/централь** *(Schiff)* Maschinenkontrollraum *m*, zentraler Maschinenleitstand *m* ‖ ~ **централизации/распорядительный** *(Eb)* Befehlsstellwerk *n* ‖ ~**/централизационный** *(Eb)* Zentralstellwerk *n* ‖ ~**/центральный Zentrale *f* ‖ ~**/центральный пожарный** zentrale Feuerlöschstation *f*, Feuerlöschzentrale *f*
постав *m* Gang *m (Müllerei)* ‖ ~**/жерновой** Mühlsteingang *m*, Mahlgang *m*; Ölgang *m (Ölmühle)* ‖ ~**/мельничный** Mahlgang *m*, Mahlwerk *n*, Mühlgang *m*, Gangwerk *n*, Gangzeug *n* ‖ ~ **пил** Sägenbund *m (Gatter)* ‖ ~**/полировальный** Poliergang *m (Reisbearbeitung)* ‖ ~ **рисорушки** Reisschälgang *m* ‖ ~ **с верхним бегуном/жерновой** Oberläufermahlgang *m* ‖ ~**/шелушильный** Schälgang *m (Reisbearbeitung)* ‖ ~**/шлифовальный** Schleifgang *m (Reisbearbeitung)*
поставка *f* 1. Lieferung *f*; 2. Liefermenge *f*
постановка *f* Anordnung *f*, Aufstellung *f* ‖ ~ **в док** *(Schiff)* Eindocken *n* ‖ ~ **задачи** *(Inf)* Aufgabenstellung *f*, Problemstellung *f* ‖ ~ **на якорь** *(Schiff)* Ankern *n*, Vorankergehen *n*, Ankerwerfen *n*
постареть *s*. стареть
постель *f* 1. Bett *n*, Bettung *f*, Bettschicht *f*; 2. Setzbett *n (Aufbereitung)*; 3. *(Gieß)* Bett *n*, Gießbett *n*, Formbett *n (Herdformerei)*; 4. *(Schiff)* *s*. ~**/сборочная** ‖ ~**/балластная** *(Eb)* Unterbauplanum *n* ‖ ~**/бетонный** Betonbett *n* ‖ ~**/дорожная** Straßenunterbau *m* ‖ ~**/лекальная** *(Schiff)* Baulehre *f* mit Formblechen ‖ ~**/отсадочная** *(Bgb)* Setzbett *n (Aufbereitung)* ‖ ~**/песчаная** *(Bw)* Sandbettung *f* ‖ ~ **россыпи** *(Geol)* unterste Seifenschicht *f (meist stark mit nutzbaren Mineralen angereichert)* ‖ ~**/сборочная** *(Schiff)* Baulehre *f*, Bauvorrichtung *f*, Formvorrichtung *f* ‖ ~**/стоечная** *(Schiff)* Baulehre *f* mit Konturstützen ‖ ~ **формы** *s*. постель 3. ‖ ~**/щебёночная** *(Bw)* Schotterbett *n*

постлистинг *m (Inf)* Nachlistung *f*
постоянная *f (Math, Ph)* Konstante *f*, Unveränderliche *f*, unveränderliche Größe *f (s. а.* unter константа) ‖ ~ **аберрации** *(Astr)* Aberrationskonstante *f* ‖ ~ **Авогадро** *(Ph, Ch)* Avogadro-Konstante *f*, Avogadrosche Konstante *f* ‖ ~ **активации** *(Kern)* Aktivierungskonstante *f* ‖ ~ **альфа-рапада** *(Kern)* Alphazerfallskonstante *f* ‖ ~ **анизотропии** Anisotropiekonstante *f* ‖ ~/**атомная** atomphysikalische (atomare) Konstante *f* ‖ ~ **Бернулли** *(Ph)* Bernoullische Konstante *f*, Strömungsenergie *f* ‖ ~ **Блоха** *(Ph)* Blochsche Konstante *f* ‖ ~ **Больцмана** *(Therm)* Boltzmann-Konstante *f*, Boltzmannsche Konstante *f* ‖ ~ **Ван-дер-Ваальса** *(Ph)* Van der Waalssche Konstante *f*, Van-der-Waals-Konstante *f* ‖ ~ **Верде** *(Opt)* Verdetsche Konstante *f (Faraday-Effekt)* ‖ ~ **Вина** *(Ph)* Wiensche Verschiebungskonstante *f*, Wien-Konstante *f* ‖ ~/**волновая** *(Ph, El)* Wellen[längen]konstante *f* ‖ ~ **вращения** *(Opt)* spezifische Drehung *f (der Polarisationsebene)*; Rotationskonstante *f (Rotationspolarisation)* ‖ ~ **времени** *(Ph, El, Eln)* Zeitkonstante *f* ‖ ~ **времени задержки** *(Ph)* Verzögerungskonstante *f* ‖ ~ **времени заряда** *(Ph)* Ladezeitkonstante *f* ‖ ~ **времени затухания** *(Ph)* Abklingzeitkonstante *f*, Dämpfungszeitkonstante *f* ‖ ~ **времени нагрева** *(Eln)* Erwärmungszeitkonstante *f*, Wärmezeitkonstante *f* ‖ ~ **времени нарастания** *(Eln)* Anstiegszeitkonstante *f* ‖ ~ **времени охлаждения** *(Ph)* Abkühlungszeitkonstante *f* ‖ ~ **времени перезарядки** *(Eln)* Umladungszeitkonstante *f* ‖ ~ **времени переключения** *(El)* Schaltzeitkonstante *f* ‖ ~ **времени подогрева** *(Eln)* Anheizzeitkonstante *f* ‖ ~ **времени транзистора** Transistorzeitkonstante *f* ‖ ~ **времени эмиттера** *(Eln)* Emitterzeitkonstante *f* ‖ ~ **выпрямления** *(Eln)* Richtkonstante *f*, Richtwert *m* ‖ ~ **вязкости** *(Ph)* Viskositätskonstante *f* ‖ ~/**газовая** Gaskonstante *f* ‖ ~/**гауссова [гравитационная]** *(Astr)* Gaußsche Konstante *f* (Gravitationskonstante *f*, Gravitationskonstante *f* des Sonnensystems) ‖ ~/**гравитационная** *s.* ~ **тяготения** ‖ ~ **дисперсии** *(Ph)* Disperionskonstante *f* ‖ ~ **диссоциации** *(Ph)* Dissoziationskonstante *f* ‖ ~ **диффузии** *(Ph)* Diffusionskonstante *f*, Diffusionskoeffizient *m* ‖ ~/**диэлектрическая** *(El)* Dielektrizitätskonstante *f*, DK ‖ ~ **замедления** *(Ph)* Verzögerungskonstante *f* ‖ ~ **затухания** *(Ph)* Dämpfungskonstante *f*, Abklingkonstante *f* ‖ ~ **излучения** *(Kern)* Strahlungskonstante *f* ‖ ~ **изотопического смещения** *(Kern)* Isotopieverschiebungskonstante *f* ‖ ~/**инверсионная** *(Ph)* Inversionskonstante *f* ‖ ~ **инерции** *(Mech)* [relative] Trägheitskonstante *f* ‖ ~ **интегрирования** Integrationskonstante *f* ‖ ~ **ионизации** *(Kern)* Ionisationskonstante *f* ‖ ~/**капиллярная** *(Ph)* Kapillar[itäts]konstante *f* ‖ ~ **квадрупольной связи** *(Nrt)* Quadrupolkopplungskonstante *f* ‖ ~/**квантовая** *s.* ~ Планка ‖ ~ **Керра** *(Opt)* Kerr-Konstante *f (elektrische Doppelbrechung)* ‖ ~ **клина** *(Opt)* Keilkonstante *f*, Keilfaktor *m* ‖ ~/**космическая (космологическая)** *(Astr)* kosmologische Konstante *f (relativistische Kosmologie)* ‖ ~ **Коттона-Мутона** *(Opt)* Cotton-Mouton-Konstante *f (magnetische Doppelbrechung)* ‖ ~/**криоскопическая** kryoskopische Konstante *f*, molare (molekulare) Gefrierpunktserniedrigung *f* ‖ ~/**кристаллической решётки** *s.* ~ **решётки** ‖ ~ **Кюри** *(Ph)* Curie-Konstante *f*, Curiesche Konstante *f* ‖ ~ **Ламе** *(Ph)* Lamésche Elastizitätskonstante *f* ‖ ~ **линии** *(Nrt)* Leitungskonstante *f* ‖ ~ **Лошмидта** *(Ph, Ch)* Loschmidtsche Zahl *f* ‖ ~ **лучеиспускания** *s.* ~ излучения ‖ ~/**магнитная** magnetische Feldkonstante *f*, absolute Permeabilitätskonstante *f* ‖ ~/**максимальная магнитная** Maximalpermeabilität *f (Magnetismus)* ‖ ~ **Неймана** *(Ph)* Neumannsche Konstante *f* ‖ ~ **непрерывного клина** *(Opt)* Konstante *f* des kontinuierlich verlaufenden Keils *(kontinuierlicher Graukeil)* ‖ ~ **Нернста** *(Ph)* Nernst-Faktor *m* ‖ ~ **отклонения** *(Ph)* Ablenkungskonstante *f* ‖ ~ **охлаждения** Abkühlungskonstante *f* ‖ ~ **передачи** *(Nrt)* Übertragungskonstante *f*, Übertragungsmaß *n* ‖ ~ **Планка** *(Ph)* Plancksche Konstante *f*, [Plancksches] Wirkungsquantum *n* ‖ ~ **Планка-Больцмана** *(Ph)* Planck-Boltzmann-Konstante *f* ‖ ~/**повторная фазная** *(Nrt)* Kettenphasenmaß *n*, Kettenwinkelmaß *n* ‖ ~ **прецессии [Ньюкома]** *(Astr)* [Newcombsche] Präzessionskonstante *f* ‖ ~ **прибора** Gerätekonstante *f*, Instrumentkonstante *f* ‖ ~ **пространственного заряда** *(Ph, Eln)* Raumladungskonstante *f* ‖ ~ **[радиоактивного] распада** *(Kern)* [radioaktive] Zerfallskonstante *f* ‖ ~ **распространения** *(Ph)* Ausbreitungskonstante *f*, Fortpflanzungskonstante *f* ‖ ~ **рассеяния** *(Ph)* 1. Dissipationskonstante *f*; 2. Streu[ungs]konstante *f* ‖ ~ **рефракции** *(Astr)* Refraktionskonstante *f*, Refraktionskoeffizient *m* ‖ ~ **решётки [/кристаллографическая]** [kristallographische] Gitterkonstante *f*, Kristallgitterkonstante *f* ‖ ~ **решётки/оптическая** optische Gitterkonstante *f* ‖ ~ **Ридберга** *(Ph)* Rydberg-Konstante *f*; Rydberg-Zahl *f* ‖ ~ **связи** *(Ph)* Bindungskonstante *f* ‖ ~ **сдвига фаз** *(Nrt)* Phasenkonstante *f*, Winkelkonstante *f (s. а.* ~ /фазовая) ‖ ~ **силовая** Kraftkonstante *f* ‖ ~/**солнечная** *(Astr)* Solarkonstante *f* ‖ ~ **средств измерений** Meßmittelkonstante *f* ‖ ~ **Стефана-Больцмана** *(Ph)* Stefan-Boltzmannsche Konstante *f*, Strahlungskonstante *f* ‖ ~ **ступенчатого клина** *(Opt)* Stufenkeilkonstante *f (Stufengraukeil)* ‖ ~ **счётчика** Zählerkonstante *f* ‖ ~/**тепловая** thermische Zeitkonstante *f* ‖ ~ **тяготения** *(Mech)* [Newtonsche] Gravitationskonstante *f* ‖ ~ **тяготения Эйнштейна** Einsteinsche Gravitationskonstante *f* ‖ ~/**удельная газовая** spezifische Gaskonstante *f* ‖ ~/**универсальная газовая** *(Ph, Ch)* universelle (allgemeine, ideale, molare) Gaskonstante *f* ‖ ~/**фазовая** *(Nrt)* Winkelmaß *n*, Phasenmaß *n (s. а.* ~ сдвига фаз) ‖ ~ **Фарадея** *s.* число Фарадея ‖ ~ **Хаббла** *(Astr)* Hubble-Konstante *f* ‖ ~ **Холла** *(El)* Hall-Konstante *f* ‖ ~ **четырёхполюсника** *(Nrt)* Vierpolkonstante *f* ‖ ~ **чувствительности** Ansprechkonstante *f* ‖ ~ **Шеррера** *(Ph)* Scherrersche Konstante *f* ‖ ~/**эбулиоскопическая** ebullioskopische Konstante *f* ‖ ~ **Эйнштейна** *(Ph)* Einsteinsche Gravitationskonstante *f* ‖ ~ **экранирования** 1. *(Kern)* Abschirm[ungs]konstante *f*, Abschirmzahl *f*; 2. Abschirm[ungs]konstante *f (Mo-*

ПОСТОЯННАЯ 662

lekularphysik) ǁ ~/**электрическая** elektrostatische Grundkonstante f, Influenzkonstante f, elektrische Feldkonstante f ǁ ~ **энергии** (Ph) Energiekonstante f ǁ ~ **ядра** Kernkonstante f, kernphysikalische Konstante f
постоянно-истинный (Inf) stets wahr
постоянно-ложный (Inf) stets falsch, niemals wahr
постоянный 1. beständig, gleichbleibend, konstant, unveränderlich, stetig; 2. Dauer... (z. B. Dauermagnet); Gleich... (z. B. Gleichstrom) ǁ ~/**срочно** streng konstant
постоянство n Konstanz f, Beständigkeit f, Stetigkeit f, Unveränderlichkeit f ǁ ~ **во времени** Zeitkonstanz f, zeitliche Konstanz f ǁ ~ **напряжения** (El) Spannungskonstanz f ǁ ~ **объёма** Volum[en]beständigkeit f, Raumbeständigkeit f, Raumkonstanz f ǁ ~ **температуры** Temperaturkonstanz f ǁ ~ **частоты** (El) Frequenzkonstanz f
постпрограмма (Inf) Post-mortem-Programm n
постпроцессор m (Inf) Postprozessor m
построение n 1. Aufbau m, Struktur f; 2. (Math) Herstellung f; Konstruktion f ǁ ~/**агрегатное** Baukastenaufbau m, Aufbau m nach dem Baukastenprinzip ǁ ~/**блочное** Aufbau m in Blockbauweise ǁ ~/**геометрическое** (Math) [geometrische] Konstruktion f ǁ ~ **замкнутой сети** (El) Vermaschung f ǁ ~ **зон Брилюэна** (Krist) Zonenkonstruktion f von Brillouin, Brillouinsche Zonenkonstruktion f ǁ ~/**модульное** modularer Aufbau m ǁ ~ **поля** [/**графическое**] (Math) graphische Feldermittlung (Feldkonstruktion) f ǁ ~ **сети** (El, Nrt) Netzaufbau m ǁ ~ **сети/радиальное** sternförmiger Netzaufbau m ǁ ~ **Эвальда** (Krist) Ewaldsche Konstruktion f
построитель m **кривых** (Inf) Kurvenschreiber m, Plotter m, Registriergerät n
построить s. **строить**
постройка f (Bw) 1. Bauen n, Erbauen n, Aufbau m; 2. Bau m, Gebäude n, Bauwerk n ǁ ~/**бетонная** Betonbau m ǁ ~/**вулканическая** (Geol) Vulkanbau m ǁ ~/**каменная** Bruchsteinbau m ǁ ~/**каркасная** Skelettbau m ǁ ~/**кирпичная** Backsteinbau m, Ziegelbau m ǁ ~/**массивная** Massivbau m ǁ ~/**поточная** Fließfertigung f ǁ ~/**поточно-позиционная** Fließfertigung f im Taktverfahren
построчно zeilenweise
построчно-ориентированный zeilenorientiert
построчный zeilenweise
постулат m Postulat n, Grundsatz m ǁ ~ **Бора** (Kern) Bohrsches Postulat n ǁ ~ **Клаузиуса** (Therm) Clausius-Prinzip n, Satz m von Clausius (verbale Formulierung des 2. Hauptsatzes der Thermodynamik) ǁ ~ **Линденбаума** (Math) Lindenbaumsches Postulat n ǁ ~ **о квантовании** (Ph) Quantenpostulat n ǁ ~ **однородности** (Astr) [kosmisches] Homogenitätspostulat n, Weltpostulat n
поступательно-возвратный hin- und hergehend, schwingend, oszillierend
поступательный fortschreitend, Vorwärts..., translatorisch, Translations...
поступающий ankommend
поступь f Fortschritt m, Vorwärtsbewegung f (des Propellers) ǁ ~ **гребного винта** (Schiff) Propellerfortschritt m ǁ ~/**относительная** (Schiff)

Fortschrittsgrad m, Fortschrittsziffer f; (Flg) Steigungsverhältnis n
посуда f Geschirr n, Geräte npl, Gerätschaften pl, Gefäße npl; Gefäß n, Gefäß n ǁ ~/**гончарная** Töpfergeschirr n ǁ ~/**жаропрочная** feuerfestes Glasgeschirr n ǁ ~/**керамическая** keramisches Geschirr n ǁ ~/**мерная** Meßgefäße npl, Meßbehälter mpl ǁ ~/**платиновая** (Ch) Platingeräte npl, Platingeschirr n ǁ ~/**стеклянная** Glasgeschirr n ǁ ~/**фарфоровая** Porzellangeschirr n ǁ ~/**фаянсовая** Steingutgeschirr n ǁ ~/**химическая** Labor[atoriums]geräte mpl ǁ ~/**эмалированная** Emaillegeschirr n
посылка f 1. Sendung f, Absendung f; 2. Sendung f, Paket n; 3. Schritt m ǁ ~/**бестоковая** (Nrt) Kein-Stromschritt m, Pausenschritt m ǁ ~ **вызова/периодическая** (Nrt) periodischer (intermittierender) Ruf m ǁ ~ **знака** Zeichenschritt m ǁ ~ **импульсов** (El) Impulsgebung f, Impulsgabe f; (Nrt) Stromstoßgabe f ǁ ~/**кодовая** (Nrt) Kodesendung f ǁ ~/**комбинационная** (Nrt) Kombinationsschritt m ǁ ~/**рабочая** (Nrt) Zwischenstromschritt m ǁ ~/**стартовая** (Nrt, Inf) Startschritt m, Anlaufschritt m ǁ ~/**стоповая** (Nrt, Inf) Sperrschritt m, Stoppschritt m ǁ ~/**телеграфная** Telegraphie[r]impuls m, Telegraphierschritt m ǁ ~ **тока** (Nrt) Stromschritt m ǁ ~ **тока/минусовая** negativer Stromimpuls (Stromschritt) m ǁ ~ **тока/плюсовая** positiver Stromimpuls (Stromschritt) m ǁ ~/**токовая** (Nrt) Stromschritt m
посыпать [**песком**] (Eb) sanden, Sand streuen (Lok)
пот m/**жировой** (Text) Schafschweiß m, Fettschweiß m, Wollschweiß m
потай m (Fert) Senkung f (für Schrauben- und Nietköpfe)
потайной 1. (Fert) versenkt, Senk...; 2. eingelassen; verdeckt
поташ m Pottasche f (Kaliumcarbonat)
потёк m (Fert) Pfütze f (z. B. ausgelaufenes Öl)
потемнение n Nachdunkeln, Schwarzwerden n, Schwärzung f ǁ ~ **к краю** (Astr) Randverdunklung f
потенение n (Geol) Exsudation f, Ausscheidung f
потенциал m (Ph) Potential n ǁ ~ **активации** Aktivierungspotential n, Aktivierungsspannung f ǁ ~/**анодный** (El) Anodenpotential n ǁ ~/**биоэлектрический** Biopotential n ǁ ~/**векторный** (El) Vektorpotential n ǁ ~ **взаимодействия** (Ph) Wechselwirkungspotential n ǁ ~ **водохранилища/электрический** (Hydt) Speicherarbeitsvorrat m ǁ ~ **возбуждения** (Ph) Anregungspotential n ǁ ~ **возбуждения атома/критический** (Kern) kritisches Potential (Anregungspotential) n ǁ ~ **возмущения** Störpotential n ǁ ~/**восстановительный** (Ch) Reduktionspotential n ǁ ~/**входной** (El) Eingangspotential n ǁ ~ **выделения** (Ch) Abscheidungspotential n ǁ ~ **выхода** s. ~/**выходной** (El) Ausgangspotential n, Austrittspotential n ǁ ~ **Гиббса** [/**термодинамический**] s. ~/**изобарно-изотермический** ǁ ~/**гравитационный** (Ph) 1. Gravitationspotential n (Newtonsche Gravitationstheorie); 2. Gravitationspotential n, metrisches Potential n (allgemeine Relativitätstheorie) ǁ ~/**двухнуклонный** s. ~ **двухчастичных**

потенциал

сил ‖ ~ **двухчастичных сил** (Kern) Zweikörperpotential n, Zweinukleonenpotential n ‖ ~ **Дебая** (Ph) Debyesches Potential n, Debye-Potential n ‖ ~ **деионизации** Deionisationspotential n, Entionisierungspotential n ‖ ~ **действия** Aktionspotential n ‖ ~ **деформации** Deformationspotential n ‖ ~ **диполя** (El) Dipolpotential n ‖ ~/**диффузионный** (Ph) Diffusionspotential n, Flüssigkeitspotential n; Diffusionsspannung f ‖ ~ **жидкого соединения** s. ~/диффузионный ‖ ~/**задерживающий** Bremspotential n, Bremsspannung f ‖ ~ **зажигания** (El) Zündpotential n ‖ ~/**запаздывающий** retardiertes Potential n ‖ ~ **запирающего слоя** (Ph) Sperrschichtpotential n ‖ ~ **затухания** (El) Dämpfungspotential n ‖ ~/**защитный** (El) Schutzpotential n ‖ ~ **земли** (El) Erdpotential n ‖ ~ **излучения** (Ph) Strahlungspotential n, Strahlenpotential n ‖ ~/**измерительный** Meßpotential n ‖ ~/**изобарно-изотермический** (Therm) Gibbssches [thermodynamisches] freie Enthalpie f ‖ ~/**изобарный** s. ~/изобарно-изотермический ‖ ~/**изохорно-изотермический** (Therm) freie Energie f, Helmholtz-Potential n ‖ ~/**изохорный** s. ~/изохорно-изотермический ‖ ~/**ионизации** s. ~/ионизационный ‖ ~/**ионизационный** (Kern) Ionisationspotential n, Ionisierungsspannung f ‖ ~ **искрового разряда** (El) Funkenpotential n ‖ ~/**искровой** (El) Funkenpotential n ‖ ~/**катодный** (El) Kathodenpotential n ‖ ~/**квадруполя** (Ph) Quadrupolpotential n ‖ ~/**кинетический** (Mech) kinetisches Potential n, Lagrange-Funktion f ‖ ~/**комплексный** (Hydrod) komplexes Potential n, komplexe Strömungsfunktion f ‖ ~/**контактный** (El) Kontaktpotential n ‖ ~/**коррозии** Korrosionspotential n ‖ ~/**критический** (Kern) kritisches Potential (Anregungspotential) n ‖ ~/**кулоновский** Coulomb-Potential n ‖ ~ **Лиенара-Вихерта** Liénard-Wiechert-Potential n ‖ ~/**логарифмический** (Math, Ph) logarithmisches Potential n ‖ ~/**магнитный** (Ph) magnetisches (magnetostatisches) Potential n ‖ ~ **насыщения** (El) Sättigungspotential n ‖ ~/**начальный** 1. (El) Anfangsspannung f, Anfangspotential n; 2. (Kern) Erscheinungspotential n, Appearancepotential n ‖ ~/**нормальный [электродный]** [elektrochemisches] Standardpotential n, Standard-Bezugs-EMK f, Normalpotential n ‖ ~/**нулевой** (El) Nullpotential n ‖ ~/**ньютонов** (Math) Newtonsches Potential n ‖ ~/**обменный** (Ph) Austauschpotential n ‖ ~/**обратный** (Ph) Gegenspannung f ‖ ~/**окислительно-восстановительный** (Ch) Redoxpotential n ‖ ~/**окислительный** (Ch) Oxidationspotential n ‖ ~/**опережающий** (Ph) avanciertes Potential n ‖ ~/**опорный** Bezugspotential n ‖ ~ **осаждения (оседания, падения)** s. ~/седиментационный ‖ ~ **переноса массы** (Ph) Massenübertragungspotential n ‖ ~ **перехода** (Eln) Übergangspotential n (Halbleiter) ‖ ~ **Планка [/термодинамический]** (Therm) [thermodynamisches] Plancksches Potential n ‖ ~ **поверхности** s. ~/поверхностный ‖ ~/**поверхностный** (Ch) Oberflächenpotential n, Chi-Potential n; Grenzflächenpotential n; (Eln) Oberflächenpotential n (Halbleiter) ‖ ~ **погасания** (El) Löschspannung f ‖ ~ **покоя** (El) Ruhepotential n ‖ ~ **полуволны** Halbstufenpotential n, Halbwellenpotential n ‖ ~ **поля ядра** (Kern) Kernpotential n ‖ ~/**поперечный** (Ph) transversales Potential n ‖ ~ **превращения** (Kern) Konversionspotential n, Umwandlungspotential n ‖ ~ **приграничного слоя** (Ph) Randschichtpotential n, Grenzschichtpotential n ‖ ~ **приливообразующей силы** flutererzeugendes Potential n, Gezeitenpotential n (Ozeanographie) ‖ ~ **прилипания** (Ph) Haftpotential n ‖ ~/**примесный** (Eln) Störstellenpotential n ‖ ~ **притяжения** (Mech) Anziehungspotential n ‖ ~ **пробоя** (El) Durchschlagsspannung f, Durchschlagpotential n ‖ ~/**псевдостатический** pseudostatisches Potential n ‖ ~/**рабочий** (El) Betriebspotential n ‖ ~/**равновесный** (Math) Gleichgewichtspotential n ‖ ~ **разложения** Zersetzungspotential n ‖ ~ **растворения** (Ch) Lösungspotential n ‖ ~ **растяжения** (Mech) Dehnungspotential n ‖ ~/**резонансный** (Kern) Resonanzpotential n ‖ ~ **решётки** (Krist) Gitterpotential n ‖ ~/**седиментационный** (Ch) Sedimentationspotential n, elektrophoretisches Potential n, Dorn-Effekt m ‖ ~ **сетки** (Eln) Gitterpotential n ‖ ~/**сеточный** (Eln) Gitterpotential n ‖ ~ **сил взаимодействия** (Ph) Wechselwirkungspotential n ‖ ~ **сил Гейзенберга** (Pl) Heisenberg-Potential n, Potential n der Heisenberg-Kräfte ‖ ~ **сил отталкивания** (Ph) Abstoßungspotential n ‖ ~ **сил притяжения** (Mech) Anziehungspotential n ‖ ~ **сил тяготения** s. ~/гравитационный ‖ ~/**скалярный** (Ph) skalares Potential n ‖ ~/**скорости** (Hydrod) Geschwindigkeitspotential n, Strömungspotential n ‖ ~/**собственный** (Ph) Selbstpotential n, Eigenpotential n ‖ ~/**согласованный** (Eln) konsistentes Potential n ‖ ~/**спин-орбитальный** (Kern) Spin-Bahn-Potential n ‖ ~/**стандартный** Standardpotential n ‖ ~/**статический** (Ph) statisches Potential n ‖ ~ **сушки** (Wmt) Trocknungspotential n ‖ ~ **счётчика/начальный** (Kern) angelegte Spannung f am Zählrohr ‖ ~ **тепла** (Wmt) Wärmepotential n ‖ ~/**термодинамический** (Therm) thermodynamisches Potential n, charakteristische Funktion f ‖ ~ **термодиффузии** (Therm) Thermodiffusionspotential n ‖ ~/**термоэлектрический** thermoelektrisches Potential n ‖ ~/**течения** (Ph) Strömungspotential n, Fließpotential n (Elektroosmose, Elektrophorese) ‖ ~/**тормозящий** (Kern) Bremspotential n ‖ ~ **тяготения** s. ~/гравитационный ‖ ~/**управляющий** (Reg) Steuerpotential n ‖ ~/**упругий** (Fest) elastisches Potential n, spezifische Formänderungsarbeit (Formänderungsenergie) f ‖ ~/**ускоряющий** (Kern) Beschleunigungspotential n ‖ ~ **Ферми** (Ph) Fermi-Potential n ‖ ~/**химический** (Therm) chemisches (thermodynamisches) Potential n, molare freie Enthalpie f ‖ ~/**центральный** s. ~ центральных сил ‖ ~ **центральных сил** (Mech) Zentralpotential n, Potential n der Zentralkräfte ‖ ~/**центробежный** (Mech) Zentrifugalpotential n ‖ ~/**электрический** elektrisches Potential n ‖ ~/**электродный** Elektrodenpotential n ‖ ~/**электрокинетический** (Ph, Ch) elektrokinetisches Potential n, Zeta-Potential n ‖

потенциал

~/электрохимический elektrochemisches Potential n ‖ **~ Юкавы** (Kern) Yukawa-Potential n ‖ **~/ядерный** Kernkraftpotential n

потенциал-регулятор m (El) Induktionsregler m, Drehtransformator m, Drehregler m

потенциальный potentiell, Potential...

потенциометр m (El) 1. Potentiometer n, Stellwiderstand m; 2. Kompensator m ‖ **~/входной** Eingangspotentiometer n ‖ **~/выходной** Ausgangspotentiometer n ‖ **~/измерительный** 1. Meßpotentiometer n; 2. Meßkompensator m ‖ **~/ламельный** Stufenpotentiometer n ‖ **~/линейный** Linearpotentiometer n ‖ **~/логарифмический** logarithmisches Potentiometer n ‖ **~/плёночный** Schichtpotentiometer n ‖ **~/поверочный** Prüfpotentiometer n ‖ **~/поворотный** Drehpotentiometer n ‖ **~/подстроечный** Trimmpotentiometer n ‖ **~/прецизионный** Präzisionspotentiometer n ‖ **~/проволочный** Drahtpotentiometer n ‖ **~/самопишущий** schreibendes Potentiometer n ‖ **~/спиральный** Wendelpotentiometer n ‖ **~/ступенчатый** Stufenpotentiometer n ‖ **~/точный** Feinpotentiometer n ‖ **~/уравнивающий** Ausgleichspotentiometer n, Kompensationspotentiometer n

потенциометрический (El) 1. potentiometrisch, Potentiometer...; 2. Kompensator..., Kompensations...

потенциометрия f Potentiometrie f

потенциостат m (El) Potentiostat n

потери fpl Verluste mpl, Verlust m (s. a. unter потеря) • **с малыми потерями** verlustarm • **с потерями** verlustbehaftet ‖ **~/активные** (El) Wirkverluste mpl ‖ **~ в антенне** (Rf, TV) Antennenverluste mpl ‖ **~ в железе** (El) Eisenverluste mpl ‖ **~ в зазоре** (El) Spaltverluste mpl ‖ **~ в меди** (El) Kupferverluste mpl ‖ **~ в обмотках** (El) Wicklungsverluste mpl ‖ **~ в окружающую среду/тепловые** Wärmeverluste mpl durch Abstrahlung (Verbrennungsmotor) ‖ **~ в омическом сопротивлении** (El) ohmsche Verluste mpl ‖ **~ в подшипниках** Lagerreibungsverluste mpl ‖ **~ в потоке** (Mech) Strömungsverluste mpl ‖ **~ в проводах** (El) Leitungsverluste mpl ‖ **~ в сердечнике** (El) Kernverluste mpl, Eisenkernverluste mpl ‖ **~ в стали** (El) Eisenverluste mpl ‖ **~ в трансмиссии** (Trib) Getriebeverluste mpl ‖ **~ в турбине** Turbinenverluste mpl ‖ **~/вихревые** 1. (El) Wirbelstromverluste mpl; 2 (Hydrol) Wirbelverluste mpl ‖ **~/внутренние** innere Verluste mpl ‖ **~/внутренние гидравлические** innere Strömungsverluste mpl, hydraulische Verluste mpl (Strömungsmaschine) ‖ **~/внутрирезонаторные** (Ph) Verluste mpl im Resonator ‖ **~/высокочастотные** (El) Hochfrequenzverluste mpl ‖ **~/выходные [гидравлические]** Austrittsverluste mpl (Wasserturbine; Strömungsmaschine) ‖ **~/гидравлические** s. **~/лопаточные ~/гидротурбины/полные** Gesamtverluste mpl der Wasserturbine ‖ **~/гистерезисные** (El) Hystereseverluste mpl ‖ **~ давления** (Masch) Druckverluste mpl; Druckabfall m ‖ **~ дискового трения** s. **~/дисковые** ‖ **~/дисковые** Radreibungsverluste mpl (Wasserturbine) ‖ **~/дифракционные** (Opt) Diffraktionsverluste mpl ‖ **~/диэлектрические** (El) dielektrische Verluste mpl ‖ **~/добавочные**

(El) Zusatzverluste mpl ‖ **~ заземления** (El) Erdungsverluste mpl ‖ **~ запирания** (Eln) Sperrverluste mpl (Halbleiter) ‖ **~ записи** lineare Aufnahmeverzerrung f ‖ **~ заряда** (El) Ladungsverluste mpl ‖ **~ зерна** (Lw) Körnerverluste mpl, Getreideverluste mpl ‖ **~ из-за перекоса** Azimutfehleinstellung f, Spaltfehleinstellung f ‖ **~ компрессии** Kompressionsverluste mpl (Verbrennungsmotor; Hubkolbenverdichter) ‖ **~ короткого замыкания** (El) Kurzschlußverluste mpl ‖ **~/коррозионные** Korrosionsverluste mpl ‖ **~/лопаточные** (Masch) Schaufelverluste mpl (Strömungsmaschine) ‖ **~/магнитные** (El) magnetische Verluste mpl, Magnetisierungsverluste mpl ‖ **~/механические** (Masch) mechanische Verluste mpl (Kraft- und Arbeitsmaschinen) ‖ **~ мощности** (El) Leistungsverluste mpl ‖ **~ на взбалтывание масла** (Masch) Planschverluste mpl (Getriebe) ‖ **~ на вихревые токи** (El) Wirbelstromverluste mpl ‖ **~ на вихреобразование** (Hydrod) Wirbelverluste mpl ‖ **~ на выгорание** (Schw) Abbrandverluste mpl ‖ **~ на выпуск/тепловые** Wärmeverluste mpl durch Abgase (Verbrennungsmotor) ‖ **~ на гистерезис** (El) Hystereseverluste mpl ‖ **~ на дисковое трение** (Masch) Scheibenreibungsverluste mpl (Strömungsmaschine) ‖ **~ на дыхание** Atmungsschwand m (Veratmung der Stärkeabbauprodukte; Mälzerei) ‖ **~ на излучение** Strahlungsverluste mpl ‖ **~ на коронный разряд** s. **~ на корону** ‖ **~ на корону** (El) Koronaverluste mpl, Sprühentladungsverluste mpl ‖ **~ на линии** (Met) Leitungsverluste mpl ‖ **~ на обжиге** (Met) Röstverluste mpl ‖ **~ на обработку** Bearbeitungsverluste mpl ‖ **~ на огарки** (Schw) Stummelverluste mpl ‖ **~ на окалину** (Met) Zunderverlust m, Verlust m durch Oxidation (beim Walzen, Schmieden usw.) ‖ **~ на отражение** (Opt) Reflexionsverluste mpl ‖ **~ на охлаждение** Abkühlverluste mpl ‖ **~ на охлаждение/тепловые** Wärmeverluste mpl durch Kühlmittel (Verbrennungsmotor) ‖ **~ на поглощение** (Opt) Absorptionsverluste mpl ‖ **~ на последействие** (El) Nachwirkungsverluste mpl ‖ **~ на пропил** (Eln) Schnittverluste f (bei der Scheibenherstellung) ‖ **~ на пропускание** (Opt) Transmissionsverluste mpl ‖ **~ на разбрызгивание** Spritzverluste mpl (beim Schmelzschweißen) ‖ **~ на рассеяние** (El) Streuungsverluste mpl ‖ **~ на скольжение** (Masch) Gleitverluste mpl, Schlupfverluste mpl ‖ **~ на трение** (Masch) Reibungsverluste mpl ‖ **~ на трение в опорах [насоса]** Lagerreibungsverluste mpl (Kreiselpumpe) ‖ **~ на трение пара** Dampfreibungsverluste mpl ‖ **~ на угар** (Met, Schw) Abbrandverluste mpl, Abbrand m ‖ **~ на фильтрацию** (Hydt) Sickerverlust m ‖ **~ напора** (Hydt) 1. Gefälleverlust m; Druck[höhen]verlust m; 2. Stauungsverlust m ‖ **~ напора на трение** (Hydt) Reibungsgefälle n, Reibungshöhe f ‖ **~ напряжения** (El) Spannungsverluste mpl ‖ **~/необратимые** irreversible Verluste mpl ‖ **~/общие** Gesamtverluste mpl ‖ **~/общие гидравлические** Gesamtströmungsverluste mpl (Wasserturbine) ‖ **~/объёмные** 1. Leckverluste mpl (Pumpen, Verdichter, Turbinen); 2. (Brau) Volumenschwand m (des Bieres) ‖ **~/омиче-**

ские *(El)* ohmsche Verluste *mpl* ‖ ~ от вихревых токов *(El)* Wirbelstromverluste *mpl* ‖ ~ от выгорания легирующих элементов *(Schw)* Abbrandverlust *m* der Legierungselemente ‖ ~ от гистерезиса *(El)* Hystereseverluste *mpl* ‖ ~ от лучеиспускания Strahlungsverluste *mpl* ‖ ~ от неполноты сгорания/тепловые Wärmeverluste *mpl* durch unvollkommene Verbrennung *(Verbrennungsmotor)* ‖ ~ от утечки Leckverlust *m* ‖ ~/отдельные Teilverluste *mpl* ‖ ~ отключения *(El)* Ausschaltverluste *mpl* ‖ ~/переходные 1. *(Eln)* Übergangsverluste *mpl (Halbleiter)*; 2. *(Nrt)* Nebensprechverluste *mpl* ‖ ~/полные тепловые Gesamtwärmeverluste *mpl (Verbrennungsmotor; Wärme-Kraftmaschinen, Verdichter)* ‖ ~ при коротком замыкании *(El)* Kurzschlußverluste *mpl* ‖ ~ при предварительном подогреве *(Schw)* Vorwärmverluste *mpl* ‖ ~ при разработке *(Bgb)* Abbauverluste *mpl* ‖ ~ при уборке *(Lw)* Ernteverluste *mpl* ‖ ~ при холостом ходе *(Masch)* Leerlaufverluste *mpl* ‖ ~/радиационные Strahlungsverluste *mpl* ‖ ~ резонатора Resonatorverluste *mpl* ‖ ~ решётки/волновые Schaufelgitterverluste *mpl* bei Unter- und Überschallgeschwindigkeit des strömenden Mediums *(Strömungsmaschine)* ‖ ~ решётки/концевые Gitterendverluste *mpl (gerades Schaufelgitter ohne Deckband einer Strömungsmaschine)* ‖ ~ решётки/профильные profilbedingte Verluste *mpl (ebenes Schaufelgitter einer Strömungsmaschine)* ‖ ~ с испарением *(Wmt)* Verdunstungsverluste *mpl*, Verdampfungsverluste *mpl* ‖ ~ с отходящими газами Abgasverluste *mpl (z. B. Wärmeverluste)* ‖ ~/светa Lichtverluste *mpl (optische Geräte)* ‖ ~/световые *s.* ~ света ‖ ~/селективные *(Opt)* selektive Verluste *mpl* ‖ ~ скольжения Schlupfverluste *mpl* ‖ ~/собственные *(El)* Eigenverluste *mpl* ‖ ~/суммарные Gesamtverluste *mpl* ‖ ~ тепла Wärmeverluste *mpl* ‖ ~ тепла с уходящими газами Wärmeverluste *mpl* durch Abgase, Abgasverluste *mpl* ‖ ~/тепловые Wärmeverluste *mpl* ‖ ~ турбины/вентиляционные Verluste *fpl* durch Ventilation *(Turbine)* ‖ ~/удельные spezifische Verluste *mpl* ‖ ~ урожая *(Lw)* Ertragsverluste *mpl* ‖ ~ холостого хода Leerlaufverluste *mpl* ‖ ~/эксплуатационные *(Bgb)* Abbauverluste *mpl* ‖ ~ экстракта *(Brau)* Extraktschwand *m (Verlust von Extrakt im Prozeß der Bierherstellung)* ‖ ~ электроэнергии Elektroenergieverluste *mpl*
потерна *f (Hydt)* Kontrollgang *m*, Revisionsgang *m*
потеря *f* Verlust *m*; Schwund *m (s. a. unter* потери*)* ‖ ~ в весе Einwaage *f*; Massverlust *m* ‖ ~ воды на просачивание *(Hydrol)* Sickerverlust *m* ‖ ~ данных *(Inf)* Datenverlust *m* ‖ ~ информации *(Inf)* Informationsverlust *m* ‖ ~ информации/предсказуемая vorhersagbarer Informationsverlust *m* ‖ ~ контраста тональности *(Typ)* Tonwertverflachung *f* ‖ ~/контактная Abstandsdämpfung *f* ‖ ~ массы Masseverlust *m* ‖ ~ на поглощение *(Ph)* Schluckverlust *m*, Absorptionsverlust *m* ‖ ~ на пропил Schnittverlust *m (Holzbearbeitung)* ‖ ~ при высушивании Trockenverlust *m* ‖ ~ промывочной жидкости *(Bgb)* Spül[ungs]verlust *m (Bohrtechnik)* ‖ ~ скорости *(Flg)* Geschwindigkeitsverlust *m* ‖ ~ тепла излучением Verlust *m* durch Wärmestrahlung ‖ ~ теплопроводностью Wärmeleitungsverlust *m* ‖ ~/тональности *(Typ)* Tonwertverlust *m* ‖ ~ устойчивости *(Mech)* Stabilitätsverlust *m* ‖ ~/частотная frequenzabhängiger Verlust *m* ‖ ~ формы обмуровки (обшивку) *(Wmt)* Mantelverlust *m (Dampfkessel)* ‖ ~ энергии/линейная *(Kern)* lineare Energieübertragung *f*, LET, LET-Faktor *m*, linearer Energietransfer *m*, lineares Energieübertragungsvermögen *n*, LEÜ ‖ ~ энергии при ударе *(Ph)* Stoßverlust *m*
потерян *(Schiff)* verlorener (toter) Gang *m (der Außenhaut)*
поток *m* 1. Strom *m*, Fluß *m (z. B. Magnetfluß)*; 2. *(Aero, Hydrod)* Strömung *f (s. a. unter* течение*)*; 3. *(Bw)* Taktstraße *f*, Fertigungsstraße *f* ‖ ~ активной мощности *(El)* Wirkleistungsfluß *m* ‖ ~ вектора *(El)* Vektorfluß *m* ‖ ~ вектора намагниченности/магнитный magnetisch eingeprägter magnetischer Fluß *m (Magnetongerät)* ‖ ~ векторного поля [через поверхность] Fluß *m* eines Vektors, Vektorfluß *m (durch die Fläche)* ‖ ~ вероятности Wahrscheinlichkeitsstrom *m* ‖ ~ витка *(El)* Windungsfluß *m* ‖ ~/вихревой *(Hydrod)* Wirbelfluß *m*, Wirbelströmung *f* ‖ ~ воздуха Luftstrom *m*, Luftströmung *f*, Luftzug *m*; *(Bgb)* Wetterstrom *m* ‖ ~ воздуха/анабатический *(Aero)* anabatischer Luftstrom *m*, Aufstrom *m* ‖ ~ воздуха/смешанный Mischluftstrom *m* ‖ ~/воздушный *s.* ~ воздуха ‖ ~/возмущённый *(Astr)* gestörte Strömung *f* ‖ ~/восходящий [воздушный] *(Aero)* aufsteigender Luftstrom *m*, Aufwind *m* ‖ ~/встречный Gegenströmung *f* ‖ ~/вторичный Sekundärströmung *f* ‖ ~/вулканический грязевой *(Geol)* [vulkanischer] Schlammstrom *m* ‖ ~/входной *(Inf)* Eingabestrom *m* ‖ ~/вынужденный Zwangsströmung *f* ‖ ~/выходной *(Inf)* Ausgabestrom *m* ‖ ~/вязкий viskose (reibungsbehaftete) Strömung *f*, Reibungsströmung *f* ‖ ~ газа Gasstrom *m*, Gasströmung *f* ‖ ~/гиперзвуковой *(Aero)* Hyperschallströmung *f* ‖ ~/горный Wildbach *m* ‖ ~/грузовой Güterstrom *m* ‖ ~ грунтовой воды *(Hydrol)* Grundwasserstrom *m*, Grundwasserströmung *f* ‖ ~/грязевой *s.* сель ‖ ~ данных *(Inf)* Datenfluß *m* ‖ ~/двоичной информации *(Inf)* Bitverkehr *m* ‖ ~/диффузионный *(Eln)* Diffusionsstrom *m* ‖ ~/дневной метеорный *(Astr)* Tageslichtstrom *m* ‖ ~/дозвуковой *(Aero)* Unterschallströmung *f* ‖ ~/дозвуковой набегающий Unterschallanströmung *f* ‖ ~ дырок *(Eln)* Löcherstrom *m*, Defektelektronenstrom *m (Halbleiter)* ‖ ~ дырок/обратный Löcherrückstrom *m (Halbleiter)* ‖ ~/естественный natürliche Strömung *f* ‖ ~/завихренный Wirbelströmung *f* ‖ ~ заданий *(Inf)* Jobstrom *m* ‖ ~ заданий/входной Jobeingabestrom *m* ‖ ~ замедления *(Ph)* Bremsfluß *m* ‖ ~/звёздный *(Astr)* Sternstrom *m* ‖ ~ звуковой энергии *(Ak)* Schalleistung *f*, akustische Leistung *f* ‖ ~ Земли/тепловой *(Geoph)* Wärmestrom *m* der Erde ‖ ~ излучения Strahlungsfluß *m*, Strahlungsleistung *f (Photometrie)* ‖ ~ индукции *(El)* Induktionsfluß *m* ‖ ~ информации *(Inf)* Informationsfluß *m* ‖ ~/информационный *(Inf)*

ПОТОК

Informationsfluß *m* ‖ ~ **ионов** *(Kern)* lonenfluß *m* ‖ ~ **источника** *(Ph)* Quellfluß *m* ‖ ~/**каменный** *(Geol)* Steinstrom *m* ‖ ~/**квантовый** *(Ph)* Quantenstrom *m* ‖ ~ **количества движения** *(Ph)* Impulsfluß *m* ‖ ~/**кометный [метеорный]** *(Astr)* kometarischer Strom *m* ‖ ~/**конвекционный** *(Ph)* Konvektionsstrom *m* ‖ ~ **короткого замыкания** Kurzschlußfluß *m* *(Magnettongerät)* ‖ ~ **короткого замыкания/полезный** *(El)* Kurzschlußnutzfluß *m* ‖ ~/**корпускулярный** *(Kern)* Teilchenstrom *m*, Partikelstrom *m*, Korpuskelstrom *m* ‖ ~/**лавовый** *(Geol)* Lavastrom *m* ‖ ~/**ламинарный** *(Ph)* laminare Strömung *f*, Laminarströmung *f* ‖ ~/**ледниковый** *(Geol)* Gletscherstrom *m* ‖ ~ **листов/каскадный** *(Typ)* geschuppter Bogenstrom *m* ‖ ~/**лучевой** *(Therm)* Strahlungsfluß *m* *(Wärmeübertragung)* ‖ ~ **лучистой энергии** Strahlungsenergiefluß *m* ‖ ~/**лучистый** Strahlungsfluß *m* *(Strahlungsgröße)* ‖ ~ **магнитной индукции** magnetischer Induktionsfluß *m* ‖ ~/**магнитный** *(El)* magnetischer Fluß *m*, Magnetfluß *m* ‖ ~/**массы** *(Ph)* Massenfluß *m*, Massenstrom *m* ‖ ~ **материала** Werkstofffluß *m* ‖ ~ **механической энергии** *(El)* mechanischer Energiefluß *m* ‖ ~/**молекулярный** Molekularströmung *f* ‖ ~ **мощности** *(El)* Leistungsfluß *m* ‖ ~/**набегающий** 1. *(Flg)* Flugwind *m*, Flugströmung *f*; 2. *(Aero)* Windkanalanströmung *f* ‖ ~/**напорный** Druckströmung *f* ‖ ~/**направленный** *(Eln)* gerichteter Fluß *m* ‖ ~/**направленный воздушный** gerichteter Luftstrom *m* ‖ ~ **насыщения** *(El)* Sättigungsfluß *m* ‖ ~ **насыщения/остаточный** remanenter Sättigungsfluß *m* ‖ ~/**начальный световой** Anfangslichtstrom *m* *(Photometrie)* ‖ ~/**невихревой** wirbelfreie Strömung *f*, Potentialströmung *f* ‖ ~/**невозмущённый** *(Aero)* ungestörte (störungsfreie) Strömung *f* ‖ ~ **нейтральных частиц** *(Kern)* Neutralteilchenstrom *m* ‖ ~/**нейтронный** *(Kern)* Neutronen[diffusions]strom *m*; Neutronenfluß *m* ‖ ~ **нейтронов** *s.* ~/**нейтронный** ‖ ~ **неосновных носителей [заряда]** *(Eln)* Minoritätsträgerstrom *m* *(Halbleiter)* ‖ ~/**непрерывный** stetige Strömung *f* ‖ ~/**нисходящий** *(Aero)* abwärts gerichteter Strom *m*, abwärts gerichtete Strömung *f* ‖ ~/**номинальный** Nennfluß *m*, Bezugsfluß *m* ‖ ~/**номинальный световой** Nennlichtstrom *m* *(Photometrie)* ‖ ~/**обратный** 1. *(Ch)* Rückstrom *m*; Rückführungsstrom *m*; 2. *(El)* Rückfluß *m* ‖ ~/**объектный** *(Bw)* Objekttaktstraße *f* ‖ ~/**однородный** homogene Strömung *f* ‖ ~/**околозвуковой воздушный** schallnaher Luftstrom *m* ‖ ~ **основных носителей [заряда]** *(Eln)* Majoritätsträgerstrom *m* *(Halbleiter)* ‖ ~/**остаточный [магнитный]** Remanenzfluß *m*, remanenter Fluß *m* ‖ ~/**ответвлённый (отдельный)** *(Kern)* Teilstrom *m*, Zweigstrom *m* ‖ ~/**относительный** Relativströmung *f* ‖ ~ **охладителя** *(Kern)* Kühlstofffluß *m* ‖ ~ **плазмы** *(Ph)* Plasmaströmung *f*, Plasmastrom *m* ‖ ~/**плоский** ebene Strömung *f* ‖ ~/**полезный** *(El)* Nutzfluß *m* ‖ ~/**полезный световой** Nutzlichtstrom *m* *(Photometrie)* ‖ ~/**полный** Gesamtfluß *m* ‖ ~/**полный световой** Gesamtlichtstrom *m* *(Photometrie)* ‖ ~/**поперечный** 1. *(El)* Querfluß *m*; 2. *(Aero)* Querströmung *f*, Querstrom *m* ‖ ~/**попутный** *(Schiff)* Nachstrom *m*, Mitstrom *m* ‖ ~/**постоянный** 1. Gleichfluß *m*, Dauerfluß *m*; 2. *(Astr)* permanenter Strom *m* *(Meteorstrom)* ‖ ~/**постоянный метеорный** *s.* ~/**постоянный** 2. ‖ ~/**продольный** *(El)* Längsfluß *m* ‖ ~ **производства** *(Fert)* Fertigungsablauf *m* ‖ ~/**пылевоздушный** Staub-Luft-Strömung *f* ‖ ~ **радиоизлучения** *(Astr)* Radiostrahlungsstrom *m* ‖ ~ **рассеяния** *(El)* Streufluß *m* ‖ ~ **резонансных нейтронов** *(Kern)* Resonanzfluß *m* ‖ ~ **решений** *(Kyb)* Entscheidungsfluß *m* ‖ ~/**русловой Стромунг** *f* mit freier Oberfläche ‖ ~ **самодиффузии** *(Ph)* Selbstdiffusionsstrom *m* ‖ ~/**сверхзвуковой** *(Aero)* Überschallströmung *f* ‖ ~/**сверхзвуковой набегающий** Überschallanströmung *f* ‖ ~/**сверхзвуковой сбегающий** Überschallabströmung *f* ‖ ~ **света** *s.* ~/**световой** ‖ ~/**световой** Lichtstrom *m* *(photometrische Größe)*; Strahlungsfluß *m*, Strahlungsleistung *f* *(radiometrische Größe)* ‖ ~/**селевой (силевой)** *(Geol)* Mure *f*, Mur *f*, Schlammstrom *m* ‖ ~ **силовых линий** *(El)* Kraftlinienfluß *m* ‖ ~ **смещения** *(El)* Verschiebungsfluß *m* ‖ ~ **сообщений** *s.* ~ **информации** ‖ ~/**струйный** bandförmige Strömung *f* ‖ ~ **тензорного поля** Fluß *m* des Tensorfeldes ‖ ~ **тепла** *s.* ~/**тепловой** ‖ ~/**тепловой** Wärmestrom *m*, Wärmeströmung *f*, Wärmefluß *m* ‖ ~/**транспортный** Verkehrsstrom *m* ‖ ~ **турбулентной энергии** Turbulenzenergiefluß *m* ‖ ~/**турбулентный** turbulente (wirbelige) Strömung *f* ‖ ~/**удельный** spezifischer Fluß *m* ‖ ~ **упругой энергии** elastischer Energiefluß *m* ‖ ~/**фильтрационный** *(Hydt)* Unterströmung *f* ‖ ~/**фотонный** Photonenfluß *m*, Photonenstrom *m*, Photonenflußdichte *f* ‖ ~/**холодный** Kaltstrom *m* ‖ ~ **холостого хода** Leerlauffluß *m* *(Magnettongerät)* ‖ ~ **частиц** *s.* 1. ~/**корпускулярный**; 2. **плотность потока частиц** ‖ ~/**частичный** 1. *(Kern)* Teilstrom *m*, Zweigstrom *m*; 2. *s.* ~/**корпускулярный** ‖ ~/**эклиптический [метеорный]** *(Astr)* Ekliptikalstrom *m* ‖ ~/**электрический** elektrischer Fluß *m* ‖ ~ **электрической энергии** elektrischer Energiefluß *m* ‖ ~ **электронов** *(Kern)* Elektronenstrom *m* ‖ ~ **электронов/обратный** Elektronenrückstrom *m* ‖ ~ **энергии** Energiefluß *m*, Energiestrom *m*, Energieströmung *f* ‖ ~ **энтропии** Entropiestromdichte *f*, Entropiefluß *m* ‖ ~ **якоря/поперечный** Ankerquerfluß *m* *(einer elektrischen Maschine)*

потокосцепление *n* *(El)* Flußverkettung *f* ‖ ~ **взаимной индукции** Gegeninduktionsflußverkettung *f* ‖ ~ **самоиндукции** Selbstinduktionsflußverkettung *f*

потокоуступный *(Bgb)* Firstenstoß...

потолок *m* 1. *(Bw)* Decke *f*; 2. *(Flg)* Gipfelhöhe *f*, Scheitelhöhe *f*, [höchste] Steighöhe *f* ‖ ~/**абсолютный** *(Flg)* absolute Gipfelhöhe *f* ‖ ~/**динамический** *(Flg)* dynamische (ballistische) Gipfelhöhe *f* ‖ ~/**дощатый** *(Bw)* Holzdecke *f* ‖ ~/**кессонный** *(Bw)* Kassettendecke *f* ‖ ~/**крейсерский** *(Flg)* Reise[flug]gipfelhöhe *f* ‖ ~/**оштукатуренный** *(Bw)* Putzdecke *f* ‖ ~/**плоский** *(Bw)* Spiegeldecke *f*, Plafond *m* ‖ ~/**подвесной** *(Bw)* abgehängte (untergehängte) Decke *f*, Hängedecke *f*, Scheindecke *f* ‖ ~/**практический**

(Flg) Dienstgipfelhöhe *f* ‖ ~/статический *(Flg)* statische Gipfelhöhe *f* ‖ ~/теоретический *(Flg)* theoretische (errechnete) Gipfelhöhe *f* ‖ ~ топки Feuerraumdecke *f*, Brennkammerdecke *f*
потолочина *f (Bgb)* Schwebe *f*; Firste *f*
потравливание *n (Schiff)* Fieren *n (einer Trosse, des Ankers)*
потравливать *(Schiff)* fieren *(eine Trosse, den Anker)*
потребитель *m* 1. Verbraucher *m*, Abnehmer *m*; 2. Verbraucher *m*, Verbrauchsgerät *n* ‖ ~/бытовой Haushaltabnehmer *m* ‖ ~/крупный Großverbraucher *m*, Großabnehmer *m* ‖ ~ тепла Wärmeverbraucher *m* ‖ ~ холода Kälteverbraucher *m* ‖ ~ электроэнергии Elektroenergieverbraucher *m*, Elektroenergieabnehmer *m*
потребление *n* Verbrauch *m*; Bedarf *m* • без потребления мощности *(El)* leistungslos ‖ ~ мощности Leistungsbedarf *m*, Leistungsaufnahme *f*; Leistungsverbrauch *m* ‖ ~ на душу Pro-Kopf-Verbrauch *m* ‖ ~/собственное Eigenverbrauch *m*; Eigenbedarf *m* ‖ ~ тепла Wärmebedarf *m*; Wärmeverbrauch *m* ‖ ~/тепловое *s.* ~ тепла ‖ ~ тока *s.* ~ электроэнергии ‖ ~ электроэнергии Elektroenergieverbrauch *m*, [elektrischer] Stromverbrauch *m* ‖ ~ энергии Energieverbrauch *m*; Energiebedarf *m*
потребность *f* Bedarf *m* ‖ ~ в воздухе Luftbedarf *m* ‖ ~ в кислороде/биохимическая biochemischer Sauerstoffbedarf *m*, BSB *(Abwässer)* ‖ ~ в машинном времени *(Inf)* Maschinenzeitbedarf *m* ‖ ~ в основной памяти *(Inf)* Hauptspeicherbedarf *m* ‖ ~ в памяти *(Inf)* Speicherbedarf *m* ‖ ~ в паре Dampfbedarf *m* ‖ ~ в электроэнергии Elektroenergiebedarf *m* ‖ ~ в энергии Energiebedarf *m*
потрескивание *n* 1. *(Nrt)* Knacken *n*, Prasseln *n*; 2. Kratzgeräusch *n (Tonbänder)*
потрескивать 1. *(Nrt)* knacken; 2. kratzen *(Tonbänder)*
потрошение *n* рыбы Entweiden (Ausweiden) *n* des Fisches
потрошить [рыбу] entweiden, ausweiden, ausnehmen *(Fisch)*
потускнение *n* Anlauf *m*, Anlaufen *n*, Blindwerden *n (z. B. Glasscheiben)*
потускнеть *s.* тускнеть
потушить *s.* тушить
ПОУ *s.* устройство/подъёмно-опускное
походный *(Schiff)* seefest *(Zurrung)*
початкоотделитель *m (Lw)* Maiskolbenköpfmaschine *f*, Maiskolbenpflückmaschine *f*
початкоочиститель *m (Lw)* Maisentlieschmaschine *f*, Maisentliescher *m*
початкособиратель *m s.* початкоотделитель
початок *m* 1. *(Lw)* Kolben *m*, Maiskolben *m*; 2. *(Text)* Kops *m*, Garnkörper *m (Spinnerei)* ‖ ~ кукурузы *(Lw)* Maiskolben *m* ‖ ~/трубчатый *(Text)* Schlauchkops *m*
почва *f* 1. Boden *m*, Erde *f (Der russische Begriff bezieht sich auf die oberen Bodenschichten, in der Hauptsache auf die Beschaffenheit des land- und forstwirtschaftlichen Kulturbodens; s. a. unter* грунт *1. und* почвы*)*; 2. *(Bgb)* Liegendes *n*, Sohle *f* ‖ ~/аллювиальная Aluvialboden *m* ‖ ~/богатая перегноем humusreicher Boden *m* ‖ ~/болотистая (болотная) Moorboden *m*,

Sumpfboden *m*, schlammiger Boden *m*, sumpfiger Boden *m* ‖ ~/болотная низинная Niederungsmoorboden *m* ‖ ~ верещатников Heideboden *m* ‖ ~/влажная feuchter (humider) Boden *m* ‖ ~/вспаханная *(Lw)* gepflügter Boden *m* ‖ ~/выщелоченная ausgelaugter Boden *m* ‖ ~/вязкая klebender (schmieriger) Boden *m* ‖ ~/галечниковая Geröllboden *m* ‖ ~/гипсоносная gipshaltiger Boden *m* ‖ ~/глеевая Gleiboden *m*, Gleyboden *m* ‖ ~/глинистая Lehmboden *m*, Lettenboden *m*, Tonboden *m*, toniger Boden *m* ‖ ~/глинисто-песчаная tonhaltiger Sandboden *m* ‖ ~/гумусовая Humusboden *m* ‖ ~/дерново-подзолистая Podsolrasenboden *m* ‖ ~/долинная Talboden *m* ‖ ~/дующая *(Bgb)* quellende Sohle *f* ‖ ~/железистая eisenhaltiger Boden *m* ‖ ~/жирная fetter Boden *m* ‖ ~/заражённая Impferde *f* ‖ ~/засорённая камнями steiniger Boden *m*, Boden *m* mit Steinbesatz ‖ ~/засорённая плитняком Boden *m* mit Haftsteinbesatz ‖ ~/зернистая körniger Boden *m* ‖ ~/зыбучая Bebeland *n* ‖ ~/известковая Kalkboden *m*, Kalkerde *f*, kalkiger Boden *m* ‖ ~/илистая Schlammboden *m*, schlammiger Boden *m* ‖ ~/иловатая Schlickgrund *m* ‖ ~/каменистая Steinboden *m*, steiniger Boden *m* ‖ ~/карбонатная Karbonatboden *m* ‖ ~/кислая saurer Boden *m* ‖ ~/латеритная Lateritboden *m* ‖ ~/лёгкая krümeliger Boden *m*, leichter Boden *m* ‖ ~/лесная Waldboden *m* ‖ ~/лёссовая (лёссовидная) Lößboden *m* ‖ ~/лёссовидно-суглинистая Lößlehmboden *m* ‖ ~/ложная *(Bgb)* falsche Sohle *f* ‖ ~/маломощная flachgründiger (seichtgründiger) Boden *m* ‖ ~/меловая Kreideboden *m* ‖ ~/мергелистая (мергельная) Mergelboden *m* ‖ ~/минеральная Mineralboden *m* ‖ ~/мощная tiefgründiger Boden *m* ‖ ~/мягкая weicher Boden *m* ‖ ~/намывная (наносная) Schwemmboden *m*, Schwemmland *n*, Aufschüttungsboden *m* ‖ ~/насыщенная водой wasserhaltiger Boden *m* ‖ ~/непосредственная *(Bgb)* unmittelbares Liegendes *n* ‖ ~/непроизводительная unproduktiver Boden *m* ‖ ~/обрабатываемая Nutzboden *m* ‖ ~/основная *(Bgb)* Hauptliegendes *n* ‖ ~/парующая Bracheboden *m* ‖ ~/пахотная pflügbarer Boden *m* ‖ ~/перегнойная Humusboden *m* ‖ ~/песчаная Sandboden *m*, sandiger Boden *m*, Sandland *n* ‖ ~/пласта *(Bgb)* Flözliegendes *n* ‖ ~/плодородная fruchtbarer Boden *m* ‖ ~/подверженная эрозии erosionsgefährdeter Boden *m* ‖ ~/поддувающая *s.* ~/дующая ‖ ~/подзолистая Podsolboden *m* ‖ ~/подзолисто-глеевая Gleipodsolboden *m*, Molkenboden *m* ‖ ~/покрытая валунами (галькой) Geröllboden *m* ‖ ~/проницаемая durchlässiger Boden *m* ‖ ~/разрыхлённая lockere Erde *f*, lockerer Boden *m* ‖ ~ россыпи *s.* постель россыпи ‖ ~/рыхлая lockerer Boden *m* ‖ ~/скалистая Felsboden *m* ‖ ~/скелетная Skelettboden *m* ‖ ~/соляная Salzboden *m* ‖ ~/степная Steppenboden *m* ‖ ~/структурная Strukturboden *m* ‖ ~/суглинистая Lehmboden *m* ‖ ~/супесчаная sandiger Lehmboden *m* ‖ ~/сухая entwässerter Boden *m* ‖ ~/сырая nasser Boden *m* ‖ ~/твёрдая fester (harter) Boden *m* ‖ ~/торфянистая Torfboden

почва

m ‖ ~/**торфяно-болотная** Torfmoorboden *m* ‖ ~/**травянистая** Grünland *n* ‖ ~/**удобренная** gedüngter Boden *m* ‖ ~/**хрящеватая (хрящевая)** Kiesboden *m*, Grusboden *m*, kies[el]haltiger Boden *m* ‖ ~/**чернозёмная** schwarze Erde *f*, Schwarzerde[boden *m*] *f* ‖ ~/**щелочная** Alkaliboden *m* ‖ ~/**элювиальная** Eluvialboden *m* ‖ ~/**эоловая** äolischer (angewehter) Boden *m*
почвозацеп *m* (Kfz) Greifer *m*, Stollen *m* (Radschlepper)
почвообрабатывающий (Lw) Bodenbearbeitungs...
почвоуглубитель *m* Tieflockerer *m*, Wühlgrubber *m*, Tiefgrubber *m*, Wühler *m* (Pflug)
почвоулучшение *n* Bodenverbesserung *f*
почвоуступный (Bgb) Strossen... (z. B. Strossenbau)
почвоутомление *n* (Lw) Bodenmüdigkeit *f*
почвофреза *f* (Lw) Bodenfräse *f*
почвы *fpl* Böden *mpl*, Bodenarten *fpl* (s. a. unter почва) ‖ ~/**аллювиально-дерновые** *s.* ~/**пойменные** ‖ ~/**болотные** Moorböden *mpl* ‖ ~/**бурые лесные** Braunerdewaldböden *mpl* ‖ ~/**бурые лугово-степные** Braunerde-Grassteppenböden *mpl* ‖ ~/**бурые пустынно-степные** Braunerde-Wüstensteppenböden *mpl*, aride Steppenböden *mpl* ‖ ~/**вторично-подзолистые** Sekundärpodsolböden *mpl* ‖ ~/**горно-луговые** Gebirgsgrasböden *mpl* ‖ ~/**горные лугово-степные** Gebirgsrasensteppenböden *mpl* ‖ ~/**дерново-глеевые** Rasengleiböden *mpl* ‖ ~/**дерново-карбонатные** Rasenkarbonatböden *mpl* ‖ ~/**дерново-подзолистые** Podsolrasenböden *mpl* ‖ ~ **желтозёмы** Lößböden *mpl* ‖ ~/**каштановые** Kastanienbraunerdeböden *mpl* ‖ ~/**краснозёмы** Roterdeböden *mpl* ‖ ~/**лугово-болотные** Wiesenmoorböden *mpl* ‖ ~/**лугово-каштановые** Kastanienbraunerde-Grasböden *mpl* ‖ ~/**лугово-серозёмные** Grauerde-Graswüstenböden *mpl* ‖ ~/**лугово-чернозёмные** Schwarzerdegrasböden *mpl* ‖ ~/**перегнойно-карбонатные** *s.* ~/**дерново-карбонатные** ‖ ~/**подзолисто-болотные** Podsolmoorböden *mpl* ‖ ~/**подзолистые** Podsolböden *mpl* (Böden mit Bleichhorizont) ‖ ~/**пойменные** alluvialrasenböden *mpl*, Aueböden *mpl* ‖ ~/**полигональные** Wabenböden *mpl*, Polygonalböden *mpl* (Strukturböden) ‖ ~/**такыровидные** takyrartige Böden *mpl* ‖ ~/**тундровые глеевые** Tundragleiböden *mpl* ‖ ~ **чернозёмы** Schwarzerdeböden *mpl* ‖ ~/**ячеистые** *s.* ~/**полигональные**
почернение *n* (Photo) Schwärzung *f* ‖ ~/**максимальное** maximale Schwärzung *f* ‖ ~/**полезное** nutzbare Schwärzung *f* ‖ ~/**среднее** mittlere Schwärzung *f*
починка *f* Reparatur *f*, Ausbesserung *f*
починять reparieren, ausbessern
почка *f*/**искусственная** (Med) künstliche Niere *f*, Hämodialysator *m* ‖ ~/**рудная** (Geol) Erzniere *f*
почта *f* Post *f* ‖ ~/**авиационная** Luftpost *f* ‖ ~/**пневматическая** Rohrpost *f* ‖ ~/**электронная** neue Medien *pl*, neue Dienste *pl*, elektronische Post *f*
почти-равнина *f* (Geol) Fastebene *f*, Peneplain *f*
по-штормовому (Schiff) seefest
поштучный stückweise

появление *n* **замирания** (Nrt) Schwundeinbruch *m*, Schwunderscheinung *f* ‖ ~ **звезды** (Astr) Emersion *f*, Wiederauftauchen *n* (von Sternen nach der Bedeckung) ‖ ~ **из почвы** (Geol) Emersion *f*, Auftauchen *n*
поярок *m* Lammwolle *f*
пояс *m* 1. Gürtel *m*; Zone *f* (s. a. unter зона 1.); 2. Gurt *m*, Gurtung *f* (Träger); Gurtsims *m(n)*; 3. (Krist) Zone *f*; 4. (Schiff) Gang *m*, Plattengang *m* (Beplattung) ‖ ~ **астероидов** (Astr) Asteroidengürtel *m* ‖ ~/**балки** (Bw) Trägergurt *m* ‖ ~/**бортовой** (Schiff) Seitengang *m* (Außenhautbeplattung) ‖ ~/**броневой** (Schiff) Panzergürtel *m* (Außenhautbeplattung) ‖ ~/**верхний** (Bw) Obergurt *m* (Träger, Tragwerke) ‖ ~ **ветров** (Meteo) Windgürtel *m* ‖ ~ **восстановления** Reduktionszone *f* (Schachtschmelzofen) ‖ ~ **высокого давления** (Meteo) Hochdruckgürtel *m* ‖ ~/**днищевый** (Schiff) Bodengang *m* (Außenhautbeplattung) ‖ ~/**жильный** (Geol) Gangzug *m*, Gangzone *f* ‖ ~/**зажигательный** Brennergürtel *m* ‖ ~/**излучения** (Astr, Geoph) Strahlungsgürtel *m* ‖ ~/**килевой** (Schiff) Kielgang *m* (Außenhautbeplattung) ‖ ~/**климатический** Klimagürtel *m* ‖ ~/**кристалла** (Krist) Zone *f* ‖ ~/**ледовый** (Schiff) Eisgürtel *m* (Außenhautbeplattung) ‖ ~ **лесозащитных насаждений** (Lw) Waldschutzgürtel *m* ‖ ~ **наружной обшивки** (Schiff) Plattengang *m* der Außenhaut ‖ ~ **настила** (Schiff) Plattengang *m* (Deck, Innenboden) ‖ ~/**несущий** (Bw) Hängegurt *m* (Brückenkonstruktion) ‖ ~/**нижний** (Bw) Untergurt *m* (Träger, Tragwerke) ‖ ~ **обшивки** (Schiff) Plattengang *m* (Außenhaut, Schott) ‖ ~ **окисления** Oxidationszone *f* (Schachtschmelzofen) ‖ ~/**переменный** (Schiff) Wechselgürtel *m* ‖ ~ **плавления** (Met) Schmelzzone *f* (Schachtschmelzofen) ‖ ~ **подогрева** (Met) Vorwärmzone *f* (Schachtofen) ‖ ~/**потерянный** (Schiff) verlorener Gang *m* (Außenhautbeplattung) ‖ ~/**предохранительный** Sicherheitsgürtel *m*, Sicherheitsgurt *m* ‖ ~/**радиационный** (Astr, Geoph) Strahlungsgürtel *m* ‖ ~/**растянутый** (Bw) Zuggurt *m* ‖ ~ **Роговского** (El) Rogowski-Gürtel *m*, magnetischer Spannungsgürtel (Spannungsmesser) ‖ ~/**рудный** (Geol) Erzzone *f*, Erzgürtel *m* ‖ ~/**сейсмический** (Geoph) seismischer (seismoaktiver) Gürtel *m* ‖ ~/**сейсмогенный** (Geoph) seismogener Gürtel *m* ‖ ~/**сжатый** (Bw) Druckgurt *m* ‖ ~/**скуловой** (Schiff) Kimmgang *m* ‖ ~/**спасательный** (Schiff) Rettungsgürtel *m* ‖ ~/**сублиторальный** (Geol) Sublitoral *n* ‖ ~ **фермы** (Bw) Bindergurt *m* ‖ ~ **фермы/верхний** Obergurt *m* des Hauptträgers (Brückenkonstruktion) ‖ ~ **фермы/нижний** Untergurt *m* des Hauptträgers (einer Brückenkonstruktion) ‖ ~/**фурменный** (Met) Düsenebene *f*, Düsenzone *f*, Blasformebene *f* (Schachtschmelzofen) ‖ ~/**часовой** (Astr) Zeitzone *f* ‖ ~/**ширстречный** (Schiff) Schergang *m* (Außenhautbeplattung) ‖ ~/**шпунтовый** (Schiff) Kielgang *m* (bei Balkenkiel) ‖ ~/**экваториальный** (Geol) Äquatorgürtel *m*
поясной Gürtel...
поясок *m* 1. Gurt *m*, Gurtung *f*; Streifband *n*; 2. Rand *m*, Saum *m*; (Fert) Bund *m*; (Fert) Ringfläche *f*, Ringzone *f*; 3. (Bw) Gurtgesims *n*, Ge-

sims n; 4. Einschnürung f (z. B. Mannesmannwalze); 5. (Umf) Führung f (Ziehung beim Kaltziehen von Rohren und Stangen) ‖ ~/**базовый** (Fert) Basisbund m ‖ ~/**ведущий** Führungsring m ‖ ~/**верхний** oberer Gurt m, obere Gurtung f ‖ ~/**нижний** unterer Gurt m, untere Gurtung f ‖ ~/**приварной** angeschweißter Gurt m ‖ ~/**присоединённый** (Schiff) mittragender Plattenstreifen m, mittragende Plattenbreite f ‖ ~/**рабочий** (Met) Führungszone f (der Matrize; Ziehen von Rohren und Stangen) ‖ ~/**свободный** (Schiff) freier Gurt m ‖ ~/**уплотнительнй** (Masch) Dichtungsbund m

ПП s. 1. пост/пожарный; 2. память/постоянная; 3. программа/программирующая

пп s. 1. перемена потока; 2. полупроводниковый

п/п s. прибор/полупроводниковый

ППБУ s. установка/полупогружная плавучая буровая

ППВ s. память с произвольной выборкой ‖ ~ **на диске** RAM-Disk f

ППД s. диод/полупроводниковый

ППЗ s. прибор с переносом заряда

ППЗУ s. устройство/программируемое постоянное запоминающее

ППИЗУ s. устройство/полупроводниковое интегральное запоминающее

ППП s. 1. пакет прикладных программ; 2. правила полётов по приборам

ППР s. рефрижератор/приёмно-производственный

ППРА s. аппаратура/полупроводниковая пускорегулирующая

ППС s. 1. плотность поверхностных состояний; 2. прибор с зарядов связью; 3. структура/полупроводниковая планарная

ППТО s. теплообменник/паропаровый

ПР s. 1. рефрижератор/производственный; 2. робот/промышленный

ПРА s. аппаратура/пускорегулирующая

правила npl Regeln fpl, Vorschriften fpl, Ordnung f (s. a. unter пра́вило) ‖ ~ **безопасности** Sicherheitsvorschriften fpl ‖ ~ **визуальных полётов** Sichtflugregeln fpl ‖ ~ **движения** Verkehrsregeln fpl, Verkehrsvorschriften fpl ‖ ~ **испытания** Prüf[ungs]vorschriften fpl ‖ ~ **Кирхгофа** (El) Kirchhoffsche Regeln fpl ‖ ~ **контроля** s. ~ испытания ‖ ~ **о грузовой марке** (Schiff) Freibordvorschriften fpl ‖ ~ **обмера** (Schiff) Vermessungsvorschriften fpl ‖ ~ **по обслуживанию** Bedienungsvorschriften fpl ‖ ~ **по уходу** Wartungsvorschriften fpl ‖ ~ **полётов по приборам** Instrumentenflugregeln fpl ‖ ~ **пользования** Gebrauchsanweisung f ‖ ~ **приёмки** Annahmeverfahren n ‖ ~/**служебные** Dienstvorschrift f, Verfügung f, Anordnung f ‖ ~ **стабильности ядер** (Kern) Kernstabilitätsregeln fpl ‖ ~ **техники безопасности** Sicherheitsvorschriften fpl ‖ ~ **технической эксплуатации** technische Betriebsvorschriften fpl ‖ ~ **уличного движения** Straßenverkehrsordnung f ‖ ~ **эксплуатации** Betriebsregeln fpl, Betriebsvorschriften fpl, Betriebsordnung f; Bedienhinweise f, Einsatzhinweise f

пра́вило n 1. (Bw) Richtscheit n; 2. (Gieß) Abstreich-leiste f, Abstreicheisen n; Abstrichlineal n, Abstreicher m (Formerei)

пра́вило n 1. Regel f, Grundsatz m (s. a. unter правила); 2. Gesetz n; Beziehung f ‖ ~ **Ампера** (Ph) Amperesche Regel f ‖ ~ **Антонова** (Ph) Antonowsche Regel f ‖ ~ **Астона** s. ~ изотопов [Астона] ‖ ~ **Бабине** (Ph) Babinetsche Absorptionsregel f ‖ ~ **Бертло** (Ph) Berthelotsche Regel f ‖ ~ **Брэгга** (Ph) Bragg-Regel f, Braggsche Regel f ‖ ~ **буравчика** (El) Korkenzieherregel f, Rechtsschraubenregel f ‖ ~ **валентности** (Ph) Valenzregel f ‖ ~ **Вант-Гоффа** (Ph) van't Hoffsche Regel f, Reaktionsgeschwindigkeit-Temperatur-Regel f, RGT-Regel f ‖ ~ **вращательных сумм** Rotationssummenregel f ‖ ~ **Гейгера-Неттола** (Kern) Geiger-Nuttallsche Beziehung f ‖ ~ **Гримма-Зоммерфельда** (Krist) Grimm-Sommerfeldsche Regel f (Resonanzgitter) ‖ ~ **Гунда** s. ~ Хунда ‖ ~ **дифференцирования** (Math) Differentiationssatz m ‖ ~ **дифференцирования произведения** (Math) Produktregel f ‖ ~ **дифференцирования степени** (Math) Potenzregel f ‖ ~ **дифференцирования суммы** (Math) Summenregel f ‖ ~ **дифференцирования частного** (Math) Quotientenregel f ‖ ~ **Жуковского** (Aero) Joukowskische Regel f ‖ ~ **Зайцева** (Ph) Saizewsche Regel f, Saizew-Regel f ‖ ~ **заполнения** (Ph, Ch) Besetzungsvorschrift f ‖ ~ **знаков** Vorzeichenregel f ‖ ~ **знаков Декарта** Descartessche Zeichenregel f ‖ ~ **изотопов** [Астона] (Kern) [Astonsche] Isotopenregel f, Astonsche Regel f ‖ ~ **интегрирования** (Math) Integrationssatz m ‖ ~ **интенсивностей** Intensitätsregel f (Röntgenspektrum) ‖ ~ **интервалов** [Ланде] [Landésche] Intervallregel f, Landésche Regel f ‖ ~ **квантования** (Ph) Quantelungsregel f, Quantelungsvorschrift f ‖ ~ **Кирхгофа** (El) Kirchhoffsche Regel m ‖ ~ **Клебша-Гордана** (Ph) Clebsch-Gordansche Regel f, Clebsch-Gordan-Regel f ‖ ~ **Комптона** (Ph) Comptonsche Regel f ‖ ~ **контуров** (El) Maschenregel f ‖ ~ **левой руки** (El) Linke-Hand-Regel f ‖ ~ **Лейбница** (Ph) Leibnitzsche Regel f, Leibnitzscher Satz m ‖ ~ **Ленца** (Ph) Lenzsche Regel f, Lenzsches Gesetz n ‖ ~ **Лоренца** (Ph) Lorenzsche Regel f ‖ ~ **Мак-Леода** (Ph) McLeodsche Gleichung (Regel) f ‖ ~ **Максвелла** (Therm) Maxwellsche Regel f, Maxwellsches Kriterium n ‖ ~ **Маттауха** (Kern) Mattauchsche Regel f, Isobarenregel f ‖ ~ **Морзе** (Ph) Morsesche Regel f ‖ ~ **наложения** (Math) Überlagerungssatz m (Laplace-Transformation) ‖ ~ **обвода** Umfahrungsregel f, Umlaufregel f ‖ ~ **обращения** (Math) Umkehrregel f ‖ ~ **октета** (Ch) Oktettregel f ‖ ~ **осаждения** (Ch) Fällungsregel f ‖ ~ **отбора** Auswahlregel f (Quantenmechanik) ‖ ~ **Паскаля** (Ph) Pascalsche Regel f ‖ ~ **площадей** (Math) Querschnittsregel f, Flächenregel f ‖ ~ **поляризации** (Ph) Polarisationsregel f ‖ ~ **поперечных сечений** s. ~ площадей ‖ ~ **правой руки** (El) Rechte-Hand-Regel f ‖ ~ **преобразования** (Inf) Konvertierungsregel f ‖ ~ **проверки** (Inf) Testregel f ‖ ~ **рычага** 1. (Mech) Hebelgesetz n Hebelsatz m; 2. (Ph) Hebelgesetz n (Hebelbeziehung f) der Phasenmengen, Hebelarmbeziehung f ‖ ~ **сверхотбора** (Ph) Superauswahlregel f, Überauswahlregel f ‖ ~ **сдвига** [Содди-Фаянса] (Kern) radioaktives Verschiebungsgesetz n, Soddy-Fajansscher

пра́вило Verschiebungssatz *m*, Soddy-Fajanssches Verschiebungsgesetz *n* ‖ ~ **смеще́ния** *(Ph)* Verschiebungsregel *f (s. a.* ~ **сдви́га)** ‖ ~ **Сто́кса** *(Opt)* Stokessche Regel *f (Photolumineszenzstrahlung)* ‖ ~ **сумм** *(Opt, Reg)* Summenregel *f*; *(Opt)* Summensatz *m* ‖ ~ **сумм колеба́ний** *(Opt, Reg)* Schwingungssummenregel *f* ‖ ~ **сумми́рования** *s.* ~ **Эйнште́йна** ‖ ~ **суперотбо́ра** *s.* ~ **сверхотбо́ра** ‖ ~ **Тициу́са-Бо́де** *(Astr)* Titius-Bodesche Reihe *f (Kosmogonie)* ‖ ~ **/тройно́е** *(Math)* Dreisatz *m*, Dreisatzrechnung *f*, Regeldetri *f* ‖ ~ **умноже́ния [вероя́тности]** *(Math)* Multiplikationssatz *m (der Wahrscheinlichkeitsrechnung)* ‖ ~ **усто́йчивости** *(Mech)* Stabilitätsregel *f* ‖ ~ **фаз [Ги́ббса]** *(Ph)* [Gibbssche] Phasenregel *f*, Gibbssches Phasengesetz *n* ‖ ~ **фаз/минералоги́ческое** mineralogisches Phasengesetz *n (nach Goldschmidt)* ‖ ~ **Фле́минга** *s.* 1. ~ **ле́вой руки́**; 2. ~ **пра́вой руки́** ‖ ~ **Ху́нда** *(Kern)* Hundsche Regel (Kopplungsregel) *f* ‖ ~**/цепно́е** *(Math)* Kettenregel *f* ‖ ~ **часто́т Бо́ра** *(Kern)* Bohrsche Frequenzbedingung *f* ‖ ~ **Эйнште́йна** *(Ph)* Einsteinsche Summation (Summationsbezeichnung) *f*, Einstein-Summation *f*
пра́вильность *f (Math)* Richtigkeit *f* ‖ ~ **цветовоспроизведе́ния** *(Photo)* Farbtreue *f*, farbgetreue Wiedergabe *f*
пра́вить 1. lenken, steuern; 2. abziehen *(Messer)*; 3. richten *(Gleise, Bleche)*; 4. abrichten *(Schleifscheibe)*
пра́вка *f* 1. *(Fert, Schm)* Richten *n (Bleche, Gleise)*; 2. *(Fert)* Abrichten *n (Schleifscheibe)* ‖ ~**/алма́зная** Abrichten *n* mit Diamant[werkzeug] *(Schleifscheibe)* ‖ ~ **ацетиле́но-кислоро́дным пла́менем** *(Fert)* diamantfreies Abrichten *n (Schleifscheibe)* ‖ ~**/безуда́рная** *(Fert)* schlagloses Richten *n* ‖ ~ **в горя́чем состоя́нии** *(Schm)* Warmrichten *n* ‖ ~ **в холо́дном состоя́нии** *(Schm)* Kaltrichten *n*, Richten *n* bei Raumtemperatur ‖ ~ **в шта́мпе** *(Schm)* Gesenkrichten *n*, Richten *n* im Gesenk ‖ ~**/газопла́менная** Flammenrichten *n* ‖ ~ **ги́бом** *(Fert)* Biegerichten *n*, Biegen *n* ‖ ~**/горя́чая** *(Schm)* Warmrichten *n* ‖ ~ **на ва́льцах** *(Fert)* Richtwalzen *n* ‖ ~ **на пре́ссе** Richtpressen *n* ‖ ~ **обжа́тием** *(Fert)* Dressieren *n (Bleche)*; Friemeln *n (Rohre)* ‖ ~**/объёмная** 1. Richten *n* von kompakten Teilen im Gesenk; 2. *(Schm)* Kalibrieren *n* im Gesenk ‖ ~ **растяже́нием** Streckrichten *n*, Reckrichten *n (Bleche, Draht, Stabstahl)* ‖ ~**/ускоре́нная** *(Fert)* beschleunigtes Richten *n* ‖ ~**/холо́дная** *(Schm)* Kaltrichten *n*, Richten *n* bei Raumtemperatur
пра́вка-калибро́вка *f (Schm)* Kalibrieren *n* im Gesenk; Richten *n* im Gesenk
пра́во *n***/преиму́щественное** Vorfahrtsrecht *n*, Vorfahrt *f*
правовраща́ющий 1. rechtsdrehend, rechtsgängig; rechtsläufig; 2. *(Opt)* dextrogyr, rechtsdrehend *(Polarisationsebene)*
правозахо́дный *(Fert)* rechtsgängig, rechtssteigend *(Gewinde)*
правополяризо́ванный *(Opt)* rechtspolarisiert, rechtsdrehend polarisiert
праворе́жущий *(Fert)* rechtsschneidend

правоходово́й *s.* правозахо́дный
пра́вый *(Masch)* rechtsgängig *(z. B. Gewinde)*; rechtssteigend *(z. B. Zahn)*
пра́вящий *(Wkz)* Abricht...
празе́м *m (Min)* Prasem *m (lauchgrüne Abart des Quarzes)*
празеоди́м *m (Ch)* Praseodym *n*, Pr
празопа́л *m (Min)* Prasopal *m (apfelgrüner Opal)*
пра́ктика *f***/измери́тельная** Meßpraxis *f* ‖ ~**/люби́тельская** Amateurpraxis *f* ‖ ~**/радиолюби́тельская** Funkamateurpraxis *f*
пра́чечная *f* Wäscherei *f*
ПрБ *s.* борт/пра́вый
ПРД *s.* дви́гатель/порохово́й раке́тный
пребыва́ние *n* Aufenthalt *m*, Verweilen *n*
преве́нтер *m (Erdöl)* Preventer *m*, Absperrschieber *m (Bohrung)* ‖ ~**/враща́ющийся** Drehpreventer *m* ‖ ~**/плашечный** Backenpreventer *m* ‖ ~**/тру́бный** Rohrpreventer *m*
превентор *m s.* преве́нтер
превраща́емость *f* Verwandelbarkeit *f*, Umwandelbarkeit *f*
превраще́ние *n* 1. Verwandlung *f*; Umwandlung *f*; Konversion *f*; 2. Transmutation *f*; Metamorphose *f*; 3. Umsatz *m* ‖ ~**/аллотропи́ческое** *(Wkst)* allotrope Umwandlung (Kristallumwandlung) *f (z. B. bei der Wärmebehandlung von Stahl)* ‖ ~**/анизотерми́ческое** *(Wkst)* anisotherme Umwandlung *f (des Gefüges)* ‖ ~ **а́томного ядра́** *s.* ~ **ядра́** ‖ ~ **аустени́та** *(Wkst)* Austenitwandlung *f* ‖ ~**/аустени́тное** *s.* ~ **аустени́та** ‖ ~**/аустени́тно-мартенси́тное** *(Wkst)* Austenit-Martensit-Umwandlung *f* ‖ ~**/аустени́тно-перли́тное** *(Wkst)* Perlitumwandlung *f* ‖ ~**/бездиффузио́нное** *(Wkst)* diffusionslose Umwandlung *f (des Gefüges)* ‖ ~**/бейни́товое** *(Wkst)* Austenit-Bainit-Umwandlung *f* ‖ ~ **в промежу́точной о́бласти** *(Wkst)* Zwischenstufenumwandeln *n* ‖ ~ **вещества́** *(Kern)* Stoffumwandlung *f* ‖ ~ **второ́го ро́да/фа́зовое** *(Therm)* Phasenübergang *m* zweiter Ordnung (Art) ‖ ~**/диффузио́нное** *(Wkst)* diffusionsartige Umwandlung *f (des Gefüges)* ‖ ~**/изотерми́ческое** *(Wkst)* isotherm[isch]e Umwandlung *f (des Gefüges)*, ohne Temperaturänderung verlaufende Umwandlung *f* ‖ ~ **Канниццаро** *(Ch)* Cannizzarosche Reaktion *f* ‖ ~**/карби́дное** *(Wkst)* Carbidumwandlung *f (Wärmebehandlung des Stahls)* ‖ ~**/мартенси́тное** *(Wkst)* martensitische Umwandlung *f*, Martensitumwandlung *f* ‖ ~**/о́бщее** *(Ch)* Gesamtumsatz *m* ‖ ~**/окисли́тельно-восстанови́тельное** *(Ch)* Redoxumwandlung *f* ‖ ~ **пе́рвого ро́да/фа́зовое** *(Therm)* Phasenübergang *m* erster Ordnung (Art) ‖ ~**/перитекти́ческое** *(Met)* peritektische Umwandlung *f* ‖ ~**/перли́тное** *(Wkst)* Perlit-Umwandlung *f* ‖ ~**/перли́тно-трости́тное** *(Wkst)* Perlit-Bainit-Umwandlung *f* ‖ ~**/промежу́точное** *(Wkst)* Zwischen[gefüge]umwandlung *f* ‖ ~**/равнове́сное фа́зовое** *(Krist)* Gleichgewichtsphasenumwandlung *f* ‖ ~**/теплово́е фа́зовое** *(Krist)* thermische Phasenumwandlung *f* ‖ ~**/фа́зовое** *(Krist)* Phasenumwandlung *f* ‖ ~**/эвтекти́ческое** *(Wkst)* eutektische Umwandlung *f* ‖ ~**/эвтекто́идное** *(Wkst)* eutektoide Umwandlung *f*, Umwandlung *f* in der festen Lösung ‖ ~ **эне́ргии** Energieumwandlung *f*, Energieumformung *f*, Energieumsatz *m*

m, Energieumsetzung *f* ‖ ~ **ядра** *(Kern)* Kernumwandlung *f*, Umwandlung *f* des Atomkerns, Transmutation *f*
превысить s. превышать
превышать 1. übertreffen, übersteigen; überragen; 2. überhöhen; 3. überschreiten
превышение *n* Überhöhung *f*; Überschreitung *f*, Überschreiten *n* (z. B. zulässiger Werte) ‖ ~ **давления** Drucküberschreitung *f* ‖ ~ **температуры** Übertemperatur *f*
преграда *f* Hindernis *n*, Schranke *f*; Damm *m*
преградить s. преграждать
преграждать [ab]sperren, versperren, verlegen
преграждение *n* 1. Absperren *n*, Absperrung *f*; 2. Verriegelung *f*, Abriegelung *f*
предаморфизация *f (Eln)* Voramorphisierung *f (Implantation)*
предварение *n* 1. Zuvorkommen *n*; Voreilen *n*, Voreilung *f*; 2. *(Reg)* Vorhalt *m* ‖ ~ **равноденствий** *(Astr)* allgemeine Präzession *f*, Präzession *f* der Äquinoktien
предвестник *m* **землетрясения** *(Geoph)* Bebenvorläufer *m*
предключать *(El)* vorschalten
предключение *n (El)* Vorschaltung *f*, Vorschalten *n*
предключить s. предключать
предгорье *n (Geol)* Vorgebirge *n*
преддефекатор *m* Vorscheidepfanne *f (Zuckergewinnung)*
преддефекация *f* Vorscheidung *f (Zuckergewinnung)* ‖ ~/**горячая** warme Vorscheidung *f*
предел *m* 1. Grenze *f*; Begrenzung *f*; Schranke *f*; 2. *(Math)* Grenze *f*, Grenzwert *m*, Limes *m*; 3. Bereich *m (s. a.* пределы) ‖ ~ **адсорбции** Adsorptionsgrenze *f* ‖ ~/**вероятностный** Wahrscheinlichkeitsgrenze *f* ‖ ~/**верхний** Obergrenze *f*, obere Grenze *f*, oberer Grenzwert *m* ‖ ~/**верхний контрольный** Kontrollgrenze *f* ‖ ~ **воспламенения** Zündgrenze *f* ‖ ~ **воспламенения/верхний** obere Zündgrenze *f* ‖ ~ **воспламенения/нижний** untere Zündgrenze *f* ‖ ~/**временной** Zeitgrenze *f* ‖ ~ **выносливости** *(Wkst)* Dauerschwing[ungs]festigkeit *f*, Dauer[wechsel]festigkeit *f* ‖ ~ **выносливости на изгиб** *(Wkst)* Biegewechselfestigkeit *f*, Biegeschwingfestigkeit *f* ‖ ~ **выносливости при асимметричных циклах** *(Wkst)* Schwellfestigkeit *f*, Ursprungsfestigkeit *f* ‖ ~ **выносливости при знакопеременной нагрузке** *(Wkst)* Wechselfestigkeit *f*, Schwingungsfestigkeit *f* ‖ ~ **выносливости при несимметричном цикле** *(Wkst)* Schwellfestigkeit *f* ‖ ~ **выносливости при периодических ударах** *(Wkst)* Dauerschlagfestigkeit *f* ‖ ~ **выносливости при растяжении-сжатии** *(Wkst)* Zug-Druck-Dauerfestigkeit *f* ‖ ~ **выносливости при растяжении-сжатии с симметричным циклом** *(Wkst)* Zug-Druck-Wechselfestigkeit *f* ‖ ~ **выносливости при сжатии для пульсирующего цикла** *(Wkst)* Dauerfestigkeit *f* im Druckschwellbereich ‖ ~ **выносливости при симметричном цикле** *(Wkst)* Wechselfestigkeit *f* ‖ ~ **выносливости [при симметричных циклах]/ударный** *(Wkst)* Dauerschlagfestigkeit *f* ‖ ~ **выносливости/условный** *(Wkst)* Zeitwechselfestigkeit *f* ‖ ~ **вытяжки** *(Fest)* Ziehgrenze *f*

‖ ~/**дифракционный** *(Opt)* beugungsbedingte Grenze *f* ‖ ~ **длительной прочности** *(Wkst)* Dauerstandfestigkeit *f*, Zeitstandfestigkeit *f*, Standfestigkeit *f*, Kriechfestigkeit *f* ‖ ~/**доверительный** Vertrauensgrenzen *fpl*, Konfidenzgrenzen *fpl (statistische Qualitätskontrolle)* ‖ ~ **измерения** Meßbereichsgrenze *f*, Meßbereich *m* ‖ ~ **измерения/верхний** obere Meßbereichsgrenze *f*; Meßbereichsendwert *m* ‖ ~ **измерения/нижний** untere Meßbereichsgrenze *f*; Meßbereichsanfangswert *m* ‖ ~ **интегрирования** *(Math)* Integrationsgrenze *f* ‖ ~/**контрольный** Kontrollgrenze *f*, Kontrollbereich *m* ‖ ~ **коррозионной усталости** Korrosionszeitfestigkeit *f*, Korrosionsermüdungsfestigkeit *f*, Korrosionsschwing[ungs]festigkeit *f* ‖ ~ **модуляции** Aussteuerungsgrenze *f* ‖ ~ **мощности** Leistungsgrenze *f* ‖ ~ **нагрузки** *(Wkst)* Belastungsgrenze *f*, Lastgrenze *f*; Beanspruchungsgrenze *f* ‖ ~ **напряжения** *(El, Wkst)* Spannungsgrenze *f*; *(Wkst)* Beanspruchungsgrenze *f* ‖ ~/**напряжения/верхний** *(Wkst)* Grenzlinie *f* der Oberspannung *(Dauerschwingversuch)* ‖ ~ **напряжения/нижний** *(Wkst)* Grenzlinie *f* der Unterspannung *(Dauerschwingversuch)* ‖ ~ **насыщения** *(Ph, Ch)* Sättigungsgrenze *f* ‖ ~/**непроходной** Ausschußseite *f* ‖ ~/**нижний** Untergrenze *f*, unterer Grenzwert *m* ‖ ~/**нижний контрольный** untere Kontrollgrenze *f* ‖ ~ **обнаружения** Nachweisgrenze *f* ‖ ~ **осаждения** *(Fert)* Stauchgrenze *f* ‖ ~ **отрегулировки** *(Reg)* Verstellbereich *m*, Regelbereich *m* ‖ ~ **отсчёта** Anzeigebereich *m* ‖ ~ **ошибок** Fehlergrenze *f* ‖ ~ **перегрузки** *(Wkst)* Überlast[ungs]grenze *f* ‖ ~ **пластичности** Plastizitätsgrenze *f*, Verformbarkeitsgrenze *f*, Formänderungsfestigkeit *f* ‖ ~ **плато** *(Kern)* Plateaugrenze *f (Zählrohr)* ‖ ~ **погрешности** Fehlergrenze *f* ‖ ~ **ползучести** *(Wkst)* Dauerstandfestigkeit *f*, Kriechgrenze *f* ‖ ~ **последовательности** *(Math)* 1. Grenzwert *m* einer Folge (Zahlenfolge); 2. Häufungsgrenze *f* einer Folge ‖ ~ **последовательности/верхний** obere Häufungsgrenze *f* ‖ ~ **последовательности/нижний** untere Häufungsgrenze *f* ‖ ~ **пропорциональности** Proportionalitätsgrenze *f* ‖ ~ **пропорциональности/технический (условный)** *(Wkst)* technische Proportionalitätsgrenze *f* ‖ ~ **прочности** *(Wkst)* Bruchfestigkeit *f*, Bruchgrenze *f*; Streckgrenze *f*; Festigkeitsgrenze *f*, Festigkeit *f* ‖ ~ **прочности на ...** s. ~ **прочности при ...** ‖ ~ **прочности при изгибе** *(Wkst)* Biegefestigkeit *f* ‖ ~ **прочности при кручении** *(Wkst)* Verdrehfestigkeit *f*, Torsionsfestigkeit *f* ‖ ~ **прочности при повышенных температурах** *(Wkst)* Warmstreckgrenze *f* ‖ ~ **прочности при продольном изгибе** *(Wkst)* Knickfestigkeit *f* ‖ ~ **прочности при разрыве** *(Text)* Reißfestigkeit *f*, Bruchfestigkeit *f (Garn)* ‖ ~ **прочности при растяжении** *(Wkst)* Zugfestigkeit *f* ‖ ~ **прочности при сжатии** *(Wkst)* Druckfestigkeit *f*, Quetschgrenze *f* ‖ ~ **прочности при симметрических циклах нагрузки** *(Wkst)* Wechselstreckgrenze *f* ‖ ~ **прочности при срезе** *(Wkst)* Scherfestigkeit *f*, Schubfestigkeit *f* ‖ ~ **прочности при ударном изгибе** *(Wkst)* Schlagbiegefestigkeit *f* ‖ ~ **прочности/технологический** aus technolo-

предел

gischen Versuchen ermittelte Festigkeit f, technologische Festigkeit f ǁ ~ **разрешения** Auflösungsgrenze f, Grenzauflösung f ǁ ~ **растворимости** Löslichkeitsgrenze f ǁ ~ **ретикуляции** (Photo) Runzelpunkt m ǁ ~ **Роша** (Astr) Rochesche Grenze f ǁ ~ **слышимости** Hörbarkeitsgrenze f ǁ ~ **текучести** (Wkst) Streckgrenze f, Fließgrenze f ǁ ~ **текучести/верхний** (Wkst) obere Streckgrenze f ǁ ~ **текучести/нижний** untere Streckgrenze f ǁ ~ **текучести при изгибе** (Wkst) Biegestreckgrenze f; Biegefließgrenze f ǁ ~ **текучести при кручении** (Wkst) Schubfließgrenze f ǁ ~ **текучести при кручении/условный** (Wkst) technische Streckgrenze f (beim Torsionsversuch) ǁ ~ **текучести при повышенной температуре** Warmstreckgrenze f; Warmfließgrenze f ǁ ~ **текучести при растяжении** (Wkst) Streckgrenze f (beim Zugversuch) ǁ ~ **текучести при растяжении/условный** (Wkst) technische Streckgrenze f (beim Zugversuch) ǁ ~ **текучести при сжатии** (Wkst) Quetschgrenze f, Stauchgrenze f ǁ ~ **текучести/условный** (Wkst) Dehngrenze f, Fließgrenze f ǁ ~ **текучести/физический** (Wkst) physikalische (theoretische) Streckgrenze f ǁ ~ **точности** Genauigkeitsgrenze f ǁ ~ **упругости** (Mech, Wkst) Elastizitätsgrenze f ǁ ~ **упругости/технический (условный)** (Wkst) technische Elastizitätsgrenze f ǁ ~ **усталости** Dauer[schwing]festigkeit f, Schwingfestigkeit f ǁ ~ **усталости при знакопеременных напряжениях** (Wkst) Dauerschwingfestigkeit f ǁ ~ **усталости при изгибе** (Wkst) Dauerbiegefestigkeit f ǁ ~ **усталости при нагреве** (Wkst) Dauerwarmfestigkeit f ǁ ~ **усталости при ударе** (Wkst) Dauerschlagfestigkeit f ǁ ~ **усталости/ударный** (Wkst) Dauerschlagfestigkeit f ǁ ~ **усталости/условный** (Wkst) praktische Dauerwechselfestigkeit f, praktische Dauerschwing[ungs]festigkeit f (bei einer bestimmten Lastspielzahl) ǁ ~ **усталости/физический** (Wkst) theoretische Dauerwechselfestigkeit f (Dauerschwingungsfestigkeit, Dauerschwingfestigkeit) f (bei unendlich großer Lastspielzahl) ǁ ~ **устойчивости** (Mech) Stabilitätsgrenze f ǁ ~ **функции** (Math) Grenzwert m einer Funktion ǁ ~ **цикла нагрузки (напряжения)** (Wkst) Grenzspannung f, Spannungsgrenzwert m ǁ ~ **чувствительности** Empfindlichkeitsgrenze f

пределы mpl Bereich m (s. a. unter предел 3.) ǁ ~ **вытяжки** (Text) Verzugsbereich m ǁ ~ **крутки** (Text) Drehungsbereich m ǁ ~ **нагрузок** (Wkst) Lastbereich m ǁ ~ **плавления** Schmelzbereich m, Schmelzintervall n, Erstarrungsbereich m, Erstarrungsintervall n ǁ ~ **показаний** Anzeigebereich m ǁ ~ **регулирования** Regelbereich m; Stellbereich m, Einstellbereich m ǁ ~ **температуры затвердения** (Gieß) Erstarrungsbereich m, Erstarrungsintervall n ǁ ~ **чисел оборотов** Drehzahlbereich m

предельный Grenz...
предзаторник m (Brau) Vormaischer m
предиссоциация f Prädissoziation f
предкамера 1. Vorkammer f (Vorkammer-Dieselmotor); 2. Vorbrennkammer f (Strahltriebwerk)
предклапан m (Masch) Vorhubventil n, Entlastungsventil n

предконденсат m Vorkondensat n
предконденсатор m Vorkondensator m
предконденсация f Vorkondensation f
предкопильник m Vorsumpf m (NE-Metallurgie)
предкоррекция f (TV) Vorverzerrung f, Preemphasis f, Voranhebung f
предкрылок m (Flg) Vorflügel m
предмет m Objekt n, Ding n, Gegenstand m ǁ ~/**измеряемый** Meßgegenstand m, Meßobjekt n ǁ ~/**испытуемый** Prüfgegenstand m, Prüfobjekt n ǁ ~/**плавающий** (Schiff) Treibgut n, treibender Gegenstand m ǁ ~ **производства** (Fert) Arbeitsgegenstand m
преднабор m (Fert) Vorwahl f (z. B. von Achsen, Koordinaten)
предоставление n **памяти** (Inf) Speicherverteilung f, Speicherzuweisung f
предоставлять (Fert) bereitstellen
предотвал m (Bgb) Vorkippe f
предотвращение n Verhütung f, Vorbeugung f, Verhinderung f ǁ ~ **загрязнения** (Ökol) Verschmutzungsverhütung f ǁ ~ **нефтяных разливов** (Ökol) Verhinderung f von Ölaustritten
предохранение n Sicherung f, Schutz m ǁ ~ **контура тормозной системы/электронное** (Kfz) elektronische Bremskreissicherung f ǁ ~ **от коррозии** Korrosionsschutz m ǁ ~ **от перегрузки** Überlast[ungs]schutz m ǁ ~ **от перенапряжения** Überspannungsschutz m ǁ ~ **от соприкосновения** Berührungsschutz m
предохранитель m 1. Sicherung f, Schutzvorrichtung f, Schutz m; Sicherungshebel m; 2. (El) Sicherung f; 3. Sicherung f (Handfeuerwaffe)
• **без предохранителя** (El) ungesichert ǁ ~/**автоматический** (El) Sicherungsautomat m ǁ ~/**безынерционный (быстродействующий)** (El) flinke (unverzögerte) Sicherung f ǁ ~/**вставной** (El) steckbare Feinsicherung f ǁ ~/**высоковольтный** (El) Hochspannungssicherung f ǁ ~ **высокого напряжения** (El) Hochspannungssicherung f ǁ ~/**главный** (El) Hauptsicherung f ǁ ~/**грубый** (El) Grobsicherung f ǁ ~/**двухполюсный [плавкий]** (El) zweipolige Sicherung f ǁ ~/**домовой** (El) Haussicherung f ǁ ~/**запасной** (El) Ersatzsicherung f ǁ ~/**инерционный** (El) träge (verzögerte) Sicherung f ǁ ~/**малочувствительный** (El) Grobsicherung f ǁ ~/**наружной обстановки** (El) Freileitungssicherung f ǁ ~/**низковольтный** (El) Niederspannungssicherung f ǁ ~ **низкого напряжения** (El) Niederspannungssicherung f ǁ ~/**общедомовой** (El) Hausanschlußsicherung f ǁ ~/**общий** (El) Hauptsicherung f ǁ ~/**однополюсный [плавкий]** (El) einpolige Sicherung f ǁ ~/**открытый** (El) offene Sicherung f ǁ ~/**плавкий** (El) Schmelzsicherung f, Abschmelzsicherung f ǁ ~/**пластинчатый [плавкий]** (El) Streifensicherung f, Lamellensicherung f ǁ ~/**полупроводниковый** (El) Halbleitersicherung f ǁ ~/**сетевой** (El) Gerätesicherung f ǁ ~/**слаботочный** (El) Feinsicherung f ǁ ~/**токоограничивающий** (El) Strombegrenzungssicherung f ǁ ~/**установочный** (El) Installationssicherung f
предохранить s. предохранять
предохранять 1. sichern, schützen; 2. (El) absichern

предплечье *n (Masch)* Unterarm *m*, unterer Armteil *m (eines Gelenkroboters)*
предплужник *m (Lw)* Vorschäler *m*, Vorschneider *m (Pflug)*
предпосылка *f* Voraussetzung *f* ‖ **~/упрощающая** *(Math)* vereinfachende Annahme *f*
предприятие *n* Betrieb *m*; Fabrik *f*; Unternehmen *n* ‖ **~/автоматизированное** automatisierte Fabrik *f* ‖ **~ бытового обслуживания** Dienstleistungsbetrieb *m* ‖ **~/военно-промышленное** Rüstungsbetrieb *m* ‖ **~/действующее** produzierender Betrieb *m* ‖ **~/производственное** Produktionsbetrieb *m* ‖ **~/промышленное** Industriebetrieb *m* ‖ **~/ремонтное** Reparaturbetrieb *m* ‖ **~/строительно-монтажное** Bau- und Montagebetrieb *m* ‖ **~/транспортное** Verkehrsbetrieb *m* ‖ **~/электроснабжающее** Energieversorgungsbetrieb *m*
предпроцессор *m* Vor[verarbeitungs]prozessor *m*
предпрочёс *m (Text)* Vorkrempel *f*, Vorreißer *m (Walzenkrempel)*
предпрядение *n (Text)* Vorspinnen *n*, Vorspinnerei *f*
предразряд *m (El)* Vorentladung *f*
предсказание *n* Voraussage *f*, Vorhersage *f* ‖ **~ погоды** Wettervorhersage *f*
предсозревание *n (Text)* Vorreife *f*, Vorreifen *n (Viskosefaser)*
представление *n (Inf)* Schreibweise *f*, Darstellung *f (s. a. unter* запись *und* кодирование*)* ‖ **~/алфавитно-цифровое** alphanumerische Darstellung *f* ‖ **~/аналитическое** analytische Darstellung *f* ‖ **~/аналоговое** analoge Darstellung *f* ‖ **~ в двоичной системе** binäre Zahlendarstellung *f* ‖ **~ в десятичной системе** dezimale Zahlendarstellung *f* ‖ **~ в дополнительном коде** Komplementdarstellung *f* ‖ **~ в параллельном коде** parallele Darstellung *f* ‖ **~ в последовательном коде** serielle Darstellung *f* ‖ **~ в приведённой форме** reduzierte Darstellung *f* ‖ **~ в прямом коде** direktes Kodieren *n* ‖ **~ в ряде** Reihenfolgedarstellung *f* ‖ **~ взаимодействия** *(Ph)* Wechselwirkungsdarstellung *f*, Wechselwirkungsbild *n*, Tomonaga-Darstellung *f*, Tomonaga-Bild *n (Quantentheorie)* ‖ **~/внешнее** externe Darstellung *f* ‖ **~/внутреннее** interne Darstellung *f* ‖ **~/восьмеричное** Oktalschreibweise *f*, oktale Schreibweise *f* ‖ **~ Гейзенберга** *(Ph)* Heisenberg-Bild *n*, Heisenberg-Darstellung *f (Quantenmechanik)* ‖ **~/геометрическое** geometrische Darstellung *f (z. B. von Funktionen)* ‖ **~ данных** Datendarstellung *f* ‖ **~/двоично-десятичное** binärdezimale Darstellung *f*, BCD-Darstellung *f* ‖ **~/двоичное** binäre Darstellung *f* ‖ **~/двоично-кодированное десятичное** binär kodierte Dezimaldarstellung *f* ‖ **~/десятичное** dezimale Darstellung *f* ‖ **~/дискретное** diskrete Darstellung *f* ‖ **~/дискретно-непрерывное** diskret-analoge Darstellung *f* ‖ **~ знака** Vorzeichendarstellung *f* ‖ **~ информации** Informationsdarstellung *f*, Datendarstellung *f* ‖ **~/конкретное** konkrete Darstellung *f (Programmiersprache)* ‖ **~/матричное** *(Math)* Matrizendarstellung *f* ‖ **~/машинное** Maschinendarstellung *f*, Rechnerdarstellung *f* ‖ **~ Паули** *(Ph)* Pauli-Darstellung *f* ‖ **~/позиционное** Basisschreibweise *f*, Radixschreibweise *f*, Stellenschreibweise *f* ‖ **~ пространства-времени** *(Ph)* Raum-Zeit-Vorstellung *f* ‖ **~ с плавающей запятой** Gleitkommadarstellung *f* ‖ **~ с фиксированной запятой** Festkommadarstellung *f* ‖ **~/символическое (символьное)** symbolische Darstellung *f* ‖ **~ термами** Termdarstellung *f* ‖ **~/тетрадное** Tetradenschreibweise *f* ‖ **~/троичное** ternäre Darstellung (Schreibweise) *f* ‖ **~/цифровое** digitale Darstellung *f*, Digitaldarstellung *f*, Zifferndarstellung *f* ‖ **~ чисел** Zahlendarstellung *f*, numerische Darstellung *f* ‖ **~/полулогарифмическое** halblogarithmische Zahlendarstellung *f* ‖ **~/шестнадцатеричное** hexadezimale Darstellung *f*
представляющий darstellend; repräsentativ
предтопок *m* Vorfeuerung *f*
предупредительный Warn...
предупреждение *n* Warnung *f* ‖ **~ наводнений** Überschwemmungswarnung *f* ‖ **~ обвалов** Einsturzwarnung *f*, Bergsturzwarnung *f* ‖ **~ оползней** Erdrutschwarnung *f* ‖ **~ селей** Schlammlawinenwarnung *f*, Murewarnung *f* ‖ **~ столкновения** *(Schiff)* Kollisionsverhütung *f*
предусиление *n (Rf)* Vorverstärkung *f*
предусилитель *m (Rf)* Vorverstärker *m*
предшественник *m* 1. *(Math)* Vorgänger *m*; 2. *(Lw)* Vorfrucht *f*
предыонизация *f* 1. Präionisation *f*, Präionisierung *f (s. a.* автоионизация*)*; 2. Präionisationsphase *f*, Präionisierungsphase *f (Laser)*
предыскажение *n (Rf)* Preemphasis *f*, Vorverzerrung *f*, Voranhebung *f*
предыскание *n (Nrt)* Vor[stufen]wahl *f* ‖ **~/двойное** doppelte Vorwahl *f* ‖ **~/одинарное** einfache Vorwahl *f*
предыскатель *m (Nrt)* Vorwähler *m*, VW ‖ **~/вращающийся** Drehwähler *m (als Vorwähler)* ‖ **~/групповой** Gruppenwähler *m (Keith-Vorwähler)* ‖ **~ Кейта** Keith-Vorwähler *m*
предыскашивать [absichtlich] verändern *(z. B. Steuerimpulse)*
предэхо *n* Vorecho *n*
преионизация *f s.* предыонизация
прекратить *s.* прекращать
прекращать einstellen, abbrechen, beenden; aufhören; aufheben ‖ **~ возбуждение** *(El)* aberregen, entregen
прелина *f (Led)* Faulstelle *f*
преломление *n (Opt)* Brechung *f*, Refraktion *f (s. a. unter* рефракция*)*; *(Ak)* Brechung *f (Schall)* ‖ **~/береговое** Küstenbrechung *f* ‖ **~ волн** Wellenbrechung *f* ‖ **~/двойное** doppelte Brechung *f*, Doppelbrechung *f* ‖ **~ звука** *(Ak)* Schallbrechung *f* ‖ **~ света** Brechung *f* des Lichts, Lichtbrechung *f*, Refraktion *f*
преломляемость *f (Opt)* Brechungsvermögen *n*, Refraktionsvermögen *n*
преломлятель *m* Refraktor *m* ‖ **~/призматический** Prismenglas *n*
пренебрежение *n* Vernachlässigung *f*
пренебрежимо малый vernachlässigbar klein
пренебрежимый vernachlässigbar
пренебречь vernachlässigen
пренит *m (Min)* Prehnit *m*

преобладание *n* Vorherrschen *n*, Übergewicht *n*; Einseitigkeit *f*

преобразование *n* 1. Umbildung *f*, Umformung *f*, Umgestaltung *f*, Umwandlung *f*, Wandlung *f*; 2. *(Math)* Transformation *f*; 3. *(Nrt)* Umsetzung *f*; 4. *(Inf)* Konvertierung *f* || **~ адресов** *(Inf)* Adreßtransformation *f* || **~/аналого[во]-цифровое** Analog-Digital-Umsetzung *f*, A/D-Umsetzung *f* || **~/аффинное** *(Math)* affine Transformation (Abbildung) *f*, Affinität *f* || **~ времени** Zeitkonvertierung *f* || **~/вырожденное** *(Math)* ausgeartete (degenerierte) Transformation *f* || **~ Галилея** *(Mech)* Galilei-Transformation *f* || **~/геометрическое** *(Math)* geometrische Transformation *f* || **~/гильбертово** *(Math)* Hilbert-Transformation *f* || **~ данных** *(Inf)* Datenumwandlung *f*, Datenkonvertierung *f* || **~ движения** *(Math)* Bewegungstransformation *f* || **~/десятичное** Dezimalumsetzung *f* || **~/дробно-линейное** *(Math)* gebrochen lineare Transformation (Substitution) *f* || **~ излучения** *s.* ~ радиации || **~ изображения** *(TV)* Bild[um]wandlung *f*, Bildtransformation *f* || **~/импульсное** Impuls[um]wandlung *f*; Impulsverformung *f* || **~/интегральное** *(Math)* Integraltransformation *f* || **~/калибровочное** *(Math)* Eichtransformation *f* || **~/каноническое** *(Mech)* kanonische Transformation *f* || **~/касательное** *(Math)* Berührungstransformation *f* || **~ кода** *(Inf)* Kode[um]wandlung *f*; Kodeumsetzung *f*; *(Nrt)* Umkodierung *f* || **~/конформное** konforme Transformation *f (relativistische Physik)* || **~ координат** *(Math)* Koordinatentransformation *f* || **~/коррелятивное** *(Math)* korrelative Transformation *f* || **~/круговое** Kreistransformation *f* || **~ Лапласа** *(Math)* Laplacesche Transformation *f*, Laplace-Transformation *f* || **~/линейное** *(Math)* lineare Transformation *f*; *(Kyb auch:)* lineare Abbildung *f* || **~ Лоренца** *(Math)* Lorentz-Transformation *f* || **~ многомерных пространств** *(Math)* Transformation *f* des mehrdimensionalen Raumes || **~ мощности** Leistungsumsetzung *f*, Leistungsumwandlung *f* || **~/непрерывное** *(Math)* stetige (kontinuierliche) Transformation *f* || **~/обратимое** *(Math)* umkehrbare Transformation *f* || **~/обратное** 1. Rück[um]wandlung *f*; 2. *(Math)* inverse Transformation *f*, Rücktransformation *f* || **~/ортогональное** *(Math)* orthogonale Transformation *f* || **~ переменных** *(Math)* Variablentransformation *f* || **~ плоскости** *(Math)* Transformation *f* der Ebene || **~ подобия** *(Math)* Ähnlichkeitstransformation *f*, äquiforme Transformation *f* || **~ поляризации** Polarisationsumwandlung *f (elektromagnetischer Wellen)* || **~/полярное** *(Math)* Polartransformation *f* || **~ прикосновения** *(Math)* Berührungstransformation *f* || **~ радиации** Strahlungs[um]wandlung *f* || **~/симметричное** *(Krist)* Symmetrieoperation *f* || **~ соприкосновения** *(Math)* Berührungstransformation *f* || **~/структурное** *(Wkst)* Gefügeumwandlung *f*, Gefügeumformung *f* || **~ течения** *(Hydt)* Strömungsumbildung *f* || **~/тождественное** *(Math)* identische Transformation *f* || **~ тока** *(El)* Stromumformung *f* || **~/точечное** *(Math)* Punkttransformation *f* || **~ Фурье** *(Math)* Fourier-Transformation *f*, Fouriersche Transformation *f* || **~ Фурье/обратное** Fourier-Rücktransformation *f* || **~/цифро-аналоговое** *(El)* Digital-Analog-Umsetzung *f*, D/A-Umsetzung *f* || **~ частоты** 1. Frequenzumformung *f*, Frequenzumwandlung *f*; 2. Frequenztransformation *f*; 3. Frequenzumsetzung *f* || **~ частоты/двухсеточное** *(Nrt, Rf)* multiplikative Mischung (Frequenzumsetzung) *f* || **~ частоты/односеточное** *(Nrt, Rf)* additive Mischung (Frequenzumsetzung) *f* || **~ числа строк** *(TV)* Zeilenumsetzung *f* || **~ числа фаз** *(El)* Phasenumformung *f* || **~ энергии** Energieumformung *f*, Energie[um]umwandlung *f* || **~ энергии/электромеханическое** elektromechanische Energieumwandlung *f*

преобразователь *m* 1. *(El)* Wandler *m*; Umformer *m*; Konverter *m*; 2. *(Nrt)* Übersetzer *m*; 3. *(Inf)* Umsetzer *m*, Wandler *m*; 4. *(Meß)* Aufnehmer *m (von Meßwerten)*; Geber *m* || **~/активный** *(El)* aktiver Wandler *m* || **~/акустический** *(Ak)* Schallwandler *m* || **~ аналог-код** *(Inf)* Analog-Kode-Wandler *m* || **~/аналогово-цифровой** *s.* ~/аналого-цифровой || **~/аналого-цифровой** Analog[um]wandler *m* || **~/аналого-цифровой** Analog-Digital-Wandler *m*, A/D-Wandler *m*, Analog-Digital-Umwetzer *m*, A/D-Umsetzer *m*, ADU; *(Inf)* Digitizer *m* || **~/аналого-цифровой-цифро-аналоговый** Analog-Digital-Digital-Analog-Wandler *m*, A/D-D/A-Wandler *m* || **~/балансный** *(El)* Abgleichwandler *m*, Ausgleichwandler *m* || **~/быстродействующий** *(El)* schneller Wandler *m* || **~/быстродействующий аналого-цифровой** schneller A/D-Wandler, schneller Analog/Digital-Wandler *m* || **~ в интегральном исполнении/аналого-цифровой** monolithischer A/D-Wandler *m*, monolithischer Analog/Digital-Wandler *m* || **~/вентильный** *(El)* Ventilumformer *m*, Ventilstromrichter *m* || **~/весовой** Kraftmeßwandler *m* || **~/вибрационный** *(El)* Zackerumformer *m* || **~/вращающийся** *(El)* rotierender (umlaufender) Umformer *m* || **~ времени** Zeitwandler *m*, Zeitkonverter *m* || **~/входной** *(Inf)* Eingabewandler *m*; Eingangswandler *m* || **~/высокотемпературный измерительный** Hochtemperaturwandler *m*, Hochtemperaturmeßeinrichtung *f* || **~/выходной** *(Inf)* Ausgabewandler *m*; Ausgangswandler *m* || **~ давления** Druckwandler *m*, Druckumformer *m* || **~ двоичного кода в десятичный** *(Inf)* Binär-Dezimal-Kodeumsetzer *m*, BCD-Wandler *m* || **~/двухкаскадный** *(TV)* zweistufiger Bildwandler *m* || **~/динамический** *(Rf, TV)* dynamischer Wandler *m* || **~/диодный** *s.* ~/вентильный || **~/ёмкостный** *(Meß)* kapazitiver Geber *m* || **~ излучения** Strahlungswandler *m*, Strahlungsumformer *m* || **~/измерительный** Meßwertumformer *m*; Meßwandler *m* || **~ изображения** Bildwandler *m* || **~ изображения/контактный** Kontaktbildwandler *m* || **~ изображения/лазерный** Laserbildwandler *m* || **~ изображения/электронно-оптический** elektronenoptischer Bildwandler *m*, Bildwandlerröhre *f* || **~ импульсов** Impulswandler *m* || **~/инверторный** *(El)* Wechselrichter *m* || **~/индивидуальный** *(TV)* Kanalumsetzer *m* || **~/индуктивный** *(Meß)* induktiver Umsetzer (Geber) *m* || **~ инфракрасных изображений** Infrarotbildwandler *m*, Infrarotteleskop *n* || **~/каскадный** *(El)* Kaskadenumformer *m* || **~ кода**

Kodewandler m; Kodeumsetzer m ‖ ~ код-аналог Kode-Analog-Wandler m ‖ ~/кодовый s. ~ кода ‖ ~ колебаний Schwingungswandler m ‖ ~/конвейерный аналого-цифровой gestreckter Analog-Digital-Umsetzer (A/D-Umsetzer, ADU) m ‖ ~/контактный (El) Kontaktumformer m; Kontaktstromrichter m ‖ ~/координатный Koordinatenwandler m ‖ ~/круговой (Меß) Winkelschrittgeber m ‖ ~ Леонарда (El) Leonard-Umformer m ‖ ~/манометрический Druckmeßwandler m ‖ ~/машинный (El) Maschinenumformer m, Elektromaschinenumformer m, maschineller Umformer m ‖ ~ модуляции (Eln) Diskriminator m ‖ ~ мощности (El) Leistungswandler m ‖ ~ мощный Hochleistungsumformer m ‖ ~ напряжение-фаза (El) Spannungs-Phasen-Wandler m ‖ ~ напряжение-частота (El) Spannungs-Frequenz-Wandler m, VFC ‖ ~ напряжения (El) Spannungswandler m ‖ ~/обратимый (El) reversibler (umkehrbarer) Wandler m ‖ ~/обратный (El) Rückwandler m; Rückumformer m ‖ ~/одноякорный (El) Einankerumformer m ‖ ~/оптический optischer Umwandler m, Lichtwandler m ‖ ~/параллельно-последовательный (El) Parallel-Serien-Umsetzer m; Parallel-Serien-Wandler m ‖ ~/параллельный аналого-цифровой Parallel-Analog-Digital-Umsetzer m, Parallel-ADU m ‖ ~/параметрический parametrischer Umformer m ‖ ~/пассивный (El) passiver Wandler m ‖ ~ переменного тока в постоянный (El) Wechselstrom-Gleichstrom-Umformer m; Gleichrichter m ‖ ~ перемещений (El) Bewegungswandler m ‖ ~ перемещений/измерительный Wegmeßsystem n ‖ ~ переходных процессов/[цифровой] (Eln) Transienten-Digitalisierer m, Transienten-Digitizer m ‖ ~/пневматический (Меß) pneumatischer Geber m ‖ ~ по положению (El) Lagewandler m ‖ ~ положения 1. (Меß) Weggeber m; Wegaufnehmer m; 2. (El) Lagewandler m ‖ ~/поляризационный Polarisationswandler m (für elektromagnetische Wellen) ‖ ~/последовательно-параллельный (Eln) Serien-Parallel-Umsetzer m; Serien-Parallel-Wandler m ‖ ~ постоянного напряжения (El) Gleichspannungsumrichter m; Gleichspannungswandler m ‖ ~ постоянного напряжения/статический Gleichspannungsgegentakttransverter m ‖ ~ постоянного тока (El) Gleichstromumformer m, Gleichstrom-Gleichstrom-Umformer m ‖ ~/прецизионный Präzisionsumformer m ‖ ~/пьезоэлектрический piezoelektrischer Wandler m, Piezowandler m; piezoelektrischer Umformer m ‖ ~ расхода (Меß) Durchflußgeber m ‖ ~ результатов измерения (Меß) Meßwertumsetzer m ‖ ~/решётчатый (Eln) Gitterwandler m ‖ ~ с высоким разрешением (Eln) hochauflösender Wandler m ‖ ~ с двойным интегрированием/двухтактный интегрирующий [аналого-цифровой] (Inf) Dual-Slope-Umsetzer m, Zweiflankenumsetzer m ‖ ~ с переменной ступенью преобразования/цифрово-аналоговый (Inf) Gleitkomma-D/A-Umsetzer m ‖ ~/сварочный Schweißumformer m ‖ ~/свёрточный аналого-цифровой (Eln) Falt-Analog-Digital-Umsetzer m, Falt-ADU m ‖ ~ сигналов (Кyb) Signalwandler m ‖ ~/статический statischer Wandler m; statischer Umformer m ‖ ~ телевизионного стандарта Fernsehnormumsetzer m ‖ ~/термоэлектрический (El) thermoelektrischer Umformer m, Thermoumformer m ‖ ~/тиристорный (El) Thyristorumformer m ‖ ~ тока (El) Stromumformer m, Stromrichter m ‖ ~/ионный (El) Ionenstromrichter m ‖ ~ тока/электромашинный s. ~/машинный ‖ ~ ток-фаза (El) Strom-Phasen-Wandler m ‖ ~/трансформаторный Transformatorwandler m ‖ ~/трёхтактный аналого-цифровой (Eln) Dreiflanken-A/D-Umsetzer m, Dreiflanken-ADU ‖ ~/трёхфазный Drehstromumformer m, Dreiphasenumformer m ‖ ~/умножающий цифро-аналоговый (El) multiplizierender Digital-Analog-Wandler (D/A-Wandler) m ‖ ~ уровня (El) Pegelwandler m; Pegelumsetzer m ‖ ~/фазовый (El) Phasenumformer m ‖ ~/фотоэлектрический (El) photoelektrischer (lichtelektrischer) Umformer m, Photoumformer m ‖ ~/функциональный Funktionswandler m ‖ ~/цифро-аналоговый Digital-Analog-Wandler m, D/A-Wandler m, DAW, Digital-Analog-Umsetzer m, D/A-Umsetzer m, DAU ‖ ~/цифроаналоговый струйный (Reg, Меß) hydraulischer Analog-Digital-Wandler m ‖ ~/цифровой (Inf) Digitalisierer m, Digitalisiergerät n ‖ ~ частоты (El) Frequenzwandler m; Frequenzumsetzer m; (TV) Frequenzumsetzer m ‖ ~ частоты/групповой (TV) Gruppenumsetzer m ‖ ~ частоты/коллекторный Kommutator-Frequenzumformer m ‖ ~ частоты/электромашинный Elektromaschinenfrequenzumformer m ‖ ~ числа строк (TV) Zeilenumsetzer m ‖ ~/электроакустический (Ak) elektroakustischer Wandler m ‖ ~/электродинамический elektrodynamischer Wandler m ‖ ~/электронно-оптический Bildwandler m ‖ ~/электронный 1. (Eln) elektronischer Wandler m; elektronischer Umformer m; elektronischer Stromrichter m; 2. elektronischer Meßumformer m ‖ ~ энергии Energiewandler m; Energieumformer m

преобразовать s. преобразовывать

преобразовывать 1. umbilden, umgestalten; 2. (Math) transformieren; 3. (El) umformen; wandeln, umwandeln; umformen; konvertieren; 4. (Inf) umsetzen

препарат m Präparat n ‖ ~ для борьбы с вредителями (Lw) Schädlingsbekämpfungsmittel n ‖ ~/замасливающий (Text) Schmälzmittel n

препарация f (Text) Präparation f, Präparationsmittel n ‖ ~/прядильная Spinnpräparation f (Chemieseidenherstellung)

препарирование n (Text) Präparation f, Präparierung f

препарировать (Text) präparieren

прервать s. прерывать

прерывание n Unterbrechung f, Unterbrechen n, Abbruch m; (Inf) Interrupt m, Unterbrechung f • без прерываний (Inf) interruptfrei, unterbrechungsfrei ‖ ~/векторное (Inf) Vektorinterrupt m, gerichteter Abbruch m ‖ ~/внешнее (Inf) externe Unterbrechung f ‖ ~/внутреннее (Inf) interne Unterbrechung f ‖ ~/ждущее (Inf) wartende Unterbrechung f ‖ ~/кратковременное (El) Kurzunterbrechung f ‖ ~ от ввода-вывода

прерывание *(Inf)* Eingabe-Ausgabe-Interrupt *m*, E/A-Interrupt *m* ‖ ~ **от схем контроля** *(Inf)* Maschinenfehlerunterbrechung *f* ‖ ~ **от таймера** *(Inf)* Zeitgeberunterbrechung *f* ‖ ~ **по машинному сбою** *(Inf)* Maschinenfehlerunterbrechung *f* ‖ ~ **по обращению к супервизору** *(Inf)* Supervisor[auf]rufunterbrechung *f* ‖ ~ **по сигналу «внимание»** *(Inf)* Abrufunterbrechung *f*, Achtung-Unterbrechung *f* ‖ ~/**приоритетное** *(Inf)* Prioritätsinterrupt *m* ‖ ~/**программное** *(Inf)* Programmunterbrechung *f* ‖ ~ **программы** *(Inf)* Programmunterbrechung *f* ‖ ~ **программы/многоступенчатое** mehrstufige Programmunterbrechung *f* ‖ ~ **тока** *(El)* Stromunterbrechung *f*

прерыватель *m* *(El)* Unterbrecher *m* ‖ ~/**автоматический** Selbstunterbrecher *m* ‖ ~/**бесконтактный** kontaktloser Unterbrecher *m* ‖ ~ **Вагнера** *(El)* Wagnerscher Hammer *m* ‖ ~ **Венельта** Wehnelt-Unterbrecher *m* ‖ ~/**зуммерный** *(El)* Summerunterbrecher *m* ‖ ~/**игнитронный** *(El)* Ignitronunterbrecher *m* ‖ ~/**камертонный** Stimmgabelunterbrecher *m* ‖ ~/**кулачковый (молотковый)** *(El)* Hammerunterbrecher *m* ‖ ~/**моторный** *(El)* Motorunterbrecher *m* ‖ ~ **пучка/механический** *(Kern)* Chopper *m*, mechanischer Unterbrecher (Zerhacker) *m*, Zerhacker *m* ‖ ~ **света** *(Opt)* Lichtzerhacker *m*, Chopper *m* ‖ ~ **тока** *(El)* Stromunterbrecher *m* ‖ ~/**турбинный** Turbinenunterbrecher *m* ‖ ~ **цепи низкого напряжения** *(Kfz)* Zündunterbrecher *m* ‖ ~/**электролитический** elektrolytischer Unterbrecher *m* ‖ ~/**электромагнитный** elektromagnetischer Unterbrecher *m*

прерыватель-распределитель *m* **зажигания** *(Kfz)* Verteiler *m*, Zündunterteiler *m*

прерывать unterbrechen; abbrechen

прерывистость *f* Unstetigkeit *f*, Diskontinuität *f* ‖ ~ **токов** *(El)* Stromflußstetigkeit *f*

прерывистый unterbrochen, aussetzend, intermittierend; ruckweise; gestuft *(Drehzahlen)*

прерывность *f* s. прерывистость

прерывный s. прерывистый

преселектор *m* *(Rf)* Vorselektionsstufe *f*, Hochfrequenzvorstufe *f*, Vorkreis *m*, Eingangsfilter *n*

преселекторный *(Masch)* Vorwähl... *(Zusatzbezeichnung für Steuerungen)*

преселекция *f* *(Rf)* Vorselektion *f*

пресерв *m* Präserve *f*

пресс *m* Presse *f* ‖ ~/**арочный** Portalpresse *f* ‖ ~/**блокообжимный** Buchblockabpreßmaschine *f*, Abpreßmaschine *f (Buchbinderei)* ‖ ~/**болтотоковочный** Bolzenschmiedepresse *f*, Bolzenschmiedemaschine *f* ‖ ~/**бортовальный** s. ~/отбортовочный ‖ ~/**брикет[ировоч]ный** Brikettierpresse *f* ‖ ~ **Бринелля** *(Wkst)* Härteprüfgerät *n* nach Brinell ‖ ~/**быстроходный** Schnell[äufer]presse *f* ‖ ~/**вакуумный** Vakuumpresse *f* ‖ ~/**вакуумный ленточный** *(Ker)* Vakuumstrangpresse *f* ‖ ~/**валковый** *(Bw)* Rollenpresse *f (Mahlaggregat)* ‖ ~/**валочный** *(Fert)* Ziehpresse *f* ‖ ~/**вальцовый** *(Pap)* Walzenpresse *f* ‖ ~/**вертикальный** senkrechte (stehende) Presse *f* ‖ ~/**винтовой** 1. Spindelpresse *f*, Schraubenpresse *f*; 2. *s.* шнек-пресс ‖ ~/**воздушно-гидравлический** lufthydraulische Presse *f* ‖ ~/**воздушный** Druckluftpresse *f*, druckluftbetriebene (pneumatische) Presse *f* ‖ ~/**волочильный** *(Fert)* Ziehpresse *f* ‖ ~/**вулканизационный** *(Gum)* Vulkanisierpresse *f* ‖ ~/**выгибочный** s. ~ отбортовочный ‖ ~/**вырубной** Abtrennpresse *f*, Schneidpresse *f*; Stanzpresse *f* ‖ ~/**высадочный** Stauchpresse *f* ‖ ~/**вытяжной** Ziehpresse *f*; Tiefziehpresse *f* ‖ ~/**гаечный** Mutternstauchpresse *f*, Mutternstanzpresse *f* ‖ ~/**гибочный** Biegepresse *f* ‖ ~/**гидравлический** hydraulische Presse *f*, Kolbenpresse *f* ‖ ~/**гидромерейный** *(Led)* hydraulische Bügelpresse *f (Veredlung)* ‖ ~/**гладкий** *(Text)* volle Presse *f (Kettenwirkmaschine)* ‖ ~ **глубокой вытяжки** Tiefziehpresse *f* ‖ ~/**гнутарный** *(Holz)* Biegepresse *f* ‖ ~/**горизонтально-гибочный** Horizontalbiegepresse *f* ‖ ~/**горизонтальный** 1. liegende Presse *f*; 2. *s.* ~/прямой ‖ ~ **горячей штамповки** 1. Gesenkschmiedepresse *f*, Gesenkwarmpresse *f*; 2. Tiefziehpresse *f* ‖ ~/**горячий** Warmpresse *f* ‖ ~ **двойного действия** doppelt wirkende Presse *f* ‖ ~/**двухдисковый фрикционный** Zweischeibenspindelpresse *f* ‖ ~/**двухколонный** Zweisäulenpresse *f* ‖ ~/**двухкривошипный** Doppelkurbelpresse *f* ‖ ~/**двухкривошипный коленный** Presse *f* mit Kurbelschwingenantrieb ‖ ~/**двухстоечный** Doppelständerpresse *f*, Zweiständerpresse *f* ‖ ~/**двухударный** Doppeldruckpresse *f* ‖ ~/**двухчервячный** Doppelschneckenpresse *f* ‖ ~/**двухшатунный** Doppelexzenterpresse *f* ‖ ~ **для глубокой вытяжки** Tiefziehpresse *f* ‖ ~ **для листовой штамповки** Stanzpresse *f*, Blechpresse *f* ‖ ~ **для обратного прессования** Indirektpresse *f* ‖ ~ **для объёмной штамповки/гидравлический быстроходный** hydraulische Schnellformpresse *f* ‖ ~ **для правки труб** Rohrrichtpresse *f* ‖ ~ **для штамповки выдавливанием** Fließpresse *f* ‖ ~/**допрессовочный** Fertigpresse *f*, Nach[form]presse *f* ‖ ~/**дыровочный (дыропробивной)** Lochpresse *f*, Lochmaschine *f*; Perforierpresse *f* ‖ ~/**жомовый** *(Lw)* Schnitzelpresse *f* ‖ ~/**закаточный и бортовальный** Bördel- und Flanschierpresse *f* ‖ ~/**замыкающий** *(Kst)* Formschließeinheit *f (einer Spritzgießmaschine)* ‖ ~/**золотарный** *(Led)* Prägemaschine *f* ‖ ~/**испытательный** Druckprüfmaschine *f (hydraulische Presse für Druckprüfungen)* ‖ ~/**калибровочный** Kalibrierpresse *f* ‖ ~/**кирпичеделательный** Ziegelpresse *f* ‖ ~/**клеильный** Leimpresse *f* ‖ ~/**клиновой** Keilpresse *f* ‖ ~/**ковочно-гидравлический** hydraulische Schmiedepresse *f* ‖ ~/**ковочно-штамповочный** Gesenkschmiedepresse *f* ‖ ~/**ковочный** Schmiedepresse *f*, Schmiedemaschine *f*; Freiformschmiedepresse *f*, Presse *f* für Freiform- und Gesenkschmieden ‖ ~/**коленный** Kniehebelpresse *f* ‖ ~/**коленчато-рычажный** Kniehebelpresse *f* ‖ ~/**коленчат[о-шарнирн]ый** Kniehebelpresse *f* ‖ ~/**кольцевой брикетный** *(Lw)* Pelletierpresse *f* mit Ringmatrize ‖ ~/**комбинированный** Verbundpresse *f* ‖ ~/**корпусный** Korbpresse *f* ‖ ~/**котельный листоштамповочный** Kesselschuß- und Kümpelpresse *f* ‖ ~/**кривошипно-коленный** Kniehebelpresse *f* ‖ ~/**кривошипно-коленный чеканочный** Kniehebelprägepresse *f*

~/**кривошипный** Kurbelpresse f; Exzenterpresse f ‖ ~/**кривошипный штамповочный** Kurbelgesenkschmiedepresse f ‖ ~/**кромко-[за]гибочный** Abkantpresse f; Falzpresse f ‖ ~/**кузнечный** s. ~/ковочный ‖ ~/**кулачковый** Kurvenscheibenpresse f ‖ ~/**ленточный** Strangpresse f ‖ ~/**ленточный кирпичеделательный** Ziegelstrangpresse f ‖ ~/**листогибочный** Blechbiegepresse f; Gesenkbiegepresse f; (Schiff) Plattenbiegepresse f ‖ ~/**листоштамповочный** Stanzpresse f (Presse für Kalt- und Warmumformung von dicken Blechen) ‖ ~/**литьевой** (Kst) Spritzgießmaschine f ‖ ~/**лотковый** (Text) Muldenpresse f ‖ ~/**лощильный** (Pap) Glättpresse f, Satinierwerk n ‖ ~/**малковочный** Schmiegepresse f ‖ ~/**маятниковый** Pendelpresse f ‖ ~/**мерсеризационный** (Text) Merzerisierpresse f, Alkalisierpresse f (Chemiefaserherstellung) ‖ ~ **многократного действия** Mehrfachpresse f, mehrfach wirkende Presse f ‖ ~/**многоплунжерный** Vielstempelpresse f ‖ ~/**многопозиционный** Rundlaufpresse f (Pulvermetallurgie) (s. a. ~ многократного действия) ‖ ~/**многопуансонный** Mehrstufenpresse f, Mehrstempelpresse f ‖ ~/**многостоечный** Mehrständerpresse f ‖ ~/**многошпиндельный** Mehrspindelpresse f ‖ ~/**мокрый** (Pap) Naßpresse f ‖ ~/**мылоштампующий** Seifen[präge]presse f ‖ ~/**ножной рычажный** Fußhebelpresse f, Trittpresse f ‖ ~/**обжимный** 1. Stauchpresse f (Blockwalzen); 2. Abpreßmaschine f (Buchbinderei) ‖ ~/**обратный** (Pap) Wendepresse f ‖ ~/**обратный отсасывающий** (Pap) Saugwendepresse f ‖ ~/**обрезной** Abgratpresse f, Entgratepresse f; Abscherpresse f ‖ ~/**обтяжный** Reckziehpresse f, Streck[zieh]presse f ‖ ~ **одинарного действия** s. ~ простого действия ‖ ~/**однодисковый фрикционный** Einscheibenspindelpresse f, Reibrollenpresse f, Spindelschlagpresse f ‖ ~/**одноколонный** s. ~/одностоечный ‖ ~/**однокорзиночный** Einfachkorbpresse f ‖ ~/**одноползунный** s. ~ простого действия ‖ ~/**одностоечный** Einständerpresse f, einhüftige Presse f ‖ ~/**одностоечный винтовой** Einständer-Reib[rad]spindelpresse f, Einständer-Friktionsspindelpresse f ‖ ~ **одностороннего действия** s. ~ простого действия ‖ ~/**освинцовочный** Bleipresse f (Kabel) ‖ ~/**отборочный** Bördelpresse f ‖ ~/**отжимной** (Led) Abwelkpresse f ‖ ~/**открытый двухстоечный** Doppelständerpresse f ‖ ~/**отсасывающий** (Pap) Saugpresse f ‖ ~/**отсасывающий экстракторный** (Pap) Saugextraktorpresse f ‖ ~/**пакетировочный** Paketierpresse f, Schrott[paketier]presse f ‖ ~/**паковально-обжимный** (Typ) Pack- und Schnürpresse f ‖ ~/**паровой гладильный** (Text) Dampfbügelpresse f ‖ ~/**парогидравлический** dampfhydraulische Presse f ‖ ~/**пачковязальный** (Typ) Bündelpresse f ‖ ~/**перевёрнутый** (Pap) Saugwendepresse f ‖ ~/**переплётно-обжимный** (Typ) Einbandabpreßmaschine f ‖ ~/**перфорационный** s. ~/пробивной ‖ ~/**плющильно-вытяжной** Breitziehpresse f ‖ ~/**пневматический** druckluftbetriebene Presse f, Druckluftpresse f ‖ ~/**подгибочный** Abkantpresse f ‖ ~/**позолотный** (Typ) Vergoldepresse f; i.w.S. Prägepresse f ‖ ~/**портальный** Portalpresse f ‖ ~ **последовательного действия** s. ~ многократного действия ‖ ~/**правильно-бочный** Richt- und Biegepresse f ‖ ~/**правильный** Richtpresse f ‖ ~/**предварительный** (Pap) Vorpresse f, Vorgautsche f ‖ ~/**прижимной** (Wlz) Andrückpresse f ‖ ~/**пробивной** Lochpresse f, Lochmaschine f; Perforierpresse f ‖ ~ **простого действия** Einstempelpresse f, Einfachpresse f, einfachwirkende Presse f ‖ ~/**протяжной** Ziehpresse f; [hydraulische] Rohrkaltziehpresse f (Verminderung des Rohrquerschnitts und Abnahme der Wanddicke durch Ziehen) ‖ ~/**профилировочно-гибочный** Abkantpresse f ‖ ~/**прошивной** 1. (Met) Lochpresse f, Lochmaschine f; Perforierpresse f; 2. (Met) Einsenkpresse f (Pulvermetallurgie); 3. (Fert) Druckräumpresse f, Stoßräumpresse f; 4. (Umf) Flaschenpresse f ‖ ~/**прошивочно-протяжный** kombinierte [hydraulische] Loch- und Ziehpresse f ‖ ~/**прутковый** [hydraulische] Strangpresse f (zur Herstellung von Stangen aus NE-Metallen) ‖ ~/**прямой** (Pap) Liegepresse f ‖ ~/**растяжной** Reckziehpresse f ‖ ~/**реечно-рычажный** Zahnstangenhebelpresse f ‖ ~/**реечный** Zahnstangenpresse f ‖ ~/**рельсо-гибочный** Schienenbiegepresse f, Schienenbiegemaschine f ‖ ~/**рельсоправильный** Schienenrichtpresse f ‖ ~/**рихтовальный** Richtpresse f ‖ ~/**роговой** s. ~/уширительный ‖ ~/**ротационный** Drehtischpresse f (Pulvermetallurgie) ‖ ~/**ручной** Handpresse f ‖ ~/**ручной рычажный** Handhebelpresse f ‖ ~/**рычажно-коленный многопозиционный** Mehrstufenkniehebelpresse f ‖ ~/**рычажно-эксцентриковый** Hebelexzenterpresse f ‖ ~/**рычажный** Hebelpresse f, Kurbelpresse f, Kniehebelpresse f ‖ ~ **с коленчатым рычагом** Kniehebelpresse f ‖ ~ **с кулачковым приводом** Kurvenscheibenpresse f ‖ ~/**сварочный** Schweißpresse f ‖ ~/**сглаживающий** s. ~/лощильный ‖ ~/**сдвоенный** Doppelpresse f ‖ ~/**сплошной** s. ~/гладкий ‖ ~/**стоечный** Ständerpresse f ‖ ~/**ступенчатый** Stufenpresse f, Mehrstufenpresse f ‖ ~/**сукноведущий** (Pap) Filzleitpresse f ‖ ~/**сушильный** (Pap) Trockenpresse f ‖ ~/**торфяной** Torfpresse f ‖ ~/**трёхдисковый** Dreischeibenpresse f, dreifach wirkende Presse f ‖ ~/**тройного действия** Dreifachpresse f, dreifach wirkende Presse f ‖ ~/**трубный [гидравлический]** [hydraulische] Rohrpresse f (zur Herstellung von Rohren aus NE-Metallen) ‖ ~/**трубоволочильный** Rohrziehpresse f ‖ ~/**трубопрутковый** [hydraulische] Strangpresse f (zur Herstellung von Rohren, Stangen und Profilen aus NE-Metallen) ‖ ~ **ударного действия** (Wkst) Schlagpresse f, Hammerpresse f ‖ ~/**узорный** (Text) Musterpresse f (Kettenwirkmaschine) ‖ ~/**универсальный** Universal[werkstoff]prüfmaschine f ‖ ~/**уникальный** Einzweckpresse f, Sonderpresse f ‖ ~/**уширительный** (Wlz) Aufweitepresse f, Hornpresse f ‖ ~/**фальцовочный** Falzpresse f ‖ ~/**фанерно-гладильный** (Holz) Furnierplanpresse f ‖ ~/**фанерный** (Holz) Furnierpresse f ‖ ~/**формовочный** (Gieß) Preßformmaschine f, Form[en]presse f; (Led) Tiefziehpresse

пресс

f || ~/**фрикционный** Reib[rad]presse *f*, Reibrollenpresse *f*, Friktionspresse *f* || ~/**фрикционный винтовой** Reib[rad]spindelpresse *f*, Friktionsspindelpresse *f* || ~/**фрикционный роликовый** Reibrollenspindelpresse *f*, Spindelpresse *f* mit Reibrollenantrieb || ~/**холодно-высадочный** Kaltstauchpresse *f*, Kaltstauchmaschine *f* || ~ **холодного выдавливания** Kaltfließpresse *f* || ~ **холодного осаживания** Kaltstauchpresse *f*, Kaltstauchmaschine *f* || ~ **холодного прессования** Kalt[fließ]presse *f* || ~/**чеканный** *s.* ~/**чеканочный** || ~/**чеканочный** 1. Kalibrierpresse *f (Gesenkschmieden)*; 2. Prägepresse *f*, Prägemaschine *f* || ~/**челюстной вулканизационный** Maul[vulkanisier]presse *f* || ~/**червячно-отжимный** Abstreich-Schneckenpresse *f* || ~/**червячный** *s.* шнек-пресс || ~/**четырёхдисковый фрикционный** Vierscheibenspindelpresse *f* || ~/**четырёхколонный** Viersäulenpresse *f* || ~/**четырёхстоечный кузнечный** Vierständerschmiedepresse *f* || ~/**шпиндельный** Spindelpresse *f* || ~/**штамповочно-калибровочный** Gesenkschmiedepresse *f* || ~/**штамповочный** 1. Gesenk[schmiede]presse *f*; 2. Stanze *f*, Stanzpresse *f*, Stanzmaschine *f*; 3. Prägepresse *f*, Prägemaschine *f* || ~/**штемпельный** Stempelpresse *f* || ~/**экстракторный** *(Pap)* Extraktorpresse *f* || ~/**эксцентриковый** Exzenterpresse *f*; Kurbelpresse *f* || ~/**электрогидравлический** elektrohydraulische Presse *f* || ~/**этажный вулканизационный** Etagen[vulkanisier]presse *f*

пресс-автомат *m* Preßautomat *m*, automatische Presse *f*, Stufenpresse *f* || ~/**многопозиционный** Mehrfachpreßautomat *m*, Mehrstufenpreßautomat *m*, Mehrfachpresse *f*

пресс-гранулятор *m (Lw)* Pelletierpresse *f*
пресс-котёл *m (Ch)* Kesselpresse *f*
пресс-магнит *m* Sintermagnet *m*
пресс-маслёнка *f* Schmiernippel *m*, Hochdruckschmiernippel *m*; Drucköler *m*
пресс-материал *m* Preßgut *m*
пресс-ножницы *pl* Pressenschere *f*, Sortenstahlschere *f*, Durchschiebeschere *f*
прессование *n* Pressen *n* || ~/**безоболочковое** Pressen *n* ohne Schale *(Pulvermetallurgie)* || ~ **в вакууме** Vakuumpressen *n (Pulvermetallurgie)* || ~ **в горячем состоянии** *s.* ~/**горячее** || ~ **в рубашке** Pressen *n* mit Schale *(Pulvermetallurgie)* || ~ **в холодном состоянии** Kaltfließpressen *n* || ~ **в штампах** Gesenkpressen *n* || ~/**взрывное** Explosionspressen *n (Pulvermetallurgie)* || ~/**вибрационное** Vibrationspressen *n*, Vibropressen *n (Pulvermetallurgie)* || ~/**влажное** Feuchtpressen *n* || ~ **выдавливанием** 1. Strangpressen *n*; 2. Fließpressen *n* || ~/**газостатическое** isostatisches Pressen *n* mit Gas als Druckmedium *(Pulvermetallurgie)* || ~/**гидростатическое** hydrostatisches Pressen *n (Pulvermetallurgie)* || ~/**горячее** 1. Strangpressen *n*; 2. Warmfließpressen *n*; 3. Preßsintern *n*, Sinterpressen *n*, Warmpressen *n (Pulvermetallurgie)*; 4. *(Kst)* Formpressen *n*, Warmpressen *n*; 5. *(Lebm)* Warmpressen *n*, warmes Auspressen *n* || ~/**двустороннее** beidseitiges (doppelseitiges) Pressen *n* || ~/**двукратное** zweimaliges Pressen *n*, Doppelpressen *n (z. B. von Pulver)* || ~/**динамическое** Hochgeschwindigkeitspressen *n*, dynamisches Pressen *n (Pulvermetallurgie)* || ~/**динамическое горячее** dynamisches Warmpressen *n (Pulvermetallurgie)* || ~/**дополнительное** Nachpressen *n* || ~/**жидкое** Flüssig[metall]pressen *n (Pulvermetallurgie)* || ~/**изостатическое** isostatisches Pressen *n (Pulvermetallurgie)* || ~/**инжекционное** *(Kst)* Spritzgießen *n* || ~/**компрессионное** *s.* ~/**горячее** 2. || ~/**литьевое** 1. *(Met)* Preßgießen *n*; Preßgut *m*; 2. *(Kst)* Spritzpressen *n*, Transferpressen *n* || ~/**магнитоимпульсное** Magnetimpulspressen *n (Pulvermetallurgie)* || ~/**многократное** Mehrfachpressen *n (Pulvermetallurgie)* || ~/**мокрое** *(Pap)* Naßpressen *n (Pulvermetallurgie)* || ~/**мундштучное** Strangpressen *n (Pulvermetallurgie)* || ~/**оболочковое** Pressen *n* mit Schale *(Pulvermetallurgie)* || ~/**обратное** 1. indirektes Strangpressen *n*, Hohlstempelstrangpreßverfahren *n*; 2. Gegenfließpressen *n*, Gegenfließpreßverfahren *n* || ~/**однократное** einmaliges Pressen *n*, Einfachpressen *n (Pulvermetallurgie)* || ~/**одностороннее** einseitiges Pressen *n (Pulvermetallurgie)* || ~/**окончательное** Fertigpressen *n* || ~ **под высоким давлением** *(Gieß)* Hochdruckpreß[form]verfahren *n* || ~/**полусухое** *(Ker)* Halbnaßpressen *n (Pulvermetallurgie)* || ~/**предварительное** Vorpressen *n*, Vorpressung *f (Pulvermetallurgie)* || ~/**прецизионное** *s.* ~/**точное** || ~/**профилей** Strangpressen *n* von Profilmaterial, Profilstrangpressen *n (Pulvermetallurgie)* || ~/**прямое** direktes Strangpressen *n (Stangen, Rohre)* || ~/**сухое** *(Ker)* Trockenpressen *n*, dosiertes Pressen *n* || ~/**точное** Präzisionspressen *n*, Präzisionspreßverfahren *n*, Genaupressen *n (Strang- und Fließpressen)* || ~/**точное горячее** 1. Präzisionsstrangpressen *n*; 2. Präzisionswarmfließpressen *n* || ~/**трансферное** 1. *(Eln)* Transferverkappung *f*; 2. *s.* ~/**литьевое** 2. || ~/**труб/прямое** direktes Rohrpressen *n* || ~ **труб с неподвижной иглой** Pressen *n* über stehenden Dorn || ~ **увлажнённой массы** *(Ker)* Feuchtpressen *n*, undosiertes Pressen *n* || ~/**холодное** 1. Kaltpressen *n* unterhalb der Rekristallisationstemperatur *f*; 2. Kaltfließpressen *n*; 3. *(Lebm)* Kaltpressen *n*, kaltes Auspressen *n* || ~/**центробежное** Zentrifugalpressen *n (von Schlicker; Pulvermetallurgie)*

прессованный gepreßt
прессовать pressen || ~ **в горячем состоянии** warmpressen || ~ **в форме** formpressen
прессовка *f s.* 1. прессование; 2. ~/спечённая || ~/**спечённая** Sinterformteil *n*, Preßkörper *m (Pulvermetallurgie)*
прессовыдувание *n (Glas)* Preßblasen *n*
прессостат *m (Kält)* Pressostat *m*, Sicherheitsdruckschalter *m*
прессостаток *m (Met)* Preßrest *m*, Blockrest *m (beim Strang- und Fließpressen)*
пресс-отжим *m (Text)* Presse *f* mit Abschlag *(Rundwirkmaschine)*
прессnат *m (Pap)* Entwässerungsmaschine *f*; Holzschliffentwässerungsmaschine *f*; Zellstoffentwässerungsmaschine *f*
прессплунжер *m (Gieß)* Preßstempel *m (Druckgießmaschine)*

пресс-подборщик m *(Lw)* Aufsammelpresse f, Sammelpresse f, Pick-up-Presse f, Ballenpresse f ‖ **~/рулонный** Rundballensammelpresse f, Wickelballensammelpresse f
пресс-полуавтомат m halbautomatische Presse f, Preßteilautomat m
пресс-порошок m Preßpulver n, pulverige Preßmasse f *(Pulvermetallurgie)*
прессуемость f Preßbarkeit f, Preßverhalten n *(Pulvermetallurgie)*
пресс-форма f *(Gieß)* Preßform f, Spritzform f *(Feingießverfahren)*; Druckgießform f, Druckgußform f; Preßwerkzeug n *(Pulvermetallurgie)* ‖ **~/калибровочная** Kaliberpreßwerkzeug n *(Pulvermetallurgie)* ‖ **~/многогнёздная** Mehrfachform f ‖ **~/многократная** Mehrteilpreßwerkzeug n *(Pulvermetallurgie)* ‖ **~/одногнёздная** Einfachform f ‖ **~/разъёмная** geteilte Matrize f *(Pulvermetallurgie)*
пресс-шайба f 1. Druckscheibe f, Preßscheibe f *(Strangpressen)*; 2. Fließpreßstempel m, Rohscheibe f ‖ **~/контрольная** Ausstoßscheibe f *(Strangpressen)*
прессшпан m Preßspan m
префикс m *(Inf)* Präfix m
прецессировать *(Text)* taumeln *(unkontrolliertes Schwingen)*
прецессия f 1. *(Mech)* Präzession f *(Kreisel)*; 2. *(Astr)* Präzession f *(Verlagerung der Schnittpunkte des Himmelsäquators mit der Ekliptik längs der Ekliptik)* ‖ **~ в эклиптике/общая годичная** *(Astr)* allgemeine [jährliche] Präzession f *(in der Ekliptik)* ‖ **~ Лармора** *(Kern)* Larmor-Präzession f ‖ **~/лунно-солнечная** *(Astr)* Lunisolarpräzession f ‖ **~/обратная** *(Mech)* retrograde Präzession f ‖ **~/общая** *(Astr)* allgemeine f, Präzession f der Bahnebene ‖ **~ орбиты** *(Astr)* Bahnpräzession f ‖ **~ от планет** *(Astr)* Planetenpräzession f ‖ **~/планетная** *(Astr)* Planetenpräzession f ‖ **~ по прямому восхождению/годичная** *(Astr)* [jährliche] Präzession f in Rektaszension ‖ **~ по склонению/годичная** *(Astr)* [jährliche] Präzession f in Deklination ‖ **~/протонная** *(Kern)* Proton[en]präzession f ‖ **~/прямая** *(Mech)* progressive Präzession f ‖ **~/регулярная** *(Mech)* reguläre Präzession f *(Kreisel)*
прецизионный Präzisions...
преципитат m 1. *(Ch)* Niederschlag m, Bodenkörper m; 2. *(Lw)* Präzipitat n, Dicalciumphosphat n ‖ **~/кислородный** *(Krist)* Sauerstoffpräzipitat n ‖ **~/ростовый** *(Krist)* eingewachsenes (züchtungsbedingtes) Präzipitat n
преципитация f *(Ch)* Fällen n, Ausfällen n, Niederschlagen n, Präzipitieren n; Ausfallen n *(eines Niederschlages)*
преципитировать *(Ch)* [aus]fällen, niederschlagen, präzipitieren
преэмфазис m *(Rf)* Preemphasis f, Vorverzerrung f, Voranhebung f
прибавка f 1. Zulage f, Zugabe f; 2. Zunahme f, Zuwachs m; 3. *(Text)* Zunehmen n, Zunahme f *(Strickerei)*
прибавление n s. прибавка
приближение n 1. Herannahen n; 2. *(Math, Ph)* Näherung f, Annäherung f, Approximation f *(s. a. unter* аппроксимация*)* ‖ **~ Борна-Оппенгеймера** *(Ph)* Born-Oppenheimersche Näherung f ‖ **~/борновское** *(Ph)* Bornsche Näherung f ‖ **~ Вигнера** *(Math)* Wigner-Näherung f ‖ **~ Гейтлера-Лондона** *(Krist)* Heitler-Londonsche Näherung f ‖ **~/грубое** *(Math)* grobe Näherung f ‖ **~/импульсное** Impulsnäherung f *(Quantenmechanik)* ‖ **~ [квантовой механики]/квазиклассическое** quasiklassische Näherung f, WKB-Näherung f, WKB-Methode f, Wentzel-Kramers-Brillouin-Näherung f *(Quantenmechanik)* ‖ **~/конечно-разностное** *(Math)* Differenzapproximation f, Differenznäherung f ‖ **~/наилучшее** *(Math)* beste Näherung (Approximation) f ‖ **~/непрерывное** *(Ph)* stetige Näherung f ‖ **~/нерелятивистское** *(Ph)* nichtrelativistische Näherung f ‖ **~/низкотемпературное** *(Ph)* Tieftemperaturnäherung f ‖ **~/нулевое** *(Math)* nullte Näherung f, Näherung f nullter Ordnung ‖ **~ Паули** *(Math)* Pauli-Näherung f ‖ **~/первое** *(Ph)* erste Näherung f ‖ **~/последовательное** *(Math)* sukzessive Approximation f ‖ **~/равномерное** *(Math)* gleichmäßige Näherung f ‖ **~ спиновых волн** *(Ph)* Spinwellennäherung f ‖ **~ Ферми** *(Ph)* Fermi-Näherung f ‖ **~ Чебышева** *(Math)* Tschebyscheffsche Näherung (Approximation) f
приближённый angenähert, approximativ, Näherungs...
прибой m 1. Brandung f; 2. *(Text)* Anschlag m *(Webstuhl)* ‖ **~ батана** *(Text)* Ladenanschlag m *(Webstuhl)* ‖ **~ бёрда** *(Text)* Blattanschlag m ‖ **~ утка (уточины)** *(Text)* Anschlagen n des Schusses *(Weberei)*
прибор m 1. Gerät n; Instrument n *(s. a. unter* аппарат, инструмент, приспособление, устройство*)*; 2. Zubehör n; 3. *(Bw)* Beschlag m *(Fenster, Türen)*; 4. *(Eln)* Bauelement n, BE *(Halbleiter)* ‖ **~ Абеля** Abelscher Petroleumprüfer m *(Erdöluntersuchung)* ‖ **~/автоматический контрольный** Prüfautomat m ‖ **~/автономный** autonomes Gerät n ‖ **~ активного контроля** *(Meß)* Meßsteuergerät n ‖ **~/аналоговый** analoges Gerät n, Analogiegerät n ‖ **~/аналоговый вычислительный** analoges Rechengerät n, Analogrechengerät n, Analogrechner m ‖ **~/аналоговый измерительный** analoges Meßgerät n, Meßgerät m mit Analoganzeige ‖ **~/апериодический** aperiodisches Gerät n ‖ **~/астатический** astatisches Gerät n ‖ **~ Астона** *(Kern)* Astonsches Gerät n ‖ **~/аэронавигационный** Flugüberwachungsgerät n ‖ **~/балансный** Abgleichgerät n, Balancegerät n ‖ **~ Баумана** *(Wkst)* Kugelschlaghammer m, Schlaghärteprüfer m nach Baumann ‖ **~/бесконтактный** berührungslos messendes Gerät n ‖ **~/бескорпусный** *(Eln)* gehäuseloses Bauelement n ‖ **~/бинокулярный** *(Opt)* binokulares Gerät n ‖ **~/болометрический** *(Ph)* Bolometergerät n ‖ **~/болометрический измерительный** bolometrisches Meßgerät n, Bolometerbrücke f, Bolometer n ‖ **~/бортовой** Bordgerät n ‖ **~/бортовой навигационный** Bordnavigationsgerät n ‖ **~ Бринелля** *(Wkst)* Kugeldruckhärteprüfer m, Brinell-Härteprüfer m ‖ **~/быстродействующий** schnelles (schnellwirkendes, schnellschaltendes) Bauelement n ‖ **~/быстропереключающий** schnellschalten-

прибор

des Bauelement *n* ‖ ~/**бытовой электрический** elektrisches Haushaltsgerät *n*, Elektrohaushaltgerät *n* ‖ ~/**бытовой электротепловой** Haushaltelektrowärmegerät *n* ‖ ~/**вакуумный** Vakuumgerät *n* ‖ ~/**взрывной** *s.* **машинка/взрывная** ‖ ~/**вибрационный** Vibrationsgerät *n*, Schwingungsgerät *n* ‖ ~/**виброизмерительный** mechanisches Schwingungsmeßgerät *n* ‖ ~ **Виккерса** *(Wkst)* Vickers-Härteprüfer *m* ‖ ~ **включения** *(Eln)* Vorschaltgerät *n* ‖ ~/**волоконно-оптический** faseroptisches Gerät *n* ‖ ~ **воспроизведения** Wiedergabegerät *n* ‖ ~ **воспроизведения звукозаписи** Tonwiedergabegerät *n* ‖ ~/**встроенный** Einbaugerät *n* ‖ ~/**вторичный** 1. Sekundärgerät *n*; 2. nachgeschaltetes Anzeigegerät *n*, Peripheriegerät *n* ‖ ~/**выпрямительный измерительный** Gleichrichtermeßgerät *n* ‖ ~/**высоковольтный измерительный** Hochspannungsmeßgerät *n* ‖ ~ **высокой вытяжки/вытяжной** *(Text)* Hochverzugsstreckwerk *n* ‖ ~ **высокой мощности** Hochleistungsgerät *n* ‖ ~ **высокочастотного разряда/ионный** Hochfrequenzgasentladungsröhre *f* ‖ ~/**высокочастотный измерительный** Hochfrequenzmeßgerät *n*, HF-Meßgerät *n* ‖ ~/**выступающий** Aufbaugerät *n* ‖ ~/**вытяжной** *(Text)* Streckwerk *n* *(Spinnerei; Ringspinnmaschine)* ‖ ~/**вытяжной двухзонный** Zweizonenstreckwerk *n* ‖ ~ **Вюста** *(Wkst)* Fallhärteprüfer *m* nach Wüst ‖ ~/**газоразрядный [электровакуумный]** *s.* ~/**ионный** ‖ ~/**геодезический [измерительный]** geodätisches Meßinstrument *n*, Vermessungsgerät *n* ‖ ~ **Герберта** *(Wkst)* Pendelhärteprüfer *m* nach Herbert ‖ ~/**германиевый** *(Eln)* Germaniumbauelement *n* ‖ ~ **гирокомпаса/основной** *(Schiff)* Mutterkompaß *m* *(Kreiselkompaß)* ‖ ~/**дверной** *(Bw)* Türbeschlag *m* ‖ ~/**двусторонний** Gerät *n* mit beiderseitigem Ausschlag ‖ ~/**двухконтактный измерительный** Zweipunktmeßgerät *n* ‖ ~/**двухкоординатный измерительный** Zweikoordinatenmeßgerät *n* ‖ ~/**девиационный** *(Schiff)* Kompensationseinrichtung *f (Magnetkompaß)* ‖ ~ **дефо** Deformations[meß]gerät *n*, Defometer *n* ‖ ~/**дискретный** diskretes Gerät *n* ‖ ~ **дистанционного управления** Fernbedienungsgerät *n* ‖ ~ **для изнерения загрязнения** *(Kern)* Kontaminationsmesser *m*, Kontaminationsmeßgerät *n* ‖ ~ **для измерения колебаний** Schwingungsmeßgerät *n*, Schwingungsmesser *m* ‖ ~ **для измерения мощности** Leistungsmeßgerät *n* ‖ ~ **для испытания** Prüfgerät *n*, Prüfer *m*, Prüfmaschine *f* ‖ ~ **для испытания твёрдости** Härteprüfgerät *n*, Härteprüfer *m*, Härtemesser *m* ‖ ~ **для обнаружения утечек** Lecksuchgerät *n*, Leckfinder *m*, Lecksucher *m* ‖ ~ **для определения микротвёрдости** *(Wkst)* Mikrohärteprüfer *m* ‖ ~ **для определения твёрдости** *(Wkst)* Härteprüfer *m*, Härteprüfgerät *n* ‖ ~ **для определения твёрдости по Бринеллю** *(Wkst)* Brinell-Härteprüfer *m* ‖ ~ **для определения твёрдости по Роквеллу** *(Wkst)* Rockwell-Härteprüfer *m* ‖ ~ **для определения твёрдости по Шору** *(Wkst)* Shore-Härteprüfer *m*, Rückprallhärteprüfer *m* ‖ ~ **для отсчёта времени** Zeitmeßanlage *f*, Zeitmeßgerät *n* ‖ ~ **для проверки цепей** *(El)* Leitungs-

680

prüfer *m* ‖ ~/**добавочный** Zusatzgerät *n* ‖ ~/**дозиметрический** *(Kern)* Dosismeßgerät *n*, Dosimeter *n*, Kernstrahlungsmeßgerät *n* ‖ ~/**дроссельный** *(Wmt)* Drosseleinrichtung *f*, Drosselventil *n*, Drossel *f* ‖ ~ **задающий** Sollwertgeber *m*, Sollwertsteller *m* ‖ ~ **зажигания** Zündgerät *n* ‖ ~/**замасливающий** *(Text)* Schmälzvorrichtung *f (Krempelwolf)* ‖ ~/**записывающий** Registriergerät *n*, Aufzeichnungsgerät *n* ‖ ~/**звуковоспроизводящий** Tonwiedergabegerät *n* ‖ ~/**звукозаписывающий** Tonaufzeichnungsgerät *n*, Tonspeichergerät *n* ‖ ~/**зеркально-линзовый** *(Opt)* Spiegellinseninstrument *n*, katadioptrisches System *(z. B. Spiegellinsenobjektiv)* ‖ ~/**зеркальный** *(Opt)* Spiegelinstrument *n (z. B. Spiegelteleskop)* ‖ ~/**измерительный** Meßgerät *n* ‖ ~/**измерительный контактный** Kontaktmeßgerät *n*, mechanisches Meßgerät *n* ‖ ~/**индикаторный** Anzeigegerät *n*, Sichtgerät *n*, Indikatorgerät *n* ‖ ~/**индукционный** Induktionsgerät *n* ‖ ~/**интегрирующий** integrierendes Gerät *n*, Integrationsgerät *n*, Integrator *n* ‖ ~/**интерференционный спектральный** Interferenzspektralapparat *m* ‖ ~/**инфракрасный** Infrarotgerät *n* ‖ ~/**инфракрасный пеленгаторный** Infrarotpeilgerät *n* ‖ ~/**ионно-лучевой** Ionenstrahlgerät *n* ‖ ~/**ионный** *(Eln)* 1. Ionengerät *n*, Gasentladungsgerät *n*; 2. Ionenbauelement *n*, Gasentladungsbauelement *n* ‖ ~/**исполнительный** *(Meß)* Stellgerät *n* ‖ ~/**испытательный** Prüfeinrichtung *f*, Prüfvorrichtung *f*, Prüfgerät *n* ‖ ~/**кабельный** Kabelmeßgerät *n* ‖ ~/**карманный измерительный** Taschenmeßgerät *n* ‖ ~/**картирующий** Bildkartiergerät *n*, Kartiergerät *n*, Kartograph *m* ‖ ~ **Киппа** *(Ch)* Kippscher Apparat *m* ‖ ~/**кислородный [дыхательный]** Sauerstoff[atmungs]gerät *n* ‖ ~/**командный** Befehlsgerät *n* ‖ ~/**коммутационный** Schaltgerät *n*; Umschaltgerät *n* ‖ ~/**компарирующий [измерительный]** Vergleichsgerät *n*, Vergleichsmeßgerät *n* ‖ ~/**контактный измерительный** Meßtaster *m*, Gerät *n* zur berührenden Messung ‖ ~/**контактный угломерный** mechanisches Winkelmeßgerät *n* ‖ ~/**контрольно-измерительный** Kontroll- und Meßgerät *n*; Überwachungsmeßgerät *n*, Kontroll- und Überwachungsgerät *n* ‖ ~/**контрольно-обкатный** Wälzprüfgerät *n*; Abrollprüfgerät *n* ‖ ~/**контрольный** Prüfgerät *n* ‖ ~/**координатно-измерительный** Koordinatenmeßgerät *n* ‖ ~/**копировально-множительный** Vervielfältigungsgerät *n* ‖ ~/**корпускулярно-лучевой** Korpuskularstrahlgerät *n* ‖ ~/**лабораторный** Lab[oratoriums]gerät *n* ‖ ~/**лазерный** Lasergerät *n* ‖ ~/**ламповый** *(Eln)* Röhrengerät *n* ‖ ~/**магниточувствительный** *(Eln)* magnetfelddempfindliches Bauelement *n* ‖ ~/**магнитоэлектрический измерительный** magnetelektrisches Meßgerät *n* mit Dauermagnetmeßwerk ‖ ~/**магнитоэлектрический полупроводниковый** magnetelektrisches Halbleiterbauelement *n* ‖ ~ **Мартенса** *(Wkst)* Ritzhärteprüfer *m* nach Martens ‖ ~ **Мартенс-Пенского** *(Ch)* Martens-Pensky-Flammpunktprüfer *m* ‖ ~ **микронейр** *(Text)* Micronaire-Gerät *n (Faserfeinheitsprüfer)* ‖ ~/**микроэлектронный** mikroelektronisches Bauelement *n* ‖ ~/**миниатюрный** Miniaturgerät *n*, Kleinstgerät *n* ‖ ~/**многодиапазонный** Vielbereichgerät *n*, Mehrbereichgerät *n* ‖ ~/**многомерный измерительный** 1. Mehrstellenprüfgerät *n*; 2. Universalmeßgerät *n* ‖ ~/**многоцилиндровый вытяжной** (Text) Mehrwalzenstreckwerk *n* ‖ ~/**многошкальный измерительный** Mehrskalenmeßgerät *n* ‖ ~/**монокулярный** monokulares Gerät *n* ‖ ~/**монтажный** Montagegerät *n* ‖ ~ **на основе...** 1. Bauelement *n* mit ..., Bauelement *n* unter Nutzung von ..., Bauelement *n* auf Basis von ...; 2. Gerät *n* bestückt mit ..., Gerät *n* auf Basis von ..., Gerät *n* unter Nutzung von ... ‖ ~ **наведения на цель** (Schiff) Zielfahrtgerät *n* ‖ ~/**навигационно-пилотажный** Flugüberwachungsgerät *n* ‖ ~/**навигационный** Navigationsgerät *n* ‖ ~/**накладной измерительный** Reitermeßgerät *n*, aufsetzbares Meßgerät *n* ‖ ~/**настольный** Tischgerät *n* ‖ ~/**настольный измерительный** Tischmeßgerät *n* ‖ ~/**натяжный** (Text) Fadenspanner *n* ‖ ~ **непосредственного отсчёта** direktanzeigendes Gerät *n* ‖ ~/**низкочастотный измерительный** Niederfrequenzmeßgerät *n*, NF-Meßgerät *n* ‖ ~ **Николаева** (Wkst) Fallhärteprüfer *m* nach Nikolajew ‖ ~ **ночного видения** Nachtsichtgerät *n* ‖ ~/**нулевой** (El) Nullgerät *n* (Meßgerät für Nullmethoden) ‖ ~/**образцовый** Mustergerät *n*; Normalgerät *n* ‖ ~/**образцовый измерительный** 1. Vergleichsmeßgerät *n*, Vergleichsinstrument *n*; 2. Normalmeßgerät *n*, Referenznormal *n* ‖ ~/**одноремешковый вытяжной** (Text) Einriemchenstreckwerk *n* ‖ ~/**односторонний** Gerät *n* mit einseitigem Ausschlag ‖ ~/**оконечный** Endgerät *n* ‖ ~/**оконный** (Bw) Fensterbeschlag *m* ‖ ~ **опознавания** (Rad) Kennungsgerät *n* ‖ ~ **опознавания/радиолокационный** Radarkenngerät *n* ‖ ~/**оптический квантовый** Laser *m*, Quantengenerator *m* ‖ ~ **оптического сечения** (Eln) Lichtschnittgerät *n* (Halbleitertechnologie) ‖ ~ **оптической звукозаписи** Lichttongerät *n* ‖ ~/**оптоэлектронный** 1. optoelektronisches Gerät *n*; 2. optoelektronisches Bauelement *n* ‖ ~/**оптоэлектронный индикаторный** optoelektronische Anzeigevorrichtung *f* ‖ ~ **Orca** Orsat-Apparat *m* ‖ ~/**осветительный** Beleuchtungsgerät *n*, Beleuchtungskörper *m* ‖ ~/**основной** Grundgerät *n* ‖ ~/**отопительный** Heizgerät *n*, Heizkörper *m* ‖ ~ **охлаждения** (Kält) Kühlelement *n* ‖ ~/**панельный** Einbaugerät *n* ‖ ~/**переменного тока** Wechselstromgerät *n* ‖ ~/**переносный** tragbares (transportables) Gerät *n*, Koffergerät *n* ‖ ~/**переносный измерительный** Handmeßgerät *n* ‖ ~/**периферийный** Peripheriegerät *n*, peripheres Gerät *n* ‖ ~/**печатающий** Drucker *m* ‖ ~/**печатающий измерительный** druckendes Meßgerät *n*, Meßwertdrucker *m* ‖ ~/**пилотажно-навигационный** Flugüberwachungsgerät *n* ‖ ~/**плавучий спасательный** (Schiff) Rettungsgerät *n* ‖ ~/**планарный** (Eln) Planarbauelement *n* (Halbleiter) ‖ ~/**пластинчатый нагревательный** Plattenheizgerät *n*, Lamellenheizkörper *m* ‖ ~/**поверочный** Prüfgerät *n* ‖ ~/**подогревательный** Heizgerät *n*, Heizer *m* ‖ ~ **подслушивания** Abhörgerät *n* ‖ ~/**поисковый** (Kern) Suchgerät *n* ‖ ~/**показывающий** anzeigendes Gerät *n*, Anzeigegerät *n* ‖ ~/**показывающий измерительный** anzeigendes Meßgerät *n*, Anzeige[meß]gerät *n*, Indikator *m* (Meßgerät für unmittelbare Ablesung der zu messenden Werte) ‖ ~/**показывающий стрелочный** Zeigeranzeigegerät *n* ‖ ~/**полупроводниковый** 1. Halbleitergerät *n*; 2. Halbleiterbauelement *n*, HLBE ‖ ~ **Польди** (Wkst) Poldi-Schlaghärteprüfer *m* ‖ ~/**портативный** s. ~/**переносный** ‖ ~ **постоянного тока** Gleichstromgerät *n* ‖ ~ **постоянно-переменного тока** Allstromgerät *n* ‖ ~/**предвключённый** Vorschaltgerät *n* ‖ ~/**предельный измерительный** (Fert) Toleranzmeßgerät *n*, Toleranzmesser *m* ‖ ~/**прецизионный измерительный** Präzisionsmeßgerät *n*, Feinmeßgerät *n* ‖ ~/**приёмный** Empfangsgerät *n*, Empfängergerät *n* ‖ ~/**проверочный** Prüfgerät *n* ‖ ~/**проекционный измерительный** Profilprojektor *m*, Meßprojektor *m* ‖ ~/**проявочный** (Photo) Entwicklungsgerät *n* ‖ ~ **прямого действия** direktwirkendes Gerät *n* ‖ ~ **прямого отсчёта** direktanzeigendes Gerät *n* ‖ ~/**прямопоказывающий** direkt anzeigendes Gerät *n* ‖ ~/**путеизмерительный** (Eb) Gleismeßgerät *n* ‖ ~/**пьезоэлектрический** piezoelektrisches Bauelement *n* ‖ ~/**пятислойный** Fünfschicht[en]bauelement *n* ‖ ~/**рабочий** Gebrauchsgerät *n* ‖ ~/**рабочий измерительный** Gebrauchsmeßgerät *n* ‖ ~/**радиолокационный** Radargerät *n* ‖ ~/**радиометрический** radiometrisches Kontroll- und Meßgerät *n* ‖ ~/**радионавигационный** Funknavigationsgerät *n* ‖ ~/**радиотехнический** funktechnisches (radiotechnisches) Gerät *n* ‖ ~/**разговорный** Sprechgerät *n* ‖ ~/**разгоночный** (Eb) Schienenrücker *m* ‖ ~/**разностно-дальномерный навигационный** (Schiff) Hyperbel-Navigationsgerät *n* ‖ ~/**реакционный** (Ch) Reaktionsapparat *n*, Stoffumsetzer *m* ‖ ~/**регистрирующий** registrierendes (selbstschreibendes) Gerät *n*, Registriergerät *n* ‖ ~/**регистрирующий измерительный** registrierendes (selbstschreibendes) Meßgerät *n*, Meßschreiber *m*, Registriermeßgerät *n* ‖ ~/**регулирующий** Regelgerät *n*; Regelvorrichtung *f* ‖ ~/**решающий** Rechengerät *n* ‖ ~ **Роквелла** (Wkst) Rockwell-Härteprüfer *m* ‖ ~/**рыбопоисковый** Fischortungsgerät *n* ‖ ~ **с зарядовой связью** ladungsgekoppeltes Bauelement *n*, CCD-Kette *f*, CCD[-Bauelement *n*] ‖ ~ **с зарядовой связью/матричный** CCD-Matrix *f*, CCD-Matrixbauelement *n* ‖ ~ **с зеркальным отсчётом** Spiegelfeinmeßgerät *n*, Instrument *n* mit spiegelunterlegter Skale ‖ ~ **с объёмно-зарядовой связью** volumengekoppeltes Bauelement *n*, BCCD[-Bauelement *n*] ‖ ~ **с переносом заряда** Ladungstransferbauelement *n*, Eimerkettenelement *n*, BBD[-Bauelement *n*] ‖ ~ **с плазменной связью** s. ~ **с зарядовой связью** ‖ ~ **с поворотным зеркалом** Drehspiegelinstrument *n* (z. B. Spiegelgalvanometer) ‖ ~ **с прямым отсчётом** direktanzeigendes Gerät *n* ‖ ~ **с световым зайчиком (указателем)** Lichtzeigergerät *n*, Lichtmarkengerät *n* ‖ ~ **с цифровым отсчётом** digitales Meßgerät *n* ‖ ~/**самопишущий** schreibendes Gerät *n*, Schreibgerät *n*, Schreiber *m* ‖ ~ **светового сечения**

прибор

(Opt) Lichtschnittgerät *n (Oberflächenprüfung)* ‖ ~ **связи** Nachrichtengerät *n*; Fernmeldegerät *n* ‖ ~/**сигнализационный** Meldegerät *n* ‖ ~/**сигнальный** 1. Signalgerät *n*; 2. Alarmgerät *n*; 3. Anzeigemittel *n* ‖ ~/**скатывающий** *(Text)* Wickelkopf *m (Bandwickelmaschine)* ‖ ~/**спектральный** Spektralapparat *n* *(Sammelbegriff für Geräte mit spektraler Dispersion)* ‖ ~ **специального назначения** s. ~/специальный ‖ ~/**специальный** Spezialgerät *n*, spezielles Gerät *n (Rechengerät, Meßgerät)* ‖ ~ **сравнения** Vergleichsgerät *n* ‖ ~/**стационарный** 1. Standgerät *n (z. B. Meßgerät)*; 2. *(Nrt)* Amtseinrichtung *f* ‖ ~/**стоечный** Standgerät *n* ‖ ~/**стрелочный** Zeigerinstrument *n*, Zeigergerät *n* ‖ ~/**стрелочный электромагнитный измерительный** elektromagnetisches Zeigermeßgerät *n*, Dreheisenzeigergerät *n*, Weicheisenzeigergerät *n* ‖ ~/**стригальный** *(Text)* Scherzeug *n (Schermaschine)* ‖ ~/**сцепной** *(Eb)* Kuppelvorrichtung *f*; *(Kfz)* Anhängerkupplung *f* ‖ ~/**счётно-решающий** *(Inf)* Rechengerät *n* ‖ ~/**счётный** Zählgerät *n* ‖ ~/**тарировочный** ausgleichendes (tarierendes) Gerät *n* ‖ ~ **телеизмерения** Fernmeßgerät *n* ‖ ~ **телеизмерительный** Fernmeßgerät *n* ‖ ~ **телеуправления** *(Reg)* Führungsleitgerät *n* ‖ ~/**тепловой измерительный** thermisches Meßgerät *n*; Hitzdrahtmeßgerät *n* ‖ ~/**теплопеленгаторный** Wärmepeilgerät *n* ‖ ~/**термоэлектрический измерительный** thermoelektrisches Meßgerät *n*, Thermo[umformer]meßgerät *n* ‖ ~ **технической точности** Gerät *n* mit technischer Genauigkeit ‖ ~ **тлеющего разряда/ионный** *(Eln)* Glimm[entladungs]röhre *f* ‖ ~/**толстоплёночный** *(Eln)* Dickschichtbauelement *n* ‖ ~ **тональных частот/измерительный** Tonfrequenzmeßgerät *n* ‖ ~/**тонкоплёночный** *(Eln)* Dünnschichtbauelement *n* ‖ ~/**точный измерительный** genaues Meßgerät *n*, Feinmeßgerät *n* ‖ ~/**транзисторный** Transistorgerät *n* ‖ ~/**трёхконтактный измерительный** Dreipunktmeßgerät *n* ‖ ~/**трёхкоординатный измерительный** Dreikoordinatenmeßgerät *n* ‖ ~/**трёхслойный** *(Eln)* Dreischicht[en]bauelement *n* ‖ ~/**трёхцилиндровый вытяжной** *(Text)* Walzenstreckwerk *n* ‖ ~ «**три на четыре»/вытяжной** *(Text)* Drei-über-Vier-Walzenstreckwerk *n* ‖ ~/**тягово-сцепной** *(Eb)* Zug- und Kuppelvorrichtung *f* ‖ ~/**тяговый** *(Eb)* Zugvorrichtung *f* ‖ ~/**угломерный** Winkelmeßgerät *n* ‖ ~/**ударно-тяговый** *(Eb)* Zug- und Stoßeinrichtung *f*, Zug- und Stoßvorrichtung *f* ‖ ~/**ударный** *(Eb)* Stoßvorrichtung *f* ‖ ~/**указательный (указывающий)** s. ~/показывающий ‖ ~/**ультразвуковой** Ultraschallgerät *n* ‖ ~/**ультразвуковой ингаляционный** *(Med)* Ultraschall-Inhalationsgerät *n* ‖ ~/**универсальный** universelles Gerät *n*, Universalgerät *n* ‖ ~/**универсальный измерительный** universelles Meßgerät *n*, Universalmeßgerät *n* ‖ ~/**универсальный индикаторный** universelles Anzeigegerät *n* ‖ ~/**универсальный кухонный электрический** elektrische Universalküchenmaschine *f* ‖ ~ **управления** Steuer[ungs]gerät *n*; Bedien[ungs]gerät *n* ‖ ~ **управления освещением** *(Licht)* Beleuchtungssteuergerät *n*, Helligkeitsregler *m* ‖ ~/**утопленный** versenktes (versenkt eingebautes) Gerät *n*, Einbaugerät *n* ‖ ~/**ферродинамический измерительный** ferrodynamisches (eisengeschlossenes elektrodynamisches) Meßgerät *n*, eisengeschlossenes Dynamometer *n* ‖ ~/**фотоэлектрический** photoelektrisches Gerät *n* ‖ ~/**фотоэлектронный** photoelektronisches Bauelement *n* ‖ ~/**фурменный** Düsenstock *m (Hochofen)* ‖ ~/**холстовой** *(Text)* Wickel[bildungs]apparat *m (Schlagmaschine)* ‖ ~/**холстообразующий** *(Text)* Pelzapparat *n* ‖ ~/**цеховой** Werkstattmeßgerät *n* ‖ ~/**цифровой** digitales Gerät *n*, Digitalgerät *n* ‖ ~/**цифровой вычислительный** digitales Rechengerät *n*, Digitalrechner *m* ‖ ~/**цифровой измерительный** digitales Meßgerät *n*, Digitalmeßgerät *n* ‖ ~/**цифровой регистрирующий** digitales Anzeigegerät *n*, Digitalanzeigegerät *n* ‖ ~/**чертёжный** Zeichengerät *n* ‖ ~/**четырёхслойный** *(Eln)* Vierschicht[en]bauelement *n* ‖ ~/**четырёхслойный полупроводниковый** *(Eln)* Vierschicht[-en]triode *f*, PNPN-Triode *f*, Thyristor *m* ‖ ~/**шлаковый** Schlackenform *f (Schachtofen)* ‖ ~/**щитовой** *(El)* Schalttafelgerät *n* ‖ ~/**щуповой** Tastschnittgerät *n (zur Rauheits- und Formmessung)* ‖ ~/**электрифицированный измерительный** elektrisches Meßgerät *n* für nichtelektrische Größen ‖ ~/**электрический** elektrisches Gerät *n*, Elektrogerät *n* ‖ ~/**электрический измерительный** 1. elektrisches Meßgerät *n*, Elektromeßgerät *n*; 2. elektrisches Meßgerät *n* für nichtelektrische Größen ‖ ~/**электрический нагревательный** s. ~/электронагревательный ‖ ~/**электрический тепловой** Elektrowärmegerät *n* ‖ ~/**электробытовой** elektrisches Haushaltgerät *n*, Elektrohaushaltgerät *n* ‖ ~/**электровакуумный** 1. Elektrovakuumgerät *n*; 2. Elektrovakuumbauelement *n*, [elektrisches] Vakuumbauelement *n* ‖ ~/**электродинамический измерительный** elektrodynamisches (dynamometrisches) Meßgerät *n*, [elektrisches] Dynamometer *n* ‖ ~/**электроизмерительный** elektrisches Meßgerät *n*, Elektromeßgerät *n* ‖ ~/**электроконтактный измерительный** Kontaktmeßgerät *n* ‖ ~/**электромагнитный измерительный** elektromagnetisches Meßgerät *n*, Dreheisenmeßgerät *n*, Weicheisenmeßgerät *n* ‖ ~/**электронагревательный** 1. Elektroerwärmungsgerät *n*, elektrisches Erwärmungsgerät *n*; 2. Elektroheizgerät *n*, elektrisches Heizgerät *n* ‖ ~/**электронно-лучевой** Elektronenstrahlgerät *n* ‖ ~/**электронно-лучевой измерительный** Elektronenstrahlmeßgerät *n* ‖ ~/**электропреобразовательный** elektrischer Wandler *m* ‖ ~/**электросиловой** leistungsstarkes elektrisches Gerät *n* ‖ ~/**электростатический** elektrostatisches Gerät *n* ‖ ~/**электротепловой** Elektrowärmegerät *n* ‖ ~/**эталонный** Normalgerät *n*

прибор-индикатор *m (Meß)* Indikatorgerät *m*

приборный 1. Gerät[e]..., gerätetechnisch; 2. Bauelement[e]...

прибор-образец *m* 1. Mustergerät *n*; 2. Normalgerät *n*

приборостроение *n* Gerätebau *m* ‖ ~/**точное** Feingerätebau *m*

прибор-самописец m/**бортовой** (Flg) Bordschreiber m ‖ **~/полётный** Flugschreiber m ‖ **~ пути** (Flg) Wegschreiber m
прибор-течеискатель m Lecksuchgerät n, Lecksucher m
прибыль f 1. Gewinn m; 2. Nutzen m, Vorteil m; 3. (Gieß) Speiser m, Steiger m, Trichter m, Steigtrichter m; Blockkopf m, Steiger m, verlorener Kopf m (Gußblock) ‖ **~/атмосферная** (Gieß) atmosphärischer Speiser (Steiger, Drucksteiger) m, Luftdruckspeiser m ‖ **~/закрытая** (Gieß) geschlossener (verdeckter) Speiser m ‖ **~/легкоотламывающаяся** (Gieß) Speiser m mit Trennkern ‖ **~/открытая** (Gieß) offener Speiser m ‖ **~/сверхатмосферная** (Gieß) Druckspeiser m, Gasdruckspeiser m ‖ **~/шаров[идн]ая** (Gieß) Kugelspeiser m
прибытие n Ankunft f
приваривание n s. приварка 1.; 2.
приваривать 1. anschweißen, zusammenschweißen; 2. anschmieden
приварить s. приваривать
приварка f 1. Anschweißen n, Anschweißung f, Zusammenschweißen n; 2. (Eln) Bonden n; 3. angeschweißtes Stück n ‖ **~ шпилек/дуговая** Bolzenlichtbogenschweißen n
приведение n 1. Zurückführung f, Reduzierung f, Reduktion f; 2. Überführung f (in einen anderen Zustand); 3. Anführen n, Nennen n, Zitieren n; 4. (Math) Reduktion f ‖ **~ в действие** Betätigung f, Betätigen n; Inbetriebsetzung f, Inbetriebnahme f ‖ **~ в меридиан** (Schiff) Einschwingenlassen n (Kreiselkompaß) ‖ **~ к нулю** Reduktion f auf Normalnull ‖ **~ моментов** (Masch) Momentenreduzierung f
привернуть s. привёртывать
привёртка f (Typ) Schneidgut n
привёртывать anschrauben
привес m Gewichtszunahme f, Massezunahme f
привести s. приводить
прививание n s. прививка
прививать 1. (Lw) [ein]impfen, überimpfen (Pflanzenzucht); 2. (Lw) veredeln, inokulieren; 3. (Kst) pfropfen
прививка f 1. (Lw) Veredelung f, Inokulation f, 2. Impfung f (Pflanzenzucht); 3. (Kst) Pfropfung f, Pfropfen n ‖ **~ глазком** Okulieren n, Okulation f ‖ **~ за кору** Pfropfen n in die Rinde ‖ **~/спящим глазком** Okulieren n aufs schlafende Auge ‖ **~/черенковая** Kopulieren n, Kopulation f, Schäften f
привинтить s. привинчивать
привинчивать [an]schrauben
привкус m/**хлебный [пастеризационный]** (Brau) Brotgeschmack m, Pasteurisiergeschmack m (Bier)
привод m 1. Antrieb m; 2. Laufwerk n (für Disketten) ‖ **~/аварийный рулевой** (Schiff) Notruderantrieb m ‖ **~/автономный** Eigenantrieb m, unabhängiger Antrieb m; Einzelantrieb m ‖ **~/аккумуляторный** Akkumulator[en]antrieb m, Batterieantrieb m ‖ **~ асинхронными двигателями** Drehstromantrieb m (mit Asynchron-Elektromotoren) ‖ **~/батарейный** Batterieantrieb m, Akkumulator[en]antrieb m ‖ **~/безредукторный** getriebeloser Antrieb m ‖ **~/бензоэлектрический** benzinelektrischer Antrieb m ‖ **~/бесступенчатый** stufenloser (stufenlos stellbarer) Antrieb m ‖ **~/быстроходный** schnellaufender (hochtouriger) Antrieb m ‖ **~/винтовой** Schraubantrieb m, Spindelantrieb m ‖ **~/винтовой рулевой** (Schiff) Schraubspindelruderantrieb m ‖ **~/винтомоторный** Luftschraubenantrieb m ‖ **~/внешний** äußerer Antrieb m, Fremdantrieb m ‖ **~ всеми колёсами/рулевой** (Kfz) Allradlenkung f ‖ **~/вспомогательный** Hilfsantrieb m; Nebentrieb m ‖ **~/вспомогательный рулевой** (Schiff) Reserveruderantrieb m, Ruderreserveantrieb m ‖ **~/вынесенный** externer Antrieb m ‖ **~/газотурбинный** Gasturbinenantrieb m ‖ **~/гибкий** elastischer Antrieb m ‖ **~/гибкой связью** elastischer Antrieb m ‖ **~/гидравлический** Hydraulikantrieb m, hydraulischer Antrieb m ‖ **~/гидравлический следящий** 1. Servoantrieb m mit hydraulischer Verstärkung; 2. Nachlaufregler m mit hydraulischer Verstärkung ‖ **~/гидромеханический** hydromechanischer Antrieb m ‖ **~/гидростатический** hydrostatischer Antrieb m ‖ **~/главный** Hauptantrieb m, Haupttriebwerk n ‖ **~/главный рулевой** (Schiff) Hauptruderantrieb m, Ruderhauptantrieb m ‖ **~/групповой** Mehrachsantrieb m (beim Triebfahrzeug); (Masch, Wlz) Gruppenantrieb m ‖ **~/двигательный** Motorantrieb m ‖ **~/дебалансный** Unwuchtantrieb m ‖ **~/дизель-электрический** dieselelektrischer Antrieb m ‖ **~/дистанционный** Fernantrieb m; Fernbetätigung f ‖ **~/зубчато-реечный** Zahnrad-Zahnstangen-Antrieb m ‖ **~/зубчатый** Zahnradantrieb m, Zahnräderantrieb m ‖ **~/импульсный** Impulsantrieb m ‖ **~/индивидуальный** individueller Antrieb m, Einzelantrieb m ‖ **~/ионный** Stromrichterantrieb m mit Ionenventilen ‖ **~/исполнительный** Stellantrieb m ‖ **~ к задним ведущим колёсам** s. ~ на заднюю ось ‖ **~ к передним ведущим колёсам** s. ~ на передние колёса ‖ **~/канатный** Seil[an]trieb m ‖ **~/карданный** Kardan[wellen]antrieb m ‖ **~/карликовый** Kleinstantrieb m ‖ **~/клапанный** Ventil[an]trieb m ‖ **~/клиноремённый** Keilriemen[an]trieb m ‖ **~/коленно-рычажный** Kniehebeltrieb m (z. B. einer Presse) ‖ **~/короткостаторный** Kurzstatorantrieb m ‖ **~/косвенный** indirekter (mittelbarer) Antrieb m ‖ **~/кривошипно-рычажный** Kurbeltrieb m mit Hebel (z. B. einer Presse) ‖ **~/кривошипный** Kurbel[an]trieb m ‖ **~/кулачковый** Nockentrieb m, Steuerscheibenantrieb m ‖ **~/кулисный** Kurbelschleifenantrieb m, Kulissenantrieb m ‖ **~/ленточный** Band[an]trieb m ‖ **~ Леонарда** [Ward-]Leonard-Antrieb m ‖ **~/машинный** Maschinenantrieb m, maschineller Antrieb m; Kraftantrieb m, motorischer Antrieb m ‖ **~/механический** mechanischer Antrieb m ‖ **~/механический следящий** 1. mechanischer Servoantrieb m; 2. mechanischer Nachlaufregler m ‖ **~/многоосный** Mehrachsantrieb m, mehrachsiger Antrieb m ‖ **~/многофункциональный** Multifunktionsantrieb m ‖ **~/мощный** Antrieb m von großer Leistung, leistungsstarker Antrieb m ‖ **~ на все колёса** Allradantrieb m ‖ **~ на задние колёса** Hinterradantrieb m ‖ **~ на заднюю ось** Hinterachsantrieb m, Antrieb m zur Hinterachse ‖ **~ на передние колёса** Vorder-

привод

achsantrieb *m*, Antrieb *m* zur Vorderachse ‖ ~ **на управляемые колёса** *(Kfz)* Lenkradantrieb *m*, Antrieb *m* der Lenkräder ‖ **~/независимый** *s.* **~/автономный** ‖ **~/непосредственный** Direktantrieb *m*, unmittelbarer (direkter) Antrieb *m*; Achsmotorantrieb *m* ‖ **~/непрямой** indirekter (mittelbarer) Antrieb *m* ‖ **~/нерегулируемый** ungeregelter (nichtgeregelter, nichtregelbarer) Antrieb *m* ‖ **~/общий** gemeinsamer Antrieb *m* ‖ **~/одинарный (одиночный)** Einzelantrieb *m* ‖ **~/однодвигательный (одномоторный)** Einmotorenantrieb *m* ‖ **~/односторонний** einseitiger Achsantrieb *m* ‖ ~ **оси** Achsantrieb *m* ‖ ~ **от маховика** Schwungradantrieb *m* ‖ ~ **от рейки** Zahnstangenantrieb *m* ‖ **~/отдельный** gesonderter (separater) Antrieb *m* ‖ **~/отключаемый** ausrückbarer Antrieb *m* ‖ **~/паротурбинный** Dampfantrieb *m* ‖ **~/пароэлектрический** dampfelektrischer Antrieb *m* ‖ **~/передний** *s.* ~ **на передние колёса** ‖ ~ **переменного тока** Wechselstromantrieb *m* ‖ **~/пневматический** Pneumatikantrieb *m*, Druckluftantrieb *m* ‖ **~/позиционный** Positionierantrieb *m* ‖ **~/поршневой** Kolbenantrieb *m* ‖ ~ **постоянного тока** Gleichstromantrieb *m* ‖ **~/прецизионный** Präzisionsantrieb *m* ‖ **~/приборный** Geräteantrieb *m* ‖ **~/пружинный** Federantrieb *m* ‖ **~/реактивный** Rückstoßantrieb *m*, Strahlantrieb *m* ‖ **~/реверсивный** 1. Reversierantrieb *m*, Umkehrantrieb *m*; 2. Umsteuerung *f (Dampfmaschine)* ‖ **~/регулируемый** regelbarer (variabler) Antrieb *m* ‖ **~/регулируемый по скорости** drehzahlgeregelter Antrieb *m* ‖ **~/редукторный** Antrieb *m* mit Getriebe ‖ **~/реечный** Zahnstangenantrieb *m* ‖ **~/ремённый** Riemenantrieb *m* ‖ **~/рулевой** 1. *(Kfz)* Lenkantrieb *m*, Lenkung *f*; 2. *(Schiff)* Ruderantrieb *m* ‖ **~ руля/валиковый** *(Schiff)* Axiometerwellenantrieb *m* des Ruders ‖ ~ **руля/лопастной гидравлический** *(Schiff)* hydraulischer Drehflügelruderantrieb *m* ‖ ~ **руля/плунжерный гидравлический** *(Schiff)* Ruderantrieb *m* durch Hydraulikzylinder ‖ ~ **руля/румпельно-секторный** *(Schiff)* Quadrantruderantrieb *m* mit Pinne ‖ ~ **руля/румпельный** *(Schiff)* Pinnenruderantrieb *m* ‖ ~ **руля/секторный** *(Schiff)* Quadrantruderantrieb *m* ‖ **~/ручной** manueller Antrieb *m*, Handantrieb *m*, Antrieb *m* von Hand; Handbedienung *f*, Handbetätigung *f* ‖ **~/рычажный** Hebelantrieb *m*, Gestängeantrieb *m* ‖ ~ **с бесступенчатым регулированием** stufenlos regelbarer Antrieb *m* ‖ ~ **с кинематическим замыканием** formschlüssiger Antrieb *m* ‖ ~ **с полым валом** *(Eb)* Hohlwellenantrieb *m (Lok)* ‖ ~ **с регулируемым числом оборотов** drehzahlgeregelter Antrieb *m* ‖ ~ **с реечной передачей/рулевой** *(Kfz)* Zahnstangenlenkung *f* ‖ ~ **с сервомеханизмом/рулевой** *(Kfz)* Servolenkung *f* ‖ ~ **с тангенциальным ремнём** Tangentialriemenantrieb *m* ‖ **~/серводвигательный** Servomotorantrieb *m* ‖ **~/силовой** Kraftantrieb *m* ‖ ~ **силовым замыканием** kraftschlüssiger Antrieb *m* ‖ **~/следящий** Folgeantrieb *m*; Vorschubantrieb *m* ‖ **~/стрелочный** *(Eb)* Weichenantrieb *m* ‖ **~/тиратронный** Thyratronantrieb *m* ‖ **~/тиристорный** Thyristorantrieb *m*, thyristorge-

speister Antrieb *m* ‖ **~/тормозной** Bremsantrieb *m* ‖ **~/точный** Feinantrieb *m* ‖ **~/трансмиссионный** Transmissionsantrieb *m* ‖ **~/турбоэлектрический** turboelektrischer Antrieb *m* ‖ **~/фрикционный** Antrieb *m* durch Reibschluß, reibschlüssiger Antrieb *m*, Reibantrieb *m* ‖ ~ **ходовым валом** Zugspindelantrieb *m* ‖ ~ **ходовым винтом** Leitspindelantrieb *m* ‖ **~/цепной** Ketten[an]trieb *m* ‖ **~/червячный** Schneckenantrieb *m* ‖ **~/черпаковый** Eimer[ketten]antrieb *m (Eimerkettenschwimmbagger)* ‖ **~/четырёхверетённый тесёмочный** *(Text)* Vierspindelbandantrieb *m* ‖ **~/шаговый** Schrittantrieb *m* ‖ **~/шестерённо-реечный** Ritzel-Zahnstangen-Antrieb *m* ‖ **~/шестерёнчатый** Ritzelantrieb *m* ‖ ~ **шестерня-рейка/рулевой** *(Kfz)* Zahnstangenlenkung *f* ‖ **~/эксцентриковый** Exzenterantrieb *m* ‖ **~/электрический** Elektroantrieb *m*, elektrischer Antrieb *m (s. a.* электропривод*)* ‖ **~/электрогидравлический** elektrohydraulischer Antrieb *m* ‖ **~/электродвигательный** Elektromotor[en]antrieb *m*, elektromotorischer Antrieb *m* ‖ **~/электромагнитный** Elektromagnetantrieb *m*, elektromagnetischer Antrieb *m* ‖ **~/электронный** Elektronikantrieb *m*, elektronischer Antrieb *m* ‖ **~/электропневматический** elektropneumatischer Antrieb *m*

приводить 1. versetzen *(in einen anderen Zustand)*; 2. antreiben; 3. reduzieren, zurückführen ‖ ~ **в движение (действие)** antreiben, in Betrieb setzen, betätigen ‖ ~ **в меридиан** *(Schiff)* einschwingen lassen, zum Einschwingen bringen *(Kreiselkompaß)* ‖ ~ **во вращение** in Drehung versetzen ‖ ~ **к валу** auf die Welle reduzieren ‖ ~ **к общему знаменателю** *(Math)* gleichnamig machen, auf einen Nenner bringen *(Brüche)*

приводка *f (Typ)* 1. Passer *m*, Register *n*; 2. Paßgenauigkeit *f (Druck, Falzen)*; 3. Registerhalten *n* ‖ **~/боковая** seitliche Registereinstellung *f* ‖ **~/окружная** Umfangsregister *n* ‖ **~/осевая** Seitenregister *n* ‖ ~ **по окружности** Vorderregister *n* ‖ **~/поперечная** Seitenregister *n*, Querregister *n* ‖ **~/продольная** Längsregister *n*

приводнение *n (Flg)* Wasserung *f* ‖ **~/вынужденное** Notwasserung *f*

привой *m (Lw)* Reis *n*, Edelreis *n (Veredlung)*

привулканизация *f* Zusammenvulkanisation *f*

привязать *s.* привязывать

привязка *f* 1. Anpassung *f*; 2. *(Geod)* Anschluß *m* ‖ **~/нулевая** *(Bw)* Nullanpassung *f* ‖ ~ **основы** *(Text)* Andrehen *n* der Kettfäden *(Weberei)* ‖ ~ **сети** Netzanschluß *m*

привязывать 1. anbinden, anknoten, anknüpfen; 2. *(Geod)* anhängen, anschließen

привязь *f*/**групповая** *(Lw)* Gruppenanbindevorrichtung *f (Anbindehaltung)*

пригар *m* 1. *(Met, Gieß)* Zubrand *m*; 2. *(Gieß)* Anbrand *m*, Anfrittung *f*, Ansinterung *f*, Vererzung *f*; Festbrennen *n (z. B. Formstoff am Gußteil)*; 3. Brandhefe *f* ‖ ~ **металла** *(Met, Gieß)* Metallzubrand *m*, Zubrand *m* ‖ **~/механический** *(Gieß)* echte Penetration *f* ‖ ~ **песка** *(Gieß)* Formstoffansinterung *f*; Ansintern (Anbrennen) *n* des Formstoffs ‖ **~/термический** 1. *(Gieß)* unechte Penetration *f*; 2. *s.* пригар 2. ‖ **~/химический** *(Gieß)* chemische Penetration *f*

приглашение *n* **к вводу** *(Inf)* Bereitschaftszeichen *n*, Prompt *m*
пригнать *s.* пригонять
пригодность *f* Fähigkeit *f*, Tauglichkeit *f*; Einsetzbarkeit *f*, Verwendbarkeit *f*
пригонка *f* 1. *(Fert)* Anpassen *n*, Passen *n*; Einpassen *n*; 2. *(Typ)* Ausrichten *n* *(Form)*; 3. *(Wlz, Typ)* Nachstellung *f* *(Walzen)* ‖ ~ **валков** *(Wlz, Typ)* Nachstellen (Adjustieren) *n* der Walzen ‖ ~ **подшипника** Lagerpassung *f*
пригонять *(Fert)* anpassen, passen; einpassen
пригорание *n* 1. *(Met, Gieß)* Zubrennen *n*; 2. *(Gieß)* Anbrennen *n*, Festbrennen *n*, Anfritten *n*, Ansintern *n*, Vererzen *n* (z. B. *Formstoff am Gußteil)*; 3. *(Gum)* [vorzeitige] Anvulkanisation *f*, Anbrennen *n*
пригорать 1. *(Met, Gieß)* zubrennen; 2. *(Gieß)* anbrennen, anfritten, ansintern, festbrennen; 3. *(Gum)* anbrennen, anvulkanisieren
пригореть *s.* пригорать
пригородный *(Eb)* Nah..., Vorort...
приготовить *s.* приготовлять
приготовление *n* 1. Vorbereitung *f*; 2. Zubereitung *f*, Bereitung *f*; 3. Aufbereitung *f* ‖ ~ **горючей смеси** *(Kfz)* Gemischaufbereitung *f*
приготовлять 1. vorbereiten; 2. zubereiten, bereiten; 3. aufbereiten
придание влагопрочности *(Pap)* Naßfestmachung *f*, Naßfestleimung *f* ‖ ~ **гидрофобности** Hydrophobierung *f* ‖ ~ **крутки** *(Text)* Drehungserteilung *f*, Drallgebung *f*
приём *m* 1. Aufnahme *f*; 2. Arbeitsgang *m*; Verfahren *n*, Methode *f*; 3. *(En)* Abnahme *f* *(von Energie)*; 4. *(Eln, Rf)* Empfang *m*; Funkempfang *m*; Rundfunkempfang *m* (s. a. *unter* радиоприём*)*; 5. *(Masch)* Griff *m*, Griffelement *n* ‖ ~/**автодинный** *(Rf)* Autodynempfang *m* ‖ ~ **багажа** *(Eb)* Gepäckannahme *f* ‖ ~ **без замираний** *(Rf)* schwundfreier Empfang *m* ‖ ~/**без помех***(Rf)* störungsfreier Empfang *m* ‖ ~/**ближний** *(Rf)* Nahempfang *m* ‖ ~/**всеволновый** *(Rf)* Allwellenempfang *m* ‖ ~/**гетеродинный** *(Rf)* Heterodynempfang *m*, Schwebungsempfang *m* ‖ ~/**гомодинный** *(Rf)* Homodynempfang *m*, Nullschwebungsempfang *m* ‖ ~/**дальний** *(Rf)* Fernempfang *m*, Weitempfang *m* ‖ ~ **данных** Datenübernahme *f* ‖ ~/**двойной** *(Rf)* Zweifachempfang *m*, Doppelempfang *m* ‖ ~/**двухполосный** *(Rf)* Zweiseitenbandempfang *m* ‖ ~/**дуплексный** *(Nrt)* Duplexempfang *m* ‖ ~ **измерений** 1. Aufnahme *f* des Meßwertes; Meßeinstellung *f* ‖ ~/**изображения** *(Rf)* Bildempfang *m* ‖ ~/**импульсный** Impulsempfang *m* ‖ ~ **информации** Informationsempfang *m*, Informationsaufnahme *f* ‖ ~/**коллективный** *(Rf, TV)* Gemeinschaftsempfang *m* ‖ ~/**команды** *(Inf)* Befehlsempfang *m* ‖ ~/**коротковолновый** *s.* ~ на коротких волнах ‖ ~/**машинный** Maschinengriff *m* ‖ ~/**местный** *(Rf)* Ortsempfang *m* ‖ ~/**многократный** *(Rf)* Mehrfachempfang *m*, Diversityempfang *m* ‖ ~/**монофонический** *(Eln)* Monoempfang *m* ‖ ~ **мощности на головной телефон** *(Rf)* Kopfhörerempfang *m* ‖ ~ **на длинных волнах** *(Rf)* Langwellenempfang *m* ‖ ~ **на коротких волнах** *(Rf)* Kurzwellenempfang *m* ‖ ~ **на наушники** Kopfhörerempfang *m*

приёмник

‖ ~ **на ультракоротких волнах** *(Rf)* Ultrakurzwellenempfang *m*, UKW-Empfang *m* ‖ ~ **нагрузки** Leistungsaufnahme *f*, Lastaufnahme *f* ‖ ~/**направленный** *(Rf)* Richtempfang *m*, gerichteter Empfang *m* ‖ ~ **обслуживания** *(Fert)* Bedienhandlung *f* ‖ ~/**однополосный** *(Rf)* Einseitenbandempfang *m*, SSB-Empfang *m* ‖ ~/**поляризационно-разнесённый** *(Rf)* Polarisationsmehrfachempfang *m* ‖ ~/**пространственно-разнесённый** *(Rf)* Raummehrfachempfang *m*, Raumdiversityempfang *m* ‖ ~/**рабочий** *(Fert)* Arbeitsgriff *m* ‖ ~ **радиовещания** Rundfunkempfang *m* ‖ ~/**радиовещательный** Rundfunkempfang *m* ‖ ~/**радиотелефонный** Funktelephonieempfang *m* ‖ ~/**разнесённый** *(Rf)* Mehrfachempfang *m*, Diversityempfang *m* ‖ ~/**регенеративный** *(Rf)* Regenerativempfang *m*, Rückkopplungsempfang *m* ‖ ~/**ретрансляционный** *(Rf)* Relaisempfang *m*, Ballempfang *m* ‖ ~/**ручной** Handgriff *m* ‖ ~/**сверхрегенеративный** *(Rf)* Superregenerativempfang *m*, Pendelrückkopplungsempfang *m*, Pendelfrequenzempfang *m* ‖ ~/**слуховой** Hörempfang *m* ‖ ~/**супергетеродинный** *(Rf)* Superheterodynempfang *m*, Zwischenfrequenzempfang *m*, Überlagerungsempfang *m* ‖ ~ **телевидения** Fernsehempfang *m* ‖ ~/**телевизионный** Fernsehempfang *m* ‖ ~/**телеграфный** Telegraphieempfang *m* ‖ ~/**телефонный** Fernsprechempfang *m* ‖ ~/**частотно-разнесённый** *(Rf)* Frequenzmehrfachempfang *m*, Frequenzdiversityempfang *m* ‖ ~ **ЧМ-сигналов** *(Rf)* FM-Empfang *m* ‖ ~/**широкополосный** *(Rf)* Breitbandempfang *m* ‖ ~ **электроэнергии** Elektroenergieabnahme *f*
приёмистость *f* *(Masch)* Beschleunigungsverhalten *n*, Beschleunigungsvermögen *n*
приёмка *f* 1. Abnahme *f*; Übernahme *f*; 2. *(Typ)* Ablegestapel *m*, Bogenanleger *m*, Auslage *f* *(Druckmaschine)* ‖ ~/**высокостапельная** *(Typ)* Großstapelauslage *f* ‖ ~/**двойная** *(Typ)* Wechselauslage *f* ‖ ~/**заводская** Werksabnahme *f* ‖ ~/**окончательная** Endabnahme *f* ‖ ~ **результатов измерений** Meßwerterfassung *f* ‖ ~/**рулонов** *(Wlz)* Bundaufnahme *f*
приёмник *m* 1. *(Nrt, TV, Rf)* Empfänger *m*, Empfangsgerät *n*; Funkempfänger *m*, Funkempfangsgerät *n*; Rundfunkempfänger *m*, Rundfunkgerät *n*, Radio *n*, Radiogerät *n* (s. a. *unter* радиоприёмник*)*; 2. Auffänger *m*, Auffanggefäß *n*, Aufnahmegefäß *n*, Rezipient *m*; 3. Abnehmer *m* *(von Energie)*; Abnehmerorgan *n*; 4. *(Met)* Vorherd *m*; 5. Trichter *m*; 6. Saugstutzen *m*, Übernahmestutzen *m*; 7. Aufnahmeelement *n*; Aufnahmeeinrichtung *f* • **со стороны приёмника** *(Rf)* empfangsseitig, empfängerseitig, auf der Empfängerseite (Empfangsseite) ‖ ~/**аварийный** *(Rf)* Notempfänger *m* ‖ ~/**автодинный** *(Rf)* Autodynempfänger *m*, Autodyn *n(m)* ‖ ~/**автомобильный** Autoradio *n* ‖ ~ **АМ (амплитудно-модулированных сигналов)** *(Rf)* amplitudenmodulierter Empfänger *m*, AM-Empfänger *m* ‖ ~ **АМ-ЧМ-сигналов** *(Rf)* AM-FM-Empfänger *m* ‖ ~/**балансный** *(Rf)* Abgleichempfänger *m* ‖ ~/**батарейный** *(Rf)* Batterieempfänger *m* ‖ ~/**бортовой** *(Rf)* Bordempfänger *m* ‖ ~ **вакуум-аппарата** Vakuumvorlage *f* ‖

приёмник

~ ведущего луча *(Rad)* Leitstrahlempfänger *m* II ~ воздушного давления Staugerät (Staurohr) *n* [nach Prandtl], Prandtlsches Staurohr *n* II ~/всеволновый *(Rf)* Allwellenempfänger *m* II ~/гетеродинный *(Rf)* Heterodynempfänger *m*, Schwebungsempfänger *m* II ~/главный радиотелефонный *(Schiff)* Hauptempfänger *m* für Telephonie, Hauptsprechfunkempfänger *m* II ~ давления [звука] *(Ak)* Druckempfänger *m*, Schall[wechsel]druckempfänger *m* II ~ данных Datenempfänger *m* II ~/двухконтурный *(Rf)* Zweikreisempfänger *m*, Zweikreiser *m* II ~/двухполосный *(Rf)* Zweiseitenbandempfänger *m* II ~/детекторный *(Rf)* Detektorempfänger *m* II ~/диапазонный *(Rf)* Großbereichsempfänger *m* II ~ дистиллята *(Ch)* Destillat[ions]vorlage *f*, Vorlage *f* für Destillat II ~/длинноволновый *(Rf)* Langwellenempfänger *m* II ~ для направленного приёма *(Rf)* Richtempfänger *m*, Empfänger *m* für gerichteten Empfang II ~/дорожный Reise[rundfunk]empfänger *m* II ~ звука *(Ak)* Schallempfänger *m*, Schallaufnehmer *m* II ~ звукового давления *(Ak)* Schalldruckempfänger *m* II ~ звуковой скорости *(Ak)* Geschwindigkeitsempfänger *m*, Schallgeschwindigkeitsempfänger *m* II ~ звуковых колебаний *s*. ~ звука II ~/избирательный *(Rf)* trennscharfer (selektiver) Empfänger *m* II ~ излучения *(Ph)* Strahlungsempfänger *m* II ~/измерительный Meßempfänger *m* II ~ инфракрасного излучения Infrarot[strahlungs]empfänger *m*, IR-Empfänger *m* II ~ инфракрасного излучения/пироэлектрический pyroelektrischer Infrarot-Strahlungssensor *m* II ~/карманный *(Rf)* Taschenempfänger *m* II ~ коллективного пользования *(Rf, TV)* Gemeinschaftsempfänger *m* II ~/контрольный телевизионный *(Rf)* Bildkontrollempfänger *m*, Fernsehkontrollempfänger *m* II ~/коротковолновый *(Rf)* Kurzwellenempfänger *m*, KW-Empfänger *m* II ~/корреляционный *(Rf)* Korrelationsempfänger *m* II ~/кристаллический Kristall[detektor]empfänger *m*, Detektorempfänger *m* II ~/ламповый *(Rf, TV)* Röhrenempfänger *m*, Empfänger *m* mit Röhrenbestückung II ~/любительский *(Rf)* Amateurempfänger *m* II ~/любительский коротковолновый Kurzwellenamateurempfänger *m* II ~/маркерный *(Rad)* Markierungsempfänger *m* II ~/местный *(Rf)* Ortsempfänger *m* II ~/миниатюрный *(Rf)* Kleinstempfänger *m*, Miniaturempfänger *m* II ~ на интегральных схемах *(Rf)* IS-bestückter Empfänger *m* II ~ на транзисторах Transistorempfänger *m*, Transistorradio *n* II ~ на транзисторах/карманный Transistortaschenempfänger *m* II ~ на транзисторах/портативный Transistorkofferempfänger *m* II ~/настольный Tischempfänger *m* II ~/нейтродинный *(Rf)* Neutrodynempfänger *m* II ~/несетевой *(Rf, TV)* vom Stromnetz unabhängiger Empfänger *m*, Batterieempfänger *m* II ~/однодиапазонный *s.* ~/однополосный II ~/однодиапазонный супергетеродинный *(Rf)* Einbereichsuper *m*, Einwellensuper *m* II ~/одноконтурный *(Rf)* Einkreis[empfäng]er *m* II ~/однокристальный Einchip-Radio *n*, Einchip-Empfänger *m* II ~/однополосный *(Rf)* Einseitenbandempfänger *m*, ESB-Empfänger *m*,

SSB-Empfänger *m* II ~/панорамный *(Rf)* Panoramaempfänger *m* II ~/пеленгаторный *(Rad)* Peilempfänger *m* II ~/передвижной (переносный) *(Rf, TV)* portabler (tragbarer) Empfänger *m*, Kofferempfänger *m*; *(Rf)* Kofferradio *n*, Reiseempfänger *m* II ~/положения руля *(Schiff)* RUZ-Empfänger *m*, Ruderlagenempfänger *m* II ~ полос *(Wlz)* Stabfang *m* II ~/полупроводниковый Halbleiterempfänger *m* II ~/портативный *s.* ~/переносный II ~/портативный супергетеродинный *(Rf)* Koffersuper *m* II ~/потенциометрический *(Rf)* Potentiometerempfänger *m* II ~/проекционный [телевизионный] *Projektions[fernseh]empfänger m*, ~/профессиональный kommerzieller Empfänger *m*, Betriebsempfänger *m*, kommerzielles Funkempfangsgerät *n* II ~ прямого видения/телевизионный *(TV)* Direktsichtempfänger *m* II ~ прямого усиления *(Rf)* Geradeausempfänger *m* II ~/радиальный *(Rad)* Leitstrahlempfänger *m* II ~ радиации *(Ph)* Strahlungsempfänger *m* II ~/радиовещательный Rundfunkempfänger *m*, Rundfunkgerät *n*, Radio[gerät] *n* II ~/радиолокационный *(Rad)* Radarempfänger *m* II ~/радионавигационный Funknavigationsempfänger *m* II ~/радиопеленгаторный *(Rad)* Peilempfänger *m*, Funkpeilempfänger *m* II ~ радиотелеграфных сигналов тревоги/автоматический *(Schiff)* automatischer Alarmzeichenempfänger *m* für Telegraphie II ~/радиотелефонный Funkfernsprechempfänger *m*, Sprechfunkempfänger *m* II ~/регенеративный *(Rf)* Rückkopplungsempfänger *m* II ~/ретрансляционный *(Rf)* Relaisempfänger *m*, Ballempfänger *m* II ~ с высокой избирательностью *(Rf)* hochselektiver Empfänger *m* II ~ с питанием от батарей *s.* ~/батарейный II ~ с питанием от сети *s.* ~/сетевой II ~/самонастраивающийся *(Rf)* Empfänger *m* mit automatischer Abstimmung II ~/сверхвысокочастотный *(Rf)* Höchstfrequenzempfänger *m*, UHF-Empfänger *m* II ~/сверхрегенеративный *(Rf)* Superregenerativempfänger *m*, Pendel[rückkopplungs]empfänger *m*, Pendelfrequenzempfänger *m* II ~ света Photoempfänger *m*, Lichtempfänger *m*, Lichtdetektor *m* II ~ света/мозаичный Bildaufnahmesensor *m* II ~ световой энергии *s.* ~ света II ~ связи Nachrichtenempfänger *m* II ~/связной *s.* ~ связи II ~/сейсмический *(Geoph)* seismischer Aufnehmer *m* II ~/сейсмоакустический *(Geoph)* seismoakustischer Aufnehmer *m* II ~/сетевой *(Rf)* Netzempfänger *m* II ~ сигналов тревоги/автоматический automatischer Alarmzeichenempfänger *m* II ~ синоптических карт/фототелеграфный *(Schiff)* Wetterkartenschreiber *m* II ~ слуховой вахты/радиотелефонный *(Schiff)* Telephoniewachempfänger *m* II ~/средневолновый *(Rf)* Mittelwellenempfänger *m* II ~/судовой Schiffsempfänger *m* II ~/супергетеродинный *(Rf)* Superheterodynempfänger *m*, Super[het] *m*, Überlagerungsempfänger *m* II ~/суперрегенеративный *s.* ~/сверхрегенеративный II ~/телевизионный Fernsehempfänger *m*, Fernseh[empfangs]gerät *n* II ~/телеграфный Telegraphieempfänger *m* II ~/телеизмерительный Fernmeßempfänger *m* II ~/телемеханический *(Reg)* Fernwirkempfänger *m* ‖ ~ **теплового излучения** Wärmestrahlungsempfänger *m* ‖ **~/тепловой** thermischer Strahlungsempfänger *m* ‖ **~/транзисторный** *s*. ~ на транзисторах ‖ **~/узкодиапазонный (узкополосный)** *(Rf)* Schmalbandempfänger *m* ‖ **~ ультракоротких волн** *s*. **~/ультракоротковолновый** ‖ **~/ультракоротковолновый** *(Rf)* Ultrakurzwellenempfänger *m*, UKW-Empfänger *m* ‖ **~ ультрафиолетового излучения** Ultraviolettstrahlungsempfänger *m*, UV-Strahlungsempfänger *m*, Ultraviolettempfänger *m*, UV-Empfänger *m* ‖ **~/универсальный** *(Rf)* Allstromempfänger *m* ‖ **~/фототелеграфный** Bildfunkempfänger *m*, Bildtelegraphieempfangsgerät *n* ‖ **~/фотоэлектронный** lichtelektrischer Empfänger *m*, Photoempfänger *m*; Strahlungsempfänger *m* ‖ **~ цветного телевидения** Farbfernsehempfänger *m* ‖ **~ чёрно-белого телевидения** Schwarzweiß[fernseh]empfänger *m* ‖ **~/чёрно-белый телевизионный** Schwarzweiß[fernseh]empfänger *m* ‖ **~/широкодиапазонный (широкополосный)** *(Rf)* Breitbandempfänger *m* ‖ **~/эксплуатационный** *(Schiff)* Betriebsempfänger *m (Funkanlage)* ‖ **~/электрический** 1. elektrischer Empfänger *m*; 2. *s*. ~ электроэнергии ‖ **~/электроакустический** elektroakustischer Empfänger *m*, elektrischer Schallempfänger *m* ‖ **~ электроэнергии** Elektroenergieabnehmer *m*

приёмник-пеленгатор *m (Rad)* Peilempfänger *m*
приёмно-передающий Sende-Empfangs-...
приёмно- Empfangs-...
приёмоиндикатор *m* **радионавигационной системы** *(Schiff)* Funknavigationsempfänger *m*, Funknavigationsanlage *f*, Funknavigationsgerät *n (Decca, Loran)* ‖ **спутниковой радионавигационной системы** Satellitennavigationsempfänger *m*
приёмопередатчик *m* Sendeempfänger *m*, Sende[- und]-Empfangs-Gerät *n*; Sprechfunkgerät *n*; Transceiver *m* ‖ **~ микроволнового диапазона** Mikrowellen-Sende-Empfänger *m* ‖ **~/сдвоенный асинхронный** Zweifach-Asynchron-Treiber-Empfänger *m*, DART ‖ **~/универсальный асинхронный** universeller asynchroner Treiber-Empfänger *m*, UART ‖ **~/универсальный синхронный** universeller synchroner Treiber-Empfänger *m*, USRT
прижатие *n* Anpressen *n*, Andrücken *n*
прижать *s*. прижимать
прижим *m* 1. Niederhalter *m (Pressen, Scheren)*; Andrückvorrichtung *f*; *(Wkzm)* Spannkloben *m*; 2. Picker *m (eines Industrieroboters)*; 3. Niederhalten *n*, Andrücken *n*, Spannen *n*, Festspannen *n*, Anpressen *n*, Andruck *m* ‖ **~/винтовой** *(Wkzm)* Spannfrosch *m* ‖ **~ ножа** *(Lw)* Messerhalter *m (Schneidwerk)* ‖ **~/клиновой** *(Wkzm)* Keilspannkloben *m* ‖ **~/пружинный** Federpicker *m (Schweißroboter)*
прижимать 1. andrücken, anpressen; festspannen; 2. niederdrücken, niederhalten
прижок *m (Fert)* Brandmarke *f*, Brandstelle *f (Schleiffehler)*
призабойный *(Bgb)* abbaustoßnah
приземление *n (Flg)* Landung *f*, Landen *n*, Aufsetzen *n (s. a. unter* посадка 4.*)* ‖ **~ на парашюте** Fallschirmlandung *f*

приземлиться *s*. приземляться
приземляться *(Flg)* landen, aufsetzen
призма *f* 1. *(Math, Opt, Krist)* Prisma *n*; 2. Schneide *f (einer Waage)* ‖ **~ Аббе** *(Opt)* Abbe-Prisma *n* ‖ **~/автоколлимационная** *(Opt)* Autokollimationsprisma *n* ‖ **~ Амичи** *(Opt)* Amici-Prisma *n*, Browning-Prisma *n* ‖ **~ Аренса** *(Opt)* Ahrens-Prisma *n* ‖ **~/ахроматическая** *(Opt)* achromatisches Prisma *n* ‖ **~/базовая** *(Fert)* Basisprisma *n* ‖ **~/балластная** *(Eb)* Bettungskörper *m (Gleis)* ‖ **~ Вернике** *(Opt)* Wernicke-Prisma *n* ‖ **~ весов** Schneide *f (Analysenwaage)* ‖ **~ Водсворта** *s*. ~ Уодсворта ‖ **~ Волластона** *(Opt)* Wollaston-Prisma *n* ‖ **~/гексагональная** *(Krist)* hexagonales Prisma *n* ‖ **~ Глана** *(Opt)* Glan-Prisma *n* ‖ **~ Глана-Томпсона** *(Opt)* Glan-Thompson-Prisma *n* ‖ **~/грузоприёмная** Lastschneide *f (Waage)* ‖ **~ Гюета** *(Opt)* Huetsches Prisma *n* ‖ **~/двойная** *(Opt)* Doppelbildprisma *n* ‖ **~/двоякопреломляющая** *(Opt)* doppel[t]brechendes Prisma *n* ‖ **~/двоякопреломляющая поляризационная** doppel[t]brechendes Polarisationsprisma *n (Ahrens-Prisma, Sénarmont-Prisma u. a.)* ‖ **~ Деляборна** *(Opt)* Delaborne-Prisma *n* ‖ **~/дигексагональная** *(Krist)* dihexagonales Prisma *n* ‖ **~/дисперсионная** *(Opt)* Dispersionsprisma *n* ‖ **~/дитетрагональная** *(Krist)* ditetragonales Prisma *n* ‖ **~/дитригональная** *(Krist)* ditrigonales Prisma *n* ‖ **~ Добреса** *(Opt)* Daubresse-Prisma *n* ‖ **~ Дове [/поляризационная]** *(Opt)* Dove-Prisma *n*, Polarisationsprisma *n* nach Dove ‖ **~/дренажная** *(Hydt)* Sickerkörper *m (Erddamm)* ‖ **~/жидкостная** *(Opt)* Flüssigkeitsprisma *n* ‖ **~/зенитная** *(Opt)* Zenitprisma *n*, Steilsichtprisma *n* ‖ **~/зеркальная** *s*. ~/отражательная ‖ **~/качающаяся** *(Fert)* Pendelprisma *n*, pendelndes Prisma *n* ‖ **~/клиновидная** *(Opt)* Keilprisma *n* ‖ **~ Корню** *(Opt)* Cornu-Prisma *n* ‖ **~ Кундта** *(Opt)* Kundtsches Prisma *n*, Farbstoffprisma *n* ‖ **~ Лемана** *(Opt)* Leman-Prisma *n* ‖ **~/многогранная** Spiegelpolygon *n* ‖ **~ Наше** *s*. ~/тетраэдрическая ‖ **~ Николя** *(Opt)* Nicolsches Prisma *n*, Nicol *m* ‖ **~/ножевая** *(Fert)* Messerprisma *n* ‖ **~ Ньютона** *(Opt)* Newton-Prisma *n* ‖ **~/оборачивающая (оборотная)** *(Opt)* Umkehrprisma *n*, Stützprisma *n* ‖ **~ обратного зрения** *(Opt)* Rücksichtprisma *n* ‖ **~ обратного зрения/четырёхгранная** rücksichtiges Tetraeder-Umkehrprisma *n* ‖ **~ обрушения** 1. *(Bgb)* Gleitkeil *m*, Rutschkörper *m (Böschungsbruch)*; 2. *(Hydt)* Bodenprisma *n*, Bodenkeil *m (Stützmauer)* ‖ **~/объективная** *(Opt)* Objektivprisma *n* ‖ **~/окулярная** *(Opt)* Okularprisma *n*, Zenitprisma *n* ‖ **~/опорная** 1. *(Fert)* Stützprisma *n*; 2. Stützschneide *f (Waage)* ‖ **~/остроугольная** *(Fert)* Spitzprisma *n* ‖ **~/отклоняющая** *(Opt)* Umlenkprisma *n*, Ablenkprisma *n* ‖ **~/отражательная** *(Opt)* Reflexionsprisma *n*, Spiegelprisma *n*, totalreflektierendes Prisma *n* ‖ **~/поворотная** *s*. ~/оборачивающая ‖ **~ полного внутреннего отражения** *(Opt)* Reflexionsprisma *n*, Totalreflexionsprisma *n*, totalreflektierendes Prisma *n* ‖ **~/поляризационная** *(Opt)* Polarisationsprisma *n* ‖ **~ Порро** *(Opt)* Porro-Prismensystem *n*, Porro-System *n* ‖ **~ постоянного отклонения** *(Opt)* Prisma (Prismensystem) *n* mit konstanter Ablen-

призма

kung *(Abbe-Prisma, Wadsworth-Spiegelprisma u. a.)* ‖ ~ **постоянного отклонения/двойная** Doppelprisma (Diprisma) *n* mit konstanter Umlenkung ‖ ~ **прямого зрения** *(Opt)* Geradsichtprisma *n*, geradsichtiges Prisma *n* ‖ ~/**прямоугольная** *(Opt)* rechtwinkliges Prisma *n* ‖ ~/**пятигранная** *(Opt)* Pentaprisma *n* ‖ ~/**равносторонняя** *(Opt)* gleichseitiges Prisma *n* ‖ ~/**разделительная** *(Opt)* Teilungsprisma *n* ‖ ~/**разметочная** *(Fert)* Parallelstück *n* (Anreißarbeiten) ‖ ~/**реверсивная (реверсионная)** *(Opt)* Reversionsprisma *n*, Wendeprisma *n* ‖ ~ **Резерфорда** *(Opt)* Rutherford-Prisma *n*, Kompoundprisma *n* ‖ ~ **Ризлея** *(Opt)* Risley-Prisma *n* ‖ ~ **Ритчи** *(Opt)* Ritchi-Prisma *n* ‖ ~ **ромб** *(Krist, Opt)* Rhomboidprisma *n*, rhombisches Prisma *n* ‖ ~/**ромбическая** *s.* ~ **ромб** ‖ ~/**ромбическая вертикальная** *(Krist)* rhombisches Prisma *n* 3. Art ‖ ~ **Рошона** *(Opt)* Rochon-Prisma *n* ‖ ~ **с крышей [/прямоугольная]** *(Opt)* Dachkantprisma *n* ‖ ~ **Сенармона** *(Opt)* Sénarmont-Prisma *n* ‖ ~/**солнечная** *(Opt)* Sonnenprisma *n* ‖ ~/**спектральная** *s.* ~/дисперсионная ‖ ~ **сползания** *s.* ~ обрушения ‖ ‖ ~/**тепловая** thermische Säule (Grube) *f*, Graphitsäule *f (Reaktor)* ‖ ~/**тетрагональная** *(Krist)* tetragonales Prisma *n* ‖ ~/**тетраэдрическая** *(Opt)* Nachet-Prisma *n*, Tetraederprisma *n* ‖ ~/**трёхгранная** *(Opt)* dreiflächiges Prisma *n*, Triederprisma *n*, Dreikantprisma *n* ‖ ~/**тригональная** *(Krist)* trigonales Prisma *n* ‖ ~/**угловая** *(Opt)* Winkelprisma *n* ‖ ~ **Уодсворта** *(Opt)* Wadsworth-Spiegelprisma *n*, Fuchs-Wadsworth-Prisma *n* ‖ ~/**установочная** *(Fert)* Aufnahmeprisma *n*, Spannprisma *n* (Einspannen runder Werkstücke) ‖ ~ **Фери** *(Opt)* Féry-Prisma *n*, Férysches Prisma *n* ‖ ~ **Франка-Риттера** *(Opt)* Frank-Ritter-Prisma *n* ‖ ~ **Фуко** *(Opt)* Foucaultsches Prisma *n*, Foucault-Prisma *n* ‖ ~ **Шпренгера** *(Opt)* Sprenger-Prisma *n* ‖ ~/**электронно-оптическая** elektronenoptisches Prisma *n* ‖ ~ **Юнга** *(Opt)* Young-Prisma *n*

призма-отражатель *m s.* призма полного внутреннего отражения

призма-полусфера *f (Opt)* Halbkugel *f* von Abbe, Abbesche Halbkugel *f*

призматин *m (Min)* Prismatin *m*, Kornerupin *m*

призматоид *m (Math)* Prismatoid *n*, Trapezoidalkörper *m*

призмодержатель *m (Opt)* Prismenhalter *m*

признак *m* 1. Kennzeichen *n*, Merkmal *n*; Markierung *f*; 2. Anzeichen *n* (s. a. unter признаки); 3. *(Math)* Kriterium *n* ‖ ~ **Бертрана** *(Math)* Bertrandsches Kriterium (Konvergenzkriterium) *n* ‖ ~/**временной** Zeitmerkmal *n* ‖ ~ **выбора данных** *(Inf)* Datenselektierzeichen *n* ‖ ~ **Даламбера (Д'Аламбера)** *(Math)* Quotientenkriterium *n*, d'Alembertsches Kriterium (Konvergenzkriterium) *n* ‖ ~ **делимости** *(Math)* Teilbarkeitskriterium *n* ‖ ~ **завершения** *(Inf)* Beendigungsanzeiger *m*, Beendigungskennzeichen *n* ‖ ~ **защиты** *(Inf)* Schutzkennzeichen *n* ‖ ~/**качественный** Qualitätsmerkmal *n* ‖ ~ **конца** *(Inf)* Endekennzeichen *n* ‖ ~ **Коши** *(Math)* Wurzelkriterium *n*, Konvergenzkriterium *n* von Cauchy ‖ ~ **Лейбница** *(Math)* Leibnizsches Konvergenzkriterium *n* (alternierende Reihe) ‖ ~ **ошибки** *(Inf)* Fehlerkennzeichen *n* ‖ ~/**полярный** *(El)* Polaritätsmerkmal *n* ‖ ~ **прерывания** *(Inf)* Interruptkennzeichen *n* ‖ ~ **сортировки** *(Inf)* Sortierbegriff *m*, Sortiermerkmal *n* ‖ ~ **состояния** *(Inf)* Zustandskennzeichen *n* ‖ ~ **сходимости** *(Math)* Konvergenzkriterium *n* ‖ ~ **сходимости/интегральный** Integralkriterium *n* für Kovergenz ‖ ~ **сходимости ряда** Konvergenzkriterium *n* [für Reihen] ‖ ~ **цвета** Farbmerkmal *n*

признаки *mpl (Geol)* Anzeichen *npl* ‖ ~ **газоносности** Gasanzeichen *npl*, Gasspuren *fpl* ‖ ~ **нефтеносности** Erdölanzeichen *npl* ‖ ~ **руды** Erzanzeichen *npl* ‖ ~ **сбросов** Verwerfungsanzeichen *npl* ‖ ~ **угленосности** Kohleanzeichen *npl*

прииск *m (Bgb)* Mine *f*, Fundort *m*

приказ *m* Befehl *m* (Zusammensetzungen s. unter команда)

прикатать *s.* прикатывать 1.

прикатить *s.* прикатывать 4.

прикатка *f* 1. Anrollen *n*, Heranrollen *n*; 2. *(Gum)* Anrollen *n*; 3. *(Glas)* Anwalzen *n*; 4. Walzen *n (Boden)*

прикатывание *n s.* прикатка

прикатывать 1. anrollen, heranrollen; 2. *(Gum)* anrollen; 3. *(Glas)* anwalzen; 4. walzen *(Boden)*

приклад *m* 1. *(Mil)* Kolben *m*; Schulterstütze *f*; 2. *(Text)* Zutaten *pl (Schneiderei)*

прикладывать напряжение *(El)* eine Spannung anlegen

приклеивать ankleben, anleimen; *(Ker)* [an]garnieren ‖ ~ **марлю** *(Typ)* begazen

приклеить *s.* приклеивать

приклейка *f* Aufkleben *n* ‖ ~ **воском** *(Eln)* Wachsaufkleben *n*, Wachs-Klebetechnik *f* ‖ ~ **гильз** *(Typ)* Hülsen *n*, Einkleben *n* der Hülsen

приключать *(El)* anschalten, anschließen, zuschalten

приключение *n (El)* Anschalten *n*, Anschließen *n*, Anschluß *m*, Zuschaltung *f*

приключить *s.* приключать

прикрепить *s.* прикреплять

прикреплять befestigen; anheften; ansetzen ‖ ~ **винтами** anschrauben

прикуриватель *m (Kfz)* Zigarettenanzünder *m*, Zigarrenanzünder *m*

прилавок *m* 1. Ladentisch *m*, Verkaufstisch *m*; 2. Truhe *f*

прилавок-витрина *m* Verkaufsvitrine *f* ‖ ~/**низкотемпературный** Tiefkühltruhe *f* ‖ ~/**охлаждаемый** Kühlvitrine *f*

прилагать 1. beilegen, beifügen; 2. anlegen

прилегание *n* 1. Anlage *f*, Anliegen *n (einer Fläche)*; 2. Angrenzen *n* ‖ ~/**плотное** *(Fert)* satte Anlage *f*

прилегать 1. anliegen; 2. angrenzen, anstoßen ‖ ~ **плотно** *(Fert)* satt anliegen

прилегающий anliegend; *(Fert)* angrenzend *(Toleranzen)*

прилечь *s.* прилегать

прилив *m* 1. *(Masch)* Anguß *m*, angegossener Ansatz (Vorsprung, Nocken) *m*, angegossene Konsole (Nase) *f*, Auge *n*; *(Meteo, Geoph)* Flut *f* (s. a. unter приливы) ‖ ~/**дистанционный** *(Masch)* Abstandsnocken *m*, Abstandsnase *f*, Abstandswarze *f* ‖ ~/**квадратурный** Nippflut *f* ‖ ~/**опорный** *(Masch)* Stützknagge *f*, Stütznase

f || **~/распорный** s. **~/дистанционный** || **~/сизигийный** Springflut f || **~/штормовой** Sturmflut f
приливать angießen
приливка f s. прилив 1.
приливы mpl (Meteo, Geoph) Gezeiten pl || **~/атмосферные** Gezeiten pl der Atmosphäre || **~ в атмосфере** s. ~/атмосферные || **~/земные** Erdgezeiten pl, Gezeiten pl der festen Erde || **~ и отливы** mpl s. ~/морские || **~/ионосферные** Gezeiten pl der Ionosphäre || **~/лунные** Mondgezeiten pl || **~/морские** Meeresgezeiten pl, Gezeiten pl des Meeres, Tiden fpl, Ebbe f und Flut f || **~/неравномерные** unregelmäßige Gezeiten pl || **~/полусуточные** halbtägige Gezeiten pl || **~/правильные** regelmäßige Gezeiten pl || **~/равноденственные** Äquinoktialgezeiten pl || **~/резонансные** Mitschwingungsgezeiten pl (bei Resonanz zwischen ganztägiger Erdnutation und ganztägigen Gezeiten) || **~/смешанные** gemischte Gezeiten pl || **~/соколебательные [сопряжённые]** s. ~/резонансные || **~/солнечные** Sonnengezeiten pl || **~/суточные** ganztägige Gezeiten pl || **~/упругие** s. ~/земные
прилипаемость f Haftfähigkeit f, Haftvermögen n
прилипание n 1. Haften n, Anhaften n; 2. Anbacken n (z. B. Formstoff am Modell); 3. (Typ) Haften n, Haftigkeit f || **~ краски** Farbhaftung f || **~ мерительных плиток** (Fert) Ansprengen n von Endmaßen
прилипать [an]haften, festkleben; anbacken; hängenbleiben
прилипнуть s. прилипать
прилов m Beifang m (Fischerei) || **~/непищевой** für die menschliche Ernährung nicht verwertbarer Beifang m || **~/пищевой** für die menschliche Ernährung verwertbarer Beifang m
приложение n 1. Anlage f, Beilage f; 2. [praktische] Anwendung f (einer Wissenschaft); 3. (El) Anlegen n, Aufprägen n (einer Spannung) || **~ нагрузки** (Mech) Lastangriff m; Kraftaufbringung f (Härtemessung) || **~ напряжения** (El) Anlegen n einer Spannung || **~ силы** (Mech) Kraftangriff m
приложить s. прилагать
прилунение n Mondlandung f, Landung f auf dem Mond
прим m (Math) Strich m (Operationszeichen)
прима f (Ak) Prime f
примаска f Beimengung f (z. B. zur feuerfesten Masse oder zum Formstoff)
применение n Anwendung f, Verwendung f; Einsatz m || **с применением ЭВМ** rechnergestützt, rechnerunterstützt || **~/практическое** Nutzanwendung f
применимость f Anwendbarkeit f, Verwendbarkeit f
примерзание n электрода (Schw) Festkleben (Kleben, Festschweißen) n der Elektrode
примеси fpl (Met) Begleitelemente npl, Begleitstoffe mpl (s. a. unter примесь 2.) || **~/атмосферные** s. ~/газовые || **~/газовые** Spurengase npl (in der Atmosphäre) || **~/местные** fundortbedingte Begleitelemente npl (in Erzen und Metallen) || **~/обычные (постоянные)** ständige Begleitelemente npl || **~/скрытые** verdeckte (latente) Begleitelemente npl (Gase wie Sauerstoff, Stickstoff, Wasserstoff) || **~/случайные** s. ~/местные || **~/специальные** (Met) Legierungselemente npl
примесить s. примешать
примесь f 1. Zumischung f, Beimischung f, Beimengung f, Zusatz m; 2. Begleitstoff m, Begleitelement n (s. a. unter примеси); 3. Fremdstoff m, Verunreinigung f; Fremdbestandteil m; 4. (Krist) Störstelle f || **~/акцепторная** (Eln) Akzeptorbeimischung f; Akzeptordotierung f || **~/атомная** (Krist) atomare Störstelle f || **~/балластная** (Met) unerwünschte (inaktive) Beimengung f, Ballaststoff m || **~ в междоузлии** (Krist) Zwischengitterverunreinigung f || **~ в стали** Stahlbegleiter m || **~ в чугуне** Roheisenbegleiter m; Eisenbegleiter m || **~ внедрения** (Krist) Fremdstörstelle f, interstitielle Störstelle f || **~/вредная** (Met) schädliche Beimengung f, schädlicher Begleitstoff m || **~/донорная** (Eln) Donatorverunreinigung f; Donatorstörstelle f || **~/жёсткая** fester Bestandteil m, feste Beimischung f || **~/загрязнённая** (Krist) Verunreinigung f, Kontamination f || **~ замещения** (Krist) Substitutionsstörstelle f, substitutionelle Störstelle f || **~/зерновая** Fremdgetreide n || **~/ионная** (Krist) Ionenstörstelle f || **~/легирующая** 1. (Met) Legierungszusatz m; Legierungselement n; 2. (Eln) Dotierungsbeimischung f (Halbleiter) || **~/металлическая** 1. (Met) metallisches Begleitelement n, metallische Beimischung f; 2. (Eln) metallische Verunreinigung f, Metallkontamination f (Halbleiter) || **~/остаточная** (Eln) Restverunreinigung f (Halbleiter) || **~/побочная** Nebenbestandteil m || **~/посторонних металлов** Begleitmetalle npl || **~/посторонняя** fremde Bestandteile mpl; Fremdkörper m || **~/растительная** (Text) pflanzliche Beimischung f (Fasermaterial) || **~/рудная** Beierz n (Möller, Charge) || **~/сорная** Verunreinigung f, Schmutzbeimengung f; Schwarzbesatz m (im Getreide) || **~ стали** Stahlbegleiter m || **~ стали/нормальная** natürlicher Stahlbegleiter m || **~ тяжёлых металлов** (Eln) Schwermetallkontamination f (Halbleiter) || **~ чугуна** Roheisenbegleiter m; Eisenbegleiter m
примечания npl [/**подстрочные**] (Typ) Fußnote f
примешать s. примешивать
примешивание n Beimischung f, Beimengen n, Zumischen n
примешивать beimengen, beimischen, zusetzen
примкнуть s. примыкать
примыкание n Anschluß m; Angrenzen n || **~/береговое** (Hydt) Uferanschluß m || **~ ветвей** (Eb) Nebenstreckeneinmündung f || **~ линий** (Eb) Streckeneinmündung f || **~ плотины/береговое** (Hydt) Talanschluß m (Talsperre) || **~ пути** (Eb) Gleisanschluß m
примыкать 1. [sich] anschließen; 2. [an]grenzen; [an]stoßen
принадлежности fpl Zubehör n, Utensilien npl || **~/измерительные** Meßzubehör n || **~ к концевым мерам** Endmaßzubehör n || **~/печные** Ofenzubehör n, Ofenausrüstung f, Ofenarmatur f || **~/сварочные** Schweißzubehör n, schweißtechnischer Bedarf m

принадлежность f 1. Zugehörigkeit f; 2. Zubehör n, Ausrüstung f, Utensilien npl (s. a. unter принадлежности)

принайтовить (Schiff) verlaschen, laschen, zurren

принимать 1. annehmen, empfangen, in Empfang nehmen, entgegennehmen; 2. abnehmen (z. B. eine Maschine); 3. übernehmen, tragen (z. B. Kosten); 4. (Math) annehmen, voraussetzen || ~ **поезд** (Eb) einen Zug annehmen

принтер m Printer m, Drucker m

принудительный zwangsläufig, erzwungen, Zwangs...

принуждение n Zwang[s]läufigkeit f

принцип m Prinzip n, Grundsatz m (s. a. unter начало 2.); Grundlage f || ~ **Аббе/компараторный** (Opt) Abbesches Komparatorprinzip n || ~ **автофазировки** (El) Prinzip n der Phasenstabilität || ~ **агрегатирования** (Masch) Baukastenprinzip n || ~**/агрегатно-модульный** (Masch) Baukasten-Baustein-Bauweise f (konkrete Gegenstände); Bausteinbauweise f (Programme) || ~**/агрегатный** (Masch) Baukastenprinzip n || ~ **адиабатической недостижимости Каратеодори** Carathéodory-Prinzip n der adiabatischen Unerreichbarkeit f, Carathéodorysches Unerreichbarkeitsaxiom n (2. Hauptsatz der Thermodynamik) || ~ **активный** Aktionsprinzip n (Dampfturbine) || ~ **аргумента** (Math) Argumentenprinzip n || ~**/блочно-модульный** || ~**/**агрегатно-модульный || ~**/блочный** s. ~/агрегатный || ~ **Больцмана** (Therm) Boltzmannsches Prinzip n || ~**/вариационный** (Mech) Variationsprinzip n, Extremalprinzip n, Aktionsprinzip n || ~ **Wirkungsprinzip** n, Integralprinzip n || ~ **«ведущий-ведомый»** (Inf) Master-Slave-Prinzip n || ~ **взаимности** (Math) Reziprozitätsprinzip n; Reziprozitätssatz m; Reziprozitätstheorem n || ~ **взаимных перемещений** (Mech) 1. Bettischer Reziprozitätssatz m, Bettisches Reziprozitätstheorem n; 2. s. теорема Максвелла || ~ **виртуальных (возможных) перемещений** (Mech) Prinzip n der virtuellen Arbeit (Verrückungen, Verschiebungen, Geschwindigkeiten) || ~ **вихревых токов** (El) Wirbelstromprinzip n || ~ **возможных перемещений** s. ~ виртуальных перемещений || ~ **возрастания энтропии** (Therm) Satz m von der Entropiezunahme bei natürlichen Prozessen (Teil des 2. Hauptsatzes der Thermodynamik) || ~ **Гамильтона** (Mech) Hamiltonsches Prinzip n || (der kleinsten Wirkung); Hamilton-Prinzip n || ~ **Гаусса** (Mech) Gaußsches Prinzip n, Prinzip n des kleinsten Zwanges || ~ **Герца** (Mech) [Hertzsches] Prinzip n der geradesten Bahn, [Hertzsches] Prinzip n der kleinsten Krümmung || ~ **Гюйгенса** (Opt) Huygens-Prinzip n, Huygenssches Prinzip n || ~ **Даламбера (Д'Аламбера)** d'Alembertsches Prinzip n (Prinzip der Dynamik) || ~ **Д'Аламбера-Лагранжа** (Mech) d'Alembert-Lagrangesches Variationsprinzip n, Prinzip n von Lagrange und d'Alembert || ~ **двойственности** (Math) Dualitätsprinzip n (projektive Geometrie) || ~ **дейзи-цепочки** (Inf) Daisy-Chain-Prinzip n, Daisy-Chain-Technik f || ~ **действия** Wirkungsweise f, Funktionsprinzip n; (Mech) Wirkungsprinzip n, Aktionsprinzip n || ~ **действия средства измерений** Wirkungsweise f eines Meßmittels || ~ **действия Эйнштейна** (Ph) Einsteinsches Wirkungsprinzip n || ~ **детального равновесия** (Ph) Prinzip n des detaillierten Gleichgewichts || ~**/дифференциальный [вариационный]** (Mech) Differentialprinzip n || ~**/доплеровский** (Ph) Doppler-Prinzip n, Dopplersches Prinzip n || ~ **дополнительности** Komplementaritätsprinzip n (Quantenmechanik) || ~ **жёсткой переменно-градиентной фокусировки** (Kern) Prinzip n des alternierenden Gradienten, AG-Prinzip n, starke Fokussierung f (Teilchenbeschleunigung) || ~ **Журдена** (Mech) Jourdainsches Prinzip n || ~ **измерений** Meßprinzip n || ~ **инерции** s. закон Ньютона/первый || ~**/интегральный [вариационный]** (Mech) Integralprinzip n || ~ **исключения** s. ~ Паули || ~**/кассетный** (Typ) Stauchprinzip n, Taschenprinzip n || ~ **Клаузиуса** Clausius-Prinzip n (2. Hauptsatz der Thermodynamik) || ~ **ковариантности** (Ph) Kovarianzprinzip n || ~**/компараторный** (Opt) Komparatorprinzip n || ~ **конструирования** Konstruktionsprinzip n || ~ **Кюри** (Ph) Curiesches Prinzip n || ~ **Ле-Шателье-Брауна** (Therm) Le-Chatelier-Braunsches Prinzip n, Prinzip n des kleinsten Zwanges || ~ **магазина** (Inf) Kellerungsprinzip n || ~ **максимума** (Math) Maximumprinzip n || ~ **микроскопической обратимости** (Therm) Prinzip n der mikroskopischen Reversibilität (Umkehrbarkeit) || ~ **минимакса** (Math) Minimaxprinzip n || ~ **минимума** (Math) Minimumprinzip n || ~**/модульный** Baukastenprinzip n, Bausteinprinzip n || ~ **Мопертюи** (Mech) Maupertuissches Prinzip n [der kleinsten Wirkung], Euler-Maupertuis-Prinzip n || ~ **мультивиртуальной памяти** (Inf) Prinzip n mehrfacher virtueller Speicher || ~ **наибольшей работы** (Mech) Prinzip n der maximalen Arbeit || ~ **наименьшего действия** (Mech) 1. Prinzip n der kleinsten Wirkung (Aktion); 2. s. ~ Гамильтона || ~ **наименьшего принуждения** s. ~ Гаусса || ~ **наименьшей кривизны** s. ~ Герца || ~ **наименьшей потенциальной энергии [упругих деформаций]** (Mech) Prinzip n vom Minimum der potentiellen Energie || ~ **наименьших квадратов** (Ph) Methode f der kleinsten Quadrate (Quadratsummen) || ~ **наложения** (Ph) Überlagerungsprinzip n, Superpositionsprinzip n, Superpositionssatz m, Überlagerungssatz n, Unabhängigkeitsprinzip n || ~ **невозможности** (Mech) Unmöglichkeitsprinzip n || ~ **неопределённости [Гейзенберга]** [Heisenbergsches] Unbestimmtheitsprinzip n (Quantenmechanik) || ~ **неразличимости** (Ph) Ununterscheidbarkeitsprinzip n || ~ **Нернста** s. теорема Нернста || ~**/ножевой** (Typ) Messerprinzip n, Schwertprinzip n || ~ **обратимости хода лучей** (Opt) Prinzip n (Satz m von) der Umkehrbarkeit des Strahlenganges || ~ **обратной связи** (El) Rückkopplungsprinzip n; (Reg) Rückführungsprinzip n || ~ **общей ковариантности** (Ph) Prinzip n der allgemeinen Kovarianz, Kovarianzprinzip n || ~ **Остроградского-Гамильтона** s. ~ Гамильтона || ~ **относительности** (Ph) Relativitätsprinzip n || ~ **относительности Галилея** (Mech)

Relativitätsprinzip *n* nach Galilei und Newton, klassisches Relativitätsprinzip *n* ‖ ~ **относительности/общий** *(Ph)* [Einsteinsches] allgemeines Relativitätsprinzip *n* ‖ ~ **относительности/специальный** *(Ph)* [Einsteinsches] spezielles Relativitätsprinzip *n* ‖ ~ **Паули** Pauli-Prinzip *n*, [Paulisches] Ausschließungsprinzip *n (Quantenmechanik)* ‖ ~ **переключения** *(El)* Schalt[ungs]prinzip *n* ‖ ~ **подобия** 1. *(Ph)* Ähnlichkeitsprinzip *n*, Ähnlichkeitsgesetz *n*; 2. *(Mech)* Prinzip *n* der dynamischen Ähnlichkeit ‖ ~ **построения** *(Eln)* Bauprinzip *n* ‖ ~ **построения/агрегатный (блочный, модульный)** Baukastensystem *n*, Baukastenprinzip *n*, Modulbauweise *f* ‖ ~ **причинности** *(Math)* Kausal[itäts]prinzip *n* ‖ ~/**противотока** *(Wmt)* Gegenstromprinzip *n* ‖ ~/**противоточный** *(Wmt)* Gegenstromprinzip *n* ‖ ~/**прямотока** *(Wmt)* Gleichstromprinzip *n* ‖ ~/**прямоточный** *(Wmt)* Gleichstromprinzip *n* ‖ ~ **работы** *s.* ~ действия ‖ ~ **работы «всё вовремя»** *(Fert)* Just-in-time-Prinzip *n* ‖ ~ **рассеяния** *(Ph)* Dissipationsprinzip *n* ‖ ~/**реактивный** *(Rak)* Rückstoßprinzip *n* ‖ ~ **резина на резину** *(Typ)* Gummi-Gummi-Prinzip *n* ‖ ~ **Ритца/комбинационный** *(Kern)* Ritzsches Kombinationsprinzip *n* ‖ ~ **«рукопожатия»** *(Inf)* Handshake-Verfahren *n*, Handshaking-Prinzip *n* ‖ ~ **симметрии** *(Ph)* 1. Symmetrieprinzip *n*, Invarianzprinzip *n*; 2. Spiegelungsprinzip *n* ‖ ~ **совмещения** *(Ph)* Koinzidenzprinzip *n* ‖ ~ **соответствия [Бора]** Korrespondenzprinzip *n* [von Bohr], Bohrsches Korrespondenzprinzip (Auswahlprinzip) *n (Quantenmechanik)* ‖ ~ **специальной относительности [Эйнштейна]** *(Ph)* Einsteinsches [spezielles] Relativitätsprinzip *n*, spezielles Relativitätsprinzip *n* ‖ ~ **стационарного действия 1.** ‖ ~ наименьшего действия 1. ‖ ~ **стэка** *(Inf)* Kellerprinzip *n* ‖ ~ **суперпозиции** *s.* ~ наложения ‖ ~ **сходимости** *(Math)* Konvergenzprinzip *n* ‖ ~ **ускоренного переноса** *(Inf)* Look-ahead-Prinzip *n* ‖ ~ **Ферма** *(Opt)* Fermatsches Prinzip *n*, Prinzip *n* des ausgezeichneten (kürzesten) Lichtweges, Fermatscher Satz *m (der geometrischen Optik)* ‖ ~ **Франка-Кондона** *(Kern)* Franck-Condon-Prinzip *n* ‖ ~ **Френеля** *(Ph)* Fresnelsches Prinzip *n* ‖ ~ **Френеля-Гюйгенса** *(Ph)* Fresnel-Huygenssches Prinzip *n (Wellenlehre)* ‖ ~ **эквивалентности** Austauschprinzip *n* ‖ ~ **эквивалентности массы и энергии** *(Mech)* Masse-Energie-Äquivalenzprinzip *n*, Energie-Masse-Äquivalenzprinzip *n* ‖ ~ **эквивалентности Эйнштейна** *(Ph)* Einsteinsches Äquivalenzprinzip *n*

принципы *mpl* **освещения** *(Licht)* Beleuchtungsrichtlinien *fpl*, Beleuchtungsgrundsätze *mpl*

принятие *n* 1. Annahme *f*, Empfang *m*, Entgegennahme *f*; 2. Abnahme *f (z. B. einer Maschine)*; 3. Übernahme *f (z. B. der Kosten)*; 4. *(Math)* Annahme *f*, Voraussetzung *f*

принять *s.* принимать

приорит *m (Min)* Priorit *m*

приоритет *m* Priorität *f*, Rangfolge *f*, Vorrang *m*; Vorzug *m*, Vorrecht *f* • **с [определённым] приоритетом** *(Inf)* priorisiert ‖ ~ **задания** *(Inf)* Jobpriorität *f* ‖ ~/**максимальный** *(Inf)* Grenz-

priorität *f* ‖ ~ **очереди** *(Inf)* Warteschlangenpriorität *f* ‖ ~ **прерывания** *(Inf)* Interruptpriorität *f*, Interruptvorrang *m*, Unterbrechungspriorität *f* ‖ ~/**текущий** *(Inf)* Auswahlpriorität *f*

приосевой achsennah

припаиваемый волной припоя schwallötbar

припаивание *n* Anlöten *n*

припаивать anlöten

припай *m (Hydrol)* Küstenfesteis *n*, Festeis *n*, Strandeis *n*

припайка *f* 1. *s.* припаивание; 2. angelötetes Stück *n*

припасовать *s.* припасовывать

припасовка *f (Fert)* Passen *n*

припасовывать *(Fert)* anpassen

припаять *s.* припаивать

припекание *n* Festbacken *n*, Anbacken *n*; Anbrennen *n*, Anfritten *n*, Ansintern *n*, Vererzen *n*, Festbrennen *n*

припекать festbacken, anbacken; anbrennen, anfritten, ansintern, vererzen, festbrennen

припечь *s.* припекать

приплюснуть *s.* приплющивать

приплющивать plattschlagen, plattdrücken

приповерхностный oberflächennah, Oberflächen...; *(Bgb auch:)* tagesnah

приподнимать abheben; anheben, lüften

приподнятие *n* Anhub *m*, Anheben *n*, Anlüften *n*

приподнять *s.* приподнимать

припой *m (Schw)* Lot *n* ‖ ~/**высокотемпературный** Hochtemperaturlot *n* ‖ ~/**латунный** Messinglot *n* ‖ ~/**легкоплавкий** Weichlot *n* ‖ ~/**ленточный** Lötband *n* ‖ ~/**мягкий** Weichlot *n* ‖ ~/**оловянный** Zinnlot *n*, Lötzinn *n* ‖ ~/**пастообразный** pastenförmiges Lot *n* ‖ ~/**порошкообразный** pulverförmiges Lot *n* ‖ ~/**проволочный** Lötdraht *m* ‖ ~/**прутковый** Stablot *n* ‖ ~/**самофлюсующий** selbstfließendes Lot *n* ‖ ~/**свинцовый** Bleilot *n*, Lötblei *n* ‖ ~/**серебряный** Silberlot *n*, Hartlot *n* ‖ ~/**твёрдый** Hartlot *n* ‖ ~/**тугоплавкий** Hartlot *n* ‖ ~/**цинковый** Zinklot *n*, Lötzink *n*

припрессовка *f (Typ)* Kaschieren *n* ‖ ~ **плёнки** Kaschieren *n* ‖ ~ **прозрачной плёнки** Kaschieren *n* mit Klarsichtfolie

припудривание *n* Pudern *n*, Einstäuben *n*, Einpudern *n*

припуск *m (Fert)* Aufmaß *n*, Zugabe *f* ‖ ~/**межпереходный** Zwischenaufmaß *n* ‖ ~ **на волочку** *(Umf)* Ziehzugabe *f* ‖ ~ **на доводку** *(Fert)* Läppzugabe *f* ‖ ~ **на калибровку** *(Wlz)* Kalibrierzugabe *f* ‖ ~ **на ковку** Schmiedezugabe *f* ‖ ~ **на обработку** *(Fert)* Bearbeitungszugabe *f*, Bearbeitungsaufmaß *n* ‖ ~ **на обрезку** *(Fert)* Verschnittzugabe *f*, Schnittzugabe *f* ‖ ~ **на оплавление** *(Schw)* Abbrennzugabe *f (Teil der Gesamtlängenzugabe beim Abbrennschweißen)* ‖ ~ **на осадку** *(Schw)* Stauchzugabe *f (Längenzugabe beim Wulststumpfschweißen)* ‖ ~ **на подогрев** *(Schw)* Vorwärmzugabe *f (Teil der Längenzugabe beim Abbrennschweißen)* ‖ ~ **на поковку** Schmiedezugabe *f* ‖ ~ **на пригонку** *(Fert)* Paßzugabe *f* ‖ ~ **на притирку** *(Fert)* Läppzugabe *f* ‖ ~ **на усадку** *(Gieß)* Schwindzugabe *f* ‖ ~ **на центрирование** Zentrierzugabe *f* ‖ ~ **на чистовую обработку** *(Fert)* Schlichtzugabe *f* ‖ ~ **на шлифовку**

припуск *(Fert)* Schleifzugabe *f* ‖ **~/номинальный** Nennaufmaß *n* ‖ **~ под ...** *s.* **~ на...** ‖ **~/технологический** Bearbeitungszugabe *f*

припыл *m* 1. *(Gieß)* Puder *m*, Formpuder *m*; 2. *(Wlz)* Aufstäubung *f* ‖ **~/модельный** Formpuder *m (gegen Anbacken des Formsandes am Modell)* ‖ **~/противопригарный** Formpuder *m* gegen Festbrennen *(des Gußstückes in Naßgußformen)*

припыливание *n* [формы] *(Gieß)* Einstäuben *n*, Bestäuben *n*, Pudern *n*, Einpudern *n (Form)*

припыливать [форму] *(Gieß)* einstäuben, bestäuben, pudern, einpudern *(Form)*

прирабатываемость *f* Einlaufverhalten *n (von Maschinen)*; Einlaufeigenschaften *fpl*

прирабатывать einlaufen lassen *(Maschinen)*

прирабатываться *(Masch)* sich einlaufen *(z. B. Wellen, Zahnräder)*

приработать *s.* прирабатывать

приработаться *s.* прирабатываться

приработка *f (Masch)* Einlaufen *n*, Einlaufenlassen *n (aufeinander gleitender Teile)* ‖ **~/взаимная** paarweises Einlaufen *n*

прирастать 1. anwachsen, verwachsen; 2. zunehmen

прирасти *s.* прирастать

приращение *n* 1. Anwachsen *n*, Zunehmen *n*, Zuwachs *m*, Zunahme *f*, Anstieg *m (s. a. unter* прирост *und* возрастание*)*; 2. *(Math, Ph, Inf)* Inkrement *n* • **по приращениям** inkremental ‖ **~/геометрическое** geometrischer Zuwachs *m (Statistik)* ‖ **~ деформации** *(Mech)* Formänderungsinkrement *n*, Formänderungszuwachs *m* ‖ **~ массы/релятивистское** *(Ph)* relativistischer Massenzuwachs *m* ‖ **~ напряжения** *(Mech)* Spannungszuwachs *m* ‖ **~ объёма** Volumenzunahme *f* ‖ **~/полное** *(Math)* vollständiger Zuwachs *m (Funktion)* ‖ **~ температуры** Temperaturanstieg *m*, Temperaturzunahme *f* ‖ **~ тона** *(Typ)* Tonwertzunahme *f* ‖ **~/частное** *(Math)* partieller Zuwachs *m (Funktion)* ‖ **~ энергии** *(Ph)* Energieinkrement *n*, Energiezuwachs *m*

приращивание *n s.* приращение

приржаветь anrosten, festrosten

приржавленный angerostet, festgerostet

природно-легированный *(Met)* naturlegiert *(Roheisen, Gußeisen, Stahl)*

природопользование *n (Ökol)* Naturnutzung *f*

прирост *m* Zuwachs *m*, Zunahme *f*, Zugang *m*, Anstieg *m (s. a. unter* приращение *und* возрастание*)* ‖ **~ давления** Druckanstieg *m* ‖ **~ информации** Informationsgewinn *m* ‖ **~ температуры** Temperaturanstieg *m*, Temperaturzunahme *f* ‖ **~ уширения** Breitungszunahme *f (z. B. beim Walzen)* ‖ **~ энтальпии** *(Therm)* Enthalpiezunahme *f*

присадить *s.* присаживать

присадка *f* 1. Zuschlag *m*, Zusatz *m*, Zusatzstoff *m*, Zuschlag[roh]stoff *m*, Zuschlagmaterial *n*; *(Kfz)* Additiv *n (z. B. für Kraftstoffe)*; 2. Zugeben *n*, Zusetzen *n*; *(Met, Gieß)* Legieren *n*, Zulegieren *n*; 3. *(Forst)* Nachpflanzen *n* ‖ **~/антидетонационная** Antiklopfmittel *n (für Kraftstoffe)* ‖ **~/антикоррозийная** Korrosionsinhibitor *m* ‖ **~/антикислительная** *(Ch)* Antioxidationsmittel *n*, Antioxidans *n*, Oxidationsverhinderer *m* ‖ **~/антиржавейная** rosthemmender Zusatz[stoff] *m* ‖ **~ в ковш** *(Gieß)* Pfannenzusatz *m* ‖ **~/вязкостная** Viskositätsindexverbesserer *m (Schmierölzusatz)* ‖ **~/депрессорная** Stockpunkterniedriger *m (Schmierölzusatz)* ‖ **~ извести** Kalkzuschlag *m* ‖ **~/измельчающая зернистость** *(Met)* Kornfeinungsmittel *n* ‖ **~/ингибирующая** Inhibitorzusatz *m* ‖ **~ легирующих элементов** *(Met, Gieß)* 1. Legierungszusatz *m*; 2. Legieren *n*, Zulegieren *n* ‖ **~/многофункциональная** Universaladditiv *n (Schmierölzusatz)* ‖ **~/моющая** Detergentzusatz *m*, Reinigungszusatz *m* ‖ **~/науглероживающая** *(Met)* Aufkohl[ungs]mittel *n*, kohlender Zusatz *m* ‖ **~/печная** *(Met)* Schmelzzuschlag *m*, Ofenzuschlag *m* ‖ **~ при плавке** *(Met)* Schmelzzuschlag *m*, Ofenzuschlag *m* ‖ **~/противозадирная** Antifreßzusatz *m (Schmierölzusatz)* ‖ **~/противоокислительная** ‖ **~/антиокислительная** ‖ **~/противопенная** Schaumdämpfungsmittel *n*, Schaumdämpfer *m*, Antischaummittel *n*, Entschäumer *m* ‖ **~/травильная** *(Met)* Beizzusatz *m* ‖ **~ чугуна** *(Met, Gieß)* Roheiseneinsatz *m* ‖ **~ шлаков** *(Met)* Zusetzen *n* von Schlacken

присадка-ингибитор *m* Inhibitorzusatz *m*

присаживать 1. zuschlagen, zusetzen; 2. *(Met, Gieß)* legieren, zulegieren; 3. *(Forst)* nachpflanzen

присасывание *n* Aufsaugen *n*, Aufnahme *f*

присваивание *n (Inf)* Zuweisung *f*, Zuordnung *f* ‖ **~ адресов** Adressenzuweisung *f* ‖ **~ значений** Wertzuweisung *f* ‖ **~/множественная** mehrfache Ergibtanweisung *f* ‖ **~ обозначений** *(Inf)* Kennsatzzuweisung *f* ‖ **~ устройства/временное** temporäre Gerätezuweisung *f*

присвоение *n s.* присваивание

присоединение *n* 1. Anschluß *m*, Angliederung *f*, Zuordnung *f*; Verbindung *f*; 2. *(El)* Anschließen *n*, Anschalten *n*, Anschaltung *f*, Anschluß *m*; *(Inf)* Verkettung *f*, Verknüpfung *f*; 3. *(Ch)* Anlagerung *f*, Addition *f*; 4. *(Math)* Adjunktion *f (Algebra)* ‖ **~ водорода** *(Ch)* Wasserstoffanlagerung *f* ‖ **~ групповым методом** *(Eln)* Simultanbonden *n* ‖ **~ к массе** *(El)* Massenanschluß *m* ‖ **~ к сети** *(El)* Netzanschluß *m* ‖ **~ кристалла** *(El)* Chipbonden *n*, Chiplöten *n* ‖ **~ проволок** *(Eln)* Drahtbonden *n* ‖ **~ проволочных выводов** *(Eln)* Drahtbonden *n* ‖ **~/радикальное** *(Ch)* Radikaladdition *f* ‖ **~/резьбовое** Gewindeanschluß *m* ‖ **~/фланцевое** Flanschanschluß *m* ‖ **~ хлора** *(Ch)* Chloranlagerung *f* ‖ **~ электронов** *(El)* Elektronenanlagerung *f* ‖ **~/электрофильное** *(Ch)* elektrophile Addition *f*

присоединённый *(El)* angeschlossen, Anschluß...

присоединить *s.* присоединять

присоединять 1. anschließen, angliedern; 2. beiordnen, zuordnen, adjungieren; 3. *(El)* anschließen, anschalten; elektrisch leitend befestigen; 4. *(Ch)* addieren, anlagern

присос *m* 1. Ansaugen *n*; 2. Sauger *m*, Saugdüse *f (s. a. unter* присоска*)* ‖ **~/вакуумный** 1. Vakuumsauger *m*; 2. *(Schiff)* Vakuumspanner *m (für das Zusammenfügen von Platten und Verbänden)* ‖ **~ для передачи листа** *(Typ)* Schleppsauger *m (Bogenförderung)* ‖ **~/электромагнитный** *(Schiff)* Magnetspanner *m (für das Zusammenfügen von Platten und Verbänden)*

присоска f (Masch) Sauger m (Greiforgan) (s. a. unter присос 2.) ‖ ~/активная mit Unterdruckpumpe arbeitender Sauger m ‖ ~/пассивная einfacher Sauger m (Greiforgan, ohne Unterdruckpumpe arbeitend)
присосный (Masch) ... mit Sauger (Bauweise, z. B. von Zuführeinrichtungen)
приспосабливать herrichten, vorrichten, zurichten; anpassen, einrichten [für]
приспосабливаться (Fert) [sich] anpassen (z. B. Ausrüstung an Fertigungsbedingungen)
приспособление n 1. Vorrichtung f, Einrichtung f (s. a. unter аппарат, механизм, прибор, устройство); 2. Anpassung f; (Licht) Adap[ta]tion f, Anpassung f ‖ ~/автоматическое automatische Anpassung f ‖ ~/агрегатированное (Fert) Baukasteneinrichtung f ‖ ~/балансировочное (Masch) Auswuchtvorrichtung f ‖ ~/быстрозажимное (Wkzm) Schnellspannvorrichtung f ‖ ~/быстросменное (Wkzm) Schnellwechselvorrichtung f ‖ ~/вакуумное (Wkzm) Vakuumspannvorrichtung f ‖ ~/вводное (Wlz) Aufnahmekasten m, Einführungstrichter m ‖ ~/визирное Visiereinrichtung f ‖ ~/включающее (El) Einschaltvorrichtung f ‖ ~/внутришлифовальное Innenrundschleifvorrichtung f ‖ ~/вспомогательное Hilfsvorrichtung f ‖ ~/встряхивающее 1. Rüttelvorrichtung f, Rütteleinrichtung f; 2. (Gieß) Rütteleinheit f (Formmaschine) ‖ ~/выдувательное (Glas) Blasvorrichtung f, Blaseinrichtung f ‖ ~/выключающее (El) Abschaltvorrichtung f ‖ ~/вытяжное (Fert) Tiefungseinrichtung f ‖ ~/гидравлическое hydraulische (hydraulisch betätigte) Vorrichtung f ‖ ~/грузозахватное Lastaufnahmevorrichtung f, Lastaufnahmemittel n (Fördertechnik) ‖ ~/грузоподъёмное Hebevorrichtung f, Hubvorrichtung f ‖ ~ двойного изображения Doppelbildeinrichtung f (Meßmikroskop) ‖ ~/делительное Teilvorrichtung f, Teileinrichtung f ‖ ~/долбёжное (Wkzm) Stoßvorrichtung f ‖ ~/дополнительное Zusatzvorrichtung f ‖ ~/загрузочное (Met) Beschickungsvorrichtung f, Begickungsvorrichtung f, Chargiervorrichtung f; Aufgabevorrichtung f; (Fert) Zuführvorrichtung f ‖ ~/зажимное (Wkzm) Spannvorrichtung f, Klemmvorrichtung f; Aufnahmevorrichtung f ‖ ~/заточное (Wkzm) Scharfschleifvorrichtung f ‖ ~/захватное (Förd) Anschlagmittel n, Lastanschlagmittel n (Fert) Greifvorrichtung f ‖ ~/защитное Schutzvorrichtung f ‖ ~/измерительное Meßvorrichtung f ‖ ~/индикаторное Anzeigevorrichtung f ‖ ~/копировальное (Wkzm) Nachformvorrichtung f ‖ ~/копировально-строгальное (Wkzm) Nachformhobelvorrichtung f ‖ ~/копировально-токарное (Wkzm) Nachformdrehvorrichtung f ‖ ~/копировально-фрезерное (Wkzm) Nachformfräsvorrichtung f ‖ ~/крепёжное Befestigungsvorrichtung f; (Wkzm) Spannvorrichtung f ‖ ~/магнитное зажимное (Wkzm) Magnetspannvorrichtung f ‖ ~/многоместное (Wkzm) Mehrstückspannvorrichtung f ‖ ~/навивальное (макатывающее) (Text) Aufwickelvorrichtung f ‖ ~/одноместное (Wkzm) Einstückspannvorrichtung f ‖ ~/окантовочное (Typ) Fälzelvorrichtung f ‖ ~/опрокидываемое kippbare Vorrichtung f, Kippvorrichtung f ‖ ~/откидное Klappvorrichtung f ‖ ~/отсчётное Ablesevorrichtung f ‖ ~/очистительное (Text) Reinigungseinrichtung f ‖ ~/переключающее (El) Umschaltvorrichtung f, Schaltvorrichtung f ‖ ~/питающее 1. Aufgabevorrichtung f, Aufgeber m, Speiser m, Zubringer m; Dosiervorrichtung f, Dosierer f; 2. Abzugsvorrichtung f ‖ ~/плоскошлифовальное (Wkzm) Flachschleifvorrichtung f ‖ ~/поворотное (Fert) Schwenkvorrichtung f ‖ ~/подвесное Aufhängevorrichtung f ‖ ~/подъёмное Abhebevorrichtung f ‖ ~/подъёмно-спусковое (Schiff) Heißvorrichtung f (Rettungsboot) ‖ ~/полировочное (Fert) Poliervorrichtung f ‖ ~/посадочное (Flg) Landehilfe f ‖ ~/правящее Abrichtvorrichtung f ‖ ~/предохранительное Sicherheitsvorrichtung f, Schutzvorrichtung f ‖ ~/притирочное (Wkzm) Läppvorrichtung f ‖ ~/протяжное (Wkzm) Räumvorrichtung f ‖ ~/пусковое Anlaßvorrichtung f ‖ ~/разгрузочное (Met) Austragvorrichtung f, Abzugsvorrichtung f ‖ ~/разливочное (Met, Gieß) Gießvorrichtung f, Gießeinrichtung f ‖ ~/расточное (Wkzm) Ausdrehvorrichtung f ‖ ~/резальное Schneidvorrichtung f ‖ ~/резьбонарезное (Fert) Gewindeschneidvorrichtung f ‖ ~/резьбофрезерное (Fert) Gewindefräsvorrichtung f ‖ ~/резьбошлифовальное (Fert) Gewindeschleifvorrichtung f ‖ ~/самозажимное (Wkzm) Selbstspannvorrichtung f ‖ ~/сборное zusammenbaubare Vorrichtung f ‖ ~/сборно-разборное (Fert) Baukastenvorrichtung f, zusammenbau- und auseinandernehmbare Vorrichtung f ‖ ~/сборочно-сварочное Schweißvorrichtung f, Aufnahmevorrichtung f, Schweißteilaufnahme f ‖ ~/сверлильное (Wkzm) Bohrvorrichtung f ‖ ~/специальное (Fert) Sondervorrichtung f, Spezialvorrichtung f ‖ ~/станочное (Wkzm) Vorrichtung f (Werkstückspanner) ‖ ~/стригальное (Text) Schneidzeug n, Scherzeug n ‖ ~/стрипперное (Met) Blockabstreifvorrichtung f, Strippervorrichtung f ‖ ~/строгальное (Wkzm) Hobelvorrichtung f ‖ ~/счётное Zählvorrichtung f ‖ ~/токарное (Wkzm) Drehvorrichtung f, Vorrichtung f für Dreharbeiten ‖ ~/торцешлифовальное (Wkzm) Stirnflächenschleifvorrichtung f ‖ ~/улавливающее (Text) Fangvorrichtung f ‖ ~/универсально-переналаживаемое (Fert) universell umrichtbare Vorrichtung f ‖ ~/универсально-сборное (Fert) universell zusammenbaubare Vorrichtung f ‖ ~/фрезерное (Wkzm) Fräsvorrichtung f ‖ ~/хонинговальное (Wkzm) Langhubhonvorrichtung f ‖ ~/центровочное (Fert) Anbohrvorrichtung f, Zentriervorrichtung f ‖ ~/шлифовальное (Wkzm) Schleifvorrichtung f

приспособляемость f Anpassungsfähigkeit f; Anpaßbarkeit f ‖ ~/структурная (Trib) strukturelle Anpassungsfähigkeit f (bei der Reibung) ‖ ~/эксплуатационная Betriebsanpaßbarkeit f, betriebliche Anpaßbarkeit f
приспособлять s. приспосабливать
приспускать якорь (Schiff) Anker vorfieren
приставание n 1. Ankleben n, Anhaften n, Anbacken n (z. B. Formstoff am Modell); Hängenbleiben n; 2. (Schiff) Anlegen n; Anlaufen n (Hafen)

приставать

приставать 1. ankleben, [an]haften, anbacken (z. B. Formstoff am Modell); hängenbleiben, festsitzen; 2. (Schiff) anlegen; anlaufen (Hafen)
приставка f 1. Zusatz m; Zusatzeinrichtung f; 2. Anbaueinheit f, Anbauteil n; 3. (Rf) Zusatzgerät n, Vorsatzgerät n ‖ **~/запоминающая** (Inf) Speichervorsatz m ‖ **~/импульсная** (El) Impulszusatzgerät n ‖ **~ к приёмнику** (Rf) Empfängervorsatzgerät n, Empfängervorsatz m ‖ **~/картосличительная** (Schiff) Kartenvergleichsgerät n (Radar) ‖ **~/коротковолновая** (Rf) Kurzwellenvorsatzgerät n, Kurzwellenvorsatz m ‖ **~/кукурузоуборочная** (Lw) Maispflückvorsatz m (zum Mähdrescher) ‖ **~/проекционная** (Opt) Projektionsvorsatz m ‖ **~/синхронизирующая** (El) Synchronisierzusatz m ‖ **~/увеличительная** (Typ) Vergrößerungsvorsatzgerät n ‖ **~/ультракороткоповолновая** (Rf) Ultrakurzwellenvorsatzgerät n, Ultrakurzwellenvorsatz m ‖ **~/усилительная** (Rf) Verstärkervorsatz m ‖ **~/якорная** (Schiff) Ankerteil n (einer Ankerverholwinde)
приставлять (Ker) [an]garnieren
пристаночный (Wkzm) Beistell... (Zweck von Zusatzeinrichtungen)
пристань f 1. Anlegestelle f (Flußschiffahrt); 2. s. причал ‖ **~/лодочная** Bootsanlegestelle f ‖ **~/плавучая** Anlegeponton m
пристать s. приставать
пристегать s. пристёгивать
пристёгивать anheften
пристенный Wand..., in Wandausführung, in Wandbauweise
пристраивать anbauen
пристрой s. пристраивать
пристройка f (Bw) 1. Anbau m, Nebengebäude n; 2. Anbauen n
присучальщик m (Text) Fadenanleger m, Fadenknüpfer m (Apparat zum Anlegen des Kokonfadens)
присучать s. присучивать
присучивание n (Text) Andrehen n, Anknüpfen n (Faden) ‖ **~ нитей основы** Andrehen n der Kettfäden (Weberei) ‖ **~ пряжи** Anknüpfen n des Garns
присучивать (Text) andrehen, anknüpfen (Faden)
присучить s. присучивать
присучка f s. присучивание
притвор m (Bw) Schlagleiste f
притекать zufließen, zuströmen
притереть s. притирать 1.
притечь s. притекать
притир m (Wkz) Läppdorn m; Läppscheibe f, Läppwerkzeug n ‖ **~/алмазный** Diamantschleifwerkzeug n (Ziehschleifen) ‖ **~/дисковый** Läppscheibe f ‖ **~/зубчатый** Läpprad n
притираемость f концевых мер (Meß) Ansprengen n der Parallelendmaße
притирать 1. (Fert) paßläppen; 2. einschleifen (Ventile); 3. (Meß) ansprengen (Meßflächen von Endmaßen) ‖ **~/взаимно** (Fert) paarweise läppen, paarungsläppen ‖ **~ концевые меры** (Meß) ansprengen, anschieben (Parallelendmaße) ‖ **~/окончательно** (Fert) fertigpaßläppen ‖ **~/предварительно** (Fert) vorpaßläppen
притирка f 1. (Fert) Paßläppen n; 2. Einschleifen n (von Ventilen); 3. (Meß) Ansprengen n (der Meßflächen von Endmaßen) ‖ **~/бесцентровая** (Fert) spitzenloses Paßläppen n ‖ **~/взаимная** (Fert) Paarungsläppen n ‖ **~/внутренняя** (Fert) Innenpaßläppen n ‖ **~/грубая** (Fert) Grobpaßläppen n ‖ **~ клапана** Einschleifen n des Ventils ‖ **~/наружная** (Fert) Außenpaßläppen n ‖ **~/окончательная** (Fert) Fertigpaßläppen n ‖ **~/тонкая** (Fert) Feinpaßläppen n ‖ **~/чистовая** (Fert) Schlichtpaßläppen n
притир-кольцо m (Wkz) Läppring m
притирочно-доводочный (Fert) Läpp...
притирочный (Fert) Paßläpp...
притир-пробка m (Wkz) Läppdorn m
приток m 1. Zufluß m, Zulauf m; Zufuhr f; 2. (Hydrol) Nebenfluß m ‖ **~ воды** Wasserzufluß m ‖ **~ нефти/промышленный** industriell verwertbarer Erdölzufluß m ‖ **~/суммарный** (Hydrol) Zuflußsumme f, Gesamtzufluß m ‖ **~ тепла** Wärmezufuhr f, Wärmezuführung f, Wärmezufluß m, Wärmezustrom f
притолока f (Bw) Anschlag m (Türen, Fenster)
притормаживание n Anbremsen n
притормаживать anbremsen
притормозить s. притормаживать
притулиться s. притуляться
притупление n (Fert) Stumpfwerden n, Abstumpfung f ‖ **~ кромки** (Schw) Steg m (Schweißfuge); nicht abgeschrägte Kante f
притупляться (Fert) stumpf werden, abstumpfen
притягивание n Anziehen n, Anziehung f, Anzug m (s. a. unter притяжение)
притягивать anziehen
притяжение n (Ph) Anziehung f, Anziehungskraft f; Attraktion f ‖ **~/ван-дер-ваальсово** (Ph) Van-der-Waals-Anziehung f, Van-der-Waals-Attraktion f ‖ **~/взаимное** gegenseitige Anziehung f ‖ **~/замедленное** verzögerte Anziehung f ‖ **~ Земли** (Astr) Erdanziehung f ‖ **~/капиллярное** (Ph) Kapillaranziehung f, Kapillarattraktion f ‖ **~/магнитное** (Ph) magnetische Anziehung (Anziehungskraft) f ‖ **~/молекулярное** (Ch) Molekularattraktion f ‖ **~ Солнца** (Astr) Sonnenanziehung f, Sonnenattraktion f ‖ **~ якоря** (El) Ankeranzug m
притяжный (Masch) Haft..., durch Haften wirkend (Bauweise von Greifern)
притянуть s. притягивать
прифланцевать s. прифланцовывать
прифланцовывать (Fert) anflanschen
прихват m (Fert) Spanneisen n ‖ **~/вилкообразный** U-förmiges (gabelförmiges) Spanneisen n ‖ **~/изогнутый** gekröpftes Spanneisen n ‖ **~/корытообразный** doppelgekröpftes Spanneisen n ‖ **~/плиточный** flaches Spanneisen n ‖ **~/ступенчатый** gestuftes (abgesetztes) Spanneisen n ‖ **~/универсальный** Spannklaue f, Universalspanneisen n ‖ **~/фасонный** Formspanneisen n ‖ **~/эксцентриковый** Exzenterspannpratze f
прихватить s. прихватывать
прихватка f (Schw) 1. Heften n; 2. Heftnaht f
прихватывать (Schw) heften
приход m Zugang m; Zulauf m ‖ **~ в меридиан** (Schiff) Einschwingen n (Kreiselkompaß)
приходить ankommen, anlangen ‖ **~ в меридиан** (Schiff) [sich] einschwingen (Kreiselkompaß) ‖ **~ в негодность** unbrauchbar werden ‖

~ во вращение in Drehung versetzt werden, anlaufen (z. B. Welle)
прицел m (Mil) Visier n; Richtaufsatz m (für indirektes Richten) ‖ ~/**диоптрический** Dioptervisier n ‖ ~/**оптический** optisches Visier n, Zielfernrohr n ‖ ~/**откидной** Klappvisier n ‖ ~/**открытый** offenes Visier n ‖ ~/**радиолокационный** Radarvisier n
прицеливание n Zielen n
прицеливаться visieren, zielen
прицентровать einmitten, zentrieren
прицентровка f Einmitten, Einmittung f, Zentrieren n, Zentrierung f
прицеп m (Kfz) Anhänger m ‖ ~/**большегрузный** s. прицеп-тяжеловоз ‖ ~/**большегрузный низкорамный** Tiefladeanhänger m ‖ ~/**грузовой** Lastwagenanhänger m, LKW-Anhänger m ‖ ~/**двухосный** Zweiachsanhänger m ‖ ~/**заправочный** Tankanhänger m ‖ ~/**многоосный** Mehrachsanhänger m ‖ ~/**низкорамный** Tiefladeanhänger m, Tieflader m ‖ ~/**одноосный** Einachsanhänger m ‖ ~/**самосвальный** Kippanhänger m ‖ ~/**седельный** Sattelanhänger m ‖ ~/**тракторный** Schlepperanhänger m
прицеп-дача m Wohnwagen[anhänger] m
прицеп-ёмкость f Großraumanhänger m
прицепить s. прицеплять
прицепиться s. прицепляться
прицепка f Anhängen n, Ankuppeln n
прицеп-контейнеровоз m Containeranhänger m
прицеплять anhängen, anhaken; ankuppeln
прицепно-навозоразбрасыватель m (Lw) Stalldungstreuer m
прицепной Anhänge..., angehängt, gezogen (Gerät)
прицеп-разбрасыватель m (Lw) Anhängestreuer m
прицеп-тяжеловоз m Schwerlastanhänger m, Tiefladeanhänger m, Tieflader m
прицеп-цистерна m Tankanhänger m ‖ ~/**вакуумный** (Lw) Vakuumtankanhänger m
причал m (Schiff) Liegeplatz m, Anlegeplatz m ‖ ~/**бункерный** Bunkerliegeplatz m ‖ ~/**глубоководный** Tiefwasserliegeplatz m ‖ ~/**грузовой** Lade- und Löschliegeplatz m ‖ ~/**грузопассажирский** Anlegeplatz m für den Personen- und Güterverkehr ‖ ~/**контейнерный** Containerumschlagplatz m ‖ ~/**нефтяной** Ölumschlagliegeplatz m ‖ ~/**паромный** Fähranlegeplatz m ‖ ~/**пассажирский** Anlegeplatz m für den Personenverkehr ‖ ~/**плавучий** schwimmende Anlegestelle f ‖ ~/**погрузочный** Ladeliegeplatz m ‖ ~/**портовый** Hafenliegeplatz m ‖ ~/**разгрузочный** Löschliegeplatz m ‖ ~/**угольный** Kohlenverladeplatz m, Kohlenumschlagplatz m
причаливание n **судна** Anlegen n (eines Schiffes)
причаливать anlegen (Schiff)
причалка f (Bw) Richtschnur f, Fluchtschnur f
причальный (Schiff) Liege..., Anlege..., Festmach...
причина f **брака** Ausschußursache f ‖ ~ **отказа** Ausfallursache f
пришабривание n (Fert) Einschaben n
пришабривать (Fert) einschaben, nachschaben

пришабрить s. пришабривать
пришивание n (Text) Annähen n, Heften n
пришивка f **шпал** (Eb) Heften n der Schwellen
пришлифовать s. пришлифовывать
пришлифовка f (Min) Anschliff m
пришлифовывать (Fert) einschleifen (Welle, Ventilteller); aufschleifen (Bohrung, Ventilsitz)
приямок m 1. (Bw) Vertiefung f, Grube f; Gesenk m; 2. (Bw) Lichtschacht m (Kellerfenster); 3. (Bgb) Bühnloch n ‖ ~/**загрузочный** Füllgrube f, Beschickungsgrube f ‖ ~ **насоса** Pumpensumpf m, Pumpengesenk n
проба f 1. Probe f, Probestück n, Probekörper m, Versuchsstück n; 2. Probe f, Prüfung f, Untersuchung f, Test m (s. a. unter испытание), 3. (Met) Feingehalt m (Edelmetalle) ‖ ~/**арбитражная** Schiedsprobe f ‖ ~/**барабанная** Trommelprobe f ‖ ~ **благородных металлов** Probiergewicht n, Feingehalt m ‖ ~/**выборочная** Stichprobe f ‖ ~/**генеральная** Übersichtsprobe f, Gesamtprobe f, Probengesamtheit f (Gegensatz zur Einzelprobe) ‖ ~ **Гмелина** (Ch) Gmelinsche Probe (Reaktion) ‖ ~/**горячая** Warmprobe f, Warmversuch m ‖ ~ **жидкого металла** (Met) Flüssigmetallprobe f, Abstichprobe f, Pfannenprobe f ‖ ~/**заводская** Werkprobe f ‖ ~/**искровая** (Met) Funkenprobe f, Schleiffunkenprobe f ‖ ~/**капельная** (Ch) Tüpfelprobe f ‖ ~/**клиновая** (Gieß) Keilprobe f ‖ ~/**ковшовая** (Met) Pfannenprobe f, Schöpfprobe f, Löffelprobe f ‖ ~/**литейная** Gießprobe f ‖ ~/**ложечная** s. ~/ковшовая f ‖ ~ **на волос** Fadenprobe f (Zuckergewinnung) ‖ ~ **на вытягивание нити** (Text) Faden[zieh]probe f ‖ ~ **на вытяжку** (Schm) Treibprobe f ‖ ~ **на загиб** Biegeprobe f, Faltprobe f ‖ ~ **на занятость** (Nrt) Besetztprobe f ‖ ~ **на иод** (Brau) Iodprobe f (Kontrolle des restlosen Stärkeabbaus mittels Iodtinktur am Ende des Maischens) ‖ ~ **на «кип»** (Led) Kochprobe f ‖ ~ **на кипячение** (Ch) Kochprobe f ‖ ~ **на ложку** Löffelprobe f (Zuckergewinnung) ‖ ~ **на мышьяк** (Ch) Arsenprobe f, Arsennachweis m ‖ ~ **на нитку** s. ~ на волос ‖ ~ **на осадку** (Schm) Stauchprobe f ‖ ~ **на отбортовку** (Met) Bördelprobe f, Bördelversuch m ‖ ~ **на перегиб** Hin- und Herbiegeprobe f ‖ ~ **на садку** (Led) Schlüsselprobe f ‖ ~ **на усадочную раковину** (Gieß) Lunkerprobe f ‖ ~/**органолептическая** (Lebm) organoleptische Prüfung f ‖ ~ **плавки/последняя** (Met) Fertigprobe f (Schmelzen) ‖ ~/**плавочная** (Met) 1. Schmelz[e]probe f, Ofenprobe f; 2. Schmelzbarkeitsprobe f, Schmelzversuch m ‖ ~/**порошкообразная** Pulverprobe f ‖ ~/**разгонная** Polterprobe f (Bleche) ‖ ~/**ситовая** Siebprobe f ‖ ~/**сравнительная** Vergleichsprobe f ‖ ~/**средняя** Durchschnittsprobe f, Stichprobe f ‖ ~ **тормозов** (Eb) Bremsprobe f ‖ ~/**эталонная** Standardprobe f, Normalprobe f
пробег m 1. Lauf m; 2. Laufweg m, Laufstrecke f, Durchlaufstrecke f, durchlaufende Strecke f; 3. Verlauf m; 4. (Eb) Lauf m, Laufweg m, Laufleistung f; 5. (Flg) Ausrollen n; 6. (Kern) s. ~ частицы ‖ ~/**балластный** (Schiff) Ballastfahrt f ‖ ~ **вследствие отдачи** (Kern) Rückstoßreichweite f ‖ ~/**годовой** (Eb) jährliche Laufleistung f ‖ ~/**инерционный** Nachlaufweg m ‖ ~/**ионизационный** s. ~ частицы для ионизации ‖

пробег

~/**контрольный** (Schiff) Kontrollfahrt f ||
~ **носителей [заряда]** (Kern) Trägerreichweite f, Ladungsträgerreichweite f || ~/**порожний** (Eb) Leerkilometer m, leer zurückgelegte Strecke f || ~/**пробный** Probelauf m, Probefahrt f || ~ **распада** (Kern) [mittlere freie] Zerfallsweglänge f, Zerfallsweg m || ~ **самолёта [при посадке]** (Flg) Ausrollen n (nach dem Aufsetzen bei der Landung) || ~/**свободный** (Kern) freie Weglänge f; freie Wegstrecke f || ~/**среднесуточный** (Eb) mittlere tägliche Laufleistung f (Lok) || ~/**средний** s. ~/средний свободный || ~/**средний массовый** auf die Flächenmasse bezogene mittlere Reichweite f || ~/**средний свободный** (Kern) mittlere freie Weglänge f || ~ **частицы** (Kern) Reichweite f || ~ **частицы для ионизации** Ionisierungsreichweite f, Ionisationsreichweite f || ~ **частицы/максимальная** maximale Reichweite f || ~ **частицы/остаточный** Restreichweite f || ~/**экспериментальный** (Kern) praktische Reichweite f || ~/**экстраполированный** (Kern) extrapolierte Reichweite f || ~/**эффективный свободный** (Kern) effektive freie Weglänge f

пробел m 1. Lücke f, Zwischenraum m; Abstand m; 2. (Inf) Leerzeichen n, Zwischenraum m, Zeilenvorschub m; 3. (Typ) Durchschuß m (Satz) || ~/**звёздный** (Astr) Sternleere f || ~/**межбуквенный** (Typ) Schriftweite f, Abstand m zwischen den Buchstaben || ~/**междусловный** (Typ) Wortzwischenraum m

пробелённый паром dampfgedeckt, mit Dampf gedeckt (gewaschen) (Zuckergewinnung)
пробеливание n Decken n, Deckvorgang m, Waschen n (Zuckergewinnung) || ~/**водное** Decken (Waschen) n mit Wasser, Wasserdecke f (Zuckergewinnung) || ~ **водой** s. ~/водное || ~/**паровое** Decken (Waschen) n mit Dampf, Dampfdecke f (Zuckergewinnung) || ~ **паром** s. ~/паровое
пробеливать decken, waschen (Zuckergewinnung) || ~ **водой** mit Wasser decken, eine Wasserdecke geben (Zuckergewinnung) || ~ **паром** mit Dampf decken, eine Dampfdecke geben (Zuckergewinnung)
пробелить s. пробеливать
пробелка f 1. (Bw) Weißen n, Tünchen n; 2. s. пробеливание
пробиваемость f 1. Lochbarkeit f, Durchlochbarkeit f; 2. Durchschlagskraft f (Geschosse)
пробивание n s. пробивка 1. bis 4.
пробивать 1. durchschlagen, durchstoßen; 2. durchlochen, lochen; 3. (Schm) ohne Lochgesenk lochen || ~ **отверстия** (Fert) [durch]lochen; stanzen (Löcher)
пробивка f 1. Durchschlagen n, Durchstoßen n; 2. Lochen n, Durchlochen n; 3. (Schm) Lochen n ohne Lochgesenk; 4. (Bgb) Setzen n (Stempelausbau); 5. Perforation f, Perforationsloch n (Film) || ~ **дыр** (Schm) Löcherstanzen n || ~ **карт** (Text) Kartenschlagen n (Weberei) || ~ **квадратных отверстий** rechteckiges Lochen n (z. B. von Blechen) || ~/**многократный** Mehrfachlochung f || ~ **отверстий** 1. Lochen n; 2. (Schm) Lochen n ohne Lochgesenk || ~ **отверстий/горячая** (Schm) Warmlochen n || ~ **отверстий/холодная** (Schm) Kaltlochen n ||
~ **отверстия** (Schw) Einstechen n, Lochstechen n (beim thermischen Trennen)
пробирание n s. проборка
пробирать (Text) einziehen (Weberei) || ~ **в бёрдо** Blatt stechen (Weberei) || ~ **основные нити** Kettfäden einziehen || ~ **основу** Kettfäden einziehen
пробирка f (Ch) Reagenzglas n, Probierglas n || ~/**градуированная** graduiertes Reagenzglas n || ~/**колориметрическая** Kolorimeterrohr n || ~/**коническая** Reagierkelch m || ~/**химическая** Reagenzglas n, Probierglas n
пробка f 1. Kork m, Korkrinde f (Werkstoff aus der Rinde der Korkeiche); 2. Kork[en] m (Flaschenverschluß); Stöpsel m, Pfropfen m; 3. (El) Stöpselsicherung f, Patronensicherung f; 4. (El) Patrone f (einer Sicherung); 5. Verschlußschraube f; 6. (Wlz) Stopfen m, Walzdorn m (Rohrwalzwerk); 7. (Wlz) Dorn m, Lochdorn m, Ziehdorn m (Hohlwalzwerk); 8. (Fert) Räumwerkzeug n, Räumnadel f, Räumer m; 9. (Gieß) Pfropfen m, Stopfen m (Gießpfanne); 10. (Met) Stopfen m (Schmelzofen); 11. (Meß) s. ~/калиберная; 12. Küken n, Hahnküken n (Armaturen); 13. (Kfz) Ablaßschraube f (am Vergaser); 14. s. ~/транспортная || ~/**воздушная** Luftblase f (im Leitungssystem) || ~/**выбивная** (Erdöl) Schlagkopf m (Bohrung) || ~/**глухая** Verschlußstopfen m, Dichtstopfen m || ~/**грязевая** Schmutzpfropfen m || ~/**двусторонняя предельная** (Meß) Gut- und Ausschußlehrdorn m; Grenzlehrdorn m mit zwei Meßgliedern || ~/**деревянная** Dübel m || ~ **для опуска масла** Ölablaßstopfen m || ~/**донная** Leckschraube f (Rettungsboot) || ~/**дренажная** Entleerungsstopfen m || ~/**заливочная** s. ~/донная || ~/**заправочная** (Kfz) Tankverschluß m || ~/**калиберная** (Meß) Lehrdorn m, Kaliberdorn m || ~/**коническая** 1. Kegellehrdorn m; 2. konisches Küken n || ~/**коническая калиберная** Kegellehrdorn m || ~ **крана** Hahnküken n, Hahnkegel m || ~/**маслоспускная** Ölablaßhahn m || ~/**механическая** Patentverschluß m (besonders für Bier- und Mineralwasserflaschen) || ~/**непроходная [калиберная]** Ausschußlehrdorn m || ~/**нормальная [калиберная]** Normallehrdorn m || ~/**нормальная резьбовая [калиберная]** Normalgewindelehrdorn m || ~/**односторонняя предельная** Grenzlehrdorn m mit einem Meßzylinder || ~/**предельная [калиберная]** Grenzlehrdorn m || ~/**предельная резьбовая** Gewindegrenzlehrdorn m || ~/**притёртая** eingeschliffener Glasstopfen m || ~/**проходная [калиберная]** Gutlehrdorn m || ~ **радиатора** (Kfz) Kühlerverschluß m || ~/**резьбовая** Gewindestopfen m; Verschlußschraube f, Verschraubung f || ~/**резьбовая калиберная** Gewindelehrdorn m || ~/**сливная** s. ~/спускная || ~/**спускная** 1. Ablaßschraube f, Ablaßstopfen m; 2. (Schiff) Leckschraube f || ~/**транспортная** Stau m, Verkehrsstau m, Verstopfung f (Verkehr) || ~/**цементировочная** (Erdöl) Zementierstopfen m (Bohrung) || ~/**шаровая** Kugelküken n
пробка-заглушка f Verschlußstopfen m
пробкообразование n Pfropfenbildung f
проблема f Problem n; Aufgabe f (s. a. unter задача 1.) || ~/**краевая** (Inf) Randwertproblem

n ‖ ~ **моментов** *(Math)* Momentenproblem *n* ‖ ~ **надёжности** Zuverlässigkeitsproblem *n* ‖ ~ **опознавания резко выделяющихся наблюдений** *(Math)* Ausreißerproblem *n* ‖ ~ **особенности** *(Ph)* Singularitätsproblem *n* ‖ ~ **оценки производительности ВМ** *(Inf)* Benchmark-Problem *n*, vergleichende Untersuchung *f* ‖ ~ **поиска** *(Inf)* Suchproblem *n* ‖ ~ **тождества** Identitätsproblem *n* ‖ ~ **трёх тел** *(Mech)* Dreikörperproblem *n* ‖ ~/**эвристическая** *(Kyb)* heuristisches Problem *n*
проблемно-ориентированный problemorientiert
проблеск *m* Schimmer *m*, Lichtschimmer *m*
пробник *m* 1. Probennehmer *m*, Probe[ent]nahmegerät *n* (*s. a. unter* пробоотборник); 2. Spürgerät *n*; 3. Tastkopf *m*, Tastorgan *n*; 4. *(El)* Leitungsprüfer *m* ‖ ~/**карманный** *(El)* Taschenprüfer *m*
пробоина *f* 1. Durchschuß *m*, Einschuß *m*; 2. *(Schiff)* Leck *n*
пробой *m* 1. Krampe *f*; 2. *(El)* Durchschlag *m*, Durchbruch *m*; Überschlag *m* ‖ ~ **в вакууме** Vakuumdurchschlag *m* ‖ ~ **в полупроводниках** Durchbruch *m* in Halbleitern ‖ ~ **в транзисторе** Transistordurchbruch *m* ‖ ~ **воздуха** *(El)* Luftdurchschlag *m* ‖ ~/**диэлектрический** *(El)* dielektrischer Durchschlag *m* ‖ ~ **изоляции** *(El)* Isolationsdurchschlag *m* ‖ ~/**искровой** *(El)* Funkendurchschlag *m*; Funkenüberschlag *m* ‖ ~/**лавинный** *(Eln)* Lawinendurchbruch *m*, Avalanche-Durchbruch *m (Halbleiter)* ‖ ~/**лазерный** *s.* ~/**световой** ‖ ~ **носителей [заряда]** *(Eln)* Trägerdurchbruch *m*, Ladungsträgerdurchbruch *m (Halbleiter)* ‖ ~/**обратимый** *(Eln)* reversibler Durchbruch *m (Halbleiter)* ‖ ~/**объёмный** *(Eln)* Volumendurchbruch *m (Halbleiter)* ‖ ~/**поверхностный** *(Eln)* Oberflächendurchschlag *m*, Überschlag *m*; *(Eln)* Oberflächendurchbruch *m (Halbleiter)* ‖ ~ **полем** *(Eln)* Zener-Durchbruch *m* ‖ ~/**реверсивный** *(Eln)* reversibler Durchbruch *m (Halbleiter)* ‖ ~/**световой** Lichtdurchbruch *m*, optischer Durchbruch *m*, Laserfunke *m (Laser)* ‖ ~ **свечи** *(Kfz)* Durchschlagen *n* des Kerzenisolators ‖ ~/**тепловой** (**теплоэлектрический**) *(Eln)* Wärmedurchbruch *m*, thermischer Durchbruch *m*, zweiter Durchbruch *m (Halbleiter)* ‖ ~/**туннельный** *(Eln)* Tunneldurchbruch *m (Halbleiter)* ‖ ~/**частичный** *(El)* Teildurchschlag *m* ‖ ~/**электрический** elektrischer Durchschlag *m*; elektrischer Überschlag *m*; *(Eln)* Felddurchbruch *m*, erster Durchbruch *m*
пробойник *m* 1. *(Schm)* Lochdorn *m*, Locheisen *n*, Lochhammer *m*, Durchtreiber *m*; 2. *(Schiff)* Kalfatereisen *n* ‖ ~/**квадратный** Vierkantlochhammer *m* ‖ ~/**круглый** runder Lochhammer *m* ‖ ~/**фигурный** Formlochhammer *m*, Fassonlochdorn *m*
пробоотборник *m* Probenehmer *m*, Probe[ent]nahmegerät *n* (*s. a. unter* пробник) ‖ ~/**боковой** Bohrlochwand-Probeentnahmegerät *n* ‖ ~/**глубинный** *(Erdöl)* Tiefenprobenehmer *m* ‖ ~/**дистанционный** *(Kern)* manipulatorbetätigtes Gerät *n* zur Entnahme von Proben *(aus der heißen Kammer)* ‖ ~/**забойный** *(Erdöl)* Sohlennehmer *m*

пробоотсекатель *m* Probenehmer *m*, Probe[ent]nahmegerät *n (stetige Probenahme)*
проборка *f (Text)* Einziehen *n*, Einzug *m (Weberei)* ‖ ~ **в бёрдо** Blatteinzug *m* ‖ ~ **в ремиз[ки]** Schafteinzug *m* ‖ ~/**групповая** mehrteiliger (mehrchöriger) Einzug *m* ‖ ~ **на двух ремизках/рядовая** Einzug *m* geradedurch bei zwei Schäften ‖ ~ **нитей основы** Kettfadeneinzug *m* ‖ ~/**обратная** verkehrter (spitzer) Einzug *m* ‖ ~/**обратная двойная** verkehrter (spitzer) Einzug *m* mit doppeltem Spitzfaden ‖ ~/**обратная простая** verkehrter (spitzer) Einzug *m* mit einfachem Spitzfaden ‖ ~/**основы** *s.* ~ **нитей основы** ‖ ~ **по одной нити** einfädiger Einzug *m* ‖ ~ **по три нити** dreifädiger Einzug *m* ‖ ~/**прерывная** gebrochener Einzug *m* ‖ ~/**рассыпная** gesprungener (sprungweiser) Einzug *m* ‖ ~/**рядовая** Schafteinzug *m* geradedurch, gerader Einzug *m* ‖ ~/**сводная** gruppenweiser Einzug *m* ‖ ~/**сокращённая** reduzierter Einzug *m*
проборщик *m (Text)* Ketteneinzieher *m*, Einzieher *m (Weberei)*
пробрать *s.* пробирать
пробуксовка *f* Rutschen *n (Kupplung, Bremse)*
пробурённый *(Bgb)* gebohrt, durchbohrt
пробуривание *n (Bgb)* Durchbohren *n*, Bohren *n*
пробуривать 1. *s.* бурить; 2. *(Bgb)* [durch]bohren, durchteufen, niederbringen *(Bohrung)*
провал *m* 1. Einsturz *m*; 2. Zusammenbruch *m*; 3. Einbruch *m*, Loch *n*; 4. *(Bgb)* Einsturztrichter *m*, Tagesbruch *m*, Binge *f*; 5. *(Geol)* Erdfall *m*; 6. Durchfall *m (Brennstoffverlust in der Feuerung)*; 7. *(Gieß)* Bruch *m (von Kernen)* ‖ ~ **[диаграммы] нагрузки** *(Mech)* Belastungstal *n*, Belastungssenke *f* ‖ ~ **напряжения** *(El)* Spannungszusammenbruch *m* ‖ ~ **светочувствительности** *(Photo)* Empfindlichkeitslücke *f* ‖ ~ **стержней** *(Gieß)* Kernbruch *m* ‖ ~/**энергетический** *(Eln)* Energielücke *f*, verbotener Energiebereich *m*, verbotene Zone *f*, verbotenes Band *n*
проваливание *n (Flg)* Durchsacken *n*, Absacken *n*
провар *m (Schw)* Einbrand *m* ‖ ~ **кромок** Flankeneinbrand *m* ‖ ~/**неполный** partieller Einbrand *m*
проваривать 1. durchkochen; 2. *(Schw)* einbrennen; durchschweißen
проварить *s.* проваривать
проведение *n* 1. Ausführung *f (z. B. einer Arbeit)*; 2. Durchführung *f (z. B. eines Planes)*; 3. Leiten *n (eines Stromes in Metallen)*; 4. *(Bgb)* Auffahren *n*, Vortreiben *n*, Vortrieb *m (s. a.* проходка 2.) ‖ ~ **брожения** *(Ch)* Gärführung *f* ‖ ~ **выработки широким забоем** *(Bgb)* Breitauffahren *n* ‖ ~ **выработок** *(Bgb)* Auffahren *n* von Grubenbauen ‖ ~ **выработок встречными забоями** Auffahren *n* im Gegenortbetrieb ‖ ~ **горной выработки** *(Bgb)* Auffahren *n* eines Grubenbaues ‖ ~ **испытаний** Versuchsdurchführung *f* ‖ ~ **капитальных выработок** *(Bgb)* Ausrichtung *f*, Auffahren *n* von Ausrichtungsgrubenbauen ‖ ~ **наклонных выработок** *(Bgb)* Auffahren *n* geneigter Grubenbaue ‖ ~ **опытов** Versuchsdurchführung *f* ‖ ~ **параллельных штреков** *(Bgb)* Parallelstreckenvortrieb *m* ‖ ~ **парных выработок** *(Bgb)* Parallelstrecken-

проведение

vortrieb *m* ‖ ~ **печи** *(Bgb)* Auffahren *n* eines Aufhauens ‖ ~ **подготовительных выработок** *(Bgb)* Auffahren *n* von Vorrichtungsgrubenbauen, Vorrichtung *f* ‖ ~ **просеки** *(Bgb)* Auffahren *n* eines Durchhiebs ‖ ~ **ремонта** Ausführung *f* einer Reparatur ‖ ~ **ската** *(Bgb)* Auffahren *n* eines Rolloches ‖ ~ **скважины** *(Bgb)* Niederbringen *n* eines Bohrloches ‖ ~ **уклона узким забоем** *(Bgb)* Schmalauffahren *n* eines Abhauens ‖ ~ **штрека** *(Bgb)* Streckenvortrieb *m*, Auffahren *n* einer Strecke ‖ ~ **штрека узким забоем** Schmalauffahren *n* einer Strecke ‖ ~ **штрека широким забоем** Breitauffahren *n* einer Strecke ‖ ~ **штреков** *(Bgb)* Auffahren *n* von Strecken ‖ ~ **штреков/групповое** *(Bgb)* Parallelstreckenvortrieb *m*
проверить *s*. проверять
проверка *f* Prüfung *f*, Nachprüfung *f*, Überprüfung *f*, Kontrolle *f*, Revision *f* ‖ ~/**выборочная** Stichprobe *f*, Stichprobenkontrolle *f* ‖ ~ **герметичности** Dichtheitsprüfung *f*, Dichtigkeitsprüfung *f*, Lecktest *m* ‖ ~ **гипотезы** *(Math)* Hypothesenprüfung *f* *(Wahrscheinlichkeitsrechnung)* ‖ ~/**дополнительная** Nachprüfung *f* ‖ ~ **изоляции** *(El)* Isolationsprüfung *f* ‖ ~ **изоляции обмоток** *(El)* Wicklungsprüfung *f* ‖ ~ **итога** *(Inf)* Summenkontrolle *f*, Summenprobe *f* ‖ ~ **качества** Güteprüfung *f* ‖ ~ **кода** *(Inf)* Kodeprüfung *f* ‖ ~ **комплектности** Komplexprüfung *f* *(statistische Qualitätskontrolle)* ‖ ~ **ламп** 1. *(El)* Lampenprüfung *f*; 2. *(Eln)* Röhrenprüfung *f* ‖ ~ **линейности** *(Reg)* Linearitätstest *m* ‖ ~ **меток** *(Inf)* Kennsatzprüfung *f* ‖ ~ **на биение** *(Masch)* Rundlaufprüfung *f*, Rundlaufprobe *f*, Rundlaufkontrolle *f* ‖ ~ **на допустимость кодовых комбинаций** *(Inf)* Prüfung *f* auf unzulässige Kodekombinationen ‖ ~ **на достоверность (значимость, правильность)** *(Inf)* Gültigkeitsprüfung *f* ‖ ~ **на чётность** *(Inf)* Paritätskontrolle *f* ‖ ~ **на чётность/вертикальная** vertikale Paritätskontrolle *f* ‖ ~ **на чётность/горизонтальная** horizontale Paritätskontrolle *f* ‖ ~ **осмотром** Sichtprüfung *f* ‖ ~/**первичная** Erstprüfung *f* *(statistische Qualitätskontrolle)* ‖ ~ **по избыточности** *(Inf)* Redundanzkontrolle *f* ‖ ~ **по остатку** *(Inf)* Restprüfung *f*, Restkontrolle *f* ‖ ~ **по столбцам** *(Inf)* Querkontrolle *f* ‖ ~ **по сумме** *(Inf)* Summenkontrolle *f*, Summenprobe *f* ‖ ~/**повторная** Wiederholungsprüfung *f* *(statistische Qualitätskontrolle)* ‖ ~ **последовательности** *(Inf)* Sortierfolgeprüfung *f* ‖ ~ **правильности** *(Inf)* Gültigkeitsprüfung *f* ‖ ~ **правильности записи** *(Inf)* Schreibgültigkeitsprüfung *f* ‖ ~ **правильности подборки** *(Typ)* Kollationieren *n* ‖ ~ **программы** *(Inf)* Programmtest *m*, Programmprüfung *f* ‖ ~/**профилактическая** vorbeugende Prüfung *f* ‖ ~ **прочности** Festigkeitsprüfung *f* ‖ ~ **радиального биения** *(Masch)* Rundlaufprüfung *f*, Rundlaufkontrolle *f*; Rundlaufprobe *f* ‖ ~ **размеров** Nachmessen *n*, Nachmessung *f*, Maßkontrolle *f* ‖ ~ **состояния** Zustandsprüfung *f* ‖ ~ **состояния кровли** *(Bgb)* Hangendüberprüfung *f* ‖ ~ **схемы** *(El)* Schaltungsprüfung *f* ‖ ~ **счётчика** *(Inf)* Zählerkontrolle *f* ‖ ~/**типовая** Typenprüfung *f* ‖ ~ **уровня качества/инспекционная** Qualitätsdarstellung *f* *(statistische Qualitätskontrolle)* ‖ ~/**функциональная** Funktionsprüfung *f* ‖ ~/**эксплуатационная** Betriebsprüfung *f* ‖ ~ **элементов непосредственно в схеме** *(Eln)* In-Circuit-Prüfen *n*, In-Circuit-Test *m*
проверочный Prüf...
проверять prüfen, nachprüfen, überprüfen, kontrollieren ‖ ~ **вызов** *(Nrt)* den Ruf prüfen ‖ ~ **занятость** *(Nrt)* auf besetzt prüfen ‖ ~ **размеры** nachmessen ‖ ~ **часы** die Uhr stellen
провес 1. Einwaage *f*; 2. Durchhang *m* (z. B. Förderband, Freileitung) ‖ ~ **контактного провода** *(El, Eb)* Fahrdrahtdurchhang *m* ‖ ~ **провода** *(El)* Leiterdurchhang *m*
провесить *s*. провешивать
провести *s*. проводить
проветривание *n* 1. Lüften *n*, Durchlüftung *f*, Belüftung *f*, Ventilation *f*; 2. *(Bgb)* Wetterführung *f*, Bewetterung *f*; 3. *(Led)* Ablüften *n* ‖ ~/**восходящее** *(Bgb)* aufsteigende Wetterführung *f* ‖ ~/**всасывающее** *(Bgb)* saugende Bewetterung *f* ‖ ~/**диагональное** *(Bgb)* grenzläufige Wetterführung *f* ‖ ~/**естественное** *(Bgb)* natürliche Bewetterung *f* ‖ ~/**искусственное** *(Bgb)* künstliche Bewetterung *f* ‖ ~/**местное** *(Bgb)* Sonderbewetterung *f* ‖ ~/**нагнетательное** *(Bgb)* blasende Bewetterung *f* ‖ ~/**нисходящее** *(Bgb)* abfallende Wetterführung *f* ‖ ~/**обособленное** 1. Separatventilation *f*; 2. *(Bgb)* Sonderbewetterung *f* ‖ ~/**принудительное** и Zwangsbewetterung *f* ‖ ~/**секционное** *(Bgb)* unabhängige Revierbewetterung *f* ‖ ~/**фланговое** *s*. ~/**диагональное** ‖ ~/**центральное** *(Bgb)* rückläufige Wetterführung *f* ‖ ~/**частичное** *s*. /обособленное ‖ ~ **шахт** *(Bgb)* Grubenbewetterung *f*
проветривать 1. lüften, belüften, durchlüften; 2. *(Bgb)* bewettern; 3. *(Led)* ablüften
проветрить *s*. проветривать
провешивание *n* *(Geod)* Abbaken *n*, Abfluchten *n*
провешивать 1. zu knapp wiegen, falsch wiegen; 2. *(Geod)* abhaken, abfluchten; 3. *(an der Luft)* dörren
провинция *f* *(Geol)* Provinz *f* ‖ ~/**геохимическая** geochemische Provinz *f* ‖ ~/**металлогенетическая** metallogenetische Provinz *f* ‖ ~/**моноциклическая** monozyklische Provinz *f* ‖ ~/**петрографическое** petrographische Provinz *f* ‖ ~/**полицикличная** polyzyklische Provinz *f*
провисание *n* Durchhängen *n* (*s. a. unter* провес); Durchsacken *n*
провисать durchhängen; [durch]sacken
провиснуть *s*. провисать
провод *m* 1. *(El)* Draht *m*, Leiter *m* *(als Schaltelement; s. a. unter* проводник 1.; 2.); 2. *(El)* Leitung *f*, Draht *m* *(als Übertragungsweg; s. a. unter* линия 3.); 3. *(Eln)* Leiter *m*, Leiterbahn *f*, Bus *m* ‖ ~/**адресный** *(Inf)* Adreßbus *m* ‖ ~/**активный** *(El)* aktiver Leiter *m* ‖ ~/**алюминиевый** *(El)* 1. Aluminiumleiter *m*; 2. Aluminiumleitung *f* ‖ ~/**антенный** Antennendraht *m*; Antennenleiter *m* ‖ ~/**арматурный** Fassungsader *f* *(Leuchten)* ‖ ~/**блокировочный** *(El)* Blockleitung *f* ‖ ~/**бронированный** bewehrter Draht *m* ‖ ~ **в свинцовой оболочке** *(Nrt)* Bleimantelleitung *f* ‖ ~/**витой** *(El)* Leiterseil *n* ‖ ~/**внешний** *(El)* Außenleiter *m* ‖ ~/**внутренний** *(El)* Innen-

leiter m ‖ ~ **воздушной линии** (El, En) Freileitungsdraht m ‖ ~/**воздушный** 1. Windleitung f; Druckluftleitung f; 2. (El) Freileitungsdraht m ‖ ~/**вспомогательный** 1. Hilfsleitung f, Hilfsleiter m; 2. (Eb) Hilfstragseil n, Hilfstragdraht m (bei Fahrleitungen) ‖ ~/**высокочастотный** (El) Hochfrequenzleitung f ‖ ~/**высокочастотный многожильный** Hochfrequenzlitze f ‖ ~/**газовый** Gasleitung f ‖ ~/**гибкий** (El) flexibler (biegsamer) Leiter m ‖ ~/**голый** (El) 1. blanker Leiter m; 2. blanke Leitung f ‖ ~/**дальний** (Nrt) Fernleitung f ‖ ~/**двойной контактный** (Eb) 2. doppelter Fahrdraht m; 2. doppelte Fahrleitung f ‖ ~/**двухжильный** (El) zweiadrige Leitung f, Zwillingsleitung f ‖ ~ **для сырых помещений** Feuchtraumleitung f ‖ ~ **зажигания** (Kfz) Zündkabel n, Zündleitung f ‖ ~ **заземления** s. ~/**заземляющий** ‖ ~/**заземляющий** (El) 1. Erd[ungs]leitung f; 2. Erdleitungsdraht m ‖ ~/**защитный** (El) Schutzleiter m ‖ ~/**звонковый** Klingeldraht m ‖ ~/**земляной** (Eb) Erdleiter m, Erdleitung f, Erdungsleitung f (Sicherungstechnik) ‖ ~/**индукционный** Leitdraht m (für leitliniengeführte Transportroboter) ‖ ~/**испытательный** (El) 1. Prüfdraht m; 2. Prüfleitung f ‖ ~/**калиброванный** (El) kalibrierte Zuleitung f ‖ ~/**коаксиальный** (El) Koaxialleitung f ‖ ~/**коммутационный** (El) Schaltleitung f ‖ ~/**компенсационный** Ausgleichsleitung f ‖ ~/**контактный** (Eb) 1. Fahrdraht m; 2. Fahrleitung f (Elektrotraktion) ‖ ~/**контрольный** (El) 1. Prüfdraht m; 2. Prüfleitung f; 3. Steuerleitung f ‖ ~/**кроссировочный (кроссовый)** (El) Schaltdraht m, Überführungsdraht m ‖ ~/**круглый медный** Kupferrunddraht m ‖ ~/**лакированный** Lackdraht m, lack[isol]ierter Draht m ‖ ~/**ленточный** (El) 1. Banddraht m; 2. Bandleitung f ‖ ~/**линейный** Leitungsdraht m ‖ ~/**лужёный** verzinnter Draht m ‖ ~/**магистральный** Hauptleitung f ‖ ~/**массивный** Massivleiter m, Massivdraht m, Volldraht m ‖ ~/**массовый** (Kfz) Massekabel n ‖ ~/**медно-стальной** (El) Stahlkupferleiter m, Stahlkupferdraht m ‖ ~/**медный** (El) Kupferleiter m, Kupferdraht m; 2. Kupferleitung f ‖ ~/**медный многопроволочный** Kupferlitze f; Kupferseil n ‖ ~/**медный эмалированный** Kupferemaillelackdraht m ‖ ~/**многожильный** (El) mehradrige (mehrdrähtige) Leitung f, Mehrfachleitung f, Litze f ‖ ~/**многопроволочный** s. ~/**многожильный** ‖ ~/**монтажный** (El) Schaltdraht m ‖ ~/**монтажный гибкий** Schaltlitze f ‖ ~/**надземный** oberirdische Leitung f ‖ ~/**накальный** Heizleitung f ‖ ~/**напорный** Druckleitung f ‖ ~/**нейтральный (нулевой)** (El) Nulleiter m; Sternpunktleiter m, Neutralleiter m ‖ ~/**оголённый** abisolierter Draht m ‖ ~/**одножильный** (El) einadrige Leitung f, Einfachleitung f ‖ ~/**оплетённый** (El) 1. umflochtener Draht m; 2. umhüllte Leitung f ‖ ~ **освещения** Beleuchtungsleitung f, Lichtleitung f ‖ ~/**освинцованный** (Nrt) Bleimantelleitung f ‖ ~/**ответвлённый** (El) Abzweigleitung f ‖ ~/**отводящий** Ableitung f ‖ ~/**отрицательный** (El) 1. Minusdraht m; 2. Minusleitung f ‖ ~/**печатный** gedruckter Leiter m, gedruckte Leiterbahn f ‖ ~/**питательный (питающий)** (El) Speiseleitung f, Versorgungsleitung f ‖ ~/**подающий** Zuleitung

f ‖ ~/**подводящий** (El) 1. Zuleitungsdraht m; 2. Zuleitung f, Zubringerleitung f ‖ ~/**положительный** (El) 1. Plusdraht m; 2. Plusleitung f ‖ ~/**полый (пустотелый)** (El) Hohl[rohr]leiter m ‖ ~/**пучковый** (El) Bündelleiter m ‖ ~/**разговорный** (Nrt) 1. Sprechader f; 2. Sprechleitung f ‖ ~ **с пластмассовой изоляцией** (El) kunststoffisolierte Leitung f ‖ ~ **с резиновой изоляцией** (El) gummiisolierte Leitung f ‖ ~/**сварочный** Schweißstromleitung f ‖ ~/**световой** Lichtleiter m ‖ ~/**силовой** Starkstromleiter m; 2. Starkstromleitung f ‖ ~/**скрученный** verdrillter (verseilter) Draht m, Leiterseil n ‖ ~/**соединительный** 1. (El) Verbindungsdraht m; 2. Verbindungsleitung f, Anschlußleitung f ‖ ~/**спиральный** (El) Wendelleitung f ‖ ~/**сплошной** (El) Massivleiter m, Massivdraht m, Volldraht m ‖ ~/**средний** (El) Mittelleiter m ‖ ~/**сталеалюминиевый** (El) Stahlaluminiumleiter m ‖ ~/**сталемедный** (El) Stahlkupferleiter m ‖ ~/**телеграфный** 1. Telegraphendraht m; 2. Telegraphenleitung f ‖ ~/**телефонный** Fernsprechleitung f ‖ ~/**токоведущий** stromführender Draht m ‖ ~/**трёхжильный** (El) dreiadrige Leitung f, Drillingsleitung f ‖ ~ **управления** Steuerleitung f ‖ ~/**установочный** Installationsleitung f ‖ ~/**фазовый** (El) Phasenleiter m ‖ ~/**физический** (El) Stammleitung f ‖ ~/**шланговый** (El) Schlauchleitung f ‖ ~/**экранированный** (El) 1. abgeschirmter Draht m; 2. [ab]geschirmte Leitung f

проводимость f (El) 1. Leitfähigkeit f, Leitvermögen n; 2. Leitwert m (Größe) • **с электронной проводимостью** N-leitend, elektronenleitend ‖ ~/**активная** Wirkleitwert m, Konduktanz f ‖ ~ **база-коллектор** (Eln) Basis-Kollektor-Leitwert m ‖ ~/**быстрая ионная** (Eln) Superionenleitfähigkeit f ‖ ~ **в запирающем (запорном, обратном) направлении** (Eln) Sperrleitwert m ‖ ~ **в примесной зоне** (Eln) Störbandleitung f ‖ ~ **в пропускном (прямом) направлении** (Eln) Vorwärtsleitwert m, Flußleitwert m ‖ ~/**внутренняя** innerer Leitwert m, Innenleitwert m ‖ ~/**внутренняя входная** innerer Eingangsleitwert m ‖ ~/**волновая** Wellenleitwert m ‖ ~/**встречная** Gegenleitwert m ‖ ~/**входная** Eingangsleitwert m ‖ ~/**выходная** Ausgangsleitwert m ‖ ~ **границ зёрен** (Krist) Korngrenzenleitfähigkeit f ‖ ~/**дифференциальная** Differentialleitwert m ‖ ~/**диффузионная** (Eln) Diffusionsleitung f (Halbleiter) ‖ ~/**дырочная** (Eln) Löcherleitfähigkeit f, P-Leitung f, P-Leitfähigkeit f, Defektelektronenleitung f, Defektelektronenleitfähigkeit f (Halbleiter) ‖ ~/**ёмкостная** kapazitiver Leitwert m ‖ ~ **замещением** (Eln) Substitutionsleitung f; Substitutionsleitfähigkeit f ‖ ~/**избыточная** (Eln) Überschußleitfähigkeit f, Überschußleitung f, N-Leitung f (Halbleiter) ‖ ~ **изоляции** Isolationsleitwert m, Ableitung f (bei Isolationsfehlern) ‖ ~/**индуктивная** induktiver Leitwert m ‖ ~/**ионная** (El, Ch) Ionenleitfähigkeit f ‖ ~/**кажущаяся** s. ~/**полная** ‖ ~ **короткого замыкания** Kurzschlußleitwert m ‖ ~/**магнитная** magnetischer Leitwert m ‖ ~ **на выходе/полная** (Eln) Ausgangsadmittanz f ‖ ~/**обратная** (Eln) Sperrleitwert m ‖ ~ **обратного действия** Rückwirkungsleitwert m ‖ ~/**односторон-**

проводимость

няя einseitige Leitfähigkeit f ll **~/омическая** ohmscher Leitwert m ll **~/отрицательная дифференциальная** (Eln) negative differentielle Leitfähigkeit f ll **~ по границам зёрен** (Krist) Korngrenzenleitfähigkeit f ll **~/полная** Scheinleitwert m ll **~/полная акустическая** akustischer Scheinleitwert m ll **~/полная входная** Eingangsscheinleitwert m, Eingangsadmittanz f ll **~/полная выходная** Ausgangsscheinleitwert m, Ausgangsadmittanz f ll **~/поперечная** Querleitwert m ll **~ потерь** Verlustleitwert m ll **~ почвы** Bodenleitfähigkeit f, Erdleitfähigkeit f ll **~/предельная** Grenzleitwert m ll **~/примесная** (Eln) Stör[stellen]leitung f, Extrinsic-Leitfähigkeit f (Halbleiter) ll **~ примесной зоны** Störbandleitung f (Halbleiter) ll **~/проходная** Übergangsleitwert m ll **~/прямая** Vorwärtsleitwert m, Flußleitwert m ll **~/реактивная** Blindleitwert m ll **~/сеточная** (Eln) Gitterleitwert m ll **~/собственная** (Eln) Eigenleitung f, Eigenleitfähigkeit f, Intrinsic-Leitfähigkeit f, I-Leitfähigkeit f (Halbleiter) ll **~/тепловая** Wärmeleitfähigkeit f ll **~/термическая** thermischer Leitwert m ll **~ типа n (n-типа)** s. ~/электронная ll **~ типа p (p-типа)** s. ~/дырочная ll **~ тока утечки** Leckleitwert m ll **~/удельная** spezifische Leitfähigkeit f; spezifischer Leitwert m ll **~/униполярная** unipolare Leitfähigkeit f ll **~/фотоэлектронная** Photo[elektronen]leitfähigkeit f, Photoelektronenleitung f ll **~/шумовая** Rauschleitwert m ll **~/эквивалентная** Äquivalentleitfähigkeit f; Ersatzleitwert m ll **~/электрическая** 1. elektrische Leitfähigkeit f; 2. elektrischer Leitwert m ll **~/электролитическая** (Ch) elektrolytische Leitfähigkeit f ll **~/электронная** (Eln) Elektronenleitfähigkeit f, Elektronenleitung f, N-Leitung f, N-Leitfähigkeit f ll **~ эмиттера/диффузионная** (Eln) Emitterdiffusionsleitwert m (Halbleiter)

i-**проводимость** f Eigenleitfähigkeit f, I-Leitfähigkeit f

n-**проводимость** f Elektronenleitfähigkeit f, N-Leitfähigkeit f

p-**проводимость** f Defektelektronenleitfähigkeit f, P-Leitfähigkeit f

проводить 1. durchführen, ausführen; 2. ziehen (Linie, Strich, Grenze); 3. bauen, anlegen (Straße); legen (Wasserleitung, elektrische Leitung); 4. leiten (Strom in Metallen); 5. (Bgb) auffahren, vortreiben, niederbringen, abteufen ll **~ вертикальные врубы** (Bgb) kerben, einschlitzen ll **~ выработку** (Bgb) einen Grubenbau auffahren ll **~ горизонтальную выработку** (Bgb) einen söhligen Grubenbau auffahren ll **~ сбойки** (Bgb) durchschlägig machen ll **~ широким забоем** (Bgb) breitauffahren, breitaufhauen ll **~ штрек** (Bgb) eine Strecke auffahren

проводка f 1. (El) Verlegen n, Legen n, Installieren n (Leitungen, Kabel; s. a. unter прокладка 1.); 2. (El) Leitungsführung f, Leitungsanlage f, Installation f; 3. Ziehen n (Linien, Grenzen); 4. (Wlz) Walzgutführung f (am Walzgerüst); 5. (Bgb) Auffahrung f, Vortrieb m, Niederbringen n ll **~ бумаги (бумажной ленты)** (Typ) Einziehen n der Papierbahn, Papierlauf m ll **~/бытовая** Hausinstallation f ll **~/вводная** s. ~/входная ll **~/винтовая** s. ~/кантовальная ll **~/внутренняя** Inneninstallation f ll **~/воздушная** (El) Freileitung f ll **~/входная** Einführung f, Einführungsarmatur f, Walzguteinführung f (Walzgerüst) ll **~/выводная (выходная)** Ausführung f, Ausführarmatur f, Walzgutausführung f (Walzgerüst) ll **~/геликоидальная** s. ~/кантовальная ll **~/домашняя** Hausinstallation f ll **~/звонковая** Klingelleitung f ll **~/кабельная** Kabelführung f ll **~/кантовальная (кантующая)** (Wlz) Drallbüchse f, Kantführung f ll **~/круговая** Bogenführung f (beim Walzen und Stranggießen) ll **~ листов** (Typ) Bogenführung f ll **~/лоцманская** (Schiff) Lotsen n ll **~/наружная** Außeninstallation f ll **~/обводная** (Wlz) Umführungsarmatur f, Umführung f ll **~/обязательная лоцманская** (Schiff) Lotsenpflicht f ll **~/осветительная** Lichtleitung f, Lichtinstallation f ll **~/открытая** 1. offen (auf Putz) verlegte Leitung f; 2. Aufputzverlegung f, Aufputzinstallation f ll **~/проволочная** (Wlz) Drahtführung f ll **~/роликовая** (Wlz) Rolleneinführung f ll **~/роликовая кантующая** (Wlz) Rollendrallarmatur f ll **~/скрытая** 1. verdeckte (unter Putz verlegte) Leitung f; 2. Unterputzverlegung f, Unterputzinstallation f ll **~/управления** (Reg) Kontrollinie f ll **~/штуртросовая** (Schiff) Ruderreepleitung f, Steuerreepleitung f ll **~/электрическая** Elektroinstallation f, elektrische Leitungsanlage f

проводник m 1. (El) Leiter m (s. a. unter провод und проволока); 2. (Eln) Leiter m, Leitbahn f; 3. (Bgb) Spurlatte f ll **~/алюминиевый** Aluminiumleiter m ll **~/внешний** Außenleiter m ll **~/внутренний** Innenleiter m ll **~/гибкий** flexibler (biegsamer) Leiter m ll **~/деревянный** (Bgb) [hölzerne] Spurlatte f ll **~/заземляющий** Erd[ungs]leiter m ll **~/идеальный** Idealleiter m ll **~/ионный** Ionenleiter m ll **~/канатный** (Bgb) Seilführung f ll **~/круглый** Rundleiter m ll **~/ленточный** Bandleiter m, bandförmiger Leiter m ll **~/линейный** linearer Leiter m ll **~/медный** Kupferleiter m ll **~/металлический** (Bgb) Stahlspurlatte f ll **~/многослойный** Schichtenleiter m ll **~ на печатной плате** Leiterplattenlinie f ll **~/нагревательный** Heizleiter m ll **~/наружный** Außenleiter m ll **~/одиночный** Einzelleiter m ll **~/однородный** homogener Leiter m ll **~/отрицательный** Minusleiter m ll **~/печатный** Leiterzug m einer Leiterplatte, gedruckter Leiterzug m ll **~/полый** Hohl[rohr]leiter m ll **~/положительный** Plusleiter m ll **~/рельсовый** (Bgb) Stahlspurlatte f ll **~ с n-проводимостью** N-Leiter m ll **~ с p-проводимостью** P-Leiter m ll **~/сверхионный** Superionenleiter m ll **~/спиральный** Wendelleiter m, gewendelter Leiter m ll **~/сплошной** Massivleiter m ll **~/средний** Mittelleiter m ll **~ тепла** Wärmeleiter m ll **~ типа n** N-Leiter m ll **~ типа p** P-Leiter m ll **~ тока** s. ~/электрический ll **~/электрический** elektrischer Leiter m, [elektrischer] Stromleiter m ll **~/электронный** Elektronenleiter m

проводниковый Leiter...

проводной (El) leitungsgebunden, Leitungs...

проводододержатель m (Eb) Fahrdrahthalter m (Elektrotraktion)

проводящий (El) leitend, leitfähig; Leit...

n-**проводящий** (Eln) N-leitend

р-проводящий (Eln) P-leitend
провод-рельс m Kontaktschiene f
проволакивать ziehen (Draht)
проволока f Draht m ‖ **~/алюминиевая** Aluminiumdraht m ‖ **~/анкерная** Ankerdraht m, Verankerungsdraht m, Abspanndraht m ‖ **~/арматурная** (Bw) Bewehrungsdraht m (Stahlbeton) ‖ **~/бандажная** Bindedraht m ‖ **~/бёрдочная** (Text) Rietdraht m, Webeblattdraht m (Weberei) ‖ **~/биметаллическая** Bimetalldraht m ‖ **~/броневая** Bewehrungsdraht m (Kabel) ‖ **~/волосная** haardünner Draht m, Haardraht m ‖ **~/вольфрамовая** Wolframdraht m ‖ **~/вязальная** Bindedraht m ‖ **~/голая** blanker Draht m, Blankdraht m ‖ **~/голая сварочная** Nacktschweißdraht m ‖ **~/горячетянутая** warmgezogener Draht m ‖ **~/железная** Eisendraht m ‖ **~/желобчатая** Rillendraht m ‖ **~/замыкательная** (Text) Schließdraht m (Nähwirktechnik) ‖ **~/золотая** Golddraht m ‖ **~/измерительная** Meßdraht m (z. B. für Gewindemessung) ‖ **~/калиброванная** kalibrierter Draht m; [kalibrierter] Meßdraht m (für Meßbrücken) ‖ **~/каркасная** (Gieß) Kern[bewehrungs]draht m, Formdraht m ‖ **~/квадратная** Quadratdraht m (Draht mit quadratischem Querschnitt) ‖ **~/колючая** Stacheldraht m ‖ **~/контактная** Anschlußdraht m ‖ **~/круглая** Runddraht m ‖ **~/латунная** Messingdraht m ‖ **~/линейная** Leitungsdraht m ‖ **~/лужённая** verzinnter Draht m ‖ **~/магнитная** Magnetdraht m ‖ **~/массивная** Volldraht m, Massivdraht m ‖ **~/медная** Kupferdraht m ‖ **~ мелкого калибра** Feindraht m ‖ **~/молибденовая** Molybdändraht m ‖ **~/мягкоотожжённая** weichgeglühter Draht m ‖ **~/мягкотянутая** weichgezogener Draht m ‖ **~/нагревательная** Heizdraht m ‖ **~/накаливаемая** Glühdraht m ‖ **~/натяжная** Abspanndraht m, Spanndraht m ‖ **~/обвязочная** s. ~/вязальная ‖ **~/обмоточная** Wicklungsdraht m, Wickeldraht m ‖ **~ общего назначения** geglühter Draht m aus niedriggekohltem Stahl ‖ **~ огневой оцинковки** feuerverzinkter Draht m ‖ **~/омеднённая** Kupfermanteldraht m ‖ **~/оттяжная** s. ~/натяжная ‖ **~/оцинкованная** [feuer]verzinkter Draht m ‖ **~/плавкая** Schmelzdraht m, Abschmelzdraht m ‖ **~/платиновая** Platindraht m ‖ **~/плоская** Flachdraht m ‖ **~/полукруглая** Halbrunddraht m ‖ **~/порошковая** (Schw) Pulverdraht m, Fülldraht m ‖ **~/присадочная [сварочная]** (Schw) Zusatz[schweiß]draht m ‖ **~/профильная** s. ~/фасонная ‖ **~/пружинная стальная** Federstahldraht m ‖ **~/прямоугольная** Rechteckdraht m (Draht mit rechteckigem Querschnitt) ‖ **~/распылительная** Spritzdraht m, Metallspritzdraht m ‖ **~/расчалочная** Verspannungsdraht m ‖ **~/реостатная** (El) Widerstandsdraht m ‖ **~/сварочная** Schweißdraht m ‖ **~/светлая** Blankdraht m ‖ **~/серебряная** Silberdraht m ‖ **~/сплошная** Massivdraht m ‖ **~/сплющенная** Halbflachdraht m ‖ **~/стальная** Stahldraht m ‖ **~/стержневая** (Gieß) Kern[bewehrungs]draht m, Formdraht m ‖ **~/струнная** Klaviersaitendraht m ‖ **~/трубчатая** s. ~/порошковая ‖ **~/фасонная** Profildraht m, Formdraht m ‖ **~ фасонного профиля** Profildraht m, Formdraht m ‖ **~/холоднотянутая** kaltgezogener (kaltgereckter) Draht m ‖ **~/цинковая** Zinkdraht m ‖ **~/электродная** (Schw) Elektroden[kern]draht m ‖ **~ электролитической оцинковки** galvanisierter Draht m ‖ **~/эмалированная** emaillierter Draht m, Emaille[lack]draht m
проволочка f dünner Draht m, Haardraht m ‖ **~/тончайшая** unterhaardünner Draht m
проволочка-сопротивление f (El) Widerstandsdraht m
проворачивание n Durchdrehen n
провулканизо[вы]ваться durchvulkanisieren, ausvulkanisieren
провязать s. провязывать
провязка f (Text) Fitzschnur f
провязывание n (Text) Vermaschen n, Vermaschung f
провязывать (Text) fitzen
прогалина f Waldlichtung f, Lichtung f
прогар m 1. Durchbrennen n; 2. Ausschmelzen n (Ofenfutterverschleiß)
прогиб m 1. (Fest) Durchbiegung f; 2. (Geol) s. ~/тектонический ‖ **~ вала** Wellendurchbiegung f ‖ **~ корпуса судна** s. ~ судна ‖ **~/краевой** (Geol) ‖ **~/межгорный** (Geol) Innensenke f ‖ **~/нулевой** (Fest) Nullbiegung f ‖ **~/остаточный** (Fest) bleibende (plastische) Durchbiegung f ‖ **~/относительный** (Fest) bezogene Durchbiegung f (Probestab) ‖ **~/передовой** (Geol) Vortiefe f, Saumtiefe f, Randsenke f, Außensenke f ‖ **~/предгорный** (Geol) Vorsenke f ‖ **~ судна** (Schiff) Durchbiegung f des Schiffes, Sagging n ‖ **~ судна на подошве волны** Durchbiegung f des Schiffes im Wellental ‖ **~ судна на тихой воде** Durchbiegung f des Schiffes im Glattwasser, Glattwasserdurchbiegung f des Schiffes ‖ **~/тектонический** (Geol) Depression f, tektonische Senkung f ‖ **~/упругий** (Fest) elastische Durchbiegung f
прогибание n Durchbiegen n, Durchfedern f
прогибать durchbiegen, durchfedern
прогибомер m Durchbiegungsmesser m
прогладка f Schlichten n, Glätten n
проглаживание n Schlichten n, Glätten n ‖ **~ краёв** (Led) Schraffieren n
прогнать s. прогонять
прогноз m Prognose f, Vorhersage f ‖ **~/авиационный** Flugwettervorhersage f ‖ **~/долгосрочный** Langzeitprognose f, langfristige Vorhersage f ‖ **~ землетрясений** (Geol) Bebenprognose f, Erdbebenvorhersage f ‖ **~ изменения окружающей среды** Prognose f der Umweltveränderungen it ‖ **~ погоды** (Meteo) Wettervorhersage f ‖ **~ погоды/долгосрочный** langfristige Wettervorhersage f ‖ **~ погоды/краткосрочный** kurzfristige Wettervorhersage f ‖ **~ погоды/сверхкраткосрочный** kürzestfristige Wettervorhersage f, Kürzestfristvorhersage f ‖ **~ погоды/статистический** statistische Wettervorhersage f ‖ **~ погоды/численный** numerische Wettervorhersage f ‖ **~ прочности** (Bw) Festigkeitsvorhersage f (Beton) ‖ **~/синоптический** (Meteo) synoptische Vorhersage f ‖ **~ синоптического положения** (Meteo) Vorhersage f der Großwetterlage ‖ **~ условий радиосвязи** Funkwettervorhersage f

прогнозирование n Prognostizieren n, Prognostizierung f, Vorhersagen n, Früherkennung f ‖ ~ **внутренней температуры** Innentemperaturvorhersage f (z. B. von Treibhäusern) ‖ ~ **надёжности** Zuverlässigkeitsvorhersage f ‖ ~ **отказов** Ausfallvorhersage f ‖ ~/**статистическое** Prognose f mittels statistischer Methoden ‖ ~/**физическое** Prognose f mittels physikalischer Methoden

прогнуть s. прогибать

прогон m 1. (Bw) Pfette f, Dachpfette f; Unterzug m, Tragbalken m; 2. (Bgb) Läufer m, Wandrute f (Ausbau); 3. (Inf) Vorschub m (Drucker); 4. Durchlauf m (Programme); 5. (Typ) Druckgang m ‖ ~/**боковой** (Bgb) Seitenläufer m (Zimmerung) ‖ ~ **бумаги** Papiervorschub m; (Typ) Streckgang m ‖ ~/**коньковый** (Bw) Firstpfette f, Firstbalken m ‖ ~/**крайний** (Bw) Ortbalken m (Brücke) ‖ ~ **моста** (Bw) Streckbalken m (Brücke) ‖ ~/**нижний** (Bw) Fußpfette f ‖ ~ **программы** (Inf) Programmdurchlauf m ‖ ~ **программы/отладочный** Probelauf m ‖ ~/**промежуточный** (Bw) Zwischenpfette f, Mittelpfette f ‖ ~/**угловой** (Bgb) Eckläufer m ‖ ~/**центральный** (Bgb) Mittelläufer m

прогонка f (Fert) Schneideisen n, Gewindeschneideisen n (s. a. unter плашка)

прогонять 1. durchziehen, durchpressen, durchdrücken; 2. (Inf) durchfahren (Programme)

прогорать durchbrennen

прогореть s. прогорать

прогоркание n (Lebm) Ranzigwerden n; Bitterwerden n ‖ ~/**альдегидное** Aldehydranzigkeit f, Aldehydigwerden n ‖ ~/**кетонное** Ketonranzigkeit f, Ketonigwerden n

прогоркать (Lebm) ranzig werden; bitter werden

проградуированный graduiert, mit genauer Einteilung versehen, in Grade [ein]geteilt

программа f (Inf) Programm n, Routine f ‖ ~/**автономная** unabhängiges (selbständiges, autonomes) Programm n ‖ ~ **адресации** Adressierungsprogramm n ‖ ~ **анализа** Analyseprogramm n, Analysierungsprogramm n ‖ ~ **анализа изменения** Aktualisierungsprogramm n ‖ ~ **анализа ошибок** Fehleranalyseprogramm n ‖ ~/**ассемблирующая** s. программа-ассемблер ‖ ~/**библиотечная** Bibliotheksprogramm n ‖ ~ **в реальном масштабе времени** Echtzeitprogramm n ‖ ~ **ввода** Eingabeprogramm n ‖ ~ **ввода-вывода** Eingabe-Ausgabe-Programm n, E/A-Programm n ‖ ~ **ввода данных** Dateneingabeprogramm n ‖ ~ **ввода задания** Jobeingabesteuerung f ‖ ~/**вводная** s. ~ ввода ‖ ~/**ведущая** Leitprogramm n, Hauptprogramm n ‖ ~/**ветвящаяся** verzweigtes Programm n ‖ ~/**вещательная** (Rf, TV) Programm n, Sendeprogramm n ‖ ~/**внешняя** externes (äußeres) Programm n, Rahmenprogramm n ‖ ~/**восстанавливающая** Wiederholprogramm n ‖ ~ **восстановления информации** Wiederholprogramm n ‖ ~/**вспомогательная** Hilfsprogramm n, Unterstützungsprogramm n ‖ ~/**входная** s. ~/исходная ‖ ~ **вывода** Ausgabeprogramm n ‖ ~ **вывода на печать** Druckprogramm n ‖ ~ **вывода после [аварийного] останова** Post-mortem-Programm n ‖ ~/**вызванная** aufgerufenes Programm n ‖ ~/**вызывающая** aufrufendes Programm n, Hauptprogramm n ‖ ~/**выполнимая** ablauffähiges Programm n ‖ ~ **вычислительной машины** Maschinenprogramm n ‖ ~/**генерирующая** s. программа-генератор ‖ ~/**гибкая** flexibles Programm n ‖ ~/**главная** Hauptprogramm n, Grundprogramm n ‖ ~ **декодирования** Dekodierungsprogramm n ‖ ~/**диагностическая** Diagnoseprogramm n, diagnostisches Programm n ‖ ~/**диспетчерская** Dispatcherprogramm n ‖ ~ **для микроЭВМ** Mikrorechnerprogramm n ‖ ~ **для работы в реальном масштабе времени** Echtzeitprogramm n ‖ ~/**дополнительная** Zusatzprogramm n, Ergänzungsprogramm n ‖ ~/**жёсткая** starres (festes) Programm n, Festprogramm n ‖ ~ **загрузки** Ladeprogramm n, Lader m ‖ ~/**закодированная** kodiertes Programm n, Befehlsfolge f ‖ ~ **записи** Aufzeichnungsprogramm n ‖ ~ **записи данных** Datenaufzeichnungsprogramm n ‖ ~/**звуковая** (Rf) Hörfunkprogramm n ‖ ~ **изменения тяги** Schubprogramm n, Schubkraftverlauf m (Strahltriebwerk) ‖ ~ **измерений** Meßprogramm n ‖ ~/**измерительная** Meßprogramm n ‖ ~ **интегрирования** Integrationsprogramm n ‖ ~/**интегрирующая** Integrierprogramm n ‖ ~/**интерпретирующая** interpretierendes Programm n, Interpretierprogramm n, Interpreter m ‖ ~/**исполнительная** ausführendes Programm n, Ausführungsprogramm n ‖ ~ **испытаний** s. ~ контроля ‖ ~/**испытательная** s. ~ контроля ‖ ~/**исходная** Quellprogramm n, Ursprungsprogramm n ‖ ~/**канальная** Kanalprogramm n ‖ ~/**каталогизированная** katalogisiertes Programm n ‖ ~/**кодированная** kodiertes Programm n ‖ ~/**кодирующая** Kodeerzeugungsprogramm n ‖ ~/**компилирующая (комплектующая)** kompilierendes Programm n, Compilerprogramm n, Compiler m ‖ ~/**комплексно-целевая** komplexes Zielprogramm n ‖ ~/**компонующая** s. программа-ассемблер ‖ ~/**контролирующая (контрольная)** s. ~ контроля ‖ ~ **контроля** Überwachungsprogramm n, Kontrollprogramm n, Prüfprogramm n, Testprogramm n, Tester m ‖ ~/**контроля оверлейная** Überlagerungskontrollprogramm n, Overlay-Kontrollprogramm n, Overlay-Kontrollroutine f ‖ ~ **копирования** Kopierprogramm n, Duplizierprogramm n ‖ ~/**космическая** Raumfahrtprogramm n ‖ ~/**линейная** lineares Programm n ‖ ~/**логическая** logisches Programm n ‖ ~/**машинная** Maschinenprogramm n ‖ ~/**моделированная** s. ~/моделирующая ‖ ~/**моделирующая** simulierendes Programm n, Simulationsprogramm n, Simulator m ‖ ~/**модульная** Modularprogramm n ‖ ~/**мониторная** Monitorprogramm n, Ablaufüberwachungsprogramm n ‖ ~ **на магнитном языке** (Inf) Programm n in Maschinensprache ‖ ~ **на языке Ассемблер** s. программа-ассемблер ‖ ~/**начальная** Einleitungsprogramm n, Startroutine f ‖ ~ **начальной загрузки** Anfangsladeprogramm n, Anfangsprogrammlader m ‖ ~/**независимая** s. ~/автономная ‖ ~/**неперемещаемая** absolutes (unverschiebbares) Programm n ‖ ~ **обмена** Austauschprogramm n ‖ ~ **обмена данными** Datenaustauschprogramm n ‖ ~ **обмена файлами** Dateiaustauschprogramm n || ~ **обнаружения ошибок** Fehlererkennungsprogramm n || ~/**обрабатывающая** Verarbeitungsprogramm n || ~ **обработки [данных]** Verarbeitungsprogramm n, Textverarbeitungsprogramm n, Textprozessor m || ~ **обработки очереди** s. процессор очереди || ~ **обработки ошибок** Fehlerbehandlungsprogramm n; Fehlerprogramm n || ~ **обработки прерывания** Unterbrechungsbehandlungsprogramm n || ~ **обслуживания** Bedienungsprogramm n (s. a. ~/сервисная) || ~ **обслуживания библиотек** Bibliotheksführungsprogramm n || ~ **обслуживания систем** Systemwartungsprogramm n || ~/**обслуживающая** s. ~ обслуживания || ~/**общая** allgemeines Programm n || ~/**объединяющая** Verbindungsprogramm n || ~/**объектная** Objektprogramm n || ~/**оверлейная** Überlagerungsprogramm n, Overlay-Programm n || ~ **ожидания** Warteprogramm n || ~ **опроса** Abrufprogramm n, Aufrufprogramm n || ~/**оптимальная (оптимально-закодированная)** optimales (optimal kodiertes) Programm n, Bestzeitprogramm n || ~/**основная** s. ~/главная || ~ **открытия** Dateieröffnungsroutine f || ~ **отладки** s. ~/отладочная || ~/**отладочная** Austestprogramm n, Fehlerbeseitigungsprogramm n, Debuggingprogramm n, Debugger m || ~/**отлаженная** ausgetestetes (getestetes, fehlerfreies) Programm n || ~/**оттранслированная** übersetztes Programm n || ~ **переадресации** Adressierungsprogramm n, Adressenänderungsprogramm n || ~ **перевода** Übersetzungsprogramm n; interpretierendes Programm n, Interpretierprogramm n || ~ **передачи** Sendeprogramm n || ~ **переднего плана** Vordergrundprogramm n || ~/**перемещаемая** verschiebbares (verschiebliches) Programm n || ~ **печати** Druckprogramm n || ~ **повторения** Wiederholprogramm n || ~/**повторно используемая** seriell verwendbares Programm n || ~ **поддержки** Unterstützungsprogramm n, Hilfsprogramm n || ~ **поиска** Suchprogramm n || ~ **поиска информации** Programm n für Informationssuche || ~ **поиска ошибок** Fehlersuchprogramm n || ~ **пользователя** Nutzerprogramm n, Anwenderprogramm n || ~/**постоянная** s. ~/жёсткая || ~ **преобразования** Konvertierungsprogramm n, Umsetzprogramm n, Umwandlungsprogramm n || ~/**прикладная** Anwendungsprogramm n || ~ **проверки** s. ~ контроля || ~ **проверки качества** Qualitätsprüfprogramm n || ~ **проверки последовательности** Folgeprüfprogramm n || ~/**программирующая** programmierendes Programm n, Programmierprogramm n || ~ **пропусков** (Wlz) Stichplan m || ~ **протоколирования** Protokollprogramm n || ~ **проходов** (Wlz) Stichplan m || ~/**рабочая** Arbeitsprogramm n, Betriebsprogramm n || ~ **радиовещания (радиопередачи)** Rundfunkprogramm n || ~/**развёрнутая** gestrecktes Programm n || ~/**разветвляющаяся** verzweigtes Programm n || ~ **расшифровки** s. ~ декодирования || ~ **регистрации ошибок** Fehleraufzeichnungsroutine f || ~ **редактирования** s. программа-редактор || ~/**редактирующая** s. программа-редактор || ~/**резидентная** residentes Programm n, Residenzprogramm n; festliegendes Programm n || ~/**самоизменяющаяся** sich selbst änderndes Programm n || ~/**самоперемещаемая** selbstverschiebliches Programm n || ~/**сервисная** Dienstprogramm n, Serviceprogramm n || ~/**системная** Systemprogramm n || ~ **сканирования** Prüfprogramm n, Durchmusterungsroutine f || ~ **слияния** Mischprogramm n || ~/**служебная** s. ~/сервисная || ~/**собирающая** s. программа-ассемблер || ~ **сортировки** Sortierprogramm n || ~ **сортировки-слияния** Sortier- und Mischprogramm n || ~/**стандартная** Standardprogramm n || ~ **считывания** Abtastprogramm n, Leseprogramm n || ~/**табличная** Listenprogramm n || ~ **телевидения** Fernsehprogramm n || ~/**тестовая** s. ~ контроля || ~ **технического обслуживания** technisches Wartungsprogramm n || ~/**транзитная** Transientprogramm n || ~/**транслирующая** Translatorprogramm n, Translator m, Übersetzungsprogramm n || ~ **трансляции** s. ~/транслирующая || ~ **управления** Steuerprogramm n || ~ **управления вводом-выводом** Eingabe-Ausgabe-Steuerprogramm n, E/A-Steuerprogramm n || ~ **управления памятью** Speicherverwaltungsroutine f || ~ **управления файлами** Dateisteuerungsroutine f || ~ **управляющая** s. ~ управления || ~ **учёта** Abrechnungsroutine f || ~/**фиксированная** s. ~/жёсткая || ~/**фоновая** Hintergrundprogramm n, Backgroundprogramm n, BG-Programm n || ~/**циклическая** zyklisches Programm n || ~ **циклической загрузки** Startroutine f ins Ladeprogramm, Bootstrap-Routine f || ~/**частичная** Teilprogramm n || ~/**эвристическая** heuristische Programm n

программа-ассемблер f (Inf) Assembler m, Assemblerprogramm n, Assemblierer m, Programmumsetzer m
программа-библиотекарь f (Inf) Bibliotheksverwaltungsprogramm n
программа-генератор f (Inf) Generatorprogramm n, Programmgenerator m, Generator m, generierendes (programmerzeugendes) Programm n
программа-диспетчер f (Inf) Dispatcherprogramm n
программа-загрузчик f (Inf) Ladeprogramm n, Lader m
программа-интерпретатор f s. программа/интерпретирующая
программа-компилятор f s. программа/компилирующая
программа-модуль f (Inf) Modularprogramm n
программа-монитор f s. программа/мониторная
программа-отладчик f s. программа/отладочная
программа-постпроцессор f (Inf) Postprozessorprogramm n, Postprozessor m
программа-предпроцессор f (Inf) Vorprozessorprogramm n
программа-процессор f (Inf) Prozessor m
программа-редактор f (Inf) Editorprogramm n, Editor m, Aufbereitungsprogramm n || ~ **связей** Binderprogramm n, Programmverbinder m, Binder m, Linker m
программа-резидент f s. программа/резидентная

программа-стартер f *(Inf)* Startprogramm n, Starter m
программа-супервизор f s. супервизор
программатор m Programmiergerät n
программа-транслятор f s. программа/транслирующая
программирование n *(Inf)* Programmieren n, Programmierung f ‖ ~/**автоматическое** automatische Programmierung f, Selbstprogrammierung f ‖ ~/**адресное** Adressenprogrammierung f ‖ ~/**ассоциативное** assoziative Programmierung f ‖ ~/**безадресное** adressenfreie Programmierung f ‖ ~ **в абсолютных адресах** absolutes Programmieren n, absolute Programmierung f, Programmieren n mit absoluten Adressen ‖ ~ **в относительных адресах** relatives Programmieren n, relative Programmierung f, Programmieren n mit relativen Adressen ‖ ~ **в прямоугольных пространственных координатах** Programmieren n in kartesischen Koordinaten *(Roboterprogrammierung)* ‖ ~ **в цилиндрических пространственных координатах** Programmieren n in zylindrischen Koordinaten *(Roboterprogrammierung)* ‖ ~/**внешнее** externe (äußere) Programmierung f ‖ ~/**внутреннее** interne (innere) Programmierung f ‖ ~/**выпуклое** konvexe Programmierung f *(Optimierung)* ‖ ~ **вычислительных машин** Maschinenprogrammierung f, Rechnerprogrammierung f ‖ ~/**гибкое** flexibles Programmieren n ‖ ~/**графическое** graphisches Programmieren n ‖ ~/**динамическое** dynamische Programmierung f ‖ ~/**квадратичное** quadratische Programmierung f ‖ ~/**косвенное** indirekte (mittelbare) Programmierung f ‖ ~/**линейное** lineare Programmierung f, Linearprogrammierung f ‖ ~/**масочное** Maskenprogrammierung f ‖ ~/**машинное** Maschinenprogrammierung f, Rechnerprogrammierung f ‖ ~/**модульное** modulare Programmierung f, Programmierung f auf Modulbasis ‖ ~/**модульное структурное** modular strukturierte Programmierung f ‖ ~ **на машинном языке** Maschinensprachprogrammierung f, Maschinenkodeprogrammierung f ‖ ~ **на языке ассемблера** Assemblerprogrammierung f, Programmierung f in Assemblersprache ‖ ~/**нелинейное** nichtlineare Programmierung f ‖ ~/**непосредственное** direkte (unmittelbare) Programmierung f ‖ ~/**операторное** Operatorprogrammierung f ‖ ~/**оптимальное** s. ~ с минимальным временем выборки ‖ ~/**относительное** relative Programmierung f ‖ ~/**параллельное** Parallelprogrammierung f ‖ ~/**параметрическое** parametrische Programmierung f ‖ ~ **плавкими связями** Fusible-Link-Programmierung f ‖ ~/**последовательное** Serienprogrammierung f, Reihenfolgeprogrammierung f ‖ ~/**предварительное** Vorprogrammierung f ‖ ~/**рекурсивное** rekursive Programmierung f ‖ ~/**ручное** manuelle Programmierung f ‖ ~ **с десятичной точкой** Dezimalpunktprogrammierung f ‖ ~ **с минимальным временем выборки (ожидания)** Programmierung f mit minimaler Zugriffszeit, Bestzeitprogrammierung f, [zeit]optimale Programmierung f ‖ ~/**символическое** adressenfreie (symbolische) Programmierung f ‖ ~/**системное** Systemprogrammierung f ‖ ~/**структурное** strukturierte Programmierung f ‖ ~/**целочисленное** ganzzahlige Programmierung f ‖ ~/**циклическое** zyklische Programmierung f
программировать *(Inf)* programmieren ‖ ~/**предварительно** vorprogrammieren
программируемость *(Inf)* Programmierbarkeit f
программируемый *(Inf)* programmierbar; umprogrammierbar ‖ ~ **выводами** pinprogrammierbar ‖ ~/**гибко** flexibel programmierbar, freiprogrammierbar ‖ ~/**жёстко** festprogrammierbar ‖ ~ **масками** maskenprogrammierbar ‖ ~ **пользователем** anwenderprogrammierbar ‖ ~/**свободно** freiprogrammierbar
программно-ориентированный *(Inf)* softwareorientiert
программно-совместимый *(Inf)* programmkompatibel
программно-управляемый programmgesteuert
программоноситель m *(Inf)* Programmträger m
прографка f *(Typ)* Tabellenrubrik f, Kolonne f ‖ ~ **таблицы** Tabellenfuß m
прогрев m Durchwärmung f, Durchwärmen n, Erwärmen n, Erhitzen n; Durchweichen n ‖ ~ **бетона** Betonerwärmung f *(Nachbehandlung)* ‖ ~ **двигателя** Warmlaufen n des Motors; Anwärmen (Vorwärmen) n des Motors *(vor dem Starten)*
прогревание n s. прогрев
прогревать durchwärmen; anwärmen
прогрессия f *(Math)* Reihe f *(s. a. unter* ряд 1.*)* ‖ ~/**арифметическая** arithmetische Reihe f ‖ ~/**возрастающая** steigende Reihe f ‖ ~/**геометрическая** geometrische Reihe f ‖ ~/**убывающая** fallende Reihe f
прогреть s. прогревать
продавливание n 1. Durchdrücken n, Durchpressen n; 2. *(Kst)* Auspressen n *(von Polymeren aus einer Spinndüse)*
продавливать 1. durchpressen, durchdrücken; 2. *(Kst)* auspressen *(Polymere aus einer Spinndüse)*
продвигание n **очистного забоя** *(Bgb)* Abbaufortschritt m
продвигатель m **ткани** *(Text)* Transporteur m *(Nähmaschine)*
продвижение n Vorwärtsbewegung f; Vorschub m, Transport m ‖ ~ **вперёд** *(Inf)* Vorsetzen n ‖ ~ **каретки** Wagenvorschub m ‖ ~ **ледника** *(Geol)* Gletschervorstoß m ‖ ~ **плёнки** *(Kine)* Filmtransport m, Filmfortschalten n ‖ ~/**покадровое** *(Photo)* Einzelbildschaltung f
продевание n **нитей** *(Text)* Einfädeln n *(Weberei)*
продолжаемость f Fortsetzbarkeit f
продолжение n Fortsetzung f ‖ ~/**аналитическое** *(Math)* analytische Fortsetzung f
продолжительность f Dauer f, Zeit f *(s. a. unter* время 1. *und* длительность*)* ‖ ~ **брожения** *(Ch)* Gärdauer f ‖ ~ **включения** Einschaltdauer f, ED ‖ ~ **возбуждения** *(El)* Anregungsdauer f ‖ ~ **времени** Zeitdauer f ‖ ~ **выдержки** *(Met)* 1. Ausgleichszeit f *(Tiefofen)*; 2. Abstehzeit f, Stehzeit f *(Schmelze)* ‖ ~ **выключения** *(El)* Ausschaltdauer f ‖ ~ **выплавки** *(Met)* Schmelzzeit f, Schmelzdauer f ‖ ~ **горения** Brennzeit f, Brenndauer f ‖ ~ **горения/полезная** Nutzbrenn-

dauer f *(von Lichtquellen)* ‖ ~ **горения/полная** volle Brenndauer f *(von Lichtquellen)* ‖ ~ **горения/средняя** mittlere Brenndauer f *(von Lichtquellen)* ‖ ~ **действия** 1. Wirk[ungs]dauer f; 2. Arbeitsdauer f, Betriebsdauer f ‖ ~ **дутья** *(Met)* Blaszeit f, Blasdauer f, Blasperiode f *(Ofen)* ‖ ~ **жизни** Lebensdauer f ‖ ~ **жизни/малая** *(Kern)* Kurzlebigkeit f *(Teilchen)* ‖ ~ **жизни/средняя** mittlere Lebensdauer f ‖ ~ **занятия** *(Nrt)* Belegungsdauer f *(Leitungen)* ‖ ~ **затухания** Abklingdauer f ‖ ~ **зацепления** *(Masch)* Eingriffsdauer f ‖ ~ **импульса** Impulsdauer f ‖ ~ **инжекции** *(Kern)* Einschußdauer f ‖ ~ **кампании** *(Met)* Ofenreise f, Standzeit f *(Ofen)* ‖ ~ **колебаний** Schwingungsdauer f, Periode f ‖ ~ **нагрева** Anwärmzeit f, Anwärmdauer f, Erhitzungszeit f, Erhitzungsdauer f, Aufheizzeit f ‖ ~ **нагрузки** Belastungszeit f, Belastungsdauer f ‖ ~ **непрерывной работы** Dauerbetriebszeit f ‖ ~ **обжига** Brennzeit f, Röstzeit f, Brenndauer f, Röstdauer f *(NE-Metallurgie)* ‖ ~ **перестановки** *(Reg)* Stellzeit f, Umstellzeit f ‖ ~ **полного затмения** *(Astr)* Totalitätsdauer f ‖ ~ **пребывания** Verweilzeit f, Retentionszeit f, Rückhaltezeit f ‖ ~ **простоя** Standzeit f *(z. B. Waggon)*; Stillstandzeit f ‖ ~ **пуска [в ход]** Anfahrzeit f, Anlaufzeit f, Hochlaufzeit f, Anlaßzeit f ‖ ~ **работы** Arbeitsdauer f, Betriebsdauer f, Betriebszeit f ‖ ~ **разговора/общая** *(Nrt)* Gesprächsdauer f ‖ ~ **разговора/оплачиваемая** gebührenpflichtige Gesprächsdauer f ‖ ~ **разгона** s. ~ пуска ‖ ~ **разогрева (разогревания)** Anheizzeit f, Aufheizzeit f, Anlaufzeit f ‖ ~ **службы** Lebensdauer f, Haltbarkeit f ‖ ~ **ускорения** Beschleunigungszeit f ‖ ~ **цикла** Zyklusdauer f; Spieldauer f ‖ ~ **эксплуатации** Betriebszeit f, Betriebsdauer f

продолжительный [lange] dauernd, [lang]andauernd, Dauer...

продольная f *(Bgb)* Strecke f

продольно-перемещающийся längsbeweglich

продольно-подвижной längsbeweglich

продольный Längs..., Lang..., longitudinal

продуб m *(Led)* Durchgerbung f

продубить s. продублять

продублённость f s. продуб

продублять *(Led)* durchgerben

продувание n s. продувка

продувать 1. durchblasen, durchlüften, auflokkern; 2. abblasen; 3. *(Met)* [ver]blasen, durchblasen *(Konverter)*; 4. ausspülen, spülen, auswaschen; entschlammen; 5. *(Kfz)* spülen ‖ ~ **систему сжатого воздуха** *(Schiff)* Druckluftsystem entwässern

продувка f 1. Durchblasen n, Durchlüften n, Auflockern n; 2. Abblasen n; 3. *(Met)* Blasen n, Verblasen n, Durchblasen n *(Konverter)*; 4. Spülen n, Ausspülen n; Entschlammen n; 5. *(Kfz)* Spülen n, Spülung f *(Verbrennungsmotor)* ‖ ~ **бесклапанная** *(Kfz)* ventillose Spülung f, Schlitzspülung f *(Zweitaktmotor)* ‖ ~ **в конвертере** *(Met)* Windfrischen n, Windfrischverfahren n ‖ ~ **верхняя** Abschäumen n *(Kesselanlage)* ‖ ~ **возвратная** *(Kfz)* Umkehrspülung f *(Verbrennungsmotor)* ‖ ~ **/двухканальная** *(Kfz)* Zweikanalspülung f *(Verbrennungsmotor)* ‖ ~ **/двухканальная возвратная** Zweikanalumkehrspülung f ‖ ~ **/дополнительная** *(Met)* Nachblasen

n *(Konverter)* ‖ ~ **жидкого металла** *(Met)* Verblasen n in flüssigem Zustand ‖ ~ **кислородом** *(Met)* Sauerstoffblasen n, Sauerstoffblasverfahren n ‖ ~ **/клапанно-щелевая прямоточная** *(Kfz)* Gleichstromspülung f mit Auslaßdrehschieber *(Zweitaktmotor)* ‖ ~ **/контурная** *(Kfz)* Spülung f mit umkehrendem Spülstrom *(Querstromspülung und Umkehrspülung bei Verbrennungsmotoren)* ‖ ~ **котла** s. ~/нижнее ‖ ~ **/крестообразная** *(Kfz)* Kreuzstromspülung f *(Verbrennungsmotor)* ‖ ~ **/нижняя** Abschlämmen n, Entschlammen n *(Kessel)* ‖ ~ **/петлевая** *(Kfz)* Umkehrspülung f *(Verbrennungsmotor)* ‖ ~ **/поперечная** *(Kfz)* Querspülung f *(Verbrennungsmotor)* ‖ ~ **/предварительная** *(Met)* Vorfrischen n *(Konverter)* ‖ ~ **/противоточная** *(Kfz)* Gegenstromspülung f *(Verbrennungsmotor)* ‖ ~ **/прямоточная** *(Kfz)* Gleichstromspülung f *(Verbrennungsmotor)* ‖ ~ **системы сжатого воздуха** *(Schiff)* Entwässerung e des Druckluftsystems ‖ ~ **скважины** *(Bgb)* Luftspülung f *(Bohrloch)* ‖ ~ **цилиндра** *(Kfz)* Zylinderspülung f *(Verbrennungsmotoren, besonders bei Zweitaktmotoren)* ‖ ~ **через днище** *(Met)* Bodenblasen n, Blasen n mit Bodenwind *(Konverter)* ‖ ~ **шпура** *(Bgb)* Ausblasen n des Sprengbohrloches ‖ ~ **штейна [воздухом]** *(Met)* Steinverblasen n ‖ ~ **/щелевая** *(Kfz)* Schlitzspülung f *(Verbrennungsmotor)*

продукт m Produkt n, Erzeugnis n *(s. a. unter* продукты*)* ‖ ~ **ассимиляции** *(Ch)* Assimilat n ‖ ~ **/валовой** 1. Gesamtprodukt n; 2. Bruttoprodukt n, Rohprodukt n ‖ ~ **/верхний** 1. *(Ch)* Kopfprodukt n *(Destillation)*; 2. s. ~/надрешётный ‖ ~ **/вторичный** Sekundärprodukt n, Nebenprodukt n ‖ ~ **/высушенный** Trockenprodukt n ‖ ~ **/высушиваемый** Trocknungsgut n, zu trocknendes Gut n ‖ ~ **высшего качества** Qualitätserzeugnis n, Spitzenerzeugnis n ‖ ~ **/готовый** Fertigprodukt n, Fertigerzeugnis n, Fertigfabrikat n, Fertigware f ‖ ~ **деления** *(Kern)* Spaltprodukt n ‖ ~ **деления/радиоактивный** radioaktives Spaltprodukt n ‖ ~ **/дочерний** *(Kern)* Tochterprodukt n, Tochtersubstanz f ‖ ~ **замещения** *(Ch)* Substitutionsprodukt n ‖ ~ **/исходный** Ausgangserzeugnis n, Vorprodukt n; Grundstoff m ‖ ~ **конденсации** *(Ch)* Kondensationsprodukt n ‖ ~ **/конечный** Endprodukt n, Enderzeugnis n ‖ ~ **/молочный** Molkereierzeugnis n, Milchprodukt n, Milcherzeugnis n ‖ ~ **/надрешётный (надрешётный, надситовый)** Siebüberlauf m, Siebrückstand m, Siebgrobes n, Überlaufprodukt n, Überkorn n *(körniges Gut)* ‖ ~ **/начальный** s. ~/исходный ‖ ~ **/нижний** s. ~/подрешётный ‖ ~ **обжига** 1. *(Met)* Röstprodukt n, Brennprodukt n, Röstgut n, Brenngut n *(NE-Metallurgie)*; 2. *(Ker)* Brand m, Brennprodukt n, Brenngut n ‖ ~ **обогащения** Aufbereitungsprodukt n, Anreicherungsprodukt n, Konzentrat n *(Aufbereitung)* ‖ ~ **/обогащённый** s. ~ обогащения ‖ ~ **/оборотный** *(Bgb)* Rücklaufprodukt n, Rück[lauf]gut n *(Aufbereitung)* ‖ ~ **окисления проявителя** *(Photo)* Entwickleroxidationsprodukt n ‖ ~ **/основной** *(Ch)* Hauptprodukt n ‖ ~ **первого обжига** *(Ker)* Rohbrand m ‖ ~ **перегонки** *(Ch)* Destillationsprodukt n, Destillat n ‖ ~ **перегруппировки** *(Ch)* Umlagerungs-

продукт 706

produkt n ‖ ~/**побочный** Nebenprodukt n; Abfallprodukt n ‖ ~/**подрешётный** (**подрешёточный, подситовый**) Siebunterlauf m, Siebdurchfall m, Siebfeines n, Unterlaufprodukt n, Unterkorn n (körniges Gut) ‖ ~ **поликонденсации** (Kst) Polykondensationsprodukt n ‖ ~ **полимеризации** (Kst) Polymerisat n, Polymerisationsprodukt n ‖ ~/**последний** Nachprodukt n (Zuckergewinnung) ‖ ~ **превращения** (Kern) Umwandlungsprodukt n ‖ ~ **присоединения** (Ch) Additionsprodukt n, Additionsverbindung f, Anlagerungsprodukt n ‖ ~/**промежуточный** Zwischenprodukt n, Zwischenerzeugnis n ‖ ~ **радиоактивного превращения (распада) ядра** (Kern) [radioaktives] Zerfallsprodukt n, Tochtersubstanz f ‖ ~ **разложения** (Ch) Zersetzungsprodukt n, Abbauprodukt n ‖ ~ **распада ядра** s. ~ **радиоактивного превращения ядра** ‖ ~ **расщепления [ядра]** s. ~ **скалывания** ‖ ~/**рафинированный** Raffinat n (NE-Metallurgie) ‖ ~ **реакции** (Ch) Reaktionsprodukt n ‖ ~ **сгорания [топлива]** Verbrennungsprodukt n, Verbrennungsgas n, Abgas n ‖ ~/**сгущённый** Dickschlamm n (Aufbereitung) ‖ ~/**сельскохозяйственный** landwirtschaftliches Erzeugnis n ‖ ~ **скалывания [ядра]** (Kern) Spallationsprodukt n, Spallationsbruchstück n (Kernzertrümmerung) ‖ ~ **циклизации** (Ch) Cyclisierungsprodukt n ‖ ~ **элиминирования** (Ch) Eliminierungsprodukt n

продуктовоз m Produktentanker m
продуктроника f Produktronik f (Technologie in der Elektronikindustrie)
продукты mpl Produkte npl, Erzeugnisse npl (s. a. unter продукт) ‖ ~/**пищевые** ~ **питания/скоропортящиеся** leichtverderbliche Lebensmittel npl ‖ ~/**пищевые** Nahrungsmittel npl ‖ ~/**продовольственные** Lebensmittel npl
продукция f Erzeugnisse npl, Güter npl ‖ ~/**бракованная** Ausschußerzeugnisse npl ‖ ~/**валовая** Bruttoproduktion f ‖ ~/**годная** einwandfreie Erzeugnisse npl ‖ ~/**конечная** Endprodukte npl, Finalprodukte npl ‖ ~/**массовая** Massenerzeugnisse npl ‖ ~/**неходящая** nicht gängige (gefragte, unverkäufliche) Erzeugnisse npl (Waren fpl) ‖ ~/**одноимённая** gleichartige Erzeugnisse npl ‖ ~/**отечественная** Inlandserzeugnisse npl ‖ ~/**отпечатанная** (Typ) Druckerzeugnis n ‖ ~/**серийная** Serienerzeugnisse npl ‖ ~/**стандартная** standardisierte Erzeugnisse (Produkte) npl, Standardware f ‖ ~/**ходовая** gängige Ware f (Erzeugnisse npl)
продуть s. продувать
продух m 1. Luftloch n, Entlüftungsloch n; 2. (Gieß) s. выпор
проезд m 1. Durchfahren n, Vorbeifahrt f; (Eb) Fahrt f, Durchfahrt f (Vorgang); 2. Durchfahrt f (Stelle) ‖ ~/**внутриквартальный** Anliegerstraße f, Wohnstraße f ‖ ~ **закрытого сигнала** (Eb) Überfahren n eines Haltesignals
проезжий befahrbar
проект m Projekt n, Entwurf m, Plan m; Vorhaben n ‖ ~ **застройки** Bebauungsplan m ‖ ~/**идейный** Grobprojekt n ‖ ~/**индивидуальный** Einzelprojekt n ‖ ~ **на неизвестного потребителя** Angebotsprojekt n ‖ ~/**окончательный** entгültiges Projekt n, Endprojekt n ‖ ~ **организации строительства** bautechnologisches Projekt n ‖ ~ **планировки** (Bw) Flächennutzungsplan m ‖ ~ **планировки и застройки** (Bw) Flächennutzungs- und Bebauungsplan m ‖ ~/**повторно применяемый** Wiederverwendungsprojekt n ‖ ~/**рабочий** (Bw) Endprojekt n, Durchführungsplan m ‖ ~ **районной планировки** (Bw) Gebietsplan m ‖ ~/**собственный** Eigenprojekt n ‖ ~/**строительный** Bauentwurf m; Bauprojekt n; Bauvorhaben n ‖ ~/**технический** s. ~/рабочий ‖ ~/**эскизный** Vorprojekt n, Vorentwurf m

проективность f (Math) Projektivität f, projektive Kollineation f
проектирование n 1. Projektierung f, Planung f, Entwerfen n, Gestaltung f, Entwicklung f; 2. (Math) Projizieren n (darstellende Geometrie); 3. (Opt) Projizieren n (mit dem Bildwerfer) ‖ ~/**автоматизированное** automatisierte (rechnergestützte) Projektierung f, CAD ‖ ~/**автоматическое** automatische Projektierung f, automatischer Entwurf m ‖ ~ **аппаратуры** Geräteprojektierung f, Geräteentwurf m ‖ ~/**вариантное** (Bw) Variantenprojektierung f ‖ ~/**индивидуальное** (Bw) individuelle Projektierung f ‖ ~/**инженерное** ingenieurmäßige Projektierung f ‖ ~/**интерактивное** dialogorientierte Projektierung f ‖ ~/**конкурсное** (Bw) Wettbewerbsprojektierung f ‖ ~/**логическое** (Kyb) logischer Entwurf m, Logikentwurf m ‖ ~/**машинное [автоматическое]** s. ~ на базе ЭВМ ‖ ~ **микросхем** Schaltkreisentwurf m ‖ ~/**модельное** Modellprojektierung f, 3-D-Projektierung f ‖ ~/**модульное** modulare Projektierung f, Modulentwurf m ‖ ~ **на базе ЭВМ** automatisierte (rechnergestützte, rechnerunterstützte) Projektierung f, CAD ‖ ~ **на две плоскости** (Math) Zweitafelprojektion f ‖ ~ **на неизвестного потребителя** (Bw) Angebotsprojektierung f ‖ ~ **на одну плоскость** (Math) Eintafelprojektion f, kotierte Projektion f ‖ ~ **на три плоскости** (Math) Dreitafelprojektion f ‖ ~/**полузаказное** anwendungsorientierter Entwurf m ‖ ~ **программ/функционально-ориентированное** funktionsorientierter Programmentwurf m ‖ ~/**системное** (Inf) Systementwurf m ‖ ~/**сквозное** durchgängiger Entwurf m ‖ ~/**типовое** (Bw) Typenprojektierung f ‖ ~/**топографическое** topographisches Entwerfen n ‖ ~/**топологическое** (Eln) topologischer Entwurf m (elektronische Schaltungen) ‖ ~/**фотомакетное** (Bw) Photomodellprojektierung f ‖ ~/**экспериментальное** (Bw) Experimentalprojektierung f, Versuchsprojektierung f
проектировать 1. projektieren, entwerfen, planen; 2. (Math) projizieren; 3. (Opt) projizieren (mit dem Bildwerfer)
проектировка f s. проектирование 1.
проектор m (Opt, Photo, Kine) Projektor m, Projektionsgerät n, Projektionsapparat m, Bildwerfer m ‖ ~/**измерительный** 1. Meßprojektor m; 2. (Fert) Profilprüfer m, Profilprojektor m ‖ ~/**микрофильмов** Mikrofilmprojektor m ‖ ~/**профильный** Profilprojektor m ‖ ~/**синтезирующий** (Opt) Multispektralprojektor m ‖ ~ **сравнения/зеркальный** Spiegelvergleichsprojektor m ‖ ~/**телевизионный** Fernsehprojektor m

проекция

проекционная *f* Filmvorführraum *m*, Vorführkabine *f*
проекция *f* 1. *(Opt, Photo, Kine)* Projektion *f (von Diapositiven und Kinofilmen)*; 2. *(Kart)* Kartennetzentwurf *m*, Kartenprojektion *f*; 3. *(Math)* Projektion *f (darstellende Geometrie)* ‖ **~/азимутальная** *(Kart)* Azimutalentwurf *m*, Azimutalprojektion *f* ‖ **~/аксонометрическая** *(Math)* axonometrische Projektion *f* ‖ **~ Бонна/псевдоконическая равновеликая** *(Kart)* Bonnescher Entwurf *m* ‖ **~/гаммастереографическая** *s.* **~/стереографическая** ‖ **~ Гаусса-Крюгера** *(Kart)* Gauß-Krüger-Projektion *f* ‖ **~/гномоническая** *(Kart)* gnomonische Projektion *f* ‖ **~/гномостереографическая** *s.* **~/стереографическая** ‖ **~/горизонтальная** *(Math)* Grundriß *m (Zwei- und Dreitafelprojektion)* ‖ **~/диапозитивов** *(Kine, Photo)* Diaprojektion *f*, Stehbildprojektion *f* ‖ **~/диметрическая** *(Math)* dimetrische (zweimaßstäbliche) Darstellung *f (Axonometrie)* ‖ **~/заднего плана** Hintergrundprojektion *f* ‖ **~/зенитная** *s.* **~/азимутальная** ‖ **~/изометрическая** *(Math)* isometrische (einmaßstäbliche) Darstellung *f (Axonometrie)* ‖ **~/изоцилиндрическая** *(Kart)* flächentreuer Zylinderentwurf *m*, flächentreue Zylinderprojektion *f* ‖ **~/кабинетная** *s.* **~/косоугольная диметрическая** ‖ **~/картографическая** kartographische Projektion *f* ‖ **~/коническая** *(Kart)* Kegelentwurf *m* ‖ **~/конформная** *s.* **~/равноугольная** ‖ **~/косая** 1. *(Kart)* schiefe (schräge, gebrochene, zwischenständige) Projektion *f*, schiefachsiger [kartographischer] Entwurf *m*; 2. *(Math)* schiefe Projektion (Parallelprojektion) *f*, Schrägbild *n* ‖ **~/косая азимутальная зwischenständiger Azimutalentwurf *m* ‖ **~/косая цилиндрическая** schiefachsiger Zylinderentwurf *m* ‖ **~/косоугольная** *s.* **~/косая** ‖ **~/косоугольная аксонометрическая** *(Math)* schiefwinklige axonometrische Darstellung *f* ‖ **~/косоугольная диметрическая** schiefwinklige dimetrische Darstellung *f*, frei-isometrische Darstellung *f*, Kavalierperspektive *f* ‖ **~ Ламберта** *(Kart)* Lambertsche Projektion *f* ‖ **~ Ламберта/равновеликая азимутальная** flächentreuer Azimutalentwurf *m* nach Lambert ‖ **~ Ламберта/равноугольная** Lambert-Gaußscher winkeltreuer Kegelentwurf *m* ‖ **~/косая** ‖ **~/ломаная** *s.* **~/косая** ‖ **~/лягушечья** Froschperspektive *f* ‖ **~ Меркатора** *(Kart)* Mercator-Projektion *f*, Mercator-Entwurf *m* ‖ **~ Меркатора-Сансона** Mercator-Sansonsche Projektion *f* ‖ **~/меркаторская** *s.* **~ Меркатора** ‖ **~/многогранная** *(Kart)* Polyederentwurf *m* ‖ **~ Мольвейде/равновеликая гомалографическая (псевдоцилиндрическая)** *(Kart)* Mollweidesche Projektion *f*, Mollweidescher flächentreuer kartographischer Entwurf *m* ‖ **~ на отражение** *(Kine)* Aufprojektion *f* ‖ **~ на просвет** *(Kine)* Durchprojektion *f* ‖ **~/неизометрическая** *s.* **~/триметрическая** ‖ **~ неподвижного изображения** *(Kine)* Stehbildprojektion *f* ‖ **~/нормальная** *(Kart)* normaler (polarer) Entwurf *m* ‖ **~/нормальная азимутальная** polarer Azimutalentwurf *m* ‖ **~/нормальная цилиндрическая** normaler Zylinderentwurf *m* ‖ **~/ортогональная** *(Math)* orthogonale Parallelprojektion *f*, senkrechte (orthogonale) Projektion *f*; Normalriß *m* ‖ **~/ортографическая** *(Kart)* orthographische Projektion *f* ‖ **~/ортографическая азимутальная** orthographischer polständiger Azimutalentwurf *m* ‖ **~/ортодромическая** *(Kart)* orthodromische Projektion *f*, Geradwegprojektion *f* ‖ **~ отдельных неподвижных кадров** *(Kine)* Stehbildprojektion *f* ‖ **~/параллельная** *(Math)* 1. Parallelprojektion *f (als Oberbegriff)*; 2. *s.* **~/косая** 2. ‖ **~/параллельно-перспективная** *s.* **~/аксонометрическая** ‖ **~/перспективная** *(Kart)* perspektiver (echter, wahrer) Entwurf *m* ‖ **~/покадровая** *(Kine)* Einzelbildprojektion *f*, Einzelbildwiedergabe *f* ‖ **~/поликоническая** *(Kart)* polykonischer Entwurf *m* ‖ **~/поперечная** *(Kart)* transversaler (querachsiger, äquatorialer) Entwurf *m* ‖ **~/поперечная азимутальная** äquatorialer Azimutalentwurf *m* ‖ **~/поперечная цилиндрическая равноугольная** querachsiger winkeltreuer Zylinderentwurf *m* ‖ **~/произвольная** *(Kart)* vermittelnder Entwurf *m* ‖ **~/профильная** *(Math)* Seitenriß *m (Dreitafelprojektion)* ‖ **~/прямоугольная** *s.* **~/ортогональная** ‖ **~/прямоугольная диметрическая** *(Math)* rechtwinklige (orthogonale) dimetrische Darstellung *f (Axonometrie)* ‖ **~/прямоугольная изометрическая** *(Math)* rechtwinklige (orthogonale) Darstellung *f (Axonometrie)* ‖ **~/прямоугольная цилиндрическая** *(Kart)* abstandstreuer Zylinderentwurf *m* ‖ **~/псевдоконическая** *(Kart)* unechter Kegelentwurf *m* ‖ **~/псевдоцилиндрическая** *(Kart)* unechter Zylinderentwurf *m* ‖ **~/псевдоцилиндрическая произвольная** *(Kart)* vermittelnder unechter Zylinderentwurf *m* ‖ **~/равновеликая** *(Kart)* flächentreuer Entwurf *m* ‖ **~/равновеликая коническая** flächentreuer Kegelentwurf *m* ‖ **~/равновеликая цилиндрическая** flächentreuer Zylinderentwurf *m* ‖ **~/равноплощадная** *s.* **~/равновеликая** ‖ **~/равнопромежуточная** *(Kart)* abstandstreuer Entwurf *m* ‖ **~/равнопромежуточная азимутальная** mittabstandstreuer Azimutalentwurf *m* ‖ **~/равнопромежуточная коническая** abstandstreuer Kegelentwurf *m* ‖ **~/равнопромежуточная цилиндрическая** abstandstreuer Zylinderentwurf *m* ‖ **~/равноугольная** *(Kart)* winkeltreue (konforme) Projektion *f*, winkeltreuer (konformer) Entwurf *m* ‖ **~/равноугольная азимутальная** *s.* **~/стереографическая** ‖ **~/равноугольная коническая** winkeltreuer Kegelentwurf *m* ‖ **~/равноугольная цилиндрическая** *s.* **~ Меркатора** ‖ **~/сквозная** *(Kine)* Durchprojektion *f* ‖ **~/скошенная** *s.* **~/косая** 2. ‖ **~/стереографическая** *(Kart)* stereographische Projektion *f* ‖ **~/стереографическая цилиндрическая** stereographische Zylinderprojektion *f* ‖ **~/стереоскопическая** *(Kine)* stereoskopische Projektion *f*, Raumbildprojektion *f* ‖ **~ телевизионного изображения на большой экран** Fernsehgroß[bild]projektion *f* ‖ **~/трёхцветная** *(Kine)* Dreifarbenprojektion *f* ‖ **~/триметрическая** *(Math)* trimetrische Axonometrie (Projektion) *f*, anisometrische Projektion *f*, Trimetrie *f* ‖ **~/фронтальная** *(Math)* Aufriß *m (Zwei- und Dreitafelprojektion)* ‖ **~/фронтальная диметрическая** *s.* **~/косоугольная диметрическая** ‖ **~/центральная**

проекция

(Math) Zentralprojektion f, Perspektive f ‖ ~/**цилиндрическая** *(Kart)* Zylinderentwurf m, zylindrische Projektion f ‖ ~/**эквивалентная** s. ~/**равновеликая** ‖ ~/**эпископическая** *(Kine)* Epiprojektion f ‖ ~ **Ющенко/звёздная равноугольная** *(Kart)* sternförmige winkeltreue Projektion f nach Justschenko

проём m *(Bw)* Öffnung f, Durchbruch m ‖ ~/**дверной** Türöffnung f ‖ ~/**монтажный** Montageöffnung f ‖ ~/**оконный** Fensteröffnung f ‖ ~/**световой** Lichtöffnung f

проецирование n s. проектирование 2., 3.

проецировать s. проектировать 2., 3.

прожектор m Scheinwerfer m *(s. a. unter фара)* ‖ ~/**дуговой** Kohlebogenscheinwerfer m ‖ ~ **заливающего света** Flutlichtscheinwerfer m ‖ ~/**зенитный** *(Mil)* Flakscheinwerfer m ‖ ~/**облачный** *(Meteo)* Wolkenscheinwerfer m *(zur Bestimmung der Wolkenhöhe)* ‖ ~/**поисковый** Suchscheinwerfer m, Sucher m ‖ ~/**посадочный** Lande[bahn]scheinwerfer m ‖ ~/**следящий** Nachlaufscheinwerfer m

прожектор-искатель m *(Kfz)* Suchscheinwerfer m, Sucher m

прожигание n Durchbrennen n ‖ ~ **отверстий** *(Met)* Lochbrennen n, Lochstechen n

прожилка f 1. Ader f *(in Steinen, z. B. Marmor)*; 2. Faser f *(Holz)*; 3. Ausreißer m *(Extremwert bei einer Meßwertreihe)* ‖ ~/**графитовая** Graphitader f *(Gefüge)*

прожилки mpl *(Geol)* Gangtrümer mpl *(abzweigende Teile der Gänge)*

прожог m Durchbrennen n

прозвучивание n *(Ak)* Durchschallung f

прозорник m *(Eb)* Stoßlückenkeil m, Stoßlückeneisen n, Stoßlückenmeßkeil m

прозрачность f 1. *(Opt)* Transparenz f; Durchsichtigkeit f; Lichtdurchlässigkeit f; 2. *(Photo)* Transparenz f, Durchlässigkeit f *(der photographischen Schwärzung)* ‖ ~ **атмосферы** *(Geoph)* Strahlendurchlässigkeit f der Atmosphäre ‖ ~ **воды [/относительная]** *(Hydrol)* Sichttiefe f ‖ ~ **минералов** *(Min)* Pelluzidät f, Durchsichtigkeit f

прозрачный transparent, durchsichtig, durchscheinend ‖ ~/**совершенно** vollkommen transparent

проиграть s. проигрывать

проигрывание n Abspielen n *(von Schallplatten)*

проигрыватель m [**граммпластинок**] Plattenspieler m ‖ ~/**картонный** *(Eln)* Kartonabspielgerät n ‖ ~/**лазерный** CD-Player m ‖ ~/**стереофонический** Stereoplattenspieler m ‖ ~/**трёхскоростной** dreitouriger Plattenspieler m, Plattenspieler m mit drei Geschwindigkeiten

проигрывать abspielen *(Schallplatten)*

произведение n *(Math)* Produkt n *(Multiplikation)* ‖ ~/**бесконечное** unendliches Produkt n ‖ ~/**булево** Boolesches Produkt n ‖ ~ **вектора/скалярное** s. ~/**векторно-скалярное** ‖ ~/**векторное** Vektorprodukt n, äußeres (vektorielles) Produkt n ‖ ~/**векторно-скалярное** Spatprodukt n, skalares Dreierprodukt n, gemischtes Produkt n ‖ ~ **инерции** *(Mech)* Zentrifugalmoment n, Deviationsmoment n ‖ ~/**логическое** Konjunktion f, logisches Produkt n; logische Multiplikation f ‖ ~ **матриц** Matrizenprodukt n ‖

708

~/**матричное** Matrizenprodukt n ‖ ~/**подстановочное** Permutationsprodukt n ‖ ~ **преобразований** Produkttransformation f ‖ ~ **пространств** Produktraum m ‖ ~/**прямое** direktes Produkt n ‖ ~ **растворимости** *(Ch)* Löslichkeitsprodukt n ‖ ~/**скалярное** Skalarprodukt n, inneres (skalares) Produkt n ‖ ~/**смешанное** s. ~/**векторно-скалярное** ‖ ~/**тензорное** tensorielles Produkt n, Tensorprodukt n ‖ ~/**тройное** s. ~/**векторно-скалярное** ‖ ~/**частичное** Teilprodukt n, Partialprodukt n

произвести s. производить

производительность f 1. Leistung f, Leistungsfähigkeit f, Produktivität f; 2. Förderleistung f *(von Pumpen und Verdichtern)* ‖ ~/**весовая** Massenförderstrom m *(von Pumpen und Verdichtern)* ‖ ~/**годовая** Jahresleistung f ‖ ~/**заданная** vorgegebene Mengenleistung f, Sollmengenleistung f ‖ ~/**максимальная** Höchstleistung f ‖ ~ **машины** Maschinenleistung f *(bezogen auf Arbeitsmaschinen)*; Rechnerleistung f ‖ ~/**минимальная** Mindestleistung f ‖ ~ **на всосе** Saugvermögen n *(Pumpen, Vakuumpumpen)* ‖ ~/**наибольшая** 1. Höchstleistung f; 2. Größtförderstrom m *(von Pumpen und Verdichtern)* ‖ ~/**наивысшая** Höchstleistung f ‖ ~/**наименьшая** Mindestleistung f ‖ ~/**номинальная** 1. Nennleistung f, Regelleistung f; 2. Nennförderstrom m *(von Pumpen und Verdichtern)* ‖ ~/**нулевая** 1. Nulleistung f; 2. Nullförderung f *(von Pumpen und Verdichtern)* ‖ ~/**общая** Gesamtleistung f ‖ ~/**объёмная** Volumenförderstrom m *(von Pumpen und Verdichtern)* ‖ ~/**перегрузочная** *(Förd)* Umschlagleistung f ‖ ~ **по пару** Dampfleistung f ‖ ~/**повышенная** gesteigerte Leistung f, Mehrleistung f ‖ ~/**полезная** Nutzförderstrom m *(von Pumpen und Verdichtern)* ‖ ~/**полная** 1. Gesamtleistung f; 2. Vollförderung f *(Kolbenverdichter)* ‖ ~/**предельная** 1. Grenzleistung f; 2. Grenzförderstrom m *(von Pumpen und Verdichtern)* ‖ ~/**расчётная** 1. rechnerische (theoretische) Leistung (Mengenleistung) f; 2. rechnerischer Förderstrom m *(von Pumpen und Verdichtern)* ‖ ~ **сварки** Schweißleistung f ‖ ~/**сменная** Schichtleistung f *(des Arbeiters)* ‖ ~/**среднесуточная** durchschnittliche Tagesleistung f ‖ ~/**средняя** Durchschnittsleistung f ‖ ~/**суточная** Tagesleistung f *(auf 24 Stunden bezogen)* ‖ ~/**труда** Arbeitsproduktivität f ‖ ~/**удельная** spezifische (bezogene) Leistung f ‖ ~/**фактическая** Istleistung f ‖ ~/**цикловая** *(Fert)* auf nur einen Arbeitsablauf bezogene Produktivität f ‖ ~/**часовая** Stundenleistung f ‖ ~/**эффективная** effektive (nutzbare) Leistung f, effektive Leistungsfähigkeit f

производить s. erzeugen, herstellen, produzieren; 2. hervorrufen, hervorbringen, verursachen; 3. ausführen, durchführen, anstellen, vornehmen; 4. leisten

производная f *(Math)* Ableitung f, Differentialquotient m ‖ ~/**аэродинамическая** partielle Ableitung f von aerodynamischen Kräften (Momenten) ‖ ~/**бесконечная** unendliche (uneigentliche) Ableitung f ‖ ~/**вариационная** Variationsableitung f, Lagrangesche (funktionale) Ableitung f ‖ ~ **вектор-функции** Ableitung f eines Vektors, Ableitung f einer Vektorfunktion ‖ ~ **вто-**

рого порядка Ableitung f zweiter Ordnung ‖ ~ второго порядка/частная partielle Ableitung f zweiter Ordnung ‖ ~ высшего порядка höhere Ableitung f, Ableitung f höherer Ordnung ‖ ~ высшего порядка/частная partielle Ableitung f höherer Ordnung ‖ ~/индивидуальная s. ~/субстанциальная ‖ ~/левосторонняя linksseitige (hintere) Ableitung (Derivierte) f ‖ ~ Ли Liesche Ableitung f, Liesches Differential n ‖ ~/логарифмическая logarithmische Ableitung f ‖ ~/локальная lokale Ableitung f (partielle Ableitung bei Differentiation eines Wechselfeldes) ‖ ~/материальная s. ~/субстанциальная ‖ ~/несобственная s. ~/бесконечная ‖ ~/односторонняя einseitige Ableitung f ‖ ~ по времени Zeitableitung f, zeitliche Ableitung f ‖ ~ по направлению Richtungsableitung f ‖ ~/полная 1. totale Ableitung f; 2. s. ~/субстанциальная ‖ ~ постоянной величины Ableitung f einer Konstanten ‖ ~/правосторонняя rechtsseitige (vordere) Ableitung (Derivierte) f ‖ ~/пространственная räumliche Ableitung f ‖ ~ слева s. ~/левосторонняя ‖ ~/смешанная gemischte Ableitung f ‖ ~/смешанная частная gemischte partielle Ableitung f ‖ ~ справа s. ~/правосторонняя ‖ ~/субстанциальная substantielle (materielle, Eulersche) Ableitung f (Differentiation eines Wechselfeldes) ‖ ~/функциональная s. ~/вариационная ‖ ~/частная partielle Ableitung f

производное n (Ch) Abkömmling m, Derivat n
производный (Math) abgeleitet, deriviert
производственный 1. Betriebs..., Arbeits..., Produktions...; Fertigungs...; 2. Gestehungs... (z. B. Gestehungskosten)
производство n 1. Ausführung f, Durchführung f (einer Arbeit); 2. Produktion f, Erzeugung f, Herstellung f, Fabrikation f, Gewinnung f, Fertigung f; 3. Produktionsprozeß m, Herstellungsprozeß m; 4. Betrieb m, Produktionsbetrieb m ‖ ~/автоматизированное automatisierte Fertigung f ‖ ~/автоматическое automatische Fertigung f ‖ ~/агрегатно-поточное Aggregatfließfertigung f ‖ ~/безлюдное mannlose Fertigung f ‖ ~/безотходное abproduktfreie Produktion f ‖ ~/гибкое автоматизированное (Fert) flexible Produktion (Fertigung) f ‖ ~/годичное (годовое) Jahresproduktion f, Jahreserzeugung f ‖ ~/добавочное Überproduktion f ‖ ~/дополнительное Zusatzproduktion f ‖ ~/единичное (индивидуальное) Einzelfertigung f ‖ ~/интегральное vollautomatisierte Produktion f ‖ ~/конвейерное Fließbandfertigung f ‖ ~/крупносерийное Großserienfertigung f ‖ ~/малоотходное abfallarme Produktion f ‖ ~/массовое Massenfertigung f ‖ ~/мелкосерийное Kleinserienfertigung f ‖ ~/незавершённое unvollendete Produktion f ‖ ~/непрерывное (непрерывно-поточное) kontinuierliche Fertigung (Produktion) f ‖ ~/переменно-поточное Wechselfließfertigung f ‖ ~/поточно-автоматизированное automatisierte Fließfertigung f ‖ ~/поточное Fließfertigung f ‖ ~/прерывно-поточное unstetige (diskontinuierliche) Fließfertigung f ‖ ~/роботизированное von Robotern ausgeführte Produktion f ‖ ~ с использованием (помощью) вычислительной машины rechnergestützte Fertigung f, CAM ‖ ~ с управлением от ЭВМ/интегрированное автоматизированное rechnerintegrierte Fertigung f, CIM ‖ ~/серийное Serienfertigung f ‖ ~/среднесерийное Mittelserienfertigung f

произвольный beliebig, willkürlich, Zufalls...
происхождение n Abstammung f, Herkunft f
происшествие n/дорожно-транспортное Verkehrsunfall m ‖ ~/лётное Flugvorkommnis n ‖ ~/чрезвычайное (Flg) besonderes Vorkommnis n
пройти s. проходить
прокаливаемость f Durchhärtbarkeit f, Härtbarkeit f ‖ ~/сквозная Durchhärtbarkeit f
прокаливание n (Härt) 1. Glühen n; Ausglühen n; 2. Durchhärten n ‖ ~ в вакууме Glühen n im (unter) Vakuum ‖ ~/повторное Nachglühen n
прокаливать (Härt) 1. glühen; ausglühen; 2. durchhärten
прокалить s. прокаливать
прокалывать durchstechen, durchlöchern, perforieren; einstechen
прокат m (Wlz) 1. Walzmaterial n, Walzerzeugnisse npl, Walzware f, Walzgut n; 2. s. unter прокатка ‖ ~/алмазосодержащий diamanthaltiges gewalztes Band n ‖ ~/круглый Rundprofil n ‖ ~/крупносортный стальной Grobstahl m ‖ ~/крупный сортовой Grobstahl m ‖ ~/ленточный Bandgut n ‖ ~/листовой Blech n, Walzblech n ‖ ~/мелкий сортовой Feinstahl m ‖ ~ повышенной точности Präzisionswalzgut n, Präzisionswalzmaterial n ‖ ~/полосовой Bandgut n ‖ ~/сортовой [стальной] Formstahl m, Profilstahl m ‖ ~/средний сортовой Mittelstahl m ‖ ~/стальной Walzstahl m ‖ ~/фасонный [стальной] Formstahl m, Profilstahl m
прокатанный gewalzt ‖ ~ в плоских калибрах flachgewalzt ‖ ~/предварительно vorgewalzt
прокатать s. прокатывать
прокатка f (Wlz) Walzen n ‖ ~/бесконечная Endloswalzen n ‖ ~/бесслитковая Strangwalzen n, blockloses Walzen n, Gießwalzen n ‖ ~ в калибрах Formwalzen n, Kaliberwalzen n ‖ ~ в обжимной клети Vorwalzen n ‖ ~ в один нагрев (передел) Walzen n in einer Hitze ‖ ~ в пакетах Walzen n in Paketen (Blechwalzen) ‖ ~ в партиях Walzen n in Sätzen, satzweises Walzen n ‖ ~ в черновой клети Vorwalzen n, Rohwalzen n ‖ ~/вакуумная Vakuumwalzen n, Vakuumwalzverfahren n ‖ ~/вертикальная Senkrechtwalzen n, Vertikalwalzen n ‖ ~/винтовая s. ~/косая ‖ ~ восьмёркой Walzen n in Achterlagen, Walzen n im Achterpack (Feinbleche) ‖ ~/горячая Warmwalzen n ‖ ~/загот́овок s. ~/бесслитковая ‖ ~ заготовок Knüppelwalzen n ‖ ~ колёсных бандажей Bandagenwalzen n ‖ ~/косая Schrägwalzen n, Schrägwalzverfahren n, Hohlwalzen n (Rohre, Kugeln) ‖ ~ ленты Bandwalzen n ‖ ~ листов Blechwalzen n ‖ ~ листов/горячая Warmwalzen n von Blechen ‖ ~/листовая Tafelwalzen n ‖ ~ листового металла Blechwalzen n ‖ ~ на клин Keilwalzen n (zur Bestimmung der Walzbarkeit und Plastizität) ‖ ~ на ковочных вальцах Walzschmieden n ‖ ~ на минус Walzen n in (auf) Minustoleranzen, Minustoleranzwalzen n ‖

прокатка

~ на оправке Dornen n ‖ ~ на ребро Hochkantwalzen n, Hochkantstich m ‖ ~ пакетами Paketwalzen n, Walzen n mit Doppelung ‖ ~ парочкой Walzen n gedoppelter Bleche ‖ ~ партиями s. ~ в партиях ‖ ~/периодическая Walzen n periodischer Profile ‖ ~/пилигримовая (пильгерная) Pilgern n, Pilger[schritt]walzen n, Pilger[schritt]verfahren n ‖ ~ плоских заготовок Flachwalzen n ‖ ~ полосы Bandwalzen n ‖ ~/поперечная Querwalzen n, Querwalzverfahren n (mit Schrägwalzen) ‖ ~/поперечно-винтовая s. ~/косая ‖ ~/поштучная Walzen n einzelner Tafeln ‖ ~ проволоки Drahtwalzen n ‖ ~/продольная Längswalzen n, Längswalzverfahren n ‖ ~ профилей Formwalzen n, Profilwalzen n ‖ ~/реверсивная Umkehrwalzen n, Umkehrwalzverfahren n, Reversierwalzen n ‖ ~/роликовая Rollwalzen n ‖ ~ рулонным способом Walzen n von Bund, kontinuierliches Walzen n ‖ ~/ручная Freihandwalzen n ‖ ~ с натяжением Walzen n mit Bandzug ‖ ~ с обводом Umführwalzen n (z. B. Drahtwalzen) ‖ ~ с одного нагрева Walzen n in einer Hitze ‖ ~ с охлаждением Kühlwalzen n, Kühlwalzverfahren n ‖ ~ с петлеванием Walzen n mit Schlingenbildung ‖ ~/скоростная Schnellwalzen n ‖ ~ слябов Brammenwalzen n, Flachwalzen n ‖ ~ сортового металла Formwalzen n, Profilwalzen n ‖ ~ сортовой стали Profilstahlwalzen n ‖ ~ стальных полос Flachstahlwalzen n ‖ ~/ступенчатая бесслитковая Gießwalzen n, Gießwalzverfahren n ‖ ~/точная Präzisionswalzen n, Präzisionswalzverfahren n, Genauwalzen n, Genauwalzverfahren n ‖ ~ труб Rohrwalzen n, Rohrwalzverfahren n ‖ ~ труб на оправке Dornwalzen n (Rohrwalzen) ‖ ~/уплотняющая Dichtwalzen n, Verdichtungswalzen n (Pulvermetallurgie) ‖ ~ фасонного прутка Formstrangwalzen n, Profilstrangwalzen n ‖ ~ фольги Folienwalzen n ‖ ~/холодная Kaltwalzen n ‖ ~/черновая Vorwalzen n, Rohwalzen n ‖ ~ четвёрткой Walzen n im Viererpack (Feinbleche) ‖ ~/чистовая Fertigwalzen n, Kaltnachwalzen n ‖ ~ шестёркой Walzen n im Sechserpack (Feinbleche) ‖ ~/штучная Walzen n einzelner Erzeugnisse (Radscheiben, Bandagen, Kugellagergehäuseringe, Kugeln u. dgl.)

прокатостроение n Walzwerk[maschinen]bau m
прокатываемость f Walzbarkeit f
прокатываемый walzbar
прокатывать walzen ‖ ~ в горячем состоянии warmwalzen ‖ ~ в один нагрев in einer Hitze walzen ‖ ~ в холодном состоянии kaltwalzen ‖ ~ начисто fertigwalzen
прокачиваемость f Pumpfähigkeit f
прокачка f Durchpumpen n
прокидка f (Text) Eintragen n, Einführen n (Schuß; Weberei) ‖ ~ микрочелнока Greiferschützenlauf m ‖ ~ уточины Einführung f des Schußfadens ‖ ~/уточная eingeführter Schuß m ‖ ~ уточной нити Eintragen n des Schusses (im Bindungsrapport) ‖ ~ челнока Schützenwurf m
прокипятить durchkochen, aufkochen lassen
прокладка f 1. Verlegen n, Verlegung f, Auslegung f; Installieren n; Installation f (Kabel, Rohrleitungen); 2. Zwischenlage f, Einlage f; Zwischenscheibe f; Abdichtung f, Dichtung f (s. a. unter уплотнение); 3. Abstandsstück n, Abstandshalter m; 4. Absetzen n, Auftragen n (z. B. von Kursen in die Karte) ‖ ~/асбометаллическая (Masch) Asbestmetalldichtung f, Asbestmetallpackung f ‖ ~ в земле (El) Erdverlegung f ‖ ~ в трубах (El) Rohrverlegung n, Verlegung f in Schutzrohren ‖ ~ внутри помещений (El) Innenraumverlegung f ‖ ~/войлочная Filzdichtung f, Filzpackung f ‖ ~ головки блока цилиндров Zylinderkopfdichtung f (Verbrennungsmotor) ‖ ~/истинная Absolut-Zeichnen n, Absolut-Plotten n (Radar) ‖ ~ кабеля (El) Kabel[ver]legung f, Kabelauslegung f ‖ ~/кожаная Lederdichtung f ‖ ~/кольцевая Beilagering m ‖ ~ курса (Schiff) Absetzen n des Kurses ‖ ~ линий s. ~ проводов ‖ ~/металлическая Metalldichtung f; Metalldichtungsscheibe f ‖ ~/металлоасбестовая Metall-Asbest-Dichtung f ‖ ~/открытая (El) Aufputzverlegung f; Aufputzinstallation f ‖ ~/относительная Relativ-Zeichnen n, Relativ-Plotten n (Radar) ‖ ~/переходная Übergangszwischenlage f ‖ ~ проводов (El) Leitungsverlegung f; Leitungsinstallation f ‖ ~ пути (Eb) Gleisverlegung f ‖ ~/резиновая Gummidichtung f, Gummizwischenlage f; Gummischeibe f, Gummieinlage f ‖ ~ рельсов (Eb) Schienenverlegung f ‖ ~/скрытая (El) Unterputzverlegung f; Unterputzinstallation f ‖ ~ труб [-опровода] Rohrverlegung f ‖ ~ трубопровода/бестраншейная grabenloser Leitungsbau m, grabenlose Leitungsverlegung f ‖ ~ трубопровода бурением Durchbohrung f (Leitungsverlegung) ‖ ~ трубопровода выработкой Durchörterung f (Leitungsverlegung) ‖ ~ трубопровода/дюкерная Dükerverlegung f ‖ ~ трубопровода/звеньевая Einzelverlegung f (Leitungen) ‖ ~ трубопровода/клетевая Strangverlegung f (Leitungen) ‖ ~ трубопровода/наземная oberirdische Leitungsverlegung f ‖ ~ трубопровода намывом Leitungseinspülung f ‖ ~ трубопровода/подземная unterirdische Leitungsverlegung f ‖ ~ трубопровода продавливанием Durchpressung f (Leitungsverlegung) ‖ ~ трубопровода/траншейная Leitungsverlegung f im Graben ‖ ~ трубопроводов/панельная (Schiff) Bündelrohrverlegung f ‖ ~/уплотнительная Abdichtung f, Dichtung f, Packung f; Dichtungsscheibe f, Dichtungsbeilage f, Dichtungseinlage f ‖ ~/упругая (Eb) Spannplatte f (Schiene) ‖ ~ уточной нити (Text) Schußeintrag n, Schußeintragung f ‖ ~/фибровая Fiberpackung f; Fiberdichtungsscheibe f, Fiberdichtungseinlage f ‖ ~/фланцевая Flanschdichtung f
прокладчик m/автоматический s. автопрокладчик ‖ ~ пути (Schiff) Koppelanlage f
прокладывание n нити (Text) Fadenlegen n (Wirkerei, Maschenbildung)
прокладывать 1. verlegen, installieren (Kabel, Rohrleitungen); 2. (Typ) durchschießen, einschießen; 3. s. ~ курс ‖ ~ курс (Schiff) den Kurs absetzen ‖ ~ путь (Eb) das Gleis verlegen
проклеивание n 1. Leimen n, Durchleimen n (Papier); 2. (Text) Leimen n, Schlichten n (s. a.

шлихтование) ‖ ~ **основ** (Text) Leimen (Schlichten) n der Kettgarne (Weberei)
проклеивать 1. leimen, mit Leim tränken; mit Leim bedecken; 2. (Text) leimen, schlichten (s. a. шлихтовать); 3. (Pap) leimen
проклеить s. проклеивать
проклейка f 1. Leimen n, Leimung f, Leimungsgrad m; 2. (Text) Schlichten n; 3. (Pap) Leimen n, Leimung f, Durchleimung f ‖ ~ **в массе** (Pap) Leimung f in der Masse, Leimung f im Stoff ‖ ~/**газовая** (Pap) Gasleimung f (mit Dämpfen flüchtiger siliciumorganischer Verbindungen) ‖ ~/**животная** (Pap) tierische Leimung f ‖ ~ **жидким стеклом** (Pap) Wasserglasleimung f ‖ ~/**канифольная** (Pap) Harzleimung f ‖ ~ **монтан-воском** (Pap) Bergwachsleimung f ‖ ~ **основы** (Text) Schlichten (Leimen) n des Kettfadens (Weberei) ‖ ~ **парафиновым клеем** (Pap) Paraffinleimung f ‖ ~/**поверхностная** (Pap) Oberflächenleimung f ‖ ~/**смоляная** (Pap) Harzleimung f
прокованность f Grad m der Durchschmiedung
прокованный geschmiedet, durchgeschmiedet, ausgeschmiedet ‖ ~ **в прутки** in Stäben geschmiedet ‖ ~ **на заготовку** in Blöcken geschmiedet
проковать s. проковывать
проковка f Durchschmieden n, Ausschmieden n ‖ ~ **пакетами (пачками)** Packschmieden n ‖ ~/**холодная** Kaltschmieden n, Hartschmieden n ‖ ~ **шва** s. проколачивание шва
проковываемость f Durchschmiedbarkeit f
проковывать durchschmieden, ausschmieden
прокол m 1. Durchstich m; 2. Durchbruch m (s. a. пробой 2.) ‖ ~ **базы** (Eln) Basisdurchbruch m (Halbleiter) ‖ ~ **иглы** (Text) Nadeleinstich m, Nadeldurchstich m ‖ ~ **ткани** (Text) Rissigwerden n der Ware (Weberei)
проколачивание n шва (Schw) Hämmern n der Schweißnaht
проколка f (Umf) Stechen n ‖ ~ **перемычек** Abgraten n (des Innengrats)
проколоть s. прокалывать
прокрашивание n Durchfärben n
пролёжка f (Led) Abliegen n, Altern n (unerwünschter Vorgang)
пролёт m 1. (Bw) Feld n; Spannweite f, Stützweite f (Träger); 2. (Bw) Öffnung f (Brücke); 3. Halle f; Schiff n; 4. (El) Spannfeld n; 5. (Eln, Ph) Durchtritt m, Flug m (z. B. von Elektronen); 6. (Flg) Durchflug m, Vorüberflug m, Vorbeiflug m, Flyby n ‖ ~/**анкерный** s. ~ натяжки ‖ ~/**береговой** (Bw) Landöffnung f (Brücke) ‖ ~/**боковой** (Bw) Nebenschiff n, Seitenschiff n ‖ ~ **в осях** s. ~/**расчётный** ‖ ~ **в свету** (Bw) lichte (freie, freitragende) Spannweite f ‖ ~/**ваграночный** (Met) Kupolofenhalle f ‖ ~ **водозабора** (Hydt) Entnahmefeld n (Staubecken) ‖ ~ **воздушной линии** (El) Spannfeld n (Spannweite f) einer Freileitung ‖ ~ **выработки** (Bgb) Spannweite f eines Grubenbaus ‖ ~/**горизонтальный** (El) horizontales Spannfeld n (Freileitung) ‖ ~ **затвора** (Hydt) Wehröffnung f ‖ ~/**конвертерный** (Met) Konverterhalle f ‖ ~/**косой** (El) schräges Spannfeld n (Freileitung) ‖ ~/**критический** (El) kritische Spannweite f (Freileitung) ‖ ~/**мачтовый** (El) Mastabstand m, Mastfeld n ‖ ~ **моста**

промежуток

Spannweite f der Brücke ‖ ~ **натяжки** (El) Abspannabschnitt m, Abspannfeld n, Abspannstrecke f (Freileitung) ‖ ~/**натяжной** s. ~ натяжки ‖ ~/**печной** (Met) Ofenhalle f ‖ ~/**разливочный** (Met, Gieß) Gießhalle f ‖ ~/**расчётный** Stützweite f (einer Brücke) ‖ ~/**сборочный** (Masch) Montagehalle f ‖ ~/**скрапный** (Met) Schrotthalle f ‖ ~ **челнока** (Text) Schützenlauf m, Schützendurchgang m (Weberei) ‖ ~ **электронов** Elektronendurchtritt m, Elektronenflug m
пролетать (Flg) überfliegen, vorbeifliegen ‖ ~ **через облака (облачность)** (die Wolkendecke) durchbrechen
проложить s. прокладывать
пролом m Durchbruch m, Durchschlag m
пролювий m (Geol) Proluvium n
промазать s. промазывать
промазка f 1. Einschmieren n; Einfetten n (z. B. Maschinenteile, Waffen als Schutz gegen Verrosten); 2. Verschmieren n (Ritzen); Verkitten n (Fenster)
промазывать 1. einschmieren; einfetten (z. B. Maschinenteile, Waffen als Schutz gegen Verrosten); 2. verschmieren (Ritzen); verkitten (Fenster) ‖ ~ **клеем** (Typ) anschmieren
промакать löschen (mit Löschpapier)
промакнуть s. промакать
промасленный ölgetränkt, geölt
промасливать mit Öl tränken (imprägnieren)
промаслить s. промасливать
промачивание n Durchfeuchten n, Durchfeuchtung f, Durchnässen n, Durchnässung f
промачивать durchfeuchten, durchnässen, durchweichen
промбаза f Industriebasis f
промежуток m 1. Zwischenraum m, Lücke f; Abstand m; Spanne f; Strecke f; 2. Zwischenstück n; 3. (Math) Intervall n ‖ ~/**воздушный** (El) Luftzwischenraum m; Luftstrecke f ‖ ~ **времени** Zeitspanne f, Zeitraum m, zeitlicher Abstand m ‖ ~ **времени между импульсами** (El) Impulsabstand m, Impulspause f ‖ ~/**замкнутый** (Math) abgeschlossenes Intervall n ‖ ~/**защитный (защищающий) [искровой]** (El) Schutzfunkenstrecke f ‖ ~/**измерительный** Meßstrecke f ‖ ~/**измерительный искровой** (El) Meßfunkenstrecke f ‖ ~/**изоляционный** (El) Isolierabstand m; Isolierstrecke f ‖ ~/**искровой** (El) Funkenstrecke f ‖ ~ **между блоками** (Inf) Blockzwischenraum m ‖ ~ **между записями** (Inf) Blocklücke f, Aufzeichnungszwischenraum m ‖ ~ **между зубьями** (Masch) Zahnlücke f ‖ ~ **между полюсами** (El) Pollücke f ‖ ~/**многократный [искровой]** (El) Mehrfachfunkenstrecke f ‖ ~/**открытый** (Math) offenes Intervall n ‖ ~/**параллельный искровой** (El) Parallelfunkenstrecke f ‖ ~/**полузамкнутый** (Math) halboffenes Intervall n ‖ ~/**полуоткрытый** (Math) halboffenes Intervall n f ‖ ~/**разрядный** (El) Entladungsstrecke f, Entladestrecke f ‖ ~/**разъединяющий** (El) Trennstrecke f ‖ ~ **сетка-анод** (Eln) Gitter-Anoden-Strecke f ‖ ~ **сетка-катод** (Eln) Gitter-Kathoden-Strecke f ‖ ~/**тлеющего разряда** Glimmstrecke f ‖ ~/**ускоряющий** (Kern) Beschleunigungsspalt m, Beschleunigungszwischenraum m, Beschleunigungsstrecke f

промежуточный Zwischen..., intermediär
промер m 1. Messung f, Vermessung f; 2. Meßfehler m ‖ ~ **глубин** *(Hydrol)* Peilung f *(Vermessung der Wassertiefe mittels Peilstange, Lot oder Echolot)*
промерзание n Einfrieren n, Zufrieren n; Vereisen n ‖ ~ **рек** *(Hydrol)* völlige Vereisung f bis zur Gewässersohle
промерзать durchfrieren; einfrieren, zufrieren; vereisen
промёрзнуть s. промерзать
промеривать 1. messen, vermessen; 2. falsch (fehlerhaft) messen, Meßfehler begehen
промерить s. промеривать
прометий m *(Ch)* Promethium n, Pm
промодулированный по частоте *(El)* frequenzmoduliert
промоина f s. полынья
промой m Absüßwasser n ‖ ~ **волокна** *(Pap)* Abwasserstoffverlust m
промокаемый feuchtigkeitsdurchlässig
промокать durchnäßt werden, durchnässen, Feuchtigkeit durchlassen
промокнуть s. промокать
проморфизм m s. девитрификация
промотор m *(Ch)* Promotor m, Aktivator m, synergetischer Verstärker m *(Katalyse)*
промочить s. промачивать
промперегрев m Zwischenüberhitzung f
промпродукт m s. продукт/промежуточный
промывалка f *(Ch)* Spritzflasche f ‖ ~ **для газов** Gaswaschflasche f
промывание n s. промывка 1. bis 4.
промыватель m Wascher m, Wäscher m, Waschanlage f, Waschvorrichtung f ‖ ~/**водяной** Wasserwäscher m ‖ ~ **газа** Gaswäscher m ‖ ~ **газа абсорбера** Sättigergaswäscher m *(Ammoniak-Soda-Verfahren)* ‖ ~ **газа колонн** Kolonnengaswäscher m *(Ammoniak-Soda-Verfahren)* ‖ ~/**динамический** Zentrifugal[gas]wäscher m, Desintegrator m ‖ ~/**механический** Standardwäscher m ‖ ~/**противоточный** Gegenstromwäscher m *(Aufbereitung)* ‖ ~/**струйный** Strahlwäscher m ‖ ~/**центробежный** Zentrifugalwäscher m, Fliehkraftwäscher m
промывать 1. waschen, auswaschen, durchwaschen, spülen; 2. *(Bgb)* [ab]läutern, waschen *(Aufbereitung)*; spülen *(Bohrloch)* ‖ ~ **дробину [горячей водой]** *(Brau)* anschwänzen, überschwänzen ‖ ~ **фильтр-прессную грязь** den Scheideschlamm absüßen (auswaschen) *(Zukkergewinnung)*
промывка f 1. Waschen n, Auswaschen n, Spülen n; 2. *(Photo)* Wässern n, Wässerung f *(der Negative und Positive)*; 3. *(Bgb)* Spülung f, Spülen n *(Bohrung)*; 4. *(Bgb)*, Waschen n, Läutern n *(Aufbereitung)*; 5. Waschanlage f; Laugerei f ‖ ~/**алкацидная** Alkazidwäsche f ‖ ~/**барботажная** Durchblasewäsche f ‖ ~ **воздухом** *(Bgb)* Luftspülung f *(Bohrung)* ‖ ~ **волокна на бобине** *(Text)* Spulenwäsche f ‖ ~ **газа** Gaswäsche f, Waschen n *(Naßreinigung f)* des Gases ‖ ~ **горячей водой** Heißwasserspülen n ‖ ~ **дробины [горячей водой]** *(Brau)* Anschwänzen n, Überschwänzen n ‖ ~/**душевое** *(Photo)* Sprühwässerung f ‖ ~/**заключательная** s. ~/окончательная ‖ ~ **мокрых сукон** *(Pap)* Naßfilzwäsche f ‖ ~/**обратная** *(Bgb)* Linksspülen n, indirekte Spülung f, Umkehrspülung f, Counterflush m *(Bohrlochspülung)* ‖ ~/**окончательная** *(Photo)* Schlußwässerung f ‖ ~ **погружением** Tauchspülen n ‖ ~/**последующая** Nachwaschen n ‖ ~/**промежуточная** *(Photo)* Zwischenwässerung f ‖ ~/**противоточная** Gegenstromwaschung f ‖ ~/**прямая** *(Bgb)* Rechtsspülung f, Direktspülung f *(Bohrlochspülung)* ‖ ~/**прямоточная** Reihenspülen n ‖ ~ **руды** Erzwäsche f *(Aufbereitung)* ‖ ~ **скважины** *(Bgb)* Bohrlochspülung f, Bohrlochspülen n ‖ ~/**струйная** Brausespülen n, Strahlspülen n ‖ ~/**ультразвуковая** Ultraschallwäsche f, Ultraschallwaschen n, Ultraschallspülen n ‖ ~ **фильтрационной грязи** Kuchenabsüßung f, Absüßen (Auswaschen) n des Zuckers aus dem Scheideschlamm ‖ ~/**финишная** s. ~/окончательная ‖ ~ **шерсти** *(Text)* Wollwäscherei f
промывочный 1. Spül..., Wasch...; 2. *(Bgb)* Spülungs...
промысел m 1. Gewerbe n; Erwerbszweig m; 2. Fang m *(Fischerei)* ‖ ~/**автономный** autonomer Fang m, autonome Fischerei f ‖ ~/**близнецовый** Tucken n, Tuckfischerei f, Gespann[schleppnetz]fischerei f ‖ ~/**донный** Grundfischen n, Fischen n am Grund ‖ ~/**дрифтерный** Treibnetzfischerei f, Treibnetzfang m ‖ ~/**кошельковый** Ringwadenfischerei f, Ringwadenfang m ‖ ~/**морской** Hochseefischerei f, Hochseefang m ‖ ~/**одиночный** Scheren n, Scherbrettfischerei f, Einspännerfischerei f ‖ ~/**охотничий** Jagdgewerbe n ‖ ~/**парный** s. ~/близнецовый ‖ ~/**пелагический** pelagisches Fischen n ‖ ~/**прибрежный** Küstenfischerei f, Küstenfang m ‖ ~/**разноглубинный** pelagisches Fischen n ‖ ~/**рыбный** 1. Fischereigewerbe n; 2. Fischfang m, Fischerei f ‖ ~/**снюрреводный** Snurrewadenfischerei f ‖ ~/**траловый** Schleppnetzfischerei f, Schleppnetzfang m ‖ ~/**экспедиционный** Flotillenfang m, Flotillenfischerei f ‖ ~/**ярусный** Langleinenfischerei f
промысловый 1. Gewerbe...; 2. Fang...
промыть s. промывать
промышленность f Industrie f ‖ ~/**авиационная** Flugzeugindustrie f, Flugzeugbau m ‖ ~/**автомобильная** Kraftfahrzeugindustrie f, Kraftfahrzeugbau m ‖ ~/**бродильная** Gärungsindustrie f, Gärungsgewerbe n ‖ ~/**бумажная** Papierindustrie f ‖ ~/**вагоностроительная** Waggonbauindustrie f, Waggonbau m ‖ ~/**военная** Rüstungsindustrie f ‖ ~/**газовая** Gasindustrie f, Industriezweig m Gaserzeugung und Gasverarbeitung *(umfaßt die Gewinnung von Erdgas und künstlich erzeugtem Gas als Energiequelle und chemischen Rohstoff)* ‖ ~/**горная (горнодобывающая)** Bergbau m, Montanindustrie f ‖ ~/**горнорудная** Erzbergbau m ‖ ~/**деревообрабатывающая** holzverarbeitende Industrie f ‖ ~/**добывающая** Grundstoffindustrie f ‖ ~/**железорудная** Eisenerzbergbau m ‖ ~/**золотодобывающая** Goldbergbau m ‖ ~/**инструментальная** Werkzeugindustrie f ‖ ~/**калийная** Kalibergbau m; Kaliindustrie f ‖ ~/**каменноугольная** Steinkohlenbergbau m ‖ ~/**картонажная и бумагоперерабатывающая** karto-

nagen- und papierverarbeitende Industrie *f* ‖ ~/**керамическая** Keramikindustrie *f*, keramische Industrie *f* ‖ ~/**кондиторская** Süßwarenindustrie *f* ‖ ~/**лакокрасочная** Lack- und Farbenindustrie *f*, Anstrichmittelindustrie *f* ‖ ~/**лёгкая** Leichtindustrie *f* ‖ ~/**лесохимическая** Industrie *f* der chemischen Holzverarbeitung ‖ ~/**литейная** Gießereiindustrie *f*, Gießereiwesen *n* ‖ ~/**локомотивостроительная** Lokomotivbauindustrie *f*, Lokomotivbau *m* ‖ ~/**макаронная** Teigwarenindustrie *f* ‖ ~/**машиностроительная** Maschinenbau *m*, Maschinenbauindustrie *f* ‖ ~/**мебельная** Möbelindustrie *f* ‖ ~/**меднорудная** Kupfererzbergbau *m* ‖ ~/**металлургическая** Industrie *f*, Hüttenwesen *n* ‖ ~/**молочная** Molkereiindustrie *f* ‖ ~/**мукомольно-крупяная** Mühlenindustrie *f (Herstellung von Mehl- und Schälprodukten)* ‖ ~/**мыловаренная** Seifenindustrie *f* ‖ ~/**мясная** Fleischwarenindustrie *f* ‖ ~/**нефтегазовая** Erdöl- und Erdgasindustrie *f* ‖ ~/**нефтедобывающая** erdölgewinnende Industrie *f* ‖ ~/**нефтеперерабатывающая** erdölverarbeitende Industrie *f* ‖ ~/**нефтехимическая** petrolchemische Industrie *f* ‖ ~/**нефтяная** Erdölindustrie *f* ‖ ~/**обрабатывающая** [weiter]verarbeitende Industrie *f*; Veredlungsindustrie *f (Verarbeitung des Materials der Grundstoffindustrie)* ‖ ~/**огнеупоров** Feuerfestindustrie *f* ‖ ~/**отечественная** inländische Industrie *f* ‖ ~/**парфюмерно-косметическая** kosmetische Industrie *f* ‖ ~/**пивоваренная** Brauindustrie *f* ‖ ~/**пищевая** Nahrungsmittelindustrie *f*, Lebensmittelindustrie *f* ‖ ~ **пищевых концентратов** Nahrungsmittelkonzentratindustrie *f*, Fertigegericht-Industrie *f* ‖ ~/**пластических масс** Kunststoffindustrie *f* ‖ ~/**плодоовощная** obst- und gemüseverarbeitende Industrie *f* ‖ ~/**подшипниковая** Lagerindustrie *f (Wälzlager, Gleitlager)* ‖ ~/**полиграфическая** [poly]graphische Industrie *f* ‖ ~/**полупроводниковая** Halbleiterindustrie *f* ‖ ~/**приборостроительная** Geräteindustrie *f* ‖ ~/**прокатная** Walzwerkswesen *n* ‖ ~/**радиотехническая** Rundfunkindustrie *f*; Funkindustrie *f* ‖ ~/**резиновая** Gummiindustrie *f* ‖ ~/**рудная** Erzbergbau *m* ‖ ~/**рудодобывающая** Erzbergbau *m* ‖ ~/**рыбная** Fischwarenindustrie *f*, Fischereiindustrie *f (Fischfang und -verarbeitung)* ‖ ~/**сахарная** Zuckerindustrie *f* ‖ ~/**силикатная** Silikatindustrie *f* ‖ ~/**сильноточная** Starkstromindustrie *f*, starkstromtechnische Industrie *f* ‖ ~ **синтетических красителей** Farbstoffindustrie *f* ‖ ~/**слаботочная** Schwachstromindustrie *f*, schwachstromtechnische Industrie *f* ‖ ~/**сланцевая** Ölschieferindustrie *f* ‖ ~/**соляная** Kochsalzindustrie *f (Kochsalzgewinnung und Aufbereitung für Speisezwecke)* ‖ ~/**спиртовая** Spiritusindustrie *f*, Spritindustrie *f (Herstellung von Roh- und rektifiziertem Spiritus)* ‖ ~/**спичечная** Zündholzindustrie *f* ‖ ~/**станкостроительная** Werkzeugmaschinenindustrie *f* ‖ ~/**стекольная** Glasindustrie *f* ‖ ~/**строительная** Bauindustrie *f* ‖ ~ **строительных материалов** Baustoffindustrie *f* ‖ ~/**судостроительная** Schiffbau *m*, Schiffbauindustrie *f* ‖ ~/**табачно-махорочная** Tabakwarenindustrie *f* ‖ ~/**текстильная** Textilindustrie *f* ‖ ~/**топливная** Brennstoffindustrie *f (Gewinnung und Verarbeitung von Kohle, Erdöl, Torf, Erdgas- und Ölschiefer; Kokerei; Herstellung von synthetischen Kraftstoffen und Gas)* ‖ ~/**торфяная** Torfindustrie *f (Torfgewinnung und Herstellung von Preßtorfsteinen)* ‖ ~/**трикотажная** Wirkwarenindustrie *f*, Strickwarenindustrie *f* ‖ ~/**тяжёлая** Kohlebergbau *m*; Kohleindustrie *f* ‖ ~/**угольная** Kohlebergbau *m*; Kohleindustrie *f* ‖ ~/**фарфоро-фаянсовая** Porzellan- und Steingutindustrie *f* ‖ ~/**химико-фармацевтическая** chemisch-pharmazeutische Industrie *f* ‖ ~/**химическая** chemische Industrie *f* ‖ ~/**хлопкоочистительная** Baumwollaufbereitungsindustrie *f* ‖ ~/**хлопчатобумажная** Baumwollindustrie *f* ‖ ~/**холодильная** Kühlwirtschaft *f* ‖ ~/**целлюлозная** Celluloseindustrie *f* ‖ ~/**целлюлозно-бумажная** Zellstoff- und Papierindustrie *f* ‖ ~/**цементная** Zementindustrie *f* ‖ ~/**чайная** Teeindustrie *f (Behandlung und Abpackung des Rohtees in Spezialfabriken)* ‖ ~/**часовая** Uhrenindustrie *f* ‖ ~/**швейная** Bekleidungsindustrie *f* ‖ ~/**шерстяная** Wollindustrie *f* ‖ ~/**электронная** Elektronikindustrie *f* ‖ ~/**электротехническая** Elektroindustrie *f*, elektrotechnische Industrie *f*
промышленный Industrie..., industriell
проникание *n* Durchdringen *n*, Durchdringung *f*; Eindringen *n*
проникать durchdringen; eindringen
проникновение *n* s. проникание
проникнуть s. проникать
проницаемость *f* 1. Durchdringungsfähigkeit *f*; Durchlässigkeit *f*, Durchdringbarkeit *f*; 2. Durchdringungsvermögen *n (Strahlung)*; Strahlungshärte *f (Röntgenstrahlen)*; 3. Durchgriff *m*, Permeabilität *f (Röhre, Gitter)*; 4. Durchlässigkeit *f*, Permeabilität *f (Festkörper)*; 5. *(Ph)* Permeation *f*, Durchdringung *f*, Durchlaß *m (von Ionen oder Gasen durch ein poröses Medium)*; 6. s. ~/магнитная ‖ ~/**абсолютная диэлектрическая** *(El)* absolute Permittivität (Dielektrizitätskonstante) *f* ‖ ~/**абсолютная магнитная** *(El)* absolute Permeabilität *f* ‖ ~/**активная магнитная** wirksame Permeabilität *f*, Wirkpermeabilität *f* ‖ ~/**амплитудная** Überlagerungspermeabilität *f* ‖ ~/**анодная** *(Eln)* Anodendurchgriff *m* ‖ ~ **балласта** *(Eb)* Durchlässigkeit *f* der Bettung ‖ ~ **барьера** *(Ph)* Durchlaßkoeffizient *m*, Durchdringungswahrscheinlichkeit *f*, Durchlässigkeit *f* des Potentialwalls *(Quantenphysik)* ‖ ~ **вакуума/абсолютная диэлектрическая** *(El)* absolute Dielektrizitätskonstante *f*, dielektrische Konstante *f* des Vakuums, elektrische Feldkonstante *f* ‖ ~ **вакуума/абсолютная магнитная** absolute Permeabilität *f* des Vakuums, magnetische Feldkonstante *f*, Induktionskonstante *f* ‖ ~/**вязкая** Reihenwiderstandspermeabilität *f (Imaginärteil der komplexen Permeabilität)* ‖ ~/**динамическая магнитная** Wechselfeldpermeabilität *f* ‖ ~/**дифференциальная диэлектрическая** *(El)* differentielle Dielektrizitätskonstante *f* ‖ ~/**дифференциальная магнитная** differentielle Permeabilität *f* ‖ ~/**диэлектрическая** *(El)* Permittivität *f*, Dielektrizitätskonstante *f* ‖ ~ **для лучей** *(Kern)* Strahlendurchlässigkeit *f* ‖ ~ **для нейтронов** *(Kern)* Neutronendurchläs-

проницаемость

sigkeit f ll ~/**кажущаяся магнитная** Scheinpermeabilität f, scheinbare Permeabilität f ll ~/**комплексная диэлектрическая** (El) komplexe Dielektrizitätskonstante f ll ~/**комплексная магнитная** komplexe Permeabilität f ll ~/**консервативная** s. ~/упругая ll ~/**консумптивная** s. ~/вязкая ll ~/**магнитная** 1. [magnetische] Permeabilität f, Permeabilitätskonstante f, Induktionskonstante f, magnetischer Leitwert m, magnetische Leitfähigkeit f; 2. s. ~/относительная магнитная ll ~/**начальная магнитная** Anfangspermeabilität f ll ~/**необратимая магнитная** irreversible Permeabilität f ll ~/**обратимая магнитная** reversible Permeabilität f ll ~/**обычная** normale (gewöhnliche) Permeabilität f ll ~/**оптическая** optische Durchlässigkeit f ll ~/**относительная диэлектрическая** (El) relative Permittivität f, relative Dielektrizitätskonstante) f ll ~/**относительная магнитная** relative Permeabilität[szahl] f ll ~/**полная магнитная** totale Permeabilität f ll ~/**постоянная** (Eln) konstanter Durchgriff m ll ~ **постоянных магнитов/амплитудная** permanente Permeabilität f (Permanentmagnete) ll ~/**реактивная [магнитная]** s. ~/вязкая ll ~/**реверсивная диэлектрическая** (El) reversible Dielektrizitätskonstante f ll ~/**реверсивная магнитная** s. ~/обратимая магнитная ll ~ **сетки** (Eln) Gitterdurchgriff m ll ~/**статическая магнитная** Gleichfeldpermeabilität f ll ~/**температурная** (Eln) Temperaturdurchgriff m ll ~/**упругая** Reiheninduktivitätspermeabilität f (Realteil der komplexen Permeabilität) ll ~ **экранирующей (экранной) сетки** (Eln) Schirmgitterdurchgriff m
проницаемый durchlässig, permeabel
проницание n Durchdringung f
проницать durchdringen
прообраз m (Math) Urbild n, Original n
проолифить firnissen
пропадание n **сигналов** Signalausfall m, Aussetzer m, Drop-out n
пропадиен m (Ch) Propadien, Allen n
пропан m (Ch) Propan n
пропаривание n 1. Dämpfen n; 2. (Bw) Bedampfen n, Dampfbehandlung f (Betonfertigteile); 3. (Schiff) Ausdämpfen n (eines Tanks) ll ~ **бетона** Dampferhärtung f (Beton) ll ~ **в рубашке** Haubenbedampfung f (Beton) ll ~ **камерное** Kammerbedampfung f (Beton) ll ~/**предварительное** (Text) Vordämpfen n ll ~/**туннельное** Tunnelbedampfung f (Beton) ll ~/**ямное** Grubenbedampfung f (Beton)
пропариватель m (Lw) Dämpfanlage f, Dämpfer m ll ~ **фляг** (Lw) Dampfsterilisations- und Spülgerät n für Milchkannen und -flaschen
пропаривать dämpfen
пропарить s. пропаривать
пропарка f s. пропаривание
пропахивать (Lw) 1. durchpflügen; 2. hacken (mit der Hackmaschine)
пропашка f (Lw) 1. Durchpflügen n; 2. Hacken n, Verhacken n (Bodenauflockerung der Kulturen mit der Hackmaschine)
пропашной (Lw) Hack..., Pflege...
пропеллер m (Flg) Luftschraube f, Propeller m
пропен m (Ch) Propen n, Propylen n

пропечатывание n Kopiereffekt m
пропил m 1. Sägeschnitt m; Schnittfuge f; Riefe f; 2. (Eln) Schnittfugenbreite f (Scheibenbearbeitung); 3. (Ch) Propyl n
пропилен m (Ch) Propylen n, Propen n
пропилитизация f (Geol) Propylitisierung f
пропиловый (Ch) Propyl...
пропитанный getränkt ~ **маслом** (El) ölgetränkt, ölimprägniert
пропитать s. пропитывать
пропитка f 1. Tränken n, Durchtränken n; Imprägnieren n; 2. Imprägnieren n, Abdichten n (von Gußteilen); 3. (Met) Tränken n (Pulvermetallurgie); 4. (Geol) Imprägnation f ll ~ **автоклавным способом** Kesseltränkung f, Drucktränkung f, Kesseldrucktränkung f ll ~/**водонепроницаемая** (Text) Wasserschutzimprägnierung f ll ~ **древесины с торца** Saftverdrängungsverfahren n, Boucherieverfahren n (Holzschutzverfahren) ll ~ **литья** Gußimprägnierung f ll ~ **маслом** Öltränkung f, Ölimprägnierung f ll ~ **металлизационных покрытий** chemische Nachbehandlung f der gespritzten Metallüberzüge, Imprägnierverfahren n ll ~ **металлом** Tränken n mit Metall, Metallisierung f (Pulvermetallurgie) ll ~ **отливок** Guß[teil]imprägnierung f, Guß[teil]abdichtung f ll ~ **способом бандажей и суперобмазок** Diffusionsverfahren n, Osmoseverfahren n ll ~ **способом горяче-холодных ванн** Heiß-Kalt-Tränkung f ll ~ **цветными составами** (Bw) Einfärben n ll ~ **шпал** (Eb) Tränken n der Schwellen
пропитываемость f Tränkungsvermögen n
пропитывание n s. пропитка
пропитывать 1. tränken, durchtränken; imprägnieren; 2. abdichten, imprägnieren (Gußteile)
проплав m (Met) Schmelzleistung f; Durchsatz m (des Schmelzofens)
проплавление n Ausschmelzen n (z. B. Ofenfutter, Wachsmodell); Einbrand m (z. B. Schweißgut) ll ~/**глубокое** (Schw) Tiefeinbrand m ll ~ **кромок** (Schw) Flankeneinbrand m ll ~ **основного материала** (Schw) Einbrand m in den Grundwerkstoff
проплавлять (Met) [er]schmelzen, ausschmelzen; durchschmelzen
пропласток m (Geol) Zwischenmittel n, Zwischenschicht f
прополка f (Lw) Jäten n ll ~/**химическая** chemische Unkrautbekämpfung f
пропорционально-интегрально-дифференциальный (Reg) proportional-integral-differential, PID-...
пропорционально-интегральный (Reg) proportional-integral, Proportional-Integral-..., PI-...
пропорциональность f (Math) Proportionalität f ll ~/**обратная** umgekehrte (indirekte) Proportionalität f ll ~/**прямая** direkte Proportionalität f
пропорциональный proportional ll ~/**обратно** umgekehrt (indirekt) proportional ll ~/**прямо** direkt proportional ll ~ **скорости вращения** drehzahlproportional
пропорция f (Math) Proportion f, Verhältnis n ll ~/**арифметическая** arithmetische Proportion f ll ~/**гармоническая** harmonische Proportion f ll ~/**геометрическая** geometrische Proportion (Analogie) f ll ~/**непрерывная** stetige (kontinu-

ierliche) Proportion f, Medietät f ‖ ~/**непрерывная гармоническая** stetige (kontinuierliche) harmonische Proportion f ‖ ~/**производная** abgeleitete Proportion f (durch korrespondierende Addition bzw. Addition und Subtraktion erhaltene Proportion)
пропуск m 1. Durchlassen n; 2. Auslassen n; Versäumen n, Versäumnis n; 3. leere (freie) Stelle f, Lücke f; 4. Durchlaß m; 5. Passierschein m; 6. (Wlz) Stich m, Durchgang m, Walzstich m (s. a. unter проход 4.); 7. Stich m (Ofengewölbe; s. a. unter проход 5.); 8. (Schiff) Leckage f ‖ ~ **в обжимной клети** (Wlz) Vor[walz]stich m ‖ ~ **в серии импульсов** (El) Impulslücke f ‖ ~/**верхний** (Wlz) Oberstich m ‖ ~ **вспышки** (Kfz) Zündungsaussetzer m (Gemischzündung; Verbrennungsmotor) ‖ ~/**гибочный** (Wlz) Biegestich m ‖ ~/**двойной** (Wlz) Doppelstich m ‖ ~/**диагональный** (Wlz) Diagonalstich m ‖ ~/**единичный** (Wlz) Einzelstich m ‖ ~ **зажигания** s. ~ **вспышки** ‖ ~ **импульса** (El) Impulslücke f ‖ ~/**нижний** (Wlz) Unterstich m ‖ ~/**обратный** (Wlz) Rück[wärts]gang m, Rücklauf m, Rückwärtskaliber n, Rückwärtsstich m ‖ ~/**осаживающий** (Wlz) Stauchstich m, Hochkantstich m, Kantstich m ‖ ~/**отдельный** (Wlz) Einzelstich m ‖ ~ /**чистовой** ‖ ~ **паводка** (Hydt) Hochwasserableitung f ‖ ~/**первый** (Wlz) Anstich m ‖ ~/**полирующий** s. ~/чистовой ‖ ~/**последний** (Wlz) Fertigstich m ‖ ~/**предотделочный** (Wlz) Vorschlichtstich m, Vorpolierstich m, Vorglättstich m ‖ ~/**пробный** (Wlz) Probestich m ‖ ~/**прогладочный** s. ~/чистовой ‖ ~/**продольный** (Wlz) Längsstich m ‖ ~/**профилирующий** (Wlz) Profilstich m ‖ ~/**ребровый** (Wlz) Stauchstich m, Hochkantstich m ‖ ~/**ручьевой** (Wlz) Kaliberstich m, Formstich m ‖ ~ **строк** Zeilenvorschub m (Drucker) ‖ ~/**толстый** (Text) Dickstelle f, doppelter Durchlauf m (Fasermaterial) ‖ ~/**тонкий** (Text) Dünnstelle f ‖ ~/**фасонный** (Wlz) Kaliberstich m, Formstich m ‖ ~/**холостой** (Wlz) Blindkaliber n, blindes (totes) Kaliber m ‖ ~ **частоты** (El) Frequenzlücke f ‖ ~ **через калибр** (Wlz) Kaliberstich m, Formstich m ‖ ~/**черновой** (Wlz) Formstich m, Vor[walz]stich m, Grobstich m, Rohgang m ‖ ~/**чистовой** (Wlz) Schlichtstich m, Polierstich m, Glättstich m; Fertigstich m ‖ ~ **шва** (Text) Nahtdurchlauf m
пропускаемость f Transmissionsgrad m, Durchlaßvermögen n (Photometrie)
пропускание n 1. Durchlaß m, Durchlassung f; Durchgang m, Transmission f; 2. Durchlässigkeit f; Transparenz f ‖ ~/**направленное** gerichtete Transmission (Durchlassung) f (Photometrie) ‖ ~/**рассеянное** gestreute (diffuse) Transmission (Durchlassung) f (Photometrie)
пропускать 1. durchlassen, einlassen; 2. auslassen, fortlassen; 3. versäumen, verpassen; 4. (Wlz) anstecken; 5. (Schiff) durchführen, durchstecken (Längsspanten durch Bodenwrangen)
пропускающий durchlässig, Durchlaß... ‖ ~ **свет** lichtdurchlässig
пропустить s. пропускать
проработка f **деталей** Detailpurchzeichnung f (Film) ‖ ~ **скважины** (Bgb) Kalibrieren n des Bohrloches

прорастаемость f Keimfähigkeit f (Getreidekörner)
прорастание n (Lw) Keimen n
прорастить s. проращивать
проращивание n (Lw) Ankeimen n, Vorkeimen n (Kartoffel); Anquellen n, Vorquellen n (Saatgut)
проращивать (Lw) vorkeimen, ankeimen (Kartoffel); vorquellen, anquellen (Saatgut)
прорвать s. прорывать
проредить s. прореживать
прореживание n (Lw) Vereinzeln n, Ausdünnen n, Verziehen n (Rüben, Gemüse, Mais); Auslichten n (Obstbäume); (Forst) Lichten n, Durchforsten n
прореживатель m (Lw) Vereinzelungsmaschine f, Vereinzelungsgerät n
прореживать (Lw) vereinzeln, ausdünnen, verziehen; auslichten
прорезание n (Fert) spanendes Einarbeiten n (von Nuten); Einstechen n ‖ ~ **канавки (паза)** spanendes Nuteneinarbeiten n
прорезать (Fert) spanend einarbeiten; einstechen; nuten; kerben ‖ ~ **канавку (паз)** nuten ‖ ~ **пилой** einsägen
прорезинивание n (Gum) Gummieren n, Gummierung f
прорезинивать (Gum) gummieren
прорезинить s. прорезинивать
прорезка f s. прорезание
прорезь f Schlitz m, Einschnitt m, Kerbe f; Ringnut f; (Led) Schnittloch n ‖ ~/**всасывающая** Saugschlitz m (Verbrennungsmotor) ‖ ~/**нагнетательная** Druckschlitz m (Verbrennungsmotor) ‖ ~ **прицела** Visierkimme f, Kimme f (einer Handfeuerwaffe) ‖ ~/**разрабатываемая** auszubaggernde Rinne f, auszubaggernder Kanal m, Baggerrine f, Baggerkanal m ‖ ~/**распределительная** Steuerschlitz m (Verbrennungsmotor) ‖ ~/**судоходная** Fahrrinne f (für Schiffe) ‖ ~/**черпаковая** Baggerschlitz m (Eimerkettenschwimmbagger)
проржаветь durchrosten
проржавление n Durchrosten n, Durchrostung f
прорость f eingewachsene Rinde f, Rindeneinschluß m (durch Beschädigung der Baumrinde entstandener Holzfehler) ‖ ~/**закрытая** überwachsener Rindeneinschluß m, Wundüberwallung f ‖ ~/**открытая** Borkentasche f, Rindentasche f
прорубать 1. durchhauen, aufhauen, durchbrechen; 2. (Schm) schlitzen ‖ ~ **просеку** (Forst) eine Schneise schlagen
прорубить s. прорубать
прорыв m 1. Durchbruch m, Durchbrechung f; Ausbruch m; 2. (Bgb) Einbruch m, Ausbruch m ‖ ~ **воды** (Bgb) Wassereinbruch m ‖ ~ **газа** Gaseinbruch m; Gasausbruch m, Gaseruption f ‖ ~ **горна** Herddurchbruch m (Schachtofen); Gestelldurchbruch m (Hochofen) ‖ ~ **плотины** (Hydt) Dammbruch m ‖ ~ **плывуна** (Bw) Schwimmsand[durch]bruch m; (Bgb) Schwimmsandeinbruch m ‖ ~ **формы** (Gieß) Durchgehen n der Form ‖ ~ **футеровки** (Met) Futterdurchbruch m, Durchbruch m (eines Schmelzofens)
прорывать durchreißen, zerreißen
прорывка f (Lw) Ausdünnen n (Rüben) (s. a. прореживание)

просадка f 1. Einsinken n, Absinken n, Senkung f; 2. *(Flg)* Durchsacken n ‖ ~ **пути** *(Eb)* Gleissenkung f
просадочность f **грунта** *(Bw)* Setzungsempfindlichkeit f
просаливать 1. durchsalzen, [ein]salzen; 2. mit Fett [durch]tränken, [ein]fetten
просалить s. просаливать 2.
просачивание n 1. Durchsickern n, Durchsickerung f; Versickern n, Versickerung f; 2. Durchfeuchtung f ‖ ~ **краски через бумагу** *(Typ)* Versickern n, Durchschlagen n der Farbe
просачиваться [durch]sickern; versickern
просверливать *(Fert)* 1. durchbohren; 2. vorbohren
просверлить s. просверливать
просвет m 1. Lücke f, Zwischenraum m; Abstand m; Spalt m; 2. Durchsicht f; 3. lichte Weite f; *(Wkzm)* Ständerweite f *(bei Zweiständermaschinen)*; 4. Lichtstreifen m, Lichtschimmer m ‖ ~ **бумаги** *(Pap)* Durchsicht f ‖ ~ **бумаги/клочковатый** flockige Durchsicht f ‖ ~ **бумаги/облачный** wolkige Durchsicht f ‖ ~ **бумаги/ровный** klare Durchsicht f ‖ ~ **в насаждении** *(Forst)* Bestandslücke f ‖ ~ **в станине** *(Wlz)* Ständerfenster n *(am Walzgerüst)* ‖ ~ **грузового люка** *(Schiff)* Ladelukenöffnung f ‖ ~/**дорожный** *(Kfz)* Bodenfreiheit f ‖ ~ **между валками** *(Wlz)* Walzspalt m ‖ ~ **сита** [lichte] Maschenweite f eines Siebes ‖ ~ **станины** *(Wlz)* Ständerfenster n
просветить s. просвечивать
просветление n *(Opt)* Aufhellung f; Vergütung f, Oberflächenvergütung f *(optischer Gläser und Linsen)* ‖ ~ **линзы** Linsenvergütung f ‖ ~ **объектива** Vergütung f des Objektivs
просветлённый 1. *(Eln)* entspiegelt *(Bildröhre)*; 2. *(Opt)* vergütet *(Objektiv)*
просветляющий s. просвечивающий
просвечивание n 1. Durchleuchtung f, Durchstrahlung f, Durchstrahlungsverfahren n; 2. *(Typ)* Durchschlagen n *(Farbe)*; 3. Durchscheinen n *(Papier)* ‖ ~ **рентгеновскими лучами** Röntgendurchleuchtung f, Röntgendurchstrahlung f, Röntgenoskopie f ‖ ~/**сейсмическое** *(Geol)* seismische Durchstrahlung (Tomographie) f ‖ ~/**скважинное радиоволновое** Funkmutung f *(Bohrlochgeophysik)*
просвечивать 1. durchleuchten; 2. ausleuchten, inspizieren, optisch abtasten *(Flaschenreinigung)*
просвечивающий durchscheinend, diaphan; lichtdurchlässig, strahlungsdurchlässig
просев m 1. s. просеивание; 2. Unterkorn n, Siebdurchgang m, Siebdurchlaß m; 3. *(Lw)* Lichte f *(lichte Stelle im Saatbestand)*
просеватель m Siebmaschine f
просевать s. просеивать
просеивание n 1. Sieben n, Durchsieben n, Absieben n; 2. Sichten n ‖ ~/**мокрое** Feuchtsiebung f, Naßsieben n ‖ ~/**сухое** Trockensiebung f
просеивать 1. [durch]sieben, absieben; 2. sichten; 3. beuteln *(Mehl)*
просек m *(Bgb)* Begleitstrecke f, Nebenstrecke f; Durchhieb m

просека f *(Forst)* Gestell n, Durchhau m, Schneise f ‖ ~/**второстепенная** Nebenschneise f ‖ ~/**главная** Hauptschneise f, Hauptgestell n, Flügelstreifen m, Wirtschaftsstreifen m ‖ ~/**квартальная** Quergestell n, Einteilungslinie f ‖ ~/**охранная** Schutzgestell n ‖ ~/**поперечная** s. ~/квартальная ‖ ~/**противопожарная** Feuergestell n, Feuerschneise f
просечка f 1. Einschnitt m, Auskerbung f; 2. Lochen n, Durchbrechen n *(beim Schmieden oder Lochstanzen)* ‖ ~/**боковая** *(Photo)* Randkerbe f, Schaltkerbe f
просеять s. просеивать
проскакивание n Überspringen n, Überschlag m *(Funken)*
проскакивать überspringen, überschlagen *(Funken)*
проскальзывание n *(Masch)* Schlupf m, Gleitschlupf m, Rutschen n • **без проскальзывания** schlupffrei ‖ ~ **ленты** Bandschlupf m *(Magnettonband)* ‖ ~ **муфты** Rutschen n der Kupplung ‖ ~ **при качении** *(Trib)* Schlupf m beim Wälzen ‖ ~ **ремня** Riemenschlupf m, Riemenrutschen n ‖ ~ **тормоза** Rutschen n der Bremse ‖ ~ **цифрового сигнала** *(Nrt)* Taktausfall m
проскальзывать rutschen *(Riemen, Kupplung, Bremse, Seil)*
проскок m Zurückschlagen n *(der Gasbrennerflamme)* ‖ ~ **пламени** Flammenrückschlag m
проскользнуть s. проскальзывать
прослаивание n Zwischenschichtung f
прослаивать zwischenschichten
проследование n **поезда/сквозное** *(Eb)* Zugdurchfahrt f, Durchfahrt f
прослеживание n Verfolgung f *(Spur)*; Nachlauf m *(in der Bahn)* ‖ ~ **пути** Bahnverfolgung f
прослоек m 1. *(Bgb)* Zwischenmittel n, Mittel n, Einlagerung f; 2. s. прослойка 1. ‖ ~/**породный** Zwischenmittel n, Bergemittel n, Gesteinsmittel n ‖ ~/**породы** s. ~/породный ‖ ~/**угольный** Kohlenschmitz m, Kohlenschmitze f
прослой m s. прослоек 1.
прослойка f 1. Zwischenschicht f, Trennschicht f; Zwischenlage f; 2. *(Geol)* s. пропласток; 3. *(Bgb)* s. прослоек 1. ‖ ~/**газовая** Gasfilm m ‖ ~/**изоляционная** *(El)* Isolationszwischenschicht f ‖ ~/**смазочная** schmierende Zwischenschicht f, Schmier[mittel]schicht f
прослушать s. прослушивать
прослушивание n *(Nrt)* Abhören n, Mithören n
прослушивать *(Nrt)* mithören, abhören
просмаливать teeren, mit Teer tränken, pichen, auspichen
просматривание n Durchmusterung f
просматривать durchmustern
просмолённый geteert, mit Teer getränkt
просмолить s. просмаливать
просмотр m Durchsicht f *(von Texten)* ‖ ~ **таблицы** *(Inf)* Tabellensuchen n ‖ ~ **файла** *(Inf)* Dateiabtastung f
просмотреть s. просматривать
просолить s. просаливать 1.
просорушка f 1. Hirsemühle f *(als Betrieb)*; 2. s. станок/просорушальный
просос m *(Text)* Lässigkeitsverlust m *(Chemiefaserherstellung)*
просочиться s. просачиваться

простенок m *(Bw)* Scheidemauer f, Zwischenmauer f, Zwischenwand f, Steg m
простереться s. простираться
простирание n [пласта] *(Geol)* Streichen n *(einer Schicht)*
простираться 1. sich erstrecken, sich ausdehnen; 2. *(Geol)* streichen
простой m 1. Stillstand m, Ausfall m; 2. Wartezeit f, Haltezeit f, Ausfallzeit f; 3. Standzeit f, Liegezeit f; 4. Totzeit f, Stillstandzeit f, Leerlauf m ‖ ~/**аварийный** störungsbedingter Ausfall m ‖ ~ **вагонов** *(Eb)* Wagenstandzeit f, Standzeit f ‖ ~/**производственный** Betriebsunterbrechung f
пространственно-центрированный *(Krist)* raumzentriert, innenzentriert
пространственный räumlich, dreidimensional, Raum..., Stereo...
пространство n Raum m ‖ ~/**абстрактное** *(Math)* abstrakter Raum m ‖ ~/**адресное** *(Inf)* Adreßraum m ‖ ~/**адсорбционное** *(Ch)* Adsorptionsraum m ‖ ~/**анодное** *(Eln)* Anodenraum m *(Glimmentladung)* ‖ ~/**анодное тёмное** Anodendunkelraum m *(Glimmentladung)* ‖ ~/**астоново тёмное** Astonscher Dunkelraum m *(Glimmentladung)* ‖ ~/**аффинное** *(Math)* affiner Raum m ‖ ~/**банахово** *(Math)* Banach-Raum m ‖ ~/**бесконечномерное** *(Math)* unendlichdimensionaler Raum m ‖ ~/**бесконечномерное линейное** unendlichdimensionaler linearer Raum m ‖ ~/**бесстоечное призабойное** *(Bgb)* stempelfreie Abbaufront f ‖ ~/**векторное** *(Math)* Vektorraum m, Vektorgebilde n ‖ ~/**взаимодействия** *(Ph)* Wechselwirkungsraum m ‖ ~/**виртуальное адресное** *(Inf)* virtueller Adreßraum m ‖ ~/**внегалактическое** *(Astr)* extragalaktischer Raum m ‖ ~/**внеземное** *(Astr)* extraterrestrischer Raum m ‖ ~/**воздушное** Luftraum m ‖ ~/«**возрастающее**» *(Brau)* Schaum-Steigraum m *(im Flotationstank)* ‖ ~/**вредное** schädlicher Raum m, Schadraum m *(Dampfmaschine; Hubkolbenverdichter)* ‖ ~/**выпуклое** *(Math)* konvexer Raum m ‖ ~/**выработанное** 1. *(Bgb)* Abbauhohlraum m, Alter Mann m, offener Abbauraum m; 2. *(Glas)* Arbeitsraum m *(Schmelzofen)* ‖ ~/**газоразрядное** *(El)* Gasentladungsraum m ‖ ~/**гильбертово** *(Math)* Hilbert-Raum m ‖ ~/**гиперболическое** *(Math)* hyperbolischer (Lobatschewskischer) Raum m, Lobatschewski-Raum m ‖ ~/**грязевое** Schlammraum m *(einer Reinigungszentrifuge)* ‖ ~ **для обмотки** *(Eln)* Wickelraum m, Wickelfenster n ‖ ~ **для процессов** *(Inf)* Prozeßraum m *(auf den Nutzer orientierter Teil des virtuellen Prozeßraums)* ‖ ~/**евклидово** *(Math)* euklidischer Raum m, Versatzfeld f ‖ ~/**занимаемое** beanspruchter Raum m ‖ ~/**затрубное** *(Erdöl)* Ringraum m *(Raum zwischen Verschlagsrohr und Bohrlochwand)* ‖ ~ **изображений** 1. *(Opt)* Bildraum m; 2. *(Math)* Resultatraum m, Unterraum m ‖ ~/**изотопическое** *(Kern)* [Iso[topen]-spinraum m, Isoraum m, isotoper Raum (Spinraum) m, Isobarenspinraum m, isobarer Spinraum m ‖ ~ **кадра** *(Kine)* Bildraum m ‖ ~/**катодное** *(Eln)* Kathodenraum m ‖ ~/**катодное тёмное** Kathodendunkelraum m, Hittorfscher (Crookesscher) Dunkelraum m, innerer Dunkel-

raum m *(Glimmentladung)* ‖ ~/**кольцевое** 1. Ringspalt m, ringförmiges Brechmaul n *(eines Kegelbrechers)*; 2. *(Erdöl)* Ringraum m *(Bohrloch)* ‖ ~/**компенсационное** *(Bgb)* Kompensationsraum m, Ausgleichsraum m *(Sprengung)* ‖ ~/**комплексное векторное** *(Math)* komplexer Vektorraum m ‖ ~/**конечномерное** *(Math)* endlichdimensionaler Raum m ‖ ~/**космическое** Weltraum m, Kosmos m ‖ ~ **Лебега** *(Math)* Lebesguescher Raum m ‖ ~/**линейное** linearer Raum m, Vektorraum m ‖ ~/**линейное функциональное** linearer Funktionenraum m ‖ ~ **Лобачевского** s. ~/гиперболическое ‖ ~ **лучей** [между объектом и изображением] *(Opt)* Strahlenraum m ‖ ~/**межбортное** *(Schiff)* Wallgang m *(Zweihüllenschiff)* ‖ ~/**межгалактическое** *(Astr)* intergalaktischer Raum m ‖ ~/**междубашенное** Raum m zwischen den Seitenkästen *(Schwimmdock)* ‖ ~/**междубунное** *(Hydt)* Buhnenfeld n ‖ ~/**междудонное** *(Schiff)* Doppelboden m ‖ ~/**междужелезное** *(El)* Luftzwischenraum m, Luftspalt m ‖ ~/**междусеточное** *(El)* Gitterzwischenraum m ‖ ~/**междутрубное** Mantelraum m *(eines Wärmeaustauschers)* ‖ ~/**междуэлектродное** *(El)* Zwischenelektrodenraum m, Elektrodenabstand m ‖ ~/**межзвёздное** *(Astr)* interstellarer Raum m ‖ ~/**межпланетное** *(Astr)* interplanetarer Raum m ‖ ~/**межтарелочное** *(Ch)* 1. Tellerzwischenraum m *(einer Tellerzentrifuge)*; 2. Bodenzwischenraum m *(einer Destillationskolonne)* ‖ ~/**межтрубное** *(Erdöl)* Ringraum m *(Bohrloch)* ‖ ~/**n-мерное** *(Math)* n-dimensionaler Raum m ‖ ~/**n-мерное арифметическое (векторное)** *(Math)* n-dimensionaler Vektorraum m ‖ ~/**метрическое** *(Math)* metrischer Raum m ‖ ~ **Минковского** *(Math)* Minkowski-Raum m, Minkowski-Welt f ‖ ~/**мировое** Weltraum m ‖ ~/**многомерное** *(Math)* mehrdimensionaler (höherdimensionaler) Raum m ‖ ~ **молекулы/фазовое** Gasphasenraum m, μ-Phasenraum m ‖ ~/**накрывающее** *(Math)* Etalraum m, etalierter Raum m ‖ ~ **невесомости** *(Astr)* schwereloser Raum m ‖ ~/**неэвклидово** *(Math)* nichteuklidischer Raum m ‖ ~/**нормированное** *(Math)* normierter Raum m ‖ ~ **объектов** s. ~/**предметное** ‖ ~/**околоземное космическое** *(Astr)* erdnaher interplanetarer Raum m, erdnaher Weltraum m ‖ ~/**оригинальное** *(Math)* Objektraum m, Objektbereich m ‖ ~/**открытое космическое** *(Astr)* freier Weltraum m ‖ ~/**охлаждающее** *(Kält)* Kühlbereich m; Kühlraum m ‖ ~/**очистное** *(Bgb)* Abbauraum m ‖ ~/**паровое** *(Wmt)* Dampfraum m ‖ ~ **печи** Ofenraum m ‖ ~/**печи/рабочее** *(Met, Gieß)* Ofen[herd]raum m *(des Herdofens)*; nutzbares Schachtvolumen n *(des Schachtofens)*; Ofennutzraum m, Ofenarbeitsraum m, Schmelzkammer f; Schmelzzone f *(Schachtofen)*; Herdraum m *(Herdofen)* ‖ ~/**подпалубное** *(Schiff)* Unterstau m ‖ ~/**подситовое** Raum m unter der Horde *(Raum zwischen dem Kastenboden und dem Hordenblech; Mälzerei)*; *(Brau)* Raum m unterhalb des Senkbodens *(im Läuterbottich)* ‖ ~/**полное** *(Math)* vollständiger Raum m ‖ ~/**предметное** *(Opt)* Objektraum m, Dingraum m ‖ ~ **предметов** s.

пространство

~/предметное ‖ ~/предпечное *(Met)* Vorherd *m*, Sammler *m* ‖ ~/призабойное *(Bgb)* abbaustoßnaher Raum *m*; sohlennaher Raum *m* ‖ ~/проективное *(Math)* projektiver Raum *m* ‖ ~/рабочее Prozeßraum *m*; Arbeitsraum *m (in denen technologische Prozesse ablaufen)*; Bewegungsraum [für die Bewegung von Führungsgetriebe und Fahrwerk eines IR) ‖ ~/разрежённое Vakuum *n*, luftleerer (luftverdünnter) Raum *m* ‖ ~/разрядное *(El)* Entladungsraum *m* ‖ ~/реакционное *(Ch)* Reaktionsraum *m* ‖ ~ решений *(Math)* Entscheidungsraum *m* ‖ ~/риманово *(Math)* Riemannscher Raum *m*, Riemannsche Mannigfaltigkeit *f* ‖ ~/рубашечное Mantelraum *m (einer Kühltrommel, eines Wärmeübertragers)* ‖ ~ с полной мерой *(Math)* vollständiger Maßraum *m* ‖ ~/свободное космическое *(Astr)* freier Weltraum *m* ‖ ~/сегментированное адресное *(Inf)* segmentierter Adreßraum *m* ‖ ~ сетка-анод *(Eln)* Gitter-Anoden-Raum *m*, Gitter-Anoden-Abstand *m* ‖ ~ сетка-катод *(Eln)* Gitter-Kathoden-Raum *m*, Gitter-Kathoden-Abstand *m* ‖ ~ сжатия Verdichtungsraum *m (Verbrennungsmotor; Hubkolbenverdichter)* ‖ ~/системное *(Inf)* Systemraum *m (Teil des virtuellen Adreßraums)* ‖ ~ скоростей *(Mech)* Geschwindigkeitsraum *m* ‖ ~/соковое Saftraum *m*, Brüdenraum *m (Zuckergewinnung)* ‖ ~/сопряжённое *(Math)* dualer (adjungierter) Raum *m* ‖ ~/сопряжённое векторное *(Math)* dualer Vektorraum *m* ‖ ~ состояний *(Math)* Zustandsraum *m*; Phasenraum *m* ‖ ~/спиновое *(Kern)* Spinraum *m* ‖ ~/сферическое *(Math)* sphärischer Raum *m* ‖ ~ счётчика/чувствительное *(Kern)* Zählraum *m*, Zählvolumen *n (Zählrohr)* ‖ ~/тёмное *(El)* Dunkelraum *m (Glimmentladung)* ‖ ~/топологическое *(Math)* topologischer Raum *m* ‖ ~/топочное Feuerraum *m*, Verbrennungsraum *m (Ofen)* ‖ ~/трёхмерное *(Math)* dreidimensionaler Raum *m* ‖ ~/фазовое *(Mech)* Phasenraum *m (eines mechanischen Systems)* ‖ ~/фарадеево тёмное Faradayscher Dunkelraum *m (Glimmentladung)* ‖ ~ Финслера *(Math)* Finslerscher Raum *m*, Finslersche Mannigfaltigkeit *f* ‖ ~/функциональное *(Math)* Funktionsraum *m* ‖ ~ Фурье *(Math)* Fourier-Raum *m* ‖ ~/цветовое Farbenraum *m*, Vektorraum *m* der Farben *(Photometrie)* ‖ ~ цилиндра/мёртвое *(Kfz)* Totraum *m* des Zylinders ‖ ~/четырёхмерное *(Math)* vierdimensionaler Raum *m* ‖ ~ Эйнштейна *(Math)* Einsteinsche Mannigfaltigkeit *f*, Einsteinscher Raum *m*, Einstein-Raum *m*

пространство-время *n (Math)* Raum-Zeit *f*, Raumzeit *f*

пространство-оригинал *n (Math)* Objektraum *m*, Objektbereich *m*

прострачивание *n (Text)* Durchnähen *n*

прострачивать *(Text)* durchnähen

прострел *m* Durchschießen *n* ‖ ~ скважины *(Bgb)* Auskesseln *n* eines Bohrlochs *(Kesselschießen)*

простреливание *n* 1. Durchschießen *n*; 2. *(Bgb)* Kesselschießen *n (Sprengtechnik)* ‖ ~ скважины *s.* прострел скважины

простреливать durchschießen

прострелить *s.* простреливать

проступание *n* [краски] Durchschlagen *n (Farbe)*

проступать durchschlagen *(Farbe)*

проступь *f* Trittbrett *n*, Trittstufe *f*

просушивание *n* Trocknung *f*, Trocknen *n*, Austrocknung *f*, Austrocknen *n*

просушивать [aus]trocknen

просушить *s.* просушивать

просушка *f s.* просушивание

просчёт *m*/**контрольный** Kontrollrechnung *f*

протактиний *m (Ch)* Protaktinium *n*, Pa

проталкиватель *m (Wlz)* Durchstoßvorrichtung *f*

проталкивать durchstoßen, durchdrücken

протаскивание *n* Durchziehen *n*, Durchschleppen *n*

протаскивать 1. schleppen, schleifen; 2. *(El)* einziehen *(z. B. Leitungsdraht in ein Isolierrohr)*; durchfädeln *(Leitung)*

протачивать *(Fert)* andrehen, langdrehen ‖ ~ канавку Nut einstechen

протащить *s.* протаскивать

протеид *m (Ch)* Proteid *n*

протеин *m (Ch)* Protein *n*

протеинопласт *m* Proteinkunststoff *m*

протёк *m (Schw)* durchgelaufenes (erstarrtes) Schweißgut *n (Nahtfehler)*

протекание *n* 1. Vorbeifließen *n*, Vorbeiströmen *n*; 2. Durchfließen *n*; Lecken *n*, Laufen *n*; 3. Verlauf *m (der Zeit, eines Vorgangs)* ‖ ~/безнапорное *(Hydt)* staufreier Durchfluß *m* ‖ ~ жидкого металла Durchschweißen *n*, Durchschmelzen *n*, Durchbrechen *n (Schweißgut)* ‖ ~ затвердевания *(Met)* Erstarrungsverlauf *m* ‖ ~ кривой *(Math)* Kurvenverlauf *m* ‖ ~ реакции *(Ch)* Reaktionsverlauf *m* ‖ ~ сварочной ванны Durchlaufen *n* des Schweißgutes ‖ ~ тока *(El)* Stromdurchgang *m*, Strom[durch]fluß *m*, Stromtransport *m*

протекать 1. vorbeifließen, vorbeiströmen; 2. durchfließen, durchsickern; 3. undicht sein, lecken, laufen; 4. verlaufen, verfließen *(Zeit)*; ablaufen *(Vorgang)*

протекающий undicht, leck *(Gefäße)*

протектор *m* 1. Schutzeinrichtung *f*; 2. *(Kfz) s.* ~ покрышки; 3. *(Bgb)* Protektor *m (Bohrgestängeschutz)*; 4. Opferanode *f*, Schutzanode *f (Korrosionsschutz)* ‖ ~ покрышки *(Kfz)* Lauffläche *f*, Protektor *m (Bereifung)* ‖ ~ с рисунком *(Kfz)* profilierte Lauffläche *f* ‖ ~/цинковый Zinkschutzanode *f*

протерозой *m s.* 1. эратема/протерозойская; 2. эра/протерозойская

протечь *s.* протекать

противень *m (Met)* Pfanne *f*

противоаварийный Antihavarie...

противовес *m* Gegenmassestück *n* ‖ ~/гидравлический hydraulischer Masseausgleich *m* ‖ ~/грузовой 1. *(Masch)* Ausgleichsmassestück *n (z. B. für Spindelstöcke)*; 2. *(Schiff)* Lastseilbirne *f* ‖ ~ квадранта Neigungsmassestück *n*

противовзрывной Explosionsschutz...

противовключение *n (El)* Gegen[einander]schaltung *f*

противовспениватель *m* Schaumverhütungsmittel *n*, Schaumverhinderungsmittel *n*

противогаз m Schutzmaske f ‖ ~/**бескоробочный** filterbüchsenlose Schutzmaske f ‖ ~/**кислородный изолирующий** Sauerstoffschutzgerät n, Atemschutzgerät n ‖ ~/**учебный** Übungs[schutz]maske f ‖ ~/**фильтрующий** filtrierende Schutzmaske f
противогазовый Gasschutz...
противогнилостный fäulnishindernd
противодавление n Gegendruck m, Rückdruck m ‖ ~ **выпуска** Abgasgegendruck m ‖ ~ **грунта** (Bw) Bodenauftrieb m ‖ ~ **фильтрационной воды** (Hydt) Wasserauftrieb m
противодействие n (Mech) Gegenwirkung f, Rückwirkung f, Reaktion f
противодействовать entgegenwirken, rückwirken
противодиффузия f Gegendiffusion f
противоизлучение n (Kern) Gegenstrahlung f
противоизносный verschleißhemmend
противоион m (Kern) Gegenion m
противокомпаундирование n (El) Gegenkompoundierung f
противокоррозионный korrosionsschützend, antikorrosiv, Korrosionsschutz...; rostschützend, Rostschutz...
противолежащий gegenüberliegend, in Gegenstellung
противолуна f (Meteo) Gegenmond m
противоместность f (Nrt) Rückhördämpfung f
противомодуляция f (Rf, TV) Gegenmodulation f
противомягчитель m (Gum) Versteifer m
противонамагничивание n (El) Gegenmagnetisierung f
противообледенитель m 1. Enteiser m; 2. Enteisungsmittel n
противообрастающий anwuchsverhindernd, bewuchsverhindernd (Anstrichsreife)
противооползневый Rutschsicherungs...
противоореальный (Photo) lichthoffrei
противоосколочный splittersicher, Splitterschutz...
противопожарный Feuerschutz..., Brandschutz..., Feuerlösch...
противополе n (El) Gegenfeld n
противоположный entgegengesetzt, gegenläufig, Gegen...
противорадиолокационный Antiradar..., Radarabwehr...
противорадиолокация f Antiradar n
противоракета f Raketenabwehrrakete f, Antirakete f, Gegenrakete f ‖ ~ **ближнего действия** Antirakete f geringer Reichweite ‖ ~ **дальнего действия** Antirakete f großer Reichweite
противоракетный Raketenabwehr...
противореакция f (Ph) Gegenreaktion f
противоречивость f Widersprüchlichkeit f
противоречивый widersprüchlich
противоросник m Taukappe f (Teleskop)
противосветоститель m Lichtschutzmittel n, Alterungsschutzmittel n gegen Lichteinwirkung
противосвязь f (El) Gegenkopplung f, negative Rückkopplung f • **с противосвязью** gegengekoppelt, Gegenkopplungs... ‖ ~/**анодная** Anodengegenkopplung f
противосияние n (Astr) Gegenschein m (Zodiakallicht)

противослой m (Photo) Lichthofschutzschicht f
противосовпадение n (Ph) Antikoinzidenz f
противосолнце n (Meteo) Gegensonne f
противостаритель m Alterungsschutzmittel n
противостояние n (Astr) Opposition f (Konstellation bei Elongation = 180°)
противосумерки pl (Meteo) Gegendämmerung f
противотактный Gegentakt...
противотечение n Gegenströmung f
противоток m (Wmt) Gegenstrom m (von Heiz- und Kühlmedium)
противоточный im Gegenstrom [geführt], nach dem Gegenstromprinzip, Gegenstrom...
противоугон m (Eb) Gleisklemme f, Wanderschutz m, Wanderschutzklemme f (Vorrichtung zur Verhinderung des Schienenwanderns) ‖ ~/**болтовой** Schraubenklemme f ‖ ~/**клиновой** Keilklemme f
противоутомитель m Ermüdungsschutzmittel n
противофаза f (El) Gegenphase f, entgegengesetzte Phase f • **в противофазе** gegenphasig, in Gegenphase
противофазность f (El) Gegenphasigkeit f, entgegengesetzte Phasenlage f, Phasenopposition f
противофазный (El) gegenphasig
противоходный gegenläufig
противоэдс m (El) Gegen-EMK f, gegenelektromotorische Kraft f
противоэлемент m (El) Gegenzelle f (Akkumulator)
противоюзный (Kfz) Antiblockier... (Bremsen)
проти́й m (Ch) Protium n, leichter Wasserstoff m
протир m (Eln) Wischer m (Scheibenherstellung)
проткнуть s. протыкать
протогалактика f (Astr) Protogalaxie f
протозвезда f (Astr) Protostern m
протозвёздный (Astr) protostellar
протоземля f (Astr) Protoerde f, Urerde f
проток m 1. (Hydrol) Seitenarm m, Nebenarm m (eines Flusses); 2. (Hydrol) Verbindungsflußlauf m (zwischen zwei Seen); 3. (Bgb, Hydr) Vorfluter m, Vorflut f; 4. (Glas) Durchlaß m (Wannenofen)
протокол m **ассемблера** (Inf) Assemblerprotokoll n ‖ ~ **вывода** (Inf) Ausgabeprotokoll n ‖ ~ **изменений** (Inf) Änderungsprotokoll n ‖ ~ **отладки программы** (Inf) Programmprotokoll n ‖ ~ **ошибок** (Inf) Fehlerprotokoll n ‖ ~ **проверки** Prüfprotokoll n ‖ ~ **трансляции** (Inf) Übersetzungsprotokoll n
протокристаллизация f (Geol) Erstkristallisation f, Frühkristallisation f
протолкнуть s. проталкивать
протон m (Kern) Proton n ‖ ~ **большой энергии** energiereiches Proton n ‖ ~/**вторичный** sekundäres Proton n ‖ ~ **малой энергии** energiearmes Proton n ‖ ~/**налетающий** einfallendes Proton n ‖ ~ **отдачи** Rückstoßproton n ‖ ~ **распада** Zerfallsproton n ‖ ~/**резонансный** Resonanzproton n ‖ ~/**ядерный** Kernproton n
протонно-стимулированный protonenstimuliert
протопирамида f Protopyramide f, Pyramide f erster Art
протопланета f (Astr) Protoplanet m, Urplanet m
протопневматолиз m s. автопневматолиз
протоскопление n [**галактик**] (Astr) Proto[galaxien]haufen m
протосолнце n (Astr) Ursonne f (Kosmogonie)

протоспутник *m (Astr)* Ursatellit *m*, Protomond *m (Kosmogonie)*
прототип *m (Meß)* Prototyp *m*, Urtyp *m* ‖ ~ **лимба** Mutterteilkreis *m*, Musterteilkreis *m* ‖ ~ **метра** Meterprototyp *m* ‖ ~ **поверхности** Oberflächenprototyp *m*
проточка *f (Masch)* Nut *f*, Ringnut *f*, Eindrehung *f* ‖ ~ **резьбы** Gewinderille *f*
протрава *f* 1. Beizen *n (z. B. Holz)*; Ätzen *n*, Einätzen *n (z. B. Verzierungen in Metalle) (s. a. unter* протравливание*)*; 2. Beize *f*, Beizmittel *n*; Ätzmittel *n*; 3. *(Lw)* s. протравитель ‖ ~**/алюминиевая** Tonerdebeize *f* ‖ ~**/масляная** Ölbeize *f* ‖ ~**/оловянная** Zinnbeize *f*, Pinksalz *n (Ammoniumchlorostannat)*
протравитель *m* 1. Beizmittel *n*, Saat[gut]beizmittel *n*, Saatgutbeize *f*; 2. *s.* протравливатель ‖ ~**/ртутный** *(Lw)* Quecksilberbeizpräparat *n*
протравить *s.* протравливать
протравка *f s.* протравливание
протравление *n s.* протравливание
протравливание *n* Beizen *n*, Beizung *f*, Beize *f*; Ätzen *n*, Ätzung *f* ‖ ~**/влажное** *(Lw)* Naßbeize *f*, Naßbeizung *f*, Feuchtbeize *f* ‖ ~**/влажное термическое** *(Lw)* Heißwasserbeize *f*, Warmwasserbeize *f* ‖ ~**/медное** *(Glas)* Kupferbeizen *n*, Rotbeizen *n* ‖ ~**/мокрое** *s.* ~/влажное ‖ ~**/полусухое** *(Lw)* Benetzungsbeize *f*, Benetzungsbeizung *f* ‖ ~ **семян** *(Lw)* Saatgutbeizung *f* ‖ ~**/серебряное** *(Glas)* Silberbeizen *n*, Gelbbeizen *n* ‖ ~**/сухое** *(Lw)* Trockenbeize *f*, Trockenbeizung *f*
протравливатель *m (Lw)* Beizgerät *n*, Beizer *m*, Beizmaschine *f*
протравливать beizen; ätzen, einätzen *(z. B. Verzierungen in Metalle)* ‖ ~ **семена** *(Lw)* Saatgut beizen
протравлять *s.* протравливать
протрактор *m (Schiff)* Doppelwinkelmesser *m*
протуберанец *m (Astr)* Protuberanz *f* ‖ ~**/активный** aktive Protuberanz *f* ‖ ~**/восходящий** aufsteigende Protuberanz *f* ‖ ~**/долгоживущий** langlebige Protuberanz *f* ‖ ~**/корональный** koronale Protuberanz *f* ‖ ~**/короткоживущий** kurzlebige Protuberanz *f* ‖ ~**/облачнообразный** *s.* ~/спокойный ‖ ~**/петлеобразный** Bogenprotuberanz *f*, Loop-Protuberanz *f* ‖ ~**/спокойный** ruhende (stationäre) Protuberanz *f* ‖ ~ **типа солнечных пятен** Fleckenprotuberanz *f* ‖ ~**/эруптивный** eruptive Protuberanz *f*
протуберанец-спектроскоп *m (Astr)* Protuberanzenspektroskop *m*
протыкать durchstechen
протягивание *n* 1. *(Met)* Ziehen *n*; Recken *n*, Strecken *n*; 2. *(Fert)* Ziehräumen *n* ‖ ~ **в горячем состоянии** *(Met)* Warmziehen *n* ‖ ~ **в холодном состоянии** *(Met)* Kaltziehen *n* ‖ ~**/вертикальное** *(Fert)* Senkrechtziehräumen *n* ‖ ~**/внутреннее** *(Fert)* Innenziehräumen *n* ‖ ~**/горизонтальное** *(Fert)* Waagerechtziehräumen *n* ‖ ~ **кабеля** Kabel[ver]legung *f (bei Erdkabeln)* ‖ ~**/наружное** *(Fert)* Einziehen *n* des Kabels *(bei Röhrenkabeln)* ‖ ~**/наружное** *(Fert)* Außenziehräumen *n* ‖ ~**/плоское** Planziehräumen *n* ‖ ~**/черновое** *(Fert)* Schruppziehräumen *n* ‖ ~**/чистовое** *(Fert)* Schlichtziehräumen *n*
протягивать 1. ziehen; 2. *(Fert)* ziehräumen

протяжение *n* 1. Ausdehnung *f*, Erstreckung *f*, Weite *f*, Strecke *f*; Länge *f*, Entfernung *f*; 2. Zeitspanne *f*, Zeitraum *m*
протяжённость *f* Länge *f*, Ausdehnung *f* • **большой протяжённости** langgestreckt ‖ ~ **записи** Aufzeichnungslänge *f* ‖ ~ **импульса** Impulslänge *f* ‖ ~ **источника света** geometrische Ausdehnung *f* der Lichtquelle
протяжка *f* 1. Ziehen *n*, Zug *m (Ziehpresse)*; 2. *(Schm)* Recken *n*, Strecken *n*, Reckung *f*, Strekkung *f*; 3. *(Wkz)* Ziehräumnadel *f*, Ziehräumwerkzeug *n*, Räumwerkzeug *n*, Räumnadel *f*; 4. *(Text)* Flottung *f (Maschenbildung)* ‖ ~**/винтовая** *(Wkz)* Ziehräumnadel *f* mit spiralförmigen Zähnen ‖ ~**/выглаживающая** *(Wkz)* Glättnadel *f* ‖ ~ **для наружного протягивания** *(Wkz)* Außenziehräumnadel *f* ‖ ~**/калибрующая** *(Wkz)* Kalibriernadel *f* ‖ ~**/квадратная** *(Wkz)* Vierkantziehräumwerkzeug *n* ‖ ~**/круглая** *(Wkz)* Rundziehräumwerkzeug *n* ‖ ~**/круглая винтовая** spiralförmiges Rundziehräumwerkzeug *n* ‖ ~ **ленты** Bandvorschub *m* ‖ ~ **модели** *(Gieß)* Modelldurchziehen *n* ‖ ~**/наружная** *(Wkz)* Außenziehräumwerkzeug *n* ‖ ~ **плёнки** Filmtransport *m* ‖ ~**/плоская** *(Wkz)* Planziehräumwerkzeug *n* ‖ ~ **прогрессивного резания** *(Wkz)* Ziehräumnadel *n (Räumnadel f)* mit progressiver Schnittaufteilung ‖ ~**/профильной** *(Met)* Profilziehen *n*; Profilzug *m* ‖ ~**/профильная** *(Wkz)* Profilziehräumwerkzeug *n* ‖ ~ **с регулируемой калибрующей частью** *(Wkz)* Ziehräumwerkzeug *n (Räumnadel f)* mit einstellbarem Kalibrierteil ‖ ~**/сборная** *(Wkz)* zusammengesetztes (zusammengebautes) Ziehräumwerkzeug *n*, zusammengesetzte (zusammengebaute) Räumnadel *f* ‖ ~ **со спиральными зубьями** *s.* ~/винтовая ‖ ~ **со съёмной калибрующей частью** *(Wkz)* Ziehräumnadel *f* mit abnehmbarem Kalibrierteil ‖ ~**/составная** *s.* ~/сборная ‖ ~**/твердосплавная** *(Wkz)* Hartmetallziehräumwerkzeug *n*, hartmetallbestückte Räumnadel *f* ‖ ~ **труб** Rohrziehen *n*, nahtloses Ziehen *n* von Rohren ‖ ~**/уплотняющая** *s.* ~/выглаживающая ‖ ~**/цельная** *(Wkz)* einteiliges Ziehräumwerkzeug *n*, einteilige Räumnadel *f* ‖ ~ **цельной конструкции** *s.* ~/цельная ‖ ~**/черновая** *(Wkz)* Schruppräumwerkzeug *n* ‖ ~**/чистовая** *(Wkz)* Schlichträumwerkzeug *n* ‖ ~**/шестигранная** *(Wkz)* Sechskantraumnadel *f* ‖ ~**/шлицевая** *(Wkz)* Keilwellenziehräumwerkzeug *n*, Keilnabenräumnadel *f*, Räumnadel *f* für Keilnabenprofile ‖ ~**/шпоночная** *(Wkz)* Keilnutenziehräumwerkzeug *n*, Räumnadel *f* für Nabennuten
протяжной *(Wkz)* Ziehräum..., Räum...
протянуть *s.* протягивать
проушина *f* Auge *n*, Öse *f*
профзаболевание *n* Berufskrankheit *f*
профилактика *f* vorbeugende Wartung *f*
профилеволочение *n (Wlz)* Profilziehen *n*
профилирование *n* 1. Profilieren *n*, Profilierung *f*; 2. Profilbestimmung *f* ‖ ~**/вертикальное сейсмическое** *(Geoph)* seismische Vertikalprofilierung *f* ‖ ~**/графическое** *(Fert)* graphische (zeichnerische) Profilbestimmung *f* ‖ ~**/предварительное (черновое)** *(Wlz)* Vorprofilieren *n*, Vorprofilierung *f*
профилировать *(Wlz)* profilieren

профиль

профилировка f s. профилирование
профилограмма f (Masch) Profildiagramm n, Profilogramm n, Profilbild n, Profilkurve f
профилограф m 1. Profilograph m, Profilschreiber m, Oberflächenschreiber m; 2. (Bgb) Kalibermeßgerät n (Bohrlochgeophysik); 3. (Fert) Profillast-Schnittgerät n (Feststellung der Oberflächengüte bearbeiteter Werkstückflächen) ‖ **~/акустический** (Hydrol) Echolot-Profilschreiber m ‖ **~/железнодорожный** (Eb) Schienenkopfmesser m ‖ **~/контактный [щуповой]** Tastschnittgerät n (Rauheitsmessung)
профилограф-профилометр m Profiltastschnittgerät n, Profilograph-Profilometer m (Rauheitsmessung)
профилометр m 1. anzeigendes Tastschnittgerät (Profilmeßgerät, Profilschnittgerät) n; Oberflächenschreiber m, Profilschreiber m; 2. (Eb) Schienenkopfmesser m
профиль m 1. Profil n, Schnitt m, Längsschnitt m; Form f; Fasson f; 2. Aufriß m, Seitenansicht f; 3. (Masch) Flanke f (z. B. am Zahnkegel) ‖ **/арочный** Spitzbogenprofil n ‖ **~/базовый** Bezugsprofil n (Rauheitsmessung) ‖ **~ балластного слоя** (Eb) Bettungsprofil n ‖ **~/бандажа** (Eb) Radreifenprofil n ‖ **~/бульбовый** (Wlz) Wulstprofil n ‖ **~ введённых примесей** (Eln) Dotierungsprofil n (Halbleiter) ‖ **~/ветра** Windprofil n ‖ **~ влажности/поперечный** Feuchtequerprofil n (Papiermaschine) ‖ **~/вогнутый** konkaves Profil n; (Wlz) Hohlprofil n ‖ **~/воздушного потока** Windprofil n ‖ **~/волны** Wellenprofil n, Wellenkontur f ‖ **~/выпукло-вогнутый** (Flg) unsymmetrisch konkaves Profil n ‖ **~/выпуклый** konvexes Profil n ‖ **~/габарита** (Eb) Umgrenzungsprofil n ‖ **~/головки зуба** (Masch) Zahnkopfflanke f (Zahnrad) ‖ **~/горячекатаный** (Wlz) Warmwalzprofil n ‖ **~/горячий** (Wlz) Warmprofil n ‖ **~/градиентный** (Nrt) Gradientenprofil n (eines Lichtwellenleiters) ‖ **~ губок** (Text) Zangenprofil n (Kämmaschine) ‖ **~/двояковыпуклый** (Flg) bikonvexes Profil n ‖ **~ двоякой кривизны** (Flg) doppelt gekrümtes Profil n ‖ **~/двутавровый** (Met) I-Profil n, Doppel-T-Profil n ‖ **~/действительный** Istprofil n ‖ **~/диффузионный** (Eln) Diffusionsprofil n, Tiefenprofil n (Halbleiter) ‖ **~ допирования** (Eln) Dotierungsprofil n (Halbleiter) ‖ **~ дороги** Straßenprofil n ‖ **~/дуговой** 1. (Masch) Kreisbogenprofil n (einer Schaufel); 2. (Flg) Doppelgenprofil n ‖ **~/жёсткий** (Flg) starres Profil n ‖ **~ Жуковского** (Aero) Joukowski-Profil n, Joukowskisches Flügelprofil n ‖ **~/заданный** Sollprofil n ‖ **~/замкнутый** geschlossenes Profil n ‖ **~/зетовый** (Met) Z-Profil n ‖ **~ зуба** (Masch) Zahnflanke f; Zahnprofil n, Zahnform f, Zahnkurve f (Zahnrad) ‖ **~ зуба/левый** Linksflanke f (Zahnrad) ‖ **~ зуба/правый** Rechtsflanke f (Zahnrad) ‖ **~ зуба/эвольвентный** Evolventenzahnflanke f, Evolventenzahnprofil n, Evolventenzahnkurve f (Zahnrad) ‖ **~/измеренный** gemessenes Profil n ‖ **~ имплантированной примеси** (Eln) Implantprofil n (Halbleiter) ‖ **~ ионного пучка** (Eln) Ionenstrahlquerschnitt m, Ionenstrahlform f ‖ **~ калибра** (Wlz) Kaliberform f, Kaliberprofil n ‖ **~/каплевидный** tropfenförmiges Profil n, Tropfenprofil n ‖ **~/квадратный** (Wlz) Vierkantprofil n, Quadratprofil n ‖ **~/клиновидный** (Flg) keilförmiges Profil n (Überschallflugkörper) ‖ **~/крестообразный** (Wlz) Kreuzprofil n ‖ **~/криволинейный** gekrümtes Profil n, Kurvenprofil n ‖ **~ круглости** Kreisformprofil n (Gestaltmessung) ‖ **~/круглый** (Wlz) Rundprofil n ‖ **~/круговой** Kreisprofil n, kreisrundes Profil n, Flügelprofil n ‖ **~ крыла** (Flg) Tragflügelprofil n, Flügelprofil n ‖ **~ крыла/сверхкритический** überkritisches Tragflügelprofil n ‖ **~/крыльевой** s. ~ крыла ‖ **~/ламинар[изован]ный** (Flg) Laminar[strömungs]profil n (Überschallflugkörper) ‖ **~ ласточкина хвоста** Schwalbenschwanzprofil n ‖ **~/левый** Linksflanke f (Zahnrad) ‖ **~ легирования** (Eln) Dotierungsprofil n (Halbleiter) ‖ **~/линзообразный** s. ~/чечевицеобразный ‖ **~ лопасти** (Aero) Blattprofil n (der Luftschraube) ‖ **~ лопатки** (Flg, Masch) Schaufelprofil n ‖ **~/многошпоночный** (Masch) Vielkeilprofil n ‖ **~ Н.Е.Ж.** s. ~ Жуковского ‖ **~/несимметричный** (Flg) nichtsymmetrisches (unsymmetrisches) Profil n ‖ **~ ножки зуба** (Masch) Zahnfußflanke f, Zahnfußkurve f, Zahnfußprofil n (Zahnrad) ‖ **~/номинальный** Nennprofil n ‖ **~/М-образный** (Flg) M-förmiges Profil n ‖ **~/Т-образный** (Wlz) T-Profil n, T-förmiges Profil n ‖ **~/овальный** ovales Profil n ‖ **~/открытый** offenes Profil n ‖ **~ отпечатка** Profil n des Eindruckes (Härtemessung) ‖ **~/периодический** periodisches Profil n ‖ **~/пилообразный** Sägezahnprofil n ‖ **~/плоский** 1. (Fert) Flachprofil n; (Wlz) Flachstahlprofil n; 3. (Flg) Streckenprofil n, ebenes Profil n ‖ **~/плоско-выпуклый** (Flg) plankonvexes Profil n ‖ **~ поверхности** Oberflächenprofil n ‖ **~ показателя преломления** (Nrt) Brechzahlprofil n (eines Lichtwellenleiters) ‖ **~ покрышки** (Kfz) Reifendeckenprofil n, Laufflächenprofil n ‖ **~/полособульбовый** (Wlz) Flachwulstprofil n ‖ **~/полосовой** (Wlz) Flachprofil n ‖ **~/полукруглый** (Wlz) Halbrundprofil n ‖ **~/полый** (Wlz) Hohlprofil n ‖ **~/поперечный** Querprofil n, **~/почвенный** Bodenprofil n ‖ **~/правый** Rechtsflanke f (Zahnrad) ‖ **~/прилегающий** angrenzendes Profil n ‖ **~/примесный** (Eln) Dotierungsprofil n (Halbleiter) ‖ **~ примесных дефектов** (Eln) Störstellenprofil n (Halbleiter) ‖ **~ продольного сечения** Längsschnittprofil n ‖ **~ продольного сечения/прилегающий** angrenzendes Längsschnittprofil n ‖ **~/продольный** Längsprofil n ‖ **~/прокатный** Walzprofil n ‖ **~ простой геометрической формы** Walzprofil n mit einfachem geometrischem Querschnitt (Oberbegriff für Vierkant-, Rund-, Sechskant- und Flachprofile) ‖ **~/прямобочный** geradflankiges Profil n ‖ **~/прямолинейный** geradliniges Profil n ‖ **~ пути/продольный** (Eb) Streckenprofil n ‖ **~/прямоугольный** Rechteckprofil n ‖ **~ равновесия реки** (Hydrol) Gleichgewichtsprofil n (eines Flusses) ‖ **~/реальный** wirkliches (reales) Profil n ‖ **~/режущий** (Fert) Schneidprofil n ‖ **~ резьбы** Gewindeprofil n ‖ **~/ромбовидный** rhombisches Profil n (bei Überschallgeschwindigkeit) ‖ **~ ручья** (Wlz) Kaliberform f, Kaliberprofil n ‖ **~/сверхзвуковой** (Flg) Profil n für Überschallgeschwindigkeit (linsenförmiges und rhombisches Profil) ‖

профиль

~/**сверхкритический** *(Flg)* überkritisches Profil *n* ‖ ~/**сейсмический** *(Geoph)* seismisches Profil *n* ‖ ~/**сигмообразный** *(Flg)* Sigmaprofil *n* ‖ ~/**симметричный** *(Flg)* symmetrisches Profil *n* ‖ ~ **скорости** *(Aero)* Geschwindigkeitsprofil *n (Grenzschicht)* ‖ ~/**скоростной** *s.* ~ скорости ‖ ~/**сложный** 1. *(Fert)* [form]schwieriges Profil *n*; 2. *(Met)* Formprofil *n (s. a.* ~/фасонный*)* ‖ ~/**случайный** aperiodisches Profil *n* ‖ ~/**сопряжённый** *(Fert)* gepaartes (zugehöriges) Profil *n* ‖ ~ **сортовой стали** *(Wlz)* Formstahlprofil *n* ‖ ~/**сплошной** Vollprofil *n* ‖ ~/**стальной прокатный** Stahlwalzprofil *n* ‖ ~/**ступенчатый** *(Nrt)* Stufenprofil *n (eines Lichtwellenleiters)* ‖ ~/**тавровый** *s.* ~/T-образный ‖ ~/**трапецевидный** Trapezprofil *n* ‖ ~/**трёхгранный** *(Wlz)* Dreikantprofil *n* ‖ ~/**угловой** *(Wlz)* Winkelprofil *n*, L-Profil *n* ‖ ~/**удобообтекаемый** *(Aero)* Stromlinienprofil *n* ‖ ~ **фасонной стали** *(Wlz)* Formstahlprofil *n* ‖ ~/**фасонный** *(Wlz)* Formprofil *n*, Spezialprofil *n*, Sonderprofil *n (Oberbegriff für T-, I-, U-, L-, Z-, Spundwand- und Schienenprofile und andere kompliziertere Formen von Walzprofilen)* ‖ ~ **фюзеляжа** *(Flg)* Rumpfquerschnitt *m* ‖ ~/**черновой** *(Wlz)* Vorprofil *n* ‖ ~/**чечевицеобразный** *(Flg)* Doppelkreisbogenprofil *n*, linsenförmiges Profil *n*, bikonvexes Profil *n (symmetrisches Profil für Überschallgeschwindigkeit)* ‖ ~/**чистовой** *(Wlz)* Schlichtprofil *n*, Polierprofil *n*, Glättprofil *n*; Fertigprofil *n* ‖ ~/**швеллерный** *(Wlz)* U-Profil *n* ‖ ~/**шестигранный** *(Wlz)* Sechskantprofil *n* ‖ ~ **шины** *s.* ~ покрышки ‖ ~/**шпунтовой** *(Met)* Spundwandprofil *n* ‖ ~/**экспоненциальный** *(Nrt)* Exponentenprofil *n (eines Lichtwellenleiters)*

профильтровать *s.* профильтровывать
профильтровывать durchfiltern; mehrmals filtern

проход *m* 1. Durchgang *m*, Durchgehen *n*, Durchlauf *m (s. a. unter* прохождение*)*; 2. Durchfahrt *f*, Durchfahren *n*; *(Schiff)* Durchfahrt *f*, Passage *f*; 3. Durchgangsöffnung *f*, Innenweite *f*, lichte Weite *f*, Öffnungsquerschnitt *m*; 4. *(Wlz)* Stich *m*, Walzstich *m (s. a. unter* пропуск 6.*)*; 5. *(Met)* Stich *m (in der Ofenwand; s. a. unter* пропуск 7.*)*; 6. Durchfall *m*, Siebdurchfall *m*, Unterkorn *n (körniges Gut)* ‖ ~ **ассемблера** *(Inf)* Assemblerlauf *m* ‖ ~/**безопасный** Gefrierheitszwischenraum *m* ‖ ~/**быстрый** Eildurchgang *m* ‖ ~/**вспомогательный** Nebengang *m* ‖ ~/**вытяжной** *(Wlz)* Streckstich *m* ‖ ~/**дрессировочный** *(Wlz)* Nachwalzstich *m* ‖ ~/**единичный** *(Wlz)* Einzelstich *m* ‖ ~ **обработки** Bearbeitungsdurchgang *m* ‖ ~/**отделочный** *(Wlz)* Schlichtstich *m*, Polierstich *m*, Glättstich *m*; Fertigstich *m* ‖ ~/**отдельный** *(Wlz)* Einzelstich *m* ‖ ~/**первый** *(Wlz)* Anstich *m* ‖ ~/**предотделочный** *(Wlz)* Vorschlichtstich *m*, Vorpolierstich *m*, Vorglättstich *m* ‖ ~/**пробный** Probedurchgang *m* ‖ ~ **программы** *(Inf)* Programmdurchlauf *m* ‖ ~/**продольный** *(Wlz)* Längsstich *m* ‖ ~ **проката** *(Wlz)* Stich *m* ‖ ~/**рёберный** *(Wlz)* Stauchstich *m*, Hochkantstich *m*, Kantstich *m* ‖ ~ **резца** *(Fert)* Schnitt *m (beim Drehen, Hobeln usw.)* ‖ ~/**ручьевой** *(Wlz)* Kaliberstich *m*, Formstich *m* ‖ ~/**сквозной** *(Eb)* Durchfahrt *f* ‖ ~ **сквозь**

стену *(El)* Mauerdurchführung *f* ‖ ~ **тока** *(El)* Stromdurchgang *m* ‖ ~ **тока через нуль** *(El)* Stromnulldurchgang *m* ‖ ~ **трубы/условный** Nennweite *f*, lichte Weite *f (Rohr)* ‖ ~ **узкостей** *(Schiff)* Revierfahrt *f* ‖ ~/**фасонный** *(Wlz)* Kaliberstich *m*, Formstich *m* ‖ ~ **через калибр** *(Wlz)* Kaliberstich *m*, Formstich *m* ‖ ~ **через стену** *(El)* Mauerdurchführung *f* ‖ ~/**черновой** 1. *(Wlz)* Vor[walz]stich *m*, Rohgang *m*; 2. *(Fert)* Schruppdurchgang *m*; Schruppschnitt *m* ‖ ~/**чистовой** 1. *s.* ~/отделочный; 2. *(Fert)* Schlichtdurchgang *m*; Schlichtschnitt *m* ‖ ~ **шва** *(Text)* Nahtdurchlauf *m (Nähmaschine)*

проходимость *f* 1. Gangbarkeit *f*, Passierbarkeit *f*; 2. *(Kfz)* Geländegängigkeit *f*

проходить 1. durchgehen, durchlaufen, passieren; 2. zurücklegen *(einen Weg)*; 3. verstreichen, vergehen *(Zeit)*; 4. durchfallen *(körniges Gut durch Siebe)*; 5. *(Bgb)* abteufen *(Schächte)*; 6. *(Bgb)* *s.* ~ выработку ‖ ~ **выработку** *(Bgb)* auffahren, vortreiben ‖ ~ **выработку сверху вниз** *(Bgb)* im Fallen auffahren ‖ ~ **выработку снизу вверх** *(Bgb)* im Steigen auffahren, überbrechen ‖ ~ **обходную выработку** *(Bgb)* umbrechen ‖ ~ **одновременно** *(Bgb)* mitnehmen ‖ ~ **одну выработку под другой** *(Bgb)* unterfahren, unterteufen ‖ ~ **скважину** *(Bgb)* ein Bohrloch niederbringen (abteufen) ‖ ~ **ствол** *(Bgb)* einen Schacht abteufen ‖ ~ **стрелку** *(Eb)* eine Weiche befahren

проходка *f (Bgb)* 1. Abteufen *n (Schächte)*, Abteufbarkeit *f*, Abteufbetrieb *m*; 2. Vortreiben *n*, Vortrieb *m*, Auffahren *n (Strecken; s. a.* проведение 4.*)*; 3. Niederbringung *f (Bohrungen)*; Bohrmarsch *m*, Bohrstrecke *f* ‖ ~ **встречными забоями** Auffahren *n* im Gegenortbetrieb ‖ ~ **выработок** Auffahren *n* von Grubenbauen ‖ ~ **двумя забоями** Auffahren *n* mit Begleitort, Begleitortbetrieb *m* ‖ ~ **за рейс** Meißelmarsch *m* ‖ ~/**комбайновая** maschineller Vortrieb *m* ‖ ~/**механизированная** mechanisiertes Auffahren *n* ‖ ~ **на долото** 1. Meißelfortschritt *m*, meißelfortschritt *m*; Meißelstandzeit *f*, Bohrmeißelstandzeit *f* ‖ ~ **под опёртым сводом** *(Bw)* Unterfangungsvortrieb *m*, belgische Tunnelbauweise *f* ‖ ~ **полным профилем** *(Bw)* Vortrieb *m* in Vollausbruch, englische Tunnelbauweise *f* ‖ ~ **с замораживанием** Abteufen *n* im Gefrierverfahren, Gefrierverfahren *n*, Gefrierschachtbau *m* ‖ ~ **с оборудованием на рельсовом ходу** gleisgebundener Vortrieb *m* ‖ ~ **с опорным ядром** *(Bw)* Kernbauweise *f*, deutsche Tunnelbauweise *f* ‖ ~ **сверху вниз** Auffahrung *f* im Fallen ‖ ~ **скважины** Niederbringung *f* einer Bohrung ‖ ~/**скоростная** Schnellauffahren *n*, Schnellvortrieb *m* ‖ ~ **снизу вверх** Auffahrung *f* im Steigen, Hochbrechen *n* ‖ ~ **ствола бурением** Schachtabbohren *n* ‖ ~ **ствола шахты** Schachtabteufung *f*, Schachtabteufen *n* ‖ ~ **туннеля** *(Bw)* Tunnelvortrieb *m* ‖ ~ **узким забоем** Schmalauffahren *n* ‖ ~ **уступным забоем** *(Bw)* Strossenvortrieb *m*, österreichische Tunnelbauweise *f* ‖ ~ **широким забоем** Breitauffahren *n* ‖ ~ **штольни** Auffahren *n* eines Stollens, Stollenbetrieb *m*, Stollenvortrieb *m* ‖ ~ **штрека** Auffahren *n* einer Strecke, Streckenvortrieb *m*, Streckenbetrieb *m* ‖ ~/**щитовая**

Schildvortrieb *m* ‖ ~ **этажного штрека** Sohlenauffahrung *f*
проходческий *(Bgb)* Abteuf...; Vortriebs...
прохождение *n* 1. Durchgehen *n*, Durchgang *m*, Passieren *n (s. a. unter* проход 1., 2.*)*; 2. Durchlaufen *n*; Zurücklegen *n (einen Weg)*; 3. Vorbeigehen *n*; Verstreichen *n*, Vergehen *n (Zeit)*; 4. *s. unter* проходка ‖ ~ **заряда** *(Ph, Eln)* Ladungsdurchtritt *m*, Ladungsdurchgang *m* ‖ ~/**звёздное** *(Astr)* Sterndurchgang *m* ‖ ~ **звука** *(Ak)* Schalldurchgang *m* ‖ ~ **импульса** *(El)* Impulsdurchgang *m* ‖ ~ **нейтронов** *(Kern)* Neutronendurchgang *m* ‖ ~ **программы/однократное** *(Inf)* Lauf *m*, Durchlauf *m (Programm)* ‖ ~/**туннельное** *(Eln)* Durchtunnelung *f (Halbleiter)* ‖ ~ **фронта** *(Meteo)* Frontdurchgang *m* ‖ ~ **частицы через потенциальный барьер** *(Kern)* Durchgang *m* eines Teilchens durch eine Potentialschwelle, Durchtunnelung *f* des Potentialwalls ‖ ~ **через меридиан** *(Astr)* Durchgang *m* durch den Meridian *(Überschreiten des Meridians während der täglichen Bewegung eines Gestirns)* ‖ ~ **через перигелий** *(Astr)* Durchgang *m* durch das Perihel *(Bewegung eines Himmelskörpers um die Sonne durch das Perihel)* ‖ ~ **через щель** *(Kern)* Spaltdurchtritt *m*
процедура *f (Inf)* Prozedur *f*, Verfahren *n* ‖ ~ **анализа ошибок** Fehlerprozedur *f*, Fehlerverfahren *n* ‖ ~/**асинхронная** Asynchronverfahren *n* ‖ ~ **ввода** Eingabeprozedur *f* ‖ ~ **ввода-вывода** Eingabe-Ausgabe-Prozedur *f*, E/A-Prozedur *f* ‖ ~/**внешняя** externe Prozedur *f* ‖ ~/**внутренняя** interne Prozedur *f* ‖ ~ **восстановления** Erneuerungsprozedur *f*, Rückstellvorgang *m (nach Fehlern)* ‖ ~/**встроенная** Einfügungsprozedur *f*, Software-Prozedur *f* ‖ ~ **входа** Eingangsprozedur *f* ‖ ~/**вызванная** aufgerufene Prozedur *f* ‖ ~/**вызывающая** aufrufende Prozedur *f* ‖ ~/**вычислительная** Rechenprozedur *f* ‖ ~ **завершения** Abschlußprozedur *f* ‖ ~ **измерений** Meßvorgang *m* ‖ ~/**каталогизированная** katalogisierte Prozedur *f* ‖ ~ **квитирования** Quittungsaustauschverfahren *n* ‖ ~ **над строками (строковыми данными)** Zeilenprozedur *f* ‖ ~ **настройки** *s.* ~ **установки** ‖ ~ **обработки ошибок** Fehlerprozedur *f*, Fehlerverfahren *n*, Fehlerbehandlungsroutine *f* ‖ ~ **оптимизации** Optimierungsverfahren *n* ‖ ~/**основная** Hauptprozedur *f* ‖ ~ **передачи данных** Datenübertragungsprozedur *f* ‖ ~ **повторного запуска** Wiederanlaufverfahren *n* ‖ ~ **поиска** Suchverfahren *n* ‖ ~/**рекурсивная** rekursive Prozedur *f* ‖ ~ **рестарта** Wiederanlaufverfahren *n* ‖ ~ **сохранения состояния** Statusrettungsverfahren *n* ‖ ~ **установки** Installierungsprozedur *f (für Programme)*
процедура-подпрограмма *f (Inf)* Prozedurunterprogramm *n*; Subroutineprozedur *f*
процедура-функция *f (Inf)* Funktionsprozedur *f*
процедурно-ориентированный *(Inf)* verfahrensorientiert, verfahrensabhängig *(Sprache)*
процеживание *n* 1. Seihen *n*, Durchseihen *n*, Kolieren *n*; 2. Abläutern *n*, Abläuterung *f*
процеживать [durch]seihen, kolieren
процент *m* 1. Prozent *n*, Prozentsatz *m*; 2. Anteil *m*, Quote *f*, Satz *m*; Grad *n* ‖ ~ **армирования** *(Bw)* Bewehrungsanteil *m*, Bewehrungsverhältnis *n* ‖ ~ **брака** Ausschußquote *f* ‖ ~/**весовой** Masseprozent *n* ‖ ~ **дефектов в партии** Ausfallrate *f* ‖ ~ **застройки** *(Bw)* Bebauungsverhältnis *n*, Bebauungsquote *f* ‖ ~/**мольный** Molprozent *n (Konzentrationsmaß)* ‖ ~/**объёмный** Prozent *n* Volumenanteil ‖ ~ **по весу** Prozent *n* Masseanteil
процентиль *m* Perzentil *n*, Prozentil *n*, Zentil *n (Statistik)*
процесс *m* 1. Prozeß *m*, Vorgang *m*; Zustandsverlauf *m*; 2. Verfahren *n (s. a. unter* способ*)* ‖ ~/**автоколебательный** *(El)* selbstschwingender Prozeß *m* ‖ ~ **автоматического поиска** automatischer Suchprozeß *m* ‖ ~ **адаптации** Adaptationsprozeß *m*, Adaptationsvorgang *m* ‖ ~/**адаптивный** *(Kyb)* adaptiver (selbstanpassender) Prozeß *m* ‖ ~/**аддитивный** 1. additiver Prozeß *m*; 2. *(Eln)* Additivverfahren *n*, Additivprozeß *m*, Aufbauverfahren *n (Leiterplattenfertigung)* ‖ ~/**адиабатический (адиабатный)** *(Therm)* adiabat[isch]er Prozeß *m*, Prozeß *m* ohne Wärmezu- und -abfuhr ‖ ~/**аммиачно-содовый** *(Ch)* Ammoniak-Soda-Verfahren *n*, Solvay-Verfahren *n* ‖ ~/**анаэробный** anaerober Prozeß *m* ‖ ~/**анодный** 1. Anodenprozeß *m*; 2. Anodenverfahren *n (Elektrometallurgie)* ‖ ~/**апериодический** aperiodischer Prozeß *m* ‖ ~/**апериодический переходный** *(El)* aperiodischer Ausgleichvorgang *m* ‖ ~/**аэробный** aerober Prozeß *m* ‖ ~ **без последействия** *s.* ~/**марковский** ‖ ~/**безактивационный** *(Eln)* athermaler Prozeß *m* ‖ ~/**бездоменный** *(Met)* Erzfrischen *n*, Erzfrischverfahren *n* ‖ ~/**бессемеровский** *(Met)* saures Windfrischen *n*, Bessemerverfahren *n*, Bessemerprozeß *m*, saures Blasstahlverfahren *n* ‖ ~/**биении** *(El)* Schwebungsvorgang *m* ‖ ~/**биполярный** *(Eln)* Bipolarprozeß *m* ‖ ~ **брожения** Gärungsprozeß *m* ‖ ~/**быстропротекающий** schnellverlaufender Prozeß *m* ‖ ~ **в кипящем (псевдоожиженном) слое** Fließbettverfahren *n*, Wirbelschichtverfahren *n*, Staubfließverfahren *n* ‖ ~/**ваграночный** *(Gieß)* Kupolofen[schmelz]verfahren *n*, Kupolofenschmelzprozeß *m* ‖ ~ **варки** Kochprozeß *m (s. a.* ~/**варочный***)* ‖ ~/**варочный** 1. *(Brau)* Sudprozeß *m*, Sudhausarbeit *f*; 2. *(Pap)* Aufschlußverfahren *n* ‖ ~/**вероятностный** *s.* ~/**стохастический** ‖ ~/**ветвящий** verzweigter Prozeß *m* ‖ ~ **включения** *(El)* Einschaltprozeß *m* ‖ ~/**внедоменный** *(Met)* Erzfrischverfahren *n* ‖ ~/**возрастающий** *(El)* anklingender (aufschaukelnder) Prozeß *m*, Aufschaukelungsprozeß *m* ‖ ~/**волновой** *(El)* Wellenvorgang *m* ‖ ~/**восстановительный** *(Ch)* Reduktionsprozeß *m* ‖ ~ **впрыска** *(Therm)* Einspritzvorgang *m*, Einspritzung *f* ‖ ~/**временной** Zeitvorgang *m* ‖ ~/**вспомогательный** Hilfsprozeß *m* ‖ ~/**вторичный** Sekundärprozeß *m* ‖ ~ **выбивания** *(Kern)* Anstoßprozeß *m* ‖ ~ **выборки** Stichprobenauswahl *f* ‖ ~ **выветривания** *(Geol)* Verwitterungsprozeß *m* ‖ ~ **выключения** *(El)* Ausschaltprozeß *m*, Abschaltprozeß *m* ‖ ~ **выплавки** *(Met)* Verhüttungsprozeß *m*; Schmelzprozeß *m* ‖ ~ **выравнивания** Ausgleichprozeß *m* ‖ ~/**высокотемпературный** Hochtemperaturbehandlung *f* ‖ ~ **вычисления** Rechenprozeß *m*, Rechenvorgang *m* ‖ ~/**гауссовский [случай-**

процесс

ный] s. ~/**нормальный случайный** ‖ ~ **генерации** (Eln) Generationsprozeß m ‖ ~/**гидрометаллургический** naßmetallurgisches (hydrometallurgisches) Verfahren n ‖ ~/**гидротермальный** (Geol) hydrothermaler Prozeß m (Mineralbildung) ‖ ~ **глубокого сверления** (Fert) Tiefbohrprozeß m ‖ ~ **гниения** Fäulnisvorgang m ‖ ~ **горения** Verbrennungsprozeß m, Verbrennungsvorgang m ‖ ~/**групповой** (Fert) Gruppenprozeß m ‖ ~/**групповой технологический** technologischer Gruppenprozeß m, Gruppenbearbeitung f ‖ ~/**двухстадийный** s. ~/двухступенчатый ‖ ~/**двухступенчатый** (Ch) Zweistufenprozeß m, Zweistufenverfahren n ‖ ~ **деления** Teilungsprozeß m ‖ ~ **Дизеля** (Therm) Dieselscher Kreisprozeß m, Diesel-Prozeß m ‖ ~ **дискретизации** (Eln) Abtastvorgang m ‖ ~/**дискретный** (Reg) diskreter Prozeß m ‖ ~/**диффузионный** (Eln) Diffusionsprozeß m ‖ ~/**доменный** (Met) Hochofenverfahren n, Hochofenprozeß m ‖ ~ **зажигания** Zündvorgang m ‖ ~ **залечивания дефектов** (Eln) Ausheilungsprozeß m (Halbleiter) ‖ ~/**замкнутый газотурбинный** geschlossenes Gasturbinenverfahren n ‖ ~/**замкнутый круговой** (Therm) geschlossener Kreisprozeß m ‖ ~/**замкнутый рабочий** (Therm) geschlossener Arbeitsprozeß m ‖ ~/**зарядно-разрядный** (El) Lade-Entlade-Vorgang m ‖ ~/**затвердевания** Erstarrungsvorgang m ‖ ~ **затирания** s. ~/заторный ‖ ~/**заторный** (Ch) Maischverfahren n ‖ ~/**затухающий** (El) Abklingprozeß m ‖ ~ **захвата** (Kern) Anlagerungsprozeß m, Einfangprozeß m ‖ ~ **иглопрокалывания** (Toxt) Vernadelungsprozeß m ‖ ~ **изготовления** Herstellungsprozeß m, Fertigungsprozeß m ‖ ~ **измерения** Meßvorgang m, Meßprozeß m (Gesamtheit der Informationen, Meßapparaturen und Tätigkeiten einer Messung) ‖ ~/**изобарический (изобарный)** (Therm) isobare Zustandsänderung f, Prozeß m mit isobarer Zustandsänderung ‖ ~/**изотермический** (Therm) isotherme Zustandsänderung f, Prozeß m mit isothermer Zustandsänderung ‖ ~/**изохорический (изохорный)** (Therm) isochore Zustandsänderung f, Prozeß m mit isochorer Zustandsänderung ‖ ~/**изоэнтальпийный** (Therm) isenthalpische Zustandsänderung f, Prozeß m mit isenthalper Zustandsänderung ‖ ~/**изоэнтропийный** (Therm) isentropische Zustandsänderung f, Prozeß m mit isentroper Zustandsänderung ‖ ~/**изэнтальпический** s. ~/изоэнтальпийный ‖ ~/**изэнтропический** s. ~/изоэнтропийный ‖ ~/**итерационный** (Inf) Iterationsprozeß m ‖ ~/**камерный** (Ch) Bleikammerverfahren n (Schwefelsäureherstellung) ‖ ~/**квазистационарный** quasistationärer Prozeß m ‖ ~ **квантования** s. ~ дискретизации ‖ ~/**кислородно-конвертерный** (Met) Sauerstoffkonverterprozeß m ‖ ~/**кислый** (Met) saures Verfahren n ‖ ~/**кислый мартеновский** saures Siemens-Martin-Verfahren (SM-Verfahren) n ‖ ~/**климатообразующий** (Öкol) klimabildender Prozeß m ‖ ~/**ковки** Schmiedeprozeß m, Schmiedevorgang m ‖ ~/**колебательный** (El) Schwing[ungs]prozeß m ‖ ~/**комбинированный** (Met) Mehrfachprozeß m, Mehrfachverfahren n (Duplex und Triplex) ‖ ~/**коммутационный** (El) Kommutierungsprozeß m, Stromwendeprozeß m, Schaltprozeß m ‖ ~/**конвертерный** (Met) Konverter[frisch]verfahren n, Konverterprozeß m, Windfrischen n, Windfrischverfahren n (Bessemer- oder Thomasverfahren) ‖ ~/**контактный** (Ch) 1. Kontaktkatalyse f, heterogene Katalyse f, Oberflächenkatalyse f; 2. Kontakt[schwefelsäure]verfahren n ‖ ~/**крично-рудный** Herdfrischverfahren n (Stahlerzeugung) ‖ ~/**круговой** (Therm) Kreisprozeß m ‖ ~/**крупнозаводской** technischer Großprozeß m, großtechnisches Verfahren n ‖ ~/**лавинный** (Eln) Avalanche-Prozeß m (Halbleiter) ‖ ~/**магматический** (Geol) liquidmagmatischer Prozeß m (Mineralbildung) ‖ ~/**магнитной записи** magnetischer Aufzeichnungsprozeß m ‖ ~/**марковский** (Math) Markowscher Prozeß m, Prozeß m ohne Nachwirkung (Wahrscheinlichkeitstheorie) ‖ ~/**мартеновский** (Met) Siemens-Martin-Verfahren n, SM-Verfahren n, Siemens-Martin-Prozeß m, SM-Prozeß m; Herdfrischverfahren n, Herdofenverfahren n, Herdofenprozeß m ‖ ~/**маршрутный технологический** (Fert) Prozeßablauf m, Fertigungsprozeßablauf m ‖ ~/**массообменный** (Ch) Stoffaustauschprozeß m ‖ ~/**медленнопротекающий** langsam verlaufender Prozeß m ‖ ~/**металлургический** metallurgischer Vorgang (Prozeß) m, Verhüttungsvorgang m, Verhüttungsprozeß m, Verhüttung f, Hüttenprozeß m ‖ ~/**минералообразования/экзогенный** (Geol) exogener Prozeß m der Mineralbildung ‖ ~ **минералообразования/эндогенный** (Geol) endogener Prozeß m der Mineralbildung ‖ ~/**монотонный** monotoner Prozeß m ‖ ~ **намагничивания** (El) Magnetisierungsvorgang m ‖ ~ **нарастания колебания** (Therm) Einschwingprozeß m ‖ ~/**негативный** (Photo) Negativprozeß m, Negativverfahren n ‖ ~/**нейтральносульфитный** (Pap) Neutralsulfitverfahren n, alkalisches Sulfitverfahren n ‖ ~/**нелинейный** nichtlinearer Prozeß m ‖ ~/**немонотонный** nichtmonotoner Prozeß m ‖ ~/**необратимый** (Therm) irreversibler Prozeß m, nichtumkehrbare (irreversible) Zustandsänderung f ‖ ~/**непериодический** nichtperiodischer Prozeß m ‖ ~/**непрерывный** kontinuierliches (stetig arbeitendes) Verfahren n, Fließverfahren n, kontinuierlicher (stetiger) Prozeß m ‖ ~/**нестабильный** 1. nichtstabiler Prozeß m; 2. nichtbeherrschter Fertigungsprozeß m, nichtbeherrschte Fertigung f ‖ ~/**нестатический** s. ~/необратимый ‖ ~/**нестационарный** (El) nichtstationärer Prozeß m ‖ ~/**неустановившийся** (El) nichteingeschwungener Prozeß m ‖ ~/**низкотемпературный** (Eln) Niedertemperaturbehandlung f (Halbleiter) ‖ ~/**нитрозный** (Ch) Stickoxidverfahren n, Nitroseverfahren n (Schwefelsäureherstellung) ‖ ~/**нормальный случайный** (Math) Gaußscher (normaler) Prozeß m ‖ ~ **обжига** (Met) Röstverfahren n, Röstprozeß m, Röstarbeit f (NE-Metallurgie) ‖ ~/**обжигательно-восстановительный** Rösten n und reduzierendes Schmelzen n (NE-Metallurgie) ‖ ~/**обжигательный** (Met) Röstverfahren n; (Ker) Brennverfahren n ‖ ~ **обмена [местами]** (Ph) Platzwechselvorgang m ‖ ~/**обогатительный** s. ~ обогащения ‖ ~ **обогащения** (Met) 1. Anreichern n, Anreicherung f, Anreicherungsvorgang m; 2. Aufbereiten n, Aufbereitung f, Aufbereitungsvorgang m ‖ ~/**обратимый** (Therm) reversibler Prozeß m, umkehrbare (reversible) Zustandsänderung f ‖ ~ **обращения** Umkehrprozeß m, Umkehrverfahren n ‖ ~/**ограниченный** beschränkter Prozeß m ‖ ~/**однократный** einmaliger Vorgang m ‖ ~ **окисления** 1. (Ch) Oxidationsvorgang m; 2. (Met) Frischvorgang m, Frischprozeß m, Frischen n ‖ ~/**окислительно-восстановительный** (Ch) Oxidations-Reduktions-Vorgang m, Redoxvorgang m ‖ ~/**окислительный** s. ~ окисления ‖ ~ **Оппенгеймера-Филипса** (Kern) Oppenheimer-Phillips-Prozeß m (Strippingreaktion) ‖ ~/**осадочный** (Geol) Sedimentationsvorgang m, Sedimentationsprozeß m ‖ ~ **осаждения** Ausscheidungsprozeß m ‖ ~/**основной** Grundprozeß m ‖ ~ **основный** (Met) basisches Verfahren n ‖ ~/**основный мартеновский** basisches Siemens-Martin-Verfahren (SM-Verfahren) n ‖ ~ **отделки** (Fert) Feinbearbeitungsprozeß m; (Text) Veredlungsverfahren n, Veredlungsprozeß m ‖ ~ **отжига** 1. Glühen n, Glühverfahren n; 2. (Gieß) Tempern n, Glühfrischen n, Temperverfahren n, Glühfrischverfahren n ‖ ~/**открытый газотурбинный** offenes Gasturbinenverfahren n ‖ ~/**открытый рабочий** (Therm) offener Arbeitsprozeß m ‖ ~/**пегматолито-гидротермальный** (Geol) pegmatolytisch-hydrothermaler Prozeß m (Mineralbildung) ‖ ~/**первичный фотохимический** photochemischer Primärprozeß m ‖ ~/**перевозочный** (Eb) Transportprozeß m, Beförderungsprozeß m ‖ ~/**передельный** (Met) Stahlfrischfahren n ‖ ~ **переключения** (El) Umschaltprozeß m ‖ ~ **перемотки** (El) Umspulvorgang m ‖ ~ **переплавки** (Met) Umschmelzverfahren n ‖ ~ **переплетения** (Text) Einbindungsvorgang m ‖ ~/**переходный** 1. (Ph) Übergangsvorgang m; 2. (Reg) Übergangsprozeß m, Übergangsvorgang m, Übergangsverhalten n, Zeitverhalten n; 3. (El) Einschwingprozeß m, Einschwingprozeß m, Ausgleich[s]vorgang m ‖ ~/**периодический** diskontinuierlicher Betrieb m, diskontinuierliches (periodisches, chargenweises) Verfahren n, Chargenprozeß n, Chargenbetrieb m, Batch-Prozeß m ‖ ~ **петлеобразования** (Text) Maschenbildungsprozeß m ‖ ~/**печатный** (Typ) Druckvorgang m, Druckprozeß m ‖ ~ **плавки (плавления)** (Met) Schmelzprozeß m, Schmelzvorgang m ‖ ~/**планарный** (Eln) Planarprozeß m (Halbleiter) ‖ ~ **Планка-Томсона** s. формулировка Планка-Томсона ‖ ~/**погрузочно-разгрузочный** (Förd) Umschlagprozeß m ‖ ~/**подъёмно-транспортный** (Förd) Transportprozeß m, Positivverfahren n ‖ ~/**позитивный** (Photo) Positivprozeß m, Positivverfahren n ‖ ~ **поиска** (Inf) Suchprozeß m ‖ ~/**политропический (политропный)** (Therm) polytrope Zustandsänderung f, Prozeß m mit polytroper Zustandsänderung ‖ ~/**полуаддитивный** 1. halbadditiver (semiadditiver) Prozeß m; 2. (Eln) Halbadditivverfahren n, Halbadditivprozeß m, Teilaufbauverfahren n (Leiterplattenfertigung) ‖ ~ **правки** (Fert) Abrichtprozeß m ‖ ~/**предельный** (Kyb) Grenzwertprozeß m ‖ ~ **принятия решений** Entscheidungsprozeß m ‖ ~ **проводимости** (Ph)

Leitungsvorgang m ‖ ~/**производственный** Produktionsprozeß m, Fertigungsprozeß m, Herstellungsprozeß m; Gewinnungsverfahren n ‖ ~/**промышленный** industrieller Prozeß m ‖ ~ **прядения** (Text) Spinnprozeß m ‖ ~/**рабочий** Arbeitsprozeß m ‖ ~/**равновесный** (Therm) Gleichgewichtsprozeß m ‖ ~/**разветвляющийся** verzweigter Prozeß m ‖ ~ **разделения** (Ph) Trenn[ungs]prozeß m ‖ ~ **разложения** Zersetzungsvorgang m ‖ ~ **размагничивания** (El) Entmagnetisierungsvorgang m ‖ ~ **размножения** (Kern) Brutprozeß m ‖ ~/**разомкнутый круговой** (Therm) offener Kreisprozeß m ‖ ~/**разомкнутый рабочий** (Therm) offener Arbeitsprozeß m ‖ ~ **разряда (разрядки)** (El) Entladevorgang m, Entladungsvorgang m ‖ ~ **распространения** Ausbreitungsprozeß m ‖ ~ **рассеяния** Streuprozeß m, Dissipationsprozeß m ‖ ~ **рафинирования** (Met) Frischprozeß m, Frischvorgang m, Frischverfahren n, Frischarbeit f, Raffinierarbeit f ‖ ~ **регулирования** Regel[ungs]prozeß m, Regelungsvorgang m ‖ ~ **рекомбинации** (Ph) Rekombinationsprozeß m, Rekombinationsvorgang m ‖ ~ **решения** s. ~ статистического решения ‖ ~/**многошаговый** mehrstufiger Entscheidungsprozeß m ‖ ~/**роботизированный технологический** (Fert) Fertigungsprozeß m mit Industrierobotereinsatz m ‖ ~ **роста** (Math) Wachstumsprozeß m ‖ ~/**роторный** (Met) Rotorprozeß m, Rotorverfahren n ‖ ~/**рудный** (Met) Roheisen-Erz-Verfahren n (SM-Ofen) ‖ ~ **самонастройки** Selbsteinstellprozeß m ‖ ~ **самообучения** Selbstlernprozeß m, Lernprozeß m ‖ ~ **самоокисления** (Photo) Autoxidationsverfahren n ‖ ~ **сварки** (Schw) Schweißprozeß m, Schweißvorgang m, Schweißablauf m ‖ ~ **сжатия** (Wmt) Verdichtungsvorgang m, Verdichtung f ‖ ~ **синтеза [ядер]** (Kern) Kernverschmelzungsprozeß m, Kernfusionsprozeß m, Kernsyntheseprozeß m ‖ ~ **синхронизации** Synchronisierprozeß m ‖ ~/**скрап-рудный** (Met) Erz-Schrott-Verfahren n (SM-Ofen) ‖ ~/**скрап-чугунный** (Met) Schrott-Roheisen-Verfahren n (SM-Ofen) ‖ ~/**скрубберный** Waschprozeß m ‖ ~ **слежения** (Reg) Folgeprozeß m ‖ ~ **слияния [ядер]** s. ~ синтеза [ядер] ‖ ~/**случайный** s. ~ стохастический ‖ ~ **смешения** Mischvorgang m, Mischprozeß m ‖ ~ **солодоращения (соложения)** Mälzungsprozeß m ‖ ~ **сопровождения** (Kyb) Verfolgungsprozeß m ‖ ~ **спекания** s. агломерация ‖ ~ **срыва** (Kern) Strippingprozeß m ‖ ~/**статистически управляемый** (Reg) statistisch gesteuerter Prozeß m ‖ ~ **статистического решения** statistischer (stochastischer) Entscheidungsprozeß m ‖ ~/**стационарный** (Math) stationärer Prozeß m (Wahrscheinlichkeitstheorie) ‖ ~/**стохастический** (Math) stochastischer (zufälliger) Prozeß m (Wahrscheinlichkeitstheorie) ‖ ~ **структурирования/фотохимический** (Eln) photochemischer Strukturierungsprozeß m ‖ ~/**субтрактивный** 1. subtraktiver Prozeß m; 2. (Eln) Subtraktivverfahren n, Folienätzverfahren n (Halbleiterfertigung) ‖ ~/**сульфатный** (Pap) Sulfat[aufschluß]verfahren n ‖ ~/**сульфитный** (Pap) Sulfit[aufschluß]verfahren n ‖ ~/**термодинамический** (Therm) процесс   726

Zustandsänderung f, thermodynamischer Prozeß m ‖ ~ **термоциклирования** Temperaturwechselbelastung f ‖ ~/**технологический** Produktionsablauf m, Fertigungsablauf m, Fertigungsverfahren n, Fertigungsprozeß m ‖ ~/**тигельный** (Met) Tiegelschmelzverfahren n ‖ ~/**типовой технологический** (Fert) Typentechnologie f, Typen-Fertigungsprozeß m ‖ ~/**томасовский** (Met) basisches Windfrischen n, Thomasverfahren n, basisches Blasstahlverfahren n ‖ ~ **томления** s. ~ отжига ‖ ~ **травления** Ätzprozeß m ‖ ~/**трёхцветный** (Photo) Dreifarbenverfahren n ‖ ~ **триплекс** (Met) Triplex-Verfahren n ‖ ~ **управления** Steuerungsprozeß m ‖ ~/**уравнительный** (El) Ausgleich[s]prozeß m ‖ ~/**устанавливающийся** s. ~/**переходный** ‖ ~/**установившийся** (El) eingeschwungener Prozeß m ‖ ~/**флуктуационный** (El) Schwankungsprozeß m ‖ ~ **формоизменения** (Fert) Formgebungsprozeß m, Formgebungsvorgang m ‖ ~/**фотоядерный** s. реакция/фотоядерная ‖ ~ **фришевания** (Met) Frischen n, Frischvorgang m; Frischverfahren n, Frischprozeß m ‖ ~ **Хеганеса** Höganäs-Verfahren n (Pulvermetallurgie) ‖ ~/**химический электронно-лучевой** strahlenchemisches Verfahren n ‖ ~/**цветной обратимый** (Photo) Farbumkehrverfahren n, Farbumkehrprozeß m ‖ ~/**циклический** zyklischer Prozeß m, Kreisprozeß m ‖ ~/**чугунно-рудный** (Met) Roheisen-Erz-Verfahren n (SM-Ofen) ‖ ~/**экзогенный** (Geol) exogener Prozeß m (Mineralbildung) ‖ ~/**электронагревательный** Elektrowärmeprozeß m ‖ ~/**электронно-лучевой** Elektronenstrahlprozeß m ‖ ~/**электросталеплавильный** (Met) Elektrostahl[schmelz]verfahren n ‖ ~/**электротермический** elektrothermisches Verfahren n (Elektrometallurgie) ‖ ~/**электрохимический** elektrochemisches Verfahren n, Anodenverfahren n (Elektrometallurgie) ‖ ~/**элементарный** (Kern) Elementarprozeß m ‖ ~/**эндогенный** (Geol) endogener Prozeß m (Mineralbildung) ‖ ~/**ядерный** Kern[umwandlungs]prozeß m

LD-процесс m (Met) LD-Verfahren n, Linz-Donawitz-Verfahren n, LD-Blasstahlverfahren n, LD-Prozeß m

LD-АС-процесс m (Met) LD-AC-Verfahren n, LD-AC-Blasstahlverfahren n, LD-AC-Prozeß m

процессор m (Inf) Prozessor m, Verarbeitungseinheit f, Datenverarbeitungseinheit f ‖ ~/**алгоритмический цифровой** algorithmischer Digitalprozessor m ‖ ~/**арифметический** Arithmetikprozessor m ‖ ~ **базисных отношений** Basisrelationenprozessor m, BRP ‖ ~ **базы данных** Datenbankprozessor m ‖ ~ **ввода-вывода** Eingabe-/Ausgabe-Prozessor m, E/A-Prozessor m ‖ ~/**ведомый** Slave-Prozessor m, Nebenprozessor m ‖ ~/**вспомогательный** s. ~/**дополнительный** ‖ ~/**гибридный** Hybridprozessor m ‖ ~ **графической информации** Graphikprozessor m ‖ ~/**диагностический** Diagnoseprozessor m ‖ ~/**дисплейный** Videodisplayprozessor m ‖ ~ **для контурного управления** Bahnsteuerungsprozessor m ‖ ~ **для обработки данных** Datenprozessor m ‖ ~ **для обработки цифровых данных** Numerikda-

tenprozessor m, NDP ‖ ~/**дополнительный** Koprozessor m, Begleitprozessor m, Zusatzprozessor m ‖ ~/**командный** Kommandoprozessor m, Befehlsprozessor m ‖ ~/**коммуникационный** Kommunikationsprozessor m ‖ ~/**матричный** Array-Prozessor m, Matrixprozessor m, Feldprozessor m ‖ ~ **обработки сигналов** Signalprozessor m ‖ ~ **обработки текстов** Textprozessor m ‖ ~/**оптический** optischer Prozessor m ‖ ~ **очереди** Queue-Prozessor m ‖ ~/**присоединительный** Anschlußprozessor m ‖ ~/**разрядно-модульный** [Bit-]Slice-Prozessor m ‖ ~/**распределительный матричный** s. ~/**матричный** ‖ ~ **речи** Sprachprozessor m ‖ ~ **с ограниченным набором команд** RISC-Prozessor m ‖ ~ **с разрядно-модульной архитектурой** s. ~/**разрядно-модульный** ‖ ~/**связной** Kommunikationsprozessor m ‖ ~/**сетевой** Netzwerkprozessor m, NWP ‖ ~/**сигнальный** Signalprozessor m ‖ ~/**табличный** Flat-File-Prozessor m, FFP ‖ ~/**текстовый** Textverarbeitungsprogramm n, Textprozessor m ‖ ~ **телеобработки [данных]** Datenfernverarbeitungsprozessor m, DFV-Prozessor m, Fernverarbeitungsprozessor m ‖ ~ **управления и обслуживания** Bedien- und Serviceprozessor m ‖ ~ **управления обработки детали** (Fert) Teilbearbeitungsprozessor m ‖ ~/**управляющий** Steuerprozessor m ‖ ~/**центральный** Zentraleinheit f, ZE; zentrale Verarbeitungseinheit f, ZVE, CPU ‖ ~/**цифровой** Digitalprozessor m ‖ ~/**числовой** Numerikprozessor m ‖ ~/**элементный** Elementarprozessor m ‖ ~/**языковый** Sprachprozessor m

процессорно-ориентированный prozessororientiert

процессорный Prozessor...

прочёс m (Text) 1. Kammzug m; 2. Vlies n ‖ ~/**гребенной** Kammzug m, gekämmtes Band n

прочесать s. прочёсывать

прочёсыватель m/**предварительный** (Text) Vorreißer m, Vortrommel f (Kammwollkrempel)

прочёсывать (Text) 1. durchkämmen, kardieren, krempeln (Wolle, Baumwolle); 2. hecheln, durchhecheln (Flachs, Hanf)

прочистить s. прочищать

прочистка f (Forst) Ausläuterung f, Durchläuterung f

прочищать (Forst) durchläutern (Durchführung der Jungwuchspflege)

прочность f 1. Festigkeit f, Widerstandsfähigkeit f; Sicherheit f; 2. Haltbarkeit f, Lebensdauer f, Dauerhaftigkeit f, Beständigkeit f; 3. Echtheit f (z. B. Farbstoffe in bezug auf Licht- und andere Einflüsse) ‖ ~ **адгезии** s. ~ **прилипания** ‖ ~/**адгезионная** s. ~ **прилипания** ‖ ~ **бетона/кубиковая** Würfel[druck]festigkeit f (Beton) ‖ ~ **бетона на растяжение** Betonzugfestigkeit f ‖ ~ **бетона/отпускная** Lieferfestigkeit f (Beton) ‖ ~ **бетона/призменная** Prismenfestigkeit f (Beton) ‖ ~ **в возрасте 28 суток** 28-Tage-Festigkeit f (Beton) ‖ ~ **в мокром состоянии** (Text) Naßfestigkeit f (Veredlung) ‖ ~ **в непросушенном состоянии** (Gieß) Grün[stand]festigkeit f ‖ ~ **в петле** (Text) Schlingenfestigkeit f ‖ ~ **в просушенном состоянии** Trockenfestigkeit f ‖ ~ **в раннем возрасте**/**высокая** Frühhochfestigkeit *f (Beton)* ‖ ~ **в сухом состоянии** Trockenfestigkeit *f* ‖ ~ **в сыром состоянии** *(Gieß)* Grün[stand]festigkeit *f* ‖ ~ **вдоль поверхности/электрическая** *(El)* Überschlagsfestigkeit *f* ‖ ~/**вибрационная** *(Fest)* Schwingfestigkeit *f*, Vibrationsfestigkeit *f* ‖ ~ **во влажном состоянии** Naßfestigkeit *f* ‖ ~/**диэлектрическая** *(El)* dielektrische Festigkeit *f* ‖ ~/**длительная** *(Fest)* Dauer[schwing]festigkeit *f*, Zeitstandfestigkeit *f*, Standfestigkeit *f* ‖ ~ **изоляции** *(El)* Isolationsfestigkeit *f* ‖ ~/**исходная** *(Fest)* Ausgangsfestigkeit *f*, Bezugsfestigkeit *f* ‖ ~ **к действию растворителя** *(Text)* Lösungsmittelbeständigkeit *f* ‖ ~ **к стирке** *(Text)* Waschbeständigkeit *f* ‖ ~/**когезионная** *(Fest)* Kohäsionsfestigkeit *f* ‖ ~/**конечная** Endfestigkeit *f (Beton)* ‖ ~/**конструкционная** konstruktive Festigkeit *f*, Gestaltfestigkeit *f* ‖ ~/**кратко временная** kurzzeitige Festigkeit *f* ‖ ~/**местная** örtliche Festigkeit *f* ‖ ~/**механическая** mechanische Festigkeit *f* ‖ ~ **на ...** *s. a. unter* ~ **при ...** ‖ ~ **на выщипывание** Rupffestigkeit *f (des Papiers beim Druck)* ‖ ~ **на изгиб** *(Fest)* Biegefestigkeit *f* ‖ ~ **на изгиб при знакопеременной нагрузке** Biegewechselfestigkeit *f (Dauerschwingversuch)* ‖ ~ **на излом** Bruchfestigkeit *f* ‖ ~ **на износ** Verschleißfestigkeit *f*, Verschleißbeständigkeit *f* ‖ ~ **на истирание** Abriebfestigkeit *f*; Scheuerfestigkeit *f* ‖ ~ **на перегрузку** *(El)* Übersteuerungsfestigkeit *f* ‖ ~ **на пробой** *(El)* Durchschlagsfestigkeit *f*; *(Eln)* Durchbruchfestigkeit *f* ‖ ~ **на продавливание [шариком]** *(Led)* Kugelberstfestigkeit *f*, Berstfestigkeit *f* ‖ ~ **на продольный изгиб** *(Fest)* Knickfestigkeit *f* ‖ ~ **на прорыв швом** *(Led)* Stichausreißfestigkeit *f* ‖ ~ **на пульсирующий изгиб** Biegeschwellfestigkeit *f* ‖ ~ **на разрыв** Bruchfestigkeit *f*, Zerreißfestigkeit *f*, Zugfestigkeit *f*, Reißfestigkeit *f* ‖ ~ **на расслоение** Trennfestigkeit *f*, Abtrennungswiderstand *m* ‖ ~ **на растяжение** Zugfestigkeit *f* ‖ ~ **на растяжение при изгибе** Biegezugfestigkeit *f* ‖ ~ **набухших слоёв** Naßfestigkeit *f* der Schichten *(Film)* ‖ ~/**начальная** Anfangsfestigkeit *f (Beton)* ‖ ~/**общая** Gesamtfestigkeit *f* ‖ ~/**общая продольная** *(Schiff)* Gesamtlängsfestigkeit *f* ‖ ~ **окрасок** *(Text)* Farbechtheit *f* ‖ ~/**поверхностная** Oberflächenfestigkeit *f* ‖ ~/**поперечная** *(Schiff)* Querfestigkeit *f* ‖ ~ **при ...** *s. a. unter* ~ **на ...** ‖ ~ **при длительной нагрузке** Dauerfestigkeit *f* ‖ ~ **при знакопеременной нагрузке** Zug-Druck-Wechselfestigkeit *f* ‖ ~ **при коротких замыканиях** *(El)* Kurzschlußfestigkeit *f* ‖ ~ **при кручении** Verdreh[ungs]festigkeit *f*, Torsionsfestigkeit *f* ‖ ~ **при разрыве** Weiterreißfestigkeit *f* ‖ ~ **при переменном изгибе** Biegewechselfestigkeit *f* ‖ ~ **при переменном скручивании** Torsionswechselfestigkeit *f*, Verdrehwechselfestigkeit *f* ‖ ~ **при переменных напряжениях** Schwingungsfestigkeit *f* ‖ ~ **при раздире** *(Led)* Schlitzreißfestigkeit *f* ‖ ~ **при сдвиге** Scherfestigkeit *f*, Schubfestigkeit *f*, Abscherfestigkeit *f* ‖ ~ **при сжатии** Druckfestigkeit *f* ‖ ~ **при ударе** Schlagfestigkeit *f*, Stoßfestigkeit *f* ‖ ~/**призменная** Prismen[druck]festigkeit *f (Beton)* ‖ ~ **прилипания** Adhäsionskraft *f*, Haftfestigkeit *f*, Haftkraft *f*, Haftfähigkeit *f*, Haftvermögen *n* ‖ ~/**пробивная [электрическая]** *(El)* Durchschlagsfestigkeit *f* ‖ ~/**пробойная** *s.* ~ **на пробой** ‖ ~/**продольная** *(Schiff)* Längsfestigkeit *f* ‖ ~/**проектная** *s.* ~/**расчётная** ‖ ~/**разрывная** *s.* ~ **на разрыв** ‖ ~/**расчётная** rechnerische (projektierte) Festigkeit *f*, Sollfestigkeit *f* ‖ ~ **связи** 1. Bindungsstärke *f*, Bindungsfestigkeit *f*; 2. Kopplungsstärke *f*; 3. Stabilität *f* der Nachrichtenverbindung ‖ ~ **сдвига** *s.* ~ **при сдвиге** ‖ ~/**средняя** mittlere Festigkeit *f* ‖ ~/**статическая** statische Festigkeit *f (Gegensatz zur Schlagfestigkeit)* ‖ ~ **сцепления** *s.* ~ **прилипания** ‖ ~/**технологическая** technologische Festigkeit *f* ‖ ~/**ударная** *(Fest)* 1. Schlagfestigkeit *f*; 2. Schlagenergie *f*; 3. Kerbschlagzähigkeit *f* ‖ ~ **узла** *(Text)* Knotenfestigkeit *f* ‖ ~/**усталостная** *s.* ~/**длительная** ‖ ~/**электрическая** elektrische Festigkeit *f*

прочный 1. fest, widerstandsfähig, sicher; 2. haltbar, dauerhaft, beständig; 3. echt *(Farben)* ‖ ~ **на износ** verschleißfest ‖ ~ **на пробой** *(El)* durchschlagfest ‖ ~ **при коротком замыкании** *(El)* kurzschlußfest

прошивание *n (Fert)* Druckräumen *n*, Stoßräumen *n*

прошивать 1. *(Fert)* druckräumen, räumen mit dem Räumdorn; 2. *(Schm)* lochen, dornen; 3. *(Wlz)* schrägwalzen, dornen, lochen, lochwalzen *(nahtlose Rohre)*

прошивень *m (Schm)* Lochdorn *m*, Auftreiber *m* ‖ ~/**бочкообразный** Auftreiber *m* ‖ ~/**калибровочный** Kegeldorn *m* ‖ ~/**клиновидный** keilförmiger Lochdorn *m*, Schlitzdorn *m* ‖ ~/**конический** kegeliger Vollochdorn *m* ‖ ~/**пустотелый** Hohllochdorn *m* ‖ ~/**сквозной (сплошной)** Vollochdorn *m* ‖ ~/**цилиндрический** zylindrischer Vollochdorn *m*

прошивка *f* 1. *(Wlz)* Hohlwalzen *n*, Schrägwalzen *n (Rohre)*; 2. Dornen *n*; 3. *(Schm)* Lochen *n (Lochgesenk)*; 4. Lochwerkzeug *n*; 5. *(Met)* Butzen *n (Rohrpressen)*; 6. *(Wkz)* Stoßräumwerkzeug *n*, Druckräumwerkzeug *n*, Stoßräumnadel *f*, Druckräumnadel *f*; 7. *s.* прошивание ‖ ~/**выглаживающая** *(Wkz)* Stoßräumwerkzeug *n* zum Glätten ‖ ~/**квадратная** *(Wkz)* Vierkantstoßräumwerkzeug *n* ‖ ~/**круглая** *(Wkz)* rundes Stoßräumwerkzeug *n* ‖ ~/**сглаживающая (уплотняющая)** *s.* ~/**выглаживающая**

прошить *s.* прошивать

проявитель *m (Photo)* Entwickler *m* ‖ ~/**арктический** Polarentwickler *m*, kältefester Entwickler *m* ‖ ~/**бесщелочной** alkalifreier Entwickler *m* ‖ ~/**буферный** gepufferter Entwickler *m* ‖ ~/**быстроработающий** Rapidentwickler *m* ‖ ~/**быстрый** *s.* ~/**быстроработающий** ‖ ~ **в слое** eingebetteter Entwickler *m* ‖ ~/**внутренний** Innenentwickler *m* ‖ ~/**выравнивающий** Ausgleichsentwickler *m* ‖ ~/**гидрохиноновый** Hydrochinonentwickler *m* ‖ ~/**глубинный** Tiefenentwickler *m* ‖ ~/**двухрастворный** Zweibadentwickler *m* ‖ ~ **для проявления по времени** Standentwickler *m* ‖ ~ **для фотобумаги** Photopapierentwickler *m* ‖ ~ **для цветного проявления** *s.* ~/**цветной** ‖ ~/**железный** *s.* ~/**щавелевожелезный** ‖ ~/**контрастно работающий** hart arbeitender Entwickler *m* ‖ ~/**медленно работающий** langsam arbeitender Ent-

проявитель

wickler *m* ‖ ~/**медленный** *s.* ~/**медленно работающий** ‖ ~/**мелкозернистый** feinkörnig arbeitender Entwickler *m*, Feinkornentwickler *m* ‖ ~/**метол-гидрохиноновый** Metolhydrochinon-Entwickler *m* ‖ ~/**метоловый** Metolentwickler *m* ‖ ~/**мягкий (мягко работающий)** weich arbeitender Entwickler *m* ‖ ~/**негативный** Negativentwickler *m* ‖ ~/**нормальный** Normalentwickler *m* ‖ ~/**особоконтрастный** kontrastreich arbeitender Entwickler *m* ‖ ~/**особомелкозернистый** Feinstkornentwickler *m*, Ultrafeinkornentwickler *m* ‖ ~/**пастообразный** Pastenentwickler *m* ‖ ~/**поверхностный** Oberflächenentwickler *m* ‖ ~/**позитивный** Positiventwickler *m* ‖ ~/**рентгеновский** Röntgenentwickler *m* ‖ ~ **с большой вуалирующей способностью** stark verschleiernder Entwickler *m* ‖ ~ **с малой вуалирующей способностью** gering verschleiernder Entwickler *m* ‖ ~/**сверхбыстрый** Ultrarapidentwickler *m* ‖ ~/**сверхмелкозернистый** Superfeinkornentwickler *m* ‖ ~/**сухой** lösungsfest abgepackte Entwicklungssubstanz *f* ‖ ~ **типа лит** Lith-Entwickler *m* ‖ ~/**тропический** Tropenentwickler *m*, tropenfester Entwickler *m* ‖ ~/**фонтанирующий** Sprühentwickler *m*, Ansprühentwickler *m* ‖ ~/**цветной** Farbenentwickler *m* ‖ ~/**щавелевожелезный** Eisenoxalatentwickler *m*
проявить *s.* проявлять
проявиться *s.* проявляться
проявление *n* 1. Erscheinen *n*, Auftreten *n*, Vorkommen *n*, Hervortreten *n*; 2. *(Photo)* Entwicklung *f* ‖ ~/**бачковое** Dosenentwicklung *f* ‖ ~/**быстрое** Rapidentwicklung *f* ‖ ~ **в бачке** Dosenentwicklung *f* ‖ ~ **в ваночке (кювете)** Schalenentwicklung *f* ‖ ~/**вертикальное** Standentwicklung *f*, Tankentwicklung *f* ‖ ~/**визуальное** Entwicklung *f* nach Sicht ‖ ~/**внутреннее** Innenentwicklung *f* ‖ ~/**вторичное** Zweitentwicklung *f* ‖ ~/**выравнивающее** Ausgleichsentwicklung *f* ‖ ~/**глубинное** Tiefenentwicklung *f*, Korntiefenentwicklung *f* ‖ ~/**движущейся плёнки** Durchlaufentwicklung *f* ‖ ~/**двухрастворное** Zweibadentwicklung *f* ‖ ~/**дубящее** gerbende (härtende) Entwicklung *f* ‖ ~/**душевое** Sprühentwicklung *f* ‖ ~/**закрепляющее** Fixierentwicklung *f* ‖ ~/**ингибированное** verzögerte (gehemmte) Entwicklung *f* ‖ ~/**каскадное** Kaskadenentwicklung *f* ‖ ~/**кислое** Entwicklung *f* bei saurem *p*H[-Wert] ‖ ~ **кисточкой** Pinselentwicklung *f* ‖ ~ **копии** *(Typ)* Druckplattenentwicklung *f* ‖ ~ **магнитной кистью** Magnetbürstenentwicklung *f* ‖ ~/**мелкозернистое** Feinkornentwicklung *f* ‖ ~ **меховыми валиками** Fellwalzenentwicklung *f* ‖ ~/**многованное** Mehrbadentwicklung *f* ‖ ~ **на [дневном] свете** Hellichtentwicklung *f* ‖ ~/**неконтрастное** weiche Entwicklung *f* ‖ ~/**нормальное** normale Entwicklung *f* ‖ ~/**пастовое** Pastenentwicklung *f* ‖ ~/**первичное** Erstentwicklung *f* ‖ ~ **по времени** Entwicklung *f* nach Zeit, Zeitentwicklung *f* ‖ ~/**поверхностное** Oberflächenentwicklung *f* ‖ ~/**погружное** Tauchentwicklung *f* ‖ ~/**полное** Ausentwicklung *f* ‖ ~/**полуфизическое** halbphysikalische Entwicklung *f* ‖ ~/**прерывистое** intermittierende Entwicklung *f* ‖ ~ **при ярком освещении** Hellichtentwicklung *f* ‖ ~ **пылевым облаком** Pulverwolkenentwicklung *f* ‖ ~ **с визуальным контролем** *s.* ~/**визуальное** ‖ ~ **с десенсибилизацией** Hellichtentwicklung *f* ‖ ~ **с обращением изображения** Umkehrentwicklung *f* ‖ ~/**скоростное** Schnellentwicklung *f*, Rapidentwicklung *f* ‖ ~ **струями** Sprühentwicklung *f* ‖ ~/**сухое** Trockenentwicklung *f* ‖ ~/**тепловое** thermische Entwicklung *f*, Entwicklung *f* durch Wärme ‖ ~ **типа лит** Lith-Entwicklung *f* ‖ ~/**факториальное** Faktorenentwicklung *f* ‖ ~/**физическое** physikalische Entwicklung *f* ‖ ~/**химическое** chemische Entwicklung *f* ‖ ~/**цветное** Farbenentwicklung *f*, chromatogene (farbbildende) Entwicklung *f*
проявляемость *f (Photo)* Entwickelbarkeit *f*
проявлять entwickeln *(Filme)*
проявляться 1. sich zeigen, erscheinen, hervortreten; 2. sich entwickeln, entwickeln, entwickelt werden *(Filme)*
прояснение *n (Meteo)* Aufklaren *n*
пруд *m* 1. Teich *m*; 2. kleiner Stausee *m* ‖ ~/**биологический** Klärteich *m*, Aufladungsteich *m*, Abwasserteich *m* ‖ ~/**выростной** Brutstreckteich *m* ‖ ~/**зимовальный** Winterteich *m* ‖ ~/**иловый** Schlammteich *m* ‖ ~/**мальковый** Brutvorstreckteich *m* ‖ ~/**нагульный** Abwachsteich *m* ‖ ~/**нерестовый** Laichteich *m* ‖ ~/**рыбоводный** Fischteich *m*, Einsatzteich *m* ‖ ~/**шламовый** Schlammteich *m*
прудить eindämmen
пруд-отстойник *m* Klärteich *m*, Absetzbecken *n*
пруд-охладитель *m* Kühlteich *m*, Kühlbecken *n*
пружина *f (Masch)* Feder *f* ‖ ~/**боевая** Schlagfeder *f* ‖ ~/**буферная** Pufferfeder *f* ‖ ~/**быстрозапорная** Schnellschlußfeder *f* ‖ ~/**винтовая** Schraubenfeder *f* ‖ ~/**витая** gewundene Feder *f* ‖ ~/**возвратная** Rückstellfeder *f*, Rückholfeder *f*, Rückzugfeder *f* ‖ ~/**двухконусная** Doppelkegelfeder *f* ‖ ~/**двухконусная матрацная** Doppelkegelfeder *f*, Taillenfeder *f (für Polsterungen)* ‖ ~/**добавочная** Zusatzfeder *f* ‖ ~/**жёсткая** harte Feder *f* ‖ ~/**заводная** Triebfeder *f*, Zugfeder *f* ‖ ~/**задающая** Einstellfeder *f* ‖ ~/**запорная** Schließfeder *f* ‖ ~/**захватная** Mitnehmerfeder *f* ‖ ~/**клапанная** Ventilfeder *f* ‖ ~/**кольцевая** Ringfeder *f* ‖ ~/**комбинированная** kombinierte Kegel- und Zylinderfeder *f (die Kegelform geht nach oben in eine zylindrische Form über)* ‖ ~/**коническая [винтовая]** Kegelfeder *f* ‖ ~/**контактная** Kontaktfeder *f* ‖ ~/**контактная прерывающая** Kontaktunterbrechungsfeder *f (Klingel, Funkeninduktor)* ‖ ~/**контрпредохранительная** Sicherungsfeder *f* ‖ ~/**кольцевая матрацная** Kegelfeder *f (für Polsterungen)* ‖ ~ **кручения** *s.* ~ кручения/**цилиндрическая** ‖ ~ **кручения/концентрические** Verdrehfedersatz *m* ‖ ~ **кручения/стержневая** pec-сора/стержневая ‖ ~ **кручения/цилиндрическая** zylindrische Drehfeder *f* ‖ ~ **кручения/цилиндрическая винтовая** Schraubendrehfeder *f* ‖ ~ **люльки тележки/цилиндрическая** Schrauben-Wiegefeder *f (Eisenbahnwagen-Drehgestell)* ‖ ~ **люльки тележки/цилиндрическая двухрядная** Wiegen-Druckfedersatz *m (Eisenbahnwagen-Drehgestell)* ‖ ~/**матрацная** Matrazenfeder *f*, Polsterfeder *f (Oberbegriff für Taillen-, Schling- und Kegelfedern)* ‖ ~/**много-**

жильная винтовая Litzenschraubenfeder f ||
~ муфты Kupplungsfeder f || ~/навитая gewundene Feder f || ~/нажимная Druckfeder f ||
~/натяжная Zugfeder f; Spannfeder f || ~ непрерывного плетения Schlingfeder f (Polsterfederung) || ~/нитенатяжная (Text) Fadenspanner m (Flachstrickmaschine) || ~/опорная Stützfeder f || ~/отбойная Rückschlagfeder f ||
~/отжимная Abdrückfeder f; Ausrückfeder f, Rückholfeder f || ~/параболоидная Evolutenfeder f || ~/пластинчатая Lamellenfeder f ||
~/плоская Blattfeder f || ~/плоская спиральная ebene Spiralfeder f || ~/поперечная Querfeder f || ~/предохранительная Sicherungsfeder f || ~/проволочная Drahtfeder f || ~/продольная Längsfeder f || ~/противодействующая Gegenfeder f, Rückstellfeder f, Rückzugfeder f || ~/работающая на растяжение-сжатие Zug-Druck-beanspruchte Feder f || ~/разгрузочная Entlastungsfeder f || ~/размыкающая Lösefeder f || ~/распорная Spreizfeder f ||
~ растяжения Zugfeder f || ~ растяжения/винтовая Schraubenzugfeder f || ~ растяжения-сжатия Zug- und Druckfeder f || ~/регулирующая Nachstellfeder f || ~ с витками круглого сечения Feder f mit Kreisquerschnitt (rundem Querschnitt) || ~ с витками прямоугольного сечения Feder f mit Rechteckquerschnitt || ~/сдвоенная Doppelfeder f || ~/сдвоенная клапанная Doppelventilfeder f || ~ сжатия Druckfeder f || ~ сжатия/бочкообразная tonnenförmige Druckfeder f || ~ сжатия/винтовая Schraubendruckfeder f, schraubenförmige Druckfeder f || ~ сжатия/концентрическая (составная) Druckfedersatz m || ~ сжатия/цилиндрическая винтовая zylindrische Schraubendruckfeder f || ~/специальная Sonderfeder f || ~/спиральная Spiralfeder f || ~ сцепления Kupplungsfeder f || ~ сцепления/нажимная Kupplungsdruckfeder f || ~/тарельчатая Tellerfeder f || ~/телескопическая Kegelfeder f mit abnehmendem Rechteckquerschnitt (z. B. Pufferfeder) || ~/токоподводящая Stromzuführungsfeder f || ~/торсионная стержневая Drehstabfeder f || ~/установочная Einstellfeder f || ~/фигурная гнутая Drahtformfeder f ||
~/цилиндрическая винтовая zylindrische Schraubenfeder f || ~ часового механизма Uhrwerksfeder f || ~/ячейковая zylindrische fünfwindige Polsterfeder f
пружинение n Federung f, Federn n || ~/обратное Rückfederung f
пружинистость f Federkraft f; Spannkraft f; Elastizität f
пружинистый federnd, elastisch, nachgiebig
пружинить federn, nachgeben
пружинный (Masch) durch Federkraft wirkend, Feder...
пружинящий federnd
прустит m (Min) Proustit m, lichtes Rotgültigerz n, Arsensilberblende f
прут m s. пруток
пруток m 1. Stab m, Stange f; 2. (Met) Stabmaterial n, Stangenmaterial n || ~/вытяжной (Text) Zugrute f || ~/гоночный (Text) Pickerspindel f (Weberei) || ~ для холста (Text) Wickelstab m (Putzerei-Schlagmaschine) || ~/закладной

(Text) Rute f || ~/контролирующий (Text) Druckstange f (Streckwerk) || ~ малого диаметра/кремниевый (Eln) Silicium-Dünnstab m || ~/нанизочный Spitt m (Fischverarbeitung) || ~/направляющий (Text) Führungsstange f, Führungsstab m || ~/нитеводный (Text) Fadenleitstange f || ~/остановочный (Text) Abstellstange f || ~/прессованный Preßstrang m, Preßstab m || ~ припоя Löt[zinn]stange f ||
~/присадочный (Schw) Zusatzstab m, stabförmiger Zusatzwerkstoff m || ~/протягиваемый (Met) Ziehstange f, Ziehstab m, gezogene Stange f, gezogener Stab m || ~/разделительный (Text) Kreuzstab m || ~/сварочный Schweißstab m, Schweißelektrode f || ~/фасонный (Met) Profilstrang m, Profilstab m || ~/ценовый (Text) Kreuzstab m, Kreuzschiene f (Webstuhl)
ПрЧ s. преобразователь частоты
прыжок m 1. Sprung m; 2. (Schiff) Dumpen n (beim Stapellauf) || ~/гидравлический (Hydrod) Wassersprung m || ~/затяжной Verzögerungssprung m (Fallschirm)
прядение n (Text) Spinnen n; Spinnerei f || ~/аппаратное Streichgarnspinnerei f || ~/аэродинамическое Luftwirbelspinnen n, Luftwirbelspinnerei f || ~/аэромеханическое aeromechanisches Spinnen n || ~/безбаллонное Spinnen n mit unterdrücktem Fadenballon || ~/беверетённое Offen-End-Spinnen n, Open-End-Spinnen n, OE-Spinnen n || ~/безровничное flyerloses Spinnen n || ~ вискозного штапельного волокна Vigognespinnerei f || ~ вискозного штапельного волокна Zellwollspinnerei f || ~/глубокованное Spinnen n mit tiefem Spinntrog (Chemiefaserherstellung) || ~/грубошерстяное Haargarnspinnerei f ||
~ длинной шерсти/гребенное Langfaserkammgarnspinnerei f || ~ длинных волокон Langfaserspinnerei f || ~ длинных волокон/гребенное Langfaserkammgarnspinnerei f ||
~ из расплава Schmelzspinnen n (Chemiefaserherstellung) || ~/искусственного штапельного волокна Zellwollspinnerei f || ~/камвольное s. ~ шерсти/гребенное || ~ койра Kokosfaserspinnerei f || ~ конского волоса Roßhaarspinnerei f || ~ коротких волокон Kurzfaserspinnerei f || ~ коротких волокон/гребенное Kurzfaserkammgarnspinnerei f || ~ лубяных волокон Bastfaserspinnerei f ||
~ льна s. льнопрядение || ~ льяных очёсов Wergspinnerei f (Flachs) || ~/мелкованное Spinnen n mit flachem Spinntrog (Chemiefaserherstellung) || ~/мокрое Naßspinnen n || ~/непрерывного действия kontinuierlicher (ununterbrochener) Spinnvorgang m || ~ низких номеров пряжи Grobgarnspinnerei f || ~/однопроцессное Direktspinnverfahren n || ~ окрашенных волокон Buntgarnspinnerei f || ~ отходов шёлкопрядения Schappespinnerei f, Florettspinnerei f || ~/очёсочное Werggarnspinnerei f || ~ пенькового очёса Hanfwergspinnerei f || ~ периодического (прерывного) действия periodischer (unterbrochener) Spinnvorgang m || ~/пневмомеханическое OE-Rotorspinnen n, OE-Turbinenspinnen n || ~/полугребенное Halbkammgarnspinnerei f || ~ с уменьшенным баллоном Spinnen n mit reduziertem Fadenballon || ~/сухое Trockenspinnen n ||

прядение

~/тонкое Feinspinnerei f ‖ ~/угарно-вигоневое s. ~/вигоневое ‖ ~/угарное Abfallspinnerei f ‖ ~ хлопка s. хлопкопрядение ‖ ~ хлопка/угарное Baumwollabfallspinnerei f ‖ ~/центрифугальное Zentrifugenspinnen n, Topfspinnen n, Zentrifugalspinnerei f (Naßspinnverfahren synthetischer Faserstoffe) ‖ ~ чёсаного льна Flachshechelgarnspinnerei f ‖ ~ чёсаной пеньки Hanfhechelgarnspinnerei f ‖ ~ шёлка s. шёлкопрядение ‖ ~ шёлковых отходов Seidenabfallspinnerei f (Schappe- und Bourettespinnerei) ‖ ~ шерсти s. шерстопрядение ‖ ~ шерсти/аппаратное Streichgarnspinnerei f, Grobspinnerei f ‖ ~ шерсти/гребенное Kammgarnspinnerei f
прядомость f (Text) Verspinnbarkeit f, Spinnbarkeit f
прядомый [ver]spinnbar
прядь f Strang m, Litze f, Seillitze f ‖ ~/арматурная Bewehrungslitze f ‖ ~ каната Seillitze f ‖ ~/круглая Rundlitze f ‖ ~ нитей Fadenbündel n ‖ ~/плоская Flachlitze f
пряжа f (Text) Garn n; Gespinst n ‖ ~ альпака Alpakagarn n, Alpaka m ‖ ~/аппаратная [хлопчатобумажная] Streichgarn n, Baumwollabfallgarn n ‖ ~ безверетённого способа прядения Offen-End-Garn n, Open-End-Garn n, OE-Garn n ‖ ~/белённая s. ~/отбелённая ‖ ~/буретная Bourettegarn n, Bouretteseide f ‖ ~ в мотках Garn n im Strang, geweiftes Garn n ‖ ~/валяная gewalktes Garn n ‖ ~/вигоневая Vigognegarn n, Vigogne f ‖ ~ второго сорта Sekundagarn n ‖ ~ высоких номеров hochfeines Garn n ‖ ~/высокообъёмная Hochbauschgarn n ‖ ~/высокоэластичная hochelastisches Garn n ‖ ~/вышивальная Stickgarn n ‖ ~/вязальная Wirkgarn n, Strickgarn n ‖ ~/гладкая glattes Garn n ‖ ~/глянцевая Glanzgarn n ‖ ~/гребенная gekämmtes Garn n ‖ ~/гребенная хлопчатобумажная gekämmtes Baumwollgarn n, Baumwollkammgarn n ‖ ~/гребенная шерстяная Kamm[woll]garn n ‖ ~ гребенного прочёса gekämmtes Garn n ‖ ~/грубая Grobgarn n ‖ ~ двухкратной крутки s. ~/двухкруточная ‖ ~/двухкруточная doppelter (zweidrähtiger) Zwirn m ‖ ~/двухцветная хлопчатобумажная Moulinégarn n, Mouliné m ‖ ~/джутовая Jutegarn n ‖ ~ для ворса Polgarn n ‖ ~ для вышивания Stickgarn n ‖ ~ для вязания Strickgarn n ‖ ~ для сетевязания Knüpfgarn n, Netzknüpfgarn n ‖ ~ для трикотажного производства Wirk- und Strickgarn n ‖ ~/запаренная gedämpftes Garn n ‖ ~ из верблюжьей шерсти Kamelhaargarn n ‖ ~ из волоса Haargarn n ‖ ~ из египетского хлопка ägyptisches Baumwollgarn n, Makogarn n ‖ ~ из кокосового волокна Kokos[faser]garn n ‖ ~ из коротких волокон Streichgarn n ‖ ~/кабельная Kabelgarn n ‖ ~/камвольная Kammgarn n ‖ ~/канатная Seilgarn n, Seilfaden m ‖ ~/кардная kardiertes Garn n ‖ ~/кардная хлопчатобумажная kardiertes Baumwollgarn n ‖ ~/кокосовая Kokosgarn n ‖ ~/крашенная gefärbtes Garn n ‖ ~/кручёная gezwirntes Garn n, Zwirn m ‖ ~/кручёная объёмная Bauschzwirn m ‖ ~/кручёная петлистая Schlingenzwirn m,

730

Schleifenzwirn m ‖ ~/кручёная фасонная Effektzwirn m ‖ ~/лощёная Eisengarn n, Glanzgarn n, Mustergarn n ‖ ~/льяная Leinengarn n ‖ ~/меланжевая Melangegarn n, Melange f ‖ ~/мериносовая Merinogarn n, weiches Wollgarn n ‖ ~/мерсеризованная merzerisiertes Garn n ‖ ~/многократной крутки mehrfacher (mehrdrähtiger) Zwirn m ‖ ~/многокруточная mehrfacher (mehrdrähtiger) Zwirn m ‖ ~/мохеровая Mohairgarn n, Mohair m ‖ ~/мягкая weiches Garn n auf kegeliger Kreuzspule (Handelsform) ‖ ~ на навое Garn n auf Bäumen (Kett- und Zettelbaum; Handelsform) ‖ ~ на конической бобине Garn n auf kegeliger Kreuzspule (Handelsform) ‖ ~ на цилиндрической бобине Garn n auf zylindrischer Kreuzspule (Handelsform) ‖ ~/неокрашенная ungefärbtes Garn n ‖ ~ низких номеров grobes Garn n ‖ ~/объёмная Bauschgarn n ‖ ~/одиночная einfaches Garn n ‖ ~/однокруточная einfacher (eindrähtiger) Zwirn m ‖ ~/окрашенная gefärbtes Garn n ‖ ~/опалённая gesengtes Garn n ‖ ~/основная Kettgarn n ‖ ~/отбелённая gebleichtes Garn n ‖ ~/очёсковая Hedegarn n, Werggarn n ‖ ~/пеньковая Hanfgarn n ‖ ~/переслежистая schnittiges Garn n ‖ ~/пологая drehungsfreies (ungedrehtes) Garn n ‖ ~/полукамвольная (полушерстяная) Wollmischgarn n, Halbwollgarn n, Halbkammgarn n ‖ ~/пошивочная Nähgarn n, Nähzwirn n ‖ ~/пропитанная imprägniertes Garn n ‖ ~/пушистая flauschiges (haariges, offenes) Garn n ‖ ~/ремизная Litzengarn n, Geschirrzwirn m ‖ ~/роторная Rotorgarn n, OE-Garn n ‖ ~ с кольцепрядильных машин Ringspinngarn n ‖ ~ с прядильной машины периодического действия Selfaktorgarn n ‖ ~ с сукрутинами überdrehtes Garn n ‖ ~ с утолщениями/фасонная Flammengarn n (Effektzwirnart) ‖ ~/самокруточная Self-Twist-Garn n ‖ ~/сильно скрученная hartgedrehtes Garn n ‖ ~ средней толщины mittelfeines Garn n ‖ ~ средних номеров mittelfeines Garn n ‖ ~/суконная Tuchgarn n ‖ ~/суровая Rohgarn n ‖ ~/тонкая Feingarn n, feines Garn n ‖ ~ третьего сорта Tretiagarn n ‖ ~/трёхниточная Dreifachzwirn m ‖ ~/трощённая dubliertes (gefachtes) Garn n ‖ ~/угарная Barchentgarn n, Abfallgarn n ‖ ~/угарная хлопчатобумажная Baumwollabfallgarn n ‖ ~/узелковая Noppenzwirn m (Effektivzwirnart) ‖ ~/уточная Schußgarn n ‖ ~/фасонная Effektzwirn m ‖ ~ фасонной круткой/петлистая Schleifenzwirn m, Schlingenzwirn m (Effektzwirnart) ‖ ~/фитильная Dochtgarn n ‖ ~ «фламме» Flammengarn n (Effektzwirnart) ‖ ~/флокированная beflocktes Garn n ‖ ~/хлопчатобумажная Baumwollgarn n ‖ ~/цветная Buntgarn n ‖ ~/чёсаная кардиртес Garn n ‖ ~/чистошерстяная reinwollenes Garn n ‖ ~/шёлковая Seidengarn n ‖ ~/шерстяная Wollgarn n ‖ ~/штапельная Zellwollgarn n ‖ ~/эластичная elastisches Garn n ‖ ~/элементарная monofiles Garn n
пряжка f/глухая (Led) Schiebeschnalle f
прялица f s. прялка
прялка f (Text) Spinnrocken m
прямая f (Math) Gerade f, gerade Linie f, Strahl m ‖ ~/базисная (Math) Basislinie f, Bezugslinie f ‖

~/**вертикальная** (Math) senkrechte Gerade f, Lot n ‖ ~ **впадин** (Masch) Fußlinie f (Zahnstange) ‖ ~ **выступов** (Masch) Kopflinie f (Zahnstange) ‖ ~**/геодезическая** geodätische Linie f, Geodätische f ‖ ~/**делительная** (Masch) Teilbahn f (Zahnstange) ‖ ~ **качения** (Masch) Wälzgerade f ‖ ~/**ломаная** geknickte Gerade f ‖ ~/**нагрузочная** (En) Lastgerade f, Arbeitsgerade f ‖ ~/**направленная** (Math) orientierte Gerade f; Richtungsgerade f ‖ ~/**начальная** (Masch) Wälzgerade f, Profilbezugslinie f (Zahnstange) ‖ ~/**несобственная** (Math) uneigentliche Gerade f, unendlichferne Gerade f, Ferngerade f ‖ ~/**несущая** s. прямая-носитель ‖ ~/**отсчётная** Bezugsgerade f ‖ ~ **пересечения** (Math) Schnittgerade f ‖ ~/**полюсная** (Masch) Wälzgerade f (Zahnradpaar) ‖ ~/**приближённая** Näherungsgerade f ‖ ~/**прилегающая** (Math) angrenzende Gerade f ‖ ~ **проницаемости** (Ph) Permeabilitätsgerade f ‖ ~ **регрессии** (Math) Regressionsgerade f ‖ ~ **решётки** (Krist) Gittergerade f ‖ ~ **симметрии** (Math) Symmetriegerade f ‖ ~ **сопротивления** (El) Widerstandsgerade f ‖ ~/**фокальная** (Opt) Brenngerade f, Fokalgerade f
прямая-носитель f (Math) Trägergerade f (eines Vektors)
прямобочный geradflankig (Zahnrad)
прямоволновый (Eln) wellen[längen]gerade, wellen[längen]linear
прямоёмкостный (El) kapazitätsgerade, kapazitätslinear
прямозубый geradverzahnt (Zahnrad); Geradzahn...
прямой 1. gerade, geradlinig; 2. gerade, direkt, unmittelbar, Direkt...; 3. direktziehend, substantiv, Direkt... (organische Farbstoffe); 4. (Typ) seitenrichtig
прямолинейность f Geradlinigkeit f; Geradheit f
прямонакальный (El) direktgeheizt
прямопоказывающий direktanzeigend (Meßgeräte)
прямослойный (Holz) geradläufig, geradfaserig
прямоствольный (Forst) geradstämmig, geradschäftig, geradwüchsig
прямоток m (Wmt) Gleichstrom m (von Heiz- und Kühlmedium)
прямоточный im Gleichstrom (Parallelstrom) [geführt], nach dem Gleichstromprinzip (Parallelstromprinzip), Gleichstrom... (Flüssigkeiten, Gase)
прямоугольник m (Math) Rechteck n ‖ ~/**магический** magisches Rechteck n ‖ ~/**решётчатый** Gitterrechteck n
прямоугольность f (Math) Rechteckigkeit f, Rechteckförmigkeit f
прямоугольный (Math) rechtwinklig, rechteckig, Rechteck...
прямочастотный (El) frequenzgerade, frequenzlinear
прямые fpl/**скрещивающиеся** (Math) windschiefe Geraden fpl
прясть (Text) spinnen ‖ ~ **ровницу** vorspinnen
ПС s. память связи
пс s. парсек
псаммит m (Geol) Psammit m (Trümmergestein)

псевдоадиабата f (Meteo) Feuchtadiabate f, Pseudoadiabate f
псевдоадиабатический (Meteo) feuchtadiabatisch, pseudoadiabatisch
псевдоадрес m (Inf) Pseudoadresse f
псевдоатом m (Kern) Pseudoatom n
псевдоволластонит m (Min) Pseudowollastonit m (in Schlacken und Gläsern)
псевдовремя n (Ph) Pseudozeit f
псевдодвойник m (Krist) Pseudozwilling m
псевдодислокация f (Geol) Pseudodislokation f
псевдозамирание n (El) Pseudoschwund m
псевдозатухание n (Ph) Pseudodämpfung f
псевдоизображение n (Opt) Pseudobild n
псевдокатализ m Pseudokatalyse f
псевдоквадруполь m (Ph) Pseudoquadrupol m
псевдокислотность f Pseudoacidität f
псевдокод m (Inf) Pseudokode m
псевдокоманда f (Inf) Pseudobefehl m
псевдокристалл m Pseudokristall m
псевдомерия f (Ph) Pseudomerie f
псевдоморфизм m (Min) Pseudomorphie f
псевдоморфоза f (Min) Pseudomorphose f ‖ ~ **вытеснения (замещения)** Verdrängungspseudomorphose f ‖ ~ **изменения (превращения)** Umwandlungspseudomorphose f
псевдонапряжение n (Ph) Pseudospannung f
псевдоожижение n (Ch) Fließbettverfahren n ‖ ~/**кипящее** Wirbelbettverfahren n, Wirbelschichtverfahren n, Staubfließverfahren n ‖ ~/**неравномерное** brodelndes (turbulentes) Fließen n (Wirbelschichttechnik) ‖ ~/**поршневое** stoßendes Fließen n (Wirbelschichttechnik)
псевдоожиженный scheinflüssig, flüssigkeitsähnlich
псевдооснование n (Ch) Pseudobase f
псевдоосновность f (Ch) Pseudobasizität f
псевдопластичность f Pseudoplastizität f
псевдопотенциал m (Ph) Pseudopotential n
псевдопрограмма f (Inf) Pseudoprogramm n
псевдоравновесие n (Ph) Pseudogleichgewicht n
псевдосимметрия f (Math) Pseudosymmetrie f
псевдоскаляр m (Math) Pseudoskalar m
псевдослучайный pseudozufällig
псевдосплав m Pseudolegierung f (Pulvermetallurgie)
псевдосфера f (Math) Pseudosphäre f
псевдотемпература f (Ph) Pseudotemperatur f
псевдотензор m (Math) Pseudotensor m
псевдофединг m (El) Pseudoschwund m
псиломелан m (Min) Psilomelan m, schwarzer Glaskopf m, Hartmanganerz m
психрометр m (Meteo) Psychrometer n ‖ ~ **Ассмана/аспирационный** Aßmannsches Aspirationspsychrometer n ‖ ~/**дистанционный** Fernmeßpsychrometer n ‖ ~/**самопишущий** Psychrograph m
психрометр-пращ m Schleuderpsychrometer n
псофометр m (Nrt) Geräuschspannungsmesser m, Psophometer n
ПСТ s. траулер/посольно-свежьевой
ПТ s. 1. транзистор/полевой; 2. триод/полупроводниковый
ПТА s. аппарат/пластинчатый теплообменный
птицеводство n (Lw) Geflügelwirtschaft f

птицефабрика f (Lw) Geflügelintensivhaltungsbetrieb m
птицеферма f (Lw) Geflügelfarm f
птичник m (Lw) Geflügelstall m
ПТО s. процессор телеобработки
ПТП s. подстанция/понижающая
ПТС s. судно/приёмно-транспортное
ПТУ s. установка/паротурбинная
ПТУР s. ракета/противотанковая управляемая
ПУ s. 1. управление/программное; 2. пульт управления; 3. устройство/подруливающее; 4. устройство/печатающее; 5. установка/пусковая
пуаз m Poise n, P (SI-fremde Einheit der dynamischen Viskosität)
пуансон m (Wkz) Stempel m, Stanzstempel m, Pressenstempel m, Druckstempel m, Lochstempel m, Gesenkoberteil n ‖ ~/**боковой** Seitenstempel m ‖ ~/**верхний** Oberstempel m ‖ ~/**выдавливающий** Fließpreßstempel m ‖ ~ **вырубного штампа** Schnittstempel m, Schneidestempel m ‖ ~/**вырубной** Schnittstempel m, Schneidstempel m ‖ ~/**высадочный** Stauchstempel m, Absetzstempel m ‖ ~ **вытяжного штампа** s. ~/вытяжной ‖ ~/**вытяжной** Ziehstempel m (Stanzen); Tiefziehstempel m (Tiefziehen) ‖ ~ **гибочного штампа** Biegestempel m ‖ ~/**гибочный** Biegestempel m ‖ ~/**зачистной** Schabstempel m, Schlichtstempel m ‖ ~/**криволинейный** Kurvenstempel m ‖ ~/**многорезный** Mehrschnittstempel m, Vielschnittstempel m ‖ ~/**наборный** Stauchstempel m, Absetzstempel m ‖ ~/**нижний** Unterstempel m ‖ ~/**обрезной** Abgratstempel m, Entgratestempel m ‖ ~/**однорезный** Einfachstempel m, Einfachschnittstempel m ‖ ~/**осадочный** s. ~/высадочный ‖ ~/**отрезной** Scherstempel m, Schnittstempel m ‖ ~/**подвижный** Schwebemantelmatrize f (Pulvermetallurgie) ‖ ~/**полый** Hohl[preß]stempel m ‖ ~ **предварительной высадки** Vorstauchstempel m ‖ ~/**предварительный** Vorstauchstempel m ‖ ~/**пресса** Pressenstempel m, Preßstempel m ‖ ~/**прессующий** s. ~ пресса ‖ ~/**пробивной** Lochstempel m, Lochdorn m, Locheisen n ‖ ~/**просечной** Stechstempel m (Stanzen) ‖ ~/**прошивной** Einsenkstempel m, Eindrückstempel m ‖ ~/**разъёмный** unterteilter Stempel m ‖ ~ **с заплечиком** abgesetzter Stempel (Lochstempel) m (Befestigung im Stempelhalter) ‖ ~/**сборный** zusammengesetzter Stempel m ‖ ~/**фасонный** Formstempel m, Fassonstempel m ‖ ~/**фигурный** Fassonlochdorn m ‖ ~/**формовочный** Verformungsstempel m, Biegestempel m (Stanzen) ‖ ~/**чеканочный** Prägestempel m
пуансонодержатель m Stempelhalter m, Stempel[aufnahme]platte f, Locheisenhalter m, Kopfplatte f (Presse)
ПуВРД s. двигатель/пульсирующий воздушно-реактивный
ПУГО s. пост управления грузовыми операциями
пуговица f (Text) Knopf m (Konfektion)
пуддинг m (Geol) Puddingstein m
пудра f 1. (Gieß) Puder m; 2. staubförmiges Pulver n (Pulvermetallurgie) ‖ ~/**алюминиевая** спекающаяся Sinteraluminiumpulver n, SAP n (Pulvermetallurgie)
пузырёк m Bläschen n ‖ ~ **воздуха** Luftbläschen n
пузырение n Aufwallen n
пузыристый, пузырчатый blasig
пузырь m Blase f ‖ ~/**воздушный** Luftblase f ‖ ~/**газовый** Gasblase f ‖ ~/**мыльный** Seifenblase f ‖ ~/**подкорковый (сотовый)** Randblase f (Gußfehler) ‖ ~/**шлаковый** Schlackenblase f (Gußfehler)
пукль m (Led) Bodenschutznet m
пул m/**буферный** (Inf) Pufferkomplex m, Pufferpool m
пулемёт m Maschinengewehr n, MG
пулестойкий kugelsicher
пулеуловитель m Kugelfang m (Schießstand)
пульверизатор m Zerstäuber m; Spritzpistole f
пульверизация f 1. Pulverisieren n, Zerkleinern n, Pulverisierung f (Stoffe); 2. Zerstäuben n, Zerstäubung f (Flüssigkeiten); 3. Spritzen n (Anstrichtechnik)
пульпа f 1. Pulpe f, Trübe f (Aufbereitung); 2. Trübe f (Hydrometallurgie); 3. (Pap) Faserbrei m; 4. (Lebm) Pülpe f, Pulpe f, Fruchtbrei m ‖ ~/**закладочная** Spülgut n (Spülversatz) ‖ ~/**рудная** Erztrübe f (Aufbereitung) ‖ ~/**сырая** Rohpulpe f (Aufbereitung) ‖ ~/**флотационная** Flotationstrübe f (Aufbereitung) ‖ ~/**шламовая** Schlammtrübe f (Aufbereitung)
пульповод m Trübeleitung f, Spülleitung f, Schlammleitung f ‖ ~/**вакуумный** Saugleitung f ‖ ~/**напорный** Förderrohrleitung f ‖ ~/**плавучий** Schwimmrohrleitung f
пульподелитель m Trübeverteiler m (Aufbereitung)
пульполовушка f (Lebm) Pülpefänger m ‖ ~/**высокопроизводительная** Hochleistungspülpefänger m
пульпосгуститель m Trübeeindicker m
пульсар m (Astr) Pulsar m (pulsierende Radioquelle) ‖ ~/**рентгеновский** Röntgenpulsar m
пульсатор m 1. Pulsator m, Vibrationsprüfstand m; 2. (Bgb) Pulsatorsetzmaschine f; 3. (Lw) Pulsator m (Melkmaschine); 4. (Nrt) Zahlengeber m
пульсатрон m (Eln) Pulsatron n, Impulsröhre f
пульсация f 1. Pulsation f; Pulsieren n; 2. Welligkeit f (z. B. von Gleichstrom); 3. Schwankung f (im Ablauf eines Vorgangs); Schwebung f ‖ ~/**геомагнитная** geomagnetische Pulsation f ‖ ~ **давления** Druckpulsation f ‖ ~ **напряжения** (El) Spannungspulsation f ‖ ~ **пучка** (Kern) Strahlwelligkeit f ‖ ~ **скорости [течения]** (Hydrol) Pulsation f der Strömungsgeschwindigkeit ‖ ~ **тока** (El) Strompulsation f ‖ ~ **уровней воды** (Hydrol) Pulsation f des Wasserstandes
пульс-генератор m (El) Pulsgenerator m
пульсировать puls[ier]en, Impulse senden; oszillieren
пульсометр m Pulsometer n (einfache kolbenlose Gas- oder Dampfdruckpumpe)
пульс-реле n (El) Relaisunterbrecher m
пульс-схема f (El) Pulsschaltung f, Impulsschaltung f
пульт m Pult n ‖ ~/**видеосмесительный** (TV) Bildmischpult n ‖ ~/**диспетчерский** Dispat-

cherpult n; Lastverteilerpult n (Energieversorgung) ‖ ~/**дисплейный** (Inf) Bildschirmkonsole f; Bildschirmarbeitsplatz m ‖ ~/**измерительный** Meßpult n ‖ ~/**инженерный** Bedien[ungs]pult n ‖ ~/**испытательный** Prüfpult n ‖ ~/**клавишный** Tastatur f ‖ ~/**коммутационный** (El) Schaltpult n ‖ ~/**контрольный** Überwachungspult n ‖ ~ **контроля** Überwachungspult n ‖ ~/**микшерный** (Rf, TV) Mischpult n ‖ ~ **обслуживания** (Inf) Bedienplatz m ‖ ~ **оператора** Bedien[ungs]pult n; Bedienkonsole f; (Inf) Rechnerkonsole f ‖ ~/**операторский** s. ~ оператора ‖ ~/**подвесный** (Wkzm) Hängebedientableau n ‖ ~ **системы отладки** Entwicklungsplatz m ‖ ~/**смесительный** (Rf, TV) Mischpult n ‖ ~/**судоводительский** (Schiff) Brückenfahrpult n ‖ ~ **телеуправления** Fernsteuerpult n ‖ ~ **управления** Steuerpult n; Bedienplatz m, Bedienfeld n; (El) Schaltpult n; (Rf, TV) Regiepult n; (Inf) Bedienplatz m, Bedienfeld n; (Eb, Schiff) Fahrpult n ‖ ~ **управления системой** (Inf) Systembedienfeld n ‖ ~ **управления судном** (Schiff) Brückenfahrpult n ‖ ~ **управления/центральный** (El) Zentralsteuer[ungs]pult n ‖ ~/**штурманский** (Schiff) Navigationspult n ‖ ~/**экранный** Bildschirmgerät n, Bildschirmeinheit f, BE, Display n

пульт-табло m (Eb) Gleisbildpult n

пуля f Kugel f, Geschoß n (für Jagdgewehre und Handfeuerwaffen) ‖ ~/**бронебойная** panzerbrechendes Geschoß n ‖ ~/**винтовая** 1. Gewehrgeschoß n; 2. Büchsenkugel f (Jagdwaffe) ‖ ~/**охотничья** Jagdgeschoß n ‖ ~/**ружейная** Gewehrkugel f ‖ ~ **с оболочкой** Mantelgeschoß n ‖ ~/**сплошная свинцовая** Bleivollgeschoß n (für Jagdgewehre mit gezogenem Lauf) ‖ ~/**трассирующая** Leuchtpurgeschoß n

пункт m 1. Punkt m (nicht im mathematischen Sinne); Ort m, Stelle f; Warte f; Amt m; 2. (Typ) [typographischer] Punkt m (als Schriftmaß) ‖ ~/**абонентский** (Nrt) Telephonanschluß m; (Inf) Datenstation f, Dateneinrichtung f, Terminal n ‖ ~/**абонентский телефонный** (Nrt) Sprechstelle f, Fernsprechstelle f, Teilnehmersprechstelle f, Fernsprechstelle f ‖ ~/**астрономический** astronomischer Punkt m ‖ ~/**бензозаправочный (бензораздаточный)** (Kfz) Tankstelle f ‖ ~ **ввода-вывода данных** (Inf) Datenendplatz m ‖ ~/**газорегуляторный** Gasdruckregulierungsstelle f ‖ ~/**геодезический** (Geod) geodätischer Punkt m ‖ ~/**гравиметрический** (Geoph) gravimetrischer Punkt m, Schweremeßpunkt m (Schwerenetz) ‖ ~/**диалоговый абонентский** (Inf) Dialoggerät n, Dialogstation f ‖ ~/**диспетчерский** Dispatcherzentrale f, Dispatcherleitstelle f, Kommandostelle f, Steuerwarte f; (En) Lastverteilerpunkt m ‖ ~/**донорский** Blutspendezentrale f ‖ ~ **замера** Meßpunkt m ‖ ~/**заправочный** 1. (Kfz) Tankstelle f; 2. (Eb) Betankungsstelle f (Lokomotive) ‖ ~/**зерноочистительно-сушильный** (Lw) Getreidereinigungs- und -trocknungsstelle f ‖ ~ **искусственного осеменения** (Lw) Besamungsstelle f ‖ ~/**командно-диспетчерский** (Flg) Flugsicherungskontrollstelle f, Flugleitstelle f ‖ ~/**коммутационный** 1. (Nrt) Vermittlung f, Vermittlungsstelle f; 2. (El) Schaltstelle f, Schaltstation f; 3.

(El) Schaltpult n ‖ ~/**контрольно-измерительный** Meßwarte f ‖ ~/**лесозаготовительный** (Forst) Holzaufbereitungsstelle f ‖ ~ **наведения** (Rak, Flg) Leitstelle f ‖ ~ **назначения** Bestimmungsort m ‖ ~/**населённый** Ort m, Ortschaft f, Siedlung f, Zugfolgestelle f ‖ ~ **обгонный** (Eb) Überholungsstelle f, Zugfolgestelle f ‖ ~ **ожидания** (Flg) Wartepunkt m (Landung) ‖ ~/**опорный** (Geod) Basis[meß]punkt m, Festpunkt m ‖ ~/**ориентирный** Orientierungspunkt m ‖ ~/**остановочный** (Eb) Haltestelle f, Haltepunkt m ‖ ~/**откормочный** (Lw) Mastanstalt f ‖ ~/**отрывной** (Eb) Ablaufpunkt m, Entkuppelstelle f (Ablaufberg) ‖ ~ **отхода** s. ~/**отцепления** ‖ ~/**отцепления** (Eb) Entkuppelpunkt m, Entkuppelstelle f (Wagen beim Rangieren) ‖ ~/**отшедший** (Schiff) verlassener Ort m (Navigation) ‖ ~ **отшествия** s. ~/**отшедший** ‖ ~ **перевалочный** Umschlagplatz m ‖ ~/**перегрузочный** (Eb) Umladestelle f, Umladehalle f ‖ ~ **передачи вагонов** (Eb) Wagenübergabestelle f ‖ ~/**питательный** (El) Speisepunkt m, Einspeisepunkt m, Ladestelle f ‖ ~/**погрузочный** Ladeplatz m, Ladestelle f ‖ ~/**полигонометрический** (Geod) Polygonpunkt m ‖ ~ **примыкания** (Eb) Anschlußstelle f ‖ ~ **прихода** s. ~/**пришедший** ‖ ~/**пришедший** (Schiff) erreichter Ort m (Navigation) ‖ ~ **пришествия** s. ~/**пришедший** ‖ ~/**прямой засечки** (Geod) vorwärts eingeschnittener Punkt m ‖ ~ **радиоконтроля** Funküberwachungsstelle f ‖ ~/**радиопеленгаторный** Funkpeilstelle f, Peilfunkbetriebsstelle f ‖ ~/**радиотрансляционный** Funkleitstelle f ‖ ~/**районный [энерго]диспетчерский** (En) Bezirkslastverteilerpunkt m ‖ ~/**распределительный** (En) Verteil[er]punkt m, Verteilungspunkt m, Verteilerstelle f ‖ ~ **регулирования** Reglerwarte f ‖ ~ **сбора и подготовки данных** (Inf) Datenerfassungs- und -aufbereitungsstelle f ‖ ~/**случной** (Lw) Deckstation f (Tierzucht); Beschälstation f (spez. Pferdezucht) ‖ ~/**твёрдый** (Geod) Festpunkt m ‖ ~/**телеграфный** Fernschreibstelle f ‖ ~/**телефонный переговорный** Fernsprechstelle f, Sprechstelle f ‖ ~ **технического осмотра и ремонта вагонов** (Eb) Wagenausbesserungsstelle f, WAS ‖ ~/**типографский** (Typ) typographischer Punkt m (0,376 mm) ‖ ~/**топографический** (Geod) topographischer Punkt m ‖ ~/**трансляционный** 1. (El) Relaispunkt m, Relaisstelle f; 2. s. ~/**усилительный** ‖ ~/**трансформаторный** Transformator[en]station f ‖ ~ **триангуляции** (Geod) Triangulationspunkt m, trigonometrischer Punkt m ‖ ~/**тригонометрический** s. ~ триангуляции ‖ ~/**узловой** (Nrt) Knoten[punkt] m, Knotenamt n ‖ ~ **управления** (Reg) Steuerwarte f, Kommandostelle f; Schaltzentrale f ‖ ~/**усилительный** (El) Verstärkerpunkt m; (Nrt) Verstärkeramt n ‖ ~/**утилизационный** (Lw) Abdeckerei f, Tierkörperbeseitigungsanstalt f, ТКБА ‖ ~/**центральный диспетчерский** Leitzentrale f; (En) zentrale Lastverteilerstelle f, Hauptlastverteilerstelle f ‖ ~/**центральный командный** zentrale Kommandostelle f ‖ ~/**энергодиспетчерский** (En) Lastverteilerpunkt m, Lastverteilerstelle f ‖ ~ **энергосистемы/диспетчерский** s. ~/**энергодиспетчерский**

пунктир *m* punktierte Linie *f*
пунктирник *m* Punktiergerät *n*
пунсон *m* 1. Punze *f*, Stempel *m*, Punzenstempel *m (Gravierwerkzeug)*; 2. *(Schm)* Lochstempel *m*
пупинизация *f (El, Nrt)* Bespulung *f*, Pupinisierung *f* • с весьма лёгкой пупинизацией sehr leicht pupinisiert (bespult) • с лёгкой пупинизацией leicht pupinisiert (bespult) • с нормальной пупинизацией normal pupinisiert (bespult) • со средней пупинизацией mittelschwer pupinisiert (bespult) ‖ ~/**лёгкая** leichte Bespulung *f* ‖ ~/**очень лёгкая** sehr leichte Bespulung *f* ‖ ~/**сильная** schwere Bespulung *f* ‖ ~/**слабая** leichte Bespulung *f* ‖ ~/**средняя** mittelschwere Bespulung *f* ‖ ~ **фантомной цепи** Viererbespulung *f*, Viererpupinisierung *f*
пупинизировать *(El, Nrt)* bespulen, pupinisieren
пурин *m (Ch)* Purin *n*, Purinkörper *m*
пуриновый *(Ch)* Purin...
пурка *f (Lw)* Getreidewaage *f*, Kornwaage *f (zur Feststellung der Getreidequalität)*
пурпур *m* Purpur *m* ‖ ~/**зрительный** Sehpurpur *m*
пурпурит *m (Min)* Purpurit *m*
пурпурный purpurfarben, Purpur...
пуск *m* 1. Anlassen *n*, Anlauf *m*, Anfahren *n*, Start *m*; 2. *(Met)* Anblasen *n (Schachtofen, Konverter)* ‖ ~/**автоматический** Selbstanlauf *m* ‖ ~/**автотрансформаторный** Anlassen *n* mit Spartransformator ‖ ~ **без нагрузки** lastfreier Anlauf *m* ‖ ~/**бесступенчатый** stufenloser Anlauf *m* ‖ ~ **в ход** Inbetriebnahme *f*, Ingangsetzung *f* ‖ ~ **в ход сжатым воздухом** *s*. ~/**пневматический** ‖ ~ **в холодном состоянии** Kallstart *m (Verbrennungsmotor)* ‖ ~ **в эксплуатацию** Inbetriebnahme *f*, Inbetriebsetzung *f* ‖ ~ **вхолостую** Leerlanlauf *m* ‖ ~ **звезда-треугольник** *(El)* Stern-Dreieck-Anlauf *m* ‖ ~/**пневматический** Druckluftanlassung *f*, Anlassen (Starten) *n* mit Druckluft ‖ ~ **под нагрузкой** Lastanlauf *m* ‖ ~ **при полной нагрузке** Vollastanlauf *m* ‖ ~ **при половинной нагрузке** Halblastanlauf *m* ‖ ~/**пробный** Probelauf *m*, Anfahrprobe *f* ‖ ~ **программы** *(Inf)* Programmstart *m* ‖ ~ **ракеты** *(Rak)* Raketenstart *m* ‖ ~ **реактора** *(Kern)* Reaktorstart *m*, Anfahren (Hochfahren) *n* des Reaktors ‖ ~/**реостатный** *(El)* Anlassen *n* mit veränderbarem Anlaßwiderstand ‖ ~/**ступенчатый** stufenweiser Anlauf *m*
пускатель *m (El)* Anlasser *m* ‖ ~/**автотрансформаторный** Anlasser *m* mit Spartransformator ‖ ~/**дистанционный** Fernanlasser *m* ‖ ~/**жидкостный** Flüssigkeitsanlasser *m* ‖ ~/**кнопочный** Druckknopfanlasser *m* ‖ ~/**контактный** Schützenanlasser *m* ‖ ~/**магнитный** Magnetanlasser *m* ‖ ~/**масляный** Ölanlasser *m* ‖ ~/**реверсивный** Umsteueranlasser *m*, Reversieranlasser *m* ‖ ~/**реостатный** Anlasser *m* mit veränderlichem Widerstand ‖ ~/**роторный** Läuferanlasser *m*, Rotoranlasser *m* ‖ ~/**трёхфазный** Drehstromanlasser *m*
пускать 1. anlassen, in Bewegung (Gang) setzen, anlaufen lassen; 2. erlauben, zulassen ‖ ~ **в ход** *s*. пускать 1. ‖ ~ **вручную** von Hand anwerfen (anlassen)
пустить *s*. пускать

пустой 1. hohl, leer, Leer...; 2. *(Bgb)* taub, unhaltig *(Gestein)*
пустота *f* 1. Leere *f*; 2. Hohlraum *m*, Kaverne *f*; 3. Luftleere *f*, Vakuum *n* ‖ ~/**октаэдрическая** *(Krist)* Oktaederlücke *f (dichte Kugelpackung)* ‖ ~/**подземная** unterirdischer (untertägiger) Hohlraum *m* ‖ ~/**тетраэдрическая** *(Krist)* Tetraederlücke *f (dichte Kugelpackung)* ‖ ~/**торричеллиева** *(Ph)* Torricellische Leere *f*, Torricellisches Vakuum *n (Strömungslehre)* ‖ ~/**усадочная** *(Met, Gieß)* Schwindungshohlraum *m (Blockkristallisation)*
пустотелый hohl
пустотность *f (Bw)* Hohlraumanteil *m*, Hohlraumgehalt *m*
пустотный luftleer, gasfrei; Vakuum...
пустотообразователь *m (Bw)* Hohlraumbildner *m*
пустошь *f* 1. Heide *f*; 2. Ödland *n*, Heideland *n*, unbebautes Land *n* ‖ ~/**боровая** Nadelwaldheide *f* ‖ ~/**лугово-моховая** Moos- und Wiesenheide *f* ‖ ~/**травянистая** Grasheide *f*
пустыня *f* Wüste *f* ‖ ~/**глинистая** Lehmwüste *f* ‖ ~/**глинисто-солончаковая** *s*. ~/**солончаковая** ‖ ~/**горная** Felswüste *f* ‖ ~/**песчаная** Sandwüste *f* ‖ ~/**солончаковая** Salzwüste *f* ‖ ~/**субтропическая** subtropische Wüste *f* ‖ ~/**тропическая** tropische Wüste *f*
путанка *f (Text)* Fadengewirr *n*, Fitz *m*
путевик *m (El)* Endschalter *m* ‖ ~ **главного тока** Hauptstromendschalter *m*
путенс *m (Schiff)* Pütting *f*, Püttingeisen *n*
путепередвигатель *m (Eb)* Gleisrückgerät *n*, Gleisrückmaschine *f*, Gleisrücker *m* ‖ ~/**консольный** Auslegergleisrückmaschine *f* ‖ ~/**мостовой** Brückengleisrückmaschine *f*
путепередвижка *f (Eb)* Gleisrücken *n*
путепогрузчик *m (Eb)* Gleisjochtransportwagen *m*
путеподъёмник *m (Eb)* Gleishebewinde *f*, Gleishebebock *m*, Gleisheber *m*, Gleishebegerät *n*
путепровод *m* 1. *(Bw)* Kreuzungsbauwerk *n (Überführung bzw. Unterführung)*; Talbrücke *f*; 2. *(Fert)* Fahrschiene *f (am Boden verlegte Schiene)*; 3. *(Text)* Laufschiene *f (Kopswechsler)*
путепрокладчик *m (Schiff)* Koppelanlage *f*
путеразрушитель *m (Eb)* Schienenwolf *m*, Schienenaufreißer *m*
путеукладчик *m (Eb)* Gleisverlegekran *m*, Gleisverlegemaschine *f* ‖ ~/**звеньевой** Gleisjochverleger *m*, Gleisjochverlegerkran *m*
путешествие *n* Reise *f*, Fahrt *f* ‖ ~/**рыболовная** Fischfangsaison *f*, Fischfangzeit *f* ‖ ~/**сельдяная** Heringfangzeit *f*, Heringssaison *f*
путь *m* 1. Weg *m*, Bahn *f*; Strecke *f*; 2. *(Eb)* Gleis *n*, Eisenbahngleis *n* ‖ ~/**бесстыковой [железнодорожный]** *(Eb)* lückenloses Gleis *n* ‖ ~/**боковой [станционный]** *(Eb)* Nebengleis *n* ‖ ~/**вентиляционный** *(Bgb)* Wetterweg *m* ‖ ~/**внешний водный** äußerer Wasserweg *m*, Seewasserweg *m* ‖ ~/**внутренний водный** Binnenwasserstraße *f* ‖ ~/**внутризаводской** Werksgleis *n* ‖ ~/**водный** Wasserstraße *f*, Wasserweg *m* ‖ ~ **выбега** Auslaufstrecke *f*, Auslaufweg *m* ‖ ~/**выгрузочный** *(Eb)* Entladegleis *n* ‖ ~/**вытяжной** *(Eb)* Ausziehgleis *n*, Absetzgleis *n*, Stichgleis *n* ‖ ~/**главный** *(Eb)* Hauptgleis *n* ‖

~/**главный водный** Hauptwasserstraße *f* ‖ ~/**главный сквозной** *(Eb)* durchgehendes Hauptgleis *n* ‖ ~ **для порожних вагонов** *(Eb)* Leerwagengleis *n* ‖ ~ **для скрещения** *(Eb)* Kreuzungsgleis *n* ‖ ~ **доступа** *(Inf)* Zugriffspfad *m*, Zugriffsweg *m* ‖ ~/**железнодорожный** *(Eb)* Gleis *n*, Eisenbahngleis *n* ‖ ~/**забойный** *(Bgb)* Strossengleis *n* *(Tagebau)* ‖ ~/**занятый** *(Eb)* besetztes Gleis *n* ‖ ~/**запасной** *(Eb)* Abstellgleis *n*, Reservegleis *n* ‖ ~/**искусственный водный** künstliche Wasserstraße *f* ‖ ~/**карьерный** *(Bgb)* Tagebaugleis *n* ‖ ~/**критический** kritischer Weg *m* *(Netzplantechnik)* ‖ ~/**маневровый** *s*. ~/**сортировочный** ‖ ~/**молний** Blitzbahn *f* ‖ ~/**монорельсовый** *(Eb)* Einschienenbahngleis *n* ‖ ~/**морской** Schiffahrtsstraße *f*, Seeweg *m* ‖ ~/**морской торговый** Seehandelsroute *f* ‖ ~ **надвига на [сортировочную] горку** *(Eb)* Berggleis *n* ‖ ~/**обгонный** *(Eb)* Überholungsgleis *n* ‖ ~/**объездной** *(Eb)* Umgehungsgleis *n* ‖ ~/**однoколейный** *(Eb)* eingleisige Strecke *f* ‖ ~/**океанский** Seeroute *f*, Hochseeroute *f* ‖ ~/**отвальный** *(Bgb)* Kippengleis *n* *(Tagebau)* ‖ ~ **отката** *s*. ~ **выбега** ‖ ~/**откаточный** *(Bgb)* Fördergleis *n* ‖ ~/**отправочный** *(Eb)* Ausfahrgleis *n* ‖ ~/**передаточный** *(Eb)* Übergabegleis *n* ‖ ~ **передачи** *(Nrt)* Übertragungsweg *m* ‖ ~/**передвижной** *(Eb)* Rückgleis *n* *(Tagebau)* ‖ ~/**перронный** *(Eb)* Bahnsteiggleis *n* ‖ ~ **поворота** *(Kfz)* Wendestrecke *f* ‖ ~/**погрузочно-выгрузочный** *(Eb)* Ladegleis *n* ‖ ~/**погрузочный** *(Eb)* Ladegleis *n*, Beladegleis *n* ‖ ~/**подгорочный** *(Eb)* Ablaufgleis *n* ‖ ~/**подкрановый** Krangleis *n*; Kranbahn *f* ‖ ~/**подмостовой** *(Bgb)* Brückengleis *n* *(Tagebau)* ‖ ~/**подпорный мостовой** *(Bgb)* Brückengleis *n* *(Tagebau)* ‖ ~/**подъездной** *(Eb)* Anschlußgleis *n*, Zufahrtgleis *n* ‖ ~/**подэкскаваторный** *(Bgb)* Baggergleis *n* *(Tagebau)* ‖ ~/**постоянный** *(Eb)* festverlegtes Gleis *n* ‖ ~ **прибытия** *(Eb)* Einfahrgleis *n* ‖ ~/**приёмный** *(Eb)* Einfahrgleis *n* ‖ ~/**приёмо-отправочный** *(Eb)* Ein- und Ausfahrgleis *n* ‖ ~/**приёмочный** *(Eb)* Einfahrgleis *n* ‖ ~ **примыкания** *(Eb)* Anschlußgleis *n* ‖ ~ **прохождения сигнала** *(Reg)* Signalweg *m* ‖ ~/**разрядный** *(Eb)* Entladungsweg *m* ‖ ~ **расчёта** *(Inf)* Rechnungsgang *m*, Rechenweg *m* ‖ ~/**рельсовый** *(Eb)* Schienenweg *m*, Schienenstrang *m*, Schienenbahn *f* ‖ ~/**рельсовый крановый** Kranschienenbahn *f* ‖ ~ **решения** Lösungsweg *m* ‖ ~/**свободный** *(Eb)* unbesetztes Gleis *n* ‖ ~/**северный морской** nördlicher Seeweg *m*, Nordostpassage *f* ‖ ~/**сквозной [железнодорожный]** *(Eb)* durchgehendes Gleis *n* ‖ ~ **скольжения** *(Mech)* Gleitweg *m*, Reibungsweg *m* ‖ ~ **скользящего разряда** *(El)* Kriechweg *m* ‖ ~ **следования** *(Eb)* Fahrweg *m*, Fahrstrecke *f* ‖ ~/**смежный** *(Eb)* Nebengleis *n* ‖ ~/**соединительный** *(Eb)* Verbindungsgleis *n* ‖ ~ **сообщения** Verkehrsweg *m* ‖ ~/**сортировочный** *(Eb)* Aufstellgleis *n*; Rangiergleis *n*, Verschiebegleis *n* ‖ ~/**сплавной** *(Forst)* Triftstraße *f* *(Flößerei)* ‖ ~/**станционный** *(Eb)* Stationsgleis *n*, Bahnhofsgleis *n* ‖ ~ **стоянки подвижного состава** *(Eb)* Abstellgleis *n* ‖ ~/**судоходный** Schiffahrtsweg *m*, Schiffahrtsstraße *f*, Schiffahrtsroute *f* ‖ ~ **тока** *(El)* Stromweg *m*, Strombahn *f* ‖ ~ **тока утечки** Kriechweg *m* ‖ ~ **торможения** *(Kfz, Eb)* Bremsweg *m*, Bremsstrecke *f* ‖ ~/**тормозной** *s.* ~ **торможения** ‖ ~/**транспортный** Verkehrsweg *m* ‖ ~ **трения** *(Trib)* Reibweg *m* ‖ ~/**тупиковый** *(Eb)* Stumpfgleis *n*, Stummelgleis *n*, Gleisstumpf *m*, Kopfgleis *n* ‖ ~/**тупиковый перронный** stumpf endendes Bahnsteiggleis *n*, Bahnsteig-Kopfgleis *n* ‖ ~/**узколинейный [рельсовый]** *(Eb)* Schmalspurgleis *n* ‖ ~/**уступный** *(Bgb)* Strossengleis *n* *(Tagebau)* ‖ ~ **утечки** *(El)* Kriechweg *m* ‖ ~ **формирования поездов** *(Eb)* Zugbildungsgleis *n* ‖ ~ **циклона** *(Meteo)* Zyklonenbahn *f* ‖ ~ **эвакуации** Fluchtweg *m*

Путь/Млечный *(Astr)* Milchstraße *f*

пух *m* 1. Daune *f*, Flaum *m*; 2. *(Text)* Flug *m*, Anflug *m*, Faserflug *m* *(beim Krempeln und Spinnen)*; 3. *(Fert)* Fliem *m*, Zahnfliem *m* *(an Feilen)* ‖ ~ **волокон** *(Text)* Faserflug *m* ‖ ~/**хлопковый** *(Text)* Linters *pl*, Baumwollinters *pl*

пухлость *f* *(Pap)* Voluminosität *f*

пухообдуватель[-пухосборник] *m* *(Text)* Wandreiniger *m*, Abblas- und Absauganlage *f*

пухоотделитель *m* *(Text)* Faserflugabscheider *m*

пухоудаление *n* *(Text)* Flugabscheidung *f*, Flugentfernung *f*

пуццолан *m* *(Bw)* Puzzolan *n*, hydraulischer Zuschlag *m*

пучащий quellend

пучение *n* Aufquellen *n*, Quellen *n*; Beulen *n*; *(Geol)* Hebung *f*

пучить [auf]quellen

пучкование *n* Bündelung *f*

пучность *f* 1. Anschwellung *f*; 2. *(Ph)* Bauch *m*, Schwingungsbauch *m* *(stehende Welle)* ‖ ~ **волны** *(Ph)* Wellenbauch *m*, Wellenberg *m* ‖ ~ **колебаний** *(Ph)* Schwingungsbauch *m* ‖ ~ **напряжения** *(El)* Spannungsbauch *m* ‖ ~ **стоячей волны** *s.* пучность 2. ‖ ~ **тока** *(El)* Strombauch *m*

пучок *m* 1. Bündel *n*; 2. *(Math)* Büschel *n*, Strahlenbüschel *n*; 3. *(Ph)* Strahl *m*, Strahlenbündel *n*; 4. *(Opt)* Bündel *n*, Strahlenbündel *n*, Lichtbündel *n* ‖ ~/**арматурный** *(Bw)* Bewehrungsbündel *n* ‖ ~/**астигматический** *(Opt)* astigmatisches Bündel *n* ‖ ~/**атомный** *(Kern)* Atomstrahl *m* ‖ ~ **атомов** *(Kern)* Atomstrahl *m* ‖ ~/**возбуждающий** *(Opt)* 1. anregendes Bündel *n*; 2. Pumpbündel *n* *(Laser)* ‖ ~ **волн** *(Ph)* Wellenbündel *n* ‖ ~ **волокон** Faserstrang *m*, Faserbündel *n*, Faserbüschel *n* ‖ ~ **волос** *(Text)* Haarbündel *n* ‖ ~/**входной** *(Opt)* Eingangsbündel *n* ‖ ~/**выходной** *(Opt)* Austrittsbündel *n* ‖ ~/**гетерогенный** *(Kern)* weißer Strahl *m* *(von Elektronen)* ‖ ~/**гомоцентрический** *(Opt)* homozentrisches Bündel *n* ‖ ~/**диафрагмированный** *(Opt)* ausgeblendetes Bündel *n* ‖ ~ **дымогарных труб** Rauchrohrbündel *n*, Heizrohrbündel *n* ‖ ~ **жил** Adernbündel *n* *(Kabel)* ‖ ~/**звуковой** *(Ak)* Schallstrahlenbündel *n*, Schallwellenbündel *n* ‖ ~ **импульсов** *(El)* Impulspaket *n*, Impulsbündel *n* ‖ ~/**инициирующий** *(El)* Treiberbündel *n* ‖ ~/**ионный** *(Ph)* Ionenstrahl *m* ‖ ~ **керновых лучей** *(Ph)* Kern[strahlen]büschel *n* ‖ ~ **кипятильных труб** *(Wmt)* Siederohrbündel *n* ‖ ~/**когерентный** *(Opt)* kohärentes Bündel *n* ‖ ~/**коллимированный** *(Opt)* kollimiertes Bün-

пучок

del *n* ‖ **~/лазерный** Laserbündel *n*, Laserstrahl *m* ‖ **~ линий** *(El)* Leitungsbündel *n* ‖ **~ лучей** 1. *(Opt)* Strahlenbündel *n*; 2. *(Math)* Strahlenbüschel *n*, Geradenbüschel *n* ‖ **~ лучей/астигматический** astigmatisches Strahlenbündel *n* ‖ **~ лучей/гармонический** *(Math)* harmonisches Strahlenbüschel *n* ‖ **~/мезонный** *(Kern)* Mesonenstrahl *m* ‖ **~ мезонов** *(Kern)* Mesonenstrahl *m* ‖ **~ молекул** *(Ph)* Molekularstrahl *m*, Molekularstrahlenbündel *n* ‖ **~/монохроматический** *(Opt)* monochromatisches Bündel *n* ‖ **~/моноэнергетический** *(Kern)* monoenergetisches Bündel *n* ‖ **~ накачки** Pumpbündel *n (Laser)* ‖ **~/направленный** *(Opt)* gerichtetes Bündel *n* ‖ **~/нейтронный** *(Kern)* Neutronenbündel *n*, Neutronenstrahl *m* ‖ **~ нейтронов** *s.* **~/нейтронный** ‖ **~/одномодовый** *(Ph, Eln)* Einmodenbündel *n* ‖ **~ окружностей** *(Math)* Kreisbüschel *n* ‖ **~/опорный** *(Opt)* Bezugsbündel *n*, Bezugsstrahl *m*, Referenzbündel *n*, Vergleichsbündel *n* ‖ **~/острофокусированный** dicht gebündelter Strahl *m*, scharf fokussierter Strahl *m* ‖ **~/отражённый** *(Opt)* reflektierter Strahl *m*, reflektiertes Bündel *n* ‖ **~/падающий** *(Opt)* einfallender Strahl *m*, einfallendes Bündel *n*, Einfallsbündel *n* ‖ **~/параксиальный** *(Opt)* achsennahes Bündel *n* ‖ **~/параллельный** *(Opt)* paralleles Bündel (Lichtbündel) *n* ‖ **~ параллельных плоскостей** *(Math)* Parallelebenenbüschel *n* ‖ **~ параллельных прямых** *(Math)* Parallelgeradenbüschel *n* ‖ **~/первичный** Primärstrahl *m*, Primärstrahlenbündel *n* ‖ **~/плазменный** Plasmastrahl *m* ‖ **~ плоскостей** *(Math)* Ebenenbüschel *n* ‖ **~/полезный** *(Kern)* Nutzstrahlenbündel *n*, Nutzstrahl *m* ‖ **~/приосевой** *(Opt)* achsennahes Bündel *n* ‖ **~ проводов** *(El)* Leitungsbündel *n* ‖ **~/протонный** *(Kern)* Protonenstrahl *m* ‖ **~ протонов** *(Kern)* Protonenstrahl *m* ‖ **~ прямых** *(Math)* Geradenbüschel *n* ‖ **~ путей** *(Eb)* Gleisbündel *n* ‖ **~/расходящийся** *(Opt)* divergentes Bündel *n* ‖ **~ рентгеновских лучей** *(Ph)* Röntgen[strahlen]bündel *n* ‖ **~/световой** *(Ph)* Lichtbündel *n*, Strahlenbündel *n*, Strahlensystem *n* ‖ **~ стержней** *(Kern)* Stabbündel *n* ‖ **~ сфер** *(Math)* Sphärenbüschel *n* ‖ **~/сфокусированный** *(Opt)* fokussiertes Bündel *n* ‖ **~/сходящийся** *(Opt)* konvergentes Bündel *n* ‖ **~ тепловых электронов** *(Kern)* thermischer Elektronenstrahl *m*, thermisches Elektronenbündel *n* ‖ **~ труб** Rohrbündel *n*, Rohrbund *m* ‖ **~/узкий** *(Kern)* Fadenstrahl *m* ‖ **~ частиц** *(Kern)* Teilchenstrahl *m* ‖ **~ частиц/внутренний** innerer Strahl (Teilchenstrahl) *m* ‖ **~ частиц/циркулирующий** umlaufender Strahl (Teilchenstrahl) *m* ‖ **~ электронов** *(Kern)* Elektronenstrahl *m*, Elektronenbündel *n*
пушение *n (Led)* Abbimsen *n*; Schleifen *n*; Dollieren *n*
пушистость *f (Text)* Bauschigkeit *f*, Flauschigkeit *f*
пушистый *(Text)* bauschig, flauschig
пушка *f* Kanone *f* ‖ **~/гарпунная** Harpunenkanone *f (Walfänger)* ‖ **~ для забивки (заделки) лётки** *(Met)* Stichlochstopfmaschine *f*, Stopfmaschine *f (Hochofen)* ‖ **~/доменная** *s.* **~ для забивки лётки** ‖ **~/кобальтовая** *(Kern)* Kobaltkanone *f*, Kobalteinheit *f*, Telekobalteinheit *f*, Gammatron *n* ‖ **~/скорострельная** *(Mil)* Schnellfeuerkanone *f* ‖ **~/спаренная** *(Mil)* Zwillingskanone *f*, Cäsiumeinheit *f* ‖ **~/цезиевая** *(Kern)* Cäsiumkanone *f*, Cäsiumeinheit *f* ‖ **~/электронная (электронно-лучевая)** Elektronen[strahl]kanone *f*
пушонка *f* Löschkalk *m*, Kalkhydrat *n*
пушпул *m (Rf)* Gegentaktschaltung *f*, Push-Pull
пушпульный *(Rf)* Gegentakt..., Push-Pull-...
пушсало *n* Waffenfett *n*
пФ *s.* пикофарад
ПФ *s.* фильтр/полосовой
ПФП *s.* фотопроводимость/примесная
ПФЭ *s.* эпитаксия/парофазная
ПХГ *s.* хранилище газа/подземное
ПЦУ *s.* управление/прямое цифровое
ПЧ *s.* частота/промежуточная
пчеловодство *n* Bienenwirtschaft *f*, Bienenzucht *f*, Imkerei *f*, Bienenhaltung *f* ‖ **~/кочевое** Wanderbienenzucht *f* ‖ **~/рамочное** Mobilzucht *f*
пчелосемья *f* Bienenvolk *n*
пчельник *m* Bienengarten *m*, Bienenstand *m*, Imkerei *f*
п/ш *s.* полушерстяной
пыж *m* Pfropfen *m*, Stopfen *m*
пылевзрывобезопасность *f* Staubexplosionsschutz *m*
пылевзрывобезопасный staubexplosionsgeschützt
пылевзрывоопасность *f* Staubexplosionsgefahr *f*
пылевзрывоопасный staubexplosionsgefährdet
пылевыделение *n* Staubentwicklung *f*, Staubbildung *f*, Stauben *n*
пылегашение *n s.* пылеподавление
пылезавод *m* [zentrale] Staubaufbereitungsanlage *f*
пылезащищённый staubgeschützt
пылезолоуловитель *m* Flugascheabscheider *m*
пыленасос *m* Staubpumpe *f*
пыленепроницаемый staubdicht
пыление *n* Stauben *n*, Staubentwicklung *f* ‖ **~ бумаги** *s.* пылимость бумаги ‖ **~ краски** *(Typ)* Spritzen *n (Druckfarbe)*
пылеобразование *n s.* пылевыделение
пылеосадитель *m* Staub[ab]scheider *m*, Staubfänger *m*
пылеотделение *n* Staubabscheidung *f*; Entstaubung *f* ‖ **~/гравитационное** Schwerkraftentstaubung *f* ‖ **~/грубое** Grobentstaubung *f* ‖ **~/дополнительное** Nachentstaubung *f* ‖ **~/мокрое** Naßentstaubung *f* ‖ **~/предварительное** Vorentstaubung *f* ‖ **~/сухое** Trockenentstaubung *f* ‖ **~/центробежное** Fliehkraftentstaubung *f*
пылеотделитель *m* 1. Staubabscheider *m (als selbständiger Apparat)*; 2. Staubsack *m (als Teil einer Entstaubungsanlage, z. B. für Gichtgase)* ‖ **~/батарейный** Mehrzellenentstauber *m* ‖ **~/гравитационный** Schwerkraftentstauber *m* ‖ **~/инерционный** Trägheitsstaubabscheider *m* ‖ **~/мокрый** Naßentstauber *m* ‖ **~/сухой** Trockenentstauber *m* ‖ **~/ультразвуковой** Ultraschallentstauber *m* ‖ **~/центробежный** Fliehkraftstaubabscheider *m* ‖ **~/электростатический** Elektrofilter *n*
пылеочистка *f* Entstaubung *f*, Staubreinigung *f*

пылеподавление *n* Staubniedeschlagen *n*; Staubbekämpfung *f*
пылепоток *m* Staubstrom *m*
пылеприготовление *n* Brennstaubaufbereitung *f (für Staubfeuerungen)*
пылеприёмник *m s.* пылесборник
пылепровод *m* Staubleitung *f (Kohlenstaubfeuerung)*
пылеразделитель *m* Kohlenstaubsichter *m (Feuerungstechnik)*
пылесборник *m* Staubsammler *m*, Staubsammelbehälter *m*
пылесобиратель *m s.* пылесборник
пылесос *m* Staubsauger *m* ‖ ~/**напольный** Bodenstaubsauger *m* ‖ ~/**ручной** Handstaubsauger *m* ‖ ~/**универсальный** Universalstaubsauger *m*
пылеулавливание *n* Staubauffangung *f*, Entstaubung *f*; Staubbekämpfung *f*
пылеуловитель *m* 1. Staubabscheider *m*; 2. Staubsack *m* ‖ ~/**инерционный** Prallabscheider *m*, Schwerkraftentstauber *m* ‖ ~/**мокрый** Naßentstauber *m*, Naßabscheider *m* ‖ ~/**пенный** Schaumentstauber *m* ‖ ~/**сухой** Trockenentstauber *m*, Trockenabscheider *m* ‖ ~/**центробежный** Zentrifugalabscheider *m*, Fliehkraftentstauber *m*
пылимость *f* бумаги Stäuben *n (Papier)*
пылинка *f* Staubkorn *n* ‖ ~/**межпланетная** *(Astr)* interplanetares Staubteilchen *n*
пылить stauben
пыль *f* Staub *m* ‖ ~/**абразивная** *(Fert)* Abrasivmittelstaub *m* ‖ ~/**агломерационная** Sinterstaub *m*, Rückfälle *mpl (Aufbereitung)* ‖ ~/**алмазная** *(Fert)* Diamantstaub *m* ‖ ~/**асбестовая** *(Bw)* Asbeststaub *m* ‖ ~/**биологически агрессивная** gesundheitsgefährdender Staub *m* ‖ ~/**брикетная** Brikettabrieb *m* ‖ ~/**бумажная** *(Typ)* Papierstaub *m* ‖ ~/**буровая** Bohrstaub *m* ‖ ~/**буроугольная** Braunkohlenstaub *m* ‖ ~/**витающая** Schwebestaub *m* ‖ ~/**волокнистая** fibrogener Staub *m*, Faserstaub *m* ‖ ~/**грубая** Grobstaub *m*, Rohstaub *m* ‖ ~/**доменная** *(Met)* Gichtstaub *m* ‖ ~/**древесноугольная** Holzkohlenstaub *m* ‖ ~/**железная** Eisenabrieb *m* ‖ ~/**инертная [сланцевая]** *(Bgb)* Gesteinstaub *m (Schlagwetterverhinderung)* ‖ ~/**каменноугольная** Steinkohlenstaub *m* ‖ ~/**колошниковая** *(Met)* Gichtstaub *m* ‖ ~/**космическая** *(Astr)* kosmischer (interstellarer) Staub *m* ‖ ~/**красочная** *(Typ)* Farbnebel *m* ‖ ~/**летучая** Flugstaub *m* ‖ ~/**межзвёздная [космическая]** *(Astr)* interstellarer Staub *m* ‖ ~/**межпланетная [космическая]** *(Astr)* interplanetarer Staub *m* ‖ ~/**метеоритная** *s.* ~/**метеорная** ‖ ~/**метеорная** *(Astr)* meteoritischer Staub *m*, Meteorstaub *m* ‖ ~/**неорганическая** anorganischer Staub *m* ‖ ~/**органическая** organischer Staub *m* ‖ ~/**производственная** Industriestaub *m* ‖ ~/**радиоактивная** [radio]aktiver Staub *m* ‖ ~/**рудничная** Erzmehl *m*, Erzstaub *m; (Bgb)* Grubenstaub *m* ‖ ~/**свинцовая** *(Met)* Bleirauch *m* ‖ ~/**токсическая** toxischer Staub *m* ‖ ~/**тонкая** Feinstaub *m* ‖ ~/**угольная** Kohlenstaub *m* ‖ ~/**цементная** Zementstaub *m* ‖ ~/**цинковая** Zinkstaub *m*, Zinkpulver *n*, Zinkmehl *n* ‖ ~/**шлифовальный** *(Fert)* Schleifstaub *m*

пьедмонт *m (Geol)* Piedmont *m*
пьеза *f (Mech)* Pièze *n*, pz *(SI-fremde Einheit des Druckes)*
пьезовосприимчивость *f (El)* piezoelektrische Suszeptibilität *f*
пьезогромкоговоритель *m* Piezolautsprecher *m*, piezoelektrischer Lautsprecher *m*
пьезодатчик *m (Reg)* Piezogeber *m*, piezoelektrischer Geber *m*
пьезодиод *m (Eln)* Piezodiode *f*
пьезоид *m* Schwingquarz *m*, schwingender Quarz[kristall] *m*, Piezoid *n*
пьезокварц *m s.* пьезоид
пьезокерамика *f* Piezokeramik *f*
пьезоклаз *m (Geol)* Druckspalte *f*, Piezoklase *f*
пьезокристалл *m* Piezokristall *m*, piezoelektrischer Kristall *m*
пьезолюминесценция *f* Piezolumineszenz *f*
пьезомагнетизм *m* Piezomagnetismus *m*
пьезоманометр *m* piezoelektrisches Manometer *n*, Kristallmanometer *n*
пьезометр *m* Piezometer *n*
пьезомикрофон *m* piezoelektrisches Mikrophon *n*, Kristallmikrophon *n*
пьезомодуль *m* Piezomodul *m*
пьезопереход *m (Eln)* Piezoübergang *m*
пьезополупроводник *m* Piezohalbleiter *m*, piezoelektrischer Halbleiter *m*
пьезопреобразователь *m (Eln)* Piezo-Translator *m*, Piezowandler *m*, piezoelektrischer Wandler *m*
пьезоприёмник *m* давления Piezodruckmeßgeber *m*, Piezodruckaufnehmer *m*
пьезорезистор *m* Piezowiderstand *m*, piezoelektrischer Widerstand *m*
пьезорезонатор *m* Piezoresonator *m*, Quarzresonator *m*
пьезосопротивление *n* Piezowiderstand *m*, piezoelektrischer Widerstand *m*
пьезотранзистор *m (Eln)* Piezotransistor *m*
пьезофильтр *m* Piezofilter *n*, piezoelektrisches Filter *n*
пьезохимия *f* Piezochemie *f*, Druckchemie *f*
пьезоэлектрик *m* Piezoelektrikum *n*
пьезоэлектрический piezoelektrisch
пьезоэлектричество *n* Piezoelektrizität *f*
пьезоэлемент *m (El)* Piezoelement *n*, piezoelektrisches Element *n* ‖ ~ **связи для зажигания** Piezo-Zündkoppler *m*
пьезоэффект *m* Piezoeffekt *m*, piezoelektrischer Effekt *m*
ПЭВМ *s.* машина/персональная электронная вычислительная ‖ ~/**профессиональная** professioneller Personalcomputer *m* ‖ ~/**32-разрядная** 32-Bit-Personalcomputer *m*
ПЭМ *s.* 1. микроскоп/просвечивающий электронный; 2. микроскопия/просвечивающая электронная
ПЭС *s.* электростанция/приливная
пята *f* 1. *(Masch)* Drucklager *n*; 2. *(Masch)* Spurzapfen *m*, Drucklagerzapfen *m (Achsen, Wellen)*; Tragfuß *m*, Fuß *m*; 3. *(Bw)* Kämpfer *m (Bogen, Gewölbe)*; Widerlager *n (Brücke)*; 4. *s.* пятка ‖ ~ **арки** *(Bw)* Kämpfer *m (Bogen, Gewölbe)* ‖ ~/**гребенчатая** *(Masch)* Kammzapfen *m (Kammlager)* ‖ ~ **рельса** *s.* подошва рельса ‖ ~ **с кольцеобразным торцом** *(Masch)* ringförmiger Spurzapfen *m* ‖ ~ **с кольцеобразным**

пята 738

торцом/шаровая *(Masch)* ringförmiger Kugelzapfen *m (Stützzapfen)* ‖ ~/**сплошная** *(Masch)* voller Spurzapfen *m* ‖ ~/**центральная** *(Bw)* Königsstuhl *m (Drehbrücke)* ‖ ~/**шаровая** *(Masch)* Kugelzapfen *m (Stützzapfen)*
пятерично-двоичный *(Inf)* quibinär
пятеричный *(Inf)* quinär, Fünfer...
пятёрка f *(Inf)* Quintupel *n*, Fünfergruppe *f*
пятиатомный *(Ch)* fünfatomig
пятивалентный *(Ch)* fünfwertig, pentavalent
пятигранник *m (Math)* Pentaeder *n*, Fünfflächner *m*
пятидекадный fünfdekadig, Fünfdekaden...
пятидневка *f (Meteo)* Pentade *f*
пятидорожный fünfspurig
пятизначный fünfstellig
пятикаскадный fünfstufig
пятиокись *f (Ch)* Pentoxid *n*
пятиосновный *(Ch)* fünfbasig *(Säuren)*
пятиполюсник *m (El)* Fünfpol *m*
пятиразрядный *m* fünfstellig
пятиступенчатый fünfstufig
пятиугольник *m (Math)* Fünfeck *n*, Pentagon *n*
пятихлористый *(Ch)* ...pentachlorid *n (anorganisch)*; Pentachlor... *(organisch)*
пятка *f* Ferse *f*, Hacke *f*; Sohle *f* ‖ ~ **ахтерштевня** *(Schiff)* Stevensohle *f*, Stevenhacke *f* ‖ ~ **веретена** *(Text)* Spindelfuß *m* ‖ ~/**высокая** *(Text)* Hochferse *f* ‖ ~ **гафеля** *(Schiff)* Gaffelklau *f* ‖ ~ **иглы** *(Text)* Nadelfuß *m* ‖ ~/**круглая** *(Text)* Rundferse *f* ‖ ~ **микрометра** *(Meß)* Amboß *m (einer Meßschraube)* ‖ ~/**переводная** *(Text)* Übertragungsfuß *m* ‖ ~/**пирамидальная** *(Text)* Keilferse *f* ‖ ~ **плуга** *(Lw)* Schleifsohle *f*, Furchenräumer *m (Pflug)* ‖ ~/**прямоугольная** *(Text)* Blockferse *f* ‖ ~ **руля** *(Schiff)* Ruderhacke *f* ‖ ~/**узорная** *(Text)* Musterfuß *m*
пятно *n* 1. Fleck *m*, Punkt *m*; Schmutzfleck *m*; 2. Brennfleck *m*, Leuchtfleck *m*, Leuchtpunkt *m (auf dem Bildschirm)* ‖ ~/**автокорреляционное** *(Opt)* Autokorrelationsbild *n* ‖ ~/**анодное** *(Eln)* Anoden[brenn]fleck *m* ‖ ~/**бегающее (бегущее)** *(Eln)* unfixierter (wandernder) Fleck *m* ‖ ~/**ведущее [солнечное]** *(Astr)* P-Fleck *m (Sonne)* ‖ ~/**восточное [солнечное]** *(Astr)* F-Fleck *m (Sonne)* ‖ ~/**головное [солнечное]** *(Astr)* P-Fleck *m (Sonne)* ‖ ~/**дифракционное** *(Opt)* Beugungsfleck *m* ‖ ~/**западное [солнечное]** *(Astr)* P-Fleck *m (Sonne)* ‖ ~/**интерференционное** *(Opt)* Interferenzfleck *m* ‖ ~/**ионное** *(Eln)* Ionen[brenn]fleck *m* ‖ ~/**катодное** *(Eln)* Kathodenbrennfleck *m* ‖ ~ **контакта** 1. *(Trib)* Kontaktstelle *f*, Kontaktpunkt *m*; 2. *(Masch)* Tragbild *n (z. B. an der Zahnflanke)* ‖ ~/**кровяное** Blutfleck *m (Lederfehler)* ‖ ~/**лазерное** Laserfleck *m* ‖ ~/**маркировочное** *(Eln)* Inkpunkt *m* ‖ ~/**мягкое** *(Härt)* Weichfleck *m (Fehler)* ‖ ~ **на экране** *(Eln)* Leuchtfleck *m*, Leuchtpunkt *m* ‖ ~/**развёртывающее** *(TV)* Abtastfleck *m* ‖ ~/**ржавое** Rostfleck *m* ‖ ~/**световое** 1. Lichtfleck *m*, Lichtpunkt *m*; 2. *(Photo) s*. рефлекс ‖ ~/**светящееся** Leuchtfleck *m*, Leuchtpunkt *m* ‖ ~/**слепое** *(Opt)* blinder Fleck *m* ‖ ~/**смоляное** *(Pap)* Harzfleck *m (Papierfehler)* ‖ ~/**солнечное** *(Astr)* Sonnenfleck *m* ‖ ~/**тёмное** *s*. ~/чёрное ‖ ~/**фокальное** *(Opt)* Brennpunkt *m*, Brennfleck *m* ‖ ~/**фокусное**

Brennfleck *m* ‖ ~/**хвостовое [солнечное]** *(Astr)* F-Fleck *m (Sonne)* ‖ ~/**чёрное** Dunkelfleck *m*, Dunkelpunkt *m*
пятнообразование *n* Fleckenbildung *f*

Р

Р *s*. рентген
работа *f* 1. Arbeit *f*, Arbeiten *n (s. a. unter* работы*)*; 2. Arbeit *f (Produkt)*; 3. Arbeitsleistung *f*, Leistung *f*; 4. Betrieb *m (z. B. Dauerbetrieb, s. a. unter* режим*)*; 5. *(Nrt)* Betrieb *m*, Verkehr *m*; 6. *(Mech)* Arbeit *f (Joule)*; 7. *(Masch)* Lauf *m (eines Getriebes)* ‖ ~ **адгезии** *(Mech)* Adhäsionsarbeit *f*, Haftarbeit *f* ‖ ~ **без потерь** verlustlose Arbeit *f* ‖ ~/**безаварийная** havariefreier Betrieb *m* ‖ ~/**бездетонационная** klopffreier Betrieb *m (Verbrennungsmotor)* ‖ ~/**безотказная** ausfallfreier (fehlerfreier) Betrieb *m* ‖ ~/**безударная** *(Fert)* stoßfreies Arbeiten *n* ‖ ~/**бесперебойная** stockungsfreier Betrieb *m* ‖ ~/**бесшумная** *(Masch)* geräuschloser Lauf *m* ‖ ~/**буферная** Pufferbetrieb *m* ‖ ~ **в диалоговом режиме** Dialogbetrieb *m* ‖ ~ **в забое** *(Bgb)* Arbeit *f* vor Ort ‖ ~ **в импульсном режиме** *(El)* Impulsbetrieb *m*, Pulsbetrieb *m* ‖ ~ **в истинном масштабе времени** *(Inf)* Echtzeitbetrieb *m* ‖ ~ **в отражённом свете** Auflichtverfahren *n (Mikroskopie)* ‖ ~ **в пакетном режиме** *(Inf)* Stapelverarbeitung *f* ‖ ~ **в проходящем свете** Durchlichtverfahren *n (Mikroskopie)* ‖ ~ **в реальном масштабе времени** *(Inf)* Echtzeitbetrieb *m* ‖ ~ **в реальном масштабе времени/автономная** On-line-Echtzeitbetrieb *m* ‖ ~ **в режиме генератора** *s*. ~ генератором ‖ ~ **в режиме проверки** Prüfbetrieb *m* ‖ ~ **верхним забоем** *(Bgb)* Hochschnitt *m (Tagebau)* ‖ ~/**виртуальная** *(Mech)* virtuelle Arbeit *f* ‖ ~/**внешняя** *(Therm)* äußere Arbeit *f* ‖ ~ **внутренних сил** *(Therm)* innere Arbeit *f* ‖ ~/**возможная** *s*. ~/виртуальная ‖ ~ **впуска** Einlaßarbeit *f*, Einströmungsarbeit *f (Dampfmaschine)*; Eintrittsarbeit *f (Dampfturbine)* ‖ ~ **выбега** Auslaufarbeit *f (einer Maschine)* ‖ ~/**выгрузочная** Entladearbeit *f* ‖ ~ **выпуска** Ausströmarbeit *f (Dampfmaschine)*; Austrittsarbeit *f (Dampfturbine)* ‖ ~ **вытеснения** *(Mech)* Verdrängungsarbeit *f* ‖ ~ **выхода** *(Fest)* Austrittsarbeit *f*, Auslösearbeit *f*, Elektronenaustrittsarbeit *f*; *(Kern)* Abtrennarbeit *f (eines Teilchens)* ‖ ~ **выхода электронов** Elektronenaustrittsarbeit *f* ‖ ~ **гашения [колебаний]** *s*. ~ демпфирования ‖ ~ **генератором** *(El)* Generatorbetrieb *m*, Betrieb *m* als Generator ‖ ~ **двигателем** *(El)* Motorbetrieb *m*, Betrieb *m* als Motor ‖ ~ **движения по инерции** *s*. ~ выбега ‖ ~ **двойным током** *(El)* Doppelstrombetrieb *m* ‖ ~ **демпфирования [колебаний]** Dämpfungsarbeit *f (in mechanischen Schwingungssystemen)* ‖ ~ **деформации** *(Fest)* Formänderungsarbeit *f*, Verformungsarbeit *f* ‖ ~ **деформации/полная** *(Fest)* Gesamtformänderungsarbeit *f*, gesamte Formänderungsarbeit *f* ‖ ~ **деформации/средняя удельная** *(Fest)* mittlere spezifische Formänderungsarbeit *f* (Formänderungsenergie) ‖ ~ **деформации/удельная** *(Fest)* spezifische (bezogene) Form-

änderungsarbeit f, räumliche Dichte f der Formänderungsarbeit ‖ ~ **деформации/упругая** (Fest) elastische Formänderungsarbeit f ‖ ~**/длительная** Dauerbetrieb m ‖ ~**/дуплексная** (Nrt) Duplexbetrieb m ‖ ~**/дуплексная телеграфная** Gegenschreibbetrieb m, Fernschreibduplexbetrieb m ‖ ~**/дуплексная телефонная** Gegensprechbetrieb m, Fernsprechduplexbetrieb m ‖ ~ **дуплексом** s. ~/дуплексная ‖ ~**/загрузочная** Beladearbeit f, Ladearbeit f ‖ ~**/закладочная** (Bgb) Versatzeinbringen n, Versetzen n ‖ ~**/затраченная** aufgewandte (verbrauchte) Arbeit f ‖ ~**/затрачиваемая** Arbeitsaufwand m; aufzubringende Arbeit f ‖ ~ **изменения объёма/полная** (Fest) Volumenänderungsarbeit f ‖ ~ **изменения объёма/удельная** (Fest) bezogene Raumänderungsarbeit f ‖ ~ **изменения формы** (Fest) Gestaltänderungsarbeit f ‖ ~**/импульсная** (El) Impulsbetrieb m ‖ ~**/исправная** einwandfreier Betrieb m ‖ ~**/кабельная** (Schiff) Kabelschlag m (Seil) ‖ ~**/карьерная** (Bgb) Tagebaubetrieb m ‖ ~**/кирковая** (Bgb) Ausschlägeln n ‖ ~ **когезии** (Mech) Kohäsionsarbeit f ‖ ~**/кратковременная** Kurzbetrieb m, kurzzeitiger Betrieb m, KB ‖ ~**/маневровая** (Eb) Rangierdienst m, Rangieren n ‖ ~**/механическая** mechanische Arbeit f ‖ ~ **на выхлоп** Auspuffbetrieb m (Dampfmaschine) ‖ ~ **на замкнутом токе** (El) Ruhestrombetrieb m ‖ ~ **на конденсацию** (Wmt) Kondensationsbetrieb m (Kondensationsturbine) ‖ ~ **на коротких волнах** (Rf) Kurzwellenbetrieb m ‖ ~ **на кручение** (Fest) Torsionsarbeit f, Verdreh[ungs]arbeit f ‖ ~ **на одной боковой полосе [частот]** (Rf) Einseitenbandbetrieb m, ESB-Betrieb m ‖ ~ **на передачу** (El) Senden n, Geben n ‖ ~ **на переменном токе** (El) Wechselstrombetrieb m ‖ ~ **на постоянном токе** (El) Gleichstrombetrieb m ‖ ~ **на приём** (El) Empfangen n, Aufnehmen n ‖ ~ **на разрыв** (Fest) Brucharbeit f; Bruchschlagarbeit f ‖ ~ **на растяжение** (Fest) Zerreißarbeit f ‖ ~ **на скручивание** (Fest) Torsionsarbeit f, Verdreh[ungs]arbeit f ‖ ~**/наладочная** (Fert) Einrichtarbeit f ‖ ~**/нарезная** (Bgb) Vorrichtungsarbeit f ‖ ~**/насосных ходов** Ladungswechselarbeit f (Verbrennungsmotor) ‖ ~**/непрерывная** 1. kontinuierliche Arbeit f; 2. Dauerbetrieb m, kontinuierlicher Betrieb m ‖ ~**/неравномерная** schwankender Betrieb m ‖ ~**/нормальная** Normalbetrieb m ‖ ~ **образования** Bildungsarbeit f, Bildungsenergie f ‖ ~ **образования зародышей** (Krist) Keimbildungsarbeit f ‖ ~**/одиночная** (Schiff) Schwingbaumbetrieb m, Einzelbaumbetrieb m (Ladegeschirr) ‖ ~ **одиночной стрелой** s. ~/одиночная ‖ ~**/однофазная** (El) Einphasenbetrieb m ‖ ~**/одноцикличная** (Bgb) einfache zyklische Arbeit f ‖ ~ **отбойным молотком** (Bgb) Hämmerbetriebsabbau m ‖ ~**/отвальная** (Bgb) Abraumaufhaldung f, Verkippung f ‖ ~**/очистная** (Bgb) Hereingewinnung f, Verhieb m ‖ ~**/параллельная** Parallelbetrieb m; paralleler Betrieb m, Parallelverarbeitung f ‖ ~**/перевалочная** (Bgb) Förderung f, Umsetzen n ‖ ~**/периодическая** s. ~/прерывистая ‖ ~ **плавления** (Met) Schmelzarbeit f ‖ ~ **пластических деформаций** (Fest) plastische Arbeit f ‖ ~ **по закладке** (Bgb) Versatzbetrieb m ‖ ~ **по программированию** (Inf) Programmierungsarbeit f ‖ ~ **по схеме постоянного тока** (Nrt) Ruhestrombetrieb m ‖ ~ **по схеме рабочего тока** (Nrt) Arbeitsstrombetrieb m ‖ ~ **по фронту** (Bgb) Frontverhieb m ‖ ~**/подсобная** Hilfsarbeit f ‖ ~ **подъёма** Hubarbeit f ‖ ~**/полезная** Nutzarbeit f ‖ ~**/пошаговая** (Inf) Schrittbetrieb m ‖ ~**/прерывистая** aussetzender (intermittierender) Betrieb m ‖ ~**/прокатки** Walzarbeit f ‖ ~**/пространственная** räumliches Verhalten n (z. B. von Baukonstruktionen) ‖ ~**/проходческая** (Bgb) Vortriebsarbeit f, Vortrieb m; Abteufen n ‖ ~ **пуска** Anlaßarbeit f ‖ ~**/пусконаладочная** Anlaufarbeit f, Einfahrarbeit f (z. B. neuer Industrieanlagen) ‖ ~ **равнодействующей силы** (Mech) Arbeit f der resultierenden Kraft, Gesamtkraftarbeit f ‖ ~ **разделения** (Fest) Trennarbeit f ‖ ~ **растяжения** (Fest) Zerreißarbeit f ‖ ~ **расширения** Expansionsarbeit f, Ausdehnungsarbeit f (Dampfmaschine; Hubkolbenverdichter) ‖ ~ **реакции** Reaktionsarbeit f ‖ ~**/реверсивная** Reversierbetrieb m ‖ ~ **резания** (Fert) Spanungsarbeit f, Schnittarbeit f ‖ ~**/ремонтная** Reparaturarbeit f, Instandsetzungsarbeit f, Ausbesserungsarbeit f ‖ ~**/рутинная** Routinearbeit f ‖ ~**/ручная** Handarbeit f, manuelle Arbeit (Tätigkeit) f ‖ ~ **с воспламенением от сжатия** Dieselbetrieb m (Verbrennungsmotor) ‖ ~ **с наддувом по системе постоянного давления** Gleichdruckbetrieb m (Verbrennungsmotor; Turbine) ‖ ~ **с несколькими дорожками** (Inf) Mehrfachspuroperation f ‖ ~ **с обрушением** (Bgb) Bruchbauverfahren n ‖ ~ **с одной боковой полосой** (Rf) Einseitenbandbetrieb m, ESB-Betrieb m ‖ ~ **с противодавлением** Gegendruckbetrieb m (Dampfmaschine, Dampfturbine) ‖ ~**/сверхурочная** Überstundenarbeit f ‖ ~**/сдельная** Stücklohnarbeit f ‖ ~ **сжатия** Verdichtungsarbeit f (Kolbenkraftmaschinen; Hubkolbenverdichter) ‖ ~ **сжатия/адиабатическая** adiabatische Verdichtungsarbeit f ‖ ~ **сжатия/изотермическая** isotherme Verdichtungsarbeit f ‖ ~ **силы тяжести** (Mech) Schwerkraftarbeit f ‖ ~ **силы/элементарная** (Mech) Elementararbeit f (einer Kraft) ‖ ~**/симплексная** (Nrt) Simplexbetrieb m, Richtungsverkehr m ‖ ~ **симплексом** s. ~/симплексная ‖ ~**/сменная** Schichtarbeit f ‖ ~ **со сбоями** fehlerhafte Arbeit f ‖ ~**/совместная** Gemeinschaftsbetrieb m, Verbundbetrieb m ‖ ~ **сопротивления** (Fest) Widerstandsarbeit f ‖ ~**/спаренная** Zwillingsbetrieb m; (Schiff) Koppelbetrieb m (Ladegeschirr) ‖ ~**/стартстопная** Start-Stopp-Betrieb m ‖ ~**/телеграфная** Telegraphiebetrieb m, Telegraphieverkehr m ‖ ~**/телефонная** Fernsprechbetrieb m ‖ ~**/техническая** (Therm) technische Arbeit f (Arbeit eines offenen thermodynamischen Systems) ‖ ~ **точная** Präzisionsarbeit f ‖ ~ **трения** (Fest) Reibungsarbeit f ‖ ~**/тросовая** (Schiff) Trossenschlag m (Seil) ‖ ~**/трудоёмкая** Arbeit f mit hohem Zeit- und Kraftaufwand, zeit- und kraftraubende Arbeit f ‖ ~ **удара** (Fest) Schlagarbeit f; Stoßarbeit f ‖ ~ **удара/предельная** Grenzschlagarbeit f ‖ ~**/ударная** s. ~ удара ‖ ~**/умственная** geistige Arbeit f ‖ ~ **упругой деформации** (Fest)

работа

elastische Formänderungsarbeit *f* || ~ **упругой силы** *(Mech)* Federkraftarbeit *f* || ~ **ускорения** *(Mech)* Beschleunigungsarbeit *f* || ~/**устойчивая** stabiler Betrieb *m* || ~/**физическая** körperliche Arbeit *f* || ~/**фиктивная** *(Kyb)* Scheinaktivität *f* || ~ **фронтом** *(Bgb)* Frontverhieb *m* || ~ **холостого хода** *(Masch)* Leerlaufarbeit *f* || ~ **центральной силы** *(Mech)* Zentralkraftarbeit *f* || ~ **цикла/индикаторная** indizierte Arbeit *f (Verbrennungsmotor; Dampfmaschine; Hubkolbenverdichter)* || ~/**электромонтажная** Elektromontagearbeit *f;* Elektroinstallationsarbeit *f* || ~/**элементарная** *(Mech)* Elementararbeit *f (einer Kraft)* || ~/**эффективная** *s.* ~/полезная
работать 1. arbeiten, tätig sein, in einem Arbeitsverhältnis stehen; 2. funktionieren, intakt sein, laufen; 3. betrieben (beansprucht) werden; ~ **в режиме холостого хода** *(Getriebe)* || ~ **в режиме холостого хода** im Leerlauf arbeiten || ~ **в энергосистеме** *(En)* im Energiesystem arbeiten || ~ **встречными забоями** *(Bgb)* Örter gegen Örter treiben, im Gegenortbetrieb arbeiten || ~ **вхолостую** im Leerlauf arbeiten || ~ **ключом** *(Nrt)* tasten, geben || ~ **на автоматическом режиме** automatisch arbeiten || ~ **на горячем дутье** *(Met)* heißblasen, mit Heißwind blasen *(Schachtofen)* || ~ **на дутье** *(Met)* blasen || ~ **на изгиб** *(Fest)* auf Biegung beansprucht werden || ~ **на кручение** *(Fest)* auf Torsion (Verdrehung) beansprucht werden || ~ **на передачу** senden, im Sendebetrieb arbeiten || ~ **на переменном токе** mit Wechselstrom betrieben werden || ~ **на постоянном токе** mit Gleichstrom betrieben werden || ~ **на приём** empfangen, im Empfangsbetrieb arbeiten || ~ **на растяжение** *(Fest)* auf Zug beansprucht werden || ~ **на сжатие** *(Fest)* auf Druck beansprucht werden || ~ **на срез** *(Fest)* auf Abscheren beansprucht werden || ~ **на холодном дутье** *(Met)* kaltblasen, mit Kaltwind blasen *(Schachtofen)* || ~ **на холостом ходу** im Leerlauf arbeiten, leer laufen || ~ **одиночно** *(Schiff)* im Schwingbaumbetrieb arbeiten *(Ladegeschirr)* || ~ **по падению** *(Bgb)* abhauen || ~ **спаренно** *(Schiff)* im Koppelbetrieb arbeiten *(Ladegeschirr)*
работающий надёжно betriebszuverlässig
работоспособность *f* 1. Arbeitsfähigkeit *f;* Arbeitsvermögen *n;* 2. Betriebsfähigkeit *f,* Funktionsfähigkeit *f*
работоспособный 1. arbeitsfähig, leistungsfähig; 2. betriebsfähig, funktionsfähig
работы *fpl* Arbeiten *fpl (s. a. unter* работа*)* || ~/**аварийно-спасательные** *(Schiff)* Bergungsarbeiten *fpl* || ~/**арматурные** *(Bw)* Bewehrungsarbeiten *fpl* || ~/**буровзрывные** *(Bgb)* Bohr- und Sprengarbeiten *fpl* || ~/**буровые** *(Bgb, Bw)* Bohrarbeiten *fpl* || ~/**взрывные** Sprengarbeiten *fpl* || ~/**восстановительные** *(Bw)* Wiederherstellungsarbeiten *fpl;* Wiederaufbauarbeiten *fpl* || ~/**вскрышные** *(Bgb)* Abraumbetrieb *m,* Abraumbewegung *f,* Abraumarbeiten *fpl* || ~/**вспомогательные** 1. Hilfsarbeiten *fpl;* 2. *(Fert)* Beschickungsarbeiten *fpl* || ~/**выемочные** *(Bgb)* Gewinnungsarbeiten *fpl* || ~/**выправительные** *(Hydt)* Regulierungsarbeiten *fpl (Flußregulierung)* || ~/**геологоразведочные** *(Bgb, Geol)* geologische Erkundung[sarbeiten *fpl]* || ~/**геологосъёмочные** *(Geol)* geologische Aufnahmearbeiten *fpl,* geologische Kartierung *f* || ~/**гидроизоляционные** *(Hydt)* Isolierungsarbeiten *fpl* || ~/**гидротехнические** *(Hydt)* wasserbauliche Arbeiten *fpl,* Wasserbauarbeiten *fpl* || ~/**горно-капитальные** *(Bgb)* Ausrichtungsarbeiten *fpl,* Ausrichtung *f* || ~/**горно-подготовительные** *(Bgb)* Vorrichtungsarbeiten *fpl* || ~/**горнопроходческие** *(Bgb)* Vortriebsarbeiten *fpl;* Abteufarbeiten *fpl* || ~/**горно-разведочные** bergmännische Erkundungsarbeiten *fpl* || ~/**горноспасательные** *(Bgb)* Grubenrettungsarbeiten *fpl* || ~/**горные** Bergbauarbeiten *fpl,* Bergbau *m* || ~/**дноуглубительные** Baggerarbeiten *fpl (Schwimmbagger)* || ~/**добычные** *(Bgb)* Gewinnungsarbeiten *fpl* || ~/**долбёжные** 1. *(Fert)* Stoßarbeiten *fpl;* 2. *(Bw)* Stemmarbeiten *fpl* || ~/**дорожные** Straßenbauarbeiten *fpl* || ~/**дренажные** Drän[age]arbeiten *fpl* || ~/**железобетонные** Stahlbetonarbeiten *fpl* || ~/**жестяные** *(Fert)* Klempnerarbeiten *fpl* || ~/**звукоизоляционные** *(Bw)* Schalldämmarbeiten *fpl* || ~/**землеройные** Grundarbeiten *fpl,* Erdbau *m* || ~/**земляные** Erdarbeiten *fpl* || ~/**зимние** Winterbauarbeiten *fpl* || ~/**изоляционные** *(Bw)* Isolierarbeiten *fpl* || ~/**исследовательские** Forschungsarbeiten *fpl* || ~/**кадастровые геодезические** *(Geod)* Flurvermessung *f* || ~/**каменные** *(Bw)* Maurerarbeiten *fpl* || ~/**камнетёсные** *(Bw)* Steinmetzarbeiten *fpl* || ~/**капитальные** 1. Investitionsarbeiten *fpl;* Investitionen *fpl;* Investitionsbau *m;* 2. Generalreparaturen *fpl,* Hauptinstandsetzungen *fpl;* 3. *(Bgb)* Ausrichtungsarbeiten *fpl,* Aufschlußarbeiten *fpl* || ~/**крепёжные** *(Bgb)* Ausbauarbeiten *fpl* || ~/**кровельные** Dachdeckerarbeiten *fpl* || ~/**кузнечные** Schmiedearbeiten *fpl* || ~/**лепные** *(Bw)* Stuckarbeiten *fpl* || ~/**ловильные** *(Bohrung)* Fangarbeiten *fpl* || ~/**малярные** Malerarbeiten *fpl* || ~/**мелиоративные** *(Lw)* Meliorationsarbeiten *fpl* || ~/**монтажные** Montagearbeiten *fpl* || ~/**мостостроительные** Brücken[bau]arbeiten *fpl* || ~/**наземные** *(Bgb)* Übertagearbeiten *fpl* || ~/**научно-исследовательские** Forschungsarbeiten *fpl,* Forschungstätigkeit *f* || ~/**научно-исследовательские и опытно-конструкторские** Forschungs- und Entwicklungsarbeiten *fpl,* F/E-Arbeiten *fpl* || ~/**облицовочные** *(Bw)* Verkleidungsarbeiten *fpl* || ~/**обойные** Tapezier[er]arbeiten *fpl* || ~/**опалубочные** *(Bw)* Schalungsarbeiten *fpl,* Verschalungsarbeiten *fpl* || ~/**отделочные** 1. Abschlußarbeiten *fpl;* 2. *(Bw)* Ausbauarbeiten *fpl;* 3. *(Bw)* Putzarbeiten *fpl;* 4. *(Text)* Ausrüstungsarbeiten *fpl* || ~/**открытые** *(Bgb)* Tagebau *m* || ~/**очистные** *(Bgb)* Gewinnungsarbeiten *fpl,* Abbau *m* || ~/**планировочные** *(Bw)* Planierungsarbeiten *fpl* || ~/**плотничные** *(Bw)* Zimmermannsarbeiten *fpl* || ~ **по вскрытию [месторождения]** *(Bgb)* Ausrichtung[sarbeiten *fpl],* Aufschlußarbeiten *fpl* || ~ **по лесоразведению** Forstkulturarbeiten *fpl* || ~ **по очистке** Reinigungsarbeiten *fpl* || ~ **по реконструкции** Rekonstruktionsarbeiten *fpl,* Umbauarbeiten *fpl* || ~ **по содержанию** Instandhaltungsarbeiten *fpl,* Unterhaltungsarbeiten *fpl* || ~/**погрузочно-разгрузочные** Be- und Entladearbeiten *fpl;* Umschlagbetrieb *m;* *(Schiff)* La-

de- und Löscharbeiten fpl, Lade- und Löschbetrieb m ‖ ~/**подводные** Unterwasserarbeiten fpl ‖ ~/**подготовительные** 1. Vorbereitungsarbeiten fpl; 2. (Bgb) Vorrichtungsarbeiten fpl (Tiefbau); Aufschlußarbeiten fpl (Tagebau) ‖ ~/**подземные** 1. (Bw) Tiefbauarbeiten fpl; 2. (Bgb) Tiefbau m, Untertagearbeiten fpl ‖ ~/**подземные горные** s. ~/подземные 2. ‖ ~/**подрывные** Sprengungen fpl ‖ ~/**подрядные** (Bw) Vertragsarbeit f ‖ ~/**поисковые** (Geol, Bgb) Sucharbeiten fpl ‖ ~/**полевые** (Lw) Feldarbeit f ‖ ~/**предварительные** Vorarbeiten fpl ‖ ~/**проектно-изыскательские** (Geol) Erkundungsarbeiten fpl, Erschließungsarbeiten fpl, Schürfarbeiten fpl, Prospektierungsarbeiten fpl, Prospektieren n ‖ ~/**путевые** (Eb) Gleisarbeiten fpl ‖ ~/**разбивочные** Absteckungsarbeiten fpl (Vermessung) ‖ ~/**разгрузочные** Entladearbeiten fpl; (Schiff) Löscharbeiten fpl ‖ ~/**ремонтно-строительные** Reparatur- und Bauarbeiten fpl, Baureparatur f ‖ ~/**ремонтные** Reparaturarbeiten fpl, Überholungsarbeiten fpl, Ausbesserungsarbeiten fpl, Instandsetzungsarbeiten fpl ‖ ~/**санитарно-технические** sanitärtechnische Installationsarbeiten fpl ‖ ~/**сборочные** Montagearbeiten fpl ‖ ~/**свайные** (Bw) Pfahlgründungsarbeiten fpl ‖ ~/**сварочные** Schweißarbeiten fpl ‖ ~/**скрытые** (Bw) verdeckte Arbeiten fpl (Arbeiten, deren qualitätsgerechte Ausführung nach der Bauabnahme nicht mehr geprüft werden kann) ‖ ~/**стекольные** Glaserarbeiten fpl ‖ ~/**столярные** Tischlerarbeiten fpl ‖ ~/**строительно-монтажные** Bau- und Montagearbeiten fpl ‖ ~/**строительно-столярные** Bautischlerarbeiten fpl ‖ ~/**строительные** Bauarbeiten fpl ‖ ~/**такелажные** (Schiff) Taklerarbeiten fpl ‖ ~/**теплоизоляционные** (Bw) Wärmedämmarbeiten fpl ‖ ~/**топографо-геодезические** (Geod) Vermessungsarbeiten fpl ‖ ~/**транспортные** Förderarbeiten fpl, Fördern n, Transportarbeiten fpl ‖ ~/**укрепительные** Befestigungsarbeiten fpl, Ausbauarbeiten fpl ‖ ~/**футеровочные** (Bw) Ausfütterungsarbeiten fpl ‖ ~/**штукатурные** (Bw) Putzarbeiten fpl ‖ ~/**экскаваторные** Baggerarbeit f ‖ ~/**эксплуатационные** (Bgb) Abbauarbeiten fpl; Gewinnung f ‖ ~/**электромонтажные** Elektroinstallationsarbeiten fpl
рабочий (Masch) tragend (z. B. Zahnflanke); genutzt (z. B. Teil eines Profils); kraftübertragend (z. B. Profil)
рабочий m Arbeiter m ‖ ~/**временный** vorübergehend Beschäftigter m, Aushilfsarbeiter m ‖ ~/**индустриальный** Industriearbeiter m, Fabrikarbeiter m ‖ ~/**кадровый** Stammarbeiter m ‖ ~/**квалифицированный** Facharbeiter m, gelernter Arbeiter m ‖ ~/**неквалифицированный** ungelernter Arbeiter m ‖ ~/**подённый** Tagelöhner m ‖ ~/**подсобный** Hilfsarbeiter m ‖ ~/**строительный** Bauarbeiter m
рабочий-монтажник m Montagearbeiter m
рабсила f Arbeitskraft f
равенство n 1. Gleichheit f; Parität f; 2. (Math) identische (gleiche) Gleichung f (s. a. unter уравнение) ‖ ~ **Бесселя** (Math) Besselsche Identität (Gleichung) f ‖ ~ **напряжений** (El) Spannungsgleichheit f ‖ ~ **Парсеваля** (Math) Parsevalsche Gleichung f ‖ ~/**предельное** (Math) Limesgleichung f ‖ ~ **токовая** Stromgleichheit f ‖ ~ **цветов** Farb[en]gleichheit f
равнина f (Geol) Ebene f, Flachland n ‖ ~/**абразионная** Abrasionsplatte f, maritime Abrasionsebene f ‖ ~/**аккумулятивная** Aufschüttungsebene f ‖ ~/**аллювиальная** fluviatile Aufschüttungsebene f, Schwemmlandebene f, Flußebene f ‖ ~/**береговая** Küstenebene f ‖ ~/**вогнутая** Hohlebene f ‖ ~/**водно-ледниковая** fluvioglaziale Aufschüttungsebene f ‖ ~/**волнистая** wellenförmige Ebene f ‖ ~/**вулканическая** vulkanische Aufschüttungsebene f, Lavafeld n ‖ ~/**дельтовая** Deltaebene f (fluviatile Aufschüttungsebene an Flußniederungen) ‖ ~/**денудационная** Rumpfebene f ‖ ~/**моренная** Moränenebene f ‖ ~/**морская** thalassogene Ebene f ‖ ~/**наклонная** abfallende (geneigte) Ebene f (an Berghängen oder Küsten) ‖ ~/**озёрная** lakustrische Ebene f, See-Ebene f ‖ ~/**остаточная** Rumpfebene f ‖ ~/**морская** s. ~/морская ‖ ~/**первичная денудационная** Primärrumpfebene f ‖ ~/**покатая** abschüssige (starkabfallende) Ebene f ‖ ~/**потамогенная** potamogene Ebene f (fluviatile Aufschüttungsebene an Deltamündungen) ‖ ~/**предгорная скалистая** Piedmontfläche f ‖ ~/**предельная** 1. Fastebene f, Peneplain f; 2. s. ~/денудационная ‖ ~/**прибрежно-аллювиальная** patamogene Ebene f ‖ ~/**прибрежно-морская** Küstenebene f ‖ ~/**расчленённая** zerschnittenes Flachland n ‖ ~/**скульптурная** s. ~/денудационная ‖ ~/**структурная (талассогенная)** thalassogene Ebene f ‖ ~/**флювиогляциальная** fluvioglaziale Aufschüttungsebene f
равнитель m (Pap) Egoutteur m, Vordruckwalze f, Wasserzeichenwalze f
равноатомный (Kern) gleichatomig
равнобедренный (Math) gleichschenklig
равнобочный (Math) gleichseitig (Hyperbel)
равновеликий 1. gleich groß; gleichwertig; 2. (Math) flächengleich, inhaltsgleich (geometrische Figuren); 3. flächentreu (kartographischer Entwurf)
равновероятный s. равновозможный
равновесие n 1. Gleichgewicht n; 2. (Flg) Trimmlage f ‖ ~ **адсорбции** (Ch) Adsorptionsgleichgewicht n ‖ ~/**адсорбционное** (Ch) Adsorptionsgleichgewicht n ‖ ~/**безвариантное** (Therm) Tripelpunkt m, Gleichgewicht n ohne Freiheitsgrad (Gibbssche Phasenregel) ‖ ~/**безразличное** (Mech) indifferentes Gleichgewicht n ‖ ~/**бивариантное** s. ~/двухвариантное ‖ ~/**вековое [радиоактивное]** (Kern) [radioaktives] Dauergleichgewicht n, säkulares Gleichgewicht n ‖ ~/**внутрифазное** s. ~/гомогенное ‖ ~/**гетерогенное** (Therm) heterogenes Gleichgewicht n ‖ ~/**гидростатическое** (Ph) hydrostatisches Gleichgewicht n ‖ ~/**гомогенное** (Therm) homogenes Gleichgewicht n ‖ ~/**двухвариантное** (Therm) bivariantes Gleichgewicht n, Phasengleichgewicht n mit zwei Freiheitsgraden (Gibbssche Phasenregel) ‖ ~/**детальное** (Therm) detailliertes Gleichgewicht n ‖ ~/**динамическое** (Ph) dynamisches Gleichgewicht n ‖ ~ **диссоциации** (Ch) Dissoziationsgleichgewicht n ‖ ~/**диссоциационное** (Ch) Dissoziati-

равновесие

onsgleichgewicht *n* ‖ ~ **Доннана** *(Ph, Ch)* Donnan-Gleichgewicht *n*, Donnansches Gleichgewicht *n* ‖ ~/**зарядовое** *(Ch)* Ladungsgleichgewicht *n* ‖ ~/**застывшее** *(Therm)* eingefrorenes (gehemmtes) Gleichgewicht *n* ‖ ~/**излучательное** Strahlungsgleichgewicht *n* ‖ ~ **излучения** Strahlungsgleichgewicht *n* ‖ ~ **изотопного обмена** *(Kern)* Isotopenaustauschgleichgewicht *n* ‖ ~/**изотопное** *(Kern)* Isotopengleichgewicht *n* ‖ ~/**инконгруэнтное** *(Ph)* inkongruentes Gleichgewicht *n (einer inkongruent schmelzenden intermetallischen Verbindung)* ‖ ~/**ионизационное** Ionisationsgleichgewicht *n* ‖ ~ **испарения** *(Ch)* Verdampfungsgleichgewicht *n* ‖ ~/**кажущееся** *(Ph)* scheinbares Gleichgewicht *n* ‖ ~/**кислотно-щелочное** *(Ch)* Säure-Lauge-Gleichgewicht *n* ‖ ~/**конгруэнтное** *(Ph)* kongruentes Gleichgewicht *n (einer kongruent schmelzenden intermetallischen Verbindung)* ‖ ~/**локальное термодинамическое** *(Therm)* lokales thermodynamisches Gleichgewicht *n* ‖ ~ **лучеиспускания** Strahlungsgleichgewicht *n* ‖ ~/**лучистое** Strahlungsgleichgewicht *n* ‖ ~/**междуфазное** *s.* ~/**гетерогенное** ‖ ~/**мембранное** *(Ph, Ch)* Membrangleichgewicht *n* ‖ ~/**метастабильное** *(Therm)* metastabiles (gehemmtes) Gleichgewicht *n* ‖ ~/**многовариантное** *(Therm)* multivariantes Gleichgewicht *(Phasengleichgewicht)* *n (Gibbssche Phasenregel)* ‖ ~ **моментов** *(Aero)* Momentengleichgewicht *n*, Momentenausgleich *m* ‖ ~ **моста** *(El)* Brückengleichgewicht *n*, Gleichgewicht *n* der Brücke ‖ ~/**мультивариантное** *s.* ~/**многовариантное** ‖ ~/**неустойчивое** *(Mech)* labiles (instabiles) Gleichgewicht *n* ‖ ~/**нонвариантное** *s.* ~/**безвариантное** ‖ ~ **обмена** *(Ph)* Austauschgleichgewicht *n* ‖ ~/**одновариантное** Gleichgewicht *(Phasengleichgewicht) n* mit einem Freiheitsgrad *(Gibbssche Phasenregel)* ‖ ~/**окислительно-восстановительное** *(Ch)* Redoxgleichgewicht *n*, Oxidations-Reduktions-Gleichgewicht *n* ‖ ~/**относительное** relatives Gleichgewicht *n (starrer Körper)* ‖ ~/**переходное** *(Kern)* [radioaktives] Übergangsgleichgewicht *n* ‖ ~/**перитектическое** *(Ph)* peritektisches Gleichgewicht *n (einer Schmelze)* ‖ ~ **плавления** Schmelzgleichgewicht *n* ‖ ~/**поливариантное** *s.* ~/**многовариантное** ‖ ~/**предельное** *(Ph)* Grenzgleichgewicht *n* ‖ ~/**радиоактивное** *(Ph)* Strahlungsgleichgewicht *n* ‖ ~/**радиоактивное** *(Ch)* radioaktives Gleichgewicht *n* ‖ ~/**седиментационное** *(Ph, Ch)* Sedimentationsgleichgewicht *n* ‖ ~ **сил** *(Mech)* Kräftegleichgewicht *n* ‖ ~ **системы** *(Ph)* Gleichgewichtslage *f*, Ruhelage *f* ‖ ~/**статистическое** *s.* ~/**термодинамическое** ‖ ~/**структурное** *(Wkst)* Gefügegleichgewicht *n* ‖ ~ **тел** *(Mech)* Gleichgewicht *n (starrer Körper)* ‖ ~/**температурное (тепловое, термическое)** *(Ph)* Wärmegleichgewicht *n*, thermisches Gleichgewicht *n*, Temperaturgleichgewicht *n* ‖ ~/**термодинамическое** thermodynamisches Gleichgewicht *n* ‖ ~/**термохимическое** thermochemisches Gleichgewicht *n* ‖ ~/**унивариантное** *s.* ~/**одновариантное** ‖ ~/**упругое** *(Ph)* elastisches Gleichgewicht *n* ‖ ~/**упруго-пластическое** *(Ph)* plastisch-elastisches Gleichgewicht *n* ‖ ~/**устойчивое** *(Mech)* stabiles Gleichge-

wicht *n* ‖ ~ **фаз** *s.* ~/**фазовое** ‖ ~/**фазовое** *(Therm)* Phasengleichgewicht *n (Gibbssche Phasenregel)* ‖ ~/**химическое** chemisches Gleichgewicht *n* ‖ ~/**эвтектическое** eutektisches Gleichgewicht *n (einer Schmelze)* ‖ ~/**электронное** *(Kern)* Elektronengleichgewicht *n*

равновесный Gleichgewichts...; abgeglichen
равновозможность *f (Math)* Gleichwahrscheinlichkeit *f*, Gleichmöglichkeit *f (Wahrscheinlichkeitstheorie)*
равновозможный *(Math)* gleichwahrscheinlich, gleichmöglich
равнодействующая *f (Math)* Resultierende *f* ‖ ~ **аэродинамических сил** *(Aero)* Luftkraftresultierende *f* ‖ ~ **давления** *(Mech)* Druckresultierende *f* ‖ ~ **нагрузки** *(Mech)* Lastresultierende *f* ‖ ~ **сил** *(Mech)* Kraftresultierende *f*
равноденственный *(Astr)* äquinoktial
равноденствие *n (Astr)* Äquinoktium *n*, Tagundnachtgleiche *f* ‖ ~/**весеннее** Frühlings-Tagundnachtgleiche *f*, Frühlingsäquinoktium *n* ‖ ~/**осеннее** Herbst-Tagundnachtgleiche *f*, Herbstäquinoktium *n*
равнозамедленный gleichförmig verzögert
равнозернистый gleichkörnig
равнозначность *f (Math)* Gleichwertigkeit *f*, Äquivalenz *f*
равнозначный 1. gleichbedeutend; 2. *(Math)* gleichwertig, äquivalent
равномерно-ступенчатый gleichförmig abgestuft
равномерность *f* Gleichmäßigkeit *f*, Gleichförmigkeit *f* ‖ ~ **вращения (схода)** *(Masch)* Laufruhe *f*
равномерный gleichmäßig, gleichförmig
равномощность *f (Math)* Äquivalenz *f (Mengenlehre)*
равнообъёмность *f (Math)* Umfangsgleichheit *f*
равнообъёмный *(Math)* umfangsgleich
равноособенный *(Math)* äquisingulär
равноотстоящий äquidistant, abstandsgleich
равнопадаемость *f* Gleichfälligkeit *f (Aufbereitung)*
равнопадающий gleichfällig, Gleichfälligkeits... *(Aufbereitung)*
равноплечий gleicharmig
равнопотенциальный Äquipotential..., äquipotentiell, gleiches Potentials
равнопрочность *f* Gleichfestigkeit *f*, Festigkeitsgleichheit *f*
равноразмерный *(Math)* dimensionsgleich
равнораспределение *n (Ph)* Gleichverteilung *f*, Rechteckverteilung *f*
равносигнальный *(Rad)* Leitstrahl..., Dauerstrich...
равносильность *f (Math)* Gleichwertigkeit *f*, Äquivalenz *f*, logische Gleichwertigkeit (Äquivalenz) *f*
равносильный 1. gleich stark; 2. *(Math)* äquivalent, logisch äquivalent (gleichwertig)
равносходимость *f (Math)* Äquikonvergenz *f*
равноугольный 1. gleichwinklig; 2. winkeltreu, konform, isogonal
равноускоренный gleichförmig beschleunigt
равноцветный gleichfarbig, isochrom
равночастотный frequenzgleich, gleichfrequent

равноэнергетический isoenergetisch
равный по фазе *(El)* phasengleich, gleichphasig ‖ ~ **по частоте** *(El)* frequenzgleich, gleichfrequent
рад *m* 1. Rad *n*, rd *(SI-fremde Einheit der Energiedosis)*; 2. *s.* радиан
рад/с *s.* радиан в секунду
радар *m s.* 1. радиолокатор; 2. радиолокация
радиалтриангулятор *m* Radialtriangulator *m*
радиалтриангуляция *f* Radialtriangulation *f*
радиальный radial, Radial…, strahlig, strahlenförmig, speichenförmig
радиан *m* Radiant *m*, rad *(Einheit des ebenen Winkels)* ‖ ~ **в секунду** Radiant *m* je Sekunde, rad/s *(Einheit der Winkelgeschwindigkeit)*
радиант *m (Astr)* 1. Radiant *m*, Radiationspunkt *m (Meteorstrom)*; 2. *s.* вертекс ‖ **/видимый** scheinbarer Radiant *m* ‖ **/истинный** wahrer Radiant *m* ‖ ~ **метеорного потока** *s.* радиант 1.
радиатор *m* 1. *(Wmt)* Radiator *m*, Heizkörper *m*; Gliederheizkörper *m*; 2. *(Kfz)* Kühler *m* ‖ **/анодный** *(Eln)* Anodenkühlkörper *m* ‖ ~ **водяного отопления** Warmwasserheizkörper *m* ‖ ~ **водяного охлаждения** *(Kfz)* Wasserkühler *m*, Flüssigkeitskühler *m* ‖ **/двухколонный** *(Wmt)* zweisäuliger Radiator *m*; zweigliedriger Gliederheizkörper *m* ‖ ~ **жидкостного** *s.* ~ **водяного** ‖ **/крыльевой** *(Flg)* Flügelkühler *m* ‖ **/ленточный** *s.* **/пластинчатый** ‖ **/лобовой** *(Flg)* Stirnkühler *m* ‖ **/масляный** *(Kfz)* Ölkühler *m* ‖ **/носовой** *(Flg)* Bugkühler *m* ‖ **/пластинчатый** *(Kfz)* Lamellenkühler *m* ‖ **/разборный** *s.* **/секционный** ‖ **/рёбристый** Rippenheizkörper *m* ‖ **/секционный** *(Kfz)* Teilblockkühler *m* ‖ **/сотовый** *(Kfz)* Wabenkühler *m*, Luftröhrenkühler *m* ‖ **/трубчато-пластинчатый** *(Kfz)* Rippenrohrkühler *m* ‖ **/трубчатый** *(Kfz)* Flüssigkeitsröhrenkühler *m*, Röhrenkühler *m*
радиатор-конвектор *m (Wmt)* Konvektor *m (Konvektionsheizung)*; Gliederheizkörper *m* in Konvektorausführung
радиационно-легированный *(Eln)* strahlenlegiert *(Halbleiter)*
радиационно-повреждённый *(Eln)* strahlenbeschädigt *(Halbleiter)*
радиационно-стимулированный *(Eln)* strahleninduziert *(Halbleiter)*
радиационно-ускоренный *(Eln)* strahlungsstimuliert *(Halbleiter)*
радиационный Strahlen…, Strahlungs…
радиация *f* Strahlung *f (s. a. unter* излучение*)* ‖ **/внеземная** extraterrestrische Strahlung *f* ‖ **/внеземная солнечная** extraterrestrische Sonnenstrahlung *f* ‖ **/волновая** Wellenstrahlung *f* ‖ **/вторичная** Sekundärstrahlung *f* ‖ **/галактическая** galaktische Strahlung *f* ‖ **/глобальная** Globalstrahlung *f (der Sonne)* ‖ **/корпускулярная** Korpuskularstrahlung *f*, Teilchenstrahlung *f*, Partikelstrahlung *f* ‖ **/космическая** kosmische Strahlung *f* ‖ ~ **неба** Himmelsstrahlung *f* ‖ **/остаточная** Rest[kern]strahlung *f (bei der Kernexplosion)* ‖ **/первичная** Primärstrahlung *f* ‖ **/полная** *s.* **/суммарная** ‖ **/проникающая** Sofortkernstrahlung *f*, Anfangsstrahlung *f*, Initialstrahlung *f (bei der Kernexplosion)* ‖ **/рассеянная** Streustrahlung

f, gestreute (diffuse) Strahlung *f* ‖ **/солнечная** Sonnenstrahlung *f* ‖ ~ **Солнца** Sonnenstrahlung *f* ‖ ~ **Солнца/электромагнитная** elektromagnetische Wellenstrahlung *f* der Sonne ‖ **/суммарная** Gesamtstrahlung *f*, Totalstrahlung *f*; Globalstrahlung *f (Summe von direkter Sonnenstrahlung und diffuser Sonnenstrahlung)* ‖ **/тепловая** Wärmestrahlung *f*, thermische Strahlung *f* ‖ **/ультрафиолетовая** Ultraviolettstrahlung *f*, UV-Strahlung *f*, ultraviolette Strahlung *f*, Ultraviolett *n*
радиевый radiumhaltig, radiumreich, Radium…
радий *m (Ch)* Radium *n*, Ra
радийсодержащий radiumhaltig
радикал *m* 1. *(Math)* Radikal *n*, Wurzelzeichen *n*; 2. *(Ch)* Radikal *n*, Rest *m* ‖ **/короткоживущий** *(Ch)* kurzlebiges Radikal *n* ‖ **/свободный** *(Ch)* freies Radikal *n* ‖ **/стабильный** *(Ch)* stabiles Radikal *n* ‖ **/углеродистый** *(Ch)* Kohlenwasserstoffradikal *n*
радикалоид *m (Ch)* Radikaloid *n*, inaktives Radikal *n*
радио *n* 1. Radio[gerät] *n*, Rundfunkgerät *n (s. a.* радиоприёмник 2.*)*; 2. *pa*радиоаппаратура 1. *und* радиоприёмник 1.*)*; 3. Rundfunksendung *f*; Funksendung *f*; 4. Rundfunktechnik *f*; Funktechnik *f* • **по** ~ auf dem Funkwege, über Funk
радиоавтограмма *f (Ph)* Autoradiogramm *n*, autoradiographische Aufnahme *f*, Autoradiographie *f*
радиоавтограф *m s.* радиоавтограмма
радиоавтография *f (Ph)* Autoradiographie *f*, Radioautographie *f* ‖ **/количественная** quantitative Autoradiographie *f*, Radioautographie *f* ‖ **/контактная** Kontaktautoradiographie *f*
радиоаккумуляторная *f (Schiff)* Funkakkuraum *m*
радиоактивация *f (Kern)* Aktivierung *f*
радиоактивность *f (Kern)* Radioaktivität *f* ‖ ~ **в помещениях/газовая** Raumluftradioaktivität *f* ‖ **/высокая** hohe (heiße) Radioaktivität *f* ‖ **/естественная** natürliche Radioaktivität *f* ‖ **/наведённая** induzierte Radioaktivität *f* ‖ ~ **продуктов деления** Spaltproduktaktivität *f*
радиоактивный radioaktiv
радиоактиний *m (Ch)* Radioaktinium *n*
радиоакустика *f* Rundfunkakustik *f*
радиоальтиметр *m s.* радиовысотомер
радиоантенна *f* Rundfunkantenne *f*
радиоаппаратная *f* 1. Funkgeräteraum *m*; 2. Regieraum *m*; 3. *(Fmt)* Senderraum *m*
радиоаппаратостроение *n* 1. Funkanlagenbau *m*; Funkgerätebau *m*; 2. Rundfunkanlagenbau *m*; Rundfunkgerätebau *m*
радиоаппаратура *f* 1. funktechnische (radiotechnische) Geräte *npl*, Funkgeräte *npl*, Funkanlage *f*; 2. Hochfrequenzgeräte *npl* ‖ **/бортовая** Bordfunkgeräte *npl*, Bordfunkgeräte *npl* ‖ **/двухполосная** Zweiseitenbandfunkgeräte *npl*, Zweiseitenbandtechnik *f* ‖ **/однополосная** Einseitenbandfunkgeräte *npl*, Einseitenbandtechnik *f* ‖ **/ответная** *(Rad)* Antwortsender *m* ‖ **/самолётная** Flugzeugbordfunkanlage *f*; Flugfunkgeräte *npl*, Bordfunkgeräte *npl*
радиоастрономический radioastronomisch

радиоастрономия f Radioastronomie f ‖ ~/**внегалактическая** extragalaktische Radioastronomie f ‖ ~/**галактическая** galaktische Radioastronomie f ‖ ~/**общая** allgemeine Radioastronomie f ‖ ~/**экспериментальная** experimentelle Radioastronomie f
радиоаэронавигация f (Flg) Flugfunknavigation f
радиобакан m (Flg) Funkbake f
радиобарит m (Min) Radiobaryt m, radiumhaltiger Schwerspat m
радиобашня f Funkturm m; Sendeturm m
радиобиология f Strahlenbiologie f, Radiobiologie f
радиобиохимия f Strahlenbiochemie f, Radiobiochemie f
радиобуй m Funkboje f ‖ ~/**аварийный** Havariefunkboje f, Notfunkboje f
радиобуря f Radiosturm m, Geräuschsturm m
радиобюро n Funkamt n
радиовахта f (Schiff) Funkwache f
радиовеличина f (Astr) Radiohelligkeit f (von Gestirnen)
радиовещание n Rundfunk m; Hörrundfunk m ‖ ~/**звуковое** Hör[rund]funk m ‖ ~/**коротковолновое** Kurzwellenrundfunk m ‖ ~ **по проводам** Drahtfunk m ‖ ~/**проводное** Drahtfunk m ‖ ~ **с частотной молуляцией** Frequenzmodulationsrundfunk m, FM-Rundfunk m ‖ ~/**телевизионное** Fernseh[rund]funk m
радиовещательный Rundfunk...; Hörrundfunk...
радиоволна f Radiowelle f, Rundfunkwelle f, Funkwelle f ‖ ~/**дециметровая** Dezimeterwelle f ‖ ~/**длинная** Langwelle f, LW ‖ ~/**короткая** Kurzwelle f, KW ‖ ~/**поверхностная** Bodenwelle f ‖ ~/**пространственная** Raumwelle f ‖ ~/**сантиметровая** Zentimeterwelle f ‖ ~/**сверхдлинная** Myriameterwelle f, Längstwelle f ‖ ~/**средняя** Mittelwelle f, MW ‖ ~/**ультракороткая** Ultrakurzwelle f, UKW
радиоволновод m Hochfrequenzwellenleiter m, HF-Wellenleiter m
радиовооружение n 1. funktechnische Ausrüstung f, Funkausrüstung f; 2. Rundfunkausrüstung f
радиовсплеск m (Astr) Radioburst m (Radiostrahlungsausbruch) ‖ ~/**солнечный** solarer Radioburst m
радиовысотомер m (Rad) Funkhöhenmesser m ‖ ~ **малых высот** Funkniedrighöhenmesser m ‖ ~ **с частотной модуляцией** frequenzmodulierter Funkhöhenmesser m
радиовыставка f Funkausstellung f
радиогалактика f (Astr) Radiogalaxie f
радиогелиограмма f Radioheliogramm n
радиогенный radiogen, radioaktiven Ursprungs
радиогеодезия f Radiogeodäsie f
радиогеология f Radiogeologie f
радиогеохимия f Radiogeochemie f
радиоголография f Radioholographie f
радиогониометр m Radiogoniometer n, Goniometer[funk]peilanlage f
радиогониостанция f Funkpeilstelle f
радиогоризонт m Radiohorizont m, Funkhorizont m
радиограмма f Funkspruch m, Funktelegramm n ‖ ~/**кодированная** verschlüsselter Funkspruch m ‖ ~ **открытого текста** Klartextfunkspruch m ‖ ~/**синоптическая** Wetterfunkmeldung f
радиография f Radiograhie f ‖ ~/**нейтронная** Neutronenradiograhie f
радиодальномер m Funkentfernungsmesser m
радиодальнометрия f Funkentfernungsmessung f
радиоданные pl Funkunterlagen fpl
радиодевиация f Funkbeschickung f ‖ ~/**четвертная** viertelkreisige Funkbeschickung f
радиодело n Funkwesen n
радиодеталь f 1. funktechnisches Bauelement n; 2. Rundfunkbauelement n, Radioeinzelteil n
радиодефектоскопия f [zerstörungsfreie] Werkstoffprüfung f mittels [radioaktiver] Strahlung, Gammadefektoskopie f
радиодиапазон m Radio[wellen]bereich m
радиодонесение n Funkmeldung f
радиозавод m Funkwerk n
радиозапросчик m Funkabfragegerät n
радиозатмение n totale Funkstörung f
радиозащита f s. служба/дозиметрическая
радиозвезда f s. радиоисточник
радиозонд m Radiosonde f ‖ ~/**ракетный** Raketenradiosonde f
радиозондирование n Radiosondierung f (z. B. der Ionosphäre)
радиозритель m Fernsehteilnehmer m, Fernsehzuschauer m
радиоизлучение n (Astr) Radio[frequenz]strahlung f ‖ ~/**внегалактическое** extragalaktische Radiostrahlung f ‖ ~ **возмущённого Солнца** Radiostrahlung f der gestörten (aktiven) Sonne ‖ ~ **Галактики** galaktische Radiostrahlung f ‖ ~/**космическое** kosmische Radiostrahlung f ‖ ~ **Луны** Radiostrahlung f des Mondes, lunare Radiostrahlung f ‖ ~/**монохроматическое** monochromatische (nichtkontinuierliche) Radiostrahlung f ‖ ~ **на волне 21 см** 21-cm-Radiostrahlung f ‖ ~ **невозмущённого Солнца** Radiostrahlung f der ruhigen Sonne ‖ ~/**нетепловое** nichtthermische Radiostrahlung f ‖ ~/**реликтовое** Reliktstrahlung f ‖ ~ **с непрерывным спектром** kontinuierliche Radiostrahlung f ‖ ~/**солнечное** Radiostrahlung f der Sonne, solare Radiostrahlung f ‖ ~/**Солнца** s. ~/солнечное ‖ ~ **спокойного Солнца** s. ~ невозмущённого Солнца ‖ ~/**тепловое** thermische Radiostrahlung f ‖ ~ **фона** s. ~/реликтовое
радиоизмерение n Funkmeßwesen n, Funkmeßtechnik f
радиоизображение n Funkbild n; (Astr) Radiobild n
радиоизотоп m (Kern) Radioisotop n, radioaktives Isotop n
радиоимпульс m Funkimpuls m; Hochfrequenzimpuls m, HF-Impuls m
радиоиндикатор m s. индикатор/радиоактивный
радиоинтерференция f s. радиопомеха
радиоинтерферометр m (Astr) Interferometer n, Radiointerferometer n
радиоинтерферометрия f (Astr) Radiointerferometrie f ‖ ~ **на сверхдлинных базах** Langbasisinterferometrie f, VLBI
радиоисточник m (Astr) [diskrete] Radioquelle f ‖ ~/**квазизвёздный** quasistellare Radioquelle

f, Quasar m ‖ ~/**пульсирующий** pulsierende Radioquelle f, Pulsar m
радиокерамика f funktechnische (radiotechnische) Keramik f
радиокладовая f (Schiff) Funkstore m, Funkstoreraum m
радиоколебание n (El) Funkfrequenzschwingung f, Radiofrequenzschwingung f
радиоколлоид m (Ch) Radiokolloid n
радиокомпас m (Flg) Radiokompaß m, Funkkompaß m ‖ ~/**автоматический** vorwählbarer (automatischer) Funkkompaß m
радиокомпонент m s. радиодеталь ‖ ~ **в форме чипа** (Eln) chipartiges Bauelement n
радиоконтакт m Funkkontakt m
радиоконтроль m Funküberwachung f
радиокристаллография f s. 1. кристаллография/рентгеновская; 2. анализ/рентгеноструктурный
радиола f Radio-Phono-Gerät n
радиолампа f Rundfunkröhre f, Radioröhre f; Elektronenröhre f, Röhre f
радиолиз m (Ch) Radiolyse f
радиолиния f Funklinie f, Funkstrecke f, Funkweg m ‖ ~ **большой протяжённости** weitreichende Funkstrecke f ‖ ~/**ретрансляционная** Relaisstrecke f
радиология f Radiologie f, Strahlenkunde f ‖ ~ /**медицинская** medizinische Radiologie f
радиолокатор m 1. Radargerät n; 2. Radarstation f ‖ ~/**бортовой** (Flg) Bordradar[gerät] n ‖ ~/**вторичный** Sekundärradarstation f ‖ ~/**дальнего обнаружения** Frühwarnradar[gerät] n ‖ ~/**доплеровский** Doppler-Radargerät n ‖ ~/**импульсно-доплеровский** Puls-Doppler-Radar n ‖ ~/**импульсный** 1. Impuls[radar]gerät n; 2. Impulsradarstation f ‖ ~/**корабельный** 1. Schiffsradar[gerät] n; 2. Schiffsradarstation f ‖ ~ **кругового обзора** 1. Rundsicht[radar]gerät n, Rundsichtradar n; 2. Rundsichtradarstation f ‖ ~/**лучевой** Leitstrahlradarmeßgerät n ‖ ~/**метеорологический** 1. Wetterradarstation f, meteorologische Radarmeßstation f; 2. Wetterradar[gerät] n ‖ ~ **непрерывного действия (излучения)** 1. Dauerstrichradargerät n; 2. Dauerstrichradarstation f ‖ ~ **обзора лётного поля** (Flg) Rollfeldradar[gerät] n ‖ ~ **обнаружения** Radarortungsgerät n ‖ ~ **обнаружения воздушных целей** Radar-Luftraumbeobachtungsstation f ‖ ~ **обнаружения надводных целей** Radar-Seeraumbeobachtungsstation f ‖ ~ **опознавания** Radarkenn[ungs]gerät n ‖ ~ **опознавания «свой-чужой»** Freund-Feind-Kennungsgerät n ‖ ~/**панорамный** s. ~ кругового обзора ‖ ~/**первичный** Primärradarstation f ‖ ~ **раннего обнаружения** Frühwarngerät n ‖ ~ **с непрерывным излучением** s. ~ непрерывного действия ‖ ~/**самолётный** Flugzeugradar[gerät] n ‖ ~ **сверхдальнего обнаружения** Radar[gerät] n übergroßer Reichweite ‖ ~ **слежения** Zielverfolgungsradar n ‖ ~ **сопровождения цели** Zielverfolgungsradargerät n, Zielfolgeradar n ‖ ~/**судовой** s. ~/корабельный
радиолокатор-высотомер m Radarhöhenmesser m, Höhenmeßradar n
радиолокационная f (Schiff) Radarraum m

радиолокационный Radar...
радиолокация f Radartechnik f ‖ ~/**импульсная** Impulsradar[verfahren] n ‖ ~/**метеорологическая** Wetterradar n, meteorologische Radarortung f
радиолуч m Funkstrahl m, Leitstrahl m
радиолюбитель m Funkamateur m; Radioamateur m
радиолюбитель-коротковолновик m Kurzwellenamateur m
радиолюбительский Funkamateur...; Radioamateur...
радиолюбительство n Amateurfunkwesen n
радиолюминесценция f Radiolumineszenz f
радиоляриты mpl (Geol) Radiolarite fpl
радиомаркёр m (Flg) Markierungsfunkfeuer n, Markierungsbake f, Einflugzeichen n ‖ ~/**внешний** Voreinflugbake f ‖ ~/**промежуточный** Platzeinflugbake f
радиомаскировка f Radartarnung f
радиомачта f Funkmast m, Antennenmast m
радиомаяк m 1. Funkfeuer n, Funkbake f, Radarbake f; 2. Peilsender m ‖ ~/**аварийный** Notpeilsender m ‖ ~/**азимутальный** Drehfunkfeuer n, Azimutsender m (bei MLS) ‖ ~/**аэродромный** Platzfunkfeuer n ‖ ~/**ближний приводной** Nahfunkfeuer n, NFF ‖ ~/**веерный** Fächerfunkfeuer n, Fächer[markierungs]bake f ‖ ~/**внешний маркёрный** Voreinflugbake f ‖ ~/**вращающийся (всенаправленный)** Drehfunkfeuer n ‖ ~/**глиссадный** Gleitwegfunkfeuer n, Gleitwegbake f ‖ ~/**граничный маркёрный** Grenzmarkierungsfeuer n, Grenzlinienfunkbake f ‖ ~ **дальнего действия** Fernfunkfeuer n, FFF ‖ ~/**дальний приводной** Fernfunkfeuer n, FFF ‖ ~/**дальномерный** Funkfeuer n zur Entfernungsmessung; Bodenstation f eines Entfernungsmeßsystems n (z. B. DME) ‖ ~/**импульсный** Impulsfunkfeuer n ‖ ~ **кругового излучения** s. ~/ненаправленный ‖ ~/**курсовой** Kursfunkfeuer n, Kursfunkbake f, Kurswegsender m ‖ ~/**маркёрный** Markierungsfunkfeuer n, Markierungsbake f, Funkmarkierungssender m ‖ ~ **направленного действия (излучения)** s. ~/направленный ‖ ~/**направленный** Richtfunkfeuer n, Richtfunkbake f, gerichtetes Funkfeuer n, Kursfunkfeuer n ‖ ~ **ненаправленного действия (излучения)** s. ~/ненаправленный ‖ ~/**ненаправленный** ungerichtetes (ungerichtet strahlendes, rundstrahlendes) Funkfeuer n, Kreisfunkfeuer n ‖ ~/**опознавательный** Kennungsfunkfeuer n ‖ ~/**панорамный** Panoramafunkfeuer n ‖ ~/**пограничный** Grenzmarkierungsbake f ‖ ~/**посадочный** Landefunkfeuer n, Lande[funk]bake f ‖ ~/**приводной** Ansteuerungsfunkfeuer n, Ansteuerungs[funk]bake f, ungerichtetes Funkfeuer n (z. B. NDB) ‖ ~/**промежуточный маркёрный** Platzeinflugbake f ‖ ~/**равносигнальный** Leitstrahlfunkfeuer n, Leitstrahlbake f ‖ ~ **с вращающейся диаграммой** Drehfunkfeuer n, Dreh[funk]bake f ‖ ~ **с поворотными секторами** Drehfunkfeuer n, CONSOL-Funkfeuer n, Vierkursfunkfeuer n ‖ ~ **системы Консол** CONSOL-Funkfeuer n (Langwellendrehfunkfeuer) ‖ ~/**спасательный** Notpeilsender m ‖ ~/**створный** s. ~/направленный ‖

радиомаяк 746

~/**угломестный** Elevationssender *m (bei MLS)* ǀǀ ~/**четырёхзонный курсовой** *s.* ~/**четырёхкурсовой** ǀǀ ~/**четырёхкурсовой** Vierkurs[leitstrahl]funkfeuer *n*, Vierkurs[leitstrahl]bake *f*
радиомаяк-ответчик *m* Ansprechfunkfeuer *n*, Antwortbake *f*
радиомаяк-отметчик *m* Markierungsfunkfeuer *n*, Markierungsbake *f*
радиомаячный Funkfeuer..., Funkbaken...
радиомерцание *n (Astr)* Radioszintillation *f*
радиометеор *m (Astr)* Radiometeor *m*
радиометеорология *f* Radiometeorologie *f*
радиометод *m* Radarmethode *f*, Radarverfahren *n*
радиометр *m* 1. Radiometer *n (Meßgerät für Strahlung, hauptsächlich Wärmestrahlung)*; 2. *(Geoph)* radiometrische Sonde *f (Gerät zur Untersuchung der Radioaktivität von Gesteinen und Gesteinsverbänden sowie zum Auffinden von Lagerstätten radioaktiver Minerale)*; 3. *(Astr)* Radiostrahlungsmesser *m*; 4. *(Mil)* Aktivitätsmesser *m (Kernstrahlungsmeßgerät)* ǀǀ ~/**акустический** Schallstrahlungsdruckmesser *m* ǀǀ ~/**гамма-каротажный** *(Geoph)* Gamma-Bohrlochmeßsonde *f (Gerät zur Untersuchung der natürlichen Gammaaktivität der Gesteine in Bohrlöchern)* ǀǀ ~/**инфракрасный** Infrarotradiometer *n*, IR-Radiometer *n* ǀǀ ~/**микроволновый** Mikrowellenradiometer *n* ǀǀ ~/**поисковый (разведочный)** *(Geoph)* radiometrische Prospektierungssonde *f* ǀǀ ~/**тепловой** Wärmestrahlungsempfänger *m* ǀǀ ~/**цифровой** digitales Radiometer *n*
радиометрический radiometrisch, Radiometer...
радиометрия *f (Ph)* Radiometrie *f*, Strahlungsmessung *f*, Strahlenmessung *f*
радиомолчание *n* Funkstille *f*
радионаблюдение *n* Funkbeobachtung *f*; Radiobeobachtung *f*; Radioechomethode *f*
радионавигация *f (Flg, Schiff)* Funknavigation *f* ǀǀ ~/**ближняя** Kurzstreckenfunknavigation *f* ǀǀ ~/**воздушная** Flugfunknavigation *f* ǀǀ ~/**гиперболическая** Hyperbelfunknavigation *f* ǀǀ ~/**дальняя** Weitstreckenfunknavigation *f* ǀǀ ~/**морская** Seefunknavigation *f* ǀǀ ~/**разностно-дальномерная** Hyperbelfunknavigation *f* ǀǀ ~/**самолётная** Flugfunknavigation *f*
радионаправление *n* Funkrichtung *f*
радионуклид *m (Ch)* Radionuklid *n*
радиообмен *m* Funkverkehr *m*
радиообнаружение *n* Funkerfassung *f*
радиооборудование *n* Funkausrüstung *f*; Rundfunkausrüstung *f*
радиоокно *n* Radiofenster *n*, Frequenzfenster *n*
радиооператорная *f (Schiff)* Funkraum *m*
радиоореол *m* Radiohalo *m*
радиоответчик *m (Rad)* Antwortgerät *n*
радиопеленг *m (Flg, Schiff)* 1. Funkpeilung *f*; 2. Peilwert *m*, Funkazimut *m*; 3. Peilstrahl *m* ǀǀ ~/**боковой** Funkseitenpeilung *f* ǀǀ ~/**исправленный** berichtigte Funkpeilung *f* ǀǀ ~/**истинный** geographische Funkpeilung *f*; Großkreisfunkpeilung *f*, rechtweisende Funkpeilung *f* ǀǀ ~/**компасный** Kompaßfunkpeilung *f* ǀǀ ~/**магнитный** Magnetfunkpeilung *f* ǀǀ ~/**обратный** Gegenfunkpeilung *f*

радиопеленгатор *m (Flg, Schiff)* 1. Funkpeiler *m*, Funkpeilanlage *f*, Funkpeilgerät *n*; 2. Funkpeilstelle *f*, Peilfunkstelle *f* ǀǀ ~/**автоматический** automatischer Funkpeiler *m* ǀǀ ~/**береговой** Küstenfunkpeilgerät *n*, Küstenfunkpeiler *m* ǀǀ ~/**бортовой** Bordfunkpeilgerät *n*, Bordfunkpeiler *m* ǀǀ ~/**визуальный** Sichtfunkpeiler *m* ǀǀ ~/**гониометрический** Goniometerfunkpeiler *m* ǀǀ ~/**двухканальный визуальный** Zweikanalsichtfunkpeiler *m*, Korabelfunkpeiler *m* ǀǀ ~/**корабельный** Schiffsfunkpeiler *m*, Bordfunkpeiler *m* ǀǀ ~/**коротковолновый** Kurzwellenfunkpeiler *m* ǀǀ ~/**навигационный** Navigationsfunkpeiler *m* ǀǀ ~/**наземный** Bodenfunkpeiler *m* ǀǀ ~/**рамочный** Rahmenpeiler *m* ǀǀ ~/**с гониометром** Goniometer[funk]peilanlage *f*, Goniometerfunkpeiler *m* ǀǀ ~/**самолётный** Flugzeugfunkpeilgerät *n*, Bordfunkpeiler *m* ǀǀ ~/**следящий** Nachlauf[funk]peiler *m* ǀǀ ~/**слуховой** Hörfunkpeiler *m*, akustischer Funkpeiler *m* ǀǀ ~/**судовой** Schiffsfunkpeiler *m*, Schiffsfunkpeilgerät *n*
радиопеленгаторный Funkpeil..., Peil...
радиопеленгация *f* Funkpeilen *n*, Funkpeilung *f* ǀǀ ~/**грубая** Grobpeilung *f* ǀǀ ~/**посторонняя** Fremdpeilung *f* ǀǀ ~/**самолётная** Flugfunkpeilung *f* ǀǀ ~/**смешанная** Mischpeilung *f* ǀǀ ~/**собственная** Eigenpeilung *f* ǀǀ ~/**точная** Feinpeilung *f*
радиопеленгование *n s.* радиопеленгация
радиопередатчик *m* 1. Rundfunksender *m*, Sender *m*; 2. Funksender *m*, Sender *m* ǀǀ ~/**внестудийный** Reportagesender *m*; Fernsehreportagesender *m* ǀǀ ~/**высокочастотный** Hochfrequenzsender *m*, HF-Sender *m* ǀǀ ~/**двухполосный** Zweiseitenbandsender *m*, ZB-Sender *m* ǀǀ ~/**дециметровый** Dezimeter[wellen]sender *m* ǀǀ ~/**длинноволновый** Langwellenrundfunksender *m*, LW-Sender *m* ǀǀ ~ **звука (звукового сопровождения)** Tonsender *m* ǀǀ ~/**коротковолновый** Kurzwellenrundfunksender *m*, KW-Sender *m* ǀǀ ~/**мощный радиовещательный** Groß[rundfunk]sender *m*, Rundfunkgroßsender *m* ǀǀ ~/**мощный средневолновый радиовещательный** Mittelwellenrundfunkgroßsender *m*, MW-Großsender *m* ǀǀ ~/**навигационный** Navigationssender *m* ǀǀ ~/**наземный** Bodensender *m* ǀǀ ~/**однополосный** Einseitenbandsender *m*, EB-Sender *m*, SSB-Sender *m* ǀǀ ~ **помех** Stör[funk]sender *m* ǀǀ ~/**равносигнальный** Leitstrahlsender *m* ǀǀ ~/**радиолокационный** Radarsender *m* ǀǀ ~/**ретрансляционный** Relaissender *m* ǀǀ ~/**с амплитудной модуляцией** AM-Rundfunksender *m*, AM-Sender *m* ǀǀ ~ **с частотной модуляцией** FM-Rundfunksender *m*, FM-Sender *m* ǀǀ ~/**самолётный** Flugzeug[funk]sender *m*, Sender *m* der Bordfunkanlage ǀǀ ~/**средневолновый** Mittelwellenrundfunksender *m*, MW-Sender *m* ǀǀ ~/**трансляционный** Relaissender *m* ǀǀ ~/**ультракоротковолновый** UKW-Rundfunksender *m*, UKW-Sender *m*
радиопередача *f* 1. Rundfunksendung *f*, Rundfunkübertragung *f*; 2. Funksendung *f*, Funkübertragung *f* ǀǀ ~/**звуковая** 1. Rundfunktonübertragung *f*; 2. drahtlose Tonübertragung *f* ǀǀ ~ **изображений** drahtlose Bildübertragung (Fernsehübertragung) *f* ǀǀ ~/**направленная** Richt[strahl]sendung *f*, gerichtete Sendung *f* ǀǀ ~/**те-**

радиостанция

левизионная Fernsehübertragung f, Fernsehsendung f
радиоперехват m Abhören n von Funkverbindungen
радиоподслушивание n s. радиоперехват
радиопозывные mpl Funkrufzeichen npl
радиополукомпас m Funkhalbkompaß m
радиопомеха f 1. Funkstörung f; 2. Rundfunkstörung f ǁ ~/**атмосферная** atmosphärische Funkstörung f ǁ ~/**высокочастотная** Hochfrequenzstörung f, HF-Störung f
радиопомещение n Funk[er]raum m
радиоприбор m Funkgerät n
радиоприём m (Eln, Rf) Funkempfang m; Rundfunkempfang m (s. unter приём) ǁ ~ **на длинных волнах** Langwellenempfang m ǁ ~ **на коротких волнах** Kurzwellenempfang m ǁ ~ **на средних волнах** Mittelwellenempfang m
радиоприёмник m 1. Funkempfänger m, Funkempfangsgerät n; 2. Rundfunkempfänger m, Rundfunk[empfangs]gerät n, Radiogerät n, Radio n (s. a. unter приёмник 1.) ǁ ~/**автомобильный** Autoempfänger m, Autoradio n ǁ ~/**батарейный** Batterieempfänger m ǁ ~/**глиссадный** Gleitwegempfänger m ǁ ~/**маркёрный** Funkmarkierungsempfänger m ǁ ~/**профессиональный** kommerzielles Funkempfangsgerät n, Betriebsempfänger m ǁ ~ **прямого усиления** Geradeausempfänger m ǁ ~/**равносигнальный** Leitstrahlempfänger m ǁ ~/**транзисторный** Transistorempfänger m ǁ ~ **универсального питания** Rundfunkallstromgerät n, Allstromempfänger m
радиоприёмный 1. Funkempfangs...; 2. Rundfunkempfangs...
радиопрограмма f Rundfunkprogramm n
радиопрожектор m Funkscheinwerfer m, Richtstrahler m, Richtstrahlsender m
радиопрозрачный funkwellendurchlässig
радиопромышленность f 1. Funkindustrie f, funktechnische Industrie f; 2. Rundfunkindustrie f, rundfunktechnische Industrie f
радиопульсар m s. радиоисточник/пульсирующий
радиорелейный Richtfunk..., Relais...
радиорепортаж m Rundfunkreportage f
радиоретрансляция f Relaisbetrieb m, Richtfunkbetrieb m
радиорефракция f Brechung f elektromagnetischer Wellen ǁ ~/**ионосферная** Brechung f elektromagnetischer Wellen in der Ionosphäre ǁ ~/**тропосферная** Brechung f elektromagnetischer Wellen in der Troposphäre
радиорубка f Funk[er]raum m, Funk[er]kabine f ǁ ~/**аварийная** Notfunkraum m
радиорупор m Trichterlautsprecher m, Hornlautsprecher m, Druckkammerlautsprecher m
радиосамолётовождение n Flugfunknavigation f
радиосамонаведение n (Rak) Radarzielsuchlenkung f
радиосветимость f (Astr) Radioleuchtkraft f
радиосвинец m (Kern) Radioblei n
радиосвязь f 1. Funkverbindung f, leitungslose Verbindung f; 2. Funk m, Funkverkehr m; 3. leitungsloses Fernmeldewesen n ǁ ~/**авиационная** Flugfunk[verkehr] m ǁ ~/**ближняя** 1. Nah[funk]verbindung f; 2. Kurzstrecken[funk]verkehr m, Nah[funk]verkehr m ǁ ~ **вдоль проводов** HF-Drahtfunk m ǁ ~/**дальняя** 1. Fern[funk]verbindung f; 2. Weit[streckenfunk]verkehr m, Fern[funk]verkehr m ǁ ~/**двусторонняя (дуплексная)** 1. zweiseitige Funkverbindung f; 2. doppelseitiger Funkverkehr m, Duplex[funk]verkehr m ǁ ~/**корабельная** Schiffsfunk m ǁ ~/**коротковолновая** 1. Kurzwellen[funk]verbindung f; 2. Kurzwellen[funk]verkehr m ǁ ~/**любительская** 1. Amateurfunkverbindung f; 2. Amateurfunk[verkehr] m ǁ ~/**маневровая [железнодорожная]** (Eb) Rangierfunk m ǁ ~/**микроволновая направленная** Mikrowellenrichtfunk m ǁ ~/**многоканальная** 1. Mehrkanalfunkverbindung f; 2. Mehrkanalfunkverkehr m ǁ ~/**морская** 1. Seefunkverbindung f; 2. Seefunk[verkehr] m ǁ ~ **на коротких волнах** 1. Kurzwellenfunkverbindung f; 2. Kurzwellenfunkverkehr m ǁ ~/**направленная** Richtfunk m ǁ ~/**поездная** (Eb) Zugfunk m, Streckenfunk m ǁ ~/**релейная** Relaisfunkverbindung f, Richtfunkverbindung f ǁ ~/**симплексная** Einweg[funk]verkehr m, Simplex[funk]verkehr m ǁ ~/**телеграфная** 1. Funktelegraphieverbindung f; 2. Funktelegraphieverkehr m ǁ ~/**телефонная** 1. Funk[fern]sprechverbindung f, leitungslose Sprechverbindung f; 2. Funktelephonieverkehr m, leitungsloser Sprechverkehr m ǁ ~/**фототелеграфная** 1. Bildfunkverbindung f; 2. Bildfunk m, [drahtlose] Bildtelegraphie f
радиосекстан (Schiff) Radiosextant m
радиосенсибилизация f (Kern) Strahlensensilisierung f
радиосера f (Ch) Radioschwefel m
радиосеть f Funknetz n
радиосигнал m 1. Funksignal n; 2. Rundfunksignal n ǁ ~/**бедствия** Funknotsignal n
радиослужба f Funkdienst m ǁ ~/**авиационная** Flugfunkdienst m ǁ ~/**морская** Seefunkdienst m
радиослушатель m Rundfunkteilnehmer m, Rundfunkhörer m
радиосообщение n Funkmeldung f
радиоспектрограф m 1. Hochfrequenzspektrograph m, HF-Spektrograph m, Radiofrequenzspektrograph m; 2. Radio[wellen]spektrograph m
радиоспектрометр m 1. Hochfrequenzspektrometer n, HF-Spektrometer m; 2. s. радиоспектроскоп
радиоспектроскоп m 1. Radio[wellen]spektrometer n, Radio[wellen]spektroskop n; 2. s. радиоспектрометр
радиоспектроскопия f Hochfrequenzspektroskopie f, HF-Spektroskopie f, Radiofrequenzspektroskopie f
радиосредство n Funkmittel n, funktechnisches Mittel n
радиостанция f 1. Funkstelle f, Funkstation f; 2. Funkanlage f, Funkgerät n ǁ ~/**авиационная** Flugfunkstelle f ǁ ~/**автомобильная** mobile (motorisierte) Funkstelle f ǁ ~/**аэродромная** Flughafenfunkstelle f ǁ ~/**береговая** Küstenfunkstelle f ǁ ~/**бортовая** (Schiff) Bordfunkanlage f ǁ ~/**вещательная** Rundfunk[sende]station f ǁ ~/**возимая** Mobilfunkstelle f; fahrbares Funkgerät n ǁ ~/**железнодорожная** (Eb) Streckenfunkstelle f; Rangierfunkstelle f ǁ ~/**коротко-**

радиостанция 748

волновая Kurzwellenfunkstation f II ~/**любительская** Amateur[funk]station f II ~/**маломощная** Kleinfunkstelle f, Funkstation f geringer (kleiner) Leistung II ~/**метеорологическая** Wetterfunkstelle f II ~/**мешающая** Störfunkstelle f, Störsender m II ~/**миниатюрная** Kleinstfunkstation f; Kleinstfunkgerät n II ~/**морская** Seefunkstelle f II ~/**мощная** Großfunkstelle f, Funkstation f großer Leistung II ~ **наведения** (Flg, Rak) Funkleitstelle f II ~/**наземная** Bodenfunkstation f II ~/**носимая** tragbares Funkgerät n II ~/**пеленгаторная** Funkpeilstation f, Peilfunkstelle f II ~/**передающая** Funksendestation f, Sendefunkstation f II ~/**переносная** portables Funkgerät n, tragbare Funkstation f II ~/**приёмная** Funkempfangsstation f II ~/**приёмно-передающая** Sende-Empfangs-Station f, Sende- und Empfangs-Station f II ~/**промежуточная** Zwischenfunkstation f, Relaisfunkstelle f II ~/**ранцевая** Tornisterfunkgerät n II ~/**смежная** Nachbarfunkstation f II ~/**стационарная** ortsfeste Funkstelle (Funkstation) f; ortsfestes Funkgerät n II ~/**судовая** Schiffsfunkstation f II ~/**ультракоротковолновая** Ultrakurzwellenfunkstation f, UKW-Funkstation f
радиостойкость f s. стойкость/радиационная
радиостудия f Rundfunkstudio n
радиосхема f Rundfunk[empfänger]schaltung f, Empfängerschaltplan m
радиотелеграмма f Funkspruch m, Radiogramm n
радиотелеграф m Funktelegraph m
радиотелеграфирование n s. радиотелеграфия
радиотелеграфия f leitungslose Telegraphie f, Funktelegraphie f II ~/**буквопечатающая** Funkfernschreiben n II ~/**направленная** Richtfunktelegraphie f
радиотелеграфный funktelegraphisch, Funktelegraphie...
радиотелеизмерение n s. радиотелеметрия
радиотелеметрия f Funkfernmessung f, Funktelemetrie f, leitungslose Fernmessung f
радиотелемеханика f Radiotelemechanik f, leitungslose Fernwirktechnik f
радиотелескоп m (Astr) Radioteleskop n
радиотелетайп m Funkfernschreibmaschine f
радиотелеуправление n Funkfernsteuerung f, leitungslose Fernsteuerung f; Funkfernlenkung f II ~ **с временным уплотнением** Zeitmultiplex-Funkfernsteuerung f
радиотелефон m 1. Funktelephon n, Funkfernsprecher m; 2. Funksprechgerät n
радиотелефонирование n s. радиотелефония
радиотелефония f 1. Funktelephonie f, leitungslose Telephonie f; 2. Sprechfunk[verkehr] m II ~/**двухполосная** Zweiseitenbandfunktelephonie f II ~/**однополосная** Einseitenbandfunktelephonie f, ESB-Telephonie f
радиотелефонный 1. funktelephonisch, Funk[fern]sprech...; 2. Sprechfunk...
радиотень f Funkschatten m
радиотеодолит m Radiotheodolit m
радиотерапия f Strahlentherapie f, Strahlenbehandlung f
радиотермолюминесценция f Radiothermolumineszenz f

радиотехника f Hochfrequenztechnik f, HF-Technik f; Rundfunktechnik f; Funktechnik f
радиотехнический hochfrequenztechnisch; funktechnisch
радиотовары mpl funktechnische Bauteile npl und Geräte npl
радиотоксикология f Radiotoxikologie f, Strahlentoxikologie f
радиотоксичность f Radiotoxizität f
радиоторий m (Ch) Radiothorium n
радиотрансляционная f (Schiff) Rundfunkübertragungsraum m
радиотрансляция f 1. Rundfunkübertragung f; 2. Drahtfunk m II ~ **на несущей частоте** trägerfrequenter (hochfrequenter) Drahtfunk m II ~ **на низкой частоте/проводная** niederfrequenter (tonfrequenter) Drahtfunk m II ~/**проводная** Drahtfunk m II ~/**телевизионная** 1. Fernsehübertragung f; 2. Kabelfernsehen n
радиоуглерод m (Ch) Radiokohlenstoff m
радиоузел m Funkleitstelle f II ~/**трансляционный** Drahtfunkleitstelle f
радиоуправление n Funksteuerung f; Funklenkung f II ~ **самолётом** Flugzeugfernlenkung f
радиоуправляемый funkgesteuert, leitungslos gesteuert
радиоуровнемер m (Hydrol) drahtloser Fernpegel m
радиоустановка f Funkanlage f II ~/**бортовая** Bordfunkanlage f II ~/**маневровая [железнодорожная]** (Eb) Rangierfunkanlage f II ~/**поездная** (Eb) Zugfunkanlage f
радиоустройство n Funkeinrichtung f
радиофарфор m Radioporzellan n; Hochfrequenzporzellan n, HF-Porzellan n
радиофизика f 1. Funkphysik f; 2. Hochfrequenzphysik f, HF-Physik f
радиофотограмма f Funkbild n
радиофотолюминесценция f Radiophotolumineszenz f
радиофототелеграфия f Bildfunktelegraphie f, leitungslose Bildtelegraphie f
радиохимический radiochemisch
радиохимия f Radiochemie f
радиохроматограмма f Radiochromatogramm n
радиохроматография f Radiochromatographie f
радиоцентр m Funkzentrale f; Funkhaus n II ~/**передающий** Funksendezentrale f II ~/**приёмный** Funkempfangszentrale f
радиочастота f Funkfrequenz f, Radiofrequenz f
радиочатотный funkfrequent, Funkfrequenz..., radiofrequent, Radiofrequenz...
радиочувствительность f Strahlenempfindlichkeit f, Strahlungsempfindlichkeit f
радиошум m/**космический** kosmisches Rauschen n
радиоэлектроника f Funkelektronik f, Radioelektronik f
радиоэлектронный funkelektronisch, radioelektronisch
радиоэлемент m (Kern) Radioelement n, radioaktives Element n II ~/**искусственный** künstliches Radioelement n II ~/**природный** natürliches Radioelement n
радиоэхо n Funkecho n
радиояркость f (Astr) Radiohelligkeit f
радировать funken, senden

радиус m (Math) Radius m, Halbmesser m ‖ **~/атомный** (Ph) Atomradius m ‖ **~ Бора/атомный** (Kern) Bohrscher Atomradius m ‖ **~ взаимодействия** Wechselwirkungsradius m (Quantenmechanik) ‖ **~/внешний** Außenradius m, äußerer Radius m ‖ **~/внутренний** Innenradius m, innerer Radius m ‖ **~/водородный** (Kern) Wasserstoffradius m ‖ **~ волны** (Ph) Wellenradius m ‖ **~ вращения** s. **~ инерции** ‖ **~/гидравлический** (Hydrod) hydraulischer Radius m ‖ **~ гирации** s. **~ инерции** ‖ **~ Дебая** (Ph) Debye-Radius m ‖ **~ действия** Wirkungsradius m, Wirkungsbereich m; Reichweite f; Aktionsradius m ‖ **~ загиба** s. **~ изгиба** ‖ **~ закругления** (Fert) Abrundungsradius m, Ausrundungsradius m ‖ **~ зеркала** (Opt) Spiegelradius m ‖ **~ изгиба** (Fest) Biegehalbmesser m, Biegeradius m ‖ **~ инерции** (Mech) Trägheitsradius m, Trägheitshalbmesser m; Gyrationsradius m ‖ **~ инерции/полярный** (Mech) polarer Trägheitsradius m ‖ **~ иона** (Kern) [scheinbarer] Ionenradius m ‖ **~ кривизны** 1. (Math) Krümmungsradius m (Krümmungskreis); 2. (Masch) Krümmungshalbmesser m (Zahnflanke) ‖ **~ кривой** 1. (Eb) Bogenhalbmesser m, Krümmungshalbmesser m (Gleis); 2. (Bw) Kurvenradius m (Straße) ‖ **~ кривошипа** (Masch) Kurbelradius m (der Kurbelwelle) ‖ **~ кручения** (Fest) Windungsradius m, Torsionsradius m ‖ **~/метацентрический** (Hydr) metazentrische Anfangshöhe f, metazentrischer Halbmesser m ‖ **~ молекулы** (Kern) Molekülradius m ‖ **~ поворота** 1. Wenderadius m (eines Fahrzeugs); 2. Schwenkradius m (z. B. eines Krans) ‖ **~ поворота/внешний** äußerer Wenderadius m ‖ **~ поворота/внутренний** innerer Wenderadius m ‖ **~/полярный** (Ph) Polradius m, Polhalbmesser m ‖ **~/поперечный метацентрический** breitenmetazentrischer Radius m ‖ **~/продольный метацентрический** längenmetazentrischer Radius m ‖ **~ пучка** (Opt) Bündelradius m ‖ **~ резания** (Bw) Schnittradius m (eines Baggers) ‖ **~ свода** Wölbungsradius m ‖ **~ скругления** s. **~ закругления** ‖ **~ столкновения** (Mech) Stoßradius m, Kollisionsradius m ‖ **~ сходимости** (Math) Konvergenzradius m (Potenzreihe) ‖ **~ трения** (Trib) Reibungshalbmesser m ‖ **~ циркуляции** (Schiff) Drehkreisradius m ‖ **~ экранирования/дебаевский** (Ph) Debyescher Abschirmradius m
радиус-вектор m (Math) Radiusvektor m, Ortsvektor m, Leitstrahl m, Fahrstrahl m (Zentralbewegung)
радиусный (Masch) radial
радон m 1. (Ch) Radon n, Rn; 2. (Kern) Radon n, Emanation f; Radiumemanation f
радуга f (Meteo) Regenbogen m
радужность f s. иризация
разбавитель m Verdünner m, Verdünnungsmittel n; Streckmittel n; Verschnittmittel n
разбавить s. разбавлять
разбавление n Verdünnen n, Verdünnung f ‖ **~/изотопное** Isotopenverdünnung f
разбавлять verdünnen
разбаланс m (El) Unbalance f, Ungleiche f, Verstimmung f (einer Meßbrücke) ‖ **~ моста** Brückenverstimmung f, Brückenungleichheit f ‖ **~ цветопередачи** (Photo) Ungleichgewicht n der Farbwiedergabe (bei Mehrschichtenmaterialien)
разбалансированный 1. (El) nicht im Gleichgewicht befindlich, verstimmt (Meßbrücke); 2. (Photo) farbstichig; 3. (Flg) vertrimmt (Flugzeug)
разбалансировка f s. разбаланс ‖ **~ цветной плёнки** (Photo) Farbstichigkeit f
разбег m 1. Anlauf m, Anfahren n; Hochlaufen n; 2. s. **~ самолёта** ‖ **~/короткий** (Flg) Kurzstartstrecke f ‖ **~ люльки** (Eb) Wiegenspiel n (Wagen) ‖ **~/плавный** weicher (sanfter) Anlauf m (einer Maschine) ‖ **~ резца** (Fert) Vorlauf m (des Meißels, z. B. beim Hobeln) ‖ **~ самолёта** (Flg) Anlauf m, Anrollen n (1. Startphase)
разбегание n **галактик** (Astr) Nebelflucht f
разбивание n Ausschlagen n ‖ **~ комков** (Lw) Zerkleinern n von Kluten ‖ **~ корки** Krustenbrechen n
разбивать 1. zerschlagen, zertrümmern, brechen; 2. zerkleinern, zerlegen, aufteilen, untergliedern; 3. (Geod) abstecken (z. B. einen Bauplatz); anlegen (einen Garten); 4. (Schiff) aufschnüren (Linienriß) ‖ **~ на волокна** zerfasern, defibrieren (Papierherstellung) ‖ **~ пикетаж** (Geod) pflöcken
разбивка f 1. Zerschlagen n, Zertrümmern n; 2. Zerkleinern n, Zerlegen n; 3. Aufteilen n, Untergliedern n, Untergliederung f; 4. (Geod) Abstecken n (Bauplatz, Streckenführung); Anlegen n (Garten); 5. (Schiff) s. **~/плазовая** ‖ **~/высотная** Höhenabsteckung f ‖ **~ кривых** (Geod) Absteckung f von Kurven ‖ **~ линий** (Eb) Linienführung f ‖ **~ лома** Schrottzerkleinerung f (Fallwerk) ‖ **~ на сегменты** (Inf) Segmentierung f ‖ **~/плазовая** (Schiff) Aufschnüren n (Linienriß) ‖ **~ программы** (Inf) Anlage f eines Programms ‖ **~ сооружения** (Bw) Abstecken n eines Bauwerkes
разбиение n 1. Unterteilung f, Zerlegung f; 2. (Math) Partition f; Zerlegung f (des Vektors) ‖ **~ записи на сегменты** (Inf) Satzsegmentierung f
разбирание n s. разборка ‖ **~ руды** s. разборка 3.
разбирать 1. auseinandernehmen, zerlegen; 2. demontieren, abbauen (eine Maschine); 3. abtragen, abreißen (ein Bauwerk); 4. (Bgb, Met) [aus]klauben, auslesen, klassieren, sortieren (Aufbereitung); 5. (Bgb) bereißen (den Stoß); 6. entziffern (Handschriften) ‖ **~ забой** (Bgb) den Stoß bereißen ‖ **~ на слом** abwracken (Schiffe)
разбить s. разбивать
разблокировать entsperren, entriegeln; auslösen (z. B. Relais)
разборка f 1. Auseinandernehmen n, Zerlegen n; 2. Demontieren n, Demontage f, Abbau m, Abbauen n (z. B. Maschinen); 3. (Bw) Abtragen n, Abreißen n (Gebäude); 4. (Met, Bgb) Klauben n, Ausklauben n, Klassieren n, Auslesen n (Aufbereitung); 5. (Bgb) Bereißen n (Stöße)
разборный 1. auseinandernehmbar, zerlegbar; lösbar; 2. mehrteilig
разбортовка f (Umf) Bördeln n, Umbördeln n
разборчивость f Verständlichkeit f (der Sprache); Lesbarkeit f (von Zeichen) ‖ **~ знаков** Zeichenlesbarkeit f ‖ **~ речи** Sprachverständlichkeit f,

разборчивость Sprechverständlichkeit f II ~/**слоговая** Silbenverständlichkeit f
разбраживание n (Brau) Angären n, Angärenlassen n
разбраковка f Aussondern (Aussortieren) n von Ausschuß
разбрасывание n (Lw) Ausstreuen n, Streuen n, Abstreuen n (Dünger usw.) II ~ **навоза/рядовое** (Lw) Stallmist-Reihendüngung f
разбрасыватель m (Lw) Streuer m, Verteiler m (für Dünger usw.) II ~ **жидких органических удобрений** Gülletankwagen m, Gülletankfahrzeug n II ~ **извести** Kalkstreuer m II ~ **минеральных удобрений** Mineraldüngerstreuer m II ~ **навоза** Stalldungstreuer m
разбрасываться streuen (Meßergebnisse)
разброс m [statistische] Streuung f; Streubreite f; Streubereich m (von Meßwerten) II ~ **параметров** Parameterstreuung f II ~ **по времени** zeitliche Streuung f II ~ **по массам** Massendispersion f II ~ **по толщине** Dickenstreuung f II ~ **по углам** Winkelstreuung f, Richtungsstreuung f II ~ **по энергии** Energiestreuung f II ~ **пробегов** (Kern, El) Reichweitenstreuung f, Straggling n II ~ **результатов** Streuung f der Meßergebnisse
разбросанность f **населённых мест** (Bw) Zersiedelung f
разбрызгать s. разбрызгивать
разбрызгивание n 1. Spritzen n, Verspritzen n; Sprühen n, Versprühen n; 2. (Schw) Spritzerbildung f II ~ **чернил** Tintenstrahltechnik f, Ink-Jet-Technik f (Drucker)
разбрызгиватель m Sprüheinrichtung f; Spritzpistole f (Anstrichtechnik)
разбрызгивать [ver]spritzen, sprengen; [ver]sprühen
разбуривание n 1. Ausbohren n; 2. (Bgb) Aufbohren n, Nachbohren n, Erweitern n (eines Bohrloches)
разбуривать 1. ausbohren; 2. (Bgb) aufbohren, nachbohren, erweitern II ~ **скважину** ein Bohrloch erweitern
разбурить s. разбуривать
разбурка f s. разбуривание 2.
разбухание n Aufquellen n, Quellen n; Treiben n, Auftreiben n; Anschwellen n, Schwellen n
разбухать [auf]quellen; [auf]treiben; [an]schwellen
развал m 1. Einsturz m; Zusammenbruch m, Verfall m; 2. Schräge f, Schrägstellung f, Sturz m; 3. (Bgb) Nachfall m; Mehrausbruch m; 4. (Bgb) Haufwerk n; 5. (Schiff) ausladende Form f II ~ **взорванной породы** (Bgb) gesprengtes Haufwerk n II ~ **волочильной матрицы** (Umf) Ziehkegel m, Reduzierkegel m, Arbeitskegel m (Ziehring beim Kaltziehen von Rohren und Stangen) II ~ **колёс** (Kfz) Radsturz m, Sturz m II ~ **ручья** (Wlz) Kaliberaufweitung f (Kaltwalzen von Rohren) II ~ **цилиндров** (Kfz) Zylindergabelung f (V-Anordnung)
разваливать umstürzen; abbrechen; einreißen, zerstören
разваливаться einstürzen, zusammenbrechen; zerfallen
развалить s. разваливать
развалиться s. разваливаться

развальцевание n s. развальцовка
развальцевать s. развальцовывать
развальцовка f (Wlz) 1. Auswalzung f, Auswalzen n; 2. Aufweiten n, Ausweiten n; Aufwalzen n (Rohre); 3. Einwalzen n (Rohre)
развальцовывать (Wlz) 1. auswalzen; 2. aufwalzen (Rohre); 3. aufweiten, ausweiten; auftreiben (Rohre); 4. einwalzen (Rohre) II ~ **трубы вальцовкой** Rohre (mit dem Rohreinwalzapparat) einwalzen
разваривание n Zerkochen n
развевание n s. дефляция
разведанность f (Bgb, Geol) Erkundungsgrad m
разведанный (Bgb, Geol) erkundet
разведать s. разведывать
разведение n 1. (Lw) Zucht f, Aufzucht f (Tiere); Zucht f, Züchtung f, Züchten n (Pflanzen); 2. Bau m, Anbau m (Pflanzen); 3. (Ch) Verdünnen n, Verdünnung f, Konzentrationsverminderung f; 4. Öffnen n (Drehbrücke) II ~/**напольное интенсивное** (Lw) Bodenintensivaufzucht f (Geflügel)
разведка f 1. (Bgb, Geol) Erkundung f, Schürfen n, Prospektion f, Prospektierung f; 2. (Meteo) Erkundung f II ~/**буровая** Bohrerkundung f II ~/**геологическая** geologische Erkundung f II ~/**геофизическая** geophysikalische Erkundung f II ~/**гравиметрическая (гравитационная)** gravimetrische Prospektierung f, Gravitationserkundung f II ~/**детальная** Detailerkundung f II ~/**магнитная (магнитометрическая)** magnet[ometr]ische Prospektierung (Untersuchung) f, Gravimetrie f II ~/**нефтяная** Erdölerkundung f II ~/**обзорная** (Mil, Rak) Großraumüberwachung f II ~ **по методу отражённых волн** Prospektierung f nach der Reflexionsmethode, Reflexionsseismik f II ~ **погоды/самолётная** Wetterkundungsflug m II ~/**предварительная** Vorerkundung f II ~/**сейсмическая** Seismik f, seismische Erkundungsmethode (Erkundung) f, seism[ometr]isches Prospektieren n
разведочный (Bgb, Geol) Erkundungs..., Schürf...
разведчик m Aufklärungsflugzeug n
разведывать (Bgb, Geol) erkunden, prospektieren, schürfen
развернуть s. развёртывать
развёртка f 1. Abwicklung f (Zylinder- oder Kegelmantel); 2. (TV) Abtastung f; 3. (El) Ablenkung f, Auslenkung f (von Elektronenstrahlen; s. a. unter развёртывание); Zerlegung f (s. a. unter разложение 1.); 4. (Wkz) Reibahle f II ~/**барабанная** (TV) Trommelabtastung f II ~ **бегущим световым лучом** (TV) Lichtstrahlabtastung f II ~ **бегущим световым пятном** (TV) Lichtpunktabtastung f II ~ **без направляющей цапфой** (Wkz) Reibahle f ohne Führungszapfen II ~/**вертикальная** Vertikalablenkung f; (TV) Bildablenkung f II ~/**винтовая** (Wkz) drallgenutete Reibahle f II ~ **времени** (El) zeitliche Ablenkung f, Zeitablenkung f, zeitproportionale Ablenkung f (z. B. beim Kathodenstrahloszillographen) II ~/**временная** s. ~ времени II ~/**временная ждущая** [fremd]gesteuerte (getriggerte) Zeitablenkung f II ~/**высококачественная** (TV) Feinabtastung f; (TV) Zeilenablenkung f II ~/**горизонтальная** Horizontalablenkung f; (TV) Zeilenablenkung f II ~/**грубая** (TV) Grobabtastung f II ~/**дисковая** (Wkz)

Scheibenreibahle f ‖ ~ **для глухих отверстий** (Wkz) Grundreibahle f, Reibahle f für Grundbohrungen ‖ ~ **для заклёпочных отверстий** (Wkz) Nietlochreibahle f ‖ ~ **для сквозных отверстий** (Wkz) Reibahle f für Durchgangslöcher (Durchgangsbohrungen) ‖ ~/**задержанная** (TV) verzögerte Abtastung f ‖ ~/**зеркальная** Spiegelauslenkung f (beim Schleifenoszillographen) ‖ ~ **изображения** (TV) Bild[feld]abtastung f, Bild[feld]zerlegung f ‖ ~/**кадровая** (TV) Bildablenkung f, Rasterablenkung f; Bildabtastung f, Rasterabtastung f, rasterförmige Abtastung f ‖ ~/**качающаяся [самоустанавливающаяся]** (Wkz) Pendelablenkung f ‖ ~/**кольцевая** 1. (El) Kreisablenkung f, Kreisauslenkung f; 2. (Wkz) rundgeschliffene Reibahle f ‖ ~/**котельная** (Wkz) Kesselreibahle f ‖ ~ **кривой** (Math) Abwicklung f einer ebenen Kurve ‖ ~ **круга** (Math) Kreisevolvente f ‖ ~/**круговая** (El) Kreisablenkung f, Kreisauslenkung f ‖ ~/**линейная** (El) lineare Ablenkung f, Linearauslenkung f ‖ ~/**линейная временная** zeitlineare Ablenkung f, lineare Zeitablenkung f ‖ ~ **лучом** Strahlablenkung f ‖ ~/**машинная** (Wkz) Maschinenreibahle f ‖ ~/**механическая** mechanische Ablenkung f; (TV) mechanische Abtastung f ‖ ~/**многократная чересстрочная** (TV) Mehrfachzeilensprungabtastung f ‖ ~/**насадная** (Wkz) Aufsteckreibahle f ‖ ~/**насадная машинная** Maschinenaufsteckreibahle f ‖ ~/**нерегулируемая** (Wkz) unverstellbare (feste) Reibahle f ‖ ~/**низкокачественная** (TV) Grobabtastung f ‖ ~/**обдирочная** (Wkz) Schälreibahle f ‖ ~/**однократная** (El) einmalige Ablenkung (Auslenkung) f; (TV) einmalige Abtastung f ‖ ~ **окружности** s. ~ **круга** ‖ ~/**оснащённая пластинками из твёрдого сплава** (Wkz) Reibahle f mit Hartmetallschneiden; hartmetallbestückte Reibahle f ‖ ~/**отделочная** (Wkz) Feinreibahle f ‖ ~/**перемежающаяся** s. ~/**чересстрочная** ‖ ~/**переходная** (Wkz) Vorreibahle f (2. Reibahle eines Satzes) ‖ ~/**пилообразная** (El) Sägezahnablenkung f; (TV) Sägezahnabtastung f ‖ ~/**плавающая** (Wkz) Pendelreibahle f ‖ ~ **по времени** s. ~ **времени** ‖ ~ **под конические отверстия/коническая** (Wkz) Kegelreibahle f für Kegelbohrungen (keglige Bohrungen) ‖ ~ **под конические штифты/коническая** (Wkz) Kegelreibahle f für Kegelstifte, Stiftlochreibahle f ‖ ~ **под коническую резьбу/коническая** (Wkz) Kegelreibahle f für Kegelgewinde ‖ ~ **под конусы Морзе/коническая** (Wkz) Kegelreibahle f für Morsekegel ‖ ~ **под метрические конусы/коническая** (Wkz) Kegelreibahle f für metrische Kegel ‖ ~/**последовательная** (TV) Zeilenfolgeabtastung f, zeilenweise (sequentielle) Abtastung f ‖ ~/**постоянная** (Wkz) unverstellbare (feste) Reibahle f ‖ ~/**предварительная** (Wkz) Vorreibahle f, Reibahle f für die Vorbearbeitung f ‖ ~/**прогрессивная** s. ~/**последовательная** ‖ ~/**промежуточная** (Wkz) Mittelreibahle f ‖ ~/**прям[олинейн]ая** (El) Linearauslenkung f, lineare Ablenkung f ‖ ~/**радиальная** (El) Radialauslenkung f, radiale Ablenkung f; (TV) radiale Abtastung f ‖ ~/**разжимная** (Wkz) spreizbare Reibahle f, Spreizreibahle f, geschlitzte Reibahle f ‖ ~/**растровая** s. ~/**кадровая** ‖ ~/**регулируемая** (Wkz) nachstellbare (verstellbare) Reibahle f ‖ ~/**ручная** (Wkz) Handreibahle f ‖ ~ **с винтовыми зубьями** (Wkz) spiralverzahnte Reibahle f ‖ ~ **с винтовыми канавками** (Wkz) drallgenutete (spiralgenutete) Reibahle f ‖ ~ **с коническим хвостом** (Wkz) Reibahle f (Maschinenreibahle) f mit Kegelschaft ‖ ~ **с левыми винтовыми канавками** (Wkz) linke spiralgenutete Reibahle f ‖ ~ **с направляющей цапфой** (Wkz) Reibahle f mit Führungszapfen, Führungsreibahle f ‖ ~ **с покрытием** (Wkz) [hartstoff]beschichtete Reibahle f ‖ ~ **с TiN-покрытием** (Wkz) TiN-beschichtete Reibahle f ‖ ~ **с правыми винтовыми канавками** (Wkz) rechte spiralgenutete Reibahle f ‖ ~ **с привинченными ножами** (Wkz) Reibahle f mit aufgeschraubten Messern ‖ ~ **с прямыми канавками** (Wkz) geradgenutete Reibahle f ‖ ~ **с цилиндрическим хвостом** (Wkz) Maschinenreibahle f mit Zylinderschaft, Zylinderschaftreibahle f ‖ ~/**сборная** (Wkz) zusammengebaute Reibahle f ‖ ~ **световым лучом** (TV) Lichtstrahlabtastung f ‖ ~/**синхронная** (El) synchrone Ablenkung f ‖ ~ **со вставными ножами** (Wkz) Reibahle f mit eingesetzten Messern ‖ ~ **со вставными ножами/насадная** Aufsteckreibahle f mit eingesetzten Messern ‖ ~/**спиральная** (El) Spiralablenkung f, spiralförmige Ablenkung f; (TV) spiralförmige Abtastung f ‖ ~/**строчная** (El) Zeilenablenkung f, zeilenförmige Ablenkung f; (TV) Zeilenabtastung f ‖ ~/**ступенчатая** (Wkz) Stufenreibahle f ‖ ~/**твердосплавная** Hartmetallreibahle f ‖ ~/**торцевая** (Wkz) Stirnreibahle f (für Koordinatenbohrwerke) ‖ ~/**точечная** (TV) punktförmige Abtastung f ‖ ~/**хвостовая** (Wkz) Schaftreibahle f, Reibahle f mit Schaft ‖ ~/**цельная** (Wkz) Reibahle f mit festen Schneiden (aus einem Material gefertigt), massive Reibahle f, Vollstahlreibahle f ‖ ~/**цельная машинная** (Wkz) Maschinenreibahle f mit festen Schneiden (aus einem Material gefertigt), Vollstahlmaschinenreibahle f ‖ ~/**цельная насадная** Aufsteckreibahle f mit festen Schneiden (aus einem Material gefertigt), Vollstahlaufsteckreibahle f ‖ ~/**цельная ручная** (Wkz) Handreibahle f mit festen Schneiden (aus einem Material gefertigt), Vollstahlhandreibahle f ‖ ~/**цифровая** (El) digitale Rasterung f ‖ ~/**чересстрочная** (TV) Zeilensprungabtastung f, Zeilensprungverfahren n, Zwischenzeilenabtastung f ‖ ~/**чересточечная** (TV) Zwischenpunktabtastung f, Punktsprungabtastung f ‖ ~/**черновая** (Wkz) Schruppreibahle f (1. Reibahle eines Satzes) ‖ ~/**чистовая** (Wkz) Schlichtreibahle f, Fertigreibahle f (3. Reibahle eines Satzes) ‖ ~/**электронная** (El) elektronische Ablenkung f; (TV) elektronische Abtastung f

развёртывание n 1. Abwickeln n (Zylinder- bzw. Kegelmäntel); Abrollen n; 2. (Fert) Reiben n, Aufreiben n (Bohrungsflächen); 3. (TV) Abtasten n, Abtastung f; (El, Eln) Ablenkung f (s. a. unter **развёртка** 1.); Zerlegen n, Zerlegung f (s. a. unter **разложение** 1.); 4. (Wlz) Abrollen n, Entrollen n (Haspel) ‖ ~ **изображения** 1. (TV) Bild[feld]abtastung f; 2. (Typ) Abtasten n der Druckvorlage ‖ ~/**окончательное** (Fert) Ferti-

развёртывание

greiben *n* ‖ ~/**отделочное** *(Fert)* Feinreiben *n* ‖ ~/**предварительное** *(Fert)* Vorreiben *n* ‖ ~ **программы** *(Inf)* Strecken *n* des (eines) Programms ‖ ~/**тонкое** *(Fert)* Feinreiben *n* ‖ ~/**черновое** *(Fert)* Schruppreiben *n* ‖ ~/**чистовое** *(Fert)* Schlichtreiben *n* ‖ ~/**электромеханическое** elektromechanisches Abtasten *n*
развёртыватель *m (El)* Abtaster *m*, Scanner *m*, Scanvorrichtung *f*; Bildfeldzerleger *m*
развёртывать 1. abwickeln *(Zylinder- oder Kegelmäntel)*; abrollen, aufrollen; 2. *(Fert)* reiben, aufreiben *(Bohrungsflächen)*; 3. *(El, Eln)* ablenken, auslenken; 4. *(TV)* abtasten; 5. *(Wlz)* abrollen, aufrollen *(Haspel)* ‖ ~ **во времени** zeitlich ablenken ‖ ~ **изображение** *(Typ)* abtasten *(Druckvorlage)*
развес *m* 1. Abwiegen *n*; 2. Wägestück *n*; 3. *(Led)* Masseklasse *f*
развеска *f* **шихты** *(Met)* Gattierung *f (Kupolofen)*; Möllerzusammenstellung *f*, Möllerverwiegung *f (Hochofen)*
развести *s*. разводить
разветвитель *m (El)* Verzweiger *m*; Abzweigdose *f* ‖ ~/**антенный** Antennenweiche *f* ‖ ~/**оконечный** Endverzweiger *m*
разветвиться *s*. разветвляться
разветвление *n* 1. Abzweigung *f*, Verzweigung *f*, Gabelung *f*, Verästelung *f*; 2. *(Eb)* Abzweigung *f (Strecke)* ‖ ~/**многократное** *(El)* Vielfachverzweigung *f* ‖ ~/**параллельное** *(El)* Parallelverzweigung *f* ‖ ~ **по безусловной передаче управления** *(Inf)* unbedingte Verzweigung *f* ‖ ~ **по минусу** *(Inf)* Verzweigung *f* bei Minus ‖ ~ **по нулю** *(Inf)* Verzweigung *f* bei Null ‖ ~ **по переполнению** *(Inf)* Verzweigung *f* bei Überlauf ‖ ~ **по условию** *(Inf)* bedingte Verzweigung *f*, Verzweigung *f* bei Bedingung ‖ ~ **программы** *(Inf)* Programmverzweigung *f* ‖ ~ **рудной жилы** *(Bgb)* Zergabeln *n* des Ganges ‖ ~ **тока** *(El)* Stromverzweigung *f* ‖ ~ **штрека** *(Bgb)* Streckenabzweigung *f*
разветвляться sich verzweigen, sich verästeln, sich gabeln
развилина *f (Forst)* Zwiesel *m*
развилка *f* Gabel *f*, Verzweiger *m*; *(Masch)* Gabelstück *n*; Gabelrohr *n* ‖ ~/**кабельная** *(El)* Kabelverzweiger *m* ‖ ~ **трубы** Gabelrohr *n*
развинтить *s*. развинчивать
развинчивать losschrauben, lockern
развод *m* Auseinanderbringen *n*, Trennen *n (s. a. unter* разводка*)*
разводить 1. auseinanderbringen, trennen; 2. *(Ch)* [auf]lösen; verdünnen; 3. *(Lw)* anbauen *(Pflanzen)*; züchten *(Tiere)*; 4. *s*. ~ кожу ; 5. *(Fert)* spreizen ‖ ~ **зубья пилы** *(Wkz)* schränken *(Säge)* ‖ ~ **кожу** *(Led)* ausrecken, ausstoßen ‖ ~ **сад** anlegen *(Garten)*
разводка *f* 1. *(Wkz)* Schränken *n (Säge)*; 2. *(Wkz)* Schränkeisen *n*; 3. Verteiler *m*, Abzweig *m (Heizung)*; 4. *(Eln)* Anschlußbelegung *f*, Pin-Belegung *f*; 5. *(Eln)* Kontakt- und Leitbahnsystem *n*, KBS; 6. *(Led)* Ausrecken *n*; 7. *(Led)* Ausreckmaschine *f*; 8. *(Text)* Klemmpunktabstand *m (Streckwerk; Ringspinnmaschine)* ‖ ~/**водопроводная** Wasserleitungsabzweig *m* ‖ ~/**газовая** Gasverteilerleitung *f* ‖ ~/**дрожжевая** *(Brau)* Hefeansatz *m* ‖ ~/**кабельная** Ver-

kabelung *f* ‖ ~ **кожи** *(Led)* Ausrecken *n*, Ausstoßen *n* ‖ ~ **между зажимами** *s*. разводка 8. ‖ ~ **труб** Rohrabzweig *m*
развозбуждать *(El)* entregen, aberregen
развозбуждение *n (El)* Entregen *n*, Entregung *f*, Aberregen *n*, Aberregung *f* ‖ ~/**быстрое** Schnellentregung *f* ‖ ~/**противотоком** Schwingungsentregung *f (eines Generators)*
разворачивание *n* Andrehen *n (von Hand)*
разворачивать andrehen *(von Hand)*
разворачиваться hochlaufen, anlaufen *(Maschinen)*
разворот *m* 1. Entwicklung *f*, Entfaltung *f*; Aufschwung *m*; 2. *(Flg)* Kehre *f*, Kehrtkurve *f*, Kurve *f*; 3. *(Schiff)* Wendung *f*; 4. *(Kfz)* Wenden *n* ‖ ~ **книги** *(Typ)* Doppelseite *f (linke und rechte Seite des aufgeschlagenen Buches)* ‖ ~/**крутой** *(Flg)* steile Kurve *f* ‖ ~/**плоский** *(Flg)* flache Kurve *f*
развязать *s*. развязывать
развязка *f* 1. *(El)* Entkopplung *f*, Auskopplung *f*; 2. Entflechtung *f (Verkehr)* • **с оптоэлектронной развязкой** *(El)* optoentkoppelt ‖ ~/**гальваническая** galvanische Entkopplung (Trennung) *f (zweier Gleichströme)* ‖ ~ **мод** *(Eln)* Entkopplung *f* der Moden ‖ ~ **резонаторов** *(Eln)* Entkopplung *f* der Resonatoren ‖ ~/**транспортная** Verkehrsentflechtung *f* ‖ ~/**электрическая** elektrische Entkopplung *f*
развязывание *n s*. развязка
развязывать 1. lösen, losbinden; aufknoten, aufschnüren; 2. *(El)* entkoppeln, auskoppeln
разгар *m* 1. *(Met)* Ausbrennen *n*, Ausschmelzen *n (Ofenfutter)*; 2. *(Gieß)* Brandrisse *mpl (an Kokillen)*; 3. *(Wkz)* Verbrennen *n (der Walzen)* ‖ ~ **футеровки** *(Met)* Futterabbrand *m*, Futterausbrand *m*
разгерметизация *f* 1. Leckwerden *n*, Undichtwerden *n*; 2. *(Mech)* Druckentlastung *f*, Druckabbau *m* ‖ ~/**внезапная** *(Flg)* schneller (plötzlicher) Druckabfall *m*
разгибание *n (Umf)* Aufbiegen *n*
разгибать *(Umf)* aufbiegen, auseinanderbiegen; geradebiegen
разгладить *s*. разглаживать
разглаживание *n* 1. Glätten *n*; 2. *(Text)* Plätten *n*; 3. *(Pap)* Glattstreichen *n*
разглаживать 1. glätten; 2. plätten; 3. *(Pap)* glattstreichen
разговор *m (Nrt)* Gespräch *n*, Telephongespräch *n* ‖ ~/**бесплатный** gebührenfreies Gespräch *n* ‖ ~/**внутригородской** Ortsgespräch *n* ‖ ~/**внятный** gut verständliches Nebensprechen *n* ‖ ~/**входящий** ankommendes Gespräch *n* ‖ ~/**городской** Ortsgespräch *n* ‖ ~/**исходящий** abgehendes Gespräch *n* ‖ ~/**междугородный** Ferngespräch *n* ‖ ~/**международный** Gespräch *n* im internationalen Fernverkehr ‖ ~/**местный** Ortsgespräch *n* ‖ ~/**невнятный** *n* ‖ ~/**обыкновенный частный** Privatgespräch *n* ‖ ~/**переходный** Nebensprechen *n* ‖ ~/**платный** gebührenpflichtiges Gespräch *n* ‖ ~ **с предварительным извещением** V-Gespräch *n (Gespräch mit Voranmeldung)* ‖ ~ **с уведомлением [о вызове]** XP-Gespräch *n (Gespräch mit Herbeiruf)* ‖ ~/**служебный**

Dienstgespräch n ‖ ~/**срочный [телефонный] дringendes Gespräch** n ‖ ~/**транзитный** Durchgangsgespräch n
разговор-молния m (Nrt) Blitzgespräch n
разгон m 1. Anlauf m, Hochlauf m, Anfahren n (einer Maschine); 2. (Kfz) Durchgehen n (des Motors); Beschleunigung f; (Flg) Fahrtaufholen n, Beschleunigen n; 3. Zwischenraum m, Abstand m (zwischen zwei gleichartigen Gegenständen, z. B. Leitungsmasten); 4. keilartiges Einsatzstück n (zwischen zwei Teilen eines Gegenstandes) ‖ ~ **по мощности** plötzlicher Leistungsanstieg m ‖ ~ **реактора** (Kern) Durchgehen n (Durchgang m) des Reaktors ‖ ~ **реактора/аварийный** störungsbedingte Leistungsexkursion f des Reaktors ‖ ~/**резкий** harter (stoßartiger) Anlauf m ‖ ~ **с места** Beschleunigen n aus dem Stand ‖ ~ **ядерной реакции** (Kern) Divergenz f (zeitliche Zunahme der Kernreaktionsgeschwindigkeit)
разгонка f 1. (Schm) Breiten n; Strecken n, Recken n; Treiben n (Blech); 2. (Ch) Fraktionierung f, fraktionierte Destillation f; 3. (Typ) Zeilenfall m; 4. s. разгон 4. ‖ ~/**вакуумная** Vakuumdestillation f ‖ ~ **дёгтя** Teerdestillation f ‖ ~ **зёрев** (Eb) Stoßlückenerweiterung f ‖ ~ **набора** (Typ) Durchschießen n ‖ ~ **пути** (Eb) Gleisverziehung f
разгонять 1. auf vollen Gang bringen (Maschine); Vollgas geben; 2. (Schm) breiten, strecken, recken; treiben (Blech)
разграничивать abgrenzen, umgrenzen
разграничить s. разграничивать
разграфить s. разграфлять
разграфление n Einteilung f (Tabellen)
разграфлять liniieren
разгружатель m Entladegerät n, Entladungsgerät n (Sammelbegriff für Förderbänder, Krane u. dgl.; s. a. unter разгрузчик) ‖ ~/**бункерный** Bunkerentleerungsgerät n ‖ ~/**ковшовый** Becherwerksentlader m
разгружать 1. ausladen, entleeren, entladen (Waggons); (Schiff) löschen; 2. entlasten; 3. (Fert) entnehmen; abführen (Werkstücke); 4. (Bgb) verkippen; austragen, schütten; 4. Ziehen n (Öfen); 5. ziehen (Öfen)
разгрузить s. разгружать
разгрузка f 1. Entleerung f, Entleeren n, Entladung f (Waggons); Löschen n (Schiffe); 2. Entlastung f, Entspannung f; 3. (Bgb) Verkippung f, Verkippen n, Austrag m, Schüttung f; 4. Ziehen n (Öfen); 5. (Inf) Speicherauszug m ‖ ~/**автоматическая** Selbstentladung f, Selbstentleerung f ‖ ~/**бадьевая** (Met, Gieß) Gefäßentleerung f, Kübelentleerung f (Schachtofen) ‖ ~ **бадьёй** s. ~/**бадьевая** ‖ ~/**боковая** Seitenentladung f, Seitenentleerung f; Seitenschüttung f ‖ ~ **вперёд** Stirnentleerung f ‖ ~ **гравитационным способом** Schwerkraftentladung f ‖ ~/**донная** Bodenentleerung f ‖ ~ **от давления** Druckentlastung f ‖ ~ **памяти/динамическая** (Inf) dynamischer Speicherauszug m ‖ ~/**пневматическая** Druckluftentladung f, pneumatische Entladung f ‖ ~/**принудительная** Zwangsentladung f, Zwangsentleerung f ‖ ~/**самотёчная** Schüttentladung f ‖ ~ **скипа** Kübelentleerung f,

Gefäßentleerung f (Schachtofen) ‖ ~/**центробежная** Zentrifugalentladung f
разгрузчик m Entladevorrichtung f, Entladegerät n, Entlader m (s. a. разгружатель); (Fert) Abfuhrvorrichtung f, Abführeinrichtung f ‖ ~/**боковой** Seitenentlader m ‖ ~/**вакуумный** Vakuumentlader m ‖ ~/**донный** Bodenentlader m ‖ ~/**крупногабаритный** Großentladegerät n
раздавать 1. austeilen, verteilen; 2. aufweiten, auftreiben; breiten (Bleche); 3. spreizen, auseinandertreiben ‖ ~ **на оправке** ausdornen (Bohrungen)
раздаваться 1. erschallen, ertönen, dröhnen; krachen (Schuß); 2. sich ausweiten, sich ausdehnen; in die Breite gehen
раздавливаемость f Zerdrückbarkeit f
раздавливание n Zerdrücken n; Zerquetschen n; Zermalmen n
раздавливать zerdrücken; zerquetschen; zermalmen
раздатчик m **кормов** (Lw) Futterverteiler m ‖ ~ **кормов/передвижный** fahrbarer Futterverteiler m ‖ ~ **кормов/стационарный** stationärer Futterverteiler m
раздать s. раздавать
раздаться s. раздаваться
раздача f 1. Austeilung f, Verteilung f; Ausgabe f; 2. (Fert, Wlz) Aufweiten n, Aufweitung f, Ausdornen n, Auftreiben n (Rohre); 3. (Wlz) Breiten n, Breitung f; 4. (Schm) Reckschmieden n, Recken n, Strecken n, Breiten n ‖ ~ **на оправке** (Schm) Strecken n über dem Dorn, Recken n auf dem Dorn (in Querrichtung) ‖ ~ **растяжением** (Schm) Reckaufweiten n
раздвигание n (Fert) Auseinanderbewegen n, Spreizen n, Aufspreizen n
раздвигать auseinanderbewegen, [auf]spreizen
раздвигаться (Masch) öffnen (z. B. Greiferbacken eines IR)
раздвижка f Verspreizen n ‖ ~ **нитей** (Text) Fadenschlupf m
раздвижной ausfahrbar; ausziehbar; Teleskop...
раздвинуть s. раздвигать
раздвоение n Halbierung f, Zweiteilung f; Gabelung f, Spaltung f
раздевалка f Umkleideraum m, Umkleidekabine f
раздевание n **слитка** (Met) Blockabstreifen n, Ziehen n, Strippen n (Rohblöcke)
раздевать [слиток] (Met) abstreifen, strippen (Gußblock)
раздел m 1. Teilung f, Aufteilung f; 2. (Typ) Abschnitt m, Teil m (eines Buches); (Inf) Programmbereich m (Betriebssystem) ‖ ~ **кодирования** (Inf) Kodierabschnitt m ‖ ~ **Мохоровичича** (Ph) Mohorovičić-Diskontinuität f, Moho f ‖ ~ **переднего плана** (Inf) Vordergrundbereich m ‖ ~ **представления данных** (Inf) Datendarstellungsteil m ‖ ~ **файла** (Inf) Unterbereich m einer Datei ‖ ~/**фоновый** (Inf) Hintergrundbereich m
разделение n 1. Einteilung f, Aufteilung f, Verteilung f, Teilung f; 2. Trennen n, Trennung f, Scheiden n, Scheidung f; Absonderung f; Sichten n, Sichtung f; Auflösung f; 3. (Inf) Splittung f, Aufteilung f (Speicher); 4. (Fert) Vereinzeln n (von Werkstücken) ‖ ~ **в потоке (струе среды)** Stromscheidung f, Stromklassierung f (Auf-

bereitung) || ~ **в тяжёлых взвесях (средах)** Schwer[e]trübescheidung f, Sinkscheidung f (Aufbereitung) || ~ **веществ** Substanztrennung f || ~ **воздуха** Luftzerlegung f || ~/**воздушное** Windsichten n, Windsichtung f (Aufbereitung) || ~ **воздушной струи** (Bgb) Teilung f des Wetterstroms || ~ **волнового диапазона** (Rf) Wellenbereichsaufteilung f, Wellenbereichsunterteilung f || ~/**временное** (Nrt) Zeitvielfach n, Zeitmultiplex n || ~ **гидроциклоном** Hydrozyklonieren n (Aufbereitung) || ~/**гравитационное** Schwerkrafttrennung f (Aufbereitung) || ~ **зарядов** (Kern) Ladungstrennung f || ~ **избирательное** selektive Trennung f (Aufbereitung) || ~ **изотопов** (Kern) Isotopentrennung f || ~ **изотопов методом диффузии** Isotopentrennung f durch Diffusion || ~ **изотопов методом центрифугирования** Isotopentrennung f durch Zentrifugierung || ~ **изотопов термодиффузией** Isotopentrennung f durch Thermodiffusion, Trennrohrverfahren n, Clusius-Dickel-Verfahren n || ~ **изотопов/химическое** chemische Isotopentrennung f || ~ **изотопов/электромагнитное** elektromagnetische Isotopentrennung f || ~ **импульсов** (El) Impulstrennung f || ~/**ионообменное** (Ch) Ionenaustauschtrennung f || ~ **каналов** (Nrt) Multiplexen n, Mehrfachausnutzung f || ~ **каналов/временное** ~ каналов по времени || ~ **каналов/кодовое** kodierte Kanaltrennung f, Kode-Staffelung f || ~ **каналов по времени** Zeitmultiplex n, Zeitstaffelung f, Zeitteilung f, Time-Sharing n || ~ **каналов по частоте** Frequenzmultiplex n, Frequenzstaffelung f, Frequenzteilung f || ~ **каналов/частотное** s. ~ каналов по частоте || ~/**кодовое** (Nrt) Kodevielfach n, Kodemultiplex n || ~ **красочного слоя** (Typ) Farbspaltung f || ~ **критической массы** (Kern) Zerlegung f in unterkritische Massen || ~ **листов** (Typ) Bogenvereinzelung f || ~ **луча** (Opt) Strahlenteilung f || ~/**магнитное** Magnetscheiden n, Magnetscheiden f (Aufbereitung) || ~ **масс** (Kern) Massentrennung f || ~/**мокрое** Naßscheiden n, Naßscheidung f (Aufbereitung) || ~ **на два продукта** Zweigutscheidung f (Aufbereitung) || ~ **на ситах** Siebklassierung f (Aufbereitung) || ~ **на фракции** Fraktionierung f, Fraktionieren n || ~ **на шайбы** Zerteilen n in Scheiben (Halbleiterkristall) || ~ **на этажи** (Bgb) Sohlenbildung f || ~ **переменных** (Inf, Math) Separierung (Separation, Trennung) f der Variablen || ~ **по величине** Größeneinteilung f, Trennung f nach der Größe || ~ **по сортам** Sorteneinteilung f, Trennung f nach Sorten || ~ **по удельному весу** Wichteklassieren n, Wichteklassierung f, Wichtescheidung f (Aufbereitung) || ~/**пространственное** (Nrt) Raumvielfach n, Raummultiplex n || ~ **сигналов/временное** s. ~ каналов по времени || ~/**сквозное** durchgehende Trennung f (der Halbleiterscheibe) || ~ **слов** (Typ) Worttrennung f || ~ **слова на слоги** Silbentrennung f || ~/**спектральное** (Nrt) Wellenlängenmultiplex n || ~ **ступеней** (Rak) Stufentrennung f || ~/**термодиффузионное** (Ch) Trennung (Entmischung) f durch Thermodiffusion, Trennrohrverfahren n || ~ **тонов** (Typ) Tonwerttrennung f || ~ **труда** Arbeitsteilung f || ~ **фаз** (El) Phasenteilung f;

Phasentrennung f || ~/**флотационное** flotative Trennung f (Aufbereitung) || ~/**фракционное** s. ~ **на фракции** || ~ **циклоном** Zyklonieren n (Aufbereitung) || ~ **цифровых сигналов/временное** (Nrt) zeitliche Entschachtelung f, Demultiplexen n der digitalen Signale || ~/**частотное** (Nrt) Frequenzvielfach n, Frequenzmultiplex n || ~ **эмульсий** (Ch) Demulgieren n, Dismulgieren n, Entemulsionieren n || ~ **ядерных изомеров** (Kern) Trennung f der Kernisomere

разделённый verteilt; angeordnet

разделимый teilbar, trennbar

разделитель m 1. Scheider m, Scheidemittel n, Separator m; 2. (Inf) Trennsymbol n || ~ **изотопов** (Kern) Isotopentrenner m, Isotopenseparator m || ~ **импульсов** (El) Impulstrennstufe f || ~ **луча** (Opt) Strahlteiler m || ~ **полей** (Inf) Feldtrennzeichen n || ~ **поляризации** Polarisationsteiler m (Optoelektronik) || ~ **поляризации/тонкоплёночный диэлектрический** dielektrischer Dünnschichtpolarisationsteiler m

разделительный Trenn...

разделить s. разделять

разделка f Herrichtung f, Zurichtung f, Aufarbeitung f, Aufbereitung f || ~/**кирпичная** (Bw) Ziegelausmauerung f || ~ **кромок** (Schw) 1. Nahtvorbereitung f; 2. Nahtfuge f, Fuge f || ~ **лома** s. ~ скрапа || ~ **маршрута** (Eb) Auflösen n (Freigabe f) der Fahrstraße, Fahrstraßenauflösung f || ~ **скрапа** (Met) 1. Schrottaufbereitung f, Schrottzerkleinerung f; 2. Verschrotten n, Verschrottung f

разделывать herrichten, zurichten, zurechtmachen || ~ **кромки** (Schw) ausfugen (die Nahtfuge vorbereiten) || ~ **скрап** 1. Schrott aufbereiten (zerkleinern); 2. verschrotten

разделять 1. teilen, zerteilen; 2. trennen, scheiden, klassieren (Aufbereitung); 3. einteilen, verteilen, aufteilen; 4. (Math) dividieren, teilen; 5. (Ch) fraktionieren, entmischen, scheiden || ~ **по сортам** nach Sorten trennen; abstufen

раздеть s. раздевать

раздражение n/**акустическое** Schallreiz m || ~/**зрительное** Sehreiz m || ~/**цветовое** Farbreiz m

раздробить s. раздроблять

раздробление n 1. Zerkleinerung f, Zerkleinern n, Zerstückelung f, Zerstückeln n, Zersplitterung f, Zersplittern n, Zerquetschen n; 2. Brechen n (Steine, Erze usw. im Brecher)

раздроблять 1. zerstückeln, zerkleinern, zerteilen, zerquetschen; zermalmen; zertrümmern; 2. brechen (Steine, Erze usw. im Brecher)

раздубливание n (Led) Entgerbung f

раздув m (Geol) starke Mächtigkeitszunahme f (einer Schicht oder eines Ganges)

раздувание n 1. Aufblähen n, Quellen n; 2. (Met) Erblasen n, Blasen n

раздуватель m (Typ) Vorlockerdüse f (Bogenförderung)

раздувать 1. aufblähen, quellen; 2. (Met) [er]blasen

раздутие n 1. Aufquellen n; Quellen n; 2. (Gieß) Treibstelle f (Gußfehler)

разер m Raser m (radio wave amplification by stimulated emission of radiation)

разжать s. разжимать

разжелобок *m (Bw)* Dachkehle *f*
разжечь *s.* разжигать
разжигание *n* 1. Anzünden *n*, Entzünden *n*; 2. Aufheizen *n*, Anheizen *n*
разжигать 1. anzünden, entzünden; 2. aufheizen, anheizen
разжидить *s.* разжижать
разжижать 1. verdünnen, verwässern; 2. verflüssigen
разжижение *n* 1. Verdünnen *n*, Verdünnung *f*, Verwässern *n*; 2. Verflüssigen *n*, Verflüssigung *f*
разжижитель *m* Verdünner *m*, Verdünnungsmittel *n*
разжим *m* 1. Auseinanderdrücken *n*, Spreizen *n*; 2. *(Wkzm)* Abspannen *n*, Entspannen *n (Werkstücke oder Werkzeuge)*; 3. Abklemmen *n (Maschinenteile)*
разжимать 1. auseinanderdrücken, spreizen; 2. abspannen, entspannen, lösen *(Werkstücke oder Werkzeuge)*; 3. abklemmen *(Maschinenteile)*
раззенковка *f (Fert)* Aussenken *n*, Aussenkung *f*
раззенковывать *(Fert)* aufweiten
разлагаемость *f (Ch)* Zersetzbarkeit *f*, Zerlegbarkeit *f*; Aufschließbarkeit *f*
разлагаемый zersetzbar, zerlegbar; aufschließbar
разлагать 1. zerlegen; zersetzen; 2. *(TV)* zerlegen, abtasten; 3. *(Math)* entwickeln, zerlegen ‖ ~ **в ряд** *(Math)* eine Reihe entwickeln ‖ ~ **на множители** *(Math)* in Faktoren zerlegen ‖ ~ **силу на составляющие** *(Mech)* eine Kraft in Komponenten zerlegen
разлагаться sich zersetzen, zerfallen
разладить *s.* разлаживать
разлаженность *f* Verstimmung *f*, gestörter Zustand *m*
разлаживать 1. verderben; in Unordnung bringen; 2. verstimmen; stören
разламывать 1. zerbrechen; abreißen, niederreißen *(Gebäude)*; aufreißen *(Pflaster)*; 2. brechen, zerbrechen, in Stücke brechen
разлёт *m* Streuung *f*; Auseinanderfliegen *n*
разлив *m s.* 1. розлив 1.; 2.; 2. растекание 3.
разливаемость *f* Vergießbarkeit *f (Metalle, Legierungen)*
разливать 1. ausgießen, vergießen, ausschütten; *(Met)* gießen, abgießen; 2. eingießen, einschenken; 3. abfüllen, abziehen *(auf Flaschen)* ‖ ~ **в неуспокоенном состоянии** unberuhigt vergießen *(Stahl)* ‖ ~ **в полуспокоенном состоянии** halbberuhigt vergießen *(Stahl)* ‖ ~ **в успокоенном состоянии** beruhigt vergießen *(Stahl)* ‖ ~ **сверху** *(Met)* fallend gießen ‖ ~ **сифоном** *(Met)* steigend gießen
разливка *f (Met)* Vergießen *n*, Gießen *n*, Guß *m*, Abgießen *n* ‖ ~ **в водоохлаждаемый кристаллизатор** Stranggießen *n*, Strangguß *m* ‖ ~ **в изложницы** Blockgießen *n*, Blockguß *m* ‖ ~ **в слитки** Ausblocken *n* ‖ ~/**вертикальная** stehendes Gießen *n*, stehender Guß *m* ‖ ~/**верхняя** *s.* ~ сверху ‖ ~/**горизонтальная** waagerechtes Gießen *n*, waagerechter Guß *m* ‖ ~/**групповая** Gießen *n* im Gespann, Gespannguß *m* ‖ ~/**непрерывная** Stranggießen *n*, Strangguß *m* ‖ ~ **под давлением** Druckgießen *n*, Druckguß *m* ‖ ~ **полос[ы]/непрерывная** Bandgießen *n* ‖ ~ **сверху** fallendes Gießen *n*, fallender Guß *m*, Kopfguß *m* ‖ ~/**сифонная** steigendes Gießen *n*, steigender Guß *m*, Bodenguß *m* ‖ ~ **сифоном (снизу)** *s.* ~/сифонная ‖ ~/**суспенсионная** Suspensionsgießen *n*
разливочная *f* Gießhalle *f (SM-Stahlwerk)*; Gießerei *f*, Gießereibetrieb *m*
разливочный 1. Abfüll...; 2. *(Met, Gieß)* Gieß...
разлинзование *n s.* будинаж
разлиновать *s.* разлиновывать
разлиновывать liniieren
разлить *s.* разливать
различие *n* Unterscheidung *f*, Unterschied *m* ‖ ~ **цветовых тонов** Farbunterscheidung *f* ‖ ~ **частиц** *(Kern)* Teilchendiskriminierung *f*, Teilchenunterscheidung *f*
различимость *f* Unterscheidbarkeit *f*
разложение *n* 1. Zerlegung *f*; 2. Zersetzung *f*, Zerfall *m*; 3. *(Math)* Zerlegung *f*; Entwicklung *f*; 4. *(TV)* Zerlegung *f*, Abtastung *f (s. a. unter* развёртка 2. *und* развёртывание 3.*)* ‖ ~/**асимптотическое** *(Math)* asymptotische Entwicklung *f* ‖ ~ **ацетилена** *(Ch)* Acetylenspaltung *f* ‖ ~ **бегущим пятном** *(TV)* Lichtfleckabtastung *f*, Leuchtfleckabtastung *f* ‖ ~/**биологическое** biologische Zersetzung *f*, biologischer Abbau *m* ‖ ~ **в ряд** *(Math)* Reihenentwicklung *f* ‖ ~ **в ряд Дирихле** *(Math)* Dirichlet-Entwicklung *f* ‖ ~ **в ряд Лорана** *(Math)* Laurent-Entwicklung *f* ‖ ~ **в ряд Тейлора** *(Math)* Taylor-Entwicklung *f* ‖ ~ **в ряд Фурье** *(Math)* Entwicklung *f* in eine Fourier-Reihe, Fourier-Entwicklung *f* ‖ ~ **в спектр** *(Opt)* spektrale Zerlegung *f*, Spektralzerlegung *f* ‖ ~ **в степенные ряды** *(Math)* Potenzreihenentwicklung *f* ‖ ~ **воды** *(Ch)* Wasserzersetzung *f* ‖ ~/**гидролитическое** *(Ch)* hydrolytische Zerlegung *f* ‖ ~/**горячее** Heißzersetzen *n (Kaliindustrie)* ‖ ~/**горячее шламовое** Heißschlämmen (Heißsetzen) *n* auf Endlauge *(Kaliindustrie)* ‖ ~/**двойное** *(TV)* Doppelabtastung *f* ‖ ~ **дисперсий** *(Math)* Streuungszerlegung *f* ‖ ~/**единицы** *(Math)* Zerlegung *f* der Eins ‖ ~ **изображения** 1. Bildauflösung *f*; 2. *(TV)* Bild[feld]zerlegung *f*, Bild[feld]abtastung *f* ‖ ~ **кислотой** *(Ch)* Säureaufschluß *m* ‖ ~/**кластерное** Cluster-Zerlegung *f (Quantenmechanik)* ‖ ~/**малострочное** *(TV)* Grobabtastung *f* ‖ ~ **микроорганизмами** mikrobielle Zersetzung *f (organischer Substanzen)* ‖ ~ **на множители** *(Math)* Zerlegung *f* in Faktoren, Faktorisierung *f* ‖ ~ **на простейшие (элементарные) дроби** *(Math)* Partialbruchzerlegung *f* ‖ ~ **полосы частот** *(Rf)* Frequenzbandzerlegung *f*, Frequenzbandauftellung *f* ‖ ~/**последовательное** *(TV)* Zeilenfolgeabtastung *f*, zeilenweise Abtastung *f* ‖ ~ **с большим числом строк** *(TV)* Feinabtastung *f*, Zeilensprungabtastung *f* ‖ ~/**спектральное** Spektralzerlegung *f*, spektrale Zerlegung *f* ‖ ~/**термическое** thermische Zersetzung *f* ‖ ~/**ферментативное** *(Ch)* fermentative (enzymatischer) Abbau *m* ‖ ~ **фосфатов** *(Ch)* Phosphataufschluß *m* ‖ ~ **Фурье** *s.* ~ в ряд Фурье ‖ ~/**холодное** Kaltzersetzen (Kaltschlämmen) *n* auf Mutterlauge *(Kaliindustrie)* ‖ ~/**чересстрочное** *(TV)* Zwischenzeilenabtastung *f*, Zeilensprungabtastung *f* ‖ ~/**чересточечное** *(TV)* Zwischenpunktabtastung *f*, Punkt-

разложение 756

sprungabtastung f ǁ ~/**электролитическое** (Ch) elektrolytische Zersetzung f
разложить s. разлагать
разложиться s. разлагаться
разлом m 1. Bruch m, Bruchstelle f; 2. (Geol) Bruch m (bei Verwerfungen) ǁ ~/**глубинный** (Geol) Tiefenbruch m, Lineament n, Geofraktur f, Geosutur f ǁ ~/**краевой** (Geol) Randverwerfung f ǁ ~/**поперечный** (Geol) Querbruch m ǁ ~ **растяжения** (Geol) Aufweitungsbruch m, Dehnungsbruch m ǁ ~/**трансформный** (Geol) Transformbruch m
разломить s. разламывать
размагнитить s. размагничивать
размагничение n s. размагничивание
размагничивание n (Ph, El) Entmagnetisierung f, Entmagnetisieren n ǁ ~/**адиабатическое** adiabatische Entmagnetisierung f ǁ ~/**самопроизвольное** Selbstentmagnetisierung f
размагничивать (Ph, El) entmagnetisieren
размазанность f **контуров** (Photo) Konturenverwaschung f
размалываемость f Mahlbarkeit f, Mahlfähigkeit f
размалывание n Mahlen n, Vermahlen n, Vermahlung f, Zermahlen n, Feinzerkleinerung f
размалывать mahlen, vermahlen, zermahlen, feinzerkleinern
разматыватель m (Wlz) Entrollvorrichtung f, Ab[roll]haspel f, Ablaufhaspel f, Abrollkasten m ǁ ~/**двухбарабанный** Doppelkopfhaspel f
разматывать 1. abwickeln, auseinanderwickeln; 2. abrollen; auslegen (Kabel, Schlauch u. dgl.); 3. (Text) abspulen, abhaspeln, weifen
размах m 1. Schwung m; Wucht f; 2. Bereich m, Ausschlag m, Amplitude f; Hub m; 3. Spanne f; Spannweite f; 4. Schwingung f, [periodische] Schwankung f; 5. Ausschlag m (z. B. eines Zeigers) ǁ ~ **в партии** Streuung f innerhalb der Charge (statistische Qualitätskontrolle) ǁ ~ **варьирования** Variationsbreite f, Streubreite f, Streubereich m (statistische Qualitätskontrolle) ǁ ~ **колебаний** (Ph) Schwingungsweite f, Schwingungsausschlag m ǁ ~ **крыльев** (Flg) Spannweite f, Flügelspannweite f ǁ ~ **маятника** (Mech) Pendelausschlag m ǁ ~ **напряжения** (El) Spannungshub m ǁ ~ **показаний** Spannweite (Streuspanne) f der Anzeigen ǁ ~ **процесса** Fertigungsspannweite f ǁ ~ **сигнала/полный** (TV) Spitze-Spitze-Wert m, Wert m von Spitze zu Spitze ǁ ~/**средний** mittlere Spannweite f (statistische Qualitätskontrolle) ǁ ~ **частоты** (El) Frequenzhub m
размачивание n 1. Aufweichen n, Einweichen n; 2. (Led) Broschieren n
размежевание n 1. Vermessen n, Ausmessen n; 2. Abgrenzen n, Abgrenzung f
размежевать s. размежёвывать
размежёвывать 1. vermessen, ausmessen; 2. abgrenzen
размельчать feinzerkleinern, zermahlen
размельчение n 1. Mahlen n; Feinzerkleinerung f, Vermahlung f (körniges Gut); 2. Feinen n, Feinung f (Metallgefüge); 3. Schleifen n (Holz) ǁ ~ **зерна** Kornfeinung f (Metallgefüge) ǁ ~ **клочков** (Text) Zerkleinern n der Flocken (Putzerei)
размельчить s. размельчать
размер m 1. Maß n, Abmessung f (s. a. unter размеры); 2. Maßlinie f (in Zeichnungen); 3. Ausmaß n; Umfang m; Größe f; Format n; Betrag m; Höhe f ǁ ~/**базовый** (Fert) Bezugsmaß n ǁ ~ **в свету** lichter Querschnitt m, lichte Weite f ǁ ~/**внешний** Außenmaß n ǁ ~/**внутренний** Innenmaß n ǁ ~/**вспомогательный** Hilfsmaß n ǁ ~/**геометрический** geometrische Abmessung f ǁ ~/**горизонтальный** Waagerechtmaß n ǁ ~/**граничный** Grenzmaß n ǁ ~/**грузовой** (Schiff) Verdrängungskurve f ǁ ~/**действительный** Istmaß n, tatsächliches Maß n ǁ ~/**диаметральный** Durchmessermaß n ǁ ~/**допускной** Toleranzmaß n ǁ ~/**единичный** Einzelmaß n ǁ ~/**заданный** Sollmaß n, vorgegebenes Maß n ǁ ~ **записи** (Inf) Satzlänge f ǁ ~ **зёрен (зерна)** Korngröße f ǁ ~/**избыточный** Übermaß n ǁ ~ **изображения** Bildgröße f ǁ ~/**исходный** Bezugsmaß n, Ausgangsmaß n, Ursprungsmaß n ǁ ~ **кадра** Bildgröße f ǁ ~ **калибра** Lehrenmaß n ǁ ~ **калибраскобы/рабочий** Arbeitsmaß n einer Rachenlehre ǁ ~/**конечный** endgültiges Maß n; Schlußmaß n ǁ ~/**конструктивный** Richtmaß n, Bau[richt]maß n ǁ ~/**контрольный** Kontrollmaß n, Prüfmaß n ǁ ~/**линейный** Längenmaß n ǁ ~/**максимальный** Größtmaß n ǁ ~ **максимума материала** Maximum-Material-Maß n ǁ ~/**минимальный** Kleinstmaß n ǁ ~ **минимума материала** Minimum-Material-Maß n ǁ ~/**модульный** (Bw) Rastermaß n, modulgerechtes Maß n ǁ ~/**наибольший [предельный]** Größtmaß n ǁ ~/**наименьший [предельный]** Kleinstmaß n ǁ ~/**наружный** Außenmaß n, Außenabmessung f ǁ ~/**непроходной** (Fert) Ausschußmaß n (der Lehre) ǁ ~/**номинальный** Nennmaß n ǁ ~ **области** (Inf) Bereichsgröße f ǁ ~/**окончательный** Fertigmaß n, Endmaß n ǁ ~/**осевой** Axialmaß n ǁ ~/**основной** Grundabmessung f, Hauptabmessung f ǁ ~ **отверстий сита** Maschenweite f, Siebmaschenweite f ǁ ~ **отверстия/угловой** (Opt) Öffnungswinkel m ǁ ~ **партии** Losgröße f ǁ ~/**первоначальный** Ausgangsmaß n, Bezugsmaß n, Ursprungsmaß n ǁ ~ **по высоте** Höhenmaß n; (Schiff) Tiefenabmessung f ǁ ~ **по длине** Längenmaß n; Längenabmessung f ǁ ~ **по нормали** Senkrechtmaß n ǁ ~ **по роликам** Zweirollenmaß n ǁ ~ **по сопряжению** Paarungsmaß n ǁ ~ **по шарикам** Zweikugelmaß n (Gewindemessung) ǁ ~ **по ширине** Breitenmaß n; Breitenabmessung f ǁ (Lw) Quadratmaß n ǁ ~ **посадки/номинальный** Nennmaß n der Passung, Paßmaß n ǁ ~/**предпочтительный** Vorzugsmaß n ǁ ~/**предпочтительный модульный** (Bw) Vorzugsrastermaß n ǁ ~/**присоединительный** Anschlußmaß n ǁ ~ **пролёта** (Bw) Spannweite f, Stützweite f ǁ ~/**промежуточный** Zwischenabmessung f ǁ ~/**проходной** (Fert) Gußmaß n (Lehre) ǁ ~/**расчётный** rechnerisches Maß n ǁ ~ **с допуском** (Fert) Toleranzmaß n ǁ ~ **с припуском** (Fert) Rohmaß n ǁ ~/**свободный** (Fert) Freimaß n ǁ ~/**сопряжённый** Anschlußmaß n ǁ ~/**сопряжённый предельный** Paarungsmaß n ǁ ~ **файла** (Inf) Dateigröße f ǁ ~/**фактический** Istmaß n, tatsächliches Maß n ǁ ~ **фракций** (Bgb) Korngröße f (Aufbereitung) ǁ ~ **частиц** Teilchengröße f; Korngröße f ǁ ~/**черновой**

(Fert) Rohmaß *n* ‖ ~/**чистовой** *(Fert)* Fertigmaß *n* ‖ ~ **элемента изображения** Bildpunktgröße *f* ‖ ~ **ячеи** Maschenweite *f (Netz)*
размерения *f (Schiff)* Abmessungen *fpl* ‖ ~/**габаритные** Maximalabmessungen *fpl*, Abmessungen *fpl* über alles ‖ ~/**главные** Hauptabmessungen *fpl* ‖ ~/**наибольшие** *s.* ~/габаритные ‖ ~/**теоретические главные** Konstruktionshauptabmessungen *fpl*, theoretische Hauptabmessungen *fpl*
размерность *f (Math, Ph)* Dimension *f*
размеры *mpl* Maße *npl*, Abmessungen *fpl*, Maßangaben *fpl (s. a. unter* размер*)* ‖ ~/**габаритные** 1. Hauptabmessungen *fpl (Länge × Breite × Höhe)*; Außenabmessungen *fpl*; 2. Durchgangsprofilmaße *npl*, Ladeprofilmaße *npl* ‖ ~ **площади** Flächenmaße *npl*, Flächenangaben *fpl* ‖ ~/**предельные** Grenzmaße *npl*
разместить *s.* размещать
разметить *s.* размечать
разметка *f* 1. Markierung *f*; 2. *(Fert)* Anreißen *n (Werkstücke)*; 3. Rißlinie *f*, Riß *m*, Anrißlinie *f* ‖ ~ **кернером** *(Fert)* Körnen *n*, Ankörnen *n* ‖ ~ **ленты** *(Inf)* Bandinitialisierung *f*, Magnetbandmarkierung *f* ‖ ~/**плоскостная** *(Fert)* Anreißen *n* einer Werkstückfläche ‖ ~ **проезжей части [дороги]** Fahrbahnmarkierung *f* ‖ ~/**пространственная** *(Fert)* Anreißen *n* mehrerer Werkstückflächen ‖ ~/**фотопроекционная** optisches Anreißen *n* ‖ ~ **центра центроискателем** *(Fert)* Anreißen *n* der Mitte mit dem Zentrierwinkel *(beim Zentrieren von Stirnflächen zylindrischer Werkstücke)*
разметчик *m (Fert)* Anreißer *m*
размечать 1. mit Zeichen versehen, markieren; 2. *(Fert)* anreißen ‖ ~ **кернером** *(Fert)* [an]körnen
размешивание *n* 1. Durchmischen *n*, Rühren *n*; 2. Durchkneten *n*
размещать [räumlich] verteilen, anordnen, unterbringen
размещаться *(Inf)* residieren *(Programme)*
размещение *n* [örtliche] Verteilung *f*, Anordnung *f*, Unterbringung *f*; Standortverteilung *f* ‖ ~ **выводов** *(Eln)* Anschlußbelegung *f*, Pin-Belegung *f* ‖ ~ **знаков** *(Typ)* Zeichenanordnung *f* ‖ ~/**квазиупорядоченное** *(Geol)* quasigeordnete Verteilung *f* ‖ ~ **производства** Standortverteilung *f* von Produktionsstätten ‖ ~ **системы** *(Inf)* Systemresidenz *f*
размещения *npl (Math)* Variationen *fpl (Kombinatorik)*
разминовка *f (Bgb)* Ausweichstelle *f (Förderung)*
размножение *n* Vervielfachung *f*; *(Lw)* Vermehrung *f*, Fortpflanzung *f* ‖ ~ **документов** Vervielfältigung *f* ‖ ~/**лавинное** *(Eln)* Lawinenvervielfachung *f* ‖ ~/**нейтронов** *(Kern)* Neutronenvermehrung *f (bei Kernreaktionen)* ‖ ~ **носителей заряда** *(Eln)* Ladungsträgervervielfachung *f* ‖ ~ **ядерного горючего (топлива)** *(Kern)* Brüten *n*, Brutvorgang *m*
размол *m* 1. Mahlen *n*, Mahlung *f*, Vermahlung *f*, Ausmahlung *f*; 2. Mahlgut *n*, Mahlprodukt *n* ‖ ~ **волокна (волокнистого материала)** *(Pap)* Stoffmahlung *f* ‖ ~/**грубый** Grobmahlung *f* ‖ ~/**крупный** Vermahlen *n*, Abschroten *n* ‖ ~/**мокрый** Naßmahlen *n*, Naßvermahlung *f* ‖ ~ **на жирную массу** *(Pap)* schmierige Mahlung *f*,

Schmierigmahlung *f*, Quetschmahlung *f* ‖ ~ **на полумассу** *(Pap)* Halbzeugmahlung *f* ‖ ~ **на садкую массу** *(Pap)* rösche Mahlung *f*, Röschmahlung *f*, Schneidmahlung *f* ‖ ~ **с одновременной сушкой [топлива]** Mahltrocknung *f* ‖ ~/**сухой** Trockenmahlen *n*, Trockenvermahlung *f* ‖ ~/**тонкий** Feinmahlung *f*
размолоспособность *f* Mahlbarkeit *f*, Mahlfähigkeit *f* ‖ ~ **топлива** Mahlbarkeit (Mahlfähigkeit) *f* des Brennstoffes
размолотый gemahlen
размолоть *s.* размалывать
размораживание *n* Abtauen *n (Kühlschränke)*; Auftauen *n (Produkte)* ‖ ~ **рыбы** Auftauen *n* des Fisches *(Fischverarbeitung)*
размораживать abtauen *(Kühlschränke)*; auftauen *(Produkte)*
размотать *s.* разматывать
размотка *f* Abwickeln *n*, Abspulen *n*, Abhaspeln *n*, Abwinden *n* ‖ ~ **коконов** *(Text)* Kokonhaspeln *n*
размочка *f* Aufweichen *n*, Einweichen *n*
размыв *m (Hydrol)* Fortschwemmung *f*; Unterspülung *f*, Ausspülung *f*, Auswaschung *f* ‖ ~ **берега** Uferangriff *m*, Uferausspülung *f* ‖ ~ **русла** Auskolkung *f* des Flußbetts ‖ ~/**устьевой** Mündungsausspülung *f* ‖ ~/**эрозионный** Erosionseinschnitt *m*, Erosionsanschnitt *m*
размывание *n* 1. *(Geol)* Auswaschung *f*, Ausspülung *f*, fluviatile Erosion *f*; 2. *(TV)* Verwaschung *f*, Trübung *f (des Fernsehbildes)*; 3. *(El)* Verschleifen *n (Impulsflanken)*
размыватель *m* **дна** Grundspüler *m (Naßbaggerung)*
размывать 1. auswaschen, erodieren, unterspülen; 2. aufweichen *(Straße)*; 3. *(TV)* verwaschen, trüben *(Fernsehbilder)*; 4. *(El)* verschleifen *(Impulsflanken)*
размыкание *n* 1. Entriegelung *f*, Ausklinken *n*; 2. *(El)* Öffnen *n*; Trennen *n*, Unterbrechen *n*; Ausschalten *n*; 3. *(Eb)* Entblocken *n*, Freigeben *n* ‖ ~/**дистанционное** *(El)* fernbetätigte Abschaltung *(Ausschaltung)* *f*, Fernauslösung *f* ‖ ~ **контактов** *(El)* Kontakttrennung *f* ‖ ~ **маршрута** *(Eb)* Auflösen *n* (Freigabe *f*) der Fahrstraße, Fahrstraßenauflösung *f* ‖ ~ **стрелки** *(Eb)* Entriegelung *f* der Weiche ‖ ~ **тока** *(El)* Stromunterbrechung *f* ‖ ~ **тормоза** Lösen (Lüften) *n* der Bremse
размыкать 1. entriegeln, ausklinken; 2. *(El)* öffnen *(Stromkreis)*; unterbrechen *(Strom)*; ausschalten; 3. *(Eb)* entblocken, entriegeln
размытие *n* Zerfließen *n (Abbildungen)* ‖ ~/**дисперсионное** Disperionsverwaschung *f* ‖ ~ **края** Randverschmierung *f*, Randauflockerung *f* ‖ ~ **пучка** *(Ph)* Strahlstreuung *f*, Strahldivergenz *f*
размытость *f* 1. *(TV)* Verwaschung *f*, Trübung *f (Fernsehbild)*; 2. Unschärfe *f*, Verschwommenheit *f (Abbildungen)*
размытый verwaschen, unscharf
размыть *s.* размывать
размыться *s.* размываться
размягчать weichmachen, erweichen, aufweichen
размягчение *n* Weichmachen *n*; Weichwerden *n*, Erweichen *n*, Erweichung *f*
размягчить *s.* размягчать
разнесение *n (Rf)* Diversity *n(f)*

разнесённый *(Masch)* eigenständig *(Bauweise)*
разнестись s. разноситься
разница f Unterschied m, Differenz f
разновес m Gewichtssatz m, Satz m der Wägestücke ‖ ~/**аналитический** analytischer Gewichtssatz m
разновидность f Abart f, Varietät f ‖ ~ **атома** s. нуклид ‖ ~ **частиц** *(Kern)* Teilchenart f
разноволокнение n **отходов** *(Text)* Ausfaserung f von Abfällen
разновременность f Ungleichzeitigkeit f
разноглубинный pelagisch *(Schleppnetz)*
разнозернистый gemischtkörnig
разноимённый *(Math, El)* ungleichnamig; *(Fert)* entgegengerichtet *(z. B. Bewegungen)*, gegensinnig
разнооттеночность f *(Typ)* Farbschwankung f
разнополярный *(Ph, El)* heteropolar, wechselpolig, von verschiedener Polarität
разнородный 1. heterogen, ungleichartig; 2. artfremd
разнос m 1. Verlagerung f, Versetzung f; Spreizung f; 2. Durchgehen n *(des Motors)*; 3. s. разнесение ‖ ~ **вант** *(Schiff)* Wantenspreiz m, Wantenspreizung f ‖ ~ **несущих [частот]** *(El)* Trägerfrequenzabstand m ‖ ~ **по частоте** *(El)* Frequenzdiversity n(f) ‖ ~ **частот** *(El)* Frequenzdiversity n(f)
разноситься durchgehen *(Motoren)*
разностенность f *(Wlz, Gieß)* Wanddickendifferenz f, Ungleichmäßigkeit f der Wanddicken *(bei Rohren, Gußteilen usw.)*
разность f 1. *(Math)* Differenz f; 2. Unterschied m; Verschiedenheit f ‖ ~/**астигматическая** *(Opt)* astigmatische Differenz f ‖ ~ **времён пробега (пролёта)** *(Geoph)* Laufzeitunterschied m, Laufzeitdifferenz f ‖ ~ **высот** Höhendifferenz f ‖ ~ **главных напряжений** *(Wkst)* Hauptspannungsdifferenz f ‖ ~ **глубин модуляции** *(Flg)* Differenz f der Modulationsgrade, DDM f *(z. B. beim ILS)* ‖ ~ **давлений** Druckunterschied m, Druckdifferenz f ‖ ~ **долгот** *(Astr, Geod)* Längenunterschied m, Längendifferenz f ‖ ~ **напоров** *(Hydt)* Gefälledifferenz f ‖ ~ **напряжений** *(El)* Spannungsdifferenz f ‖ ~ **населённостей** Besetzungsdifferenz f, Differenz f der Besetzungszahlen *(Laser)* ‖ ~ **по частоте** *(El)* Frequenzabstand m ‖ ~ **потенциалов** *(El)* Potentialdifferenz f, Potentialunterschied m ‖ ~ **потенциалов/контактная** Kontaktpotentialdifferenz f ‖ ~ **почернений** *(Photo)* Schwärzungsdifferenz f ‖ ~/**предельная** *(Ph)* Grenzdifferenz f, maximale Differenz f ‖ ~ **соседних шагов** Teilungssprung m ‖ ~ **температур** Temperaturunterschied m, Temperaturdifferenz f ‖ ~ **теплосодержания** *(Wmt)* Enthalpiedifferenz f, Enthalpiegefälle n ‖ ~ **уровней** Pegeldifferenz f; Niveaudifferenz f ‖ ~ **фаз** *(El, Opt)* Phasenunterschied m, Phasendifferenz f ‖ ~ **хода** *(Opt)* Gangunterschied m *(bei Interferenzen)* ‖ ~ **хода лучей** *(Opt)* Gangunterschied m der Strahlen ‖ ~ **шагов** Teilungsschwankung f ‖ ~ **широт** *(Astr, Geod)* Breitenunterschied m, Breitendifferenz f ‖ ~ **энергий** Energiedifferenz f
разнотолщинность f Dickenunterschied m, Dickendifferenz f, Ungleichheit f der Wanddicken *(z. B. von Rohren)*

разнотон m *(Text)* Farbdifferenz f *(Färberei)*
разноцвет m **[в волокне]** *(Text)* Farbdifferenz f
разноцветица f *(Pap)* Farbabweichung f *(Fehler)*
разноцветный verschiedenfarbig, bunt
разобранный zerlegt; demontiert
разобрать s. разбирать
разобщать 1. trennen, absondern, isolieren; 2. ausrücken, auskuppeln, lösen, auslösen
разобщение n 1. Trennung f, Absonderung f, Isolierung f; 2. Auskupplung f, Ausrücken n, Lösung f, Auslösung f ‖ ~ **контактов** *(El)* Kontakttrennung f
разобщить s. разобщать
разовый einmalig • **разового использования** *(Raumf)* nicht wiederverwendbar, Einweg...
разогрев m 1. Anwärmen n, Erwärmen n, Erwärmung f, Anheizen n, Aufheizen n, Erhitzen n, Erhitzung f; Aufwärmung f; 2. Warmblasen n *(Schachtofen, Konverter)*; 3. Auftempern n, Tempern n, Antempern n, Aufheizen n *(Glasschmelzofen)* ‖ ~/**собственный** Eigenerwärmung f
разогревание n s. разогрев
разогревать 1. anwärmen, erwärmen, anheizen, aufheizen, erhitzen; aufwärmen; 2. warmblasen *(Schachtofen, Konverter)*; 3. [auf]tempern, antempern, aufheizen *(Glasschmelzofen)*
разогреть s. разогревать
разоискатель m *(Text)* Schußfadensuchvorrichtung f
разойтись s. расходиться
разомкнутый geöffnet, offen; *(El)* getrennt *(Stromkreis)*; abgeschaltet
разомкнуть s. размыкать
разорвать s. разрывать 1.; 2.
разорваться s. разрываться
разориентированный *(Krist)* fehlorientiert
разоружать 1. *(Mil)* abrüsten; 2. *(Mil)* entschärfen *(z. B. Minen)*; 3. *(Schiff)* abtakeln
разоружение n 1. *(Mil)* Abrüstung f; 2. *(Mil)* Entschärfen n *(z. B. Minen)*; 3. *(Schiff)* Abtakelung f
разоружить s. разоружать
разрабатывать 1. bearbeiten *(Boden)*; 2. ausarbeiten *(Projekt)*; ausgestalten, entwickeln *(Konstruktion)*; 3. *(Bgb)* abbauen, ausbeuten; bebauen ‖ ~ **раздельно** *(Bgb)* aushalten, selektiv abbauen
разработать s. разрабатывать
разработка f 1. Bearbeitung f; Ausarbeitung f, Entwicklung f; 2. *(Bgb)* Abbau m, Bau m, Abbaubetrieb m *(s. a.* система разработки *und* выемка 6.*)* ‖ ~/**боковая** *(Bgb)* Seitenbaggerung f *(Tagebau)* ‖ ~ **в лежачем боку** *(Bgb)* Liegendabbau m ‖ ~/**валовая** *(Bgb)* nichtgetrennter Abbau m, durchgängige Gewinnung f, Abbau m ohne Aushalten von Zwischenmitteln ‖ ~ **верным способом** *(Bgb)* Schwenkabbau m ‖ ~ **верхнего пласта** *(Bgb)* Hangendabbau m ‖ ~ **воронками** *(Bgb)* Trichterbau m ‖ ~ **вскрыши** *(Bgb)* Abraumbaggerung f ‖ ~/**гидравлическая** *(Bgb)* hydraulische Gewinnung f ‖ ~ **горизонтальными слоями** *(Bgb)* Abbau m in söhligen Scheiben ‖ ~ **грунта** *(Bgb)* Baggern n, Baggerung f *(Naßbaggern)* ‖ ~/**групповая** *(Bgb)* Gruppenbau m ‖ ~/**конструктивная** konstruktive Gestaltung (Entwicklung) f ‖ ~/**многоэтажная** *(Bgb)* Mehrsohlenabbau m ‖ ~/**многоярусная**

(Bgb) mehretagiger Abbau *m* ‖ ~ **модели** Modellprojektierung *f*, Modellentwicklung *f* ‖ ~ **нефтяных месторождений** Erdölgewinnung *f* ‖ ~ **ниже откаточного горизонта** *(Bgb)* Unterwerksbau *m*, Unterwerksbetrieb *m* ‖ ~ **обратным ходом** *(Bgb)* Rückbau *m* ‖ ~/**ортовая** *(Bgb)* Örterbau *m* ‖ ~/**открытая** *(Bgb)* Tagebau *m* ‖ ~ **открытым способом** *(Bgb)* Tagebau *m* ‖ ~ **пластовых месторождений** Flözbergbau *m* ‖ ~ **по восстанию** *(Bgb)* schwebender Bau *m* ‖ ~ **по падению** *(Bgb)* fallender Abbau *m* ‖ ~ **по простиранию** *(Bgb)* streichender Abbau *m* ‖ ~/**подземная** *(Bgb)* Tiefbau *m*, untertägiger Abbau *m* ‖ ~ **полосами** *(Bgb)* Stoßbau *m* ‖ ~ **программ** *(Inf)* Programmentwicklung *f*, Programmerstellung *f*, Programmierung *f* ‖ ~ **программного обеспечения** *(Inf)* Softwareentwicklung *f* ‖ ~ **протекторного профиля** Profilgebung *f (Reifenherstellung)* ‖ ~ **прямым ходом** *(Bgb)* Feldwärtsbau *m* ‖ ~/**раздельная** *(Bgb)* getrennter Abbau *m*, selektive Gewinnung *f*, Aushalten *n* ‖ ~ **с магазинированием** *(Bgb)* Magazinbau *m* ‖ ~ **с оставлением целиков** *(Bgb)* Abbau *m* mit Stehenlassen von Pfeilern ‖ ~ **с применением бутовых штреков** *(Bgb)* Blindortbetrieb *m* ‖ ~ **свиты пластов** *s*. ~/**групповая** ‖ ~/**селективная** *(Bgb)* selektive Gewinnung *f*, getrennter Abbau *m*, Aushalten *n* ‖ ~/**слоевая** *(Bgb)* Scheibenbau *m* ‖ ~/**сплошная** *(Bgb)* Totalabbau *m* ‖ ~ **схемы** *(Eln)* Schaltungsentwicklung *f*, Schaltkreisentwicklung *f* ‖ ~/**торцовая (тупиковая)** Kopfbetrieb *m (Tagebau)*
разравнивание *n* 1. Einebnung *f*, Planierung *f*; 2. Vertreiben *n (Anstrichstoffe)* ‖ ~ **грунта** Einebnen *n* der Erdmassen, Einebnen *n* des Bodens
разравнивать 1. einebnen, planieren; 2. vertreiben *(Anstrichstoffe)*
разрастание *n* Anwachsen *n*, Zunehmen *n*, Zunahme *f* ‖ ~ **дна океана** *(Geol)* sea floor spreading, ständige Ausbreitung *f* des Meeresbodens
разрастаться anwachsen, zunehmen
разрегулировка *f (Reg)* Dejustierung *f*, unpräzise Einstellung *f*
разрежать 1. verdünnen *(Luft, Gase)*; 2. *(Forst)* lichten, auslichten, auflockern *(Baumbestand)*
разрежение *n* 1. Verdünnen *n*, Verdünnung *f (Luft, Gase)*; 2. Evakuierung *f*; 3. *s.* **разрежённость**
разрежённость *f* [газа] Vakuum *n (s. a. unter* вакуум*)* ‖ ~/**высокая** Hochvakuum *n* ‖ ~/**низкая** Grobvakuum *n* ‖ ~/**предварительная** Vorvakuum *n* ‖ ~/**предельная** Ultrahochvakuum *n*, Höchstvakuum *n* ‖ ~/**средняя** Zwischenvakuum *n*
разрежённый 1. verdünnt *(Luft, Gase)*; evakuiert; 2. *(Forst)* licht, gelichtet, aufgelockert *(Baumbestand)*
разреживание *n* **насаждений** *(Forst)* Bestandsauflockerung *f*
разрез *m* 1. Zerschneiden *n*, Durchschneiden *n*, Aufschneiden *n*; 2. Schnitt *m*, Riß *m*, Profil *n*; 3. *(Bgb)* Tagebau *m (s. a. unter* карьер*)*; 4. *(Holz)* Schnitt *m (s. a. unter* распиловка*)* ‖ ~/**боковой** *(Led)* seitliche Schnittführung *f* (mit Gewinnung eines Bauch- und eines Rückenteils der Haut) ‖ ~/**вертикальный** *(Bgb)* Seigerriß *m* ‖ ~ **вкрест** **простирания** *(Bgb)* Kreuzriß *m* ‖ ~/**геологический** geologisches Profil *n*, geologischer Schnitt *m* ‖ ~/**глубинный** *(Geoph)* Tiefenschnitt *m* ‖ ~/**колонковый** *(Geol)* Säulenprofil *n* ‖ ~/**конструктивный продольный** *(Schiff)* Längsschnitt *m* des Stahlplans ‖ ~ **очистных работ** *(Bgb)* Abbauschnittriß *m* ‖ ~ **по белой линии** *(Led)* normale Schnittführung *f* ‖ ~/**поперечный** 1. Querschnitt *m*; 2. *(Holz) s.* расторцовка ‖ ~/**продольный** 1. Längsschnitt *m*, Längsprofil *n*; 2. Längsriß *m (technische Zeichnung)* ‖ ~/**радиальный** *(Holz)* Radialschnitt *m*, Quartierschnitt *m*, Spiegelschnitt *m* ‖ ~/**сквозной** *(Bw)* durchgehende Querfuge *f* ‖ ~/**скоростной** *(Geoph)* Geschwindigkeitsprofil *n*, Geschwindigkeitsverteilung *f* ‖ ~/**тангенциальный** *(Holz)* Fladerschnitt *m*, Sehnenschnitt *m*
разрезание *n* 1. *s.* разрез 1.; 2. *(Fert)* spanendes Trennen *n*
разрезáть 1. zerschneiden, trennen; 2. *(Fert)* spanend trennen, spanabhebend zerteilen; zersägen; 3. *(Schiff)* unterbrechen, interkostal anordnen *(Schiffsverband)*
разрéзать *s.* разрезáть
разрезаться *(Schiff)* unterbrochen werden, unterbrochen sein, interkostal angeordnet sein *(Schiffsverbände)*
разрезка *f* 1. Teilen *n*; Zerschneiden *n (s. a.* разрезание*)*; 2. Teilung *f*, Einteilung *f*; 3. Abschnitt *m*, Arbeitsabschnitt *m*; 4. *(Wlz)* Ablängen *n* ‖ ~ **на заготовки** *(Typ)* Zuschneiden *n* ‖ ~ **стен** *(Bw)* Wandaufteilung *f*
разрезной 1. zerschnitten; 2. zusammengesetzt; *(Bw)* nicht durchlaufend *(Träger)*; 3. *(Schiff)* interkostal, unterbrochen *(Schiffsverband)*; 4. *(Bgb)* Schnitt..., Anschnitt...; Einschnitt...
разрезывать *s.* разрезáть
разрешение *n* 1. Erlaubnis *f*; Genehmigung *f*; 2. Erlaubnisschein *m*; 3. *(Opt)* Auflösung *f*, Auflösungsvermögen *n*; 4. *(Math)* Lösung *f* ‖ ~ **аэроснимков/геометрическое** *(Geod)* geometrisches Auflösungsvermögen *n* von Luftbildern, räumliche Auflösung *f* von Luftbildern ‖ ~ **аэроснимков/спектральное** *(Geod)* spektrales Auflösungsvermögen *n* von Luftbildern, spektrale Auflösung *f* von Luftbildern ‖ ~/**временнóе** *(Ph)* Zeitauflösung *f*, zeitliches Auflösungsvermögen *n* ‖ ~/**высокое** *(Opt)* hohe Auflösung *f*, hohes Auflösungsvermögen *n* ‖ ~/**градации** *(Opt)* Stufenauflösung *f* ‖ ~ **изображения** *(Photo)* Bildauflösung *f*, Bildschärfe *f* ‖ ~ **исполнения** Freigabe *f* ‖ ~ **на взлёт** Starterlaubnis *f*, Startfreigabe *f* ‖ ~ **на включение** *(Inf)* Startfreigabe *f* ‖ ~ **на использование программы** *(Inf)* Programmautorisierung *f* ‖ ~ **на местности** *(Geod)* Geländeauflösung *f* ‖ ~ **на посадку** Landeerlaubnis *f*, Landefreigabe *f* ‖ ~ **на сварку** Schweißerlaubnis *f*; 2. Schweißerlaubnisschein *m* ‖ ~ **по времени** *s.* ~/временнóе ‖ ~ **по глубине** *(Opt)* Tiefenauflösung *f* ‖ ~/**предельное** Grenzauflösung *f* ‖ ~/**пространственное** räumliche Auflösung *f* ‖ ~/**спектральное** spektrale Auflösung *f* ‖ ~/**субмикронное** *(Inf)* Submikrometerauflösung *f* ‖ ~/**точечное** Punktauflösung *f* ‖ ~/**угловое** Winkelauflösung *f*
разрешимость *f (Math)* Lösbarkeit *f*, Auflösbarkeit *f*

разрешимый *(Math)* [auf]lösbar
разровнять s. разравнивать
разрубать 1. zerhacken, zerhauen; spalten, aufspalten; 2. *(Schm)* schlitzen
разрубить s. разрубать
разрубка f 1. Zerhacken n, Zerhauen n; Spalten n; 2. *(Schm)* Schlitzen n
разрушаемость f *(Fest)* Bruchanfälligkeit f, Angreifbarkeit f
разрушать zerstören; angreifen
разрушаться einstürzen *(Gebäude)*
разрушение n 1. Zerstörung f, Zerstören n; Reißen n; Angriff m; Zerfallen n, Zerfall m; 2. *(Fest)* Bruch m; 3. *(Inf)* Löschung f ‖ ~/**биологическое** biologischer Angriff m ‖ ~ **в горячем состоянии** *(Fest)* Warmbruch m ‖ ~/**внутрикристаллическое** *(Fest)* transkristalliner (intrakristalliner) Bruch m ‖ ~/**вязкое** *(Fest)* duktiler (zäher) Bruch m, Verformungsbruch m ‖ ~ **грунта** *(Bw, Geol)* Grundbruch m ‖ ~/**кавитационное** Zerstörung f durch Kavitation, Kavitationsangriff m, Kavitation f ‖ ~/**коррозионное** Zerstörung f durch Korrosion, Korrosionszerstörung f, Korrosionsangriff m ‖ ~/**межкристаллитное** *(Fest)* interkristalliner Bruch m, Korngrenzenbruch m ‖ ~/**местное** lokaler (örtlich begrenzter) Angriff m, Lokalangriff m *(Korrosion)* ‖ ~ **по границам зерён** *(Fest)* Korngrenzenzerstörung f ‖ ~/**поверхностное** Oberflächenzerstörung f *(Korrosion)* ‖ ~/**преждевременное** *(Fest)* Frühausfall m ‖ ~ **при кручении** *(Fest)* Verdrehungsbruch m, Torsionsbruch m ‖ ~/**усталостное** *(Fest)* Dauerbruch m ‖ ~/**хрупкое** *(Fest)* Sprödbruch m ‖ ~ **цементита** *(Met)* Zementitzerfall m ‖ ~/**эрозионное** Zerstörung f durch Erosion
разрушить s. разрушать
разрушиться s. разрушаться
разрыв m 1. Bruch m; Bruchstelle f; Lücke f; Unterbrechung f; 2. Reißen n, Zerreißen n, Bersten n, Zerspringen n; 3. Diskrepanz f, Mißverhältnis n; 4. *(Math)* Unstetigkeit f *(einer Funktion)* ‖ ~/**внутрикристаллический** *(El)* interstalliner Bruch m ‖ ~ **жилы** *(Nrt)* Aderunterbrechung f ‖ ~ **кабеля** *(El)* Kabelunterbrechung f ‖ ~ **между зданиями** *(Bw)* Gebäudeabstand m ‖ ~ **пласта/гидравлический** hydraulisches Aufbrechen n der Schicht *(Erdölbohrung)* ‖ ~ **поезда** *(Eb)* Zugtrennung f ‖ ~ **растворимости (смешиваемости)** *(Met)* Mischungslücke f, Löslichkeitslücke f *(bei Mischkristallbildung)* ‖ ~/**тектонический** *(Geol)* tektonische Störung f, tektonischer Bruch m ‖ ~ **тока** *(El)* Strom[fluß]unterbrechung f
разрывать 1. zerreißen; 2. unterbrechen; *(El)* abschalten; 3. aufgraben; aufwühlen; durchwühlen
разрываться reißen; zerspringen, bersten, explodieren
разрывной 1. Reiß..., Zerreiß...; 2. *(El)* Ausschalt..., Abschalt...
разрывность f Unstetigkeit f, Diskontinuität f ‖ ~/**конечная** *(Math)* Unstetigkeit f im Endlichen
разрыть s. разрывать 3.
разрыхление n 1. Auflockern n, Lockern n, Auflockerung f; Entwirren n; 2. *(Text)* Öffnen n *(Rohbaumwolle, Rohwolle)*; 3. *(Gieß)* Auflockerung f, Durchlüftung f *(Formstoff)*; 4. Vorlockern n, Vorlockerung f *(Saugbagger)* ‖ ~ **грунта** Bodenlockerung f, Bodenlösung f *(Saugschwimmbagger)* ‖ ~ **грунта/гидравлическое** Bodenlockerung (Bodenlösung) f durch Druckwasser *(Saugschwimmbagger)* ‖ ~ **грунта/механическое** mechanische Bodenlockerung f, Bodenlockerung f durch Schneidkopf *(Saugschwimmbagger)* ‖ ~ **коллагена** *(Led)* Hautaufschluß m ‖ ~/**окончательное** *(Text)* Fertigauflösen n *(Fasergut)* ‖ ~/**подпочвенное** Untergrundlockerung f *(Boden)* ‖ ~ **почвы** *(Lw)* Bodenauflockerung f, Bodenlockerung f ‖ ~/**предварительное** *(Text)* Vorauflösung f, Vorauflösen n ‖ ~ **формовочной земли** *(Gieß)* Formstoffauflockerung f
разрыхлённый aufgelockert, geöffnet; *(Text)* gelockert, geöffnet *(Fasermaterial)*
разрыхлитель m 1. *(Text)* Öffner m *(Spinnerei)*; 2. *(Lebm)* Lockerungsmittel n, Triebmittel n; 3. Lockerungsgerät n; 4. *(Gieß)* Formstoffschleuder f, Sandwolf m ‖ ~/**барабанный** 1. *(Gieß)* Trommelschleuder f; 2. *(Text)* Trommelöffner m ‖ ~/**вертикальный** *(Text)* Vertikalöffner m, Kegelöffner m, Crightonöffner m ‖ ~/**всасывающий** *(Text)* Saugöffner m ‖ ~/**гидравлический** Druckwasserbodenlockerungsanlage f, Druckwasserbodenlockerungseinrichtung f *(Saugschwimmbagger)* ‖ ~/**горизонтальный** *(Text)* Horizontalöffner m ‖ ~/**механический** Schneidkopf m *(Saugschwimmbagger)* ‖ ~/**осевой** *(Text)* Axialöffner m ‖ ~/**пильчатый** *(Text)* Sägezahnöffner m ‖ ~/**роторно-ковшовый** Schaufelradschneidkopf m *(Saugschwimmbagger)* ‖ ~/**сдвоенный горизонтальный** *(Text)* doppelter Horizontalöffner m ‖ ~/**тонкий** *(Text)* Feinöffner m ‖ ~ **ударного действия** *(Text)* Schlägeröffner m ‖ ~/**фрезерный** Korbformschneidkopf m, Fräsenschneidkopf m *(Saugschwimmbagger)*
разрыхлить s. разрыхлять
разрыхлять 1. lockern, auflockern *(Boden)*; 2. *(Text)* öffnen *(Fasergut)*; 3. *(Gieß)* auflockern, durchlüften *(Formstoff)*; 4. vorlockern *(Boden für Saugbagger)*
разряд m 1. *(El)* Entladung f; 2. *(Math)* Ordnung f; 3. *(Inf)* Stelle f, Bit n; 4. Stelle f; Klasse f, Kategorie f, Rang m ‖ ~/**аномальный тлеющий** *(El)* anomale Glimmentladung f ‖ ~/**апериодический** *(El)* aperiodische Entladung f ‖ ~/**атмосферный** *(El)* atmosphärische (luftelektrische) Entladung f ‖ ~/**безэлектродный** *(El)* elektrodenlose Entladung f ‖ ~ **в газе** *(El)* Gasentladung f ‖ ~/**вспомогательный** *(El)* Hilfsentladung f ‖ ~/**высоковольтный** *(El)* Hochspannungsentladung f ‖ ~/**высокочастотный** *(El)* Hochfrequenzentladung f, HF-Entladung f ‖ ~/**газовый** *(El)* Gasentladung f ‖ ~/**грозовой** Blitzentladung f ‖ ~/**двоичный** *(Inf)* Binärstelle f, Dualstelle f ‖ ~/**десятичный** *(Inf)* Dezimalstelle f ‖ ~/**длительный** *(El)* Dauerentladung f ‖ ~/**дуговой (дугообразный)** *(El)* Bogenentladung f, Lichtbogenentladung f ‖ ~/**единичный** 1. *(El)* Einzelentladung f; 2. *(Inf)* Einerstelle f ‖ ~/**запоминаемый** *(Inf)* Speicherstelle f ‖ ~/**знаковый** *(Inf)* Vorzeichenstelle f ‖ ~/**импульсный** *(El)* Impulsentladung f ‖ ~/**искровой** *(El)*

Funkentladung *f* II ~ **качества** Güteklasse *f* II ~/**кистевой** *(El)* Büschelentladung *f* II ~/**колебательный** *(El)* Schwingentladung *f* II ~/**кольцевой** *(El)* Ringentladung *f* II ~/**контрольный** *(Inf)* Prüfbit *n*, Testbit *n*; Kontrollstelle *f*, Prüfstelle *f* II ~ **контроля чётности** *(Inf)* Paritätsziffer *f* II ~/**коронный** *(El)* Koronaentladung *f* II ~/**краевой** *(El)* Randentladung *f* II ~/**лавинный** *(Eln)* Lawinenentladung *f* II ~/**младший** *(Inf)* niederwertigstes Bit *n*, LSB II ~/**многократный** *(El)* Mehrfachentladung *f* II ~ **молнии** Blitzentladung *f* II ~/**неполный** *(El)* unvollständige Entladung *f* II ~/**нестабильный** *(El)* instabile Entladung *f* II ~/**низкого давления/газовый** *(El)* Niederdruckgasentladung *f* II ~/**нормальный тлеющий** *(El)* normale Glimmentladung *f* II ~/**нулевой** *(Inf)* Nullstelle *f* II ~/**оптический** *s*. пробой/световой II ~/**поверхностный** *(El)* Oberflächenentladung *f* II ~/**поднормальный тлеющий** *(El)* subnormale Glimmentladung *f* II ~/**поперечный лавинный** *(Eln)* Elektronenlawinenquerentladung *f* II ~/**предварительный** *(El)* Vorentladung *f* II ~ **с края** *(El)* Randentladung *f* II ~ **с острия** *(El)* Spitzenentladung *f* II ~/**самостоятельный** *(El)* selbständige Entladung *f* II ~/**скользящий** *(El)* Gleitentladung *f* II ~ **слова** *(Inf)* Wortstelle *f* II ~/**старший** *(Inf)* höchstwertiges Bit *n*, MSB II ~/**тёмный** *(El)* Dunkelentladung *f* II ~/**тихий** *(El)* stille Entladung *f* II ~/**тлеющий** *(El)* Glimmentladung *f* II ~/**точечный** *(El)* Spitzenentladung *f* II ~ **точности** Ordnung *f* II ~/**флаговый** *(Inf)* Flagbit *n* II ~/**цифровой** *(Inf)* Ziffernstelle *f* II ~/**частичный** *(El)* Teilentladung *f* II ~/**числовой** *(Inf)* Zahlenstelle *f* II ~/**электрический** elektrische Entladung *f*
разрядить *s*. разряжать
разрядка *f* 1. *(Typ)* Sperrung *f*, Durchschuß *m* *(Satz)*; 2. *(El) s.* разряд 1.
разрядник *m* 1. *(El)* Entladungsgefäß *n*, Entladungsraum *m*; Entladungsstrecke *f*; 2. *(Eln)* Sperröhre *f*; 3. *(El)* Überspannungsableiter *m* II ~/**антенный** Antennenüberspannungsableiter *m* II ~ **блокировки передатчика** Sendersperröhre *f* II ~/**вентильный** Ventilableiter *m* II ~/**гасящий искровой** Löschfunkenstrecke *f* II ~/**грозовой** Blitzableiter *m* II ~/**защитный** 1. Überspannungsableiter *m*, Spannungsableiter *m*; 2. Sicherheitsstrecke *f*, Schutzfunkenstrecke *f*; 3. Sperröhre *f* II ~/**защитный искровой** Schutzfunkenstrecke *f* II ~ **защиты от перенапряжения** Überspannungsableiter *m* II ~/**измерительный** Meßfunkenstrecke *f* II ~/**искровой** Funkenstrecke *f* II ~/**искрогасящий** Löschfunkenstrecke *f* II ~/**пластинчатый** Plattenblitzableiter *m* II ~/**предохранительный искровой** Sicherheitsfunkenstrecke *f* II ~/**роговой** Hörnerableiter *m* II ~/**стержневой** Stabfunkenstrecke *f* II ~/**шаровой** Kugelfunkenstrecke *f*
разрядно-ориентированный *(Inf)* bitorientiert
разрядность *f (Inf)* Verarbeitungsbreite *f (des Mikroprozessors)*; Stellenzahl *f*, Bit-Anzahl *f* II ~ **арифметического устройства** Verarbeitungsbreite *f* des Rechenwerkes II ~ **регистра** Registerlänge *f* II ~ **слова** Wortlänge *f* II ~ **шины** *(Inf)* Busbreite *f*

разрядный 1. *(El)* Entlade..., Entladungs...; 2. *(Inf)* Bit..., Stellen...
разряды *mpl* **образцовых средств измерений** Ordnung *f* der Referenznormale
разряжание *n (Mil)* Entladen *n (der Waffe)*; Entschärfen *n (der Munition)*
разряжать 1. *(El)* entladen, Überspannungen ableiten; 2. *(Mil)* entladen *(Waffe)*; entschärfen *(Geschoß)*; 3. *(Typ)* sperren; austreiben *(Satz)* II ~ **интегратор** abintegrieren
разряжённость *f (El)* Entladezustand *m*
разубоживание *n (Bgb)* Verarmung *f*, Verdünnung *f (Erz)*
разукрупнение *n* Verkleinerung *f*; Unterteilung *f*
разум *m*/**искусственный** künstliche Intelligenz *f*, KI
разуплотнение *n* **застройки** Verringerung *f* der Bebauungsdichte
разупорядочение *n (Krist)* Fehlordnung *f* II ~/**остаточное** Restfehlordnung *f*, verbleibende Fehlordnung *f*
разупорядоченный *(Krist)* fehlgeordnet
разупрочнение *n* Erweichen *n*, Nachlassen *n*, Nachgeben *n*; *(Met)* Entfestigung *f (Aufhebung einer Werkstoffverfestigung durch Glühen)*
разупрочнить *s.* разупрочнять
разупрочнять erweichen; *(Met)* entfestigen
разутюживание *n (Text)* Ausbügeln *n*, Bügeln *n*
разъедаемость *f* Angreifbarkeit *f*; Korrosionsanfälligkeit *f*
разъедаемый angreifbar; korrosionsanfällig
разъедание *n* 1. Fressen *n*, Anfressen *n (durch Rost)*; Ätzung *f*, Ätzen *n (durch Säuren; s. a. unter* разрушение*)*; 2. Auswaschung *f*, Erodierung *f* II ~ **кислотой** Säureangriff *m* II ~ **шлаком** *(Met)* Schlackenangriff *m*
разъедать 1. angreifen, fressen, anfressen, durchfressen, zerfressen *(durch Rost)*; korrodieren, ätzen *(durch Säure)*; 2. auswaschen, erodieren
разъединение *n* 1. Lösung *f*, Auslösung *f*, Ausklinkung *f*; 2. *(El)* Abschaltung *f*; 3. *(Nrt)* Trennung *f*, Unterbrechung *f*, Auslösung *f*; 4. *(Masch)* Ausrückung *f*, Entkupplung *f*, Entkuppeln *n*; 5. *(Text)* Trennung *f*, Vereinzeln *n (Fasern)*
разъединитель *m* 1. *(El)* Trenn[schalt]er *m*; 2. *(Masch)* Ausrücker *m* II ~/**быстродействующий** *(El)* Spannungstrennschalter *m* mit kurzer Auszeit II ~/**вводный** Durchführungstrenn[schalt]er *m* II ~ **внутренней установки** Innenraumtrenn[schalt]er *m* II ~/**заземляющий** Erdungstrenn[schalt]er *m* II ~ **контактной сети/секционный** *(Eb)* Fahrleitungsstreckentrenner *m*, Fahrleitungstrennschalter *m* II ~/**линейный** Netztrenn[schalt]er *m* II ~ **мощности** Leistungstrennschalter *m* II ~ **наружной установки** Freilufttrennschalter *m* II ~/**однополковый** Einsäulentrennschalter *m* II ~ **поворотного типа** Drehtrennschalter *m* II ~ **поворотной** Drehtrennschalter *m* II ~/**рубящий** Messertrennschalter *m* II ~/**секционный** Gruppentrennschalter *m* II ~/**шинный** Schienentrennschalter *m*
разъединить *s.* разъединять
разъединять 1. trennen; 2. *(El)* abschalten; 3. *(Nrt)* [aus]lösen, freigeben, trennen; 4 *(Masch)* ausrücken, entkuppeln II ~ **соединение** *(Nrt)* eine Verbindung trennen (aufheben, unterbrechen)

разъезд *m (Eb)* Überholungsbahnhof *m;* Abzweigstelle *f*
разъём *m* 1. Auseinandernehmen *n,* Teilung *f,* Trennung *f;* 2. *(El)* Stecker *m;* Steck[er]verbindung *f;* 3. *(Fert)* Teilfuge *f,* Trennfuge *f;* Stoßfuge *f;* 4. *(Masch)* Anschlußstelle *f;* Trennstelle *f* ‖ **~/аксиальный** axiale Trennfuge *f* ‖ **~ валков** *(Wlz)* Walzenöffnung *f,* Höhe *f* des Walzenspalts ‖ **~ вкладышей** *(Masch)* Lagerschalenteilfuge *f,* Lagerschalenteilebene *f* ‖ **~/кабельный** Kabelstecker *m* ‖ **~/коаксиальный штепсельный** *(El)* koaxiale Buchsensteckverbindung *f* ‖ **~/многоконтактный штепсельный** Vielfachstecker *m,* Vielfachsteckverbindung *f* ‖ **~ модели** *(Gieß)* Modellteilung *f* ‖ **~ формы** *(Gieß)* Form[en]teilung *f* ‖ **~/штекерный (штепсельный)** Steck[er]verbindung *f,* Trennstecker *m*
разъёмный 1. lösbar, teilbar, trennbar; auseinandernehmbar; 2. mehrteilig, geteilt
разъесть *s.* разъедать
разъюстировка *f* Dejustierung *f,* Dejustage *f*
район *m* 1. Bezirk *m;* Distrikt *m,* Bereich *m (s. a. unter* зона 1. *und* область 1.*);* 2. Gebiet *n,* Gegend *f* ‖ **~/административный** Verwaltungsbezirk *m* ‖ **~ водозабора** *(Hydt)* Wasserentnahmebereich *m* ‖ **~/горнодобывающий (горнопромышленный)** Bergbaugebiet *n,* Bergbaurevier *n* ‖ **~ города** Stadtteil *m;* Stadtbezirk *m* ‖ **~ действия** 1. Geltungsbereich *m (Gesetze);* 2. *(El)* Einflußbereich *m,* Versorgungsgebiet *n (eines Kraftwerks)* ‖ **~ дренажа** *s.* ~ осушения ‖ **~/жилой** Wohngebiet *n;* Wohnbezirk *m* ‖ **~/запретный** *(Flg)* Sperrgebiet *n* ‖ **~ затопления** Überschwemmungsgebiet *n* ‖ **~/малоосвоенный** wenig erschlossenes Gebiet *n* ‖ **~/несейсмический** erdbebenfreies Gebiet *n* ‖ **~/нефтеносный** Erdölgebiet *n* ‖ **~ облова** Fanggebiet *n,* befischtes Gebiet *n (Hochseefischerei)* ‖ **~ обслуживания** *(El)* Versorgungsbezirk *m,* Versorgungsgebiet *n; (Nrt)* Anschlußbereich *m* ‖ **~ орошения** *(Hydt)* Bewässerungsgebiet *n* ‖ **~ осушения** *(Hydt)* Entwässerungsgebiet *n,* Trockenlegungsgebiet *n* ‖ **~ охраны водоёмов** *(Hydt)* Gewässerschutzgebiet *n* ‖ **~/периферийный** Randgebiet *n;* Außenbezirk *m* ‖ **~ питания** *(Hydt)* Entnahmegebiet *n* ‖ **~ плавания** *(Schiff)* Fahrtbereich *m* ‖ **~ плавания/неограниченный** unbegrenzter Fahrtbereich *m* ‖ **~ плавания/ограниченный** begrenzter Fahrtbereich *m* ‖ **~ плотины** *(Hydt)* Wehrbereich *m* ‖ **~/промысловый** Fanggebiet *n (Fischerei)* ‖ **~/промышленный** Industriegebiet *n;* Industrieviertel *n;* Industriebezirk *m* ‖ **~/сейсмический** Erdbebengebiet *n,* erdbebengefährdetes Gebiet *n* ‖ **~/сельскохозяйственный** landwirtschaftliches Anbaugebiet *n* ‖ **~/степной** Steppengebiet *n* ‖ **~ УВД** *(Flg)* Kontrollbezirk *m* ‖ **~/экономический** Wirtschaftsgebiet *n* ‖ **~/энергетический** Energie[versorgungs]bezirk *m,* Energieversorgungsgebiet *n* ‖ **~ энергоснабжения** *s.* ~ энергетический
районирование *n* Rayonierung *f (Aufteilung eines Territoriums nach administrativen, ökonomischen, physikalisch-geographischen, klimatischen und anderen Gesichtspunkten)* ‖ **~/сейсмическое** *(Geoph)* seismische Rayonierung *f* ‖ **~/строительное** Baugebietseinteilung *f,* Einteilung *f* in Baugebiete
ракель *m s.* ракля
ракет *m (Typ)* Auslegerrechen *m*
ракета *f* 1. Rakete *f;* 2. Leuchtpatrone *f; (Schiff)* Blitzhandnotsignal *n* ‖ **~/авиационная** Flugzeugrakete *f* ‖ **~/автономноуправляемая** Rakete *f* mit autonomer Lenkung (Steuerung) ‖ **~/атомная** Kernrakete *f* ‖ **~/аэробаллистическая** aerobalistische Rakete *f,* ABR, aerobalistischer Flugkörper *m* ‖ **~/аэродинамически стабилизируемая** aerodynamisch stabilisierte Rakete *f* ‖ **~/баллистическая** ballistische Rakete *f,* BR ‖ **~/бескрылая** flügellose Rakete *f* ‖ **~/ближнего действия** Kurzstreckenrakete *f* ‖ **~/боевая** Gefechtsrakete *f* ‖ **~/быстроразгоняющаяся** beschleunigende Rakete *f* ‖ **~/вращающаяся** rotierende Rakete *f* ‖ **~/высотная** Höhenrakete *f,* meteorologische Rakete *f* ‖ **~/геофизическая** geophysikalische Rakete *f* ‖ **~/гиперзвуковая** Hyperschallrakete *f* ‖ **~/глобальная** Globalrakete *f,* Rakete *f* mit globaler Reichweite ‖ **~/грузовая** Frachtrakete *f,* Lastrakete *f,* Versorgungsrakete *f* ‖ **~/дальнего действия** Langstreckenrakete *f,* weitreichende Rakete *f* ‖ **~/двухступенчатая** zweistufige Rakete *f,* Zweistufenrakete *f* ‖ **~ дистанционного управления** ferngelenkte (ferngesteuerte) Rakete *f,* Fernlenkrakete *f* ‖ **~ для запуска спутника** Trägerrakete *f (für Satelliten),* Satellitenträgerrakete *f* ‖ **~/жидкостная** *s.* ~ на жидком топливе ‖ **~/заправленная** aufgetankte Rakete *f* ‖ **~/звуковая** *(Schiff)* Blitz-Knall-Handnotsignal *n* ‖ **~/зенитная** Fliegerabwehrrakete *f,* Fla-Rakete *f* ‖ **~/зенитная управляемая** gelenkte Fla-Rakete *f,* Fla-Lenkrakete *f* ‖ **~/зондирующая** Raketensonde *f* ‖ **~ инфракрасного наведения** IR-Lenkrakete *f,* infrarotgelenkte Rakete *f* ‖ **~/ионная** Ionenrakete *f,* Rakete *f* mit Ionenantrieb ‖ **~/ионосферная** Ionosphärenrakete *f,* Ionosphärensonde *f* ‖ **~/исследовательская** Forschungsrakete *f;* Raketensonde *f* ‖ **~ класса «вода-воздух»** Wasser-Luft-Rakete *f,* W-L-Rakete *f* ‖ **~ класса «воздух-воздух»** Luft-Luft-Rakete *f,* L-L-Rakete *f* ‖ **~ класса «воздух-земля»** Luft-Boden-Rakete *f,* L-B-Rakete *f* ‖ **~ класса «воздух-корабль»** Luft-Schiff-Rakete *f* ‖ **~ класса «земля-воздух»** Boden-Luft-Rakete *f,* B-L-Rakete *f* ‖ **~ класса «земля-земля»** Boden-Boden-Rakete *f,* B-B-Rakete *f* ‖ **~ класса «земля-подводная цель»** Boden-Unterwasser[ziel]-Rakete *f* ‖ **~ класса «корабль-воздух»** Schiff-Luft-Rakete *f* ‖ **~ класса «корабль-корабль»** Schiff-Schiff-Rakete *f* ‖ **~ класса «корабль-подводная лодка»** Schiff-Unterwasser[ziel]-Rakete *f* ‖ **~ класса «космос-космос»** Weltraum-Weltraum-Rakete *f* ‖ **~ класса «поверхность-воздух»** Boden-Luft-Rakete *f* ‖ **~ класса «поверхность-космос»** Boden-Weltraum-Rakete *f* ‖ **~ класса «поверхность-поверхность»** Boden-Boden-Rakete *f* ‖ **~ класса «подводная лодка-земля»** Unterwasser-Boden-Rakete *f* ‖ **~ класса «самолёт-поверхность»** Luft-Boden-Rakete *f* ‖ **~/корабельная** Schiffsrakete *f* ‖ **~/космическая** Weltraumrakete *f,* Raum[flug]rakete *f;* Raumsonde *f*

~/крылатая Flügelrakete f ll ~/лунная Mondrakete f ll ~/межконтинентальная interkontinentale Rakete f ll ~/межконтинентальная баллистическая interkontinentale ballistische Rakete f ll ~/межпланетарная interplanetare Rakete f ll ~/метеорологическая Wetterrakete f, meteorologische Rakete f ll ~/многоступенчатая mehrstufige Rakete f, Mehrstufenrakete f ll ~/многоцелевая Mehrzweckrakete f ll ~/мощная Hochleistungsrakete f ll ~ на жидком топливе Rakete f mit Flüssigkeits[raketen]triebwerk, Flüssigkeitsrakete f ll ~ на твёрдом топливе Rakete f mit Feststoff[raketen]triebwerk, Feststoffrakete f, FSR ll ~/наводимая с земли bodengelenkte (bodengeführte) Rakete f ll ~ наземного базирования landgestützte (bodengestützte) Rakete f ll ~/неуправляемая ungelenkte Rakete f ll ~/однозвёздная (Schiff) Handnotsignal n (Rakete f) mit einem Stern ll ~/одноступенчатая einstufige Rakete f, Einstufenrakete f ll ~/оперативно-тактическая operativ-taktische Rakete f ll ~/оперённая flügelstabilisierte Rakete f ll ~/опытная Versuchsrakete f ll ~/орбитальная Orbitalrakete f ll ~/осветительная Leuchtrakete f ll ~/парашютная (Schiff) Fallschirmhandnotsignal n, Fallschirmrakete f ll ~/парашютная осветительная Fallschirmleuchtrakete f ll ~/пилотируемая bemannte Rakete f ll ~/пиротехническая Feuerwerksrakete f ll ~/плазменная Plasmarakete f, Rakete f mit Plasmaantrieb ll ~/планирующая крылатая gleitende Flügelrakete f ll ~/пороховая Feststoffrakete f ll ~ противовоздушной обороны Fliegerabwehrrakete f, Fla-Rakete f ll ~/противокорабельная Seezielrakete f ll ~/противолодочная U-Boot-Abwehrrakete f ll ~/противорадиолокационная Antiradarrakete f ll ~/противоракетная Raketenabwehrrakete f ll ~/противоспутниковая Antisatellitenrakete f ll ~/проитвотанковая Panzerabwehrrakete f ll ~/разъёмная Trennrakete f ll ~ с крестообразным крылом Kreuzflügelrakete f ll ~ с лазерным наведением lasergelenkte (lasergeleitete) Rakete f ll ~ с маршевым двигателем Marschflugkörper m ll ~ с параллельным соединением ступеней Rakete f mit parallel (nebeneinander) angeordneten Stufen ll ~ с пассивным наведением passiv gelenkte Rakete f ll ~ с плазменным двигателем s. ~/плазменная ll ~ с пороховым двигателем s. ~ на твёрдом топливе ll ~ с последовательным соединением ступеней Rakete f mit hintereinander angeordneten Stufen, Tandemstufenrakete f ll ~ с ускорителем Rakete f mit Zusatztriebwerk, schubverstärkte Rakete f ll ~ с экипажем bemannte Rakete f ll ~/самонаводящаяся Zielsuchrakete f ll ~/сверхзвуковая Überschallrakete f ll ~/сдвоенная Zwillingsrakete f ll ~/сигнальная Signalrakete f, Leuchtrakete f ll ~/составная Mehrstufenrakete f, Stufenrakete f ll ~/спасательная (Schiff) Rettungshandnotsignal n, Rettungsrakete f ll ~ средней дальности Mittelstreckenrakete f ll ~/стабилизируемая вращением drallstabilisierte Rakete f ll ~/стабилизируемая крылом flügelstabilisierte (aerodynamisch stabilisierte)

Rakete f ll ~/стартовая Startrakete f ll ~/стратегическая strategische Rakete f ll ~ стратегического назначения/баллистическая ballistische strategische Rakete f ll ~/стратосферная Stratosphärenrakete f ll ~/ступенчатая Stufenrakete f ll ~/тактическая taktische Rakete f ll ~/твердотопливная s. ~ на твёрдом топливе ll ~/тормозная Bremsrakete f ll ~/транспортная Transportrakete f, Lastrakete f ll ~/трёхступенчатая dreistufige Rakete f, Dreistufenrakete f ll ~/управляемая gelenkte Rakete f, Lenkrakete f, LR ll ~/фотонная Photonenrakete f, Rakete f mit Photonenantrieb ll ~/экспериментальная Versuchsrakete f ll ~/ядерная Rakete f mit nuklearem Antrieb, Kernrakete f

ракета-зонд f Raketensonde f, Forschungsrakete f

ракета-носитель f Trägerrakete f ll ~/возвращаемая Rückkehr-Trägerrakete f ll ~ искусственного спутника Trägerrakete f (für Satelliten), Satellitenträgerrakete f ll ~ многоразового использования wiederverwendbare Trägerrakete f

ракета-перехватчик f (Mil) Abfangrakete f

ракета-приманка f Köderrakete f

ракетница f Leuchtpistole f

ракетодинамика f Raketendynamik f

ракетодром m Raketenstartgelände n, Raketenstartplatz m

ракетомоторостроение n Raketentriebwerksbau m

ракетоносец m Raketenträger m

ракетоносный raketenbestückt, raketentragend

ракетоплан m Raketengleiter m, Raumgleiter m ll ~/баллистический ballistischer Raketengleiter m ll ~/орбитальный orbitaler Raketengleiter m ll ~/транспортный Transportraketengleiter m

ракетопланёр m s. ракетоплан

ракетостроение n Raketenbau m

ракля f 1. (Photo) Absteicher m, Abstreifmesser n, Abstreifer m; 2. (Text) Abstreicher m (Zeugdruckerei); 3. (Typ) Rakel f ll ~/воздушная (Photo) Luftabstreifer m

раковина f 1. (Bw, Gieß) Blase f, Hohlraum m, Lunker m (in Gußstücken, im Beton); Grübchen n (Verschleißerscheinung); 2. (Met) Narbe f (Blech); 3. (Bw) Ausguß m, Ausgußbecken n; 4. (Arch) Koncha f, Konche f ll ~/внешняя Außenlunker m, Oberflächenlunker m; sichtbarer Einschluß m ll ~/внутренняя Innenlunker m, verdeckter Lunker m ll ~/воздушная Luftblase f ll ~/вторичная усадочная Sekundärlunker m ll ~/газовая Gasblase f ll ~/глубокая Tieflunker m ll ~/земляная Sandeinschluß m ll ~/крупная усадочная Makrolunker m, Groblunker m ll ~/кухонная (Bw) Spülbecken n, Küchenausguß m ll ~/мелкая усадочная Mikrolunker m, Kristallunker m, Feinlunker m ll ~/микроусадочная s. ~/мелькая усадочная ll ~/наружная s. ~/внешняя ll ~/осевая усадочная Fadenlunker m ll ~/первичная усадочная Primärlunker m ll ~/песочная Sandeinschluß m ll ~/поверхностная усадочная s. ~/внешняя ll ~/подкорковая Randblase f ll ~/слуховая Hörmuschel f ll ~/усадочная Lunker m, Schwind[ungs]lunker m, Schwindungshohlraum m ll

раковина

~ **усталости** Ermüdungsgrübchen n ‖ ~/**шлаковая** Schlackenstelle f, Schlackeneinschluß m, Schlackennest n
раковистый 1. (Gieß) lunkerig, blasig, mit Lunkerstellen durchsetzt; 2. (Met) narbig (Blech)
ракорд m/**защитный** Filmschutzpapier n, Papierschutzstreifen m ‖ ~/**конечный** Endstreifen m, Endband n ‖ ~/**начальный** Vorspann m, Vorspannband n ‖ ~/**светозащитный** s. ~/**защитный** ‖ ~ **фильма** (Kine) Vorspann m, Schutzstreifen m (Film) ‖ ~/**чёрный** Schwarzfilmvorspann m
ракурс m 1. perspektivische Verkürzung f; 2. (Flg) Zielkurs m; 3. (Mil) Flugwinkel m (Flak)
ракушечник m (Geol) Muschelkalk m
РАМ s. регистр адреса микрокоманды
рама f 1. Rahmen m, Umrandung f, Einfassung f (s. a. рамка 1.); 2. Rahmen m, Gestell n, Untergestell n; Tragwerk n; Ständer m, Gerüst n, Bett n, Gehäuse n, Platte f; 3. s. ~/**лесопильная**; 4. (Bgb) s. ~/**крепёжная** ‖ ~ **автомобиля** (Kfz) Kraftfahrzeugrahmen m ‖ ~/**арочная металлическая крепёжная** (Bgb) Stahlbogen m (Stahlbogenausbau) ‖ ~ **без подвесной балки/Т-образная** (Bw) T-förmiger Rahmen m ohne eingehängten Balken (Brückenkonstruktion) ‖ ~/**бесшарнирная** (Bw) eingespannter Rahmen m (einer Rahmenbrücke) ‖ ~/**буровая** (Bgb) Bohrrahmen m ‖ ~ **вагона** (Eb) Wagenuntergestell n ‖ ~/**вертикальная лесопильная** Vertikalgatter n (Sägegatter) ‖ ~/**вибрационная** Rüttelrahmen m ‖ ~/**вильчатая** Gabelrahmen m ‖ ~ **волочильной матрицы** (Umf) Ziehringhalter m, Ziehmatrizenhalter m (Ziehmaschine) ‖ ~/**вспомогательная черпаковая** Hilfseimerleiter f (Eimerkettenschwimmbagger) ‖ ~/**глухая** (Bw) Blendrahmen m ‖ ~/**горизонтальная лесопильная** Horizontal[säge]gatter n ‖ ~ **грунтозаборного устройства** Schneidkopfleiter f, Saugrohrleiter f (Saugschwimmbagger) ‖ ~/**дверная** (Bw) Türzarge f ‖ ~/**двойная** (Bw) Doppelfensterrahmen m ‖ ~/**двускатная** (Bw) Sattelrahmen m (Satteldach) ‖ ~/**двухпролётная** (Bw) zweifeldriger Rahmen m, Zweifeldrahmen m ‖ ~/**двухстоечная** (Bw) zweistieliger Rahmen m, Rahmen m auf zwei Stützen ‖ ~/**двухшарнирная** (Bw) Zweigelenkrahmen m (einer Rahmenbrücke) ‖ ~/**двухэтажная лесопильная** Hochgatter n (Sägegatter) ‖ ~/**декельная** (Pap) Formatwagen m ‖ ~/**делительная лесопильная** Trenn[säge]gatter n ‖ ~/**деревянная крепёжная** (Bgb) Türstock m (Türstockausbau) ‖ ~/**для основы** (Text) Kettrahmen m ‖ ~/**железобетонная** (Bw) Stahlbetonrahmen m ‖ ~/**заделанная** (Bw) eingespannter Rahmen m ‖ ~/**замкнутая** (Bw) geschlossener Rahmen m (Tragwerkkonstruktion) ‖ ~/**картонвязальная** (Text) Schnürrahmen m ‖ ~/**ковшовая** Eimerleiter f (Eimerkettenbagger) ‖ ~/**колосниковая** Rostgerüst n, Rostgestell n ‖ ~/**контейнерная захватная** Spreader m (Fördertechnik) ‖ ~/**копировальная** (Typ) Kopierrahmen m ‖ ~/**коробчатая** Kastenrahmen m ‖ ~/**крепёжная** (Bgb) Türstock m (Türstockausbau) ‖ ~/**лесопильная** Rahmensäge f; Sägegatter n, Gattersäge f ‖ ~/**локомотивная** (Eb) Lokmotivrahmen m ‖ ~/**лонжеронная** (Kfz) Kastenrahmen m ‖ ~/**массивная** Vollrahmen m ‖ ~/**металлическая крепёжная** (Bgb) Stahltürstock m (Stahlausbau) ‖ ~/**многопролётная** (Bw) mehrfeldriger Rahmen m, Mehrfeldrahmen m ‖ ~/**многоэтажная (многоярусная)** (Bw) Stockwerkrahmen m ‖ ~/**модельная** (Gieß) Modellrahmen m ‖ ~/**монолитная** (Bw) monolithischer (monolithisch gefertigter) Rahmen m ‖ ~/**монолитная железобетонная** monolithischer Stahlbetonrahmen m ‖ ~/**наполнительная** (Gieß) Füllrahmen m, Aufsetzrahmen m ‖ ~/**натяжная** Spannrahmen m ‖ ~/**незамкнутая** (Masch) offenes Gestell n, C-Gestell n ‖ ~/**неполная крепёжная** (Bgb) offener Türstock m (ohne Sohlholz) ‖ ~/**неразрезная** (Bw) Durchlaufrahmen m ‖ ~/**несущая** (Bw) Tragwerkrahmen m (Oberbegriff für Gelenk-, Durchlauf- und Stockwerkrahmen) ‖ ~/**нижняя** Unterwagenrahmen m (Drehkran) ‖ ~/**ножевая** (Text) Messerkasten m (Jacquardmaschine) ‖ ~/**С-образная** (Masch) offenes Gestell n, C-Gestell n ‖ ~/**однопролётная** (Bw) Einfeldrahmen m ‖ ~/**одностоечная** (Bw) einstieliger Rahmen m ‖ ~/**одноэтажная (одноярусная)** (Bw) einstöckiger Rahmen m ‖ ~/**оконная** (Bw) Fensterzarge f ‖ ~/**опорная** Grundrahmen m, Grundplatte f; Tragrahmen m, Traggerüst n, Untergestell n ‖ ~/**основная** 1. s. ~/опорная; 2. (Bw) Hauptträgerrahmen m (des Straßenhobels zur Aufnahme des Räumschartträgers mit Drehkranz, des Frontschildes und anderer Teilgruppen) ‖ ~/**открытая** (Masch) offenes Gestell n, C-Gestell n ‖ ~/**передвижная лесопильная** fahrbares Gatter n (Sägegatter) ‖ ~/**плетельная** (Text) Flechtrahmen m ‖ ~/**плоская** (Bw) ebener Tragwerkrahmen m ‖ ~/**поворотная** Drehsattel m (Kabelkran); Schwenkrahmen m (Drehkran) ‖ ~/**подмоторная** (Kfz) Motorgrundplatte f, Motorblock m ‖ ~/**подшипниковая** (Masch) Lagergrundrahmen m, Lagerbock m ‖ ~/**подъёмная** Hubrahmen m ‖ ~/**полигональная крепёжная** (Bgb) Vieleckausbau m, Polygonausbau m ‖ ~/**полная крепёжная** (Bgb) voller (geschlossener) Türstock m (mit Sohlholz) ‖ ~/**поперечная** Querrahmen m ‖ ~/**портальная** (Bw) Portalrahmen m, Einfeldrahmen m (einer Brückenkonstruktion) ‖ ~ **пресса** Pressenrahmen m ‖ ~/**продольная** Längsrahmen m ‖ ~/**пространственная** (Bw) räumlicher Tragwerkrahmen m ‖ ~/**раздвижная** Spannrahmen m mit verstellbaren Segmenten ‖ ~ **разрыхлителя** Schneidkopfleiter f (Saugbagger) ‖ ~ **распорной системы** (Bw) sprengwerkartiger Rahmen m (Brückenkonstruktion) ‖ ~ **решётки/опорная** Rosttragrahmen m (Feuerung) ‖ ~ **с двускатным ригелем** (Bw), ~/**двускатная** ‖ ~ **с заделанными (защемлёнными) стойками** (Bw) eingespannter Rahmen m ‖ ~/**сборная** (Bw) Fertigteilrahmen m ‖ ~/**сборная железобетонная** vorgefertigter Stahlbetonrahmen m ‖ ~/**сварная** geschweißter Rahmen m ‖ ~/**сновальная** (Text) Schärrahmen m (Weberei; Schären der Ketten) ‖ ~/**составная** (Bw) zusammengesetzter Rahmen m ‖ ~/**сплошная** Vollrahmen m ‖ ~/**статически неопределимая** (Bw) statisch unbestimmter Rahmen m ‖ ~/**статически определимая**

(Bw) statisch bestimmter Rahmen *m* ‖ **тележки** *(Eb)* Drehgestellrahmen *m* ‖ **~/тендерная** *(Eb)* Tenderrahmen *m* ‖ **~/трёхшарнирная** *(Bw)* Dreigelenkrahmen *m (einer Rahmenbrücke)* ‖ **~/трижды статически неопределимая** *(Bw)* dreifach statisch unbestimmter Rahmen *m* ‖ **~/трубчатая центральная** *(Kfz)* Zentralrohrrahmen *m*, Mittelrohrrahmen *m* ‖ **~/тяговая** *(Bw)* Räumschartträger *m (Straßenhobel)* ‖ **~/уплотнительная** *(Hydt)* Abdichtungsrahmen *m* ‖ **~/фундаментная** Grundrahmen *m*, Grundplatte *f*, Fundamentrahmen *m* ‖ **~/центральная** *(Kfz)* Zentralrahmen *m*, Mittelträgerrahmen *m* ‖ **~/черпаковая** Eimerleiter *f*, Eimerkettenleiter *f (Eimerkettenschwimmbagger)* ‖ **~/шарнирная** *(Bw)* Gelenkrahmen *m* ‖ **~/шпангоутная** *(Schiff)* Spantrahmen *m* ‖ **~/этажная (ярусная)** *(Bw)* Stockwerkrahmen *m*

раман-спектр *m (Ph)* Raman-Spektrum *n*
раман-спектрометр *m (Ph)* Raman-Spektrometer *n*
раман-спектроскопия *f (Ph)* Raman-Spektroskopie *f*
раман-эффект *m (Ph)* [Smekal-]Raman-Effekt *m*
рама-платформа *f (Kfz)* Plattformrahmen *m*, Flurrahmen *m*
рами *n (Text)* Ramiefaser *f*
рамка *f* 1. Rahmen *m*, Rähmchen *n*, Einfassung *f (s. a. unter* рама 1.*)*; 2. Griffstück *n (Revolver, Pistole)*; 3. Rahmen *m*, Schieber *m (Meßschieber)*; 4. Bügel *m (einer Metallbügelsäge)*; 5. *(Text)* Aufsteckgatter *n (Spinnmaschine)*; 6. *(Rf)* Rahmen *m*, Rahmenantenne *f* ‖ **~/визирная** Visierrahmen *m (Antenne)* ‖ **~/вращающаяся** Drehrahmen *m (Antenne)* ‖ **~/выводная** *(Eln)* Trägerstreifen *m*, Trägerelement *n* ‖ **~/двухъярусная** *(Text)* Zweietagengatter *n*, zweistöckiges Gatter (Aufsteckgatter) *n* ‖ **~ для двойной ровницы** *(Text)* Gatter *n* für doppelten Einlauf ‖ **~/загерметизированная** *(Eln)* verkappter Bauelement *n* im Trägerstreifenverband ‖ **~/измерительная** Meßrähmchen *n* ‖ **~/кадровая** *(Photo)* Bildfensterrahmen *m* ‖ **~/катушечная** *(Text)* Spulengatter *n*, Spulengestell *n* ‖ **~/клубочная вертикальная** *(Text)* Wickelgestell *n*, vertikales Wickelgestell *n (Wollkämmaschine)* ‖ **~/клубочная горизонтальная** *(Text)* horizontaler Abrollrahmen *m (Wollkämmaschine)* ‖ **~/кольцевая** Ringrahmenantenne *f* ‖ **~/копировальная** *(Photo)* Kopierrahmen *m* ‖ **~ крутильной машины** *(Text)* Gatter *n* an Zwirnmaschinen ‖ **~/одноярусная** *(Text)* einstöckiges Gatter (Aufsteckgatter) *n* ‖ **~/питающая высокая** *(Text)* Überkopfeinlaufrahmen *m (Flyer)* ‖ **~/питающая полувысокая** *(Text)* halbhoher Einlaufrahmen *m* ‖ **~/поворотная** Drehrahmen *m (Antenne)* ‖ **~/приёмная** 1. Empfangsrahmen *m (eines Kabelsuchgerätes)*; 2. Suchrahmen *m (eines Kabelsuchgerätes)* ‖ **~/прижимная** *(Kine)* Andruckfenster *n* ‖ **~/прикладная** Anlegerahmen *m* ‖ **~/пульсирующая** *(Kine)* Pendelfenster *n (Filmkanal)* ‖ **~/раскатная** *(Text)* Abrollrahmen *m* ‖ **~/ремизная** *(Text)* Schaftrahmen *m (Weberei)* ‖ **~/ровничная** *(Text)* Gatter *n (Ringspinnmaschine)* ‖ **~ с гнёздами** *(Nrt)* Klinkenstreifen *m* ‖ **~ с кнопками** *(Nrt)* Tastenstreifen *m* ‖ **~ с лампами** *(Nrt)* Lampenstreifen *m* ‖ **~/самоустанавливающаяся** gelenkter Rahmen *m* ‖ **~/скрещённая** Kreuzrahmen *m (Antenne)* ‖ **~/сновальная** *(Text)* Schärgatter *n*, Schärrahmen *m (Schärmaschine)* ‖ **~ со штифтами** *(Nrt)* Lötösenstreifen *m* ‖ **~/средняя** Mittelrahmen *m* ‖ **~/тазовая** *(Text)* Kanneneinlaufrahmen *m (Wollkämmaschine)*

рамка-носитель *f (Eln)* Folienrahmen *m (für Bonder)*
раммельсбергит *m (Min)* Rammelsbergit *m*, Arsennickeleisen *n*
рамник *m (Text)* Platinenschnur *f (Jacquardmaschine)*
рампа *f* Rampe *f (s. a. unter* платформа*)* ‖ **~/автомобильная** Kfz-Rampe *f*, Straßenrampe *f* ‖ **~/ацетиленовая [распределительная]** *(Schw)* Einspeisungssystem *n* für Acetylenflaschenbatterien ‖ **~/водородная [распределительная]** *(Schw)* Einspeisungssystem *n* für Wasserstoffflaschenbatterien ‖ **~/железнодорожная** *(Eb)* Verladerampe *f* ‖ **~/кислородная [распределительная]** *(Schw)* Einspeisungssystem *n* für Sauerstoffflaschenbatterien ‖ **~/перепускная** s. ~/распределительная ‖ **~/распределительная** *(Schw)* Einspeisungssystem *n* für Gasflaschenbatterien ‖ **~/тупиковая** Kopframpe *f* ‖ **~/угловая кормовая** *(Schiff)* Winkelheckrampe *f*

ранг *m* 1. *(Math)* Rang *m*, Rangzahl *f*; 2. *(Math)* Stufe *f*, Ordnung *f*; 3. *(Reg)* [hierarchische] Ebene *f (eines Steuersystems)*
рангоут *m (Schiff)* Mastwerk *n*, Bemastung *f*, Masten *mpl*, Rigg *n (Segelschiff)*
рандбалка *f (Bw)* Randträger *m*, Randbalken *m* ‖ **~/железобетонная** Stahlbetonrandträger *m* ‖ **~/кольцевая** Ringträger *m*
рандомизация *f* Herstellung *f* einer Zufallsordnung, Randomisation *f (statistische Qualitätskontrolle)*
ранец *m* Tornister *m*; Verpackungssack *m (für Fallschirme)* ‖ **~ парашюта** Fallschirmranzen *m*
ранжейка *f (Text)* verlängerte Maschenreihe *f*, Langreihe *f*, Aufstoßreihe *f (Wirkerei)*
ранорасширитель *m (Med)* Wundspreizer *m*
рант *m (Led)* Rahmen *m (Schuhwerk)*
рантовой *(Led)* rahmengenäht *(Schuhwerk)*
ранцевый Tornister-...
рапа *f (Hydrol)* [natürliche] Sohle *f* der Salzseen
рапид-съёмка *f s.* киносъёмка/ускоренная
рапира *f (Text)* Greiferstab *m*, Greifer *m* ‖ **~/телескопическая** Teleskopgreifer *m*, Teleskopgreiferstange *f*
раппорт *m (Text)* Rapport *m (Bindungen; Weberei)* ‖ **~/основный** Kettfadenrapport *m* ‖ **~ переплетения** Bindungsrapport *m* ‖ **~ по основе** s. ~/основный ‖ **~ по утку** s. ~/уточный ‖ **~ пробирки** Einzugsrapport *m* ‖ **~ рисунка (узора)** Musterrapport *m* ‖ **~/уточный** Schußfadenrapport *m*
раскалённость *f* Glut *f*, Gluthitze *f*
раскалённый glühend ‖ **~ добела** weißglühend ‖ **~ докрасна** rotglühend
раскалить *s.* раскалять
раскалиться *s.* раскаляться
раскалывание *n* Spalten *n*, Spaltung *f*, Aufspaltung *f*

раскалять erhitzen, glühend machen, zum Glühen bringen ‖ ~ **добела** auf Weißglut bringen ‖ ~ **докрасна** auf Rotglut bringen
раскаляться glühend werden, sich erhitzen
раскат m *(Wlz)* vorgewalztes Walzgut n, Halbzeug n, Vorblock m, Vorbramme f, Rohprofil n; Rohblech n ‖ ~ **краски** *(Typ)* Farbverreibung f
раскатать s. раскатывать
раскатка f 1. s. раскатывание; 2. Walze f *(Rohrwalzen)*; 3. *(Schm)* Setzeisen n, Kehleisen n, Balleisen n; 4. Ausziehen n, Abziehen n *(eines Seils)*; 5. Auslegen n *(eines Kabels)* ‖ ~ **кабеля с барабана** Abtrommeln n *(Abwickeln des Kabels von der Trommel)* ‖ ~/**квадратная** Auflageklotz m ‖ ~/**клиновая** *(Schm)* Dreikantkehleisen n ‖ ~/**круглая** *(Schm)* rundes Kehleisen n, Balleisen n ‖ ~/**овальная** *(Schm)* halbrundes Kehleisen n, Kehleisen n ohne schräge Seitenflächen ‖ ~/**овальная двусторонняя** *(Schm)* zweiseitig schräges Kehleisen n ‖ ~/**овальная односторонняя** *(Schm)* einseitig schräges Kehleisen n ‖ ~/**плоская** *(Schm)* Auflageeisen n, Legeeisen n; Schichteisen, Glätteisen n ‖ ~/**плоская трапецеидальная** *(Schm)* trapezförmiges Auflageeisen (Legeeisen) n ‖ ~/**полукруглая** *(Schm)* 1. Balleisen n; 2. s. ~/овальная ‖ ~ **труб** *(Wlz)* Aufweiten n von Rohren ‖ ~/**цилиндрическая** ~/круглая ‖ ~/**черновая** *(Wlz)* Vorwalzen n, Vorstrecken n
раскатывание n 1. *(Fert)* Aufwalzen n, Auswalzen n, Aufweiten n *(von Hohlkörpern)*; Streckwalzen n; 2. Wälzen n, Marbeln n *(eines Glaspostens auf ebener Platte)*; Wulchern n, Motzen n *(eines Glaspostens in einer eiförmig ausgehöhlten Formhälfte)* ‖ ~ **на оправке** *(Schm)* Aufweiten n auf dem Dorn *(Ringe, Bandagen)* ‖ ~ **холста** *(Text)* Abrollen n des Wickels *(Schlagmaschine)*
раскатывать 1. auswalzen, aufwalzen, streckwalzen; aufweiten; 2. *(Schm)* absetzen, einkehlen; 3. ausziehen, abziehen *(Seil)*; 4. auslegen *(Kabel)*; 5. *(Glas)* wälzen, marbeln; wulchern ‖ ~ **в трубу** zum Rohr auswalzen ‖ ~ **краску** *(Typ)* Farbe verreiben ‖ ~ **трубы** aufweiten *(Rohre)*
раскачать s. раскачивать
раскачивание n Aufschaukeln n, Aufschaukelung f *(einer Schwingung)*
раскачивать in Schwingungen versetzen, aufschaukeln *(eine Schwingung)*
раскачиваться pendeln *(Ladung)*
раскачка f s. раскачивание
раскисление n *(Met)* 1. Desoxidieren n, Desoxidation f, Sauerstoffentzug m; 2. Beruhigen n, Beruhigung f *(Schmelze)*; 3. Polen n *(Kupfer)* ‖ ~ **в ковше** Pfannendesoxidation f ‖ ~/**диффузионное** Diffusionsdesoxidation f *(Stahl)* ‖ ~/**конечное (окончательное)** Endoxidation f ‖ ~/**осаждающее** Fällungsdesoxidation f *(Stahl)* ‖ ~ **расплава** *(Met, Gieß)* Desoxidation f *(Stahlschmelze)* ‖ ~ **расплава добавками (присадками)** Fremddesoxidation f
раскислённость f *(Met)* Desoxidationsgrad m
раскислитель m *(Met, Gieß)* Desoxidationsmittel n, Desoxidationslegierung f; Beruhigungsmittel n ‖ ~/**комплексный** Desoxidationslegierung f, Komplexdesoxidationsmittel n

раскислять *(Met, Gieß)* beruhigen, desoxidieren *(Schmelze)*
раскладка f 1. Verteilung f; 2. *(Typ)* Formatmachen n; 3. Halteleiste f; 4. *(Text)* Verlegung f *(Faden)* ‖ ~ **клавиатуры** Klaviaturbelegung f *(Satz)* ‖ ~ **лекал** *(Text)* Einlegen n des Schnittbildes, Schabloneneinlegen n *(Konfektion)* ‖ ~ **нитей** *(Text)* Fadenverlegung f, Fadenchangierung f
раскладчик m *(Text)* Legeapparat m, Legevorrichtung f ‖ ~ **прочёса** *(Text)* Vlieseger m ‖ ~ **уточной нити** *(Text)* Schußfadenleger m
расклёпка f Entnieten n
расклёпывать entnieten
расклинивать 1. *(Fert)* einen Keil ausziehen; 2. *(Holz)* mit einem Keil aufspalten (spreizen)
расклиниться s. расклиниваться
расклинцовка f *(Bw)* Absplittung f *(Straßenbau)*
расковать s. расковывать
расковка f *(Schm)* Recken n, Breiten n, Ausschmieden n *(Verringerung der Querschnittsdicke eines Schmiedestückes durch Strecken oder Breiten)*
расковывать *(Schm)* recken, breiten, ausschmieden
раскодировать dekodieren
раскол m Riß m, Spalte f, Fuge f, Spaltfuge f ‖ ~/**горячий** *(Gieß)* Warmriß m ‖ ~/**холодный** *(Gieß)* Kaltriß m
расколачивание n *(Gieß)* Losklopfen n, Losschlagen n *(Modell)*
расколачивать *(Gieß)* losklopfen, losschlagen *(Modell)*
расколот m *(Bgb)* Abspreizstempel m, Spreize f, Kappenseg m *(Ausbau)*
расконсервация f Entkonservieren n, Entkonservierung f
раскорчёвка f Stubbenroden n, Stubbenheben n
раскос m *(Bw)* Strebe f, Spreize f; Schräge f, Diagonalstab m ‖ ~/**ветровой** Windverbandstrebe f, Windrispe f, Schwibbe f ‖ ~/**главный** Hauptstrebe f ‖ ~/**концевой** Kopfstrebe f ‖ ~/**обратный** Gegenstrebe f, Wechselstab m ‖ ~/**опорный** Enddiagonale f *(einer Brückenkonstruktion)* ‖ ~/**основной** Hauptstrebe f ‖ ~/**поперечный** Querstrebe f ‖ ~/**растянутый** Zugstrecke f, Zugdiagonale f *(einer Brückenkonstruktion)* ‖ ~/**сжатый** Druckdiagonale f *(einer Brückenkonstruktion)* ‖ ~/**угловой** Eckstrebe f
раскоска f *(Bgb)* Versatzgasse f, Versatzdamm m, Bergedamm m, Dammort n ‖ ~/**двусторонняя** zweiflügelige Versatzgasse f ‖ ~/**односторонняя** einflügelige Versatzgasse f
раскраивать zuschneiden
раскрасить s. раскрашивать
раскрашивание n Anstreichen n, Kolorieren n
раскрашивать anstreichen, kolorieren
раскрепить s. раскреплять
раскрепление n 1. Lockerung f, Lockern n; Entspannen n; 2. *(Bgb)* Aufwältigung f *(von Verbrüchen)*
раскреплять 1. lockern; entspannen; 2. *(Bgb)* aufwältigen *(Verbrüche)*
раскроить s. раскраивать
раскрой m 1. Zuschneiden n *(Vorgang)*; 2. Zuschnitt m *(Ergebnis des Zuschneidens)* ‖ ~ **листов** Plattenzuschnitt m ‖ ~/**механический** m

Fentieren n (Lederhandschuhe) ‖ ~ на полосы Grobschneiden n (Lederhandschuhe) ‖ ~/ручной Feinzuschnitt m (Lederhandschuhe)
раскружаливание n (Bw) Ausrüstung f, Ausschalung f (z. B. Kuppel, Bogengewölbe)
раскружаливать (Bw) ausschalen, ausrüsten
раскружалить s. раскружаливать
раскрутить s. раскручивать
раскрутка f (Flg) Überdrehzahl f
раскручивание n 1. Losdrehen n; 2. Anwerfen n, Hochtouren n (Motoren); 3. (Text) Aufdrehen n (Dehnungsprüfung von Zwirn auf dem Dehnungszähler)
раскручивать 1. losdrehen, loswinden; 2. anwerfen, auf Touren bringen, hochtouren (Motoren); 3. (Text) aufdrehen
раскручивающийся nicht drallfrei, nicht drallarm (Seil)
раскрыв m Apertur f, Öffnung f (Antenne) ‖ ~ антенны Antennenöffnung f, Apertur f
раскрывание n борозды (Lw) Ziehen n der Furche
раскрытие n Öffnen n ‖ ~ валков 1. Öffnen n des Walzenpalts; 2. Walzenöffnung f, Höhe f des Walzenspalts ‖ ~ витка Windungsöffnung f ‖ ~ палубы (Schiff) Öffnungsgrad m des Decks ‖ ~ скобок (Math) Auflösung f der Klammern ‖ ~ трала/вертикальное Öffnungshöhe f des Schleppnetzes ‖ ~ трала/горизонтальное Öffnungsbreite f des Schleppnetzes
раскряжевать s. раскряжёвывать
раскряжёвка f (Holz) Ablängen n
раскряжёвывать (Holz) ablängen
раскупоривать entkorken
распад m 1. Zerfall m, Aufspaltung f; 2. Abbau m ‖ ~ атомного ядра (Kern) Zerfall m des Atomkerns, Kernzerfall m, radioaktiver Zerfall m, radioaktive Umwandlung f ‖ ~/атомный s. ~ атомного ядра ‖ ~ аустенита (Met) Austenitzerfall m ‖ ~ дочернего продукта (Kern) Tochterzerfall m ‖ ~/множественный s. ~/разветвлённый ‖ ~/радиационный (Ph) Strahlungszerfall m, strahlender Zerfall m ‖ ~/радиоактивный s. ~ атомного ядра ‖ ~/разветвлённый [радиоактивный] (Kern) verzweigter (dualer) Zerfall m, [radioaktive] Verzweigung f, Mehrfachzerfall m ‖ ~/самопроизвольный (спонтанный) (Kern) spontaner Zerfall m, natürlicher radioaktiver Zerfall m, spontane Kernumwandlung f ‖ ~ цементита (Met) Zementitzerfall m, Zementitauflösung f ‖ ~/эвтектоидный (Met) eutektoider Zerfall m; Perlitumwandlung f ‖ ~/ядерный s. ~ атомного ядра
распадаться zerfallen
распадение n Zerfallen n, Zerfall m (s. a. unter распад 1.) ‖ ~ горных пород (Geol) Gesteinszerfall m
распайка f (Fert) Loslöten n, Ablöten n
распаковывать ausleeren, auspacken
распалубить (Bw) ausschalen, entschalen, ausrüsten, entformen (Betonkonstruktionen)
распалубка f (Bw) Ausschalung f, Entschalung f, Entformung f (Betonkonstruktionen)
распар m Kohlensack m (Hochofen)
распаривание n s. распарка
распарка f Auftauen n (Gummi)
распасться s. распадаться

распахивать (Lw) pflügen, umbrechen, ackern
распашка f 1. (Lw) Pflügen n, Umbrechen n; 2. (Umf) Schüssel f (Ziehdüse) ‖ ~ целины (Lw) Urbarmachung f, Urbarmachen n, Kultivieren n
распереть s. распирать
распечатка f (Inf) 1. Auflisten n, Ausdrucken n; 2. Ausdruck m, Druckliste f, Rechnerausdruck m ‖ ~ памяти Speicherausdruck m ‖ ~ программы Programmliste f, Programmprotokoll n
распечатывание n s. распечатка 1.
распечатывать (Inf) ausdrucken (Listen, Protokolle)
распикелёвывать entpickeln (Leder)
распил m 1. Sägeschnitt m; Schnittfuge f; 2. Schwarte f, Schalholz n; 3. Trennen n, Trennschleifen n
распиливание n Zersägen n ‖ ~/ручное manuelles Zersägen n
распиливать sägen, zersägen, durchsägen
распилить s. распиливать
распиловка f 1. (Holz) Schneiden n, Schnitt m; Zersägen n, Durchsägen n; 2. (Led) Spalten n ‖ ~ вразвал (Holz) Einfachschnitt m, Blockschnitt m, Rundschnitt m, Scharfschnitt m ‖ ~/поперечная (Holz) Querschneiden n, Querschnitt m ‖ ~/продольная (Holz) Aufschneiden n, Längsschnitt m ‖ ~/радиальная (Holz) Kreuzschnitt m, Quartierschnitt m, Radialschnitt m, Riftschnitt m, Spiegelschnitt m ‖ ~/тангенциальная (Holz) Fladerschnitt m, Sehnenschnitt m
распирать 1. auseinanderstecken, auseinandertreiben; 2. versperren, abspreizen, aussperren
расписание n 1. Liste f, Verzeichnis n; 2. Plan m, Stundenplan m, Dienstplan m ‖ ~/вахтенное (Schiff) Wachrolle f, Wachplan m ‖ ~ движения поездов (Eb) Fahrplan m ‖ ~ движения поездов/годовое Jahresfahrplan m ‖ ~ по шлюпочной тревоге (Schiff) Bootsrolle f, Rettungsrolle f ‖ ~/пожарное (Schiff) Feuerrolle f ‖ ~/стапельное (Schiff) Hellingablaufplan m
расплав m 1. Schmelze f, Schmelzbad n, Schmelzgut n; 2. Schmelzfluß m; 3. Salzschmelze f (Elektrolyse) ‖ ~/ионный ionisierende Schmelze f, Salzschmelze f ‖ ~ металла Metallschmelze f, Metallbad n ‖ ~/остаточный Restschmelze f ‖ ~/переохлаждённый unterkühlte Schmelze f ‖ ~/прядильный (Text) Spinnschmelze f (Chemiefaserherstellung) ‖ ~/силикатный (Glas) Silikatschmelze f ‖ ~/солевой Salzschmelze f, Salzbad n (Elektrolyse) ‖ ~/стекольный Glasschmelze f ‖ ~/сульфидный sulfidische Schmelze f ‖ ~/термопластов Thermoplastschmelze f ‖ ~ шлака Schlackenbad n ‖ ~/шлаковый Schlackenbad n ‖ ~/эвтектический Eutektikum n, eutektische Schmelze f ‖ ~ электролита Elektrolytschmelze f
расплавитель m Schmelzvorrichtung f
расплавить s. расплавлять
расплавиться s. расплавляться
расплавление n 1. Verflüssigen n, Verflüssigung f, Flüssigwerden n; 2. (Met) Schmelzen n, Erschmelzen n, Einschmelzen n, Niederschmelzen n, Herunterschmelzen n; 3. (Schw) Aufschmelzen n; 4. (Text) Aufschmelzen n (Chemiefaserherstellung) ‖ ~ в вакууме Vakuumschmelzen n ‖ ~ дугой (Met) Lichtbogenschmelzen n ‖ ~/предварительное (Met) Vorschmelzen n

расплавленно-жидкий schmelzflüssig
расплавлять 1. verflüssigen; 2. *(Met)* schmelzen, erschmelzen, einschmelzen, niederschmelzen, herunterschmelzen; 3. *(Schw)* aufschmelzen
расплавляться schmelzen, zergehen
расплавопровод *m*/**распределительный** *(Text)* Schmelzeverteilerleitung *f*
расплав-растворитель *m* Trägerschmelze *f*
распласт[ов]ать *s.* распластывать
распластывать abplatten
расплескивание *n* Verspritzen *n*
расплыв *m* **конуса** Ausbreitmaß *n (Beton- und Mörtelprüfung)*
расплывание *n* 1. Zerfließen *n*; 2. Verbreiterung *f*; 3. *(Photo)* Verschwimmen *n*; 4. Ineinanderlaufen *n*, Zerfließen *n (Farben)*
расплывчатость *f* **контуров** *(Photo)* Konturenunschärfe *f*, Verschwommenheit *f* der Konturen
расплющивание *n* 1. Plattdrücken *n*, Abplatten *n*, Abflachen *n*; 2. Zerquetschen *n*; 3. Anstauchen *n*; 4. *(Schm)* Breiten *n*, Recken *n*, Strecken *n*, Stauchen *n*; 5. Aufweiten *n (Rohre)*
расплющивать 1. plattdrücken, abplatten, abflachen; 2. zerquetschen; 3. anstauchen; 4. *(Schm)* breiten, recken, strecken, stauchen; 5. aufweiten *(Rohre)*
расплющить *s.* расплющивать
распознавание *n* Erkennen *n*, Erkennung *f (z. B. von Fehlern)*; Kennung *f*; Unterscheidung *f* ‖ ~/**достоверочное** sichere Erkennung *f* ‖ ~ **знаков** *(Inf)* Zeichenerkennung *f* ‖ ~ **знаков/оптическое** optische Zeichenerkennung *f* ‖ ~/**мгновенное** verzögerungsfreie Erkennung *f* ‖ ~ **образов** Bilderkennung *f*, Mustererkennung *f* ‖ ~ **ошибок** Fehlererkennung *f* ‖ ~/**расположения** *(Eln)* Lageerkennung *f*, Lageerfassung *f (z. B. der Bondinseln)* ‖ ~ **речи** *(Inf)* Spracherkennung *f* ‖ ~ **символов** *(Inf)* Zeichenerkennung *f* ‖ ~ **символов/оптическое** optische Zeichenerkennung *f* ‖ ~ **тома** *(Inf)* Datenträgererkennung *f*
распознавать 1. erkennen, 2. unterscheiden
распознать *s.* распознавать
располагать anordnen ‖ ~ **параллельно** parallel anordnen ‖ ~ **последовательно** in Reihe anordnen
расползание *n (Text)* geringe Haftung *f*, Aufgehen *n*, Ausfasern *n (beim Fasermaterial)*
расположение *n* Anordnung *f*, Stellung *f*, Lage *f*; Aufstellung *f*; Gruppierung *f* ‖ ~ **в натуральном порядке** Nebeneinanderstellung *f*, Aneinanderlegung *f*, Anlagerung *f*; *(Krist)* Juxtaposition *f* ‖ ~ **в плане** Grundrißanordnung *f* ‖ ~ **в шахматном порядке** *s.* ~/шахматное ‖ ~/**веерное** fächerförmige Anordnung *f* ‖ ~/**вертикальное** Senkrechtanordnung *f*, senkrechte Anordnung *f* ‖ ~/**взаимное** gegenseitige Anordnung *f* ‖ ~ **выводов** *(Eln)* Pin-Anordnung *f* ‖ ~/**гармоническое** *(Math)* harmonische Lage *f (Geraden und Ebenen im Raum)* ‖ ~ **гнездами** Schachtelung *f*, Verschachtelung *f* ‖ ~/**горизонтальное** Waagerechtanordnung *f*, waagerechte (horizontale) Anordnung *f* ‖ ~ **дислокаций** *(Krist)* Versetzungsanordnung *f*, Versetzungskonfiguration *f* ‖ ~ **забоя** *(Bgb)* Stellung *f* des Abbaustoßes ‖ ~ **зарядов** *(Bgb)* Ladungsanordnung *f (Sprengtechnik)* ‖ ~/**звездообразное** Sternanordnung

f, sternförmige Anordnung *f* ‖ ~/**зигзагообразное** Zickzackanordnung *f*, zickzackförmige Anordnung *f*; *(Wlz auch:)* Cross-Country-Gerüstanordnung *f* ‖ ~ **клапанов** Ventilanordnung *f (Verbrennungsmotor)* ‖ ~ **клапанов/боковое** stehende Ventilanordnung *f* ‖ ~ **клапанов/верхнее** hängende Ventilanordnung *f* ‖ ~ **клапанов/нижнее** *s.* ~ клапанов/боковое ‖ ~ **клапанов/подвесное** *s.* ~ клапанов/верхнее ‖ ~ **клапанов/смешанное** gemischte Ventilanordnung *f* ‖ ~ **клетей** *(Wlz)* Gerüstanordnung *f*, Gerüstfolge *f* ‖ ~ **клетей/линейное** offene Gerüstanordnung *f* ‖ ~ **клетей/непрерывное** kontinuierliche Gerüstanordnung *f* ‖ ~ **клетей/открытое** offene Gerüstanordnung *f* ‖ ~ **клетей/последовательно-возвратное** *s.* ~/зигзагообразное ‖ ~ **клетей/последовательное** Gerüstanordnung *f* in einem Strang ‖ ~ **клетей прокатного стана** Walzgerüstanordnung *f*, Walzwerksanordnung *f*, Walzstraßenanordnung *f* ‖ ~ **клетей/ступенчатое** gestaffelte Gerüstanordnung *f*, Staffelanordnung *f* ‖ ~/**кольцевое** Ringanordnung *f* ‖ ~/**консольное** freitragende (fliegende) Anordnung *f* ‖ ~/**крестообразное** kreuzförmige Anordnung *f* ‖ ~/**круговое** Kreisanordnung *f*, kreisförmige Anordnung *f* ‖ ~ **ликвационных зон** Lage *f* der Seigerungszonen *(Stahlguß)* ‖ ~/**линейное** Linienanordnung *f*, linienförmige Anordnung *f* ‖ ~ **на ребро** Hochkantanordnung *f*, Hochkantlage *f* ‖ ~/**осевое** Axialanordnung *f*, axiale Anordnung *f* ‖ ~/**параллельное** Nebeneinanderanordnung *f*, Parallelanordnung *f*, parallele Anordnung *f* ‖ ~/**попарное** paarweise Anordnung *f* ‖ ~/**поперечное** Queranordnung *f* ‖ ~/**последовательное** Hintereinanderanordnung *f*, Reihenanordnung *f*, serielle Anordnung *f (s. a.* ~ тандем*)* ‖ ~ **провод[ник]ов** *(El)* Leiteranordnung *f* ‖ ~/**пространственное** räumliche Anordnung *f* ‖ ~/**прямолинейное** geradlinige (gerade) Anordnung *f* ‖ ~/**прямоугольное** Rechteckanordnung *f*, rechteckige Anordnung *f* ‖ ~/**радиальное** Radialanordnung *f*, radiale Anordnung *f* ‖ ~/**ступенчатое** stufenförmige Anordnung *f (s. a.* ~ клетей/ступенчатое*)* ‖ ~ **тандем** Tandemanordnung *f (s. a.* ~/последовательное*)* ‖ ~ **треугольником** Dreieckanordnung *f* ‖ ~/**угловое** Winkelanordnung *f* ‖ ~ **уступами** Abstufung *f*, Staffelung *f (vertikal)* ‖ ~/**хордовое** Sehnenstellung *f* ‖ ~ **цилиндров/оппозитное** Boxeranordnung *f* der Zylinder *(Verbrennungsmotor; Hubkolbenverdichter)* ‖ ~/**шахматное** [gegenseitig] versetzte Anordnung *f*, Staffelung *f (horizontal) (s. a.* ~ клетей/ступенчатое*)* ‖ ~ **шпуров** *(Bgb)* Sprenglochanordnung *f* ‖ ~ **щёток** *(El)* Bürstenstellung *f*
расположить *s.* располагать
распор *m* 1. Spreizung *f*; 2. *(Mech)* Schub *m*, Schubkraft *f*, Vortrieb *m*, Vorwärtstrieb *m*; 3. *(Gieß)* Verstampfung *f*, Versetzung *f*; 4. Scherkraft *f (Schleppnetzscherbrett)* ‖ ~ **арки** *(Bw)* Bogenschub *m* ‖ ~/**боковой** Seitendruck *m*, Seitenschub *m* ‖ ~/**воспринятый** *(Bw)* aufgehobener Schub *m* ‖ ~/**горизонтальный** *(Bw)* Horizontalschub *m* ‖ ~ **крепи/начальный** *(Bgb)* Verspannung *f* des Ausbaus ‖ ~ **свода** *(Bw)* Gewölbeschub *m*, Gewölbedruck *m*

распорка *f* 1. Spreize *f*, Verstrebung *f*; 2. Abstandsstück *n*, Abstand[s]halter *m*, Distanzstück *n*; 3. Kesselstehbolzen *m*; 4. *(Bgb)* Spreize *f (Ausbau)*; 5. *(Wkz)* Steg *m (Spannsäge)*; 6. Steg *m (Kettenglied)* ‖ ~/**верхняя** oberer Abstandhalter *m* ‖ ~/**винтовая** *(Schiff)* Spindelstütze *f (Hellingmontage)* ‖ ~/**гипсовая** *(Med)* Gipsspreizer *m* ‖ ~/**жёсткая** versteifender Abstandhalter *m* *(Brückenkonstruktion)* ‖ ~/**концевая** Endabstandhalter *m* ‖ ~ **под верхняком [крепёжной рамы]** *(Bgb)* Kopfspreize *f* ‖ ~ **продольных связей** Querstrebe *f* des Längsverbandes *(einer Brückenkonstruktion)* ‖ ~/**рельсовая** *(Eb)* Stegspurstange *f (Gleis)* ‖ ~/**трубчатая** röhrenförmiger Abstandhalter *m* ‖ ~ **якорной цепи** *(Schiff)* Ankerkettensteg *m*
распошивка *f (Text)* Überdecken *n (Nähvorgang)*
расправитель *m* **жгута** *(Text)* Strangöffner *m (Veredlung)* ‖ ~ **полотна** *(Text)* Warenbreithalter *m*
распределение *n* 1. Verteilung *f*; Aufteilung *f*; Einteilung *f*; 2. *(Math)* Verteilung *f (Wahrscheinlichkeitsrechnung, Statistik)*; Distribution *f*, verallgemeinerte Funktion *f (Funktionsanalysis)*; 3. *(Masch)* Steuerung *f (s. a.* газораспределение *und* пароспределение); 4. *(Inf)* Belegung *f*, Verteilung *f*, Zuordnung *f*, Zuweisung *f* ‖ ~ **адресов** *(Inf)* Adressenzuordnung *f*, Adressenzuweisung *f* ‖ ~ **активной нагрузки** *(El)* Wirklastverteilung *f* ‖ ~ **активности** *(Kyb)* Aktivitätsverteilung *f* ‖ ~ **Бернулли** *s*. ~/биномиальное ‖ ~/**биномиальное** *(Math)* [Bernoullische] Binomialverteilung *f*, Bernoullische (binominale) Verteilung *f*, Bernoulli-Verteilung *f* ‖ ~ **Бозе-Эйнштейна** Bose-Einstein-Verteilung *f* ‖ ~ **Больцмана** *(Ph)* Boltzmannsche Verteilung *f* ‖ ~ **в пространстве** Richtungsverteilung *f* ‖ ~ **вероятностей** *(Math)* Wahrscheinlichkeitsverteilung *f* ‖ ~/**вертикальное** *s*. ~ по высоте ‖ ~ **взвесей** *(Ch)* Trübungsverteilung *f* ‖ ~ **впуска** Einlaßsteuerung *f (Verbrennungsmotor)* ‖ ~ **времени** 1. zeitliche Verteilung *f*, Zeitverteilung *f*; 2. Zeitübermittlung *f*; 3. *(Inf)* Zeitteilung *f*, Zeitteilverfahren *n*, Time-Sharing *n* ‖ ~ **выпуска** Auslaßsteuerung *f (Verbrennungsmotor)* ‖ ~ **Гаусса** *(Ph)* Gauß-Verteilung *f*, Gaußsche Verteilung *f* (Fehlerverteilung) *f*, [Gaußsche] Normalverteilung *f* ‖ ~/**гауссово** *s*. ~ Гаусса ‖ ~/**геометрическое** *(Math)* geometrische Verteilung *f* ‖ ~ **Гиббса** *s*. ~ Гиббса/каноническое ‖ ~ **Гиббса/большое каноническое** *(Ph)* großkanonische (große kanonische) Verteilung *f* ‖ ~ **Гиббса/каноническое** *(Ph)* Gibbssche Verteilung *f*, Gibbs-Verteilung *f*, kanonische Verteilung *f* ‖ ~ **Гиббса/микроканоническое** *(Ph)* mikrokanonische Verteilung *f* ‖ ~/**глубинное** *(Geoph)* Tiefenverteilung *f* ‖ ~ **давления** *(Geoph)* Erddruckverteilung *f* ‖ ~/**двумерное** *(Math)* zweidimensionale Verteilung *f* ‖ ~/**двумерное нормальное** zweidimensionale Normalverteilung *f* ‖ ~/**двухтактное** Zweitaktsteuerung *f (Verbrennungsmotor)* ‖ ~ **дефектов** *(Krist)* Defektverteilung *f* ‖ ~ **дискретное** *(Math)* diskrete Verteilung *f* ‖ ~ **доз** *s*. ~/дозовое ‖ ~/**дозовое** *(Kern)* Dosis-

verteilung *f* ‖ ~ **Доннана** *(Ph)* Donnan-Verteilung *f* ‖ ~ **зарядов** *(Ph)* Ladungsverteilung *f* ‖ ~ **земляных масс** Erdmassenverteilung *f* ‖ ~ **зёрен по крупности (размерам)** Korn[größen]verteilung *f* ‖ ~/**золотниковое** Schiebersteuerung *f (Verbrennungsmotor)* ‖ ~ **интенсивности** *(Ph)* Intensitätsverteilung *f* ‖ ~ **источников** *(Hydrod)* Quellenverteilung *f*, Quellenbelegung *f* ‖ ~ **источников и вихрей** *(Hydrod)* Quelle-Wirbel-Verteilung *f* ‖ ~ **источников и стоков** *(Hydrod)* Quelle-Senken-Verteilung *f*, Belegungsfunktion *f* ‖ ~/**клапанное** Ventilsteuerung *f (Verbrennungsmotor)* ‖ ~ **концентрации пыли** Staubkonzentrationsverteilung *f* ‖ ~ **Коши** *(Math)* Cauchy-Verteilung *f*, Cauchysche Verteilung *f* ‖ ~/**кулачковое** *(Masch)* Nockensteuerung *f* ‖ ~ **Лапласа** *(Math)* Laplace-Verteilung *f*, Laplacesche Verteilung *f* ‖ ~/**логарифмически-нормальное** *(Math)* logarithmisch-normale Verteilung *f*, logarithmische Normalverteilung *f*, Normalverteilung *f* zweiter Art ‖ ~ **Максвелла** *(Ph)* Maxwell-[Boltzmann-]Verteilung *f*, Maxwellsches Geschwindigkeitsverteilungsgesetz *n* ‖ ~ **масс[ы]** *(Ph)* Massenverteilung *f* ‖ ~ **массы/бароклинное** *s*. бароклинность ‖ ~ **массы/баротропное** *s*. баротропия ‖ ~/**многомерное** *(Math)* mehrdimensionale (multivariable) Verteilung *f* ‖ ~/**молекулярно-массовое** *(Ch)* Molmassenverteilung *f* ‖ ~ **мощности** Leistungsaufteilung *f* ‖ ~ **нагрузки** *(Mech)* Lastverteilung *f* ‖ ~/**накопленное** *(Meß)* Häufigkeitssummenverteilung *f* ‖ ~ **напряжений** Spannungsverteilung *f* ‖ ~ **напряжённостей поля** *(El)* Feldstärkeverteilung *f*, Feldstärkeverlauf *m* ‖ ~ **населённости** *(Opt)* Besetzungsverteilung *f* ‖ ~/**неоднородное** *s*. ~/смешанное ‖ ~/**непрерывное** *(Math)* stetige (kontinuierliche, geometrische) Verteilung *f* ‖ ~/**нормальное** *s*. ~ Гаусса ‖ ~ **носителей [заряда]** *(Eln)* Ladungsträgerverteilung *f* ‖ ~ **обжатий** Druckverteilung *f (beim Walzen)* ‖ ~/**одностороннее петлевое** Umkehrspülung *f (Verbrennungsmotor)* ‖ ~ **основной памяти** *(Inf)* Hauptspeicherzuordnung *f* ‖ ~ **ошибок** *(Math)* Fehlerverteilung *f* ‖ ~ **памяти** *(Inf)* Speicher[bereichs]zuweisung *f*, Speicherverteilung *f*, Speicher[platz]zuordnung *f*, Speicheraufteilung *f* ‖ ~ **памяти/автоматическое** automatische Speicher[platz]verteilung *f* (Speicher[platz]zuordnung) *f* ‖ ~ **памяти/динамическое** dynamische Speicher[platz]verteilung (Speicher[platz]zuordnung) *f* ‖ ~ **Паскаля** *(Ph)* Pascalsche Verteilung *f*, negative Binominalverteilung *f* ‖ ~ **плотности** Dichteverteilung *f* ‖ ~ **по высоте** *(Ph)* Höhenverteilung *f*, hypsometrische Verteilung *f* ‖ ~ **по кабелю** Kabelrundfunk *m*; Kabelfernsehen *n* ‖ ~ **по скоростям** Geschwindigkeitsverteilung *f* ‖ ~ **по углам** *(Ph)* Winkelverteilung *f*, Richtungsverteilung *f* ‖ ~ **по Ферми** *s*. ~ Ферми ‖ ~ **погрешностей** *(Meß)* Fehlerverteilung *f* ‖ ~ **подъёмной силы** *(Aero)* Auftriebsverteilung *f* ‖ ~ **подъёмной силы по крылу** Auftriebsverteilung *f* am Tragflügel ‖ ~ **подъёмной силы по размаху** Auftriebsverteilung *f* über der Spannweite ‖ ~ **подъёмной силы/эллиптическое** elliptische Auftriebsverteilung *f* ‖ ~ **поля** *(Ph)* Feldverteilung *f*, Feldbild *n*; Feld-

распределение

verlauf m ‖ ~/**поршневое** Kolbensteuerung f, Schlitzssteuerung f (Verbrennungsmotor) ‖ ~ **потенциала** (Eln) Potentialverlauf m, Potentialverteilung f ‖ ~ **потока [нейтронов]** (El) Fluß[linien]verteilung f ‖ ~ **примесей** Störstellenverteilung f, Dotierungsverteilung f (Halbleiter) ‖ ~/**прямоточное** Gleichstromspülung f (Verbrennungsmotor) ‖ ~ **Пуассона** (Math) Poisson-Verteilung f, Poissonsche Verteilung f ‖ ~/**равновесное** (Ph) Gleichgewichtsverteilung f ‖ ~/**равномерное** (Math) gleichmäßige Verteilung f, Gleichverteilung f ‖ ~ **размеров зёрен** Korngrößenverteilung f ‖ ~ **размеров пор** Porengrößenverteilung f ‖ ~ **Рэлея** (Math) Rayleigh-Verteilung f, Rayleighsche Verteilung f ‖ ~ **света** (Photom) Lichtverteilung f ‖ ~ **светового потока** (Photom) Lichtstromverteilung f ‖ ~ **силовых линий** (Ph) Feldlinienverteilung f, Kraftlinienverteilung f ‖ ~ **скоростей** Geschwindigkeitsverteilung f ‖ ~ **скоростей Максвелла** s. ~ **Максвелла** ‖ ~ **скоростей потока** (Hydrod) Strömungsgeschwindigkeitsverteilung f ‖ ~ **слоёв корда** (Gum) Kordlagenversatz m (Reifenherstellung) ‖ ~ **случайной величины** (Math) Verteilung f einer Zufallsgröße ‖ ~ **случайной величины/дискретное** diskrete Verteilung f einer Zufallsgröße ‖ ~ **случайной величины/непрерывное** stetige Verteilung f einer Zufallsgröße ‖ ~/**смешанное** (Math) gemischte (heterogene) Verteilung f ‖ ~/**совместное** s. ~/**многомерное** ‖ ~/**спектральное** (Opt) Spektralverteilung f, spektrale Verteilung f ‖ ~/**статистическое** (Math) statistische Verteilung f ‖ ~ **твёрдости** (Met) Härteverlauf m, Härteverteilung f ‖ ~ **температуры** Temperaturverteilung f ‖ ~ **тепла** (Schw) Wärmeverteilung f ‖ ~ **тока** (El) Stromaufteilung f ‖ ~ **углового** Winkelverteilung f ‖ ~ **Ферми [-Дирака]** (Ph) Fermi-[Dirac-]Verteilung f ‖ ~ **частот** (Meß) Häufigkeitsverteilung f ‖ ~/**четырёхтактное** Viertaktsteuerung f (Verbrennungsmotor) ‖ ~ **энергии** (Ph) Energieverteilung f ‖ ~ **энергии/спектральное относительное** (Ph) Strahlungs[dichte]funktion f ‖ ~ **ядер по размеру** Korngrößenverteilung f ‖ ~ **яркости** 1. (Astr) Helligkeitsverteilung f; 2. (Photom) Leuchtdichteverteilung f, Helligkeitsverteilung f ‖ ~ **ячеек памяти** (Inf) Speicher[zellen]verteilung f

распределитель m 1. Verteiler m; 2. (Hydt) Verteilungsgraben m; 3. (Nrt) Verteiler m, Wähler m; 4. (Hydr) s. ~ **жидкости**; 5. (Kfz) s. ~ **зажигания** ‖ ~ **активных нагрузок** (El) Wirklastverteiler m ‖ ~ **вызовов** (Nrt) Anrufverteiler m, Rufordner m ‖ ~/**грабельный** (Text) Rechenverteiler m ‖ ~/**групповой** (Nrt) Gruppenwähler m ‖ ~/**двухлинейный** (Hydr) Zweiwege[längsschieber]ventil n, Wegeventil n mit zwei gesteuerten Anschlüssen ‖ ~/**двухпозиционный золотниковый** (Hydr) [Längsschieber-]Wegeventil n mit zwei Stellungen (Schaltstellungen) ‖ ~/**двухпозиционный крановый** (Hydr) Drehschieberwegeventil n mit zwei Stellungen (Schaltstellungen) ‖ ~/**двухпозиционный четырёхходовой золотниковый** (Hydr) [Längsschieber-]Vierwegeventil n mit zwei Stellungen (Schaltstellungen), Wegeventil n mit vier gesteuerten Anschlüssen und zwei Stellungen, $4/2$-Wegeventil n ‖ ~/**двухходовой золотниковый** s. ~/**двухлинейный золотниковый** ‖ ~ **жидкости** (Hydr) Wegeventil n ‖ ~ **зажигания** Zündverteiler m (Verbrennungsmotor) ‖ ~/**золотниковый** (Hydr) [Längsschieber-]Wegeventil n ‖ ~/**клапанный** (Hydr) Kegelwegeventil n, Sitzwegeventil n ‖ ~ **ковшовой турбины** verzweigte Druckrohrleitung f (Freistrahlturbine mit zwei und mehr Düsen) ‖ ~/**крановый** (Hydr) Wegeventil n mit Drehschieber, Drehschieberwegeventil n, Drehschieber m ‖ ~/**круговой** (Text) Kreisverteiler m ‖ ~/**кулачковый** Sender[nocken]welle f, Nockenverteiler m ‖ ~/**ленточный** (Text) Bandverteiler m ‖ ~/**магнитный** Magnetverteiler m ‖ ~/**оконечный** (El) Endverzweiger m ‖ ~/**пневматический** (Text) pneumatischer Verteiler m ‖ ~/**реверсивно-золотниковый** (Hydr) [Längsschieber-]Umsteuerwegeventil n ‖ ~ **с бункером/грабельный** (Text) Rechenverteiler m mit Füllschacht ‖ ~ **с гидроуправлением/золотниковый** (Hydr) [Längsschieber-]Wegeventil n mit hydraulischer Verstellung ‖ ~ **с кулачковым управлением/золотниковый** (Hydr) [Längsschieber-]Wegeventil n mit Nockensteuerung ‖ ~ **с пневмоуправлением/золотниковый** (Hydr) [Längsschieber-]Wegeventil n mit pneumatischer Verstellung ‖ ~ **с ручным управлением/золотниковый** (Hydr) [Längsschieber-]Wegeventil n mit Handverstellung ‖ ~ **с управлением от кулачка/золотниковый** (Hydr) [Längsschieber-]Wegeventil n mit Nockensteuerung ‖ ~ **с электрогидровым управлением** (Hydr) [Längsschieber-]Wegeventil n mit elektrohydraulischer Verstellung ‖ ~ **с электроуправлением/золотниковый** (Hydr) [Längsschieber-]Wegeventil n mit elektromagnetischer Verstellung ‖ ~/**синхронный** (El) Synchronverteiler m; Synchronwähler m ‖ ~ **тока высокого напряжения** (Kfz) Zündverteiler m ‖ ~/**трёхлинейный золотниковый** (Hydr) Dreiwege[längsschieber]ventil n, Wegeventil n mit drei steuerbaren Anschlüssen ‖ ~/**трёхпозиционный золотниковый** (Hydr) [Längsschieber-]Wegeventil n mit drei Stellungen (Schaltstellungen) ‖ ~/**трёхпозиционный крановый** (Hydr) Drehschieberwegeventil n mit drei Stellungen (Schaltstellungen) ‖ ~/**трёхпозиционный четырёхходовой золотниковый** (Hydr) [Längsschieber-]Vierwegeventil n mit drei Stellungen (Schaltstellungen), Wegeventil n mit vier gesteuerten Anschlüssen und drei Stellungen ‖ ~/**трёхходовой золотниковый** s. ~/**трёхлинейный золотниковый** ‖ ~/**четырёхходовой золотниковый** (Hydr) Vierwege[längsschieber]ventil n, Wegeventil n mit vier steuerbaren Anschlüssen ‖ ~/**шаговый** (El) Schritt[schalt]wähler m ‖ ~/**шнековый** (Text) Verteiler m ‖ ~/**щёточный** (El) Bürstenverteiler m

распределительность f (Math) Verteilbarkeit f, Distributivität f

распределить s. распределять

распределять verteilen; aufteilen; einteilen

распредустройство n (El) Schaltanlage f; Verteilungsanlage f ‖ ~ **высокого напряжения** Hochspannungsschaltanlage f ‖ ~/**главное**

Hauptschaltanlage f ll ~/**закрытое** Innenraumschaltanlage f, Gebäudeschaltanlage f ll ~/**низковольтное** Niederspannungsschaltanlage f ll ~/**открытое** Freiluftschaltanlage f
распространение n 1. Ausbreitung f, Fortpflanzung f; 2. Verbreitung f ll ~ **в свободном пространстве** Freiraumausbreitung f ll ~ **волн** Wellenausbreitung f ll ~ **волн/[сверх]дальнее** (Rf, TV) Überreichweite f der Wellen ll ~ **давлений** Druckfortpflanzung f, Drucküberstragung f ll ~ **звука** (Ak) Schallausbreitung f ll ~/**коллинеарное** (Opt) kollineare Ausbreitung f ll ~ **ошибок (погрешностей)** (Inf) Fehlerausbreitung f, Fehlerfortpflanzung f ll ~ **прилива** (Geoph) Gezeitendehnung f ll ~/**продольное** Longitudinalausbreitung f ll ~ **радиоволн** Funkwellenausbreitung f ll ~ **Rundfunkwellenausbreitung** f ll ~ **радиоволн/волноводное** s. суперрефракция ll ~ **света** (Opt) Lichtausbreitung f; Lichtfortpflanzung f ll ~ **случайных ошибок** s ~ ошибок ll ~ **тепла** Wärmeausbreitung f, Wärmefortpflanzung f ll ~ **трещины** (Fest) Rißausbreitung f ll ~ **ударов** (Mech) Stoßausbreitung f ll ~ **ультракоротких волн** Ultrakurzwellenausbreitung f, UKW-Ausbreitung f
распространённость f 1. Verbreitung f, Vorkommen n; 2. Häufigkeit f ll ~ **изотопов** (Kern) Isotopenhäufigkeit f ll ~ **изотопов/абсолютное** absolute Isotopenhäufigkeit f ll ~ **изотопов/относительная** relative Isotopenhäufigkeit f ll ~ **элемента** [/**относительная**] Element[en]-häufigkeit f
распрямить s. распрямлять
распрямление n Strecken n; Geraderichten n ll ~ **волокон** (Text) Entkräuseln (Geraderichten) n der Fasern (auf der Strecke)
распрямлённость f **волокон** (Text) Entkräuselung f (Entkräuselungsgrad m) der Fasern
распрямлять 1. strecken; geraderichten; 2. (Text) geraderichten, entkräuseln (Fasern)
распускание n Loslassen n, Entspannen f ll ~ **на полосы** Breitriemenschneiden n (Riemenherstellung)
распускать loslassen, entspannen
распустить s. распускать
распухание n Quellen n, Aufquellen n; Aufblähen n; (Kern) Swelling n, Schwellen n, Brennstoffschwellen n (Spaltmaterial)
распушка f 1. [kegelartige] Erweiterung f; 2. Auffaserung f (Asbest) ll ~ **волочильной матрицы/входная** (Umf) Einlaufkegel m des Ziehringes (Kaltziehen von Rohren und Stangen) ll ~ **волочильной матрицы/выходная** (Umf) Auslaufkegel m des Ziehringes (Kaltziehen von Rohren und Stangen)
распыление n 1. Zerstäuben n, Zerstäubung f; Versprühen n, Verspritzen n (Flüssigkeiten); 2. Verstäuben n (Pulver); 3. Verdüsen n (Pulvermetallurgie); 4. Einspritzen n, Einspritzung f (Dieselmotor; s. a. unter впрыск f.) ll ~/**анодное** Anodenzerstäubung f ll ~/**безвоздушное** hydraulisches (druckloses) Spritzen n, Airless-Spritzen n ll ~ **в вакууме** Zerstäuben n (Zerstäubung f) im Vakuum, Oberflächenzerstäubung f, Sputtering n, Sputtern n ll ~/**вакуумное** s. ~ в вакууме ll ~/**горячее** Heißspritzen n ll ~/**ионно-лучевое** Ionenstrahlzerstäubung f ll

~/**ионно-плазменное** Plasmazerstäubung f ll ~/**катодное** Kathodenzerstäubung f ll ~ **металла** 1. Metallzerstäuben n; 2. Metallspritzen n, Spritzmetallisieren n, Schoop[is]ieren n ll ~/**механическое** mechanische Zerstäubung f ll ~/**непосредственное** Direkteinspritzung f ll ~/**плазменное** Plasmazerstäubung f ll ~/**пневматическое** 1. Druckluftzerstäubung f; 2. pneumatisches Spritzen n, Druckluftspritzen n ll ~ **под давлением** Druckzerstäubung f ll ~ **с подогревом/безвоздушное** Airless-Heißspritzen n ll ~ **струи впрыска** Strahlzerstäubung f (beim Strahleinspritzverfahren des Dieselmotors) ll ~/**термическое** thermisches Spritzen n ll ~ **топлива** Kraftstoffzerstäubung f (Verbrennungsmotor) ll ~/**холодное** Kaltspritzen n ll ~/**центробежное** Fliehkraftzerstäubung f, Zentrifugalzerstäubung f (Pulvermetallurgie) ll ~ **через форсунку** Verdüsen n (Pulverherstellung) ll ~/**электостатическое** elektrostatische Zerstäubung f, Zerstäuben n im elektrostatischen Feld
распылённый zerstäubt, verstäubt, pulverisiert
распыливание n Zerstäubung f (s. a. unter распыление) ll ~ **красителя** (Text) Bluten n des Farbstoffes (Textilfärberei)
распылитель m 1. Zerstäuber m, Aufsprühgerät n, Sprühgerät n, Spritzgerät n; Spritzpistole f; 2. (Kfz) Mischrohr n (des Vergasers) ll ~/**аэрозольный** 1. Aerosolzerstäuber m; 2. (Lw) Nebelgerät n, Nebelmaschine f (Pflanzenschutz) ll ~/**безвоздушный** Airless-Spritzpistole f ll ~/**бесштифтовый** Spitzkegeldüse f (Einspritzdüse; Dieselmotor) ll ~/**бесштифтовый многоструйный** Mehrloch[zerstäuber]düse f (Dieselmotor) ll ~/**бесштифтовый одноструйный** Einloch[einspritz]düse f (Dieselmotor) ll ~ **главного жиклёра** Spritzrohr n des Hauptdüsensystems (des Vergasers) ll ~ **дополнительного жиклёра** Spritzrohr n der Ausgleichdüse (des Vergasers) ll ~/**жидкостный** Flüssigkeitszerstäuber m ll ~ **жиклёра холостого хода** Spritzrohr n der Leerlaufdüse (des Vergasers) ll ~ **закрытой форсунки** Düsenkörper m der geschlossenen Einspritzdüse (Dieselmotor) ll ~/**колокольный** Sprühglocke f (für Anstrichstoffe) ll ~ **компенсационного жиклёра** Korrekturspritzrohr n, Spritzrohr n der Korrekturdüse (des Vergasers) ll ~/**многодырчатый** Mehrloch[zerstäuber]düse f (Dieselmotor) ll ~/**однодырчатый** Einloch[zerstäuber]düse f (Dieselmotor) ll ~ **открытой форсунки** Düsenkörper m der offenen Einspritzdüse (Dieselmotor) ll ~/**пневматический** Druckluftzerstäuber m, Druckluftspritzpistole f ll ~ **с несколькими отверстиями/бесштифтовый** Mehrloch-Spitzkegeldüse f (Einspritzdüse; Dieselmotor) ll ~ **с одним отверстием/бесштифтовый** Einloch-Spitzkegeldüse f (Einspritzdüse; Dieselmotor) ll ~ **с отражателем** s. ~/**ударный** ll ~ **с перекрещивающимися струями** Dralldüse f, Runddrallдüse f ll ~/**ударный** Pralldüse f ll ~/**ультразвуковой** Ultraschallzerstäuber m ll ~ **ускорительного насоса** Spritzrohr n der Beschleunigerpumpe (des Vergasers) ll ~ **холостого хода** Spritzrohr n der Leerlaufeinrichtung (des Vergasers) ll ~/**центробежный** Flieh-

распылитель

kraftzerstäuber *m*; Kegelstrahldüse *f*, Dralldüse *f* ‖ ~/**штифтовый** Zapfendüse *f*, Drosseldüse *f* *(Einspritzdüse; Dieselmotor)* ‖ ~/**электростатический** Elektrostatikzerstäuber *m*, elektrostatische Spritzpistole *f*
распылить *s.* распылять
распыляемость *f* Zerstäubbarkeit *f*; Versprühbarkeit *f*, Spritzbarkeit *f*
распылять 1. zerstäuben; versprühen, verspritzen *(Flüssigkeiten)*; 2. verstäuben *(Pulver)*
рассада *f (Lw)* Setzlinge *mpl*, Pflanzlinge *mpl*, Stecklinge *mpl*
рассверливание *n (Fert)* Aufbohren *n* [mit Spiralbohrer]
рассверливать *(Fert)* aufbohren [mit Spiralbohrer]
рассверлить *s.* рассверливать
рассвет *m* Morgendämmerung *f*
рассев *m* 1. Sieben *n*, Siebung *f*; 2. Ausstreuen *n (von Düngemitteln)*; 3. Sichter *m*, Sichtmaschine *f*; Plansichter *m (Mühle)* ‖ ~/**двенадцатирамный** zwölfsiebiger Plansichter *m* ‖ ~/**двухкорпусный** zweiteiliger Plansichter *m* ‖ ~/**кривошипный** Plansichter *m* mit Kurbelantrieb ‖ ~/**мокрый** Naßsiebung *f* ‖ ~ **на стойках** freistehender Plansichter *m* ‖ ~/**однокорпусный** einteiliger Plansichter *m* ‖ ~/**подвесной** hängender Plansichter *m* ‖ ~/**самобалансирующий** freischwingender Plansichter *m*
рассеивание *n* 1. Zerstreuung *f*, Streuung *f (s. a. unter* рассеяние*)*; 2. *(Lw)* Streuen *n*, Ausstreuen *n (Dünger)* ‖ ~ **показаний** *(Meß)* Streuung *f* der Anzeige, Anzeigenstreuung *f*
рассеиватель *m* 1. Streukörper *m*, Streusubstanz *f*; 2. Lichtstreukörper *m*, lichtstreuender Körper *m*
рассеивать 1. streuen *(Licht, Strahlen)*; 2. *(Lw)* streuen *(Dünger)*
расселение *n (Bw)* Bevölkerungsverteilung *f*; Siedlungsgefüge *n* ‖ ~/**городское** städtische Besiedlung *f* ‖ ~/**групповое** Gruppenbesiedlung *f* ‖ ~/**линейное** lineare Besiedlung *f* ‖ ~/**сельское** ländliche Besiedlung *f*
расселина *f (Geol)* [offener] Riß *m*, Kluft *f*, Erdspalte *f*, Erdriß *m (im Gestein)*
рассечение *n* Rückkehrschnitt *m*
рассечка *f (Bgb)* Ausbrechen *n (eines Grubenbaues)* ‖ ~ **бёрдом** *(Text)* Zahnstreifen *m (Webfehler)*
рассеяние *n* 1. *(Ph)* Streuung *f (z. B. von Strahlen)*; Auffächern *n*, Ausfächern *n (von Elektronenstrahlen)*; *(Kern)* Zerstreuung *f*; 2. Vernichtung *f*, Dissipation *f (z. B. von Energie)* ‖ ~/**антистоксово** *(Ph)* Antistokesstreuung *f* ‖ ~/**боковое** seitliche Streuung *f*, Seitenstreuung *f*; *(El)* Flankenstreuung *f* ‖ ~ **Бриллюэна** Brillouin-Streuung *f* ‖ ~ **Бриллюэна/вынужденное** stimulierte Brillouin-Streuung *f* ‖ ~ **Бхабха** *s.* ~/**электронно-позитронное** ‖ ~ **в головках зубцов** *s.* ~/**зубцовое** ‖ ~ **в зазоре** *(El)* Spaltstreuung *f* ‖ ~/**внутрь** *(Ph)* Hineinstreuung *f* ‖ ~ **вперёд** *(Ph)* Vorwärtsstreuung *f* ‖ ~/**вынужденное комбинационное** *(Ph)* stimulierter (induzierter) Raman-Effekt *m*, stimulierte Raman-Streuung *f*, SRS ‖ ~/**вынужденное резонансное комбинационное** *(Ph)* stimulierte Resonanz-Raman-Streuung *f*, SRRS ‖ ~/**вынужденное рэлеевское** *(Ph)* stimulierte Rayleigh-Streuung *f* ‖ ~/**двойное** *(Ph)* Doppelstreuung *f*,

772

Zweifachstreuung *f* ‖ ~/**двойное комптоновское** doppelte Compton-Streuung *f* ‖ ~/**дислокационное** *(Krist)* Streuung *f* an Versetzungen ‖ ~/**дифракционное** *(Ph)* Diffraktionsstreuung *f*, Beugungsstreuung *f*, Schattenstreuung *f* ‖ ~ **звука (звуковых волн)** *(Ak)* Zerstreuung *f* der Schallwellen ‖ ~/**зона-зонное** *s.* ~/**межзонное** ‖ ~/**зубцовое** *(El, Masch)* Zahnkopfstreuung *f* ‖ ~/**ионосферное** *(Ph)* ionosphärische Streuung *f* ‖ ~/**когерентное** *(Ph)* kohärente Streuung *f* ‖ ~/**комбинационное** *(Opt)* Raman-Streuung *f* ‖ ~/**комптоновское** *(Ph)* Compton-Streuung *f* ‖ ~/**краевое** *(Krist)* Randstreuung *f*, Kantenstreuung *f* ‖ ~/**кулоновское** *(Ph)* Coulomb-Streuung *f*, Coulombsche Streuung *f* ‖ ~ **лазерного излучения** Laserstreuung *f* ‖ ~/**лобовое** *(Ph)* Stirnstreuung *f* ‖ ~/**магнитное** *s.* ~ **Бриллюэна** ‖ ~ **Мандельштама-Бриллюэна** *(El n)* Brillouin-Streuung *f* ‖ ~/**междолинное** *(Ph)* Intervalleystreuung *f*, Zwischentalstreuung *f (Halbleiter)* ‖ ~/**межзонное** *(Ph)* Interbandstreuung *f*, Band-Band-Streuung *f* ‖ ~ **Меллера** *s.* ~ **электронов на электронах** ‖ ~ **Ми** *(Ph)* Mie-Streuung *f* ‖ ~/**многократное** *(Ph)* Mehrfachstreuung *f*, Vielfachstreuung *f* ‖ ~ **на большие углы** *(Ph)* Weitwinkelstreuung *f*, Großwinkelstreuung *f* ‖ ~ **на колебаниях решётки** *(Ph)* Gitterschwingungsstreuung *f*, Streuung *f* an Gitterschwingungsquanten ‖ ~ **на малые углы** *(Ph)* Kleinwinkelstreuung *f* ‖ ~ **на примеси** *(Ph)* Störstellenstreuung *f (Halbleiter)* ‖ ~ **на решётке** *(Krist)* Gitterstreuung *f* ‖ ~ **наводки** *(Meß)* Einstellstreuung *f* ‖ ~ **назад** *s.* ~/**обратное** ‖ ~ **нейтронов** *(Ph)* Neutronenstreuung *f* ‖ ~ **нейтронов на нейтронах** *(Ph)* Neutron-Neutron-Streuung *f* ‖ ~ **нейтронов на протонах** *(Ph)* Neutron-Proton-Streuung *f* ‖ ~ **нейтронов нейтронами** *(Ph)* Neutron-Neutron-Streuung *f* ‖ ~ **нейтронов протонами** *(Ph)* Neutron-Proton-Streuung *f* ‖ ~/**некогерентное** *(Ph)* inkohärente Streuung *f* ‖ ~/**неупругое** *(Ph)* unelastische (inelastische) Streuung *f (Neutronen-, Licht- bzw. Teilchenstreuung)* ‖ ~ **носителей заряда в твёрдых телах** *(Ph)* Streuung *f* von Ladungsträgern in Festkörpern ‖ ~ **носителей носителями [заряда]** *(Ph)* Träger-Träger-Streuung *f* ‖ ~/**обратное** *(Opt)* 1. Rückstreuung *f*, Reflexion *f*; 2. Rückwärtsstreuung *f* ‖ ~/**обратное комбинационное** *(Ph)* inverse Raman-Streuung *f*, IRS, inverser Raman-Effekt *m* ‖ ~/**однократное** *(Ph)* Einfachstreuung *f* ‖ ~/**лазовое** *(El, Masch)* Not[en]streuung *f* ‖ ~/**поляризационно-оптическое** *(Ph)* polare optische Streuung *f*, polaroptische Streuung *f* ‖ ~ **посторонними частицами** *(Krist)* Störstellenstreuung *f (Halbleiter)* ‖ ~/**потенциальное** *(Ph)* Potentialstreuung *f* ‖ ~ **примесными атомами** *s.* ~ **посторонними частицами** ‖ ~ **протонов** *(Ph)* Protonenstreuung *f* ‖ ~/**рамановское** *s.* ~ **света/комбинационное** ‖ ~/**резерфордовское** *(Ph)* Rutherford-Streuung *f*, Rutherfordsche Streuung *f* ‖ ~/**резерфордовское обратное** *(Ph)* Rutherford-Rückstreuung *f*, RBS ‖ ~/**резонансное** *(Ph)* Resonanzstreuung *f* ‖ ~ **рентгеновских лучей** Streuung *f* von Röntgenstrahlen ‖ ~ **решётки дислокаций** *(Krist)* Streuung *f* an Versetzungen (Gitterversetzungen) ‖ ~/**рэлеевское** s. ~ света/рэлеевское ‖ ~ **света** (Opt) Streuung f [des Lichtes], Lichtstreuung f ‖ ~ **света/боковое** Seitwärtsstreuung f ‖ ~ **света/вынужденное комбинационное** stimulierte Raman-Streuung f ‖ ~ **света/когерентное** kohärente Lichtstreuung f ‖ ~ **света/комбинационное** 1. s. ~/комбинационное; 2. [Smekal-]Raman-Effekt m, Kombinationsstreuung f des Lichtes ‖ ~ **света малыми частицами вещества** Tyndall-Streuung f, Tyndall-Effekt m; Tyndall-Phänomen n ‖ ~ **света/модулированное** modulierte Lichtstreuung f ‖ ~ **света/молекулярное** molekulare Lichtstreuung f ‖ ~ **света/некогерентное** inkohärente Lichtstreuung f ‖ ~ **света/резонансное** selektive Streuung f des Lichtes ‖ ~ **света/рэлеевское** Rayleigh-Streuung f, Releighsche Streuung f ‖ ~ **света светом** s. ~ фотонов фотонами ‖ ~ **света свободными электронами** Lichtstreuung f an freien Elektronen ‖ ~ **солнечной радиации** Streuung f der Sonnenstrahlung ‖ ~/**стоксово** (Opt) Stokes-Streuung f ‖ ~/**теневое** s. ~/дифракционное ‖ ~/**тепловое** thermische Streuung f ‖ ~/**упругое** elastische Streuung f (Neutronen-, Licht- bzw. Teilchenstreuung) ‖ ~/**фоновое** (Ph) Untergrundstreuung f ‖ ~ **фотонов фотонами** (Ph) Photon-Photon-Streuung f, Streuung f [von] Licht an Licht ‖ ~ **частиц** (Ph) Teilchenstreuung f ‖ ~/**электронно-дырочное** (Ph) Elektron-Loch-Streuung f ‖ ~/**электронно-позитронное** (Ph) Elektron-Positron-Streuung f, Bhabha-Streuung f ‖ ~ **электронов** (Ph) Elektronenstreuung f ‖ ~ **электронов на позитронах** s. ~/электронно-позитронное ‖ ~ **электронов на электронах** (Ph) Elektron-Elektron-Streuung f, Møller-Streuung ‖ ~ **электронов электронами** s. ~ электронов на электронах ‖ ~/**электрон-фононное** (Ph) Elektron-Phonon-Streuung f ‖ ~ **ядер** Kernstreuung f ‖ ~ **ядер/флюоресцентное** Kernfluoreszenzstreuung f ‖ ~/**ядерное** Kernstreuung f

рассеянный gestreut, zerstreut, dispers
рассеять s. рассеивать
расслаиваемость f **картона** Schichtspaltung f (Pappe)
расслаивание n s. расслоение
расслаивать 1. [ab]schichten, in Schichten zerlegen, [auf]spalten, [ab]trennen; 2. (Ph) entmischen (binäre Systeme)
расслаиваться sich abschichten, sich schichtweise trennen (ablösen), sich in Schichten zerlegen
расслоение n 1. Abschichtung f, schichtenweise Trennung (Ablösung) f, Abblättern n; 2. Spaltung f, Schichtspaltung f, Lamellierung f; 3. (Photo) Schichttrennung f, Schichtablösung f; 4. (Ph) Entmischung f (binärer Systeme); 5. (Wlz) Dopplung f (Fehler, besonders in Stahlblechen durch zusammengewalzte Rest- und Fadenlunker); Holzfaserbruch m (Fehler beim Walzen von Stahlblöcken mit Schwindlunkern); 6. (Bgb) Aufblättern n (des Gebirges); 7. (Geol) Schichtung f ‖ ~ **бетонной смеси** (Bw) Entmischung f des Betons ‖ ~ **латекса** (Gum) Aufrahmen n von Latex ‖ ~ **пароводяной смеси** (Wmt) Entmischung f des Dampf-Wasser-Gemischs, Entmischung n des Naßdampfes ‖ ~ **шихты** (Glas) Gemengeentmischung f

расслоить s. расслаивать
расслоиться s. расслаиваться
рассол m s. рассолонение 5.
рассогласование n 1. Abweichung f, Differenz f, Nichtübereinstimmung f; 2. (Reg) Regelabweichung f; 3. (Rf) Fehlanpassung f ‖ ~/**допустимое** zulässige Regelabweichung f ‖ ~/**максимальное** maximale Regelabweichung f ‖ ~/**начальное** Anfangsabweichung f ‖ ~/**угловое** Winkelabweichung f, Abweichung f bei der Winkeleinstellung
рассогласованность f (Rf) Fehlanpassung f
рассогласованный (Rf) fehlangepaßt
рассол m (Ch) Sole f, Salzsole f ‖ ~/**аммиачный** ammoniakalische Sole f ‖ ~/**замораживающий** Gefriersole f, Kühlsole f ‖ ~/**маточный** Muttersole f ‖ ~/**охлаждающий** Kühlsole f ‖ ~/**термальный** Thermallösung f ‖ ~/**холодильный** s. ~/охлаждающий
рассортировка f Sortieren n, Aussortieren n
рассредоточение n Dezentralisieren n, Dezentralisierung f
рассредоточивать dezentralisieren
рассредоточиваться s. рассредоточивать
расстанавливать 1. aufstellen; 2. (Fert) einstellen, setzen (z. B. Anschläge)
расстановка f 1. Aufstellung f, Anordnung f; 2. (Fert) Einstellen n, Setzen n (z. B. von Anschlägen) ‖ ~ **меток** (Inf) Etikettierung f ‖ ~ **переборок** (Schiff) Schottstellung f ‖ ~ **ряда выводов** (Eln) Reihenabstand m der Anschlüsse
расстеклование n 1. (Glas) Entglasung f; 2. (Geol) s. девитрификация
расстекловываться (Glas) entglasen
расстил m s. стланье
расстояние n 1. (Math) Abstand m, Entfernung f, Distanz f; 2. Weite f; Strecke f ‖ ~/**апогейное** (Astr) Apogäumsdistanz f, Apogäumsentfernung f (Entfernung des Apogäums vom Erdmittelpunkt) ‖ ~/**афельное** (Astr) Apheldistanz f, Aphelentfernung f (Entfernung zwischen Aphel und Sonnenmittelpunkt) ‖ ~/**базовое** Führungsabstand m ‖ ~/**безопасное** Sicherheitsabstand m ‖ ~/**вершинное фокусное** (Opt) Schnittweite f ‖ ~/**видимое зенитное** (Astr) scheinbare Zenitdistanz f ‖ ~ **видимости** Sichtweite f ‖ ~/**второе фокусное** s. ~/заднее фокусное ‖ ~/**гиперфокальное** (Opt) Hyperfokale f ‖ ~/**гипоцентральное** (Geoph) Herddistanz f, Herdentfernung f, Hypozentralentfernung f, Hypozentraldistanz f (Erdbeben) ‖ ~ **до горизонта** optische Sicht[reich]weite f ‖ ~ **до объекта (предмета)** (Opt) Dingweite f, Objektweite f, Gegenstandsweite f ‖ ~/**дублетное** (Ph) Dublettabstand m ‖ ~/**дуговое** (El) Lichtbogenstrecke f (Entfernung) ‖ ~/**заднее вершинное фокусное** (Opt) Bildschnittweite f, bildseitige Schnittweite f ‖ ~/**заднее фокусное** (Opt) Bildbrennweite f, bildseitige Brennweite f ‖ ~/**зенитное** (Astr) Zenitdistanz f ‖ ~/**изоляционное** (El) Isolierabstand m ‖ ~/**искровое** (El) Funkenstrecke f (Entfernung) ‖ ~/**истинное зенитное** (Astr) wahre Zenitdistanz f ‖ ~/**кодовое** Kodeabstand m ‖ ~/**межатомное** s. ~/межатомное ‖ ~/**межатомное** (Wlz) Walzenabstand m, Walz[en]spalt m ‖ ~/**межгоризонтное** (Bgb) Sohlenabstand m ‖ ~ **между дефектами** Störstellenabstand m (Halbleiter) ‖ ~ **между**

расстояние

опорами *(Bw)* Stützweite *f*, Spannweite *f* ‖ **~/междуатомное** Atomabstand *m*, interatomarer Abstand *m* ‖ **~/междувалковое** *(Wlz)* Walzenabstand *m*, Walz[en]spalt *m* ‖ **~/междупутное** *(Eb)* Gleisabstand *m* ‖ **~/междуэтажное** *s.* **~/межгоризонтное** ‖ **~/межзрачковое** *(Opt)* Pupillendistanz *f* ‖ **~/межосевое** Achsabstand *m* ‖ **~/межплоскостное** *(Krist)* Netzebenenabstand *m (Braggsche Reflexionsbedingung)* ‖ **~/межпроводн[иков]ое** *(Eb)* Leiterabstand *m*; Drahtabstand *m* ‖ **~/межцентровое** 1. Mittenabstand *m*; 2. *(Fert)* Spitzenweite *f (Drehmaschine)* ‖ **~/межшпальное** *(Eb)* Schwellenabstand *m*, Schwellenfeld *n* ‖ **~/межъядерное** *(Kern)* Kernabstand *m*, Atomabstand *m* ‖ **~/межэлектродное** *(El)* Elektrodenabstand *m* ‖ **~ наилучшего зрения** *(Opt)* Bezugssehweite *f*, Normsehweite *f* ‖ **~/наклонное** Schrägabstand *m* ‖ **~/ограждающее** *(Schiff)* Gefahrenabstand *m (Navigation)* ‖ **~ от гипоцентра** *s.* **~/гипоцентральное** ‖ **~ отверстий/межцентровое** *(Fert)* Bohrungs[mitten]abstand *m*, Loch[mitten]abstand *m* ‖ **~/относительное фокусное** *(Opt)* Öffnungszahl *f*, Blendenzahl *f* ‖ **~ очага** *s.* **~/гипоцентральное** ‖ **~ первое фокусное** *s.* **~/переднее фокусное** ‖ **~ передачи** Übertragungsentfernung *f* ‖ **~/переднее вершинное фокусное** *(Opt)* Objektschnittweite *f*, objektseitige Schnittweite *f* ‖ **~/переднее фокусное** *(Opt)* Dingbrennweite *f*, Objektbrennweite *f*, dingseitige (objektseitige) Brennweite *f* ‖ **~/перигейное** *(Astr)* Perigäumsdistanz *f*, Perigäumsentfernung *f (Entfernung zwischen Perigäum und Erdmittelpunkt)* ‖ **~ перигелия (перицентра) от узла/угловое** *(Astr)* Winkelabstand *m* des Perihels vom aufsteigenden Knoten *(Bahnelement)* ‖ **~/перигельное** *(Astr)* Periheldistanz *f*, Perihelentfernung *f (Entfernung zwischen Perihel und Sonnenmittelpunkt)* ‖ **~ по наружной поверхности/разрядное** *(El)* Überschlagstrecke *f (Entfernung)* ‖ **~ по прямой** *(Geod)* Luftlinie *f*, Entfernung *f* in Luftlinie ‖ **~ полос** *(Opt)* Streifenabstand *m (bei Interferenzen)* ‖ **~/полюсное** *(El)* Polabstand *m* ‖ **~/полярное** 1. *(Math)* Polabstand *m (Kugelkoordinatensystem)*; 2. *(Astr)* Poldistanz *f (astronomische Koordinaten; Stundenwinkelsystem)* ‖ **~ при беззазорном зацеплении/межосевое** *(Masch)* spielfreier (flankenspielfreier) Achsabstand *m*, Achsabstand *m* bei spielfreiem Eingriff ‖ **~ при перекрытии исходного контура/межосевое** *(Masch)* Achsabstand *m* bei Bezugsprofildeckung ‖ **~/пробивное** *(El)* Durchschlagstrecke *f (Entfernung)* ‖ **~/проекционное** *(Opt)* Projektionsentfernung *f* ‖ **~/разрядное** Entladungsstrecke *f (Entfernung)* ‖ **~/расчётное** rechnerischer Abstand *m* ‖ **~/сверхфокальное** *s.* **~/гиперфокальное** ‖ **~ скачка** 1. *(El)* Sprungentfernung *f*; 2. *(Wkst)* Sprungdistanz *f (bei Ultraschallprüfungen)*; 3. *(Kern)* Sprungdistanz *f (von Ionen)* ‖ **~/среднеквадратичное** *(Math)* mittlerer quadratischer Abstand *m*, quadratisch gemittelter Abstand *m* ‖ **~/сухоразрядное** *(El)* Trockenüberschlag[s]strecke *f (Entfernung)* ‖ **~/телесейсмическое** *(Geoph)* teleseismische Entfernung *f* ‖ **~ температурного скачка** *(Ph)* Temperatursprungdistanz *f*, Temperatursprungentfernung *f* ‖ **~/угловое** Winkelabstand *m* ‖ **~/фокусное** *(Opt)* 1. Brennweite *f*, Fokalweite *f*; 2. Brennpunktabstand *m*, Fokaldistanz *f* ‖ **~/численное** numerische Entfernung *f* ‖ **~/эквивалентное фокусное** *(Opt)* Äquivalenzbrennweite *f* ‖ **~/эпицентральное** *(Geoph)* Epizentraldistanz *f*, Epizentralentfernung *f*

расстраивать *(Rf)* verstimmen

расстрел *m (Bgb)* Einstrich *m (Schachteinbau)* ‖ **~/вспомогательный** Hilfseinstrich *m* ‖ **~/главный** Haupteinstrich *m* ‖ **~/центральный** Mitteleinstrich *m*

расстроенный *(Rf)* verstimmt

расстроить *s.* **расстраивать**

расстройка *f (Rf)* Verstimmung *f* ‖ **~ колебательного контура** Schwingkreisverstimmung *f* ‖ **~/остаточная** Restverstimmung *f* ‖ **~/частотная** Frequenzverstimmung *f*

расстройство *n* Defekt *m*, Zerstörung *f*, Schaden *m*; Störung *f*

расстроповка *f* Lösen *n* vom Anschlagmittel, Aushängen *n*

расстрочка *f (Led)* Nahtverzierung *f*

расстыковать entkoppeln, abkoppeln, trennen

расстыковка *f* Entkoppeln *n*, Abkoppeln *n*, Trennen *n*

рассчитывать ausrechnen, berechnen

рассыпаться zerfallen *(zu Pulver)*, zerrieseln

рассыпчатость *f* Streubarkeit *f (z. B. von Schüttgut)*

расталкивание *n* **модели** *(Gieß)* Losschlagen (Losklopfen) *n* des Modells

расталкивать *(Gieß)* losschlagen, losklopfen *(Modell)*

растапливать anheizen

растачивание *n (Fert)* 1. Ausdrehen *n*; 2. Aufbohren *n* ‖ **~/окончательное** Fertigausdrehen *n* ‖ **~/тонкое** Feinausdrehen *n*, Feinbohren *n* ‖ **~/черновое** Schruppausdrehen *n* ‖ **~/чистовое** Schlichtausdrehen *n*

растачивать *(Fert)* 1. ausdrehen, innenrunddrehen; 2. aufbohren

раствор *m* 1. *(Ch)* Lösung *f*; 2. Flüssigkeit *f*; Lauge *f*; Bad *n*; 3. *(Bw)* Mörtel *m*; 4. Öffnung *f*, Spannweite *f*, Weite *f (z. B. eines Strahlers)* ‖ **~/акустический** *(Bw)* Akustikmörtel *m* ‖ **~/алебастровый** *(Bw)* Alabastermörtel *m*, Stuckgipsmörtel *m* ‖ **~/алкацидный** *(Ch)* Alkazidlauge *f* ‖ **~/анализируемый** Untersuchungslösung *f*, zu untersuchende Lösung *f* ‖ **~/ангидритовый** *(Bw)* Anhydritmörtel *m* ‖ **~/аномальный твёрдый** *(Krist)* anomaler Mischkristall *m*, Absorptionsmischkristall *m* ‖ **~ антенны** *(Rf)* Antennenöffnung *f* ‖ **~/асфальтовый** Asphaltmörtel *m* ‖ **~/аэрированный** *(Bgb)* belüftete Spülung *f (Bohrung)* ‖ **~/белильный** *(Text)* Bleichlösung *f*, Bleichflüssigkeit *f*, Bleichlauge *f* ‖ **~/буровой** *(Bgb)* Bohrspülung *f* ‖ **~/буферный** *(Ch)* Pufferlösung *f* ‖ **~/быстросхватывающийся** *(Bw)* schnellbindender Mörtel *m* ‖ **~ валков** *(Wlz)* Walzenöffnung *f*, Höhe *f* des Walzenspaltes ‖ **~/вирирующий** *(Photo)* Tonungslösung *f*, Tonungsbad *n* ‖ **~ внедрения/твёрдый** *(Krist)* Einlagerungsmischkristall *m*, interstitieller Mischkristall *m*, interstitielle Festlösung *f*, Interstitiallösung *f* ‖ **~/водный** *(Ch)* wäßrige Lösung *f* ‖ **~/воздушный** *(Bw)* Luft[kalk]mörtel *m (Mörtel ohne hydraulische Zuschläge)* ‖ ~/**выходящий** *(Ch)* Endlösung *f* ‖ ~ **вычитания/твёрдый** *(Krist)* Subtraktionsmischkristall *m (nach Laves)* ‖ ~/**газированный** *(Bgb)* durchgaste Spülung *f (Bohrung)* ‖ ~/**гидравлический** hydraulischer Mörtel *m (Zementmörtel, Wasserkalkmörtel)* ‖ ~/**гипсовый** *(Bw)* Gipsmörtel *m* ‖ ~/**глинистый** 1. *(Bw)* Lehmmörtel *m*; 2. *(Bgb)* Tonspülung *f (Bohrung)* ‖ ~/**граммолекулярный** *s.* ~/**молярный** ‖ ~/**густой** *(Bgb)* Dickspülung *f (Bohrung)* ‖ ~ **деления/твёрдый** *(Krist)* Divisionsmischkristall *m (nach Laves)* ‖ ~/**децинормальный** *(Ch)* $^1/_{10}$-Normallösung *f*, 0,1 *n*-Lösung *f*, Zehntelnormallösung *f* ‖ ~/**динасовый** *(Bw)* Silikatmörtel *m* ‖ ~ **для травления** Ätzlösung *f*; Beizlösung *f*, Beizbad *n*, Beizflüssigkeit *f* ‖ ~ **добавления/твёрдый** *(Krist)* Additionsmischkristall *m* ‖ ~/**дубильный** *(Led)* Gerbbrühe *f*, Gerbflotte *f* ‖ ~/**дубящий** *(Photo)* Härtebad *n*, Härtungsbad *n*, gerbendes Bad *n* ‖ ~ **едкого кали/водный** *(Ch)* Kalilauge *f*, Ätzkalilösung *f* ‖ ~ **едкого натра/водный** *(Ch)* Natronlauge *f*, Ätznatronlösung *f* ‖ ~ **едкой щёлочи/водный** *(Ch)* Ätzlauge *f*, Alkalilauge *f* ‖ ~/**жидкий** *(Bw)* dünnflüssiger Mörtel *m*, Schlempe *f* ‖ ~/**жирный** *(Bw)* fetter Mörtel *m* ‖ ~ **замещения [/твёрдый]** *(Krist)* Substitutionsmischkristall *m*, Austauschmischkristall *m*, substitutionelle Festlösung *f* ‖ ~/**запасной** *(Ch)* Vorrat[s]lösung *f* ‖ ~/**идеальный** *(Ch)* ideale Lösung *f* ‖ ~/**известково-гипсовый** *(Bw)* Gipskalkmörtel *m* ‖ ~/**известково-песчаный** *(Bw)* Kalksandmörtel *m* ‖ ~/**известковый** *(Bw)* Kalkmörtel *m* ‖ ~/**изоморфный твёрдый** *(Krist)* isomorpher Mischkristall *m* ‖ ~/**инъекционный** *(Bw)* Einpreßmörtel *m* ‖ ~/**испытуемый** zu prüfende Lösung *f*, Versuchslösung *f*, Probelösung *f* ‖ ~/**истинный** *(Ch)* echte Lösung *f* ‖ ~/**исходный** *(Ch)* Ausgangslösung *f*, Stammlösung *f* ‖ ~ **каустика** *s.* ~ **едкого натра/водный** ‖ ~/**кислый** *(Ch)* saure Lösung *f* ‖ ~/**кладочный** *(Bw)* Mauermörtel *m* ‖ ~ **Кнопа/питательный** *(Bw)* Knopsche Nährlösung *f* ‖ ~/**коллоидный** *(Ch)* Kolloidlösung *f*, kolloid[al]e Lösung *f* ‖ ~/**концентрированный** *(Ch)* konzentrierte Lösung *f* ‖ ~/**красильный** 1. *(Text)* Färbeflotte *f*, Flotte *f*; 2. *(Led)* Farbe *f*, gerbstoffarme Gerbbrühe *f* ‖ ~/**магнезиальный** *(Bw)* Magnesiamörtel *m* ‖ ~/**маточный** *(Ch)* Mutterlauge *f (s. a.* ~/**межкристальный)** ‖ ~/**медленно схватывающийся** *(Bw)* langsambindender Mörtel *m* ‖ ~/**межкристальный** Mutterlösung *f*, Muttersirup *m (Zuckergewinnung)* ‖ ~/**моечный** Waschmittellösung *f* ‖ ~/**моляльный** *(Ch)* molale Lösung *f* ‖ ~/**молярный** *(Ch)* Molarlösung *f*, molare Lösung *f*, 1m-Lösung *f* ‖ ~/**моющий** Waschmittellösung *f* ‖ ~/**мыльный** Seifenlösung *f* ‖ ~/**нагнетаемый** *(Bw)* Einpreßmörtel *m* ‖ ~/**насыщенный** *(Ch)* gesättigte Lösung *f* ‖ ~/**неводный** *(Ch)* nichtwäßrige Lösung *f* ‖ ~/**ненасыщенный** *(Ch)* ungesättigte Lösung *f* ‖ ~/**неограниченный (непрерывный) твёрдый** *(Krist)* unbeschränkter (lückenloser, vollständiger) Mischkristall *m* ‖ ~/**неупорядоченный твёрдый** *(Krist)* ungeordneter (echter) Mischkristall *m* ‖ ~/**нормальный** *(Ch)* Normallösung *f* ‖ ~/**нулевой** *(Ch)* Blindlösung *f* ‖ ~/**образцовый** *(Ch)* Eichlösung *f* ‖ ~/**обыкновенный** *s.* ~/**истинный** ‖ ~/**огнеупорный** *(Bw)* feuerfester Mörtel *m* ‖ ~/**ограниченный твёрдый** *(Krist)* beschränkter Mischkristall *m* ‖ ~/**одномоляльный** *s.* ~/**моляльный** ‖ ~/**одномолярный** *s.* ~/**молярный** ‖ ~/**однонормальный** *(Ch)* [einfach]normale Lösung *f*, 1n-Lösung *f* ‖ ~/**окрашивающий** Farbbad *n* ‖ ~/**освежающий** *(Photo)* Regeneratorlösung *f*, Nachfüllösung *f* ‖ ~/**ослабляющий** *(Photo)* Abschwächungsbad *n* ‖ ~/**основной** *(Ch)* Stammlösung *f*, Grundlösung *f* ‖ ~/**останавливающий** *(Photo)* Unterbrecherbad *n*, Stoppbad *n* ‖ ~/**отбеливающе-фиксирующий** *(Photo)* Bleichfixierlösung *f*, Bleichfixierbad *n* ‖ ~/**отбеливающий** *(Photo)* Bleichbad *n*, Bleichlösung *f* ‖ ~/**отделочный** 1. Putzmörtel *m*; 2. Nachbehandlungsflüssigkeit *f* ‖ ~/**отработанный** *(Led)* abgearbeitete (ausgezehrte) Brühe *f* ‖ ~/**отработанный травильный** Beizablauge *f*, Beizabwasser *n* ‖ ~/**первоначальный** *s.* ~/**исходный** ‖ ~/**пересыщенный** *(Ch)* übersättigte Lösung *f* ‖ ~/**пересыщенный твёрдый** *(Krist)* übersättigte Festlösung *f* ‖ ~/**пикельный** *(Led)* Pickelbrühe *f*, Pickel *m* ‖ ~ **поваренной соли/физиологический** physiologische Kochsalzlösung *f* ‖ ~/**поглотительный** *(Ch)* Absorptionsflüssigkeit *f* ‖ ~/**поливочный** *(Photo)* Begießlösung *f* ‖ ~/**полимерный** *(Bw)* Plastmörtel *m* ‖ ~ **полимеров** *(Ch)* Polymerlösung *f* ‖ ~/**полностью неупорядоченный твёрдый** *(Krist)* vollkommen ungeordneter Mischkristall *m* ‖ ~ **присоединения/твёрдый** *(Krist)* Additionsmischkristall *m* ‖ ~/**промывочный** *(Bgb)* Spülung *f (Bohrung)* ‖ ~/**пропитывающий** *(Text)* Imprägnierflotte *f* ‖ ~/**проявляющий** *(Photo)* Entwicklerlösung *f* ‖ ~/**прядильный** *(Text)* Spinnlösung *f (Chemiefaserherstellung)* ‖ ~ **пучка [/угловой]** *(Opt)* Bündelöffnung *f*, Bündelapertur *f* ‖ ~/**рабочий** *(Ch)* gebrauchsfertige Lösung *f*, Gebrauchslösung *f*, Betriebslösung *f (Text)* Behandlungsflüssigkeit *f*, Waschflüssigkeit *f (Chemiefaserherstellung)* ‖ ~/**разбавленный (разведённый)** *(Ch)* verdünnte Lösung *f* ‖ ~ **с дефектами структуры/твёрдый** *(Krist)* Defektmischkristall *m* ‖ ~ **с разрывом сплошности/твёрдый** *(Krist)* beschränkter Mischkristall *m* ‖ ~/**сложный (смешанный)** *(Bw)* Mischmörtel *m (Gruppenbegriff für Kalkzement-, Lehmzement- und Gipsmörtel)* ‖ ~/**содовый** *(Ch)* Sodalösung *f* ‖ ~/**соляной** Salzlösung *f*, Sole *f* ‖ ~/**сопряжённый твёрдый** *(Krist)* gekoppelter Mischkristall *m* ‖ ~/**спиртовой** *(Ch)* alkoholische Lösung *f* ‖ ~/**стандартный** *(Ch)* Standardlösung *f*, Vergleichslösung *f* ‖ ~/**строительный** *(Bw)* Mörtel *m* ‖ ~/**сульфитный** Sulfit[ab]lauge *f* ‖ ~/**твёрдый** Mischkristall *m*, Festlösung *f* ‖ ~/**теплоизоляционный** *(Bw)* Wärmedämmörtel *m*, wärmeisolierender Mörtel *m* ‖ ~/**титрованный (титруюший)** *(Ch)* Maßlösung *f*, Titrationslösung *f* ‖ ~/**товарный** *(Bw)* Transportmörtel *m* ‖ ~/**тонирующий** *(Photo)* Tonungslösung *f*, Tonungsbad *n* ‖ ~/**топливный** *(Kern)* Spaltstofflösung *f* ‖ ~/**травильный** Beizlösung *f*, Beizflüssigkeit *f*, Beizbad *n*, Beizmittel *n*; Ätzmittel *n*, Ätzlösung *f* ‖ ~/**травящий**

раствор

(Typ) Ätzflüssigkeit f ‖ **~/тяжёлый** (Bw) schwerer Mörtel m ‖ **~/увлажняющий** (Typ) 1. Feuchtmittel n; 2. Wischwasser n ‖ **~/упорядоченный твёрдый** (Krist) geordneter Mischkristall m ‖ **~/усиливающий** (Photo) Verstärkerlösung f, Verstärkungsbad n ‖ **~/утяжелённый** (Bgb) Schwerspülung f (Bohrung) ‖ **~/Фелингов** (Ch) Fehlingsche Lösung f ‖ **~/физиологический** physiologische Lösung f; physiologische Kochsalzlösung f ‖ **~/фиксажный (фиксирующий)** (Photo) Fixierbad n, Fixierlösung f ‖ **~/формовочный** (Bw) Stuckmörtel m ‖ ~ **холостой пробы** s. ~/нулевой ‖ **~/цементно-глинистый** (Bw) Lehmzementmörtel m ‖ **~/цементно-известковый** (Bw) Kalkzementmörtel m ‖ **~/цементный** (Bw) Zementmörtel m ‖ **~/цианистый** (Ch) Zyanidlösung f, Zyanidlauge f ‖ **~/шлаковый** (Bw) Schlackezementmörtel m ‖ **~/штукатурный** (Bw) Putzmörtel m ‖ ~ **щёлочи** (Ch) Alkalilösung f, Alkalilauge f ‖ ~ **щёлочи/концентрированный** Starklauge f ‖ **~/щелочной** (Ch) alkalische Lösung f; Alkalilösung f, Alkalilauge f ‖ **~/эквимолекулярный** (Ch) äquimolare (äquimolekulare) Lösung f ‖ **~/электролитный** Elektrolytflüssigkeit f, Elektrolyt m ‖ **~/эталонный** s. ~/стандартный

растворение n Lösen n, Lösung f, Auflösen n, Auflösung f ‖ ~ **в междоузлиях** (Krist) interstitielle Auflösung f ‖ ~ **в узлах решётки** (Krist) substitionelle Auflösung f

растворённое n Gelöstes n, [auf]gelöster Stoff m

растворимость f Löslichkeit f, Lösbarkeit f ‖ ~ **в воде** Wasserlöslichkeit f ‖ ~ **в кислотах** Säurelöslichkeit f ‖ ~ **в щёлочи** Alkalilöslichkeit f ‖ **~/взаимная** gegenseitige Löslichkeit f ‖ **~/ограниченная** beschränkte (begrenzte) Löslichkeit f

растворимый löslich, [auf]lösbar ‖ ~ **в спирте** alkohollöslich ‖ ~ **в щёлочи** alkalilöslich ‖ ~ **в эфире** etherlöslich

растворитель m 1. Lösungsmittel n, Löser m; 2. Verdünnungsmittel n (Farben, Lacke); 3. Löser m, Löseapparat m, Auflöser m ‖ ~ **жиров** Fettlösungsmittel n ‖ **~/избирательный** s. ~/селективный ‖ **~/лаковый** Lacklösungsmittel n ‖ **~/селективный** Selektivlösungsmittel n

растворить s. растворять

растворовоз m (Bw) Mörteltransportfahrzeug n

растворомёт m (Bw) Mörtelspritzanlage f, Mörtelspritzgerät n

растворомешалка f s. растворосмеситель

растворонасос m (Bw) Mörtelpumpe f ‖ **~/диафрагменный (мембранный)** Membranmörtelpumpe f ‖ **~/плунжерный** Tauchkolbenmörtelpumpe f ‖ **~/прямоточный (свободный)** Freifallmörtelpumpe f

растворопровод m (Bw) Mörtelleitung f

растворосмеситель m (Bw) Mörtelmischer m, Mörtelmischmaschine f ‖ **~/шнековый** Schneckenmörtelmischer m

растворяемость f Löslichkeit f, Lösbarkeit f

растворять 1. auflösen, lösen; 2. aufmachen, aufsperren, [weit] öffnen

растекаемость f Ausbreitmaß n, Fließfähigkeit f, Fließvermögen n

растекание n 1. Ausbreiten n; Auseinanderfließen n, Zerfließen n; 2. (Ph) Spreitung f, vollkommene Benetzung f; 3. (Geol) Diffluenz f (des Eises)

растекаться zerfließen, auseinanderfließen

растение n (Lw) Pflanze f, Gewächs n ‖ **~/волокнистое** Faserpflanze f ‖ **~/декоративное** Zierpflanze f, Ziergewächs n ‖ **~/дубильное** Gerbstoffpflanze f ‖ **~/злаковое** Getreidepflanze f, Getreide n ‖ **~/каучуконосное** Kautschukpflanze f ‖ **~/кормовое** Futterpflanze f ‖ **~/красильное** Farb[stoff]pflanze f ‖ **~/лекарственное** Arzneipflanze f, Heilpflanze f ‖ **~/масличное** Ölpflanze f, Ölfrucht f, Ölsaat f ‖ **~/медоносное** Honigpflanze f, Trachtpflanze f ‖ **~/подопытное** Versuchspflanze f ‖ **~/прядильное** Gespinstpflanze f, Faserpflanze f ‖ **~/пряное** Gewürzpflanze f ‖ **~/сахароносное** zuckerliefernde Pflanze f ‖ **~/текстильное** s. ~/прядильное ‖ **~/техническое** Industriepflanze f, Handelspflanze f, Handelsgewächs n (Sammelbegriff für vorwiegend Industrierohstoffe liefernde Kulturpflanzen) ‖ **~/эфирномасличное** aromatische (ätherische) Ölpflanze f

растениеводство n (Lw) 1. Pflanzenzüchtung f, Anbau m von Kulturpflanzen; 2. Pflanzenbaulehre f

растения npl/**сорные** (Lw) Unkräuter npl

растереть s. растирать

растечься s. растекаться

растир m s. растирание ‖ ~ **краски** (Typ) Farbverreibung f

растирание n 1. Zerreiben n, Zerstoßen n (im Mörser); 2. Anreiben n, Verreiben n (Anstrichmittel)

растиратель m (Text) Zerreiber m (Chemiefaserherstellung) ‖ ~ **вискозы** Viskosezerreiber m ‖ ~ **вискозы/дисковый** Tellerradzerreiber m ‖ ~ **вискозы/лопастный** Schaufelradzerreiber m

растирать 1. zerreiben, zerstoßen (im Mörser); 2. anreiben, verreiben (Anstrichmittel)

растительность f 1. Pflanzenwelt f, Vegetation f; 2. (Lw) Pflanzendecke f ‖ **~/антропогенная** anthropogene Vegetation f ‖ **~/вторичная** Sekundärvegetation f ‖ **~/дикая** Wildvegetation f ‖ **~/коренная (первичная)** Urvegetation f, Primärvegetation f

растительноядный pflanzenschädigend, phytotoxisch

растопка f Aufheizen n, Anheizen n (Ofen); Anfahren n (Dampferzeuger)

растормаживание n (Kfz) Bremslösung f, Lösen n der Bremsen

растормаживать (Kfz) losbremsen, die Bremsen lösen

расторможение n s. растормаживание

растормозить s. растормаживать

растроцовка f (Holz) Hirnschnitt m

расточить s. растачивать

расточка f (Fert) 1. Ausdrehung f; 2. s. растачивание ‖ **~/коническая** kegelige Ausdrehung f

растр m (Opt) Raster m; (TV) Raster m ‖ **~/двухлинейный** s. ~/параллельный ‖ **~/зернистый** (Opt) Kornraster m ‖ ~ **из горизонтальных строк** (TV) Zeilenraster n ‖ ~ **изображения** (TV) Bildraster n ‖ **~/линейный** (TV) Strichra-

ster n || ~/**линейчатый** (Opt) Linienraster m ||
~/**линзовый** (Opt) Linsenraster m || ~/**нерегулярный** (Opt) unregelmäßiger Raster m ||
~/**параллельный** (Opt) Parallelraster m ||
~/**полосатый** (TV) Streifenraster n || ~ **разложения** (TV) Abtastraster n || ~/**регулярный** (Opt) regelmäßiger Raster m || ~/**сотовый** (Opt) Wabenraster m || ~/**строчный** (Opt) Zeilenraster m || ~/**телевизионный** Fernsehraster n || ~/**точечный** (TV) Punktraster n || ~/**штриховой** (Opt) Strichraster m
растравливание n Abätzen n
растрескивание n 1. Bersten n, Zerspringen n; Rißbildung f, Rissigwerden n; 2. (Krist) Dekrepitieren n || ~/**внутризёренное коррозионное** (Fest) transkristalline Spannungsrißkorrosion f || ~/**коррозионное** (Fest) Rißkorrosion f; Spannungsrißkorrosion f || ~/**межзёренное коррозионное** (Fest) interkristalline Spannungsrißkorrosion f || ~/**озонное** (Kst, Gum) Ozonrißbildung f || ~/**сероводородное** (Fest) Schwefelwasserstoffrißkorrosion f || ~/**слоистое** (Fest) Lamellenrißbildung f
растрескиваться 1. rissig werden; 2. bersten, platzen; zerspringen; 3. (Krist) dekrepitieren
раструб m Muffe f, Rohrmuffe f || ~/**вентиляционный** (Schiff) natürlicher Lüfter m, Lüfterkopf m || ~/**двойной** Doppelmuffe f || ~ **заднего моста** (Kfz) Hinterachtrichter m (Trichterachse)
растягивание s. растяжение
растягивать 1. dehnen, ausdehnen, strecken, recken, [auseinander]ziehen; 2. (Flg) s. расчаливать
растяжение n Dehnung f, Ausdehnung f, Streckung f, Reckung f, Zug m, Dehnen n, Ausdehnen n, Strecken n, Recken n, Ziehen n, Auseinanderziehen n || ~/**горячее** (Met) Warmrecken n, Warmstrecken n || ~ **диапазона частот** s. ~ **полосы частот** || ~ **импульса** (El) Impulsdehnung f || ~/**линейное** (Met) axiale (einachsige) Streckung f || ~ **полосы частот** (Rf) Frequenzbanddehnung f, Frequenzbandspreizung f || ~ **при асимметричных циклах** (Wkst) Zugschwellbeanspruchung f || ~/**упругое** (Fest) elastische Dehnung f || ~/**трёхосевое** (Fest) dreiachsige Zugbeanspruchung f
растяжимость f (Fest) Dehnbarkeit f, Streckbarkeit f, Duktilität f
растяжка f 1. Auseinanderziehen n, Strecken n, Recken n (s. a. unter растяжение); 2. s. расчалка 1. || ~ **наружной обшивки** (Schiff) Außenhautabwicklung f
растянуть s. растягивать
расфасованный in Packungen (Ware), abgepackt, abgefüllt, konfektioniert
расфасовать s. фасовать
расфасовка f s. фасовка
расфасовывать s. фасовать
расфокусирование n s. расфокусировка
расфокусировка f (Opt) Defokussierung f, Entfokussierung f, Entbündelung f || ~/**продольная** Längsdefokussierung f
расформирование n **поезда** (Eb) Zugauflösung f, Zugverlegung f
расхаживание n (Bgb) Auf- und Niederbewegen n (des Bohrgestänges)

расхаживать gangbar machen (z. B. eine Rolle)
расход m 1. Verbrauch m, Aufwand m, Ausgabe f, Aufzehrung f; 2. Durchsatz m; 3. Durchfluß m (von Flüssigkeiten und Gasen) || ~/**весовой** s. ~/**массовый** || ~ **взвешенных наносов** (Hydrol) Schwebstofführung f || ~ **водозабора** (Hydt) Entnahmemenge f || ~ **водосброса** (**водослива**) (Hydt) Überlaufmenge f || ~ **воды** 1. Wasserverbrauch m; 2. (Hydrol) Durchfluß m, Abfluß m || ~ **воды гидростанции/максимальный** (Hydt) Werksvollwassermenge f || ~ **воды/каптируемый** (Hydt) Fassungsmenge f || ~ **воды/меженный** (Hydt) Niederwasserdurchfluß m || ~ **воды на шлюзование** (Hydt) Schleusenverlust m || ~ **воды/установившийся полный** (Hydt) Beharrungsvollwasser n (Kanal) || ~ **воздуха** 1. Luftverbrauch m; 2. Luftdurchsatz m, Luftdurchflußmenge f || ~ **воздуха/приведённый** reduzierter Luftbedarf m || ~ **воздуха/удельный** spezifischer Luftverbrauch m || ~ **времени** Zeitaufwand m || ~ **газа/секундный** Gasdurchsatz m (Strahltriebwerk) || ~ **горючего** Brennstoffverbrauch m || ~ **дутья** (Met) Windverbrauch m, Verbrennungsluftverbrauch m || ~ (**einer Flüssigkeit**) || ~ **жидкости/полезный** Nutzfördermenge f || ~/**избыточный** Mehrverbrauch m, Mehraufwand m || ~ **источника** (Hydrom) Ergiebigkeit f einer Quelle (Quellenströmung) || ~ **масла/удельный** spezifischer Schmierölverbrauch m (Verbrennungsmotor; Verdichter) || ~ **масла/циркуляционный** Umlaufschmierölmenge f (Verbrennungsmotor; Verdichter) || ~/**массовый** Massendurchfluß m, Massenstrom m (von Flüssigkeiten und Gasen) || ~/**массовый секундный** Massestrom (Massedurchsatz) m pro Sekunde || ~ **материала** Materialverbrauch m, Materialaufwand m || ~ **материала/излишний** Materialvergeudung f || ~ **материала/средний удельный** durchschnittlicher spezifischer Materialverbrauch m || ~/**меженный** (Hydrol) Niedrigwasserdurchfluß m, Niedrigwasserabfluß m || ~ **мощности** Leistungsverbrauch m, Leistungsaufnahme f || ~ **на единицу длины** (Hydt) Erguß m der Längeneinheit || ~ **наносов** (Hydrol) Feststofführung f, Feststofftransport m || ~/**номинальный** Nenndurchsatz m, Nenndurchgang m || ~/**общий** Gesamtverbrauch m; Gesamtaufwand m || ~/**объёмный** (Hydrom) Volumenstrom m, Volumendurchsatz m || ~/**объёмный секундный** Volumenstrom (Volumendurchsatz) m pro Sekunde || ~ **охладителя/удельный** spezifischer Kühlflüssigkeitsverbrauch m (Verbrennungsmotor; Verdichter) || ~ **пара** 1. Dampfverbrauch m, Dampfbedarf m; 2. Dampfdurchsatz m || ~ **пара на отопление** Heizdampfverbrauch m || ~ **пара/объёмный** Dampfdurchsatzvolumen n || ~ **пара/удельный** spezifischer Dampfverbrauch m || ~/**пиковый** (Hydt) Scheiteldurchfluß m, Scheitelabfluß m || ~ **по массе** s. ~/**массовый** || ~ **по объёме** s. ~/**объёмный** || ~ **по энергии** Energieverbrauch m || ~/**погонный** s. ~ **на единицу длины** || ~/**предельный** Grenzdurchfluß m || ~/**приведённый** Durchfluß m im Bezugszustand || ~/**притекающий** (**приточный**) (Hydt) Zuflußmenge f || ~/**протекающий**

расход (проточный) *(Hydt)* Durchströmungsmenge *f (z. B. eines Rohres)* ‖ ~ **рабочего времени** Arbeitszeitaufwand *m* ‖ ~ **растворённых веществ** *(Hydrol)* Durchfluß (Gesamtgehalt) *m* an gelösten Stoffen ‖ ~/**собственный** Eigenverbrauch *m* ‖ ~/**твёрдый** *s.* ~ **наносов** ‖ ~ **тепла (теплоты)** Wärmeverbrauch *m*, Wärmebedarf *m*, Wärmeaufwand *m* ‖ ~ **теплоты/удельный** spezifischer Wärmeverbrauch *m (Verbrennungsmotor)* ‖ ~ **тока** *(El)* Stromaufnahme *f* ‖ ~ **топлива** 1. Brennstoffverbrauch *m*; Kraftstoffverbrauch *m*; 2. *(Rak)* Treibstoffdurchsatz *m*, Durchsatz *m* ‖ ~ **топлива/индикаторный** indizierter Kraftstoffverbrauch *m (Verbrennungsmotor)* ‖ ~ **топлива по тяговой мощности/удельный** auf die Schubleistung bezogener spezifischer Kraftstoffverbrauch *m (Gasturbinentriebwerk)* ‖ ~ **топлива/секундный** *(Rak)* Treibstoffdurchsatz *m (in der Zeiteinheit kg/s)* ‖ ~ **топлива/удельный** 1. *(Rak)* spezifischer Treibstoffdurchsatz *(Treibstoffverbrauch) m*; 2. *(Kfz)* spezifischer Kraftstoffverbrauch *m (Verbrennungsmotor)* ‖ ~ **топлива/удельный индикаторный** spezifischer indizierter Kraftstoffverbrauch *m (Verbrennungsmotor)* ‖ ~ **топлива/условный удельный** spezifischer Kraftstoffverbrauch *m* bezogen auf Einheitskraftstoff *(Verbrennungsmotor)* ‖ ~ **ТРД/секундный** Luftdurchsatz *m* pro Sekunde *(Turboluftstrahltriebwerk)* ‖ ~/**фильтрационный** *(Hydt)* Sickerwassermenge *f* ‖ ~ **электростанции/собственный** Kraftwerk[s]eigenverbrauch *m* ‖ ~ **электроэнергии** Elektroenergieverbrauch *m* ‖ ~/**энергетический** Energieverbrauch *m* ‖ ~ **энергии** Energieverbrauch *m*

расходимость *f* Divergenz *f* ‖ ~ **векторного поля** 1. *(Math)* Divergenz *f*, Ergiebigkeit *f (eines Vektorfeldes)*; 2. *(Hydrom)* Quellendichte *f*; 3. *(Meteo)* Divergenz *f*, Massendivergenz *f* ‖ ~/**дифракционная** *(Opt)* beugungsbegrenzte Divergenz *f*, Diffraktionsdivergenz *f* ‖ ~ **лазерного пучка** Laserstrahldivergenz *f* ‖ ~ **пучка** *(Opt)* Divergenz *f* eines Bündels (Lichtbündels, Strahlensystems), Strahldivergenz *f*, Strahlstreuung *f* ‖ ~/**угловая** 1. *(Opt)* Winkeldivergenz *f*; 2. Strahldivergenz *f*, Öffnungswinkel *m (Laser)*

расходиться 1. auseinandergehen, auseinanderstreben; 2. abweichen; 3. *(Math)* divergieren

расходование *n* Aufwendung *f*, Aufwand *m*, Verbrauch *m*

расходовать aufwenden, verbrauchen

расходомер *m* Durchfluß[mengen]messer *m*, Durchfluß[mengen]meßgerät *n* ‖ ~/**акустический** akustisches Durchflußmeßgerät *n* ‖ ~/**барабанный** Trommeldurchflußmesser *m* ‖ ~ **трубка Вентури** ‖ ~/**вертушечный** Flügelrad-Volumendurchflußmesser *m* ‖ ~/**вихревой** Wirbel-Durchflußmesser *m* ‖ ~/**газовый** Durchflußmesser *n* für Gase ‖ ~/**гидродинамический** hydrodynamischer Durchflußmesser *m* ‖ ~/**гироскопический** gyroskopischer Massendurchflußmesser *m* ‖ ~/**дросселирующий** Durchflußmeßgerät *n* nach dem Drosselverfahren (Wirkdruckverfahren), Wirkdruckdurchflußmesser *m* ‖ ~/**жидкостный** Durchflußmeßgerät *n* für Flüssigkeiten ‖ ~/**индукционный** induktiver (magnetischer) Durchflußmesser *m*, Induktionsdurchflußmeser *m* ‖ ~/**ионизационный** Ionisationsdurchflußmesser *m* ‖ ~/**калориметрический** kalorimetrischer Massendurchflußmesser *m* ‖ ~/**кориолисов** Coriolis-Durchflußmesser *m*, Massendurchflußmesser *m* nach dem Prinzip der Coriolis-Kraft ‖ ~/**корреляционный** Korrelations-Durchflußmeßgerät *n* ‖ ~ **косвенного действия/массовый** Massendurchflußmesser *m* nach dem indirekten Verfahren ‖ ~/**лазерный** Laser-Durchflußmesser *m* ‖ ~/**массовый** Massendurchflußmesser *m* ‖ ~/**объёмный** Volumendurchflußmesser *m* ‖ ~/**оптический** optisches Durchflußmeßgerät *n* ‖ ~/**основанный на ядерно-магнитном разонансе** Durchflußmesser *m* nach dem Prinzip der kernmagnetischen Resonanz ‖ ~/**парциальный** Durchflußmeßgerät *n* nach dem Teilstromverfahren ‖ ~/**переменного падения (перепада) давления** Durchflußmeßgerät *n* (Durchflußmeßeinrichtung *f*) nach dem Wirkdruckverfahren ‖ ~/**поплавково-пружинный** Federschwimmer-Durchflußmeßgerät *n* ‖ ~/**поплавковый** Schwebekörperdurchflußmesser *m*, Schwimmerdurchflußmesser *m* ‖ ~/**поршневой** Kolbendurchflußmesser *m (Durchflußmesser mit konstantem Druckabfall)* ‖ ~ **постоянного перепада давления** Durchflußmeßgerät *n* nach dem Auftriebsverfahren, Durchflußmeßgerät *n* mit konstantem Druckabfall ‖ ~/**прямого действия/массовый** Massendurchflußmesser *m* nach dem direkten Verfahren ‖ ~ **с метками потока** Durchflußmesser *m* nach dem Markierungsverfahren ‖ ~ **с поворотным диском/гидродинамический** Durchflußmesser *m* mit Drehscheibe ‖ ~ **с поворотным крылом/гидродинамический** Durchflußmesser *m* mit Drehflügel ‖ ~ **с постоянным падением давления** Durchflußmesser *m* mit konstantem Druckabfall, Durchflußmeßgerät *n* nach dem Auftriebsverfahren *(Oberbegriff für Schwebekörper-Durchflußmesser, Kolbendurchflußmesser, Schwimmer-Auftriebskörpermesser)* ‖ ~ **скоростного напора** Durchflußmeßgerät *n* nach dem Stauverfahren, Staugerät *n (Wirkdruckmeßverfahren)* ‖ ~/**тахометрический** *s.* ~/**вертушечный** ‖ ~/**тепловой** thermischer Massendurchflußmeser *m (Oberbegriff für Hitzdrahtanemometer und kalorimetrischen Massendurchflußmesser)* ‖ ~/**топливный** Kraftstoffverbrauchsmesser *m* ‖ ~/**турбинный** Turbinendurchflußmesser *m* ‖ ~/**турбинный массовый** Turbinen-Massendurchflußmesser *m* ‖ ~/**турбопоршневой** Turbokolbendurchflußmesser *m (Massendurchflußmesser für gleichzeitige Messung der Volumen- und Massenströme sowie der Dichte der durchströmenden Flüssigkeit)* ‖ ~/**ультразвуковой** Ultraschalldurchflußmesser *m* ‖ ~/**центробежный** Fliehkraftdurchflußmesser *m* ‖ ~/**электромагнитный** induktiver (magnetischer) Durchflußmesser *m*, Durchflußmesser *m* mit induktivem Meßgeber ‖ ~/**ядерно-магнитный** Durchflußmeßgerät *n* nach dem Prinzip der kernmagnetischen Resonanz

расходы *mpl* Kosten *pl*, Aufwendungen *fpl*, Ausgaben *fpl*, Gebühren *fpl* ‖ ~/**аварийные** Schadenskosten *pl* ‖ ~/**административные** Verwaltungskosten *pl* ‖ ~/**добавочные** Mehrkosten *pl*;

Nebenkosten *pl* ǁ ~ **на ... s. a.** *unter* ~ **по ...** ǁ ~ **на заработную плату** Lohnkosten *pl* ǁ ~ **на личный состав** Personalkosten *pl* ǁ ~ **на охрану окружающей среды** Umweltschutzkosten *pl*, Aufwände *mpl* für den Umweltschutz ǁ ~ **на поддержание в исправности** Unterhaltungskosten *pl*, Instandhaltungskosten *pl* ǁ ~/**накладные** Gemeinkosten *pl* ǁ ~ **по ... s. a.** *unter* ~ **на ...** ǁ ~ **по изготовлению** Herstellungskosten *pl* ǁ ~ **по обновлению оборудования** Neuanschaffungskosten *pl* ǁ ~ **по перегрузке** Umladungskosten *pl*, Umschlagkosten *pl* ǁ ~ **по разборке** Abbaukosten *pl*, Abbruchkosten *pl* ǁ ~ **по текущему ремонту** Kosten *pl* für laufende Reparaturen (Instandsetzungen) ǁ ~/**почтовые** Porto *n* ǁ ~ **производства** Betriebskosten *pl* ǁ ~/**производственные** Produktionskosten *pl*, Herstellungskosten *pl* ǁ ~/**сверхсметные** außerplanmäßige Kosten *pl* ǁ ~/**сметные** Kostenanschlag *m* ǁ ~/**строительные** Baukosten *pl* ǁ ~/**текущие** laufende Unkosten *pl* ǁ ~/**цеховые** Werkstattunkosten *pl*; Abteilungsgemeinkosten *pl* ǁ ~/**эксплуатационные** 1. Betriebskosten *pl*, Unterhaltungskosten *pl*; 2. *(Bgb)* Gewinnungskosten *pl*
расходящийся divergent
расхождение *n* 1. Auseinandergehen *n*, Auseinanderlaufen *n*; 2. Divergieren *n*; Abweichen *n* ǁ ~/**геометрическое** *(Geoph)* geometrische Divergenz (Aufweitung) *f (des Strahls)* ǁ ~/**построчное** Zeilenklaffung *f (Scanner)* ǁ ~ **при фальцовке** *(Typ)* Falzdifferenz *f* ǁ ~ **судов** *(Schiff)* Ausweichen *n*, Ausweichmanöver *n*
расхолаживание *n* 1. Abkühlung *f*; 2. *(Kern)* Nachwärmeabfuhr *f*, Restwärmeabfuhr *f (eines abgeschalteten Reaktors)* ǁ ~ **тэвлов** Abkühlung (Kühlsetzung) *f* der verbrauchten Brennstoffelemente des Reaktors *(vor Wiederaufarbeitung in Spezialkühlbehältern)*
расцветка *f* 1. Farbenzusammenstellung *f*, Farbmusterung *f*; 2. Farbkennzeichnung *f (z. B. Stahlsorten, Rohrleitungen)*; 3. *(Text)* Farbkombination *f*, Farbmuster *n*, Farbgebung *f* ǁ ~ **жил** *(El)* farbige Aderkennzeichnung *f*
расценка *f* 1. Abschätzung *f*, Schätzung *f*, Bewertung *f*, Taxierung *f*; Preisfestsetzung *f*; 2. [festgesetzter] Preis *m*; 3. Tarif *m*, Lohngruppe *f* ǁ ~/**предварительная** Voranschlag *m* ǁ ~/**сдельная** Lohnsatz *m* je Menge, Stücklohnsatz *m*
расцепитель *m (El)* Auslöser *m*, Auslösevorrichtung *f* ǁ ~/**биметаллический** Bimetallauslöser *m* ǁ ~/**быстродействующий** Schnellauslöser *m* ǁ ~ **в цепи главного тока** Primärauslöser *m* ǁ ~/**максимального тока** Überstromauslöser *m* ǁ ~/**максимальный** Maximalwertauslöser *m* ǁ ~/**минимальный** Unterspannungsauslöser *m* ǁ ~ **минимального тока** Unterstromauslöser *m* ǁ ~ **нулевого напряжения** Nullspannungsauslöser *m* ǁ ~ **нулевого тока** Nullstromauslöser *m* ǁ ~/**тепловой** Wärmeauslöser *m*, thermischer Auslöser *m* ǁ ~/**электромагнитный** elektromagnetischer Auslöser *m*
расцепить *s.* расцеплять
расцепиться *s.* расцепляться
расцепка *f s.* расцепление

расцепление *n* 1. *(Masch)* Auskuppeln *n*, Auskupplung *f*, Entkuppeln *n*, Entkupplung *f*, Ausrücken *n (Getriebe)*; 2. *(Mech)* Entriegeln *n*, Ausklinken *n (Gesperre)*; 3. Abkuppeln *n*, Loskuppeln *n (Waggon, Anhänger)*, Trennen *n*, Abtrennen *n (Raketenstufe)*; 4. *(El)* Auslösung *f*, Auslösen *n (Schalter)* ǁ ~/**быстрое** *(El)* Schnellauslösung *f* ǁ ~/**замедленное** *(El)* Zeitauslösung *f* ǁ ~/**мгновенное** *(El)* Momentauslösung *f* ǁ ~ **поезда** *(Eb)* Zugtrennung *f* ǁ ~/**свободное** *(El)* Freiauslösung *f*
расцеплять 1. *(Masch)* auskuppeln, ausrücken *(Getriebe)*; 2. *(Mech)* entriegeln, ausklinken *(Gesperre)*; 3. abkuppeln, loskuppeln, entkuppeln *(Waggon, Anhänger)*; abtrennen *(Raketenstufe)*; 4. *(El)* auslösen *(Schalter)*
расцепляться außer Eingriff gehen *(Zahnräder)*
расчаливать *(Flg)* verspannen
расчалить *s.* расчаливать
расчалка *f* 1. *(Bw)* Verspannen *n*, Abspannung *f*; Verstrebung *f*; 2. Spanndraht *m*, Spannkabel *n*, Spannseil *n* ǁ ~/**внешняя** Außenverspannung *f*, äußere Verspannung *f* ǁ ~/**диагональная проволочная** Diagonalseilverspannung *f* ǁ ~/**осевая** Axialseil *n*, Längsseil *n* ǁ ~/**проволочная** Drahtverspannung *f* ǁ ~/**тросовая** Seilverspannung *f*
расчертить *s.* расчерчивать
расчерчивать 1. Linien in verschiedener Richtung ziehen, flächenmäßig aufteilen; 2. karieren *(Papier)*
расчёт *m* 1. Rechnung *f*, Berechnung *f*; Kalkulation *f*, Veranschlagung *f*; Bemessung *f*; Bewertung *f*; 2. Abrechnung *f*, Verrechnung *f*, Zahlung *f*, Begleichung *f* ǁ ~ **координат** *(Fert)* Koordinatenberechnung *f* ǁ ~/**машинный** maschinelle Berechnung *f* ǁ ~ **мощности** Leistungsberechnung *f* ǁ ~ **на ветровые нагрузки** *(Bw)* Windlastberechnung *f* ǁ ~ **на выносливость** *(Fest)* Berechnung *f* auf Dauerfestigkeit ǁ ~ **на износ** *(Mech)* Verschleißberechnung *f* ǁ ~ **на прочность** *(Mech)* Festigkeitsberechnung *f* ǁ ~ **на сдвиг** *(Mech)* Schubberechnung *f* ǁ ~ **на срез** *(Mech)* Scherberechnung *f* ǁ ~ **на устойчивость** *(Mech)* Stabilitätsberechnung *f*, Standfestigkeitsberechnung *f* ǁ ~ **по допускаемым напряжениям** *(Mech)* Berechnung *f* der zulässigen Spannung ǁ ~ **по несущей способности** *(Mech)* Tragfähigkeitsberechnung *f* ǁ ~ **по предельным нагрузкам** *(Mech)* Traglastverfahren *n* ǁ ~/**предварительный** vorläufige Berechnung *f*, Grobberechnung *f*; Voranschlag *m* ǁ ~/**приближённый** Näherungsrechnung *f* ǁ ~/**примерный** angenäherte Berechnung *f* ǁ ~/**проверочный** Kontroll[be]rechnung *f*, Prüfberechnung *f*, Nachrechnen *n* ǁ ~ **прочности** *(Mech)* Festigkeitsberechnung *f*, Festigkeitsnachweis *m* ǁ ~ **сетей** *(El)* Netz[werk]berechnung *f* ǁ ~/**силовой** *(Mech)* Kräfteberechnung *f* ǁ ~ **цвета** Farbmetrik *f*, farbmetrische Berechnung *f*, Farbwertberechnung *f (Photometrie)* ǁ ~ **шихты** *(Met)* Möllerberechnung *f (Hochofen)*; *(Gieß)* Gattierungsberechnung *f (Kupolofen)* ǁ ~/**эволюционный** Entwicklungsrechnung *f*
расчётный 1. errechnet, berechnet, rechnungsmäßig, rechnerisch, theoretisch; 2. Entwurfs...; Auslegungs... *(z. B. Auslegungsdrehzahl)*; 3.

расчистить

Rechen..., Rechnungs..., Berechnungs...; 4. Abrechnungs..., Verrechnungs..., Zahlungs...
расчистить s. расчищать
расчистка f 1. Reinigung f, Säuberung f; Entrümpelung f; 2. (Forst) Lichten n, Roden n
расчищать 1. säubern, reinigen; entrümpeln; 2. (Forst) lichten, roden
расчленение n Gliederung f, Aufgliederung f, Zerlegung f, Aufteilung f ‖ ~ **гидрографа** (Hydrol) Ganglinienseparation f, Zerlegung f der Durchflußganglinie
расчленить s. расчленять
расчленять gliedern, aufgliedern, zerlegen, aufteilen
расшивать швы (Bw) verfugen, ausfugen (Mauerwerk)
расшивка f (Bw) 1. Verfugen n, Ausfugen n, Fugenverguß m; 2. Fugenkelle f, Fugeneisen n ‖ ~ **швов** s. расшивка 1.
расширение n 1. Verbreiterung f; 2. Erweiterung f, Ausweitung f; 3. Aufweiten n, Aufweitung f, Auftreiben n (Rohre); (Schm) Breiten n; 4. Ausdehnung f, Dehnung f, Dilatation f; 5. Expansion f; 6. (Math) Erweiterung f (Bruch); 7. (Bgb) Nachbohren n, Erweitern n (Bohrloch) ‖ ~ **/адиабатическое (адиабатное)** (Therm) adiabate Expansion f ‖ ~ **Вселенной** Expansion f des Weltalls ‖ ~ **/двойное (двукратное)** zweifache Expansion f (Dampfmaschine) ‖ ~ **диапазона** Bereichserweiterung f (von Meßbereichen) ‖ ~ **диапазона громкости** (Ak) Dynamikdehnung f, Dynamikexpansion f ‖ ~ **диапазона измерений** Meßbereichserweiterung f ‖ ~ **/доплеровское** (Ph) Doppler-Verbreiterung f, Temperaturverbreiterung f ‖ ~ **записи** (Inf) Satzerweiterung f ‖ ~ **/изотермическое (изотермное)** (Therm) isotherme Expansion f ‖ ~ **/изоэнтропийное (изоэнтропическое)** (Therm) isentrope Expansion f ‖ ~ **кода операции** (Inf) Operationsergänzung f ‖ ~ **команды** (Inf) Befehlsergänzung f ‖ ~ **/линейное** (Ph) lineare Ausdehnung f, Längenausdehnung f (Festkörper) ‖ ~ **/неполное** unvollständige Expansion f (Dampfmaschine) ‖ ~ **/обратное** (Masch) Rückexpansion f ‖ ~ **/объёмное** (Ph) Volumendehnung f, Volumendilatation f, räumliche (kubische) Ausdehnung f (Gase, Flüssigkeiten) ‖ ~ **отверстий** (Fert) Lochaufweitung f ‖ ~ **пара** Dampfexpansion f (Dampfmaschine) ‖ ~ **/поверхностное** (Ph) Flächenausdehnung f ‖ ~ **/политропийное (политропическое)** (Therm) polytrope Expansion f ‖ ~ **/полное** vollständige Expansion f (Dampfmaschine) ‖ ~ **полосы частот** (Rf) Frequenzbanddehnung f, Frequenzbandspreizung f ‖ ~ **поперечного сечения** (Mech) Ausbauchung f (Druck- oder Stauchversuch) ‖ ~ **ствола скважины** (Bgb) Profilerweiterung f einer Bohrung ‖ ~ **/тепловое** (Ph) Wärmeausdehnung f, thermische Dehnung f, Dilatation f ‖ ~ **/тройное** dreifache Expansion f (Dampfmaschine)
расширитель m 1. Expander m; 2. Ausdehnungsgefäß n (Warmwasserheizung); 3. (Bgb) Nachnahmebohrer m, Erweiterungsbohrer m, Nachräumer m (Bohrlocherweiterung bei Erdölbohrungen); 4. (Med) Dilatator m (Sammelbegriff für eine Reihe chirurgischer Instrumente zur Erweiterung von Körperhohlräumen und -kanälen); 5. (Eln) Expander m (bipolarer digitaler Schaltkreis) ‖ ~ **/адресный** (Inf) Adressenextensor m ‖ ~ **высокого давления/пусковой** (En) Hochdruckanfahrentspanner m ‖ ~ **импульсов** (El) Impulsdehner m ‖ ~ **/логический** (Eln) Logikexpander m ‖ ~ **масла (масляного трансформатора)** (El) Ölausdehnungsgefäß n, Ölausgleichgefäß n, Ölkonservator m ‖ ~ **памяти** (Inf) Speichererweiterungsbaustein m, Speicherexpander m ‖ ~ **/поршневой** Kolbenexpansionsmaschine f
расширить s. расширять
расшириться s. расширяться
расширяемость f Dehnbarkeit f, Expansionsfähigkeit f, Ausdehnungsvermögen n, Expansionsvermögen n
расширять 1. verbreitern; 2. erweitern, ausweiten; 3. aufweiten, auftreiben (Rohre); (Schm) breiten; 4. dehnen, ausdehnen, dilatieren; 5. (Math) erweitern (Brüche); 6. (Bgb) nachbohren (Bohrloch) ‖ ~ **скважину** (Bgb) eine Bohrung nachnehmen (nachräumen)
расширяться sich ausbreiten, sich erweitern; sich ausdehnen; expandieren (Dampf, Gase)
расшифровать s. расшифровывать
расшифровка f Entzifferung f, Dechiffrierung f, Entschlüsselung f
расшифровывать dechiffrieren, entschlüsseln
расшлифование n (Fert) Ausschleifen n
расшлифовка f s. расшлифование
расшлихтовать s. расшлихтовывать
расшлихтовка f (Text) Entschlichten n (Gewebe, Gespinste)
расшлихтовывать (Text) entschlichten
расшплинтовать entsplinten
расштыбовка f (Bgb) Entfernen n des Schrämkleins
расштыбовщик m (Bgb) Schrämkleinräumer m, Schrämkleinlader m (Schrämmaschine)
расщебёнка f (Bw) Ausschotterung f
расщелина f 1. (Holz) tiefer Riß m; 2. (Geol) s. расселина
расщеп m Längsriß m
расщепить s. расщеплять
расщепиться s. расщепляться
расщепление n 1. Splitterung f, Zersplitterung f; 2. Aufspaltung f, Spaltung f; 3. (Krist) Spaltung f; 4. (Ch) Abbau m, stufenweise Zerlegung f; Fragmentierung f ‖ ~ **атома** s. ~ /ядерное ‖ ~ **белка** Eiweißspaltung f, Proteolyse f ‖ ~ **в автоклаве** (Ch) Autoklavenspaltung f ‖ ~ **/восстановительное** (Ch) reduzierende Spaltung f ‖ ~ **/гидролитическое** (Ch) hydrolytische Spaltung f, Hydrolyse f ‖ ~ **дислокации** (Krist) Versetzungsaufspaltung f ‖ ~ **/дублетное** (Kern) Dublettaufspaltung f ‖ ~ **жира** Fettspaltung f ‖ ~ **зоны** (Krist) Bandaufspaltung f ‖ ~ **/квадрупольное** (Kern) Quadrupolaufspaltung f ‖ ~ **/кетонное** (Ch) Ketonspaltung f ‖ ~ **/кислотное** (Ch) Säurespaltung f ‖ ~ **/кориолисово** (Ph) Coriolis-Aufspaltung f ‖ ~ **красочного слоя** (Typ) Farbspaltung f ‖ ~ **линии** Linienaufspaltung f (Spektroskopie) ‖ ~ **/мультиплетное** (Kern) Multiplettaufspaltung f ‖ ~ **на волокна** Zerfaserung f ‖ ~ **на подуровни** (Krist) Aufspaltung f in Unterniveaus ‖ ~ **/окислительное**

(Ch) oxidative (oxidierende) Spaltung *f* ‖ **~ памяти** *(Inf)* Speichersplitting *n* ‖ **~ под давлением** *(Ch)* Druckspaltung *f* ‖ **~ сложных эфиров** *(Ch)* Esterspaltung *f*, Esterverseifung *f* ‖ **~/спин-орбитальное** *(Kern)* Spinbahnaufspaltung *f* ‖ **~ термов** *(Ph)* Termaufspaltung *f* ‖ **~ тонкой структуры** *(Krist)* Feinstrukturaufspaltung *f* ‖ **~/туннельное** *(Eln)* Tunnelaufspaltung *f* ‖ **~ фаз** *(El)* Phasenaufspaltung *f* ‖ **~/ферментативное** *(Ch)* fermentative Spaltung *f*, Fermentspaltung *f* ‖ **~ цикла** *(Ch)* Ring[auf]spaltung *f*, Ringöffnung *f* ‖ **~ щёлочью** *(Ch)* alkalische Spaltung *f*, Alkalispaltung *f* ‖ **~/ядерное** *s.* **~ ядра** ‖ **~ ядра** *(Kern)* Fragmentierung *f*, Fragmentierungsreaktion *f*, Kernzertrümmerung *f*

расщепляемость *f (Kern, Ch)* Spaltbarkeit *f*

расщеплять 1. *(Ch)* [auf]spalten, abbauen *(Verbindungen);* sprengen, öffnen *(Ringverbindungen);* 2. *(Kern)* spalten; zertrümmern

расщепляться rissig werden

расщипать *s.* **расщипывать**

расщипка *f* Abschnippen *n (Jute)*

расщипывать *(Text)* aufzupfen, zerzupfen, zerfasern, entwirren, auflösen *(Faserflocken, Faserklumpen, Textilabfälle)*

ратинирование *n* ткани *(Text)* Ratinieren *n (Gewebe)*

ратинировать *(Text)* ratinieren

раухтопас *m (Min)* Rauchtopas *m (Rauchquarz)*

рафинад *m* Raffinade *f*, Raffinadezucker *m*

рафинат *m (Ch)* Raffinat *n*, Raffinatphase *f (entladene Trägerflüssigkeit des Extraktionsgutes)*

рафинация *f s.* рафинирование ‖ **~/кислотная** *(Ch)* Säureraffination *f* ‖ **~/щелочная** *(Ch)* Laugenraffination *f*, Alkaliraffination *f*, Laugung *f*

рафинёр *m (Pap)* Refiner *m*, Stoffaufschläger *m*, Ganzstoffmahlmaschine *f*

рафинирование *n* 1. Raffinieren *n*, Raffination *f*, Verfeinern *n*, Verfeinerung *f*; 2. *(Met)* Raffinieren *n*, Raffination *f (NE-Metallurgie);* 3. *(Met)* Feinen *n*, Feinung *f*, Garen *n*, Garung *f*, Gararbeit *f*; Frischen *n (Stahl);* Veredeln *n (Stahl);* 4. *(Bgb)* Läutern *n*, Läuterung *f (Aufbereitung)* ‖ **~/зонное** *(Met)* Zonenraffinationsschmelzen *n* ‖ **~/каскадное** *(Met)* Kaskadenraffination *f* ‖ **~/комплексное** Komplexveredeln *n*, Komplexreinigen *n (NE-Metallurgie)* ‖ **~/ликвационное** *(Met)* Seigerraffination *f* ‖ **~ масел** *(Ch)* Ölraffination *f* ‖ **~ меди** *(Met)* Kupferfrischen *n*, Kupfergarmachen *n*, Kupferraffination *f* ‖ **~/огневое** *(Met)* Flammofenraffination *f*, Schmelzraffination *f*, trockene Raffination *f*, Feuerraffination *f (NE-Metalle)* ‖ **~/окончательное** *(Met)* Fertigfrischen *n* ‖ **~/первое** *(Met)* Vorraffination *f* ‖ **~/пирометаллургическое** *s.* **~/огневое** ‖ **~/предварительное** *(Met)* Vorraffination *f* ‖ **~/вакуумное** *(Met)* Vakuumfrischen *n*, VOD-Verfahren *n*, Vacuum-Oxygen-Decarbonisation *f* ‖ **~/тепловое** *s.* **~/огневое** ‖ **~/химическое** chemische Raffination *f* ‖ **~/электролитическое** *(Met)* elektrolytische Raffination *f*, Naßraffination *f (NE-Metalle)* ‖ **~/электротермическое** *(Met)* elektrothermische Raffination *f*, Elektroofenraffination *f*

рафинировать 1. raffinieren, verfeinern; 2. *(Met)* raffinieren *(NE-Metallurgie);* feinen, garen; frischen *(Stahl);* veredeln, reinigen *(Stahl);* 3. *(Bgb)* läutern

раф[ф]иноза *f (Ch)* Raffinose *f*, Melit[ri]ose *f*

рацемат *m (Ch)* Racemat *n*

рацемизация *f (Ch)* Racemisierung *f*

рацемизироваться *(Ch)* sich racemisieren; racemisiert werden

рацемический *(Ch)* racemisch

рациональный *(Math)* rational

рация *f s.* радиостанция

рашель-вертёлка *f (Text)* Kettenraschelmaschine *f*, Kettenraschel *f (Flachkettenwirkmaschine mit Spitzennadeln)*

рашель-машина *f (Text)* [einfache] Raschelmaschine *f*, Raschel *f (Flachkettenwirkmaschine mit Zungennadeln)* ‖ **~/жаккардовая** Jacquardraschelmaschine *f*

рашкет *m (Typ)* Trennblasdüse *f (Bogenförderung)*

рашпиль *m (Wkz)* Raspel *f* ‖ **~/круглый** Rundraspel *f* ‖ **~/плоский** Flachraspel *f* ‖ **~/полукруглый** Halbrundraspel *f*

РБ *s.* 1. бот/рыбачий; 2. реле/блокировочное

РВ *s.* 1. выпрямитель/ртутный; 2. радиовещание; 3. радиовещательный; 4. радиовысотомер; 5. распределитель вызовов; 6. регулятор возбуждения; 7. реле времени; 8. вал/распределительный; 9. руль высоты

рванина *f (Met)* Riß *m*, Anriß *m*, Einriß *m*

рвань *f (Text)* Fetzen *m*, Lumpen *pl*, Abfall *m* ‖ **~/ровничная** Vorspinnabfall *m* ‖ **~ холстов** Wickelabfall *m* ‖ **~/шёлковая** Seidenfitz *m*

рватель *m (Bgb)* Bohrkernzieher *m*

РВД *s.* ротор высокого давления

РВП *s.* воздухоподогреватель/регенеративный

РД *s.* 1. двигатель/ракетный; 2. двигатель/реактивный; 3. реле давления; 4. дорога/рулёвная; 5. дефект/радиационный

РДЖТ *s.* двигатель на жидком топливе/ракетный

РДП *s.* расписание движения поездов

РДТТ *s.* двигатель на твёрдом топливе/ракетный

реабсорбция *f (Opt)* Reabsorption *f*

реагент *m (Ch)* 1. Reaktant *m*, reagierender Stoff *m*, Reaktionsteilnehmer *m*; 2. Reagens *n*, Reaktiv *n*, [chemisches] Nachweismittel *n*, Prüf[ungs]mittel *n* ‖ **~/антинакипной** Kesselsteinlösemittel *n* ‖ **~/замещающий** Substitutionsreagens *n* ‖ **~/иодирующий** Iodierungsmittel *n* ‖ **~/нитрующий** Nitrierungsreagens *n* ‖ **~/рафинирующий** 1. Raffinierungsmittel *n*; 2. *(Met)* Veredelungssalz *n*, Reinigungssalz *n* ‖ **~/флотационный** Flotationsmittel *n*, Flotationsreagens *n (Aufbereitung)*

реагент-пенообразователь *m (Ch)* Schaum[erzeugungs]mittel *n*

реагирование *n* Reagieren *n*, Reaktion *f*; Ansprechen *n (z. B. Relais)*

реактанс *m (El)* Reaktanz *f*, Blindwiderstand *m (Imaginärteil des komplexen Widerstands)* ‖ **~/переходный** transiente Reaktanz *f* ‖ **~ якоря** Ankerreaktanz *f*

реактанц *m s.* реактанс

реактив *m (Ch)* Reaktiv *n*, Reagens *n*, [chemisches] Nachweismittel *n*, Prüf[ungs]mittel *n* ‖ **~/алкалоидный** Alkaloidreagens *n* ‖ **~ Гриньяра** Grignardsches Reagens *n* ‖ **~/групповой** Gruppenreagens *n* ‖ **~ Несслера** Neßlers Reagens *n* ‖ **~/осадительный** Fällungsreagens *n*

реактивность

реактивность f 1. Reaktivität f, Reaktionsfähigkeit f; 2. (El) Reaktanz f, Blindwiderstand m (Imaginärteil des komplexen Widerstands) ‖ ~/ёмкостная kapazitiver Blindwiderstand m, Kapazitanz f ‖ ~/избыточная (Kern) überschüssige Reaktivität f (Reaktor) ‖ ~/индуктивная induktiver Blindwiderstand m, Induktanz f ‖ ~/остаточная (Kern) Restaktivität f (des abgeschalteten Reaktors) ‖ ~/переходная Übergangsreaktanz f, Transientreaktanz f ‖ ~/поперечная Querreaktanz f ‖ ~/синхронная Synchronreaktanz f ‖ ~/управляемая Steuerreaktivität f

реактивный 1. (Ch) reaktiv, reaktionsfähig, chemisch wirksam, Reagenz...; 2. (Ph) Reaktions..., Rückstoß..., Rückdruck...; 3. (Masch) Reaktions..., Überdruck...; 4. (El) reaktiv, Blind...; 5. (Flg) strahlgetrieben, Strahl..., Düsen...; 6. (Mil) Raketen...

реактор m 1. (Kern) Reaktor m; 2. (Ch) Reaktor m, Reaktionsapparat m, Reaktionsgefäß n; Reaktionsofen m (Anlage für großtechnischen Ablauf von chemischen Reaktionen); 3. (El) Drossel[spule] f ‖ ~/адиабатический (Ch) adiabater Reaktor m ‖ ~/атомный s. ~/ядерный ‖ ~ бакового типа (Kern) Tankreaktor m ‖ ~/бассейновый (Kern) Schwimmbadreaktor m, Schwimmbeckenreaktor m, Schwimmingpool-Reaktor m, Pool-Reaktor m ‖ ~ бассейного типа s. ~/бассейный ‖ ~ без отражателя (Kern) unreflektierter (nackter) Reaktor m, Reaktor m ohne Reflektor ‖ ~ без отражателя/гомогенный unreflektierter homogener Reaktor m ‖ ~/бериллиевый (Kern) Berylliumreaktor m, berylliummoderierter Reaktor m ‖ ~/быстрый s. ~ на быстрых нейтронах ‖ ~/водный гомогенный (Kern) homogener leichtwassermoderierter Reaktor m, wäßrig-homogener Reaktor m, Wasserlösungsreaktor m ‖ ~/водо-водяной (Kern) Wasser-Wasser-Reaktor m, wassermoderierter und -gekühlter Reaktor m; Druckwasserreaktor m, DWR, PWR ‖ ~/вращающийся (Ch) Reaktionsdrehofen m ‖ ~ высокого давления (Kern) Hochdruckreaktor m ‖ ~/высокотемпературный (Kern) Hochtemperaturreaktor m, HTR ‖ ~/газо-графитовый ‖ ~/графито-газовый ‖ ~/газоохлаждаемый (Kern) gasgekühlter Reaktor m, GCR ‖ ~/гетерогенный (Kern) heterogener Reaktor m ‖ ~/голый s. ~ без отражателя ‖ ~/гомогенный (Kern) homogener Reaktor m ‖ ~/горячестенный (Kern) Heißwandreaktor m ‖ ~/графито-водяной leichtwassergekühlter graphitmoderierter Reaktor m, Leichtwasser-Graphit-Reaktor m, LWGR ‖ ~/графитовый (Kern) graphitmoderierter Reaktor m ‖ ~/графито-газовый gasgekühlter graphitmoderierter Reaktor m, Gas-Graphit-Reaktor m, GGR ‖ ~/графито-натриевый natriumgekühlter graphitmoderierter Reaktor m, Natrium-Graphit-Reaktor m, SGR ‖ ~/двигательный (Kern) Antriebsreaktor m ‖ ~ двойного назначения (Kern) Zweizweckreaktor m ‖ ~/дейтеронатриевый (Kern) Deuterium-Natrium-Reaktor m ‖ ~ деления (Kern) Spaltungsreaktor m, Fissionsreaktor m ‖ ~ деления/плазменный Plasmaspaltungsreaktor m ‖ ~ для испытания материалов s. ~/материаловедческий ‖

~ для облучения (Kern) Bestrahlungsreaktor m ‖ ~ для производства (Kern) Produktionsreaktor m ‖ ~ для производства изотопов Isotopenproduktionsreaktor m ‖ ~ для производства плутония Plutoniumproduktionsreaktor m ‖ ~/жидкофазный (Ch) Sumpf[phase]ofen m ‖ ~/защитный (El) Schutzdrossel[spule] f ‖ ~ идеального вытеснения (Ch) idealer Strömungsrohrreaktor m ‖ ~ идеального смещения (Ch) idealer Rührkesselreaktor m ‖ ~/изотермический (Ch) isothermer Reaktor m ‖ ~/импульсный (Kern) Impulsreaktor m, Pulsreaktor m ‖ ~/испытательный s. ~/материаловедческий ‖ ~/исследовательский (Kern) Forschungsreaktor m ‖ ~ канального типа (Kern) Druckröhrenreaktor m ‖ ~/канальный s. ~ канального типа ‖ ~/канальный кипящий (Kern) Druckröhren-Siedewasserreaktor m, Druckröhren-Leichtwasserreaktor m ‖ ~/квазигомогенный (Kern) quasihomogener Reaktor m ‖ ~/керамический (Kern) keramischer Reaktor m; Reaktor m mit keramischem Brennstoff ‖ ~/кипящий (Kern) Siede[wasser]reaktor m ‖ ~ корпусного типа s. ~/корпусный ‖ ~/корпусного типа/тяжеловодный Druck-Schwerwasserreaktor m, Schwerwasser-Druckreaktor m, Schwer-Druckwasserreaktor m ‖ ~/корпусный (Kern) Reaktor m mit Druckbehälterreaktor m, Druckkesselreaktor m, Druckgefäßreaktor m ‖ ~/корпусный водо-водяной s. ~ с водой под давлением ‖ ~/корпусный кипящий Siedewasserreaktor m ‖ ~/корпусный тяжеловодный s. ~ корпусного типа/тяжеловодный ‖ ~/легководный (Kern) leichtwassermoderierter Reaktor m, Leichtwasserreaktor m, LWR ‖ ~/линейный (El) Abzweigdrossel[spule] f ‖ ~/маломощный (Kern) Reaktor m geringer Leistung, Kleinreaktor m ‖ ~/материаловедческий Materialprüf[ungs]reaktor m, Prüf[ungs]reaktor m ‖ ~ на быстрых нейтронах (Kern) schneller Reaktor m, Schnellneutronenreaktor m ‖ ~ на естественном уране (Kern) Natururanreaktor m ‖ ~ на жидком топливе (Kern) Reaktor m mit flüssigem Brennstoff, Flüssigbrennstoffreaktor m ‖ ~ на жидкометаллическом топливе (Kern) Reaktor m mit Flüssigmetallbrennstoff ‖ ~ на керамическом ядерном топливе (Kern) Reaktor m mit keramischem Kernbrennstoff ‖ ~ на малообогащённом уране (Kern) Reaktor m mit mäßig angereichertem Uran ‖ ~ на медленных нейтронах (Kern) langsamer Reaktor m, Reaktor m mit langsamen Neutronen ‖ ~ на надтепловых нейтронах s. ~/надтепловой ‖ ~ на обогащённом уране (Kern) Reaktor m mit angereichertem Uran ‖ ~ на плутониевом топливе (Kern) Plutoniumreaktor m ‖ ~ на природном уране (Kern) Natururanreaktor m ‖ ~ на промежуточных нейтронах (Kern) mittelschneller Reaktor m, Reaktor m mit mittelschnellen Neutronen ‖ ~ на растворенном топливе (Kern) Lösungsreaktor m, Brennstofflösungsreaktor m ‖ ~ на суспенсионном топливе (Kern) Suspensionsreaktor m, Reaktor m mit Suspensionsbrennstoff ‖ ~ на тепловых нейтронах s. ~/тепловой ‖ ~/надтепловой (Kern) epithermischer Reaktor m, Reaktor m mit epithermischen Neutronen ll ~/**натриевый** (Kern) natriumgekühlter Reaktor m ll ~/**обогащённый** s. ~ **на обогащённом уране** ll ~/**однозонный** (Kern) Einzonenreaktor m, Eingebietsreaktor m ll ~/**органо-органический** (Kern) organisch gekühlter und moderierter Reaktor m, OMR ll ~/**парофазный** (Ch) Gasphaseofen m ll ~/**периодический импульсный** (Kern) periodisch gepulster Reaktor m, periodisch betriebener Impulsreaktor m ll ~/**плутониевый** (Kern) Plutoniumreaktor m ll ~/**погруженный** s. ~/бассейновый ll ~ **под давлением/водо-водяной** druckwassergekühlter Reaktor m, Druckwasserreaktor m, DWR ll ~/**производственный (производящий, промышленный)** (Kern) Produktionsreaktor m ll ~/**проточный** (Ch) Strömungsreaktor; Strömungsrohr n ll ~/**прямоточный** Durchlaufreaktor m ll ~ **с водой под давлением** (Kern) Druckwasserreaktor m, PWR; Reaktor m vom Druckwassertyp ll ~ **с водяным замедлителем** (Kern) wassermoderierter Reaktor m ll ~ **с водяным охлаждением** (Kern) wassergekühlter Reaktor m ll ~ **с воздушным охлаждением** (Kern) luftgekühlter Reaktor m ll ~ **с газовым охлаждением** (Kern) gasgekühlter Reaktor m ll ~ **с графитовым замедлителем** (Kern) graphitmoderierter Reaktor m ll ~ **с жидким замедлителем** (Kern) flüssigkeitsmoderierter Reaktor m ll ~ **с жидкометаллическим охлаждением** (Kern) flüssigmetallgekühlter Reaktor m, Flüssigmetallreaktor m ll ~ **с замедлением тяжёлой водой** s. /**тяжеловодный** ll ~ **с легководным охлаждением (замедлителем)** (Kern) [leicht]wassermoderierter Reaktor m, Leichtwasserreaktor m, LWR ll ~ **с натриевым охлаждением (теплоносителем)** (Kern) natriumgekühlter Reaktor m ll ~ **с органическим замедлителем и теплоносителем** (Kern) organisch gekühlter und moderierter Reaktor m, OMR ll ~ **с принудительной циркуляцией** (Kern) Zwangsumlaufreaktor m ll ~ **с топливным раствором** s. ~ **на растворенном топливе** ll ~ **с тяжёлой водой** s. ~/тяжеловодный ll ~ **с циркулирующим топливом** (Kern) Reaktor m mit umlaufendem Brennstoff ll ~/**саморегулирующийся** (Kern) selbstregelnder Reaktor m ll ~/**секционный** (El) Gruppendrossel[spule] f ll ~/**силовой** (Kern) Antriebsreaktor m ll ~/**тепловой** (Kern) thermischer Reaktor m, Reaktor m mit thermischen Neutronen ll ~/**ториевый** (Kern) Thoriumreaktor m ll ~/**тяжеловодный** (Kern) Schwerwasserreaktor m, schwerwassermoderierter Reaktor m ll ~/**уран-графитовый** (Kern) Graphit-Uranium-Reaktor m, Uranium-Graphit-Reaktor m ll ~/**урановый** (Kern) Uraniumreaktor m ll ~/**фидерный** s. ~/**линейный** ll ~/**холодностенный** (Kern) Kaltwandreaktor m ll ~/**шламовый** s. ~ **на суспензионном топливе** ll ~/**экспериментальный** Forschungsreaktor m ll ~/**экспоненциальный** (Kern) Exponentialreaktor m ll ~/**энергетический** Energiereaktor m, Leistungsreaktor m, Kraftwerksreaktor m ll ~/**ядерный** Kernreaktor m, Reaktor m

реактор-двигатель m (Kern) Antriebsreaktor m
реактор-источник m (Kern) Quell[en]reaktor m

реактор-конвертер m (Kern) Konverter m, Konverterreaktor m
реактор-облучатель m (Kern) Bestrahlungsreaktor m
реакторостроение n (Kern) Reaktorbau m
реактор-размножитель m (Kern) Brutreaktor m, Brüter m ll ~/**быстрый** s. ~-размножитель на быстрых нейтронах ll ~/**газоохлаждаемый** gasgekühlter schneller Brutreaktor m, gasgekühlter SBR m, GCBR ll ~ **на быстрых нейтронах** schneller Brüter m, schneller Brutreaktor m, SBR ll ~ **на тепловых нейтронах** thermischer Brüter (Brutreaktor) m, TBR
реактор-токамак m (Kern) Tokamak-Reaktor m (Kernfusionsreaktor)
реакционноспособность f (Ch) Reaktionsfähigkeit f, Reaktionsvermögen n, Reaktivität f
реакционноспособный (Ch) reaktionsfähig, reaktiv
реакция f 1. (Ch) Reaktion f; Vorgang m; 2. (Mech) Reaktion f, Rückwirkung f, Gegenwirkung f; Gegenkraft f; 3. (Reg) Reaktion f, Antwort f ll ~/**аналитическая** (Ch) analytische Reaktion f ll ~/**анодная** (El) Anodenrückwirkung f ll ~/**бимолекулярная** (Ch) bimolekulare (dimolekulare) Reaktion f ll ~/**восстановительно-окислительная** (Ch) Redoxreaktion f, Reduktions-Oxidations-Reaktion f ll ~ **вытеснения** s. ~ **замещения** ll ~/**гетеролитическая** (Ch) Heterolyse f ll ~/**главная** (Ch) Hauptreaktion f, Grundreaktion f ll ~/**гомолитическая** (Ch) Homolyse f ll ~ **гомологизации** (Ch) Homologisierungsreaktion f ll ~/**двухмолекулярная** s. ~/бимолекулярная ll ~/**дейтрон-дейтронная** (Kern) Deuteron-Deuteron-Reaktion f ll ~/**дейтрон-протонная** (Kern) Deuteron-Proton-Reaktion f ll ~ **замещения** (Ch) Substitutionsreaktion f ll ~ **зарождения цепей** s. ~ **инициирования** ll ~ **захвата** (Kern) Einfang[s]reaktion f, Abfangreaktion f ll ~ **захвата нейтрона** Neutroneneinfangreaktion f, Neutroneneinfangprozeß m ll ~/**изотопная обменная** (Ph) Isotopenaustauschreaktion f ll ~/**индуцированная** (Ch) induzierte Reaktion f ll ~ **инициирования** (Ch, Kern) Initiierungsreaktion f, Startreaktion f ll ~/**ионная** (Ch) Ionenreaktion f ll ~ **ионного обмена** (Ch) Ionenaustauschreaktion f ll ~/**капельная** (Ch) Tüpfelreaktion f ll ~/**каталитическая** (Ch) katalytische Reaktion f ll ~/**качественная** (Ch) Nachweisreaktion f ll ~/**кислая** (Ch) saure Reaktion f ll ~/**кислотно-основная** (Ch) Säure-Base-Reaktion f ll ~/**консекутивная** (Ch) Folgereaktion f ll ~/**микросекундная** (Reg) Ansprechzeit f im Mikrosekundenbereich ll ~/**мономолекулярная** (Ch) monomolekulare (unimolekulare) Reaktion f ll ~ **на импульс** (Reg) Impulsantwort f ll ~ **на скачок** (Reg) Sprungantwort f ll ~/**наведённая** (Ch) induzierte Reaktion f ll ~/**надтепловая** (Kern) epithermische Reaktion f ll ~/**науглероживания** (Met, Gieß) Aufkohlungsreaktion f ll ~/**начальная** s. ~ инициирования ll ~/**необратимая** (Ch) nichtumkehrbare (irreversible) Reaktion f ll ~/**обменная** (Kern) Austauschreaktion f ll ~/**обратимая** (Ch) umkehrbare (reversible) Reaktion f ll ~/**обратная** (Ch) Gegenreaktion f, Rückreaktion f, Rückwirkung f ll ~ **обрыва цепи** (Ch) Kettenab-

реакция

bruch[s]reaktion *f* ll ~/**одномолекулярная** *s.* ~/**мономолекулярная** ll ~/**окислительная** *(Ch)* Oxidationsreaktion *f* ll ~/**окислительно-восстановительная** *(Ch)* Redoxreaktion *f*, Oxidations-Reduktions-Reaktion *f* ll ~/**опорная** *(Bw)* Auflagerdruck *m*, Auflagerwiderstand *m*, Auflagerreaktion *f* ll ~/**основная** *(Ch)* Grundreaktion *f*, Hauptreaktion *f* ll ~ **отщепления** *(Ch)* Abspaltungsreaktion *f* ll ~/**первичная** *(Ch)* Primärreaktion *f* ll ~ **перегруппировки** *(Ch)* Umlagerungsreaktion *f* ll ~/**побочная** *(Ch)* Nebenreaktion *f* ll ~/**поверхностная** *(Ph)* Oberflächenreaktion *f* ll ~ **подбирания** *s.* ~ **захвата** ll ~/**пороговая** *(Kern)* Schwellenreaktion *f*, endotherme Kettenreaktion *f* ll ~/**последовательная (последующая)** *(Ch)* Folgereaktion *f* ll ~ **присоединения** *(Ch)* Anlagerungsreaktion *f*, Additionsreaktion *f* ll ~ **продолжения цепи** *(Ch)* Kettenwachstumsreaktion *f* ll ~/**промежуточная** *(Ch)* Zwischenreaktion *f* ll ~/**протон-протонная** Proton-Proton-Reaktion *f* ll ~/**прямая ядерная** *(Kern)* direkte Kernreaktion *f* ll ~/**равновесная** *(Ch)* Gleichgewichtsreaktion *f* ll ~/**радиационно-химическая** strahlenchemische Reaktion *f* ll ~/**радикальная** *(Ch)* Radikalreaktion *f* ll ~ **разветвления цепи** *(Ch)* Kettenverzweigungsreaktion *f* ll ~ **разложения** *(Ch)* Zersetzungsreaktion *f* ll ~ **раскрытия цикла** *(Kern)* Ringöffnungsreaktion *f* ll ~ **распада** *(Kern)* Zerfallsreaktion *f* ll ~ **рекомбинации** *(Ch)* Rekombinationsreaktion *f* ll ~ **ротора** *(El)* Läuferrückwirkung *f* ll ~ **связей** *(Mech)* Zwangskraft *f*, Zwang *m*, Reaktionskraft *f*, Führungskraft *f* ll ~ **синтеза [ядер]** *(Kern)* Kernverschmelzungsreaktion *f*, Fusionsreaktion *f*, Kernfusionsreaktion *f* ll ~/**сложная** *(Ch)* zusammengesetzte Reaktion *f* ll ~/**сопряжённая** *(Ch)* gekoppelte Reaktion *f*, Kopplungsreaktion *f* ll ~ **срыва** *(Kern)* Strippingreaktion *f* ll ~/**стартовая** *(Kern)* Startreaktion *f* ll ~ **структурирования** *(Ch)* Vernetzungsreaktion *f*, vernetzende Reaktion *f* ll ~/**ступенчатая** *(Ch)* Stufenreaktion *f* ll ~ **сшивания** *s.* ~ **структурирования** ll ~/**термоядерная** *(Kern)* thermonukleare Reaktion (Fusionsreaktion) *f* ll ~/**термоядерная цепная** *(Kern)* thermonukleare Kettenreaktion *f* ll ~/**топохимическая** topochemische Reaktion *f* ll ~/**тримолекулярная** *(Ch)* trimolekulare Reaktion *f* ll ~/**углеродно-азотная** *(Astr)* C-N-Zyklus *m* ll ~/**фотохимическая** photochemische Reaktion *f*, Photoreaktion *f* ll ~/**фотоядерная** *(Kern)* 1. Kernphotoeffekt *m*, Kernphotoreaktion *f*, Photokernreaktion *f*; 2. Spallation *f*, photonukleare Reaktion *f*, photoneninduzierte Kernreaktion *f* ll ~ **фрагментаций** *(Ch)* Fragmentierungsreaktion *f* ll ~/**характерная** *(Ch)* Nachweisreaktion *f* ll ~ **цепная** *(Kern, Ch)* Kettenreaktion *f* ll ~/**цепная термоядерная** *(Kern)* thermonukleare Kettenreaktion *f* ll ~/**цепная ядерная** *(Kern)* nukleare Kettenreaktion *f* ll ~ **циклизации** *(Ch)* Cyclisierungsreaktion *f* ll ~/**частичная** *(Ch)* Teilreaktion *f* ll ~/**щелочная** *(Ch)* alkalische (basische) Reaktion *f* ll ~/**экзотермическая** *(Ch)* exotherme Reaktion *f* ll ~ **элиминирования** *(Ch)* Eliminierungsreaktion *f* ll ~/**эндотермическая** *(Ch)* endotherme Reaktion *f* ll ~/**ядерная** *(Kern)* Kernreaktion *f* ll ~ **якоря** *(El)* Ankerrückwirkung *f*

реакция-источник *f (Kern)* Quellreaktion *f*
реализация *f* 1. Realisierung *f*, Verwirklichung *f*, Durchführung *f*; 2. Verwertung *f (z. B. einer Erfindung)*; 3. *(Inf)* Implementierung *f (Programmiersprachen)* ll ~ **операций/аппаратная** *(Inf)* Firmware *f*
реборда *f* Bord *m*, Rand *m*, Wulst *m*; Flansch *m*; *(Schiff)* Trommelbordscheibe *f (Winde)* ll ~ **бандажа** *(Eb)* Spurkranz *m (Radreifen)*
рёбра *npl* **кристалла** Kristallkanten *fpl*
ребристый gerippt, rippig; verrippt, Rippen...
ребро *n* 1. Rippe *f*; Versteifungsrippe *f*; 2. Kante *f*; Grat *m*; 3. *(Schiff)* Schlinge *f*, Steife *f*; 4. *(Meß)* Prüffläche *f (am Haarlineal)*; 5. *(Wlz)* Hochkantkaliber *n (für Flachstahl)* ll ~ **атаки** *(Flg)* Anströmkante *f*, Vorderkante *f* ll ~/**боковое** Seitenrippe *f* ll ~/**вицинальное** *(Krist)* Vizinalkante *f* ll ~/**горизонтальное** *(Schiff)* horizontale (waagerechte) Steife *f*; waagerechter Steg *m (Ruderkörper)* ll ~/**диагональное** Diagonalrippe *f* ll ~ **жёсткости** *(Bw)* Aussteifung *f*, Beulsteife *f (Konstruktionselement im Stahlbrückenbau)*; Versteifungsrippe *f*, Verstärkungsrippe *f*; *(Schiff)* Steife *f*, Schlinge *f* ll ~ **жёсткости/горизонтальное** *(Bw)* Längsaussteifung *f* ll ~/**литое** Gußrippe *f* ll ~/**накатанное** Walzrippe *f* ll ~/**направляющее** Führungsrippe *f* ll ~/**охлаждающее** Kühlrippe *f* ll ~/**поперечное** Querrippe *f*, Steg *m* ll ~/**продольное** Längsrippe *f*, Steg *m* ll ~/**свода** *(Bw)* Gewölberippe *f* ll ~/**среднее** Mittelsteg *m (der Seilscheibe)*
ревданскит *m (Min)* Rewdanskit *m*, Rewdinskit *m*
реверберация *f (Ak)* Nachhall *m*, Widerhall *m*, Hall *m*; Reverberation *f*, Mehrfachreflexion *f* ll ~/**гидроакустическая** hydroakustischer Nachhall *m* ll ~/**донная** Bodennachhall *m* ll ~/**искусственная** künstlicher Nachhall *m* ll ~/**морская** Meeresreverberation *f* ll ~/**стандартная** optimale Nachhallzeit (Nachhalldauer) *f* ll ~/**стереофоническая** Stereonachhall *m*
реверберометр *m (Ak, Bw)* Nachhallmesser *m*, Nachhallmeßgerät *n*
реверс *m* 1. Umsteuervorrichtung *f*, Umsteuermechanismus *m*, Umsteuerung *f*; 2. *(Kfz)* Wendegetriebe *n*; 3. *s.* реверсирование ll ~/**аварийный** *(Schiff)* Notumsteuerung *f*, Gefahrenumsteuerung *f* ll ~ **ленты** Bandrückzug *m*
реверсивность *f* Umsteuerbarkeit *f* ll ~ **измерения** Umkehrbarkeit *f* einer Messung
реверсивный 1. reversibel, umkehrbar; 2. umsteuerbar, Umsteuer..., reversierbar
реверсирование *n (Masch)* Umsteuern *n*, Drehrichtungsumkehr *f*, Bewegungsumkehr *f*, Reversieren *n* ll ~ **вентиляционной струи** *(Bgb)* Wetterumstellung *f* ll ~ **вхолостую** *(Masch)* Umsteuern *n* im Leerlauf, Reversieren *n* bei Leerlauf ll ~/**гидравлическое** *(Masch)* hydraulische Umsteuerung *f* ll ~ **мягкое** *(Masch)* sanfte Umsteuerung *f* ll ~ **направления поездки** *(Eb)* Fahrtrichtungswendung *f*, Fahrtrichtungsänderung *f (Lok)* ll ~/**плавное** *(Masch)* sanfte Umsteuerung *f* ll ~/**прямое** *(Masch)* direkte Umsteuerung *f* ll ~/**ручное** manuelle Umsteuerung *f*, Umsteuerung *f* von Hand ll ~/**тяги** *(Flg, Rak)* Schubumkehr *f*
реверсировать *(Masch)* umsteuern, [die Drehrichtung] umkehren, reversieren

реверсируемость f Umsteuerbarkeit f, Reversierbarkeit f
реверсограф m (Schiff) Manöverschreiber m
реверсор m 1. Umkehrschalter m, Wendeschalter m, Richtungswender m; 2. (Eb) Fahrtrichtungswender m (Lok)
реверс-редуктор m s. редуктор/реверсивный
ревизия f 1. Revision f, Durchsicht f, Überprüfung f, Nachprüfung f; 2. (Bw) Flanschett n des Reinigungsrohrs, Reinigungsöffnung f; Revisionsschacht m (Kanalisation)
ревун m (Schiff) Signalhupe f
рег. т. s. тонна/регистровая
регенерат m (Gum) Regenerat n, Regenerativgummi m ‖ ~ **водной варки** (Gum) Wasserentvulkanisationsregenerat n ‖ ~/**галошный** (Gum) Galoschenregenerat n ‖ ~/**измельчённый** (Gum) Malregenerat n, Schlauchregenerat n ‖ ~/**камерный** (Gum) Luftschlauchregenerat n, Schlauchregenerat n ‖ ~/**кислотный (кислый)** (Gum) Säureregenerat n ‖ ~/**покрышечный** (Gum) Reifenregenerat n, Deckenregenerat n ‖ ~/**шинный** s. ~/покрышечный ‖ ~/**щелочной** (Gum) Alkaliregenerat n
регенеративный 1. regenerativ, Regenerativ...; 2. (Rf) Rückkopplungs...
регенератор m 1. (Wmt) Regenerator m (Wärmeübertrager mit Zwischenspeicherung); 2. (Eln) Rückkopplungsaudion n; 3. (El) Entzerrer m ‖ ~/**горизонтальный** (Met) liegende Regenerativkammer f ‖ ~ **мартеновской печи** (Met) Regenerator m, Regenerativkammer f (SM-Ofen) ‖ ~/**реверсивный** (Met) Regenerator m mit Wechselbetrieb ‖ ~ **Сименса** (Met) Siemens-Regenerator m ‖ ~/**стартстопный** (El) nach dem Start-Stopp-Verfahren arbeitender Entzerrer m
регенерация f 1. Regeneration f, Regenerierung f, Rückgewinnung f, Wiedergewinnung f; 2. (Bgb) Wiedernutzbarmachung f; 3. (Bw) Restaurierung f, Wiederherstellung f; 4. (Eln) Refresh n ‖ ~ **активного ила** Schlammbelebung f ‖ ~ **горелой земли** (Gieß) Altsandregenerierung f, Altsandrückgewinnung f, Altformstoffregenerierung f ‖ ~ **информации** Informationsregenerierung f ‖ ~ **масла** Ölregenerierung f (Schmieröl) ‖ ~ **отработанного масла** Altölregenerierung f (Schmieröl) ‖ ~ **памяти** (Inf) Speicher-Refresh n ‖ ~ **плутония** (Kern) Plutoniumrückgewinnung f ‖ ~ **промывочного раствора** (Bgb) Spülungsregenerierung f (Bohrung) ‖ ~ **проявителя** (Photo) Entwicklerregenerierung f ‖ ~ **серебра** (Photo) Silberrückgewinnung f ‖ ~ **суспензий** (Bgb) Trüberegeneration f (Aufbereitung) ‖ ~ **тепла** Wärmerückgewinnung f ‖ ~/**термическая** (Gieß) Heißregenerierung f (von Gießereisand) ‖ ~ **химикатов** Chemikalienrückgewinnung f ‖ ~ **щёлоков** (Pap) Ablaugeregeneration f ‖ ~ **ядерного топлива** (Kern) Spaltstoffaufarbeitung f
регенерировать regenerieren, wiedergewinnen, [zu]rückgewinnen
регистр m 1. Register n, Verzeichnis n; 2. (Nrt, Inf) Register n; 3. (Typ) Register n, Tastenreihe f ‖ ~ **абонента** Teilnehmerregister n ‖ ~ **адреса** (Inf) Adressenregister n, Adreßregister n ‖ ~ **адреса/буферный** Pufferadressenregister n, Pufferadreßregister n ‖ ~ **адреса канала** Kanaladressenregister n, Kanaladreßregister n ‖ ~ **адреса команды** Befehlsadressenregister n, Befehlsadreßregister n ‖ ~ **адреса микрокоманды** Mikrobefehlsadressenregister n, Mikrobefehlsadreßregister n ‖ ~ **адреса памяти** Speicheradressenregister n, Speicheradreßregister n ‖ ~/**алфавитный** alphabetisches Register n ‖ ~/**арифметический** (Inf) arithmetisches Register n ‖ ~/**ассоциативный** (Inf) assoziatives Register n ‖ ~/**базовый** (Inf) Basisadressenregister n ‖ ~/**блокнотный** (Inf) Scratch-Register m ‖ ~/**буферный** (Inf) Pufferregister n, Zwischenregister n ‖ ~ **в накопителе** (Inf) Speicherregister n ‖ ~ **ввода** (Inf) Eingaberegister n ‖ ~/**верхний** Großbuchstabenschreibung f (Schreibmaschinentastatur) ‖ ~/**внутренний** (Inf) internes Register n ‖ ~/**возврата** (Inf) Rückkehrregister n ‖ ~/**воздушный** Luftregister n ‖ ~/**вспомогательный** (Inf) Adressenhilfsregister n ‖ ~/**входной** (Inf) Eingangsregister n, Eingaberegister n ‖ ~ **выбора** (Inf) Auswahlregister n ‖ ~ **вывода** (Inf) Ausgangsregister n, Ausgaberegister n ‖ ~ **данных** (Inf) Datenregister n ‖ ~ **данных/буферная** (Inf) Datenpuffer m ‖ ~/**двоичный** (Inf) binäres Register n ‖ ~/**двоичный сдвигающий** binäres Schieberegister n ‖ ~/**десятичный** (Inf) dezimales Register n, Dezimalregister n ‖ ~/**динамический** (Inf) dynamisches Register n ‖ ~/**запоминающий** (Inf) Speicherregister n ‖ ~/**индекса** (Inf) Indexregister n ‖ ~/**индексный** (Inf) Indexregister n ‖ ~ **кода операции** (Inf) Operationsregister n ‖ ~ **команд** (Inf) Befehlsregister n, BR ‖ ~ **команд/буферный** (Inf) Befehlspufferregister n, Befehlspuffer m ‖ ~ **маски** (Inf) Maskenregister n ‖ ~ **микрокоманд** (Inf) Mikrobefehlsregister n ‖ ~ **множимого** (Inf) Multiplikandenregister n ‖ ~ **множимого делителя** (Inf) Multiplikand-Divisorregister n ‖ ~ **множителя** (Inf) Multiplikatorregister n ‖ ~/**накапливающий** (Inf) Akkumulatorregister n, Akkumulator m, Speicherregister n ‖ ~/**нижний** Kleinbuchstabenschreibung f (Schreibmaschinentastatur) ‖ ~ **общего назначения** (Inf) allgemeines Register n, Universalregister n, Mehrzweckregister n ‖ ~/**общий** s. ~ общего назначения ‖ ~ **операндов** (Inf) Operandenregister n ‖ ~ **памяти** (Inf) Speicherregister n ‖ ~ **памяти/адресный** (Inf) Speicherdatenregister n ‖ ~/**параллельный** (Inf) Parallelregister n ‖ ~ **поиска** (Inf) Suchregister n ‖ ~ **последовательного приближения** (Inf) sukzessives Approximationsregister n ‖ ~/**последовательный** (Inf) Serienregister n ‖ ~ **признаков** (Inf) Vorzeichenregister n ‖ ~/**программный** (Inf) Programmregister n ‖ ~ **произведения** (Inf) Produktregister n ‖ ~/**промежуточный** (Inf) Zwischenregister n ‖ ~/**рабочий** (Inf) Arbeitsregister n ‖ ~/**32-рядный** (Inf) 32-Bit-Register n ‖ ~ **сверхоперативной памяти** (Inf) Notizregister n ‖ ~ **связи** (Inf) Verbindungsregister n ‖ ~ **сдвига** (Inf) Schieberegister n, Verschiebungsregister n ‖ ~ **сдвига/параллельный** Parallelschieberegister n ‖ ~ **сдвига/последовательный** serielles Schieberegister n ‖ ~ **сдвига/реверсивный** Vor-/Rückwärts-Schie-

регистр

beregister *n* || ~/**сдвигающий (сдвиговый)** *s.* ~ **сдвига** || ~ **совпадения** *(Inf)* Koinzidenzregister *n* || ~ **состояния** *(Inf)* Statusregister *n* || ~ **специального назначения** *(Inf)* Spezialregister *n*, spezielles Register *n* || ~/**универсальный** *(Inf)* Universalregister *n*, allgemeines Register *n* || ~ **управления** *(Inf)* Steuerregister *n* || ~ **управляющих команд** *(Inf)* Steuerbefehlsregister *n* || ~/**флаговый** *(Inf)* Flagregister *n*, Bedingungskoderegister *n* || ~ **хранения** *(Inf)* Speicherregister *n* || ~/**центральный** *(Inf)* Zentralregister *n* || ~/**электронный сдвиговый** *(Inf)* elektronisches Schieberegister *n*

регистратор *m* Registriergerät *n*; Drucker *m* || ~ **выбегов параметров** *(Schiff)* Störungsdrucker *m* || ~ **глубин** *(Schiff)* Tiefenschreiber *m* || ~ **изображений/лазерный** Laserbildrecorder *m* || ~ **импульсов** Impulsschreiber *m* || ~ **манёвров** *(Schiff)* Manöverdrucker *m* || ~ **переходных процессов** *(Eln)* Transientenrecorder *m (Funktechnik)*

регистрация *f* Registrierung *f* || ~ **времени** Zeitregistrierung *f*, Aufzeichnung *f*; Erfassung *f (Meßwerte)* || ~ **информации** Informationsaufzeichnung *f* || ~/**оптическая** optische Aufzeichnung *f* || ~ **результатов/автоматическая** automatische Meßwerterfassung *f* || ~ **состояния** Zustandsaufzeichnung *f* || ~/**точечная** punktweise Aufzeichnung *f*, punktförmige Registrierung *f*

регистрировать registrieren, eintragen, verzeichnen, aufzeichnen

регистр-накопитель *m (Inf)* Speicherregister *n*
регистрограмма *f* Registrogramm *n*, Registrierstreifen *m*, Registrierung *f*, Schrieb *m*
регистр-память *m (Inf)* Speicherregister *n*
регистр-фиксатор *m (Inf)* Auffangregister *n*, Latch-Register *n*
регистр-флажок *m (Inf)* Flagregister *n*
регламент *m* Regeln *fpl*, Ordnung *f*, Vollzugsordnung *f*
регрессия *f* 1. Regression *f*; Rückzug *m*; 2. *s.* ~ **моря** || ~ **моря** *(Geol)* Regression *f* des Meeres, Meeresrückzug *m* || ~ **скрытого изображения** Latentbildregression *f*, Regression *f* des latenten Bildes
регс-каландр *m (Gum)* Raggummikalander *m*, Fetzenmischungskalander *m*, Fetzenkalander *m*
регулирование *n* 1. Regelung *f*, Regeln *n*; 2. Einstellen *n*, Einstellung *f*, Stellen *n*; Justieren *n*, Justierung *f* • **со ступенчатым регулированием** stufenlos regelbar || ~/**автоматическое** automatische (selbsttätige) Regelung *f*, Selbstregelung *f* || ~/**автономное** autonome (beeinflussungsfreie) Regelung *f* || ~/**адаптивное** Adaptivregelung *f*, adaptive Regelung *f* || ~/**адаптивное оптимальное** Anpassungsoptimierungsregelung *f* || ~/**адаптивное предельное** Grenzwertregelung *f* || ~ **амплитуды кадровой развёртки** *(TV)* Bildamplitudenregelung *f* || ~/**астатическое** astatische Regelung *f (s. a.* ~/**интегральное**) || ~/**базисное** Basisregulierung *f* || ~/**байпасное** *s.* ~/**обводное** || ~/**бесступенчатое** stufenlose Regelung *f* || ~/**быстродействующее** Schnellregelung *f* || ~ **вагонного парка** *(Eb)* Güterwagenverteilung *f*, Güterwagenregulierung *f* || ~ **верхних частот** *(Rf)*

Höhenregelung *f* || ~ **вручную** *s.* ~/**ручное** || ~ **вытяжи** *(Text)* Verzugsregulierung *f (Naturfaserpinnerei)*; Reckverhältnisregulierung *f (Chemieseidenspinnerei)* || ~/**гидродинамическое** hydraulische Steuerung *f*, Druckölsteuerung *f (Dampfturbine)* || ~ **громкости** *(Rf)* Lautstärkeregelung *f* || ~ **громкости/автоматическое** automatische Lautstärkeregelung *f* || ~ **громкости звука** *s.* ~ **громкости** || ~/**грубое** 1. Grobregelung *f*; 2. Grobeinstellung *f* || ~/**групповое** Gruppenregelung *f* || ~ **давления** Druckregelung *f* || ~ **давления наддува** *(Flg)* Ladedruckregelung *f* || ~/**двухпозиционное** Zweipunktregelung *f* || ~/**двухсвязное** Zweifachregelung *f* || ~ **диапазона** 1. Bereichsregelung *f*; 2. Bereichseinstellung *f* || ~ **динамического диапазона** Dynamikregelung *f* || ~/**дискретное** diskrete Regelung *f* || ~/**дистанционное** Fernregelung *f* || ~/**дифференциальное** Differentialregelung *f*, D-Regelung *f* || ~/**дополнительное** 1. Nachregelung *f*; 2. Zusatzregelung *f* || ~/**дроссельное** Drosselregelung *f (Dampfturbine; Kreiselpumpe)* || ~/**жёсткое** steife (harte) Regelung *f* || ~/**зависимое** Nachlaufregelung *f* || ~/**задержанное** verzögerte Regelung *f* || ~/**избирательное** selektive Regelung *f* || ~ **избирательности** *(Rf)* Trennschärferegelung *f* || ~/**изодромное** isodrome Regelung *f*, Isodromregelung *f*; PI-Regelung *f*, proportional-integrale Regelung *f* || ~/**импульсное** Impulsregelung *f* || ~/**интегральное** I-Regelung *f*, Integralregelung *f* || ~/**каскадное** 1. Kaskadenregelung *f*; 2. Reihensteuerung *f* || ~/**конечное** Endwertregelung *f* || ~ **контрастности** *(TV)* Kontrastregelung *f* || ~/**косвенное** indirekte Regelung *f* || ~/**линейное** lineare Regelung *f* || ~ **линейности** Linearitätsregelung *f* || ~/**многоконтурное** mehrkreisige (mehrschleifige, vermaschte) Regelung *f* || ~/**многопозиционное** Mehrpunktregelung *f* || ~/**многосвязное** Mehrfachregelung *f* || ~/**многоточечное** Mehrpunktregelung *f* || ~/**многоуровневое** Mehrebenenregelung *f* || ~ **мощности** Leistungsregelung *f* || ~/**мягкое** weiche Regelung *f* || ~ **напряжения** 1. Spannungsregelung *f*; 2. Spannungseinstellung *f* || ~/**независимое** unabhängige Regelung *f* || ~/**непосредственное** *s.* ~/**прямое** || ~/**непрерывное** stetige (kontinuierliche) Regelung *f* || ~/**непрямое** indirekte Regelung *f* mit Hilfsenergie || ~ **нескольких величин** Mehrfachregelung *f* || ~ **низких частот** *(Rf)* Klangtiefenregelung *f* || ~/**обводное** Überlastregelung *f* durch Überspringen von Stufen *(durch Überbrückungsventil; Dampfturbine)* || ~ **оптимального значения** Optimalwertregelung *f* || ~/**оптимальное** optimale Regelung *f*, Optimalregelung *f* || ~ **отбора** Entnahmeregelung *f (Dampfturbine)* || ~/**параллельное** Parallelregelung *f* || ~/**плавное** sanfte (weiche) Regelung *f* || ~ **по нагрузке** belastungsabhängige Regelung *f* || ~ **по производной/D-Regelung** *f*, Vorhaltregelung *f* || ~/**повторное** Nachregelung *f* || ~ **подачи** *(Fert)* Vorschubregelung *f*, Vorschubverstellung *f* || ~/**позиционное** Positionsregelung *f*, Lageregelung *f* || ~/**поперечное** Querregelung *f* || ~ **поплавковое** Schwimmerregelung *f* || ~ **поплавком** *s.* ~/**поплавковое** || ~/**послойное** Lagenregelung

f ll ~/**потенциометрическое** Potentiometerregelung *f* ll ~/**предварительное** Vorregelung *f* ll ~/**прерывистое** diskontinuierliche (unstetige) Regelung *f* ll ~ **привода** Antriebsregelung *f* ll ~/**программное** Programmregelung *f* ll ~/**продольное** Längsregelung *f* ll ~/**пропорциональное** Proportionalregelung *f*, P-Regelung *f* ll ~/**пропорционально-интегральное** proportional-integrale Regelung *f*, PI-Regelung *f* ll ~ **противодавлением** Abdampfregelung *f (Dampfmaschine)* ll ~ **процесса** Prozeßregelung *f* ll ~/**прямое** direkte Regelung *f*, Regelung *f* ohne Hilfsenergie ll ~ **размера кадра** Bildamplitudenregelung *f* ll ~ **размера строк** Zeilenamplitudenregelung *f*, Bildbreitenregelung *f* ll ~ **расхода** Durchflußregelung *f*; Durchflußeinstellung *f (Flüssigkeiten und Gase)* ll ~ **реактивной мощности** Blindleistungsregelung *f* ll ~/**релейное** Relaisregelung *f* ll ~/**реостатное** Regelung *f* mittels veränderbaren Widerstands ll ~/**ручное** Handregelung *f*, manuelle Regelung *f*, Regelung *f* von Hand ll ~ **с гибкой обратной связью** Regelung *f* mit nachgebender Rückführung ll ~ **с жёсткой обратной связью** Regelung *f* mit starrer Rückführung ll ~ **с упреждением** Vorhaltregelung *f*, D-Regelung *f* ll ~/**связанное** gekoppelte Regelung *f* ll ~ **сети** Netzregelung *f* ll ~ **скорости** Geschwindigkeitsregelung *f* ll ~ **скорости вращения** Drehzahlregelung *f* ll ~/**следящее** Folgeregelung *f*, Nachlaufregelung *f*; gemischte Regelung *f (Dampfturbine)* ll ~/**сопловое** Düsengruppenregelung *f*, Fülungsregelung *f*, Mengenregelung *f (Dampfturbine)* ll ~/**статическое** statische Regelung *f* ll ~ **стока** (*Hydt*) Abflußregelung *f* ll ~/**ступенчатое** stufenweise Regelung *f*, Stufenregelung *f*, stufenweise Verstellung *f* ll ~/**сходящееся** konvergierende Regelung *f* ll ~/**телеавтоматическое** automatische Fernregelung *f* ll ~ **тембра** [**звука**] Klangfarbenregelung *f* ll ~/**тепловое** Wärmeregelung *f* ll ~ **тока** Stromregelung *f* ll ~/**тонкое** (**точное**) 1. Feineinstellung *f* ll ~/**трёхпозиционное** Dreipunktregelung *f* ll ~/**угловое** Winkelzentrierung *f*; Winkeleinstellung *f* ll ~ **уличного движения** Verkehrsregelung *f* ll ~ **уровня** Füllstandsregelung *f*, Pegelregelung *f*; (*Hydt*) Niveauregulierung *f* ll ~ **усиления** Verstärkungsregelung *f* ll ~ **усиления/автоматическая** automatische Verstärkungsregelung *f*, AVR ll ~ **уставок** 1. Sollwertregelung *f*; 2. Sollwerteinstellung *f* ll ~/**фазовое** Phasenregelung *f* ll ~ **цветности** Farbbrillanzregelung *f* ll ~/**цифровое** digitale Regelung *f* ll ~/**частотное** 1. Frequenzregelung *f*; 2. Frequenzeinstellung *f* ll ~ **частоты вращения** Drehzahlregelung *f* ll ~ **чёткости изображения** Bildschärfeeinstellung *f* ll ~ **числа оборотов** Drehzahlregelung *f* ll ~/**шаговое** Schrittregelung *f* ll ~/**экстремальное** Extrem[wert]regelung *f* ll ~ **электрического напряжения** elektrische Spannungsregelung *f* ll ~ **яркости** Helligkeitsregelung *f*
регулировать 1. (*Reg*) regeln, steuern; 2. regulieren, nachstellen, einstellen
регулировка *f* 1. Einstellung *f*, Verstellung *f*, Anpassung *f*; 2. *s*. регулирование ll ~/**автоматическая поездная** (*Eb*) selbsttätige Zugbeeinflussung *f* ll ~ **двигателя** (*Kfz*) Motoreinstellung *f* ll ~ **зазора** (*Kfz*) Spieleinstellung *f* (*z. B. der Ventile*) ll ~ **карбюратора** (*Kfz*) Vergasereinstellung *f*, Vergaseranpassung *f* ll ~ **краски/зональная** (*Typ*) zonale Farbdosierung *f* ll ~ **красочного аппарата** (*Typ*) Farbwerkeinstellung *f* ll ~/**непрерывная автоматическая поездная** (*Eb*) linienförmige Zugbeeinflussung *f* ll ~ **обтюратора** (*Kine*) Blendenverstellung *f (Sektorenblende)*, Verstellung *f* des Umlaufverschlusses ll ~ **состава смеси** (*Kfz*) Gemischeinstellung *f* ll ~ **тормоза** Bremseinstellung *f*, Bremsnachstellung *f* ll ~/**точечная автоматическая поездная** (*Eb*) punktförmige Zugbeeinflussung *f* ll ~/**точная** Feineinstellung *f* ll ~ **усиления/автоматическая** (*El*) automatische Verstärkungsregelung *f* ll ~/**фирменная** Werkseinstellung *f*, Leerlaufanpassung *f* ll ~ **холостого хода** (*Kfz*) Leerlaufeinstellung *f*, Leerlaufanpassung *f* ll ~ **яркости/автоматическая** Helligkeitsautomatik *f*
регулировочный Regel[ungs]...; Verstell...; Nachstell...
регулируемость *f* Regelbarkeit *f*, Regelfähigkeit *f*; Einstellbarkeit *f*; Nachstellbarkeit *f*
регулируемый Regel..., regelbar; einstellbar; nachstellbar ll ~/**непрерывно** stufenlos regelbar; stufenlos einstellbar (verstellbar) ll ~/**плавно** stufenlos regelbar ll ~ **сеткой** (*Eln*) gittergesteuert, gittergeregelt ll ~ **тиристором** thyristorgeregelt
регулятор *m* 1. Regler *m*, Regulator *m*, Regelvorrichtung *f*; 2. (*Ch*) Regler *m*, regelndes Flotationsmittel *n*; 3. *s*. передатчик цепи ll ~/**автоматический** automatischer (selbsttätiger) Regler *m*, Regelautomat *m* ll ~/**адаптивный** Adaptivregler *m* ll ~/**адаптивный пропорционально-интегральный** adaptiver Proportional-Integral-Regler *m*, adaptiver PI-Regler *m* ll ~ **активирующего действия** aktivierendes Reagens *n*, Beleber *m* (*Aufbereitung*) ll ~/**астатический** astatischer Regler *m* (*s. a.* ~/**интегральный**) ll ~ **безопасности** Sicherheitsregler *m*, Schnellschlußregler *m* ll ~/**безынерционный** verzögerungsfreier Regler *m* ll ~/**быстродействующий** Schnellregler *m* ll ~ **верхних частот** Klanghöhenregler *m*, Hochtonregler *m* ll ~ **влажности** Feuchtigkeitsregler *m* (*Klimaanlage*) ll ~ **возбуждения** (*El*) Feld[strom]regler *m* ll ~ **впрыска** Einspritzregler *m* (*Dampfkessel*) ll ~/**временной программный** Zeitplanregler *m* ll ~/**всережимный** Verstellregler *m* ll ~/**вспомогательный** Hilfsregler *m* ll ~/**вторичный** Sekundärregler *m* ll ~/**высотный** (*Flg, Rak*) Höhenregler *m* ll ~/**гидравлический** *s.* ~/**струйный** ll ~ **громкости** Lautstärkeregler *m* ll ~/**групповой** Gruppenregler *m* ll ~ **давления** Druckregler *m* ll ~ **давления воздуха** Luftdruckregler *m* ll ~ **давления/дифференциальный** Differenzdruckregler *m* ll ~ **давления «до себя»** Vordruckregler *m*, Eingangsdruckregler *m* ll ~ **давления наддува** (*Flg*) Ladedruckregler *m* ll ~ **давления пара** Dampfdruckregler *m* ll ~ **давления «после себя»** Nachdruckregler *m*, Ausgangsdruckregler *m* ll ~ **давления/разностный** Differenzdruckregler *m* ll ~/**двухпозиционный** Zweipunktregler *m* ll ~ **депресси-**

регулятор

рующего действия Drücker *m (Aufbereitung)* ‖ ~ **динамического уровня** Dynamikregler *m* ‖ ~/**дискретный** diskreter Regler *m* ‖ ~/**дистанционный** Fernregler *m* ‖ ~/**дифференциальный (дифференцирующий)** Differentialregler *m*, D-Regler *m*, Regler *m* mit Differentialverhalten (Vorhalt) ‖ ~/**добавочный** Zusatzregler *m* ‖ ~ **дождевого стока** Rückhaltebecken *n* ‖ ~/**дроссельный** Drosselregler *m* ‖ ~/**золотниковый** Schieberregler *m* ‖ ~/**изодромный** Isodromregler *m*, isodromer Regler *m (s. a.* ~/**пропорционально-интегральный)** ‖ ~/**импульсный** Impulsregler *m* ‖ ~/**индуктивный** induktiver Regler *m* ‖ ~/**индукционный** Induktionsregler *m* ‖ ~/**интегральный** Integralregler *m*, I-Regler *m*, Regler *m* mit Integralverhalten ‖ ~ **кислотности** *(Ch)* pH-Wert-Hegler *m* ‖ ~/**клапанный** Ventilregler *m*; Regelventil *n* ‖ ~/**компактный** Kompaktregler *m* ‖ ~/**компаундирующий** Verbundregler *m* ‖ ~/**компенсационный** Kompensationsregler *m* ‖ ~/**контактный** Kontaktregler *m* ‖ ~ **контрастности** Kontrastregler *m* ‖ ~ **коэффициента рассогласования** Verstimmungsregler *m* ‖ ~/**линейный** linearer Regler *m* ‖ ~/**магнитный** Magnetregler *m* ‖ ~/**максимальный** Höchstwertregler *m*, Maximalregler *m*, Sicherheitsregler *m* ‖ ~/**мембранный** Membranregler *m* ‖ ~/**многоканальный** Mehrkanalregler *m* ‖ ~/**многоканальный микропроцессорный** Mehrkanal-Mikroprozessorregler *m* ‖ ~/**многопозиционный** Mehrpunktregler *m* ‖ ~/**многорежимный** Mehrstufenregler *m* ‖ ~ **молекулярной массы** Molmassenregler *m* ‖ ~ **мощности** Leistungsregler *m* ‖ ~ **нагрузки** Belastungsregler *m* ‖ ~ **напряжения** Spannungsregler *m* ‖ ~ **напряжения/пропорциональный** proportionaler Spannungsregler *m* ‖ ~ **напряжения сети** Netzspannungsregler *m* ‖ ~ **напряжения/электромагнитный** elektromagnetischer Spannungsregler *m* ‖ ~ **натяжения** Nachspannvorrichtung *f (einer Fahrleitung)* ‖ ~ **натяжения нити** *(Text)* Spannungsregler *m (Fadenspannung)* ‖ ~/**нелинейный** nichtlinearer Regler *m* ‖ ~ **непрерывного действия** kontinuierlicher (kontinuierlich arbeitender) Regler *m* ‖ ~ **непрямого действия** indirekter (indirekt wirkender) Regler *m*, Regler *m* mit Hilfsenergie ‖ ~ **нижних частот** Klangtiefenregler *m*, Tieftonregler *m* ‖ ~ **низкого давления** Niederdruckregler *m*, Saugdruckregler *m* ‖ ~ **нулевой мощности** Nulleistungsregler *m* ‖ ~/**ограничивающий** Begrenzungsregler *m* ‖ ~ **опережения зажигания** Zündversteller *m* ‖ ~/**основной** Hauptregler *m* ‖ ~ **оптимального значения** Optimalwertregler *m* ‖ ~/**параметрически адаптивный** parameteradaptiver Regler *m* ‖ ~/**первичный** Primärregler *m* ‖ ~ **перегрева** Überhitzungsregler *m* ‖ ~ **питания котла** *(Wmt)* Speisewasserregler *m (Dampfkessel)* ‖ ~/**плоский** Flachregler *m* ‖ ~ **плотности краски** *(Typ)* Farbdichteregler *m* ‖ ~/**пневматический** pneumatischer Regler *m* ‖ ~/**позиционный** Positionsregler *m*, Stellungsregler *m* ‖ ~ **поперечного поля/электромашинный** Querfeldmaschinenregler *m* ‖ ~/**поплавковый** Schwimmerregler *m* ‖ ~/**поршневой** Kolbenregler *m* ‖ ~ **постоянного параметра** Festwertregler *m* ‖ ~/**потенциометрический** Potentiometerregler *m* ‖ ~ **предельного давления** Druckbegrenzungsregler *m*, Grenzdruckregler *m* ‖ ~/**предельный** *s.* ~ **безопасности** ‖ ~ **прерывистого действия** diskontinuierlicher (diskontinuierlich arbeitender) Regler *m* ‖ ~ **прерывистого действия** ‖ ~/**программируемый** programmierbarer Regler *m* ‖ ~/**программный** Programmregler *m*; Zeitplanregler *m* ‖ ~ **продольного поля/электромашинный** Längsfeldmaschinenregler *m* ‖ ~/**пропорционально-дифференциальный** Proportional-Differential-Regler *m*, PD-Regler *m* ‖ ~/**пропорционально-интегрально-дифференциальный** proportional-integral-differenzierend-wirkender Regler *m*, PID-Regler *m* ‖ ~/**пропорционально-интегральный** Proportional-Integral-Regler *m*, PI-Regler *m*, proportional-integral-wirkender Regler *m* ‖ ~/**пропорциональный** Proportionalregler *m*, P-Regler *m*, proportionalwirkender Regler *m* ‖ ~/**пружинный** Feder[kraft]regler *m*, federbelasteter Regler *m* ‖ ~ **прямого действия** Direktregler *m*, direkt wirkender Regler *m*, Regler *m* ohne Hilfsenergie ‖ ~ **развязки** Entkopplungsregler *m* ‖ ~ **разрежения** Unterdruckregler *m* ‖ ~ **расхода** 1. Durchflußmengenregler *m (Gase, Flüssigkeiten)*; 2. *(Hydr)* Stromregler *m*, Stromregelventil *n*, [hydraulisches] Strombegrenzungsventil *n* ‖ ~ **расхода/двухлинейный** hydraulisches Zweiwegestrombegrenzungsventil *n* ‖ ~ **расхода/трёхлинейный** hydraulisches Dreiwegestrombegrenzungsventil *n* ‖ ~/**релейный** Relaisregler *m* ‖ ~/**реостатный** Regler *m* mit veränderbarem Widerstand ‖ ~ **с воздействием по производной** Regler *m* mit Vorhalt (D-Einfluß) ‖ ~ **с воздействием по производной/пропорциональный** *s.* ~ **с предварением/пропорциональный** ‖ ~ **с гибкой обратной связью** Regler *m* mit nachgebender Rückführung ‖ ~ **с жёсткой обратной связью** Regler *m* mit starrer Rückführung ‖ ~ **с несколькими воздействиями** Mehrfachregler *m* ‖ ~ **с предварением** Regler *m* mit Vorhalt ‖ ~ **с предварением/изодромный (пропорционально-интегральный)** Proportional-Integral-Differential-Regler *m*, PID-Regler *m*, proportional-integral-wirkender Regler *m* mit Vorhalt ‖ ~ **с предварением/пропорциональный** Proportional-Differential-Regler *m*, PD-Regler *m*, proportional-differential wirkender Regler *m* ‖ ~ **с предварительной установкой** voreinstellbarer Regler *m* ‖ ~ **с торможением вихревыми токами** Wirbelstromregler *m* ‖ ~/**самонастраивающийся** Regler *m* mit Selbsteinstellung ‖ ~ **сверхвысокого давления** Höchstdruckregler *m* ‖ ~/**сериесный** Hauptstromregler *m* ‖ ~/**сильфонный** Wellrohrmembranregler *m* ‖ ~ **скорости** Geschwindigkeitsregler *m*; Drehzahlregler *m* ‖ ~ **скорости потока** *(Hydr)* Durchflußstromregler *m* ‖ ~ **скорости с дозирующим клапаном** *(Hydr)* Durchflußstromregler *m* mit Zuflußsteuerventil ‖ ~ **скорости с редукционным клапаном** *(Hydr)* Durchflußstromregler *m* mit Druckminderventil ‖ ~/**следящий** Folgeregler *m*, Nachlaufregler *m* ‖ ~ **со струйной трубкой** *s.* ~/**струйный** ‖ ~/**стати-**

ческий statischer Regler m; Proportionalregler m, P-Regler m ll ~/**струйный** (Hydr) hydraulischer Regler m, Fluidik-Regler m; Strahlrohrregler m ll ~/**ступенчатый** Stufenregler m; Schrittregler m ll ~ **тембра [звука]** Klangfarberegler m, Klangblende f ll ~ **температуры** Temperaturregler m ll ~ **температуры/микропроцессорный** Temperaturregler m auf Mikroprozessorbasis ll ~/**термоэлектрический** thermoelektrischer Regler m ll ~ **технологических процессов** Prozeßregler m ll ~/**тиристорный** Thyristorregler m, Thyristorsteller m ll ~ **тока** Stromregler m ll ~ **тона** ll ~ тембра ll ~/**тонкий** Feinregler m ll ~/**тормозной** (Eb) Bremsregler m ll ~/**транзисторный** (El) Transistorregler m, Transistorsteller m ll ~/**трёхпозиционный** Dreipunktregler m ll ~ **тяги** Zugregler m ll ~ **уровня** Füllstandsregler m, Pegelstandregler m, Niveauregler m ll ~ **уровня воды** Wasserstandsregler m ll ~ **уровня жидкости** Flüssigkeitsstandregler m ll ~ **усиления** Verstärkungsregler m ll ~ **фазы** Phasenregler m ll ~ **фокусировки** Schärfenregler m ll ~/**фотоэлектрический** photoelektrischer Regler m, Photozellenregler m ll ~/**центробежный** Fliehkraftregler m ll ~/**центробежный всережимный** Fliehkraftverstellregler m ll ~/**цифровой** Digitalregler m, digitaler Regler m ll ~ **частоты** Frequenzregler m ll ~ **частоты непрерывного действия** kontinuierlicher (kontinuierlich arbeitender) Frequenzregler m ll ~ **частоты прерывистого действия** diskontinuierlicher (diskontinuierlich arbeitender) Frequenzregler m ll ~ **числа оборотов** Drehzahlregler m ll ~ **чувствительности** Empfindlichkeitsregler m ll ~ **шага строчки** Stichsteller m (Nähmaschine); ll ~ **шагового типа** Schrittregler m ll ~/**шаговый** Schrittregler m ll ~/**широтно-импульсный** Breit-Impulsregler m ll ~/**шунтовой** Nebenschlußregler m ll ~/**экстремальный** Extremalregler m, Extremwertregler m ll ~/**электронно-гидравлический** elektronisch-hydraulischer Regler m ll ~ **яркости** Helligkeitsregler m
И-регулятор n s. регулятор/интегральный
П-регулятор m регулятор/пропорциональный
регулятор-клапан m Reglerventil n
редактирование n (Inf) Redigieren n, Redigierung f; Aufbereitung f ll ~/**диалоговое** Dialog-Editing n ll ~ **программы** Programmvorbereitung f, Programmverbindung f
редактировать (Inf) editieren
редактор m (Inf) Editor m ll ~ **графической информации** Graphikeditor m, Graphikeditierer m ll ~ **загрузочной программы** Ladeprogrammeditor m ll ~ **исходного текста** Quellenkode-Editierprogramm n ll ~ **связей** Binderprogramm n, Binder m, Verbinder m, Linker m ll ~ **текста** Texteditor m, Textaufbereitungsprogramm n ll ~ **файлов** Dateiaufbereiter m, Dateiaufbereitungsprogramm n
редан m (Schiff) Stufe f (Gleitboot)
редкослойный weitporig (Holz)
редоксипотенциал m (Ch) Redoxpotential n, Oxidations-Reduktions-Potential n
редоксметр m Redoxmeter n
редоксограмма f Redoxgramm n
редокс-реакция f (Ch) Redoxreaktion f

редуктор m 1. Reduktor m, Reduzierer m, Reduktionskessel m, Reduzierkessel m; 2. Reduzierventil n, Druckminderventil n, Minderventil n, Druckminderer m (für Flüssigkeiten und Gase); 3. (Masch) ins Langsame übersetzendes Getriebe n, Untersetzungsgetriebe n; i.w.S. Getriebe n (s. a. **unter** передача) ll ~/**ацетиленовый** (Schw) Acetylen[gas]druckminderer m ll ~/**бесступенчато-регулируемый** stufenlos regelbares Getriebe n (Untersetzungsgetriebe) ll ~/**водородный** (Schw) Wasserstoffdruckminderer m ll ~/**газовый** 1. (Schw) Druckminderer m für Gase, Flaschengasdruckminderer m; 2. Gasregler m, Gasdruckregler m (Gasmotoren) ll ~ **давления** Druckminderer m, Reduzierventil n, Druckminderventil n ll ~/**двухкамерный (двухступенчатый)** 1. (Schw) zweistufiger Druckminderer m; 2. (Masch) zweistufiges Getriebe n, Dreiwellengetriebe n (Untersetzungsgetriebe) ll ~/**жидкостный** Druckminderer m für Flüssigkeiten ll ~ **заднего моста** (Kfz) Hinterachsgetriebe n ll ~/**кислородный** (Schw) Sauerstoffdruckminderer m ll ~/**конический** Kegelradgetriebe n (Untersetzungsgetriebe) ll ~/**конически-цилиндрический** Kegelrad-Stirnrad-Getriebe n (Untersetzungsgetriebe) ll ~/**конусный фрикционный** Kegelreibradgetriebe n (Untersetzungsgetriebe) ll ~/**однокамерный (одноступенчатый)** 1. einstufiger Druckminderer m; 2. einstufiges Getriebe n (Untersetzungsgetriebe) ll ~/**осевой** (Eb) Achsgetriebe n, Radsatzgetriebe n (Lok) ll ~/**постовой** Schweißplatzdruckminderer m ll ~/**рамповый** s. ~/центральный ll ~/**реверсивный** (Masch) Wendeuntersetzungsgetriebe n, Untersetzungswendegetriebe n ll ~/**центральный** (Schw) Großdruckminderer m, Batteriedruckminderer m ll ~/**цилиндрический** Stirnradgetriebe n (Untersetzungsgetriebe) ll ~/**червячный** Schneckengetriebe n
редунданс m Redundanz f, Weitschweifigkeit f (einer Nachrichtenquelle)
редуцирование n **передачи** (Masch) Untersetzung f (Getriebe)
реечный (Masch) zahnstangenbetätigt (Bauweise von Greifern)
режеляция f (Geol) Regelation f, Schmelzung f und Wiedergefrieren n
режим m 1. Arbeitsweise f, Betriebsweise f, Betriebsart f, Betrieb m, (Inf auch) Modus m, Regime n; 2. Verfahren n, Verfahrensweise f, Führung f, Gang m; 3. Zustand m, Verhältnisse npl; Betriebsbedingungen fpl ll ~/**аварийный** Notbetrieb m, Havariebetrieb m ll ~/**автоколебательный** Selbstschwingungszustand m, Eigenschwingungszustand m ll ~ **автоматического управления рулём** (Schiff) automatische Steuerung f (der Rudermaschine) ll ~/**автономный** (Reg, Inf) autonomer (selbständiger, unabhängiger) Betrieb m, Off-line-Betrieb m, Off-line-Modus m, autonome (getrennte, ungekoppelte) Arbeitsweise f ll ~/**апериодический** aperiodischer Betrieb m ll ~/**асинхронный** Asynchronbetrieb m ll ~ **безвахтенного обслуживания машинного отделения** (Schiff) wachfreier Maschinenbetrieb m ll ~/**бездетонационный**

режим

klopffreier Betrieb *m (Verbrennungsmotor)* ‖ ~ **биений** *(El)* Schwebungszustand *m* ‖ ~ **брожения** *(Ch)* Gärführung *f* ‖ ~ **бурения** *(Bgb)* Bohrregime *n* ‖ ~/**буферный** *(El)* Pufferbetrieb *m* ‖ ~ **вахтенного обслуживания машинного отделения** *(Schiff)* Maschinenbetrieb *m* mit besetztem Maschinenraum ‖ ~ **ввода** *(Inf)* Eingabemodus *m*, Eingabebetriebsart *f* ‖ ~ **ввода-вывода** *(Inf)* E/A-Betriebsart *f*, E/A-Modus *m*, Eingabe-Ausgabe-Betriebsart *f*, Eingabe-Ausgabe-Modus *m* ‖ ~/**вентиляционный** *(Bgb)* Wetterregime *n*, Bewetterungsregime *n* ‖ ~/**ветровой** *(Meteo)* Windverhältnisse *npl* ‖ ~/**ветроволновой** *(Schiff)* Wind- und Wellenverhältnisse *npl*, Seegang *m* und Windstärke *f* ‖ ~/**взлётный** *(Flg, Rak)* Startleistung *f* ‖ ~ **висения** Standschwebe *f (Hubschrauber)* ‖ ~/**водный** *(Hydrol)* Wasserregime *n*, Wasserverhältnisse *npl (zeitliche Veränderung des Wasserstandes und Abflusses in Gewässern)* ‖ ~/**водоизмещающий** *(Schiff)* Verdrängungsfahrt *f (Tragflächenboot)* ‖ ~ **временного уплотнения** *(Inf)* Zeitmultiplexbetrieb *m* ‖ ~ **выборки** *(Inf)* Zugriff *m*, Betriebszustand *m* Zugriff ‖ ~ **вывода** *(Inf)* Ausgabemodus *m* ‖ ~/**вынужденный** *(El)* erzwungener Zustand (Betrieb) *m* ‖ ~ **выполнения программы/одиночный** *(Inf)* Einzelprogrammbetrieb *m* ‖ ~/**выпрямительный** *(El)* Gleichrichterbetrieb *m* ‖ ~ **выпрямления** *(El)* Gleichrichterbetrieb *m* ‖ ~/**генераторный** *(El)* Generatorbetrieb *m* ‖ ~ **генерации одной частоты** Einmodenbetrieb *m*, Einfrequenzbetrieb *m (eines Lasers)* ‖ ~/**гидрологический** *(Hydrol)* hydrologisches Regime *n*, hydrologische Verhältnisse *npl* ‖ ~/**гидрометеорологический** *(Hydrol)* hydrometeorologisches Regime *n*, hydrometeorologische Verhältnisse *npl* ‖ ~/**гидрохимический** *(Hydrol)* hydrochemisches Regime *n*, hydrochemische Verhältnisse *npl* ‖ ~ **горения** Flammenführung *f* ‖ ~/**градуировочный** Sollbetrieb *m* ‖ ~ **грунтозабора** Grundsaugbetrieb *m (Saugschwimmbagger)* ‖ ~/**двигательный** Motorbetrieb *m*, Betrieb *m* als Motor ‖ ~/**двухполюсный** *(El)* Doppelstrombetrieb *m* ‖ ~/**двухпроводной** *(Nrt)* Zweidrahtbetrieb *m* ‖ ~/**двухтактный** *(El)* Gegentaktbetrieb *m* ‖ ~/**двухчастотный симплексный** Zweifrequenz-Simplexbetrieb *m (Funkwesen)* ‖ ~/**детонационный** Betriebszustand *m* mit Klopferscheinungen, „Klopfbetrieb" *m (Verbrennungsmotor)* ‖ ~ **диалога** *(Inf)* Dialogbetrieb *m* ‖ ~/**диалоговый** *(Inf)* Dialogbetrieb *m* ‖ ~/**дизельный** Dieselbetrieb *m* ‖ ~/**динамический** dynamischer Betrieb (Betriebszustand) *m* ‖ ~/**длительный** Dauerbetrieb *m* ‖ ~/**дуплексный** *(Nrt)* Duplexbetrieb *m* ‖ ~ **дутья** *(Met)* Windführung *f* ‖ ~ **жидкостной (жидкофазной) эпитаксии** *(Eln)* Schmelzlösungsepitaxie *f*; Flüssigphasen[epitaxie]regime *n* ‖ ~ **загрузки** *(Inf)* Lademodus *m*, Load-Modus *m* ‖ ~ **заданный** Sollzustand *m* ‖ ~ **заливки** *(Gieß)* Gießmethode *f*, Gießverfahren *n*; Gießplan *m* ‖ ~ **замачивания (замочки)** Weichschema *n*, Weicharbeit *f (Mälzerei)* ‖ ~ **запирания** *(El)* Sperrbetrieb *m (eines Transistors)* ‖ ~ **запроса** *(Inf)* Abrufbetrieb *m* ‖ ~ **заряд-разряда** *(El)* Lade-Entlade-Betrieb *m* ‖ ~ **золения** *(Led)* Äschersystem *n* ‖

~ **имитации** *(Inf)* Simulationsbetrieb *m* ‖ ~/**импульсный** *(El)* Impulsbetrieb *m*, Pulsbetrieb *m* ‖ ~/**инверсный** inverser Betrieb *m*, inverse (umgekehrte) Betriebsweise *f (Schaltungsart)* ‖ ~/**инверторный** *(El)* Wechselrichterbetrieb *m* ‖ ~/**интерактивный** *(Inf)* Dialogbetrieb *m* ‖ ~ **испытания** Prüfvorgang *m*, Prüflauf *m* ‖ ~ **истинного движения** Betriebsart *f* Absolutdarstellung *(Radar)* ‖ ~/**кавитационный** Kavitationszustand *m* ‖ ~ **ключа** *(Eln)* Schalterbetrieb *m (eines Transistors)* ‖ ~/**коммутационный** *(El)* Schaltzustand *m* ‖ ~/**конденсационный** Kondensationsbetrieb *m*, Kondensation *f* ‖ ~ **контрольного суммирования по столбцам** *(Inf)* Quersummenmodus *m* ‖ ~ **короткого замыкания** *(El)* Kurzschlußbetrieb *m* ‖ ~ **короткого замыкания/установившийся** Dauerkurzschlußbetrieb *m* ‖ ~/**критический** kritischer Betriebszustand *m* ‖ ~/**крыльевой** Tragflächenfahrt *f (Tragflächenboot)* ‖ ~ **лазера/импульсный** Laserpulsbetrieb *m* ‖ ~/**лазерный** Laserbetrieb *m*, Laserbetriebsart *f* ‖ ~/**ледовый** *(Hydrol)* Vereisungsregime *n*, Eisverhältnisse *npl* ‖ ~/**лётный** Flugleistung *f* ‖ ~/**линейный** *(Inf)* linearer Betrieb *m* ‖ ~ **магазина** *(Inf)* Magazinbetrieb *m* ‖ ~ **максимальной нагрузки** *(El)* Höchstlastbetrieb *m* ‖ ~ **минимальной нагрузки** *(El)* Niedrigstlastbetrieb *m* ‖ ~ **многократного сканирования** *(Eln)* Vielfachscanverfahren *n* ‖ ~ **модуляции добротности** Güteschaltbetrieb *m*, Q-Schaltbetrieb *m (Laser)* ‖ ~/**монопольный** *(Inf)* Stoßbetrieb *m*, Einpunktbetrieb *m* ‖ ~/**мультиобработки** *(Inf)* Mehrfachmodusbetrieb *m* ‖ ~/**мультиплексный** *(Inf)* Multiplexbetrieb *m* ‖ ~/**мультипрограммный** *(Inf)* Multiprogrammbetrieb *m* ‖ ~/**мультипроцессорный** *(Inf)* Mehrprozessorbetrieb *m* ‖ ~/**мультисистемный** *(Inf)* Multisystembetrieb *m* ‖ ~ **нагрева** *(Wmt)* Erwärmungsvorgang *m*, Erwärmungsregime *m*, Erhitzungsverfahren *n*, Temperaturführung *f* beim Erwärmen; *(Eln)* Aufheizrampe *f (Halbleiter)* ‖ ~/**нагрузочный** 1. Lastbetrieb *m*; 2. Belastungszustand *m* ‖ ~ **наносов** *(Hydrol)* Feststoffregime *n*, Geschiebe- und Schwebstoffverhältnisse *npl* ‖ ~/**неавтономный** *s.* ~ непосредственного управления ‖ ~/**недонапряжённый** *(El)* unterspannter Zustand ‖ ~ **незатухающих колебаний** *(Rad)* Dauerstrichbetrieb *m* ‖ ~ **непосредственного управления** *(Inf)* abhängiger (gekoppelter) Betrieb *m*, Online-Betrieb *m* ‖ ~/**непрерывный** 1. Dauerbetrieb *m*; 2. Dauerstrichregime *n*, Dauerstrichbetrieb *m (Laser)* ‖ ~/**нестабильный (нестационарный, неустановившийся)** nichtstationärer Betrieb *m*, nichtstationäres Regime *n* ‖ ~/**неустойчивый** 1. instabiler Betrieb *m*; 2. instabiler Zustand *m* ‖ ~/**номинальный** *(El)* 1. Nennbetrieb *m*; 2. Nenn[betriebs]zustand *m* ‖ ~/**номинальный генераторный** Generatornennbetrieb *m* ‖ ~/**номинальный двигательный** Motornennbetrieb *m* ‖ ~/**нормальный** normaler Betrieb (Verlauf) *m*; normale Verhältnisse *npl* (Bedingungen *fpl*) ‖ ~/**обеднения** *(Eln)* Verarmungsmodus *m*, Verarmungsmode *m*, Verarmungsbetrieb *m (Halbleiter)* ‖ ~ **обеднения канала носителями** *(Eln)* Betriebsweise *f* mit

Verarmungs[rand]schicht, Entblößungssteuerung f (bei Feldeffekttransistoren) ‖ ~ **обжатий** (Wlz) Stichplan m, Stichverteilung f ‖ ~ **обжига** (Bw) Brennverfahren n (Baustoffe) ‖ ~ **обогащения** (Eln) Anreicherungsmodus m, Anreicherungsmode m, Anreicherungsbetrieb m (Halbleiter) ‖ ~ **обогащения канала носителями** (Eln) Betriebsweise f mit Anreicherungs[rand]schicht, Anreicherungssteuerung f (bei Feldeffekttransistoren) ‖ ~ **обработки [данных]** (Inf) Verarbeitungszustand m, Verarbeitungsbetrieb m ‖ ~ **огневой** Feuerführung f ‖ ~**/одноабонентный** (Inf) Einpunktbetrieb m ‖ ~**/однократный** einmaliger Betrieb m ‖ ~**/одномодовый** Einmodenregime n, Einmodenbetrieb m (Laser) ‖ ~**/однополюсный** (El) einpoliger Betrieb m ‖ ~**/однопрограммный** (Inf) Monoprogrammverarbeitung f ‖ ~**/однопроцессорный** (Inf) Einfachverarbeitung f ‖ ~ **«он-лайн»** On-line-Modus m, On-line-Betrieb m ‖ ~ **опроса** (Inf) Abfragebetrieb m, Abrufbetrieb m ‖ ~**/оптимальный** Optimalbetrieb m ‖ ~ **отжига** 1. (Härt) Glühverfahren n; Temperaturhaltung f beim Glühen; 2. (Eln) Ausheilungsregime n (Halbleiter) ‖ ~ **относительного движения** (Rad) Betriebsart f Relativdarstellung ‖ ~ **«оффлайн»** s. ~/автономный ‖ ~ **охлаждения** Abkühlungsverlauf, Abkühlungsbedingungen fpl; (Eln) Abkühlrampe f (Halbleiter) ‖ ~ **пакетной обработки** m, Stapelverarbeitungsbetrieb m, Stapelverarbeitungsmodus m ‖ ~**/пакетный** s. ~ пакетной обработки ‖ ~ **параллельной обработки** (Inf) Parallelverarbeitung f, Parallelverarbeitungsbetrieb m ‖ ~**/параллельный** (Inf) Parallelbetrieb m, Parallelmodus m, Simultanbetrieb m ‖ ~ **пассивного хранения** (Inf) Powerdown-Betrieb m ‖ ~ **передачи** Sendebetrieb m ‖ ~**/переменный** s. ~/нестабильный ‖ ~**/перенапряжённый** (El) überspannter Zustand m ‖ ~ **пересылки** (Inf) Transportmodus m ‖ ~ **пересылки/побитовый** s. ~/побитовый ‖ ~**/переходный** 1. Übergangsbetrieb m; 2. transienter Zustand m ‖ ~**/периодический** 1. periodischer Betrieb m; 2. (Met) Chargenbetrieb m ‖ ~ **печи** (Met) Ofengang m, Ofenführung f ‖ ~**/пиковый** (El) Spitzen[last]betrieb m ‖ ~**/пищевой** Nährstoffhaushalt m (Bodenkunde) ‖ ~ **плавки** (Met) Schmelzführung f, Schmelzgang m; Schmelzbedingungen fpl ‖ ~ **планирования** (Flg) Gleitfluglage f ‖ ~**/побитовый** (Inf) Bitbetrieb m, Bitmodus m ‖ ~**/повторно-кратковременный** (El) Aussetzbetrieb m ‖ ~ **погоды** Wetterverhältnisse npl, Witterungsverlauf m ‖ ~ **подземных вод** (Hydrol) Grundwasserregime n, unterirdische Gewässerverhältnisse npl ‖ ~ **подстановки** (Inf) Substitutionsmodus m ‖ ~ **поиска** (Inf) Locate-Modus m, Suchart f, Suchbetrieb m ‖ ~ **полёта** (Flg) Flug[betriebs]zustand m, Fluglage f, Flugregime n ‖ ~ **полёта/предельный** extremer Flugzustand m ‖ ~**/полубайтовый** (Inf) Nibble-Modus m, Nibble-Mode m, Nibble-Betriebsart f ‖ ~**/полустраничный** (Inf) Half-page-Modus m, Halbseiten-Modus m ‖ ~ **пониженного напряжения питания** Schlafzustand m (elektronische Geräte) ‖ ~ **поперечного контрольного суммирования** (Inf) Quersummenmodus m ‖ ~**/последова-**

тельный Kettenmodus m, Verkettungsmodus m, Seriellmodus m ‖ ~ **потока** (Hydrod) Strömungszustand m ‖ ~ **потока/ламинарный** laminarer Strömungszustand m ‖ ~ **потока/турбулентный** turbulenter Strömungszustand m ‖ ~**/пошаговый** (Inf) Schrittbetrieb m ‖ ~**/предельно-допустимый** zulässiger Betrieb m unter Grenzbedingungen, zulässiger Grenzbetrieb m ‖ ~ **преимущественного чтения** (Inf) Meistlesebetrieb m ‖ ~ **прерывания** (Inf) Interrupt-Modus m ‖ ~ **при зарядке** (El) Ladebetrieb m ‖ ~ **приёма** (Inf) Empfangsbetrieb m ‖ ~ **промывки** (Bgb) Spülungsregime n (Bohrung) ‖ ~ **простого управления рулём** (Schiff) Zeitsteuerung f (der Rudermaschine) ‖ ~ **работы** 1. Betriebszustand m; Arbeitsweise f, Betriebsweise f, Betriebsart f, Betriebsverhalten n; (Inf auch) Modus m; 2. (Flg, Rak) Vollastbetrieb m ‖ ~ **работы/безаварийный** störungsfreier Betrieb m, störungsfreies Arbeitsregime n ‖ ~ **работы/бесперебойный** unterbrechungsfreier Betrieb m ‖ ~ **работы/групповой** (Inf) Stoßbetrieb m ‖ ~ **работы двигателя/взлётный** (Flg) Vollastbetrieb m (des Triebwerks beim Start), Startregime n ‖ ~ **работы/длительный** Dauerbetrieb m ‖ ~ **работы/кратковременный** Kurzzeitbetrieb m, kurzzeitiger Betrieb m ‖ ~ **работы/мультиплексный** (El) Multiplexbetrieb m ‖ ~ **работы/непрерывный** ununterbrochener (kontinuierlicher, stetiger) Betrieb m ‖ ~ **работы/неравномерный** schwankender (unregelmäßiger) Betrieb m ‖ ~ **работы/оптимальный** optimaler Betrieb m, Optimalbetrieb m ‖ ~ **работы/повторно-кратковременный** Aussetzbetrieb m, intermittierender Betrieb m ‖ ~ **работы/полуавтоматический** halbautomatischer (halbselbsttätiger) Betrieb m, halbautomatisches Arbeitsregime n ‖ ~ **работы/поточный** (Inf) Stoßbetrieb m ‖ ~ **работы/продолжительный** Dauerbetrieb m ‖ ~ **работы реактора** (Kern) Betriebsverhalten n des Reaktors ‖ ~ **работы с несколькими дорожками** (Inf) Mehrfachspuroperation f ‖ ~ **работы с несколькими заданиями** (Inf) Multijobbetrieb m, Multitaskoperation f ‖ ~ **работы с одной задачей** (Inf) Einaufgabenbetrieb m ‖ ~ **работы с постоянным циклом** (Inf) Taktgeberbetrieb m, Zeitgeberbetrieb m ‖ ~**/рабочий** s. ~ работы ‖ ~**/разговорный** (Inf) Dialogbetrieb m ‖ ~ **размыва** (Bgb) Soltechnologie f ‖ ~ **разработки грунта** Baggerregime m (Schwimmbagger) ‖ ~ **ранней записи** (Inf) Early-writing-Modus m ‖ ~**/растровый** Rasterregime n (Elektronenstrahllithographie) ‖ ~**/расчётный** 1. rechnerisches Regime n; 2. rechnerische Werte mpl, Rechenwerte mpl ‖ ~ **реактора** (Kern) Reaktor[betriebs]verhalten n ‖ ~ **реактора/временной** Zeitverhalten n des Reaktors ‖ ~ **реактора/критический** kritisches (stationäres) Verhalten n des Reaktors, kritischer (stationärer) Zustand m des Reaktors ‖ ~ **реактора/надкритический** überkritisches Verhalten n des Reaktors ‖ ~ **реактора/нестационарный** nichtstationäres Verhalten n des Reaktors, nichtstationärer Zustand m des Reaktors ‖ ~ **реактора/переходный** Übergangsverhalten n des Reaktors ‖ ~ **реактора/подкритический**

режим

unterkritisches Verhalten n des Reaktors ‖ ~ **реактора/пусковой** Anlaufverhalten (Startverhalten) n des Reaktors ‖ ~ **реактора/стационарный** s. ~ реактора/критический ‖ ~ **реального времени** (Inf) Echtzeitbetrieb m ‖ **~/реверсивный** (El) Reversierbetrieb m, Umkehrbetrieb m ‖ ~ **резания** (Fert) Schnittwerte mpl ‖ ~ **реки** (Hydrol) Flußregime n ‖ ~ **руслового процесса** (Hydrol) Regime n der Flußbettprozesse ‖ ~ **ручного управления** manueller Betrieb m, Handbetrieb m ‖ ~ **несколькими дорожками** (Inf) Mehrfachspuroperation f ‖ ~ **с одной задачей** (Inf) Einaufgabenbetrieb m ‖ ~ **с постоянным циклом** (Inf) Taktgeberbetrieb m, Zeitgeberbetrieb m ‖ **~/самоотжиговый** (Eln) Selbstaushelungsregime n (Halbleiter) ‖ ~ **сварки** (Schw) Schweißdaten pl; Schweißparameter mpl; Schweißbedingungen fpl ‖ **~/световой** Beleuchtungsverhältnisse npl ‖ ~ **свободной генерации** Regime n der freien Generation (Laser) ‖ **~/селекторный** (Inf) Selektorbetrieb m, Stoßbetrieb m ‖ ~ **сети** (El) Netzbetrieb m ‖ **~/силовой** Kräfteverteilung f, Kräfteführung f, Kräfteverhältnisse npl ‖ **~/символьный** (Inf) Zeichenverarbeitungsmodus m ‖ **~/симплексный** (Nrt) Simplexbetrieb m ‖ ~ **синхронизации мод** Modensynchronisationsregime n (Laser) ‖ **~/синхронный** (Inf) Synchronmodus m ‖ ~ **сканирования** (Inf) Scan-Verfahren n, Scanning-Betrieb m, Durchmusterungsmodus m ‖ ~ **следящего управления рулём** (Schiff) Wegsteuerung f, sympathische Steuerung f, Folgesteuerung f (der Rudermaschine) ‖ **~/следящий** (El) Folgebetrieb m ‖ ~ **смазки** Schmierungszustand m (Trib) ‖ ~ **смазки/контактно-гидродинамический** kontakt-hydrodynamischer Schmierungszustand m ‖ ~ **совместной работы** (Inf) gekoppelte Arbeitsweise f, gekoppelter Betrieb m, On-line Betrieb m ‖ **~/совмещённый** (Inf) gleichzeitiger Betrieb m ‖ ~ **согласования** (Eln) Matchmodus m ‖ ~ **солодоращения (соложения)** Haufenführung f (Mälzerei) ‖ **~/средний** mittlerer Zustand m ‖ **~/стартстопный** Start-Stopp-Betrieb m ‖ **~/статический** statischer Betrieb m ‖ **~/стационарный** s. ~/установившийся ‖ **~/стационарный тепловой** stationärer thermischer Zustand m ‖ ~ **стирания** (Inf) Löschbetrieb m, Löschmodus m, Löschen n ‖ ~ **стока** (Hydrol) Abflußregime n, Abflußverhältnisse npl ‖ **~/стояночный** (Schiff) Hafenbetrieb m ‖ **~/страничный** (Inf) Seitenmodus m, Page-Modus m ‖ **~/строчечный** (Fert) Zeilenbearbeitung f (beim Fräsen, Schleifen) ‖ ~ **сушки солода** Darrschema n, Darrordnung f (Mälzerei) ‖ ~ **считывания** (Inf) Lesebetrieb m, Lesemodus m, Lesen n ‖ ~ **считывания/неразрушающий** nicht zerstörender Lesemodus m ‖ ~ **твердофазной рекристаллизации** (Eln) Festphasen-[epitaxie]regime n ‖ **~/температурно-влажностный** Temperatur-Feuchtigkeits-Regime n, Temperatur- und Feuchtigkeitsverhältnisse npl ‖ **~/температурный** Temperaturregime n, Temperaturregelung f, temperaturgeregelte Fahrweise f ‖ **~/тепловой** 1. Wärmeregime n, Wärmezustand m; 2. thermisches Verhalten n (z. B. von Leiterplatten) ‖ **~/термический** (Hydrol) Temperaturregime n, Temperaturverhältnisse npl ‖ ~ **термообработки** Wärmebehandlungsverfahren n; Wärmebehandlungsbedingungen fpl ‖ **~/технологический** 1. technologische Führung f, Fahrweise f, Technologie f (eines Prozesses); technologische Bedingungen fpl; 2. technologische Vorschriften fpl ‖ ~ **течения** Strömungsart f, Strömungsregime n ‖ ~ **топки** Feuerführung f ‖ **~/трансформаторный** (El) Transformatorbetrieb m, Betrieb m als Transformator ‖ ~ **трения** (Trib) Reibungszustand m, Reibungsbedingung f ‖ **~/трения/упругогидродинамический** elastohydrodynamischer Reibungszustand m ‖ **~/тяговый** Fahrbetrieb m ‖ ~ **управления** Steuerungsmodus m ‖ ~ **уровня** (Hydrol) Wasserstandsregime n, Wasserstandsverhältnisse npl ‖ ~ **усиления** Verstärkerbetrieb m ‖ **~/ускорения/бетатронный** (Kern) Betatron[beschleunigungs]betrieb m (Teilchenbeschleunigung) ‖ ~ **усреднения** (Inf) Average-Betrieb m ‖ **~/установившийся [рабочий]** eingeschwungener (stationärer) Zustand m, Beharrungszustand m ‖ **~/устойчивый** 1. stabiler Betrieb m; 2. stabiler Zustand m ‖ **~/устойчивый тепловой** Wärmestau m ‖ **~/форсажный** (Flg, Rak) Nachbrennleistung f ‖ **~/ходовой** (Schiff) Fahrbetrieb m, Fahrtbetrieb m ‖ ~ **холостого хода** Leerlaufbetrieb m ‖ ~ **хранения** 1. (Inf) Speicherbetrieb m, Speichermodus m; 2. (Eln) Schlafbetrieb m ‖ **~/циклический** 1. (Met) Chargenbetrieb m; 2. (Inf) repetierender Betrieb m, zyklische Betriebsart f ‖ **~/четырёхпроводный** (Nrt) Vierdrahtbetrieb m ‖ ~ **чтения-запись** (Inf) Einlesebetrieb m ‖ ~ **шлака** (Met) Schlakkenführung f, Schlackengang m, Schlackenarbeit f ‖ **~/шлаковый** s. ~ шлака ‖ **~/экономический** wirtschaftliche Bedingungen fpl ‖ ~ **эксплуатации** 1. (El) Betriebsführungsregime n; 2. (Inf) Betriebsart f, Betriebsweise f ‖ ~ **эксплуатации хранилища** Speicherfahrweise f ‖ ~ **экспонирования** Bestrahlungsregime n

режущий (Fert) 1. Schneid..., Schnitt...; 2. spanabhebend, spanend

рез m Schnitt m ‖ **~/вертикальный** (Typ) Senkrechtschnitt m ‖ **~/верхний** (Fert) Oberschnitt m (der Schere) ‖ **~/гладкий** (Fert) Glattschnitt m ‖ **~/контурный** ‖ **~/фигурный** ‖ **~/криволинейно-параллельный** (Typ) Schrägschnitt m ‖ **~/нижний** (Fert) Unterschnitt m (der Schere) ‖ **~/ножничный** (Typ) Scherschnitt m ‖ **~/параллельный** (Typ) Parallelschnitt m ‖ **~/прямолинейный** (Fert) Geradschnitt m ‖ **~/разделительный** (Fert) Trennschnitt m ‖ **~/сабельный** (Typ) Schwingschnitt m ‖ **~/фигурный** (Fert) Formschnitt m, Konturenschnitt m

резак m 1. (Schw) Schneidbrenner m, Brenner m; 2. (Photo, Kine) Schneidevorrichtung f, Randbeschneidemaschine f; 3. (Typ) Beschneidehobel m; 4. (Led) Zuschneidemesser n ‖ **~/автогенный** Autogenschneidbrenner m ‖ **~/безынжекторный** Gleichdruckschneidbrenner m, injektorloser Schneidbrenner m ‖ ~ **внесоплового смешения** außenmischender Schneidbrenner m ‖ ~ **внутрисоплового смешения** innenmischender Schneidbrenner m ‖ **~/вставной** Brennereinsatz m (für Universalschweiß- und -schneidgeräte) ‖ ~ **высокого давления** s.

~/**безынжекторный** || ~/**газовый (газокислородный)** Gasschneidbrenner *m* || ~/**двухпламенный (двухфакельный)** Zweiflammenschneidbrenner *m* || ~/**двухшланговый** Zweischlauchbrennschneider *m* || ~ **для аргонодуговой резки** Argon-Lichtbogen-Schneidbrenner *m*, Argonarc-Schneidbrenner *m* || ~ **для воздушно-дуговой резки** Druckluft-Lichtbogen-Schneidbrenner *m* || ~ **для жидких горючих** Schneidbrenner *m* für flüssige Brennstoffe *(Benzin, Petroleum, Benzol)* || ~ **для кислородно-дуговой резки** Sauerstoff-Lichtbogen-Brenner *m*, Oxarch-Brenner *m* || ~ **для кислородной строжки** *s.* ~/**обдирочный** || ~ **для кислородно-флюсовой резки** Pulverschneidbrenner *m* || ~ **для плазменно-дуговой резки** Wolfram-lnertgas-Brenner *m*, WIG-Brenner *m*, Plasmabrenner *m* mit übertragenem Lichtbogen || ~ **для плазменной резки** Plasmabrenner *m* mit nicht übertragenem Lichtbogen || ~ **для поверхностной воздушно-дуговой резки** Druckluftlichtbogenhobler *m* || ~ **для поверхностной резки** Brennhobler *m* || ~ **для подводной резки** Unterwasserschneidbrenner *m* || ~/**заклёпочный** Nietkopfbrennschneider *m*, Nietkopfabschneider *m* || ~/**инжекторный** Injektorschneidbrenner *m*, Saugschneidbrenner *m*, Niederdruckschneidbrenner *m* || ~/**кислородно-ацетиленовый** Acetylen-Sauerstoff-Schneidbrenner *m* || ~/**кислородный** Schneidbrenner *m* || ~/**машинный инжекторный** Injektormaschinenschneidbrenner *m*, Niederdruckmaschinenschneidbrenner *m* || ~/**машинный кислородный** Maschinenschneidbrenner *m* || ~ **низкого давления** *s.* ~/**инжекторный** || ~/**обдирочный** Sauerstofflächenhobler *m* || ~/**плазменно-дуговой** Plasmabrenner *m*, Plasmaschneidgerät *m* || ~ **для подводной резки** || ~/**подводный газовый** *s.* ~ **для подводной резки** || ~/**подводный кислородный** Unterwassersauerstoff-[schneid]brenner *m* || ~/**приставной** Schneidkopf *m* || ~ **равного давления/машинный** Gleichdruckmaschinenschneidbrenner *m*, injektorloser Maschinenschneidbrenner *m* || ~/**ручной кислородный** Handschneidbrenner *m* || ~ **с концентрическими каналами [/кислородный]** Ringdüsenschneidbrenner *m* || ~ **с последовательными каналами** Schneidbrenner *m* mit hintereinanderliegenden Düsen || ~ **с циркулем/кислородный** Schneidbrenner *m* mit Zirkeleinrichtung für Rundschnitte || ~/**тангенциальный** *s.* ~/**обдирочный** || ~/**трёхшланговый машинный** Dreischlauchmaschinenschneidbrenner *m*

резание *n (Fert)* Spanen *n* || ~/**абразивное** Spanen *n* mit Abrasivmittel || ~/**встречное** entgegengesetztes Schneiden *n (Halbleiterfertigung)* || ~/**высокопроизводительное** Hochleistungsspanen *n* || ~/**мокрое** Naßspanen *n*, Naßschnitt *m* || ~/**несвободное** gebundenes Spanen (Schneiden) *n*, gebundener Schnitt *m (Spanen mit Haupt- und Nebenscheide)* || ~/**попутное** gleichgerichtetes Schneiden *n (Halbleiterfertigung)* || ~/**прерывистое** intermittierendes (unterbrochenes) Spanen *n*, unterbrocher Schnitt *m* || ~/**прецизионное** Präzisionsspanen *n* || ~/**свободное** freies Spanen (Schneiden) *n*,

freier Schnitt *m (Spanen nur mit der Hauptschneide)* || ~/**силовое** Intensivspanen *n* || ~/**скоростное** Schnellspanen *n*, Hochgeschwindigkeitsspanen *n* || ~/**сложное** *s.* ~/**несвободное** || ~/**сухое** Trockenspanen *n*, Trokkenschnitt *m*

резать 1. schneiden; 2. *(Fert)* spanen *(Metalle)*; 3. *(Holz)* schnitzen || ~ **по дереву** schnitzen

резачок *m (Wkz)* Drehling *m*, Drehzahn *m*

резерв *m* 1. Reserve *f*; Vorrat *m*; 2. Rücklage *f* || ~/**аварийный** Havariereserve *f*, Notreserve *f (Energieerzeugung)* || ~/**вращающийся** rotierende Reserve *f (Energieerzeugung)* || ~ **времени** Zeitreserve *f* || ~/**горячий** 1. heiße Reserve *f (Energieerzeugung)*; 2. *(Schiff)* Startbereitschaft *f*, vorgewärmter Zustand *m (der Dieselgeneratoren)*; 3. unter Dampf befindlicher Reservekessel *m (der Dieselgeneratoren)* || ~/**готовый** einsatzbereite Reserve *f* || ~/**мгновенный** Momentanreserve *f*, Augenblicksreserve *f (Energieerzeugung)* || ~/**мощности** Leistungsreserve *f* || ~/**системный** *(Nrt)* Systemreserve *f* || ~ **системы** *(Nrt)* Systemreserve *f* || ~/**холодный** kalte (nichteingesetzte) Reserve *f (Energieerzeugung)* || ~/**эксплуатационный** Betriebsreserve *f (Energieerzeugung)*

резерват *m* Reservat *n*, Schutzgebiet *n* || ~/**биосферный** Biosphärenreservat *n* || ~/**ботанический** floristisches (botanisches) Schutzgebiet *n* || ~/**лесной** Waldschutzgebiet *n* || ~/**морской** Seeschutzgebiet *n*, maritimes Reservat *n* || ~/**орнитологический** Vogelschutzgebiet *n* || ~/**охотничий** Jagdschutzgebiet *n* || ~/**прибрежный** Küstenschutzgebiet *n*

резервирование *n* 1. Reserve[n]bildung *f*; 2. *(Text)* Reservieren *n (Färberei)*; 3. Redundanz *f*, Reservehaltung *f*, Reservestellung *f*; Sicherstellung *f* || ~/**временное** zeitliche Redundanz *f* || ~/**информационное** Informationsredundanz *f* || ~/**нагрузочное** Leistungsredundanz *f* || ~ **насосов/автоматическое** *(Schiff)* Stand-by-Schaltung *f* der Pumpen

резервировать 1. reservieren, aufbewahren, bevorraten; 2. *(Text)* reservieren *(das Anfärben einer bestimmten Faserart verhindern)*; 3. auf Reserveeinrichtung umschalten

резервуар *m* Behälter *m*, Speicher *m*, Gefäß *n*; Tank *m (s. a. unter* сосуд *und* хранилище*)* || ~/**аккумулирующий** *(Hydt)* Speicherbecken *n* || ~/**водонапорный** Wasserhochbehälter *m* || ~ **водоподачи** *(Hydt)* Durchlaufbehälter *m* || ~/**водяной** Wasserbehälter *m*; Wasserspeicher *m* || ~/**воздушный** Luftbehälter *m*; Windkessel *m* || ~ **высокого давления** Hochdruckbehälter *m*, Hochdruckgefäß *n*, Druckbehälter *m*, Druckgefäß *n* || ~/**газовый** Gasbehälter *m* || ~/**двухкамерный уравнительный** *(Hydt)* Zweikammerwasserschloß *n* || ~/**дифференциальный уравнительный** *(Hydt)* Differentialwasserschloß *f* || ~/**задерживающий** Aufhaltebecken *n* || ~/**запасной** Vorratsbehälter *m*, Reservebehälter *m* || ~/**контактный** Kontaktfilterbecken *n* || ~/**красочный** *(Typ)* Farbkasten *m (Druckmaschine)* || ~/**масляный** Ölbehälter *m*, Öltank *m* || ~/**напорный** Druckbehälter *m*, Druckgefäß *n* || ~ **низкого давления** Niederdruckbehälter *m* || ~/**отстойный** Absetzbehälter *m*, Absetzbecken *n (Abwasserklärung)* || ~/**пескодувный**

резервуар

(Gieß) Blaszylinder *m*, Blasbehälter *m (Kernblasmaschine)* ‖ ~/**пескострельный** *(Gieß)* Schießzylinder *m*, Schießbehälter *m (Kernschießmaschine)* ‖ ~/**подземный** Tiefbehälter *m* ‖ ~/**приёмный** 1. *(Hydt)* Sammelbehälter *m*; Einlaufbecken *n (Wasserkraftwerk)*; 2. Pumpensumpf *m* ‖ ~/**противопожарный** Feuerlöschteich *m* ‖ ~/**регулирующий** *(Hydt)* Ausgleichbecken *n*, Ausgleichbehälter *m* ‖ ~/**сборный** Sammelbecken *n*, Sammelbehälter *m*, Speicher *m* ‖ ~/**складской измерительный** Lagermeßbehälter *m* ‖ ~/**уравнительный** Ausgleichbehälter *m*, Ausgleichbecken *n*; Wasserschloß *n*
резерфорд *m (Kern)* Rutherford *n*, Rd *(SI-fremde Einheit der Aktivität)*
резерфордий *m s.* курчатовий
резец *m (Wkz)* 1. Meißel *m (spanendes Maschinenwerkzeug für das Drehen, Hobeln, Stoßen)*; 2. Einsatzschneide *f*, Einsatzmesser *n*, Einsatzzahn *m* ‖ ~/**алмазный** Diamantmeißel *m*, Meißel *m* mit Diamantschneide ‖ ~/**алмазный токарный** Diamantdrehmeißel *m* ‖ ~/**быстрорежущий** Schnellarbeitsstahlmeißel *m* ‖ ~/**вращающийся** rotierender Meißel *m* ‖ ~/**вставной** Einsatzmeißel *m*, eingesetzter Meißel *m* ‖ ~/**вставной токарный** Einsatzdrehmeißel *m* ‖ ~/**вырезной** Nutstichelmeißel *m (für Innenringnuten)* ‖ ~/**гальтельный** Stechdrehmeißel *m*, Hohlkehlmeißel *m* ‖ ~/**гравировальный** *(Typ)* Gravierstichel *m* ‖ ~/**дисковый** Scheibenmeißel *m*, scheibenförmiger Meißel *m* ‖ ~ **для внутреннего точения** Innendrehmeißel *m* ‖ ~ **для наружного обтачивания (точения)** Außendrehmeißel *m* ‖ ~ **для наружной резьбы/резьбовой** Außengewinde[dreh]meißel *m* ‖ ~ **для обточки торцов** Plandrehmeißel *m* ‖ ~ **для получистовой обработки** Halbschlichtmeißel *m* ‖ ~ **для продольного обтачивания** Langdrehmeißel *m* ‖ ~ **для тонкого точения** Feindrehmeißel *m*, Feinstdrehmeißel *m* ‖ ~ **для черновой обработки** Schruppmeißel *m* ‖ ~ **для чистовой обработки** Schlichtmeißel *m* ‖ ~/**долбёжный** Stoßmeißel *m* ‖ ~/**долбёжный прорезной** Stoßstechmeißel *m* ‖ ~/**долбёжный шпоночный** Keilnutenstoßmeißel *m* ‖ ~/**затыловочный** Hinterarbeitungsmeißel *m*; Hinterdrehmeißel *m* ‖ ~/**зуборезный** Verzahnmesser *n (für Schneidräder zur Zahnradfertigung)*; Kamm[hobel]meißel *m* ‖ ~/**зуборезный прорезной** Zahneinstechhobel[wälz]meißel *m* ‖ ~/**зуборезный черновой** Zahnschrupphobel[wälz]meißel *m* ‖ ~/**зуборезный чистовой** Zahnschlichthobel[wälz]meißel *m* ‖ ~/**зубострогальный** Zahnradstoßmeißel *m*; Kamm[hobel]meißel *m* ‖ ~/**изогнутый** gekröpfter Meißel *m* ‖ ~/**изогнутый вверх** nach oben gekröpfter Meißel *m* ‖ ~/**изогнутый вниз** nach unten gekröpfter Meißel *m* ‖ ~/**изогнутый вперёд** vorgekröpfter (vorwärtsgekröpfter) Meißel *m* ‖ ~/**изогнутый назад** zurückgekröpfter (rückwärtsgekröpfter) Meißel *m* ‖ ~/**изогнутый отрезной токарный** gekröpfter Abstechdrehmeißel *m* ‖ ~/**изогнутый строгальный** gekröpfter Hobelmeißel *m* ‖ ~/**изогнутый токарный** gekröpfter Drehmeißel *m* ‖ ~/**канавочный** Nutenmeißel *m* ‖ ~/**канавочный токарный** Nuten[stech]drehmeißel *m* ‖ ~/**круглый** runder

Meißel *m*, Rundmeißel *m* ‖ ~/**круглый многониточный резьбовой** mehrgängiger runder Gewindeformmeißel *m* ‖ ~/**круглый однониточный резьбовой** eingängiger runder Gewindeformmeißel *m* ‖ ~/**круглый резьбовой** runder Gewindeformdrehmeißel *m* ‖ ~/**круглый фасонный** runder Formdrehmeißel *m*, Rundformdrehmeißel *m* ‖ ~/**круглый фасонный радиальный** runder Formdrehmeißel *m* für radialen Vorschub ‖ ~/**круглый фасонный тангенциальный** runder Formdrehmeißel *m* für tangentialen Vorschub ‖ ~/**крючковый** Hakenmeißel *m* ‖ ~/**левый** linker Meißel *m* ‖ ~/**летучий** fliegender Meißel *m*, Schlagzahn *m*, Schlagmesser *n* ‖ ~/**минералокерамический** Oxidkeramikmeißel *m* ‖ ~/**обдирочный** Schälmeißel *m*, Schruppmeißel *m* ‖ ~/**обдирочный токарный** Schäldrehmeißel *m* ‖ ~/**оснащённый твёрдым сплавом** hartmetallbestückter Meißel *m* ‖ ~/**отделочный** Schlichtmeißel *m* ‖ ~/**отогнутый** gebogener Meißel *m* ‖ ~/**отогнутый прорезной** gebogener Einstechmeißel *m* ‖ ~/**отогнутый прорезной строгальный** Hakenmeißel *m*, T-Nutenmeißel *m* ‖ ~/**отогнутый прорезной токарный** gebogener Stechdrehmeißel *m* ‖ ~/**отогнутый проходной токарный** gebogener Schruppdrehmeißel *m* ‖ ~/**отогнутый строгальный** gebogener Hobelmeißel *m* ‖ ~/**отогнутый токарный** gebogener Drehmeißel *m* ‖ ~/**отрезной** Abstechmeißel *m* ‖ ~/**отрезной долбёжный** Abstechstoßmeißel *m* ‖ ~/**отрезной токарный** Abstechdrehmeißel *m* ‖ ~/**оттянутый** abgesetzter Meißel *m* ‖ ~/**пазовый** Nuten[dreh]meißel *m* ‖ ~/**подрезной** Einstechmeißel *m* ‖ ~/**подрезной строгальный** Seitenhobelmeißel *m* ‖ ~/**подрезной токарный** Seitendrehmeißel *m* ‖ ~/**получистовой** Halbschlichtmeißel *m* ‖ ~/**правый** rechter Meißel *m* ‖ ~/**правящий** Abrichtschneidplatte *f* ‖ ~/**призматический** prismenförmiger Meißel *m*, Prismenmeißel *m* ‖ ~/**призматический тангенциальный** prismatischer Blockmeißel *m* mit tangentialem Vorschub ‖ ~/**призматический фасонный** prismatischer Formdrehmeißel *m* ‖ ~/**продольный [токарный]** Langdrehmeißel *m* ‖ ~/**прорезной** Einstechmeißel *m* ‖ ~/**прорезной строгальный** Stechhobelmeißel *m*, Nutenhobelmeißel *m* ‖ ~/**прорезной токарный** Einstechdrehmeißel *m*, Nutendrehmeißel *m* ‖ ~/**проходной** Außendrehmeißel *m* ‖ ~/**проходной строгальный** Langhobelmeißel *m* ‖ ~/**проходной токарный** Langdrehmeißel *m* ‖ ~/**проходной упорный токарный** Seitendrehmeißel *m* ‖ ~/**пружинящий** federnder Meißel *m* ‖ ~/**пружинящий чистовой** federnder Schlichtmeißel *m* ‖ ~/**прямой** gerader Meißel *m* ‖ ~/**прямой подрезной токарный** gerader Seitendrehmeißel *m* ‖ ~/**прямой прорезной токарный** gerader Stechdrehmeißel (Nutendrehmeißel) *m* ‖ ~/**прямой проходной токарный** gerader Schruppdrehmeißel *m* ‖ ~/**прямой строгальный** gerader Hobelmeißel *m* ‖ ~/**прямой токарный** gerader Drehmeißel *m* ‖ ~/**радиусный** Radiusmeißel *m*, Ausdrehmeißel *m* ‖ ~/**расточный** Innendrehmeißel *m*, Ausdrehmeißel *m* ‖ ~/**режущий** Spanungsmeißel *m*, Schneidmeißel *m* ‖ ~/**резь-**

бовой [токарный] Gewindedrehmeißel *m* ‖ ~/резьбовой фасонный Gewindeformmeißel *m* ‖ ~/резьбонарезной Gewindedrehmeißel *m* ‖ ~ с влево оттянутой головкой links abgesetzter Meißel *m* ‖ ~ с дугообразной режущей кромкой/алмазный токарный Breitschlicht-Diamantdrehmeißel *m* ‖ ~ с керамическими пластинками/токарный mit Keramikschneidplättchen bestückter Drehmeißel *m* ‖ ~ с многогранной режущей кромкой/алмазный токарный Facettendiamantdrehmeißel *m* ‖ ~ с отогнутой головкой gebogener Meißel *m* ‖ ~ с оттянутой головкой abgesetzter Meißel *m* ‖ ~ с радиусной вершиной/строгальный Ausrundungshobelmeißel *m* ‖ ~ с симметрично оттянутой головкой beiderseitig abgesetzter Meißel *m* ‖ ~ с широкой режущей кромкой/чистовой Breitschlichtmeißel *m* ‖ ~/сборный zusammengebauter Meißel *m* ‖ ~/симметричный оттянутый beiderseitig abgesetzter Meißel *m* ‖ ~/составной zusammengesetzter Meißel *m (Wendeschneidplattenausführung oder mit gelöteten Schneidplatten)* ‖ ~/строгальный Hobelmeißel *m* ‖ ~/строгальный отрезной Abstechhobelmeißel *m* ‖ ~/строгальный подрезной Seitenhobelmeißel *m* ‖ ~/строгальный прорезной Stechhobelmeißel *m*, Nutenhobelmeißel *m* ‖ ~/строгальный проходной Schrupphobelmeißel *m* ‖ ~/строгальный радиусный Radiushobelmeißel *m* ‖ ~/строгальный радиусный вогнутый Abrundungshobelmeißel *m* ‖ ~/строгальный радиусный гальтельный Ausrundungshobelmeißel *m* ‖ ~/строгальный чистовой двусторонний Spitzschlichthobelmeißel *m* ‖ ~/твердосплавный Hartmetallmeißel *m* ‖ ~/токарный Drehmeißel *m* ‖ ~/токарный отрезной Abstechdrehmeißel *m* ‖ ~/токарный радиусный Radiusdrehmeißel *m* ‖ ~/токарный расточный Innendrehmeißel *m* ‖ ~/токарный чистовой лопаточный Breitschlichtdrehmeißel *m* ‖ ~/узкий чистовой Spitzschlichtmeißel *m* ‖ ~/узкий чистовой токарный Spitzschlichtdrehmeißel *m* ‖ ~/упорный проходной Seitenmeißel *m*, Profilmeißel *m* ‖ ~/фасонный Formmeißel *m* ‖ ~/фасонный долбёжный Formstoßmeißel *m* ‖ ~/фасонный затыловочный hinterdrehter Formmeißel *m* ‖ ~/фасонный строгальный Formhobelmeißel *m* ‖ ~/фасонный токарный Formdrehmeißel *m* ‖ ~/фасочный Fasendrehmeißel *m* ‖ ~/фасочный двусторонний Doppelfasendrehmeißel *m* ‖ ~/цельный aus einem Werkstück gefertigter Meißel *m*, Vollmeißel *m* ‖ ~/цельный токарный Volldrehmeißel *m*, massiver Drehmeißel *m* ‖ ~/черновой Schruppmeißel *m* ‖ ~/черновой долбёжный Schruppstoßmeißel *m* ‖ ~ черновой строгальный Schrupphobelmeißel *m* ‖ ~/черновой токарный Schruppdrehmeißel *m* ‖ ~/черновой фасонный Formschruppmeißel *m* ‖ ~/чистовой Schlichtmeißel *m* ‖ ~/чистовой строгальный Schlichthobelmeißel *m* ‖ ~/чистовой токарный Schlichtdrehmeißel *m* ‖ ~/широкий чистовой Breitschlichtmeißel *m*
резец-гребёнка *m (Wkz)* Gewindestrehler *m*, Strehler *m*

резец-летучка *m* fliegender Meißel *m*, Schlagzahn *m*
резидентный *(Inf)* resident
резиденция *f* системы *(Inf)* Systemresidenz *f*
резидуальный Rest...
резилиометр *m (Gum)* Gummielastizitätsprüfer *m*
резина *f* Gummi *m* ‖ ~/бензостойкая benzinbeständiger Gummi *m* ‖ ~/вулканизированная Vulkanisat *n* ‖ ~ горячей вулканизации heißvulkanisierter Kautschuk *m* ‖ ~/губчатая Schwammgummi *m* ‖ ~/дублированная dublierter Gummi *m* ‖ ~/камерная Luftschlauchgummi *m (Kfz-Bereifung)* ‖ ~/изношенная Altgummi *m* ‖ ~/каркасная Karkassengummi *m*, Unterbaugummi *m (Kfz-Bereifung)* ‖ ~/кислотостойкая säurebeständiger Gummi *m* ‖ ~/латексная Latexkautschuk *m* ‖ ~/листовая Blattgummi *m* ‖ ~/маслобензостойкая öl- und benzinbeständiger Gummi *m* ‖ ~/маслостойкая ölbeständiger Gummi *m* ‖ ~/микропористая Schaumgummi *m* ‖ ~/монолитная Vollgummi *m* ‖ ~/монолитная подошвенная Vollsohlengummi *m* ‖ ~/морозостойкая kältebeständiger Gummi *m* ‖ ~/мягкая Weichgummi *m* ‖ ~/паростойкая dampfbeständiger Gummi *m* ‖ ~/пенистая Schaumgummi *m* ‖ ~/подошвенная Schuhsohlengummi *m* ‖ ~/полужёсткая (полутвёрдая) Halbhartgummi *m* ‖ ~/пористая Porengummi *m*, poröser Gummi *m*; Schwammgummi *m* ‖ ~/пористая подошвенная Kreppsohlengummi *m* ‖ ~/прозрачная durchsichtiger Gummi *m*, Transparentgummi *m* ‖ ~/протекторная Laufflächengummi *m*, Protektorgummi *m (Kfz-Bereifung)* ‖ ~/рентгенозащитная Röntgen[schutz]gummi *m* ‖ ~/роговая *s*. ~/твёрдая ‖ ~/светостойкая lichtbeständiger Gummi *m* ‖ ~/сосковая *(Lw)* Zitzengummi *m (Melkmaschine)* ‖ ~/старая Altgummi *m* ‖ ~/твёрдая Hartgummi *m* ‖ ~/теплостойкая hitzebeständiger Gummi *m* ‖ ~/уплотнительная Dichtungsgummi *m* ‖ ~/холодной вулканизации kaltvulkanisierter Kautschuk *m* ‖ ~/шинная Reifengummi *m (Kfz-Bereifung)* ‖ ~/щёлочестойкая laugenbeständiger Gummi *m* ‖ ~/электроизолирующая (электроизоляционная) Isoliergummi *m*, elektrotechnischer Isolationsgummi *m* ‖ ~/ячеистая Schwammgummi *m*
резинат *m (Ch)* Resinat *n*
резиновый Gummi...; Kautschuk...
резиносмеситель *m (Gum)* Mischmaschine *f*, Gummimischer *m*, Gummikneter *m*, Kneter *m*
резиносодержание *n* Gummigehalt *m*
резист *m (Eln)* Resist *m* ‖ ~/высококонтрастный hochauflösender Resist *m* ‖ ~/многослойный Mehrlagenresist *m* ‖ ~/негативный Negativresist *m* ‖ ~/позитивный Positivresist *m* ‖ ~/электронный Elektronenresist *m*
резистанс *m (El)* Resistanz *f*, Wirkwiderstand *m*, reeller (phasenreiner) Widerstand *m*
резистанц *m s*. рузистанс
резистивно-ёмкостный *(El)* ohmisch-kapazitiv, RC...
резистивно-резистивный *(El)* resistent-reaktant
резистивный resistent, Wirkwiderstands...
резистор *m (El)* Widerstand *m (Bauelement)* ‖ ~/балластный Ballastwiderstand *m*, Vorschalt-

резистор

widerstand *m* ‖ ~/**высоковольтный** Hochspannungswiderstand *m* ‖ ~/**высокоомный** Hochohmwiderstand *m*, hochohmiger Widerstand *m* ‖ ~/**высокочастотный** Hochfrequenzwiderstand *m* ‖ ~/**дисковый** Scheibenwiderstand *m* ‖ ~/**диффузионный** Diffusionswiderstand *m* ‖ ~/**зарядный** Ladewiderstand *m* ‖ ~/**интегральный** integrierter Widerstand *m* ‖ ~/**кольцевой** Ringwiderstand *m* ‖ ~/**нагревательный** Heizwiderstand *m* ‖ ~/**низкоомный** Niederohmwiderstand *m*, niederohmiger Widerstand *m* ‖ ~/**параллельный** Parallelwiderstand *m*, Nebenwiderstand *m*, Shuntwiderstand *m* ‖ ~/**переменный** variabler (veränderbarer) Widerstand *m* ‖ ~/**печатный** gedruckter Widerstand *m* ‖ ~/**плёночный** Schichtwiderstand *m* ‖ ~/**плоский** Flächenwiderstand *m* ‖ ~/**плоский тонкоплёночный** flächenhafter Schichtwiderstand *m* ‖ ~/**ползунковый** Schiebewiderstand *m* ‖ ~/**полупроводниковый** Halbleiterwiderstand *m* ‖ ~/**последовательный** Reihenwiderstand *m*, Serienwiderstand *m* ‖ ~ **постоянного сопротивления** Festwiderstand *m* ‖ ~/**проволочный** Drahtwiderstand *m* ‖ ~/**разрядный** Entladewiderstand *m* ‖ ~/**твердотельный** Festkörperwiderstand *m* ‖ ~/**токоограничивающий** Strombegrenzungswiderstand *m* ‖ ~/**толстоплёночный** Dickschichtwiderstand *m* ‖ ~/**тонкоплёночный** Dünnschichtwiderstand *m* ‖ ~/**углеродистый (углеродный, угольный)** Kohlewiderstand *m* ‖ ~/**установочный** Stellwiderstand *m* ‖ ~/**фотоэлектрический** Photowiderstand *m* ‖ ~/**эпитаксиальный** Epitaxiewiderstand *m*

резит *m* (Ch) Resit *n*, Phenolharz *n* im C-Zustand

резитол *m* (Ch) Resitol *n*, Phenolharz *n* im B-Zustand

резка *f* 1. Schneiden *n*; Trennen *n*; 2. Sägen *n*, Scheren *n* (Metalle); 3. (Schw) Schneiden *n*, Brennschneiden *n*, Trennen *n* ‖ ~/**абразивная** (Fert) Trennschleifen *n* ‖ ~/**автогенная** (Schw) Autogenbrennschneiden *n*, Gasbrennschneiden *n* ‖ ~/**азотно-водородная газодуговая** gaselektrisches Stickstoff-Wasserstoff-Schneiden *n*, Stickstoff-Wasserstoff-Arcogen-Schneiden *n* ‖ ~/**аргоно-водородная газодуговая** gaselektrisches Argon-Wasserstoff-Schneiden *n*, Argon-Wasserstoff-Arcogen-Schneiden *n* ‖ ~/**аргоно-дуговая** Argonarc-Schutzgasschneiden *n* ‖ ~/**ацетилено-кислородная** Acetylen-Sauerstoff-Brennschneiden *n* ‖ ~/**безгратовая** (Fert) gratfreies Trennen *n* ‖ ~/**бензино-кислородная** Benzin-Sauerstoff-Brennschneiden *n* ‖ ~/**бензино-кислородная подводная** Unterwasser-Benzin-Sauerstoff-Brennschneiden *n* ‖ ~ **больших толщин** Starkbrennschneiden *n* ‖ ~ **в среде защитных газов/дуговая** Lichtbogenschutzgasschneiden *n* ‖ ~/**водородно-кислородная** Wasserstoff-Sauerstoff-Brennschneiden *n* ‖ ~/**водоэлектрическая** Lichtbogen-Wasserstrahlschneiden *n* ‖ ~/**воздушно-дуговая** Druckluft-Lichtbogenschneiden *n*, Druckluft-Lichtbogentrennen *n* ‖ ~/**газовая** *s*. ~/**кислородная** ‖ ~/**газодуговая** gaselektrisches Schneiden *n*, Arcogen-Schneiden *n* ‖ ~/**газо-кислородная** *s*. ~/**кислородная** ‖ ~/**газоплавильная** Gasschmelzschneiden *n* ‖ ~/**газо-электрическая** *s*. ~/**газодуговая** ‖ ~/**дуговая [электрическая]** Lichtbogenschneiden *n*, Lichtbogentrennen *n*, elektrisches Schneiden (Trennen) *n* ‖ ~/**кислородная** Brennschneiden *n*, autogenes Schneiden (Trennen) *n*; Sauerstoffbrennschneiden *n* ‖ ~/**кислородная подводная** Unterwasserbrennschneiden *n*, autogenes Unterwasserschneiden (Unterwassertrennen) *n* ‖ ~/**кислородно-дуговая** Sauerstoff-Lichtbogenschneiden *n*, Sauerstoff-Lichtbogentrennen *n*, Oxyarc-Verfahren *n*, SL-Verfahren *n* ‖ ~/**кислородно-дуговая подводная** Unterwasser-Lichtbogenbrennschneiden *n*, elektrisches Unterwasserschneiden *n* ‖ ~/**кислородно-песочная** Quarzsandpulverbrennschneiden *n* ‖ ~/**кислородно-флюсовая** Pulverbrennschneiden *n* ‖ ~/**кислородно-электрическая** elektrisches Sauerstoffbrennschneiden *n* ‖ ~ **кислородным копьём** Bohren *n* mit der Sauerstofflanze, Brennbohren *n* ‖ ~ **кислородом низкого давления** Niederdruckbrennschneiden *n* ‖ ~/**контурная [кислородная]** Konturenschnitt *m* ‖ ~ **копьём/кислородная** *s*. ~ **кислородным копьём** ‖ ~/**косая** Gehrungsschnitt *m* (Holz) ‖ ~/**лазерная** Laserschneiden *n* ‖ ~/**лазерно-кислородная** Laserstrahlbrennschneiden *n* ‖ ~ **машинная кислородная** Maschinenbrennschneiden *n* ‖ ~/**металлическими электродами/дуговая** Lichtbogenschneiden *n* mit Metallelektrode (Stahlelektrode) ‖ ~ **металлов вторячую** (Met) Warmscheren *n*, Warmsägen *n* ‖ ~/**механическая** (Fert) mechanisches Trennen *n*, Schneiden *n* ‖ ~/**микроплазменная** Mikroplasmaschneiden *n* ‖ ~/**многоразовая** Mehrbrennerschneiden *n* ‖ ~ **на полосы** Lamellenschneiden *n* (Maschinenschnitt mit zwei und mehr Brennern zur Blechaufteilung) ‖ ~ **на шайбы** Sägen *n* von Scheiben (Halbleiterfertigung) ‖ ~/**огневая** thermisches Trennen *n*, Warmscheren *n* ‖ ~/**пакетная [кислородная]** Paketbrennschneiden *n*, Stapelbrennschneiden *n* ‖ ~/**плазменная** Plasma[brenn]schneiden *n*, Plasmalichtbogenschneiden *n* ‖ ~/**плазменно-дуговая** Wolfram-Inertgas-Schneiden *n*, WIG-Schneiden *n* ‖ ~/**плазменной струёй** *s*. ~/**плазменная** ‖ ~/**по стальному копиру** Brennschneiden *n* nach Stahlblechschablonen, Schablonenschnitt *m* ‖ ~/**поверхностная** Sauerstoffugenhobeln *n*, autogenes Fugenhobeln *n* ‖ ~/**поверхностная дуговая** Lichtbogen[fugen]hobeln *n* ‖ ~/**поверхностная кислородная** Autogenfugenhobeln *n*, autogenes Fugenhobeln *n* ‖ ~/**поверхностная кислородно-флюсовая** Pulverbrennhobeln *n* ‖ ~/**подводная** Unterwasserschneiden *n*, Unterwassertrennen *n* ‖ ~/**подводная газокислородная** *s*. ~/**кислородная подводная** ‖ ~/**пропано-кислородная** Propan-Sauerstoff-Brennschneiden *n* ‖ ~ **расплавлением** Schmelzschneiden *n* ‖ ~ **расплавлением/газовая** *s*. ~/**газоплавильная** ‖ ~ **расплавлением/дуговая (электрическая)** Lichtbogen[schmelz]schneiden *n* ‖ ~/**ручная** manuelles Schneiden *n*, Handschneiden *n*, Schneiden *n* von Hand ‖ ~/**ручная кислородная** manuelles Brennschneiden *n*, Handbrennschneiden *n* ‖ ~/**тепловая** *s*. ~/**огневая** ‖ ~/**термическая [разде-**

лительная] s. ~/огневая ‖ ~ тонкой струёй Feinstrahlschneiden n ‖ ~/точная кислородная Genaubrennschneiden n ‖ ~ угольным электродом/воздушно-дуговая Kohlelichtbogen-Druckluftschneiden n ‖ ~ угольным электродом/дуговая Kohlelichtbogenschneiden n ‖ ~/фигурная [кислородная] Form[brenn]schneiden n ‖ ~/флюсо-кислородная s. ~/кислородно-флюсовая ‖ ~/фрикционная (Fert) Reibsägen n ‖ ~/холодная (Fert) Kaltschneiden n, Kaltschnitt m ‖ ~/черновая (Fert) Vorschneiden n ‖ ~/электрокислородная s. ~/кислородно-дуговая ‖ ~/электронно-лучевая Elektronenstrahlschneiden n
резкость f (Opt, Photo) Schärfe f ‖ ~ изображения Bildschärfe f ‖ ~/контурная Konturenschärfe f, Kantenschärfe f ‖ ~ контуров s. ~/контурная ‖ ~ краёв изображения Randschärfe f ‖ ~ среднего плана Mittenschärfe f
резол m (Ch) Resol n, Phenolharz n im A-Zustand
резольвента f (Math) Resolvente f
резольвограмма f (Photo) Resolvometerstreifen m, Resolvogramm n
резольвометр m (Photo) Resolvometer n (Gerät zur Bestimmung des Auflösungsvermögens photographischer Materialien)
резольвометрия f (Photo) Resolvometrie f
резонанс m 1. Resonanz f, Mitschwingen n; 2. (Ch) Resonanz f, Strukturresonanz f, Mesomerie f; 3. (Kern) Resonanz f, Resonanzteilchen n; 4. (Kern) Kernresonanz f ‖ ~ Азбеля-Канера (Kern) Azbel-Kaner-Resonanz f ‖ ~/акустический парамагнитный (Ph) akustische paramagnetische Resonanz f (Hochfrequenzspektroskopie) ‖ ~/амплитудный Amplitudenresonanz f ‖ ~/антиферромагнитный (Ph) antiferromagnetische Resonanz f (Hochfrequenzspektroskopie) ‖ ~/барионный (Kern) Baryonenresonanz f ‖ ~/бозонный (Kern) Bosonenresonanz f ‖ ~/боковой (erwünschte) Nebenresonanz f ‖ ~ в металлах s. ~ Азбеля-Канера ‖ ~/вторично-электронный (Kern) Sekundärelektronenresonanz f ‖ ~ высокого разрешения/ядерный магнитный (Kern) hochauflösende Kernresonanz f ‖ ~/Гейзенберга (Kern) Heisenberg-Resonanz f ‖ ~/двойной электронно-ядерный (Ph) doppelte Elektronenkernresonanz f ‖ ~/диамагнитный s. ~/циклотронный ‖ ~/ионный циклотронный (Kern) Ionenzyklotronresonanz f ‖ ~/колебательный (Eln) Schwingungsresonanz f ‖ ~ корпуса (El) Gehäuseresonanz f ‖ ~/магнитный (Kern) magnetische Resonanz f ‖ ~ напряжений (Eln) Spannungsresonanz f, Serienresonanz f, Reihenresonanz f ‖ ~/нейтронный (Kern) Neutronenresonanz f ‖ ~/оптически детектируемый магнитный (Eln) optisch gleichrichtende magnetische Resonanz f ‖ ~/паразитный (El) Störresonanz f, parasitäre Resonanz f ‖ ~/параллельный (Eln) Parallelresonanz f, Stromresonanz f ‖ ~/парамагнитный (Kern) paramagnetische Resonanz f ‖ ~/параметрический (Ph) parametrische Resonanz f ‖ ~/плазменный (Kern) Plasmaresonanz f ‖ ~ по амплитуде s. ~/амплитудный ‖ ~/поверхностный (Eln) Oberflächenresonanz f ‖ ~/последовательный s. ~ напряжений ‖ ~/протонный (Kern) Protonenresonanz f ‖ ~ рассеяния (El) Streuresonanz f ‖ ~ связи (El) Kopplungsresonanz f ‖ ~ скоростей Geschwindigkeitsresonanz f ‖ ~/собственный Eigenresonanz f ‖ ~/спиновый (Kern) Spinresonanz f ‖ ~ токов (Eln) Stromresonanz f, Parallelresonanz f ‖ ~/фазовый (Kern) Geschwindigkeitsresonanz f ‖ ~/фермиевский (Kern) Fermi-Resonananz f, Resonon n ‖ ~/ферромагнитный (Kern) ferromagnetische Resonanz f (Hochfrequenzspektroskopie) ‖ ~/циклотронный (Kern) Zyklotronresonanz f, diamagnetische Resonanz f ‖ ~/электронный парамагнитный (Ph) Elektronenspinresonanz f, paramagnetische Elektronenresonanz f, ESR, PER (Hochfrequenzspektroskopie) ‖ ~/ядерный квадрупольный (Kern) Kernquadrupolresonanz f, Quadrupolresonanz f ‖ ~/ядерный магнитный (Ph) magnetische (paramagnetische) Kernresonanz f, Kernspinresonanz f, NMR (Hochfrequenzspektroskopie) ‖ ~/ядерный спиновый (Kern) Kernspinresonanz f
резонансный Resonanz...
резонатор m (Ph, El) Resonator m ‖ ~/акустический Helmholtz-Resonator m ‖ ~/волноводный Hohlleiterresonator m ‖ ~/волновой Ganzwellenresonator m, λ-Resonator m ‖ ~/входной Eingangsresonator m ‖ ~/выходной Ausgangsresonator m ‖ ~ Гельмгольца Helmholtz-Resonator m ‖ ~/горшкообразный Topfkreis[resonator] m ‖ ~/двухмодовый Zweimodenresonator m ‖ ~/кварцевый Quarzresonator m, Schwingquarz m ‖ ~/керамический Keramikresonator m ‖ ~/кольцевой Ringresonator m (Laser) ‖ ~/конфокальный konfokaler Resonator m (Laser) ‖ ~/лазерный Laserresonator m ‖ ~/микроволновой Mikrowellenresonator m ‖ ~/многомодовый Mehrmodengenerator m ‖ ~/настраиваемый abstimmbarer Resonator m ‖ ~/неустойчивый instabiler Resonator m (Laser) ‖ ~/объёмный Hohlraumresonator m ‖ ~/оптический optischer Resonator m (Laser) ‖ ~/перестраиваемый durchstimmbarer Resonator m ‖ ~/плоский ebener Resonator m (Laser) ‖ ~ поверхностных волн Oberflächenwellenresonator m ‖ ~/полуволновой Halbwellenresonator m, λ/2-Resonator m ‖ ~/полый s. ~/объёмный ‖ ~/пьезоэлектрический piezoelektrischer Resonator m, Piezoresonator m ‖ ~/селективный selektiver Resonator m (Laser) ‖ ~/составной zusammengesetzter Resonator m (Laser) ‖ ~/сферический Kugelresonator m ‖ ~/тороидальный Toroidresonator m, Ringresonator m ‖ ~ Фабри-Перо Fabry-Pérot-Resonator m (Laser) ‖ ~/цилиндрический Zylinderresonator m ‖ ~/широкополюсный Breitbandresonator m
резонаторный Resonator...
резонатор-эталон m (El) Normalresonator m
резонировать (Ph) in Resonanz sein, mitschwingen
резонон m s. резонанс/фермиевский
резоноскоп m (Ph) Resonoskop n
резорбция f Resorption f
результант m (Math) Resultante f (Auflösung algebraischer Gleichungen)

результат *m* 1. Ergebnis *n*, Resultat *n*; 2. Befund *m* ‖ ~ вычислений Rechenergebnis *n* ‖ ~ замера (измерения) Meßergebnis *n* ‖ ~ испытания Versuchsergebnis *n* ‖ ~ исследования Untersuchungsergebnis *n*, Untersuchungsbefund *m* ‖ ~/конечный Endergebnis *n*; Endwert *m* ‖ ~ контроля *s.* ~ проверки ‖ ~ многократного измерения Ergebnis *n* einer Mehrfachmessung ‖ ~ наблюдения Beobachtungsergebnis *n* ‖ ~/неисправленный unkorrigiertes Meßergebnis *n* ‖ ~ обработки Bearbeitungsergebnis *n* ‖ ~ однократного измерения (наблюдения) Ergebnis *n* einer Einfachmessung (Einzelmessung) ‖ ~/окончательный Gesamtergebnis *n* ‖ ~ проверки Prüf[ungs]ergebnis *n*, Prüf[ungs]befund *m* ‖ ~/промежуточный Zwischenergebnis *n* ‖ ~ сравнения Vergleichsergebnis *n* ‖ ~/частичный Teilergebnis *n* ‖ ~ экспертизы Befund *m (eines Gutachtens)*
результативность *f* Aussagegehalt *m*
результирующая *f (Ph)* Resultierende *f* ‖ ~ давления Druckresultierende *f*
резцедержатель *m (Wkzm)* Meißelhalter *m*, Werkzeughalterung *f* ‖ ~/быстросменный Schnellwechselmeißelhalter *m* ‖ ~/качающийся *s.* ~/плавающий ‖ ~/многоместный (многопозиционный) Vielfachmeißelhalter *m*, Mehrfachmeißelhalter *m* ‖ ~/многорезцовый Vielmeißelhalter *m*, Mehrmeißelhalter *m* ‖ ~/плавающий Schwingmeißelhalter *m*, schwingender (selbststeinstellender) Meißelhalter *m* ‖ ~/поворотный Schwenkmeißelhalter *m*, schwenkbarer Meißelhalter *m*
резцовый *(Wkz)* Meißel...
резьба *f* 1. *(Masch)* Gewinde *n*; 2. *(Holz)* Schnitzen *n*; 3. *(Holz)* Schnitzereien *fpl*, Schnitzwerk *n* ‖ ~/винтовая Schraubengewinde *n*, Gewinde *n*; Spindelgewinde *n* ‖ ~ Витворта *s.* ~/дюймовая ‖ ~/внешняя Außengewinde *n* ‖ ~/внутренняя Innengewinde *n* ‖ ~/высокоточная Präzisionsgewinde *n* ‖ ~/гаечная Mutter[n]gewinde *n* ‖ ~/газовая gas- und dampfdichtes Gewinde *n* ‖ ~ гайки Mutter[n]gewinde *n* ‖ ~/двухзаходная (двухходовая) zweigängiges Gewinde *n* ‖ ~ для передачи движения Bewegungsgewinde *n* ‖ ~/дюймовая Zollgewinde *n*, Whitworth-Gewinde *n* ‖ ~ ИСО ISO-Gewinde *n* ‖ ~/кинематическая Bewegungsgewinde *n* ‖ ~/коническая (конусная) kegeliges Gewinde *n*, Kegelgewinde *n* ‖ ~/крепёжная Befestigungsgewinde *n* ‖ ~/круглая Rundgewinde *n* ‖ ~/крупная Grobgewinde *n* ‖ ~/крутая steiles Gewinde *n* ‖ ~/левая Linksgewinde *n*, linksgängiges Gewinde *n* ‖ ~/мелкая Feingewinde *n* ‖ ~/мелкая дюймовая Whitworth-Feingewinde *n* ‖ ~/мелкая метрическая metrisches Feingewinde *n* ‖ ~/метрическая metrisches Gewinde *n* ‖ ~/многозаходная (многоходовая) mehrgängiges Gewinde *n*, Mehrganggewinde *n* ‖ ~/модульная Modulgewinde *n* ‖ ~/накатанная gewalztes (gerolltes) Gewinde *n* ‖ ~/нарезанная geschnittenes Gewinde *n* ‖ ~/наружная Außengewinde *n*, Bolzengewinde *n* ‖ ~/нормальная Normalgewinde *n* ‖ ~/однозаходная (одноходовая) eingängiges Gewinde *n* ‖ ~/основная Regelgewinde *n* ‖ ~/остроугольная *s.* ~/треугольная ‖ ~/паронепроницаемая dampfdichtes Gewinde *n* ‖ ~/пилообразная Sägegewinde *n* ‖ ~/питчевая Pitchgewinde *n* ‖ ~ по дереву Holzschnitzerei *f* ‖ ~ по стандарту ИСО/крупная метрическая metrisches ISO-Grobgewinde *n* ‖ ~ по стандарту ИСО/метрическая metrisches ISO-Gewinde *n* ‖ ~/повреждённая beschädigtes Gewinde *n* ‖ ~/правая Rechtsgewinde *n*, rechtsgängiges Gewinde *n* ‖ ~/правая многозаходная mehrgängiges Rechtsgewinde *n* ‖ ~/прямоугольная Flachgewinde *n*, Rechteckgewinde *n* ‖ ~ с крупным шагом Grobgewinde *n* ‖ ~/специальная Spezialgewinde *n* ‖ ~/стандартная (стандартизированная) standardisiertes Gewinde *n* ‖ ~/торцовая Plangewinde *n* ‖ ~/трапецеидальная (трапецеидальная, трапецоидальная) Trapezgewinde *n* ‖ ~/треугольная Spitzgewinde *n*, Dreieckgewinde *n* ‖ ~/трёхзаходная (трёхходовая) dreigängiges Gewinde *n* ‖ ~/трубная 1. Rohrgewinde *n*; 2. *s.* ~/газовая ‖ ~/трубная дюймовая Whitworth-Rohrgewinde *n* ‖ ~/трубная коническая kegeliges Rohrgewinde *n* ‖ ~/трубная цилиндрическая zylindrisches Rohrgewinde *n* ‖ ~/упорная Sägegewinde *n*, Sägezahngewinde *n* ‖ ~/ходовая Bewegungsgewinde *n* ‖ ~/цилиндрическая zylindrisches Gewinde *n* ‖ ~/цилиндрическая метрическая крепёжная metrisches zylindrisches Befestigungsgewinde *n* ‖ ~/часовая Uhrengewinde *n* ‖ ~/червячная Schneckengewinde *n* ‖ ~ шпильки Schraubengewinde *n* einer Stiftschraube, Stiftgewinde *n* ‖ ~ Эдисона *(El)* Edison-Gewinde *n*
резьбомер *m* Gewinde[steigungs]lehre *f*, Gewindeschablone *f*
резьбонакатывание *n (Fert)* Gewindewalzen *n* ‖ ~ роликами Gewinderollen *n*, Gewindewalzen *n*
резьбонарезание *n (Fert)* spanende Gewindebearbeitung *f*, Gewindeschneiden *n* ‖ ~/вихревое Gewindewirbeln *n* ‖ ~ гребёнкой Gewindestrehlen *n* ‖ ~ метчиком Gewindebohren *n* ‖ ~ резцом Gewindedrehen *n* ‖ ~ фрезой Gewindefräsen *n* ‖ ~/черновое Gewindeschruppbearbeitung *f* ‖ ~/чистовое Gewindeschlichtbearbeitung *f*
резьбонарезной *(Fert)* Gewindeschneid...
резьботочение *n (Fert)* Gewindedrehen *n*
резьбофрезерование *n (Fert)* Gewindefräsen *n* ‖ ~/вихревое Gewindewirbeln *n*
резьбошлифование *n* Gewindeschleifen *n*
рей *m (Schiff)* Rah[e] *f* ‖ ~/сигнальный Signalrahe *f*, Flaggenausleger *m*
рейд *m (Schiff)* Reede *f* ‖ ~/внешний Außenreede *f* ‖ ~/внутренний Innenreede *f*, Binnenreede *f* ‖ ~/закрытый geschützte (geschlossene) Reede *f* ‖ ~/морской Seereede *f* ‖ ~/открытый offene Reede *f* ‖ ~/перегрузочный Umladereede *f*, Umschlagreede *f*
рейд-гавань *m* Reedehafen *m*
рейка *f* 1. Leiste *f*; Latte *f*; Stange *f*; 2. *(Text)* Transporteur *m (Nähmaschine)*; 3. *(Masch)* Zahnstange *f* ‖ ~/базисная *(Geod)* Basislatte *f* ‖ ~/визируемая *(Geod)* Einsehlatte *f* ‖ ~/водомерная *(Hydrol)* Lattenpegel *m* ‖ ~/горизонтальная *(Geod)* Querlatte *f* ‖ ~/дальномер-

ная *(Geod)* Entfernungsmeßlatte f II ~/**двусторонняя** *(Geod)* Wendelatte f II ~/**зубчатая** *(Masch)* Zahnstange f II ~/**инварная** *(Geod)* Invarlatte f II ~ **каретки/зубчатая** *(Text)* Wagenzahnstange f II ~/**копирная [зубчатая]** *(Masch)* Nachformzahnstange f II ~/**косозубая [зубчатая]** *(Masch)* schrägverzahnte Zahnstange f II ~/**нащельная** *(Bw)* 1. Fugendeckleiste f; 2. Schlagleiste f *(Zweiflügeltür, Fenster)* II ~/**нивелирная** *(Geod)* Nivellierlatte f, Setzlatte f ~/**оборотная** *(Geod)* Wendelatte f II ~/**пазовая** Nahtleiste f, Nahtspant n *(Bootsbau)* II ~/**плазовая** *(Schiff)* Straklatte f II ~/**прямозубая [зубчатая]** *(Masch)* geradverzahnte Zahnstange f II ~/**раздвижная** *(Geod)* Schiebelatte f II ~/**режущая** *(Wkz)* Schneidleiste f, Messerleiste f II ~/**складная** *(Geod)* Klapplatte f II ~/**снегомерная** *(Meteo)* Schneepegel m, Schneesonde f II ~/**фрикционная** *(Masch)* Reibstange f II ~/**цевочная** *(Masch)* Triebstockzahnstange f II ~/**цилиндрическая зубчатая** *(Masch)* Rundzahnstange f II ~/**червячная [зубчатая]** *(Masch)* Schneckenzahnstange f II ~/**эвольвентная [зубчатая]** *(Masch)* Evolventenzahnstange f
рейка-высотомер f *(Geod)* Setzlatte f
рейка-инструмент f *(Wkz)* zahnstangenförmiges Werkzeug n
рейнит m *(Min)* Reinit m
рейс m 1. *(Schiff)* Reise f, Fahrt f; 2. *(Flg)* Linienflug m; 3. *(Bgb)* Marsch m *(eines Bohrwerkzeuges)* II ~/**арктический** *(Schiff)* Arktisfahrt f, Arktisreise f II ~/**дальний** *(Flg)* Fernflug m, Langstreckenflug m II ~/**долота** *(Bgb)* Meißelmarsch m *(Bohrung)* II ~/**заграничный** *(Schiff)* Auslandsreise f, Auslandsfahrt f II ~/**зимний** *(Schiff)* Winterreise f II ~/**карботажный** *(Schiff)* Küstenfahrt f; Inlandsfahrt f II ~/**космический** Route f, Bahn f, Flugbahn f *(einer Raumsonde)* II ~/**круговой** *(Schiff)* Rundreise f II ~/**линейный** *(Schiff)* Linienfahrt f II ~/**малый** *(Schiff)* kleine Fahrt f II ~/**маневровый** *(Eb)* Rangierfahrt f II ~/**первый** *(Schiff)* Jungfernfahrt f II ~/**порожний** *(Eb, Schiff)* Leerfahrt f II ~/**промысловый** *(Schiff)* Fangreise f II ~/**речной** *(Schiff)* Flußfahrt f, Flußreise f II ~/**стыковочный** *(Flg)* Anschlußflug m II ~/**транзитный** Transitflug m II ~/**чартерный** Charterflug m
рейсмас m *(Wkz)* 1. Parallelreißer m *(Anreißarbeiten)*; 2. Streichmaß n *(Tischler- und Zimmererarbeiten)*
рейсмус m s. рейсмас
рейстрек m *(Kern)* Racetracksynchrotron n, Rennbahnsynchrotron n
рейсфедер m Reißfeder f, Ziehfeder f *(Reißzeug)*
рейсшина f Reißschiene f
рейтер m 1. Reiter m, Reitergewichtsstück n *(Analysenwaage)*; 2. Dreikantschiene f *(optische Bank)*
рейхардтит m s. эпсомит
река f *(Hydrol)* Fluß m, Strom m II ~/**горная** Gebirgsfluß m II ~/**карстовая** Karstfluß m II ~/**ледниковая** Gletscherfluß m II ~/**перехваченная** angezapfter Fluß m II ~/**периодически исчезающая** intermittierender Fluß m II ~/**пещерная** Höhlenfluß m II ~/**подземная** unterirdischer Fluß m II ~/**прибрежная** Küstenfluß m II

~/**протекающая по низменности** Tieflandfluß m II ~/**равнинная** Flachlandfluß m II ~/**судоходная** schiffbarer Fluß m
рекалесценция f *(Ph)* Rekaleszenz f
рекарбонизация f **циркулирующей воды** Recarbonisierung f *(Sättigung des Umlaufwassers mit freier Kohlensäure in Wärmekraftwerken)*
рекарбюризация f *(Met)* Rückkohlung f, Rückkohlen n
рекарбюризовать *(Met)* rückkohlen
реклама f/**световая (светящаяся)** Lichtreklame f, Leuchtreklame f; Leuchtschrift f
рекогносцировка f Erkundung f
рекомбинатор m Rekombinationsanlage f
рекомбинационный Rekombinations...
рекомбинация f *(Ph, Eln)* Rekombination f II ~/**безызлучательная** strahlungsfreie (strahlungslose) Rekombination f II ~ **в объёме** s. ~/**объёмная** II ~/**вынужденная** induzierte Rekombination f II ~ **газа** Gasrekombination f, Gaswiedervereinigung f II ~ **двух электронов** Zweielektronenrekombination f II ~/**диссоциативная** dissoziative Rekombination f II ~ **дырок** Löcherrekombination f II ~/**излучательная** Strahlungsrekombination f, strahlende Rekombination f II ~/**ионов** Ionenrekombination f II ~/**межзонная** Interbandrekombination f, Band-Band-Rekombination f II ~/**межпримесная** Störstellenrekombination f, Akzeptor-Donator-Rekombination f II ~ **на поверхности (поверхностных состояниях)** Oberflächenrekombination f, Rekombination f an Oberflächenzuständen II ~ **на стенке** s. ~/**поверхностная** II ~/**начальная** anfängliche Rekombination f, Initialrekombination f II ~ **носителей заряда** Ladungsträgerrekombination f II ~/**объёмная** Volumenrekombination f II ~/**поверхностная** Oberflächenrekombination f, Wandrekombination f II ~/**преимущественная** bevorzugte Rekombination f II ~ **при тройных столкновениях** Dreierstoßrekombination f II ~/**примесная** s. ~/**межпримесная** II ~/**пристеночная** s. ~/**поверхностная** II ~/**прямая** direkte Rekombination f II ~/**собственная** s. ~/**межзонная** II ~/**ступенчатая** Stufenrekombination f II ~ **трёх тел** Dreikörperrekombination f II ~/**электрон-ионная** Elektron-Ion-Rekombination f II ~/**электронная** Elektronenrekombination f II ~/**электронно-дырочная** Elektron-Loch-Paar-Rekombination f
рекомбинировать rekombinieren, sich wiedervereinigen
реконструировать *(Bw)* rekonstruieren, erneuern; modernisieren
реконструкция f *(Bw)* Rekonstruktion f; Modernisierung f II ~ **населённых мест** städtebauliche Umgestaltung f, Rekonstruktion f von Ortschaften
рекордер m *(Eln)* Recorder m II ~/**кассетный** Kassettenrecorder m
рекристаллизация f 1. *(Krist)* Rekristallisation f; 2. *(Härt)* Rekristallisationsglühen n II ~/**вторичная** sekundäre Rekristallisation f, Sekundärrekristallisation f II ~/**жидкофазная** Flüssigkeitsrekristallisation f, Flüssigphasenepitaxie f II ~/**первичная** primäre Rekristallisation f, Primärrekristallisation f II ~/**собирательная** Sammelkri-

рекристаллизация

stallisation f, Kornvergrößerung f ‖ **~/твердофазная** Festphasenrekristallisation f, Festphasenepitaxie f
ректификат m (Ch) Rektifikat n
ректификатор m Rektifikationsapparat m, Rektifikator m
ректификация f Rektifikation f, Rektifizierung f, Gegenstromdestillation f ‖ **~/азеотропная** azeotrope Rektifikation f, Azeotropdestillation f ‖ **~/двукратная** zweistufige Rektifikation f ‖ **~/двухкомпонентная** Rektifikation f eines Zweistoffgemisches ‖ **~/экстрактивная** extraktive Rektifikation f, Extraktivdestillation f
ректифицировать (Ch) rektifizieren
ректометр m (Text) Rektometer n (Messen von Geweben)
ректоскоп m (Med) Rektoskop n, Mastdarmspiegel m
рекультивация f Wiederurbarmachung f, Rekultivierung f ‖ ~ **земель** Rekultivierung f des Geländes ‖ ~ **карьера** (Bgb) Wiederurbarmachung f eines Tagebaus
рекунг m **каучука** (Gum) Reckung f des Kautschuks
рекуператор m (Met) Rekuperator m, Winderhitzer m, Lufthitzer m, Abwärmeverwerter m ‖ **~/конвекционный** Konvektionsrekuperator m, Konvektivrekuperator m ‖ **~/радиационный** Strahlungsrekuperator m, Radiationsrekuperator m ‖ ~ **с перекрёстным потоком** Kreuzstromrekuperator m ‖ ~ **с противотоком** Gegenstromrekuperator m ‖ ~ **с прямотоком** Gleichstromrekuperator m
рекуперация f Rekuperation f, Rückgewinnung f, Wiedergewinnung f; (Met) Lufterwärmung f, Luftvorwärmung f (durch Rekuperator) ‖ ~ **растворителей** Lösungsmittelrückgewinnung f ‖ ~ **серебра** (Photo) Silberrückgewinnung f ‖ ~ **тепла** Wärmerückgewinnung f ‖ ~ **энергии** Energierückgewinnung f
рекуперирование n s. рекуперация
рекурсивность f (Math) Rekursivität f
рекурсия f (Math) Rekursion f
релаксатор m (El) Kippschwinger m ‖ **~/ёмкостный** kapazitiver Kippschwinger m ‖ **~/индуктивный** induktiver Kippschwinger m
релаксационный 1. Relaxations...; 2. (El) Kipp..., Relaxations...
релаксация f 1. (Ph) Relaxation f, Relaxationsprozeß m, Relaxationserscheinung f; 2. (El) Kippen n, Relaxation f; 3. (Math) Relaxationsmethode f ‖ **~/акустическая** (Ak) Schallrelaxation f ‖ ~ **анизотропии** (Ph) Anisotropierelaxation f ‖ ~ **вращательная** (Ph) Rotationsrelaxation f ‖ ~ **деформации** (Mech) Formänderungsrelaxation f, Verzerrungsrelaxation f ‖ **~/диамагнитная** (Kern) diamagnetische Relaxation f ‖ **~/дипольная** Dipolrelaxation f, dielektrische Relaxation f ‖ ~ **дислокаций** (Krist) Versetzungsrelaxation f ‖ **~/диэлектрическая** (El) dielektrische Relaxation f ‖ ~ **звука** (Ak) Schallrelaxation f ‖ **~/колебательная** (Ph) Schwingungsrelaxation f ‖ **~/магнитная** (Ph) magnetische Relaxation f ‖ ~ **напряжений** (Ph) Spannungsrelaxation f ‖ **~/парамагнитная** (Ph) paramagnetische Relaxation f ‖ **~/перекрёстная** (Kern) Kreuzrelaxation f, Crossrelaxation f ‖ **~/поперечная** (Kern) Querrelaxation f (magnetische Kernresonanz) ‖ **~/продольная** (Kern) Längsrelaxation f (magnetische Kernresonanz) ‖ **~/спин-решёточная** (Kern) Spin-Gitter-Relaxation f ‖ **~/спин-спиновая** (Kern) Spin-Spin-Relaxation f ‖ **~/тепловая** (Ph) thermische Relaxation f ‖ **~/упругая** (Ph) elastische Relaxation f ‖ **~/ядерная** Kernrelaxation f
реле n (El) Relais n ‖ **~/абонентское** Teilnehmerrelais n ‖ ~ **автоматического пуска** Anlaßwächter m ‖ **~/активное** Wirkleistungsrelais n ‖ **~/амперное** s. ~ тока ‖ **~/бесконтактное** kontaktloses Relais n ‖ **~/безъякорное** ankerloses Relais n ‖ **~/биметаллическое** Bimetallrelais n; Bimetallauslöser m ‖ **~/блокировочное** Blockierungsrelais n, Sperrelais n ‖ **~/быстродействующее** schnellansprechendes Relais n, Schnellrelais n ‖ **~/вибрационное** Vibrationsrelais n ‖ **~/включающее** Einschaltrelais n ‖ **~/возвратное** Rückstellrelais n ‖ ~ **времени** Zeit[verzögerungs]relais n ‖ **~/вспомогательное** Hilfsrelais n ‖ **~/вторичное** Sekundärrelais n; Sekundärauslöser m ‖ ~ **выдержки времени** Zeit[verzögerungs]relais n ‖ **~/вызывное** Anrufrelais n, Rufrelais n ‖ **~/высоковольтное защитное** Hochspannungsschutzrelais n ‖ **~/выходное** Ausgangsrelais n ‖ **~/гидравлическое** hydraulischer Kraftschalter m ‖ **~/главное** Hauptrelais n ‖ **~/групповое** Gruppenrelais n ‖ ~ **давления** Druckschalter m; Druckrelais n, Druckwächter m ‖ ~ **давления/дифференциальное** Differenzdruckschalter m, Differenzdruckwächter m ‖ **~/двухпозиционное** Relais n mit zwei Ruhelagen ‖ **~/десятичное** Dezimalrelais n ‖ **~/дистанционное** Distanzrelais n ‖ ~ **заземления** Erdschlußrelais n ‖ **~/замедленное** Verzögerungsrelais n, verzögert wirkendes Relais n ‖ **~/замедленное на отпускание** abfallverzögertes Relais n ‖ **~/замедленное на притяжение (срабатывание)** ansprechverzögertes (anzugverzögertes) Relais n ‖ ~ **замыкания на землю** Erdschlußrelais n ‖ ~ **занятости** Besetztrelais n ‖ ~ **запроса** Abfragerelais n ‖ **~/защитное** Schutzrelais n ‖ **~/измерительное** Meßrelais n ‖ **~/импульсное** Stromstoßrelais n, Impulsrelais n ‖ **~/индукционное** Induktionsrelais n ‖ **~/исполнительное** Stellrelais n ‖ **~/коммутационное** Schaltrelais n ‖ **~/контактное** Kontaktrelais n ‖ **~/контакторное** Schaltrelais n ‖ **~/контрольное** Kontrollrelais n, Überwachungsrelais n ‖ ~ **контрольной лампы заряда** Relais n für Ladekontrollampe ‖ ~ **контроля пуска** Anlaßkontrollrelais n ‖ ~ **контроля смазки** Öldruckwächter m, Öldruckschalter m ‖ ~ **короткого замыкания** Kurzschlußrelais n ‖ ~ **косвенного действия** indirekt wirkendes Relais n ‖ **~/ламповое** Röhrenrelais n ‖ **~/линейное** Linienrelais n; Leitungsrelais n ‖ **~/магнитное** magnetisches Relais n, Magnetrelais n ‖ **~/максимального давления** Druckbegrenzungsregler m, Überdruckwächter m ‖ ~ **максимального напряжения** s. ~ напряжения/максимального ‖ **~/максимального тока** Überstromrelais n ‖ **~/манипуляторное** Tastrelais n ‖ ~ **минимального давления**

Mindestdruckschalter m, Mindestdruckwächter m ‖ ~ **минимального напряжения** Unterspannungsrelais n ‖ ~ **минимального тока** Unterstromrelais n ‖ ~/**многоконтактное** Mehrkontaktrelais n, Vielkontaktrelais n ‖ ~ **мощности** Leistungsrelais n ‖ ~ **направления мощности** Leistungsrichtungsrelais n ‖ ~/**направленнное** gerichtetes Relais n ‖ ~ **напряжения** Spannungsrelais n; Spannungswächter m ‖ ~ **напряжения/максимальное** Überspannungsrelais n; Überspannungswächter m ‖ ~ **напряжения/минимальное** Unterspannungsrelais n; Unterspannungswächter m ‖ ~/**незамедленное** unverzögertes Relais n ‖ ~/**нейтральное (неполяризованное)** neutrales (ungepoltes) Relais n ‖ ~ **нулевого напряжения** Nullspannungsrelais n ‖ ~ **обратного сигнала** Rückmelderelais n ‖ ~ **обратного тока** 1. Rückstromrelais n; 2. (Kfz) Ladeschalter m ‖ ~ **обратной мощности** Rückleistungsrelais n ‖ ~/**ограничительное** Begrenzungsrelais n ‖ ~/**оптическое** Lichtrelais n, lichtgesteuertes Relais n ‖ ~/**отключающее** Abschaltrelais n ‖ ~/**первичное** Primärrelais n; Primärauslöser m ‖ ~ **перегрузки** Überlast[ungs]relais n, Überlastschalter m ‖ ~/**передаточное** Übertragungsrelais n ‖ ~/**передающее** Senderelais n ‖ ~/**переключающее** Umschaltrelais n ‖ ~ **переменного напряжения** Wechselspannungsrelais n ‖ ~ **переменного тока** Wechselstromrelais n ‖ ~ **переменного тока/путевое** Wechselstromgleisrelais n ‖ ~/**питающее** Speiserelais n ‖ ~/**плоское** Flachrelais n ‖ ~/**пневматическое** Druckluftschalter m ‖ ~/**позиционное** Stellungsrelais n ‖ ~/**полупроводниковое** Halbleiterrelais n ‖ ~/**поляризационное** gepoltes (polarisiertes) Relais n ‖ ~/**поплавковое** Schwimmrelais n ‖ ~ **постоянного тока** Gleichstromrelais n ‖ ~ **постоянного тока/путевое** Gleichstromgleisrelais n ‖ ~ **потока** Strömungsrelais n, Strömungsschalter m ‖ ~/**приёмное** Empfangsrelais n ‖ ~/**пробное** Prüfrelais n ‖ ~ **проверки** Prüfrelais n ‖ ~ **прямого действия** direkt wirkendes Relais n, Auslöser m ‖ ~/**пусковое** Anlaßrelais n ‖ ~/**путевое** Gleisrelais n, Gleismagnet m ‖ ~ **разделительное** Trennrelais n ‖ ~/**размыкающее** Auslöserelais n ‖ ~/**разъединительное** Trennrelais n ‖ ~/**расцепляющее** Auslöserelais n ‖ ~ **реактивное** Blindleistungsrelais n ‖ ~ **реверса** Reversierrelais n, Umkehrrelais n ‖ ~/**регулировочное (регулирующее)** Regelrelais n ‖ ~/**резонансное** Resonanzrelais n ‖ ~ **с блокировкой** selbsthaltendes Relais n ‖ ~ **с вращающейся катушкой** Drehspulrelais n ‖ ~ **с вращающимся якорем** Drehankerrelais n ‖ ~ **с выдержкой времени** Zeit[verzögerungs]relais n ‖ ~ **с выдержкой времени/максимальное токовое** Überstromrelais n ‖ ~ **с двойным якорем** Doppelankerrelais n ‖ ~ **с задержкой** Relais n mit Haltekontakt ‖ ~ **с поворотным якорем** Drehankerrelais n ‖ ~ **с подвижной катушкой** Drehspulrelais n ‖ ~ **с самозащищённое тепловое шунтом** Nebenschlußrelais n ‖ ~/**самозащищённое тепловое** eigensicherer Temperaturbegrenzer m ‖ ~/**световое** Lichtrelais n, lichtgesteuertes Relais n; Lichtschranke f ‖ ~ **связи**

Fernmelderelais n ‖ ~/**сигнальное** Signalrelais n ‖ ~/**сильноточное** Starkstromrelais n ‖ ~/**сильфонное** Wellrohrmeßfühler m ‖ ~ **скорости** Drehzahlbegrenzer m ‖ ~/**слаботочное** Schwachstromrelais n ‖ ~ **сопротивления** Widerstandsrelais n ‖ ~/**спаренное** Stützrelais n ‖ ~/**струйное** Strömungsrelais n ‖ ~/**ступенчатое** Stufenrelais n ‖ ~/**счётное** Zählrelais n ‖ ~/**телеграфное** gepoltes (polarisiertes) Relais n ‖ ~/**температурное** Temperaturwächter m, Temperaturschalter m, Thermostat m ‖ ~/**тепловое (термическое)** thermisches Relais n, Thermorelais n; Bimetallrelais n ‖ ~ **тока** Stromrelais n; Stromauslöser m, Stromwächter m ‖ ~ **тока/максимальное** Überstromrelais n ‖ ~ **тока/минимальное** Unterstromrelais n ‖ ~/**токовое** Stromrelais n; Stromauslöser m, Stromwächter m ‖ ~/**транзисторное** Transistorrelais n ‖ ~/**трансляционное** Übertragungsrelais n ‖ ~/**трёхпозиционное** Dreistellungsrelais n ‖ ~/**тяговое** Zugmagnet m ‖ ~/**удерживающее** Halterelais n ‖ ~ **управления** Steuerrelais n ‖ ~ **управления/позиционное** Steuerstellungsrelais n ‖ ~/**управляющее** Steuerrelais n ‖ ~ **установки маршрута** Fahrstraßensteller m ‖ ~/**фазное** Phasenrelais n ‖ ~/**фазочувствительное** phasenempfindliches Relais n ‖ ~/**фотоэлектрическое** Lichtrelais n, lichtgesteuertes Relais n ‖ ~/**центробежное** Fliehkraftschalter m ‖ ~/**частотное** Frequenzrelais n ‖ ~ **числа оборотов** Drehzahlschalter m ‖ ~/**электромагнитное** elektromagnetisches Relais n ‖ ~/**электронное** elektronisches Relais n

реле-дроссель m (Эл) Drosselrelais n
реле-искатель m (Nrt) Wählerrelais n
релейный Relais...
реле-клопфер m (Nrt) Klopf[er]relais n
реле-повторитель m (Эл) Wiederholerrelais n
реле-прерыватель m контрольной лампы включения ручного тормоза (Kfz) Blinkrelais n für Handbremskontrollampe ‖ ~ **указателей поворотов** (Kfz) Blinkgeber m
реле-регулятор m Relaisregler m; Reglerschalter m, Spannungsregler m (Kfz-Generator)
реле-счётчик m (Nrt) Relais n für Stromstoßzählung, Zähl[er]relais n
релинг m (Schiff) Reling f
рельеф m 1. Relief n, erhabene Arbeit f; 2. (Kart) Relief n, Geländemodell n (plastische Darstellung der Erdoberfläche); 3. (Geol) Relief n (Gesamtheit der Oberflächenformen der Erde); 4. Relief n (Kristalloptik) ‖ ~/**абразионный** (Geol) Abrasionsrelief n ‖ ~/**альпийский** (Geol) alpines Relief n, Hochgebirgsrelief n ‖ ~/**амплитудный** Amplitudenstruktur f (Phasenkontrastverfahren; Mikroskopie) ‖ ~/**балочный** (Geol) Balka-Relief n ‖ ~ **берега** (Geol) Küstenform f, Küstengestalt f ‖ ~/**вымывной** (Photo) Auswaschrelief n ‖ ~/**выработанный** (Geol) Denudationsrelief n, Abtragungsrelief n ‖ ~/**высокогорный** Hochgebirgsrelief n, alpines Relief n ‖ ~/**горно-долинный** Gebirgstalrelief n ‖ ~/**горно-ледниковый** Gebirgsgletscherrelief n ‖ ~/**горно-останцовый** Inselberge mpl ‖ ~/**горно-таёжный** Bergtaigarelief n ‖ ~/**донно-маренный** (Geol) Grundmoränenrelief n ‖ ~/**друм-**

линовый *(Geol)* Drumlinrelief *m*, Drumlinlandschaft *f* ‖ **~/конечно-моренный** Endmoränenrelief *n* ‖ **~/ледниковый** *(Geol)* Glazialrelief *n* ‖ **~ местности** Geländerelief *n* ‖ **~/многоярусный** *(Geol)* mehrstufiges Relief *n*, Terrassentreppenrelief *n* ‖ **~/моренный** *(Geol)* Moränenrelief *n* ‖ **~ набухания** *(Typ)* Quellrelief *n* ‖ **~/обратный (обращённый)** *(Geol)* Reliefumkehr *f*, Inversion *f*, obsequentes Relief *n* ‖ **~/основной моренный** *(Geol)* Grundmoränenrelief *n* ‖ **~/откопанный** *(Geol)* freigelegtes (abgedecktes) Relief *n* ‖ **~/палимпсестовый** *(Geol)* palimpsestes Relief *n*, Palimpsestrelief *n* ‖ **~/погребённый** *(Geol)* überdecktes Relief *n* ‖ **~/потенциальный** *(El)* Potentialrelief *n* ‖ **~/среднегорный** Mittelgebirgsrelief *n* ‖ **~ структуры** Gefügerelief *n* ‖ **~/техногенный** „technogenes" Relief *n* *(durch Kanal- und Talsperrenbau veränderte Oberflächengestalt der Erde)* ‖ **~/унаследованный** *(Geol)* palimpsestes Relief *n*, Palimpsestrelief *n* ‖ **~/фазовый** Phasenstruktur *f* *(Phasenkontrastverfahren; Mikroskopie)* ‖ **~/холмисто-моренный** *(Geol)* hügeliges Grundmoränenrelief *n* ‖ **~/эоловый** *(Geol)* Deflationsrelief *n* ‖ **~/эрозионный** *(Geol)* Erosionsrelief *n*

рельс *m* *(Eb)* Schiene *f* ‖ **~/бракованный** Abfallschiene *f*, Schrottschiene *f* ‖ **~/виньолевский** *s.* **~/широкоподошвенный** ‖ **~/внутренний** Innenschiene *f* *(in Kurven)* ‖ **~/двухголовый** Doppelkopfschiene *f*, Stuhlschiene *f* ‖ **~ для стрелочных остряков** Zungenschiene *f* *(Weiche)* ‖ **~/железнодорожный** Eisenbahnschiene *f* ‖ **~/желобчатый** Rillenschiene *f* ‖ **~/зубчатый** Zahnschiene *f* ‖ **~/контактный** Stromschiene *f*, stromführende Schiene *f* ‖ **~/направляющий** Führungsschiene *f*, Leitschiene *f* ‖ **~/наружный** Außenschiene *f* *(in Kurven)* ‖ **~/одноголовый** einköpfige Schiene *f* ‖ **~/переходный** Übergangsschiene *f* ‖ **~/плоский** Flachschiene *f* ‖ **~/подкрановый** Kran[bahn]schiene *f* ‖ **~/рамный** Backenschiene *f* *(Weiche)* ‖ **~/рыбообразный** Fischbauchschiene *f* ‖ **~/трамвайный** Straßenbahnschiene *f*, Rillenschiene *f* ‖ **~/третий** *s.* **~/контактный** ‖ **~/узкоколейный** Schmalspurschiene *f* ‖ **~/укороченный** Kurzschiene *f* ‖ **~/уравнительный укороченный** Ausgleichschiene *f* *(in Kurven)* ‖ **~/ходовой** Laufschiene *f*, Fahrschiene *f* ‖ **~/широкоподошвенный** Breitfußschiene *f*, Vignoles-Schiene *f*

рельсовый Schienen..., schienengebunden, Gleis...

рельсогибатель *m* Schienenbiegepresse *f*

рельсоочиститель *m* *(Eb)* Schienenräumer *m*, Bahnräumer *m*

рельсоукладчик *m* *(Eb)* Schienenverleger *m*, Schienenverlegeeinrichtung *f*

рельс-форма *f* *(Bw)* Schalungsschiene *f*

релюктанс *m* *(El)* Reluktanz *f*, magnetischer Widerstand *m*

релюктанц *m* *s.* релюктанс

релятивизм *m* *(Ph)* Relativität *f*

релятивирование *n* *(Ph)* Relativierung *f*

ремень *m* Riemen *m*, Gurt *m* ‖ **~ безопасности** Sicherheitsriemen *m*; *(Kfz)* Sicherheitsgurt *m* ‖ **~ безопасности/автоматический** *(Kfz)* Automatik-Sicherheitsgurt *m* ‖ **~/бесконечный (бесшовный)** endloser Riemen *m* ‖ **~/боевой** *(Text)* Schlagriemen *m* *(Schützenschlageinrichtung)* ‖ **~/быстроходный** schnellaufender Riemen *m* ‖ **~ вперехлёстку** Florteilriemen *m* ‖ **~/двойной (двухслойный) кожаный** zweilagiger (doppellagiger) Lederriemen *m* ‖ **~/дековый** *(Pap)* Deckelriemen *m* ‖ **~/зубчатый** Zahnriemen *m* ‖ **~/зубчатый клиновой** Zahnkeilriemen *m* ‖ **~/зубчатый широкий клиновой** gezahnter Breitkeilriemen *m*, Breitzahnkeilriemen *m* ‖ **~/клиновой** Keilriemen *m* ‖ **~/кожаный** Lederriemen *m* ‖ **~/комбинированный приводной** Hochkantriemen *m* ‖ **~/конечный** endlicher Riemen *m* ‖ **~/круглый** Rundriemen *m* ‖ **~/многослойный** mehrlagiger Riemen *m* ‖ **~/однослойный** einfacher Riemen *m* ‖ **~/открытый** offener Riemen *m* ‖ **~/перекрёстный** gekreuzter Riemen *m* ‖ **~/плоский [приводной]** Flachriemen *m* ‖ **~ погонялки** *(Text)* Schlagriemen *m* *(Webstuhl)* ‖ **~/подбатанный** *(Text)* Schlagstockfangriemen *m* *(Webstuhl)* ‖ **~/полуперекрёстный** Kreuzlaufkeilriemen *m* ‖ **~/приводной** Treibriemen *m*, Antriebsriemen *m* ‖ **~/привязной** Sicherheitsgurt *m* ‖ **~/прорезиненный** Gummiriemen *m* ‖ **~/прорезиненный хлопчатобумажный** gummiimprägnierter Baumwollriemen *m* ‖ **~ с накладками/приводной** Adhäsionstreibriemen *m* ‖ **~/сдвоенный клиновой** Doppelkeilriemen *m* ‖ **~/собирательный** Transportriemen *m* ‖ **~/стандартный клиновой** Normalkeilriemen *m* ‖ **~/тангенциальный** Tangentialriemen *m* ‖ **~/текстильный** Textilriemen *m* ‖ **~/теребильный** Raufriemen *m* *(Erntemaschinen)* ‖ **~/тканый** gewebter Riemen *m*, Geweberiemen *m* ‖ **~/узкий клиновой** Schmalkeilriemen *m* ‖ **~/хлопчатобумажный** Baumwollriemen *m* ‖ **~/хлопчатобумажный тканый** gewebter Baumwollriemen *m* ‖ **~/часовой** *(ledernes)* Uhrarmband *n* ‖ **~/широкий клиновой** Breitkeilriemen *m*

ремерит *m* *(Min)* Römerit *m* *(Eisensulfat)*

ремесло *n* Handwerk *n*; Gewerbe *n*

ремешок *m* *(Text)* Riemchen *n* ‖ **~/бесконечный** endloses Riemchen *n* *(Ringspinnmaschine)* ‖ **~/верхний** Oberriemchen *n* *(Streckwerk)* ‖ **~/делительный** Teilriemchen *n* ‖ **~/нижний** Unterriemchen *n* *(Streckwerk)*

ремиз *m* *(Text)* Geschirr *n*; Schaftgeschirr *n*, Schaftwerk *n*

ремизка *f* *(Text)* Schaft *m* *(Webstuhl)* ‖ **~/кромочная** Leistenschaft *f* ‖ **~/металлическая (проволочная)** Drahtlitzenschaft *n* ‖ **~/разделительная** Teilschaft *n* ‖ **~/секционная** Teilschaft *n* *(Wellenfachweben)* ‖ **~/стальная** Stahldrahtlitzenschaft *n* ‖ **~/хлопчатобумажная** Baumwollschnurschaft *n*

ремизный *(Text)* Schaft...; Geschirr... *(Webstuhl)*

ремизодержатель *m* *(Text)* Schafthalter *m* *(Weberei)*

ремонт *m* Instandsetzung *f*, Reparatur *f* ‖ **~/аварийный** Schadenbehebung *f* ‖ **~/восстановительный** Bauteilerneuerung *f* *(Instandsetzung)* ‖ **~ дороги/ямочный** *(Bw)* Flickarbeit *f*, Flickverfahren *n* *(Straßenunterhaltung)* ‖ **~/капи-**

тальный Generalüberholung f, Generalreparatur f ‖ ~/**планово-предупредительный** planmäßige vorbeugende Instandsetzung f ‖ ~/**подъёмочный** (Eb) große Ausbesserung f (Fahrzeuge) ‖ ~/**средний** mittlere Reparatur (Instandsetzung) f ‖ ~/**текучий** laufende Instandsetzung f, LI, laufende Reparatur f, Instandhaltungsreparatur f ‖ ~/**узловой** Baugruppeninstandsetzung f
ремонтировать reparieren, überholen, instandsetzen
ремонтопригодность f Reparatureignung f, instandsetzungsgerechte Konstruktion f, Reparierbarkeit f ‖ ~ **сельхозмашин** Instandsetzungseignung f von Landmaschinen
ремонтоспособность f s. ремонтопригодность
рений m (Ch) Rhenium n, Re
рентабельность f Rentabilität f; Wirtschaftlichkeit f
рентабельный rentabel; wirtschaftlich; gewinnbringend; einträglich, lohnend, vorteilhaft
рентген m Röntgen n, R (SI-fremde Einheit der Exposition)
рентгенметр m (Kern) 1. Röntgenmeter n, Röntgenmeßgerät n; 2. Röntgenstrahlenintensitätsmesser m, Ionometer n ‖ ~/**интегральный** Röntgenmeter n zur Bestimmung der Gesamtdosis
рентгеноанализ m [/**структурный**] s. анализ/рентгеноструктурный
рентгеновский Röntgen...
рентгеногониометр m (Krist) Röntgengoniometer n, Goniometer n ‖ ~ **Вайссенберга** Weissenberg-Röntgengoniometer n
рентгеногониометрия f (Krist) Röntgengoniometrie f, Röntgengoniometerverfahren n
рентгенограмма f 1. Röntgen[spektral]aufnahme f, Röntgenogramm n, Röntgenbild n, Röntgenfilm m; 2. Röntgendiagramm n, Röntgenbeugungsbild n, Röntgenbeugungsaufnahme f ‖ ~ **вращения** (Krist) Drehkristallaufnahme f ‖ ~ **Дебая-Шеррера** (Krist) Debye-[Scherrer]-Aufnahme f, Debye-[Scherrer]-Diagramm n, Pulverbeugungsaufnahme f ‖ ~ **качания (колебания)** (Krist) Schwenk[kristall]aufnahme f ‖ ~ **Лауэ** s. лауэграмма ‖ ~ **по Лэнгу** (Krist) röntgenographische Aufnahme f nach der Lang-Methode ‖ ~ **порошка** s. ~ Дебая-Шеррера ‖ ~/**порошковая** s. ~ Дебая-Шеррера
рентгенография f Röntgenographie f, Röntgenaufnahme f, Röntgenaufnahmeverfahren n ‖ ~ **металлов** Röntgenmetallkunde f; Röntgenmetallographie f, Metallröntgenographie f
рентгенодефектоскопия f Röntgen[werkstoff]prüfung f, Röntgendefektoskopie f, [zerstörungsfreie] Werkstoffprüfung f mit Röntgenstrahlen
рентгенодиагностика f Röntgendiagnostik f, Röntgenuntersuchung f
рентгенокинематография f Röntgenkinematographie f (Verfahren)
рентгенокиносъёмка f Röntgenkinematographie f (Aufnahme)
рентгенокристаллография f s. анализ/рентгеноструктурный
рентгенолитография f Röntgenlithographie f
рентгенология f Röntgenologie f, Röntgen[strahlen]kunde f

рентгенолюминесценция f Röntgenlumineszenz f
рентгенометаллография f s. рентгенография металлов
рентгенометрия f (Kern) Röntgenometrie f
рентгеномикрорадиография f (Ph) Röntgen-Mikroradiographie f
рентгеномикроскопия f Röntgenmikroskopie f
рентгенопросвечивание n Röntgendurchleuchtung f, Röntgendurchstrahlung f
рентгеноскопия f Röntgenoskopie f, Röntgendurchleuchtung f, Radioskopie f
рентгеноснимок m Röntgenogramm n, Röntgenbild n, Röntgenaufnahme f
рентгеноспектрограф m (Kern) Röntgenspektrograph m
рентгеноспектрометр m (Kern) Röntgenspektrometer n
рентгеноспектроскопия f (Kern) Röntgen[strahlen]spektroskopie f
рентгеностереограмма f (Kern) Röntgenstereogramm n, Stereoröntgenaufnahme f
рентгеностереограмметрия f (Kern) Röntgenstereogrammetrie f
рентгеностереоскопия f (Kern) Röntgenstereoskopie f
рентгенотерапия f Röntgentherapie f, Röntgenbehandlung f
рентгеноустановка f Röntgengerät n
рентгенофизика f Röntgenphysik f
рентгенофлуоресценция f Röntgenfluoreszenz f
рентгенофотометр m Röntgenphotometer n
рентген-эквивалент n ‖ ~/**биологический** biologisches Röntgenäquivalent n, Rem n, rem (SI-fremde Einheit der Äquivalentdosis) ‖ ~/**физический** physikalisches Röntgenäquivalent n, Rep n, rep (SI-fremde Einheit der Energiedosis)
реньерит m (Min) Renierit m (Germanit)
реограмма f (Ph) Rheogramm n
реодинамика f (Ph) Rheodynamik f
реология f (Ph) Rheologie f
реометр m (Ph, Meß) Rheometer n
реометрия f (Ph, Meß) Rheometrie f
реомойка f (Bgb) Stromwäsche f, Rheowäsche f, Rheorinne f (Kohleaufbereitung)
реономный (Mech) rheonom
реопексия f (Mech) Rheopexie f, Fließverfestigung f
реоспектрометр m (Ph) Rheospektrometer n
реостат m (El) veränderbarer Widerstand m, Rheostat m ‖ ~ **возбуждения** Feldregelwiderstand m, Feldregler m ‖ ~/**движковый** Schiebewiderstand m ‖ ~/**жидкостный** veränderbarer Flüssigkeitswiderstand m ‖ ~/**зарядный** veränderbarer Ladewiderstand m ‖ ~/**нагрузочный** veränderbarer Belastungswiderstand m ‖ ~ **накала** veränderbarer Heizwiderstand m ‖ ~/**ползунковый** Schiebewiderstand m ‖ ~/**проволочный** veränderbarer Drahtwiderstand m ‖ ~/**пусковой** Anlaßwiderstand m, Anlasser m ‖ ~/**пускорегулирующий** Regelanlasser m ‖ ~/**регулировочный** Regel[ungs]widerstand m, Stellwiderstand m ‖ ~ **с плоским контактным ходом/пусковой** Flachbahnanlasser m ‖ ~/**тормозной** elektrischer Bremswiderstand m ‖ ~/**угольный** veränderbarer Kohle-

реостат widerstand m || ~/**центробежный пусковой** Fliehkraftanlasser m || ~/**шиберный** Schiebewiderstand m

реостатный (El) ... mit veränderbarem Widerstand

реохорд m (El) Schleifdraht m; Meßdraht m; Schleifdrahtwiderstand m; Rheochord n (Stufenwiderstand) || ~/**барабанный** Walzenschleifdraht m || ~/**измерительный** Meßschleifdraht m

репеллер m s. колесо/турбинное

репер m 1. (Geod) Nivellementszeichen n, Nivellementspunkt m, Höhenpunkt m; Bezugspunkt m; 2. (Bgb) Markscheidezeichen n; 3. (Math) s. ~/**координатный** || ~/**координатный** (Math) Koordinaten-n-Bein n || ~/**косоугольный** (Math) schiefwinkliges n-Bein n || ~/**левый** (Math) linkes (linksorientiertes) n-Dein n || ~/**нивелирный** s. репер 1.|| ~/**правый** (Math) rechtes (rechtsorientiertes) n-Bein n || ~/**прямоугольный** (Math) rechtwinkliges n-Bein n || ~/**стенной** (Geod) Mauerbolzen m, Höhenbolzen m

реперфоратор m (Nrt) Lochstreifenempfänger m, Empfangslocher m

репитер m (Schiff) Tochtergerät n (Kreiselkompaß, Fahrtmeßanlage) || ~ **гирокомпаса** Tochterkompaß m, Kreiseltochter f || ~ **для пеленгования** Peiltochterkompaß m, Peiltochter f || ~/**контрольный** Kontrolltochter f (Kreiselkompaß) || ~ **лага** Fahrt[- und Wege]empfänger m || ~/**пеленгационный** Peiltochterkompaß m, Peiltochter f || ~/**путевой** Steuertochterkompaß m, Steuertochter f

реплика f (Opt) Replik f, Kopie f, Abdruck m (Difraktionsgitter) || ~/**угольная** Kohlehüllabdruck m

репортаж m/**телевизионный** Fernsehreportage f

рёпперит m (Min) Roepperit m (Olivin)

репрограммирование n (Inf) Wiederprogrammierung f, Neuprogrammierung f

репрограммировать (Inf) wiederprogrammieren, neuprogrammieren

репрограммируемый (Inf) wiederprogrammierbar, wiederholt programmierbar (Festwertspeicher)

репродуктор m 1. (Rf) Lautsprecher m; 2. Doppler m, Dupliziergerät n

репродукция f (Photo, Typ) Reproduktion f, Wiedergabe f

репс m (Text) 1. Rips m (Gewebe); 2. Ripsbindung f || ~/**косой** Schrägrips m || ~/**основный** Kettrips m, Querrips m || ~/**уточный** Schußrips m, Längsrips m

репсовый (Text) Rips...

ресивер m 1. Stahlgefäß n, Druckgasbehälter m (zur Speicherung von Gasen und Dämpfen); 2. Zwischenkammer f (Verbunddampfmaschine); 3. Zwischenbehälter m (für Druckausgleich und Zwischenkühlung in Kompressoren); 4. Windkessel m; 5. Empfänger m (Telegraphie, Fernwirktechnik) || ~ **продувочного воздуха** Spülluftaufnehmer m (Freikolbenverdichter) || ~ **раствора** Lösungsmittelsammler m

ресорбция f (Ph) Resorption f, Aufsaugen n, Aufnahme f

респиратор m 1. Atemgerät n; Leichtatmer m; 2. Atemschutzmaske f || ~ **для высоких полётов** (Flg) Höhenatmer m || ~/**кислородный** Sauerstoffmaske f

рессора f Feder f, Tragfeder f, Achsfeder f (von Kraft- und Schienenfahrzeugen) || ~/**буферная** Pufferfeder f || ~/**винтовая** s. ~/пружинная || ~/**витая** Schraubenfeder f || ~/**воздушная** Luftfeder f || ~/**гидропневматическая** hydropneumatische Feder f || ~/**главная** Hauptfeder f (der zweistufigen Blattfeder) || ~/**двойная поперечная** doppelte Querfeder f || ~/**дополнительная** Zusatzfeder f (der zweistufigen Blattfeder) || ~/**задняя** Hinterfeder f || ~/**кантилеверная** Auslegerfeder f || ~ **круглого сечения/торсионная** runde Drehstabfeder f || ~ **кручения/резиновая** Gummidrehfeder f || ~/**листовая** Blattfeder f || ~/**листовая подвесная** Achsblattfeder f (Eisenbahnwagendrehgestell) || ~/**листовая продольная** Längsfeder f || ~/**листовая эллиптическая** s. ~/эллиптическая || ~/**люлечная** Wiegenfeder f (Waggondrehgestell) || ~/**надбуксовая** Radsatzfeder f || ~/**основная** s. ~/главная || ~/**пневматическая** [pneumatisch regulierbare] Luftfeder f || ~/**полуэллиптическая** Halbfeder f || ~/**поперечная** [einfache] Querfeder f || ~/**продольная полуэллиптическая** Längsfeder f || ~/**пружинная** Schrauben[wiege]feder f (Eisenbahnwagendrehgestell) || ~ **прямоугольного сечения/торсионная** rechteckige Drehstabfeder f || ~ **растяжения/резиновая** Gummizugfeder f || ~/**резиновая** Gummifeder f || ~ **с подсорником/листовая** zweistufige Blattfeder f (Hauptfeder mit Zusatzfeder) || ~ **сжатия/резиновая** Gummidruckfeder f || ~/**стержневая (торсионная)** Drehstabfeder f, Stabdrehfeder f || ~/**трёхшарнирная консольная** s. ~/кантилеверная || ~/**четвертная** Viertelfeder f || ~/**эллиптическая** Doppelelliptik-Wiegenfeder f

рессора-флексикойл f Flexicoilfeder f (Fahrzeug)

рестарт m (Inf) Wiederanlauf m || ~ **контрольной точки** Wiederanlauf m des Prüfpunktes || ~/**отсроченный** verzögerter Wiederanlauf m || ~ **шага задания** Jobschrittwiederanlauf m

ресторан m/**дорожный** Raststätte f

ресурс m 1. (Inf) Ressource f; 2. Sollbetriebszeit f || ~ **двигателя/назначенный** festgelegte Motorlaufzeit f || ~/**межремонтный** mittlere fehlerfreie Betriebszeit f zwischen zwei Ausfällen || ~/**средний** mittlere Lebensdauer f || ~/**технический** technisch begründete Lebensdauer f

ресурсы mpl Ressourcen fpl (Naturstoffe, Produktionsvorräte, Kapazitäten, Arbeitskräfte u. a.); zur Verfügung stehende Mengen fpl (Mittel npl); Vorräte mpl, Schätze mpl, Rohstoffquellen fpl || ~/**водные** Wasserdargebot n || ~/**водохозяйственные** wasserwirtschaftliche Ressourcen fpl || ~/**возобновимые** regenerierbare (sich regenerierende, sich erneuernde) Ressourcen fpl || ~/**вторичные материальные** Altmaterial n, Sekundärrohstoffe mpl || ~/**истощённые** erschöpfte (verbrauchte) Ressourcen fpl || ~/**материальные** materielle Ressourcen fpl, vorhandene materielle Werte mpl || ~/**минеральные** Mineralvorräte mpl || ~ **подземных**

вод Grundwasserressourcen *fpl* ‖ ~/**природные** Naturschätze *mpl*, natürliche Ressourcen *fpl* ‖ ~/**рекреационные** Erholungsressourcen *fpl*, Erholungsquellen *fpl* ‖ ~/**экологические** Ökologieressourcen *fpl*, ökologische Quellen *fpl*
ретикуляция *f (Photo)* 1. Runzelkornbildung *f*; 2. Runzelkorn *n*, Netzstrukturbildung *f*
реторта *f* 1. *(Ch)* Retorte *f*; 2. *(Met)* Birne *f*, Konverterbirne *f* ‖ ~/**бессемеровская** *(Met)* Bessemerbirne *f*, Bessemerkonverter *m* ‖ ~/**вагонная** *(Met)* Wagenretorte *f* ‖ ~/**вертикальная** Vertikalretorte *f*, stehende Retorte *f* ‖ ~/**газовая** Gasretorte *f* ‖ ~/**горизонтальная** Horizontalretorte *f*, liegende Retorte *f* ‖ ~/**коксовальная** Koksretorte *f*, Verkokungsretorte *f* ‖ ~/**перегонная** Destillationsretorte *f* ‖ ~/**тубулярная** Retorte *f* mit Tubus
ретранслировать weiterleiten, weiterübertragen, weiterstrahlen, wiederausstrahlen
ретранслятор *m* Zwischen[sende]station *f*, Zwischensender *m*, Relaisstation *f*, Relaissender *m*, Umsetzer *m* ‖ ~/**телевизионный** Fernsehumsetzer *m*
ретрансляция *f* Weiterleitung *f*, Weiterübertragung *f*, Wiederausstrahlung *f* ‖ ~ **[радиоизображений] по кабелю** Fernsehkabelübertragung *f* ‖ ~ **телевизионных сигналов** Fernsehübertragung *f*
ретроотражатель *m (Opt)* Retroreflektor *m*, Rückstrahler *m*
ретушь *f (Photo, Typ)* Retusche *f* ‖ ~/**позитивная** Positivretusche *f*
рефайнер *m (Gum)* Refinerwalzwerk *n*
рефайнервальцы *pl s*. рефайнер
референц-эллипсоид *m* Referenzellipsoid *n*
рефлекс *m (Photo)* Reflexionsfleck *m*, Linsenlichtfleck *m (auf dem Bild)* ‖ ~ **ориентации/условный** bedingter Orientierungsreflex *m (Roboter)*
рефлексивность *f (Math)* Reflexivität *f*
рефлектограмма *f* Reflektogramm *n*
рефлектометр *m (Opt)* Reflektometer *n*
рефлектометрия *f (Opt)* Reflexionsgradmessung *f*
рефлектор *m* 1. Reflektor *m*, Rückstrahler *m*; 2. *(Astr)* Spiegelteleskop *n*, Reflektor *m* ‖ ~/**антенный** Antennenreflektor *m*, Antennenspiegel *m* ‖ ~ **Грегори** Spiegelteleskop *n* nach Gregory ‖ ~ **Кассегрена** Cassegrainsches Spiegelteleskop *n*, Spiegelteleskop *n* nach Cassegrain, Cassegrain-Reflektor *m* ‖ ~ **куде** Coudé-Spiegel *m*, Coudé-Spiegelteleskop *n* ‖ ~/**лобный** *(Med)* Stirnspiegel *m* ‖ ~ **Несмита** Spiegelteleskop *n* nach Nasmyth, Nasmyth-Teleskop *n* ‖ ~ **Ньютона** Newtonsches Spiegelteleskop *n*, Newton-Spiegel *m*, Newton-Spiegelteleskop *n*, Spiegelteleskop *n* nach Newton ‖ ~/**параболический** Parabolreflektor *m*, parabolischer Reflektor *m*, Parabolspiegel *m* ‖ ~/**угловой (уголковый)** Winkelreflektor *m* ‖ ~ **Хэла** Hale-Teleskop *n*, Palomar-Teleskop *n*, Hale-Reflektor *m* ‖ ~ **Шмидта** Schmidt-Spiegelteleskop *n*, Schmidt-Spiegel *m*
рефонд *m (Photo)* Emulsionsansatzraum *m*, Schmelzraum *m*
рефрактометр *m (Opt, Krist)* Refraktometer *n* ‖ ~ **Аббе** Abbe-Refraktometer *n*, Abbesches Refraktometer *n* ‖ ~/**интерференционный** Interferenzrefraktometer *n*, Interferentialrefraktor *m*, Interferentialrefraktometer *n*, Interferenzrefraktor *m* ‖ ~ **Пульфриха** Pulfrich-Refraktometer *n*
рефрактометрия *f (Opt)* Refraktometrie *f*, Brechzahlbestimmung *f*
рефрактор *m (Opt)* Refraktor *m*, Linsenfernrohr *n* ‖ ~/**визуальный** visueller Refraktor *m* ‖ ~ **куде** Coudé-Refraktor *m* ‖ ~/**фотографический** photographischer Refraktor *m*
рефракция *f.* 1. *(Ph)* Refraktion *f*, Brechung *f*, Strahlenbrechung *f (Lichtstrahlen, elektromagnetische Wellen, Schallwellen); s. a. unter* преломление*)*; 2. *(Ph, Ch) s.* ~/**молекулярная**; 3. *(Astr) s.* ~ **света в атмосфере**; 4. *(Astr) s.* угол рефракции ‖ ~/**астрономическая** astronomische Refraktion *f (Ablenkung der Lichtstrahlen beim Durchgang durch die Erdatmosphäre)* ‖ ~/**атмосферная** atmosphärische Refraktion *f* ‖ ~/**атомная** *(Ph, Ch)* Atomrefraktion *f* ‖ ~/**береговая** Küstenbrechung *f (von Funkwellen)* ‖ ~/**боковая** *(Geod)* Seitenrefraktion *f*, laterale Refraktion *f*, Lateralrefraktion *f* ‖ ~/**вертикальная земная** *(Geod)* Höhenrefraktion *f* ‖ ~/**внешняя коническая** *(Krist)* äußere konische Refraktion *f* ‖ ~/**внутренняя коническая** *(Krist)* innere konische Refraktion *f* ‖ ~/**геодезическая** *(Geod)* terrestrische Refraktion *f* ‖ ~ **глаза** Refraktion *f* des Auges ‖ ~/**горизонтальная** *(Geod)* Horizont[al]refraktion *f* ‖ ~/**дифференциальная** differentielle Refraktion *f* ‖ ~ **звука** Schallrefraktion *f*, Refraktion *f* des Schalls ‖ ~/**земная** *(Geod)* terrestrische Refraktion *f* ‖ ~/**ионная** *(Ph, Ch)* Ionenrefraktion *f* ‖ ~/**ионосферная** *s.* ~ **радиоволн/ионосферная** ‖ ~/**коническая** *(Krist)* konische Refraktion *f (in zweizeigen Kristallen)* ‖ ~/**мо[леку]лярная** *(Ph, Ch)* Mo[leku]larrefraktion *f* ‖ ~/**параллактическая** *(Geod)* parallaktische Refraktion *f* ‖ ~ **радиоволн/ионосферная** Funkwellenbrechung *f* in der Ionosphäre ‖ ~ **света** *(Opt, Astr)* Refraktion (Brechung) *f* des Lichtes, Lichtbrechung *f* ‖ ~ **света в атмосфере** atmosphärische Strahlenbrechung *f (Oberbegriff für astronomische und terrestrische Refraktion)* ‖ ~ **связей** *(Ph, Ch)* Bindungsrefraktion *f* ‖ ~/**средняя** mittlere Refraktion *f* ‖ ~/**удельная [молекулярная]** *(Ph, Ch)* spezifische Refraktion (Brechung) *f* ‖ ~/**хроматическая** *(Astr)* chromatische Refraktion *f*
рефрижератор *m* 1. Gefrieranlage *f*, Refrigerator *m*; 2. *(Eb)* Maschinenkühlwagen *m*; 3. Kühlschiff *n*; 4. Verdampfer *m (Kältemaschine)* ‖ ~/**приёмно-производственный** Übernahme- und Gefrierschiff *n* ‖ ~/**приёмно-транспортный** Übernahme-, Transport- und Kühlschiff *n* ‖ ~/**производственный** Gefrierschiff *n* ‖ ~/**транспортно-производственный** Gefrier- und Transportschiff *n* ‖ ~/**транспортный** Transport- und Kühlschiff *n*
рефрижератор-снабженец *m*/**приёмо-транспортный** Übernahme-, Transport-, Kühl- und Versorgungsschiff *n* ‖ ~/**транспортный** Transport-, Kühl- und Versorgungsschiff *n*
рефулёр *m* 1. *(Bw)* Saugbagger *m*, Schwemmbagger *m*, Spülbagger *m*; *(Schiff)* Schutensauger *m*, Spüler *m*, Spülbagger *m*; 2. Schwimmrohrleitung *f (zum Saugbagger)*

рефулирование n Naßbaggerung f, Spülbaggerung f
рецесс m **туннеля гребного вала** (Schiff) Wellentunnelrezeß m
реципиент m Rezipient m
рециркуляция f Rückumlauf m (Gase, Flüssigkeiten) ‖ ~ **отходов** Abfallrücklauf m ‖ ~ **сточных вод** Abwasserrücklauf m
решение n 1. Beschluß m, Entscheidung f; 2. (Math) Lösung f ‖ ~/**компоновочное** konstruktive Lösung f, Auslegung f ‖ ~ **методом парциальных волн** (Ph) Partialwellenlösung f, Teilwellenlösung f ‖ ~/**нетривиальное (нулевое)** (Math, Kyb) nichttriviale Lösung f ‖ ~/**общее** (Math) allgemeine Lösung f ‖ ~/**объёмно-планировочное** (Bw) räumlich-gestalterische Lösung f, Raum- und Grundrißlösung f ‖ ~/**особое** (Math) singuläre Lösung f ‖ ~/**планировочное** (Bw) Grundrißlösung f, Grundrißgestaltung f ‖ ~/**планировочное гибкое** (Bw) flexible Grundrißgestaltung f ‖ ~/**почти-периодическое** (Fest) fastperiodische Lösung f ‖ ~/**приближённое** (Math) Näherungslösung f ‖ ~/**приборное** gerätetechnische Lösung f ‖ ~/**проектное** (Bw) Projektlösung f ‖ ~/**схемное** schaltungstechnische Lösung f ‖ ~/**частное** (Math) partikuläre (spezielle) Lösung f ‖ ~/**численное** numerische Lösung f
решётка f 1. Gitter n, Gitterwerk n; Rost m, Horde f; 2. (Krist, Opt) Gitter n; (Opt) Beugungsgitter n; 3. (Bw) Fachwerk n; 4. (Hydt) s. ~/**сороудерживающая** ; 5. (Schiff) Gräting f ‖ ~/**активная** Gleichdruckschaufelgitter n, Gleichdruckbeschaufelung f (Strömungsmaschine) ‖ ~/**активная вращающаяся** Gleichdrucklaufschaufelgitter n (Dampfturbine) ‖ ~/**активная гидродинамическая** s. ~/**активная** ‖ ~/**активная рабочая** s. ~/**активная вращающаяся** ‖ ~ **активной зоны** s. ~ **реактора** ‖ ~/**акустическая дифракционная** (Ak) akustisches Gitter (Beugungsgitter) n ‖ ~/**алмазная** (Krist) Diamantgitter n ‖ ~/**амплитудная** (Opt) Amplitudengitter n ‖ ~/**антенная** Antennengruppe f ‖ ~/**атомная** (Krist) Atomgitter n ‖ ~/**базоцентрированная** (Krist) basis[flächen]zentriertes Gitter n, C-Gitter n ‖ ~/**базоцентрированная гексагональная** basisflächenzentriertes hexagonales Gitter n ‖ ~/**базоцентрированная моноклинная** basisflächenzentriertes monoklines Gitter n ‖ ~/**базоцентрированная ромбическая** basisflächenzentriertes rhombisches (orthorhombisches) Gitter n ‖ ~ **без духов** (Opt) Gitter n ohne Geister ‖ ~/**блестящая** (Opt) Blaze-Gitter n ‖ ~ **Браве** (Krist) Translationsgitter n, Bravais-Gitter n ‖ ~/**вакантная [кристаллическая]** (Krist) Lückengitter n ‖ ~/**вертикальная питающая планочная** (Text) Steig[nadel]lattentuch n ‖ ~ **верхних продольных связей** (Bw) Fachwerk n des oberen Längsverbandes (einer Brückenkonstruktion) ‖ ~/**взвешенная обратная** (Krist) gewichtetes reziprokes Gitter n ‖ ~/**вибраторная линейная** (Eln) Dipolreihe f ‖ ~/**вибрационная** Rüttelsieb n, Vibrationssieb n ‖ ~/**внутренняя колосниковая** Innenrost m (Feuerungsrost im Flammrohr) ‖ ~/**вогнутая [дифракционная]** (Opt) Konkavgitter n, Hohlgitter n, Rowland-Gitter n ‖ ~/**водоприёмная** (Hydt) Einlaufgitter n ‖ ~/**вращающаяся** 1. Drehrost m (Heizung); 2. Laufschaufelgitter n (Strömungsmaschine) ‖ ~/**встряхивающая [выбивная]** (Gieß) Ausleerrüttelrost m, Rüttelausschlagrost m, Auspackrüttler m ‖ ~/**входная** Eintrittsgitter n (Turbine) ‖ ~/**выбивная** (Gieß) Ausschlagrost m, Ausleerrost m, Putzrost m ‖ ~/**выбивная вибрационная** Ausleerschwingrost m, Vibrationsausschlagrost m, Vibrationsausleerrost m ‖ ~/**выдвижная** ausfahrbarer Rost m (Feuerung) ‖ ~/**выпуклая** (Opt) Konvexgitter n ‖ ~/**выходная** Austrittsgitter n (Turbine) ‖ ~/**гексагональная** (Krist) hexagonales Gitter n ‖ ~/**гексагональная плотноупакованная** hexagonal dichtestgepacktes Gitter n, hdp-Gitter n ‖ ~/**гидравлическая** Schaufelgitter n, Strömungsgitter n (Strömungsmaschine) ‖ ~/**гидродинамическая** Schaufelgitter n, Flügelgitter n (Strömungsmaschine) ‖ ~/**голографическая** (Opt) holographisches Gitter n ‖ ~/**горизонтальная колосниковая** Planrost m (Feuerung) ‖ ~/**гранецентрированная** (Krist) flächenzentriertes Gitter n, F-Gitter n, fz-Gitter n ‖ ~/**гранецентрированная кубическая** kubisch flächenzentriertes Gitter n, kfz-Gitter n ‖ ~/**грубая** (Hydt) Grobrechen m ‖ ~/**двойная горизонтальная** Doppelplanrost m (Feuerung) ‖ ~/**двухмерная** (Opt) 1. Flächengitter n, zweidimensionales Gitter n; 2. Kreuzgitter n, Flächengitter n ‖ ~/**деревянная** (Schiff) Holzgräting f ‖ ~/**деформированная** (Krist) gestörtes Gitter n ‖ ~/**диагональная** Diagonalgitter n (Strömungsmaschine) ‖ ~/**диагональная гидродинамическая** diagonales Schaufelgitter n (Strömungsmaschine) ‖ ~/**дифракционная** (Opt) Diffraktionsgitter n, Beugungsgitter n ‖ ~/**диффузорная** Diffusorgitter n, Verzögerungsgitter n (Strömungsmaschine, Windkanal) ‖ ~/**диффузорная вращающаяся** rotierendes Diffusorlaufschaufelgitter n ‖ ~/**диффузорная неподвижная** ruhendes Verzögerungsgitter n ‖ ~/**диффузорная рабочая** s. ~/**диффузорная вращающаяся** ‖ ~ **для насадки** (Ch) Füllkörperrost m ‖ ~/**дожигательная** Nachbrennrost m ‖ ~/**донная** (Hydt) Grundrechen m ‖ ~/**дренажная** (Ch) Abtropfrost m ‖ ~/**дугогасительная** (El) Löschgitter n ‖ ~/**жаккардовая** (Text) Rost m (Jacquardmaschine) ‖ ~/**жалюзийная** (Ch) Jalousiegitter n ‖ ~/**заградительная** Absperrgitter n ‖ ~/**защитная** Schutzgitter n ‖ ~/**игольчатая** (Text) Nadellattentuch n (s. a. unter ~/**вертикальная питающая планочная**) ‖ ~/**ионная [кристаллическая]** (Krist) Ionengitter n ‖ ~/**каскадная шуровочная** Schürrost m (Feuerung) ‖ ~/**кингстонная** (Schiff) Seekastensieb n ‖ ~/**колосниковая** Rost m, Stabrost m, Gitterrost m, Feuerungsrost m; (Text) Stabrost m (Horizontalöffner); Abfallrost m (Ballenöffner) ‖ ~/**колосниковая горизонтальная** Plan[gitter]rost m, Planfeuerungsrost m ‖ ~/**колосниковая движущаяся** Wanderrost m ‖ ~/**колпачковая** Glockenboden m (Feuerung) ‖ ~/**кольцевая гидродинамическая** Kreisgitter n (Strömungsmaschine) ‖ ~/**конфузорная** Beschleunigungsgitter n (Strömungsmaschine) ‖ ~/**координационная [кристаллическая]** (Krist) Koordinationsgitter n ‖ ~/**кормовая** (Lw)

Freßgitter n ‖ ~/**кристаллическая** Kristallgitter n; Raumgitter n ‖ ~/**крупная** (Hydt) Grobrechen m ‖ ~/**кубическая** (Krist) kubisches Gitter n ‖ ~/**кубическая гранецентрированная** kubisch flächenzentriertes Gitter n, kfz-Gitter n ‖ ~/**кубическая объёмноцентрированная** kubisch raumzentriertes Gitter n, krg-Gitter n ‖ ~/**кубическая плотноупакованная** kubisch dichtestgepacktes Gitter n ‖ ~/**кубическая примитивная** einfach kubisches Gitter n, kubisch einfaches Gitter n ‖ ~/**ленточная цепная** Kettenrost m (Feuerung) ‖ ~/**линейная** (Opt) lineares (eindimensionales) Gitter n ‖ ~/**лопаточная** s. ~/гидродинамическая ‖ ~ **лопаточной машины/активная** Gleichdruckgitter n (Strömungsmaschine) ‖ ~/**мелкая** (Hydt) Feinrechen m ‖ ~/**металлическая [кристаллическая]** (Krist) Metallgitter m ‖ ~/**механическая колосниковая** mechanischer Rost m, Wanderrost m (Feuerung) ‖ ~/**молекулярная [кристаллическая]** (Krist) Molekülgitter n ‖ ~/**моноклинная** (Krist) monoklines Gitter n ‖ ~/**моноклинная базоцентрированная** flächenzentriertes (basiszentriertes) monoklines Gitter n ‖ ~/**моноклинная примитивная** einfach monoklines Gitter n ‖ ~/**наборная лопаточная** gebautes Schaufelgitter n (Turbine) ‖ ~/**наклонная колосниковая** Schrägrost m ‖ ~/**наклонно-переталкивающая колосниковая** Schwingschubrost m (Feuerung) ‖ ~/**направляющая** (Text) Riet n (Wellenfachweben) ‖ ~/**нарушенная** (Krist) gestörtes Gitter n ‖ ~/**насадочная** (Met) Gitter[mauer]werk n (Regenerator) ‖ ~/**неподвижная колосниковая** feststehender (starrer) Rost m (Feuerung) ‖ ~/**нижняя [питающая]** (Text) unteres Zuführlattentuch n, Bodenlattentuch n (Kastenspeiser) ‖ ~/**обратная** (Krist) reziprokes Gitter n ‖ ~/**обратно-переталкивающая** Rückschubrost m (Feuerung) ‖ ~/**объёмная** (Krist) Raumgitter n ‖ ~/**объёмноцентрированная** (Krist) innenzentriertes Gitter n, raumzentriertes Gitter n, I-Gitter n ‖ ~/**объёмно-центрированная кубическая** kubisch-raumzentriertes Gitter n, krz-Gitter n ‖ ~/**опрокидывающаяся** Kipphorde f ‖ ~/**оптическая** optisches Gitter n ‖ ~/**осевая гидродинамическая** axiales Schaufelgitter n (Axialströmungsmaschine) ‖ ~/**основная** Grundgitter n ‖ ~/**отводящая** (Text) Abführlattentuch n (Ballenöffner, Kastenspeiser) ‖ ~/**откидная колосниковая** Klapprost m (Feuerung) ‖ ~/**отражательная** (Opt) Reflexionsgitter n ‖ ~/**очистная** (Gieß) Ausschlagrost m, Ausleerrost m, Putzrost m ‖ ~/**питающая планочная** (Text) Zuführ[latten]tuch n (Ballenöffner) ‖ ~/**плавильная** (Text) Schmelzgitter n, Spinngitter n (Chemieseidenherstellung) ‖ ~/**плавучая** (Hydt) Schwimmrechen m ‖ ~/**плоская** 1. (Opt) ebenes Gitter n; 2. ebenes (gerades) Gitter n (Strömungsmaschine); 3. (Bw) ebenes Fachwerk n ‖ ~/**плоская гидродинамическая** ebenes (gerades) Schaufelgitter n (Strömungsmaschine) ‖ ~/**плоская косоносная** Planrost m (Feuerung) ‖ ~/**полураскосная** (Bw) K-förmige Ausfachung f ‖ ~/**полярная** s. ~/обратная ‖ ~/**предохранительная** Schutzgitter n ‖ ~/**примитивная** (Krist) einfaches (primitives)

Gitter n, P-Gitter n ‖ ~/**проводящая** Leitgitter n ‖ ~/**прозрачная дифракционная** (Opt) Transmissionsgitter n, Durchlaßgitter n, transparentes Gitter n ‖ ~/**простая** 1. (Krist) einfaches Gitter n; 2. (Bw) einfaches Fachwerk n ‖ ~/**простая кубическая** (Krist) einfach kubisches Gitter n ‖ ~/**пространственная** 1. (Krist) Raumgitter n; 2. (Bw) räumliches Fachwerk n ‖ ~/**пространственная гидродинамическая** räumliches Schaufelgitter n (Strömungsmaschine) ‖ ~/**пространственная кристаллическая** Kristallraumgitter n ‖ ~/**профильная** Profilgitter n (Strömungsmaschine) ‖ ~/**прядильная** (Text) Spinnrost m ‖ ~/**прямая** 1. (Krist) direktes Gitter n; 2. s. ~/плоская 2. ‖ ~/**путевая** (Eb) Gleisgitter n ‖ ~/**рабочая** Laufschaufelgitter n (Strömungsmaschine) ‖ ~/**радиальная** radiales Gitter n (Strömungsmaschine) ‖ ~/**радиальная гидродинамическая** radiales Schaufelgitter n (Radialströmungsmaschine) ‖ ~ **радиатора** s. ~/радиатору ‖ ~/**радиатору** (Kfz) Kühlergrill n, Kühlergitter n ‖ ~/**раскосная** (Bw) Ständerfachwerk n, Strebenfachwerk n ‖ ~/**растровая** (Opt) Rastergitter n ‖ ~/**реактивная** Überdruckschaufelgitter n (Strömungsmaschine) ‖ ~ **реактора [/активная]** (Kern) Reaktorgitter n ‖ ~/**регулируемая** (Text) Messerrost m (Klettenwolf) ‖ ~/**регулярная дифракционная** (Opt) Strichgitter n ‖ ~/**ретортная колосниковая** Muldenrost m (Feuerung) ‖ ~/**рефлекторная** (Rf) Reflektorgitter n, Rückstrahlwand f ‖ ~/**ромбическая** (Krist) rhombisches (orthorhombisches) Gitter n ‖ ~/**ромбическая базоцентрированная** basisflächenzentriertes rhombisches Gitter n ‖ ~/**ромбическая гранецентрированная** allseitig flächenzentriertes rhombisches Gitter n ‖ ~/**ромбическая объёмноцентрированная** innenzentriertes (raumzentriertes) rhombisches Gitter n ‖ ~/**ромбическая примитивная** einfach rhombisches Gitter n ‖ ~/**ромбоэдрическая** (Krist) rhomboedrisches Gitter n ‖ ~ **Роуланда** (Opt) Rowland-Gitter n ‖ ~/**ручная колосниковая** handbeschichter Rost m (Feuerung) ‖ ~ **с переменным шагом** (Opt) Rost m mit variablem Linienabstand n ‖ ~ **с пневматическим забрасывателем** Rost m mit pneumatischer Wurfbeschichtung (Feuerung) ‖ ~ **с ручным обслуживанием** handbeschickter Rost m (Feuerung) ‖ ~/**слоистая** (Opt) Schicht[en]gitter n; Netzgitter n ‖ ~/**смесительная** (Text) Mischlattentuch n (Ballenöffner) ‖ ~/**сороудерживающая** (Hydt) Rechen m (Auffangen von Schwimmgut vor Einläufen in Wasserkraft- und Kläranlagen) ‖ ~/**спрямляющая** 1. (Hydt) Wabengleichrichter m, Zellenkörpergleichrichter m, Gleichrichter m; 2. (Aero) Gleichrichter m (Windkanal) ‖ ~/**ступенчатая [колосниковая]** Stufenrost m, Treppenrost m (Feuerung) ‖ ~/**сушилки** Horde f; Hordenblech n (Darre) ‖ ~/**сферическая** ~/вогнутая ‖ ~/**съёмная** 1. abnehmbares Gitter n; 2. (Opt) Wechselgitter n ‖ ~/**тетрагональная** (Krist) tetragonales Gitter n ‖ ~/**тетрагональная объёмноцентрированная** innenzentriertes (raumzentriertes) tetragonales Gitter n ‖ ~/**тетрагональная примитивная** einfach tetragonales Gitter n ‖ ~/**точечная** (Krist) Punktgitter n, Insel-

решётка

gitter n ‖ **~/трансляционная** s. ~ Браве ‖ **~/треугольная** (Bw) Strebenfachwerk n, Dreieckfachwerk n ‖ **~/тригональная** s. ~/ромбоэдрическая ‖ **~/триклинная пространственная** (Krist) triklines Raumgitter n ‖ **~/тросовая** (Schiff) Trossengräting f ‖ ~ **турбины/конфузорная** Beschleunigungsgitter n (Dampfturbine; Gasturbine) ‖ ~ **турбины/направляющая** ruhendes Schaufelgitter n, Leitrad n (Turbine) ‖ ~ **турбины/рабочая** rotierendes Schaufelgitter n, Laufrad n (Turbine) ‖ **~/угарная колосниковая** (Text) Abfallrost m ‖ **~/универсальная колосниковая** universell einsetzbarer Rost m (Feuerung) ‖ ~ **уточной вилочки** (Text) Schußwächtergitter n (Gabelschußwächter; Webstuhl) ‖ **~/фазовая [дифракционная]** (Opt) Phasengitter n ‖ ~ **фермы** (Bw) Fachwerk n (hier Sammelbegriff für Fachwerkträgerkonstruktionen wie Ständer-, Streben- und K-Fachwerk) ‖ ~ **фермы/полураскосная** K-Fachwerk n ‖ ~ **фермы/простая раскосная** Ständerfachwerk n ‖ ~ **фермы/простая треугольная** Strebenfachwerk n ‖ **~/фотовоспроизведённая** photographisch reproduziertes Gitter n ‖ **~/центрированная** s. **~/объёмно-центрированная** ‖ **~/центрогранная** s. **~/гранецентрированная** ‖ **~/цепная** 1. s. цепная кристаллическая; 2. Kettenrost m (Feuerung) ‖ **~/цепная колосниковая** Wanderrost m (Feuerung) ‖ **~/цепная кристаллическая** (Krist) Kettengitter n, Bandgitter n ‖ **~/штриховая** (Opt) Strichgitter n ‖ **~/электродная** (El) Elektrodengitter n ‖ **~/элементарная** (Krist) Elementargitter n ‖ **~/эталонная** (Opt) Bezugsgitter n
решётки fpl/**скрещённые** s. решётка/двухмерная 2.
решето n Sieb n (s. a. unter грохот und сито) ‖ **~/вибрационное** Rüttelsieb n ‖ **~/отсадочное** Setzgutträger m (Aufbereitung)
решофер m (Ch) Vorwärmer m ‖ **~/быстротечный** Schnellstromvorwärmer m
рештак m Förderrutsche f, Förderrinne f, Rutsche f ‖ **~/качающийся** Schüttelrutsche f ‖ **~/корытообразный** Muldenrutsche f ‖ **~/углообразный** Winkelrinne f
рештование n (Schiff) Gerüst n (auf einer Werft) ‖ **~/самоходное** verfahrbares Gerüst m mit Eigenantrieb
рея f (Schiff) Rah[e] f
ржаветь rosten
ржавление n Rosten n, Verrosten n, Rostbildung f ‖ **~/подповерхностное** Unterrostung f
ржавчина f 1. Rost m; 2. Roststelle f
РЖТ s. ракета на жидком топливе
РЗЭ s. элемент/редкоземельный
РИВ s. реактор идеального вытеснения
ригель m 1. (Bw) Riegel m (Skelettbauweise); 2. Riegel m (Türschlösser u. dgl.); 3. (Geol) Querschwelle f (in Gletschertälern) ‖ ~ **лестничной площадки** (Bw) Treppenwechsel m (Podest) ‖ ~ **над дверным (оконным) проёмом** (Bw) Sturzriegel m (Fachwerkbau) ‖ ~ **опоры** (Bw) Pfeilerriegel m (Brückenbau) ‖ ~ **подоконный** (Bw) Sohlbankriegel m (Fachwerkbau) ‖ ~ **рамы** (Bw) Rahmenriegel m ‖ ~ **стропильной фермы** (Bw) Kehlbalken m (Kehlbalkendachstuhl) ‖ ~ **фахверка** (Bw) Fachwerkriegel m ‖ **~/фонарный** (Bw) Riegel m des Oberlichtes

ридберг m (Ph) Rydberg n, Ry (SI-fremde Einheit der Energie)
ризалит m (Bw) Risalit m
риковери n (Gum) Erholung f des Kautschuks, elastische Rückbildung f
рил[л]инг m (Wlz) Friemelmaschine f, Abrollwalzwerk n, Reelingmaschine f, Reeler m
рил[л]инг-стан m Schrägwalzenglättmaschine f
рингель-аппарат m (Text) Ringelapparat m (Strickerei)
ринг-модуль m (Gum) Ringmodulus m
ринкит m (Min) Rinkit m (Mineral seltener Erden)
риннеит m (Min) Rinneit m (Salzmineral)
риолит m (Geol) Rhyolith m
риппшайба f (Text) Rippscheibe f, Nadelteller m (Interlockmaschine)
рирпроекция f (Opt) Durchprojektion f; Hintergrundprojektion f
РИС s. реактор идеального смещения
рисайкл m 1. Kreislauf m; 2. Rücklauföl n, Rückführöl n; Umlauföl n; 3. s. ресайклинг 1.
рисайклинг m 1. Kreislaufführung f, zirkulierende Fahrweise f, Kreislauffahrweise f; 2. Wiederverwendung f, Wiederverwertung f, Recycling n
риск m Risiko n, Wagnis n; Gefahr f ‖ ~ **критичности** (Kern) Kritikalitätsrisiko n ‖ ~ **лучевого поражения** (Kern) Strahlungsrisiko n, Strahlungsgefährdung f ‖ ~ **опрокидывания** (Schiff) Kenterrisiko n ‖ ~ **пожара** Brandgefahr f ‖ ~ **столкновения** (Schiff) Kollisionsrisiko n
риска f 1. Ritzspur f, Rißlinie f; Markierungsstrich m; 2. (Fert) Riefe f, Kratzer m ‖ **~/разметочная** (Fert) Anrißlinie f, Anriß m ‖ **~/шлифовальная** (Fert) Schleifriefe f
рисс-вюрм m s. отделение/рисс-вюрмское
рисунок m 1. Zeichnung f; 2. (Typ) Abbildung f, Bild n; 3. (Text) Muster n, Dessin n; 4. Profil n (Reifen) ‖ ~ **в виде косичек** (Text) Zopfmuster n ‖ ~ **в ёлочку** (Text) Fischgratmuster n ‖ ~ **в полоску** (Text) Streifenmuster n ‖ **~/всеходный** Geländeprofil n (Kfz-Reifen) ‖ **~/вышивной** (Text) Broschiermuster n ‖ **~/вышитый** (Text) Stickmuster n ‖ **~/декоративный** (Text) dekoratives Muster n ‖ **~/жаккардовый** (Text) Jacquardmuster n ‖ **~/клетчатый** (Text) Karomuster n ‖ ~ **косички** (Text) Zopfmuster n ‖ ~ **лица** (Led) Narbenbild n ‖ ~ **маски** (Eln) Maskenstruktur f (Halbleiter) ‖ **~/набивной** (Text) aufgedrucktes Muster n ‖ ~ **переплетения** (Text) Bindungsmuster n, Bindungsbild n ‖ ~ **печатной схемы** (Eln) Leiterbild n ‖ ~ **повторяющийся** (Text) wiederkehrendes Muster n ‖ **~/покровный** (Text) Deckmuster n ‖ ~ **покрышки** Reifenprofil n (Kfz-Reifen) ‖ **~/рельефный** (Text) Reliefmuster n ‖ ~ **с каймой** (Text) Bordürenmuster n ‖ **~/сбитый** (Text) Musterfehler m ‖ ~ **структур** (Eln) Strukturmuster n (Halbleiter) ‖ ~ **ткани** (Text) Gewebemuster n, Dessin n ‖ ~ **травления** Ätzbild n, Ätzfigur f, Ätzfiguren fpl (Metallographie) ‖ ~ **фотоизображения** Bildzeichnung f, Bildtextur f, Bildstruktur f
рисунчатый (Text) gemustert; Muster...
риф m 1. (Schiff) Reff n, Reef n (Segel); 2. (Geol) Riff n ‖ **~/барьерный** Barriereriff n ‖ **~/береговой** Küstenriff n ‖ **~/кольцеобразный** ringförmiges Riff n, Atoll n ‖ **~/коралловый** Korallenriff n ‖ **~/окаймляющий** Saumriff n ‖ **~/оп-**

устившийся (погружённый) gesunkenes Riff n ‖ **~/поднятый** gehobenes Riff n
рифайнер m s. рефайнер
рифить reffen *(Segel)*
рифлевать *(Fert)* riffeln, rändeln, kordeln, rippen
рифление n *(Fert)* Riffeln n, Riffelung f, Kordieren n, Kordierung f
рифли pl/**перекрёстно-косые** *(Fert)* Kordelung f ‖ **~/прямые** *(Fert)* Rändelung f
рифлить s. рифлевать
рифля f Riffel f ‖ ~ **на рельсах** *(Eb)* Schienenriffel f
риформинг m Reform[ier]en n, Reformierung f, Reforming n *(von Benzinkohlenwasserstoffen)*
риформинг-бензин m Reforming-Benzin n
риформинг-газ m Reforminggas n *(Pulvermetallurgie)*
рифт m *(Geol)* Riftzone f ‖ **~/океанический** ozeanische Riftzone f
рихтовать richten, ausrichten *(z. B. Gleise)*
рихтовка f Richten n, Ausrichten n ‖ ~ **пути** Richten n der Gleise
РК s. 1. комплекс/роботизированный; 2. радиокомпас; 3. регистр команд
РкДТТ s. двигатель твёрдого топлива/ракетный
РКУ s. угол/радиокурсовой
РЛС s. 1. станция/радиолокационная; 2. система/радиорелейная; 3. станция/радиорелейная
РМ s. 1. материал/резистивный; 2. регистр микрокоманд; 3. s. процессор/матричный
РМП s. процессор/распределённый матричный
РН s. руль направления
РНС s. система/радионавигационная
роба f Bordzeug n
робот m *(Masch, Fert)* Roboter m ‖ **~/автономный промышленный** autonomer (eigenständiger) Industrieroboter (IR) m ‖ **~/агрегатной конструкции** Roboter m in Baukastenbauweise, Baukastenroboter m ‖ **~/адаптивный** anpaßbarer (flexibel programmierbar) Roboter m ‖ **~/антропоморфный** Gelenkroboter m ‖ **~/вспомогательный промышленный** Handhabe-Industrieroboter m, Handhabe-IR m ‖ **~/встроенный промышленный** maschinenintegrierter Industrieroboter (IR) m ‖ **~/главный** Hauptroboter m ‖ **~/двурукий** zweiarmiger Roboter m ‖ **~/дистанционно управляемый** ferngesteuerter Roboter m ‖ **~ для дуговой сварки в защитных газах** Schutzgasschweißroboter m ‖ **~ для пайки** Lötroboter m ‖ **~/загрузочный** Beschickungsroboter m ‖ **~/измерительный** Meßroboter m ‖ **~/индивидуальный** Einzelroboter m ‖ **~/интегрированный промышленный** maschinenintegrierter Industrieroboter (IR) m ‖ **~/интеллектуальный** intelligenter Roboter m ‖ **~/коллективный** Industrieroboter (IR) m mit mehreren Armen, Mehrarm-Industrieroboter m, Mehrarm-IR m ‖ **~ колонного типа** Säulenroboter m, Gelenkroboter m ‖ **~/консольный промышленный** Ausleger-Industrieroboter m, Ausleger-IR m ‖ **~/лазающий промышленный** kletternder Industrieroboter (IR) m ‖ **~/манипуляционный** Handhaberoboter m ‖ **~/многоцелевой промышленный** 1. Mehrzweck-Industrieroboter m, Mehrzweck-IR m; 2. prozeßflexibler Industrieroboter (IR) m ‖ **~/многоэффекторный** Industrieroboter (IR) m mit mehreren Armen, Mehrarm-Industrieroboter m, Mehrarm-IR m ‖ **~/модульной конструкции** modular aufgebauter Roboter m, Roboter m in Modulbauweise ‖ **~ мостов/промышленный** *(an einem verfahrbaren Brückenträger befestigter)* Industrieroboter m ‖ **~/мультифункциональный автономный** autonomer Multifunktionsroboter m ‖ **~/напольный** flurgebundener Roboter m ‖ **~/настольный** Tischroboter m ‖ **~/невстроенный промышленный** eigenständiger Industrieroboter (IR) m ‖ **~/неподвижный** stationärer (ortsfester) Roboter m ‖ **~/однорукий** einarmiger Lackierroboter m, Industrieroboter (IR) m zur Farbgebung m ‖ **~/отдельно установленный промышленный** eigenständiger Industrieroboter (IR) m ‖ **~/очувствленный** sensorisierter Roboter m ‖ **~/передвигающий (передвижной)** mobiler (fahrbarer) Roboter m ‖ **~/переносный** umsetzbarer Roboter m ‖ **~/погрузочно-разгрузочный** Industrieroboter (IR) m zum Be- und Entladen ‖ **~/подвесной** Hängeroboter m ‖ **~/подвижной** mobiler (fahrbarer) Roboter m ‖ **~/подводный** Unterwasserroboter m ‖ **~/подъёмно-транспортный** Industrieroboter (IR) m zum Handhaben und Transportieren ‖ **~/программируемый** programmierbarer Roboter m ‖ **~/программно-управляемый** programmgesteuerter Roboter m ‖ **~/производственный промышленный** Industrieroboter (IR) m zum Fertigen ‖ **~/промышленный** Industrieroboter m, IR m ‖ **~/работающий по принципу обучение-воспроизведение** Teach-in/Playback-Roboter m ‖ **~/разумный** „intelligenter" Roboter m ‖ **~ рычажно-шарнирной конструкции** Gelenkroboter m ‖ **~ с жёстким программированием** festprogrammierter Roboter m ‖ **~ с обучением** Roboter m mit Teach-in-Programmierung ‖ **~ с очувствлением** sensorisierter Roboter m ‖ **~ с программным управлением** programmgesteuerter Roboter m ‖ **~ с сервоуправлением** servogesteuerter Roboter m ‖ **~ с числовым программным управлением** NC-Roboter m, numerisch gesteuerter Roboter m ‖ **~/самообучающийся** selbstlernender Roboter m ‖ **~/самостоятельный промышленный** eigenständiger Industrieroboter (IR) m ‖ **~/сборочный** Montageroboter m ‖ **~/сварочный** Schweißroboter m ‖ **~/специализированный промышленный** spezialisierter Industrieroboter (IR) m *(prozeßgebunden oder prozeßspezifisch)* ‖ **~/специальный промышленный** Spezialindustrieroboter m, Sonder-Industrieroboter m *(prozeßspezifisch und/oder ausrüstungsgebunden)* ‖ **~/стационарный** Standroboter m, stationärer (ortsfester) Industrieroboter (IR) m ‖ **~/стреловой промышленный** Industrieroboter (IR) m mit ausfahrbarem Arm ‖ **~/тельферный промышленный** Industrieroboter m, IR m *(in hängender Bauweise, verfahrbar mittels Schlitten)* ‖ **~/технологический промышленный** Industrieroboter (IR) m zum Fertigen ‖ **~/транспортный** Transportroboter m, Förderroboter m ‖ **~/уни-**

робот 810

версальный промышленный Universal-Industrieroboter *m*, Universal-IR *m*, prozeßflexibler Industrieroboter (IR) *m* ‖ **~/целевой промышленный** zweckgebundener Industrieroboter (IR) *m (prozeßspezifisch oder prozeßgebunden)* ‖ **~/шарнирно-рычажный** Gelenkroboter *m* ‖ **~/шарнирно-стреловой промышленный** Industrieroboter (IR) *m* mit [ausfahrbarem] Pendelarm ‖ **~/шарнирный промышленный** Industrieroboter (IR) *m* mit Doppelgelenkarm ‖ **~/швейный** *(Text)* Nähroboter *m*
робот-бурильщик *m* Bohrroboter *m*, automatisch gesteuertes Bohrgerät (Bohrgestänge) *n (Tiefbohrtechnik)*
робот-захват *m* Robotergreifer *m*
роботизация *f* 1. Roboteranwendung *f*; 2. *(Fert)* Ausstattung *f* mit Industrierobotern *(einer Ausrüstung)*; 3. *(Fert)* Fertigung *f* von Ausrüstungen mit Industrierobotern ‖ **~ строительного производства** Roboteranwendung *f* in der Bauproduktion
роботизированный *(Fert)* ... mit Industrieroboter (IR) ‖ **~/производственный** *(Fert)* ... mit Industrierobotern zum Fertigen ‖ **~/технологический** *(Fert)* ... mit Industrierobotern zum Handhaben
роботика *f* 1. Robotertechnik *f (Art von Ausrüstungen)*; 2. Roboterwesen *n (Wissenschaft)*
роботкар *m (Masch)* Transportroboter *m*
робот-контролёр *m* Prüfroboter *m*
робототроение *f* Roboterbau *m*
робототехника *f* Robotertechnik *f* ‖ **~/промышленная** Industrierobotertechnik *f*
побот-штабелер *m* Stapelroboter *m*, Regalbediengerät *n*
ров *m* 1. Graben *m*; 2. *(Bgb)* Rösche *f*
ровница *f (Text)* Vorgarn *n*, Lunte *f (Spinnerei)* ‖ **~/грубая** *s.* ~/толстая ‖ **~/кручёная** gedrehtes Vorgarn *n* ‖ **~/перегонная** mittleres Vorgarn *n* ‖ **~/сучёная** gemischtes Vorgarn *n* ‖ **~/толстая** grobes Vorgarn *n* ‖ **~/тонкая** feines Vorgarn *n*
ровничный *(Text)* Flyer..., Vorgarn...
ровнослойный reinfaserig *(Holz)*
ровность *f* Glätte *f*, glatte Form *f (z. B. einer Oberfläche)*
рог *m* Horn *n*; Nase *f*; Zapfen *m* ‖ **~ якоря** *(Schiff)* Ankerflunke *f*
роговик *m (Geol)* Hornfels *m*, Hornstein *m*
рогожа *f* Bastmatte *f*, Bastdecke *f*, Flechtmatte *f*
рогожка *f* 1. [kleine] Bastmatte *f*; 2. *(Text)* Panamabindung *f*, Würfelbindung *f*, Nattébindung *f*; 3. Panamastoff *m*, Panamagewebe *n*
рогулечный *(Text)* Flyer..., Vorspinn..., Flügelspinn...
рогулька *f (Text)* Flügel *m (Flyer)* ‖ **~/двухлопастная** doppelarmiger Flügel *m* ‖ **~/опережающая** voreilender Flügel *m* ‖ **~/отстающая** nacheilender (nachgeschleppter) Flügel *m* ‖ **~/подвесная** hängender Flügel *m*, Hängeflügel *m* ‖ **~ ровничной машины** Flyerflügel *m* ‖ **~ с двумя лапками** zweiarmiger Flügel *m*
рогульчатый *s.* рогулечный
род *m* 1. Art *f*, Gattung *f*; 2. *(Math)* Geschlecht *n* ‖ **~ груза** *(Eb)* Gutart *f* ‖ **~ защитного исполнения** *s.* ~ защиты ‖ **~ защиты** Schutzart *f (elektrischer Maschinen)* ‖ **~ нагрузки** *(Mech)* Lastfall *m*, Belastungsfall *m*, Beanspruchungsart *f* ‖ **~ облака** *(Meteo)* Wolkengattung *f* ‖ **~ перевозки** *(Eb)* Beförderungsart *f* ‖ **~ поезда** *(Eb)* Zugart *f*, Zuggattung *f* ‖ **~ работы** Betriebsart *f* ‖ **~ службы** *(Eb)* Dienstart *f* ‖ **~ тока** *(El)* Stromart *f*
родамин *m (Ch)* Rhodamin *n*, Rhodaminfarbstoff *m*
роданид *m (Ch)* Rhodanid *n*, Thiocyanat *n*
роданистый *(Ch)* ...rhodanid *n*, ... thiocyanat *n*
родий *m (Ch)* Rhodium *n*, Rh
родирование *n (Ch)* [galvanisches] Rhodinieren *n*
родник *m (Hydrol)* Quelle *f (s. a. unter* источник 2.*)*
родонит *m (Min)* Rhodonit *m*, Mangankiesel *m (trikliner Pyroxen)*
родохрозит *m (Min)* Rhodochrosit *m*, Manganspat *m*, Himbeerspat *m*
рожки *pl* **уточной вилочки** *(Text)* Schußgabelzinken *fpl (Schußeintragung)*
роза *f* **ветров** *(Meteo)* Windrose *f* ‖ **~/железная** *(Min)* Eisenrose *f (Hämatit)*
роза-диаграмма *f* **трещин** *(Geol)* Kluftrose *f*
розанилин *m (Ch)* Rosanilin *n*, Fuchsin *n*
розетка *f* 1. *(Bw)* Rosette *f*; 2. *(El)* Steckdose *f*, Dose *f* ‖ **~/абонентская** Teilnehmeranschlußdose *f* ‖ **~ графита** Graphitrosette *f*; Rosettengraphit *m* ‖ **~ для открытой проводки/штепсельная** Überputzsteckdose *f*, Aufputzsteckdose *f* ‖ **~ для скрытой проводки/штепсельная** Unterputzsteckdose *f* ‖ **~/ответвительная** Abzweigdose *f* ‖ **~/приборная штепсельная** Gerätesteckdose *f* ‖ **~/разветвительная** Abzweigdose *f* ‖ **~ с защитным контактом/штепсельная** Schutzkontaktsteckdose *f*, Schukosteckdose *f* ‖ **~/сетевая штепсельная** Netzsteckdose *f* ‖ **~/стенная штепсельная** Wandsteckdose *f* ‖ **~/строенная штепсельная** Dreifachsteckdose *f* ‖ **~/телефонная** Telephonbuchse *f*, Fernsprechbuchse *f* ‖ **~/трёхгнездная штепсельная** Dreifachsteckdose *f* ‖ **~/ударная** *(Eb)* Stoßrosette *f (Mittelpufferkupplung)* ‖ **~/штепсельная** Steckdose *f*
розжиг *m (Met)* Anheizen *n*, Aufheizen *n*, Warmblasen *n (Ofen)*
розлив *m* 1. Abfüllen *n*, Abfüllung *f*; 2. Verlaufen *n*, Verlauf *m (eines Anstrichstoffs)* ‖ **~ в банки** Dosenabfüllung *f (von Bier)* ‖ **~ в бочки** Faßabfüllung *f (von Bier)* ‖ **~ в бочки цилиндрической формы** *(Brau)* Kegabfüllung *f* ‖ **~ в бутылки** Flaschenabfüllung *f (von Bier)*
розливно-зрелый abfüllreif
рой *m* Schwarm *m*, Cluster *m*, Haufen *m* ‖ **~ землетрясений** *(Geoph)* Erdbebenschwarm *m* ‖ **~/метеорный** *(Astr)* Meteorschwarm *m*
ройер *m (Gieß)* Sandschleuder *f*, Sandaufflockerungsmaschine *f*, Bandschleuder *f*
РОК-логика *s.* логика/резистивная одноквантовая
рокотание *n (El, Ak)* Schüttelresonanz *f*; Rumpeln *n*, Rumpelgeräusch *n*
рол *m* **/бортовой** Schanzkleidrolle *f (Treibnetzfischerei)* ‖ **~/дрифтерный** Treibnetzrolle *f*
ролик *m* Rolle *f* ‖ **~/алмазный** *(Wkz)* Diamantrolle *f* ‖ **~/алмазный правящий** *(Wkz)* Diamantabrichtrolle *f* ‖ **~/боевой** *(Text)* Schlagrolle *f* ‖

~/бортово́й (Schiff) Seitenrolle f (Seitentrawler) || ~/бочкообра́зный (Masch) Tonnenrolle f (Federrollenlager) || ~ бума́ги/направля́ющий (Typ) Papierleitrolle f (Rotationsmaschine) || ~/ва́ерный Kurrleinenrolle f (Trawler) || ~/ведо́мый angetriebene Rolle f || ~/веду́щий Antriebsrolle f, Treibrolle f; Transportrolle f, Triebrolle f (beim Magnetbandgerät); (Schiff) Laufrolle f, Hebelrolle f (am Lukendeckel); (Wkzm) Regelrolle f (einer spitzenlosen Schleifmaschine) || ~ ви́лки/захва́тывающий (Typ) Auffangrolle f der Fanggabel; Gabelrolle f || ~/вито́й (Masch) Federrolle f (Federrollenlager) || ~/втя́гивающий Einzugsrolle f || ~/вытяжно́й (Text) Reckwalze f, Reckgalette f (Reckzwirnmaschine) || ~/грузово́й (Typ) Beschwerrolle f (Bogenförderung) || ~/двойно́й 1. Doppelrolle f; 2. (Typ) Zwillingslaufrolle f (Schnellpresse) || ~/двойно́й цепно́й (Masch) Doppelkettenrolle f || ~ для заклю́чки (Typ) Schließrolle f, Nuß f || ~ для измере́ния [сре́днего диа́метра] резьбы́ Gewindemeßstift m || ~ для нака́тки Riffelrolle f, Kordierrolle f, Kordierrad n, Kordierrädchen n || ~ для проме́ра ва́ера Kurrleinenlängenmeßrolle f (Fischereifahrzeug) || ~/желобча́тый (Masch) Rillenrolle f, Rillenwalze f || ~/зажи́мный (Masch) Klemmrolle f || ~/звезда́тый Sternrolle f || ~/зубча́тый (Seilförderung) Ritzelrolle f || ~/зубча́тый прика́точный (Gum) Zack[en]rolle f || ~/иго́льчатый Nadelrolle f; (Text) Nadelwalze f (Kammgarnspinnerei) || ~/измери́тельный Meßstift m; (Text) Meßrolle f || ~/изоли́рующий (El) Isolierrolle f || ~/интегри́рующий Meßrolle f (eines Polarplanimeters) || ~/кана́тный Seilrolle f || ~/кача́ющийся Pendelrolle f || ~/квартро́пный Knüppeltaurolle f (Seitentrawler) || ~/компенси́рующий (Masch) Ausgleichsrolle f || ~/кони́ческий (Masch) Kegelrolle f (Kegelrollenlager) || ~/консо́льный fliegend (freitragend) gelagerte Rolle f || ~/контро́льный Prüfstift m, Kontrollstift m || ~/концево́й (Masch) Endrolle f || ~/коренно́й untere Galgenrolle f, Umlenkrolle f, Leitrolle f, Fußblock m (Seitentrawler) || ~/мере́йный (Led) Chargrinierrolle f || ~/нажи́мный (Masch) Andruckrolle f, Druckrolle f || ~/нака́тный 1. Rändelrolle f; 2. s. ~/резьвонака́тный || ~/направля́ющий Führungsrolle f, Leitrolle f, Lenkrolle f, Zentrierrolle f (Bandagenwalzwerk); Bandführungsrolle f (beim Magnettongerät) || ~/натяжно́й Spannrolle f; Riemenspannrolle f; Seilspanner m || ~/обводно́й Umlenkrolle f, Umlenkwalze f || ~/обжи́мный Druckrolle f, Druckknopf m (Bandagenwalzwerk) || ~/обра́тный Umlenkrolle f, Umkehrrolle f || ~/опо́рный 1. Tragrolle f, Stützrolle f, Laufrolle f; 2. Stützwalze f (Richtwalze); 3. Zentrierwalze f (Bandagenwalzwerk) || ~ остано́ва (Text) Abstellrolle f || ~/отклоня́ющий Ablenkrolle f || ~/перфори́рующий (Typ) Perforierrädchen n || ~/поворо́тный Schwenkrolle f, schwenkbare Rolle f || ~/подаю́щий Vorschubrolle f, Vorzugrolle f; Zuführungsrolle f || ~/подде́рживающий (Masch) Streichrad n, Ausstreicher m (Anlegeapparat) || ~/подхва́тывающий (Typ) Abnehmerrolle f (Anlegeapparat) || ~/пра́вильный Richtrolle f (Richtmaschine) || ~/пра́вящий (Masch) Abrichtrolle f || ~/прижимно́й Andruckrolle f, Andrückrolle f, Anpreßrolle f || ~/просту́пной (Text) Trittrolle f (Exzenterwebstuhl) || ~/раска́тной (Wkzm) Innenglattwalzrolle f || ~/резьбово́й 1. Gewinderolle f, mit Gewinde versehene Rolle f; 2. s. ~/резьбонака́тный || ~/резьбонака́тный Gewinde[walz]rolle f (umlaufendes Rundwerkzeug der Gewinderollmaschine) || ~/сма́зочный (Masch) Schmierrolle f || ~/стани́нный (Wlz) Ständerrolle f || ~ токоприёмника Stromabnehmerrolle f, Kontaktrolle f || ~ толка́теля Stößelrolle f, Antriebsrolle f (Ventilantrieb bei Verbrennungsmotoren) || ~/транспортёрный Förderrolle f, Transportrolle f || ~/углово́й (Masch) Eckrolle f, Winkelrolle f || ~/уравни́тельный (Masch) Ausgleichsrolle f || ~/фрикцио́нный (Masch) Reibrolle f || ~/ходово́й (Masch) Laufrolle f; (Wlz) Schlepprolle f || ~/холосто́й Leerlaufrolle f; (Wlz) Schlepprolle f || ~/центра́льный Königsrolle f (Seitentrawler) || ~/центри́рующий Zentrierrolle f || ~ це́пи (Masch) Kettenrolle f || ~/цифрово́й Ziffernrolle f (Zählwerk eines Meßgeräts)

ро́лики mpl/обводны́е (Wlz) Umführungsrollen fpl || ~/опо́рные Tragrollen fpl, Tragstation f (Gurtförderer) || ~/профили́рующие нажи́мные (Wlz) Profildruckrollen fpl

ролико опо́ра f Tragrolle f, Trag[rollen]station f (Gurtförderer) || ~/весова́я Waagentragrolle f || ~/желобча́тая Muldentragrolle f || ~/холоста́я Leergurttragrolle f

ролико подши́пник m (Masch) Rollenlager n („Radial" bei den Radiallagern braucht nur vorgesetzt zu werden, wenn die Deutlichkeit des Ausdrucks dies erfordert. „Axial" ist stets notwendig) || ~ без бо́ртов на вну́треннем кольце́/радиа́льный außenbordgeführtes [Radial-]Rollenlager n, [Radial-]Rollenlager n ohne Borde am Innenring || ~ без бо́ртов на нару́жном кольце́/радиа́льный innenbordgeführtes [Radial-]Rollenlager n, [Radial-]Rollenlager n ohne Borde am Außenring || ~ без сепара́тора/иго́льчатый käfigloses Nadellager n || ~/двухря́дный zweireihiges Rollenlager n || ~/двухря́дный кони́ческий zweireihiges [Radial-]Kegelrollenlager n || ~/иго́льчатый [Radial-]Nadelrollenlager n || ~/кони́ческий [Radial-]Kegelrollenlager n || ~/однорядный einreihiges [Radial-]Rollenlager n || ~/одноря́дный кони́ческий einreihiges [Radial-]Kegelrollenlager n || ~/одноря́дный сфери́ческий радиа́льный [Radial-]Tonnenlager n, einreihiges [Radial-]Pendelrollenlager n || ~/одноря́дный упо́рный сфери́ческий einreihiges Axial-Pendelrollenlager n || ~/радиа́льно-упо́рный кони́ческий [Radial-]Kegelrollenlager n || ~/радиа́льный [Radial-]Rollenlager n || ~/радиа́льный иго́льчатый [Radial-]Nadellager n || ~/радиа́льный сфери́ческий [Radial-]Pendelrollenlager n || ~/радиа́льный сфери́ческий двухря́дный zweireihiges [Radial-]Pendelrollenlager n || ~ с бо́ртами на вну́треннем кольце́/радиа́льный цилиндри́ческий [Radial-]Innenbord-Zylinderrollenlager n || ~ с бо́ртами на нару́жном кольце́/радиа́льный цилиндри́ческий [Radial-]Außenbord-Zylinderrollenlager n || ~ с

роликоподшипник

витыми роликами/радиальный [Radial-]Federrollenlager n ‖ ~ с длинными цилиндрическими роликами/радиальный [Radial-]Zylinderrollenlager n mit langen Rollen ‖ ~ с коническими роликами/упорный einreihiges Axial-Kegelrollenlager n ‖ ~ с короткими цилиндрическими роликами/радиальный [Radial-]Zylinderrollenlager n mit kurzen Rollen ‖ ~ с одним бортом на внутреннем кольце/радиальный цилиндрический [Radial-]Zylinderrollenlager n mit Innenring mit einem Bord ‖ ~ с упорной плоской шайбой/радиальный цилиндрический [Radial-]Zylinderrollenlager n mit Bordscheibe ‖ ~ с фасонной упорной шайбой/радиальный цилиндрический [Radial-]Zylinderrollenlager n mit Wickelring ‖ ~ с цилиндрическими роликами/радиальный [Radial-]Zylinderrollenlager n ‖ ~ с цилиндрическими роликами/радиальный двухрядный zweireihiges [Radial-]Zylinderrollenlager n ‖ ~ с цилиндрическими роликами/упорный Axial-Zylinderrollenlager n ‖ ~ с цилиндрическими роликами/упорный двухрядный zweireihiges Axial-Zylinderrollenlager n ‖ ~/самоустанавливающийся [Radial-]Pendelrollenlager n ‖ ~ со сфероконическими роликами/упорный Axial-Pendelrollenlager n mit gewölbten Kegelrollen ‖ ~/сферический радиальный [Radial-]Pendelrollenlager n ‖ ~/сферический упорный Axial-Pendelrollenlager n ‖ ~/упорный Axial-Rollenlager n ‖ ~/цилиндрический радиальный [Radial-]Zylinderrollenlager n ‖ ~/четырёхрядный конический vierreihiges [Radial-]Kegelrollenlager n
ролик-сателлит m (Masch) Umlaufrolle f
ролкер m Ro-Ro-Schiff n
ролл m Holländer m (Papierherstellung) ‖ ~/бракомольный s. ~/разбивной ‖ ~/дефибрационный Auflöseholländer m ‖ ~/дисковый Scheibenholländer m ‖ ~/макулятурный Auflöseholländer m ‖ ~/массный Ganzstoffholländer m, Ganzzeugholländer m ‖ ~/мешальный Mischholländer m ‖ ~ непрерывного действия Stetigholländer m ‖ ~/отбельный Bleichholländer m ‖ ~/полумассный Halbstoffholländer m ‖ ~/промывной Waschholländer m ‖ ~/разбивной Auflöseholländer m
роллтрейлер m (Schiff) Rolltrailer m
роль f/**судовая** (Schiff) Schiffsrolle f, Musterrolle f
рольганг m Roll[en]bahn f, Roll[en]gang m ‖ ~/выводной Abführrollgang m (Rohrwalzwerk) ‖ ~ для возврата стержней Dornstangen-Rückführ[ungs]rollgang m (Rohrwalzwerk) ‖ ~ для оправок (стержней) Dornstangenrollgang m (Rohrwalzwerk) ‖ ~/дуговой (Photo) Saugbogen m (der Begießmaschine) ‖ ~/желобчатый (Wlz) Krippenrollgang m ‖ ~/загрузочный Aufnahmerollgang m, Beladerollgang m, Beschickungsrollgang m ‖ ~ кантователя Rollgang m an der Kantvorrichtung ‖ ~/качающийся (Wlz) absenkbarer Rollgang m, Wippe f (Schere) ‖ ~/обводящий Umführungsrollgang m ‖ ~/отводной (отводящий, откаточный) (Wlz) Abführrollgang m ‖ ~/охладительный s. ~/охлаждающий ‖ ~/охлаждающий (Wlz) Kühlrollgang m, Abkühl[ungs]rollgang m ‖ ~ печи Ofenrollgang m ‖ ~/поворотный Rollgangsbogen m, Rollgangskurve f ‖ ~/подводящий Zuführrollgang m ‖ ~/приёмный Aufnahmerollgang m ‖ ~/прямой (Photo) Saugtisch m (der Begießmaschine) ‖ ~/сбор[оч]ный Montagerollgang m ‖ ~ стана Gerüstrollgang m, Arbeitsrollgang m
рольный (Pap) Holländer...
романцемент m (Bw) Romankalk m
ромб m 1. (Math) Rhombus m; 2. (Wlz) Raute f, Spießkant m, Spießkantkaliber n, Rautenkaliber n ‖ ~/предотделочный (Wlz) Vorschlichtraute f ‖ ~/чистовой (Wlz) Schlichtraute f
ромбенпорфир m s. порфир/ромбовый
ромбический (Krist) rhombisch
ромбододекаэдр m (Krist) Rhombendodekaeder n
ромбоид m s. дельтоид
ромбоэдр m (Krist) Rhomboeder n
рондель m (Met) Ronde f
РОР s. рассеяние/резерфордовское обратное
росомер m (Meteo) Taumesser m
роспуск m 1. Auftrennen n, Trennen n (z. B. Baumstamm); 2. (Kfz) Nachläufer m, Nachlaufachse f, Langmaterialanhänger m; 3. (Eb) Ablauf m (Wagen vom Ablaufberg); 4. (Ch) Auflösen n (Papier)
россыпь f (Geol) 1. Seife f; 2. Trümmerlagerstätte f ‖ ~/аллювиальная alluviale Seife f ‖ ~/алмазоносная diamantführende Seife f, Diamantseife f ‖ ~/береговая Strandseife f ‖ ~/береговая морская maritime Strandseife f, Meeresküstenseife f ‖ ~/береговая озёрная limnische Strandseife f, Seeuferseife f ‖ ~/дельтовая Flußdeltaseife f ‖ ~/делювиальная deluviale Seife f ‖ ~/долинная Flußtalbodenseife f ‖ ~/древнечетвертичная altquartäre Seife f ‖ ~/золотоносная goldführende Seife f, Goldseife f ‖ ~/ископаемая fossile Seife f ‖ ~/косовая Nehrungsseife f ‖ ~/лагунная lagunäre Seife f ‖ ~/ледниковая Glazialgeschiebeseife f, Gletscherschuttseife f ‖ ~/мезозойская mesozoische Seife f ‖ ~/миоценовая miozäne Seife f ‖ ~/моренная s. ~/ледниковая ‖ ~/морская marine Seife f ‖ ~/неперемещённая s. ~/элювиальная ‖ ~/озёрная limnische Seife f ‖ ~/оловоносная Zinn[stein]seife f ‖ ~/перемещённая umlagerte Seife f ‖ ~/платиновая Platinseife f ‖ ~/прибрежная s. ~/береговая ‖ ~/пролювиальная proluviale Seife f ‖ ~/речная fluviatile Seife f ‖ ~/рубиновая Rubinseife f ‖ ~/русловая Flußbettseife f ‖ ~/современная rezente Seife f ‖ ~/сцементированная verkittete Seife f ‖ ~/террассовая Terrassenseife f ‖ ~/флювиогляциальная fluvioglaziale (glazifluviatile) Seife f ‖ ~/элювиальная eluviale Seife f ‖ ~/эоловая äolische Seife f
рост m 1. Vergrößern n, Wachsen n, Anwachsen n, Steigen n, Zunahme f, Zuwachs m; 2. Wachstum n, Gedeihen n; 3. Wuchs m, Größe f, Höhe f ‖ ~ в высоту (Forst) Längenwachstum n ‖ ~ в толщину (Forst) Dickenwachstum n, Dickenwuchs m ‖ ~/вилообразный (Forst) Zwieselwuchs m ‖ ~/геометрический geometrischer Zuwachs m (Statistik) ‖ ~ дефектов (Eln) Defektwachstum n (Halbleiter) ‖ ~/корявый

(Forst) Krüppelwuchs *m* ‖ ~ **кристалла** Kristallwachstum *n* ‖ **~/слоистый** *(Krist)* Schichtwachstum *n* ‖ **~/спиральный** *(Krist)* Spiralwachstum *n* ‖ ~ **трещины** *(Fest)* Rißwachstum *n* ‖ ~ **усталостной трещины** *(Fest)* Ermüdungsrißwachstum *n* ‖ ~ **цепи** *(Ch)* Kettenwachstum *n* ‖ ~ **частоты** *(El)* Frequenzanstieg *m* ‖ **~/эпитаксиальный** *(Eln)* Epitaxiewachstum *n*

роствéрк *m (Bw)* Rost *m*, Rostwerk *n*, Pfahlrost *m (Pfahlrostgründung)* ‖ **~/бетонный свайный** Betonpfahlrost *m* ‖ **~/свайный** Pfahlrost *m (Gründung)*

росток *m (Lw)* Keimling *m*, Embryo *m*

ростомéр *m* Meßlatte *f*

ростр-блок *m (Schiff)* Bootsklampe *f* ‖ **~/односторонний** Patentbootsklampe *f* ‖ **~/откидной** klappbare Bootsklampe *f*

ротáметр *m (Меß)* Rotameter *n*, Rotamesser *m*, Schwebekörper[durchfluß]messer *m*, Schwebekegeldurchflußmesser *m*

ротáция *f* 1. *(Mech)* Rotation *f*, Drehbewegung *f*; 2. *(Тур)* Rotationsdruckmaschine *f*; 3. *(Math) s.* **вихрь векторного поля** ‖ ~ **векторного поля** *s.* **вихрь векторного поля**

ротóн *m (Ph)* Roton *n*, Rotationsquant *n*

ротóнда *f (Bw)* Rotunde *f*

рóтор *m* 1. Rotor *m*, Läufer *m (elektrischer Maschinen)*; 2. Umlaufkolben *m (der Kreiskolbenpumpe)*; 3. Läufer *m*, Laufrad *n (von Strömungsmaschinen)*; Rotor *m (des Abgasturboladers)*; 4. *(Ch)* Rotor *m*, Rührorgan *n*; 5. *(Ch)* rotierender Einsatz *m*, Rotor *m (Destillation)*; 6. Trommel *f (einer Zentrifuge)*; 7. *(Nrt)* Einstellglied *n*, Stellglied *n (eines Wählers)*; 8. *(El)* rotierende (drehbare) Spule *f*, Drehspule *f* ‖ **~/активный** *(Masch)* Gleichdruckläufer *m (einer Turbine)* ‖ **~/барабанный** Trommelläufer *m (Dampfturbine)* ‖ ~ **в виде беличьей клетки** *(El)* Käfigläufer *m* ‖ ~ **высокого давления** Hochdruckläufer *m (Dampfturbine; Gasturbine; Turboverdichter)* ‖ **~/гладкий** *(El)* ungenuteter Läufer *m* ‖ **~/гладкополюсный** *(El)* Vollpolläufer *m* ‖ **~/глубокопазный** *(El)* Hochstabläufer *m* ‖ **~/двойной** Doppelläufer *m* ‖ **~/двухкаскадный** *(Ch)* Zweistufentrommel *f* ‖ **~/двухпоточный** *(El)* Doppelkäfigläufer *m* ‖ **~/двухпоточный** *(Masch)* zweiflutiger Läufer *m (Turbine)* ‖ ~ **/дисковый** Scheibenläufer *m* ‖ **~/катящийся** 1. *(El)* Wälzrotor *m*; 2. *(Masch)* Rollkolben *m* ‖ **~/клеточный** *(El)* Käfigläufer *m* ‖ **~/консольный** Konsoltrommel *f* ‖ **~/короткозамкнутый** *(El)* Kurzschlußläufer *m* ‖ ~ **насоса** Pumpenläufer *m (Kreiselpumpe)* ‖ **~/неявнополюсный** *(El)* Vollpolläufer *m* ‖ ~ **низкого давления** Niederdruckläufer *m (Dampfturbine; Gasturbine)* ‖ **~/обмоточный** *(El)* gewickelter Rotor *m* ‖ **~/однокаскадный** *(Ch)* Einstufentrommel *f* ‖ **~/перфорированный** *(Ch)* Lochtrommel *f*, Siebtrommel *f (einer Siebzentrifuge)* ‖ **~/полый** *(El)* Hohlläufer *m*, Glockenläufer *m* ‖ **~/рабочий** *(Masch)* 1. Arbeitsrotor *m*; 2. Laufrad *n (Turbine)* ‖ **~/разливочный** *(Gieß)* Gießrad *n* ‖ **~/реактивный** *(Masch)* Überdruckläufer *m (einer Turbine)* ‖ ~ **с вытеснением тока** *(El)* Stromverdrängungsläufer *m* ‖ ~ **с двойной беличьей клеткой** *(El)* Doppelkäfigläufer *m* ‖ ~ **с контактными кольцами [/фазный]** *(El)* Schleifringläufer *m* ‖ ~ **с короткозамкнутой обмоткой** *(El)* Kurzschlußläufer *m* ‖ **~/сдвоенный** *(El)* Doppelläufer *m* ‖ **~/составной** *(Masch)* gebauter Läufer *m* ‖ **~/сплошной** Volltrommel *f (einer Zentrifuge)* ‖ **~/ступенчатый** *(Masch)* abgesetzter (gestufter) Läufer *m (einer Turbine)* ‖ **~/трёхклеточный** *(El)* Dreifachkäfigläufer *m* ‖ **~/турбинный** Turbinenläufer *m*, Turbinenlaufrad *n* ‖ **~/фазный (фазовый)** *(El)* Schleifringläufer *m* ‖ **~/цельнокованый** *(Masch)* aus einem Stück geschmiedeter Läufer *m*, Einstückläufer *m (Dampfturbine; Gasturbine)* ‖ ~ **центрифуги** *(Ch)* Zentrifugentrommel *f*, Schleudertrommel *f (einer Strömungsmaschine)* ‖ **~/явнополюсный** *(El)* Läufer *m* mit ausgeprägten Polen, Schenkelpolläufer *m*, Polrad *n*

роторасширитель *m (Med)* Mundsperrer *m*; Mundöffner *m*

ротор-вал *m* Rotorscheibenwelle *f*

ротортрóл *m (El)* Rototrol[verstärker]maschine *f*

РОУ *s.* **установка/редукционно-охладительная**

роудтрéйлер Schiene-Straße-Sattelauflieger *m*

рóульс *m (Schiff)* Rolle *f* ‖ **~/бортовой** Seitenrolle *f (Seitentrawler)* ‖ **~/палубный [направляющий]** Umlenkrolle *f*, Bockleitrolle *f* ‖ **~/центральный** Königsrolle *f (Seitentrawler)*

роштéйн *m* Rohstein *m (NE-Metallurgie)* ‖ **~/медноникелевый** Kupfer-Nickel-Rohstein *m* ‖ **~/медный** Kupferrohstein *m*

РП *s.* 1. радиопелéнг; 2. прибор/регистрирующий; 3. роботизированный производственный; 4. пирометр/радиационный; 5. пункт/распределительный; 6. подстанция/распределительная

РПЗУ *s.* устройство/репрограммируемое постоянное запоминающее ‖ ~ **с электрическим стиранием информации** *(Inf)* EEPROM, wiederhierbarer programmierbarer Festwertspeicher *m* mit elektrischer Löschung der Information

РПК *s.* клапан/регулирующий питательный

РПМ *s.* машина/роторно-поршневая

РПО *s.* режим параллельной обработки

РПС *s.* станция/радиопеленгаторная

РПУ *s.* установка/ракетная пусковая

РР *s.* реле-регулятор

РС *s.* 1. радиостанция; 2. реле/сигнальное; 3. станок/резательный; 4. способность/разрешающая

РСТ *s.* радиостанция

РТ *s.* 1. траулер/рыболовный; 2. роботизированный технологический

РТА *s.* агрегат/разрыхлительно-трепальный

РТГ *s.* градиент/радиальный температурный

РТК *s.* комплекс/роботизированный технологический

РТЛ *s.* логика/резисторно-транзисторная

РТЛ-схема *f (Eln)* RTL-Schaltkreis *m*

РТМ *s.* микроскопия/растровая туннельная

РТП *s.* процесс/роботизированный технологический

РТС *s.* система/роботизированная технологическая

РТТ *s.* ракета на твёрдом топливе

РТУ *s.* установка/радиотрансляционная

ртутный 1. Quecksilber...; 2. Quecksilberdampf... (z. B. *Quecksilberdampfgleichrichter*)

ртуть f *(Ch)* Quecksilber n, Hg ‖ **~/гремучая** Knallquecksilber n, Quecksilberfulminat n ‖ **~/иодистая** Quecksilberiodid n ‖ **~/самородная** *(Min)* gediegenes Quecksilber n, Quecksilberstein m

ртутьорганический quecksilberorganisch, Organoquecksilber...

РТФ s. радиотелефон

РУ s. 1. радиоузел; 2. устройство/распределительное; 3. регулирование усиления; 4. реле управления; 5. усилитель/решающий; 6. участок/роботизированный

рубанок m *(Wkz)* Hobel m, Schlichthobel m ‖ **~/двойной** Doppelhobel m *(mit Klappe)* ‖ **~/длинный** Langhobel m ‖ **~/карнизный** Karnieshobel m *(Abart des Kehlhobels)* ‖ **~/одинарный** einfacher Hobel m *(ohne Klappe)*

рубашка f Mantel m, Ummantelung f ‖ **~/вакуумная** Vakuummantel m ‖ **~/водяная** Wassermantel m ‖ **~/воздушная** Luftmantel m ‖ **~ замков** *(Text)* Schloßmantel m *(Großrundstrickmaschine)* ‖ **~/медная** Kupfermantel m; *(Typ)* Kupferhaut f ‖ **~/нагревательная** Heizmantel m ‖ **~/охлаждающая** Kühlmantel m ‖ **~ охлаждения [блока цилиндров]** *(Kfz)* Kühlkanal m ‖ **~/паровая** Dampfmantel m, Dampfumhüllung f ‖ **~/пароводяная** Wasserdampfmantel m ‖ **~/свинцовая** Bleimantel m *(eines Geschosses)* ‖ **~/термоизолирующая** Wärmeschutzmantel m ‖ **~/фарфоровая** *(El)* Porzellanüberwurf m ‖ **~/формного цилиндра** *(Typ)* Plattenzylinderaufzug m

рубеллит m *(Min)* Rubellit m *(roter Turmalin)*

рубероид m *(Bw)* besandete Bitumenpappe f ‖ **~ с двусторонней посыпкой** zweiseitig bestreute Bitumenpappe f ‖ **~ с односторонней посыпкой** einseitig bestreute Bitumenpappe f

рубец m Riefe f, Streifen m *(Gußfehler)*

рубидий m *(Ch)* Rubidium n, Rb

рубилка f *(Typ)* 1. Pappschere f; 2. Abreißmesser n *(Rotationsmaschine)*; 3. Schneidapparat m

рубильник m *(El)* Hebelschalter m, Messerschalter m ‖ **~/газовый** *(Schw)* Schnellschlußventil n ‖ **~/главный** Haupttrennschalter m ‖ **~/однополюсный** einpoliger Hebelschalter m ‖ **~/перекидной** Hebelumschalter m ‖ **~/пусковой** Anlaßschalter m ‖ **~/трёхполюсный** dreipoliger Hebelschalter m

рубин m 1. *(Min)* Rubin m; 2. *(Glas)* Rubinglas n ‖ **~/аризонский** Arizona-Rubin m *(Granat)* ‖ **~/бразильский** Brasil-Rubin m *(Topas)* ‖ **~/золотой** *(Glas)* Goldrubin m ‖ **~/медный** *(Glas)* Kupferrubin m

рубин-балэ m Rubinbalais m *(Spinell)*

рубить 1. hacken, hauen; 2. fällen, schlagen *(Bäume)* ‖ **~ выборочно** *(Forst)* durchfemeln, [durch]plentern

рубицелл m *(Min)* Rubicell m *(Spinell)*

рубка f 1. Hacken n, Hauen n; 2. *(Schm)* Schroten n, Trennen n; 3. *(Forst)* Holzeinschlag m, Einschlag m, Fällung f, Hieb m; 4. *(Schiff)* Deckshaus n, Turm m; Kampfraum m *(U-Boot)* ‖ **~/багермейстерская** Baggerleitstand m, Baggerleitstandhaus n ‖ **~/боевая** Kommandoturm m, Turm m *(U-Boot)* ‖ **~/возобновительная** *(Forst)* Verjüngungsschlag m ‖ **~/выборочная** *(Forst)* Femelhieb m, Plenterschlag m ‖ **~/зимняя** *(Forst)* Winterhieb m ‖ **~/кормовая** Heckturm m; Heckraum m *(U-Boot)* ‖ **~/лебёдочная** *(Schiff)* Windenhaus n ‖ **~ леса** Holzfällen n ‖ **~/летняя** *(Forst)* Sommerhieb m ‖ **~/носовая** Bugturm m; Bugraum m *(U-Boot)* ‖ **~/очистная** *(Forst)* Reinigungshieb m, Läuterungshieb m, Abräumungsschlag m ‖ **~/перископная** Periskopraum m ‖ **~/повторная** *(Forst)* Nachhieb m, Wiederholungshieb m ‖ **~/подготовительная** *(Forst)* Vorbereitungshieb m, Vorhieb m ‖ **~/проездная** *(Forst)* Windenfahrstand m *(Trawler)* ‖ **~/прородная** *(Forst)* Durchforstung f ‖ **~/радиолокационная** *(Schiff)* Radarraum m ‖ **~/радиосиноптическая** *(Schiff)* Wetterkartenstation f ‖ **~/рулевая** *(Schiff)* Ruderraum m, Ruderhaus n, Steuerraum m, Steuerhaus n ‖ **~/совмещённая ходовая и штурманская** *(Schiff)* kombinierter Ruder- und Kartenraum m ‖ **~/сплошная** *(Forst)* Kahlhieb m, Kahlschlag m ‖ **~/средняя палубная** Mittschiffsdeckshaus n ‖ **~/сходная** *(Schiff)* Niedergangskappe f ‖ **~/тралмейстерская** s. ~/промысловая ‖ **~/ходовая** s. ~/рулевая ‖ **~/шлюзовая** Personenschleuse f *(U-Boot)* ‖ **~/штурманская** *(Schiff)* Kartenraum m

рубрика f Rubrik f, Spalte f

рубрикация f Rubrikation f, Rubrizierung f

руда f *(Min)* Erz n ‖ **~/бедная** armes (geringhaltiges) Erz n, Armerz n ‖ **~/блёклая** Fahlerz n ‖ **~/бобовая** Bohnerz n *(Brauneisenerz)* ‖ **~/богатая** reiches (hochwertiges) Erz n, Reicherz n ‖ **~/болотная [железная]** Sumpferz n, Modererz n, Morasterz n; Bohnerz n *(Limonit)* ‖ **~/вкрапленная** Imprägnationserz n; verwachsenes Erz n ‖ **~/вторичная** sekundäres Erz n ‖ **~/выветрелая** verwittertes (überständiges) Erz n ‖ **~/высокосортная** s. ~/богатая ‖ **~/гипогенная** Sekundärerz n ‖ **~/гороховая** Erbsenerz n *(Abart der Bohnerze)* ‖ **~/грохочёванная** vorklassiertes Erz n, Sieberz n ‖ **~/дерновая [железная]** Rasen[eisen]erz n *(Limonit)* ‖ **~/доменная** Hochofenerz n ‖ **~/желваковая** Knoll[en]erz n ‖ **~/жильная** Gangerz n ‖ **~/замагазинированная** *(Bgb)* Magazinerz n, magaziniertes Erz n ‖ **~/землистая** erdiges (mulmiges) Erz n, Mulm m ‖ **~/импрегнированная** Imprägnationserz n ‖ **~/кирпичная медная** Ziegelerz n ‖ **~/кокардовая** Kokardenerz n, Ringelerz n ‖ **~/колчеданная** kiesiges Erz n; Pyriterz n, Kies m ‖ **~/кольчатая** s. ~/кокардовая ‖ **~/комплексная** Mischerz n, Komplexerz n, komplexes Erz n, polymetallisches Erz n ‖ **~/кондиционная** normgerechtes Erz n ‖ **~/коралловая** Korallenerz n *(Abart des Zinnobers)* ‖ **~/красная свинцовая** s. крокоит ‖ **~/красная серебряная** Rotglitzerz n *(Silbererz)* ‖ **~/крепкая** s. ~/сливная ‖ **~/крупная** Groberz n, Stückerz n ‖ **~/крупновкрапленная** grobverwachsenes (grobeingesprengtes) Erz n ‖ **~/кусковая** s. ~/крупная ‖ **~/луговая [железная]** Raseneisenstein m, Rasenerz n, Wiesenerz n ‖ **~/марганцовистая цинковая** *(Min)* Troostit m ‖ **~/мартеновская** Erz n für Roheisen-Erz-Verfahren; Zuschlagerz n für SM-Schmelze m ‖ **~/массивная** s. ~/сливная ‖ **~/монолитная** s. ~/крепкая ‖ **~/некондиционная**

nichtnormgerechtes Erz n ‖ ~/**необогащённая** Roherz n, Fördererz n ‖ ~/**несортированная** Roherz n, Rohhaufwerk n ‖ ~/**низкосортная** s. ~/**бедная** ‖ ~/**обжигаемая** Rösterz n, zum Rösten bestimmtes Erz n ‖ ~/**обогащённая** Scheiderz n, angereichertes (aufbereitetes) Erz n ‖ ~/**обожжённая** geröstetes Erz n, Rösterz n, Garerz n ‖ ~/**озёрная [железная]** See[eisen]erz n; Bohnerz n (Limonit) ‖ ~/**окислённая (окисная)** oxidisches (saures) Erz n ‖ ~/**оолитовая** Oolitherz n ‖ ~/**оолитовая железная** Minette f, oolithisches Eisenerz n ‖ ~/**отбитая** Erzhaufwerk n ‖ ~/**отобранная** reingeklaubtes (handgeschiedenes) Erz n; Scheiderz n ‖ ~/**отсадочная** Setzerz n, Schurerz n ‖ ~/**первичная** primäres Erz n, Primärerz n ‖ ~/**пиритная** Pyriterz n, Kies m ‖ ~/**питтиновая** Pittinerz n (Abart der Pechblende) ‖ ~/**плитняковая** Plattenerz n ‖ ~/**полиметаллическая** s. ~/**комплексная** ‖ ~/**попутная** Begleiterz n ‖ ~/**почечная** Nierenerz n ‖ ~/**промышленная** industriell verwertbares Erz n ‖ ~/**радиоактивная** radioaktives Erz n ‖ ~/**разубоженная** verunreinigtes Erz n ‖ ~/**рассеянная** s. ~/**вкрапленная** ‖ ~/**россыпная** Seifenerz n, Erzseifen fpl ‖ ~/**россыпная оловянная** Seifenzinn n ‖ ~ **ручной разборки** Klauberz n ‖ ~/**рядовая** Roherz n, Frischerz n, Förderez n ‖ ~/**самородная** gediegenes Erz n ‖ ~/**сливная** derbes Erz n, Derberz n ‖ ~/**смешанная** 1. gemischtes Erz n, Erzmischung f; 2. s. ~/**комплексная** ‖ ~/**смолистая железная** Pecheisenerz n, Stilpnosiderit m ‖ ~/**сплошная** s. ~/**сливная** ‖ ~/**сульфидная** sulfidisches Erz n ‖ ~/**сырая** s. ~/**рядовая** ‖ ~/**товарная** verkaufsfähiges Erz n, Handelserz n ‖ ~/**тонкокристаллическая** Feinerz n ‖ ~/**тонкопроросшая** feinverwachsenes Erz n ‖ ~/**тонкосернистая** feinkörniges Erz n ‖ ~/**тощая** s. ~/**бедная** ‖ ~/**трудновосстанавливаемая** schwer reduzierbares Erz n ‖ ~/**трудновскрываемая** schwer aufschließbares Erz n ‖ ~/**тугоплавкая** strengflüssiges Erz n ‖ ~/**убогая** s. ~/**бедная** ‖ ~/**чистая** Reinerz n ‖ ~/**шлиховая** Wascherz n, feinkörniges (gewaschenes) Erz n ‖ ~/**штуфная** Stufenerz n, Guterz n, Scheiderz n

рудерпис m (Schiff) Ruderpfosten m (im Ruderkörper), Ruderherz n
рудерпост m (Schiff) Rudersteven m ‖ ~/**съёмный** Ruderpfosten m (außerhalb des Ruders angeordnet)
рудник m Bergwerk n, Grube f, Mine f (die russische Bezeichnung bezieht sich nur auf Erz- und Salzbergwerke, nicht auf Kohlenbergwerke) ‖ ~/**возобновлённый (восстановленный)** aufgebrachte Grube f ‖ ~/**железный** Eisenbergwerk n, Eisengrube f ‖ ~/**золотой** Goldmine f, Goldbergwerk n ‖ ~/**калийный** Kaliberwerk n ‖ ~/**квасцовый** Alaunbergwerk n ‖ ~/**медный** Kupfererzgrube f, Kupferbergwerk n ‖ ~/**металлический** Erzgrube f, Erzbergwerk n ‖ ~/**озокеритовый** Erdwachsgrube f ‖ ~/**оловянный** Zinnerzgrube f ‖ ~/**ртутный** Quecksilberwerk n ‖ ~/**свинцовый** Bleierzgrube f, Bleibergwerk n ‖ ~/**серебряный** Silbermine f, Silberbergwerk n ‖ ~/**серный** Schwefelgrube f, Schwefelbergwerk n ‖ ~/**соляной** Salzbergwerk n ‖ ~/**цинковый** Zinkerzgrube f, Zinkbergwerk n

рудничный Bergwerk..., Gruben...
рудный Erz...
рудовоз m (Schiff) Erzfrachter m
рудодробилка f Erzbrecher m
рудоизмельчение n Erzzerkleinerung f
рудомойка f 1. Erzwäsche f, Erzwaschanlage f; 2. Erzwaschen n
рудоносность f (Geol) Erzhaltigkeit f, Erzführung f
рудоносный (Geol) erzführend
рудообогащение n Erzaufbereitung f
рудоотборка f s. рудоразборка
рудоотделитель m Erzabscheider m
рудоплавильный Erzschmelz..., Erzhütten...
рудоподготовка f Erzaufbereitung f
рудопромывка f s. рудомойка
рудопроявление n (Geol) Erzvorkommen n, Erzauftreten n
рудоразборка f Klaubarkeit f (Erze) ‖ ~/**вторичная ручная** Nachklauben n des Erzes ‖ ~/**ручная** Erzklauben n, Klauben n, Klaubarbeit f
рудоразработка f Erzklaube..., Klaube..., Lese...
рудосортировка f Erzklauben n, Klauben n, Klaubarbeit f
рудоспуск m (Bgb) Erzrolle f
рудоуправление n Bergbaubetrieb m; Grubenverwaltung f (Erzbergbau)
ружейный Gewehr...
ружьё n Gewehr n; Büchse f; Flinte f ‖ ~/**автоматическое** Selbstladegewehr n ‖ ~/**гладкоствольное** Flinte f (mit glattem Lauf) ‖ ~/**гладкоствольное дробовое** Schrotflinte f ‖ ~/**двуствольное** Doppelflinte f ‖ ~/**дробовое** Schrotflinte f ‖ ~/**магазинное** Magazingewehr n, Mehrladegewehr n, Repetiergewehr n ‖ ~/**мелкокалиберное** Kleinkalibergewehr n, KK-Gewehr n ‖ ~/**многоразрядное** s. ~/**магазинное** ‖ ~/**нарезное** Büchse f (gezogener Lauf) ‖ ~/**однозарядное** Einzellader m, Einzelladegewehr n ‖ ~/**охотничье** Jagdgewehr n ‖ ~/**пневматическое** Druckluftgewehr n, Luftwehr n ‖ ~ **с вертикально-спаренными стволами/двуствольное** Doppelflinte f mit übereinanderliegenden Läufen ‖ ~ **с откидным стволом** Gewehr n mit Klapplauf ‖ ~ **с рядом расположенными стволами/двуствольное** Doppelflinte f mit nebeneinanderliegenden Läufen ‖ ~ **с чоком** Flinte f mit Chock-Bohrung (Schrotflinte mit nach der Mündung zu abnehmendem Laufdurchmesser) ‖ ~/**самозарядное** Selbstladegewehr n ‖ ~/**системы винчестер/магазинное** Winchesterbüchse f ‖ ~/**трёхствольное** Drilling m (meist zwei glatte und ein gezogener Lauf)
рука f (Masch) Arm m ‖ ~/**выдвижная** [geradlinig] ausfahrbarer Arm m, Linearam m, Ausfahrarm m ‖ ~ **захвата** Greiferarm m ‖ ~/**двухшарнирная** Doppelgelenkarm m ‖ ~/**изгибающаяся** Tensorarm m, "Rüssel" m ‖ ~/**качающаяся** einfacher Gelenkarm m, Pendelarm m ‖ ~/**локтевая** Doppelgelenkarm m ‖ ~/**многошарнирная** Tensorarm m ‖ ~/**одношарнирная** einfacher Gelenkarm m, Pendelarm m ‖ ~/**пантографная** Doppelarm m (Bauweise von Armen von Handhabungsgeräten) ‖ ~/**прямая** gerader

рука

Arm *m* ‖ ~/**сочленённая** Gelenkarm *m* ‖ ~/**телескопическая** Teleskoparm *m*, ausfahrbarer Arm *m* ‖ ~/**угловая** Winkelarm *m* ‖ ~/**управляющая** Handsteuerungsarm *m (eines Manipulators)* ‖ ~/**шарнирная** Gelenkarm *m*

рукав *m* 1. Schlauch *m (s. a. unter* шланг 1.*)*; 2. Arm *m*, Querarm *m*, Ausleger[arm] *m* ‖ ~/**бензиностойкий (бензостойкий)** benzinfester Schlauch *m* ‖ ~/**буровой** *(Bgb)* Spülschlauch *m (Bohrung)* ‖ ~/**всасывающий** Saugschlauch *m*, Saugrohr *n*, Saugrüssel *m* ‖ ~ **Галактики** *(Astr)* Spiralarm *m* [der Galaxis] ‖ ~/**гибкий** biegsamer Schlauch *m* ‖ ~/**зажимной** Spannarm *m* ‖ ~/**кислотоупорный** säurefester Schlauch *m*, Säureschlauch *m* ‖ ~/**напорный** Druckschlauch *m* ‖ ~ **оплёточной конструкции** Schlauch *m* mit Geflechteinlage ‖ ~/**отводящий** *(Text)* Abzugsleder *n*, Manchon *m (Wollkämmaschine)* ‖ ~ **отопления/соединительный** *(Eb)* Heizkupplung *f* ‖ ~/**очистительный** *(Text)* Putzschlauch *m* ‖ ~/**пневматический** Druckluftschlauch *m* ‖ ~/**поворотный** schwenkbarer Ausleger *m* ‖ ~/**пожарный** Feuerlöschschlauch *m* ‖ ~/**резиновый** Gummischlauch *m* ‖ ~ **реки** *(Hydrol)* Flußarm *m*, Seitenarm *m* ‖ ~/**соединительный** Verbindungsschlauch *m* ‖ ~/**спиральный** *(Astr)* Spiralarm *m* ‖ ~/**сучильный** *(Text)* Nitschelhose *f (Nitschelapparat; Spinnerei)* ‖ ~/**тормозной** *(Eb)* Bremsluftkupplung *f*, Bremsschlauch *m* ‖ ~/**фурменный** Düsenstock *m*, Windstock *m*, Düsenrohr *n (Hochofen)*

руководство *n* Anleitung *f*; Leitfaden *m*; Handbuch *m* ‖ ~ **по применению** Gebrauchsanweisung *f*; *(Inf)* Applikationshandbuch *n* ‖ ~ **по программированию** Programmieranleitung *f*, Leitfaden *m (Handbuch n)* für den Programmierer ‖ ~ **по уходу** Anweisung *f* zur Instandhaltung, Wartung und Pflege ‖ ~ **по эксплуатации** Betriebsanleitung *f*, Betriebsanweisung *f*

рукопись *f* Manuskript *n* ‖ ~/**машинописная** maschinengeschriebenes Manuskript *n* ‖ ~/**чистовая** Reinschrift *f*, Klarschrift *f*

рукоятка *f* 1. Griff *m*, Handgriff *m*, Handhebel *m*; Schalthebel *m*; 2. Kurbel *f*, Handkurbel *f*, Aufsteckkurbel *f*; 3. *(Wkz)* Heft *n*, Stiel *m* ‖ ~ **бдительности** *(Eb)* Wachsamkeitstaste *f (induktive Zugbeeinflussung)* ‖ ~/**безопасная** *(Masch)* Sperrklinkenkurbel *f*, Sicherheitskurbel *f* ‖ ~/**винтовая** *(Masch)* Stellspindel *f* ‖ ~/**вращающаяся** *(Masch)* Kurbelgriff *m* ‖ ~ **вращения** Drehgriff *m* ‖ ~ **горелки** *(Schw)* Griffstück *n (Schweißbrenner, Schneidbrenner)* ‖ ~/**заводная** *(Kfz)* Andrehkurbel *f* ‖ ~/**звездообразная** *(Masch)* Sterngriff *m* ‖ ~ **контроллера** *(Eb)* Fahrschalter *m (Lok)* ‖ ~/**крестовая** *(Masch)* Handkreuz *n*, Griffkreuz *n* ‖ ~/**маршрутная** *(Eb)* Fahrstraßenhebel *f* ‖ ~/**мнемоническая** *(Masch)* Handsteuerhebel *m* zum Steuern in mehreren Achsen ‖ ~/**переводная** *(Eb)* Stellhebel *m*, Bedienungstaste *f* ‖ ~ **переключателя** *(El)* Schaltkurbel *f* ‖ ~ **подачи** *(Wkzm)* Vorschubhebel *m* ‖ ~/**подвижная** beweglicher Griff *m* ‖ ~/**пусковая** *(Masch)* Einrückhebel *m*; *(Kfz)* Andrehkurbel *f* ‖ ~/**распорядительная маршрутная** *s.* ~/маршрутная ‖ ~/**сигнальная** *(Eb)* Signalhebel *m* ‖ ~/**стрелочная** *(Eb)* Weichenhebel *m (Stellwerk)* ‖ ~ **управления** *(Masch)* Steuerhebel *m*, Steuergriff *m* ‖ ~/**централизационная переводная** *(Eb)* Stellhebel *m*, Bedienungstaste *f* ‖ ~/**централизационная сигнальная** *(Eb)* Signalhebel *m* ‖ ~/**централизационная стрелочная** *(Eb)* Weichenhebel *m*

рулевой *(Schiff)* Ruder...

рулёжка *f s.* руление

руление *n (Flg)* Rollen *n (auf den Rollbahnen)*, Anrollen *n*, Anlauf *m (erste Startphase)*

рулета *f (Math)* Rollkurve *f*, Roulette *f*

рулетка *f* Meßband *n*, Bandmaß *n* ‖ ~/**визирная** Peilmeßband *n*, Visiermeßband *n* ‖ ~/**стальная** Stahlmeßband *n*, Stahlbandmaß *n*

рулить *(Flg)* rollen; anrollen, anlaufen

рулон *m* 1. Rolle *f*, Bund *m*, Ring *m (z. B. Draht)*; 2. Bahn *f (breiter Streifen)*, Stoffbahn *f*; 3. *(Typ)* Rolle *f*; 4. Wickel *m*, Bandwickel *m (Magnetband)* ‖ ~/**бумажный** Papierrolle *f*, Quittungsrolle *f (Registrierkasse)* ‖ ~/**ленточный** *(Text)* Bandwickel *m* ‖ ~ **резины** *(Gum)* Gummifladen *m*, Gummipuppe *f* ‖ ~ **ткани** *(Text)* Gewebebahn *f*, Stoffbahn *f* ‖ ~ **холста** *(Text)* Wickel *m*, Wattewickel *m (Spinnerei)*

рулонирование *n* Wickeln *n*

рулоноразвёртыватель *m (Wlz)* Bundentrollmaschine *f*, Bundabrollmaschine *f*

руль *m (Schiff, Flg, Rak)* Ruder *n* ‖ ~/**аварийный** *(Schiff)* Notruder *n* ‖ ~/**активный** *(Schiff)* Aktivruder *n* ‖ ~/**балансирный** *(Schiff)* Balanceruder *n* ‖ ~/**боковой** *(Schiff)* Stabilisierungsflosse *f (Schlingerdämpfung)* ‖ ~ **Вагнера** *(Schiff)* Leitflächenruder *n* ‖ ~/**вертикальный** *(Flg)* Seitenruder *n* ‖ ~/**водоструйный** *(Schiff)* Wasserstrahlruder *n* ‖ ~/**вспомогательный** *(Flg)* Hilfsruder *n*, Zusatzruder *n* ‖ ~/**высоты** *(Flg)* Höhenruder *n* ‖ ~ **высоты/зажатый** *(Flg)* festes Höhenruder *n* ‖ ~ **высоты/носовой** Bughöhenruder *n* ‖ ~/**газовый (газоструйный)** *(Rak)* Strahlruder *n* ‖ ~/**горизонтальный** *(Flg)* Höhenruder *n*; Tiefenruder *n (U-Boot)* ‖ ~/**двухопорный** *(Schiff)* zweifach gelagertes Ruder *n* ‖ ~/**двухперьевой** *(Schiff)* Zweiflächenruder *n*, Doppelruder *n* ‖ ~/**двухслойный** *(Schiff)* Zweiplattenruder *n* ‖ ~/**дифференциальный** *(Flg)* Differentialruder *n* ‖ ~/**зажатый** *(Flg)* festes Höhenruder *n* ‖ ~/**запасный** *(Schiff)* Reserveruder *n* ‖ ~/**кормовой** *(Schiff)* Heckruder *n* ‖ ~/**кормовой горизонтальный** *(Flg)* Heckhöhenruder *n*; *(Schiff)* Hecktiefenruder *n (U-Boot)* ‖ ~ **крена** *(Flg)* Querruder *n* ‖ ~/**крена/концевой** *s.* элерон/концевой ‖ ~ **крена/плавающий** *s.* элерон/плавающий ‖ ~/**листовой** *(Schiff)* 1. Flächenruder *n*; 2. Plattenruder *n* ‖ ~/**многоопорный** *(Schiff)* mehrfach gelagertes Ruder *n* ‖ ~/**многоперьевой** *(Schiff)* Mehrflächenruder *n* ‖ ~/**монолитный** *(Schiff)* Vollruder *n* ‖ ~ **на погружение** Tiefenruder *n* in Tauchlage *(U-Boot)* ‖ ~ **направления [самолёта]** *(Flg)* Seitenruder *n* ‖ ~/**носовой** *(Flg, Schiff)* Bugruder *n*, *(U-Boot)* ‖ ~/**носовой горизонтальный** Bugtiefenruder *n* ‖ ~/**обтекаемой формы** *(Schiff)* Verdrängungsruder *n*, Profilruder *n*, Stromlinienruder *n* ‖ ~/**обтекаемый** *s.* ~ обтекаемой формы ‖ ~/**одинарный** *(Schiff)* Einfachruder *n* ‖ ~/**одинарный листовой** *(Schiff)* Einplattenruder *n* ‖ ~/**основной** *(Flg)* Hauptsteuerfläche *f*, Hauptruder *n* ‖ ~/**переложенный** *(Schiff)* gelegtes

Ruder *n* ‖ ~/**пластинчатый (плоский)** *(Schiff)* s. ~/листовой ‖ ~ **поворота** *(Flg)* Seitenruder *n* ‖ ~/**подвесной** *(Schiff)* Schweberuder *n* ‖ ~/**полубалансирный** *(Schiff)* Halbbalanceruder *n* ‖ ~/**полуподвесной** *(Schiff)* Halbschweberuder *n* ‖ ~/**профильный (профилированный)** *(Schiff)* Profilruder *n*, Verdrängungsruder *n* ‖ ~/**пустотельный** *(Schiff)* Hohlruder *n* ‖ ~/**реактивный** *(Flg, Schiff)* reaktives Ruder *n*, Strahlruder *n*, Steuerdüse *f* ‖ ~ **с аэрондинамической компенсацией** *(Flg)* Ruder *n* mit dynamischem Ausgleich ‖ ~ **с весовой компенсацией** *(Flg)* Ruder *n* mit Massenausgleich ‖ ~ **с роговой компенсацией** *(Flg)* Ruder *n* mit Hornausgleich ‖ ~/**сбалансированный** *(Flg)* ausgeglichenes Ruder *n* ‖ ~/**сдвоенный** *(Schiff)* Doppelruder *n* ‖ ~/**струйный** s. ~/реактивный ‖ ~ **типа Зеебек** *(Schiff)* Seebeck-Ruder *n* ‖ ~/**трёхопорный** *(Schiff)* dreifach gelagertes Ruder *n* ‖ ~/**трёхперьевой** *(Schiff)* Dreiflächenruder *n* ‖ ~/**управления** *(Flg)* Lenkruder *n*, Steuerruder *n* ‖ ~ **управления по крену/струйный** *(Flg)* Querneigungsstrahlruder *n (Senkrechtstarter)* ‖ ~ **управления по тангажу/струйный** *(Senkrechtstarter)* Längsneigungsstrahlruder *n* ‖ ~/**управляемый боковой** *(Schiff)* Stabilisierungsflosse *f* ‖ ~/**успокоительный** *(Schiff)* Stabilisierungsflosse *f*, Stabilisator *m* ‖ ~/**фланкирующий** Flankenruder *n (Schubschiffe)* ‖ ~ **Флеттнера** *(Flg, Schiff)* Flettner-Ruder *n* ‖ ~/**хвостовой** *(Flg)* Heckruder *n*
руль-насадка *m (Schiff)* Düsenruder *n*
руль-тали *pl (Schiff)* Rudertalje *f*
румб *m (Schiff)* Kompaßstrich *m*, Strich *m* (11,25° der Kompaßrose) ‖ ~/**главный (основной)** Hauptstrich *m (Kompaß)* ‖ ~/**четвертной** Hauptzwischenstrich *m (Kompaß)*
румбатрон *m (Rf)* Rhumbatron *n (ein Hohlraumresonator)*
румпель *m (Schiff)* Pinne *f*, Ruderpinne *f* ‖ ~/**двуплечий** zweiarmige Pinne *f* ‖ ~/**поперечный** Ruderjoch *n*, Joch *n*, zweiarmige Ruderpinne *f*, Querhaupt *n* ‖ ~/**продольный** einarmige Ruderpinne *f* ‖ ~/**разъёмный** zweiteiliges Ruderjoch *n* ‖ ~/**секторный** Ruderquadrant *m*
румпель-тали *fpl (Schiff)* Steuertalje *f*
рундист *m* Rondiste *f (Edelstein)*
рундук *m (Schiff)* Backskiste *f* ‖ ~ **койки** Kojenunterbau *m*
руно *n (Text)* Vlies *n*, Wollvlies *n*
рупор *m* 1. Sprachrohr *n*; 2. *(El)* Horn *n*, Hornantenne *f*, Hornstrahler *m*; 3. *(Ak)* Schalltrichter *m*, Trichter *m* ‖ ~/**акустический** Schalltrichter *m* ‖ ~ **громкоговорителя** Lautsprechertrichter *m* ‖ ~/**конический** 1. Konushornstrahler *m*; 2. Konustrichter *m* ‖ ~ **микрофона** Mikrophontrichter *m* ‖ ~/**экспоненциальный** Exponentialtrichter *m*
рупорообразный trichterförmig
русло *n (Hydt)* 1. Rinnsal *n*; 2. Flußbett *n*, Strombett *n*, Bett *n* ‖ ~ **водотока** Kanalbett *n* ‖ ~/**главное** Hauptlauf *m* ‖ ~/**загружающее** Flutrinne *f* ‖ ~/**меженное** Niedrigwasserbett *n* ‖ ~ **нижнего бьефа** Unterwasserbett *n* ‖ ~/**открытое** Tagesgerinne *n* ‖ ~ **реки** Flußbett *n*, Strombett *n*
руст *m (Bw)* Bosse *f*

рустика *f (Bw)* Rustike *f*, Bossage *f*, Bossenwerk *n*, Rustikamauerwerk *n*
рутений *m (Ch)* Ruthen[ium] *n*, Ru
рутил *m (Min)* Rutil *m*, Titanerz *n*
ручей *m* 1. *(Wlz)* Einschnitt *m*, Kaliber *n*, Kalibereinschnitt *m (einer Walze)*; Walzkaliberbahn *f*; 2. *(Masch)* Nut *f*, Rille *f (einer Seilscheibe)*; 3. *(Schm)* Gravur *f*, Form *f (Gesenk)* ‖ ~/**вальцовочный** *(Schm)* Walzgravur *f*, Walzform *f* ‖ ~/**вставной** *(Schm)* Einsatzgravur *f*, Einsatzform *f* ‖ ~/**гибочный** *(Schm)* Biegesattel *m*; Biegeform *f* ‖ ~/**единичный** *(Wlz)* Einzelschnitt *m* ‖ ~/**заготовительный (начальный)** *(Schm)* Gravur *f* des Vorschmiedegesenks ‖ ~ **калибра** *(Wlz)* Kaliberöffnung *f*, Kaliberspalt *m* ‖ ~/**окончательный** *(Schm)* Fertiggravur *f*, Fertigform *f (Gesenk)* ‖ ~/**отрезной (отрубной)** *(Schm)* Messer *n*, Schneidkante *f (am Gesenkblock)* ‖ ~/**пережимный** *(Schm)* Verteilsattel *m* ‖ ~/**подкатной (подкаточный)** *(Schm)* Rollform *f*, Rolle *f* ‖ ~/**предварительный** *(Schm)* Vorgravur *f*, Vorform *f (Gesenk)* ‖ ~/**просечной** s. ~/отрезной ‖ ~/**протяжной** *(Schm)* Strecksattel *m*, Recksattel *m* ‖ ~/**формовочный** *(Schm)* Gravur *f* des Vorformgesenks ‖ ~/**черновой** s. ~/предварительный ‖ ~/**чистовой** s. ~/окончательный ‖ ~ **шкива** *(Masch)* Scheibenrille *f (Seilscheibe)* ‖ ~ **штампа** *(Schm)* Gesenkgravur *f* ‖ ~/**штамповочный** *(Schm)* Gravur *f* der Endstufengesenke, Gravur *f* für die letzten Gesenke
ручка *f* 1. Griff *m*, Handgriff *m*, Stiel *m*, Schaft *m*; 2. Kurbel *f*; 3. Federhalter *m*; 4. *(Nrt)* Knopf *m*, Drehknopf *m* ‖ ~/**автоматическая** Füllfederhalter *m*, Füller *m* ‖ ~ **включения** Einschaltknopf *m* ‖ ~ **выключения** Ausschaltknopf *m* ‖ ~/**дверная [нажимная]** Türklinke *f* ‖ ~ **замка двери/внутренняя** *(Kfz)* Türschloßinnenhebel *m* ‖ ~/**настройки** *(Rf)* Abstimmknopf *m* ‖ ~/**поворотная** Drehgriff *m* ‖ ~ **регулятора громкости** *(Rf, TV)* Lautstärkereglerknopf *m* ‖ ~ **управления** 1. Bedienungsknopf *m*; 2. *(Flg)* Steuerknüppel *m* ‖ ~/**шариковая** Kugelschreiber *m*
ручка-кнопка *f*/**дверная** *(Bw)* Türknopf *m*, Türknauf *m*
ручкодержатель *m* Griffring *m*
ручник *m (Wkz)* Hand[schmiede]hammer *m*, Fausthammer *m*
ручной Hand..., manuell, handbedient; handgesteuert
рушить hülsen *(Müllerei)*
РХ s. хвост/рыбий
РЧ s. 1. радиочастота; 2. радиочастотный
РЩ s. щит/распределительный
рыба-сырец *f* Rohware *f*, Rohfisch *m*
рыбина *f (Schiff)* 1. Sente *f (Linienriß)*; 2. Leitholz *n*, Seitenholz *n (Stapellaufbahn)*; 3. Wegerungslatte *f*, Schweißlatte *f*
рыбинс *m (Schiff)* Schweißlatte *f (der Laderaumwegerung)*
рыбка *f (Led)* Hecht *m*
рыбозавод *m* Fischverarbeitungsbetrieb *m* ‖ ~/**плавучий** Fischverarbeitungsschiff *n*
рыбозаграждение *n* Fischsperre *f*, Fischzaun *m*
рыболовный Fischfang..., Fischerei...
рыболовство *n* Fischerei *f*, Fischereiwesen *n* ‖ ~/**морское (океанское)** Hochseefischerei *f*

рыболовство

~/прибрежное Küstenfischerei f ‖ **~/промысловое** Fischereigewerbe n, Fischfanggewerbe n ‖ **~/речное** Flußfischfang m, Flußfischerei f
рыболокатор m Fischlupe f, Fischortungsgerät n ‖ **~/погружной** Tauchfischpumpe f
рыбонасос m Fischpumpe f
рыбоподъёмник m (Hydt) Fischaufzug m
рыбопоиск m Fischsuche f, Fischortung f
рыбопровод m Fisch[rohr]leitung f
рыбопродукция f/**мороженая** Fischgefriergut n
рыбопромысловый Fischfang..., Fischerei...
рыборазделочный Fischbearbeitungs..., Schlacht...
рыборезка f Fischschneider m
рыбосушилка f Fischtrockner m, Fischtrocknungsvorrichtung f
рыбоход m (Hydt) Fischgasse f, Fischpaß m ‖ **~/лестничный** Fischleiter f, Fischtreppe f ‖ **~/лотковый** Fischrinne f, Fischgerinne n, Rinnenpaß m ‖ **~/прудковый** Wildpaß m, Tümpelpaß m
рыбы-сырец m Fischrohware f, Rohfischware f
рывком ruckweise, ruckartig
рым m 1. Augenschraube f, Ringschraube f; 2. Öse f; 3. (Schiff) Tauring m, Zurring m, Laschauge n ‖ **~/откидной плоский** klappbare Laschplatte f (Containerzurrung) ‖ **~/палубный** (Schiff) Decksring m, Deckszurring m ‖ **~/плоский** Laschplatte f (Containerzurrung) ‖ **~/подъёмный** (Schiff) Heißring m, Heißöse f, Heißauge n ‖ **~/приварной плоский** Laschplatte f zum Aufschweißen (Containerzurrung) ‖ **~ «слоновая нога»** Elefantenfuß m (Containerzurrung) ‖ **~/швартовный** (Schiff) Vertäuring m, Festmacherring m ‖ **~/якорный** (Schiff) Ankerring m
рым-болт m Ring[loch]schraube f, Augenbolzen m
рым-гайка f Ösenmutter f
рым-кольцо n (Schiff) klappbares Laschauge n (Containerzurrung) ‖ **~ с предохранительным кольцом** Laschauge n mit Schutzring (Containerzurrung)
рым-чаша f (Schiff) versenktes Laschauge n (Containerzurrung)
рында f Schiffsglocke f; Mittagsglocke f
рында-булинь m (Schiff) Glockensteert m
рыскание n 1. Pendeln n, Pendelung f; 2. (Schiff, Rak, Flg) Gieren n, Gierschwingungen fpl
рыскать (Schiff, Rak, Flg) gieren
рыскливость f (Schiff) Gierigkeit f, Gierbestreben n, Gierneigung f
рыскливый (Schiff) gierig
рытвина f (Geol) Wasserriß m, Wassergrube f
рыть 1. graben, schaufeln; 2. wühlen, umwirbeln
рытьё n (Bw) Graben n; Aushub m
рыхление n 1. Lockern n, Lockerung f, Auflockern n (Boden, Schotterbett); 2. (Text) Auflösen n, Auflockern n, Auflockerung f, Öffnung f, Öffnen n (Fasermaterial) ‖ **~/глубокое** (Lw) Tiefenlockerung f ‖ **~ грунта** (Bw) Lockerung f des Bodens ‖ **~/подпочвенное** (Lw) Untergrundlockerung f ‖ **~/почвы/мелкое** (Lw) oberflächliches Lokkern n des Bodens
рыхлитель m 1. (Bw) Bodenlockerer m, Lockerungsgerät n (Verwendung bei Erdarbeiten zur Auflockerung fester Böden oder zum Aufreißen reparaturbedürftiger Straßendecken); 2. (Lw) Spurlockerer m (Traktor); 3. (Gieß) Sandauflokkerer m, Sandauflockerungsmaschine f, Formstoffschleuder f ‖ **~/кипный** (Text) Ballenöffner m ‖ **~/лопастный** (Met) Flügelradschleuder f
рыхлить lockern ‖ **~ междурядья** (Lw) zwischen den Reihen hacken
рыхлость f 1. Lockerheit f; 2. (Met) Porosität f, poröse Stelle f; 3. (Gieß) Faulbrüchigkeit f (Fehler beim Temperguß); 4. (Led) schwammige Beschaffenheit f ‖ **~/газовая** (Met) Gasporosität f ‖ **~/осевая усадочная** (Met) Mittellinienlockerung f, Mittellinienporosität f, Mittellinienlunker m (Rohblock) ‖ **~ по границам зёрен** (Met) Korngrenzenporosität f, Korngrenzenauflockerung f ‖ **~/усадочная** (Met) Schwindungsporosität f, Mikrolunker m, Sekundärlunker m
рыхлота f s. рыхлость
рыхлый 1. locker, lose, leicht; 2. porös; mulmig; 3. (Bgb) gebräch (Gestein)
рычаг m 1. (Mech) Hebel m; 2. (Masch) Kurbel f; 3. (Schm) Horn n (der Presse) ‖ **~/весовой** Waagenhebel m ‖ **~/вильчатый** (Masch) Gabelhebel m, gegabelter Hebel m ‖ **~ включения** (Masch) Schalthebel m, Einschalthebel m ‖ **~ второго рода** (Mech) einarmiger (einseitiger) Hebel m ‖ **~ выключения** (Masch) Ausrückhebel m (Kupplung) ‖ **~/грузоприёмный** Lasthebel m (Waage) ‖ **~ двойного действия** (Schiff) Kettenspannhebel m (Containerzurrung) ‖ **~/двуплечий** s. **~ первого рода** ‖ **~/задерживающий** Arretierhebel m ‖ **~/зажимный** (Wkzm) Klemmhebel m; Spannhebel m ‖ **~/измерительный** Meßarm m, Meßhebel m ‖ **~/катящий** (Masch) Wälzhebel m ‖ **~/качающийся** (Masch) Schwinghebel m ‖ **~/клавишный** Tastenhebel m ‖ **~/клапанный** (Kfz) Ventil[kipp]hebel m ‖ **~/коммутационный** (El) Schalthebel m ‖ **~/контактный** (El) Kontakthebel m ‖ **~/литерный** Typenhebel m, Typenstange f (Drucker) ‖ **~/маятниковый** (Text) Pendeldruckarm m ‖ **~/мотальный** (Text) Aufwindehebel m (Ringspinnerei) ‖ **~/нагрузка** (Text) Druckarm m, Belastungsarm m (Streckwerk) ‖ **~/нажимной** Druckhebel m ‖ **~/направляющий** Führungshebel m ‖ **~ натяжения** Spannarm m (Magnetband) ‖ **~/неравноплечий** (Mech) ungleicharmiger Hebel m ‖ **~/ножной** Fußhebel m, Pedal n ‖ **~/обводной** Fahrarm m (eines Polarplanimeters) ‖ **~/обратного хода** Schalthebel m für den Rückwärtsgang (Schaltgetriebe) ‖ **~ обратной связи** (Reg) Rückführ[ungs]hebel m ‖ **~ обслуживания** Bedienungshebel m ‖ **~/одноплечий** s. **~ второго рода** ‖ **~/основной** Haupthebel m (Waage) ‖ **~/остановочный** (Text) Abstellhebel m (Mittelschußwächter) ‖ **~/отводящий** Ausrückhebel m ‖ **~ первого рода** (Mech) zweiarmiger (zweiseitiger) Hebel m ‖ **~/переводной** 1. Schalthebel m; 2. Umsteuerhebel m (Dieselmotor); 3. (Eb) Stellhebel m (mechanisches Stellwerk) ‖ **~/переключающий** Wechselhebel m, Schalthebel m (Getriebe) ‖ **~ переключения передач** Getriebebeschalthebel m, Gangschalthebel m (Getriebe) ‖ **~ поворота** Lenkknüppel m (Kettenfahrzeug) ‖ **~/поворотный** Drehhebel m ‖ **~/полярный** Polarm m (eines Polarplanimeters) ‖ **~ поперечной рулевой тяги** (Kfz) Spurstan-

genhebel *m* ‖ ~ привода клапана (Kfz) Schwinghebel *m* ‖ ~/промежуточный Zwischenhebel *m*, Zwischenhebelwerk *n* (Wägetechnik) ‖ ~/пусковой Anlaßhebel *m* ‖ ~/проступной (Text) Tritthebel *m* ‖ ~/равноплечий (Mech) gleicharmiger Hebel *m* ‖ ~/разобщающий Ausrückhebel *m* ‖ ~/распределительный (Kfz) Steuer[ungs]hebel *m* ‖ ~/расцепной Ausrückhebel *m* (Kupplung) ‖ ~ реверса Umsteuerhebel *m* ‖ ~ рулевого управления (Flg) Steuerknüppel *m* ‖ ~ ручного тормоза (Kfz) Handbremshebel *m* ‖ ~/сигнальный (Eb) Signalhebel *m* (mechanisches Stellwerk) ‖ ~ скоростей Schalthebel *m* (Getriebeschaltung) ‖ ~/спусковой Abzug *m*, Abzugshebel *m* (z. B. am Gewehr) ‖ ~/стопорный Arretierhebel *m*, Sperrhebel *m*, Rasthebel *m* ‖ ~/стрелочный (Eb) Weichenhebel *m* (mechanisches Stellwerk) ‖ ~ тормоза/ручная (Kfz) Handbremshebel *m* ‖ ~/тормозной Bremshebel *m* ‖ ~/угловой Winkelhebel *m* ‖ ~ управления 1. Bedienungshebel *m*, Steuerhebel *m*; 2. (Flg) Leistungshebel *m*, Gashebel *m* (Triebwerk) ‖ ~ управления коробки передач (Kfz) Schalthebel *m*, Gangschalthebel *m* (Getriebeschaltung) ‖ ~/уравновешивающий Auswägehebel *m* ‖ ~/централизационный переводной *s.* ~/переводной 3. ‖ ~/централизационный сигнальный *s.* ~/сигнальный ‖ ~/централизационный стрелочный *s.* ~/стрелочный ‖ ~/шарнирный Gelenkhebel *m* ‖ ~ щупла (Text) Fühlerhebel *m*

рычаги *mpl* 1. Hebel *mpl* (*s. a. unter* рычаг); 2. Gestänge *n* ‖ ~/распределительные Steuergestänge *n*

рычажный Hebel...; gestängebetätigt (Antriebsart von Mechanismen)

РЭА *s.* аппаратура/радиоэлектронная

РЭМ *s.* микроскоп/растровый электронный

рэн *m* Run *m* (einer Mikrometertrommel)

РЭС *s.* электростанция/районная

рюкланд *m* (Geol) Rückland *n* (Orogentheorie)

рябизна *f* Narbigkeit *f* (Pulvermetallurgie)

рябь *f* 1. (Fert) Narbe *f*, Rattermarke *f*; 2. *s.* волны/капиллярные ‖ ~/ископаемая (Geol) Wellenrippeln *fpl* (Sandstein)

ряд *m* 1. Reihe *f*, Reihenfolge *f*, Serie *f*; Zeile *f*; 2. (Bw) Schicht *f* (Mauerwerk); 3. (Ch) Reihe *f*; 4. (Math) [unendliche] Reihe *f* (*s. a.* прогрессия); 5. (Geol) *s.* тип пород; 6. (Krist) Punktreihe *f* ‖ ~/абсолютно сходящийся (Math) absolut konvergente Reihe *f* ‖ ~ актиния (актиноурана) (Kern) Aktinium[zerfalls]reihe *f*, Uran-Aktinium-Reihe *f* ‖ ~/алифатический (Ch) aliphatische Reihe *f*, Fettreihe *f* ‖ ~/ароматический (Ch) aromatische Reihe *f*, Benzenreihe *f*, Benzolreihe *f* ‖ ~/асимптотический asymptotische Reihe *f* ‖ ~/бензольный *s.* ~/ароматический ‖ ~/бесконечный (Math) unendliche Reihe *f* ‖ ~ бета-распада (Kern) Beta-Zerfallsreihe *f* ‖ ~/биномиальный (Math) Binomialreihe *f*, binomische Reihe *f* ‖ ~/виниловый (Ch) vinyloge Reihe *f* ‖ ~ Вольта (El) Voltasche Spannungsreihe *f* ‖ ~/выборочный Auswahlreihe *f* ‖ ~/гармонический (Math) harmonische Reihe *f* ‖ ~/геометрический (Math) geometrische Reihe *f* ‖ ~/гипергеометрический (Math) hypergeometrische Reihe *f* ‖ ~/гомологический (Ch) homologe Reihe *f* ‖ ~/двойной (Math) Doppelreihe *f* ‖ ~/дезинтеграционный *s.* ~/радиоактивный ‖ ~ Дирихле (Math) Dirichletsche Reihe *f* ‖ ~/жирный *s.* ~/алифатический ‖ ~/знакопеременный (знакочередующийся) (Math) alternierende Reihe *f* ‖ ~ измерений Meß[wert]reihe *f* ‖ ~ импульсов Impulsreihe *f*, Impulsfolge *f* ‖ ~ испытаний Versuchsreihe *f* ‖ ~ кадров (Kine) Phasenbildfolge *f* ‖ ~ калибров (Wlz) Kaliberreihe *f*, Kaliberfolge *f* ‖ ~ кладки/ложковый (Bw) Läuferschicht *f*, Läuferreihe *f* ‖ ~ кладки/тычковый (Bw) Binderschicht *f* ‖ ~/конечный (Math) endliche Reihe *f* ‖ ~/конструктивный Typenreihe *f*, Konstruktionsreihe *f* ‖ ~/контактный (El) Kontaktreihe *f* ‖ ~ Ламберта (Math) Lambertsche Reihe *f* ‖ ~ Лапласа (Math) Laplacesche Reihe *f* ‖ ~ Лорана (Math) Laurentsche Reihe *f* ‖ ~/мажорирующий (Math) Majorante *f*, Oberreihe *f* ‖ ~ Маклорена (Math) MacLaurinsche Reihe *f* ‖ ~ мелких резьб Feingewindereihe *f* ‖ ~/минорирующий (Math) Minorante *f*, Unterreihe *f* ‖ ~ наблюдений Beobachtungsreihe *f* ‖ ~ напряжений (El) Spannungsreihe *f* ‖ ~ напряжений/контактный elektrische Spannungsreihe *f* (Berührungsspannung metallischer Leiter) ‖ ~ напряжений/термоэлектрический thermoelektrische Spannungsreihe *f* ‖ ~ напряжений/трибоэлектрический reibungselektrische Spannungsreihe *f* ‖ ~ Неймана (Math) Neumannsche Reihe *f* ‖ ~/неопределённый (Math) unbestimmte Reihe *f* ‖ ~/неравномерно сходящийся (Math) ungleichmäßig konvergente Reihe *f* ‖ ~/неравномерно сходящийся функциональный (Math) ungleichmäßig konvergente Funktionenreihe *f* ‖ ~ отклонений размеров (Fert) Abmaßreihe *f* ‖ ~/парафиновый (Ch) Paraffinreihe *f*, Grenzkohlenwasserstoffreihe *f*, aliphatische Reihe *f* ‖ ~ петель *s.* ~/петельный ‖ ~ петель/пропущенный (сброшенный) (Text) Absprengreihe *f* (Wirkerei, Strickerei) ‖ ~/петельный (Text) Maschenreihe *f* (Wirkerei, Strickerei) ‖ ~ платин (Text) Platinenreihe *f* ‖ ~ потенциалов *s.* электрохимических напряжений ‖ ~/предельных углеводородов *s.* ~/парафиновый ‖ ~ пространственной решётки (Krist) Raumgitterreihe *f* ‖ ~/равномерно сходящийся (Math) gleichmäßig konvergente Reihe *f* ‖ ~/равномерно сходящийся функциональный (Math) gleichmäßig konvergente Funktionenreihe *f* ‖ ~/радиоактивный (Kern) [radioaktive] Zerfallsreihe *f*, Zerfallsfamilie *f* ‖ ~ радиоактивных распадов *s.* ~/радиоактивный ‖ ~ радия *s.* урана ‖ ~/разделительный (разделяющий) (Text) Trennreihe *f* (Wirkerei) ‖ ~ размеров Meßreihe *f* ‖ ~/ранжейный (Text) Aufstoßreihe *f*, Perlreihe *f* ‖ ~ распада *s.* ~/радиоактивный ‖ ~/расходящийся (Math) divergente Reihe *f* ‖ ~/регулярный (Math) reguläre Reihe *f* ‖ ~/рекомендуемый Auswahlreihe *f*, Vorzugsreihe *f* ‖ ~ с комплексными членами (Math) Reihe *f* mit komplexen Gliedern ‖ ~ сравнения Vergleichsreihe *f* ‖ ~/степенной (Math) Potenzreihe *f* ‖ ~/сходящийся (Math) konvergente Reihe *f* ‖ ~ твёрдых растворов

Mischkristallreihe *f* II ~ **Тейлора** *(Math)* Taylor-Reihe *f*, Taylorsche Reihe *f* II **~/тейлеров** *s.*
~ Тейлора II **~/терпеновый** *(Ch)* Terpenreihe *f* II **~/типовой** Typenreihe *f* II ~ **тория [/радиоактивный]** *(Kern)* Thorium[zerfalls]reihe *f*, Zerfallsreihe *f* des Thoriums II ~ **точек** *(Krist)* Punktreihe *f* II **~/тригонометрический** *(Math)* trigonometrische Reihe *f* II ~ **Тэйлора** *s.* ~ Тейлора II ~ **урана [/радиоактивный]** *(Kern)* Uranium[zerfalls]reihe *f*, Zerfallsreihe *f* [des Uraniums], Uranium-Radium-Reihe *f*, Radium[zerfalls]reihe *f*, Zerfallsreihe *f* des Radiums II ~ **урана-радия** *s.* ~ урана II **~/условно сходящийся** *(Math)* bedingt konvergente Reihe *f* II **~/функциональный** *(Math)* Funktionenreihe *f* II ~ **Фурье** *(Math)* Fourier-Reihe *f*, Fouriersche Reihe *f* II ~ **чисел оборотов** Drehzahlreihe *f* II **~/числовой** *(Math)* Zahlenreihe *f* II **~/шпунтовый** *(Bw, Hydt)* Pfahlreihe *f*, Spundwand *f* II ~ **штабелей** Reihenstapelung *f* II ~ **электрохимических напряжений** elektrochemische Spannungsreihe *f*
рядок *m* 1. Reihe *f (s. a. unter* ряд*)*; 2. *(Text)* Maschenreihe *f (Strumpfwirkerei)*; 3. *(Lw)* Drillreihe *f* II **~/раздвижной** *(Text)* Expansionsblatt *n*, Expansionskamm *m (Schärmaschine)*
ряж *m (Hydt)* Steinkasten *m*, Steinkiste *f*

с

сабельность *f (Photo)* Längskrümmung *f*, Säbelförmigkeit *f*
сабля *f (Text)* Schläger *m (Wollkämmaschine)* II **~/верхняя** Oberschläger *m* II **~/нижняя** Unterschläger *m*, Gegenschläger *m*
сагенит *m (Min)* Sagenit *m (Rutil)*
садиться 1. Platz nehmen, sich setzen; 2. *(Schiff)* an Bord geben, sich einschiffen; 3. *(Flg)* landen; 4. *(Text)* einlaufen *(Gewebe)*
садка *f* 1. *(Met)* Setzen *n*, Beschicken *n*, Begichten *n*, Chargieren *n*, Einsetzen *n*; 2. *(Met)* Einsatz *m*, Einsatzgut *n*, Beschickungsgut *n*, Gicht *f*, Charge *f*; 3. *(Led)* Narbenbrüchigkeit *f* II **~/жидкая** Flüssigeinsatz *m* II ~ **на ребро** *(Ker)* Hochkantsetzen *n (des Brenngutes)* II **~/трёхъярусная** *(Ker)* dreietagiges Setzen *n (des Brenngutes)*
садкий *(Pap)* rösch II ~ **длинный** langrösch II ~ **короткий** kurzrösch
садоводство *n* Gartenbau *m*, Gartenbauwirtschaft *f* II **~/полевое** Feldgartenbau *m*, Feldgärtnerei *f*
садочный *(Met)* Einsatz..., Beschickungs...
сажа *f* Ruß *m* II **~/ацетиленовая** Acetylenruß *m* II **~/высокоструктурная** Hochstrukturruß *m* II **~/газовая** Gasruß *m* II **~/канальная** Kanalruß *m* II **~/ламповая** Lampenruß *m* II **~/масляная** Ölruß *m* II **~/печная** Ofenruß *m*, Furnace-Ruß *m* II **~/пламенная** Flammruß *m* II **~/стеариновая** Stearinruß *m* II **~/термическая** thermischer Spaltruß *m*
сажалка *f* 1. Pflanzmaschine *f*, Setzmaschine *f*, Legemaschine *f (Gruppenbegriff für Kartoffellege-, Maispflanz-, Setzlingspflanz-, Baumpflanz- und ähnliche Maschinen)*; 2. Fischbehälter *m*, Behälter *m*

сажать 1. *(Lw)* setzen; pflanzen; stecken, legen; 2. *(Fert)* aufsetzen; einsetzen
сажевый Ruß...
саженаполненный *(Gum)* rußgefüllt
саженец *m (Lw)* Pflanzling *m*, Setzling *m*, Steckling *m*
сажеобразование *n* Rußbildung *f*
сажеуловитель *m* Rußsammler *m*
сайлент-блок *m* Gummimetallager *n*, Silent-Block *m*
САК *s.* система автоматизированного контроля
салазки *pl* 1. Schlitten *m (als Fahrzeug)*; 2. Schlitten *m (als Maschinenteil, besonders von Werkzeugmaschinen) (s. a. unter* каретка 1.*)*; 3. Spannschienen *fpl (z. B. bei Elektromotoren)*; 4. Gleitklotz *m*; 5. Gleitbahn *f*, Gleitschienen *fpl*; Gleitvorrichtung *f* II **~/верхние** *(Wkzm)* Oberschlitten *m*, Tischschlitten *m (am Bohrwerk)* II **~/двойные (Wkzm)** Doppelschlitten *m* II **~/крестовые (крестообразные)** *(Wkzm)* Kreuzschlitten *m* II **~/направляющие** Führungsschlitten *m* II **~/натяжные** Spannschlitten *m* II **~/нижние** *(Wkzm)* Unterschlitten *m*, Grundschlitten *m*, Hauptschlitten *m* II ~ **объектива** Objektivschlitten *m* II **~/поворотные** *(Wkzm)* Schwenkschlitten *m*, Drehschlitten *m* II **~/подающие** *(Wkzm)* Vorschubschlitten *m* II **~/поперечные** *(Wkzm)* Querschlitten *m*, Planschlitten *m* II **~/продольные** *(Wkzm)* Längsschlitten *m*, Bettschlitten *m* II **~/скользящие** Gleitschlitten *m* II **~/спусковые** *(Schiff)* Stapelaufschlitten *m*, Ablaufschlitten *m (Helling)* II ~ **суппорта** *(Wkzm)* Supportschlitten *m* II ~ **суппорта/верхние** Supportoberschlitten *m* II ~ **суппорта/нижние** Supportunterschlitten *m* II ~ **суппорта/поперечные** Supportquerschlitten *m* II ~ **суппорта/продольные** Supportlängsschlitten *m*
салинг *m (Schiff)* Saling *f*
салит *m (Min)* Salit *m (Diopsid)*
салициловокислый *(Ch)* ...salicylat *n* ; salicylsauer
сало *n* 1. Talg *m (festes Fett)*; Schmalz *m (halbfestes Fett)*; Speck *m*; 2. *(Hydrol)* dünne Eisrinde *f*, Eisfilm *m (Anfangsstadium der Eisbildung auf Gewässern)* II **~/говяжье** Rindertalg *m*, Rindstalg *m* II **~/нетоплёное** *s.* сало-сырец II **~/пищевое** Speisefett *n (tierisches Fett)* II **~/прессованное** Preßtalg *m*; Preßfett *n* II **~/пушечное** Waffenfett *n* II **~/техническое** technisches Fett *n* II **~/техническое свиное** Kratzfett *n* II **~/топлёное** ausgelassenes Fett *n*, Schmalz *m*
саломас *m* Hartfett *n*, gehärtetes (hydriertes) Fett *n* II **~/пищевой** Speisehartfett *n*
сало-сырец *n* Rohtalg *m*
салфетка *f* [**~/фильтрационная**] Filtertuch *n* II ~ **фильтр-пресса** Filtertuch *n*
саль *m s.* сиаль
сальза *f (Geol)* Salse *f*, Schlammvulkan *m*, Schlammsprudel *m*
сальник *m* 1. *(Masch)* Stopfbuchse *f*, Dichtung *f*; 2. *(Bgb)* Spülkopf *m (Bohrung)* II ~ **вала** Wellenstopfbuchse *f* II ~ **вентиля** Ventilstopfbuchse *f* II **~ всаса** saugseitige Stopfbuchse *f* II **~/гельмпортовый** *(Schiff)* Ruderkokerstopfbuchse *f* II **~/двойной** Doppelstopfbuchse *f* II ~ **дейдвудной трубы** *(Schiff)* Stevenrohrstopfbuchse *f* II **~/дейдвудный** *(Schiff)* Stevenrohrstopfbuchse

f II ~/**дополнительный** Vorstopfbuchse *f* II ~ **коленчатого вала** Kurbelwellendichtung *f* II ~/**лабиринтный** Labyrinthstopfbuchse *f*, Labyrinthdichtung *f* II ~/**манжетный** Manschettendichtung *f*, Stulpdichtung *f* II ~/**мембранный** Membrandichtung *f* II ~/**металлический** Stopfbuchse *f* mit Metallpackung II ~/**напорный** druckseitige Stopfbuchse *f* II ~/**переборочный** *(Schiff)* Schottstopfbuchse *f* II ~ **с набивкой** Packungsstopfbuchse *f* II ~ **с упругими кольцами** Stopfbuchse *f* mit Federringpackung II ~/**самоуплотняющийся** selbstabdichtende Stopfbuchse *f* II ~/**штанговый** Gestängestopfbuchse *f (Erdölbohrgerät)*
сальный talgig, Talg...; *(Led)* schmierig
самарий *m (Ch)* Samarium *n*, Sm
самарскит *m (Min)* Samarskit *m*, Uranoniobit *m*, Yttrocolumbit *m*
само... Selbst..., Auto... *(s. a. unter* **авто**...*)*
самоактивация *f (Kern)* Eigenaktivierung *f*, Selbstaktvierung *f*
самоактивированный selbstaktiviert, eigenaktiviert
самобалансирующийся selbstabgleichend, mit Selbstabgleich
самоблокировка *f* Selbstsperrung *f*, Selbsthaltung *f*
самоброжение *n* Selbstgärung *f*, Spontangärung *f*
самовентиляция *f* Eigen[be]lüftung *f*
самовес *m (Text)* Waagespeiser *m*, Wiegeapparat *m*, Waage *f (Krempel)*
самовозбуждаться *(El)* sich selbst erregen, eigenerregen
самовозбуждение *n (El)* Selbsterregung *f*, Eigenerregung *f* • **с самовозбуждением** selbsterregt, eigenerregt II ~/**параллельное** Nebenschlußselbsterregung *f* II ~/**последовательное** Reihenschlußselbsterregung *f*
самовозбуждённый *(El)* selbsterregt, eigenerregt
самовозврат *m* selbsttätiger Rückgang *m*
самовозгораемость *f* Selbstentzündlichkeit *f*
самовозгорание *n* Selbstentzündung *f*
самовозгораться sich [von] selbst entzünden
самовоспламенение *n* Selbstentflammung *f* II ~ **от сжатия** Kompressionszündung *f*, Selbstzündung *f*
самовоспламеняемость *f* Selbstentflammbarkeit *f*
самовоспламеняться sich [von] selbst entzünden (entflammen)
самовосстановление *n* Selbstregenerierung *f*, Selbstheilung *f*, Ausheilung *f (Halbleiter)*
самовращение *n* 1. Autorotation *f*; 2. *(Flg)* Fahrtwindrotation *f*, Fahrtwindantrieb *m*, Autorotation *f*, Eigenrotation *f (des Rotors)*
самовулканизация *f (Gum)* Selbstvulkanisation *f*
самовыгружатель *m* Selbstentlader *m*
самовыключаться sich selbst abschalten
самовыключение *n* Selbstabschaltung *f*
самовыключиться *s.* **самовыключаться**
самовыравнивание *n* Selbstausgleich *m*
самогасящийся *(El)* selbstlöschend
самогашение *n (El)* Selbstlöschung *f*
самодвижущийся selbstfahrend
самодействие *n* Selbstwirkung *f*

самодействующий selbsttätig, automatisch
самодельный selbstgebaut, Eigenbau...
самодиффузия *f* Selbstdiffusion *f*, Eigendiffusion *f*
самозагрязнение *n (Ökol)* Selbstverschmutzung *f*
самозажимный 1. selbstklemmend; 2. selbstspannend *(Drehmaschinenfutter)*
самозакаливание *n s.* **самозакалка** 1.
самозакаливающийся *(Met)* selbsthärtend
самозакалка *f (Met)* 1. Selbsthärtung *f*; Selbstaushärtung *f (Legierung)*; 2. Selbsthärter *m (Stahl)*
самозакладка *f (Bgb)* Selbstversatz *m*
самозаклинивание *n* **керна** *(Bgb)* Kernverklemmung *f (Bohrung)*
самозаписывающий [selbst]schreibend
самозапуск *m s.* **самопуск** 1.
самозаряд *m (El)* Selbst[auf]ladung *f*
самозарядный Selbstlade... *(Waffen)*
самозатачиваться *(Wkz)* sich selbst schärfen
самозахват *m (Ph)* Selbstanlagerung *f*, Selbsteinfang *m*
самоизменение *n* selbsttätige Änderung *f*, Selbständerung *f*
самоизменяющийся sich selbst ändernd
самоизреживание *n (Forst)* Verlichtung *f*, natürliche Lichtstellung *f (Stammzahlverminderung)*
самоимплантация *f (Eln)* Selbstimplantation *f (Halbleiter)*
самоиндуктивность *f (El)* Selbstinduktivität *f*
самоиндукция *f (El)* Selbstinduktion *f*
самоиспарение *n* Selbstverdampfung *f*
самокалибровка *f* Selbstkalibrierung *f*
самоклад *m (Text)* Stoffleger *m*, Gewebeleger *m (Konfektion)*
самокомпенсация *f* Selbstkompensation *f*, Selbstausgleich *m*
самоконденсация *f* Selbstkondensation *f*, Autokondensation *f*
самоконтроль *m* Selbstkontrolle *f*, Selbstüberwachung *f*
самоконтрящийся selbstsichernd *(Schrauben)*
самокормушка *f (Lw)* Futterautomat *m*, Selbstfütterer *m*
самокорректирующийся selbstkorrigierend, selbstverbessernd
самокруточный *(Text)* Self-Twist-...
самолёт *m* Flugzeug *n* II ~/**авианосный** trägergestütztes Flugzeug *n* II ~/**аэро[фото]съёмочный** Bildflugzeug *n*, Luftbildflugzeug *n*, Vermessungsflugzeug *n* II ~/**безмоторный** motorloses Flugzeug *n* II ~ **берегового базирования** küstengestütztes Flugzeug *n*, Küstenflugzeug *n* II ~/**беспилотный** unbemanntes Flugzeug *n* II ~/**бесхвостый** schwanzloses Flugzeug *n*, Nurflügelflugzeug *n* II ~ **ближнего действия** Kurzstreckenflugzeug *n* II ~ **ближней разведки** Nahaufklärungsflugzeug *n* II ~/**ближний магистральный** Kurzstreckenlinienflugzeug *n* II ~/**боевой** Kampfflugzeug *n* II ~/**бомбардировочный** Bombenflugzeug *n* II ~/**бортовой** bordgestütztes Flugzeug *n* II ~/**буксирующий** Schleppflugzeug *n* II ~/**ведомый** geführtes Flugzeug *n* II ~/**ведущий** Führungsflugzeug *n* II ~/**вертикальновзлетающий** senkrechtstartendes Flugzeug *n*, Senk-

самолёт

rechtstarter *m*, VTO-Flugzeug *n* ‖ ~/**вертикальновзлетающий сверхзвуковой** senkrechtstartendes Überschallflugzeug *n* ‖ ~ **вертикального взлёта [и посадки]** *s.* ~/**вертикальновзлетающий** ‖ ~ **вертикального взлёта с разбегом** RVTO-Flugzeug *n (Senkrechtstarter mit kurzer Rollstrecke)* ‖ ~ **вертикальной посадки** senkrechtlandendes Flugzeug *n*, Senkrechtlander *m* ‖ ~/**винтовой** *s.* ~ с воздушным винтом ‖ ~/**военный** Militärflugzeug *n* ‖ ~/**воздушно-космический** Luft- und Raumflugzeug *n*; Raumgleiter *m* ‖ ~/**всепогодный** Allwetterflugzeug *n* ‖ ~/**высокоскоростной** Hochgeschwindigkeitsflugzeug *n* ‖ ~/**высотный** Höhenflugzeug *n* ‖ ~/**газотурбинный** Gasturbinenflugzeug *n* ‖ ~/**гиперзвуковой** Hyperschallflugzeug *n* ‖ ~/**гиперзвуковой пассажирский** Hyperschallpassagierflugzeug *n* ‖ ~/**гражданский** Zivilflugzeug *n* ‖ ~/**грузовой** Frachtflugzeug *n* ‖ ~/**грузопассажирский** Fracht- und Passagierflugzeug *n* ‖ ~ **дальнего действия** Langstreckenflugzeug *n* ‖ ~/**дальнемагистральный** Langstreckenlinienflugzeug *n* ‖ ~/**двухбалочный** Doppelrumpfflugzeug *n*, Flugzeug *n* mit zwei Leitwerkträgern ‖ ~/**двухдвигательный** zweistrahliges (zweimotoriges) Flugzeug *n*, Flugzeug *n* mit zwei Triebwerken ‖ ~/**двухлодочный** Doppelrumpfflugboot *n* ‖ ~/**двухместный** zweisitziges Flugzeug *n*, Doppelsitzer *m*, Zweisitzer *m* ‖ ~/**двухпоплавковый** Doppelschwimmerflugzeug *n* ‖ ~/**двухфюзеляжный** *s.* ~/двухбалочный ‖ ~ **для аэросъёмки** Meßflugzeug *n*, Bildmeßflugzeug *n* ‖ ~ **для полётов в сложных метеоусловиях** Schlechtwetterflugzeug *n*, Allwetterflugzeug *n* ‖ ~/**дозвуковой** Unterschallflugzeug *n* ‖ ~/**замыкающий** Schlußflugzeug *n* ‖ ~/**заокеанский** Überseeflugzeug *n* ‖ ~/**заправленный** aufgetanktes Flugzeug *n* ‖ ~/**изменяемой стреловидности** Schwenkflügler *m (Flugzeug mit veränderlicher Tragflügelpfeilung)* ‖ ~/**катапультируемый** Katapultflugzeug *n (Katapult als Starthilfe)* ‖ ~/**комбинированный** Mehrzweckflugzeug *n* ‖ ~ **короткого взлёта** Kurzstartflugzeug *n* mit kurzer Landestrecke ‖ ~ **короткой посадки** Flugzeug *n* mit kurzer Landestrecke ‖ ~/**крупногабаритный** Großraumflugzeug *n* ‖ ~/**лёгкий** Leichtflugzeug *n*, Kleinflugzeug *n* ‖ ~/**лодочный** Flugboot *n*, FB ‖ ~/**лыжный** Schneeflugzeug *n*, Flugzeug *n* mit Kufen (Schneekufen) ‖ ~/**магистральный** Langstreckenflugzeug *n* ‖ ~/**малошумный** geräuscharmes Flugzeug *n* ‖ ~ **местных авиалиний** Zubringerflugzeug *n*, Zubringer *m* ‖ ~ **метеоразведки** Wetter[erkundungs]flugzeug *n* ‖ ~/**многодвигательный** mehrmotoriges Flugzeug *n*, Flugzeug *n* mit mehreren Triebwerken ‖ ~/**многоместный** Mehrsitzer *m* ‖ ~/**многоцелевой** Mehrzweckflugzeug *n* ‖ ~ **морской авиации** Marineflugzeug *n* ‖ ~/**низколетящий** Tiefflieger *m*, tieffliegendes Flugzeug *n* ‖ ~/**однодвигательный** einmotoriges Flugzeug *n*, Flugzeug *n* mit einem Triebwerk ‖ ~/**одноместный** einsitziges Flugzeug *n*, Einsitzer *m* ‖ ~/**однопоплавковый** Einschwimmerflugzeug *n* ‖ ~/**однофюзеляжный** einrumpfiges Flugzeug *n*, Flugzeug *n* mit einem Leitwerkträger ‖ ~/**околозвуковой** Flugzeug *n* für schallnahe Geschwindigkeit, Transsonikflugzeug *n* ‖ ~/**опытный** Versuchsflugzeug *n*, Testflugzeug *n* ‖ ~/**орбитальный** Orbitalflugzeug *n* ‖ ~/**палубной посадки** auf dem Deck landendes Flugzeug *n* ‖ ~/**палубный** *s.* ~/бортовой ‖ ~/**пассажирский** Passagierflugzeug *n*, Verkehrsflugzeug *n* ‖ ~/**пилотируемый** bemanntes Flugzeug *n* ‖ ~/**поисковый** Suchflugzeug *n* ‖ ~/**поплавковый** Wasserflugzeug *n*, Schwimmflugzeug *n* ‖ ~/**поршневой** Kolbenmotorflugzeug *n* ‖ ~/**почтово-пассажирский** Post- und Passagierflugzeug *n* ‖ ~ **радиолокационного дозора** Radarflugzeug *n* ‖ ~/**радиоуправляемый** unbemanntes ferngelenktes (ferngesteuertes, radargesteuertes) Flugzeug *n* ‖ ~/**разведывательный** Aufklärungsflugzeug *n* ‖ ~/**ракетный** Raketenflugzeug *n* ‖ ~ **раннего оповещения** Frühwarnflugzeug *n* ‖ ~/**реактивный** Strahlflugzeug *n*, Flugzeug *n* mit Luftstrahlantrieb, Düsenflugzeug *n* ‖ ~/**реактивный вертикально-взлетающий** senkrechtstartendes Strahlflugzeug *n* ‖ ~ **с вертикальными взлётом и посадкой** Flugzeug *n* mit Senkrechtstart- und -landeeigenschaften *fpl*, VTOL-Flugzeug *n* ‖ ~ **с верхнерасположенным крылом** Schulterdecker *m* ‖ ~ **с воздушно-реактивным двигателем** Flugzeug *n* mit Luftstrahltriebwerk ‖ ~ **с воздушным винтом** propellergetriebenes (luftschraubengetriebenes) Flugzeug *n*, Propellerflugzeug *n* ‖ ~ **с двухконтурным турбореактивным двигателем** Flugzeug *n* mit Zweistrom-TL-Triebwerk ‖ ~ **с дельтавидным крылом** Deltaflügler *m* ‖ ~ **с кольцевым крылом** Ringflügelflugzeug *n*, Ringflügler *m* ‖ ~ **с короткими взлётом и посадкой** STOL-Flugzeug *n*, Kurzstart-Kurzlandflugzeug *n*, kurzstartendes und -landendes Flugzeug *n* ‖ ~ **с неподвижным крылом** Starrflügelflugzeug *n* ‖ ~ **с Т-образным оперением** Flugzeug *n* mit T-Leitwerk ‖ ~ **с поворотным несущим винтом** Verwandlungshubschrauber *m* ‖ ~ **с поршневым двигателем** Kolbenmotorflugzeug *n* ‖ ~ **с прямоточным воздушно-реактивным двигателем** Flugzeug *n* mit Staustrahltriebwerk ‖ ~ **с ракетным двигателем** *s.* ~/реактивный ‖ ~ **с толкающим винтом** Druckschraubenflugzeug *n*, Druckschrauber *m* ‖ ~ **с турбовинтовым двигателем** Propellerturbinenflugzeug *n*, PTL-Flugzeug *n* ‖ ~ **с турбореактивным двигателем** *s.* ~/турбореактивный ‖ ~ **с тянущим винтом** Zugschraubenflugzeug *n*, Zugschrauber *m* ‖ ~ **с укороченными взлётом и посадкой** *s.* ~ с короткими взлётом и посадкой ‖ ~ **с ядерным двигателем** Flugzeug *n* mit Kernenergieantrieb ‖ ~/**санитарный** Sanitätsflugzeug *n* ‖ ~/**сверхдальний** Superlangstreckenflugzeug *n* ‖ ~/**сверхзвуковой** Überschallflugzeug *n* ‖ ~/**сверхзвуковой гражданский** Überschallverkehrsflugzeug *n*, SST ‖ ~/**сверхлёгкий** Ultraleichtflugzeug *n* ‖ ~/**связи** Verbindungsflugzeug *n*, Kurierflugzeug *n* ‖ ~/**сельскохозяйственной авиации** Agrarflugzeug *n* ‖ ~/**сельскохозяйственный** Agrarflugzeug *n* ‖ ~/**скоростной** Hochgeschwindigkeitsflugzeug *n* ‖ ~ **со стреловидным крылом** Pfeilflügelflugzeug *n*, Pfeilflügler *m* ‖ ~/**спасательный**

Rettungsflugzeug *n*, Bergungsflugzeug *n* ‖ ~/**спортивно-пилотажный** Kunstflugmaschine *f* ‖ ~/**спортивный** Sportflugzeug *n* ‖ ~ **средней дальности** Mittelstreckenflugzeug *n* ‖ ~/**среднемагистральный** Mittelstreckenflugzeug *n* ‖ ~ **сухопутного базирования** *s.* ~/**сухопутный** ‖ ~/**сухопутный** Landflugzeug *n*, landgestütztes Flugzeug *n* ‖ ~ **типа «бесхвостка»** *s.* **самолёт-бесхвостка** ‖ ~ **типа «утка»** Entenflugzeug *n*, Ente *f* ‖ ~/**транспортно-десантный** Luftlandetransportflugzeug *n* ‖ ~/**транспортный** Transportflugzeug *n* ‖ ~/**турбовинтовой** Propellerturbinenflugzeug *n*, PTL-Flugzeug *n* ‖ ~/**турбореактивный** Turbinenluftstrahlflugzeug *n*, TL-Flugzeug *n* ‖ ~/**тяжёлый** Großflugzeug *n* ‖ ~ **укороченного взлёта** Kurzstartflugzeug *n*, STO-Flugzeug *n* ‖ ~ **укороченных взлёта и посадки** *s.* ~ **с короткими взлётом и посадкой** ‖ ~ **укороченной посадки** Flugzeug *n* mit kurzer Landestrecke ‖ ~/**универсальный** Mehrzweckflugzeug *n* ‖ ~/**учебно-боевой** Übungskampfflugzeug *n* ‖ ~/**учебно-тренировочный** Schulflugzeug *n*, Trainer *m* ‖ ~/**учебный** Schulflugzeug *n*, Trainer *m* ‖ ~/**цельнометаллический** Ganzmetallflugzeug *n* ‖ ~/**широкофюзеляжный** Großraumflugzeug *n*; Airbus *m* ‖ ~/**широкофюзеляжный реактивный** Großraumstrahlflugzeug *n*, Großraumjet *m*, Jumbojet *m* ‖ ~/**экспериментальный** Versuchsflugzeug *n*
самолёт-амфибия *m* Amphibienflugzeug *n*, Wasser-Land-Flugzeug *n*
самолёт-бесхвостка *m* schwanzloses Flugzeug *n*, Nurflügelflugzeug *n*
самолёт-бомбардировщик *m* Bombenflugzeug *n*
самолёт-буксировщик *m* Schleppflugzeug *n*
самолёт-вертолёт *m* Kombinationsflugschrauber *m*
самолёт-диск *m* fliegender Diskus *m*
самолёт-доставщик *m* Zubringerflugzeug *n*, Zubringer *m*
самолёт-заправщик *m* Tankflugzeug *n*, Betankungsflugzeug *n*
самолёт-зондировщик *m* Wettererkundungsflugzeug *n*, Wetterflugzeug *n*
самолёт-истребитель *m* Jagdflugzeug *n* ‖ ~/**реактивный** Strahljagdflugzeug *n*
самолёт-корректировщик *m* Feuerleitflugzeug *n*
самолёт-крыло *m* *s.* **самолёт-бесхвостка**
самолёт-летающее крыло *m* *s.* **самолёт-бесхвостка**
самолёт-мишень *m* Ziel[darstellungs]flugzeug *n*
самолёт-нарушитель *m* Luftraumverletzer *m*
самолёт-носитель *m* Trägerflugzeug *n* ‖ ~ **спутника** Satellitenträgerflugzeug *n*, Satellitenträger *m*
самолётный Flugzeug…, Bord…
самолётовождение *n* Flugzeugführung *f* ‖ ~/**радиолокационное** Radarflugzeugführung *f*
самолётоподъёмник *m* Flugzeuglift *m*, Flugzeugaufzug *m* (*auf Flugzeugträgern*)
самолётостроение *n* Flugzeugbau *m*
самолёт-парасоль *m* Hochdecker *m*
самолёт-перехватчик *m* Abfangflugzeug *n*

самолёт-разведчик *m* Aufklärungsflugzeug *n* ‖ ~ **погоды** Wetteraufklärungsflugzeug *n*
самолёт-ракетоносец *m* Raketenträgerflugzeug *n*, Raketenträger *m*
самолёт-ракетоплан *m* Raketengleiter *m*
самолёт-снаряд *m* Flügelrakete *f*
самолёт-утка *m* Entenflugzeug *n*, Ente *f*
самолёт-фоторазведчик *m* Luftbildflugzeug *n*
самолёт-цель *m* Ziel[darstellungs]flugzeug *n*
самоликвидатор *m (Mil)* Selbstzerleger *m*
самоликвидация *f (Mil)* Selbstzerlegung *f*
самомодуляция *f (El)* Eigenmodulation *f*, Automodulation *f*
самонаведение *n (Rak)* Zielsuchlenkung *f* ‖ ~/**активное** aktive Zielsuchlenkung *f* ‖ ~/**инфракрасное** Infrarot-Zielsuchlenkung *f* ‖ ~/**оптическое** optische Zielsuchlenkung *f* ‖ ~/**пассивное** passive Zielsuchlenkung *f* ‖ ~/**полуактивное** halbaktive Zielsuchlenkung *f* ‖ ~/**радиолокационное** Radarzielsuchlenkung *f* ‖ ~/**световое** *s.* ~/**оптическое** ‖ ~/**тепловое** Infrarot-Zielsuchlenkung *f*
самонаводящийся *(Rak)* zielsuchend, Zielsuch…
самонагрев *m* Selbsterwärmung *f*, Selbsterhitzung *f*
самонагревание *n* *s.* **самонагрев**
самонакачка *f* Eigenerregung *f (Laser)*
самоклад *m (Тур)* Anleger *m*, Anlegeapparat *m*, Bogenapparat *m* ‖ ~ **воздушного действия** *s.* ~/**пневматический** ‖ ~/**круглостапельный** Rundstapelanleger *m* ‖ ~ **механического действия** *s.* ~/**фрикционный** ‖ ~/**плоскостапельный** Flachstapelanleger *m* ‖ ~/**пневматический** pneumatischer Bogenanleger *m*, Saugapparat *m* ‖ ~/**пневматический круглостапельный** Rundstapelsauganleger *m* ‖ ~/**пневматический плоскостапельный** pneumatischer Flachstapelanleger *m* ‖ ~/**фрикционный** mechanischer Bogenanleger *m*, Friktionsanleger *m*, Reibapparat *m* ‖ ~/**цепной выносной** Kettenausleger *m*, Kettenauslage *f*
самонапряжение *n (Bw)* Selbstvorspannung *f*
самонастраивающийся selbsteinstellend; selbstabstimmend
самонастройка *f* Selbsteinstellung *f*; Selbstabstimmung *f* ‖ ~ **параметров** Parameterselbsteinstellung *f* ‖ ~ **программы** Programmselbsteinstellung *f*
самонасыщение *n* Selbstsättigung *f*
самонатягивающийся selbstspannend
самооблучение *n (Kern)* Selbstbestrahlung *f*
самообмен *m (Ph)* Eigenaustausch *m*
самообрушение *n (Bgb)* Zubruchgehen *n*, Zubruchgehenlassen *n*, Hereinbrechenlassen *n*
самообучающийся [selbst]lernend, Lern…
самообучение *n* Lernen *n*
самоокисление *n (Ch)* Autoxidation *f*
самоокисляемость *f (Ch)* Autoxidierbarkeit *f*
самопрокидывающийся selbstkippend, Selbstkipp…
самооптимизация *f (Reg)* Selbstoptimierung *f*
самоорганизация *f (Kyb)* Selbstorganisation *f*
самоорганизующийся selbstorganisierend, sich selbst organisierend
самоосветление *n* Selbstklärung *f*

самоослабление *n* Selbstlösung *f*, selbsttätigtes Lösen *n (Verbindungen, Schrauben)*
самоостанов *m* selbsttätige Stoppvorrichtung (Sperre) *f*, automatische Abstellvorrichtung *f*
самоотжиг *m (Härt)* Aushärtung *f*, Aushärten *n (Selbstausscheidung)*
самоотжиговый *(Eln)* Selbstausheilungs... *(Halbleiter)*
самоотпуск *m (Härt)* Selbstanlassen *n*, Selbstanlaßeffekt *m*, Selbstanlaßprozeß *m*
самоохлаждающийся eigengekühlt
самоохлаждение *n* Eigenkühlung *f*
самоочистка *f* Selbstreinigung *f*
самоочищаемость *f* Selbstreinigungsvermögen *n*
самоочищение *n* Selbstreinigung *f*
самопеленгация *f (Rad)* Eigenpeilung *f*
самопересечение *n* Selbstdurchdringung *f*
самописец *m* Registrierapparat *m*, Schreiber *m*, Schreibgerät *n* ‖ ~/барабанный Trommelschreiber *m*, Trommeldrucker *m* ‖ ~/бортовой магнитный Bordrecorder *m* ‖ ~ видимости Sichtschreiber *m* ‖ ~ времени Zeitschreiber *m*, Zeitmarkierer *m* ‖ ~ высоты Höhenschreiber *m*, registrierender Höhenmesser *m* ‖ ~ давления Druckschreiber *m* ‖ ~/интегрирующий Integrationsschreiber *m* ‖ ~/координатный Koordinatenschreiber *m* ‖ ~ курса Kursschreiber *m* ‖ ~/ленточный Bandschreiber *m*, Streifenschreiber *m* ‖ ~/многокрасочный (многоцветный) Mehrfarbenschreiber *m* ‖ ~ мощности Leistungsschreiber *m* ‖ ~ напряжения Spannungsschreiber *m* ‖ ~/нейтронной мощности Neutronenleistungsschreiber *m* ‖ ~ пути Flugwegschreiber *m*, Wegschreiber *m* ‖ ~ с падающей дужкой Fallbügelschreiber *m* ‖ ~ сноса Abdriftschreiber *m*, Deviograph *m* ‖ ~ температур Temperatur[selbst]schreiber *m* ‖ ~ эхолота *(Schiff)* Tiefenschreiber *m*, Tiefenschreibgerät *n*
самопишущий [selbst]schreibend, registrierend, Registrier...
самоплавкий *(Met)* selbstgehend, selbstschmelzig *(Erz)*
самопоглощение *n* Selbstabsorption *f*, Eigen[strahlungs]absorption *f* ‖ ~ излучения *(Kern)* Selbstabsorption *f* einer Strahlung *(bei einer umfangreichen Strahlungsquelle innerhalb derselben)*
самопогрузчик *m (Lw)* Selbstladewagen *m*, Ladewagen *m*, Futterladewagen *m*
самоподаватель *m (Masch)* 1. Einlegevorrichtung *f*, Selbsteinleger *m*; 2. Selbstzuführer *m*
самоподающий *(Masch)* 1. selbstzuführend, Selbstzuführ...; 2. Selbstvorschub...
самопрерыватель *m* Selbstunterbrecher *m*
самопресс *m (Text)* Muldenpresse *f*, Walzenpresse *f*, Muldenmangel *f (Gewebeausrüstung)*
самоприёмка *f (Typ)* Selbstausleger *m*, Auslegeapparat *m* ‖ ~/штапельная Stapelausleger *m*, Stapelableger *m*
самоприспосабливающийся selbstanpassend, sich selbst anpassend
самопроверка *f* Selbstprüfung *f* • с самопроверкой selbstprüfend
самопрограммирование *n* automatische Programmierung *f*, Selbstprogrammierung *f*
самопроизвольный spontan, Spontan...

самопуск *m* 1. selbsttätiger Anlauf *m*, Selbstanlauf *m (Elektromotor)*; 2. *(Kfz)* Starter *m*, Startanlasser *m*
саморазгружатель *m* Selbstentladevorrichtung *f*
саморазгружающийся selbstentladend, Selbstentlade...
саморазгрузка *f* Selbstentladung *f*
саморазгрузчик *m* Selbstentladewagen *m*
саморазложение *n* Selbstzersetzung *f*
саморазмагничивание *n* Selbstentmagnetisierung *f*
саморазогревание *n* s. самонагрев
саморазряд *m (El)* Selbstentladung *f*, Eigenentladung *f*
саморазрядный *(El)* Selbstentlade...
саморазряжение *n* s. саморазряд
самораскачивание *n (El)* Selbstaufschaukelung *f*
самораскисление *n (Met, Gieß)* Selbstdesoxidation *f (Schmelze)*
саморассеяние *n (Ph)* Selbststreuung *f*, Eigenstreuung *f*
саморасслоение *n (Led)* Selbstspalten *n*
саморегулирование *n* Selbstregelung *f*
саморегулирующийся selbstregelnd, Selbstregelungs...
саморезка *f (Pap)* Querschneider *m*
самородный *(Min)* gediegen
самородок *m (Min)* gediegenes Metall *n (z. B. Gold)*, Nugget *n*
самосадка *f (Geol)* natürlich aus Salzgewässern ausgefälltes Salz *n*, Seesalz *n*
самосброска *f (Lw)* Mähmaschine *f* mit Selbstablage
самосвал *m (Kfz)* 1. Kipper *m*; Kippfahrzeug *n*; 2. kippbare Ladefläche *f (eines Kippers)* ‖ ~/большегрузный Großraumkipper *m* ‖ ~ с двусторонним опрокидыванием Zweiseitenkipper *m* ‖ ~ с опрокидыванием кузова назад Hinterkipper *m* ‖ ~/трёхсторонний Dreiseitenkipper *m*
самосветящийся selbstleuchtend
самосвечение *n* Selbstleuchten *n*
самосенсибилизация *f (Ph)* Autosensibilisierung *f*, Eigensensibilisierung *f*
самосжатие *n (Mech)* Selbstkontraktion *f*, Selbstverdichtung *f*
самосинхронизация *f (El)* Selbstsynchronisation *f*, Selbstsynchronisierung *f*
самосинхронизирующийся *(El)* selbstsynchronisierend, Selbstsynchronisierungs...
самосканирование *n (Eln)* Selbstabtastung *f*
самосквашивание *n* natürliche (freiwillige) Säuerung *f*
самоскидка *f (Lw)* Selbstablage *f*
самосмазывание *n* Selbstschmierung *f*
самосмазывающийся selbstschmierend, mit Selbstschmierung
самосогласование *n* Selbstkonsistenz *f*, Widerspruchslosigkeit *f*, Widerspruchsfreiheit *f*
самосогласованный selbstkonsistent
самосогревание *n* Selbsterhitzung *f*, Selbsterwärmung *f*
самосопряжённый *(Math)* selbstadjungiert
самосохранение *n (Ph)* Selbsterhaltung *f*
самоспасатель *m (Bgb)* Selbstretter *m* ‖ ~/изолирующий isolierender Selbstretter *m* ‖ ~/фильтрующий Filterselbstretter *m*

самосплав *m (Lw)* Fließkanalentmistung *f*, Schwerkraftentmistung *f*
самостабилизация *f (Mech)* Selbststabilisierung *f*
самостарение *n (Met, Gieß)* Ausscheidungshärtung *f*, Alterungshärtung *f*, Selbstaushärtung *f*, Dispersionshärtung *f (Legierung)*
самостирание *n (El)* Selbstlöschung *f*
самостопорение *n* Selbstsicherung *f*
самосхват *m (Masch)* Selbstgreifer *m*
самотаска *f* 1. *(Forst)* Seilriese *f*, Seilschlepper *m*, Kettenschlepper *m*, Blockaufzug *m (Seil- oder Kettenförderer für Stammholz u. dgl.)*; 2. Gurtbecherwerk *n*, Schaufler *m (für Getreide und anderes Schüttgut)*
самотвердение *n (Gieß)* Selbstaushärten *n*, Selbstaushärtung *f (Formstoff)*
самотёк *m* Selbstfluß *m (Bewegung einer Flüssigkeit ohne Einwirkung von Förderdruck)*; Fließen *n* unter Schwerkraftwirkung *(Schüttgut)*; Gravitationsströmung *f*, Schwereströmung *f*
самотканый *(Text)* hausgewebt
самоторможение *n (Mech)* Selbsthemmung *f (durch Reibung bedingte Bewegungsverhinderung)*
самотормозящий[ся] selbsthemmend, selbstsperrend
самоуплотнение *n* Selbst[ab]dichtung *f*
самоуправление *n* Selbststeuerung *f*, automatische (selbsttätige) Steuerung *f*, Selbstlenkung *f*
самоуравновешивание *n (El)* Selbstabgleich *m*
самоускорение *n (Ph)* Selbstbeschleunigung *f*
самоустанавливаемость *f* Selbsteinstellbarkeit *f*
самоустанавливающийся selbsteinstellend, sich selbst einstellend; selbstführend; selbstanpassend
самоустановка *f* Selbsteinstellen *n*, Selbsteinstellung *f*
самофлюсующийся *(Met)* selbstgehend, selbstschmelzig *(Erz)*
самофокусировка *f (Opt)* Selbstfokussierung *f*
самоход *m* 1. Fahrzeug *n* mit Eigenantrieb *(Kraftfahrzeug im weiteren Sinne)*; 2. Selbstgang *m*, Selbstzug *m (Werkzeugmaschinen)*; 3. Leerlauf *m (z. B. eines Zählers)* ‖ ~/**поперечный** *(Wkzm)* Querselbstgang *m* ‖ ~/**продольный** *(Wkzm)* Längsselbstgang *m*
самоходный selbstfahrend, mit eigenem Fahrantrieb, mit Eigenantrieb
самоцвет *m (Min)* Edelstein *m*
самоциркулирующий selbstumlaufend, Selbstumlauf...
самошлакующийся *(Met)* selbstschlackend
самоштивание *n* (**самоштивка** *f*) **груза** *(Schiff)* Selbsttrimmen *n* der Ladung
самоэкранирование *n* Selbstabschirmung *f*
сандотрен *m* Sandothrenfarbstoff *m*
сани *pl s.* салазки
сани-амфибия *pl* Amphibien-Schlitten *m*
санидин *m (Min)* Sanidin *m*, Eisspat *m (Kalifeldspat)*
сантехкабина *f (Bw)* Sanitärzelle *f*
сантехника *f* Sanitärtechnik *f*
сантиграмм *m* Zentigramm *n*, cg
сантилитр *m* Zentiliter *m(n)*
сантиметр *m* Zentimeter *m(n)*, cm ‖ ~/**кубический** Kubikzentimeter *m(n)*, cm³

сантипуаз³ *m* Zentipoise *n*, cP *(SI-fremde Einheit der dynamischen Viskosität)*
сантистокс *m* Zentistokes *n*, cSt *(SI-fremde Einheit der kinematischen Viskosität)*
санузел *m* Sanitärzelle *f*
САП *s.* 1. система автоматизации программирования; 2. система автоматизированного производства; 3. система автоматического поиска
САПИ *s.* система автоматического проектирования и изготовления деталей
сапонит *m (Min)* Saponit *m*, Seifenstein *m*
САПР *s.* система автоматического проектирования
сапропелит *m (Geol)* Sapropelit *m*, Sapropelgestein *n (erhärteter Faulschlamm)*
сапропель *m (Geol)* Sapropel *m*, Faulschlamm *m*
САПРПС *s.* система автоматического проектирования программных средств
сапун *m* Atemventil *n*, Schnüffelventil *n*; Luftfilter *n* für Flüssigkeitsbehälter *n* ‖ ~ **картера** Kurbelgehäuseentlüftungsventil *n*, Atemventil *n (Entlüfter m) des Kurbelgehäuses (Verbrennungsmotor)*
сапфир *m (Min)* Saphir *m*
САР *s.* система автоматического регулирования
сарай *m* 1. Schuppen *m*, Lagerschuppen *m*; 2. *(Lw)* Scheune *f* ‖ ~/**товарный** *(Eb)* Güterschuppen *m*, Güterhalle *f* ‖ ~/**хлопковый** *(Text)* Baumwollschuppen *m*, Ballenhaus *n*
сардер *m (Min)* Sarder *m (brauner Chalzedon)*
сардоникс *m (Min)* Sardonyx *m (weißrot gestreifter Achat)*
саржа *f (Text)* 1. Kurzbezeichnung für: Köperbindung *f*, Köper *m*, Croisé *n (Weberei)*; 2. Serge *f*, Sersche *f (Köperstoff)* ‖ ~ **в ёлочку** Spitzköper *m* ‖ ~/**двусторонняя** Doppelköper *m*, gleichseitiger Köper *m* ‖ ~/**односторонняя** einseitiger (ungleichseitiger) Köper *m* ‖ ~/**основная** Kettköper *m* ‖ ~/**простая** *s.* ~/**односторонняя** ‖ ~/**пятиремизная** fünfbindiger (fünffädiger) Köper *m* ‖ ~/**сложная** Mehrgratköper *m*, zusammengesetzter Köper *m* ‖ ~/**усиленная** Breitgratköper *m*; verstärkter Köper *m* ‖ ~/**уточная** Schußköper *m*
саржевый *(Text)* Köper...
сарос *m (Astr)* Saroszyklus *m*
сарторит *m (Min)* Sartorit *m*, Bleiarsenglanz *m*
сассолин *m (Min)* Sassolin *m (Bormineral)*
сателлит *m* 1. *(Astr)* Satellit *m (Himmelskörper, der sich um einen Zentralkörper bewegt)*; 2. *(Masch)* Planetenrad *n*, Umlaufrad *n (Umlaufgetriebe)* ‖ ~ **дифференциала** *(Kfz)* Ausgleichegelrad *n (Ausgleichgetriebe)* ‖ ~ **связи** Nachrichtensatellit *m* ‖ ~ **телевизионный** Fernsehsatellit *m*
сатин *m (Text)* Satin *m*, Schußatlas *m*
сатинёр *m (Pap)* Prägekalander *m*, Gaufrierkalander *m*
сатинирование *n (Pap)* Satinieren *n*, Glätten *n*
сатинировать *(Pap)* satinieren, glätten
сатиновый *(Text)* Satin...
САТС *s.* средства/автотранспортные специализированные
сатуратор *m* Saturator *m*, Saturationsapparat *m*, Sättiger *m*; Saturationsgefäß *n*, Sättigungsgefäß

сатуратор

сатуратор *n*, Saturationspfanne *f (Zuckergewinnung)* ‖ **~/аммиачный** Ammoniaksättiger *m* ‖ **~/двухкамерный** Zweikammersättiger *m*
сатурация *f* Saturieren *n*, Saturation *f (Zuckergewinnung)* ‖ **~ в отдельных котлах** *s.* **~/периодическая** ‖ **~ в трубе** Rohrsaturation *f* ‖ **~/вторая** zweite Saturation *f*, Nachsaturation *f* ‖ **~/горячая** Siedesaturation *f* ‖ **~/первая** erste Saturation *f*, Vorsaturation *f* ‖ **~/периодическая** periodische Saturation *f*, Einzel[pfannen]saturation *f*
сатурировать saturieren *(Zuckergewinnung)*
САУ *s.* система автоматического управления
сафранин *m* Safranin *n (Farbstoff)*
саффлорит *m (Min)* Safflorit *m*, Arsenikkobalt *m*, Eisenkobaltkies *m*
сафьян *m* Saffianleder *n*
САХ *s.* хорда крыла/средняя аэродинамическая
сахар *m* Zucker *m (Monosaccharid oder Oligosaccharid)*; Zucker *m*, Sa[c]charose *f (Rohr- oder Rübenzucker)* ‖ **~/белый** Weißzucker *m* ‖ **~/виноградный** Traubenzucker *m*, D-Glucose *f*, Dextrose *f* ‖ **~/восстанавливающий** reduzierender Zucker *m* ‖ **~/древесный** Holzzucker *m*, D-Xylose *f* ‖ **~/инвертированный (инвертный)** Invertzucker *m* ‖ **~/кристаллический** Kristallzucker *m* ‖ **~/молочный** Milchzucker *m*, Lactose *f* ‖ **~/пилёный** Würfelzucker *m* ‖ **~/плодовый** Fruchtzucker *m*, D-Fructose *f*, Lävulose *f* ‖ **~/простой** einfacher Zucker *m*, Einfachzucker *m*, Monosa[c]charid *n* ‖ **~/редуцирующий** reduzierender Zucker *m* ‖ **~/свекловичный** Rübenzucker *m*, Sa[c]charose *f* ‖ **~/сложный** Vielfachzucker *m*, Polysa[c]charid *n* ‖ **~/солодовый** Malzzucker *m*, Maltose *f* ‖ **~/тростниковый** Rohrzucker *m*, Sa[c]charose *f* ‖ **~/фруктовый** *s.* **~/плодовый**
сахараза *f (Ch)* Sa[c]charase *f*, Invertase *f*
сахарат *m (Ch)* Sa[c]charat *n*
сахариметр *m* Sa[c]charimeter *m*, Zuckerpolarimeter *n*
сахариметрия *f* Sa[c]charimetrie *f*
сахарин *m (Ch)* Sa[c]charin *n*, o-Sulfobenzoesäureimid *n*
сахаристость *f* Zuckerhaltigkeit *f*, Zuckergehalt *m*
сахаристый zuckerhaltig
сахарит *m (Min)* Saccharit *m*
сахаровоз *m (Schiff)* Zuckerfrachter *m*
сахароза *f* Sa[c]charose *f*, Zucker *m (Rohr- oder Rübenzucker)*
сахарометр *m* Sa[c]charometer *n*, Zuckerwaage *f*
сахароносный zuckerspeichernd, zuckerliefernd
сахар-песок *m* Kristallzucker *m*
сахар-рафинад *m* Raffinadezucker *m*
сахар-сырец *m* Rohzucker *m*
сбавка *f (Text)* Abnehmen *n*, Mindern *n (Wirkerei)*
сбавление *n s.* сбавка
СБД *s.* система базы данных
сбег *m* 1. Ablauf *m*, Ablaufen *n*; 2. Auslauf *m (Gewinde)* ‖ **~ резьбы** *(Masch)* Gewindeauslauf *m*
сбегание *n s.* сбег
сбегать 1. ablaufen; 2. auslaufen *(Gewinde)*
сбежать *s.* сбегать
сбежистость *f (Forst)* Abholzigkeit *f (Durchmesserabnahme des Baumstammes)*

сбивание *n* Schlagen *n*; Abschlagen *n* ‖ **~ масла** *(Lebm)* Buttern *n*, Butterung *f* ‖ **~ окалины** *(Met)* Zunderbrechen *n*, mechanische Entzunderung (Entsteinerung) *f* ‖ **~ початков** *(Text)* Abschlagen *n* der Kopse *(Weberei)*
сбивать 1. abschlagen, herunterschlagen; 2. abkommen *(vom Weg, vom Kurs)*; 3. *(Bgb)* durchschlägig machen, einen Durchhieb herstellen ‖ **~ масло** *(Lebm)* buttern; Öl schlagen
СБИМС *s.* микросхема/сверхбольшая интегральная
СБИС *s.* схема/сверхбольшая интегральная ‖ **~/быстродействующая** *(Eln)* Hochgeschwindigkeitsschaltkreis *m*, VHSIC ‖ **~/полузаказная** *(Eln)* Semikunden-VLSI-Schaltkreis *m*
СБИС-пластина *f*, **СБИСП** *(Eln)* Chip-Satz *m*
сбить *s.* сбивать
сближение *n* 1. Annäherung *f*, Näherung *f*, Approximation *f*; 2. *(Raumf)* Rendezvous *n* ‖ **~/повторное** *(Raumf)* Wiederannäherung *f*, erneute Annäherung *f* ‖ **~ с планетой** *(Raumf)* Annäherung *f* an einen Planeten, Planetenanflug *m*
сбоины *pl* Ölkuchen *mpl*
сбой *m* Fehler *m*, Störung *f*, Versagen *n*, Ausfall *m* (z. B. einer Maschine) • **без сбоёв** störungsfrei, fehlerfrei ‖ **~ в питание** Stromausfall *m* ‖ **~ из-за динамического перекоса** Skew-Fehler *m (Magnetband)* ‖ **~ канала** *(Inf)* Kanalfehler *m* ‖ **~/«мягкий»** *(Inf)* Softerror *m*, Einzel-Bit-Ausfall *m* ‖ **~/одиночный** Einzelausfall *m*, Einzelstörung *f* ‖ **~ по нечёту** *(Inf)* Paritätsfehlerunterbrechung *f* ‖ **~/случайный** Zufallsfehler *m* ‖ **~ уровня** Pegelfehler *m*
сбойка *f (Bgb)* Durchhieb *m*, Durchschlag *m*, Durchbruch *m*; Querort *n* ‖ **~/вентиляционная** Wetterdurchhieb *m*
сболтить *s.* сболчивать
сболчивание *n* Verbolzen *n*, Verbolzung *f*
сболчивать verbolzen
сбор *m* 1. Sammeln *n*, Einsammeln *n*; 2. *(Inf)* Erfassen *n*, Erfassung *f (Daten)*; 3. *(Lw)* Ernte *f*; 4. Kassieren *n*, Kassierung *f (Gebühren)* • **в сборе** komplett, montiert ‖ **~/аэропортовый** Flughafengebühr *f* ‖ **~/буксирный** *(Schiff)* Schleppergebühr *f* ‖ **~/данных** *(Inf)* Datenerfassung *f*, Datenaquisition *f* ‖ **~/доковый** *(Schiff)* Dockgebühr *f* ‖ **~ и обработка** *f* **данных технологических процессов** Prozeßdatenverarbeitung *f* ‖ **~ информации** *(Inf)* Informationserfassung *f* ‖ **~/лоцманский** *(Schiff)* Lotsengebühr *f* ‖ **~ первичных данных** *(Inf)* Primärdatenerfassung *f* ‖ **~/портовый** *(Schiff)* Hafengebühr *f* ‖ **~/причальный** *(Schiff)* Anlegegebühr *f*
сборка *f* 1. *(Masch)* Montieren *n (von Maschinenteilen im Werk)*; Werksmontage *f*, Werkstattmontage *f*; 2. Montage *f*, Aufstellung *f (ganzer Maschinen oder Teile an Aufstellungsort)*; 3. *(Bw)* Rüstung *f (Baukonstruktionsteile)*; 4. Konfektionieren *n (Kfz-Reifenherstellung)*; 5. *(Eln)* Array *n*, Anordnung *f*, Gruppe *f*; 6. *(Eln)* Bestückung *f (einer Leiterplatte)*; 7. *(Eln)* Modul *n*, Baustein *m* ‖ **~ без подмостей** *(Bw)* Freivorbau *m*, freischwebende (gerüstlose) Montage *f* ‖ **~/блочная** *(Schiff)* Blocksektionsmontage *f* ‖ **~ в пластмассовые корпуса** *(El)* Kunststoffverkappung *f (von Schaltungen)* ‖ **~/индиви-**

дуальная Einzelmontage f ‖ ~/кабельная (El) Kabelverbindung f der Kabelenden (z. B. in Kabelmuffen) ‖ ~/клеммная (El) Kabelverbindungs- und -abzweigstelle f (unmittelbare Verbindung der Kabelenden, z. B. in Kabelmuffen) ‖ ~/компенсирующая топливная (Kern) Kompensationsbrennstoffbündel n ‖ ~/конвейерная Fließbandmontage f ‖ ~/конденсаторная (El) Kondensatorarray n ‖ ~/критическая (Kern) kritische Anordnung f ‖ ~/крупноблочная (Schiff) Großblockbauweise f, Großblockmontage f ‖ ~ крупными секциями (Schiff) Großsektionsbauweise f ‖ ~/многокристальная (Eln) Multichipmontage f ‖ ~/мягкодюрновая (Gum) Konfektionieren n mit weichem Dorn (Reifen) ‖ ~ на построечном месте (Schiff) Hellingsmontage f ‖ ~/навесная (Bw) Freivorbau m; freischwebende (gerüstlose) Montage f ‖ ~/общая (окончательная) Endmontage f ‖ ~ покрышек (Gum) Reifenkonfektion f ‖ ~/полудорновая (Gum) Halbdornkonfektionieren n ‖ ~/полуплоская (Gum) Flachtrommelkonfektionieren n (Reifen) ‖ ~/послойная (Gum) Einzellagenkonfektionieren n (Reifen) ‖ ~/поточная Fließmontage f ‖ ~/поэтажная (Bw) etagenweise Montage f ‖ ~/предварительная Vormontage f ‖ ~/предстапельная (Schiff) Vormontage f ‖ ~/секционная (Schiff) Sektionsmontage f ‖ ~/секционно-блочная (Schiff) Blocksektionsmontage f ‖ ~ сердечника (El) Kernaufbau m, Kernzusammenbau m ‖ ~ сердечника впереплёт Kernaufbau m mit geschachteltem (überlapptem) Stoß ‖ ~ сердечника впритык Kernaufbau m mit stumpfem Stoß ‖ ~/спаренная (Gum) gepaarte Reifenkonfektion f ‖ ~/стапельная (Schiff) Hellingmontage f ‖ ~/стержневая s. ~ стержней ‖ ~ стержней (Kern) Bank f von Steuerstäben, Stabanordnung f, Stabgruppe f ‖ ~/судна/крупная секционная (Schiff) Zusammenbau m aus Großsektionen ‖ ~ схемы (El) Zusammenschaltung f; Schaltungsaufbau m ‖ ~/транзисторная (Eln) Transistorarray n ‖ ~/укрупнительная (Bw) Vormontage f

сборник m 1. (Typ) Sammlung f, Sammelwerk n; 2. Sammelbehälter m, Sammelgefäß n, Sammelkasten m; Sammelbottich m; Sammelraum m; 3. (Ch) Vorlage f, Sammelgefäß n ‖ ~ дистиллята Destillatsammelbehälter m ‖ ~ конденсата Kondensatsammelbehälter m ‖ ~ оборотной воды (Pap) Abwasser[sammel]behälter m, Rückwasser[sammel]behälter m; (Pap) Siebwasser[sammel]behälter m ‖ ~ первого сусла (Brau) Vorlaufgefäß n (für Vorderwürze) ‖ ~ регистровой воды (Pap) Siebwasser[sammel]behälter m ‖ ~/сиропный Dicksafteinzugskasten m (Zuckergewinnung) ‖ ~ фракции Fraktionssammler m (Destillation)

сборник-мерник m Sammelmeßbehälter m
сборно-разборный zerlegbar, montagefähig, zusammen- und auseinanderbaubar
сборный 1. Sammel..., Sammler...; 2. zusammengesetzt; 3. zusammensetzbar, montierbar
сборочный 1. Sammel...; 2. Montage...
сборщик m (Inf) Binder m
сбраживаемость f (Ch) Vergärbarkeit f; Vergärungsgrad m ‖ ~/действительная wirklicher Vergärungsgrad m ‖ ~/кажущаяся scheinbarer Vergärungsgrad m
сбраживаемый vergärbar
сбраживание n (Ch) Vergären n, Vergärung f
сбраживать (Ch) vergären
сбрасывание n Abwerfen n, Abwurf m ‖ ~ петель (Text) Abschlagen n (Maschenbildung; Wirkerei)
сбрасыватель m 1. Auswerfer m, Ausstoßer m; 2. Abstreifer m (am Gurtförderer); 3. Abwurfvorrichtung f, Auswerfer m; 4. (Geol) Abwurfbungsfläche f, Verwerfungsspalte f, Sprungkluft f; 5. (Eln) Plattenwechsler f ‖ ~ бунтов (Wlz) Bundabwurfvorrichtung f ‖ ~/вращающийся rotierender Abstreicher m ‖ ~ листов (Wlz) Blechabschiebevorrichtung f, Blechabwurfvorrichtung f ‖ ~ полос (Wlz) Streifenabschiebevorrichtung f, Streifenabwurfvorrichtung f
сбрасывать 1. ausstoßen, auswerfen; abwerfen; 2. abstreifen, abstreichen (Förderband); 3. (Geol) ‖ ~ за борт (Schiff) ausgießen, nach außenbord ablassen (z. B. Öl) ‖ ~ петли (Text) [Maschen] abschlagen (Maschenbildung; Wirkerei)
сброс m 1. Abwerfen n, Abwurf m (z. B. Lasten); 2. Auslaß m, Auswurf m; 3. (Geol) Sprung m, Abschiebung f, gegensinnige Verwerfung f, Störung f; 4. (Hydt) Überfall m, Sturzrinne f; 5. (Eln) Rückstellen n; Zurücksetzen n, Reset n (Register, Zähler) ‖ ~/аварийный Notauslaß m ‖ ~/антитектический s. ~/несогласно-падающий ‖ ~/вертикальный (Geol) Seigersprung m ‖ ~ воды (Hydt) Wassersturz m, Wasserüberfall m ‖ ~/вращательный (Geol) Drehverwerfung f ‖ ~/горизонтальный s. сбрососдвиг ‖ ~/гравитационный (Geol) Abschiebung f, [normale] Verwerfung f, [gewöhnlicher] Sprung m ‖ ~ давления (Mech) Druckentlastung f, Entspannung f ‖ ~/диагональный (Geol) schräger Sprung m, Diagonalverwerfung f, Schrägverwerfung f, diagonale Störung f ‖ ~/закрытый 1. (Geol) geschlossener Sprung m, geschlossene Verwerfung f; 2. Wasserablaß m in Rohren ‖ ~/зияющий s. ~/открытый 1. ‖ ~/косой s. ~/диагональный ‖ ~/краевой (Geol) peripherer Sprung m, Randstörung f ‖ ~/круговой (Geol) periphere Störung f ‖ ~/крутопадающий (Geol) steilfallende Verwerfung f, steil einfallende Abschiebung f ‖ ~/кулисообразный (Geol) Kulissenverwerfung f, kulissenartige Abschiebung f ‖ ~ нагрузки Lastabwurf m, Entlastung f ‖ ~/наклонный (Geol) geneigte (schwebende) Verwerfung f ‖ ~/несогласно-падающий (Geol) gegenfallender Sprung m, antithetische Abschiebung f ‖ ~ нефти за борт (Schiff) Ausguß m von Öl nach außenbord ‖ ~/нормальный (Geol) normaler Sprung m, Abschiebung f ‖ ~/обратный (Geol) widersinnige Verwerfung f ‖ ~/обыкновенный s. ~/нормальный ‖ ~/осевой (Geol) Drehverwerfung f ‖ ~/открытый 1. (Geol) offener Sprung m, geöffnete Verwerfung f, klaffende Abschiebung f; 2. (Hydt) offener Wasserablaß m ‖ ~ памяти (Inf) Speicherlöschung f ‖ ~/параллельный (Geol) Parallelsprung m, Parallelverwerfung f, parallele Abschiebung f ‖ ~/периферический s. ~/краевой ‖ ~ петли (Text) Fallmasche f (Strickerei) ‖ ~ по падению s. ~/поперечный ‖ ~ по про-

сброс

стиранию s. ~/**продольный** ǁ ~/**пологопадающий** (Geol) flachfallende (flachwinkelige) Verwerfung f ǁ ~/**поперечный** (Geol) Querverwerfung f, transversale Verschiebung f ǁ ~/**продольный** (Geol) streichende Verwerfung f, Längsverwerfung f ǁ ~/**простой** (Geol) einfache Verwerfung f ǁ ~/**прямой** (Geol) gerader Sprung m ǁ ~/**радиальный** (Geol) Radialverwerfung f ǁ ~/**разветвляющийся** (Geol) verzweigte (verästelte) Verwerfung f ǁ ~ **растяжения** (Geol) Ausweitungsstörung f, Zerrungsstörung f ǁ ~/**секущий** s. сбрососдвиг ǁ ~/**синтектический** s. ~/согласно-падающий ǁ ~ **системы** (Inf) Systemrücksetzen n ǁ ~ **скручивания** (Geol) Drehverwerfung f, Scharnierverwerfung f ǁ ~/**сложный** s. ~/ступенчатый ǁ ~/**согласно-падающий** (Geol) gleichfallende (gleichsinnige) Verwerfung f, homothetische (synthetische) Abschiebung f ǁ ~/**ступенчатый** (Geol) Staffelbruch m ǁ ~/**холостой** (Hydt) Leerschuß m ǁ ~/**шарнирный** (Geol) Scharnierverwerfung f

сбросить s. сбрасывать

сбрососдвиг m (Geol) Horizontalverschiebung f, Blattverschiebung f, Transversalverschiebung f, Seitenverschiebung f

сброшюровать (Typ) broschieren

СВ s. 1. выпрямитель/селеновый; 2. волна/средняя; 3. средневолновый; 4. система вентиляции

сваб m (Bgb) Swabkolben m, Förderkolben m (Tiefbohrtechnik)

свабирование n (Bgb) Swabben n, Kolben n, Pistonieren n (Tiefbohrtechnik)

свабировать (Bgb) swabben, kolben, pistonieren (Tiefbohrtechnik)

сваевыдёргиватель m (Bw) Pfahlauszieher m

свайка f (Schiff) Marlspieker m

свайный (Bw) Pfahl...

сваливание n 1. (Flg) Abkippen n; 2. Abkippen n (Müll auf Deponie) ǁ ~ **на нос** (Flg) Vornüberkippen n

сваливаться 1. (Flg) abstürzen; abkippen; 2. (Schiff) zusammenstoßen

свалить на крыло (Flg) über den Tragflügel abkippen ǁ ~ **на нос** (Flg) vornüberkippen

свалиться s. сваливаться

свалка f 1. Halde f; Kippe f (s. a. ~/мусорная); 2. Baggerentladestelle f ǁ ~/**мусорная** Mülldeponie f, Müllkippe f ǁ ~/**организованная** geordnete Deponie f

свалок m (Text) Walkfilz m (Walken von wollenen Tuchen oder Wirkwaren)

свалять s. валять

сваренный geschweißt; verschweißt ǁ ~ **внахлёстку** überlappt geschweißt ǁ ~ **под флюсом** UP-geschweißt ǁ ~ **сопротивлением** widerstandsgeschweißt ǁ ~ **электронным лучом** elektronenstrahlgeschweißt

свариваемость f (Schw) Schweißbarkeit f

свариваемый schweißbar

сваривание n s. сварка

сваривать 1. schweißen, verschweißen, zusammenschweißen; 2. (Eln) bonden ǁ ~ **внакладку** überlappt schweißen (Bandstahl) ǁ ~ **внахлёстку** überlappt schweißen (Stahlblech) ǁ ~ **встык** stumpfschweißen ǁ ~ **точками** punktschweißen

сварить s. сваривать

сварка f 1. Schweißen n, Schweißung f; Verschweißen n; Verbindungsschweißen n; 2. (Eln) Bonden n ǁ ~/**автовакуумная** Autodiffusionsschweißen n (Diffusionssonderschweißverfahren) ǁ ~/**автогенная** Autogenschweißen n, Gas[schmelz]schweißen n ǁ ~/**автоматическая** automatisches (selbsttätiges) Schweißen n ǁ ~/**автоматическая трёхфазная** automatisches Kaell-Schweißverfahren n ǁ ~ **аккумулированной энергией** Kondensator-Impulsschweißen n ǁ ~/**алюминотермитная** aluminothermisches Schweißen n (Schienen) ǁ ~/**аргоно-дуговая** WIG-Schweißen n, Argonarc-Schweißen n, Argon-Schutzgas-[Elektrolichtbogen-]Schweißen n ǁ ~/**атомно-водородная** Arcatom-Schweißen n, atomares Lichtbogenschweißen n, Langmuir-Verfahren n ǁ ~/**ацетиленовая (ацетилено-кислородная)** Acetylen-Sauerstoff-Schweißen n, Gasschweißen n mit Acetylen-Sauerstoff-Gemisch (s. a. ~/газовая) ǁ ~/**бензиновая (бензино-кислородная, бензокислородная)** Gasschweißen n mit Benzin-Sauerstoff-Gemisch ǁ ~/**бензоловая** Schweißen n mit Benzol-Sauerstoff-Gemisch ǁ ~ **в активных газах** Schutzgas-Lichtbogenschweißen n in aktiven Gasen, MAG-Schweißen n (z. B. CO_2-Schweißen) ǁ ~ **в вакууме/диффузионная** s. ~/диффузионная ǁ ~ **в вертикальном положении** s. ~/вертикальная ǁ ~ **в горизонтальном положении** s. ~/горизонтальная ǁ ~ **в замок/кузнечная** Keilschweißung f, Kluppenschweißung f (Feuerschweißverfahren) ǁ ~ **в защитном газе** Schutzgasschweißen n ǁ ~ **в защитном газе/электродуговая** Schutzgas-[Lichtbogenschmelz]schweißen n ǁ ~ **в инертных газах** Lichtbogen-Inertgasschweißen n (WIG- bzw. MIG-Schweißen) ǁ ~ **в контролируемой атмосфере/диффузионная** Diffusionsschutzgasschweißen n (Schutzgase: Wasserstoff, Argon, Helium) ǁ ~ **в лодочку** Schweißen n in Wannenposition (Wannenlage), Wannenlagenschweißen n ǁ ~ **в нижнем положении** s. ~/нижняя ǁ ~ **в паз/кузнечная** s. ~ в замок/кузнечная ǁ ~ **в потолочном положении** s. ~/потолочная ǁ ~ **в стык** s. ~/стыковая ǁ ~ **в углекислом газе** Schutzgas(CO_2)-Schweißen n, SG (CO_2)-Schweißen n, MAG-Schweißen n ǁ ~ **в углекислом газе плавящимся электродом** SG(CO_2)-Schweißen n mit abschmelzender Elektrode ǁ ~ **в углекислом газе угольным электродом** SG(CO_2)-Schweißen n mit Kohleelektrode ǁ ~/**вертикальная** Senkrechtschweißen n, Schweißen n in Vertikalposition ǁ ~ **взрывом** Explosionsschweißen n, Ex-Schweißen n ǁ ~ **внахлёстку** Überlapptschweißen n ǁ ~/**водородная** Schweißen n mit Wasserstoff-Sauerstoff-Gemisch, Schweißen n mit Knallgas ǁ ~ **водяным газом** Wassergasschweißen n ǁ ~ **вольфрамовым электродом/азотно-дуговая** WIG-Schweißen n in Stickstoff-Schutzgasatmosphäre, Nitroarc-Schweißen n ǁ ~ **вольфрамовым электродом/аргонодуговая** Wolfram-Inertgas-Schweißen n, WIG-Schweißen n (bei Verwendung von Argon als Schutzgas), Argonarc-Verfahren n, Argonarc-Schweißen n ǁ

828

сварка

~ вольфрамовым электродом/гелиеводуговая WIG-Schweißen n mit Helium als Schutzgas, Helioarc-Schweißen n ‖ ~ впритык Кельнahtschweißen n ‖ ~ **вращающейся дугой** s. ~ дугой, вращающейся в магнитном поле ‖ ~ **встык** Stumpfschweißen n ‖ ~/**высокочастотная** Hochfrequenzschweißen n, HF-Schweißen n ‖ ~/**газовая** Gas[schmelz]schweißen n, G-Schweißen n, autogenes Schweißen n ‖ ~/**газопрессовая** Gaspreßschweißen n, Gaswulstschweißen n, autogenes Preßschweißen n ‖ ~/**горизонтальная** Schweißen n in Normalposition ‖ ~/**горновая** Feuerschweißen n, F-Schweißen n, Schmiedeschweißen n, Hammerschweißen n ‖ ~ **давлением** Preßschweißen n ‖ ~ **давлением/термитная** Thermitpreßschweißen n ‖ ~ **давлением/холодная** Kaltpreßschweißen n, KP-Schweißen n ‖ ~/**двусторонняя** beidseitiges Schweißen n ‖ ~/**двусторонняя двухточечная** beidseitiges Doppelpunktschweißen n (mit oberem beweglichen und unterem festen Elektrodenpaar) ‖ ~/**двусторонняя точечная** direktes Punktschweißen n ‖ ~/**двухточечная** Doppelpunktschweißen n ‖ ~/**диффузионная (диффузионно-вакуумная)** Diffusionsschweißen n, Vakuumdiffusionsschweißen n (Preßschweißverfahren in Hochvakuumkammer) ‖ ~/**дуговая** Lichtbogen[schmelz]schweißen n, Elektro[schmelz]schweißen n ‖ ~ **дугой, вращающейся в магнитном поле** MBL-Schweißen n, Schweißen n mit magnetisch bewegtem Lichtbogen ‖ ~/**дугоконтактная** s. ~ дугой, вращающейся в магнитном поле ‖ ~ **заливкой** Gießschweißen n ‖ ~/**импульсная** Impulsschweißen n ‖ ~/**импульсная дуговая** Impulslichtbogenschweißen n ‖ ~/**импульсная контактная** Impulswiderstandsschweißen n ‖ ~/**индукционная** Induktionsschweißen n ‖ ~ **каскадом** Kaskadenschweißen n (mehrlagiges Metallelektroden-Handschweißen mit stufenartig sich überdeckenden Lagen) ‖ ~/**кислородно-ацетиленовая** Acetylen-Sauerstoff-Schweißen n, autogenes Schweißen n, Autogenschweißen n ‖ ~ **кольцевым швом** Rundnahtschweißen n ‖ ~/**комбинированная термитная** Thermit-Preß-Schmelzschweißen n, aluminothermisches Gieß-Preßschweißen n ‖ ~/**конденсаторная** Kondensorimpulsschweißen n, KI-Schweißen n ‖ ~/**контактная** 1. Widerstandsschweißen n, [elektrisches] Widerstandspreßschweißen n; 2. (Eln) Kontaktbonden n ‖ ~/**контактная роликово-стыковая** s. ~/шовно-стыковая ‖ ~/**контактная точечная** s. ~/точечная ‖ ~/**контактная шовная** s. ~/шовная ‖ ~/**контактная шовно-стыковая** s. ~/шовно-стыковая ‖ ~ **контактным нагревом** (Kst) Heizelementschweißen n, Schweißen n durch Berührungswärme, Spiegelschweißen f, Preß-Stumpfschweißen f ‖ ~/**кузнечная** s. ~/горновая ‖ ~/**лазерная** Laserschweißen n ‖ ~/**левая** Nachlinksschweißen n, NL-Schweißen n ‖ ~ **лежачим электродом** Unterschienenschweißen n, US-Schweißen n, Elin-Hafergut-Verfahren n ‖ ~/**линейная** s. ~/шовная ‖ ~/**многодуговая** Mehrfachlichtbogenschweißen n ‖ ~/**многоимпульсная точечная** Mehrimpulspunktschweißen n ‖ ~ **многопламенными горелками (наконечниками)** Gasschweißen n mit Mehrflammenbrenner, Mehrflammenschweißen n ‖ ~/**многопроходная (многослойная)** Mehrlagenschweißen n ‖ ~/**многоточечная [контактная]** Mehr[fach]punktschweißen n, Viel[fach]punktschweißen n (gleichzeitiges Schweißen mittels mehrerer Elektroden bzw. Elektrodenpaare) ‖ ~/**многоэлектродная** Mehrelektrodenschweißen n ‖ ~ **на подъём** s. ~ снизу вверх/вертикальная ‖ ~ **на спуск** s. ~ сверху вниз/вертикальная ‖ ~ **науглероживающим пламенем** Schweißen n mit reduzierender Flamme ‖ ~ **неплавящимся электродом** Schweißen n mit (mittels) nichtabschmelzender Elektrode ‖ ~/**непрерывная кинтинуйрлйхес** kontinuierliches Schweißen n ‖ ~/**непрерывная роликовая** Rollennahtschweißen n ‖ ~ **непрерывным оплавлением/стыковая** [Widerstands-]Abbrennstumpfschweißen n aus dem Kalten ‖ ~/**нижняя** Schweißen n in Normalposition (Horizontalposition), horizontales Schweißen n (beim waagerechten Schweißen am liegenden Blech) ‖ ~ **обмазанным электродом/электродуговая** Lichtbogenschweißen n mit umhüllter Elektrode ‖ ~/**обратно-ступенчатая** Gegenschrittschweißen n, Pilgerschrittschweißen n ‖ ~/**одноимпульсная точечная** Einimpulspunktschweißen n ‖ ~/**однопроходная (однослойная)** Einlagenschweißen n ‖ ~/**односторонняя** einseitiges Schweißen n ‖ ~/**односторонняя двухточечная** einseitiges Doppelpunktschweißen n (Schweißen ohne unteres festes Elektrodenpaar auf Kupferunterlage) ‖ ~/**односторонняя одноточечная** einseitiges (indirektes) Einzelpunktschweißen n (Schweißen ohne untere feste Elektrode auf Kupferelektrode) ‖ ~/**односторонняя точечная** einseitiges (indirektes) Punktschweißen n ‖ ~/**одноточечная** Einzelpunktschweißen n (Schweißen mittels einer Elektrode bzw. eines Elektrodenpaares) ‖ ~ **окислительным пламенем** Schweißen n mit oxidierender Flamme ‖ ~ **оплавлением/газопрессовая** Gaspreßschweißen n ‖ ~ **оплавлением/стыковая** [Widerstands-]Abbrennstumpfschweißen n, WA-Schweißen n ‖ ~ **открытой дугой** offenes Lichtbogenschweißen n (Benardos- bzw. Slawjanow-Verfahren ohne Gas- oder Pulverschutz) ‖ ~ **плавлением** Schmelzschweißen n ‖ ~ **плавлением/газовая** Gas[schmelz]schweißen n, Autogenschweißen n, autogenes Schweißen n ‖ ~ **плавлением/термитная** AT-Schmelzschweißen n ‖ ~ **плавлением/электрическая** Schmelzschweißen n ‖ ~ **плавящим мундштуком [/электрошлаковая]** Elektroschlackeschweißen n mit abschmelzender Düse ‖ ~ **плавящимся электродом/аргонодуговая** Metall-Inertgasschweißen n, MIG-Schweißen n ‖ ~/**плазменная** Plasmaschweißen n, Pl-Schweißen n ‖ ~/**плазменно-дуговая** Plasmalichtbogenschweißen n, plasmenной струёй s. ~/плазменная ‖ ~ **пластинчатыми электродами/электрошлаковая** Elektroschlackeschweißen n mit Plattenelektroden von großem Querschnitt ‖ ~/**пластическая газопрессовая** s. ~/газопрессовая ‖ ~ по

сварка

присадке Lichtbogenschweißen bei vorher in die Nahtfuge eingelegtem Zusatzwerkstoff ‖ ~ **под флюсом** Unterpulverschweißen n, UP-Schweißen n, verdecktes Schweißen n ‖ ~**подводная** Unterwasserschweißen n ‖ ~ **покрытым армированным электродом/автоматическая дуговая** Netzmantelelektrodenschweißen n, Fusarc-Verfahren n, Fusarc-Schweißverfahren n ‖ ~**/полуавтоматическая** teilautomatisches (halbautomatisches) Schweißen n ‖ ~**/поперечная роликовая [шовная]** Rollennahtschweißen n mit Nahtverlauf quer (senkrecht) zur Elektrodenarmachse ‖ ~**/последовательная многоточечная** Vielpunktschweißen n, Programmschweißen n (Vielfachpunktschweißen mit aufeinanderfolgendem Andruck der einzelnen Elektroden) ‖ ~**/последовательная точечная** Reihenpunktschweißen n ‖ ~ **постоянным током** Gleichstromschweißen n ‖ ~**/потолочная** Überkopfschweißen n ‖ ~**/правая** Nachrechtsschweißen n, NR-Schweißen n ‖ ~**/прерывистая роликовая** s. ~**/шаговая** ‖ ~**/прессовая** Preßschweißen n (bei gleichmäßiger Erwärmung und nachfolgendem Zusammendrücken der Werkstoffteile) ‖ ~ **прихватками** Heftschweißen n ‖ ~**/пробочная** Loch[naht]verbindung f ‖ ~**/продольная роликовая [шовная]** Rollennahtschweißen n mit Nahtverlauf parallel zur Elektrodenarmachse ‖ ~ **пучком проволок** Drahtbündelschweißen n ‖ ~ **пучком электродов** Bündelschweißen n, Elektrodenbündelschweißen n ‖ ~ **пятачками** Gasschmelztropfschweißen n (Einbringen des Zusatzwerkstoffs in einzelnen Tropfen beim Dünnblechschweißen unter 3 mm Dicke) ‖ ~**/радиочастотная** Hochfrequenzwiderstandsschweißen n ‖ ~ **расщеплёнными электродами** Doppeldrahtschweißen n ‖ ~**/рельефная** Buckelschweißen n, Widerstandsbuckelschweißen n, WB-Schweißen n ‖ ~ **роботами** Roboterschweißen n ‖ ~**/роликовая** s. ~**/шовная** ‖ ~**/ролико-стыковая** s. ~**/шовно-стыковая** ‖ ~**/ручная** Handschweißen n; Elektrolichtbogen-Handschweißen n ‖ ~ **с глубоким проплавлением** Tief[einbrand]schweißen n ‖ ~ **с голыми электродами/электродуговая** Lichtbogen[schmelz]schweißen n mit nichtumhüllten (nackten) Elektroden ‖ ~ **с жидким присадочным металлом** Kohlelichtbogenschweißen n mit geschmolzenem Zusatzwerkstoff ‖ ~ **с опирающимся электродом** Tief[einbrand]schweißen n ‖ ~ **с трёхфазной дугой** s. ~**/трёхфазная** ‖ ~ **с угольным электродом** s. ~**/угольно-дуговая** ‖ ~ **сверху вниз/вертикальная** Schweißen n von oben nach unten, f-Schweißen n, Schweißen n in fallender Position, Schweißen n fallend ‖ ~**/световая** Lichtstrahlschweißen n ‖ ~ **световым лучом** Lichtstrahlschweißen n ‖ ~**/скоростная** Schnellschweißen n, Schnellschweißverfahren n ‖ ~ **снизу вверх/вертикальная** Schweißen n von unten nach oben, s-Schweißen n, Schweißen n in steigender Position, Schweißen n steigend ‖ ~ **сопротивлением** Widerstandsschweißen n, [elektrisches] Widerstandspreßschweißen n ‖ ~ **сопротивлением/стыковая** Preßstumpfschweißen n ‖ ~**/стыковая [контактная]** Widerstands-

830

stumpfschweißen n ‖ ~**/стыковая холодная** Kaltpreßstumpfschweißen n, Stumpfstoßschweißen n in fester Phase ‖ ~**/термитная алюминотермическое** Schweißen n, AT-Schweißen n, Thermitschweißen n (Schienen) ‖ ~**/термокомпрессионная** 1. Thermokompressionsschweißen n; 2. (Eln) Thermokompressionsbonden n, TC-Bonden n ‖ ~ **током высокой частоты** Hochfrequenzschweißen n, HF-Schweißen n ‖ ~ **тонколистовой стали** Dünnblechschweißen n ‖ ~**/точечная** Punktschweißen n, Widerstandspunktschweißen n, WP-Schweißen n ‖ ~**/точечная дуговая** Lichtbogenpunktschweißen n ‖ ~**/точечная контактная** Widerstandspunktschweißen n ‖ ~**/точечная ультразвуковая** Ultraschallpunktschweißen n ‖ ~ **трением** Reibschweißen n, R-Schweißen n ‖ ~**/трёхфазная** Drehstromschweißen n, Schweißen n mit Drehstrom, Kaell-Schweißverfahren n (Verfahren nach Kjelberg-Lundin) ‖ ~ **углом вперёд** Schweißen n in stechender Brennerposition ‖ ~ **углом назад** Schweißen n in schleppender Brennerposition ‖ ~**/угольно-дуговая** Kohlelichtbogenschweißen n, Benardos-Verfahren n ‖ ~ **угольной дугой** s. ~**/угольно-дуговая** ‖ ~ **угольным электродом [/дуговая]** s. ~**/угольно-дуговая** ‖ ~**/ударная конденсаторная** Schlagschweißen n, Perkussionsschweißen n, Pe-Schweißen n, Kondensatorentladungsschweißen n ‖ ~**/ультразвуковая** 1. Ultraschallschweißen n; 2. (Eln) Ultraschallbonden n, US-Bonden n ‖ ~**/холодная** 1. s. ~**/холодная прессовая**; 2. (Eln) Kaltbonden n ‖ ~**/холодная прессовая** Kaltpreßschweißen n, KP-Schweißen n ‖ ~**/шаговая** Schrittschweißen n ‖ ~ **шланговым полуавтоматом** Hohlkabelschweißung f ‖ ~**/шовная** Nahtschweißen n, Widerstandsrollennahtschweißen n, WR-Schweißen n ‖ ~**/шовно-стыковая** Längsnahtschweißen n von Röhren mittels Rollentransformators ‖ ~**/электрическая дуговая** s. ~**/электродуговая** ‖ ~**/электрическая контактная** s. ~**/контактная** ‖ ~**/электродуговая** Lichtbogen[schmelz]schweißen n, Elektro[schmelz]schweißen n, elektrisches Schweißen n, Elektroschweißen n ‖ ~ **электрозаклёпками** Nietschweißen n, Lochschweißen n ‖ ~**/электроконтактная** s. ~**/контактная** ‖ ~**/электромагнитная точечная** Magnet-Impulsschweißen n, elektromagnetisches Impuls-Widerstandspunktschweißen n ‖ ~**/электронно-лучевая** Elektronenstrahlschweißen n, ELS-Schweißen n ‖ ~**/электрошлаковая** Elektroschlackeschweißen n, ES-Schweißen n ‖ ~ **ЭЛС** s. ~**/электронно-лучевая**

сварной 1. geschweißt, Schweiß...; 2. (Eln) gebondet, Bond...

сварочный Schweiß...

свая f (Bw) Pfahl m (Pfahlgründung) ‖ ~**/анкерная** Ankerpfahl m ‖ ~**/береговая** Uferpfahl m ‖ ~**/бетонная** Betonpfahl m ‖ ~**/бетонная набивная** Ortbetonpfahl m ‖ ~**/буронабивная** Bohrpfahl m ‖ ~**/вибронабивная** Rüttelpfahl m ‖ ~**/винтовая** Schraubenpfahl m, Bohrpfahl m ‖ ~**/висячая** schwebender Pfahl m, Schwebepfahl m (bei Pfahlgründungen) ‖ ~**/водомерная** (Hydt) Wasserspiegelpflock m ‖ ~**/деревянная**

Holzpfahl *m* ‖ ~/**дисковая** Scheibenpfahl *m* ‖ ~/**железобетонная** Stahlbetonpfahl *m* ‖ ~/**забивная** Rammpfahl *m* ‖ ~/**камуфлетная** Sprengfußpfahl *m* ‖ ~/**коническая** konischer Pfahl *m* ‖ ~/**коренная** Grundjoch *n* ‖ ~/**круглая** Rundpfahl *m* ‖ ~/**маячная** Richt[ungs]pfahl *m* ‖ ~/**мостовая** Jochpfahl *m (Brückenbau)* ‖ ~/**набивная** Ortpfahl *m* ‖ ~/**наклонная** Schrägpfahl *m* ‖ ~/**полая** Hohlpfahl *m* ‖ ~/**причальная** Haltepfahl *m* ‖ ~/**пробная** Versuchspfahl *m* ‖ ~/**пустотелая** Hohlpfahl *m* ‖ ~/**растянутая** Zugpfahl *m* ‖ ~ **ростверка** Rostpfahl *m* ‖ ~/**сборная** Fertigteilpfahl *m* ‖ ~/**сжатая** Druckpfahl *m* ‖ ~/**составная** Verbundpfahl *m* ‖ ~/**сплошная** Massivpfahl *m* ‖ ~/**шпунтовая [деревянная]** Spundbohle *f* ‖ ~/**шпунтовая стальная** Stahlspundbohle *f*

свая-оболочка *f (Bw)* Mantelpfahl *m* ‖ ~ **с грунтовым ядром** verlorenes Vortreibrohr *n (Pfahlgründung)*

свая-стойка *f (Bw)* fester (stehender) Pfahl *m (bei Pfahlgründungen)*

СВВП *s.* самолёт вертикальных взлёта и посадки

СВД *s.* лампа сверхвысокого давления

сведение *n* Konvergenz *f*

свежезамораживать schnellgefrieren, schnellfrosten

свежий *(Gieß)* frisch, grün *(Formsand)*

свежьё *n (Lebm)* Frischprodukt *n* für Konservierung *(Fleisch, Fisch, Gemüse usw.)*

свёкла *f (Lw)* Rübe *f* ‖ ~/**кормовая** Futterrübe *f*, Runkelrübe *f* ‖ ~/**малосахаристая** Zuckerrübe *f* mit geringem Zuckerertrag ‖ ~/**массовая** *s.* ~/**кормовая** ‖ ~/**полусахарная** Futterzuckerrübe *f* ‖ ~/**сахарная** Zuckerrübe *f*

свекловодство *n (Lw)* Rüben[an]bau *m*

свеклокомбайн *m (Lw)* Rübenvollerntemaschine *f*, Rübenkombine *f* ‖ ~/**трёхрядный** dreireihige Rübenvollerntemaschine *f*

свеклосушилка *f (Lw)* Rübenwäsche *f*

свеклопогрузчик *m (Lw)* Rübenlader *m*, Hackfruchtaufladegerät *n*

свеклоподъёмник *m (Lw)* Rübenroder *m*, Rübenrodegabel *f*, Rübenspaten *m*, Griffel *m*

свеклорезка *f (Lw)* Rübenschneid[e]maschine *f*, Rübenschneider *m*, Rübenschnitzelmaschine *f* ‖ ~/**барабанная** Trommelrübenschneider *m* ‖ ~/**подвесная** Schneid[e]maschine *f* (Schnitzelmaschine) *f* hängender Bauart

свеклосушилка *f* Rübentrockner *m*

свеклоуборка *f (Lw)* Rübenernte *f*

свеклоутомление *n* Rübenmüdigkeit *f (des Bodens)*

свеклохранилище *n* Rübenlager *n*

сверление *n (Fert)* Bohren *n (in den vollen Werkstoff)* ‖ ~/**боковое** seitliches Bohren *n* ‖ ~ **в пакете** Paketbohren *n (Bleche)* ‖ ~/**глубокое** Tief[loch]bohren *n* ‖ ~/**глухое** Bohren *n* von Grundbohrungen ‖ ~/**кольцевое** Hohlbohren *n*, Kernbohren *n* ‖ ~/**конусное** Kegeligbohren *n* ‖ ~/**координатное** Koordinatenbohren *n* ‖ ~/**лазерное** Laserbohren *n* ‖ ~ **отверстий** Lochbohren *n* ‖ ~ **по кондуктору** Lehrenbohren *n* ‖ ~ **под зенкер** Vorbohren *n* zum Senken ‖ ~ **под развёртку** Vorbohren *n* zum Reiben ‖ ~ **под резьбу** Vorbohren *n* zum Gewindeschneiden ‖ ~ **предварительное** Vorbohren *n* ‖ ~/**ручное** manuelles Bohren *n* ‖ ~/**сквозное** Bohren *n* von Durchgangslöchern ‖ ~/**ультразвуковое** Ultraschallbohren *n*

сверлить *(Fert)* bohren *(in den vollen Werkstoff)* ‖ ~ **начисто** nachbohren, fertigbohren ‖ ~/**предварительно** vorbohren

сверло *n (Wkz)* Bohrer *m* ‖ ~/**автоматное** Automatenbohrer *m* ‖ ~/**алмазное** Diamantbohrer *m* ‖ ~/**алмазное кольцевое** Diamanthohlbohrer *m* ‖ ~/**беспремычное** Bohrer *m* ohne Querschneide ‖ ~/**быстрорежущее** Bohrer *m* aus Schnellarbeitsstahl ‖ ~/**витое** *s.* ~/**спиральное** ‖ ~ **глубокого сверления** Tieflochbohrer *m* ‖ ~ **двухстороннего резания** zweilippiger Tiefbohrer *m (für Tiefbohrungen mittleren und großen Durchmessers)* ‖ ~/**двухступенчатое** Zweifasenstufenbohrer *m* ‖ ~ **для глубоких отверстий/кольцевое** Tieflochhohlbohrer *m* ‖ ~ **для глубоких отверстий/спиральное** Tieflochspiralbohrer *m* ‖ ~ **для отверстия под резьбу** Kernlochbohrer *m*, Bohrer *m* für Gewindekernlöcher ‖ ~ **для отверстия под штифт** Stiftlochbohrer *m* ‖ ~ **для продольных отверстий** Langlochbohrer *m (Holzbohrer)* ‖ ~ **для сверления глубоких отверстий** Tieflochbohrer *m*, Injektorbohrer *m* ‖ ~ **для центровых отверстий** Körnerlochbohrer *m*, Zentrierbohrer *m* ‖ ~/**кольцевое** Hohlbohrer *m*, Ringbohrer *m* ‖ ~/**коронатое** Kronenbohrer *m* ‖ ~/**леворежущее** linksschneidender Bohrer *m* ‖ ~/**ложечное** Löffelbohrer *m (Holzbohrer)* ‖ ~/**ложковое улиткообразное** Schneckenbohrer *m (Holzbohrer)* ‖ ~/**малоразмерное (мелкоразмерное)** Kleinstbohrer *m* ‖ ~/**нулевое** Feinstbohrer *m*; *(Eln)* Printbohrer *m (Bohren von Leiterplatten)* ‖ ~ **одностороннего резания** Einlippen[tiefloch]bohrer *m* ‖ ~/**оснащённое пластинками из твёрдого сплава** hartmetallbestückter Bohrer *m*, Bohrer *m* mit Hartmetallschneiden ‖ ~/**перовое** Spitzbohrer *m* ‖ ~ **по дереву** Holzbohrer *m* ‖ ~ **по дереву/спиральное** Spiralbohrer *m* für die Holzbearbeitung ‖ ~ **по металлу** Metallbohrer *m* ‖ ~/**подточенное** ausgespitzter Bohrer *m* ‖ ~/**праворежущее** rechtsschneidender Bohrer *m* ‖ ~/**пустотелое** Hohlbohrer *m*, Kernbohrer *m* ‖ ~/**пушечное** Einlippen[tiefloch]bohrer *m* ‖ ~/**регулируемое** einstellbarer (verstellbarer) Bohrer *m* ‖ ~/**ружейное** Injektorbohrer *m* ‖ ~ **с двойной заточкой/спиральное** Spiralbohrer *m* mit Doppelkegelanschliff ‖ ~ **с двумя режущими кромками** Zweilippenbohrer *m*, Doppellippenbohrer *m* ‖ ~ **с зубчатым подрезателем** Kunstbohrer *m (Holzbohrer)* ‖ ~ **с коническим хвостовиком** Bohrer *m* mit Werkzeugkegel ‖ ~ **с коническим хвостовиком/спиральное** Spiralbohrer *m* mit Werkzeugkegel ‖ ~ **с круговым подрезателем** Forstner-Bohrer *m (Holzbohrer)* ‖ ~ **с левой винтовой канавкой** linker Spiralbohrer *m* ‖ ~ **с направляющей цапфой** Bohrer *m* mit Führungszapfen ‖ ~ **с покрытием** Bohrer *m* ‖ ~ **с TiN-покрытием** TiN-beschichteter Bohrer *m*, TiN-Bohrer *m* ‖ ~ **с правой винтовой канавкой** rechter Spiralbohrer *m* ‖ ~ **с прорезанной поперечной кромкой** Spiralbohrer *m* mit ausgespitzter

сверло

Querschneide, Spiralbohrer *m* mit Ausspitzung ‖ **~ с прямыми канавками** geradnutiger Bohrer *m* ‖ **~ с цилиндрическим хвостовиком** Bohrer *m* mit Zylinderschaft ‖ **~ с четырёхгранным хвостовиком** Bohrer *m* mit Vierkantschaft (Holzbohrer) ‖ **~/составное** zusammengesetzter Bohrer *m (besteht aus zwei oder mehr mechanisch miteinander verbundenen oder verlöteten Teilen)* ‖ **~/спиральное** Spiralbohrer *m*, Wendelbohrer *m* ‖ **~/ступенчатое** Mehrfasenstufenbohrer *m* ‖ **~/ступенчатое спиральное** Stufendrallbohrer *m*, abgesetzter Drallbohrer *m* ‖ **~/твердосплавное** Vollhartmetallbohrer *m*, Hartmetallbohrer *m*, HM-Bohrer *m* ‖ **~/трёхступенчатое спиральное** Dreistufendrallbohrer *m*, dreifach abgesetzter Drallbohrer *m* ‖ **~/улиткообразное** Schneckenbohrer *m (Holzbohrer)* ‖ **~/цельное** aus einem Werkstoff gefertigter Bohrer *m* ‖ **~/цельнотвердосплавное** Vollhartmetallbohrer *m* ‖ **~/центровое** Zentrumbohrer *m (Holzbohrer)* ‖ **~/центровое скрученное** Universalbohrer *m*, Forstner-Bohrer *m (Holzbohrer)* ‖ **~/центровое червячное** Schlangenbohrer *m*, Douglas-Bohrer *m (Holzbohrer)* ‖ **~/центровое шнековое** Schneckenbohrer *m*, Irwin-Bohrer *m (Holzbohrer)* ‖ **~/центровое штопорное** Schlangenbohrer *m*, Lewis-Bohrer *m (Holzbohrer)* ‖ **~/центровочное** Zentrierbohrer *m*, Anbohrer *m* ‖ **~/черновое** Vorbohrer *m* ‖ **~/шнековое** *s.* ~/центровое шнековое ‖ **~/шпиндельное** Spindelbohrer *m*, Laufbohrer *m* ‖ **~/штопорное** *s.* ~/центровое штопорное
сверловочный *(Wkz)* Bohrer...
сверлодержатель *m (Wkzm)* Bohrerhalter *m*
сверло-зенкер *n (Wkz)* Bohr-Senk-Werkzeug *n*
сверло-метчик *n [/комбинированное] (Wkz)* Bohr-Gewinde[bohr]-Werkzeug *n*, Kombinationswerkzeug *n* zum Bohren und Gewindeschneiden
сверло-развёртка *n (Wkz)* Bohr-Reib-Werkzeug *n*
свернуть *s.* свёртывать
свернуться *s.* свёртываться
сверстать *s.* свёрстывать
свёрстывать *(Typ)* umbrechen
свёртка *f s.* свёртывание
свёрток *m* 1. Gerinnsel *n*, Koagulat *n*; 2. Rolle *f*, Tüte *f*
свёртываемость *f (Ch)* Gerinnbarkeit *f*, Koagulierbarkeit *f*
свёртывание *n* 1. Wickeln *n*; Zusammenrollen *n*; 2. *(Ch)* Gerinnen *n*, Gerinnung *f*, Koagulieren *n*, Koagulation *f*; 3. *(Math)* Faltung *f (Funktionen)*; 4. *(Math)* Verjüngung *f*, Kontraktion *f (Tensoren)*; 5. *(Aerod)* Aufrollen *n (Wirbel)*; 6. Einstellen *n*, Einstellung *f (Betrieb)* ‖ **~ нагреванием** Hitzegerinnung *f*
свёртыватель *m (Wlz)* Aufwickelmaschine *f*
свёртывать 1. zusammenrollen; 2. abbiegen *(Richtung wechseln)*; 3. *(Math)* falten; 4. einstellen *(Betrieb)* ‖ **~ в рулон** aufrollen ‖ **~ молоко** Milch säuern (dicklegen)
свёртываться *(Ch)* gerinnen, koagulieren
сверх... über..., Über..., hyper..., Hyper..., super..., Super...
сверхадиабатический *(Meteo)* überadiabatisch
сверхбыстродействующий extrem schnell, ultraschnell, überschnell

сверхбыстроходный sehr schnell umlaufend *(Maschinen)*
сверхвосприимчивость *f* Hypersuszeptibilität *f*
сверхвысокий Höchst...; Superhoch..., superhoch
сверхвысоковакуумный Ultrahochvakuum...
сверхвысокочастотный Höchstfrequenz...; höchstfrequent; Superhochfrequenz..., SHF-..., superhochfrequent
сверхвязкость *f (Ph)* Jordansche (thermische) Nachwirkung *f*, Jordan-Nachwirkung *f (Magnetismus)*
сверхгигант *m (Astr)* Überriese *m* ‖ **~/горячий** heißer Überriese *m* ‖ **~/красный** roter Überriese *m* ‖ **~/слабый** schwacher Überriese *m* ‖ **~/яркий** heller Überriese *m*
сверхглубокий *(Bgb)* übertief
сверхгребнечёсанный *(Text)* supergekämmt
сверхдавление *n* Überdruck *m*, Mehrdruck *m*
сверхдонор *m (Ph)* Superdonator *m*
сверхжёсткий superfest, supersteif, extrem steif
сверхзвуковой Ultraschall...
сверхизлучение *n* Superstrahlung *f (Laser)*
сверхкислотность *f (Ch)* stark saurer Charakter *m*, starke Azidität *f*
сверхкислотный *(Ch)* stark sauer
сверхкороткий ultrakurz, Ultrakurz...
сверхкритический überkritisch *(Reaktor)*
сверхкрутой übersteil
сверхлегирование *n (Eln)* Dotierung *f* über die Löslichkeitsgrenze *(Halbleiter)*
сверхлегированный *(Eln)* über die Löslichkeitsgrenze dotiert *(Halbleiter)*
сверхлинейность *f (Math)* Superlinearität *f*
сверхлюминесценция *f* Superlumineszenz *f (Laser)*
сверхминиатюрный Subminiatur..., Mikrominiatur...
сверхмолекула *f (Ch)* Übermolekül *n*, Übermolekel *n*, Molekülaggregat *n*
сверхмощный Höchstleistungs...
сверхмультиплет *m (Kern)* Supermultiplett *n*, Hypermultiplett *n*
сверхмягкий superweich, extrem weich
сверхнизкий extrem niedrig
сверхновая *f (Astr)* Supernova *f* ‖ **~ I типа** Supernova *f* vom Typ I ‖ **~ II типа** Supernova *f* vom Typ II
сверхпереходный *(Ph)* subtransient, subtransitorisch
сверхпластичность *f* Superplastizität *f*
сверхполупроводник *m* Superhalbleiter *m*
сверхпроводимость *f (El)* Supraleitung *f*, Supraleitfähigkeit *f* ‖ **~ при высоких температурах** Hochtemperatursupraleitung *f*
сверхпроводник *m (Ph, Eln)* Supraleiter *m* ‖ **~ второго рода** Typ-II-Supraleiter *m*, Supraleiter *m* 2. Art ‖ **~/жёсткий** harter Supraleiter *m* ‖ **~/мягкий** weicher Supraleiter *m* ‖ **~ NbTi** Niobium-Titan-Supraleiter *m*
сверхпроводниковый *(Eln)* supraleitfähig
сверхпроводящий *(Eln)* supraleitend, Supraleit[ungs]...
сверхрастворимость *f* Überlöslichkeit *f*
сверхрасход *m* Mehrverbrauch *m*
сверхрегенератор *m (Rf)* Superregenerativempfänger *m*, Pendel[rückkopplungs]empfänger *m*, Pendelfrequenzempfänger *m*

сверхрегенерация f (Rf) Superregeneration f, Pendelrückkopplung f
сверхрешётка f (Krist, Fest) Übergitter n, Supergitter n, Überstruktur f
сверхсинхронный übersynchron
сверхскоростной überschnell, ultraschnell
сверхскорость f (Ph) Übergeschwindigkeit f
сверхсметный über den Kostenanschlag hinaus[gehend], Mehr... (gegenüber dem Kostenanschlag)
сверхсоприкосновение n [кривых] (Math) Überoskulation f (analytische Geometrie)
сверхсплав m (Met) Superlegierung f, hochwarmfeste Legierung f
сверхструктура f (Krist) Überstruktur f (metallische Mischkristalle)
сверхсупертанкер m Großtanker m
сверхтвёрдость f (Met) Überhärte f, Superhärte f (einer Legierung)
сверхтвёрдый (Met) überhart, superhart (Legierungen)
сверхтекучесть f Suprafluidität f, suprafluider (supraflüssiger) Zustand m
сверхток m (El) Überstrom m
сверхтонкий ultrafein, superfein, hyperfein, Feinst...
сверхтяжёлый überschwer
сверхустойчивость f (Mech) Überstabilität f; Ultrastabilität f
сверхцентрифуга f Superzentrifuge f ‖ ~/**разделяющая трубчатая** Rohrdismulgierzentrifuge f ‖ ~/**тарельчатая** Tellerzentrifuge f, Tellerschleuder f ‖ ~/**трубчатая** Röhrenzentrifuge f
сверхцикл m (Nrt) Überrahmen m
сверхчистый hochrein, Reinst...
сверхчувствительность f Überempfindlichkeit f
сверхчувствительный überempfindlich
сверхэлектропроводность f s. сверхпроводимость
свес m 1. Überhang m; 2. (Schiff) Überhang m, Gillung f ‖ ~ **крыши** (Bw) Traufe f
свеситься s. свешиваться
свет m (Opt) Licht n ‖ ~/**белый** Weißlicht n, weißes Licht n ‖ ~/**ближний** Nahlicht n; (Kfz) Abblendlicht n ‖ ~/**боковой** Seitenlicht n ‖ ~/**верхний** Oberlicht n ‖ ~/**видимый** sichtbares Licht n ‖ ~/**вполне поляризованный** vollständig polarisiertes Licht n ‖ ~/**габаритный** (Kfz) Begrenzungsleuchte f ‖ ~/**дальний** (Kfz) Fernlicht n ‖ ~/**диффузный** diffuses Licht n ‖ ~/**дневной** Tageslicht n ‖ ~/**естественный** natürliches (unpolarisiertes) Licht n ‖ ~/**задний** (Kfz) Rücklicht n, Schlußlicht n, Schlußleuchte f ‖ ~/**заливающий** Flutlicht n ‖ ~/**зодиакальный** (Astr) Zodiakallicht n ‖ ~/**инфракрасный** infrarotes Licht n, Infrarot n ‖ ~/**искусственный** künstliches Licht n ‖ ~/**когерентный** kohärentes Licht n, kohärente Strahlung f (Laserlicht) ‖ ~/**комбинированный** Mischlicht n ‖ ~/**лабораторный** Dunkelkammerlicht n ‖ ~/**линейно поляризованный** linear polarisiertes Licht n ‖ ~/**люминесцентный** Lumineszenzlicht n ‖ ~/**мигающий** (Kfz) Blinklicht n ‖ ~/**монохроматический** monochromatisches (einfarbiges) Licht n ‖ ~/**мягкий** weiches Licht n ‖ ~ **накачки [лазера]** Pumplicht n (Laser) ‖ ~/**направленный** gerichtetes Licht n ‖ ~/**невидимый** unsichtbares Licht n ‖ ~/**некогерентный** inkohärentes Licht n ‖ ~/**немонохроматический** weißes Licht n ‖ ~/**неослепляющий** blendfreies Licht n ‖ ~/**неполяризованный** unpolarisiertes (natürliches) Licht n ‖ ~/**опознавательный** Kennlicht n ‖ ~/**ослепляющий** Blendlicht n ‖ ~/**отражённый** 1. reflektiertes (indirektes) Licht n; 2. Auflicht n (Mikroskopie) ‖ ~/**падающий** einfallendes (auffallendes) Licht n ‖ ~/**пепельный** (Astr) aschgraues Licht n (Mond) ‖ ~/**плоскополяризованный** s. ~/**линейно поляризованный** ‖ ~/**поглощённый** absorbiertes Licht n ‖ ~/**полностью поляризованный** vollständig polarisiertes Licht n ‖ ~/**поляризованный** polarisiertes Licht n ‖ ~/**поляризованный по кругу** zirkular polarisiertes Licht n ‖ ~/**поляризационный сходящийся** konvergent polarisiertes Licht n ‖ ~/**посторонний** Fremdlicht n, Nebenlicht n, Störlicht n ‖ ~/**пропущенный** durchgelassenes Licht n ‖ ~/**проходящий** Durchlicht n (Mikroskopie) ‖ ~/**прямой** direktes Licht n ‖ ~/**прямолинейно поляризованный** linear polarisiertes Licht n ‖ ~/**радиально поляризованный** zirkular polarisiertes Licht n, Streulicht n ‖ ~/**рассеянный** gestreutes Licht n, Streulicht n ‖ ~/**смешанный** Mischlicht n ‖ ~/**солнечный** Sonnenlicht n, Tageslicht n ‖ ~/**стандартный ахроматический** weißes Licht n (im farbmetrisch vereinbarten Sinn) ‖ ~/**стояночный** (Kfz) Parklicht n, Standlicht n ‖ ~/**ультрафиолетовый** ultraviolettes Licht n, UV-Licht n, Ultraviolett n ‖ ~/**циркулярно поляризованный** zirkular polarisiertes Licht n ‖ ~/**частично поляризованный** teilweise polarisiertes Licht n ‖ ~/**эллиптически поляризованный** elliptisch polarisiertes Licht n
светило n/**небесное** (Astr) Gestirn n
светильник m (El) Leuchte f, Beleuchtungskörper m ‖ ~ **аварийного освещения** Notleuchte f ‖ ~/**взрывобезопасный (взрывозащищённый)** explosionsgeschützte Leuchte f ‖ ~/**влагонепроницаемый** wasserdichte Leuchte f ‖ ~/**встроенный** Einbauleuchte f ‖ ~ **глубокого светораспределения** Tiefstrahler m ‖ ~ **для сырых помещений** Feuchtraumleuchte f ‖ ~/**зеркальный** Spiegelleuchte f ‖ ~/**каплезащищённый** tropfwassergeschützte Leuchte f ‖ ~/**карманный** Taschenleuchte f ‖ ~/**круговой сигнальный** (Schiff) Rundumleuchte f (zentrale Signaleinrichtung) ‖ ~ **местного освещения** Platzleuchte f, Arbeitsplatzleuchte f ‖ ~/**многоламповый** Mehrfachleuchte f ‖ ~/**надкоечный** (Schiff) Kojenleuchte f ‖ ~/**напольный** Stehleuchte f ‖ ~/**настенный** Wandleuchte f ‖ ~/**настольный** Tischleuchte f ‖ ~/**несимметричный** asymmetrische (unsymmetrische) Leuchte f ‖ ~/**операционный** Operationsleuchte f ‖ ~/**подвесной** Hängeleuchte f ‖ ~/**подводный** Unterwasserleuchte f ‖ ~/**потолочный** Deckenleuchte f ‖ ~/**рудничный** (Bgb) Grubenleuchte f, Geleucht n ‖ ~/**ручной** Handleuchte f ‖ ~ **с зеркальным отражателем** Reflektorleuchte f, Spiegelleuchte f, verspiegelte Leuchte f ‖ ~/**салинговый** (Schiff) Salingleuchte f ‖ ~ **специального освещения** Zweckleuchte f ‖ ~/**спускной** Zugleuchte f ‖ ~/**уличный** Straßenleuchte f ‖ ~/**универсальный**

светильник Universalleuchte *f* || ~ **широкого светораспределения** Breitstrahler *m* || ~/**широкоизлучающий** Breitstrahler *m*
светильный Leucht...
светимость *f* 1. *(Photom)* spezifische Lichtausstrahlung *f*; 2. *(Astr)* Leuchtkraft *f (der Sterne)* || ~/**абсолютная** absolute Leuchtkraft *f* || ~/**энергетическая** spezifische Ausstrahlung *f (Strahlungsgröße)*
светлотянутый blankgezogen *(Draht)*
светлый hell; *(Typ)* mager, licht
световод *m (Licht)* Lichtwellenleiter, LWL || ~/**волоконный** Faserwellenleiter *m*; Lichtleitfaser *f* || ~/**гибкий** flexibler Lichtwellenleiter *m* || ~/**градиентный** Gradientenlichtwellenleiter *m* || ~/**двухслойный** doppelschichtiger Lichtwellenleiter *m* || ~/**диэлектрический** dielektrischer Lichtwellenleiter *m* || ~/**имплантированный** implantierter Lichtwellenleiter *m* || ~/**интегральный** integrierter Lichtwellenleiter *m* || ~/**кварцевый** Quarzlichtwellenleiter *m* || ~/**ленточный** bandförmiger Lichtwellenleiter *m* || ~/**линзовый** linsengebündelter Lichtwellenleiter *m* || ~/**многоволоконный** Mehrfaserlichtwellenleiter *m*, mehradriger Lichtwellenleiter *m*, faseroptisches Lichtleitbündel *n* || ~/**многомодовый** Multimoden-Lichtwellenleiter *m*, Multimoden-LWL *m* || ~/**многослойный** aus mehreren Schichten bestehender Lichtwellenleiter *m* || ~/**многослойный волоконный** mehrschichtige Lichtleitfaser *f (optischer Wellenleiter)* || ~/**нитевидный** fadenförmiger Lichtwellenleiter *m* || ~/**одножильный** einfacher Lichtwellenleiter *m* || ~/**одномерный** Lichtwellenleiter *m* in einer Dimension || ~/**одномодовый** Monomode-Lichtwellenleiter *m*, Monomode-LWL *m* || ~/**однослойный** einschichtiger Lichtwellenleiter *m* || ~/**отводящий** auslaufender Lichtwellenleiter *m* || ~/**поверхностный** Oberflächenlichtwellenleiter *m* || ~/**поверхностный скрытый** begrabener Lichtwellenleiter *m* || ~/**подводящий** ankommender Lichtwellenleiter *m* || ~ **с непрерывной фокусировкой** kontinuierlich fokussierender Lichtwellenleiter *m* || ~ **с низким полгощением** absorptionsarmer Lichtwellenleiter *m* || ~ **с пластмассовой оболочкой** kunststoffumhüllter Lichtwellenleiter *m* || ~ **с усилением** aktiver Lichtwellenleiter *m* || ~/**стекловолоконный** Glasfaserlichtwellenleiter *m* || ~/**толстослойный** dickschichtiger Lichtwellenleiter *m*, Dickschichtlichtwellenleiter *m* || ~/**тонкоплёночный** dünnschichtiger Lichtwellenleiter *m*, Dünnschicht-Lichtwellenleiter *m* || ~/**фокусирующий** fokussierender Lichtwellenleiter *m* || ~/**экранированный** abgeschirmter Lichtwellenleiter *m*
световодный Lichtleit...
световозвращатель *m* Reflexreflektor *m*, Rückstrahler *m*
световой Licht..., Leucht...
световолокно *n* Lichtleitfaser *f*
светодальномер *m* lichtoptischer Entfernungsmesser *m*, Lichtentfernungsmesser *m*
светодальнометрия *f* Lichtentfernungsmessung *f*, Entfernungsmessung *f* mittels Licht
светоделитель *m* Lichtteiler *m*, Teiler *m*, Teilerprisma *n* || ~/**дихроичный** dichroitischer Lichtteiler *m* || ~/**поляризационный** Polarisationsstrahlteiler *m* || ~/**призменный** Prismenstrahlteiler *m*
светодиод *m (Eln)* Lumineszenzdiode *f*, Leuchtdiode *f*, Licht[emissions]diode *f*, LED, LED-Element *n* || ~/**инжекционный** Injektionslumineszenzdiode *f* || ~/**полупроводниковый** Elektrolumineszenzdiode *f*, Halbleiterphotodiode *f*
светозащита *f (Fert)* 1. Lichtschranke *f*; 2. Licht-Strahlenschutzfeld *n*
светозащищённый lichtgeschützt
светоизлучающий lichtemittierend
светоизлучение *n* Lichtausstrahlung *f*, Lichtemission *f*
светоизмерительный Lichtmeß..., photometrisch
светоиспускание *n* s. светоизлучение
светокопирование *n* Lichtpausverfahren *n*
светокопия *f* Lichtpause *f* || ~/**синяя** Blaupause *f*
светолокация *f*/**лазерная** Laserentfernungsmessung *f*
светомаяк *m (Flg)* Leuchtfeuer *n* || ~/**аэродромный** Flughafenleuchtfeuer *n* || ~/**аэронавигационный** Luftfahrtleuchtfeuer *n* || ~/**кодовый** Kodeleuchtfeuer *n* || ~/**оградительный** Gefahrenfeuer *n* || ~/**опознавательный** Kennfeuer *n*
светометрия *f* s. фотометрия
светонепроницаемость *f* Lichtundurchlässigkeit *f*
светонепроницаемый lichtundurchlässig
светооптический lichtoptisch
светоотдача *f* Lichtausbeute *f*, Lichtabgabe *f*
светоотражающий lichtreflektierend
светоотрицательный lichtelektrisch negativ, photonegativ, lichtnegativ
светоощущение *n* Lichtempfindung *f*, Sichtsinn *m*, Lichtwahrnehmung *f*
светопередача *f* Licht[fort]leitung *f*, Lichtübertragung *f*
светопоглощающий lichtabsorbierend, lichtschluckend
светопоглощение *n* Lichtabsorption *f*
светоположительный lichtelektrisch positiv, lichtleitend, photoleitend, photopositiv
светопотеря *f (Photom)* Lichtverlust *m*
светопреломление *n* Lichtbrechung *f*
светоприёмник *m* Lichtempfänger *m*, Photoempfänger *m*
светопровод *m* s. световод
светопрозрачный lichtdurchlässig, transparent
светопроницаемость *f* Lichtdurchlässigkeit *f*, Transparenz *f*
светопроницаемый lichtdurchlässig, transparent
светопропускаемость *f* s. светопроницаемость
светопропускаемый s. светопроницаемый
светопрочность *f* Lichtechtheit *f*
светораспад *m* Abbau *m* durch Licht, Photozerfall *m*
светораспределение *n* Licht[strom]verteilung *f* || ~/**равномерное** gleichförmige Lichtverteilung *f*
светорассеиватель *m (Opt)* Streuschirm *m*, Streuscheibe *f*
светорассеяние *n* s. рассеяние света
светорасщепление *n (Opt)* Strahlenteilung *f*
светосила *f (Opt)* Lichtstärke *f (des Objektivs)*; Lichtstärke *f*, Helligkeit *f (z. B. eines Fernrohrs)*;

Lichtstärke f, Lichtintensität f, Intensität f *(einer Lichtquelle)* ‖ **~/физическая** physikalische Lichtstärke f ‖ **~/эффективная** effektive Lichtstärke f
светосильный *(Opt)* lichtstark
светосостав m Leuchtstoff m
светостабилизатор m Lichtstabilisator m, Lichtschutzmittel n *(z. B. für Kunststoffe)*
светостарение n Lichtalterung f, Alterung f durch Licht
светостойкий lichtecht, lichtbeständig
светостойкость f Lichtechtheit f, Lichtbeständigkeit f
светостол m Lichttisch m, Leuchttisch m
светосхема f **[путей]** *(Eb)* Leuchtbild n, Streckenleuchtbild n
светотермостойкий licht- und wärmebeständig
светотехника f Lichttechnik f *(Erzeugung und Anwendung von Licht)*
светотехнический lichttechnisch
светофильтр m *(Opt, Photo)* Lichtfilter n, optisches Filter n; *(Astr)* Farbfilter n ‖ **~/абсорбционный** Absorptionsfilter n ‖ **~/аддитивный** additives Filter n ‖ **~/выделяющий** subtraktives Filter n, Auszugsfilter n ‖ **~/герапатитовый поляризационный** Herapathit-Polarisationsfilter n ‖ **~/голубой** Blaugrünfilter n ‖ **~/дисперсионный** Disperions[licht]filter n ‖ **~/дневного света** Tageslichtfilter n ‖ **~/желатиновый** Gelatinefilter n ‖ **~/жёлто-зелёный** Gelbgrünfilter n ‖ **~/жёлтый** Gelbfilter n ‖ **~/жидкостный** Flüssigkeitsfilter n ‖ **~/запирающий** Sperrfilter n ‖ **~/защитный** Schutzfilter n, Dunkelkammerfilter n, Laborfilter n ‖ **~/зелёный** Grünfilter n ‖ **~/избирательный** Farbfilter n ‖ **~/интерференционно-поляризационный** Polarisationsinterferenzfilter n, Lyot-Filter n ‖ **~/интерференционный** Interferenz[licht]filter n ‖ **~/инфракрасный** Infrarot[schutz]filter n, IR-Schutzfilter n ‖ **~/компенсационный** Kompensationsfilter n, Ausgleichsfilter n ‖ **~/копировальный** Kopierfilter n ‖ **~/корректирующий** Korrekturfilter n, Farbenkorrekturfilter n ‖ **~/красный** Rotfilter n ‖ **~/лабораторный** s. ~/защитный ‖ **~/мозаичный** Mosaikfilter n ‖ **~/монохроматический** monochromatisches (einfarbiges) Filter n, Monochromatfilter n ‖ **~/наружный** Vorsatzfilter n ‖ **~/нейтрально-серый** Graufilter n ‖ **~/нейтральный [компенсационный]** Graufilter n ‖ **~/одноцветный** s. ~/монохроматический ‖ **~/оранжевый** Orangefilter n ‖ **~/оттенённый** Verlauffilter n ‖ **~/плёночный** Folienfilter n, Filterfolie f ‖ **~/плотно-жёлтый** dunkles Gelbfilter n ‖ **~/поглощающий** Absorptionsfilter n ‖ **~/поляризационно-интерференционный** Polarisationsinterferenzfilter n, Lyot-Filter n ‖ **~/поляризационный** Polarisationsfilter n, Filterpolarisator m ‖ **~/пурпурный** Purpurfilter n ‖ **~/светло-жёлтый** Hellgelbfilter n ‖ **~/селективный** Selektionsfilter n ‖ **~/синий** Blaufilter n ‖ **~/солнечный** Sonnenfilter n ‖ **~/составной** Mehrfachfilter n ~ **средней плотности/жёлтый** Mittelgelbfilter n ‖ **~/стеклянный** Glasfilter n, Filterglas n ‖ **~/субтрактивный** subtraktives Filter n, Auszugsfilter n ‖ **~/съёмочный** Aufnahmefilter n ‖ **~/тёмно-зелёный** dunkles Grünfilter n ‖ **~/тёмно-красный** Dunkelrotfilter n ‖ **~/узкополосный** Schmalbandfilter n ‖ **~/ультрафиолетовый** Ultraviolettfilter n, UV-Filter n ‖ **~/фолиевый** s. ~/плёночный ‖ **~/фотолабораторный** Dunkelkammerschutzfilter n ‖ **~/цветной** Farbfilter n ‖ **~/цветной компенсационный (корректирующий)** Farbausgleichsfilter n, Antifarbstichfilter n, Farbenkorrekturfilter n ‖ **~/широкополосный** Breitbandfilter n
светофильтр-оттенитель m *(Opt, Photo)* Verlauffarbfilter n
светофор m *(Eb)* Lichtsignal n ‖ **~/входной** Einfahr[licht]signal n ‖ **~/выходной** Ausfahr[licht]signal n ‖ **~/головной горочный** Abdrück[licht]signal n *(am Scheitel des Ablaufberges)* ‖ **~/горочный** Ablauf[licht]signal n ‖ **~/двузначный** zweibegriffiges Signal (Lichtsignal) n ‖ **~/двухсекционный (двухточечный) уличный** *(Kfz)* Zweilicht-[Verkehrs-]Signalanlage f *(mit Rot- und Grünlicht)* ‖ **~/карликовый** Zwerg[licht]signal n ‖ **~/консольный** Ausleger[licht]signal n ‖ **~/линзовый** Linsenlichtsignal n, Farblinsenlichtsignal n ‖ **~/локомотивный** Führerstandsignal n ‖ **~/маневровый** Rangier[licht]signal n ‖ **~/маршрутный** Zwischen[licht]signal n ‖ **~/мачтовый** Mastsignal n ‖ **~/мостиковый** Brücken[licht]signal n ‖ **~/основной** Lichthauptsignal n ‖ **~/остановочно-разрешительный** permissives Haltsignal n ‖ **~/перегонный** Strecken[licht]signal n ‖ **~/переездный** Blinklichtsignal n, Haltlichtsignal n *(Warnzeichen an Wegübergängen)* ‖ **~/подвесной уличный** Verkehrsampel f, Signalampel f *(hängende Ausführung; Straßenverkehr)* ‖ **~/предупредительный** Lichtvorsignal n ‖ **~/прикрывающий** Deckungs[licht]signal n ‖ **~/продвижения** Nachrück[licht]signal n ‖ **~/прожекторный** Scheinwerfersignal n, Blendensignal n ‖ **~/проходной** Lichtzwischensignal n, Zwischen[licht]signal n, Blocklichtsignal n ‖ **~/рефлекторно-линзовый** s. ~/прожекторный ‖ **~/трёхзначный** dreibegriffiges Signal (Lichtsignal) n ‖ **~/трёхсекционный (трёхточечный) уличный** Dreilicht-[Verkehrs-]Signalanlage f *(mit Rot-, Gelb- und Grünlicht)* ‖ **~/уличный** [Verkehrs-]Lichtsignalanlage f, Straßenverkehrsampel f ‖ **~/условно-разрешительный** bedingt permissives Lichtsignal n für Durchfahrt bei verminderter Geschwindigkeit
светочувствительность f Lichtempfindlichkeit f ‖ **~/действующая** wirksame Lichtempfindlichkeit f ‖ **~/дополнительная** durch Sensibilisierung erzielte Lichtempfindlichkeit f ‖ **~/естественная спектральная** Eigenempfindlichkeit f, natürliche Farbempfindlichkeit f *(Violett-, Blau- und Blaugrünempfindlichkeit unsensibilisierter Halogensilber-Aufnahmematerialien)* ‖ **~ к жёлтой зоне спектра** Gelbempfindlichkeit f ‖ **~ к зелёной зоне спектра** Grünempfindlichkeit f ‖ **~ к синей зоне спектра** Blauempfindlichkeit f ‖ **~/общая** Allgemeinempfindlichkeit f ‖ **~/собственная** s. ~/естественная спектральная ‖ **~/спектральная** Spektralempfindlichkeit f ‖ **~/фотографическая** Lichtempfindlichkeit f photographischer Schichten ‖ **~/эффективня** effektive Lichtempfindlichkeit f

светочувствительный lichtempfindlich
светящийся leuchtend, Leucht...
свеча f 1. Kerze f; 2. *(Opt)* Internationale Kerze f, IK *(SI-fremde Einheit der Lichtstärke)* ‖ **~ бурильных труб** *(Bgb)* Gestängezug m *(Bohrgerät)* ‖ **~/буровая** s. **~ бурильных труб** ‖ **~ зажигания** Zündkerze f *(Vergasermotor)* ‖ **~ зажигания/горячая** Zündkerze f mit niedrigem Wärmewert ‖ **~ зажигания/неразборная** unzerlegbare (nichtzerlegbare) Zündkerze f ‖ **~ зажигания/разборная** zerlegbare Zündkerze f ‖ **~ зажигания с двойным электродом** zweipolige Zündkerze f *(Flugzeugmotor)* ‖ **~ зажигания/холодная** Zündkerze f mit hohem Wärmewert ‖ **~ зажигания/экранированная** abegeschirmte Zündkerze f *(Flugzeugmotor)* ‖ **~/запальная** s. **~ зажигания** ‖ **~ накаливания** Glühkerze f *(Dieselmotor)* ‖ **~/фильтровальная** *(Ch)* Filterkerze f
свечение n *(Ph)* Leuchten n; Glimmen n, Glimmlicht n ‖ **~/анодное** anodisches (positives) Glimmlicht n, Anodenglimmlicht n ‖ **~/астоново** Kathodenlichtsaum m, erste Kathodenschicht f ‖ **~/второе катодное** negatives Glimmlicht n ‖ **~/катодное** Kathodenleuchten n, Kathoden[glimm]licht n ‖ **~ метеора** *(Astr)* Meteorleuchten n, Meteorstrahlung f ‖ **~ ночного неба** *(Astr)* Nachthimmelslicht n ‖ **~/остаточное** Nachleuchten n ‖ **~/отрицательное тлеющее** negatives Glimmlicht n ‖ **~/первое катодное** s. **~/астоново** ‖ **~/положительное** s. **~/анодное** ‖ **~/рекомбинационное** Rekombinationsleuchten n ‖ **~/тлеющее** Glimmlicht n ‖ **~/тлеющее отрицательное** negatives Glimmlicht n ‖ **~/холодное** kaltes Leuchten n, Lumineszenz f
свечеприёмник m *(Bgb)* Gestängemagazin n *(Bohrgerät)*
свечеукладчик m *(Bgb)* Gestängeabstellvorrichtung f *(Bohrgerät)*
свешивать[ся] überhängen, überstehen *(z. B. Maschinentisch in seiner Endlage)*
свивание n s. **свивка** 2. ‖ **~ в пары** Paarverseilung f
свивать verseilen, schlagen *(Seil)* ‖ **~ в пары** paarig verseilen ‖ **~ в спираль** wendeln
свивка f 1. Zusammenrollen n; 2. Verseilen n, Verseilung f, Schlagen n, Schlag m *(eines Seils)* ‖ **~/двусторонняя** Kreuzschlag m ‖ **~ каната** Seilschlag m ‖ **~/комбинированная** Links-Rechts-Schlag m ‖ **~/крестовая** Kreuzschlag m ‖ **~/крестовая левая** linksgängiger Kreuzschlag m ‖ **~/крестовая правая** rechtsgängiger Kreuzschlag m ‖ **~/круглая** Rundschlag m ‖ **~/левая** Linksschlag m ‖ **~ накрест** s. **~/крестовая** ‖ **~/односторонняя (параллельная)** Gleichschlag m ‖ **~/правая** Rechtsschlag m ‖ **~/прямая** Gleichschlag m
свидетели mpl **климата** *(Ökol)* Klimazeugen pl *(Dokumente, die zur Rekonstruktion der Paläoklimate beitragen)*
свидетельство n/**авторское** Urheberschein m *(Patentwesen)* ‖ **~/мерительное** *(Schiff)* Meßbrief m ‖ **~ о качестве тычнической безопасности** Schutzgütenachweis m ‖ **~ о поверке** Eichschein m ‖ **~ об утверждении типа** *(Meß)* Zulassungsbescheinigung f

свилеватость f [**древесины**] *(Holz)* Drehwuchs m, Maserwuchs m, Wimmerwuchs m
свилеватый *(Holz)* drehwüchsig, maserig, wimmerig
свилеобразование n *(Glas)* Schlierenbildung f
свиль f 1. *(Glas)* [chemische] Schliere f, Winde f *(Fehler)*; 2. *(Holz)* Maser f
свинарник-маточник m *(Lw)* Abferkelstall m
свинарник-откормочник m *(Lw)* Mastschweinestall m
сводка f 1. Zusammenfassung f; Übersicht f; 2. Bericht m; 3. *(Meteo)* s. **~/метеорологическая**; 4. *(Typ)* Revisionsabzug m ‖ **~/метеорологичекеская (синоптическая)** Wettermeldung f
свод-оболочка m *(Bw)* Schalentragwerk n, Schalengewölbe n, Schale f *(freitragende Deckenkonstruktion)* ‖ **~/волнистый** Wellenschale f ‖ **~/купольный** Schalenkuppel f, Kuppelschale f ‖ **~/одноволновой** Einfeldtonnenschale f ‖ **~/сегментный** Segmentschale f ‖ **~/сферический** Kugelschale f ‖ **~/цилиндрический** Zylinderschale f
сводообразование n Brückenbildung f *(Bunker, Schachtofen)*; *(Bgb)* Gewölbebildung f
сводчатость f Wölbung f; Wölbungsgrad m
сводчатый gewölbt, kuppelartig, kuppelförmig
свойлачивание n *(Pap)* Verfilzung f, Filzen n
свойства npl Eigenschaften fpl, Beschaffenheit f *(s. a. unter* свойство*)* ‖ **~/антидетонационные** Klopffestigkeitseigenschaften fpl *(Kraftstoff)* ‖ **~/антифрикционные** Gleiteigenschaften fpl *(z. B. von Gleitlagerwerkstoffen)* ‖ **~/бивекториальные** bivektorielle (tensorielle) Eigenschaften fpl ‖ **~/векторные** [uni]vektorielle Eigenschaften fpl, polare Eigenschaften fpl ‖ **~/вероятностные** *(Reg)* Zufallseigenschaften fpl ‖ **~/волновые** *(Ph)* Welleneigenschaften fpl ‖ **~/вращательные** *(Krist)* Drehvermögen n; Zirkularpolarisation f ‖ **~/высокочастотные** *(Eln)* Hochfrequenzeigenschaften fpl ‖ **~/коллекторские** *(Bgb)* Speichereigenschaften fpl *(des Gebirges)* ‖ **~/коммутационные** *(El)* Schalteigenschaften fpl ‖ **~/корпускулярные** *(Ph)* Teilcheneigenschaften fpl, Teilchencharakter m, Korpuskelcharakter m ‖ **~/коррозионные** Korrosionseigenschaften fpl ‖ **~/литейные** *(Gieß)* Formenfüllungsvermögen n, Gießeigenschaften fpl, Gießfähigkeit f ‖ **~/магнитные** magnetische Eigenschaften fpl ‖ **~/механические** mechanische Eigenschaften fpl ‖ **~ на переменном токе** *(El)* Wechselstromeigenschaften fpl ‖ **~/низкотемпературные** Kältefestigkeit f, Kälteverhalten n ‖ **~/пластические** *(Met)* plastische Eigenschaften fpl, Verformbarkeit f, Verformungsfähigkeit f ‖ **~ поверхности/эксплуатационные** Oberflächenfunktionseigenschaften fpl, Oberflächenbeschaffenheit f ‖ **~/полупроводниковые** Halbleitereigenschaften fpl ‖ **~/прочностные** Festigkeitswerte mpl ‖ **~/сварочные** Schweißeigenschaften fpl ‖ **~/смазочные** *(Trib)* Schmiereigenschaften fpl ‖ **~ сточных вод** Abwasserbeschaffenheit f ‖ **~/тензорные** s. **~/бивекториальные** ‖ **~/физико-механические** physikalisch-mechanische Eigenschaften fpl ‖ **~/физико-химические** physikalisch-chemische Eigenschaften fpl ‖ **~/физические** physikalische Eigenschaften fpl;

Festigkeitseigenschaften *fpl* ‖ ~/**эксплуатационно-технические** *s.* ~/**эксплуатационные** ‖ ~/**эксплуатационные** Betriebseigenschaften *fpl*, Gebrauchseigenschaften *fpl*, Nutzungseigenschaften *fpl*
свойство *n* Eigenschaft *f*, Beschaffenheit *f (s. a. unter* свойства*)* ‖ ~/**антискачковое** *(Trib)* Anti-Stick-Slip-Eigenschaft *f* ‖ ~/**аффинное** *(Math)* affine Eigenschaft *f* ‖ ~/**волноводное** Wellenleitereigenschaft *f* ‖ ~/**волновое** Welleneigenschaft *f* ‖ ~/**вязкостное** *(Fest)* Zähigkeitseigenschaft *f* ‖ ~/**геометрическое** *(Math)* geometrische Eigenschaft *f* ‖ ~/**измерительное** Meßeigenschaft *f*, Meßverhalten *n* ‖ ~/**интенсивное** *(Therm)* intensive Eigenschaft *f* ‖ ~/**коллигативное** kolligative Eigenschaft *f (ideal verdünnter Lösungen)* ‖ ~/**коммутативное** *(Math)* Vertauschungseigenschaft *f* ‖ ~/**магнитное** magnetische Eigenschaft *f (z. B. von Werkstoffen)* ‖ ~ **материала** Werkstoffeigenschaft *f* ‖ ~/**метрическое** *(Math)* metrische Eigenschaft *f* ‖ ~/**моющее** *(Text)* Wascheigenschaft *f* ‖ ~/**несущее** *(Flg)* Tragfähigkeit *f*, Tragvermögen *n*, Auftriebsvermögen *n*, Auftriebseigenschaft *f* ‖ ~/**переместительное** *(Math)* Vertauschungseigenschaft *f* ‖ ~ **поверхности** Oberflächenbeschaffenheit *f* ‖ ~ **поперечных колебаний** *(Mech)* Querschwingungsverhalten *n* ‖ ~/**потребительское** *(Text)* Gebrauchseigenschaft *f* ‖ ~ **при носкости** *(Text)* Trageeigenschaft *f (Konfektion)* ‖ ~ **притираемости** Ansprengbarkeit *f (von Endmaßen)* ‖ ~/**проективное** *(Math)* projektive Eigenschaft *f* ‖ ~/**резонансное** Resonanzeigenschaft *f* ‖ ~/**семантическое** *(Math)* semantische Eigenschaft *f* ‖ ~/**сигналов** *(Reg)* Signalverhalten *n* ‖ ~/**синтактическое** *(Math)* syntaktische Eigenschaft *f* ‖ ~ **среды** Umgebungsbeschaffenheit *f* ‖ ~/**сходимости** *(Math)* Konvergenzeigenschaft *f* ‖ ~/**теплозащитное** wärmedämmende Eigenschaft *f* ‖ ~/**топологическое** *(Math)* topologische Eigenschaft *f* ‖ ~/**триботехническое** tribotechnische Eigenschaft *f* ‖ ~/**функциональное** Funktionseigenschaft *f* ‖ ~ **целочисленности** *(Math)* Ganzheitseigenschaft *f* ‖ ~/**эксплуатационное** Gebrauchseigenschaft *f*
СВП *s.* 1. судно на воздушной подушке; 2. выбор программы/сенсорный
СВПВ *s.* винты противоположного вращения/соосные
СВПС *s.* 1. вагон прямого сообщения/спальный; 2. судно на воздушной подушке скегового типа
СВТ *s.* средства вычислительной техники
СВЧ *s.* 1. сверхвысокочастотный; 2. частота/сверхвысокая 1.
СВЧ-антенна *f* Höchstfrequenzantenne *f*; Superhochfrequenzantenne *f*, SHF-Antenne *f*
СВЧ-генератор *m (El)* Höchstfrequenzgenerator *m*; SHF-Generator *m*
СВЧ-диапазон *m (El)* Höchstfrequenzbereich *m*; SHF-Bereich *m*
СВЧ-диод *m* Höchstfrequenzdiode *f*; SHF-Diode *f*
СВЧ-транзистор *m (Eln)* Höchstfrequenztransistor *m*, SHF-Transistor *m* ‖ ~/**малошумящий** rauscharmer SHF-Transistor *m* ‖ ~/**мощный** SHF-Leistungstransistor *m*

СВЧ-усилитель *m (El)* Höchstfrequenzverstärker *m*, SHF-Verstärker *m*
связанный 1. verbunden; gebündelt; zugeordnet, assoziiert; 2. *(Ch)* gebunden; 3. *(Rf)* gekoppelt; 4. *(Inf)* mitlaufend, gekoppelt, on-line ‖ ~/**ёмкостно** *(El)* kapazitiv gekoppelt ‖ ~/**жёстко** starr gekoppelt ‖ ~/**индуктивно** *(El)* induktiv gekoppelt ‖ ~/**непосредственно** *(Rf)* direktgekoppelt ‖ ~ **посредством излучения** strahlungsgekoppelt
связать *s.* связывать
связи *fpl s.* связь 7.; 9. ‖ ~ **корпуса/прочные** Festigkeitsverbände *mpl* des Schiffskörpers ‖ ~/**межволоконные** *(Pap)* Faser-zu-Faser-Bindung *f* ‖ ~/**подкрепляющие** aussteifende Verbände *mpl (Schiffskörper)* ‖ ~/**поперечные** 1. Querverband *m (Brückenbau)*; 2. Querverbände *mpl (Schiffskörper)* ‖ ~/**продольные** 1. Längsverband *m (Brückenbau)*; 2. Längsverbände *mpl (Schiffskörper)* ‖ ~/**солнечно-земные** solar-terrestrische Beziehungen *fpl*
связка *f* 1. Bund *n*, Bündel *n (s. a. unter* пучок*)*; 2. Bindemittel *n*; Binder *m*; 3. *(Wkz)* Bindung *f (Schleifkörper)*; 4. *(Math) i.w.S.* Bindung *f*, *i.e.S.* Linienbündel *n (zweiparametrische Linienschar)*; 5. *(Kyb, Inf)* Verknüpfung *f*; 6. *(Geol)* Ligament *n* ‖ ~/**керамическая** *(Wkz)* keramische Bindung *f* ‖ ~/**конгруэнтная** *(Opt)* kongruentes Strahlenbündel *n* ‖ ~/**логическая** *(Math)* logische Verknüpfung *f* ‖ ~ **лучей** *(Math)* Strahlenbüschel *n*, Strahlenbündel *n* ‖ ~/**металлическая** *(Wkz)* Metallbindung *f*, metallische Bindung *f* ‖ ~ **окружностей** *(Math)* Kreisbüschel *n*, Kreisbündel *n (zweiparametrische Kreisschar)* ‖ ~/**операторная** *(Math)* Operatorverknüpfung *f* ‖ ~/**органическая** *(Wkz)* organische Bindung *f* ‖ ~/**органическая жёсткая** feste (starre) organische Bindung *f* ‖ ~/**органическая эластическая** elastische (biegsame) organische Bindung *f* ‖ ~ **плоскостей** *(Math)* Ebenenbüschel *n*, Ebenenbündel *n* ‖ ~/**предметная** *(Opt)* dingseitiges Strahlenbündel *n* ‖ ~ **прямых** *(Math)* Geradenbüschel *n*, Geradenbündel *n*
связность *f* 1. *(Math)* Zusammenhang *m (Differentialgeometrie)*; 2. Bindigkeit *f (des Bodens)* ‖ ~/**аффинная** *(Math)* affiner Zusammenhang *m* ‖ ~ **грунта** *s.* ~ почвы ‖ ~/**кратная** *(Math)* mehrfacher Zusammenhang *m* ‖ ~ **почвы** *(Geol)* Bodenbindigkeit *f* ‖ ~/**проективная** *(Math)* projektiver Zusammenhang *m* ‖ ~/**простая** *(Math)* einfacher Zusammenhang *m* ‖ ~/**риманова** *(Math)* Riemannscher Zusammenhang *m*
связующее *n* Bindemittel *n*, Binder *m* ‖ ~/**газотвердеющее** *(Gieß)* gashärtender Binder *m* ‖ ~ **горячего отверждения** warmhärtendes Bindemittel *n* ‖ ~/**самотвердеющее** selbsthärtendes Bindemittel *n*; *(Gieß)* Erstarrungbinder *m* ‖ ~/**формовочное** *(Gieß)* Formstoffbinder *m* ‖ ~ **холодного отверждения** kalthärtendes Bindemittel *n*
связующий bindend, verbindend, Binde...; Verbindungs...
связывание *n* 1. Zusammenbinden *n*, Verknüpfen *n*, Knüpfung *f*; Bindung *f*, Binden *n*, Verbinden *n*; 2. *(Rf)* Koppeln *n*; Verkettung *f*; 3. *(Typ)* Bündeln *n*

связывать 1. binden, zusammenbinden, miteinander verbinden; verknüpfen; 2. *(Rf)* koppeln; verketten; 3. *(Typ)* bündeln II ~ **ёмкостно** *(El)* kapazitiv koppeln II ~ **индуктивно** *(El)* induktiv koppeln
связывающий кислоту *(Ch)* säurebindend
связь *f* 1. Zusammenhang *m*, Verbindung *f*; 2. Kopplung *f*, Ankopplung *f*; 3. *(Mech, Ch)* Bindung *f*; 4. *(Math, Rf)* Kopplung *f*; 5. Nachrichtenwesen *n*, Fernmeldewesen *n*; 6. Nachrichtenverbindung *f*; Nachrichtenverkehr *m*; 7. *(Bw)* Verband *m (s. a. unter* связи*)*; 8. *(Masch)* Stehbolzen *m*; Anker *m*; 9. *(Schiff)* Verband *m*, Verbandsträger *m (Schiffskörper)*; 10. Post- und Fernmeldewesen *n*; 11. *(Inf)* Verknüpfen *n*, Verknüpfung *f* • **с ёмкостной обратной связью** *(El)* kapazitiv rückgekoppelt • **с ёмкостной связью** *(El)* kapazitiv gekoppelt • **с катодной связью** *(El)* mit Kathodenkopplung, kathodengekoppelt • **с обратной связью** *(El)* rückgekoppelt • **с обратной связью по напряжению** *(Rf)* spannungsrückgekoppelt • **с отрицательной обратной связью** *(El)* gegengekoppelt, mit Gegenkopplung, Gegenkopplungs...; *(Reg)* mit negativer Rückführung • **с положительной обратной связью** *(El)* mitgekoppelt, mit Mitkopplung, Mitkopplungs...; *(Reg)* mit positiver Rückführung II ~/**абонентская** *(Nrt)* Teilnehmerverkehr *m* II ~/**абонентская телеграфная** Teilnehmerfernschreibverkehr *m* II ~/**авиационная** Luftfahrtnachrichtenwesen *n* II ~/**автоматическая** *(Nrt)* Wählverkehr *m*, Wählbetrieb *m* II ~/**автоматическая междугородная** Selbstwählfernverkehr *m*, SWF-Verkehr *m* II ~/**автоматическая телеграфная** Fernschreibwählverkehr *m* II ~/**автоматическая телефонная** Fernsprechselbstwählverkehr *m* II ~/**автотрансформаторная** *(Rf)* Spartransformatorkopplung *f* II ~/**анкерная** *(Bw)* Zuganker *m*, Verankerung *f* II ~/**анодная** *(El)* Anodenkopplung *f* II ~/**антенная** Antennenkopplung *f* II ~/**атомная** *(Ph, Ch)* Atombindung *f*, homöopolare (unpolare, kovalente) Bindung *f*, Elektronenpaarbindung *f* II ~/**ацетиленовая** *(Ch)* Acetylenbindung *f*, Kohlenstoff-Kohlenstoff-Dreifachbindu ng *f* II ~/**балочная** *(Bw)* Trägerverband *m*; Trägerverbindung *f* II ~/**беспроводная** drahtlose Verbindung *f*, Funkverbindung *f*; drahtloses Nachrichtenwesen *n*, Funknachrichtenwesen *n*; Funk[verkehr] *m* II ~/**беспроводная телефонная** drahtlose Telephonie *f* II ~/**ближняя** *(Nrt)* Nahverkehr *m* II ~/**быстрая** *(Nrt)* Sofortverkehr *m*, sofortige Verbindung *f* II ~/**валентная** *(Ch)* Valenzbindung *f* II ~/**ван-дер-ваальсовая** *(Ch)* Van-der-Waals-Bindung *f*, van der Waalssche Bindung *f* II ~/**векторная** *(Math)* Vektorkopplung *f* II ~/**вертикальная** *(Bw)* Vertikalverband *m* II ~/**верхняя** *(Bw)* oberer Verband *m*, obere Queraussteifung *f* II ~/**верхняя продольная** oberer Längsverband *m* II ~/**ветровая** *(Bw)* Windverband *m*, Windversteifung *f* II ~/**взаимная** *(Rf)* gegenseitige Kopplung *f* II ~/**видеотелефонная** Bildfernsprechverkehr *m*, Bildfernsprechen *n*, Videotelephonie *f* II ~/**внешняя** 1. *(Math)* äußerer Zusammenhang *m*; 2. *(Nrt)* Externverbindung *f* II ~/**внутренняя** 1. *(Math)* innerer Zusammenhang *m*; 2. *(Nrt)* Internverbindung *f* II ~/**внутриведомственная** *(Nrt)* Nebenstellenverkehr *m* II ~/**внутригородская** *(Nrt)* Ortsverbindung *f*; Ortsverkehr *m* II ~/**внутримолекулярная** *(Ch)* intramolekulare (innermolekulare) Bindung *f* II ~/**водородная** *(Ch)* Wasserstoff[brücken]bindung *f* II ~/**входящая** *(Nrt)* ankommend[gerichtet]er Verkehr *m*; [an]kommende Verbindung *f* II ~/**высокочастотная телеграфная** Trägerfrequenz[telegraphie]verbindung *f* II ~/**высокочастотная телефонная** Trägerfrequenzfernsprechverbindung *f* II ~ **выше критической** *(Eln)* überkritische Kopplung *f*, Überkopplung *f* II ~/**гальваническая** galvanische Kopplung *f* II ~/**геометрическая** *(Mech)* geometrische Kopplung *f (Variante einer holonomen Bindung)* II ~/**гетеродесмическая** *(Krist)* heterodesmische Bindung *f* II ~/**гетерополярная** *s.* ~/**ионная** II ~/**гибкая** lose Verkettung *f* II ~/**гибкая обратная** *s.* ~/**изодромная обратная** II ~/**главная** *(Nrt)* Hauptverbindung *f* II ~ **главной валентности** *(Ch)* Hauptvalenzbindung *f* II ~/**гликозидная (глюкозидная)** *(Ch)* Glycosidbindung *f*, glycosidische Bindung *f* II ~/**голономная** *(Mech)* holonome Bindung *f* II ~/**гомеополярная** *s.* ~/**атомная** II ~/**гомодесмическая** *(Krist)* homodesmische Bindung *f* II ~/**горизонтальная** *(Bw)* Horizontalverband *m* II ~/**городская** *(Nrt)* Ortsverbindung *f*; Ortsverkehr *m* II ~/**городская телефонная** Fernsprechortsverbindung *f*; Fernsprechortsverkehr *m* II ~/**дальняя** Fern[meldeweit]verkehr *m*; Nachrichtenverbindung *f* über größere Entfernungen, Weitverkehr *m* II ~/**дальняя автоматическая** Selbstwählfernverkehr *m*, SWF-Verkehr *m* II ~/**дальняя телефонная** Fernsprechweitverkehr *m*; Fernsprechweitverbindung *f* II ~/**двойная** 1. *(Ch)* Doppelbindung *f*; 2. *(Math)* doppelte Bindung *f* II ~/**двусторонняя** 1. *(Mech)* zweiseitige Bindung *f*; 2. *(Nrt)* doppelseitiger (doppeltgerichteter) Verkehr *m* II ~/**делокализованная** *(Ch)* delokalisierte Bindung *f* II ~/**диплексная** *(Nrt)* Diplexverkehr *m*, Diplexbetrieb *m* II ~/**днищевая поперечная** *(Schiff)* Bodenquerverband *m*, Bodenquerträger *m* II ~/**днищевая продольная** *(Schiff)* Bodenlängsspant *n* II ~/**донорно-акцепторная** *(Eln)* Donator-Akzeptor-Bindung *f* II ~/**дроссельная** *(Rf)* Drosselkopplung *f*, Drossel-Kapazitäts-Kopplung *f*, LC-Kopplung *f* II ~/**дуплексная** *(Nrt)* Duplexbetrieb *m*, Duplexverkehr *m* II ~/**ёмкостная** *(Rf)* kapazitive Kopplung *f* II ~/**ёмкостно-резистивная** *(Rf)* kapazitive Widerstandskopplung *f*, Widerstands-Kapazitäts-Kopplung, RC-Kopplung *f* II ~/**железнодорожная** Eisenbahnfernmeldewesen *n* II ~/**жёсткая** 1. starre (feste) Kopplung *f*; 2. *(Kern)* starre (überkritische) Kopplung *f*; 3. starre Verkettung *f* II ~/**жёсткая кинематическая** *(Mech)* kraftschlüssige Verbindung *f* II ~/**жёсткая обратная** *(Reg)* starre Rückführung *f* II ~ **за счёт излучения** *(Ph)* Strahlungskopplung *f* II ~/**замедленная обратная** *(Reg)* verzögerte Rückführung *f* II ~/**зарядовая** *(Eln)* Ladungskopplung *f* II ~/**звукоподводная** akustische Unterwasserverbindung *f* II ~/**идеальная** *(Mech)* ideale Bindung *f* II ~/**изодесмическая** *(Krist)* isodesmische Bindung *f (n-P-Reso-*

nanzgitter) ‖ ~/**изодромная обратная** (Reg) nachgebende Rückführung f ‖ ~/**индуктивная** (Rf) induktive Kopplung f ‖ ~/**индуктивная об-ратная** induktive Rückkopplung f ‖ ~/**интегрируемая кинематическая** (Mech) integrable kinematische Bindung f (Variante einer holonomen Bindung) ‖ ~/**информационная** Informationsbeziehung f ‖ ~/**информационная об-ратная** Verbindung f mit Informationsrückübertragung, Echoverfahren n (Datensicherung) ‖ ~/**ионная** (Ph) Ionenbindung f, heteropolare (polare, ionogene, elektrovalente, elektrostatische) Bindung f ‖ ~/**ионогенная** s. ~/ионная ‖ ~/**исходящая** (Nrt) abgehend[gerichtet]er Verkehr m; [ab]gehende Verbindung f ‖ ~/**кабельная** Kabelverbindung f ‖ ~/**катодная** (El) Kathodenkopplung f ‖ ~/**катодная обратная** Kathodenrückkopplung f ‖ ~/**кинематическая** (Mech) kinematische Bindung f ‖ ~/**кинематическая неинтегрируемая** s. ~/неголономная ‖ ~/**ковалентная** (Ph) kovalente Bindung f, Valenzbindung f, Elektronenpaarbindung f ‖ ~/**комбинированная** (Rf) gemischte Kopplung f ‖ ~/**конечная** s. ~/геометрическая ‖ ~/**координационная** (Ch) koordinative Bindung f, Koordinationsbindung f ‖ ~/**кориолисова** (Ph) Coriolis-Kopplung f ‖ ~/**коротковолновая** Kurzwellenverbindung f; Kurzwellenverkehr m ‖ ~/**корреляционная** (Math) korrelativer Zusammenhang m ‖ ~/**косвенная** (Rf) indirekte Kopplung f ‖ ~/**кратная** (Ch) Mehrfachbindung f ‖ ~/**крестовая** (Bw) Kreuzverband m ‖ ~/**критическая** (Rf) kritische Kopplung f, Grenzkopplung f ‖ ~/**кровельная** (Bw) Dachverband m ‖ ~/**лазерная** (Nrt) Lasernachrichtenübertragung f, Laserverbindung f ‖ ~/**линейная** lineare Kopplung f ‖ ~/**логическая** (Inf) logische Verknüpfung f ‖ ~/**магнитная** magnetische Kopplung f ‖ ~/**между нуклонами** s. ~/нуклонная ‖ ~/**междугородная** (Nrt) Fernverbindung f; Fernverkehr m ‖ ~/**междугородная автоматическая телефонная** Fernsprechselbstwählfernverkehr m ‖ ~/**межмолекулярная** (Ch) intermolekulare (zwischenmolekulare) Bindung f ‖ ~/**межпрограммная** (Inf) Programmverknüpfung f, Programmverbindung f ‖ ~/**местная телефонная** Fernsprechortsverbindung f; Fernsprechortsverkehr m ‖ ~/**металлическая** (Ch) Metallbindung f ‖ ~/**многоканальная** Mehrkanalnachrichtenverkehr m; Multiplexverbindung f ‖ ~/**многоканальная радиотелефонная** Mehrkanal-Funksprechverbindung f; Mehrkanal-Funksprechverkehr m ‖ ~/**многократная** (Nrt) Multiplexverbindung f; Mehrfachverkehr m ‖ ~/**многократная обратная** Mehrfachrückkopplung f ‖ ~/**многоцентровая** (Ch) Mehrzentrenbindung f (z. B. Zweielektronen-Dreizentrenbindung) ‖ ~/**молекулярная** (Ch) molekulare Bindung f, Molekülbindung f ‖ ~/**мостиковая** (Ch) Brückenbindung f ‖ ~ **на коротких волнах** ‖ ~/коротковолновая ‖ ~ **на сетку/обратная** (Rf) Gitterrückkopplung f ‖ ~/**направленная** (Nrt) gerichteter Verkehr m, Richtungsverkehr m ‖ ~/**неголономная** (Mech) anholonome (nichtholonome) Bindung f ‖ ~/**нелинейная** nichtlineare Kopplung f ‖ ~/**ненасыщенная** (Ch) ungesättigte Bindung f ‖ ~/**неосвобождающая** (Mech)

zweiseitige Bindung f ‖ ~/**неполярная** s. ~/атомная ‖ ~/**непосредственная** (El) direkte Kopplung f, Direktkopplung f ‖ ~/**непредельная** s. ~/ненасыщенная ‖ ~/**непрерывная** (Schiff) durchlaufender Verband (Träger) m ‖ ~/**нестационарная** s. ~/реономная ‖ ~/**неудерживающая** s. ~/односторонняя ‖ ~ **ниже критической** (El) unterkritische Kopplung f ‖ ~/**нижняя продольная** (Bw) unterer Längsverband m (einer Brückenkonstruktion) ‖ ~/**нормальная** s. ~/Рассела-Саундерса ‖ ~/**нуклонная** (Kern) Nukleonenkopplung f, Nukleonenbindung f ‖ ~/**обратная** (El, Reg) Rückkopplung f, Rückführung f, Rückmeldung f ‖ ~/**одинарная** s. ~/простая ‖ ~/**одновременная** (Nrt) gleichzeitiger Verkehr m, Gleichzeitigkeitsverkehr m ‖ ~/**односторонняя** (Mech) einseitige (nicht umkehrbare) Bindung f, einseitige (nicht umkehrbare) Bedingung f ‖ ~/**одноэлектронная** (Ch) Einelektronenbindung f ‖ ~/**операторная** (Inf) Operatorverknüpfung f ‖ ~/**опорная поперечная** (Bw) Querverband m über den Stützen (einer Brückenkonstruktion) ‖ ~/**оптическая** 1. optische Kopplung (Verbindung) f; 2. s. ~/лазерная ‖ ~/**оптоэлектронная** optoelektronische Kopplung f ‖ ~/**освобождающая** s. ~/односторонняя ‖ ~/**основная** 1. (Nrt) Hauptverknüpfung f; 2. (Inf) Grundverknüpfung f ‖ ~/**остаточная** Restkopplung f ‖ ~/**отрицательная** negative Kopplung f ‖ ~/**отрицательная обратная** 1. (Rf) Gegenkopplung f, negative Rückkopplung f; 2. (Reg) negative Rückführung f; Gegenkopplung f ‖ ~/**паразитная обратная** parasitäre Kopplung f, Streukopplung f ‖ ~/**параллельная** Parallelkopplung f ‖ ~/**передаточная** Übertragungsglied n ‖ ~ **по второму дну/продольная** (Schiff) Gegenlängsspant n ‖ ~ **по днищу/продольная** (Schiff) Bodenlängsspant n ‖ ~ **по напряжению** (El) Spannungskopplung f ‖ ~ **по напряжению/обратная** (El) Spannungsrückkopplung f; (El) Spannungsrückführung f ‖ ~ **по переменному напряжению** (El) Wechselspannungskopplung f ‖ ~ **по переменному току** (El) Wechselstromkopplung f ‖ ~ **по постоянному напряжению** (El) Gleichspannungskopplung f ‖ ~ **по постоянному току** (El) Gleichstromkopplung f ‖ ~ **по скорости** (Ph) Geschwindigkeitskopplung f ‖ ~ **по току** (El) Stromkopplung f ‖ ~ **по току/обратная** (El) Stromrückkopplung f; (El) Stromrückführung f ‖ ~ **побочной валентности** (Ch) Nebenvalenzbindung f ‖ ~/**поверхностная** (Kern) Oberflächenkopplung f ‖ ~/**положительная** (El) positive Kopplung f ‖ ~/**положительная обратная** (El) Mitkopplung f, positive Rückkopplung f; (El) positive Rückführung f ‖ ~/**полудуплексная** (Nrt) Halbduplexverkehr m, Halbduplexbetrieb m ‖ ~/**полужёсткая** (Rf) halbstarre Kopplung f ‖ ~/**полуполярная** s. ~/семиполярная ‖ ~/**полярная** s. ~/ионная ‖ ~/**поперечная** 1. (Bw) Querverband m (einer Brücke); 2. (Schiff) Querverband m, Querträger m; 3. s. ~ ткацкого станка/поперечная ‖ ~/**последовательная** (El) Serienkopplung f ‖ ~/**прерывистая** (Bw) unterbrochener Verband m, nicht durchlaufender Verband m, unterbrochener Träger m ‖ ~/**проводная** (Nrt)

связь

leitungsgebundene Nachrichtentechnik f ll ~/**продольная** 1. (Bw) Längsverband m (einer Brücke); 2. (Schiff) Längsverband m, Längsträger m ll ~ **продольных балок/продольная** (Bw) Längsverband m zwischen den Längsträgern (einer Brückenkonstruktion) ll ~/**промежуточная поперечная** (Bw) Querverband m in den Feldern (einer Brückenkonstruktion) ll ~/**пропорциональная обратная** (Reg) proportionalwirkende Rückführung f ll ~/**пропорционально-интегрально-дифференциальная обратная** (Reg) PID-Rückführung f ll ~/**простая** (Ch) Einfachbindung f ll ~/**прямая** (Nrt) Direktverbindung f, Querverbindung f ll ~/**псевдоскалярная** (Math) pseudoskalare Kopplung f ll ~/**пушпульная** (Rf) Gegentaktkopplung f ll ~/**радиолюбительская** Amateurfunkverbindung f; Amateurfunkverkehr m ll ~/**радиорелейная** Funkrelaisverbindung f, Richtfunkverbindung f ll ~/**радиотелеграфная** Funktelegraphieverkehr m, drahtloser Telegraphieverkehr m; Funktelegraphieverbindung f ll ~/**радиотелетайпная** Funkfernschreibverkehr m ll ~/**радиотелефонная** (Nrt) Funk[fern]sprechverbindung f; Funk[fern]sprechverkehr m, Funktelephonieverkehr m ll ~/**рамная** (Schiff) Rahmenverband m, Rahmenträger m ll ~/**раскосная крестообразная** (Bw) Strebenkreuz n ll ~ **Рассела-Саундерса** (Kern) Russell-Saunders-Kopplung f, normale Kopplung f, LS-Kopplung f (Vektormodell der Atomhülle) ll ~/**резистивная** (Rf) Widerstandskopplung f, R-Kopplung f ll ~/**реономная** (Mech) rheonome (fließende) Bindung f ll ~/**реостатная** (El) Kopplung f mittels veränderbarem Widerstand ll ~/**реостатно-ёмкостная** (El) Widerstands-Kapazitäts-Kopplung f, RC-Kopplung f, kapazitive Widerstandskopplung f ll ~/**решающая обратная** Verbindung f mit Quittungsrückmeldung (Datensicherung) ll ~ **решётки** (Ph) Gitterbindung f ll ~/**ручная телефонная** handvermittelter Fernsprechverkehr m ll ~ **с антенной** Antennenkopplung f ll ~ **с антенной/индуктивная** induktive Antennenkopplung f ll ~/**семиполярная** (Ch) semipolare (halbpolare) Bindung f ll ~/**силовая** (Mech) Kraftkopplung f (gekoppelte Pendel) ll ~/**сильная** (Rf) feste (starre) Kopplung f ll ~/**симплексная** (Nrt) Simplexbetrieb m, Simplexverkehr m ll ~/**синхронная** (El) Synchronkopplung f ll ~/**склерономная** (Mech) skleronome (starre, starrgesetzliche) Bindung (Bedingung, Zwangsbedingung) f ll ~/**скорая** (Nrt) Sofortverkehr m ll ~/**слабая** 1. (Rf) lose Kopplung f; 2. (Kern) schwache (normale) Kopplung f; 3. (Ch) lockere (schwache) Bindung f ll ~/**служебная** (Nrt) Dienstleistungsbetrieb m ll ~/**смешанная** 1. (Rf) gemischte Kopplung f; 2. s. ~/гетеродесмическая ll ~/**солнечно-земная** (Geoph) solarterrestrische Beziehung f ll ~/**сопряжённая** (Ch) konjugierte (gekoppelte) Bindung f ll ~ **спинов** s. ~/спин-спиновая ll ~/**спин-спиновая** (Kern) Spin-Spin-Kopplung f, Spin-[ver]kopplung f ll ~/**спутниковая** Satellitenverbindung f, Satelliten[-Nachrichten]verkehr m, Satelliten[-Nachrichten]übertragung f ll ~/**стационарная** s. ~/склерономная ll ~/**стекловолоконная** Glasfasernachrichtenübertragung f,

Licht[wellen]leiternachrichtenübertragung f ll ~/**стохастическая** (Math) stochastischer Zusammenhang m (Wahrscheinlichkeitstheorie) ll ~/**телевизионная** Fernsehverbindung f ll ~/**телетайпная** Fernschreibverbindung f; Fernschreibverkehr m ll ~/**телефонная** 1. Fernsprechverbindung f; Fernsprechverkrehr m; 2. Fernsprechwesen n ll ~/**телефонная высокочастотная** Trägerfrequenzfernsprechverbindung f, TF-Fernsprechen n ll ~/**тензорная** (Math) tensorielle Kopplung f, Tensorkopplung f ll ~ **ткацкого станка/поперечная** (Text) Querriegel m (Webstuhl) ll ~/**тормозная** (Bw) Bremsverband m ll ~/**транзитная** (Nrt) Durchgangsverkehr m, Transitverkehr m ll ~/**трансокеанская** (Nrt) Überseeverkehr m, interkontinentaler Nachrichtenverkehr m ll ~/**трансформаторная** (Rf) Transformatorkopplung f, transformatorische Kopplung f, Übertragerkopplung f ll ~ **трением** (Mech) Reibungskopplung f (gekoppelte Pendel) ll ~/**тройная** (Ch) Dreifachbindung f ll ~/**удерживающая** s. ~/двусторонняя ll ~/**упругая** 1. (Mech) elastische Kopplung f (zweier Massen); 2. elastische (federnde) Verbindung f ll ~/**упругая обратная** (Reg) nachbebende Rückführung f ll ~ **ускорением** (Mech) Beschleunigungskopplung f (gekoppelte Pendel) ll ~/**факсимильная** (Nrt) Fernkopieren n ll ~/**фотонная** optische Kopplung f ll ~/**фрикционная** (Masch) Reibschluß m ll ~/**функциональная** (Math) funktionaler Zusammenhang m (Wahrscheinlichkeitsrechnung) ll ~/**хелатная** (Ch) Chelatbindung f ll ~ **через излучение** (Ph) Strahlungskopplung f ll ~/**щелевая** (Rf) Schlitzkopplung f ll ~/**ЭВМ/локальная** Rechnernahkopplung f ll ~/**ЭВМ/удалённая** Rechnerfernkopplung f ll ~/**электическая** 1. elektrische Kopplung f; 2. elektrisches Nachrichtenwesen n ll ~/**электровалентная полярная** s. ~/ионная

jj-связь f (Kern) jj-Kopplung f (Vektormodell der Atomhülle)

LS-связь f s. ~ Рассела-Саундерса

RC-связь f RC-Kopplung f, Widerstands-Kapazitäts-Kopplung f, kapazitive Widerstandskopplung f

сгарки mpl 1. Abbrände mpl (Kies); 2. Gekrätz n, Abstrich m (NE-Metallurgie)

сгиб m 1. Knick m, 2. Kröpfung f; 3. (Typ) Falz m, Bruch m (s. a. unter фальц) ll ~ **характеристики** Kennlinienknick m

сгибание n 1. Biegen n, Umbiegen n; 2. Knicken n, Knickung f; 3. Zusammenbiegen n, Doppeln n (Bleche); 4. (Typ) s. фальцовка

сгибать 1. biegen, umbiegen; 2. knicken; 3. zusammenbiegen, doppeln (Bleche); 4. (Typ) s. фальцевать

сгладить s. сглаживать

сглаживание n 1. Glätten n, Glättung f, Polieren n; Abgleichung f; Abflachen n; 2. (Wlz) Glattwalzen n, Glätten n, Polieren n, Friemeln n; 3. (Kyb) Glättung f; 4. (Pap) Glätten n, Satinieren n

сглаживать 1. glätten, polieren; ebnen; abgleichen, abstreichen; 2. (Pap) glätten, satinieren

сгон m verlängertes Aufnahmegewinde n für Gewindemuffe (bei Gewinderohrverbindungen)

сгонка f **волоса** (Led) Enthaarung f

сгораемость f Verbrennbarkeit f
сгорание n 1. Verbrennen n, Verbrennung f; 2. (Met) Ausbrand m, Ausbrennen n, Abbrand m, Abbrennen n (Legierungsbestandteil) ‖ ~/**бездетонационное** (Kfz) klopffreie Verbrennung f ‖ ~/**беспламенное** flammenlose Verbrennung f ‖ ~/**детонационное** (Kfz) klopfende Verbrennung f, Klopfen n ‖ ~/**замедленное** (Kfz) schleichende (verzögerte) Verbrennung f ‖ ~/**неполное** unvollständige (unvollkommene) Verbrennung f ‖ ~/**полное** vollständige (vollkommene, rauchfreie) Verbrennung f ‖ ~ **при постоянном давлении** Gleichdruckverbrennung f, isobare Verbrennung f ‖ ~ **при постоянном объёме** Gleichraumverbrennung f, isochore Verbrennung f ‖ ~ **угля** (El) Kohle[n]abbrand m
сгорать verbrennen
сгоревший verbrannt
сгореть s. сгорать
сгребание n **пены** (Met) Abschäumen n ‖ **шлака** Abschlacken n
СГС s. самолёт/сверхзвуковой гражданский
сгуститель m 1. Eindicker m, Eindickerbehälter m; 2. Verdichtungsmittel n, Eindick[ungs]mittel n; 3. (Pap) Entwässerungsmaschine f ‖ ~/**вакуумный** (Pap) Vakuumverdampfer m ‖ ~/**гравитационный** Schwerkrafteindicker m ‖ ~/**дисковый** Scheibeneindicker m (Zuckergewinnung) ‖ ~/**предварительный** Voreindicker m ‖ ~ **с прессовым валиком** (Pap) Eindicker m mit Abgautschwalze ‖ ~ **улавливаемого волокна** (Pap) Fangstoffeindicker m ‖ ~/**шаберный** (Pap) Eindicker m mit Schaberentnahme
сгуститель-фильтр m (Bgb) Eindickfilter n (Aufbereitung)
сгустить s. сгущать
сгусток m Gerinnsel n, Koagulat n; (Photo) Blob m ‖ ~ **ваканций** (Krist) Leerstellencluster m, Leerstellenassoziat n, Leerstellenagglomerat n ‖ ~ **ионов** (Kern) lonencluster m, lonennest n, lonenschwarm m ‖ ~ **электронов** (Ph) Elektronenhaufen m, Elektronenpaket n
сгущаемость f Verdichtbarkeit f, Eindickbarkeit f
сгущать eindicken, verdicken; konzentrieren, einengen (Lösungen); kondensieren (Gase, Dämpfe)
сгущаться dick werden, eindicken, sich verdicken
сгущение n Eindicken n, Eindickung f, Verdicken n, Verdickung f; Einengen n, Einengung f (von Lösungen); Konzentrierung f; Kondensieren n (von Gasen, Dämpfen) ‖ ~ **массы** (Pap) Eindicken n
СД s. 1. светодиод; 2. сельсин-датчик
сдавить s. сдавливать
сдавленный zusammengedrückt, zusammengepreßt
сдавливаемость f Verdichtbarkeit f, Komprimierbarkeit f
сдавливание n Zusammenpressen n, Zusammendrücken n; Quetschen n
сдавливать zusammendrücken, zusammenpressen
сдача f Abgabe f, Ablieferung f, Übergabe f ‖ ~ **багажа** (Eb) Gepäckabfertigung f ‖ ~ **груза** (Eb) Güterabfertigung f, Gutabgabe f ‖ ~ **судна** Schiffsübergabe f

сдвиг m 1. Verschiebung f, Verlagerung f, Versetzung f; 2. (Math) Schiebung f; 3. (Mech) Schub m; 4. (Fert) Versatz m; 5. (Geol) Verschiebung f, Seitenverschiebung f; 6. (Inf) Verschiebung f, Shiften n; 7. (Krist) Versetzung f, Verschiebung f (Kristallgitter) • **с фазовым сдвигом** (El) phasenverschoben ‖ ~/**абсолютный** (Fest) Gesamtverschiebung f ‖ ~/**аксиальный** (Fest) Axialschub m ‖ ~/**арифметический** (Inf) Stellen[wert]verschiebung f ‖ ~/**боковой** seitliche Verschiebung f, Seitenverschiebung f ‖ ~ **ветра** Windscherung f ‖ ~/**взаимный** wechselseitiger Schub m ‖ ~ **влево** s. ~/левый ‖ ~ **вправо** s. ~/правый ‖ ~/**временной** (Ph) Zeittranslation f ‖ ~ **грунта** (Bw) Bodenversetzung f ‖ ~/**доплеровский** (Ph) Doppler-Verschiebung f, Doppler-Frequenz f ‖ ~/**изомерный** (Ph) Isomerieverschiebung f ‖ ~/**изотопический** (Kern) Isotopieverschiebung f (Atomspektrum) ‖ ~ **импульса** (El) Impulsverschiebung f ‖ ~/**кольцевой** (Inf) Ringshiften n, zyklische Verschiebung f ‖ ~/**левосторонний** (Geol) Linksverschiebung f ‖ ~/**левый** 1. (Inf) Linksverschiebung f, Stellenverschiebung f nach links; 2. (Geol) Linksverschiebung f ‖ ~ **линии [спектра]** (Ph) Spektrallinienverschiebung f ‖ ~/**многоразрядный** (Inf) Mehrstellenverschiebung f ‖ ~ **нуля** (Inf) Nullpunktverschiebung f, Nullpunktfehler m (Analogrechner) ‖ ~/**осевой** axiale Verschiebung f, Axialschub m ‖ ~/**относительный** (Fest) Schiebung f ‖ ~/**перекрытий** (Text) Zähizahl f, Steigungszahl f, Steigung f (Schußatlasbindung) ‖ ~ **по основе** (Text) Fortschreitungszahl f ‖ ~ **по порядку** (Inf) Verschiebung f mittels Exponenten ‖ ~ **по утку** (Text) Steigungszahl f ‖ ~ **по фазе** (El) Phasenverschiebung f, Phasendrehung f ‖ ~ **положения нуля** Nullpunkt[s]verschiebung f ‖ ~/**полустрочный** (TV) Halbzeilenoffset m ‖ ~/**поперечный** 1. Querversetzung f; 2. (Masch) Feinbewegung f (geradlinige Bestimmbewegung innerhalb der Greiferhand eines Manipulators) ‖ ~ **потенциала** (El) Potentialverschiebung f ‖ ~/**правосторонний** (Geol) Rechtsverschiebung f ‖ ~/**правый** 1. (Inf) Rechtsverschiebung f, Stellenverschiebung f nach rechts; 2. (Geol) Rechtsverschiebung f ‖ ~/**прецизионный** (TV) Präzisionsoffset m ‖ ~ **пути** (Eb) Gleisverwerfung f ‖ ~ **равновесия** (Mech) Gleichgewichtsverschiebung f ‖ ~ **рельсов** (Eb) Schienenwandern n ‖ ~ **спектральной линии** (Ph) Spektrallinienverschiebung f ‖ ~ **уровней** (Kern) Niveauverschiebung f ‖ ~/**фазовый** (El) Phasenverschiebung f, Phasenhub m ‖ ~/**циклический** (Inf) zyklische Verschiebung f ‖ ~/**частотный** (El) Frequenzverschiebung f, Frequenzhub m ‖ ~/**чистый** (Fest) reiner Schub m (bei Verdrehung)
сдвигатель m (Inf) Verschiebeeinrichtung f, Shifter m ‖ ~ **канальных цифровых сигналов** (Nrt) Schieberegister m der digitalen Kanalsignale
сдвигать schieben, verschieben
сдвижение n Verschieben n ‖ ~ **горных пород** (Bgb) Gebirgsbewegung f ‖ ~ **земной поверхности** (Bgb) Bodenbewegung f; Bergschaden m

сдвинутый

сдвинутый verschoben || ~ **в пространстве** örtlich verschoben || ~ **во времени** zeitlich verschoben, zeitverschoben || ~ **по фазе** *(El)* phasenverschoben
сдвинуть *s.* сдвигать
сдвоенный gepaart, paarweise, zweifach, Zweifach..., doppelt, Doppel...
сдвойникование *n (Krist)* Verzwillingung *f*
сдерживание *n* Bremsen *n*, Hemmung *f* || ~ **самохода** Leerlaufhemmung *f (Zähler)*
сдир *m*/**коконный** *(Text)* Kokonschalenabzug *m*, Struse *f*
сдирать шкуру *(Led)* abhäuten, abdecken, abwirken
СДМ *s.* машина/строительно-дорожная
СДПП *s.* судно с динамическим принципом поддержания
сдувание *n* 1. *s.* сдувка; 2. Abdrift *f (von Pflanzenschutzmitteln)* || ~ **пограничного слоя** *(Аего)* Wegblasen *n* der Grenzschicht *(Grenzschichtbeeinflussung)*
сдуваться abgetrieben werden, abtreiben *(Pflanzenschutzmittel)*
сдувка *f* Abblasen *n*, Wegblasen *n* || ~/**газовая** *(Pap)* Abgasen *n (des Kochers)*
СДЦ *s.* селекция движущихся целей
себестоимость *f* Selbstkosten *pl*, Gestehungskosten *pl*
сев *m (Lw)* Aussaat *f*, Saat *f (s. a. unter* посев*)* || ~/**озимый** Wintersaat *f*, Winterung *f* || ~/**яровой** Sommersaat *f*, Sommerung *f*
север *m* Nord, Norden *m*
севооборот *m (Lw)* Rotation *f*, Fruchtfolge *f*, Saatwechsel *m*, Saat- und Pflanzgutwechsel *m* || ~/**зерновой** Körnerfruchtfolge *f*, Getreideanbaufolge *f* || ~/**овощной** Gemüseanbaufolge *f*
сегмент *m* 1. Segment *n*, Abschnitt *m*; 2. *(Lw)* Messerklinge *f (Schneidwerk)* || ~ **арки/нижний** *(Bgb)* Sohlenbogen *m (Ringausbau)* || ~/**вогнуто-выпуклый шлифовальный** *(Wkz)* Schleifsegment *n* mit konkav-konvexförmigem Querschnitt || ~/**выпукло-вогнутый шлифовальный** *(Wkz)* Schleifsegment *n* mit konvex-konkavförmigem Querschnitt || ~/**выпукло-плоский шлифовальный** *(Wkz)* plankonvexes Schleifsegment *n*, Schleifsegment *n* mit plankonvexem Querschnitt || ~/**гребенной** *(Text)* Kammsegment *n (Kämmaschine)* || ~/**зубчатый** *(Wkz)* Zahnbogen *m*, Zahnsegment *n*, Einsatzzahn *m* || ~/**игольный** *(Text)* Nadelsegment *n* || ~/**корневой** *(Inf)* Wurzelsegment *n (Programm)* || ~ **круга** *(Math)* Kreissegment *n*, Kreisabschnitt *m* || ~/**круговой** *(Bgb)* Kreisbogen *m (Ringausbau)* || ~ **лопаток** Schaufelpaket *n (Dampfturbine)* || ~/**магнитный** *(El)* Magnetsegment *n* || ~ **памяти** *(Inf)* Speicherteil *m*, Speichersegment *n* || ~/**плоский** *s.* ~ круга || ~/**плоский шлифовальный** *(Wkz)* rechteckiges Schleifsegment *n*, Schleifsegment *n* mit rechteckigem Querschnitt || ~ **программы** *(Inf)* Programmsegment *n*, Programmstück *n* || ~/**сопловой** Düsenbogen *m*, Düsensegment *n (Dampfturbine)* || ~/**стопорный** *(Masch)* Feststellsegment *n* || ~/**сферический** *s.* ~/шаровой || ~/**трапецевидный шлифовальный** *(Wkz)* trapezförmiges Schleifsegment *n*, Schleifsegment *n* mit trapezförmigem Querschnitt || ~/**упорный** Drucksegment *n*, Druckstück *n (Drucklager)* || ~/**установочный** *(Masch)* Einstellsegment *n* || ~ **шара** *s.* ~/шаровой || ~/**шаровой** 1. *(Math)* Kugelabschnitt *m*, Kugelsegment *n*; 2. Kugelkappe *f*, Kugelkalotte *f*, Kugelhaube *f* || ~/**шлифовальный** *(Wkz)* Schleifsegment *n*, Schleifkörper *m* in Segmentform
сегментация *f (Inf)* Unterteilung *f*, Segmentierung *f (Programm)*
сегнетокерамика *f* seignetteelektrische (ferroelektrische) Keramik *f*
сегнетомагнетик *m* Ferromagnetikum *n*, ferromagnetischer Werkstoff *m*
сегнетополупроводник *m* Seignettehalbleiter *m*
сегнетоэлектрик *m* Ferro[di]elektrikum *n*, Seignettedielektrikum *n*
сегнетоэлектрический ferroelektrisch, seignetteelektrisch
сегнетоэлектричество *n* Ferroelektrizität *f*, Seignetteelektrizität *f*
сегрегат *m* Segregat *n*, Ausgeschiedenes *n*
сегрегация *f* 1. *(Met)* Segregation *f*, Ausscheidung *f (Schmelze)*; 2. *(Met)* Entmischen *n*, Entmischung *f*, Ausseigern *n*, Ausseigerung *f*, Seigern *n*, Seigerung *f (Schmelze; s. a.* ликвация 1.*)*; 3. *(Geol)* magmatische Differentiation *f (s. a.* ликвация 2.*)* || ~ **на границах зёрен** *(Met)* Korngrenzenseigerung *f* || ~ **порошка** Pulverentmischung *f (Pulvermetallurgie)*
сегрегировать *(Met)* 1. segregieren, ausscheiden *(Schmelze)*; 2. entmischen, ausseigern, seigern *(Schmelze)*
седиментатор *m* Absetzbehälter *m*, Klärbehälter *m*, Absetztank *m*
седиментация *f* 1. *(Ph, Ch)* Sedimentation *f*, Sedimentieren *n*, Ausfallen *n (Ablagerung grobdisperser fester Teilchen in Gasen und Flüssigkeiten)*; 2. *(Geol)* Sedimentation *f*, Ablagerung *f*
седиментировать sedimentieren, absetzen lassen, ausfällen
седло *n* 1. Sitz *m (eingefräste Ventilsitzfläche im Zylinderblock des Viertaktmotors)*; 2. *(Geol)* Antiklinale *f*, Sattel *m*, Sattelfirste *f*; 3. *(Math)* Sattelpunkt *m (singulärer Punkt)*; 4. *(El)* Tragteilklemme *f* || ~ **антиклинали** *s.* седло 2. || ~/**воздушное** *(Geol)* Luftsattel *m* || ~ **клапана** Ventilsitz *m (Viertakt-Ottomotor)* || ~ **клапана/вставное (кольцевое)** Ventilsitzring *m* || ~/**кольцевое** Ringsitz *m (des Ventils)* || ~ **седла** *f* Federsitz *m*, Federsattel *m* || ~/**уплотняющее** Dichtsitz *m* || ~/**фланцевое** Flanschsitz *m*
седловатость палубы *(Schiff)* Decksprung *m*
седловина *f* 1. *(Geol)* Gebirgssattel *m*, Einsattelung *f*; 2. *(Math) s.* седло 3.; 3. *(Meteo)* Sattel *m* || ~ **пласта** *(Geol)* Flözsattel *m*
седлообразность *f* Sattelförmigkeit *f*
седлообразный sattelförmig
седлообразование *n* Sattelbildung *f*
сезень *m (Schiff)* Zeising *m*
сезон *m* Saison *f*, Periode *f*, Zeit *f* || ~ **дождей** Regenzeit *f* || ~/**отопительный** Heizperiode *f*
сейнер *m* Seiner *m (Fischereischiff)*
сейсм *m (Geoph)* seismische Bewegung (Erschütterung) *f*
сейсмика *f (Geoph)* Seismik *f* || ~/**модельная** Modellseismik *f*
сейсмический seismisch, Erdbeben...

сейсмичность f Seismizität f, Erdbebenintensität f und -häufigkeit f, Erdbebenaktivität f ‖ **~/наведённая** induzierte Seismizität f, durch äußere Einflußfaktoren bedingte Seismizität f
сейсмоакустический (Geoph) seismoakustisch
сейсмограмма f (Geoph) Seismogramm n ‖ **~/синтетическая** synthetisches Seismogramm n ‖ **~/теоретическая** theoretisches Seismogramm n
сейсмограф m (Geoph) Seismograph m, registrierendes Seismometer n ‖ **~ без трения** reibungsloser Seismograph m ‖ **~ больших перемещений** Strong-motion-Seismograph m, Starkbebenseismograph m ‖ **~/длиннопериодный** langperiodischer Seismograph m ‖ **~/донный** Meeresbodenseismograph m ‖ **~/короткопериодный** kurzperiodischer Seismograph m ‖ **~/маятниковый** Pendelseismograph m ‖ **~/портативный** tragbarer (transportabler) Seismograph m ‖ **~/пьезоэлектрический** piezoelektrischer Seismograph m ‖ **~/скважинный** Bohrlochseismograph m ‖ **~/трёхкомпонентный** Dreikomponentenseismograph m ‖ **~/широкополосный** Breitbandseismograph m ‖ **~/электродинамический** elektrodynamischer Seismograph m ‖ **~/электромагнитный** elektromagnetischer Seismograph m ‖ **~/электронный** elektronischer Seismograph m
сейсмографический seismographisch
сейсмография f Seismographie f
сейсмозондирование n s. сейсморазведка ‖ **~/глубинное** seismische Tiefensondierung f (Tiefbohrung)
сейсмокаротаж m seismische Karotage, Bohrlochmessung f
сейсмоклинограф m (Geoph) Seismoklinograph m
сейсмология f Seismologie f, Seismik f, Erdbebenforschung f ‖ **~/инженерная** Erdbebeningenieurwesen n
сейсмометр m (Geoph) Seismometer n, Erdbebenmesser m (s. a. unter сейсмограф)
сейсмометрия f Seismometrie f
сейсмоприёмник m (Geoph) seismischer Empfänger (Sensor) m
сейсморазведка f (Geoph) Seismik f, seism[ometr]isches Prospektieren n, seismische Erkundung f
сейсмоскоп m (Geoph) Seismoskop n
сейсмостанция f Erdbebenwarte f, Erdbebenstation f
сейсмостойкий erdbenfest, erdbebensicher
сейсмостойкость f (Geoph) Bebenresistenz f, Erdbebensicherheit f
сейсмотектоника f (Geoph) Seismotektonik f
секанс m (Math) Sekans m, Sekante f, sec (Winkelfunktion) ‖ **~/гиперболический** Hyperbelsekans m, Secans m hyperbolicus
секансоида f (Math) Sekanskurve f, Sekanslinie f, Sekansoide f
секатор m (Lw) Gartenschere f, Baumschere f
секвенция f (Math) Sequenz f
секлюзия f (Meteo) Seklusion f
секретность f **радиосвязи** Funkgeheimnis n ‖ **~ разговоров** Gesprächsgeheimnis n ‖ **~ связи** Fernmeldegeheimnis n

секреция f (Min) Sekretion f (Hohlraummineralfüllung)
секстан m (Astr, Schiff) Sextant m ‖ **~/зеркальный** Spiegelsextant m ‖ **~/промерный** Peilsextant m, Vermessungssextant m ‖ **~ с уровнем** Libellensextant m ‖ **~/угловой** Winkelsextant m
секстант m s. секстан
сектор m 1. (Math) Sektor m, Ausschnitt m; 2. (Masch) Segment n (s. a. unter сегмент 1.); 3. Sektor m, Plattensektor m (des Plattenspielers) ‖ **~/блокировочный** (Masch) Verriegelungssegment n ‖ **~/боевой** (Text) Schlagsektor m (Webstuhl) ‖ **~/зубчатый** 1. (Masch) Zahn[rad]segment n; 2. (Kfz) Schneckenradsegment n (der Schneckenlenkung) ‖ **~ круга** (Math) Kreisausschnitt m, Kreissektor m, Sektor m ‖ **~/круговой** s. **~ круга** ‖ **~ лага** (Schiff) Logbrett n, Logscheit n ‖ **~ обзора** (Rad) Abtastsektor m, Suchsektor m ‖ **~ обнаружения** (Rad) Ortungsbereich m ‖ **~ откатывания** (Bw) Rollsektor m (einer Rollklappbrücke) ‖ **~/рулевой** (Schiff) Ruderquadrant m ‖ **~/сферический** (Math) Kugelausschnitt m, Kugelsektor m, Raumsektor m ‖ **~/теневой** (Rad) Schattensektor m ‖ **~/тёплый** (Meteo) Warmluftsektor m ‖ **~/шаровой** s. **~/сферический**
секторный Sektor ...
секунда f 1. Sekunde f, s (Basiseinheit für die Zeit); 2. (Math) Sekunde f, Winkelsekunde f, Bogensekunde f (Einheit des ebenen Winkels) ‖ **~/атомная** (Astr) Atomsekunde f, physikalische Sekunde f ‖ **~ всемирного времени** Weltzeitsekunde f ‖ **~/градовая (десятичная)** Neusekunde f ‖ **~ Редвуда** Redwood-Sekunde f, Rs, Redwood-Zahl f (SI-fremde Einheit der kinematischen Viskosität) ‖ **~ Сейбольта** (Hydr) Saybolt-Sekunde f, Ss, Saybolt-Zahl f ‖ **~/угловая** Winkelsekunde f
секундомер m Stoppuhr f
секущая f (Math) Sekante f
секционирование n 1. Stufung f, Abstufung f; 2. (El) Unterteilung f, Aufteilung f (von Wicklungen); Auftrennung f (von Fahrleitungen) ‖ **~ контактной сети** (Eb) Fahrleitungsunterteilung f ‖ **~ обмотки** (El) Wicklungsunterteilung f ‖ **~/поперечное** Querunterteilung f ‖ **~/продольное** Längsunterteilung f
секционировать unterteilen, aufteilen (Wicklungen); auftrennen (Fahrleitungen)
секционность f Segmentbauweise f
секция f 1. Sektion f, Einheit f, Element n; Abteilung f, Teilgruppe f, Gruppe f; Fach n; Stufe f; Glied n; 2. (Inf) Abschnitt m, Programmabschnitt m; 3. (Schiff) Sektion f; 4. (Eb) Einheit f, Zugeinheit f; 5. (Typ) Sektion f, Einheit f; 6. (El) Spule f, Wickel m ‖ **~/бортовая** (Schiff) Seitensektion f ‖ **~/бункерная** Bunkerzelle f ‖ **~ венца направляющих лопаток** Leitschaufeleinsatz m (Dampfturbine) ‖ **~/волноводная** (El) Wellenleiterabschnitt m ‖ **~/вспомогательная** (El) Hilfsspule f ‖ **~/входная** (Inf) Eingabeabschnitt m ‖ **~/выпускная** (Text) Abliefersegment n, Ablieferteil n (Ringspinnmaschine) ‖ **~/выходная** (Inf) Ausgabeabschnitt m ‖ **~/генераторная** (Schiff) Generatorensektion f (Hauptschalttafel) ‖ **~/двойная хордовая** (El) Doppelseh-

секция

nenspule f ‖ ~ **двойного дна** (Schiff) Doppelbodensektion f ‖ ~/**жилая рядовая** (Bw) Mittelsektion f, Normalsektion f ‖ ~/**загрузочная [морозильного аппарата]** Beschickungsteil m (Gefrierapparat) ‖ ~/**закладная** (Schiff) Kiellegungssektion f ‖ ~ **здания** (Bw) Gebäudeabschnitt m, Gebäudesektion f ‖ ~ **катушки** (El) Spulenabschnitt m ‖ ~/**клеточная** (Lw) Käfigsektion f (Geflügelhaltung) ‖ ~/**комплексно-насыщенная** (Schiff) voll vorausgerüstete Sektion f ‖ ~/**кормовая** (Schiff) Achterschiffssektion f ‖ ~/**кормовая подъёмная** (Schiff) Heckklappe f (Fährschiff, Ro-Ro-Schiff) ‖ ~/**краскоподающая** (Typ) Farbwerk n ‖ ~ **крепи** (Bgb) Ausbausektion f ‖ ~/**междудонная** (Schiff) Doppelbodensektion f ‖ ~/**микропроцессорная** Slice n (Scheibe eines scheibenstrukturierten Mikroprozessors) ‖ ~/**моторвагонная** (Eb) Triebwagen m, Triebzugeinheit f ‖ ~ **насоса** Einzelpumpe f; Fördereinheit f (Einspritzpumpe) ‖ ~/**насыщенная** (Schiff) vorausgerüstete Sektion f ‖ ~/**носовая** (Schiff) Vorschiffssektion f ‖ ~/**носовая подъёмная** (Schiff) Bugklappe f (Fährschiff, Ro-Ro-Schiff) ‖ ~/**объёмная** (Schiff) Volumensektion f ‖ ~/**отдельная** (El) Einzelspule f ‖ ~/**отстойная** Ruhezone f (einer Rührkolonne) ‖ ~/**палубная** (Schiff) Deckssektion f ‖ ~/**печатная** (Typ) Druckeinheit f ‖ ~/**планировочная** (Bw) Sektion f, Segment n ‖ ~/**плоскостная** (Schiff) Flächensektion f ‖ ~/**полуобъёмная** (Schiff) gekrümmte Flächensektion f ‖ ~ **потребителей** (Schiff) Verbrauchersektion f (Hauptschalttafel) ‖ ~/**приводная** Antriebssegment n, Antriebsteil n ‖ ~/**программная** (Inf) Programmabschnitt m ‖ ~/**промежуточная** 1. (Masch) Zwischenglied n, Stufenglied n (einer Gliederpumpe); 2. (Text) Mittelsegment n, Mittelteil n (Ringspinnmaschine) ‖ ~ **пупинизации** (El) Spulenfeld n ‖ ~/**разгрузочная** Entnahmeteil m (Gefrierapparat) ‖ ~ **реостата** (El) Rheostatstufe f ‖ ~/**смесительная** Mischzone f (einer Rührkolonne) ‖ ~ **сопротивления** (El) Widerstandsstufe f ‖ ~/**типовая унифицированная** (Bw) Typensektion f ‖ ~ **управления** (Inf) Steuerabschnitt m; 2. (Schiff) Bediensektion f (Hauptschalttafel) ‖ ~/**фальцевальная** (Typ) Falzpartie f, Falzwerk n (Druckmaschine) ‖ ~/**фиктивная программная** (Inf) Pseudoabschnitt m (Programm) ‖ ~/**хордовая** (El) Sehnenspule f, gesehnte Spule f ‖ ~/**электрическая** (Eb) Elektrotriebzug m, S-Bahn f ‖ ~ **якоря** (El) Ankerspule f; Ankerabschnitt m

секция-пакет f **лопаток** Schaufelpaket n (Dampfturbine)

селадонит m (Min) Seladonit m, Grünerde f

селективность f 1. (Rf) Selektivität f, Trennschärfe f (s. a. unter избирательность); 2. (Bgb) Selektivität f (Aufbereitung)

селективный 1. selektiv, auswählend; 2. (Rf) trennscharf, selektiv

селектор m 1. Selektor m; 2. (Nrt, TV) Wähler m; 3. (Text) Selektor m, Selektornadel f ‖ ~/**амплитудный** Amplitudensieb n, Amplitudenwähler m ‖ ~/**временной** Zeitselektor m, Zeitwählschaltung f ‖ ~ **импульсов** Impulssieb n ‖ ~ **импульсов/амплитудный** (Kern) Impulshöhenselektor m, Impulsamplitudenselektor m ‖ ~ **каналов** (TV) Kanalwähler m, Tuner m ‖ ~ **мод** (Nrt) Modenselektor m; (Nrt) Modenfilter n ‖ ~/**нейтронный** s. ~ скоростей/нейтронный ‖ ~ **нейтронов/механический** (Kern) mechanischer Geschwindigkeitsselektor (Neutronenselektor) m ‖ ~/**поляризационный** (Rf) Polarisationsweiche f ‖ ~/**прецизионный** Präzisionswähler m, Präzisionsselektor m ‖ ~ **скоростей** Geschwindigkeitsselektor m ‖ ~ **скоростей/нейтронный** (Kern) Neutronen[geschwindigkeits]selektor m, Geschwindigkeitsselektor m für Neutronen ‖ ~/**фазовый** (El) Phasenwähler m ‖ ~/**частотный** (El) Frequenzwähler m

селектрон m (Eln) Selektron n

селекция f 1. Auswahl f, Selektion f; 2. (Eln) Ausblendung f, Austastung f ‖ ~/**адресная** (Inf) Adressenauswahl f ‖ ~/**амплитудная** (El) Amplitudenselektion f ‖ ~ **движущихся целей** (Flg) Festzeichenunterdrückung f ‖ ~ **мод** (Nrt) Modentrennung f ‖ ~ **по частоте** (El) Frequenzselektion f ‖ ~/**предварительная** Vorselektion f ‖ ~/**фазовая** (El) Phasenselektion f ‖ ~/**частотная** (El) Frequenzselektion f

селен m (Ch) Selen n, Se ‖ ~/**дырочный** (Eln) P-leitendes Selen n

селенат m (Ch) Selenat n, Selenat(VI) n

селенид m (Ch) Selenid n

селенистокислый (Ch) ...selenit n, ...selenat(IV) n; selenigsauer

селенистый (Ch) ...selenid n; selenhaltig

селенобисмутит m (Min) Selenobismutit m, Guanajuatit m, Selenbismutglanz m

селеноводород m (Ch) Selenwasserstoff m, Hydrogenselenid n

селеновокислый (Ch) ...selenat n, selenat(VI) n; selensauer

селеновый Selen...

селенография f (Astr) Selenographie f (Kartographie etc. der Mondoberfläche)

селенодезия f (Astr) Selenodäsie f, Mondvermessung f

селенокуприт m (Min) Selenkupfer n, Berzelianit m

селеноцентрический (Astr) selenozentrisch

селитра f (Ch) Salpeter m ‖ ~/**аммиачная (аммониевая)** Ammoniaksalpeter m (Sprengstoff) ‖ ~/**известковая** Kalksalpeter m ‖ ~/**известково-аммиачная** Kalkammonsalpeter m ‖ ~/**калиевая (калийная)** Kalisalpeter m ‖ ~/**кальциевая** s. ~/известковая ‖ ~/**натриевая** Natronsalpeter m ‖ ~/**чилийская** Chilesalpeter m

селитренный (Ch) Salpeter...

селитровать 1. (Ch) in Salpeter umsetzen; 2. (Lebm) mit Salpeter versetzen; mit Salpeter konservieren

селлаит m (Min) Sellait m, Belonesit m (Fluormineral)

сель m (Hydrol) Mure f, Murbruch m, Murgang m, Blockstrom m

сельдебаза f Heringsverarbeitungsschiff n

сельдяной Herings...

сельсин m (El, Reg) Selsyn n, Drehmelder m ‖ ~/**бесконтактный** kontaktloses Selsyn n, schleifringloser Drehmelder m ‖ ~/**грубый**

Grob[abgleichs]selsyn *n*, Grobdrehmelder *m* ‖ ~/**дающий** Geberselsyn *n*, Selsyngeber *m*, Geberdrehmelder *m*, Drehmeldergeber *m* ‖ ~/**дифференциальный** Differentialselsyn *n*, Differentialdrehmelder *m* ‖ ~/**контактный** Kontaktselsyn *n*, Drehmelder *m* mit Schleifring ‖ ~/**однофазный** Einphasendrehmelder *m* ‖ ~/**приёмный (принимающий)** Empfängerselsyn *n*, Selsynempfänger *m*, Empfängerdrehmelder *m*, Drehmelderempfänger *m* ‖ ~/**точный** Fein[abgleichs]selsyn *n*, Feindrehmelder *m*
сельсин-датчик *m (Reg)* Geberselsyn *n*, Geberdrehmelder *m*
сельсин-дифференциал *m s.* сельсин/дифференциальный
сельсин-индикатор *m (Reg)* Indikatorselsyn *n*, Anzeigedrehmelder *m*
сельсинный, сельсиновый *(El, Reg)* Selsyn..., Drehmelder...
сельсин-приёмник *m (Reg)* Empfängerselsyn *n*, Empfängerdrehmelder *m*
сельсин-трансформатор *m (Reg)* Transformatorselsyn *n*, Selsyntransformator *m*
сельфактор *m s.* машина периодического действия/прядильная
семафор *m (Eb)* Formsignal *n*, Formhauptsignal *n*, Flügelsignal *n* ‖ ~/**входной** Einfahrsignal *n* ‖ ~/**выходной** Ausfahrsignal *n* ‖ ~/**многокрылый** mehrflügeliges (mehrbegriffiges) Signal *n* ‖ ~/**однокрылый** einflügeliges (einbegriffiges) Signal *n* ‖ ~/**основной** Hauptsignal *n* ‖ ~/**открытый** gezogenes Signal *n* ‖ ~/**световой** *(Schiff)* Waterlampe *f* ‖ ~/**флажный** *(Schiff)* Winkflaggen *fpl*
семафорить *(Schiff)* winken
семафорный Winker...
семейство *n* 1. Familie *f*; 2. Serie *f*, Reihe *f*; 3. Schar *f (z. B. Kurvenschar)* ‖ ~ **актиния (актиноурана) [/радиоактивное]** *(Kern)* radioaktive Familie *f* des Uraniums (Aktinouraniums), Uranium-Aktinium-Familie *f*, Uranium-Aktinium-Reihe *f* ‖ ~ **волн** *(Ph)* Wellenfamilie *f* ‖ ~ **выходных характеристик** *(El)* Ausgangskennlinienfeld *n* ‖ ~ **гипербол** *(Rad)* Hyperbelschar *f* ‖ ~ **кривых** *(Math)* Kurvenschar *f* ‖ ~ **нептуния/радиоактивное** *(Kern)* radioaktive Familie *f* des Neptuniums, Neptuniumfamilie *f*, Neptuniumreihe *f* ‖ ~/**радиоактивное** *(Kern)* radioaktive Zerfallsreihe *f*, Zerfallsfamilie *f* ‖ ~ **решений** *(Math)* Lösungsschar *f* ‖ ~ **спиралей** *(Math)* Spiralschar *f* ‖ ~ **тория [/радиоактивное]** *(Kern)* radioaktive Familie *f* des Thoriums, Thoriumfamilie *f* ‖ ~ **урана [/радиоактивное]** *(Kern)* radioaktive Familie *f* des Uraniums, Uranium-Radium-Familie *f*, Uranium-Radium-Reihe *f* ‖ ~ **характеристик** Kennlinienschar *f*, Kennlinienfeld *n* ‖ ~ **частиц** *(Kern)* Teilchenfamilie *f* ‖ ~ **ЭВМ** Rechnerfamilie *f*
семена *npl (Lw)* Samen *m*, Sämereien *fpl*, Saatgut *n (s. a. unter* семя*)* ‖ ~ **кормовых растений** Futterpflanzensamen *m* ‖ ~/**овощные** Gemüsesamen *m* ‖ ~/**сорные** Unkrautsamen *m* ‖ ~/**твёрдые** hart[schalig]er Samen *m* ‖ ~ **трав** Grassamen *m*
семеноводство *n (Lw)* Saatgutbau *m*, Saatguterzeugung *f*, Saatgutzüchtung *f* ‖ ~ **зерновых культур** Getreidesaatguterzeugung *f*

семеносушилка *f (Lw)* Samendarren *m*, Samentrocknungsanlage *f*
семенохранилище *n (Lw)* Saatgutspeicher *m*
семеочиститель *m (Lw)* Saatgutbereiter *m*, Saatgutreinigungsanlage *f*
семёрка *f (Inf)* Sieben *f*
семивалентный *(Ch)* siebenwertig, heptavalent
семиводный *(Ch)* ...-7-Wasser *n*, ...heptahydrat *n*
семигранник *m (Krist)* Siebenflächner *m*, Heptaeder *n*
семигранный siebenflächig
семиинвариант *m* Halbinvariante *f*, Kumulante *f (Statistik)*
семикаскадный siebenstufig
семиколлоидный *(Ch)* semikolloid, halbkolloid
семиокись *f (Ch)* Heptoxid *n*
семиполярный semipolar, halbpolar
семитрейлер *m (Schiff)* Semitrailer *m*
семиугольник *m (Math)* Siebeneck *n*, Heptagon *n*
семиугольный siebeneckig, heptagonal
семя *n (Lw)* Same[n] *m*, Saat *f (s. a. unter* семена*)* ‖ ~/**всхожее** keimfähiger Samen *m* ‖ ~/**конопляное** Hanfsamen *m* ‖ ~/**льняное** Leinsaat *f*, Leinsamen *m* ‖ ~/**масличное** Ölsaat *f* ‖ ~/**рапсовое** Rapssaat *f*
семяпровод *m [/трубчатый]* *(Lw)* Saatleitung *f*, Saatleitungsrohr *n (Sämaschine)*
сенаж *m (Lw)* Welksilage *f*, Anwelksilage *f*
сенармонтит *m (Min)* Senarmontit *m (sekundäres Antimonmineral)*
сено *n (Lw)* Heu *n* ‖ ~/**луговое** Wiesenheu *n* ‖ ~/**полевое** Feldheu *n* ‖ ~/**прессованное** Preßheu *n*
сеноворошилка *f (Lw)* Wender *m*, Heuwender *m (Breitwenden)* ‖ ~/**барабанная** Trommel[heu]wender *m* ‖ ~/**вильчатая** Gabel[heu]wender *m*
сеновяз *m (Lw)* Heubinder *m*
сенодробилка *f (Lw)* Heuhäcksler *m*, Heuschroter *m*
сенокос *m (Lw)* Heuernte *f*, Heuwerbung *f*
сенокосилка *f (Lw)* Grasmähmaschine *f*, Grasmäher *m*
сенокошение *n s.* сенокос
сенонагрузчик *m (Lw)* Heulader *m*, Fuderlader *m*
сенопогрузчик *m s.* сенонагрузчик
сеноподъёмник *m (Lw)* Heuaufzug *m*
сенопресс *m (Lw)* Heupresse *f (Heubrikettierung)*
сеносборщик-волокуша *m (Lw)* Heuschiebesammler *m*, Heuschwanz *m*
сеносушилка *f (Lw)* Heudarre *f*, Heutrocknungsanlage *f*
сеноуборка *f s.* сенокос
сенофураж *m (Lw)* Heufutter *n*
сенохранилище *n (Lw)* Heuschuppen *m*, Heuscheune *f*, Heustadel *m*
сенсибилизатор *m* Sensibilisator *m*, Sensibilisierungsmittel *n*; *(Photo)* Sensibilisator *m*, Photosensibilisator *m* ‖ ~/**восстановительный** *s.* сенсибилизатор-восстановитель ‖ ~/**оптический** spektraler (optischer) Sensibilisator *m*, Sensibilisierungsfarbstoff *m* ‖ ~/**сернистый** *(Photo)* Schwefelsensibilisator *m* ‖ ~/**спектральный** *s.* сенсибилизатор/оптический ‖ ~/**химический** *(Photo)* chemischer Sensibilisator *m*

сенсибилизатор-восстановитель *m (Photo)* reduzierender Sensibilisator *m*, Reduktionssensibilisator *m*

сенсибилизация *f (Photo)* Sensibilisierung *f* ‖ ~/**восстановительная** Reduktionssensibilisierung *f* ‖ ~/**глубинная** Innensensibilisierung *f* ‖ ~ **золотом** Goldsensibilisierung *f* ‖ ~ **к зелёному свету** Grünsensibilisierung *f* ‖ ~ **к инфракрасным лучам** Infrarotsensibilisierung *f* ‖ ~ **к красному свету** Rotsensibilisierung *f* ‖ ~ **к синему свету** Blausensibilisierung *f* ‖ ~/**оптическая спектральная** (optische) Sensibilisierung *f*, Farbensensibilisierung *f* ‖ ~/**ортохроматическая** orthochromatische Sensibilisierung *f* ‖ ~/**панхроматическая** panchromatische Sensibilisierung *f* ‖ ~/**поверхностная** Oberflächensensibilisierung *f* ‖ ~/**сернистая** *s.* ~ серой ‖ ~ **серой** Schwefelsensibilisierung *f* ‖ ~/**спектральная** *s.* ~/оптическая ‖ ~/**химическая** chemische Sensibilisierung *f*

сенсибилизировать *(Photo)* sensibilisieren

сенсистор *m (Eln)* Sensistor *m*

сенситограмма *f (Photo)* Sensitometerstreifen *m*, Sensitogramm *n*

сенситометр *m (Photo)* Sensitometer *n* ‖ ~ **со шкалой времени** Sensitometer *n* mit Zeitvariation, Zeitskalensensitometer *n* ‖ ~ **со шкалой освещённости** Sensitometer *n* mit Intensitätsvariation, Intensitätsskalensensitometer *n* ‖ ~ **со щелевым затвором** Fallsensitometer *n*

сенситометрический *(Photo)* sensitometrisch

сенситометрия *f (Photo)* Sensitometrie *f* ‖ ~/**одночастотная** Monofrequent-Sensitometrie *f* ‖ ~/**спектральная** *(Opt)* Spektralsensitometrie *f*

сенсор *m (Reg, Meß)* Sensor *m*, Meßwertaufnehmer *m* ‖ ~/**визуальный** visueller (optischer) Sensor *m*, Sichtsensor *m* ‖ ~/**тактильный** taktiler Sensor *m*, Tastsensor *m*

сенсорика *f* 1. Sensortechnik *f*; 2. Sensorik *f*, Sensoreinrichtungen *fpl*

сенсорный sensorisch, sensoriell, Sensor...

сепаратор *m* 1. Separator *m*, Abscheider, Sichter *m*; 2. *(Text)* Antiballonvorrichtung *f*, Fadenschleiertrenner *m*, Antiballonplatte *f*; 3. *(Bgb)* Scheider *m*, Abscheider *m*, Sichter *m*, Separator *m (Aufbereitung von Kohle und Erz)*; 4. *(Ch)* Feststoffabscheider *m*, Kraftfilter *n*; 5. *(Masch)* Käfig *m (des Wälzlagers)*; 6. Wasserabscheider *m (Heizungsanlage)*; 7. Trennplatte *f*, Scheider *m*, Separator *m (von Akkumulatoren)*; 8. *(Lw) s.* ~/молочный; 9. *(Kern) s.* ~ заряжённых частиц; 10. *s.* каплеотделитель ‖ ~/**барабанный** Trommelscheider *m (Aufbereitung)* ‖ ~/**барабанный магнитный** Trommelmagnetscheider *m (Aufbereitung)* ‖ ~/**барабанный электромагнитный** Trommel[elektro]magnetscheider *m (Aufbereitung)* ‖ ~/**вибрационный** Vibrationsfilter *n* ‖ ~/**винтовой** *(Bgb)* Wendelscheider *m*, Wendelrinne *f (Aufbereitung)* ‖ ~/**воздушно-циркуляционный** Kreiselsichter *m*, Schleudersichter *m* ‖ ~/**воздушный** Windsichter *m*, Luftstromsichter *m*, Druckwindsichter *m* ‖ ~/**вращающийся** Schleudersichter *m*, Fliehkraftsichter *m* ‖ ~/**вспомогательный** Nachabscheider *m* ‖ ~/**газовый** Fliehkraftabscheider *m* für die Gasaufbereitung *f* ‖ ~/**гравитационный** Schwerkraftscheider *m* ‖ ~/**двойной** *(Masch)* Doppelkäfig *m* ‖ ~/**двухрядный** *(Masch)* zweireihiger Käfig *m* ‖ ~/**дисковый** Scheibensichter *m*, Ringscheider *m* ‖ ~/**дисковый магнитный** Ring[magnet]scheider *m* ‖ ~/**диффузионный** Diffusionssichter *m* ‖ ~/**диэлектрический** *(Bgb)* Kondensatorfeldscheider *m (Aufbereitung)* ‖ ~ **для освещения** Klärseparator *m* ‖ ~/**дополнительный** Nachabscheider *m* ‖ ~/**дрожжевой** Hefeseparator *m* ‖ ~/**жалюзийный** Jalousiesichter *m*, Prallsichter *m*, Prallabscheider *m* ‖ ~ **жидкости** Flüssigkeitsabscheider *m* ‖ ~ **заряжённых частиц** *(Kern)* Teilchenseparator *m*, Separator *m* ‖ ~ **заряжённых частиц/высокочастотный** *(Kern)* Hochfrequenz[teilchen]separator *m*, HF-Teilchenseparator *m* ‖ ~ **заряжённых частиц/электростатический** *(Kern)* elektrostatischer Teilchenseparator *m* ‖ ~ **изотопов/электромагнитный** *(Kern)* [elektro]magnetischer Isotopentrenner *m* ‖ ~/**каскадный [воздушный]** Kaskaden[wind]sichter *m* ‖ ~/**конусный** *(Bgb)* Konusscheider *m (Aufbereitung)* ‖ ~/**коронный** *(Bgb)* Sprühfeldscheider *m*, Koronascheider *m (Aufbereitung)* ‖ ~/**коронный барабанный** Sprühfeldtrommelscheider *m (Aufbereitung)* ‖ ~/**корытный** Trogscheider *m*, Waschrinnenscheider *m (Schwertrübeaufbereitung)* ‖ ~/**круговой** Rundsichter *m* ‖ ~/**ленточный** Bandscheider *m* ‖ ~/**ленточный магнитный** Band[magnet]scheider *m* ‖ ~/**ленточный электромагнитный** Bandmagnetscheider *m* ‖ ~ **льяльных вод** *(Schiff)* Bilgenwasserentöler *m* ‖ ~ **льяльных вод/гравитационный** *(Schiff)* Schwerkraftbilgenwasserentöler *m*, Absetzbilgenwasserentöler *m* ‖ ~/**магнитный** Magnetscheider *m*; Magnetfilter *n* ‖ ~/**масляный** Ölseparator *m*, Ölschleuder *f* ‖ ~/**мокрый** Naßscheider *m* für Naßaufbereitung ‖ ~/**мокрый барабанный** Naßtrommelscheider *m (Aufbereitung)* ‖ ~/**мокрый магнитный** Naßmagnetscheider *m (Aufbereitung)* ‖ ~/**молочный** *(Lw)* Milchzentrifuge *f*, Milchschleuder *f*, Milchseparator *m* ‖ ~/**мукомольный** *(Sammelbegriff für Apparate für die Getreidereinigung од dem Mahlprozeß)* ‖ ~/**нефтеводяной** *(Schiff)* Bilgenwasserentöler *m* ‖ ~/**однорядный** *(Masch)* einreihiger Käfig *m* ‖ ~/**осветительный** Klärseparator *m* ‖ ~ **отопления/пластинчатый** Wasserabscheider *m* mit Prallplatte *(Heizungsanlagen)* ‖ ~/**очистной** Reinigungszentrifuge *f* ‖ ~/**пирамидальный** Spitzkastenseparator *m (Schwertrübeaufbereitung)* ‖ ~/**пироэлектрический** pyroelektrischer Scheider *m* ‖ ~/**пневматический** Windsichter *m*, Luftstromsichter *m*; Luftstrahlscheider *m (Aufbereitung)* ‖ ~/**поворотный** Umlenksichter *m (Aufbereitung)* ‖ ~ **подшипника качения** *(Masch)* Wälzlagerkäfig *m* ‖ ~/**противоточный** *(Bgb)* Gegenlaufscheider *m*, Gegenstromsichter *m (Aufbereitung)* ‖ ~/**проходной** Stromsichter *m* ‖ ~/**прямоточный** Gleichlaufscheider *m* ‖ ~/**пылеугольный** Kohlenstaubsichter *m*, Kohlenstaubabscheider *m* ‖ ~ **пыли** Staubabscheider *m*, Staubsichter *m* ‖ ~ **пыли/сухой** Trockenstaubabscheider *m* ‖ ~/**радиометрический (рентгено-люминесцентный)** *(Bgb)* radiometrischer Klaubeapparat *m (Aufbereitung)* ‖ ~/**роликовый** Walzenscheider *m* ‖ ~/**самоочищающийся** selbstreinigender Separator *m* ‖ ~/**ситовый** Siebsichter *m* ‖ ~ **смазочного масла** Schmierölseparator *m* ‖ ~/**составной** *(Masch)* zusammengesetzter Käfig *m* ‖ ~/**сухой** Trockenscheider *m* ‖ ~/**сухой магнитный** Trockenmagnetscheider *m* ‖ ~/**тарельчатый** Tellerseparator *m*, Tellerzentrifuge *f* ‖ ~ **тонкой пыли** Feinstaubabscheider *m* ‖ ~/**топливный** Kraftstoffreiniger *m*, Kraftstoffseparator *m* ‖ ~/**трапецеидальный** *(Text)* Trapezabscheider *m (Komponentenmischeinrichtung)* ‖ ~/**трибоэлектрический** triboelektrischer (reibungselektrischer) Scheider *m* ‖ ~ **трюмных вод** *(Schiff)* Bilgenwasserentöler *m* ‖ ~ **тяжёлого топлива** Schwerölseparator *m* ‖ ~ **угольной пыли** Kohlenstaubseparator *m* ‖ ~/**фотометрический** *s.* ~/**фотоэлектрический** ‖ ~/**фотоэлектрический** lichtelektrisch (photoelektrisch) gesteuerter Klaubeapparat *m (Aufbereitung)* ‖ ~/**цельный** *(Masch)* ungeteilter Käfig *m* ‖ ~/**центробежный** Fliehkraft[ab]scheider *m*, Schleudersichter *m*, Kreiselsichter *m*; Zentrifugalfilter *n* ‖ ~/**щитовый направляющий** Leitblechsichter *m* ‖ ~/**электрический** Elektroscheider *m* ‖ ~/**электромагнитный** Elektromagnetscheider *m* ‖ ~/**электростатический** elektrostatischer Scheider *m*; elektrostatisches Filter *n*

сепаратриса *f (Kern)* Separatrix *f*
сепарация *f* 1. *(Bgb)* Scheidung *f*, Trennung *f*, Klassierung *f (Aufbereitung)*; 2. Entrahmung *f (von Milch)* ‖ ~ **в поле коронного разряда** Koronascheidung *f (elektrisches Aufbereitungsverfahren)* ‖ ~ **влаги** Nässeabscheidung *f*, Nässeabtrennung *f* ‖ ~/**воздушная** Windsichtung *f* ‖ ~ **вторичного пара** Brüdenabscheidung *f* ‖ ~/**гравитационная** Schwerkraft[ab]scheidung *f*, Schwerkraftklassierung *f* ‖ ~/**грубая** Grobsichtung *f* ‖ ~/**инерционная** Stoßabscheidung *f* ‖ ~/**магнитная** Magnetscheidung *f* ‖ ~/**магнитная полиградиентная** Hochgradientmagnetscheidung *f* ‖ ~/**магнито-гидродинамическая** magnetohydrodynamische Scheidung *f* ‖ ~/**мокрая** Naß[ab]scheidung *f* ‖ ~/**пара** Dampfabscheidung *f*, Dampftrocknung *f* ‖ ~/**пневматическая** Luftstrahlscheidung *f*, Windsichtung *f* ‖ ~ **пыли** Staubabscheidung *f* ‖ ~/**ситевая** Siebsichtung *f* ‖ ~/**сухая** Trocken[ab]scheidung *f* ‖ ~/**электрическая** Elektrosortierung *f* ‖ ~/**электромагнитная** *s.* ~/**магнитная** ‖ ~/**электростатическая** elektrostatische Scheidung *f*

сепарировать 1. *(Bgb)* [ab]scheiden, sichten, trennen, klassieren; 2. entrahmen *(Milch)*
сепиолит *m (Min)* Sepiolith *m*, Meerschaum *m*
септарии *pl (Geol)* Septarien *fpl*
септик *m* Faulbecken *n*, Faulkammer *f*, Ausfallkammer *f*, Faulgrube *f (Abwasserreinigung)*
септиктанк *m s.* септик
сера *f* 1. *(Ch)* Schwefel *m*, S; 2. *(Forst)* Scharrharz *n*, Lachenharz *n* ‖ ~/**возгнанная** sublimierter Schwefel *m*, Schwefelblume *f*, Schwefelblüte *f* ‖ ~/**газовая** Gasschwefel *m* ‖ ~/**коллоидальная (коллоидая)** kolloidaler Schwefel *m*, Kolloidschwefel *m* ‖ ~/**комовая** Blockschwefel *m*, Rohschwefel *m* ‖ ~/**купольная** Frasch-Schwefel *m (aus Salzdomen gewonnener Schwefel)* ‖ ~/**кусковая** Brockenschwefel *m* ‖ ~/**молотая** Mahlschwefel *m*, Schwefelpulver *n* ‖ ~/**моноклинная** monokliner Schwefel *m*, ß-Schwefel *m* ‖ ~/**осаждённая** gefällter Schwefel *m*, Schwefelmilch *f* ‖ ~/**палочковая (палочная)** *s.* ~/**черенковая** ‖ ~/**пиритная** Pyritschwefel *m* ‖ ~/**порошкообразная** Schwefelpulver *n*, Schwefelpuder *m* ‖ ~/**радиоактивная** radioaktiver Schwefel *m*, Radioschwefel *m* ‖ ~/**ромбическая** rhombischer Schwefel *m*, α-Schwefel *m* ‖ ~/**самородная** gediegener Schwefel *m* ‖ ~/**свободная** freier Schwefel *m* ‖ ~/**сырцовая** *s.* ~/**комовая** ‖ ~/**черенковая** Stangenschwefel *m* ‖ ~/**элементарная** elementarer Schwefel *m*, Elementarschwefel *m*

серводвигатель *m s.* сервомотор
сервоклапан *m* Servoventil *n*, Hilfsventil *n*, Entlastungsventil *n* ‖ ~/**гидравлический** hydraulisches Servoventil *n*
сервокомпенсатор *m (Flg)* Hilfsruder *n*
сервоманипулятор *m (Kern)* Servomanipulator *m*
сервомеханизм *m (Reg)* Servomechanismus *m*, Stelleinrichtung *f*, Stellantrieb *m*; Nachlaufregler *m* ‖ ~/**гидравлический** hydraulischer Servomechanismus *m* ‖ ~/**двухкаскадный** zweistufiger Servomechanismus *m* ‖ ~/**многокаскадный** mehrstufiger Servomechanismus *m* ‖ ~/**однокаскадный** einstufiger Servomechanismus *m* ‖ ~/**пневматический** pneumatischer Servomechanismus *m* ‖ ~ **тормозного привода** *(Kfz)* Bremskraftverstärker *m* ‖ ~/**электрогидравлический** elektrohydraulischer Servomechanismus *m*
сервомотор *m (Reg)* Servomotor *m*, Stellmotor *m* ‖ ~/**асинхронный** asynchroner Servomotor *m*, Asynchronservomotor *m* ‖ ~/**вспомогательный** Hilfsservomotor *m* ‖ ~/**гидравлический** Hydraulikstellmotor *m* ‖ ~/**двухфазный** Zweiphasenservomotor *m* ‖ ~/**мембранный** Membranstellmotor *m* ‖ ~/**поворотный** Drehstellmotor *m* ‖ ~/**поршневой** Kolbenservomotor *m*, Kolbenstellmotor *m* ‖ ~ **постоянного тока** Gleichstromservomotor *m* ‖ ~/**реверсивный** Umsteuerungsservomotor *m* ‖ ~/**синхронный** Synchronservomotor *m* ‖ ~/**электрический** Elektroservomotor *m*, Servoelektromotor *m*
сервопоршень *m (Reg)* Servokolben *m*, Stellkolben *m*
сервопривод *m (Reg)* Servoantrieb *m*, Stellantrieb *m* ‖ ~/**следящий** Servofolgeantrieb *m*
серворегулирование *n* Servoregelung *f*, Nachlaufregelung *f*
серворегулятор *m* Folgeregler *m*, Nachlaufregler *m*
сервосистема *f (Reg)* Servosystem *n*, Stellsystem *n*
сервотормоз *m (Kfz)* selbstverstärkende Bremse *f*, Servobremse *f*
сервоуправление *n (Reg)* Servosteuerung *f*
сервоуправляемый servogesteuert
сервоусилитель *m (Reg)* Servoverstärker *m*, Regelverstärker *m* ‖ ~/**гидравлический** hydraulischer Regelverstärker (Servoverstärker) *m* ‖ ~/**дифференцирующий** D-Servoverstärker *m*, D-Verstärker *m* ‖ ~/**интегрирующий** I-Servoverstärker *m*, I-Verstärker *m* ‖ ~/**магнитный**

сервоусилитель

magnetischer Verstärker (Servoverstärker) *m*, Transduktor *m* ‖ **~/механический** mechanischer Verstärker (Servoverstärker) *m* ‖ **~ непрерывного действия** stetiger Verstärker (Servoverstärker) *m* ‖ **~/пневматический** pneumatischer Verstärker (Servoverstärker) *m* ‖ **~ прерывистого действия** unstetiger Verstärker (Servoverstärker) *m* ‖ **~/пропорциональный** P-Servoverstärker *m*, P-Verstärker *m* ‖ **~/релейный** Relais[servo]verstärker *m* ‖ **~/сопловой** Düsen[servo]verstärker *m* ‖ **~/электромеханический** elektromechanischer Verstärker (Servoverstärker) *m*
сервоцилиндр *m (Reg)* Kraftzylinder *m*, Stellzylinder *m*
сердечник *m* 1. Seele *f*, Einlage *f (eines Stahlseils)*; 2. *(Wlz)* Dorn *m*, Walzdorn *m*; 3. *(El)* Kern *m*, Eisenkern *m*, Blechpaket *n*; 4. Spulenkern *m*, Wickelkern *m (Magnetband)*; 5. Kerndraht *m (Glühlampenfertigung)* ‖ **~ борта** *(Kfz)* Wulstkern *m (Reifen)* ‖ **~/броневой** *(El)* Mantelkern *m* ‖ **~ валка** Walzenkern *m*, Walzenachse *f (bei zusammengesetzten Walzen)* ‖ **~/воздушный** *(El)* Luftkern *m* ‖ **~/вспомогательный** *(El)* Hilfskern *m* ‖ **~/втяжной** *(El)* Tauchkern *m* ‖ **~/горшковый** *(El)* Topfkern *m* ‖ **~/железный** *(El)* Eisenkern *m* ‖ **~ кабеля** Kabelseele *f* ‖ **~ каната** Seele *f (Seil)* ‖ **~ катушки** *(El)* Spulenkern *m* ‖ **~/кольцевой** *(El, Inf)* Ringkern *m* ‖ **~ крестовины** *(Eb)* Herzstückspitze *f (einer Weiche)* ‖ **~/ленточный** *(El)* Bandkern *m* ‖ **~/листовой** *(El)* Blechkern *m*, Eisenblechkern *m* ‖ **~/магнитный** *(El)* Magnetkern *m* ‖ **~/органический** Fasereinlage *f*, Faserseele *f (Stahlseil)* ‖ **~/пеньковый** Hanfeinlage *f*, Hanfseele *f (Stahlseil)* ‖ **~/полюсный** *(El)* Polkern *m* ‖ **~/порошковый** *(El)* Pulverkern *m* ‖ **~/прессованный железный** *(El)* Eisenpulverkern *m* ‖ **~/приёмный** Aufwickelkern *m (für Filme, Magnetbänder)* ‖ **~/пятистержневой** *(El)* Fünfschenkelkern *m* ‖ **~ реле** *(El)* Relaiskern *m* ‖ **~ ротора** *(El)* Läuferblechpaket *n* ‖ **~/стержневой** *(El)* Stabkern *m*, Stiftkern *m* ‖ **~/тороидальный** *(El, Inf)* Ringkern *m* ‖ **~ трансформатора** *(El)* Transformatorkern *m* ‖ **~/трёхстержневой** *(El)* Dreischenkelkern *m* ‖ **~/ферритовый** *(Inf)* Ferritkern *m* ‖ **~/ферромагнитный** *(El)* ferromagnetischer Kern *m*, Eisenkern *m* ‖ **~/шихтованный** *(El)* Schachtelkern *m*, Kern *m* mit überlapptem (geschachteltem) Stoß ‖ **~ якоря** *(El)* Ankerblechpaket *n*
сердолик *m (Min)* Serdolik *m (Abart des Chalzedons)*
сердцевина *f* 1. *(Wkz)* Seele *f*, Kern *m (Schaftwerkzeuge)*, 2. *(Holz)* Mark *n* ‖ **~ радиатора** *(Kfz)* Kühlerblock *m*, Kühlereinsatz *m* ‖ **~ сверла** *(Wkz)* Bohrerseele *f*, Bohrerkern *m* ‖ **~ световода** *(Eln)* Lichtwellenleiterkern *m* ‖ **~/стальная** Stahlseele *f* ‖ **~ ядра** *(Kern)* Kernrumpf *m*, Rumpf *m*
серебрение *n* Versilbern *n*, Versilberung *f* ‖ **~/блестящее** Glanzversilbern *n* ‖ **~/гальваническое** galvanische Versilberung *f* ‖ **~/матовое** Mattversilberung *f* ‖ **~/огневое** Feuerversilberung *f*
серебрённый versilbert
серебрить versilbern

848

серебро *n (Ch)* Silber *n*, Ag; *(Met)* Silber *n* ‖ **~/азотнокислое** Silbernitrat *n (Höllenstein)* ‖ **~/бликовое** *(Met)* Blicksilber *n* ‖ **~/галоидное** Halogensilber *n*, Silberhalogenid *n* ‖ **~/иодистое** *s.* иодаргирит ‖ **~/красное** *(Min)* Rotgültigerz *n* ‖ **~/неочищенное** Rohsilber *n* ‖ **~/новое** *(Met)* Neusilber *n*, Argentan *n* ‖ **~/роговое** *(Min)* Hornsilber *n*, Kerargyrit *m* ‖ **~/самородное** gediegenes Silber *n* ‖ **~/чистое** *(Met)* Reinsilber *n*
среброносный *(Geol)* silberführend
серебрянка *f (Met)* Silberstahl *m*
серебряный silbern, Silber...
середина *f* Mitte *f*; Mittelpunkt *m*
серийность *f* 1. Seriengröße *f*; 2. *(Fert)* Seriencharakter *m (von Werkstücken)*
сериметр *m (Text)* Serimeter *n (Prüfgerät für Seidenfäden)*
серицит *m (Min)* Sericit *m (Muskovit)*
серия *f* Serie *f*, Reihe *f*, Baureihe *f*; Folge *f*; Satz *m* ‖ **~ Бальмера** Balmer-Serie *f (Spektrum)* ‖ **~ Бергмана [/спектральная]** Bergmann-Serie *f (Spektrum)* ‖ **~ Брэкета** Brackett-Serie *f (Spektrum)* ‖ **~ волн** Wellenzug *m*, Schwingungszug *m* ‖ **~/главная** Hauptserie *f (Spektrum)* ‖ **~ измерений** Meßreihe *f* ‖ **~ импульсов** Impulsreihe *f*, Impulsfolge *f* ‖ **~ испытаний** Versuchsreihe *f* ‖ **~ Лаймана** Lymannsche Serie *f*, Lyman-Serie *f (Spektrum)* ‖ **~ наблюдений** Beobachtungsreihe *f* ‖ **~/нулевая** Nullserie *f* ‖ **~ опытов** Versuchsreihe *f*, Versuchsserie *f* ‖ **~ Пашена** Paschen-Serie *f (Spektrum)* ‖ **~ Пикеринга** Pickering-Serie *f (Spektrum)* ‖ **~/побочная** Nebenserie *f (Spektrum)* ‖ **~ Пфунда** Pfund-Serie *f (Spektrum)* ‖ **~/рентгеновская** *(Kern)* Röntgenserie *f* ‖ **~ Ридберга** Rydberg-Serie *f (Spektrum)* ‖ **~ спектра/комбинационная** Kombinationsserie *f (Spektrum)* ‖ **~/спектральная** Spektral[linien]serie *f (Spektrum)* ‖ **~ трещин** *(Geol)* Kluftschar *f* ‖ **~ циклонов** *(Meteo)* Zyklonenfamilie *f*
серка *f* erhärtetes Harz *n*
сернистокислый *(Ch)* ...sulfit *n*; schwefligsauer
сернистость *f* Schwefelgehalt *m*
сернистый *(Ch)* ...sulfid *n*; schwefelhaltig
серница *f (Forst)* Harzgalle *f*
серноватистокислый *(Ch)* ...thiosulfat *n*; thioschwefelsauer
сернокислотный *(Ch)* Schwefelsäure...
сернокислый *(Ch)* ...sulfat *n*; schwefelsauer
серный *(Ch)* Schwefel...
серо-бурый graubraun
серовато-голубой bläulich
сероводород *m (Ch)* Schwefelwasserstoff *m*, Hydrogensulfid *n*
сероводородный *(Ch)* Schwefelwasserstoff...
серозём *m (Geol)* Grauerde *f*, Grauerdeboden *m*
сероносный schwefelführend, schwefelhaltig
серопепельный aschgrau, bläulichgrau
суглерод *m (Ch)* Schwefelkohlenstoff *m*, Kohlen[stoff]disulfid *n*
серпантин *m (Bw)* Kehre *f*, Kehrschleife *f (Straßenbau)*; Serpentine *f*, Schlangenkurve *f*
серпентин *m (Min)* Serpentin *m (Mineralgruppe)* ‖ **~/волокнистый** Faserserpentin *m*, Chrysotil *m* ‖ **~/листоватый** Blätterserpentin *m*, Antigorit *m*
серпентинизация *f (Geol)* Serpentinisierung *f*
серпентинит *m (Geol)* Serpentinit *m (Serpentingestein)*

серьга f 1. Lasche f; Schäkel m, Öhr n, Bügel m; 2. Gehänge n, Federgehänge n; 3. (Wkzm) Fräsdorn-Führungslager n (zwischen Spindel und Gegenlager); Fräsdorn-Gegenlager n (am Ende des Gegenhalters) ‖ ~ **вертлюга** (Bgb) Spülkopfbügel m (Bohrung) ‖ ~ **винтовой стяжки** (Eb) Kupplungslasche f (Schraubenkupplung) ‖ ~/**плоская** Lasche f ‖ ~/**подъёмная** (Bgb) Förderöse f (Bohrung) ‖ ~/**рессорная** (Kfz) Federlasche f, Hängelasche f (Federgehänge) ‖ ~/**соединительная** Verbindungsöse f ‖ ~/**сцепная** Kupplungsbügel m
серьги fpl Gehänge n (z. B. an einer Waage) ‖ ~/**компенсационные** Kompensationsgehänge n ‖ ~/**маятниковые** Pendelgehänge n
серянка f (Forst) Harzriß m, Kienzopf m
сетевой (El) Netz[anschluß]...
сетематериал m Netzmaterial n
сетеполотно n Netztuch n
сетка f 1. Netz n; Geflecht n; Gitter n; 2. (El) Netz n; 3. (Eln) Gitter n (einer Elektronenröhre); 4. Sieb n; (Typ) Drucksieb n (Siebdruck); 5. (Opt) Strichkreuz n, Strichplatte f; 6. (Met) Fließfiguren fpl (beim Ziehen von Rohren und Stangen) • **с общей сеткой** (Eln) in Gitterbasisschaltung ‖ ~/**анодная защитная** (Eln) Anodenschutzgitter n ‖ ~/**антидинатронная** (Eln) Bremsgitter n ‖ ~/**арматурная** (Bw) Bewehrungsmatte f, Betonstahlmatte f ‖ ~/**асбестированная (асбестовая)** Asbestdrahtnetz n ‖ ~/**багажная** Gepäcknetz n, Gepäckablage f ‖ ~/**барьерная** Sperrgitter n (Speicherröhre) ‖ ~/**бесконечная движущаяся** (Pap) Endlossieb n ‖ ~/**бортовая** (El) Bordnetz n ‖ ~/**всасывающая** Saugkorb m (einer Pumpe) ‖ ~ **Вульфа** (Krist) Wulffsches Netz n ‖ ~/**градусная** Kartennetz n, Gradnetz n (der Karte) ‖ ~/**двухмерная** (El) zweidimensionales Netz n ‖ ~/**дислокаций** (Krist) Versetzungsnetzwerk n, Versetzungsgitter n ‖ ~/**длинная** (Pap) Langsieb n ‖ ~/**задерживающая** (Eln) Bremsgitter n ‖ ~/**картографическая** s. ~/градусная ‖ ~/**колонн** (Bw) Stützenraster n ‖ ~/**координатная** Koordinatennetz n, Koordinatengitter n ‖ ~/**круглая** (Pap) Rundsieb n ‖ ~ **линии скольжения** (Ph) Gleitliniennetz n ‖ ~ **лопаточных профилей** (Hydr) Schaufelgitter n, Flügelgitter n ‖ ~ **Маха** (Aero) Machsches Netz n, Hauptnetz n der Strömung ‖ ~/**мелкоструктурная** (TV) Feinstrukturnetz n ‖ ~/**многомерная** (El) mehrdimensionales Netz n ‖ ~/**модульная планировочная** (Bw) Grundrißraster m ‖ ~/**объёмно-планировочная** (Bw) Grundrißraster m ‖ ~/**ограничивающая** Begrenzungsgitter n ‖ ~/**окулярная** (Opt) Okularstrichkreuz n ‖ ~/**пламегасительная** 1. (Ch) Drahtnetz n; 2. (Bgb) Drahtkorb n (Wetterlampe) ‖ ~/**пламепрерывающая** Flammensicherungssieb n, Davy-Sieb n ‖ ~/**плоская** (Krist) Netzebene f ‖ ~/**предохранительная** Schutzgitter n ‖ ~/**приёмная** Einlaufsieb n; (Schiff) Saugkorb m (Lenzsauger) ‖ ~/**проволочно-керамиковая** (Bw) Drahtziegelgewebe n (Putzträger) ‖ ~/**противодинатронная** (Eln) Bremsgitter n ‖ ~/**прядильная** (Text) Spinnsieb n (Chemiefaserherstellung) ‖ ~/**разрядная** (Inf) Stellenbereich m ‖ ~ **резисторов** (El) Widerstandsmatrix f ‖ ~/**реостатная** (El) Netz n mit veränderbaren Widerständen ‖ ~/**сотрясающая** (Pap) Rüttelsieb n ‖ ~/**решётчатая** (Eln) Maschengitter n ‖ ~/**стереографическая** (Krist) stereographisches Netz n ‖ ~/**трёхмерная** (El) dreidimensionales Netz n ‖ ~/**угломерная** (Opt) Strichplatte f ‖ ~/**управляющая** (Eln) Steuergitter n ‖ ~/**ускоряющая** (Eln) Beschleunigungsgitter n ‖ ~ **феррита** s. ~/ферритовая ‖ ~/**ферритовая** (Wkst) Ferrithof m, Ferritnetz n ‖ ~/**фильтровая** Filtersieb n ‖ ~ **Шмидта** (Krist) Schmidtsches Netz n (stereographische Projektion) ‖ ~/**экранирующая** (Eln) Schirmgitter n
сеткография f Siebdruck m (Leiterplattenherstellung)
сеточный (Eln) Gitter...
сеть f 1. Netz n; Streckennetz n; 2. (El) Netz n; 3. Netz n (Fischfang); 4. (Math) Liniennetz n ‖ ~ **абонентских линий** Anschluß[leitungs]netz n, Teilnehmernetz n ‖ ~ **абонентского телеграфа** Fernschreibteilnehmernetz n ‖ ~ **авиационной связи** Luftfahrtnachrichtennetz n ‖ ~/**автоматическая телефонная** Selbstwählfernsprechnetz n ‖ ~/**аэродромная** Flugplatznetz n ‖ ~/**базисная** (Geod) Basisnetz n ‖ ~/**безузловая** knotenloses Netz n (Fischfang) ‖ ~/**бортовая** Bordnetz n ‖ ~/**вентиляционная** (Bgb) Wetternetz n ‖ ~/**водомерная** s. ~/гидрологическая ‖ ~/**водопроводная** Wasserleitungsnetz n ‖ ~/**водопроводная кольцевая** Wasserversorgungsnetz n nach dem Ringleitungssystem ‖ ~/**водопроводная тупиковая** Wasserversorgungsnetz n nach dem Verästelungssystem ‖ ~/**водосточно-дренажная** (Hydt) Sielnetz n ‖ ~/**воздушная [электрическая]** (El) Freileitungsnetz n ‖ ~ **воздушного оповещения** Flugmeldenetz n ‖ ~/**воздушно-подземная** (Nrt) ober- und unterirdisches Netz n ‖ ~/**вспомогательная питающая** (El) Hilfsstromversorgungsnetz n ‖ ~/**высоковольтная [электрическая]** (El) Hochspannungsnetz n ‖ ~ **высокого давления/газовая** Hochdruckverteilungsnetz n, HD-Verteilungsnetz n ‖ ~ **высокого напряжения** (El) Hochspannungsnetz n ‖ ~/**вычислительная** Rechnernetz n ‖ ~/**газовая** Gasverteilungsnetz n ‖ ~/**газопроводная** Gasleitungsnetz n ‖ ~/**гидрографическая** (Hydrol) hydrographisches Netz n, Gewässernetz n ‖ ~/**гидрологическая** (Hydrol) Pegelnetz n ‖ ~/**главная питающая** (El) Hauptstromversorgungsnetz n ‖ ~/**городская телефонная** Fernsprechnetz n ‖ ~/**городская электрическая** städtisches Energieversorgungsnetz n ‖ ~ **городской связи** Fernmeldeortsnetz n ‖ ~/**гравиметрическая** (Geoph) Schwerenetz n ‖ ~ **дальней связи** Fernmeldefernverkehrsnetz n ‖ ~/**двухступенчатая газовая** Niederdruckverteilungsnetz n mit Drucküberlagerung ‖ ~/**дорожная** Straßennetz n ‖ ~/**дренажная** Drännetz n, Entwässerungsnetz n ‖ ~/**дрифтерная** Treibnetz n (Fischfang) ‖ ~/**жаберная** Kiemennetz n (Fischfang) ‖ ~/**железнодорожная** (Eb) Eisenbahnnetz n, Bahnnetz n ‖ ~ **железнодорожных путей** Eisenbahnstreckennetz n, Streckennetz n ‖ ~/**замкнутая** (El) geschlossenes Netz n ‖ ~/**кабельная** (El) Kabelnetz n ‖

сеть

~/канализационная Kanalisationsnetz n, Entwässerungsnetz n ‖ ~/канализационная ливневая Längsentwässerungsnetz n ‖ ~/канализационная напорная Abfangentwässerungsnetz n ‖ ~/канализационная самотёчная Querentwässerungsnetz n ‖ ~/кольцевая 1. (El) Ringnetz n; 2. s. невод/кольцевой ‖ ~/кольцованная (El) vermaschtes Netz n ‖ ~/контактная Fahrleitungsnetz n ‖ ~/концевая (Nrt) Ausläufernetz n ‖ ~/кошельковая Beutelnetz n (Fischfang) ‖ ~/крупная городская (El) Großstadtnetz n ‖ ~ линий (Math) Liniennetz n ‖ ~ линий связи Nachrichten[leitungs]netz n, Fernmeldenetz n ‖ ~/локальная [вычислительная] (Inf) lokales Netzwerk (Rechnernetz) n, LAN ‖ ~/магистральная Hauptleitung f ‖ ~/междугородная Fern[verkehrs]netz n; Fernleitungsnetz n ‖ ~/междугородная телефонная Fernsprechfernverkehrsnetz n, Fernsprechweitverkehrsnetz n ‖ ~ междугородной связи Fernmeldefernverkehrsnetz n ‖ ~/местная 1. Ortsnetz n; 2. lokales Netz n, LAN ‖ ~/местная телефонная Fernsprechortsnetz n ‖ ~/метеорологическая радиолокационная Wetterradarnetz n ‖ ~ микротриангуляции (Geod) Kleintriangulationsnetz n ‖ ~/многофазная (El) Mehrphasennetz n ‖ ~/накидная Stülpnetz n (Fischfang) ‖ ~/наружная Außennetz n ‖ ~/нивелирная (Geod) Nivellementsnetz n ‖ ~/низковольтная [электрическая] (El) Niederspannungsnetz n ‖ ~ низкого давления/газовая Niederdruckverteilungsnetz n, ND-Verteilungsnetz n ‖ ~ низкого напряжения (El) Niederspannungsnetz n ‖ ~/обкидная Umschließungsnetz n (Fischfang) ‖ ~ общего пользования öffentliches Versorgungsnetz n ‖ ~ общего пользования/телефонная öffentliches Fernsprechnetz n ‖ ~/объединённая (En) Verbundnetz n ‖ ~/объячеивающая maschendes Netz n (Fischfang) ‖ ~ однофазного тока (El) Einphasennetz n ‖ ~/опорная геодезическая (Geod) Festpunktnetz n ‖ ~ опорных станций (Geoph) Basisstationsnetz n ‖ ~ опорных точек Punktnetz n, Punktgitter n ‖ ~/оросительная (Lw) Berieselungsnetz n, Bewässerungsnetz n ‖ ~/осветительная Licht[leitungs]netz n ‖ ~/основная (El) Hauptnetz n, Grundnetz n ‖ ~/осушительная (Lw) Entwässerungsnetz n ‖ ~/отопительная Heizungsnetz n ‖ ~/отцеживающая seihendes Netz n (Fischfang) ‖ ~/параллельная канализационная Längsentwässerungsnetz n ‖ ~/паропроводная Dampfleitungsnetz n ‖ ~ передачи данных (Inf) Datenübertragungsnetz n ‖ ~ переменного тока Wechselstromnetz n ‖ ~/петлевая (El) Ringnetz n ‖ Петри Petri-Netz n ‖ ~/питательная (питающая) Versorgungsnetz n, [ein]speisendes Netz n ‖ ~/плавная Schwimmnetz n, Treibnetz n ‖ ~/пневматическая Pneumatiknetz n, Druckluftnetz n ‖ ~/полигонометрическая (Geod) Polygonnetz n ‖ ~ постоянного тока Gleichstromnetz n ‖ ~/потребительская (El) Abnehmernetz n ‖ ~/предохранительная Schutznetz n ‖ ~/проводная (El) Leitungsnetz n ‖ ~ проводного [радио]вещания [/трансляционная] Drahtfunknetz n ‖ ~ проводов (El) Leitungsnetz n ‖ ~/промышленная (El) Industrienetz n ‖ ~ путей сообщения Verkehrsnetz n ‖ ~/радиальная (El) Radialnetz n, Strahlennetz n ‖ ~/радиотрансляционная Rundfunkleitungsnetz n; Drahtfunknetz n ‖ ~/разветвлённая Verästelungsnetz n ‖ ~/районная (El) Überlandnetz n ‖ ~/распределительная Verteilungsnetz n, Verteilernetz n ‖ ~/речная (Hydrol) Flußnetz n ‖ ~/рыболовная Fischnetz n ‖ ~ с интеграцией служб/цифровая dienst[e]integriertes digitales Nachrichtennetz n, ISDN ‖ ~ с непосредственной связью direktgekoppeltes Netzwerk n ‖ ~ связи Nachrichtennetz n, Fernmeldenetz n ‖ ~ связи/зоновая regionales Nachrichtennetz n, Zonennetz n ‖ ~ связи/интегральная integriertes Nachrichtennetz n ‖ ~ связи/магистральная überregionales Nachrichtennetz n, Magistralnetz n ‖ ~ связи/производственная betriebliches Nachrichtennetz n, Betriebs[nachrichten]netz n ‖ ~ связи/сельская ländliches Nachrichtennetz n ‖ ~ связи/цифровая digitales Nachrichtennetz n ‖ ~/сейсмическая (Geoph) seismisches Netz n ‖ ~/сервисная Kundendienstnetz n ‖ ~/силовая Energienetz n ‖ ~ сильного тока Starkstromnetz n ‖ ~/сложнозамкнутая (El) vermaschtes Netz n ‖ ~ среднего давления/газовая Mitteldruckverteilungsnetz n, MD-Verteilungsnetz n ‖ ~ среднего напряжения (El) Mittelspannungsnetz n ‖ ~/ставная Stellnetz n, Reuse f, Setzgarn n (Fischfang) ‖ ~/телевизионная [радиотрансляционная] Fernseh[versorgungs]netz n ‖ ~/телевизионная ретрансляционная Fernsehzubringernetz n ‖ ~/телетайпная Fernschreibnetz n ‖ ~/телефонная Fernsprechnetz n ‖ ~/тепловая Wärmeträgernetz n, Wärmeversorgungsnetz n ‖ ~ точек Punktnetz n, Punktgitter n ‖ ~/траловая Schleppnetz n, Trawl n (Fischfang) ‖ ~/транспортная Verkehrsnetz n ‖ ~/трёхпроводная (El) Dreileiternetz n ‖ ~/трёхфазная Dreiphasennetz n, dreiphasiges Netz n, Drehstromnetz n ‖ ~/трёхфазная трёхпроводная Dreileiter-Drehstromnetz n ‖ ~/триангуляционная (Geod) Triangulationsnetz n ‖ ~/трубопроводная Rohrleitungsnetz n ‖ ~/тяговая (El, Eb) Bahnnetz n; Traktionsnetz n ‖ ~/узловая geknotetes Netz n (Fischfang) ‖ ~ центрального отопления Fernheiznetz n ‖ ~/цифровая телефонная (Nrt) digitales Übertragungsnetz n ‖ ~ ЭВМ Rechnernetz n ‖ ~/электрическая Elektroenergie[versorgungs]netz n, elektrisches Netz n (Versorgungsnetz) ‖ ~/электросветильная Licht[leitungs]netz n ‖ ~ электросвязи/авиационная фиксированная festes Flugfernmeldenetz n ‖ ~ энергосистемы Energieverbundnetz n

сечение n 1. Schnitt m, Querschnitt m; Profil n; 2. (Kern) Wirkungsquerschnitt m ‖ ~ активации (Kern) Aktivierungsquerschnitt m ‖ ~/активное (El) aktiver Querschnitt m ‖ ~ аннигиляции (Kern) Vernichtungsquerschnitt m ‖ ~ балки/опасное (Mech) gefährdeter Querschnitt m ‖ ~ в проходке (Bgb) Ausbruchsquerschnitt m ‖ ~ в свету lichter Querschnitt m ‖ ~/вертикальное 1. senkrechter Schnitt m, Vertikalschnitt m; 2. (Bgb) Seigerschnitt m ‖ ~ взаимодействия (Kern) Wechselwirkungsquerschnitt m, Querschnitt *m* der Wechselwirkung ‖ ~ витка [/поперечное] *(El)* Windungsquerschnitt *m* ‖ ~ возбуждения *(Kern)* Anregungsquerschnitt *m* ‖ ~/впускное Einlaßquerschnitt *m*, Einströmquerschnitt *m (Verbrennungsmotor; Pumpe; Verdichter)* ‖ ~/входное Eintrittsquerschnitt *m (einer Pumpe)* ‖ ~ вчерне *(Bgb)* Ausbruchsquerschnitt *m* ‖ ~ выведения [нейтронов из пучка] *(Kern)* Removalquerschnitt *m*, Ausscheidquerschnitt *m* ‖ ~/выпускное Auslaßquerschnitt *m (Verbrennungsmotor; Pumpe; Verdichter)* ‖ ~/выходное поперечное Ausflußquerschnitt *m* ‖ ~/геодезическое коническое geodätischer Kegelschnitt *m* ‖ ~/главное Hauptschnitt *m* ‖ ~/главное коническое *(Math)* Hauptkegelschnitt *m* ‖ ~ горизонталей *(Geod)* Abstand *m* der Höhenlinien untereinander ‖ ~/двутавровое I-förmiger Querschnitt *m*, Doppel-T-Querschnitt *m*, Doppel-T-Profil *n (Träger)* ‖ ~ дезактивации *(Kern)* Entaktivierungsquerschnitt *m*, Desaktivierungsquerschnitt *m* ‖ ~/действующее поперечное Wirkungsquerschnitt *m (Kolbenmanometer)* ‖ ~ деления *(Kern)* Spaltquerschnitt *m*, Wirkungsquerschnitt *m* der Spaltung ‖ ~ деления быстрыми нейтронами Wirkungsquerschnitt *m* für schnelle Neutronen, schneller Neutronenwirkungsquerschnitt *m* ‖ ~ деления тепловыми нейтронами Wirkungsquerschnitt *m* für thermische Neutronen, thermischer Neutronenquerschnitt *m* ‖ ~/дифференциальное *(Kern)* differentieller Wirkungsquerschnitt (Querschnitt) *m* ‖ ~/дифференциальное спектральное эффективное *(Kern)* differentieller spektraler Wirkungsquerschnitt *m* ‖ ~/дифференциальное эффективное *(Kern)* differentieller Wirkungsquerschnitt *m* ‖ ~ диффузии *(Ph)* Diffusionsquerschnitt *m* ‖ ~/дросселирующее Drosselquerschnitt *m* ‖ ~/живое Durchgangsquerschnitt *m*, freier Querschnitt *m* ‖ ~ замедления *(Kern)* Brems[wirkungs]querschnitt *m* ‖ ~ захвата 1. *(Eln)* Haftungsquerschnitt *m*, Haftquerschnitt *m (Halbleiter)*; 2. *(Kern)* Einfangquerschnitt *m* ‖ ~ захвата нейтронов *(Kern)* Neuroneneinfangquerschnitt *m* ‖ ~ захвата тепловыделяющих нейтронов *(Kern)* Einfangquerschnitt *m* für thermische Neutronen ‖ ~/золотое *(Math)* goldener Schnitt *m* ‖ ~/изотопное *(Kern)* Isotopenquerschnitt *m*, Wirkungsquerschnitt *m* für ein Isotop ‖ ~/интегральное эффективное *(Kern)* integraler Wirkungsquerschnitt *m* ‖ ~ ионизации *(Kern)* Ionisierungsquerschnitt *m* ‖ ~/исходное поперечное *(Wlz)* Ausgangsquerschnitt *m*, Anstichquerschnitt *m*, Ansteckquerschnitt *m*, Bezugsquerschnitt *m* ‖ ~ калибра/поперечное *(Wlz)* Kaliberquerschnitt *m* ‖ ~/квадратное quadratischer Querschnitt *m* ‖ ~ когерентного рассеяния *(Kern)* kohärenter Streuquerschnitt *m*, Wirkungsquerschnitt *m* für kohärente Streuung ‖ ~ колосниковой решётки/живое freie Rostfläche *f (Feuerungstechnik)* ‖ ~ комптоновского рассеяния *(Kern)* Compton-Streuquerschnitt *m*, Wirkungsquerschnitt *m* der Compton-Streuung *f* ‖ ~/конечное поперечное *(Wlz)* Endquerschnitt *m*, Auslaufquerschnitt *m* ‖ ~/коническое *(Math)* Kegelschnitt *m* ‖ ~/коробчатое *(Bw)* zweiwandiger Querschnitt *m*, Kastenquerschnitt *m (Kastenträger)* ‖ ~ корпуса/расчётное *(Schiff)* tragender Querschnitt *m* des Schiffskörpers ‖ ~/косое Schrägquerschnitt *m (Rauheitsmessung)* ‖ ~/круглое runder Querschnitt *m*, Rundquerschnitt *m* ‖ ~/круговое kreisförmiger Querschnitt *m*, Kreisquerschnitt *m* ‖ ~ куловновского рассеяния *(Kern)* Coulomb-Streuquerschnitt *m*, Wirkungsquerschnitt *m* der Coulomb-Streuung ‖ ~/макроскопическое *(Kern)* makroskopischer Wirkungsquerschnitt *m*, Makroquerschnitt *m* ‖ ~/меридиональное *(Opt)* Meridionalschnitt *m* ‖ ~/миделевое *(Schiff)* Hauptspantquerschnitt *m* ‖ ~/микроскопическое *(Kern)* mikroskopischer Wirkungsquerschnitt *m*, Mikroquerschnitt *m* ‖ ~/начальное *(Wlz)* Ausgangsquerschnitt *m*, Anstichquerschnitt *m* ‖ ~/нейтральное *(Wlz)* neutraler Querschnitt *m*, Fließscheide *f* ‖ ~/нейтронное *(Kern)* Neutronenquerschnitt *m*, Wirkungsquerschnitt *m* für Neutronen ‖ ~ некогерентного рассеяния *(Kern)* inkohärenter Streuquerschnitt *m*, Wirkungsquerschnitt *m* für inkohärente Streuung ‖ ~ неупругого рассеяния *(Kern)* inelastischer (unelastischer) Streuquerschnitt *m*, Wirkungsquerschnitt *m* für inelastische (unelastische) Streuung ‖ ~/номинальное Nennquerschnitt *m* ‖ ~/нормальное 1. Senkrechtschnitt *m (Rauheitsmessung)*; 2. Normalschnitt *m* ‖ ~ обмотки [/поперечное] *(El)* Wicklungsquerschnitt *m* ‖ ~ образования *s*. ~ рождения ‖ ~ образования пар *s*. ~ рождения пар ‖ ~ образования составного ядра *(Kern)* Compoundkern-Bildungsquerschnitt *m* ‖ ~ образца *(Wkst)* Probe[n]querschnitt *m*, Probestabquerschnitt *m* ‖ ~/окончательное *(Wlz)* Endquerschnitt *m*, Auslaufquerschnitt *m* ‖ ~/опасное *(Fest)* gefährdeter Querschnitt *m* ‖ ~/осевое Axialschnitt *m*, axialer Querschnitt *m* ‖ ~ ослабления *(Fest)* Schwächungsquerschnitt *m*, Wirkungsquerschnitt *m* für die Schwächung ‖ ~/парциальное *(Kern)* partieller Wirkungsquerschnitt *m*, Partialquerschnitt *m* ‖ ~ передачи *(Ph)* Übertragungs[wirkungs]querschnitt *m* ‖ ~ перезарядки *(Ph)* Umladungs[wirkungs]querschnitt *m* ‖ ~/переменное veränderlicher (abgestufter) Querschnitt *m* ‖ ~ переноса *(Kern)* Transportquerschnitt *m* ‖ ~ поглощения *(El, Kern)* Absorptionsquerschnitt *m* ‖ ~ поглощения нейтронов *(Kern)* Neutronenabsorptionsquerschnitt *m*, Absorptionsquerschnitt *m* für Neutronen ‖ ~ поглощения рентгеновских лучей *(Ph)* Röntgen[strahlen]absorptionsquerschnitt *m* ‖ ~/полезное Nutzquerschnitt *m* ‖ ~/полное totaler Wirkungsquerschnitt *m*, Gesamt[wirkungs]querschnitt *m* ‖ ~/постоянное unveränderlicher (gleichbleibender) Querschnitt *m* ‖ ~ потока/живое *(Hydrol)* durchströmter Querschnitt *m* ‖ ~ превращения *s*. ~ ядерного превращения ‖ ~ провода [/поперечное] *(El)* Leitungsquerschnitt *m* ‖ ~/продольное Längsschnitt *m* ‖ ~ пропускания *(Kern)* Transmissions[wirkungs]querschnitt *m* ‖ ~ протон-протонного взаимодействия *(Kern)* Proton-Proton-Wechselwirkungsquerschnitt *m* ‖ ~ профиля Profilschnitt *m* ‖ ~/проходное Durchgangsquerschnitt *m* ‖ ~/прямоугольное rechteckiger Querschnitt *m*, Recht-

сечение

eckquerschnitt *m* ‖ ~ **пучка/поперечное** *(Ph)* Strahlquerschnitt *m* ‖ ~/**рабочее** wirksamer Querschnitt *m* ‖ ~ **равного сопротивления** *(Fest)* Querschnitt *m* gleichen Widerstands ‖ ~ **равного сопротивления изгибу** Querschnitt *m* gleicher Biegefestigkeit ‖ ~/**радиальное** Radialschnitt *m* ‖ ~ **радиационного захвата** *(Kern)* Strahlungseinfangquerschnitt *m*, Wirkungsquerschnitt *m* für Strahleneinfang ‖ ~ **разрыва** *(Fest)* Bruchquerschnitt *m* ‖ ~ **рассеяния** *(Kern)* Streuquerschnitt *m*, Wirkungsquerschnitt *m* für Streuung ‖ ~ **рассеяния/дифференциальное** differentieller Streuquerschnitt *m* ‖ ~ **рассеяния электронов** *(Kern)* Elektronenstreuquerschnitt *m*, Emissionsquerschnitt *m* ‖ ~/**расчётное** Nutzquerschnitt *m* ‖ ~ **реакции** *(Kern)* Reaktionsquerschnitt *m*, Wirkungsquerschnitt *m* einer Kernreaktion ‖ ~ **реакции скалывания** *(Kern)* Spallationsquerschnitt *m*, Wirkungsquerschnitt *m* der Spallation ‖ ~ **реакции срыва** *s.* ~ срыва ‖ ~ **реакции/эффективное** *s.* ~ реакции ‖ ~/**резонансное** *(Kern)* Resonanz[einfang]querschnitt *m*, Wirkungsquerschnitt *m* für Resonanzeinfang ‖ ~ **резонансного захвата** *s.* ~/резонансное ‖ ~ **резонансного поглощения** *(Kern)* Resonanzabsorptionsquerschnitt *m*, Wirkungsquerschnitt *m* der Resonanzabsorption ‖ ~ **резонансного рассеяния** *(Kern)* Resonanzstreuquerschnitt *m*, Wirkungsquerschnitt *m* der Resonanzstreuung ‖ ~ **рождения** *(Kern)* Produktionsquerschnitt *m*, Erzeugungsquerschnitt *m*, Bildungsquerschnitt *m* ‖ ~ **рождения пар** *(Kern)* Paarbildungsquerschnitt *m*, Wirkungsquerschnitt *m* für Paarbildung ‖ ~ **русла при пропуске паводка** *(Hydt)* Hochwasserabflußprofil *n* ‖ ~/**сагиттальное** *(Opt)* Sagittalebene *f*, Äquatorialebene *f*, Sagittalschnitt *m* ‖ ~/**свободное** *s.* ~ в свету ‖ ~ **сердечника [/поперечное]** *(El)* Kernquerschnitt *m* ‖ ~ **скалывания** *s.* ~ реакции скалывания ‖ ~ **слитка** *(Met)* Blockquerschnitt *m* ‖ ~ **сопла/выходное** *(Rak)* Endquerschnitt *m* der Schubdüse ‖ ~ **соударения** *s.* ~ **столкновения** ‖ ~ **среза/поперечное** *(Fest)* Abscherungsquerschnitt *m* ‖ ~ **срыва** *(Kern)* Strippingquerschnitt *m*, Wirkungsquerschnitt *m* der Strippingreaktion ‖ ~ **ствола шахты/поперечное** *(Bgb)* Schachtscheibe *f* ‖ ~ **столкновения** *(Kern)* Stoßquerschnitt *m*, Wirkungsquerschnitt *m* für Stoß ‖ ~ **стружки** *(Fert)* Spanquerschnitt *m* ‖ ~ **торможения** *(Kern)* Bremsquerschnitt *m*, Wirkungsquerschnitt *m* für Bremsung ‖ ~/**торцовое** Stirnquerschnitt *m* ‖ ~/**транспортное** *(Kern)* Transportquerschnitt *m* ‖ ~ **упругого рассеяния** *(Kern)* elastischer Streuquerschnitt *m*, Wirkungsquerschnitt *m* für elastische Streuung ‖ ~/**фокальное коническое** *(Math)* Fokalkegelschnitt *m* ‖ ~ **фотоделения** *(Kern)* Photospaltungsquerschnitt *m*, Wirkungsquerschnitt *m* der Photospaltung ‖ ~ **фотоядерной реакции** *(Kern)* Wirkungsquerschnitt *m* der Photokernreaktion ‖ ~ **фурм** *(Met)* Winddüsenquerschnitt *m*, Blasquerschnitt *m* *(Ofen)* ‖ ~ **штрека** *(Bgb)* Streckenquerschnitt *m*, Streckenprofil *n* ‖ ~/**экваториальное** *s.* ~/сагиттальное ‖ ~/**эффективное** *(Kern)* 1. effektiver Querschnitt (Wirkungsquerschnitt) *m*;

2. *s.* сечение 2. ‖ ~/**эффективное тепловое** *(Kern)* effektiver thermischer Querschnitt (Wirkungsquerschnitt) *m*, Westcott-Querschnitt *m* ‖ ~ **ядерного деления** *s.* ~ деления ‖ ~ **ядерного превращения** *(Kern)* Kernumwandlungsquerschnitt *m*, Wirkungsquerschnitt *m* einer Kernumwandlung ‖ ~/**ядерное** *s.* ~ ядра ‖ ~ **ядерной реакции** *s.* ~ реакции ‖ ~ **ядра** *(Kern)* Querschnitt (Wirkungsquerschnitt) *m* eines Atomkerns (Kerns), Kernquerschnitt *m* ‖ ~ **ярма [/поперечное]** *(El)* Jochquerschnitt *m*
сеялка *f* *(Lw)* Sämaschine *f* ‖ ~/**гнездовая** Dibbelmaschine *f* ‖ ~/**дисковая зерновая** Scheibenschardrillmaschine *f* ‖ ~/**зерновая** Getreidesämaschine *f* ‖ ~/**зернотуковая** Bestellkombine *f* ‖ ~/**квадратно-гнездовая** Quadratdibbelmaschine *f* *(Maisanbau)* ‖ ~/**комбинированная универсальная** kombinierte Universal-Dünger-Drillmaschine *f* ‖ ~/**кукурузная** Maissämaschine *f*, Maislegemaschine *f* ‖ ~/**многорядная** mehrreihige Sämaschine *f* ‖ ~/**навесная** Anbausämaschine *f* ‖ ~/**овощная** Gemüsesämaschine *f* ‖ ~/**однозерновая** Einzelkornsämaschine *f*, EKS *f* ‖ ~/**полунавесная** Aufsattelsämaschine *f* ‖ ~/**прицепная** Anhängersämaschine *f* ‖ ~/**пунктирная** *s.* ~/однозерновая ‖ ~/**разбросная** Breitsämaschine *f* ‖ ~/**разбросная известковая** Kalkstreuer *m* ‖ ~/**ручная** Handsämaschine *f* ‖ ~/**рядовая** Drillmaschine *f*, Reihensämaschine *f* ‖ ~ **с вальцовым высевающим аппаратом/туковая** Walzendüngerstreuer *m* ‖ ~ **с ворошильно-высевающим валиком/туковая** Rührwellendüngerstreuer *m* ‖ ~ **с тарельчатым туковысевающим аппаратом/туковая** Tellerdüngerstreuer *m* ‖ ~ **точного высева** *s.* ~/однозерновая ‖ ~/**травяная** Grassämaschine *f* ‖ ~/**тракторная** Schleppersämaschine *f* ‖ ~/**туковая** Düngerstreuer *m* ‖ ~/**узкорядная** Engdrillmaschine *f* ‖ ~ **цепного типа/туковая** *(Lw)* Kettendüngerstreuer *m* ‖ ~/**широкорядная** breitspurige Sämaschine *f*
сеянец *m* *(Lw)* Sämling *m*, Sämlingspflanze *f*
сеять *(Lw)* säen ‖ ~ **гнёздами** dibbeln ‖ ~ **рядами** drillen
сжатие *n* 1. Kompression *f*, Komprimieren *n*, Zusammendrücken *n*, Verdichten *n*, Verdichtung *f*; 2. Kontraktion *f*, Zusammenziehung *f*, Einschnürung *f*, Schwund *m*; 3. *(Fest)* Druck *m*; 4. *(Umf)* Querkürzung *f* 5. *(Math)* Schrumpfung *f* *(Ebene)*; Drall *m* *(Regelfläche)*; Abplattung *f* *(Ellipsoid)*; Stauchen *n* *(quadratische Funktion)*; 6. *(Astr)* Kontraktion *f* *(einer Nova)* ‖ ~ **библиотек** *(Inf)* Verdichten *n* von Bibliotheken ‖ ~/**боковое** *(Wkst)* Seitenkontraktion *f*, Seiteneinschnürung *f* ‖ ~/**внецентренное** *(Mech)* außermittiger Druck *m* ‖ ~/**гравитационное** *(Astr)* Kontraktion *f*, Gravitationskontraktion *f* ‖ ~ **данных** *(Inf)* Datenverdichtung *f*, Datenreduktion *f* ‖ ~/**двухосное** zweiachsige (ebene) elastische Kompression *f* ‖ ~ **диапазона громкости** *(Ak)* Dynamikkompression *f* ‖ ~ **динамического диапазона** *(Ak)* Dynamikkompression *f* ‖ ~ **Земли** Erdabplattung *f* ‖ ~ **импульсов** Impulsverdichtung *f* ‖ ~ **информации** Informationsverdichtung *f* ‖ ~/**контактное** *(Wlz)* Walzenpressung *f* ‖ ~/**ледовое** *(Schiff)* Eispressung *f* ‖ ~/**линей-**

ное Längenkontraktion f, Längenschrumpfung f ‖ ~/**магнитное** magnetische Kontraktion f ‖ ~/**многоступенчатое** mehrstufige Verdichtung f ‖ ~ **объёма** (Mech, Fest) Volumenkompression f; Volumenkontraktion f, Kontraktion f, Schrumpfung f ‖ ~/**однократное** einstufige Verdichtung f ‖ ~/**одноосное** einachsige (lineare) elastische Kompression n ‖ ~/**одноступенчатое** einstufige Verdichtung f ‖ ~/**осевое** zentrischer (mittiger, axialer) Druck m, axiale Kompression f ‖ ~/**относительное** relative Verkürzung f; (Met) Stauchung f ‖ ~ **полосы частот** (Rf) Frequenzbandpressung f, Frequenzbandkompression f ‖ ~/**поперечное** (Mech) Querkontraktion f; Querschrumpfung f ‖ ~/**предварительное** Vorverdichtung f (Zweitakt-Ottomotor) ‖ ~/**простое** s. ~/одноосное ‖ ~ **пространственное** s. ~/трёхосное ‖ ~ **равновесной орбиты** (Kern) Sollkreiskontraktion f ‖ ~ **струи** (Hydrom) Strahlkontraktion f, Strahleinschnürung f ‖ ~/**термическое** thermische Kontraktion f ‖ ~/**трёхосное** dreiachsige (räumliche) elastische Kompression f ‖ ~/**ударное** Schlagverdichtung f (von Pulvern; Pulvermetallurgie)
сжать s. сжимать
сжаться s. сжиматься
сжигание n 1. Verbrennen n, Verbrennung f; 2. Verfeuern n, Verheizen n (zur Wärmegewinnung) ‖ ~/**многоступенчатое** mehrstufige Verbrennung f ‖ ~ **пылевидного топлива** Brennstaub[ver]feuerung f, Staubfeuerung f ‖ ~ **угольной пыли** Kohlenstaubverbrennung f
сжигать 1. verbrennen; 2. verfeuern, verheizen
сжижаемость f Verflüssigungsfähigkeit f
сжижатель m **воздуха** Luftverflüssiger m, Luftverflüssigungsmaschine f
сжижать verflüssigen
сжижаться 1. sich verflüssigen, flüssig werden; 2. [aus]seigern, [her]ausschmelzen (NE-Metallurgie)
сжижение n 1. Verflüssigen n, Verflüssigung f; 2. Seigern n, Ausseigern n, Herausschmelzen n, Ausschmelzen n (NE-Metallurgie) ‖ ~ **водорода** Wasserstoffverflüssigung f ‖ ~ **воздуха** Luftverflüssigung f ‖ ~ **газов** Gasverflüssigung f
сжижить s. сжижать
сжимаемость f (Ph) Kompressibilität f, Zusammendrückbarkeit f, Verdichtbarkeit f ‖ ~/**адиабатическая** adiabate Kompression f ‖ ~ **грунта** Baugrundkompressibilität f ‖ ~/**изотермическая** isotherme Kompressibilität f ‖ ~/**линейная** lineare Kompressibilität f ‖ ~/**объёмная** räumliche Kompressibilität f
сжимаемый zusammendrückbar, kompressibel, komprimierbar, verdichtbar
сжимание n s. сжатие
сжиматель m (Ak) Kompressor m, Presser m ‖ ~ **динамического диапазона** Dynamikpresser m
сжимать 1. verdichten, komprimieren; 2. [zusammen]drücken, [zusammen]pressen
сжиматься schwinden, schrumpfen, sich zusammenziehen
СЖО s. система жизнеобеспечения
СЗУ s. устройство/сдвиговое запоминающее
СИ s. система единиц/международная
сиаль m (Geol) S[i]al n

сигма-аддитивность f (Ph) Sigma-Additivität f
сигма-связь f (Ph) Sigma-Bindung f
сигмоида f (Geol) horizontale Flexur f, Sigmoide f
сигнал m Signal n, Zeichen n ‖ ~/**абсолютный** (Eb) absolutes Signal (Halt) n ‖ ~/**абсорбционный** Absorptionssignal n ‖ ~/**аварийный акустический** akustische Warnung f, akustisches Warnsignal n ‖ ~/**автоматический отбойный** (Nrt) selbsttätiges Schlußzeichen n ‖ ~ **адреса** (Inf) Adreßsignal n ‖ ~ **адреса столбцов** Spaltenadreßsignal n ‖ ~ **адреса строк** Zeilenadreßsignal n ‖ ~/**акустический** s. ~/звуковой ‖ ~/**акустический вызывной** (Nrt) hörbares (tonfrequentes) Rufzeichen n ‖ ~/**акустический речевой** akustisches Sprachsignal ‖ ~/**аналоговый** analoges Signal n, Analogsignal n ‖ ~/**бедствия** Notsignal n, Notruf m; (Schiff) Seenotsignal n, Seenotzeichen n ‖ ~ **бедствия/международный** SOS-Ruf m ‖ ~/**бинарный** binäres Signal n, Binärsignal n ‖ ~/**блокировочный** Blockiersignal n, Sperrsignal n ‖ ~ **ввода** (Inf) Eingabesignal n ‖ ~ **ввода данных** Dateneingabesignal n ‖ ~/**видимый** optisches Zeichen n, Sichtzeichen n ‖ ~/**внешний** Fremdsignal n ‖ ~/**возбуждающий** (Inf) Treibersignal n ‖ ~/**возмущающий** Störsignal n ‖ ~ **времени** Zeitzeichen n ‖ ~/**входной** 1. (Eb) Einfahrsignal n; 2. (Inf) Eingabesignal n, Eingangssignal n; 3. (Reg) Eingangssignal n ‖ ~ **выбора** (Inf) Auswahlsignal n, Zugriffsignal n ‖ ~ **выбора столбцов** Spaltenauswahlsignal n, CAS-Signal n ‖ ~ **выбора строк** Zeilenauswahlsignal n, RAS-Signal n ‖ ~ **выборки** s. ~ выбора ‖ ~/**вызывной** (Nrt) Anrufzeichen n, Rufzeichen n ‖ ~/**высокочастотный** Hochfrequenzsignal n, HF-Signal n ‖ ~/**выходной** 1. (Eb) Ausfahrsignal n; 2. (Inf) Ausgabesignal n, Ausgangssignal n; 3. (Reg) Ausgangssignal n ‖ ~/**гармонический** harmonisches Signal n, Sinussignal n ‖ ~/**гасящий** (TV) Austastsignal n ‖ ~ **гашения** (TV) Austastsignal n ‖ ~ **гашения/полукадровый** (TV) Bildaustastsignal n ‖ ~/**горочный** (Eb) Ablaufsignal n (Rangierberg) ‖ ~/**готовности** Bereitkennzeichen n, Bereitschaftszeichen n; Bereitschaftssignal n ‖ ~ **готовности к набору/зуммерный** (Nrt) Wählzeichen n, Amtszeichen n ‖ ~ **данных/аналоговый** (Inf) analoges Signal n ‖ ~/**двоичный** binäres Signal n ‖ ~/**двузначный** (Eb) zweibildriges (zweigebriffiges) Signal n ‖ ~ **деблокирования** Freigabesignal n ‖ ~/**детектированный** demoduliertes Signal n ‖ ~/**дисковый** (Eb) Scheibensignal n ‖ ~/**дискретизированный** zeitquantisiertes Signal n ‖ ~/**дискретный** diskretes Signal n ‖ ~/**дневной** (Eb) Tageszeichen n, Tagessignal n ‖ ~/**железнодорожный** Eisenbahnsignal n ‖ ~ **занято (занятости)** Besetztzeichen n ‖ ~ **запирающий** (TV) Austastsignal n ‖ ~ **записи** (Inf) Schreibsignal n ‖ ~/**запрещающий** Verbotssignal n ‖ ~/**запросный** (Nrt) Abfragesignal n ‖ ~/**звонковый** (Nrt) Klingelzeichen n ‖ ~ **звукового сопровождения** (TV) Fernsehtonsignal n, Tonsignal n, Tonträger n ‖ ~/**звуковой** 1. (Eb) akustisches (hörbares) Signal n, Schallsignal n; 2. (Kfz) Hupe f ‖ ~/**зрительный** s. ~/видимый ‖ ~/**измерительный** Meßsignal n ‖

сигнал

~ **изображения** *(TV)* Videosignal *n* ‖ ~/**импульсный** Impulssignal *n*, impulsförmiges Signal *n* ‖ ~/**искажённый дребезгом** prellbehaftetes Signal *n* ‖ ~/**испытательный** *(TV)* Testsignal *n*, Prüfsignal *n* ‖ ~/**исходный** 1. *(Eb)* Ausfahrsignal *n*; 2. *(Inf)* Ausgangssignal *n*, Ausgabesignal *n*; 3. *(Reg)* Ausgangssignal *n* ‖ ~ **кадров/синхронизирующий** *(TV)* Bildsynchron[isier]signal *n* ‖ ~/**кадровый гасящий** *(TV)* Bildaustastsignal *n* ‖ ~ **квитирования** *(Nrt, Inf)* Rückmeldung *f*, Rückmeldesignal *n*, Quittungszeichen *n*, Quittiersignal *n* ‖ ~/**кодированный** kodiertes (verschlüsseltes) Signal *n* ‖ ~/**круглосуточный** *(Eb)* ganztägiges Nachtzeichen *n* ‖ ~/**ламповый** *(Nrt)* Lampensignal *n* ‖ ~/**ложный** 1. Scheinsignal *n*; 2. Drop-in *n*, Störsignal *n (Magnettontechnik)* ‖ ~/**лоцманский** *(Schiff)* Lotsensignal *n* ‖ ~/**малый** Kleinsignal *n* ‖ ~/**маневровый** *(Eb)* Rangiersignal *n*, Signal *n* für den Rangierdienst ‖ ~/**маркерный** Markierungssignal *n*, Signal *n* des Markierungsfunkfeuers ‖ ~/**маячный** Funkfeuersignal *n* ‖ ~/**мешающий** Störsignal *n* ‖ ~/**мигающий** *(Eb)* Blinksignal *n* ‖ ~/**модулирующий** Modulationssignal *n* ‖ ~ **набора** *(Nrt)* Freizeichen *n* ‖ ~/**незатухающий** Dauersignal *n* ‖ ~/**нелинейно кодированный цифровой** nichtlinear kodiertes digitales Signal *n* ‖ ~/**непрерывный** Dauersignal *n*, kontinuierlich (stetes) Signal *n* ‖ ~/**неречевой** *(Nrt)* Nichtsprachsignal *n* ‖ ~/**низкочастотный** Niederfrequenzsignal *n*, NF-Signal *n* ‖ ~/**ночной** *(Eb)* Nachtzeichen *n*, Nachtsignal *n* ‖ ~ **о готовности** Bereitschaftssignal *n* ‖ ~/**обобщённый** Sammelmeldung *f* ‖ ~ **обратной связи** *(Reg)* Rückführungssignal *n*, Rückkopplungssignal *n* ‖ ~ **ожидания** *(Inf)* Wartesignal *n*, Wait-Signal *n* ‖ ~ **опасности** Notsignal *n*, Warnsignal *n* ‖ ~ **опознавания** Erkennungssignal *n*, Kennungssignal *n* ‖ ~/**опорный** Referenzsignal *n*, Bezugssignal *n* ‖ ~/**оптический** 1. *(Eb)* sichtbares (optisches) Signal *n*, Sichtsignal *n*; 2. *(Nrt)* Schauzeichen *n* ‖ ~/**основной** *(Eb)* Hauptsignal *n* ‖ ~ **остановки** *(Eb)* Halt[e]signal *n* ‖ ~ **от местного предмета** *(Rad)* Festzeichen *n*, Standzeichen *n* ‖ ~/**отбойный** *(Nrt)* Schlußzeichen *n* ‖ ~/**ответный** *(Rad)* Antwortsignal *n* ‖ ~/**открытый** *(Eb)* gezogenes Signal *n* ‖ ~ **отправления** *(Eb)* 1. Abfahrtsauftrag *m*; 2. Ausfahrsignal *n*, Abfahrtsignal *n* ‖ ~/**отражённый** *(Rad)* Echo *n*, reflektiertes Signal *n* ‖ ~/**отходящий** *(Reg)* abgehendes Signal *n* ‖ ~/**ошибки** *(Nrt)* Fehlersignal *n*; *(Reg)* Regelabweichungssignal *n* ‖ ~/**ошибочный** Fehlsignal *n* ‖ ~/**паразитный** Störsignal *n* ‖ ~ **переменного тока** Wechselstromsignal *n* ‖ ~/**периодический** taktbehaftetes Signal *n* ‖ ~/**пермиссивный** *(Eb)* Langsamfahrsignal *n*, permissives Signal *n* ‖ ~/**пилообразный** *(TV)* Sägezahnsignal *n* ‖ ~ **поглощения** Absorptionssignal *n* ‖ ~/**поездной** *(Eb)* Signal *n* am Zug (Spitzen- und Schlußsignal) ‖ ~/**позывной** Rufzeichen *n*, Anrufzeichen *n* ‖ ~/**полезный** Nutzsignal *n*, gewünschtes Signal *n* ‖ ~/**полный** Gesamtsignal *n*, Summensignal *n* ‖ ~/**полный телевизионный** vollständiges (komplettes) Fernsehsignal *n*, Fernsehsignalgemisch *n* ‖ ~/**положительный линейно кодированный цифровой** positives linear kodiertes digitales Signal *n* ‖ ~ **помехи** Störsignal *n* ‖ ~/**посадочный** Landesignal *n* ‖ ~ **постоянного тока** Gleichstromsignal *n* ‖ ~/**постоянный** *(Eb)* ortsfestes Signal *n* ‖ ~/**поступающий** Eingangssignal *n* ‖ ~ **посылки вызова** *(Nrt)* Freizeichen *n* ‖ ~/**предупредительный** 1. *(Eb)* Vorsignal *n*; 2. Warnsignal *n*, Warnungszeichen *n* ‖ ~ **прерывания** *(Inf)* Unterbrechungssignal *n*, Interruptsignal *n* ‖ ~ **прерывания от оператора** *(Inf)* Operatoreingriffssignal *n* ‖ ~/**прерывистый** intermittierendes (diskontinuierliches) Signal *n* ‖ ~ **при пробе тормозов** *(Eb)* Bremsprobesignal *n* ‖ ~ **приближения** *(Eb)* Annäherungssignal *n* ‖ ~ **пригласительный** *(Eb)* Vorziehsignal *n* ‖ ~ **приёма** *(Eb)* Annahmesignal *n* ‖ ~ **прикрытия** *(Eb)* Zugdeckungssignal *n*, Deckungssignal *n* ‖ ~/**приходящий** ankommendes Signal *n*, Eingangssignal *n* ‖ ~/**проблесковый** *(Eb)* Blinksignal *n*, Blinkzeichen *n* ‖ ~ **продвижения** *(Eb)* Nachrücksignal *n* ‖ ~/**продолжительный** Dauersignal *n* ‖ ~/**проходной** *(Eb)* Zwischensignal *n* ‖ ~ **пуска** *s.* ~/**пусковой** ‖ ~/**пусковой** *(Nrt)* Anlaufschritt *m (Telegraphie)* ‖ ~ **равности** Gleichsignal *n* ‖ ~/**равный** Gleichsignal *n* ‖ ~/**радиолокационный** Radarsignal *n* ‖ ~/**радиопеленгаторный** Funkpeilsignal *n* ‖ ~/**разговорный** *(Nrt)* Sprechsignal *n* ‖ ~/**разностный** Differenzsignal *n* ‖ ~/**разрешающий** *(Inf)* Freigabesignal *n* ‖ ~ **разрешения** *(Eln, Inf)* 1. Freigabesignal *n*; 2. Chipaktivierungssignal *n* ‖ ~ **разрешения записи** *(Inf)* Schreibkommando *n* ‖ ~ **разрешения считывания** *(Inf)* Lesekommando *n* ‖ ~ **рассогласования** Fehlersignal *n*, Abweichungssignal *n*, Regelabweichungssignal *n* ‖ ~ **регулирования** Regelsignal *n*, Steuersignal *n* ‖ ~/**регулируемый** *s.* ~ **регулирования** ‖ ~/**речевой** *(Nrt)* Sprachsignal *n*; Sprechsignal *n* ‖ ~ **самолёта/аварийный** *(Flg)* Störungswarnsignal *n* (Anzeige von Betriebsstörungen und Treibstoffmangel in den Tanks) ‖ ~ **сброса** *(Inf)* Reset-Signal *n* ‖ ~/**световой** Lichtsignal *n*, Lichtzeichen *n* ‖ ~ **свободно** *(Nrt)* Freizeichen *n* ‖ ~ **связи** Nachrichtensignal *n* ‖ ~/**симметричный выходной** symmetrisches Ausgangssignal *n* ‖ ~/**синусоидальный** Sinussignal *n* ‖ ~/**синфазный** Gleichphasensignal *n* ‖ ~ **синхронизации** *(TV)* Synchron[isations]signal *n*, Gleichlaufzeichen *n*; *(Inf)* Taktgeberimpuls *m*, Taktsignal *n*, Takt *m* ‖ ~ **синхронизации/кадровый** *(TV)* Bildsynchron[isations]signal *n* ‖ ~ **синхронизации цветов** *(TV)* Farbsynchron[isations]signal *n* ‖ ~/**синхронизирующий** *s.* ~ **синхронизации** ‖ ~/**случайный** zufälliges Signal *n*, Zufallssignal *n* ‖ ~ **сообщения** Nachrichtensignal *n* ‖ ~ **состояния** *(Inf)* Statussignal *n* ‖ ~ **стирания** *(Inf)* Löschsignal *n* ‖ ~ **строба** Strobesignal *n* ‖ ~/**стробирующий** Strobesignal *n* ‖ ~ **строчной синхронизации** *(TV)* Zeilensynchronisiersignal *n* ‖ ~/**считывания** Lesesignal *n*, Ablesesignal *n*, Lesekommando *n* ‖ ~/**телевизионный** Fernseh[bild]signal *n* ‖ ~/**телеграфный** Telegraphiezeichen *n* ‖ ~/**телемеханический** Fernwirksignal *n* ‖ ~/**тестовый** Testsignal *n* ‖ ~ **типе** Strichsignal *n* ‖ ~ **тональной частоты/контрольный** Pilotton

m ll ~ **торможения** (Kfz) Bremslicht n, Stopplicht n ll ~/**точечный** Punktsignal n ll ~ **тревоги** Alarmsignal n, Alarmzeichen n ll ~/**туманный** (Schiff) Nebelsignal n ll ~ **уменьшения скорости** (Eb) Langsamfahrsignal n ll ~ **управления** Steuersignal n ll ~/**управляющий** Steuersignal n ll ~ **установки в нуль** (Inf) Reset-Signal n, Rücksetzsignal n ll ~/**фазово-модулированный** phasenmoduliertes Signal n ll ~/**флажный** (Schiff) Flaggensignal n ll ~/**хвостовой** (Eb) Schlußlicht n, Zugschluß m ll ~ **цветного изображения (телевидения)** Farb[bild]signal n ll ~ **цветности** Chrominanzsignal n, Farb[art]signal n ll ~/**цветовой** Farbsignal n ll ~/**цветоразностный** (TV) Farbdifferenzsignal n ll ~/**централизованный** (Eb) abhängiges (zentralüberwachtes) Signal n ll ~/**цифровой** Digitalsignal n, digitales Signal n ll ~/**цифровой коммутирующий (переключающий)** digitales Schaltsignal n ll ~/**частотно-модулированный** frequenzmoduliertes Signal n, FM-Signal n ll ~/**широкополосный** Breitbandsignal n ll ~/**штормовой** Sturmsignal n ll ~/**штормовой предупреждающий** Sturmwarnungssignal n ll ~/**шумовой** Rauschsignal n ll ~/**электрический звуковой** (Kfz) Fanfare f ll ~ **яркости** s. ~/**яркостный** ll ~/**яркостный** (TV) Helligkeitssignal n, Luminanzsignal n, Leuchtdichtesignal n
сигнал-генератор m (Meß) Signalgenerator m
сигнализатор m Signalgeber m, Zeichengeber m, Melder m ll ~/**аварийный** Alarmgeber m; Warneinrichtung f ll ~ **минимального уровня топлива** (Kfz) Kraftstoffkontrolleuchte f ll ~ **неисправностей** Störungsmelder m ll ~ **падения давления** Druckabfallmelder m ll ~ **потока** Durchflußwächter m ll ~/**термометрический** Temperaturmelder m, Thermogefahrmelder m ll ~ **шасси** (Flg) Fahrwerkanzeiger m
сигнализация f 1. Signalisierung f, Signalübermittlung f, Zeichengabe f, Zeichengebung f; Rückmeldung f, Warnung f; 2. Signalverbindung f; 3. Signalwesen n; Signalsystem n ll ~/**аварийно-предупредительная** 1. Störungsmeldung f; 2. Störungsmeldeanlage f ll ~/**авральная** 1. Schiffsalarm m; 2. Schiffsalarmanlage f ll ~/**автоматическая локомотивная** (Eb) 1. automatische Führerstandssignalisation f; 2. Führerstandssignalanlage f ll ~/**акустическая** (Eb) akustische Signalmittel npl ll ~/**видимая** (Eb) optische Signalmittel npl ll ~ **граничных значений** (Reg) Grenzwertsignalisation f ll ~/**двузначная** (Eb) zweibegriffiges Signalsystem n ll ~/**дистанционная** Fernsignalisierung f ll ~/**железнодорожная** (Eb) 1. Eisenbahnsignalwesen n; 2. Signalnetz npl ll ~/**замедленная** (Nrt) verzögerte Zeichengabe (Signalisation) f ll ~/**звуковая** 1. akustisches Signal n; 2. akustische Signalmittel npl ll ~/**ложная** Fehlsignalisierung f ll ~/**локомотивная** (Eb) [automatischferngesteuertes] Führerstandssignal n, Führerstandssignalisation f ll ~/**маршрутная** (Eb) Fahrwegsignalisierung f ll ~/**многозначная** (Eb) mehrbegriffiges Signalsystem n ll ~/**многократная** (Nrt) Vielfachzeichengabe f ll ~ **на переездах/аварийная** (Eb) Verkehrszeichen (Warnzeichen) npl an Wegübergängen ll ~/**немедленная** (Nrt) sofortige Zeichengabe f ll

~ **непрерывного типа/автоматическая локомотивная** (Eb) linienförmige Zugbeeinflussung f mit Führerstandssignalisation ll ~ **непрерывного типа с контролем скорости/автоматическая локомотивная** (Eb) linienförmige Zugbeeinflussung f mit Führerstandssignalisation und Geschwindigkeitsüberwachung ll ~ **обнаружения пожара/автоматическая** 1. selbsttätige Feuererkennung f; 2. selbsttätige Feuererkennungsanlage f ll ~/**обобщённая** (Schiff) Sammelmeldung f ll ~/**обобщённая аварийнопредупредительная** (Schiff) 1. Sammelstörungsmeldung f; 2. Sammelstörungsmeldeanlage f, Ingenieuralarmanlage f ll ~/**оптическая** (Eb) optische Signalmittel npl ll ~/**переездная** Warnlichtanlage f ll ~/**пожарная** 1. Feuermeldung f, Brandmeldung f; 2. Feuermelder m, Feuermeldeanlage f ll ~ **предельных значений** (Reg) Grenzwertsignalisierung f ll ~/**предупредительная** s. ~ **предупреждения** ll ~ **предупреждения** 1. Warnung f; 2. Warnanlage f ll ~/**продолжительная** dauernde Signalisierung f ll ~ **сбоя** Fehleranzeige f ll ~/**светофорная** (Eb) Lichtsignalsystem n ll ~ **тональными частотами** (Nrt) Tonfrequenzzeichengebung f ll ~ **точечного типа/автоматическая локомотивная** (Eb) punktförmige Zugbeeinflussung f mit Führerstandssignalisation
сигнализировать signalisieren, Zeichen geben
сигнатура f Signatur f ll ~ **листа** (Typ) Bogensignatur f ll ~/**спектральная** (Geol) spektrale Signatur f
СИД s. **диод/светоизлучающий**
сиденье n Sitz m (Fahrzeug) ll ~ **водителя** Fahrersitz m ll ~/**заднее** Rücksitz m ll ~ **капсюльного типа/катапультируемое** (Flg) Kapselkatapultsitz m ll ~/**катапультируемое** (Flg) Katapultsitz m ll ~/**кормовое** Hecksitz m (im Boot) ll ~/**откидное** Klappsitz m ll ~ **открытого типа/катапультируемое** (Flg) Freikatapultsitz m ll ~ **пилота** (Flg) Pilotensitz m ll ~/**продольное** Längssitz m (im Boot) ll ~/**регулируемое** Verstellsitz m, verstellbarer Sitz m (des Fahrers bzw. Beifahrers)
сидерат m (Lw) Gründünger m
сидерация f (Lw) Gründüngung f
сидерит m 1. (Min) Siderit m, Eisenspat m, Spateisenstein m; 2. (Astr, Min) Eisenmeteorit m
сидерический (Astr) siderisch
сидеролит m (Geol, Astr) Siderolith m (Stein-Eisen-Meteorit achondrischer Struktur mit mehr Silikat- als Nickel-Eisen-Gehalt)
сидеростат m (Astr) Siderostat m
сидеросфера f (Geol) Siderosphäre f (schwerer Erdkern)
сидящий/свободно (Masch) frei umlaufend (Lagerung umlaufender Teile)
сиенит m (Geol) Syenit m ll ~/**авгитовый** Augitsyenit m ll ~/**гаюиновый** Hauynsyenit m ll ~/**калиевый** Kalisyenit m ll ~/**канкринитовый** Cancrinitsyenit m ll ~/**кварцевый** Quarzsyenit m ll ~/**натровый** Natronsyenit m ll ~/**роговообманковый** Hornblendesyenit m ll ~/**слюдяной** Glimmersyenit m ll ~/**цирконовый** Zirkonsyenit m ll ~/**щелочной** Alkalisyenit m ll ~/**эгириновый** Ägirinsyenit m

сизаль m (Text) Sisal m, Agavefaser f (Faser aus den Blättern verschiedener Agavearten)
сиккатив m (Ch) Sikkativ n ll ~/кобальто-марганцевый Kobalt-Mangan-Sikkativ n ll ~/свинцово-марганцевый Blei-Mangan-Sikkativ n
сила f 1. (Mech) Kraft f (Newton); 2. Stärke f; Potenz f, Vermögen n ll ~ адсорбции (Ph) Adsoptionsstärke f ll ~/адсорбционная (Ph) Adsoptionskraft f ll ~ адгезии s. ~ сцепления ll ~/активная wirksame Kraft f (s. a. ~/задаваемая) ll ~/архимедова [подъёмная] (Hydrom) [hydrostatische] Auftriebskraft f, [hydro]statischer Auftrieb m, Auftrieb m ll ~/аэродинамическая (Aero) Luftkraft f, aerodynamische Kraft f ll ~/бартлеттова (Kern) Bartlett-Kraft f, Spinaustauschkraft f ll ~/близкодействующая (Ph) Nah[e]wirkungskraft f, nahewirkende (kurzreichweitige) Kraft f ll ~/боковая Seitenkraft f; Querkraft f; (Schiff) Abdriftkraft f; (Aero) Quertrieb m ll ~/ван-дер-ваальсова (Ph) Van-der-Waals-Kraft f, van der Waalssche Kraft f ll ~ вдоль замкнутого контура/магнитодвижущая (El) magnetische Umlaufspannung f, Umlauf-MMK f ll ~ ветра 1. (Ph) Windkraft f; 2. (Meteo) Windstärke f ll ~ ветра по шкале Бофорта (Meteo) Beaufort-Windstärke f, Beaufort-Zahl f ll ~ взаимодействия (Ph) Wechselwirkungskraft f ll ~/виртуальная (Ph) virtuelle Kraft f ll ~ влечения (Hydr) Widerstandskraft f, Schleppkraft f (Strömung) ll ~/внешняя (Mech) äußere Kraft f, von außen wirkende Kraft f ll ~/внутренняя (Mech) innere Kraft f ll ~/возвращающая s. ~/восстанавливающая ll ~/возмущающая (Mech) störende Kraft f, Störkraft f ll ~/возрастающая (Ph) anwachsende Kraft f ll ~ волнового сопротивления (Hydr) Wellenwiderstand m ll ~/восстанавливающая (Mech) Richtgröße f, Richtkraft f, Direktionskraft f, Rückstellkraft f, Federkonstante f ll ~ вращения/электродвижущая (El) Rotations-EMK f ll ~/всасывания (Ch) Saugkraft f, Saugspannung f ll ~/вспомогательная Hilfskraft f ll ~/вторичная Sekundärkraft f, sekundäre Kraft f ll ~/выходная электродвижущая (El) Ausgangs-EMK f ll ~/вяжущая Bindekraft f ll ~ вязкости (Mech) Zähigkeitskraft f, Viskositätskraft f ll ~ Гейзенберга (Kern) Heisenberg-Kraft f, Ladungsaustauschkraft f ll ~/гидравлическая Wasserkraft f, Wasserenergie f ll ~/гидростатическая подъёмная s. ~/архимедова ll ~/горизонтальная Horizontalkraft f ll ~/гравитационная s. ~ тяготения ll ~/давления (Mech) Druckkraft f ll ~/движущая Triebkraft f, Antriebskraft f, treibende Kraft f ll ~/двухчастичная (Kern) Zweinukleonenkraft f, Zweikörperkraft f ll ~/демпфирующая (El) Dämpfungskraft f ll ~/держащая (Schiff) Haltekraft f (Anker) ll ~/диастатическая diastatische Kraft f (des Malzes) ll ~/динамическая подъёмная (Aero) dynamischer Auftrieb m ll ~/дисперсионная (Ph) Dispersionskraft f ll ~/дробящая Brisanz f ll ~/живая s. энергия/кинетическая ll ~/задаваемая (заданная) (Mech) eingeprägte Kraft f (d'Alembertsches Prinzip) ll ~/замедляющая (Mech) verzögernde Kraft f, Verzögerungskraft f ll ~ затухания Dämpfungskraft f ll ~ звука (Ak) Schallintensität f, Schall-

[leistungs]stärke f ll ~/знакопеременная (Ph) Wechselkraft f ll ~ извержения (Geol) Eruptivkraft f, Eruptionsintensität f (Vulkane) ll ~ изгиба (Mech) Biegekraft f, Biegungskraft f ll ~ излучения 1. (El) Strahlungsstärke f; 2. (Opt) Strahlungsintensität f ll ~/импульсная (El) Impulsstärke f ll ~ индукции (Ph) Induktionskraft f ll ~ инерции (Mech) Trägheitskraft f, Trägheitswiderstand m, D'Alambert-Kraft f ll ~ инерции/переносная (Mech) Mitführungskraft f, Führungskraft f (Relativbewegung von Bezugssystemen) ll ~ инерции/свободная (Mech) freie Massenkraft f ll ~ инерции/уравновешенная (Mech) ausgeglichene Massenkraft f ll ~/ионная (Ph) Ionenstärke f ll ~ искривления (Mech) Verzugskraft f ll ~/касательная (Mech) Tangentialkraft f, tangential wirkende Kraft f ll ~/компенсационная (компенсирующая) (Mech) Ausgleichskraft f, Kompensationskraft f ll ~/консервативная (Mech) konservative Kraft f, Potentialkraft f ll ~/контактная электродвижущая (El) kontaktelektromotorische Kraft f, Kontakt-EMK f ll ~ Кориолиса s. ~/кориолисова ll ~/кориолисова (Mech) Coriolis-Kraft f, zusammengesetzte Kraft f, zweite Zusatzkraft f ll ~/короткодействующая s. ~/близкодействующая ll ~/коэрцитивная Koerzitivkraft f, Koerzitiv[feld]stärke f (Magnetismus) ll ~/краевая (Mech) Randkraft f ll ~/кратковременная (Mech) kurzzeitig wirkende Kraft f ll ~/критическая (Mech) Euler-Last f, kritische Druckkraft (Knicklast) f, Eulersche Knicklast f ll ~/крутящая (Mech) Dreh[ungs]kraft f, Torsionskraft f, [ver]drehende Kraft f ll ~ кручения s. ~/крутящая ll ~/кулонова (кулоновская) (Ph) Coulombsche Kraft f, Coulomb-Kraft f ll ~ лобового сопротивления (Aero) Widerstandskraft f, Widerstand m ll ~ Лоренца (Ph) Lorentz-Kraft f ll ~/лошадиная Pferdestärke f, PS (SI-fremde Einheit der Leistung; 1 PS = 735,498 Watt) ll ~ лучистого торможения (трения) (Kern) Strahlungsreaktionskraft f, Strahlungswirkung f ll ~/магнитная magnetische Feldstärke f (Magnetismus) ll ~ магнитного отталкивания magnetische Abstoßungskraft f ll ~ магнитного поля Magnetfeldstärke f ll ~ магнитного притяжения magnetische Anziehungskraft f ll ~/магнитодвижущая (El) magnetische Randspannung f (Ursprunung) f, magnetomotorische Kraft f, MKK, magnetische Durchflutung f ll ~ Майорана (Kern) Majorana-Kraft f, Ortsaustauschkraft f ll ~/массовая (Mech) Volum[en]kraft f, Massenkraft f ll ~/мгновенная (Mech) momentan wirkende Kraft f, Stoßkraft f ll ~/межмолекулярная s. ~/молекулярная ll ~ межмолекулярного взаимодействия s. ~/молекулярная ll ~/мировая s. ~ тяготения ll ~/многонуклонная s. ~/многочастичная ll ~/многочастичная (Kern) Mehrkörperkraft f, Mehrteilchenkraft f, Mehrnukleonenkraft f ll ~/молекулярная (Ph) Molekularkraft f, zwischenmolekulare Kraft f ll ~ на тихой воде/перерезывающая (Schiff) Glattwasserquerkraft f ll ~ набухания (Ph) Quellungskraft f ll ~ нажатия (Mech) Anpreßkraft f ll ~/намагничивающая s. ~/магнитодвижущая ll ~/направляющая s. ~/восстанавливающая ll

~/**наружная** s. ~/**внешняя** ‖ ~ **натяжения** (Mech) Spannkraft f ‖ ~/**нормальная** (Mech) Normalkraft f, normal wirkende Kraft f ‖ ~/**нулевая подъёмная** (Aero) Nullauftrieb m ‖ ~/**обменная** Austauschkraft f (Quantenchemie) ‖ ~/**обратная электродвижущая** (El) gegenelektromotorische Kraft f, Gegen-EMK f ‖ ~/**объёмная** s. ~/**массовая** ‖ ~/**окружная** (Mech) Umfangskraft f ‖ ~/**опорная** (Mech) Auflagerkraft f ‖ ~/**оптическая** (Opt) 1. Brechwert m, Brechkraft f; 2. Refraktion f (des Auges) ‖ ~/**осевая** 1. (Mech) Längskraft f, Normalkraft f; 2. (Aero) Axialkraft f, Längskraft f ‖ ~/**остаточная электродвижущая** (El) Rest-EMK f ‖ ~ **осциллятора** (Ph) Oszillator[en]stärke f ‖ ~ **отдачи** Rückstoßkraft f ‖ ~/**отклоняющая** (Ph) Ablenkungskraft f ‖ ~/**отрывающая** Trennkraft f ‖ ~ **отталкивания** (Ph) Abstoßungskraft f, abstoßende Kraft f, Repulsivkraft f ‖ ~/**отталкивающая** s. ~ отталкивания ‖ ~/**парная** (Kern) Paarkraft f ‖ ~/**пассивная** s. **реакция связей** ‖ ~/**переменная** (Mech) veränderliche Kraft f ‖ ~/**переменная электродвижущая** (El) wechselelektromotorische Kraft f, Wechsel-EMK f ‖ ~/**переносная** s. ~ **инерции/переносная** ‖ ~ **плавучести** s. ~/**архимедова** ‖ ~/**поверхностная** (Mech) 1. Flächenkraft f; 2. Oberflächenkraft f, Berührungskraft f ‖ ~/**поддерживающая** s. ~/**архимедова** ‖ ~/**подъёмная** 1. (Aero) Auftrieb m, [hydro]dynamischer Auftrieb m, aerodynamischer Auftrieb m; 2. (Aero) Tragkraft f; 3. (Förd) Hubkraft f, Hubvermögen n (Hebezeuge) ‖ ~ **полезная** Nutzkraft f ‖ ~/**полная аэродинамическая** (Aero) aerodynamische Resultante f, resultierende aerodynamische Kraft f, Resultierende f ‖ ~ **поля** Feldstärke f ‖ ~ **поля помех** Störfeldstärke f ‖ ~/**поляризационная** Polarisationskraft f ‖ ~/**поперечная** Querkraft f, in Querrichtung wirkende Kraft f ‖ ~/**постоянная** konstante (gleichbleibende) Kraft f ‖ ~/**потенциальная** s. ~/**консервативная** ‖ ~/**потребная подъёмная** (Flg) Auftriebsbedarf m ‖ ~ **преломления** s. ~/**оптическая** ‖ ~/**преломляющая** s. ~/**оптическая** 1. ‖ ~ **при продольном изгибе/критическая** s. ~/**критическая** ‖ ~ **приёма** (Rf) Empfangsstärke f ‖ ~ **приливная (приливообразующая)** (Geoph) Gezeitenkraft f ‖ ~/**приложенная** (Mech) 1. angreifende Kraft f; 2. s. ~/**задаваемая** ‖ ~/**приложенная электродвижущая** (El) eingeprägte elektromotorische Kraft f, eingeprägte EMK f, eingeprägte Feldstärke f ‖ ~/**притягивающая** s. ~ **притяжения** ‖ ~ **притяжения** (Mech) Anziehungskraft f, Anziehung f ‖ ~ **притяжения Земли** Anziehungskraft f der Erde, Erdschwere f, gravitative Anziehung f ‖ ~ **притяжения Луны** Mondschwerkraft f ‖ ~/**продольная** s. ~/**осевая** 1. ‖ ~/**продольная фотоэлектродвижущая** Longitudinal-Photo-EMK f ‖ ~ **продольного сжатия стрелы** (Schiff) Baumdruckkraft f (Festigkeitsberechnung für Ladebaum) ‖ ~/**противодействующая** 1. (Mech) Gegenwirkungskraft f (Newtonsches Axiom); 3. (Meß) Rückstellkraft f ‖ ~/**противоэлектродвижущая** (El) gegenelektromotorische Kraft f, Gegen-EMK f ‖ ~/**рабочая** 1. Arbeitskraft f; 2. Belegschaft f ‖

~/**равнодействующая** (Mech) resultierende Kraft f, Resultierende f, Resultante f ‖ ~/**радиальная** (Mech) Radialkraft f (zum Zentrum hin gerichtete Kraft bei Radialbeschleunigung) ‖ ~/**разрешающая** Trennschärfe f, Auflösungsvermögen n, Auflösung f (optischer Geräte) ‖ ~ **разрядного тока** (El) Entladestromstärke f ‖ ~/**распорная** Scherkraft f (Schleppnetz-Scherbrett) ‖ ~/**растягивающая** (Mech) Zugkraft f, Zug m ‖ ~ **растяжения** s. ~/**растягивающая** ‖ ~/**реактивная электродвижущая** (El) Reaktanz-EMK f ‖ ~ **реакции** s. **реакция связей** ‖ ~ **резания** (Fert) Schnittkraft f; Span[ungs]kraft f, Zerspan[ungs]kraft f ‖ ~ **резания/главная** (Fert) Schnittkraft f ‖ ~ **резания/удельная** (Fert) spezifische Schnittkraft f ‖ ~ **результирующая** s. ~/**равнодействующая** ‖ ~ **света** 1. Lichtstärke f (photometrische Größe); Strahl[ungs]stärke f (radiometrische Größe); 2. Lichtintensität f (z. B. eines optischen Signals) ‖ ~ **света/осевая** (Opt) axiale Lichtstärke f ‖ ~ **света/средняя горизонтальная** (Photom) [mittlere] horizontale Lichtstärke f ‖ ~ **света/средняя сферическая** (Photom) mittlere räumliche (sphärische) Lichtstärke f ‖ ~ **света/энергетическая** (El) Strahlstärke f ‖ ~/**связанная** s. **реакция связей** ‖ ~/**сдвигающая** (Fest) Schwerkraft f, Schubkraft f ‖ ~ **Сербера** (Kern) Serber-Kraft f ‖ ~/**сжимающая** 1. (Mech) Druckkraft f; 2. (Umf) Stauchkraft f ‖ ~/**системы/оптическая** (Opt) Brechkraft f, Brechwert m (Kehrwert der Brennweite) ‖ ~/**скатывающая** Skating-Kraft f ‖ ~ **сопротивления** 1. (Masch) Widerstandskraft f; 2. (Aero) s. ~ **лобового сопротивления** ‖ ~/**сосредоточенная** (Mech) Punktkraft f, Einzelkraft f, konzentrierte Kraft f ‖ ~/**составляющая** (Mech) Seitenkraft f, Komponente f (einer Gesamtkraft) ‖ ~/**срезающая (срезывающая)** (Fest) Scherkraft f, Schubkraft f ‖ ~/**статическая подъёмная** (Aero) statischer Auftrieb m ‖ ~ **статора/намагничивающая** f ‖ magnetische Ständerdurchflutung f ‖ ~ **сцепления** (Ph) Adhäsionskraft f, Haftkraft f, Haftvermögen n, Haftfestigkeit f ‖ ~/**тангенциальная** s. ~/**касательная** ‖ ~ **телескопа/проникающая (проницающая)** (Astr, Opt) Reichweite f eines Fernrohrs ‖ ~/**тензорная** (Kern) Tensorkraft f, nichtzentrale Kraft f, Nichtzentralkraft f ‖ ~/**термоэлектродвижущая** (El) Thermo-EMK f, thermoelektrorische Kraft f, Thermospannung f, Thermokraft f ‖ ~ **тока** (El) Stromstärke f ‖ ~ **тока включения** Einschaltstromstärke f ‖ ~ **тока/разрываемая** Abschaltstromstärke f, Ausschaltstromstärke f ‖ ~ **торможения** Bremskraft f ‖ ~/**тормозная** Bremskraft f ‖ ~ **трения** Reibungskraft f, Reibung f ‖ ~ **тяги** 1. (Mech) Zugkraft f, Zug m; 2. (Flg, Rak) Schub m, Schubkraft f, Vortriebskraft f; 3. (Wlz) Zugkraft f, Durchzugskraft f (beim Walzen); 4. (Eb) Zugkraft f ‖ ~ **тяги/валовая** (Eb) Bruttozugkraft f ‖ ~ **тяги/длительная** (Eb) Dauerzugkraft f ‖ ~ **тяги/касательная** (Eb) Zugkraft f am Radumfang (Lok) ‖ ~ **тяги/пусковая** (Eb) Anfahrzugkraft f ‖ ~ **тяги/удельная** spezifische Zugkraft f ‖ ~ **тяги/часовая** (Eb) Stundenzugkraft f ‖ ~/**тяговая** (Lw) Zugkraft f (Schlepper) ‖ ~ **тя-**

сила

готения *(Mech)* [Newtonsche] Gravitationskraft *f*, Massenanziehungskraft *f*, Weltkraft *f* || ~ **тяжести** *(Mech)* 1. Schwerkraft *f*, Schwere *f*; 2. *s.* ~ **тяготения** || ~/**ударная** *(Mech)* Stoßkraft *f*; Aufschlagkraft *f* || ~/**удельная** spezifische Kraft *f* || ~ **управляющего тока** *(El)* Steuerstromstärke *f* || ~ **ускорения** Beschleunigungskraft *f* || ~/**фотоэлектродвижущая** *(El)* photoelektromotorische Kraft *f*, Photo-EMK *f* || ~/**центральная** *(Mech)* Zentralkraft *f* || ~/**центробежная** *(Mech)* Zentrifugalkraft *f*, Fliehkraft *f* || ~/**центростремительная** *(Mech)* Zentripetalkraft *f* || ~/**эйлерова** *s.* ~/**критическая** || ~ **электрического тока** *s.* ~ **тока** || ~/**электродвижущая** *(El)* elektromotorische Kraft *f*, EMK, [elektrische] Urspannung *f* || ~/**электродинамическая** elektrodynamische Kraft *f* || ~/**электромагнитная** elektromagnetische Kraft *f* || ~/**электростатическая** elektrostatische Kraft *f* || ~/**эталонная электродвижущая** *(El)* Normal-EMK *f* || ~/**эффективная** effektive Kraft *f*, Nutzkraft *f* || ~/**ядерная** *(Kern)* Kern[feld]kraft *f*

силан *m (Ch)* Silan *n*, Siliciumwasserstoff *m*
силикагель *m (Ch)* Kiesel[säure]gel *n*, Silikagel *n*
силикат *m* Silikat *n* || ~/**щелочной** Alkalisilikat *n*
силикатизация *f* Silikatisieren *n (Verfahren der Ingenieurgeologie zur Erhöhung der Festigkeit und Wasserundurchlässigkeit von Gesteinen durch Einpressen von Silikagel)*
силикатный silikatisch, Silikat...
силикатобетон *m (Bw)* Silikatbeton *m* || ~/**лёгкий** *(autoklav behandelter)* Porenbeton *m*
силиколиты *mpl (Geol)* Kieselgesteine *npl*
силикон *m (Ch)* Silicon *n*, Polysiloxan *n*, polymeres Siloxan *n*
силикотермия *f* Silicothermie *f*
силикошпигель *m* Silikospiegel *m*
силицид *m (Ch)* Silicid *n*
силицирование *n (Met)* Silizieren *n*, Silizierung *f*, Aufsilizieren *n*, Aufsilizierung *f* || ~/**газовое** Dampfsilizierung *f (Pulvermetallurgie)*
силицификация *f (Geol)* Verkieseln *n*, Silizifikation *f*, Silizifizierung *f*
силл *m (Geol)* Lagergang *m*, Intrusivlager *n*
силлиманит *m (Min)* Sillimanit *m*
силовой 1. *(El)* Leistungs..., Kraft...; 2. *(El)* Kraft[strom]...; 3. *(Bw)* kraftaufnehmend; 4. Intensiv... *(z. B. Intensivschleifen)*
силомер *m s.* динамометр
силос *m* 1. Silo *n(m) (Großspeicher für Getreide, Zement, Kohle)*; 2. *(Lw)* Gärfutter *n*, Silage *f*, Sauerfutter *n* || ~/**двухъярусный** Doppelstocksilo *n* || ~/**коксовый** Koksturm *m*, Koksbunker *m (Hochofenbetrieb)* || ~/**надземный** Hochsilo *n* || ~/**траншейный** Flachsilo *n* || ~/**цементный** Zementsilo *n*, Zementbunker *m*
силос-гомогенизатор *m (Bw)* Homogenisiersilo *n*
силосование *n (Lw)* Gärfutterbereitung *f*, Silieren *n*, Einsäuern *n (Futter)*
силосовать *(Lw)* silieren, einsäuern, gären *(Futter)*
силосопогрузчик *m (Lw)* Gärfutterelevator *m*
силосопровод *m (Lw)* Auswurfbogen *m (Feldhäcksler)*
силосорезка *f (Lw)* Silohäcksler *m* || ~/**барабанная** Trommelhäcksler *m* für Gärfutter || ~/**дисковая** Scheibenradhäcksler *m* für Gärfutter

силосотрамбовщик *m (Lw)* Gärfutterstampfer *m*
силосотрамбовщик-разгрузчик *m (Lw)* Gärfutterstampf- und -entnahmegerät *n*
силосохранилище *n (Lw)* Gärfutterbehälter *m*, Gärfuttersilo *n*
силт *m (Geol)* Silt *m*, Schluff *m*
силур *m (Geol)* Silur *n (als System bzw. Periode)*
силь *m s.* сель
сильванит *m (Min)* Silvanit *m*, Silvanerz *n*
сильвин *m (Min)* Sylvin *m (Kalisalz)*
сильвинит *m (Geol)* Sylvinit *m*
сильновязкий *(Met)* steif *(Schlacke)*
сильнокарбонатный carbonatreich
сильнокисл[отн]ый *(Ch)* stark sauer
сильноклеёный *(Pap)* starkgeleimt, vollgeleimt
сильнолегированный starkdotiert, hochdotiert *(Halbleiter)*
сильноосновный *(Ch)* stark basisch
сильноперегретый hochüberhitzt *(Dampf)*
сильносмачиваемый stark benetzend
сильноточный *(El)* Starkstrom...
сильнощелочной *(Ch)* stark kalisch
сильфон *m* 1. Faltenbalg *m*, Balg *m*, Wellrohrmembran *f*, Wellrohr *n*; 2. *(Eb)* Faltenbalg *m*, Wagenübergang *m* || ~/**измерительный** Meßwellrohr *n* || ~/**металлический** Metallbalg *m* || ~ **обратной связи** Rückführwellrohr *n*
сильхром *m* Silchrom *n(m) (hochlegierter Cr-Si-Stahl)*
сима *f (Geol)* Sima *n (untere, vorwiegend aus Silicium und Magnesium zusammengesetzte Krustenzone der Erde)*
символ *m* 1. Symbol *n*, Kurzzeichen *n*; 2. *(Inf)* Zeichen *n*, Symbol *n*; String *m*; 3. *(Krist) s.* **индекс** || ~/**буквенный** *(Inf)* Alphazeichen *n*, alphabetisches Zeichen *n* || ~ **вставки** *(Inf)* Einfügungszeichen *n* || ~ **Германа-Могена (Германа-Могэна)** *(Krist)* Hermann-Mauguinsches Symbol *(Klassensymbol)* || ~ **грани** *s.* ~ **кристаллической грани** || ~/**двоичный** binäres Symbol *n* || ~ **единиц** Einheitenzeichen *n*, Einheitensymbol *n* || ~ **забоя ошибки** *(Inf)* Löschsymbol *n* || ~ **заполнения** *(Inf)* Füllzeichen *n* || ~/**запрещённый** *(Inf)* verbotenes (unerlaubtes) Symbol (Zeichen) *n* || ~/**зональный** *s.* ~/**зонный** || ~/**зонный** *(Krist)* Zonensymbol *n* || ~ **зоны** *s.* ~/**зонный** || ~ **исключения** *(Inf)* Aufhebungszeichen *n* || ~ **квитирования** *(Inf)* Erkennungszeichen *n* || ~ **классов симметрии/международный** *(Krist)* Internationales Klassensymbol *n* || ~/**кодовый** *(Inf)* Kodezeichen *n* || ~ **конца записи (текста)** *(Inf)* Satzende[kenn]zeichen *n*, Textendezeichen *n* || ~ **конца файла** *(Inf)* Dateiendekennzeichen *n* || ~ **кристаллического ребра** *s.* ~ **рядов** || ~ **кристаллической грани** *(Krist)* [Millersches] Flächensymbol *n* || ~/**логический** logisches Zeichen *n* || ~/**математический** mathematisches Zeichen (Symbol) *n* || ~ **Миллера** *s.* ~ **кристаллической грани** || ~/**мнимый** Blindsymbol *n* || ~ **начала текста** *(Inf)* Textstartzeichen *n* || ~ **новой строки** *(Inf)* Zeichen (Symbol) *n* für neue Zeile || ~ **нуля** *(Inf)* Nullzeichen *n* || ~ **ограничения слова** *(Inf)* Wortbegrenzungssymbol *n* || ~ **операции** *(Inf)* Operationszeichen *n* || ~ **плоскостей** *s.* ~ **кристаллической грани** || ~ **подачи бланка** *(Inf)* Formu-

larvorschubzeichen n ‖ ~ **присваивания** (Inf) Ergibtzeichen n ‖ ~ **проверки** (Inf) Kontrollzeichen n ‖ ~ **ребра** (Krist) Kantensymbol n ‖ ~/**редактирующий** (Inf) Aufbereitungszeichen n, Druckaufbereitungszeichen n ‖ ~ **рядов** (Krist) Richtungssymbol n ‖ ~/**специальный** (Inf) Sonderzeichen n ‖ ~ **суммы** (Inf) Summensymbol n ‖ ~ **узлов [решётки]** (Krist) Gitterpunktsymbol n ‖ ~/**управляющий** (Inf) Steuerzeichen n ‖ ~ **Хермана-Могена (Хермана-Могэна)** s. ~ Германа-Могена ‖ ~/**химический** chemisches Zeichen n, Elementsymbol n ‖ ~ **Шенфлиса** (Krist) Schoenflies-Symbol n, Schoenfliessches Klassensymbol n
символика f Symbolik f
символьно-ориентированный zeichenorientiert
симедиана f (Math) Symmediane f
сименс m Siemens n, S ‖ ~ **на метр** Siemens n pro Meter, S/m
симистор m (El) Symistor m, symmetrischer Thyristor m, Vollwegthyristor m, Zweiwegthyristor m, Triac m ‖ ~/**двунаправленный** bidirektionale Triggerdiode f, Zweiwegschaltdiode f, Vollwegschaltdiode f, Diac m
симметраль f (Math) Mittelsenkrechte f
симметрирование n (Nrt) Symmetrierung f, Ausgleich m ‖ ~ **ёмкостей** Kapazitätsausgleich m ‖ ~ **относительно земли** Ausgleich m (Symmetrierung f) gegen Erde
симметрировать (Nrt) ausgleichen, symmetrieren
симметрический s. симметричный
симметрично-осевой axialsymmetrisch, achsensymmetrisch
симметричный symmetrisch, ebenmäßig; spiegelungsgleich, spiegelig ‖ ~ **относительно земли** erdsymmetrisch ‖ ~ **относительно направления передачи** richtungssymmetrisch ‖ ~ **относительно плоскости** symmetrisch in bezug auf eine Ebene (räumliche Gebilde) ‖ ~ **относительно прямой** axialsymmetrisch (flächenhafte und räumliche Gebilde) ‖ ~ **относительно точки** zentrischsymmetrisch (flächenhafte und räumliche Gebilde)
симметрия f 1. Symmetrie f, Ebenmäßigkeit f; Gleichförmigkeit f (regelmäßige Zuordnung einzelner Teile eines Ganzen zueinander); 2. (Math) Symmetrie f (spiegelbildliche Lage zu einem Punkt, zu einer Geraden oder zu einer Ebene); 3. (Krist) Symmetrie f, Symmetriegleichheit f; Spiegelung f ‖ ~ **вершин** s. ~ граней ‖ ~ **восьмого порядка** (Krist) achtzählige Symmetrie f ‖ ~ **вращения** (Ph) Rotationssymmetrie f ‖ ~ **граней** (Krist) Flächensymmetrie f ‖ ~ **кристаллической решётки** s. ~ кристаллов ‖ ~ **кристаллов** Kristallsymmetrie f, kristallographische Symmetrie f, Gittersymmetrie f ‖ ~ **Лауэ** (Krist) Laue-Symmetrie f (Röntgenographie) ‖ ~/**ложная** (Krist) Scheinsymmetrie f ‖ ~/**осевая** s. ~ относительно прямой ‖ ~ **относительно земли** (El) Erdsymmetrie f ‖ ~ **относительно плоскости** (Math) Symmetrie f in bezug auf eine Ebene (räumliche Gebilde) ‖ ~ **относительно прямой** (Math) axiale Symmetrie f (flächenhafte und räumliche Gebilde) ‖ ~ **относительно точки** (Math) zentrale Symmetrie f (flächenhafte und räumliche Gebilde) ‖ ~ **передачи**

(Eln) Übertragungssymmetrie f, Kopplungssymmetrie f ‖ ~/**перекрёстная** (Ph) Kreuzsymmetrie f, Crossing-Symmetrie f ‖ ~/**плоскостная** s. ~ относительно плоскости ‖ ~/**поперечная** (El) Quersymmetrie f ‖ ~/**продольная** (El) Längssymmetrie f ‖ ~ **решётки** s. ~ кристаллов ‖ ~/**центральная** s. ~ относительно точки ‖ ~ **шестого порядка** (Krist) sechszählige Symmetrie f ‖ ~/**электрическая** elektrische Symmetrie f
симплезит m (Min) Symplesit m, Arsenvivianit m
симплекс m 1. (Math) Simplex n; 2. (El) Simplexschaltung f; 3. (Nrt) Simplexbetrieb m, Richtungsbetrieb m ‖ ~/**абстрактный (абсолютный)** (Math) absolutes (abstraktes) Simplex n
симплекс-насос m Simplexpumpe f
симплексный (Nrt) Simplex...
симплекс-процесс m (Met) Simplexbetrieb m, einstufiger Schmelzbetrieb m
сингенез m (Geol) Syngenese f
сингенетический, сингенетичный (Geol) syngenetisch, gleichaltrig, gleichzeitig entstanden
сингенит m (Min) Syngenit m, Kalkkalisulfat n
синглет m Singulett n, Einfachlinie f (Spektrum)
сингония f Kristallsystem n, Syngonie f ‖ ~/**агирная** s. ~/триклинная ‖ ~/**гексагирная (гексагональная)** hexagonales Kristallsystem n ‖ ~/**дигирная** s. ~/ромбическая ‖ ~/**кубическая** kubisches (reguläres) Kristallsystem n ‖ ~/**моноклинная** monoklines Kristallsystem n ‖ ~/**полигирная** s. ~/кубическая ‖ ~/**ромбическая** rhombisches Kristallsystem n ‖ ~/**тетрагональная** tetragonales Kristallsystem n ‖ ~/**тригональная** trigonales Kristallsystem n ‖ ~/**триклинная** triklines Kristallsystem n
сингулярность f (Kyb) Singularität f
синдиотактический syndiotaktisch (Polymere)
синева f (Forst) Bläue f (des Holzes) ‖ ~ **кромок** Kantenbläue f ‖ ~/**поверхностная** oberflächliche Bläue f
синеватый bläulichweiß, fahl
сине-зелёный blaugrün
синеклиза f (Geol) Syneklise f
синелом m (Wkst) Blaubruch m (Stahl)
синеломкий (Wkst) blaubrüchig (Stahl)
синеломкость f (Wkst) Blaubrüchigkeit f, Blausprödigkeit f (Stahl)
синель[ка] f (Text) Chenille f
синерезис m (Ch) Synärese f
синерод m (Ch) Cyan n, Dicyan n
синеродистый (Ch) ...cyanid n; cyanhaltig
синий m ‖ ~/**гидроновый** Hydronblau n (Schwefelfarbstoff) ‖ ~/**кислотный** Säureblau n ‖ ~/**метиленовый** Methylenblau n ‖ ~/**прямой** Direktblau n
синистор m (Eln) Synistor m
синить blau färben
синклазы pl (Geol) Synklasen pl
синклиналь f (Geol) Synklinale f, Synkline f, Mulde f (s. a. unter мульда 3.)
синклинорий m (Geol) Synklinorium n
синодический (Astr) synodisch
синонимика f пластов (Geol) Parallelisierung f der Schichten
синоптика f (Meteo) Synoptik f, synoptische Meteorologie f
синорогенез m (Geol) Synorogenese f

синтан *m* Syntan *n*, synthetischer Gerbstoff *m*
синтан-заменитель *m* Austauschsyntan *n*
синтез *m* Synthese *f* ‖ ~ **аммиака** *(Ch)* Ammoniaksynthese *f* ‖ **~/апертурный** Apertursynthese *f (Radioastronomie)* ‖ **~/асимметрический** *(Ch)* asymmetrische Synthese *f* ‖ **~/белковый** *(Ch)* Eiweißsynthese *f* ‖ **~/биологический** Biosynthese *f* ‖ ~ **кристаллов из расплава** Kristallsynthese *f* aus einer Schmelze ‖ ~ **кристаллов из раствора в расплаве** Kristallsynthese *f* aus einer schmelzflüssigen Lösung, Schmelzlösungsverfahren *n* ‖ **~/лазерный термоядерный** lasergesteuerte Kernfusion *f* ‖ ~ **межатомной функции** *s.* ~ Паттерсона ‖ ~ **отдачей** *(Ph)* Rückstoßsynthese *f* ‖ ~ **Паттерсона** *(Krist)* Pattersonsche Synthese *f*, Patterson-Synthese *f (Röntgenographie)* ‖ ~ **переключательных схем** *(Eln)* Schaltkreissynthese *f* ‖ ~ **по Фишеру-Тропшу** *(Ch)* Fischer-Tropsch-Synthese *f* ‖ ~ **под высоким давлением** Hochdrucksynthese *f* ‖ **~/радиационный** Strahlungssynthese *f*, Strahlenchemische Synthese *f* ‖ ~ **речи** *(Inf)* Sprachsynthese *f* ‖ ~ **схемы** *(Eln)* Schaltungssynthese *f* ‖ **~/термоядерный** *(Kern)* thermonukleare Kernfusion (Fusion) *f* ‖ **~/управляемый термоядерный** *(Kern)* gesteuerte (steuerbare) thermonukleare Reaktion (Fusion, Kernfusion, Kernverschmelzung) *f* ‖ **~/управляемый ядерный** *(Kern)* gesteuerte (steuerbare) Kernfusion (Kernverschmelzung, Fusion) *f* ‖ ~ **цепей** *(Eln)* Netzwerksynthese *f* ‖ ~ **частот** *(El)* Frequenzsynthese *f* ‖ ~ **электрических цепей** elektrische Netzwerksynthese *f* ‖ ~ **ядер** *(Kern)* Kernfusion *f*, Fusion *f*, Kernverschmelzung *f*, Kernaufbau *m* ‖ ~ **ядер/термоядерный** *(Kern)* thermonukleare Fusion (Kernfusion) *f* ‖ **~/ядерный** *s.* ~ ядер
синтезатор *m* 1. *(Rf)* Synthesator *m*, Synthetisator *m*, Synthesizer *m*; 2. *(Opt)* Multispektralprojektor *m* ‖ ~ **речи** *(Inf)* Sprachsynthetisierer *m* ‖ ~ **частот** Frequenzsynthetisator *m* ‖ **~/электронно-музыкальный** Syntheziser *m*
синтез-газ *m* Synthesegas *n*
синтезирование *n* **речевых сигналов** *(Inf)* Sprachsynthese *f*
синтезировать synthetisieren
синтексис *m* *(Geol)* Syntexis *f*
синтер *m* *(Met)* Agglomerat *n*, Sinter *m*
синтер-магнезит *m* *(Met)* Sintermagnesit *m*
синтон *m* *(Ch)* Synthon *n*
синус *m* *(Math)* Sinus *m* ‖ **~/гиперболический** Hyperbelsinus *m*, Sinus *m* hyperbolicus ‖ **~/обратный гиперболический** Areasinus *m*, Areasinus *m* hyperbolicus
синус-буссоль *f* *(El)* Sinusbussole *f*
синус-гальванометр *m* *(El)* Sinusgalvanometer *n*
синус-датчик *m* *(Reg)* Sinusgeber *m*
синусоида *f* 1. *(Math)* Sinuskurve *f*, Sinuslinie *f*; 2. Sinuswelle *f*, sinusförmige Welle *f*
синусоидальность *f* *(Math)* Sinusförmigkeit *f*, sinusförmiger Verlauf *m*
синусоидальный *(Math)* sinusförmig, Sinus...
синус-электрометр *m* *(El)* Sinuselektrometer *n*
синфазировать *(El)* in Phase bringen, phasensynchronisieren

синфазность *f* *(El)* Phasengleichheit *f*, Gleichphasigkeit *f*
синфазный phasengleich, gleichphasig
синхрогенератор *m* *(TV)* Gleichlaufgenerator *m*, Synchron[isier]generator *m*
синхроимпульс *m* *(El)* Synchron[isier]impuls *m*, Gleichlaufimpuls *m* ‖ **~/кадровый** *(TV)* Bildsynchron[isier]impuls *m*, Bildsynchronlaufimpuls *m*, Rastersynchron[isier]impuls *m* ‖ **~/строчный** *(TV)* Zeilensynchron[isations]impuls *m*
синхрометр *m* *(Kern)* Synchrometer *n*, Zyklotronresonanz-Massenspektrometer *n*, Massensynchrometer *n*
синхромикротрон *m* *(Kern)* Synchromikrotron *n*
синхрона *f* *(Math)* Synchrone *f*
синхронизатор *m* 1. *(El)* Synchronisator *m*, Synchronisiergerät *n*; 2. *(Kfz)* Synchroneinrichtung *f*, Gleichlaufeinrichtung *f*, Synchronisator *m* (in Synchrongetrieben); 3. *(Kine)* Abziehtisch *m*, Synchronumroller *m*
синхронизация *f* *(El)* Synchronisierung *f*, Synchronisation *f*, ‖ **~/внешняя** *(El)* Fremdsynchronisation *f* ‖ **~/внутренняя** *(El)* Eigensynchronisation *f* ‖ **~ изображения** *(TV)* Bildsynchronisierung *f* ‖ **~/кадровой развёртки** *(TV)* Vertikalsynchronisierung *f* ‖ **~/мод** Modensynchronisation *f (Laser)* ‖ **~ с сетью (частотой сети)** *(El)* Netzsynchronisierung *f* ‖ **~/событий** *(Inf)* Ereignissynchronisation *f* ‖ **~/стартостопная** Start-Stop-Synchronisation *f* ‖ **~/строчная** *(TV)* Zeilensynchronisierung *f*, Horizontalsynchronisierung *f* ‖ **~/строчной развёртки** *s.* ~/строчная ‖ **~/фазовая** *(El)* Phasensynchronisierung *f* ‖ **~/частоты** *(Rf)* Frequenzsynchronisierung *f*
синхронизировать synchronisieren
синхронизм *m* Synchronismus *m*, Gleichlauf *m*; Gleichzeitigkeit *f* ‖ **~/фазовый** *(Opt)* Phasensynchronismus *m* ‖ **~ частот** *(El)* Frequenzsynchronismus *m*
синхроничность *f* Gleichzeitigkeit *f*; Zeitäquivalenz *f* ‖ **~ отложений** *(Geol)* Gleichalterigkeit *f* der Ablagerungen (Sedimentationen)
синхронически synchron, gleichzeitig
синхронность *f* Synchronismus *m*, Gleichlauf *m*
синхронный synchron, gleichlaufend, übereinstimmend, Synchro[n]... ‖ **~ с изображением** bildsynchron
синхроноскоп *m* *(El)* Synchronoskop *n* ‖ **~/стрелочный** Zeigersynchronoskop *n* ‖ **~/электромагнитный** elektromagnetisches Synchronoskop *n*, Dreheisensynchronoskop *n*
синхросигнал *m* Synchron[isier]signal *n*, Gleichlaufzeichen *n*
синхротрон *m* *(Kern)* Synchrotron *n* ‖ **~/протонный** *s.* синхрофазотрон ‖ **~/электронный** Elektronsynchrotron *n*
синхрофазотрон *m* *(Kern)* Synchrotron *n* für schwere geladene Teilchen, Protonensynchrotron *n*, Synchrophasotron *n*
синхроциклотрон *m* *(Kern)* Synchrozyklotron *n*, FM-Zyklotron *n*, frequenzmoduliertes Zyklotron *n*, Phasotron *n*
синхрочастота *f* *(El)* Synchronisierfrequenz *f*, Gleichlauffrequenz *f*
синь *f* Blau *n* *(Farbstoff)* ‖ **~/кобальтовая** Kobaltblau *n* ‖ **~/молибденовая** *s.* ильзманнит ‖ **~/резорциновая** Resorcinblau *n* ‖ **~/Тена-**

рова Thénards Blau n, Kobaltultramarin n ‖ ~/**Турнбулева** Turnbulls Blau n
синька f Blaupause f, Lichtpause f
сирена f Sirene f ‖ **~ с прерывистым сигналом** *(Kfz)* Martinshorn n
сирокко m *(Meteo)* Schirokko m
система f 1. System n; 2. Gruppe f; Satz m; Schar f; 3. Verfahren n, Methode f; 4. Anlage f; Einrichtung f; 5. *(Geol)* s. ~/геологическая; 6. *(Krist)* s. сингония • **с [комбинированными] позиционной и контурной системами** *(Wkzm)* mit [kombinierter, numerischer] Punkt- und Bahnsteuerung • **с контурной системой ЧПУ** *(Wkzm)* mit [numerischer] Bahnsteuerung • **с позиционной системой ЧПУ** *(Wkzm)* mit Punktsteuerung ‖ **~/абонентская вычислительная** *(Inf)* Teilnehmerrechnersystem n ‖ **~/абсолютно жёсткая** *(Fest)* absolut starres System n ‖ **~ аварийно-предупредительной сигнализации** *(Schiff)* Störungsmeldeanlage f ‖ **~ авральной сигнализации** Schiffsalarmanlage f ‖ **~/автоколебательная** selbstschwingendes System n ‖ **~ автоматизации программирования** automatisiertes Programmiersystem n ‖ **~/автоматизированная информационная** automatisiertes Informationssystem n ‖ **~/автоматизированная транспортно-накопительная (транспортно-складская)** automatisiertes Transport- und Lagersystem n, automatisiertes TUL-System n ‖ **~/автоматизированная управляющая** *(Reg)* automatisiertes (rechnergestütztes) Steuerungssystem n ‖ **~ автоматизированного контроля** automatisiertes Prüfsystem f ‖ **~ автоматизированного проектирования** *(Fert)* System n der automatisierten Projektierung n, CAD, CAD-System n ‖ **~ автоматизированного производства** System n der automatisierten Produktion, CAM ‖ **~/автоматическая** 1. automatisch (selbsttätig arbeitendes) System n; 2. *(Nrt)* automatisches Vermittlungssystem n, Selbstwählsystem n, Fernsprechvermittlungssystem n, Fernsprechwählsystem n ‖ **~/автоматичкая информационно-справочная** *(Inf)* automatisches Informations-Auskunftssystem n ‖ **~/автоматическая телефонная** s. ~/автоматическая 2. ‖ **~ автоматических линий** *(Fert)* Taktstraßensystem f *(mehrere gekoppelte Taktstraßen)* ‖ **~ автоматического поиска** automatisches Suchsystem n ‖ **~ автоматического приспособления** *(Reg)* adaptives (selbstanpassendes) System n ‖ **~ автоматического проектирования** rechnergestützte Konstruktion f, CAD ‖ **~ автоматического проектирования и изготовления деталей** CAD/CAM-System n ‖ **~ автоматического проектирования программных средств** automatisiertes Software-Projektierungssystem n ‖ **~ автоматического регулирования** selbsttätiges Regelsystem n, Selbstregelsystem n ‖ **~ автоматического регулирования/астатическая** integral wirkendes Regelsystem n, I-System n ‖ **~ автоматического регулирования/статическая** proportional wirkendes Regelsystem n, P-System n ‖ **~ автоматического регулирования/экстремальная** Extremwertregelsystem n ‖ **~ автоматического управления** automatisches (selbsttätiges) Steuerungssystem n, Selbststeuerungssystem n ‖ **~ автоматического управления курсом** *(Schiff)* Kursregelungsanlage f, Selbststeueranlage f ‖ **~ автоматической обработки данных** automatisches Datenverarbeitungssystem n ‖ **~ автоматической регистрации параметров полёта** Flugdatenschreiber m ‖ **~ автоматической сигнализации обнаружения пожара** selbsttätige Feuererkennungsanlage f ‖ **~ авторегулирования** s. ~ автоматического регулирования ‖ **~/агрегатная** Baukastensystem n, modulares System n, Baukastenbauweise f ‖ **~/адаптивная** *(Reg)* adaptives System n, Adaptivsystem n ‖ **~ адресации** *(Inf)* Adressiersystem n, Adreßsystem n; Adressiereinheit f ‖ **~ активного контроля** *(Reg)* Meßsteuerung f ‖ **~ активного самонаведения** *(Rak)* aktive Zielsuchlenkung f ‖ **~ аналогий** *(Reg)* Analogiesystem n ‖ **~/аналоговая** *(Reg)* analoges System n, Analogsystem n ‖ **~/анаморфотная оптическая** *(Photo)* Zerroptik f ‖ **~/ангулярная** *(Masch)* Gelenksystem n *(Art eines Koordinatensystems)* ‖ **~ антенн** *(Rf)* Antennensystem n ‖ **~/антенная** *(Rf)* Antennensystem n ‖ **~/антиблокировочная [тормозная]** *(Kfz)* Antiblockiersystem n [der Bremse], ABS ‖ **~ армирования** *(Bw)* Bewehrungssystem n ‖ **~/астатическая** *(Reg)* astatisches System n; integrales (integral wirkendes) System n, I-System n ‖ **~/базисная** *(Meß)* Bezugssystem n ‖ **~/базовая операционная** *(Inf)* Grundbetriebssystem n ‖ **~ базы данных** *(Inf)* Datenbanksystem n, DBS ‖ **~/балансная** *(Reg)* Abgleichsystem n ‖ **~/балластная** *(Schiff)* Ballastsystem n ‖ **~ банка данных/операционная** *(Inf)* Datenbankbetriebssystem n, DBBS ‖ **~ без стоек/решётчатая** *(Bw)* Strebenfachwerk n ‖ **~/безаберрационная** *(Opt)* aberrationsfreies System n ‖ **~ безвахтенного обслуживания машинного отделения** *(Schiff)* Anlage f für den wachfreien Maschinenbetrieb ‖ **~/безлюдная производственная** mannloses Fertigungssystem n ‖ **~/безлюдная транспортная** Fördersystem n für die mannlose Fertigung n ‖ **~ безопасности** Schutzsystem n, Sicherheitssystem n ‖ **~/безраскосная (безраспорная) решётчатая** *(Bw)* Ständerfachwerk n ‖ **~/бинарная** *(Ph, Ch)* binäres System n, Zweistoffsystem n, Zweikomponentensystem n ‖ **~/бланкирующая** Austastsystem n ‖ **~ ближнего действия/радионавигационная** Funknavigationssystem n *(Funknavigationsanlage f)* mit geringer Reichweite ‖ **~/блочная** Blocksystem n ‖ **~ быстрой зарядки** *(Photo)* Schnelladesystem n, SL-System n ‖ **~ быстросменных инструментальных блоков** *(Wkzm)* Schnellwechselwerkzeugsystem n ‖ **~/вакуумная** Vakuumsystem n; Vakuumerzeuger m ‖ **~ вала** *(Fert)* System n Einheitswelle *(Toleranzen und Passungen)* ‖ **~/вантовая** *(Bw)* Wantensystem n, Seilsystem n ‖ **~/вантовая пространственная** Seilnetzwerk n ‖ **~ ввода** *(Inf)* Eingabeeinheit f ‖ **~/векторная** *(Math)* Vektorsystem n, Kräftesystem n ‖ **~ величин** *(Meß)* Größensystem n ‖ **~ вентиляции** Belüftungssystem n, Ventilationssystem n ‖ **~/вероятностная** Wahrschein-

система

lichkeitssystem *n* ‖ **~/вертикально отклоняющая** *(El)* Vertikalablenksystem *n* ‖ **~ взаимосвязанных ЭВМ** Rechnerverbund *m* ‖ **~ визуального опознавания** *(Reg)* visuelles Erkennungssystem *n* ‖ **~/водоотливная** *(Schiff)* Notlenzsystem *n*, Havarielenzsystem *n*, Notlenzanlage *f*, Havarielenzanlage *f* ‖ **~/водопожарная** *s.* **~ водотушения** ‖ **~ водораспыления** *(Schiff)* Sprühwasserfeuerlöschanlage *f* ‖ **~/водосточная** *(Hydt)* Entwässerungssystem *n* ‖ **~ водотушения** *(Schiff)* Wasserfeuerlöschsystem *n*, Wasserfeuerlöschanlage *f* ‖ **~/водяная [противо]пожарная** *s.* **~ водотушения** ‖ **~ водяного орошения** *(Schiff)* Wasserberieselungsanlage *f* ‖ **~ водяного охлаждения/принудительная** *(Kfz)* Flüssigkeitskühlanlage *f*, Druckumlaufkühlsystem *n*, Druckumlaufkühlanlage *f* ‖ **~ возбуждения** *(El)* Erregungssystem *n*, Erregersystem *n* ‖ **~ возбуждения/вентильная** Stromrichtererregungssystem *n* ‖ **~ возбуждения/выпрямительная** Gleichrichtererregungssystem *n* ‖ **~ возбуждения/тиристорная** Thyristorerregungssystem *n* ‖ **~ воздушного отопления** Luftheizungsanlage *f* ‖ **~ воздушного охлаждения** Luftkühlungssystem *n* ‖ **~/волоконно-оптическая** *(Opt)* faseroptisches System *n* ‖ **~/восьмеричная** *(Inf)* Oktalsystem *n* ‖ **~ времени** Zeitsystem *n* ‖ **~ временного разделения (уплотнения) каналов** *(Inf)* Zeitmultiplexsytem *n*, Zeitteilungssystem *n* ‖ **~/вспомогательная управляющая** Hilfssteuerungssystem *n* ‖ **~/вторичная** *(Ph, Ch)* Sekundärsystem *n* ‖ **~ вторичная радиолокационная** Sekundärradar *n*, sekundäres Radar *n* ‖ **~ второго порядка** *(Reg)* System *n* zweiter Ordnung ‖ **~ вывода** *(Inf)* Ausgabeeinheit *f* ‖ **~ выемки** *s.* **~ разработки** ‖ **~/выпрямительная** *(El)* Gleichrichtersystem *n* ‖ **~ выравнивания крена** *(Schiff)* Krängungsausgleichsanlage *f* ‖ **~/высоковольтная энергетическая** *(El)* Hochspannungs[energie]system *n* ‖ **~/высокодисперсная** *(Ph, Ch)* feindisperses (hochdisperses, kolloiddisperses) System *n* ‖ **~/высоконастроенная** *(Reg)* hochabgestimmtes System *n* ‖ **~/высокопроизводительная вакуумная** leistungsfähiger Vakumerzeuger *m* ‖ **~/высокочастотная** *(El)* Trägerfrequenzsystem *n*, TF-System *n* ‖ **~ высокочастотного телефонирования** Trägerfrequenz[fernsprech]system *n*, TF-Fernsprechsystem *n* ‖ **~ высокочастотной связи** *s.* **~/высокочастотная** ‖ **~ вытягивания ионов** *(Kern)* Ionenextraktionssystem *n*, Extraktionssystem *n* ‖ **~/вытяжная** *(Wlz)* Streck[kaliber]reihe *f*, Streckkaliberfolge *f* ‖ **~/вычислительная** Rechnersystem *n*, Rechensystem *n* ‖ **~/вяжущая (вязальная)** *(Text)* Stricksystem *n* ‖ **~/газоотводная** *(Schiff)* Gasableitungssystem *n* *(Tanker)* ‖ **~/галактическая** *(Astr)* Milchstraßensystem *n*, Galaxis *f* ‖ **~/гармоническая координатная** *(Ph)* harmonisches Koordinatensystem *n (allgemeine Relativitätstheorie)* ‖ **~ Гаусса** *(El)* Gaußsches System *n* (CGS-System, Maßsystem) *n*, symmetrisches CGS-System (cgs-System) *n* ‖ **~/гауссова** *s.* **~ Гаусса** ‖ **~/гелиоцентрическая** *(Astr)* heliozentrisches System (Weltsystem) *n* ‖ **~/генераторная** *(El)*

Generatorsystem *n* ‖ **~/геологическая** *(Geol)* System *n (während einer Periode entstandene Schichtenfolge)* ‖ **~/геометрическая модульная** *(Inf)* Geometriebausteinsystem *n* ‖ **~ геометрического моделирования** *(Inf)* Geometriemodellierer *m*, Geometriemodellierungssystem *n* ‖ **~/гетерогенная** *s.* **~/многофазная** ‖ **~/гибкая** flexibles System *n* ‖ **~/гибкая производственная** *(Fert)* flexibles Fertigungssystem *n*, FMS ‖ **~/гибкая транспортная** *(Fert)* flexibles Handhabungssystem *n* ‖ **~/гибкая управляюще-производственная** flexibles Management- und Fertigungssystem *n* ‖ **~/гибридная** *(Ph)* hybrides System *n*, Hybridsystem *n* ‖ **~/гибридная вычислительная** hybrides Rechensystem *n* ‖ **~/гиперболическая** Hyperbelsystem *n* ‖ **~/гиперболическая [радио]навигационная** Hyperbel[navigations]system *n* ‖ **~/гиперстатическая** *(Mech)* statisch überbestimmtes System *n* ‖ **~ главных осей** Hauptachsensystem *n* ‖ **~ главных удлинений** *(Mech)* Hauptdehnungssystem *n* ‖ **~/гомогенная** *s.* **~/однофазная** ‖ **~/гомогенная дисперсная** *(Ph, Ch)* homogenes (einphasiges) disperses System *n* ‖ **~ горячего водоснабжения** Warmwasserversorgungssystem *n*, Heißwasserversorgungsanlage *f* ‖ **~/графическая диалоговая** dialogfähiges Graphiksystem *n* ‖ **~/графопостроительная** Plottersystem *n (Projektierung)* ‖ **~ громкоговорящей [командной] связи** *(Schiff)* Kommandoübertragungsanlage *f* ‖ **~/грубодисперсная** *(Ph, Ch)* grobdisperses (niedrigdisperses) System *n* ‖ **~ Д'Аламбера** *(Math)* d'Alembertsches System *(Differentialgleichungssystem) n* ‖ **~ дальнего действия** Fernwirk[ungs]system *n* ‖ **~ дальнего действия/радионавигационная** Funknavigationssystem *n* (Funknavigationsanlage *f*) mit großer Reichweite ‖ **~ дальнего обнаружения** *(Rad)* Frühwarnsystem *n*, Langstreckenradar *n* ‖ **~ дальней связи** *(Nrt)* Fernverkehrssystem *n*, Weitverkehrssystem *n* ‖ **~ ДАУ** *(Schiff)* automatische Fernsteueranlage *f*, Brückenfernsteueranlage *f* ‖ **~/дважды статически неопределимая** *(Mech)* zweifach statisch unbestimmtes System *n* ‖ **~/двенадцатеричная** *(Inf)* Duodezimalsystem *n*, Zwölfersystem *n* ‖ **~/двоичная** *(Inf)* binäres System *n*, Binärsystem *n*; duales System *n*, Dualsystem *n* ‖ **~/двоично-десятичная** *(Inf)* binär-dezimales System *n*, Binär-Dezimal-System *n*; dual-dezimales System *n*, Dual-Dezimal-System *n* ‖ **~/двойная** 1. *(Astr)* Doppelsternsystem *n*; 2. *(Astr)* Doppelsystem *n (z. B. von Himmelskörpern)*; 3. *s.* **~/бинарная** ‖ **~ двусторонней громкоговорящей [командной] связи** *(Schiff)* Kommandowechselsprechanlage *f* ‖ **~/двухадресная** *(Inf)* Zweiadreßsystem *n* ‖ **~/двухкомпонентная** *s.* **~/бинарная** ‖ **~/двухконтурная** *(El)* Zweikreissystem *n* ‖ **~/двухконтурная тормозная** *(Kfz)* Zweikreisbremssystem *n*, Zweikreisbremsanlage *f* ‖ **~/двухпозиционная** *(Reg)* Zweipunktsystem *n* ‖ **~/двухполосная** *(El)* Zweiseitenbandsystem *n*; *(Nrt)* Getrenntlagesystem *n* ‖ **~/двухполосная двухпроводная** *(Nrt)* Zweidraht-Getrenntlagesystem *n*, Z-System *n* ‖ **~/двухпроводная**

система

(El) Zweileitersystem n || ~/**двухпроводная однополосная** (Nrt) Zweidraht-Gleichlagesystem n || ~/**двухтрубная** Zweirohrsystem n (Heizung) || ~/**двухуровневая** Zweiniveausystem n (Laser) || ~/**двухфазная** (El) Zweiphasensystem n || ~/**двухчастичная** (Kern) Zweiteilchensystem n || ~/**девонская** (Geol) Devon n (als geologisches System) || ~ **Декка/радионавигационная** Decca-Funknavigationssystem n, Decca-Funknavigationsanlage f || ~/**десятичная** (Inf) 1. dezimales (dekadisches) System n, Dezimalsystem n; 2. Dezimalschreibweise f || ~/**детекторная** (El) Gleichrichtersystem n || ~/**детерминированная** (Kyb) deterministisches System n || ~/**диалоговая** (Inf) Dialogsystem n, dialogfähiges System n || ~/**динамическая** dynamisches System n || ~/**диоптрическая** (Opt) dioptrisches System n || ~/**дисковая операционная** (Inf) Plattenbetriebssystem n, PBS, platten[speicher]orientiertes Betriebssystem n, Diskettenbetriebssystem n, DOS || ~/**дискретная** (Reg) diskretes System n || ~/**дисперсная** (Ph, Ch) disperses System n || ~ **дистанционного управления** (Reg) Fernsteuer[ungs]system n || ~ **дистанционной передачи** (Inf) Fernübertragungssystem n || ~/**дистанционно-управляющая** Fernsteuer[ungs]system n || ~/**дистрибутивная** Verteilungssystem n || ~/**дифферент[овоч]ная** (Schiff) Trimmsystem n, Trimmanlage f || ~/**длиннофокусная** (Opt) langbrennweitiges System n || ~ **для сбора данных измерения/двухпроводная** (Reg) Zweidraht-Meßdatenerfassungssystem n || ~ **для телевидения и радиовещания/распределительная** Kabelfernseh- und -rundfunksystem n || ~ **дожигания** (Flg, Rak) Nachbrenneranlage f || ~ **долгосрочного прогнозирования** langfristige Vorhersage f || ~/**доплеровская радиолокационная** Doppler-Radar[system] n, Doppler-Radaranlage f || ~ **допусков** (Fert) Toleranzsystem n || ~ **допусков и посадок** (Fert) Toleranz- und Passungsystem n || ~ **допусков и посадок/единая** Einheitssystem n der Toleranzen und Passungen || ~ **допусков конусов** Kegeltoleranzsystem n || ~ **дренажа** (Hydt) Dränagesystem n, Entwässerungssystem n || ~ **дренажа/головная** Kopfdränung f, Querdränung f || ~ **дренажа/кольцевая** Ringdränsystem n || ~ **дренажа/площадочная** Längsdränung f, Parallendränung f || ~/**дублированная вычислительная** Doppelrechnersystem n || ~/**дуплексная** (Nrt) Gegensprechsystem f, Duplexsystem n (Telegraphie) || ~ **единиц** Einheitensystem n, Maßsystem n || ~ **единиц/абсолютная** absolutes Maßsystem n || ~ **единиц/гауссова** s. ~ Гаусса || ~ **единиц Джорджи** s. ~ единиц МКСА || ~ **единиц/когерентная** (Mech) kohärentes Einheitensystem (Maßsystem) n || ~ **единиц/международная** Internationales Einheitensystem n, SI || ~ **единиц МКГСС** m-kp-s-System n, Meter-Kilopond-Sekunde-System n || ~ **единиц МКС** (Mech) MKS-System n, Meter-Kilogramm-Sekunde-System n, metrisches System n || ~ **единиц МКСА** MKSA-System n, Meter-Kilogramm-Sekunde-Ampere-System n, Giorgisches Maßsystem (Einheitensystem, System) n || ~ **единиц МКСГ** m-kg-s-°K-System n, Meter-Kilogramm-Sekunde-Grad Kelvin-System n || ~ **единиц МТС** (Mech) Meter-Tonne-Sekunde-System n, MTS-System n, MTS-Maßsystem n || ~ **единиц СГС** CGS-System n, Zentimeter-Gramm-Sekunde-System n || ~ **единиц СГСМ** elektromagnetisches CGS-System n || ~ **единиц СГСЭ** elektrostatisches CGS-System n || ~ **единиц/симметрическая** s. ~ Гаусса || ~ **единиц/согласованная** (Mech) kohärentes Einheitensystem (Maßsystem) n || ~/**электромагнитная** s. ~ единиц СГСМ || ~ **единиц/электростатическая** s. ~ единиц СГСЭ || ~/**ёмкостная опрашивающая** (El) kapazitives Abtastsystem n || ~ **естественной вентиляции** einfache Lüftungsanlage f mit statischen Lüftern || ~/**жёсткая** (Fert) starres System n || ~ **жёсткого управления** starres Steuerungssystem n || ~ **жизнеобеспечения** Lebenserhaltungssystem n, LES || ~ **жизнеобеспечения/автономная** selbständig arbeitendes Lebenserhaltungssystem n || ~ **жил** (Geol) Gangzug m, Gangsystem n || ~ **зажигания** 1. Zündanlage f (Verbrennungsmotor); 2. Zündungsart f; 3. Zündsystem n || ~/**закрытая** (Therm) geschlossenes thermodynamisches System n (massedichtes System) || ~/**замедляющая** Verzögerungssystem n || ~/**замкнутая** (Reg) geschlossenes System n, System n mit Rückführung || ~/**замкнутая телевизионная** Kabelfernsehen n || ~ **замков с центральным управлением** (Kfz) Zentralverriegelung f || ~/**запоминающая** (Inf) Speichersystem n || ~/**запускающая** (Eln) Triggersystem n || ~/**затменная двойная** (Astr) Bedeckungssystem n (Doppelstern) || ~ **захватов** Greifersystem n || ~/**зачистная** (Schiff) Restlenzsystem n (Tanker) || ~ **защиты** Schutzsystem n, Sicherheitssystem n || ~ **защиты данных** Datensicherungssystem n || ~/**звёздная** (Astr) Sternsystem n || ~ **звукозаписи** Schallaufzeichnungssystem n || ~ **земледелия** (Lw) [landwirtschaftliches] Betriebssystem n, Ackerbausystem n || ~ **земледелия/паровая** Brachfeldsystem n || ~ **земледелия/плодосменная** Fruchtwechselsystem n, Fruchtwechselwirtschaft f || ~ **земледелия/травопольная** Feldgraswirtschaft f || ~/**зеркальная** (Opt) Spiegelsystem n || ~/**зеркально-линзовая** (Opt) Spiegellinsensystem n || ~/**идеализированная** (Kyb) idealisiertes System n; (Kyb) idealisiertes System n || ~/**идеальная** ideales System n; (Kyb) idealisiertes System n || ~/**идеальная оптическая** ideales optisches System n || ~/**иерархическая** (Inf) Hierarchiesystem n || ~/**избирательная** Selektivsystem n, Auswahlsystem n || ~/**избыточная** (Inf) redundantes System n || ~ **измерения** Meßsystem n || ~ **измерения перемещений** Wegmeßsystem n || ~/**измерительная** Meßsystem n || ~/**измерительная информационная** Meßwerterfassungssystem n, Meßwerterfassungs- und -verarbeitungssystem n, Informationsmeßsystem n || ~/**изображающая** (Opt) Abbildungssystem n || ~/**изодисперсная** (Ph, Ch) isodisperses (monodisperses) System n || ~/**изодромная** 1. isodromes System n; 2. (Reg) proportional-integrales System n, PI-System n || ~/**изолированная**

система

(Therm) abgeschlossenes thermodynamisches System *n* ‖ **~/изотопная** *(Kern)* isotopes System *n* ‖ **~/импульсная** *(El)* Impulssystem *n*, Pulssystem *n* ‖ **~/импульсная радионавигационная** Funknavigationssystem *n* nach der Impulslaufzeitdifferenzmethode *(Loran-A)* ‖ **~/импульсная телеизмерительная** Impulsfernmeßsystem *n*, Impulstelemetriesystem *n* ‖ **~/импульсно-доплеровская радиолокационная** Impuls-Doppler-Radar[system] *n*, Impuls-Doppler-Radaranlage *f* ‖ **~/импульсно-фазовая радионавигационная** kombiniertes Funknavigationssystem *n* nach der Impulslaufzeitdifferenz- und Phasendifferenzmethode *f (Loran-C)* ‖ **~/инвариантная** *(Ph)* invariantes (nonvariantes) System *n* ‖ **~/инерциальная навигационная** *(Schiff)* Trägheitsnavigationssystem *n*, INS, Trägheitsnavigationsanlage *f* ‖ **~/инерциальная навигационная бесплатформенная** Strap-down-Trägheitsnavigationssystem *n*, Strap-down-System *n (Navigation)* ‖ **~/инерциальная навигационная платформенная** kreiselstabilisiertes Trägheitsnavigationssystem *n* ‖ **~ инструкций** *(Inf)* Befehlssystem *n* ‖ **~ инструмента** *s*. **~/инструментальная** ‖ **~/инструментальная** Instrumentalsystem *n*, instrumentelles System *n (für Meßwerte)* ‖ **~ интегральных уравнений** *(Math)* Integralgleichungssystem *n* ‖ **~/интегрированная управляющая** *(Inf)* integriertes Managementsystem *n* ‖ **~/интеллектуальная** *(Kyb, Reg)* intelligentes System *n* ‖ **~ интерфейсов** *(Inf)* Interfacesystem *n* ‖ **~/информационная** Informationssystem *n* ‖ **~/информационная диагностическая** Informationsmonitoringsystem *n* ‖ **~/информационная производственная** Produktionsinformationssystem *n* ‖ **~/информационная управляющая** Informationsmanagementsystem *n* ‖ **~/информационно-измерительная** *s*. **~/измерительная информационная** ‖ **~/информационно-поисковая** *(Inf)* Informationsrecherchesystem *n*, Informationssuchsystem *n*, Informations- und Suchsystem *n* ‖ **~/информационно-управляющая** Informations- und Steuerungssystem *n* ‖ **~/ирригационная** Bewässerungssystem *n* ‖ **~/испытательная** Prüfsystem *n* ‖ **~ испытательных программ** *(Inf)* Prüfprogrammsystem *n* ‖ **~ источников** *(Hydrol)* Quell[en]system *n* ‖ **~/кабельно-распределительная** Kabelverteilsystem *n* ‖ **~/калибровки** *(Wlz)* Kaliberfolge *f*, Kaliberreihe *f*, Kalibrierungssystem *n* ‖ **~/каменноугольная** *(Geol)* Karbon *n (als geologisches System)* ‖ **~/каскадная** *(Reg)* Kaskadensystem *n* ‖ **~ каскадного регулирования** *(Reg)* Kaskadenregelung *f* ‖ **~/катадиоптрическая** *(Opt)* katadioptrisches System *n* ‖ **~/квадруплексная** *(Nrt)* Quadruplexbetrieb *m (Telegraphie)* ‖ **~/кембрийская** *(Geol)* Kambrium *n (als geologisches System)* ‖ **~/кипящая** Fluidsystem *n*, Staubfließsystem *n (Wirbelschichttechnik)* ‖ **~/когерентная дисперсная** *(Ph, Ch)* kohärentes disperses System *n*, kohärentdisperses (kompaktdisperses) System *n* ‖ **~ кодирования** *(Inf)* Kodier[ungs]system *n*, Verschlüsselungssystem *n* ‖ **~/кодовая** *(Inf)* Kodesystem *n* ‖ **~/кодово-импульсная** *(El)* Pulsodesystem *n* ‖ **~/колебательная** *(Ph)* Schwingungssystem *n* ‖ **~ коллективного пользования** *(Inf)* Teilnehmersystem *n*, Mehrbenutzersystem *n*, Vielfachzugriffssystem *n* ‖ **~/коллоидно-дисперсная** *(Ph, Ch)* feindisperses (hochdisperses, kolloiddisperses) System *n* ‖ **~/кольцевая** *(Reg)* Schleifensystem *n* ‖ **~ команд** *(Inf)* Befehlssystem *n*, Kommandosystem *n* ‖ **~ команд/гибкая** flexibles Befehlssystem *n* ‖ **~ команд/стандартная** Standardbefehlssatz *m* ‖ **~/коммутационная** *(Nrt)* Vermittlungssystem *n* ‖ **~/конденсированная** *(Ch)* kondensiertes (anelliertes) Ringsystem *n* ‖ **~ кондиционирования воздуха** Klimaanlage *f* ‖ **~ кондиционирования воздуха высокого давления/одноканальная** Einkanal-Hochgeschwindigkeitsklimaanlage *f* ‖ **~ кондиционирования воздуха/зональная** Zonenklimaanlage *f (Klimatisierung von Wirkungsbereichen mit unterschiedlichen Raumklimaforderungen)* ‖ **~ кондиционирования воздуха/местная** dezentrale Klimaanlage *f* ‖ **~ кондиционирования воздуха/круглогодичная** Ganzjahresklimaanlage *f* ‖ **~/кондиционирования воздуха/открытая [прямоточная]** Außenluftklimaanlage *f* ‖ **~ кондиционирования воздуха/рециркуляционная** Umluftklimaanlage *f* ‖ **~ кондиционирования воздуха со смесителями/двухканальная** Zweikanalklimaanlage *f* mit Mischeinrichtung im Raum ‖ **~ кондиционирования воздуха/центральная** Klimaanlage *f* mit zentraler Luftaufbereitung ‖ **~ кондиционирования микроклимата** Raum[wirkungsbereichs]klimatisierung *f* ‖ **~/контейнерная транспортная** Containertransportsystem *n* ‖ **~ контроля** *(Inf)* Überwachungssystem *n*, Kontrollsystem *n (des Rechners)* ‖ **~ контроля и сигнализации** Störstellenanzeige *f* ‖ **~ контроля и управления** Kontroll- und Steuerungssystem *n* ‖ **~ контроля/роботизированная** robotergestütztes Prüfsystem *n* ‖ **~ координат** *(Math, Astr)* Koordinatensystem *n* ‖ **~ координат/абсолютная** Weltkoordinatensystem *n* ‖ **~ координат/ареографическая** *(Astr)* areographisches Koordinatensystem *n (auf den Planeten Mars bezogen)* ‖ **~ координат/барицентрическая** *(Astr)* baryzentrisches Koordinatensystem *n*, Schwerpunktskoordinatensystem *n (Dreikörperproblem)* ‖ **~ координат/вторая экваториальная** *(Astr)* zweites (bewegliches) Äquatorialsystem *n*, Rektaszensionssystem *n (astronomische Koordinaten)* ‖ **~ координат/галактическая** *(Astr)* galaktisches System (Koordinatensystem) *n* ‖ **~ координат/гелиографическая** *(Astr)* heliographisches Koordinatensystem *n (Sonne)* ‖ **~ координат/горизонтальная** *(Astr)* Horizontalsystem *n*, Azimutsystem *n* ‖ **~ координат/декартова** *(Math)* kartesisches Koordinatensystem *n* ‖ **~ координат/инерциальная** *(Astr)* Inertialsystem *n* ‖ **~ координат/марсоцентрическая** *(Astr)* areozentrisches Koordinatensystem *n (auf den Planeten Mars bezogen)* ‖ **~ координат/орбитальная** *(Astr)* Bahnkoordinatensystem *n* ‖ **~ координат/первая экваториальная** *(Astr)* erstes (festes) Äquatorialsystem *n*, Stundenwinkelsystem *n (astronomische Koordinaten)* ‖ **~ координат/**

планетоцентрическая *(Astr)* planetozentrisches Koordinatensystem *n* ‖ ~ **координат/ поворотная** *(Fert)* Gelenkkoordinatensystem *n (Roboter)* ‖ ~ **координат/полярная** *(Math)* Polarkoordinatensystem *n* ‖ ~ **координат/прямоугольная** *(Math)* kartesisches (rechtwinkliges) Koordinatensystem *n* ‖ ~ **координат/ селенографическая** *(Astr)* selenographisches Koordinatensystem *n (Mond)* ‖ ~ **координат/ селеноцентрическ ая** *(Astr)* selenozentrisches Koordinatensystem *n (Mond)* ‖ ~ **координат/экваториальная** *(Astr)* Äquatorialsystem *n* ‖ ~ **координат/эклиптическая** *(Astr)* Ekliptikalsystem *n (astronomischer Koordinaten)* ‖ ~**/координатная** *(Nrt)* Koordinatenschaltersystem *n* ‖ ~ **Коперника** kopernikanisches (copernicanisches) System *n* ‖ ~ **/корпускулярнодисперсная** *(Ph, Ch)* korpuskulardisperses System *n* ‖ ~**/космическая** Gerät (Meßgerät) *n* im Weltraum, Weltraumgerät *n* ‖ ~**/космическая спасательная** kosmisches Rettungssystem *n*, Rettungssystem *n* im Weltraum ‖ ~**/кратная [звёздная]** *(Astr)* Mehrfachsystem *n* ‖ ~ **креновая** *(Schiff)* Krängungsanlage *f* ‖ ~**/кристаллографическая** *s.* сингония ‖ ~ **кругового обзора** *(Rad)* Rundsichtsystem *n* ‖ ~**/кустовая** *(El)* verzweigtes System *n* ‖ ~**/лазерная** Lasersystem *n* ‖ ~**/лазерная измерительная** Lasermeßsystem *n*, Laserwegmeßsystem *n*, Lasermeßeinrichtung *f* ‖ ~ **Леонарда** *(El)* Leonard-System *n (ein Generator-Motor-System)* ‖ ~ **Лехера** *(Rf)* Lecher-Leitung *f*, Lecher-System *n* ‖ ~**/линейная** *(Ph)* lineares (rheolineares) System *n* ‖ ~**/линейная дискретная** *(Kyb)* lineares diskretes System *n* ‖ ~**/линейная управляющая** lineares Steuer[ungs]system *n* ‖ ~ **линейных уравнений** *(Math)* lineares Gleichungssystem *n* ‖ ~ **/линзовая** *(Opt)* Linsensystem *n* ‖ ~**/лиофильная дисперсная** *(Ph, Ch)* lyophyles disperses System *n* ‖ ~**/лиофобная дисперсная** *(Ph, Ch)* lyophobes disperses System *n* ‖ ~**/литниковая** *(Gieß)* Gießsystem *n*, Anschnittsystem *n* ‖ ~**/логическая** *(Kyb, Reg)* Logiksystem *n*, logisches System *n* ‖ ~**/макрокоманд** *(Inf)* Makrosystem *n* ‖ ~ **малых ЭВМ** System *n* der Kleinrechner, SKR ‖ ~**/манипуляционная** *(Masch)* Handhabeteil *n (des IR)* ‖ ~ **маркировки времени** Zeitmarkierungssystem *n* ‖ ~ **массовой памяти** *(Inf)* Massenspeichersystem *n* ‖ ~**/математического обеспечения** *(Inf)* Systemunterlagen *fpl*, Software *f* ‖ ~ **материальных точек** *(Mech)* Massepunktsystem *n* ‖ ~ **машин** Maschinensystem *n* ‖ ~ **МБ** *(Nrt)* Ortsbatteriesystem *n*, OB-System *n* ‖ ~ **меловая** *(Geol)* Kreide *f (als geologisches System)* ‖ ~ **Менделеева** *s.* ~ элементов/периодическая ‖ ~ **мер** *s.* ~ единиц ‖ ~ **мер/метрическая** metrisches System (Maßsystem) *n* ‖ ~ **мер/метрическая десятичная** dezimales metrisches System *n* ‖ ~**/Местная** *(Astr)* Lokale Gruppe *f (aus Galaxien)* ‖ ~ **местной батареи** ~ СМБ ‖ ~**/метастабильная** *(Met)* metastabiles System *n*, System *n* Fe-Fe₃C ‖ ~ **метр-килограмм-секунда** *s.* ~ единиц МКС ‖ ~ **метр-килограмм-секунда-ампер** *s.* ~ единиц МКСА ‖ ~ **метр-тонна-секунда** *s.* ~ единиц МТС ‖ ~**/микропроцес-**

сорная Mikroprozessorsystem *n* ‖ ~**/микропроцессорная обучающая** Mikroprozessor-Lernsystem *n* ‖ ~ **микро-ЭВМ** Mikrorechnersystem *n* ‖ ~ **микро-ЭВМ/отладочная** Mikrorechnerentwicklungssystem *n* ‖ ~**/микроэлектронная модульная** mikroelektronisches Bausteinsystem *n* ‖ ~ **мира** *(Astr)* Weltsystem *n*, Weltbild *n* ‖ ~ **мира/гелиоцентрическая** *(Astr)* heliozentrisches Weltbild *n* ‖ ~ **мира/ геоцентрическая** *(Astr)* geozentrisches Weltbild *n* ‖ ~ **мировых координат** *(Astr)* Weltkoordinatensystem *n* ‖ ~ **МК** *(Astr)* MK-System *n*, Morgan-Keenan-System *n (Spektralklassifikation der Sterne)* ‖ ~ **МКК** *(Astr)* MKK-System *n*, Morgan-Keenan-Kellman-System *n (Spektralklassifikation der Sterne)* ‖ ~ **МКС** *s.* ~ единиц МКС ‖ ~ **МКСА** *s.* ~ единиц МКСА ‖ ~ **МКСГ** *s.* ~ единиц МКСГ ‖ ~**/многовариантная термодинамическая** *(Ph, Ch)* multivariantes Phasengleichgewicht *n (Gibbssche Phasenregel)* ‖ ~**/многоканальная** *(Eln)* Mehrkanalsystem *n*, Vielkanalsystem *n* ‖ ~**/многоканальная телеизмерительная** Mehrkanaltelemetriesystem *n*, Mehrkanalfernmeßsystem *n* ‖ ~ **многоканальной связи** *s.* ~**/многоканальная** ‖ ~ **/многокомпонентная** Mehrstoffsystem *n*, Mehrkomponentensystem *n* ‖ ~**/многоконтурная** *(Eln)* mehrkreisiges (mehrschleifiges, vermaschtes) System *n*, Mehrkreissystem *n* ‖ ~**/многокристальная** *(Inf)* Multichipsystem *n*, Multischaltkreissystem *n* ‖ ~**/многомашинная вычислительная** *(Inf)* Mehrrechnersystem *n* ‖ ~**/многопроводная** *(El)* Mehrleitersystem *n* ‖ ~**/многопроцессорная** *(Inf)* Mehrprozessorsystem *n*, Multiprozessorsystem *n* ‖ ~**/многоспектральная сканирующая** multispektrales Scanner-System *n*, MSS ‖ ~**/многоуровневая** Vielniveausystem *n (Laser)* ‖ ~**/многофазная** Mehrphasensystem *n*, heterogenes System (Phasensystem) *n* ‖ ~**/многоэлементная стекловолоконная** Lichtwellenleiterbündel *n* ‖ ~ **модулей** *s.* ~**/модульная** 1. *(Bw)* Maßordnung *f*, Modulsystem *n*; 2. *(Inf)* Bausteinsystem *n*, modulares System *n* ‖ ~**/модульная микропроцессорная** *(Inf)* Microcomputer-Baugruppensystem *n* ‖ ~**/молекулярно-дисперсная** *(Ph, Ch)* molekulardisperses System *n* ‖ ~ **мониторинга окружающей среды** Umweltüberwachungssystem *n*, Umweltmonitoring *n* ‖ ~ **мониторинга окружающей среды/глобальная** globales Umweltüberwachungssystem *n*, GEMS ‖ ~**/мониторная** *(Inf)* Programmüberwachungssystem *n*, Monitorsystem *n* ‖ ~**/моновариантная термодинамическая** *(Ph, Ch)* univariantes Phasengleichgewicht *n (Gibbssche Phasenregel)* ‖ ~**/монодисперсная** *(Ph, Ch)* monodisperses (isodisperses) System *n* ‖ ~ **Моргана-Кинана** *s.* ~ МК ‖ ~ **Моргана-Кинана-Келмана** *s.* ~ МКК ‖ ~**/мультимикропроцессорная** Multimikroprozessorsystem *n* ‖ ~**/мультипроцессорная** Multiprozessorsystem *n* ‖ ~**/набора поперечная** *(Schiff)* Querspantbauweise *f*, Querspantsystem *n* ‖ ~ **набора/продольная** *(Schiff)* Längsspantbauweise *f*, Längsspantsystem *n* ‖ ~ **набора/продольно-поперечная** *(Schiff)* kombinierte Längs- und Querspantbauweise *f*,

система

kombiniertes Längs- und Querspantsystem *n* II ~ **набора/смешанная** *(Schiff)* kombinierte Quer- und Längsspantbauweise *f*, kombiniertes Quer- und Längsspantsystem *n* II ~ **наведения** 1. *(Rak)* Leitsystem *n*, Lenkeinrichtung *f*, Lenksystem *n*; 2. *(Reg)* Nachführsystem *n* II ~ **наведения/автономная** Selbstlenkung *f* II ~ **наведения/астроинерциальная** Astroträgheitslenkung *f* II ~ **наведения/астронавигационная** Astronavigation *f* II ~ **наведения/инерциальная** Trägheitslenksystem *n* II ~ **наведения/командная** Kommandolenkung *f* II ~ **наведения/наземная** Bodenleitsystem *n* II ~ **наведения по лучу** Leistrahllenkung *f* II ~ **наведения/программная** Programmlenkung *f* II ~ **наведения/радиоинерциальная** Funkträgheitslenkung *f* II ~ **наведения/радиолокационная** Radarlenkung *f* II ~ **наведения/радионавигационная** Funknavigationslenkung *f* II ~ **навигации/спутниковая** Satellitennavigationsanlage *f* II ~ **наддува кабины** *(Flg)* Kabinendruckanlage *f* II ~ **направленной радиосвязи** Richtfunksystem *n* II ~ **настройки** *(Rf)* Abstimmsystem *n* II ~ **небесных координат** *s*. *unter ~* координат II ~ **невозмущённая** ungestörtes System *n* II ~**/некогерентная дисперсная** *(Ph, Ch)* inkohärentes disperses System *n*, inkohärentdisperses (diskretdisperses) System *n* II ~**/нелинейная** nichtlineares System *n* II ~**/необратимая** *(Reg)* nichtumkehrbares (irreversibles) System *n* II ~**/неоднородная** heterogenes System *n* II ~ **непосредственной обработки и передачи информации** *(Inf)* On-line-System *n* II ~ **непрерывная** *(Kyb)* stetiges (kontinuierliches) System *n*, stetig (kontinuierlich) wirkendes System *n* II ~ **несвязанная (несопряжённая)** *(Reg)* ungekoppeltes (unverkettetes) System *n* II ~**/неупорядоченная** ungeordnetes System *n* II ~**/неустойчивая** instabiles System *n* II ~**/низконастроенная** *(Reg)* tiefabgestimmtes System *n* II ~**/нитевидная дисперсная** *(Ph, Ch)* fibrilläres (fadenförmiges) disperses System *n*, fibrillardisperses System *n* II ~**/нонвариантная** *s*. ~/инвариантная II ~ **нормализованных модулей** *(Inf)* standardisiertes Bausteinsystem *n* II ~**/нулевая** Nullsystem *n* II ~ **нумерации** Numerierungssystem *n* II ~ **нумерации/английская** *(Text)* englisches System *n (Garnnumerierung)* II ~ **нумерации/метрическая** *(Text)* metrisches System *n (Garnnumerierung)* II ~ **Ньютона** *(Opt)* Newton-System *n* II ~ **Ньютона/зеркальная** Newtonsches Spiegelsystem *n* II ~ **ОАПС** *s*. ~ **обобщённой аварийно-предупредительной сигнализации** II ~ **обнаружения/оптоэлектронная** optoelektronisches Lokalisationssystem *n* II ~ **обобщённой аварийнопредупредительной сигнализации** *(Schiff)* Sammelstörungsmeldeanlage *f*, Ingenieuralarmanlage *f* II ~ **обозначения** Bezeichnungsweise *f* II ~**/оборачивающая** Umkehrsystem *n* II ~ **оборудования помещений/модульная** *(Schiff)* Rastereinrichtungssystem *n* II ~ **обработки данных** Datenverarbeitungssystem *n* II ~ **обработки данных/децентрализованная** dezentrales Datenverarbeitungssystem *n* II ~ **обработки данных/мультипроцессорная** Multi-

866

prozessor-Datenverarbeitungsanlage *f* II ~ **обработки измерительной информации** Meßinformationsverarbeitung *f* II ~ **обработки изображений** Bildverarbeitungssystem *n* II ~ **обработки информации** Informationsverarbeitungssystem *n* II ~ **обработки сигнала/цифровая** digitales Signalverarbeitungssystem *n* II ~ **обработки текста** Textverarbeitungssystem *n* II ~ **обслуживания программ** Programmüberwachungssystem *n* II ~ **обстройки помещений/модульная** *(Schiff)* Rastereinrichtungssystem *n* II ~**/обучающаяся** *(Inf)* lernendes System *n*, Lernsystem *n* II ~**/общая** Gesamtsystem *n* II ~ **объёмного пожаротушения** *(Schiff)* Feuerlöschanlage *f* zur räumlichen Feuerlöschung II ~ **объёмных гидропередач** *(Hydr)* hydraulisches Antriebssystem *n* II ~ **ограждения** *(Schiff)* Betonnungssystem *n*, Betonnung *f* II ~ **ограждения/кардинальная** *(Schiff)* Kardinalbetonnungssystem *n* II ~ **ограждения/латеральная** *(Schiff)* Lateralbetonnungssystem *n* II ~**/одноадресная** *(Inf)* Einadreßsystem *n* II ~**/одновариантная термодинамическая** *(Ph, Ch)* univariantes Phasengleichgewicht *n (Gibbssche Phasenregel)* II ~**/однокомпонентная** *(Ph, Ch)* Einstoffsystem *n (Gibbssche Phasenregel)* II ~**/однополосная** *(El)* Einseitenbandsystem *n*; *(Nrt)* Gleichlagesystem *n* II ~**/однородная** homogenes System *n* II ~**/однотональная** Eintonsystem *n (Telegraphie)* II ~**/однотрубная** Einrohrsystem *n (Heizung)* II ~**/однофазная** *(Ph)* homogenes System *n*, Einphasensystem *n*, einphasiges System *n* II ~**/однофазная дисперсная** *(Ph, Ch)* homogenes (einphasiges) disperses System *n* II ~**/окислительно-восстановительная** *(Ch)* Redoxsystem *n* II ~ **оперативного пользования/вычислительная** On-line-Rechnersystem *n* II ~**/операционная** *(Inf)* Betriebsystem *n* II ~ **опознавания** *(Rad)* Kennungsverfahren *n*, Kennungssystem *n* II ~ **опорная** *(Astr)* Referenzsystem *n* II ~ **опроса** *(Inf)* Abfragesystem *n* II ~**/оптимальная** optimales System *n*, Optimalsystem *n* II ~ **оптимизации** *(Reg)* Optimierungssystem *n* II ~**/оптическая** optisches System *n*, Optik *f* II ~**/оптическая локационная** optisches Ortungssystem *n* II ~ **оптической локации** optisches Ortungssystem *n* II ~ **оптической обработки информации** optisches Informationsverarbeitungssystem *n* II ~ **оптической связи** optisches Nachrichtenübertragungssystem *n* II ~**/орбитальная самолётная** *s*. спейс шаттл II ~**/ордовикская** *(Geol)* Ordovizium *n (als geologisches System)* II ~**/оросительная** Berieselungssystem *n*, Berieselungsanlage *f*, Bewässerungsanlage *f*, Bewässerungssystem *n* II ~ **орошения** *s*. ~/оросительная II ~ **освещения** Beleuchtungssystem *n* II ~**/осушительная** *(Schiff)* Lenzsystem *n*, Lenzanlage *f* II ~ **отверстия** *(Fert)* System *n* Einheitsbohrung *f (Toleranzen und Passungen)* II ~**/отказоустойчивая** ausfallunempfindliches System *n* II ~ **отклонения** *(El)* Ablenksystem *n*, Ablenkeinheit *f* II ~ **отклонения луча** Strahlablenksystem *n* II ~**/отклоняющая** *s*. ~ отклонения II ~**/откренивающая** *(Schiff)* Krängungsausgleichsystem *n*, Krängungsausgleichanlage *f* II ~**/открытая**

(Therm) offenes thermodynamisches System *n* ‖ ~ **отображения** Abbildungssystem *n* ‖ **~/отопительная** *s.* ~ отопления ‖ ~ **отопления** Heizungssystem *n* ‖ ~ **отработки** *s.* ~ разработки) ‖ ~ **отсчёта** *(Ph)* Bezugssystem *n*, Beobachtungssystem *n* ‖ ~ **отсчёта/гелиоцентрическая** *(Astr)* heliozentrisches Bezugssystem *n* ‖ ~ **отсчёта E** E-System *n (Rauheitsmessung)* ‖ ~ **отсчёта M** M-System *n (Rauheitsmessung)* ‖ **~/охлаждающая трубная** Kühlrohrsystem *n* ‖ ~ **охлаждения/закрытая** geschlossenes Kühlsystem *n* ‖ ~ **охлаждения/термосифонная** *(Kfz)* Selbstumlaufkühlung *f*, Wärmeumlaufkühlung *f*, Schwerkraftumlaufkühlung *f* ‖ ~ **охраны** Schutzsystem *n*; Schutzeinrichtung *f* ‖ **~/ощупывающая** Tastsystem *n* ‖ ~ **пакетной обработки** *(Inf)* Stapelverarbeitungssystem *n* ‖ ~ **ПАЛ** *(TV)* PAL-Verfahren *n*, PAL-System *n* ‖ ~ **ПАЛ-новая** PAL-Neu-Verfahren *n* ‖ ~ **ПАЛ-простая** PAL-Simple-Verfahren *n* ‖ ~ **ПАЛ с линией задержки** PAL-DL-Verfahren *n* ‖ ~ **ПАЛ-стандартная** PAL-Standard-Verfahren *n* ‖ ~ **памяти** *(Inf)* Speichersystem *n* ‖ ~ **памяти/голографическая** holographisches Speichersystem *n* ‖ ~ **памяти/матричная** Matrixspeichersystem *n* ‖ ~ **памяти/многоступенчатая** mehrstufiges Speichersystem *n* ‖ ~ **пар сил** *(Mech)* Kräftepaarsystem *n* ‖ ~ **парашюта/подвесная** *(Flg)* Gurtzeug *n (Fallschirm)* ‖ **~/паровая пожарная** *(Schiff)* Dampffeuerlöschanlage *f* ‖ ~ **паротушения** *(Schiff)* Dampffeuerlöschanlage *f* ‖ ~ **пеленгования** *(Rad)* Peilsystem *n* ‖ ~ **пенотушения** Schaumfeuerlöschanlage *f* ‖ ~ **первичная радиолокационная** Primärradar *n*, primäres Radar *n* ‖ ~ **первого порядка** *(Reg)* System *n* erster Ordnung *f* ‖ ~ **перевязки каменной кладки** *(Bw)* Fugenverband *m* ‖ ~ **перегрузки реактора** *(Kern)* Umladesystem *n* des Reaktors ‖ ~ **передачи** Übertragungssystem *n* ‖ ~ **передачи/волоконно-оптическая** Lichtwellenleiterübertragungssystem *n* ‖ ~ **передачи данных** Datenübertragungssystem *n* ‖ ~ **передачи данных/лазерная** Laserdatenübertragungssystem *n* ‖ ~ **передачи информации** Informationsübertragungssystem *n* ‖ ~ **передачи информации/широкополосная** Breitbandübertragungssystem *n* ‖ ~ **передачи псевдоподвижных изображений** Pseudobewegtbildübertragungssystem *n* ‖ ~ **передачи с временным уплотнением [каналов]** Zeitmultiplexsystem *n* ‖ ~ **передачи с частотным уплотнением [каналов]** Frequenzmultiplexsystem *n* ‖ ~ **передачи сообщений** Nachrichtenübertragungssystem *n* ‖ **~/передающая телевизионная** Fernsehübertragungssystem *n* ‖ ~ **переключающая** Schaltsystem *n* ‖ ~ **перекрёстных связей** *(Schiff)* Trägerrostsystem *n* ‖ ~ **переменного тока** Wechselstromsystem *n* ‖ **~/периодическая** *s.* ~ элементов/периодическая ‖ **~/пермская** *(Geol)* Perm *n (als geologisches System)* ‖ **~/петлеобразующая** *(Text)* Maschenbildungssystem *n (Strickerei)* ‖ ~ **питания двигателя** Kraftstoffsystem *n (Verbrennungsmotoren)* ‖ **~/планетная** *(Astr)* Planetensystem *n* ‖ **~/плёночная дисперсная** *(Ph, Ch)*

laminares (blättchenförmiges) disperses System *n*, laminardisperses System *n* ‖ **~/плоская** *(Bw)* ebenes System *n*, Flächentragwerk *n (Tragwerkkonstruktion)* ‖ ~ **поверхностного пожаротушения** *(Schiff)* Feuerlöschanlage *f* zur Oberflächenfeuerlöschung ‖ ~ **подачи** Vorschubsystem *n*; Fördersystem *n*, Zuführsystem *n* ‖ ~ **подачи топлива** *(Rak)* Treibstofförderung *f*, Treibstofförderungssystem *n* ‖ ~ **подачи топлива/баллонная** *(Rak)* Druckgasförderung *f*, Druckgasförderungssystem *n* ‖ ~ **подачи топлива/вытеснительная** *(Rak)* Verdrängerzuführung *f*, Verdrängerzuführungssystem *n* ‖ ~ **подачи топлива/газобаллонная** *(Rak)* Druckgasförderung *f*, Druckgasförderungssystem *n* ‖ ~ **подачи топлива/турбонасосная** *(Rak)* Turbopumpenförderung *f*, Turbopumpenförderungssystem *n* ‖ **~/подвесная** Gurtzeug *n (Fallschirm)* ‖ ~ **пожарной сигнализации** Feuermeldeanlage *f* ‖ **~/позиционная** *(Inf)* Stellenwertsystem *n* ‖ ~ **поиска** *(Inf)* Suchsystem *n* ‖ **~/полидисперсная** *(Ph, Ch)* polydisperses System *n* ‖ ~ **полос** *(Ph)* Bandensystem *n* ‖ ~ **пользователя** *(Inf)* Anwendersystem *n* ‖ ~ **поперечных стен** *(Bw)* Querwandbauweise *f* ‖ ~ **Порро** *(Opt)* Porro-Prismensystem *n (1. und 2. Art)* ‖ ~ **посадки** *(Flg)* Landesystem *n* ‖ ~ **посадки [самолёта] по приборам** Instrumentenlandesystem *n*, ILS ‖ ~ **посадок** Passungssystem *n*, Paßsystem *n* ‖ ~ **посадок с основным валом** System *n* Einheitswelle ‖ ~ **посадок с основным отверстием** System *n* Einheitsbohrung ‖ **~/последовательная переключающая** sequentielles Schaltsystem *n* ‖ ~ **послеускорения** Nachschleunigungssystem *n* ‖ ~ **постоянного тока** Gleichstromsystem *n* ‖ **~/предельная** *(Reg)* Grenzsystem *n* ‖ ~ **представления чисел/позиционная** *(Inf)* Basisschreibweise *f*, Radixschreibweise *f* ‖ **~/преломляющая** Spiegelreflektor *m* ‖ ~ **прерываний** *(Inf)* Interruptsystem *n*, Unterbrechungssystem *n* ‖ **~/прерывистая** *(Reg)* intermittierendes (unstetiges, diskontinuierliches) System *n* ‖ ~ **прерывного регулирования** intermittierendes Regelsystem *n* ‖ **~/прибыльная** *(Gieß)* Speisersystem *n* ‖ ~ **привода** Antriebssystem *n* ‖ **~/приводочная** *(Typ)* Paßstiftsystem *n* ‖ **~/призменная** *(Opt)* Prismensystem *n* ‖ **~/призменная оборачивающая** Prismenumkehrsystem *n (Fernrohre)* ‖ **~/приспосабливающаяся** *(Reg)* anpassungsfähiges System *n* ‖ **~/проводов** *(El)* Leitersystem *n* ‖ ~ **программ** *(Inf)* Programmsystem *n* ‖ ~ **программирования** *(Inf)* Programmiersystem *n* ‖ ~ **программного контроля** *(Inf)* Programmüberwachungssystem *n* ‖ ~ **программного обеспечения** *(Inf)* System *n* der Programmunterstützung, SPU, Systemunterlagen *fpl*, Softwaresystem *n* ‖ ~ **программного регулирования** 1. Programmregelsystem *n*; 2. Zeitplan[regel]system *n* ‖ ~ **программного управления** Programmsteuer[ungs]system *n* ‖ ~ **проективных координат** *(Math)* projektives Koordinatensystem *n* ‖ ~ **проектирования** Projektierungssystem *n*, Entwurfssystem *n* ‖ ~ **проектирования технологических процессов**

система

rechnergestützte Fertigungsplanung f, CAP ‖ ~/производственная интегральная (Fert) flexibles Fertigungssystem n für Komplettbearbeitung (Rohteilherstellung, Teilefertigung, Montage) ‖ ~/производственная супервизорная Betriebsüberwachungssystem n ‖ ~ пропаривания (Schiff) Ausdämpfsystem n, Ausdämpfanlage f ‖ ~/пространственная (Bw) räumliches System n, Raumsystem n (Tragwerkkonstruktion) ‖ ~/противокреновая (Schiff) Antikrängungssystem n, Krängungsausgleichsanlage f ‖ ~/противообледенительная (Flg) Enteisungssystem n, Enteisungsanlage f ‖ ~/противопожарная Feuerlöschanlage f ‖ ~ прядения (Text) Spinnverfahren n, Spinnsystem n ‖ ~ прядения/пневмомеханическая Open-End-Spinnsystem n, OE-Spinnsystem n ‖ ~ пылеудаления (Text) Staub- und Flugternungssystem n (Karde) ‖ ~/пятеричная (Inf) quinäres System n, Fünfersystem n ‖ ~/работающая операционная operatives Betriebssystem n ‖ ~/равновесная Gleichgewichtssystem n ‖ ~/равнозначная (Math) äquivalentes (gleichwertiges) System n ‖ ~/радиолокационная Radarsystem n ‖ ~/радиолокационная следящая Radarfolgesystem n ‖ ~/радиомаячная Funkfeuersystem n ‖ ~ радионавигации Funknavigationssystem n ‖ ~ радионавигации «Радан» Radan-System n ‖ ~ радионавигационная «Ратран» Ratran-System n ‖ ~/радионавигационная Funknavigationssystem n ‖ ~/радиопеленгаторная Funkpeilsystem n ‖ ~/радиорелейная Richtfunksystem n ‖ ~ радиорелейной связи Richtfunksystem n ‖ ~ радиосвязи с подвижными объектами mobiles Funknetz n ‖ ~/радиотелеизмерительная drahtloses Fernmeßsystem n, Funkfernmeßsystem n, Funktelemetriesystem n ‖ ~ радиоуправления (Reg) Funksteuersystem n ‖ ~ развёртки Abtastsystem n ‖ ~ разделения времени s. ~ с разделением времени ‖ ~ разработки (Bgb) Abbauverfahren n, Abbaumethode f (s. a. unter выемка 6. und разработка) ‖ ~ разработки без оставления целиков pfeilerloses Abbauverfahren n ‖ ~ разработки/бестранспортная Direktversturz m, transportloses Abbauverfahren n (Tagebau) ‖ ~ разработки блоками Blockbau n ‖ ~ разработки блоками с обрушением кровли Blockbruchbau m ‖ ~ разработки блоковым обрушением Blockbruchbau m ‖ ~ разработки/веерная Schwenkbetrieb m, Parallelbetrieb m (Tagebau) ‖ ~ разработки вертикальными прирезками (слоями) Abbau m in vertikalen Scheiben (Erzbergbau) ‖ ~ разработки горизонтальными полосами Abbau m in horizontalen Streifen ‖ ~ разработки горизонтальными слоями Abbau m in söhligen Scheiben, horizontalen Scheibenbau m ‖ ~ разработки диагональными слоями Abbau m in diagonalen (schrägen) Scheiben, diagonaler Scheibenbau m ‖ ~ разработки длинными забоями Langfrontabbau m ‖ ~ разработки длинными столбами Langpfeilerbau m ‖ ~ разработки/камерная Kammerbau m ‖ ~ разработки/камерно-столбовая Kammerpfeilerbau m (Erzbergbau) ‖ ~ разработки/комбини-

рованная kombiniertes Abbauverfahren n (Verfahren mit Merkmalen zweier oder mehrerer verschiedener Methoden) ‖ ~ разработки короткими столбами Kurzpfeilerbau m ‖ ~ разработки лавами Strebbau m ‖ ~ разработки лавами по восстанию schwebender Strebbau m ‖ ~ разработки лавами по простиранию streichender Strebbau m ‖ ~ разработки наклонными слоями Abbau m in geneigten Scheiben; Schrägabbau m (Tagebau) ‖ ~ разработки наклонными слоями по простиранию streichender Abbau m in geneigten Streifen ‖ ~ разработки/ортовая Örterbau m ‖ ~ разработки открытым способом Tagebauverfahren n ‖ ~ разработки/панельная Streifenbau m ‖ ~ разработки парными штреками Abbau m in gepaarten Streben ‖ ~ разработки подземным способом Untertagebauverfahren n, Tiefbau m ‖ ~ разработки подземными воронками Trichterbau m ‖ ~ разработки подэтажным обрушением Teilsohlenbruchbau m, Unteretagenbruchbau m ‖ ~ разработки подэтажными штреками Kammerbau m mit Teilsohlenstrecken ‖ ~ разработки полосами Stoßbau m ‖ ~ разработки поперечными заходками (лентами)/слоевая Scheibenbau m in Querstreifen, Querbau m ‖ ~ разработки/потолкоуступная Firstenstoßbau m (Erzbergbau) ‖ ~ разработки/почвоуступная Strossenbau m (Erzbergbau) ‖ ~ разработки принудительным обрушением Abbauverfahren n mit [zwangsweisem] Zubruchwerfen des Hangenden ‖ ~ разработки с блоковым обрушением Blockbruchbau m ‖ ~ разработки с выемкой полосами Abbau m mit Gewinnung in Streifen ‖ ~ разработки с выемкой целиков Abbau m mit Pfeilerrückgewinnung ‖ ~ разработки с диагональным забоем Schrägbau m ‖ ~ разработки с естественным обрушением Abbau m mit natürlichem Zubruchwerfen ‖ ~ разработки с закладкой Versatzbau m ‖ ~ разработки с короткими забоями Kurzfrontabbau m ‖ ~ разработки с магазинированием Magazinbau m, Speicherbau m ‖ ~ разработки с обрушением Bruchbau m ‖ ~ разработки с обрушением вмещающих пород Abbau m mit Zubruchwerfen des Nebengesteins ‖ ~ разработки с обрушением/камерно-столбовая Kammerpfeilerbruchbau m ‖ ~ разработки с обрушением кровли Strebbruchbau m, Bruchbau m, Bruchbauverfahren n ‖ ~ разработки с обрушением кровли/камерная Kammerbruchbau m ‖ ~ разработки с обрушением кровли/сплошная Strebbruchbau m ‖ ~ разработки с обрушением кровли/столбовая Pfeilerbruchbau m ‖ ~ разработки с однослойной выемкой Einscheibenbau m ‖ ~ разработки с открытым очистным пространством Abbau m mit offenem Abbauraum ‖ ~ разработки с подэтажным обрушением Teilsohlenbruchbau m ‖ ~ разработки с раздельной выемкой Abbau m mit selektiver Gewinnung ‖ ~ разработки с этажным обрушением Teilsohlenbruchbau m ‖ ~ разработки/слоевая Scheibenbau m ‖ ~ разработки слоевым обрушением Scheibenbruchbau m ǁ ~ разработки/сплошная Langfrontbau m ǁ ~ разработки/столбовая Pfeilerbau m ǁ ~ разработки/транспортная Bagger-Zug-Betrieb m (Tagebau) ǁ ~ разработки/транспортно-отвальная Abbau m mittels Abbauförderbrücke oder Absetzer (Tagebau) ǁ ~ разработки/щитовая Schildbau m ǁ ~ разработки/этажно-камерная Etagenkammerbau m ǁ ~ разработки этажным принудительным обрушением Blockbau m mit proviziertem Zubruchwerfen ǁ ~/32-разрядная вычислительная 32-Bit-Rechnersystem n ǁ ~/районная regionales System n ǁ ~/ракетно-космическая kosmisches Raketensystem n ǁ ~/рамная (Bw) Rahmensystem n ǁ ~/раскосная решетчатая (Bw) Ständerfachwerk n ǁ ~ распределения Verteil[ungs]system n ǁ ~/рассеивающая Streusystem n ǁ ~ расселения (Bw) Siedlungssystem n ǁ ~ реального времени (Inf) Echtzeit[verarbeitungs]system n, Realzeitsystem n ǁ ~ реального времени/операционная Echtzeitbetriebssystem n ǁ ~/регенеративная (Met) Regenerativsystem n (SM-Ofen) ǁ ~ регенерации тепла Wärmerückgewinnungssystem n ǁ ~ регистрации манёвров (Schiff) Manöverregistrieranlage f ǁ ~ регулирования Regelsystem n ǁ ~ регулирования/замкнутая geschlossenes Regelsystem n ǁ ~ регулирования/многопозиционная Mehrpunktregelsystem n ǁ ~ регулирования/одноконтурная einfaches (unvermaschtes) Regelsystem n ǁ ~ регулирования/оптимальная Optimalregelungssystem n ǁ ~ регулирования/основная Hauptregelsystem n ǁ ~ регулирования/прерывная unstetiges Regelsystem n ǁ ~ регулирования/разомкнутая aufgetrenntes Regelsystem n ǁ ~ регулирования/релейная Relaisregelsystem n ǁ ~ регулирования/следящая Nachlaufregelsystem n, Folgeregelsystem n ǁ ~ регулирования/экстремальная Extremwertregelsystem n ǁ ~ резервирования (Inf) Platzbuchungssystem n ǁ ~/резонансная Resonanzsystem n, Resonator m ǁ ~ резцедержателей (Fert) Werkzeughaltersystem n ǁ ~/релейная (Nrt) Relaissystem n ǁ ~ релейная следящая Relaisfolgesystem n ǁ ~/речная (Hydrol) Flußsystem n ǁ ~ решения задач (Inf) Problemlösungssystem n (KI) ǁ ~/решетчатая (Bw) Fachwerk n ǁ ~/роботизированная сборочная (Masch) robotisiertes Montagesystem n ǁ ~/роботизированная технологическая (Fert) Fertigungssystem n mit Industrierobotern zum Handhaben ǁ ~ рулевых тяг (Kfz) Lenkgestänge n ǁ ~/ручная (Nrt) Hand[vermittlungs]system n ǁ ~ рычагов Gestänge n ǁ ~ с аналоговой ЧМ/радиорелейная analoges frequenzmoduliertes Richtfunksystem n ǁ ~ с внешней опорой/щуповая Freitastsystem n, Bezugsflächentastsystem n (Rauheitsmessung) ǁ ~ с высокой чёткостью/телевизионная hochauflösendes Fernsehsystem n ǁ ~ с запаздыванием (Reg) Totzeitsystem n ǁ ~ с косвенным управлением indirekt gesteuertes System n ǁ ~ с обратной связью (Reg) rückgekoppeltes System n, Regelsystem n mit Rückführung ǁ ~ с одновременной переда-

чей цветов/телевизионная Simultanfarbfernsehsystem n ǁ ~ с ожиданием Warte[zeit]system n ǁ ~ с перекрёстной коммутацией (Inf) Kreuzschienenarchitektur f (Rechner) ǁ ~ с переменным числом задач (разделов)/операционная (Inf) Betriebssystem n mit einer variablen Anzahl von Aufgaben, MVT-System n ǁ ~ с последовательной передачей цветов/телевизионная (TV) Farbwechselverfahren n, Farbfolgeverfahren n, Sequentialverfahren n ǁ ~ с прямолинейными направляющими/щуповая Freitastsystem n, Bezugsflächentastsystem n (Rauheitsmessung) ǁ ~ с разделением времени (Inf) Time-sharing-System n, Teilnehmersystem n ǁ ~ с разделением времени/универсальная операционная universelles Time-sharing-Betriebssystem n ǁ ~ с распределённой обработкой [данных]/микропроцессорная Multimikroprozessor-System n ǁ ~ с фиксированным числом задач (разделов)/операционная (Inf) Betriebssystem n mit einer festen Anzahl von Aufgaben, MFT-System n ǁ ~ самовозбуждения (El) Selbsterregungssystem n ǁ ~ самоконтроля Selbsterkennungssystem n ǁ ~ самонаведения s. самонаведение ǁ ~/самонастраивающаяся (Reg) Selbsteinstellsystem n, selbsteinstellendes System n ǁ ~/самообеспечивающаяся (Raumf) autonomes (sich selbst erhaltendes) System n ǁ ~ самообучающая [selbst]lernendes System n ǁ ~/самоорганизующаяся selbstorganisierendes System n ǁ ~/самоприспосабливающаяся selbstanpassendes System n ǁ ~/саморегулирующаяся selbstregelndes System n ǁ ~/самосовмещённая selbstjustierendes System n ǁ ~/самоулучшающаяся sich selbst vervollkommnendes System n ǁ ~/самоустанавливающаяся Selbsteinstellsystem n, selbsteinstellendes System n ǁ ~ сантиметр-грамм-секунда s. ~ единиц СГС ǁ ~ сбора данных (Inf) Datenerfassungssystem n ǁ ~ сбора данных/автоматическая automatisches Datenerfassungssystem n ǁ ~ сбора и обработки данных/автоматизированная automatisiertes Datenerfassungs- und -verarbeitungssystem n ǁ ~ сборных полос (шин) (El) Sammelschienensystem n ǁ ~ сверхпроводящих линз supraleitendes Linsensystem n ǁ ~ связи Nachrichten[übertragungs]system n ǁ ~ связи/волоконно-оптическая Lichtwellenleiter-Nachrichten[übertragungs]system n ǁ ~ связи/сотовая Waben[funktelephonie]system n ǁ ~ СГС s. ~ единиц СГС ǁ ~ СГСМ s. ~ единиц СГСМ ǁ ~ СГСЭ s. ~ единиц СГСЭ ǁ ~ СЕКАМ SECAM-System n, Zeilensequentialverfahren n ǁ ~/сельская энергетическая ländliches Energiesystem n ǁ ~ СИ s. ~ единиц/международная ǁ ~ сигнализации (Nrt) Zeichengabesystem n, Kennzeichensystem n ǁ ~ СИД s. ~ станок-инструмент-деталь ǁ ~/силурийская (Geol) Silur n (als geologisches System) ǁ ~ симметрии s. сингония ǁ ~/синг[у]летная (Kern) Singulettsystem n ǁ ~ синхронного вращения Gleichlaufsystem n ǁ ~ синхронной передачи Synchronübertragungssystem n ǁ ~ синхронной связи Synchronkopplungssystem n ǁ ~/сквозная (Bw)

система

Fachwerk *n* ‖ ~/**складчатая** *(Geol)* Faltensystem *n* ‖ ~/**следящая** *(Reg)* Folgesystem *n*, Nachlaufsystem *n*, Nachführsystem *n* ‖ ~ **слепой посадки** *(Flg)* Blindlandesystem *n* ‖ ~ **смазки** Schmiersystem *n*; Schmieranlage *f*, Schmiereinrichtung *f* ‖ ~/**смазочная** *s.* ~ **смазки** ‖ ~ **смены цветов** *(TV)* Farbwechselsystem *n* ‖ ~/**солнечная** *(Astr)* Sonnensystem *n* ‖ ~/**сопряжённая** konjugiertes System *n* ‖ ~ **сортировки документов** *(Inf)* Belegsortiersystem *n* ‖ ~/**сотовая радиотелефонная** *s.* ~ **связи**/**сотовая** ‖ ~/**сотово-конденсорная** *(El)* Wabenkondensorsystem *n* ‖ ~/**спектрально-двойная** *(Astr)* spektroskopischer Doppelstern *m* ‖ ~ **спинов** *(Kern)* Spinsystem *n* ~/**спиральная звёздная** *(Astr)* Spiralsystem *n* *(Galaxie)* ‖ ~/**спринклерная** *(Schiff)* selbsttätige Wasserberieselungsanlage *f* ‖ ~/**спутниковая навигационная** Satellitennavigationssystem *n*, Satellitennavigationsanlage *f* ‖ ~/**спутникового телевидения** Satellitenfernsehen *n* ‖ ~ **спутниковой связи** Satellitennachrichtensystem *n* ‖ ~ **средней линии** M-System *n (System der mittleren Linie)* ‖ ~/**стабильная** *(Met)* stabiles System *n*, System *n* Fe-C ‖ ~ **стандартных модулей** Bausteinsystem *n* ‖ ~ **станок-инструмент-деталь** *(Fert)* System *n* Maschine-Werkzeug-Werkstück *n* ‖ ~/**статическая** 1. statisches System *n*; 2. *(Reg)* proportionalwirkendes System *n*, P-System *n* ‖ ~/**статически неопределимая** *(Fest)* statisch unbestimmtes System *n* ‖ ~/**статически определимая** *(Fest)* statisch bestimmtes System *n* ‖ ~/**стереоцветная телевизионная** Stereofarbfernsehsystem *n* ‖ ~/**стержневая** *(Bw)* Stabwerk *n* ‖ ~/**струйная** Fluidik-System *n* ‖ ~/**структурированная дисперсная** *(Ph, Ch)* strukturiertes disperses System *n* ‖ ~/**сферическая** *(Masch)* Kugelsystem *n* *(Art des Koordinatensystems)* ‖ ~/**сферическая зеркальная** sphärisches Spiegelsystem *n* ‖ ~ **схем** Schaltkreissystem *n* ‖ ~/**счётно-решающая** *(Inf)* Rechensystem *n*, rechentechnisches System *n* ‖ ~ **счисления** *(Inf)* Zahlensystem *n* ‖ ~ **счисления/восьмеричная** *(Inf)* Oktalsystem *n* ‖ ~ **счисления/двоичная** *(Inf)* Dualsystem *n*, Binärsystem *n*, binäre Zahlendarstellung *f* ‖ ~ **счисления/двоично-десятичная** *(Inf)* binäres dekadisches System *n*, Binär-Dezimal-System *n* ‖ ~ **счисления/двоично-кодиро ванная** *(Inf)* Binär-Kode-Darstellung *f*, Dual-Kode-Schreibweise *f*, dualkodiertes (binärverschlüsseltes) System *n* ‖ ~ **счисления/десятичная** *(Inf)* dezimale Zahlendarstellung *f*, Dezimalsystem *n* ‖ ~ **счисления/позиционная** *(Inf)* Stellenwertsystem *n*, Positionssystem *n* ‖ ~ **текс** *(Text)* Tex-System *n* *(Faserfeinheit)* ‖ ~/**телевизионная** Fernsehsystem *n*, Fernsehverfahren *n* ‖ ~/**телеграфная** Telegraphie[übertragungs]system *n* ‖ ~ **телеизмерения** Fernmeßsystem *n*, Telemetriesystem *n* ‖ ~ **телеизмерения/импульсная** Impulsfernmeßsystem *n* ‖ ~/**телеизмерительная (телеметрическая)** *s.* ~ **телеизмерения** ‖ ~/**телемеханическая** Fernwirksystem *n* ‖ ~ **телеуправления** Fernsteuer[-ungs]system *n* ‖ ~ **телеуправления/многочастотная** Mehrfrequenzfernsteuersystem *n*,

Frequenzmultiplex-Fernsteuersystem *n* ‖ ~/**телефонная** Fernsprechsystem *n* ‖ ~/**телефонная высокочастотная** Trägerfrequenz[fernsprech]system *n*, TF-Fernsprechsystem *n* ‖ ~ **теплоснабжения** Wärmeversorgungssystem *n* ‖ ~ **теплофикации**/**солнечная** System *n* der Wärmeversorgung durch Sonnenenergie ‖ ~ **термов** *(Kern)* Termsystem *n* ‖ ~ **тестирования** Testsystem *n* ‖ ~ **технологического проектирования**/**автоматизированная** automatisiertes System *n* der Projektierung, CAD-System *n* ‖ ~ **тонального телеграфирования** Wechselstromtelegraphiesystem *n*, WT-System *n* ‖ ~/**тонкодисперсная** *(Ph, Ch)* feindisperses (hochdisperses, kolloiddisperses) System *n* ‖ ~/**топливная** Brennstoffsystem *n*; Brennstoffleitung *f* ‖ ~/**точная измерительная** Feinmeßsystem *n* ‖ ~ **тревожной сигнализации** Alarmsystem *n* ‖ ~/**третичная** *(Geol)* Tertiär *n (als geologisches System)* ‖ ~/**трёхадресная** *(Inf)* Dreiadreßsystem *n* ‖ ~/**трёхкомпонентная** *(Ph, Ch)* ternäres System *n*, Dreistoffsystem *n*, Dreikomponentensystem *n* ‖ ~/**трёхпозиционная** *(El)* Dreipunktsystem *n* ‖ ~/**трёхпроводная** *(El)* Dreileitersystem *n* ‖ ~/**трёхпроцессорная** Dreirechnersystem *n* ‖ ~/**трёхуровневая** Dreiniveausystem *n (Laser)* ‖ ~/**трёхфазная** *(El)* Dreiphasensystem *n*, Drehstromsystem *n* ‖ ~/**трёхфазная электроэнергетическая** Dreiphasen-Elektroenergiesystem *n*, Drehstromverbundsystem *n* ‖ ~/**трёхцветная колориметрическая** trichromatisches Farbvalenzsystem *n* ‖ ~/**трёхэлектродная** Dreielektrodensystem *n* ‖ ~ **трещин** *(Geol)* Kluftsystem *n*; Kluftschar *f* ‖ ~/**триасовая** *(Geol)* Trias *f (als geologisches System)* ‖ ~/**триплетная** *(Kern)* Triplettsystem *n* ‖ ~/**тройная** 1. *(Astr)* Dreifachsystem *n (z. B. aus Sternen)*; 2. *s.* ~/**трёхкомпонентная** ‖ ~ **углекислотного тушения** *(Schiff)* CO_2-Feuerlöschanlage *f* ‖ ~/**углоизмерительная** Winkelmeßsystem *n* ‖ ~/**униавариантная термодинамическая** *(Ph, Ch)* univariantes Phasengleichgewicht *n (Gibbssche Phasenregel)* ‖ ~ **управления** 1. Steuer[ungs]system *n*, Regelsystem *n*; 2. Lenksystem *n*, Lenkeinrichtung *f (s. a. unter* ~ **наведения)** ‖ ~ **управления/автоматизированная** automatisiertes Steuerungssystem *n*, System *n* der automatischen Steuerung ‖ ~ **управления/аналоговая** analoges Steuerungssystem *n* ‖ ~ **управления базами данных** Datenbankbetriebssystem *n* ‖ ~ **управления в реальном масштабе времени** *(Reg)* Echtzeitsystem *n* ‖ ~ **управления вводом-выводом/логическая** *(Inf)* logisches Ein- und Ausgabesteuersystem *n* ‖ ~ **управления заданиями** *(Inf)* Auftragssystem *n* ‖ ~ **управления и защиты** *(Reg)* Steuer- und Schutzsystem *n* ‖ ~ **управления/импульсная** Impulssteuerungssystem *n* ‖ ~ **управления качеством/автоматизированная** rechnergestützte Qualitätskontrolle *f*, CAQ ‖ ~ **управления/контурная** *(Fert)* Bahnsteuerungssystem *n*, CP-Steuerungssystem *n* ‖ ~ **управления/микропроцессорная** Mikroprozessor-Steuerungssystem *n* ‖ ~ **управления многопунктовой сетью** Mehrpunktnetzsteuerungssystem *n* ‖ ~ **управления/**

модульная Steuerungs- und Baugruppensystem n ‖ ~ **управления/оперативная** *(Fert)* handprogrammierbare Steuerung (Programmsteuerung) f, HNC ‖ ~ **управления/очувствленная** *(Masch)* Sensorsteuerung f, Sensorsteuerungssystem n ‖ ~ **управления/пневмогидравлическая** pneumatisch-hydraulisches Steuerungssystem n ‖ ~ **управления/позиционная** Punktsteuerungssystem n, Positionssteuerungssystem n ‖ ~ **управления/последовательная** sequentielle Steuerung f, sequentielles Steuerungssystem n ‖ ~ **управления процессами** Prozeßleitsystem n ‖ ~ **управления роботом** Robotersteuerungssystem n ‖ ~ **управления рулём/простая** *(Schiff)* Zeitsteuerungsanlage f *(für die Rudermaschine)* ‖ ~ **управления рулём/следящая** *(Schiff)* Wegsteuerungsanlage f, Folgesteuerungsanlage f, sympathische Steuerungsanlage f *(für die Rudermaschine)* ‖ ~ **управления самолётом** Flugzeugsteuersystem n, Steuerung f, Steuerwerk n ‖ ~ **управления самолётом/гибкая** Drahtseilsteuerwerk n, Drahtseilsteuerung f ‖ ~ **управления самолётом/гидромеханическая** hydromechanisches Steuerwerk n, hydromechanische Steuerung f ‖ ~ **управления самолётом/жёсткая** Gestängesteuerwerk n, Gestängesteuerung f ‖ ~ **управления самолётом/электродистанционная** Fly-by-wire-System n, Flugzeugsteuersystem n mit elektromechanischem Antrieb der Steuerorgane ‖ ~ **управления/сверхбыстродействующая** superschnelles Steuersystem n ‖ ~ **управления/следящая** Folgesteuerungssystem n ‖ ~ **управления технологическим процессом/автоматизированная** automatisches technologisches Steuersystem n, System n der automatisierten technologischen Prozeßsteuerung ‖ ~ **управления/универсальная** *(Fert)* rechner- und handprogrammierbare numerische Steuerung f ‖ ~ **управления файлами** *(Inf)* File-Manager m ‖ ~ **управления/цикловая** *(Reg)* Ablaufsteuerung f, Ablaufsteuersystem n ‖ ~**/управляющая** steuerndes System n, Steuerungssystem n *(s. a. unter* ~ управления*)* ‖ ~**/упругая** elastisches System n ‖ ~**/уравновешивающая** *(Flg)* Trimmanlage f ‖ ~ **ускорения** Beschleunigungssystem n ‖ ~**/устойчивая** stabiles System n ‖ ~**/фазовая** *(El)* Phasensystem n ‖ ~**/фазовая радионавигационная** Funknavigationssystem n nach der Phasendifferenzmethode *(Decca, Omega)* ‖ ~**/фототелеграфная** Bildtelegraphiesystem n ‖ ~ **функций** *(Math)* Funktionensystem n ‖ ~ **ЦБ** s. ~ центральной батареи ‖ ~ **цветного телевидения** Farbfernsehsystem n ‖ ~ **цветного телевидения/передающая** Farbfernsehübertragungssystem n ‖ ~ **цветного телевидения СЕКАМ** s. ~ СЕКАМ ‖ ~ **цветного телевидения/совместимая** kompatibles Farbfernsehsystem n ‖ ~ **цветной системы ПАЛ** s. ~ ПАЛ ‖ ~ **цветов** Farbsystem n ‖ ~ **центра инерции (масс)** *(Mech)* Massenmittelpunktsystem n, Schwerpunktsystem n, baryzentrisches Bezugssystem n ‖ ~ **централизованного контроля** *(Schiff)* zentrale Maschinenüberwachungsanlage f ‖ ~ **централизованного теплохладоснабжения** zentrale Wärme- und Kälteversorgung f ‖ ~ **централизованного хладоснабжения** zentrale Kälteversorgung f, Fernkälteversorgung f ‖ ~ **центральной батареи** *(Nrt)* Zentralbatteriesystem n, ZB-System n ‖ ~ **центральной смазки** *(Masch)* Zentralschmiersystem n, zentrales Schmiersystem n ‖ ~ **циркуляционной смазки** Umlaufschmiersystem n *(Dieselmotor)* ‖ ~**/цифровая** digitales System n, Digitalsystem n ‖ ~**/цифровая следящая** *(Reg)* digitales Nachlaufsystem n; digitales Folgesystem n ‖ ~ **цифрового управления** digitales Steuer[ungs]system n ‖ ~ **цифровой связи** digitales Nachrichtensystem (Kommunikationssystem) n ‖ ~**/частичная** Teilsystem n ‖ ~**/частотная** *(El)* Frequenzsystem n ‖ ~**/частотного разделения [каналов]** *(El)* Frequenzteilungssystem n ‖ ~ **чёрно-белого телевидения** Schwarzweiß[fernseh]system n ‖ ~**/четверная** s. ~/четырёхкомпонентная ‖ ~**/четвертичная** *(Geol)* Quartär n *(als geologisches System)* ‖ ~**/четырёхкомпонентная** *(Ph, Ch)* quaternäres System n, Vierstoffsystem n, Vierkomponentensystem n ‖ ~**/четырёхуровневая** Vierniveausystem n *(Laser)* ‖ ~**/числовая** Zahlensystem n, numerisches System n ‖ ~ **числового программного управления** *(Fert)* numerisches Steuerungssystem n (Programmsteuerungssystem) n, NC-System n ‖ ~**/шаговая** *(Nrt)* Schrittwählersystem n ‖ ~**/шарнирно-сочленённая** Drehgelenksystem n *(Roboter)* ‖ ~ **шестнадцатеричная** *(Inf)* Hexadezimalsystem n ‖ ~ **шин** *(Inf)* Bussystem n ‖ ~**/широкополосная** Breitbandsystem n ‖ ~**/шпренгельная** *(Bw)* Sprengwerk n ‖ ~**/экранная** *(Inf)* Bildschirmsystem n ‖ ~**/экспертная** *(Inf)* Expertensystem n *(KI)* ‖ ~ **эксплуатации** Betriebssystem n ‖ ~**/экстремальная** *(Reg)* Extremwertsystem n ‖ ~ **экстремального регулирования** Extremwertregelsystem n ‖ ~**/электрическая** elektrisches System n; *(En)* Elektroenergiesystem n ‖ ~**/электродная** *(Eb)* elektrisches Stabblocksystem n ‖ ~**/электрожезловая** *(Eb)* elektrisches Stabblocksystem n ‖ ~**/электроизмерительная** elektrisches Meßsystem n ‖ ~**/электромагнитная** elektromagnetisches System n ‖ ~**/электронная** Elektroniksystem n ‖ ~**/электронная противоугонная** *(Kfz)* [elektronische] Wegfahrsperre f ‖ ~**/электронно-выпрямительная** Elektronengleichrichtersystem n ‖ ~**/электронно-оптическая** elektronenoptisches System n ‖ ~**/электроснабжающая** Elektroenergieversorgungssystem n ‖ ~**/электростатическая** elektrostatisches System n ‖ ~**/электроэнергетическая** Elektroenergiesystem n; Elektroenergieversorgungssystem n; Elektroenergieverbundsystem n ‖ ~ **элементов [Менделеева]/периодическая** *(Ch)* Periodensystem n [der Elemente], periodisches System n [der Elemente] ‖ ~**/энергетическая (энергоснабжающая)** Energiesystem n; Energieversorgungssystem n; Energieverbundsystem n ‖ ~**/юрская** *(Geol)* Jura m *(als geologisches System)*

систематика f **изотопов** *(Kern)* Isotopensystematik f ‖ ~ **ядер** *(Kern)* Kernsystematik f
система-эксперт f *(Inf)* Expertensystem n *(KI)*
системно-независимый *(Inf)* systemunabhängig

системно-ориентированный *(Inf)* systemorientiert
системно-программируемый softwareprogrammierbar
системно-связанный *(Inf)* systemabhängig
системно-совместимый *(Inf)* systemkompatibel
системный systemeigen
системотехника *f (Inf)* Systemtechnik *f*
системы *fpl* Systeme *npl (s. a. unter* система*)* ‖ **~/голономные** *(Mech)* gesetzmäßige (holonome) Systeme *npl* ‖ **~/диссипативные** *(Therm)* dissipative Systeme *npl* ‖ **~/консервативные** *(Mech)* konservative Systeme *npl* ‖ **~/неголономные** *(Mech)* nichtholonome (anholonome) Systeme *npl* ‖ **~/объединённые диспетчерские** vereinigte Leitzentralen *fpl (Gebäudeautomation)* ‖ **~/реономные** *(Mech)* rheonome Systeme *npl* ‖ **~/склерономные** *(Mech)* skleronome Systeme *npl*
ситаллы *mpl* Sitall *n*, Vitrokeram *n*, Glaskeramik *f*
ситец *m (Text)* Kattun *m*
сито *n* 1. Sieb *n*, Siebvorrichtung *f*, Siebmaschine *f (s. a. unter* грохот*)*; 2. Siebboden *m*, Siebbelag *m* ‖ **~/барабанное** Trommelsieb *n*, Siebtrommel *f* ‖ **~/вибрационное** Vibrationssieb *n*, Vibrosieb *n*, Schwingsieb *n*, Schüttelsieb *n* ‖ **~/волосяное** Haarsieb *n* ‖ **~/вращающееся** Drehsieb *n*, Trommelsieb *n*, Siebtrommel *f* ‖ **~/качающееся** *s.* **~/вибрационное** ‖ **~/крупноячеистое** Grobsieb *n*, weitmaschiges Sieb *n* ‖ **~/мелкоячеистое** Feinsieb *n*, feinmaschiges Sieb *n* ‖ **~/механическое** mechanisch (maschinell) bewegtes Sieb *n*, Siebmaschine *f* ‖ **~/молекулярное** *(Ch)* Molekularsieb *n* ‖ **~/плоское** Plansieb *n*, Flachsieb *n* ‖ **~/полигональное** Polygonsieb *n* ‖ **~/сортировочное** Sortiersieb *n*, Klassiersieb *n (Aufbereitung)* ‖ **~/щелевое** Spaltsieb *n* ‖ **~/щёточное** Bürstensieb *n*
сито-бурат *m* polygonale Siebtrommel *f*
сито-ткань *f (Text)* Siebgewebe *n*, Siebbespannung *f*
ситуация *f* Situation *f*; Bedingung *f* ‖ **~/аварийная** 1. Havariesituation *f*; 2. *(Inf)* abnormale Bedingung *f (Betriebssystem)* ‖ **~/исключительная** *(Inf)* Ausnahmebedingung *f (Betriebssystem)* ‖ **~/синоптическая** Wetterlage *f*
ситцепечатание *n (Text)* Stoffdruck *m*, Zeugdruck *m* ‖ **~/вытравное** Ätzdruck *m* ‖ **~/накладное (прямое)** Direktdruck *m* ‖ **~/резервное** Reservedruck *m*, Reserveverfahren *n*
СИФ *s.* интерфейс/стандартный
сифон *m* 1. *(Mech)* Saugheber *m*; 2. *(Bw) s.* затвор/водяной 2.
сифон-рекордер *m (Nrt)* Heberschreiber *m*, Siphonrecorder *m (Telegraphie)*
сияние *n*/**полярное** Polarlicht *n* ‖ **~/северное [полярное]** Nordlicht *n*, Aurora *f* borealis ‖ **~/южное [полярное]** Südlicht *n*, Aurora *f* australis
СК *s.* 1. канал/селекторный; 2. счётчик команд
сказуемое *n (Math)* Attribut *n*, Prädikat *n*
скала *f (Geol)* Fels[en] *m (s. a. unter* скалы*)*
скаленоэдр *m (Krist)* Skalenoeder *n* ‖ **~/дитригональный** ditrigonales Skalenoeder *n* ‖ **~/квадратный** *s.* **~/тетрагональный** tetragonales Skalenoeder *n*
скаливаться *(Met)* sintern, agglomerieren, zusammenfritten

скалка *f* 1. Rolle *f*, Mangel *f*; 2. Tauchkolben *m*, Plunger *m (Verdränger der Tauchkolbenpumpe)*; Schubstange *f*; Druckstift *m*; 3. *(Text)* Wickeldorn *m*, Wickelstab *m (Wickelapparat der Schlagmaschine)* ‖ **~/золотника** *(Masch)* Schieberstange *f* ‖ **~/направляющая** *(Masch)* Führungssäule *f* ‖ **~/насоса** Pumpenplunger *m*, Pumpenstößel *m (z. B. der Einspritzpumpe)* ‖ **~/расточная** *(Masch)* Bohrstange *f* ‖ **~/холостоскатывающего прибора** *(Text)* Wickeldorn *m (Wickelapparat der Schlagmaschine)*
скало *n (Text)* Streichbaum *m (Webstuhl)*
скалы *fpl (Geol)* Felsen *mpl* ‖ **~/грибовидные** Pilzfelsen *mpl*, pilzförmige Felsen *mpl* ‖ **~/курчавые** Rundhöcker *mpl* ‖ **~/экзотические** exotische Klippen *fpl* (Blöcke *mpl*) *(Scherlinge bei Überschiebungen)*
скалывание *n* 1. Abspalten *n*, Abtrennen *n*; 2. Absplittern *n*, Absplitterung *f*; 3. *(Fert)* Abscheren *n*, Abscherung *f* ‖ **~ ядра** *(Kern)* Kernzertrümmerung *f*, Kernzersplitterung *f*, Vielfachzerlegung *f*, Spallation *f*
скалывать 1. abspalten, abtrennen; 2. absplittern; 3. *(Fert)* abscheren; 4. zusammenstecken, zusammenheften *(mit Nadeln)*
скальпель *m (Med)* Skalpell *n* ‖ **~/лазерный** Laserskalpell *n*
скальчатый *(Masch)* Tauchkolben *m*, Plunger *m*
скаляр *m (Math)* Skalar *m* ‖ **~ кривизны** Krümmungsskalar *m*
скамья *f* Bank *f* ‖ **~/оптическая** optische Bank *f* ‖ **~/фотометрическая [светомерная]** Photometerbank *f*
скандий *m (Ch)* Scandium *n*, Sc
сканер *m* Abtaster *m*, Scanner *m* ‖ **~/многоспектральный** Multispektralscanner *m* ‖ **~/термальный** Thermalscanner *m*, Thermalabtaster *m*
сканирование *n* Abtastung *f*, Scanning *n*, Scannen *n*; *(Rad)* Abtastung *f*, Absuchen *n* ‖ **~ данных** Datenabtastung *f* ‖ **~/круговое** Kreisabtastung *f* ‖ **~/линейное** Linienrasterung *f* ‖ **~/многоканальное** multispektrale Abtastung *f* ‖ **~/оптическое** optische Abtastung *f* ‖ **~/оптоэлектронное** optoelektrische Abtastung *f* ‖ **~/растровое** Rasterscanning *n* ‖ **~ световым лучом** Lichtstrahlabtastung *f* ‖ **~/фотоэлектрическое** lichtelektrische (photoelektrische) Abtastung *f* ‖ **~/электронное** elektronische Abtastung *f*
сканированный gescannt, abgetastet
сканировать scannen, abtasten
сканлазер *m* Abtastlaser *m*
скаполит *m (Min)* Skapolith *m*; Wernerit *m*
скарификатор *m (Lw)* 1. Skarifikator *m*, Ritzmaschine *f (zum Anritzen hartschaliger Saatgutes)*; 2. Tiefgrubber *m*
скарификация *f* **семян** *(Lw)* Ritzen *n* hartschaligen Saatgutes
скарн *m (Geol)* Skarn *m*
скарпель *m (Bw)* Scharriereisen *n (Steinmetzarbeiten)*
скат *m* 1. Hang *m*, Böschung *f*; 2. *(Bgb)* Rolloch *n*, Sturzrolle *f*, Rolle *f (Erzbergbau)* ‖ **~ для посадки людей в спасательные средства/пневматический** *(Schiff)* aufblasbare Rutsche *f* zum Einschiffen in die Rettungsmittel ‖ **~/кру-**

той Steilhang m ‖ ~ кры́ши (Bw) Dachneigung f, Dachgefälle n ‖ ~ кры́ши/прямоуго́льный rechteckige Dachfläche f (Satteldächer, Pultdächer) ‖ ~ кры́ши/трапецеида́льный trapezförmige Dachfläche f (Hauptflächen von Walmdächern) ‖ ~ кры́ши/треуго́льный dreieckige Dachfläche f (Zeltdächer, Schmalseiten von Walmdächern) ‖ ~/неро́вный unebener Hang m ‖ ~/обра́тный Hinterhang m, Gegenhang m ‖ ~ парово́за Gesamtradsatz m der Lokomotive (umfaßt Treib- und Kuppelradsätze) ‖ ~/пере́дний Vorderhang m ‖ ~/поло́гий ebener Hang m ‖ ~ рельефа ме́стности Hang m ‖ ~/ро́вный ebener Hang m
скафа́ндр m Skaphander m, Schutzanzug m ‖ ~/водола́зный Taucheranzug m ‖ ~/высо́тный Höhenflugdruckanzug m ‖ ~/глубоково́дный Tiefseetaucheranzug m ‖ ~/косми́ческий Raum[schutz]anzug m
ска́чивание n [шла́ка] (Met) Abschlacken n, Schlackezichen n, Abschlackung f
ска́чивать [шлак] (Met) abschlacken, Schlacke ziehen
скачкообра́зный sprungartig, sprunghaft
скачо́к m Sprung m ‖ ~ Бальме́ра (Ph) Balmer-Sprung m ‖ ~ Баркга́узена (Ph) Barkhausen-Sprung m ‖ ~ волново́го сопротивле́ния (El) Wellenwiderstandssprung m ‖ ~ давле́ния (Ph) Drucksprung m ‖ ~ диффу́зии (Ph) Diffusionssprung m ‖ ~/едини́чный Einheitssprung m ‖ ~ конденса́ции (Aero) Kondensationsstoß m ‖ ~ напряже́ния (El) Spannungssprung m ‖ ~ носи́теля [заря́да] (Eln) Ladungsträgersprung m ‖ ~ поглоще́ния (Ph) Absorptionssprung m ‖ ~ потенциа́ла (Ph) Potentialsprung m ‖ ~ температу́ры Temperatursprung m ‖ ~ уплотне́ния (Aero) Verdichtungsstoß m (unstetige Zustandsänderung in Überschallströmungen), Stoßwelle f, Schockwelle f (Bezeichnung für einen starken Verdichtungsstoß) ‖ ~ уплотне́ния/косо́й schräger Verdichtungsstoß m ‖ ~ уплотне́ния/криволине́йный gekrümmter Verdichtungsstoß m ‖ ~ уплотне́ния/прямо́й senkrechter Verdichtungsstoß m ‖ ~ частоты́ (El) Frequenzsprung m ‖ ~ эне́ргии Energiesprung m
ска́шивание n 1. Abschrägen n; 2. (Fert) Abkanten n, Abfasen n ‖ ~ кро́мок (Schw) Abschrägen n der Kanten (von Nahtfugen)
ска́шивать 1. (Fert) abschrägen; 2. (Fert) anfasen; 3. (Bw) abböschen, dossieren
СКВ s. систе́ма кондициони́рования во́здуха
сква́жина f 1. Loch n, Öffnung f; Pore f; 2. (Bgb) Bohrloch n, Bohrung f; Sonde f ‖ ~/безрезульта́тная s. ~/непродукти́вная ‖ ~/бро́шенная verlassene (aufgegebene, eingestellte) Bohrung f ‖ ~/бурова́я Bohrloch n, Bohrung f; Sonde f ‖ ~/бурова́я разве́дочная Schürfbohrung f ‖ ~/вентиляцио́нная Wetterbohrloch n ‖ ~/вертика́льная Seigerbohrung f ‖ ~/взрывна́я Sprengbohrloch n ‖ ~/водоотли́вная Wasserhaltungsbohrung f ‖ ~/водопонижа́ющая (водопонизи́тельная) Wassersenkungsbohrung f, Tiefbrunnen m, Filterbrunnen m ‖ ~/водоспускна́я Wasserablaßbohrung f ‖ ~/восстаю́щая (восходя́щая) ansteigende Bohrung f ‖ ~/вспомога́тельная Hilfsbohrung

f ‖ ~/высокодеби́тная hochproduktive Sonde f ‖ ~/высоконапо́рная Hochdruckbohrung f ‖ ~/газлифтная Gasliftsonde f, im Gasliftverfahren arbeitende Bohrung f ‖ ~/га́зовая Gasbohrung f; Gassonde f, Gasquelle f ‖ ~/газоотводя́щая Gasableitungsbohrloch n ‖ ~/глубо́кая Tiefbohrung f; Langbohrloch n ‖ ~/двухпласто́вая Sonde f mit zwei Horizonten ‖ ~/дегаза́ционная Entgasungsbohrloch n ‖ ~/де́йствующая Förderbohrloch n ‖ ~/дрена́жная Entwässerungsbohrloch n; Gasabsaugungsbohrloch n ‖ ~/заглохшая erschöpfte Bohrung f ‖ ~/закры́тая geschlossene Sonde f ‖ ~/замора́живающая Gefrierbohrloch n ‖ ~/затопле́нная verwässerte Bohrung f ‖ ~/инжекцио́нная Injektionsbohrloch n, Einpreßbohrloch n ‖ ~/исто́щённая erschöpfte Bohrung f ‖ ~/картиро́вочная Kartierungsbohrung f, Untersuchungsbohrung f ‖ ~/компре́ссорная Gasliftsonde f ‖ ~/конденса́тная Kondensatsonde f ‖ ~/краева́я Randbohrung f ‖ ~/малодеби́тная (малопродукти́вная) wenig ergiebige Bohrung f ‖ ~/многодеби́тная gute Fördersonde f, ergiebige Bohrung f ‖ ~/морска́я Meeresbohrung f, Offshore-Bohrung f ‖ ~/нагнета́тельная Injektionssonde f, Einpreßsonde f, Einpreßbohrung f ‖ ~/накло́нная Schrägbohrung f, geneigte Bohrung f ‖ ~/направле́нная Richtbohrung f, gerichtete Bohrung f ‖ ~/направленно искривлённая gerichtet gekrümmte Bohrung f ‖ ~/насо́сная Pumpsonde f ‖ ~/неглубо́кая Flachbohrung f ‖ ~/некапти́рованная фонтани́рующая nichtbeherrschte Bohrung f, nichtkontrollierbarer Ölspringer m ‖ ~/необса́женная offene Bohrung f, unverrohrtes Bohrloch n ‖ ~/непродукти́вная unproduktive (unergiebige) Bohrung (Sonde) f ‖ ~/нефтяна́я Erdölbohrloch n, Erdölbohrung f, Erdölsonde f ‖ ~/обводнённая verwässerte Bohrung f ‖ ~/обса́женная verrohrtes Bohrloch n ‖ ~/опережа́ющая Vorbohrloch n ‖ ~/опо́рная s. ~/стратиграфи́ческая ‖ ~/осуша́ющая (осуши́тельная) Entwässerungsbohrloch n ‖ ~/параметри́ческая s. ~/стратиграфи́ческая ‖ ~/передова́я Vorbohrloch n ‖ ~/пило́тная Pilotbohrloch n, Führungsbohrloch n ‖ ~/плоскоискривлённая in einer Ebene gekrümmtes Bohrloch n ‖ ~/поиско́вая Suchbohrung f, Schürfbohrung f, Prospektionsbohrung f ‖ ~/продукти́вная fündige Bohrung f ‖ ~/проста́ивающая vorübergehend geschlossene Sonde f ‖ ~/пространственно искривлённая räumlich gekrümmtes Bohrloch n ‖ ~/пульси́рующая pulsierende (intermittierend) fördernde Sonde f, stoßweise eruptierende Bohrung f ‖ ~/пьезометри́ческая Druckbeobachtungssonde f ‖ ~/разве́дочная Explorationsbohrloch n, Aufschlußbohrung f, Erkundungsbohrung f, Erkundungsbohrloch n ‖ ~/разгру́зочная Entlastungsbohrloch n ‖ ~/сверхглубо́кая übertiefe Bohrung f, übertiefes Bohrloch n ‖ ~/спаса́тельная Rettungsbohrloch n ‖ ~/стратиграфи́ческая Basisbohrung f, stratigraphische Bohrung f, Parameterbohrung f ‖ ~/структу́рная Strukturbohrung f ‖ ~/фонтани́рующая (фонта́нная) eruptierende Sonde (Bohrung) f, Eruptionsbohrung f, Springerbohrung f, Springer m ‖ ~/эксплуатацио́нная

скважинный

Gewinnungsbohrung f, Förderbohrung f, Produktionsbohrung f, Produktionssonde f, Fördersonde f
скважинный Bohrloch...; Sonden...
скважистость f s. скважность
скважистый porig, porös; schwammig; löcherig, durchlässig
скважность f 1. Porosität f, Porigkeit f; Durchlässigkeit f; 2. (Eln) Tastverhältnis n (Transistor) ‖ ~ **импульсов** (El) Impulsverhältnis n, Impuls-Pause-Verhältnis n
скважный s. скважистый
сквашивание n Säuern n, Säuerung f ‖ ~/**самопроизвольное** natürliche Säuerung f
сквашивать säuern
сквер m Square n, Dach n (Schleppnetz)
сквидж m (Gum) Puffergummi m, Zwischengummi m, Gummizwischenplatte f
сквиджкаландр m (Gum) Zwischenplattenkalander m
сквизер m (Gum) Abquetschmaschine f
сквозной 1. durchscheinend; 2. durchgehend, Durchgangs...; 3. (Bw) Gitter... (Trägerkonstruktion)
СКВП s. самолёт короткого взлёта и посадки
СК-гранулярность f (Photo) rms-Körnung f, rms-Wert m
СКД s. давление/сверхкритическое
скег m feste Seitenwand f (Luftkissenschiff) ‖ ~/**средний** feste Mittelwand f (Luftkissenschiff)
скелет m Skelett n, Gerippe n, Gerüst n ‖ - **грунта** Bodenskelett n, Bodenstruktur f ‖ ~/**карбидный** Hartstoffskelettkörper m (Pulvermetallurgie) ‖ ~/**кольцевой** (Ch) Ringskelett n, Ringgerüst n ‖ ~/**углеродный** (Ch) Kohlenstoffskelett n, Kohlenstoffgerüst n ‖ ~/**циклический** (Ch) Ringskelett n, Ringgerüst n
скиатрон m (TV) Skiatron n, Blauschriftröhre f, Dunkelschriftröhre f
скидыватель m Abstreifer m
скиммер m Schlacke[ab]scheider m, Rinnenvertiefung f (Hochofen)
скин-слой m (Eln) Skinschicht f
скин-эффект m (Eln) Skineffekt m, Hauteffekt m, Stromverdrängungseffekt m ‖ ~/**аномальный** anomaler Skineffekt m
скиодромы fpl (Krist) Skiodromen fpl (Konoskopie)
скип m 1. (Bgb) Skip m, Fördergefäß n (Schachtförderung); 2. (Met) Skip m, Gichtwagen m, Kippgefäß n (Hochofen) ‖ ~/**опрокидный (опрокидывающийся)** Kippkübel m, Kippgefäß n ‖ ~ **с донной разгрузкой** Skip m mit Bodenentleerung ‖ ~ **с откидной задней стенкой** Fördergefäß n mit rückseitiger Entleerung ‖ ~ **с откидным (открывающимся) днищем** Skip m mit Bodenentleerung
скипидар m (Ch) Terpentinöl n ‖ ~/**древесный** Holzterpentinöl n ‖ ~/**живичный** echtes Terpentinöl n, Balsamterpentinöl n ‖ ~/**паровой** dampfdestilliertes Terpentinöl n ‖ ~/**сухоперегонный** trockendestilliertes Terpentinöl n ‖ ~/**экстракционный** Extraktionsterpentinöl n
скиповый Skip..., Gefäß...
скирда f (Lw) Feime f, Feimen m, Schober m, Feim m, Diemen m, Dieme f, Miete f, Triste f (zur Aufbewahrung von Getreide, Stroh und Heu im Freien)
скирдование n (Lw) Anlegen n von Feimen, Schobern n, Schobersetzen n
скирдовать (Lw) Feime anlegen, schobern, Schober setzen
скисание n Sauerwerden n (von Milch); Stichigwerden n (von Wein)
скисать[ся] sauer werden (Milch); stichig werden (Wein)
скиснуть[ся] s. скисать[ся]
склад m Lager n, Speicher m ‖ ~/**вентилируемый** belüftetes Lager n ‖ ~ **готовой продукции** Lager n für Fertigerzeugnisse, Fertigerzeugnislager n ‖ ~/**заводской** Werkslager n ‖ ~ **заготовок** Halbzeuglager n ‖ ~/**закрытый** überdachtes Lager n ‖ ~/**запасной** Vorratslager n, Vorratsspeicher m ‖ ~/**изотермический** Lager n mit konstanter Temperatur ‖ ~ **комплектации** Bereitstellungslager n, Zwischenlager n (Werft) ‖ ~/**комплектовочный** s. ~ комплектации ‖ ~/**кондиционируемый** klimatisiertes Lager n ‖ ~ **контейнерного хранения** Containerlager n ‖ ~/**лесной** Holzlagerplatz m ‖ ~ **листового материала** Plattenlager n ‖ ~ **материалов** Materiallager n ‖ ~/**многоотраслевой** Mehrzweiglager n ‖ ~/**многоэтажный** Geschoßlager n, mehrgeschossiges Lager n ‖ ~ **навального хранения** Schüttguthalde f ‖ ~/**неотапливаемый** unbeheiztes Lager n ‖ ~ **общего пользования** Dienstleistungslager n ‖ ~/**одноотраслевой** Einzweiglager n ‖ ~/**оптовый** Großhandelslager n ‖ ~/**отапливаемый** beheiztes Lager n ‖ ~/**охлаждаемый** Kühllager n ‖ ~/**перевалочный** Versandlager n ‖ ~/**перегрузочный** Umschlagplatz m ‖ ~/**плавучий** schwimmendes Lagerhaus n ‖ ~/**портовый** Hafenlager n, Hafenspeicher m ‖ ~/**приобъектный** Baustellenlager n ‖ ~/**прирельсовый** Bahnlager n ‖ ~/**проходной** Durchflußlager n ‖ ~ **с многоярусными стеллажами** Hochregallager n ‖ ~/**сбыта** Absatzlager n ‖ ~ **снабжения** Versorgungslager n ‖ ~/**стеллажный** Regallager n ‖ ~ **строительных материалов** Baustofflager n ‖ ~ **сыпучих материалов** Schüttgutlager n ‖ ~ **сырья** Rohstofflager n ‖ ~/**топливный** Brennstofflager n, Brennstoffspeicher m ‖ ~/**тупиковый** Kopflager n ‖ ~/**угольный** Kohlenlager[platz m] n ‖ ~/**центральный** Zentrallager n ‖ ~ **штапельного хранения** Stapellager n ‖ ~ **штучных товаров** Stückgutlager n
склад-бункер m Lagerbunker m, Vorratsbunker m
складирование n 1. Lagern n, Lagerung f; 2. (Schiff) Stauen n ‖ ~ **в стеллажах** Lagerung f in Regalen ‖ ~/**временное** Zwischenlagerung f ‖ ~ **запасов в штабелях** Stapellagerung f ‖ ~ **на лежнях** Lagerung f auf Unterleghölzern ‖ ~ **навалом** Bodenlagerung f von Schüttgut
складировать lagern, speichern; einlagern
складка f 1. (Geol) Falte f; 2. (Wlz) Falte f, Verwalzung f (Fehler); 3. (Umf) Ziehwulst f; 4. (Gieß) Kaltschweiße f (Fehler); 5. Runzel f (Glasfehler); 6. (Typ) Falz m ‖ ~/**аллохтонная** (Geol) allochthone Falte f ‖ ~/**антивергентная** (Geol) Antivergenzfalte f ‖ ~/**антиклинальная** (Geol) Antiklinalfalte f, Sattelfalte f ‖ ~/**асимметричная** (Geol) schiefe (geneigte, asymmetrische)

Falte *f* ǁ ~ **большого радиуса** *s.* ~ основания ǁ ~/**веерообразная** *(Geol)* Fächerfalte *f*, Pilzfalte *f* ǁ ~/**воздушная** *(Geol)* abgetragene Falte *f* ǁ ~ **волочения** *(Geol)* Schleppfalte *f* ǁ ~/**вторичная** *s.* ~ второго порядка ǁ ~ **второго порядка** *(Geol)* Nebenfalte *f*, Kleinfalte *f*, Sekundärfalte *f*, Falte *f* zweiter Ordnung ǁ ~/**второстепенная** *s.* ~ второго порядка ǁ ~/**гармоническая** *(Geol)* harmonische Faltung *f* ǁ ~/**геосинклинальная** *(Geol)* Geosynklinale *f* ǁ ~/**герцинская** *(Geol)* herzynisch angelegte Falte *f* ǁ ~/**главная** *(Geol)* Hauptfalte *f* ǁ ~/**глубинная** *s.* ~ основания ǁ ~/**гравитационная** *(Geol)* Gravitationsfalte *f*, Gleitfalte *f* ǁ ~/**гребневидная** *(Geol)* Ejektivfalte *f* ǁ ~/**двойная** *(Typ)* Doppelfalz *m* ǁ ~/**диапировая** *(Geol)* Diapirfalte *f*, Durchspießungsfalte *f*, Injektivfalte *f*, Salzfalte *f* ǁ ~/**дисгармоничная** disharmonische Falte *f* ǁ ~/**завёрнутая (закрученная)** *(Geol)* Wickelfalte *f* ǁ ~/**закрытая** *(Geol)* schmale Falte *f* ǁ ~/**зигзагообразная** *(Geol)* Knickfalte *f*, Zickzackfalte *f* ǁ ~ **изгиба** *(Geol)* Biegefalte *f*, Knickfalte *f*, flexurartige Falte *f* ǁ ~ **изгиба/параллельная** parallele (konzentrische) Biegefalte *f* ǁ ~ **изгиба со скалыванием (скольжением)** Biegegleitfalte *f*, Biegescherfalte *f* ǁ ~/**изоклинальная** *(Geol)* Isoklinalfalte *f* ǁ ~ **истечения** *(Geol)* Fließfalte *f* ǁ ~/**коленчатая (коленообразная)** *(Geol)* Kniefalte *f* ǁ ~/**концентрическая** *(Geol)* konzentrische Falte *f*, Parallelfalte *f* ǁ ~/**коробчатая** *(Geol)* Kastenfalte *f* ǁ ~ **коры** *s.* ~ основания ǁ ~/**косая** *(Geol)* schiefe (geneigte) Falte *f* ǁ ~/**крутая** *(Geol)* steile Falte *f* ǁ ~/**кулисовидная (кулисообразная)** *(Geol)* Kulissenfalte *f*, gestaffelte Falte *f*, Vorrangfalte *f* ǁ ~/**куполовидная (куполообразная)** *(Geol)* Kuppelfalte *f* ǁ ~/**лежачая** *(Geol)* liegende Falte *f* ǁ ~/**линейная** *(Geol)* lineare Falte *f* ǁ ~/**мелкая** *(Typ)* flacher Falz *m* ǁ ~/**моноклинальная** *(Geol)* Monoklinalfalte *f*, Kniefalte *f*, Flexur *f* ǁ ~ **нагнетания** *(Geol)* Fließfalte *f* ǁ ~/**надвинутая** *(Geol)* Überschiebungsfalte *f* ǁ ~/**наклонная** *s.* ~/косая ǁ ~/**несимметричная** ǁ ~/асимметричная ǁ ~/**нормальная** *(Geol)* normale Falte *f* ǁ ~/**ныряющая** *(Geol)* Tauchfalte *f* ǁ ~/**опрокинутая** *(Geol)* überkippte Falte *f* ǁ ~ **основания** *(Geol)* Grundfalte *f*, Embryonalfalte *f (nach Argand)*; Undation *f (nach Stille)* ǁ ~/**остроугольная** *s.* ~/зигзагообразная ǁ ~/**открытая** *(Geol)* Flachfalte *f*, flache Falte *f* ǁ ~/**параллельная** *(Geol)* Parallelfalte *f*, konzentrische Falte *f* ǁ ~ **первого порядка** *(Geol)* Hauptfalte *f*, Falte *f* erster Ordnung ǁ ~/**перевёрнутая** *(Geol)* Tauchfalte *f* ǁ ~/**пережатая** *s.* ~/веерообразная ǁ ~/**плоская** *(Geol)* flache Falte *f* ǁ ~/**подобная** *(Geol)* kongruente Falte *f* ǁ ~ **покрова** *(Geol)* Deck[en]falte *f* ǁ ~/**покровная** *s.* ~ покрова ǁ ~/**поперечная** *(Geol)* Querfalte *f*, Kreuzfalte *f* ǁ ~/**прерывистая** *(Geol)* unstetige Falte *f* ǁ ~/**прямая** *(Geol)* aufrechte (stehende, normale, symmetrische) Falte *f* ǁ ~/**птигматическая** *(Geol)* ptygmatische Falte *f* ǁ ~/**раздавливания** *(Geol)* Fließfalte *f* ǁ ~/**разорванная** *(Geol)* Bruchfalte *f* ǁ ~ **с округлым замком** *(Geol)* Rundfalte *f*, runde (gewölbte) Falte *f* ǁ ~/**сжатая** *(Geol)* Quetschfalte *f* ǁ ~/**симметричная** *s.* ~/прямая ǁ ~/**синклинальная** *s.* синклиналь ǁ ~ **скалывания** *(Geol)* Scherfalte *f* ǁ ~/**сложная** *(Geol)* gefaltete Falte *f* ǁ ~/**солянокупольная** *(Geol)* Salzdomfalte *f* ǁ ~/**стоячая** *(Geol)* aufrechte (aufgerichtete, aufrecht stehende) Falte *f* ǁ ~/**стрельчатая** *s.* ~/зигзагообразная ǁ ~/**сундучная** *(Geol)* Kofferfalte *f* ǁ ~/**течения** *(Geol)* Fließfalte *f* ǁ ~/**тройная** *(Typ)* Dreifachfalz *m* ǁ ~/**тройная перегнутая** *(Typ)* Dreifachknickfalz *m* ǁ ~/**тупая** *(Geol)* flache Falte *f* ǁ ~/**угловатая** *s.* ~/зигзагообразная ǁ ~/**узкая** *(Geol)* schmale Falte *f* ǁ ~ **фундамента** *s.* ~ основания ǁ ~/**чешуйчатая** Schuppenfalte *f* ǁ ~/**эжективная** *(Geol)* Ejektivfalte *f* ǁ ~/**эксцентрическая** *(Geol)* exzentrische Falte *f* ǁ ~/**эмбриональная** *(Geol)* Embryonalfalte *f* ǁ ~/**эшелонированная** *(Geol)* Kuppelfalte *f*

складка-взброс *f (Geol)* Bruchfalte *f*, Faltenüberschiebung *f*, Faltenaufschiebung *f*
складка-надвиг *f s.* складка-взброс
складка-сброс *f (Geol)* Bruchfalte *f*
складкообразование *n (Geol)* Faltenbildung *f*, Faltung *f*
складной 1. zusammenlegbar, zusammenklappbar, Klapp…; 2. bündig
склад-холодильник *m* Kühlhaus *n*
складчатость *f (Geol)* Faltung *f* ǁ ~/**альпийская** alpidische (alpine) Faltung *f* ǁ ~/**альпинотипная** alpinotype Faltung *f* ǁ ~/**андийская (андская)** andische Faltung *f* ǁ ~/**аппалачская** appalachische Faltung *f* ǁ ~/**архейская** archäische Faltung *f* ǁ ~/**блоковая** *s.* ~/германотипная ǁ ~/**варисская (варисцийская)** variszische Faltung *f* ǁ ~/**геосинклинальная** geosynklinale Faltung *f* ǁ ~/**германотипная** germanotype Faltung *f* ǁ ~/**гравитационная** Gleitfaltung *f*, Gravitationsfaltung *f* ǁ ~/**гребневидная** ejektive Faltung *f*, Ejektivfaltung *f* ǁ ~/**дежективная** dejektive Faltung *f* ǁ ~/**диапировая** Diapirfaltung *f* ǁ ~/**дисгармоничная** disharmonische Faltung *f* ǁ ~ **жёстких пород** Faltung *f* kompetenter Gesteine ǁ ~/**идиоморфная** *s.* ~/прерывистая ǁ ~/**иеншанская** Yenshanfaltung *f* ǁ ~ **изгиба** Biegefaltung *f*, Knickfaltung *f* ǁ ~/**изоклинальная** Isoklinalfaltung *f*, parallelschenklige Faltung *f* ǁ ~/**инконгруентная** inkongruente Faltung *f* ǁ ~ **истечения** Fließfaltung *f* ǁ ~/**каледонская** kaledonische Faltung *f* ǁ ~/**карельская** karelidisch-svekofennidische Faltung *f* ǁ ~/**киммерийская** kimmerische Faltung *f* ǁ ~/**компетентная** Faltung *f* kompetenter Gesteine ǁ ~/**конгруентная** kongruente Faltung *f* ǁ ~/**конседиментационная** synsedimentäre Faltung *f* ǁ ~/**концентрическая** konzentrische Faltung *f*, Parallelfaltung *f* ǁ ~/**кулисовидная (кулисообразная)** Kulissenfaltung *f*, Vorhangfaltung *f* ǁ ~/**куполовидная** Kuppelfaltung *f* ǁ ~/**лаврентевская** laurentische Faltung *f* ǁ ~/**линейная** lineare Faltung *f* ǁ ~/**мезозойская** mesozoische Faltung *f* ǁ ~/**мелкая** Kleinfaltung *f* ǁ ~/**невадийская** nevadische Faltung *f* ǁ ~/**некомпетентная** Faltung *f* inkompetenter Gesteine, Fließfaltung *f* ǁ ~/**параллельная** Parallelfaltung *f*, konzentrische Faltung *f* ǁ ~/**переходная** intermediäre Faltung *f* ǁ ~ **пластичных пород** *s.* ~/некомпетентная ǁ ~/**платформенная** Plattformfaltung *f*, Tafelfal-

складчатость

tung f ‖ ~ **подводных оползней** subaquatische Faltung f ‖ ~/**подобная** ähnliche Faltung f ‖ ~/**поперечная** Querfaltung f ‖ ~/**постумная** posthume Faltung f, Nachfaltung f ‖ ~/**прерывистая** unstetige Faltung f ‖ ~/**промежуточная** intermediäre Faltung f ‖ ~/**птигматическая** ptygmatische Faltung f ‖ ~/**рифейская** riphäische Faltung f ‖ ~/**салаирская** salairische Faltung f ‖ ~/**сжатая** Quetschfaltung f ‖ ~ **скалывания** Scherfaltung f ‖ ~ **скалывания и изгиба** Biegescherfaltung f ‖ ~ **течения** Fließfaltung f ‖ ~/**тихоокеанская** pazifische Faltung f ‖ ~/**тяншанетипная** s. ~/иеншанская ‖ ~/**унаследованная** s. ~/постумная ‖ ~/**эжективная** ejektive Faltung f, Ejektivfaltung f ‖ ~/**эшелонированная** Kulissenfaltung f, gestaffelte Faltung f

складывание n 1. Zusammenlegen n; Falten n, 2. (Math) Addieren n

складывать 1. zusammenlegen; zusammenfalten, falten; 2. (Math) addieren, zusammenzählen; 3. hinzufügen ‖ ~ **в бурты** (Lw) einmieten (Kartoffeln, Rüben) ‖ ~ **в погреб** einkellern ‖ ~ **в штабеля** aufstapeln

склеивание n Kleben n, Leimen n, Verleimen n, Zusammenkleben n; (Opt) Verkitten n (von Linsen)

склеивать [ver]kleben, zusammenkleben, [ver]leimen, zusammenleimen; (Opt) [ver]kitten (Linsen)

склеить s. склеивать

склейка f 1. s. склеивание; 2. Klebestelle f ‖ ~ **внахлёстку** überlappte Klebung f ‖ ~ **линз** (Opt) Verkittung f von Linsen, Linsenkittung f

склепать s. склёпывать

склёпка f (Fert) Nieten n, Nietung f (s. a. unter клёпка) ‖ ~/**плотная** Dichtnietung f ‖ ~/**поперечная** Quernietung f

склёпывать (Fert) nieten, zusammennieten

склерометр m (Wkst) Skerometer n, Härteprüfer m, Ritzhärteprüfer m

склероскоп m (Wkst) Rücksprunghärteprüfer m, Rückprallhärteprüfer m, Schlaghärteprüfer m, Skleroskop n ‖ ~ **Шора** Skleroskop n (Rückprallhärteprüfer m) nach Shore

склиз m 1. Rutsche f, Schurre f; 2. (Text) Ladenbahn f (Weblade); 3. (Text) Wagenführung f (Flyer)

склизок m 1. ungeborenes Fell n; 2. Fell n eines totgeborenen Tieres

склон m 1. Hang m, Abhang m; Böschung f; 2. Halde f; 3. (El) Dachschräge f (eines Impulses); 4. Gefälle n (einer Kurve) ‖ ~/**береговой** Uferböschung f ‖ ~/**вертикальный** senkrechter Hang m ‖ ~/**вогнутый** Gleithang m ‖ ~ **долины** Talhang m ‖ ~/**континентальный** Kontinentalhang m, Kontinentalböschung f ‖ ~/**крутой** Steilhang m ‖ ~/**материковый** Kontinentalhang m, Kontinentalböschung f ‖ ~/**наветренный** luvseitiger Hang m (einer Düne) ‖ ~/**обрывистый** Steilhang m ‖ ~/**подветренный** leeseitiger Hang m (einer Düne) ‖ ~/**подводный** 1. Unterwasserhang m; 2. ~/**материковый** ‖ ~/**пологий** flacher (flacheinfallender) Hang m ‖ ~/**скалистый** Fels[ab]hang m ‖ ~/**соляной** Salzhang m ‖ ~ **соляной залежи** Salzhang m ‖ ~/**ступенчатый** stufenförmiger

Hang m, Stufenhang m ‖ ~ **террасы** Terrassenböschung f, Terrassenhang m

склонение n 1. Neigung f; 2. (Astr, Geoph) Deklination f; 3. s. ~/магнитное • **по склонению** (Astr) in Deklination ‖ ~/**восточное магнитное** (Geoph) positive Deklination f ‖ ~/**западное магнитное** (Geoph) negative Deklination f ‖ ~/**магнитное** (Geoph) magnetische Deklination f, Mißweisung f ‖ ~/**отрицательное** s. ~/южное ‖ ~/**положительное** s. ~/северное ‖ ~ **рудных тел** (Geol) Einfallen n (Neigung f) von Erzkörpern ‖ ~ **светила** (Astr) Deklination f (Gestirn) ‖ ~/**северное** (Astr) nördliche Deklination f ‖ ~/**южное** (Astr) südliche Deklination f

склонность f Neigung f, Veranlagung f; Anfälligkeit f, Disposition f; Empfindlichkeit f ‖ ~ **к адгезии** (Mech) Adhäsionsneigung f ‖ ~ **к выщипыванию** (Typ) Rupfneigung f (des Papiers während des Druckens) ‖ ~ **к детонации** Klopfneigung f (Verbrennungsmotor) ‖ ~ **к коррозии** Korrosionsneigung f, Korrosionsanfälligkeit f, Korrosionsempfindlichkeit f ‖ ~ **к пылению** (Typ) Neigung f zum Stäuben (des Papiers während des Druckens) ‖ ~ **к сминанию** (Text) Knitterneigung f ‖ ~ **к старению** (Wkst) Alterungsneigung f ‖ ~/**к усадку** (Wkst) Schwindungsneigung f

склянка f 1. (Schiff) Glas n (pl: Glasen; halbstündliches Zeitmaß); 2. (Ch) [kleine] Flasche f (Laborgerät) ‖ ~/**буферная** s. ~/предохранительная ‖ ~/**газодобывающая** Gasentwicklungsflasche f ‖ ~/**газопромывная** Gaswaschflasche f ‖ ~/**двугорлая** Woulffsche Flasche f mit zwei Hälsen ‖ ~/**капельная** Tropfflasche f, Tropfglas n ‖ ~/**отсосная** Saugflasche f ‖ ~/**отстойная** Abklärflasche f ‖ ~/**предохранительная** Sicherheitsflasche f, Vorschaltflasche f ‖ ~/**промывная** Waschflasche f ‖ ~/**трёхгорлая** Woulffsche Flasche f mit drei Hälsen ‖ ~/**узкогорлая** Enghalsflasche f ‖ ~/**широкогорлая** Weithalsflasche f

СКМ s. система кондиционирования микроклимата

СКО s. 1. станция кругового обзора; 2. отклонение/среднеквадратическое

скоба f 1. Bügel m; 2. Klammer f; Schelle f; Bügelschraube f; 3. Spanneisen n; 4. (Meß) Rachenlehre f; 5. (Schiff) s. ~/соединительная ‖ ~/**анкерная** (Bw) Ankerbügel m, Verankerungsklammer f ‖ ~/**буксирная** (Schiff) Schleppttrossenschäkel m ‖ ~/**вертлюжная** (Schiff) Wirbelschäkel m ‖ ~/**грузовая** (Schiff) Ladeschäkel m ‖ ~/**грузоподъёмная** (Förd) Lastbügel m, Lastschäkel m ‖ ~/**двойная** (Typ) Doppelklammer f (Heften) ‖ ~/**зажимная** Klemmbügel m ‖ ~/**закрепляющая** Befestigungsbügel m ‖ ~/**измерительная** Meßbügel m, Bügelmeßgerät n (Sammelbegriff für Bügelfeinzeiger und Feinzeiger-Bügelmeßschrauben) ‖ ~/**индикаторная** (Meß) Bügelfeinzeiger m ‖ ~/**калиберная** (Meß) Rachenlehre f, Außenlehre f ‖ ~/**катодная** (El) Kathodenhaken m ‖ ~ **ковша/подвесная** (Gieß) Pfannenbügel n, Pfannenbügel m ‖ ~/**концевая** (Schiff) Endschäkel m (Ankerkette) ‖ ~/**натяжная** (Bw) Spannbügel m ‖ ~/**несущая** (Bw) Tragbügel m ‖ ~/**ограничительная** (Bw) Fangbügel m ‖ ~/**перекидная**

Übergreifeisen n (zur geometrischen Bestimmung des Volumens von Behältern) ‖ ~/**поводковая** Mitnehmerbügel m ‖ ~/**предельная** (Meß) Grenzrachenlehre f (s. a. ~/калиберная) ‖ ~/**предохранительная** (Bw) Fangbügel m, Sicherungsbügel m ‖ ~/**прицепная** (Lw) Ackerschiene f ‖ ~/**резьбовая** Gewinderachenlehre f ‖ ~/**рычажная** (Meß) Bügelfeinzeiger m ‖ ~ с концевыми мерами Endmaßrachenlehre f ‖ ~ скоб-трапа (Schiff) Steigeisen n ‖ ~/**соединительная** (Schiff) Schäkel m, Verbindungsschäkel m, Ankerkettenschäkel m ‖ ~/**строительная** (Bw) Bauklammer f ‖ ~/**такелажная** (Schiff) Schäkel m, Takelschäkel m ‖ ~/**упорная** (Wkzm) Anschlagzeiger m ‖ ~ **щупла** Fühlerbügel m ‖ ~/**якорная** (Schiff) Ankerschäkel m ‖ ~ **якоря** s. ~/якорная
скобель m 1. (Wkz) Zugmesser n (Zimmermannswerkzeug); 2. (Led) Schabeisen n; 3. (Forst) Schälmesser n (zum Entrinden) ‖ ~/**столярный** Ziehklinge f (Tischlerwerkzeug)
скобить klammern, verklammern, mit Klammern befestigen
скобка f (Math) Klammer f ‖ ~/**квадратная** eckige Klammer f ‖ ~/**круглая** runde Klammer f ‖ ~ **Лагранжа** Lagrange-Klammer f, Lagrangesche Klammer f (analytische Mechanik) ‖ ~/**ломаная** spitze Klammer f ‖ ~/**прямая** eckige Klammer f ‖ ~ **Пуассона** Poisson-Klammer f, Poissonsche Klammer f (analytische Mechanik) ‖ ~/**фигурная** geschweifte Klammer f, Akkolade f ‖ ~ **Якоби** Jacobische Klammer f (analytische Mechanik)
скобление n (Fert) Schaben n; Abschaben n
скоблить (Fert) schaben; abschaben
скоб-трап m Steigeisenleiter f
скованный geschmiedet; zusammengeschmiedet
сковорода f Pfanne f (Laborgerät) ‖ ~/**выпарочная (выпарная)** Siedepfanne f, Abdampfpfanne f
скол m 1. Absplittern n, Absplitterung f, Abplatzen n; 2. (Krist) Spaltfläche f ‖ ~ **края** Scheibenausbruch m (Halbleiter) ‖ ~ **кромки** Kantenausbruch m (Halbleiter)
сколецит m (Min) Skolezit m (Faserzeolith)
сколка f **льда** (Schiff) Abschlagen n des Eises
сколоть s. скалывать
скольжение n 1. Gleiten n, Rutschen n; Schleifen n; 2. (El) Schlupf m (Rotor von Asynchronmaschinen); 3. (Flg) Schieben n, Slippen n; 4. (Krist) Gleitung f; 5. (Mech) Schub m; 6. (Masch) Schlupf m; 7. (Eb) Gleiten n, Schlupf m (Rad) ‖ • **без скольжения** schlupffrei ‖ ~ **боковой поверхности/удельное** (Masch) Zahnflankenschlupf m ‖ ~ **валков** Walzenschlupf m (Kollergang) ‖ ~ **вниз** Abwärtsgleiten n ‖ ~/**восходящее** (Meteo) Aufgleiten n ‖ ~/**двойниковое** (Krist) Zwillingsgleitung f; einfache Schiebung f ‖ ~ **дислокации** (Krist) Versetzungsgleiten n ‖ ~ **ионов** (Kern) Ionenschlupf m ‖ ~/**карандашное** (Krist) Stäbchengleitung f ‖ ~ **кристаллов** (Krist) Kristallgleitung f ‖ ~/**лёгкое** (Krist) Easyglide-Bereich m ‖ ~ **на крыло** (Flg) Seitenflug m, Slip m ‖ ~ **на хвост** (Flg) Abrutschen n ‖ ~/**нисходящее** (Meteo) Absinken n ‖ ~/**номинальное** Nennschlupf m ‖ ~/**обратное** Rückgleiten n ‖ ~ **по границам зёрен** (Krist) Korn-

grenzenfließen n, Korngrenzengleiten n ‖ ~/**поперечное** (Krist) Quergleitung f ‖ ~/**прерывистое** (Masch) Stick-Slip m ‖ ~/**рабочее** Arbeitsschlupf m ‖ ~ **ротора** (El) Läuferschlupf m ‖ ~/**скачкообразное** (Masch) Stick-Slip m ‖ ~/**тонкое** (Krist) Feingleitung f ‖ ~/**трансляционное** (Krist) 1. Blattgleitung f, mechanische Translation f; 2. Translationsgleitung f ‖ ~/**упругое** (Masch) Dehnungsschlupf m, elastischer Schlupf m ‖ ~ **холостого хода** Leerlaufschlupf m ‖ ~/**чистое** (Masch) reines Gleiten n
скользить gleiten, rutschen, schlüpfen; abgleiten
скользкий schlüpfrig; glatt
скользкость f Schlüpfrigkeit f; Glätte f
скользун m s. кулак 1.
скользящий gleitend; beweglich; Gleit...; Schiebe...
скомплектовка f (Typ) Zusammentragen n von Bögen zu Blöcken
скоп m (Pap) Fangstoff m, Dickstoff m
скопление n 1. Ansammlung f, Anhäufung f, Häufung f; 2. Haufen m, Nest n, Cluster m ‖ ~ **вакансий** (Krist) Leerstellencluster m (Halbleiter) ‖ ~ **волокон** (Text) Faseranhäufung f (Streckwerk; Spinnerei) ‖ ~ **галактик** (Astr) Nebelhaufen m, Galaxienhaufen m ‖ ~ **галактик/местное** (Astr) Lokale Gruppe f ‖ ~/**галактическое звёздное** (Astr) galaktischer Sternhaufen m ‖ ~ **графита [в чугуне]** Garschaum m (Gußeisen) ‖ ~/**движущееся звёздное** (Astr) Bewegungs[stern]haufen m ‖ ~/**дислокаций** (Krist) 1. Versetzungsgruppe f, Versetzungsanhäufung f; 2. Versetzungsaufstauung f ‖ ~ **звёзд/движущееся** (Astr) Bewegungssternhaufen m ‖ ~/**звёздное** (Astr) Sternhaufen m ‖ ~ **ионов** (Ph) Ionennest n, Ionenschwarm m, Ionencluster m ‖ ~/**карбидное** (Gieß) Carbidanhäufung f ‖ ~ **карбидов** (Gieß) Carbidanhäufung f ‖ ~ **кислородных дефектов** (Krist) Sauerstoffcluster m ‖ ~ **молекул** (Ph) Molekülschwarm m, Molekülcluster m ‖ ~ **пуха** (Text) Fluganhäufung f, Flughäufung f ‖ ~/**рассеянное звёздное** (Astr) offener Sternhaufen m ‖ ~/**рыбное** Fischschwarm m ‖ ~ **точечных дефектов** (Krist) Punktdefektcluster m ‖ ~ **туманностей** s. ~ галактик ‖ ~/**шаровое [звёздное]** (Astr) Kugel[stern]haufen m ‖ ~ **электронов** (Ph) Elektronenschwarm m
скорлупа f Schale f, Scheibe f
скоромешалка f Schnellmischer m, Schnellrührer m
скороморозильный Schnellgefrier...
скороподъёмность f (Flg) Steigfähigkeit f, Steigleistung f, Steiggeschwindigkeit f
скоропортящийся leicht verderblich
скороснижаемость f (Flg) Sinkflugleistung f, Sinkflugfähigkeit f
скороспелость f (Lw) Frühreife f
скоростемер m Geschwindigkeitsmesser m, Tachometer m ‖ ~/**регистрирующий** Geschwindigkeitsschreiber m
скоростной (Fert) 1. Hochgeschwindigkeits..., Schnell... (Zusatz zur Verfahrensbezeichnung, z. B. Hochgeschwindigkeitsschleifen, Schnelldrehen); 2. schnell[um]laufend (z. B. Welle)

скорость f 1. *(Mech)* Geschwindigkeit f; 2. *(Mech)* Drehzahl f, Drehfrequenz f; 3. *(Masch)* Getriebestufe f, Drehzahlstufe f; 4. *(Ak)* Schallschnelle f • **без скорости** geschwindigkeitslos, ruhend ‖ **~/абсолютная** *(Mech)* Absolutgeschwindigkeit f ‖ **~ акустических волн** *(Ak)* Schall[wellen]geschwindigkeit f ‖ **~ астатического действия** *(Reg)* Stellgeschwindigkeit f ‖ **~/барицентрическая** *(Mech)* baryzentrische Geschwindigkeit f, Schwerpunktsgeschwindigkeit f ‖ **~ бега волн** *(Hydrol)* Wellenlaufgeschwindigkeit f ‖ **~ буксировки** *(Schiff)* Schleppgeschwindigkeit f *(Schlepper)* ‖ **~ бурения** *(Bgb)* Bohrgeschwindigkeit f ‖ **~ бурения/рейсовая** technische Bohrgeschwindigkeit f ‖ **~ в апогее** *(Astr)* Apogäumsgeschwindigkeit f ‖ **~ в афелии** *(Astr)* Aphelgeschwindigkeit f ‖ **~ в перигее** *(Astr)* Perigäumsgeschwindigkeit f ‖ **~ в перигелии** *(Astr)* Perihelgeschwindigkeit f ‖ **~ ввода** *(Inf)* Eingabegeschwindigkeit f ‖ **~/вертикальная** *(Flg)* Vertikalgeschwindigkeit f ‖ **~/весовая** *(Mech)* Durchflußmasse f, Massengeschwindigkeit f ‖ **~/взлётная** *(Flg)* Abfluggeschwindigkeit f, Startgeschwindigkeit f ‖ **~ витания** *(Bgb)* Schwebegeschwindigkeit f *(Schwebestaub im Wetterstrom)* ‖ **~/вихревая** *(Hydrod)* Wirbelgeschwindigkeit f ‖ **~/внутренняя рабочая** *(Inf)* interne Arbeitsgeschwindigkeit f ‖ **~ воздуха** *(Bgb)* Wetterstromgeschwindigkeit f ‖ **~/воздушная** *(Flg)* Eigengeschwindigkeit f ‖ **~ воздушного потока** 1. *(Aero)* Luftdurchsatzgeschwindigkeit f; Strömungsgeschwindigkeit f; 2. *(Bgb)* Wetterstromgeschwindigkeit f ‖ **~ возрастания** 1. *(Math)* Wachstumsgeschwindigkeit f; absolute Wachstumsrate f, Zuwachsrate f *(Statistik)* ‖ **~/волновая** *(Mech)* Ausbreitungsgeschwindigkeit f der Welle, Wellengeschwindigkeit f ‖ **~ волны** s. **~/волновая** ‖ **~ восстановления** 1. *(Met)* Reduktionsgeschwindigkeit f; 2. *(Wkst)* Erholungsgeschwindigkeit f ‖ **~ восходящего потока** *(Flg)* Aufwind m, Geschwindigkeit f des Aufwindes ‖ **~ впрыска** *(Kst)* Einspritzgeschwindigkeit f, Schußgeschwindigkeit f ‖ **~ вращения** *(Mech)* Umlaufgeschwindigkeit f, Rotationsgeschwindigkeit f; Drehzahl f ‖ **~ вращения двигателя** Motordrehzahl f ‖ **~ вращения/действительная** Istdrehzahl f ‖ **~ вращения/заданная** Solldrehzahl f ‖ **~ вращения/конечная** Enddrehzahl f ‖ **~ вращения на холостом ходу** Leerlaufdrehzahl f ‖ **~ вращения/наибольшая** Höchstdrehzahl f ‖ **~ вращения/номинальная** Nenndrehzahl f ‖ **~ вращения/основная** Grunddrehzahl f ‖ **~ вращения/относительная** Relativdrehzahl f, relative Drehzahl f ‖ **~ вращения/предельная** Grenzdrehzahl f ‖ **~ вращения при холостом ходе** Leerlaufdrehzahl f ‖ **~ вращения/рабочая** Betriebsdrehzahl f ‖ **~ вращения/установившаяся** Beharrungsdrehzahl f ‖ **~ вращения холостого хода** Leerlaufdrehzahl f ‖ **~ вращения/эксплуатационная** Betriebsdrehzahl f ‖ **~ вращения якоря** *(El)* Ankerdrehzahl f ‖ **~ всасывания** s. **~ откачки** ‖ **~/вторая космическая** *(Raumf)* Entweichgeschwindigkeit f, parabolische Geschwindigkeit f ‖ **~ входа** Eintrittsgeschwindigkeit f ‖ **~ входа струи на лопату/относительная** relative Eintrittsgeschwindigkeit f in die Laufschaufeln *(Turbine; Kreiselverdichter; Kreiselpumpe)* ‖ **~/входная** s. **~ входа** ‖ **~ выбирания** *(Schiff)* Hievgeschwindigkeit f *(Anker)*; Holgeschwindigkeit f ‖ **~ выборки** 1. *(Inf)* Zugriffsgeschwindigkeit f; 2. s. **~ выбирания** ‖ **~ вывода** *(Inf)* Ausgabegeschwindigkeit f ‖ **~ выгорания [ядерного топлива]** *(Kern)* Abbrandgeschwindigkeit f ‖ **~ выдвижения** Ausfahrgeschwindigkeit f *(beim Schubgabelstapler)* ‖ **~ вылета** Austrittsgeschwindigkeit f ‖ **~ выполнения операций** *(Inf)* Operationsgeschwindigkeit f ‖ **~ высушивания** Austrocknungsgeschwindigkeit f ‖ **~ вытеснения** Verdrängungsgeschwindigkeit f ‖ **~ вытравливания** *(Schiff)* Fiergeschwindigkeit f *(Trosse, Ankerkette)* ‖ **~ выхода** Austrittsgeschwindigkeit f ‖ **~/выходная** s. **~ выхода** ‖ **~ вычислений** *(Inf)* Rechengeschwindigkeit f ‖ **~ газового потока** Gasströmungsgeschwindigkeit f ‖ **~/геоцентрическая** *(Astr)* geozentrische Geschwindigkeit f ‖ **~/гиперболическая** *(Raumf)* hyperbolische Geschwindigkeit f ‖ **~/гиперзвуковая** *(Rak, Flg)* Hyperschallgeschwindigkeit f ‖ **~ глиссирования** *(Schiff)* Gleitgeschwindigkeit f ‖ **~ горения** *(Rak)* Brenngeschwindigkeit f ‖ **~ горизонтального полёта** *(Flg)* Horizontal[flug]geschwindigkeit f ‖ **~ графитизации** *(Met)* Graphitisierungsgeschwindigkeit f ‖ **~/групповая** *(Mech)* Gruppengeschwindigkeit f *(Wellengruppe)* ‖ **~ двигателя** Motorgeschwindigkeit f; Motordrehzahl f ‖ **~ движения** Fahrgeschwindigkeit f; Bewegungsgeschwindigkeit f ‖ **~ движения ионов** *(Ph)* Ionengeschwindigkeit f ‖ **~ движения электронов** Elektronengeschwindigkeit f ‖ **~/действительная** Istgeschwindigkeit f, tatsächliche Geschwindigkeit f ‖ **~ деления** *(Kern)* Spalthäufigkeit f, Spaltrate f ‖ **~ деформации** Formänderungsgeschwindigkeit f, Umformgeschwindigkeit f ‖ **~ диффузии** *(Ph)* Diffusionsgeschwindigkeit f ‖ **~/длительная** *(Mech)* Dauergeschwindigkeit f ‖ **~/дозвуковая** *(Rak, Flg)* Unterschallgeschwindigkeit f ‖ **~/допустимая** zulässige (zugelassene) Geschwindigkeit f ‖ **~/дрейфовая** *(Eln)* Driftgeschwindigkeit f ‖ **~ дутья** Blasgeschwindigkeit f *(Schachtofen, Konverter)* ‖ **~ дырок** *(Eln)* Defektelektronengeschwindigkeit f, Löchergeschwindigkeit f *(Halbleiter)* ‖ **~/заданная** vorgegebene Geschwindigkeit f, Sollgeschwindigkeit f ‖ **~ заднего хода** *(Kfz)* Rückwärtsgeschwindigkeit f ‖ **~ зажигания** Zündgeschwindigkeit f *(Verbrennungsmotor)* ‖ **~ закалки** *(Härt)* Abschreckgeschwindigkeit f, Schreckgeschwindigkeit f ‖ **~ записи** *(Inf)* Schreibgeschwindigkeit f, Aufzeichnungsgeschwindigkeit f ‖ **~ заполнения [формы]** *(Gieß)* Form[en]füllgeschwindigkeit f, Ansteckgeschwindigkeit f ‖ **~/заправочная** *(Wlz)* Einstichgeschwindigkeit f, Ansteckgeschwindigkeit f ‖ **~ зарядки** *(El)* Ladegeschwindigkeit f ‖ **~ застывания (затвердевания)** *(Met)* Erstarrungsgeschwindigkeit f, Kristallisationsgeschwindigkeit f ‖ **~ затухания** *(El)* Abklinggeschwindigkeit f ‖ **~ захвата** *(Kern)* Einfangrate f ‖ **~ зацепления** *(Masch)* Eingriffsgeschwindigkeit f ‖ **~ звука** Schall[wellen]geschwindigkeit f ‖ **~ звука/критическая** s. **~ Лаваля** ‖ **~/избыточная** Übergeschwindigkeit f ‖ ~ **изменения** Änderungsgeschwindigkeit f, Änderungsrate f ‖ ~ **изменения тока** Stromänderungsgeschwindigkeit f ‖ ~ **изнашивания (износа)** *(Masch)* Verschleißgeschwindigkeit f ‖ ~/**индикаторная** *(Flg)* Instrumentengeschwindigkeit f ‖ ~ **индикации** *(Меß)* Anzeigegeschwindigkeit f ‖ ~/**индуктивная** *(Aero)* induzierte Geschwindigkeit f *(Komponente der durch Abwind am Tragflügel, Leitwerk oder rotierenden Schraubenblatt entstehenden Strömungsgeschwindigkeit)* ‖ ~ **ионизации (ионообразования)** *(Ph)* Ionisierungsgeschwindigkeit f, Ionisationsgeschwindigkeit f ‖ ~ **испарения** Verdampfungsgeschwindigkeit f ‖ ~ **истечения** *(Hydrom)* Ausströmungsgeschwindigkeit f, Ausflußgeschwindigkeit f ‖ ~/**истинная воздушная** *(Flg)* wahre Fluggeschwindigkeit f, TAS ‖ ~/**исходная** Ausgangsgeschwindigkeit f ‖ ~/**кажущаяся** Scheingeschwindigkeit f *(z. B. des Windes)* ‖ ~ **касания земли** *(Flg)* Aufsetzgeschwindigkeit f ‖ ~ **качения** *(Masch)* Wälzgeschwindigkeit f ‖ ~ **качения шин** Reifengeschwindigkeit f ‖ ~ **коммутации** Schaltgeschwindigkeit f; Kommutierungsgeschwindigkeit f *(elektrischer Maschinen)* ‖ ~/**комплексная** *(Aero)* komplexe Geschwindigkeit f ‖ ~ **конденсации** *(Ph)* Kondensationsgeschwindigkeit f ‖ ~/**конечная** *(Mech)* Endgeschwindigkeit f; *(Wlz)* Auslaufgeschwindigkeit f ‖ ~ **коррозии** Korrosionsgeschwindigkeit f ‖ ~/**крейсерская** *(Flg)* Reisegeschwindigkeit f ‖ ~ **крипа** s. ~ **ползучести** ‖ ~ **кристаллизации** *(Met)* Kristallisationsgeschwindigkeit f; Erstarrungsgeschwindigkeit f ‖ ~/**круговая** s. ~/**первая космическая** ‖ ~ **Лаваля** *(Flg, Rak)* Laval-Geschwindigkeit f, kritische Schallgeschwindigkeit f ‖ ~/**линейная** *(Mech)* lineare Geschwindigkeit f, Lineargeschwindigkeit f ‖ ~/**лучевая** 1. *(Astr)* Radialgeschwindigkeit f *(eines Himmelskörpers)*; 2. *(Opt)* Strahlengeschwindigkeit f, Ausbreitungsgeschwindigkeit f der Lichtenergie ‖ ~/**максимальная** *(Mech)* Maximalgeschwindigkeit f, Höchstgeschwindigkeit f ‖ ~/**максимально допустимая** höchstzulässige Geschwindigkeit f ‖ ~/**маневровая** *(Eb)* Verschiebegeschwindigkeit f, Rangiergeschwindigkeit f ‖ ~/**маршевая** 1. *(Masch)* Rücklaufgeschwindigkeit f; 2. *(Schw)* Zustellgeschwindigkeit f, Eilgang m ‖ ~/**маршрутная** *(Eb)* Reisegeschwindigkeit f ‖ ~ **массообмена** *(Ph)* Stoffaustauschgeschwindigkeit f ‖ ~/**мгновенная** *(Mech)* Momentangeschwindigkeit f ‖ ~ **меньше волновой скорости** *(Hydrom)* Unterschallgeschwindigkeit f ‖ ~ **метания** *(Bgb)* Schleudergeschwindigkeit f *(Schleuderversatzmaschine)* ‖ ~ **миграции** Wanderungsgeschwindigkeit f *(von Ionen, Domänen etc.)* ‖ ~/**минимальная** Mindestgeschwindigkeit f ‖ ~ **на входе** Eintrittsgeschwindigkeit f, Einströmgeschwindigkeit f ‖ ~ **на выходе** Auslaßgeschwindigkeit f ‖ ~ **на испытаниях** *(Schiff)* Probefahrtsgeschwindigkeit f ‖ ~ **на окружности** Umfangsgeschwindigkeit f ‖ ~ **на ходовых испытаниях** *(Schiff)* Probefahrtsgeschwindigkeit f ‖ ~ **набегающего потока** *(Aero)* Anströmgeschwindigkeit f ‖ ~ **набора высоты** *(Flg)* Steiggeschwindigkeit f ‖ ~ **нагрева** Erwärmungsgeschwindigkeit f, Anwärmgeschwindigkeit f, Erhitzungsgeschwindigkeit f; *(Eln)* Aufheizrate f, Aufheizrampe f ‖ ~ **надвига состава** *(Eb)* Abdrückgeschwindigkeit f *(Ablaufberg; Rangieren)* ‖ ~/**надводная** Überwasser[fahrt]geschwindigkeit f *(U-Boot)* ‖ ~/**наименьшая** Kleinstgeschwindigkeit f ‖ ~/**наименьшая длительная** *(Eb)* kleinste Dauerfahrgeschwindigkeit f *(Lok)* ‖ ~ **наматывания** *(Text)* Aufspulgeschwindigkeit f; Aufwindegeschwindigkeit f ‖ ~ **нарастания** *(Ph)* Anstiegsgeschwindigkeit f, Anstiegsrate f ‖ ~ **нарастания давления** Druckanstiegsgeschwindigkeit f ‖ ~ **нарастания тока** *(El)* Stromanstiegsgeschwindigkeit f ‖ ~/**начальная** Anfangsgeschwindigkeit f ‖ ~/**неравномерная** ungleichförmige Geschwindigkeit f ‖ ~/**номинальная** Nenngeschwindigkeit f ‖ ~/**нормальная** Normalgeschwindigkeit f ‖ ~/**обобщённая** *(Mech)* verallgemeinerte (generalisierte) Geschwindigkeit f ‖ ~ **обработки** *(Inf)* Verarbeitungsgeschwindigkeit f *(von Daten)* ‖ ~ **образования** *(Ph)* Erzeugungsgeschwindigkeit f, Erzeugungsrate f ‖ ~ **образования зародышей** Keimbildungsgeschwindigkeit f, Keimbildungshäufigkeit f ‖ ~ **образования частиц** *(Kern)* Entstehungsrate f ‖ ~ **обратного хода** Rücklaufgeschwindigkeit f ‖ ~ **обращения** *(Inf)* Zugriffsgeschwindigkeit f ‖ ~ **обтекания** *(Aero)* Anströmungsgeschwindigkeit f ‖ ~ **объёмного расширения** *(Therm)* Volumendilatationsgeschwindigkeit f ‖ ~ **окисления** Oxidationsgeschwindigkeit f ‖ ~/**околозвуковая** *(Rak, Flg)* schallnahe Geschwindigkeit f ‖ ~/**оконечная** Endgeschwindigkeit f ‖ ~/**окружная** *(Ph)* Umfangsgeschwindigkeit f ‖ ~ **опережения** Voreilgeschwindigkeit f ‖ ~ **оплавления** *(Schw)* Abbrenngeschwindigkeit f *(Abbrennschweißen)* ‖ ~/**оптимальная** optimale Geschwindigkeit f ‖ ~/**оптимальная позиционирующая** optimale Positioniergeschwindigkeit f ‖ ~/**орбитальная** *(Astr)* Bahngeschwindigkeit f, Umlaufgeschwindigkeit f ‖ ~ **осадки** *(Schw)* Stauchgeschwindigkeit f *(Abbrennschweißen)* ‖ ~ **освобождения** Freisetzungsgeschwindigkeit f ‖ ~ **откачки** Sauggeschwindigkeit f, Pumpgeschwindigkeit f, Fördergeschwindigkeit f *(Vakuumpumpe)* ‖ ~ **отклика** *(Eln)* Anstiegrate f, Skew-Rate f ‖ ~ **отклонения** Ablenkgeschwindigkeit f ‖ ~ **отключения** *(El)* Abschaltgeschwindigkeit f ‖ ~/**относительная** relative (bezogene) Geschwindigkeit f, Relativgeschwindigkeit f ‖ ~ **относительно воды** *(Schiff)* Geschwindigkeit (Fahrt) f durch das Wasser ‖ ~ **относительно воздуха** *(Flg)* relative Geschwindigkeit f zur Luft, wahre Fluggeschwindigkeit f, TAS ‖ ~ **относительно грунта** *(Schiff)* Geschwindigkeit (Fahrt) f über Grund ‖ ~ **относительно земли** *(Flg)* Weggeschwindigkeit f ‖ ~ **относительно удлинения** s. ~ **растяжения** ‖ ~ **отрыва** *(Flg)* Abhebegeschwindigkeit f; Kühlgeschwindigkeit f ‖ ~ **охлаждения** Abkühlungsgeschwindigkeit f ‖ ~/**падения** *(Mech)* Fallgeschwindigkeit f ‖ ~/**параболическая** s. ~/**вторая космическая** ‖ ~ **парения** Schwebegeschwindigkeit f ‖ ~/**пекулярная** *(Astr)* Pekuliargeschwindigkeit f ‖ ~/**первая космическая** *(Raumf)* Kreisbahngeschwindigkeit f, elliptische Geschwindigkeit f ‖ ~ **передачи** Übertragungsgeschwindigkeit f, Übertra-

скорость

gungsrate f, Transferrate f; Sendegeschwindigkeit f II ~ **передачи данных** Datenübertragungsgeschwindigkeit f II ~ **передачи информации** Informationsübertragungsgeschwindigkeit f II ~ **передачи сигнала** Signalübertragungsgeschwindigkeit f II ~ **передвижения груза** Fördergeschwindigkeit f II ~ **переднего хода** (Kfz) Vorwärtsgeschwindigkeit f II ~ **переключения** (El) Umschaltgeschwindigkeit f II ~/**переменная** veränderliche Geschwindigkeit f II ~ **перемещения** 1. (Reg) Verstellgeschwindigkeit f; 2. Fahrgeschwindigkeit f, Laufgeschwindigkeit f II ~ **перемещения винта** Spindelgeschwindigkeit f II ~ **перемещения поршня** Kolbengeschwindigkeit f II ~ **печати** (Typ) Druckgeschwindigkeit f II ~/**пиковая** s. ~/**максимальная** II ~ **плавления** Schmelzgeschwindigkeit f II ~ **по вертикали** (Flg) Vertikalgeschwindigkeit f II ~ **по приборам** angezeigte Geschwindigkeit (Fluggeschwindigkeit) f, Instrumentengeschwindigkeit f, IAS II ~ **поверхностной рекомбинации** (Eln) Oberflächenrekombinationsgeschwindigkeit f II ~ **поворота** Drehgeschwindigkeit f, Schwenkgeschwindigkeit f (Kran) II ~ **поглощения** (Ph) Aufnahmegeschwindigkeit f (U-Boot) II ~ **подачи** 1. (Fert) Vorschubgeschwindigkeit f (Werkzeugmaschine); 2. (Wlz) Anstichgeschwindigkeit f II ~ **подачи насоса** Förderstrom m der Pumpe, Fördergeschwindigkeit f (Pumpe) II ~ **подвигания забоя (очистных работ)** (Bgb) Verhiebsgeschwindigkeit f II ~ **подлодки/подводная** Unterwasser[fahrt]geschwindigkeit f (U-Boot) II ~ **подъёма** 1. Hubgeschwindigkeit f; 2. (Bgb) Fördergeschwindigkeit f (im Förderschacht); 3. (Flg) Steiggeschwindigkeit f II ~ **позиционирования** Positioniergeschwindigkeit f (eines Roboters) II ~/**позиционирующая** Positioniergeschwindigkeit f (eines Roboters) II ~ **поиска** (Inf) Suchgeschwindigkeit f II ~ **полёта** (Flg, Rak) Fluggeschwindigkeit f II ~ **полёта/большая дозвуковая** große Unterschallgeschwindigkeit f, subsonische Geschwindigkeit f II ~ **полёта/воздушная** Eigengeschwindigkeit f, [wahre] Fahrt f II ~ **полёта/дозвуковая** Unterschallgeschwindigkeit f, subsonische Geschwindigkeit f II ~ **полёта/критическая** kritische Fluggeschwindigkeit f II ~ **полёта/путевая** Grundgeschwindigkeit f, Geschwindigkeit f über Grund, Absolutgeschwindigkeit f II ~ **ползучести** (Wkst) Kriechgeschwindigkeit f, Dehngeschwindigkeit f beim Dauerstandversuch II ~ **поршня** Kolbengeschwindigkeit f II ~ **поршня/средняя** mittlere Kolbengeschwindigkeit f II ~/**посадочная** (Flg) Landegeschwindigkeit f II ~/**постоянная** gleichbleibende Geschwindigkeit f II ~/**поступательная** (Schiff) Fortschrittsgeschwindigkeit f (Propulsionsberechnung) II ~ **потока** (Hydrol) Strömungsgeschwindigkeit f II ~ **потока/индуктивная** (Aero) induzierte Strömungsgeschwindigkeit f II ~ **превращения** Umwandlungsgeschwindigkeit f II ~ **преобразования** Konvertierungsgeschwindigkeit f, Umsetzungsgeschwindigkeit f II ~/**приборная** s. ~ **по прибору** II ~ **притока** (Hydt) Zuströmgeschwindigkeit f, Zuflußgeschwindigkeit f II ~ **пробега** (Flg) Ausrollgeschwindigkeit f II ~ **продвижения** s. ~ **протяжки** II ~ **просачивания** (Hydt) Perkolationsgeschwindigkeit f, Durchsickerungsgeschwindigkeit f II ~ **протекания реакции** (Ch) Reaktionsgeschwindigkeit f II ~ **протяжки** Transportgeschwindigkeit f, Laufgeschwindigkeit f (Filme, Bänder etc.) II ~ **проходки** (Bgb) Vortriebsgeschwindigkeit f; Abteufgeschwindigkeit f II ~ **псевдоожижения** Wirbelgeschwindigkeit f (Wirbelschichttechnik) II ~/**путевая** (Flg) Weggeschwindigkeit f; (Inf) Betriebsgeschwindigkeit f, Operationsgeschwindigkeit f II ~ **рабочего хода** Hubgeschwindigkeit f des Arbeitshubes (Verbrennungsmotor; Hubkolbenmotor) II ~/**равномерная** gleichförmige Geschwindigkeit f II ~/**радиальная** II ~/**лучевая** II ~ **разбегания галактик** (Astr) Fluchtgeschwindigkeit f (Nebelflucht) II ~ **развёртки** (El) Ablenkgeschwindigkeit f (Oszillograph); Kippgeschwindigkeit f (Relaxationsgenerator); (TV) Abtastgeschwindigkeit f; Scangeschwindigkeit f II ~ **развёртывания** s. ~ **развёртки** II ~ **разложения** Zersetzungsgeschwindigkeit f II ~ **разрядки** (El) Entladegeschwindigkeit f II ~ **распада** 1. (Kern) Zerfallsgeschwindigkeit f; (Kst) Abbaugeschwindigkeit f II ~ **расплавления** Schmelzgeschwindigkeit f II ~ **распространения** (Ph) Ausbreitungsgeschwindigkeit f, Fortpflanzungsgeschwindigkeit f (z. B. Schall, Licht) II ~ **распространения звука** (Ak) Schall[wellen]geschwindigkeit f, Schallausbreitungsgeschwindigkeit f II ~ **распространения импульса** Impulsausbreitungsgeschwindigkeit f, Impulslaufgeschwindigkeit f II ~ **рассеяния** (Ph) Dissipationsgeschwindigkeit f II ~ **растворения** (Ch) Lösegeschwindigkeit f, Lösungsgeschwindigkeit f II ~ **растяжения** (Fest) Dehnungsgeschwindigkeit f II ~ **реактивной струи** (Flg, Rak) Ausströmgeschwindigkeit f II ~ **реакции** (Ch) Reaktionsgeschwindigkeit f II ~ **регулирования** Regelgeschwindigkeit f II ~ **резания** (Fert) Schnittgeschwindigkeit f II ~ **резания грунта** (Bgb) Schürfgeschwindigkeit f II ~ **резания/предельная** (Fert) Grenzschnittgeschwindigkeit f II ~ **рекомбинации** (Eln) Rekombinationsgeschwindigkeit f, Rekombinationsrate f (Halbleiter) II ~ **роспуска** (Eb) Ablaufgeschwindigkeit f (Rangieren) II ~ **роста** (Ph) Wachstumsgeschwindigkeit f, Wachstumsrate f II ~ **роста/абсолютная** s. ~ **возрастания** 2. II ~ **самодиффузии** (Ph) Selbstdiffusionsgeschwindigkeit f II ~/**сверхзвуковая** (Flg) Überschallgeschwindigkeit f, supersonische Geschwindigkeit f II ~/**сверхорбитальная** (Astr) Überkreisbahngeschwindigkeit f, Übergrenzgeschwindigkeit f II ~ **света** (Ph) Lichtgeschwindigkeit f II ~ **свободного хода** (Schiff) Freifahrtgeschwindigkeit f (Schlepper) II ~ **сгорания** Verbrennungsgeschwindigkeit f II ~/**сдаточная** (Schiff) Probefahrtgeschwindigkeit f II ~/**сейсмическая** (Geoph) seismische Geschwindigkeit f II ~/**сектор[иаль]ная** (Mech) Flächengeschwindigkeit f II ~ **сжатия** (Mech) Kompressionsgeschwindigkeit f, Verdichtungsgeschwindigkeit f II ~/**синхронная** (Mech) Synchrongeschwindigkeit f, synchrone Geschwindigkeit f, Gleichlaufgeschwindigkeit f II ~ **сканирования** Abtastgeschwindigkeit *f* ‖ ~ **скольжения** 1. *(Masch)* Gleitgeschwindigkeit *f*; 2. Schlupfdrehzahl *f (eines Motors)*; 3. *(Flg)* Schiebegeschwindigkeit *f* ‖ ~/**служебная** Dienstgeschwindigkeit *f*, Reisegeschwindigkeit *f* ‖ ~ **снижения** *s*. ~ спуска 1. ‖ ~ **сноса** *(Flg)* Abdriftgeschwindigkeit *f* ‖ ~ **соударения** *(Eb)* Auflaufgeschwindigkeit *f (Rangieren)* ‖ ~/**спецификационная** *(Schiff)* Probefahrtsgeschwindigkeit *f* ‖ ~ **спуска** 1. *(Flg)* Sinkgeschwindigkeit *f*, Abstiegsgeschwindigkeit *f*; 2. *(Förd)* Absenkgeschwindigkeit *f*, Senkgeschwindigkeit *f (Hebezeuge)* ‖ ~ **срабатывания** *(El)* Ansprechgeschwindigkeit *f*, Auslösegeschwindigkeit *f (Relais)* ‖ ~/**среднетехническая** *(Masch)* mittlere Hubgeschwindigkeit *f* ‖ ~/**средняя** Durchschnittsgeschwindigkeit *f* ‖ ~/**стартовая** *(Rak)* Startgeschwindigkeit *f* ‖ ~ **струи/абсолютная выходная** absolute Düsenaustrittsgeschwindigkeit *f (Dampfturbine)* ‖ ~ **струи/относительная выходная** relative Düsenaustrittsgeschwindigkeit *f (Dampfturbine)* ‖ ~ **счёта** *(Kern)* Zählgeschwindigkeit *f*, Zählrate *f (Zählrohr)* ‖ ~ **счёта делений** Spaltzählrate *f* ‖ ~ **счёта/истинная** wahre Zählrate *f* ‖ ~ **счёта совпадений** Koinzidenzrate *f* ‖ ~ **считывания** *(Inf)* Lesegeschwindigkeit *f*, Leserate *f* ‖ ~ **твердения** *(Bw)* Erhärtungsgeschwindigkeit *f* ‖ ~/**техническая** *(Eb)* technische Geschwindigkeit *f*, Streckengeschwindigkeit *f* ‖ ~ **течения** 1. *(Hydrol)* Strömungsgeschwindigkeit *f*; 2. *(Gieß)* Fließgeschwindigkeit *f* ‖ ~ **течения/донная** *(Hydrol)* Sohlengeschwindigkeit *f* ‖ ~ **толкания** *(Schiff)* Schubgeschwindigkeit *f* ‖ ~ **тормозной волны** *(Eb)* Durchschlagsgeschwindigkeit *f*, Bremsdruckfortpflanzungsgeschwindigkeit *f (Druckluftbremse)* ‖ ~ **траления** *(Schiff)* Schleppgeschwindigkeit *f (Trawler)* ‖ ~ **трассирования** Tastgeschwindigkeit *f (bei der Rauheitsmessung)* ‖ ~/**третья космическая** *(Raumf)* hyperbolische Geschwindigkeit *f* ‖ ~/**угловая** Winkelgeschwindigkeit *f (Radiant pro Sekunde)* ‖ ~ **удаления** *(Raumf)* Fluchtgeschwindigkeit *f* ‖ ~/**ударная** *(Mech)* Schlaggeschwindigkeit *f* ‖ ~ **уноса** Austragsgeschwindigkeit *f (Wirbelschichttechnik)* ‖ ~ **ускорения** *s*. ~/**вторая космическая** ‖ ~/**участковая** *(Eb)* Reisegeschwindigkeit *f* ‖ ~/**фазовая** *(Mech)* Phasengeschwindigkeit *f (Ausbreitungsgeschwindigkeit einer ebenen Welle)* ‖ ~/**фактическая** Istgeschwindigkeit *f*, tatsächliche Geschwindigkeit *f* ‖ ~ **флотации** Flotationsgeschwindigkeit *f* ‖ ~ **формования** *(Text)* Spinngeschwindigkeit *f (Chemiefaserherstellung)* ‖ ~ **фронта** *(Ph)* Frontgeschwindigkeit *f* ‖ ~ **хода** 1. Laufgeschwindigkeit *f*, Ganggeschwindigkeit *f*, Gang *m*; 2. *(Masch)* Hubgeschwindigkeit *f (Kolbenhub, Tischhub einer Hobelmaschine usw.)*; 3. *(Schiff)* Fahrtgeschwindigkeit *f* ‖ ~/**ходовая** *(Eb)* Durchschnittfahrgeschwindigkeit *f (mittlere Geschwindigkeit, bezogen auf die zurückgelegte Strecke und die reine Fahrzeit)* ‖ ~/**холостая** *(Masch)* Leerlaufgeschwindigkeit *f* ‖ ~ **частиц/тепловая** *(Kern)* thermische Geschwindigkeit *f* ‖ ~ **черпания** Schöpfgeschwindigkeit *f (Becherwerke)* ‖ ~ **шитья** *(Text)* Nähgeschwindigkeit *f* ‖ ~/**экономическая** 1. *(Flg)* Sparfluggeschwindigkeit *f*; 2. *(Schiff)* wirtschaftliche Geschwindig-keit *(Fahrt)* *f* ‖ ~/**эксплуатационная** 1. Betriebsgeschwindigkeit *f*, Arbeitsgeschwindigkeit *f*; 2. *(Schiff)* Dienstgeschwindigkeit *f*, Reisegeschwindigkeit *f* ‖ ~ **электронов** Elektronengeschwindigkeit *f* ‖ ~ **электронов/дрейфовая** *(Eln)* Elektronendriftgeschwindigkeit *f* ‖ ~/**эллиптическая** *s*. ~/**первая космическая** ‖ ~ **ядра течения** *(Kern)* Kerngeschwindigkeit *f*

скорчинг *m (Gum)* Scorch[ing] *n*, [vorzeitige] Anvulkanisation *f*, Anbrennen *n*, Anspringen *n*

скос *m* 1. Abschrägung *f*, Schräge *f*; 2. *(Bw)* Gehrung *f*; 3. *(Wkz)* Zuschärfung *f*, Schärfung *f*; 4. Anzug *m (Keil)*; 5. *(Wkz)* Lippe *f*, [ebene] Fase *f* ‖ ~/**боковой** *(Bw)* seitliche Abschrägung *f* ‖ ~/**клиновидный** keilförmige Abschrägung *f* ‖ ~ **кромки** Kantenabschrägung *f* ‖ ~ **пазов** Nutenschrägung *f* ‖ ~ **потока** 1. *(Aero)* Abwind *m*; 2. Abstrom *m*, abgehender Strom *m*; 3. Lee[wellen]strömung *f* ‖ ~ **потока/боковой** *(Aero)* Seitenwind *m* ‖ ~ **потока вверх** *(Aero)* 1. Aufströmung *f*, Aufstrom *m*; 2. Thermik *f*, Aufwind *m* ‖ ~ **потока вниз** *(Aero)* Abwind *m*, Abstrom *m*

скосить *s*. скашивть

скот *m (Lw)* Vieh *n* ‖ ~/**крупный рогатый** Rind *n*, Hausrind *n* ‖ ~/**молочный** Milchvieh *n* ‖ ~/**откормленный на убой** Mastvieh *n*

скотоводство *n (Lw)* Viehzucht *f*

скотовоз *m* Tiertransportwagen *m*, Viehtransportwagen *m*

скошенный abgeschrägt, schräg; *(Wkz)* angefast

скрайбер *m* Ritzdiamant *m*, Ritzwerkzeug *n*

скрайбирование *n* Anreißen *n*, Ritzen *n (Chipfertigung)*

скрап *m* Schrott *m*, Bruch *m*, Abfall *m* ‖ ~/**алюминиевый** Aluminiumschrott *m*, Aluminiumaltmetall *m* ‖ ~/**анодный** Anodenbruch *m*, Anodenabfall *m*, Anodenschrott *m* ‖ ~/**высококачественный** Kernschrott *m* ‖ ~/**железный** Eisenschrott *m*, Alteisen *n* ‖ ~/**заводский** Eigenschrott *m* ‖ ~/**кузнечный** Schmiedeabfall *m* ‖ ~/**литейный** Gußbruch *m* ‖ ~/**металлический** Metallschrott *m*, Metallabfall *m*, Schrott *m* ‖ ~/**оборотный** Rücklaufschrott *m*, Umlaufschrott *m* ‖ ~/**покупной** Kaufschrott *m*, Kaufbruch *m*, Fremdschrott *m* ‖ ~/**привозной** Fremdschrott *m*, Fremdbruch *m* ‖ ~/**проволочный** Abdraht *m* ‖ ~/**собственный** Eigenschrott *m* ‖ ~/**стальной** Stahlschrott *m* ‖ ~/**чугунный** Gußeisenschrott *m*, Graugußschrott *m*, Gußbruch *m*

скрап-процесс *m (Met)* [reines] Schrottverfahren *n*; Roheisen-Schrott-Verfahren *n* ‖ ~/**карбюраторный** Schrott-Kohle-Verfahren *n*, reines Schrottverfahren *n* mit Aufkohlung ‖ ~ **на жидком чугуне** Schrott-Roheisen-Verfahren *n (mit flüssigem Einsatz)* ‖ ~ **на твёрдом чугуне** Schrott-Roheisen-Verfahren *n (mit festem Roheisen)*

скрап-рудный-процесс *m (Met)* Roheisen-Erz-Verfahren *n*

скрап-угольный-процесс *m (Met)* Schrott-Kohle-Verfahren *n*

скребковый *(Bgb)* Kratz[er]..., Schräm...

скребок *m* 1. Abstreifer *m*, Abstreicher *m (Gurtförderer)*; 2. Mitnehmerblech *n*, Mitnehmer *m*, Kratzer *m (Kratzförderer)*; Kratzeisen *n*; 3. Krählarm *m*, Krähler *m*; 4. Streichbrett *n*, Streicheisen *n (Formen)*; 5. *(Lw)* Kratzerleiste *f*, Abstreifer

скребок *m* ‖ ~/**листовой** Mitnehmerblech *n* ‖ ~/**разравнивающий** Glattstreicher *m*
скребок-сбрасыватель *m* Abstreifer *m*, Abstreifer *m (eines Trockners)*
скремблер *m (Nrt)* Scrambler *m*
скрепер *m* 1. Schrapper *m*; 2. Schrapperschaufel *f*; 3. Schrapper *m*, Schürfkübelwagen *m* ‖ ~/**волокушный** Schleppseilschrapper *m* ‖ ~/**гребковый** *(Bgb)* Zughakenschrapper *m*, Schälschrapper *m* ‖ ~/**гусеничный** Schürfraupe *f* ‖ ~/**колёсный** *(Bw)* Radschrapper *m* ‖ ~/**погрузочный** *(Bw)* Schrapplader *m*, Schürflader *m* ‖ ~/**прицепной** Anhängeschürfkübelwagen *m* ‖ ~/**самоходный колёсный** Motorschürf[kübel]wagen *m*
скрепер-волокуша *m (Bw)* Schleppseilschrapper *m*
скреперный Schrapper...
скреперование *n (Bgb)* Schrapperförderung *f*, Schrapperbetrieb *m*
скрепероструг *m (Bgb)* Schälschrapper *m*
скрепить *s.* скреплять
скрепка *f* Riemenverbinder *m*; Klammer *f*, Verbindungsstück *n*
скрепление *n* Befestigung *f*, Verbindung *f*; *(Typ)* Binden *n* ‖ ~/**анкерное** Verankerung *f* ‖ ~/**бесшвейное [клеевое]** *(Typ)* Klebebinden *n* ‖ ~/**болтовое** Bolzenverbindung *f* ‖ ~/**винтовое** Schraubenverbindung *f* ‖ ~ **подкосами** *(Bw)* Verstrebung *f* ‖ ~/**рамное** *(Bw)* Rahmenverbindung *f* ‖ ~/**раскосами** *(Bw)* Verstrebung *f* ‖ ~/**рельсовое** *(Eb)* Schienenbefestigung *f* ‖ ~ **термонитками** *(Typ)* Fadensiegeln *n* ‖ ~/**угловое** Eckverbindung *f*
скрепления *npl* Befestigungsmaterial *n*, Kleineisenzeug *n* für Befestigungszwecke ‖ ~/**рельсовые** *(Eb)* Schienenbefestigungsmaterial *n*
скреплять 1. befestigen; 2. *(Eln)* bonden ‖ ~ **болтами** verbolzen, verschrauben ‖ ~ **гвоздями** zusammennageln ‖ ~ **шпонками (штифтами)** verdübeln
скрестить *s.* скрещивать
скрещение *n* Kreuzen *n*, Kreuzung *f* ‖ ~ **поездов** *(Eb)* fliegende Kreuzung *f (Züge)* ‖ ~ **проводов** *(El)* Leitungskreuzung *f*
скрещивание *n s.* скрещение
скрещивать kreuzen, über Kreuz legen; verschränken; *(Eb)* kreuzen *(Züge)*; *(Masch)* [einander] kreuzen *(Achsen)*
скрип *m* **колёс** *(Eb)* Quietschen *n* der Räder (beim Bogenlauf)
скруббер *m (Ch)* Turmwäscher *m*, Waschturm *m*, Skrubber *m*, Rieselturm *m*, Rieselwäscher *m* ‖ ~ **без заполнителей** ‖ ~/**безнасадочный** Rieselturm (Rieselwäscher) *m* ohne Füllkörper ‖ ~ **Вентури** Venturi-Skrubber *m*, Venturi-Abscheider *m* ‖ ~/**водяной** Wasserskrubber *m* ‖ ~/**насадочный** Rieselturm (Rieselwäscher) *m* mit Füllkörpern ‖ ~/**оросительный** Sprühturm *m*, Sprühwäscher *m* ‖ ~/**разбрызгивающий** Kreuzschleierwäscher *m*, Ströder-Wäscher *m* ‖ ~ **с вращающейся насадкой** Wäscher *m* mit rotierenden Füllkörpern ‖ ~ **с заполнителями (насадкой)** *s.* ~/**насадочный** ‖ ~ **с реечной (хордовой) насадкой** Hordenwäscher *m* ‖ ~/**тарельчатый** Tellerwäscher *m* ‖ ~/**центробежный** Schleuderwäscher *m*, Fliehkraftwäscher *m*, Kreiselwäscher *m*
скругление *n* 1. Abrunden *n*, Abrundung *f*; 2. Rundung *f (z. B. einer Linie)*; 3. Biegung *f*, Kurve *f (z. B. einer Straße)*
скрутить *s.* скручивать
скрутка *f* 1. Verdrehung *f*, Torsion *f*; Verdrillung *f (s. a. unter* скручивание*)*; 2. Verseilung *f (Kabel)*; 3. *(El, Nrt)* Würgelung *f (im Kabel)* • **с двойной парной скруткой** *(El)* DM-verseilt • **с парной скруткой** paarverseilt *(Kabel)* ‖ ~/**двойная звёздная** *(El)* Doppelsternverseilung *f* ‖ ~/**двойная парная** *(El)* Dieselhorst-Martin-Verseilung *f*, DM-Verseilung *f* ‖ ~/**двухзвёздная** *(El)* Doppelsternverseilung *f* ‖ ~ **звездой** *(El)* Sternverseilung *f* ‖ ~/**парная** *(El)* Paarverseilung *f* ‖ ~/**парная** *(El)* Paarverseilung *f* ‖ ~/**повивная** *(El)* Lagenverseilung *f* ‖ ~/**проволочная** *(Bw)* Rödelverbindung *f* ‖ ~ **четвёрками** *(El)* ‖ ~/**четвёрочная** *(El)* Verseilung *f* zu Vieren, Viererverseilung *f*
скрученный 1. verdreht; verdrillt; 2. verseilt *(Kabel)* ‖ ~ **звездой** *(El)* sternverseilt ‖ ~ **парами** paarverseilt ‖ ~ **четвёрками** *(El)* zu einem Vierer verseilt
скручиваемость *f* Rolltendenz *f*, Rollneigung *f (Filme)*
скручивание *n* 1. Verdrehung *f*, Torsion *f*; Verdrillung *f (s. a. unter* скрутка 1.*)*; 2. *(Text)* Zwirnen *n*; • **без скручивания** torsionsfrei, verdreh[ungs]frei ‖ ~/**мокрое** *(Text)* Naßzwirnen *n* ‖ ~ **прядей** Verlitzung *f (Drahtseil)* ‖ ~ **рельсов** *(Eb)* Schienentorsion *f*
скручивать 1. verdrehen, verdrillen; 2. verseilen; 3. *(El, Nrt)* verwürgen *(Kabel)*; 4. *(Text)* zwirnen ‖ ~ **в пары** *(El)* paarig (zu einem Paar) verseilen ‖ ~ **в четвёрки** *(El)* zu einem Vierer verseilen ‖ ~ **звездой** *(El)* zu einem Sternvierer verseilen ‖ ~ **повивами** *(El)* lagenweise (in Lagen) verseilen
скрытокристаллический *s.* криптокристаллический
скрытый 1. versteckt, verborgen, verdeckt; 2. latent *(Wärme)*; 3. *(Eln)* vergraben
скрябка *f* Rostschaber *m*
скула *f (Schiff)* Kimm *f* ‖ ~/**круглая** runde Kimm *f* ‖ ~/**острая** scharfe Kimm *f*
скуловой *(Schiff)* Kimm...
скутер *m (Kfz)* Motorroller *m*
скуттерудит *m (Min)* Skutterudit *m*, Tesseralkies *m*, Arsenkobaltkies *m*, Smaltin *m*, Speiskobalt *m*
скучивание *n* Häufung *f*, Anhäufung *f*
СКЭС *s.* энергостанция/солнечная космическая
слабина *f (Schiff)* Lose *f (Tauwerk)*, Seillose *f*
слабовосстановительный *(Ch)* schwach reduzierend
слабокипящий niedrig (leicht) siedend
слабокисл[отн]ый *(Ch)* schwach sauer
слаболегированный schwachdotiert, niedrigdotiert *(Halbleiter)*
слабонатянутый 1. schwach gespannt, schlaff *(Seil)*; 2. *(Fert)* locker *(Mutter)*
слабообогащённый *(Kern)* leicht (schwach) angereichert

слабоокислительный (Ch) schwach oxidierend
слабоосновный (Ch) schwach basisch
слаборастворимый schwerlöslich, wenig löslich
слабосветящий lichtschwach
слаботочный (El) Schwachstrom...
слабощелочной (Ch) schwach alkalisch
слагаемое n (Math) Addend m, Summand m
слагать addieren
слагающая f (Math, Ph) Komponente f (s. a. unter составляющая)
слайд m (Photo) [gerahmtes] Diapositiv n, Dia n ‖ ~/цветной Farbdia n
сланец m (Geol) Schiefer m ‖ ~/актинолитовый Aktinolithschiefer m ‖ ~/амфиболитовый Amphibolitschiefer m ‖ ~/аспидный Tafelschiefer m ‖ ~/битуминозный Bitumenschiefer m, Ölschiefer m ‖ ~/вонючий Stinkschiefer m ‖ ~/вспучивающийся Blähschiefer m ‖ ~/габбровый Gabbroschiefer m ‖ ~/глинистослюдяной Tonglimmerschiefer m ‖ ~/глинистый Tonschiefer m ‖ ~/горючий Brennschiefer m, Ölschiefer m ‖ ~/графитный (графитовый) Graphitschiefer m ‖ ~/грифельный Griffelschiefer m ‖ ~/диабазовый Diabasschiefer m ‖ ~/железисто-слюдяной (железослюдяной) Eisenglimmerschiefer m ‖ ~/известковый Kalkschiefer m ‖ ~/кварцитовый Quarzitschiefer m ‖ ~/квасцовый Alaunschiefer m ‖ ~/кристаллический kristalliner Schiefer m ‖ ~/кровельный Dachschiefer m ‖ ~/купоросный Vitriolschiefer m ‖ ~/медистый Kupferschiefer m ‖ ~/мергелистый Mergelschiefer m ‖ ~/омфацитовый Omphazitit[schiefer] m ‖ ~/песчаниковый (песчанистый) Sandschiefer m ‖ ~/полировальный Polierschiefer m ‖ ~/порфировый Porphyrschiefer m ‖ ~/роговиковый Hornschiefer m ‖ ~/роговообманковый Hornblendeschiefer m ‖ ~/слюдяной Glimmerschiefer m ‖ ~/ставролитовый Staurolithschiefer m ‖ ~/тальковый Talkschiefer m ‖ ~/точильный Schleifschiefer m ‖ ~/турмалиновый Turmalinschiefer m ‖ ~/углистый Kohlenschiefer m, kohlehaltiger Tonschiefer m ‖ ~/шиферный s. ~/кровельный
сланцепорит m (Bw) Schieferporit m
слань f (Schiff) Bodenwegerung f
след m 1. Spur f; 2. Fahrspur f, Spur f; 3. Markierung f; 4. (Meß) Spur f, Schreibspur f ‖ ~/аэродинамический 1. (Aero) Nachlauf m, Strömungsschatten m, Nachstrom m, Wirbelschleppe f; (Schiff auch:) Kielwasser n, Kielwasserwirbel m; 2. (Astr) Nachlauf m (eines Meteors) ‖ ~ вибрации (Fert) Rattermarke f ‖ ~/вибрационный s. ~ вибрации ‖ ~/вихревой (Aero) wirbeliger Nachlauf m ‖ ~/глётовый (Met) Glättgasse f (NE-Metalle) ‖ ~ дребезжания (Fert) Rattermarke f ‖ ~ загрязнения (Kern) Spurenverunreinigung f ‖ ~ записи Schreibspur f ‖ ~/конденсационный (Flg) Kondensstreifen m ‖ ~/метеорный (Astr) Meteorschweif m, Meteorspur f ‖ ~/паровой (Astr) Nebelschweif m, Dampfschweif m (eines Meteors) ‖ ~ плоскости 1. (Krist) Spur f der Fläche; 2. (Math) Spurgerade f ‖ ~ прилегания (Masch) Berührungsspuren fpl (z. B. am Zahnrad); Berührungsstelle f (im Tragbild) ‖ ~ пути (Kern) Bahnspur f ‖ ~/пылевой (Astr) Dampfschweif m, Rauchschweif m (Boloid) ‖ ~/светящийся Leuchtspur f ‖ ~/трассирующий Leuchtspur f ‖ ~/туманный s. ~/паровой ‖ ~ частицы (Kern) Teilchenspur f ‖ ~ электрона (Kern) Elektronenspur f ‖ ~ ядерной частицы (Kern) Kernspur f
следить s. следовать
следование n Folge f; Nachführung f; Fahrt f ‖ ~/дальнее Fernfahrt f ‖ ~ импульсов Impulsfolge f ‖ ~ поездов (Eb) Zugfolge f, Zuglauf m
следовать 1. folgen, nachfolgen, hinterherlaufen; 2. (Eb) fahren (Zug)
следообразователь m (Lw) Spurreißer m (Anschlußfahren)
следорыхлитель m (Lw) Spurlockerer m
следствие n 1. Folgesatz m, Folgerung f; 2. Folge f, Konsequenz f; 3. Untersuchung f, Ermittlung f
следящий Folge..., Nachlauf...
слежение n 1. Folgen n, Verfolgen n, Verfolgung f (z. B. einer Spur); 2. Nachführen n, Nachführung f; 3. (Reg) Folgeregelung f; Nachlaufregelung f; 4. (Astr) Bahnverfolgung f (Flugkörper)
слёживание n Zusammenbacken n, Zusammenballen n
слёживаться zusammenbacken, sich zusammenballen
слезник m 1. (Bw) Wassernase f; 2. Tropfring m
слезоточивый Tränengas...
слемминг m (Schiff) Slamming n
слепимость f (Licht) Blendung f ‖ ~/косвенная (побочная) indirekte Blendung f, Umfeldblendung f ‖ ~/прямая direkte Blendung f, Infeldblendung f
слепить blenden
слепой blind
слепок m Abdruck m ‖ ~/гипсовый Gipsabdruck m
слёт m (Text) Absprenger m
слив m 1. Abfluß m, Ablauf m, Auslauf m; Überlauf m; Ausguß m; 2. (Met) Abguß m, Abstich m, Ablaß m, Austrag m; 3. Trübe f ‖ ~ массы (Pap) Stoffablaß m, Stoffabfluß m ‖ ~/оконный (Bw) Innensohlbank f (Fenster)
сливание n 1. Abfluß m, Abfließen n, Ablaufen n; 2. Abgießen n; 3. Abzapfen n, Abziehen n ‖ ~/двойное (Photo) Doppeleinlauf m ‖ ~ сифоном Anhebern n, Abhebern n, Hebern n
сливать 1. ausgießen, abgießen n; 2. abziehen (z. B. Schlacke vom flüssigen Metall) ‖ ~ за борт (Schiff) ausgießen, ablassen nach außenbord (z. B. Öl)

сливки pl латекса *(Gum)* Latexrahm *m*
сливкоотделитель *m* Milchseparator *m*, Rahmabscheider *m*
слип *m (Schiff)* Aufschleppe *f (Hecktrawler)*; Slipanlage *f (Werft)* ‖ **~/кормовой** Heckaufschleppe *f (Hecktrawler)* ‖ **~/поперечный** Querslipanlage *f*, Querslip *m* ‖ **~/продольный** Längsslipanlage *f*, Längsslip *m*
слипание *n* Zusammenkleben *n*
слипаться zusammenkleben
слипнуться *s.* слипаться
слитковоз *m (Wlz)* Blockaufleger *m*, fahrbarer Blockkipper *m*, Blockwagen *m*
слитколоматель *m (Wlz)* Blockbrecher *m*, Blockbrechpresse *f*
слиток *m* 1. *(Wlz)* Rohblock *m*; 2. *(Gieß)* Gußblock *m*, Metallblock *m*, Block *m*; 3. Barren *m*, Rohbarren *m*, Blöckchen *n (NE-Metallurgie)* ‖ **~/алюминиевый** Aluminiumbarren *m* ‖ **~ алюминия** Aluminiumbarren *m* ‖ **~/безупречный** fehlerfreier Block *m* ‖ **~/квадратный** Vierkantblock *m*; Vierkantknüppel *m* ‖ **~/круглый** Rundblock *m* ‖ **~/литой** Gußblock *m* ‖ **~/монокристаллический** *(Eln)* Einkristall *m* ‖ **~/неуспокоенный стальной** unberuhigter (unberuhigt vergossener) Block *m* ‖ **~/обжатый** vorgewalzter Block *m*, Vorblock *m*, Walzblock *m* ‖ **~ первичного металла** Rohblock *m*, Rohbarren *m*, Barren *m* ‖ **~/плоский** Bramme *f* ‖ **~/полый** Hohlblock *m* ‖ **~/предварительно обжатый** vorgewalzter Block *m* ‖ **~/стальной** Stahlblock *m*, Gußstahlblock *m* ‖ **~/успокоенный стальной** beruhigter (beruhigt vergossener) Block (Stahlblock) *m*
слить *s.* сливать
сличение *n* Vergleich *m*, Maßvergleich *m*, Vergleichsmessung *f* ‖ **~/круговое** Ringvergleich *m*
слияние *n* 1. Zusammenfließen *n*; Vereinigung *f*; 2. Verschmelzung *f*, Fusion *f*; 3. *(Inf)* Mischen *n*; Verknüpfen *f* ‖ **~ данных** *(Inf)* Datenverknüpfung *f* ‖ **~ звука** *(Ak)* Verschmelzung *f (von Klängen)* ‖ **~ пучков** *(Ph)* Strahlenvereinigung *f* ‖ **~ ядер [термоядерное]** *s.* синтез ядер ‖ **~/ядерное** *s.* синтез ядер
словарь *m* Wörterbuch *n*; *(Inf)* Verzeichnis *n*, Liste *f* ‖ **~ базы данных** Datenverzeichnis *n*, Datenbeschreibungsdatei *n* ‖ **~ внешних символов** externes Symbolverzeichnis *n* ‖ **~ данных** *s.* ~ базы данных ‖ **~ перемещаемых величин** Liste *f* der Verschiebungsinformationen ‖ **~/управляющий** Steuerwörterbuch *n*
слово *n (Inf)* Wort *n*, Maschinenwort *n* ‖ **~/восьмибитное** Achtbitwort *n* ‖ **~ данных** Datenwort *n* ‖ **~/двоичное** Binärwort *n*, binäres Wort *n* ‖ **~/двойное** Doppelwort *n* ‖ **~/зарезервированное** Kodewort *n* ‖ **~ инструкции** Befehlswort *n* ‖ **~/информационное** Datenwort *n* ‖ **~ канала/адресное** Kanaladreßwort *n* ‖ **~ канала/командное** Kanalbefehlswort *n* ‖ **~/ключевое** Schlüsselwort *n*, Kennwort *n* ‖ **~/кодовое** Kodewort *n* ‖ **~/командное** Befehlswort *n* ‖ **~/машинное** Maschinenwort *n*, Rechnerwort *n* ‖ **~ памяти** Speicherwort *n* ‖ **~ переменной длины** Wort *n* variabler Länge ‖ **~/полное** Vollwort *n* ‖ **~ полной длины** Vollwort *n* ‖

~/программное *s.* ~ программы ‖ **~ программы** Programmwort *n*, Routinewort *n* ‖ **~/24-разрядное** 24-Bit-Wort *n* ‖ **~ состояния** Statuswort *n*, Zustandswort *n* ‖ **~ состояния канала** *(Inf)* Kanalzustandswort *n* ‖ **~ состояния программы** Programmstatuswort *n* ‖ **~ удвоенной длины** Doppelwort *n* ‖ **~/управляющее** Steuerwort *n* ‖ **~ фиксированной длины** Festwort *n*, Wort *n* fester Länge ‖ **~/флаговое** Flagwort *n*
слоеватость *f (Geol)* Schichtung *f*
слоевой *(Bgb)* scheibenartig, Scheiben...
слог *m* Silbe *f*, Logatom *n*
слоговой Silben...
сложение *n* 1. Zusammenlegung *f*; 2. *(Math)* Addition *f*, Summierung *f*; 3. *(Ph)* Zusammensetzung *f (von Kräften, Bewegungen)*; 4. Gefüge *n*, Struktur *f*, Textur *f*; 5. Beschaffenheit *f*; 6. Körperbau *m*, Gestalt *f* ‖ **~/векторное** *(Math)* vektorielle Addition *f*, Vektoraddition *f* ‖ **~/логическое** logische Addition *f* ‖ **~ матриц** *(Math)* Matrizenaddition *f* ‖ **~/разрядное** *(Math)* stellenweise Addition *f* ‖ **~ с плавающей запятой** *(Math)* Gleitkommaaddition *f* ‖ **~ с фиксированной запятой** *(Math)* Festkommaaddition *f* ‖ **~ цветов** *(TV)* Farbenaddition *f*, additive (optische) Farbmischung *f* ‖ **~ цветов/пространственное** *(TV)* raumsequentielle Farbmischung *f* ‖ **~/циклическое** *(Math)* zyklische Summation *f*
сложенный zusammengesetzt; zusammengelegt; gefaltet
сложить *s.* 1. складывать; 2. слагать
сложнозамкнутый *(El)* vermascht, mehrfach geschlossen *(Leitungsnetz)*
сложность *f* 1. Kompliziertheit *f*; 2. Kompliziertheit *f* ‖ **~ микросхемы** Schaltkreiskomplexität *f* ‖ **~/техническая** technischer Aufwand *m* ‖ **~ функций** *(Math)* Komplexität *f* der Funktionen
сложный zusammengesetzt; kompliziert, verwickelt
слоистость *f (Geol)* Schichtung *f* ‖ **~/волнистая** Rippelschichtung *f* ‖ **~/горизонтальная** horizontale Schichtung *f*, normale konkordante Schichtung *f* mit Gesteinswechsel ‖ **~/дельтовая** Deltaschichtung *f* ‖ **~/диагональная** Diagonalschichtung *f* ‖ **~/косая** Schrägschichtung *f* ‖ **~/ленточная** gebänderte Schichtung (Parallelschichtung) *f*, Bänderschichtung *f* ‖ **~/линзовидная** linsige (lentikulare) Schichtung *f*, Linsenschichtung *f* ‖ **~/ложная** Pseudoschichtung *f* ‖ **~ морского типа** Übergußschichtung *f (Schrägschichtung an Rippflanken)* ‖ **~/наклонная** geneigte Schichtung *f* ‖ **~/несогласная** diskordante Schichtung *f* ‖ **~/параллельная** Parallelschichtung *f* ‖ **~/первичная** primäre Schichtung *f* ‖ **~/перекрёстная** Kreuzschichtung *f* ‖ **~/перекрёстно-параллельная [параллельная]** Kreuzschichtung *f* ‖ **~/перекрещивающаяся** Kreuzschichtung *f* ‖ **~/полосовидная** streifige Schichtung (Parallelschichtung) *f* ‖ **~/прерывистая** lückenhafte Schichtung (Parallelschichtung) *f* ‖ **~/приливно-отливная** Gezeitenschichtung *f* ‖ **~ речного типа** fluviatile Schichtung *f (Schrägschichtung in Flußablagerungen)* ‖ **~/ритмичная** rhythmische Schichtung *f*, Repetitionsschichtung *f* ‖ **~/сложная** kombinierte (zusammengesetzte) Schichtung *f*

(Kombination aus Parallel- und Schrägschichten) ‖ ~ **течения** torrentielle Schrägschichtung f ‖ **~/эоловая** äolische Schichtung f (Schrägschichtung durch bewegte Luft, z. B. in Dünen) **слоистый** 1. geschichtet, lagenförmig, in Lagen; 2. geblättert, blättrig, laminar; feinstreifig; 3. zerklüftet; schiefrig
слоить schichten, in Schichten legen, lagenweise legen
слоиться 1. sich schichten, Schichten bilden, sich ablagern; 2. schiefern, abblättern
слой m 1. Schicht f, Überzug m; Lage f; 2. Blättchen n; Scheibe f; 3. Belag m; Hülle f, Mantel m; (Kern) Schale f; 4. (Bgb, Geol) Schicht f, Bank f, Lage f; Scheibe f; 5. Lage f (eines Reifens) ‖ **~/абсорбционный** (Ph) Absorptionsschicht f ‖ **~/автоэпитаксиальный** (Eln) Autoepitaxieschicht f ‖ **~/адгезионный** (Ph) Adhäsionsschicht f; Haftschicht f ‖ **~/адсорбционный** (Ph) Adsorptionsschicht f ‖ **~/азотированный** (Härt) Nitrierschicht f ‖ **~/алмазоносный** (Fert) Diamantbelag m (der Schneide) ‖ **~/аморфный** (Ph) amorphe Schicht f ‖ **~/антикоррозийный** Korrosionsschutzschicht f; Rostschutzschicht f ‖ **~/антифрикционный** Gleitschicht f ‖ **~ Апльтона** s. **~ Эпплтона** ‖ **~/армирующий** Zwischenträger m (Kunstlederherstellung) ‖ **~/астеносферный** (Geoph) Astenosphärenschicht f ‖ **~/атмосферный пограничный** (Geoph, Meteo) atmosphärische Grenzschicht f, Grenzschicht f der Atmosphäre ‖ **~/атомарный** atomare Schicht f ‖ **~/базовый** (Eln) Basisschicht f (Halbleiter) ‖ **~/балластный** (Eb) Bettung f, Bettungsschicht f, Bettungskörper m (Strecke) ‖ **~/безотрывный пограничный** (Aero) anliegende Grenzschicht f ‖ **~ Бейлби** Beilby-Schicht f (Polierprozeß) ‖ **~ бетона/защитный** Betonschutzschicht f ‖ **~ в сварном шве** (Schw) Schweißlage f ‖ **~ валентных электронов** (Ph, Ch) Valenzschale f, äußere Schale f ‖ **~/верхний** 1. Oberschicht f, Oberlage f; 2. (Bgb) Oberbank f ‖ **~/взвешенный** s. **~/кипящий** ‖ **~/вихревой** s. **~/кипящий** 1. ‖ **~/внешний** Außenschicht f, äußere Schicht f; Außenlage f ‖ **~/внутренний** Innenschicht f, innere Schicht f; Innenlage f ‖ **~/водоносный** (Geol) wasserhaltende (wasserführende) Schicht f ‖ **~ воздуха** (Meteo) Luftschicht f ‖ **~ воздуха/приземный** Bodenschicht f ‖ **~ воздуха/припочвенный** bodennahe Luftschicht f ‖ **~/вскрышной** (Bgb) Abraumschicht f, Abraumdecke f ‖ **~/выемочный** (Bgb) Abbauscheibe f ‖ **~/выравнивающий** Ausgleichsschicht f ‖ **~/выращенный** Aufwachsschicht f, aufgewachsene Schicht f (Halbleiter) ‖ **~/вышележащий** (Geol) überlagernde Schicht f ‖ **~/гетероэпитаксиальный** (Eln) heteroepitaktische Schicht f ‖ **~/годичный** Jahresring m (Holz) ‖ **~/горизонтальный** (Geol) horizontale Schicht f; (Bgb) söhlige (horizontale) Schicht f ‖ **~ гравия** (Eb) Kiesbettung f (Strecke) ‖ **~/граничный** s. **~/пограничный** ‖ **~/грунтовой** (Bw) Putzunterschicht f, Unterputz m ‖ **~/гумусовый** (Geol) Humusschicht f ‖ **~/движущийся** (Ch) Bewegtbett n, Wanderbett n ‖ **~/двойной** Doppelschicht f ‖ **~/двойной граничный** (Eln) Doppelgrenzschicht f, Doppelrandschicht f ‖ **~/двой-**

ной заряженный (Eln) Doppelladungsschicht f ‖ **~/двойной электрический** elektrische (elektrochemische) Doppelschicht f ‖ **~ десятикратного ослабления** (Kern) Zehntelwertschichtdicke f, Zehntelwert[s]dicke f (Strahlung) ‖ **~/динамический пограничный** Geschwindigkeitsgrenzschicht f ‖ **~/диффузионный** (Eln) Diffusionsschicht f (Halbleiter) ‖ **~/дренажный (дренирующий)** (Bw) Filterschicht f, Dränageschicht f, Entwässerungsschicht f ‖ **~ дымки** (Meteo) Dunstschicht f; Dunstglocke f ‖ **~/дырочный** P-[leitende] Schicht f ‖ **~/закалённый** (Härt) Härteschicht f ‖ **~/заключительный** (Led) Finish m(n) f ‖ **~/закрытый** (Eln) vergrabene (tiefgelegte) Schicht f (Halbleiter) ‖ **~/запирающий** (Eln) Sperrschicht f (Halbleiter) ‖ **~/заполняющий** (Schw) Füllage f ‖ **~/запорный** s. **~/запирающий** ‖ **~/заряженный** (Eln) Ladungsschicht f ‖ **~/защитный** Schutzschicht f ‖ **~/защитный лаковый** Lackschutzschicht f ‖ **~/зеркальный** (Opt) Spiegelschicht f, Reflexionsschicht f; Unterguß m ‖ **~/излучающий** s. **~ свечения** ‖ **~ износа** (Bw) Verschleißschicht f (Straßendecke) ‖ **~/изолирующий (изоляционный)** Isolierschicht f, Isolationsschicht f; Dämmschicht f ‖ **~/изотермический** (Meteo) isotherme Schicht f ‖ **~/инверсионный** (Meteo) Inversionsschicht f ‖ **~/ионизированный** (Eln) ionisierte Schicht f, Ionisationsschicht f ‖ **~/ионно-легированный** (Eln) Implantationsschicht f, implantierte Schicht f (Halbleiter) ‖ **~/ионосферы** (Geoph) Gebiet n (Schicht f) der Ionosphäre ‖ **~ катализатора** (Ch) Katalysatorbett n; Kontaktbett n ‖ **~ катализатора/движущийся** bewegtes (sich bewegendes) Katalysatorbett (Kontaktbett) n ‖ **~ катализатора/стационарный** festes (festliegendes, ruhendes, stationäres) Katalysatorbett (Kontaktbett) n ‖ **~/катодный** Kathodenschicht f ‖ **~ Кеннелли-Хевисайда** s. **~ Хевисайда** ‖ **~/керамический** Keramikschicht f (Halbleiter) ‖ **~/кипящий** 1. (Ch) Wirbelschicht f, Wirbelbett n, Fließbett n; 2. (Kst) Wirbelsinterbett n ‖ **~/коллекторсзапирающий** (Eln) Kollektorsperrschicht f (Halbleiter) ‖ **~ конвекции** (Meteo) Konvektionsschicht f ‖ **~/контактный** Kontaktschicht f ‖ **~/корковый** (Text) Rindenschicht f, Hornschicht f (Wollfaser) ‖ **~/корневой** (Schw) Wurzellage f ‖ **~/крайний** Randschicht f, Randzone f (eines Gußblocks) ‖ **~/красочный** (Typ) 1. Druckfarbfilm m; 2. Einfärbung f (auf der Druckform) ‖ **~/ламинарно-турбулентный пограничный** (Aero) gemischte (laminar-turbulente) Grenzschicht f ‖ **~/ламинарный пограничный** (Aero) laminare Grenzschicht f ‖ **~/легированный** (Eln) Dotierungsschicht f (Halbleiter) ‖ **~/лицевой** (Leder) 1. Narbenschicht f; 2. Beschichtung f (Kunstleder) ‖ **~/локально анодированный оксидный** (Eln) lokale anodische Oxidschicht f ‖ **~/люминофорный** Leuchtstoffschicht f ‖ **~/магнитный** Magnetschicht f ‖ **~/маскирующий** (Eln) Maskierungsschicht f (Halbleiter) ‖ **~ мглы** s. **~ дымки** ‖ **~/мелколегированный** (Eln) flachdotierte Schicht f (Halbleiter) ‖ **~/металлизационный (металлизированный)** Spritzschicht f, Metallspritzschicht f, aufgespritzte Metallschicht f (Metallspritzverfah-

слой

ren) ‖ ~/**моноатом[ар]ный** (Kern) monoatomare Schicht f ‖ ~/**мономолекулярный** monomolekulare Schicht f, Monomolekularfilm m ‖ ~/**надподушечный** (Gum) Unterprotektor m (Reifenherstellung) ‖ ~/**наклёпанный** kaltverfestigte Schicht f ‖ ~/**намагничиваемый** (El) magnetisierbare Schicht f ‖ ~ **намотки** 1. (El) Windungsschicht f; 2. (Text) Windungsschicht f (Kops) ‖ ~/**нанесённый** aufgetragene Schicht f, Beschichtung f ‖ ~/**нанесённый красочный** s. ~/**красочный** 2. ‖ ~/**наплавленный** 1. aufgetragene Schicht f; 2. (Schw) Schweißlage f (Auftragschweißung) ‖ ~/**напылённый** (Eln) Aufdampfschicht f, Sputterschicht f (Halbleiter) ‖ ~/**нарушенный** (Eln) Störschicht f, gestörte Schicht f ‖ ~/**негативный копировальный** (Typ) Negativkopierschicht f ‖ ~/**нейтральный** (Wkst) neutrale Faser (Schicht) ‖ ~/**неподвижный** (Ch) Fest[stoff]bett n, ruhendes (statisches) Bett n ‖ ~/**несущий** 1. tragende Schicht f; 2. (Eln) Trägerschicht f (Halbleiter) ‖ ~/**нижележащий** (Geol) unterlagernde (liegende) Schicht f ‖ ~/**нижний** 1. Unterschicht f, untere Lage f; 2. (Bgb) Unterbank f, Unterpacken m, liegende Bank f ‖ ~/**низкоомный полупроводниковый** (Eln) niederohmige Halbleiterschicht f ‖ ~ **нитей** (Text) Fadenschicht f, Fadenlage f ‖ ~/**нитрированный** (Härt) Nitrierschicht f ‖ ~ **обеднения** s. ~/**обеднённый** ‖ ~/**обеднённый** (Eln) Verarmungs[rand]schicht f, verarmte Schicht f (Halbleiter) ‖ ~/**облицовочный** (Schw) Decklage f ‖ ~/**обмотки** (El) Wicklungslage f ‖ ~/**обогащения** s. ~/**обогащённый** ‖ ~/**обогащённый** (Eln) Anreicherungs[rand]schicht f, angereicherte Schicht f (Halbleiter) ‖ ~/**оборотный** Rückschicht f ‖ ~ **озона** (Meteo) Ozonschicht f ‖ ~ **окалины** 1. (Wlz) Walzhaut f, Walzzunder m; 2. (Schm) Schmiedesinter m ‖ ~/**окисный** Oxidschicht f Oxidhaut f ‖ ~/**околополуверхностный** oberflächennahe Schicht f ‖ ~ **основания** (Eln) Basis f, Basisschicht f ‖ ~ **основы** Trägerschicht f ‖ ~/**отбелённый** (Härt) Abschreckschicht f, abgeschreckte Schicht f, Hartgußschicht f, Weißeinstrahlung f ‖ ~/**отделочный** (Bw) Sichtschicht f, Sichtputz m, Außenputz m ‖ ~/**оторвавшийся пограничный** (Aero) abgelöste Grenzschicht f ‖ ~/**отражающий** (Opt) reflektierende (spiegelnde) Schicht f, Reflexionsschicht f ‖ ~ **пара** Dampfschicht f, Dampfhülle f ‖ ~/**пахотный** (Lw) Krume f, Ackerkrume f, Mutterboden m, Muttererde f ‖ ~ **перехода** s. ~/**переходный** ‖ ~/**переходный** (Eln) Übergangsschicht f, Übergangszone f ‖ ~/**переходный пограничный** gemischte (laminar-turbulente) Grenzschicht f ‖ ~/**периферийный** s. ~/**пограничный** 1. ‖ ~/**пиролитически осаждённый** (Fert) pyrolytisch abgeschiedene Schicht f ‖ ~/**плакирующий** (Met) Plattierungsschicht f (plattierte Bleche) ‖ ~/**планетарный пограничный** (Meteo) planetarische Grenzschicht f ‖ ~/**поверхностный** 1. Oberflächenschicht f; 2. (Ph) Skinschicht f, Haut f (Skineffekt); 3. s. ~/**приповерхностный** ‖ ~/**поглощающий** absorbierende Schicht f, Absorptionsschicht f ‖ ~/**пограничный** 1. Randschicht f, Mantelschicht f, periphere Schicht f; 2. (Aero) Grenzschicht f, Reibungsschicht f,

886

Wandschicht f ‖ ~/**подвижный** s. ~/**кипящий** ‖ ~/**подканавочный** (Gum) Unterprotektor m (Reifenherstellung) ‖ ~/**подстилающий** 1. Bettung f, Bettschicht f; 2. (Geol) unterlagernde Schicht f ‖ ~/**позитивный копировальный** (Typ) Positivkopierschicht f ‖ ~/**покровный** Deckschicht f ‖ ~/**покрывающий** s. ~/**облицовочный** ‖ ~/**поликристаллический кремния** (Eln) Poly-Si-Schicht f (Halbleiter) ‖ ~ **половинного ослабления** (Kern) Halbwertschichtdicke f, Halbwertschicht f, HWS, Halbwertdicke f, HWD (Strahlung) ‖ ~ **половинного самопоглощения** (Kern) Selbstabsorptionshalbwertsdicke f ‖ ~/**полупрозрачный** halbdurchlässige Schicht f ‖ ~/**полупроводниковый** Halbleiterschicht f ‖ ~/**полупроводящий** halbleitende Schicht f, Schicht f mit Halbleitercharakter, Halbleiterschicht f ‖ ~/**полупрозрачный** halbdurchlässige Schicht f ‖ ~/**пониженной скорости** (Geoph) Schicht f erniedrigter Geschwindigkeit, Low-velocity-Schicht f ‖ ~/**предохранительный** Schutzschicht f ‖ ~/**прерывный** (Eln) unterbrochene Schicht f ‖ ~/**приконтактный** (Eln) kontaktnahe Schicht f (Halbleiter) ‖ ~/**приповерхностный** (Eln) oberflächennahe Schicht f (Halbleiter) ‖ ~/**приработочный** (Masch) Einlaufschicht f (Reibpaarung) ‖ ~/**пристенный** s. ~/**пограничный** 2. ‖ ~/**притирочный** Anspringschicht f ‖ ~/**проводящий** (El) leitende Schicht f, Leitschicht f ‖ ~/**промежуточный** 1. Zwischenschicht f; 2. s. ~/**промежуточный породный** ‖ ~/**промежуточный породный** (Bgb) Gesteinsmittel n, Mittel n ‖ ~/**просветляющий** (Opt) 1. lichtdurchlässige Schicht f; 2. Antireflexschicht f, Vergütungsschicht f ‖ ~/**пространственного заряда** (Eln) Raumladungsschicht f, Raumladungszone f ‖ ~/**противоабразивный** Abriebschutzschicht f ‖ ~/**противоореольный** (Opt) Lichthofschutzschicht f ‖ ~/**противоореольный промежуточный** (Opt) Lichthofschutz-Zwischenschicht f ‖ ~/**противоразрядный** (Opt) Antistatikschicht f ‖ ~/**противоскручивающийся** (Photo) NC-Schicht f, Antirollschicht f ‖ ~/**псевдоожиженный** s. ~/**кипящий** ‖ ~ **пустой породы** (Bgb) taubes Mittel n ‖ ~/**рабочий** Magnetschicht f (Magnetband) ‖ ~/**разделительный** (Ch) Trennschicht f ‖ ~/**регистрирующий** (Photo) Aufzeichnungsschicht f ‖ ~/**резистивный** (Eln) Widerstandsschicht f (Halbleiter) ‖ ~/**резистовый** (Eln) Resistschicht f (Halbleiter) ‖ ~ **роста** (Krist) Wachstumsschicht f ‖ ~/**рудоносный** (Geol) erzführende Schicht f ‖ ~ **с газовым нагревом** (Fert) gasbeheiztes Wirbelbett n (z. B. für Wärmebehandlungen) ‖ ~/**сажевый** Rußschicht f, Rußrückschicht f ‖ ~/**сверхпроводящий** supraleitende Schicht f ‖ ~/**световодный** (El) Lichtleitschicht f, lichtleitende (photoleitende) Schicht f ‖ ~/**светочувствительный** lichtempfindliche Schicht f ‖ ~ **свечения** (Astr) Emissionsschicht f (Schicht des Nachthimmelsleuchtens) ‖ ~/**связующий** (Gieß) Binderschicht f, Binderfilm m, Binderhülle f ‖ ~/**сетчатый** Retikularschicht f ‖ ~ **скачка** s. ~ **температурного скачка** ‖ ~/**скоростной пограничный** (Aero) Geschwindigkeitsgrenzschicht f ‖ ~/**скрытый** (Eln) vergrabene Schicht f, vergrabenes Gebiet n (Halbleiter) ‖ **~ смазки** s. ~/смазочный ‖ **~/смазочный** Schmier[mittel]schicht f, Schmier[mittel]film m ‖ **~/смешанный пограничный** (Aero) gemischte (laminarturbulente) Grenzschicht f ‖ **~ смешивания** Mischungsschicht f ‖ **~ собственной проводимости** (Eln) Eigenleitungsschicht f, Intrinsic-Schicht f, I-Schicht f ‖ **~ сопротивления** (Eln) Widerstandsschicht f (Halbleiter) ‖ **~/сосочковый** (Led) Papillarschicht f ‖ **~ сотикратного ослабления** (Kern) Hundertstelwert[s]dicke f, Hundertstelwertschichtdicke f (Strahlung) ‖ **~/стационарный** s. ~/неподвижный ‖ **~ стока** (Hydrol) Abflußhöhe f ‖ **~/съёмный** Abziehschicht f ‖ **~ температурного скачка** 1. (Hydrol) Sprungschicht f, Metalimnion n; 2. (Therm) Temperatursprungschicht f, thermische Sprungschicht f ‖ **~/температурный (тепловой) пограничный** (Aero) Temperaturgrenzschicht f, thermische Grenzschicht f ‖ **~/термоизоляционный** Wärmeisolationsschicht f, Wärmedämmschicht f ‖ **~ трения** (Meteo) Reibungsschicht f ‖ **~/трёхмерный пограничный** (Aero) dreidimensionale Grenzschicht f ‖ **~/турбулентный пограничный** (Aero) turbulente Grenzschicht f ‖ **~/фильтрующий** (Ch) Filtrierschicht f ‖ **~/фонтанирующий** pulsierende Wirbelschicht f ‖ **~/фотозапорный** (Eln) Photosperrschicht f ‖ **~/фотопроводящий** photoleitende (lichtleitende) Schicht f, Halbleiterphotoschicht f ‖ **~/фоторезистивный** (Eln) Photoresistschicht f, Photolackschicht f (Halbleiter) ‖ **~/фоточувствительный** lichtempfindliche (photoempfindliche) Schicht f, Photoschicht f ‖ **~/фотоэмульсионный** Photoemulsionsschicht f ‖ **~ Хевисайда[-Кеннелли]** (Geoph) Heaviside-[Kennelly-]Schicht f, E-Schicht f, E-Gebiet n (Ionosphäre) ‖ **~/хемоэпитаксиальный** (Eln) chemoepitaktische Schicht f (Halbleiter) ‖ **~/хроможелатиновый копировальный** (Photo) Chromgelatineschicht f ‖ **~/цветоделительный** (Photo) Farbauszugsschicht f ‖ **~/цемент[ир]ованный** (Härt) Zementationsschicht f, Aufkohlungsschicht f, Einsatzschicht f (Einsatzhärtung) ‖ **~/шаровой** (Math) Kugelschicht f ‖ **~ шихты** Beschickungssäule f (Schachtofen) ‖ **~/шлаковый** Schlackenschicht f ‖ **~/штукатурный** (Bw) Putzschicht f ‖ **~/щёночный балластный** (Eb) Schotterbettung f, Schotterbett n ‖ **~/экранирующий** Abschirmschicht f ‖ **~/электрический проводящий** elektrisch leitende Schicht f ‖ **~/электроизоляционный** (El) Isolationsschicht f ‖ **~/электронный** (Eln) N-leitende (elektronenleitende) Schicht f, N-Schicht f ‖ **~/электропроводящий** elektrisch leitende Schicht f ‖ **~/элементарный** Einzelschicht f, Teilschicht f ‖ **~/эмиссионный** Emissionsschicht f, emittierende Schicht f ‖ **~ эмиттера/запирающий** (Eln) Emittersperrschicht f ‖ **~/эпитаксиальный** (Eln) Epitaxieschicht f (Halbleiter) ‖ **~ Эпплтона** (Geoph) Appleton-Schicht f, F-Schicht f, F-Gebiet n (Ionosphäre)

слой E s. ~ Хевисайда
слой F s. ~ Эпплтона
i-слой m s. слой собственной проводимости
n-слой m s. слой/электронный
p-слой m s. слой/дырочный

слойность f (Gum) Lagenzahl f (des Reifens)
служба f Dienst m ‖ **~/аварийно-спасательная** Bergungs- und Rettungsdienst m ‖ **~/авиационная метеорологическая** Flugwetterdienst m ‖ **~/авиационно-диспетчерская** Flugsicherungsdienst m ‖ **~ авиационной радиосвязи** Flugfunkdienst m ‖ **~ аэронавигационной информации** (Flg) Luftfahrtinformationsdienst m, AIS ‖ **~/аэрофотографическая** Luftbilddienst m ‖ **~/буксирная** (Kfz) Abschleppdienst m ‖ **~/вагонная** (Eb) Wagendienst m ‖ **~/ведомственная метрологическая** territorialer metrologischer Dienst m ‖ **~ воздушного наблюдения, оповещения и связи** (Flg) Flugmeldedienst m ‖ **~/воздушно-опознавательная** Flugzeugerkennungsdienst m ‖ **~/гидрометеорологическая** hydrometeorologischer Dienst m, Seewetterdienst m ‖ **~/горноспасательная** Grubenrettungsdienst m ‖ **~/грузовая** (Eb) Güterdienst m ‖ **~ движения** (Eb) Fahrdienst m, Betriebsdienst m ‖ **~/диспетчерская** (Eb) Zugüberwachungsdienst m, Dispatcherdienst m ‖ **~/дозиметрическая** Strahlen[schutz]überwachungsdienst m ‖ **~/дорожно-эксплуатационная** Straßenunterhaltungsdienst m ‖ **~/инженерно-авиационная** Fliegeringenieurdienst m, FID ‖ **~/коммерческая** (Eb) Verkehrsdienst m ‖ **~/ледовая** (Schiff) Eisdienst m ‖ **~/маневровая** (Eb) Rangierdienst m, Verschiebedienst m ‖ **~/маркшейдерская** Markscheiderdienst m ‖ **~/метеорологическая** meteorologischer Dienst m, Wetterdienst m ‖ **~/морская** (Schiff) Dienst m auf See, Seedienst m ‖ **~/морская гидрографическая** seehydrographischer Dienst m, SHD ‖ **~/морская метеорологическая** Seewetterdienst m ‖ **~ обеспечения безопасности** Flugsicherungsdienst m ‖ **~ побудки** (Nrt) Weckdienst m ‖ **~ погоды** (Meteo) Wetterdienst m ‖ **~ погоды/авиационная** Flugwetterdienst m ‖ **~ погоды и времени** Uhrenvergleichs- und Wetterdienst m ‖ **~ погоды/морская** Seewetterdienst m ‖ **~ подвижного состава** (Eb) Fahrzeugdienst m ‖ **~/радиолокационная** Radardienst m ‖ **~/радиометеорологическая** Radarwetterdienst m ‖ **~ радиосвязи** Funkdienst m ‖ **~ связи** Nachrichtenverkehrsdienst m; Fernmeldedienst m ‖ **~/сейсмическая** seismischer Dienst m ‖ **~/справочная** Auskunft f ‖ **~ УВД** (Flg) Flugsicherungs[kontroll]dienst m ‖ **~/фотографическая патрульная** (Astr) photographische Himmelsüberwachung f ‖ **~/широты** (Astr) Breitendienst m (Überwachung der Erdpolschwankung)

случай m 1. Zufall m; 2. (Kern) Ereignis n, Akt m, Elementarereignis n ‖ **~/аварийный** Havariefall m ‖ **~/доковый** (Schiff) Dockfall m (Stabilität) ‖ **~ загрузки** (Schiff) Ladefall m (Stabilität) ‖ **~ занятости** (Nrt) Besetztfall m ‖ **~/короткого замыкания** (El) Kurzschlußfall m ‖ **~ нагрузки** (Schiff) Ladefall m (Stabilität) ‖ **~/особый** Ausnahmebedingung f ‖ **~/предельный** Grenzfall m

случайность f Zufälligkeit f, zufälliger Charakter m, Stochastizität f
случайный stochastisch, zufällig
слышимость f Hörbarkeit f

слюда f (Min) Glimmer m ‖ ~/**железистая** Eisenglimmer m, Lepidomelan m ‖ ~/**жемчужная** Kalkglimmer m, Perlglimmer m, Margarit m ‖ ~/**калиевая** Kaliglimmer m ‖ ~/**листовая** Blattglimmer m ‖ ~/**литиевая** Lithiumglimmer m ‖ ~/**литиево-железистая** Lithiumeisenglimmer m, Zinnwaldit m ‖ ~/**магнезиально-железистая** Magnesiaeisenglimmer m, Biotit m ‖ ~/**магниевая** Magnesiumglimmer m, Phlogopit m ‖ ~/**медная** Kupferglimmer m, Chalkophyllit m ‖ ~/**молотая** Glimmermehl n, Glimmerstaub m ‖ ~/**натриевая** Natronglimmer m, Paragonit m ‖ ~/**хромистая** Chromglimmer m ‖ ~/**щипаная** Spaltglimmer m
слюдистый glimmerhaltig, glimmerartig
слюдка f (Min) Glimmer m (s. a. unter слюда) ‖ ~/**рубиновая** Rubinglimmer m, Lepidokrokit m
слюды fpl/**хрупкие** Sprödglimmer mpl
сляб m (Met) Bramme f, Flachknüppel m, Platine f ‖ ~/**литой** Gußbramme f
слябинг m (Wlz) Brammenwalzwerk n, Brammenstraße f, Slabbing m ‖ ~ **дуо** Duo-Brammenwalzwerk n ‖ ~ **дуо/реверсивный универсальный** Duo-Umkehr-Universalbrammenwalzwerk n ‖ ~/**реверсивный** Umkehrbrammenwalzwerk n ‖ ~/**универсальный** Block- und Brammenwalzwerk n, Universalbrammenwalzwerk n
слякоть f (Meteo) 1. Matsch m; 2. Matschwetter n
См s. **сименс**
смазать s. **смазывать**
смазка f 1. Schmierung f, Schmieren n, Abschmieren n; 2. Schmiere f, Schmiermittel n, Schmierstoff m; 3. (Gum) Formeinstreichmittel n; 4. (Bw) Estrich m ‖ ~/**автоматическая** selbsttätige (automatische) Schmierung f ‖ ~/**алюминиевая [консистентная]** Aluminiumseifenfett n, aluminiumverseiftes Schmierfett n ‖ ~/**антиадгезионная** (Kst) Trennmittel n, Haftverminderer m ‖ ~/**антикоррозионная** Korrosionsschutzfett n; Rostschutzfett n ‖ ~/**антифрикционная консистентная** Gleitfett n ‖ ~/**бариевая [консистентная]** Bariumseifenfett n, bariumverseiftes Schmierfett n ‖ ~/**вагонная** Achsschenkelschmierfett n ‖ ~/**верхняя** Obenschmierung f (Viertakt-Ottomotor) ‖ ~/**водяная** Wasserschmierung f ‖ ~/**воздушная** Luftschmierung f ‖ ~/**высоковакуумная** Hochvakuumfett n ‖ ~/**газовая** Gasschmierung f ‖ ~/**газообразная** gasförmiger Schmierstoff m ‖ ~/**гидродинамическая** hydrodynamische Schmierung f ‖ ~/**гидростатическая** hydrostatische Schmierung f ‖ ~/**граничная** Grenzflächenschmierung f ‖ ~/**графитовая** Graphitschmierung f (Verbrennungsmotoren) ‖ ~/**групповая** (Kfz) Gruppenschmierung f, Zentralschmierung f (Fahrwerk und Kraftübertragungsteile) ‖ ~/**густая** Schmierfett n hoher Konsistenz, steifes Schmierfett n ‖ ~/**жидкая** flüssiger Schmierstoff m ‖ ~/**жидкостная** Flüssigkeitsschmierung f ‖ ~/**индивидуальная** Einzelschmierung f ‖ ~/**калиевая [консистентная]** Kaliumseifenfett n, kaliumverseiftes Schmierfett n ‖ ~/**кальциевая [консистентная]** Kalkseifenfett n, Calciumseifenfett n, calciumverseiftes Schmierfett n ‖ ~/**капельная** Tropfölschmierung f ‖ ~/**кольцевая** Ringschmierung f (Gleitlager) ‖ ~ **кольцом** s. ~/**кольцевая** ‖ ~/**комбинированная** Tauch-Druck-Schmierung f (Verbrennungsmotoren) ‖ ~/**консистентная** 1. Fettschmierung f; Schmierfett n; 2. konsistenter Schmierstoff m ‖ ~/**контактная** Kontaktschmierung f (z. B. durch Festkörperschmierstoffstifte); Rotaprintschmierung f ‖ ~/**литиевая [консистентная]** Lithiumseifenfett n, lithiumverseiftes Schmierfett n ‖ ~ **маслом** Ölschmierung f ‖ ~ **масляным туманом** Ölnebelschmierung f ‖ ~ **машин/местная** Maschineneinzelschmierung f ‖ ~/**местная** (Kfz) Einzelschmierung f, örtliche Schmierung f (Fahrgestell und Kraftübertragungsteile) ‖ ~/**натровая [консистентная]** Natronseifenfett n, natronverseiftes Schmierfett n ‖ ~/**недостаточная** Mangelschmierung f ‖ ~/**несжимаемая** inkompressibler Schmierstoff m ‖ ~ **окунанием** Tauchschmierung f ‖ ~/**орудийная** Geschützfett n ‖ ~/**оружейная** Waffenöl n ‖ ~/**пластичная** Schmierfett n, Konsistentfett n, konsistenter Schmierstoff m ‖ ~ **по системе сухого картера/циркуляционная** Trockensumpf[umlauf]schmierung f (Verbrennungsmotoren) ‖ ~ **по способу присадки масла к топливу** (Kfz) Mischungsschmierung f (Zweitakt-Ottomotor) ‖ ~ **погружением в смазочную ванну** Tauch[bad]schmierung f ‖ ~ **под высоким давлением** Hochdruckschmierung f ‖ ~ **под высоким давлением/местная** (Kfz) Hochdruckeinzelschmierung f (Fahrwerk) ‖ ~ **под давлением** Druckschmierung f ‖ ~ **под давлением/циркуляционная** (Kfz) Druckumlaufschmierung f (Verbrennungsmotoren) ‖ ~ **подшипников качения** Wälzlagerschmierung f ‖ ~ **подшипников скольжения** Gleitlagerschmierung f ‖ ~/**принудительная** Druckschmierung f ‖ ~/**противокоррозионная** Korrosionsschutzfett n; Rostschutzfett n ‖ ~/**пушечная** Geschützfett n ‖ ~ **разбрызгиванием** Spritzschmierung f, Sprühschmierung f, Spritzölschmierung f, Schleuderschmierung f ‖ ~/**ресурсная** Lebensdauerschmierung f ‖ ~/**ротапринтная** s. ~/**контактная** ‖ ~/**ручная** Handschmierung f ‖ ~ **с помощью подушки** Polsterschmierung f ‖ ~ **свежим маслом** Frischölschmierung f (Verbrennungsmotoren) ‖ ~/**свинцовая [консистентная]** Bleiseifenfett n, bleiverseiftes Fett n ‖ ~/**сжимаемая** kompressibler Schmierstoff m ‖ ~/**силиконовая** Siliconfett n ‖ ~ **со смазочным кольцом** Schmierung f mit festem Schmierring ‖ ~ **со составным смазочным кольцом** Schmierung f mit losem Schmierring ‖ ~/**сухая** Trockenschmierung f ‖ ~ **тавотом** Fettschmierung f ‖ ~/**твёрдая** Feststoffschmierung f, Festkörperschmierstoff m ‖ ~ **твёрдым покрытием** Festkörperschmierstoffschmierung f ‖ ~/**уплотняющая** Vakuumfett n ‖ ~/**фитильная** Dochtschmierung f ‖ ~/**централизованная** (Kfz) Zentralschmierung f (Fahrwerk und Kraftübertragungsteile) ‖ ~/**центробежная** Fliehkraftschmierung f ‖ ~ **цилиндра** Zylinderschmierung f ‖ ~/**циркуляционная** Umlaufschmierung f ‖ ~/**циркуляционная принудительная** Druckumlaufschmierung f ‖ ~/**эластогидродинамическая** elastohydrodynamische Schmierung f
смазываемый geschmiert

смазывание *n s.* смазка 1.
смазывать schmieren *(Maschinen)*; abschmieren *(Fahrzeuge)*; einschmieren *(Metallteile)*
смальта *f* Smalte *f*, Schmalte *f*, Kobaltglas *n*
смальтин *m s.* скуттерудит
сматывание *n* 1. Aufwickeln *n*, Aufhaspeln *n*, Aufrollen *n*; 2. Abspulen *(Filme)*; 3. *(Text)* Abziehen *n*, Abzug *m*, Abwinden *n*, Abwickeln *n*, Abspulen *n* ‖ ~ **«враскрут»** *(Text)* Tangentialabzug *m (Zwirnmaschine)* ‖ **~/осевое** *(Text)* Axialabzug *m (Zwirnmaschine)* ‖ **~/холодное** *(Wlz)* Kalthaspeln *n*, Kaltwickeln *n*
сматыватель *m (Wlz)* Haspel *f*, Wickelvorrichtung *f*
сматывать 1. aufwickeln, aufhaspeln, aufrollen; 2. abspulen *(Filme)*; 3. *(Text)* abziehen, abwinden, abwickeln, abspulen
смачиваемость *f* Anfeuchtbarkeit *f*, Benetzbarkeit *f*
смачиваемый [be]netzbar
смачивание *n* Benetzen *n*, Benetzung *f*; Einweichen *n* ‖ **~/кинетическое** *(Ph)* kinetische Benetzung *f (bei Bewegung der Benetzungsgrenzfläche an der Festkörperoberfläche)* ‖ **~/неполное** *(Ph)* unvollkommene Benetzung *f* ‖ **~/неравновесное** *s.* **~/кинетическое** ‖ **~/полное** *(Ph)* vollkommene Benetzung *f*, Spreitung *f* ‖ **~/равновесное** *s.* **~/статическое** *(Ph)* statische Benetzung *f (bei unveränderlicher linearer Benetzungsgrenzfläche)*
смачиватель *m* Netzmittel *n*, Benetzungsmittel *n*
смачивать netzen, benetzen, anfeuchten
смежный angrenzend, anstoßend; benachbart
смена *f* 1. Wechsel *m*, Auswechselung *f*, Austausch *m*, Erneuerung *f (s. a. unter* замена 1.*)*; 2. Schicht *f*, Arbeitsschicht *f* ‖ **~/вечерняя** Spätschicht *f* ‖ **~/восьмичасовая** Achtstundenschicht *f (bei Dreischichtbetrieb)* ‖ **~/дневная** Tagschicht *f* ‖ **~ зацепления** *(Masch)* Eingriffswechsel *m (Zahnräder)* ‖ **~ инструмента/автоматическая** *(Wkzm)* automatischer Werkzeugwechsel *m* ‖ **~ кадров** *(Kine)* Bildwechsel *m* ‖ **~ масла** *(Kfz)* Ölwechsel *m* ‖ **~/ночная** Nachtschicht *f* ‖ **~ полярности** Pol[aritäts]wechsel *m* ‖ **~ приливно-отливного движения** *(Hydrol)* Gezeitenwechsel *m*, Flutwechsel *m* ‖ **~/рабочая** Arbeitsschicht *f* ‖ **~/ремонтная** Reparaturschicht *f* ‖ **~ тома** *(Inf)* Datenträgerwechsel *m* ‖ **~ управления** Steuerungswechsel *m* ‖ **~/утренняя** Frühschicht *f* ‖ **~/шестичасовая** Sechsstundenschicht *f (bei Vierschichtbetrieb)*
сменный austauschbar, auswechselbar
сменять 1. wechseln, auswechseln, austauschen; ersetzen; 2. ablösen *(in der Arbeit)*
смерзание *n* Zusammenfrieren *n*
смертельность *f (Kern)* Letalität *f*
смертность *f (Kern)* Mortalität *f*, Sterblichkeit *f*
смерть *f* **Вселенной/тепловая** Wärmetod *m* des Weltalls
смерч *m (Meteo)* Trombe *f*, Windhose *f* ‖ **~/водяной** Wasserhose *f* ‖ **~ на суше** Windhose *f*, Trombe *f* über Land
смесеобразование *n* Gemischbildung *f (Verbrennungsmotoren)* ‖ **~/вихрекамерное** Wirbelkammerverfahren *n (Verbrennungsmotor)* ‖ **~/внешнее** äußere Gemischbildung *f (Ottomotor)* ‖ **~/внутреннее** innere Gemischbildung *f (im Zylinder des Dieselmotors)* ‖ **~/наружное** äußere Gemischbildung *f (Ottomotor)* ‖ **~/несовершенное** mangelhafte Gemischbildung *f (Verbrennungsmotor)* ‖ **~/предкамерное** Vorkammerverfahren *n (Verbrennungsmotor)*
смесеприготовление *n* 1. Gemischaufbereitung *f*; 2. *(Gieß)* Aufbereiten *n* des Formstoffs, Formstoffaufbereitung *f*
смеситель *m* 1. Mischer *m*, Mischmaschine *f*, Mischapparat *m*; 2. Mischgefäß *n*; 3. Kneter *m*, Knetwerk *n*; 4. *(Rf)* Mischer *m*, Mischstufe *f*, Mischglied *n*; 5. Mischbatterie *f (Sanitärtechnik)*; 6. Mischventil *n (eines Gasmotors)* ‖ **~/асфальтобетонный** *(Bw)* Asphaltbetonmischer *m* ‖ **~/балансный** *(Rf)* Balancemischer *m* ‖ **~/барабанный** Trommelmischer *m*, Zylindermischer *m* ‖ **~/бегунковый (бегунный)** Kollermischer *m*, Mischkollergang *m* ‖ **~/быстроходный** Schnellmischer *m* ‖ **~/вакуумный** Vakuummischer *m* ‖ **~/валковый** Walzenmischer *m* ‖ **~/вибрационный** Rüttelmischer *m*, Vibrationsmischer *m* ‖ **~/винтовой** Schneckenmischer *m* ‖ **~/вращающийся** Rotationsmischer *m* ‖ **~/газовый** Gas-Luft-Mischer *m* ‖ **~/гематологический** *(Med)* hämatologisches Mischgerät *n* ‖ **~/гравитационный** Freifallmischer *m* ‖ **~/гребковый** Schaufelmischer *m* ‖ **~/двухвальный** Doppelwellenmischer *m* ‖ **~/двухтактный** *(Rf)* Gegentaktmischer *m* ‖ **~/закрытый** *(Gum)* Innenmischer *m*, Gummimischer *m*, Gummikneter *m* ‖ **~ кормов** *(Lw)* Futtermischer *m* ‖ **~/корытный** Trogmischer *m* ‖ **~/кристаллический** *(Rf)* Kristallmischer *m* ‖ **~/лопастный (лопаточный)** Schaufelmischer *m*, Flügelmischer *m* ‖ **~ мод** *(Nrt)* Modenmischer *m*, Modenscrambler *m* ‖ **~/настенный** Wandmischbatterie *f (Sanitärtechnik)* ‖ **~ непрерывного действия** Durchlaufmischer *m* ‖ **~/оптического диапазона** optischer Mischer *m* ‖ **~/паровой** *(Bw)* Dampfmischer *m* ‖ **~/пароструйный** Dampfstrahlmischer *m* ‖ **~/пентагридный** *(Rf)* Heptodenmischer *m* ‖ **~ периодического действия** diskontinuierlicher (periodischer) Mischer *m*, Chargenmischer *m* ‖ **~/планарный двухтактный** *(Rf)* planarer Gegentaktmischer *m* ‖ **~/предварительный** Vormischer *m* ‖ **~ принудительного действия** Zwangsmischer *m* ‖ **~/противоточный** Gegenstrommischer *m* ‖ **~ радиоприёмника** *(Rf)* Mischer *m*, Mischorgan *n* ‖ **~/разностный** Differenzmischer *m* ‖ **~/сборный** *(Bw)* Sammelmischer *m* ‖ **~/сдвоенный** *(Rf)* Tandemmischer *m* ‖ **~/скоростной** Schnellmischer *m* ‖ **~/тарельчатый** Tellermischer *m* ‖ **~/триодный** *(Rf)* Triodenmischer *m* ‖ **~/центробежный** Zentrifugalmischer *m*, Kreiselmischer *m* ‖ **~ частот** *(Rf)* Frequenzmischer *m* ‖ **~/шнековый** Schneckenmischer *m*
смеситель-отстойник *m (Ch)* Misch-Abscheider *m*, Mixer-Settler-Apparat *m*, Misch-Trenn-Behälter *m*
смеситель-пентагрид *m (Rf)* Heptodenmischer *m*
смеситель-пескомёт *m (Gieß)* Mix-Slinger *m*
смеска *f* 1. *(Bw)* Mischbett *n*; 2. *s.* смесь
сместить *s.* смещать

смесь f 1. Mischung f; Gemisch n; Gemenge n; 2. *(Gieß)* Formstoff m, Formmasse f, Formsand m ‖ ~/**азеотропная** *(Ch)* azeotropes Gemisch n ‖ ~/**азотно-водородная** Stickstoff-Wasserstoff-Gemisch n ‖ ~/**аргон-водородная** Argon-Wasserstoff-Gemisch n ‖ ~/**асфальтобетонная** *(Bw)* Asphaltbetongemisch n ‖ ~/**ацетилирующая** *(Ch)* Acetylierungsgemisch n ‖ ~/**бедная** 1. *(Kfz)* Magergemisch n, Gemisch n mit Luftüberschuß; 2. *(Bw)* mageres Gemisch n, magere Mischung f ‖ ~/**бензинобензольная** Benzin-Benzol-Gemisch n ‖ ~/**бетонная** *(Bw)* Betongemisch n, Frischbeton m, Frischbetongemisch n ‖ ~/**бинарная** *(Ch)* binäres Gemisch n, Zweistoffgemisch n ‖ ~/**богатая** *(Kfz)* reiches (luftarmes, fettes) Gemisch n ‖ ~/**буферная** *(Ch)* Puffergemisch n, Puffer m ‖ ~/**взрывчатая** explosives Gemisch n ‖ ~/**водогрунтовая** Boden-Wasser-Gemisch n *(Naßbaggerung)* ‖ ~/**водородно-кислородная** Wasserstoff-Sauerstoff-Gemisch n ‖ ~/**воздушно-цементная** *(Bw)* Luft-Zement-Gemisch n ‖ ~/**волокон** *(Text)* Fasermischung f ‖ ~/**высотная** Höhengemisch n *(für Flugmotoren)* ‖ ~/**газобетонная** *(Bw)* Gasbetonmischung f ‖ ~/**газов** Gasgemisch n ~ **газов/взрывчатая** explosives Gasgemisch n ‖ ~/**газовая** Gasgemisch n ‖ ~/**газовоздушная** Gas-Luft-Gemisch n ‖ ~/**газожидкостная** Flüssigkeits-Gas-Gemisch n ‖ ~/**газозащитная** *(Schw)* Schutzgasgemisch n, Schutzgasmischung f ‖ ~/**глинистая формовочная** *(Gieß)* Formmasse f ‖ ~/**горелая** *(Gum)* angebrannte (anvulkanisierte) Mischung f ‖ ~/**горелая формовочная** *(Gieß)* Altformstoff m, Altsand m ‖ ~/**горючая** Brenngemisch n, brennbares Gemisch n; *(Kfz)* Frischgemisch n ‖ ~/**гравийно-песчаная** *(Bw)* Kies-Sand-Gemisch n ‖ ~/**двойная (двухкомпонентая)** s. ~/бинарная ‖ ~/**детонирующая** 1. Zündgemisch n; 2. klopffreudiges Gemisch n *(Kraftstoff)* ‖ ~ **для обкладки** *(Gum)* Belagmischung f, Aufpreßmischung f, Auflagemischung f ‖ ~ **для прорезинки** *(Gum)* Friktionsmischung f ‖ ~/**единая формовочная** *(Gieß)* Einheitsformstoff m, Einheitsformsand m, Einheitsformmischung f ‖ ~/**жидкокристаллическая** Flüssigkristallmischung f ‖ ~/**жидкоподвижная** *(Gieß)* fließfähiger Formstoff m ‖ ~/**жирная** fette Mischung f, fettes Gemisch n ‖ ~/**жирная бетонная** *(Bw)* fetter Frischbeton m ‖ ~/**жирная формовочная** *(Gieß)* fette Formmasse f, fetter Formstoff m ‖ ~/**жировальная (жировая)** *(Led)* Fettegemisch n, Fettlicker m ‖ ~ **звуков** *(Ak)* Klanggemisch n ‖ ~/**известково-песчаная** *(Bw)* Kalk-Sand-Gemisch n ‖ ~/**исходная** *(Ch)* Ausgangsgemisch n ‖ ~/**конфигураций** *(Gieß)* Konfigurationsmischung f ‖ ~/**конфигурационная** *(Kern)* Konfigurationsmischung f ‖ ~ **концентрированных кормов** *(Lw)* Kraftfuttermischung f ‖ ~/**латексная** *(Gum)* Kautschukmilchmischung f, gefüllter Latex m ‖ ~/**литая бетонная** flüssiger Frischbeton m ‖ ~/**малонаполненная** füllstoffarme Mischung f ‖ ~/**маточная** *(Gum)* Vormischung f, Masterbatch m ‖ ~/**минеральная** Mineralgemisch n ‖ ~/**многокомпонентая** *(Ch)* Mehrstoffgemisch n, Mehrkomponentengemisch n ‖ ~/**модельная** *(Gieß)* Modellformstoff m, Modell[form]sand m ‖ ~/**намазная** *(Led)* Schwödebrei m ‖ ~/**наполненная** füllstoffhaltige (beschwerte) Mischung f ‖ ~/**наполнительная [формовочная]** *(Gieß)* Füllformstoff m, Füllsand m, Füllmasse f, Haufensand m ‖ ~/**нераздельнокипящая** s. ~/азеотропная ‖ ~/**нитрующая** *(Ch)* Nitrier[ungs]gemisch n, Nitriersäure f, Mischsäure f ‖ ~/**облицовочная [формовочная]** *(Gieß)* Modellformstoff m, Modell[form]sand m ‖ ~/**освежённая формовочная** *(Gieß)* regenerierter Formstoff (Formsand) m; aufgefrischter Formstoff m ‖ ~/**основная** *(Gum)* Grundmischung f ‖ ~/**отработанная формовочная** *(Gieß)* Altformstoff m, Altsand m ‖ ~/**охладительная (охлаждающая)** Kühlmischung f, Kältemischung f ‖ ~/**пароводяная** Dampf-Wasser-Gemisch n ‖ ~/**паровоздушная** Dampf-Luft-Gemisch n ‖ ~/**парогазовая** Dampf-Gas-Gemisch n ‖ ~/**пенобетонная** Schaumbetonmischung f ‖ ~/**песчано-глинистая** *(Bw)* Sand-Ton-Gemisch n ‖ ~/**песчано-глинистая стержневая** *(Gieß)* tonbindiger Kernformstoff m ‖ ~/**песчано-гравелистая** *(Bw)* Sand-Kies-Gemisch n ‖ ~/**пластичная бетонная** plastischer Frischbeton m ‖ ~/**подвулканизованная** s. ~/горелая ‖ ~/**полусухая бетонная** halbtrockener (erdfeuchter) Frischbeton m ‖ ~/**порошковая** Pulvergemisch n ‖ ~/**постояннокипящая** s. ~/азеотропная ‖ ~/**пригоревшая** s. ~/горелая ‖ ~/**промазочная** *(Gum)* Friktionsmischung f ‖ ~/**пусковая** Startgemisch n ‖ ~/**пылеугольная** Kohlenstaubgemisch n, Kohle-Staub-Gemisch n ‖ ~/**рабочая** *(Kfz)* Betriebsgemisch n, Arbeitsgemisch m ‖ ~/**растворная** *(Bw)* Mörtelgemisch n, Frischmörtel m ‖ ~/**растворная сухая** *(Bw)* Trockenmörtel m ‖ ~/**рацемическая** *(Ch)* racemisches Gemisch n, Racemat n ‖ ~/**реакционная** *(Ch)* Reaktionsgemisch n ‖ ~/**резиновая** *(Gum)* Kautschukmischung f ‖ ~ **с усилителем** *(Gum)* aktivierte Mischung f ‖ ~ **с ускорителем** *(Gum)* beschleunigte Mischung f ‖ ~/**сажевая** *(Gum)* Rußmischung f ‖ ~/**сажевая маточная** Rußvormischung f, Rußbatch m ‖ ~/**самотвердеющая формовочная** *(Gieß)* selbstaushärtender Formstoff m ‖ ~/**свежая формовочная** *(Gieß)* Neuformstoff m, Neusand m ‖ ~/**стержневая** *(Gieß)* Kernformstoff m, Kernformstoffmischung f, Kern[form]masse f ‖ ~/**сухая** trockenes Gemisch n, trockene Mischung f ‖ ~/**сухая бетонная** trockener Frischbeton m ‖ ~/**текучая бетонная** flüssiger Frischbeton m ‖ ~/**топливная** Kraftstoffmischung f ‖ ~/**топливновоздушная** Kraftstoff-Luft-Gemisch n ‖ ~/**тощая** mageres Gemisch n, magere Mischung f ‖ ~/**тощая бетонная** magerer Frischbeton m ‖ ~/**тройная** *(Ch)* ternäres Gemisch n, Dreistoffgemisch n ‖ ~/**тряпичная** *(Gum)* Fetzenmischung f, Raggummimischung f, Ragsatzmischung f, Raggummi m ‖ ~/**ускорительная маточная** *(Gum)* Beschleunigervormischung f, Beschleunigerbatch m ‖ ~/**формовочная** *(Gieß)* Formstoff m, Formmasse f, Formsand m ‖ ~/**фрикционная** *(Gum)* Friktionsmischung f ‖ ~/**химически твердеющая формовочная** *(Gieß)* chemisch [aus]härtbarer Formstoff m ‖ ~/**холодильная** Kältemischung f ‖ ~/**холодно-твердеющая**

формовочная *(Gieß)* kalt[aus]härtender Formstoff *m*, kalt[aus]härtende Formstoffmischung *f* ‖ **~ холостого хода/рабочая** Leerlaufgemisch *n (Verbrennungsmotor)* ‖ **~/цементационная** *(Härt)* Kohlungsmittel *n (Einsatzhärtung)* ‖ **~ частот** *(El)* Frequenzgemisch *n* ‖ **~/шамотная** *(Gieß)* Schamottemasse *f* ‖ **~/шерстяная** *(Text)* Wollmischung *f* ‖ **~/шинная** *(Gum)* Reifenmischung *f* ‖ **~/эвтектическая** eutektisches Gemisch *n*, Eutektikum *n* ‖ **~/экзотермическая** exotherme Mischung *f*
смета *f* Kostenanschlag *m*, Anschlag *m* ‖ **~/предварительная** Kostenüberschlag *m*, Voranschlag *m* ‖ **~/строительная** Baukostenvoranschlag *m*
смётывание *n (Text)* Zusammenheften *n (Konfektion)*
смешать *s.* смешивать
смешение *n* 1. Mischen *n*, Vermischen *n*, Vermengen *n*; 2. *(El)* Frequenzumsetzung *f*, Frequenzwandlung *f*, Transponierung *f*; 3. *(Opt)* Überlagerung *f*, Interferenz *f* ‖ **~/аддитивное** additive Mischung *f* ‖ **~ волокон** *(Text)* Mischen *n* von Fasern, Fasermischung *f* ‖ **~/горячее** *(Bw)* Heißmischen *n* ‖ **~/двухсеточное** *(El)* multiplikative Mischung *f* ‖ **~ клочков** *(Text)* Flockenmischung *f* ‖ **~ красок** Farbmischung *f* ‖ **~ красок/аддитивное** additive Farbmischung *f* ‖ **~ красок/вычитательное (субтрактивное)** subtraktive Farbmischung *f* ‖ **~ лент** *(Text)* Bandmischung *f* ‖ **~/мокрое** Naßmischen *n* ‖ **~ на гармониках** *(El)* Oberwellenmischung *f* ‖ **~/оптическое** optische Mischung *f* ‖ **~/паровое** *(Bw)* Dampfmischen *n* ‖ **~/повторное** *(Bw)* Nachmischen *n* ‖ **~/субтрактивное** subtraktive Mischung *f* ‖ **~/сухое** *(Bw)* Trockenmischen *n* ‖ **~/турбулентное** *(Bw)* Wirbelmischen *n* ‖ **~/холодное** kaltes Mischen *n*, Kaltmischen *n* ‖ **~ цветов** Farb[en]mischung *f* ‖ **~ цветов/аддитивное** additive (optische) Farbmischung *f* ‖ **~ цветов/пространственное** raumsequentielle partielle Farbmischung *f* ‖ **~ цветов/субтрактивное** subtraktive (materielle, substantielle) Farbmischung *f* ‖ **~ частот** Frequenzmischung *f (nichtlineare Optik)*
смешиваемость *f* Mischbarkeit *f*
смешиваемый [ver]mischbar
смешивание *n s.* смешение
смешивать 1. [ver]mischen; vermengen; durchmischen; 2. verschneiden *(Wein)*
смещать verschieben, verrücken, verdrängen; versetzen, verlagern; bewegen
смещаться *(Schiff)* übergehen *(Ladung)*
смещение *n* 1. Verschieben *n*, Verschiebung *f*, Versetzung *f*, Verlagerung *f*; örtliche Veränderung *f*; Bewegung *f*; Verdrängung *f*; Translation *f*; 2. *(Rf)* Vorspannung *f*; 3. *(Masch)* Querbewegung *f (innerhalb der Greiferhand)*; Feinbewegung *f (geradlinige Bewegung der Greiferhand im Greiferhandgelenk)*; 4. Grundmagnetisierung *f*, Vormagnetisierung *f (Magnetonband)* ‖ **~/аберрационное** *(Astr)* Aberration *f* ‖ **~/гравитационное красное** *(Astr)* [relativistische] Rotverschiebung *f* im Schwerefeld ‖ **~ груза** *(Schiff)* Übergehen *n* der Ladung ‖ **~ грунта** Bodenversetzung *f* ‖ **~/доплеровское** Doppler-Verschiebung *f (Spektrallinien)* ‖ **~/запирающее (запорное)** *(Eln)* Sperrvorspannung *f* ‖ **~ знаков/динамическое** dynamischer Schräglauf (Skew) *m (Magnetonband)* ‖ **~/изомерное** *(Kern)* Isomerieverschiebung *f (Atomspektrum)* ‖ **~/изотопическое** *(Kern)* Isotopieverschiebung *f (Atomspektrum)* ‖ **~ исходного контура** *(Masch)* Profilverschiebung *f (Zahnrad)* ‖ **~/катодное** *(Eln)* Kathodenvorspannung *f* ‖ **~/комптоновское** *(Kern)* Compton-Verschiebung *f* ‖ **~/красное** *(Astr)* [kosmologische] Rotverschiebung *f* ‖ **~ линии спектра** Linienverschiebung *f*, Verschiebung *f* der Spektrallinien *(Spektroskopie)* ‖ **~/метагалактическое красное** *(Astr)* kosmologische Rotverschiebung *f*, Rotverschiebung *f* in den Spektren extragalaktischer Sternsysteme ‖ **~ на сетке** *(Rf)* Gittervorspannung *f* ‖ **~ на управляющей сетке** *(Rf)* Steuergittervorspannung *f* ‖ **~ нагрузки** Lastverlagerung *f* ‖ **~ нуля (нулевой точки)** Null[punkt]verschiebung *f*, Null[punkt]wanderung *f* ‖ **~/обратное** 1. inverse Verschiebung *f*; 2. *(Eln)* Sperrvorspannung *f*, Vorspannung *f* in Sperrichtung ‖ **~ объёма** Volumenverschiebung *f* ‖ **~/осевое** Axialschub *m*, Axialverschiebung *f*, Längsschub *m*, Längsverschiebung *f* ‖ **~ оси** Achsversetzung *f*, Achsverlagerung *f* ‖ **~/отрицательное** *(Eln)* negative Vorspannung *f* ‖ **~ оттенка** *(Text)* Farbtonverschiebung *f* ‖ **~/параллактическое** *(Astr)* parallaktische Bewegung (Verschiebung) *f*, Parallaxenverschiebung *f*, Parallaxenbewegung *f* ‖ **~/параллельное** *(Mech)* Parallelverschiebung *f* ‖ **~ по времени** *(Ph)* Zeitverschiebung *f*, Zeitversetzung *f* ‖ **~ по фазе** Phasenverschiebung *f* ‖ **~/положительное** *(Eln)* positive Vorspannung *f* ‖ **~/поперечное** *(Mech)* Querverschiebung *f* ‖ **~/продольное** *(Mech)* Längsverschiebung *f* ‖ **~ профиля** Profilverschiebung *f (Zahnrad)* ‖ **~ профиля/отрицательное** negative Profilverschiebung *f (Zahnrad)* ‖ **~ профиля/положительное** positive Profilverschiebung *f (Zahnrad)* ‖ **~/прямое** *(Eln)* Durchlaßvorspannung *f*, Vorspannung *f* in Durchlaßrichtung ‖ **~ рабочей точки** Arbeitspunktverschiebung *f*, Arbeitspunktverlagerung *f* ‖ **~/радиальное** radiale Verlagerung *f*, Radialverlagerung *f* ‖ **~ растра** *(Eln)* Rasterverschiebung *f* ‖ **~ резца/поперечное** *(Wkzm)* Zustellung *f* ‖ **~/релятивистское красное** *(Astr)* relativistische Rotverschiebung *f* ‖ **~/сеточное** *(Rf)* Gittervorspannung *f (Röhre)* ‖ **~ спектральной линии** *s.* линии спектра ‖ **~ строк** Zeilenverschiebung *f* ‖ **~ точки изображения** *(Opt)* Bildpunktverlagerung *f* ‖ **~/угловое** *(Mech)* Winkelverschiebung *f* ‖ **~ уровня** *(Ph)* Termverschiebung *f*, Niveauverschiebung *f* ‖ **~ фаз** *(El)* Phasenverschiebung *f* ‖ **~/фазное** *(El)* Phasenverschiebung *f* ‖ **~/фиолетовое** *(Astr)* Blauverschiebung *f* ‖ **~/частотное** *s.* ~ частоты ‖ **~ частоты** *(El)* Frequenzverlagerung *f*, Frequenzversetzung *f*, Frequenzdrift *f* ‖ **~/шахматное** Perforationsreihenversatz *m* ‖ **~ щёток** Bürstenverstellung *f (an elektrischen Maschinen)* ‖ **~/электрическое** elektrische Verschiebung *f* ‖ **~ элементов изображения** Bildpunktverschiebung *f*
смещённый 1. vorgespannt; 2. verschoben ‖ **~ обратно** *(Eln)* in Sperrichtung vorgespannt,

смещённый

sperrvorgespannt ⅠⅠ ~ **по фазе** *(El)* phasenverschoben, phasengedreht
сминаемость *f (Text)* Knitterneigung *f*
сминание *n* 1. Quetschen *n*, Abquetschen *n*, Zerquetschen *n*, Quetschung *f*; 2. *(Text)* Zerknittern *n*
сминать 1. quetschen, abquetschen, zerquetschen, zerdrücken; 2. *(Text)* zerknittern
смитсонит *m (Min)* Smithsonit *m*, Zinkspat *m*
СМО *s.* система математического обеспечения
смог *m* Smog *m* ⅠⅠ ~**/лондонский** *s.* ~ лондонского типа ⅠⅠ ~ **лондонского типа** Smog *m* [vom] Londoner Typ *(bei feuchtem Nebel)* ⅠⅠ ~ **[лосанджелесского типа]/фотохимический** photochemischer Smog *m (Los Angeles Typ, entsteht durch Einwirkung von Sonnenlicht auf die giftigen Umwandlungsprodukte)*
смола *f* 1. Harz *n*; 2. Teer *m*; Pech *n (s. a. unter* дёготь*)* ⅠⅠ ~**/алкидная** Alkyd[harz] *n* ⅠⅠ ~**/алкилфенольная** Alkylphenolharz *n* ⅠⅠ ~**/бензойная** Benzoeharz *n* ⅠⅠ ~**/буроугольная** Braunkohlenteer *m* ⅠⅠ ~**/газовая** Gas[werks]teer *m* ⅠⅠ ~**/газогенераторная** *s.* ~/генераторная ⅠⅠ ~**/генераторная** Generatorteer *m* ⅠⅠ ~**/древесная** 1. Baumharz *n*; 2. Holzteer *m* ⅠⅠ ~**/заливочная** Vergußharz *n* ⅠⅠ ~**/ионитовая** *s.* ~/ионообменная ⅠⅠ ~**/ионообменная** Austausch[er]harz *n*, Ionenaustausch[er]harz *n* ⅠⅠ ~**/искусственная** Kunstharz *n* ⅠⅠ ~**/каменноугольная** Steinkohlen[kokerei]teer *m* ⅠⅠ ~**/карбамидная** Carbamidharz *n*, Harnstoffharz *n* ⅠⅠ ~**/катионообменная** Kationenaustausch[er]harz *n* ⅠⅠ ~**/коксовая** Kokereiteer *m*, Koksofenteer *m* ⅠⅠ ~**/крезолоформальдегидная (крезольная)** Cresol-Formaldehyd-Harz *n*, Cresolharz *n* ⅠⅠ ~**/кремнийорганическая** Siliconharz *n* ⅠⅠ ~**/кумароновая** Cumaronharz *n* ⅠⅠ ~**/лаковая** Lackharz *n* ⅠⅠ ~**/мочевиноформальдегидная** Harnstoff-Formaldehyd-Harz *n* ⅠⅠ ~**/мягкая** Weichharz *n* ⅠⅠ ~ **на стадии А** Harz *n* im A-Zustand, A-Harz *n*; Resol[harz] *n (bei Phenolharzen)* ⅠⅠ ~ **на стадии В** Harz *n* im B-Zustand, B-Harz *n*; Resitol *n (bei Phenolharzen)* ⅠⅠ ~ **на стадии С** Harz *n* im C-Zustand, C-Harz *n*; Resit *n (bei Phenolharzen)* ⅠⅠ ~**/основная** Grundharz *n* ⅠⅠ ~**/отверждаемая** *s.* ~/термореактивная ⅠⅠ ~**/поликонденсационная** Polykondensationsharz *n* ⅠⅠ ~**/полимеризационная** Polymerisationsharz *n* ⅠⅠ ~**/полистироловая (полистирольная)** Polystyrenharz *n*, Polystyrolharz *n* ⅠⅠ ~**/полиэфирная** Polyesterharz *n* ⅠⅠ ~**/природная** Naturharz *n* ⅠⅠ ~**/резольная** Resol[harz] *n (Pap)* Freiharz *n* ⅠⅠ ~**/силиконовая** Silikon[kunst]harz *n*, Organopolysiloxanharz *n* ⅠⅠ ~**/синтетическая** Kunstharz *n* ⅠⅠ ~**/сланцевая** Schieferteer *m* ⅠⅠ ~**/сосновая** Kiefernharz *n* ⅠⅠ ~**/твёрдая** Hartharz *n* ⅠⅠ ~**/термопластичная** thermoplastisches (nichthärtbares, wärmbildsames) Kunstharz *n* ⅠⅠ ~**/термореактивная** duroplastisches (härtbares, härtendes) Kunstharz *n* ⅠⅠ ~**/фенолоформальдегидная** Phenolformaldehydharz *n* ⅠⅠ ~**/фенольная** Phenolharz *n* ⅠⅠ ~**/эпоксидная (этоксилиновая)** Epoxidharz *n*, Äthoxylinharz *n*
смоление *n* Teeren *n*, Pichen *n*
смолистость *f* Harzgehalt *m*, Harzreichtum *m*
смолистый harz[halt]ig, harzreich; Harz...

смолить teeren, pichen
смолка *f s.* смола 2. ⅠⅠ ~**/урановая** *s.* уранинит
смоловарня *f* Teerbrennerei *f*, Teerschwelerei *f*
смолокурение *n* Teerschwelen *n*
смолообразование *n* Harzbildung *f*
смолоть *s.* молоть
смольё *n s.* осмол
смоляной 1. harz[halt]ig, harzreich; Harz...; 2. Teer...
смонтировать *s.* монтировать
смотать *s.* сматывать
смотка *f* Aufwickeln *n*, Auftrommeln *n* ⅠⅠ ~ **в рулоны** *(Wlz)* Aufwickeln *n* zu Bunden
смочить *s.* смачивать
СМП *s.* микропроцессор/сигнальный
СМПВ *s.* судно с малой площадью ватерлинии
СМР *s.* работы/строительно-монтажные
смыв *m* Spülen *n*, Wegspülen *n*; *(Geol)* Abtragung *f*, Erosion *f* ⅠⅠ ~**/линейный** *(Geol)* lineare Abtragung *f* ⅠⅠ ~**/плоскостной** *(Geol)* Flächenerosion *f*, flächenhafte Abtragung *f*
смывать 1. abspülen, abwaschen, abspritzen; 2. fortschwemmen, abschwemmen, wegspülen
смысл *m* **вращения** Drehrichtung *f* ⅠⅠ ~ **движения** Richtungssinn *m*
смыть *s.* смывать
смычка *f (Schiff)* Kettenlänge *f*, Kettenende *n* (Ankerkette) ⅠⅠ ~**/жвака-галсовая** Kettenkastenvorlauf *m* ⅠⅠ ~**/концевая** Vorlauf *m (der Ankerkette)* ⅠⅠ ~**/коренная** Kettenkastenvorlauf *m*, Endkettenlänge *f* ⅠⅠ ~ **лент** *(Text)* Bandfuge *f* (Kämmen der Baumwolle; Spinnerei) ⅠⅠ ~**/промежуточная** Zwischenkettenlänge *f*, Kettenende *n*, Normalkettenlänge *f* ⅠⅠ ~**/якорная** Ankervorlauf *m*
смягчать 1. erweichen, weich machen; 2. enthärten *(Wasser)*; 3. dämpfen *(Stoß)*
смягчение *n* 1. Erweichen *n*, Weichmachen *n*; 2. Enthärten *n (Wasser)*; 3. Abschwächung *f*, Dämpfung *f (Stoß)* ⅠⅠ ~ **изображения** *(Photo)* Weichmachung *f* des Bildes ⅠⅠ ~ **ударов** Stoßdämpfung *f*, Stoßabschwächung *f*
смягчитель *m* Weichmachungsmittel *n*, Weichmacher *m*
смятие *n* Quetschung *f*, Verquetschung *f*, Zerquetschung *f*, Zerdrücken *n*
смятый gequetscht, zerquetscht, zerdrückt
смять *s.* сминать
СН *s.* стабилизатор напряжения
снабжать 1. versorgen, beliefern, versehen; 2. ausrüsten, ausstatten ⅠⅠ ~ **контактами** *(Eln)* kontaktieren ⅠⅠ ~ **набивкой** verpacken *(Stopfbuchse)*
снабженец *m (Schiff)* Versorgungsschiff *n*
снабжение *n* 1. Versorgung *f*, Belieferung *f*; 2. Ausstattung *f*, Ausrüstung *f* ⅠⅠ ~**/аварийное** *(Schiff)* Lecksicherungsausrüstung *f*, Lecksicherungsinventar *n* ⅠⅠ ~**/инвентарное** *(Schiff)* Inventar *n* ⅠⅠ ~ **питьевой водой** Trinkwasserversorgung *f* ⅠⅠ ~ **продовольственное** Lebensmittelversorgung *f* ⅠⅠ ~**/противопожарное** Feuerlöschinventar *n* ⅠⅠ ~ **электроэнергией** Elektroenergieversorgung *f*
снаряд *m* 1. Gerät *n*; Maschine *f*; 2. *(Mil)* Geschoß *n*; Granate *f* ⅠⅠ ~**/буровой** *(Bgb)* Bohrgarnitur *f*, Bohrstrang *m* ⅠⅠ ~**/грейферный** Greiferschwimmbagger *m* ⅠⅠ ~**/двойной колонковый**

(Bgp) Doppelkernrohr *n* ‖ ~/**дноуглубительный** Schwimmbagger *m*, Naßbagger *m* ‖ ~/**землесосный** Saug[schwimm]bagger *m*, Grundsauger *m* ‖ ~/**землечерпательный** Schwimmbagger *m*, Eimerschwimmbagger *m*, Naßbagger *m (Gruppenbegriff für Löffel- und Eimerketten-Schwimmbagger)* ‖ ~/**камнечерпательный** Eimerkettenschwimmbagger *m* für steinigen Grund ‖ ~/**колонковый** *(Bgp)* Kernbohrtour *f* ‖ ~/**многочерпаковый землечерпательный (плавучий)** Eimerkettenschwimmbagger *m* ‖ ~/**морской многочерпаковый землечерпательный** Seeeimerkettenschwimmbagger *m* ‖ ~/**одноковшовый (одночерпаковый) землечерпательный** Löffelschwimmbagger *m (Untergruppenbegriff für Greif- und Schleppschaufel-Schwimmbagger)* ‖ ~/**одночерпаковый грейферный** Greiferschwimmbagger *m* ‖ ~/**одночерпаковый штанговый** Löffelschwimmbagger *m* ‖ ~/**плавучий** Schwimmgerät *n* ‖ ~/**плавучий землесосный** *s.* ~/**землесосный** ‖ ~/**плашкоутный землесосный** Spülbagger *m (Schwimmbagger, bestehend aus zwei Hydromonitoren und Saugbaggerpumpe, auf Ponton montiert, besonders beim Bau von Wasserkraftwerken eingesetzt)* ‖ ~ **с разрыхляющей головкой/землесосный** Schleppkopf-Saugbagger *m* ‖ ~ **с фрезерным разрыхлителем/землесосный** Schneidkopf-Saugbagger *m* ‖ ~/**самоотвозной землесосный** Hoppersaugbagger *m*, Laderaumsaugbagger *m*, Hoppersauger *m* ‖ ~/**свайный дноуглубительный** Schwimmbagger *m* mit Haltepfählen, von Pfählen gehalteter Schwimmbagger *m* ‖ ~/**штанговый землечерпательный** Schleppschaufelschwimmbagger *m* ‖ ~/**эжекторный колонковый** *(Bgp)* Ejektorkernrohr *n*, Wasserstrahlkernrohr *n*

снарядить *s.* снаряжать
снаряжать 1. ausrüsten, ausstatten; 2. *(Mil)* scharfmachen *(Munition)*
снаряжение *n* 1. Ausrüstung *f*, Ausstattung *f*; 2. *(Mil)* Geschoßfüllung *f*; 3. *(Mil)* Scharfmachen *n (Munition)* ‖ ~/**промысловое** Fangausrüstung *f (Fischfang)*
снасть *f (Schiff)* Tauwerk *m* ‖ ~/**крючковая рыболовная** Hakenfanggerät *n* ‖ ~/**рыболовная** Fischereigerät *n*, Fischfanggerät *n*
снег *m (Meteo)* Schnee *m* ‖ ~/**мокрый** nasser Schnee *m* ‖ ~/**рыхлый** Pulverschnee *m* ‖ ~/**талый** getauter Schnee *m*, Schneewasser *n*
снеговал *m (Forst)* Schneewurf *m*
снегозадержание *n (Lw)* Aufhalten *n* des Schnees *(als Frostschutz und zur Feuchthaltung des Bodens)*
снеголом *m (Forst)* Schneebruch *m*
снегомер *m (Meteo)* Schneemesser *m*
снегоочиститель *m* Schneeräumgerät *n*, Schneeräummaschine *f*, Schneepflug *m*, Schneeräumer *m* ‖ ~/**железнодорожный плуговой** *(Eb)* Schneepflug *m* ‖ ~/**железнодорожный роторный** *(Eb)* Schneeschleuder *f*, Schneefräse *f* ‖ ~/**навесной** Anbauschneepflug *m* ‖ ~/**плужный** Schneepflug *m* ‖ ~/**роторный** *(Eb)* Schneeschleuder *f*, Schneefräse *f* ‖ ~ **со щёткой/плужный** Schneepflug *m* mit Walzenbürste ‖ ~/**шнекороторный** Schneeschleuder *f*, Schneefräse *f*

снегоочистка *f* Schneeräumung *f*
снегопад *m (Meteo)* Schneefall *m*
снегопах *m (Lw)* Schneepflug *m (zum Aufhalten des Schnees auf den Feldern)*
снегопогрузчик *m* Schneelader *m*
снеготаялка *f* Schneeschmelzeinrichtung *f*
снегоуборка *f* Schneeräumung *f*
снегоуборщик *m* Schneeräum- und -lademaschine *f*, Schneeräumgerät *n*, Schneeräumer *m*
снегоход *m (Kfz)* schneegängiges Kraftfahrzeug *n (mit Gleiskettenantrieb und vorderen Lenkrädern oder Lenkkufen)*
снежница *f (Hydrol)* 1. Tauwasseransammlung *f* auf Eisflächen; 2. im Wasser treibende verklumpte Schneemassen *fpl (bei starkem Schneefall auf abgekühlte Wasserflächen)*
снежура *f s.* снежница
снести *s.* сносить
снижать senken, herabsetzen, reduzieren, vermindern; ermäßigen
снижаться 1. [ab]sinken, abnehmen, sich vermindern, fallen, zurückgehen; 2. *(Flg)* niedergehen, landen; heruntergehen, tiefergehen ‖ ~ **в вираже** *(Flg)* in Kurven niedergehen, im Vollkreis sinken
снижение *n* 1. Herabsetzung *f*, Senkung *f*, Absenkung *f (z. B. der Spannung)*; Abnahme *f (z. B. des Druckes)*; Minderung *f (z. B. der Leistung)*; Verminderung *f*, Ermäßigung *f (z. B. von Gebühren)*; 2. Niederführung *f (z. B. der Antenne)*; 3. *(Flg)* Sinkflug *m* ‖ ~ **давления** Druckabnahme *f*, Drucksenkung *f* ‖ ~ **мощности** Leistungsminderung *f* ‖ ~ **нагрузки** Last[ab]senkung *f* ‖ ~ **напряжения** 1. *(El)* Spannungsabfall *m*; 2. *(Mech)* Entspannung *f*, Spannungsminderung *f* ‖ ~ **прочности** Festigkeitsabfall *m* ‖ ~ **скорости** Geschwindigkeitsherabsetzung *f* ‖ ~ **стоимости** Kostensenkung *f* ‖ ~ **температуры** Temperaturabfall *m* ‖ ~ **температуры застывания** Stockpunktniedrigung *f* ‖ ~ **температуры кипения** Siedepunktniedrigung *f*, Siedepunktdepression *f* ‖ ~ **цен** Preisherabsetzung *f*, Preissenkung *f* ‖ ~ **шума** Geräuschdämpfung *f* ‖ ~/**экранированное** abgeschirmte Niederführung *f (Antenne)* ‖ ~/**экстренное** *(Flg)* Schnellabstieg *m*, Notabstieg *m*
снизить *s.* снижать
снизиться *s.* снижаться
снимание *n s.* снятие
сниматель *m* Abziehvorrichtung *f*, Abwerfer *m* ‖ ~ **рулонов** *(Wlz)* Bundabschiebevorrichtung *f*, Bundabwerfer *m*
снимать 1. abnehmen, abheben, entfernen, beseitigen; 2. aufnehmen, photographieren; *(Kine)* drehen, filmen; 3. abgreifen *(Signale)*; 4. aufnehmen *(Diagramme)*; 5. *(Met)* abstreichen, abziehen *(Schlacke)*; 6. *(Wlz)* abziehen, abwerfen *(Bunde)*; 7. *(Fert)* abnehmen, abheben *(Späne)*; 8. abbauen, beseitigen *(Spannungen)* ‖ ~ **влагу** Feuchtigkeit entziehen ‖ ~ **внутреннее напряжение** entspannen *(Beseitigen innerer Spannungen im Metall durch Wärmebehandlung)* ‖ ~ **возбуждение** *(El)* entregen, aberregen ‖ ~ **грат** *s.* ~ **заусенцы** ‖ ~ **жир** abfetten ‖ ~ **заусенцы** *(Fert)* abgraten, entgraten ‖ ~ **изоляцию** abisolieren, entisolieren ‖ ~ **кальку** durchpausen *(Zeichnungen)* ‖ ~ **лыску** *(Fert)*

снимать

abflachen, anflächen ‖ ~ **нагрузку** entlasten ‖ ~ **напряжение** 1. *(El)* spannungslos (spannungsfrei) machen; eine Spannung abnehmen; 2. *(Mech)* entspannen ‖ ~ **облой** *s.* ~ **заусенцы** ‖ ~ **оболочку** abmanteln *(Kabel)* ‖ ~ **размер** abmessen, abgreifen ‖ ~ **стружку** *(Fert)* [zer]spanen ‖ ~ **съём** *(Text)* abziehen *(Spinnerei)* ‖ ~ **фаски** *(Fert)* fasen, anfasen, abfasen ‖ ~ **чешую** entschuppen *(Fischverarbeitung)* ‖ ~ **шкуру** 1. enthäuten *(Fischverarbeitung)*; 2. *(Led)* häuten ‖ ~ **шлак** *(Met)* abschlacken, entschlacken, Schlacke abziehen; abschäumen

сниматься с якоря *(Schiff)* Anker lichten

снимок *m (Photo)* Aufnahme *f*, Photo *n*, Photographie *f*, [photographisches] Bild *n (s. a. unter* съёмка 2.*)* ‖ ~/**авторадиографический** *s.* радиоавтограмма ‖ ~ **ближнего поля** Nahfeldaufnahme *f* ‖ ~ **в инфракрасных лучах** Infrarotaufnahme *f*, Infrarotbild *n*, IR-Aufnahme *f*, IR-Bild *n* ‖ ~ **в ультрафиолетовых лучах** Ultraviolettaufnahme *f*, Ultraviolettbild *n*, UV-Aufnahme *f*, UV-Bild *n* ‖ ~ **дальнего поля** Fernfeldaufnahme *f* ‖ ~ **дифракции электронов** *(Kern)* Elektronenbeugungsaufnahme *f*, Elektronenbeugungsbild *n* ‖ ~/**конгруентный** kongruente Abbildung *f* ‖ ~/**космический** Aufnahme *f* von Satelliten, Aufnahme *f* aus dem Kosmos, kosmische Aufnahme (Darstellung) *f* ‖ ~/**макрофотографический** *(Wkst)* Makroaufnahme *f* ‖ ~/**маршрутный** *(Flg)* Reihenbildaufnahme *f*, Reihenbild *n* ‖ ~/**микрофотографический** *(Wkst)* Mikroaufnahme *f* ‖ ~/**ортогональный** Orthogonalbild *n* ‖ ~/**панорамный** Panoramaaufnahme *f* ‖ ~/**перспективный** Schrägaufnahme *f (Luftbild)* ‖ ~/**плановый** Senkrechtaufnahme *f (Luftbild)* ‖ ~/**полутоновый** Halbtonbild *n* ‖ ~/**принуждённый** *(Photo)* gestellte Aufnahme *f* ‖ ~/**радиальный** Radarbild *n* ‖ ~/**радиографический** *s.* радиоавтограмма ‖ ~/**радиолокационный** Radarbild *n* ‖ ~/**растровый** Rasteraufnahme *f*, Rasterbild *n* ‖ ~/**рекламный** Werbephoto *n* ‖ ~/**рентгеновский** Röntgenogramm *n*, Röntgenaufnahme *f*, Röntgenbild *n* ‖ ~ **с выдержкой** Zeitaufnahme *f* ‖ ~/**синтезированный цветной** Farbmischbild *n* ‖ ~/**следов частиц** *(Kern)* Kernspüraufnahme *f* ‖ ~/**спектральный** *s.* спектрограмма ‖ ~/**стереоскопический** Stereoaufnahme *f* ‖ ~/**фотограмметрический** Meßbildaufnahme *f*, Meßbild *n*, Kartenaufnahme *f* ‖ ~/**фотографический** [photographische] Aufnahme *f*, [photographisches] Bild *n* ‖ ~/**широкоугольный** Weitwinkelbild *n* ‖ ~/**штриховой** Strichaufnahme *f*

снимок-оригинал *m* Originalbild *n*

сница *f (Lw)* Zugvorrichtung *f*, Zugdreieck *n*, Zugeinrichtung *f (des Kopplungswagens)*

снование *n (Text)* Schären *n*, Zetteln *n*, Bäumen *n (Weberei, Wirkerei)* ‖ ~/**ленточное** Bandschären *n* ‖ ~ **основы** Schären (Zetteln) *n* der Ketten ‖ ~/**партионное** Baumschären *n*, Zetteln *n* ‖ ~/**ручное** Handschären *n* ‖ ~/**секционное** Sektionsschären *n*, Teilschären *n* ‖ ~/**цветное** bundfarbiges Schären *n*

сновать *(Text)* schären, zetteln, bäumen *(Weberei, Wirkerei)*

сновка *f s.* снование

сноп *m* 1. Büschel *n*, Bündel *n*, Bund *n*; 2. *(Lw)* Garbe *f*

снопами *(Lw)* in Garben; bündelweise

снопоявзалка *f (Lw)* Garbenbindemaschine *f*, Selbstbinder *m*, Bindemäher *m*, Mähbinder *m* ‖ ~/**льняная** Flachsbindemaschine *f* ‖ ~ **с цапфовым приводом** Zapfwellenbinder *m*

снопосушилка *f (Lw)* Garbendarre *f*

снос *m* 1. *(Bw)* Abbruch *m*, Abriß *m*, Abtragen *n*; 2. *(Flg, Schiff)* Abdrift *f*; 3. *s.* ~ **судна** ‖ ~ **здания** Gebäudeabriß *m*, Gebäudeabbruch *m* ‖ ~ **здания/сплошной** Flächenabriß *m* ‖ ~ **здания/частичный** Teilabriß *m* ‖ ~ **назад** *(Flg)* Rückdrift *f*, Rückdrängung *f* ‖ ~ **судна** Versetzen *n* (Versetzung *f*, Versatz *m*, Abdrift *f*) eines Schiffes ‖ ~ **судна/поперечный** *(Schiff)* seitliches Versetzen *n*, seitlicher Versatz *m (eines Schiffes)*

сносить 1. *(Bw)* abtragen, abbrechen; 2. abtreiben *(Schiffe)*

сноска *f (Typ)* Fußnote *f*

СНС *s.* 1. система/спутниковая навигационная; 2. система/самонастраивающаяся

СНЧ *s.* частота/сверхнизкая

снюрревод *m* Snurrewade *f*, Schnurwade *f (Netz; Fischerei)*

снятие *n* 1. Abnahme *f*, Abnehmen *n*, Entfernung *f*, Beseitigung *f*; 2. Aufnehmen *n*, Aufnahme *f (von Diagrammen)*; 3. *(Fert)* Abnehmen *n*, Abnahme *f*, Abheben *n (Späne)* ‖ ~ **блокировки** Entriegelung *f* ‖ ~ **возбуждения** *(El)* Entregung *f* ‖ ~ **возбуждения/быстрое** Schnellentregung *f* ‖ ~ **заусенцев** *(Fert)* Entgraten *n*, Abgraten *n* ‖ ~ **заусенцев/термическое** thermisches Entgraten *n* ‖ ~ **изоляции [с проводов]** *(El)* Abisolieren *n*, Entisolieren *n* ‖ ~ **нагрузки** Entlasten *n*, Entlastung *f* ‖ ~ **напряжения** 1. *(El)* Spannungsfreimachen *n*, Spannungsfreischaltung *f*; 2. *(Mech)* Entspannen *n*, Entspannung *f* ‖ ~ **наработанных початков** *(Text)* Kopsabzug *m*, Kopswechsel *m* ‖ ~ **облоя** *(Eln)* Flashentfernung *f (Halbleiterfertigung)* ‖ ~ **оболочки** Abmanteln *n (Kabel)* ‖ ~ **показаний** Ablesen *n* ‖ ~ **стружки** *(Fert)* Spanabnahme *f* ‖ ~ **фазок** *(Fert)* Fasen *n*, Anfasen *n*, Abfasen *n* ‖ ~ **характеристики** Kennlinienaufnahme *f* ‖ ~ **шлака** *(Met, Gieß)* Abschlacken *n*, Entschlacken *n*, Schlackeabscheiden *n*, Abziehen *n* der Schlacke

снять *s.* снимать

СО *s.* образец/стандартный

собачка *f (Masch)* Sperrklinke *f*, Schaltklinke *f (Zahnsperre, Klinkenschaltwerk)*; Arretiervorrichtung *f* ‖ ~/**боевая** *(Text)* Schlagfalle *f (Webstuhl)* ‖ ~/**стопорная** *s.* ~/храповая ‖ ~ **трещотки** Ratschenklinke *f* ‖ ~/**фрикционная** Klemmklinke *f* ‖ ~/**храповая** *(Masch)* Sperre *f*, Sperrklinke *f*

собираемость *f* Montagefähigkeit *f*

собиратель *m* 1. Sammler *m*, Abnehmer *m*; 2. *(Bgb)* Sammler *m*, Kollektor *m (Aufbereitungsreagens)*; 3. *(Hydt)* Sammler *m*, Sammelkanal *m* ‖ ~/**закрытый** *(Hydt)* Sammelkanal *m* ‖ ~ **очёса** *(Text)* Kämmlingsabnehmer *m*, Kämmlingswalze *f (Kämmaschine)*

собирать 1. sammeln; 2. *(Masch)* zusammenbauen, montieren, zusammensetzen ‖ ~ **внакладку (внахлёстку, вперекрышку, вперекрышку, вперекрыш)**

(El) geschachtelt aufbauen, überlappen, verschachteln, wechselseitig schichten *(Kernbleche)* ‖ ~ **впритык (встык)** *(El)* stumpf (auf Stoß) verbinden, gleichseitig schichten *(Kernbleche)*
соблюдение *n* 1. Beobachtung *f*, Verfolgung *f*; 2. Einhaltung *f (Vorschriften, Termine)*
собор *m (Bw)* Dom *m*, Kathedrale *f*
собрать *s.* собирать
собственно-проводящий *(Eln)* eigenleitend, I-leitend
собственно-устойчивый *(Mech)* eigenstabil
событие *n* 1. Ereignis *n*; 2. *(Ph)* Ereignis *n*, Elementarereignis *n*; 3. *(Ph)* Ereignis *n*, Weltpunkt *m*, Raum-Zeit-Punkt *m (Relativitätstheorie)* ‖ **~/благоприятствующее** *(Math)* günstiges Ereignis *n* ‖ **~/достоверное** *(Math)* sichtbares Ereignis *n* ‖ **~/маловероятное** *(Math)* seltenes Ereignis *n* ‖ **~/простое**. ~/элементарное ‖ **~/сейсмическое** *(Geoph)* seismisches Ereignis *n* ‖ **~/сложное** *(Math)* zusammengesetztes Ereignis *n* ‖ **~/случайное** *(Math)* zufälliges (stochastisches, statistisches) Ereignis *n* ‖ **~/элементарное** *(Math)* Elementarereignis *n*, elementares Ereignis *n*
событие-следствие *n* Folgeereignis *n*, Folgevorgang *m*
события *npl* **/взаимоисключающие (несовместимые)** *(Math)* unvereinbare (einander ausschließende) Ereignisse *npl*
совершенство *n* Vollkommenheit *f*, Perfektion *f* ‖ **~/высокое структурное** hohe strukturelle Perfektion *f (z. B. von gezüchteten Einkristallen)* ‖ **~/структурное** Kristallperfektion *f*
совершенствовать *s.* усовершенствовать
совместимость *f (Inf)* Kompatibilität *f* ‖ **~/аппаратная** *s.* ~ аппаратуры ‖ **~ аппаратуры** Hardware-Kompatibilität *f* ‖ **~ данных** Datenkompatibilität *f* ‖ **~ наверх** Aufwärtskompatibilität *f* ‖ **~ носителей данных** Kompatibilität *f* von Datenträgern ‖ **~/обратная** *(TV)* Rekompatibilität *f (Empfang von Schwarzweißsendungen mit Farbfernsehempfängern)* ‖ **~ по данным** Datenkompatibilität *f* ‖ **~ по системе команд** Befehls[vorrats]kompatibilität *f* ‖ **~ поколений** Aufwärtskompatibilität *f* ‖ **~/полная** durchgängige Kompatibilität *f* ‖ **~/программная** Programmkompatibilität *f* ‖ **~/прямая** *(TV)* Kompatibilität *f (Empfang von Farbfernsehsendungen mit Schwarzweißempfängern)* ‖ **~ разводки** pin-Kompatibilität *f* ‖ **~ с пластификаторами** *(Ch)* Weichmacherverträglichkeit *f* ‖ **~ сверху вниз** Abwärtskompatibilität *f* ‖ **~/системная** Systemkompatibilität *f* ‖ **~ снизу вверх** Aufwärtskompatibilität *f* ‖ **~/техническая**. ~ аппаратуры ‖ **~/функциональная** Funktionskompatibilität *f* ‖ **~/электромагнитная** *(El)* elektromagnetische Verträglichkeit *f*, EMV
совместимый *(Inf)* kompatibel ‖ **~ на уровне разводки** *s.* по выводам ‖ **~ по [внешним] выводам** anschlußkompatibel, pin-kompatibel, stiftkompatibel ‖ **~ с европлатами** europakartenkompatibel ‖ **~ с ТТЛ-схемами** TTL-kompatibel ‖ **~ сверху вниз** abwärtskompatibel ‖ **~/системно** systemkompatibel ‖ **~ снизу вверх** aufwärtskompatibel ‖ **~/функционально** funktionskompatibel

совмещаемость *f* Überdeckungsgenauigkeit *f*
совмещение *n* Deckung *f*, Überdeckung *f*, Überlappung *f*, Übereinstimmung *f*, Kongruenz *f* ‖ **~ [выполнения] команд** *(Inf)* Befehlskettung *f* ‖ **~ по времени** *(Inf)* zeitverschachtelt, multiplex
совок *m* 1. Schaufel *f*; 2. Mulde *f*
совокупность *f (Math)* Gesamtheit *f (Statistik)* ‖ **~ вложенных интервалов** *(Math)* Intervallschachtelung *f*; ineinandergeschachtelte Intervalle *npl* ‖ **~/генеральная** Grundgesamtheit *f*, Gesamtheit *f* ‖ **~ решений** Lösungsgesamtheit *f* ‖ **~/стандартная генеральная** Standardgrundgesamtheit *f*
совпадать zusammentreffen, zusammenfallen, koinzidieren; übereinstimmen ‖ **~ по фазе** *(El)* in Phase liegen, phasengleich (gleichphasig, konphas) sein
совпадение *n* Zusammentreffen *n*, Zusammenfallen *n*, Deckung *f*, Koinzidenz *f*; Übereinstimmung *f* ‖ **~/двойное (двукратное)** *(Kern)* Zweifachkoinzidenz *f*, Doppelkoinzidenz *f* ‖ **~/запаздывающее** *(Kern)* verzögerte Koinzidenz *f* ‖ **~ импульсов** *(El)* Impulskoinzidenz *f* ‖ **~/истинное** *(Kern)* echte Koinzidenz *f* ‖ **~ направлений** Richtungskoinzidenz *f* ‖ **~ по времени** Gleichzeitigkeit *f* ‖ **~ по фазе** *(El)* Phasengleichheit *f*, Konphasität *f*, Gleichphasigkeit *f* ‖ **~ по частоте** *(El)* Frequenzübereinstimmung *f* ‖ **~/поразрядное** stellenweise Übereinstimmung *f* ‖ **~/сдвинутое** *s.* ~/запаздывающее ‖ **~/случайное** *(Kern)* zufällige Koinzidenz *f* ‖ **~/тройное** *(Kern)* Dreifachkoinzidenz *f* ‖ **~ фаз** *s.* ~ по фазе ‖ **~/частичное** *(Kern)* Teilkoinzidenz *f* ‖ **~/четырёхкратное** *(Kern)* Vierfachkoinzidenz *f*
совпасть *s.* совпадать
современный 1. gegenwärtig; modern *(z. B. Technik)*; 2. *(Geol)* rezent
согласозалегающий *(Geol)* konkordant lagernd
согласный 1. übereinstimmend; 2. *(Geol)* konkordant, gleichlaufend *(Lagerung junger geologischer Schichten auf älteren)*; 3. *(El)* gleichsinnig *(Schaltungen)*
согласование *n* 1. Vereinbarung *f*, Abkommen *n*; 2. Übereinstimmung *f*, Koordinierung *f*; Anpassung *f* ‖ **~/автоматическое** *(Kyb)* Selbstgleich *m*, automatische Korrektur *f* ‖ **~/амплитудное** *(El)* Amplitudenanpassung *f* ‖ **~ антенны** Antennenanpassung *f* ‖ **~ в широком диапазоне** *(Rf)* Breitbandanpassung *f* ‖ **~/волновое** *(El)* Wellen[widerstands]anpassung *f* ‖ **~ мощности** Leistungsanpassung *f* ‖ **~ нагрузки** *(El)* Lastanpassung *f* ‖ **~ светов** *(Kine)* Ausleuchten *n* ‖ **~ скорости [передачи]** *(символов цифрового сигнала электросвязи)* *(Nrt)* Stuffing *n ("Pulsstopfen" bei der direkten Übertragung)* ‖ **~ скорости передачи/двустороннее** P-N-Stuffing *n* ‖ **~ скорости передачи/отрицательное** N-Stuffing *n* ‖ **~ скорости передачи/положительное** P-Stuffing *n* ‖ **~ сопротивлений** *(El)* Widerstandanpassung *f* ‖ **~/точное** Feinabstimmung *f* ‖ **~/фазовое** *(El)* Phasenanpassung *f* ‖ **~ цветов** Farbabstimmung *f*, Farbabgleich *m* ‖ **~ частот** *(El)* Frequenzabgleich *m* ‖ **~/широкополосное** *(Rf)* Breitbandanpassung *f*, breitbandige Anpassung *f*

согласованность f Übereinstimmung f, Einklang m, Koordinierung f ‖ ~ **поездов** (Eb) Zuganschluß m
согласователь m (El) Anpaßgerät n
согласовать s. согласовывать
согласовывать 1. anpassen, koordinieren; [aufeinander] abstimmen; 2. vereinbaren
соглашение n Vereinbarung f
согнуть s. сгибать
согревание n Erwärmen n, Erwärmung f
согревать erwärmen, aufwärmen
согреть s. согревать
СОД s. 1. система обработки данных; 2. дизель/среднеоборотный
сода f Soda f (Natriumcarbonat) ‖ ~/**кальцинированная** kalzinierte Soda f ‖ ~/**каустическая** kaustische Soda f (Ätznatron) ‖ ~/**кристаллическая** Kristallsoda f ‖ ~/**очищенная (питьевая, пищевая)** Speisesoda f
содалит m (Min) Sodalith m (Feldspatvertreter)
содержание n 1. Inhalt m; Inhaltsverzeichnis n (eines Buches); 2. Gehalt m (Teilbestand eines Stoffes, z. B. Wassergehalt); 3. Erhaltung f, Unterhaltung f, Instandhaltung f; 4. (Lw) Viehhaltung f, Haltung f (Vieh) ‖ ~/**абсолютное** absoluter Gehalt m, Mengengehalt m ‖ ~/**беспривязное** (Lw) Laufstallhaltung f ‖ ~ **в исправности** Instandhaltung f ‖ ~ **в процентах по весу** Masseprozentsatz m ‖ ~ **влаги** Feuchtigkeitsgehalt m, Feuchte f ‖ ~ **воды** Wassergehalt m ‖ ~ **дорог/ремонтное** Straßenunterhaltung f ‖ ~ **животных** (Lw) Tierhaltung f ‖ ~ **жира** Fettgehalt m ‖ ~ **загрязняющих веществ** Schmutzstoffgehalt m ‖ ~ **здания** Gebäudeinstandhaltung f ‖ ~ **золы** Aschegehalt m ‖ ~/**избыточное** Mehrgehalt m ‖ ~/**информационное** Informationsgehalt m ‖ ~ **кислоты** Säuregehalt m ‖ ~/**клеточное** (Lw) Käfighaltung f ‖ ~ **книги** Inhaltsverzeichnis n ‖ ~ **крупного рогатого скота** (Lw) Rinderhaltung f ‖ ~ **мелкой фракции** (Pap) Faserfeinstoffgehalt m ‖ ~/**общее** Gesamtgehalt m ‖ ~/**относительное** relativer Gehalt m ‖ ~/**относительное массовое** (Therm) Masseanteil m (bei Gemischen) ‖ ~/**пастбищное** (Lw) Weidehaltung f ‖ ~ **пестицидов/допустимое** zulässiger Pestizidgehalt m ‖ ~ **по массе** Masse[n]gehalt m, Gehalt m in Masseeinheiten ‖ ~ **по объёму** Volumengehalt m, Gehalt m in Volumeneinheiten ‖ ~/**привязное** (Lw) Anbindehaltung f ‖ ~ **примесей** (Eln) Störstellengehalt m; Fremdstoffgehalt m, Dotierung f, Dotierungskonzentration f (Halbleiter) ‖ ~ **птицы** (Lw) Geflügelhaltung f ‖ ~ **пути** (Eb) Gleiserhaltung f, Gleisinstandhaltung f ‖ ~ **пыли** Staubgehalt m ‖ ~ **свободной смолы** (Pap) Freiharzgehalt m ‖ ~ **соли** Salzgehalt m ‖ ~/**среднее** Durchschnittsgehalt m ‖ ~ **сухого вещества** Trocken[substanz]gehalt m, Gehalt m an Trockensubstanz ‖ ~/**текущее** laufende Unterhaltung f (Anlagen, Fahrzeuge) ‖ ~/**техническое** Unterhaltung f, Instandhaltung f, Wartung f ‖ ~ **углерода** (Met) Kohlenstoffgehalt m ‖ ~ **углерода/общее** Gesamtkohlenstoffgehalt m ‖ ~ **чёрного** Schwarzgehalt m, Schwarzanteil m ‖ ~ **энергии** Energieinhalt m, Energiegehalt m
содержать enthalten

содержащий enthaltend, ...haltig ‖ ~ **кристаллизационную воду** kristallwasserhaltig ‖ ~ **руду** erzhaltig ‖ ~ **углерод** kohlenstoffhaltig
содержимое n Volumen n, Inhalt m (z. B. eines Gefäßes, eines Speichers) ‖ ~ **ЗУ (запоминающего устройства, памяти)** (Inf) Speicherinhalt m ‖ ~ **регистра** (Inf) Registerinhalt m ‖ ~ **ячейки** Zelleninhalt m
содистилляция f (Ch) Kodestillation f, Destillation f mit Zusatzstoff[en]
соединение n 1. Verbinden n; Verbindung f; Zusammensetzung f; Vereinigung f; 2. Verbindungsstelle f, Stoß m; (Eln) Bondstelle f; 3. Anschluß m (Leitungsanschluß, Rohranschluß); 4. (Astr) Konjunktion f, Gleichschein m; 5. (Ch) Verbindung f; 6. (El, Nrt) Verbindung f, Anschluß m; Schaltung f; 7. (Masch) Verbindung f, Kupplung f; 8. (Schw) Verbindung f; Stoß m; 9. (Bw, Holz) Verbindung f (Zimmermannsarbeiten); 10. (Fert) Fügen n; Verbinden n; 11. (Fert) Verkettung f; Verbindung f ‖ ~/**аддитивное** (Ch) Additionsverbindung f, Anlagerungsverbindung f ‖ ~/**алифатическое** (Ch) aliphatische (acyclische) Verbindung f, Verbindung f der Fettreihe ‖ ~/**алициклическое** (Ch) alicyclische (cycloaliphatische) Verbindung f ‖ ~/**ароматическое** (Ch) aromatische Verbindung f, Aren n ‖ ~/**ациклическое** s. ~/алифатическое ‖ ~ **балок** (Bw) Trägeranschluß m ‖ ~ **без набора номера** (Nrt) Baby-Ruf m, Baby-call m ‖ ~ **без пайки** (Eln) lötfreie Verbindung f ‖ ~/**бескничное** (Schiff) knieblechfreier Anschluß m ‖ ~/**бесплатное** (Nrt) gebührenfreie Verbindung f ‖ ~/**бинарное** (Ch) binäre Verbindung f, Binärverbindung f ‖ ~/**боковое** s. ~/торцевое ‖ ~ **болтами под развёртку** Paßschraubenverbindung f ‖ ~/**болтовое** Schraubenverbindung f [mit Schraube und Mutter], Verschraubung f ‖ ~/**бортовое** Bördelstoß m ‖ ~/**быстроразборное (быстроразъёмное)** Schnellkupplung f, schnellösbare Kupplung f (z. B. für Rohrleitungen) ‖ ~ **в гребне и шпунт** Verbindung f mit Feder und Nut ‖ ~ **в звезду** (El) Sternschaltung f ‖ ~ **в звезду и звезду** Stern-Stern-Schaltung f ‖ ~ **в звезду и треугольник** Stern-Dreieck-Schaltung f ‖ ~ **в лапу** (Bgb) Verblattung f (Holzausbau) ‖ ~ **в ласточкин хвост** Schwalbenschwanzverbindung f (Holzausbau) ‖ ~ **в паз** (Bgb) Scharverbindung f (Holzausbau) ‖ ~ **в сети** Verschmelzung f, Verkopplung f ‖ ~ **в треугольник** (El) Dreieckschaltung f ‖ ~ **в четверть** Falzverbindung f ‖ ~ **в шпунт** gespundete Verbindung f ‖ ~/**вакуумплотное** vakuumdichte Verbindung f ‖ ~/**валентное** Valenzbindung f ‖ ~/**винтовое** Schraubenverbindung f, Verschraubung f (ohne Mutter) ‖ ~ **включения** (Ch) Einschlußverbindung f ‖ ~/**внахлёстку** (Fert, Schw) Überlapp[t]stoß m, überlappter Stoß m, überlappte Verbindung f ‖ ~/**внахлёстку без скоса кромок листов** (Schw) Kehlnahtüberlapp[t]stoß m ‖ ~ **внахлёстку/заклёпочное** Überlappungsnietung f ‖ ~/**внутрисхемное** (Eln) innere Leiterbahn f (in einer IS) ‖ ~/**водородное** (Ch) Wasserstoffverbindung f ‖ ~/**воздушное** (El) Freileitungsverbindung f ‖ ~ **впритык** (Fert, Schw) T-Stoß m, T-Verbindung f ‖ ~ **враструб** Muffenstoß m ‖ ~/**вращающееся**

соединение

Drehverbindung f, rotierende Leitungsverbindung f ‖ ~/**встречное** (El) Gegen[einander]schaltung f, gegensinnige Schaltung f ‖ ~ **встык** (Schw) Stumpfstoß m, Stumpfstoßverbindung f, Stumpf[naht]verbindung f ‖ ~ **встык/сварное** Stumpfschweißnaht f, Stumpfstoß m ‖ ~ **втавр** (Schw) T-Stoß m ‖ ~ **втулки** Nabenverbindung f ‖ ~ **вфальц** (Schw) Falzstoß m, Falznaht f ‖ ~/**выборочное** (El) wahlfreie Verbindung f ‖ ~/**высокомолекулярное** (Ch) hochmolekulare Verbindung f, Polymer[e] n ‖ ~/**высокополимерное** (Ch) hochpolymere Verbindung f, Hochpolymer[e] n ‖ ~ **высокотемпературной пайкой** Hartlötverbindung f ‖ ~/**гетерополярное** (Ch) heteropolare Verbindung f, Ionenverbindung f ‖ ~/**гетероциклическое** (Ch) heterocyclische Verbindung f, Heterocyclus m ‖ ~/**гибкое** (Masch) nachgiebige Verbindung f, flexible Verkettung f ‖ ~/**гладкое цилиндрическое** Wellenverbindung f; Rundpassung f ‖ ~/**глухое болтовое** Blindverschraubung f ‖ ~ **голым проводом** (El) Blankverdrahtung f ‖ ~/**гомеополярное** (Ch) homöopolare Verbindung f ‖ ~ **горячей посадкой** s. ~/**стяжное** ‖ ~/**гребенчатое сварное** Ausschnittschweißung f ‖ ~/**двойное** Zweifachverbindung f ‖ ~ **двойным треугольником** (El) Doppeldreieckschaltung f ‖ ~/**двухточечное** Zweipunktverbindung f ‖ ~/**димерное** (Ch) dimere Verbindung f, Dimer n ‖ ~/**жёсткое** (Masch) feste (starre) Verbindung f (Kopplung) ‖ ~ **жирного ряда** s. ~/**алифатическое** ‖ ~/**зажимное** (El) Klemm[en]verbindung f ‖ ~/**заклёпочное** Nietverbindung f ‖ ~/**замковое** 1. (Schw) Falznaht f, Falzverbindung f; 2. (Bw) Klauenverbindung f ‖ ~ **запрессовкой** Preßverbindung f ‖ ~ **звезда-звезда** (El) Stern-Stern-Schaltung f ‖ ~ **звезда-треугольник** (El) Stern-Dreieck-Schaltung f ‖ ~ **звездой** (El) Sternschaltung f ‖ ~ **зигзагом** (El) Zickzackschaltung f ‖ ~/**зубчатое** Kerbzahnverbindung f ‖ ~/**изомерное** (Ch) isomere Verbindung f, Isomer n ‖ ~/**изоциклическое** (Ch) isocyclische (carbocyclische) Verbindung f ‖ ~/**инертное** (Ch) inerte (reaktionsträge) Verbindung f ‖ ~/**ионное** (Ch) Ionenverbindung f, heteropolare Verbindung f ‖ ~/**кабельное** Kabelverbindung f ‖ ~/**карбоциклическое** s. ~/**изоциклическое** ‖ ~/**каскадное** (El) Kaskadenschaltung f, Stufenschaltung f ‖ ~/**кинематическое** (Masch) kinematisches Gelenk n, Komplexgelenk n ‖ ~/**кислородное** (Ch) Sauerstoffverbindung f ‖ ~/**клеёное** (Ch) Klebverbindung f ‖ ~/**клёпаное** (El) Nietverbindung f ‖ ~/**клешневидное (клешнеобразное)** s. ~/**хелатное** ‖ ~/**клиновое** Keilverbindung f ‖ ~ **клиновой шпонкой** (Masch) Treibkeilverbindung f ‖ ~ **клином** (Eln) Keilbonden n ‖ ~/**кничное** (Schiff) Knieblechanschluß m ‖ ~/**кольцеобразное** (Ch) Ringverbindung f, cyclische Verbindung f ‖ ~/**компаундное** (El) Kompoundschaltung f, Verbundschaltung f, Hauptschluß-Nebenschluß-Schaltung f ‖ ~ **коническими штифтами** (Masch) Kegelstiftverbindung f ‖ ~/**коническое** Kegelverbindung f (z. B. Welle-Nabe) ‖ ~/**контактное** (El) Kontakt m, Kontaktverbindung f ‖ ~/**координационное** (Ch) Koordina-

tionsverbindung f ‖ ~/**кремнийорганическое** (Ch) siliciumorganische Verbindung f, Organosiliciumverbindung f ‖ ~/**крестообразное** (Schw) Kreuzstoß m ‖ ~/**межканальное** (Hydt) Kanalverbindung f ‖ ~/**мелкошлицевое** (Masch) Kerbverzahnung f ‖ ~ **металла с керамикой** Metall-Keramik-Verbindung f ‖ ~/**металлоорганическое** (Ch) metallorganische (organometallische) Verbindung f, Organometallverbindung f ‖ ~/**меченое** (Kern) markierte Verbindung f ‖ ~/**микроминиатюрное штекерное** (Eln) Mikrominiatursteckverbindung f ‖ ~ **многоугольником** (El) Polygonschaltung f ‖ ~/**молекулярное** (Ch) Molekülverbindung f ‖ ~/**муфтовозамковое** (Bgb) Muffenverbindung f (Bohrgestänge) ‖ ~ **на шипах** (Bw) Zapfenverbindung f (Holzbau) ‖ ~ **на шкантах** Dübelverbindung f (Holzbau) ‖ ~ **на шлифе** Schliffverbindung f (an Laborgeräten) ‖ ~/**нагельное** Nagelverbindung f ‖ ~ **накладками** Verlaschung f, Laschenverbindung f ‖ ~ **накладками/заклёпочное** Laschennietung f ‖ ~ **накладкой** s. ~ **накладками** ‖ ~/**насыщенное** (Ch) gesättigte Verbindung f ‖ ~/**нахлёсточное** s. ~ **внахлёстку** ‖ ~/**нежёсткое** lose Verbindung f, lose Verkettung f ‖ ~/**неорганическое** (Ch) anorganische Verbindung f ‖ ~/**неполярное** (Ch) unpolare Verbindung f ‖ ~/**непредельное** (Ch) ungesättigte Verbindung f ‖ ~/**неразъёмное** unlösbare (nicht lösbare) Verbindung f ‖ ~/**несостоявшееся** (Nrt) nicht zustandegekommene Verbindung f ‖ ~/**нестехиометрическое** (Ch) nichtstöchiometrische (nichtdaltonide, bertholide) Verbindung f, Berthollid n ‖ ~/**ниппельное** (Bgb) Nippelverbindung f (Bohrgestänge) ‖ ~/**U-образное** (Schw) U-Stoß m ‖ ~/**V-образное** (Schw) V-Stoß m ‖ ~/**X-образное** (Schw) X-Stoß m ‖ ~/**одностороннее Х-образное сварное** (Schw) K-Stoß m ‖ ~/**олигомерное** (Ch) oligomere Verbindung f, Oligomer n ‖ ~/**оптически активное** (Ch) optisch aktive Verbindung f, Enantiomer n ‖ ~/**органическое** (Ch) organische Verbindung f ‖ ~/**осевое** (Masch) Axialverbindung f ‖ ~/**отбортованное [стыковое]** (Schw) Bördelstoß m ‖ ~/**отсроченное** (Nrt) zurückgestellte Verbindung f ‖ ~/**пазовое** Nutverbindung f ‖ ~ **пайкой** Lötverbindung f ‖ ~/**параллельное** (El) Parallelschaltung f, Neben[schluß]schaltung f ‖ ~/**парамагнитное** paramagnetische Verbindung f, Paramagneticum n ‖ ~/**паяное** Lötverbindung f ‖ ~/**перекрёстное** 1. (El) Kreuzschaltung f; 2. (Masch) Überkreuzverbindung f ‖ ~/**платное** (Nrt) gebührenpflichtige Verbindung f ‖ ~/**плотничное** (Bw) zimmermannsmäßige Holzverbindung f ‖ ~/**плотное** (Masch) spielfreie (dichte) Verbindung f ‖ ~/**плотное заклёпочное** dichte Nietverbindung f ‖ ~/**поворотное** (Hydt) Rohrgelenk n ‖ ~/**подвижное** 1. bewegliche (gleitende) Verbindung f; 2. (Masch) bewegliche Kupplung f ‖ ~/**подкосное** (Bw) Strebenverbindung f, Verstrebung f ‖ ~/**полимерное** (Ch) polymere Verbindung f, Polymer n ‖ ~/**полное** (Nrt) vollständige Verbindung f ‖ ~/**полупроводниковое** halbleitende Verbindung f, Halbleiterverbindung f ‖ ~/**полярное** (Ch) polare Verbindung f ‖ ~/**поперечное** Querverbindung f ‖ ~ **попереч-**

ными клиньями Querkeilverbindung *f* ‖ **~/последовательное** *(El)* Reihenschaltung *f*, Hintereinanderschaltung *f* ‖ **~/последовательно-параллельное** *(El)* Reihen-Parallel-Schaltung *f*, Serien-Parallel-Schaltung *f* ‖ **~/предварительно заваренное** vorgeschweißte Verbindung *f* ‖ **~/предварительно прихваченное** vorgeheftete Verbindung *f* ‖ **~/прессовое** *(Masch)* Preßverbindung *f* ‖ **~ проводов** *(El)* Drahtverbindung *f*; Leiterverbindung *f* ‖ **~ проводом** *(Nrt)* Zusammenschaltung *f*, Verdrahtung *f* ‖ **~/проволочное** 1. *(El)* Drahtverbindung *f*; 2. *(Eln)* Drahtbonden *n* ‖ **~/продольное прессовое** *(Masch)* Längspreßverbindung *f* ‖ **~/продольное стыковое** *(Schw)* Längsstumpfstoß *m* ‖ **~/промежуточное** *(Ch)* Zwischenverbindung *f*, intermediäre Verbindung *f* ‖ **~/прорезное** *(Schw)* Schlitznahtverbindung *f* ‖ **~/профильное** *(Masch)* Profilverbindung *f* ‖ **~/прошлифованное** *(Ch)* Schliffverbindung *f* *(an Laborgeräten)* ‖ **~ пружинными затяжными кольцами** *(Masch)* Ringfederspannverbindung *f* ‖ **~/прямое** Direktkupplung *f* ‖ **~ путей** *(Eb)* Gleisverbindung *f*, Gleisanschluß *m* ‖ **~/рабочее** *(El)* Betriebsschaltung *f* ‖ **~/радиальное прессовое** *(Masch)* Querpreßverbindung *f* ‖ **~/радикальное** *(Ch)* radikalische Verbindung *f*, Radikal *n* ‖ **~/разъёмное** lösbare Verbindung *f* ‖ **~ разъёмным натягом** *(Masch)* Schrumpfverbindung *f* ‖ **~ раструбом** Muffenverbindung *f* ‖ **~/расширительное** *(Schiff)* Dehnungsfuge *f* *(im Schanzkleid)* ‖ **~/рацемическое** *(Ch)* racemische Molekülverbindung *f*, Racemverbindung *f*; Razemat *n* ‖ **~/реакционно-способное** *(Ch)* reaktionsfähige Verbindung *f* ‖ **~/резьбовое** Gewindeverbindung *f*, Schraub[en]verbindung *f* ‖ **~/резьбовое трубное** Rohrverschraubung *f* ‖ **~ ремня** Riemenschloß *n* ‖ **~ с геометрическим замыканием** *(Masch)* formschlüssige Verbindung *f*, Formschlußverbindung *f* ‖ **~ с двусторонним симметричным скосом** *(Schw)* X-Stoß *m* ‖ **~ с двусторонними накладками/заклёпочное** Doppellaschennietung *f* ‖ **~ с накладкой** Laschenstoß *m*, Verlaschung *f* ‖ **~ с предварительным натягом** *(Masch)* vorgespannte Verbindung *f* ‖ **~ с силовым замыканием** *(Masch)* kraftschlüssige Verbindung *f* ‖ **~ с Солнцем/верхнее** *(Astr)* obere Konjunktion *f* ‖ **~ с Солнцем/нижнее** *(Astr)* untere Konjunktion *f* ‖ **~/сварное** Schweißverbindung *f*; Schweißstoß *m* ‖ **~/сквозное** 1. Durchschaltung *f*; 2. Durchkontaktierung *f* *(einer Mehrlagenleiterplatte)* ‖ **~ сквозными болтами** Durchgangsschraubenverbindung *f* ‖ **~ скобой** Klammerverbindung *f* ‖ **~/смешанное** *(El)* gemischte Schaltung *f* ‖ **~ со скосом кромок/стыковое** *(Schw)* V-Stoß *m* ‖ **~/состоявшееся** *(Nrt)* zustandegekommene Verbindung *f* ‖ **~/спаянное** Lötverbindung *f* ‖ **~/стехиометрическое** *(Ch)* stöchiometrische (daltonide) Verbindung *f*, Daltonid *n* ‖ **~/стыковое** *(Schw)* Stumpfstoß *m* ‖ **~/стяжное** *(Masch)* Schrumpfverbindung *f* ‖ **~ стяжными элементами** Schrumpfelementverbindung *f* *(Verbindungen durch Schrumpffringe, Schrumpfbänder, Schrumpfklammern, Schrumpfanker)* ‖ **~/тавровое** *s.* **~ впритык** ‖ **~/тавровое пазовое**

eingefalzte T-Verbindung *f* ‖ **~/таутомерное** *(Ch)* tautomere Verbindung *f*, Tautomer *n* ‖ **~/телескопическое** Teleskopverbindung *f* ‖ **~/телефонное** Fernsprechverbindung *f* ‖ **~/тернарное** *(Ch)* ternäre Verbindung *f* ‖ **~/торцевое** *(Schw)* Parallelstoß *m*, Stirnstoß *m* ‖ **~/точечное** Punktverbindung *f* ‖ **~/точечное сварное** Punktschweißverbindung *f* ‖ **~/транзитное** *(El)* Durchschaltung *f*; *(Nrt)* Durchgangsverbindung *f* ‖ **~ трением** *(Masch)* kraftschlüssige (reibschlüssige) Verbindung *f* ‖ **~ треугольник-звезда** *(El)* Dreieck-Stern-Schaltung *f* ‖ **~ треугольником** *(El)* Dreieckschaltung *f* ‖ **~ треугольное зубчатое** *(Masch)* Kerbzahnverbindung *f* ‖ **~ труб** Rohrverbindung *f* ‖ **~ труб/быстроразъёмное** schnellösbare Rohrverbindung *f* ‖ **~ труб/муфтовое** Muffenverbindung *f* *(durch Überschieben einer Muffe über die zu verbindenden Rohrenden)* ‖ **~ труб/раструбное** Muffenrohrverbindung *f* *(Verbindung von Muffenrohren, d. h. von Rohren mit muffenartiger Aufweitung an einem Ende)* ‖ **~ труб/резьбовое** Rohrverschraubung *f* ‖ **~/трубное** Rohrverbindung *f* ‖ **~ трубопроводов/фланцевое** Rohrleitungsflanschverbindung *f*, Flanschverbindung *f* *(Rohre)* ‖ **~/углеродистое** *(Ch)* Kohlenstoffverbindung *f* ‖ **~/угловое** *(Schw)* Eckstoß *m*, Winkelstoß *m* ‖ **~ ультразвуком** *(Eln)* Ultraschallbonden *n* ‖ **~/упругое** elastische Verbindung *f* ‖ **~ фальцем** Falzverbindung *f* ‖ **~/фланцевое** *(Masch)* Flanschverbindung *f*; *(Schiff)* Flanschkupplung *f* *(Wellenleitung, Ruder/Ruderschaft)* ‖ **~/фрикционное** *(Fert)* Reibschlußverbindung *f*, Reibschluß *m* ‖ **~/хелатное** *(Ch)* Chelatverbindung *f*, Chelat *n*, Chelatkomplex *m* ‖ **~/хиноидное** *(Ch)* chinoide Verbindung *f* ‖ **~/хиральное** *(Ch)* chirale Verbindung *f* ‖ **~/циклическое** *(Ch)* cyclische Verbindung *f*, Ringverbindung *f* ‖ **~/шарнирное** Gelenkverbindung *f* ‖ **~/шлицевое** Keilwellenverbindung *f*, Vielkeilverbindung *f* ‖ **~ шпильками** Stiftschraubenverbindung *f* ‖ **~/шпоночное** *(Masch)* Federverbindung *f* *(Paßfeder und Gleitfeder)*, Paßfederverbindung *f* ‖ **~/штепсельное** *(Nrt)* Stöpselverbindung *f*; *(El)* Steck[er]verbindung *f* ‖ **~/эвольвентное шлицевое** *(Masch)* Vielkeilverbindung *f* mit Evolventenflanken ‖ **~/энантиомерное** *(Ch)* enantiomere Verbindung *f*, Enantiomer *n*

соединённый 1. verbunden, vereinigt, gekoppelt, zusammengefügt; 2. *(El)* geschaltet ‖ **~ в звезду** *(El)* sterngeschaltet, in Sternschaltung ‖ **~ в треугольник** *(El)* in Dreieckschaltung ‖ **~ звездой** *s.* **~ в звезду** ‖ **~/каскадно** *(El)* in (als) Kaskade geschaltet ‖ **~/параллельно** *(El)* parallelgeschaltet, in Parallelschaltung ‖ **~/последовательно** *(El)* hintereinandergeschaltet, in Reihenschaltung (Serienschaltung) ‖ **~ с заземлением** *(El)* geerdet

соединитель *m* 1. Verbinder *m*, Verbindungsstück *n*; 2. *(El)* Schalter *m*, 3. *(Inf)* Konnektor *m*; 4. *(Eln)* Bonder *m* ‖ **/координатный** *s.* **~/многократный координатный** ‖ **~/линейный** *(Nrt)* Leitungswähler *m* ‖ **~/межстраничный** *(Inf)* Seitenkonnektor *m* ‖ **~/многократный координатный** *(Nrt)* Koordinatenschalter

m, Kreuzschienenwähler *m*, Koordinatenwähler *m* ‖ ~ **проводов** *(El)* Leitungsverbinder *m* ‖ ~/**рельсовый** *(Eb)* Schienen[stoß]verbinder *m* ‖ ~/**стыковой** *s.* ~/рельсовый
соединительный 1. Verbindungs…, Bindungs…; 2. *(El)* Anschluß…
соединить *s.* соединять
соединять 1. verbinden, vereinigen; kuppeln; 2. *(El)* verbinden; anschließen; [an]schalten; 3. *(Eln)* bonden ‖ ~ **болтами** verschrauben, zusammenschrauben, verbolzen *(mit Schraube und Mutter)* ‖ ~ **в звезду** *(El)* in Stern schalten ‖ ~ **в каскад** *(El)* in Kaskade schalten ‖ ~ **в лапу** *(Bw)* verblattet verbinden ‖ ~ **в треугольник** *(El)* in Dreieck schalten ‖ ~ **в ус** *(Bw)* gehren ‖ ~ **винтами** *s.* ~ болтами ‖ ~ **внакладку (внахлёстку, вперекрышку, вперехлёст)** *(El)* geschachtelt aufbauen, überlappen, verschachteln, wechselseitig schichten *(Kernbleche)* ‖ ~ **впритык** *(El)* stumpf (auf Stoß) verbinden, gleichseitig schichten *(Kernbleche)* ‖ ~ **встречно** *(El)* gegen[einander]schalten, entgegenschalten ‖ ~ **встык** *s.* ~ впритык ‖ ~ **заклёпками** vernieten ‖ ~ **звездой** *(El)* in Stern schalten ‖ ~ **знаком равенства** *(Math)* gleichmachen, gleichsetzen ‖ ~ **муфтой** kuppeln; mit einer Kupplung verbinden ‖ ~ **наглухо** unlösbar (fest) verbinden ‖ ~ **накладками** anlaschen, verlaschen ‖ ~ **параллельно** *(El)* parallelschalten, nebeneinanderschalten ‖ ~ **последовательно** *(El)* hintereinanderschalten, in Reihe (Serie) schalten ‖ ~ **с заземлением** *(El)* erden ‖ ~ **скобой** zusammenschäkeln ‖ ~ **треугольником** *(El)* in Dreieck schalten ‖ ~ **фланцами** flanschen, anflanschen ‖ ~ **шипом** *(Bw)* verzinken, verzapfen ‖ ~ **шлейфом** *(Nrt)* in Schleife schalten *(zwei Leitungen)* ‖ ~ **шпонками** *(Bw)* verdübeln *(Holz)*
СОЖ *s.* жидкость/смазочно-охлаждающая
сожжение *n* Verbrennen *n*, Abbrand *m*
созвездие *n (Astr)* Sternbild *n* ‖ ~/**зодиакальное** Tierkreissternbild *n*
создавать bilden, erzeugen, hervorrufen
создать *s.* создавать
созревание *n* 1. Reife *f*, Reifen *n*, Ausreifen; 2. *(Photo)* Reifung *f (der Emulsion)* ‖ ~/**второе** *s.* ~/химическое ‖ ~/**золотое** *(Photo)* Goldreifung *f* ‖ ~/**оствальдово** *s.* ~/физическое ‖ ~/**первое** *s.* ~/физическое ‖ ~/**позднее** *(Lw)* Spätreife *f* ‖ ~/**полное** *(Lw)* Vollreife *f* ‖ ~/**последующее** Nachreifung *f* ‖ ~/**предварительное** *(Text)* Vorreife *f (Chemiefaserherstellung)* ‖ ~/**раннее** *(Lw)* Frühreife *f* ‖ ~/**физическое** *(Photo)* physikalische (erste) Reifung *f*, Ostwald-Reifung *f* ‖ ~ **фотографической эмульсии** *(Photo)* Reifung *f* der Emulsion, Emulsionsreifung *f* ‖ ~/**химическое** *(Photo)* chemische (zweite) Reifung *f*, Nachreifung *f*, chemische Sensibilisierung *f*
созревать 1. [aus]reifen; 2. *(Photo)* reifen *(Emulsion)*
созреть *s.* созревать
соизмеримость *(Ph)* Kommensurabilität *f*
соизмеримый kommensurabel
СОИИ *s.* система обработки измерительной информации
сок *m* 1. Saft *m*; 2. *(Led)* Brühe *f*, Gerbbrühe *f*; 3. *(Led)* Farbe *f*, Farbbrühe *f (im Farbengang)* ‖ ~/**виноградный** Traubensaft *m*, Traubenmost *m* ‖ ~/**грязный** Schlammsaft *m* ‖ ~/**дефекованный** geschiedener Saft *m*, Scheidesaft *m (Zuckergewinnung)* ‖ ~/**диффузионный** Rohsaft *m*, Diffusionssaft *m (Zuckergewinnung)* ‖ ~/**дубильный** *(Led)* Gerbbrühe *f* ‖ ~/**жидкий** Dünnsaft *m (Zuckergewinnung)* ‖ ~/**кислый дубильный** *(Led)* Schwellbeize *f*, Sauerbrühe *f* ‖ ~/**концентрированный** Dicksaft *m (Zuckergewinnung)* ‖ ~/**млечный** *(Gum)* Milchsaft *m*, Latex *m* ‖ ~/**мутный** Trüblauf *m*, trüber Saft *m (Zuckergewinnung)* ‖ ~ **основной дефекации** Hauptscheidesaft *m (Zuckergewinnung)* ‖ ~/**отработанный дубильный** *(Led)* ausgezehrte (gerbstoffarme) Brühe *f* ‖ ~ **предварительной дефекации** *s.* ~/преддефекованный ‖ ~/**преддефекованный** Vorscheidesaft *m (Zuckergewinnung)* ‖ ~/**сатурационный** Schlammsaft *m*, Saturationssaft *m (Zuckergewinnung)* ‖ ~/**сконцентрированный** eingedickter Saft *m (Zuckergewinnung)* ‖ ~/**старый дубильный** *(Led)* Treibbrühe *f* ‖ ~/**сырой** *s.* /диффузионный ‖ ~/**хромовый** *(Led)* Chrombrühe *f* ‖ ~/**чистый** Klarsaft *m (Zuckergewinnung)*
сокатализатор *m (Ch)* Kokatalysator *m*, Kobeschleuniger *m*
соковарка *f (Led)* Kochung *f* der Brühe
соковыжималка *f* Saftpresse *f*, Entsafter *m*
сокол *m (Bw)* Aufziehbrett *n*, Mörtelbrett *n (Putzarbeiten)*
соколебание *n* Mitschwingung *f*
сокомер *m* Rohsaftmeßbehälter *m*, Rohsaftmengenmesser *m (Zuckergewinnung)*
сократимость *f* Kontraktibilität *f*, Zusammenziehbarkeit *f*
сократить *s.* сокращать
сократиться *s.* сокращаться
сокращать 1. abkürzen, verkürzen, verringern; 2. *(Math)* kürzen *(Bruch)*
сокращаться schrumpfen, schwinden
сокращение *n* 1. Abkürzung *f*; Kürzung *f*; Kontraktion *f*; 2. *(Fert)* Schwinden *n*, Schrumpfen *n*; 3. *(Math)* Kürzen *n (Brüche)* ‖ ~ **времени** *(Ph)* Zeitkontraktion *f*, Zeitverkürzung *f* ‖ ~ **Лоренца [-Фицджеральда]** *(Ph)* [Fitzgerald-]Lorentz-Kontraktion *f*, Längenkontraktion *f (Relativitätstheorie)* ‖ ~ **лоренцево** *s.* ~ Лоренца ‖ ~ **обмотки** *(El)* Spulenverkürzung *f* ‖ ~ **объёма** *(Gieß)* Schwinden *n*, Volumenschwindung *f* ‖ ~ **поперечного сечения** Querschnittsverengung *f*, Querschnittsverminderung *f* ‖ ~ **проб** *(Wlz)* Heruntervierteln *n* von Proben ‖ ~ **шага обмотки** *(El)* Wicklungsschrittverkürzung *f*, Sehnung *f*
сокристаллизация *f* Mitkristallisation *f*, Kokristallisation *f*
сок-самотёк *m* Vorlauf *m (Destillation)*
солеварня *f* Saline *f*, Salzsiederei *f*
солеловушка *f* Salzabscheider *m*
соление *n* Einsalzen *n*, Salzen *n* ‖ ~/**сухое** *(Led)* Trockensalzen *n*
соленоид *m (El)* Solenoid *n*, Solenoidspule *f*
соленомер *m* Salz[gehalt]messer *m*, Salinometer *n*
солёность *f* Salzigkeit *f*, Salzgehalt *m*
солеобразный salzartig, salzähnlich
солеобразование *n* Salzbildung *f*

солеотделитель *m* Salzabscheider *m*
солеотложение *n* Salzablagerung *f*, Salzausscheidung *f*
солерастворитель *m* Salzlöser *m*
солерод *m* (Ch) Salzbildner *m*, Halogen *n*
солеродный (Ch) salzbildend
солесодержание *n* Salzgehalt *m*
солестойкость *f* Salzbeständigkeit *f* (des Betons)
солесушилка *f* Salztrockner *m*
солидол *m* Schmierfett *n*, konsistentes Schmierfett *n*, Stauferfett *n*
солидолонагнетатель *m* Fettpresse *f*, Fettschmierpresse *f*, Fettspritze *f*, Schmierapparat *m* (für konsistente Schmierstoffe)
солидус *m* (Ph) Soliduslinie *f*, Soliduskurve *f*
солид-эффект *m* (Ph) Festkörpereffekt *m*
солид-эхо *n* (Ph) Solidecho *n*, Festkörperecho *n*
солион *m* Solion *n* (Elektrochemie)
солить [ein]salzen
солифлюкция *f* (Geol) Bodenfließen *n*, Solifluktion *f*
солнечный (Astr) Sonnen..., solar
Солнце *n* (Astr) Sonne *f* ‖ ~/**активное (возмущённое)** aktive (gestörte) Sonne *f* ‖ ~/**затемнённое** verfinsterte Sonne *f* ‖ ~/**ложное** (Meteo) Nebensonne *f* ‖ ~/**невозмущённое (спокойное)** ruhige Sonne *f*
солнцестояние *n* (Astr) Sonnenwende *f*, Solstitium *n* ‖ ~/**зимнее** Wintersonnenwende *f*, Wintersolstitium *n* ‖ ~/**летнее** Sommersonnenwende *f*, Sommersolstitium *n*
солод *m* Malz *n* ‖ ~/**диастатический** Diastasemalz *n* ‖ ~ **длинного ращения** Langmalz *n* ‖ ~/**дроблёный** Malzschrot *n* ‖ ~/**жжёный** geröstetes Malz *n*, Farbmalz *n* ‖ ~/**зелёный** Grünmalz *n* ‖ ~/**карамельный** Karamelmalz *n* ‖ ~ **короткого ращения** Kurzmalz *n* ‖ ~/**меланоидиновый (меланоидный)** Melanoidinmalz *n* ‖ ~/**перерастворённый** überlöstes (sehr gut gelöstes) Malz *n* ‖ ~/**пивоваренный** Braumalz *n* ‖ ~/**слаборастворённый** unterlöstes (wenig gelöstes) Malz *n* ‖ ~ **слишком короткого ращения** Spitzmalz *n* ‖ ~/**стекловидный** Glasmalz *n* ‖ ~/**сухой (сушённый)** Darrmalz *n* ‖ ~/**токовый** *s*. ~/**хорошо разрыхлённый (растворённый)** gut gelöstes Malz *n* ‖ ~/**ячменный** Gerstenmalz *n*
солодовать mälzen
солодовня *f* Mälzerei *f*, Malzfabrik *f* ‖ ~/**барабанная** Trommelmälzerei *f* ‖ ~ **передвижной грядкой** Wanderhaufenmälzerei *f* ‖ ~/**пневматическая** pneumatische Mälzerei *f* ‖ ~ **Саладина/ящичная** Saladin-Mälzerei *f* ‖ ~/**токовая** Tennenmälzerei *f* ‖ ~/**ящичная** Kastenmälzerei *f*
солодоворошитель *m* Malzwender *m*, Malzwendevorrichtung *f* ‖ ~/**лопастный** Schaufelwender *m* ‖ ~/**шнековый** Schraubenwender *m*, Schneckenwender *m*
солододробилка *f* **/вальцовая** Walzenschrotmühle *f*, Malzquetsche *f*
солодоращение *n* Mälzen *n*, Mälzung *f*, Mälzerei *f*, Malzbereitung *f* ‖ ~/**барабанное** Trommelmälzerei *f* ‖ ~ **на току** *s*. ~/**токовое** ‖ ~/**пневматическое** pneumatische Mälzerei *f* ‖ ~/**токовое** Tennenmälzerei *f* ‖ ~/**ящичное** Kastenmälzerei *f*

солодосушилка *f* Malzdarre *f*, Darre *f* ‖ ~/**двухъярусная** Zweihordendarre *f* ‖ ~/**многоярусная** Mehrhordendarre *f*
соложение *n* *s*. солодоращение
солома *f* Stroh *n* ‖ ~/**овсяная** Haferstroh *n* ‖ ~/**пшеничная** Weizenstroh *n* ‖ ~/**ржаная** Roggenstroh *n* ‖ ~/**спичечная** Holzdraht *m* (für Zündholzherstellung)
соломоволокушка *f* (Lw) Strohschleppe *f*
соломовыдуватель *m* (Lw) Strohgebläse *n*
соломовяз *m* (Lw) Strohbinder *m*
соломоизмельчитель *m* (Lw) Strohschneidemaschine *f*, Strohschneider *m* ‖ ~/**фрезерный** Strohfräse *f*
соломокопнитель *m* (Lw) Strohbergungsgerät *n*, Strohaufnehmer *m*, Strohsammler *m*
соломокрутка *f* (Lw) Strohbinder *m*
соломоподаватель *m* Strohzubringer *m*
соломоподъёмник *m* (Lw) Strohheber *m*, Strohelevator *m*
соломопресс *m* (Lw) Strohpresse *f*
соломопресс-подборщик *m* Strohaufnahmepresse *f*
соломоразбрасыватель *m* Strohverteiler *m*
соломорезка *f* (Lw) Häckselmaschine *f*, Strohhäcksler *m*, Häcksler *m*, Strohreißer *m* ‖ ~/**барабанная** Trommelhäcksler *m* ‖ ~/**дисковая** Scheibenradfutterhäckselmaschine *f*
соломосепаратор *m* *s*. соломотряс
соломотряс *m* (Lw) Schüttler *m*, Strohschüttler *m* (Mähdrescher, Dreschmaschine) ‖ ~/**добавочный** Nachschüttler *m* ‖ ~/**каскадный** stufenartiger Strohschüttler *m* ‖ ~/**клавишный** Hordenschüttler *m* ‖ ~/**платформенный** Schwingschüttler *m* ‖ ~/**роторный** Fingerschüttler *m*
соломоуловитель *m* (Lw) Strohfänger *m*
соломохранилище *n* (Lw) Strohlager *n*
солонец *m* (Geol) Solonez *m*, Salzboden *m* mit prismatischer Struktur des Untergrundes (schwarzer Alkaliboden) ‖ ~/**ореховато-зернистый** nußkörniger Alkaliboden *m* ‖ ~/**призматический** prismatischer Alkaliboden *m* ‖ ~/**столбчатый** pfahlartiger Alkaliboden *m*
солонец-солончак *m* Alkalisalzboden *m*
солончак *m* Solontschak *m*, Weißalkaliboden *m* (Salzbodentyp)
соль *f* Salz *n* ‖ ~/**английская** *s*. ~/**горькая** ‖ ~/**быстродействующая фиксажная** (Photo) Schnellfixiersalz *n* ‖ ~/**водная** kristallwasserhaltiges Salz *n* ‖ ~/**выварочная** Siedesalz *n* ‖ ~/**глауберова** Glaubersalz *n* ‖ ~/**горькая** (Min) Bittersalz *n*, Epsomit *m* ‖ ~/**двойная** Doppelsalz *n* ‖ ~/**денатурированная поваренная** denaturiertes Salz *n* ‖ ~/**жёлтая кровяная** gelbes Blutlaugensalz *n* ‖ ~/**защитная** (Gieß) Schutzsalz *n*, Decksalz *n* ‖ ~/**калиевая (калийная)** Kaliumsalz *n*; Kali[dünge]salz *n* ‖ ~/**каменная** (Min) Steinsalz *n*, Halit *m* ‖ ~/**кислая** Hydrogensalz *n* ‖ ~/**комплексная** Komplexsalz *n* ‖ ~/**красная кровяная** rotes Blutlaugensalz *n* ‖ ~/**кровяная** Blutlaugensalz *n* ‖ ~/**мелкая** Salzklein *n* ‖ ~/**мелкокристаллическая поваренная** Feinsalz *n* ‖ ~/**минеральная** Mineralsalz *n* ‖ ~/**морская** Meersalz *n*, Seesalz *n* ‖ ~/**нейтральная** *s*. ~/**средняя** ‖ ~/**неочищенная** Rohsalz *n* ‖ ~/**нормальная** *s*. ~/**средняя** ‖ ~/**осадочная** ausgefälltes Salz *n* ‖

900

~/**основная** Hydroxidsalz n ‖ ~/**отбросная** Abraumsalz n ‖ ~/**питательная** Nährsalz n ‖ ~/**пищевая** Speisesalz n ‖ ~/**поваренная** Kochsalz n (Natriumchlorid) ‖ ~/**покровная** (Gieß) Schutzsalz n, Decksalz n ‖ ~/**природная** Natursalz n, natürliches Salz n ‖ ~/**пропитывающая** Imprägniersalz n ‖ ~/**рафинирующая** (Gieß) Veredlungssalz n; Reinigungssalz n ‖ ~/**сегнетова** Seignette-Salz n ‖ ~/**смешанная** Mischsalz n ‖ ~/**средняя** neutrales (normales) Salz n, Neutralsalz n ‖ ~/**столовая** Tafelsalz n, Speisesalz n ‖ ~/**сырая** Rohsalz n ‖ ~/**техническая поваренная** Gewerbesalz n ‖ ~/**тройная** Tripelsalz n ‖ ~/**удобрительная** Düngesalz n ‖ ~/**фиксажная** (Photo) Fixiersalz n ‖ ~/**фосфорная** Phosphorsalz n
сольват m (Ch) Solvat n
сольватация f, **сольвати[зи]рование** n (Ch) Solvatation f, Solvatisierung f
сольватировать (Ch) solvatisieren
сольвент m, **сольвент-нафта** f (Ch) Solventnaphta n(f)
сольволиз m (Ch) Solvolyse f
солюбилизация f (Ch) Solubilisierung f, Solubilisation f
солянокислый (Ch) ...hydrochlorid n; chlorwasserstoffsauer, salzsauer
соляр m (Ch) Solaröl n ‖ ~/**крекинговый** Kracksolaröl n
соляризация f (Opt, Photo) Solarisation f ‖ ~/**вторичная** Resolarisation f
солярий m/**домашний** Heimsolarium n
сомножитель m (Math) Faktor m
сон m (Ak) Sone n (Pseudoeinheit für die Lautheit)
сонометр m (Ak) Monochord n, Sonometer n
сообщение n 1. Nachricht f, Mitteilung f, Information f; Meldung f; 2. (Nrt) Verbindung f; Verkehr m; 3. (Eb, Kfz) Verkehr m; 4. (El) Schluß m (Berührung zweier Leitungen) ‖ ~/**автомобильное** Kraftverkehr m ‖ ~/**воздушное** Luftverkehrsverbindung f ‖ ~/**грузовое** (Eb) Güterverkehr m ‖ ~/**диагностическое** (Inf) diagnostische Fehlermeldung f ‖ ~/**железнодорожное** Eisenbahnverkehr m ‖ ~/**земляное** 1. (Nrt) Erdverbindung f, Erdanschluß m; 2. (El) Erdschluß m ‖ ~/**контейнерное** Containerverkehr m ‖ ~/**контрольное** Prüfnachricht f; Prüfhinweis m ‖ ~/**междугородное** 1. (Nrt) Fernverbindung f; Fernverkehr m; 2. (Eb) Städteschnellverkehr m, Intercity-Verkehr m ‖ ~ **о погоде** Wettermeldung f ‖ ~ **об ошибке** (Inf) Fehlernachricht f, Fehlermeldung f ‖ ~/**ответное** (Inf) Rückmeldung f, Rückantwort f ‖ ~/**пассажирское** (Eb) Reiseverkehr m ‖ ~/**предупредительное** (Inf) Warnung f ‖ ~/**пригородное** (Eb) Vorortverkehr m, Nahverkehr m ‖ ~/**проводов** (El) Leitungsschluß m ‖ ~/**прямое** (Eb) Durchgangsverkehr m ‖ ~ **с землёй** s. ~/**земляное** ‖ ~/**скоростное** Schnellverkehr m ‖ ~/**телеграфное** 1. Telegraphieverbindung f; 2. telegraphische (fernschriftliche) Mitteilung m ‖ ~/**телефонное** 1. Fernsprechverkehr m; 2. telephonische (fernmündliche) Mitteilung f ‖ ~ **цепей** (El) Leitungsschluß m
сообщество n (Geol) Vergesellschaftung f
соорудить s. **сооружать**
сооружать errichten, erbauen

сооружение n 1. Errichtung f, Erbauung f, Bau m; 2. Bau m, Bauwerk n; Gebäude npl (s. a. unter **сооружения**); 3. Anlage f ‖ ~/**антенное** Antennenanlage f ‖ ~/**аэродромное** Flugplatzanlage f ‖ ~/**береговое водозаборное** (Hydt) Uferentnahmebauwerk n ‖ ~/**берегозащитное гидротехническое** (Hydt) Küstenschutz[bau]werk n ‖ ~/**водозаборное** (Hydt) Entnahmeanlage f, Entnahmebauwerk n; Wasserfassungsanlage f; Einlaufbauwerk n ‖ ~/**водозащитное** (Hydt) Wasserschutzbau m, Wasserschutzanlage f ‖ ~/**водонапорное** (Hydt) Stauanlage f ‖ ~/**водоотводное** (Hydt) Entwässerungsanlage f ‖ ~/**водоподпорное** (Hydt) Stauanlage f ‖ ~/**водоподъёмное** (Hydt) Wasserpumpwerk n ‖ ~/**водоприёмное** s. ~/**водозаборное** ‖ ~/**водоприёмное головное** (Hydt) Einlaufbauwerk n ‖ ~/**водосборное** (Hydt) Wassersammelanlage f ‖ ~/**водосливное** (Hydt) Überfallbauwerk n, Überlaufbauwerk n ‖ ~/**водостеснительное** (Hydt) Einschränkungsbauwerk n ‖ ~/**водохозяйственное** wasserwirtschaftliches Bauwerk n ‖ ~/**временное** Behelfsbau m, provisorisches Bauwerk n ‖ ~/**высотное** turmartiges Bauwerk n ‖ ~/**гидротехническое** (Hydt) Wasserbauwerk n ‖ ~/**головное** (Hydt) Einlaßbauwerk n ‖ ~/**дноукрепительное** (Hydt) Sohldeckwerk n ‖ ~/**закрытое складское** geschlossenes Lager n ‖ ~/**защитное** Schutzanlage f, Schutzbauwerk n ‖ ~/**земляное** Erdbauwerk n, Erdanlage f ‖ ~/**канализационное** Entwässerungsanlage f, Kanalisationsanlage f ‖ ~/**кольматирующее** (Hydt) Geschiebesperre f ‖ ~/**круглое** Rundbauwerk n, kreisförmiges Bauwerk n ‖ ~/**лесосплавное** (Hydt) Floßgasse f, Floßdurchlaß m, Holzdurchlaß m ‖ ~/**линейное** Streckenbauwerk n ‖ ~/**мемориальное** Gedenkstätte f ‖ ~/**морское гидротехническое** (Hydt) Seebauwerk n ‖ ~/**надшахтное (наземное)** (Bgb) Tagesanlage f ‖ ~/**наплавное** Bauwerk n auf dem Wasser, schwimmendes Bauwerk n ‖ ~/**направляющее** (Hydt) Leitwerk n ‖ ~/**оросительное** (Hydt) Bewässerungsanlage f ‖ ~/**открытое** Bauwerk n in Freibauweise f ‖ ~/**открытое складское** offener Lagerplatz m ‖ ~/**очистное** (Bw) Reinigungsanlage f, Kläranlage f, Klärwerk n ‖ ~/**очистное канализационное** Abwasserreinigungsanlage f ‖ ~/**плотинное** (Hydt) Wehrbau m, Sperrbauwerk n ‖ **плотины** (Hydt) Staumauerbauwerk n, Dammbauwerk n ‖ ~/**поверхностное** (Bgb) Tagesanlage f ‖ ~/**подвесное** hängendes Bauwerk n ‖ ~/**подводное** Unterwasserbauwerk n ‖ ~/**подземное** 1. (Bw) Tiefbauanlage f; 2. (Bgb) untertägiges Bauwerk n; Untertageanlage f ‖ ~/**подпорное** (Hydt) Stauanlage f, Stauwerk n, Staustufe f, Staukörper m ‖ ~/**полуоткрытое** Bauwerk n in Teilfreibauweise f ‖ ~/**полуоткрытое складское** halboffenes Lager n ‖ ~/**примыкающее** Anschlußbauwerk n ‖ ~/**причальное** (Schiff) Anlegestelle f, Anlegeanlage f ‖ ~/**противопаводковое** (Hydt) Hochwasserschutzbauwerk n ‖ ~/**регулирующее** (Hydt) Regelungswerk n (Flußregulierung) ‖ ~/**речное гидротехническое** Flußbauwerk n ‖ ~/**рыбопропускное** (Hydt) Fischdurchlaß m ‖ ~/**ряжевое** (Hydt) Steinkastenbau

сооружение *m* II ~/**сбросное** (Hydt) Auslaßwerk *n* II ~/**сборно-разборное** zerlegbares Bauwerk *n* II ~/**сейсмостойкое** erdbebensicheres Bauwerk *n* II ~/**спортивное** Sportstätte *f* II ~/**спускное** (Hydt) Ausmündungsbauwerk *n* II ~/**стационное** (Eb) Bahnhofsgebäude *n* II ~/**струенаправляющее** (Hydt) Leitwerk *n* (Flußbauten) II ~/**судоподъёмное** Schiffshebewerk *n* II ~/**транспортное** 1. Verkehrsbauwerk *n*; 2. Förderanlage *f* II ~/**узловое** (Hydt) Knotenbauwerk *n* II ~/**уникальное** unikales Bauwerk *n* II ~/**устьевое** (Hydt) Ausmündungsbauwerk *n* II ~/**фашинное** (Hydt) Flechtwerk *n*, Faschinenbau *m*, Reuse *f* II ~/**экспериментальное** (Bw) Versuchsbauwerk *n* II

сооружения *npl*/**берегозащитные (берегоукрепительные)** (Hydt) Uferdeckwerk *n* II ~/**встроенные** Einbauten *mpl* II ~/**выправительные** (Hydt) Regelungsbauwerk *n* II ~/**инженерные** Ingenieurbauten *pl*, Ingenieurbauwerke *npl* II ~/**портовые** Hafenanlage *f*

соосадить *s*. соосаждать

соосаждать (Ch) mitfällen

соосаждение *n* (Ch) [induzierte] Mitfällung *f*

соосность *f* Koaxialität *f*, Gleichachsigkeit *f*

соосный koaxial, gleichachsig

соответствие *n* 1. Entsprechen *n*, Übereinstimmung *f*; 2. Korrespondenzrelation *f*; 3. Angemessenheit *f*; 4. (Math) Zuordnung *f* II ~/**взаимно-однозначное** (Math) eineindeutige (umkehrbar eindeutige) Zuordnung *f* II ~/**многозначное** (Math) mehrdeutige Korrespondenz *f* II ~/**одно-однозначное** *s*. ~/взаимно-однозначное

соотносительный korrelativ

соотношение *n* Verhältnis *n*; Beziehung *f* II ~/**атомное** (Kern) Atomverhältnis *n* II ~ **Больцмана** (Ph) Boltzmannsche Beziehung *f* II ~ **величин** Größenverhältnis *n* II ~/**взаимное** Wechselbeziehung *f*, Korrelation II ~ **Гейзенберга** *s*. ~/неопределённостей II ~ **громкостей** Lautstärkeverhältnis *n* II ~ **де-Бройля** (Ph) de-Broglie-Beziehung *f* (Materiewellen) II ~/**дисперсионное** (Opt) Dispersionsbeziehung *f* II ~/**заданное** Sollverhältnis *n* II ~ **интенсивностей** (Ph) Intensitätsverhältnis *n* II ~/**количественное** Mengenverhältnis *n* II ~/**коммутационное** (Ph) Vertauschungsrelation *f*, Vertauschungsregel *f*, Kommutator *m* (Quantenmechanik) II ~ **компонентов смеси** Mischungsverhältnis *n* II ~ **концентраций** Konzentrationsverhältnis *n* II ~ **масса-светимость** (Astr) Masse-Leuchtkraft-Beziehung *f*, Masse-Leuchtkraft-Funktion *f* II ~ **между массой и энергией** (Ph) Masse-Energie-Beziehung *f*, Masse-Energie-Gleichung *f*, Einsteinsche Gleichung *f* II ~ **между напряжением и деформацией** (Mech) Spannungs-Dehnungs-Beziehung *f*, Spannungs-Formänderungs-Beziehung *f* II ~ **между напряжениями** (El) Spannungsverhältnis *n* II ~ **неопределённостей**, ~ **неопределённости** [**Гейзенберга**] (Ph) [Heisenbergsche] Unbestimmtheitsrelation (Unschärferelation, Ungenauigkeitsrelation) *f* (Quantenmechanik) II ~ **объёмов** (Wlz) Abnahmeverhältnis *n* II ~/**объёмное** Volum[en]verhältnis *n* II ~/**определяющее** definierende Relation (Gleichung) *f* II ~/**основное** Grundbeziehung *f* II ~/**передаточное** 1. (Masch) Übersetzungsverhältnis *n*; 2. (El) Übertragungsbeziehung *f* II ~/**перестановочное** *s*. ~/коммутационное II ~ **Планка** (Ph) Plancksche Relation *f*, Plancksche Gleichung *f* II ~ **пробег-энергия** (Kern) Reichweite-Energie-Beziehung *f* II ~ **сигнал-шум** (Rf, TV, Nrt) Rausch-Verhältnis *n*, Rauschabstand *m* II ~ **скоростей валков** (Gum) Walzenfriktion *f* II ~ **срабатывания** (Reg) Steuerungsverhältnis *n* II ~ **тепловосприятий** Wärmeaufnahmeverhältnis *n* II ~ **Эйнштейна** *s*. ~ между массой и энергией II ~ **эффект-фон** (Kern) Anzeige-Untergrund-Verhältnis *n*, Anzeige-Nulleffekt-Verhältnis *f*

соотношения *npl* **взаимности Онсагера** (Therm) Onsagersche Reziprozitätsbeziehungen *fpl*

сопка *f* (Geol) Sopka *f* (russische Bezeichnung für einzelstehende, meist kegelförmige Hügel oder Berge, waldlose Kuppen in Sibirien und Fernost, Vulkane in Kamtschatka sowie kleine Schlammvulkane oder Schlammsprudel im Kaukasus) II ~/**грязевая** kleiner Schlammvulkan *m*, Schlammsprudel *m* II ~/**нефтяная** Erdölsalse *f*

сопло *n* Düse *f* (von Wasser-, Dampf- und Gasturbinen, Strahltriebwerken, Raketen) II ~ **аэродинамической трубы** Windkanaldüse *f* II ~ **Вентури** Venturi-Düse *f* II ~ **Вентури/звуковое критическое** Venturi-Düse *f* II ~ **Вентури/нормальное** Normventuridüse *f* II ~/**внешнее** Außendüse *f*, äußere Düse *f*, innere Düse *f* II ~/**воздуходувное** (Met) Blasdüse *f*, Blaskopf *m*, Blasmundstück *n* (Schachtofen) II ~/**воздушное** Luftdüse *f*, Winddüse *f* II ~ **впрыска** Einspritzdüse *f* II ~/**всасывающее** Ansaugdüse *f* II ~/**входное** Einlaßdüse *f*, Einlaufdüse *f* II ~/**высоконапорное** Hochdruckdüse *f* II ~/**высотное** (Flg) Höhendüse *f* II ~/**выхлопное** Schubdüse *f*, Abgasdüse *f* II ~/**газовое** 1. Gasbrennerdüse *f*; 2. Gas[austritts]düse *f* II ~/**гибкое** flexible (elastische) Düse *f* II ~/**гиперзвуковое** Hyperschalldüse *f* II ~ **горелки** Brennerdüse *f*, Brennermundstück *n* II ~ **двигателя** Triebwerksdüse *f* II ~/**дозвуковое** Unterschalldüse *f* II ~/**дробеструйное** Schrotstrahldüse *f* II ~/**засасывающее** Ansaugdüse *f* II ~/**звуковое** kritische Düse *f*, Überschalldüse *f* II ~/**игольчатое** Nadeldüse *f* (Pelton-Turbine) II ~/**измерительное** Meßdüse *f* II ~ **инжектора** Treibdüse *f*, Dampfdüse *f* (Injektor; Kesselwasserspeisung) II ~ **инжектора/нагнетательное** Fangdüse *f* II ~ **инжектора/паровое** Dampfdüse *f* II ~ **инжектора/смесительное** Mischdüse *f* II ~/**качающееся** Schwenkdüse *f* (Wasserspülentaschung) II ~/**критическое** kritische Düse *f*, Überschalldüse *f* II ~ **Лаваля** Laval-Düse *f* II ~/**литое** gegossene Düse *f* (Düsenbogen; Dampfturbine) II ~/**нерасширяющееся** nicht erweiterte Düse *f*, Normaldüse *f* (für unterkritische Austrittsgeschwindigkeit; Dampfturbine) II ~/**осевое** Axialdüse *f*, axiale Düse *f* II ~/**основное** Hauptdüse *f*, Schubdüse *f* II ~/**отсасывающее** Absaugdüse *f* II ~/**паровое** Dampfdüse *f* II ~ **ПВРД/регулируемое** Regeldüse *f* (Staustrahltriebwerk) II ~ **ПВРД с гибкими стенками** Regeldüse *f* mit Quer-

schnittsänderung durch zwei biegsame Stahlblechwände *(Staustrahltriebwerk)* ‖ ~ **ПВРД с подвижными стенками** Regeldüse *f* mit Querschnittsänderung durch zwei profilierte Klappwände *(Staustrahltriebwerk)* ‖ ~ **Пельтона** s. ~/**игольчатое** ‖ ~/**пескоструйное** Sandstrahldüse *f* ‖ ~/**побудительное** Spüldüse *f (Wasserspülentaschung)* ‖ ~/**поворотное** Schwenkdüse *f* ‖ ~ **полкруга** Halbkreisdüse *f (Wirkdruckdurchflußmessung)* ‖ ~ **Прандтля** Prandtlsche Düse *f* ‖ ~/**разбрызгивающее** Sprühdüse *f* ‖ ~/**распылительное** Zerstäuberdüse *f* ‖ ~/**расходомерное** Meßdüse *f (für Wirkdruckdurchflußmessungen)* ‖ ~/**расширяющееся** erweiterte Düse *f*, Laval-Düse *f (für überkritische Austrittsgeschwindigkeit; Dampfturbine)* ‖ ~/**реверсивное** Umkehrdüse *f* ‖ ~ **с косым срезом** Düse *f* mit Schrägabschnitt *(Dampfturbine)* ‖ ~ **с плоской струей** Flachstrahldüse *f* ‖ ~ **с постоянным сечением** Düse *f* mit gleichbleibendem Querschnitt, parallelwandige Düse *f (Dampfturbine)* ‖ ~/**сверхзвуковое [реактивное]** Überschalldüse *f* ‖ ~/**сдвоенное** Zwillingsdüse *f* ‖ ~/**смесительное** Mischdüse *f (Druckwasserentaschung)* ‖ ~ **сотовой конструкции** Wabendüse *f* ‖ ~/**суживающееся** einfache (verjüngte) Düse *f*, Normaldüse *f (Dampfturbine)* ‖ ~ **ТРД с регулирующей иглой** Regeldüse *f* mit Querschnittsänderung durch Schubdüsenkegel (Schubdüsennadel) *(Turbinenluftstrahltriebwerk)* ‖ ~/**фрезерованное** eingefräste Düse *f (Düsenbogen; Dampfturbine)* ‖ ~/**фурменное** Düsenkopf *m*, Düsenmundstück *n*, Düsenöffnung *f* ‖ ~/**цилиндрическое** zylindrische Meßdüse *f* ‖ ~ **четверть круга** Viertelkreismeßdüse *f* ‖ ~ **четверть эллипса** Viertelellipsenmeßdüse *f* ‖ ~/**щелевое** Schlitzdüse *f* ‖ ~/**эжекторное** Ejektordüse *f*
сополиконденсация *f (Ch)* Copolykondensation *f*, Mischpolykondensation *f*
сополимер *m (Ch)* Copolymer *n*, Copolymerisat *n*, Mischpolymer *n*, Mischpolymerisat *n* ‖ ~/**привитой** Pfropf[co]polymer *n*, Graftpolymer *n*, Pfropfpolymerisat *n*
сополимеризация *f (Ch)* Copolymerisation *f*, Mischpolymerisation *f* ‖ ~/**прививочная (привитая)** Pfropf[co]polymerisation *f*, Graft[co]polymerisation *f*
сополиэфир *m (Ch)* Mischpolyester *m*
соприкосновение *n* 1. Berührung *f*; 2. *(Math)* Oskulation *f*; Schmiegung *f*
сопровождение *n* 1. Nachführung *f*, Verfolgung *f*; 2. Begleitung *f* ‖ ~/**звуковое** *(TV)* Tonbegleitung *f*; Tonwiedergabe *f (bei Videorecordern)* ‖ ~ **программы** *(Inf)* Programmwartung *f* ‖ ~ **цели** *(Rad)* Zielbegleitung *f*, Zielverfolgung *f*, Objektverfolgung *f*
сопрограмма *f (Inf)* Mitprogramm *n*
сопротивление *n* 1. Widerstand *m*; Rückdruck *m*; Gegendruck *m*; 2. Beständigkeit *f (der Werkstoffe gegen chemische, mechanische und Wärmeeinflüsse usw.)*; 3. Festigkeit *f*; 4. *(El)* [elektrischer] Widerstand *m (physikalische Eigenschaft oder Größe)*; 5. *(El)* [elektrischer] Widerstand *m (Bauelement, s. a. unter* резистор*)* ‖ ~/**активное** *(El)* Wirkwiderstand *m* ‖ ~/**активное входное** *(El)* Eingangswirkwiderstand *m* ‖ ~/**активное выходное** *(El)* Ausgangswirkwiderstand *m* ‖ ~/**акустическое** Schallwellenwiderstand *m*, akustischer Widerstand *m*, akustische Resistenz *f* ‖ ~ **антенны** *(Rf, TV)* Antennenwiderstand *m* ‖ ~ **антенны/активное** Antennenwirkwiderstand *m* ‖ ~ **антенны/входное** Antenneneingangswiderstand *m* ‖ ~ **антенны/полное** Antennenscheinwiderstand *m* ‖ ~/**аэродинамическое** *(Aero)* [aerodynamischer] Widerstand *m*, Luftwiderstand *m*, Strömungswiderstand *m* ‖ ~/**базовое** s. ~ **базы** ‖ ~ **базы** *(Eln)* Basiswiderstand *m (Halbleiter)* ‖ ~ **базы/внутреннее** innerer Basiswiderstand *m*, Basisinnenwiderstand *m* ‖ ~ **базы/объёмное** Basisbahnwiderstand *m* ‖ ~/**брызговое** *(Schiff)* Spritzwasserwiderstand *m* ‖ ~/**буксировочное** *(Schiff)* Schleppwiderstand *m* ‖ ~ **в нагретом состоянии** Warmwiderstand *m* ‖ ~ **в ненагретом состоянии** Kaltwiderstand *m* ‖ ~ **в нулевой точке** *(El)* Nullpunktwiderstand *m* ‖ ~ **в цепи накала** *(El)* Heizwiderstand *m* ‖ ~ **вагона** *(Eb)* Wagenwiderstand *m* ‖ ~ **вдавливанию** *(Wkst)* Eindringwiderstand *m* ‖ ~/**вихревое** *(Hydrod)* Wirbelwiderstand *m; (Schiff auch:)* Druckwiderstand *m*, Formwiderstand *m* ‖ ~/**внешнее** *(El)* äußerer Widerstand *m*, Außenwiderstand *m* ‖ ~/**внешнее тепловое** äußerer Wärmewiderstand *m* ‖ ~ **внутреннего трения** s. ~/**вязкостное** ‖ ~/**внутреннее** *(El)* innerer Widerstand *m*, Innenwiderstand *m* ‖ ~/**внутреннее тепловое** *(El)* innerer Wärmewiderstand *m* ‖ ~ **воды** *(Hydrod)* Wasserwiderstand *m*, Strömungwiderstand *m* des Wassers ‖ ~ **воды в каналах** *(Schiff)* Widerstand *m* bei Fahrt auf Kanälen ‖ ~ **воды движению судна** *(Schiff)* Schiffswiderstand *m*, Fahrtwiderstand *m* des Schiffes ‖ ~ **воды при движении на волнении** *(Schiff)* Widerstand *m* bei Fahrt im Seegang ‖ ~ **возврата** *(El)* Abfallwiderstand *m (des Relais)* ‖ ~ **воздействия ветра** Windwiderstand *m* ‖ ~ **воздуха** Luftwiderstand *m* ‖ ~/**волновое** *(Hydrod)* Wellenwiderstand *m* ‖ ~/**волновое акустическое** Schallwellenwiderstand *m* ‖ ~/**временное** statische Festigkeit *f (durch Kurzzeitversuch ermittelt)* ‖ ~ **входа** s. ~/**входное** ‖ ~/**входное** 1. Eintrittswiderstand *m*; 2. *(El)* Eingangswiderstand *m* ‖ ~/**входное активное** *(El)* Eingangswirkwiderstand *m* ‖ ~/**входное полное** *(El)* Eingangsscheinwiderstand *m* ‖ ~/**входное реактивное** *(El)* Eingangsblindwiderstand *m* ‖ ~/**вызванное перекладкам руля** *(Schiff)* Steuerwiderstand *m* ‖ ~ **выкрашиванию** *(Masch)* Verschleiß-Tragfähigkeit *f (z. B. des Zahnrades)* ‖ ~ **выпуску** Ausströmwiderstand *m*, Auslaßwiderstand *m* ‖ ~/**выравнивающее** Ausgleichwiderstand *m* ‖ ~ **выступающих частей** *(Schiff)* Widerstand *m* der Anhänge ‖ ~ **выхода** s. ~/**выходное** ‖ ~/**выходное** *(El)* Ausgangswiderstand *m* ‖ ~/**выходное активное** *(El)* Ausgangswirkwiderstand *m* ‖ ~/**выходное полное** *(El)* Ausgangsscheinwiderstand *m* ‖ ~/**вязкое** *(Fest)* innere Reibung *f*, plastischer Verformungswiderstand *m* ‖ ~/**вязкостное** *(Fest)* zähigkeitsbedingter Widerstand *m*, Zähigkeitswiderstand *m*, Viskositätswiderstand *m* ‖ ~/**гидравлическое** Strömungswider-

сопротивление

stand *m* ‖ **~/гидродинамическое** hydrodynamischer Widerstand *m* ‖ **~ давления** *(Aero, Hydrod)* Druckwiderstand *m* ‖ **~ давления/вязкостное** (viskoser) zähigkeitsbedingter Druckwiderstand *m* ‖ **~ движению** Bewegungswiderstand *m*, Fahrzeugwiderstand *m*, Fahrwiderstand *m* ‖ **~ движению при трогании с места** *(Eb)* Anfahrwiderstand *m* ‖ **~ движению экипажа** Fahrzeugwiderstand *m* ‖ **~/действительное** tatsächlicher Widerstand *m*, Istwiderstand *m* ‖ **~/демпферное (демпфирующее)** *(El)* Dämpfungswiderstand *m* ‖ **~ деформации (деформированию)** *(Fest)* Formänderungswiderstand *m*; Formänderungsfestigkeit *f* ‖ **~/динамическое** 1. *(Fest)* dynamischer Widerstand *m*; dynamische Festigkeit *f*; 2. *(Eln) s.* ~/**динамическое эквивалентное** ‖ **~/динамическое эквивалентное** *(Eln)* Durchlaßersatzwiderstand *m (Halbleiterdiode, Thyristor)* ‖ **~ диода** *(Eln)* Diodenwiderstand *m* ‖ **~/дифференциальное** *(El)* 1. Differentialwiderstand *m*; 2. Wechselstromwiderstand *m* ‖ **~/диффузионное** *(Eln)* Diffusionswiderstand *m (Halbleiter)* ‖ **~/добавочное** *(El)* vorgeschalteter (zusätzlicher) Widerstand *m*, Zusatzwiderstand *m* ‖ **~/ёмкостное** *(El)* kapazitiver Widerstand *m* ‖ **~ заземления** *(El)* Erd[ungs]widerstand *m* ‖ **~ замыканию** Schließwiderstand *m* ‖ **~ запирающего слоя** *(Eln)* Sperr[schicht]widerstand *m* ‖ **~ заряда** *(El)* Ladewiderstand *m* ‖ **~/зарядное** *(El)* Ladewiderstand *m* ‖ **~/защитное** Schutzwiderstand *m* ‖ **~ изгибу [/временное]** *(Wkst)* Biegefestigkeit *f*; Biegewiderstand *m* ‖ **~ изгибу при знакопеременной нагрузке** *(Wkst)* Biegewechselfestigkeit *f (Dauerversuch)* ‖ **~ изгибу при пульсации в знакопостоянных циклах** *(Wkst)* Biegeschwellfestigkeit *f (Dauerschwingungversuch)* ‖ **~ изгибу/ударное** *(Wkst)* Schlagbiegefestigkeit *f* ‖ **~ излому/временное** *(Wkst)* Biegefestigkeit *f* ‖ **~ излучения** *(Rf)* Strahlungswiderstand *m (Antenne)* ‖ **~ изнашиванию (износу)** *(Fest)* Verschleißfestigkeit *f*, Verschleißbeständigkeit *f*, Verschleißwiderstand *m* ‖ **~ изоляции** *(El)* Isolationswiderstand *m* ‖ **~/имплантированное** *(Eln)* implantierter Widerstand *m*, Implantationswiderstand *m (Halbleiter)* ‖ **~/индуктивное** *(El)* induktiver Widerstand *m* ‖ **~/индуктивное реактивное** *(El)* induktiver Blindwiderstand *m*, Induktanz *f* ‖ **~/индуцированное** *(Fest)* induzierter Widerstand *m* ‖ **~/инерционное** Trägheitswiderstand *m* ‖ **~ истиранию** *(Fest)* Abriebfestigkeit *f*, Verschleißfestigkeit *f*, Abnutzungsfestigkeit *f*; *(Pap)* Scheuerfestigkeit *f* ‖ **~ исток-сток** *(Eln)* Source-Drain-Widerstand *m (Halbleiter)* ‖ **~ истока** *(Eln)* Source-Widerstand *m (Halbleiter)* ‖ **~ источника** *(Eln)* Quellenwiderstand *m* ‖ **~ источника напряжения** *(El)* Widerstand *m* der Spannungsquelle *(Batterie)* ‖ **~/кажущееся** *(El)* Scheinwiderstand *m* ‖ **~ катушки** *(El)* Spulenwiderstand *m* ‖ **~ качению колёс** *(Kfz)* Rollwiderstand *m* ‖ **~ колебательного контура** *(Eln)* Schwingkreiswiderstand *m* ‖ **~ коллектора** *(Eln)* Kollektorwiderstand *m* ‖ **~ коллектора/обратное** *(Eln)* Kollektorsperrwiderstand *m* ‖ **~ коллектора/последовательное** *(Eln)* Kollektorbahnwiderstand *m* ‖ **~/коллекторное** *s.* **~ коллектора** ‖ **~/компенсационное** *(Eln)* Kompensationswiderstand *m*, Ausgleichswiderstand *m* ‖ **~/комплексное** *(El)* komplexer Widerstand *m*, Impedanz *f* ‖ **~ контакта** *(El)* Kontaktwiderstand *m* ‖ **~ контакта/переходное** *(El)* 1. Übergangswiderstand *m*; 2. Kontaktwiderstand *m* ‖ **~/контактное** *s.* **~ контакта** ‖ **~/контурное** *(El)* Maschenwiderstand *m* ‖ **~ короткого замыкания** *(El)* Kurzschlußwiderstand *m* ‖ **~ короткого замыкания/полное** Kurzschlußscheinwiderstand *m* ‖ **~ коррозии** *(Wkst)* Korrosionswiderstand *m*, Korrosionsbeständigkeit *f*, Korrosionsfestigkeit *f*; Rostbeständigkeit *f* ‖ **~/критическое** *(El)* kritischer Widerstand *m*, Grenzwiderstand *m* ‖ **~/линейное** *(El)* linearer Widerstand *m* ‖ **~ линии** *(El)* Leitungswiderstand *m* ‖ **~ линии/полное** *(El)* Leitungsscheinwiderstand *m* ‖ **~/лобовое** *(Aero)* Frontalwiderstand *m* ‖ **~/магнитное** *(El)* magnetischer Widerstand *m*, Reluktanz *f* ‖ **~ магнитной вязкости** *(El)* Nachwirkwiderstand *m* ‖ **~ материалов** 1. Festigkeitslehre *f*; 2. Werkstoffestigkeit *f* ‖ **~/механическое** mechanischer Widerstand *m* ‖ **~/механическое полное** *(El)* mechanischer Scheinwiderstand *m* ‖ **~/мнимое** *(El)* Scheinwiderstand *m*, Impedanz *f* ‖ **~ многократному изгибу** Dauerbiegeverhalten *n*; DBV ‖ **~ на входе антенны** Antenneneingangswiderstand *m* ‖ **~ на выходе/полное** *(El)* Ausgangsscheinwiderstand *m* ‖ **~ на единицу длины линии** *(El)* Widerstand *m* pro Längeneinheit ‖ **~ на мелководье** *(Schiff)* Flachwasserwiderstand *m*, Widerstand *m* bei beschränkter Fahrwassertiefe ‖ **~ на раздавливание** *(Fest)* Druckwiderstand *m (Gesteine)*; Druckfestigkeit *f (spröde Stoffe)* ‖ **~ на разрыв/временное** *(Fest)* Zugfestigkeit *f*, [statische] Zerreißfestigkeit *f* ‖ **~ на сдвиг/временное** *(Fest)* [statische] Schubfestigkeit *f* ‖ **~ на сжатие/временное** *(Fest)* [statische] Druckfestigkeit *f* ‖ **~ на скручивание/временное** *(Fest)* [statische] Torsionsfestigkeit *f*, [statische] Verdrehungsfestigkeit *f* ‖ **~ на срез/временное** *(Fest)* [statische] Scherfestigkeit *f*, [statische] Abscherfestigkeit *f* ‖ **~ на ударный изгиб** *(Fest)* Schlagbiegefestigkeit *f*, Schlagbiegewiderstand *m* ‖ **~/нагревательное** *(El)* Heizwiderstand *m* ‖ **~ нагрузки** *(El)* 1. Lastwiderstand *m*, Belastungswiderstand *m*; 2. Abschlußwiderstand *m*, Nutzwiderstand *m (bei Vierpolen)* ‖ **~ нагрузки/номинальное** *(El)* Nennlastwiderstand *m* ‖ **~ нагрузки/полное** *(El)* Abschlußscheinwiderstand *m* ‖ **~ нагрузки/реактивное** *(El)* Abschlußblindwiderstand *m*, Abschlußreaktanz *f* ‖ **~/нагрузочное** *s.* **~ нагрузки** ‖ **~ надрыву** 1. *(Fest)* Kerbzähigkeit *f*; 2. *(Gum)* Einreißwiderstand *m* ‖ **~ накала** *(Eln)* Heizwiderstand *m* ‖ **~ направляющей [поверхности]** *(Masch)* Führungsbahnwiderstand *m* ‖ **~ насыщения** Sättigungswiderstand *m* ‖ **~ насыщения коллектора** Kollektor-Sättigungswiderstand *m* ‖ **~/нелинейное** *(El)* nichtlinearer Widerstand *m* ‖ **~/номинальное** *(El)* Nennwiderstand *m* ‖ **~ нулевой последовательности/реактивное** *(El)* Nullreaktanz *f* ‖ **~ обмотки** *(El)* Wicklungswiderstand *m* ‖ **~/обратное** *(Eln)* Sperrwiderstand *m*, Widerstand *m* in Sperrichtung ‖ ~ **обратной связи** *(El)* Rückkopplungswiderstand *m* ‖ **~/общее** *(El)* Gesamtwiderstand *m* ‖ **~/общее активное** *(El)* Gesamtwirkwiderstand *m* ‖ **~/общее реактивное** *(El)* Gesamtblindwiderstand *m* ‖ **~/общее тепловое** *(Wmt)* Gesamtwärmewiderstand *m* ‖ **~/объёмное** *(El)* Volumenwiderstand *m*, Durchgangswiderstand *m* ‖ ~ **окислению при высоких температурах** *(Wkst)* Zunderbeständigkeit *f* ‖ **~/оконечное** *(El)* Abschlußwiderstand *m* ‖ **~/омическое** *(El)* ohmscher Widerstand *m* ‖ **~/ослабляющее** *(El)* Schwächungswiderstand *m* ‖ ~ **основания** *(Eln)* Basiswiderstand *m* ‖ **~/остаточное** *(El)* Restwiderstand *m* ‖ ~ **от интерференции** *(Aero)* Widerstandsinterferenz *f* ‖ ~ **от кривизны пути** *(Eb)* Krümmungswiderstand *m* ‖ ~ **от подъёма пути** *(Eb)* Steigungswiderstand *m* ‖ ~ **от разрушения волн** *(Schiff)* Wellenbrechwiderstand *m* ‖ **~/отводное** *s.* ~ **утечки** ‖ ~ **откачки** Pumpwiderstand *m* *(Laser)* ‖ **~/относительное** *(El)* relativer Widerstand *m* ‖ **~/отрицательное** *(El)* negativer Widerstand *m* ‖ **~/отрывное кавитационное** Ablösungswiderstand *m* *(Kavitation)* ‖ ~ **отрыву** *(Fest)* 1. Querzugfestigkeit *f* *(Holz quer zur Faser)*; 2. Haftspannung *f* ‖ **~/параллельное** *(El)* Parallelwiderstand *m*, Nebenwiderstand *m*, Shunt *m* ‖ ~ **передачи** Übertragungswiderstand *m* ‖ **~/переменное** *(El)* veränderbarer (veränderlicher, variabler) Widerstand *m* ‖ ~ **переменному току** *(El)* Wechselstromwiderstand *m* ‖ **~/переходное** *(El)* Übergangswiderstand *m* ‖ **~/плёночное** *(Eln)* Schichtwiderstand *m*, Dünnschichtwiderstand *m* ‖ ~ **поверхностного слоя** Oberflächenwiderstand *m* ‖ ~ **поверхностного трения** *(Aero, Hydr)* Hauptreibungswiderstand *m*, Wandreibungswiderstand *m* ‖ **~/поверхностное** *(El)* Oberflächenwiderstand *m*, Flächenwiderstand *m* ‖ ~ **поверхностной плёнки** Hauptwiderstand *m* ‖ ~ **повторное полное** *(El)* Kettenscheinwiderstand *m* ‖ ~ **поглощения** *(Ph)* Absorptionswiderstand *m*, Schluckwiderstand *m* ‖ ~ **погонное** *(El)* Widerstand *m* je Längeneinheit ‖ **~/подстроечное** *(El)* getrimmter Widerstand *m* ‖ ~ **покоя** *(Ph)* Ruhewiderstand *m* ‖ **~/полезное** *(El)* Nutzwiderstand *m* ‖ ~ **ползучести** *(Fest)* Dauerstandfestigkeit *f*, Kriechfestigkeit *f* ‖ ~ **ползучести при длительной нагрузке** *(Fest)* Zeitstandfestigkeit *f*, Dauerstandfestigkeit *f* ‖ **~/полное** *(El)* 1. Scheinwiderstand *m*; 2. Gesamtwiderstand *m* ‖ **~/полное входное** *(El)* Eingangsimpedanz *f* ‖ **~/полное выходное** *(El)* Ausgangsimpedanz *f* ‖ **~/полное тепловое** *(El)* gesamter Wärmewiderstand *m* ‖ **~/полное электрическое** elektrischer Scheinwiderstand *m* ‖ **~/положительное** *(El)* positiver Widerstand *m* ‖ **~/поперечное** *(El)* Querwiderstand *m* ‖ ~ **поперечному изгибу** *(Fest)* Querfestigkeit *f* ‖ **~/последовательное** *(El)* Reihenwiderstand *m*, Serienwiderstand *m* ‖ **~/постоянное** *(El)* fester (konstanter) Widerstand *m* ‖ ~ **постоянному току** *(El)* Gleichstromwiderstand *m* ‖ ~ **потерь** *(El)* Verlustwiderstand *m* ‖ ~ **потерь/активную** *(El)* Verlustwirkwiderstand *m* ‖ ~ **потерь/общее** *(El)* Gesamtverlustwiderstand *m* ‖ **~/предельное** *(Fest)* Bruchfestigkeit *f*, Grenzwiderstand *m* ‖ ~ **при длительной нагрузке** *(Fest)* Dauerfestigkeit *f*, Zeitstandfestigkeit *f* ‖ ~ **при знакопеременной нагрузке** *(Fest)* Wechselfestigkeit *f* ‖ ~ **при кручении/угловое** *(Fest)* Torsionswiderstand *m*, Drillwiderstand *m* ‖ ~ **при нагрузках растяжением и давлением** *(Fest)* Zug-Druck-Wechselfestigkeit *f* ‖ ~ **при нулевом смещении** *(Eln)* Nullpunktwiderstand *m* *(Halbleiterdiode)* ‖ ~ **при постоянной нагрузке/временное** *(Fest)* Dauerfestigkeit *f* ‖ ~ **при трогании с места** *(Eb)* Anfahrwiderstand *m* ‖ ~ **при ударной нагрузке** *(Fest)* Schlagfestigkeit *f* ‖ ~ **при усталости** *(Fest)* Ermüdungsfestigkeit *f* ‖ ~ **приборов** Gerätewiderstand *m* ‖ **~/приведённое** *(El)* reduzierter Widerstand *m* ‖ ~ **приграничного слоя** *(Eln)* Randschichtwiderstand *m*, Grenzschichtwiderstand *m* ‖ **~/пробивное** *(El)* Durchbruchwiderstand *m* ‖ **~/продольное** *(El)* Längswiderstand *m* ‖ ~ **продольному изгибу** *(Fest)* Knickfestigkeit *f*, Knickwiderstand *m* ‖ **~/пропускное** *(Eln)* Durchlaßwiderstand *m* *(Halbleiter)* ‖ ~ **противосвязи** *(El)* Gegenkopplungswiderstand *m* ‖ **~/проходное** *(Eln)* Durchlaßwiderstand *m* ‖ **~/прямое** *(Eln)* Durchlaßwiderstand *m* ‖ **~/пусковое** *(El)* Anlaßwiderstand *m*, Anlaufwiderstand *m*, Anfahrwiderstand *m* ‖ **~/рабочее** *(El)* Arbeitswiderstand *m* ‖ ~ **раздиранию** *(Gum, Pap)* Zerreißfestigkeit *f* ‖ **~/раздиранию/начальное** *(Pap)* Einreißwiderstand *m*, Einreißfestigkeit *f*, Randfestigkeit *f* ‖ ~ **раздиру** *(Pap)* Weiterreißfestigkeit *f* ‖ ~ **разрушению** *(Fest)* Bruchfestigkeit *f* ‖ ~ **разрыву [/временное]** *(Fest)* Zugfestigkeit *f*, Zerreißfestigkeit *f* ‖ ~ **разрыву/действительное** *(Fest)* tatsächliche Bruchfestigkeit (Bruchspannung) *f* *(bezogen auf den Einschnürungsquerschnitt)* ‖ ~ **разрыву/истинное** *(Fest)* Bruchfestigkeit *f* ‖ ~ **рассеяния** *(Fest)* Streuwiderstand *m* ‖ ~ **расслаиванию** *(Fest)* Trennfestigkeit *f*, Trennwiderstand *m* ‖ ~ **растеканию** *(Eln)* Ausbreitungswiderstand *m* ‖ ~ **растрескиванию** *(Fest)* Rißfestigkeit *f*, Rißbeständigkeit *f* ‖ ~ **растяжению [/временное]** *(Fest)* [statische] Zugfestigkeit *f*, [statische] Zerreißfestigkeit *f* ‖ ~ **растяжению при асимметричных циклах** *(Fest)* Zugschwellfestigkeit *f*, Zugursprungsfestigkeit *f* ‖ **~/расчётное** rechnerische (rechnerisch ermittelte) Festigkeit *f* ‖ **~/реактивное** *(El)* Blindwiderstand *m*, Reaktanz *f* ‖ **~/реактивное входное** Eingangsblindwiderstand *m* ‖ ~ **резанию** *(Fert)* Schnittwiderstand *m* *(Metallzerspanung)* ‖ ~ **резанию/удельное** spezifischer Schnittwiderstand *m* ‖ ~ **резистора** *(El)* Widerstandswert *m* ‖ ~ **самолёта/лобовое** *(Flg)* Gesamtwiderstand *m* (mit den Komponenten Form- oder Druckwiderstand und Reibungs- oder Oberflächenwiderstand) ‖ ~ **самолёта/профильное** *(Flg)* Profilwiderstand *m* ‖ ~ **связи** *(Rf)* Koppelwiderstand *m*, Kopplungswiderstand *m* ‖ **~/сглаживающее** *(El)* Glättungswiderstand *m* ‖ ~ **сдвигу [/временное]** *(Fest)* Schubfestigkeit *f*, Scherfestigkeit *f* ‖ ~ **сжатию [/временное]** *(Fest)* [statische] Druckfestigkeit *f* ‖ ~ **сил инерции** Massenwiderstand *m* ‖ ~ **скалыванию [/временное]** *(Fest)* Abscherfestigkeit *f* ‖ ~ **скольжению**

сопротивление

(Fest) Gleitwiderstand *m* ‖ **~ скручиванию [временное]** *(Fest)* Verdrehfestigkeit *f*, Torsionsfestigkeit *f*, Torsionswiderstand *m* ‖ **~ сливу** Abflußwiderstand *m* ‖ **~/сложное** Festigkeit *f* bei mehreren Belastungsfällen, zusammengesetzte Festigkeit *f*, Festigkeit *f* bei zusammengesetzter Beanspruchung ‖ **~ слоя [/удельное]** *(Eln)* Schichtwiderstand *m* ‖ **~/собственное** *(El)* Eigenwiderstand *m* ‖ **~/согласующее** *(El)* Anpassungswiderstand *m* ‖ **~ срабатывания** *(El)* Ansprechimpedanz *f* ‖ **~/сравнительное** *(El)* Vergleichswiderstand *m* ‖ **~ срезу [/временное]** *(Fest)* Scherfestigkeit *f*, Abscherfestigkeit *f*; Schnittfestigkeit *f*, Schnittwiderstand *m* ‖ **~ старению** Alterungsbeständigkeit *f* ‖ **~ стокисток** *(Eln)* Drain-Source-Widerstand *m (Halbleiter)* ‖ **~ стока** *(Eln)* Drain-Widerstand *m (Halbleiter)* ‖ **~/темновое** *(Eln)* Dunkelwiderstand *m* ‖ **~/тепловое (термическое)** Wärmewiderstand *m*, thermischer Widerstand *m* ‖ **~ теплопередачи** Wärmedurchgangswiderstand *m* ‖ **~ теплоперехода** Wärmeübergangswiderstand *m* ‖ **~/термическое** *s.* **~/тепловое** ‖ **~/термочувствительное** *(El)* Thermistor *m* ‖ **~/толстоплёночное** *(Eln)* Dickschichtwiderstand *m*, Dickfilmwiderstand *m* ‖ **~/тонкоплёночное (тонкослойное)** *(Eln)* Dünnfilmwiderstand *m*, Dünnschichtwiderstand *m* ‖ **~/тормозное** Bremswiderstand *m* ‖ **~ трения** *(Aero, Hydrod)* Reibungswiderstand *m*, Oberflächenwiderstand *m*, Schubwiderstand *m* ‖ **~ трения качения** Rollreibungswiderstand *m* ‖ **~ тяговое** Zugwiderstand *m* ‖ **~ удару** *(Fest)* Schlagfestigkeit *f* ‖ **~/удельное** spezifischer Widerstand *m* ‖ **~/удельное акустическое** *(Ak)* spezifischer Schallwellenwiderstand *m* ‖ **~/удельное электрическое** spezifischer elektrischer Widerstand *m* ‖ **~/уравнительное** *(El)* Abgleichwiderstand *m* ‖ **~ ускорению** *(Mech)* Beschleunigungswiderstand *m* ‖ **~/успокоительное** *(El)* Beruhigungswiderstand *m* ‖ **~ утечки** *(El)* Leckwiderstand *m*, Ableitwiderstand *m* ‖ **~ утечки сетки** *(El)* Gitterableitwiderstand *m* ‖ **~ формы** *(Schiff)* Formwiderstand *m* ‖ **~/характеристическое** *(Nrt)* Kennwiderstand *m*; Wellenwiderstand *m* ‖ **~ холостого хода** Leerlaufwiderstand *m* ‖ **~ холостого хода/полное** Leerlaufscheinwiderstand *m* ‖ **~ царапанью** Kratzfestigkeit *f* ‖ **~/цепное** *(El)* Kettenwiderstand *m* ‖ **~ шлейфа** *(El)* Schleifenwiderstand *m* ‖ **~/шумовое** *(Nrt, Rf)* Rauschwiderstand *m* ‖ **~/шунтирующее** *(El)* Parallelwiderstand *m*, Nebenwiderstand *m*, Shunt *m* ‖ **~ щёток/переходное** *(El)* Bürstenübergangswiderstand *m* ‖ **~/эквивалентное** *(El)* Ersatzwiderstand *m* ‖ **~/эквивалентное полное** Ersatzscheinwiderstand *m* ‖ **~/электрическое** elektrischer Widerstand *m* ‖ **~ эмиттера** *(Eln)* Emitterwiderstand *m (Halbleiter)* ‖ **~ эмиттера/добавочное** Emittervorwiderstand *m* ‖ **~/эффективное** *(El)* effektiver (wirksamer) Widerstand *m* ‖ **~ якоря (якорной цепи)** *(El)* Ankerkreiswiderstand *m*

сопротивляемость *f (Fest)* Widerstandsfähigkeit *f*, Beständigkeit *f (gegen etwas)* ‖ **~ высокой температуре** Wärmefestigkeit *f*, Warmfestigkeit *f* ‖ **~ давлению** Druckbeständigkeit *f* ‖ **~ деформации** Formänderungswiderstand *m*, Verformungswiderstand *m* ‖ **~ износу** Verschleißwiderstand *m* ‖ **~ истиранию** Abriebfestigkeit *f*, Verschleißfestigkeit *f* ‖ **~ коррозии** Korrosionsbeständigkeit *f* ‖ **~ при высокой температуре** Wärmefestigkeit *f* ‖ Warmfestigkeit *f* ‖ **~ разрыву** Zugfestigkeit *f*, Zerreißfestigkeit *f* ‖ **~ разъеданию** 1. Korrosionsfestigkeit *f*, Korrosionsbeständigkeit *f*; 2. *(Met)* Futterhaltbarkeit *f* ‖ **~ ржавлению** Rostbeständigkeit *f* ‖ **~ усталости** Dauerwechselfestigkeit *f*, Dauerschwingfestigkeit *f*

сопроцессор *m (Inf)* Coprozessor *m*, Koprozessor *m* ‖ **~/математический** mathematischer Coprozessor (Koprozessor) *m*

сопрягаемость *f* Kopplungsfähigkeit *f*; Verknüpfungsfähigkeit *f*

сопрягать koppeln, kuppeln, verbinden; verknüpfen; *(Masch)* paaren *(Zahnräder)*

сопряжение *n* 1. Kopplung *f*, Kupplung *f*, Verbindung *f (s. a. unter* **соединение***)*; Verkettung *f*; 2. *(Math)* Konjugation *f*; 3. *(Reg)* Verknüpfung *f*; 4. *(Inf)* Schnittstelle *f*, Interface *n*, Kopplung *f*, Koppeleinheit *f*, Anschluß *m*; 5. *(Masch)* Paarung *f (Zahnräder)*; 6. *(Bgb)* Kreuzung *f (einer Strecke)* ‖ **~/зарядовое** *(Ph, Eln)* Ladungskonjugation *f* ‖ **~ контуров** *(El)* Abgleich *m* ‖ **~/логическое** *(Reg, Kyb)* logische Verknüpfung *f* ‖ **~ настроек (настройки) контуров** *(Rf)* Abstimmungsgleichlauf *m*, Gleichlaufabgleich *m* ‖ **~/фрикционное** *(Masch)* Reibpaarung *f* ‖ **~ ЭВМ** Rechnerkopplung *f*

сопряжённость *f* **фаз** *(El)* Phasenverkettung *f* ‖ **~ чётности** *(Math)* Paritätskonjugation *f*

сопряжённый 1. gekoppelt, gekuppelt, verbunden; verknüpft; 2. konjugiert; zugeordnet; 3. *(Math)* konjugiert; 4. *(El)* gekoppelt, verkettet; 5. *(Masch)* gepaart *(Zahnräder)* ‖ **~/равный** *(Math)* äquikonjugiert

сопутствующий zugeordnet, assoziiert

сор *m (Text)* Schmutz *m*, Staub *m*

соразмерность *f (Bw)* Dimensionierung *f (architektonische Gestaltung)*

сорбат *m (Ch)* Sorbat *n*, Sorptiv *n*, sorbierter (aufgenommener) Stoff *m*

сорбент *m (Ch)* Sorbens *n*, Sorptionsmittel *n*

сорбирование *n s.* **сорбция**

сорбировать *(Ch)* sorbieren

сорбит *m* 1. *(Met)* Sorbit *m (Gefüge)*; 2. *(Ch)* Sorbit *m (sechswertiger Alkohol)*

сорбитизация *f (Härt)* Sorbitisieren *n*, Sorbitisierung *f*

сорбитовый *(Met)* sorbitisch *(Gefüge)*

сорбция *f (Ch)* Sorption *f*, Sorbieren *n* ‖ **~/противоточная** Gegenstromsorption *f*

сорвать *s.* **срывать**

сорлинь *m (Schiff)* Sorgleine *f*, Ruderfall *n (Segeljolle)*

сорняки *mpl (Lw)* Unkräuter *npl* ‖ **~/корневищные** Wurzelunkräuter *npl* ‖ **~/полевые** Ackerunkräuter *npl* ‖ **~/семенные** Samenunkräuter *npl*

сорокавосьмигранник *m s.* **гексаоктаэдр**

соросиликаты *mpl (Krist)* Sorosilikate *npl (Inselgittertypus)*

сороудаление *n (Text)* Abscheidung *f* von Verunreinigungen; Schmutzbeseitigung *f*, Abfallentfernung *f (OE-Spinnmaschine)*

сорт m 1. Klasse f, Sorte f; 2. (Wlz) Formstahl m, Profilstahl m ‖ ~/**верхний** Siebüberlauf m, Siebübergang m, Überlaufprodukt m, Überkorn n ‖ ~/**крупный** (Wlz) Grobstahl m ‖ ~/**мелкий** (Wlz) Feinstahl m, Feineisen n ‖ ~/**нижний** (Wlz) Siebunterlauf m, Siebdurchfall m, Siebfeines n, Unterlaufprodukt n, Unterkorn n ‖ ~/**средний** (Wlz) Mittelstahl m
сортамент m 1. Sortiment n, Auswahl f; 2. Walzprogramm n ‖ ~ **проката** 1. Walzstahlsortiment n; 2. Walzprogramm n
сортимент m s. сортамент
сортирование n s. сортировка 1.; 2.; 3.
сортировать 1. sortieren; 2. (Met) klassieren, auslesen, verlesen, sichten, scheiden; [aus]klauben (Erz); 3. (Eb) rangieren ‖ ~ **вручную** [aus]klauben (Erz)
сортировка f 1. Sortieren n, Sortierung f; 2. Scheidung f; Auslesen n, Sichten n, Sichtung f; 3. (Bgb) Klassierung f (Kohle); Klauben n (Erze); 4. (Lw) Auslesemaschine f, Saatgutbereiter m; 5. (Pap) Sortierer m, Klassierer m (Maschine zur Aufbereitung von Halbstoffen); Klassierapparat m ‖ ~ **адресов** (Inf) Adressensortieren n ‖ ~/**барабанная** Sortiertrommel f, Trommelsortierer m ‖ ~ **Биффара** (Pap) Biffar-Sortierer m ‖ ~ **в восходящем потоке воды** (Bgb) Klassieren n im aufsteigenden Wasserstrom ‖ ~ **в горизонтальном потоке воды** (Bgb) Klassieren n im horizontalen Wasserstrom ‖ ~ **в потоке** Stromklassierung f ‖ ~ **вагонов** (Eb) Wagenumstellung f ‖ ~/**вибрационная** (Pap) Schüttelsortierer m, Vibrationssortierer m ‖ ~/**воздушная** (Bgb) Windsichtung f ‖ ~/**гидравлическая** (Bgb) nasse Stromklassierung f, Naßklassierung f ‖ ~/**грубая** s. ~/**предварительная** ‖ ~ **грузов** (Eb) Stückgutumladung f ‖ ~ **документов** (Inf) Belegsortieren n ‖ ~ **картофеля на фракции** (Lw) Fraktionieren n (Kartoffeln) ‖ ~/**магнитная** (Bgb) Magnetscheidung f ‖ ~/**мембранная** (Pap) Membransortierer m, Feinschüttler m ‖ ~/**механическая** (Bgb) Siebklassierung f ‖ ~/**мокрая** Naßsortieren n; Naßklassieren n, Naßklassierung f, Hydroklassierung f, Naßsichtung f, Naßscheidung f ‖ ~/**оптическая** (Bgb) optisches Klassieren n ‖ ~ **по крупности** Korngrößenklassierung f, Korngrößentrennung f ‖ ~ **по плотности** Dichteklassierung f ‖ ~ **по размеру зёрен** Korngrößentrennung f ‖ ~/**предварительная** (Bgb) Vorsortieren n; Vorklassieren n ‖ ~/**проточная** (Pap) Durchflußsichter m ‖ ~/**радиометрическая** (Bgb) radiometrisches Klauben n ‖ ~/**ручная** (Bgb) Handklauben n ‖ ~/**сухая** Trockenscheidung f; Trockenklassierung f ‖ ~/**тонкая** Feinsortierung f ‖ ~/**фотометрическая** (Bgb) optisches Klassieren n ‖ ~/**центробежная** (Pap) Zentrifugalsortierer m, Schleudersortierer m ‖ ~/**центробежная трёхсекционная** s. ~ **Биффара** ‖ ~ **щепы** (Pap) Splittersortierer m, Holzsortierer m
сортность f [ausgesuchte] Sorte f, Qualität f
сортоиспытание n (Lw) Sortenprüfung f
сосед m (Kern) Nachbar m, Nachbaratom n
соседний по частоте (Rf) frequenzbenachbart
соскабливание n Abschaben n, Abkratzen n
соскабливать [ab]schaben, abkratzen, abziehen

соскакивание n (Schiff) Dumpen n (beim Stapellauf)
соскальзывание n (Geol) Abgleiten n
соскоблить s. соскабливать
соскребать s. соскабливать
сосна f Kiefer f
сосочек m (Led) Papille f
сосредоточение n Konzentrierung f; Zusammenfassung f; Zusammenziehung f; Ansammlung f
сосредоточенный 1. konzentriert, zusammengefaßt, vereinigt; 2. Einzel... (z. B. Einzelkraft)
сосредоточивать konzentrieren, zusammenfassen, vereinigen
сосредоточить s. сосредоточивать
соссюрит m (Min) Saussurit m (Mineralgemenge)
состав m 1. Zusammensetzung f; 2. Bestand m; Masse f, Gemenge n, Mischung f; 3. (Eb) Zug m, Zugverband m • **в составе пластины** (Eln) im Scheibenverband, im Scheibenverbund ‖ ~ **аппаратуры** (Inf) Gerätekonfiguration f ‖ ~ **бетона** (Bw) Betonmischung f, Betonrezeptur f ‖ ~/**большегрузный** (Eb) Großraumzug m ‖ ~/**буксирный** (Schiff) Schleppzug m ‖ ~/**вещественный** stofflicher Zusammensetzung f ‖ ~/**вскрышной железнодорожный** (Bgb, Eb) Abraumzug m ‖ ~ **горючей смеси** Gemischzusammensetzung f (Verbrennungsmotor) ‖ ~/**гранулометрический** Korn[größen]zusammensetzung f, Korn[größen]aufbau m, Körnungsaufbau m, Körnung f, Korngrößenverteilung f ‖ ~/**движущийся** (Eb) rollender Wagenpark m ‖ ~/**заливочный** Vergußmasse f ‖ ~/**зерновой** s. ~/**гранулометрический** ‖ ~/**изгибаемый** (Schiff) Gelenkverband m (Schubschiffahrt) ‖ ~ **излучения/спектральный** spektrale Strahlungszusammensetzung f ‖ ~/**изолировочный (изолирующий)** Isoliermasse f ‖ ~/**изотопный** Isotopenzusammensetzung f ‖ ~/**литологический** (Geol) Gesteinszusammensetzung f, lithologische Zusammensetzung f ‖ ~/**меловальный** (Pap) Streichmasse f, Streichfarbe f ‖ ~ **на воздушной подушке/подвижной** (Eb) Luftkissenfahrzeuge fpl ‖ ~ **на магнитной подвеске/подвижной** (Eb) Magnetkissenfahrzeuge fpl ‖ ~/**объёмный** volumetrische Zusammensetzung f ‖ ~/**окрасочный** Anstrichstoff m ‖ ~/**откаточный** (Bgb, Eb) Förderzug m ‖ ~/**относительный** prozentuale Zusammensetzung f ‖ ~ **по волокну** (Pap) Faserstoffzusammensetzung f ‖ ~/**подвижной** (Eb) rollendes Material n, Schienenfahrzeuge npl ‖ ~ **поезда** (Eb) Wagengruppe f ‖ ~/**поездной** (Eb) Wagengruppe f ‖ ~/**породный** (Bgb, Eb) Abraumzug m ‖ ~/**препарационный** (Text) Präparationsmittel n ‖ ~/**пригородный электроподвижной** Nahverkehrstriebfahrzeuge npl ‖ ~/**пропиточный** Imprägnierlösung f; Imprägniermasse f; Tränkmasse f ‖ ~/**разделительный** (Kst) Trennmittel n, Haftverminderer m ‖ ~/**сборный** (Schiff) aus Sektionen zusammengesetzter Schiffsverband m ‖ ~ **света/спектральный** spektrale Lichtzusammensetzung f ‖ ~/**склеивающий** Klebemittel n ‖ ~ **смеси** Gemischzusammensetzung f (Verbrennungsmotor) ‖ ~ **сплава** (Gieß) Legierungsbestandteil m; Legierungsverteilung f ‖ ~/**толкаемый** (Schiff) Schubverband m, Schubeinheit f ‖ ~/**травиль-**

состав

ный Beizmittel *n*, Beizlösung *f*, Beize *f*; Ätzmittel *n*, Ätzlösung *f* II ~/**тяжеловесный** Schwerlastzug *m* II ~/**фракционный** *(Erdöl)* Fraktionsbestand *m* II ~/**химический** chemische Zusammensetzung *f* II ~ **шихты** 1. *(Glas)* Gemengezusammensetzung *f*, Gemengesatz *m*; 2. *(Ker)* Versatz *m*; 3. *(Met)* Möllerzusammensetzung *f*, Gemenge *n (Hochofen)*; Gichtzusammensetzung *f*, Gattierungszusammensetzung *f (Kupolofen)* II ~ **шлака [/химический]** *(Met)* Schlakkenkonstitution *f*, Schlackenzusammensetzung *f* II ~/**эвтектический** *(Met)* eutektische Zusammensetzung (Konzentration) *f* II ~/**эвтектоидный** *(Met)* eutektoide Zusammensetzung (Konzentration) *f* II ~/**электрический подвижной** *(Eb)* elektrische Triebfahrzeuge *npl*

составить *s.* составлять

составление *n* 1. Zusammenstellung *f*, Bildung *f*; 2. Ansatz *m*, Ansetzen *n (z. B. eines Gemisches)*; 3. Anfertigung *f*; Abfassung *f* II ~ **поездов** *(Eb)* Zugbildung *f* II ~ **программы** *(Inf)* Programmierung *f*, Programmzusammenstellung *f*, Programmerstellung *f* II ~ **шихты** 1. *(Glas)* Gemengebereitung *f*; 2. *(Met)* Möllerung *f*; 3. *(Gieß)* Gattierung *f*

составлять 1. zusammenstellen, zusammensetzen; bilden; 2. anfertigen; abfassen; ausarbeiten; 3. *(Inf)* kompilieren *(Programme)* II ~ **программу** *(Inf)* das Programm erstellen

составляющая *f* Komponente *f*; Bestandteil *m* II ~/**активная** Wirkkomponente *f* II ~/**безваттная** *(El)* Blindkomponente *f*, wattlose Komponente *f* II ~/**вспомогательная** *(El)* Nebenkomponente *f* II ~/**горючая** brennbarer Bestandteil *m*, brennbare Komponente *f* II ~ **давления** *(Mech)* Druckkomponente *f* II ~ **движения** *(Mech)* Komponente *f* der Bewegung II ~ **двойной звезды** *(Astr)* Doppelsternkomponente *f* II ~ **деформации** *(Mech)* Formänderungskomponente *f* II ~/**динамическая** dynamische Komponente *f* II ~/**дифференцирующая** *(Reg)* differenzierender Anteil *m*, D-Anteil *m* II ~/**диффузионная** Diffusionskomponente *f* II ~/**индуктивная** *(El)* induktive Komponente *f* II ~/**интегрирующая** *(Reg)* integraler Anteil *m*, I-Anteil *m* II ~/**летучая** flüchtiger Bestandteil *m*, Flüchtiges *n* II ~/**мнимая** *(El)* Blindkomponente *f* II ~ **напряжения/постоянная** *(El)* Gleichspannungskomponente *f* II ~/**несимметричная** *(El)* Unsymmetriekomponente *f* II ~/**нормальная** *(El)* Normalkomponente *f* II ~/**нулевая** *(El)* Nullkomponente *f* II ~ **нулевой последовательности** *(El)* Nullkomponente *f* II ~/**основная** Hauptkomponente *f* II ~/**основная структурная** *(Met)* Gefügegrundmasse *f* II ~/**паразитная** *(Astr)* Störkomponente *f* II ~/**переменная** *(El)* Wechselkomponente *f* II ~ **переменного тока** *(El)* Wechselstromkomponente *f* II ~/**периодическая** *(El)* Wechselkomponente *f* II ~/**плоская** *(Astr)* Population I *f (der Galaxis)* II ~ **погрешности/систематическая** systematischer Beitrag (Anteil) *m* eines Fehlers II ~ **погрешности/случайная** zufälliger Beitrag (Anteil) *m* eines Fehlers II ~/**полезная** Nutzkomponente *f* II ~ **полного тока** *(El)* Durchflutungskomponente *f* II ~ **поля** *(El)* Feldkomponente *f* II ~/**поперечная** *(El)* Querkomponente *f* II ~/**постоянная** *(El)* Gleichkomponente *f* II ~/**продольная** *(El)* Längskomponente *f* II ~/**промежуточная** *(Astr)* intermediäre Population *f*, Scheibenpopulation *f* II ~/**пропорциональная** *(Reg)* Proportionalkomponente *f*, P-Anteil *m* II ~/**реактивная** *(El)* Blindkomponente *f* II ~ **ряда Фурье** *(Ph)* Fourier-Komponente *f*, harmonische Komponente *f*, Harmonische *f* II ~ **силы** *(Mech)* Kraftkomponente *f*, Teilkraft *f* II ~ **скорости системы/обобщённая** *(Mech)* verallgemeinerte Geschwindigkeitskomponente (Geschwindigkeitskoordinate) *f* II ~ **спектра** *(Ph)* Spektralkomponente *f* II ~ **структуры** *(Met)* Gefügebestandteil *m*, Gefügezusammensetzung *f* II ~/**сферическая** *(Astr)* Population II *f*, Halopopulation *f (der Galaxis)* II ~ **тока** *(El)* Stromkomponente *f* II ~ **тока/активная** *(El)* Wirkstromkomponente *f* II ~ **тока/переменная** *(El)* Wechselstromkomponente *f* II ~ **тока/реактивная** *(El)* Blindstromkomponente *f* II ~ **Фурье** *s.* ~ **ряда Фурье** II ~ **шихты** *(Met)* Möllerbestandteil *m (Hochofen)*; *(Gieß)* Gattierungsbestandteil *m (Kupolofen)* II ~/**шумовая** Rauschkomponente *f*

составной 1. zusammengesetzt, mehrteilig; 2. zusammensetzbar; 3. gebaut *(Träger, Kurbelwelle)*

состояние *n* 1. Zustand *m*, Beschaffenheit *f*, Stand *m*; 2. Vermögen *n* • **в состоянии выделения (образования)** in statu nascendi • **с тремя устойчивыми состояниями** *(Eln)* Three-State-..., Tri-State-..., tristabil II ~/**аварийное** Havariezustand *m* II ~/**агрегатное** *(Ph)* Aggregatzustand *m* II ~/**аморфное** *(Ph)* amorpher Zustand *m* II ~/**анизотропное агрегатное** *(Ph)* anisotroper Aggregatzustand *m* II ~/**антисимметрическое** *(Ph)* antisymmetrischer Zustand *m (Quantentheorie; Symmetrierungsprinzip)* II ~ **атома** *(Kern)* Energiezustand *m* des Atoms, Atomzustand *m* II ~ **атома/возбуждённое** Anregungszustand *m* des Atoms II ~ **атома/метастабильное** metastabiler Zustand *m* des Atoms II ~ **бывшей новой** *(Astr)* Postnovazustand *m* II ~ **в момент выделения (образования)** *(Ch)* naszierender Zustand *m*, Status *m* nascendi II ~/**валентное** *(Ch)* Valenzzustand *m* II ~/**взвешенное** *s.* ~/**псевдоожиженное** II ~/**виртуальное** *(Ph)* virtueller Zustand *m* II ~/**включённое** Einschaltzustand *m* II ~/**возбуждённое** *(Kern)* angeregter Zustand *m*, Anregungszustand *m* II ~/**воздушно-сухое** lufttrockener Zustand *m* II ~/**возмущённое** *(Reg)* Störzustand *m*, gestörter Zustand *m*, Störverhalten *n* II ~/**выключенное** Ausschaltzustand *m* II ~/**вырождения** *(Eln)* entarteter Zustand *m* II ~/**высокого уровня** *(Eln)* High-Zustand *m* II ~/**газообразное [агрегатное]** *(Ph)* gasförmiger Zustand *m* II ~/**гибридное** *(Ch)* hybridisierter Zustand (Valenzzustand) *m* II ~ **готовности** *(Inf)* Bereitzustand *m* II ~/**двухосное напряжённое** *(Fest)* zweiachsiger Spannungszustand *m* II ~/**динамическое** dynamischer Zustand *m* II ~/**динамическое напряжённое** *(Mech)* dynamischer Spannungszustand *m* II ~/**длительное** Dauerzustand *m* II ~/**докритическое** *(Therm)* unterkritischer Zustand *m (Dampf)* II ~/**долгоживущее** langlebiger Zustand m (Laser) ‖ ~/**дублетное** (Ph) Dublettzustand m (Atomspektrum) ‖ ~/**жидкое [агрегатное]** (Ph) flüssiger Zustand m ‖ ~/**жидкокристаллическое** (Krist) liquokristalliner (mesomorpher) Zustand m ‖ ~/**заданное** Sollzustand m ‖ ~/**закрытое** s. ~/**запертое** ‖ ~/**запертое** (Eln) gesperrter Zustand m, Sperrzustand m ‖ ~/**запрещённое** (Ph) verbotener Zustand m ‖ ~ **заряда** 1. (El) Ladungszustand m; 2. Ladezustand m (Verbrennungsmotor) ‖ ~/**заселённое** (Ph) besetzter Zustand m (Laser) ‖ ~/**идеально-газовое** (Therm) idealer Gaszustand m ‖ ~/**изотропное агрегатное** (Ph) isotroper Aggregatzustand m ‖ ~/**изоэлектрическое** (Ph) isoelektrischer Zustand m ‖ ~/**инверсное** Inversionszustand m (Laser) ‖ ~ **инерции** (Mech) Beharrungszustand m ‖ ~/**информационное** Informationszustand m ‖ ~/**ионизированное** Ionisierungszustand m, Ionisationszustand m ‖ ~/**исключительное** (Inf) Ausnahmezustand m ‖ ~/**исходное** 1. Anfangszustand m (Steuerprogramm); Grundstand m (Betriebssystem); 2. (El) Ausgangszustand m; 3. (Krist) Ausgangszustand m, Asgrown-Zustand m ‖ ~ **канала** (Inf) Kanalzustand m, Kanalstatus m ‖ ~/**капельно-жидкое** (Ph) Tropfzustand m ‖ ~/**квазистационарное** (Ph) quasistationärer Zustand m, Compoundzustand m, Zwischenzustand m, Resonanzniveau n ‖ ~ **кипящего слоя** s. ~/**псевдоожиженное** ‖ ~/**кипящее** s. ~/**псевдоожиженное** ‖ ~/**колебательное** Schwingungszustand m ‖ ~ **команды** (Inf) Befehlsstatus m ‖ ~ **коммутации** (El) Schaltzustand m ‖ ~/**конечное** Endzustand m ‖ ~/**короткоживущее** kurzlebiger Zustand m (Laser) ‖ ~/**кратковременное** kurzzeitiger Zustand m ‖ ~/**кристаллическое** kristalliner Zustand m ‖ ~/**критическое** (Kern) kritischer Zustand m, Kritischsein n ‖ ~/**линейное напряжённое** (Fest) einachsiger (linearer) Spannungszustand m ‖ ~ **литое** Gußzustand m ‖ ~ **логического нуля** (Eln) logischer Zustand m 0, logischer Nullzustand m, Low-Zustand m ‖ ~ **логической единицы** (Eln) logischer Zustand m 1, logischer Einszustand m, High-Zustand m ‖ ~/**мезоморфное** (Krist) mesomorpher (liquokristalliner) Zustand m ‖ ~/**метастабильное** (Kern) metastabiler Zustand m ‖ ~/**напряжённо-деформированное** (Mech) Spannungs-Verformungs-Zustand m ‖ ~/**напряжённое** (Fest) Spannungszustand m ‖ ~ **насыщения** Sättigungszustand m; (Therm) Überhitzungszustand m (Dampf) ‖ ~ **начальное** Anfangszustand m, Initialzustand m ‖ ~ **невесомости** Zustand m der Schwerelosigkeit ‖ ~/**нейтронное** (Kern) Neutronenzustand m ‖ ~/**нерабочее** Ruhezustand m, Stillstand m ‖ ~/**неравновесное** Nichtgleichgewichtszustand m ‖ ~/**неравновесное термодинамическое** thermodynamischer Ungleichgewichtszustand m ‖ ~/**неустойчивое [агрегатное]** (Ph) unstabiler (labiler) Zustand m ‖ ~ **низкого уровня** (El) Low-Zustand m ‖ ~/**объёмное напряжённое** (Fest) räumlicher Spannungszustand m ‖ ~/**одноосное напряжённое** (Fest) einachsiger (linearer) Spannungszustand m ‖ ~/**однородное** homogener Zustand m ‖ ~/**одночастичное** (Kern) Einteilchenzustand m ‖ ~ **ожидания** (Inf) Wartezustand m ‖ ~/**основное** Grundstand m, Ausgangszustand m ‖ ~/**особое** (Ph) Ausnahme f ‖ ~/**остаточное** (Eln) remanenter Zustand m ‖ ~/**открытое** (Eln) Durchlaßzustand m ‖ ~/**переходное** Übergangszustand m ‖ ~/**пластическое** bildsamer (plastischer) Zustand m ‖ ~/**плоское напряжённое** (Fest) ebener (zweiachsiger) Spannungszustand m ‖ ~/**поверхностное** Oberflächenzustand m, Grenzflächenzustand m ‖ ~ **погоды** (Meteo) Wetterlage f, Wetterverhältnisse pl ‖ ~ **покоя** Ruhezustand m ‖ ~/**пороговое** (Eln) Schwellenzustand m ‖ ~/**поставки** Lieferungszustand m, Anlieferungszustand m ‖ ~/**предельное** Grenzzustand m ‖ ~/**примесное** (Eln) Störstellenzustand m (Halbleiter) ‖ ~/**проводящее** leitender Zustand m ‖ ~ **программы** (Inf) Programmstatus m ‖ ~ **простоя** Ruhezustand m ‖ ~/**пространственное напряжённое** (Fest) räumlicher (dreiachsiger) Spannungszustand m ‖ ~ **процессора** (Inf) Prozessorstatus m, Prozessorzustand m, Verarbeitungszustand m ‖ ~ **прямого выхода** (Eln) Q-Ausgangszustand m (eines Triggers) ‖ ~/**псевдоожиженное** fließender (fluidisierter, scheinflüssiger, flüssigkeitsähnlicher) Zustand m, Fließzustand m (Wirbelschichttechnik) ‖ ~/**рабочее** Arbeitszustand m, Betriebszustand m ‖ ~/**равновесное** (Therm) Gleichgewichtszustand m ‖ ~ **развития (разработки)** Entwicklungsstand m ‖ ~/**разрешённое** (Eln) erlaubter Zustand m ‖ ~/**расплавленное** schmelzflüssiger Zustand m ‖ ~/**резонансное** Resonanz f, Resonanzzustand m (kurzlebige gebundene Zustände von Elementarteilchen mit charakteristischen Eigenschaften) ‖ ~ **с высоким уровнем** (Eln) High-Zustand m ‖ ~ **с низким уровнем** (Eln) Low-Zustand m ‖ ~ **самоблокировки** Selbsthaltezustand m (z. B. Zähler) ‖ ~/**самосогласованное** (Eln) selbstkonsistenter Zustand m, Self-consistent-Zustand m ‖ ~ **самоудержания** ~ **самоблокировки** ‖ ~/**сверхкритическое** (Therm) überkritischer Zustand m (Dampf) ‖ ~ **связи** (Ch) Bindungszustand m ‖ ~/**симметричное** (Ph) symmetrischer Zustand m (Symmetrisierungsprinzip; Quantentheorie) ‖ ~/**сингулетное** (Kern) Singulettzustand m ‖ ~/**сингулетное спинное** (Ph) Zustand m (augenblicklicher Bewegungszustand eines physikalischen Systems) ‖ ~ **системы/возбуждённое** (Ph) angeregter Zustand m (eines quantenmechanischen Systems) ‖ ~ **системы/квантовое [энергетическое]** (Ph) Quantenzustand m, quantenmechanischer Zustand m ‖ ~ **системы/макроскопическое** (Ph) Makrozustand m (Maxwell-Boltzmann-Statistik) ‖ ~ **системы/микроскопическое** (Ph) Mikrozustand m (Maxwell-Boltzmann-Statistik) ‖ ~ **системы/несвободное** (Ph) gebundener Zustand m ‖ ~ **системы/основное** (Ph) Grundzustand m ‖ ~/**скрытое** latenter Zustand m ‖ ~/**современное** gegenwärtiger Stand m ‖ ~/**стабильное** stabiler Zustand m ‖ ~/**стационарное** (Ph) stationärer Zustand m (eines Systems), Beharrungszustand m ‖ ~ «**супервизор**» (Inf) Supervisorzustand m (Betriebssy-

состояние

stem) || ~/**твёрдое [агрегатное]** (Ph) fester Zustand m || ~/**тепловое** Wärmezustand m, Erwärmungszustand m || ~/**термодинамическое** (Therm) thermodynamischer Zustand m || ~/**трёхосное напряжённое** (Fest) räumlicher (dreiachsiger) Spannungszustand m || ~/**триплетное** (Kern) Triplettzustand m (Atomspektrum) || ~/**турбулентное** Turbulenzzustand m, turbulenter Zustand m || ~/**упругое напряжённое** (Fest) elastischer Spannungszustand m || ~/**установившееся** (El) eingeschwungener (stationärer, stetiger) Zustand m, Beharrungszustand m || ~/**устойчивое** (Ph) stabiler Zustand m || ~/**фазовое** (Ph) Phasenzustand m || ~/**эксплуатационное** Betriebszustand m || ~/**электронное** (Ph) Elektronenzustand m || ~ **элементарных частиц** (Kern) Elementarteilchenzustand m || ~/**энергетическое** Energiezustand m (eines Elektrons) || ~ **ядра** (Kern) Kernzustand m || ~ **ядра/возбуждённое** angeregter Kernzustand m || ~ **ядра/метастабильное** metastabiler Zustand m des Kerns

состояния npl/**соответственные** (Ph) übereinstimmende (korrespondierende) Zustände mpl

состыковать koppeln (z. B. Geräte)

сосуд m Behälter m, Gefäß n; Kessel m, Tank m || ~/**аккумуляторный** (El) Akkumulator[en]gefäß n || ~/**бадьевой подъёмный** (Bgb) Förderkübel m || ~/**бродильный** Gärbehälter m, Gärgefäß n || ~/**вакуумный** Vakuumgefäß n || ~ **водяного отопления/расширительный** Ausdehnungsgefäß n (Warmwasserheizung) || ~ **высокого давления** Druckgefäß n, Druckbehälter m || ~/**двустенный** Doppelwand[ungs]gefäß n || ~/**дождемерный** Regenmessersammelgefäß n || ~ **Дьюара** (Ch) Dewar-Gefäß n, Weinhold-Gefäß n || ~/**засыпной** (Gieß) Schüttbehälter m, Schüttgefäß n (Maskenformverfahren) || ~/**клетевой подъёмный** (Bgb) Fördergestell n, Förderkorb m || ~/**кристаллизационный** Kristallisierungsgefäß n || ~/**мерный** Meßgefäß n; Meßzylinder m, Mensur f || ~/**напорный** Druckgefäß n; Hochbehälter m || ~/**опрокидывающийся** (Bgb) Kippgefäß n || ~/**откаточный** (Bgb) Fördergefäß n (Streckenförderung) || ~/**отстойный** 1. (Ch) Dekantiergefäß n; 2. (Pap) Klärbütte f || ~/**перегонный** (Ch) Destilliergefäß n || ~/**плавильный** Schmelzgefäß n; Schmelztiegel m || ~/**поглотительный** (Ch) Absorptionsgefäß n || ~/**подъёмный** (Bgb) Fördergefäß n, Skip m (Schachtförderung) || ~ **реактора** (Kern) Reaktorbehälter m, Reaktorkessel m, Reaktorgefäß n; Reaktordruckgefäß n || ~/**реакционный** (Ch) Reaktionsgefäß n, Reaktionsbehälter m || ~/**уравнительный** (Ch) Niveaugefäß n, Ausgleich[s]gefäß n

сосун m (Hydt) Sauger m, Saugdüse f; Saugrohr n (Saugschwimmbagger) || ~ **атакующего типа** Bugsaugrohr n, Stechsaugrohr n || ~/**бортовой** Seitensaugrohr n || ~/**волочащийся** Schleppsaugrohr n || ~/**плоский** Plansauger m

сотовый Waben...

сотообразный 1. wabenartig; 2. (Met) blasig, löcherig (z. B. Oberfläche des Gußblocks)

сотопласт m (Bw) kunstharzgetränkte Wabenbauplatte f; Wabenkernplatte f

сотрясать rütteln, schütteln; erschüttern

сотрясение n Rütteln n, Schütteln n; Erschütterung f

соударение n Zusammenstoß m, Stoß m, Aufprall m, Kollision f (s. a. unter **столкновение**) || ~ **частиц** (Kern) Teilchenstoß m

софит m (Bw) Soffitte f

софокусный konfokal

сохранение n 1. Erhaltung f; Beibehaltung f; 2. Verwahrung f, Aufbewahrung f, Aufbewahren n; 3. Haltbarmachung f, Konservierung f || ~ **количества движения** (Mech) Erhaltung f der Bewegungsgröße, Erhaltung f des Impulses || ~ **массы** (Ph) Erhaltung f der Masse, Massenerhaltung f || ~ **размеров** Maßbeständigkeit f (Meßzeug) || ~ **чётности** (Ph) Paritätserhaltung f || ~ **электрического заряда** elektrische Ladungserhaltung f || ~ **энергии** Energieerhaltung f

сохранить s. сохранять

сохранность f s. сохраняемость

сохраняемость f Lagerfähigkeit f, Haltbarkeit f

сохранять 1. erhalten, beibehalten, aufrechterhalten; 2. aufbewahren, verwahren; 3. konservieren, haltbar machen

сочетание n 1. Verbindung f, Vereinigung f; 2. (Math) Kombination f; 3. (Masch) Gelenk n, Gelenkverbindung f; 4. Kupplung f (von Azofarbstoffen) || ~ **без повторения** (Math) Kombination f ohne Wiederholung || ~/**кодовое** Kodekombination f || ~ **с повторением** (Math) Kombination f mit Wiederholung || ~/**щелочное** (Ch) alkalische Kupplung f, Kupplung f in alkalischem Medium

сочетать[ся] kuppeln (Azofarbstoffe)

сочленение n 1. Verbindung f, Kupplung f; 2. (Masch) Gelenk n, Gelenkstück n || ~/**бортовое** Randverbindung f || ~/**вилкообразное** Gabelgelenk n || ~/**вращательное** Drehgelenk n (Roboter) || ~/**подвижное** Schubgelenk n || ~/**сферическое** Kugelgelenk n || ~/**шарнирное** Drehgelenk n (Roboter)

сочность f **изображения** (Typ) Brillanz f des Druckes

сошка f/**рулевая** (Kfz) Lenkstockhebel m

сошник m (Lw) Säschar n (Sämaschine) || ~/**анкерный** Schleppschar n (Oberbegriff) || ~/**двухдисковый** Zweischeibenschar n || ~/**европейский** s. ~/**килевидный** || ~/**килевидный** Stiefelschar n, Steppenschar n || ~/**однодисковый** Einscheibenschar n || ~/**полозовидный** Säbelschar n || ~/**якорный** s. ~/**анкерный**

союзка f (Led) Vorderblatt n, Blatt n (Schuh)

СП s. 1. программа/стандартная; 2. процесс/стохастический; 3. сельсин-приёмник; 4. полёт/свободный

спад m 1. Abfall m, Abfallen n, Fallen n, Fall m, Abnahme f, Absenkung f, Senkung f; (Kern auch:) Abklingen n (Aktivität); 2. Neigung f || ~ **активности** (Kern) Aktivitätsabfall m, Aktivitätsabnahme f || ~ **импульса** (El) Impulsabfall m || ~/**магнитный** (El) magnetischer Schwund m || ~/**монотонный** (El) monotoner Abfall m || ~ **напряжения** (El) Spannungsabfall m || ~ **по гиперболе** (Kern) hyperbolischer Abfall m || ~ **потенциала** (El) Potentialabfall m || ~ **радиоактивности** (Kern) Abklingen n der Aktivi-

tät ll ~ **температуры** Temperaturabnahme f, Temperatur[ab]fall m ll ~ **тока** (El) Stromabnahme f ll ~ **частотной характеристики при воспроизведении** (Ak) Wiedergabeverluste mpl ll ~ **частотной характеристики при записи** (Ak) Aufzeichnungsverluste mpl ll ~ **яркости** Helligkeitsabfall m
спадание n s. спад
спадать fallen, sinken, abnehmen; nachlassen; abschwellen
спаивать zusammenlöten
спай m 1. Lötstelle f; 2. Löten n, Lötung f, Verlöten n; 3. (Gieß) Kaltschweiße f, Ungänze f (Fehler im Gußstück) ll ~/**горячий** heiße Lötstelle f, Heißlötstelle f; Hauptlötstelle f ll ~/**рабочий** heiße Lötstelle f (am Thermoelement) ll ~ **с керамикой** Keramiklötung f ll ~ **со стеклом** Anglasung f ll ~/**стекловидный** Glaslot n ll ~ **термопары** Thermoelementlötstelle f ll ~/**холодный** kalte Lötstelle f, Kaltlötstelle f; Nebenlötstelle f
спайка f 1. Löten n , Lötung f; 2. Lötstelle f (s. a. unter спай 1.); 3. Spleißen n (Kabel); 4. Spleißstelle f, Verbindungsstelle f (eines Kabels) ll ~ **порций** (Text) Löten n der Fasermenge (Kämmaschine) ll ~/**разветвительная** (El) Abzweigspleißstelle f ll ~/**соединительная** (El) Verbindungsspleißstelle f
спайность f Spaltbrüchigkeit f; (Krist, Min) Spaltbarkeit f ll ~ **в одном направлении** Spaltbarkeit f in nur einer Richtung, monotone Spaltbarkeit f ll ~/**весьма несовершенная** sehr unvollkommene Spaltbarkeit f, undeutliche Spaltbarkeit f ll ~/**весьма совершенная** sehr vollkommene Spaltbarkeit f, ausgezeichnete Spaltbarkeit f ll ~/**ложная** falsche Spaltbarkeit f ll ~/**несовершенная** unvollkommene (schlechte) Spaltbarkeit f ll ~ **по пирамиде** Spaltbarkeit f nach der Pyramide ll ~ **по ромбоэдру** rhomboedrische Spaltbarkeit f ll ~/**совершенная** vollkommene Spaltbarkeit f ll ~/**средняя** gute (mittlere) Spaltbarkeit f
спарагмиты mpl (Geol) Sparagmite mpl
спарение n s. спаривание
спаривание n 1. Paaren n, Paarbildung f, (zu Paaren) Zusammenfügen n; 2. (Wlz) Doppeln n, Doublieren n ll ~ **грузовых шкентелей** (Schiff) Kopplung f der Ladeläufer ll ~ **спинов** (Kern) Spinpaarung f ll ~ **стрелок** (Eb) Kuppeln n der Weichen ll ~ **строк** (TV) Paarigkeit (Paarung) f der Zeilen, paarige Zeilenstruktur f
спаривать 1. kuppeln, verbinden, ~ **зусammenfassen**; paaren, (zu Paaren) zusammenfügen n; 2. (Wlz) doppeln, doublieren
спарить s. спаривать
спарка f 1. Schulflugzeug n; 2. (Text) Verkettung f (von Maschinen)
спасатель m Bergungsschiff n, Seenotrettungsschiff n ll ~/**морской** Hochseebergungsschiff n
спасательный Rettungs..., Bergungs...
спасть s. спадать
спаять s. спаивать
СПБУ s. установка/самоподъёмная плавучая буровая
спейс шаттл m (Rak, Astr) Spaceshuttle n, wiederverwendbare Raumfähre f
спейсистор m (Eln) Spacistor m, Transistortetrode f

спейслэб m (Astr) Spacelab n (ein von ESA und NASA entwickeltes Raumlabor)
спек m Agglomeratkuchen m, Sinter m
спекаемость f (Met) Sinterfähigkeit f, Agglomerierfähigkeit f (Erz); Sinterfähigkeit f (Pulvermetallurgie)
спекание n 1. Backen n, Zusammenbacken n; 2. (Met) Sintern n, Sinterung f; 3. Fritten n, Anfritten n, Anbacken n, Zusammenbacken n (Feuerfeststoffe, Formstoffe); 4. Verschlacken n, Verschlackung f (Verbrennungsrückstände) ll ~/**активированное** aktiviertes Sintern n (Pulvermetallurgie) ll ~/**вихревое** (Kst) Wirbelsintern n (Beschichtungsverfahren) ll ~ **во взвешенном состоянии** Schwebesintern n, Schwebesinterung f ll ~/**высокотемпературное** Hochsintern n, Hochtemperatursintern n (Pulvermetallurgie) ll ~/**жидкофазное** Flüssigphasensintern n, Sintern n mit flüssiger Phase, Flüssigphasensinterung f (Pulvermetallurgie) ll ~ **зёрен** (Photo) Kornzusammenbacken n ll ~ **жидким металлом** Flüssigsintern f ll ~ **методом просасывания** Saugzugsintern n, Saugzugsinterung f ll ~ **под давлением** Drucksintern n, Drucksinterung f (Pulvermetallurgie) ll ~/**предварительное** Vorsintern n, Vorsinterung f ll ~/**пульсирующее** Pendelsintern n, Pendelsinterung f (Pulvermetallurgie) ll ~/**реакционное** Reaktionssintern n, Reaktionssinterung f (Pulvermetallurgie) ll ~/**сухое** Trockensinterung f (Pulvermetallurgie) ll ~/**твёрдофазное** trockene Sinterung f, Sintern n ohne flüssige Phase ll ~/**циклическое** diskontinuierliches Sintern n (Pulvermetallurgie)
спекаться 1. backen, zusammenbacken; 2. (Met) sintern; 3. fritten, anfritten, zusammenfritten (Feuerfeststoffe, Formstoffe); 4. verschlacken (Verbrennungsrückstände) ll ~/**плотно** dichtsintern
спекл m (Opt) Speckle n (fleckenartige Lichtverteilung)
спекл-интерферометрия f (Opt) Speckle-Interferometrie f
спекл-шум m (Opt) Speckle-Rauschen n, Fleckenrauschen n, modales Rauschen n
спектр m Spektrum n ll ~/**абсорбционный** (Ph) Absorptionsspektrum n ll ~/**акустический** s. ~ **звука** ll ~ **альфа-излучения** (Kern) Alpha-Spektrum n ll ~ **альфа-лучей** (Kern) Alpha-Spektrum n ll ~/**амплитудный** Amplitudenspektrum n ll ~/**атомный** (Kern) Atomspektrum n ll ~/**аэродинамический** (Aero) [aerodynamisches] Strömungsbild n (Gase) ll ~ **бета-излучения** (Kern) Beta-Spektrum n ll ~ **бета-лучей** (Kern) Beta-Spektrum n ll ~/**вибрационный** s. ~/**колебательный** ll ~/**видимый** ll ~/**оптический** ll ~ **водорода** (Kern) Wasserstoffspektrum n ll ~ **возбуждения** (Eln, Opt) Anregungsspektrum n, Erregungsspektrum n ll ~/**волновой** Wellen[längen]spektrum n ll ~/**вращательно-колебательный** (Kern) Rotationsschwingungsspektrum n (Spektren zwei- und mehratomiger Moleküle) ll ~/**вращательный** (Kern) [reines] Rotationsspektrum n (Spektrum zwei- und mehratomiger Moleküle) ll ~ **вспышки** (Astr) Flashspektrum n (Sonnenfinsternis) ll ~/**вторичный** (Photo) sekundäres Spektrum n

спектр

(Apochromat) || ~ вторичных электронов (Kern) Sekundärelektronenspektrum n || ~ газа Gasspektrum n || ~ газовых туманностей (Astr) Gasnebelspektrum n || ~ гамма-излучения (Kern) Gamma-Spektrum n || ~ гамма-лучей (Kern) Gamma-Spektrum n || ~ гармоник s. ~/гармонический || ~/гармонический (Ph) harmonisches Spektrum n, Oberwellenspektrum n, Fourier-Spektrum n || ~ двухатомных молекул (Kern) Spektrum n zweiatomiger Moleküle || ~/двухэлектронный атомный (Kern) Zweielektronenspektrum n || ~/дискретный (Ph) diskretes (diskontinuierliches) Spektrum n || ~/дисперсионный (Ph) Dispersionsspektrum n || ~/дифракционный (Opt) Beugungsspektrum n || ~/диффузный (Opt) diffuses Spektrum n || ~/диффузный молекулярный (Kern) diffuses Molekülspektrum n || ~/дублетный (Kern) Dublettspektrum n || ~/дуговой (Kern) Bogenspektrum n || ~/звёздный (Astr) Sternspektrum n || ~ звука (Ak) akustisches Spektrum n, Schallspektrum n, Tonspektrum n || ~ звука/линейчатый (Ak) Klangspektrum n || ~ излучения (Kern) Emissionsspektrum n, Strahlungsspektrum n || ~ излучения/дискретный [энергетический] (Kern) diskretes Strahlungsenergiespektrum n || ~ излучения/непрерывный [энергетический] (Kern) kontinuierliches Strahlungsenergiespektrum n || ~ излучения/энергетический (Kern) Strahlungsenergiespektrum n || ~/импульсный Impulsspektrum n || ~ импульсов/амплитудный Impulshöhenspektrum n || ~/инверсионный Inversionsspektrum n, Umkehrspektrum n || ~ информации Informationsspektrum n, Nachrichtenspektrum n || ~ инфракрасного поглощения (Kern) Infrarot-Absorptionsspektrum n || ~/инфракрасный (Kern) Infrarotspektrum n, Ultrarotspektrum n || ~/инфракрасный вращательный Infrarot-Rotationsspektrum n || ~/искровой (Kern) Funkenspektrum n || ~ испускания (Ph) Emissionsspektrum n || ~ испускания/атомный (Kern) Emissionsatomspektrum n || ~ испускания/молекулярный (Kern) Emissionsmolekülspektrum n || ~ испускания/рентгеновский (Kern) Röntgenemissionsspektrum n || ~/колебательно-вращательный (Kern) Rotationsschwingungsspektrum n (Spektren zwei- und mehratomiger Moleküle) || ~/колебательный 1. (Ph) Schwingungsspektrum n; 2. s. ~/колебательно-вращательный || ~ комбинационного рассеяния света (Ph) Raman-Spektrum n || ~ комбинационного рассеяния света/вращательный (Ph) Rotations-Raman-Spektrum n || ~ конверсионных электронов (Kern) Konversionselektronenspektrum n || ~/линейный (Ph) Linienspektrum n || ~/линейный частотный (El) Linienfrequenzspektrum n || ~/линейчатый (Ph) Linienspektrum n, diskontinuierliches Spektrum n || ~ магнитооптической восприимчивости (Eln) magnetooptisches Suszeptibilitätsspektrum n || ~ масс (Ph) Massenspektrum n || ~/мессбауэровский (Kern) Mößbauer-Spektrum n || ~/микроволновый (Ph) Mikrowellenspektrum n || ~ многоатомных молекул (Kern) Spektrum n mehratomiger Moleküle || ~/модулирующий шумовой (Eln) Modulationsrauschspektrum n || ~/молекулярный (Kern) Molekülspektrum n || ~ мощности Leistungsspektrum n || ~/нейтронный (Kern) Neutronenspektrum n || ~/непрерывный 1. (Ph) kontinuierliches Spektrum n, Kontinuum n; 2. (Math) kontinuierliches Spektrum n || ~/непрерывный молекулярный (Kern) kontinuierliches Molekülspektrum n || ~/непрерывный рентгеновский kontinuierliches Röntgenspektrum n || ~/низкодисперсионный (Ph) gering dispergiertes Spektrum n || ~ ночного неба (Astr) Nachthimmels[licht]spektrum n || ~/одноэлектронный атомный (Kern) Einelektronenspektrum n || ~ оператора (Math) Spektrum n des Operators || ~ оператора/дискретный s. ~/точечный || ~/оптический (Opt) Lichtspektrum n, sichtbares (optisches) Spektrum n || ~ поглощения (Ph) Absorptionsspektrum n || ~ поглощения/атомный (Ph) Absorptionsatomspektrum n || ~ поглощения/колебательный (Ph) Absorptionsschwingungsspektrum n || ~ поглощения/молекулярный (Kern) Absorptionsmolekülspektrum n || ~ поглощения/рентгеновский (Ph) Röntgenabsorptionsspektrum n || ~ поглощения/сплошной (Ph) kontinuierliches Absorptionsspektrum n || ~/полосатый (Ph) Band[en]spektrum n || ~/полосатый молекулярный (Kern) Molekülbandenspektrum n || ~/предельный (Math) Grenzspektrum n || ~/призменный (Ph) Prismenspektrum n || ~/простой (Math) einfaches Spektrum n || ~ протонов отдачи (Kern) Rückstoßprotonenspektrum n || ~ протонов/энергетический (Kern) Protonenenergiespektrum n || ~/равноэнергетический (Ph) energiegleiches Spektrum n || ~ радиочастот Funkfrequenzspektrum n || ~/разностный (Ph) Differenzspektrum n || ~/разрешённый (Ph) erlaubtes Spektrum n || ~ Рамана (Ph) Raman-Spektrum n || ~/рамановский (Ph) Raman-Spektrum n || ~ рассеяния/гиперкомбинационный (Ph) Hyperramanspektrum n || ~ резонансного поглощения (Ph) Mößbauer-Spektrum n || ~/резонансный (Ph) Resonanzspektrum n || ~/рентгеновский (Ph) Röntgenspektrum n || ~/ротационный s. ~/вращательный || ~ ряда Фурье (Ph) Fourier-Spektrum n || ~ самосопряжённого оператора (Math) Spektrum n des selbstadjungierten Operators || ~/сверхтонкий (Ph) Hyperfein[struktur]spektrum n || ~/световой Lichtspektrum n || ~/сейсмический (Geoph) seismisches Spektrum n || ~/сериальный (серийный) (Ph) Serienspektrum n || ~ симметричного оператора (Math) Spektrum n des symmetrischen Operators || ~ скоростей (Kern) Geschwindigkeitsspektrum n (Zerlegung nach der Geschwindigkeit eines Strahls geladener Teilchen) || ~/смешанный (Math) gemischtes Spektrum n || ~ собственных значений (Math) Eigenwertspektrum n || ~ собственных частот (Mech) Eigenfrequenzspektrum n (Schwingungen elastischer Systeme) || ~ совпадений (Kern) Koinzidenzspektrum n || ~ солнечной короны (Astr) Koronaspektrum n (Sonne) || ~/солнечный s. ~ Солнца || ~ солнечных пятен (Astr) Sonnenfleckenspektrum n, Fleckenspektrum n ǁ ~ **Солнца** (Astr) Sonnenspektrum n ǁ ~/**сплошной** (Ph) kontinuierliches Spektrum n, Kontinuum n ǁ ~ **тормозного излучения** (Kern) Bremsstrahlungsspektrum n ǁ ~/**точечный** (Math) Punktspektrum n, diskretes Spektrum n ǁ ~ **туманностей** (Astr) Nebelspektrum n ǁ ~/**ультрафиолетовый** (Kern) Ultraviolettspektrum n ǁ ~/**фазовый** (Kern) Phasenspektrum n (Phasenverteilung der Teilchen) ǁ ~ **флуоресценции** (Opt) Fluoreszenzspektrum n ǁ ~ **фона [шумов]** (Eln) Brummspektrum n ǁ ~ **фосфоресценции** (Opt) Phosphoreszenzspektrum n ǁ ~ **фотоионизации** optisches Anregungsspektrum n ǁ ~ **фотоэлектронов** (Kern) Photoelektronenspektrum n ǁ ~/**характеристический** (Ph) charakteristisches Spektrum n ǁ ~/**характеристический рентгеновский** (Kern) charakteristisches Röntgenspektrum n ǁ ~ **частиц** (Kern) Teilchenspektrum n ǁ ~/**частотный** (El) Frequenzspektrum n ǁ ~/**чисто вращательный** s. ~/вращательный ǁ ~/**широкополосный** (El) Breitbandspektrum n ǁ ~ **шума** Rauschspektrum n, Rauschband n ǁ ~/**шумовой** s. ~ шума ~/**электромагнитный** elektromagnetisches Spektrum n ǁ ~ **электронного парамагнитного резонанса** (Ph) elektronenparamagnetisches Resonanzspektrum n, EPR-Spektrum n, ESR-Spektrum n ǁ ~/**эмиссионный** (Ph) Elektronenspektrum n ǁ ~/**эмиссионный** (Ph) Emissionsspektrum n ǁ ~/**энергетический** (Kern) Energiespektrum n (Energieverteilung der Teilchen) ǁ ~ **энергии** s. ~/**энергетический** ~ **ЭПР** s. ~ электронного парамагнитного резонанса ǁ ~ **ядер отдачи** (Kern) Rückstoßspektrum n ǁ ~ **ядерного магнитного резонанса** (Ph) kernmagnetisches Resonanzspektrum n, magnetisches Kernresonanzspektrum n, NMR-Spektrum n ǁ ~ **ЯМР** s. ~ ядерного магнитного резонанса

спектрально-селективный (Nrt) wellenlängenselektiv

спектральность f (Opt) Spektralvermögen n, Spektralität f

спектральночистый (Opt) spektral (spektroskopisch) rein

спектральный spektral, Spektral...

спектроанализатор m (Opt) Spektralanalysator m

спектрогелиограмма f (Astr) Spektroheliogramm n

спектрогелиограф m (Astr) Spektroheliograph m

спектрогелиоскоп m (Astr) Spektrohelioskop n

спектрограмма f Spektrogramm n, Spektralaufnahme f, Spektralaufzeichnung f

спектрограф m Spektrograph m ǁ ~/**автоколлимационный** Autokollimationsspektrograph m, Littrow-Spektrograph m ǁ ~/**бесщелевой** spaltloser (schlitzloser) Spektrograph m ǁ ~/**вакуумный** Vakuumspektrograph m ǁ ~/**вакуумный дифракционный** Vakuumgitterspektrograph m ǁ ~/**дифракционный** Gitterspektrograph m ǁ ~/**звёздный** Sternspektrograph m, Astrospektrograph m ǁ ~/**интерференционный** Interferenzspektrograph m ǁ ~/**кварцевый** Quarzspektrograph m ǁ ~/**клиновой** Graukeilspektrograph m, Keilspektrograph m ǁ ~ **косого падения** Gitterspektrograph m für schrägeinfallendes Strahlenbündel m ǁ ~/**линзовый** Linsenspektrograph m ǁ ~/**небулярный** Nebelspektrograph m ǁ ~ **по времени пролёта** Geschwindigkeitsspektrograph m ǁ ~/**призменный** Prismenspektrograph m ǁ ~/**рентгеновский** Röntgenspektrograph m ǁ ~ **с вогнутой [дифракционной] решёткой** Konkavgitterspektrograph m ǁ ~ **с двойным резонансом** Doppelresonanzspektrograph m ǁ ~ **с дифракционной решёткой** Beugungsspektrograph m ǁ ~ **с решёткой** Strichgitterspektrograph m (Röntgentechnik) ǁ ~/**солнечный** Sonnenspektrograph m ǁ ~/**стеклянный трёхпризменный** Dreiglasprismenspektrograph m ǁ ~/**трёхпризменный** Dreiprismenspektrograph m ǁ ~/**ультрафиолетовый** Ultraviolettspektrograph m, UV-Spektrograph m ǁ ~/**четырёхпризменный** Vierprismenspektrograph m ǁ ~/**щелевой** Spaltspektrograph m

спектрографический spektrographisch

спектрография f Spektrographie f

спектрокомпаратор m (Opt) Spektrokomparator m

спектрометр m Spektrometer n ǁ ~ **Аббе** Abbe-Spektrometer n ǁ ~/**адсорбционный** Adsorptionsspektrometer n ǁ ~ **Брэгга** s. ~/кристаллический ǁ ~/**вакуумный** Vakuumspektrometer n, Vakuumspektroskop n ǁ ~ **высокого разрешения** hochauflösendes Spektrometer n ǁ ~/**гетеродинный** Heterodynspektrometer n ǁ ~ **для бета-лучей** Betaspektrometer n ǁ ~/**звуковой** (Ak) Tonfrequenzspektrometer n ǁ ~/**импульсный прямопролётный** Impulslaufzeitspektrometer n ǁ ~/**инфракрасный** Infrarotspektrometer n, IR-Spektrometer n ǁ ~/**коаксиальный цилиндрический** koaxiales Zylinderspektrometer n ǁ ~/**кристаллический [дифракционный]** Kristallspektrometer n, Braggsches Spektrometer n, Braggscher Röntgenspektrometer n, Braggscher Röntgenspektrograph m ǁ ~/**лазерный** Laserspektrometer n ǁ ~/**линзовый** Linsenspektrometer n ǁ ~/**магнитный** Magnetspektrometer n ǁ ~/**многоканальный** Vielkanalspektrometer n, Mehrkanalspektrometer n ǁ ~/**многолучевой** Vielstrahlspektrometer n ǁ ~/**нейтронный** Neutronenspektrometer n ǁ ~/**нейтронный кристаллический** Kristallspektrometer n, Neutronenkristalldetektor m (Neutronenspektrometrie) ǁ ~ **нейтронов** механический Chopperspektrometer n ǁ ~/**однолучевой** Einstrahlspektrometer n ǁ ~/**парный** Paarspektrometer n ǁ ~ **по времени пролёта** s. ~/скоростной ǁ ~/**полупроводниковый** Halbleiterspektrometer n ǁ ~/**призменный** Prismenspektrometer n ǁ ~/**растровый** Rasterspektrometer n ǁ ~/**скоростной** Flugzeitspektrometer n, Laufzeitspektrometer n ǁ ~/**сцинтилляционный** Szintillationsspektrometer n ǁ ~/**ультрафиолетовый** Ultraviolettspektrometer n, UV-Spektrometer n ǁ ~/**частотный** Frequenzspektrometer n

спектрометрия f Spektrometrie f ǁ ~/**атомная** Atomspektrometrie f ǁ ~/**вакуумная** Vakuumspektrometrie f ǁ ~/**инфракрасная** Infrarotspektrometrie f, IR-Spektrometrie f ǁ ~/**люминесцентная** Lumineszenzspektrometrie f ǁ

спектрометрия

~/**нейтронная** Neutronenspektrometrie f ‖
~/**пламенная** Flammenspektrometrie f ‖ ~/**ультрафиолетовая** Ultraviolettspektrometrie f, UV-Spektrometrie f
спектрополяриметр m (Opt) Spektropolarimeter n
спектропроектор m (Opt) Spektrenprojektor m
спектросенситограмма f (Opt) Spektrensensitogramm n, Spektralsensitometerstreifen m
спектросенситометр m (Opt) Spektrosensitometer n, Spektralsensitometer n
спектросенситометрия f (Opt) Spektralsensitometrie f
спектроскоп m (Opt) Spektroskop n ‖ ~/**автоколлимационный** Autokollimationsspektroskop n ‖ ~/**вакуумный** Vakuumspektroskop n ‖ ~/**дифракционный** Gitterspektroskop n ‖ ~/**интерференционный** Interferenzspektroskop n
спектроскопический spektroskopisch
спектроскопия f Spektroskopie f, Spektrometrie f ‖ ~/**абсорбционная** Absorptionsspektroskopie f ‖ ~/**абсорбционная рентгеновская** Absorptionsröntgenspektroskopie f ‖ ~/**атомно-абсорбционная** Absorptionsspektroskopie f, Atomabsorptionsspektroskopie f, AAS ‖ ~/**бесщелевая** spaltlose Spektroskopie f ‖ ~ **быстропротекающих процессов** Spektroskopie f schnell ablaufender Prozesse ‖ ~ **возбуждённых состояний** Anregungsspektroskopie f, Spektroskopie f angeregter Zustände ‖ ~ **высокого разрешения** hochauflösende Spektroskopie f ‖ ~/**гармоническая** Fourier-Spektroskopie f ‖ ~ **излучений** Emissionsspektroskopie f ‖ ~/**инфракрасная** Infrarotspektroskopie f, IR-Spektroskopie f, Ultrarotspektroskopie f ‖ ~ **комбинационного рассеяния [света]** Raman-Spektroskopie f ‖ ~/**лазерная** Laserspektroskopie f ‖ ~/**лазерная флуоресцентная** laserinduzierte Fluoreszenzspektroskopie f ‖ ~/**люминесцентная** Lumineszenzspektroskopie f ‖ ~/**магнитная** magnetische Spektroskopie f ‖ ~/**магнитная резонансная** paramagnetische Resonanzspektroskopie f, Elektronenspinresonanz f, PR, ESR ‖ ~/**мессбауэровская** Mößbauer-Spektroskopie f ‖ ~/**микроволновая** Mikrowellenspektroskopie f ‖ ~/**молекулярная** Molekülspektroskopie f ‖ ~/**нейтронная** Neutronenspektroskopie f ‖ ~/**нелинейная** nichtlineare Spektroskopie f ‖ ~/**оже-электронная** Auger-Elektronenspektroskopie f, AES ‖ ~/**пламенная** Flammenspektroskopie f ‖ ~/**радиочастотная** s. радиоспектроскопия ‖ ~/**рентгеновская** Röntgenspektroskopie f, Röntgenspektrometrie f ‖ ~/**рентгеновская фотоэмиссионная** Röntgenphotoemissionsspektroskopie f, XPS ‖ ~/**ультрафиолетовая** Ultraviolettspektroskopie f, UV-Spektroskopie f ‖ ~/**флуоресцентная** Fluoreszenzspektroskopie f ‖ ~ **Фурье** Fourier-Spektroskopie f ‖ ~/**эмиссионная** Emissionsspektroskopie f ‖ ~/**эмиссионная рентгеновская** Emissionsröntgenspektroskopie f ‖ ~/**ядерная** Kernspektroskopie f ‖ ~/**ядерная гамма-резонансная** Mößbauer-Spektroskopie f
спектрофотометр m (Opt) Spektralphotometer n, Spektrophotometer n ‖ ~/**автоматически регистрирующий** automatisch registrierendes Spektralphotometer n ‖ ~/**атомно-абсорбционный** Atomabsorptionsspektrophotometer n ‖ ~/**визуальный** visuelles Spektralphotometer n ‖ ~/**двухлучевой** Zweistrahlspektrophotometer n ‖ ~/**двухчастотный** Zweifrequenzspektralphotometer n ‖ ~/**дифференциальный** Differentialspektralphotometer n ‖ ~/**инфракрасный** Infrarotspektrophotometer n, IR-Spektrophotometer n ‖ ~/**однолучевой** Einstrahlspektralphotometer n, Spektralphotometer n ohne Vergleichsstrahlengang ‖ ~/**подводный** Unterwasserspektrophotometer n
спектрофотометрирование n (Opt) spektrophotometrische Ausmessung f
спектрофотометрия f (Opt) Spektralphotometrie f, Spektrophotometrie f ‖ ~/**абсорбционная** Absorptionsspektrophotometrie f ‖ ~/**отражательная** Reflexionsspektrophotometrie f ‖ ~/**эмиссионная** Emissionsspektrophotometrie f
спелость f (Lw) Reife f ‖ ~/**восковая** s. ~/жёлтая ‖ ~/**жёлтая** Gelbreife f (Getreide, Lein) ‖ ~ **леса** (Forst) Reife f, Schlagbarkeitsalter n ‖ ~ **леса/возобновительная** (Forst) Verjüngungsreife f ‖ ~ **леса/естественная** (Forst) natürliche Reife f (Höchstalter eines Baumbestandes, bei dem sein Absterben beginnt; z. B. nach 120 Jahren bei Birken) ‖ ~ **леса/количественная** (Forst) Quantitätsreife f ‖ ~ **леса/техническая** (Forst) technische Reife f, Haubarkeitsalter n ‖ ~/**молочная** Milchreife f, Grünreife f (Getreide, Mais) ‖ ~/**молочно-восковая** Milchwachsreife f, Siloreife f (insb. Mais) ‖ ~/**полная** Vollreife f ‖ ~ **почвы** Bodengare f, Gare f, Ackergare f ‖ ~ **растений/биологическая (естественная)** biologische (physiologische) Reife f ‖ ~ **растений/хозяйственная** wirtschaftliche (erntefähige) Reife f ‖ ~/**съёмная** Pflückreife f, Baumreife f (Obst) ‖ ~/**твёрдая** s. ~/полная ‖ ~/**техническая** Genußreife f, Vollreife f (Obst)
спелый (Lw) 1. reif, erntefähig (Getreide); 2. gar (Boden) ‖ ~ **к рубке** (Forst) hiebsreif, haubar, schlagbar
спель f (Met) Garschaum m
сперрилит m (Min) Sperrylith m (Platinmineral)
спессартин m (Min) Spessartin m (braunroter Granat)
спессартит m (Geol) Spessartit m, Plagioklas-Amphibol-Lamprophyr m
специфика f Spezifik f
спецификатор m (Inf) Bezeichner m, Spezifikationssymbol n
спецификация f 1. Spezifizierung f; 2. Aufstellung f; Stückliste f; Auszug m; 3. (Inf) Spezifikationssymbol n; Vereinbarung f ‖ ~ **адресов** (Inf) Adressenangabe f ‖ ~ **длины** (Inf) Längenangabe f, Längenvereinbarung f ‖ ~ **длины/неявная** (Inf) implizite Längenangabe f ‖ ~/**качественная** Qualitätsvorschrift f ‖ ~ **неявной длины** implizite Längenangabe f ‖ ~ **формата** s. ~ **длины** ‖ ~ **шаблоном** (Inf) Abbildungsspezifikation f
спецовка f s. спецодежда
спецодежда f Arbeits[schutz]kleidung f, Arbeitsanzug m
спецплав m (Met) Sonderlegierung f

спечься s. спекаться
спидометр m Geschwindigkeitsmesser m, Tachometer n
спикулы fpl (Astr) Spikulen fpl, Spiculen fpl (auf der Sonne)
спилит m (Geol) Spilit m
спилитизация f (Geol) Spilitisierung f
спилок m (Led) 1. Spalt m; 2. Spaltleder n ‖ ~/бахтармяный Fleischspalt m ‖ ~/лицевой Narbenspalt m ‖ ~/мездряной s. ~/бахтармяный ‖ ~/подкладочный Futterspalt m
спин m (Kern) Spin m, Eigendrehimpuls m, Spinmoment n ‖ ~/изобарический (изотопический) isobarer (isotoper) Spin m, Isobarenspin m, Isotopenspin m, Isospin m ‖ ~ нуклеона Nukleon[en]spin m ‖ ~ электрона Elektronenspin m ‖ ~/электронный Elektronenspin m ‖ ~/ядерный Kernspin m ‖ ~ ядра Kernspin m
спинакер m (Schiff) Spinnaker m
спинка f 1. Rücken m, Rückenteil m; 2. Lehne f ‖ ~ зуба (Masch) Zahnrücken m (Zahnrad) ‖ ~ клина (Masch) Keilrücken m ‖ ~ лопасти Schaufelrücken m, Schaufelrückseite f (Strömungsmaschine) ‖ ~ ножа (Lw) Messerrücken m (Schneidwerk) ‖ ~ сиденья Rückenlehne f (des Fahrersitzes) ‖ ~ статора (El) Ständerjoch n
спинор m 1. (Math) Spinor m; 2. (Ph) Dirac-Spinor m, Diracscher Spinor m
спинтарископ m (Ph) Spinthariskop n
спирализация f Wendelung f ‖ ~/вторичная (двойная) Doppelwendelung f
спирализовать wendeln
спираль f 1. (Math) Spirale f; 2. Spirale f, Wendel f; 3. Spirale f (Kunstflugfigur); 4. (Astr) Spiralsystem n, Spiralgalaxie f, Spiralnebel m ‖ ~/архимедова Archimedische Spirale f ‖ ~/бесконечная endlose Wendel f ‖ ~/бифилярная Bifilarwendel f, Kehrwendel f ‖ ~/вольфрамовая (El) Wolframdrahtwendel f ‖ ~ Гамеля (Math) Hamelsche Spirale f, Hamel-Spirale f ‖ ~/гиперболическая hyperbolische Spirale f ‖ ~/дважды спирализованная Doppelwendel f ‖ ~/двойная (двухходовая) Doppelwendel f ‖ ~ дислокаций (Krist) Versetzungsspirale f, Versetzungsschraube f ‖ ~/зигзагообразная (El) Zickzackwendel f ‖ ~/калильная (El) Glühwendel f ‖ ~ Корню (Math) Cornusche Spirale f, Cornu-Spirale f ‖ ~/логарифмическая (Math) logarithmische Spirale f ‖ ~/нагревательная Heizwendel f, Heizspirale f ‖ ~/одинарная (однократная) (El) Einfachwendel f ‖ ~/опорная Tragwendel f, Stützwendel f ‖ ~/охлаждающая Kühlspirale f ‖ ~/перевёрнутая (Flg) Rückenspirale f ‖ ~/пересечённая (Astr) Balkenspirale f (Galaxientyp) ‖ ~/пластмассовая (Typ) Kunststoffspirale f (zum Heften von Broschüren) ‖ ~/плоская (El) Flachwendel f ‖ ~/проволочная (El) Drahtwendel f ‖ ~/простая (El) Einfachwendel f ‖ ~ Роже (Math) Rogetsche Spirale f, Roget-Spirale f ‖ ~ роста (Krist) Wachstumsspirale f ‖ ~/электронагревательная (El) Heizspirale f, Heizwendel f
спиральность f Helizität f (Quantenmechanik) ‖ ~ нейтрино Helizität f des Neutrinos

спиральный 1. spiralförmig, Spiral...; 2. Spiral..., wendelförmig, Wendel... (in Form einer Schraubenlinie verlaufend)
спирометр m (Med) Spirometer n, Atmungsmesser m
спиросоединение n (Ch) Spiroverbindung f, Spiran n
спирт m (Ch) Spiritus m, Sprit m (industriell erzeugtes Ethanol); Alkohol m ‖ ~/абсолютный absoluter (reiner) Alkohol m ‖ ~/алифатический aliphatischer (kettenförmiger) Alkohol m ‖ ~/амиловый Amylalkohol m, Pentanol n ‖ ~/ароматический aromatischer Alkohol m ‖ ~/винный Weingeist m, Weinspiritus m ‖ ~/водный verdünnter Alkohol m ‖ ~/вторичный sekundärer Alkohol m ‖ ~/высший höherer (höhermolekularer) Alkohol m ‖ ~/двухатомный zweiwertiger Alkohol m, Glykol n, Diol n ‖ ~/денатурированный vergällter (denaturierter) Spiritus m ‖ ~/древесный Holzspiritus m, Holzgeist m, Holzalkohol m (rohes Methanol) ‖ ~/жирный Fettalkohol m ‖ ~/камфарный (камфорный) Campferspiritus m ‖ ~/коньячный Weinbrand m ‖ ~/кукурузный Maisgeist m ‖ ~/куминовый Kuminalkohol m ‖ ~/лавандовый Lavendelspiritus m ‖ ~/метиловый Methylalkohol m, Methanol n ‖ ~/многоатомный mehrwertiger Alkohol m, Polyalkohol m, Polyol n ‖ ~/муравьиный Ameisenspiritus m, Ameisengeist m ‖ ~/мыльный Seifenspiritus m ‖ ~/насыщенный хлористым водородом alkoholische Salzsäure f ‖ ~/нашатырный Salmiakgeist m ‖ ~/ненасыщенный (непредельный) ungesättigter Alkohol m ‖ ~/низший niederer Alkohol m ‖ ~/нормальный s. ~/первичный ‖ ~/одноатомный einwertiger Alkohol m ‖ ~/очищенный gereinigter Spiritus m, Sprit m ‖ ~/первичный primärer Alkohol m ‖ ~/предельный gesättigter Alkohol m, Alkanol n, Grenzalkohol m ‖ ~/прессованный Hartbrennstoff m ‖ ~/пятиатомный fünfwertiger Alkohol m, Pentit m ‖ ~/разбавленный verdünnter Alkohol m ‖ ~/ректифицированный rektifizierter Spiritus m ‖ ~ сивушных масел Fuselölalkohol m ‖ ~/слабоградусный alkoholarmer Spiritus m ‖ ~/стандартный Normalspiritus m ‖ ~/сухой s. ~/твёрдый ‖ ~/сырой Rohspiritus m, Rohsprit m ‖ ~/твёрдый Hartspiritus m; Trockenspiritus m ‖ ~/третичный tertiärer Alkohol m ‖ ~/трёхатомный dreiwertiger Alkohol m ‖ ~/хлебный Getreidespiritus m, Kornbranntwein m ‖ ~/четырёхатомный vierwertiger Alkohol m, Tetrit m ‖ ~/чистый reiner Alkohol m ‖ ~/шестиатомный sechswertiger Alkohol m, Hexit m ‖ ~/этиловый Ethylalkohol m, Ethanol n
спиртной spirituös, Spiritus..., Sprit...; alkoholisch, Alkohol...
спиртование n Alkoholisierung f, Zusatz m von Alkohol (bei der Weinbereitung)
спиртовать alkoholisieren
спиртовка f Spiritusbrenner m (Laborgerät); Spirituslampe f (Laborgerät)
спиртокислота f (Ch) Alkoholsäure f
спиртоме[т]р m Alkoholometer n
спиртометрия f Alkoholometrie f
спирторастворимый spirituslöslich, spritlöslich; alkohollöslich

спирт-ректификат *m (Ch)* rektifizierter Spiritus (Sprit) *m*, Feinsprit *m*, Primasprit *m* ‖ **~ высшей очистки** Extrafeinsprit *m* ‖ **~/этиловый** rektifizierter Ethylalkohol *m*
спирт-сырец *m* Rohspiritus *m*, Rohsprit *m*
список *m* Verzeichnis *n*, Liste *f* ‖ **~ адресов** *(Inf)* Adreßliste *f* ‖ **~ граничных пар** *(Inf)* Grenzenliste *f*, Indexgrenzenliste *f* ‖ **~ имён** *(Inf)* 1. Namenverzeichnis *n*; 2. Symbolverzeichnis *n* ‖ **~ ошибок** *(Inf)* Fehlerprotokoll *n* ‖ **~ перекрёстных ссылок** *(Inf)* Querverweisliste *f* ‖ **~ регистрации символов (условных обозначений)** *(Inf)* Symbolnachweisliste *f* ‖ **~ устройств** *(Inf)* Geräteliste *f*, Gerätetabelle *f* ‖ **~ участков** *(Inf)* Bereichsliste *f* ‖ **~ цикла** *(Inf)* Laufliste *f*
спица *f* Speiche *f (Fahrzeug- und Maschinenräder, Riemenscheiben)*; Arm *m (z. B. Zahnrad)* ‖ **~/вязальная** Stricknadel *f* ‖ **~ колеса** Radspeiche *f* ‖ **~/крестообразная** Kreuzarm *m* ‖ **~/литая** *(Kfz)* Gußspeiche *f (Gußspeichenrad)* ‖ **~/проволочная** *(Kfz)* Drahtspeiche *f (Drahtspeichenrad)* ‖ **~ рулевого колеса** *(Kfz)* Lenkradspeiche *f*
СПК *s.* судно на подводных крыльях
сплав *m* 1. *(Met)* Legierung *f*, Metallegierung *f*; Schmelze *f*; 2. *(Forst)* Flößen *n*, Flößerei *f*, Flößung *f*, Durchflößung *f*, Holztrift *f*; 3. *(Brau)* Schwimmgerste *f*, Abschöpfgerste *f* ‖ **~/алюминиевый** Aluminiumlegierung *f* ‖ **~/антикоррозионный** korrosionsfeste (korrosionsbeständige) Legierung *f* ‖ **~/антифрикционный** Lagermetall *n*, Gleitlagermetall *n* ‖ **~/белый [антифрикционный]** Weißguß *m*, Weißmetall *n*, Lagerweißmetall *n* ‖ **~/бинарный** Zweistofflegierung *f*, binäre Legierung *f* ‖ **~/благородный** Edelmetallegierung *f* ‖ **~ в копелях** Flößung *f* in Bünden ‖ **~ в плотах** Flößung *f* in Triften ‖ **~/вторичный** Umschmelzlegierung *f*, Sekundärlegierung *f*, Altmetallegierung *f* ‖ **~ вторичных металлов** *s.* ~/вторичный ‖ **~ Вуда** Woodsches Metall *n*, Wood-Legierung *f* ‖ **~/высокоплавкий** hochschmelzende (schwerschmelzende) Legierung *f* ‖ **~/высокопрочный алюминиевый** hochfeste Aluminiumlegierung *f* ‖ **~ Гейслера** Heuslersche Legierung *f* ‖ **~/двойной** Zweistofflegierung *f*, binäre Legierung *f* ‖ **~ двукратного переплава** Legierung *f* zweiter Schmelze (Schmelzung) ‖ **~/двухкомпонентный** *s.* ~/двойной ‖ **~/деформируемый** Knetlegierung *f* ‖ **~/деформируемый алюминиевый** Aluminium-Knetlegierung *f* ‖ **~/дисперсионно-твердеющий** selbstaushärtende (selbstaushärtbare) Legierung *f* ‖ **~ для литья под давлением** Druckgußlegierung *f* ‖ **~ для модифицирования** Impflegierung *f* ‖ **~/доэвтектический** untereutektische Legierung *f* ‖ **~/жаростойкий (жароупорный, жаропрочный, жароустойчивый)** hitzebeständige Legierung *f* ‖ **~/железный** Eisenlegierung *f* ‖ **~/железоуглеродистый** Eisen-Kohlenstoff-Legierung *f* ‖ **~ замещения** Substitutionslegierung *f* ‖ **~/заэвтектический** übereutektische Legierung *f* ‖ **~/иммерсионный** *(Krist)* Immersionsschmelze *f (Lichtbrechungsbestimmung)* ‖ **~/кислотоупорный** säurebeständige (säurefeste) Legierung *f* ‖ **~/коррозионно-устойчивый** korrosionsbeständige Legierung *f* ‖ **~/лёгкий** Leichtmetallegierung *f* ‖ **~ лёгких металлов** Leichtmetallegierung *f* ‖ **~/легкоплавкий** niedrigschmelzende (leichtschmelzende) Legierung *f* ‖ **~ леса** Holzflößerei *f* ‖ **~/литейный (литой)** Gußlegierung *f* ‖ **~/магнитно-мягкий** weichmagnetische Legierung *f* ‖ **~/магнитно-твёрдый** hartmagnetische Legierung *f* ‖ **~/магнитный** magnetische Legierung *f*, Legierung *f* mit besonderen magnetischen Eigenschaften ‖ **~/медный** Kupferlegierung *f* ‖ **~/металлокерамический** Sinterlegierung *f*, gesinterte (metallkeramische) Legierung *f* ‖ **~/металлокерамический твёрдый** Sinterhartmetall *n* ‖ **~/многокомпонентный** *s.* ~/сложный ‖ **~/молевой** Einzelstammflößerei *f*, Windholzflößerei *f*, Lastflößerei *f* ‖ **~/нестареющий** nicht aushärtbare Legierung *f* ‖ **~/низкоплавкий** niedrigschmelzende (leichtschmelzende) Legierung *f* ‖ **~/никелевый** Nickellegierung *f* ‖ **~/оловянный** Zinnlegierung *f* ‖ **~/первичный** Hüttenlegierung *f*, Rohlegierung *f* ‖ **~/переплавленный** Umschmelzlegierung *f*, Sekundärlegierung *f*, Altmetallegierung *f* ‖ **~/подшипниковый** Lagermetall *n*, Lagermetallegierung *f* ‖ **~/предварительный** Vorlegierung *f*, Ligatur *f* ‖ **~/присадочный** Zusatzlegierung *f*, Zugabelegierung *f* ‖ **~/промежуточный** Vorlegierung *f* ‖ **~/раскисляющий** Desoxidationslegierung *f* ‖ **~/реостатный** Legierung *f* für veränderbare Widerstände ‖ **~ россыпью** *s.* ~/молевой ‖ **~ с повышенной жаропрочностью** Superlegierung *f*, hochwarmfeste Legierung *f* ‖ **~/сверхлёгкий** überleichte (superleichte) Legierung *f* ‖ **~/сверхтвёрдый** überharte (superharte) Legierung *f* ‖ **~/свинцовый** Bleilegierung *f* ‖ **~/сложный** komplexe Legierung *f*, Mehrstofflegierung *f* ‖ **~/спечённый** Sinterlegierung *f (Pulvermetallurgie)* ‖ **~/суспензионный** Suspensionslegierung *f* ‖ **~/твёрдый** 1. Hartlegierung *f*, Hartmetall *n*; 2. Hartmetall *n (Kurzbezeichnung für Sinterlegierung)* ‖ **~/твёрдый спекаемый** Sinterhartmetall *n*, gesinterte (metallkeramische) Legierung *f* ‖ **~/теплопроводный** wärmeleitende Legierung *f* ‖ **~/термоэлектродный** Legierung *f* für Thermoelemente ‖ **~/типографский** *(Typ)* Schriftmetall *n* ‖ **~/трёхкомпонентный (тройной)** Dreistofflegierung *f*, Dreikomponentenlegierung *f*, ternäre Legierung *f* ‖ **~/тугоплавкий** hochschmelzende (schwerschmelzbare, schwerschmelzende) Legierung *f* ‖ **~ тяжёлого металла** Schwermetallegierung *f* ‖ **~/цветной** Nichteisenmetallegierung *f*, Nichteisenlegierung *f*, NE-Metallegierung *f*; Buntmetallegierung *f* ‖ **~/цинковый** Zinklegierung *f* ‖ **~/четверной (четырёхкомпонентный)** quaternäre Legierung *f*, Vierstofflegierung *f* ‖ **~/эвтектический** eutektische Legierung *f*, Eutektikum *n* ‖ **~/эвтектоидный** eutektoide Legierung *f*, Eutektoid *n*
сплавить *s.* сплавлять
сплавление *n* 1. Legieren *n*; 2. Verschmelzen *n*, Zusammenschmelzen *n*; 3. Verbinden *n (durch Schmelzschweißen)*; 4. *(Forst)* Flößen *n (Holz)*; 5. *(Geol)* *s.* синтексис ‖ **~ магмы** *s.* синтексис
сплавляемость *f (Met)* 1. Legierbarkeit *f*; 2. Verschmelzbarkeit *f*

сплавлять 1. legieren; 2. verschmelzen, zusammenschmelzen; 3. verbinden (durch Schmelzschweißen); 4. (Forst) [ab]flößen, triften
сплавляться zusammenschmelzen, sich verschmelzen
сплавной Legierungs...
сплав-раскислитель m (Met, Gieß) Desoxidationslegierung f
сплачивание n (Bw) Breitenverband m, Breitenverbindung f (von Brettern an den Längskanten durch Fugen, Dübeln, Fälzen, Spunden, Federn oder Graten; Tischler- bzw. Zimmermannsarbeiten)
сплачивать zusammenfügen, verbinden
сплесень m Spleiß m (Seil)
сплеснивать spleißen (Seile)
сплетение n 1. Zusammenflechten n; 2. Spleißen n, Spleißung f
сплётка f (Led) Zierriemen m
сплотить s. сплачивать
сплотка f 1. s. сплачивание; 2. (Forst) Verbindung f der Baumstämme zu Flößen || ~ **локомотивов** (Eb) Lokomotivzug m, Lokzug m
сплошной 1. dicht, geschlossen, massiv, kompakt, Voll...; 2. (Geol) derb (Erz); massig; 3. kontinuierlich (z. B. Spektrum); ununterbrochen, zusammenhängend, ungeteilt; 4. ausgezogen (Linie); 5. durchlaufend, durchgehend (Träger)
сплыв m 1. Ablaufen n, Fortspülen n; 2. (Geol) Fortschwimmen n, Weggeschwemmtwerden n
сплывание n **откоса** (Bgb) Fließrutschung f, Böschungsfließen n
сплывать wegschwimmen, fortgeschwemmt werden
сплываться zusammenfließen, ineinanderfließen
сплыть s. сплывать
сплыться s. сплываться
сплюснутость f (Geoph) Abplattung f || ~ **земного шара** [polare] Abplattung f der Erde
сплюснутый abgeflacht, abgeplattet, plattgedrückt, platt
сплюснуть s. сплющивать
сплющение n s. сплющивание
сплющенный s. сплюснутый
сплющивание n 1. Abplattung f (z. B. der Erde, von Walzen); 2. (Fert) Flachschlagen n; 3. (Bgb) Schrumpfen n (Brikettierung) || ~ **нитей** (Text) Halsen n von Fäden
сплющивать 1. abplatten; 2. flachschlagen
сплющить s. сплющивать
СПО s. 1. система программного обеспечения; 2. обеспечение/системное программное; 3. операции/спуско-подъёмные
сподник m (Schm) Untergesenk n
сподручный griffbereit, handgerecht
сподумен m (Min) Spodumen m (Pyroxen)
спокойный 1. ruhig; 2. (Met) beruhigt (Stahl); 3. (Bgb) ungestört (Lagerung eines Flözes); 4. glatt (Wasserfläche); 5. ruhend, bleibend, ständig (Last)
споласкивание n Abspülen n, Abspülung f, Ausspülen n
сползание n Abrutschen n, Rutschen n || ~ **откоса** (Bgb) Böschungsrutschung f || ~ **эмульсионного слоя** Abschwimmen n der Emulsionsschicht (Film)
спонгиоз m Spongiose f, graphitische Zersetzung f (Korrosion des Gußeisens)

спонг[и]олит m (Geol) Spongiolith m
спонтанность f Spontan[e]ität f
спорадический sporadisch
спорткаюта f (Schiff) Sportraum m
способ m Verfahren n, Methode f; Vorgehen n, Art f, Weise f, Mittel n (s. a. unter **метод** und **процесс**.) || ~/**абсорбционный** (Ch) Absorptionsverfahren n || ~ **агрегатирования** Baukastenbauweise f || ~/**аддитивный** 1. additives Verfahren n, additive Methode f (Farbphotographie); 2. Additionsverfahren n (Leiterplattenherstellung) || ~ **адресации** (Inf) Adressiersystem n, Adressierverfahren n || ~/**адсорбционный** (Ch) Adsorptionsverfahren n || ~/**аммиачный** (Ch) Ammoniak-Soda-Verfahren n, Solvay-Verfahren n || ~ **амплитудной модуляции** (Rf) Modulationsverfahren n || ~ **анионирования** (Ch) Wasserreinigung f nach dem Anionenaustauschverfahren || ~/**анодно-механический** (Fert) anodenmechanisches Verfahren n || ~/**башенный** Turmverfahren n (Schwefelsäureherstellung) || ~/**бесконтактный** berührungsloses (kontaktfreies) Verfahren n || ~ **борьбы с помехами** (El) Entstörverfahren n || ~ **бурения** (Bgb) Bohrverfahren n || ~ **бурения/вращательный** (Bgb) Drehbohrverfahren n, Rotary-Bohrverfahren n || ~ **бурения/дробовой** (Bgb) Schrotbohrverfahren n || ~ **бурения/колонковый** (Bgb) Kernbohrverfahren n || ~ **бурения/турбинный** (Bgb) Turbinebohrverfahren n, Turboverfahren n || ~ **бурения/ударный** Schlagbohrverfahren n || ~ **вакуумно-выдувной** (Glas) Saug-Blas-Verfahren n || ~ **вакуумного литья** (Glas) Vakuumgießen n, Vakuumgießverfahren n, Sauggießen n, Sauggießverfahren n || ~/**вакуумный** Unterdruckverfahren n, Vakuumverfahren n || ~ **вакуум-плавления** (Met) Vakuumschmelzen n, Vakuumschmelzverfahren n || ~ **валкового литья** Gießwalzen n, Gießwalzverfahren n || ~ **варки** Kochverfahren n; (Pap) Aufschlußverfahren n || ~ **варки/азотнокислый** Salpetersäure[aufschluß]verfahren n || ~ **варки/кислотный** saures Aufschlußverfahren n || ~ **варки/натронный** Natron[aufschluß]verfahren n || ~ **варки/сульфатный** Sulfat[aufschluß]verfahren n || ~ **варки/сульфитно-щелочной** alkalisches Sulfitverfahren n, Neutralsulfitverfahren n || ~ **варки/сульфитный** Sulfit[aufschluß]verfahren n || ~ **варки/хлорнощелочной** Chloraufschlußverfahren n || ~ **варки/щелочной** alkalisches Aufschlußverfahren n || ~ **ввода** (Reg) Eingabeverfahren n; (Inf) Eingabeart f, Eingabetechnik f || ~ **взрывания** (Bgb) 1. Sprengverfahren n; 2. Zündverfahren n, Zündmethode f || ~ **восстановления** (Ch) Reduktionsverfahren n || ~ **вскрытия** (Bgb) Ausrichtungsart f; Aufschlußverfahren n (Tagebau) || ~ **выдувания/ручной** (Glas) Mundblasverfahren n || ~ **выдувания с прессованием баночки** (Glas) Preßblasverfahren n || ~ **выемки** (Bgb) Verhiebsweise f, Gewinnungsart f || ~ **вызова** (Nrt) Anwahlverfahren n || ~ **выплавки** (Met) Verfahren n || ~ **высококачественного звуковоспроизведения** (Rf) Hifi-Verfahren n, High-fidelity-Verfahren n || ~ **высокоскоростного формования** (Text) Schnellspinnverfahren n (Chemiefaserverarbei-

способ

tung) || ~ **выпотки** (Lebm) Schmelzverfahren n || ~ **выпотки/мокрый** (Lebm) Naßschmelzverfahren n || ~ **выпотки/сухой** (Lebm) Trockenschmelzverfahren n || ~/**вязально-прошивной** (Text) Nähwirkverfahren n || ~/**газлифтный** (Erdöl) Gasliftverfahren n, Druckgasförderverfahren n || ~/**гидрометаллургический** hydrometallurgisches (naßmetallurgisches, nasses) Verfahren n, Naßverfahren n || ~ **горячей запрессовки** Heißpreßverfahren n, Thermokompression f (Halbleiter) || ~ **Даннера** (Glas) Danner-Verfahren n, Dannersches Röhrenziehverfahren n || ~/**двухванный** 1. (Text) Zweibadverfahren n; 2. (Led) Zweibad[chrom]gerbung f || ~ **двухслойного литья** (Gieß) Verbundgießen n, Verbundgießverfahren n || ~ **действительного кручения** (Text) Echtdrahtverfahren n (Zwirnerei) || ~ **детектирования** (El) Gleichrichtungsverfahren n || ~/**дистилляционный** (Ch) Destillationsverfahren n || ~/**диффузионный** Diffusions[auslauge]verfahren n (Zuckergewinnung) || ~ **добычи** (Bgb) Gewinnungsverfahren n || ~/**дорновой** (Gum) Kernringmethode f, Kernringverfahren n (Reifenherstellung) || ~ **доступа** (Inf) Zugriffsverfahren n, Zugriffstechnik f || ~ **дубления** (Led) Gerbverfahren n || ~ **дубления/двухванный** Zweibad[chrom]gerbung f || ~ **дубления/однованный** Einbad[chrom]gerbung f || ~/**дутьевой** Blasverfahren n, Düsenblasverfahren n (Glasfaserherstellung) || ~ **завихрения паром** (Text) Dampfwirbelverfahren n || ~ **закладки** (Bgb) Versatzverfahren n || ~ **замачивания** Weichschema n, Weicharbeit f (Mälzerei) || ~ **замораживания** (Bgb) Gefrierverfahren n (Schachtabteufen) || ~ **замочки** s. ~ **замачивания** || ~ **записи** (Inf) Aufzeichnungsverfahren n, Aufzeichnungsweise f || ~ **записи без возврата к нулю/потенциальный** Richtungsschriftverfahren n ohne Rückkehr nach Null (Magnettontechnik) || ~ **записи/двухимпульсный фазовый** Doppelimpulsschrift f (Magnettontechnik) || ~ **записи/импульсный двухчастотный** Frequenzverdopplungsschrift f (Magnettontechnik) || ~ **записи/поперечный** Seitenschriftverfahren n (beim Nadeltonverfahren); Quermagnetisierung f (beim Magnettonverfahren) || ~ **записи/последовательный** sequentielles Aufzeichnungsverfahren n (Magnettontechnik) || ~ **записи/потенциальный частотный** Wechseltaktschrift f (Magnettontechnik) || ~ **записи/продольный** Längsmagnetisierung f (Magnettontechnik) || ~ **записи/фазовый потенциальный** Richtungstaktschrift f (Magnettontechnik) || ~ **записи/широтно-импульсный** Impulsbreitenschrift f (Magnettontechnik) || ~ **затвердевания газом** (Gieß) Gashärteverfahren n (Formstoffe) || ~ **затирания** (Brau) Maischverfahren n || ~ **затирания/двухоторочный** (Brau) Zweimaischverfahren n || ~ **затирания/декокционный** s. ~ **затирания/отварочный** || ~ **затирания/инфузионный** (настойный) (Brau) Infusions[maisch]verfahren n, Aufgußverfahren n || ~ **затирания/однооторочный** (Brau) Einmaischverfahren n || ~ **затирания/отварочный** (Brau) Dekoktions[maisch]verfahren n (Verfahren mit Maischekochung) || ~ **защиты** (El) Schutzart f || ~ **зонной очистки** (Krist) Zonenreinigungsverfahren n || ~ **изготовления** Fertigungsverfahren n, Herstellungsverfahren n || ~ **измерения** Meßverfahren n, Meßmethode f || ~ **измерения эхолотом** Echolotverfahren n || ~/**инфузионный** s. ~ **затирания/инфузионный** || ~ **испарения** Aufdampfverfahren n (Herstellung von Leuchtschirmen) || ~ **испытания** Prüfverfahren n || ~/**камерный** Bleikammerverfahren n (Schwefelsäureherstellung) || ~/**карбонильный** (Met) Carbonyl-Verfahren n || ~ **катионирования** (Ch) Wasserenthärtung f nach dem Kationenaustauschverfahren || ~ **Клода** (Ch) Claude-Verfahren n (Ammoniaksynthese) || ~ **ковки** Schmiedeverfahren n || ~ **кодирования** (Inf) Kodierverfahren n || ~ **конвертерный** (Met) Konverter[frisch]verfahren n, Bessemer-Verfahren n || ~/**контактный** 1. (Ch) Kontakt[schwefelsäure]verfahren n; 2. (Lebm) Walzen[trocknungs]verfahren n, Filmverfahren n; 3. Tastverfahren n || ~ **копирования/негативный** (Typ) Negativkopierverfahren n || ~ **копирования/позитивный** (Typ) Positivkopierverfahren n || ~ **крепления** 1. Aufspannverfahren n, Befestigungsverfahren n; Befestigungsart f; 2. (Bgb) Ausbauverfahren n || ~ **крепления/пневматический** (Typ) pneumatisches Aufspannverfahren n || ~ **Кролля** (Met) Kroll-Prozeß m (Titangewinnung) || ~ **кручения** (Text) Zwirnverfahren n || ~ **кручения корда** (Text) Kordzwirnverfahren n || ~/**кумольный** (Ch) Cumol-Phenol-Verfahren n (Phenol- und Acetongewinnung) || ~ **легирования** (Gieß) Legierungsverfahren n, Legierungsmethode f || ~ **литья** (Gieß) Gießverfahren n || ~ **литья в кокиль** Kokillengießverfahren n || ~ **литья в песчаные формы** Sandformverfahren n || ~ **литья в сухие формы** Trockengießverfahren n || ~ **литья в сырые формы** Naßgießverfahren n || ~ **литья всухую** Trokkengießverfahren n || ~ **литья всырую** Naßgießverfahren n || ~ **литья под давлением** 1. Druckgießverfahren n; 2. Injection-moulding-Verfahren n, Spritzgußverfahren n || ~ **ложного кручения** (Text) Falschdrahtverfahren n || ~ **Лурги** Lurgi-Verfahren n (NE-Metallurgie) || ~ **маскирования** Maskenverfahren n || ~ **машинной формовки** (Gieß) Maschinenformverfahren n || ~ **модифицирования** (Gieß) Impfverfahren n, Modifizier[ungs]verfahren n || ~ **мокрого кручения** (Text) Naßzwirnverfahren n || ~ **мокрого помола** Naßmahlverfahren n || ~/**мокрый** Naßverfahren n || ~ **Мон-Сени** (Ch) Mont-Cenis-Verfahren n (Ammoniaksynthese) || ~ **монтажа** Montageverfahren n || ~ **монтажа/навесной** (Bw) Freivorbauverfahren n || ~ **наименьших квадратов** (Geod) Methode f der kleinsten Quadrate || ~ **нарезания резьбы/вихревой** (Fert) Gewindewirbeln n || ~ **непрерывной разливки** Stranggießverfahren n || ~/**нитрозный** (Ch) Stickoxidverfahren n, Nitroseverfahren n (Schwefelsäureherstellung) || ~ **обогащения** 1. Aufbereitungsverfahren n; Anreicherungsverfahren n; 2. Konzentrationsverfahren n || ~ **обогащения/флотационный** Schwimmaufbereitungsverfahren n || ~ **обработки** Bearbeitungsweise f; Bearbeitungsverfahren n || ~ **образования сливок** (Gum) Aufrahmungsmethode *f* ‖ **~ обслуживания** Bedienungsweise *f* ‖ **~ объёмного деформирования** Massivumformverfahren *n* ‖ **~/однованный** 1. *(Text)* Einbadverfahren *n (Veredlung)*; 2. *(Led)* Einbad[chrom]gerbung *f* ‖ **~/однопроцессный** *(Text)* Einprozeßverfahren *n*, Komplettverfahren *n*, Kombiverfahren *n (Öffnen, Mischen und Reinigen der Baumwolle)* ‖ **~/одноручьевой** Einstrangverfahren *n (Stranggießen)* ‖ **~ определения твёрдости** Härteprüfverfahren *n* ‖ **~ осаждения** Sedimentationsverfahren *n (Herstellung von Leuchtschirmen)* ‖ **~ осевого сечения** *(Meß)* Achsenschnittverfahren *n* ‖ **~ осланцевания** *(Bgb)* Gesteinsstaubverfahren *n (Schlagwetterverhütung)* ‖ **~ отвалообразования** *(Bgb)* Kippverfahren *n*, Art *f* der Kippenführung ‖ **~/открытый** *(Bgb)* Tagebauverfahren *n* ‖ **~ отливки** Gießverfahren *n* ‖ **~ отстаивания латекса** *s.* **~ образования сливок** ‖ **~ офсетной печати** *(Typ)* Offsetdruckverfahren *n* ‖ **~ оценивания (оценки)** Auswerteverfahren *n* ‖ **~ очистки** Reinigungsverfahren *n*; *(Gieß)* Putzverfahren *n* ‖ **~/перевалочный** *(Lw)* Feldrandablage *f (Rübenernte)*; Ernteverfahren *n* mit Schwadablage ‖ **~ передачи одной боковой полосой** *(Rf)* Einseitenbandverfahren *n* ‖ **~ переноса диффузией** *(Photo)* Diffusionsübertragungsverfahren *n* ‖ **~ переплетения** *(Text)* Bindeweise *f*, Bindung *f (Wirkerei; Strickerei)* ‖ **~ печатания** Druckverfahren *n*, Druck *m* ‖ **~/печной** *s.* **~ получения сажи/печной** ‖ **~ пилоттона** *(Ak)* Pilotfrequenzverfahren *n* ‖ **~ питания электроэнергией** *(El)* Elektroenergieversorgungsart *f* ‖ **~ плавки** *(Met)* Schmelzverfahren *n* ‖ **~ плавки/индукционный** *(Met)* induktives Schmelzverfahren *n* ‖ **~ плавки с двумя шлаками** *(Met)* Zweischlacken[schmelz]verfahren *n* ‖ **~/плёночный** *(Lebm)* Filmverfahren *n*, Walzen[trocknungs]verfahren *n* ‖ **~ плоской печати** *(Typ)* Flachdruckverfahren *n* ‖ **~/плюсовочно-запарной** *(Text)* Klotz-Dämpfverfahren *n (Veredlung)* ‖ **~ повторного замачивания** Wiederweichverfahren *n (Resteeping; Mälzerei)* ‖ **~ погружения** Tauchverfahren *n* ‖ **~ подготовки** *(Bgb)* Vorrichtungsverfahren *n* ‖ **~/подземный** Tiefbauverfahren *n* ‖ **~ подъёма перекрытий** *(Bw)* Deckenhubverfahren *n* ‖ **~ подъёма этажей** *(Bw)* Geschoßhebeverfahren *n* ‖ **~ поиска** Suchtechnik *f*, Suchverfahren *n* ‖ **~/поколонно-двоичный** *(Inf)* Dualkartenmodus *m* ‖ **~ получения перекидной платировки** *(Text)* Hinterlegtplattierverfahren *n* ‖ **~ получения сажи/канальный** Channel-Verfahren *n (Rußerzeugung)* ‖ **~ получения сажи/печной** Furnace-Verfahren *n (Rußerzeugung)* ‖ **~ полярных координат** *(Geod)* Anhängeverfahren *n* ‖ **~ порошковой приправки** *(Typ)* Streupuderverfahren *n* ‖ **~ построения** Bauweise *f* ‖ **~/поточно-агрегатный** *(Bw)* Aggregat-Fließverfahren *n* ‖ **~/поточный** *(Lw)* Direktverladung *f* auf Sammelwagen, Fließmethode *f*, Fließverfahren *n (Rübenernte)* ‖ **~/почвозащитный** *(Lw)* bodenschonendes Verfahren *n* ‖ **~ правки** *(Fert)* Abrichtverfahren *n* ‖ **~ представления данных** *(Inf)* Datendarstellung *f*, Datenschreibweise *f* ‖ **~ представления чи-**

способ

сел *(Inf)* Zahlendarstellung *f*, Zahlenschreibweise *f* ‖ **~ преобразования** *(Math)* Transformationsweise *f (Geometrie)* ‖ **~/прессовыдувной** *(Glas)* Preßblasverfahren *n* ‖ **~ прецизионного литья** *(Gieß)* Präzisionsgießverfahren *n*, Genauigkeitsgießverfahren *n* ‖ **~ пробеливания (пробелки)** Deckverfahren *n (Zuckergewinnung)* ‖ **~ проведения выработок** *(Bgb)* Vortriebsverfahren *n* ‖ **~ проверки** *(Inf)* Testverfahren *n*, Prüfverfahren *n* ‖ **~ проветривания** *(Bgb)* Bewetterung *f* ‖ **~ продувки кислородом** *(Met, Gieß)* Sauerstoffblasverfahren *n* ‖ **~ прокатки** Walzverfahren *n* ‖ **~ прокладки** Verlegungsart *f (Leitungen, Kabel)* ‖ **~ промывки** *(Bgb)* Spülverfahren *n* ‖ **~ протяжки** *(Fert)* Ziehverfahren *n* ‖ **~ проходки** *(Bgb)* Vortriebsverfahren *n*; Abteufverfahren *n* ‖ **~ прядения** Spinnverfahren *n* ‖ **~ прядения/аппаратный** Streichgarnspinnverfahren *n* ‖ **~ прядения/ аэродинамический** aerodynamisches Spinnverfahren *n* ‖ **~ прядения/аэромеханический** aeromechanisches Spinnverfahren *n* ‖ **~ прядения/безбалонный** ballonloses Spinnen *n* ‖ **~ прядения/безверетённый** spindleloses Spinnverfahren *n*, OE-Spinnverfahren *n*, Open-End-Spinnverfahren *n* ‖ **~ прядения/бобинный** Spulen[spinn]verfahren *n* ‖ **~ прядения/ вихревой** Wirbelspinnverfahren *n* ‖ **~ прядения/мокрый** Naßspinnverfahren *n* ‖ **~ прядения/самокруточный** Selbst-Drall-Spinnverfahren *n*, Self-Twist-Verfahren *n* ‖ **~ прядения/ сокращённый** Kurzspinnverfahren *n* ‖ **~ прядения/сухой** Trockenspinnverfahren *n* ‖ **~ прядения/центрифугальный** Zentrifugen[spinn]verfahren *n*, Topf[spinn]verfahren *n* ‖ **~ работы** Arbeitsweise *f* ‖ **~ разведки/сейсмический** *(Geoph)* seismisches Erkundungsverfahren *n* ‖ **~ разделения** Trennverfahren *n* ‖ **~ разделения газов** Gastrennverfahren *n*, Gaszerlegungsverfahren *n* ‖ **~ разделения изотопов** Isotopentrennverfahren *n* ‖ **~ разливки** Gießverfahren *n* ‖ **~ разработки** *(Bgb)* Abbauweise *f*, Abbauverfahren *n* ‖ **~ разработки/боковой** Seitenbaggerung *f (Tagebau)* ‖ **~ разработки грунта** Baggermethode *f*, Baggerverfahren *n* ‖ **~/распылительный** *(Lebm)* Zerstäubungsverfahren *n* ‖ **~ расслоения латекса** *s.* **~ образования сливок** ‖ **~ растворения** *(Ch)* Lösungsverfahren *n* ‖ **~ Реппе** *(Ch)* Reppe-Verfahren *n*, Reppe-Synthese *f (Butadienherstellung)* ‖ **~/репродукционный** Vervielfältigungsverfahren *n* ‖ **~ с кипящим (псевдоожиженным) слоем** Fließbettverfahren *n*, Wirbelschichtverfahren *n*, Staubfließverfahren *n* ‖ **~ с отбеливанием красителей серебром** *(Photo)* Silberfarbbleichverfahren *n* ‖ **~ самонаведения** *(Rak)* Zielsuchlenkverfahren *n* ‖ **~ сварки** Schweißverfahren *n* ‖ **~/светокопировальный** Lichtpausverfahren *n* ‖ **~ середины квадрата** *(Math)* Quadratmittenverfahren *f* ‖ **~/сеточно-графический** Siebdruckverfahren *n (Leiterplattenherstellung)* ‖ **~ сканирования** Abtastverfahren *n* ‖ **~ скрепления термонитками** *(Typ)* Fadensiegelverfahren *n* ‖ **~/содово-известковый** *(Ch)* Kalk-Soda-Verfahren *n* ‖ **~ Сольве** *(Ch)* Solvay-Verfahren *n*, Ammoniak-Soda-Verfahren *n* ‖ **~ сопряжения** 1. Koppelverfahren n; 2. Schnittstellenrealisierung f ‖ ~/стендовой (Bw) Standverfahren n ‖ ~/стендово-кассетный (Bw) Standfertigungsverfahren n mit Batterieformen ‖ ~ строительства/подрядный Bauen n im Auftragsverfahren ‖ ~ строчной развёртки (TV) Zeilenrasterverfahren n ‖ ~/субтрактивный Subtraktivverfahren n (Leiterplattenherstellung) ‖ ~/сульфитно-щелочной (Pap) alkalisches Sulfitverfahren n, Neutralsulfitverfahren n ‖ ~/суспензионный Suspensionsverfahren n; (Kst) Suspensionspolymerisation f, Perlpolymerisation f, Kornpolymerisation f ‖ ~ сухого кручения (Text) Trockenzwirnverfahren n ‖ ~ сухого помола Trockenmahlverfahren n ‖ ~ сухого прядения (Text) Trockenspinnverfahren n ‖ ~ сушки Trocknungsverfahren n ‖ ~ сушки/барабанный (Lebm) Walzentrocknungsverfahren n, Filmverfahren n ‖ ~ сушки солода Darrführung f, Darrschema n (Mälzerei) ‖ ~ считывания Leseverfahren n, Ableseverfahren n ‖ ~ текстурирования (Text) Texturierverfahren n ‖ ~ текстурирования/аэродинамический (Text) Düsentexturierverfahren n ‖ ~ текстурирования/воздушно-сопловой (Text) Luftdüsentexturierverfahren n ‖ ~ текстурирования прессованием в камеру (Text) Stauchtexturierverfahren n ‖ ~ телесигнализации Fernsignalisierverfahren n ‖ ~ теневого изображения (Меß) Schattenbildverfahren n ‖ ~ термообработки Wärmebehandlungsverfahren n ‖ ~ точного литья Genaugießverfahren n, Präzisionsgießverfahren n ‖ ~ травления (Met) Beizverfahren n, Ätzverfahren n ‖ ~ трафаретной печати (Typ) Siebdruckverfahren n ‖ ~ уплотнения формовочной смеси (Gieß) Formstoffverdichtungsverfahren n ‖ ~ флотации Flotationsverfahren n (Aufbereitung) ‖ ~ формирования корпуса/островной (Schiff) Inselbauweise f ‖ ~ формирования корпуса/пирамидальный (Schiff) Pyramidenbauweise f ‖ ~ формования (Text) Spinnverfahren n (Chemieseidenherstellung) ‖ ~ формования/бобинный Spulenspinnverfahren n ‖ ~ формования волокна Spinnverfahren n ‖ ~ формования из гранулята Granulatspinnverfahren n ‖ ~ формования из расплава Schmelzspinnverfahren n ‖ ~ формования из раствора Lösungsspinnverfahren n ‖ ~ формования/мокрый Naßspinnverfahren n ‖ ~ формования/непрерывный Kontinuespinnverfahren n ‖ ~ формования/прямой Direktspinnverfahren n ‖ ~ формования с вытягиванием Reckspinnverfahren n ‖ ~ формования с применением плавильной решётки Rostspinnverfahren n ‖ ~ формования/сухой Trockenspinnverfahren n ‖ ~ формования/центрифугальный Zentrifugenspinnverfahren n ‖ ~ формовки (Gieß) Formverfahren n ‖ ~ формовки в оболочковые формы (Gieß) Maskenformverfahren n ‖ ~ формовки в песок (Gieß) Sandformverfahren n ‖ ~ формовки/вакуумный (Gieß) Vakuumformverfahren n, V-Verfahren n ‖ ~ формовки/импульсный (Gieß) Impulsformverfahren n ‖ ~ формовки/кассетный (Bw) Batterieformfertigung f ‖ ~/фотомеханический (Typ) photomechanisches Verfahren n ‖ ~ Фраша

(Ch) Frasch-Verfahren n (Schwefelgewinnung) ‖ ~ фришевания чугуна Roheisenfrischverfahren n ‖ ~ Холла-Геру (Met) Hall-Héroult-Verfahren n (Aluminiumerzeugung) ‖ ~ хромового дубления/двухванный (Led) Zweibadchromgerbung f ‖ ~ хомового дубления/однованный (Led) Einbad[chrom]gerbung f ‖ ~ цветной фотографии (Photo) Farbphotographie f ‖ ~ цветной фотографии/аддитивный additive Methode f der Farbphotographie ‖ ~ цветной фотографии/двухцветный (Photo) Zweifarbenverfahren n ‖ ~ цветной фотографии/линзоворастровый Linsenrasterfarbphotographie f ‖ ~ цветной фотографии/растровый (Photo) Rasterfarbverfahren n, Rasterverfahren n der Farbphotographie ‖ ~ цветной фотографии/субтрактивный substraktive Methode f der Farbphotographie ‖ ~ цветоделения (Typ) Farbauszugsverfahren n ‖ ~ цветоделения/косвенный indirektes Farbauszugsverfahren n ‖ ~ цветоделительного маскирования (Photo) Farbmaskenverfahren n ‖ ~ центробежного литья (Gieß) Schleudergießverfahren n ‖ ~ шёлкографии Siebdruckverfahren n (Herstellung gedruckter Schaltungen) ‖ ~ шитья термонитками (Typ) Fadensiegelverfahren n ‖ ~ штамповки Gesenkschmiedeverfahren n ‖ ~ эксплуатации Betriebsweise f ‖ ~ эксплуатации/глубиннонасосный (Erdöl) Tiefpumpenförderung f ‖ ~ эксплуатации/компрессорный (Erdöl) Liftförderung f ‖ ~ эксплуатации/фонтанный (Erdöl) Eruptivförderung f ‖ ~ экструдерного (экструзионного) формования (Text) Extruderspinnverfahren n ‖ ~/эмульсионный Emulsionsverfahren n; (Kst) Emulsionspolymerisation f ‖ ~/эрлифтный (Erdöl) Airliftverfahren n, Druckluftförderverfahren n

способность f Fähigkeit f, Vermögen n ‖ ~/абразивная (Wkz) Schleiffähigkeit f ‖ ~/абсорбционная (Ph) Absorptionsvermögen n ‖ ~/адгезионная (Ph) Adhäsionsvermögen n, Haftvermögen n, Haftkraft f ‖ ~/адсорбционная (Ph) Adsorptionsvermögen n ‖ ~/аккумулирующая Speicherfähigkeit f ‖ ~/атомная тормозная (Kern) atomares Bremsvermögen n ‖ ~/взмучивающая Schlämmbarkeit f, Schlämmungsfähigkeit f ‖ ~/водопоглотительная Wasseraufnahmefähigkeit f, Wasseraufnahmevermögen n ‖ ~/водоудерживающая Wasserhaltevermögen n, Wasserhaltefähigkeit f ‖ ~/восстанавливающая (восстановительная) (Ch) Reduktionsfähigkeit f, Reduktionsvermögen n ‖ ~/впитывающая (Pap) Saugfähigkeit f ‖ ~/вращательная (Opt) Drehvermögen n ‖ ~/всасывающая 1. Saugfähigkeit f; 2 Saugvermögen n (Pumpen; Vakuumpumpen) ‖ ~/вулканизационная (вулканизирующая) (Gum) Vulkanisationsfähigkeit f, Heizkraft f ‖ ~/выключающее Ausschaltvermögen n, Abschaltvermögen n ‖ ~/высшая теплотворная oberer Heizwert m (von Kraftstoffen) ‖ ~/вяжущая Bindevermögen n, Bindefähigkeit f ‖ ~/газотворная 1. Gasbildungsfähigkeit f (z. B. einer Gießform); 2. Gehalt m an flüchtigen Stoffen (in Brennstoffen) ‖ ~/замедляющая (Kern) Bremskraft f (Moderator) ‖ ~/запоминающая (Inf) способность

Speicherfähigkeit f, Speichervermögen n ‖ ~/**избирательная** Selektivität f ‖ ~/**излучательная (излучающая)** Strahlungsvermögen n, Ausstrahlungsvermögen n, Strahlungsfähigkeit f ‖ ~/**изолирующая (изоляционная)** Isolationsvermögen n ‖ ~/**ионизирующая** (Ph) Ionisationsfähigkeit f, Ionisierungsvermögen n ‖ ~/**испускательная** s. ~/**излучательная** ‖ ~ **к волочению (вытяжке)** Ziehfähigkeit f (Glas, Metall) ‖ ~ **к деформации** (Umf) Formänderungsvermögen n, Umformbarkeit f, Verformbarkeit f ‖ ~ **к испарению** Verdampfbarkeit f; Verdunstbarkeit f ‖ ~ **к набуханию** Quellfähigkeit f ‖ ~ **к обучению** Lernfähigkeit f ‖ ~ **к пайке** Lötbarkeit f ‖ ~ **к переработке** Verarbeitbarkeit f ‖ ~ **к полимеризации** Polymerisationsfähigkeit f ‖ ~ **к послесвечению** Nachleuchtfähigkeit f ‖ ~ **к принятию решений** (Inf, Kyb) Entscheidungsfähigkeit f ‖ ~ **к расщеплению** (Text) Spleißverhalten n ‖ ~ **к ратинированию** (Text) Kräuselungsvermögen n ‖ ~ **к свойлачиванию** (Text) Verfilzbarkeit f, Walkhigkeit f ‖ ~ **к формоизменению** s. ~ **к деформации** ‖ ~ **канала [связи]/пропускная** Kanalkapazität f, Kanaldurchlässigkeit f, Übertragungsfähigkeit f eines Kanals ‖ ~/**коагулирующая** (Ch) Koagulationsvermögen n, Koagulierbarkeit f ‖ ~/**коллекторская** (Bgb) Speicherfähigkeit f (des Gebirges) ‖ ~/**коммутационная** (El) Schaltvermögen n ‖ ~/**красящая** Färbevermögen n, Farbkraft f ‖ ~/**кристаллизационная** Kristallisierbarkeit f, Kristallisationsfähigkeit f ‖ ~/**кроющая** Deckfähigkeit f, Deckvermögen n (Anstrichstoffe) ‖ ~/**линейная тормозная** (Kern) lineares Bremsvermögen n ‖ ~/**лучеиспускательная** s. ~/**излучательная** ‖ ~/**лучепоглощательная** (Ph) Strahlungsabsorptionsvermögen n ‖ ~/**миграционная** (Eln) Migrationsvermögen n, Wanderungsvermögen n, Modulationsfähigkeit f; Aussteuerbarkeit f ‖ ~/**моющая** Waschvermögen n, Waschkraft f; Reinigungsvermögen n, Reinigungskraft f ‖ ~ **набухания** Quell[ungs]vermögen n, Quellbarkeit f ‖ ~/**нагрузочная** Belastungsfähigkeit f, Belastbarkeit f ‖ ~/**накопительная** Speicherfähigkeit f ‖ ~/**несущая** 1. (Bw) Tragfähigkeit f; 2. (Aero) Auftriebsvermögen n ‖ ~/**низшая теплотворная** unterer Heizwert m (von Kraftstoffen) ‖ ~/**номинальная отключающая** (El) Nennausschaltvermögen n, Nennschaltvermögen n ‖ ~/**обменная** Austauschvermögen n, Austauschfähigkeit f ‖ ~/**обнаружительная** (Opt) Detektivität f ‖ ~/**окислительная (окисляющая)** Oxidationsvermögen n ‖ ~/**оптическая вращательная** optisches Drehvermögen n ‖ ~/**отключающая** Ausschaltvermögen n, Abschaltvermögen n ‖ ~/**отражательная** (Min, Krist) Reflexionsvermögen n; (Wmt) Reflexionszahl f ‖ ~/**отсаливающая** (Ch) Aussalzungsvermögen n ‖ ~/**пенообразующая** Schaum[bildungs]vermögen n ‖ ~/**перегрузочная** Überlastungsfähigkeit f, Überlastbarkeit f ‖ ~ **передающей системы/пропускная** (Rf) Sendekapazität f, Übertragungskapazität f ‖ ~ **пигментов/кроющая** s. **укрывистость пигментов** ‖ ~ **по вертикали/разрешающая** (TV) Vertikalauflösung f ‖ ~ **по времени/разрешающая** (Reg)

Zeitauflösungsvermögen n ‖ ~ **по глубине/разрешающая** (Opt) Tiefenauflösungsvermögen n (lichtoptischer Geräte) ‖ ~ **по горизонтали/разрешающая** (TV) Horizontalauflösung f ‖ ~ **по дальности/разрешающая** (Rad) Entfernungsauflösungsvermögen n ‖ ~ **по массе/разрешающая** (Kern) Massenauflösung f ‖ ~ **по току/нагрузочная** (El) Strombelastbarkeit f ‖ ~ **по углу/разрешающая** (Rad) Winkelauflösungsvermögen n, Winkelauflösung f ‖ ~ **по фазе/разрешающая** s. ~/**фазовая разрешающая** ‖ ~ **по энергии/разрешающая** (Kern) Energieauflösung f ‖ ~/**поглотительная (поглощательная)** s. ~/**поглощающая** ‖ ~/**поглощающая** Adsorptionsfähigkeit f, Adsorptionsvermögen n, Aufnahmefähigkeit f, Aufnahmevermögen n; (Wmt) Adsorptionszahl f ‖ ~/**поперечная разрешающая** (Opt) laterales Auflösungsvermögen n (lichtoptischer Geräte) ‖ ~ **почвы/водоподъёмная** (Lw) Kapillarität f des Bodens ‖ ~ **почвы/водоудерживающая** (Lw) Wasserkapazität f, Wasserhaltefähigkeit f, Wasserspeicherungsvermögen n, Wasserfassungsvermögen n (Boden) ‖ ~ **почвы/нитрификационная** (Lw) Nitrifikationsvermögen n des Bodens ‖ ~/**преломляющая** (Opt) Brechungsvermögen n, Refraktionsvermögen n, Brechungsfähigkeit f ‖ ~ **преодоления подъёма** (Kfz) Steigfähigkeit f ‖ ~/**проводящая** Leitfähigkeit f, Leitvermögen n ‖ ~/**проникающая (проницающая)** 1. (Kern) Durchdringungsvermögen n, Durchdringungsfähigkeit f, Durchstrahlungsleistung f, Penetrationskraft f (Strahlung); 2. (Astr) Reichweite f (eines Teleskops) ‖ ~/**пропускная** 1. Durchlaßfähigkeit f, Durchsatzfähigkeit f, Durchsatzleistung f, Durchsatz m; 2. Leitwert m von Rohrleitungen); 3. (El) Übertragungsfähigkeit f, Kapazität f (von Übertragungsleitungen); 4. (El) Dauerstrom f (eines Relaiskontakts); 5. (Ch) Belastungsfähigkeit f, Belastbarkeit f (z. B. einer Rektifizierkolonne); 6. (Eb) Durchlaßfähigkeit f, Streckendurchlaßfähigkeit f ‖ ~/**пространственная разрешающая** (Kern) räumliches Auflösungsvermögen n, Raumauflösungsvermögen n ‖ ~/**прядильная** (Text) Spinnbarkeit f, Spinnfähigkeit f ‖ ~/**разрешающая** Auflösungsvermögen n, Auflösung f, Trennvermögen n, Trennschärfe f ‖ ~/**разрывная** (El) Ausschaltvermögen n, Abschaltvermögen n ‖ ~/**рассеивающая** (Ph) Streuvermögen n ‖ ~ **рассеяния** s. ~/**рассеивающая** ‖ ~/**растворяющая** Lösevermögen n, Löslichkeit f ‖ ~/**реакционная** 1. (Ch) Reaktionsfähigkeit f, Reaktionsvermögen n; 2. Zündwilligkeit f (von Kraftstoffen) ‖ ~/**режущая** (Fert) Schnittfähigkeit f, Schneidfähigkeit f ‖ ~/**связывающая** Bindefähigkeit f, Bindekraft f ‖ ~/**смазывающая** Schmierfähigkeit f, Schmiergüte f, Schmierwert m ‖ ~/**смачивающая** Netzvermögen n, Benetzungsfähigkeit f, Benetzungsvermögen n ‖ ~/**сорбционная** Sorptionsvermögen n ‖ ~ **сортировочной горки/перерабатывающая** (Eb) Betriebsleistung f eines Ablaufberges ‖ ~/**спектральная разрешающая** (Ph) spektrales Auflösungsvermögen n ‖ ~ **сплавляться** (Met) Legierbarkeit f ‖ ~/**субмикронная разрешающая** Submikrometerauflösung f ‖ ~ **схватывания** Bindefähigkeit f (Ze-

способность

ment) ll ~ **схемы совпадений/разрешающая** *(Kern)* Koinzidenzauflösungsvermögen *n* ll ~ **счётчика частиц по времени/разрешающая** *(Kern)* Auflösungsvermögen *n* einer Zählanordnung nach der Zeit ll ~ **телеграфного аппарата/пропускная** Telegraphierleistung *f*, Fernschreibleistung *f* ll ~/**теплоизоляционная** *(Text)* Wärmehaltungsvermögen *n* ll ~/**теплоотводная** Wärmeableitungsvermögen *n*, Wärmeabgabevermögen *n* ll ~/**теплотворная** Heizwert *m*, Verbrennungswärme *f* ll ~/**токоограничивающая** *(El)* Strombegrenzungsvermögen *n* ll ~/**удельная обнаружительная** *(Opt)* spezifische Detektivität *f* ll ~/**удерживающая** Retentionsvermögen *n* ll ~/**ускорительная** Beschleunigungsvermögen *n* ll ~/**фазовая разрешающая** *(Opt)* Phasenauflösungsvermögen *n (lichtoptischer Geräte)* ll ~ **фильтроваться** *(Ch)* Filtrierbarkeit *f* ll ~/**фильтрующая** *(Ch)* Filtrierfähigkeit *f*, Filtriervermögen *n*, Filtrationsfähigkeit *f* ll ~/**флотационная** Flotierbarkeit *f*, Flotationsfähigkeit *f (Aufbereitung)* ll ~/**формирующая** *(Led)* Volumenbildungsvermögen *n* ll ~/**чесальная** *(Text)* Kardierfähigkeit *f* ll ~/**электронно-оптическая разрешающая** *(Opt)* elektronenoptisches Auflösungsvermögen *n* ll ~/**эманирующая** *(Kern)* Emanierfähigkeit *f*, Emaniervermögen *n* ll ~/**эмиссионная** *(Ph)* Emissionsvermögen *n*, Emissionsfähigkeit *f*, Emissionsgrad *m* ll ~ **ядерной фотоэмульсии/тормозная** *(Kern)* Bremsvermögen *n* einer Kernemulsion

способный fähig, tauglich ll ~ **выдерживать нагрузку** belastungsfähig, belastbar ll ~ **диазотироваться** *(Ch)* diazotierbar ll ~ **закаливаться** härtbar ll ~ **к замещению** *(Ch)* substituierbar ll ~ **к излучению (лучеиспусканию)** *(El)* strahlungsfähig ll ~ **к нагрузке** belastungsfähig, belastbar ll ~ **к перегрузке** überlastungsfähig, überlastbar ll ~ **к послесвечению** nachleuchtfähig ll ~ **обучаться** lernfähig ll ~ **плавиться** *(Met)* schmelzbar ll ~ **реагировать** *(Ch)* reaktionsfähig ll ~ **сплавляться** *(Met)* legierbar

справедливость *f* Gültigkeit *f*

справочная *f* Auskunft *f*, Auskunftsstelle *f*; *(Nrt)* Auskunftsplatz *m*

справочник *m* Nachschlagebuch *n*, Nachschlagewerk *n*, Handbuch *n* ll ~/**телефонный** Telephonbuch *n*

спредер *m* 1. *(Gum)* Luftreifendehner *m*, Reifenspanner *m*, Reifenspreizmaschine *f*; 2. *(Schiff)* Spreader *m (Containerumschlag)* ll ~/**контейнерный** *(Schiff)* Container-Spreader *m*

спреер *m* Sprühdüse *f*

спрессовать 1. zusammenpressen; 2. brikettieren

спрессуемость *f* Preßbarkeit *f (Pulvermetallurgie)*

спринклер *m* Sprinkler *m*, Löschbrause *f*

спрос *m* Bedarf *m* ll ~ **на электроэнергию** Elektroenergiebedarf *m*

спрыск *m* Strahlrohrmundstück *n (Feuerlöschstrahlrohr)*

спрямление *n* 1. *(Math)* Rektifikation *f*; 2. *(Hydt)* Begradigung *f (Flußlauf)* ll ~ **кривой** *(Math)* Rektifikation *f* ll ~ **судна** Aufrichten (Wiederaufrichten) *n* eines Schiffes

СПС *s.* **структура/слоистая полупроводниковая**

спуск *m* 1. Abstieg *m*; Herunterlassen *n*, Abwärtsbewegung *f*; 2. Ablassen *n*, Abfließen *n*, Abfluß *m (Wasser)*; 3. *(Förd)* Rutsche *f*, Schurre *f* 4. *(Forst)* Riese *f*; 5. *(Mil)* Abzug *m (Waffe)*; 6. *(Photo)* Auslöser *m*; 7. *(Bgb)* Einfahren *n*; 8. *(Bgb)* Rolle *f*, Sturzrolle *f*; 9. *(Bgb)* Bremsberg *m*; 10. *(Bgb)* Abwärtsförderung *f*; 11. Hemmung *f (Uhr)*; 12. *(Eb)* Gefälle *n (Strecke)*; 13. *(Flg)* Sinken *n*; 14. *(Met)* Stich *m*, Stichloch *n (am Ofen)*; 15. *(Met)* Abstechen *n*, Abstich *m (des Ofens)*; 16. Ablaßöffnung *f*, Abflußöffnung *f* ll ~/**аварийный** *(Hydt)* Notauslaß *m* ll ~/**автоматический** *(Photo)* Selbstauslöser *m (Verschluß)* ll ~/**балансовый** Ankerhemmung *f (Uhrwerk mit Unruh)* ll ~/**боковой** *(Schiff)* Querablauf *m* ll ~ **броском/боковой (поперечный)** *(Schiff)* Querablauf *m* mit Fall ll ~ **бурильных труб** *(Bgb)* Einbau *m* des Bohrgestänges ll ~ **в шахту** *(Bgb)* Einfahren *n* ll ~/**винтовой** *(Förd)* Wendelrutsche *f*, Schurre *f* ll ~/**возвратный** rückfallende Hemmung *f (Uhrwerk)* ll ~ **всплытием** *(Schiff)* Zuwasserbringen *n* durch Aufschwimmen ll ~ **горячего охмелённого сусла** *(Brau)* Ausschlagen *n* der Würze ll ~/**гравитационный** *(Schiff)* Stapellauf (Ablauf) *m* des Schiffs durch Eigenmasse ll ~ **и подъём** *m*/**аварийный** *(Bgb)* Notfahrung *f*, Notfahrt *f* ll ~ **и подъём** *m* **людей** *(Bgb)* Seilfahrt *f*, Mannschaftsfahrt *f* ll ~/**каскадный** *(Bgb)* Bergefalltreppe *f* ll ~ **кровли** *(Bw)* Dachtraufe *f* ll ~/**масла** Olablaß *m* ll ~/**маятниковый** Ankerhemmung *f (Uhrwerk mit Pendel)* ll ~ **на воду** *(Schiff)* Stapellauf *m* ll ~ **обсадной колонны** *(Bgb)* Einbau *m* der Verrohrung *f* ll ~ **отварки** *(Brau)* Ziehen *n* der Kochmaische ll ~ **пара** Abblasen *n (Dampf)*, Dampfablaß *m* ll ~ **первого сусла** *(Brau)* Abziehen (Ableiten) *n* der Vorderwürze ll ~ **по скату** *(Bgb)* Rollenförderung *f* ll ~/**поворотный** *(Förd)* Schwenkschurre *f* ll ~ **полос** *(Typ)* Ausschießen *n* der Druckformen ll ~/**продольный** *(Schiff)* Längsstapellauf *m* ll ~ **прыжком/поперечный** *(Schiff)* Querablauf *m* mit Abkippen ll ~/**прямой** *(Förd)* gerade Rutsche *f* ll ~/**развертвляющийся** *(Bgb)* Hosenschurre *f* ll ~/**разгрузочный** Austrag[s]schurre *f*, Entleerungsschurre *f* ll ~/**распределительный** Verteilerschurre *f* ll ~/**роликовый** Rollenrutsche *f* ll ~ **с наклонного стапеля/боковой (поперечный)** *(Schiff)* Querablauf *m* von schräger Helling ll ~ **с наклонного стапеля/продольный** *(Schiff)* Längsablauf *m* von schräger Helling ll ~ **с остановкой** ruhende Hemmung *f (Uhrwerk)* ll ~/**самотёчный** *(Bgb)* Schwerkraftförderung *f* ll ~/**свободный** freie Hemmung *f (Uhrwerk)* ll ~ **со стапеля** *(Schiff)* Stapellauf *m* ll ~/**спиральный** Wendelrutsche *f* ll ~ **судна на воду** *(Schiff)* Stapellauf *m* ll ~ **формы** *(Typ)* Ausschießen *n* der Form (Druckform) ll ~/**холостой** *(Hydt)* Freilaß *m* ll ~ **шлака** *(Met)* Schlackenabstich *m* ll ~ **шлюпки** Aussetzen *n* eines Bootes

спускать 1. herunterlassen, hinunterlassen, abwärtsbewegen; 2. loslassen; 3. ablassen *(Flüssigkeiten)*; entleeren *(Gefäße)*; 4. *(Mil)* entspannen *(Schußwaffen)*; 5. *(Schiff)* fieren *(Segel)*; 6. *(Typ)* ausschießen *(Form)*; 7. *(Kfz)* die Luft verlieren *(Bereifung)*; 8. *(Bgb)* einhängen; einbau-

en, abwärtsfördern; 9. *(Met)* abstechen *(Metall, Schlacke)*; 10. abfließen, abziehen, ablaufen, austragen, ausfließen; auslassen ‖ ~ **на воду** vom Stapel laufen lassen, zu Wasser bringen *(Schiff)*; aussetzen *(Rettungsboot)* ‖ ~ **пар** abblasen *(Dampf)* ‖ ~ **печатную форму** *(Typ)* einheben *(Druckform)* ‖ ~ **трубы** Rohre einbringen *(Erdölbohrung)* ‖ ~ **шлак** *(Met)* abschlacken ‖ ~ **штанги** Gestänge einfahren *(Erdölbohrung)*
спускаться 1. heruntersteigen, hinuntersteigen, hinabsteigen; 2. *(Flg)* niedergehen, heruntergehen, landen; 3. flußabwärts fahren ‖ ~ **в шахту** *(Bgb)* einfahren
спустить *s.* спускать
спуститься *s.* спускаться
спутник *m* 1. *(Ch)* Begleiter *m*, Begleitstoff *m*, Begleitsubstanz *f*; 2. *(Astr)* Satellit *m*, Trabant *m*, Mond *m*, Begleiter *m*; 3. Sputnik *m*, künstlicher Erdsatellit *m*; 4. *(Fert)* Maschinenpalette *f* ‖ ~/**аэронавигационный** Flugnavigationssatellit *m* ‖ ~/**биологический** Biosatellit *m* ‖ ~/**вторичный** Subsatellit *m* (vom Satelliten gestartet) ‖ ~/**гелиоцентрический** heliozentrischer Satellit *m* *(auf heliozentrischer Umlaufbahn)* ‖ ~/**геостационарный** geostationärer Satellit *m* ‖ ~ **дальней связи** Nachrichtensatellit *m* ‖ ~ **Земли/искусственный** künstlicher Erdsatellit *m* ‖ ~ **Земли/навигационный искусственный** Navigationssatellit *m* ‖ ~ **Земли с экипажем** bemannter künstlicher Erdsatellit *m* ‖ ~/**искусственный** künstlicher Satellit *m* ‖ ~/**исследовательский** Forschungssatellit *m* ‖ ~/**коммерческий** kommerzieller Satellit *m* ‖ ~/**космический** Weltraumsatellit *m* ‖ ~/**метеорологический** Wettersatellit *m*, meteorologischer Satellit *m* ‖ ~/**многоступенчатый** Mehrstufensatellit *m* ‖ ~/**многоцелевой** Mehrzwecksatellit *m* ‖ ~/**молчащий** zeitweilig inaktiver Sputnik *m* ‖ ~/**навигационный** Navigationssatellit *m* ‖ ~/**научно-исследовательский** Forschungssatellit *m* ‖ ~/**необитаемый** unbemannter Satellit *m* ‖ ~/**нестационарный** nichtstationärer Satellit *m* ‖ ~/**обитаемый** bemannter Satellit *m* ‖ ~/**околоземный** Satellit *m* auf Erdumlaufbahn ‖ ~/**околопланетный** zirkumplanarer Satellit *m* ‖ ~/**паровой** *(Schiff)* Begleitheizung *f* ‖ ~/**пассивный связной** passiver Nachrichtensatellit *m* ‖ ~ **радиоразведки** Funkaufklärungssatellit *m* ‖ ~/**разведывательный** Aufklärungssatellit *m*, Beobachtungssatellit *m* ‖ ~ **раннего предупреждения** Frühwarnsatellit *m* ‖ ~/**рентгеновский** Röntgensatellit *m* ‖ ~ **Сатурна** Saturnmond *m* *(entsprechend bei anderen Planeten)* ‖ ~ **связи** Nachrichtensatellit *m* ‖ ~/**состыкованный** angekoppelter Satellit *m* ‖ ~/**спасаемый** bergbarer Satellit *m* ‖ ~/**стационарный** [geo]stationärer Satellit *m* ‖ ~/**телевизионный** Fernsehsatellit *m*, TV-Satellit *m*
спутники/галилеевы *(Astr)* Galileische Monde *mpl (des Jupiter)*
спутник-мишень *m (Mil)* Zielsatellit *m*
спутник-перехватчик *m (Mil)* Abfangsatellit *m*
спутник-разведчик *m (Mil)* Aufklärungssatellit *m*
спутник-ретранслятор *m* Relaissatellit *m*
спутник-убийца *m (Mil)* Killersatellit *m*
спутник-цель *m (Mil)* Zielsatellit *m*
спутник-шпион *m* Spionagesatellit *m*
спутывание *n (Text)* Verfitzen *n*, Verwirren *n*
СР *s.* сверхрешётка
ср *s.* стерадиан
срабатываемость *f* 1. Ansprechvermögen *n (Relais)*; 2. *(Wkst)* Abnutzbarkeit *f*, Verschleißbarkeit *f*
срабатывание *n* 1. Abnutzung *f*, Abnutzen *n*, Verschleißen *n*, Verschleiß *m*; 2. Ansprechen *n*, Auslösen *n (Relais)* ‖ ~ **кип** *(Text)* Abarbeiten *n* der Ballen *(Ballenfräse)* ‖ ~/**ложное (ошибочное)** Fehlauslösung *f (Relais)*
срабатывать 1. abnutzen, verschleißen; 2. ansprechen, auslösen *(Relais)*
сработать *s.* срабатывать
сравнение *n* 1. Vergleich *m*, Vergleichen *n*; 2. *(Math)* Kongruenz *f (Zahlentheorie)* ‖ ~/**визуальное** Sichtvergleich *m* ‖ ~ **дробей** Gleichnamigmachen *n (Brüche)* ‖ ~ **заданной величины с действительной (фактической)** Sollwert-Istwert-Vergleich *m* ‖ ~/**логическое** *(Inf, Kyb)* logischer Vergleich *m* ‖ ~ *n*-**ного порядка** Kongruenz *f* n-ten Grades *(Zahlentheorie)* ‖ ~ **фаз** *(El)* Phasenvergleich *m* ‖ ~ **частот** *(El)* Frequenzvergleich *m*
сравнивание *n* 1. Ausgleichung *f*, Ausgleich *m*; 2. Gleichsetzung *f*
сравнивать 1. vergleichen, gegenüberstellen; 2. gleichsetzen, gleichstellen, gleichmachen; 3. einebnen, ebnen, glätten
сравнитель *m* **частот** *(El)* Frequenzvergleicher *m*
сравнить *s.* сравнивать 1.
сравнять *s.* 1. равнять; 2. сравнивать 3.
срастание *n* Zusammenwachsen *n*, Verwachsen *n*, Verwachsung *f* ‖ ~/**двойниковое** *s.* сросток/двойниковый ‖ ~ **кристаллов** *s.* сростки/кристаллические
срастаться verwachsen, zusammenwachsen
срастить *s.* 1. срастаться; 2. сращивать
сращение *n* 1. *(Ch)* Kondensation *f*, Anellierung *f* *(von Ringen)*; 2. *s.* срастание ‖ ~ **циклов** *(Ch)* Ringkondensation *f*
сращивание *n* 1. Verbinden *n*, Verbindung *f*; 2. Verspleißen *n*, Spleißen *n (Kabel, Seile)*; 3. Anstückung *f*, Verlängerung *f* *(Bw)* Längsverbindung *f*, Längsverband *m* ‖ ~ **замком** *(Bw)* Verblatten *n* ‖ ~ **кабелей** Kabelspleißen *n* ‖ ~ **каната** Seilspleißen *n* ‖ ~ **проводов** Drahtspleißen *n*
сращивать [ver]spleißen *(Kabel, Seile)*
среда *f* Mittel *n*, Medium *n*; Stoff *m* ‖ ~/**агрессивная** aggressives (angeifendes) Mittel (Medium) *n* ‖ ~/**активная** aktives (invertiertes) Medium *n (Laser)* ‖ ~/**анизотропная** anisotropes Medium *n* ‖ ~/**влажная** feuchtes Medium *n* ‖ ~/**внешняя** *s.* ~/окружающая ‖ ~/**водная** Wasserumwelt *f* ‖ ~/**воздушная** Luftumwelt *f* ‖ ~/**восстанавливаемая** regenerierbares Medium *n* ‖ ~/**восстановительная** *(Ch)* reduzierendes Mittel (Medium) *n*, Reduktionsmittel *n*; *(Met)* reduzierende Atmosphäre *f* ‖ ~/**газовая** Gasatmosphäre *f*, Gasmedium *n (z. B. in Schmelzöfen)* ‖ ~/**гомогенная** homogenes Medium *n* ‖ ~/**горизонтально-слоистая** *(Geoph)* horizontal geschichtetes Medium *n* ‖ ~/**диспергирующая (дисперсионная)** 1. *(Opt)* dispergierendes Medium *n*; 2. *(Ch)* Disper-

среда

sionsmittel *n*, Dispergier[ungs]mittel *n*, Dispergens *n* ‖ ~/**естественно-анизотропная** (Ph) natürliches anisotropes Medium *n* ‖ ~/**жилая** (Bw) Wohnumwelt *f* ‖ ~/**закалочная** (Härt) Abschreckmittel *n*, Abschreckmedium *n* ‖ ~/**запоминающая** (Inf) Speichermedium *n* ‖ ~/**защитная газовая** Schutz[gas]atmosphäre *f* ‖ ~/**земляная** Bodenumwelt *f* ‖ ~/**идеальная рабочая** vollkommenes (ideales) Arbeitsmedium *n* ‖ ~/**изотропная** (Ph) isotropes Medium *n* ‖ ~/**искусственная** künstliche Umwelt *f* ‖ ~/**кислая** saures (sauer reagierendes) Medium *n*; saures Milieu *n* ‖ ~/**корродирующая (коррозионная)** korrodierendes (korrosives) Mittel (Medium) *n*, Korrosionsmedium *n*, Korrosionsmittel *n*, Angriffsmittel *n*; rostbildendes Mittel *n*, Rostbildner *m* ‖ ~/**краскопитающая (краскоподающая)** (Typ) farbgebendes Medium *n* ‖ ~/**мутная** trübes Medium *n* ‖ ~/**негомогенная** inhomogenes Medium *n* ‖ ~/**нейтральная** neutrales (neutral reagierendes) Medium *n*; neutrales Milieu *n* ‖ ~/**нелинейная** (Opt) nichtlineares Medium *n* ‖ ~/**неоднородная** inhomogenes (heterogenes) Medium *n* ‖ ~/**непроводящая** (El) nichtleitendes Medium *n* ‖ ~/**однородная** homogenes Medium *n* ‖ ~/**однородная вычислительная** nichtstrukturierter Speicherraum *m* (z. B. Magnetblasenspeicher) ‖ ~/**окислительная** (Ch) Oxidationsmittel *n*, oxidierendes Mittel (Medium) *n*; (Met) oxidierende Atmosphäre *f* ‖ ~/**окружающая** 1. umgebendes Medium *n*, Umgebungsmedium *n*; 2. Umwelt *f*, Umgebung *f* ‖ ~/**оптическая** optisches Medium *n* ‖ ~/**оптически активная** optisch aktives Medium *n* ‖ ~/**оптически плотная** optisch dichtes Medium *n* ‖ ~/**осаждающая** Fällungsmittel *n*, Präzipitiermittel *n* ‖ ~/**основная** basisches (basisch reagierendes) Medium *n*; basisches Milieu *n* ‖ ~ **отпуска** (Härt) Anlaßmittel *n*, Anlaßmedium *n* (Stahl) ‖ ~/**охлаждающая** Kühlmedium *n*, Kühlmittel *n* ‖ ~/**передающая** (El) Übertragungsmedium *n* ‖ ~/**перекачиваемая** Fördermittel *n*, Fördermedium *n* ‖ ~/**печная** (Met) Ofenatmosphäre *f* ‖ ~/**питательная** (Ch) Nährmedium *n*, Nährboden *m*, Nährsubstrat *n* ‖ ~/**поверочная** Prüfgut *n*, Meßgut *n*; Prüfflüssigkeit *f* ‖ ~/**поглощающая** (Ph) Absorptionsmittel *n*, Absorbens *n* ‖ ~/**полупроводящая** (El) halbleitendes Medium *n* ‖ ~/**преломляющая** (Opt) brechendes Medium *n* ‖ ~/**природная** natürliche Umwelt *f* ‖ ~/**проводящая** (El) leitendes Medium *n* ‖ ~/**прозрачная** transparentes Medium *n* ‖ ~/**рабочая** Arbeitsmedium *n* ‖ ~/**рассеивающая** (Opt) streuendes Medium *n* ‖ ~/**реакционная** (Ch) Reaktionsmedium *n*, Reaktionsmilieu *n* ‖ ~/**слоистая** schichtenförmiges Medium *n* ‖ ~/**сплошная** (Mech) deformierbares (kontinuierliches) Medium *n*, Kontinuum *n* ‖ ~/**теплообменная** Wärmetauschermedium *n* ‖ ~/**теплоотводящая** Kühlmittel *n*, wärmeentziehendes Mittel (Medium) *n* ‖ ~/**теплопередающая** Wärmeträgermedium *n* ‖ ~/**упругая** elastisches Medium *n* ‖ ~/**усиливающая** verstärkendes Medium *n*, Verstärkermedium *n* ‖ ~/**фотоупругая** photoelastisches Medium *n* ‖ ~/**щелочная** (Ch) alkalisches (alkalisch reagierendes) Medium *n*; alkalisches Milieu *n*

средневолновый (Rf) Mittelwellen...
средневязкий (Ch) mittelviskos, von mittlerer Viskosität
среднегодовой Jahresdurchschnitts..., im Jahresdurchschnitt
среднегорье *n* (Geol) Mittelgebirge *n*
среднее *n* Mittel *n*, Mittelwert *m*, Durchschnitt *m* ‖ ~/**арифметическое** arithmetisches Mittel *n*, arithmetischer Mittelwert *m* ‖ ~/**взвешенное** gewogener Mittelwert *m* ‖ ~/**геометрическое** geometrisches Mittel *n* ‖ ~/**квадратическое** quadratisches Mittel *n* ‖ ~/**общее** Gesamtmittel *n*, Gesamtmittelwert *m*
среднекислый (Ch) mäßig sauer
среднелитражный (Kfz) mit mittelgroßem Hubraum
среднемягкий mittelweich
среднеплан *m* (Flg) Mitteldecker *m*
среднесуточный Tagesdurchschnitts..., im Tagesdurchschnitt
среднетвёрдый mittelhart
среднечастотный (El) mittelfrequent, Mittelfrequenz...
средний 1. mittlerer, Mittel..., Durchschnitts...; 2. intermediär
средник *m* 1. Mittelteil *n*; Mittelstück *n*; 2. (Text) Vortriebsteil *n* (Strickmaschine) ‖ ~ **оконного переплёта** Fensterkreuz *n*
средства *npl* Mittel *npl* (s. a. unter средство) ‖ ~/**аварийные** Noteinrichtungen *fpl* ‖ ~ **автоматизации** Automatisierungsmittel *npl*; Automatisierungseinrichtungen *fpl* ‖ ~ **автоматизации гибкого производственного модуля** (Fert) Teilsysteme *npl* der Automatisierung von Fertigungszellen ‖ ~/**автотранспортные специализированные** (Bw) Spezialmittel *npl* des Kfz-Verkehrs ‖ ~/**аппаратные** (Inf) Hardware *f*, Gerätetechnik *f* ‖ ~/**бортовые** (Flg, Raumf) Bordeinrichtungen *fpl* ‖ ~ **ввода [данных]** (Inf) Eingabemittel *npl*, Eingabetechnik *f* ‖ ~ **вычислительной техники** rechentechnische Mittel *npl*, Rechenmittel *npl* ‖ ~ **диалога** (Inf) Dialogbetriebsmittel *npl* ‖ ~ **инструментальной посадки** (Flg) Instrumentenlandehilfen *fpl* ‖ ~ **кодирования/вспомогательные** (Inf) Kodierungshilfen *fpl* ‖ ~ **очувствления** (Masch) künstliche Sinnesorgane *npl* ‖ ~/**посадочные** (Flg) Landehilfen *fpl* ‖ ~ **программирования** Programmierungsunterlagen *fpl*, programmtechnische Mittel *npl* ‖ ~ **производства** Produktionsmittel *npl*, Betriebsmittel *npl* ‖ ~/**сигнальные звуковые** (Schiff) akustische Signalmittel *npl*, Rufsignalmittel *npl* ‖ ~/**сигнальные пиротехнические** (Schiff) pyrotechnische Signalmittel *npl* ‖ ~/**сигнальные световые** (Schiff) optische Signalmittel *npl* ‖ ~/**системные** (Inf) Systemunterlagen *fpl* ‖ ~ **спасения** Rettungseinrichtungen *fpl*, Rettungsgerät *n* ‖ ~/**транспортные** 1. Verkehrsmittel *npl*, Beförderungsmittel *npl*, Transportmittel *npl*; 2. Fördermittel *npl*, Fördergeräte *npl*
средство *n* 1. Mittel *n*, Stoff *m* (s. a. unter средства); 2. Arznei *f* ‖ ~/**адсорбирующее** (Ch) Adsorbens *n*, Adsorptionsmittel *n*, adsorbierender (aufnehmender) Stoff *m* ‖ ~/**антидетонационное** (Kfz) Antiklopfmittel *n* (zur Erhöhung der Klopffestigkeit) ‖ ~/**антикоррозийное**

Korrosionsschutzmittel *n* ‖ ~/**антипенное** Schaumverhütungsmittel *n* ‖ ~/**антисептическое** antiseptisches Mittel *n* ‖ ~/**антистатическое** antistatisches Mittel *n*, Antistatikum *n* *(für Fasermaterial)* ‖ ~/**аппретирующее** *(Text)* Appreturmittel *n*, Ausrüstungsmittel *n* ‖ ~/**беляще** *(Ch, Text)* Bleichmittel *n* ‖ ~ **борьбы с сорняками** *(Lw)* Unkrautbekämpfungsmittel *n*, Herbizide *npl* ‖ ~ **взрывания** Zündmittel *n* *(Sprengtechnik)* ‖ ~/**вкусовое** *(Lbm)* geschmackverbesserndes Mittel *n*, Geschmackskorrigens *n* ‖ ~/**возбуждающее** anregendes Mittel *n*, Stimulans *n* ‖ ~/**восстанавливающее** *(Ch)* Reduktionsmittel *n*, reduzierendes Mittel *n* ‖ ~/**вспомогательное** Hilfsstoff *m*, Hilfsmittel *n* ‖ ~/**вспомогательное литейное** Gießereihilfsmittel *npl* ‖ ~/**высушивающее** Trockenmittel *n*, Trocknungsmittel *n* ‖ ~/**газообразующее** gasbildendes (gasabgebendes) Mittel *n*; Blähmittel *n* ‖ ~/**грунтоуплотняющее** Bodenverdichtungsmittel *n* *(Baugründung)* ‖ ~/**дегазирующее** *(Gieß)* Entgasungsmittel *n* ‖ ~/**дезактивирующее** Dekontaminierungsmittel *n*, Entaktivierungsmittel *n* ‖ ~/**дезинфекционное (дезинфицирующее)** Desinfektionsmittel *n*, Desinfiziens *n* ‖ ~/**денатурирующее** *(Ch)* Denaturierungsmittel *n*, Vergällungsmittel *n* ‖ ~/**диспергирующее** Dispersionsmittel *n*, Dispergens *n* ‖ ~ **для обезжиривания** Entfettungsmittel *n* ‖ ~ **для отладки/вспомогательное** *(Inf)* Testhilfe *f* ‖ ~/**закалочное** *(Härt)* Härtemittel *n* ‖ ~/**закрепляющее** *(Ch)* Fixiermittel *n*, Fixativ *n* ‖ ~/**замасливающее** *(Text)* Schmälzmittel *n*, Präparationsmittel *n* ‖ ~ **защиты** Schutzmittel *n*, Schutzstoff *m* ‖ ~ **защиты от коррозии** Korrosionsschutzmittel *n* ‖ ~ **защиты от ржавления** Rostschutzmittel *n* ‖ ~ **измерений** Meßmittel *n* ‖ ~ **измерений/вспомогательное** Meßhilfsmittel *n* ‖ ~ **измерений/дозирующее** dosierendes Meßgerät *n* ‖ ~ **измерений/законное** vorschriftsmäßiges Meßmittel *n* ‖ ~ **измерений/образцовое** Referenznormal *n* ‖ ~ **измерений/рабочее** Betriebsmeßmittel *n*, Arbeitsmeßmittel *n* ‖ ~ **измерений температуры** Temperaturmeßmittel *n* ‖ ~ **измерений/уникальное** Unikatmeßmittel *n* ‖ ~/**измерительное** *s.* ~ измерений ‖ ~ **индикации** Anzeigemittel *n* ‖ ~/**инициирующее** Initiierungsmittel *n* *(Sprengladung)* ‖ ~/**инсектицидное** Insektizid *n*, insektizides Mittel *n* ‖ ~/**карбидообразующее** *(Met)* Karbidbildner *m*, karbidbildendes Mittel *n* ‖ ~ **квантования** *(Inf)* Zeitzuteilungseinrichtung *f*, Quantisierung *f* ‖ ~/**коагулирующее** Flockungsmittel *n*, Koagulant *n* ‖ ~/**консервирующее** Konservierungsmittel *n* ‖ ~/**контрастное** Kontrastmittel *n* *(Röntgenuntersuchung)* ‖ ~ **контроля** Prüfmittel *n* ‖ ~/**кровоостанавливающее** blutstillendes Mittel *n*, Hämostyptikum *n* ‖ ~/**лекарственное** Arzneimittel *n* ‖ ~/**лечебное** Heilmittel *n* ‖ ~/**массового поражения** *(Mil)* Massenvernichtungsmittel *n* ‖ ~/**моющее** Waschmittel *n* ‖ ~ **настройки** Abstimmittel *n* ‖ ~/**обезвоживающее** wasserentziehendes Mittel *n*; Dehydratisierungsmittel *n* *(zur Wasserabspaltung aus chemischen Verbindungen)* ‖ ~/**обезжиривающее** Entfettungsmittel *n* ‖ ~/**обессеривающее** Entschwefelungsmittel *n* ‖ ~/**обесцвечивающее** Entfärbungsmittel *n* ‖ ~/**оклеивающее** *(Lbm)* Schönungsmittel *n* ‖ ~/**осаждающее** *(Ch)* Fällungsmittel *n*, Fällungs[re]agens *n* ‖ ~/**осветляющее** 1. Klärmittel *n*; 2. *(Lbm)* Schönungsmittel *n* ‖ ~/**отбеливающее** Bleichmittel *n* ‖ ~/**отделочное** *s.* ~/аппретирующее ‖ ~/**откаточное** Fördermittel *n* ‖ ~ **отладки [программ]** *(Inf)* Fehlersuchhilfe *f* ‖ ~/**отстаивающее** *(Gum)* Aufrahmungsmittel *n* ‖ ~/**охладительное** Kühlmittel *n*, Kältemittel *n* ‖ ~/**очистительное** Reinigungsmittel *n* ‖ ~/**пеногасящее** Antischaummittel *n*, Entschäumer *m* ‖ ~/**пенообразующее** Schaum[erzeugungs]mittel *n*, Schaumbildner *m* ‖ ~ **перевязочное** Verbandstoff *m* ‖ ~ **перестроения памяти** *(Inf)* Einrichtung *f* zur Speicherumordnung *f* ‖ ~ **поверки** Prüfmittel *n* *(Meßmittelüberwachung)* ‖ ~/**подрывное** Sprengmittel *n* ‖ ~ **пожаротушения** Feuerlöschmittel *n* ‖ ~/**порообразующее** Porenbildner *m* ‖ ~ **привода антенны** Antriebsmittel *n*, Schaumbildner *m* ‖ ~/**промывочное** Spülmittel *n* ‖ ~/**противокоагулирующее** *(Ch)* Antikoagulans *n* ‖ ~/**пятновыводящее** Fleckentfernungsmittel *n* ‖ ~/**радиолокационное** Radarmittel *n* ‖ ~/**радионавигационное** Funknavigationsmittel *n* ‖ ~/**радиопеленгаторное** Funkpeilmittel *n* ‖ ~ **радиосвязи** Funknachrichtenmittel *n* ‖ ~/**радиотехническое** Funkmittel *n*, funktechnisches (radiotechnisches) Mittel *n* ‖ ~/**раздражающее** Reizmittel *n* ‖ ~/**разрыхляющее** *(Gieß)* Lockerungsmittel *n* *(Formstoff)* ‖ ~/**распорное** Schermittel *n* *(Schleppnetz)* ‖ ~/**растворяющее** Lösungsmittel *n*, Lösemittel *n*, Solvens *n* ‖ ~ **связи** *(Nrt)* Nachrichtenmittel *n*, Kommunikationsmittel *n* ‖ ~/**связующее** Bindemittel *n* ‖ ~/**синтетическое моющее** synthetisches Waschmittel *n*, Detergens *n*, Detergent *n*, Syndet *n* ‖ ~/**смазочное** Schmiermittel *n*, Schmierstoff *m* ‖ ~/**смачивающее** Netzmittel *n*, Benetzungsmittel *n* ‖ ~/**травильное** Ätzmittel *n*, ‖ ~/**транспортное рядом идущее** *(Lw)* nebenherfahrendes Transportfahrzeug *n* ‖ ~/**удобрительное** *(Lw)* Düngemittel *n* ‖ ~/**уплотняющее** Dichtungsmittel *n* ‖ ~ **управления** Steuermittel *n* ‖ ~ **управления/вспомогательное** Steuerungshilfe *f* ‖ ~/**химическое деструктурирующее** chemisches Abbaumittel (Plastiziermittel) *n* ‖ ~/**цементирующее** *(Härt)* Einsatzmittel *n* *(Einsatzhärtung)* ‖ ~/**шлихтовальное** *(Text)* Schlichtmittel *n* ‖ ~/**энергетическое высвобождаемое** *(Lw)* lösbarer (selbständiger) energetisches Modul *m*, Triebsatz *m*

срез *m* 1. Abschneiden *n*; 2. *(Fest)* Scheren *n*, Abscheren *n*; 3. Schnittfläche *f*, Schnittstelle *f*; 4. Schnitt *m* (mit dem Mikrotom hergestelltes mikroskopisches Präparat); 5. *(Met)* Blockkopf *m*, verlorener Kopf *m*; 6. *(Wkst)* Scherbruch *m*, Gleitbruch *m* ‖ ~/**косой** *s.* стык/косой ‖ ~/**оптический** optischer Schnitt *m* ‖ ~ **реактивного сопла** *(Rak)* Düsenöffnung *f*, Schubdüsenöffnung *f*, Düsenmündungsfläche *f*, Endquerschnitt *m* der Schubdüse (Strahltriebwerk) ‖ ~/**сверхтонкий** *s.* ~/ультратонкий ‖ ~ **сопла/косой** Schrägabschnitt *m* *(Düse; Dampfturbine)* ‖ ~/**тонкий** Dünnschnitt *m* *(Mikroskopie)* ‖ ~/**ультратонкий** Ultradünnschnitt *m* *(Mikroskopie)*

X-срез *m (Krist)* X-Schnitt *m*
Y-срез *m (Krist)* Y-Schnitt *m*
срезать *s.* срезывать
срезывание *n* 1. Abschneiden *n*; 2. *(Wkst)* Abscheren *n*; 3. Abflachen *n*; 4. Abbrennen *n*, Freischneiden *n*
срезывать 1. abschneiden; 2. *(Wkst)* abscheren; 3. abflachen; 4. abbrennen, freischneiden
СРЗ *s.* завод/судоремонтный
сровнять *s.* сравнивать 3.
сродство *n (Ch)* Affinität *f* ‖ ~ **к кислороду** Sauerstoffaffinität *f* ‖ ~ **к электрону** Elektronenaffinität *f* ‖ ~/**молекулярное** molekulare Affinität *f* ‖ ~/**химическое** chemische Affinität *f* ‖ ~/**электронное** Elektronenaffinität *f*
срок *m* 1. Termin *m*; 2. Frist *f*, Dauer *f*, Zeitraum *m*, Zeitspanne *f* ‖ ~/**агротехнический** *(Lw)* 1. agrotechnischer Termin *m*; 2. agrotechnische Zeitspanne *f* ‖ ~ **безаварийной работы** havariefreie Betriebszeit *f* ‖ ~ **выдержки** Haltezeit *f (Beton)* ‖ ~ **гарантии** 1. vertraglicher (vertraglich vereinbarter) Termin *m*; 2. Garantiezeit *f* ‖ ~ **годности** Haltbarkeitsdauer *f* ‖ ~ **давности** Verjährungsfrist *f* ‖ ~ **доставки** Liefertermin *m*; 2. Lieferfrist *f*, Lieferzeit *f* ‖ ~ **наблюдения** Beobachtungstermin *m*; 2. Bearbeitungstermin *m*; 2. Bearbeitungstermin *m* ‖ ~ **обработки** 1. Bearbeitungstermin *m*; 2. Bearbeitungstermin *m* ‖ ~ **окупаемости** Amortisationszeit *f* ‖ ~ **платежа** Zahlungsfrist *f*, Zahlungstermin *m* ‖ ~ **поставки** 1. Liefertermin *m*; 2. Lieferzeit *f* ‖ ~/**предельный** äußerster Termin *m* ‖ ~/**промежуточный** Zwischentermin *m* ‖ ~ **сдачи** Ablieferungstermin *m*, Übergabetermin *m* ‖ ~ **службы** Nutzungsdauer *f*, Lebensdauer *f (z. B. einer Maschine)*; Standzeit *f*, Standdauer *f (z. B. einer Zimmerung im Bergbau)* • **ограничивающий срок службы** lebensdauerbegrenzend ‖ ~ **службы/ожидаемый** Lebensdauererwartung *f* ‖ ~ **службы/полезный** Nutzlebensdauer *f*, Nutzbrenndauer *f (einer Glühlampe)* ‖ ~ **службы/средний** absolute Lebensdauer *f* ‖ ~ **службы/средний** mittlere Lebensdauer *f* ‖ ~/**средний межремонтный** mittleres Reparaturintervall *n* ‖ ~ **службы/эксплуатационный** Betriebslebensdauer *f* ‖ ~ **схватывания** *(Bw)* Bindezeit *f*, Abbindezeit *f (Beton, Mörtel)* ‖ ~/**установленный** festgesetzter Termin *m* ‖ ~ **хранения** 1. Lager[ungs]frist *f*; 2. *(Inf)* Sperrzeit *f*
сростки *mpl*/**кристаллические** *(Krist)* Kristallverwachsungen *fpl*
сросток *m* 1. *(El)* Spleiß *m*, Spleißstelle *f (Kabel, Seil)*; Verbindungsstelle *f*; 2. Verwachsung *f (Kristalle)* ‖ ~/**двойниковый** *(Krist)* Zwillingsverwachsung *f* ‖ ~/**параллельный** *(Krist)* Parallelverwachsung *fpl*
СРП *s.* 1. радиопеленгатор/слуховой/; 2. приспособление/сборочно-разборное
СРТ *s.* 1. система регенерации тепла; 2. траулер/средний рыболовный
сруб *m (Bw)* Blockverband *m (Holzbauten in liegender Blockbauweise)*
срубать 1. abhauen, abschlagen; *(Forst)* fällen, schlagen, abholzen
срубить *s.* срубать
СРЧ *s.* часть/средняя радиационная
срыв *m* 1. Abreißen *n*; Ablösen *n*, Ablösung *f (z. B. einer Strömung)*; 2. Abrutschen *n (des Schraubenschlüssels)* ‖ ~/**бумажный** Abriß *m (Papier)* ‖ ~ **пламени** Abreißen *n* der Flamme ‖ ~ **пограничного слоя** *(Aero)* Grenzschichtablösung *f* ‖ ~ **потока [на крыле]** *(Aero)* Abreißen *n* der Strömung *(am Tragflügel)*
срывать 1. abreißen; 2. abrutschen *(z. B. Schraubenschlüssel)* ‖ ~ **резьбу** *(Fert)* Gewinde überdrehen
СС *s.* 1. система/следящая; 2. схема совпадения; 3. схема/счётная
ССА *s.* схема соединения аппаратов
ССЗ *s.* завод/судостроительный
ССК *s.* слово состояния канала
ССН *s.* система навигации/спутниковая
ССП *s.* слово состояния программы
ССТ *s.* система теплофикации/солнечная
ССУ *s.* установка/судовая силовая
ссучивать *(Text)* nitscheln *(Spinnerei)*
ссучить *s.* ссучивать
ссылка *f* 1. Verweis *m*; 2. *(Inf)* Bezugnahme *f*, Referenz *f* ‖ ~/**внешняя** *(Inf)* externe Bezugnahme (Referenz) *f* ‖ ~/**перекрёстная** 1. Querverweis *m*; 2. *(Inf)* Querbezugnahme *f*, Querreferenz *f*
ссыпание *n* Herunterrieseln *n*, Herunterfallen *n (Schüttgut)*
ссыпаться herunterrieseln, herabfallen *(Schüttgut)*
ссыпка *f* Aufschüttung *f*, Schüttung *f*
Ст *s.* стокс
стабилизатор *m* 1. *(El)* Stabilisator *m*, Konstanthalter *m*; 2. *(Ch)* Stabilisator *m*, Stabilisierungsmittel *n*; 3. *(Flg)* Stabilisierungsfläche *f*, Höhenflosse *f*, Flosse *f*; 4. *(Kfz, Rak)* Stabilisator *m*; 5. *(Gieß)* Härter *m (im Formstoff)* ‖ ~/**боковой** *(Flg)* Stützflosse *f* ‖ ~/**вертикальный** *(Flg)* Seiten[leit]flosse *f*, Kielflosse *f* ‖ ~/**газоразрядный** *(El)* Glimmlampenspannungsstabilisator *m* ‖ ~/**гидравлический** *(Kfz)* hydraulischer Stabilisator *m* ‖ ~/**гироскопический** *(Schiff)* Schlingerkreisel *m* ‖ ~/**горизонтальный** *(Flg)* Höhenflosse *f* ‖ ~ **грунта** *(Bw)* Bodenverfestiger *m* ‖ ~ **давления воздуха** *(Reg)* Luftdruckregler *m (bei der pneumatischen Längenmessung)* ‖ ~ **дисперсии** *(Ch)* Dispersionsstabilisator *m* ‖ ~/**кварцевый** *(Rf)* Quarzstabilisator *m* ‖ ~/**магнитный** *(El)* magnetischer Stabilisator *m* ‖ ~ **напряжения** *(El)* Spannungsstabilisator *m*, Spannungskonstanthalter *m* ‖ ~ **напряжения/диодный** *(El)* Diodenspannungsstabilisator *m* ‖ ~ **напряжения/полупроводниковый** *(El)* Halbleiterspannungsstabilisator *m* ‖ ~ **напряжения/транзисторный** *(El)* Transistorspannungsstabilisator *m* ‖ ~ **напряжения/феррорезонансный** *(El)* magnetischer Spannungsstabilisator *m* ‖ ~ **пены** Schaumstabilisator *m* ‖ ~/**переставной** *(Flg)* Verstellflosse *f (verstellbare Seiten- bzw. Höhenflosse)* ‖ ~ **пламени** Flamm[en]halter *m (Raketen, Gasturbinen)* ‖ ~ **поворотной насадки [гребного винта]** *(Schiff)* Ruderdüsenstabilisator *m* ‖ ~ **постоянного напряжения** *(El)* Gleichspannungskonstanthalter *m* ‖ ~/**продольный** *(Flg)* Längsstabilisator *m* ‖ ~/**раздвижной** *(Flg)* Spreizflosse *f* ‖ ~ **ракеты** Raketenflosse *f*, Raketenstabilisierungsfläche *f* ‖ ~/**регулируемый** *(Flg)* Verstellflosse *f* ‖ ~ **силы тока** *(El)* Stromregelwiderstand *m*

~ скрытого изображения *(Photo)* Latentbildstabilisator m ‖ ~/стержневой *(Kfz)* Dreh[stab]stabilisator m *(Drehstabfeder)* ‖ ~ тока *(El)* Stromstabilisator m ‖ ~/торсионный s. ~/стержневой ‖ ~/хвостовой *(Flg)* Heckflosse f, Schwanzflosse f ‖ ~ хода на склонах *(Lw)* Hangscheibe f ‖ ~ частоты *(El)* Frequenzstabilisator m
стабилизация f 1. Stabilisierung f, Konstanthaltung f, Gleichhaltung f; Einhaltung f; 2. *(Text)* Fixierung f, Fixieren n; 3. *(Reg)* s. ~ заданного значения • **с амплитудной стабилизацией** *(El)* amplitudenstabilisiert • **с кварцевой стабилизацией [частоты]** *(El)* quarzstabilisiert, quarzgesteuert • **со стабилизацией нуля** nullpunkt[s]konstant ‖ ~/автоматическая *(Reg)* Festwertregelung f ‖ ~ амплитуды *(El)* Amplitudenstabilisierung f ‖ ~ бензина Benzinstabilisierung f ‖ ~ вращением *(Flg, Mil)* Drallstabilisierung f ‖ ~ высоты *(Flg)* Höhenstabilisierung f ‖ ~/гироскопическая *(Flg)* Kreiselstabilisierung f, Gyrostabilisierung f ‖ ~ горячим воздухом/тепловая *(Text)* Thermofixierung f mit Hilfe von Heißluft, Heißluftfixierung f ‖ ~/гравитационная *(Flg)* Gravitationsstabilisierung f, Schwerestabilisierung f ‖ ~ грунта *(Bw)* Bodenverfestigung f ‖ ~ давлением Druckstabilisierung f ‖ ~ заданного значения *(Reg)* Festwertregelung f ‖ ~/импульсная *(El)* Impulsstabilisierung f ‖ ~ качки Schlingerdämpfung f ‖ ~/кварцевая *(El)* Quarzstabilisierung f, Quarzsteuerung f ‖ ~/курсовая *(Flg)* Richtungsstabilisierung f, Kurzstabilisierung f ‖ ~ маховиком *(Flg)* Drallstabilisierung f ‖ ~/мостовая *(El)* Brückenstabilisierung f ‖ ~ напряжения *(El)* Spannungsstabilisierung f, Spannungskonstanthaltung f ‖ ~ напряжения переменного тока Wechselspannungsstabilisierung f ‖ ~ насыщенным паром *(Text)* Sattdampffixierung f ‖ ~ [пространственного] положения в полёте *(Flg)* Fluglageregelung f, Fluglagestabilisierung f ‖ ~ скорости *(Masch)* Drehzahlstabilisierung f, Drehzahlkonstanthaltung f ‖ ~/тепловая (термическая) *(Text)* Thermofixierung f ‖ ~ тока *(El)* Stromstabilisierung f, Stromkonstanthaltung f ‖ ~ фазы *(El)* Phasenstabilisierung f ‖ ~ частоты *(El)* Frequenzstabilisierung f ‖ ~ частоты/кварцевая Frequenzstabilisierung f durch Quarzsteuerung ‖ ~ числа оборотов s. ~ скорости
стабилизированный stabilisiert ‖ ~ кварцем *(El)* quarzstabilisiert, quarzgesteuert ‖ ~ по амплитуде *(El)* amplitudenstabilisiert ‖ ~ по курсу (направлению) *(Flg)* kursstabilisiert ‖ ~ относительно Земли *(Flg)* erdstabilisiert, stabilisiert relativ zur Erde ‖ ~ по току *(El)* stromstabilisiert, stromkonstant ‖ ~ по частоте *(El)* frequenzstabilisiert
стабилизировать 1. *(Ch)* stabilisieren; 2. *(Text)* fixieren; 3. *(Bw)* verfestigen *(Boden)* ‖ ~ горячим воздухом *(Text)* heißluftfixieren, mit Heißluft fixieren ‖ ~ насыщенным паром *(Text)* sattdampffixieren, mit Sattdampf fixieren
стабилизование n s. стабилизация
стабилизовать s. стабилизировать
стабилитрон m *(Eln)* Stabilitron n, Stabilisatorröhre f ‖ ~/газоразрядный (ионный) *(El)* Gasentladungsstabilitron n, Gasentladungsstabilisatorröh-

re f ‖ ~ коронного разряда Koronaentladungsstabilitron n ‖ ~ кремниевый *(Eln)* Siliciumstabilisatron n ‖ ~/полупроводниковый Halbleiterstabilitron n
стабиловольт m *(Eln)* Stabilovolt n, Stabilovoltröhre f
стабильность f Stabilität f, Beständigkeit f, Konstanz f ‖ ~ во времени Zeitstabilität f ‖ ~/долговременная Langzeitstabilität f, Langzeitkonstanz f ‖ ~/кратковременная Kurzzeitstabilität f, Kurzzeitkonstanz f ‖ ~ напряжения *(El)* Spannungsstabilität f ‖ ~ нуля Nullpunktstabilität f, Null[punkt]konstanz f ‖ ~ работы Betriebsstabilität f ‖ ~ размеров Maßhaltigkeit f, Maßbeständigkeit f ‖ ~/термическая thermische Stabilität (Festigkeit) f, Wärmestabilität f, Thermostabilität f ‖ ~ траектории *(Rak)* Bahnstabilität f ‖ ~/фазовая *(El)* Phasenstabilität f ‖ ~ частоты *(El)* Frequenzstabilität f, Frequenzkonstanz f ‖ ~ ядер s. ~/ядерная ‖ ~/ядерная *(Kern)* Kernstabilität f, nukleare Stabilität f
стабильный stabil, beständig, konstant ‖ ~ по времени zeitstabil ‖ ~/по частоте frequenzstabil
стабистор m *(Eln)* Stabistor m
став m буровых штанг *(Bgb)* Gestängezug m *(Bohrung)*
ставень m *(Bw)* Fensterladen m
ставить 1. setzen, stellen, einstellen; 2. anbringen; 3. liefern ‖ ~ опыт einen Versuch ansetzen
ставка f кип *(Text)* Ballenposten m, Ballensatz m *(Putzerei)* ‖ ~/процентная Prozentsatz m
ставролит m *(Min)* Staurolith m
стадион m Stadion n ‖ ~/водный Schwimmstadion n ‖ ~/крытый überdachtes Stadion n
стадия f Stadium n ‖ ~ брожения Gärstadium n ‖ ~ града *(Meteo)* Hagelstadium n ‖ ~ дождя *(Meteo)* Regenstadium n ‖ ~ компиляции *(Inf)* Kompilierungsstadium n, Übersetzungsstadium n ‖ ~ конденсации *(Meteo)* Kondensationsstadium n ‖ ~/ледниковая *(Geol)* Stadium n (Zeitabschnitt einer Vereisungsperiode mit vorübergehendem Vorstoß des Eises) ‖ ~/пластическая *(Fest)* plastisches Stadium n ‖ ~ реакции Reaktionsstadium n, Reaktionsstufe f ‖ ~ резита *(Kst)* Resitstadium n, C-Stadium n ‖ ~ резитола *(Kst)* Resitolstadium n, Resitolzustand m, B-Stadium n ‖ ~ резола *(Kst)* Resolstadium n, Resolzustand m, A-Stadium n ‖ ~ снега *(Meteo)* Schneestadium n ‖ ~/сухая *(Meteo)* Trockenstadium n
стакан m 1. Glas n *(Gefäß)*, Becher m; 2. *(Masch)* Buchse f, Hülse f, Laufbuchse f; 3. *(Met, Gieß)* Gießpfannenstopfenausguß m, Stopfenausguß m, Lochstein m *(der Stopfenpfanne)*; Kanalstein m *(beim Blockguß)*; 4. *(Bw)* Hülse f *(Stützenfundament)*; 5. *(Bgb)* Bohrlochpfeife f *(Sprengtechnik)* ‖ ~/буферный *(Eb)* Pufferhülse f ‖ ~/всасывающий *(Kfz)* Ansaugtopf m ‖ ~/доильный *(Lw)* Melkbecher m ‖ ~/мерный Meßbecher m ‖ ~/переборочный *(Schiff)* Schottdurchführung f, Schottstutzen m ‖ ~/предохранительный Brechkappe f *(am Walzgerüst)* ‖ ~ ~ пружины Federglocke f, Federhülse f ‖ ~ разливочного ковша s. стакан 3. ‖ ~/разливочный s. стакан 3. ‖ ~/химический *(Ch)* Becherglas n

стаканчик *m* 1. *(Ch)* Gläschen *n*; 2. *s.* стакань 3.
‖ ~/**пробный** Schauglas *n* ‖ ~/**экранирующий** *(El)* Abschirmbecher *m*
стакер *m* fahrbarer Stapelförderer *m* ‖ ~/**скребковый** fahrbarer Stapelkratzförderer *m (für Holz im Holzlagerbetrieb)*
стаксель *m* Vorsegel *n*, Focksegel *n*, Stagfock *f (Segeljacht)*
стаксель-фал *m* Vorsegel-Fall *n*, Fockfall *n (Segeljacht)*
стаксель-шкот *m* Vorsegelschot *f*, Fockschot *f (Segeljacht)*
стаксель-штаг *m* Vorstag *m (Segeljacht)*
сталагмит *m (Geol)* Stalagmit *m (vom Höhlenboden aufwachsende Tropfsteinbildung)*
сталагмометр *m (Меß)* Stalagmometer *n*
сталагнат *m (Geol)* Stalagnat *m*, Tropfsteinsäule *f*
сталактит *m (Geol)* Stalaktit *m (von der Höhlendecke herabwachsende Tropfsteinbildung)*
сталеалюминиевый *(El)* Stahlaluminium..., Stalu-...
сталебронированный *(El)* stahlarmiert *(Kabel)*
сталеварение *n* Stahlschmelzen *n*, Stahlfrischen *n*
сталелитейная *f* Stahlgießerei *f*
сталелитейный Stahlguß..., Stahlgießerei...
сталеплавильный Stahlschmelz..., Stahlschmelzerei...
сталепрокатный Stahlwalz...
сталефибробетон *m (Bw)* Stahlsaitenbeton *m*
сталкивание *n* [**блоков, листов**] *(Typ)* Aufstoßen *n (der Bogen; manuell)*; Schütteln *n (der Bogen; maschinell)*
сталкиватель *m* 1. *(Wlz)* Abschiebevorrichtung *f*, Abstoßvorrichtung *f*; 2. *(Typ)* Aufstoßvorrichtung *f*, Aufstoßer *m (für Bögen)* ‖ ~ **бунтов** Bundabschiebevorrichtung *f* ‖ ~ **груза** Abschieber *m (Fördertechnik)* ‖ ~ **реечный** Zahnstangenabschiebevorrichtung *f* ‖ ~ **рычажный** Abschiebevorrichtung *f* mit Kurbeltrieb ‖ ~ **слитков** Blockabschiebevorrichtung *f* ‖ ~ **слябов** Brammenabschiebevorrichtung *f*
сталкивать 1. abschieben, abstoßen, stoßen *(Walzgut)*; 2. *(Typ)* aufstoßen *(Bogen; manuell)*; schütteln *(Bogen, maschinell)*
сталодикатор *m (Schiff)* Stalodikator *m*, Ladungsrechner *m*
сталь *f (Met)* Stahl *m* ‖ ~/**автоматная** Automatenstahl *m* ‖ ~/**азотированная** Nitrierstahl *m*, nitrierter Stahl *m* ‖ ~/**азотированная инструментальная** nitrierter Werkzeugstahl *m* ‖ ~/**азотируемая** Nitrierstahl *m*, nitrierfähiger Stahl *m* ‖ ~/**алитированная** alitierter Stahl *m* ‖ ~/**антикоррозийная** korrosionsbeständiger Stahl *m*; rostbeständiger (nichtrostender) Stahl *m* ‖ ~/**арматурная** Bewehrungsstahl *m*, Betonstahl *m* ‖ ~/**аустенитная** austenitischer Stahl *m* ‖ ~/**аустенитная [высоко]марганцевая** Manganhartstahl *m*, Hartmanganstahl *m* ‖ ~/**бессемеровская** Bessemerstahl *m* ‖ ~/**бимсовая** Wulststahl *m*, Bulbstahl *m* ‖ ~/**борштая** Borstahl *m (für kerntechnische Zwecke)* ‖ ~/**броневая** Panzerstahl *m* ‖ ~/**брусковая** Stabstahl *m* ‖ ~/**бульбовая** Bulbstahl *m*, Wulststahl *m* ‖ ~/**быстрорежущая** Schnell[arbeits]stahl *m* ‖ ~ **в прутках** Stangenstahl *m* ‖ ~ **в слитках** Blockstahl *m*, Gußblockstahl *m*, Flußstahl *m (aus dem flüssigen Zustand gewonnener Stahl)* ‖ ~/**ванадиевая** Vanadiumstahl *m*, vanadiumlegierter Stahl *m* ‖ ~/**волочёная** gezogener Stahl *m* ‖ ~/**вольфрамовая** Wolframstahl *m*, wolframlegierter Stahl *m* ‖ ~/**высококачественная** Qualitätsstahl *m*, Edelstahl *m* ‖ ~/**высоколегированная** hochlegierter Stahl *m* ‖ ~/**высокопрочная** hochfester Stahl *m* ‖ ~/**высокоуглеродистая** hochgekohlter (kohlenstoffreicher) Stahl *m* ‖ ~/**высокохромистая** hochlegierter Chromstahl *m* ‖ ~/**вязкая** zäher Stahl *m* ‖ ~/**гладкая** Blankstahl *m* ‖ ~/**горячекатаная** warmgewalzter Stahl *m* ‖ ~/**гофрированная листовая** Stahlwellblech *n*, Wellblech *n (besonderer Festigkeit und Steifheit)* ‖ ~/**графитовая** graphitischer Stahl *m* ‖ ~/**двутавровая** Doppel-T-Stahl *m*, I-Stahl *m* ‖ ~/**двухслойная** Verbundstahl *m*, plattierter Stahl *m* ‖ ~/**декапированная листовая** dekapiertes Stahlblech *n* ‖ ~/**динамная** Dynamostahl *m* ‖ ~/**динамная листовая** Dynamo[stahl]blech *n* ‖ ~/**доэвтектоидная** untereutektoider (unterperlitischer) Stahl *m* ‖ ~/**жаропрочная** *s.* ~/**жаростойкая** ‖ ~/**жаростойкая (жароупорная)** hitzebeständiger (warmfester) Stahl *m* ‖ ~/**закалённая** gehärteter Stahl *m* ‖ ~/**закаливаемая в воде** Wasserhärtungsstahl *m*, Wasserhärter *m*, Schalenhärter *m*, C-Stahl *m* ‖ ~/**закаливаемая в воздушной струе** *s.* ~/**самозакаливающаяся** ‖ ~/**закаливаемая в масле** Ölhärtungsstahl *m*, Ölhärter *m*, Durchhärter *m* ‖ ~/**закаливающаяся** härtbarer Stahl *m* ‖ ~/**заэвтектоидная** übereutektoider Stahl *m* ‖ ~/**зернистая** körniger Stahl *m* ‖ ~/**износостойкая (износоустойчивая)** verschleißfester Stahl *m* ‖ ~/**инструментальная** Werkzeugstahl *m* ‖ ~/**инструментальная быстрорежущая** Schnell[arbeits]stahl *m* ‖ ~/**инструментальная легированная** legierter Werkzeugstahl *m* ‖ ~/**инструментальная углеродистая** unlegierter Werkzeugstahl *m* ‖ ~/**инструментальная штамповая** Gesenkstahl *m* ‖ ~/**калиброванная** 1. gezogener Stahl *m*; 2. kalibriert gewalzter Stahl *m* ‖ ~/**карбидная** carbidischer Stahl *m* ‖ ~/**каркасная** *(Gieß)* Kerneisen *n*, Kernbewehrung *f* ‖ ~/**катаная** gewalzter Stahl *m*, Walzstahl *m* ‖ ~/**качественная** Qualitätsstahl *m* ‖ ~/**квадратная** Vierkantstahl *m* ‖ ~/**кипящая** unberuhigter (unberuhigt vergossener) Stahl *m* ‖ ~/**кислая** saurer (sauer erschmolzener) Stahl *m* ‖ ~/**кислотостойкая (кислотоупорная)** säurebeständiger (säurefester) Stahl *m* ‖ ~/**кобальтовая** Kobaltstahl *m*, kobaltlegierter Stahl *m* ‖ ~/**кованая** 1. geschmiedeter Stahl *m*; 2. Schmiedestück *n*, Schmiedeteil *n* ‖ ~/**ковкая** schmiedbarer Stahl *m*, Schmiedestahl *m* ‖ ~/**комплексно-легированная** komplexlegierter Stahl *m (mehr als zwei Legierungselemente)* ‖ ~/**конверторная** Konverterstahl *m (Bessemer- und Thomasstahl)* ‖ ~/**конструкционная** Baustahl *m*, Konstruktionsstahl *m* ‖ ~/**конструкционная углеродистая** unlegierter Baustahl *m* ‖ ~/**коррозиеустойчивая (коррозионно-стойкая, коррозионно-устойчивая)** korrosionsbeständiger Stahl *m*; rostbeständiger (nichtrostender) Stahl

сталь

m ‖ ~/**кремнистая** Siliciumstahl *m*, Stahl *m* mit erhöhtem Siliciumgehalt ‖ ~/**кричная** Herdfrischstahl *m* ‖ ~/**круглая** Rundstahl *m* ‖ ~/**крупнозернистая** grobkörniger Stahl *m* ‖ ~/**легированная** legierter Stahl *m* ‖ ~/**ледебуритная** ledeburitischer Stahl *m* ‖ ~/**ленточная** Bandstahl *m* ‖ ~/**листовая** Stahlblech *n*, Blech *n* ‖ ~/**листовая толстая** Grob[stahl]blech *n* ‖ ~/**листовая тонкая** Fein[stahl]blech *n* ‖ ~/**листовая электротехническая** Elektro[magnet]blech *n*; Transformatorenblech *n*, Trafoblech *n* ‖ ~/**литая** Gußstahl *m*, Blockstahl *m*; Stahlguß *m* ‖ ~/**магнитная** Magnetstahl *m* (Stahl mit besonderen magnetischen Eigenschaften) ‖ ~/**магнитно-мягкая** magnetisch weicher Stahl *m*, weichmagnetischer Stahl *m* ‖ ~/**малолегированная углеродистая** niedriglegierter Kohlenstoffstahl *m* ‖ ~/**маломагнитная** antimagnetischer Stahl *m* ‖ ~/**малоуглеродистая** niedriggekohlter Stahl *m* ‖ ~/**марганцевая** Manganstahl *m* ‖ ~/**марганцевая твёрдая** Manganhartstahl *m*, Hartmanganstahl *m* ‖ ~/**мартеновская** Siemens-Martin-Stahl *m*, SM-Stahl *m* ‖ ~/**мартенситная** martensitischer Stahl *m* ‖ ~/**машиностроительная** Maschinen[bau]stahl *m* ‖ ~/**медистая** 1. kupferhaltiger Stahl *m*; 2. Kupferstahl *m*, kupferlegierter Stahl *m* ‖ ~/**мелкозернистая** Feinkornstahl *m* ‖ ~ **мелкозернистой структуры** Feinkornstahl *m* ‖ ~/**мелкосортная** Feinstahl *m*, Handelsstahl *m* ‖ ~/**многослойная** Verbundstahl *m* ‖ ~/**молибденовая** Molybdänstahl *m*, molybdänlegierter Stahl *m* ‖ ~/**мягкая** *s.* ~/низкоуглеродистая ‖ ~/**нагартованная** verfestigter Stahl *m* ‖ ~/**науглероженная** [auf]gekohlter Stahl *m* ‖ ~/**не принимающая закалки** nichthärtbarer (unhärtbarer) Stahl *m* ‖ ~/**нелегированная** unlegierter Stahl *m*, Kohlenstoffstahl *m* ‖ ~/**немагнитная** unmagnetischer Stahl *m* ‖ ~/**необработанная листовая** Roh[stahl]blech *n* ‖ ~/**нержавеющая** nichtrostender (rostfreier) Stahl *m* ‖ ~/**нестареющая** alterungsbeständiger Stahl *m* ‖ ~/**неуспокоенная** unberuhigter (unberuhigt vergossener) Stahl *m* ‖ ~/**низколегированная** niedriglegierter Stahl *m* ‖ ~/**низкоуглеродистая** niedriggekohlter (kohlenstoffarmer) Stahl *m* ‖ ~/**никелевая** Nickelstahl *m*, nickellegierter Stahl *m* ‖ ~/**нитрированная** Nitrierstahl *m*, nitrierter Stahl *m* ‖ ~/**ножевая** normaler Schneidwerkzeugstahl *m* ‖ ~/**нормализованная** normalisierter (normalgeglühter) Stahl *m* ‖ ~/**огнестойкая** hitzebeständiger Stahl *m* ‖ ~/**однотавровая** T-Stahl *m* ‖ ~/**окалиностойкая** zunderfester (zunderbeständiger, zunderbeständiger) Stahl *m* ‖ ~/**основная** basischer (basisch erschmolzener) Stahl *m* ‖ ~/**отожжённая** geglühter Stahl *m* ‖ ~/**отпущенная** angelassener Stahl *m* ‖ ~/**оцинкованная листовая** verzinktes Blech *n* ‖ ~/**перегретая** überhitzter Stahl *m* ‖ ~/**передутая** übergarer Stahl *m* ‖ ~/**переплавленная** umgeschmolzener Stahl *m* ‖ ~/**перлитная** perlitischer Stahl *m* ‖ ~/**плакированная** plattierter Stahl *m* ‖ ~/**поделочная** Maschinen[bau]stahl *m* ‖ ~/**полосовая** Flachstahl *m*, Bandstahl *m*, Flachstahlprofil *n* ‖ ~/**полуаустенитная** halbaustenitischer Stahl *m* ‖ ~/**полукруглая** Halbrundstahl *m* ‖ ~/**полуспокойная** halbberuhigter (halbberuhigt vergossener) Stahl *m* ‖ ~/**полуферритная** halbferritischer Stahl *m* ‖ ~/**природно-легированная** naturlegierter Stahl *m* ‖ ~/**профильная** Profilstahl *m*, Formstahl *m* ‖ ~/**пружинная** Federstahl *m* ‖ ~/**прутковая** Stabstahl *m*, Stangenstahl *m* ‖ ~/**пузырчатая** blasiger Stahl *m* ‖ ~/**раскислённая** *s.* ~/спокойная ‖ ~/**рафинированная** Raffinierstahl *m*, raffinierter Stahl *m* ‖ ~/**рельсовая** Schienenstahl *m* ‖ ~/**рессорная** Federstahl *m* ‖ ~/**рессорно-пружинная** Federstahl *m* ‖ ~/**рифлёная** *s.* ~/рядовая ‖ ~/**рядовая** *s.* ~/торговая ‖ ~/**самозакаливающаяся** selbsthärtender (lufthärtender) Stahl *m*, Selbsthärter *m*, Lufthärter *m* ‖ ~/**самозакальная** *s.* ~/самозакаливающаяся ‖ ~/**сваренная** geschweißter Stahl *m* ‖ ~/**свариваемая** schweißbarer Stahl *m* ‖ ~/**свариваемая строительная** schweißbarer Baustahl *m* ‖ ~/**сварочная** Schweißstahl *m* (im teigigen Zustand gewonnener Stahl) ‖ ~/**светлотянутая** blankgezogener Stahl *m* ‖ ~/**сегментная** Halbrundstahl *m* ‖ ~/**серебристая** Silberstahl *m* ‖ ~/**слаболегированная** niedriglegierter Stahl *m* ‖ ~/**слабоотожжённая** weichgeglühter Stahl *m* ‖ ~/**сложно легированная** komplexlegierter Stahl *m* (mehr als zwei Legierungselemente) ‖ ~/**сорбитная** sorbitischer Stahl *m* ‖ ~/**сортовая** Formstahl *m*, Profilstahl *m*, Stabstahl *m* (Flach-, Quadrat-, Mehrkant- und Rundstahl) ‖ ~/**специальная** Sonderstahl *m* ‖ ~/**спечённая легированная** Sinterstahllegierung *f* ‖ ~/**спокойная** beruhigter (beruhigt vergossener) Stahl *m* ‖ ~/**среднелегированная** mittellegierter Stahl *m* ‖ ~/**среднеуглеродистая** mittelgekohlter Stahl *m* ‖ ~/**стандартная** Normstahl *m* ‖ ~/**строительная** Baustahl *m* ‖ ~/**судостроительная** Schiffbaustahl *m* ‖ ~/**сырая** Rohstahl *m* ‖ ~/**тавровая** T-Stahl *m* ‖ ~/**твёрдая** Hartstahl *m* ‖ ~/**теплостойкая (теплоустойчивая)** warmfester Stahl *m* ‖ ~/**термически улучшенная** vergüteter Stahl *m*, Vergütungsstahl *m* ‖ ~/**тигельная** Tiegel[guß]stahl *m* ‖ ~/**титанистая** Titanstahl *m*, titanlegierter Stahl *m* ‖ ~/**толстолистовая** Grobblech *n*, dickes Stahlblech *n* ‖ ~/**томасовская** Thomasstahl *m* ‖ ~/**тонколистовая** Feinblech *n*, dünnes Stahlblech *n* ‖ ~/**торговая** Handelsstahl *m*, Massenstahl *m*, unlegierter Stahl *m* ‖ ~/**травленная листовая** dekapiertes Stahlblech *n* ‖ ~/**трансформаторная листовая** Transformatorenblech *n*, Trafoblech *n* ‖ ~/**тройная** Ternärstahl *m* (Stahl mit einem Legierungsbestandteil) ‖ ~/**тянутая** gezogener Stahl *m* ‖ ~/**углеродистая** Kohlenstoffstahl *m*, unlegierter Stahl *m* ‖ ~/**угловая** Winkelstahl *m* ‖ ~/**улучшаемая** Vergütungsstahl *m* ‖ ~/**улучшенная** vergüteter Stahl *m* ‖ ~/**уравновешенная** halbberuhigter (halbberuhigt vergossener) Stahl *m* ‖ ~/**успокоенная** beruhigter (beruhigt vergossener) Stahl *m* ‖ ~/**фасонная** Formstahl *m*, Profilstahl *m* ‖ ~/**ферритная** ferritischer Stahl *m* ‖ ~/**холоднокатаная** kaltgewalzter Stahl *m* ‖ ~/**холоднотянутая** kaltgezogener Stahl *m* ‖ ~/**холодостойкая (холодоустойчивая)** kältefester (kältebeständiger) Stahl *m* ‖ ~/**хромистая** Chromstahl *m*, chromlegierter

сталь

Stahl *m* || ~/**хрупкая** brüchiger (spröder) Stahl *m* || ~/**цементованная** einsatzgehärteter (zementierter) Stahl *m*, im Einsatz gehärteter Stahl *m* || ~/**цементуемая** Einsatzstahl *m* || ~/**чёрная листовая** Schwarzblech *n* || ~/**шарикоподшипниковая** Kugellagerstahl *m* || ~/**швеллерная** U-Stahl *m* || ~/**шестигранная** Sechskantstahl *m* || ~/**шинная** Bandagenstahl *m*, Radreifenstahl *m* || ~/**штрипсовая** 1. Bandstahl *m*; 2. Streifenblech *n* (*zum Herstellen geschweißter Rohre*) || ~/**эвтектоидная** eutektoider Stahl *m* || ~/**электротехническая листовая** Elektro[stahl]blech *n*
сталь-заменитель *f* Austauschstahl *m*
сталь-инвар *f* Invarstahl *m*
сталь-компаунд *f* Verbundstahl *m*
сталь-самокалка *f* *s*. сталь/самозакаливающаяся
сталь-серебрянка *f* Silberstahl *m*
стамеска *f* 1. (*Wkz*) Stechbeitel *m*, Beitel *m*; 2. Stichel *m* (*für Holzdrehmaschinen*)
стан *m* (*Wlz*) 1. Walzwerk *n* (*bestehend aus einem Walzgerüst*); 2. Walz[en]straße *f*, Straße *f* (*mehrere Walzgerüste in kontinuierlicher, halbkontinuierlicher, offener, Staffel- oder Zickzackanordnung sowie in Zickzackordnung mit Vorstraße*); 3. Walzwerk *n* (*als Betriebsteil eines Hüttenwerks*) || ~/**автоматический трубопрокатный** automatisches Rohrwalzwerk *n*, Stopfenwalzwerk *n* || ~/**балочный [прокатный]** Trägerwalzwerk *n* || ~/**бандаж[епрокат]ный** Bandagenwalzwerk *n*, Radreifenwalzwerk *n*, Reifenwalzwerk *n* || ~/**барабанный волочильный** Trommelziehbank *f* (*Draht*) || ~/**бесслитковый** Gießwalzwerk *n*, Strangwalzwerk *n* (*zum Walzen aus dem Schmelzfluß*) || ~/**бронепрокатный** Panzerplattenwalzwerk *n* || ~/**быстроходный [прокатный]** schnellaufendes Walzwerk *n*, Walzwerk *n* mit hoher Walzgeschwindigkeit || ~/**валковый прошивной** Mannesmann-Schrägwalzwerk *n* || ~/**валковый [трубо]сварочный** Rohrschweißwalzwerk *n*, Rohrschweißmaschine *f* || ~/**винтовой волочильный** Ziehbank *f* mit Spindelantrieb (*zum Ziehen von Rohren, Stangen und Profilen*) || ~/**волочильный** Ziehmaschine *f*, Ziehwerk *n*, Ziehbank *m* (*zum Ziehen von Rohren, Stangen und Profilen*) || ~/**Гаррета [/прокатный]** Garret-Walzwerk *n* || ~/**гладильный** 1. Glättwalzwerk *n*, Polierwalzwerk *n*; 2. Friemelmaschine *f* (*Rohre*) || ~/**горячей правки** Warmrichtmaschine *f* || ~ **горячей прокатки** Warmwalzwerk *n*, Warmwalzstraße *f* || ~/**грибовидный прошивной** Kegel[schräg]walzwerk *n* nach Stiefel || ~ **двойное дуо [/прокатный]** Doppelduowalzwerk *n*, Doppelduostraße *f*, Doppelduo *n* || ~/**двухвалковый [прокатный]** *s*. дуо || ~/**дисковый прошивной** Scheiben[schräg]walzwerk *n* nach Stiefel || ~ **для прокатки труб** Rohrwalzwerk *n* || ~ **для сварки труб** Rohrschweißwalzwerk *n*, Rohrschweißmaschine *f* || ~/**дрессировочный** Dressierwalzwerk *n*, Nachwalzwerk *n* || ~ **дуо** Duowalzwerk *n*, Zweiwalzenwalzwerk *n*; Duo[walz]straße *f*, Duo *n* || ~ **дуо/двойной [прокатный]** Doppelduo-Walzwerk *n*; Doppelduo-Walzstraße *f* || ~ **дуо/дрессировочный** Duodressierwalzwerk *n* || ~ **дуо/заготовочный**

Knüppelduowalzwerk *n*; Knüppelduowalzstraße *f*, Knüppelduo *n* || ~ **дуо/крупносортный [прокатный]** Duogrobstahlwalzwerk *n*, Grobstahlduowalzwerk *n* || ~ **дуо/листовой (листопрокатный)** Duoblechwalzwerk *n*; Duoblech[walz]straße *f*, Blechduo *n* || ~ **дуо/мелкосортный [прокатный]** Duofeinstahlwalzwerk *n*; Duofeinstahlstraße *f*, Feinstahlduo *n* || ~ **дуо/обжимный [прокатный]** Duoblockwalzwerk *n*; Duoblockstraße *f*, Blockduo *n* || ~ **дуо/реверсивный** Duoumkehrwalzwerk *n*, Duoreversierwalzwerk *n*, Reversierduowalzwerk *n*; Umkehrduo *n*, Reversierduo *n* || ~ **дуо/рельсопрокатный** Schienenduowalzwerk *n*; Schienenduowalzstraße *f* || ~ **дуо/сортовой [прокатный]** Duoformstahlwalzwerk *n*; Formstahlduo *n* || ~ **дуо/спаренный** Doppelduowalzwerk *n*; Doppelduo *n* || ~ **дуо/среднелистовой** Duomittelblechwalzwerk *n*; Mittelblechduo *n* || ~ **дуо/среднесортный** Duomittelstahlwalzwerk *n*; Mittelstahlduo *n* || ~ **дуо/толстолистовой [прокатный]** Grobblechduowalzwerk *n*; Grobblechduowalzstraße *f*, Grobblechduo *n* || ~ **дуо/тонколистовой [прокатный]** Feinblechduowalzwerk *n*; Feinblechduowalzstraße *f*, Feinblechduo *n* || ~ **дуо/универсальный** Duo-Universalwalzwerk *n*; Universalduo *n* || ~ **дуо/жестепрокатный** Feinblechwalzwerk *n*; Feinblechstraße *f* || ~/**заготовительный [прокатный]** Walzwerk *n* für leichtes Halbzeug; Vorstraße *f*, Halbzeugstraße *f* || ~/**заготовочный [прокатный]** Knüppelwalzwerk *n* || ~/**зигзагообразный [прокатный]** Zickzackwalzwerk *n*, Cross-Country-Walzwerk *n*; Zickzack[walz]straße *f*, Cross-Country-Straße *f* || ~/**калибровочный [прокатный]** Maßwalzwerk *n*, Kalibrierwalzwerk *n* || ~ **кварто** *s*. ~ кварто/прокатный || ~ **кварто/броневой** Quarto-Plattenwalzwerk *n*, Quarto-Panzerplattenwalzwerk *n*; Panzerplattenquarto *n* || ~ **кварто/листовой (листопрокатный)** Blechquartowalzwerk *n*; Blechquartostraße *f*, Blechquarto *n* || ~ **кварто/обжимный** Blockquartowalzwerk *n*; Blockquarto[walz]straße *f*, Blockquarto *n* || ~ **кварто/полосовой** Bandquartowalzwerk *n*; Bandquarto[walz]straße *f*, Bandquarto *n* || ~ **кварто/прокатный** Quartowalzwerk *n*, Vierwalzenwalzwerk *n*; Quarto[walz]straße *f*, Quarto *n* || ~ **кварто/реверсивный [прокатный]** Quarto-Umkehrwalzwerk *n*, Quarto-Reversierwalzwerk *n* || ~ **кварто/среднелистовой** Quarto-Mittelblechwalzwerk *n*; Mittelblechquarto *n* || ~ **кварто/толстолистовой [прокатный]** Grobblechquartowalzwerk *n*; Plattenquarto *n* || ~ **кварто холодной прокатки** Quarto-Kaltwalzwerk *n* || ~ **кварто/черновой** Quartovorwalzwerk *n*; Quartovorwalzstraße *f* || ~/**колесопрокатный** Rad[scheiben]walzwerk *n* || ~/**кольце- и бандажепрокатный** Ring- und Radreifenwalzwerk *n* || ~/**комбинированный волочильный** Zieh-, Richt- und Poliermaschine *f* || ~/**косовалковый прошивной** Mannesmann-Schrägwalzwerk *n* || ~ **косой прокатки** Schrägwalzwerk *n* || ~ **кросс-коунтри/прокатный** *s*. ~/зигзагообразный || ~/**крупносортный [прокатный]** Grobstahlwalzwerk *n*; Grob[stahl]straße *f* ||
~ **Лаута** Lauthsches Trio *n* || ~/**лентопрокат-**

ный Band[stahl]walzwerk n; Bandstahlstraße f ll ~/**линейный [прокатный]** offene Walzstraße (Straße) f ll ~/**листовой [прокатный]** Blechwalzwerk n; Blech[walz]straße f ll ~/**листовой холоднопрокатный** Blechkaltwalzwerk n; Blechkalt[walz]straße f ll ~/**листовой широкополосный [прокатный]** Breitbandwalzwerk n; Breitband[walz]straße f ll ~/**листопрокатный** Blechwalzwerk n; Blech[walz]straße f ll ~/**мелкосортный [прокатный]** Feinstahlwalzwerk n; Feinstahl[walz]straße f ll ~/**многовалковый [прокатный]** Vielwalzenwalzwerk n ll ~/**многокалибровочный [прокатный]** Mehrkaliberwalzwerk n ll ~/**многоклетьевой [прокатный]** mehrgerüstiges Walzwerk n; mehrgerüstige Walzstraße f ll ~/**многопрутковый волочильный** Mehrfachstangenziehbank f ll ~/**многоручьевой [прокатный]** Mehrkaliberwalzwerk n ll ~/**непрерывный [прокатный]** kontinuierliches Walzwerk n; kontinuierliche Walzstraße f ll ~/**нереверсивный [прокатный]** kontinuierliches (durchlaufendes) Walzwerk n ll ~/**обжимный [прокатный]** Blockwalzwerk n; Walzwerk n für schweres Halbzeug ll ~/**обкатной** Abrollwalzwerk n, Friemelwerk n, Reeling-Maschine f, Glättwalzwerk n für Rohre ll ~/**однокалибровый [прокатный]** Einkaliberwalzwerk n; Einkaliberwalzstraße f ll ~/**одноклетьевой [прокатный]** eingerüstiges Walzwerk n; eingerüstige Straße f, Einzel[walz]gerüst n ll ~/**отделочный [прокатный]** Schlichtwalzwerk n, Polierwalzwerk n, Glättwalzwerk n, Fertigwalzwerk n ll ~/**пилигримовый (пильгерный)** Pilger[schritt]walzwerk n ll ~/**планетарный [прокатный]** Planetenwalzwerk n, Walzwerk n mit Umlaufwalzen ll ~/**плющильный** Blattfederstahlwalzwerk n ll ~/**подготовительный [прокатный]** Vorwalzwerk n; Halbzeugstraße f, Vorstraße f ll ~/**полировочный [прокатный]** s. ~/отделочный ll ~/**полосовой прокатный** Flach[stahl]walzwerk n, Band[stahl]walzwerk n; Band[stahl]straße f ll ~/**полунепрерывный прокатный** halbkontinuierliches Walzwerk n; halbkontinuierliche Walzstraße (Straße) f ll ~/**последовательно-возвратный [прокатный]** s. ~/зигзагообразный ll ~/**проволочнопрокатный** Drahtwalzwerk n; Drahtstraße f ll ~/**проволочный** Walzwerk n, Drahtstraße f ll ~/**протяжный** Ziehmaschine f, Ziehbank f ll ~/**прошивной [косовалковый]** Schräg-[loch]walzwerk n ll ~/**прошивной трубопрокатный** Hohlwalzwerk n, Lochwalzwerk n, Vorlochwalzwerk n ll ~/**прутковый волочильный** Stangenziehbank f ll ~/**раскатной** Streckwalzwerk n ll ~/**расширительный** Aufweitewalzwerk n (für Rohre) ll ~/**реверсивный** Reversierwalzwerk n, Umkehrwalzwerk n ll ~/**реверсивный обжимный** Reversierblockwalzwerk n, Umkehrblockwalzwerk n ll ~/**реверсивный прокатный** Reversierwalzwerk n, Umkehrwalzwerk n; Reversier[walz]straße f ll ~/**редукционный** Reduzierwalzwerk n (Rohrherstellung) ll ~/**реечный** Stoßbank f (Rohrherstellung) ll ~/**реечный волочильный** Zahnstangenziehbank f ll ~ **Рёкнера** Roeckner-Walzwerk n, Trommelwalzwerk n ll ~ **рельсобалочный [прокатный]** Schienen-

und Trägerwalzwerk n; Schienen- und Träger-[walz]straße f ll ~ **рельсовый [прокатный]** Schienenwalzwerk n; Schienen[walz]straße f ll ~/**рельсопрокатный** Schienenwalzwerk n; Schienen[walz]straße f ll ~ **Рокрайта [/прокатный]** Rockright-Kaltwalzwerk n, Rockright-Straße f; Kaltpilgerwalzwerk n, Rockright-Kaltwalzstraße f, Kaltpilgerstraße f (Rohrkaltwalzen) ll ~/**роликовый обкатной** Rollenwalzwerk n ll ~/**сдвоенный прокатный** Tandemwalzwerk n, zweigerüstiges Walzwerk n; Tandemstraße f, zweigerüstige Walzstraße (Straße) f ll ~ **системы Маннесман** Mannesmann-Walzwerk n ll ~/**сортовой [прокатный]** Formstahlwalzwerk n für Halbzeug ll ~/**сортозаготовочный прокатный** Knüppelwalzwerk n; Knüppel[walz]straße f ll ~ **специального назначения/прокатный** Sonderwalzwerk n ll ~/**среднелистовой [прокатный]** Mittelblechwalzwerk n; Mittelblech[walz]straße f ll ~/**среднесортный [прокатный]** Mittelstahlwalzwerk n; Mittelstahl-[walz]straße f ll ~/**ступенчатый [прокатный]** Staffel[walz]straße f, gestaffelte Walzstraße (Straße) f ll ~/**суточно-заготовочный [прокатный]** Knüppel- und Platinenwalzwerk n ll ~/**суточный [прокатный]** Platinenwalzwerk n; Platinen[walz]straße f ll ~ **тандем [/прокатный]** Tandemwalzwerk n; Tandemstraße f ll ~/**толстолистовой [прокатный]** Grobblechwalzwerk n; Grobblech[walz]straße f ll ~/**тонколистовой [прокатный]** Feinblechwalzwerk n; Feinblech[walz]straße f ll ~/**трёхвалковый** s. ~ трио ll ~/**трёхвалковый вытяжной** Dreiwalzen-Schrägwalzwerk n, Schulterwalzwerk n ll ~/**трёхвалковый прокатный** s. ~ трио ll ~/**трёхвалковый удлинительный** Dreiwalzen-Schrägwalzwerk n, Schulterwalzwerk n ll ~ **трио** Triowalzwerk n, Dreiwalzen-Walzwerk n; Triostraße f, Trio n ll ~ **трио/заготовочный [прокатный]** Knüppeltrio[walzwerk] n; Halbzeugtrio[walzwerk] n ll ~ **трио/крупносортный** Grobstahltriowalzwerk n, Triogrobstahlstraße f, Grobstahltrio n ll ~ **трио Лаута** Lautsches Trio n ll ~ **трио/листовой [прокатный]** Triofeinstahlwalzwerk n; Trioblech-[walz]straße f, Blechtrio n ll ~ **трио/листопрокатный** s. ~ трио/листовой ll ~ **трио/мелкосортный [прокатный]** Triofeinstahlwalzwerk n; Triofeinstahlstraße f, Feinstahltrio n ll ~ **трио/обжимный [прокатный]** Trioblockwalzwerk n; Trioblockstraße f, Blocktrio n, Vorwalztrio n ll ~ **трио/реверсивный [прокатный]** Trioumkehrwalzwerk n, Trioreversierwalzwerk n ll ~ **трио/рельсопрокатный** Schienentriowalzwerk n; Trioschienenstraße f, Schienentrio n ll ~ **трио/сортовой [прокатный]** Trioformstahlwalzwerk n, Trioprofilstahlwalzwerk n ll ~ **трио/суточный [прокатный]** Trioplatinenwalzwerk n ll ~ **трио/черновой [прокатный]** Triovorwalzwerk n, Triovorstraße f ll ~/**трубоволочильный** Rohrziehbank f, Rohrziehmaschine f ll ~/**трубозаготовочный [прокатный]** Rundknüppelwalzwerk n (für Rohre) ll ~/**трубопрокатный** Rohrwalzwerk n; Rohrwalzstraße f ll ~/**трубопрокатный непрерывный** kontinuierliches Rohrwalzwerk n; kontinuierliche Rohrwalzstraße f ll ~/**трубопрокатный раскатный**

стан Glättwalzwerk *n*, Reelingstraße *f* || **~/трубосварочный** Rohrschweißwalzwerk *n*; Rohrschweißmaschine *f* (Herstellung von Nahtrohren aus Bandstahl) || **~/универсальный [прокатный]** Universalwalzwerk *n*; Universal[walz]straße *f* || **~/фольгопрокатный** Metallfolienwalzwerk *n* || **~ холодной правки** Kaltrichtmaschine *f* || **~ холодной прокатки** Kaltwalzwerk *n*; Kaltwalzstraße *f* || **~ холодной прокатки/листовой** Blechkaltwalzwerk *n*; Blechkaltstraße *f* || **~ холодной прокатки/роликовый** Rollenkaltwalzwerk *n* || **~ холодной прокатки/широкополосный** Breitbandkaltwalzwerk *n* || **~/цепной волочильный** Ziehbank *f* mit Kettenantrieb, Kettenziehbank *f* || **~/чеканочный [прокатный]** Prägewalzwerk *n* || **~/черновой [прокатный]** Vorwalzwerk *n*; Vor[walz]straße *f* || **~/четырёхвалковый [прокатный]** *s*. **~ кварто/прокатное** || **~/чистовой [прокатный]** Fertigwalzwerk *n*; Fertig[walz]straße *f* || **~/шаропрокатный** Kugelwalzwerk *n* || **~/шахматный [прокатный]** Staffel[walz]straße *f*, gestaffelte Walzstraße (Straße) *f*, Zickzackstraße *f* mit kontinuierlicher Vorstraße || **~/широкополосный [прокатный]** Breitbandwalzwerk *n*; Breitband[walz]straße *f* || **~ штрипсовый прокатный** Bandstahlwalzwerk *n*; Band[stahl]straße *f*

стандарт *m* 1. Norm *f*; 2. Normal *n*, Eichnormal *n* || **~ передачи** *(Nrt)* Übertragungsnorm *f* || **~/телевизионный** Fernsehnorm *f* || **~ «узкой полосы»** „Low-Band"-Standard *m (Magnettonband)* || **~ цветного телевидения** Farbfernsehnorm *f* || **~ частоты** *(El)* Frequenzstandard *m*, Frequenznormal *n* || **~ «широкой полосы»** „High-Band"-Standard *m (Magnettonband)*

стандартизация *f* Normung *f*

стандартизировать normen

стандерс *m (Schiff)* Mastkoker *m*, Maststuhl *m*

стандоль *m* Standöl *n*, polymerisiertes Öl *n*

станина *f* 1. *(Masch)* Bett *n*, Ständer *m*, Gestell *n*, Rahmen *m*, Körper *m*; *(Wlz)* Walzenständer *m*, Ständer *m*; Grundplatte *f*; 2. Gehäuse *n (eines Brechers)* || **~ балочного типа** *(Masch)* offener Ständer *m*, offenes Gestell *n* || **~/боковая** *(Masch)* Seitenbett *n* || **~/верхняя** *(Masch)* Obergestell *n*; Oberbett *n* || **~/головная** *(Masch)* Kopfwand *f* || **~/двухстоечная** *(Schm)* Zweiständergestell *n*, Doppelständer *m (z. B. einer Presse)* || **~/дугообразная** *(Masch)* kugelförmiges Gestell *n*, Bügelgestell *n* || **~/задняя** *(Masch)* Hintergestell *n*; *(Masch)* Hinterbett *n* || **~/закрытая** *(Masch)* geschlossenes Gestell *n*; *(Wlz)* geschlossener Ständer *m* || **~ замкнутого типа** *s*. **~ рамного типа** || **~ клети** *(Wlz)* Gerüstständer *m* || **~/концевая** *(Masch)* End[gestell]wand *f* || **~/коробчатая** *(Masch)* Kastenständer *m*, Kastengestell *n*; *(Masch)* Kastenbett *n* || **~/нижняя** *(Masch)* Untergestell *n* || **~/С-образная** *(Masch)* offenes Gestell *n*, C-Gestell *n* || **~/опорная** *(Masch)* Lagerträger *m* || **~/открытая** *(Masch)* offenes Gestell *n*; *(Wlz)* offener Ständer *m (mit abnehmbarem Querhaupt)* || **~/передняя** *(Masch)* Vordergestell *n*; Vorderbett *n* || **~/поперечная** *(Masch)* Querbett *n* || **~/продольная** *(Masch)* Längsbett *n* || **~/пустотелая** *(Masch)* Hohlständer *m* || **~/рабочая** *(Wlz)* Walzenständer *m* || **~ рамного типа** *(Masch)* rahmenförmiges Gestell *n*, Rahmenständer *m*, geschlossener Ständer *m* || **~ с выемкой (гапом)** *(Masch)* gekröpftes Bett *n* || **~/сборная напряжённая** *(Schm)* mehrteiliges vorgespanntes Gestell *n (z. B. von Pressen)* || **~/составная** *(Wlz)* zusammengesetzter Ständer *m* || **~/хвостовая** *(Text)* End[gestell]wand *f* || **~/цельная** *(Masch)* ungeteiltes Bett *n* || **~ шлюпбалки** *(Schiff)* Bootsdavitbock *m* || **~ штампа** *(Schm)* Stanzgestell *n*

станина-основание *f (Masch)* Untergestell *n*

станина-подставка *f (Masch)* Untergestell *n*

станкоёмкость *f (Fert)* Maschinenzeitaufwand *m (für ein Werkstück, in Maschinenstunden)*

станкозавод *m* Werkzeugmaschinenfabrik *f*

станко-минута *f* Maschinenminute *f*

станкопринадлежность *f* Werkzeugmaschinenzubehör *n*

станкостроение *n* Werkzeugmaschinenbau *m*

станко-час *m* Maschinenstunde *f*

станнан *m (Ch)* Stannan *n*, Zinnwasserstoff *m*

станнин *m (Min)* Stannin *m*, Zinnkies *m*

становиться на якорь vor Anker gehen

станок *m* 1. Gestell *n*, Bock *m*, Ständer *m*; 2. Werkzeugmaschine *f*; 3. Stuhl *m (z. B. Webstuhl, Walzenstuhl)*; 4. *(Wkz)* Sägebügel *m*, Sägerahmen *m (von Handsägen)*; 5. *(Lw)* Stand *m*, Bucht *f* || **~/абразивно-отрезной** Trennschleifmaschine *f* || **~/автоматический** automatische Werkzeugmaschine *f*, Automat *m* || **~ автоматический ткацкий** automatische Webmaschine *f*, Webautomat *m* || **~/автоматический токарный** Drehautomat *m* || **~/автономный** autonom arbeitende Werkzeugmaschine *f* || **~/агрегатно-расточный** Aufbauausbohrmaschine *f* || **~/агрегатно-сверлильный** Aufbaubohrmaschine *f* || **~/агрегатный** Aufbau[werkzeug]maschine *f*, Werkzeugmaschine *f* in Baukastenform || **~/агрегатный сверлильный** Aufbaubohrmaschine *f* || **~/агрегатный токарный** Aufbaudrehmaschine *f* || **~/алмазно-расточный** Diamantausdrehmaschine *f* || **~/балансирный [торцовочный]** *(Holz)* waagerechte Pendelkreissäge *f* || **~/балансировочный** Auswuchtmaschine *f* || **~/бандажерасточный** Radreifenausdrehmaschine *f*, Radreifenbohrwerk *n* || **~/бандажетокарный** Radreifendrehmaschine *f*, Radsatzdrehmaschine *f* || **~/бандажно-гибочный** Radreifenbiegemaschine *f*, Bandagenbiegemaschine *f* || **~/барабанный** Trommelmaschine *f*, Posamentenwebmaschine *f* || **~/барабанный фрезерный** Trommelfräsmaschine *f* || **~/басонный** *(Text)* Bortenwebmaschine *f*, Posamentenwebmaschine *f* || **~/беззамочный ткацкий** Losblattwebmaschine *f* || **~/бесконсольно-фрезерный** konsollose Fräsmaschine *f* || **~/бесконсольный** konsollose Werkzeugmaschine *f* || **~/бесконсольный фрезерный** Kreuzschiebetischfräsmaschine *f* || **~/бесцентрово-внутришлифовальный** spitzenlose Innenrundschleifmaschine *f* || **~/бесцентрово-круглошлифовальный** spitzenlose Außenrundschleifmaschine *f* || **~/бесцентрово-токарный** spitzenlose Drehmaschine *f* || **~/бесцентрово-шлифовальный** spitzenlose Schleifmaschine *f* || **~/бесцентровый** spitzenlose Werkzeugmaschine *f* || **~/бесчел-**

ночный ткацкий schützenlose Webmaschine *f* ‖ ~/**бимсогибочный** Decksbalkenbiegemaschine *f* ‖ ~/**болторезный** Außengewindeschneidmaschine *f*, Schraubengewindeschneidmaschine *f* ‖ ~/**бортовальный** 1. Bördelmaschine *f*; 2. Kümpelmaschine *f* ‖ ~/**бочкотокарный** *(Holz)* Faßabdrehmaschine *f* ‖ ~/**браслетный** Taschenmaschine *f (Reifenherstellung)* ‖ ~/**букскиновый [ткацкий]** Buckskinwebmaschine *f (für schwere Tuche)* ‖ ~/**буровой** *(Bgb)* Bohrmaschine *f*, Bohrgerät *n (Tiefbohrungen)* ‖ ~/**бурозаправочный (бурозаточный)** *(Bgb)* Bohrerschärfmaschine *f*, Bohrerschleifmaschine *f* ‖ ~/**быстропереналаживаемый** schnellumrichtbare Werkzeugmaschine *f* ‖ ~/**быстроходный** schnellaufende (hochtourige) Werkzeugmaschine *f*, Schnelläufer *m* ‖ ~/**быстроходный сверлильный** schnellaufende Bohrmaschine *f* ‖ ~/**быстроходный токарный** schnellaufende Drehmaschine *f* ‖ ~/**валковый правильный (рихтовальный)** *(Wlz)* Rollenrichtmaschine *f* ‖ ~/**валотокарный** Wellendrehmaschine *f* ‖ ~/**вальценарезной** Riffelmaschine *f (für Müllereiwalzen)* ‖ ~/**вальцетокарный** Walzendrehmaschine *f* ‖ ~/**вальцешлифовальный** Walzenschleifmaschine *f* ‖ ~/**верстачный** Tischwerkzeugmaschine *f*, Werkzeugmaschine *f* in Tischausführung ‖ ~/**верстачный токарный** Mechanikerdrehmaschine *f (Tischausführung)* ‖ ~/**вертикально-протяжной** Senkrecht[zieh]räummaschine *f* ‖ ~/**вертикально-расточный** Senkrecht-Bohr- und Fräsmaschine *f* ‖ ~/**вертикально-сверлильный** Senkrechtbohrmaschine *f* ‖ ~/**вертикально-токарный** Senkrechtdrehmaschine *f* ‖ ~/**вертикально-фрезерный** Senkrechtfräsmaschine *f* ‖ ~/**вертикально-хонинговальный** Senkrechtlanghubhonmaschine *f* ‖ ~/**вертикально-шлифовальный** Senkrecht[flach]schleifmaschine *f* ‖ ~/**вертикальный** Senkrecht[werkzeug]maschine *f*, Werkzeugmaschine *f* mit senkrechter Arbeitsweise ‖ ~/**вертикальный внутришлифовальный** Senkrecht-Innenrundschleifmaschine *f* ‖ ~/**вертикальный зубострогальный** Senkrecht-Zahnradhobelmaschine *f* ‖ ~/**вертикальный копировально-фрезерный** Senkrechtnachformfräsmaschine *f* ‖ ~/**вертикальный многоцелевой** vertikales Bearbeitungszentrum *n* ‖ ~/**вертикальный одношпиндельный** Einspindel-Senkrechtbohrmaschine *f* ‖ ~/**вертикальный отделочно-расточный** Senkrecht-Feinausdrehmaschine *f*, Senkrechtfeinbohrwerk *n* ‖ ~/**вертикальный плоскошлифовальный** Senkrechtflachschleifmaschine *f* ‖ ~/**вертикальный расточный** Senkrechtausdrehmaschine *f* ‖ ~/**вертикальный сверлильный** Senkrechtbohrmaschine *f* ‖ ~/**вертикальный токарный** Senkrechtdrehmaschine *f* ‖ ~/**вертикальный фрезерный** Senkrechtfräsmaschine *f* ‖ ~/**вертикальный хонинговальный** Senkrechtlanghubhonmaschine *f* ‖ ~/**вертикальный электроэрозионный** Senkrecht-Elektroerosionsmaschine *f* ‖ ~/**верхнебойный [ткацкий]** Oberschlagwebmaschine *f (Webmaschine mit oberem Schützenschlag)* ‖ ~ **вибрационно-вращательного бурения** *(Erdöl)* Vibrationsdrehbohrgerät *n (Tiefbohrungen)* ‖ ~/**винтонарезной** spanende Schraubengewindebearbeitungsmaschine *f* ‖ ~/**винторезный** *s.* ~/винтонарезной ‖ ~/**винторезный токарный** Leit- und Zugspindel-Drehmaschine *f* ‖ ~/**внутридоводочный** Innenmaßläppmaschine *f* ‖ ~/**внутришлифовальный** Innenrundschleifmaschine *f* ‖ ~/**волочильный** Ziehbank *f (Ziehen von Rohren, Stangen und Draht)* ‖ ~/**ворсоткацкий** Florwebmaschine *f* ‖ ~/**восьмишпиндельный** Achtspindel[werkzeug]maschine *f*, achtspindlige Werkzeugmaschine *f* ‖ ~ **вращательного бурения** *(Erdöl)* Rotarybohrmaschine *f*, Drehbohrgerät *n (Tiefbohrungen)* ‖ ~ **вращательно-шнекового бурения** *(Bgb)* Schneckenbohrgerät *n* ‖ ~/**врезной круглошлифовальный** Einstechrundschleifmaschine *f* ‖ ~/**вырезной** Schneidmaschine *f* ‖ ~/**высаживающий** Stauchmaschine *f (z. B. Schmiedepresse)* ‖ ~/**высокопроизводительный** Hochleistungswerkzeugmaschine *f* ‖ ~/**высокоточный** ... *s.* ~/прецизионный ... ‖ ~/**вышивальный ткацкий** Broschierwebmaschine *f* ‖ ~/**газопрессовый** *s.* машина/газопрессовая ‖ ~/**газорежущий** Brennschneidmaschine *f* ‖ ~/**гайконарезной [spanende]** Muttergewindebearbeitungsmaschine *f*, Muttergewindeschneidmaschine *f* ‖ ~/**гибочный** Biegemaschine *f*, Umbiegemaschine *f* ‖ ~/**гидравлический** hydraulische (hydraulisch betätigte) Werkzeugmaschine *f* ‖ ~/**гидравлический протяжной** hydraulische Räummaschine *f* ‖ ~/**гидравлический ткацкий** hydraulische Webmaschine *f* ‖ ~/**гидрокопировальный токарный** hydraulische Nachformdrehmaschine *f* ‖ ~/**гидрофицированный** *s.* ~/гидравлический ‖ ~/**глубокорасточный** Tief[loch]ausdrehmaschine *f* ‖ ~/**гнутарный** Holzbiegemaschine *f* ‖ ~/**рончарный** *(Ker)* Töpferscheibe *f* ‖ ~/**горизонтально-долбёжный** Waagerechtstoßmaschine *f* ‖ ~/**горизонтально-протяжной** Waagerechtziehräummaschine *f* ‖ ~/**горизонтально-расточный** Waagerecht-Bohr- und Fräsmaschine *f* ‖ ~/**горизонтально-сверлильный** Waagerechtbohrmaschine *f* ‖ ~/**горизонтально-токарный** Waagerechtdrehmaschine *f* ‖ ~/**горизонтально-хонинговальный** Waagerechtlanghubhonmaschine *f* ‖ ~/**горизонтальный** Waagerecht[werkzeug]maschine *f*, Werkzeugmaschine *f* mit waagerechter Arbeitsweise ‖ ~/**горизонтальный долбёжный** Waagerechtstoßmaschine *f* ‖ ~/**горизонтальный многоцелевой** horizontales Bearbeitungszentrum *n* ‖ ~/**горизонтальный токарный** Waagerechtdrehmaschine *f* ‖ ~/**горизонтальный фрезерно-расточный** Waagerecht-Bohr- und Fräsmaschine *f* ‖ ~/**горизонтальный фрезерный** Waagerechtfräsmaschine *f* ‖ ~/**горизонтальный хонинговальный** Waagerechtlanghubhonmaschine *f* ‖ ~/**гравировально-фрезерный** Gravierfräsmaschine *f* ‖ ~/**гравировальный** Gravier[fräs]maschine *f* ‖ ~/**давильный** Drückmaschine *f* ‖ ~/**двусторонний** zweiseitige (doppelseitige) Werkzeugmaschine *f*, Zweiwege[werkzeug]maschine *f* ‖ ~/**двухдисковый шлифовальный** *(Holz)* doppelte Scheibenschleifmaschine *f* ‖ ~/**двухзевный ткацкий**

станок

Doppelfachwebmaschine *f* II ~/**двухколонный** Zweisäulenwerkzeugmaschine *f* II ~/**двухленточный шлифовальный** *(Holz)* Doppelbandschleifmaschine *f* II ~/**двухпозиционный** Zweistationen[werkzeug]maschine *f* II ~/**двухполотенный ковроткацкий** Doppelteppichwebmaschine *f* II ~/**двухстоечный** Zweiständer[werkzeug]maschine *f* II ~/**двухстоечный карусельный** Zweiständer-Karusselldrehmaschine *f* II ~/**двухстоечный строгальный** Zweiständerhobelmaschine *f* II ~/**двухчелночный ткацкий** Doppelwechselwebmaschine *f* II ~/**двухшпиндельный** Zweispindel[werkzeug]maschine *f*, zweispindlige Werkzeugmaschine *f* II ~/**двухшпиндельный продольно-фрезерный** Zweispindellangfräsmaschine *f* II ~/**двухшпиндельный токарный** Zweispindeldrehmaschine *f* II ~/**деревообделочный (деревообрабатывающий)** Holzbearbeitungsmaschine *f* II ~/**деревострогальный** Hobelmaschine *f* für Holz II ~/**дисковый отрезной** Scheibentrennmaschine *f* II ~/**дисковый строгальный** Scheibenhobelmaschine *f (Holz)* II ~/**дисковый шлифовальный** *(Holz)* Scheibenschleifmaschine *f* II ~ **для безлюдной технологии** Werkzeugmaschine *f* für bedienerlose Fertigung II ~ **для внутреннего протягивания** Innenziehräummaschine *f* II ~ **для выработки бархата/прутковый ткацкий** Rutensamtwebmaschine *f* II ~ **для выработки двойного плюша/ткацкий** Doppelplüschwebmaschine *f* II ~ **для выработки льняной ткани/ткацкий** Leinenwebmaschine *f* II ~ **для выработки махровых тканей/ткацкий** Frottierwebmaschine *f* II ~ **для выработки плюша/ткацкий** Plüschwebmaschine *f* II ~ **для выработки ткани броше/ткацкий** Broschierwebstuhl *m* II ~ **для гибки арматуры** Betonstahlbiegemaschine *f* II ~ **для гибки с растяжением** Tangential-Reckziehmaschine *f* II ~ **для глубокого сверления** Tief[loch]bohrmaschine *f* II ~ **для доводки резцов** Meißelläppmaschine *f* II ~ **для заострения** Zuspitzmaschine *f* II ~ **для затачивания** *s.* ~ **для заточки** II ~ **для заточки** Scharfschleifmaschine *f* II ~ **для заточки пил** Sägeblattscharfschleifmaschine *f* II ~ **для заточки ракелей** *(Typ)* Rakelschleifmaschine *f* II ~ **для заточки режущего инструмента** Werkzeugscharfschleifmaschine *f* II ~ **для заточки свёрл** Bohrerscharfschleifmaschine *f* II ~ **для зенкования** Einsenkmaschine *f* II ~ **для кислородной строжки** Sauerstoffhobelmaschine *f*, Brennhobelmaschine *f* II ~ **для лазерной резки** Laserschneidmaschine *f* II ~ **для нарезания длинных резьб/резьбофрезерный** Langgewindefräsmaschine *f* II ~ **для нарезания конических колёс/зубострогальный** Kegelradhobelmaschine *f* II ~ **для наружного протягивания** Außenräummaschine *f* II ~ **для наружного протягивания/вертикально-протяжной** Senkrecht-Außenziehräummaschine *f* II ~ **для натяжения игольчатой ленты при обтяжке** *(Text)* Kratzenaufziehmaschine *f* II ~ **для обработки зубчатых колёс** Zahnradbearbeitungsmaschine *f* II ~ **для обработки зубчатых реек** Zahnstangenbearbeitungsmaschine *f* II ~ **для обработки полу-**

скатов Radsatzbearbeitungsmaschine *f* II ~ **для обточки валов** Wellendrehmaschine *f* II ~ **для обточки колёсных бандажей** Radreifendrehmaschine *f* II ~ **для обтяжки шляпок** *(Text)* Deckelaufziehmaschine *f (Karde)* II ~ **для отбортовки** Bördelmaschine *f* II ~ **для плетения** *(Text)* Flechtmaschine *f* II ~ **для поверхностного крашения погружением** *(Typ)* Tauchstreichmaschine *f* II ~ **для притирки** Läppmaschine *f* II ~ **для притирки зубчатых колёс** Zahnradläppmaschine *f* II ~ **для профильных ножей/заточной** Messerprofilschleifmaschine *f (für Holzbearbeitungsmaschinen)* II ~ **для сверления осей** Achsenbohrmaschine *f* II ~ **для сверления ружейных стволов** Gewehrlaufbohrmaschine *f* II ~ **для снятия заусенцев** Abgratmaschine *f*, Entgratemaschine *f* II ~ **для спиральных свёрл/заточной** Spiralbohrerscharfschleifmaschine *f* II ~ **для спичечной соломки/строгальный** Holzdrahthobelmaschine *f (Zündholzherstellung)* II ~ **для тиснения/сатинировальный** *(Pap)* Prägekalander *m*, Gaufrierkalander *m* II ~ **для точки шляпок** *(Text)* Deckelschleifmaschine *f (Deckelkarde)* II ~ **для фрезерования зубчатых реек** Zahnstangenfräsmaschine *f* II ~ **для фрезерования коротких резьб/резьбофрезерный** Kurzgewindefräsmaschine *f* II ~ **для фрезерования пазов** Nutenfräsmaschine *f* II ~ **для шлифования коленчатых валов** Kurbelwellenschleifmaschine *f* II ~ **для шпунтования** *(Holz)* Spundmaschine *f* II ~/**доводочный** 1. Maschine *f* zur abrasiven Feinbearbeitung; 2. Abziehmaschine *f* II ~/**долбёжно-реечный** Zahnstangenstoßmaschine *f* II ~/**долбёжный** 1. Stoßmaschine *f*, Senkrechthobelmaschine *f (für Metalle)*; 2. Stemmaschine *f (für Holz)* II ~/**долотозаправочный** *(Bgb)* Bohrmeißelschärfmaschine *f* II ~/**дорновой** *(Gum)* Kernringmaschine *f (Reifenherstellung)* II ~/**древошёрстный** Holzwollmaschine *f* II ~/**дровокольный** Holzspaltmaschine *f* II ~/**«дуплекс» двухшпиндельный** Zweispindel-Bettfräsmaschine *f* II ~/**дуплексного типа** Senkrecht-Doppelschlitten-Außenräummaschine *f* II ~/**жаккардовый прутковый ткацкий** Jacquard-Rutenwebmaschine *f* II ~/**жаккардовый ткацкий** Jacquard-Webmaschine *f* II ~/**замочный ткацкий** Festblatt[web]maschine *f*, Webmaschine *f* mit feststehendem Blatt, Webmaschine *f* mit Stechschützenwächter II ~/**заточный** Scharfschleifmaschine *f*, Werkzeugschleifmaschine *f*, Schleifmaschine *f* II ~/**затыловочный** Hinterarbeitungsmaschine *f* II ~/**затыловочный токарный** Hinterdrehmaschine *f* II ~/**зубодолбёжный** Zahnradstoßmaschine *f* II ~/**зубонакатный** Zahnradwalzmaschine *f* II ~/**зубообрабатывающий** Zahnradbearbeitungsmaschine *f* II ~/**зубоотделочный** Zahnradfeinbearbeitungsmaschine *f* II ~/**зубопритирочный** Zahnläppmaschine *f*; Zahnradläppmaschine *f* II ~/**зуборезный** Zahnschneidemaschine *f*, Verzahnmaschine *f* II ~/**зубострогальный** Zahnhobelmaschine *f*; Zahnradhobelmaschine *f* II ~/**зубофрезерный** Zahnfräsmaschine *f*; Zahnradfräsmaschine *f* II ~/**зубохонинговальный** Zahnradlanghubhonmaschine *f* II ~/**зубошевинговальный** Zahnradschab[e]-

maschine f ll ~/**зубошлифовальный** Zahnschleifmaschine f; Zahnradschleifmaschine f ll ~/**индивидуальный** Einzelwerkzeugmaschine f, einzelne Werkzeugmaschine f ll ~/**инструментальный токарный** Werkzeug[macher]drehmaschine f ll ~/**калёвочно-строгальный** (Holz) Kehlhobelmaschine f ll ~/**калёвочный** (Holz) Kehlmaschine f ll ~/**калибровочный** Kalibriermaschine f ll ~/**камнерезный** Steinschneidegerät n, Steinsägemaschine f ll ~/**камнесверлильный** Steinbohrmaschine f ll ~/**канатно-буровой** (Erdöl) Seilbohrgerät n ll ~ канатного бурения (Erdöl) Seilschlagkran m ll ~ канатно-ударного бурения (Erdöl) Seilschlagbohranlage f ll ~/**канатно-ударный** (Erdöl) Seilschlagbohrgerät n ll ~/**кантовальный** (Fert) Abkantmaschine f ll ~/**карусельно-токарный** Karusselldrehmaschine f ll ~/**карусельно-фрезерный** Karussellfräsmaschine f ll ~/**карусельный** Karussell[werkzeug]maschine f ll ~/**карусельный протяжный** Rundtischziehräummaschine f ll ~/**карусельный токарный** Karusselldrehmaschine f ll ~/**карусельный фрезерный** Karussellfräsmaschine f ll ~/**ковроткацкий** Teppichwebmaschine f ll ~/**ковроткацкий рапирный** Doppelteppichgreiferwebmaschine f ll ~/**кокономотальный** (Text) Haspelbank f, Seidenhaspel f (Seidenspinnerei) ll ~ колонкого бурения (Bgb) Kernbohrgerät n ll ~/**колонный сверлильный** Säulenbohrmaschine f ll ~/**консольно-фрезерный** Konsolfräsmaschine f ll ~/**контактно-копировальный** (Typ) Kontaktkopiergerät n ll ~/**контурный** bahngesteuerte Werkzeugmaschine f ll ~/**координатно-расточный** Koordinatenausdrehmaschine f ll ~/**координатно-сверлильный** Koordinatenbohrmaschine f ll ~/**координатно-фрезерный** Koordinatenfräsmaschine f ll ~/**координатно-шлифовальный** Koordinatenschleifmaschine f ll ~/**копировально-долбёжный** Nachformstoßmaschine f ll ~/**копировально-строгальный** Nachformhobelmaschine f ll ~/**копировально-токарный** Nachformdrehmaschine f ll ~/**копировально-фрезерный** Nachformfräsmaschine f ll ~/**копировально-шлифовальный** Nachformschleifmaschine f ll ~/**копировальный** 1. Nachform[werkzeug]maschine f; 2. (Kine) Kopiermaschine f ll ~/**копировальный токарный** Nachformdrehmaschine f ll ~/**короообдирочный** (Holz) Rindenschälmaschine f ll ~/**корректурный** (Typ) Korrekturpresse f, Abziehpresse f ll ~/**кривошипный ткацкий** Kurbelwebmaschine f ll ~/**кромкодолбёжный** Kantenbestoßmaschine f, Blechkanten[be]stoßmaschine f ll ~/**кромкозагибочный** Bördelmaschine f ll; Falzmaschine f; Abkantmaschine f ll ~/**кромкообрубочный** Beschneidemaschine f ll ~/**кромкоотгибочный** s. ~/кромкозагибочный ll ~/**кромкострогальный** Kantenhobelmaschine f, Blechkantenhobelmaschine f ll ~/**кромкофрезерный** Kantenfräsmaschine f, Blechkantenfräsmaschine f ll ~/**кромкошлифовальный** Kantenschleifmaschine f, Blechkantenschleifmaschine f ll ~ **Кромптона** Crompton-Webstuhl m ll ~ **Кромптона/букскиновый** Crompton-Buckskinwebmaschine f ll

~/**круглодовочный** Rundmaßläppmaschine f ll ~/**круглолущильный** Rundschälmaschine f (für Furniere) ll ~/**круглопалочный** (Holz) Rundstabhobelmaschine f ll ~/**круглопильный отрезной** Kreissägemaschine f ll ~/**круглоткацкий** Rundwebmaschine f ll ~/**круглофрезерный** Rundfräsmaschine f ll ~/**круглошлифовальный** Rundschleifmaschine f, Außenrundschleifmaschine f ll ~/**круглошлифовальный врезной** Außenrund-Einstechschleifmaschine f ll ~/**круглый ткацкий** Rundwebmaschine f ll ~/**кружевной ткацкий** Spitzenwebmaschine f ll ~/**крыпевой** (Gum) Wulstmaschine f (Reifenherstellung) ll ~/**кулачковый** kurvengesteuerte Werkzeugmaschine f ll ~/**ленточно-пильный** Bandsägemaschine f ll ~/**ленточноткацкий** Bandwebmaschine f ll ~/**ленточно-отрезной** Bandtrennmaschine f, Bandsägemaschine f ll ~/**ленточно-пильный** Bandsägemaschine f ll ~/**ленточно-шлифовальный** Bandschleifmaschine f, Bandsägemaschine f ll ~/**ленточно-шлифовальный отрезной** Bandtrennmaschine f, Bandsägemaschine f ll ~/**ленточный пильный** Bandsägemaschine f ll ~/**ленточный шлифовальный** Bandschleifmaschine f ll ~/**лесопильный** (Holz) Sägegatter n, Gattersäge f ll ~/**лесопильный вертикальный ленточный** (Holz) senkrechte Blockbandsäge f ll ~/**листогибочный** Blechbiegemaschine f, Plattenbiegemaschine f ll ~/**лобзиковый** (Holz) Ausschneidsäge f, Schweifsäge f, Dekupiersäge f ll ~/**лобовой токарный** s. ~/лоботокарный ll ~/**лоботокарный** Plandrehmaschine f ll ~/**лущильный** (Holz) Furnierschälmaschine f ll ~/**малогабаритный токарный** Kleindrehmaschine f ll ~/**махровый ткацкий** Frottier[web]maschine f ll ~/**маятниковый [шлифовальный]** Pendelschleifmaschine f ll ~/**мелкий сверлильный** Kleinbohrmaschine f ll ~/**меловочный** (Pap) Streichmaschine f ll ~/**металлообрабатывающий** Metallbearbeitungsmaschine f, Werkzeugmaschine f zur Metallbearbeitung ll ~/**металлорежущий** spanende Werkzeugmaschine f, Werkzeugmaschine f zur spanenden Metallbearbeitung ll ~/**механический ткацкий** mechanische Webmaschine f ll ~/**многозевный ткацкий** Wellenfachwebmaschine f ll ~/**многокоординатный** Mehrachsenwerkzeugmaschine f ll ~/**многооперационный** Bearbeitungszentrum n ll ~/**многооперационный многошпиндельный** Mehrspindelbearbeitungszentrum n ll ~/**многопильный лесопильный** (Holz) Sägegatter n ll ~/**многопозиционный** Mehrstationen[werkzeug]maschine f ll ~/**многорезцово-копировальный** Mehrmeißelnachformmaschine f ll ~/**многорезцовый** Mehrmeißelmaschine f ll ~/**многорезцовый токарный** Mehrmeißeldrehmaschine f ll ~/**многосторонний** Mehrwege[werkzeug]maschine f ll ~/**многосторонний сверлильный** Mehrwegebohrmaschine f ll ~/**многоцветный автоматический** (Text) Buntwebautomat m ll ~/**многоцелевой** Bearbeitungszentrum n ll ~/**многоцелевой шлифовальный** Mehrzweckschleifmaschine f ll ~/**многочелночный [ткацкий]** mehrschützige Webmaschine f ll ~/**многошпиндельный** Mehrspindel[werkzeug]maschine f, mehrspindlige Werk-

станок

zeugmaschine f || ~/многошпиндельный агрегатный Mehrspindelaufbaumaschine f || ~/многошпиндельный многопозиционный Mehrspindelmehrstationenmaschine f || ~/многошпиндельный сверлильный Mehrspindelbohrmaschine f || ~/многошпиндельный хонинговальный Mehrspindellanghubhonmaschine f || ~/мультипликационный (Kine) Tricktisch m || ~ на колонне/сверлильный 1. Kastenständerbohrmaschine f; 2. Säulenbohrmaschine f; 3. Ständerbohrmaschine f || ~/навивальный (Text) Bäumtisch m (Schärmaschine) || ~/накатный Walzmaschine f || ~/намоточный Wickelmaschine f, Wickelbank f || ~/настенный сверлильный Wandbohrmaschine f || ~/настольно-сверлильный Tischbohrmaschine f || ~/настольный Tischwerkzeugmaschine f || ~/настольный вертикально-сверлильный Tischsenkrechtbohrmaschine f || ~/настольный токарный Tischdrehmaschine f || ~ непрерывного действия kontinuierlich (stetig) arbeitende Werkzeugmaschine f || ~/нижнебойный [ткацкий] Unterschlag[web]maschine f (Webmaschine mit unterem Schützenschlag) || ~/ножевой лущильный (Holz) Messerspaltmaschine f (Furniere) || ~/ножеточильный (Holz) Messerschleifmaschine f || ~/ножовочный Bügelsägemaschine f || ~/обдирочно-шлифовальный Schälschleifmaschine f; Gußputzschleifmaschine f, Knüppelputzschleifmaschine f || ~/обдирочный Schälmaschine f || ~/обдирочный строгальный Schälhobelmaschine f || ~/обдирочный токарный Schäldrehmaschine f || ~/обёрточный (Gum) Einwickelmaschine f || ~/обкаточный Wälzmaschine f, Abwälzmaschine f || ~/обкаточный зубодолбёжный Zahnradwälzstoßmaschine f || ~/обкаточный зубошлифовальный Zahnradwälzschleifmaschine f || ~/обмоточный s. ~/намоточный || ~/обрабатывающий Bearbeitungsmaschine f || ~/обрезной (Holz) Besäumkreissäge f, Beschneidemaschine f || ~/овалотокарный Ovaldrehmaschine f || ~/овалошлифовальный Ovalschleifmaschine f || ~/одноколонный Einsäulen[werkzeug]maschine f || ~/одностоечный Einständer[werkzeug]maschine f || ~/одностоечный долбёжный Einständerstoßmaschine f || ~/одностоечный карусельный Einständerkarusselmaschine f || ~/одностоечный продольно-строгальный Einständerlanghobelmaschine f || ~/одностоечный токарно-карусельный Einständerkarusselldrehmaschine f || ~/односторонний Einweg[werkzeug]maschine f, einseitige Werkzeugmaschine f || ~/односторонний сверлильный Einwegbohrmaschine f || ~/одноцелевой Einzweck[werkzeug]maschine f || ~/одночелночный einschützige Webmaschine f || ~/одношпиндельный Einspindel[werkzeug]maschine f, einspindlige Werkzeugmaschine f || ~/одношпиндельный вертикально-сверлильный Einspindelsenkrechtbohrmaschine f || ~/одношпиндельный хонинговальный Einspindellanghubhonmaschine f || ~/окантовочный (Typ) Fälzelmaschine f || ~/окорочный Entrindungsmaschine f || ~/опиловочный Feilmaschine f || ~/оптический профилешлифовальный optische Profilschleifmaschine f || ~/осетокарный Achsendrehmaschine f || ~/отбортовочный Bördelmaschine f || ~/отделочно-расточный Feinausdrehmaschine f, Feinbohrmaschine f || ~/отделочно-токарный Feindrehmaschine f || ~/отделочно-шлифовальный Feinschleifmaschine f || ~/отделочный Feinbearbeitungsmaschine f || ~/отрезной 1. Abstechmaschine f; 2. spanende Trennmaschine f; 3. Trennschleifmaschine f || ~/отрезной токарный Abstechdrehmaschine f || ~/офсетный пробопечатный (Typ) Offsetandruckpresse f || ~/пазовальный (пазовый) (Holz) Langlochbohrmaschine f || ~ параллельного действия Parallelmaschine f, Werkzeugmaschine f in Parallelbearbeitungsweise || ~ параллельно-последовательного действия Reihenparallelmaschine f, Werkzeugmaschine f in Reihenparallelarbeitsweise || ~/патронный Futter[teil]maschine f, Maschine f für Futterarbeit || ~/патронный токарный Futterteildrehmaschine f || ~/перемотно-резальный (Typ) Rollenschneide- und Wickelmaschine f || ~/переналаживаемый umrüstbare Werkzeugmaschine f || ~/переносный шарнирный резательный transportable (fahrbare) Gelenkarm-Brennschneidmaschine f || ~/перфорационный Perforiermaschine f || ~/пилозаточный Sägeblattscharfschleifmaschine f || ~/пилонасекательный Feilenhaumaschine f || ~/пилоножеточильный (Holz) Sägen- und Messerscharfschleifmaschine f || ~/пильный Sägemaschine f (Bandsäge, Kreissäge) || ~/планетарный шлифовальный Innenrundschleifmaschine f mit Planetenspindel, Planetspindel-Innenrundschleifmaschine f || ~/плоский (Gum) Flachtrommelmaschine f (Reifenherstellung) || ~/плоский ткацкий Flachwebmaschine f || ~/плоско- и профилешлифовальный Plan- und Profilschleifmaschine f, Flach- und Profilschleifmaschine f || ~/плоскодоводочный Flachmaßläppmaschine f || ~/плоскопротяжной Flachziehräummaschine f || ~/плоскошлифовальный Flachschleifmaschine f || ~/плющильный (Umf) Stauchmaschine f || ~/пневморапирный pneumatische Greiferwebmaschine f || ~ пневмоударного бурения (Bgb) pneumatisches Schlagbohrgerät n || ~ по дереву/токарный Holzdrehmaschine f || ~/подвесной Werkzeugmaschine f in Hängebauweise || ~/подвесной сверлильный Hängebohrmaschine f || ~/позиционный punktgesteuerte Werkzeugmaschine f, Werkzeugmaschine f mit Punktsteuerung || ~/позументный [ткацкий] Bortenwebmaschine f, Posamentenwebmaschine f || ~/покадровый копировальный (Photo) Schrittkopiermaschine f || ~/полировальный (полировочный) Poliermaschine f || ~/полностью автоматизированный vollautomatisierte Werkzeugmaschine f || ~/полуавтоматический halbautomatische Werkzeugmaschine f, Halbautomat m || ~/полуплоский s. ~/плоский || ~/поперечно-строгальный Querhobelmaschine f, Kurhobelmaschine f, Shapingmaschine f, Shaper m || ~ портального типа s. ~/портальный || ~/портально-строгальный Portalhobelmaschine f ||

~/портальный Portalmaschine f, Werkzeugmaschine f in Portalbauweise ‖ ~/портальный карусельный Portalkarusselldrehmaschine f ‖ ~/портальный продольно-фрезерный Portallangfräsmaschine f ‖ ~/портальный сверлильный Portalbohrmaschine f ‖ ~/портальный токарный Portaldrehmaschine f ‖ ~ последовательного действия Reihenmaschine f, Werkzeugmaschine f in Reihenarbeitsweise ‖ ~/правильно-калибровочный Richt- und Kalibriermaschine f ‖ ~/прецизионный токарно-винторезный Präzisions-Leit-und-Zugspindel-Drehmaschine f ‖ ~/прецизионный токарный Präzisionsdrehmaschine f, Feindrehmaschine f ‖ ~/прецизионный центровой токарный Präzisionsspitzendrehmaschine f ‖ ~/присучальный Andrehgestell n (Spinnerei) ‖ ~/притирочно-доводочный Läppmaschine f ‖ ~/притирочный 1. Paßläppmaschine f; 2. Paarungsläppmaschine f ‖ ~/пробопечатный (Typ) Andruckpresse f ‖ ~/проборный (Text) Einziehgestell n ‖ ~/проволоко-волочильный Drahtziehmaschine f ‖ ~/продольно-обрабатывающий Längsbearbeitungsmaschine f ‖ ~/продольно-резательный (Typ) Vorrichtung f zum Längsschneiden von Papierbahnen ‖ ~/продольно-строгальный Langhobelmaschine f, Längshobelmaschine f ‖ ~/продольно-фрезерный Langfräsmaschine f, Längsfräsmaschine f ‖ ~/просорушальный Hirseenthüls- und -schälmaschine f (Müllerei) ‖ ~/протяжной Ziehräummaschine f ‖ ~/профилегибочный (профилировочный) Profilbiegemaschine f ‖ ~/профилешлифовальный (профильно-шлифовальный) Profilschleifmaschine f ‖ ~/прошивной Druckräummaschine f, Stoßräummaschine f ‖ ~/пружинонавивочный Federwickelmaschine f ‖ ~/прутковый Stangenmaschine f, Werkzeugmaschine f für Stangenbearbeitung ‖ ~/прутковый ковроткацкий Teppichrutenwebmaschine f ‖ ~/прутковый токарный Stangendrehmaschine f ‖ ~/радиально-сверлильный Radialbohrmaschine f ‖ ~/разметочный Anreißmaschine f ‖ ~/разрезной spanende Trennmaschine f; (Wlz) Trennkreissäge f ‖ ~/рапирный Greiferwebmaschine f ‖ ~/расточно-сверлильный Ausdreh- und Bohrmaschine f, Bohrwerk n ‖ ~/ребровый (Holz) Lattenkreissäge f ‖ ~/револьверный Revolvermaschine f ‖ ~/револьверный токарный Revolverdrehmaschine f ‖ ~/реечно-фрезерный Zahnstangenfräsmaschine f ‖ ~/резательный Brennschneidmaschine f ‖ ~/резьбонакатный Gewindewalzmaschine f ‖ ~/резьбонарезной spanende Gewindebearbeitungsmaschine f, Gewinde[schneid]maschine f ‖ ~/резьбонарезной токарный Gewindedrehmaschine f ‖ ~/резьбообрабатывающий Gewindebearbeitungsmaschine f ‖ ~/резьбопритирочный Gewindeläppmaschine f ‖ ~/резьбофрезерный Gewindefräsmaschine f ‖ ~/резьбошлифовальный Gewindeschleifmaschine f ‖ ~/рейконарезной spanende Zahnstangenschneidmaschine f, spanende Zahnstangenverzahnmaschine f ‖ ~/рейкофрезерный Zahnstangenfräsmaschine f ‖ ~/рейсмусовый (Holz) Dickenhobelmaschine f ‖

~/рельсогибочный Schienenbiegemaschine f ‖ ~/рельсосверлильный Schienenbohrmaschine f ‖ ~/ремизный прутковый ткацкий Schaft-Rutenwebmaschine f ‖ ~/ремизоподъёмный ткацкий Schaftwebmaschine f ‖ ~/рифельный Riffelmaschine f (für Müllereiwalzen) ‖ ~/рихтовальный Richtmaschine f ‖ ~/ротационный Rotationsmaschine f ‖ ~/рубильный спичечный Abschlagmaschine f, Holzdrahtschneidemaschine f (Zündholzherstellung) ‖ ~/ручной ткацкий Handwebstuhl m ‖ ~/ручной часовой токарный Spitzendrehstuhl m (für Uhrmacherarbeiten) ‖ ~ с адаптивной системой управления adaptiv gesteuerte Werkzeugmaschine f, AC-Werkzeugmaschine f ‖ ~ с аналоговой системой управления analog gesteuerte Werkzeugmaschine f ‖ ~ с верхним боем/ткацкий s. ~/верхнебойный ‖ ~ с двусторонней сменой/многочелночный mehrschützige zweiseitige Wechselwebmaschine f ‖ ~ с дисковой пилой/разрезной Kreissägemaschine f ‖ ~ с захватывающими челноками Greiferschützenwebmaschine f ‖ ~ с микрочелноками Greiferschützenwebmaschine f ‖ ~ с нечисловым программным управлением nichtnumerisch gesteuerte Werkzeugmaschine f, NNC-Werkzeugmaschine f ‖ ~ с нижним боем/ткацкий s. ~/нижнебойный ‖ ~ с откидным бёрдом/ткацкий s. ~/беззамочный ткацкий ‖ ~ с пантографом/копировально-фрезерный Pantographennachformmaschine f ‖ ~ с программным управлением programmsteuerte Werkzeugmaschine f, Werkzeugmaschine f mit Programmsteuerung ‖ ~ с программным управлением/многошпиндельный сверлильный numerisch gesteuerte Mehrspindelbohrmaschine f ‖ ~ с проступными эксцентриками Exzenterwebmaschine f ‖ ~ с роликовой подачей/трёхцилиндровый шлифовальный (Holz) Dreiwalzenschleifmaschine f mit Walzenvorschub (Rollenvorschub) ‖ ~ с ходовым винтом/токарный Leitspindeldrehmaschine f ‖ ~ с числовым программным управлением numerisch gesteuerte Werkzeugmaschine f, NC-Werkzeugmaschine f ‖ ~ с числовым программным управлением/токарный NC-Drehmaschine f ‖ ~ с ЧПУ s. ~ с числовым программным управлением ‖ ~ с ЧПУ/многоцелевой CNC-Mehrzweckmaschine f ‖ ~ с шарнирными шпинделями/сверлильный Gelenkspindelbohrmaschine f ‖ ~/самонастраивающийся selbststeinstellende Werkzeugmaschine f ‖ ~/самоподнастраивающийся selbstnachstellende Werkzeugmaschine f ‖ ~/сборочный 1. Montagemaschine f; 2. (Gum) Konfektioniermaschine f (Reifenherstellung) ‖ ~/сверлильно-долбёжный (Holz) Langlochbohr- und Stemmaschine f ‖ ~/сверлильно-пазовальный (Holz) Langlochmaschine f ‖ ~/сверлильно-резьбонарезной Bohr- und Gewindeschneidmaschine f ‖ ~/сверлильно-фрезерный Bohr- und Fräsmaschine f ‖ ~/сверлильный Bohrmaschine f ‖ ~/сверлозаточный Bohrerscharfschleifmaschine f ‖ ~/сдвоенный токарный Doppeldrehmaschine f ‖ ~/склеечный Klebetisch m ‖ ~/скорост-

станок

ной Werkzeugmaschine f zur Hochgeschwindigkeitsbearbeitung ‖ ~/скоростной токарный Schnelldrehmaschine f ‖ ~/скруточный Verseilmaschine f (für Kabel) ‖ ~ следящего действия Folge[werkzeug]maschine f ‖ ~/слиткострогальный Blockhobelmaschine f ‖ ~/слиткотокарный Blockdrehmaschine f ‖ ~/специальный Sondermaschine f, spezielle Werkzeugmaschine f ‖ ~/столярный Tischlereimaschine f (Sammelbegriff) ‖ ~/строгально-калёвочный (Holz) Hobel- und Kehlmaschine f ‖ ~/строгально-фрезерный Hobel- und Fräsmaschine f ‖ ~/строгальный Hobelmaschine f ‖ ~/суконный ткацкий Tuchwebmaschine f ‖ ~/суперфинишный Superfinishmaschine f, Kurzhubhonmaschine f, Schwingziehschleifmaschine f ‖ ~/ткацкий Webmaschine f ‖ ~/токарно-винторезный Leit- und Zugspindeldrehmaschine f ‖ ~/токарно-гайконарезной Muttergewindedrehmaschine f ‖ ~/токарно-давильный Drückmaschine f ‖ ~/токарно-долбёжный kombinierte Dreh- und Stoßmaschine f ‖ ~/токарно-затыловочный Leit- und Zugspindel-Hinterdrehmaschine f ‖ ~/токарно-карусельный Karusselldrehmaschine f ‖ ~/токарно-копировальный Nachformdrehmaschine f ‖ ~/токарно-отделочный Feindrehmaschine f ‖ ~/токарно-отрезной Abstech[dreh]maschine f ‖ ~/токарно-продольный Langdrehmaschine f ‖ ~/токарно-револьверный Revolverdrehmaschine f ‖ ~/токарно-револьверный прутковый Revolverdrehmaschine f für Stangenteile ‖ ~/токарно-сверлильный Tiefbohrmaschine f ‖ ~/токарный 1. Drehmaschine f; 2. (Holz) Drechslerbank f ‖ ~/торцетокарный Stirndrehmaschine f ‖ ~/торцофрезерный Stirnfräsmaschine f ‖ ~/торцовочный [маятниковый] (Holz) Ablängpendelsäge f ‖ ~/трёхкоординатный Dreiachsenwerkzeugmaschine f ‖ ~/трёхпозиционный Werkzeugmaschine f mit drei Stationen, Dreistationenmaschine f ‖ ~/трёхсторонний dreiseitige Werkzeugmaschine f, Dreiwege[werkzeug]maschine f ‖ ~/трёхшпиндельный Dreispindel[werkzeug]maschine f ‖ ~/трёхшпиндельный продольно-фрезерный dreispindlige Langfräsmaschine f, Dreispindellangfräsmaschine f ‖ ~/трубоволочильный Rohrziehbank f ‖ ~/трубогибочный Rohrbiegemaschine f ‖ ~/трубонарезной Rohrgewindeschneidmaschine f ‖ ~/трубообрабатывающий Rohrbearbeitungsmaschine f ‖ ~/трубоотрезной Rohrabstechmaschine f, Rohrtrennmaschine f ‖ ~/трубосгибочный Rohrbiegemaschine f ‖ ~/тюлевый ткацкий Tüllwebmaschine f ‖ ~ ударного бурения (Bgb) Schlagbohrgerät n ‖ ~/ударно-канатного бурения (Bgb) Seilschlagbohrgerät n ‖ ~/узелковый ковроткацкий Teppichknüpfmaschine f ‖ ~/ультразвуковой Werkzeugmaschine f zur Ultraschallbearbeitung ‖ ~/универсально-заточный Universalscharfschleifmaschine f ‖ ~/универсально-затыловочный Universalhinterdrehmaschine f ‖ ~/универсально-шлифовальный Universalschleifmaschine f ‖ ~/универсальный вертикально-протяжной Universal-Senkrechtziehräummaschine f ‖ ~/универсальный до-

водочный Universalmaßläppmaschine f ‖ ~/универсальный заточный Universalscharfschleifmaschine f ‖ ~/универсальный круглошлифовальный Universalrundschleifmaschine f ‖ ~/универсальный притирочный Universalpaßläppmaschine f ‖ ~/универсальный расточный Universalausdrehmaschine f, Universalbohrwerk n ‖ ~/универсальный резьбошлифовальный Universalgewindeschleifmaschine f ‖ ~/универсальный сверлильно-фрезерный Universal-Fräs- und -Bohrmaschine f ‖ ~/универсальный токарный Universaldrehmaschine f ‖ ~/универсальный фрезерный Universalfräsmaschine f ‖ ~/фанеролущильный (Holz) Furnierschälmaschine f ‖ ~/фанерообрезной (Holz) Furnierbeschneidmaschine f ‖ ~/фанеропильный (Holz) Furniersäge f ‖ ~/фанерострогальный (Holz) Furniermessermaschine f, Furnierhobelmaschine f ‖ ~/фасонно-токарный Formdrehmaschine f ‖ ~/фасонно-фрезерный Formfräsmaschine f ‖ ~/фланцегибочный Abkantmaschine f, Flanschbiegemaschine f ‖ ~/фотокопировальный координатный резательный lichtelektrisch (photoelektrisch) gesteuerte Koordinatenbrennschneidmaschine f ‖ ~/фрезерно-отрезной Kreissägemaschine f, Metallkreissäge f ‖ ~/фрезерно-расточный Fräs- und Ausdrehmaschine f ‖ ~/фрезерно-реечный Zahnstangenfräsmaschine f ‖ ~/фрезерно-центровальный Längenfräs- und Zentriermaschine f ‖ ~/фрезерный Fräsmaschine f ‖ ~/фрикционно-отрезной Reibtrennmaschine f ‖ ~/фуговально-рейсмусовый (Holz) kombinierte Abricht- und Dickenhobelmaschine f ‖ ~/фуговальный (Holz) Abrichthobelmaschine f ‖ ~/хонинговальный Langhub-Ziehschleifmaschine f, Langhubhonmaschine f ‖ ~/центровально-отрезной Abstech- und Zentriermaschine f ‖ ~/центровальный Zentriermaschine f ‖ ~/центровой круглошлифовальный Außenrundschleifmaschine f für Spitzenarbeit ‖ ~/центровой токарный Spitzendrehmaschine f ‖ ~/цепнодолбёжный (Holz) Kettenfräsmaschine f ‖ ~/цепной протяжной Kettenziehräummaschine f ‖ ~/цепнофрезерный (Holz) Kettenfräsmaschine f ‖ ~/циклевальный Ziehklingenmaschine f (Holzhobelmaschine mit feststehendem Messer) ‖ ~/цилиндровый шлифовальный (Holz) Walzenschleifmaschine f ‖ ~/цилиндрошлифовальный Zylinderschleifmaschine f ‖ ~/челночный ткацкий Spulenschützenwebmaschine f ‖ ~/челночный ткацкий автоматический Spulenschützenwebautomat m ‖ ~/червячно-фрезерный Schneckenfräsmaschine f ‖ ~/червячно-шлифовальный Schnecken[gewinde]schleifmaschine f ‖ ~/четырёхпозиционный Werkzeugmaschine f mit vier Stationen, Vierstationenmaschine f ‖ ~/четырёхсторонний vierseitige Werkzeugmaschine f, Vierwege[werkzeug]maschine f ‖ ~/четырёхсторонний паркетный строгальный (Holz) vierseitige Parketthobelmaschine f ‖ ~/четырёхсторонний строгальный (Holz) vierseitige Hobelmaschine f ‖ ~/четырёхшпиндельный vierspindlige Werkzeugmaschine f, Vierspindel[werkzeug]maschine f ‖ ~/шарнир-

ный резательный Gelenkarmbrennschneidmaschine f || ~/шарнирный торцовочный [круглопильный] (Holz) Gelenkarmablängmaschine f || ~/шевинговальный Zahnradschab[e]maschine f || ~/шероховальный (Gum) Rauhmaschine f (Reifenherstellung) || ~/шипорезный (Holz) Zapfenschneidemaschine f || ~/широколенточный шлифовальный Breitbandschleifmaschine f || ~/шлифовально-затыловочный Hinterschleifmaschine f || ~/шлифовально-ленточный (Holz) Bandschleifmaschine f || ~/шлифовально-отделочный Feinschleifmaschine f || ~/шлифовально-отрезной Trennschleifmaschine f || ~/шлифовально-притирочный Läppschleifmaschine f || ~/шлифовальный Schleifmaschine f || ~/шлицепротяжный Keilwellenziehräummaschine f || ~/шлицестрогальный Keilwellenhobelmaschine f || ~/шлицефрезерный Keilwellenfräsmaschine f || ~/шлицефрезерный обкатной Keilwellen-Wälzfräsmaschine f || ~/шлицешлифовальный Keilwellenschleifmaschine f || ~/шпалосверлильный (Eb) Schwellenbohrmaschine f || ~/шпиндельный буровой (Bgb) Spindelbohrgerät n, Craelius-Bohrgerät n || ~/шпоночно-долбёжный Keilnutenstoßmaschine f; Federnutenstoßmaschine f || ~/шпоночно-строгальный Keilnutenhobelmaschine f; Federnutenhobelmaschine f || ~/шпоночно-фрезерный Keilnutenfräsmaschine f; Federnutenfräsmaschine f || ~/штамповочный Gesenk[schmiede]presse f, Gesenkschmiedemaschine f || ~/штриховальный (Typ) Falzeinbrennmaschine f || ~/электроимпульсный Elektroimpuls[werkzeug]maschine f, Lichtbogenerodiermaschine f || ~/электроискровой Funkenerosions[werkzeug]maschine f, Funkenerodiermaschine f || ~/электроискровой отрезной Funkenerodierschneidmaschine f || ~/электроэрозионный Elektroerosions[werkzeug]maschine f, Elektroerodiermaschine f, Erodiermaschine f || ~/электроэрозионный прошивочный Senkerodiermaschine f || ~/ямный продольно-строгальный Grubenlanghobelmaschine f || ~/ямный строгальный Grubenhobelmaschine f || ~/ямный токарный Grubendrehmaschine f
станок-автомат m automatische Werkzeugmaschine f, Automat m
станок-качалка m (Bgb) Pumpenbock m
станок-комбайн m kombinierte Werkzeugmaschine f
станок-полуавтомат m halbautomatische Werkzeugmaschine f, Halbautomat m
станция f 1. Station f; Stelle f; 2. (Eb) Station f, Bahnhof m; 3. (El) Kraftwerk n; s. a. электростанция); 4. (Nrt) Amt n, Vermittlung f; 5. Funkstation f, Funkstelle f; 6. (Astr) Sonde f, Raumsonde f || ~ абонентского телеграфирования Fernschreibvermittlungsstelle f || ~/аварийная Notstation f || ~/авиационная метеорологическая Flugwetterwarte f || ~/автозаправочная Tankstelle f || ~/автоматическая межпланетная (Astr) automatische interplanetare Raumsonde f || ~/автоматическая телефонная (Nrt) Wählervermittlungsstelle f, Wählamt n || ~/атомная электрическая Kernkraftwerk n, KKW || ~/аэродромная Flughafen-

station f || ~/аэродромная радиолокационная Flughafenradarstation f || ~/базисная Basisstation f || ~/бензозаправочная Tankstelle f || ~/береговая пеленгаторная Küstenpeilstation f || ~ биологической очистки biologisches Klärwerk n || ~ бокового обзора/бортовая радиолокационная Seitensichtradar n || ~/бортовая Bordstation f || ~/бортовая радиолокационная Bordradargerät n; Bordradarstation f || ~/ведомая (Rad) Nebenstation f, Unterstation f, Nebensender m (Decca, Loran) || ~/ведущая (Rad) Leitstation f, Leitsender m, Hauptsender m (Decca, Loran) || ~/ветросиловая (ветроэнергетическая) Windkraftwerk n || ~/вещательная s. ~/радиовещательная || ~/внеземная (Raumf) extraterrestrische Station f || ~/водоподготовительная Wasseraufbereitungsstation f || ~/водоподъёмная Schöpfwerk n || ~/водопроводная Wasserwerk n || ~/высоконапорная гидроэлектрическая Hochdruckwasserkraftwerk n || ~/газонаполнительная Gasflaschenfüllstation f || ~/газораздаточная Flüssiggasverkaufsstelle f || ~/газораспределительная Gasverteilungsstation f || ~/гелиоэлектрическая Sonnenkraftwerk n || ~/гидроэлектрическая s. гидроэлектростанция || ~/главная (Rad) Leitstation f || ~/глиссадная радиолокационная (Flg) Gleitwegradar n(m) || ~/головная (Eb) Kopfbahnhof m; Kopfstation f || ~/горноспасательная (Bgb) Grubenrettungsstation f, Grubenrettungsstelle f, Grubenwehr f || ~/городская телефонная (Nrt) Ortsamt n || ~/грузовая (Eb) Güterbahnhof m || ~ дальней связи (Nrt) Fernamt n || ~ данных (Inf) Datenstation f || ~ данных/главная (Inf) Haupt[daten]station f || ~ данных/зависимая (Inf) Slave-Station f, Nebenstation f || ~/декадно-шаговая автоматическая телефонная (Nrt) Hebdrehwähleramt n || ~/деривационная гидроэлектрическая Umleitungskraftwerk n || ~/дизельная электрическая Dieselkraftwerk n || ~/длинноволновая Langwellen[funk]station f, LW-Funkstation f || ~/дождемерная Niederschlagsmeßstation f || ~/доплеровская радиолокационная Doppler-Radarstation f, Doppler-Radaranlage f || ~/железнодорожная Eisenbahnstation f, Bahnhof m || ~/железнодорожная электрическая Bahnkraftwerk n || ~/загрузочная (Bgb) Füllstelle f || ~/замерная вентиляционная (Bgb) Wettermeßstelle f || ~/заправочная Tankstelle f || ~/зарядная (El) Ladestation f || ~/звукометрическая Schallmeßstation f || ~/измерительная Meßstation f || ~/импульсная пеленгаторная Impulspeilstation f || ~/импульсная радиолокационная Impulsradarstation f || ~/инженерно-сейсмометрическая ingenieurseismologische Station f, Strong-motion-Station f || ~/инкубаторно-птицеводческая (Lw) Brutanstalt f, Brüterei f || ~/испытательная Versuchsstation f; Prüffeld n, Prüfstand m || ~/каротажная (Geol, Bgb) Meßanlage f für Bohrlochuntersuchungen || ~/кислотная (Text) Säurestation f, Spinnbadstation f (Chemiefaserherstellung) || ~/компрессорная Verdichterstation f || ~ кондиционирования воздуха/центральная (Schiff) Klima-

станция

zentrale f ll ~/**контейнерная** Containerbahnhof m ll ~/**контрольно-семенная** (Lw) Samenprüfungsstelle f, Prüfdienststelle f für Saat- und Pflanzgut ll ~/**концевая** Endstation f (z. B. einer Seilbahn) ll ~/**координатная автоматическая телефонная** (Nrt) Koordinatenschalteramt n ll ~/**корабельная автоматическая телефонная** automatische Schiffsfernsprechzentrale f ll ~/**корабельная радиолокационная** Schiffsradaranlage f, Schiffsradarstation f ll ~/**коротковолновая** Kurzwellenfunkstation f ll ~/**корреспондирующая** (Nrt) Gegenamt n ll ~/**космическая** Raumsonde f ll ~/**космическая научная** Weltraumlabor n ll ~ **кругового обзора** (Rad) Rundsichtstation f, Rundsichtanlage f ll ~**кругового обзора/наземная радиолокационная** Rundsichtradarbodenstation f ll ~ **кругового обзора/радиолокационная** Rundsichtradarstation f, Rundsichtradaranlage f, Rundsichtradar n(m) ll ~/**крупная электрическая** Großkraftwerk n ll ~/**лёгкая переносная радиотелефонная** Funksprechgerät n, Klein[st]funkgerät n ll ~/**маломощная электрическая** Kleinkraftwerk n ll ~/**маневровая** Rangierbahnhof m ll ~/**машинно-испытательная** Maschinenprüfstelle f ll ~/**междугородная телефонная** Fernamt n ll ~/**межпланетная** interplanetare Sonde f, Raumsonde f ll ~/**местная радиовещательная** lokaler Sender (Rundfunksender) m, örtliche Rundfunk[sende]station f ll ~/**местная телефонная** (Nrt) Orts[fernsprech]amt n ll ~/**метеорологическая** meteorologische Station f, Wetterstation f ll ~/**мешающая** Störstation f ll ~/**многофункциональная рабочая** (Reg) multifunktionale Arbeitsstation f ll ~/**мобильная радиолокационная** mobile Radaranlage f ll ~ **мониторинга/базовая** (Ökol) Basisstation f des Umweltmonitoring, Monitoringbasisstation f ll ~/**морская метеорологическая** Seewetterwarte f ll ~/**мусоросжигательная** Müllverbrennungsanlage f ll ~/**на сплошном уровне** Gefällebahnhof m ll ~ **наведения** (Rak) Leitstation f, ~ **наведения/наземная** (Rad) Bodenleitstation f ll ~ **наведения/радиолокационная** Radarleitstation f ll ~ **наведения ракет** Raketenleitstation f ll ~/**наземная** Bodenstation f ll ~/**наземная радиолокационная** Bodenradarstation f ll ~/**наземная радиопеленгаторная** (Flg) Bodenpeilstelle f ll ~ **назначения** Bestimmungsbahnhof m, Zielbahnhof m ll ~/**насосная** Pumpstation f, Pumpwerk n ll ~/**насосно-аккумуляторная** Pumpspeicher[kraft]werk n ll ~/**натяжная** Spannstation f (Seilbahn) ll ~ **непрерывного излучения/радиолокационная** Dauerstrichradarstation f ll ~/**низконапорная гидроэлектрическая** Niederdruckwasserkraftwerk n ll ~ **обнаружения** (Rad) Ortungsstation f ll ~ **обнаружения/радиолокационная** Radarortungsstation f, Radarüberwachungsanlage f ll ~ **оборота** Wendebahnhof m ll ~ **обслуживания автомобилей** Kraftfahrzeugwartungsbetrieb m, Kfz-Werkstatt f ll ~/**объединённая** Personen- und Güterbahnhof m, Gemeinschaftsbahnhof m ll ~/**оконечная [телефонная]** (Nrt) Endamt n, Endstelle f ll ~ **опознавания «свой-чужой»** (Rad) Freund-Feind-Kennungsgerät n ll ~/**опорная** Basisstation f ll ~/**опытная** Versuchsstation f ll ~/**орбитальная** Raumstation f, extraterrestrische Station (Beobachtungsstation) f, Orbitalstation f ll ~/**отдалённая электрическая** Fernkraftwerk n ll ~/**открытая** Freiluftstation f ll ~ **отправления** Versandbahnhof m ll ~ **очистки сточных вод** Abwasserreinigungsanlage f, Abwasserkläranlage f, Klärwerk n, Kläranlage f ll ~/**панорамная радиолокационная** s. ~ кругового обзора/радиолокационная ll ~/**паротурбинная электрическая** Dampfturbinenkraftwerk n ll ~/**пассажирская** Personenbahnhof m ll ~/**пеленгаторная** (Rad) Peilstelle f, Peiler m ll ~/**первичная радиолокационная** Primärradarstation f ll ~/**передаточная** Sende[funk]stelle f, Funksendestation f ll ~/**пересадочная** Umsteigebahnhof f ll ~/**пиковая** Spitzenlastkraftwerk n ll ~/**пилотируемая орбитальная** bemannte Raumstation f ll ~/**плотинная электрическая** Staukraftwerk n ll ~/**пограничная** Grenzbahnhof m ll ~/**погрузочная** Füllstelle f ll ~/**подвижная радиолокационная** mobile Radaranlage f ll ~/**подводная пенетрационно-каротажная** (Geol) Unterwasser-Bodenerprobungssonde f ll ~ **пожарной сигнализации** 1. Brandwarnzentrale f; 2. Feuermeldezentrale f ll ~/**поисковая радиолокационная** s. ~ обнаружения/радиолокационная ll ~/**портовая радиолокационная** Hafenradarstation f ll ~/**предпортовая** Hafenbahnhof m ll ~/**приводная** (Flg) Ansteuerungsfeuer n ll ~/**пригородная телефонная** (Nrt) Nahverkehrsamt n ll ~/**приёмная** Empfangsstation f ll ~/**приёмно-передающая** Sende[- und]-Empfangs-Station f; Sendeempfangsstation f ll ~/**приливная гидроэлектрическая** Gezeitenkraftwerk n ll ~ **приписки** Heimatbahnhof m ll ~/**приплотинная гидроэлектрическая** Staukraftwerk n ll ~/**пристанская** Flughafenbahnhof f ll ~/**промежуточная** 1. Zwischenbahnhof m; 2. Zwischenstation f; (Nrt) Durchgangsamt n ll ~/**промежуточная усилительная** f ll Zwischenverstärkeramt n ll ~/**промышленная электрическая** Industriekraftwerk n ll ~/**промышленная ядерная электрическая** Industriekernkraftwerk n ll ~/**проходная** Durchgangsbahnhof m ll ~/**рабочая** Workstation f ll ~/**радиовещательная** Rundfunk[sende]station f, Rundfunksendestelle f ll ~/**радиолокационная** Radaranlage f; Radarstation f ll ~/**радиолюбительская** Amateur[funk]station f, Amateurfunkstelle f ll ~/**радиометеорологическая** Wetterradarstation f ll ~/**радионавигационная** Funknavigationsstelle f; Funknavigationsgerät n ll ~/**радиопеленгаторная** Funkpeilstation f, ll ~/**радиопередающая** Funksendestation f ll ~/**радиоприёмная** Funkempfangsstation f, Funkempfangsstelle f ll ~/**радиорелейная** Relaisstation f, Relaissender m ll ~/**радиотелефонная** Funksprechstelle f ll ~/**районная** (Nrt) Bezirksamt n ll ~/**районная электрическая** regionales Kraftwerk n, Überlandkraftwerk n ll ~/**речная гидроэлектрическая** Fluß[stau]kraftwerk n ll ~ **ручного обслуживания/телефонная** handbedientes Fernsprechamt n, handbediente

Vermittlungsstelle f, Handvermittlung f ll ~/**рыбопоисковая** Fischortungsanlage f, Fischortungsstand m ll ~ **с программным управлением/автоматическая телефонная** (Nrt) programmgesteuerte Zentrale f ll ~ **с частотной модуляцией/радиолокационная** frequenzmoduliertes Radargerät n ll ~/**самолётная** (Flg) Bordfunkgerät n ll ~/**самолётная радиолокационная** Flugzeugradargerät n, Flugzeugradar n(m), Bordradar n(m) ll ~/**сейсмическая** seismische Station f, Erdbebenwarte f ll ~/**синоптическая** (Meteo) synoptische Station f ll ~ **слежения цели/радиолокационная** Zielverfolgungsradarstation f ll ~/**смежная** Nachbarstation f ll ~/**содовая** (Text) Laugenstation f (Chemiefaserherstellung) ll ~/**сортировочная** Rangierbahnhof m, Verschiebebahnhof m ll ~/**сортировочная безгорочная** Flachrangierbahnhof m (ohne Ablaufberg) ll ~/**спасательная** Rettungsstation f; Seenotrettungsstation f ll ~/**средневолновая** Mittelwellen[funk]station f, MW-Funkstation f ll ~ **стыкования двух систем тягового тока** Systemwechselbahnhof m (Elektrotraktion) ll ~ **стыкования путей с разной шириной колеи** Spurwechselbahnhof m ll ~/**судовая радиолокационная** Schiffsradarstation f ll ~/**телевизионная** Fernsehstation f ll ~/**телефонная** Fernsprechamt n, Fernsprechvermittlungsstelle f ll ~/**тепловая электрическая** Wärmekraftwerk n ll ~/**теплопеленгаторная** Infrarotpeilstation f ll ~/**теплофикационная электрическая** Heizkraftwerk n, HKW ll ~/**теплоэлектрическая** Wärmekraftwerk n ll ~/**техническая** Betriebsbahnhof m ll ~/**товарная** Güterbahnhof m ll ~/**точная радиолокационная** Präzisionsradarstation f ll ~/**транзитная** 1. Durchgangsbahnhof m; 2. s. ~/транзитная телефонная ll ~/**транзитная междугородная телефонная** (Nrt) Durchgangsfernamt n ll ~/**транзитная телефонная** (Nrt) Durchgangsamt n, Transitamt n ll ~/**тупиковая** Kopfbahnhof m ll ~ **уваривания** Kochstation f (Zuckergewinnung) ll ~/**угольная электрическая** Kohlekraftwerk n ll ~/**узловая** 1. Knoten[punkt]bahnhof m; 2. s. ~/узловая телефонная ll ~/**узловая телефонная** Fernsprechknotenamt n, Knotenamt n ll ~/**ультракоротковолновая** Ultrakurzwellen[funk]station f, UKW-Funkstation f ll ~/**ультракоротковолновая радиотелефонная** Ultrakurzwellenfunksprechstation f, UKW-Sprechfunkanlage f; Ultrakurzwellen-Verkehrsfunkgerät n, [UKW-]Verkehrsfunkgerät n ll ~ **управления** Schaltschrank m, Steuerschrank f ll ~/**управляющая** Leitstelle f ll ~/**усилительная** 1. (Nrt) Verstärkeramt n; 2. (El) Verstärkerstation f ll ~/**участковая** Übergangsbahnhof m ll ~/**учрежденческая телефонная** (Nrt) Nebenstellenanlage f ll ~ **формирования поездов** Zugbildungsbahnhof m ll ~/**центральная** (Nrt) Hauptamt n, Zentralamt n, Zentrale f ll ~ **центральная междугородная телефонная** (Nrt) Zentralkraftwerk n ll ~/**центральная электрическая** Zentralkraftwerk n ll ~/**центральная электрочасовая** Uhrhauptzentrale f ll ~/**цифровая автоматическая телефонная** (Nrt) digitale Zentrale (Fernsprechzentrale) f ll ~/**шаговая автомати-**

ческая телефонная (Nrt) Schrittschaltwähleramt n ll ~/**широтная** (Astr) Breitenstation f (Polhöhenschwankungsdienst) ll ~/**штукатурная** (Bw) Mörtelwerk m ll ~/**электрическая** Kraftwerk n ll ~/**электронная автоматическая телефонная** (Nrt) elektronisches Wählamt n ll ~/**электрочасовая** Uhrenstation f ll ~/**ядерная** Kernkraftwerk n, KKW

стапелеподъёмник m Stapelheber m

стапель m (Schiff) Helling f ll ~/**боковой** Querablaufhelling f ll ~/**поперечный** Querablaufhelling f ll ~/**поперечный наклонный** schräge Querablaufhelling f ll ~/**продольный** Längsablaufhelling f ll ~/**продольный наклонный** schräge Längsablaufhelling f

стапель-блок m (Schiff) Stapel m, Palle f, Pallung f

стапель-кондуктор m (Schiff) Hellinglehrgerüst n

стапельный (Schiff) Helling...

стапель-палуба f Pontondeck n (Schwimmdock)

старение n Altern n, Alterung f, (Met auch) Ausscheidungshärten n, Ausscheidungshärtung f ll ~/**деформационное** (Met) Reckalterung f, Verformungsalterung f ll ~/**естественное** natürliche Alterung f, (Met auch) Kaltauslagerung f, Kaltaushärtung f ll ~/**искусственное** künstliche Alterung f, (Met auch) Warmauslagerung f, Warmaushärtung f ll ~ **ламп** (Eln) Röhrenalterung f ll ~/**низкотемпературное** (Met) Kaltauslagerung f, Kaltaushärtung f ll ~/**окислительное** oxidative Alterung f ll ~/**полимеров** Polymeralterung f ll ~/**световое** Lichtalterung f ll ~/**структурное** (Wkst) Gefügealterung f, Gefügeausscheidung f ll ~/**тепловое** (Met) Warmauslagerung f, Warmaushärtung f ll ~/**успокоенное** geraffte Alterung f (s. a. ~/искусственное)

стареть altern

старица f s. старорчье

старн-пост m (Schiff) Schraubensteven m

старорчье n (Hydrol) Altwasser n, Altarm m, alter Flußarm m

старт m Start m ll ~/**буксирный** Schleppstart m ll ~/**вертикальный** Senkrechtstart m ll ~/**горизонтальный** Horizontalstart m ll ~/**катапультный** Katapultstart m ll ~/**надводный** (Rak) Überwasserstart m ll ~/**подводный** (Rak) Unterwasserstart m ll ~/**сухопутный** Bodenstart m, Landstart m

стартер m 1. (Kfz) Anlasser m, Starter m; 2. (Inf) Starterbetriebssystem n ll ~/**аэродромный** (Flg) Anlaßwagen m, Feldanlasser m ll ~/**бортовой** (Flg) Bordanlasser m ll ~/**инерционный** Schwungkraftanlasser m, Eklipseanlasser m ll ~/**пневматический** Druckluftanlasser m ll ~ **с инерционным приводом** Anlasser m mit Schraubtrieb, Schraubtriebanlasser m ll ~ **с нагревателем/биметаллический** (Licht) Glühstarter m, Thermostarter m ll ~ **с перемещающимся якорем** Schubankeranlasser m ll ~ **с принудительным приводом** Schubtriebanlasser m ll ~ **тлеющего разряда/биметаллический** (Licht) Glimmstarter m, Glimmzünder m ll ~/**электрический** Elektrostarter m ll ~/**электрический инерционный** elektrischer Anlasser m mit Schraubtrieb ll ~/**электромагнитный** Magnetstarter m

стартер-генератор m Anlaßgenerator m, Dynastarter m
стартстопный Start-Stopp...
стассфуртит m (Min) Staßfurtit m, Tiefboracit m
стат m (Kern) Stat n, St (SI-fremde Einheit der Aktivität)
статив m Stativ n, Gestell n, Rahmen m ‖ ~ **групповых искателей** (Nrt) Gruppenwählergestell n, GW-Gestell n ‖ ~ **предыскателей** (Nrt) Vorwählergestell n, VW-Gestell n ‖ ~ **реле** (Nrt) Relaisgestell n
стативная f (El) Relaisraum m
статизм m (Reg) Statik f, statisches Verhalten n; Proportionalität f, proportionales Verhalten n, P-Verhalten n ‖ ~ **регулирования** Regelstatik f
статика f (Mech) Statik f ‖ ~ **/графическая** graphische Statik f, Graphostatik f ‖ ~ **сооружений** Baustatik f ‖ ~ **сыпучих сред** Schüttgutmechanik f
статикон m (TV) Statikon n (Bildaufnahmeröhre)
статистика f Statistik f ‖ ~ **Бозе[-Эйнштейна]** (Ph) Bose-[Einstein-]Statistik f, BE-Statistik f ‖ ~ **Больцмана** s. ~ **Максвелла-Больцмана** ‖ ~ **/звёздная** (Astr) Stellarstatistik f ‖ ~ **/квантовая** (Ph) Quantenstatistik f ‖ ~ **Максвелла-Больцмана** (Ph) [Maxwell-]Boltzmann-Statistik f, klassische Statistik f ‖ ~ **/математическая** mathematische Statistik f ‖ ~ **отказов** Ausfallstatistik f ‖ ~ **поверхности/гауссовская** (Ph) Gaußsche Oberflächenstatistik f ‖ ~ **/пространственная** (Ph) Raumstatistik f ‖ ~ **счёта** (Kern) Zählstatistik f ‖ ~ **трафика** (Nrt) Verkehrsstatistik f ‖ ~ **Ферми[-Дирака]** (Ph) Fermi-[Dirac-]Statistik f ‖ ~ **ядер** (Kern) Kernstatistik f
статический 1. (Mech) statisch; 2. (Reg) statisch; Proportional..., P-...
статометр m (Ph) Statometer n
статор m (El) Ständer m, Stator m • **без статора** ständerlos, statorlos ‖ ~ **гидромотора** (Hydr) Schwenkrahmen m (Hydromotor) ‖ ~ **/ёмкостный** kapazitiver Stator m ‖ ~ **/кольцевой** ringförmiger Stator m
стаффинг m s. согласование скорости передачи
стационарный stationär, stabil, Beharrungs...; stationär, feststehend, ortsfest, ortsgebunden
стачивание n 1. (Fert) Abschleifen n, Wegschleifen n; 2. (Text) Zusammennähen n, Zusammenheften n
стачивать 1. (Fert) abschleifen, wegschleifen; 2. (Text) zusammennähen, zusammenheften
СТБ s. тралбот/стальной
ствол m 1. Stamm m, Baumstamm m; 2. (Bgb) Schacht m; Schachtröhre f; 3. (Mil) Lauf m (Handfeuerwaffe, Geschütz); Rohr n (Geschütz); 4. Strahlrohr n (Feuerlöschspritze); 5. (Text) Kettbaumrohr n, Streichrohr n; 6. (Nrt) Leitungsbündel n, Kanalbündel n ‖ ~ **/аварийный** (Bgb) Notschacht m, Rettungsschacht m ‖ ~ **/буровой** (Bgb) Bohrschacht m ‖ ~ **/вентиляционный** (Bgb) Wetterschacht m ‖ ~ **/вертикальный** (Bgb) seigerer Schacht m ‖ ~ **/водоотливной** (Bgb) Wasserhaltungsschacht m, Pumpenschacht m ‖ ~ **/воздухоподающий** (Bgb) einziehender Schacht m, Einziehschacht m ‖ ~ **/воздушно-пенный** Schaumrohr n, Kometrohr n (Schaumlöschverfahren) ‖ ~ **/вспомогательный** (Bgb) Hilfsschacht m ‖ ~ **/вытяжной** (Bgb) ausziehender Schacht m, Ausziehschacht m ‖ ~ **/главный [подъёмный]** (Bgb) Hauptförderschacht m ‖ ~ **/гладкий** glattes Rohr n (Geschütz); glatter Lauf m (Gewehr) ‖ ~ **горелки** (Schw) Brennerschaft m, Griffstück n (des Schneid- bzw. Schweißbrenners) ‖ ~ **двигателя ракеты** (Rak) Triebwerksrohr n ‖ ~ **/закладочный** (Bgb) Bergeversetzschacht m, Versatzschacht m ‖ ~ **/затопленный** (Bgb) ersoffener Schacht m; gefluteter Schacht m ‖ ~ **/круглый шахтный** (Bgb) Schacht m mit runder Schachtscheibe, Rundschacht m ‖ ~ **/лафетный** (Bgb) Wasserwerfer m, Wasserkanone f ‖ ~ **/наклонный** (Bgb) tonnlägiger Schacht m, Schrägschacht m ‖ ~ **/нарезной** gezogenes Rohr n (Geschütz); gezogener Lauf m (Gewehr) ‖ ~ **/отводящий вентиляционный** (Bgb) ausziehender Wetterschacht m ‖ ~ **/откидной** Klapplauf m ‖ ~ **печи** (Met) Ofenschacht m ‖ ~ **/подающий** (Bgb) Wettereinziehschacht m, Einziehschacht m ‖ ~ **/подъёмный** (Bgb) Förderschacht m ‖ ~ **/пожарный** Strahlrohr n ‖ ~ **/прямоугольный шахтный** (Bgb) Schacht m mit rechteckiger Schachtscheibe ‖ ~ **с входящей струёй** s. ~ **/воздухоподающий** ‖ ~ **с исходящей струёй** s. ~ **/вытяжной** ‖ ~ **/связи** (Nrt) Kanalbündel n, Nachrichtenkanalbündel n ‖ ~ **/сдвоенный** (Bgb) Zwillingsschacht m ‖ ~ **/скиповой** (Bgb) Skipförderschacht m ‖ ~ **/слепой [шахтный]** (Bgb) Blindschacht m ‖ ~ **/центральный** (Bgb) Hauptschacht m; Schachtröhre f ‖ ~ **шахты** s. ~ **/шахтный** ‖ ~ **/эксплуатационный шахтный** (Bgb) Betriebsschacht m

створ m 1. Meßstelle f, Meßstation f; 2. (Schiff) Bake f, Richtbake f; Peilung f; 3. (Hydt) Wehrstelle f, Staustelle f; 4. Richtpunkt m, Standort m, Stelle f ‖ ~ **/гидрометрический** (Hydrol) Durchflußmeßquerschnitt m ‖ ~ **/девиационный** Deviationspeilung f ‖ ~ **/концевой** Endpeilung f ‖ ~ **/начальный** Anfangspeilung f ‖ ~ **плотины** (Hydt) Wehrstelle f, Staustelle f; Standort m der Talsperre ‖ ~ **/секущий** (Schiff) Richtbake f (Meßmeile)
створаживание n Gerinnen n, Gerinnung f
створаживать gerinnen lassen
створка f 1. Klappe f; Abdeckklappe f; 2. (Photo, Opt) Lamelle f; 3. (Bw) Flügel m ‖ ~ **вентиля** Ventilklappe f ‖ ~ **/верхняя оконная** Oberlichtflügel m (Fenster) ‖ ~ **/воротная** Torflügel m ‖ ~ **/глухая** blinder Flügel m (Fenster) ‖ ~ **/дверная** Türflügel m ‖ ~ **/двойная** Doppelfenster n ‖ ~ **/донная** Bodenklappe f ‖ ~ **затвора** (Photo, Opt) Verschlußlamelle f ‖ ~ **/зимняя** s. ~ **/двойная** ‖ ~ **/навесная** normale Fensterflügel m, Drehflügel m ‖ ~ **/нижнеподвесная** s. ~ **/опускная** ‖ ~ **ниши шасси** (Flg) Fahrwerkklappe f ‖ ~ **/оконная** Fensterflügel m ‖ ~ **/опускная Kippflügel m (Fenster) ‖ ~ **/поворотная** Wendeflügel m (Fenster) ‖ ~ **/подъёмная** Klappflügel m (aufwärts klappbarer Fensterflügel) ‖ ~ **/раздвижная** Schiebeflügel m (eines Schiebefensters) ‖ ~ **/среднеподвесная** Schwingflügel m (Fenster) ‖ ~ **/створная** Drehflügel m ‖ ~ **/шведская** s. ~ **/раздвижная**

стеарат m (Ch) Stearat n

стеарин m (Ch) Stearin n
стеариновокислый (Ch) ...stearat n; stearinsauer
стеатит/высокочастотный (El) Hochfrequenzsteatit m
стебель m (Text) Stengel m (Baumwolle)
стеблевидный stengelartig, stenglig
стебледелитель m (Lw) Halm[ab]teiler m
стеблеподъёмник m (Lw) Ährenheber m, Bahnräumer m (Lagergetreide)
стегание n (Text) Steppen n
стегать (Text) steppen
стёжка f (Text) 1. Steppen n; 2. gesteppte Fläche f
стежок m (Text) Stich m (Näherei, Stickerei) ‖ ~/ажурный Hohlsaum m ‖ ~ в ёлочку Fischgrätenstich m ‖ ~/гладьевой Plattstich m ‖ ~ двойным крестиком Hexenstich m ‖ ~/двухниточный зигзагообразный челночный Zweifaden-Doppelsteppzickzackstich m ‖ ~/двухниточный челночный прямолинейный Zweifaden-Doppelsteppgeradstich m ‖ ~/косой Schrägstich m ‖ ~/краеобмёточный Überwendlichstich m, Überwendlichnaht f ‖ ~ крестовиком Kreuzstich m ‖ ~/крестообразный Kreuzstich m ‖ ~/машинный Maschinenstich m (Nähmaschine) ‖ ~/ниточный Fadenstich m (Buchbinderei) ‖ ~/обычный стачивающий Regulärstich m ‖ ~/однониточный зигзагообразный цепной Einfachkettenzickzackstich m ‖ ~/однониточный цепной Einfachkettenstich m ‖ ~/однониточный цепной прямолинейный Einfachkettengeradstich m ‖ ~/петельный (петлеобразный) Schlingenstich m, Knopflochstich m, Langettenstich m ‖ ~/потайной Blindstich m ‖ ~/прямой Geradstich m ‖ ~/распошивальный Überdeckstich m ‖ ~/ручной Handstich m ‖ ~/смёточный Heftstich m ‖ ~/стебельчатый Stielstich m, Hinterstich m, Rückstich m ‖ ~/строчевой s. ~/ажурный ‖ ~/тамбурный (цепной) Kettenstich m ‖ ~/цепной одноигольный двухниточный Einnadel-Zweifadendoppelkettenstich m ‖ ~/цепной одноигольный однониточный Einnadel-Einfadenkettenstich m ‖ ~/челночный двухниточный Doppelsteppstich m
стек m (Inf) Stapelspeicher m, Kellerspeicher m, Stack m
стекание n Abfließen n, Ablaufen n ‖ ~ первого сусла (Brau) Ablauf m der Vorderwürze
стекатель m Düsenkonus m (Triebwerk)
стекать abfließen, ablaufen
стеклить verglasen (z. B. Fenster)
стекло n 1. Glas n; 2. Glasscheibe f ‖ ~/алюмосиликатное Alumosilikatglas n ‖ ~/аппаратное Geräteglas n, Apparateglas n ‖ ~/армированное Drahtglas n ‖ ~/баритовое Barytglas n ‖ ~/безопасное Sicherheitsglas n ‖ ~/безосколочное splitterfreies (splitterfestes, splittersicheres) Glas n, Sicherheitsglas n ‖ ~/бесцветное farbloses (reinweißes) Glas n ‖ ~/бесщелочное alkalifreies Glas n ‖ ~/боратное Boratglas n ‖ ~/боросиликатное Borosilikatglas n ‖ ~/бутылочное Flaschenglas n ‖ ~ в твёрдом состоянии/растворимое (Ch) Wasserglas n in Stücken, Stückglas n, Festglas n ‖ ~/ветровое (Kfz) Windschutzscheibe f ‖ ~/витринное Schaufensterglas n ‖ ~/водомерное Wasserstandsglas n ‖ ~/водосодержащее вулканическое (Geol) wasserhaltiges vulkanisches Glas n ‖ ~/волнистое gewelltes Glas n ‖ ~/вулканическое (Geol) vulkanisches (isländisches, natürliches) Glas n ‖ ~ гелиоматик Heliomatic-Glas n ‖ ~/двухкомпонентное binäres Glas n, Zweistoffglas n ‖ ~/двухслойное Zweischichtenglas n, Verbundglas n ‖ ~/доломитовое Dolomitglas n ‖ ~/дротовое Rohr- und Stangenglas n ‖ ~/дымчатое Rauchglas n ‖ ~/жаростойкое hitzebeständiges Glas n ‖ ~/жидкое flüssiges Wasserglas n, Wasserglaslösung f ‖ ~/заглушённое getrübtes Glas n ‖ ~/закалённое vorgespanntes Glas n ‖ ~/защитное Schutzglas n ‖ ~/зеркальное Spiegelglas n ‖ ~/иенское Jenaer Glas n ‖ ~/избирательного поглощения Glas n mit selektiver Absorption ‖ ~/калийное жидкое flüssiges Kaliwasserglas n, Kaliwasserglaslösung f ‖ ~/кварцевое Quarzglas n ‖ ~/кобальтовое Kobaltglas n ‖ ~/колбочное Kolbenglas n ‖ ~/кузова/заднее (Kfz) Heckscheibe f ‖ ~/лабораторное s. ~/химико-лабораторное ‖ ~/лазерное laseraktives Glas n, Laserglas n ‖ ~/листовое Tafelglas n, Flachglas n ‖ ~/литое Gußglas n ‖ ~/лобовое (Kfz) Windschutzscheibe f, Frontscheibe f ‖ ~/магнезиальное Magnesiaglas n ‖ ~/малощелочное alkaliarmes Glas n ‖ ~/масломерное Ölstandglas n, Ölschauglas n ‖ ~/матовое 1. Mattglas n; 2. (Photo) Mattscheibe f ‖ ~/многослойное Mehrschichtenglas n ‖ ~/многослойное безопасное mehrschichtiges Sicherheitsglas n, Mehrschichten-Sicherheitsverbundglas n, Verbundsicherheitsglas n ‖ ~/многощелочное alkalireiches Glas n ‖ ~/молочное 1. Milchglas n; 2. Milchglasscheibe f ‖ ~/мягкое Weichglas n ‖ ~/накладное Überfangglas n ‖ ~/натровое жидкое flüssiges Natronwasserglas n, Natronwasserglaslösung f ‖ ~/натровое растворимое Natronwasserglas n ‖ ~/небьющееся s. ~/безосколочное Einschichtensicherheitsglas n, Einscheibensicherheitsglas n ‖ ~/оконное Fensterglas n ‖ ~/опаковое Opakglas n ‖ ~/опаловое Opalglas n ‖ ~/оптическое optisches Glas n ‖ ~/оптическое кварцевое optisches Quarzglas n ‖ ~/органическое organisches Glas n ‖ ~/орнаментное Ornamentglas n ‖ ~/очковое Brillenglas n ‖ ~/панорамное Panoramascheibe f, Vollsichtscheibe f ‖ ~/пенистое Schaumglas n ‖ ~/переходное Übergangsglas n, Zwischenglas n ‖ ~/плиточное Plattenglas n ‖ ~/поворотное [ветровое] (Kfz) Ausstellfenster n ‖ ~/поглощающее Glasfilter n ‖ ~/покровное Deckglas n ‖ ~ полое Hohlglas n ‖ ~/посудное Wirtschaftsglas n, Haushalt[s]glas n, Behälterglas n ‖ ~/предметное Objektglas n, Objektträger m (Mikroskopie) ‖ ~/прессованное Preßglas n ‖ ~/призматическое Prismenglas n ‖ ~/проволочное Drahtglas n ‖ ~/прозрачное Klarglas n ‖ ~/прокатанное Walzglas n ‖ ~/просветляющееся aufschaltendes Glas n (Laser) ‖ ~/пуленепробиваемое kugelsicheres (schußsicheres, schußfestes) Glas n ‖ ~/пустотелое s. ~/полое ‖ ~/расплавленное Glasfluß m, Glasschmelze f

стекло

~/рассеивающее Streuscheibe f ‖ ~/растворимое Wasserglas n ‖ ~/рифлёное Riffelglas n ‖ ~/рубиновое Rubinglas n ‖ ~ ручной выработки mundgeblasenes Glas n ‖ ~ с лункой/предметное hohler Objektträger m (Mikroskopie) ‖ ~/светотехническое Beleuchtungsglas n ‖ ~/светофильтровое Lichtfilterglas n ‖ ~/светочувствительное lichtempfindliches (photosensibles) Glas n ‖ ~/свинцовое Bleiglas n ‖ ~/силикатное Silikatglas n ‖ ~/смотровое Schauglas n ‖ ~/спечённое Sinterglas n ‖ ~/строительное Bauglas n ‖ ~/тарное Verpackungsglas n ‖ ~/теплозащитное Wärmeschutzglas n ‖ ~/термометрическое Thermometerglas n ‖ ~/термостойкое feuerfestes Glas n ‖ ~/трёхслойное Dreischichtenglas n ‖ ~/трубочное Röhrenglas n ‖ ~/тугоплавкое schwerschmelzendes (schmelzhartes) Glas n, Hartglas n ‖ ~/увеличительное Vergrößerungsglas n, Lupe f ‖ ~/увиолевое Uviolglas n ‖ ~/узорчатое Ornamentglas n ‖ ~/филигранное Fadenglas n, Filigranglas n ‖ ~ флинт Flint[glas] n ‖ ~/фоточувствительное lichtempfindliches (photosensibles) Glas n ‖ ~ Фурко Fourcault-Glas n ‖ ~/химико-лабораторное chemisches Geräteglas n, Laborglas n ‖ ~/цветное Farbglas n ‖ ~/щёлочеустойчивое alkalibeständiges (laugenfestes) Glas n ‖ ~/электровакуумное (электроколбочное) Elektro[vakuum]glas n ‖ ~/электроламповое Glühlampenglas n ‖ ~/ячеистое Schaumglas n

стеклобетон m Glasbeton m
стеклоблок m Glasbaustein m, Glasziegel m ‖ ~/светопрозрачный lichtdurchlässiger Glasbaustein m ‖ ~/цветной farbiger Glasbaustein m
стеклобой m Glasscherben fpl, Glasbruch m, Bruchglas n
стеклование n Vitrifizierung f, Vitrifikation f, Verglasung f
стеклованность f Verglasungsgrad m
стекловарение n Glasschmelzen n
стекловата f Glaswatte f
стекловатость f Glasigkeit f, glasartige Beschaffenheit f
стекловидность f s. стекловатость
стекловидный glasartig, glasähnlich
стекловойлок m Glaswolle f
стекловолокно n 1. Glasfaser f; 2. Glasfaserstoff m ‖ ~/непрерывное Elementarglasfaden m ‖ ~/штапельное Glasstapelfaser f
стеклогипс m (Bw) glasfaserverstärkter Gips m
стекложгут m Glasseidenstrang m, Roving m ‖ ~/рубленый gehackte (geschnittene) Rovings mpl, Stapelglasseide f, geschnittene Glasseide f
стекложелезобетон m Glasbeton m
стеклокерамика f Glaskeramik f, glaskeramischer Stoff m
стеклолента f Glasband n
стекломасса f Glasfluß m, Glasschmelze f
стекломат m Glasfasermatte f
стеклонаполненный glasfasergefüllt, glasfaserverstärkt
стеклонить f Glasfaden m
стеклообразный glasartig, glasähnlich
стеклообразование n Glasbildung f
стеклообразующий glasbildend

стеклоочиститель m (Kfz) Scheibenwischer m
стеклопакет m Verbundglasscheibe f ‖ ~/оконный Fensterverbundglas n
стеклопанель f Glasplatte f, Glastafel f
стеклопласт m s. стеклопластик
стеклопластик m Glasfaserkunststoff m, glasfaserverstärkter (glasfaserbewehrter) Kunststoff m ‖ ~/полиэфирный glasfaserverstärkter (glasfaserbewehrter) Polyester m ‖ ~/слоистый Glasfaserschichtstoff m, Glasfaserlaminat n
стеклопряжа f Glasgespinst f
стеклорез m (Wkz) Glasschneider m ‖ ~/алмазный Diamantglasschneider m
стеклосрезы mpl s. стекложгут/рубленый
стеклотара f Verpackungsglas n
стеклоткань f Glas[faser]gewebe n
стеклошёлк m Glasseide f
стекловерсть f Glaswolle f
стеклоштапель m Glasstapelfaser f
стеклоэмаль f Email n, Emaille f; Emailleglasur f
стековый (Inf) stackorientiert
стеллаж m Regal n, Gestell n; Ständer m; Gerüst n, Stapelgerüst n, Rost m ‖ ~/гравитационный Durchlaufregal n ‖ ~/консольный Langgutregal n ‖ ~/многоярусный Hochregal n, mehrgeschossiges Regal n ‖ ~/односторонний einfaches Regal n ‖ ~/охлаждающий Kühlbett n ‖ ~/передвижной Verschieberegal n ‖ ~/поддонный Palettenregal n ‖ ~/свободностоящий umsetzbares Regal n ‖ ~/сквозной Blockstapelregal n ‖ ~/стационарный fest eingebautes Regal n ‖ ~/элеваторный Paternosterregal n ‖ ~/стержневой (Gieß) Kerntrockengestell n, Kernlagergestell n
стена f 1. (Bw) Wand f, Mauer f (s. a. unter стенка 1.); 2. (Bgb) Stoß m, Seitenstoß m, Ulm[e] f ‖ ~/берегоукрепительная Uferbefestigungsmauer f ‖ ~/бревенчатая Balkenwand f ‖ ~/бутовая Bruchsteinmauer f ‖ ~ в два кирпича 2-stein-dicke Mauer (Wand) f ‖ ~ в полкирпича 1/2-stein-dicke Mauer (Wand) f ‖ ~/внутренняя Innenwand f ‖ ~/внутренняя капитальная (несущая) tragende Innenwand f ‖ ~/глухая Blindwand f, Blindmauer f, Wand f ohne Öffnungen ‖ ~/гравитационная [подпорная] s. ~/подпорная гравитационная ‖ ~/двойная Doppelwand f ‖ ~/дощатая Bretterwand f ‖ ~/железобетонная Stahlbetonmauer f, Stahlbetonwand f ‖ ~/железобетонная подпорная Stahlbetonstützmauer f, Stahlbetonstützwand f ‖ ~/задняя hintere Wand f, Rückwand f ‖ ~/защитная Schutzwand f, Strahlungsschutzmauer f ‖ ~ каменная 1. gemauerte Wand f, Ziegelmauer f; 2. (Bgb) Scheibenmauer f ‖ ~/капитальная massive (tragende) Wand f ‖ ~/каркасная Skelettwand f ‖ ~/кирпичная Ziegelwand f, Ziegelmauer f ‖ ~/контрфорсная Gegenmauer f, Pfeilermauer f ‖ ~/крупнопанельная Plattenwand f ‖ ~/лицевая Kopfwand f, Stirnwand f ‖ ~/массивная Vollwand f ‖ ~/многослойная mehrlagige (mehrschichtige) Wand f ‖ ~/набивная бетонная Ortbetonwand f ‖ ~/навесная vorgehängte Wand f, Vorhangwand f ‖ ~/напорная Druckwand f ‖ ~/наружная Außenwand f, Außenmauer f ‖ ~/наружная капитальная (несущая) tragende Außenwand f ‖ ~/ненесущая nichttragende Wand f

~/несущая tragende Wand f, Tragwand f II ~/облицовочная Verkleidungsmauer f, Vorsatzmauer f II ~/огнестойкая (огнеупорная) Brandmauer f II ~/градительная Absperrmauer f II ~/ограждающая Umfassungswand f; raumumschließende Wand f II ~/опорная Stützwand f, Auflagerwand f II ~/откосная Flügelmauer f, Bekleidungsmauer f, Plattenwand f II ~/подпорная Stützmauer f, Stützwand f II ~/подпорная гравитационная Schwergewichtsmauer f, Schwerkraftmauer f II ~/подпорная расчленённая aufgelöste Stützmauer f II ~/подпорная угловая Winkelstützmauer f II ~/поперечная Querwand f II ~/поперечная несущая tragende Querwand f II ~/породная (Bgb) Bergedamm m II ~/продольная Längswand f II ~/продольная несущая tragende Längswand f II ~/промежуточная Zwischenmauer f, Zwischenwand f, Trennwand f II ~/противопожарная Brandmauer f II ~/пустотелая Hohlwand f II ~/решётчатая Fachwerkwand f II ~/самонесущая selbsttragende Wand f II ~/сборная vorgefertigte Wand f, Fertigteilwand f II ~/свайная (Bw) Pfahlwand f II ~/свободнонесущая freitragende Wand f II ~/свободностоящая freistehende Wand f II ~ свода/опорная Widerlager n (Gewölbe, Bogen) II ~/складчатая Faltwand f II ~/сплошная massive Wand f, Vollwand f II ~/торцовая Stirnwand f, Giebelwand f II ~/угловая подпорная Winkelstützmauer f II ~/фасадная Fassadenwand f; Fassadenelement n II ~/фахверковая Fachwerkwand f II ~/фундаментная Grundmauer f II ~/шпунтовая Spundwand f, Schalwand f

стенд m 1. Stand m; Prüfstand m, Versuchsstand m; 2. Ausstellungsstand m; 3. Haltegestell n, Universalstativ n (Laborgerät) II ~/автоматизированный испытательный [voll]automatischer Prüfstand m II ~/вибрационный (Wkst) Pulsator m, Schwingtisch m II ~/двигательный испытательный (Flg, Rak) Triebwerksprüfstand m II ~/заводской Werksprüfstand m II ~/измерительный Meßstand m, Meßanlage f II ~/испытательный Prüfstand m, Versuchsstand m, Versuchsfeld n, Prüfeinrichtung f, Prüffeld n II ~/ленточный измерительный Bandmeßplatz m (für Magnetbänder) II ~/пакетный (Bw) Bündelspannanlage f II ~/поверочный Prüfstand m, Prüffeld n II ~/ракетный испытательный Raketenprüfstand m II ~/роликовый сварочный Rollenbock m für das Rundnahtschweißen (von Rundbehältern und Kesselschüssen) II ~/сборочный Montagebock m II ~/сварочный Aufspannbock m für Montage- und Schweißarbeiten (für Stahlkonstruktionen mittlerer und großer Abmessungen) II ~/фрикционный Reibungsprüfstand m (für tribotechnische Untersuchungen)

стендер m Standrohr n (Feuerschutzhydrant) II ~/переносный transportables Standrohr n (für Unterflurhydranten) II ~/стационарный ortsfestes Standrohr n für Überflurhydranten)

стендовый ortsfest (Bauweise, z. B. von Speichern)

стензель m (Schiff) Stütze f (für Holzladung)

стенка f 1. (Bw) Wand f, Wandung f (s. a. unter стена 1.); 2. (Met, Bw) Steg m (Stahlträger) • со сплошной стенкой (Bw) vollwandig (Trägerkonstruktion; Brückenbau) II ~ балки Steg m (Stahlträger) II ~ барабана/дырчатая durchbrochener (perforierter, gelochter) Trommelmantel m, Siebtrommelmantel m II ~ барабана/сплошная vollwandiger Trommelmantel m, Vollmantel m II ~/боковая Seitenwand f II ~/бутовая (Bgb) Bergmauer f, Versatzmauer f II ~/ветвенная Versatzscheider m II ~/внешняя Außenwand f II ~/внутренняя Innenwand f II ~/водобойная (Hydt) Stoßnase f II ~/водосливная (Hydt) Überfallmauer f II ~/выработки/боковая (Bgb) Stoß m des Grubenbaus II ~/двойная Doppelwandung f, Doppelwand f II ~/достроечная (Schiff) Ausrüstungskai m II ~/забральная (Hydt) Tauchwand f, Tauchschild m II ~/задняя 1. Rückwand f; 2. (Led) Hinterteil n II ~/замыкающая Abschlußwand f II ~ калибра (Wlz) Kaliberwand f, Kaliberwange f II ~ калибра/боковая Kaliberflanke f II ~ опалубки/вертикальная lotrechte Schalwand f II ~/откидная Klappwand f II ~ падения (Hydt) Abfallmauer f II ~/передняя 1. Vorderwand f; 2. (Led) Vorderteil n II ~ перепада (Hydt) Abfallmauer f (Gefällstufe) II ~ печи (Met) Ofenwandung f II ~/породная (Bgb) Versatzstoß m, Bergemauer f II ~/раздвижная Schiebewand f II ~/разделительная Trennwand f, Scheidewand f II ~ скважины (Bgb) Bohrlochwandung f II ~/сливная (Hydt) Ablaufwand f II ~ штрека [/боковая] Streckenstoß m II ~/экранирующая Abschirmwand f

стенкомер m Wanddickenmesser m, Dickenmesser m

стеньга f (Schiff) Stenge f, Toppmast m

степень f 1. Stufe f; Grad m; Maß n; Zahl f; Klasse f; 2. (Math) Potenz f • с большой (высокой) степенью интеграции (Inf) Großintegrations..., großintegriert, hochintegriert • со сверхвысокой степенью интеграции (Inf) Größtintegrations..., Höchstintegrations..., größtintegriert, höchstintegriert II ~ агитации Durchmischungsgrad m, Misch[ungs]intensität f (Aufbereitung) II ~ ассоциации Assoziationsgrad m II ~ безопасности Sicherheitsgrad m II ~ белизны (Pap, Text) Weißgrad m, Weißgehalt m II ~ влажности [мокрого пара] 1. Feuchtigkeitsgrad m, Feuchtegrad m; 2. Wassergehalt m, Nässegrad m (Naßdampf) II ~ возбуждения Erregungsgrad m II ~ возврата (Wmt) Rückgewinnungsgrad m II ~ вспенивания Verschäumungsgrad m II ~ вырождения Entartungsgrad m II ~ вытягивания (вытяжки) (Text) Verstreckungsgrad m, Verstreckung f II ~ вязкости Zähigkeitsgrad m, Viskositätsgrad m II ~ готовности (Gieß) Reifegrad m II ~ деполяризации (Opt) Depolarisationsgrad m II ~ деформации Formänderungsgrad m, Umformgrad m II ~ дисперсности (Ch) Dispersionsgrad m, Dispersitätsgrad m, Zerteilungsgrad m II ~ диссоциации (Ch) Dissoziationsgrad m II ~ жидкотекучести (Met, Gieß) Fließfähigkeit f, Flüssigkeitsgrad m, Dünnflüssigkeitsgrad m (von Metallen, Legierungen oder Schlacke) II ~ заводской готовности industrieller Vorfertigungs-

степень

grad *m* II ~ **заглушения** Dämpfungsgrad *m* II ~ **загрязнения** Verunreingungsgrad *m*, Verschmutzungsgrad *m* II ~ **замачивания (замочки)** Weichgrad *m*, Quellreife *f* (*Mälzerei*) II ~ **заполнения** 1. Füllungsgrad *m*; 2. (*Ph*) Besetzungsgrad *m* II ~ **запрета** (*Ph*) Verbotenheitsgrad *m*, Verbotenheitsfaktor *m* (*Quantenmechanik*) II ~ **засорения** Verschmutzungsgrad *m* II ~ **затухания** Dämpfungsgrad *m* II ~ **защиты** (*El*) Schutzgüte *f*; Schutzgrad *m* II ~ **зрелости** Reifegrad *m* II ~ **извитости** (*Text*) Kräuselungsgrad *m* II ~ **измельчения** Zerkleinerungsgrad *m*; Vermahlungsgrad *m*, Mahlfeinheitsgrad *m* (*Aufbereitung*) II ~ **износа** Verschleißgrad *m*, Abnutzungsgrad *m* II ~ **интеграции** (*EIn*) Integrationsgrad *m* II ~ **интеграции/высокая** (*Inf*) Großintegration *f*, hoher Integrationsgrad *m*, LSI II ~ **интеграции/сверхвысокая** höchster Integrationsgrad *m* II ~ **интеграции/средняя** mittlerer Integrationsgrad *m* II ~ **ионизации** Ionisationsgrad *m* II ~ **искажений** Verzerrungsgrad *m* II ~ **использования** Ausnutzungsgrad *m* II ~ **кардочесания** (*Text*) Kardiergrad *m* II ~ **качества** Gütegrad *m* II ~ **кислотности** Säuregrad *m*, Azidität *f* II ~ **когерентности** Kohärenzgrad *m* II ~ **компенсаций** Kompensationsgrad *m* II ~ **крутки** (*Text*) Drehungsgrad *m* II ~ **легирования** Dotierungsgrad *m* (*Halbleiter*) II ~ **набухаемости (набухания)** Quellungsgrad *m*, Quellwert *m* II ~ **нагружения (нагрузки)** Belastungsgrad *m*, Auslastung *f* II ~ **надёжности** Sicherheitsfaktor *m*; Sicherheitsgrad *m*, Zuverlässigkeitsgrad *m* II ~ **наполнения** Füllungsgrad *m* II ~ **насыщения (насыщенности)** Sättigungsgrad *m* II ~ **насыщения основаниями** (*Ch*) Basensättigungsgrad *m* II ~ **неоднородности по энергии** (*Kern*) Energieunschärfe *f* II ~ **неопределённости** Unbestimmtheitsgrad *m* II ~ **неравномерности** Ungleichförmigkeitsgrad *m* II ~ **неустойчивости** Labilitätsgrad *m*, Instabilitätsgrad *m* II ~ **обезуглероживания** (*Met*) Entkohlungstiefe *f* II ~ **обеспыливания** Entstaubungsgrad *m* II ~ **обжатия** (*Wlz*) Umformgrad *m*, Stauchungsgrad *m*, Abnahme *f* II ~ **обогащения** Anreicherungsgrad *m*, Konzentrationsgrad *m* (*Aufbereitung*) II ~ **обратной связи** Rückkopplungsgrad *m* II ~ **однородности** (*Kern*) Homogenitätsgrad *m* II ~ **однородности по энергии** (*Kern*) Energieschärfe *f* II ~ **окисления** Oxidationsstufe *f* II ~ **основности** 1. Basizität *f*; 2. (*Met, Gieß*) Schlakkenziffer *f* II ~ **отжима** Abpreßgrad *m*, Auspreßgrad *m* II ~ **очистки** Reinheitsgrad *m* II ~ **очистки от пыли** Entstaubungsgrad *m* II ~ **перегрева** Überhitzungsgrad *m* (*Dampf, Schmelze*) II ~ **перекрытия** Überdeckungsgrad *m* II ~ **пересыщения** (*Ch*) Übersättigungsgrad *m* II ~ **пневмосоединения** (*Text*) Verwirbelungsgrad *m* (*Texturierung*) II ~ **поглощения** Absorptionsgrad *m* II ~ **подвижности** (*Masch*) 1. Bewegungsachse *f*; 2. Gelenkfreiheitsgrad *m* (*am Industrieroboter*) II ~ **подвижности/межпозиционная** Bewegungsachse *f* der Verfahrbewegung II ~ **полимеризации** (*Ch*) Polymerisationsgrad *m* II ~ **полимеризации/средняя** Durchschnittspolymerisationsgrad *m* II ~ **полноты** Völligkeitsgrad *m* II ~ **поляризации** Polarisationsgrad *m* II ~ **поляризуемости** Polarisierbarkeitsgrad *m* II ~ **помола** Vermahlungsgrad *m*, Mahlfeinheitsgrad *m* (*Aufbereitung*) II ~ **превращения** Annäherungsgrad *m*, Approximationsgrad *n* II ~ **провара** (*Pap*) Aufschlußgrad *m* II ~ **проклейки** (*Pap*) Leimungsgrad *m*, Leimungszahl *f* II ~ **проницаемости** Durchlässigkeitsgrad *m* II ~ **прочёса** (*Text*) Kämmungsgrad *m* (*Deckelkarde*) II ~ **прочности** Echtheitsgrad *m* (*einer Farbe*) II ~ **радиоактивного заражения** radioaktiver Verseuchungsgrad *m* (*des Geländes nach Kernexplosionen*) II ~ **разветвления** Verzweigungsgrad *m* II ~ **размола** Ausmahlungsgrad *m* II ~ **разреженности** Verdünnungsgrad *m* (*der Luft*) II ~ **разрыхления** 1. Auflockerungsgrad *m*; 2. (*Text*) Auflösungsgrad *m*, Öffnungsgrad *m* (*Putzerei*); 3. (*Brau*) Auflösungsgrad *m* (*des Malzes*) II ~ **раскислённости** Desoxidationsgrad *m*, Desoxidationszustand *m* II ~ **распада** Zerfallsgrad *m* II ~ **рассеяния** Streugrad *m* II ~ **расширения/действительная** effektives Expansionsverhältnis *n* (*Verbrennungsmotor*) II ~ **сборности** Vorfertigungsgrad *m* II ~ **сбраживания** (*Ch*) Vergärungsgrad *m* II ~ **сбраживания/видимая** scheinbarer Vergärungsgrad *m* II ~ **сбраживания/действительная** wirklicher Vergärungsgrad *m* II ~ **сбраживания/конечная** Endvergärungsgrad *m* II ~ **свободы** Freiheitsgrad *m* II ~ **свободы/вращательная** Rotationsfreiheitsgrad *m* II ~ **свободы/замороженная** eingefrorener Freiheitsgrad *m* II ~ **свободы/колебательная** Schwingungsfreiheitsgrad *m* II ~ **свободы/поступательная** Translationsfreiheitsgrad *m* II ~ **свободы/термодинамическая** thermodynamischer Freiheitsgrad *m* (*Gibbssche Phasenregel*) II ~ **связи** Kopplungsgrad *m* II ~ **сжатия** Verdichtungsgrad *m*, Verdichtungsverhältnis *n*, Kompressionsgrad *m*, Kompressionsverhältnis *n* II ~ **сжатия/действительная** effektives Verdichtungsverhältnis *n* (*Verbrennungsmotor, Verdichter*) II ~ **сжатия/критическая** (*Kfz*) Motorklopfziffer *f* (*Verbrennungsmotor*) II ~ **сжатия/номинальная** Nenn-Verdichtungsverhältnis *n* (*Verbrennungsmotor*) II ~ **сжатия/предельная** Grenzverdichtung *f* (*Verbrennungsmotor, Verdichter*) II ~ **скручивания** (*Wkst*) bezogener Verdrehungswinkel *m* II ~ **согласования** Anpassungsmaß *n* II ~ **среза** Scherungsgrad *m* II ~ **суммарного обжатия** (*Wlz*) Gesamtumformgrad *m*, Gesamtabnahme *f* II ~ **сшивания** (*Gum*) Vernetzungsgrad *m* II ~ **твёрдости** Härtegrad *m*, Härtestufe *f* II ~ **текучести** Flüssigkeitsgrad *m* II ~ **тонкости** Feinheitsgrad *m* (*Mahlgut*) II ~ **точности** Genauigkeitsgrad *m* II ~ **уплотнения** *s*. ~ **сжатия** II ~ **упругости** Elastizitätsgrad *m* II ~ **усадки** (*Gieß*) Schwindungsgrad *m*, Schwindungsmaß *n* II ~ **устойчивости** Stabilitätsgrad *m* II ~ **черноты** Schwärzungsgrad *m* II ~ **чистоты** Reinheitsgrad *m* II ~ **чувствительности** Empfindlichkeitsgrad *m* II ~ **эластичности** Elastizitätsgrad *m* II ~ **этерификации** (*Ch*) Veresterungsgrad *m*

стэпс *m* (*Schiff*) Mastspur *f*

степь *f* Steppe *f* II ~/**луговая** Grassteppe *f* II ~/**настоящая** *s*. ~/**типичная** II ~/**пустынная**

Steinsteppe f ‖ ~/**солончаковая** Salzsteppe f ‖ ~/**типичная** eigentliche Grassteppe f
стерадиан m (Math) Steradiant m, sr (Maßeinheit für den Raumwinkel)
стереоавтограф m Stereoautograph m, Autostereograph m (zur Auswertung von Raumbildern bei der Kartenherstellung)
стереоакустический stereoakustisch
стереоблок m Stereoblock m
стереовысотомер m stereoskopisches Höhenmeßgerät n, Raumbildhöhenmesser m
стереоголовка f Stereo[ton]kopf m, Stereotonabnehmer m
стереограмма f Stereogramm n; axonometrisches Diagramm n
стереодальномер m Raumbildentfernungsmesser m
стереозвук m 3-D-Klang m, 3-D-Raumklang m, Raum[ton]klang m
стереозрение n stereoskopisches (räumliches) Sehen n
стереоизображение n Stereobild n
стереоизомер m (Ch) Stereoisomer n, Raumisomer n
стереоизомерия f (Ch) Stereoisomerie f, Raumisomerie f
стереоизомерный (Ch) stereoisomer, raumisomer
стереокадр m Stereobild n
стереокамера f [/**фотограмметрическая**] (Photo) Raumbild[meß]kammer f, Stereo[meß]kammer f, Doppelkammer f, Zweibildkammer f
стереокартограф m Stereokartograph m
стереокинематография f Stereokinematographie f
стереокинотеатр m Stereofilmtheater n
стереокомпаратор m Stereokomparator m (meßtechnische Auswertung von Raumbildaufnahmen)
стереометр m Stereometer n (stereophotogrammetrisches Gerät zur meßtechnischen Auswertung von Luftbildaufnahmen)
стереометрия f (Math) Stereometrie f, Geometrie f des Raumes
стереомикрометр m Stereomikrometer n
стереомикроскоп m Stereomikroskop n
стереонасадка f (Photo) Stereovorsatz m
стереоочки pl Stereobrille f
стереопара f Stereobild n, stereoskopisches Bild n, Raumbild n, Bidpaar n
стереопланиграф m Stereoplanigraph m (zur Auswertung photogrammetrischer Aufnahmen)
стереопрет m Stereopret n
стереоприбор m Stereokartiergerät n, Stereoauswertegerät n ‖ ~/**оптический** Stereokartiergerät n mit optischer Projektion
стереоприставка f (Photo) Stereovorsatz m
стереопроектор m Stereoprojektor m
стереопроекция f Stereofilmprojektion f
стереорадиография f Stereoradiographie f
стереорентгенография f (Med) Stereoröntgenographie f
стереоскоп m (Opt) Stereoskop n ‖ ~/**зеркальный** Spiegelstereoskop n ‖ ~/**измерительный** Meßstereoskop n ‖ ~/**линзовый** Linsenstereoskop n ‖ ~/**походный** Feldstereoskop n ‖ ~/**призменный** Prismenstereoskop n

стереоскопизм m s. зрение/стереоскопическое
стереоскопический stereoskopisch
стереосополимер m (Ch) Stereocopolymer n
стереосъёмка f Raumbildaufnahme f, Stereoaufnahme f, Stereophotogaphie f
стереотелевидение n Raumbildfernsehen n, Stereofernsehen n
стереотип m (Typ) Stereo n
стереотипия f (Typ) Stereotypie f
стереотруба f 1. Scherenfernrohr n; 2. stereoskopischer Entfernungsmesser m
стереофонический stereophon[isch]
стереофония f Stereophonie f ‖ ~/**четырёхканальная** 4-Kanal-Stereophonie f, Quadrophonie f
стереоформула f (Ch) Stereoformel f, Raumformel f, Konfigurationsformel f, geometrische Strukturformel f
стереофотограмметр m Stereophotogrammeter n, Raumbildmeßgerät n
стереофотограмметрия f Stereophotogrammetrie f, Raumbildmessung f
стереофотография f Stereophotographie f, Raumbildphotographie f
стереофотодальномер m stereoskopischer Photoentfernungsmesser m
стереохимический stereochemisch
стереохимия f Stereochemie f, Raumchemie f
стереоцветной Stereofarb...
стереоэкран m Stereobildwand f
стереоэффект m Stereoeffekt m
стержень m 1. Stab m, Stange f, Stiel m, Schaft m (s. a. unter брус 1.); 2. (El) Kloppel m (eines Kappensolators); Strunk m (eines Langstabilisators); Bolzen m (einer Durchführung); Schenkel m (eines Transformators); 3. (Gieß) Kern m, Formkern m; 4. (Wlz) Dorn m, Dornstange f (Pilgerschrittwalzwerk) ‖ ~ **аварийной защиты** s. ~/**предохранительный** ‖ ~/**аварийно-компенсационный** (Kern) Sicherheits- und Kompensationsstab m (Reaktortechnik) ‖ ~/**аварийный** s. ~/**предохранительный** ‖ ~/**активный** bewickelter Schenkel m (eines Transformators) ‖ ~/**анодный** Anodenstange f, Anodenhalter m (Elektrolyse) ‖ ~/**арматурный** (Bw) Bewehrungsstab m ‖ ~ **болта** (Masch) Schraubenschaft m ‖ ~ **большой кривизны** (Fest) stark gekrümmter Stab m ‖ ~ **веретена** (Text) Spindelseele f, Spindeldorn m ‖ ~/**внецентренно-сжатый** (Fest) außermittig gedrückter Stab m ‖ ~/**внешний** (Gieß) Außenkern m ‖ ~/**внутренний** (Gieß) Innenkern m ‖ ~/**габаритный** s. ~/**наружный** ‖ ~/**гибкий** 1. schlanker Stab m; 2. biegsamer (elastischer) Stab m ‖ ~/**графитовый** Graphitstab m ‖ ~/**заделанный** Stab m mit eingespannten Enden (Knickungsfall) ‖ ~ **заклёпки** Nietschaft m ‖ ~ **иглы** (Text) Nadelschaft m ‖ ~/**измерительный** Meßbolzen m ‖ ~/**изогнутый** (Fest) gekrümmter (geknickter) Stab m ‖ ~/**инварный** (Opt) Invarstab m, Invarlatte f ‖ ~/**испытательный** Prüfstab m ‖ ~/**кадмиево-стальной** (Kern) Cadmiumstahlstab m (Reaktortechnik) ‖ ~/**кадмиевый** (Kern) Cadmiumstab m (Reaktortechnik) ‖ ~/**катодный** Kathodenschiene f (Elektrolyse) ‖ ~ **катушки** Spulenkern m, Filmspulenkern m ‖

стержень

~/кварцевый Quarzstab *m* || ~/керамический Keramikstab *m* || ~ клапана Ventilschaft *m (Viertakt-Ottomotor)* || ~/компенсирующий *(Kern)* Kompensationsstab *m*, Ausgleichstab *m*, Anpassungsstab *m*, Trimmstab *m (Reaktortechnik)* || ~/контактный *(El)* Kontaktstift *m* || ~/корковый *(Gieß)* Formmaskenkern *m*, Maskenkern *m*, Schalenkern *m* || ~/корректировочный *s.* ~/компенсирующий || ~/кремниевый Siliciumstab *m* || ~/кривой (криволинейный) *(Fest)* gekrümmter Stab *m* || ~/кристаллический Kristallstab *m* || ~ кругового сечения Rundstab *m* || ~/лазерный Laserstab *m* || ~/литейный *(Gieß)* Kern *m*, Formkern *m* || ~ магнитопровода *s.* ~ сердечника || ~ малой кривизны *(Fest)* schwach gekrümmter Stab *m* || ~/нагревательный Heizstab *m (Widerstandsofen)* || ~/нажимный Druckstange *f* || ~/накатный *(Pap)* Wickelstange *f* || ~/направляющий Führungsdorn *m (Tellerfeder)*; Führungsstift *f*; Führungsschaft *m* || ~/наружный *(Gieß)* Außenkern *m* || ~/настроечный *(El)* Abstimmstift *m*; Abgleichkern *m (einer HF-Spule)* || ~/необожжённый *(Gieß)* Grün[sand]kern *m* || ~/непросушенный *(Gieß)* Grün[sand]kern *m* || ~/оболочковый *(Gieß)* Formmaskenkern *m*, Maskenkern *m*, Schalenkern *m* || ~/опёртый *(Fest)* Stab *m* mit in der Stabachse geführten Enden *(Knickungsfall)* || ~ оправки *(Wlz)* Dornstange *f* || ~/основной *(Bw)* Hauptbewehrungsstab *m* || ~/песчаный *(Gieß)* Sandkern *m* || ~/плетёный verdrillter Stab *m* || ~/поглощающий *(Kern)* Absorberstab *m (Reaktortechnik)* || ~ поршневого штока *(Masch)* Kolbenstangenschaft *m* || ~/постоянный *(Gieß)* Dauerkern *m* || ~/поясной *(Bw)* Gurtstab *m (Gitterträger)* || ~ предварительной ионизации Vorionisationsstab *m (Lasertechnik)* || ~/предохранительный *(Kern)* Sicherheitsstab *m*, Schnellschlußstab *m (Reaktortechnik)* || ~/прикрывающий *(Gieß)* Abdeckkern *m* || ~/прямой *(Bw)* gerader Bewehrungsstab *m* || ~/пустотелый *(Gieß)* Hohlkern *m* || ~/разовый *(Gieß)* verlorener Kern *m* || ~/растянутый *(Fest)* gezogener Stab *m*, Zugstab *m* || ~/регулирующий *(Kern)* Regelstab *m (Reaktortechnik)* || ~ резца *(Wkz)* Meißelschaft *m* || ~ решётки *(Bw)* Gitterstab *m (Fachwerk)* || ~/рубиновый Rubinstab *m* || ~ ручного управления *(Kern)* Handsteuerstab *m (Reaktortechnik)* || ~ сердечника Kernschenkel *m (eines Transformators)* || ~ сердечника/средний Mittelschenkel *m* || ~/сжатый *(Fest)* gedrückter Stab *m*, Druckstab *m* || ~/силитовый [нагревательный] *(El)* Silitheizstab *m* || ~ со свободным концом *(Fest)* Stab *m* mit einem frei beweglichen Ende *(Knickungsfall)* || ~/составной *(Bw)* Doppelstab *m*, mehrgliedriges Stabelement *m* || ~ стопора Stopfenstange *f (Gießpfanne)* || ~/стопорный Stopfenstange *f (Gießpfanne)* || ~/сырой *(Gieß)* Grün[sand]kern *m*, grüner Kern *m* || ~/токоведущий Stromführungsbolzen *m (einer Durchführung)* || ~/тонкий кремниевый Silicium-Dünnstab *m* || ~/топливный *s.* ~ ядерного горючего || ~/транспонированный verdrillter Stab *m* || ~/упорный Anschlagstange *f* || ~ управления *(Kern)* Steuerstab *m (Reaktortechnik)* || ~/ура-

новый *(Kern)* Uranstab *m (Reaktortechnik)* || ~ шатуна Pleuelschaft *f (Verbrennungsmotor)* || ~ ядерного горючего *(Kern)* Brennstoffstab *m (Reaktortechnik)* || ~ якоря *(El)* Ankerstab *m*
стержень-поглотитель *m (Kern)* Absorberstab *m (Reaktortechnik)*
стержневая *f (Gieß)* Kernmacherei *f*
стержневой Stab...; *(Gieß)* Kern...
стержнеизвлекатель *m (Wlz)* Dornstangenausziehvorrichtung *f*, Dornzieher *m (Rohrwalzen)*
стерилизатор *m* Sterilisator *m*, Entkeimungsapparat *m*
стерилизация *f* Sterilisation *f*, Sterilisierung *f*, Entkeimung *f* || ~/лучевая Kaltsterilisierung *f* durch radioaktive Bestrahlung || ~ облучением Radiosterilisierung *f*, Radiopasteurisierung *f* || ~ почвы Bodensterilisation *f*, Bodensterilisierung *f* || ~/электронно-лучевая Sterilisation *f* mit Elektronenstrahlen
стерилизовать sterilisieren, entkeimen
стерильность *f* Sterilität *f*, Keimfreiheit *f*
стерильный steril, keimfrei
стерин *m (Ch)* Sterin *n*
стерня *f (Lw)* Stoppelfeld *n*
стероид *m (Ch)* Steroid *n*
стесать *s.* стёсывать
стёсывать abstemmen, bestoßen; abschwarten
стетоскоп *m (Med)* Stethoskop *n*
стефанит *m (Min)* Stephanit *m*, Melanglanz *m*, Sprödglaserz *n*, Antimonsilberglanz *m*
стехиометрический *(Ch)* stöchiometrisch
стехиометрия *f (Ch)* Stöchiometrie *f*
стибарсен *m s.* аллемонтит
стибиопалладинит *m (Min)* Stibiopalladinit *m*
стибнит *m s.* антимонит
стигматор *m (Opt)* Stigmator *m*, Korrekturlinse *f*
стигмастерин *m (Ch)* Stigmasterin *n (ein Phytosterin)*
стилометр *m (Met)* Steelometer *n*
стиль *m (Bw)* Stil *m* || ~/архитектурный Baustil *m* || ~/бабушкиный nostalgischer Stil *m* || ~/крестьянский Bauernlock *m*
стильб *m (Opt)* Stilb *n*, sb *(SI-fremde Einheit der Leuchtdichte)*
стильбит *m (Min)* Stilbit *m*, Desmin *m (Zeolith)*
стильпномелан *m (Min)* Stilpnomelan *m*, Chalcodit *m*
стимулятор *m* Stimulans *n*, Anregungsmittel *n*, stimulierendes (anregendes) Mittel *n*, Reizmittel *n* || ~ роста Wuchsstoff *m* || ~ сердца *s.* электрокардиостимулятор
стираемость *f* Löschbarkeit *f*
стиральный *(Text)* Wasch...
стирание *n* Löschen *n*, Löschung *f (magnetischer Aufzeichnungen, Speicher)* || ~/многократное Mehrfachlöschung *f* || ~/однократное Einfachlöschung *f* || ~ оттиска *(Typ)* Auswischen *n* des Druckbildes || ~ постоянным током Gleichstromlöschung *f*, ~ частичное Teillöschung *f*, teilweise Löschung *f*
стирать 1. löschen *(magnetische Aufzeichnungen, Speicher)*; 2. *(Text)* waschen || ~ информацию die Information löschen || ~ с ленты auf dem Band löschen
стирающий löschend, Lösch...
стирающийся 1. löschbar; 2. *(Text)* waschbar
стирка *f (Text)* Wäsche *f*, Waschen *n*

стирол *m (Ch)* Styren *n*, Styrol *n*, Vinylbenzen *n*, Vinylbenzol *n*, Phenylethen *n*
стиффнер *m (Gum)* Verstärkungsstreifen *m*
стланец *m* 1. durch Rasenröste aufgeschlossene Bastfaserstengel *mpl (Flachs, Hanf)*; 2. Rasenflachs *m*
стлание *n s.* стланье
стланье *n* [льна] Rasenröste *f*, Tauröste *f*, Taurotte *f (Flachs)*
стог *m (Lw)* Feime *f*, Feimen *m*, Feim *m*, Schober *m*, Dieme *f*, Diemen *m*
стоговоз *m (Lw)* Schobertransportfahrzeug *n*
стогометатель *m (Lw)* Schobersetzer *m (Frontlader mit Heugabel und -zange)* ‖ **~/крановый** Greiferaufzug *m (für Stroh und Heu)*
стогообразователь *m (Lw)* Ballenladewagen *m*
стоимость *f* Wert *m*; Kosten *pl*; Preis *m*; Gebühr *f* ‖ **~ подготовки производства** Produktionsvorbereitungskosten *pl* ‖ **~ производства** Produktionskosten *pl*; Betriebskosten *pl*
стойка *f* 1. Stütze *f*, Säule *f*; *(Eb)* Wagen *m*; 2. Gestell *n*, Rahmen *m*; Halter *m*, Mast *m*, Ständer *m*; 3. Bock *m*, Tragbock *m*, Träger *m*, Tragfuß *m*, Stützbock *m*; 4. *(Gbg, Bw)* Stempel *m*; 5. *(Bw)* Vertikalstab *m (Gitterträger)*; 6. *(Bw)* Pfosten *m (Geländer)*; 7. *(Flg)* Strebe *f*, Stiel *m*; 8. *(Lw)* Grießsäule *f (am Pflug)*; 9. Anstand *m (Jagd)* ‖ **~/амортизационная** *s.* ~ шасси/амортизационная ‖ **~/боковая** Seitenständer *m (Presse)* ‖ **~ вагона** *(Eb)* Runge *f*, Wagenrunge *f* ‖ **~/винтовая** *(Gbg)* Schraubenstempel *m* ‖ **~ винтовой лестницы** *(Bw)* Spindel *f (Wendeltreppe)* ‖ **~/вспомогательная** 1. *(Gbg)* Notstempel *m*, Hilfsstempel *m*; 2. *(Bw)* Beiständer *m*, Beistoß *m (Gerüst)* ‖ **~/выдвижная** *(Bw)* Hubstütze *f (einer Senkrechthubbrücke)* ‖ **~/гидравлическая** *(Gbg)* hydraulischer Stempel *m*, Hydraulikstempel *m* ‖ **~/дверная** *(Eb)* Türsäule *f (Waggon)* ‖ **~ дверного оклада** *(Gbg)* Türstockstempel *m*, Türstockbein *n* ‖ **~/двухветвенная** *(Bw)* Zwillingsstütze *f*, zweistielige Stütze *f* ‖ **~/деревянная** 1. *(Bgb)* Holzstempel *m*; 2. *(Bgb)* Holzsäule *f* ‖ **~ для пробирок** Reagenzglasständer *m*, Reagenzglasgestell *n* ‖ **~/железобетонная** 1. *(Bw)* Stahlbetonstütze *f*; 2. *(Bgb)* Stahlbetonstempel *m* ‖ **~/жёсткая** 1. *(Bw)* versteifender Pfosten *m (einer Brückenkonstruktion)*; 2. *(Bgb)* starrer Stempel *m* ‖ **~/забойная** *(Bgb)* Strebstempel *m* ‖ **~/заваливающаяся леерная** *(Schiff)* umlegbare Relingstütze (Geländerstütze) *f* ‖ **~/заделанная** *(Bw)* eingespannte Stütze *f* ‖ **~/измерительная** Meßgestell *n* ‖ **~/индивидуальная** *(Bgb)* Einzelstempel *m* ‖ **~/индикаторная** Meßuhrständer *m* ‖ **~/испытательная** Prüfgestell *n* ‖ **~/кабельная** *(El)* Kabelständer *m* ‖ **~/каркаса** *(Bw)* Skelettstütze *f* ‖ **~ контейнерной ячейки/направляющая** *(Schiff)* Containerführung *f*, Containerstaugerüst *n* ‖ **~/контрольная** *(Bgb)* Warnstempel *m* ‖ **~/концевая** Eckstütze *f*, Ecksäule *f*, Schlußstütze *f*, Endstütze *f* ‖ **~/крепёжная** *(Bgb)* Ausbaustempel *m*, Stempel *m* ‖ **~ крепления** *s.* крепёжная ‖ **~/леерная** *(Schiff)* Relingstütze *f*, Geländerstütze *f* ‖ **~/металлическая** 1. Metallmast *m*; Metallstütze *f*; 2. *(Bgb)* Stahlstempel *m* ‖ **~ молота** *(Schm)* Hammerständer *m* ‖ **~/монтажная** *(Bw)* Montagestütze *f* ‖ **~/неизвлекаемая** *(Bgb)* verlorener Stempel *m* ‖ **~/несущая** 1. *(Bw)* tragende Stütze *f*; 2. *(Bgb)* Tragstempel *m* ‖ **~/опорная** *(Bw)* tragende Stütze *f* ‖ **~/органная** *(Bgb)* Reihenstempel *m*, Orgelstempel *m*, Bruchstempel *m* ‖ **~ переборки** *(Schiff)* vertikale Schottsteife *f* ‖ **~ перил** *(Bgb)* Geländerpfosten *m (Treppengeländer)* ‖ **~ перфоратора** *(Bgb)* Bohrsäule *f* ‖ **~/плужная** *s.* стойка 8. ‖ **~ подшипника** *(Masch)* Lagerstuhl *m* ‖ **~ поперечины** *(Flg)* Auslegerstrebe *f* ‖ **~ портала** *(Masch)* Stütze *f (des Portalgestells)* ‖ **~/посадочная** *(Bgb)* Bruchkantenstempel *m* ‖ **~/постоянная леерная** *f* ‖ **~/промежуточная** 1. *(Bw)* Zwischenstütze *f*; 2. *(Bw)* Hilfsstütze *f*; 3. *(Text)* Mittelwand *f*, Zwischengestellwand *f (Ringspinnmaschine)* ‖ **~/профильная** Profilträger *m* ‖ **~/рамная** 1. *(Bw)* Rahmenstütze *f*, Rahmenständer *m*; 2. *(Schiff)* [senkrechter] Rahmenträger *m (an Schotten)* ‖ **~/распорная** 1. *(Bw)* Spreizstempel *m*; 2. *(Bgb)* Spannsäule *f* ‖ **~/растянутая** *(Bw)* Zugständer *m*, Zugstütze *f* ‖ **~/рудничная** *(Bgb)* Grubenstempel *m* ‖ **~ с предохранителями** *(El)* Sicherungsgestell *n* ‖ **~ с самозатяжным устройством** *(Bgb)* Servostempel *m* ‖ **~/сжатая** Druckstütze *f* ‖ **~/сигнальная** *(Bgb)* Warnstempel *m* ‖ **~/средняя** *(Bgb)* Mittelstempel *m (Türstock)* ‖ **~/стальная** 1. *(Bw)* Stahlstütze *f*; 2. *(Bgb)* Stahlstempel *m* ‖ **~/телескопическая (телескопная)** 1. *(Bw)* Teleskopstütze *f*, ausziehbare Stütze *f* ‖ **~/тентовая** *(Schiff)* Sonnensegelstütze *f* ‖ **~ трения** *(Bgb)* Reibungsstütze *f* ‖ **~/трубчатая** 1. *(Bw)* Rohrstütze *f*, Rohrständer *m*; 2. *(Bgb)* Rohrstempel *m* ‖ **~/угловая** Ecksäule *f*, Eckpfosten *m* ‖ **~ фюзеляжа** *(Flg)* Rumpfstrebe *f* ‖ **~ хвостового оперения** *(Flg)* Leitwerkstrebe *f* ‖ **~ центроплана** *(Flg)* Stütze *f des Flügelmittelteils* ‖ **~/цилиндровая** *(Text)* Unterwalzenlager *n (Streckwerk)* ‖ **~ шасси** *(Flg)* Fahrwerkstrebe *f* ‖ **~ шасси/амортизационная** *(Flg)* Federbein *n*, Federstrebe *f (Fahrwerk)* ‖ **~/шахтная** *(Bgb)* Grubenstempel *m* ‖ **~ элерона** *(Flg)* Querruderstrebe *f*

стойкий 1. stabil, beständig, widerstandsfähig, resistent; 2. schnitthaltig *(Schneidwerkzeuge)* ‖ **~ к воздействию кислот** säurebeständig, säurefest ‖ **~ к воздействию щелочей** alkalibeständig, alkalifest, laugenbeständig ‖ **~/при коротком замыкании** *(El)* kurzschlußresistent, kurzschlußstabil ‖ **~/химически** chemisch beständig (stabil)

стойковыдёргиватель *m (Bgb)* Stempelraubgerät *n*, Raubgerät *n*

стойкость *f* 1. Beständigkeit *f*; Widerstandsfähigkeit *f*, Resistenz *f*; Festigkeit *f*, Stabilität *f (s. a. unter* устойчивость); 2. Haltbarkeit *f*; Lebensdauer *f*; 3. *(Fert)* Standzeit *f (Schneidwerkzeuge)*; 4. *(Fert)* Standlänge *f*, Standzeit *f (eines Bohrwerkzeuges)* ‖ **~/детонационная** Klopffestigkeit *f (Benzin)* ‖ **~ к истиранию** *(Led)* Abnutzungsfestigkeit *f*, Reibfestigkeit *f*; *(Text)* Scheuerbeständigkeit *f*, Scheuerfestigkeit *f*; *(Kst)* Abriebfestigkeit *f* ‖ **~ к облучению** *s.* ~/радиационная ‖ **~ к окислению** Oxidationsbeständigkeit *f* ‖ **~ к старению** Alterungsbeständigkeit *f*

СТОЙКОСТЬ

f II ~ **к щелочам** Alkalibeständigkeit *f*, Laugenbeständigkeit *f* II ~/**кавитационная** Kavitationsbeständigkeit *f*, Kavitationsfähigkeit *f* II ~/**коррозийная (коррозионная)** Korrosionsbeständigkeit *f*, Korrosionsfestigkeit *f*; Rostbeständigkeit *f* II ~ **красителей** *(Text)* Farbechtheit *f*, Farbstoffechtheit *f* (Färben von Textilien) II ~ **при воздействии кислот** Säurebeständigkeit *f*, Säurefestigkeit *f* II ~ **при воздействии щелочей** Alkalibeständigkeit *f*, Laugenbeständigkeit *f* II ~ **при коротких замыканиях** *(El)* Kurzschlußfestigkeit *f* II ~ **против атмосферных влияний** Wetterbeständigkeit *f*, Wetterfestigkeit *f* II ~ **против износа** Verschleißfestigkeit *f*, Verschleißbeständigkeit *f* II ~ **против коррозии** *s.* ~/**коррозийная** II ~/**противозадирная** *(Masch)* Freß-Tragfähigkeit *f (Zahnrad)* II ~/**радиационная** *(Kern)* Strahlungsfestigkeit *f*, Strahlungsbeständigkeit *f*, Strahlungsresistenz *f* II ~ **размеров** *(Fert)* Maßbeständigkeit *f* II ~/**термическая** *(Wkst)* Temperaturwechselfestigkeit *f* II ~ **топлива/детонационная** Klopffestigkeit *f (Kraftstoff)* II ~/**химическая** chemische Beständigkeit (Stabilität) *f*, Chemikalienbeständigkeit *f*

сток *m* 1. Ablauf *m*, Auslauf *m*; 2. *(Hydrod)* Senke *f (Quellen- und Senkenströmung)*; 3. *(Hydrod)* Abfluß *m*, Wasserabfluß *m*; 4. *(Hydrod)* Abflußmenge *f*; 5. *(Eln)* Drain *m*, Drainelektrode *f*, Senke *f* II ~/**годовой** *(Hydrol)* jährlicher Abfluß *m*, Jahresabflußsumme *f* II ~/**грунтовой** *(Hydrol)* Grundwasserabfluß *m* II ~/**дождевой** *(Hydrol)* Regenabfluß *m* II ~/**зарегулированный** *(Hydrol)* korrigierter (geregelter) Abfluß *m* II ~ **ледника** *(Geol)* Gletscherzehrung *f*, Gletscherabfluß *m* II ~/**ледниковый** *s.* ~ **ледника** II ~ **ливневый** *(Hydrol)* Starkregenabfluß *m* II ~/**общий** *(Eln)* gemeinsamer Drain *m* II ~/**паводковый** *(Hydrol)* Hochwasserabfluß *m* II ~/**поверхностный** *(Hydrol)* oberirdischer Abfluß, Oberflächenabfluß *m* II ~/**подземный** *(Hydrol)* unterirdischer Abfluß *m* II ~/**полный русловой** *(Hydrol)* gesamter Flußbettabfluß *m* II ~/**речной** *(Hydrol)* 1. Wasserführung *f (eines Flusses)*; 2. Abfluß *m (eines Flusses)* II ~/**русловый** *(Hydrol)* Flußbettabfluß *m* II ~/**склоновый** *(Hydrol)* Hangabfluß *m* II ~/**средний годовой** *(Hydrol)* mittlerer Jahresabfluß *m* II ~/**тепловой (термальный)** Wärmeabfluß *m*, Thermalquelle *f* II ~ **энергии** *(El)* Energieabfluß *m*

стокс *m* Stokes *n*, St *(SI-fremde Einheit der Viskosität)*

стол *m* Tisch *m* II ~/**верхний** *(Wkzm)* Obertisch *m* II ~/**вибрационный** Schwingtisch *m*, Rütteltisch *m* II ~/**воздушный** Luftherd *m (Aufbereitung)* II ~/**вращающийся** Drehtisch *m (Rotarybohrgerät)* II ~/**встряхивающий** *(Gieß)* Rütteltisch *m*; Rütteleinheit *f (Formmaschine)* II ~/**выдвижной** Schiebetisch *m* II ~/**гладильный** *(Text)* Bügeltisch *m* II ~/**двухкоординатный** Zweikoordinaten[meß]tisch *m* II ~/**делительный** *(Opt)* Teil[ungs]tisch *m* II ~/**дозировочный** Zuteiltisch *m*, Dosiertisch *m*, Dosierteller *m*, Tellerspeiser *m* II ~/**загрузочный** Aufgabetisch *m* II ~ **заказов** *(Nrt)* Meldeplatz *m*, Meldetisch *m* II ~ **звукооператора** *(Rf)* Regietisch *m* II ~/**измерительный** Meßtisch *m* II ~/**инспекторский** Prüftisch *m* II ~/**инструментальный** Gerätetisch *m* II ~/**испытательный** *(Nrt)* Prüftisch *m*, Prüfplatz *m* II ~/**качающийся** Schwingtisch *m*, Pendeltisch *m*; *(Wlz)* Wipptisch *m*, Wippe *f*, Kipptisch *m*; *(Bgb)* Schwingtisch *m*, Schwingherd *m (Aufbereitung)* II ~/**консольный** *(Wkzm)* Konsoltisch *m* II ~/**контрольный** *(Nrt)* Überwachungsplatz *m* II ~/**концентрационный** Anreicher[ungs]herd *m*, Konzentrationsherd *m*, Herd *m (Aufbereitung)* II ~/**координатный** *(Opt)* Koordinatentisch *m* II ~/**коробчатый** *(Wkzm)* Kastentisch *m* II ~/**крестовый** *(Opt)* Kreuztisch *m* II ~/**круглый** Rundtisch *m* (z. B. zur Winkelmessung) II ~/**круглый делительный** Rundteiltisch *m* II ~/**круглый тактовый (шаговый)** *(Masch)* Rundtakttisch *m* II ~/**лабораторный [рабочий]** Labor[atoriums]tisch *m*, Arbeitstisch *m* II ~/**ледниковый** *(Geol)* Gletschertisch *m* II ~/**ленточный концентрационный** Konzentrationsbandherd *m*, Bandherd *m (Aufbereitung)* II ~/**маятниковый** Pendeltisch *m* II ~/**монтажный** Montagetisch *m*; *(Photo)* Schneide- und Klebetisch *m* II ~/**мультипликационный** *(Kine)* Tricktisch *m* II ~/**накладной** *(Typ)* Anlegetisch *m*, Anlegeplatte *f* II ~/**неповоротный** *(Masch)* nichtschwenkbarer Tisch *m* II ~/**неподвижный** *(Masch)* Festtisch *m* II ~/**нижний** *(Wkzm)* Untertisch *m* II ~/**обогатительный** Sortiertisch *m*, Klaubetisch *m (Aufbereitung)* II ~/**операционный** *(Inf)* Operationstisch *m* II ~/**опрокидывающийся концентрационный** Konzentrationskippherd *m*, Kippherd *m (Aufbereitung)* II ~/**оптический делительный** optischer Teiltisch (Kreisteiltisch) *m* II ~/**откидной** *(Masch)* Klapptisch *m*, wegklappbarer (abschwenkbarer) Tisch *m* II ~/**отсадочный** Setzherd *m (Aufbereitung)* II ~/**охладительный** *(Wlz)* Kühlbett *f*, Kühltisch *m*; Kühlrost *m (Rohrwalzen)* II ~/**переборочный** *(Lw)* Verlesetisch *m* II ~/**передаточный** *(Wlz)* Übergabetisch *m* II ~/**питающий** Zuführtisch *m*, Speisetisch *m* II ~/**плавающий** *(Hydrol)* schwimmend gelagerter Tisch *m* II ~/**плоский** *(Meß)* Plantisch *m* II ~/**пневматический отсадочный** Luftsetzherd *m (Aufbereitung)* II ~/**поворотный** *(Masch)* 1. Drehtisch *m*; 2. Schwenktisch *m*; 3. Rundtakttisch *m* II ~/**поворотный делительный** *(Wkzm)* Rundteiltisch *m* II ~/**подъёмно-опускающийся** *(Masch)* Hubtisch *m* II ~/**подъёмно-поворотный** *(Masch)* Hub- und Schwenktisch *m* II ~/**подъёмный** *(Masch)* Hubtisch *m* II ~/**поточный** Wandertisch *m* II ~/**прессующий** *(Typ)* Prägetisch *m* II ~/**приёмный** *(Wlz)* Aufnahmetisch *m* II ~/**прижимной** Einlaufführung *f (am Blechkaltwalzgerüst)* II ~/**прокладочный** *(Schiff)* Kartentisch *m* II ~/**промывной** Waschherd *m (Aufbereitung)* II ~/**пусковой** *(Rak)* Raketenstarttisch *m*, Starttisch *m* II ~/**рабочий** Arbeitstisch *m* II ~/**разборный** Sortiertisch *m*, Klaub[e]tisch *m*, Lesetisch *m (Aufbereitung)* II ~/**разметочный** *(Fert)* Anreißtisch *m* II ~/**распределительный** *(Nrt)* Verteilerstelle *f* II ~/**ребристый** *(Meß)* Rippentisch *m* II ~/**регистровый** *(Pap)* Registertisch *m*, Registerpartie *f* II ~/**роторный** *(Bgb)* Drehtisch *m (Rotarybohrgerät)* II ~/**рудопромывочный** Waschherd *m*, Erzwäsche *f (Aufbereitung)*

‖ ~/**рудоразбор[оч]ный** Erzklaub[e]tisch m, Klaub[e]tisch m, Scheidebank f (Aufbereitung) ‖ ~/**сеточный** (Pap) Siebtisch m ‖ ~/**синусный** (Meß) Sinustisch m ‖ ~/**сортировочный** 1. Sortiertisch m, Klaub[e]tisch m (Aufbereitung); 2. (Nrt) Leitstelle f ‖ ~/**сотрясательный** Stoßherd m (Aufbereitung) ‖ ~ **справок** (Nrt) Auskunftsplatz m, Auskunftsstelle f ‖ ~/**справочный** s. ~ справок ‖ ~ **станка** (Wkzm) Maschinentisch m ‖ ~/**стартовый** (Rak) Raketenstarttisch m, Starttisch m ‖ ~/**съёмный** (Masch) abnehmbarer Tisch m ‖ ~/**транзитный** (Nrt) Durchgangsplatz m ‖ ~/**угломерный** (Meß) Kreisteiltisch m ‖ ~/**утюжильный** (Text) Bügeltisch m ‖ ~/**филетировочный** Filetiertisch m (Fischverarbeitung) ‖ ~/**центробежный концентрационный** Fliehkraftkonzentrationsherd m (Aufbereitung) ‖ ~/**чертёжный** Zeichentisch m ‖ ~/**швейный** (Text) Nähtisch m ‖ ~/**штурманский** (Schiff) Kartentisch m

столб m 1. Säule f, Pfeiler m; 2. Pfosten m, Pfahl m, Stange f; Mast m; 3. (Bgb) Pfeiler m (Pfeilerbau; s. a. unter целик 1.); 4. (Nrt, El) Stange f, Gestänge n, Tragwerk n, Stützpunkt m ‖ ~/**анкерный** (El) Abspanngestänge n ‖ ~/**атмосферный** s. ~ воздуха ‖ ~/**вереяльный** (Hydt) Wendesäule f (Schleusentor) ‖ ~/**водяной** Wassersäule f, WS ‖ ~ **воздуха** (Meteo) Luftsäule f ‖ ~/**вольтов** (El) Volta-Säule f, Voltasche Säule f ‖ ~/**выемочный** (Bgb) Abbaupfeiler m ‖ ~/**выпрямительный** (El) Gleichrichtersäule f ‖ ~/**двойной** (El) Doppelmast m; Doppelgestänge n ‖ ~/**деревянный** (El) Holzmast m ‖ ~ **дуги** Lichtbogensäule f, Bogensäule f ‖ ~ **жидкости** Flüssigkeitssäule f (Flüssigkeitsbarometer) ‖ ~/**закладочный** (Bgb) Versatzpfeiler m ‖ ~/**звуковой** Schallsäule f ‖ ~/**измерительный** Prüfsäule f ‖ ~/**камерный** (Bgb) Kammerpfeiler m ‖ ~/**километровый** (Geod) Kilometerpfosten m ‖ ~/**междуоконный** (Bw) Fensterpfeiler m ‖ ~/**межевой** (Geod) Grenzpfahl m, Grenzzeichen n ‖ ~/**А-образный** (El) A-Mast m ‖ ~/**одиночный** (El) einfacher Mast m ‖ ~/**оконечный** (El) Abspannstange f, Endgestänge n ‖ ~/**опорный** 1. (El) Abspannmast m; 2. (Bw) Widerlagpfeiler m ‖ ~/**осветительный** Beleuchtungsmast m ‖ ~/**оттяжной** Abspannmast m ‖ ~/**подпорный** (Bw) Stützpfeiler m ‖ ~/**положительный** (Ph) positive Säule f (Glimmentladung) ‖ ~/**промывной жидкости** (Bgb) Spülungssäule f (Bohrung) ‖ ~ **разряда [/положительный]** s. ~/положительный ‖ ~/**решётчатый** (El) Gittermast m ‖ ~/**ртутный** Quecksilbersäule f (Quecksilberbarometer) ‖ ~/**рудный** (Bgb) Erzpfeiler m ‖ ~/**слоистый** (Ph) geschichtete Säule f (Glimmentladung) ‖ ~/**соляной** (Bgb) Salzpfeiler m ‖ ~/**створный** (Hydt) Schlagbalken m, Schlagsäule f (Schleusentor) ‖ ~/**телеграфный** Telegraphenstange f, Telegraphenmast m ‖ ~/**угольный** (Bgb) Kohlenpfeiler m ‖ ~/**фундаментный** (Bw) Fundamentpfeiler m ‖ ~ **шихты** (Met) Beschickungssäule f (Schachtofen)

столбец m Spalte f (einer Druckseite); Kolonne f (einer Tabelle)

столбик m Pfahl m, Pflock m, Stäbchen n ‖ ~ **выбуренной породы** (Bgb) Bohrkern m ‖ ~/**мар-** **керный** Markierungspfahl m ‖ ~/**петельный** (Text) Maschenstäbchen n (Wirkwarenstruktur) ‖ ~/**пикетный** (Eb) Hektometerpfahl m (Kilometrierungszeichen, das in Abständen von 100 m zwischen zwei Kilometersteinen gesetzt wird) ‖ ~/**предельный** (Eb) Flankenschutzpfahl m (Flankenschutzeinrichtung zwischen zusammenlaufenden Fahrwegen) ‖ ~/**трассировочный** (Eb) Absteckpfahl m, Absteckpflock m (Eisenbahnbau)

столбовой (Bgb) Pfeiler...

столбостав m (Bw) Pfahlsetzgerät n

столик m Tisch m, Tischchen n ‖ ~/**вращающийся** Drehtisch m ‖ ~/**гониометрический** (Meß) Goniometertisch m ‖ ~/**дублирующий** s. ~/лентосоединительный ‖ ~/**измерительный** Meßtisch m ‖ ~/**качающийся** Kipptisch m (Mikroskop) ‖ ~/**крестообразный предметный** Kreuz[objekt]tisch m (Mikroskop) ‖ ~/**лентосоединительный** (Text) Vliestisch m, Bandvereinigungstisch m (Bandwickelmaschine, Kämmmaschine) ‖ ~/**питающий** 1. (Text) Zuführtisch m, Speisetisch m (Deckelkarde); 2. (Typ) Einlaufplatte f ‖ ~/**предметный** 1. Objekttisch m (Mikroskop); 2. Meßtisch m ‖ ~/**Фёдоровский универсальный** (Krist) Universal[dreh]tisch m nach Fjodorow

столкновение n Zusammenstoß m, Kollision f, Aufprall m, Anstoß m, Stoß m ‖ ~/**атомное** (Kern) Atomstoß m (Zusammenstoß von Atomen) ‖ ~/**бинарное**. ~/двойное неупругое атомное s. ~/двойное неупругое второго рода/атомное s. ~/двойное неупругое атомное ‖ ~/**двойное** (Kern) Zweierstoß m, Zweiteilchenstoß m ‖ ~ **ионов** (Kern) Ionenstoß m ‖ ~/**лобовое** (Kfz) Frontalzusammenstoß m ‖ ~/**неупругое** (Fest) unelastischer Stoß m ‖ ~/**неупругое атомное** (Kern) unelastischer (inelastischer Kern) Nukleon-Nukleon-Stoß m ‖ ~/**нуклон-нуклонное** (Kern) Nukleon-Nukleon-Stoß m ‖ ~ **нуклонов** s. ~/нуклон-нуклонное ‖ ~/**обратное неупругое атомное** (Kern) inverser unelastischer Atomstoß m ‖ ~/**парное** s. ~/двойное ‖ ~ **первого рода/атомное** s. ~/прямое неупругое атомное ‖ ~ **поездов** (Eb) Zugzusammenstoß m ‖ ~/**прямое неупругое атомное** (Kern) gerader (geradliniger) unelastischer Atomstoß m ‖ ~ **судов** Schiffskollision f ‖ ~/**тройное** (Kern) Dreierstoß m, Dreikörperstoß m ‖ ~/**упругое** (Fest) elastischer Stoß m ‖ ~/**упругое атомное** (Kern) elastischer Atomstoß m

NN-столкновение n s. столкновение/нуклон-нуклонное

стол-концентратор m (Met) Anreicher[ungs]herd m, Konzentrationsherd m, Herd m

столовая f 1. Speisegaststätte f; 2. Speisesaal m ‖ ~ **команды** (Schiff) Mannschaftsmesse f

стол-питатель m Aufgabetisch m

стол-планшайба m (Wkzm) Aufspannplatte f (Karusselldrehmaschine)

стол-спутник m Maschinenpalette f

стол-шкаф m (Text) Schrankmöbel n (Nähmaschine)

стопа f 1. Stapel m, Lage f, Stoß m; 2. Schichtelement n, Sandwichelement n ‖ ~ **листов** Bogenstapel m ‖ ~/**поляризационная** (Opt) Lamellenpolarisator m (Polarisator, bestehend aus ei-

стоп-анкер

nem planparallelen Plattensatz, der unter dem Brewster-Winkel im Strahlengang steht)
стоп-анкер *m (Schiff)* Heckanker *m*, Hilfsanker *m*, Stromanker *m*
стопка *f s.* стопа 1. || **~/эмульсионная** Emulsionspaket *n (Film)*
стоп-кран *m (Eb)* Notbremse *f*, Notbremshahn *m*
стоп-механизм *m* Sperre *f*, Sperrvorrichtung *f*, Sperrorgan *n*
стопор *m* 1. Sperre *f*, Arretierung *f*; *(Masch)* Rast *f*, Anschlag *m*, Riegel *m*; Hubbegrenzer *m (s. a.* фиксатор 1.; 2.; 3.*)*; 2. *(Met, Gieß)* Stopfenstange *f (Gießpfanne)*; Stopfen *m*; 3. *(Schiff)* Stopper *m (zum Abstoppen einer Leine)*; 4. *(Schiff)* Zurrung *f*, Skiphaken *m (Seitentrawler)* || **~/вантовый** *(Schiff)* Wantstopper *m* || **~/винтовой** *(Schiff)* Spindelkettenkneifer *m*, Spindelkettenstopper *m* || **~/двойной** *s.* **~/дозирующий** || **~/дозирующий** *(Bgb)* Förderwagenvorsperre *f*, Abteilsperre *f*, Hauptsperre *f*, Doppelsperre *f* || **~/задерживающий** *(Bgb)* Hemmvorrichtung *f (beim Aufschieben der Wagen im Fördergestell)*; Förderwagensperre *f* || **~/зажимной** *(Schiff)* Sperrhebelkettenstopper *m* || **~/зубчатый** Zahnriegel *m* || **~/канатный** *(Schiff)* Trossenbremsvorrichtung *f (Stapellauf)* || **~/клиновой** *(Masch)* Keilsicherung *f* || **~ крепления ваеров** *(Schiff)* Sliphaken *m* zur Befestigung der Kurrleinen *(Seitentrawler)* || **~ крепления якоря по-походному** *(Schiff)* Ankerzurrung *f* || **~ Легофа** *(Schiff)* Hebelkettenstopper *m* || **~/палубный кулачковый** *s.* **~ Легофа** || **~ походного крепления якоря** *(Schiff)* Ankerzurrung *f* || **~/проволочный** *(Masch)* Drahtsicherung *f* || **~/пружинный** *(Masch)* Federsicherung *f* || **~ разливочного ковша** *(Met)* Pfannenstopfen *m* || **~/рулевой** *(Schiff)* Ruderbremse *f* || **~ с палом/закладной** *(Schiff)* Sperrhebelkettenstopper *m* || **~/стволовой** *(Bgb)* Schachtsperre *f* || **~/тросовый** *(Schiff)* Taustopper *m*, Trossenstopper *m*, Seilstopper *m* || **~/управляемый** gesteuerte Verriegelung *f* || **~/фрикционный** *(Masch)* Reibschlußsicherung *f*, Reibungssicherung *f* || **~/храповой** Sperrwerk *n* || **~/цепной** *(Schiff)* 1. Kettenstopper *m*; 2. Kettenbremsvorrichtung *f (Stapellauf)* || **~ якорной цепи** *(Schiff)* Ankerkettenstopper *m*
стопор-блок *m (Schiff)* Sliphaken *m*, Sliprolle *f (Seitentrawler)*
стопор-гак *m (Schiff)* Ankerzurrhaken *m*
стопорезка *f (Pap)* Riesbeschneidmaschine *f*, Formatschneider *m*, Kantenschneider *m*
стопорение *n* 1. Sichern *n (einer Mutter)*; Festsetzen *n*, Verriegeln *n*; 2. Stoppen *(Schiffsmaschine)*
стопорить 1. sichern *(z. B. Muttern)*; festsetzen, verriegeln; 2. stoppen *(Schiffsmaschine)*
стоп-сигнал *m (Kfz)* Bremslicht *n*
стоп-стержень *m s.* стержневой/аварийный
стоп-фиксаж *m (Photo)* Stoppfixierbad *n* || **~/дубящий** Stopphärtefixierbad *n*
сторож *m/электрический (Lw)* Elektro[weide]zaun *m*, elektrischer Weidezaun *m*
сторожевик *m* Küstenschutzschiff *n*
сторона *f* Seite *f* • **на высоковольтной стороне** *(El)* hochspannungsseitig • **на низковольтной стороне** *(El)* niederspannungsseitig • **на передающей стороне** *(Rf)* sende[r]seitig, auf der Senderseite • **на приёмной стороне** *(Rf)* empfangsseitig, empfängerseitig, auf der Empfangsseite || **~/видимая** sichtbare Seite *f (z. B. des Mondes)* || **~ впуска [клапана]** Einlaßseite *f (Ventil; Verbrennungsmotor)* || **~/впускная** Eintrittsseite *f (Walzgerüst)* || **~/всасывающая** Saugseite *f (Pumpe)* || **~/вторичная** *(El)* Sekundärseite *f (Transformator)* || **~/входная** Eintrittsseite *f (Walzgerüst)* || **~ выпуска [клапана]** Auslaßseite *f (Ventil; Verbrennungsmotor)* || **~/выпускная** 1. *(Met)* Stichseite *f (Schmelzofen)*; 2. *(Wlz)* Auslaufseite *f (Walzgerüst)* || **~/высоковольтная** *(El)* Hochspannungsseite *f (Transformator)* || **~ высшего напряжения** *(El)* Oberspannungsseite *f (Transformator)* || **~ выхлопа [двигателя]** Auslaßseite *f*, Auspuffseite *f (Verbrennungsmotor)* || **~/выходная** Auslaufseite *f*, Austrittsseite *f (Walzgerüst)* || **~/глянцевая** Blankseite *f (Film)* || **~/грузовая** 1. Lastseite *f (Waage)*; 2. *(Bgb)* Vollseite *f (Füllort)* || **~ дамбы/речная** *(Hydt)* Stromseite *f (Deich)* || **~/дневная** *(Astr)* Tagseite *f* || **~/забойная** *(Bgb)* Abbauseite *f*, Baggerseite *f (Tagebau)* || **~/завалочная** Einsatzseite *f (Ofen)* || **~/заливная** *(Bgb)* Bruchseite *f* || **~ загрузки [клети]** *(Bgb)* Aufschiebeseite *f (Förderkorb)* || **~/загрузочная** Beschickungsseite *f* || **~/заливная** Einlaufseite *f*, Einfüllseite *f* || **~ канавки/боковая** *(Masch)* Nutflanke *f* || **~/коксовая** *(Met)* Ausstoßseite *f*, Löschplatzseite *f (Kokereiofen)* || **~ ленты/нерабочая** Bandrückseite *f (des Magnetbands)* || **~ ленты/рабочая** Aufzeichnungsseite (Schichtseite) *f (des Magnetbands)* || **~/лицевая** 1. Stirnseite *f*, Ansichtsfläche *f*; 2. *(Bw)* Vorderseite *f*, Front *f*, Fassade *f (Gebäude)*; 3. *(Text)* rechte Seite *f (Gewebe)*; 4. *(Led)* Haarseite *f*, Narbenseite *f*; 5. Schönseite *f (Papier)*; 6. *(Wkzm)* Bedienseite *f* || **~/лобовая** Stirnseite *f* || **~ лопасти/задняя (лицевая)** Schaufeldruckseite *f (Kreiselpumpenlaufrad; Kreiselverdichterlaufwerk)* || **~ лопасти/тыловая (тыльная)** Schaufelsaugseite *f (Kreiselpumpenlaufrad, Kreiselverdichterlaufrad)* || **~/мездровая** *(Led)* Fleischseite *f*, Aasseite *f* || **~ монтажа** Bestückungsseite *f*, Bauelementeseite *f*, A-Seite *f (einer Leiterplatte)* || **~/наветренная** *(Schiff)* Luvseite *f*, Luv *f* || **~ нагнетания** Förderseite *f* || **~/напорная** Druckseite *f* || **~/непроходная** *(Meß)* Ausschußseite *f (einer Lehre)* || **~/низковольтная** *(El)* Niederspannungsseite *f (Transformator)* || **~ низшего напряжения** *(El)* Unterspannungsseite *f (Transformator)* || **~/ночная** *(Astr)* Nachtseite *f* || **~/обратная** Rückseite *f (z. B. des Mondes)* || **~/отвальная** *(Bgb)* Kippenseite *f (Tagebau)* || **~ паза/боковая** *(Masch)* Nutflanke *f* || **~ пайки/паяния** Lötseite *f*, B-Seite *f (einer Leiterplatte)* || **~ пеленгования** Peilseite *f (Funkpeilung)* || **~/первичная** *(El)* Primärseite *f (Transformator)* || **~/передающая** 1. Sende[r]seite *f*; 2. Geberseite *f* || **~ плотины/напорная** *(Hydt)* wasserseitige Dammhälfte *f* || **~/подветренная** *(Schiff)* Leeseite *f*, Lee *f* || **~ подпорного сооружения/верховая** *(Hydt)* Wasserseite *f*, Oberwasserseite *f*, Bergseite *f* || **~ подъёма/загрузочная** *(Bgb)* Aufschiebeseite *f (Füllort)* || **~/по-**

рожняковая *(Bgb)* Leerseite *f (Füllort)* || ~ постоянного тока *(El)* Gleichstromseite *f* || ~ привода Antriebsseite *f* || ~/приёмная *(Rf)* Empfangsseite *f*, Empfängerseite *f* || ~/прирезцовая *(Fert)* Spanunterseite *f* || ~ профиля/боковая Profilflanke *f (z. B. Rauheitsmessung)* || ~/проходная *(Meß)* Gutseite *f (einer Lehre)* || ~/рабочая Schichtseite *f (des Magnetbands)* || ~/разливочная *(Met)* Stichseite *f*, Abstichseite *f (Schmelzofen)* || ~ разрежения Saugseite *f (Pumpe)* || ~ света *(Astr)* Himmelsrichtung *f*, Himmelsgegend *f* || ~/секционная *(El)* Spulenseite *f* || ~/сеточная *(Pap)* Siebseite *f*, Rückseite *f*, Unterseite *f* || ~ сооружения/воздушная *(Hydt)* Luftseite *f*, Unterwasserseite *f* || ~/торцовая Stirnseite *f* || ~ угла *(Math)* Schenkel *m (Winkel)* || ~ угольника Winkelschenkel *m* || ~ уравновешивания Auswägeseite *f* || ~/шёрстная *(Led)* Narbenseite *f*, Haarseite *f*
стохастический stochastisch
стохастичность *f* Stochastizität *f*, Regellosigkeit *f*
сточить *s.* стачивать
стояк *m* 1. *(Bw)* Steigrohr *n*, Fallrohr *n*; 2. *(Gieß)* Einlauf *m*, Einguß *m*, Einlaufkanal *m (Anschnittsystem)*; 3. *(El)* Steigleitung *f*; 4. *(Bgb)* Steigleitung *f*, Standrohr *n (Erkundungsbohrung)* || ~/канализационный Abwasserfallrohr *n* || ~/литниковый *(Gieß)* Eingußtrichter *m*; Eingußstengel *m* || ~/отопительный Heizstrang *m* || ~/погоняльный *(Text)* Schlagspindel *f (Weberei)*
стояние *n* планеты *(Astr)* Stillstand *m (Planeten)* || ~ прилива Stilltide *f (Gezeitenwechsel)*
стоянка *f* 1. Standplatz *m*; 2. *(Kfz)* Parkplatz *m*; 3. *(Kfz)* Parken *n*; 4. Haltestelle *f*; 5. *(Schiff)* Liegeplatz *m*; 6. *(Schiff)* Liegen *n*; 7. *(Flg)* Abstellplatz *m* || ~/автомобильная *(Kfz)* Parkplatz *m* || ~/глубоководная якорная *(Schiff)* Tiefseeverankerung *f* || ~/длительная *(Kfz)* 1. Dauerparken *n*; 2. Dauerparkplatz *m* || ~/кратковременная *(Kfz)* 1. Kurzzeitparken *n*; 2. Kurzzeitparkplatz *m* || ~/крытая *(Kfz)* Parkhaus *n* || ~ на мелководье/якорная *(Schiff)* Flachwasserverankerung *f* || ~ на якоре *(Schiff)* Ankern *n*, Vorankerliegen *n* || ~/рейдовая *(Schiff)* Reedeplatz *m* || ~/якорная *(Schiff)* Anker[liege]platz *m*
стоять на рейде *(Schiff)* auf Reede liegen || ~ на руле *(Schiff)* am Ruder stehen || ~ на якоре *(Schiff)* ankern, vor Anker liegen
справливать 1. abbeizen, wegätzen; 2. *(Lw)* abgrasen, abweiden
страз *m* Strass *m (Edelsteinimitation aus Bleiglas)*
страна *f* Land *n* || ~/горная Bergland *n*, Gebirgsland *n* || ~/заокеанская Überseeland *n* || ~/равнинная Flachland *n* || ~/развивающаяся Entwicklungsland *n* || ~/складчатая Faltengebirgsland *n* || ~/столовая Tafelland *n* || ~/холмистая Hügelland *n*
страница *f*/образцовая *(Typ)* Probeseite *f*
странично-ориентированный *(Inf)* paging-orientiert *(Speicher)*
странность *f (Kern)* Strangeness *f*, Seltsamkeit *f*
страс *m s.* страз
стратегический strategisch

стратегия *f (Kyb, Reg)* Strategie *f* || ~ игры Spielstrategie *f*, Spielweise *f* || ~ измерений Meßstrategie *f* || ~/оптимальная Optimalstrategie *f* || ~ поиска Suchstrategie *f* || ~ решений Lösungsstrategie *f* || ~ управления Steuerungsstrategie *f*
стратиграфия *f (Geol)* Stratigraphie *f*
стратификация *f (Geol)* Stratifizierung *f*; *(Meteo, Hydrol)* Schichtung *f* || ~ атмосферы *(Meteo)* Schichtung *f* der Atmosphäre || ~/безразличная *(Meteo)* indifferente Schichtung *f* || ~/влажнонеустойчивая *(Meteo)* feuchtlabile Schichtung *f* || ~ вод *(Hydrol)* Schichtung *f (in Meeren und Seen)* || ~ вод/неустойчивая labile (instabile) Schichtung *f* || ~ вод/обратная [температурная] Schichtung *f* mit nach oben abnehmender Wassertemperatur || ~ вод/прямая [температурная] Schichtung *f* mit nach oben zunehmender Wassertemperatur *(in Süßwasserseen)* || ~ вод/устойчивая stabile Schichtung *f* || ~/неустойчивая *(Meteo)* labile (instabile) Schichtung *f* || ~ по плотности *(Hydrol)* Dichteschichtung *f (des Meeres)* || ~ по солёности *(Hydrol)* Salzgehaltschichtung *f (des Meeres)* || ~ семян *(Lw)* Stratifikation *f (Vorkeimen des Saatgutes)* || ~ течения *(Hydrol)* Strömungsschichtung *f (des Meeres)* || ~/устойчивая *(Meteo)* stabile Schichtung *f*
стратифицировать 1. schichten, in Schichten einteilen; 2. *(Lw)* stratifizieren *(Saatgut in Sand oder Torfmull vorkeimen)*
стратовулкан *m (Geol)* Stratovulkan *m*, Schichtvulkan *m*
стратопауза *f (Meteo)* Stratopause *f*
стратоплан *m (Flg)* Stratosphärenflugzeug *n*, Höhenflugzeug *n*
стратостат *m (Flg)* Stratosphärenballon *m*, Stratostat *m*
стратосфера *f* Stratosphäre *f*
страхование *n* Versicherung *f* || ~ [морских] грузов Seegüterversicherung *f*, Cargoversicherung *f* || ~ от всех рисков Versicherung *f* gegen alle Gefahren || ~ от полной гибели Versicherung *f* gegen Totalverlust || ~ фрахта Frachtversicherung *f*
стрежень *m* реки *(Hydrol)* Stromstrich *m*
стрейнер *m* 1. *(Kst, Gum)* Strainer *m*, Siebpresse *f*, Siebkopf-Spritzmaschine *f*; 2. Siebstopfenrohr *n (Erdölbohrungen)*
стрела *f* 1. *(Bw)* Ausleger *m (Kran)*; 2. Pfeil *m*; 3. *(Masch)* ausfahrbarer Arm *m (z. B. eines IR)*; 4. *(Schiff)* Baum *m*, Bock *m* || ~ арки *(Bw)* Bogenhöhe *f*, Bogenstich *m* || ~/грейферная Greiferausleger *m* || ~/грузовая *(Schiff)* Ladebaum *m* || ~/двухтопенантная *(Schiff)* Doppelhangerbaum *m (Ladegeschirr)* || ~/десантная Springbaum *m (zum Anlandsetzen von Besatzung)* || ~/забортная [грузовая] *(Schiff)* Außenbaum *m (Koppelbetrieb)* || ~/качающаяся Wippausleger *m* || ~ конвейера Bandausleger *m (Förderband)* || ~ копра *(Bw)* Bärführung *f*, Laufrute *f*, Läufer *m*, Rute *f*, Mäkler *m (Ramme)* || ~/кормовая *(Schiff)* Teilerbaum *m*, Rollerbaum *m* || ~ крана Kranausleger *m* || ~/лёгкая (легковесная) [грузовая] *(Schiff)* Leichtgut[lade]baum *m* || ~/люковая [грузовая] *(Schiff)* Innenbaum *m (Koppelbetrieb)* || ~/носовая

стрела

(Schiff) Steertbaum *m* ‖ **~/одиночная** *(Schiff)* Schwingbaum *m*, Einzelbaum *m* ‖ **~/перекидная тяжеловесная** *(Schiff)* durchschwenkbarer Schwergutladebaum *m* ‖ **~/поворотная** Schwenkausleger *m (Kran)* ‖ **~ подъёма** *(Bw)* Pfeilhöhe *f*, Stichhöhe *f (Bogen)* ‖ **~ провеса** Durchhang *m (des Fahrdrahts)* ‖ **~ прогиба** *(Fest)* Biegepfeil *m (Durchbiegung von Trägern und Stäben)* ‖ **~/решетчатая** Fachwerkausleger *m*, Gitterausleger *m (Drehkran)* ‖ **~ с двойными топенантами/грузовая** *(Schiff)* Doppelhangerladebaum *m* ‖ **~ свода** *s.* **~ подъёма** ‖ **~/сплошная** vollwandiger Ausleger *m*, Vollwandausleger *m (Kran)* ‖ **~/спусковая [упорная]** *(Schiff)* Stützbalkenstopper *m*, Stopperstützbalken *m* ‖ **~/тяжёлая (тяжеловесная) [грузовая]** *(Schiff)* Schwergut[lade]baum *m* ‖ **~/шарнирно-сочленённая** *s.* **~/качающаяся** ‖ **~ шлюпбалки** *(Schiff)* Davitarm *m*, Davitausleger *m* ‖ **~ экскаватора** Baggerausleger *m*
стрелка *f* 1. *(Eb)* Weiche *f*; 2. Zeiger *m (Uhr, Meßinstrument)*; Nadel *f (Kompaß, Bussole)*; 3. *(Hydt)* Sandbankstreifen *m*; 4. *(Hydt)* dreieckiger Anschwemmungsstreifen *m*; 5. *(Inf)* Kursor *m*, Positionsmarke *f (Display)*; 6. *(Led)* Schichtel *m* • **по часовой стрелке** im Uhrzeigersinn, positiver Drehsinn, rechtsdrehend • **против часовой стрелки** entgegen dem Uhrzeigersinn, negativer Drehsinn, linksdrehend ‖ **~/автоматическая** *(Eb)* selbststellende Weiche *f* ‖ **~/английская** *(El)* doppelte Kreuzungsweiche *f* ‖ **~/астатическая** *(Ph)* astatische Magnetnadel *f* ‖ **~/буксирная** *(Меß)* Schleppzeiger *m* ‖ **~/взрезанная** *(Eb)* aufgefahrene Weiche *f* ‖ **~/воздушная** Fahrdrahtweiche *f*, Fahrleitungsweiche *f (Eisenbahn, Straßenbahn)* ‖ **~/враждебная** *(Eb)* feindliche Weiche *f* ‖ **~/входная** *(Eb)* Einfahrweiche *f* ‖ **~/выходная** *(Eb)* Ausfahrweiche *f* ‖ **~/головная** *(Eb)* Hauptweiche *f* ‖ **~/двойная** *(Eb)* Weiche *f* mit zwei Gleitungen ‖ **~/дистанционно управляемая** *(Eb)* ferngesteuerte (fernbediente) Weiche *f* ‖ **~/изогнутая** geknickter Zeiger *m* ‖ **~/контактная** *(El)* Kontaktzeiger *m* ‖ **~ контактного провода** *s.* **~/воздушная** ‖ **~/контрольная** *(Меß)* Kontrollzeiger *m* ‖ **~/магнитная** Magnetnadel *f* ‖ **~/минутная** Minutenzeiger *m (Uhr)* ‖ **~/набегающая** *(Eb)* Auflaufweiche *f* ‖ **~/наклонения** *(Geoph)* Inklinationsnadel *f* ‖ **~/основная** *(Eb)* Hauptweiche *f* ‖ **~/отжимная** *(Eb)* Federzungenweiche *f* ‖ **~ отсчёта** Meßzeiger *m* ‖ **~/охранная** *(Eb)* Schutzweiche *f*, Sicherheitsweiche *f* ‖ **~/поворотная** *(Eb)* Schwenkweiche *f* ‖ **~/пошёрстная** *(Eb)* stumpf befahrbare Weiche *f* ‖ **~ примыкания** *(Eb)* Anschlußweiche *f* ‖ **~/противошёрстная** *(Eb)* spitz befahrene Weiche *f* ‖ **~/размерная** Maßpfeil *m*, Maßlinie *f (in Zeichnungen)* ‖ **~/ручная** *(Eb)* Handweiche *f*, ortsbediente Weiche *f* ‖ **~ ручного обслуживания** *s.* **~/ручная** ‖ **~ с прямыми остряками** *(Eb)* gerade Weiche *f* ‖ **~/сбрасывающая** *(Eb)* Entgleisungsweiche *f* ‖ **~/секундная** Sekundenzeiger *m (Uhr)* ‖ **~/стирающая** *(Inf)* löschende Positionsmarke *f (Sichtanzeigegerät)* ‖ **~/телеуправляемая** *(Eb)* ferngesteuerte (fernbediente) Weiche *f* ‖ **~/троллейная** *s.* **~/воздушная** ‖ **~/централизированная** *(Eb)* fernbediente

Weiche *f*, Stellwerksweiche *f* ‖ **~/часовая** Uhrzeiger *m*; Stundenzeiger *m (Uhr)*
стреловидность *f* **[крыла]** *(Flg)* Pfeilung *f*, Tragflügelpfeilung *f* • **большой стреловидности** stark gepfeilt, mit starker Pfeilung • **малой стреловидности** leicht gepfeilt, mit leichter Pfeilung • **с обратной стреловидностью** vorwärts (negativ) gepfeilt, mit negativer Pfeilung • **с прямой стреловидностью** rückwärts (positiv) gepfeilt, mit positiver Pfeilung ‖ **~/двойная** doppelte Pfeilung *f* ‖ **~/обратная (отрицательная)** negative Pfeilung *f*, Vorwärtspfeilung *f* ‖ **~ по передней кромке** Pfeilung *f* der Vorderkante ‖ **~/положительная (прямая)** positive Pfeilung *f*, Rückwärtspfeilung *f*
стреловидный *(Flg)* gepfeilt, mit Pfeilform
стреловой mit ausfahrbarem Arm *(Bauweise, z. B. von Industrierobotern)*
стрелочный 1. Zeiger...; 2. *(Eb)* Weichen...
стрельба *f* Schießen *n* ‖ **~ без упора** Schießen *n* freihändig ‖ **~ лёжа** Schießen *n* liegend ‖ **~ по мишени** Scheibenschießen *n* ‖ **~ с колена** Schießen *n* kniend ‖ **~ с руки** Schießen *n* freihändig ‖ **~ с упора** Schießen *n* aufgelegt ‖ **~ с упреждением** Schießen *n* mit Vorhalt ‖ **~ стоя** Schießen *n* stehend
стрельбище *n* Schießplatz *m*
стреляние **~ пород** *(Bgb)* Gesteinsschießen *n* (plötzliche Entspannung kleinerer Gebirgsbereiche)
стрелять schießen ‖ **~ лёжа** liegend schießen ‖ **~ с колена** kniend schießen ‖ **~ с упора** aufgelegt schießen ‖ **~ стоя** stehend schießen
стремечко *n*/**ремизное** *(Text)* Schafthaken *m*
стремнина *f (Hydrol)* Stromschnelle *f*, Katarakt *m*
стремянка *f* 1. transportable Leiter *f* für Montage- und Reparaturarbeiten; 2. Strickleiter *f* ‖ **~/раздвижная** Schiebeleiter *f* ‖ **~/рессорная** Federbügel *m*, Federband *n* ‖ **~/складная** Bockleiter *f*, Stehleiter *f*
стренд *f* Trosse *f (eines Kabelschlagseils)*
стренер *m s.* стрейнер
стрижка *f* Schur *f*, Scheren *n*
стример *m* 1. Streamer *m*, Plasmaschlauch *m*, Kanal *m (einer Gasentladung)*; 2. *(Astr)* Plasmafaden *m*; 3. *(Inf)* Streamer *m*
стрингер *m (Schiff)* Stringer *m* ‖ **~/бортовой** Seitenstringer *m* ‖ **~/днищевой** Seitenträger *m (Doppelboden)*; Seitenkielschwein *n (Einfachboden)* ‖ **~/интеркостельный** interkostaler Stringer *m* ‖ **~/палубный** Decksstringer *m* ‖ **~/скуловой** Randplatte *f*, Kimmstringer *m*
стрип *m (Flg)* Kontrollstreifen *m*, Strip *m*
стрип-каландр *m* Gummistreifenkalander *m*
стриппер[-кран] *m* Stripperkran *m*, Blockabstreiferkran *m*, Abstreifer *m*, Blockziehkran *m*
стриппинг *m (Kern)* 1. Stripping *n*, Abstreifen *n*; 2. Strippingreaktion *f*
стрихнин *m* Strychnin *n (Alkaloid)*
строб *m (Eln)* Tor *n*, Gatter *n (s. a.* схема/стробирующая*)*
строб-импульс *m* Strob[oskop]impuls *m*, Strobe *m*, strobierender Impuls *m*
стробирование *n (El)* Strobe *n*, Stroben *n*, Austastung *f*

стробоскоп m (Opt) Stroboskop n ‖ **~/импульсный** Impulsstroboskop n
стробоскопический stroboskopisch, Stroboskop...
строгаль m (Led) Falzer m
строгание n 1. (Fert) Hobeln n (s. a. unter строжка 1.); 2. (Led) Falzen n ‖ **~/двустороннее** (Fert) Zweiweghobeln n, Doppelhobeln n ‖ **~/копировальное** (Fert) Nachformhobeln n ‖ **~ кромок** Besäumen n ‖ **~/обдирочное** (Fert) Schälhobeln n ‖ **~/обкатное** (Fert) Wälzhobeln n ‖ **~/плоское** (Fert) Planhobeln n ‖ **~ по копиру** (Fert) Nachformhobeln n ‖ **~/поперечное** (Fert) Querhobeln n, Kurzhobeln n ‖ **~/продольное** (Fert) Langhobeln n ‖ **~/тонкое (финишное)** (Fert) Feinhobeln n ‖ **~ цилиндрических поверхностей** (Fert) Rundhobeln n ‖ **~/черновое** (Fert) Schrupphobeln n ‖ **~/чистовое** (Fert) Schlichthobeln n
строгать 1. (Fert) hobeln; 2. (Led) falzen
строевая f (Schiff) Arealkurve f, Flächen[inhalts]kurve f ‖ **~ по ватерлиниям** Wasserlinienarealkurve f ‖ **~ по шпангоутам** Spantarealkurve f
строение n 1. Aufbau m, Gefüge n; 2. (Geol, Min) Gefüge n (umfaßt in beiden Sprachen die Begriffe „Struktur" und „Textur"); 3. (Ch) Konstitution f; 4. (Bw) Bau m, Bauwerk n, Gebäude n; 5. (Bw) Bauen n ‖ **~ атома** (Ph, Ch) Atombau m, Atomstruktur f ‖ **~ в верхнем положении/пролётное** (Bw) Überbau m in gehobener Stellung (einer Senkrechthubbrücke) ‖ **~ в разведённом положении/пролётное** (Bw) Überbau m (einer Dreh- oder Klappbrücke) in offener Stellung ‖ **~/верхнее** 1. (Eb) Oberbau m; 2. (Met) Oberofen m (SM-Ofen) ‖ **~/волокнистое** (Wkst) Faserstruktur f, Fasergefüge n ‖ **~/временное** provisorischer Bau m ‖ **~/дендритное** (Wkst) Dendritenstruktur f, Tannenbaumstruktur f, Dendritengefüge n ‖ **~/деревянное** Holzbau m, Holzgebäude n ‖ **~ звёзд** (Astr) Sternaufbau m ‖ **~ Земли** (Geol) Erdaufbau m ‖ **~/зернистое** (Wkst) körniges Gefüge n ‖ **~/зональное** (Krist) Zonarstruktur f, Zonarbau m ‖ **~/зонарное** s. **~/зональное** ‖ **~/каменное** Steinbau m, Steingebäude n ‖ **~/консольное пролётное** (Bw) Überbau m mit Kragarmen (Brückenkonstruktion) ‖ **~/миндалевидное** (Geol) mandelförmiges (amygdaloides) Gefüge n ‖ **~ моста/пролётное** (Bw) Überbau m (einer Brücke) ‖ **~ на стойках/надарочное** (Bw) Zwickel m mit Stützen (Brückenkonstruktion) ‖ **~/надарочное** (Bw) Zwickel m (Brückenkonstruktion) ‖ **~/нижнее** 1. (Eb) Unterbau m (Strecke); 2. (Met) Unterofen m (SM-Ofen) ‖ **~/оболочечное** (Kern) Schalenstruktur f (Elektronenhülle) ‖ **~/открытое пролётное** (Bw) offener Überbau m (einer Brücke) ‖ **~/переплётное** (Bw) Tragwerk n, Überbau m (einer Brücke) ‖ **~/подвесное пролётное** (Bw) eingehängter Überbau m (einer Brückenkonstruktion) ‖ **~/пролётное** Überbau m (einer Brücke) ‖ **~ пути/верхнее** (Eb) Oberbau m (Strecke) ‖ **~ пути/нижнее** (Eb) Unterbau m (Strecke) ‖ **~/разводное пролётное** (Bw) drehbarer Überbau m (einer Drehbrücke); beweglicher Überbau m (einer Senkrechthubbrücke); klappbarer Überbau m (einer Klappbrücke) ‖ **~ раскосной системы со шпренгелями /пролётное** (Bw) Strebenfachwerk n mit Hilfsdiagonalen (Brückenkonstruktion) ‖ **~ с балочной клеткой/пролётное** (Bw) Überbau m (einer Brückenkonstruktion) mit Balkenrost ‖ **~ с двумя консолями/балочное пролётное** (Bw) Balkenüberbau m mit zwei Kragarmen (Brückenkonstruktion) ‖ **~ с ездой поверху/пролётное** (Bw) Überbau m mit obenliegender Fahrbahn (Brückenkonstruktion) ‖ **~ с ездой поверху/стальное пролётное** (Bw) Stahlüberbau m einer Deckbrücke ‖ **~ с ездой понизу/пролётное** (Bw) Überbau m mit untenliegender Fahrbahn (Brückenkonstruktion) ‖ **~ с ездой понизу/стальное пролётное** (Bw) Stahlüberbau m (einer Brücke) mit untenliegender Fahrbahn ‖ **~ с параллельными поясами/пролётное** (Bw) Überbau m mit parallelen Gurten (Brückenkonstruktion) ‖ **~ с полигональным нижним поясом/пролётное** (Bw) Überbau m mit polygonalem Untergurt (Brückenkonstruktion) ‖ **~ с раскосной системой/пролётное** (Bw) Überbau m mit Strebenfachwerk (Brückenkonstruktion) ‖ **~/сквозное надсводное** (Bw) aufgelöste Gewölbebrücke f ‖ **~ слитка** (Met) Blockgefüge n, Gußblockgefüge n ‖ **~/стальное пролётное** (Bw) Stahlüberbau m (einer Brücke) ‖ **~/химическое** (Ch) chemische Konstitution f ‖ **~/циклическое** s. структура/циклическая ‖ **~ ядра** (Kern) Kernaufbau m, Kernstruktur f
строённый Drillings-...
строжка f 1. (Fert) Hobeln n (s. a. unter строгание 1.); 2. (Led) Dollieren n ‖ **~/воздушно-дуговая** (Fert) Arcair-Fugenhobeln n ‖ **~/дуговая** (Fert) Lichtbogen[fugen]hobeln n ‖ **~/кислородная** (Fert) Sauerstoff[ugen]hobeln n, Brennhobeln n, Brennputzen n ‖ **~/плазменная** (Fert) Plasma[fugen]hobeln n ‖ **~/поверхностная кислородная** (Fert) autogenes Fugenhobeln n
строительство n (Bw) 1. Bauen n, Bau m, Errichtung f; Bautätigkeit f; 2. Bauwesen n; 3. Aufbau m; 4. Bauweise f, Bauform f ‖ **~/антисейсмическое** erdbebensicheres Bauen n, erdbebensichere Bauweise f ‖ **~/блочное** 1. Blockbauweise f; 2. Blockbau m ‖ **~/гидротехническое** Wasserbau m ‖ **~/дорожное** Straßenbau m, Wegebau m ‖ **~/железнодорожное** Eisenbahnbau m, Eisenbahnbauwesen n ‖ **~/жилищное** Wohnungsbau m ‖ **~/зелёное** Grünanlagenbau m ‖ **~/индивидуальное** Einzelbau m; Eigenheimbau m ‖ **~/индустриальное** industrielles Bauen n, Bauen n mit industriellen Methoden ‖ **~/капитальное** Investitionsbau m, Investbau m ‖ **~/космическое** Weltraumbautätigkeit f ‖ **~/крупноблочное** 1. Großblockbauweise f; 2. Großblockbau m ‖ **~/крупнопанельное** 1. Großplattenbauweise f; 2. Großplattenbau m ‖ **~/магистральных трубопроводов** Rohrleitungsbau m ‖ **~/мелиоративное** Meliorationsbau m ‖ **~/надземное** Hochbau m ‖ **~/нефтегазовое** Bau m von Erdöl- und Gasindustriebetrieben ‖ **~/объёмноблочное** Raumzellenbauweise f ‖ **~/опытно-показательное** Versuchs- und Musterbau m ‖ **~ «под ключ»** Bauen n mit schlüsselfertiger

строительство

Objektübergabe ll ~/**подземное** Tiefbau m ll ~/**полносборное** Vollmontagebauweise f ll ~/**портовое** Hafenbau m ll ~/**посельское** ländliches Bauen n, Siedlungsbau m ll ~/**поточное** Bauen n im Fließverfahren, Fließbauweise f ll ~/**промышленное** Industriebau m ll ~/**рамно-панельное** Rahmenplattenbauweise f ll ~/**рассредоточенное** dezentralisiertes (dezentrales) Bauen n ll ~/**ремонтно-пригодное** instandhaltungsgerechtes Bauen n ll ~/**речное** Flußbau m ll ~/**садово-парковое** Anlage f von Grünflächen, Grünflächengestaltung f ll ~/**сборное** 1. Montagebauweise f; 2. Montagebau m, Fertigteilbau m ll ~/**сборно-монолитное** Mischbauweise f ll ~/**сейсмостойкое** erdbebensicheres Bauen n, erdbebensichere Bauweise f ll ~/**сельское** ländliches Bauwesen n ll ~/**транспортное** Verkehrsbau m, Verkehrsbauwesen n ll ~/**трубопроводное** Rohrleitungsbau m ll ~/**шахтное** (Bgb) Schachtbau m ll ~/**экспериментальное** Versuchsbau m, Muster- und Experimentalbau m ll ~/**энергетическое** Kraftwerksbau m
строить 1. (Bw) bauen, errichten; 2. aufbauen
стройгенплан m Bauhauptplan m
стройка f 1. Bauen n, Bau m; 2. Bauplatz m, Baustelle f, Baubetrieb m; 3. Bau m (Gebäude) ll ~/**крупная** Großbaustelle f
стройкорпус m (Schiff) Stahlplan m
стройматериалы mpl (Bw) Baustoffe mpl
стройплощадка f Bauplatz m, Baustelle f
строка f 1. (Typ) Zeile f; 2. (TV) Zeile f, Bildzeile f • **вдоль строк** (TV) zeilenweise ll ~ **битов** s. ~/**двоичная** ll ~/**втянутая** (Typ) eingezogene Zeile f ll ~/**двоичная** (Inf) Bitfolge f, Bitkette f ll ~ **заборки** (Typ) Korrekturzeile f ll ~ **знаков** (Inf) Zeichenkette f ll ~ **изображения** (TV) Bildzeile f ll ~/**красная** (Typ) zentrierte Zeile f, Alinea f, Absatzzeile f ll ~/**отдельная** f ll ~ freistehende Zeile f ll ~/**отступная** s. ~/**втянутая** ll ~ **продолжения** (Inf) Fortsetzungszeile f ll ~ **развёртки (разложения)** (TV) Abtastzeile f ll ~/**самостоятельная** (Typ) freistehende Zeile f ll ~ **символов** (Inf) Zeichenkette f
строка-развёртка f (TV) Abtastzeile f
строкомер m (Typ) Zeilenzähler m
стронцианит m (Min) Strontianit m
стронциевый (Ch) Strontium...
стронций m (Ch) Strontium n, Sr
строп m (Schiff) Stropp m ll ~/**автомобильный** Autoverladestropp m ll ~/**бобинцовый** Rollenstropp m ll ~/**бочечный** Faßstropp m, Faßschlinge f ll ~/**грузовой** Ladestropp m ll ~/**канатный** Seilstropp m, Anschlagseil n ll ~/**парашютный** (Flg) Fallschirmleine f ll ~/**проволочный** Drahtstropp m ll ~/**сеточный** Ladenetz n, Netzstropp m, Netzschlinge f ll ~/**тросовый** Taustropp m ll ~/**цепной** Kettenstropp m, Anschlagkette f ll ~/**ящичный** Kistenstropp m
стропила npl (Bw) Dachverband m, Dachstuhl m, Sparrendachkonstruktion f; Tragwerk n ll ~/**висячие** Hängewerk n ll ~/**наслонные** Sprengwerk n
стропилина f (Bw) Bindersparren m, Sparren m
строповка f Anhängen n, Anschlagen n (einer Last)

стростить s. тростить
строчечность f (Wkst) Streifigkeit f (Gefüge)
строчка f 1. (Text) Stichreihe f, Naht f (Nähmaschine); 2. s. unter строка ll ~/**зигзагообразная** Zickzacknaht f ll ~/**прямая** Steppnaht f, Geradnaht f ll ~/**собраная** Kräuselnaht f
струбцина f (Wkz) Schraubzwinge f, Spannzwinge f ll ~/**аварийная** (Schiff) Lecksicherungszwinge f ll ~/**сборочная** Montageschraubzwinge f
струг m 1. (Masch, Bw) Planiermaschine f, Bodenhobel m, Planierschrapper m; 2. (Led) Falzeisen n, Falzmesser n; 3. (Bgb) Hobel m ll ~ **для сыромяти** (Led) Weißgerbermesser n ll ~/**дорожный** (Bw) Straßenhobel m, Erdhobel m ll ~/**зарубной** (Bgb) Schrämhobel m ll ~/**мездрильный** (Led) Entfleischmesser m ll ~/**отрывной** (Bgb) Reißhakenhobel m ll ~/**скользящий** (Bgb) Gleithobel m ll ~/**траншейный** (Bw) Grabenpflug m ll ~/**угольный** (Bgb) Kohlenhobel m ll ~/**ударный** (Bgb) Schlaghobel m ll ~/**цепной** (Bgb) Kettenschrämhobel m
струевыпрямитель m 1. Strömungsgleichrichter m (Durchflußmeßtechnik); 2. Strahlregler m, Strahlrichter m (Sanitärtechnik)
стружка f 1. (Fert) Span m, Späne mpl; 2. (Lw) Schnitzel pl (Futter); 3. (Led) Falzspan m, Falzspäne mpl ll ~/**витая** (Fert) Schraubenspan m, Wendelspan m ll ~/**древесная** Holzspan m, Holzspäne mpl ll ~/**лентообразная (ленточная)** s. ~/**сливная** ll ~ **надлома** (Fert) 1. Bruchspan m; 2. Reißspan m ll ~/**обессахаренная свекловичная** ausgelaugte Schnitzel (Zuckerrübenschnitzel) pl ll ~/**саблевидная** (Fert) Spiralbruchstick n (Spiralform) ll ~/**свекловичная** Zuckerrübenschnitzel pl, Rübenschnitzel pl ll ~ **скалывания** (Fert) Scherspan m ll ~/**сливная** Bandspan m, bandförmiger Span m, Fließspan m ll ~/**спиральная** (Fert) Spiralspan m ll ~/**токарная** (Fert) Drehspan m ll ~/**элементная** (Fert) Bruchspan m, Bröckelspan m
стружкодробитель m s. стружколоматель
стружкодробление n s. стружколомание
стружкозаживание n (Fert) Einrollen n des Spans, Spanlockenbildung f
стружколом m s. стружколоматель
стружколомание n (Fert) Spanbrechen n (durch die Spanleitstufe)
стружколоматель m (Wkz) Spanbrecher m ll ~ **в форме пластинки** Spanleitplatte f ll ~ **в форме уступа** Spanleitstufe f ll ~ **жёсткий** starrer (festeingebauter) Spanbrecher m ll ~/**накладной** beigelegter Spanbrecher m ll ~/**приварный** aufgeschweißter Spanbrecher m ll ~/**регулируемый** einstellbarer Spanbrecher m
стружколоматель-колпак m (Wkz) kappenförmiger Spanbrecher m
стружколоматель-хомутик m (Wkz) bügelförmiger Spanbrecher m
стружкоприёмник m s. стружкосборник
стружкосборник m (Wkzm) Späne[sammel]behälter m, Spänesammler m
стружкоудаление n (Fert) Späneentsorgung f
стружкоуловитель m (Wkzm) Spänefänger m, Spanfänger m

струйка *f*/**элементарная** *(Hydrod)* Stromfaden *m*
струйно-механический strömungsmechanisch, fluidisch
структура *f* 1. Struktur *f*, Gefüge *n*, Aufbau *m*; 2. *(Math)* Struktur *f* ‖ ~/**аксиальная** *(Krist)* Kettengitterstruktur *f* ‖ ~/**аллотриоморфн[озернист]ая** *(Geol)* allotriomorphkörnige Struktur *f* ‖ ~ **алмаза** *(Krist)* Diamantstruktur *f* ‖ ~/**алмазноподобная** *(Krist)* diamantähnliche Struktur *f* ‖ ~/**анизометрическая** *(Krist)* anisometrische Struktur *f* ‖ ~/**аплитовая** *(Geol)* aplitische Struktur *f* ‖ ~/**аустенитная** *(Wkst)* austenitisches Gefüge *n*, Austenit *m* ‖ ~/**афанитовая** *(Geol)* aphanitische (kryptokristalline) Struktur *f* ‖ ~/**байтовая** *(Inf)* Bytestruktur *f* ‖ ~/**биполярная** *(Eln)* Bipolarstruktur *f* ‖ ~/**бластопорфировая** *(Geol)* blastoporphyrische Struktur *f* ‖ ~/**блочная** *(Inf)* Blockstruktur *f* ‖ ~/**валентная** *(Ch)* Valenzstruktur *f* ‖ ~/**вариолитовая** *(Geol)* variolithische Struktur *f* ‖ ~ **векторного пространства** *(Math)* Vektorraumstruktur *f* ‖ ~/**видманштеттенова** *(Wkst)* Widmannstättensches Gefüge *n*, Widmannstättensche Figuren *fpl* ‖ ~/**витрокластическая** *(Geol)* 1. vitroklastische Struktur *f*; 2. *s.* ~/**пепельная** ‖ ~/**витрофировая** *(Geol)* vitrophyrische Struktur *f* ‖ ~ **внедрения** *(Krist)* Zwischengitterstruktur *f* ‖ ~/**войлочная** *s.* ~/**спутанно-волокнистая** ‖ ~ **волокна** *(Text)* Faserstruktur *f*, Fasergefüge *n* ‖ ~/**волокнистая** 1. *(Wkst)* Fasergefüge *n*, faseriges Gefüge *n*; 2. *(Geol)* faserige Struktur *f* ‖ ~/**волокнисто-линзовидная** *(Geol)* faserige-lentikulare Struktur *f* ‖ ~/**вращательная** *(Krist)* Rotationsstruktur *f (Kristallgitter)* ‖ ~/**встречно-штыревая** *(Eln)* interdigitale Struktur *f* ‖ ~/**вторичная** Sekundärgefüge *n* ‖ ~ **вычислений** Rechenstruktur *f* ‖ ~/**галокинетическая** *(Geol)* halokinetische Struktur *f* ‖ ~/**галотектоническая** *(Geol)* halotektonische Struktur *f* ‖ ~/**гетеробластовая** *(Geol)* heteroblastische Struktur *f* ‖ ~/**гетеродесмическая** *(Krist)* heterodesmische Struktur *f* ‖ ~/**гиалиновая** *(Geol)* hyaline (glasige) Struktur *f* ‖ ~/**гиалопилитовая** *(Geol)* hyalopilitische Struktur *f* ‖ ~/**гипидиоморфная (гипидиоморфно-зернистая)** *(Geol)* hypidiomorphe (hypidiomorph-körnige) Struktur *f* ‖ ~/**гипогиалиновая** *(Geol)* hypohyaline Struktur *f* ‖ ~/**гипокристаллическая** *(Geol)* hypokristalline (halbkristalline) Struktur *f* ‖ ~/**гипокристалически-порфировая** *(Geol)* hyalinkristallin porphyrische Struktur *f* ‖ ~/**глазковая** *s.* ~/**оцелярная** ‖ ~/**глобулярная** *(Wkst)* globulares Gefüge *n*, Globulargefüge *n*; *(Kst)* Globulstruktur *f (von Polymeren)* ‖ ~/**гломеробластическая (гломеробластовая)** *(Geol)* glomeroblastische Struktur *f* ‖ ~/**гломерогранулитовая** *(Geol)* glomerogranulitische Struktur *f* ‖ ~/**гломерозернистая** *s.* ~/**гломерокристаллическая** ‖ ~/**гломерокристаллическая** *(Geol)* glomerokristalline (glomerogranulare) Struktur *f* ‖ ~/**гломероплазматическая** *(Geol)* glomeroplasmatische Struktur *f* ‖ ~/**гломеропорфировая** *(Geol)* glomeroporphyrische Struktur *f* ‖ ~/**гломеросферическая гипидиоморфно-зернистая** *(Geol)* glomerosphärische hypidiomorphogranulare Struktur *f* ‖ ~/**гломерофировая** *s.* ~/**гломеропорфировая** ‖ ~/**гломерофитовая** *(Geol)* glomerophitische Struktur *f* ‖ ~/**гологиалиновая** *(Geol)* holohyaline (vollglasige) Struktur *f* ‖ ~/**голокристаллическая** *(Geol)* holokristalline (vollkristalline) Struktur *f* ‖ ~/**гомеобластовая** *(Geol)* homeoblastische Struktur *f* ‖ ~/**гомогенная** homogene Struktur *f* ‖ ~/**гомодесмическая** *(Krist)* homodesmische Struktur *f* ‖ ~/**гранобластовая** *(Geol)* granoblastische Struktur *f* ‖ ~/**гранофировая** *(Geol)* granophyrische Struktur *f* (Verwachsung) ‖ ~/**гранулитовая** *(Geol)* granulitische Struktur *f* ‖ ~/**графическая** *s.* ~/**писменная** ‖ ~/**гребенчатая** *(El)* Kammstruktur *f* ‖ ~/**грубая** *(Wkst)* Grobstruktur *f*, Grobgefüge *n* ‖ ~ **грунта** Bodenstruktur *f* ‖ ~ **данных** *(Inf)* Datenstruktur *f* ‖ ~/**дендритная** 1. *(Wkst)* dendritisches Gefüge *n*, Dendritengefüge *n*; 2. *(Min)* dendritische Struktur *f* ‖ ~/**диабазовая** *(Geol)* diabasische (ophitische) Struktur *f* ‖ ~/**диабластическая (диабластовая)** *(Geol)* diablastische Struktur *f* ‖ ~/**динамометаморфная** *(Geol)* dynamometamorphe Struktur *f* ‖ ~/**динамофлюидальная** *(Geol)* dynamofluidale Struktur *f* ‖ ~/**долеритовая** *(Geol)* doleritische (intergranulare) Struktur *f* ‖ ~/**доменная** *(Ph)* Domänenstruktur *f* ‖ ~/**древовидная** *s.* ~/**дендритная** ‖ ~/**друзоидная** *(Geol)* drusoide Struktur *f* ‖ ~/**дублетная** *(Kern)* Dublettstruktur *f* ‖ ~/**закалочная** *(Wkst)* Härtegefüge *n* ‖ ~ **замещения** *(Krist)* Substitutionsstruktur *f* ‖ ~ **запланированного оверлея** *(Inf)* geplante Überlagerungsstruktur *f* ‖ ~ **запоминающего устройства** *(Inf)* Speicherstruktur *f*, Speicherorganisation *f* ‖ ~/**зернистая** *(Geol)* körnige Struktur *f* ‖ ~/**зональная** *(Krist)* Zonartstruktur *f*, Zonarbau *m* ‖ ~/**зонарная** *s.* ~/**зональная** ‖ ~/**зонная** *(Krist)* Bänderstruktur *f* ‖ ~/**иерархическая** *(Inf)* hierarchische Struktur *f* ‖ ~ **излома** *(Wkst)* Bruchgefüge *n* ‖ ~/**изометрическая** *(Krist)* isometrische Struktur *f*, Raumgitterstruktur *f* ‖ ~/**импликацонная** *(Geol)* Implikationsstruktur *f*, symplektische Struktur *f* ‖ ~/**интергранулярная** *(Geol)* intergranulare (doleritische) Struktur *f* ‖ ~/**интерсертальная** *(Geol)* intersertale Struktur *f* ‖ ~/**итеративная** *(El)* Iterationsstruktur *f* ‖ ~/**каркасная** *(Krist)* Gerüstgitterstruktur *f* ‖ ~/**ката-кластическая** *(Geol)* kataklastisches Gefüge *n* ‖ ~/**келифитовая** *(Geol)* kelyphitische Struktur *f* ‖ ~/**коалиционная** *(Kyb)* Koalitionsstruktur *f (Spieltheorie)* ‖ ~/**кокколитовая** *(Geol)* kokkolithische Struktur *f* ‖ ~/**колломорфная** *(Min)* kollomorphe Struktur *f* ‖ ~/**кольцевая** *(Krist)* Ringgitterstruktur *f* ‖ ~ **команды** *(Inf)* Befehlstruktur *f* ‖ ~/**конструктивная** *(Bw)* Konstruktionsstruktur *f (Architektur)* ‖ ~ **Cu-Cr/контактная** *(Ph)* Cr-Cu-Kontaktschichtstruktur *f* ‖ ~/**криптодиабластическая** *(Geol)* kryptodiablastische (mikrodiablastische) Struktur *f* ‖ ~/**криптокристаллическая** *(Geol)* kryptokristalline (aphanitische) Struktur *f* ‖ ~/**криптоолитовая** *(Geol)* kryptoolithische Struktur *f* ‖ ~/**кристаллизационная** *s.* ~/**первичная** 1. ‖ ~/**кристаллическая** Kristallgefüge *n*, Kristallstruktur *f* ‖ ~/**кристаллически-зернистая** *(Geol)* kristallinisch-körnige Struktur *f* ‖ ~/**кристаллобластическая (кристаллобластовая)** *(Geol)* kristalloblastische Struktur *f* ‖

структура

~/**крупнозернистая** *(Wkst)* grobkörniges Gefüge *n* || ~/**кумуло[пор]фировая** *(Geol)* glomeroporphyrische Struktur *f*, kumulo[por]phyrische Struktur *f* || ~ **ледебурита** *(Wkst)* Ledeburitgefüge *n*, Ledeburit *m* || ~/**ленточная** 1. *(Krist)* Bandgitterstruktur *f*; 2. *s.* ~/полосчатая 1. || ~/**лепидобластическая (лепидобластовая)** *(Geol)* lepidoblastische Struktur *f* || ~/**листовая** *(Krist)* Schichtengitterstruktur *f*, Netzgitterstruktur *f* || ~/**литая** Gußgefüge *n* || ~/**литоидитовая** *(Geol)* felsitische Struktur *f* || ~ **литья** Gußgefüge *n* || ~/**ложнопорфировая** *(Geol)* porphyroklastische (pseudoporphyrische) Struktur *f* || ~/**лучистая** *(Wkst)* strahliges Gefüge *n* || ~/**макровариолитовая** *(Geol)* makrovariolithische Struktur *f* || ~/**макрокристаллическая** *(Geol)* makrokristalline Struktur *f* || ~/**макропорфировая** *(Geol)* makroporphyrische Struktur *f* || ~/**макроскопическая** Makrogefüge *n*, Grobstruktur *f* || ~/**макрофировая** *s.* ~/макропорфировая *(Krist)* Zwischengitterstruktur *f* || ~/**мартенситная** *(Wkst)* martensitisches Gefüge *n*, Martensitgefüge *n*, Martensit *m* || ~/**мегалофировая (мегапорфировая, мегафировая)** *s.* ~/макропорфировая || ~/**межузельная** *(Krist)* Zwischengitterstruktur *f* || ~/**мелкозернистая** *(Wkst)* feinkörniges Gefüge *n* || ~/**мелкокристаллическая** *(Geol)* mikrokristalline Struktur *f* || ~ **металл-диэлектрик-полупроводник** *(Eln)* Metall-Isolator-Halbleiter-Struktur *f*, MIS-Struktur *f* || ~ **металл-окисел-полупроводник** *(Eln)* Metall-Oxid-Halbleiter-Struktur *f*, MOS-Struktur *f* || ~/**метасоматическая** *(Geol)* metasomatische Struktur *f* || ~/**микрозернистая (микрокристаллическая)** *(Geol)* mikrokristalline Struktur *f* || ~/**микролитовая** *(Geol)* mikrolithische Struktur *f* || ~/**микропойкилитовая** *(Geol)* mikropoikilitische Struktur *f* || ~/**микроскопическая** Mikrogefüge *n*, Feinstruktur *f* || ~/**микрофлюидальная** *(Geol)* mikrofluidale Struktur *f* || ~/**многослойная** *(Eln)* Mehrschicht[en]struktur *f* || ~ **мод** *(Ph)* Modenstruktur *f* || ~/**модульная** *(Inf)* Modulbauweise *f*, Modulorganisation *f* || ~/**мозаичная** *(Geol)* Mosaikstruktur *f* || ~/**мультиплетная** *(Kern)* Multiplettstruktur *f* || ~/**мультипроцессорная** *(Inf)* Multiprozessorstruktur *f* || ~/**надмолекулярная** *(Ch)* übermolekulare Struktur *f* || ~/**нематобластическая (нематобластовая)** *(Geol)* nematoblastische Struktur *f* || ~/**неориентированная** *(Geol)* richtungslose Struktur *f* || ~/**неполнокристаллическая** *(Geol)* hypokristalline (halbkristalline) Struktur *f* || ~/**неполностекловатая** *(Geol)* hypohyaline Struktur *f* || ~/**неравномерно-зернистая** *(Geol)* ungleichkörnige Struktur *f* || ~/**неясно-зернистая** *(Min)* undeutlich-körniges Struktur *f* || ~/**неяснотонковолокнистая** *(Min)* undeutlich-feinfaserige Struktur *f* || ~/**оверлейная** *(Inf)* Überlagerungsstruktur *f*, Überlappungsstruktur *f* || ~/**оолитовая** *(Geol)* oolithische Struktur *f* || ~/**ориентированная** *(Geol)* ausgerichtete Struktur *f* || ~/**основная** *(Wkst)* Grundgefüge *n* || ~/**остаточная (отображающая)** *s.* ~/палимпсестовая || ~/**офитовая** *(Geol)* ophitische (diabasische) Struktur *f* || ~/**офито-такситовая** *(Geol)* ophitaxitische Struktur *f* || ~/**оцелярная (оцеляровая)** *(Geol)* Ozellarstruktur *f* ||

~/**очковая** *(Geol)* Augenstruktur *f* || ~/**палимпсестовая** *(Geol)* Palimpseststruktur *f*, Reliktstruktur *f* || ~ **памяти/иерархическая** *(Inf)* 1. hierarchische Speicherstruktur *f*; 2. hierarchische Speicherstufung *f* des Speichers || ~/**панидиоморфная (панидиоморфно-зернистая)** *(Geol)* panidiomorphe (vollidiomorphe, panidiomorphkörnige) Struktur *f* || ~/**пегматитовая** *(Geol)* pegmatitische Struktur *f* || ~/**пегматоидная** *(Geol)* pegmatitähnliche Struktur *f* || ~/**пепельная (пеплoвая, пеплообразная)** *(Geol)* Aschenstruktur *f* || ~/**первичная** 1. *(Geol)* Primärgefüge *f*, protosomatische (sinsomatische) Struktur *f*; 2. *(Wkst)* Primärgefüge *n* || ~ **перекристаллизации** *(Geol)* Rekristallisationsstruktur *f* || ~/**перлитная** *(Wkst)* perlitisches Gefüge *n*, Perlit *m* || ~/**пизолитовая** *(Geol)* pisolithische Struktur *f* || ~/**пилотакситовая** *(Geol)* pilotaxitische Struktur *f* || ~/**письменная (письменно-гранитовая)** *(Geol)* Schriftstruktur *f*, graphische Struktur *f*, Schriftgranitstruktur *f* || ~/**планарная** *(Eln)* Planarstruktur *f*, planare Struktur *f* *(Halbleiter)* || ~/**планарная полупроводниковая** planare Halbleiterstruktur *f* || ~/**пластинчатая** *(Wkst)* Lamellargefüge *n*, Blättchengefüge *n* || ~/**пойкилитовая** *(Geol)* poikilitische Struktur *f* || ~/**пойкилобластическая (пойкилобластовая)** *(Geol)* poikiloblastische Struktur *f* || ~/**пойкилоофитовая** *(Geol)* poikiloophitische Struktur *f* || ~/**пойкилопегматитовая** *(Geol)* poikilopegmatitische Struktur *f* || ~/**полнокристаллическая** *(Geol)* holokristalline (vollkristalline) Struktur *f* || ~/**полосатая** *s.* ~/полосчатая 1. || ~/**полосчатая** 1. *(Ph)* Bänderstruktur *f*, Streifenstruktur *f*; 2. *(Wkst)* streifiges Gefüge *n*, Streifengefüge *n* || ~/**полупроводниковая** Halbleiterstruktur *f* || ~/**полупроводниковая многослойная** *(Eln)* halbleitende Mehrschichtanordnung (Mehrschichtstruktur) *f* || ~/**порфиробластическая (порфиробластовая)** *(Geol)* porphyroblastische Struktur *f* || ~/**порфировая** *(Geol)* porphyrische Struktur *f* || ~/**порфировая палимпсестовая** porphyrische Palimpseststruktur *f* || ~/**порфировидная** *(Geol)* porphyroide Struktur *f* || ~/**порфирокластическая (порфирокластовая)** *(Geol)* porphyroklastische Struktur *f* || ~ **после закалки** *(Wkst)* Härtegefüge *n* || ~ **после промежуточного превращения** *(Wkst)* Zwischenstufengefüge *n* || ~/**правильная** *(Wkst)* vollkommenes Gefüge *n* || ~/**приразломная** *(Wkst)* bruchnahe Struktur *f* || ~/**программирующая** *(Inf)* Programmstruktur *f* || ~/**программы** *(Inf)* Programmstruktur *f* || ~ **промежуточного типа** *(Wkst)* Zwischenstufengefüge *n* || ~/**протокластическая** *(Geol)* protoklastische Struktur *f* || ~/**протосоматическая** *s.* ~/первичная 1. || ~/**псевдоморфная** *(Krist)* pseudomophe Struktur *f* || ~/**псевдопорфировая** *(Geol)* pseudoporphyrische Struktur *f* || ~/**равновесная** *(Wkst)* Gleichgewichtsgefüge *n (Gefüge mit Ferrit-, Perlit- oder Zementitphase)* || ~/**равномерно-зернистая** *(Geol)* gleichkörniges Gefüge *n* || ~/**радиально-лучистая (радиолитовая)** *(Geol)* radialstrahlige Struktur *f* || ~/**разупорядоченная** ungeordnete Struktur *f* || ~/**резистивная** *(Eln)* Resistorstruktur *f* || ~/**резко** ориентированная *(Wkst)* ausgeprägt gerichtetes Primärgefüge *n* ‖ ~/**резонансная** *(Kern)* Resonanzstruktur *f* ‖ ~ **рекристаллизации** *(Geol)* Rekristallisationsstruktur *f* ‖ ~/**реликтовая** *s.* ~/**палимпсестовая** ‖ ~/**решётная** *(Wkst)* Gitterstruktur *f*, Gittergefüge *n*, Zellengefüge *n* ‖ ~/**решётчатая** *(Kern)* Gitterstruktur *f*, Gitteraufbau *m* ‖ ~ **руд/скелетная** *(Geol)* Skelettstruktur *f* ‖ ~ **руд/сферолитовая** *(Geol)* sphärolithische Struktur *f* ‖ ~ **с наложением (перекрытием)** *(Inf)* Überlagerungsstruktur *f*, Überlappungsstruktur *f* ‖ ~/**сверхтонкая** *(Ph)* Hyperfeinstruktur *f* ‖ ~/**сетчатая** *(Wkst)* Netzgefüge *n*, Netzstruktur *f* ‖ ~/**сидеронитовая** *(Geol)* sideronitische Struktur *f* ‖ ~/**силикатная** *(Krist)* Silikat[gitter]struktur *f* ‖ ~/**симплектитовая** *(Geol)* symplektische Struktur *f*, Implikationsstruktur *f* ‖ ~/**синсоматическая** *s.* ~/первичная 1. ‖ ~/**скрытокристаллическая** *(Geol)* kryptokristalline (aphanitische) Struktur *f* ‖ ~/**скрытоооолитовая** *(Geol)* kryptoolithische Struktur *f* ‖ ~/**слоистая** *s.* ~/пластинчатая ‖ ~/**слоистая полупроводниковая** *(Eln)* Heterostruktur *f* mit Übergitter *(Halbleiter)* ‖ ~/**сорбитная** *(Wkst)* sorbitisches Gefüge *n*, Sorbitgefüge *n*, Sorbit *m* ‖ ~/**сотовая** *(Geol)* Wabenstruktur *f* ‖ ~/**спаренная строчная** *(TV)* paarige Zeilenstruktur *f*, Paarigkeit (Paarung) *f* der Zeilen ‖ ~ **спектральной серии** *(Kern)* Serienstruktur *f* ‖ ~/**спутанная** *(Geol)* verworrene Struktur *f* ‖ ~/**спутанно-волокнистая** *(Geol)* filzige (verworren-faserige) Struktur *f* ‖ ~/**стекловатая** *(Geol)* hyaline (glasige) Struktur *f* ‖ ~/**столбчатая** *(Wkst)* Stengelgefüge *n*, stengeliges Gefüge *n* ‖ ~/**стро[ч]ечная** *(Wkst)* Zeilengefüge *n*, Zeilenstruktur *f* ‖ ~/**строчная** *(TV)* Zeilenstruktur *f*, Zeilenaufbau *m* ‖ ~/**субмикронная** *(Eln)* Submikrometerstruktur *f* ‖ ~/**суперпозиционная** *(Eln)* Überlagerungsstruktur *f* ‖ ~/**сфероидальная** *s.* ~/шаровая ‖ ~/**сферолитовая** *(Geol)* sphärolithische Struktur *f* ‖ ~ **сходимости** *(Math)* Konvergenzstruktur *f* ‖ ~/**таксито-офитовая** *(Geol)* ophitotaxitische Struktur *f* ‖ ~ **твёрдого тела** *(Ph)* Festkörperstruktur *f* ‖ ~/**тектоническая** *(Geol)* tektonische Struktur *f (der Erdrinde)* ‖ ~/**тонкая** *(Kern)* Feinstruktur *f* ‖ ~/**тонкокристаллическая** *(Geol)* mikrokristalline Struktur *f* ‖ ~/**транзисторная программирующая** *(Inf)* Transistor-Programmstruktur *f* ‖ ~/**трахитовая** *(Geol)* Trachytstruktur *f* ‖ ~/**трооститная** *(Wkst)* troostitisches Gefüge *n*, Troostit *m* ‖ ~/**турбулентная** *(Mech)* Turbulenzstruktur *f* ‖ ~/**улучшенная** *(Wkst)* Vergütungsgefüge *n*, vergütetes Gefüge *n* ‖ ~/**упорядоченная** *(Wkst)* geordnete Struktur *f* ‖ ~/**фанеритовая (фанерокристаллическая)** *(Geol)* phanerokristalline (makrokristalline) Struktur *f* ‖ ~/**фельзитовая** *(Geol)* felsitische Struktur *f* ‖ ~/**ферритная** *(Geol)* ferritisches Gefüge *n*, Ferritgefüge *n*, Ferrit *m* ‖ ~/**ферритно-перлитная** *(Wkst)* ferritisch-perlitisches Gefüge *n*, Ferrit-Perlit-Gefüge *n* ‖ ~/**флюидная** *(Geol)* Fluidalstruktur *f*, Fließstruktur *f* ‖ ~/**флюидально-микролитовая** *s.* ~/трахитовая ‖ ~/**флюидально-такситовая** *(Geol)* fluidal-taxitische Struktur *f* ‖ ~/**флюктуационная** *s.* ~/флюидальная ‖ ~/**фоторе-**

струя

зистивная *(Eln)* Photolackstruktur *f* ‖ ~/**фоторезистная** *(Eln)* Photolackstruktur *f* ‖ ~/**фрактальная** *(Inf)* Fraktale *pl* ‖ ~/**химико-метаморфная** *(Geol)* chemischmetamorphe (katalytische) Struktur *f* ‖ ~/**цементитная** *(Wkst)* zementitisches Gefüge *n*, Zementit *m* ‖ ~/**циклическая** *(Ch)* Ringstruktur *f* ‖ ~/**чешуйчатая** *(Geol)* schuppige Struktur *f*; Schuppenaufbau *m (der Erdkruste)* ‖ ~/**шаровая** *(Geol)* kugelige (kugelähnliche, sphäroidische) Struktur *f* ‖ ~/**эвпорфировая** *s.* ~/макропорфировая ‖ ~/**эквигранулярная** *(Geol)* gleichkröniges Gefüge *n*, gleichkörnige Struktur *f* ‖ ~/**эвтектическая** *(Krist)* Eutektstruktur *f* ‖ ~/**электронных оболочек** *(Kern)* Elektronenhüllenstruktur *f*, Atomhüllenstruktur *f* ‖ ~/**эпитаксиальная** *(Eln)* Epitaxiestruktur *f (Halbleiter)* ‖ ~/**эпитаксиально-планарная** *(Eln)* Epitaxieplanarstruktur *f (Halbleiter)* ‖ ~/**явнокристаллическая (яснокристаллическая)** *(Geol)* phanerokristalline (makrokristalline) Struktur *f* ‖ ~/**ячеистая** *(Wkst)* Wabengefüge *n*, Wabenstruktur *f*

RC-структура *f*/**распределённая** *(Inf)* verteilte RC-Struktur *f*

структурирование *n* 1. Strukturierung *f*; 2. *(Gum, Kst)* Vernetzen *n*, Vernetzung *f* ‖ ~/**многослойное** *(Eln)* Mehrebenenstrukturierung *f*

структурированный/иерархически hierarchisch strukturiert *(z. B. Programme)*

структурировать 1. strukturieren; 2. *(Gum, Kst)* vernetzen

структурно-неустойчивый strukturinstabil

структурно-символьный *(Inf)* blockorientiert

структурно-устойчивый strukturstabil

структурный strukturell, Struktur...

структурообразование *n* Strukturbildung *f*, Strukturierung *f*, Gefügeausbildung *f*

струна *f* 1. Saite *f (eines Saitengalvanometers)*; 2. *(Nrt)* Kontaktdraht *m*; 3. *(El)* Hängeseil *n*, Hänger *m*, Hängedraht *m (einer Fahrleitung)* ‖ ~/**звеньевая** *(El)* kettenartiger Hängedraht *m*, Drahthänger *m* ‖ ~/**металлическая** Drahtsaite *f*, Stahlsaite *f* ‖ ~/**обвитая** drahtumsponnene Saite *f* ‖ ~ **отвеса** *(Meß)* Lotseil *n* ‖ ~/**подвесная** *(El)* Hängeseil *n*, Hängedraht *m*

струнка *f* Arm *m*, Hebel *m*; Führungsarm *m (Wägetechnik)*

струнобетон *m (Bw)* Stahlsaitenbeton *m*

стручок *m (Eln)* Kunststoffkassette *f*, Magazin *n*, Stangenmagazin *n (für Schaltkreise)*

струя *f (Hydrod)* Strahl *m (Flüssigkeiten, Gase)* ‖ ~/**винтовая** *(Schiff)* Propellerstrahl *m*, Schraubenstrahl *m* ‖ ~ **воздуха** 1. Luftstrahl *m*; 2. *(Bgb)* Wetterstrom *m* ‖ ~ **воздуха/входящая** *(Bgb)* einziehender Wetterstrom *m*, Einziehstrom *m*, einziehende Wetter *pl* ‖ ~ **воздуха/исходящая** *(Bgb)* ausziehende (verbrauchte) Wetter *pl*, Ausziehstrom *m*, ausziehender Wetterstrom *m* ‖ ~ **воздуха/отработанная** *(Bgb)* Abwetter *pl* ‖ ~ **воздуха/свежая** *(Bgb)* Frischwetter *pl*, Frisch[wetter]strom *m*, einziehende Wetter *pl*, Einziehstrom *m* ‖ ~/**воздушная** *s.* ~/воздуха ‖ ~/**волнообразная** wellenförmiger (wellenartiger) Strahl *m* ‖ ~/**вторичная** Sekundärstrahl *m* ‖ ~/**вытекающая** austretender Strahl *m*, Austrittsstrahl *m* ‖ ~/**газовая (газообразная)** Gasstrahl *m*, gasförmiger Strahl *m* ‖ ~ **гидро-**

струя

монитора (Hydt) Spülstrahl m ‖ ~/головная (Aero) Kopfstrahl m, kopfseitiger Strahl m ‖ ~ двигателя [/реактивная] (Flg) Schubstrahl m, Triebwerksstrahl m ‖ ~/движущая Treibstrahl m (Strahlpumpe; Peltonturbine) ‖ ~/кильватерная (Schiff) Kielwasser n ‖ ~/криволинейная свободная (Aero) gekrümmter Freistrahl m ‖ ~ крыла/спутная (Aero) Tragflügelnachlauf m, Tragflügelnachstrom m ‖ ~/металлизационная Spritzstrahl m (Metallspritzgerät) ‖ ~/намывная Spülstrahl m ‖ ~/напорная (Aero) Staustrahl m ‖ ~/направленная gerichteter Strahl m ‖ ~/окрестная спутная (Aero) naher Nachlauf m ‖ ~/отдельная Einzelstrahl m ‖ ~/отклонённая abgelenkter Strahl m ‖ ~/плазменная Plasmastrahl m ‖ ~/подъёмная (Flg) Hubstrahl m ‖ ~/поступающая вентиляционная (Bgb) Einziehstrom m ‖ ~ протуберанца (Aero) Protuberanzenfaden m ‖ ~/рабочая s. ~/движущая ‖ ~/разливочная (Met) Gießstrahl m ‖ ~/реактивная (Flg, Rak) Reaktionsstrahl m, Antriebsstrahl m ‖ ~ реактивного двигателя (Flg, Rak) Triebwerksstrahl m, Jet-Strahl m ‖ ~ реактивного управления Steuerstrahl m ‖ ~/режущая (Schw) Schneidstrahl m (Schneidbrenner) ‖ ~/свободная (Aero) Freistrahl m ‖ ~/сжатая (Aero) eingeschnürter Strahl m ‖ ~/спутная (Aero) 1. Nachlauf m, Nachstrom m, Wirbelschleppe f; 2. Strömungsabfluß m, Abstrom m, abgehender Strom m ‖ ~/частичная вентиляционная (Bgb) Teilwetterstrom m

студенистый gallert[art]ig; gelartig

студень m Gallert n, Gallerte f; Gel n ‖ ~/гремучий Sprenggelatine f

студия f (Rf, TV) Aufnahmeraum m, Studio n, Senderaum m ‖ ~/радиовещательная Rundfunkstudio n, Rundfunkaufnahmeraum m, Rundfunksenderaum m ‖ ~/телевизионная Fernsehstudio n, TV-Studio n

студка f Abstehen[lassen] n (der Glasschmelze)

стук m Klopfen n, Schlagen n, Stoßen ? ‖ ~ двигателя Klopfen n (Verbrennungsmotor) ‖ ~ клапанов Ventilgeräusch n, Ventilklappern n

стул m Stuhl m; Bock m; Sattel m ‖ ~ молота (Schm) Schabotte f ‖ ~ наковальни (Schm) Amboßstock m, Amboßuntersatz m ‖ ~ под наковальней (Schm) Hammerstock m (Amboß) ‖ ~ подшипника (Masch) Lagerbock m; Lagerstuhl m ‖ ~/чеканочный Prägeklotz m ‖ ~/шпиндельный (Wlz) Spindelstuhl m

ступа f s. ступка

ступени fpl измерений (Meß) Übertragungsstufen fpl der Einheit

ступенчатость f Abstufung f, Staffelung f

ступенчатый abgestuft, stufenweise, Stufen...; gestaffelt

ступень f 1. Stufe f, Absatz m (s. a. unter каскад); Staffel f, Grad m; 2. (Bgb) Fahrtsprosse f ‖ ~ автоматизации Automatisierungsgrad m ‖ ~/активная Gleichdruckstufe f (Turbine) ‖ ~/буферная (Rf) Pufferstufe f ‖ ~/видеоусилительная (TV) Videoverstärkerstufe f ‖ ~/входная (Bw) Antrittsstufe f, Antritt m (Treppe) ‖ ~/входная усилительная (Rf) Eingangsverstärkerstufe f ‖ ~ высокого давления Hochdruckstufe f (Turbine; Verdichter) ‖ ~ высокой частоты/усилительная (Rf) Hochfrequenzverstärkerstufe f, HF-Verstärkerstufe f ‖ ~/высокочастотная (Rf) Hochfrequenzstufe f, HF-Stufe f ‖ ~ высоты/барометрическая (Meteo) barometrische Höhenstufe f ‖ ~/выходная (Rf) Ausgangsstufe f, Endstufe f ‖ ~/выходная усилительная Ausgangsverstärkerstufe f ‖ ~/геотермическая (Geoph) geothermische Tiefenstufe f (Tiefenspanne der Erdtemperatur in Metern – im Durchschnitt 30 bis 35 m –, der beim Eindringen in die Erde eine Temperaturzunahme von je 1 °C entspricht) ‖ ~ группового искания (Nrt) Gruppenwahlstufe f, GW-Stufe f ‖ ~ группового преобразования частот (Nrt) Gruppenumsetzerstufe f ‖ ~ давления Druckstufe f (Turbine; Verdichter; Pumpe); (Wlz) Druckstufe f (z. B. bei Staffelwalzen) ‖ ~/двухтактная (Rf) Gegentaktstufe f ‖ ~ деформации (Fert) Umformstufe f ‖ ~/дисковая Scheibenstufe f (Turbine) ‖ ~/забежная (Bw) gewendelte Stufe f, Wendelstufe f, Winkelstufe f ‖ ~ замедления (Bgb) Verzögerungsstufe f (Sprengtechnik) ‖ ~/интегрирующая (El) Integrationsstufe f ‖ ~ искания вызова (Nrt) Anrufsucherstufe f, AS-Stufe f ‖ ~/лестничная (Bw) Treppenstufe f ‖ ~ линейного искания (Nrt) Leitungswahlstufe f, LW-Stufe f ‖ ~/мартенситная (Wkst) Martensitstufe f ‖ ~ мощности Leistungsstufe f ‖ ~ на твёрдом топливе/стартовая (Rak) Feststoffstartstufe f ‖ ~ на транзисторах (El) Transistorstufe f, tansistorbestückte Stufe f ‖ ~/нагнетающая (Flg) Ladestufe f (Triebwerk) ‖ ~ напряжения (El) Spannungsstufe f ‖ ~/неиспользуемая (Nrt) unbesetzter (freier) Höhenschritt m ‖ ~ низкого давления Niederdruckstufe f (Turbine; Verdichter) ‖ ~/низкочастотная (El) Niederfrequenzstufe f, NF-Stufe f ‖ ~/одновеночная einkränzige Stufe f (Turbine) ‖ ~ окисления (Ch) Oxidationsstufe f ‖ ~/откачивающая (Flg) Saugstufe f (Triebwerk) ‖ ~ падения (Hydt) Fallstufe f ‖ ~ памяти (Inf) Speicherstufe f, Speicherkaskade f ‖ ~ передатчика/мощная (TV, Rf) Senderleistungsstufe f ‖ ~ переключения (El) Schaltstufe f ‖ ~/переходная (El) Übergangsstufe f ‖ ~/перлитная (Wkst) Perlitstufe f ‖ ~ подпора (Hydt) Staustufe f ‖ ~/посадочная (Rak) Landestufe f ‖ ~/последняя (Rak) Endstufe f ‖ ~/предыдущая Vorstufe f (Turbine) ‖ ~ предыскания (Nrt) Vorwahlstufe f ‖ ~/промежуточная Zwischenstufe f (Turbine; Verdichter) ‖ ~/пусковая (El) Anlaßstufe f, Anlaufstufe f ‖ ~/реактивная Überdruckstufe f, Reaktionsstufe f (Turbine) ‖ ~ регулирующая Regelstufe f (Turbine) ‖ ~ рельефа [местности] (Geod) Höhenschritt m ‖ ~ реостата (El) Rheostatstufe f ‖ ~/сверхзвуковая (Aero) Überschallstufe f (Turbine) ‖ ~ серого Graustufe f (Bildschirm) ‖ ~ скорости Stufengeschwindigkeit f (Turbine) ‖ ~/стартовая (Rak) Startstufe f ‖ ~ схемы совпадений (Kern) Koinzidenzstufe f ‖ ~/тормозная Bremsstufe f ‖ ~/транзисторная усилительная (El) Transistorverstärkerstufe f ‖ ~ уменьшения Reduktionsstufe f, Verkleinerungsstufe f ‖ ~ умножения частоты (Rf) Frequenzvervielfacherstufe f ‖ ~ усиления (Rf) Verstärkungsstufe f, Verstärkerstufe f ‖ ~ уси-

сублиматор

ления/двухтактная Gegentaktverstärkungsstufe f ‖ ~/усилительная s. ~ усиления ‖
~ ускорения (El) Beschleunigungsstufe f ‖
~/шлюзовая (Hydt) Schleusenstufe f ‖ ~ электрической нагрузки elektrische Laststufe f
ступенька f 1. Stufe f (s. a. unter ступень 1.); 2. Sprosse f (Leiter); 3. Trittstufe f, Trittbrett n, Tritt m; 4. Einsteigeisen n (z. B. in Kabelschächten); 5. Steigerstütze f (an Telegraphenmasten); 6. (Bgb) Fahrtsprosse f; 7. (Krist) Sprung m ‖
~ вакансии (Krist) Leerstellensprung m ‖
~ внедрения (Krist) Zwischengittersprung m ‖
~ скольжения (Krist) Gleitstufe f ‖ ~/стружкоотводящая (Wkz) Spanleitstufe f, Spanleitrille f ‖ ~ эвольвентного профиля (Schiff) evolventenförmig gekrümmte Stufe f (Fallreep)
ступица f (Masch) Nabe f (s. a. unter втулка 2.) ‖
~ барабана Trommelnabe f ‖ ~ блока Rollennabe f ‖ ~ колеса Radnabe f ‖ ~ кривошипа Kurbelnabe f ‖ ~ маховика Schwungradnabe f ‖ ~/разрезная geschlitzte Nabe f ‖ ~/разъёмная geteilte Nabe f
ступка f (Ch) Mörser m, Reibschale f ‖
~/агатовая Achatmörser m ‖ ~/фафоровая Porzellanmörser m
стык m 1. Stoß m, Stoßstelle f, Stoßfläche f; 2. Stoßfuge f; 3. (Inf) Schnittstelle f, S, Interface n, I, Anschlußstelle f, Anschluß m (s. a. unter интерфейс); 4. (Eb) Stoß m, Stoßlücke f (Schiene); 5. (Fert) Koppelstelle f; 6. (Fert) [physische] Schnittstelle f ‖ ~ арматуры (Bw) Bewehrungsstoß m ‖ ~ без накладок (Eb) nicht verlaschter Stoß m, laschenloser Stoß m (Schiene) ‖ ~ в ножовку (Bw) gemesserter Stoß m (Holzverbindung) ‖ ~ в ус (Bw) Gehrstoß m ‖ ~/вертикальный Stoßfuge f; Vertikalstoß m ‖ ~ вкладышей (Masch) Schalenstoßfuge f, Schalenteilfuge f (Lagerschalen) ‖ ~ внахлёстку (Bw) Blattstoß m (Holzverbindung) ‖ ~ впритык (Bw) stumpfer Stoß m ‖ ~ вразбежку (Eb) versetzter Stoß m (Schiene) ‖ ~/горизонтальный (Bw) Lagerfuge f; Horizontalfuge f, Horizontalstoß m ‖ ~/дроссельный (Eb) Drosselstoß m (Schiene) ‖ ~/заделанный (замоноличенный) (Bw) vermörtelte Stoßfuge f ‖ ~/изолирующий 1. (Eb) isolierter Stoß m (Schiene); 2. (El) Isolierstoß m ‖ ~/косой schräger Stoß m (Lötverbindung) ‖ ~ листов (El) Blechstoß m (Transformator) ‖ ~/монтажный Montagestoß m ‖ ~ на весу/рельсовый (Eb) hängender Stoß m (Schiene) ‖ ~ на одиночной шпале/рельсовый (Eb) fester (ruhender) Stoß m (Schiene) ‖
~ на опоре/рельсовый (Eb) ruhender Breitschwellenstoß m (Schiene) ‖ ~ на сдвоенных шпалах/рельсовый (Eb) Breitschwellenstoß m (Schiene) ‖ ~ обода (Masch) Kranzstoß m (Radkranz) ‖ ~/перекрытый (Bw) gedeckter Stoß m ‖ ~/переходный рельсовый (Eb) Übergangsstoß m (Stoßverbindung von Schienen verschiedener Form mittels Übergangslaschen) ‖ ~ подшипника (Masch) Lagerstoßfuge f ‖ ~ поршневого кольца (Masch) Kolbenringstoß m ‖ ~ поршневого кольца/косой schräger Kolbenringstoß m ‖ ~ поршневого кольца/прямой gerader Kolbenringstoß m ‖
~ поршневого кольца/ступенчатый überlappter Kolbenringstoß m ‖ ~ протектора (Gum) Protektorstoß m (Reifen) ‖ ~/расширительный (Bw) Dehnungsstoß m ‖ ~/рельсовый (Eb) Schienenstoß m ‖ ~ с накладками (Bw) verlaschter (gedeckter) Stoß m, Laschenstoß m, Überlaschung f ‖ ~/сварной Schweißfuge f, Schweißverbindung f, geschweißter Stoß m, Schweißstoß m ‖ ~/температурный Temperaturstoß m, Ausdehnungsstoß m, Dehnfuge f ‖
~ трубы Rohrstoß m ‖ ~/электропроводящий [рельсовый] Stromschienenstoß m
стыкование n s. стыковка 1. ‖ ~ ширины колеи (Eb) Spurwechsel m
стыковать fügen, zusammenfügen, aneinanderfügen, auf Stoß verbinden
стыковка f 1. Fügen n, Zusammenfügen n, Aneinanderfügen n, Verbinden n auf Stoß; 2. (Rak) Ankoppeln n, Ankopplung f, Kopplung f; 3. s. стык ‖ ~/оптическая (Eln) optische Kopplung f ‖ ~ смежных проходов (Lw) Anschlußfahren n
стынуть sich abkühlen, auskühlen, erkalten, kaltwerden
стыть s. стынуть
стэк m s. стек
стягивание n Zusammenziehen n, Kontraktion f; Einschnürung f; Querschnittsverminderung f ‖
~ бумаги Schrumpfen n des Papiers
стягивать zusammenziehen, kontrahieren
стяжения npl s. конкреция
стяжка f 1. Zusammenziehen n, Verklammerung f; 2. Spannschloß n, Schloß n, Verschluß m; 3. (Bw) Ausgleichschicht f, Abgleichschicht f; 4. (Eb) Kupplung f; Anhängerkupplung f ‖ ~/винтовая 1. (Eb) Gewindekupplung f, Schraubenkupplung f; 2. (Schiff) Spannschraube f (Hellingmontage) ‖ ~/выравнивающая (Bw) Fußbodenestrich m, Ausgleichschicht f ‖ ~/жёсткая (Eb) starre Kupplung f ‖ ~/канатная Seilspannschloß m ‖ ~ лица (Led) Narbenzug m ‖ ~/цементная (Bw) Zementestrich m ‖ ~/цепная (Schiff) Zurrkette f, Laschkette f (Containerzurrung)
СУ s. система управления
субатомный (Kern) subatomar
субблок m (Inf) Teilblock m, Unterblock m ‖
~/цифровой (Eln) digitaler Einschub m, digitale Logik f
суббуря f (Geol) Substurm m ‖
~/магнитосферная magnetosphärischer Substurm m
субволна f (Opt) Subwelle f, [optische] Oberflächenwelle f
субвулкан m (Geol) Subvulkan m
субвулканический (Geol) subvulkanisch
субгармоника f subharmonische Schwingung f, Subharmonische f; (Ak) Unterton m
субгармонический subharmonisch
субгигант m (Astr) Unterriese m
субдетерминант m (Math) Subdeterminante f, Unterdeterminante f
субдукция f (Geoph) Subduktion f
субинтервал m Teilintervall n
субинтрузия f (Ph) Subintrusion f
субкапилляр m (Ph) Subkapillare f
субкарлик m (Astr) Unterzwerg m
сублимат m Sublimat n
сублиматор m Sublimieranlage f, Sublimator m

сублимационный

сублимационный Sublimier..., Sublimations...
сублимация f s. сублимирование
сублимирование n Sublimieren n, Sublimation f
сублимировать sublimieren
сублинейный sublinear
сублитораль f (Geol) Sublitoral n
субмикроанализ m submikroskopische Analyse f, Submikroanalyse f
субмикрон m (Ph) Submikron n, Ultramikron n
субмикропорошок m (Wkz) Submikroschleifpulver n, Submikroschleifgranulat n
субмикроскопический submikroskopisch, untermikroskopisch
субполярный subpolar
субрефракция f (Opt) Subrefraktion f, Infrabrechung f
суброзия f (Geol) Subrosion f
субсателлит m (Raumf) 1. Subsatellit m (Satellit eines Satelliten); 2. von einem Raumflugkörper gestarteter Satellit m
субсистема f s. подсистема
субстантивный substantiv, direktziehend (Farbstoffe)
субстрат m 1. (Eln) Substrat n (Halbleiter); 2. (Photo) Substratschicht f, Schichtträger m
субстратосфера f s. тропопауза
субструктура f 1. (Ph) Unterstruktur f, Substruktur f; 2. (Krist) Mosaikstruktur f; 3. (Math) Teilverband m
субцентр m (Photo) Subkeim m, Subzentrum m, sublatentes Zentrum n
субъядерный (Kern) subnuklear
СУВП s. самолёт с укороченными взлётом и посадкой
суглинистый (Geol) lehmig, tonig
суглинок m (Geol) Lehm, Lehmboden m ‖ ~/**аллювиальный** Alluviallehm m, Auelehm m ‖ ~/**валунный** Geschiebelehm m ‖ ~/**лёгкий** leichter Lehmboden m ‖ ~/**лессовидный** Lößlehm m ‖ ~/**пойменный** s. ~/аллювиальный ‖ ~/**пылеватый** Schlufflehm m ‖ ~/**речной** s. ~/аллювиальный ‖ ~/**тяжёлый** schwerer Lehmboden m ‖ ~/**флювиогляциальный** fluvioglazialer Lehm m ‖ ~/**эоловый** äolischer Lehm m
сугроб m Schneewehe f
судно n Schiff n, Wasserfahrzeug n • **вдоль судна** längsschiffs • **внутри судна** binnenbords, innenbords • **поперёк судна** querschiffs ‖ ~/**аварийно-спасательное** Rettungs- und Bergungsschiff n ‖ ~ **амфибийного типа** Amphibienschiff n ‖ ~ **арктического плавания** s. ~/**арктическое** ‖ ~/**арктическое** Polarschiff n, Arktikschiff n ‖ ~/**атомное** Atomschiff n ‖ ~ **без движения (хода)** Schiff n ohne Fahrt ‖ ~ **береговой охраны** Küstenschutzschiff n ‖ ~/**беспалубное** offenes Schiff n ‖ ~/**буксирное** Schleppschiff n, Schlepper m ‖ ~/**буровое** Bohrschiff n ‖ ~/**быстроходное** schnelles Schiff n ‖ ~/**быстроходное водоизмещающее** schnelles Verdrängungsschiff n ‖ ~/**быстроходное грузовое** Schnellfrachtschiff n ‖ ~/**быстроходное парусное** Schnellsegler m ‖ ~/**винтовое** Schraubenschiff n, Propellerschiff n, Schiff n mit Propellerantrieb ‖ ~ **внутреннего плавания** Binnenschiff n ‖ ~ **внутреннего плавания/пассажирское** Binnenfahrgastschiff n ‖ ~ **водоизмещающего типа** Verdrängungsschiff n ‖ ~/**водоизмещающее** Verdrängungsschiff n ‖ ~/**водолазное** Taucherschiff n ‖ ~/**водомётное** Schiff n mit Wasserstrahlantrieb, Hydrojetschiff n ‖ ~/**водоналивное** Wasserversorgungsschiff n ‖ ~/**воздушное** Luftfahrzeug n (leichter als Luft), Luftschiff n ‖ ~ **вспомогательного назначения** Hilfsschiff n ‖ ~/**вспомогательное** Hilfsschiff n ‖ ~/**вспомогательное рыболовное** Fischereihilfsschiff n ‖ ~/**высокобортное** hochbordiges Schiff n ‖ ~/**газотурбинное** Gasturbinenschiff n ‖ ~/**гидрографическое** Vermessungsschiff n, Seevermessungsschiff n ‖ ~/**гладкопалубное** Glattdeckschiff n ‖ ~/**глиссирующее** Gleitschiff n ‖ ~/**головное** Nullschiff n, Erstschiff n einer Serie ‖ ~/**госпитальное** Hospitalschiff n, Lazarettschiff n ‖ ~/**гражданское** Schiff n der zivilen Flotte ‖ ~/**грузовое** Frachtschiff n, Frachter m ‖ ~/**грузопассажирское** Fracht- und Passagier-Schiff n, Fracht- und Fahrgast-Schiff n ‖ ~ **дальнего плавания** Schiff n für große Fahrt ‖ ~/**двухвальное** Zweiwellenschiff n ‖ ~/**двухвинтовое** Doppelschraubenschiff n ‖ ~/**двухкорпусное** Doppelraumschiff n, Katamaran m ‖ ~/**двухмачтовое** Zweimastschiff n, Zweimaster m ‖ ~/**двухпалубное** Zweideckschiff n ‖ ~/**двухтрюмное** Schiff n mit zwei Laderäumen ‖ ~/**деревянное** Holzschiff n ‖ ~/**дизель-газотурбинное** Diesel-Gasturbinenschiff n ‖ ~/**дизель-электрическое** Diesel-Elektroschiff n ‖ ~ **для генеральных грузов** s. ~ **для перевозки генеральных грузов** ‖ ~ **для исследования окружающей среды** Umweltschutzforschungsschiff n ‖ ~ **для массовых (навалочных) грузов** s. ~ **для перевозки массовых (навалочных) грузов** ‖ ~ **для перевозки генеральных грузов** Stückgutfrachtschiff n, Stückgutfrachter m ‖ ~ **для перевозки живой рыбы** Lebendfischtransporter m ‖ ~ **для перевозки массовых (навалочных) грузов** Massengutfrachter m, Schüttgutfrachter m, Schüttgutschiff n, Massengutschiff n, Bulkcarrier m ‖ ~ **для перевозки тяжеловесных грузов** Schwergutschiff n ‖ ~ **дноуглубительного флота** Baggerschiff n, Schwimmbagger m ‖ ~/**дноуглубительное** Baggerschiff n, Schwimmbagger m ‖ ~/**добывающее** Fangschiff n ‖ ~/**добывающее и обрабатывающее** Fang- und Verarbeitungsschiff n ‖ ~/**добывающе-морозильное** Fang- und Gefrierschiff n ‖ ~/**добывающе-перерабатывающее** Fang- und Verarbeitungsschiff n ‖ ~/**дозорное** Patrouillenschiff n ‖ ~/**железнодорожное паромное** Eisenbahnfährschiff n ‖ ~/**железобетонное** Stahlbetonschiff n ‖ ~ **заграничного плавания** Schiff n im Auslandsdienst, Schiff n für Auslandsfahrt ‖ ~ **загранплавания** s. ~ **заграничного плавания** ‖ ~/**зверобойное (зверобойно-рыболовное)** Robbenfänger m, Robbenfangschiff n ‖ ~/**землечерпательное** Eimerschwimmbagger m ‖ ~/**инспекционное** Inspektionsschiff n, Aufsichtsschiff n ‖ ~/**кабелепрокладочное (кабельное)** Kabelleger m, Kabel[leger]schiff n ‖ ~/**каботажное** Küstenschiff n ‖ ~/**квартердечное** Quarterdeckschiff n ‖ ~/**килекторное** Hebeschiff n ‖ ~/**китобойное** Walfangschiff n,

Walfänger m ‖ ~/**китообрабатывающее** Walverarbeitungsschiff n ‖ ~/**колёсное** Schaufelradschiff n ‖ ~/**колодезное** Welldeckschiff n, Welldecker m ‖ ~/**композитное** Kompositschiff n *(Schiff in Kompositbauweise)* ‖ ~/**конвойное** Geleitschiff n ‖ ~/**контейнерное** Containerschiff n ‖ ~/**контрабандитское** Schmugglerschiff n ‖ ~/**контрейлерное** Container- und Trailerschiff n ‖ ~/**краболовное** Krabbenfänger m, Krabben[fang]boot n ‖ ~/**крабообрабатывающее** Krabbenverarbeitungsschiff n ‖ ~/**крановое** Kranschiff m, Hebeschiff n ‖ ~/**креветколовное** Garnelenfänger m, Garnelenfangschiff n ‖ ~/**круглоскуловое** Schiff n mit runder Kimm ‖ ~/**круизное** Kreuzfahrgastschiff n ‖ ~/**крупнотоннажное** Großschiff n, Superschiff n ‖ ~ **ледового плавания** Schiff n für Eisfahrt ‖ ~/**ледокольное** Eisbrecherschiff n ‖ ~/**ледокольно-транспортное** eisbrechendes Transportschiff n ‖ ~/**лесовозное** Holzfrachtschiff n, Holzfrachter m ‖ ~ **линейного плавания** im Liniendienst eingesetztes Schiff n, Linienschiff n ‖ ~/**линейное** s. ~ линейного плавания ‖ ~/**ловецкое** s. ~/рыболовное ‖ ~/**лоцманское** Lotsenschiff n ‖ ~/**лоцмейстерское** Seezeichenkontrollschiff n, Seezeichenleger m, Tonnenleger m ‖ ~ **малого каботажа** Schiff n für kleine Küstenfahrt ‖ ~/**малотоннажное** kleines Schiff n ‖ ~/**мелкосидящее** flachgehendes Schiff n ‖ ~/**метеорологическое** Wetterbeobachtungsschiff n ‖ ~/**многовинтовое** Mehrschraubenschiff n ‖ ~/**многокорпусное** Mehrrumpfschiff n ‖ ~/**многопалубное** Mehrdecksschiff n ‖ ~/**многоцелевое** Mehrzweckschiff n ‖ ~/**многоцелевое грузовое** Mehrzweckfrachtschiff n ‖ ~/**мореходное** seegehendes (seetüchtiges) Schiff n ‖ ~/**морозильное** Gefrierschiff n ‖ ~/**морское** Seeschiff n, Hochseeschiff n ‖ ~/**морское буксирное** Hochseeschleppschiff n, Hochseeschlepper m ‖ ~/**морское торговое** Hochseehandelsschiff n ‖ ~/**моторно-парусное** Motorsegler m ‖ ~ **на воздушной подушке** Luftkissenschiff n, Hovercraft n ‖ ~ **на воздушной подушке амфибийного типа** Amphibien-Luftkissenschiff f ‖ ~ **на воздушной подушке/грузовое** Luftkissenfrachtschiff n ‖ ~ **на воздушной подушке скегового типа** Seitenwand-Luftkissenschiff n, Luftkissenschiff n mit festen Seitenwänden ‖ ~ **на подводных крыльях** Tragflächenschiff n, Tragflügelschiff n ‖ ~ **на подводных крыльях/пассажирское** Tragflächenfahrgastschiff n ‖ ~/**надводное** Überwasserschiff n ‖ ~/**накатное** s. ~ с горизонтальной грузообработкой ‖ ~/**наливное** Tankschiff n, Tanker m ‖ ~/**наплавное** Dockschiff n für ein- und ausschwimmbare Ladung ‖ ~/**натурное** naturgroßes Schiff n, Großausführung f *(Gegensatz zum Schiffsmodell)* ‖ ~/**научно-исследовательское** Forschungsschiff n ‖ ~/**научно-промысловое** Fischereiforschungsschiff n ‖ ~/**немагнитное** unmagnetisches Schiff n ‖ ~/**немореходное** seeuntüchtiges Schiff n ‖ ~ **неограниченного района плавания** Schiff n mit unbegrenztem Fahrtbereich ‖ ~/**непотопляемое** unsinkbares Schiff n ‖ ~/**несамоходное** Schiff n ohne Eigenantrieb ‖ ~ **несерийной постройки** in Einzel-

fertigung gebautes Schiff n ‖ ~/**нефтеналивное** Öltanker m ‖ ~/**низкобортное** niederbordiges Schiff n ‖ ~ **обеспечения** Versorgungsschiff n ‖ ~/**обрабатывающее** Verarbeitungsschiff n, Fabrikschiff n ‖ ~/**обстановочное** Bojenleger m; Bojenwartungsschiff n ‖ ~ **ограниченного района плавания** Schiff n mit begrenztem Fahrtbereich ‖ ~/**одновальное** Einwellenschiff n ‖ ~/**одновинтовое** Einschraubenschiff n ‖ ~/**однокорпусное** Einrumpfschiff n ‖ ~/**одномачтовое** Einmastschiff n, Einmaster m ‖ ~/**однопалубное** Eindeckschiff n, Eindecker m ‖ ~/**однотипное** Schwesterschiff n ‖ ~/**однотрюмное** Schiff n mit einem Laderaum n ‖ ~/**опытное** Versuchsschiff n ‖ ~/**острокильное** scharfbordiges Schiff n ‖ ~/**паровое** Dampfschiff n, Dampfer m ‖ ~/**паротурбинное** Dampfturbinenschiff n ‖ ~/**парусное** Segelschiff n, Segler m ‖ ~/**парусно-моторное** Motorsegler m ‖ ~/**пассажирское** Fahrgastschiff n, Passagierschiff n ‖ ~/**переоборудованное** umgerüstetes Schiff n ‖ ~/**перерабатывающее** Verarbeitungsschiff n ‖ ~/**пиратское** Piratenschiff n ‖ ~/**плоскодонное** flachbodiges Schiff n ‖ ~/**подводное** Unterwasserschiff n, Unterseeschiff n ‖ ~/**подводное грузовое** Unterwasserfrachtschiff n, Fracht-U-Boot n ‖ ~/**пожарное** Feuerlöschschiff n ‖ ~/**поисковое** Suchschiff n ‖ ~/**поисково-спасательное** Such- und Rettungsschiff n, Seenotrettungsschiff n ‖ ~/**полнопалубное** Volldeckschiff n, Volldecker m ‖ ~/**полуконтейнерное** Semi-Containerschiff n ‖ ~/**полупогружное** halbgetauchtes Schiff n ‖ ~/**портовое** Hafenschiff n ‖ ~ **прибрежного плавания** Küstenschiff n, Schiff n für den Küstenverkehr ‖ ~ **прибрежного плавания/пассажирское** Küstenfahrgastschiff n ‖ ~/**приёмно-транспортное** Übernahme- und Transportschiff n ‖ ~/**производственное морозильное** Gefrier- und Verarbeitungsschiff n ‖ ~/**промысловое** Fangschiff n ‖ ~/**промысловое научно-исследовательское** Fischereiforschungsschiff n ‖ ~/**противопожарное** Feuerlöschschiff n ‖ ~/**реактивное** s. ~/водомётное ‖ ~/**рейдовое** Reedeschiff n ‖ ~/**ремонтное** Reparaturschiff n ‖ ~/**рефрижераторное и морозильное** Kühl- und Gefrierschiff n ‖ ~/**рыбодобывающее** Fischfangschiff n ‖ ~/**рыбодобывающе-обрабатывающее** Fischfang- und Verarbeitungsschiff n ‖ ~/**рыбоконсервное** Fischkonservenschiff n ‖ ~/**рыболовецкое** s. ~/рыболовное ‖ ~/**рыболовное** Fischereischiff n, Fischfangschiff n, Fangschiff n ‖ ~/**рыболовно-обрабатывающее** Fang- und Verarbeitungsschiff n ‖ ~/**рыболовно-поисковое** Fischerei- und Fischortungsschiff n ‖ ~/**рыбомучное** Fischmehlschiff n ‖ ~/**рыбообрабатывающее** Fischverarbeitungsschiff n ‖ ~/**рыбоохранное** Fischereiaufsichtsschiff n ‖ ~/**рыбопоисковое** Fischortungsschiff n ‖ ~/**рыбопромысловое** Fischereischiff n, Fangschiff n ‖ ~ **с боковыми колёсами** Seitenradschiff n ‖ ~ **с вертикальной грузообработкой (погрузкой)** Lift-on/Lift-off-Schiff n, Lift-in/Lift-out-Schiff n *(Schiff für vertikalen Ladungsumschlag)* ‖ ~ **с горизонтальной грузообработкой** Ro-Ro-Schiff n,

судно

Roll-on/Roll-off-Schiff *n (Schiff für horizontalen Ladungsumschlag)* ‖ **~ с горизонтальной и вертикальной грузообработкой** Lo-Ro-Schiff *n*, Ro-Lo-Schiff *n (Schiff für horizontalen und vertikalen Ladungsumschlag)* ‖ **~ с горизонтальной погрузкой** *s*. **~ с горизонтальной грузообработкой** ‖ **~ с двойными бортами** Zweihüllenschiff *n* ‖ **~ с динамическим принципом поддержания** Schiff *n* mit dynamischem Auftrieb ‖ **~ с дифферентом на корму** Schiff *n* mit achterlastigem (hecklastigem) Trimm ‖ **~ с дифферентом на нос** Schiff *n* mit kopflastigem (buglastigem) Trimm ‖ **~ с малой площадью ватерлинии** Schiff *n* mit kleiner Wasserlinienfläche *(z. B. Mehrrumpfschiff)* ‖ **~ с полными обводами** völliges Schiff *n*, Selbsttrimmer *m* ‖ **~/саморазгружающееся** selbstentladendes (selbstlöschendes) Schiff *n*, Selbstentlader *m* ‖ **~/самоходное** Schiff *n* mit Eigenantrieb ‖ **~/серийное** Serienschiff *n* ‖ **~ серийной постройки** Serienschiff *n* ‖ **~ смешанного плавания** kombiniertes See- und Binnenschiff *m* ‖ **~ снабжения** Versorgungsschiff *n* ‖ **~ со смешанной грузообработкой** *s*. **~ с горизонтальной и вертикальной грузообработкой** ‖ **~/составное** aus Sektionen bestehendes Schiff *n* ‖ **~/спардечное** Spardeckschiff *n*, Spardecker *m* ‖ **~/спасательное** 1. Seenotfahrzeug *n*, Seenotschiff *n*; 2. Bergungsfahrzeug *n*, Bergungsschiff *n* ‖ **~ специального назначения** Spezialschiff *n* ‖ **~/спортивное** Sportschiff *n*, Wassersportfahrzeug *n* ‖ **~/среднескоростное** mittelschnelles Schiff *n* ‖ **~/стальное** Stahlschiff *n* ‖ **~/стеклопластиковое** Schiff *n* aus glasfaserverstärktem Kunststoff ‖ **~/судоподъёмное** Hebeschiff *n* ‖ **~/сухогрузное** Trockenfrachtschiff *n*, Trockenfrachter *m* ‖ **~/таможенное** Zollschiff *n* ‖ **~ технического флота** Schiff *n* der technischen Flotte ‖ **~ типа «река-море»** kombiniertes See- und Binnenschiff *n* ‖ **~ типа «ро-ро»** *s*. **~ с горизонтальной грузообработкой** ‖ **~ типа «рофлоу»** Ro-Flow-Schiff *n* ‖ **~/типовое** Standardschiff *n* ‖ **~/тихоходное** langsames Schiff *n* ‖ **~/торговое** Handelsschiff *n* ‖ **~/трамповое** Trampschiff *n* ‖ **~/транзитное** Transitschiff *n* ‖ **~/транспортное** Transportschiff *n* ‖ **~/транспортно-обрабатывающее** Transport- und Verarbeitungsschiff *n* ‖ **~/трейлерное** Trailerschiff *n* ‖ **~/трёхволновое** Dreiwellenschiff *n* ‖ **~/трёхвинтовое** Dreischraubenschiff *n* ‖ **~/трёхостровное** Dreiinselschiff *n* ‖ **~/трёхпалубное** Dreideckschiff *n* ‖ **~/трёхтрюмное** Schiff *n* mit drei Laderäumen ‖ **~/трубоукладочное** Rohrlegeschiff *n*, Rohrleger *m* ‖ **~/тунцеловное** Thunfischfänger *m*, Thunfischfangschiff *n* ‖ **~/турбинное** Turbinenschiff *n* ‖ **~/турбоэлектрическое** turboelektrisches Schiff *n*, Turboelektroschiff *n* ‖ **~/универсальное грузовое** Mehrzweckfrachtschiff *n* ‖ **~/учебное** Schulschiff *n* ‖ **~/учебно-производственное** Schul- und Fabrikschiff *n* ‖ **~/учебно-рыбопромысловое** Fischereischulschiff *n* ‖ **~/фидерное** Zubringerschiff *n* ‖ **~/шельтердечное** Schutzdecker *n*, Schutzdeckschiff *n*, Shelterdecker *m* ‖ **~/экспедиционное** Expeditionsschiff *n* ‖ **~/ярусное** Langleinenfischereischiff *n*

судно-база *n* Mutterschiff *n*, Basisschiff *n*
судно-газовоз *n* Flüssiggastanker *m*
судно-кабелепрокладчик *n* Kabelleger *m*, Kabel[leger]schiff *n*
судно-ловец *n* Fangschiff *n*, Zubringerschiff *n*
судно-макет *n* Schiffsattrappe *f*
судно-мишень *n* Zielschiff *n*
судно-паром *n* Fährschiff *n*, Fähre *f*
судно-снабженец *n* Versorgungsschiff *n*
судно-трубоукладчик *n* Rohrlegeschiff *n*, Rohrleger *m*
судоводительский *(Schiff)* Schiffsführungs..., Schiffsführer...
судовождение *n* Schiffsführung *f*
судовой Schiff[s]...
судоподъём *m* 1. Heben *n* eines Schiffes; 2. Bergung *f (gesunkener Schiffe)*
судоподъёмник *m* Schiffshebewerk *n* ‖ **~/барабанный** Trommelhebewerk *n* für Schiffe ‖ **~/вертикальный** Hebe- und Absenkanlage *f*, Absenk- und Hebeanlage *f* ‖ **~/гидравлический** *s*. **~/плунжерный** ‖ **~/двухкамерный** Doppelkammerschiffshebewerk *n* ‖ **~ для перевозки в воде (камере)** Schiffshebewerk *n* für Naßförderung (Trogförderung) ‖ **~ для перевозки насухо** Schiffshebewerk *n* für Trockenförderung ‖ **~/механический** Gegengewichtshebewerk *n* ‖ **~/наклонный** Schiffsschrägaufzug *m*, Schrägaufzughebewerk *n* ‖ **~/плунжерный** Preßkolben- und Schiffshebewerk *n*, hydraulisches Schiffshebewerk *n* ‖ **~/поплавковый** Schwimmer-Schiffshebewerk *n* ‖ **~ с гидравлическим подъёмником** hydraulisches Schiffshebewerk *n* ‖ **~ с противовесами** Gegengewichtshebewerk *n*
судоремонт *m* Schiffreparatur *f*
судоремонтный Schiffsreparatur...
судостроение *n* Schiffbau *m* ‖ **~/гражданское** Zivilschiffbau *m* ‖ **~/деревянное** Holzschiffbau *m* ‖ **~/мелкое** Kleinschiffbau *m*, Bootsbau *m* ‖ **~/морское** Hochseeschiffbau *m* ‖ **~/рыбопромысловое** Fischereifahrzeugbau *m* ‖ **~/спортивное** Sportbootsbau *m* ‖ **~/стальное** Stahlschiffbau *m* ‖ **~/торговое** Handelsschiffbau *m*
судостроительный Schiffbau..., schiffbaulich
судоходность *f* Schiffbarkeit *f (von Wasserwegen)*
судоходный schiffbar
судоходство *n* Schiffahrt *f*, Seefahrt *f* ‖ **~/грузовое** Frachtschiffahrt *f* ‖ **~/канальное** Kanalschiffahrt *f* ‖ **~/линейное** Linienschiffahrt *f* ‖ **~/международное** internationale Schiffahrt *f* ‖ **~/мировое** Weltschiffahrt *f* ‖ **~/морское** Seeschiffahrt *f*, Hochseeschiffahrt *f* ‖ **~/национальное** nationale Schiffahrt *f* ‖ **~/пассажирское** Fahrgastschiffahrt *f* ‖ **~/портовое** Hafenschiffahrt *f* ‖ **~/речное** Flußschiffahrt *f* ‖ **~/танкерное** Tankschiffahrt *f* ‖ **~/торговое** Handelsschiffahrt *f*
сужать einengen; einschnüren
сужение *n* 1. Einengung *f*; Einschnürung *f*, Zusammenziehung *f*, Kontraktion *f (s. a. ~ поперечного сечения)*; 2. Verjüngung *f (z. B. des Düsenquerschnitts)* ‖ **~/истинное** *(Fest)* bezogene Einschnürung *f* ‖ **~ колеи** *(Eb)* Spurverengung *f* ‖ **~/местное** *(Fest)* örtliche Einschnürung *f* ‖ **~ области значений** *(Math)* Einschränkung *f* des Bildbereichs ‖ **~/остаточное относи-**

тельное *(Fest)* Brucheinschnürung *f* ‖ **~/относительное** *(Fest)* Einschnürung *f* ‖ **~/полное** *(Fest)* Gesamteinschnürung *f* ‖ **~ полосы частот** *(Rf)* Frequenzbandverschmälerung *f* ‖ **~ поперечного сечения** Querschnittsverengung *f*, Querschnittsverminderung *f*, Querschnittsschwächung *f*, Querschnittsabnahme *f* ‖ **~/поперечное** *(Mech)* Querkontraktion *f*, Querverkürzung *f* ‖ **~ после разрыва [/относительное]** *s*. **~ при разрыве** ‖ **~ при разрыве** *(Fest)* Einschnürung *f*, Brucheinschnürung *f* ‖ **~ пути** *(Kern)* Bahneinengung *f*, Bahnkontraktion *f* ‖ **~/равномерное** *(Fest)* Gleichmaßeinschnürung *f* ‖ **~ сопла** *(Rak)* Düseneinschnürung *f* ‖ **~ струи** Strahlkontraktion *f*, Strahleinschnürung *f*
суженный eingeengt, verengt; verjüngt
СУЗ *s*. система управления и защиты
сузить *s*. сужать
сук *m (Forst)* Ast *m*, Knorren *m*
сукно *n* 1. *(Text)* Tuch *n*; 2. *(Pap)* Filz *m (Papiermaschine)* ‖ **~/бесконечное** *(Pap)* endloser Filz *m* ‖ **~/валичное** *(Text)* Walzentuch *n* ‖ **~/верхнее** *(Pap)* Oberfilz *m*, Obertuch *n*, oberer Abnahmefilz *m* ‖ **~/грубое** *(Text)* grobes Tuch *n* ‖ **~/маркировочное (маркирующее)** *(Pap)* Markierfilz *m* ‖ **~/мокрое** *(Pap)* Naßfilz *m* ‖ **~/мокрое прессовое** Naßpreßfilz *m* ‖ **~/нижнее** *(Pap)* Unterfilz *m*, unterer Abnahmefilz *m* ‖ **~/обезвоживающее** *(Pap)* Entwässerungsfilz *m* ‖ **~/очистительное** *(Text)* Putztuch *n*, Putzschlauch *m (Spinnerei; Streckwerk)* ‖ **~/сушильное** *(Pap)* Trockenfilz *m* ‖ **~/съёмное** *(Pap)* Abnahmefilz *m* ‖ **~/тонкое** *(Text)* Feintuch *n*
сукновалка *f (Text)* Walkmaschine *f*, Tuchwalke *f*
сукно-кастор *n (Text)* Kastor *m*, Coating *m*, Flaus *m*, Fries *m*
сукномойка *f (Pap)* Filzwäsche *f*, Filzwascheinrichtung *f*
сукносушитель *m (Pap)* Filztrockner *m*, Filztrockenzylinder *m*
сукрутина *f (Text)* Kringel *n*
сукцинат *m (Ch)* Succinat *n*
сулема *f (Ch)* Sublimat *n*, Quecksilber(II)-clorid *n*
сулой *m (Ch)* Kabbelung *f*, Kabbelsee *f (Meereskunde)*
сульфат *m (Ch)* [normales] Sulfat *n* ‖ **~/кислый** saures Sulfat *n*, Hydrogensulfat *n*
сульфатация *f s*. сульфатирование
сульфатирование *n (Ch)* Sulfatierung *f*
сульфатировать *(Ch)* sulfatieren
сульфат-нитрат *m* **аммония** *(Ch)* Ammoniumnitratsulfat *n*, Ammonsulfatsalpeter *m*, Montansalpeter *m*
сульфатостойкий sulfatbeständig
сульфгидрат *m (Ch)* Hydrogensulfid *n*
сульфид *m (Ch)* [normales] Sulfid *n* ‖ **~/двойной** Doppelsulfid *n* ‖ **~/кислый** Hydrogensulfid *n* ‖ **~ углерода** Kohlen[stoff]monosulfid *n*; Kohlen[stoff]disulfid *n*, Schwefelkohlenstoff *m*
сульфидирование *n (Ch)* Sulfidierung *f*
сульфит *m (Ch)* [normales] Sulfit *n* ‖ **~/кислый** saures Sulfit *n*, Hydrogensulfit *n*
сульфитатор *m (Lebm)* Schwefelungsapparat *m*
сульфитация *f (Lebm)* Schwefeln *n* ‖ **~ жидкого сока** Dünnsaftschwefelung *f* ‖ **~/мокрая** Naßschwefeln *n* ‖ **~/сухая** Trockenschwefeln *n*

сумматор

сульфитирование *n s*. сульфитация
сульфитировать *(Lebm)* schwefeln
сульфитцеллюлоза *f (Pap)* Sulfitzellstoff *m*
сульфогруппа *f (Ch)* Sulfogruppe *f*
сульфокислота *f (Ch)* Sulfonsäure *f*
сульфонамид *m (Ch)* Sulfonamid *n*
сульфонат *m (Ch)* Sulfonat *n*
сульфоокисление *n (Ch)* Sulfoxidation *f*
сульфоокись *f (Ch)* Sulfoxid *n*
сульфуризация *f (Met)* Schwefelung *f*, Aufschwefelung *f*
сульфхлорирование *n (Ch)* Sulfochlorierung *f*
сумерки *pl (Astr)* Dämmerung *f* ‖ **~/астрономические** astronomische Dämmerung *f* ‖ **~/вечерние** Abenddämmerung *f* ‖ **~/гражданские** bürgerliche Dämmerung *f* ‖ **~/навигационные** nautische Dämmerung *f* ‖ **~/утренние** Morgendämmerung *f*
сумма *f* Summe *f*, Betrag *m* ‖ **~ атомных весов** *(Kern)* Summe *f* der relativen Atommassen ‖ **~ Зейделя** *(Opt)* Seidelsche Summe *f*, Seidelscher Flächenteilkoeffizient *m (Abbildungsfehler)* ‖ **~/итоговая** Endsumme *f* ‖ **~/контрольная** Kontrollsumme *f* ‖ **~ осадков** *(Meteo)* Niederschlagssumme *f* ‖ **~ по времени** Zeitsumme *f* ‖ **~ по состояниям** *(Therm)* [Plancksche] Zustandssumme *f* ‖ **~ по столбцу/контрольная** Quersumme *f* ‖ **~/поперечная [контрольная]** Quersumme *f* ‖ **~ радиации** *(Meteo)* Strahlungssumme *f* ‖ **~/статистическая** *(Therm)* [Plancksche] Zustandssumme *f* ‖ **~ температур** *(Meteo)* Temperatursumme *f* ‖ **~ тепла** *(Meteo)* Wärmesumme *f* ‖ **~/хроматическая** Farbfehlersumme *f* ‖ **~/частичная** *(Math, Ph)* Partialsumme *f*, Teilsumme *f*
суммарный summarisch, Summen..., Gesamt...; *(Fert)* kombiniert *(z. B. bei Toleranzen, Abweichungen)*
сумматор *m* Adder *m*, Addierer *m*, Addierwerk *n*; Summator *m*, Summiergerät *n*, Summiereinrichtung *f* ‖ **~ адресов** Adressenaddierer *m* ‖ **~/алгебраический** algebraischer Adder *m*, algebraische Addiereinrichtung *f* ‖ **~/аналоговый** analoger Addierer *m* ‖ **~/асинхронный цифровой** asynchroner Digitaladdierer *m* ‖ **~/двоично-пятеричный** biquinärer Addierer *m* ‖ **~/двоичный** binärer Addierer *m* ‖ **~/десятичный** dezimaler Addierer *m* ‖ **~/комбинационный** Kombinationsaddierglied *n*, gewöhnlicher (nichtspeichernder) Addierer *m* ‖ **~/коммутационный** Kommutationssummator *m* ‖ **~/многоразрядный** mehrstelliges Addierwerk *n* ‖ **~ моментов** Momentensummator *m* ‖ **~ мощности** Leistungssummator *m* ‖ **~/накапливающий** speicherndes Addierwerk *n*, Speicheraddierwerk *n* ‖ **~/одноразрядный** einstelliges Addierwerk *n* ‖ **~ параллельного действия** Paralleladdierer *m* ‖ **~ параллельно-последовательного действия** Parallel-Serien-Addierer *m* ‖ **~/параллельный** Paralleladdierer *m* ‖ **~/полный** Volladdierer *m* ‖ **~ последовательного действия** Serienaddierer *m* ‖ **~ потока** hydraulisches Stromvereinigungsventil *n* ‖ **~/троичный** Ternäraddierer *m* ‖ **~/функциональный** *s*. **~/комбинационный** ‖ **~/цифровой** Digitaladdierer *m* ‖ **~/цифровой синхронный** synchroner Digitaladdierer *m* ‖ **~/эле-**

сумматор

ментарный elementarer Addierer *m*, Halbaddierer *m*
суммирование *n (Math, Inf)* Summieren *n*, Summierung *f*, Summation *f* ‖ ~/**контрольное** Kontrollsummierung *f* ‖ ~ **моментов** Momentensummierung *f* ‖ ~ **напряжений** Spannungssummierung *f*
суммировать summieren, zusammenfassen
суммируемость *f (Math, Inf)* Summierbarkeit *f*
суммирующе-интегрирующий summierend-integrierend
супераддитивность *f (Photo)* Superadditivität *f*
суперакцептор *m (Kern)* Superakzeptor *m*
супераэродинамика *f* Superaerodynamik *f*
супервизор *m (Inf)* Supervisor *m*, SV, Supervisorprogramm *n*, Aufsichtsprogramm *n*, Kontrollprogramm *n*, Überwachungsprogramm *n* ‖ ~ **ввода-вывода** Eingabe-Ausgabe-Unterbrechungssupervisor *m* ‖ ~ **основной памяти** Hauptspeicherüberwachungsprogramm *n*
супергетеродин *m (Rf)* Zwischenfrequenzempfänger *m*, Überlagerungsempfänger *m*, Superhet[erodyn]empfänger *m*, Super[het] *m* ‖ ~/**малогабаритный** Klein[st]super *m* ‖ ~/**однодиапазонный** Einbereichsuper *m*, Einwellensuper *m* ‖ ~ **с двойным преобразованием частоты** Doppelsuper *m*, Überlagerungsempfänger (Super) *m* mit doppelter Transponierung (Mischung)
супердонор *m (Kern)* Superdonator *m*
супердуралюмин *m (Met)* Superduralumin *n*, Duralumin *n* erhöhter Festigkeit
супериконоскоп *m (TV)* Superikonoskop *n*, Image-Ikonoskop *n*
суперкавитация *f (Hydr)* Superkavitation *f*, Vollkavitation *f*
суперкалaндр *m (Pap)* Superkalander *m*, Hochleistungs[rollen]kalander *m*
суперлайнер *m* Superliner *m*, Superlinienschiff *n*
суперлюминесценция *f (Opt)* verstärkte spontane Emission *f*, Superfluoreszenz *f (Laser)*
супермини-ЭВМ *f* Superminicomputer *m*
супермультиплет *m (Kern)* Supermultiplett *n*
суперобложка *f (Typ)* Schutzumschlag *m*
суперортикон *m (TV)* Superorthikon *n*, Image-Orthikon *n*
суперпарамагнетизм *m* Superparamagnetismus *m*
суперпозиция *f (Ph)* Superposition *f*, [additive] Überlagerung *f* ‖ ~/**когерентная** kohärente Superposition (Überlagerung) *f* ‖ ~/**некогерентная** inkohärente Superposition (Überlagerung) *f* ‖ ~ **состояния** Zustandsüberlagerung *f (Quantenmechanik)*
суперпотенциал *m (Ph)* Superpotential *n*, Überpotential *n*
суперпрограмма *f (Inf)* Superprogramm *n*
суперрегенератор *m (Rf)* Pendel[rückkopplungs]empfänger *m*, Pendelfrequenzempfänger *m*, Superregenerativempfänger *m*
суперрегенерация *f (Rf)* Pendelrückkopplung *f*, Überrückkopplung *f*
суперрефракция *f (Opt)* Superrefraktion *f*, Superbrechung *f*, Suprarefraktion *f*
суперсенсибилизация *f* Übersensibilisierung *f*
суперсимметрия *f (Ph)* Supersymmetrie *f*
супертанкер *m (Schiff)* Supertanker *m*, Großtanker *m*

966

супертраулер *m (Schiff)* Supertrawler *m*, Großtrawler *m*
суперфиниш *m s.* суперфиниширование
суперфиниширование *n (Fert)* Kurzhubhonen *n*, Kurzhubziehschleifen *n* ‖ ~/**бесцентровое** spitzenloses Kurzhubhonen *n*
суперфинишировать *(Fert)* kurzhubhonen, kurzhubziehschleifen
суперфосфат *m (Ch)* Superphosphat *n* ‖ ~/**аммонизированный** Ammoniaksuperphosphat *n* ‖ ~/**двойной** Doppelsuperphosphat *n*
суперцентрифуга *f* Superzentrifuge *f*
супер-ЭВМ *f* Großrechner *m*
супесь *f (Geol)* lehmiger Feinsand *m*
суппорт *m (Wkzm)* Support *m*, Werkzeugschlitten *m* ‖ ~/**верхний** Obersupport *m*, oberer Support *m* ‖ ~/**задний** Hintersupport *m*, hinterer Support *m* ‖ ~/**инструментальный** Werkzeugsupport *m* ‖ ~/**копировальный** Nachformsupport *m* ‖ ~/**крестовый** Kreuzsupport *m* ‖ ~/**левый** Linkssupport *m*, linker Support *m* ‖ ~/**многорезаковый** Mehrbrennersupport *m (Brennschneidmaschine)* ‖ ~/**многорезцовый** Mehrmeißelsupport *m* ‖ ~/**нижний** Untersupport *m*, unterer Support *m* ‖ ~/**однорезаковый** Einbrennersupport *m (Brennschneidmaschine)* ‖ ~/**однорезцовый** Einmeißelsupport *m* ‖ ~/**основной** Grundsupport *m* ‖ ~/**передний** Vordersupport *m*, vorderer Support *m* ‖ ~/**поворотный** Schwenksupport *m*, schwenkbarer Support *m* ‖ ~/**поперечный** Quersupport *m* ‖ ~/**правый** Rechtssupport *m*, rechter Support *m* ‖ ~/**продольный** Längssupport *m* ‖ ~/**радиальный** Radialsupport *m* ‖ ~/**резаковый** Brennersupport *m (Brennschneidmaschine)* ‖ ~/**резцовый** Meißelsupport *m* ‖ ~/**сверлильный** Bohrsupport *m* ‖ ~/**сновальный** *(Text)* Schärsupport *m (Weberei; Schärmaschine)* ‖ ~/**строгальный** Hobelsupport *m* ‖ ~/**токарный** Drehsupport *m* ‖ ~/**шлифовальный** Schleifsupport *m*
супралитораль *f (Geol)* Eulitoral *n*, Supralitoral *n*
сурдина *f (Ak)* Sordine *f*, Dämpfer *m*, Schalldämpfer *m*
сурдинка *f s.* сурдина
сурдобарокамера *f (Raumf)* schallisolierte Unterdruckkammer *f*; Raumsimulationskammer *f*
сурдокамера *f (Ak)* schallisolierte Kammer *f*, schalldichter Raum *m*
суржа *f (Lw)* Menggetreide *n*, Mengkorn *n*, Getreidegemenge *n*
суржик *m s.* суржа
сурик *m (Min)* Mennige *f*, Minium *n (sekundäres Bleimineral)* ‖ ~/**железный** Eisenmennige *f (tonhaltiges Eisenoxidrot)* ‖ ~/**свинцовый** Mennige *f*, Bleimennige, Minium *n*
суровый *(Text)* roh, ungebleicht
суровьё *(Text)* Rohware *f (Gewebe)*
суррогат *m* Surrogat *n*, Ersatzstoff *m*, Austauschstoff *m*
сурьма *f (Ch)* Antimon *n*, Sb
сурьмянистокислый *(Ch)* ...antimonit *n*, ...antimonat(III) *n*; antimonigsauer
сурьмянистый *(Ch)* ...antimonid *n*; antimonhaltig
сурьмянокислый *(Ch)* ...antimonat *n*; antimonsauer
сурьмяный *(Ch)* Antimon...

сусаль *m* Musivgold *n*, Muschelgld *n*
сусло *n* 1. *(Brau)* Würze *f*, Bierwürze *f*; 2. Most *m*; 3. Maische *f* II **~/аэрированное** belüftete Würze *f* II **~/виноградное** Traubenmost *m* II **~/горячее** heiße Würze *f*, Heißwürze *f* II **~/исходное** Anstellwürze *f* II **~/конгрессное (лабораторное)** Kongreßwürze *f* II **~/мутное** Trübwürze *f* II **~/начальное** Anstellwürze *f* II **~/основное** Stammwürze *f* II **~/охмелённое** gehopfte Würze *f* II **~/первое** Vorderwürze *f* II **~/пивное** Bierwürze *f*, Würze *f* II **~ полного набора котла** Pfannevollwürze *f* II **~/последнее** Nachgußwürze *f* II **~/солодовое** Malzwürze *f*
суслон *m (Lw)* Hocke *f*, Stiege *f*, Zeile *f*; Puppe *f*
суслопровод *m (Brau)* Würzeleitung *f*
суспендирование *n (Ch)* Suspendieren *n*, Aufschemmen *n*, Aufschlämmen *n*
суспендировать *(Ch)* suspendieren, aufschwemmen, aufschlämmen
суспензия *f (Ch)* Suspension *f*, Aufschwemmung *f*, Aufschlämmung *f* II **~/абразивная** *(Glas)* Schleifmittelsuspension *f* II **~/волокнистая** *(Pap)* Faserstoffsuspension *f* II **~/глиняная** *(Gieß)* Tonaufschlämmung *f* II **~/тяжёлая** Schwer[e]trübe *f*, schwere Trübe *f*
сусцептанц *m* 1. *(El)* Blindleitwert *m*, Suszeptanz *f*; 2. akustischer Blindleitwert *m*
сутки *pl (Astr)* Tag *m (24 Stunden)* II **~/звёздные** Sterntag *m* II **~/истинные солнечные** wahrer Sonnentag *m* II **~/лунные** Mondtag *m* II **~/солнечные** Sonnentag *m* II **~/средние звёздные** mittlerer Sterntag *m* II **~/средние солнечные** mittlerer Sonnentag *m*
сутунка *f (Wlz)* Platine *f*, Flachknüppel *m*
сутура *f (Geol)* Satur[linie] *f*, Lobenlinie *f (Paläontologie)*
суть *f* решения *(Kyb)* Entscheidungsinhalt *m*, Entscheidungsgehalt *m*
суфле *n (Eb)* Faltenbalg *m*, Wagenübergang *m*
суфлёр *m s.* сапун
суффозия *f (Geol)* Suffosion *f*
сухарик *m s.* сухарь 1.
сухарь *m* 1. *(Masch)* Gleitstein *m*, Druckstein *m*; Gleitbacke *f (z. B. der Freilaufkupplung)*; Klotz *m*; 2. *(Fert)* Paßstück *n*, Paßteil *n*; 3. *(Wkzm)* Mitnehmerstein *m (Frässpindel)* II **~ клапана** Ventilkegelstück *n* II **~/нажимный** *(Masch)* Druckbuzen *m* II **~/пазовый** *(Masch)* Nutenstein *m* II **~/упорный** *(Masch)* Anschlagstein *m*
сухобокость *f (Forst)* Seitendürre *f*
суховей *m (Meteo)* Suchowej *(heißer Trockenwind)*
суховершинность *f (Forst)* Gipfeldürre *f*, Wipfeldürre *f*, Zopftrocknis *f*, Dürrsucht *f*
сухогруз *m (Schiff)* Trockenfrachter *m*
сухой 1. trocken; 2. arid, regenarm *(Klima)*
сухопарник *m* Dampftrockner *m*, Dampfdom *m*, Dom *m*
сухопутный Land...
сухосоление *n (Led)* Trockensalzen *n (Konservierung)*
сухостой *m (Forst)* Dürrholz *n*, Totholz *n*, Trockenholz *n*
сухость *f* 1. *(Pap)* Trockengehalt *m*; 2. *(Meteo)* Aridität *f*, Trockenheit *f*
сухоустойчивость *f* Trockenstabilität *f*

сучение *n* 1. Verdrehen *n*, Verwinden *n (Drähte)*; 2. *(Text)* Nitscheln *n (Streichgarnspinnerei)*
сучить 1. verdrehen, verwinden *(Drähte)*; 2. *(Text)* nitscheln
сучковатость *f (Forst)* Ästigkeit *f*, Astknoten *mpl*
сучковатый *(Forst)* ästig, knorrig, gefladert
сучколовитель *m (Pap)* Astfänger *m*
сучкоотделитель *m (Pap)* Astfänger *m*
сучкорезка *f (Forst)* Entästungsmaschine *f*
сучняк *m (Forst)* Astholz *n*
сучок *m (Forst)* Ast *m*
сушение *n s.* сушка
сушилка *f* Trockner *m*, Trocknungsanlage *f*; Trokkenraum *m*, Trockenkammer *f*, Trockenboden *m*, Darre *f (s. a. unter* сушило*)* II **~/атмосферная** atmosphärischer *(bei atmosphärischem* Druck arbeitender) Trockner *m* II **~/атмосферная контактная** Kontakttrockner *m* mit atmosphärischem Druck *(russischer Oberbegriff für Walzen- und Zylindertrockner)* II **~/аэрофонтанная** Schwebetrockner *m* II **~/барабанная** Trommeltrockner *m*, Zylindertrockner *m* II **~/вакуумная** Vakuumtrockner *m* II **~/воздушная** Lufttrockner *m* II **~/вращающаяся** Drehtrommeltrockner *m* II **~/высокочастотная** Hochfrequenztrockner *m* II **~/гребковая** Schaufeltrockner *m* II **~/двухвальцовая** Doppelwalzentrockner *m* II **~/двухъярусная** Zweihordentrockner *f* II **~/дымовая** Rauchdarre *f* II **~/индукционная** Hochfrequenztrockner *m* II **~/камерная** Trokkenkammer *f*, Kammertrockner *m*, Kammertrockenofen *m* II **~/камерная воздушно-циркуляционная** Umlufttrockenkammer *f*, Umlufttrockenschrank *m* II **~/канальная** Kanaltrockner *m*, Tunneltrockner *m* II **~/кольцевая полочная** Ringetagentrockner *m*, Durchlauftrockenofen *m*, Fließbandtrockner *m* II **~/конвективная** Konvektionstrockner *m* II **~/конденсационная** Kondensationstrockner *m* II **~/контактная** Kontakttrockner *m* II **~/коридорная** Tunneltrockner *m*, Trockentunnel *m* II **~/ленточная** Bandtrockner *m* II **~/ленточная многоярусная** Mehrbandtrockner *m* II **~/многоярусная** Mehrhordendarre *f; (Pap)* Etagentrockner *m* II **~ на дымовых газах** Rauchgastrockner *m*, Feuergastrockner *m* II **~ на перегретом паре** Heißdampftrockner *m* II **~ непрерывного действия** Durchlauftrockner *m*, Durchlauftrockenofen *m* II **~/одновальцовая** Einwalzentrockner *m* II **~/однократная** Trockner *m* mit einmaliger Ausnutzung des Trockenmittels II **~/одноступенчатая каналовая** einstufiger Kanaltrockner *m* II **~/одноярусная горизонтальная** Einhorden-Horizontaldarre *f* II **~/паровая трубчатая** Dampfröhrentrockner *m* II **~/периодическая** периодического действия periodisch arbeitender Trockner *m* II **~/петлевая** Hänge[band]trockner *m*, Laufbandtrockner *m* II **~/погружная вальцовая** Tauchwalzentrockner *m* II **~/подовая** Herdtrockner *m* II **~/противотока** Gegenstromtrockner *m* II **~/противоточная** Gegenstromtrockner *m* II **~/проходная** Durchgangstrockner *m*, Durchlauftrockner *m*; Durchlauftrockenofen *m* II **~ прямого тока** Gleichstromtrockner *m* II **~/прямоточная** Gleichstromtrock-

сушилка

ner *m* ‖ ~/**радиационная** Strahlungstrockner *m* ‖ ~/**распылительная** Zerstäubungstrockner *m*, Sprühtrockner *m* ‖ ~/**распылительная вальцовая** Sprühwalzentrockner *m*, Walzensprühtrockner *m* ‖ ~/**реверсивная** Umkehrstromtrockner *m* ‖ ~/**роликовая** Rollentrockner *m* ‖ ~ **с воздухообменом** Trockner *m* mit Luftwechsel ‖ ~ **с естественной циркуляцией** Trockner *m* mit natürlicher Luftströmung (Belüftung) ‖ ~ **с кипящим слоем** Fließbetttrockner *m*, Wirbelschichttrockner *m* ‖ ~ **с мешалкой** Rührwerkstrockner *m* ‖ ~ **с параллельным током** Parallelstromtrockner *m* ‖ ~ **с паровым обогревом** dampferwärmter (dampfbeheizter) Trockner *m* ‖ ~ **с перекрёстным (поперечным) током** Querstromtrockner *m* ‖ ~ **с принудительной циркуляцией** Trockner *m* mit erzwungener (künstlicher) Luftströmung ‖ ~ **с противотоком** Gegenstromtrockner *m* ‖ ~ **с прямотоком** Gleichstromtrockner *m* ‖ ~ **с псевдоожиженным слоем** Fließbetttrockner *m*, Wirbelschichttrockner *m* ‖ ~ **с сетчатой лентой** Siebbandtrockner *m* ‖ ~ **с сетчатым барабаном** Siebtrommeltrockner *m* ‖ ~ **с электонагревом** elektrisch erwärmter (beheizter) Trockner *n* ‖ ~/**сетчатая** Siebtrockner *m* ‖ ~/**сопловая** Düsentrockner *m* ‖ ~/**сублимационная** Gefriertrocknungsanlage *f*, Gefriertrockner *m*, Sublimationstrockner *m* ‖ ~/**тарельчатая** Tellertrockner *m* ‖ ~/**трубчатая** Röhrentrockner *m* ‖ ~/**туннельная** Tunneltrockner *m*, Kanaltrockner *m*, Trockentunnel *m* ‖ ~/**туннельная вагонеточная** Tunneltrockner *m* mit durchlaufenden Hordenwagen, Tunnelröhrentrockner *m* ‖ ~/**фестонная** *s.* ~/петлевая ‖ ~/**цилиндрическая** Zylindertrockner *m* ‖ ~/**шахтная** Schacht[durchlauf]trockner *m*, Schachttrockenofen *m*, Trockenschacht *m*

сушило *n* Trockenraum *m*, Trockenkammer *f*, Trockner *m* (*s. a. unter* сушилка) ‖ ~/**башенное** Turmtrockner *m* ‖ ~/**вертикальное** Schachttrockner *m* ‖ ~/**вертикальное конвейерное** Turmtrockner *m* ‖ ~/**горизонтальное** Trommeltrockner *m*, Trommeltrockenofen *m* ‖ ~/**инфракрасное** Infrarottrockner *m*, Infrarottrockenofen *m* ‖ ~/**стержневое** Kerntrockner *m*, Kerntrockenofen *m*, Kerntrockenkammer *f*

сушить 1. trocknen; 2. darren, rösten (*Malz*); 3. dörren (*Obst*) ‖ ~/**предварительно** vortrocknen

сушка *f* 1. Trocknen *n*, Trocknung *f*; 2. Darren *n* (*von Malz*); 3. Dörren *n* (*von Obst*) ‖ ~/**быстрая** Schnelltrocknung *f* ‖ ~ **в кипящем слое** Fließbetttrocknung *f*, Wirbelbetttrocknung *f* ‖ ~/**вакуумная** Vakuumtrocknung *f* ‖ ~/**вентиляционная** Belüftungstrocknung *f* ‖ ~ **внаклейку** Klebetrocknung *f*, Pasting-Trocknung *f* ‖ ~ **возгонкой** *s.* ~ сублимацией ‖ ~/**воздухом** *s.* ~/воздушная ‖ ~/**воздушная** Lufttrocknung *f*, Trocknen *n* an der Luft ‖ ~/**воздушно-конвективная** Luftkonvektionstrocknung *f* ‖ ~/**вымораживанием** Gefriertrocknung *f* ‖ ~/**выпариванием** Verdampfungstrocknung *f* ‖ ~/**высокочастотная** Hochfrequenztrocknung *f* ‖ ~ **газовым пламенем** (*Typ*) Gasflammtrocknung *f* (*Druckfarbe*) ‖ ~ **горячим воздухом** Heißlufttrocknung *f* ‖ ~/**дополнительная** Nachtrocknung *f* ‖ ~ **дымовыми газами** Feuergastrocknung *f* ‖ ~/**естественная** natürliche Trocknung *f*, Freilufttrocknung *f* ‖ ~ **ИК-лучами** Infrarottrocknung *f* ‖ ~/**индукционная** *s.* ~/высокочастотная ‖ ~ **инфракрасными лучами** Infrarottrocknung *f* ‖ ~/**искусственная** künstliche (technische) Trocknung *f* ‖ ~ **испарением** Verdunstungstrocknung *f* ‖ ~/**конвективная (конвекционная)** Konvektionstrocknung *f* ‖ ~ **конденсацией** Kondensationstrocknung *f* ‖ ~/**контактная** Kontakttrocknung *f* ‖ ~/**микроволновая** Mikrowellentrocknung *f* ‖ ~ **на высокий блеск** Hochglanztrocknung *f* ‖ ~ **перегретым паром** Heißdampftrocknung *f* ‖ ~/**печная** Ofentrocknung *f* ‖ ~ **под вакуумом** Vakuumtrocknung *f* ‖ ~ **помолом** Mahltrocknung *f* ‖ ~/**предварительная** Vortrocknung *f* ‖ ~/**противоточная** Gegenstromtrocknung *f* ‖ ~/**радиационная** Strahlungstrocknung *f* ‖ ~ **разложением воды** Trocknung *f* durch Wasserzersetzung ‖ ~/**распылительная** Zerstäubungstrocknung *f*, Sprühtrocknung *f* ‖ ~/**сопловая** Trocknen *n* mit Düsentrocknern, Düsentrocknung *f* ‖ ~ **сорбцией** Sorptionstrocknung *f* ‖ ~ **сублимацией** Gefriertrocknung *f*, Sublimationstrocknung *f* ‖ ~/**сублимационная** *s.* ~ сублимацией ‖ ~/**терморадиационная** *s.* ~/радиационная ‖ ~ **топочными газами** Heizgastrocknung *f* ‖ ~ **ультрафиолетовыми лучами** Ultraviolettrocknung *f* ‖ ~/**ускоренная** Schnelltrocknung *f* ‖ ~ **УФ-лучами** Ultraviolettrocknung *f* ‖ ~/**фестонная** Hängetrocknung *f* ‖ ~/**циркуляционная** Umlufttrocknung *f*

сфазировать *s.* фазировать

сфалерит *m* (*Min*) Sphalerit *m*, Zinkblende *f*, Schalenblende *f*

сфен *m* (*Min*) Sphen *m*, Titanit *m*

сфеноид *m* (*Krist*) Sphenoid *n*

сфера *f* 1. Sphäre *f*, Bereich *m*, Zone *f*, Gebiet *n*; 2. (*Math*) Kugel *f*, Kugel[ober]fläche *f* ‖ ~ **ближней точки** (*Math*) Nahpunktskugel *f* ‖ ~ **Дайсона** (*Astr*) Dysonsphere *f* (entwickelter Zivilisationen, hypothetisch) ‖ ~ **дальней точки** (*Math*) Fernpunktskugel *f* ‖ ~ **действия [небесного тела]** (*Astr*) Wirkungssphäre *f*, Wirkungsfeld *n* (eines Himmelskörpers) ‖ ~ **действия тяготения [небесного тела]** (*Astr*) Gravitationsbereich *m* (eines Himmelskörpers) ‖ ~ **диссипации** *s.* ~ рассеяния ‖ ~ **захвата** (*Math*) Einfangkugel *f* ‖ ~/**небесная** (*Astr*) Himmelskugel *f*, Himmelssphäre *f*, Sphäre *f* ‖ ~ **отражения** *s.* ~ Эвальда ‖ ~ **полюсов** (*Geoph*) Polkugel *f* ‖ ~ **рассеяния** (*Geoph*) Exosphäre *f*, äußere Atmosphäre *f*, Dissipationssphäre *f* ‖ ~/**следящая** (*Schiff*) Hüllenkugel *f* (*Kreiselkompaß*) ‖ ~/**соприкасающаяся** (*Math*) Schmiegkugel *f*, Oskulationskugel *f* ‖ ~/**топоцентрическая небесная** (*Astr*) topozentrische Himmelskugel *f* ‖ ~ **Эвальда** (*Krist*) Ewaldsche Ausbreitungskugel *f* (*Röntgenographie*)

сферики *pl* (*Rf*) atmosphärisches Rauschen *n*, Spherics *pl*

сфериты *mpl* (*Geol*) Sphärite *mpl*, Sphärolithe *mpl*

сферический sphärisch, kugelartig; (*Fert*) ballig, tonnenförmig

сферичность f Kugelgestalt f, Kugelform f
сфероид m s. ~ **вращения** ‖ ~ **вращения** (Math) Rotationsellipsoid n, Drehellipsoid n, Sphäroid n
сфероидизация f (Met) 1. Sphäroidisierung f; 2. s. отжиг/сфероидизирующий ‖ ~ **пор** Porenabrundung f (Pulvermetallurgie)
сферокобальтит m (Min) Sphärokobaltit m, Kobaltspat m
сферoколлоид m (Ch) Sphärokolloid n
сферокристалл m (Geol) Sphärokristall m
сферолит m (Geol) Sphärolith m
сферометр m (Меß) Sphärometer n
сферометрия f (Меß) Sphärometrie f
сферосидерит m (Geol) Sphärosiderit m, Toneisenstein m
сферосидериты mpl (Min) Sphärosiderite mpl (Mineralkonkretionen)
сформовать s. формовать 2.
СХ s. характеристика/статическая
схват m (Masch) [mechanischer] Greifer m
схватиться s. схватываться
схватка f (Bw) 1. Zange f, Greifer m, Anschlagmittel n; 2. Gurtholz n; 3. Zangenbalken m; 4. Riegel m
схватывание n Abbinden n, Erstarren n (Beton, Mörtel, Formstoffe, keramische Massen) ‖ ~**краски** Farbhaftung f ‖ ~**ложное** falsches Abbinden (Beton) ‖ ~ **при трении** Verschweißen n (beim Reibprozeß; Tribologie) ‖ ~ **смеси** (Gum) Anvulkanisation f, Fixation f
схватываться (Bw) abbinden, erstarren (Beton, Mörtel)
схема f 1. Schema n, Skizze f, Plan m; 2. Anordnung f; 3. (El) Schaltung f, Schaltschema n, Schaltbild n, Schaltplan m, Schaltungsanordnung f; 3. (El) Schaltkreis m; 4. (El) Netzwerk n; 5. (Flg) Verfahren n ‖ ~ **алгоритма** (Inf) Programmablaufplan m, PAP ‖ ~ **алгоритма/логическая** logischer Programmablaufplan m ‖ ~ **альфа-распада** (Kern) Alpha-Zerfallsschema n ‖ ~**аналоговая** Analogschaltung f ‖ ~**анодного детектора** Anodengleichrichterschaltung f ‖ ~**антидребезговая** Entprell-Flipflop-Schaltung f ‖ ~ **антисовпадений** (Kern) Antikoinzidenzschaltung f (Zählrohr, Ionisationskammer) ‖ ~ **базирования** (Fert) Anordnung f der Auflagepunkte ‖ ~**базовая** Grundschaltung f ‖ ~**балансная** Balanceschaltung f ‖ ~**безопасная** Sicherheitsschaltung f ‖ ~ **бета-распада** (Kern) Beta-Zerfallsschema n ‖ ~**бинарная пересчётная** s. ~**/двоичная пересчётная** ‖ ~**биполярная** 1. Bipolarschaltung f, bipolare Schaltung f; 2. Bipolarschaltkreis m, bipolarer Schaltkreis m ‖ ~**бистабильная** bistabile Schaltung f, Flip-Flop-Schaltung f, Triggerschaltung f ‖ ~ **блока сравнения** (Reg) Vergleicherschaltung f ‖ ~**блокировки** Halteschaltung f, Sperrschaltung f, Verriegelungsschaltung f ‖ ~**блокировочная** s. ~ блокировки ‖ ~**блочная** Blockschaltung f; Blockschaltbild n ‖ ~**большая гибридная интегральная** Hybrid-LSI-Schaltkreis m ‖ ~**большая интегральная** großintegrierter (hochintegrierter) Schaltkreis m, LSI-Schaltkreis m ‖ ~**бортовая промысловая** Seitenfangsystem n (Schleppnetzfischerei) ‖ ~ **ввода** (El) Eingabeschaltung f ‖ ~**вентильная** Torschaltung f, Gatter n ‖ ~ **вентиляции** (Bgb) Wetternetz n, Wetterstammbaum m, Wetterriß m ‖ ~**/вентиляционная** s. ~ вентиляции ‖ ~ **верхних частот** Hochpaßschaltung f ‖ ~ **взрывания** Zündschema n (Sprengtechnik) ‖ ~ **включения** Einschaltschema n, Schaltschema n ‖ ~ **возбуждения** Erregerschaltung f ‖ ~ **волочения** (Met) Ziehfolge f (Ziehen von Stangen, Rohren und Profilen) ‖ ~ **времени** Zeitschaltung f, Zeitglied n ‖ ~ **вскрытия** (Bgb) Aufschlußfigur f (Tagebau); Aufschlußplan m (Tiefbau) ‖ ~**/вспомогательная** Hilfsschaltung f ‖ ~**/встречно-параллельная** Antiparallelschaltung f, Gegenparallelschaltung f ‖ ~**/встроенная функциональная** integrierte Funktionsschaltung f ‖ ~**/входная** Eingangsschaltung f ‖ ~ **выборки** Abtastschaltung f ‖ ~ **выборки и хранения** n. Sample-and-Hold-Schaltung f, Sample-and-Hold-Schaltkreis m ‖ ~ **выдержки** Verzögerungsschaltung f, Verzögerungsglied n ‖ ~ **выдержки времени** Zeitschaltung f, Zeitglied n ‖ ~**/вызывная** Anrufschaltung f ‖ ~ **вылета** Abflugverfahren n ‖ ~ **вылета/стандартная** Standardabflugroute f ‖ ~ **выполнения программ** Programmablaufplan m, PAP ‖ ~**/выпрямительная** Gleichrichterschaltung f ‖ ~**/высоковольтная интегральная** Hochvoltbauelementschaltkreis m, HVIC ‖ ~ **высокой степени интеграции** s. ~**/большая интегральная** ‖ ~**/высокочастотная** Hochfrequenzschaltung f, HF-Schaltung f ‖ ~**/выходная** Ausgangsschaltung f ‖ ~ **вычислений** s. ~**/вычислительная** ‖ ~**/вычислительная** 1. Rechenschema n; 2. Rechenschaltung f ‖ ~ **вычитания** Subtraktionsschaltung f ‖ ~ **гашения** Löschschaltung f ‖ ~ **генератор-двигатель** s. ~ Леонарда ‖ ~ **гетеродинирования** Überlagerungsschaltung f ‖ ~**/гибкая печатная** flexible gedrückte Schaltung f ‖ ~**/гибридная** 1. Hybridschaltung f; 2. Hybridschaltkreis m ‖ ~**/гибридная интегральная** 1. hybridintegrierte Schaltung f; 2. Hybridschaltkreis m, Hybrid-IC m ‖ ~**/гигантская интегральная** hochintegrierte Großschaltung f, GSI ‖ ~ **Греца** Graetz-Gleichrichterschaltung f ‖ ~**/двоичная пересчётная** (Kern) Zweihuntersetzer m, binärer Untersetzer m (Dosimeter) ‖ ~**/двойная мостовая** Doppelbrückenschaltung f ‖ ~**/двойная триггерная** Doppeltriggerschaltung f ‖ ~ **двуручного включения** Zweihandschaltung f ‖ ~**/двухполюсная** Zweipolschaltung f ‖ ~**/двухпродуктовая** Zweiproduktschema n, Zweiproduktverfahren n (Zuckergewinnung) ‖ ~**/двухтактная** Gegentaktschaltung f, Push-Pull-Schaltung f ‖ ~**/двухтраловая промысловая** (Schiff) Wechselnetzfangtechnik f (Schleppnetzfischerei) ‖ ~**/дегазации** (Bgb) Entgasungsschema n ‖ ~**/декадная пересчётная** (Kern) Zehnfachuntersetzer m, dekadischer Untersetzer m, Dekadenuntersetzer m (Dosimeter) ‖ ~ **декодирования** Dekodier[ungs]schaltung f ‖ ~ **деления** Divisionsschaltung f, Dividierschaltung f ‖ ~ **демпфирования** Dampfungsschaltung f ‖ ~**/детекторная** Detektorschaltung f, Demodulationsschaltung f ‖ ~ **деформации** (Fert) Verformungsschema n ‖ ~**/дизъюнкции** Disjunktionsschaltung f, ODER-Schaltung f ‖ ~**/диодная** Diodenschaltung f

схема

~/**диодно-транзисторная логическая** Dioden-Transistor-Logikschaltung f, DTL-Schaltung f ‖ ~/**диплексная** Diplexschaltung f ‖ ~/**дискретная** diskrete Schaltung f ‖ ~/**дифференциальная** Differentialschaltung f, Vergleichsschaltung f ‖ ~/**дифференцирующая** Differenzierschaltung f ‖ ~/**дополнительная** Zusatzschaltung f ‖ ~/**древовидная** verästelte Schaltung f ‖ ~/**дроссельная** Drosselschaltung f ‖ ~/**дуальная** Dualschaltung f, duale Schaltung f ‖ ~ «**Дубль**»/**промысловая** (Schiff) Wechselnetzfangtechnik f (Schleppnetzfischerei) ‖ ~/**дуплексная телеграфная** Fernschreib-Duplexschaltung f, Gegenschreibschaltung f ‖ ~/**дуплексная телефонная** Fernsprech-Duplexschaltung f, Gegensprechschaltung f ‖ ~/**ёмкостная** kapazitative Schaltung f ‖ ~/**жёсткая** permanente (fest verdrahtete) Schaltung f ‖ ~ **задержки** Verzögerungsschaltung f, Verzögerungsglied n ‖ ~ **зажигания** Zündschaltung f ‖ ~/**заказная** Kunden[wunsch]schaltkreis m ‖ ~ **замедления** (Bgb) Zündverzögerungsfolge f (Sprengtechnik) ‖ ~ **замещения** s. ~/**эквивалентная** ‖ ~/**запоминающая** (Inf) Speicherschaltung f ‖ ~/**запретительная** Verhinderungsschaltung f ‖ ~ **запрещения** s. ~/**запретительная** ‖ ~ **захода на посадку** Anflugverfahren n ‖ ~ **захода на посадку/стандартная** Standardanflugroute f ‖ ~ **защиты** Schutzschaltung f ‖ ~ **защиты от помех** Störschutzschaltung f, Entstörschaltung f ‖ ~ **звезда-звезда с выведенным нулём** Stern-Stern-Mittelpunktschaltung f ‖ ~ **звезда-звезда/трёхфазная мостовая** Stern-Stern-Brückenschaltung f ‖ ~ **звезда-зигзаг с выведенным нулём** Stern-Zickzack-Mittelpunktschaltung f ‖ ~ **звезды** Sternschaltung f, T-Schaltung f ‖ ~ **И** UND-Schaltung f, Konjunktionsschaltung f ‖ ~/**избирательная** Auswahlschaltung f ‖ ~ **измерения** 1. Meßanordnung f; 2. Meßschaltung f ‖ ~/**измерительная** s. ~ **измерения** ‖ ~ **И-ИЛИ** UND-ODER-Schaltung f ‖ ~ **И²Л/логическая** I²L-Schaltung f ‖ ~ **ИЛИ** ODER-Schaltung f, Disjunktionsschaltung f ‖ ~ **ИЛИ-И-ИЛИ** ODER-UND-ODER-Schaltung f ‖ ~ **ИЛИ-НЕ** ODER-NICHT-Schaltung f, NOR-Schaltung f ‖ ~/**импульсная счётная** Impulszählschaltung f ‖ ~/**инверсионная** (Bgb) Umkehrschema n (Tagebaubewetterung) ‖ ~/**инверсная** Inversionsschaltung f, Umkehrschaltung f ‖ ~ **И-НЕ** UND-NICHT-Schaltung f ‖ ~/**интегральная** integrierte Schaltung f, integrierter Schaltkreis m, IS, IC ‖ ~/**интегрирующая** integrierende Schaltung f ‖ ~/**искусственная** Kunstschaltung f ‖ ~/**испытаемая** zu prüfender Schaltkreis m ‖ ~/**испытательная** Prüfschaltung f ‖ ~/**исходная** Ausgangsschaltung f ‖ ~/**каскадная** Kaskadenschaltung f, Stufenschaltung f ‖ ~/**каскодная** Kaskodeschaltung f ‖ ~/**кольцевая пересчётная** (Kern) Ringzählschaltung f, Untersetzer m in Ringschaltung f (Dosimeter) ‖ ~/**комбинаторная** kombinatorische Schaltung f ‖ ~/**коммутационная (коммутирующая)** Kommutierungsschaltung f ‖ ~/**компенсационная (компенсирующая)** Kompensationsschaltung f ‖ ~/**комплементарная** 1. komplementäre Schaltung f; 2. komplementärer Schaltkreis m ‖ ~/**конденсаторная** Kondensatorschaltung f ‖ ~/**конструктивная** Konstruktionsschema n ‖ ~ **контроля** Kontrollschaltung f, Überwachungsschaltung f ‖ ~/**кормовая промысловая** Heckfangsystem n (Schleppnetzfischerei) ‖ ~ **коррекции** 1. Korrekturschaltung f; 2. Korrekturschaltkreis m ‖ ~ **коррекции искажений** Schaltung f zur Fehlerkorrektur ‖ ~ **Леонарда** [Ward-]Leonard-Schaltung f ‖ ~/**лестничная** Kettenschaltung f ‖ ~/**логическая** 1. logische Schaltung f, Logikschaltung f; 2. Logikschaltkreis m ‖ ~/**логическая полупроводниковая** 1. logische Halbleiterschaltung f; 2. logischer Halbleiterschaltkreis m ‖ ~/**локальная поверочная** betriebliches Prüfschema n ‖ ~ **максимальной степени интеграции** höchstintegrierter Schaltkreis m ‖ ~/**малая интегральная** Kleinintegrationsschaltkreis m, SSI-Schaltkreis m ‖ ~/**матричная** 1. Matrixschaltung f; 2. Matrixschaltkreis m ‖ ~ **механизма/кинематическая** (Masch) Getriebeplan m ‖ ~/**микроминиатюрная** Mikrominiaturschaltung f, Mikroschaltung f ‖ ~/**микромодульная** Mikromodulschaltung f ‖ ~/**микропроцессорная** Mikroprozessorschaltkreis m, CPU ‖ ~/**микроэлектронная** 1. Mikroelektronikschaltung f; 2. Mikro[elektronik]schaltkreis m ‖ ~/**микроэлектронная полупроводниковая** mikroelektronischer Halbleiterschaltkreis m ‖ ~/**мнемоническая** Übersichtsschaltbild n, mnemonisches Schaltbild n ‖ ~/**мнемоническая световая** Übersichtsleucht[schalt]bild n ‖ ~/**многократная** Vielfachschaltung f ‖ ~/**многопредельная** Mehrbereichsschaltung f ‖ ~/**многофазная** Mehrphasenschaltung f ‖ ~/**многоэлементная** Mehrelementschaltung f ‖ ~/**многоэтажная** Mehrebenenschaltung f, 3D-Schaltung f ‖ ~/**множительная** Multiplikationsschaltung f ‖ ~/**молекторная** 1. Festkörperschaltung f; 2. Festkörperschaltkreis m ‖ ~/**монолитная** 1. monolithische Schaltung f; 2. monolithischer Schaltkreis m ‖ ~/**монолитная интегральная** 1. monolithisch integrierte Schaltung f; 2. monolithisch integrierter Schaltkreis m, Festkörperschaltkreis m ‖ ~/**моностабильная** monostabile Schaltung f ‖ ~/**монтажная** 1. Bauplan, Aufbauplan m; 2. Verdrahtung f; Verdrahtungsplan m, Schaltplan m ‖ ~/**МОП-интегральная** integrierter MOS-Schaltkreis m ‖ ~ **моста** s. ~/**мостовая** ‖ ~/**мостиковая** s. ~/**мостовая** ‖ ~/**мостовая** Brückenschaltung f ‖ ~/**мостовая выпрямительная** Gleichrichterbrückenschaltung f ‖ ~/**мостовая измерительная** Brückenmeßschaltung f ‖ ~/**мостовая Т-образная** Brücken-T-Schaltung f, Brückensternschaltung f ‖ ~ **на диодах** Diodenschaltung f ‖ ~ **на КМОП-структурах** CMOS-Schaltkreis m ‖ ~ **на МНОП-структурах** MNOS-Schaltkreis m ‖ ~ **на МОП-структурах** MOS-Schaltkreis m ‖ ~ **на полупроводниковых приборах)** 1. Halbleiterschaltung f; 2. Halbleiterschaltkreis m ‖ ~ **на постоянном токе** Ruhestromschaltung f ‖ ~ **на рабочем токе** Arbeitsstromschaltung f ‖ ~ **на свет** Hellschaltung f ‖ ~ **на твёрдом теле** Festkörperschaltkreis m ‖ ~ **на темноту** Dunkelschaltung f ‖ ~ **на толстых плёнках** s.

~/толстоплёночная ll ~ на тонких плёнках s. ~/тонкоплёночная ll ~ на транзисторах 1. Transistorschaltung f; 2. Transistorschaltkreis m ll ~ на триодах Triodenschaltung f ll ~ на элементах диодно-транзисторной логики Dioden-Transistor-Logikschaltkreis m, DTL-Schaltkreis m ll ~ на эмиттерных повторителях/логическая Emitterfolgerlogik f, EFL ll ~/накопительная Speicherschaltung f ll ~ НЕ NICHT-Schaltung f, Negationsschaltung f, Negator m ll ~ НЕ-И NICHT-UND-Schaltung f, NAND-Schaltung f ll ~ НЕ-ИЛИ NICHT-ODER-Schaltung f, NOR-Schaltung f ll ~/нелинейная nichtlineare Schaltung f ll ~/низкочастотная Niederfrequenzschaltung f, NF-Schaltung f ll ~ обмотки Wickelschema n (Spulen) ll ~ обнаружения и исправления ошибок Fehlerprüfungs- und Korrekturschaltkreis m, ECC-Schaltkreis m ll ~ обработки Bearbeitungsablauf[plan] m ll ~ обратной связи Rückkopplungsschaltung f ll ~ обслуживания Wartungsdiagramm n ll ~ ограничения Begrenzerschaltung f ll ~/ограничивающая (ограничительная) Begrenzerschaltung f ll ~ одновременного включения Simultanschaltung f ll ~/однокаскадная Einstufenschaltung f ll ~/одноконтурная Einzelkreisschaltung f ll ~/опрокидывающая Kippschaltung f ll ~/оптическая 1. optischer Aufbau m; 2. Strahlengang m ll ~/оптическая интегральная optischer integrierter Schaltkreis m ll ~/основная Grundschaltung f ll ~ ответвления Abzweigschaltung f ll ~ отклонения Ablenkschaltung f ll ~ отрицания равнозначности Antivalenzschaltung f (eines Logikbausteins) ll ~/параллельная Parallelschaltung f, Nebenschlußschaltung f ll ~/параллельно-последовательная Parallelserienschaltung f, Parallelseriеnschaltung f ll ~/переключательная Schaltkreis m ll ~ переменного тока Wechselstromschaltung f ll ~/пересчётная 1. Zählschaltung f; 2. (Kern) Untersetzer m (Dosimeter) ll ~/печатная 1. gedruckte Schaltung f; 2. gedruckte Verdrahtung (Leitungsführung) f ll ~ питания Speiseschaltung f ll ~/поверочная Prüfschema n ll ~ подавления обратной связи Rückkopplungssperre f ll ~ подготовки (Bgb) Vorrichtungsschema n ll ~ подключения Klemmschaltplan m ll ~/полузаказная интегральная Semikunden-IC m, semikundenspezifischer Schaltkreis m, ASIC ll ~/полупроводниковая интегральная integrierter Halbleiterschaltkreis m ll ~/пороговая Schwellwertschaltung f ll ~/последовательная Reihenschaltung f, Serienschaltung f ll ~/последовательно-параллельная Reihenparallelschaltung f, Serienparallelschaltung f ll ~ постоянного тока Gleichstromschaltung f ll ~/потенциометрическая Potentiometerschaltung f, Spannungsteilerschaltung f ll ~ потока сигналов Signalflußbild n, Signalflußplan m ll ~ привязки s. ~/фиксирующая ll ~ привязки уровня чёрного Schwarzsteuerschaltung f ll ~/приёмная Empfangsschaltung f ll ~/принципиальная [электрическая] Stromlaufplan m ll ~ проветривания (Bgb) Wetternetz n, Wetterstammbaum m ll ~ проветривания/конвективная (Bgb) Konvektionsbewetterung f (Tagebau) ll ~ проветривания/фланговая (Bgb) grenzläufige Wetterführung f ll ~ проветривания/центральная (Bgb) rückläufige Wetterführung f ll ~/программируемая логическая интегральная programmierbarer Logik-IS m, EPLD ll ~ программы/логическая logischer Programmablaufplan m ll ~/промысловая (Schiff) Fangsystem n (Fischereiwesen) ll ~ противовключения Gegenstromschaltung f ll ~/противоместная [разговорная] Rückhördämpfungsschaltung f ll ~ противосвязи Antikoinzidenzschaltung f ll ~ прохождения сигналов Signalflußbild n, Signalflußplan m ll ~/процессорно-ориентированная большая интегральная Mikroprozessorsystemschaltkreis m ll ~/прямоугольная Rechteckschaltung f ll ~ пупинизации Bespulungsplan m ll ~/пусковая Anfahrschaltung f, Anlaßschaltung f, Startschaltung f ll ~ путей (Eb) Gleisbild n ll ~/пушпульная Gegentaktschaltung f, Push-Pull-Schaltung f ll ~ равнозначности Aquivalenzschaltung f ll ~/развёрнутая Abwicklungsschaltbild n, abgerolltes Schaltbild n ll ~ развёртки Ablenkschaltung f, Kippschaltung f ll ~ размещения Aufstellungsplan m ll ~ распознавания речи/интегральная Spracherkennungs-IS m ll ~ разряда Entladeschaltung f ll ~ распада (Kern) Zerfallsschema n ll ~ расположения Aufstellungsplan m ll ~ расположения шпуров (Bgb) Sprenglochschema n ll ~/распределительная Verteilerschaltung f ll ~ растяжки наружной обшивки (Schiff) Außenhautabwicklung f ll ~ реакции Reaktionsschema n ll ~/реверсивная Reversierschaltung f ll ~/регенеративная Rückkopplungsschaltung f ll ~ регенерации Refresh-Schaltung f ll ~ регулирования Regelkreis m ll ~/резисторно-транзисторная логическая 1. Widerstands-Transistor-Logikschaltung f, RTL-Schaltung f; 2. Widerstands-Transistor-Logikschaltkreis m, RTL-Schaltkreis m ll ~/резонансная Resonanzschaltung f ll ~/релаксационная Kippschaltung f ll ~/релейная Relaisschaltung f ll ~/реостатная Schaltung f mit veränderbarem Widerstand ll ~/рефлексная Reflexschaltung f ll ~/решающая 1. Rechenschema n; 2. Rechenschaltung f ll ~ с блокировкой Blockierschaltung f ll ~ с выдержкой времени Verzögerungsschaltung f ll ~ с высокой степенью интеграции hochintegrierter Schaltkreis m ll ~ с двумя сменными тралами/промысловая (Schiff) Wechselnetzfangtechnik f (Schleppnetzfischerei) ll ~ с двумя устойчивыми состояниями s. ~/бистабильная ll ~ с общей сеткой Gitterbasisschaltung f, GB-Schaltung f, GBS ll ~ с общим анодом Anodenbasisschaltung f, AB-Schaltung f, ABS ll ~ с общим катодом Kathodenbasisschaltung f, KB-Schaltung f, KBS ll ~ с общим коллектором Kollektor[grund]schaltung f mit gemeinsamem Kollektor ll ~ с общим эмиттером Emitter[grund]schaltung f, Schaltung f mit gemeinsamem Emitter m ll ~ с отрицательной обратной связью gegengekoppelte Schaltung f ll ~ с положительной обратной связью mitgekoppelte Schaltung f ll ~ с потуханием Dunkelschaltung f ll ~ с самоконтролем selbsttesten-

схема

de Schaltung *f* II ~ **с транзисторно-транзисторной логикой** Transistor-Transistor-Logikschaltkreis *m*, TTL-Schaltkreis *m* II ~ **с тремя состояниями** integrierter Schaltkreis *m* mit Tri-State-Ausgang, Tri-State-IS *m* II ~ **с тремя тиристорами/трёхфазная мостовая** halbgesteuerte Dreiphasenbrückenschaltung *f* II ~ **сборки** Montageablaufplan *m* II ~/**сверхбольшая интегральная** höchstintegrierter Schaltkreis *m*, VLSI-Schaltkreis *m* (s. a. unter **СБИС**) II ~/**сверхскоростная и сверхбольшая интегральная** Hochgeschwindigkeits-VLSI-Schaltkreis *m* II ~/**сверхскоростная интегральная** Hochgeschwindigkeitsschaltkreis *m*, HSIC II ~/**световая** Leucht[schalt]bild *n* II ~/**сенсорная интегральная** Sensorschaltkreis *m* II ~/**сериесная** Reihenschaltung *f*, Serienschaltung *f* II ~/**симметричная** Symmetrieschaltung *f*, symmetrische Schaltung *f* II ~/**симплексная** Simplexschaltung *f* II ~/**симплексная телеграфная** Fernschreib-Simplexschaltung *f*, Wechselschreibschaltung *f* II ~/**симплексная телефонная** Fernsprech-Simplexschaltung *f*, Wechselsprechschaltung *f* II ~/**синусная** *(Reg)* Sinusprinzip *n* II ~ **синхронизации** Synchronisierschaltung *f* II ~ **синхронизации на свет** Hellschaltung *f* II ~ **синхронизации на темноту** Dunkelschaltung *f* II ~ **скрещивания** 1. *(El)* Kreuzglied *n*; 2. *(Nrt)* Kreuzungsplan *m*, Kreuzungsschema *n* II ~/**следящая** Folgeschaltung *f*; Nachlaufschaltung *f* II ~ **слежения и хранения** Track-and-Hold-Schaltung *f* II ~/**смесительная** Mischschaltung *f* II ~/**собирательная** ODER-Schaltung *f*, ODER-Glied *n* II ~/**совмещённая** 1. kompatible Schaltung *f*; 2. kompatibler Schaltkreis *m* II ~/**совмещённая электронная** integrierte elektronische Schaltung *f* II ~ **совпадения** *(El)* Koinzidenzschaltung *f*; UND-Schaltung *f*, Konjunktionsschaltung *f* II ~ **согласования** Anpassungsschaltung *f*; Anpassungsglied *n* II ~ **соединений** Schalt[ungs]schema *n*; Bauschaltplan *m* II ~ **соединений /общая** Anschlußplan *m* II ~ **соединения аппаратов** Wärmeübertragerschaltung *f* II ~ **соединения звездой** Sternschaltung *f*, T-Schaltung *f* II ~ **сопряжения** Interface *n*, Interfaceschaltung *f* II ~ **сопряжения с магистралью** Busankopplung *f*, Schaltung *f* für Busankopplung *f* II ~ **сопряжения/стандартная** Standardinterface *f*, Standardanschlußbild *n*, SI, SIF II ~/**спусковая** Triggerschaltung *f*, Auslöseschaltung *f* II ~ **сравнения** Vergleichsschaltung *f* II ~ **сравнения сигналов** Signalvergleichsschaltung *f* II ~ **сравнения фаз** Phasenvergleichsschaltung *f* II ~ **сравнения частот** Frequenzvergleichsschaltung *f* II ~/**средняя интегральная** mittelintegrierter Schaltkreis *m*, MSI-Schaltkreis *m* II ~ **стабилизации** Stabilisierungsschaltung *f* II ~/**стандартная** 1. Standardschaltung *f*; 2. Standardschaltkreis *m* II ~/**стробирующая** Torschaltung *f*, Auftastschaltung *f* II ~ **строчной синхронизации** Zeilensynchronisierschaltung *f* II ~/**струйная переключательная** Fluidikschaltkreis *m* II ~/**структурная** Übersichtsschaltplan *m* II ~ **сумматора и вычитателя** Addier- und Subtrahierschaltung *f* II ~/**счётная** Zählschaltung *f* II ~ **считывания**

Sensorschaltung *f*, Abtastschaltung *f* II ~/**твёрдая [интегральная]** Festkörperschaltkreis *f* II ~ **термов** Termschema *n* II ~ **технологического процесса** Technologieflußbild *n*, technologischer Ablaufplan *m* II ~ **течения** Strömungsbild *n* II ~ **типа ДТЛ** Dioden-Transistor-Logik-IS *m*, DTL-Schaltkreis *m* II ~ **типа РЕТЛ** RCTL-Schaltkreis *m* II ~ **типа РТЛ** Register-Transistor-Logik-IS *m*, RTL-Schaltkreis *m* II ~ **типа ТТЛ** Transistor-Transistor-Logik-IS *m*, TTL-Schaltkreis *m* II ~ **типа ТТЛ малой мощности с диодами Шоттки** LS-TTL-Schaltkreis *m* II ~ **типа ТТЛ с диодами Шоттки** S-TTL-Schaltkreis *m* II ~ **типа ЭСЛ** ECL-Schaltkreis *m* II ~/**типовая поверочная** Rahmenprüfschema *n* II ~/**тиристорная** Thyristorschaltung *f* II ~ **токопрохождения** Stromlaufplan *m* II ~/**толстоплёночная [интегральная]** [integrierter] Dickschichtschaltkreis *m*, [integrierter] Dickfilmschaltkreis *m* II ~/**тонкоплёночная [интегральная]** [integrierter] Dünnschichtschaltkreis *m*, [integrierter] Dünnfilmschaltkreis *m* II ~ **торможения** Bremsschaltung *f* II ~ **торможения постоянным током** Gleichstrombrennschaltung *f* II ~ **торможения противотоком** Gegenstrombremsschaltung *f* II ~ **точек смазки** *(Masch)* Schmierplan *m* II ~ **траления/бортовая** *(Schiff)* Seitenfangsystem *n* *(Schleppnetzfischerei)* II ~ **траления/кормовая** *(Schiff)* Heckfangsystem *n* *(Schleppnetzfischerei)* II ~ **транзистора/эквивалентная** Transistorersatzschaltbild *n* II ~/**транзисторная** Transistorschaltung *f* II ~/**транзисторно-транзисторная логическая** Transistor-Transistor-Logikschaltung *f*, TTL-Schaltung *f* II ~/**трансформаторная** Transformatorschaltung *f* II ~ **трансформации** Transformationsschaltung *f* II ~/**треугольника** Dreieckschaltung *f* II ~/**трёхмерная** dreidimensionaler Schaltkreis *m*, 3D-Schaltkreis *m* II ~/**трёхтактная** Dreitaktschaltung *f* II ~/**трёхточечная** Dreipunktschaltung *f* II ~/**трёхфазная** Dreiphasenschaltung *f* II ~/**триггерная** Triggerschaltung *f*, Auslöseschaltung *f* II ~ **умножения** Multiplizierschaltung *f*, Vervielfacherschaltung *f* II ~ **управления** 1. Steuerschaltkreis *m*, Regelschaltung *f*; 2. Steuerschaltkreis *m*, Steuer-IS *m*, Kontroller *m* II ~ **управления интерфейсом** Interface-Kontroller *m* II ~ **управления прерыванием** 1. Schaltung *f* für Interruptsteuerung; 2. Interrupt-Kontroller *m* II ~ **управления прямым доступом в память** 1. DMA-Steuerung *f*; 2. DMA-Kontroller *m* II ~ **управления/тактовая** Taktsteuerung *f* II ~ **управления/электронная** elektronische Steuerschaltung *f* II ~/**управляющая** 1. Steuer[ungs]schaltung *f*; 2. Steuerschaltkreis *m* II ~ **уровней** *(Kern)* Niveauschema *n* II ~/**усилительная** Verstärkerschaltung *f* II ~/**ускоренного переноса** Look-ahead-Logik *f* II ~/**фазоинверсная (фазоинверторная)** Phasenumkehrschaltung *f* II ~/**фантомная** Phantomschaltung *f* II ~ **фиксирования уровня чёрного** Schwarzsteuerschaltung *f* II ~/**фиксирующая** Klemmschaltung *f*, Clamping-Schaltung *f* II ~ **фильтра** Siebschaltung *f*, Filterschaltung *f* II ~ **фильтра низких частот** Tiefpaßschaltung *f* II ~ **флотации** Flotationsstammbaum *m*

сцепление

(Aufbereitung) ll ~/функциональная Funktionsschaltplan m, Funktionsschaltbild n ll ~ цепи Kettenschaltung f ll ~ цепи управления Steuerkreisschaltung f ll ~/цепочная Kettenschaltung f ll ~/цифровая 1. Digitalschaltung f; 2. Digitalschaltkreis m, digitaler Schaltkreis m ll ~/четырёхполюсная Vierpol m, Vierpolschaltung f ll ~/эквивалентная 1. Ersatzschaltung f, äquivalente Schaltung f; 2. Ersatzschaltbild n ll ~/экономическая Sparschaltung f ll ~/электроизмерительная elektrische Meßschaltung f ll ~/электрометрическая Elektrometerschaltung f ll ~/электромонтажная Verdrahtungsplan m, Schalt- und Belegungsplan m ll ~/электронная 1. elektrische Schaltung f; 2. elektronischer Schaltkreis m ll ~ электрооборудования и проводки на планах Installationsplan m ll ~ электроснабжения и связи Netz[schalt]plan m, Trassenplan m ll ~/элементарная Elementarschaltung f ll ~ энергетических уровней (Kern) Termschema n, Energieschema n, Energieniveaudiagramm n ll ~ ядерных уровней (Kern) Kernniveauschema n, Kerntermschema n
схема-фантом f Phantomschaltkreis m
схемный (El) 1. Schaltungs..., schaltungstechnisch; 2. Schaltkreis...
схемотехника f (El) 1. Schaltungstechnik f; 2. Schaltkreistechnik f; 3. Netzwerktechnik f ll ~/интегральная integrierte Schaltungstechnik f, IS-Technik f ll ~/твердотельная Festkörperschaltkreistechnik f
схемотехнический (El) schaltungstechnisch, Schaltungs...
схлёстывание n (El) Zusammenschlagen n (von Leitungen)
схлопывание n Zusammenstürzen n, Zusammenfallen n, Kollaps m (z. B. von Kavitationsblasen)
сход m 1. Ablauf m, Ablaufen n; 2. Überlauf m, Siebüberlauf m, Siebgrobes n, Siebrückstand m, Überkorn n; 3. (Fert) Abfluß m, Abgang m (des Spans) ll ~ колёс s. схождение ll ~ колош (Met) Gichtengang m (Hochofen) ll ~ с рельсов (Eb) Entgleisung f ll ~ стружки (Fert) Spanablauf m, Spanabfluß m ll ~ шихты (Met) Niedergehen (Nachgehen) n des Einsatzes (Schachtofen)
сходимость f 1. Annäherung f; 2. (Math) Konvergenz f (Reihen) ll ~/абсолютная absolute Konvergenz f ll ~ в каждой точке Konvergenz f überall ll ~ в среднем Konvergenz f im Mittel (Integralrechnung) ll ~ измерений Reproduzierbarkeit (Wiederholbarkeit) f von Messungen ll ~ лучей Strahlenkonvergenz f ll ~/неравномерная ungleichmäßige Konvergenz f ll ~ по вероятности Konvergenz f nach (in) Wahrscheinlichkeit ll ~ показаний [средства измерений] Wiederholfähigkeit f (eines Meßmittels) ll ~ почти всюду Konvergenz f fast überall ll ~/равномерная gleichmäßige Konvergenz f ll ~/слабая schwache Konvergenz f ll ~/средняя квадратичная mittlere Konvergenz f im quadratischen Mittel ll ~/условная bedingte Konvergenz f
сходить 1. ablaufen; 2. (Fert) abgleiten, ablaufen, abfließen (Span auf der Spanfläche)
сходиться (Math) konvergieren

сходня f (Schiff) Landgang m, Gangway f, Laufsteg m
сходы mpl Garnituren fpl (Hals und Seiten des Haut bzw. des Leders)
сходящийся (Math) konvergent ll ~/абсолютно absolut konvergent ll ~/безусловно unbedingt konvergent ll ~/всюду überall (beständig) konvergent (Potenzreihe) ll ~/равномерно gleichmäßig konvergent (Potenzreihe)
схождение n [колёс] (Kfz) Vorspur f (Vorderräder) ll ~/отрицательное negative Vorspur f ll ~/положительное positive Vorspur f ll ~/статическое statische Vorspur f
сцедить s. сцеживать
сцежа f (Pap) Kochergrube f, Stoffgrube f
сцеживать (Ch) abzapfen, abziehen; [vorsichtig] abgießen, dekantieren
сцеп m 1. Anhängen n, Kuppeln n (Fahrzeuge); 2. Kuppelvorrichtung f, Kupplung f, Kuppelhaken m (Fahrzeuge) ll ~/гибкий elastische Kupplung f ll ~/двухупорный (Schiff) Zweipunktkupplung f (Schubschiffahrt) ll ~/жёсткий starre Kupplung f ll ~/одноупорный (Schiff) Einpunktkupplung f (Schubschiffahrt) ll ~/тросовый (Schiff) Trossenkupplung f, Drahtkupplung f (Schubschiffahrt)
сцепить s. сцеплять
сцепиться s. сцепляться
сцепка f 1. Kupplung f (zwischen Fahrzeugen); 2. (Lw) Kopplungswagen m ll ~/автоматическая 1. (Eb) automatische Kupplung f, automatische Mittelpufferkupplung f; 2. (Lw) Schnellkupplung f ll ~/винтовая (Eb) Schraubenkupplung f ll ~/гидрофицированная (Lw) Kraftheber m ll ~/жёсткая starre Kupplung f
сцепление n 1. Haften n, Haftung f; 2. (Kfz) Kupplung f; 3. (Masch) Eingriff m (Verzahnung); 4. (Inf) Verkettung f, Verketten n; 5. (Text) Verhaken n, Verkettung f (Fasern); 6. (Eb) Verkettung f (Rad/Schiene) ll ~/адресное (Inf) Adreßverkettung f ll ~/выключаемое фрикционное (Kfz) ausrückbare Reibungskupplung f ll ~/гибкое biegsame Kupplung f (Hohlleiter) ll ~/данных (Inf) Datenverkettung f ll ~/двухдисковое (Kfz) Zweischeibenkupplung f ll ~/дисковое (Kfz) Scheibenkupplung f ll ~/команд (Inf) Befehlsverkettung f ll ~/крюковое (Eb) Hakenkupplung f ll ~ магнитных потоков (El) Magnetflußverkettung f ll ~/масляное (Kfz) Ölbadkupplung f ll ~/массивное (Inf) Verkettung f von Dateien, Dateiverkettung f ll ~ между волокнами (Pap) Faser-zu-Faser-Bindung f ll ~/механическое [mechanische] Kupplung f ll ~/многодисковое (Kfz) Mehrscheibenkupplung f, Lamellenkupplung f ll ~/многодисковое масляное Mehrscheibenölkupplung f ll ~/многодисковое сухое Mehrscheibentrockenkupplung f ll ~/непостоянно замкнутое (Kfz) Schaltkupplung f ll ~/однодисковое (Kfz) Einscheibenkupplung f ll ~/пластинчатое фрикционное (Kfz) Lamellenkupplung f, Mehrscheibenkupplung f ll ~/полуцентробежное (Kfz) halbzentrifugale Kupplung f, Kupplung f mit Fliehkraftausrückhilfe ll ~/постоянно замкнутое (Kfz) starre Kupplung f ll ~ потоков Flußverkettung f ll ~ с грунтом Bodenhaftung f, Kraftschluß m (mit Fahrbahn) ll ~ с конусным диском/фрикционное (Kfz) Kegelreibungs-

сцепление

kupplung *f* II ~ **с почвой** *s.* ~ **с грунтом** II ~ **с пружиной диафрагменного типа/однодисковое** *(Kfz)* Einscheibenkupplung *f* mit geschlitzter Membrandruckfeder, Tellerfedereinscheibenkupplung *f* II ~**/сухое** *(Kfz)* Trockenkupplung *f* II ~**/сухое двухдисковое** Zweischeibentrockenkupplung *f* II ~**/сухое многодисковое** Mehrscheibentrockenkupplung *f* II ~**/сухое однодисковое** Einscheibentrockenkupplung *f* II ~**/фрикционное** *(Kfz)* Reibungskupplung *f (Scheiben-* bzw. *Kegelkupplung)* II ~**/центробежное** *(Kfz)* Fliehkraftkupplung *f*

сцепляемость *f* Haftkraft *f*, Haftvermögen *n*, Haftfähigkeit *f* II ~ **слоёв** Schichthaftvermögen *n*

сцеплять kuppeln, einhaken, zusammenhaken, verbinden

сцепляться 1. ineinandergreifen; 2. *(Masch)* kämmen, im Eingriff stehen *(Zahnräder)*; 3. zusammenhaften, kohärieren

сцинтиграмма *f (Kern)* Szintigramm *n*, Gammagramm *n*

сцинтиллятор *m* Szintillator *m*

сцинтилляционный Szintillations...

сцинтилляция *f* Szintillation *f*, Szintillieren *n*

СЦК *s.* система централизованного контроля

СЦТХС *s.* система централизованного теплохладоснабжения

СЦХ *s.* система централизованного хладоснабжения

СЧ *s.* 1. частота/сверхвысокая; 2. частота/средняя

счал *m* 1. Schleppzug *m (Wolgaschiffahrt)*; 2. *(Schiff)* Kupplung *f (eines Schubschleppers)*, Schubkupplung *f* II ~**/гибкий межсекционный** flexible Kupplung *f (zwischen Schubleichtern)*

счаливать *(Schiff)* kuppeln *(Schubschiffahrt)*

счёт *m* 1. Zählen *n*, Zählung *f*; 2. Rechnen *n*, Rechnung *f* II ~**/двойной** Doppelrechnung *f* II ~**/контрольный** Kontrollrechnung *f* II ~**/обратный** Countdown *m(n)* II ~ **полос** Streifenzählung *f (z. B. interferentielle Gestaltmessung)* II ~**/прямой** Vorwärtszählen *n* II ~ **с плавающей запятой** *(Inf)* Gleitkommarechnung *f* II ~ **с фиксированной запятой** *(Inf)* Festkommarechnung *f* II ~ **совпадений** *(Kern)* Koinzidenzzählung *f*

счётно-решающий Rechen...

счётный 1. Zähl...; 2. Rechen...

счётчик *m* 1. Zähler *m*, Zählgerät *n*; Zählwerk *n*; 2. *(Kern)* Zählrohr *n*, Strahlungszählrohr *n* II ~**/абонентский** *(Nrt)* Gesprächszähler *m* II ~ **адресов** *(Inf)* Adressenzähler *m* II ~ **активной энергии** *(El)* Wirkenergiezähler *m*, Wirkarbeitszähler *m*, Wirkverbrauch[s]zähler *m* II ~**/активный** *s.* ~ активной энергии II ~ **альфа-частиц** *(Kern)* Alphazähler *m*, Alphazählgerät *n*; Alphazählrohr *n* II ~ **ампер-часов** *(El)* Amperestundenzähler *m* II ~ **антисовпадений** *(Kern)* Antikoinzidenzzähler *m* II ~**/антраценовый** *(Kern)* Anthrazenzähler *m (Szintillationszähler)* II ~**/барабанный** Trommelzähler *m (Mengenmessung von Flüssigkeiten und Gasen)* II ~ **бета-частиц** *(Kern)* Betazähler *m*, Betazählgerät *n*; Betazählrohr *n* II ~**/бинарный** Binärzähler *m* II ~ **блоков** *(Inf)* Blockzähler *m* II ~**/борный** *(Kern)* Borzählrohr *n* II ~**/бытовой электрический** Haushalt[s]elektroenergiezähler *m* II ~ **ватт-часов** *(El)* Wattstundenzähler *m* II ~ **вольт-ампер-часов** *(El)* Voltamperestundenzähler *m* II ~ **Вольтмана** Woltmann-Zähler *m (Flüssigkeitsmengenmessung)* II ~ **вольт-часов** *(El)* Voltstundenzähler *m* II ~ **времени** *(Nrt)* Zeitzähler *m*; Betriebsstundenzähler *m (bei Fernschreibern)* II ~ **времени работы** Betriebsstundenzähler *m* II ~**/высоковольтный** Hochspannungszähler *m* II ~ **высокого давления** Hochdruck[gas]zähler *m* II ~ **газа** *s.* ~/газовый II ~**/газовый** Gaszähler *m*, Gasmesser *m* II ~**/газозопроточный** *(Kern)* Gasdurchflußzähler *m* II ~**/газоразрядный** *(Kern)* Gasentladungszähler *m* II ~**/галогенный (галоидный)** Halogenzählrohr *n* II ~ **гамма-излучений** *(Kern)* Gammastrahlungszähler *m* II ~ **гамма-квантов** *(Kern)* Gammazählrohr *n*; Gammazähler *m* II ~ **Гейгера-Мюллера** *(Kern)* Geiger-Müller-Zählrohr *n*, GM-Zählrohr *m*, Geiger-Müller-Zähler *m*, Auslösezählrohr *n* II ~ **групп** *(Nrt)* Gruppenzähler *m* II ~**/двоично-десятичный** Binär-Dezimal-Zähler *m* II ~**/двоично-кодированный** binär kodierter Zähler *m* II ~**/двоичный** Binärzähler *m*, binärer Zähler *m* II ~**/двухдисковый** *(El)* Zweischeibenzähler *m* II ~**/двухпоршневой [поступательный]** Zweikolbenzähler *m (Hubzähler)* II ~**/двухпроводный** *(El)* Zweileiter[system]zähler *m* II ~**/двухсистемный** *(El)* Zweisystemzähler *m*, Zähler *m* mit zwei Triebsystemen II ~**/двухтарифный** *(El)* Doppeltarifzähler *m*, Zweitarifzähler *m* II ~**/декадный** *(Kern)* Dekadenzähler *m* II ~**/декадный электронный** Dekadenzählröhre *f*, Fissionszähler *m* II ~**/десятичный** Dezimalzähler *m* II ~**/дисковый** Scheibenzähler *m*, Taumelscheibenzähler *m (Verdrängungszähler)* II ~ **для жидкостей/ ротационный** Drehkolbenflüssigkeitszähler *m*, Drehkolbenflüssigkeitsmesser *m* II ~**/домашний газовый** Haus[halts]gaszähler *m* II ~ **жидкости** Flüssigkeitszähler *m* II ~ **забортного лага** *(Schiff)* Loguhr *f (Schlepplog)* II ~ **записей** *(Inf)* Satzzähler *m* II ~ **заряжённых частиц** *(Kern)* Zählrohr *n* II ~ **зоны и времени** Zeitzonenzähler *m*, ZZZ II ~ **импульсов** Impulszähler *m* II ~ **импульсов перехода тока через нуль** Stromnulldurchgangsimpulszähler *m* II ~**/индукционный** *(El)* Induktionszähler *m* II ~**/ионизационный** *(Kern)* Ionisationszählrohr *m* II ~ **ионов** *(Meteo)* Ionenzähler *m (Bestimmung des spezifischen Ionengehalts der Luft)* II ~**/искровой** *(Kern)* Funkenzähler *m* II ~ **кадров** *(Kine, Photo)* Bildzähler *m*, Bildzählwerk *n* II ~**/камерный** Verdrängungszähler *m (Mengenmessung von Flüssigkeiten und Gasen)* II ~ **капель** Tropfenzähler *m* II ~ **киловатт-часов** *(El)* Kilowattstundenzähler *m* II ~ **количества газа** *s.* разосчётчик II ~ **количества жидкости** Flüssigkeitsvolumenzähler *m*, unmittelbarer Volumenzähler *m* II ~ **количества тепла** Wärmemengenzähler *m* II ~ **количества электричества** Elektrizitätsmengenzähler *m* II ~**/кольцевой** Ring[kolben]zähler *m (Flüssigkeitsmengenzähler mit ringförmigem Kolben)* II ~ **команд** *(Inf)* Befehlszähler *m*, Befehlsfolgeregister *n* II ~**/кристаллический** *(Kern)* Kristallzähler *m* II ~ **крутки** *(Text)* Drehungszähler *m*, Drallapparat

счётчик

m (Fadenprüfung) ‖ ~ **листов** *(Typ)* Bogenzähler *m* ‖ **~/лопастный пластинчатый ротационный** Treibschieberzähler *m (Flüssigkeitsmengenzähler)* ‖ **~/лопастный ротационный** Planetenradzähler *m (Flüssigkeitsmengenzähler)* ‖ **~/магнитомоторный** *(El)* Magnetmotorzähler *m*, permanentdynamischer Zähler *m* ‖ **~ максимального тарифа** *(El)* Höchsttarifzähler *m* ‖ **~/максимальный** *(El)* Zähler *m* mit Maximum[an]zeiger *m*, Maximumzähler *m*, Höchstverbrauchszähler *m* ‖ **~/маятниковый** *(El)* Pendelzähler *m* ‖ **~/метановый** *(Kern)* Methanzähler *m*, Methanzählrohr *n* ‖ **~ метража кинофильма** Filmmeterzähler *m* ‖ **~ метража ленты** Bandzählwerk *n* ‖ **~ метража плёнки** Filmzählwerk *n* ‖ **~ метража/трёхсменный** *(Text)* Dreischicht-Meterzähler *m* ‖ **~ микрокоманд** *(Inf)* Mikrobefehlszähler *m* ‖ **~/многотарифный** *(El)* Mehr[fach]tarifzähler *m* ‖ **~/многофазный** *(El)* Mehrphasenzähler *m* ‖ **~/монетный** Münzzähler *m* ‖ **~/моторный** Motorzähler *m* ‖ **~/нейтронный** *(Kern)* Neutronenzähler *m*; Neutronenzählrohr *n* ‖ **~/несамогасящийся** *(Kern)* nichtselbstlöschendes Zählrohr *n* ‖ **~ нитей** *(Text)* Fadenzähler *m* ‖ **~ оборотов** Drehzahlmesser *m*, Umdrehungszähler *m*, Tourenzähler *m* ‖ **~/объёмный** Volumenzähler *m*, Verdrängungszähler *m* ‖ **~/однодисковый** *(El)* Einscheibenzähler *m* ‖ **~/однопоршневой [поступательный]** Einkolbenzähler *m (Hubkolbenzähler)* ‖ **~/односистемный** *(El)* Einsystemzähler *m*, Zähler *m* mit einem Triebsystem *n* ‖ **~/однотарифный** *(El)* Ein[fach]tarifzähler *m* ‖ **~/однофазный индукционный** *(El)* Einphaseninduktionszähler *m* ‖ **~/однофазный электрический** *(El)* einphasiger Zähler *m*, Einphasenzähler *m* ‖ **~/одноэлементный** *s*. **~/односистемный** ‖ **~/основной** Hauptzähler *m* ‖ **~/острийный** *(Kern)* Spitzenzähler *m*, Spitzenzählrohr *n* ‖ **~ переменного перепада давления** Wirkdruckzähler *m*, Zähler *m* nach dem Wirkdruckverfahren *(Mengenmessung von Flüssigkeiten und Gasen)* ‖ **~ переменного тока** Wechselstromzähler *m* ‖ **~ пиков энергии** *(El)* Spitzenzähler *m* ‖ **~/поверочный** *(El)* Prüfzähler *m* ‖ **~/погружной** *(Kern)* Tauchzählrohr *n*, Eintauchzählrohr *n* ‖ **~/поршневой дисковый** Scheibenzähler *m (Flüssigkeitsmengenzähler mit scheibenförmigem Kolben)* ‖ **~/поршневой цилиндрический** Kolbenzähler *m (Flüssigkeitsmengenzähler mit zylindrischen Kolben)* ‖ **~/поршневой цилиндрический поступательный** Hubkolbenzähler *m (Verdrängungszähler)* ‖ **~ постоянного тока** Gleichstromzähler *m* ‖ **~ потерь** Verlustzähler *m* ‖ **~ предметов/радиоактивный** *(Kern)* radioaktiver Mengenzähler *m*, Voreinstellzähler *m* ‖ **~/преселективный** Vorwählzähler *m*, Voreinstellzähler *m* ‖ **~/программный** Programmzähler *m* ‖ **~ продолжительности разговора** *(Nrt)* Gesprächszeitmesser *m*, Gesprächsuhr *f* ‖ **~ пройденного пути** Kilometerzähler *m*, Kilometerzählwerk *n* ‖ **~ пройденного расстояния** *(Schiff)* Wegzähler *m* ‖ **~/пропорциональный** *(Kern)* Proportionalzählrohr *n*, Proportional[itäts]zähler *m* ‖ **~/проточный** Durchflußzähler *m* ‖ **~/пусковой** *(Kern)* Anfahrzählrohr *n* ‖ **~/пятипоршневой поступательный** Fünfkolbenzähler *m (Hubkolbenzähler)* ‖ **~ разговоров** *s*. **~/абонентский** ‖ **~ распределения памяти** *(Inf)* Speicherzuordnungszähler *m* ‖ **~ рассогласования** Differenzzähler *m* ‖ **~ реактивной энергии** *(El)* Blindenergiezähler *m*, Blindverbrauchszähler *m* ‖ **~/реактивный** *s*. **~ реактивной энергии** ‖ **~/реверсивный** Vor- und Rückwärtszähler *m* ‖ **~/регистрирующий** Registrierzähler *m* ‖ **~ резервирования** *(Inf)* Reservierungszähler *m* ‖ **~/ротационный газовый** Drehkolbengaszähler *m* ‖ **~/ртутный** Quecksilberzähler *m* ‖ **~ с аксиальным подводом жидкости** Woltmann-Zähler *m (Turbinenzähler mit axialer Flügelradbeschaufelung)* ‖ **~ с качающимися сосудами/весовой** Kippzähler *m*, Doppelgefäßkippmesser *m* nach Eckhardt *(vom Typ Auslaufzähler)* ‖ **~ с круглыми шестернями** Zahnradzähler *m (Flüssigkeitsmengenzähler)* ‖ **~ с максимальным указателем** Maximum[an]zeiger *m*, Maximumzähler *m*, Höchstverbrauchszähler *m* ‖ **~ с овальными шестернями [/ротационный]** Ovalradzähler *m*, Wälzkolbenzähler *m (Flüssigkeitsmengenzähler)* ‖ **~ с пластинчатыми лопастями** Treibschieberzähler *m (Flüssigkeitsmengenzähler)* ‖ **~ с тангенциальным подводом жидкости** Flügelradzähler *m (Turbinenzähler mit tangentialer Flügelradbeaufschlagung)* ‖ **~/самогасящийся** *(Kern)* selbstlöschendes Zählrohr *n* ‖ **~/сильфонный газовый** Balgengaszähler *m* ‖ **~/скоростной** Turbinenzähler *m (mittelbarer Volumenzähler)* ‖ **~ совпадений** *(Kern)* Koinzidenzzähler *m* ‖ **~ строк** *(Typ)* Zeilenzähler *m* ‖ **~/суммирующий** Summenzähler *m* ‖ **~ суточного пробега** *(Kfz)* Tageskilometerzähler *m (beim PKW)*; Fahrtenschreiber *m (beim LKW oder Bus)* ‖ **~/сцинтилляционный** *(Kern)* Szintillationszähler *m* ‖ **~/торцовый** *(Kern)* Glockenzählrohr *n*, Endfensterzählrohr *n* ‖ **~/трёхфазный** *(El)* Dreiphasenzähler *m*; Drehstromzähler *m* ‖ **~/трёхфазный индукционный** Dreiphaseninduktionszähler *m*; Drehstrominduktionszähler *m* ‖ **~ фотонов** *(El)* Lichtquantenzähler *m* ‖ **~ циклов** Zyklenzähler *m* ‖ **~/цилиндрический** *(Kern)* Zylinderzähler *m* ‖ **~ частиц** *(Kern)* Teilchenzähler *m*, Teilchenzählgerät *n* ‖ **~ частиц/газовый** Gaszählrohr *n (zur Untersuchung eingeführter radioaktiver Gasproben)* ‖ **~ частоты** *(El)* Frequenzzähler *m* ‖ **~ Черенкова** *(Kern)* Čerenkov-Zähler *m*, Črenkov-Detektor *m* ‖ **~/четырёхпоршневой** Vierkolbenzähler *m (Hubkolbenzähler)* ‖ **~ числа оборотов** *s*. **~ оборотов** ‖ **~/электрический** 1. Elektrozähler *m*, elektrischer Zähler *m*; 2. *s*. **~ электроэнергии** ‖ **~ электричества** *s*. **~ электроэнергии** ‖ **~/электродинамический** elektrodynamischer (dynamometrischer) Zähler *m* ‖ **~/электролитический** elektrolytischer Zähler *m*, Elektrolytzähler *m* ‖ **~/электронный двоично-десятичный** elektronischer BCD-Zähler *m* ‖ **~ электроэнергии** Elektroenergie[verbrauchs]zähler *m*, Elektrizitätszähler *m* ‖ **~ электроэнергии переменного тока** Wechselstromenergiezähler *m* ‖ **~ электроэнергии постоянного тока** Gleichstromenergiezähler счётчик

m ‖ ~ энергии Energiezähler *m* ‖ ~ ядер конденсации *(Meteo)* Kondensationskernzähler *m* ‖ ~ ядер отдачи *(Kern)* Rückstoßzähler *m*
счётчик-двигатель *m* Motorzähler *m*
счётчик-зонд *m (Kern)* Zählrohrsonde *f*
счётчик-частотомер *m (El)* Frequenzzähler *m*, Zählfrequenzmesser *m*
счислитель *m* Summator *m*, Summierer *m*, Summierglied *n*, Addierer *m*, Adder *m*, Addierwerk *n* ‖ ~ координат/автоматический automatischer Koordinatenrechner *m*, Koppelrechner *m*
считать 1. zählen; 2. ablesen; abtasten ‖ ~ вперёд vorwärts zählen ‖ ~ назад rückwärts zählen
считывание *n* Ablesen *n*, Lesen *n*; Abfühlen *n*, Abtasten *n* • с лазерным считыванием laserabgetastet ‖ ~/автоматическое *(Inf)* automatisches Lesen *n* ‖ ~ без разрушения записи *s.* ~ информации/неразрушающее ‖ ~/дистанционное Fernablesung *f* ‖ ~/диэлектрическое dielektrische Abtastung *f* ‖ ~ знаков/оптическое *(Inf)* optische Zeichenabtastung *f* ~ информации *(Inf)* Informationsabfrage *f* ‖ ~ информации/неразрушающее nichtzerstörendes (nichtlöschendes) Lesen *n* ‖ ~/контрольное *(Inf)* Kontrollesen *n*, Prüflesen *n* ‖ ~/косвенное indirekte Ablesung *f* ‖ ~/магнитное *(Inf)* magnetische Abtastung *f* ‖ ~/механическое *(Inf)* mechanische Abtastung *f* ‖ ~/непосредственное Direktablesung *f*, direkte Ablesung *f* ‖ ~/обратное Rückwärtslesen *n* ‖ ~/оптическое *(Inf)* optische Abtastung *f* ‖ ~/параллельное *(Inf)* Parallelabtastung *f*, Parallellesung *f* ‖ ~/поочерёдное *(Inf)* sequentielles Lesen *n* ‖ ~/последовательное *(Inf)* serielle (sukzessive) Abtastung *f* ‖ ~/пословное *(Inf)* Wortabfrage *f* ‖ ~/прямое Direktablesung *f*, direkte Ablesung *f* ‖ ~ с разрушением информации zerstörendes (destruktives, löschendes) Lesen *n* ‖ ~ со стиранием информации *s.* ~ с разрушением информации ‖ ~ файла *(Inf)* Dateiabtastung *f*, Dateilesen *n* ‖ ~/фотоэлектрическое photoelektrisches Lesen (Abtasten) *n*
считыватель *m (Inf)* Leseeinrichtung *f*, Lesegerät *n*, Leser *m*; Abtasteinrichtung *f* ‖ ~/оптический optische Zeichenerkennungsanlage *f*, OCR-Anlage *f* ‖ ~/фотоэлектрический photoelektrischer Leser *m* ‖ ~ штрихового кода Strichkodeleser *m*
считывать [ab]lesen; abtasten
СЧПУ *s.* система числового программного управления
сшивание *n* 1. *(Gum)* Vernetzung *f*, Vernetzen *n*; 2. *(Text)* Zusammennähen *n* ‖ ~ методом облучения *(Gum)* Strahlungsvernetzung *f*, Vernetzung *f* durch [energiereiche] Strahlen ‖ ~ полей Feldheftung *f (Lithographie)* ‖ ~ полимеров *(Gum)* Polymervernetzung *f* ‖ ~/радиационное *s.* ~ методом облучения ‖ ~ электронными лучами *(Gum)* Elektronenstrahlvernetzung *f*
сшивать 1. *(Gum)* vernetzen; 2. *(Text)* zusammennähen
сшивка *f* 1. *(Gum)* Vernetzungsstelle *f*; 2. *s.* сшивание
сшитый в плоскости *(Gum)* flächenhaft (zweidimensional) vernetzt ‖ ~ нитками *(Typ)* fadengeheftet ‖ ~ термонитками *(Typ)* fadensiegelt

сшить *s.* сшивать
съезд *m* 1. Abfahrt *f*, Ausfahrt *f*; 2. Rampe *f*, Verladerampe *f*; 3. Verbindungsgleis *n*, Wechselgleis *n*
съём *m* 1. Abnehmen *n*, Abnahme *f*, Herunternehmen *n*; 2. Entnehmen *n*, Entnahme *f*; 3. *(Text)* Abzug *m*, Abziehen *n*, Abnahme *f*; 4. *(Umf)* Abnahme *f* der Wanddicke je Zug *(Rohrziehen)*; 5. *(Gieß)* Ausheben *n (Modell)*; 6. Schlicker *m*, Schaum *m*, Abstrich *m (NE-Metallurgie)* ‖ ~/валичный *(Text)* Walzenabzug *m* ‖ ~ валков *(Wlz)* Walzenausbau *m*, Walzenaushub *m* ‖ ~ ватки *(Text)* Vliesabnahme *f*, Florabnahme *f (Karde)* ‖ ~ мощности Leistungsentnahme *f*, Leistungsentzug *m* ‖ ~ початка *(Text)* Kopsabzug *m* ‖ ~ прочёса *(Text)* Abnahme *f (Abzug m)* des Kammzuges ‖ ~ пряжи *(Text)* Garnabzug *m* ‖ ~ тока Stromabnahme *f*
съёмка *f* 1. Aufnahme *f*, Vermessung *f (s. a.* аэрофотосъёмка*)*; 2. *(Photo)* Aufnahme *f* ‖ ~/аэромагнитная *(Geod)* aeromagnetische Aufnahme *(Vermessung) f* ‖ ~/аэрофотограмметрическая *(Geod)* aerophotogrammetrische Aufnahme *f*, Luftbildmeßaufnahme *f* ‖ ~/вертикальная Reliefaufnahme *f* ‖ ~ во встречном свете *(Photo)* Gegenlichtaufnahme *f* ‖ ~/воздушная *(Geol)* Luftaufnahme *f* ‖ ~/воздушная стереофотограмметрическая *(Geod)* stereophotogrammetrische Luftaufnahme *f* ‖ ~/высокоскоростная *(Photo)* Kurzzeitaufnahme *f* ‖ ~/высотная Höhenaufnahme *f* ‖ ~/геологическая geologische Aufnahme (Kartierung) *f* ‖ ~/глазомерная *(Geod)* Aufnahme *f* nach Augenmaß, Augenmaßaufnahme *f* ‖ ~/горизонтальная Lageplanaufnahme *f* ‖ ~/государственная *(Geod)* Landesaufnahme *f* ‖ ~/гравиметрическая *(Geoph)* gravimetrische Aufnahme *f* ‖ ~/детальная *(Photo)* Detailaufnahme *f* ‖ ~/дистанционная Fernaufnahme *f (Fernerkundung)* ‖ ~/замедленная Zeitlupenaufnahme *f* ‖ ~/инструментальная *(Geod)* Instrumentenaufnahme *f* ‖ ~ крупным планом *(Geod)* Großaufnahme *f* ‖ ~/люминесцентная Lumineszenzaufnahme *f* ‖ ~/магнитная magnetische Aufnahme *f*, Aufnahme *f* des Magnetfeldes ‖ ~/макетная *(Kine)* Modellaufnahme *f* ‖ ~/маркшейдерская *(Bgb)* markscheiderische Aufnahme *f* ‖ ~/маршрутная *(Geod)* Reihenbildaufnahme *f* ‖ ~/мензульная *(Geod)* Meßtischaufnahme *f* ‖ ~/микроволновая Mikrowellenaufnahme *f* ‖ ~/многозональная (многоканальная) *(Geod)* Multispektralaufnahme *f* ‖ ~/мультипликационная *(Kine)* Animationsaufnahme *f* ‖ ~/наземная *(Geod)* terrestrische Aufnahme *f* ‖ ~/наземная стереофотограмметрическая *(Geod)* terrestrische Bildmeßaufnahme *f* ‖ ~/натурная *(Kine)* Außenaufnahme *f* ‖ ~ общим планом Totalaufnahme *f*, Totale *f* ‖ ~/павильонная *(Kine)* Atelieraufnahme *f* ‖ ~/панорамная Panoramaaufnahme *f* ‖ ~/перспективная Schrägaufnahme *f* ‖ ~/плановая Senkrechtaufnahme *f* ‖ ~/площадная Flächenaufnahme *f* ‖ ~ по Лауэ/рентгеновская *(Krist)* Laue-Aufnahme *f* ‖ ~ под открытым небом *(Photo)* Außenaufnahme *f* ‖ ~/подводная *(Photo)* Unterwasseraufnahme *f* ‖ ~/покадровая *(Kine, Photo)* Einzelbildaufnahme *f* ‖ ~/по-

л**уинструментальная** (Geod) kombinerte Augenmaß- und Instrumentenaufnahme f ll ~/**радиолокационная** (Geod) Radaraufnahme f ll ~ **рельефа** (Geod) Reliefaufnahme f ll ~/**репродукционная** Reproduktionsaufnahme f ll ~ **с длительной выдержкой** (Photo) Zeitaufnahme f ll ~ **с якоря** (Schiff) Ankerlichten f ll ~ **ситуации** (Geod) Situationsaufnahme f ll ~/**спектрозональная** (Geod) Spektrozonalaufnahme f ll ~/**спектрофотометрическая** (Geod) spektralphotometrische Aufnahme f ll ~/**стереоскопическая** (Photo, Kine) Raumbildaufnahme f, Stereoaufnahme f ll ~/**стереотопографическая** (Geod) stereotopographische Aufnahme f ll ~/**стереофотограмметрическая** (Geod) stereophotogrammetrische Aufnahme f ll ~/**тахеометрическая** (Geod) tachymetrische Aufnahme f, Tachymeteraufnahme f ll ~/**теодолитная** (Geod) Theodolitaufnahme f ll ~/**топографическая** (Geod) topographische Aufnahme f, Geländeaufnahme f ll ~/**трюковая** (Kine) Trickaufnahme f, Spezialeffektaufnahme f ll ~/**фотограмметрическая** (Geod) photogrammetrische Aufnahme f, Bildmeßaufnahme f ll ~/**фототеодолитная** s. ~/наземная стереофотограмметрическая
съёмник m Abnameeinrichtung f; Abzieher m, Abziehvorrichtung f; Abstoßer m, Abstreiferplatte f ll ~ **жгутов** (Text) Strangabnehmer m ll ~ **мод** (Nrt) Modenstripper m
съёмный abnehmbar; abziehbar; auseinandernehmbar
сыпня f **на дно** (Led) Versatz m ll ~ **на плаву** Versenk n ll ~ **на сухо** Versatz m
сыпучесть f Schüttbarkeit f, Schüttfähigkeit f, Rieselfähigkeit f; Fließvermögen n (von körnigem Gut)
сыпучий schüttbar, Schütt...; fließfähig (körniges Gut)
сыреть feucht werden; anlaufen
сырец m 1. Rohstoff m, Rohling m; 2. Rohware f; 3. Formling m (ungebrannter Ziegel)
сырой 1. roh, Roh..., unbearbeitet; 2. feucht, naß; 3. schlecht durchgebacken, nicht gar; 4. (Gieß) grün (Formsand)
сыромять f Syromjatleder n, Seremetleder n (in der Walke stark gefettetes Rohhautleder für Geschirr- und technische Zwecke)
сырьё n Rohstoff m, Rohmaterial n, Grundstoff m, Ausgangsmaterial m, Rohgut n, Rohware f ll ~/**боенское** (Led) Häute fpl aus gewerblichen Schlachtungen ll ~/**вторичное** Altmaterial n ll ~/**кожевенное** (Led) Rohhäute fpl, Rohware f ll ~/**крупное** (Led) Rindshäute fpl ll ~/**меховое** Rohpelz m ll ~/**основное** Grundstoff m ll ~/**рассевое** (Led) Häute fpl aus Hausschlachtungen (Landschlachtungen) ll ~/**растительное** Pflanzenrohstoff m ll ~/**текстильное вторичное** textiler Sekundärrohstoff m ll ~/**топливное** (Kern) Spaltstoff m, Brutstoff m, Brutmaterial n
сысертскит m (Min) Sysserskit m (Iridosmium)
сэбин m (Ak) Sabin n (SI-fremde Einheit der Schallabsorption)
сэндвич-структура f Sandwich-Struktur f
сэндвич-транзистор m (El) Sandwichtransistor m
СЭУ s. установка/судовая энергетическая

Т

таблетирование n (Met) Tablettieren n
таблетка f 1. Tablette f; Pellet n, Granalie f; 2. s. ~/**выпрямительная** ll ~/**выпрямительная** (El) Gleichrichtertablette f ll ~/**газопоглотителя (геттера)** (Eln) Getterpille f ll ~/**кремниевая** (Eln) Siliciumtablette f
таблица f 1. Tabelle f, Tafel f; 2. (Min) Tafel f (Edelstein) ll ~/**адресов** (Inf) Adressenliste f, Adreßliste f ll ~ **вероятностей** (Math) Wahrscheinlichkeitstabelle f ll ~ **выдержек** (Photo) Belichtungstabelle f ll ~/**градуировочная** (Meß) Graduierungstabelle f, Einmeßtabelle f ll ~ **девиации** (Schiff) Deviationstabelle f, Ablenkungstabelle f (Magnetkompaß) ll ~ **зависимостей** (Eb) Verschlußtafel f, Verschlußplan m (Sicherungstechnik) ll ~ **замеров** Meßblatt n ll ~ **значений** (Math) Wertetafel f, Wertetabelle f ll ~ **истинности** (Inf, Kyb) Wahrheitstabelle f ll ~/**калибровочная** (Fert) Kalibriertafel f ll ~ **кодов** (Inf) Kodeliste f ll ~/**контрольная** (Inf) Checkliste f ll ~ **логарифмов** (Math) Logarithmentafel f ll ~ **Менделеева** (Ch) [chemisches] Periodensystem n der Elemente ll ~/**мореходная** (Schiff) nautische Tafel f ll ~/**намоточная** (El) Wickeltabelle f ll ~ **наполнения** Füllvolumentafel f (Lagermeßbehälter) ll ~ **настройки** (Rf, TV) Abstimmtabelle f ll ~ **описания данных** (Inf) Datenbeschreibungstafel f, DBT ll ~ **остаточной девиации** (Schiff) Deviationsbelle f, Ablenkungstabelle f (Magnetkompaß) ll ~/**переводная** Umrechnungstabelle f ll ~ **перекрёстных ссылок** (Inf) Zuordnungsliste f, Symbolnachweisliste f, Referenzliste f ll ~/**переменная** (Inf) Hash-Tabelle f ll ~ **плазовых ординат** (Schiff) Aufmaßtabelle f ll ~/**планетная** (Astr) Planetentafel f ll ~/**погрешностей** (TV) Balkenmuster n (Testbild) ll ~ **приливов** (Hydrol) Gezeitentafel f ll ~/**прокатки** (Wlz) Stichplan m, Walzprogramm m ll ~ **распределения памяти** (Inf) Speicher[raum]verteilungstabelle f, Speicherbelegungstabelle f ll ~ **рефракции** (Opt) Refraktionstabelle f ll ~ **решений** (Inf) Entscheidungstabelle f ll ~ **связей** (Inf) Verzweigungstabelle f, Verbindungstabelle f ll ~ **серых тонов** (Photo) Grau[stufen]tafel f ll ~ **символов** (Inf) Symbolverzeichnis n, Symboltabelle f ll ~ **состояний** Zustandstabelle f ll ~ **стандартных цветов** (Photo) Normfarbtafel f ll ~/**телевизионная испытательная** Fernsehtestbild n, Testbild n ll ~ **умножения** (Math) Multiplikationstafel f ll ~ **управления вводом-выводом** (Inf) Ein-/Ausgabe-Steuertabelle f, E/A-Steuertabelle f ll ~/**усадочная** (Gieß) Schwindmaßtabelle f ll ~ **устройств** (Inf) Gerätetabelle f (Betriebssystem) ll ~ **частот** Häufigkeitstabelle f (Statistik) ll ~ **экспозиций** (Photo) Belichtungstabelle f ll ~ **энтропии** (Ph) Entropietafel f
табличка f Schild n, Bezeichnungsschild n ll ~/**заводская** Fabrikschild n, Firmenschild n ll ~/**паспортная** Leistungsschild n ll ~/**типовая** Typenschild n ll ~/**фирменная** s. ~/заводская
табличка-паспорт f Leistungsschild n
табло n 1. Tableau n, Schautafel f; 2. (Eb) Gleisbild n, Gleisschautafel f, Fahrschautafel f ll ~/**ин-**

таблодикаторное Anzeigetableau n ‖ ~ с изображением путей (Eb) Gleisbild n, Gleistafel f ‖ ~/световое Leuchttableau n, Leuchtbild n
табулирование n Tabellierung f
табулятор m Tabelliermaschine f ‖ ~/автоматический automatische Tabelliermaschine f ‖ ~/алфавитно-цифровой alphanumerische Tabelliermaschine f ‖ ~/печатающий druckende Tabelliermaschine f ‖ ~/цифровой digitale Tabelliermaschine f ‖ ~/электронный elektronische Tabelliermaschine f
тавот m Schmierfett n, konsistentes Fett n, Staufferfett n
тавотница f (Masch) Fettbüchse f; Fettschmierbüchse f, Stauferbüchse f
тавро n (Led) Brandzeichen n
тавровый T-förmig, T- (z. B. T-Stahl)
таган m/газовый Gaskocher m
таз m 1. Becken n, Schüssel f; 2. (Text) Kanne f, Spinnkanne f ‖ ~/кокономотальный (Text) Kokonhaspelbecken n (Seidengewinnung)
тазик m (Text) Vliesschüssel f, Vliesmulde f
таймаут m (Inf) Zeitsperre f
таймер m 1. Timer m, Schaltuhr f; Zeit[impuls]-geber m; Programmgeber m; 2. Zeitmeßgerät n ‖ ~/интервальный Intervallzeitgeber m, Zeitgeber m, Intervalltimer m ‖ ~/электронный elektronischer Zeitgeber (Zeitschalter) m
тайфун m (Meteo) Taifun m
такан m (Rad) Tacan-Verfahren, System n Tacan
такелаж m (Schiff) Takelage f, Takelung f ‖ ~/бегучий laufendes Gut n (Takelage) ‖ ~/стоячий stehendes Gut n (Takelage)
таксация f Abschätzung f, Taxation f, Taxierung f ‖ ~/лесная (Forst) Holzmeßkunde f, Baummeßkunde f ‖ **насаждения** (Forst) Bestandsschätzung f, Bestandsaufnahme f
такси (Kfz) Taxi n, Taxe f ‖ ~/грузовое Gütertaxi n ‖ ~/маршрутное Linientaxi n ‖ ~ с радиотелефоном Funktaxi n
таксировать abschätzen, taxieren
таксометр m Taxameter n(m), Fahrpreisanzeiger m; Zähluhr f
таксофон m Münzfernsprecher m
такт m 1. (Mech) Takt m; 2. (Ak) Takt m, Zeitmaß n; 3. (Kfz) Takt m, Hub m (Verbrennungsmotor) ‖ ~ впуска (Kfz) Einlaßtakt m ‖ ~ всасывания (Kfz) Ansaugtakt m, Ansaughub m ‖ ~/второй (Kfz) Verdichtungstakt m, Verdichtungshub m ‖ ~ выпуска 1. (Fert) Herstellzeit f, Herstellfrequenz f; 2. (Kfz) Ausstoßtakt m, Ausstoßhub m ‖ ~ опроса (Inf) Abfragetakt m ‖ ~/основной 1. (El) Haupttakt m; 2. (Kfz) Haupttakt m, Verbrennungshub m ‖ ~ отсчёта (Inf) Abtasttakt m ‖ ~/первый (Kfz) Ansaugtakt m, Ansaughub m ‖ ~/переменный variabler Takt m ‖ ~ печати (Inf) Drucktakt m ‖ ~/постоянный fester Takt m ‖ ~/рабочий 1. (Fert) Arbeitstakt m, Arbeitsgang m; 2. (Kfz) Arbeitstakt m, Arbeitshub m ‖ ~ расширения s. ~/рабочий 2. ‖ ~ сжатия (Kfz) Verdichtungstakt m, Verdichtungshub m ‖ ~ считывания s. ~ отсчёта ‖ ~/третий s. ~/рабочий 2. ‖ ~ управления (El) Steuerungstakt m ‖ ~/холостой Leertakt m ‖ ~/чередующий Wechseltakt m ‖ ~/четвёртый s. ~ выпуска 2. ‖ ~/эталонный Bezugstakt m
тактирование n Taktgeber n, Taktgabe f

тактированный getaktet
тактность f (Kfz) Taktzahl f (Verbrennungsmotor)
талассократон m s. кратон/океанский
таленит m (Min) Thalenit m (Yttriummineral)
талер m (Typ) 1. Drucktisch m, Druckfundament n, Arbeitsplatte f, Platte f, Formbett n; 2. Heftsattel m, Anlegetisch m (Heftmaschine)
тали fpl (Schiff) Talje f, Hubzeug m ‖ ~/грузовые Lade[läufer]talje f ‖ ~/двухшкивные zweifach geschorene Talje f, zweischeibige Talje f ‖ ~/дифференциальные Differentialflaschenzug m ‖ ~/механические Kettenflaschenzug m ‖ ~/ручные (Schiff) Handtalje f ‖ ~/топенантные Hangertalje f ‖ ~/трёхшкивные dreifach geschorene Talje f, dreischeibige Talje f ‖ ~/червячные Schraubenflaschenzug m ‖ ~/четырёхшкивные vierfach geschorene Talje f, vierscheibige Talje f ‖ ~/шестерённые Stirnradflaschenzug m ‖ ~/шлюпочные Bootstalje f
талик m (Geol) Auftauboden m
таллиевый (Ch) Thallium...
таллий m (Ch) Thallium n, Tl
талреп m (Schiff) Taljereep n ‖ ~/винтовой Spannschraube f ‖ ~/тросовый Binderrep n, Taljenreep n
таль f Flaschenzug m ‖ ~/пневматическая Druckluftthebezug m ‖ ~/ручная Handflaschenzug m
тальбот m Talbot n, Lumensekunde f, lms
тальвег m (Hydrol, Geol) Talweg m (Verbindungslinie der tiefsten Stellen eines Flußbetts oder eines Tals)
тальк m (Min) Talk m; Speckstein m
тамбур m 1. (Bw) Tambour m (zylindrischer oder vieleckiger Sockel einer Kuppel); 2. (Bw) Windfang m; 3. (Schiff) Vorraum m; 4. s. ~ вагона; 5. (Pap) Aufwickeltrommel f, Tambourwalze f ‖ ~ вагона (Eb) Vorraum m (Reisezugwagen), Einstiegraum m ‖ ~ холодильной камеры Kälteschleuse f
тампонаж m (Bgp) Abdichten n, Abdichtung f, Tamponieren n, Zementieren n, Zementierung f ‖ ~ скважин Tamponieren n mit Zement, Zementieren n (Erdölbohrungen)
тампонажный Abdichtungs...
тампонирование n s. тампонаж
тампонировать (Bgp) abdichten, zementieren, tamponieren (Bohrlöcher)
тангаж m 1. (Aero) Längsneigung f; Nicken n; 2. (Hydr) Stampfen n, Stampfbewegung f
тангенс m (Math) Tangens m ‖ ~/гиперболический Hyperbeltangens m, Tangens m hyperbolicus, tan h
тангенс-буссоль m (El) Tangentenbussole f, Tangensbussole f
тангенс-гальванометр m (El) Tangentengalvanometer n
тангенсоида f (Math) Tangentenkurve f, Tangenslinie f
тандем m Tandem n ‖ ~/сдвоенный Doppeltandem n
тандем-двигатель m Tandemmotor m, Zwillingsmotor m
тандем-машина f Tandemmaschine f
тандем-насос m Tandempumpe f
тандем-шпуледержатель m (Text) Tandem-Spulenhalter m

танзанит *m (Min)* Tansanit *m (Zoisitvarietät)*
танид *m (Led)* pflanzlicher Gerbstoff *m*
танидоносный *(Ch)* gerbstoffhaltig
танин *m (Ch)* Tannin *n*, Gallusgerbsäure *f*
танк *m* 1. Tank *m (s. a. unter* цистерна 2.*)*; 2. *(Mil)* Panzer *m* ‖ ~/**балластный** *(Schiff)* Ballasttank *m* ‖ ~/**бродильный** Gärtank *m* ‖ ~/**горизонтальный** liegender Tank *m* ‖ ~/**грузовой** *(Schiff)* Ladetank *m* ‖ ~/**жировой** Fischöltank *m (Fischverarbeitungsschiff)* ‖ ~/**кислородный** *(Schw)* Tankbehälter *m* für flüssigen Sauerstoff ‖ ~/**напорный** Drucktank *m* ‖ ~/**разливной** Abfülltank *m* ‖ ~/**флотационный** *(Brau)* Flotationstank *m (Würze)* ‖ ~/**центральный** Mitteltank *m (Tankschiff)*
танкер *m* Tanker *m*, Tankschiff *n* ‖ ~/**большой крупнотоннажный** Groß-Supertanker *m*, Supergroßtanker *m (über 500 000 tdw)* ‖ ~/**крупнотоннажный** Großtanker *m*, Supertanker *m* ‖ ~ **ледового плавания** Tanker *m* für Eisfahrt ‖ ~/**нефтяной** Öltanker *m*, Öltankschiff *n* ‖ ~/**подводный** Unterwassertanker *m* ‖ ~/**речной** Flußtanker *m*, Flußtankschiff *n* ‖ ~/**сверхкрупный** *s.* ~/**крупнотоннажный** ‖ ~/**экологически чистый** ökologisch sauberer Tanker *m*
танкер-газовоз *(Schiff)* Flüssiggastanker *m*
танкер-заправщик *m* Versorgungstanker *m*
танкер-продуктовоз *m* Produktentanker *m*
танкер-рудовоз *m* Öl-Erz-Frachter *m*
танкер-снабженец *m* Versorgungstanker *m*
танкетка *f (Masch)* Rollenumlaufelement *n*
танк-охладитель *m*/**молочный** Milchkühlbehälter *m*, Milchkühlwanne *f*
таннид *m s.* танид
таннин *m s.* танин
тантал *m (Ch)* Tantal *n*, Ta
танталит *m (Min)* Tantalit *m*
тапиолит *m (Min)* Tapiolit *m (Mineral seltener Erden)*
ТАР *s.* теория автоматического регулирования
тара *f* 1. Verpackung *f*, Tara *f*; 2. Verpackungsmittel *n*, Packmitte *n*, Versandgefäße *npl*; 3. Leergewicht *n*; Eigenmasse *f (Fahrzeug)* ‖ ~/**возвратная** wiederverwendbarer Behälter *m*, wiederverwendbare Verpackung *f* ‖ ~/**герметическая** hermetische Verpackung *f* ‖ ~/**групповая** Sammelverpackung *f* ‖ ~/**инвентарная** *s.* ~/**возвратная** ‖ ~/**межоперационная** Zwischentransportbehälter *m* ‖ ~/**многооборотная** Mehrwegeverpackung *f* ‖ ~/**обратная** Leihverpackung *f* ‖ ~/**плотная** Transportbehälter *m* ‖ ~/**порожняя** Leergut *n*, Leerverpackung *f* ‖ ~/**потребительская** Verbraucherverpackung *f* ‖ ~/**разовая** Einwegverpackung *f* ‖ ~/**стеклянная** Verpackungsglas *n* ‖ ~/**транспортная** Transportverpackungsmittel *n*
таран *m* Ramme *f*, Rammbock *m*
тара-спутник *f* technologischer Behälter *m*, Begleitbehälter *m*, Aufnahmebehälter *m*
тарелка *f* 1. Teller *m*; 2. *(Ch)* Boden *m*, Kolonnenboden *m (Destillation)*; 3. *(El)* Teller *m*, Schirm *m (des Isolators)* ‖ ~/**буферная** *(Eb)* Pufferteller *m* ‖ ~/**вентильная** *(Ch)* Ventilboden *m (Destillation)* ‖ ~/**высевающая** *(Lw)* Streuscheibe *f (Düngerstreuer)* ‖ ~/**действительная** *s.* ~/**реальная** ‖ ~/**дырчатая** *(Ch)* gelochter Austauschboden *m*, Siebboden *m (Destillation)* ‖ ~/**идеальная** [**ректификационная**] *s.* ~/**теоретическая** ‖ ~ **клапана** Ventilteller *m (Verbrennungsmotor; Hubkolbenverdichter; Kolbenpumpe)* ‖ ~ **клапанной пружины** Ventilfederteller *m (Hubkolbenmaschine)* ‖ ~/**колонны** *(Ch)* Kolonnenboden *m*, Boden *m (Destillation)* ‖ ~/**колпачковая** *(Ch)* Glockenboden *m (Destillation)* ‖ ~/**кольцевая** *(Ch)* Ringboden *m*, ringförmiger Rektifizierboden *m* ‖ ~/**провальная** *(Ch)* dynamischer Boden *m (einer Rektifizierkolonne)* ‖ ~ **пружины** *(Masch)* Federteller *m* ‖ ~/**распределительная** Verteilungsteller *m*, Streuteller *m* ‖ ~/**реальная** *(Ch)* praktischer (wirklicher) Boden *m (einer Rektifizierkolonne)* ‖ ~/**решётчатая** *(Ch)* Gitterboden *m* ‖ ~/**ситчатая** *(Ch)* Siebboden *m* ‖ ~/**теоретическая** [**ректификационная**] *(Ch)* theoretischer Boden *m* ‖ ~/**фонтанирующая** *(Ch)* Sprudelboden *m (Destillation)*
тарирование *n* Tarieren *n (Waage)*
тарировать tarieren *(Waagen)*
тариф *m* 1. Tarif *m*; 2. Gebührensatz *m*, Gebühr *f*, Tarif *m*; 3. *(Eb)* Tarif *m*, Fracht *f* ‖ ~/**авиационный** Luftverkehrstarif *m* ‖ ~/**автомобильный** (**автотранспортный**) Kraftverkehrstarif *m* ‖ ~/**багажный** Gepäcktarif *m* ‖ ~/**биноминальный** Grundgebührentarif *m* ‖ ~/**грузовой** Gütertarif *m* ‖ ~ **для мелких отправок** Stückguttarif *m* ‖ ~/**дневной** 2. Tagesgebühr *f* ‖ ~/**железнодорожный** Eisenbahntarif *m* ‖ ~/**исключительный** Ausnahmetarif *m* ‖ ~/**льготный** ermäßigter (verbilligter) Tarif *m* ‖ ~/**местный** Nahverkehrstarif *m* ‖ ~/**ночной** 1. Nachttarif *m*; 2. Nachtgebühr *f* ‖ ~/**общий** Regeltarif *m*, Normaltarif *m* ‖ ~/**оптовый** Pauschaltarif *m* ‖ ~/**пассажирский** Personentarif *m* ‖ ~/**перерасходный** Überverbrauchstarif *m* ‖ ~/**повагонный** Wagenladungstarif *m* ‖ ~/**покилометровый** Kilometertarif *m*, Tarif *m* pro Kilometer ‖ ~/**пригородный** Vororttarif *m* ‖ ~/**скидочный** Staffeltarif *m* ‖ ~/**транспортный** Transporttarif *m*
тарификация *f* Gebührenerfassung *f*
тарифицировать Gebühren erfassen
тароматериал *m* Verpackungsmaterial *n*, Verpackungsmittel *n*
тартрат *m (Ch)* Tartrat *m*
таста *f* Taste *f*
тастатура *f* Tastensatz *m*, Tastatur *f* ‖ ~/**цифровая** Zifferntastatur *f*
тастатурный 1. Tastatur…; 2. *(Nrt)* Tastwahl…
тау-мезон *m s.* каон
тауметр *m* Taumeter *m*, §t§-Meter *n*
таутозональный tautozonal
таутомер *m (Ch)* Tautomer *n*, tautomere Form *f*
таутомеризация *f (Ch)* Tautomerisierung *f*
таутомерия *f (Ch)* Tautomerie *f* ‖ ~/**валентная** Valenztautomerie *f* ‖ ~/**кетоенольная** Keto-Enol-Tautomerie *f* ‖ ~/**прототропная** Prototropie *f* ‖ ~ **связи** Bindungstautomerie *f*
таутомерный tautomer
таутохронизм *m (Ph)* Tautochronismus *m*
тафрогенез *m (Geol)* Taphrogenese *f*
тафтинг-машина *m (Text)* Tuftingmaschine *f*
тахеометр *m (Geod)* Tachymeter *n*, Tacheometer *n* ‖ ~/**буссольный** Tachymeterbussole *f* ‖ ~/**круговой** Kreistachymeter *n*

тахеометрия *f (Geod)* Tachymetrie *f*
тахигидрит *m (Min)* Tachyhydrit *m*, Tachhydrit *m (Salzmineral)*
тахиметр *m* s. тахеометр
тахиметрия *f* s. тахеометрия
тахисейсмический *(Geol)* tachyseismisch
тахогенератор *m (El)* Tacho[meter]generator *m*, Tacho[meter]maschine *f* ǁ ~/асинхронный Asynchrontachogenerator *m* ǁ ~/индукционный Induktionstachogenerator *m* ǁ ~/магнитоэлектрический Tachogenerator *m* mit Dauermagnet ǁ ~ переменного тока Wechselstromtachogenerator *m* ǁ ~ постоянного тока Gleichstromtachogenerator *m* ǁ ~/синхронный Synchrontachogenerator *m*
тахограмма *f* Tachogramm *n*
тахограф *m* Tachograph *m*, Drehzahlschreiber *m*; Fahrtschreiber *m*
тахомашина *f* s. тахогенератор
тахометр *m* Tachometer *n*, Drehzahlmesser *m*, Geschwindigkeitsmesser *m* ǁ ~/воздушный s. ~/пневматический ǁ ~/генераторный Tacho[meter]generator *m*, Tacho[meter]maschine *f* ǁ ~/гидравлический Flüssigkeitstachometer *n* ǁ ~/дистанционный Ferndrehzahlmesser *m*, Ferntachometer *n* ǁ ~/жидкостный s. ~/гидравлический ǁ ~/импульсный Impulstachometer *n* ǁ ~/индукционный Induktionstachometer *n*, Wirbelstromtachometer *n*, Wirbelstromdrehzahlmesser *m* ǁ ~/контактный Kontakttachometer *n* ǁ ~/радиоактивный radioaktiver Drehzahlmesser *m*, radioaktives Tachometer *n (berührungsfreie Drehzahlmessung mittels Beta- oder Gammastrahlen)* ǁ ~/резонансный Resonanztachometer *n* ǁ ~/центробежный Fliehkrafttachometer *n*, Fliehkraftdrehzahlmesser *m* ǁ ~/электрический elektrisches Tachometer *n*, Elektrotachometer *n*
тахометрический tachometrisch, Tachometer...
тачка *f* Karre *f*, Karren *m*
таяние *n* Tauen *n*; Schmelzen *n*, Abtauen *n (Eis, Schnee)* ǁ ~ ледника *(Geol)* Gletscherabschmelzung *f*
ТБ s. тралбот
ТВ s. телевидение
ТВД s. 1. турбина высокого давления; 2. двигатель/турбовинтовой
твердение *n* Härten *n*; *(Bw)* Erhärten *n*, Erhärtung *f*, Erstarren *n (Beton)*; *(Met, Gieß)* Aushärten *n*, Erhärten *n*, Verfestigen *n (Legierungen, Formstoffe)* ǁ ~ бетона *(Bw)* Betonerhärtung *f* ǁ ~/быстрое *(Bw)* Frühhochfestmachen *n (Beton)* ǁ ~/гидравлическое *(Bw)* hydraulische Erhärtung *f (Beton)* ǁ ~/горячее *(Gieß)* Warmaushärten *n*, Warmaushärtung *f (Kernformstoff)* ǁ ~/дисперсионное *(Met)* Ausscheidungshärten *n*, Alterungshärten *n*, Aushärten *n*, Aushärtung *f* ǁ ~/негидравлическое *(Bw)* nichthydraulische Erhärtung *f* ǁ ~/нормальное *(Bw)* Normalerhärtung *f* ǁ ~ при закалке *(Met)* Abschreckhärtung *f* ǁ ~ при отпуске *(Met)* Anlaßhärtung *f* ǁ ~/ускоренное *(Bw)* Schnellerhärtung *f* ǁ ~/холодное *(Gieß)* Kaltaushärten *n*, Kaltaushärtung *f (Kernformstoff)*
твердеть härten, hart werden; *(Bw)* erstarren, erhärten *(Beton)*; *(Met, Gieß)* aushärten *(Legierungen, Formstoffe)*

твердокристаллический fest-kristallin
твердомер *m* Härtemeßgerät *n*, Härtemesser *m*
твердопластический fest-plastisch
твердосемянность *f (Lw)* Hartschaligkeit *f (Saatgut)*
твердосемянный *(Lw)* hartschalig *(Saatgut)*
твердосплавный Hartmetall...
твёрдость *f (Wkst)* Härte *f*; Festigkeit *f* ǁ ~/абразивная Schleifhärte *f* ǁ ~/вторичная Anlaßhärte *f* ǁ ~/маятниковая Pendelhärte *f (Pendelhärteprüfung nach Herbert)* ǁ ~/минеральная mineralische Härte *f* ǁ ~ на вдавливание Eindringhärte *f* ǁ ~ на истирание Schleifhärte *f* ǁ ~ по Бринеллю Härtezahl *f* nach Brinell, Kugeldruckhärte *f*, HB ǁ ~ по Вайцману Kugelschuhhärte *f* nach Waitzmann, Waitzmann-Härte *f* ǁ ~ по вдавливанию Eindringhärte *f* ǁ ~ по Виккерсу Vickers-Härte *f*, HV ǁ ~ по Герберту Pendelhärte *f (Pendelhärteprüfung nach Herbert)* ǁ ~ по Гродзинскому Härtegrad *m* nach Grodzinski ǁ ~ по Кнупу Knoop-Härte *f*, Härtegrad *m* nach Knoop ǁ ~ по Людвику Ludwik-Härte *f*, Härtegrad *m* nach Ludwik ǁ ~ по Мартенсу Martens-Härte *f*, Ritzhärte *f (nach Martens)* ǁ ~ по Мейеру Meyer-Härte *f*, Härtegrad *m* nach Meyer ǁ ~ по Моосу Mohs-Härte *f*, Härtegrad *m* nach Mohs ǁ ~ по Польди Poldi-Härte *f* ǁ ~ по Роквеллу Rockwell-Härte *f*, Härtegrad *m* nach Rockwell, HR ǁ ~ по склероскопу s. ~/склероскопическая ǁ ~ по царапанию Ritzhärte *f* ǁ ~ по шкале Бринелля s. ~ по Бринеллю ǁ ~ по шкале Виккерса s. ~ по Виккерсу ǁ ~ по шкале Мооса s. ~ по Моосу ǁ ~ по шкале Роквелла s. ~ по Роквеллу ǁ ~ по Шору Shore-Härte *f*, SH, Rücksprunghärte *f*, Skleroskophärte *f* ǁ ~/природная Naturhärte *f (z. B. eines Stahls)* ǁ ~ режущей кромки *(Wkz)* Schneidenhärte *f* ǁ ~/склерометрическая Ritzhärte *f*, Ritzhärte *f (nach Martens)* ǁ ~/склероскопическая s. ~ по Шору ǁ ~/средняя Mittelhärte *f* ǁ ~/ударная Schlaghärte *f*, Kugelschlaghärte *f*
твердотельный Festkörper...
твердотянутый *(Met)* hartgezogen
твердофазный Festphasen... *(Halbleiter)*
твёрдый 1. hart, Hart...; steif; 2. fest *(Lösung)*; 3. *(Forst)* kernfest *(Stammholz)* ǁ ~/весьма sehr hart ǁ ~/чрезвычайно äußerst hart
твиндек *m (Schiff)* Zwischendeck *n*
твиндечный *(Schiff)* Zwischendecks...
твистлок *m (Schiff)* Twistlock-Element *n (Containerzurrung)*
твистор *m (Eln)* Twistor *m*
ТВО s. обработка/тепловлажностная
творило *n (Bw)* Mörteltrog *m*, Mörtelkasten *m*; Mörtelgrube *f*
ТВП s. воздухоподогреватель/трубчатый
ТВЧ s. ток высокой частоты
ТВЭЛ s. элемент/тепловыделяющий
ТГ s. турбогенератор
ТГА s. анализ/термогравиметрический
ТД s. диод/туннельный
ТДТ s. динамика трения/тепловая
текс *(Text)* tex *(Maßeinheit für die Faser- und Fadenfeinheit)*
текст *m*/закодированный *(Inf)* kodierter Text *m* ǁ ~/открытый *(Inf)* Klartext *m* ǁ ~/провероч-

ный *(Inf)* Prüftext *m* II ~ **программы** *(Inf)* Programmtext *m*
текстура *f* 1. *(Krist, Min, Geol)* Textur *f*; 2. *(Holz)* Maserung *f* II ~/**атакситовая** *(Geol)* ataxitische (irreguläre) Textur *f* II ~/**беспорядочная** *(Geol)* richtungslose Textur *f* II ~/**волокнистая** faserige Textur *f* II ~/**волокнисто-линзовидная** faserig-lentikulare Textur *f* II ~/**глазковая** *(Geol)* Augentextur *f* II ~/**гнейсов[идн]ая** *(Geol)* Gneistextur *f* II ~/**динамофлюидальная** *(Geol)* dynamofluidale Textur *f* II ~ **древесины** *(Holz)* Maserung *f* II ~/**друз[ит]овая** *(Min)* Drusentextur *f*, miarolithische Textur *f* II ~/**кавернозная** *(Geol)* kavernöse Textur *f* II ~/**кокардовая** *(Min)* Kokardentextur *f* II ~/**кокколитовая** *(Min)* kokkolithische Textur *f* II ~/**конгломератовидная** *(Min)* konglomeratische Textur *f* II ~/**конкреционная** *(Min)* Konkretionsstruktur *f* II ~ «**конус в конус**» *s.* ~/**фунтиковая** II ~/**концентрически-скорлуповатая** *(Geol)* konzentrischschalige (zwiebelschalige) Textur *f*, Zwiebelstruktur *f* II ~/**кристаллическая** Kristalltextur *f* II ~/**кубическая** *(Min)* Würfeltextur *f* II ~/**ленточная** *s.* ~/**полосатая** II ~/**линейно-параллельная** *(Geol)* linear-parallele Textur *f* II ~/**листоватая** *(Geol)* blättrige (lamellare) Textur *f* II ~/**массивная** *(Geol)* kompakte Textur *f* II ~/**метафлюидальная** *(Geol)* metafluidale Textur *f* II ~/**миаролитовая** *s.* ~/**друз[ит]овая** II ~/**миндалекаменная** *(Geol)* Mandelsteintextur *f* II ~/**молекулярная** molekulare Textur *f* II ~/**монетная** *(Min)* Münzentextur *f* II ~/**неправильно-такситовая** *(Geol)* ataxitische (irreguläre) Textur *f* II ~/**ограниченная** *(Krist)* begrenzte (unvollständige) Textur *f* II ~/**орбикулярная** *(Geol)* orbikulare Textur *f* II ~/**отливки** *(Krist)* Gußtextur *f* II ~/**оцеллярная (очковая)** Augentextur *f* II ~/**параллельная** *(Geol)* Paralleltextur *f* II ~/**параллельно-такситовая** *s.* ~/**полосатая** II ~/**пелитовая** *(Geol)* pelitische Textur *f* II ~/**пемзовая** *(Geol)* Bimssteintextur *f* II ~/**пещеристая** *(Geol)* kavernöse Textur *f* II ~/**плойчатая** *(Geol)* gefältelte Textur *f* II ~/**плоскопараллельная** *(Geol)* planparallele Textur *f* II ~/**полос[ч]атая** *(Geol)* Streifentextur *f*, Bändertextur *f*, Lagentextur *f* II ~/**пористая** *(Geol, Min)* porige (poröse) Textur *f* II ~ **проката** *(Krist, Wlz)* Walztextur *f* II ~ **протяжки** *Krist)* Ziehtextur *f* II ~/**пузыристая** *(Geol)* Blasentextur *f* II ~/**пьезоэлектрическая** *(Krist)* piezoelektrische Textur *f* II ~ **пятнистая** *(Geol)* fleckige Textur *f* II ~ **рекристаллизации** Rekristallisationstextur *f* II ~ **роста** *(Krist)* Wachstumstextur *f* II ~ **руд/пузыристая** *(Geol)* blasige (schlackenartige) Textur *f* II ~/**свилеватая** *s.* ~/**флазерная** II ~/**сланцеватая** schieferige Textur *f* II ~/**слоистая** *(Geol)* Schichttextur *f*, geschichtetes Gefüge *n* II ~/**стекловолокнистая** *(Krist)* Glasfasertextur *f* II ~/**сфероид[аль]ная** *(Geol)* sphäroidale Textur *f* II ~/**сферотакситовая** *(Geol)* sphäroidaltaxitische Textur *f* II ~/**такситовая** *(Geol)* taxitische Textur *f* II ~/**течения** *s.* ~/**флюидная** II ~/**флазерная** *(Geol)* Flasertextur *f*, Flaserschichtung *f* II ~/**флюидальная** *(Geol)* Fluidaltextur *f*, Fließtextur *f* II ~/**фунтиковая** *(Geol)* Tütentextur *f*, Cone-in-cone-Textur *f* II ~/**шаровая** *(Geol)* Kugeltextur *f*, kugelige

Textur *f* II ~/**шлаковая** *(Geol)* schlackige Textur *f*, Brotkrustentextur *f* (an der Oberfläche vulkanischer Bomben) II ~/**шлаковидная** *s.* ~ **руд/пузыристая** II ~/**шлировая** *(Geol)* Schlierentextur *f*, schlierige Textur *f* II ~/**эвтакситовая** *(Geol)* eutaxitische Textur *f* II ~/**ячеистая** *(Geol)* zellige Textur *f*
текстурирование *n (Geol, Krist, Text)* Texturierung *f*, Texturieren *n* II ~/**аэродинамическое** *(Text)* Düsentexturieren *n* II ~ **в процессе формования** *(Text)* Spinntexturieren *n* II ~ **с вытяжкой/совмещённое** *(Text)* Recktexturieren *n*
текстурированный texturiert
тектит *m (Min)* Tektit *m*, Glasmeteorit *m*
тектогенез *m (Min)* Tekto[no]genese *f*
тектоника *f (Geol)* Tektonik *f*; Geotektonik *f* II ~/**архитектурная** *(Bw)* Tektonik *f* II ~ **плит** *(Geol)* Plattentektonik *f* II ~/**трещинная** *(Geol)* Klufttektonik *f*
тектоносфера *f (Geol)* Tektonosphäre *f (Bereich des Erdkörpers, in dem die tektonischen Prozesse ablaufen)*
тектонофизика *f* Tektonophysik *f*
тектосиликаты *mpl (Min)* Tektosilikate *npl (Gerüstgittertypus)*
текучесть *f* 1. [plastisches] Fließen *n (Werkstoffe)*; 2. Fließverhalten *n*, Fließeigenschaften *fpl*; 3. *(Hydrom)* Fluidität *f*, Fließvermögen *n (Kehrwert der Viskosität)* II ~ **грунта** Bodenfließen *n*
текучий leichtflüssig, dünnflüssig
телевещание *n* Fernübertragung *f*
телевидение *n* Fernsehen *n*, Television *f* II ~/**вещательное** Unterhaltungsfernsehen *n*, öffentliches Fernsehen *n* II ~/**высококачественное (высокострочное)** *s.* ~/**многострочное** II ~/**кабельное** Kabelfernsehen *n* II ~/**космическое** Satellitenfernsehen *n* II ~/**многострочное** Hochzeilenfernsehen *n*, hochzeiliges Fernsehen *n*, HDTV II ~/**монохромное** Schwarzweißfernsehen *n* II ~/**объёмное** Stereofernsehen *n*, dreidimensionales Fernsehen *n*, 3-D-Fernsehen *n* II ~/**одноцветное** Schwarzweißfernsehen *n* II ~ **по проводам** Kabelfernsehen *n* II ~/**подводное** Unterwasserfernsehen *n* II ~/**прикладное** *s.* ~/**промышленное** II ~/**проекционное** Projektionsfernsehen *n* II ~/**промышленное** industrielles (angewandtes) Fernsehen *n*, Industriefernsehen *n* II ~/**объёмное** II ~/**стереоскопическое** *s.* ~/**объёмное** II ~/**стереоцветное** Stereofarbfernsehen *n* II ~/**учебное** Bildungsfernsehen *n* II ~/**цветное** Farbfernsehen *n* II ~/**чёрно-белое** *s.* ~/**одноцветное**
телевизор *m* Fernseh…
телевизор *m* Fernsehempfänger *m*, Fernseh[empfangs]gerät *n*, Fernseher *m* II ~ **высшего класса/цветной** Super-Color-Fernsehgerät *n* II ~/**консольный** Fernsehstandempfänger *m* II ~/**контрольный** Kontrollbildempfänger *m*, Fernsehkontrollempfänger *m*, Monitor *m* II ~/**настольный** Tisch[empfangs]empfänger *m*, Fernsehtischempfänger *m* II ~/**портативный** tragbarer Fernsehempfänger *m*, Kofferfernsehgerät *n* II ~/**проекционный** Projektions[fernseh]empfänger *m*, Fernsehprojektionsempfänger *m* II ~ **пря-**

телевизор

мого видения Direktsichtempfänger *m* ‖ **~/цветной** Farbfernsehempfänger *m* ‖ **~/чёрно-белый** Schwarzweiß[fernseh]empfänger *m* ‖ **~/шкафной** Fernsehtruhe *f*
телевыключатель *m (El)* Fernausschalter *m*
телега *f* Karren *m*, Wagen *m*; Fuhrwerk *n*
телеграмма *f* Telegramm *n* ‖ **~/внутренняя** Inlandstelegramm *n* ‖ **~/международная** Auslandstelegramm *n* ‖ **~ «молния»** Blitztelegramm *n* ‖ **~/срочная** dringendes Telegramm *n*
телеграф *m (Nrt)* 1. Telegraph *m*; 2. Telegraphenverkehr *m*, Telegraphendienst *m*; 3. Telegraphenamt *n* • **по телеграфу** telegraphisch ‖ **~/абонентский** Teilnehmerfernschreibverkehr *m* ‖ **~/буквопечатающий** Fernschreiber *m* ‖ **~/железнодорожный** Eisenbahntelegraph *m* ‖ **~/машинный** Maschinentelegraph *m* ‖ **~/стартстопный** Start-Stopp-Fernschreiber *m*
телеграфирование *n (Nrt)* 1. Telegraphieren *n*, Fernschreiben *n*; 2. Telegraphie *f*, Telegraphiebetrieb, Fernschreibdienst *m* ‖ **~/абонентское** Teilnehmer[fernschreib]verkehr *m* ‖ **~/встречное** Duplextelegraphiebetrieb *m* ‖ **~/высокочастотное** Trägerfrequenztelegraphie *f*, trägerfrequente Wechselstromtelegraphie *f*; Hochfrequenztelegraphie *f* ‖ **~/двухполюсное** Doppelstromtelegraphie *f* ‖ **~/дуплексное** Duplextelegraphiebetrieb *m* ‖ **~/многократное** Mehrfachtelegraphie *f* ‖ **~ на несущих частотах** Trägerfrequenztelegraphie *f* ‖ **~/надтональное** Überlagerungstelegraphie *f* ‖ **~/однополюсное** Einfachstromtelegraphie *f* ‖ **~/переменным током** Wechselstromtelegraphie *f*, Wechselstromfernschreiben *n* ‖ **~ по коду Морзе** Morsetelegraphie *f* ‖ **~/подтональное** Überlagerungstelegraphie *f* ‖ **~/постоянным током** Gleichstromtelegraphie *f*, Gleichstromfernschreiben *n* ‖ **~/радиочастотное** *s.* **~/высокочастотное** ‖ **~/симплексное** Simplextelegraphie *f*, Einfachtelegraphie *f*, Simplexbetrieb *m* ‖ **~/тональное** Tonfrequenztelegraphie *f* ‖ **~/частотное** Trägerfrequenztelegraphie *f*
телеграфировать *(Nrt)* telegraphieren
телеграфия *f (Nrt)* 1. Telegraphie *f*, Telegraphiebetrieb *m*, Fernschreibdienst *m (s. a. unter* телеграфирование*)*; 2. Telegraphentechnik *f*, Fernschreibtechnik *f* ‖ **~/беспроволочная** leitungslose Telegraphie *f*, Funktelegraphie *f* ‖ **~/проводная** Leitungstelegraphie *f* ‖ **~/факсимильная** Faksimiletelegraphie *f*
теледатчик *m (Reg)* Ferngeber *m*
тележечный Drehgestell...
тележка *f* 1. Wagen *m*, Karre *f*, Karren *m*; 2. *(Eb)* Fahrgestell *n*, Gestell *n*; Drehgestell *n*; 3. Katze *f*, Laufkatze *f (Kran)*; 4. *(Lw)* Fahrwerk *n (Beregnungsmaschine)* ‖ **~/автоматизированная** *(Masch)* Transportroboter *m* ‖ **~/аккумуляторная** Elektrokarren *m* ‖ **~/багажная** Gepäckwagen *m* ‖ **~/бегунковая** *(Eb)* Laufdrehgestell *n*; Lenkgestell *n* ‖ **~/безлючная** *(Eb)* wiegenloses Drehgestell *n* ‖ **~/бесрельсовая** 1. nichtschienengebundener Wagen *n*; 2. nichtschienengebundenes Fahrgestell *n* ‖ **~/бесчелюстная** *(Eb)* achslastloses Drehgestell *n* ‖ **~/буксировочная** Schleppwagen *m (für Schiffsmodellversuche)* ‖ **~/буровая** *(Bgb)* Bohrwagen *m* ‖ **~/вагонная** *(Eb)* Wagendrehgestell *n* ‖ **~/ведомая самоходная** Gehlenkungskarren *m* ‖ **~/верхняя** Oberwagen *m* ‖ **~/весовая бункерная** *(Met)* Bunkerabzugswagen *m*; Möllerwagen *m* ‖ **~/вспомогательная** *(Förd)* Hilfslaufkatze *f* ‖ **~/главная** 1. *(Eb)* Hauptfahrgestell *n*; 2. *(Förd)* Hauptlaufkatze *f* ‖ **~/грейферная** *(Förd)* Greiferkatze *f* ‖ **~/грузовая** 1. Lastkarre *f (als Sammelbegriff für Sackkarre, Elektrokarren usw.)*; 2. Laufkatze *f*, Krankatze *f* ‖ **~/грузового вагона** *(Eb)* Güterwagendrehgestell *n* ‖ **~/грузоподъёмная** Laufkatze *f*, Krankatze *f* ‖ **~/двухосная** *(Eb)* zweiachsiges Drehgestell *n* ‖ **~/двухпутная** Zweischienen[lauf]katze *f* ‖ **~/дизельная** Dieselkarren *m* ‖ **~/загрузочная** *(Met)* Beschickungswagen *m*, Begichtungswagen *m*; Chargierwagen *m* ‖ **~/задняя** *(Eb)* nachlaufendes (hinteres) Drehgestell *n* ‖ **~/кабельная** Kabel[transport]wagen *m* ‖ **~/ковша** *(Met)* Pfannenwagen *m*, Gießpfannenwagen *m* ‖ **~/колошниковая** *(Met)* Gichtwagen *m* ‖ **~/крановая** Laufkatze *f (Kran)* ‖ **~ литейного ковша** *(Met)* Gieß[pfannen]wagen *m* ‖ **~/локомотивная** Lokomotivdrehgestell *n* ‖ **~/механическая** Motorkarren *m* ‖ **~/многогусеничная** Mehrraupenfahrwerk *n* ‖ **~/мономоторная** *(Eb)* Monomotor[-Trieb]drehgestell *n*, einmotoriges Drehgestell *n* ‖ **~/монорельсовая** Einschienenlaufkatze *f (Kran)* ‖ **~/моторная** *(Eb)* Triebdrehgestell *n* ‖ **~/напольная** 1. flurgebundener Wagen *m*; 2. flurgebundenes Fahrgestell *n* ‖ **~/несамоходная буксировочная** Schleppwagen *m* ohne Eigenantrieb *(für Schiffsmodellversuche)* ‖ **~/нижняя** Unterwagen *m* ‖ **~/однорельсовая** Einschienenlaufkatze *f (Kran)* ‖ **~/перевалочная** *(Wlz)* Ausbaukatze *f*, Ausbauwagen *m (für Walzen)* ‖ **~/передвижная** Schiebebühne *f* ‖ **~/передне-рамная** *(Holz)* Gatterwagen *m*, Blockwagen *m (Sägegatter)* ‖ **~/подбашенная** Turmfahrwerk *n* ‖ **~/подвижная** Fahrgestell *n* ‖ **~/подъёмная** Hubwagen *m* ‖ **~/приводная** *(Eb)* Triebdrehgestell *n*, angetriebenes Drehgestell *n* ‖ **~/приподнимающая напольная** Hubwagen *m* ‖ **~/прицепная** Anhänger *m* ‖ **~/разливочная** *(Met)* Gießkatze *f* ‖ **~ разливочного ковша** *(Met)* Gieß[pfannen]wagen *m* ‖ **~/ракетная** Raketenschlitten *m* ‖ **~/рельсовая** 1. schienengebundener Wagen *m*; 2. schienengebundenes Fahrgestell *n* ‖ **~/самоходная** 1. selbstfahrendes Fahrgestell *n*, Fahrgestell *n* mit Eigenantrieb; 2. selbstfahrender Wagen *m*, Wagen *m* mit Eigenantrieb; Karren *m* mit Fahrantrieb *(durch Elektro- oder Verbrennungsmotor)*; 3. Transportroboter *m (leitlinien- oder schienengeführt)* ‖ **~/самоходная буксировочная** Schleppwagen *m* mit Eigenantrieb *(für Schiffsmodellversuche)* ‖ **~/самоходная контейнерная** selbstfahrender Containerumsetzwagen *m* ‖ **~/спусковая** *(Schiff)* Slipwagen *m* ‖ **~/стапельная (судовозная)** *(Schiff)* Stapelwagen *m* ‖ **~/трансбордерная** *(Schiff)* Verschiebebühne *f* ‖ **~/трёхосная** *(Eb)* dreiachsiges Drehgestell *n* ‖ **~/узкоколейная** *(Eb)* Schmalspurdrehgestell *n* ‖ **~/ходовая** Fahrgestell *n*; Schlitten *m (hängende Bauweise)* ‖ **~/шлаковая** *(Met)* Schlacken[kübel]wagen *m*

телетекст

тележка-выгружатель f (Met) Bunkerabzugswagen m
тележка-опрокидыватель f (Wlz) fahrbarer Blockkipper m, Blockauflager m
тележка-платформа f с тягачом Roll-Trailer m
тележка-скип f Kippkübel m (Schachtofen)
телеизмерение n Fernmessung f, Telemetrie f ‖ ~/**кодоимпульсное** Pulskodefernmessung f ‖ ~ **на несущей частоте** Trägerfrequenzfernmessung f ‖ ~ **напряжения** (El) Spannungsfernmessung f ‖ ~ **тока** (El) Stromfernmessung f ‖ ~/**частотно-импульсное** Impulsfrequenzfernmessung f ‖ ~ **частоты** (El) Frequenzfernmessung f
телеизмеритель m Fernmeßgerät n
телеизмерительный Fernmeß...
телеиндикатор m Fernanzeigegerät n
телекамера f Fernsehkamera f ‖ ~/**передающая** Fernseh[aufnahme]kamera f ‖ ~/**подводная** Unterwasserfernsehkamera f ‖ ~/**промышленная** Industriefernsehkamera f
телекинопроектор m (TV) Filmabtaster m ‖ ~ **на видиконе** Vidikon[film]abtaster m
телекомандование n (Reg) Fernbefehlsgebung f
телеконтроль m (Reg) Fernkontrolle f, Fernüberwachung f
телекопир m Fernkopierer m
телематика f Telematik f (Kombination aus Telekommunikation und Informatik)
телеметр m Entfernungsmesser m, Entfernungsmeßgerät n
телеметрический Fernmeß...
телеметрия f Fernmessung f, Telemetrie f ‖ ~ **на несущей частоте** Trägerfrequenzfernmessung f
телемеханизация f Telemechanisierung f (Anwendung der Fernwirktechnik)
телемеханика f Fernwirktechnik f
телемеханический Fernwirk...
теленабор m (Typ) Fernsatz m
теленасадка f (Photo, TV) Televorsatz m, Teleaufsatz m
телеоблучение n (Kern) Fernbestrahlung f
телеобработка f [**данных**] (Inf) Datenfernverarbeitung f
телеобъектив m (Photo) Teleobjektiv n
телеотключатель m Fernausschalter m, fernbedienter Ausschalter m
телеотключение n Fernausschaltung f, fernbediente Ausschaltung f
телепередатчик m Fernsehsender m
телепередача f 1. Fernübertragung f; 2. Fernsehübertragung f, Fernsehsendung f ‖ ~ **данных** (Inf) Datenfernübertragung f ‖ ~ **по проводам** Kabelfernsehen n
телепередвижка f Fernsehaufnahmewagen m
телеприёмник m s. телевизор
телепринтер m/**страничный** Blattfernschreiber m
телепускатель m Fernanlasser m
телерегистрация f Fernregistrierung f
телерегулирование n Fernregelung f
телерегулятор m Fernregler m ‖ ~ **напряжения** (El) Spannungsfernregler m
телесейсмика f (Geoph) Teleseismik f, Fernbenuntersuchung f
телесигнал m Fernsehsignal n
телесигнализатор m Fernmelder m
телесигнализация f (Nrt) Fernsignalisierung f ‖ ~/**аварийно-предупредительная** Not- und Warnfernsignalisierung f ‖ ~/**двухпозиционная** Zweistellungsfernsignalisierung f ‖ ~/**многопозиционная** Mehrstellungsfernsignalisierung f ‖ ~/**предупредительная** Warnfernsignalisierung f
телескоп m Teleskop n, Fernrohr n ‖ ~/**астрономический** astronomisches Fernrohr n ‖ ~/**башенный** Turmteleskop n ‖ ~/**вакуумный башенный [солнечный]** Vakuum-Sonnenturm m, Vakuum-Sonnenteleskop n, Vakuum-Turmteleskop n ‖ ~/**вертикальный** Vertikalteleskop n ‖ ~ **Галилея** Galileisches (holländisches) Fernrohr n ‖ ~/**горизонтальный** Horizontalteleskop n ‖ ~/**горизонтальный солнечный** horizontales Sonnenteleskop n ‖ ~/**двойной** Zwillingsteleskop n ‖ ~/**зенитный** Zenitteleskop n ‖ ~/**зеркально-линзовый** Spiegellinsenteleskop n, katadioptrisches Teleskop n ‖ ~/**зеркальный** Spiegelteleskop n ‖ ~/**инфракрасный** Infrarotteleskop n ‖ ~/**кассегреновский** Cassegrain-Teleskop n ‖ ~/**катадиоптрический** s. ~/**зеркально-линзовый** ‖ ~/**космический** Raumteleskop n ‖ ~ **косого падения** Teleskop (Röntgenteleskop) n mit streifendem Einfall, Teleskop (Röntgenteleskop) n mit streifender Inzidenz ‖ ~/**линзовый** Linsenfernrohr n ‖ ~/**любительский** Amateurfernrohr n ‖ ~ **Максутова** Maksutov-Teleskop n, Meniskusteleskop n ‖ ~ **Максутова/менисковый** Meniskusteleskop n nach Maksutov ‖ ~/**мезонный** Mesonenteleskop n ‖ ~/**менисковый** Meniskusfernrohr n, Meniskusteleskop n ‖ ~ **Ньютона/отражательный** s. рефлектор Ньютона ‖ ~/**рентгеновский** Röntgenteleskop n ‖ ~ **Ричи-Кретьена** Ritchey-Chrétien-Teleskop n ‖ ~ **системы Шмидта** Schmidt-Teleskop n, Schmidt-Spiegelteleskop n, Schmidt-Spiegel m ‖ ~/**солнечный** Sonnenteleskop n ‖ ~/**солнечный башенный** Sonnenturm m, Sonnenturmteleskop n ‖ ~/**стратосферный** Ballonteleskop n ‖ ~ **счётчиков** (Kern) Zählrohrteleskop n ‖ ~ **типа Уолтера/рентгеновский** Wolter-Teleskop n ‖ ~/**фотографический** s. астрограф
телескоп-гид m Leit[fern]rohr n
телескопический teleskopisch
телескоп-рефлектор m Reflektor m, Spiegelteleskop n, Spiegelfernrohr n
телескоп-рефрактор m Refraktor m, Linsenfernrohr n
телестереоскоп m Telestereoskop n, Stereofernrohr n
телестудия f Fernsehstudio n
телесчёт m Fernzählung f
телесчётчик m Fernzähler m, Fernzählgerät n ‖ ~ **активной энергии** Wirkarbeitsfernzähler m, Wirkverbrauchsfernzähler m ‖ ~ **реактивной энергии** Blindarbeitsfernzähler m, Blindverbrauchsfernzähler m
телетайп m Fernschreibmaschine f, Fernschreiber m
телетайпный Fernschreib...
телетекс m (Nrt) Bürofernschreiben n, Teletex m
телетекст m (Nrt) Teletext m, Fernsehtext m, Bildschirmtext m, Btx

телетермо́метр *m* Fernthermometer *n*
телеуказа́ние *n* Fernanzeige *f*
телеуказа́тель *m* Fernanzeiger *m*, Fernmelder *m*
телеуправле́ние *n* 1. Fernbedienung *f*, Fernbetätigung *f*; Fernsteuerung *f*; 2. Fernwirktechnik *f*; 3. *(Nrt)* Ferntastung *f*; 4. *(Flg, Rak)* Fernlenkung *f* ‖ ~ **по проводам** Drahtfernsteuerung *f*
телеуправля́емый 1. ferngesteuert; 2. fernbedient; *(Flg, Rak)* ferngelenkt
телеустано́вка *f* Fernsehanlage *f* ‖ ~**/подво́дная** Unterwasserfernsehanlage *f*
телефо́н *m (Nrt)* Telephon *n*, Fernsprecher *m*, Fernsprechapparat *m* • **по телефо́ну** telephonisch, fernmündlich ‖ ~**/автомати́ческий моне́тный** Selbstwählmünzfernsprecher *m* ‖ ~**/автомоби́льный** Autotelephon *n* ‖ ~**/головно́й** Kopfhörer *m* ‖ ~**/капсю́льный** Telephonhörkapsel *f* ‖ ~**/станда́ртный** *s*. ~**/этало́нный** ‖ ~**/стереофони́ческий головно́й** Stereo-Kopfhörer *m* ‖ ~**/электромагни́тный** [elektro-] magnetischer Fernhörer *m* ‖ ~**/этало́нный** Normal[fern]hörer *m*
телефо́н-автома́т *m* Münzfernsprecher *m*
телефо́н-автоотве́тчик *m* [automatischer] Anrufbeantworter *m*
телефони́рование *n (Nrt)* 1. Fernsprechen *n*, Telephonieren *n*; 2. Telephonie *f*, Fernsprechwesen *n* (*s. a. unter* телефония 1.) ‖ ~**/высокочасто́тное** Trägerfrequenztelephonie *f* ‖ ~**/многокана́льное** Mehrkanaltelephonie *f* ‖ ~**/многокра́тное** Mehrfachtelephonie *f* ‖ ~ **на несу́щей частоте́** Trägerfrequenztelephonie *f* ‖ ~**/низкочасто́тное** Niederfrequenztelephonie *f* ‖ ~**/радиочасто́тное** Trägerfrequenztelephonie *f* ‖ ~**/тона́льное** Tonfrequenztelephonie *f* ‖ ~**/часто́тное** Trägerfrequenztelephonie *f*
телефони́ровать telephonieren
телефони́я *f (Nrt)* 1. Telephonie *f*, Fernsprechen *n* (*s. a. unter* телефонирование); 2. Fernsprechtechnik *f* ‖ ~**/автомати́ческая** Selbstwähltelephonie *f* ‖ ~**/беспроволо́чная** drahtlose Telephonie *f*, Funktelephonie *f* ‖ ~**/двухполо́сная** Zweiseitenbandtelephonie *f* ‖ ~**/обиходная** *(Schiff)* Verkehrstelephonanlage *f* ‖ ~**/однополо́сная** Einseitenbandtelephonie *f*, ESB-Telephonie *f* ‖ ~**/служе́бная** Betriebstelephonanlage *f*
телефо́нный 1. Telephon..., telephonisch, fernmündlich; 2. Fernhörer...
телефоногра́мма *f* Fernspruch *m*, fernmündlich durchgegebenes Telegramm *n*
телефотогра́фия *f* Telephotographie *f*
телеце́нтр *m s*. центр/телевизионный
телеэкра́н *m* Bildschirm *m*, Fernseh[bild]schirm *m*
теллу́р *m (Ch)* Tellur *n*, Te
теллурвисмути́т *m (Min)* Tellurbismutit *m*
теллуристокислый *(Ch)* ...tellurit *n*, ...tellurat(IV) *n*; tellurigsauer
теллури́стый *(Ch)* ...tellurid *n*; tellurhaltig
теллури́т *m* 1. *(Ch)* Tellurit *n*, Tellurat(IV) *n*; 2. *(Min)* Tellurit *m*, Tellurocker *m*
теллуровисмути́т *m (Min)* Tellurobismutit *m*
теллуровоки́слый *(Ch)* ...tellurat *n*, ...tellurat(VI) *n*; tellursauer
те́ло *n* 1. Körper *m*; 2. *(Masch, Fert)* Schaft *m* *(Drehmeißel, Schraube, Welle)*; 3. *(Wkz)* Tragkörper *m*, Grundkörper *m (eines Werkzeugs)*; 4.

s. ~**/геометри́ческое** ‖ ~**/абсолю́тно твёрдое** *(Mech)* absolut (idealer, vollkommen) starrer Körper *m*, ideal-starrer Körper *m* ‖ ~**/абсолю́тно упру́гое** *(Mech)* Hookescher Körper *m*, vollkommen (ideal) elastischer Körper *m* ‖ ~**/абсолю́тно чёрное** *(Therm)* ideal (absolut) schwarzer Körper *m*, idealer Temperaturstrahler *m* ‖ ~**/анизотро́пное** *(Ph)* anisotroper Körper *m* ‖ ~**/белко́вое** *(Ch)* Eiweißkörper *m*, Albuminkörper *m* ‖ ~ **быка́** *(Bw)* Pfeilerschaft *m* ‖ ~ **вала́** *(Masch)* Wellenschaft *m* ‖ ~ **ва́лка** *(Wlz)* Walzenkörper *m* ‖ ~ **вкла́дыша** *(Masch)* Schalenkörper *m (Lager)* ‖ ~**/возмуща́ющее** störender Körper *m (Himmelsmechanik)* ‖ ~**/враще́ния** *(Ph)* Drehkörper *m*, Rotationskörper *m*, rotationssymmetrischer Körper *m* ‖ ~**/геометри́ческое** *(Math)* [geometrischer] Körper *m (Stereometrie)* ‖ ~**/гла́дкое** *(Mech)* kantenloser Körper *m* ‖ ~**/дробя́щее** *s.* ~**/мелю́щее** ‖ ~**/жёсткое** *(Mech)* Euklidischer (starrer) Körper *m* ‖ ~**/жёсткопласти́ческое** *(Mech)* starr-plastischer Körper *m* ‖ ~**/интрузи́вное** *(Geol)* Intrusivkörper *m* ‖ ~ **каче́ния** *(Fert)* Wälzkörper *m* ‖ ~ **каче́ния/сфери́ческое** balliger Wälzkörper *m* ‖ ~ **кла́пана** *(Masch)* Ventilkörper *m* ‖ ~ **колеса́** Radkörper *m* ‖ ~**/кра́сящее** Farbkörper *m* ‖ ~ **лопа́тки/промежу́точное** Füllstück *n (Schaufelbefestigung; Dampfturbine)* ‖ ~**/мелю́щее** Mahlkörper *m*, Mahlorgan *n* ‖ ~**/метео́рное** *(Astr)* Meteorkörper *m*, Meteoroid *n* ‖ ~ **нака́ла** *(Licht)* Glühkörper *m* ‖ ~ **нака́ла/винтообра́зное** wendelförmiger Glühkörper *m* ‖ ~**/нача́льное** *(Masch)* Wälzkörper *m (Zahnräder)* ‖ ~**/небе́сное** *(Astr)* Himmelskörper *m* ‖ ~**/неодноро́дное** *(Ph)* heterogener Körper *m* ‖ ~**/непросве́чивающее** lichtundurchlässiger Körper *m* ‖ ~**/несамосветя́щее** nicht selbstleuchtender Körper *m* ‖ ~**/несу́щее** *(Aero)* Auftriebskörper *m* ‖ ~ **о́си** *(Masch)* Achsschaft *m* ‖ ~**/отли́вки** *(Gieß)* Gußkörper *m* ‖ ~ **плоти́ны** *(Hydt)* Wehrkörper *m*, Staumauerkörper *m*, Wehrmauer *f* ‖ ~**/поликристалли́ческое** vielkristalliner (polykristalliner) Körper *m*, Vielkristall *m*, Kristallhaufwerk *n* ‖ ~**/полиме́рное твёрдое** *(Ph)* polymerer Festkörper *m* ‖ ~**/по́лое** *(Math)* Hohlkörper *m* ‖ ~**/по́люса** *(El)* Polkörper *m* ‖ ~**/посторо́ннее** Fremdkörper *m* ‖ ~ **програ́ммы** *(Inf)* Programmrumpf *m* ‖ ~**/прозра́чное** *(Licht)* durchsichtiger (transparenter) Körper *m* ‖ ~**/просве́чивающее** *(Licht)* durchscheinender Körper *m* ‖ ~**/просто́е** *(Ch)* einfacher Stoff (Körper) *m* ‖ ~ **процеду́ры** *(Inf)* Prozedurhauptteil *m*, Rumpf *m* der Prozedur ‖ ~**/рудно́е** *(Geol)* Erzstock *m*, Erzkörper *m* ‖ ~**/самосветя́щееся** selbstleuchtender Körper *m* ‖ ~**/светя́щееся** Leuchtkörper *m*, leuchtende Körper *m* ‖ ~**/се́рое** *(Opt)* grauer Körper *(Strahler)* *m*, Graustrahler *m* ‖ ~**/сло́жное** *(Ch)* zusammengesetzter Stoff (Körper) *m* ‖ ~**/спира́льное** wendelförmiger Glühkörper *m* ‖ ~**/твёрдое** *(Ph)* fester Körper *m*, Festkörper *m* ‖ ~**/теку́чее** fließbares Medium *n*, Fluid *n* ‖ ~**/теплопереда́ющее** Wärmeübertragungsmedium *n* ‖ ~**/тре́тье** *(Trib)* drittter Körper *m (Gleitschicht)* ‖ ~**/удобообтека́емое** *(Aero)* Stromlinienkörper *m* ‖ ~**/цветово́е** *(Opt)* Farbkörper *m (Farbenlehre)* ‖ ~**/центра́льное** *(Astr)* Zentralkörper *m* ‖ ~**/чёрное**

температура

s. ~/абсолютно чёрное ‖ ~/эталонное Normalkörper m, Vergleichskörper m ‖ ~ якоря (El) Ankerkörper m
теломер m (Ch) Telomer n
теломеризация f (Ch) Telomerisation f
тельфер m 1. Elektro[flachen]zug m; 2. Schwebeseilbahn f, Seilbahn f; 3. (Förd) Laufkatze f ‖ ~/электрический Elektro[zug]katze f
тембр m s. ~ звука ‖ ~ звука (звучания) Klangfarbe f, Klangfärbung f
темброблок m Klangfarbenfilter n
тембровый Klangfarben...
темнитель m (Licht) Helligkeitsregler m
темновой Dunkel...
темп m Tempo n, Geschwindigkeit f (s. a. unter скорость) ‖ ~ работы Arbeitsgeschwindigkeit f ‖ ~ согласования скорости [передачи] (Nrt) Stuffing-Rate f
температура f Temperatur f ‖ ~/абсолютная absolute Temperatur f, Kelvin-Temperatur f ‖ ~ абсолютного чёрного тела s. ~/чёрная ‖ ~ агломерации Sintertemperatur f (NE-Metallurgie, Pulvermetallurgie) ‖ ~/антенная Antennentemperatur f (Radioastronomie) ‖ ~ антенны/шумовая Antennenrauschtemperatur f ‖ ~ белого каления (Met) Weißgluttemperatur f, Weißgluthitze f ‖ ~ брожения Gärtemperatur f ‖ ~ в объёме Volumentemperatur f ‖ ~ в центре (Astr) Zentraltemperatur f ‖ ~ ванны (Met, Gieß) Badtemperatur f ‖ ~ верха (Ch) Kopftemperatur f (Destillation) ‖ ~ визуального излучения (Ph) visuelle Strahlungstemperatur f ‖ ~/виртуальная (Meteo) virtuelle Temperatur f ‖ ~ возбуждения (Ph, Astr) Anregungstemperatur f ‖ ~ возгонки s. ~ сублимации ‖ ~/воздуха (Meteo) Lufttemperatur f ‖ ~ волочения (Umf) Ziehtemperatur f ‖ ~ воспламенения Flammpunkt m, Entflammungstemperatur f; Zündtemperatur f, Zündpunkt m ‖ ~ восстановления Eigentemperatur f, Erholungstemperatur f, Recoverytemperatur f (Strömungslehre) ‖ ~/вращательная (Ph, Astr) Rotationstemperatur f ‖ ~ вспышки Entflammungstemperatur f, Flammpunkt m ‖ ~ выпуска (Met) Abstichtemperatur f, Rinnentemperatur f ‖ ~ выработки Arbeitstemperatur f, Verarbeitungstemperatur f; (Glas) Ausarbeitungstemperatur f ‖ ~ вырождения [электронов] (Kern) Entartungstemperatur f (Valenzelektronen von Metallen) ‖ ~ выше нуля Temperatur f über Null, Plustemperatur f ‖ ~ гелеобразования (Ch) Gelbildungstemperatur f ‖ ~ горения Verbrennungstemperatur f ‖ ~/градиентная (Ph, Astr) Gradationstemperatur f ‖ ~/дебаевская (Ph) Debye-Temperatur f ‖ ~ дутья (Met) Wind[vorwärm]temperatur f ‖ ~/желатинирования (Ch) Gelbildungstemperatur f ‖ ~/заданная vorgegebene Temperatur f, Solltemperatur f ‖ ~ закалки (Härt) Härtetemperatur f, Abschrecktemperatur f ‖ ~ заливки (Gieß) Gießtemperatur f ‖ ~ замерзания Gefriertemperatur f, Gefrierpunkt m ‖ ~ запирающего слоя (Transistoren) ‖ ~ излучения (Opt, Astr) Strahlungstemperatur f ‖ ~ инверсии (Therm) Inversionstemperatur f, thermischer Umkehrpunkt m (Joule-Thomson-Effekt) ‖ ~ инфракрасного излучения (Ph, Astr) infrarote Strahlungstemperatur f ‖ ~/ионизационная (Ph, Astr) Ionisationstemperatur f ‖ ~/ионная (Ph) Ionentemperatur f ‖ ~ испарения Verdampfungstemperatur f, Verdampfungspunkt m ‖ ~/истинная wahre Temperatur f ‖ ~ каплепадения (Ch) Tropfpunkt m (Öle) ‖ ~/кинетическая (Ph) kinetische Temperatur f ‖ ~ кипения (Ph) Siedetemperatur f, Siedepunkt m ‖ ~ кипения/нормальная Siedetemperatur f bei Normaldruck m, normaler Siedepunkt m ‖ ~ ковки Schmiedetemperatur f ‖ ~/колебательная (Ph) [charakteristische] Schwingungstemperatur f ‖ ~/комнатная Raumtemperatur f, Zimmertemperatur f ‖ ~ компарирования Vergleichstemperatur f, Bezugstemperatur f ‖ ~/компенсационная (Ph) Kompensationstemperatur f ‖ ~ конденсации (Ph) Kondensationstemperatur f, Kondensationspunkt m ‖ ~/конечная Endtemperatur f ‖ ~ конца ковки Schmiedeendtemperatur f ‖ ~ конца прокатки (Wlz) Auslauftemperatur f ‖ ~ красного каления (Met) Rotgluttemperatur f, Rotgluthitze f ‖ ~/криогенная Tieftemperatur f ‖ ~ кристаллизации Kristallisationstemperatur f, Kristallisationspunkt m ‖ ~/кубовая (Ch) Sumpftemperatur f (Destillation) ‖ ~ Кюри (Ph) [ferromagnetische] Curie-Temperatur f, [ferromagnetischer] Curie-Punkt m ‖ ~ ликвидуса (Met) Liquidustemperatur f ‖ ~/максимальная Höchsttemperatur f ‖ ~ мокрого термометра Temperatur f des feuchten Thermometers, Kühlgrenztemperatur f, Feuchtkugeltemperatur f ‖ ~ на входе Eintrittstemperatur f, Eingangstemperatur f ‖ ~ на высоте Höhentemperatur f ‖ ~ на выходе Austrittstemperatur f, Ausgangstemperatur f ‖ ~ нагрева Erhitzungstemperatur f, Erwärmungstemperatur f ‖ ~ накала Glühfarbentemperatur f (Stahl) ‖ ~ насыщения Sättigungstemperatur f (Übergang vom gasförmigen zum flüssigen Zustand) ‖ ~ начала ковки Schmiedeanfangstemperatur f ‖ ~ начала прокатки (Wlz) Anstichtemperatur f ‖ ~/начальная Anfangstemperatur f ‖ ~ ниже нуля Temperatur f unter Null, Minustemperatur f ‖ ~ низа s. ~/кубовая ‖ ~/нормальная (Härt) Normalglühtemperatur f, Normalisierungstemperatur f ‖ ~ обжига (Ker) Brenntemperatur f; (Glas) Kühltemperatur f, Entspannungstemperatur f ‖ ~ образования перлита (Wkst) Perlitpunkt m ‖ ~ ожижения s. ~ сжижения ‖ ~/окружающей среды Umgebungstemperatur f ‖ ~ окружающей среды (Ph) Umgebungstemperatur f; Temper-Temperatur f; 2. (Glas) Kühltemperatur f, Entspannungstemperatur f ‖ ~ отпуска (Härt) Anlaßtemperatur f ‖ ~ парообразования Verdampfungspunkt m, Verdampfungstemperatur f ‖ ~ перегрева Übertemperatur f; (Met) Überhitzungstemperatur f (Schmelze) ‖ ~ перехода 1. Umwandlungstemperatur f; 2. (Eln) Sperrschichttemperatur f ‖ ~ перехода в сверхпроводящее состояние/критическая kritische Temperatur f eines Supraleiters, Übergangstemperatur f eines Sprungtemperatur f, Umwandlungstemperatur f eines Supraleiters ‖ ~ перехода стекла в хрупкое состояние (Glas) Transformationstemperatur f, Transformations-

температура

punkt *m* ‖ **~ перехода/эквивалентная** *(Eln)* virtuelle Sperrschichttemperatur *f (Halbleiterdiode)* ‖ **~/печная** *(Met)* Ofentemperatur *f* ‖ **~/пиковая** Höchsttemperatur *f* ‖ **~ плавления** *(Ph)* Schmelztemperatur *f,* Schmelzpunkt *m,* Fließpunkt *m* ‖ **~ плавления по Кремеру-Сарнову** *(Kst)* Fließtemperatur *f* nach Krämer-Sarnow ‖ **~ по шкале Кельвина** Kelvin-Temperatur *f,* absolute Temperatur *f* ‖ **~/поверхностная** Oberflächentemperatur *f* ‖ **~/потенциальная** *(Meteo)* potentielle Temperatur *f* ‖ **~ почвы** *(Meteo)* Bodentemperatur *f* ‖ **~ превращения** 1. *(Therm)* Umwandlungstemperatur *f,* Umwandlungspunkt *m;* 2. *(Glas)* Transformationstemperatur *f,* Transformationspunkt *m* ‖ **~/предельная** Grenztemperatur *f* ‖ **~/предельно допустимая** zulässige Grenztemperatur *f* ‖ **~/приведённая** *(Ph)* reduzierte Temperatur *f,* Bezugstemperatur *f* ‖ **~ приграничного слоя** *(Ph)* Randschichttemperatur *f,* Grenzschichttemperatur *f* ‖ **~ прокаливания** Glühtempratur *f* ‖ **~ прокатки** Walztemperatur *f* ‖ **~/псевдопотенциальная** *(Meteo)* pseudopotentielle Temperatur *f* ‖ **~/рабочая** Betriebstemperatur *f* ‖ **~/равновесная** *(Ph)* Gleichgewichtstemperatur *f* ‖ **~/радиационная** *(Opt, Astr)* Strahlungstemperatur *f* ‖ **~/радиационно-эффективная** Empfindungstemperatur *f (Behaglichkeitsmaßstab)* ‖ **~ разливки** Gießtemperatur *f* ‖ **~ разложения** *(Ph, Ch)* Zersetzungstemperatur *f,* Zersetzungspunkt *m* ‖ **~ размягчения** Erweichungstemperatur *f,* Erweichungspunkt *m* ‖ **~ распределения** *(Licht)* Verteilungstemperatur *f* ‖ **~ растворения** *(Ph, Ch)* Lösungstemperatur *f* ‖ **~ растворения/верхняя критическая** *(Ch)* oberer kritischer Lösungspunkt (Mischungspunkt) *m,* obere kritische Lösungstemperatur *f* ‖ **~ растворения/критическая** kritische Lösungstemperatur *f,* kritischer Lösungspunkt *m* ‖ **~ растворения/нижняя критическая** *(Ch)* unterer kritischer Lösungspunkt (Mischungspunkt) *m,* untere kritische Lösungstemperatur *f* ‖ **~ рекристаллизации** *(Krist)* Rekristallisationstemperatur *f* ‖ **~ самовоспламенения** Selbstentzündungstemperatur *f* ‖ **~/сварочная** Schweißtemperatur *f* ‖ **~/сверхвысокая** höchste Temperatur *f,* Höchsttemperatur *f;* Supertemperatur *f* ‖ **~/сверхнизкая** Ultratieftemperatur *f,* ultratiefe Temperatur *f* ‖ **~/светофотометрическая** *(Opt, Astr)* Farbtemperatur *f* ‖ **~ сгорания (сжигания)** Verbrennungstemperatur *f* ‖ **~ сжижения** Verflüssigungstemperatur *f,* Verflüssigungspunkt *m* ‖ **~ синтеза ядер** *(Kern)* Kernfusionstemperatur *f,* Kernverschmelzungstemperatur *f,* Fusionstemperatur *f* ‖ **~ смешения/критическая** *(Ph)* kritische Mischungstemperatur *f,* kritischer Mischungspunkt *m* ‖ **~ смоченного термометра** *(Meteo)* Temperatur *f* des feuchten Thermometers ‖ **~/собственная** Eigentemperatur *f* ‖ **~ спекания** *(Met)* Sintertemperatur *f,* Sinterpunkt *m* ‖ **~ сравнения** Vergleichstemperatur *f,* Bezugstemperatur *f* ‖ **~ средняя** mittlere Temperatur *f,* Temperaturmittel *n* ‖ **~ среды** Umgebungstemperatur *f* ‖ **~/стандартная** Normtemperatur *f* ‖ **~ стеклования [полимеров]** Einfriertemperatur *f,* ET, Einfrierpunkt *m* ‖ **~ сублимации** *(Ch)* Sublimationstemperatur *f,* Sublimationspunkt *m* ‖ **~ схватывания** 1. *(Bw)* Abbindtemperatur *f (Beton);* 2. *(Met)* Hafttemperatur *f (Pulvermetallurgie)* ‖ **~ текучести** *(Met, Gum, Kst)* Fließtemperatur *f,* Fließpunkt *m* ‖ **~/термодинамическая** [thermodynamische] Temperatur *f (Kelvin)* ‖ **~ торможения** 1. *(Aero)* Kesseltemperatur *f,* Ruhetemperatur *f,* Gesamttemperatur *f (Gasströmung);* 2. *(Aero, Hydr)* Stautemperatur *f* ‖ **~/требуемая** Solltemperatur *f* ‖ **~/установившаяся** Beharrungstemperatur *f* ‖ **~/характеристическая** *(Ph)* charakteristische Temperatur *f (fester Aggregatzustand)* ‖ **~ хрупкости** Sprödigkeitstemperatur *f,* Sprödigkeitspunkt *m* ‖ **~/цветовая** *(Opt, Astr)* Farbtemperatur *f* ‖ **~ Цельсия** Celsius-Temperatur *f (°C)* ‖ **~ цементации** *(Härt)* Einsatztemperatur *f* ‖ **~/цетральная** *(Astr)* Zentraltemperatur *f* ‖ **~/чёрная** schwarze Temperatur *f,* Schwarzkörpertemperatur *f* ‖ **~/шумовая** Rauschtemperatur *f* [der Antenne] *(Radioastronomie)* ‖ **~/эвтектическая** *(Met)* eutektische Temperatur *f,* eutektischer Punkt *m* ‖ **~/эвтектоидная** *(Met)* eutektoide Temperatur *f,* eutektoider Punkt *m* ‖ **~/эквивалентная** *(Meteo)* Äquivalenttemperatur *f* ‖ **~/эквивалентная эффективная** äquivalente Effektivtemperatur *f (Behaglichkeitsmaßstab)* ‖ **~/эквивалентно-потенциальная** *(Meteo)* äquivalentpotentielle Temperatur *f,* potentielle Äquivalenttemperatur *f* ‖ **~/эквипотенциальная** *s.* **~/эквивалентно-потенциальная** ‖ **~/электронная** *(Ph)* Elektronentemperatur *f* ‖ **~/эмпирическая** empirische Temperatur *f* ‖ **~/энергетическая** Gesamtstrahlungstemperatur *f (schwarzer Körper)* ‖ **~/эталонная** Bezugstemperatur *f,* Normaltemperatur *f* ‖ **~/эффективная** effektive Temperatur *f* ‖ **~/ядерная** *(Kern)* Kerntemperatur *f* ‖ **~/яркостная** *(Opt, Astr)* schwarze Temperatur *f;* Strahlungstemperatur *f*

температурно-зависимый temperaturabhängig
температуропроводность *f* Temperaturleitfähigkeit *f*
температуростойкий temperaturbeständig, temperaturfest; wärmebeständig, hitzebeständig, hitzefest
температуростойкость *f* Temperaturbeständigkeit *f,* Temperaturfestigkeit *f;* Wärmebeständigkeit *f,* Hitzebeständigkeit *f,* Hitzefestigkeit *f*
температуроустойчивость *f s.* **температуростойкость**
температуроустойчивый *s.* **температуростойкий**
температурочувствительность *f* Temperaturempfindlichkeit *f*
температурочувствительный temperaturempfindlich
темперирование *n* Temperieren *n*
темплет *m* 1. Schablone *f (zur Walzenherstellung);* 2. *(Wkst)* Schliffbild *n;* 3. *(Wkst)* Probescheibe *f,* Polierscheibe *f,* Ätzscheibe *f*
тенардит *m (Min)* Thenardit *m (Mineral der Salzlager)*
тенденция *f* Tendenz *f,* Neigung *f;* Trend *m* ‖ **~/ба[роме]трическая** *(Meteo)* Luftdrucktendenz *f,* barometrische (barische) Tendenz *f*

тендер m 1. (Schiff) Versorgungsfahrzeug n, Versorgungsschiff n, Tender m, Zubringerschiff n; 2. (Eb) Tender m ‖ ~/**речной** Flußaufsichtsschiff n
тендеризация f (Lebm) Tenderisierung f (Zartmachung von Fleisch)
тендерометр m (Lebm) Reifegradmesser m
тенение n (Typ) Tonen n, Zusetzen n
тензиметр m Sättigungsdruckmesser m, Dampfdruckmesser m
тензиометр m Tensiometer n, Oberflächenspannungsmesser m
тензиометрия f Tensiometrie f, Oberflächenspannungsmessung f
тензограф m (Wstprüf) Tensograph m, Dehnungsschreiber m
тензодатчик m Tensogeber m, Dehnungsgeber m; Dehnstreifengeber m, Dehnungs[meß]streifen m; Dehnungssensor m ‖ ~ **омического сопротивления** Widerstandsdehnungsmeßstreifen m, Widerstandsdehnungsmesser m ‖ ~/**пластинчатый** Folien[dehnungs]meßstreifen m ‖ ~/**проволочный** Dehnstreifengeber m, Dehnungsmeßstreifen m ‖ ~ **сопротивления** Widerstandsdehnungsgeber m ‖ ~/**фольговый** Foliendehn[ungs]meßstreifen m
тензодинамометр m Kraftmeßeinrichtung f
тензодифманометр m [elektrisches] Dehnungsmeßgeber-Widerstandsmanometer n
тензодиффузия f (Ph) Tensodiffusion f, Spannungsdiffusion f
тензометр m Dehnungsmesser m, Tensometer n; (Text) Fadenzugmesser m ‖ ~/**ёмкостный** kapazitiver Dehnungsmesser m ‖ ~/**звуковой** akustischer Dehnungsmesser m ‖ ~/**зеркальный** Spiegeldehnungsmeßgerät n, Spiegelfeinmeßgerät n ‖ ~/**индикаторный** Meßuhrdehnungsmesser m, Dehnungsmeßuhr f ‖ ~/**индуктивный** induktiver Dehnungsmesser m ‖ ~/**механический** mechanischer Dehnungsmesser m ‖ ~/**наклеиваемый** aufgeklebter Dehnungsmesser m ‖ ~/**оптический** s. ~/зеркальный ‖ ~/**оптично-механический** mechanisch-optischer Dehnungsmesser m (nach Martens) ‖ ~ **переменного сопротивления** Widerstandsdehnungsmesser m ‖ ~ **переменной ёмкости** kapazitiver Dehnungsmesser m, Kapazitätsdehnungsmesser m ‖ ~ **переменной индуктивности** induktiver Dehnungsmesser m, Induktionsdehnungsmesser m ‖ ~/**полупроводниковый** Halbleiterdehnungsmesser m, Halbleitertensometer n ‖ ~/**рычажный** Dehnungsmesser (Feindehnungsmesser) m nach Martens-Kennedy ‖ ~ **сопротивления** Widerstandsdehnungsmesser m ‖ ~/**стрелочный** s. ~/индикаторный ‖ ~/**электрический** elektrischer Dehnungsmesser m ‖ ~/**электромеханический** elektromechanischer Dehnungsmesser m
тензометрия f Tensometrie f; Dehnungsmessung f ‖ ~ **акустическим методом** akustische Dehnungsmessung f ‖ ~ **механическим методом** mechanische Dehnungsmessung f ‖ ~ **оптическим методом** optische Dehnungsmessung f ‖ ~ **электрическим методом** elektrische Dehnungsmessung f ‖ ~ **электронным методом** elektronische Dehnungsmessung f
тензор m (Math, Ph) Tensor m ‖ ~/**антисимметрический** (Mech) antisymmetrischer (schiefsymmetrischer, alternierender) Tensor m ‖ ~ **второго ранга** s. ~/двухвалентный ‖ ~ **второй валентности** s. ~/двухвалентный ‖ ~ **вязкости** (Mech) Viskositätstensor m, Zähigkeitstensor m ‖ ~ **Грина** (Math) Greenscher Tensor m ‖ ~/**двухвалентный** (Mech) Drucktensor m ‖ ~/**двухвалентный** (Mech) Tensor m zweiter Stufe, zweistufiger Tensor m ‖ ~ **деформации** (Mech) Formänderungstensor m, Verzerrungstensor m ‖ ~/**единичный** (Math) Einheitstensor m ‖ ~ **инерции** (Mech) Trägheitstensor m, Tensor m der Trägheitsmomente ‖ ~ **квадрупольного момента** (Kern) Quadrupolmomenttensor m ‖ ~/**ковариантный** (Math) kovarianter Tensor m ‖ ~/**контравариантный** (Math) kontravarianter Tensor m ‖ ~/**кососимметрический** s. ~/антисимметрический ‖ ~ **кривизны** (Math) Krümmungstensor m (gekrümmter Raum) ‖ ~ **кручения** (Mech) Torsionstensor m ‖ ~ **магнитной восприимчивости** Suszeptilitätstensor m (Magnetismus) ‖ ~ **масс** (Mech) Massentensor m ‖ ~/**метрический** metrischer Tensor (Fundamentaltensor) m (Riemannscher Raum) ‖ ~ **моментов** (Mech) Momententensor m ‖ ~ **напряжений** (Mech) Spannungstensor m ‖ ~/**однородный** (Math) gleichartiger Tensor m ‖ ~ **подвижности** (Mech) Beweglichkeitstensor m ‖ ~ **полной проводимости** (El) Admittanztensor m ‖ ~ **поля** (El) Feldtensor m ‖ ~ **поляризации** (Ph) Polarisationstensor m ‖ ~ **проводимости** (El) Leitfähigkeitstensor m ‖ ~/**свёрнутый** (Math) verjüngter Tensor m ‖ ~ **сейсмического момента** (Mech) Momententensor m ‖ ~/**симметрический** (Mech) symmetrischer Tensor m ‖ ~ **скольжения** (Mech) Gleittensor m ‖ ~/**смешанный** (Math) gemischter Tensor m ‖ ~ **смещения** (Mech) Verrückungstensor m, Verschiebungstensor m ‖ ~/**сопряжённый** (Math) konjugierter Tensor m ‖ ~/**спиновый** (Kern) Spintensor m ‖ ~ **устойчивости** (Mech) Stabilitätstensor m ‖ ~/**фундаментальный** s. ~/метрический ‖ ~ **электромагнитного поля** [/**четырёхмерный**] (El) [elektromagnetischer] Feld[stärke]tensor m ‖ ~ **энергии-импульса** (Mech) Energie-Impuls-Tensor m
тензорезистор m Dehn[ungs]meßstreifenwiderstand m
тенорит m (Min) Tenorit m, Schwarzkupfererz n
тент m (Schiff) Sonnensegel n; Zeltdach n, Verdeck n (Rettungsfloß); (Kfz) Wagenverdeck n
тень f 1. Schatten m; 2. (Math) Schlagschatten m, Schatten m; 3. (Opt) Lichtschatten m; 4. (Astr) Umbra f (Sonnenflecken) ‖ ~/**аэродинамическая (ветровая)** (Meteo) Windschatten m ‖ ~/**дождевая** (Meteo) Regenschatten m ‖ ~/**звуковая** (Ak) Schallschatten m ‖ ~ **Земли** (Astr) Erdschatten m ‖ ~/**негативна** (Photo) Schatten m im Negativ ‖ ~ **пятна** (Astr) Umbra f des Sonnenflecks ‖ ~/**собственная** Eigenschatten m (darstellende Geometrie) ‖ ~ **солнечного пятна** s. тень 4.
теодолит m (Geod) Theodolit m ‖ ~/**астрономический** astronomischer Theodolit m ‖ ~/**высокоточный** Theodolit m höchster Meßgenauigkeit, Präzisionstheodolit m ‖ ~/**гироскопический** Kreiseltheodolit m ‖ ~/**нониусный** Noni-

теодолит

entheodolit *m* ‖ ~/**оптический** [optischer] Theodolit *m* ‖ ~/**повторительный** Repetitionstheodolit *m* ‖ ~ **с верньерами** Nonientheodolit *m* ‖ ~/**точный** Theodolit *m* hoher Meßgenauigkeit, Präzisionstheodolit *m* ‖ ~/**универсальный** Universaltheodolit *m*

теодолит-дальномер *m s.* теодолит-тахеометр

теодолит-нивелир *m (Geod)* Nivelliertachymeter *n*

теодолит-тахеометр *m (Geod)* Tachymetertheodolit *m*, Kreistachymeter *n*

теорема *f (Math, Ph)* Theorem *n*, Lehrsatz *m*, Satz *m* ‖ ~ **Абеля** Abelsches Theorem *n*, Theorem *n* von Abel; Satz *m* von Abel ‖ ~ **Бабине** Babinetsches Prinzip (Theorem) *n* ‖ ~ **Бернулли** Bernoullische Gleichung *f*, Bernoullisches Theorem *n*, hydrodynamische Druckgleichung *f* ‖ ~ **взаимности** Reziprozitätstheorem *m*, Reziprozitätssatz *m* ‖ ~ **Вигнера** Wignersches Theorem *m* ‖ ~/**вихревая** Wirbelsatz *m* ‖ ~ **вложения** Einbettungssatz *m*, Fundamentalsatz *m* ‖ ~ **вычетов** Residuensatz *m* ‖ ~ **Гаусса** Gaußscher Satz *m* ‖ ~/**главная** Hauptsatz *m*, Fundamentalsatz *m* ‖ ~ **Гюйгенса** Satz *m* von Huygens, Huygensscher Satz *m* ‖ ~ **единственности** Eindeutigkeitssatz *m* ‖ ~ **затухания** Dämpfungssatz *m* ‖ ~ **Карно** Carnotsches Theorem *n (Carnotscher Kreisprozeß)* ‖ ~ **косинуса** Kosinussatz *m* ‖ ~ **Коши** [/**интегральная**] Cauchyscher Integralsatz *m*, Hauptsatz *m* der Funktionentheorie ‖ ~ **Коши о вычетах** Residuensatz *m* ‖ ~ **Кутта-Жуковского** Kutta-Shukowskische (Kutta-Joukowskische) Formel (Auftriebsformel) *f* ‖ ~ **Лагранжа** Lagrangescher Satz *m*, Satz *m* von Lagrange ‖ ~ **Лармора** Larmorscher Satz *m*, Larmor-Theorem *n* ‖ ~ **Максвелла** [**о взаимности перемещений**] Maxwellscher Reziprozitätssatz *m*, Satz *m* von der Gegenseitigkeit der Verschiebungen ‖ ~ **максимума** Satz *m* (Prinzip *n*) vom Maximum ‖ ~ **моментов** Momentensatz *m* ‖ ~ **моментов количества движения** Drehimpulssatz *m*, Impulsmomentensatz *m*, Drehmomentensatz *m* ‖ ~ **мощности** Leistungstheorem *n* ‖ ~ **наложения** Überlagerungssatz *m*, Additionssatz *m* ‖ ~ **невозможности** Unmöglichkeitssatz *m* ‖ ~ **Нернста** Nernstsches Wärmetheorem *n*, dritter Hauptsatz *m* der Thermodynamik ‖ ~ **Нётер** Noetherscher Satz *m*, Noether-Theorem *n* ‖ ~ **о вычетах** Residuensatz *m* ‖ ~ **о движении центра масс** Schwerpunktsatz *m*, Satz *m* von der Erhaltung der Schwerpunktsbewegung, Erhaltungssatz *m* der Schwerpunktsbewegung ‖ ~ **о конечном приращении** [erster] Mittelwertsatz *m* der Differentialrechnung ‖ ~ **о погрешности** Fehlersatz *m* ‖ ~ **о среднем** [**значении**] Mittelwertsatz *m* ‖ ~ **обратимости хода лучей** Satz *m* von der Umkehrbarkeit des Strahlenganges ‖ ~/**обратная** Umkehrsatz *m* ‖ ~ **обращения** Umkehr[ungs]theorem *n* ‖ ~/**основная** Hauptsatz *m*, Fundamentalsatz *m* ‖ ~ **отсчётов** Abtasttheorem *n*, Samplingtheorem *n*, Probensatz *m* ‖ ~ **Пифагора** Satz *m* von Pythagoras, Pythagoräischer Lehrsatz *m* ‖ ~ **подобия** Ähnlichkeitssatz *m* ‖ ~ **преобразования** Transformationssatz *m* ‖ ~ **Пуанкаре** Poincaréscher Satz *m* ‖ ~ **разложения** Zerlegungssatz *m*; Entwicklungssatz *m* ‖ ~ **синуса** Sinussatz *m* ‖ ~ **сложения** Additionstheorem *n* ‖ ~ **сложения скоростей Эйнштейна** Einsteinsches Additionstheorem *n* der Geschwindigkeiten ‖ ~ **смещения** Verschiebungssatz *m* ‖ ~ **соответствующих состояний** Gesetz *n* von den übereinstimmenden Zuständen ‖ ~ **Стокса** Stokesscher Satz *m* ‖ ~ **существования** Existenzsatz *m* ‖ ~ **теории цепей** Netzwerktheorem *m* ‖ ~ **умножения** Faltungssatz *m* ‖ ~ **частица-дырка** Teilchen-Loch-Theorem *n* ‖ ~ **Штейнера** Steinerscher Satz *m*, Satz *m* von Steiner *(Rotationsbewegung fester Körper)* ‖ ~ **эквивалентности** Äquivalenztheorem *n*; Äquivalenzsatz *m* ‖ ~/**энергетическая** Energiesatz *m* ‖ ~/**эргодическая** Ergodensatz *m*, Ergodentheorem *n (statistische Physik)*

теория *f* Theorie *f*, Lehre *f* ‖ ~/**автоматического регулирования** Theorie *f* der automatischen Regelung, Regelungstheorie *f* ‖ ~ **автоматического управления** Theorie *f* der automatischen Steuerung, Steuerungstheorie *f* ‖ ~ **автоматов** *(Kyb)* Automatentheorie *f* ‖ ~ **аппроксимации** *(Math)* Approximationstheorie *f* ‖ ~ **атома Бора** *(Kern)* Bohrsche Atomtheorie *f*, Bohrsche Theorie *f* des Wasserstoffatoms ‖ ~ **безотказности** Zuverlässigkeitstheorie *f* ‖ ~ **ближнего порядка** *(Math)* Nahordnungstheorie *f* ‖ ~ **близкодействия** *(El)* Nahwirkungstheorie *f* ‖ ~ **больших сигналов** *(Reg)* Großsignaltheorie *f* ‖ ~ **вакуума** *(Ph)* Vakuumtheorie *f* ‖ ~ **валентности** *(Ph)* Valenztheorie *f* ‖ ~ **валентности/октетная** *(Ph)* Oktett-Theorie *f* der Valenz *(von Lewis)*, Oktett-Prinzip *n* ‖ ~ **вероятностей** Wahrscheinlichkeitstheorie *f* ‖ ~ **возмущений** *(Kern)* Störungstheorie *f* ‖ ~ **возраста/фермиевская** *(Kern)* Fermi-Alterstheorie *f*, [Fermische] Alterstheorie *f*, Fermische Theorie *f* der Neutronenbremsung ‖ ~ **волн** *s.* ~/волновая ‖ ~/**волновая** Wellentheorie *f (des Lichtes)* ‖ ~ **выгоды** Utilitytheorie *f*, Nutzentheorie *f* ‖ ~ **газов/кинетическая** kinetische Gastheorie *f*, Gaskinetik *f* ‖ ~ **Галуа** *(Math)* Galoissche Theorie *f* ‖ ~ **гироскопа** Kreiseltheorie *f* ‖ ~ **гомологий** *(Math)* Homologietheorie *f* ‖ ~ **породообразования/контракционная** *(Geol)* Kontraktionstheorie *f*, Schrumpfungstheorie *f (Gebirgsbildung)* ‖ ~ **графов** *(Math)* Graphentheorie *f* ‖ ~ **групп** *(Math)* Gruppentheorie *f* ‖ ~ **движения Луны** *(Astr)* Mondtheorie *f*, Theorie *f* der Mondbewegung ‖ ~ **двойственности** Dualitätstheorie *f* ‖ ~/**двухгруппповая** [**диффузионная**] *(Kern)* Zweigruppen[diffusions]theorie *f* ‖ ~ **дефектов** [**решётки**] *(Krist)* Fehlordnungstheorie *f* ‖ ~ **деформаций** *(Ph)* Deformationstheorie *f* ‖ ~ **Дирака**. Diracsche Theorie *f (der Lichtemission)*; 2. *(Kern)* [Diracsche] Löchertheorie *f*, Diracsche Theorie *f* des Elektrons ‖ ~ **дифракции** *(Opt)* Beugungstheorie *f* ‖ ~ **дифракции Френеля** Fresnelsche Beugungstheorie *f* ‖ ~ **доказательства** *(Math)* Beweistheorie *f* ‖ ~/**дрифтовая** *(Geol)* Drifttheorie *f* ‖ ~ **жидкостей**/**кинетическая** kinetische Theorie *f* der Flüssigkeiten ‖ ~ **затвердевания** Erstarrungstheorie *f*, Kristallisationstheorie *f* ‖ ~/**зонная** Bändertheorie *f (der Metalle)* ‖ ~ **игр** *(Kyb)* Spieltheorie *f* ‖ ~ **излучения** Strahlungstheorie *f* ‖ ~ **инвари-**

антов *(Math)* Invariantentheorie *f* ‖ ~ **информации** Informationstheorie *f* ‖ ~/**каскадная** *(Kern)* Kaskadentheorie *f* ‖ ~/**квантовая** *(Ph)* Quantentheorie *f* ‖ ~ **колебаний** Schwingungstheorie *f* ‖ ~/**координационная** *(Ch)* Koordinationslehre *f*, Koordinationstheorie *f* ‖ ~/**корпускулярная** Korpuskulartheorie *f (des Lichtes)* ‖ ~ **кривых** *(Math)* Kurventheorie *f* ‖ ~ **кристаллизации** Kristallisationstheorie *f*, Erstarrungstheorie *f* ‖ ~ **линий** *(El)* Leitungstheorie *f* ‖ ~ **массового обслуживания** *(Inf)* Warteschlangentheorie *f*, Wartezeittheorie *f* ‖ ~ **меры** Maßtheorie *f* ‖ ~ **механизмов [и машин]** *(Masch)* Getriebelehre *f* ‖ ~ **множеств** Mengenlehre *f* ‖ ~ **надёжности** Zuverlässigkeitstheorie *f* ‖ ~ **нелинейной упругости** *(Mech)* nichtlineare Elastizitätstheorie *f* ‖ ~ **неоднородности** *(Ph)* Inhomogenitätstheorie *f* ‖ ~ **несущих линий** *(Aero)* Traglinientheorie *f*, Theorie *f* der tragenden Linie ‖ ~ **оболочек** *(Ph)* Schalentheorie *f* ‖ ~/**одногрупповая [диффузионная]** *(Kern)* Eingruppen[diffusions]theorie *f* ‖ ~ **оптимизации** *(Kyb)* Optimierungstheorie *f* ‖ ~ **относительности** *(Ph)* Relativitätstheorie *f* ‖ ~ **относительности/общая** allgemeine Relativitätstheorie *f* ‖ ~ **относительности/специальная** spezielle Relativitätstheorie *f* ‖ ~ **очередей** *(Inf)* Warteschlangentheorie *f* ‖ ~ **ошибок** Fehlertheorie *f* ‖ ~ **переключательных схем** *(El)* Stromkreistheorie *f*, Schaltungstheorie *f* ‖ ~ **переноса [нейтронов]** *(Kern)* Transporttheorie *f* ‖ ~ **пластичности** *(Mech)* Plastizitätstheorie *f* ‖ ~ **поверхностей** *(Math)* Flächentheorie *f* ‖ ~ **погрешностей** Fehlertheorie *f* ‖ ~ **подобия** *(Ph)* Ähnlichkeitstheorie *f* ‖ ~ **пользы** Utilitytheorie *f*, Nutzentheorie *f* ‖ ~ **поля** *(Ph, El)* Feldtheorie *f* ‖ ~ **поля/квантовая** *(Ph)* Quantenfeldtheorie *f*, Quantentheorie *f* der Wellenfelder ‖ ~ **попадания** *(Kern)* Treffertheorie *f*, Depottheorie *f* ‖ ~ **потенциала** *(Math, Ph)* Potentialtheorie *f* ‖ ~ **предельных состояний** *(Fest)* Traglasttheorie *f* ‖ ~ **преобразования** Transformationstheorie *f (Quantenmechanik)* ‖ ~ **приближения** *(Math)* Approximationstheorie *f*, Näherungstheorie *f* ‖ ~ **принятия решений** *(Kyb)* Entscheidungstheorie *f* ‖ ~ **проектирования** *(Inf)* Entwurfstheorie *f* ‖ ~/**протолитическая (протонная)** *(Ch)* Protonentheorie *f*, Säure-Base-Theorie *f* ‖ ~ **прочности** *(Mech)* Festigkeitshypothese *f*, Festigkeitstheorie *f* ‖ ~ **рассеяния [частиц]** *(Ph)* [quantenmechanische] Streutheorie *f* ‖ ~ **реакторов** *(Kern)* Reaktortheorie *f* ‖ ~ **регулирования** Regelungstheorie *f* ‖ ~ **релаксации [упругости]** *(Mech)* Relaxationstheorie *f (Elastizitätslehre)* ‖ ~ **света/волновая** *(Opt)* Wellentheorie *f* des Lichtes ‖ ~ **света/квантовая** *(Opt)* [Einsteinsche] Lichtquantentheorie *f* ‖ ~ **света/корпускулярная** *(Opt)* Korpuskulartheorie *f* [des Lichtes], Newtonsche Lichttheorie *f* ‖ ~ **света/электромагнитная** *(Opt)* elektromagnetische Lichttheorie *f* ‖ ~ **связи** Nachrichtentheorie *f*, Theorie *f* der Nachrichtenübertragung ‖ ~ **связи/общая** allgemeine Nachrichtentheorie *f* ‖ ~ **сигналов** *(Reg)* Signaltheorie *f* ‖ ~ **систем** *(Kyb)* Systemtheorie *f* ‖ ~ **смазки/гидродинамическая** *(Trib)* hydrodynamische Schmiertheorie *f* ‖ ~ **смазки/** эластогидродинамическая *(Trib)* elastohydrodynamische Schmiertheorie *f* ‖ ~ **сооружений** Theorie *f* der Baukonstruktion, Baumechanik *f* ‖ ~ **сопротивления материалов** Festigkeitslehre *f* ‖ ~ **столкновений** *(Ch, Ph)* Stoßtheorie *f* ‖ ~/**структурная** *(Ph)* Strukturtheorie *f* ‖ ~/**суперсимметричная** *(Ph)* supersymmetrische Theorie *f* ‖ ~ **схем** *(El)* Schaltungstheorie *f* ‖ ~ **твердения** *(Bw)* Erhärtungstheorie *f (Beton)* ‖ ~ **твердения/коллоидная** Kolloidtheorie *f* ‖ ~ **твердения/кристаллизационная** *(Bw)* Kristalltheorie *f* ‖ ~ **текучести** *(Ph)* Fließtheorie *f* ‖ ~ **тепла** Wärmetheorie *f* ‖ ~ **тепла/кинетическая** kinetische Wärmetheorie *f* ‖ ~ **течения** *(Ph)* Fließtheorie *f* ‖ ~ **трения/молекулярно-механическая** *(Trib)* molekular-mechanische Reibungstheorie *f* ‖ ~ **ударов** *s.* ~ **попадания** ‖ ~ **упругости** *(Mech)* Elastizitätstheorie *f*, Elastomechanik *f* ‖ ~ **упругости/нелинейная** nichtlineare Elastizitätstheorie *f* ‖ ~ **устойчивости** *(Mech)* Stabilitätstheorie *f* ‖ ~ **функций/дескриптивная** *(Math)* deskriptive Funktionentheorie *f* ‖ ~ **функций комплексных переменных** *(Math)* [komplexe] Funktionentheorie *f* ‖ ~ **цветов** Farbenlehre *f* ‖ ~ **цепей** *(El)* Netzwerktheorie *f* ‖ ~ **четырёхполюсников** *(El)* Vierpoltheorie *f* ‖ ~ **чисел** *(Math)* Zahlentheorie *f* ‖ ~ **чисел/аддитивная** additive Zahlentheorie *f (Arithmetik)* ‖ ~ **чисел/алгебраическая** algebraische Zahlentheorie *f* ‖ ~ **чисел/элементарная** elementare Zahlentheorie *f (Arithmetik)* ‖ ~/**электронная** *(Ph, Kern)* Elektronentheorie *f* ‖ ~/**эргодическая** *(Ph)* Ergodentheorie *f* ‖ ~ **ядерных сил/мезонная** *(Kern)* Mesonentheorie *f* der Kernkräfte ‖ ~ **ядра** *(Kern)* Kerntheorie *f*

теплица *f* Gewächshaus *n*, Treibhaus *n*
тепло *n* Wärme *f (s. a. unter* теплота*)* ‖ ~/**джоулево** Joulesche Wärme *f*, Stromwärme *f (beim Fließen eines elektrischen Stromes)* ‖ ~/**низкопотенциальное** Wärme *f* auf niedriger Temperaturstufe, Wärme *f* mit niedriger Wertigkeit ‖ ~ **окружающей среды** Umweltwärme *f* ‖ ~/**остаточное** Nachwärme *f*, Restwärme *f* ‖ ~/**отбросное (отходящее)** Abwärme *f* ‖ ~ **отходящих газов** Abgaswärme *f*

теплоаккумулятор *m* Wärmespeicher *m*, Wärmeakkumulator *m*

тепловложение *n* Wärmeeintrag *m*, Wärmeeinbringen *n*

тепловоз *m* Diesellokomotive *f*, Diesellok *f* ‖ ~ **с гидравлической передачей** dieselhydraulische Lokomotive *f* ‖ ~ **с гидравлической передачей/грузовой** dieselhydraulische Güterzuglokomotive *f* ‖ ~ **с гидравлической передачей/маневровый** dieselhydraulische Rangierlokomotive *f* ‖ ~ **с гидравлической передачей/пассажирский** dieselhydraulische Reiselokomotive *f* ‖ ~ **с механической передачей** dieselmechanische Lokomotive *f*, Diesellokomotive *f* mit mechanischer Kraftübertragung ‖ ~ **с электрической передачей** dieselelekrische Lokomotive *f* ‖ ~ **с электрической передачей/грузовой** dieselelektrische Güterzuglokomotive *f* ‖ ~ **с электрической передачей/маневровый** dieselelektrische Rangierlokomotive *f* ‖ ~ **с электрической**

тепловоз

передачей/пассажирский dieselelektrische Reisezuglokomotive f
тепловозостроение n Diesellokomotivbau m
тепловой thermisch, Wärme...
тепловосприятие n s. теплопоглощение
тепловыделение n (Therm) 1. Wärmeausstrahlung f, Wärmeabstrahlung f, Wärmeabgabe f durch Strahlung f; 2. Wärmeentwicklung f; Wärmeentbindung f, Wärmefreisetzung f
теплоёмкость f Wärmekapazität f ‖ **~/атомная** Atomwärme[kapazität] f ‖ **~/весовая** s. ~/удельная ‖ **~/изобарная** Wärmekapazität f bei konstantem Druck, isobare Wärmekapazität f ‖ **~/изохорная** Wärmekapazität f bei konstantem Volumen, isochore Wärmekapazität f ‖ **~/истинная** wahre Wärmekapazität f ‖ **~/массовая** s. ~/удельная ‖ **~/молярная** molare Wärmekapazität f (auf die Molmasse bezogen) ‖ **~/объёмная [удельная]** volumenbezogene spezifische Wärmekapazität f ‖ **~ при постоянном давлении** s. ~/изобарная ‖ **~ при постоянном объёме** s. ~/изохорная ‖ **~ системы** Wärmekapazität f ‖ **~/средняя** mittlere Wärmekapazität f ‖ **~/удельная** spezifische Wärmekapazität f
теплозащита f Wärmeschutz m
теплоизлучение n Wärmestrahlung f, thermische Strahlung f; Wärmeabstrahlung f
теплоизолирующий wärmeisolierend, wärmedämmend, Wärmeisolier..., Wärmedämm...
теплоизолятор m Wärmedämmstoff m
теплоизоляционный wärmeisolierend, wärmedämmend, Wärmedämm...
теплоизоляция f Wärmedämmung f, Wärmeisolierung f ‖ **~/полная** (Bw) Vollwärmedämmung f
теплоиспользование n Wärme[aus]nutzung f (Wärme als Nutzenergie)
тепломер m Wärme[verbrauchs]zähler m (Fernheizung)
тепломощность f Wärmeleistung f
теплонапряжение n Wärmespannung f, thermische Spannung f
теплонапряжённость f 1. Wärmebelastung f, Wärmebeanspruchung f, Wärmelast f; 2. s. теплонапряжение ‖ **~ камеры** (Rak) Wärmebelastung (Wärmespannung) f der Brennkammer
теплонапряжённый mit hoher Wärmebelastung, mit hohen thermischen Werten
теплонасос m Wärmepumpe f
теплонепроницаемый wärmeundurchlässig, wärmedicht adiabat; wärmedämmend
теплоноситель m 1. (Wmt) Wärme[über]träger m, Wärme[übertragungs]mittel n, wärmeübertragendes Medium n; 2. (Kern) Kühlstoff m (Reaktor) ‖ **~/высококипящий органический** hochsiedender organischer Wärmeträger m ‖ **~/жидкий** Wärmeübertragungsflüssigkeit f, Heizflüssigkeit f ‖ **~ реактора/вторичный** Sekundär[kreis]kühlstoff m (Reaktor) ‖ **~ реактора/жидкометаллический** (Kern) Flüssigmetallkühlstoff m (Reaktor) ‖ **~ реактора/ натриевый** (Kern) Natriumkühlstoff m (Reaktor) ‖ **~ реактора/первичный** (Kern) Primär[kreis]kühlstoff m (Reaktor) ‖ **~ реактора/тяжеловодный** (Kern) Schwerwasserkühlstoff m (Reaktor) ‖ **~/холодный** Kälte[über]träger m, Kühlmedium n, Kühlmittel n

теплоноситель-замедлитель m (Kern) Kühlmittelmoderator m, Kühlbremsmittel n
теплообмен m (Wmt) 1. Wärme[aus]tausch m; 2. Wärmeübertragung f, Wärmetransport m ‖ **~ излучением** s. ~/лучистый ‖ **~/конвективный** Wärmeübertragung durch Konvektion, konvektive Wärmeübertragung f, Konvektion f ‖ **~/лучистый** Wärmeübertragung f (Wärmeübergang m) durch Strahlung ‖ **~ при вынужденной конвекции** Wärmeübertragung f bei erzwungener Konvektion ‖ **~ при естественной конвекции** Wärmeübertragung f bei freier Konvektion ‖ **~/противоточный** Gegenstromwärmeaustausch m ‖ **~/прямоточный** Gleichstromwärmeaustausch m ‖ **~/радиационный** s. ~/лучистый ‖ **~/скрытый** Verdunstungswärmeabgabe f (des Menschen) ‖ **~/явный** trockene Wärmeabgabe f (des Menschen durch Konvektion und Strahlung)
теплообменник m (Wmt) Wärmeübertrager m ‖ **~/двухтрубный** Doppelrohrwärmeübertrager m ‖ **~/змеевиковый** Rohrschlangenwärmeübertrager m ‖ **~/кожухотрубный** Rohrbündelwärmeübertrager m ‖ **~/многоходовой** Mehrstromwärmeübertrager m ‖ **~ на тепловых трубах** Wärmerohrwärmeübertrager m ‖ **~/одноходовой** Einwegwärmeübertrager m ‖ **~/паропаровой** Dampf-Dampf-Wärmeübertrager m ‖ **~/перекрёст[но-точ]ный** Kreuzstromwärmeübertrager m ‖ **~/пластинчатый** Plattenwärmeübertrager m ‖ **~/поверхностный** Oberflächenwärmeübertrager m, Rekuperator m ‖ **~/противоточный** Gegenstromwärmeübertrager m, Gegenströmer m ‖ **~/прямоточный** Gleichstromwärmeübertrager m, Gleichströmer m ‖ **~/ребристый** Rippenrohrwärmeübertrager m ‖ **~/регенеративный** Regenerator m (Wärmeübertrager mit Zwischenspeicherung der Energie) ‖ **~/рекуператорный** Rekuperator m (Wärmeübertrager mit Heiz- und Kühlmittel, örtlich getrennt) ‖ **~ с рубашкой** Mantelwärmeübertrager m ‖ **~/смесительный** Mischwärmer m ‖ **~/спиральный** Spiralwärmeübertrager m ‖ **~/трубчатый** Rohrwärmeübertrager m

теплооборот m (Meteo) Wärmeumsatz m
теплообразование n (Wmt) Wärmeerzeugung f, Wärmeentwicklung f
теплоотвод m (Wmt) Wärmeableitung f, Wärmeabfuhr f, Wärmeabführung f
теплоотводящий (Wmt) wärmeabführend, wärmeabgebend, wärmeableitend
теплоотдатчик m (Therm) wärmeabgebendes (exothermes) System n, Wärmequelle f
теплоотдача f Wärmeabgabe f, Wärmeabfluß m ‖ **~ излучением** s. теплообмен/лучистый ‖ **~/конвективная** Wärmeabgabe f durch Konvektion, konvektive Wärmeabgabe f ‖ **~/лучистая** s. теплообмен/лучистый ‖ **~ при испарении** Verdampfungswärmeabgabe f
теплоотдающий (Wmt) wärmeabgebend
теплоощущение n thermische Behaglichkeit f
теплопадение n (Wmt) Wärmegefälle n
теплопаровоз m Dieseldampflokomotive f
теплопеленгатор m Infrarotpeiler m
теплопеленгация f Infrarotpeilung f
теплопередатчик m Wärmeübertrager m

теплопередача f (Wmt) 1. s. теплообмен 2.; 2. Wärmedurchgang m ‖ **~ теплопроводностью** Wärmeübertragung f durch Leitung, Wärmeleitung f
теплопередающий wärmeübertragend
теплоперенос m (Wmt) Wärmetransport m, Wärmeübertragung f
теплоперепад m (Wmt) Wärmegefälle n
теплопереход m (Wmt) Wärmeübergang m
теплопоглотитель m s. теплоаккумулятор
теплопоглощающий wärmeabsorbierend, wärmeaufnehmend
теплопоглощение n Wärmeabsorption f, Wärmeaufnahme f
теплоподвод m (Wmt) Wärmezufuhr f, Wärmezuführung f
теплопотеря Wärmeverlust m
теплопоток m (Wmt) Wärmestrom m, Wärmefluß m
теплопотребление n Wärmebedarf m ‖ **~/отопительное** Heizwärmebedarf m
теплопровод m Heizleitung f (Warmwasser- bzw. Dampfheizung)
теплопроводник m Wärmeleiter m
теплопроводность f (Therm) 1. Wärmeleitung f, Wärmeübertragung f durch Leitung; 2. Wärmeleitfähigkeit f, Wärmeleitvermögen n (Eigenschaft); 3. Wärmeleitfähigkeit f, Wärmeleitzahl f (Größe)
теплопроводный, теплопроводящий 1. wärmeleitfähig; 2. wärmeleitend
теплопрозрачность f (Wmt) Diathermansie f, Wärmedurchlässigkeit f
теплопрозрачный diatherman, durchlässig für Wärmestrahlen
теплопроизводительность f 1. Heizleistung f; Wärmeleistung f; 2. s. теплотворность/низшая ‖ **~/высшая** s. теплотворность/высшая ‖ **~/низшая** s. теплотворность/низшая
теплопроницаемость f Wärmedurchlässigkeit f (s. a. теплопрозрачность)
теплорассеяние n (Therm) Wärmedissipation f, Wärmezerstreuung f
теплосеть f (Wmt) Wärmeversorgungsnetz n
теплоснабжение n (Wmt) Wärmeversorgung f
теплоспектр m (Wmt) Wärme[strahlungs]spektrum n
теплостойкий 1. wärmebeständig, hitzebeständig, hitzefest; 2. (Met) warmfest (Stahl)
теплостойкость f 1. (Mech) Wärmebeständigkeit f, Hitzebeständigkeit f, Hitzefestigkeit f; 2. (Met) Warmfestigkeit f (von Stahl) ‖ **~/фрикционная** (Trib) Reibungs-Wärmebeständigkeit f, Reibungs-Wärmefestigkeit f
теплота f 1. Wärme f (s. a. unter тепло); 2. Wärmekapazität f, Wärme f (s. a. unter теплоёмкость) ‖ **~ адгезии** (Mech) Adhäsionswärme f ‖ **~ адсорбции** (Ch) Adsorptionswärme f ‖ **~ возгонки** s. ~ сублимации ‖ **~ гидратации** (Ch) Hydrationswärme f ‖ **~ горения** s. ~ сгорания 1. ‖ **~ деления** (Kern) Spaltungswärme f ‖ **~ десублимации** (Therm) Desublimationswärme f (bei Übergang aus dem gasförmigen in den festen Aggregatzustand) ‖ **~ деформации** (Umf) Verformungswärme f, Deformationswärme f ‖ **~ диссоциации** (Ch) Dissoziationswärme f ‖ **~ диффузии** (Ch) Diffusionswärme f, Überführungswärme f ‖ **~ замерзания (затвердевания)** (Therm) Erstarrungswärme f, Kristallisationswärme f ‖ **~ ионизации** (Therm) Ionisationswärme f ‖ **~ испарения** (Therm) 1. Verdunstungswärme f; 2. Verdampfungswärme f, Dampfbildungswärme f ‖ **~ испарения/внешняя** äußere Verdampfungswärme f ‖ **~ испарения/внутренняя** innere Verdampfungswärme f ‖ **~ кипения** s. ~ испарения 2. ‖ **~ конденсации** (Therm) Kondensationswärme f ‖ **~ кристаллизации** (Therm) Kristallisationswärme f ‖ **~/лучистое** (Therm) Strahlungswärme f ‖ **~ нейтрализации** (Ch) Neutralisationswärme f ‖ **~ образования** (Ch) Bildungswärme f ‖ **~ осаждения** (Ch) Fällungswärme f ‖ **~ отвердевания** s. ~ замерзания ‖ **~ парообразования** s. ~ испарения ‖ **~ Пельтье** Peltier-Wärme f ‖ **~ перегрева** (Therm) Überhitzungswärme f ‖ **~ плавления** (Therm) Schmelzwärme f ‖ **~ плавления/удельная** spezifische Schmelzwärme f ‖ **~ полимеризации** (Ch) Polymerisationswärme f ‖ **~ полиморфного превращения** (Therm) polymorphe Umwandlungswärme f ‖ **~ превращения** s. ~ фазового превращения ‖ **~ радиоактивного распада** (Kern) radiogene (radioaktive) Wärme f ‖ **~/радиогенная** s. ~ радиоактивного распада ‖ **~ разбавления (разведения)** (Ch) Verdünnungswärme f ‖ **~ разложения** Zersetzungswärme f ‖ **~ распада** (Kern) Zerfallswärme f ‖ **~ рассеяния** Dissipationswärme f ‖ **~ растворения** (Ch) Lösungswärme f ‖ **~ реакции** (Ch) Reaktionswärme f ‖ **~ сгорания** 1. Verbrennungswärme f; 2. s. теплотворность/низшая ‖ **~ сжатия** (Therm) Verdichtungswärme f, Kompressionswärme f ‖ **~ сжижения** (Therm) Verflüssigungswärme f ‖ **~/скрытая** s. ~ фазового превращения ‖ **~ смачивания** Benetzungswärme f ‖ **~ смешения** Mischungswärme f ‖ **~ сольватации** (Ch) Solvatationswärme f ‖ **~ сублимации** Sublimationswärme f ‖ **~ трения** Reibungswärme f ‖ **~/удельная** s. теплоёмкость/удельная ‖ **~ фазового превращения** (Therm) Umwandlungswärme f
теплотворность f s. ~/низшая ‖ **~/высшая** spezifischer Brennwert m, Verbrennungswärme f (für feste und flüssige Brennstoffe); auf das Normvolumen bezogener Brennwert m (für gasförmige Brennstoffe) ‖ **~/изобарная** Verbrennungswärme f bei konstantem Druck, Verbrennungsenthalpie f ‖ **~/изохорная** Verbrennungswärme f bei konstantem Volumen, Verbrennungsenergie f ‖ **~/низшая** [spezifischer] Heizwert m (für feste und flüssige Brennstoffe); auf das Normvolumen bezogener Heizwert m (für gasförmige Brennstoffe)
теплотворный wärmeerzeugend, exotherm
теплотехника f Wärmetechnik f
теплотрасса f (Bw) Heizleitungsstrang m
теплоустойчивость f s. теплостойкость
теплоустойчивый s. теплостойкий
теплоутилизатор m Wärmeverwerter m
теплофизика f Wärmephysik f; Thermophysik f
теплофизиологический wärmephysiologisch
теплофикация f Wärmeversorgung f, Fernwärmeversorgung f
теплофильтр m (Opt) Wärmefilter n

теплоход *m* Motorschiff *n* ‖ **~/грузовой** Motorfrachtschiff *n*; Motorgüterschiff *n* ‖ **~/каботажный** Küstenmotorschiff *n* ‖ **~/морской** Hochseemotorschiff *n* ‖ **~/озёрно-речной** Binnensee-Motorschiff *n* ‖ **~/пассажирский** Fahrgastmotorschiff *n*, Passagiermotorschiff *n* ‖ **~ с горизонтальной грузообработкой** Roll-on/Roll-off-Motorschiff *n*, Ro-Ro-Motorschiff *n*
теплоцентраль *f* Wärmeversorgungsbetrieb *m*
теплочувствительность *f* Wärmeempfindlichkeit *f*
теплоэлектровентилятор *m* Heizlüfter *m* ‖ **~/ручной** [elektrische] Heißluftdusche *f*, Fön *m*
теплоэлектростанция *f s.* теплоэлектроцентраль
теплоэлектроцентраль *f* Heizkraftwerk *n*, Fernheizkraftwerk *n* ‖ **~/атомная** Kernheizkraftwerk *n* ‖ **~/городская** Stadtheizkraftwerk *n* ‖ **~/промышленная** Industrieheizkraftwerk *n* ‖ **~/районная** regionales Heizkraftwerk *n*
теплоэнергетика *f* Wärmeenergetik *f*
терапия/биостимулирующая *(Med)* Reizstromtherapie *f* ‖ **~/кардиостимуляторная** Herzschrittmachertherapie *f* ‖ **~ короткими волнами** Kurzwellentherapie *f* ‖ **~/микроволновая** Mikrowellentherapie *f*
тера... *(Меß)* Tera..., T-... *(Vorsatz zur Bildung des 10^{12}fachen einer Maßeinheit)*
тербий *m (Ch)* Terbium *n*, Tb
теребилка *f (Lw)* Raufmaschine *f*
теребить *(Lw)* raufen *(Lein, Hanf)*
теребление *n (Lw)* Raufen *n (Lein, Hanf)*
тёрка *f* 1. *(Bw)* Glättkelle *f*; 2. *(Bw)* Reibebrett *n (für Betonarbeiten)*; 3. Reibe *f*, Reibmaschine *f*
терлингуаит *m (Min)* Terlinguait *m (sekundäres Quecksilbermineral)*
терм 1. *(Kern)* Term *m*, Energieterm *n*; 2. *(Opt)* Term *m*, Spektralterm *m*; 3. *(Math, Inf)* Term *m* ‖ **~/атомный** *(Kern)* Atomterm *n* ‖ **~ Бальмера** *(Math)* Balmer-Term *m* ‖ **~ Буля** *(Inf)* logischer Ausdruck *m*, Boolescher Ausdruck (Term) *m* ‖ **~/вращательный** *(Math)* Rotationsterm *m* ‖ **~ Деландра** *(Math)* Deslandres-Term *m*, Deslandresscher Term *m* ‖ **~/дублетный** *(Kern)* Dubletterm *m* ‖ **~/мультиплетный** *(Kern)* Multipletterm *m* ‖ **~/обращённый** *(Math)* umgekehrter (invertierter) Term *m* ‖ **~/основной** *(Ph)* Grundterm *m* ‖ **~/отрицательный** *(Math)* negativer Term *m* ‖ **~/переменный** *(Math)* Laufterm *m* ‖ **~/перемещаемый** *(Inf)* verschiebbarer Term *m* ‖ **~/постоянный** *(Math)* konstanter Term *m* ‖ **~/регулярный** *(Math)* regelrechter (regulärer) Term *m* ‖ **~/рентгеновский** *(Math)* Röntgenterm *m* ‖ **~ Ридберга** *(Math)* Rydberg-Term *m* ‖ **~/ритцевский** *(Math)* Ritzscher (unverschobener, ungestrichener) Term *m* ‖ **~/ротационный** *s.* **~/вращательный** ‖ **~/самоопределяющийся** *(Inf)* Direktwert *m* ‖ **~/синг[у]летный** *(Math)* Singulett-Term *m* ‖ **~/спектральный** *s.* терм 2. ‖ **~/текучий** *(Math)* Laufterm *m* ‖ **~/триплетный** *(Math)* Tripletterm *m* ‖ **~/чётный** *(Math)* gerader Term *m* ‖ **~/энергетический** *(Ph)* Energieterm *m*
терма *f (Geol)* Therme *f*, Thermalquelle *f*
термализация *f (Ph)* Thermalisierung *f*, Thermalisation *f (Abbremsung auf thermische Geschwindigkeit)*

термий *m* Thermium *n*, thermischer Akzeptor *m (Halbleiter)*
термика *f (Meteo)* Thermik *f*
терминал *m* Terminal *n*, Datenendgerät *n*, Datenendplatz *m*, DEP ‖ **~/абонентский** *(Nrt)* Teilnehmerterminal *n*, Teilnehmerendgerät *n* ‖ **~ ввода** *(Inf)* Eingabeterminal *n* ‖ **~/виртуальный** *(Inf)* virtuelles Terminal *n* ‖ **~ вывода** *(Inf)* Ausgabeterminal *n*, Ausgabe-Datenendgerät *n* ‖ **~/графический** *(Inf)* Graphikterminal *n*, graphisches Terminal *n*, Datensichtgerät *n* ‖ **~/диалоговый** *(Inf)* Dialogterminal *n*, Datenendplatz *m* für Dialogbetrieb ‖ **~/интеллектуальный** *(Inf)* intelligentes Terminal *n* ‖ **~/интерактивный графический** *(Inf)* interaktives Graphikterminal *n* ‖ **~/контейнерный** *(Eb, Schiff)* Containerterminal *n* ‖ **~/местный** *(Inf)* Datenstation *f* mit Direktanschluß, lokales Terminal *n* ‖ **~ обработки данных** *(Inf)* Datenterminal *n* ‖ **~/пакетный** *(Inf)* Terminal *n* für Stapelverarbeitung ‖ **~/разумный** *(Inf)* intelligentes Terminal *n*, intelligente Datenstation *f* ‖ **~ с алфавитно-цифровым дисплеем** *(Inf)* alphanumerisches Bildschirmterminal *n* ‖ **~ с дисплеем** *(Inf)* Datensichtstation *f* ‖ **~/удалённый** *(Inf)* Datenstation *f* mit Fernanschluß, entferntes Terminal *n*, entfernter Datenendplatz *m* ‖ **~/экранный** *(Inf)* CRT-Terminal *n*
терминатор *m (Astr)* Terminator *m*, Schattengrenze *f*
термион *m (El)* 1. Thermion *n*; 2. Glühelektron *n*, Thermoelektron *n*
термистор *m s.* терморезистор
термитный *(Schw)* Thermit..., aluminothermisch
термия *f* Thermie *f*, th *(SI-fremde Einheit der Wärmemenge)*
термоадсорбция *(Ph)* Thermoadsorption *f*
термоакцептор *m (Eln)* Thermoakzeptor *m*
термоамперметр *m* Thermo[umformer]strommesser *m*, Thermoamperemeter *n*
термоанализ *m* Thermoanalyse *f*, thermische Analyse *f*
термоанемометр *m (El)* Hitzdrahtanemometer *n* ‖ **~/плёночный** Heißfilmsonde *f* ‖ **~/проволочный** Hitzdrahtanemometer *n*
термобарокамера *f* Unterdruckkältekammer *f*
термобарометр *m* Thermobarometer *n*; Höhenthermometer *n*, Siedebarometer *n*
термобатарея *f* Thermobatterie *f* ‖ **~/нейтронная** *(Kern)* Neutronenthermosäule *f*
термобатиграф *m* Bathythermograph *m*
термобурение *n (Bgb)* thermisches Bohren *n*, Thermobohren *n*, Flammstrahlbohren *n*
термовакуумметр *m* Thermoelement-Vakuummeter *n*, thermoelektrisches Vakuummeter *n*
термоваттметр *m (El)* Thermo[umformer]leistungsmesser *m*, Thermowattmeter *n*
термовесы *pl* Thermowaage *f*
термовольтметр *m (El)* Thermospannungsmesser *m*, Thermovoltmeter *n*
термогальванометр *m (El)* Thermogalvanometer *n*
термогашение *n* thermische Löschung *f*
термогенератор *m (El)* thermoelektrischer Generator *m*
термогенерация *f (El)* thermische Generation *f*
термогигрограф *m* Thermohygrograph *m*

термообработка

термогравиметрия f Thermogravimetrie f, thermogravimetrische Analyse f
термоградиентограф m (Geoph) geothermischer Gradientenmesser m, geothermische Sonde f
термограмма f s. кривая/термовесовая
термограф m Thermograph m, Temperaturschreiber m, registrierendes (schreibendes) Thermometer n
термография f 1. (Photo) Thermographie f, Infrarotthermographie f; 2. s. термоанализ
термодатчик m Wärmefühler m; Wärmesensor m ‖ ~/нейтронный (Kern) Neutronenthermomeßgeber m (z. B. Neutronenthermosäule, Neutronenelement)
термодетектор m Thermodetektor m, thermoelektrischer Detektor m, Wärmefühler m
термодефект m (Eln) thermischer Defekt m
термодинамика f Thermodynamik f, Wärmelehre f ‖ ~/аксиоматическая s. ~/феноменологическая ‖ ~ необратимых процессов Thermodynamik f irreversibler Prozesse ‖ ~/релятивистская relativistische Thermodynamik f ‖ ~ сверхпроводности Thermodynamik f der Supraleiter ‖ ~/статистическая statistische Thermodynamik f ‖ ~/техническая technische Thermodynamik f ‖ ~/феноменологическая phänomenologische Thermodynamik f ‖ ~/физическая physikalische Thermodynamik f ‖ ~/химическая chemische Thermodynamik f, Thermochemie f
термодиффузия f (Ph) Thermodiffusion f
термозит m (Bw) Thermosit m, Schaumschlacke f, Hüttenbims m (Leichtzuschlagstoff)
термозонд m Thermosonde f
термоизоляционный s. теплоизоляционный
термоизоляция f s. теплоизоляция
термоион m s. термион 2.
термоионизация f (Ph) Thermoionisation f, thermische Ionisation (Ionisierung) f
термоионный thermoionisch
термокарандаш m (Wkst) Temperaturmeßfarbstift m
термокаротаж m (Bgb) Temperaturmessung f in Bohrlöchern
термокатод m (El) Glühkathode f
термокинетика f Thermokinetik f
термоклей m Heißschmelzkleber m
термокомпенсатор m Temperaturkompensator m
термокомпенсация f Temperaturkompensation f
термокомпрессия f Thermokompression f, Warmdruckverfahren n
термокомпрессор m Thermokompressor m, Kältemittelverdichter m
термоконтакт m (El) Thermokontakt m
термокопирование n Thermokopie f
термокраска f 1. (Меß) Temperaturmeßfarbe f; 2. (Тур) Heatset-Druckfarbe f
термокрест m (El) Thermokreuz n
термокривая f Thermokurve f
термолиз m Thermolyse f, thermische Dissoziation f
термолюминесценция f Thermolumineszenz f
термомагнетизм Thermomagnetismus m
термометаморфизм m (Geol) Thermometamorphose f (Variante der Kontaktmetamorphose)

термометр m Thermometer n ‖ ~/акустический akustisches Thermometer n ‖ ~ Бекмана Beckmann-Thermometer n ‖ ~/биметаллический Bimetallthermometer n ‖ ~/вакуумный Vakuumthermometer n ‖ ~/водородный Wasserstoffthermometer n (Typ eines Gasthermometers in Verbindung mit einem Quecksilbermanometer) ‖ ~/воздушный Luftthermometer n ‖ ~/газовый Gasthermometer n ‖ ~/гелиевый Heliumthermometer n ‖ ~/дистанционный Fernthermometer n ‖ ~/дифференциальный Differentialthermometer n ‖ ~/жидкостный Flüssigkeitsthermometer n ‖ ~/жидкостный манометрический Flüssigkeitsdruckthermometer n ‖ ~/кварцевый Quarzglasthermometer n ‖ ~/контактный Kontaktthermometer n ‖ ~/максимально-минимальный Maximum-Minimum-Thermometer n ‖ ~/максимальный Maximumthermometer n ‖ ~/манометрический Druckthermometer n ‖ ~/медицинский Fieberthermometer n ‖ ~/метастатический Beckmann-Thermometer n ‖ ~/минимальный Minimumthermometer n ‖ ~/образцовый Prüfthermometer n ‖ ~/палочный Stabthermometer n ‖ ~/паровой Dampfthermometer n ‖ ~/паровой манометрический Dampfdruckthermometer n ‖ ~/поверочный Prüfthermometer n ‖ ~/полупроводниковый Thermoelement n, Halbleiterthermometer n ‖ ~ растяжения Ausdehnungsthermometer n ‖ ~/резистивный Widerstandsthermometer n ‖ ~/ртутный Quecksilberthermometer n ‖ ~/самопишущий s. термограф ‖ ~/смоченный Naßthermometer n ‖ ~ со вложенной шкалой Einschlußthermometer n ‖ ~ сопротивления Widerstandsthermometer n ‖ ~ сопротивления/малоинерционный Widerstandsthermometer n geringer thermischer Trägheit ‖ ~ сопротивления/платиновый Platinwiderstandsthermometer n ‖ ~ сопротивления/полупроводниковый Halbleiterwiderstandsthermometer n ‖ ~ сопротивления/точный Präzisionswiderstandsthermometer n ‖ ~ сопротивления/эталонный Bezugswiderstandsthermometer n, Normalwiderstandsthermometer n ‖ ~/спиртовой Alkoholthermometer n ‖ ~/стеклянный Glasthermometer n ‖ ~/сухой Trockenthermometer n ‖ ~ теплового расширения Ausdehnungsthermometer n ‖ ~/точный Feinthermometer n, Präzisionsthermometer n ‖ ~/угловой Winkelthermometer n ‖ ~/угольный Kohlewiderstandsthermometer n ‖ ~/шаровой Globusthermometer n, Schwarzkugelthermometer n ‖ ~/шумовой Rauschthermometer n ‖ ~/эталонный Bezugsthermometer n, Normalthermometer n
термометрический Thermometer...
термометрия f Thermometrie f ‖ ~ скважин s. термокаротаж
термометр-пращ m Schleuderthermometer n
термометр-самописец m s. термограф
термомодуляция f (Ph) Thermomodulation f
термомостик m (El) Thermobrücke f
термонапряжение n Thermospannung f, Wärmespannung f (s. a. термо-э.д.с.)
термонастройка f (Eln) thermische Abstimmung f
термообработка f 1. (Met) Wärmebehandlung f, Warmbehandlung f; 2. (Fert) Wärmebearbeitung

термообработка f; 3. (Eln) Thermobehandlung f II **~/антидонорная** (Eln) Antidonatorentemperung f II **~/быстрая (импульсная)** (Eln) schnelle thermische Behandlung f, RTP II **~/предварительная термическая** Vorbehandlung f II **~/фотостимулированная** (Eln) lichtinduzierte Thermobehandlung f
термоограничитель m (El) Temperaturbegrenzer m
термоокисление n (Ch) thermische Oxidation f
термооптический thermooptisch
термопара f 1. Thermoelement n (s. a. unter термоэлемент); 2. Thermopaar n II **~/биметаллическая** Bimetallthermoelement n II **~/железоконстантановая** Eisen-Konstantan-Thermoelement n II **~/золото-платиновая** Gold-Platin-Thermoelement n II **~/медь-константановая** Kupfer-Konstantan-Thermoelement n II **~/нейтронная** Neutronenthermoelement n II **~ погружения** Tauchthermoelement n II **~/стандартная** Normalthermoelement n
термопарный 1. Thermoelement...; 2. Thermopaar...
термопауза f Thermopause f
термопереход m Thermoübergang m (Halbleiter)
термопласт m Thermoplast m, thermoplastischer Kunststoff m
термопластикация f (Gum) Wärmeplastizieren n, thermische Plastizierung f
термопластичность f Thermoplastizität f, Wärmebildsamkeit f
термопластичный thermoplastisch, wärmebildsam
термополимер m (Ch) Thermopolymerisat n
термополимеризация f (Ch) Wärmepolymerisation f
термопреобразователь m 1. Temperatur[meß]wandler m; 2. Thermoumformer m, thermoelektrischer Umformer m II **~/бесконтактный** s. **~/изолированный** II **~/вакуумный** Vakuumthermoumformer m II **~/внутренний** Innenthermoumformer m II **~/воздушный** Luftthermoumformer m II **~/изолированный** isolierter (indirekt geheizter) Thermoumformer m II **~/контактный (неизолированный)** nichtisolierter (direkt geheizter) Thermoumformer m
термоприёмник m Temperaturempfänger m, temperaturempfindlicher Empfänger m
термопроявление n (Photo) thermische Entwicklung f, Entwicklung f durch Wärme
термораспад m (Kst) thermischer Abbau m, Wärmeabbau m
термореактивный thermoreaktiv, wärmereaktiv, [hitze]härtbar, härtend, duroplastisch
терморегулирование n Thermoregelung f, Temperaturregelung f
терморегулятор m Thermoregler m, Temperaturregler m II **~/дилатометрический** Ausdehnungsregler m II **~/полупроводниковый** Halbleitertemperaturregler m
терморезистор m (Eln) NTC-Widerstand m, Heißleiter[widerstand] m; Thermistor m II **~/измерительный** Meßheißleiter m II **~/подогревный** beheizter Heißleiter m
термореле n Thermorelais n; Bimetallrelais n
термос m Thermosflasche f
термосигнализатор m s. термометр/контактный

термосила f Thermokraft f, thermoelektrische Kraft f
термосклеивающийся heißsiegelnd
термоскоп m Thermoskop n
термокреплённый (Text) thermoverfestigt
термосопротивление n 1. Wärmewiderstand m (Eigenschaft oder Größe); 2. s. терморезистор
термостабилизатор m Thermostabilisator m
термостабильность f s. термостойкость
термостабильный s. термостойкий
термостарение n thermische Alterung f
термостат m 1. Thermostat m; 2. Warmhalteschrank m, Warmhaltegefäß n; (Met) Warmhaltegrube f II **~/адсорбционный** Adsorptionsthermostat m, Desorptionsthermostat n II **~/водяного охлаждения** Kühlwasserthermostat n II **~/воздушный** Luftthermostat m II **~/жидкостный** Flüssigkeitsthermostat m II **~/криогидратный** Kryohydratthermostat m II **~/масляный** Ölthermostat m II **~/солевой** Salzthermostat m
термостатика f Thermostatik f, klassische Thermodynamik f
термостойкий temperaturbeständig, wärmebeständig, wärmefest; (Met, Glas, Ker) temperaturwechselbeständig, temperaturwechselfest
термостойкость f Temperaturbeständigkeit f, Wärmebeständigkeit f, Wärmefestigkeit f; (Met, Glas, Ker) Temperaturwechselbeständigkeit f, Temperaturwechselfestigkeit f
термостолбик m (El) Thermosäule f
термострикция f (Krist) Thermostriktion f
термосфера f (Ph) Thermosphäre f, Ionosphäre f, Heaviside-Schicht f
термоток m Thermostrom m, Wärmestrom m
термоулучшать (Met, Härt) vergüten, wärmevergüten
термоулучшение n (Met, Härt) Vergüten n, Wärmevergüten n, Vergütung f
термоупругость f Thermoelastizität f
термоустойчивость f s. термостойкость
термоустойчивый s. термостойкий
термофиксаж m (Photo) Wärmefixierung f
термофиксация f (Text) Thermofixierung f (Veredlung)
термофон m Thermophon n
термохимический thermochemisch
термохимия f Thermochemie f
термохромирование n Thermochromieren n, Thermoverchromung f (Stahl)
термоциклирование n Temperaturwechselbeanspruchung f
термочувствительность f Wärmeempfindlichkeit f
термочувствительный wärmeempfindlich
термошкаф m Wärmeschrank m
термощуп m Temperaturfühler m
термо-э.д.с. f Thermo-EMK f, thermoelektromotorische Kraft f, thermoelektrische Spannung f
термоэластичность f Thermoelastizität f, Wärmeelastizität f
термоэлектрический thermoelektrisch
термоэлектричество n Thermoelektrizität f, Wärmeelektrizität f
термоэлектробатарея f s. термобатарея
термоэлектрогенератор m Thermoelektrogenerator m, thermoelektrischer Generator m
термоэлектродинамика f Thermoelektrodynamik f

термоэлектрон *m s.* термион 2.
термоэлектрохолодильник *m* thermoelektrische Kühlanlage *f*
термоэлемент *m* Thermoelement *n* (*s. a. unter* термопара 1.) ‖ ~/вакуумный Vakuumthermoelement *n* ‖ ~/дифференциальный Differentialthermoelement *n* ‖ ~/изолированный isoliertes (indirekt beheiztes) Thermoelement *n* ‖ ~/крестообразный Thermokreuz *n* ‖ ~/неизолированный nichtisoliertes (direktgeheiztes) Thermoelement *n* ‖ ~/полупроводниковый Halbleiterthermoelement *n*
термоэмиссия *f s.* эмиссия/термоэлектронная 1.
термоэффект *m*/диффузионный *s.* эффект Дюфора
термоядерный *(Kern)* thermonuklear
тернарный ternär, dreifach
терпен *m (Ch)* Terpen *n*
терпентин *m (Ch)* Terpentin *n*
терпеть бедствие *(Schiff)* in Seenot geraten; in Seenot sein
терракота *f (Ker)* Terrakotta *f*
терраса *f* Terrasse *f* ‖ ~/абразионная *(Geol)* Abrasionsplatte *f* ‖ ~/береговая *(Geol)* Küstenterasse *f*, Strandterrasse *f*, Meeresterrasse *f*, Seeterrasse *f* ‖ ~/денудационная *(Geol)* Denudationsterrasse *f*, Verwitterungsterrasse *f* ‖ ~/морская *s.* ~/береговая ‖ ~/надпойменная *(Geol)* Talhangterrasse *f* ‖ ~/озёрная *s.* ~/береговая ‖ ~/открытая *(Bw)* Freiterrasse *f* ‖ ~/эрозионная *(Geol)* Erosionsterrasse *f*
террасирование *n* склонов *(Lw)* Terrassierung *f* (künstliche Abstufung steiler Hänge)
террикон[ик] *m (Bgb)* Halde *f*
территория *f* Territorium *n*, Gelände *n* ‖ ~/застроенная bebautes Gelände *n* ‖ ~/обслуживания Versorgungsgebiet *n* ‖ ~/промышленная Industriegebiet *n*
тёс *m (Bw)* Bretter *npl*, Schnittholz *n*
тесание *n* Behauen *n*, Zuhauen *n*, Abstemmen *n*
тесать behauen, zuhauen; abstemmen
тесёмка *f* 1. *(Text)* Litze *f*, Band *n*; Zwirnband *n*; 2. *(Typ)* Heftband *n*
тёска *f s.* тесание
тесла *f (El)* Tesla *n*, T
тесламетр *m (El)* Flußdichtemeßgerät *n*
теснина *f (Geol)* Klamm *f*; Felsschlucht *f*; Talverengung *f*
тест *m* Test *m*, Prüfung *f* ‖ ~/арифметический arithmetische Prüfung *f* ‖ ~/внутрисхемный *(Eln)* In-Circuit-Prüfung *f*, In-Circuit-Test *m* ‖ ~/граничный Grenzwertprüfung *f*, Randwertprüfung *f* ‖ ~/комплексный *(Inf)* Systemtest *m* ‖ ~/контрольный *(Inf)* Prüftest *m* ‖ ~ по разбраковке Aussonderungstest *m* ‖ ~ предварительного старения Voralterungstest *m* ‖ ~/приёмно-сдаточный Übergabetest *m* ‖ ~ устройства Gerätetest *m*
тестер *m* Tester *m*, Prüfer *m*, Prüfgerät *n*, Prüfinstrument *n*; *(Bgb)* Schichtentester *m (Erdölbohrung)* ‖ ~/внутрисхемный *(Eln)* In-Circuit-Tester *m*
тестирование *n*/автоматизированное rechnergestützte Prüfung *f*
тесто *n* 1. *(Lebm)* Teig *m*, Paste *f*; 2. *(Bw)* Brei *m*, Schlempe *f* ‖ ~/известковое *(Bw)* Kalkbrei *m* ‖

~/кислое *(Lebm)* Sauerteig *m* ‖ ~/цементное *(Bw)* Zementbrei *m*
тестомесилка *f (Lebm)* Teigknetmaschine *f*
тестообразный teigartig, teigig, breiartig, breiig
тест-программа *f (Inf)* Testprogramm *n*, Prüfprogramm *n*
тест-сигнал *m* Testsignal *n*, Prüfsignal *n*
тест-таблица *f (TV)* Testbild *n* ‖ ~/телевизионная Fernsehtestbild *n*
тесьма *f (Text)* Litze *f*, Band *n*; Zwirnband *n*; Gurt *m* ‖ ~/веретённая Spindel[antriebs]band *n* ‖ ~/капитальная *(Typ)* Kapitalband *n*
тетаграмма *f (Meteo)* Thetagramm *n (aerologisches Diagramm)*
тетартоэдр *m (Krist)* Tetartoeder *n*, Viertelflächner *m*
тетартоэдрия *f (Krist)* Tetartoedrie *f*
тетива *f* 1. Leine *f*, Kordel *f*; 2. Spannkordel *f (Spannsäge)*; 3. *s.* ~ лестницы ‖ ~ лестницы *(Bw)* Treppenwange *f* ‖ ~ трапа *(Schiff)* Leiterholm *m*, Treppenholm *m*, Leiterwange *f*, Treppenwange *f*
тетрагексаэдр *m (Krist)* Tetra[kis]hexaeder *n*
тетрагон *m (Math)* Tetragon *n*, Viereck *n*
тетрагональный *(Krist)* tetragonal
тетрагон-триоктаэдр *m (Krist)* Ikositetraeder *n*; Tetragontrioktaeder *n*
тетрагон-тритетраэдр *m (Krist)* Deltoiddodekaeder *n*; Tetragontritetraeder *n*
тетрада *f (Inf)* Tetrade *f*
тетрадимит *m (Min)* Tetradymit *m*, Tellurwismut *n*, Tellurwismutglanz *m*
тетрадь *f* 1. Heft *n*; 2. *(Typ)* Lage *f*, Buchbinderbogen *m*
тетракисгексаэдр *m s.* тетрагексаэдр
тетрамолекулярный *(Ch)* tetramolekular
тетрасульфид *m (Ch)* Tetrasulfid *n*
тетрафторид *m (Ch)* Tetrafluorid *n*
тетрахлорид *m (Ch)* Tetrachlorid *n*
тетрахлорпроизводное *n (Ch)* Tetrachlorderivat *n*
тетраэдр *m (Krist)* Tetraeder *n* ‖ ~/кремнекислородный SiO_4-Tetraeder *n* ‖ ~/кубический *(Krist)* Pyramidentetraeder *n*, Tri[akis]tetraeder *n*; Trigontritetraeder *n* ‖ ~/правильный Tetraeder *n* ‖ ~/преломленный пирамидальный Hexa[kis]tetraeder *n* ‖ ~/ромбический rhombische Disphenoid *n*; rhombisches Tetraeder *n* ‖ ~/тетрагональный tetragonales Disphenoid *n*; tetragonales Tetraeder *n*
тетраэдрит *m (Min)* Tetraedrit *m*, Antimonfahlerz *n*, Schwarzerz *n (Fahlerz)*
тетрил *m* Tetryl *n (Sprengstoff)*
тетрод *m (Eln)* Tetrode *f* ‖ ~/полупроводниковый Transistortetrode *f*, Halbleitertetrode *f*, Spacistor *m* ‖ ~/точечно-контактный Spitzentetrode *f*, Punkttetrode *f*
тетрод-транзистор *m* Binistor *m*, Transistorelektrode *f*
тетроза *f (Ch)* Tetrose *f*
тефиграмма *f (Meteo)* Tephigramm *n*, T, *(aerogisches Diagramm)*
тефра *f (Geol)* Tephra *f (vulkanisches Lockermaterial)*
тефроит *m (Min)* Tephroit *m (Manganolivin)*
технеций *m (Ch)* Technetium *n*, Tc

техника f Technik f ll ~/**авиационная** 1. Flugtechnik f; 2. Flugzeuge npl, fliegertechnisches Gerät n, Luftfahrtgerät n ll ~ **автоматизации** Automatisierungstechnik f ll ~ **автоматического регулирования** [automatische] Regel[ungs]technik f ll ~ **автоматического регулирования и управления** Steuerungs- und Regel[ungs]technik f ll ~ **автоматической телефонии** automatische Fernsprechvermittlungstechnik f ll ~/**аналитическая измерительная** Analysenmeßtechnik f ll ~/**аналого-во-цифровая** Analog-Digital-Technik f ll ~/**антенная** Antennentechnik f ll ~ **безопасности** Arbeitsschutz m, Arbeitssicherheit f ll ~ **беспроволочной связи** drahtlose Nachrichtentechnik f ll ~ **больших ИС** LSI-Technik f, hochintegrierte Schaltungstechnik f ll ~ **бурения** (Bgb) Bohrtechnik f ll ~/**буровая** (Bgb) Bohrtechnik f ll ~/**буровзрывная** (Bgb) Bohr- und Sprengtechnik f ll ~/**вакуумная** Vakuumtechnik f ll ~ **вещания** Rundfunktechnik f ll ~/**взрывная** (Bgb) Sprengtechnik f ll ~/**военная** Militärtechnik f ll ~/**волноводная** (Eln) Hohlleitertechnik f, Wellenleitertechnik f ll ~ **воспроизведения** (Eln) Wiedergabetechnik f ll ~ **встреч** (Raumf) Rendezvoustechnik f ll ~/**высоковакуумная** Hochvakuumtechnik f ll ~/**высоковольтная** Hochspannungstechnik f ll ~/**высокочастотная** Hochfrequenztechnik f, HF-Technik f; Trägerfrequenztechnik f, TF-Technik f ll ~/**высокочастотная измерительная** Hochspannungsmeßtechnik f, HF-Meßtechnik f ll ~ **высокочастотных измерений** Hochfrequenzmeßtechnik f ll ~/**вычислительная** Rechentechnik f ll ~/**горная** Bergbautechnik f ll ~ **дальней связи** (Nrt) Weitverkehrstechnik f ll ~ **дециметровых волн** Dezimeterwellentechnik f ll ~/**дискретная** diskrete Technik f; Digitaltechnik f ll ~/**диффузионная** Diffusionstechnik f (Halbleiter) ll ~/**дозиметрическая** Strahlungsmeßtechnik f ll ~/**железнодорожная** Eisenbahntechnik f ll ~ **звукозаписи** Tonaufnahmetechnik f ll ~ **изготовления** Herstellungstechnik f, Fertigungstechnik f ll ~ **измерений** Meßtechnik f ll ~ **измерений в потоке** Strömungsmeßtechnik f ll ~ **измерений на расстоянии** Fernmeßtechnik f ll ~ **измерений на сверхвысоких частотах** Höchstfrequenzmeßtechnik f ll ~ **измерительная** s. ~ измерений ll ~/**изоляционная** (El) Isolationstechnik f ll ~/**импульсная** Impulstechnik f, Pulstechnik f ll ~ **интегральных схем** integrierte Schaltkreistechnik f, IC-Technik f ll ~/**информационная** Informationstechnik f ll ~/**инфракрасная** Infrarottechnik f, IR-Technik f ll ~/**ионно-лучевая** Ionenstrahltechnik f ll ~ **испытаний** Prüftechnik f ll ~/**кинематографическая** Kinetechnik f ll ~/**киносъёмочная** Filmaufnahmetechnik f ll ~/**компьютерная** Computertechnik f ll ~/**контрольно-измерительная** Prüftechnik f, Kontrollmeßtechnik f ll ~ **коротких волн** Kurzwellentechnik f ll ~/**космическая** Raumfahrttechnik f, Weltraumtechnik f ll ~/**криогенная** Kryotechnik f, Tieftemperaturtechnik f, Kältetechnik f ll ~/**лазерная** Lasertechnik f ll ~/**лазернолучевая** Laserstrahltechnik f ll ~/**лакокрасочная** Anstrichmitteltechnik f ll ~/**ламповая** (Eln) Röhrentechnik f ll ~ **легирования** (Eln) Dotiertechnik f (Halbleiter) ll ~/**литейная** Gießereitechnik f ll ~ **магнитной записи** Magnetaufzeichnungstechnik f ll ~ **магнитной памяти** Magnetspeichertechnik f ll ~/**мазерная** Masertechnik f ll ~/**малярная** Anstrichtechnik f ll ~/**микроволновая** Mikrowellentechnik f ll ~/**микровычислительная** Mikrorechentechnik f, Mikrorechnertechnik f ll ~/**микроминиатюрная** Mikrominiaturtechnik f ll ~/**микромодульная** (Eln) Mikromodultechnik f ll ~/**микропрограммирования** Mikroprogrammierungstechnik f ll ~/**микропроцессорная** Mikroprozessortechnik f ll ~/**микроскопическая** mikroskopische Technik f, Mikrotechnik f ll ~ **микрофильмирования** Mikrofilmtechnik f ll ~/**миниатюрная** (Eln) Miniaturtechnik f ll ~ **накопления и хранения данных** (Inf) Speichertechnik f ll ~/**наносекундная** (Eln) Nanosekundentechnik f ll ~ **низких температур** Tieftemperaturtechnik f, Kryotechnik f ll ~/**низковольтная** (El) Niederspannungstechnik f ll ~/**низкочастотная** Niederfrequenztechnik f, NF-Technik f ll ~ **обогащения** Aufbereitungstechnik f ll ~ **обработки данных** Datenverarbeitungstechnik f ll ~/**окрашивания** Lackiertechnik f ll ~/**осветительная** Beleuchtungstechnik f ll ~ **освещения** Beleuchtungstechnik f ll ~ **освоения шельфа** Offshore-Technik f ll ~ **открытых работ** (Bgb) Tagebautechnik f ll ~ **передачи данных** Datenübertragungstechnik f ll ~ **переключательных схем** Schaltkreistechnik f ll ~ **переменных токов** Wechselstromtechnik f ll ~ **печати** Drucktechnik f ll ~ **печатного монтажа** Leiterplattentechnik f ll ~/**пикосекундная** (Eln) Pikosekundentechnik f ll ~ **пилотирования** (Flg) Steuertechnik f ll ~/**планарная** (Eln) Planartechnik f ll ~/**планарно-эпитаксиальная** (Eln) Planar-Epitaxial-Technik f, Epitaxieplanartechnik f ll ~/**плёночная** (Eln) Dünnfilmtechnik f, Schichttechnik f ll ~ **подпрограмм** (Inf) Unterprogrammtechnik f ll ~/**полупроводниковая** Halbleitertechnik f ll ~/**преобразовательная** (El) Stromrichtertechnik f ll ~ **приёма** (Eln) Empfangstechnik f ll ~ **проводной связи** leitungsgebundene Nachrichtentechnik f, Drahtnachrichtentechnik f ll ~ **программирования** Programmier[ungs]technik f ll ~/**процессорная** Prozeßrechentechnik f ll ~ **радиационных измерений** Strahlungsmeßtechnik f ll ~ **радиовещания** Rundfunktechnik f ll ~/**радиолокационная** Radartechnik f ll ~ **радиоприёма** Funkempfangstechnik f ll ~/**радиорелейная** Richtfunktechnik f ll ~/**радиочастотная измерительная** Hochfrequenzmeßtechnik f ll ~ **разведки** (Bgb) Erkundungstechnik f ll ~ **разметки** (Fert) Anreißtechnik f ll ~/**ракетная** Raketentechnik f ll ~ **регулирования** Regel[ungs]technik f ll ~ **резания** (Fert) Spanungstechnik f ll ~/**релейная** Relaistechnik f ll ~/**санитарная** Sanitärtechnik f ll ~ **сантиметровых волн** Zentimeterwellentechnik f ll ~/**сварочная** Schweißtechnik f ll ~/**сверхвысокочастотная** (Eln) Höchstfrequenztechnik f, UHF-Technik f ll ~/**светоизмерительная** Lichtmeßtechnik f ll ~ **связи** Nachrichtentechnik f ll ~/**сельскохозяйственная** Landtechnik f ll ~/**сенсорная** Sensortechnik f ll ~/**сильноточ-

ная Starkstromtechnik f II ~/слаботочная Schwachstromtechnik f II ~/смазочная Schmierungstechnik f II ~/строительная Bautechnik f II ~/струйная 1. Fluid-Technik f; Fluidik f; 2. fluidische Informationsübertragung f II ~/схемная 1. Schaltungstechnik f; 2. Schaltkreistechnik f; 3. Netzwerktechnik f II ~ съёмки изображения (Kine) Bildaufnahmetechnik f II ~ твердотельных схем Festkörperschaltkreistechnik f II ~/текстильная Textiltechnik f II ~/телевизионная Fernsehtechnik f II ~ телеграфной связи Fernschreibtechnik f II ~/телеизмерительная Fernmeßtechnik f II ~ телеуправления Fernsteuer[ungs]technik f II ~/телефонная Fernsprechtechnik f II ~ телефонной коммутации Fernsprechvermittlungstechnik f II ~ телефонной передачи Fernsprechübertragungstechnik f II ~ телефонной связи Fernsprechtechnik f II ~/термоядерная Thermonukleonik f II ~/толстоплёночная (Eln) Dickfilmtechnik f, Dickschichttechnik f II ~/тонкоплёночная (Eln) Dünnfilmtechnik f, Dünnschichttechnik f II ~/точная измерительная Feinmeßtechnik f II ~/транзисторная Transistortechnik f II ~/углоизмерительная Winkelmeßtechnik f II ~/ультравысокочастотная (Eln) Ultrahochfrequenztechnik f II ~/ультразвуковая Ultraschalltechnik f II ~ ультракоротких волн Ultrakurzwellentechnik f II ~ управления Steuer[ungs]technik f II ~/управляющая вычислительная Prozeßrechentechnik f II ~/химическая chemische Technik f, Chemietechnik f II ~/холодильная Kältetechnik f II ~ цветного телевидения Farbfernsehtechnik f II ~/цифровая Digitaltechnik f II ~/цифровая измерительная digitale Meßtechnik f II ~ числового программного управления numerische Steuerungstechnik f, NC-Technik f II ~/электровакуумная Elektrovakuumtechnik f II ~/электроизмерительная Elektromeßtechnik f, elektrische Meßtechnik f II ~/электроосветительная elektrische Beleuchtungstechnik f II ~/энергетическая Energietechnik f II ~/эпитаксиальная (Eln) Epitaxietechnik f, Epitaxialtechnik f II ~/ядерная Kerntechnik f
технологичность f (Fert) fertigungsgerechte Gestaltung f II ~ машины fertigungsgerechte Konstruktion (Gestaltung) f einer Maschine
технологичный fertigungsgerecht, technologiegerecht
технология f Technologie f II ~ базовых кристаллов (Eln) Masterslice-Technik f II ~/безотходная (Ökol) abproduktenfreie Technologie f; abproduktarme Technologie f II ~/бессточная (Ökol) abwasserfreie Technologie f II ~/биполярная (Eln) Bipolartechnologie f II ~/биполярная масштабированная (Eln) skalierte Bipolartechnologie f, S-BIT II ~/биполярно-полевая (Eln) BIMOS-Technologie f, BIFET-Technologie f II ~/гибридная Hybridtechnologie f II ~ изготовления Fertigungstechnologie f II ~/изопланарная Isoplanartechnologie f II ~/интегральная integrierte Technologie f II ~ интегральных схем (Eln) Schaltkreistechnologie f II ~ ионно-лучевая Ionenstrahltechnologie f II ~ испытаний Prüftechnologie f II ~ КНС s. ~ «кремний на сапфире» II ~ «кремний на

изоляторе» (Eln) Silicium-auf-Isolator-Technologie f, SOI-Technologie f, SOI-Technik f II ~ «кремний на кварце» (Eln) Silicium-auf-Quarz-Technologie f II ~ «кремний на сапфире» (Eln) Silicium-auf-Saphir-Technologie f, SOS-Technologie f II ~/лазерная Lasertechnologie f II ~/малоотходная (Ökol) abproduktarme Technologie f II ~/маршрутная (Fert) Leittechnologie f II ~/металлообрабатывающая Metallbearbeitungstechnologie f II ~/металло-оксидная полупроводниковая (Eln) Metalloxidhalbleitertechnologie f, MOS-Technologie f II ~/микромодульная (Eln) Mikromodultechnologie f II ~ нанесения покрытий Beschichtungstechnologie f, Beschichtungsverfahren n II ~ очистки (Ökol) Reinigungstechnologie f II ~ печатных плат (Eln) Leiterplattentechnologie f II ~/планарная Planartechnologie f II ~/плёночная (Eln) Schichttechnologie f II ~/полупроводниковая Halbleitertechnologie f II ~/присоединения выводов (Eln) Drahtbondtechnologie f II ~ программного обеспечения (Inf) Softwaretechnologie f II ~/световая Lichttechnologie f, Lichtverfahrenstechnik f (Sammelbegriff für Bearbeitungsverfahren mittels Licht: Photolithographie, Lackhärtung, Lichtpausen, Thermokopie, Photosynthese u. a.) II ~/совместимая kompatible Technologie f II ~/сплавная (Eln) Legierungstechnologie f; Bondtechnologie f (Halbleiter) II ~/субмикронная (Eln) Submikrometertechnik f II ~/схемная Schaltkreistechnologie f II ~/толстоплёночая (Eln) Dickfilmtechnik f, Dickschichttechnik f II ~/тонкоплёночная (Eln) Dünnfilmtechnik f, Dünnschichttechnik f II ~ ТТЛШ (Eln) Schottky-TTL-Technik f (Halbleiter) II ~/униполярная (Eln) Unipolartechnologie f II ~/химическая chemische Technologie f II ~/электронно-лучевая Elektronenstrahltechnologie f
техусловия npl technische Bedingungen fpl
течебезопасный leckdicht, lecksicher
течеискание n Lecksuche f
течеискатель m Leckseckgerät n, Leckseucher m II ~/звуковой akustischer Lecksucher m II ~/искровой Funkentladungslecksucher m II ~/манометрический Vakuummeterlecksucher m II ~ Тесла s. ~/искровой
течение n 1. Fließen n, Strömen n; 2. (Hydrol) Strömung f, Strom m; 3. (Aero, Hydrod, Meteo) Strömung f • вверх по течению stromaufwärts • вниз по течению stromabwärts II ~/атмосферное s. ~/воздушное II ~/безвихревое s. ~/потенциальное II ~/безнапорное (Hydrod) freie Strömung f II ~/безударное (Hydrod) stoßfreie Strömung f II ~/бесциркуляционное (Hydrod) Durchflußströmung f II ~/бурное (Hydrod) reißende Strömung f II ~/вертикальное пуазейлевское (Hydrod) vertikale Poiseuille-Strömung f II ~/верхнее (Hydrod) Oberlauf m (Fluß) II ~/вихревое (Hydrod) Wirbelströmung f, drehungsbehaftete Strömung f, Drehströmung f II ~/воздушное (Meteo) Luftströmung f II ~/возмущённое (Aero) gestörte Strömung f II ~/встречное (Hydrod) Gegenströmung f II ~/вторичное (Hydrod) Sekundärströmung f II ~/вязкое (вязкостное) (Hydrod) rei-

bungsbehaftete (zähe, viskose) Strömung f, Reibungsströmung f ‖ ~/**гиперзвуковое** (Aero) Hyperschallströmung f, Hypersonieströmung f ‖ ~/**двухмерное** (Hydrol) ebene (zweidimensionale) Strömung f ‖ ~/**двухфазное** (Hydrod) Zweiphasenströmung f ‖ ~/**дозвуковое** (Aero) Unterschallströmung f ‖ ~/**докритическое** (Hydrod) unterkritische Strömung f ‖ ~/**завихренное** s. ~/**турбулентное** ‖ ~/**из[о]энтропическое** (Aero) isentrop[isch]e Strömung f ‖ ~/**квазистационарное** (Hydrod) quasistationäre Strömung f ‖ ~ **Кнудсена** s. ~/**разрывное** ‖ ~/**континуальное** s. ~/**неразрывное** ‖ ~/**ламинарное** (Hydrod) laminare Strömung (Bewegung) f, Laminarströmung f, Laminarbewegung f ‖ ~/**многофазное** (Hydrod) Mehrphasenströmung f ‖ ~/**молекулярное** (Aero) Molekularströmung f ‖ ~/**надкритическое** (Hydrod) überkritische Strömung f ‖ ~/**невязкое (невязкостное)** (Hydrod) reibungsfreie Strömung f ‖ ~/**неизэнтропическое** (Aero) anisentrope (nichtisentrope) Strömung f ‖ ~/**неразрывное** (Aero) Kontinuum-Strömung f ‖ ~/**несжимаемое** (Hydrod) inkompressible Strömung f ‖ ~/**нестационарное (неустановившееся)** (Hydrod) instationäre (nichtstationäre) Strömung f ‖ ~/**нижнее** (Hydrol) Unterlauf m (Fluß) f ‖ ~/**одномерное** (Hydrod) eindimensionale Strömung f, Fadenströmung f ‖ ~/**однородное** (Hydrod) homogene Strömung f ‖ ~/**околозвуковое** (Aero) transsonische (schallnahe) Strömung f ‖ ~/**осесимметричное** (Hydrod) axialsymmetrische (rotationssymmetrische) Strömung f ‖ ~/**относительное** (Hydrod) Relativströmung f ‖ ~/**отрывное** (Hydrod) abgerissene (abgelöste) Strömung f ‖ ~/**параллельное** (Hydrod) Parallelströmung f ‖ ~/**переходное** (Aero) Übergangsströmung f ‖ ~/**пластическое** (Mech) plastisches Fließen n ‖ ~/**плоское** (Hydrod) ebene (zweidimensionale) Strömung f ‖ ~/**плоскопараллельное** (Hydrod) ebene Parallelströmung f ‖ ~ **под давлением** (Hydrom) Druckströmung f ‖ ~ **под действием силы тяжести** (Hydrod) Gravatationsströmung f, Schwereströmung f ‖ ~/**ползучее** (Hydrod) schleichende Strömung f ‖ ~/**потенциальное** (Hydrod) Potentialströmung f, wirbelfreie (drehungsfreie) Strömung (Bewegung) f, Potentialbewegung f ‖ ~ **Прандтля-Мейера** (Aero) Prandtl-Meyer-Strömung f ‖ ~/**пристенное** (Hydrom) Wandströmung f ‖ ~/**пространственное** (Hydrod) räumliche (dreidimensionale) Strömung f ‖ ~/**пространственно-параллельное** (Hydrod) räumliche Parallelströmung f ‖ ~/**равномерное** (Hydrod) homogene Strömung f ‖ ~/**разрывное** (Aero) Nichtkontinuum-Strömung f, Knudsen-Strömung f ‖ ~ **реакции** (Ch) Reaktionsverlauf m, Reaktionsablauf m ‖ ~/**сверхзвуковое** (Hydrod) Ultraschallströmung f, Strömung f mit Überschallgeschwindigkeit ‖ ~/**сверхкритическое** (Hydrod) überkritische Strömung f ‖ ~/**свободное** (Hydrod) freies Fließen n (von Stoffen) ‖ ~/**сдвиговое** (Mech) Scherströmung f ‖ ~/**сжимаемое** (Aero) kompressible Strömung f ‖ ~ **со скольжением** (Aero) Schlüpfströmung f ‖ ~/**среднее** (Hydrod) Mittellauf m (Fluß) ‖ ~/**стационарное** (Hydrod)

stationäre Strömung f ‖ ~/**стеснённое** (Hydrol) eingeengte (eingeschnürte) Strömung f ‖ ~/**струйное** 1. (Meteo) Strahlstrom m; 2. (Hydrol) Fadenströmung f ‖ ~/**субкритическое** (Hydrod) unterkritische Strömung f ‖ ~/**трёхмерное** (Hydrod) dreidimensionale (räumliche) Strömung f ‖ ~/**турбулентное** (Hydrod) turbulente (wirbelige) Strömung f, Flechtströmung f ‖ ~/**установившееся** (Hydrod) stationäre Strömung f

течь 1. fließen, strömen; 2. laufen, lecken (undichtes Gefäß)

течь f 1. Leck n, undichte Stelle f; 2. Leckage f, Leckverlust m

ТЗХ s. турбина заднего хода

ТИ s. 1. трансформатор/измерительный; 2. телеизмерение

тигель m (Ch, Met) Tiegel m, Schmelztiegel m ‖ ~/**графитовый** Graphit[schmelz]tiegel m ‖ ~/**кварцевый** Quarz[schmelz]tiegel m ‖ ~/**конусный** Spitztiegel m (Thermitschweißung) ‖ ~/**литейный** Gießtiegel m ‖ ~/**плавильный** Schmelztiegel m ‖ ~/**платиновый** Platin[schmelz]tiegel m ‖ ~/**поворачивающийся (поворотный)** kippbarer Tiegel m ‖ ~/**приёмный** Gießtiegel m (Gießmaschine) ‖ ~/**сталеплавильный** Stahlschmelztiegel m ‖ ~/**фарфоровый** Porzellantiegel m ‖ ~/**шамотный** Schamottetiegel m

тизонит m (Min) Tysonit m, Fluocerit m (Fluormineral)

тиксотропия f, **тиксотропность** f (Ch) Thixotropie f

тиксотропный (Ch) thixotrop

тинкал m (Min) Borax m, Tinkal m

тиоарсенат m (Ch) Thioarsenat n

тиоарсенит m (Ch) Thioarsenit n, Thioarsenat(III) n

тиомышьяковистокислый (Ch) ...thioarsenit n, ...thioarsenat(III) n; thioarsenigsauer

тиомышьяковокислый (Ch) ...thioarsenat n, ...thioarsenat(V) n; thioarsensauer

тионовокислый (Ch) ...thionat n; thionsauer

тиопласт m Thiokautschuk m

тиопроизводное n (Ch) Thioderivat n

тиосернокислый (Ch) ...thiosulfat n; thioschwefelsauer

тиосоединение n (Ch) Thioverbindung f

тиофен m (Ch) Thiophen n

тиоцианат m (Ch) Thiozyanat n, Rhoadanid n

тиоэфир m (Ch) Thioether m

тип m 1. Typ m; Art f, Gattung f; Sorte f; Bauart f; 2. (Geol) Sippe f (Gesteine) ‖ ~ **адресации** (Inf) Adressierungsart f ‖ ~ **взаимодействия** (Inf) Wechselwirkungstyp m, Wechselwirkungsart f ‖ ~ **волн** (Ph) 1. Wellentyp m, Wellenart f; 2. Wellenform f ‖ ~ **данных/абстрактный** (Inf) abstrakter Datentyp m ‖ ~ **затвердевания** (Ph) Erstarrungstyp m, Kristallisationstyp m ‖ ~ **излучения** (Ph) Strahlungsart f, Strahlenart f ‖ ~ **колебаний** (Ph) 1. Schwingungstyp m, Schwingungsart f; 2. Schwingungsform f ‖ ~ **колебаний/доминирующий** Grundwelle f, Grundmod f, Grundschwingung f, Grundschwingungstyp m ‖ ~ **команды** (Inf) Befehlstyp m ‖ ~ **конструкций** Konstruktionsart f ‖ ~ **операции** (Inf) Operationstyp m ‖ ~ **пород** (Geol) Sippe f, Gesteinssippe f ‖ ~ **проводи-**

мости *(Eln)* Leitfähigkeitstyp *m* ‖ ~ **программы** *(Inf)* Programmart *f*, Programmtyp *m* ‖ ~ **производства** *(Fert)* Fertigungsart *f* ‖ ~ **распада** *(Kern)* Zerfallstyp *m*, Zerfallsart *f* ‖ ~ **связи** Bindungsform *f* ‖ ~ **симметрии** *(Krist)* Symmetrietyp *m (s. a.* unter вид симметрии*)* ‖ ~ **структуры** *(Krist)* Strukturtyp *m*, Gittertyp *m* ‖ ~/**утверждённый** zugelassene Bauart *f (eines Meßmittels)* ‖ ~ **файла** *(Inf)* Dateityp *m*
типизация *f* Typisierung *f*, Typung *f*
типовой Einheits..., Muster..., typisiert
типография *f* Druckerei *f*, Buchdruckerei *f*
типоофсет *m (Typ)* Letterset *m*, indirekter Hochdruck *m*
типоразмер *m* 1. *(Typ)* Schriftmaß *n*; 2. Abmessung *f* [der Bauart], Typenmaß *n*, Typengröße *f*, Typenabmessung *f*
типо-ряд *m* Baureihe *f*, Typenreihe *f*
тираж *m (Typ)* Auflage *f*
тиражеустойчивость *f (Typ)* Auflagenbeständigkeit *f (der Druckform)*
тиражирование *n* Vervielfältigung *f (durch polygraphische Betriebe, durch Kopier- oder Mikrofilmtechnik)*
тиратрон *m (Eln)* Thyratron *n*, Thyratronröhre *f*, Stromtor *n* ‖ ~/**водородный импульсный** Wasserstoffthyratron *n* ‖ ~/**двухсеточный** Doppelgitterthyratron *n* ‖ ~/**импульсный** Impulsthyratron *n* ‖ ~/**односеточный** Eingitterthyratron *n* ‖
тире *n* Strich *m*; Gedankenstrich *m*
тиристор *m (Eln)* Thyristor *m* ‖ ~/**высоковольтный** Hochspannungsthyristor *m* ‖ ~/**высокочастотный** Hochfrequenzthyristor *m*, HF-Thyristor *m* ‖ ~/**двунаправленный [триодный]** Zweirichtungsthyristor *m*, Zweirichtungsthyristordiode *f*, bidirektionaler Thyristor *m*, Symistor *m*, Triac *m* ‖ ~/**двухоперационный** abschaltbarer Thyristor *m*, GTO-Thyristor *m* ‖ ~/**диодный** Dynistor *m*, Dynistordiode *f* ‖ ~/**запираемый** *s.* ~/**двухоперационный** ‖ ~/**кремниевый** Siliciumthyristor *m* ‖ ~/**лавинный** Avalanchethyristor *m* ‖ ~/**мощный** Leistungsthyristor *m* ‖ ~/**несимметричный** asymmetrischer Thyristor *m* ‖ ~/**обратнозапирающий** rückwärts sperrender Thyristor *m* ‖ ~/**обратнопропускающий** rückwärts leitender Thyristor *m* ‖ ~/**обращённый** inverser Thyristor *m* ‖ ~/**силовой** Leistungsthyristor *m* ‖ ~/**симметричный планарный** *s.* ~/**триак** ‖ ~/**симметричный триодный** *s.* ~/**двунаправленный** ‖ ~/**управляемый** steuerbarer Thyristor *m* ‖ ~/**управляемый светом** Photothyristor *m*
тискать prägen, *(Typ)* abziehen
тиски *pl (Wkz)* 1. Schraubstock *m*, Spannstock *m*; 2. Zwinge *f* ‖ ~/**быстрозажимные** Schnellspannschraubstock *m* ‖ ~/**зажимные** Schraubstock *m*, Spannstock *m* ‖ ~/**машинные** Maschinenschraubstock *m* ‖ ~/**параллельные** Parallelschraubstock *m* ‖ ~/**поворотные** Schwenkschraubstock *m* ‖ ~/**ручные** Feilkloben *m* ‖ ~/**самоцентрирующие** selbstzentrierender Schraubstock *m* ‖ ~/**станочные** Maschinenschraubstock *m* ‖ ~/**фрезерные** Frässchraubstock *m* ‖ ~/**эксцентриковые** Exzenterschraubstock *m*

тиснение *n* Prägen *n*, Prägung *f* ‖ ~/**горячее** Heißprägen *n* ‖ ~/**золотой фольгой** Goldprägung *f* ‖ ~ **золотом** Goldprägung *f* ‖ ~ **книжных крышек** Prägen *n* der Buchdecken ‖ ~/**красочное** Farbenprägung *f* ‖ ~/**переплётное** Prägedruck *m (Buchdecken)* ‖ ~/**рельефное** Reliefprägung *f* ‖ ~/**слепое** Blindprägung *f*
тиснуть prägen
тиснуть *s.* тискать
титан *m (Ch)* Titan *n*, Ti
титанат *m (Ch)* Titanat *n*
титанистый *(Ch)* titanhaltig, Titan...
титанит *(Min)* Titanit *m*, Sphen *m*
титановокислый *(Ch)* ...titanat *n*; titansauer
титановый *(Ch)* Titan...
титанометрический *(Ch)* titanometrisch
титанометрия *f (Ch)* Titanometrie *f*
титаношпинель *f (Min)* Titanspinell *m*, Ulvit *m*
титр *m* 1. Titer *m (Wirkungswert der Titerlösung in Grammäquivalent je Liter)*; Titer[wert] *m (Temperatur, bei der die Schmelze eines Fettes oder fetten Öles erstarrt)*; 2. *(Text)* Titer *m (Feinheitsbezeichnung)*; 3. *(Kine)* Titelstreifen *m (des Filmes)*
титрант *m (Ch)* Meßflüssigkeit *f*, Titrationsflüssigkeit *f*
титратор *m (Ch)* Titrator *m*, Titrimeter *n*, Titriergerät *n* ‖ ~/**автоматический** Titrierautomat *m*
титриметр *m s.* титратор
титровальный Titrier...
титрование *n (Ch)* Titration *f*, Titrieren *n* ‖ ~/**амперометрическое** amperometrische Titration *f*, Amperometrie *f* ‖ ~/**высокочастотное** Hochfrequenztitration *f*, HF-Titration *f* ‖ ~/**дифференциальное** Differentialtitration *f* ‖ ~/**кислотно-основное** Neutralisationstitration *f* ‖ ~/**кондуктометрическое** kondutkometrische Titration *f*, Leitfähigkeitstitration *f* ‖ ~/**кулонометрическое** coulometrische Titration *f* ‖ ~/**обратное** Rücktitration *f*, Restmethode *f* ‖ ~ **окислителями и восстановителями** Oxidations-Reduktions-Titration *f* ‖ ~/**оксидиметрическое** oxidimetrische Titration *f* ‖ ~ **по замещению** Substitutionstitration *f* ‖ ~ **по остатку** Rücktitration *f*, Restmethode *f* ‖ ~/**потенциометрическое (электрометрическое)** potentiometrische (elektrometrische) Titration *f*
титровать *(Ch)* titrieren
титрометр *m (Ch)* Titrimeter *n*, Titriermesser *m*
тифон *m* Typhon *n*, akustisches Signalgerät *n*
тихоходный langsamlaufend, langsam umlaufend ‖ ~/**весьма** sehr langsam [um]laufend
тишина *f (Ak)* Ruhe *f*, Stille *f*
ТК *s.* 1. **комплекс/теплообменный**; 2. **коэффициент/температурный**; 3. **турбокомпрессор**
тканенаправитель *m (Text)* Gewebebahnführer *m*
тканерасправитель *m (Text)* Gewebeausbreiter *m*, Breithalter *m* ‖ ~/**спиральный** Spiralbreithalter *m*
тканеукладчик *m (Text)* Ableger *m* für Gewebe, Faltenableger *m* von Gewebe
тканеформирование *n (Text)* Gewebebildung *f*
ткань *f* Gewebe *n* ‖ ~/**асбестовая** Asbestgewebe *n* ‖ ~/**асбестовая фильтровальная** Asbestfiltergewebe *n* ‖ ~/**бисерная** perlenbesetztes Gewebe *n* ‖ ~/**водонепроницаемая** was-

ткань

serdichtes Gewebe n II ~/**металлическая ситовая** Drahtgaze f, Drahtgewebe n II ~/**полульняная** Halbleinen n II ~/**прессовая** Preßtuch n II ~/**проволочная** Drahtgewebe n II ~/**пропитанная** imprägniertes Gewebe n II ~/**прорезиненная** gummiertes Gewebe n II ~/**слоистая** laminiertes Gewebe n II ~/**стеклянная** Glas[faser]gewebe n II ~/**фильтровальная** Filtergewebe n, Filtertuch n
ткать weben
ткацкий Web..., Weber...
ткачество n (Text) Weben n, Weberei f II ~/**жаккардовое** Jacquardweberei f II ~/**многозевное** Wellenfachweberei f, Mehrphasenweberei f II ~/**ремизное** Schaftweberei f II ~/**ручное** Handweberei f
ТКВРД s. двигатель/турбокомпрессорный воздушно-реактивный
ТКЕ s. коэффициент ёмкости/температурный
ткм s. тонно-километр II ~ **брутто** (Eb) Bruttotkm m, Brutto-Tonnenkilometer n II ~ **нетто** (Eb) Netto-tkm m, Netto-Tonnenkilometer n
ТКС s. коэффициент сопротивления/ температурный
ТЛ s. легирование/трансмутационное
Тл s. тесла
тление n 1. Glimmen n, Schwelen n; 2. Verwesen n, Verwesung f; 3. Faulen n, Fäulnis f (bei gehemmtem Luftzutritt)
тлеть 1. glimmen, schwelen; 2. verwesen; 3. faulen (bei gehemmtem Luftzutritt)
ТН s. трансформатор напряжения
ТНА s. агрегат/турбонасосный
ТНВД s. насос высокого давления/топливный
ТНД s. турбина низкого давления
ТО s. обслуживание/текущее
товар m Gut n, Ware f
товароведение n Warenkunde f
товарооборот m Warenumsatz m, Güterumschlag m II ~/**розничный** Einzelhandelsumsatz m II ~/**складской** Lagerumsatz m, Lagerumschlag m (Lagerwirtschaft)
товароотвод m (Text) Warenabzug m (Doppelzylinder-Strumpfautomat)
товары mpl/**электробытовые** elektrische Haushaltgeräte npl
тождественность f Identität f II ~ **частиц** (Kern) Teilchenidentität f
тождественный identisch, gleichbedeutend
тождество n Identität f
ток m 1. Fluß n, Fließen n, Strom m, Strömen n, Strömung f (s. a. unter течение); 2. (El) Strom m; 3. (Lw) Tenne f II ~/**абсорбционный** Absorptionsstrom m II ~ **автоэлектронной эмиссии** Feldemissionsstrom m II ~/**активный** Wirkstrom m II ~/**анодный** Anodenstrom m II ~/**антенный** Antennenstrom m II ~/**базовый** Grundstrom m, Basisstrom m II ~/**безваттный** s. ~/реактивный II ~ **биений** Schwebungsstrom m II ~/**биоэлектрический** Biostrom m II ~/**блуждающий** vagabundierender Strom m, Streustrom m, Irrstrom m II ~ **в ждущем режиме** Standby-Strom m II ~ **в запирающем (запорном) направлении** Sperrstrom m II ~ **в прямом направлении** Durchlaßstrom m II ~/**вихревой** Wirbelstrom m II ~ **включения** 1. Einschaltstrom m; 2. Zündstrom m (Halbleiter) II

~ **во вторичной цепи** Sekundärstrom m II ~/**возбуждения** Erregerstrom m II ~ **восстановления/обратный** Sperrerholstrom m (Halbleiterdiode, Thyristor) II ~ **Талстром** m (Halbleiterdiode) II ~/**встречный** Gegenstrom m II ~ **вторичной эмиссии** Sekundärelektronenstrom m, Sekundäremissionsstrom m II ~/**вторичный** Sekundärstrom m II ~/**входной** Eingangsstrom m II ~/**вызывной** Rufstrom m II ~ **выключения** Abschaltstrom m II ~/**выпрямленный** gleichgerichteter Strom m, Richtstrom m II ~/**высоковольтный** Hochspannungsstrom m II ~ **высокой частоты** Hochfrequenzstrom m, hochfrequenter Strom m II ~/**высокочастотный** Hochfrequenzstrom m, HF-Strom m II ~/**выходной** Ausgangsstrom m II ~/**гальванический** galvanischer Strom m II ~ **гашения** Löschstrom m II ~/**генераторный** Generatorstrom m II ~/**генерационный** Generationsstrom m II ~/**главный** Hauptstrom m II ~/**двухфазный** Zweiphasenstrom m II ~/**действующий** Effektivstrom m II ~/**диффузионный** Diffusionsstrom m II ~/**длительный** Dauerstrom m, stationärer Strom m II ~/**добавочный** Zusatzstrom m II ~/**долины** s. ~ впадины II ~ **дополнительной зарядки** Wiederaufladestrom m II ~/**дополнительный** Zusatzstrom m II ~/**допороговый** Unterschwellenstrom m II ~ **дрейфа** Driftstrom m II ~/**дырочный** Defektelektronenstrom m, Löcherstrom m II ~/**ёмкостный** kapazitiver Strom m II ~/**задающий** Quellstrom m, Urstrom m II ~/**задержки** Haltestrom m II ~ **зажигания** Zündstrom m II ~ **заземления** Erdschlußstrom m II ~ **замыкания на землю** Erdschlußstrom m II ~ **запирания** Sperrstrom m II ~ **записи** Aufzeichnungsstrom m; Schreibstrom m II ~ **записи/номинальный** Nennaufzeichnungsstrom m II ~ **записи/пониженный** reduzierter Schreibstrom m (Festplattenspeicher) II ~ **записи/потребляемый** Schreibstrombedarf m II ~/**зарядный** Ladestrom m II ~ **затвора** Gatestrom m II ~ **звуковой частоты** Tonfrequenzstrom m II ~/**земной** Erdstrom m II ~/**измерительный** Meßstrom m II ~/**измеряемый** zu messender Strom m, Meßstrom m II ~/**импульсный** Impulsstrom m, getasteter Strom m II ~/**импульсный обратный** Impulssperrstrom m II ~/**индуктируемый (индукционный)** Induktionsstrom m II ~/**информации** Informationsstrom m II ~/**ионный** Ionenstrom m II ~/**испытательный** Prüfstrom m II ~ **истока** Sourcestrom m II ~ **источника** Quellenstrom m II ~/**исходный** Ausgangsstrom m II ~/**катодный** Kathodenstrom m II ~ **к.з.** s. ~ короткого замыкания II ~/**клеммный** Klemmstrom m II ~/**коллектора** Kollektorstrom m II ~ **коллектора/импульсный** Impulskollektorstrom m II ~ **коллектора/обратный** Kollektorsperrstrom m II ~/**коллекторный** s. ~ коллектора II ~ **коммутации** Kommutierungsstrom m II ~/**конвекционный** Konvektionsstrom m II ~ **короткого замыкания** Kurzschlußstrom m II ~ **короткого замыкания/переходный** Übergangskurzschlußstrom m II ~ **короткого замыкания/ударный** Stoßkurzschlußstrom m II ~ **короткого замыкания/установившийся** Dauerkurzschlußstrom m II ~/**круговой** Kreisstrom m, Ringstrom m ‖ ~/**лавинный** Avalanchestrom m ‖ ~/**максимальный** s. ~/**пиковый** 1. ‖ ~/**мешающий** Störstrom m ‖ ~/**минимальный** Minimalstrom m ‖ ~/**многофазный** Mehrphasenstrom m ‖ ~/**модулированный** gemodelter Strom m ‖ ~/**модулирующий** Modulationsstrom m ‖ ~/**наведённый** Influenzstrom m ‖ ~ **нагрева** Heizstrom m ‖ ~ **нагрузки** Laststrom m ‖ ~/**нагрузочный** Laststrom m ‖ ~/**надпороговый** Überschwellstrom m ‖ ~ **накала** Heizstrom m ‖ ~/**намагничивающий** Magnetisierungsstrom m ‖ ~/**направленный** Feldstrom m ‖ ~ **насыщения** Sättigungsstrom m ‖ ~ **насыщения в обратном направлении** s. ~ насыщения/обратный ‖ ~ **насыщения/обратный** Sättigungssperrstrom m, Sperrsättigungsstrom m ‖ ~/**начальный** Anfangsstrom m, Anlaßstrom m ‖ ~/**необходимый** Strombedarf m ‖ ~/**непрерывный** nichtlückender Strom m ‖ ~/**несопряжённый трёхфазный** unverketteter Drehstrom m ‖ ~ **несущей частоты** Träger[frequenz]strom m, trägerfrequenter Strom m ‖ ~/**несущий** s. ~ несущей частоты ‖ ~/**несущий телефонный** Telephonieträgerstrom m ‖ ~ **низкого напряжения** Niederspannungsstrom m ‖ ~ **низкой частоты** niederfrequenter Strom m, Niederfrequenzstrom m ‖ ~/**номинальный** Nennstrom m ‖ ~ **носителей [заряда]** Trägerstrom m, Ladungsträgerstrom m ‖ ~ **обратного напряжения** Gegenstrom m (Wasserumlaufrichtung in Dampfkesseln) ‖ ~ **обратной связи** Rückwirkungsstrom m ‖ ~/**обратный** 1. Rück[wärts]strom m; 2. Sperrstrom m ‖ ~ **одного направления** 1. Rück[wärts]strom m; 2. Gleichstrom m (Wasserumlaufrichtung in Dampfkesseln) ‖ ~/**однофазный [переменный]** Einphasen[wechsel]strom m, einphasiger Wechselstrom m ‖ ~/**оперативный** Steuerstrom m ‖ ~/**опережающий** voreilender Strom m ‖ ~ **основания** Basisstrom m ‖ ~/**основной** Hauptstrom m ‖ ~ **основных носителей [заряда]** Majoritäts[träger]strom m‖ ~/**остаточный** Reststrom m ‖ ~/**ответвлённый** Zweigstrom m ‖ ~/**отклоняющий** Ablenkstrom m ‖ ~ **отключения** Abschaltstrom m ‖ ~ **отпускания** Abfallstrom m (Relais) ‖ ~ **отрицательной полярности** negativer Strom m, Minusstrom m ‖ ~ **отсечки стока** Drain-Sperrstrom m ‖ ~/**отстающий** nacheilender Strom m ‖ ~/**оттекающий** abfließender (abgehender) Strom m ‖ ~/**паразитный** Fremdstrom m ‖ ~/**параллельный** ~ одного направления ‖ ~ **перегрузки** Über[last]strom m ‖ ~ **переключения** Schaltstrom m ‖ ~/**переменный** Wechselstrom m ‖ ~ **переноса** Konvektionsstrom m ‖ ~/**переходный** 1. Übergangsstrom m; 2. Nebensprechstrom m ‖ ~/**пиковый** 1. Spitzenstrom m, Maximalstrom m; 2. Höckerstrom m (Elektronenröhre) ‖ ~/**пиковый анодный** Anodenspitzenstrom m ‖ ~/**пилообразный** Sägezahnstrom m, sägezahnförmiger Strom m ‖ ~ **питания** Speisestrom m ‖ ~ **плавления** Schmelzstrom m, Abschmelzstrom m (Sicherungen) ‖ ~/**поверочный** Prüfstrom m ‖ ~/**поверхностный** Oberflächenstrom m ‖ ~ **повреждения** Fehlerstrom m ‖ ~/**пограничный** Grenzstrom m ‖ ~ **подмагничивания** Vormagnetisierungsstrom m ‖ ~ **подогрева** Heizstrom m ‖ ~ **покоя** Ruhestrom m ‖ ~/**полезный** Nutzstrom m ‖ ~/**полный** Gesamtstrom m, resultierender Strom m ‖ ~ **положительной полярности** positiver Strom m, Plusstrom m ‖ ~ **поляризации** Polarisationsstrom m ‖ ~ **помехи** Störstrom m ‖ ~/**пороговый** Schwell[en]strom m ‖ ~ **последействия** Nachstrom m; Nachwirkungsstrom m ‖ ~ **последующего нагрева** Nachwärmstrom m (Punkt-, Buckelund Rollennahtschweißen) ‖ ~/**постояннопеременный** Allstrom m ‖ ~/**постоянный** Gleichstrom m ‖ ~/**постоянный обратный** Sperrgleichstrom m ‖ ~ **потребления** Verbraucherstrom m ‖ ~ **предварительного подогрева** Vorwärmstrom m (Punkt-, Buckel- und Rollennahtschweißen) ‖ ~/**предельный** Grenzstrom m ‖ ~/**предельный диффузионный** Diffusionsgrenzstrom m ‖ ~/**предразрядный** Vor[entladungs]strom m ‖ ~/**прерывистый** intermittierender (lückender) Strom m ‖ ~/**притекающий (приходящий)** zufließender (ankommender) Strom m ‖ ~/**пробивной** Durchbruchstrom m ‖ ~ **проводимости** Leitungsstrom m ‖ ~/**пропускаемый (пропускной)** s. ~/прямой ‖ ~ **пространственного заряда** Raumladungsstrom m ‖ ~ **противоположного направления** Gegenstrom m (Wasserumlaufrichtung in Dampfkesseln) ‖ ~ **прохождения** Durchdringungsstrom m ‖ ~/**прямой** Vorwärtsstrom m, Durchlaßstrom m, Flußstrom m ‖ ~/**пульсирующий** pulsierender Strom m ‖ ~/**пусковой** Anlaßstrom m, Anlaufstrom m ‖ ~/**рабочий** Betriebsstrom m, Arbeitsstrom m ‖ ~ **развёртки** Ablenkstrom m ‖ ~/**разговорный переменный** Sprechwechselstrom m ‖ ~/**разрядный** Entladestrom m ‖ ~/**расплавляющий** s. ~ плавления ‖ ~ **распределения** Verzweigungsstrom m ‖ ~ **рассеяния** Streustrom m ‖ ~/**расцепления** Auslösestrom m ‖ ~/**реактивный** Blindstrom m, reaktiver Strom m ‖ ~/**регулирующий** Steuerstrom m; Regelstrom m ‖ ~ **ротора** Läuferstrom m ‖ ~/**сварочный** Schweißstrom m ‖ ~/**сверхвысокочастотный** Höchstfrequenzstrom m, Ultrahochfrequenzstrom m, UHF-Strom m ‖ ~/**сеточный** Gitterstrom m ‖ ~ **сигнала** Signalstrom m ‖ ~ **сигнала адреса** Adreß-Signalstrom m ‖ ~ **сигнала выбора** Auswahlsignalstrom m ‖ ~ **сигнала записи** Schreibsignalstrom m ‖ ~ **сигнала стирания** Löschsignalstrom m ‖ ~ **сигнала считывания** Lesesignalstrom m ‖ ~/**сигнальный** s. ~ сигнала ‖ ~/**сильный** Starkstrom m ‖ ~/**слабый** Schwachstrom m ‖ ~ **смещения** [dielektrischer] Verschiebungsstrom m ‖ ~ **смещения/входной** Eingangsbasisstrom m ‖ ~ **смещения нуля/входной** Eingangsoffsetstrom m ‖ ~ **срабатывания** Ansprechstrom m ‖ ~ **стабилизации** Z-Strom m (einer Z-Diode) ‖ ~/**стандартный** Normalstrom m ‖ ~ **статора** Ständerstrom m ‖ ~/**стационарный** stationärer Strom m, Dauerstrom m ‖ ~ **стирания** Löschstrom m ‖ ~ **стока** Drainstrom m ‖ ~ **стока/начальный** Anfangsdrainstrom m ‖ ~ **стока/остаточный** Drainreststrom m ‖ ~ **считывания** Lesestrom m ‖ ~/**темновой** Dunkelstrom m ‖

ТОК

~/**термоэлектрический** thermoelektrischer Strom *m*, Thermostrom *m* ‖ ~ **технической частоты/переменный** technischer Wechselstrom *m* ‖ ~ **тлеющего разряда** Glimmstrom *m* ‖ ~ **тональной частоты** Tonfrequenzstrom *m*, tonfrequenter Strom *m* ‖ ~/**тормозной** Bremsstrom *m* ‖ ~ **трения** Reibungsstrom *m* ‖ ~/**трёхфазный [переменный]** Dreiphasen[wechsel]strom *m*, dreiphasiger Wechselstrom *m*, Drehstrom *m* ‖ ~ **трогания** Anzugsstrom *m (eines Relais)* ‖ ~/**туннельный** Tunnelstrom *m* ‖ ~/**тяговый** Fahrstrom *m* ‖ ~/**удерживающий** Haltestrom *m* ‖ ~/**ультравысокочастотный** Ultrahochfrequenzstrom *m*, UHF-Strom *m* ‖ ~/**управляющий** Steuerstrom *m* ‖ ~/**уравнительный** Ausgleichstrom *m* ‖ ~/**установившийся** Dauerstrom *m*, stationärer Strom *m* ‖ ~ **утечки** 1. Leckstrom *m*, Fehlstrom *m*, Verluststrom *m*; 2. Kriechstrom *m* ‖ ~ **утечки/поверхностный** Kriechstrom *m* ‖ ~/**фазный (фазовый)** Phasenstrom *m* ‖ ~/**фотоэлектронный** Photo[elektronen]strom *m*, lichtelektrischer (photoelektrischer) Strom *m* ‖ ~ **холодной эмиссии** Kaltemissionsstrom *m* ‖ ~ **холостого хода** 1. Leerlaufstrom *m*; 2. Leerlauffluß *m (Magnetonband)* ‖ ~ **Ценера** Z-Strom *m*, Zenerstrom *m* ‖ ~/**шумовой** Rauschstrom *m* ‖ ~/**щёточный** Bürstenstrom *m* ‖ ~/**экранирующей сетки** Schirmgitterstrom *m* ‖ ~/**электронный** Elektronenstrom *m* ‖ ~/**эмиссионный** Emissionsstrom *m* ‖ ~ **эмиттер-база/обратный** Emitter-Basis-Reststrom *m (Transistor)* ‖ ~ **эмиттера/обратный** Emitterreststrom *m* ‖ ~/**эмиттерный** Emitterstrom *m* ‖ ~ **якоря** Ankerstrom *m*

ТОКАМАК *(тороидальная камера с магнитными катушками) s.* установка ТОКАМАК

токарный *(Wkzm)* Dreh...

токи *mpl* Ströme *mpl (s. a. unter* ток*)* ‖ ~ **в земле** Erdströme *mpl* ‖ ~ **высших гармоник** Oberschwingungsströme *mpl* ‖ ~/**гармонические** Ströme *mpl* der Harmonischen ‖ ~/**почвенные** Erdströme *mpl*

токоведущий *(El)* stromführend, stromdurchflossen

токовращатель *m (Nrt)* Polwechsler *m*

токовый *(El)* Strom...

токоискатель *m (El)* Stromfühler *m*

токонесущий *(El)* stromführend, stromdurchflossen

токоограничитель *m (El)* Strombegrenzer *m*

токоотвод *m (El)* Stromabführung *f*, Stromableitung *f*

токоподвод *m (El)* Stromzuführung *f*, Stromzuleitung *f*

токоподводящий *(El)* stromzuführend, Stromzuführungs...

токопотребляющий *(El)* stromverbrauchend, Stromverbrauchs...

токопрерыватель *m (El)* Stromunterbrecher *m*

токоприёмник *m* 1. *(Eln)* Stromverbraucher *m (Motoren)*; 2. *(El, Eb)* Stromabnehmer *m* ‖ ~/**бугельный (дуговой)** *(Eb)* Bügelstromabnehmer *m* ‖ ~/**катящийся** *(Eb)* Rollenstromabnehmer *m* ‖ ~/**пантографный** *(Eb)* Scherenstromabnehmer *m* ‖ ~/**роликовый** *(Eb)* Rollenstromabnehmer *m* ‖ ~/**штанговый** *(Eb)* Stangenstromabnehmer *m*

токопровод *m* Stromleiter *m*, Elektrizitätsleiter *m*, elektrischer Leiter *m* ‖ ~/**печатный** gedruckter Leiterzug *m*

токопроводник *m s.* токопровод

токопроводящий *(El)* stromführend, stromleitend

токопрохождение *n (El)* Stromdurchgang *m*, Stromfluß *m*; Stromlauf *m*

токораспределение *n (El)* Stromverteilung *f*

токоснимание *n (El)* Stromabnahme *f*

токосниматель *m s.* токоприёмник 2.

токосъём *m (El, Eb)* Stromabnahme *f*

токосъёмник *m (El, Eb)* Stromabnehmer *m*

токсикологический toxikologisch

токсикология *f* Toxikologie *f*

токсин *m (Ch)* Toxin *n*

токсический toxisch, giftig

токсичность *f* Toxizität *f*, Giftigkeit *f*

толерантность *f* 1. Verträglichkeit *f (eines Präparates)*; 2. Resistenz *f (gegenüber Giften)*

толкание *n* Schubbetrieb *m*, Schubverkehr *m (Schubschiffahrt)*

толкатель *m* 1. Stößel *m*, Stoßdaumen *m*; Aufschieber *m*; Stoßvorrichtung *f*; 2. *(Wlz)* Blockdrücker *m*; 3. *(Bgb)* Aufschiebevorrichtung *f*, Vorstoßvorrichtung *f*, Wagendrücker *m*; 4. *(Text)* Stopper *m*, Schieber *m (Großrundstrickmaschine)* ‖ ~ **блюмов** *(Wlz)* Blockdrücker *m* ‖ ~ **вагонеток** *(Bgb)* Förderwagenaufschieber *m* ‖ ~ **вагонов** *(Bgb)* Wagenschieber *m* ‖ ~/**вилкообразный** *(Masch)* Doppelrollenstößel *m* ‖ ~ **заготовок** *(Wlz)* Knüppeldrücker *m* ‖ ~/**канатный** *(Bgb)* Wagenaufschieber *m* mit Seilantrieb, Seilzugwagenaufschieber *m* ‖ ~/**качающийся** *(Masch)* Schwingstößel *m* ‖ ~ **клапана** Ventilstößel *m (Verbrennungsmotor)* ‖ ~/**клетевой** *(Bgb)* Aufschiebevorrichtung *f* ‖ ~/**печной** *(Met)* Ofenstoßvorrichtung *f*, Ofendrücker *m* ‖ ~/**пневматический** *(Bgb)* Druckluftwagendrücker *m*, Druckluftwagenaufschieber *m* ‖ ~/**пустотелый** *(Masch)* Hohlstößel *m* ‖ ~/**роликовый** *(Masch)* Rollenstößel *m* ‖ ~/**скользящий** *(Masch)* Gleitstößel *m* ‖ ~ **слитков** *(Wlz)* Blockdrücker *m* ‖ ~ **слябов** *(Wlz)* Brammendrücker *m* ‖ ~/**сферический** *(Masch)* Kugelstößel *m* ‖ ~/**тарельчатый** *(Masch)* Tellerstößel *m*, Flachstößel *m* ‖ ~/**узорный** *(Text)* Musterstopper *m* ‖ ~/**цепной** *(Bgb)* Kettenwagendrücker *m* ‖ ~/**штанговый** *(Bgb)* Schubstangenwagenaufschieber *m* ‖ ~/**электрический** *(Bgb)* elektrischer Wagenaufschieber *m*

толкать stoßen; schieben

толкач *m* 1. Schlepper *m*, Raupenschlepper *m*; 2. Schubboot *n*, Schubschiff *n*; 3. Schiebelokomotive *f*; 4. Stampfer *m*, Rammer *m*, Handramme *f* ‖ ~/**морской** seegehendes Schubschiff *n*, Hochseeschubschiff *n* ‖ ~/**речной** Flußschubboot *n*

толкач-катамаран *m* Katamaranschubschiff *n*

толочь pochen, zerpochen, zerstoßen, zerstampfen

толстомер *m*/**лесной** *(Forst)* 1. Baumdickemesser *m*; 2. Starkholz *n*

толстоплёночный Dickschicht..., Dickfilm...

толстостенный dickwandig

толуол *m (Ch)* Toluen *n*, Toluol *n*, Methylbenzen *n*, Methylbenzol *n*, Phenylmethan *n*

толуольный *(Ch)* Toluen..., Toluol...

толчение *n* Pochen *n*, Zerpochen *n*, Zerstoßen *n*

толчея f (Bgb) Pochwerk n; Pochmühle f, Stampfmühle f
толчок m Stoß m; Ruck m; Anstoß m • **толчком стоßartig**, ruckartig ‖ **~/ионизационный** (Ph) Ionisationsstoß m ‖ **~ нагрузки** (El) Belastungsstoß m ‖ **~ напряжения** (El) Spannungsstoß m ‖ **~/сейсмический** Erd[beben]stoß m ‖ **~ тока** (El) Stromstoß m ‖ **~ тока при включении** Einschaltstromstoß m ‖ **~ тока/пусковой** Anlaßstromstoß m, Anlaufstromstoß m ‖ **~/ускоряющий** (Kern) Beschleunigungsstoß m
толща f 1. Dicke f, Mächtigkeit f; 2. (Geol) Schichtenfolge f, Schichtengruppe f, Schichtenkomplex m, Schichtenreihe f, Schichtenserie f ‖ **~/налегающая** (Bgb) Deckgebirge n ‖ **~/нефтематеринская** (Geol) Erdölmuttergestein n ‖ **~/нефтеносная** (Geol) erdölführende Schichtenfolge f ‖ **~/оптическая** optische Dicke f ‖ **~ пластов** (Geol) Schichtenfolge f ‖ **~/подработанная** (Bgb) unterbaute Schicht f ‖ **~/покровная** (Bgb) Deckgebirge n ‖ **~ породы** (Geol) Schichtfolge f, Gesteinsfolge f ‖ **~ породы/сплошная** (Geol) Lagerwand f ‖ **~ почвы** (Geol) Bodenmasse f ‖ **~/предохранительная** (Bgb) Schutzschicht f ‖ **~ соленосная** (Geol) Salinar n, Salinarserie f ‖ **~ соли** (Geol) Salzmittel n ‖ **~/угленосная** (Geol) Kohlenserie f, Kohlenschichten fpl, Kohlengebirge n ‖ **~ угля** (Geol) Kohlenfolge f, Kohlenmittel n
толщина f Dicke f ‖ **~ базы** (Eln) Basisschichtdicke f (Halbleiter) ‖ **~ волокна** (Text) Faserfeinheit f ‖ **~ запирающего слоя** (Eln) Sperrschichtdicke f, Breite f der Raumladungszone (Halbleiter) ‖ **~ защиты** (Kern) Abschirmdicke f (Strahlenschutz) ‖ **~ обода** (Masch) Kranzdicke f (Zahnrad, Rad, Riemenscheibe) ‖ **~ обратного рассеяния** (Eln) Rückstreudicke f ‖ **~/оптическая** optische Dicke f ‖ **~ пограничного слоя** (Aero) Grenzschichtdicke f ‖ **~ покрытия (слоя)** Schichtdicke f ‖ **~ среза** (Fert) Spangrößendicke f ‖ **~/фактическая** 1. Ist-Dicke f; 2. (Text) Ist-Feinheit f ‖ **~ экрана** (Kern) Dicke f der Abschirmung
толщиномер m Dickenmesser m ‖ **~/бесконтактный** berührungsloser Dickenmesser m ‖ **~/вихретоковый** Wirbelstromdickenmesser m, Dickenmesser m nach dem Wirbelstromverfahren ‖ **~/ёмкостный** kapazitiver Dickenmesser m ‖ **~/индикаторный** Meßuhr-Feindickenmesser m ‖ **~/индукционный** Induktionsdickenmesser m ‖ **~/контактный механический** Spitze-Spitze-Tastgerät n ‖ **~/механический** mechanisches Dickenmeßgerät n ‖ **~/микрометрический** Mikrometertaster m ‖ **~/радиоактивный** (Kern) radioaktiver Dickenmesser m, Durchstrahlungsdickenmesser m ‖ **~/электромагнитный** elektromagnetischer Dickenmesser m
толь m (Bw) Teerpappe f ‖ **~/кровельный** Dach[teer]pappe f
толь-кожа m (Bw) nackte Teerpappe f
том m (Inf) Datenträger m (Betriebssystem) ‖ **~/многофайловый** Datenträger m mit mehreren Dateien ‖ **~ прямого доступа** Datenträger m für Direktzugriff ‖ **~/рабочий** Arbeitsdatenträger m ‖ **~/резервируемый** reservierter Datenträger m ‖ **~/сменный** austauschbarer Datenträger m ‖ **~ технического обслуживания** Wartungsdatenträger m ‖ **~/управляющий** Steuerdatenträger m, Katalogdatenträger m ‖ **~/фиксированный** nicht austauschbarer Datenträger m
томасирование n [чугуна] (Met) Thomasverfahren n
томасировать (Met) nach dem Thomasverfahren windfrischen (Stahl)
томасшлак m (Met) Thomas[phosphat]schlacke f, Thomasphosphat m
томбуй m (Schiff) Ankerboje f
томить (Met) 1. glühen; 2. tempern, glühfrischen
томление n (Met) 1. Glühen n; 2. Tempern n, Glühfrischen n ‖ **~ солода** (Brau) Brühen n (Mälzerei)
томограмма f Tomogramm n, Schichtbild n, Schichtaufnahme f ‖ **~/ультразвуковая** Ultraschalltomogramm n
томограф m Tomograph m, Schichtaufnahmegerät n ‖ **~/горизонтальный** Horizontaltomograph m
томография f Tomographie f, Schichtaufnahmeverfahren n, Körperschichtaufnahmeverfahren n ‖ **~/сейсмическая** (Geoph) seismische Tomographie (Durchstrahlung)
томосинтез m Tomosynthese f (zur Erzeugung von Röntgenaufnahmen zur Untersuchung verschiedener Schichten im Inneren von zu untersuchenden Objekten) ‖ **~/кратковременный** Kurzzeittomosynthese f
томофотография f Tomophotographie f, Schirmbildschichtverfahren n
томпак m (Met) Tombak m, Messing m (Cu-Zn-Legierung)
томсонит m (Min) Thomsonit m (Zeolith)
тон m 1. Ton m, Tönung f; 2. Farbton m; 3. (Ak) Ton m ‖ **~/ахроматический** (Photo) achromatischer Ton m (weiß, grau, schwarz) ‖ **~ биений** (El) Überlagerungston m; Schwebungston m ‖ **~/воющий** (Nrt) Wobbelton m ‖ **~/зуммерный** (Nrt) Summerton m ‖ **~/интерференционный** (El) Interferenzton m ‖ **~/непрерывный** (Nrt) Dauerton m ‖ **~/основной** (Ak) Grundton m ‖ **~/разностный** (Ak) Differenzton m ‖ **~/растровый** (Typ) Rasterton m ‖ **~/серый** (Typ) Grauton m ‖ **~/сплошной** (Typ) Vollton m ‖ **~/сравнительный** (Ak) Vergleichston m ‖ **~/суммарный (суммовой)** (Ak) Summenton m ‖ **~/хроматический (цветовой)** (Photo) Farbton m ‖ **~/чистый** (Ak) reiner Ton m
тональность f 1. (Photo) Tonwert m; Farbtönung f; 2. (Ak) Tonalität f; Tonart f
тональный 1. Ton...; 2. (El) tonfrequent, Tonfrequenz...
тонина f Dünne f; Feinheit f
тонирование n Tonen n, Tonung f, Colorierung f, Einfärbung f; Tonungsverfahren n
тонкий 1. dünn; fein, Fein...; 2. schmal, von geringer Breite; 3. schlank; 4. scharf (Gehör)
тонковолокнистый (Text) feinfaserig; langstap[e]lig
тонковолоченный (Met) dünngezogen (Draht)
тонкодисперсный feindispers, feinzerteilt
тонкозаострённый scharfgespitzt
тонкозернистый feinkörnig
тонкоизмельчённый feinzerkleinert

тонкокерамический feinkeramisch
тонкокожий 1. dünnhäutig; 2. dünnschalig, dünnhülsig
тонкокорый 1. mit dünner Rinde *(Bäume)*; 2. dünnschalig *(Früchte)*
тонколистовой *(Met)* Feinblech...
тонкомер *m (Forst)* dünnes Nutzholz *n*
тонкомолотый feingemahlen
тонкоконтроль *m (Rf)* Klangfarbenregelung *f*
тонкоплёночный Dünnschicht..., Dünnfilm...
тонкопористый engporig, feinporig, mikroporös
тонкослойность *f* 1. Dünnschichtigkeit *f*; 2. *(Forst)* Feinringigkeit *f (Jahresringe)*
тонкослойный 1. dünn, dünnschichtig; 2. *(Forst)* feinringig
тонкоствольный *(Forst)* stammschwach
тонкостенный dünnwandig *(z. B. Rohre)*; dünnstegig *(T-Träger)*
тонкость *f* Feinheit *f*
тонкотянутый *(Met)* dünngezogen *(Draht)*
тонкошёрстный feinwollig
тонна *f* Tonne *f*, t *(SI-fremde Einheit der Masse;* = *1000 kg)* ‖ ~/**американская** amerikanische Tonne *f (SI-fremde Einheit der Masse;* = *907,185 kg)* ‖ ~/**английская** englische Tonne *f (SI-fremde Einheit der Masse;* = *1016,047 kg)* ‖ ~/**брутто-регистровая** *(Schiff)* Bruttoregistertonne *f*, BRT ‖ ~ **годовой добычи** *(Bgb)* Jahrestonne *f (Förderung)* ‖ ~/**английская** ‖ ~ **короткая** *s*. ~/**американская** ‖ ~/**метрическая** metrische Tonne *f (SI-fremde Einheit der Masse;* = *1000 kg)* ‖ ~/**нетто-регистровая** *(Schiff)* Nettoregistertonne *f*, reg ton *(SI-fremde Einheit des Volumens;* = *2,8316 m³)* ‖ ~ **суточной добычи** *(Bgb)* Tagestonne *f (Förderung)*
тоннаж *m (Schiff)* Tonnage *f*; Schiffsraum *m*, Frachtraum *m* ‖ ~/**брутто-регистровый** Brutto[register]tonnage *f*; Bruttoraumgehalt *m* ‖ ~/**валовой [регистровый]** Brutto[register]tonnage *f*; Bruttoraumgehalt *m* ‖ ~/**грузовой** Frachttonnage *f* ‖ ~/**избыточный** Übertonnage *f* ‖ ~/**мировой** Welttonnage *f* ‖ ~/**морской** Hochseetonnage *f*, Seetonnage *f* ‖ ~/**наливной** Tankertonnage *f* ‖ ~/**нетто-регистровый** Netto[register]tonnage *f*; Nettoraumgehalt *m* ‖ ~/**нефтеналивной** Öltankertonnage *f* ‖ ~/**объёмный** Vermessungstonnage *f* ‖ ~/**общий** Gesamttonnage *f*; Unterdecktonnage *f*; Unterdeckraumgehalt *m* ‖ ~/**порожний** Leertonnage *f* ‖ ~/**регистровый** Registertonnage *f*; Registerraumgehalt *m* ‖ ~/**рефрижераторный** Gefriergüttonnage *f* ‖ ~/**речной** Binnenschiffstonnage *f* ‖ ~/**рыболовный** Fischereitonnage *f* ‖ ~/**сухогрузный** Trockenfracht[er]tonnage *f* ‖ ~/**танкерный** Tankertonnage *f* ‖ ~/**торговый** Handels[schiffs]tonnage *f* ‖ ~/**чартерный** Chartertonnage *f* ‖ ~/**чистый [регистровый]** Netto[register]tonnage *f*; Nettoraumgehalt *m*
тоннель *m* 1. *(Bw, Bgb)* Tunnel *m (s. a. unter* **туннель***)*; 2. *(El)* Kabelkanal *m*, Leitungskanal *m*, Sammelleitungskanal *m* ‖ ~/**аэродинамический** Windkanal *m*, Windtunnel *m* ‖ ~/**железнодорожный** Eisenbahntunnel *m*
тонно-километр *m* Tonnenkilometer *m*, tkm
тонно-миля *f (Schiff)* Tonnenmeile *f*

тонометр *m (Opt, Med)* Tonometer *n (zur Messung des Augeninnendruckes)*
тонометрия *f (Opt, Med)* Tonometrie *f*
топ *(Schiff)* Topp *m* ‖ ~ **мачты** Masttopp *m*
топаз *m (Min)* Topas *m* ‖ ~/**дымчатый** Rauchtopas *m (handelsübliche falsche Bezeichnung für Rauchquarz)*
топдек *m s.* топ-палуба
топенант *m (Schiff)* Toppnant *f*
топенант-блок *m (Schiff)* Hangerblock *m*
топенант-тали *pl (Schiff)* Hangertalje *f*
топенант-шкентель *m (Schiff)* Hangerläufer *m*
топенанты *mpl*/**двойные** *(Schiff)* Doppelhanger *m*
топить 1. [be]heizen; 2. auslassen, schmelzen *(Fett)*
топка *f* 1. Feuern *n*, Heizen *n*; 2. Feuerung *f*; Feuerraum *m*, Brennkammer *f* ‖ ~/**вихревая** Wirbelfeuerung *f*, Zyklonfeuerung *f* ‖ ~/**внутренняя** Innenfeuerung *f* ‖ ~/**выносная** Außenfeuerung *f*, Vorfeuerung *f* ‖ ~/**газовая** Gasfeuerung *f* ‖ ~/**газогенераторная** Gasgeneratorfeuerung *f* ‖ ~/**двухкамерная** Zweikammerfeuerung *f* ‖ ~/**камерная** Kammerfeuerung *f* ‖ ~/**колосниковая** Rostfeuerung *f* ‖ ~/**котельная** Kesselfeuerung *f* ‖ ~/**механическая слоевая** mechanische Rostfeuerung *f* ‖ ~ **на жидком топливе** Feuerung *f* für flüssige Brennstoffe *(meist Ölfeuerung)* ‖ ~/**наружная** Außenfeuerung *f*, Vorfeuerung *f* ‖ ~/**нижняя** Unterfeuerung *f* ‖ ~/**передняя** Vorfeuerung *f* ‖ ~/**пылеугольная** Staubfeuerung *f*, Kohlenstaubfeuerung *f* ‖ ~/**рекуперативная** Rekuperativfeuerung *f* ‖ ~ **с кипящим слоем** Wirbelschichtfeuerung *f* ‖ ~ **сушилки** Darrfeuerung *f (Mälzerei)* ‖ ~/**угольная** Kohlenfeuerung *f* ‖ ~/**факельная** Schwebefeuerung *f* ‖ ~/**циклонная** Zyklonfeuerung *f* ‖ ~/**шахтная** Schachtfeuerung *f*
топливо *n* 1. Brennstoff *m*; 2. Feuerungsstoff *m*, Heizstoff *m*, Heizmaterial *n (Beheizung von Öfen und Kesseln)*; 3. Kraftstoff *m (Antrieb von Verbrennungsmotoren)*; 4. *(Kern)* Brennstoff *m* ‖ ~/**авиационное** Flugmotorenkraftstoff *m* ‖ ~/**атомное** *s.* ~/**ядерное** ‖ ~/**беззольное** aschenfreier Brennstoff *m* ‖ ~/**бытовое** Hausbrand *m* ‖ ~/**вторичное ядерное** *(Kern)* sekundärer Spaltstoff *m* ‖ ~/**высокобалластное** ballastreicher Brennstoff *m* ‖ ~/**высокозольное** hochaschehaltiger (aschenreicher) Brennstoff *m* ‖ ~/**высококалорийное** heizwertreicher Brennstoff *m*, Brennstoff *m* mit hohem Heizwert ‖ ~/**высокооктановое** Hochoktankraftstoff *m*, hochoktan[zahl]iger (hochklopffester) Kraftstoff *m* ‖ ~/**высокосернистое** schwefelreicher Brennstoff *m* ‖ ~/**высокосортное** hochwertiger Brennstoff *m* ‖ ~/**газогенераторное** Generatorgas *n* ‖ ~/**газообразное** gasförmiger Brennstoff *m* ‖ ~/**гоночное** Rennkraftstoff *m (für Motorsport)* ‖ ~/**дизельное** Dieselkraftstoff *m*, DK ‖ ~/**естественное** natürlicher Brennstoff *m (im unbehandelten Rohzustand verwendeter Brennstoff)* ‖ ~/**естественное газообразное** gasförmiger natürlicher Brennstoff *m (Erdgas)* ‖ ~/**естественное жидкое** flüssiger natürlicher Brennstoff *m (Erdöl)* ‖ ~/**естественное твёрдое** natürlicher fester Brennstoff *m (Holz, Kohle, Torf, Brennschiefer usw.)* ‖ ~/**жидкое** 1. flüssi-

ger Brennstoff *m*; 2. flüssiger Kraftstoff (Treibstoff) *m*, Flüssigtreibstoff *m* ‖ **~/жидкое моторное** flüssiger Kraftstoff *m* für Verbrennungsmotoren, flüssiger Treibstoff *m* ‖ **~/жидкое ракетное** flüssiger Raketentreibstoff *m* ‖ **~/жидкое ядерное** flüssiger Kernbrennstoff (Brennstoff) *m*, flüssiges Spaltmaterial *n* ‖ **~/жидкометаллическое ядерное** Flüssigmetall-Spaltstoff *m* ‖ **~/золосодержащее (зольное)** aschenhaltiger Brennstoff *m* ‖ **~/искусственное** veredelter Brennstoff *m* ‖ **~/карбюраторное** Vergaserkraftstoff *m*, VK ‖ **~/керамическое** keramischer Brennstoff *m* ‖ **~/коллоидальное (коллоидное)** 1. Kolloidbrennstoff *m*, kolloidaler Brennstoff *m*; 2. gelierter Brennstoff *m* (Hartspiritus, Hartbenzin) ‖ **~/котельное** Heizöl *n* ‖ **~/металлическое ядерное** metallischer Brennstoff (Kernbrennstoff) *m* ‖ **~/минеральное** mineralischer Brennstoff *m* (Primärenergieträger) ‖ **~/многокомпонентное** Mehrkomponententreibstoff *m* ‖ **~/моторное** Kraftstoff *m* [für Verbrennungsmotoren] ‖ **~/недетонирующее** klopffester Kraftstoff *m* ‖ **~/неэтилированное** unverbleiter Kraftstoff *m* ‖ **~/низкозольное** aschenarmer Brennstoff *m* ‖ **~/низкокалорийное** Brennstoff *m* von geringem Heizwert ‖ **~/низкосортное** minderwertiger Brennstoff *m* ‖ **~/обогащённое ядерное** angereicherter Brennstoff *m* ‖ **~/однокомпонентное** Einkomponententreibstoff *m* ‖ **~/отработанное [ядерное]** s. **~/регенерированное** ‖ **~/переработанное [ядерное]** s. **~/регенерированное** ‖ **~/природное** Naturbrennstoff *m*, natürlicher Brennstoff *m* ‖ **~/пылевидное** Brennstaub *m* ‖ **~/пылеугольное** Kohlenstaub *m* ‖ **~/ракетное** Raketentreibstoff *m* ‖ **~/регенерированное [ядерное]** (*Kern*) aufgearbeiteter Brennstoff (Kernbrennstoff) *m* ‖ **~/самовоспламеняющееся** selbstreagierender Treibstoff *m* ‖ **~/синтетическое** 1. s. **~/искусственное**; 2. synthetischer Kraftstoff *m* (im engeren Sinne) ‖ **~/смесевое** (*Rak*) Mischtreibstoff *m* ‖ **~/твёрдое** 1. fester Brennstoff *m*, Festbrennstoff *m*; 2. fester Treibstoff *m*, Festtreibstoff *m* ‖ **~/твёрдое ракетное** Raketenfesttreibstoff *m* ‖ **~/тяжёлое** schwerer Kraftstoff *m*, Schweröl *n* ‖ **~/тяжёлое жидкое** Schweröl *n*, Treibstoff *m* für Schwerölmotoren (Glühkopfmotoren) ‖ **~/условное** Einheitsbrennstoff *m* ‖ **~/утечное** Leckkraftstoff *m*, Lecköl *n* ‖ **~/циркулирующее** (*Kern*) umlaufender Brennstoff *m* ‖ **~/энергетическое** energetisch genutzter Brennstoff *m* ‖ **~/эталонное** Eichkraftstoff *m* ‖ **~/этилированное** verbleiter Kraftstoff *m* ‖ **~/ядерное** Brennstoff *m*, BS, Kernbrennstoff *m*, Kernbrennstoffmaterial *n*, Reaktorbrennstoff *m*
топливозаправщик *m* Tankwagen *m*
топливоподача *f* 1. (*Kfz*) Kraftstoffförderung *f*, Kraftstoffzufuhr *f*; 2. Brennstoffförderung *f*
топливоприготовление *n* Brennstoffaufbereitung *f*
топливопровод *m* Kraftstoffleitung *f*; Heizölleitung *f*
топовый (*Schiff*) Topp...
топограмма *f* (*Krist*) Topogramm *n* ‖ **~/рентгеновская** Röntgentopogramm *n*
топография *f* Topographie *f* ‖ **~/рентгеновская** Röntgentopographie *f*

топология *f* (*Math*) Topologie *f* ‖ **~/алгебраическая** algebraische Topologie *f* ‖ **~/геометрическая** geometrische Topologie *f* ‖ **~ Гильберта** Hilbert-Topologie *f* ‖ **~/линейная** lineare Topologie *f* ‖ **~ маски** (*EIn*) Maskentopologie *f* ‖ **~ микросхемы** (*EIn*) Schaltkreistopologie *f* ‖ **~/многоуровневая** (*EIn*) Mehrlagenschichtaufbau *m* (*Halbleiter*) ‖ **~/нормировочная** Bewertungstopologie *f* ‖ **~/общая** allgemeine Topologie *f* ‖ **~ равномерной сходимости** (*Math*) Topologie *f* der gleichmäßigen Konvergenz *f* ‖ **~/согласующая** (*Math*) verträgliche Topologie *f* ‖ **~/тождественная** (*Math*) identische Topologie *f*
топор *m* (*Wkz*) Beil *n*; Axt *f* ‖ **~/лесорубочный** Waldarbeiteraxt *f* ‖ **~/плотничный** Zimmermannsbeil *n* ‖ **~/пожарный** Feuerwehrbeil *n*
топорик *m* (*Wkz*) Hammerbeil *n*
топорище *n* (*Wkz*) Axtstiel *m*, Holm *m*, Helm *m*
топохимия *f* Topochemie *f*
топоцентр *m* (*Astr*) Topozentrum *n*
топ-палуба *f* Oberdeck *n* (*Schwimmdock*)
топрик *m* (*Schiff*) Nockstander *m*; Mittelgei *f* (Koppelbetrieb der Ladebäume); Verbindungsstander *m*, Davitstander *m* (Rettungsbootsanlage)
топс *m* (*Text*) Kammzug *m*
топсель *m* (*Schiff*) Toppsegel *n*
топь *f* (*Hydrol*) Moor *n*, Bruch *m(n)*, sumpfiger Boden *m*, Sumpfland *n*
тор *m* (*Math*) Torus *m*, Ringkern *m*
торбернит *m* (*Min*) Torbernit *m*, Kupferuranglimmer *m*, Kupferuranit *m*
торговля *f* Handel *m* ‖ **~/внешняя** Außenhandel *m* ‖ **~/внутренняя** Binnenhandel *m* ‖ **~/заморская (заокеанская)** Überseehandel *m* ‖ **~/мировая** Welthandel *m* ‖ **~/оптовая** Großhandel *m* ‖ **~/розничная** Kleinhandel *m*
торец *m* 1. Stirn *f*, Stirnseite *f*; Stirnfläche *f*, Stirnwand *f*; 2. (*Forst*) Kopfende *n* (des Baumes), Hirnseite *f*; 3. (*Bw*) sechskantiger Holzpflasterklotz *m*; Holzpflaster *n* ‖ **~/базовый** (*Masch*) Basisstirnseite *f* ‖ **~ буровой коронки** (*Bgb*) Bohrkronenlippe *f* ‖ **~ карьера** (*Bgb*) Strossenende *n* (*Tagebau*) ‖ **~ обмотки** (*El*) Wickelkopf *m*, Wicklungsstirn *f* ‖ **~ плунжера** Kolbenstirn *f* ‖ **~ полюса** (*El*) Polende *n* ‖ **~ уступа** (*Bgb*) Strossenende *n* (*Tagebau*) ‖ **~ шейки** (*Masch*) Zapfenende *n* (*Welle*)
торианит *m* (*Min*) Thorianit *m* (radioaktives Mineral)
ториеносный thoriumhaltig
торий *m* (*Ch*) Thorium *n*, Th
торировать thorieren, mit Thorium überziehen
торит *m* (*Min*) Thorit *m* (Mineral seltener Erden)
торкрет-бетон *m* (*Bw*) Torkretbeton *m*, Spritzbeton *m*
торкретирование *n* (*Bw*) Torkretieren *n*, Torkretierverfahren *n* (*Beton*) ‖ **~ мокрым способом** Torkretieren *n* im Naßverfahren, Naßspritzverfahren *n* ‖ **~ сухим способом** Torkretieren *n* im Trockenverfahren, Trockenspritzverfahren *n*
торкретировать (*Bw*) torkretieren (*Beton*)
торкрет-пушка *f* (*Bw*) Torkretkanone *f*
торможение *n* 1. (*Mech*) Bremsen *n*, Bremsung *f*, Abbremsen *n*, Hemmung *f*; 2. (*Mech*) Verzögerung *f*, Verlangsamung *f*; 3. (*Ch*) Inhibition *f*, Hemmung *f*; 4. (*Krist*) Blockierung *f*, Korngren-

zenblockierung f; 5. *(Aero)* Stau *m*, Stauung *f* ‖ ~/**аварийное** Notbremsung *f* ‖ ~/**автоматическое** *(Eb)* selbsttätige Bremsung *f* ‖ ~/**автостопное** *(Eb)* Zwangsbremsung *f* ‖ ~ **башмаками** *(Eb)* Hemmschuhbremsung *f*, Bremsen *n* mit Hemmschuhen *(Rangieren)* ‖ ~ **вихревыми токами** *(Eb)* Wirbelstrombremsung *f* ‖ ~/**вынужденное** *(Eb)* Zwangsbremsung *f* ‖ ~/**высокочастотное** Hochfrequenzbremsung *f* ‖ ~/**вязкое** Zähigkeitswiderstand *m*, Viskositätswiderstand *m* ‖ ~ **двигателем** *(Kfz)* Motorbremsung *f* ‖ ~/**динамическое** *(Mech)* dynamische Bremsung *f* ‖ ~/**длительное** *(Eb)* Dauerbremsung *f* ‖ ~ **до полной остановки** *(Kfz, Eb)* Vollbremsung *f* ‖ ~/**замедляющее** Verzögerungsbremsung *f* ‖ ~ **излучением** *(Ph)* Strahlungsdämpfung *f* ‖ ~/**интервальное** *(Eb)* Intervallbremsung *f*, Abstandsbremsung *f (Ablaufbetrieb)* ‖ ~ **коротким замыканием** Kurzschlußbremsung *f* ‖ ~/**максимальное** Notbremsung *f*, Extrembremsung *f* ‖ ~/**парашютом** *(Flg, Raumf)* Fallschirmbremsung *f* ‖ ~/**плавное** stoßfreies (kontiniuierliches) Bremsen *n* ‖ ~/**пневматическое** *(Eb)* Druckluftbremsung *f* ‖ ~/**полное** *(Kfz, Eb)* Vollbremsung *f* ‖ ~ **постоянным током** Gleichstrombremsung *f* ‖ ~/**предохранительное** Sicherheitsbremsung *f* ‖ ~/**принудительное** Zwangsbremsung *f* ‖ ~/**прицельное** *(Eb)* Laufzielbremsung *f*, Zielbremsung *f* ‖ ~/**противотоковое** Gegenstrombremsung *f* ‖ ~ **противотоком** Gegenstrombremsung *f* ‖ ~ **проявления** *(Photo)* Entwicklungshemmung *f*, Entwicklungsverzögerung *f* ‖ ~/**радиационное** *(Kern)* Strahlungsbremsung *f* ‖ ~/**регулировочное** *(Eb)* Fahrtregelungsbremsung *f* ‖ ~/**рекуперативное** Rekuperationsbremsung *f*, Nutzbremsung *f (Bremsen mit Energierückgewinnung)* ‖ ~/**рекуперативно-реостатное** *(Eb)* gemischte Rekuperations-Widerstandsbremsung *f* ‖ ~/**реостатное** *(Eb)* [elektrische] Widerstandsbremsung *f* ‖ ~/**ручное** *(Eb)* Handbremsung *f* ‖ ~/**служебное** *(Eb)* Betriebsbremsung *f*, Fahrtregelungsbremsung *f* ‖ ~/**смешанное** *(Eb)* gemischte Bremsung *f* ‖ ~/**смешанное электрическое** gemischte elektrische Widerstandsbremsung *f* ‖ ~/**ступенчатое** *(Eb)* Lastabbremsung *f*, stufenförmige Bremsung *f* ‖ ~/**экстренное** *(Eb)* Notbremsung *f*; Schnellbremsung *f*; Zwangsbremsung *f* ‖ ~/**электрическое** *(Eb)* elektrische Bremsung *f*

тормоз *m* Bremse *f* ‖ ~/**аварийный** *(Eb)* Notbremse *f* ‖ ~/**автоматический** *(Eb)* selbsttätige Bremse *f* ‖ ~/**аэродинамический** *(Eb)* aerodynamische Bremse *f*, Luftwiderstandsbremse *f (Sammelbegriff für Bremsklappen und Bremsschirme)* ‖ ~/**барабанный** *(Kfz)* Trommelbremse *f* ‖ ~/**быстродействующий** *(Eb)* Schnellschlußbremse *f* ‖ ~ **Вестингауза** *(Eb)* Westinghouse-Bremse *f* ‖ ~/**винтовой** *(Eb)* Spindelbremse *f*, Schraubenbremse *f* ‖ ~/**вихревой** *(Eb)* Wirbelstrombremse *f* ‖ ~/**внутренний колодочный** *(Kfz)* Innenbackenbremse *f* ‖ ~/**внутренний ленточный** *(Kfz)* Innenbandbremse *f* ‖ ~/**воздушно-вихревой** *(Flg)* Luftwirbelbremse *f* ‖ ~/**воздушный** 1. pneumatische Bremse *f*; 2. *(Flg)* Bremsklappe *f* ‖ ~/**гидравлический** *(Kfz)* hydraulische Bremse *f*,

Flüssigkeitsbremse *f*, Öldruckbremse *f* ‖ ~/**гидравлический двухмагистральный** hydraulische Zweikreisbremse *f* ‖ ~/**гидравлический одномагистральный** hydraulische Einkreisbremse *f* ‖ ~/**гидродинамический** *(Kfz)* kombinierte Luft-Flüssigkeits-Bremse *f*, hydropneumatische Bremsanlage *f* ‖ ~/**грузоупорный** *(Masch)* Lastdruckbremse *f* ‖ ~/**двухкамерный** *(Eb)* Zweikammerbremse *f* ‖ ~/**двухколодочный** *(Kfz)* Zweibackenbremse *f* ‖ ~/**дисковый** *(Kfz, Eb)* Scheibenbremse *f* ‖ ~/**дифференциальный** *(Masch)* Differentialbremse *f* ‖ ~ **заднего колеса** *(Kfz)* Hinterradbremse *f* ‖ ~/**инерционный** Auflaufbremse *f* ‖ ~/**колёсный** Radbremse *f* ‖ ~/**колодочный** *(Kfz)* Backenbremse *f*; 2. *(Eb)* Klotzbremse *f* ‖ ~/**конический** *(Masch)* Kegelbremse *f* ‖ ~ **контрпаром** *(Eb)* Gegendampfbremse *f* ‖ ~/**конусный** *(Masch)* Kegelbremse *f* ‖ ~/**кулачковый** *(Kfz, Eb)* Nockenbremse *f* ‖ ~/**кулачковый внутренний** *(Kfz)* Innennockenbremse *f* ‖ ~/**ленточный** Bandbremse *f* ‖ ~/**магнитный** Magnetbremse *f* ‖ ~/**магнитный рельсовый** *(Eb)* Magnetschienenbremse *f* ‖ ~/**механический** mechanische Bremse *f* ‖ ~/**многопластинчатый** Lamellenbremse *f* ‖ ~/**мягкий** *(Eb)* einlösige Bremse *f (z. B. Westinghouse-Bremse)* ‖ ~ **на четырёх колёсах** *(Kfz)* Vierradbremse *f* ‖ ~ **наката прицепа** *(Kfz)* Auflaufbremse *f (Anhänger)* ‖ ~/**наружный колодочный** *(Kfz)* Außenbackenbremse *f* ‖ ~/**наружный ленточный** *(Kfz)* Außenbandbremse *f* ‖ ~/**нитевой** *(Text)* Fadenbremse *f* ‖ ~/**ножной** *(Kfz)* Fußbremse *f* ‖ ~/**осевой** *(Kfz)* Axialbremse *f* ‖ ~/**основной** *(Text)* Kettbaumbremse *f (Webstuhl)* ‖ ~ **переднего колеса** *(Kfz)* Vorderradbremse *f* ‖ ~ **пикирования** *s.* ~/аэродинамический ‖ ~/**пластинчатый** Lamellenbremse *f* ‖ ~/**пневматический** *(Eb)* Druckluftbremse *f* ‖ ~/**пневматический многоступенчатый фрикционный** pneumatisch betätigte mehrstufige Reibungsbremse *f* ‖ ~/**полужёсткий** *(Eb)* mehrlösige Bremse *f (z. B. Kunze-Knorr-Bremse)* ‖ ~/**предохранительный** Sicherheitsbremse *f (Fördermaschine)*; Fangbremse *f (Aufzug)* ‖ ~/**простой** *(Kfz)* einfachwirkende Bremse *f (unverstärkte Bremse im Gegensatz zur Servobremse)* ‖ ~/**пружинный** *(Masch)* Federbremse *f*, federbelastete Bremse *f* ‖ ~/**пружинный аккумуляторный** Federspeicherbremse *f* ‖ ~/**радиальный** *(Kfz)* Radialbremse *f* ‖ ~ **разрежённого воздуха** *(Kfz)* Unterdruckbremse *f* ‖ ~/**рекуперативный** *(Eb)* Rekuperationsbremse *f*, Nutzbremse *f* ‖ ~/**рельсовый** Schienenbremse *f* ‖ ~/**реостатный** *(Eb)* [elektrische] Widerstandsbremse *f* ‖ ~/**ручной** *(Kfz)* Handbremse *f* ‖ ~/**рычажный** *(Masch)* Hebelbremse *f* ‖ ~ **с грузом** *(Masch)* Lastdruckbremse *f* ‖ ~ **с самоусилением** selbstverstärkende Bremse *f*, Servobremse *f* ‖ ~ **с самоусилением/ двухколодочный** selbstverstärkende Zweibackenbremse *f*, Zweibackenservobremse *f* ‖ ~ **с храповым остановом** *(Masch)* Klinkenbremse *f* ‖ ~ **сжатого воздуха** *(Kfz, Eb)* Druckluftbremse *f* ‖ ~/**скородействующий** schnellwirkende

Bremse f, Schnellbremse f ‖ ~/**соленоидный** *(Eb)* Magnetschienenbremse f ‖ ~/**стопорный** Stoppbremse f, Haltebremse f ‖ ~ **стоянки** *(Kfz)* Feststellbremse f *(Anhänger)* ‖ ~/**стояночный** s. ~ стоянки ‖ ~/**трансмиссионный** *(Kfz)* Getriebebremse f ‖ ~/**трансмиссионный колодочный** Getriebebackenbremse f ‖ ~/**тросовый** *(Kfz)* Seilbremse f ‖ ~/**тяговый** *(Kfz)* Gestängebremse f ‖ ~/**фрикционный** *(Masch)* Reibungsbremse f ‖ ~/**фрикционный многодисковый** *(Masch)* Lamellenbremse f ‖ ~/**центральный трансмиссионный** *(Kfz)* Getriebebremse f ‖ ~/**центробежный** Fliehkraftbremse f ‖ ~/**цепной** *(Masch)* Kettenbremse f ‖ ~/**экстренный** *(Eb)* Notbremse f ‖ ~/**электрический** *(Eb)* elektrische Bremse f ‖ ~/**электромагнитный** *(Masch)* Elektromagnetbremse f, Bremse f mit Magnetbremslüfter ‖ ~/**электропневматический** *(Eb)* elektropneumatische Bremse f
тормозить bremsen; abbremsen, verlangsamen
торнадо m *(Meteo)* Tornado m
тороид m 1. Toroid n, Kreisring m; 2. *(El)* Toroidspule f, Ringspule f
торон m Thoron n, Thoriumemanation f, Tn
торпеда f 1. *(Mil)* Torpedo m; 2. Torpedo m *(zur Durchschießung von Gesteinsschichten bei der Erdölbohrung)*; 3. *(Kst)* Torpedo m, Verdränger m
торпедирование n **[скважин]** *(Erdöl)* Bohrlochtorpedierung f
торр m *(Mech)* Torr n, torr *(SI-fremde Einheit des Druckes)*
торсиограмма f *(Ph)* Torsiogramm n
торсиограф m Torsiograph m, Torsionsschwingungsschreiber m, Drehschwingungsschreiber m *(Registrierung von Torsionsschwingungen in rotierenden Wellen und bewegten Maschinenteilen)*
торсиометр m *(Ph)* Torsiometer n, Torsionsmesser m, Drehmomentmesser m *(Messung des Drehmoments an Wellen)* ‖ ~/**ёмкостный** kapazitiver Torsionsmesser m ‖ ~/**индуктивный** induktiver Torsionsmesser m ‖ ~/**индукционный** Induktionstorsiometer n
торсион m Drehstabfeder f
тортвейтит m *(Min)* Thortveitit m *(Mineral seltener Erden)*
торф m *(Geol)* Torf m ‖ ~/**болотный** Moortorf m ‖ ~/**верховой** Hochmoortorf m ‖ ~/**волокнистый** Fasertorf m ‖ ~/**деревянистый (древесный)** Holztorf m, Bruchwaldtorf m ‖ ~/**кусковой** Stücktorf m ‖ ~/**лесной** Waldtorf m ‖ ~/**лесотопяной** gemischter Wald- und Mootorf m ‖ ~/**малозольный** aschearmer Torf m ‖ ~/**низинный** Niedermoortorf m ‖ ~/**погребённый** verdeckter (zwischengelagerter, eingebetteter) Torf m ‖ ~/**резной** Stichtorf m ‖ ~/**сухой** Trockentorf m ‖ ~/**топяной** s. ~/болотный ‖ ~/**фрезерный** Frästorf m
торфодобывание n Torfgewinnung f
торфодобыча f Torfgewinnung f
торфоразработка f 1. Torfstecherei f; 2. Torfwerk n
торфорез m Torfstechmaschine f
торфорезка f Torfstechmaschine f
торфосос m Torfschlammpumpe f *(Hydrotorfgewinnung)*

торфяник m *(Geol)* Moor n, Luch n, Fenn n ‖ ~/**верховой** Hochmoor n, Torfmoor n, Moosmoor n, Heidemoor n ‖ ~/**низинный** Flachmoor n, Niedermoor n, Wiesenmoor n, Ried n ‖ ~/**переходный** Zwischenmoor n, Übergangsmoor n
торцевание n s. торцовка 1.
торцевать 1. *(Fert)* plandrehen, planen; 2. abkappen, kappen *(Rundholz, Bretter)*
торцевой *(Fert)* Stirn[lauf]...
торцовка f 1. *(Fert)* Stirndrehen n; Plandrehen n; 2. Ablängen n *(Rundholz, Bretter)*; 3. Ablängsäge f, Kappsäge f *(Kreissäge)* ‖ ~/**маятниковая** Pendelsäge f *(Kreissäge)*
торцовый s. торцевой
торшер m Stehleuchte f, Ständerleuchte f
точение n *(Fert)* Fertigdrehen n *(nach dem Vordrehen)* ‖ ~/**алмазное** Diamantdrehen n, Feindrehen n ‖ ~/**затылочное** Hinterdrehen n ‖ ~/**контурное** Konturdrehen n ‖ ~/**копировальное** Nachformdrehen n ‖ ~/**наружное** Außendrehen n ‖ ~ **некруглых деталей** Unrundbearbeiten n *(z. B. von Kolbenringen)* ‖ ~/**обдирочное** Schäldrehen n ‖ ~/**отделочное** Feindrehen n ‖ ~ **по копиру** Nachformdrehen n ‖ ~/**получистовое** Halbschlichtdrehen n ‖ ~/**продольное** Langdrehen n, Längsdrehen n ‖ ~/**продольно-фасонное** Lang- und Formdrehen n ‖ ~/**скоростное** Schnelldrehen n ‖ ~/**тонкое** Feindrehen n ‖ ~/**торцовое** Stirndrehen n; Plandrehen n ‖ ~/**фасонное** Formdrehen n, Profildrehen n ‖ ~/**фасонно-продольное** Form- und Langdrehen n ‖ ~/**черновое** Schruppdrehen n
точилка f *(Wkz)* Wetzstein m
точило n *(Wkzm)* Schleifbock m
точильня f *(Fert)* Schleiferei f, Schleifwerkstatt f
точить 1. *(Fert)* langdrehen; 2. schärfen, wetzen, schleifen; 3. drechseln *(Holz)*
точка f 1. Punkt m *(s. a. unter* температура*)*; Stelle f; 2. *(Typ)* Punkt m; 3. *(Fert)* s. затачивание und заточка ‖ ~/**азеотропная** *(Ch)* azeotrop[isch]er Punkt m, Azeotroppunkt m, gleichbleibender (konstanter) Siedepunkt m ‖ ~/**амфидромическая** Amphidromiepunkt m, Drehpunkt m *(Meereskunde)* ‖ ~/**анаклластическая** *(Opt)* anallaktischer Punkt m ‖ ~/**анилиновая** *(Ch)* Anilin[trübungs]punkt m, AP ‖ ~/**антиподальная** s. ~/**противоположная** ‖ ~/**апланатическая** *(Opt)* aplanatischer Punkt m ‖ ~/**асимптотическая** *(Math)* Asymptotenpunkt m ‖ ~ **Бабине** *(Math)* Babinet-Punkt m ‖ ~/**базовая** *(Fert)* Bezugspunkt m, Basispunkt m ‖ ~/**бегающая фокусная** *(Opt)* wandernder Fokuspunkt m ‖ ~/**бесконечно удалённая** s. ~/несобственная ‖ ~ **Бойля** *(Ph)* Boyle-Punkt m ‖ ~ **Браве** *(Opt)* Bravais-Punkt m ‖ ~/**вековая** *(Geoph)* Säkularpunkt m, Wiederholungsmeßpunkt m in Langzeitprogrammen ‖ ~/**верхняя мёртвая** *(Masch)* oberer Totpunkt m *(Verdichter)* ‖ ~ **весеннего равноденствия** *(Astr)* Frühlingspunkt m, Widderpunkt m ‖ ~/**ветвления** Verzweigungspunkt m ‖ ~/**вихря** *(Ph)* Wirbelpunkt m ‖ ~ **включения** *(El)* Schaltpunkt m ‖ ~ **возврата** 1. Umkehrpunkt m; Totpunkt m; 2. *(Math)* Rückkehrpunkt m, Spitze f *(singulärer Punkt)*; 3. *(Inf)* Rücksprungstelle f ‖ ~ **востока** *(Astr)* Ostpunkt m ‖ ~ **впадины** *(Eln)* Talpunkt

точка

m II ~ **вращения** *(Mech)* Drehpunkt *m* II ~/**вспомогательная** *(Geod)* Abgebepunkt *m*, Hilfspunkt *m* II ~/**задняя главная** II ~/**вторая главная** *s.* ~/**задняя главная** II ~/**вторая узловая** *s.* ~/**задняя узловая** II ~/**входная** *(Inf)* Eintrittsstelle *f*, Einsprungadresse *f* II ~/**главная** *(Opt)* Hauptpunkt *m* II ~ **горба** *(Eln)* Höckerpunkt *m* II ~/**горячая** *(Geol)* heißer Fleck *m*, „hot spot" *(Vulkanismus)* II ~/**градуировочная** 1. Eichpunkt *m*; 2. Skalierungspunkt *m (Plotter)* II ~/**граничная** 1. Grenzpunkt *m*; 2. *(Math)* Randpunkt *m* II ~/**двоичная** *(Inf)* Binärpunkt *m* II ~ **деления** *(Math)* Teilpunkt *m*, Teilungspunkt *m* II ~/**десятичная** Dezimalpunkt *m* II ~/**единичная** Einheitspunkt *m* II ~/**жёсткая** Festpunkt *m*; fester (starrer) Punkt *m* II ~ **загрузки** *(Inf)* Ladepunkt *m* II ~/**задняя главная** *(Opt)* Bildhauptpunkt *m*, bildseitiger (hinterer) Hauptpunkt *m* II ~/**задняя критическая** *(Hydr)* hinterer Staupunkt *m*, Abflußpunkt *m* II ~/**задняя узловая** *(Opt)* Bildknotenpunkt *m*, bildseitiger (hinterer) Knotenpunkt *m* II ~ **зажигания** Zünd[zeit]punkt *m*, Zündeinsatzpunkt *m* II ~ **заземления** *(El)* Erd[ungs]punkt *m* II ~/**заземлённая нейтральная** *(El)* geerdeter Sternpunkt *m* II ~/**закреплённая** Aufhängepunkt *m* II ~ **заложения** Ansatzpunkt *m* II ~ **замера** 1. Meßpunkt *m*; 2. Meßstelle *f*, Meßstation *f* II ~ **запада** *(Astr)* Westpunkt *m* II ~/**засекаемая** *(Geod)* Einschneidepunkt *m* II ~ **застывания** *s.* ~ затвердевания 2. II ~ **затвердевания** 1. Verfestigungspunkt *m*, Verfestigungstemperatur *f*; Erstarrungspunkt *m*, Erstarrungstemperatur *f*; 2. Fließpunkt *m*, Stockpunkt *m (von Öl)* II ~ **затвердевания золота** Goldpunkt *m*, Erstarrungspunkt *m* des Goldes II ~ **затвердевания серебра** Silberpunkt *m*, Erstarrungspunkt *m* des Silbers II ~ **затвердевания сурьмы** Antimonpunkt *m*, Erstarrungspunkt *m* des Antimons II ~ **захлёбывания** *(Ch)* Überflutungsgrenze *f*, Spuckgrenze *f*, obere Belastungsgrenze *f (Destillation)* II ~ **зацепления** *(Masch)* Eingriffspunkt *m (Zahnrädern)* II ~/**звездовая** *(El)* Sternpunkt *m*, neutraler Punkt *m* II ~ **звезды/нулевая** *(El)* Nullpunkt *m (Sternpunkt im Netz mit Nullung)* II ~ **зенита** *(Astr)* Zenit[punkt] *m* II ~/**зеркальная** Spiegelpunkt *m* II ~ **зимнего солнцестояния** *s.* ~ зимы II ~ **зимы** *(Astr)* Winter[solstitial]punkt *m* II ~ **излома** *(Math)* Knickpunkt *m (singulärer Punkt)* II ~ **измерения** *s.* ~ замера II ~ **изображения** Bildpunkt *m* II ~ **изображения/гауссова (параксиальная)** *(Opt)* paraxialer (Gaußscher) Bildpunkt *m* II ~/**изолированная** *(Math)* isolierter Punkt *m*, Einsiedlerpunkt *m (singulärer Punkt)* II ~/**изопланатическая** *(Opt)* isoplanatischer Punkt *m* II ~/**изоэлектрическая** *(Ph, Ch)* isoelektrischer (elektrisch neutraler) Punkt *m* II ~ **инея** *(Meteo)* Reifpunkt *m* II ~ **интерференции** *(Opt)* Interferenzstelle *f* II ~/**исходная** Anfangspunkt *m*, Ausgangspunkt *m*; Anhaltspunkt *m*, Bezugspunkt *m* II ~/**кардинальная** *(Opt)* Kardinalpunkt *m* II ~ **касания** *(Math)* Berührungspunkt *m (singulärer Punkt)*; Berührungsstelle *f* II ~ **конвергенции** *s.* ~ сходимости II ~/**конечная** Endpunkt *m* II ~ **контакта** 1. Kontaktpunkt *m*; 2. Berührungspunkt *m*, Eingriffspunkt *m (Zahnradprofil)* II ~/**контрольная** Kontrollpunkt *m*, Prüf-

punkt *m* II ~ **конца** *(Ch)* Endpunkt *m (z. B. der Titration)* II ~/**кратная** *(Math)* mehrfacher Punkt *m*, Kreuzungspunkt *m* II ~/**критическая** 1. *(Math)* kritischer Punkt *m (singulärer Punkt)*; 2. *(Therm)* Umwandlungspunkt *m*, Haltepunkt *m*; 3. *(Aero)* Staupunkt *m* II ~/**круговая** *s.* ~ округления II ~/**кульминационная** *(Astr)* Kulminationspunkt *m* II ~ **Кюри** *(Ph)* [ferromagnetischer] Curie-Punkt *m*, [ferromagnetische] Curie-Temperatur *f* II ~ **лета** *(Astr)* Sommer[solstitial]punkt *m* II ~ **летнего солнцестояния** *s.* ~ лета II ~ **либрации** *(Astr)* Librationspunkt *m (Dreikörperproblem)* II ~ **либрации/коллинеарная** kollineare Librationspunkt *m* II ~ **либрации/треугольная** Dreieckslibrationspunkt *m* II ~/**либрационная** *s.* ~ либрации II ~/**мартенситная** *(Met)* Martensitpunkt *m* II ~/**материальная** *(Mech)* Massenpunkt *m*, materieller Punkt *m* II ~/**мёртвая** Totpunkt *m (Hubkolbenmaschine)* II ~/**мировая** *(Ph)* Raum-Zeit-Punkt *m*, Weltpunkt *m (Relativitätstheorie)* II ~/**насыщения** *(Ch)* Sättigungspunkt *m*, Sättigungsgrenze *f* II ~/**нейтральная** *(El)* 1. *(El)* neutraler Punkt *m*, Sternpunkt *m*; 2. *(El)* Mittelpunkt *m (eines Mehrphasensystems)*; 3. *(Ch)* Neutralisationspunkt *m* II ~/**неподвижная** 1. *(Math)* Fixpunkt *m*; 2. *(Geod)* Markzeichen *n* II ~ **неприводимости** *(Math)* Irreduzibilitätspunkt *m* II ~/**несобственная** *(Math)* uneigentlicher (unendlich ferner) Punkt *m*, Fernpunkt *m* II ~/**нижняя мёртвая** unterer Totpunkt *m (Verdichter)* II ~/**нулевая** 1. *(Meß)* Nullpunkt *m*, Skalennullpunkt *m*; 2. *(Therm)* [absoluter] Temperaturnullpunkt *m*; 3. *(El)* *s.* ~ нейтральная 1.; 2. II ~ **нулевого потенциала** *(El)* Potentialnullpunkt *m* II ~ **нулевых биений** *(El)* Schwebungsnullpunkt *m* II ~ **нулевых искажений** *(Photo)* Fokalpunkt *m*, Metapol *m* II ~/**объектная** *s.* ~ предмета II ~ **ожижения** 1. Verflüssigungspunkt *m*, Verflüssigungstemperatur *f*; 2. *(Mech)* Fließpunkt *m*, Fließtemperatur *f* II ~ **окклюзии** *(Meteo)* Okklusionspunkt *m* II ~ **округления** *(Math)* Nabelpunkt *m*, Kreispunkt *m*, Umbikalpunkt *m (Kurvenkrümmung auf Flächen)* II ~/**омбилическая** *s.* ~ округления II ~/**опорная** 1. Bezugspunkt *m*, Festpunkt *m*; 2. Stützpunkt *m*, Unterstützungspunkt *m*, Auflagepunkt *m*; 3. *(Geod)* Anschlußpunkt *m*; Paßpunkt *m* II ~ **определённости** *(Math)* Bestimmtheitsstelle *f* II ~ **осеннего равноденствия** *(Astr)* Herbstpunkt *m*, Waagepunkt *m* II ~/**основная** *(Therm)* Temperaturfixpunkt *m*, Fixpunkt *m* II ~/**особая** *(Math)* singulärer Punkt *m (einer Kurve)* II ~ **останова** Anhaltepunkt *m*; Haltepunkt *m* II ~/**отвода** *(El)* Abgriffspunkt *m*, Abgriffsstelle *f* II ~ **относимости** *(Geod)* Bezugspunkt *m* II ~/**отрыва** *(Aero)* Ablösungspunkt *m (Grenzschichtablösung)* II ~ **отсчёта** Bewertungspunkt *m*; Bezugspunkt *m*; *(Inf)* Benchmark *f* II ~ **падения** 1. Einfallpunkt *m*; Inzidenzpunkt *m*; 2. Fallpunkt *m (Ballistik)* II ~/**первая (передняя) главная** *(Opt)* Objekthauptpunkt *m*, objektseitiger (dingseitiger, gegenstandsseitiger, vorderer) Hauptpunkt *m* II ~/**первая (передняя) узловая** *(Opt)* Objektknotenpunkt *m*, objektseitiger (dingseitiger, gegenstandsseitiger, vorderer) Knotenpunkt *m* II ~ **перевала** *(Math)* Sattelpunkt *m*,

Раßpunkt m ‖ ~ **перегиба** (Math) Wendepunkt m (Kurve) ‖ ~ **перегрузки** Überlastungspunkt m, Überlastungsstelle f ‖ ~ **переключения** (El) Schaltpunkt m ‖ ~ **перелома** Knickpunkt m ‖ ~ **пересечения** Kreuzungspunkt m; (Math) Schnittpunkt m ‖ ~ **пересечения лучей (электронного пучка)** (Opt) Strahlkreuzungspunkt m, Überkreuzungspunkt m, Crossover n ‖ ~ **перехода** 1. Übergangspunkt m; 2. (Aero) Umschlagpunkt m (Übergang von laminarer in turbulente Strömung der Grenzschicht); 3. s. ~ **превращения** 1. ‖ ~ **питания** (El) Speisepunkt m, Einspeisungspunkt m ‖ ~ **плавления** Schmelzpunkt m, Schmelztemperatur f, Fließpunkt m ‖ ~ **поворота [полигонометрического хода]** (Geod) Brechpunkt m (Polygonzug) ‖ ~ **повторения** Wiederholungspunkt m ‖ ~ **повторного запуска** Wiederanlaufpunkt m ‖ ~ **подвисания** (Ch) untere Belastungsgrenze f (Destillation) ‖ ~ **подключения** (El) Anschlußpunkt m, Anschlußstelle f ‖ ~/**солнечный** (Astr) subsolarer Punkt m ‖ ~ **покоя** Ruhepunkt m; Arbeitsruhepunkt m ‖ ~ **помутнения** (Ch) Trübungspunkt m ‖ ~ **попадания** Auftreffpunkt m (Ballistik) ‖ ~ **потока/критическая** (Aero, Hydr) Staupunkt m ‖ ~/**правильная** (Math) regulärer Punkt m ‖ ~ **превращения** 1. (Therm) Umwandlungspunkt m, Umwandlungstemperatur f; 2. (Glas) Transformationspunkt m, Glasumwandlungstemperatur f; 3. (Kst) Einfriertemperatur f, Einfrierpunkt m; 4. (Met) Haltepunkt m ‖ ~ **предмета** (Opt) Objektpunkt m, Dingpunkt m, Gegenstandspunkt m ‖ ~/**предметная** s. ~ предмета ‖ ~ **предметного пространства** s. ~ предмета ‖ ~ **прекращения** (Math) Endpunkt m (singulärer Punkt) ‖ ~ **прерывания** Unterbrechungspunkt m ‖ ~ **привязки** s. ~/узловая ‖ ~ **приземления** (Flg) Aufsetzpunkt m ‖ ~ **приложения** (Mech) Angriffspunkt m (z. B. einer Kraft) ‖ ~ **примыкания [пограничного слоя]** (Aero) Wiederanlegepunkt m (der abgelösten Grenzschicht am Tragflügel) ‖ ~ **присоединения** s. ~ подключения ‖ ~ **прогорения** Durchbrennpunkt m ‖ ~/**промежуточная** Zwischenpunkt m ‖ ~ **просветления** (Ch) Klarpunkt m (bei der titrimetrischen Fällungsanalyse) ‖ ~ **пространства-времени** s. ~/мировая ‖ ~ **пространства изображения** (Opt) Bildpunkt m ‖ ~/**противоположная** (Math) [diametraler] Gegenpunkt m, Diametralpunkt m, Antipodenpunkt m ‖ ~/**рабочая** Arbeitspunkt m, Betriebspunkt m ‖ ~ **равновесия** 1. (Astr) Gleichgewichtspunkt m, Balancepunkt m; 2. s. ~ покоя ‖ ~ **равноденствия** s. ~ весеннего равноденствия ‖ ~ **развёртки** Abtastpunkt m ‖ ~/**развёртывающая световая** Abtastlichtpunkt m ‖ ~ **разветвления** 1. (Math) Verzweigungspunkt m; 2. (El) Verzweigungspunkt m, Knotenpunkt m; 3. (Hydr) vorderer Staupunkt m ‖ ~ **разветвления электрической цепи** Stromverzweigungspunkt m, Stromverzweigungsstelle f ‖ ~ **разрыва** (Ph) Unstetigkeitspunkt m, Unstetigkeitsstelle f ‖ ~ **рассеяния** (Opt) Zerstreuungspunkt m, virtueller Brennpunkt m ‖ ~ **расслоения** (Ch) Entmischungspunkt m (einer Emulsion) ‖ ~ **расходимости** (Mech, Meteo) Divergenzpunkt m (singulärer Punkt im zweidimensio-

nalen Geschwindigkeitsfeld bzw. im Windfeld) ‖ ~/**реперная** s. ~/основная ‖ ~ **рестарта** (Inf) Wiederanlaufpunkt m ‖ ~ **роста** (Math) Wachstumspunkt m ‖ ~ **росы** (Ph, Ch) Taupunkt m, Taupunkt[s]temperatur f ‖ ~ **самопересечения** (Math) Selbstdurchdringungspunkt m ‖ ~/**световая** Lichtpunkt m ‖ ~/**светящаяся** Leuchtpunkt m, Leuchtfleck m ‖ ~ **сгущения** (Math) Häufungspunkt m ‖ ~ **севера** (Astr) Nordpunkt m (Himmelskugel) ‖ ~ **сети** (Geod) Netzpunkt m ‖ ~**сжижения** s. ~ ожижения 1. ‖ ~/**силовая** (Mech) Angriffspunkt m der Kraft ‖ ~ **системы/узловая** s. ~/узловая 2. ‖ ~ **скрещивания** (El) Kreuzungspunkt m, Kreuzungsstelle f ‖ ~ **соединения** Verbindungspunkt m, Verbindungsstelle f ‖ ~ **солнцестояния** (Astr) Solstitialpunkt m ‖ ~ **соприкосновения** s. ~ касания ‖ ~ **спекания** (Met) Sinterpunkt m ‖ ~/**средняя** Mittelpunkt m ‖ ~ **схода** 1. (Geod) Fluchtpunkt m; 2. (Hydr) hinterer Staupunkt m, Abflußpunkt m ‖ ~ **сходимости** (Mech, Meteo) Konvergenzpunkt m (singulärer Punkt im zweidimensionalen Geschwindigkeitsfeld bzw. im Windfeld) ‖ ~ **таяния** Eispunkt m ‖ ~ **текучести** (Mech) Fließpunkt m, Fließtemperatur f ‖ ~/**тёмная** Dunkelpunkt m, Dunkelfleck m ‖ ~ **трансформации** s. ~ превращения 2. ‖ ~/**тригонометрическая** (Geod) trigonometrischer Punkt m, Netzpunkt m ‖ ~/**тройная** (Ch, Krist) Tripelpunkt m (im Zustandsdiagramm) ‖ ~/**угловая** (Math) Eckpunkt m, Knickpunkt m (singulärer Punkt); Eckpunkt m (einer Kurve) ‖ ~/**узловая** 1. (Math) Knotenpunkt m (singulärer Punkt); 2. (Opt) Knotenpunkt m; 3. (El) Knoten m, Knotenpunkt m; 4. (Mech) Schwingungsknoten m, Knoten m; 5. s. ~ самопересечения ‖ ~/**узловая особая** s. ~/узловая 1. ‖ ~ **условного перехода** Verzweigungspunkt m ‖ ~ **устойчивого режима** stabiler Betriebspunkt m ‖ ~ **фазового превращения** (Ph) Phasenumwandlungspunkt m, Umwandlungspunkt m ‖ ~/**фокальная** (Opt) Brennpunkt m (s. a. unter фокус) ‖ ~ **цели** Zielpunkt m ‖ ~/**эвтектическая** (Ph, Ch) eutektischer Punkt m (Schmelzdiagramm) ‖ ~/**эвтектоидная** (Ph, Ch) eutektoider Punkt m (Schmelzdiagramm) ‖ ~ **эквивалентности** (Ch) Äquivalenzpunkt m, stöchiometrischer Punkt m ‖ ~ **юга** (Astr) Südpunkt m
точка-узел f (El) Knotenpunkt m
точки fpl/**апланатические** (Opt) aplanatische Punkte mpl ‖ ~/**идентические** identische Punkte mpl ‖ ~/**сопряжённые** (Ph) s. конjugierte Punkte mpl; 2. Aufhängemittelpunkt m (Pendel)
точность f Genauigkeit f, Präzision f • **высокой точности** [von] hoher Genauigkeit ‖ **особо высокой точности** [von] höchster Genauigkeit, Präzisions... ‖ ~ **базирования** (Fert) Bestimmgenauigkeit f ‖ ~ **воспроизведения** (Nrt) Wiedergabegenauigkeit f, Wiedergabetreue f ‖ ~ **вращения** Rotationsgenauigkeit f; Laufgenauigkeit f (bei umlaufender Bewegung) ‖ ~/**высокая** hohe Genauigkeit f ‖ ~ **вычисления** Rechengenauigkeit f ‖ ~/**геометрическая** f ‖ ~/**геометрическая** geometrische Genauigkeit f; Formgenauigkeit f ‖ ~ **градуировки** Eichgenauigkeit f ‖ ~/**заданная** vorgegebene Genauigkeit f, Sollgenauigkeit f ‖ ~ **замера** Meßgenauigkeit f ‖ ~ **изготовле-**

ния Fertigungsgenauigkeit f, Herstellungsgenauigkeit f ll ~ измерения Meßgenauigkeit f ll ~ индикации Anzeigegenauigkeit f ll ~ калибровки Eichgenauigkeit f ll ~/конечная Endgenauigkeit f ll ~/малая geringe Genauigkeit f ll ~ настройки Einstellgenauigkeit f ll ~/начальная Anfangsgenauigkeit f ll ~ обработки Bearbeitungsgenauigkeit f ll ~/особая höchste Genauigkeit f, Präzision f ll ~/относительная relative Genauigkeit f ll ~ отсчёта Anzeigegenauigkeit f, Ablesegenauigkeit f ll ~ оценки Schätzgenauigkeit f ll ~ по отношению Verhältnisgenauigkeit f ll ~/повышенная erhöhte Genauigkeit f ll ~ позиционирования Positioniergenauigkeit f (z. B. eines Roboters) ll ~ положения Lagegenauigkeit f ll ~ присоединения (Eln) Bondgenauigkeit f ll ~ проверки Prüfgenauigkeit f ll ~ регулирования 1. Regel[ungs]genauigkeit f; 2. Nachstellgenauigkeit f ll ~ совмещения Überdeckungsgenauigkeit f ll ~ сопровождения Nachführgenauigkeit f ll ~/средняя Treffgenauigkeit f (eines Einzelmeßwertes, bezogen auf den Mittelwert) ll ~/фактическая tatsächliche Genauigkeit f, Istgenauigkeit f ll ~ хода Ganggenauigkeit f ll ~ черчения Zeichengenauigkeit f (Plotter) ll ~ юстировки Justiergenauigkeit f

точный genau, Genau..., Fein..., präzise, Präzisions...

тощий mager, Mager..., Schwach...; (Pap) rösch ll ~ длинный (Pap) langrösch ll ~ короткий (Pap) kurzrösch

ТП s. 1. подстанция/трансформаторная; 2. термопара 1.

ТПР s. рефрижератор/транспортно-производственный

ТПХ s. турбина переднего хода

ТР s. 1. рефрижератор/транспортный; 2. телерегулирования; 3. реле/температурное; 4. реле/токовое

Тр s. трансформатор

траверз m (Schiff) Querablage f, Dwarslinie f, Dwarsrichtung f

траверс m s. траверса

траверса f Traverse f, Querstück n, Querhaupt n, Querträger m, Querriegel m, Querstrebe f ll ~/грузовая Last[haken]traverse f ll ~ мачты Mastausleger m ll ~/односторонняя einseitiger Querträger m ll ~/поперечная Querstück n (obere Verbindung zweier Walzenständer) ll ~/прессующая (Gieß) Preßhaupt n, Preßholm m (Preßformmaschine) ll ~ рамы (Kfz) Querversteifung f (Fahrgestellrahmen) ll ~ станины (Wlz) Ständerquerhaupt n ll ~/щёточная (El) Bürstenbrücke f, Bürstenstern m ll ~/электромагнитная Magnettraverse f, Magnetbalken m

травертин m (Geol) Travertin m, Kalktuff m

травильный ~ Ätz...

травильня f Ätzerei f

травитель m Ätzmittel n, Ätzlösung f; Beizmittel n, Beizflüssigkeit f

травить 1. ätzen; beizen; 2. (Met) dekapieren (Blech); 3. (Ch) abbrennen; 4. (Schiff) [weg]fieren (Seile); 5. abblasen (Dampf, Gas); 6. vergiften, vertilgen (Schädlingsbekämpfung)

травление n 1. Ätzen n, Ätzung f; Beizen n, Abbeizen n, Beizbehandlung f; 2. (Met) Dekapieren n; 3. (Ch) Abbrennen n; 4. (Schiff) Fieren n, Wegfieren n (Seile) ll ~/анодное (Met) anodisches Ätzen n ll ~/влажное Naßätzen n ll ~/глубокое (Met, Glas) Tiefätzen n, Tiefätzung f; (Met) Reliefätzen n, Reliefätzung f ll ~/декоративное (Glas) Dessinätzen n, Musterätzen n ll ~/ионно-лучевое Ionenstrahlätzen n ll ~ ионым лучом s. ~/ионно-лучевое ll ~/катодное (Met) kathodisches Ätzen n ll ~/матовое Mattbeizen n, Mattbeizung f; Mattätzen n, Mattätzung f ll ~ металлов (Met) Ätzen n; Dekapieren n ll ~/мокрое Naßbeizen n ll ~/плазменное Plasmaätzen n, Plasmaätzung f ll ~/плазмохимическое plasmachemisches Ätzen n (Halbleiterfertigung) ll ~/поверхностно-матовое Mattätzen n ll ~/послойное (Eln) sukzessives Ätzen n ll ~/реактивно-ионное (Eln) reaktives Ionenätzen n, RIE (Halbleiter) ll ~/реактивно-ионно-лучевое (Eln) reaktives Ionenstrahlätzen n, RIBE (Halbleiter) ll ~/реактивно-плазменное (Eln) reaktives Plasmaätzen n, RPE (Halbleiter) ll ~/светлое 1. (Met) Blankbeizen n, Blankbeizung f; 2. Hellätzen n (Glas) ll ~/селективное (Eln) selektives Ätzen n ll ~ стекла Glasätzung f ll ~/струйное Strahlätzen n; Spritzbeizen n ll ~/структурное (Eln) Strukturätzen n ll ~/сухое Trockenätzen n ll ~/химическое chemisches Ätzen n ll ~/цветное Farbätzung f ll ~ шлифов (Wkst) Gefügeätzung f (Schliffe) ll ~/электролитическое (Met) elektrolytisches Ätzen n ll ~/электрохимическое elektrochemisches Ätzen n

травленный geätzt; gebeizt

травокосилка f (Lw) Grasmäher m

траектория f 1. (Math) Trajektorie f (einer Kurvenschar); 2. (Kern) Bahnspur f; 3. Bahnkurve f, Bahn f; 4. Flugbahn f, Raumflugbahn f; 5. Geschoßbahn f (Ballistik) ll ~/аэродинамическая aerodynamische Bahn (Flugbahn) f ll ~/баллистическая ballistische Flugbahn f ll ~ взлёта Start[flug]bahn f ll ~/внеатмосферная (Rak) Flugbahn f außerhalb der Atmosphäre ll ~ воздуха Luftbahn f, Lufttrajektorie f ll ~/возмущённая gestörte Flugbahn f ll ~/восходящая aufsteigende (ansteigende) Flugbahn f (Ballistik) ll ~ встречи (Rak) Rendezvousbahn f, Annäherungsbahn f ll ~/гиперболлистическая hyperballistische Flugbahn f ll ~ головки зуба (Masch) Kopfbahn[kurve] f (Zahnrad) ll ~ движения Bewegungsbahn f ll ~/заданная Soll-[flug]bahn f ll ~ звука (Ak) Schallbahn f, Schallweg m ll ~/земная terrestrische Bahn (Flugbahn) f (im erdnahen Raum) ll ~/изогональная (Math) isogonale Trajektorie f ll ~/инерциальная Trägheitsbahn f, Freiflugbahn f ll ~/криволинейная gekrümmte Bahn (Flugbahn) f, Bahnkurve f ll ~/круговая Kreisbahn f, kreisförmige Flugbahn f ll ~/крутая steile Bahn (Flugbahn) f ll ~ лучей (Ph) Strahlenweg m ll ~/межконтинентальная (Rak) interkontinentale Flugbahn f ll ~/межпланетная (Rak) interplanetare Flugbahn f ll ~ метеора (Astr) Meteorbahn f ll ~/навесная s. ~/крутая ll ~/наклонная geneigte Flugbahn f ll ~/настильная s. ~/отлогая ll ~/нисходящая s. ~ снижения ll ~ облёта (Flg) Flyby-Bahn f, Vorbeiflugbahn f ll ~/оптимальная по шуму (Flg) lärmoptimale Bahn

(Flugbahn) f II ~/**ортогональная** (Math) orthogonale Trajektorie f II ~/**особая** (Mech) singuläre Trajektorie f II ~/**отлогая** gestreckte (rasante) Flugbahn f (Ballistik) II ~ **падения** Fallkurve f (Ballistik) II ~ **пассивного полёта [ракеты]** Freiflugbahn f II ~ **перемещения** Bewegungsbahn f II ~ **перемещения вала в подшипнике** (Masch) Wellenverlagerungsbahn f (Gleitlager) II ~ **планирования** Gleit[flug]bahn f II ~/**плоская** ebene Bahn f (Ballistik) II ~ **подъёма** Steigbahn f (Ballistik) II ~ **полёта** Flugbahn f II ~ **полёта Земля-Луна** (Rak) Flugbahn f Erde-Mond II ~/**посадочная** (Flg) Landeflugbahn f II ~/**пространственная** räumliche Bahnkurve f II ~/**прямолинейная** (Flg) geradlinige Bahn (Flugbahn) f II ~/**расчётная** errechnete Flugbahn f, Sollflugbahn f II ~ **сближения** s. ~ **встречи** II ~ **свободного движения** 1. (Mech) Trägheitsbahn f; 2. (Aero) Freiflugbahn f II ~ **свободного полёта** Freiflugbahn f II ~ **скольжения** (Aero) Gleitbahn f II ~ **снижения** (Flg) absteigende Bahn (Flugbahn) f, Sinkflugbahn f II ~ **совмещения** Deckungsbahn f (Ballistik) II ~/**спиральная** (Rak) Spiralbahn f II ~/**устойчивая** (Flg) stabile Flugbahn f II ~/**фазовая** (Mech) Phasenbahn f, Phasentrajektorie f (Phasenraum) II ~ **частицы** (Kern) Teilchenbahn f II ~ **частицы/фазовая** s. ~/**фазовая**

траекторно-динамический flugbahndynamisch
тразер m Traser m
трайбаппарат m (Met) Treibapparat m
трак m (Kfz) Kettenglied n (Gleiskette)
тракт m (El) Weg m, Übertragungsweg m, Verbindung f, Kanal m, Leitung f, Leitungsweg m II ~/**высокочастотный** (El) Hochfrequenzkanal m, Hochfrequenzübertragungsweg m II ~/**выхлопной** (Schiff) Abgasleitung f II ~/**коаксиальный** (El) koaxialer Übertragungsweg m II ~/**линейный** (El) Übertragungsweg m II ~/**низкочастотный** (El) Niederfrequenzübertragungsweg m II ~/**оптический** (Schiff) optisches Übertragungssystem n (z. B. eines Magnetkompasses) II ~ **передачи** (El) Übertragungsweg m; Sendeweg m II ~ **подачи** Förderweg m II ~/**приёмный** (El) Empfangsweg m II ~/**проводной** (El) drahtgebundener Übertragungsweg m, Leitungstrakt m II ~ **прохождения данных** (Inf) Datenweg m II ~/**радиовещательный** (El) Funkweg m, Funkstrecke f II ~/**разговорный** (Nrt) Sprechweg m II ~ **телефонной передачи** Fernsprechübertragungsweg m

трактор m Schlepper m, Traktor m II ~/**болотоходный** Moorschlepper m II ~/**виноградниковый** Weinbergtraktor m II ~/**горный** Steilhangschlepper m II ~/**гусеничный** Raupenschlepper m, Gleisbandschlepper m, Kettenschlepper m II ~/**дизельный** Dieselschlepper m II ~/**карбюраторный** Schlepper m mit Vergasermotor m II ~/**колесно-гусеничный** Rad- und Kettenschlepper m II ~/**колёсно-пропашной** Rad-Pflegeschlepper m II ~/**колёсный** Radschlepper m II ~/**косогорный** Steilhangschlepper m II ~/**лесохозяйственный** Schlepper m für die Forstwirtschaft, forstwirtschaftlicher Schlepper m II ~/**маломощный** Kleinschlepper m II ~/**мелиоративный** Meliorationsschlepper m II ~ **общего назначения** Mehrzweckschlepper m, Universalschlepper m, Schlepper m für allgemeine Zwecke II ~ **общего назначения/промышленный** Industrieschlepper m für allgemeine Zwecke II ~ **общего назначения/сельскохозяйственный** landwirtschaftlicher Schlepper m für allgemeine Zwecke II ~/**одноколёсный [садовый]** Einradschlepper m (für Gartenbau) II ~/**одноосный** Einachsschlepper m II ~/**полугусеничный** Halbkettenschlepper m, Halbraupe f II ~/**промышленный** Industrieschlepper m II ~/**пропашной** Pflegeschlepper m II ~/**садоводческий (садовый)** Gartentraktor m, Gartenschlepper m II ~/**сварочный** Schweißtraktor m (transportables UP-Lichtbogenschweißgerät mit elektromotorischem Antrieb) II ~/**свекловодческий** Rübenschlepper m II ~/**сельскохозяйственный** landwirtschaftlicher Schlepper m II ~/**семеноводческий** Saatzuchtschlepper m II ~ **со всеми ведущими колёсами** Schlepper m mit Allradantrieb, Allradschlepper m II ~/**транспортный** Straßenzugmaschine f, Straßenschlepper m II ~/**универсально-пропашной** Universal-Pflegeschlepper m II ~/**хмелеводческий** Hopfenschlepper m II ~/**энергонасыщенный** Hochleistungsschlepper m

трактор-корчеватель m (Forst) Schlepper m mit Stubbenheber
тракторприцепка f Schlepperanhänger m
тракторостроение n Schlepperbau m, Schlepperherstellung f
трактор-погрузчик m Ladeschlepper m, Lader m
трактор-подъёмник m Schlepper m mit Ladeschwinge (Drehkran)
трактор-толкач m Schubtraktor m
трактриса f (Math) Traktrix f, Schleppkurve f
трал m Schleppnetz n, Trawl n II ~/**близнецовый** Tuckschleppnetz n II ~/**донный** Grundschleppnetz n II ~/**кормовой** Hecktrawl n, Heckschleppnetz n II ~/**пелагический** pelagisches Schleppnetz n II ~/**придонный** halbpelagisches Schleppnetz n II ~/**рыболовный** Schleppnetz n II ~/**сменный** Wechselnetz n (Schleppnetzfischerei)
трал-антенна f Schleppantenne f
тралбот m Fischkutter m II ~/**малый стальной** kleiner Stahlfischkutter m II ~/**стальной** Stahlfischkutter m
траление n 1. Schleppnetzfischerei f; 2. (Mil) Räumen n (Minen) II ~/**близнецовое** Tucken n, Tuckfischerei f II ~/**бортовое** Seitenschleppnetzfischerei f, Seitenfang m II ~/**донное** Grundschleppnetzfischerei f II ~/**кормовое** Heckschleppnetzfischerei f, Heckfang m II ~/**одиночное** Scheren n (Schleppnetzfischerei mit einem Fahrzeug) II ~/**парное** Tucken n, Tuckfischerei f II ~/**придонное** halbpelagische Schleppnetzfischerei f II ~/**прицельное** gezielte Schleppnetzfischerei f II ~/**разноглубинное** pelagische Fischerei f, pelagisches Fischen n, pelagische Schleppnetzfischerei f
тралить 1. mit dem Schleppnetz fischen; 2. (Mil) Minen räumen
траловый Schleppnetz...
тральщик m (Mil) 1. Räumfahrzeug n; 2. Minenabwehrschiff n
тральщик-искатель m **мин** Minensuchschiff n

трамбование *n* Rammen *n*; Stampfen *n*, Feststampfen *n* ‖ ~ **забоя скважины** *(Bgb)* Verfüllen *n* des Bohrlochtiefsten *(Abdichtung)*
трамбовать 1. rammen; 2. [fest]stampfen
трамбовка *f* 1. *s.* трамбование; 2. Ramme *f*, Rammklotz *m*; 3. Stampfer *m* ‖ ~/**взрывная** Explosionsramme *f* ‖ ~ **взрывного действия** *s.* ~/взрывная ‖ ~/**пневматическая** *s.* Druckluftramme *f*; 2. Druckluftstampfer *m* ‖ ~/**ручная** 1. *(Bw)* Handramme *f*; 2. Handstampfer *m*
трамвай *m* Straßenbahn *f* ‖ ~/**подземный** Unterpflasterbahn *f*, U-Straßenbahn *f* ‖ ~/**речной** Wasserbus *m* ‖ ~/**скоростной** Schnell-Straßenbahn *f* ‖ ~/**сочленённый** Gelenkzug *m*
трамп *m* Trampschiff *n*
трампинг *m* *(Kfz)* Trampelschwingung *f*
транец *m* *(Schiff)* Heckkonstruktion *f*, Spiegel *m*, Heckspiegel *m*
транзистор *m* *(Eln)* Transistor *m* • **на транзисторах** auf Transistorbasis, transistorisiert, transistorbestückt, Transistor... ‖ ~/**аналоговый** analoger Transistor *m*, Analogtransistor *m* *(Bipolartransistor)* ‖ ~/**арсенидогаллиевый полевой** Galliumarsenid-Feldeffekttransistor *m*, GaAs-Feldeffekttransistor *m* ‖ ~/**бездрейфовый** *s.* ~/диффузионный ‖ ~/**бескорпусный** unverkapselter (unverkappter) Transistor *m* ‖ ~/**билатеральный** Bilateraltransistor *m* ‖ ~/**биполярный** Bipolartransistor *m* ‖ ~/**биполярный комплементарный** [bipolarer] Komplementärtransistor *m* ‖ ~ **большой мощности** *s.* ~/мощный ‖ ~/**вакуумный полевой** Vakuumfeldeffekttransistor *m* ‖ ~/**вертикальный** Vertikaltransistor *m* ‖ ~/**внутренний** innerer Transistor *m* ‖ ~ **входного каскада** Vorstufentransistor *m* ‖ ~/**входной** Eingangsstufentransistor *m* ‖ ~/**выключаемый** abschaltbarer Transistor *m* ‖ ~/**высокочастотный** Hochfrequenztransistor *m*, HF-Transistor *m* ‖ ~/**высокочастотный диффузионный** Hochfrequenzdiffusionstransistor *m* ‖ ~/**высокочастотный сплавной** Hochfrequenzlegierungstransistor *m*, HF-Legierungstransistor *m* ‖ ~/**выходной** Endstufentransistor *m* ‖ ~/**германиевый** Germaniumtransistor *m*, Ge-Transistor *m* ‖ ~/**германиевый плоскостной** Germaniumflächentransistor *m*, Ge-Flächentransistor *m* ‖ ~/**германиевый сплавной** Germaniumlegierungstransistor *m*, Ge-Legierungstransistor *m* ‖ ~/**германиевый точечный** Germaniumspitzentransistor *m*, Ge-Spitzentransistor *m* ‖ ~/**двойной** Doppeltransistor *m*, Zwillingstransistor *m* ‖ ~/**двойной полевой** Doppelfeldeffekttransistor *m*, Doppel-FET *m* ‖ ~/**двубазовый** Doppelbasistransistor *m* ‖ ~/**двузатворный** Dual-Gate-Transistor *m*, Doppelgate-Transistor *m* ‖ ~/**дискретный** diskreter Transistor *m* ‖ ~/**диффузионный** Diffusionstransistor *m*, diffundierter Transistor *m* ‖ ~/**диффузионный плоскостной** Diffusionsflächentransistor *m* ‖ ~/**диффундированный** *s.* ~/диффузионный ‖ ~/**дрейфовый** Drifttransistor *m* ‖ ~/**инжекционно-полевой** Injektionsfeldeffekttransistor *m*, Injektions-FET *m* ‖ ~/**интегральный** integrierter Transistor *m* ‖ ~/**канальный** *s.* ~/полевой ‖ ~/**коммутационный** Schalttransistor *m* ‖ ~/**комплементарный** Komplementärtransistor *m* ‖ ~/**кремниевый** Siliciumtransistor *m*, Si-Transistor *m* ‖ ~/**кремниевый планарный** Siliciumplanartransistor *m*, Si-Planartransistor *m* ‖ ~/**лавинный** Avalanchetransistor *m* ‖ ~/**латеральный** Lateraltransistor *m* ‖ ~/**линейный** linearer Transistor *m* ‖ ~/**маломощный** Kleinleistungstransistor *m* ‖ ~/**малошумящий** rauscharmer Transistor *m* ‖ ~/**меза** *p-n-p* PNP-Mesatransistor *m* ‖ ~ **металлополупроводник/полевой** Metall-Halbleiter-Feldeffekttransistor *m*, MESFET ‖ ~/**металло-оксидно-кремниевый** Metall-Oxid-Silicium-Transistor *m*, MOST ‖ ~/**металло-оксидно-полупров одниковый** Metall-Oxid-Halbleiter-Feldeffekttransistor *m*, MOS-Transistor *m*, MOSFET ‖ ~/**микролегированный (микросплавной)** mikrolegierter Transistor *m*, Mikrolegierungstransistor *m* ‖ ~/**многоэмиттерный** Vielfachemittertransistor *m*, Multiemittertransistor *m* ‖ ~/**мощный** Leistungstransistor *m*, Hochleistungstransistor *m* ‖ ~/**мощный высокочастотный** Hochfrequenz[hoch]leistungstransistor *m*, HF-Hochleistungstransistor *m* ‖ ~/**низкочастотный** Niederfrequenztransistor *m*, NF-Transistor *m* ‖ ~/**нитевидный (нитевой)** *s.* ~/однопереходный ‖ ~ **обеднённого типа** Verarmungstransistor *m* ‖ ~ **обеднённого типа/полевой** Verarmungsfeldeffekttransistor *m*, Verarmungs-FET *m*, Depletion-FET *m*, DFET ‖ ~ **обогащённого типа** Anreicherungstransistor *m* ‖ ~ **обогащённого типа/полевой** Anreicherungsfeldeffekttransistor *m*, Anreicherungs-FET *m*, Enhancement-FET *m*, ENFET ‖ ~/**однопереходный** Unijunction-Transistor *m*, UJT, Doppelbasisdiode *f* ‖ ~/**оконечный** Endstufentransistor *m* ‖ ~/**переключающий** Schalttransistor *m* ‖ ~/**планарно-эпитаксиальный** Epitaxieplanartransistor *m* ‖ ~/**планарный** Planartransistor *m* ‖ ~/**плёночный** ‖ ~/**тонкоплёночный** ‖ ~/**плоский (плоскостной)** Flächentransistor *m* ‖ ~/**поверхностно-барьерный** Oberflächenbarrieretransistor *m*, Surface-Barrier-Transistor *m* ‖ ~/**поверхностный канальный** *s.* ~/полевой поверхностный ‖ ~/**полевой** Feldeffekttransistor *m*, feldgesteuerter Transistor *m*, Unipolartransistor *m*, FET ‖ ~/**полевой поверхностный** Oberflächenfeldeffekttransistor *m*, Oberflächen-FET *m*, IGFET ‖ ~ **с барьером Шоттки** Schottky-Transistor *m* ‖ ~ **с барьером Шоттки/полевой** Schottky[barrieren]-Feldeffekttransistor *m*, Schottky-FET *m*, SBFET ‖ ~ **с двойной диффузией** Doppeldiffusionstransistor *m*, doppeldiffundierter Transistor *m* ‖ ~ **с двойным затвором/полевой** Dual-Gate-Feldeffekttransistor *m*, Dual-Gate-FET *m* ‖ ~ **с запирающими слоями/полевой** Sperrschichtfeldeffekttransistor *m*, Sperrschicht-FET *m*, SFET, YFET ‖ ~ **с изолированным затвором [/полевой]** Isolierschichtfeldeffekttransistor *m*, IGFET ‖ ~ **с кремниевым затвором** Silicium gate-Transistor *m*, Si-Gate-Transistor *m* ‖ ~ **с накоплением заряда** Ladungsspeichertransistor *m* ‖ ~ **с низким уровнем шумов** rauscharmer Transistor *m* ‖ ~ **с обеднением канала/полевой** *s.* ~ обеднённого типа/полевой ‖ ~ **с обогащением канала/полевой** *s.* ~ обогащённого типа/полевой ‖ ~ **с точечным кон-**

тактом s. ~/**точечный** ll ~ **с четырьмя электродами** Transistortetrode f, Binistor m ll ~/**сверхвысокочастотный** Höchstfrequenztransistor m ll ~/**силовой** Leistungstransistor m ll ~/**симметричный** symmetrischer Transistor m, Zweirichtungstransistor m ll ~/**слоевой (слоистый)** Schichttransistor m ll ~/**составной** Mehrfachtransistor m, Darlington-Transistor m ll ~/**сплавной** Legierungstransistor m ll ~ **типа меза** Mesatransistor m ll ~ **типа n-p-n** NPN-Transistor m ll ~ **типа p-n-p** PNP-Transistor m ll ~/**тонкоплёночный** Dünnschichttransistor m, Dünnfilmtransistor m, TFT ll ~/**тонкоплёночный канальный** Dünnschicht-Feldeffekttransistor m, Dünnschicht-FET m ll ~/**тонкослойный** s. ~/**тонкоплёночный** ll ~/**точечный** Punkt[kontakt]transistor m, Spitzentransistor m ll ~/**туннельный** Tunneltransistor m ll ~/**тянутый** gezogener Transistor m ll ~/**униполярный** unipolarer Transistor m, Unipolartransistor m ll ~/**четырёхпереходный** Tetrajunction-Transistor m ll ~/**четырёхэлектродный** Vierpoltransistor m, Transistortetrode f ll ~/**щелевой** Trench-Transistor m ll ~/**эпипланарный** Epiplanartransistor m ll ~/**эпитаксиальный** Epitaxietransistor m, Epitaxialtransistor m
n-p-n-транзистор m NPN-Transistor m
p-n-p-транзистор m PNP-Transistor m
транзисторизация f (Eln) Transistorisierung f, Transistorbestückung f
транзисторизованный (Eln) transistorisiert, transistorbestückt
транзистор-тетрод m (Eln) Transistortetrode f
транзистор-тиратрон m (Eln) Thyratron-Transistor m
транзисторы mpl/**комплементарные (парные)** komplementäre Transistoren mpl, Komplementärtransistoren mpl, Transistorpärchen n, Pärchen n
транзит m 1. Transit m; 2. Durchgangsverkehr m, Durchgang m; Umschlag m (Güterverkehr); 3. (Nrt) Durchschaltung f, Durchgangsverbindung f, durchgehende Fernverbindung f, Transitverkehr m ll ~/**высокочастотный** (Nrt) trägerfrequente Durchschaltung f
транзитивность f (Math) Transitivität f
транзитрон m (El) Transitron m
трансактин[о]ид m (Kern) Transaktin[o]id n
трансаминирование n (Ch) Transaminierung f, Umaminierung f
трансбордер m 1. Schiebebühne f, Fährbrücke f; 2. Schwebefähre f (Brückenbau)
трансвекция f (Math) Transvektion f
трансверсальность f (Math) Transversalität f
трансвертер m Transverter m
трансгрессия f (Geol) Transgression f, Ingression f ll ~/**морская** marine Transgression f, Meerestransgression f
трансдуктор m (Nrt) Transduktor m
трансзвуковой schallnah, transsonisch
транскристаллизация f (Krist) Transkristallisation f, Einstrahlung f
транслирование n (Nrt) Übertragung f, Umsetzung f
транслировать 1. (Nrt) [weiter] übertragen, umsetzen; 2. (Inf) kompilieren, übersetzen (mit Hilfe eines Compilers)

транслятор m 1. (Nrt) Übertrager m; 2. (Inf) Übersetzungsprogramm n, Compiler m ll ~/**адресный** (Inf) Adressenübersetzer m (von einer virtuellen in eine reale Adresse) ll ~ **с автокода (мнемокода)** (Inf) Assembler m
трансляционный 1. (Nrt) Übertragungs...; 2. (Inf) Compiler..., Übersetzer...
трансляция f 1. (Ph) Translation f; 2. (Krist) Translation f, Parallelverschiebung f, Verschiebung f; 3. (Nrt) Übertragung f; 4. (Rf) Ballsendung f; 5. (Nrt) Übersetzung f ll ~ **Übertragungsstation** f ll ~/**восстанавливающая** (Nrt) entzerrende Übertragung f ll ~/**двухпроводная** (Nrt) Zweidrahtübertragung f ll ~/**исправляющая** (Nrt) entzerrende Übertragung f ll ~/**командная** Kommandoübertragung f ll ~ **программы** (Inf) Programmübersetzung f ll ~/**простая** (Nrt) nichtentzerrende Übertragung f ll ~/**радиовещания** Rundfunkübertragung f ll ~/**релейная** (Nrt) Übertragung f über Relaisstationen ll ~/**телевизионная** Fernsehübertragung f ll ~/**телевизионная передач по проводам** Kabelfernsehübertragung f ll ~/**тональная** (Nrt) Tonfrequenzübertragung f
трансмиссия f 1. (Ph) Transmission f, Übertragung f; 2. (Masch) Transmission f; 3. (Kfz) Antrieb m (Kupplung-Getriebe-Kardanwelle-Ausgleichsgetriebe-Radachse) ll ~/**ремённая** Riemenantrieb m ll ~/**фрикционная** Reibantrieb m, Friktionsantrieb m
трансмиттер m 1. Transmitter m, Meßumformer m; 2. Transmitter m, Sender m ll ~/**кодовый** Kodesender m
транспарентность f 1. Transparenz f, Durchsichtigkeit f; 2. (Meß) Rückwirkungsfreiheit f
транспозиция f (El) 1. Transposition f (von Leitungen); 2. Transponieren f, Umsetzen n (einer Frequenz); 3. Kreuzung f (von Leitungen)
транспонировать transponieren, umsetzen (Frequenzen)
транспорт m 1. Transport m, Beförderung f; Versendung f (s. a. unter **транспортирование**); 2. Verkehr m; Verkehrswesen n; 3. Transportmittel npl; Verkehrsmittel npl; 4. (Bgb) Fördereinrichtungen fpl, Abförderung f, Förderbetrieb m; 5. Transportschiff n, Transporter m, Frachter m ll ~/**авиационный** 1. Lufttransport m; 2. Lufttransportmittel npl ll ~/**автомобильный** Kfz-Transport m, Kraftverkehr m ll ~/**багажный** Gepäckverkehr m, Gepäcktransport m ll ~/**вертикальный** Vertikalförderung f, Senkrechtförderung f ll ~/**внешний** außerbetrieblicher Transport m ll ~/**внутренний** Binnenverkehr m ll ~/**внутризаводской** innerbetrieblicher Transport m, innerbetriebliche Förderung f, innerbetriebliches Förderwesen n ll ~/**внутрицеховой** Werkhallentransport m ll ~/**воздушный** 1. Lufttransport m, Luftverkehr m, Beförderung f auf dem Luftwege; 2. Lufttransportmittel npl ll ~/**высокоскоростной** (Eb) Schnellverkehr m ll ~/**гидравлический** hydraulische Förderung f; (Bgb auch:) Spülförderung f ll ~/**горизонтальный** Waagerechtförderung f ll ~/**городской** Stadtverkehr m ll ~/**грузовой** Gütertransport m, Güterverkehr m, Güterbeförderung f ll ~/**дальнепробежный** Fernverkehr m ll ~/**дорожный** Straßentransport m ll ~/**железнодорожный**

транспорт

Eisenbahntransport m II ~/**канатный** (Bgb) Seilförderung f II ~/**карьерный** (Bgb) Tagebauförderung f II ~/**конвейерный** Bandförderung f II ~/**контейнерный** Containertransport m, Behältertransport m II ~/**короткопробежный** Nahverkehr m II ~/**локомотивный** (Bgb) Lokförderung f II ~/**межоперационный** (Fert) Zwischentransport (zwischen zwei Arbeitsvorgängen angeordnet) II ~/**местный** Nahverkehr m II ~/**наземный** Flurförderung f, erdgebundener Transport m II ~/**наклонный** Schrägförderung f II ~/**напольный** 1. Flurförderung f; 2. Flurförder[fahr]zeuge npl II ~ **общего пользования** 1. öffentlicher Transport m; 2. öffentlicher Verkehr m II ~/**общественный** Massenverkehrsmittel npl II ~/**пассажирский** (Eb) Personenverkehr m, Personenbeförderung f; Reiseverkehr m II ~/**пневматический** pneumatische Förderung f, Druckluftförderung f II ~/**подземный** (Bgb) Untertageförderung f II ~/**поточный** Fließförderung f, Stetigförderung f II ~/**промышленный** Industrietransport m II ~/**рельсовый** 1. Schienentransport m, schienengebundener Transport m; 2. (Bgb) Gleisförderung f II ~/**рудничный** (Bgb) Grubenförderung f, Förderung f II ~ **самотёком** (Bgb) Schwerkraftförderung f, Gefälleförderung f II ~/**самотёчный** s. ~ самотёком II ~/**скреперный** Schrapperförderung f II ~/**стройплощадочный** Baustellentransport m II ~/**сухопутный** Landtransport m, Landverkehr m, Beförderung f auf dem Landwege II ~/**трубопроводный** Rohrleitungstransport m II ~/**шахтный** (Bgb) Schachtförderung f

транспортёр m 1. Förderer m, Fördermittel n, Fördereinrichtung f, Transporteinrichtung f, Transportvorrichtung f (s. a. unter конвейер); 2. (Eb) Tiefladewagen m; 3. (Led) Mitläufer m (Trägermaterial beim Umkehrverfahren) II ~/**барабанный** (Lw) Hubrad n (Sammelroder) II ~/**бесприводный** antriebsloser Förderer m II ~/**боковой** Seitenförderer m II ~/**ботвоотводящий** (Lw) Krautkette f, Trennkette f (Sammelroder) II ~/**ботвы/выгрузной** (Lw) Blattförderer m II ~/**вертикальный** Senkrechtförderer m II ~/**вертикальный цепной** Senkrechtkettenförderer m II ~/**вибрационный** Vibrationsförderer m, Wuchtförderer m II ~/**винтовой** Schneckenförderer m; Förderschnecke f, Förderspirale f II ~/**возвратный** Rückführförderer m II ~/**выводной** (Text) Abliefertransportband n, Abliefertransporttisch m II ~/**выводной тесёмочный** (Typ) Gurtausleger m II ~/**выводящий** s. ~/выводной II ~/**выгрузной** (Lw) Abgabeförderer m (Rübenkombine) II ~/**выдающий** Austragförderer m, Abwurfförderer m II ~/**высокоподъёмный** (Lw) Höhenförderer m II ~/**гидравлический** hydraulischer Förderer m, Spülförderer m II ~/**горизонтальный** Horizontalförderer m, Längsförderer m II ~/**гравитационный** Schwerkraftförderer m II ~/**грейферный** Greiferförderer m II ~/**двойной бесскрепковый** mitnehmerloser Doppelförderer m II ~/**желобчатый** Trogförderer m II ~/**забойный** (Bgb) Abbauförderer m II ~/**закрытый цепной скребковый** (Bgb) Redlerkettenförderer m, Redler m II ~/**инерционный** Trägheitsförderer m II ~/**канатно-ленточный** Seilgurtförderer m II ~/**канатный** Seilförderer m II ~/**качающийся** Schwingförderer m; Schüttelrutsche f; Schüttelrinne f, Schwingrinne f II ~/**ковшовый** Becherförderer m, Becherwerk n; Schaukelbecherwerk n II ~ **комбайна/главный** (Lw) Haupttransporttuch n (Mähdrescher) II ~/**круговой** Kreisförderer m II ~/**ленточный** Gurtbandförderer m, Bandförderer m, Förderband n II ~/**ленточный ковшовый** Bandbecherwerk n II ~/**лопастный** Kratz[er]bandförderer m II ~/**лоткообразный** Muldengurtförderer m II ~/**мостовой** (Bgb) Bandbrücke f (Tagebau) II ~/**охладительный** Kühlförderer m, Kühlband n II ~/**панцирный скребковый** (Bgb) Panzerförderer m II ~/**питающий** s. ~/подающий II ~/**пластинчатый** Gliederförderer m, ~/**пневматический** pneumatischer Förderer m, Druckluftförderer m II ~/**пневматический всасывающий** Saugluftförderer m II ~/**погрузочный ленточный** Verladeband n II ~/**подающий** (Text) Materialtransporttisch m (Putzerei) II ~/**подающий ленточный** Zubringerband n II ~/**подвесной** Hängeförderer m II ~/**поперечный** Querförderer m, Querförderband n II ~/**приводной** angetriebener Förderer m II ~/**приёмный** Übernahmeförderer m II ~/**продольный** Längsförderer m, Steilförderer m II ~/**прутковый** Siebkette f (Erntemaschinen) II ~/**реверсивный** Reversierförderer m II ~/**роликовый** Rollenförderer m, Roll[en]bahn f, Roll[en]gang m II ~ **с пониженной грузовой площадкой** (Eb) Niederflurwagen m, Tiefladewagen m mit tiefliegender Ladefläche II ~/**самотёчный** Netzbandförderer m II ~/**скребково-ковшовый** Kratzbecherförderer m II ~/**скребковый** Kratz[erketten]förderer m, Schleppkettenförderer m II ~/**смешивающий** (Text) Mischtisch m (Putzerei) II ~/**толкающий** Stoßförderer m II ~/**тормозной** Bremsförderer m II ~/**цепной** Kettenförderer m, Kettenschlepper m II ~/**цепной ковшовый** Becherkette f II ~/**цепной передаточный** (Typ) Kettengreifer m II ~/**цепочно-скребковый** Kratzkettenförderer m, Schleppkettenförderer m II ~/**червячный** Schneckenförderer m, Förderschnecke f II ~/**шаговый** Schrittförderer m II ~/**шихтовочный** (Met) 1. Gattierungsband[förderer] n, Beschickungsförderer m; 2. Förderer m unter den Beschickungsbunkern, Mischgutförderer m II ~/**шнековый** Schneckenförderer m II ~/**штанго-скребковый** (Lw) Schubstangenentmistungsanlage f

транспортёр-загрузчик m (Lw) Einlagerungsgerät n, Boxenbeschicker m (für die Kartoffeleinlagerung)

транспортёр-зерноподъёмник m/**винтовой** (Lw) Entladeschnecke f, Körnerschnecke f

транспортёр-перебощик m (Lw) Verleseband n

транспортёр-погрузчик m (Lw) Ladeförderer m

транспортёр-подборщик m (Lw) Auslagerungsgerät n (für Kartoffeln)

транспортир m 1. Transporteur m; 2. Winkelmesser m II ~/**штурманский** (Schiff) Navigationswinkelmesser m, Kursdreieck n

транспортирование n Förderung f, Fördern n, Transport m (s. unter транспорт 1.) II ~/**без-**

рельсовое schienenlose (gleislose) Förderung f II ~/безприводное antriebslose Förderung f II ~/вибрационное Schwingförderung f, Vibrationsförderung f II ~/гравитационное Schwerkraftförderung f II ~/инерционное Trägheitsförderung f II ~/напольное flurgebundene Förderung f, Flurförderung f II ~/непрерывное kontinuierliche (stetige) Förderung f, Stetigförderung f, Stromförderung f II ~/обратное Rückförderung f, Rücktransport m II ~/поперечное Querförderung f II ~/продольное Längsförderung f II ~ сыпучих материалов Schüttgutförderung f II ~/шаговое schrittweise Förderung f, Schrittförderung f II ~ штучных грузов Stückgutförderung f
транспортировать transportieren, [be]fördern, versenden
транспортировка f Förderung f, Fördern n, Transportieren n (s. a. unter транспорт 1. und транспортирование)
транспортируемость f Transportfähigkeit f
транспортно-загрузочный (Masch) zum Beschicken und Transportieren
транспортно-складской (Masch) zum Stapeln und Lagerbedienen
транспортный Förder..., Transport...
транссивер m (El) Transceiver m
трансузел m (Schiff) Rundfunkübertragungsraum m
трансуран m (Ch) Transuran n
трансферкар m (Met) Zubringerwagen m (selbstentladendes Fahrzeug mit elektrischem Antrieb für innerbetrieblichen Transport von Erz, Kalk und Koks zum Hochofen)
трансфлюксор m (Inf) Transfluxor m II ~/трёхдырочный Dreilochtransfluxor m II ~/ферритовый Ferrittransfluxor m
трансформанта f (Math) Transformierte f II ~ Фурье Fourier-Transformierte f
трансформатор m 1. (El) Transformator m, Trafo m, Umspanner m (Starkstromtechnik); 2. (El) Transformator n, Übertrager m (Schwachstromtechnik); 3. (Meß) Transformator m, Wandler m; 4. (Photo) Entzerrungsgerät n II ~/анодный Anodentransformator m II ~/безмасляный ölloser Transformator m, Trockentransformator m II ~/бессердечниковый eisenloser Transformator m, Lufttransformator m II ~/броневой Manteltransformator m II ~/бустерный spannungserhöhender Zusatztransformator m II ~/взрывозащищённый 1. (El) explosionsgeschützter Transformator m; 2. (Bgb) schlagwettergeschützter Transformator m II ~/воздушный s. ~/безмасляный II ~/вольтодобавочный spannungserhöhender Zusatztransformator m II ~/вольтопонижающий spannungsverringernder Zusatztransformator m II ~/вращающийся Drehtransformator m II ~/вспомогательный Hilfstransformator m II ~/входной 1. Eingangstransformator m (Starkstromtechnik); 2. (Nrt) Eingangsübertrager m, Vorübertrager m II ~ высокого напряжения Hochspannungstransformator m II ~/высокочастотный Hochfrequenztransformator m, Hochfrequenzübertrager m II ~/выходной Ausgangstransformator m, Ausgangsübertrager m II ~/гидродинамический Kreiseltransformator m II ~/главный Haupt-

трансформатор m, Hauptumformer m II ~/групповой Transformatorenbank f II ~/двухобмоточный Zweiwicklungstransformator m II ~/двухстержневой Zweischenkeltransformator m II ~/двухтактный Gegentakttransformator m II ~/дифференциальный Differentialtransformator m, Differentialübertrager m II ~/дополнительный Hilfstransformator m II ~/звонковый Klingeltransformator m II ~/измерительный Meßtransformator m, Meßwandler m II ~/изолирующий Isoliertransformator m II ~/импульсный Impulstransformator m II ~/испытательный Prüftransformator m II ~/каскадный Kaskadenwandler m II ~/кольцевой Ring[kern]transformator m II ~/кольцевой переходный (Nrt) Ringübertrager m II ~/компенсационный Ausgleichstransformator m, Kompensationstransformator m II ~/линейный Leitungstransformator m, Leitungsübertrager m II ~/линейный переходный (Nrt) Leitungsübertrager m II ~/мал[ошум]ный Klein[leistungs]transformator m II ~/маслонаполненный (масляный) Öltransformator m, ölgefüllter (ölgekühlter) Transformator (Umspanner) m II ~/микрофонный Mikrophontransformator m II ~/многообмоточный Mehrwicklungstransformator m II ~/многофазный Mehrphasentransformator m II ~/модуляционный (Rf) Modulationstransformator m II ~/мощный Leistungstransformator m, Großtransformator m II ~ напряжения Spannungstransformator m, Spannungswandler m II ~ напряжения/измерительный Spannungs[meß]wandler m II ~ напряжения/многопредельный Vielbereichsspannungswandler m II ~ напряжения/сверхвысоковольтный Höchstspannungswandler m II ~ напряжения/эталонный Normalspannungswandler m II ~/низковольтный Niederspannungstransformator m II ~/низкочастотный Niederfrequenztransformator m, Niederfrequenzübertrager m II ~/однокатушечный Spartransformator m, Autotransformator m II ~/однофазный Einphasentransformator m II ~/оптический Entzerrungsgerät n II ~/отклоняющий Ablenktransformator m II ~/переходный (Nrt) Leitungsübertrager m II ~/печной Ofentransformator m II ~/пиковый Spitzentransformator m II ~/питающий Speisetransformator m II ~/плаврорегулируемый stetig (stufenlos) regelbarer Transformator m II ~/поворотный Drehtransformator m II ~/повысительный (повышающий) Aufwärtstransformator m, Aufspanntransformator m II ~/подпорный s. ~/вольтодобавочный II ~/понижающий (понизительный) Abwärtsstransformator m, Abspanntransformator m II ~/последовательный Reihentransformator m II ~ постоянного тока/измерительный Gleichstrommeßwandler m II ~/потребительский Abnehmertransformator m II ~ промежуточной частоты (Rf) Zwischenfrequenztransformator m II ~/промежуточный Zwischentransformator m, Zwischenübertrager m II ~/пушпульный Gegentakttransformator m II ~/радиочастотный Hochfrequenztransformator m, Hochfrequenzübertrager m II ~/раздвижной Schiebetransformator m II ~/разделительный Trenn-

трансформатор transformator m, Trennübertrager m ‖ ~/**распределительный** Verteilungstransformator m ‖ ~/**регулируемый** Stelltransformator m ‖ ~ **с сердечником** Kerntransformator m ‖ ~/**сварочный** Schweißtransformator m ‖ ~ **связи** Kopplungstransformator m ‖ ~/**секционированный** geschachtelter Transformator m, Transformator m mit unterteilter Wicklung ‖ ~/**сетевой** Netz[anschluß]transformator m ‖ ~/**силовой** Leistungstransformator m ‖ ~/**синхронизационный** Synchronisierungstransformator m ‖ ~/**сменный** Stecktransformator m ‖ ~/**согласующий** Anpassungstransformator m ‖ ~/**стабилизирующий** Stabilisier[ungs]transformator m ‖ ~/**станционный** Kraftwerkstransformator m, Kraftwerksumspanner m ‖ ~/**стержневой** Kerntransformator m ‖ ~/**столбовой** Masttransformator m ‖ ~ **строчной развёртки** Zeilen[ablenk]transformator m ‖ ~/**сухой** Trockentransformator m ‖ ~/**телефонный** Fernsprechübertrager m ‖ ~ **тока** Stromtransformator m, Stromwandler m ‖ ~ **тока/высоковольтный** Hochspannungsstromwandler m ‖ ~ **тока/многопредельный** Vielbereichsstromwandler m ‖ ~ **тока/проходной** Durchführungsstromwandler m ‖ ~/**тороидальный** s. ~/кольцевой ‖ ~/**трёхобмоточный** Dreiwicklungstransformator m ‖ ~/**трёхфазный** Dreiphasentransformator m, Drehstromtransformator m ‖ ~ **управления** Steuertransformator m ‖ ~/**фазный (фазовый)** Phasentransformator m ‖ ~/**фазосдвигающий** Phasenschiebertransformator m ‖ ~/**широкополосный** Breitbandtransformator m, Breitbandübertrager m ‖ ~/**электросварочный** Schweißtransformator m

трансформаторный transformatorisch, Transformator...

трансформаторостроение n Transformatorenbau m

трансформация f 1. Umformen n, Umbilden n; 2. (Math) Transformation f; 3. (El) Transformation f, Umspannung f; 4. (Photo) Entzerrung f ‖ ~ **аэроснимков** (Geod) Luftbildentzerrung f ‖ ~ **аэроснимков/оптическая** optische Luftbildentzerrung f ‖ ~ **звезды в треугольник** (El) Stern-Dreieck-Umformung f, Stern-Dreieck-Transformation f ‖ ~ **напряжения** (El) Spannungstransformation f ‖ ~/**повышающая** (El) Aufwärtstransformation f, Herauftransformierung f ‖ ~/**понижающая** (El) Abwärtstransformation f, Heruntertransformierung f ‖ ~ **Фурье** (Math) Fourier-Transformation f ‖ ~ **частоты** (El) Frequenzumsetzung f ‖ ~ **энергии** (El) Energieumwandlung f, Energieumsetzung f

трансформирование n s. трансформация

трансформировать 1. transformieren, umwandeln, umformen, umsetzen; 2. (El) transformieren, umspannen ‖ ~ **аэроснимки** (Geod) entzerren (Luftbildaufnahmen) ‖ ~ **напряжение** (El) transformieren, umspannen ‖ ~ **с повышением** (El) herauftransformieren ‖ ~ **с понижением** (El) heruntertransformieren

трансформируемость f Transformierbarkeit f

трансцендентность f Transzendenz f

траншеекопатель m Grabenbagger m ‖ ~/**роторный** Schaufelradgrabenbagger m ‖ ~/**цепной** Eimerkettengrabenbagger m

траншея f 1. Graben m; 2. Einschnitt m (Tagebau) ‖ ~/**внешняя** (Bgb) außerhalb der Lagerstätte angesetzter Haupteinschnitt m ‖ ~/**внутренняя** (Bgb) innerhalb der Lagerstätte angesetzter Haupteinschnitt m ‖ ~/**водоотводная** (Hydt) Entwässerungsgraben m ‖ ~/**вскрышная** (Bgb) Abraumeinschnitt m ‖ ~/**въездная** (Bgb) Einfahrt f ‖ ~/**выдачная (выездная, грузовая)** (Bgb) Ausfahrt f ‖ ~/**заходная** (Bgb) Einfahrt f ‖ ~/**кабельная** (El) Kabelgraben m ‖ ~/**капитальная** (Bgb) Haupteinschnitt m, Aufschlußeinschnitt m ‖ ~/**оросительная** (Hydt) Bewässerungsgraben m ‖ ~/**петлевая** (Bgb) Aufschlußbirne f, birnenförmiger Einschnitt m ‖ ~/**разведочная** (Bgb) Erkundungseinschnitt m, großer Schurfgraben m ‖ ~/**разрезная** (Bgb) Strosseneinschnitt m ‖ ~/**силосная** (Lw) Flachsilo m(n), Fahrsilo m(n), Horizontalsilo m(n), Durchfahrsilo m(n) ‖ ~/**трубопроводная** (Bw) Rohrgraben m

трап m 1. (Bw) Fußbodeneinlauf m; Traps m, Geruchverschluß m; 2. (Erdöl) Gas-Öl-Separator m, Gas-Öl-Abscheider m, Gas-Öl-Trennvorrichtung f; 3. (Schiff) Treppe f, Leiter f; 4. (Eln) Falle f, Trap m (Transistor) ‖ ~/**аварийный** (Schiff) Notausstiegsleiter f ‖ ~/**вертикальный** (Schiff) Leiter f ‖ ~/**двухмаршевый парадный** (Schiff) zweiteiliges Fallreep n ‖ ~/**заборный** (Schiff) Fallreep f ‖ ~/**мачтовый** (Schiff) Mastleiter f ‖ ~/**наклонный** (Schiff) Treppe f ‖ ~/**парадный** (Schiff) Fallreep n ‖ ~/**пассажирский** 1. (Schiff) Fahrgasttreppe f; 2. (Flg) Fluggasttreppe f, Flugsteig m ‖ ~/**самоходный** (Flg) Fahrtreppe f ‖ ~/**сходной** (Schiff) Landgang m, Gangway f ‖ ~/**телескопический** (Schiff) Teleskopgangway f ‖ ~/**трюмный** (Schiff) Laderaumleiter f

трап-балка f (Schiff) Fallreepdavit m

трапецеидальный, трапециевидный trapezförmig, Trapez...

трапеция f (Math) Trapez n ‖ ~/**равнобедренная (равнобочная)** gleichschenkliges Trapez n ‖ ~/**рулевая** (Kfz) Lenktrapez n

трапецоид m (Math) Trapezoid n

трапецоэдр m (Krist) Trapezoeder n ‖ ~/**гексагональный** hexagonales Trapezoeder n ‖ ~/**тетрагональный** tetragonales Trapezoeder n ‖ ~/**тригональный** trigonales Trapezoeder n

трап-мостик m (Flg) Finger m, Flugsteigfinger m, Dock n, Flugsteigdock n ‖ ~/**телескопический** Teleskopfinger m, Teleskopdock n

трапп m (Geol) Trapp m, Flutbasalt m, Plateaubasalt m (Eruptivgestein)

трап-тали pl (Schiff) Fallreeptalje f

трасс m (Geol) Traß m

трасса f 1. (Geod, Bw) Trasse f, Linienführung f (Straßen-, Eisenbahn- und Kanalbau); 2. (El) Leitungsstrecke f, Leitungsführung f ‖ ~/**авиационная (воздушная)** Luftstraße f ‖ ~ **захода на посадку** (Flg) Einflugschneise f ‖ ~ **кабеля** (El) Kabeltrasse f, Kabelweg m ‖ ~ **каскада гидростанций** (Hydt) Kraftstufenstraße f ‖ ~/**короткая** (Flg) Kurzstrecke f ‖ ~ **линии** 1. (Eb) Streckenführung f, Linienführung f; 2. (El) Leitungstrasse f, Leitungsstrecke f ‖ ~/**нагнетательная** Druckförderweg m ‖ ~ **ощупывания** (Meß) Taststrecke f, Tastweg m ‖ ~/**радиорелейная** Richtfunkstrecke f ‖ ~ **ракетного по-**

лигона Raketenversuchsstrecke *f* ‖ ~/**регуляционная** *(Hydt)* Regelungslinie *f* ‖ ~/**сейсмическая** seismische Trasse (Aufzeichnung, Registrierung) *f* ‖ ~/**скоростная** Schnellstraße *f*
трассирование *n s.* трассировка
трассировать *(Geod, Bw)* trassieren, abstecken, aufpflocken *(Straßen-, Eisenbahn- und Kanalbau)*
трассировка *f* 1. *(Bw)* Trassierung *f*, Linienführung *f*, Absteckung *f*; 2. *(Eb)* Trassierung *f*, Streckenabsteckung *f*; 3. *(Inf)* Routing *n* ‖ ~ **в плане** *(Bw)* Trassierung *f* im Grundriß ‖ ~ **поперечного профиля дорог** *(Bw)* Trassierung *f* im Querschnitt ‖ ~/**предварительная** *(Inf)* Prerouting *n* ‖ ~ **продольного профиля дорог** *(Bw)* Trassierung *f* im Aufriß
трассоискатель *m (Lw)* Dränortungsgerät *n*
траулер *m* Trawler *m (Fahrzeug für die Schleppnetzfischerei)* ‖ ~/**автономный** Einzeltrawler *m* ‖ ~/**близнецовый** Tucktrawler *m* ‖ ~/**большой морозильно-свежьевой** großer Gefrier- und Frischfischtrawler *m*, großer Frost- und Frischfischtrawler *m* ‖ ~/**большой рыболовный** Supertrawler *m*, Großtrawler *m* ‖ ~ **бортового траления** Seitentrawler *m* ‖ ~/**бортовой** Seitentrawler *m* ‖ ~/**добывающе-перерабатывающий** Fang- und Verarbeitungstrawler *m* ‖ ~/**консервно-морозильный** Konserven- und Gefriertrawler *m*, Konserven- und Frosttrawler *m* ‖ ~/**консервный** Konserventrawler *m* ‖ ~ **кормового траления** Hecktrawler *m* ‖ ~/**кормовой** Hecktrawler *m* ‖ ~/**крилево-рыбный** Krill- und Fischtrawler *m* ‖ ~/**малый [рыболовный]** Kleintrawler *m* ‖ ~/**многоцелевой** Mehrzwecktrawler *m* ‖ ~/**морозильно-мучной** Gefrier- und Fischmehltrawler *m*, Frost- und Fischmehltrawler *m* ‖ ~/**морозильно-свежьевой** Gefrier- und Frischfischtrawler *m*, Frost- und Frischfischtrawler *m* ‖ ~/**морозильный** Gefrier- und Frosttrawler *m* ‖ ~/**посольно-свежьевой** Salz- und Frischfischtrawler *m* ‖ ~/**посольный** Salzfischtrawler *m* ‖ ~/**презервно-свежьевой рыболовный** Präserven- und Frischfischtrawler *m* ‖ ~/**презервный** Präserventrawler *m* ‖ ~/**рефрижераторный** Kühltrawler *m* ‖ ~/**рыболовно-морозильный** Fang- und Gefriertrawler *m*, Fang- und Frosttrawler *m* ‖ ~/**рыболовный** Fischtrawler *m* ‖ ~/**рыболовный морозильный** Gefrierfischtrawler *m*, Frostfischtrawler *m* ‖ ~/**рыболовный рефрижераторный** Kühlfischtrawler *m* ‖ ~/**рыбомучной** Fischmehltrawler *m* ‖ ~/**рыбообрабатывающий** Verarbeitungstrawler *m*, Fabriktrawler *m* ‖ ~ **с бортовым тралением** Seitentrawler *m* ‖ ~ **с кормовым тралением** Hecktrawler *m* ‖ ~/**свежьевой** Frischfischtrawler *m* ‖ ~/**средний рыболовный** Mitteltrawler *m* ‖ ~/**средний рыболовный морозильный** mittlerer Gefrierfischtrawler *m*, mittlerer Frostfischtrawler *m*
траулер-дрифтер *m* Trawler *m* für Schleppnetz- und Treibnetzfischerei
траулер-завод *m* Fabriktrawler *m*, Verarbeitungstrawler *m*
траулер-ловец *m (Schiff)* Fangtrawler *m*, Zubringertrawler *m*
траулер-морозильщик *m*/**рыболовный** Fang- und Gefriertrawler *m*, Fang- und Frosttrawler *m*

траулер-рыбозавод *m* Fabriktrawler *m* ‖ ~/**большой морозильный** großer Gefrier- und Fabriktrawler *m*, großer Frost- und Fabriktrawler *m*
траулер-сейнер *m* Trawler-Seiner *m* ‖ ~/**морозильный** Gefriertrawler-Seiner *m*
трафарет *m* Schablone *f*, Schriftschablone *f*, Signierschablone *f* ‖ ~/**сетчатый** Siebdruckschablone *f (Halbleiterfertigung)* ‖ ~/**чертёжный** Zeichenschablone *f (Halbleiterfertigung)*
трафаретно-программируемый *(Inf)* maskenprogrammierbar
трафик *m (Nrt)* Verkehr *m* ‖ ~/**ближний** Nahverkehr *m* ‖ ~/**внутренний** Inlandsverkehr *m* ‖ ~/**международный** Fernverkehr *m* ‖ ~/**местный** Ortsverkehr *m* ‖ ~/**оконечный** Endverkehr *m* ‖ ~/**пригородный** Vorortverkehr *m* ‖ ~/**служебный** Dienstverkehr *m* ‖ ~/**телефонный** Fernsprechverkehr *m* ‖ ~/**транзитный** Durchgangsverkehr *m*
трафление *n (Text)* Druckwalzenfeinabstimmung *f (Mehrwalzendruckmaschine)*
трахит *m (Geol)* Trachyt *m (syenitisches Erstarrungsgestein)*
ТРВ *s.* вентиль/терморегулирующий
ТРД *s.* двигатель/турбореактивный
требование *n* 1. Forderung *f*, Anforderung *f*; 2. *(Math, Ph)* Postulat *n*
требования *npl* **безопасности** sicherheitstechnische Forderungen *fpl*, Sicherheitsanforderungen *fpl* ‖ ~ **к качеству** Qualitätsanforderungen *fpl* ‖ ~/**общие технические** allgemeine technische Forderungen *fpl*
тревога *f* Alarm *m* ‖ ~/**ложная** blinder Alarm *m* ‖ ~/**пожарная** Feueralarm *m*
трезвучие *n (Ak)* Dreiklang *m*
трезубец *m* 1. *(Kern)* Dreizackenereignis *n*, Dreizackspur *f*, Dreistern *m*; 2. *s.* ~ Ньютона ‖ ~ **Декарта** *s.* ~ Ньютона ‖ ~ **Ньютона** *(Math)* Cartesische (Descartessche) Parabel *f*, [Newtons] Dreizackkurve *f*, [Newtons] Tridens *m*
трейбование *n (Met)* Treiben *n*, Abtreiben *n*, Treibarbeit *f*, Kupellation *f*
трейбофен *m* Kapellenofen *m*, Treibofen *m (NE-Metallurgie)*
трейлер *m* Tieflader *m*, Trailer *m*; Transportfahrgestell *n* ‖ ~/**дорожный** Straßentrailer *m* ‖ ~/**лодочный (шлюпочный)** Bootsanhänger *m*
трейлеровоз *m* Trailerschiff *n*
трек *m* 1. *(Kern)* Spur (Bahn) *f* eines Teilchens, Teilchenspur *f*; 3. Strang *m (Lackbeschichtungsanlage)* ‖ ~/**эволюционный** *(Astr)* Entwicklungsweg *m (Sternentwicklung)*
трекиностойкость *f (El)* Kriechstromfestigkeit *f*
трелевать *(Forst)* Holz rücken, den Holzschlag räumen
трелёвка *f (Forst)* Rücken *n* des Holzes *(vom Schlag zu den Abführwegen)*, Schlagräumen *n*
тремолит *m (Min)* Tremolit *m*, Grammatit *m (Amphibol)*
тренажёр *m* 1. Trainer *m*, Ausbildungsgerät *n*; Fahrtrainer *m (Fahrschulgerät)*; 2. Simulator *m* ‖ ~/**космический** Weltraumsimulator *m*, Raumfahrtsimulator *m*, Raumflugtrainer *m* ‖ ~/**лётный (пилотажный)** Flugsimulator *m* ‖ ~ **по приборам** Instrumentenflugtrainer *m*, Blindflugtrainer *m* ‖ ~/**посадочный** Landesimulator *m* ‖

тренажёр

~/**радиолокационный** Radartrainer *m* ‖
~/**стартовый** Startsimulator *m*
тренд *m* **якоря** *(Schiff)* Kreuzstück *m* des Ankers
трензель *m (Masch)* Zahnradwendegetriebe *n*, Räderwendegetriebe *n* ‖ ~/**конический** Kegelradwendegetriebe *n* ‖ ~/**цилиндрический** Stirnradwendegetriebe *n*
трение *n* Reibung *f*, Friktion *f* • **без трения** reibungslos, reibungsfrei ‖ ~ **без смазки** Trockenreibung *f* ‖ ~ **в газовых средах** Gasreibung *f* ‖ ~ **в подпятнике** Spurlagerreibung *f* ‖ ~ **в подшипнике качения** Wälzlagerreibung *f* ‖ ~ **в подшипнике скольжения** Gleitlagerreibung *f* ‖ ~ **в резьбе** Gewindereibung *f* ‖ ~ **в трубе** Rohrreibung *f* ‖ ~ **в шпоночной канавке** Keilnutreibung *f* ‖ ~ **верчения** Bohrreibung *f (z. B. in Spurlagern)* ‖ ~/**внешнее** äußere Reibung *f* ‖ ~/**внутреннее** innere Reibung *f*, Eigenreibung *f* ‖ ~ **воздуха** Luftreibung *f* ‖ ~/**вязкое** zähe (viskose) Reibung *f* ‖ ~/**граничное** Haftschichtenreibung *f*, Grenz[schicht]reibung *f* ‖ ~ **движения** *s.* ~/**кинетическое** ‖ ~ **жидкости** *s.* ~/**жидкостное** ‖ ~/**жидкостное** Flüssigkeitsreibung *f*, flüssige Reibung *f* ‖ ~ **зубьев** Zahnreibung *f* ‖ ~ **качения** Rollreibung *f*, Wälzreibung *f* ‖ ~ **качения с проскальзыванием** Wälzreibung *f (mit Schlupf)* ‖ ~/**кинетическое** Bewegungsreibung *f*, kinetische (dynamische) Reibung *f* ‖ ~/**ламинарное** *(Aero)* laminare Reibung *f* ‖ ~ **о землю** Bodenreibung *f* ‖ ~ **о борт** Bordreibung *f (Rollenlager)* ‖ ~/**опорное** Auflagereibung *f* ‖ ~ **первого рода** *s.* ~ **скольжения** ‖ ~/**поверхностное** Hautreibung *f*, Oberflächenreibung *f* ‖ ~ **покоя** Haftreibung *f*, Ruhereibung *f* ‖ ~/**полное** Gesamtreibung *f* ‖ ~/**полужидкостное** halbflüssige (gemischte) Reibung *f*, Mischreibung *f* ‖ ~/**полусухое** halbtrockene Reibung *f*, Mischreibung *f* ‖ ~ **при входе в атмосферу** Reibung *f (von Flüssigkeiten)* beim Eintritt in dichtere Schichten der Atmosphäre ‖ ~ **при прокате** Walzreibung *f* ‖ ~ **при ударе** Stoßreibung *f* ‖ ~/**приливное** Gezeitenreibung *f* ‖ ~ **прилипания** Haftreibung *f* ‖ ~ **сдвига** Scherreibung *f* ‖ ~ **скольжения** Gleitreibung *f*, gleitende Reibung *f* ‖ ~/**смешанное** Mischreibung *f* ‖ ~/**собственное** *s.* ~/**внутреннее** ‖ ~/**статическое** *s.* ~ **покоя** ‖ ~ **стенок** Wandreibung *f* ‖ ~/**сухое** Festkörperreibung *f*, Trockenreibung *f* ‖ ~ **сцепления** Haftreibung *f* ‖ ~/**турбулентное** turbulente Reibung *f*
тренировка *f* 1. Training *n*; 2. *(Met)* Trainieren *n (Werkstoffe)*; 3. *(Eln)* Einbrennen *n*, Vorbrennen *n (von Gasentladungsröhren)*
тренога *f* Dreibein *n*, Dreibock *m*; dreibeiniges Bockgerüst *n* ‖ ~/**буровая** *(Bgb)* Bohrgerüst *n*, Bohrbock *m*, Dreibock *m*
трепало *n (Text)* 1. Schwinge *f (zum Schwingen von Flachs oder Hanf)*; 2. Schläger *m*, Schlagflügel *m* ‖ ~/**верхнее** Oberschläger *m (Kämmaschine)* ‖ ~/**игольчатое** Nadelschläger *m*, Kirschnerflügel *m (Putzereimaschinen)* ‖ ~ **Киршнера** Kirschnerflügel *m (Putzereimaschinen)* ‖ ~/**нижнее** Unterschläger *m (Kämmaschine)* ‖ ~/**ножевое** Nasenschläger *m* ‖ ~/**пильчатое** Sägezahnschläger *m* ‖ ~/**планочное** Schienenschläger *m*
трепание *n (Text)* Schlagen *n*

трепел *m (Geol)* Tripel *m*
треск *m* 1. Knall *m*; Knacken *n*; 2. *(Nrt)* Knackgeräusch *n*, Knacken *n* ‖ ~/**оловянный** *(Met)* Zinngeschrei *n*
тресковый Kabeljau..., Dorsch...
трест *m*/**разведочный** *(Bgb)* Erkundungsbetrieb *m*
третичный 1. tertiär; 2. *(Geol)* tertiär, Tertiär..., braunkohlenzeitlich; 3. *(Ch, Met)* ternär, Dreistoff...
третник *m* Lötzinn *n*, Schnellot *n*, Weichlot *n*
треугольник *m* 1. *(Math)* Dreieck *n*; 2. *(Schiff)* Dreieckplatte *f (Ladebaum)* ‖ ~/**астрономический** *s.* ~/**полярный** ‖ ~/**вечерний зодиакальный** *(Astr)* Abendhauptlicht *n (Zodiakallicht)* ‖ ~/**входной** Eintrittsdreieck *n (Strömungsmaschine)* ‖ ~/**выходной** Austrittsdreieck *n (Strömungsmaschine)* ‖ ~/**геодезический** geodätisches Dreieck *n* ‖ ~ **деформаций** *(Mech)* Formänderungsdreieck *n* ‖ ~ **контактов** *(El)* Kontaktdreieck *n* ‖ ~/**концентрационный** *(Met)* Konzentrationsdreieck *n (Dreistoffsystem)* ‖ ~ **кручения** *(Text)* Spinndreieck *n* ‖ ~ **мощностей** *(El)* Leistungsdreieck *n* ‖ ~/**навигационный** *s.* ~/**полярный** ‖ ~/**напряжений** *(El)* Spannungsdreieck *n* ‖ ~ **нитей** *(Opt)* Fadendreieck *n*; Strichwinkel *m* ‖ ~ **основной триангуляции** *(Geod)* Hauptdreieck *n* ‖ ~/**остроугольный** *(Math)* spitzwinkliges Dreieck *n* ‖ ~/**параллактический** *s.* ~/**полярный** ‖ ~ **Паскаля** *(Ph)* Pascalsches Zahlendreieck *n* ‖ ~/**поворотный** *(Eb)* Gleisdreieck *n* ‖ ~/**подобный** *(Math)* ähnliches Dreieck *n* ‖ ~/**позиционный** *s.* ~/**полярный** ‖ ~/**полярный** *(Astr)* Pol[ar]dreieck *n*, nautisches (parallaktisches, astronomisches) Dreieck *n* ‖ ~/**проволочный** *(Ch)* Drahtdreieck *n (Laborgerät)* ‖ ~/**реактивный** *(El)* Reaktanzdreieck *n* ‖ ~/**прямоугольный** *(Math)* rechtwinkliges Dreieck *n* ‖ ~/**равнобедренный** *(Math)* gleichschenkliges Dreieck *n* ‖ ~/**равносторонний** *(Math)* gleichseitiges Dreieck *n* ‖ ~/**силовой** *(Mech)* Kräftedreieck *n* ‖ ~/**скоростной** Geschwindigkeitsdreieck *n (Strömungsmaschine)* ‖ ~/**соединительный** *(Geod)* Anschlußdreieck *n* ‖ ~ **сопротивлений** *(El)* Widerstandsdreieck *n* ‖ ~/**сферический** *(Math)* sphärisches Dreieck *n* ‖ ~ **триангуляционной сети** *(Geod)* Meßdreieck *n* ‖ ~/**тупоугольный** *(Math)* stumpfwinkliges Dreieck *n* ‖ ~/**утренний зодиакальный** *(Astr)* Morgenhauptlicht *n (Zodiakallicht)* ‖ ~/**фарфоровый** *(Ch)* Porzellandreieck *n (Laborgerät)* ‖ ~/**цветовой** 1. *(Opt)* Farbendreieck *n*; 2. *(TV)* Farbtripel *n*
треугольный dreieckig, trigonal, triangular
треф *m (Wlz)* Kuppelzapfen *m*, Kreuzzapfen *m*, Kleeblatt *n*, Kleeblattzapfen *m*, Treffer *m (Walze)*
трёхадресный *(Inf)* Dreiadreß..., Dreiadressen...
трёхатомность *f (Ch)* Dreiatomigkeit *f*; dreiwertig, trivalent Wertigkeit *f*, Trivalenz *f*
трёхатомный *(Ch)* dreiatomig; dreiwertig, trivalent
трёхбайтный *(Inf)* Dreibyte...
трёхвалентность *f (Ch)* Dreiwertigkeit *f*, Trivalenz *f*
трёхвалентный *(Ch)* dreiwertig, trivalent
трёхвитковый *(El)* mit drei Wicklungen
трёхвходовой *(El)* mit drei Eingängen, Dreieingangs...

трёхгранник m 1. (Math) Dreibein n, Koordinatendreibein n; 2. (Krist) Trieder n, Dreiflach n; 3. Dreikant m ‖ ~/сопровождающий (Math) begleitendes Dreibein n
трёхгранники mpl (Geol) Dreikanter mpl
трёхгранный dreikantig, Dreikant...
трёхдиапазонный (El) Dreibereich...; (Meß) mit drei Meßbereichen
трёхдорожечный Dreispur..., dreispurig
трёхжильный (El) dreiadrig, Dreileiter...
трёхзамещённый (Ch) trisubstituiert ‖ ~ ортофосфорнокислый ...[ortho]phosphat n
трёхзаходный (Fert) dreigängig (Gewinde)
трёхзвенный (El) dreigliedrig
трёхзначный 1. dreideutig; 2. dreistellig; 3. (Eb) dreibegriffig (Signale)
трёхкаскадный (El) dreistufig, Dreistufen..., Dreikaskaden...
трёхкатушечный (El) dreispulig, Dreispul...
трёхкислотный (Ch) dreisäurig (Basen)
трёхконтурный (Rf) dreikreisig, Dreikreis...
трёхкоординатный (Masch) Dreiachs..., dreiachsig (Roboter)
трёхкратный dreifach
трёхкрылый dreiflügelig, Dreiflügel...
трёхлезвийный (Wkz) dreischneidig
трёхлинейный (El) Dreileiter...
трёхмерный (Math) dreidimensional, räumlich
трёхобмоточный (El) Dreiwicklungs..., mit drei Wicklungen
трёхокись f (Ch) Trioxid n
трёхосновный (Ch) dreibasig (Säuren)
трёхосный dreiachsig, Dreiachs...
трёхпозиционный Dreistellungs..., Dreilagen...
трёхполюсник m (El) Dreipol m
трёхпредельный (El) Dreibereich..., mit drei Bereichen; (Meß) mit drei Meßbereichen ‖ ~ по напряжению (El) mit drei Spannungsbereichen; (Meß) mit drei Spannungsmeßbereichen ‖ ~ по току (El) mit drei Strombereichen; (Meß) mit drei Strommeßbereichen
трёхпроводный (El) Dreidraht..., Dreileiter...
трёхпролётный (Bw) dreischiffig; dreifeldrig
трёхраздельный (Bgb) dreitrümig
трёхразрядный 1. dreistellig; 2. (Inf) Dreibit...
трёхсернистый ...trisulfid n
трёхсеточный (Eln) Dreigitter...
трёхскоростной mit drei Geschwindigkeitsstufen; mit drei Drehzahlstufen
трёхслойный dreischichtig, Dreischicht...
трёхстворчатый (Bw) dreiflügelig (Fenster)
трёхсторонний dreiseitig; trilateral
трёхступенный s. трёхступенчатый
трёхступенчатый 1. dreistufig; 2. (Masch, Kfz) Dreigang... (Getriebe)
трёхточечный Dreipunkt...
трёхуровневый (Eln) Dreiniveau...
трёхфазный (El) dreiphasig, Dreiphasen...; Drehstrom...
трёхходовой 1. dreigängig (Schraube); 2. Dreiwege... (Hahn, Ventil)
трёхцветный dreifarbig, Dreifarben...
трёхчлен m (Math) Trinom n
трёхчленный (Math) trinomisch, dreigliedrig
трёхшарнирный Dreigelenk...
трёхъярусный dreietagig, Dreietagen... (z. B. Dreietagenofen); dreistöckig (z. B. dreistöckiges Gatter der Ringspinnmaschine)

трёхэлектродный Dreielektroden...
трещина f 1. Riß m, Anriß m, Einriß m; 2. Sprung m; 3. (Geol) Kluft f, Gesteinskluft f, Fuge f, Spalte f; 4. (Bgb) Schlechte f ‖ ~ без смещения (Geol) Kluft f ohne Versatz ‖ ~/вертикальная (Geol) seigere Kluft f ‖ ~/внутренняя (Wkst) Innenriß m ‖ ~/внутрикристаллическая (Wkst) interkristalliner Riß m; Mikroriß m ‖ ~/волосная (Wkst) Haarriß m ‖ ~/выветривания (Geol) Verwitterungskluft f, Verwitterungsspalte f ‖ ~ высыхания (Geol) Trockenriß m ‖ ~ гидроразрыва (Bgb) Hydrofrac-Kluft f ‖ ~/горячая (Wkst) Warmriß m ‖ ~/давления (Geol) durch Druck entstandene Spalte (Kluft) f ‖ ~/диагональная (Geol) Diagonalkluft f, diagonal (zur Schichtung) verlaufende Kluft f ‖ ~/закалочная (Wkst) Härteriß m ‖ ~/закрытая (Geol) geschlossene Kluft f ‖ ~/карстовая (Geol) Karstkluft f, Karstspalte f ‖ ~/кливажная (Bgb, Geol) Druckschlechte f, Schieferungskluft f ‖ ~/коррозионная (Wkst) Korrosionsriß m ‖ ~/косая s. ~/диагональная ‖ ~/краевая (Geol) Randkluft f, Randspalte f ‖ ~/крутая (Geol) steile (steil fallende) Kluft f ‖ ~ кручения (Geol) Torsionsspalte f ‖ ~/ледниковая (Geol) Gletscherspalte f ‖ ~/межкристаллитная (Wkst) interkristalliner (interkristallin verlaufender) Riß m ‖ ~/Мора (Geol) Mohrsche Flächen fpl ‖ ~/морозобойная (Geol) Frostriß m, Frostspalte f ‖ ~/напластования (Geol) Schichtfuge f ‖ ~/оперения (Geol) Fiederspalte f, Fiederkluft f ‖ ~/оперяющая s. ~ оперения ‖ ~/оползней (Geol) Abrißspalte f ‖ ~/оседания (Geol) Senkungsspalte f, Setzungsriß m ‖ ~ от усталости (Wkst) Ermüdungsriß m, Dauerriß m ‖ ~/отдельности (Geol) Ablösungskluft f, Absonderungskluft m ‖ ~/открытая (Geol) offene Spalte (Kluft) f ‖ ~ отрыва (Geol) Zugkluft f, Trennkluft f ‖ ~ охлаждения (Geol) Abkühlungsspalte f, Erstarrungsspalte f, Schwundkluft f ‖ ~/первичная (Geol) primäre Kluft f ‖ ~/перистая s. ~ оперения ‖ ~/пластовая (Geol) Lagerkluft f, L-Kluft f (nach Cloos) ‖ ~ по границам зёрен (Wkst) Korngrenzenriß m ‖ ~ по падению (Geol) Kluft f im Fallen (Einfallen) der Schichten ‖ ~ по простиранию (Geol) Kluft f im Streichen der Schichten ‖ ~/поверхностная (Wkst) Oberflächenriß m ‖ ~/пологая (пологозалегающая) (Geol) flache (flach einfallende) Kluft f ‖ ~/поперечная 1. Querriß m; 2. (Geol) Querkluft f, Q-Kluft f (nach Cloos) ‖ ~ поперечной системы. s. ~/поперечная 2. ‖ ~/продольная 1. Längsriß m; 2. (Geol) Längskluft f, S-Kluft f (nach Cloos) ‖ ~ продольной системы s. ~/продольная 2. ‖ ~/прототектоническая (Geol) primäre Kluft f ‖ ~/радиальная (Forst) Strahlenriß m, Radialriß m, Spiegelkluft f (Holz) ‖ ~ разлома (Geol) Bruchspalte f ‖ ~ разрыва (Geol) Zugkluft f, Zugspalte f, Störungskluft f ‖ ~ растяжения (Geol) Dehnungsspalte f (Gruppenbegriff für Reiß-, Zug- und Druckklüfte) ‖ ~/рудоносная (Geol) erzführende Spalte f, Erzgang m ‖ ~ сброса (Geol) Verwerfer m, Verwerfungskluft f, Sprungkluft f, Abschiebungskluft f ‖ ~/световая (Gum) Lichtriß m, Sonnenlichtriß m ‖ ~ сдвига (Geol) Scherkluft f ‖ ~/сердцевинная (Forst) Herzriß m, Kernriß m, Markriß m (Holz) ‖ ~ сжатия (Bgb, Geol) Druckkluft f,

трещина 1020

Druckschlechte *f* II ~ **скалывания (скола)** *(Geol)* Scherkluft *f*, Abscherungskluft *f*, Abscherungsfläche *f* II ~ **скручивания** *(Geol)* Torsionsspalte *f* II ~/**скрытая** *(Geol)* latente (geschlossene) Kluft *f* II ~ **сплющивания** *(Geol)* Plättungsspalte *f* II ~ **старения** *(Wkst)* Alterungsriß *m* II ~/**тектоническая** *(Geol)* tektonische Kluft *f* II ~/**термическая** *(Wkz)* Warmbehandlungsriß *m* II ~/**тонкая** *(Wkz)* Haarriß *m* II ~/**травильная** *(Wkst)* Beizriß *m* II ~/**транскристаллитная** *(Wkst)* transkristalliner (intrakristallin verlaufender) Riß *m* II ~/**угловая** *(Met)* Kantenriß *m (Gußblock)* II ~ **усадки** *s.* ~/**усадочная** II ~/**усадочная** *(Met)* Schwind[ungs]riß *m*, Schrumpf[ungs]riß *m* II ~ **усталости** *s.* ~/**усталостная** II ~/**усталостная** *(Wkst)* Ermüdungsriß *m*, Dauerriß *m* II ~ **усушки** *(Forst)* Trockenriß *m*, Schwindriß *m (Holz)* II ~ **усыхания** *(Geol)* Trockenriß *m* II ~/**холодная** *(Wkst)* Kaltriß *m* II ~/**шлифовочная** *(Wkst)* Schleifriß *m* II ~/**экзогенная** *(Geol)* exogene Kluft *f* II ~/**экзокинетическая** *(Geol)* exokinetische Kluft *f* II ~/**эндогенная** *(Geol)* endogene Kluft *f* II ~/**эндокинетическая** *(Geol)* endokinetische Kluft *f*
трещиноватость *f* 1. Rissigkeit *f*; 2. *(Geol)* Klüftung *f*
трещинообразование *n* Rißbildung *f*, Rissigwerden *n*
трещиностойкий rißbeständig, rißfest
трещиностойкость *f* Rißbeständigkeit *f*, Rißfestigkeit *f*
трещины *fpl*/**межваликовые** *(Schw)* Wiederaufschmelzrisse *mpl* II ~/**околошовные** *(Schw)* Nahtrisse *mpl* II ~ **скалывания (скола)** *(Geol)* Scherklüfte *fpl*, Mohrsche Flächen *fpl*
ТРЗ *s.* **завод/тепловозоремонтный**
триак *m (El)* Triac *m*, Triak *m*, bidirektionaler (symmetrischer, bidirektional geschalteter) Tyristor *m*, Zweirichtungsthyristordiode *f*, Symistor *m*
триакисоктаэдр *m s.* **тригон-триоктаэдр**
триакистетраэдр *m s.* **тригон-тритетраэдр**
триангель *m*/**тормозной** *(Eb)* Bremsdreieck *n (Fahrzeug)*
триангулирование *n s.* **триангуляция**
триангуляция *f (Geod)* Triangulation *f*, Dreiecks[ver]messung *f* II ~/**заполняющая** vermittelnde Triangulation *f*, Detailtriangulation *f* II ~/**космическая** Stellar-Triangulation *f*, kosmische Triangulation *f* II ~/**основная** Haupttriangulation *f*, Triangulation *f* erster Ordnung II ~ **первого класса** *s.* ~/**основная** II ~/**сферическая** sphärische Triangulation *f*
триас *m (Geol)* Trias *f (s. a.* 1. **система**/**триасовая**; 2. **период**/**триасовый** II ~/**верхний** obere Trias *f*, Keuper *m (Abteilung)* II ~/**нижний** untere Trias *f*, Buntsandstein *m (Abteilung)* II ~/**средний** mittlere Trias *f*, Muschelkalk *m (Abteilung)*
триацетат *m (Ch)* Triacetat *n*
трибит *m (Inf)* Tribit *n (Gruppe aus 3 Bit)*
трибка *f (Masch)* Ritzel *n (z. B. Zahnrad mit kleinem Modul)*
трибоабсорбция *f* Triboabsorption *f*
трибоанализ *m* Triboanalyse *f*
трибодесорбция *f* Tribodesorption *f*
трибодиагностика *f* Tribodiagnostik *f*
трибоинформатика *f* Triboinformatik *f*
трибология *f* Tribologie *f*

триболюминесценция *f* Triboluminiszenz *f*, Reibungsluminiszenz *f*
трибометр *m* Tribometer *n*, Reibungsmesser *m*
трибометрия *f* Tribometrie *f (Bestimmung der Reibungszahlen)*
трибомеханик *m* Tribomechanik *f*
трибоплазма *f* Triboplasma *n*
триботехника *f* Tribotechnik *f*
трибофизика *f* Reibungsphysik *f*, Tribophysik *f*
трибохимия *f* Tribochemie *f*
трибоэлектричество *n* Triboelektrizität *f*, Reibungselektrizität *f*
трибромид *m (Ch)* Tribromid *n*
тривектор *m (Math)* Trivektor *m*; Dreiervektor *m*
триггер *m (Eln)* Trigger *m*, Triggerschaltung *f*; Flipflop *m(n)*, Flipflopschaltung *f* II ~/**антидребезговый** Flipflop *m*, prellfreier Flipflop *m* II ~/**динамический** dynamischer Trigger *m*; dynamischer Flipflop *m* II ~/**запоминающий** Speicher-Flipflop *m* II ~/**лазерный** Lasertrigger *m* II ~ **на двойном триоде** Doppeltriodentrigger *m*; Doppeltrioden-Flipflop *m* II ~ **на транзисторах** Transistortrigger *m*; Transistor-Flipflop *m* II ~/**одноступенчатый** Latch *m* II ~/**оптический** optischer [bistabiler] Trigger *m* II ~/**оптоэлектронный** optoelektronischer Trigger *m* II ~ **переноса** Übertragungstrigger *m*; Übertragungs-Flipflop *m* II ~ **прерывания** Interrupt-Flipflop *m* II ~ **признака** Bedingungs-Flipflop *m* II ~ **разрешения прерывания** Interruptannahme-Flipflop *m* II ~/**статический** statischer Trigger *m*; statischer Flipflop *m* II ~/**стробируемый [синхронный]** Latch *m*, Auffang-Flipflop *m* II ~/**счётный** Zähl-Flipflop *m* II ~/**управляющий** Steuer-Flipflop *m* II ~/**четверичный** Vierfach-Latch *m* II ~/**электронный** elektronischer Trigger *m*; elektronischer Flipflop *m*
D-триггер *m* D-Flipflop *m*, Verzögerungs-Flipflop *m*
RS-триггер *m* RS-Flipflop *m*, Reset-set-Flipflop *m*
T-триггер *m* getakteter Flipflop *m*
триггер-защёлка *f* Latch *m*
триггерный *(Eln)* Trigger…; Flipflop…
тригональный *(Krist)* trigonal
тригонометрический trigonometrisch
тригонометрия *f (Math)* Trigonometrie *f* II ~/**гиперболическая** hyperbolische Trigonometrie *f* II ~/**плоская** ebene Trigonometrie *f* II ~/**сферическая** sphärische Trigonometrie *f* II ~/**эллиптическая** elliptische Trigonometrie *f*
тригон-триоктаэдр *m (Krist)* Tri[aki]soktaeder *n*, Pyramidenoktaeder *m*; Trigon-Trioktaeder *n*
тригон-тритетраэдр *m (Krist)* Tri[aki]stetraeder *n*, Pyramidentetraeder *n*; Trigon-Tritetraeder *n*
тридимит *m (Min)* Tridymit *m (Quarz)*
триер *m (Lw)* Trieur *m*, Zellenausleser *m* II ~/**барабанный** *s.* ~/**цилиндрический** II ~/**быстроходный (высокопроизводительный)** Hochleistungstrieur *m*, Hochleistungszellenausleser *m* II ~ **двойного действия** Zweifachzellenausleser *m* II ~/**двойной** *s.* ~ **двойного действия** II ~/**дисковый** Scheibentrieur *m*, Carter-Trieur *m* II ~/**контрольный** Nachlesetrieur *m* II ~/**обыкновенный (тихоходный)** normaler Zellenausleser *m* II ~/**цилиндрический** Zylindertrieur *m*, Zylinder-Zellenausleser *m*
триеровать mit dem Trieur sortieren *(Samenkörner)*

трииодметан m (Ch) Triiodmethan n, Iodoform n
триклинный (Krist) triklin
трикотаж m (Text) Maschenware f, Wirk- oder Strickware f; Gestrick m; Gewirk n ‖ **~/гладкий** glatte Ware f (Kulierware) ‖ **~/двухизнаночный** Links-Links-Ware f ‖ **~/двухлицевой** Rechts-Rechts-Ware f ‖ **~/двухфонтурный** doppeltfonturige Wirk- oder Strickware f, doppeltfonturige Ware f ‖ **~/жаккардовый** Jacquardware f ‖ **~/интерлочный** Interlockware f ‖ **~/кулирный** Kulierware f, Kuliergewirk n ‖ **~/одинарный** einfonturige Wirk- oder Strickware f, einfonturige Ware f ‖ **~/однофонтурный** Rechts/Links-Ware f, einfonturige Ware f ‖ **~/основовязаный** Ketten[wirk]ware f, Kettengewirk n ‖ **~/основовязаный двойной** Doppelketten[wirk]ware f ‖ **~/основовязаный жаккардовый** Jacquard-Ketten[wirk]ware f ‖ **~/основовязаный одинарный** einfache Ketten[wirk]ware f ‖ **~/платированный** plattiertes Gestrick n ‖ **~/покровный** plattierte Wirkware f, Plattierware f ‖ **~/полурегулярный** halbreguläres Gestrick n ‖ **~/полуфанговый** Perlfangware f ‖ **~/фанговый** Fangware f
трикотажный (Text) Wirk…; Strick…
трилатерация f (Geod) Trilateration f
трилистник m (Math) Dreiblatt n, Dreiblattkurve f, Kleeblattkurve f
триллион m Billion f
тримаран m Trimaran m, Dreirumpfschiff n
тример m (Ch) Trimer n
тримеризация f (Ch) Trimerisation f, Trimerisierung f
тримерный (Ch) trimer
триметрия f (Math) Trimetrie f (darstellende Geometrie)
триммер m 1. (Forst) mehrblättrige automatische Besäum- und Lattenkreissäge f, Walzensäumer m (Mehrblattkreissäge mit automatischem Vorschub); 2. Trimmer m (Bandförderer für gleichmäßige Verteilung von Schüttgut in Lagern, Schiffsladeräumen und gedeckten Eisenbahnwagen); 3. (Flg) Trimmklappe f, Trimmruder n; 4. (Rf) Trimmkondensator m, Trimmer m, Abgleichkondensator m ‖ **~/аэродинамический** (Flg) Trimmruder n ‖ **~/керамический** (Rf) Keramiktrimmer m‖ **~ руля высоты** (Flg) Höhenrudertrimmklappe f ‖ **~/шайбовый** (Rf) Scheibentrimmer m ‖ **~ элеронов** (Flg) Querrudertrimmklappe f
триммирование n (Flg) Trimmung f
тримолекулярный (Ch) trimolekular
триморфизм m (Krist) Trimorphie f
триморфный (Krist) trimorph
тринистор m (Eln) Trinistor m, steuerbarer Tyristor m ‖ **~/диффузионный** diffundierter Planartrinistor m
тринитрат m (Ch) Trinitrat n
тринитрование n (Ch) Trinitrierung f
тринитротолуол m (Ch) Trinitrotoluen n, Trinitrostoluol m, TNT (Sprengstoff)
трином m (Math) Trinom n
трио n s. стан трио und клеть трио
триод m (Eln) Triode f ‖ **~/вакуумный** Vakuumtriode f ‖ **~/высоковакуумный** Hochvakuumtriode f ‖ **~/высокочастотный** Hochfrequenztriode f ‖ **~/генераторный** Oszillatortriode f;

Sendetriode f ‖ **~/германиевый** Germaniumtransistor m ‖ **~/двойной** Doppeltriode f, Duotriode f ‖ **~/дисковый** Scheibentriode f ‖ **~/длинноволновый генераторный** Langwellen[sende]triode f ‖ **~/канальный** s. **~/полевой** ‖ **~/коротковолновый генераторный** Kurzwellen[sende]triode f ‖ **~/кристаллический** s. **~/полупроводниковый** ‖ **~/малогабаритный** Miniaturtriode f ‖ **~/маломощный генераторный** Kleinsendetriode f ‖ **~/мощный генераторный** Leistungstriode f ‖ **~/мощный генераторный** Leistungssendetriode f ‖ **~/оконечный** Endstufentriode f ‖ **~/плоскостной кристаллический** Flächentransistor m, FET ‖ **~/полевой** Feldeffekttransistor m, FET ‖ **~/полупроводниковый** Halbleitertriode f, Transistor m ‖ **~/сверхвысокочастотный** Höchstfrequenztriode f, Ultrahochfrequenztriode f, UHF-Triode f ‖ **~/усилительный** Verstärkertriode f
триод-гексод m (Eln) Triode-Hexode f
триод-пентод m Triode-Pentode f
триод-смеситель m Mischtriode f
триод-тетрод m Triode-Tetrode f
триоксид m (Ch) Ozonid n
триортогональный (Krist) dreifach-rechtwinklig, dreifach-orthogonal
трипак m (Photo) Tripack n, Dreipack n
триплан m (Flg) Dreidecker m
триплекс-картон m (Pap) Triplexkarton m
триплекс-насос m Triplexpumpe f, dreifachwirkende Pumpe f
триплекс-процесс m (Met) Triplex[schmelz]verfahren n
триплет m (Opt) 1. Triplett n (Spektrallinien); 2. dreilinsiges Objektiv n, Dreilinser m ‖ **~ Зеемана** (Opt) Zeeman-Triplett n ‖ **~ Лоренца** (Opt) Lorentz-Triplett n ‖ **~/нечётный** (Math) ungerader Term m
триплит m (Min) Triplit m, Eisenpecherz n
трисазокраситель m (Ch) Trisazofarbstoff m
трисекция f [угла] (Math) Trisektion f [des Winkels]
трисоктаэдр m s. тригон-триоктаэдр
тристетраэдр m s. тригон-тритетраэдр
тритетраэдр m (Krist) Tritetraeder m
тритид m (Ch) Tritid n, überschweres Hydrid n
тритий m (Ch) Tritium n, überschwerer Wasserstoff m
тритон m (Kern) Triton n, Tritiumkern m
трихлорид m (Ch) Trichlorid n
трихлорметан m (Ch) Trichlormethan n, Chloroform n
трихроизм m (Min) Trichroismus m
триэдр m 1. (Krist) Trieder n, Dreiflächner m; 2. Dreibein n, Koordinatendreibein n
триэфир m (Ch) Triester m, Triether m
трог m 1. (Geol) Trog m, Trogtal n; 2. (Meteo) Tiefdrucktrog m, Trog m
трогание n 1. Anfahren n ; Anlauf m, Anlaufen n; 2. Berühren n ‖ **~/плавное** weiches Anfahren n ‖ **~ с места** Anfahren n; Anlaufen n ‖ **~/толчкообразное** hartes Anfahren n
трогаться anfahren
троилит m (Min) Troilit m, Meteorkies m (Pyrrhotin)
троичный ternär, Ternär…
тройка f 1. (El) Dreier m (Kabel); 2. (Inf) Triade f

тройник m 1. T-Stück n, T-Muffe f, Dreiwegestück n; Dreischenkelrohr n; 2. *(Nrt)* Bockgestänge n, pyramidenförmiges Gestänge f; 3. *(Krist)* Drilling m, Drillingskristall m; 4. *(Schiff)* Dreieckplatte f *(Ladebaum)* ‖ ~/**соединительный** Verbindungs-T-Stutzen m ‖ ~/**шаровой** Kugelformstück n

троланд m *(Opt)* Troland n, [internationales] Photon n, Luxon n *(Einheit der Beleuchtungsstärke der Netzhaut)*

троллей m *(El)* 1. Rollenstromabnehmer m, Stromabnehmerrolle f; 2. Oberleitung f, Fahrdraht m

троллейбус m Trolleybus m, Oberleitungsbus m, O-Bus m

троллейкар m Elektrokarren m für Fahrdrahtbetrieb

тромб m *(Meteo)* Trombe f, Windhose f ‖ ~/**песчаный** Sandhose f ‖ ~/**пыльный** Staubtrombe f

троостит m 1. Troostit m *(Stahlgefüge)*; 2. *(Min)* Troostit m *(sekundäres Zinkmineral)* ‖ ~ **закалки** Abschrecktroostit m ‖ ~/**игольчатый** nadeliger Troostit m ‖ ~ **отпуска** Anlaßtroostit m

троостито-сорбит m Troostit-Sorbit m *(Stahlgefüge)*

тропик m *(Astr)* Wendekreis m

тропики pl Tropen pl, Tropenzone f

тропикостойкий, тропикоустойчивый tropenbeständig, tropenfest

тропикостойкость f Tropenbeständigkeit f, Tropenfestigkeit f

тропопауза f *(Geoph, Meteo)* Tropopause f

тропосфера f *(Geoph, Meteo)* Troposphäre f

трос m Seil n; Tau n; Trosse f *(s. a. unter* **канат***)* ‖ ~/**белёный** ungeteertes (gebleichtes) Seil m ‖ ~/**буксирный** *(Schiff)* Schleppleine f, Schlepptrosse f ‖ ~/**вожаковый** Fischreep n, Reepleine f *(Treibnetz)* ‖ ~/**вспомогательный** Verstärkungsseil n ‖ ~/**вытяжной** Beihiever m *(Trawler)* ‖ ~ «**Геркулес**» *(Schiff)* Herkulesseil n, Herkulestau n ‖ ~/**грозозащитный** Blitz[schutz]seil n, Erdseil n ‖ ~/**задний становой** Hintertau n, Achtertau n *(Schwimmbagger)* ‖ ~/**заземляющий** s. ~/грозозащитный ‖ ~/**защитного слоя** Futterseil n *(Kabelaufbau)* ‖ ~ **кабельной работы** *(Schiff)* Kabelschlagseil n ‖ ~/**кокосовый** Kokosfaserseil n ‖ ~ **крестовой свивки** Kreuzschlagseil n ‖ ~/**круглый** Rundseil n ‖ ~/**кручёный** geschlagenes (gedrehtes) Seil n ‖ ~ **левой свивки (крутки)** linksgeschlagenes Seil n, S-Schlagseil n ‖ ~/**манильский** Manilaseil n ‖ ~/**натяжной** Abspannseil n ‖ ~/**нераскручивающийся** drallfreies Seil n ‖ ~/**несущий** *(Eb)* Tragseil n ‖ ~/**обратного спуска** linksgeschlagenes Seil m, S-Schlagseil n ‖ ~/**овальнопрядный** Ovallitzenseil n ‖ ~/**однопрядный** einlitziges Seil n, Spiralseil n ‖ ~/**отворотный** Kabelschlagseil n ‖ ~/**оттяжной** Abspannseil n ‖ ~/**пеньковый** Hanfseil n ‖ ~/**плетёный** patentgeschlagenes (geflochtenes) Seil n ‖ ~/**подвесной** *(El)* Tragseil n *(für Kabel)* ‖ ~ **правой свивки (крутки)** rechtsgeschlagenes Seil n, Z-Schlagseil n ‖ ~/**проволочный** Drahtseil n, Drahttrosse f ‖ ~ **прямого спуска** rechtsgeschlagenes Seil n, Z-Schlagseil n ‖ ~/**рамоподъёмный** Eimerleiterhebeseil n *(Eimerkettenbagger)*; Schneidkopfleiterhebeseil

n *(Saugbagger)* ‖ ~/**растительный** Naturfaserseil n ‖ ~/**рулевой** *(Flg)* Ruderkabel n, Steuerseil n ‖ ~ **руля высоты** *(Flg)* Höhenrudersteuerseil n ‖ ~ **руля направления** *(Flg)* Seitenrudersteuerseil n ‖ ~/**сизальский** Sisalseil n ‖ ~/**синтетический** Kunstfaserseil n ‖ ~/**смолёный** geteertes Seil n ‖ ~/**стальной** Stahlseil n ‖ ~/**страховочный** *(Schiff)* Sorgleine f, Sicherungsleine f ‖ ~/**стяжной** *(Schiff)* Schnürleine f *(Ringwade)* ‖ ~ **типа «Геркулес»** s. ~ «Геркулес» ‖ ~ **топенанта/ходовой** *(Schiff)* Baumaufholer m, „Faulenzer" m *(Ladegeschirr)* ‖ ~/**трёхпрядный** dreikardeeliges (dreilitziges) Seil n ‖ ~/**трёхстрендный** dreilitziges Kabelschlagseil n ‖ ~ **тросовой работы** Trossenschlagseil n ‖ ~ **управления** *(Flg)* Steuerseil n ‖ ~/**хлопчатобумажный** Baumwollseil n ‖ ~/**четырёхпрядный** vierkardeeliges (vierlitziges) Seil n, Wantschlagseil n ‖ ~/**четырёхстрендный** viertrossiges Kabelschlagseil n ‖ ~/**швартовный** *(Schiff)* Mooringseil n, Verholseil n, Verholtrosse f ‖ ~/**якорный** *(Schiff)* Ankerleine f, Ankertrosse f

тросик m/**спусковой** *(Photo)* Drahtauslöser m

тросовая f *(Schiff)* Trossenraum m

тросоукладчик m *(Schiff)* Trossenaufspuleinrichtung f, Trossenleger m, Leit n

тростит s. троостит

тротил m s. тринитротолуол

тротуар *(Bw)* Gehweg m ‖ ~/**движущий** Rollsteig m

трохоида f *(Math)* Trochoide f, Trochoidale f ‖ ~/**удлинённая** verlängerte (verschlungene) Trochoide f ‖ ~/**укороченная** verkürzte Trochoide f

трощение n *(Text)* Fachen n

трощёный *(Text)* gefacht

троянцы mpl *(Astr)* Trojaner mpl *(Planetoidengruppe)*

ТРП s. таблица распределения памяти

труб m Trub m *(Brauerei)* ‖ ~/**горячий (грубый)** Grobtrub m, Heißtrub m, Kochtrub m ‖ ~/**тонкий (холодный)** Feintrub m, Kühltrub m, Kältetrub m

труба f 1. Rohr n, Röhre f *(s. a. unter* трубка 1.*)*; 2. s. ~/аэродинамическая; 3. s. ~/зрительная ‖ ~/**автоколлимационная** Autokollimationsfernrohr n ‖ ~/**анкерная** Ankerrohr n *(Flammrohrkessel)* ‖ ~/**асб[ест]оцементная** Asbestzementrohr n ‖ ~/**астрономическая** astronomisches Fernrohr n ‖ ~/**аэродинамическая** *(Aerod)* Windkanal m ‖ ~/**байпасная** Überströmrohr n *(Dampfturbine)* ‖ ~/**безнапорная** drucklos arbeitendes Rohr n ‖ ~/**бесшовная** nahtloses Rohr n ‖ ~/**бетонная** Betonrohr n ‖ ~/**бинокулярная** binokulares Fernrohr n, Doppelfernrohr n ‖ ~/**бронированная** Panzerrohr n ‖ ~/**бурильная** *(Bgb)* Bohrstange f, Bohrgestänge n ‖ ~/**вводная** *(Gieß)* Tauchlanze f, Lanze f; Tauchrohr n ‖ ~/**ведущая** 1. *(Astr)* Leit[fern]rohr n *(Fernrohrnachführung)*; 2. *(Bgb)* Mitnehmerstange f, Kelly n *(Erdölbohrung)* ‖ ~/**вентиляционная** 1. Entlüftungsrohr n; Dunstrohr n, Dunstabzug m; 2. *(Bgb)* Lutte f *(Bewetterung)* ‖ ~ **Вентури** *(Aerod, Hydr)* Venturi-Rohr n, Venturi-Düse f ‖ ~ **Вентури/укороченная** Venturi-Kurzrohr n *(Durchflußmessung)*

ǁ ~/**вертикальная** Steilrohr n ǁ ~/**вертикальная аэродинамическая** (Aerod) Trudelwindkanal m ǁ ~/**вертикальная сточная** (Bw) Fallrohr n ǁ ~/**вестовая** Schwadenrohr n, Wrasenrohr n (Labyrinthstopfbuchse; Dampfturbine) ǁ ~/**визирная** 1. (Geod, Mil) Zielfernrohr n; 2. (Astr) Suchfernrohr n ǁ ~/**вилкообразная** Gabelrohr n, Hosenrohr n ǁ ~/**вихревая** Wirbelrohr n ǁ ~/**водонапорная** Druckwasserrohr n ǁ ~/**водоотводная** Wasserabflußrohr n ǁ ~/**водоперепускная** Wasserüberströmrohr n, Wasserverbindungsrohr n ǁ ~/**водопроводная** Wasser[leitungs]rohr n, Leitungsrohr n ǁ ~/**водопропускная** Rohrdurchlaß m, Wasserdurchlaß m (Straßenbau) ǁ ~/**водосточная** (Bw) Regenfallrohr n; Abflußrohr n ǁ ~/**возвратная** Rücklaufrohr n, Rückflußrohr n ǁ ~/**воздухозасасывающая** Luftansaugrohr n ǁ ~/**воздушная** Luftrohr n ǁ ~/**волнистая** gewelltes Rohr n, Wellrohr n ǁ ~/**впускная** Einlaßrohr n, Einlaufrohr n ǁ ~/**всасывающая** Saugrohr n (Saugbagger) ǁ ~/**всасывающая вентиляционная** (Bgb) saugende Lutte f (Bewetterung) ǁ ~/**выгрузная** Auswurfkrümmer m ǁ ~/**выпускная** Ablaufrohr n, Auslaufrohr n ǁ ~/**вытяжная** Abluftrohr n, Abzugsrohr n, Abzugsschlot m, Abzugskanal m, Abzugsschacht m ǁ ~/**вытяжная вентиляционная** Dunstrohr n, Entlüftungsrohr n ǁ ~/**выхлопная** Auspuffrohr n (Verbrennungsmotor); Ausblaserohr n (Dampf); Austrittsrohr n (Turbinen); Entlüftungsrohr n, Druckausgleichsrohr n (bei Transformatoren) ǁ ~/**газовая** Gasrohr n ǁ ~/**газоотводная** GasauslaßRohr n, Gasabzugsrohr n ǁ ~/**гельмпортовая** (Schiff) Kokerrohr n ǁ ~/**гиперзвуковая аэродинамическая** (Aerod) Hyperschallwindkanal m ǁ ~/**гончарная** Tonrohr n ǁ ~/**горячетянутая** warmgezogenes Rohr n ǁ ~/**двойная колонковая** (Bgb) Doppelkernrohr n ǁ ~/**двухколенчатая** Doppelknierohr n ǁ ~/**дейдвудная** (Schiff) Stevenrohr n ǁ ~ **дозвуковых скоростей/аэродинамическая** (Aerod) Unterschallwindkanal m ǁ ~/**дренажная** Dränrohr n, Drän m, Sickerrohr n, Entwässerungsrohr n, Entwässerungsleitung f ǁ ~/**дымовая** Schornstein m, Esse f ǁ ~/**дымовая встроенная** eingebauter Schornstein m ǁ ~/**дымовая многоствольная** mehrzügiger Schornstein m ǁ ~/**дымовая отдельно стоящая** freistehender Schornstein m ǁ ~/**дымовая промышленная** Industrieschornstein m ǁ ~/**дымовая спускная** Klappschornstein m ǁ ~/**дымогарная** Rauchrohr n (Rauchrohrkessel) ǁ ~/**дымоотводная** Rauchabzugsrohr n ǁ ~/**дырчатая** perforiertes Rohr n ǁ ~/**жаровая** Flammrohr n (Flammrohrkessel) ǁ ~/**заборная** Entnahmerohr n ǁ ~/**загрузочная** Beschickungsrohr n; (Kern) Laderohr n (Reaktor) ǁ ~/**заземляющая** (El) Erdleitungsrohr n ǁ ~/**заливная** Einfüllrohr n ǁ ~/**зрительная** Fernrohr n ǁ ~/**измерительная** (Schiff) Peilrohr n ǁ ~/**измерительная зрительная** Meßfernrohr n, Prüffernrohr n ǁ ~/**изолирующая (изоляционная)** (El) Isolierrohr n; Installationsrohr n ǁ ~/**испарительная** Verdampferrohr n ǁ ~/**кабельная** (El) Kabelkasten m ǁ ~/**кавитационная** (Schiff) Kavitationskanal m, Kavitationstank n ǁ ~/**канализационная** Entwässerungsrohr n ǁ ~/**карданная** (Kfz) Gelenkwellenrohr n ǁ ~/**катаная** gewalztes Rohr n ǁ ~/**квадратная** (Bgb) Mitnehmerstange f, Kelly n (Erdölbohrung) ǁ ~/**кварцевая** Quarzrohr n ǁ ~ **Кеплера** Keplersches (astronomisches) Fernrohr n ǁ ~/**керамическая** Tonrohr n, Steingutrohr n ǁ ~/**кернопрёмная** (Bgb) Kernrohr n (Tiefbohrung) ǁ ~/**кипятильная** Siederohr n, Verdampfungsrohr n ǁ ~/**клюзовая** (Schiff) Klüsenrohr n ǁ ~/**коленчатая** Knierohr n, Kniestück n, Knie n, Bogenrohr n, Krümmer m ǁ ~/**колонковая** (Bgb) Kernrohr n (Tiefbohrung) ǁ ~/**компенсаторная (компенсационная)** Ausgleichrohr n; Federrohr n; Dehnungsrohr n ǁ ~/**котельная** Kesselrohr n ǁ ~ **котла/питательная** Kesselspeiserohr n, Wasserspeiserohr ǁ ~/**легкоплавная бурильная** (Bgb) Leichtmetallbohrgestänge n ǁ ~/**литая** Gußrohr n ǁ ~/**мерительная (мерная)** (Schiff) Peilrohr n ǁ ~/**монокулярная** Monokularfernrohr n ǁ ~/**наблюдательная** Beobachtungsfernrohr n ǁ ~/**нагнетательная** Druckrohr n ǁ ~/**наполнительная** Füllrohr n ǁ ~/**напорная** Staurohr n (Druckmessung in strömenden Medien) ǁ ~/**направляющая** (Bgb) Standrohr n, Konduktor m (Tiefbohrung) ǁ ~/**насадная подъёмная** Aufsatzrohr n (Pumpen) ǁ ~/**несъёмная колонковая** (Bgb) Einfachkernrohr n (Tiefbohren) ǁ ~/**нивелирная** (Geod) Nivellierfernrohr n ǁ ~/**обводная** Umführungsrohr n; Umgehungsleitung f ǁ ~/**обсадная** (Bgb) Futterrohr n (Bohrung) ǁ ~/**огневая** s. ~/жаровая ǁ ~ **околозвуковых скоростей/аэродинамическая** (Aerod) Windkanal m für schallnahe Geschwindigkeiten ǁ ~ **оптиметра** Optimeterfernrohr n, Optimetertubus m ǁ ~/**опускная** Fallrohr n (Kessel) ǁ ~/**оребрённая** Rippenrohr n ǁ ~/**осушительная** (Schiff) Lenzrohr n ǁ ~/**отводная (отводящая)** Ableitungsrohr n, Abzugsrohr n ǁ ~/**отливная** Ausgußrohr n ǁ ~/**отсасывающая** Saugrohr n ǁ ~/**паровая** Dampfrohr n ǁ ~/**паровыпускная** Dampfablaßrohr n, Dampfaustrittsrohr n ǁ ~/**парогенерирующая** Verdampferrohr n ǁ ~/**пароотборная** Dampfentnahmerohr n, Abdampfrohr n ǁ ~/**пароотводящая** Ausblaserohr n (Dampf) ǁ ~/**пароперепускная** Dampfüberströmrohr n ǁ ~/**пароподводная** Dampfzuleitungsrohr n, Dampfzuführungsrohr n ǁ ~/**паропроводная** s. ~/паровая ǁ ~/**паропускная** Abblaserohr n ǁ ~/**парораспределительная** Dampfverteilungsrohr n ǁ ~/**паросборная** Dampfsammelrohr n ǁ ~ **паротурбины/перепускная** Überströmrohr n (Dampfturbine) ǁ ~/**перегревателя** Überhitzerrohr n ǁ ~/**переливная** Überlaufrohr n ǁ ~/**печи/дымовая** Ofenkanal m ǁ ~/**печная** Ofenrohr n ǁ ~/**поворотная** Schwenkrohr n ǁ ~ **под насыпью** Rohrdurchlaß m ǁ ~/**подающая** Vorschubrohr n ǁ ~/**подъёмная** Steigrohr n (Kessel) ǁ ~/**пониженного давления/аэродинамическая** (Aerod) Unterdruckkanal m ǁ ~/**приёмная** Übernahmerohr n; Saugrohr n ǁ ~/**пролётная** (Eb) Durchgangsleitung f (Bremsleitung) ǁ ~/**рабочая** (Bgb) Mitnehmerstange f, Kelly n (Erdölbohrung) ǁ ~/**разборная** Schnellkupplungsrohr n ǁ ~/**раздвижная** Teleskoprohr n, Auszugsrohr n ǁ ~/**раздвоенная** Gabelrohr

труба

n, Hosenrohr *n* ‖ ~/**распорная** Distanzrohr *n* ‖ ~/**распределительная** Verteilerrohr *n*; Sammelstück *n* ‖ ~/**распыляющая** Sprührohr *n* ‖ ~/**рассоло-распределительная** Soleverteilungsrohr *n* ‖ ~/**раструбная** Muffenrohr *n* ‖ ~/**расходомерное** Meßrohr *n* zur Durchflußmessung, Durchflußmeßrohr *n* ‖ ~/**реактивная** *(Rak)* Schubrohr *n* ‖ ~/**реакционная** *(Ch)* Reaktionsrohr *n* ‖ ~/**ребристая** Rippenrohr *n* ‖ ~/**самотёчная** Fallrohr *n* ‖ ~/**сборная** Sammelrohr *n* ‖ ~/**сварная** geschweißtes Rohr *n* ‖ ~ **сверхзвуковых скоростей/аэродинамическая** *(Aerod)* Überschallwindkanal *m* ‖ ~/**сифонная** Heberrohr *n* ‖ ~/**сливная** Überlaufrohr *n*, Überfallrohr *n* ‖ ~/**соединительная** Anschlußrohr *n*, Verbindungsrohr *n* ‖ ~/**соковая** Saftleitung *f (Zuckergewinnung)* ‖ ~/**соприкасательная** Fluchtfernrohr *n* ‖ ~/**сосуновая** Saugrohr *n (Saugbagger)* ‖ ~/**спиральная** Spiralrohr *n* ‖ ~/**спирально-сваренная** spiralgeschweißtes Rohr *n* ‖ ~/**сточная** Abflußrohr *n* ‖ ~ **тахеометра/дальномерная** *(Geod)* Entfernungsmeßrohr *n (Tachymeter)* ‖ ~/**телескопическая** *s.* ~/**раздвижная** ‖ ~/**тепловая** Wärmerohr *n* ‖ ~/**теплообменная** Austauschrohr *n (in einem Wärmeaustauscher)* ‖ ~/**толстостенная** dickwandiges Rohr *n* ‖ ~/**тонкостенная** dünnwandiges Rohr *n* ‖ ~/**трансзвуковая аэродинамическая** *(Aerod)* transsonischer Windkanal *m*, Windkanal *m* für schallnahe Geschwindigkeiten oberhalb der Schallgrenze ‖ ~/**утяжелённая бурильная** *(Bgb)* Schwerstange *f (Tiefbohrung)* ‖ ~/**фановая** *(Schiff)* Fäkalienrohr *n* ‖ ~/**фасонная** Profilrohr *n* ‖ ~/**фланцевая** Flanschrohr *n* ‖ ~/**фотографическая зенитная** *(Astr)* photographisches Zenitteleskop *n*, PZT ‖ ~/**холоднотянутая** kaltgezogenes Rohr *n* ‖ ~/**цельнокатаная** nahtlos gewalztes Rohr *n* ‖ ~/**цельнотянутая** nahtlos gezogenes Rohr *n*, nahtloses (ganzgezogenes) Rohr *n* ‖ ~/**цепная** *(Schiff)* Kettenfallrohr *n* ‖ ~/**шарнирная** Gelenkrohr *n* ‖ ~/**шламовая** *(Bgb)* Schlammrohr *n*, Sedimentrohr *n (Tiefbohrung)* ‖ ~/**шпигатная** *(Schiff)* Speigattrohr *n* ‖ ~/**штопорная аэродинамическая** *(Aerod)* Trudelwindkanal *m* ‖ ~/**экранная** Kühlrohr *n (Kesselheizung)* ‖ ~/**якорная** *(Schiff)* Ankerklüsenrohr *n*

труба-вытеснитель *f* Verdrängerrohr *n*
труба-гид *f s.* труба/ведущая 1.
труба-искатель *f (Astr)* Sucherfernrohr *n*, Sucher *m*
труба-сушилка *f* Röhrentrockner *m*, Stromtrockner *m*
трубка *f* 1. Rohr *n*, Röhrchen *n (s. a. unter* труба 1.*)*; 2. *(Eln)* Röhre *f (s. a. unter* лампа 2.*)*; 3. *(El)* Röhrenkondensator *m*; 4. *(Nrt)* Hörer *m (Telephon)*; 5. *(Mil)* Zünder *m (Granate)* ‖ ~ **Брауна** *(Eln)* Braunsche Röhre *f (Oszillographenröhre)* ‖ ~/**брауновская** *s.* ~ Брауна ‖ ~/**бродильная** *(Ch)* Gär[ungs]röhrchen *n*, Gärröhre *f* ‖ ~ **Бурдона** *(Ph)* Bourdon-Rohr *n*, Bourdon-Röhre *f*, Bourdon-Manometer *n* ‖ ~/**вакуумная** *(Eln)* Vakuumröhre *f* ‖ ~/**взрыва** *(Geol)* Schlot *m*, Eruptionsschlot *m*, Schlotgang *m*, Schußkanal *m*, Diatrema *f*, Durchschlagsröhre *f* ‖ ~/**водомерная** 1. Wasserstandsrohr *n*, Flüssigkeits-

standrohr *n*; 2. *(Hydt)* Peilrohr *n* ‖ ~/**высоковольтная** *(Eln)* Hochspannungsröhre *f* ‖ ~ **высокого напряжения/газосветная** *(Licht)* Hochspannungsleucht[stoff]röhre *f* ‖ ~/**газоразрядная** *(Eln)* Gasentladungsröhre *f* ‖ ~/**газосветная** *(El)* Gasentladungslampe *f* in Röhrenform; Leuchtstofflampe *f*, Leuchtstoffröhre *f* ‖ ~/**гелиевая** Heliumröhre *f* ‖ ~/**гибкая** Wellrohr *n* ‖ ~ **горючей смеси** Mischrohr *n (Injektorschneidbrenner)* ‖ ~/**гофрированная** Wellrohr *n* ‖ ~/**двухлучевая** *(El)* Zweistrahlröhre *f* ‖ ~ **для прокаливания** *(Ch)* Glühröhrchen *n* ‖ ~ **для сожжения** *(Ch)* Verbrennungsrohr *n*, Verbrennungsröhre *f* ‖ ~ **для цветного телевидения/приёмная** Farbfernsehbildröhre *f* ‖ ~/**дрейфовая** *(Kern)* Triftröhre *f*, Klystron *n* ‖ ~/**запоминающая** *(Inf)* Speicherröhre *f* ‖ ~/**индикаторная** Anzeigeröhre *f* ‖ ~/**ионная** Ionenröhre *f*, Gasentladungsröhre *f* ‖ ~/**ионно-лучевая** Ionenstrahlröhre *f* ‖ ~/**капиллярная** Kapillarrohr *n*, Haarröhrchen *n* ‖ ~ **Кариуса** *(Ch)* Bombenrohr *(Einschmelzrohr) n* nach Carius ‖ ~/**катодная (катодно-лучевая)** *(Eln)* Elektronenstrahlröhre *f*, Kathodenstrahlröhre *f* ‖ ~/**кислородная режущая** *(Met)* Sauerstofflanze *f (Brennschneider von Stahlblöcken)* ‖ ~ **лага/приёмная** *(Schiff)* Staudruckrohr *n*, Fahrtmeßrohr *n (Staudruckfahrtmeßanlage)* ‖ ~/**люминесцентная** *(Licht)* Leuchtstofflampe *f*, Leuchtstoffröhre *f* ‖ ~/**масочная** *(TV)* Masken[farbbild]röhre *f* ‖ ~/**микротелефонная** Fernsprechhörer *m*, Telephonhörer *m* ‖ ~/**многолучевая** *(Eln)* Mehrstrahlröhre *f* ‖ ~ **наконечника** *(Schw)* Mischrohr *n (Saugbrenner)* ‖ ~/**накопительная** *(Inf)* Speicherröhre *f* ‖ ~/**неоновая** Neon[leucht]röhre *f* ‖ ~/**низковольтная** *(Eln)* Niederspannungsröhre *f* ‖ ~/**низкого давления/газосветная** *(El)* Niederdruckgasentladungslampe *f* ‖ ~/**однолучевая** *(El)* Einstrahlröhre *f* ‖ ~/**однолучевая запоминающая** Einstrahlspeicherröhre *f* ‖ ~/**осциллографическая** Oszillographenröhre *f* ‖ ~/**передающая** *(Eln)* Aufnahmeröhre *f* ‖ ~/**передающая электронно-лучевая** Elektronenstrahlabtaströhre *f* ‖ ~ **переменного вакуума** *(Lw)* kurzer Pulsschlauch *m (Melkzeug)* ‖ ~ **Пито** Pitot-Rohr *n*, Pitotsches Rohr *n*, Staurohr *n (Staudrucksung)* ‖ ~/**пневмометрическая.** ~ Пито ‖ ~ **поля [/силовая]** *(Eln)* Feld[linien]röhre *f* ‖ ~ **Прандтля** Prandtlsches Staurohr *n*, Prandtl-Rohr *n* ‖ ~/**приёмная** 1. *(Eln)* Empfangsröhre *f*; 2. *(Wlz)* Ausführungsrohr *n*; 3. Einfüllrohr *n* ‖ ~/**приёмная телевизионная** Fernseh[bild]röhre *f*, Bild[wiedergabe]röhre *f* ‖ ~/**проекционная приёмная** Projektions[empfangs]röhre *f* ‖ ~ **прямого видения/телевизионная** Direktsicht[bild]röhre *f* ‖ ~/**разрядная** 1. *(Licht)* Gasentladungslampe *f*; 2. *(Eln)* Gasentladungsröhre *f* ‖ ~/**реакционная** *(Ch)* Reaktionsrohr *n* ‖ ~ **режущего кислорода** Schneidsauerstoffrohr *n (Injektorschneidbrenner)* ‖ ~/**рентгеновская** Röntgenröhre *f* ‖ ~ **с вращающимся анодом/рентгеновская** Drehanoden-Röntgenröhre *f* ‖ ~ **с горячим (накаливаемым) катодом** *(Eln)* Glühkathodenröhre *f* ‖ ~ **с накоплением зарядов** Speicherröhre *f* ‖ ~ **с плоским экраном/телевизионная** Planschirmröhre *f*, Flachbildröhre *f* ‖ ~ **с полым анодом/рентгеновская** Hohlanoden[röntgen]röhre *f* ‖ ~ **с прямоугольным экраном/телевизионная** Rechteck[bild]-röhre *f* ‖ ~ **с темновой записью** Dunkelschriftröhre *f*, Blauschriftröhre *f*, Skiatron *n* ‖ ~ **с трёхцветным экраном/приёмная телевизионная** Dreifarben[bild]röhre *f* ‖ ~ **с холодным катодом** Kaltkathodenröhre *f* ‖ ~**/светящаяся** Leuchtröhre *f* ‖ ~**/семепроводная** *(Lw)* Saatleitungsrohr *n (Sämaschine)* ‖ ~**/сливная** 1. Abflußrohr *n*, Ablaßrohr *n*; 2. *(Ch)* Ablaufrohr *n*, Rückflußrohr *n (Destillation)* ‖ ~**/слуховая** *s.* ~**/телефонная** ‖ ~**/струйная** Strahlrohr *n* ‖ ~**/счётная** *(Kern)* Zählrohr *n* ‖ ~**/телевизионная** Fernseh[bild]röhre *f*, Bild[wiedergabe]röhre *f* ‖ ~**/телевизионная передающая** Fernsehaufnahmeröhre *f*, Bildaufnahmeröhre *f* ‖ ~**/телевизионная приёмная** *s.* ~**/телевизионная** ‖ ~**/телефонная** *(Nrt)* Hörer *m* ‖ ~**/тёплая** Warmtonleuchtröhre *f* ‖ ~**/терапевтическая рентгеновская** Therapieröhre *f*, Röntgenröhre *f* für Therapiezwecke ‖ ~**/термодиффузионная** Trennrohr *n (zur Trennung durch Thermodiffusion)* ‖ ~**/тлеющего разряда** Glimm[entladungs]röhre *f* ‖ ~**/тока [/элементарная]** *(Hydrod)* Stromröhre *f (Strömungsfeld)* ‖ ~**/трёхцветная телевизионная** Dreifarbenbildröhre *f* ‖ ~**/ускорительная** *(Kern)* Beschleunigungsrohr *n (Teilchenbeschleuniger)* ‖ ~**/цветная масочная** Masken[farbbild]röhre *f* ‖ ~ **цветного телевидения/приёмная** Farbbild[wiedergabe]röhre *f*, Farbfernsehbildröhre *f* ‖ ~**/цельностеклянная** Allglasröhre *f* ‖ ~**/чёрно-белая приёмная** Schwarzweißbildröhre *f* ‖ ~**/черпаковая (черпательная)** *(Hydr)* Schöpfrohr *n (Strömungskupplung)* ‖ ~ **Шмакова-Тимофеева** Image-Ikonoskop *n*, Superikonoskop *n*, Zwischenbildikonoskop *n* ‖ ~**/электронная Электронenröhre** *f* ‖ ~**/электронно-лучевая** *(Eln)* Bildröhre *f*; Elektronenstrahlröhre *f*, Kathodenstrahlröhre *f* ‖ ~**/электростатическая запоминающая** *(Inf)* Speicherröhre *f*

трубка-ускоритель *f* Beschleunigungsrohr *n*
трубодёр *m* Rohrzieher *m (Erdölbohrgerät)*
трубодолото *n* Turbinenmeißel *m (Erdölbohrgerät)*
трубокол *n* Rohrlocher *m (Erdölbohrgerät)*
труболовка *f* Rohr[fang]krebs *m (Erdölbohrgerät)* ‖ ~**/пиковая** Rohrfänger *m*
трубоотвод *m* Abzweigrohr *n*
трубоочиститель *m* Rohrreiniger *m*, Rohrkratze *f*
трубопровод *m* Rohrleitung *f*, Leitung *f*; Rohrstrang *m* ‖ ~**/аварийный питательный** Notspeiseleitung *f* ‖ ~**/балластный** *(Schiff)* Ballastleitung *f* ‖ ~**/бензиновый** *(Kfz)* Benzinleitung *f*, Kraftstoffleitung *f* ‖ ~**/вакуумный** Vakuumleitung *f* ‖ ~**/вентиляционный** *(Bgb)* Luttenstrang *m*, Luttenleitung *f*, Luttentour *f (Bewetterung)* ‖ ~ **верхнего продувания** *(Schiff)* Abschäumleitung *f (Kesselanlage)* ‖ ~**/возвратный** Rück[lauf]leitung *f* ‖ ~**/восходящий** *(Brau)* Steigrohr *n (am zylindronischen Gärtank)* ‖ ~**/впускной** Einlaßleitung *f*, Einlaufleitung *f* ‖ ~**/всасывающий** Saug[rohr]leitung *f* ‖ ~**/всасывающий вентиляционный** *(Bgb)* saugende Luttenleitung *f (Bewetterung)* ‖ ~**/выпускной** Auslaßleitung *f*, Ausströmleitung *f*, Auspuf-

fleitung *f* ‖ ~ **высокого давления** Hochdruckleitung *f* ‖ ~**/газовпускной** Gasansaugleitung *f* ‖ ~**/газоотводной** *(Schiff)* Gasableitungsleitung *f (Tanker)* ‖ ~**/гидрозакладочный** *(Bgb)* Spülversatzleitung *f* ‖ ~ **горючей смеси/впускной** *(Kfz)* Kraftstoffeinlaßleitung *f*, Kraftstoffansaugleitung *f*, Ansaugkanal *m* ‖ ~ **горячего дутья** *(Met)* Heißwindleitung *f*, Brenngasleitung *f* ‖ ~**/дождевальный** *(Hydt)* Regnerleitung *f* ‖ ~**/закладочный** *(Bgb)* Versatzrohrleitung *f (Spülversatz)* ‖ ~ **затопления** *(Schiff)* Flutleitung *f* ‖ ~**/кабельный** Kabelrohrleitung *f* ‖ ~**/колёсный дождевальный** *(Lw)* rollender Regnerflügel *m*, rollende Regnerleitung *f* ‖ ~**/кольцевой** Ringleitung *f* ‖ ~**/круговой** *(Text)* Ringleitung *f (Flockespeisung)* ‖ ~**/магистральный** Haupt[rohr]leitung *f*, Sammelleitung *f*; 2. Rohrfernleitung *f*, Fernleitung *f* ‖ ~**/маслонапорный** Druckölleitung *f* ‖ ~ **мятого пара** Abdampfleitung *f* ‖ ~**/нагнетательный (напорный)** Druckleitung *f*, Pressleitung *f* ‖ ~**/напороуравнительный** Druckausgleichleitung *f* ‖ ~ **нижнего продувания** *(Schiff)* Abschlämmleitung *f (Kesselanlage)* ‖ ~**/обводный** Beipaßleitung *f*, Überströmleitung *f*, Umführungsleitung *f*, Umgehungsleitung *f* ‖ ~**/обратный** Rück[lauf]leitung *f* ‖ ~**/осушительный** *(Schiff)* Lenzleitung *f* ‖ ~**/ответвлённый** Zweigrohrleitung *f*, Abzweigleitung *f* ‖ ~**/отливной** Ausgußleitung *f* ‖ ~ **отработанного пара** Abdampfleitung *f* ‖ ~**/питательный** 1. Speiseleitung *f*; 2. Speisewasserleitung *f* ‖ ~**/пневматический** Druckluftleitung *f* ‖ ~**/подающий** Vorlaufleitung *f (Heizung)* ‖ ~**/подъёмный** Steigleitung *f* ‖ ~**/поливной** *(Lw)* Regnerleitung *f* ‖ ~**/приёмный** 1. Übernahmeleitung *f*; 2. Saugleitung *f* ‖ ~**/приёмный осушительный** *(Schiff)* Lenzsaugleitung *f* ‖ ~**/проводящий** Saug[rohr]leitung *f (Pumpenanlage)* ‖ ~**/продувной [вентиляционный]** *(Bgb)* blasende Luttenleitung *f (Bewetterung)* ‖ ~**/пропаривания** *(Schiff)* Ausdämpfleitung *f* ‖ ~**/разборный** *(Lw)* Schnellkupplungsrohrleitung *f* ‖ ~**/распределительный** Verteilerleitung *f* ‖ ~**/рассольный** *(Kält)* Soleleitung *f* ‖ ~**/рефулёрный** Druckleitung *f*, Spülleitung *f (Spüler)* ‖ ~**/самотёчный** Gefälleleitung *f* ‖ ~**/сборный** Sammelleitung *f*, Sammelrohr *n* ‖ ~ **свежего пара** Frischdampfleitung *f* ‖ ~ **сжатого воздуха** *s.* ~**/пневматический** ‖ ~**/транзитный** *s.* ~**/магистральный** 2. ‖ ~**/транспортный** Förderleitung *f* ‖ ~**/уравнительный** Ausgleichleitung *f* ‖ ~ **холодного дутья** *(Met)* Kaltwindleitung *f* ‖ ~**/шпигатный** *(Schiff)* Speigattleitung *f*

трубопрокатка *f (Wlz)* Rohrwalzen *n*
трубопрокатный *m* Rohrwalz...
труборасширитель *m (Wlz)* Rohr[aufweit]walze *f*
труборез *m* Rohrabschneider *m*
трубоукладчик *m* 1. Rohrleger *m*, Rohrlegekran *m*, Rohrlegemaschine *f*; 2. *(Schiff)* Rohrleger *m*
трубчатка *f (Ch)* Röhren[ofen]destillationsanlage *f*
труд *m* Arbeit *f* ‖ ~**/квалифицированный** qualifizierte Arbeit *f* ‖ ~**/научный** wissenschaftliche Arbeit *f* ‖ ~**/однообразный** eintönige (monotone) Arbeit *f* ‖ ~**/умственный** geistige Arbeit *f* ‖ ~**/физический** körperliche Arbeit *f*
труднокольский *(Forst)* schwerspaltig *(Holz)*

труднолетучий *(Ch)* schwerflüchtig
труднообогатимый schwer aufbereitbar (anreicherungsfähig)
труднообрабатываемый schwerbearbeitbar
труднооксляемый *(Ch)* schwer oxidierbar (oxidabel)
труднорастворимый *(Ch)* schwerlöslich
трудносмываемый schwer abwaschbar (auswaschbar)
трудоёмкий arbeitsaufwendig
трудоёмкость f Arbeitsaufwand m
трудозатраты fpl Arbeitsaufwand m
трудоспособность f Arbeitsfähigkeit f; Leistungsfähigkeit f
трудоспособный arbeitsfähig, erwerbsfähig
труха f Mulm m; morsches Holz n
трухлявый verfault, mürbe, morsch, mulmig
трущийся Reib..., reibend; Gleit..., gleitend
трюм *(Schiff)* Laderaum m; Stauung f; Bilge f *(Segeljacht)* ‖ **~/грузовой** Laderaum m ‖ **~/грунтовой (грунтовый)** Hopper m, Hopperraum m, Baggerladeraum m ‖ **~/мучной** Fischmehlbunker m, Fischmehlraum m ‖ **~/рефрижераторный** Ladekühlraum m, Kühlladeraum m ‖ **~/рудный** Erzladeraum m ‖ **~/рыбный** Fischbunker m ‖ **~/самоштивующийся** selbsttrimmender Laderaum m ‖ **~/сетевой (сетной)** Netzraum m, Netzlast f
трюмный *(Schiff)* Laderaum..., Raum...; Bilgen...
трясилка f *(Text)* Wergschüttelmaschine f
тряска f Schütteln n, Rütteln n
тряскопрочность f s. тряскоустойчивость
тряскопрочный, тряскостойкий s. тряскоустойчивый
тряскостойкость f s. тряскоустойчивость
тряскоустойчивость f Schüttelfestigkeit f, Rüttelfestigkeit f, Erschütterungsfestigkeit f, Erschütterungsbeständigkeit f
тряскоустойчивый schüttelfest, rüttelfest, erschütterungsfest, erschütterungsbeständig
трясти rütteln, schütteln
трясун m Schüttelrinne f, Wurfförderrinne f, Schwingrinne f; Rüttelsieb n
ТС s. 1. система телеизмерения; 2. термометр сопротивления; 3. станция/телефонная
ТТ s. 1. телеграфирование/тональное; 2. труба/тепловая
Т.Т. s. трансформатор тока
ТТЛ s. логика/транзисторно-транзисторная ‖ **~ с диодами Шоттки** *(Eln)* Schottky-TTL f, STTL
ТТЛ ИС *(Eln)* integrierter TTL-Schaltkreis m
ТТЛ-микросхема f *(Eln)* TTL-Mikroschaltkreis m
ТТЛ-схема f 1. Transistor-Transistor-Schaltung f, TTL-Schaltung f; 2. TTL-Schaltkreis m, Transistor-Transistor-Logikschaltkreis m ‖ **~/комплементарная** Komplementär-TTL-Schaltkreis m ‖ **~/стандартная** Standard-TTL-Schaltkreis m, TTL-Standardschaltkreis m
ТТЛ-технология f *(Eln)* TTL-Technik f
ТУ s. телеуправление
тубус m Tubus m ‖ **~/бинокулярный** *(Opt)* binokularer Tubus m, Binokulartubus m ‖ **~/выдвижной** *(Opt)* Ausziehtubus m ‖ **~ микроскопа** Mikroskoptubus m ‖ **~/окулярный** *(Opt)* Okulartubus m
тугой gespannt, straff

тугоплавкий 1. schwerschmelzbar, hochschmelzbar, hochschmelzend; 2. hitzebeständig, feuerbeständig *(Metalle, Legierungen)*
тугоплавкость f 1. Schwerschmelzbarkeit f; 2. Hitzebeständigkeit f, Feuerbeständigkeit f *(Metalle, Legierungen)*
туер m Kettenschleppschiff n
тузик m Beiboot n
тузлук m Lake f, Salzlake f, Salzlösung f
тузлукование n *(Led)* Salzlakenbehandlung f, Naßsalzen n
тук m Mineraldünger m ‖ **~/азотистый** Stickstoffdünger m ‖ **~/гранулированный** granulierter Mineraldünger m, Düngergranulat n ‖ **~/естественный** natürlicher Dünger m, Naturdünger m ‖ **~/искусственный** Mineraldünger m ‖ **~/калийный** Kalidünger m ‖ **~/стандартный** Handelsdünger m
тукодробилка f *(Lw)* Mineraldüngermühle f
тукоразбрасыватель m Düngerstreuer m, Mineraldüngerstreuer m ‖ **~ с шиберным дозатором** Schiebegitterdüngerstreuer m ‖ **~/центробежный** Schleuderdüngerstreuer m
тукосмеситель m *(Lw)* Mineraldüngermischer m
тулий m *(Ch)* Thulium n, Tm
тулит m *(Min)* Thulit m (manganhaltiger Zoisit)
туман m 1. *(Meteo)* Nebel m; Dunst m; 2. *(Ch)* Nebel m, Flüssigkeitsaerosol n; 3. *(Photo)* Schleier m ‖ **~/адвективный** Advektionsnebel m ‖ **~/высокий** Hochnebel m ‖ **~/городской** Stadtnebel m ‖ **~/долинный** Talnebel m ‖ **~ испарения** Verdunstungsnebel m ‖ **~/красочный** Farbnebel m ‖ **~/мокрый** nässender Nebel m ‖ **~ охлаждения** Abkühlungsnebel m *(Sammelbegriff für Advektions- und Strahlungsnebel)* ‖ **~/позёмный** Bodennebel m, flacher Nebel m ‖ **~/приморский** Küstennebel m ‖ **~/радиационный** Strahlungsnebel m ‖ **~ смешения** Mischungsnebel m ‖ **~/фронтальный** Frontnebel m
туманность f *(Astr)* Nebel m ‖ **~ Андромеды** Andromedanebel m ‖ **~/внегалактическая** extragalaktischer (außergalaktischer) Nebel m ‖ **~/волокнистая** Fasernebel m ‖ **~/газовая** Gasnebel m, Gaswolke f *(im Milchstraßensystem)* ‖ **~/газово-пылевая** Gas- [und] Staubnebel m ‖ **~/галактическая** galaktischer Nebel m, Nebel m im Milchstraßensystem ‖ **~/диффузная** diffuser Nebel m ‖ **~/кольцеобразная планетарная** Ringnebel m *(in der Leier)* ‖ **~/кометообразная** kometarischer Nebel m ‖ **~/крабовидная** Krebsnebel m ‖ **~/неправильная** unregelmäßiger Nebel m ‖ **~ Ориона** Orionnebel m ‖ **~/отражательная** Reflexionsnebel m ‖ **~/планетарная** planetarischer Nebel m ‖ **~/протопланетарная** protoplanetarer Nebel m, planetarer Urnebel m *(Kosmogonie)* ‖ **~/протосолнечная** Sonnennebel m ‖ **~/пылевая** Staubnebel m, Staubwolke f ‖ **~/спиральная** Spiralnebel m ‖ **~/тёмная** Dunkelwolke f, Dunkelnebel m ‖ **~/эллиптическая** elliptischer Nebel m ‖ **~/эмиссионная** Emissionsnebel m
туманность-остаток f **вспышки сверхновой [звезды]** *(Astr)* Supernovaüberrest m
тумба f *(Bw)* Prellstein m, Poller m ‖ **~/квартропная** "Toter Mann" m, Umlenkrolle f *(Seitentraw-*

ler) ‖ ~ **крана** (Schiff) Kransäule f ‖ **~/причальная** (Schiff) Festmachpoller m, Vertäupoller m (am Liegeplatz) ‖ **~/штурвальная** (Schiff) Steuersäule f

тумблер m (El) Kipp[hebel]schalter m

тунгстит m (Min) Tungstit m, Wolframocker m

туннелирование n (Eln) Durchtunnelung f, Tunnelung f, Tunneln n

туннелировать (Eln) [durch]tunneln

туннель m Tunnel m (s. a. unter **тоннель**) ‖ **~/автодорожный** Autotunnel m, Straßentunnel m ‖ **~/базисный** (Hydt) Sohltunnel m (Gebirgstunnel) ‖ **~/безнапорный** (Hydt) druckloser Tunnel m ‖ ~ **валопровода** (Schiff) Wellentunnel m ‖ **~/вершинный** (Hydt) Firsttunnel m (Gebirgstunnel) ‖ **~/водосливный** (Hydt) Überlaufstollen m ‖ **~/водосточный** (Hydt) Entnahmestollen m ‖ **~/гидротехнический** (Hydt) Wasserstollen m, Wasserleitungstunnel m ‖ **~/горный** Gebirgstunnel m ‖ ~ **гребного вала** (Schiff) Wellentunnel m ‖ **~/деривационный** (Hydt) Umlaufstollen m, Umleitungsstollen m ‖ **~/кабельный** (El) Kabelkanal m, Leitungskanal m, Sammelleitungstunnel m (für Starkstrom- und Fernmeldekabel) ‖ **~/коллекторный** (Bw) Sammelkanal m, Leitungstunnel m ‖ **~/лавовый** (Geol) Lavatunnel m ‖ **~/морозильный** Gefriertunnel m (Fischverarbeitung) ‖ **~/напорный** (Hydt) Druckstollen m ‖ **~/обходной** s. **~/деривационный** ‖ **~/подводный** (Bw) Unterwassertunnel m ‖ **~/подводящий** (Hydt) Zulaufstollen m, Zugangsstollen m ‖ **~/подошвенный** Sohltunnel m (Gebirgstunnel) ‖ **~/пропарочный** (Bw) Bedampfungstunnel m (Beton) ‖ **~/проходной** (El, Bw) begehbarer Kabelkanal m ‖ **~/трубный** Rohrkanal m ‖ ~ **трубопроводов** Rohrkanal m

туннельно-непрозрачный (Eln) nicht durchtunnelbar

туннельно-прозрачный (Eln) durchtunnelbar

тупик m 1. Sackgasse f; 2. (Hydt) Sackrohr n; 3. (Eb) Stumpfgleis n, Kopfgleis n, Gleisstumpf m

тупик m (Led) Rißhobel m; Streckeisen n, Haareisen n, Wolleisen n

тупоугольный stumpfwinklig

турачка f (Schiff) Spillkopf m (Winde)

турбидиметр m Turbidimeter n, Trübungsmesser m

турбидиметрический turbidimetrisch

турбидиметрия f Turbidimetrie f, Trübungsmessung f

турбина f Turbine f (Dampf-, Gas-, Wasser-, Windturbine) ‖ **~/авиационная** Flug[zeug]turbine f, Luftfahrzeugturbine f ‖ **~/автомобильная газовая** Kraftfahrzeuggasturbine f ‖ **~/аккумуляторная паровая** Speicherturbine f ‖ **~/аксиальная** s. ~/осевая ‖ **~/активная** Gleichdruckturbine f, Aktionsturbine f ‖ **~/активная гидравлическая** Wassergleichdruckturbine f, Aktionswasserturbine f ‖ **~/активная паровая** s. ~/активная ‖ **~/активно-реактивная паровая** kombinierte Gleichdruck-Überdruck-Turbine f ‖ **~/базисная** Grundlastturbine f ‖ ~ **Банки** Banki-Turbine f, Durchströmturbine f (Wasserturbine) ‖ **~/бесподвальная** Überflurturbine f ‖ **~/быстроходная** Schnelläuferturbine f ‖ **~/вертикальная** stehende Turbine f,

Turbine f mit stehender (senkrechter) Welle (Wasserturbine) ‖ ~ **взрывного типа/газовая** Gleichraumgasturbine f, Verpuffungsturbine f ‖ **~/винтовая** Propellerturbine f (Wasserturbine, Windturbine) ‖ **~/вихревая** Wirbelflußturbine f, Wirbelflußmaschine f (Axialmaschine mit verwundenen Schaufeln) ‖ **~/влажно-паровая** Naßdampfturbine f ‖ **~/водяная** Wasserturbine f (s. a. unter **гидротурбина**) ‖ **~/возбудительная** s. ~ **возбудителя** ‖ ~ **возбудителя** Erregerturbine f (Kraftwerks-Dampfturbine; Wasserturbine) ‖ ~ **выпускных газов** Abgasturbine f (Verbrennungsmotor) ‖ ~ **высокого давления** Hochdruckturbine f ‖ ~ **высокого давления/газовая** Hochdruckgasturbine f ‖ ~ **высокого давления/паровая** Hochdruck[dampf]turbine f ‖ **~/высоконапорная** Hochdruckturbine f ‖ **~/газовая** Gasturbine f ‖ **~/газовыхлопная** Abgasturbine f (Verbrennungsmotor) ‖ **~/генераторная** Generatorturbine f ‖ **~/гидравлическая** Wasserturbine f (s. a. unter **гидротурбина**) ‖ **~/главная** Grundlastturbine f, Nutzleistungsturbine f ‖ **~/главная судовая** Propellerturbine f, Turbine f mit liegender (waagerechter) Welle ‖ **~/горизонтальная** liegende Turbine f, Turbine f mit liegender (waagerechter) Welle (Wasserturbine) ‖ ~ **двойного давления** s. Doppelturbine f (Wasserturbine); 2. s. ~ **двух давлений** ‖ **~/двукратная** Durchströmturbine f, Banki-Turbine f (Wasserturbine) ‖ ~ **двух давлений** Zweidruckturbine f, Mehrdruckturbine f ‖ **~/двухвенечная** zweikränzige Turbine f ‖ **~/двухколёсная** Doppelturbine f ‖ **~/двухпоточная** zweiflutige (doppelflutige) Turbine f ‖ **~/двухрядная** Verbundturbine f (Wasserturbine) ‖ **~/двухсопловая [свободноструйная]** zweidüsige Freistrahlturbine f (Wasserturbine) ‖ **~/двухступенчатая** zweistufige Turbine f, Zweistufenturbine f ‖ **~/двухступенчатая газовая** Gasturbine f mit zwei Brennstufen, zweistufige Gasturbine f ‖ **~/дисковая** Scheibenturbine f, Räderturbine f ‖ ~ **заднего хода** (Schiff) Rückwärtsturbine f ‖ **~/закрытая** Turbine (Überdruckturbine) f in geschlossener (überdeckter) Wasserkammer f ‖ **~/избыточная** Überdruckturbine f, Reaktionsturbine f ‖ **~/импульсная** 1. Stoßturbine f, Freiauspuffturbine f (Abgasturbolader); 2. Geschwindigkeitsturbine f ‖ **~/камерная** Gehäusewasserturbine f ‖ ~ **Каплана** Kaplan-Turbine f ‖ ~ **Кертиса** Curtis-Turbine f ‖ **~/ковшовая** Pelton-Turbine f ‖ **~/комбинированная паровая** kombinierte Gleichdruckturbine f ‖ **~/конденсационная [паровая]** Kondensationsturbine f (Wasserturbine) ‖ **~/котельная** Kesselturbine f (Wasserturbine) ‖ **~/кратная** Mehrfachturbine f (Wasserturbine) ‖ **~/крейсерская** (Schiff) Marschturbine f ‖ **~/лопастная** Flügelradturbine f, Propellerturbine f ‖ **~/лопастнорегулируемая** Thomann-Turbine f (Wasserturbine) ‖ ~ **Люнгстрема/паровая** Ljungström-Turbine f (Radialturbine) ‖ **~/маломощная** Kleinturbine f ‖ **~/многовальная [паровая]** Mehrwellen[dampf]turbine f ‖ **~/многовенечная** mehrkränzige Turbine f ‖ **~/многокорпусная** mehrgehäusige Turbine f ‖ **~/многоотборная** Mehrfachentnahmeturbine f ‖ **~/многопоточная** mehrflutige Turbine f ‖ **~/многоступенчатая** mehrstufige Turbine f (Wasserturbine) ‖

турбина

~/многоступенчатая газовая Gasturbine f mit mehreren Brennstufen, mehrstufige Gasturbine f ‖ ~ мятого пара Abdampfturbine f ‖ ~/наклонная Turbine f mit geneigter Welle, Rohrturbine f (Wasserturbine) ‖ ~/напорноструйная Wasserüberdruckturbine f, Preßstrahlturbine f, Reaktionsturbine f (Wasserturbine) ‖ ~ низкого давления Niederdruckturbine f (Gasturbine, Dampfturbine) ‖ ~ низкого давления/газовая Niederdruckgasturbine f ‖ ~ низкого давления/паровая Niederdruck[dampf]turbine f ‖ ~/низконапорная Niederdruckturbine f (Wasserturbine) ‖ ~/обратная (Schiff) Rückwärtsturbine f ‖ ~/одновальная паровая Einwellen[dampf]turbine f ‖ ~/одновенечная einkränzige Turbine f ‖ ~/однодисковая активная паровая einstufige Gleichdruck[dampf]turbine f (Laval-Turbine) ‖ ~/одноколёсная Einfachturbine f, Einradturbine f ‖ ~/однокорпусная eingehäusige Turbine f, Eingehäuseturbine f ‖ ~/однопоточная einflutige Turbine f ‖ ~/однороторная Einradturbine f ‖ ~/одноступенчатая einstufige Turbine f, Einstufenturbine f ‖ ~/осевая Axialturbine f (Dampf-, Wasser-, Gasturbine) ‖ ~/осевая газовая Axialgasturbine f ‖ ~/открытая Turbine (Überdruckturbine) f in offener Wasserkammer ‖ ~/очистительная (Lw) Siebrad n (Kartoffel- und Rübenerntemaschinen) ‖ ~/паровая Dampfturbine f ‖ ~/парциальная teilbeaufschlagte Turbine f (Dampfturbine) ‖ ~ Пельтона Pelton-Turbine f ‖ ~ переднего хода (Schiff) Vorwärtsturbine f ‖ ~/поворотно-лопастная Turbine f mit Verstellschaufeln, Kaplan-Turbine f ‖ ~ подвального типа/паровая Dampfturbine f mit Unterflurkondensator ‖ ~/полная vollbeaufschlagte Turbine f ‖ ~/последовательная Nachschaltturbine f (Wasserturbine) ‖ ~ постоянного горения/газовая Gleichdruckgasturbine f ‖ ~ постоянного давления Gleichdruckturbine f, Stauturbine f ‖ ~/предвключённая [паровая] Vorschaltturbine f ‖ ~/предельная Grenzleistungsturbine f (Dampfturbine) ‖ ~/приводная Antriebsturbine f ‖ ~/пропеллерная Propellerturbine f (Wasserturbine) ‖ ~/прямоточная Rohrturbine f (Wasserturbine) ‖ ~/радиальная Radialturbine f (Dampf-, Wasser-, Gasturbine) ‖ ~/радиальная газовая Radialgasturbine f ‖ ~/радиальная паровая Radialdampfturbine f (Ljungström-Turbine, SSW-Radialturbine, Überdruckturbine) ‖ ~/радиально-осевая Radial-Axial-Turbine f, Francis-Turbine f ‖ ~/расширительная Expansionsturbine f ‖ ~/реактивная Überdruckturbine f, Reaktionsturbine f (Dampf-, Wasser-, Gasturbine) ‖ ~/реактивная гидравлическая Wasserüberdruckturbine f, Reaktionswasserturbine f ‖ ~/реактивная паровая Überdruckdampfturbine f, Reaktionsturbine f (Parsons-Turbine) ‖ ~/рекуперационная Rückgewinnungsturbine f ‖ ~ с отбором пара Entnahmeturbine f, Anzapfturbine f ‖ ~ с постоянным давлением/газовая Gleichdruckgasturbine f ‖ ~ с противодавлением Gegendruckturbine f ‖ ~ сверхвысокого давления [/паровая] Höchstdruckdampfturbine f ‖ ~/свободноструйная Freistrahlturbine f, Pelton-Turbine f (Wasserturbine) ‖ ~/сдвоенная Doppelturbine f, Zwillingsturbine f (Wasserturbine) ‖ ~ Сименса/паровая SSW-Radialdampfturbine f ‖ ~ собственных нужд Eigenbedarfsturbine f (Dampf- bzw. Wasserturbine zur Deckung des innerbetrieblichen Energiebedarfs des Kraftwerks) ‖ ~/спаренная Zwillingsturbine f (Wasserturbine) ‖ ~/спиральная Spiralgehäuseturbine f (Kaplan- oder Francis-Turbine im Spiralgehäuse) ‖ ~ среднего давления/паровая Mitteldruckdampfturbine f ‖ ~ стартера Anlaßturbine f ‖ ~/судовая Schiffsturbine f ‖ ~/тангенциальная s. ~ /ковшовая ‖ ~/теплофикационная [паровая] Heizdampfentnahmeturbine f ‖ ~/тихоходная Langsamläuferturbine f ‖ ~ Томанна Thomann-Turbine f (Wasserturbine) ‖ ~/транспортная Fahrzeugturbine f ‖ ~/трёхкорпусная dreigehäusige Turbine f, Dreigehäuseturbine f ‖ ~/трёхступенчатая dreistufige Turbine f, Dreistufenturbine f ‖ ~/утилизационная Rückgewinnungsturbine f ‖ ~ Френсиса s. ~/радиально-осевая ‖ ~/хвостовая Nachschaltturbine f ‖ ~/четырёхкорпусная viergehäusige Turbine f, Viergehäuseturbine f ‖ ~/чистая конденсационная паровая Dampfturbine f für reinen Kondensationsbetrieb ‖ ~/энергетическая Kraftwerksturbine f ‖ ~ Юнгстрема/паровая s. ~ Люнгстрема/ паровая

турбинка f Kleinturbine f ‖ ~ металлизатора/воздушная Druckluftturbine f (Flammspritzgerät)

турбиностроение n Turbinenbau m

турбоагрегат m Turbinensatz m, Turbosatz m, Turbinenaggregat n ‖ ~/аварийный Notstromturbosatz m ‖ ~/воздушный Luftturbinenaggregat n, Flugturbinenaggregat n ‖ ~/запасной Reserveturbosatz m ‖ ~/предвключённый Vorschaltturbosatz m ‖ ~/приводной Antriebsturbosatz m ‖ ~/энергетический Kraftwerksturbosatz m

турбоальтернатор m (El) Wechselstromturbogenerator m

турбобур m (Bgb) Turbinenbohrer m

турбобурение n (Bgb) Turbinenbohren n, Turbobohren n

турбовинтовой (Flg) Propellerturbinen..., PTL-...

турбовоз m Turbinenlokomotive f, Turbolokomotive f

турбогазодувка f Kreiselgebläse n, Turbogebläse n

турбогенератор m (El) Turbogenerator m, Turboenergieerzeuger m ‖ ~/утилизационный Abwärmeturbogenerator m, Abgasturbogenerator m

турбогенераторостроение n Turbogeneratorenbau m

турбодетандер m Expansionsturbine f ‖ ~ активного типа Gleichdruckexpansionsturbine f ‖ ~ радиального типа Expansionsturbine f radialer Bauart ‖ ~ реактивного типа Überdruckexpansionsturbine f ‖ ~/реактивно-радиальный Überdruckexpansionsturbine f radialer Bauart

турбодизельэлектроход m Turbodieselelektroschiff n, Schiff n mit turbodieselelektrischem Antrieb

турбокомплект m s. турбоагрегат

турбокомпрессор *m* 1. Turboverdichter *m*, Turbokompressor *m*, Kreiselkompressor *m*; 2. *(Flg)* Turbolader *m*; Abgasturbolader *m*
турболизатор *m* Turbulenzerreger *m (Schiffsmodellversuch)*
турбомашина *f* Strömungsmaschine *f*, Turbomaschine *f* ‖ ~/**активная** Gleichdruckturbomaschine *f*, Aktionsturbomaschine *f* ‖ ~/**реактивная** Überdruckturbomaschine *f*, Reaktionsturbomaschine *f*
турбомешалка *f* Turbomischer *m*; Turborührer *m*, Turbinenrührer *m*
турбомуфта *f* Turbokupplung *f*, Strömungskupplung *f*
турбонагнетатель *m (Flg)* Turbolader *m*
турбонаддув *m* Abgasturboaufladung *f (Verbrennungsmotoren)* ‖ ~/**импульсный** Stoßaufladung *f* ‖ ~ **постоянного потока** Stauaufladung *f*, Gleichdruckaufladung *f*
турбонасос *m* Turbopumpe *f*, Kreiselpumpe *f* ‖ ~/**высоконапорный** Hochdruckturbopumpe *f*, Hochdruckkreiselpumpe *f* ‖ ~/**паровой** Dampfturbopumpe *f* ‖ ~/**питательный** Turbospeisepumpe *f*
турбопередача *f (Masch)* dynamisches Flüssigkeitsgetriebe *n*, Strömungsgetriebe *n*
турбопоезд *m (Eb)* Gasturbinentriebzug *m*
турбораспылитель *m* Turbozerstäuber *m (zum Auftragen von Lack- oder Farbschichten)*
турборасходомер *m*/**массовый** Turbinenmassendurchflußmeßgerät *n*
турбореактивный *(Flg)* Turbinenluftstrahl..., TL-...
турборотор *m* Turboläufer *m*
турбостартер *m* Turboanlasser *m*
турбоход *m* Turbinenschiff *n*
турбоэлектрический turboelektrisch
турбоэлектроход *m* Turboelektroschiff *n*, Schiff *n* mit turboelektrischem Antrieb
турбулентность *f* Turbulenz *f*, turbulente Strömung *f* ‖ ~/**анизотропная** *(Aerod)* anisotrope Turbulenz *f* ‖ ~/**атмосферная** *(Meteo)* atmosphärische Turbulenz *f* ‖ ~/**грозовая** *(Meteo, Flg)* Gewitterturbulenz *f* ‖ ~/**изотропная** *(Aerod)* isotrope Turbulenz *f* ‖ ~/**однородная** *(Aerod)* homogene Turbulenz *f* ‖ ~/**пристеночная** *(Aerod)* wandnahe Turbulenz *f* ‖ ~/**свободная** *(Aerod)* freie Turbulenz *f* ‖ ~ **струи** *(Aerod)* Strahlturbulenz *f*
турбулентный turbulent, Wirbel...
турбулизатор *m (Aerod)* Turbulenzerzeuger *m*, Wirbelerzeuger *m*, Verwirbler *m* ‖ ~/**кольцевой** ringförmiger Turbulenzerzeuger (Wirbelerzeuger) *m* ‖ ~/**осевой** Axialverwirbler *m*
турбулизация *f* Verwirbelung *f*, Wirbelung *f*; Durchwirbelung *f* ‖ ~ **пограничного слоя** *(Aerod)* Grenzschichtturbulenz *f*
турмалин *(Min)* Turmalin *m*
турникет *m (Eb)* Drehschemel *m (Wagen)*
тусклый trübe; matt, glanzlos
тускнеть 1. trübe werden; 2. matt (glanzlos) werden, anlaufen
туф *m (Geol)* Tuff *m* ‖ ~/**андезитовый** Andesittuff *m* ‖ ~/**базальтовый** Basalttuff *m* ‖ ~/**витрокластический** vitroklastischer Tuff *m* ‖ ~/**вулканический** vulkanischer Tuff *m* ‖ ~/**известковый** Kalktuff *m*, Tuffkalk *m*, Travertin *m*

тяга

‖ ~/**кварцевый** Quarzsinter *m* ‖ ~/**кремнёвый (кремнистый)** Kieseltuff *m*, Geysirit *m* ‖ ~/**мергельный** Mergeltuff *m* ‖ ~/**пелитовый** Tontuff *m* ‖ ~/**пемзовый** Binmssteintuff *m* ‖ ~/**порфировый** Porphyrtuff *m* ‖ ~/**сваренный (спёкшийся)** Schweißtuff *m*, Ignimbrit *m* ‖ ~/**стекловатый** Glastuff *m*
туфолава *f (Geol)* Tufflava *f*
туффит *m (Geol)* Tuffit *m*
туча/**палящая** *(Geol)* Glutwolke *f (Vulkanismus)*
тушение *n* 1. Löschen *n*; 2. Löschung *f*, Ablöschen *n (Koks, Schlacke)* ‖ ~/**мокрое** Naßlöschen *n* ‖ ~/**сухое** Trockenlöschen *n*
тушить 1. löschen; 2. ablöschen *(Koks)*
Т/Х теплоход
ТЦ *s*. центр/телевизионный
ТЧ *s*. частота/тональная
тысок *m (Bw)* Binder *m (Mauerwerksverband)*
ТЭДС *s*. сила/термоэлектродвижущая
ТЭС *s*. электростанция/тепловая
тэта-мезон *m s*. каон
тэта-функция *f (Math)* Theta-Funktion *f*
тэта-частица *f s*. каон
ТЭФ *s*. эпитаксия/твердофазная
ТЭЦ *s*. теплоэлектроцентраль
тюбинг *m (Bgb, Bw)* Tübbing *m (Schachtausbau, Tunnelbau)* ‖ ~/**венцовый** Kranztübbing *m* ‖ ~/**каркасный** Verbundtübbing *m* ‖ ~/**накладной** Aufbautübbing *m* ‖ ~/**подвесной** Unterhängetübbing *m*
тюк *m* Ballen *m*; Bündel *m*, Pack *m*
тюковать in Ballen verpacken *(z. B. Wolle, Tuche)*
тюкометатель *m (Lw)* Ballenwerfer *m*
тюкоподборщик *m (Lw)* Ballenlader *m*
тюковыбрывалка *f s*. тюкометатель
тюрингит *m (Min)* Thuringit *m*
тюфяк *m* 1. Matratze *f*; 2. *(Hydt)* Packwerk *n*, Senkstück *n*, Sinkstück *n* ‖ ~/**дренажный** Filterbett *n* ‖ ~/**опускной** Sinkstück *n* ‖ ~/**фашинный** Faschinenpackwerk *n*, Faschinenmatratze *f*
тяга *f* 1. Zug *m*, Zugkraft *f*, Zugleistung *f*; 2. Zug *m*, Zugstange *f*, Zuglasche *f*, Triebstange *f*; 3. *(Eb)* Zugförderung *f*, Traktion *f*; 4. *(Flg, Rak)* Schub *m*; Impuls *m*; Schubkraft *f*; 5. Zug *m*; Abzug *m (Feuerungstechnik, Belüftungsanlagen)*; 6. *(Arch)* Gurtsims *m*; 7. *s*. сила/движущая ‖ ~/**боковая** Seitenschub *m* ‖ ~ **в покое** *(Flg, Rak)* Standschub *m* ‖ ~ **в полёте** Flugschub *m*, Schub *m* im Flug ‖ ~ **валков** *(Wlz)* Walzenzug *m* ‖ ~/**взлётная** *(Flg, Rak)* Startschub *m* ‖ ~ **винта** *(Flg)* Luftschraubenzug *m*; Luftschraubenschub *m (bei Druckschrauben)* ‖ ~ **воздуха** Luftzug *m* ‖ ~/**воздушная** Luftzug *m* ‖ ~ **воздушного винта** *s*. ~ винта ‖ ~/**выключающая** *(Masch)* Ausrückestange *f* ‖ ~/**вытяжная** Saugzug *m* ‖ ~/**горизонтальная** *(Flg)* Horizontalschub *m* ‖ ~ **двигателя** *(Flg)* Triebwerkschub *m* ‖ ~/**двойная** *(Eb)* Doppeltraktion *f* ‖ ~ **дымовой трубы** Schornsteinzug *m* ‖ ~/**естественная** natürlicher Zug *m* ‖ ~/**крейсерская** *(Flg)* Reiseschub *m* ‖ ~/**крейсерская статическая** statischer Schub *m* im Reiseflugregime ‖ ~/**кулисная** *(Masch)* Kulissenstange *f*, Schwingstange *f*, Schwingenhubstange *f*, Schwingenhebel *m* ‖ ~ **на ваерах**

тяга

(Schiff) Kurrleinenzug m ‖ ~ **на гаке** (Schiff) Trossenzug m, Hakenzug m ‖ ~ **на переменном токе** (Eb) Wechselstromzugförderung f ‖ ~ **на постоянном токе** (Eb) Gleichstromzugförderung f ‖ ~**/направляющая** (Masch) Führungsstange f ‖ ~**/опрокинутая** umgekehrter Zug m, Rückstau m (Rauchgasrückströmung einer Feuerung) ‖ ~**/осевая** Axialschub m ‖ ~**/паровая** (Eb) Dampfzugförderung f, Dampftraktion f ‖ ~**/педальная** Fußhebelgestänge n ‖ ~**/переводная** (Eb) Stellgestänge n (Weiche) ‖ ~ **печи** Ofenzug m, Zug m ‖ ~ **поездов** (Eb) Zugförderung f ‖ ~**/полезная** Nutzschub m ‖ ~**/поперечная рулевая** (Kfz) Spurstange f ‖ ~**/продольная рулевая** (Kfz) Lenkstange f, Lenkschubstange f ‖ ~**/проступная** (Text) Zugstab m ‖ ~ **ракеты** (Rak) Schub m; Impuls m ‖ ~**/располагаемая** (Flg, Rak) Schubvermögen n ‖ ~**/распределительная** (Masch) Steuerstange f ‖ ~**/реактивная** (Flg, Rak) Schub m, Schubkraft f ‖ ~**/реактивного двигателя** (Flg, Rak) Schub m, Schubkraft f (Strahltriebwerk) ‖ ~ **реверса** (Masch) Steuerstange f, Umsteuerstange f ‖ ~**/регулирующая** (Masch) Regelstange f, Verstellstange f ‖ ~**/рулевая** 1. (Kfz) Lenkgestänge n; 2. (Masch) Steuerseil n (Kabelkran); 3. (Schiff) Rudergestänge n ‖ ~**/скоростная электрическая** (Eb) Schnellverkehr m ‖ ~**/соединительная** (Masch) Verbindungsstange f, Kuppelstange f, Anschlußgestänge n, Koppel f ‖ ~**/статическая** (Flg, Rak) statischer Schub m, Standschub m ‖ ~**/сцепная** (Masch) Kupplungsstange f ‖ ~**/тепловозная** (Eb) Dieselzugförderung f, Dieseltraktion f ‖ ~**/тормозная** 1. Bremsgestänge n, Bremsstange f; 2. (Flg) Bremsschub m, Schub m des Bremstriebwerks ‖ ~**/удельная** (Rak) spezifischer Schub m (Impuls) ‖ ~ **управления** 1. Steuerstange f; 2. Schaltgestänge f; 3. Betätigungsgestänge n ‖ ~**/упряжная** (Eb) Zugstange f (Fahrzeug) ‖ ~ **холостого хода** Leerlaufschub m ‖ ~**/эксцентриковая** (Masch) Exzenterstange f, Schwingenstange f ‖ ~**/электрическая** (Eb) elektrische Zugförderung f, Elektrotraktion f ‖ ~**/эффективная** (Flg, Rak) effektiver (wirksamer) Schub m

тягач m Zugmaschine f ‖ ~**/аэродромный** Flugzeugschlepper m, Push-back-Fahrzeug n

тяги fpl/**тормозные** Bremsgestänge n, Bremsstange f

тяговооружённость f (Flg, Rak) Schub-Masse-Verhältnis n

тягомер m 1. (Ph, Meß) Zugkraftmesser m; 2. Zugmesser m (Feuerungstechnik)

тяготение n (Mech) Gravitation f, Massenanziehung f ‖ ~**/всемирное (всеобщее)** allgemeine (universelle) Gravitation f ‖ ~ **Земли** Schwerebeschleunigung f an der Oberfläche, Oberflächenschwerebeschleunigung f

тягун m (Glas) Nasengußofen m (ein Kanalkühlofen)

тягучесть f Dehnbarkeit f, Duktilität f (Metalle); Zähflüssigkeit f (Schlacke)

тягучий dehnbar, duktil (Metalle); zäh, zähflüssig (Schlacke)

тяжеловесный Schwergut...

тянуть ziehen; schleppen ‖ ~ **входную** (Met) kaltziehen, hartziehen

У

УА s. угол атаки

уайт-спирит m Testbenzin n, Lackbenzin n

УБВ s. усилитель бегущей волны

убегание n 1. (Eln) Weglaufen n, Runaway n (von Elektronen); 2. (Meß) Weglaufen n (der Anzeige) ‖ ~ **электронов** s. убегание 1.

убежище n (Mil) Unterstand m; Bunker m

убирать 1. aufräumen, wegräumen, bergen; 2. (Lw) ernten, Ernte einbringen; 3. (Bgb) wegfüllen, wegräumen (Gestein); 4. (Flg) einziehen (Fahrgestell)

уборка f 1. Wegräumen n, Aufräumen n; Bergung f; 2. (Lw) Ernte f, Ernten n; 3. (Bgb) Wegfüllen n, wegräumen (Gestein); 4. (Flg) Einziehen n (Fahrgestell) ‖ ~**/двухфазная** (Lw) Zweiphasenernte f, Mehrphasenernte f, getrennte Ernte f ‖ ~**/однофазная** (Lw) Einphasenernte f (Rübenernteverfahren) ‖ ~**/раздельная** s. ~**/двухфазная** ‖ ~ **стружки** (Wkzm) Späneentsorgung f ‖ ~ **урожая** s. уборка 2.

уборная f Toilette f, WC

уборщик m (Lw) Erntemaschine f

убрать s. убирать

УБТ s. труба/утяжелённая бурильная

убывание n 1. Abnahme f, Abnehmen n, Verminderung f; Nachlassen n; 2. Fallen n, Sinken n (Wasser)

убывать 1. abnehmen; nachlassen; 2. fallen, sinken (Wasser)

убывающий 1. abnehmend, absteigend; 2. fallend, sinkend (Wasser)

убыль f 1. Abnahme f, Verringerung f; 2. Abgang m, Verlust m, Schwund m

убыстрить s. убыстрять

убыстрять beschleunigen

убыть s. убывать

увальчивость f (Schiff) Leegierigkeit f

увальчивый (Schiff) leegierig

уваривание n Einkochen n, Verkochen n ‖ ~ **на кристалл** Verkochen n auf Korn (Zuckergewinnung)

уваривать einkochen, verkochen ‖ ~ **на кристалл** auf Korn verkochen (Zuckergewinnung)

уварить s. уваривать

уварка f s. уваривание

уваровит (Min) Uwarowit m, Kalkchromgranat m

УВВ s. устройство ввода-вывода данных

УВД s. управление воздушным движением

увеличение n Vergrößerung f, Steigerung f, Zunahme f, Zuwachs m ‖ ~**/видимое** (Opt) sichtbare Vergrößerung f, Ablesevergrößerung f ‖ ~ **давления** Druckanstieg m ‖ ~**/двойное** (Opt) doppelte Vergrößerung f ‖ ~ **жёсткости** 1. Verfestigung f, Erhärtung f; 2. (Gum) Verstrammen n ‖ ~ **контрастности** (TV) Kontrasterhöhung f, Kontrastanhebung f ‖ ~**/напряжения** (El) Spannungserhöhung f, Spannungszunahme f ‖ ~**/нормальное** (Opt) Normalvergrößerung f (z. B. des Mikroskops) ‖ ~**/полное** (Opt) Gesamtvergrößerung f ‖ ~ **поперечного сечения** (Fert) Querschnittszunahme f ‖ ~**/поперечное** (Opt) Transversalvergrößerung f ‖ ~ **пределов измерения** Meßbereichserweiterung f ‖ ~ **размера зерна** (Wkst) Kornvergrößerung f ‖ ~**/сменное** (Opt) veränderliche Ver-

größerung *f* ‖ ~ **толщины** Dickenzunahme *f* ‖ **~/угловое** *(Opt)* Winkelvergrößerung *f;* Winkelverhältnis *n* ‖ ~ **уширения** Breitenzunahme *f* ‖ ~ **числа оборотов** Drehzahlerhöhung *f*
увеличенный vergrößert
увеличивать vergrößern, steigern, zunehmen
увеличитель *m (Opt)* Vergrößerungsapparat *m,* Vergrößerungsgerät *n*
увеличить *s.* увеличивать
УВК *s.* комплекс/управляющий вычислительный
увлажнение *n* Feuchten *n,* Anfeuchten *n,* Befeuchten *n;* Benetzen *n*
увлажнённый befeuchtet, angefeuchtet; benetzt
увлажнитель *m* Befeuchtungsvorrichtung *f* ‖ ~ **воздуха** Luftbefeuchter *m*
увлажнить *s.* увлажнять
увлажнять befeuchten; benetzen
увлекать mitreißen, mitnehmen, abführen
увлечение *n* Mitreißen *n,* Mitnehmen *n,* Abführen *n* ‖ ~ **воздуха** Luftmitführung *f* ‖ ~ **[электронов]** *(Kern)* Phonondrag *m*
увлечь *s.* увлекать
УВМ *s.* машина/управляющая вычислительная
увод *m* 1. *(Fert)* Verlaufen *n (z. B. des Bohrers);* 2. *(Meß)* Ablenkung *f (des Zeigers)*
УВС *s.* указатель воздушной скорости
УВЧ *s.* 1. ультравысокочастотный; 2. усиление высокой частоты; 3. усилитель высокой частоты; 4. частота/ультравысокая
угар *m* 1. Abgang *m,* Abfall *m;* 2. *(Met)* Abbrand *m;* Zunder *m,* Sinter *m;* 3. Kohlenoxid *n,* Kohlendunst *m;* 4. *(Text) s.* угары ‖ ~ **железа** Eisenabbrand *m* ‖ ~ **при плавлении** Schmelzverlust *m* ‖ ~ **электродов** Elektrodenabbrand *m*
угары *mpl (Text)* Abfälle *mpl,* Abgänge *mpl* ‖ ~ **кардочесальной машины** Krempelabfälle *mpl,* Kardenabfälle *mpl* ‖ **~/невозвратные** nicht wiederverwendbare Abfälle (Kardenabfälle) *mpl* ‖ **~/непрядомые** Krempelabfälle *mpl,* nicht verspinnbare Abfälle *mpl* ‖ ~ **с чесальной машины** Kardenabfälle *mpl* ‖ ~ **трепальной машины** Schlägerabfälle *mpl,* Schlagmaschinenabfälle *mpl* ‖ **~/хлопчатобумажные** Baumwollabfälle *mpl* ‖ **~/шерстяные** Wollabfälle *mpl*
угасание *n* Erlöschen *n,* Auslöschen *n*
угасать erlöschen, auslöschen, verlöschen
угаснуть *s.* угасать
углевод *m (Ch)* Kohle[n]hydrat *n* ‖ **~/высший** höheres (zuckerähnliches) Polysaccharid *n* ‖ **~/простой** einfaches Kohle[n]hydrat *n,* Einfachzucker *m,* Monosaccharid *n* ‖ **~/сложный** zusammengesetztes (komplexes) Kohle[n]hydrat *n,* Vielfachzucker *m,* Polysaccharid *n*
углеводистый *(Ch)* kohle[n]hydrathaltig
углеводный *(Ch)* Kohle[n]hydrat...
углеводород *m (Ch)* Kohlenwasserstoff *m* ‖ **~/алифатический** aliphatischer (acyclischer, kettenförmiger) Kohlenwasserstoff *m* ‖ **~/алициклический** alicyclischer (cycloaliphatischer) Kohlenwasserstoff *m* ‖ **~/ароматический (бензольный)** aromatischer Kohlenwasserstoff *m,* Benzenkohlenwasserstoff *m* ‖ **~/диеновый** Dien *n,* Diolefin *n* ‖ **~/жирный** *s.* **~/алифатический** ‖ **~/насыщенный** gesättigter (paraffinischer) Kohlenwasserstoff *m,* Grenzkohlenwasserstoff *m,* Paraffin-

kohlenwasserstoff *m,* Alkan *n* ‖ **~/нафтеновый** naphthenischer Kohlenwasserstoff *m* ‖ **~/ненасыщенный (непредельный)** ungesättigter Kohlenwasserstoff *m* ‖ **~/парафиновый** *s.* **~/насыщенный** ‖ **~/полиметиленовый** Naphthen *n,* Cycloparaffin *n,* Cycloalkan *n* ‖ **~/полициклический** polycyclischer Kohlenwasserstoff *m* ‖ **~/предельный** *s.* **~/насыщенный** ‖ **~/тяжёлый** schwerer Kohlenwasserstoff *m* ‖ **~/хлорированный** chlorierter Kohlenwasserstoff *m,* Chlorkohlenwasserstoff *m* ‖ **~/циклический** Cyclokohlenwasserstoff *m,* Ringkohlenwasserstoff *m,* cyclischer (ringförmiger) Kohlenwasserstoff *m* ‖ **~/эт[ил]еновый** Eth[yl]enkohlenwasserstoff *m,* Alken *n,* Olefin *n*
углеводородный *(Ch)* Kohlenwasserstoff...
углевоз *m (Schiff)* Kohlenfrachter *m,* Kohlenschiff *n*
угледобывающий *(Bgb)* Kohlegewinnungs...
угледобыча *f (Bgb)* Kohleförderung *f,* Kohlegewinnung *f*
угледробилка *f (Bgb)* Kohlenbrecher *m*
угледробление *n (Bgb)* Kohlenzerkleinerung *f*
углежжение *n (Ch)* Holzverkohlung *f,* Holzdestillation *f* ‖ **~/печное** Ofenverkohlung *f* ‖ **~/ямное** Grubenverkohlung *f,* Holzverkohlung *f* in Gruben
углекислота *f (Ch)* Kohlensäure *f* ‖ **~/агрессивная** aggressive (überschüssige) Kohlensäure *f,* Überschußkohlensäure *f (Wasseraufbereitung)* ‖ **~/твёрдая** festes Kohlendioxid *n,* Kohlendioxidschnee *m,* Trockeneis *n*
углекислый *(Ch)* ...carbonat *n;* kohlensauer
углемойка *f (Bgb)* Kohlenwäsche *f (Aufbereitungsbetrieb)*
угленосность *f (Bgb)* Kohleführung *f,* Kohlegehalt *m*
угленосный *(Bgb)* kohleführend
углеобогащение *n* Kohleaufbereitung *f*
углеобразование *n* Kohle[n]bildung *f*
углеобразователь *m* Kohle[n]bildner *m*
углепромышленность *f* Kohle[n]industrie *f*
углерод *m (Ch)* Kohlenstoff *m,* C *n* ‖ **~/аморфный** schwarzer Kohlenstoff *m* ‖ **~/блестящий** *(Gieß)* Glanzkohlenstoff *m* ‖ **~/избыточный** *(Met)* sekundär *oder* tertiär ausgeschiedener Kohlenstoff *m* ‖ **~/меченый** *(Kern)* radioaktiv markierter Kohlenstoff *m* ‖ **~/несвязанный (несвязный)** *(Ch)* ungebundener Kohlenstoff *m* ‖ **~/общий** *(Gieß)* Gesamtkohlenstoff[gehalt] *m* ‖ **~/отжига** *(Met)* Temperkohle *f* ‖ **~/радиоактивный** *(Kern)* radioaktiver Kohlenstoff *m,* Radiokohlenstoff *m* ‖ **~/связанный** *(Ch)* gebundener Kohlenstoff *m*
углеродистый *(Ch)* ...carbid *n;* kohlenstoffhaltig
углеродный *(Ch)* Kohlenstoff...
углерудовоз *m (Schiff)* Kohle-Erz-Frachter *m,* Kohle-Erz-Frachtschiff *n*
углесодержащий kohlenstoffhaltig
углесос *m (Bgb)* Kohlenpumpe *f*
углефикация *f (Geol)* Inkohlung *f*
угловатость *f* Eckigkeit *f,* Kantigkeit *f*
угловатый 1. eckig, kantig; 2. spratzig *(Pulverform; Pulvermetallurgie)*
угломер *m (Meß)* Winkelmeßgerät *n,* [verstellbarer] Winkelmesser *m* ‖ **~/зеркальный** Winkelmesser *m* mit Spiegelablesung ‖ **~/индикаторный** Winkelmesser *m* mit Meßuhr (Feinzeiger) ‖

угломер

~/механический mechanischer Winkelmesser *m* ‖ ~/оптико-электронный optisch-elektronischer Winkelmesser *m*, optisch-elektronisches Winkelmeßgerät *n* ‖ ~/оптический optischer Winkelmesser *m*, optisches Winkelmeßgerät *n* ‖ ~/показывающий anzeigender Winkelmesser *m*, anzeigendes Winkelmeßgerät *n* ‖ ~ с нониусом [mechanischer] Winkelmesser *m* mit Nonius ‖ ~ с транспортиром Winkelmeßgerät *n* mit Winkelmesser ‖ ~/универсальный *(Meß)* Universalwinkelmesser *m*
углосним *m (Lw)* Leitblech *n (Pflug)*
углубитель *m* трала Schleppgewicht *n* des Schleppnetzes
углубить *s.* углублять
углубка *f (Bgb)* Weiter[ab]teufen *n (von Schächten)*
углубление *n* 1. Vertiefung *f*; Aushöhlung *f*, Höhlung *f*; Einsekung *f*, Senkung *f*; Delle *f*, Eindruck *m*; 2. *(Schiff)* Tiefgang *m*; Tauchung *f*, Eintauchung *f* ‖ ~/коническое keglige Vertiefung *f* ‖ ~ пахотного слоя *(Lw)* partielle Krumenvertiefung *f*
углублять 1. vertiefen, tiefermachen; 2. *(Bgb)* weiterteufen
углы *mpl* 1. Ecken *fpl*; 2. Winkel *mpl*; 2. *s. unter* угол 1. ‖ ~/вертикальные Scheitelwinkel *mpl* ‖ ~/внешние накрестлежащие äußere Wechselwinkel *mpl* ‖ ~/внешние односторонние äußere entgegengesetzte Winkel *mpl* ‖ ~/внутренние накрестлежащие innere Wechselwinkel *mpl* ‖ ~/внутренние односторонние innere entgegengesetzte Winkel *mpl* ‖ ~/дополнительные Komplementwinkel *mpl (Winkelsumme 90°)* ‖ ~/накрестлежащие Wechselwinkel *mpl* ‖ ~/односторонние entgegengesetzte Winkel *mpl* ‖ ~/противоположные Scheitelwinkel *mpl* ‖ ~/смежные Nebenwinkel *mpl*, Supplementwinkel *mpl (Winkelsumme 180°)* ‖ ~/соответствующие Stufenwinkel *mpl*, Gegenwinkel *mpl*, gleichliegende Winkel *mpl*
угнетение *n (Forst)* Schirmdruck *m*, Unterdrückung *f*
угодье *n* Grundstück *n*, Landstück *n*, Flurstück *n*; Gelände *n*; Flur *f*, Feldflur *f*
угол *m* 1. Winkel *m (s. a. unter* углы*)*; 2. Ecke *f* ‖ ~ аберрации Aberrationswinkel *m* ‖ ~/азимутальный Azimutwinkel *m*, Azimut *m* ‖ ~/апертурный *(Opt)* Aperturwinkel *m* ‖ ~ атаки *(Aero)* Anstellwinkel *m*, Anströmwinkel *m* ‖ ~ атаки батареи *(Lw)* Scheibenanstellwinkel *m*, Scheibenrichtungswinkel *m (Scheibenegge)* ‖ ~ атаки/докритический unterkritischer Anstellwinkel *m* ‖ ~ атаки/закритический überkritischer Anstellwinkel *m* ‖ ~ атаки/истинный aerodynamischer Anstellwinkel *m* ‖ ~ атаки/критический kritischer Anstellwinkel *m*, Abreißwinkel *m* ‖ ~ атаки/местный lokaler Anstellwinkel *m* ‖ ~ атаки/установившийся stationärer Anstellwinkel *m* ‖ ~ блеска *(Opt)* Blazewinkel *m (Beugungsgitter)* ‖ ~ бокового отклонения Seitenabweichwinkel *m* ‖ ~ бокового скольжения *(Flg)* Seitengleitwinkel *m* ‖ ~ бортовой качки *(Schiff)* Rollwinkel *m*, Schlingerwinkel *m* ‖ ~ броска *s.* ~ метания ‖ ~/брэгговский Glanzwinkel *m*, Braggscher Reflexionswinkel *m (Festkörperphysik)* ‖ ~ брэгговского

отражения *s.* ~/брэгговский ‖ ~ Брюстера *s.* ~ поляризации ‖ ~ в плане *(Wkz)* Einstellwinkel *m*, Werkzeugeinstellwinkel *m* ‖ ~ в плане/вспомогательный Einstellwinkel *m* der Nebenschneide ‖ ~ в плане/главный Einstellwinkel *m* der Hauptschneide ‖ ~ в торцовой плоскости *(Wkz)* Seitenwinkel *m* ‖ ~ валентности *s.* ~/валентный ‖ ~/валентный *(Ch)* Valenzwinkel *m*, Bindungswinkel *m* ‖ ~ ввода *(Flg)* Voreilwinkel *m*, Vorhaltewinkel *m* ‖ ~/вертикальный *(Geod)* Höhenwinkel *m* ‖ ~/внешний *(Math)* Außenwinkel *m* ‖ ~/внутренний Innenwinkel *m* ‖ ~/вогнутый *(Math)* konkaver Winkel *m* ‖ ~ возвышения 1. *(Astr)* Elevationswinkel *m*, Höhenwinkel *m*, Höhe *f (Horizontalsystem)*; 2. Erhöhungswinkel *m (Flugbahnelement)*; Steigwinkel *m* ‖ ~ волнового конуса *s.* ~ Maxa ‖ ~ волочения *(Fert)* Ziehwinkel *m* ‖ ~/вписанный Peripheriewinkel *m*, Umfangswinkel *m* ‖ ~ вращения Rotationswinkel *m*, Drehwinkel *m* ‖ ~/вспомогательный задний *(Wkz)* Freiwinkel *m* an der Nebenschneide, Nebenschneidenfreiwinkel *m* ‖ ~/вспомогательный передний *(Wkz)* Spanwinkel *m* an der Nebenschneide, Nebenschneidenspanwinkel *m* ‖ ~ второй кривизны *s.* ~ кручения 1. ‖ ~ входа 1. *(Flg, Rak)* Eintrittswinkel *m*, Wiedereintrittswinkel *m*; 2. Eintrittswinkel *m*, Zulaufwinkel *m (einer Turbine)* ‖ ~/входящий *(Geod)* einspringender Winkel *m* ‖ ~ выбега Lastwinkel *m (Turbine)* ‖ ~ вылета 1. Startwinkel *m (Elektronen)*; 2. Abgangsfehlerwinkel *m (Ballistik)* ‖ ~/выпуклый *(Math)* konvexer Winkel *m* ‖ ~/выпуклый многогранный *(Math)* konvexer Vielfaltwinkel *m* ‖ ~ выхода 1. Austrittswinkel *m*; 2. *(Geol)* Emergenzwinkel *m*; 3. *s.* ~ выхода сейсмического луча *(Geol)* Emergenzwinkel *m* des seismischen Strahls ‖ ~/главный задний *(Wkz)* Freiwinkel *m* an der Hauptschneide, Hauptschneidenfreiwinkel *m* ‖ ~ головки зуба *(Masch)* Zahnkopfwinkel *m*, Kopfwinkel *m (Kegelrad)* ‖ ~/граничный Grenzwinkel *m* ‖ ~ давления *(Masch)* Druckwinkel *m*; Pressungswinkel *m* ‖ ~/двугранный zweiflächiger Winkel *m*, Flächenwinkel *m* ‖ ~ диэлектрических потерь *(El)* dielektrischer Verlustwinkel *m* ‖ ~/дополнительный *(Math)* Komplementwinkel *m* ‖ ~ дрейфа *(Schiff)* Abdriftwinkel *m* ‖ ~ естественного откоса *(Mech)* Schüttwinkel *m*, Rutschwinkel *m*, natürlicher Böschungswinkel *m* ‖ ~ загиба *(Wkz)* Kröpfungswinkel *m (Drehmeißel)* ‖ ~/заданный путевой *(Flg)* beabsichtigter Wegwinkel *m* ‖ ~/задний *(Wkz)* Freiwinkel *m* ‖ ~ задний поперечный Seitenfreiwinkel *m* ‖ ~ зажигания Zündwinkel *m (eines Thyratrons)* ‖ ~ заката [диаграммы статической остойчивости] *(Schiff)* Stabilitätsumfang *m (Hebelarmkurve)* ‖ ~ заклинивания *s.* ~ заклинки ‖ ~ заклинки *(Masch)* Versetzungswinkel *m*, Kurbelversetzungswinkel *m* ‖ ~ заклинки кривошипа Kurbelversetzungswinkel *m*, Kurbelversetzung *f* ‖ ~/закругленный ausgerundete Ecke *f* ‖ ~ закрутки *s.* ~ закручивания ‖ ~ закручивания *(Mech, Fest)* Torsionswinkel *m*, Verdreh[ungs]winkel *m*, Drallwinkel *m* ‖ ~ закручивания на единицу длины Torsionswinkel *m* je Längeneinheit, spezifischer Torsionswinkel *m* ‖

~/замкнутый (Math) abgeschlossener Winkel m ‖ ~ заострения 1. (Wkz) Keilwinkel m (am Meißel); 2. (Masch) Zuschärfungswinkel m, Keilwinkel m (von Turbomaschinenbeschaufelungen) ‖ ~ заоткоски Böschungswinkel m ‖ ~ запаздывания Verzögerungswinkel m, Nacheilwinkel m ‖ ~ запаздывания зажигания (Kfz) Spätzündungswinkel m ‖ ~ запаздывания по фазе s. ~ отставания по фазе ‖ ~ затылка (Wkz) Hinterschleifwinkel m, Hinterschliffwinkel m, Hinterdrehwinkel m ‖ ~ захвата (Wlz) Greifwinkel m, Eingriffswinkel m ‖ ~ захода (Flg) Anflugwinkel m ‖ ~ зацепления (Masch) Eingriffswinkel m, Wälzeingriffswinkel m (eines Zahnpaars) ‖ ~ зацепления резьбы Flankenwinkel m (am Gewinde) ‖ ~ зацепления/торцовый Stirneingriffswinkel m ‖ ~/защитный Schutzwinkel m ‖ ~/зенитный Zenitdistanz f ‖ ~ зенкования (Wkz) Ansenkwinkel m, Senkwinkel m, Versenkwinkel m ‖ ~ зрения (Opt) Sehwinkel m; Gesichtswinkel m ‖ ~ зуба/профильный Pressungswinkel m (Zahnrad) ‖ ~ изгиба (Wkst) Biegewinkel m ‖ ~ излучения Abstrahl[ungs]winkel m, Strahlungswinkel m ‖ ~ изображения (Photo, Kine) Bildwinkel m ‖ ~ испускания (Ph) Emissionswinkel m, Strahlungswinkel m, Ausstrahlungswinkel m ‖ ~ кабрирования (Flg) Steigungswinkel m, Steigung f ‖ ~ касания 1. Tangentialwinkel m; 2. (Masch) Berührungswinkel m (im Lager) ‖ ~ качания (Masch) Pendelwinkel m, Schwingwinkel m ‖ ~ качения (Fert) Wälzwinkel m ‖ ~ килеватости (Schiff) Aufkimmungswinkel m ‖ ~ килевой качки (Schiff) Stampfwinkel m ‖ ~ клина Keilwinkel m ‖ ~ контакта 1. (Wkz) Eingriffswinkel m (Fräser); 2. (Masch) Druckwinkel m (Wälzlager) ‖ ~ конуса (Masch) Kegelwinkel m ‖ ~ конуса впадин Fußkegelwinkel m (Zahnrad) ‖ ~ конуса/номинальный Nennkegelwinkel m ‖ ~ конуса разлёта Streuungs[kegel]winkel m (Ballistik) ‖ ~ конуса/реальный Istkegelwinkel m ‖ ~ конусности (Masch) Kegelwinkel m ‖ ~/краевой (Ph, Ch) Randwinkel m, Kontaktwinkel m (Benetzung) ‖ ~ крена (Schiff) Krängungswinkel m; (Flg) Querneigungswinkel m, Rollwinkel m ‖ ~/критический kritischer Winkel m, Grenzwinkel m ‖ ~ кручения 1. (Math) Windungswinkel m, Schmiegungswinkel m; 2. s. ~ закручивания ‖ ~/курсовой Kurswinkel m; (Schiff auch:) Seitenpeilung f, Peilwinkel m ‖ ~ лопатки/внешний Schaufelaustrittswinkel m (Strömungsmaschine) ‖ ~ лопатки/внутренний Schaufeleintrittswinkel m (Strömungsmaschine) ‖ ~ магнитного запаздывания magnetischer Verzögerungswinkel m ‖ ~ магнитного склонения s. ~ склонения ‖ ~/магнитный путевой (Flg) Magnetwegwinkel m, magnetischer Wegwinkel m ‖ ~ Maxa (Aerod, Flg) Machscher Winkel m (Machscher Konus) ‖ ~/межосевой (Masch) Achsenwinkel m (Zahnradgetriebe) ‖ ~/межплоскостной (Krist) Flächenwinkel m, Neigungswinkel m zweier Flächen ‖ ~ места 1. (Flg) Positionswinkel m, Höhenwinkel m (eines Luftzieles); Höhe f; 2. s. ~ возвышения ‖ ~ метания (Mech) Wurfwinkel m ‖ ~/многогранный s. ~/телесный ‖ ~ набегания (Eb) Anlaufwinkel m (Rad an Schiene) ‖

~ набегания потока (Aerod) Anströmwinkel m ‖ ~ наблюдения Beobachtungswinkel m, Betrachtungswinkel m ‖ ~ набора высоты (Flg) Steigwinkel m (Ballistik) ‖ ~ надира Nadirwinkel m ‖ ~ наведения (наводки) Richtwinkel m ‖ ~ наклона 1. Neigungswinkel m, Neigung f; 2. (Wkz) Schrägungswinkel m; 3. s. ~ наклонения ‖ ~ наклона винтовой канавки (Wkz) Drall[steigungs]winkel m, Spiral[steigungs]winkel m (Spiralbohrer) ‖ ~ наклона зуба Zahnschrägungswinkel m, Schrägungswinkel m (Schrägverzahnung) ‖ ~ наклона кромки лопатки Schaufelwinkel m (Strömungsmaschine) ‖ ~ наклона орбиты s. ~ наклона траектории ‖ ~ наклона откоса Böschungsgrad m ‖ ~ наклона/отрицательный negativer Neigungswinkel m ‖ ~ наклона/положительный positiver Neigungswinkel m ‖ ~ наклона режущей кромки (Wkz) Neigungswinkel m der Hauptschneide (Drehmeißel) ‖ ~ наклона стороны профиля Flankenneigung f (Gewinde) ‖ ~ наклона траектории (Rak) Bahnneigungswinkel m, Bahnneigung f ‖ ~ наклона траектории к горизонту (Rak) Bahntangentenwinkel m ‖ ~ наклонения (Geoph) Inklinationswinkel m (Erdmagnetismus) ‖ ~ намотки (Text) Anlaufwinkel m ‖ ~ направления зуба (Masch) Schrägungswinkel m, Steigungswinkel m (Zahnradmessung) ‖ ~ направления течения (Hydt) Strömungswinkel m ‖ ~/наружный Außenwinkel m ‖ ~ насечки (Wkz) Hiebwinkel m (Feile) ‖ ~/номинальный Nennwinkel m ‖ ~/нормальный задний (Wkz) senkrecht zur Hauptschneide gemessener Normalfreiwinkel m (Walzen- und Stirnfräser mit Schneidenneigung) ‖ ~/нормальный передний (Wkz) senkrecht zur Schneidkante gemessener Normalspanwinkel m (Walzen- und Stirnfräser mit Schneidenneigung) ‖ ~ обратного рассеяния (Ph) Rückstreuwinkel m ‖ ~ обрушения (Bgb) Bruchwinkel m (Bergschadenkunde) ‖ ~ обтекания s. ~ обхвата ‖ ~ обхвата Umschlingungswinkel m (Riementrieb) ‖ ~/ограждающий (Schiff) Gefahrenwinkel m (Navigation) ‖ ~ опережения (El, Kfz) Voreil[ungs]winkel m ‖ ~ опережения впрыска Voreinspritzwinkel m (Verbrennungsmotor) ‖ ~ опережения выпуска Vorauslaßwinkel m (Verbrennungsmotor) ‖ ~ опережения зажигания Frühzündungswinkel m (Verbrennungsmotor) ‖ ~ опережения открытия Voröffnungswinkel m (Verbrennungsmotor) ‖ ~ опережения по фазе (El) Phasenvoreilwinkel m ‖ ~ оптических осей optischer Achsenwinkel m ‖ ~/острый (Math) spitzer Winkel m ‖ ~ осыпи s. ~ естественного откоса ‖ ~ отбортовки (отгиба) (Fert) Bördelwinkel m ‖ ~ отклонения Abweichungswinkel m, Ablenk[ungs]winkel m, Auslenk[ungs]winkel m; Ausschlag m (eines Zeigers) ‖ ~ отклонения/полный Vollausschlagwinkel m (Zeiger) ‖ ~ откоса Böschungswinkel m, Hangneigung f ‖ ~ отражения (Ph) Reflexionswinkel m ‖ ~/отрицательный (Math) negativer Winkel m ‖ ~ отрыва (Aerod) Abreißwinkel m, Ablösewinkel m ‖ ~ отставания (El) Nacheil[ungs]winkel m, Verzögerungswinkel m ‖ ~ отставания по фазе Phasennacheilwinkel m, Phasenverzögerungs-

угол winkel *m* || ~ **падения** 1. *(Ph, Geol)* Einfall[s]winkel *m*; 2. Fallwinkel *m (Geschoß)* || ~ **падения/главный** *(Opt)* Haupteinfallswinkel *m* || ~ **падения пучка** *(Kern)* Strahlauftreffwinkel *m* || ~ **падения/табличный** tafelmäßiger Fallwinkel *m (Ballistik)* || ~**/параллактический** *(Astr)* parallaktischer Winkel *m (im nautischen Dreieck)* || ~ **пеленга** Peilwinkel *m (Radar)* || ~**/передний** *(Wkz)* Spanwinkel *m (Drehmeißel, Hobelmeißel, Fräser)* || ~**/передний поперечный** *(Wkz)* Seitenspanwinkel *m* || ~ **перекрытия** Überlappungswinkel *m* || ~ **пересечения** Kreuzungswinkel *m*; *(Math)* Schnittwinkel *m* || ~ **пикирования** *(Flg)* Sturzflugwinkel *m* || ~ **планирования** *(Flg)* Gleit[flug]winkel *m* || ~**/плоский** ebener Winkel *m (Radiant)* || ~**/поверяемый** Prüfwinkel *m*, zu prüfender (überprüfender) Winkel *m* || ~ **поворота** 1. Drehwinkel *m*, Schwenk[ungs]winkel *m*; 2. *(Mech)* Kippwinkel *m* || ~ **поворота колёс** *(Kfz)* Einschlagwinkel *m (Lenkräder)*, Lenkeinschlag *m* || ~ **поворота крана** Krandrehwinkel *m* || ~ **поворота кривошипа** *(Masch)* Kurbeldrehwinkel *m*; Kurbelstellung *f (°KW)* || ~ **погасания** 1. *(El)* Löschwinkel *m*; 2. *(Krist)* Auslöschungsschiefe *f* || ~ **погрешности** Fehlwinkel *m*, Phasenwinkelfehler *m* || ~ **погружения** *(Geol)* Abtauchwinkel *m* || ~ **подъёма** *(Masch)* Steigungswinkel *m (am Gewinde)* || ~ **подъёма винтовой нитки [резьбы]** Gewindesteigungswinkel *m* || ~ **подъёма линии витка** Steigungswinkel *m (Schnekkenrad)* || ~ **подъёма линии зуба** Steigungswinkel *m (Zahnrad)* || ~**/позиционный** *(Astr)* Positionswinkel *m* || ~ **полного внутреннего отражения** *(Opt)* Winkel *m* (Grenzwinkel) der Totalreflexion || ~**/полный** Vollwinkel *m (360° am Vollkreis)* || ~ **положения** *(Astr)* Positionswinkel *m* || ~**/положительный** *(Math)* positiver Winkel *m* || ~ **поля зрения** *(Opt)* Gesichtsfeldwinkel *m*, Dingfeldwinkel *m* || ~ **поля изображения** *(Opt)* Bild[feld]winkel *m* || ~ **поляризации** *(Opt)* Brewsterscher Winkel (Reflexionswinkel) *m*, Polarisationswinkel *m* || ~ **поперечный** *(Wkz)* Seitenwinkel *m* || ~**/поперечный задний** *(Wkz)* Seitenfreiwinkel *m* || ~**/поперечный передний** *(Wkz)* Seitenspanwinkel *m* || ~ **посадочный** *(Flg)* Landewinkel *m* || ~ **потерь** *(El)* Verlustwinkel *m (Dielektrikum)* || ~ **потока** Strömungswinkel *m* || ~ **предварения** *s.* ~ упреждения || ~**/предельный** Grenzwinkel *m* || ~ **преломления** *(Opt)* 1. Brechungswinkel *m*, Refraktionswinkel *m*; 2. brechender Winkel *m*, Prismenwinkel *m* || ~ **преломления/предельный** Grenzwinkel *m* der Brechung || ~ **при вершине [в плане]** *(Wkz)* Spitzenwinkel *m*, Eckenwinkel *m* || ~ **при основании** *(Math)* Basiswinkel *m (Dreieck)* || ~**/прилежащий** *(Math)* anliegender Winkel *m* || ~**/примычный** *(Geod)* Anschlußwinkel *m* || ~ **притекания** *(Aerod)* Anströmwinkel *m* || ~**/продольный** *(Wkz)* Rückwinkel *m* || ~**/продольный задний** *(Wkz)* Rückfreiwinkel *m* || ~ **продольный передний** *(Wkz)* Rückspanwinkel *m* || ~ **проекции** *(Math)* Projektionswinkel *m* || ~ **пролёта** *(Eln)* Lauf[zeit]winkel *m* || ~**/пролётный** *s.* ~ пролёта || ~**/пространственный** *s.* ~**/телесный** || ~**/противолежащий** *(Math)* gegenüberliegender Winkel *m* || ~ **профиля** *(Masch)* Eingriffswinkel *m (Verzahnung)*; Flankenwinkel *m (Gewinde)*; Wälzeingriffswinkel *m* || ~ **профиля резьбы** Flankenwinkel *m (Gewinde)*, Gewindeflankenwinkel *m* || ~**/прямой** *(Math)* rechter Winkel *m* || ~**/путевой** *(Flg)* Wegwinkel *m*, Kurswinkel *m*; *(Rak)* Bahnwinkel *m* || ~**/рабочий** Arbeitswinkel *m*; *(Meß)* Prüfwinkel *m*, Funktionswinkel *m* || ~ **равновесия откоса** *s.* ~ естественного откоса || ~**/радиокурсовой** *(Schiff)* Funkseitenpeilung *f*, Funkpeilwinkel *m* || ~ **развала колёс** *(Kfz)* Radsturzwinkel *m*, Sturz *m* || ~**/развёрнутый** *(Math)* gestreckter Winkel *m* || ~ **разворота** *(Flg)* Kurvenwinkel *m* || ~ **разделки кромок** *(Flg)* Öffnungswinkel *m* || ~ **разрешения/предельный** *(Opt, Photo)* Grenzauflösungswinkel *m* || ~ **разрыва** 1. Reißwinkel *m*; 2. *(Bgb)* Bruchwinkel *m (Bergschadenkunde)* || ~ **раскрытия шва** *(Schw)* Öffnungswinkel *m (Schweißnaht)* || ~ **расплыва [форсунки]** Zerstäubungswinkel *m (z. B. bei Ölzerstäubung)* || ~ **рассеяния** Streu[ungs]winkel *m* || ~ **рассеяния вперёд** Vorwärtsstreuwinkel *m* || ~ **рассеяния назад** Rück[wärts]streuwinkel *m* || ~ **рассогласования** 1. *(Flg)* Abweichungswinkel *m*, Differenzwinkel *m*; 2. *s.* ~ расстройки || ~ **расстройки** Verstimmungswinkel *m* || ~ **раствора** Öffnungswinkel *m* || ~ **раствора луча** Strahlöffnungswinkel *m* || ~ **раствора сопла** *(Rak)* Düsenöffnungswinkel *m* || ~ **расхождения** Divergenzwinkel *m* || ~ **регулирования** Stellwinkel *m*, Regelungswinkel *m* || ~ **режущего инструмента** *(Wkz)* Werkzeugwinkel *m* || ~ **режущей кромки** *(Wkz)* Schneidenwinkel *m* || ~ **резания** *(Wkz)* Schnittwinkel *m* || ~ **рефракции** *(Astr)* Refraktionswinkel *m*, Refraktion *f* || ~ **рыскания** *(Flg)* Gierwinkel *m* || ~ **сброса** *(Geol)* Verwerfungswinkel *m*, Sprungwinkel *m* || ~ **сваливания** *s.* ~ атаки/критический || ~ **сдвига** 1. Schiebung *f (bei Schubbeanspruchung rechteckiger Stäbe)*; 2. Gleitwinkel *m (bei Torsion kreiszylindrischer Stäbe)*; 3. Scher[ungs]winkel *m (Elastizitätstheorie)*; 4. *s.* ~ смещения || ~ **сдвига фаз** *(El)* Phasen[verschiebungs]winkel *m* || ~ **сдвига щёток** *(El)* Bürstenverschiebungswinkel *m*, Bürstenstellwinkel *m* || ~ **сдвижения** *(Bgb)* Grenzwinkel *m (Bergschadenkunde)* || ~ **скалывания** *(Fert)* Scherwinkel *m (am Span)* || ~ **сканирования** Abtastwinkel *m* || ~ **ската** *s.* ~ откоса || ~ **склонения** *(Geoph)* Deklinationswinkel *m (Erdmagnetismus)* || ~ **скольжения** 1. Schiebewinkel *m*; 2. *(Aero)* Gleitwinkel *m*; 3. *s.* ~**/брэгговский** || ~ **скоса** *(Flg)* Schrägungswinkel *m*; 2. ~ скоса потока || ~ **скоса кромки** *(Schw)* Flankenwinkel *m* || ~ **скоса потока** *(Aero)* induzierter Anstellwinkel *m* || ~ **скрещения** *s.* скрещивания || ~ **скрещивания** Kreuzungswinkel *m* || ~ **скрещивания осей** Achs[en]kreuzungswinkel *m* || ~ **скручивания** *(Fest)* Torsionswinkel *m*, Verdrehungswinkel *m* || ~**/смежный** *(Math)* Nebenwinkel *m* || ~ **смещения** Verschiebungswinkel *m*, Versetzungswinkel *m* || ~ **смещения кривошипов** *(Masch)* Kurbelversetzungswinkel *m* || ~ **сноса** 1. Vorhaltewinkel *m*; 2. *(Flg)* Abdriftwinkel *m*, Schiebewinkel *m* || ~ **согласования** Anpassungswinkel *m* || ~ **спирали** Spiralwinkel *m* II ~ **сползания** Rutschwinkel *m* II ~ **среза** Schnittwinkel *m* II ~/**срезанный** abgefaste Ecke *f*, Fase *f* II ~ **стреловидности** (Flg) Pfeilungswinkel *m* II ~/**сферический** (Math) sphärischer Winkel *m* II ~ **схода колёс** (Kfz) Vorspurwinkel *m* II ~ **схода потока** (Aerod) Abströmwinkel *m* II ~ **съёмки** (Geod) Aufnahmewinkel *m* II ~ **тангажа** (Flg) Längsneigungswinkel *m*, Nickwinkel *m*, Kippwinkel *m* II ~/**телесный** (Math) Raumwinkel *m*, körperlicher (räumlicher) Winkel *m* (Stereometrie) II ~ **трения** (Mech) Reibungswinkel *m*, Gleitwinkel *m* II ~ **трения клина** Keilreibungswinkel *m* II ~ **трения резьбы** Gewindereibungswinkel *m* II ~/**трёхгранный** (Math) dreiseitige [körperliche] Ecke *f*, Triederwinkel *m* II ~/**тупой** (Math) stumpfer Winkel *m* II ~ **удара** (Mech) Stoßwinkel *m* II ~ **уклона** 1. Neigungswinkel *m*; 2. *s.* ~ **уклона конуса** II ~ **уклона конуса** Kegelerzeugungswinkel *m*, Kegelneigung *f* II ~ **упреждения** 1. (El) Voreil[ungs]winkel *m*; 2. (Reg, Mech) Vorhalt[e]winkel *m* II ~ **установки** *s.* ~ **атаки** II ~ **установки лопасти** Schaufeleinstellwinkel *m* (Strömungsmaschine); (Flg) Einstellwinkel *m* des Schraubenblattes II ~/**установочный** *s.* ~ **установки** II ~/**фазовый** (El) Phasenwinkel *m* II ~ **Холла** (Ph) Hall-Winkel *m* II ~ **холостого хода** Leerlaufwinkel *m* II ~/**центральный** 1. (Math) Zentriwinkel *m*; 2. (Fert) Teilkreiswinkel *m* (Kegelräder) II ~/**часовой** (Astr) Stundenwinkel *m* II ~ **чувствительности** Halbwertöffnungswinkel *m* (eines Strahlungsempfängers) II ~/**шаговый** (Schiff) Steigungswinkel *m* (Propellerberechnung)

уголковый Winkel...

уголок 1. Winkelstahl *m*; 2. Winkel *m*, Winkeleisen *n* (Konstruktionselement); 3. (Led) Besatzecke *f*; 4. (Typ) Heftsattel *m* (Fadenheftmaschine); 5. (El) Winkelantenne *f* II ~/**анкерный** (Bw) Ankerwinkel *m* II ~/**жёсткости/вертикальный** (Bw) vertikaler Aussteifungswinkel *m* II ~/**качающийся** (Typ) schwingender Heftsattel *m* (Fadenheftmaschine) II ~/**крепящий** (Bw) Befestigungswinkel *m* II ~/**монтажный** Montagewinkel *m* II ~/**неравнобокий** ungleichschenkliger Winkel *m* II ~/**поясной** (Bw) Gurtwinkel *m* (eines Vollwandträgers) II ~/**противоугонный** (Bw) Schwellenbefestigungswinkel *m* II ~/**равнобокий** (Bw) gleichschenkliger Winkel *m*

уголь *m* Kohle *f* II ~/**адсорбирующий** Adsorptionskohle *f* II ~/**актив[ирован]ный** Aktivkohle *f*, aktive Kohle *f* II ~/**бардяной** Schlempekohle *f* II ~/**бездымный** rauchlose (rauchfreie) Kohle *f* II ~/**битуминозный** bituminöse Kohle *f* II ~/**блестящий** Glanzkohle *f* II ~/**блестящий бурый** Glanzbraunkohle *f* II ~/**брикетированный** Preßkohle *f* II ~/**бурый** Braunkohle *f* II ~/**волокнистый** Faserkohle *f* II ~/**восковой** Wachskohle *f*, Pyropissit *m* II ~/**высокозольный** hochasche[n]haltige Kohle *f* II ~/**газовый** Gaskohle *f* II ~/**глянцевый бурый** Glanzbraunkohle *f* II ~/**горошковый** Perlkohle *f* II ~/**грохочёный** gesiebte Kohle *f*, Siebkohle *f* II ~/**гумусовый** Humuskohle *f* II ~/**длиннопламенный** langflammige Kohle *f* II ~/**доменный** Hüttenkohle *f* II ~/**древесный** Holzkohle *f* II ~/**животный** Tierkohle *f* II ~/**жирный** fette Kohle *f*, Fettkohle *f* II ~/**жирный бурый** Pechbraunkohle *f* II ~/**земляной** Erdbraunkohle *f* II ~/**зольный** aschereiche (asche[n]haltige) Kohle *f* II ~/**ископаемый** Mineralkohle *f*, mineralische Kohle *f* II ~/**каменный** Steinkohle *f* II ~/**кеннельский** Kännelkohle *f* II ~/**коксовый** Kokskohle *f* II ~/**коксующийся** Kokskohle *f*, kokende (verkokbare) Kohle *f*, Kokerkohle *f* II ~/**короткопламенный** kurzflammige Kohle *f* II ~/**костровый** Meilerkohle *f* II ~/**костяной** Knochenkohle *f* II ~/**котельный** *s.* ~/**энергетический** II ~/**кровяной** Blutkohle *f* II ~/**крупный** Grobkohle *f* II ~/**кузнечный** Schmiedekohle *f* II ~/**кусковой** Stückkohle *f* II ~/**лигнитовый** xylitische (holzartige) Braunkohle *f*, Xylitkohle *f* II ~/**малозольный** asche[n]arme Kohle *f* II ~/**матовый** Mattkohle *f* II ~/**мелкий** Kleinkohle *f*, Feinkohle *f*, Gruskohle *f*, Kohlenklein *n* II ~/**мягкий бурый** Weichbraunkohle *f* II ~/**некоксующийся** nichtkokende (unverkokbare) Kohle *f* II ~/**необогащённый** nichtaufbereitete Kohle *f* II ~/**несортированный** Rohkohle *f*, Förderkohle *f*, grubenfeuchte Kohle *f* II ~/**неспекающийся** nichtbackende Kohle *f* II ~/**низкозольный** asche[n]arme Kohle *f* II ~/**низкосортный** minderwertige Kohle *f* II ~/**обесцвечивающий** Entfärbungskohle *f*, Bleichkohle *f* II ~/**обогащённый** aufbereitete Kohle *f*, Aufbereitungskohle *f* II ~/**ококсованный** Kohlenschlacke *f* II ~/**орешковый** Nußkohle *f* II ~/**отрицательный** (El) negative Kohle *f*, Kathodenkohle *f* II ~/**паровичный** *s.* ~/**энергетический** II ~/**переувлажнённый** Naßkohle *f* II ~/**пиритовый** Pyritkohle *f*, Schwefelkohle *f* II ~/**пламенный [каменный]** Flammkohle *f* II ~/**пластинчатый** Plattenkohle *f* II ~/**положительный** (El) positive Kohle *f*, Anodenkohle *f* II ~/**полосчатый** Streifenkohle *f* II ~/**полублестящий** Halbglanzkohle *f* II ~/**полужирный** halbfette Kohle *f*, Halbfettkohle *f* II ~/**растительный** Pflanzenkohle *f* II ~/**реторный** Retortenkohle *f* II ~/**рядовой** Förderkohle *f* II ~/**рядовой бурый** Förderbraunkohle *f* II ~/**рядовой каменный** Fördersteinkohle *f* II ~/**сажистый** Rußkohle *f* II ~/**сапропелевый** (сапропелитовый) Sapropel[it]kohle *f*, Faulschlammkohle *f* II ~/**сильноспекающийся** starkbackende Kohle *f* II ~/**слабоспекающийся** schwachbackende Kohle *f* II ~/**сланцеватый** Schieferkohle *f* II ~/**смолистый** Pech[glanz]kohle *f* II ~/**спекающийся** Backkohle *f*, backende Kohle *f*, Sinterkohle *f* II ~/**твёрдый бурый** Hartbraunkohle *f* II ~/**тощий** Magerkohle *f*, magere Kohle *f*; gasarme Kohle *f* II ~/**чистый** Reinkohle *f* II ~/**шлакующийся** schlackende Kohle *f* II ~/**электродный** Elektrodenkohle *f* II ~/**энергетический** Kesselkohle *f*, Dampfkesselkohle *f*, Kohle *f* für Kesselfeuerung

угольник *m* 1. Winkel *m* (als Konstruktionselement), Winkelstück *n*; Rohrkrümmer *m*; 2. (Wkz) Winkel; 3. (Wkzm) *s.* ~ **зажимный** II ~/**двухкоординатный** Zweikoordinatenwinkel *m* II ~/**зажимный** Spannwinkel *m* II ~/**лекальный** Haarwinkel *m* II ~/**плоский** Flachwinkel *m* II ~/**поворотный** schwenkbarer Winkel *m* II ~/**разметочный** Anreißwinkel *m* II ~/**слесарный (стальной)** Werkstattwinkel *m*, Stahlwinkel *m* (niederer Genauigkeit) II ~/**трубный** Rohr-

угольник krümmer *m* ‖ **~/упорный** Anschlagwinkel *m* ‖ **~/установочный** Aufnahmewinkel *m* ‖ **~/центровочный** Zentrierwinkel *m* ‖ **~/цилиндрический** Prüfsäule *f (Maßverkörperung der Rechtwinkligkeit)*
ýгольный Kohle[n]...
угóльный eckig, kantig
уголь-орех *m* Nußkohle *f*
угон *m* 1. Wandern *n*, 2. Abtreiben *n*; 3. Durchgehen *n (Turbine)* ‖ **~ пути** *(Eb)* Gleiswandern *n* ‖ **~ рельсов** *(Eb)* Schienenwandern *n*
угроза *f* среде Umweltgefährdung *f* ‖ **~ столкновения** Kollisionsgefahr *f*
удаление *n* Entfernen *n*, Beseitigen *n*, Entziehen *n*, Entzug *m*; Abtragen *n (Schichten)* ‖ **~ влаги** Entfeuchten *n*, Entfeuchtung *f* ‖ **~ заусенцев** Entgraten *n*, Abgraten *n* ‖ **~ накипи** Kesselsteinbeseitigung *f* ‖ **~ окалины** 1. Entzundern *n*, Entzunderung *f*, Entsintern *n*, Entsinterung *f*; 2. Entrosten *n* ‖ **~ отходов** Abfallbeseitigung *f*, Entsorgung *f* ‖ **~ сточных вод** Abwasserbeseitigung *f*
удалённость *f* Entfernung *f*
удалённый abgesetzt, entfernt, Fern...
удалить *s*. удалять
удалять entfernen, beseitigen, entziehen ‖ **~ ржавчину** entrosten
удар *m* Schlag *m*, Stoß *m*; Aufprall *m* ‖ **~/абсолютно неупругий** *(Mech)* vollkommen unelastischer Stoß *m* ‖ **~/абсолютно упругий** *(Mech)* vollkommen elastischer Stoß *m* ‖ **~/водяной** *s*. **~/гидравлический** ‖ **~ волны** Wellenschlag *m*; Wellenstoß *m* ‖ **~/входной** Eintrittsstoß *m (Strömungsmaschine)* ‖ **~/выходной** Austrittsstoß *m (Strömungsmaschine)* ‖ **~/гидравлический** *(Hydr)* Wasserschlag *m*, hydraulischer Stoß *m*, Druckstoß *m* ‖ **~/горный** *(Bgb)* Gebirgsschlag *m*, Bergschlag *m* ‖ **~/косой** *(Mech)* schiefer Stoß *m* ‖ **~/метеоритенеинschlag** *m (in Raumflugkörper)* ‖ **~ молнии** Blitz[ein]schlag *m* ‖ **~/неупругий** *(Mech)* nichtelastischer (unelastischer) Stoß *m* ‖ **~/нецентральный** *(Mech)* exzentrischer Stoß *m* ‖ **~ пламени/обратный** Rückzündung *f*, Flammenrückschlag *m* ‖ **~/подземный** *(Geoph)* Erdstoß *m*, seismischer Stoß *m* ‖ **~/тепловой (термический)** *(Mech)* Wärmeschock *m*, Thermoschock *m*, thermische Stoßbelastung *f* ‖ **~/упругий** *(Mech)* elastischer Stoß *m* ‖ **~/центральный** *(Mech)* zentraler (gerader) Stoß *m*, Zentralstoß *m* ‖ **~/электрический** elektrischer Schlag *m* ‖ **~/электронный** Elektronenstoß *m*
ударить *s*. ударять
ударник *m* 1. Druckstück *n*, Schlagkopf *m*; 2. *(Bgb)* Schlagkolben *m (Abbauhammer)*; 3. *(Mil)* Schlagbolzen *m*; Schlageinrichtung *f (Granatwerfer)*; Schlagstück *n (Zünder)*; 4. *(Nrt)* Klöppel *m*
ударопрочность *f s*. прочность/ударная
ударопрочный *(Fest)* stoßfest, schlagfest
ударостойкий *s*. ударопрочный
ударостойкость *f s*. прочность/ударная
удароустойчивость *f s*. прочность/ударная
удароустойчивый *s*. ударопрочный
ударять schlagen, stoßen
удваивать doppeln, verdoppeln; *(Wlz)* doppeln, dublieren *(z. B. Bleche)*

удвоение *n* Verdopp[e]lung *f* ‖ **~ напряжения** *(El)* Spannungsverdopplung *f* ‖ **~ частоты** *(El)* Frequenzverdopplung *f*
удвоенный doppelt, zweifach
удвоитель *m (Eln)* Verdoppler *m*, Verdopplerstufe *f* ‖ **~ напряжения** Spannungsverdoppler *m*, Spannungsverdopplerschaltung *f* ‖ **~ частоты** Frequenzverdoppler *m*
удвоить *s*. удваивать
удельный spezifisch, bezogen
удержание *n* Zurückhaltung *f*, Retention *f* ‖ **~ изотопов** *(Kern)* Isotopenretention *f*
удержать *s*. удерживать
удерживать 1. zurückhalten; halten; festhalten; 2. *(Masch)* lagesichern *(Greifer)*
удерживаться [fest]haften
удифферентовка *f (Schiff)* Trimmen *n*
удифферентовывать *(Schiff)* trimmen
удлинение 1. Verlängerung *f*, Längenzunahme *f*; 2. Strecken *n*, Streckung *f*, Dehnen *n*, Dehnung *f* ‖ **~/абсолютное** *(Forst)* Verlängerung *f*, Längenzunahme *f* ‖ **~ в процентах/относительное** *(Mech)* prozentuale (relative) Dehnung *f* ‖ **~/главное** Hauptdehnung *f*, Hauptdilatation *f*, Hauptverlängerung *f* ‖ **~/импульсов** *(El)* Impulsbreiterung *f*, Impulsdehnung *f* ‖ **~/истинное** *(Fest)* bezogene Dehnung *f* ‖ **~ крыла/относительное** *(Flg)* Flügelstreckung *f*, Flügelstreckungsverhältnis *n* ‖ **~/остаточное** *(Fest)* bleibende Dehnung *f* ‖ **~/остаточное относительное** *(Fest)* Bruchdehnung *f* ‖ **~/остающееся** *s*. **~/остаточное** ‖ **~/относительное** 1. *(Mech)* [relative] Dehnung *f*, Längsdehnung *f*; 2. *(Mech)* Streckung *f*, Dehnung *f*; 3. *(Wlz)* bezogene Längenzunahme *f (Walzgut)* ‖ **~/полное** *(Fest)* gesamte (resultierende) Dehnung *f* ‖ **~ при разрыве [/относительное]** *(Fest)* Bruchdehnung *f* ‖ **~ разрыва** *(Fest)* Bruchdehnung *f* ‖ **~/тепловое** Wärmedehnung *f* ‖ **~/упругое** *(Fest)* elastische Dehnung *f*
удлинённый verlängert, gedehnt, langgestreckt, gestreckt
удлинитель *m* 1. Verlängerungsstück *n*; 2. *(El)* Verlängerungsleitung *f*
удлинить *s*. удлинять
удлинять 1. verlängern; 2. längen, strecken, dehnen
удобообрабатываемость *f* Verarbeitbarkeit *f*, Bearbeitbarkeit *f*
удобообтекаемый stromlinienförmig, Stromlinien...
удоборегулируемый leicht regulierbar (einstellbar)
удобоуправляемый leicht lenkbar (steuerbar)
удобрение *n (Lw)* 1. Dünger *m*, Düngemittel *n*; 2. Düngen *n*, Düngung *f* ‖ **~/азотное** Stickstoffdünger *m*, Stickstoffdüngemittel *n* ‖ **~/амидное** Amiddüngemittel *n*, Amiddünger *m* ‖ **~/аммиачное** Ammoniakdünger *m*, Ammoniumdünger *m* ‖ **~/аммиачно-нитратное** Ammoniumnitratdünger *m*, salpetersaures Ammoniak *n*, Ammonsalpeter *m* ‖ **~/бактериальное** 1. Bodenimpfstoff *m*; 2. Bodenimpfung *f* ‖ **~/двойное** zweigliedriger Dünger *m*, Zweigliederdünger *m* ‖ **~/допосевное** Krumendüngung *f* ‖ **~/естественное** Stalldung *m*, Stalldünger *m*, Stallmist *m* ‖ **~/жидкое** Flüssigdünger *m*, flüssiger

Dünger m ‖ ~/**зелёное** Gründüngung f ‖ ~/**избыточное** Überschußdüngung f, Vorratsdüngung f ‖ ~/**известковое** Kalkdünger m, Kalkdüngemittel n, Düngekalk m ‖ ~ **известью** Kalkdüngung f ‖ ~/**искусственное** s. ~/**минеральное** ‖ ~/**калийное** Kalidünger m, Kalidüngemittel n, Kalidüngesalz n ‖ ~/**кислое** saures Düngemittel n ‖ ~/**комбинированное** Mehrnährstoffdünger m ‖ ~/**комплексное** Mehrnährstoffdünger m ‖ ~/**комплексное жидкое** flüssiger Volldünger m ‖ ~ **компостом** Kompostdüngung f ‖ ~/**косвенное** indirekt wirkendes Düngemittel n, Bodendünger m ‖ ~/**местное** Hofdünger m, Stalldünger m ‖ ~/**минеральное** Mineraldünger m, anorganische Düngemittel npl, Handelsdünger m ‖ ~/**многостороннее [минеральное]** Mehrnährstoffdünger m ‖ ~/**нитратное** Nitratdünger m, Salpeterdünger m ‖ ~/**одинарное (одностороннее)** Einkomponentendünger m, Einnährstoffdüngemittel n ‖ ~/**органическое** organischer Dünger m, Wirtschaftsdünger m ‖ ~/**основное** Grunddünger m ‖ ~/**подкормочное** Kopfdüngung f ‖ ~/**полное [минеральное]** Volldünger m, Mehrnährstoffdünger m ‖ ~/**послепосевное** Kopfdüngung f ‖ ~/**предпосевное** Krumendüngung f ‖ ~/**промышленное** s. ~/**минеральное** ‖ ~/**прямое** direktwirkendes Düngemittel n, Pflanzendünger m ‖ ~/**раздельное** Stufendüngung f ‖ ~/**рядковое** Reihendüngung f, Banddüngung f ‖ ~/**сложное** s. ~/**полное** ‖ ~/**смешанное** Mischdünger m ‖ ~/**стимулирующее** Reizdüngung f ‖ ~/**суперфосфатное** Superphosphatdünger m ‖ ~/**торфяное** Torfdünger m ‖ ~/**тройное** dreigliedriger Dünger m, Dreigliederdünger m, Volldünger m, NPK-Dünger m ‖ ~/**туковое** s. ~/**минеральное** ‖ ~/**фосфатное (фосфорное, фосфорнокислое)** Phosphordünger m, Phosphatdünger m, Phosphorsäuredünger m ‖ ~/**химическое** s. ~/**минеральное** ‖ ~/**чрезмерное** Überdüngung f

удобрить (Lw) düngen

удобрять s. удобрить

удобство n **в обращении** Handlichkeit f ‖ ~ **в программировании** (Inf) Programmierkomfort m ‖ ~ **обслуживания** Bedienungskomfort m

удой m (Lw) Milchertrag m

удойность f (Lw) Milchergiebigkeit f, Milchleistung f

удушливый 1. erstickend, schwül, drückend heiß; 2. (Bgb) matt (Wetter)

ужимина f (Gieß) Sandausdehnungsfehler m ‖ ~/**литейная** Rattenschwanz m ‖ ~/**песочная** Sandschülpe f, Formstoffschülpe f

УЗ s. 1. ультразвук; 2. ультразвуковой

уздечка f Drahtbügel m (der Sektflasche)

узел m 1. Knoten m, Bund n; Bündel n; 2. Anlage f, System n; 3. Bau[teil]gruppe f, Baueinheit f, Konstruktionsgruppe f; Bauelement n, Einheit f; 4. (Nrt) Knotenamt n; Zentrale f; 5. (El) Verzweigungspunkt m, Knotenpunkt m (Leitungstechnik); 6. (Ph) Knoten m, Knotenpunkt m, Knotenstelle f, Knotenfläche f, Knotenlinie f; 7. (Krist) Gitterpunkt m, Massenpunkt m, materieller Punkt m, Baustein m; 8. (Schiff) Stek m, Stich m, Wurf m (seemännischer Knoten); 9. (Schiff) Knoten m, Schifferknoten m; 10. (Schiff) Knoten m, kn (SI-fremde Einheit der Geschwindigkeit = 1852 m pro Stunde); 11. (Ch) Brückenkopf m, Brückenkopfatom n, Verzweigungsatom n ‖ ~/**агрегатный** Baukasteneinheit f, Baukastenbaugruppe f ‖ ~/**аэродромный** Flugplatzknoten m ‖ ~/**базовый** Basisbaugruppe f ‖ ~/**беседочный** (Schiff) Palstek m ‖ ~/**бетоносмесительный** (Bw) Betonmischanlage f ‖ ~/**брамшкотовый** (Schiff) doppelter Schotstek m ‖ ~/**вакантный** s. ~/**пустой** ‖ ~/**воздушный** Luftknotenpunkt m ‖ ~ **волны** (Ph) Wellenknoten m ‖ ~/**восходящий** (Astr) aufsteigender Knoten m ‖ ~ **входящего сообщения** (Nrt) ankommendes Knotenamt n ‖ ~/**выбленочный** (Schiff) Webleinenstek m ‖ ~/**гибридный функциональный** (Eln) Hybridmodul m ‖ ~/**главный** Hauptbaugruppe f ‖ ~/**двойной беседочный** (Schiff) doppelter Palstek m ‖ ~ **дислокации** (Krist) Versetzungsknoten m ‖ ~/**железнодорожный** Eisenbahnknoten[punkt] m ‖ ~/**запасной** Reservebaugruppe f ‖ ~/**измерительный** Meßbacke f ‖ ~/**исполнительный** (Masch) Stellbaugruppe f ‖ ~ **исходящего сообщения** (Nrt) abgehendes Knotenamt n ‖ ~/**канатный** Seilknoten m, Gehänge n ‖ ~ **колебаний** (Ph) Schwingungsknoten m ‖ ~/**командный трансляционный** (Schiff) Kommando-Übertragungszentrale f ‖ ~/**конструктивный** (Bw) Konstruktionsknoten[punkt] m ‖ ~/**контактный** (Ch) Kontaktsystem n (Schwefelsäureherstellung) ‖ ~/**концевой** Endknotenpunkt m ‖ ~ **кристаллической решётки** (Krist) Gitterplatz m ‖ ~/**лифтовой** (Bw) Aufzugskern m ‖ ~/**лунный** (Astr) Mondknoten m, Drachenpunkt m (Mondbahn) ‖ ~/**микроминиатюрный** (Eln) Mikroniaturbaustein m ‖ ~/**микромодульный** (Eln) Mikromodulbaustein m ‖ ~/**морской** seemännischer Knoten m, Seemannsknoten m, Schifferknoten m ‖ ~/**наполняющий** Füllstation f ‖ ~ **напряжения** (El) Spannungsknoten m ‖ ~/**нисходящий** (Astr) absteigender Knoten m ‖ ~/**одинарный беседочный** (Schiff) einfacher Palstek m ‖ ~/**опорный** (Bw) Auflagerknotenpunkt m ‖ ~/**основной** Grundbaugruppe f ‖ ~/**передаточный** (Masch) Übertragungsbaugruppe f ‖ ~ **передвижения** (Text) Fahreinrichtung f (bei Spinnkannen) ‖ ~/**печатный** (Eln) gedruckte Baugruppe f (Leiterplatte) ‖ ~/**плотинный** (Hydt) Wehranlage f ‖ ~/**подшипниковый** (Masch) Lagerbaugruppe f, Lagereinheit f ‖ ~ **прибора** Geräteteil n ‖ ~ **привода** Antriebseinheit f, Antriebsbaugruppe f ‖ ~/**промышленный** Industriekomplex m ‖ ~/**прямой** (Schiff) Kreuzknoten m ‖ ~/**пустой** (Krist) Gitterlücke f, Bindungslücke f, Gitterleerplatz m, Leerstelle f, Fehlstelle f ‖ ~/**радиорелейный** Richtfunkzentrale f ‖ ~/**радиотрансляционный** Funkleitstelle f ‖ ~ **рамы** (Bw) Rahmenknoten m ‖ ~/**распределительный** 1. Verteilerbaugruppe f (für Geräte); 2. Stabgruppe f ‖ ~/**растворный** (Bw) Mörtelwerk n, Mörtelmischanlage f ‖ ~ **решётки** (Math, Krist) Gitterpunkt m; 2. (Krist) Gitterplatz m, Gitterstelle f ‖ ~ **решётки/обратной** (Krist) Punkt m des reziproken Gitters ‖ ~/**рыбацкий** (Schiff) Fischerknoten m ‖ ~/**санитарный** (Bw) Sanitärzelle f

узел

~ **связи** Nachrichtenzentrale f ‖ **~/силовой** (Masch) kraftführende Baugruppe f, Leistungsbaugruppe f ‖ **~ сквозной системы** (Bw) Fachwerkknoten m ‖ **~/сменный** auswechselbare Baugruppe f ‖ **~/стандартный** (Masch) Standardbaugruppe f ‖ **~/стопорный** (Schiff) Stopperstek m ‖ **~ схемы** (El) Schalt[ungs]baugruppe f ‖ **~/телеграфный** Fernschreibzentrale f ‖ **~/телефонный** Fernsprechzentrale f ‖ **~/типовой** (Masch) Typenbaugruppe f ‖ **~ тока** (El) Stromknoten m ‖ **~/транспортный** Verkehrsknotenpunkt m ‖ **~ трения** (Masch) Reibpaarung f ‖ **~ управления** Steuer[ungs]baugruppe f; (Meß) Stelleinheit f (Gerät zum mechanischen Verstellen) ‖ **~ фермы** (Bw) Fachwerksknoten m ‖ **~/функциональный** (Eln) funktionelle Baugruppe f, Funktionsbaugruppe f, Funktionseinheit f ‖ **~ цепи** s. ~ электрической цепи **~/шарнирный** (Masch) Gelenkbaugruppe f, Gelenk n ‖ **~/шкотовый** (Schiff) Schotstek m ‖ **~/шлюзовой** (Hydt) Schleusenkomplex m ‖ **~ электрической цепи** Strom[kreis]knotenpunkt m, Stromverzweigungspunkt m ‖ **~/электронный** Elektronikbaugruppe f
узел-восьмёрка f (Schiff) Achtknoten m
узкодиапазонный (Eln) schmalbandig, Schmalband...
узкозахватный (Bgb) Schmalschnitt...
узкозонный mit schmaler Bandlücke (Halbleiter)
узкоколейный (Eb) schmalspurig, Schmalspur...
узкополосный s. узкодиапазонный
узкоспециальный sehr speziell
узкость f Meerenge f
узлование n (Nrt) Knoten[amts]bildung f
узловязатель m 1. (Lw) Knoter m, Knüpfer m (Mähbinder); 2. (Text) Knoter m ‖ **~/бобинный** (Text) Spulenknoter m (Kett- und Schußgarnvorbereitung) ‖ **~/ткацкий** (Text) Weberknoter m (Kett- und Schußgarnvorbereitung)
узлоуловитель (Text) Knotenfänger m ‖ **~/плоский** (Pap) Planknotenfänger m, Plansortierer m
узкослойность f (Forst) Engringigkeit f (Baumstamm)
узор m 1. Verzierung f, Ornament n; 2. (Text) Muster n ‖ **~/вышитый** aufgesticktes Muster n ‖ **~/набивной** gedrucktes Muster n ‖ **~/перекидной** hinterlegtes Muster n ‖ **~/ткацкий** Webmuster n
узороводитель m (Text) Musterschieber m (Strickmaschine)
узорообразование n (Text) Musterbildung f (Strickerei, Wirkerei)
узорчатость f **древесины** Holzmaserung f
УИМ s. микроскоп/универсальный измерительный
уискер m Whisker m, Haarkristall m, Fadenkristall m
указание n 1. Anzeige f; 2. Anweisung f, Instruktion f ‖ **~/мимическое** symbolische Anzeige f ‖ **~/оптическое** optische Anzeige f ‖ **~ перегрузки** Überlastungsanzeige f ‖ **~ ошибки** Fehleranzeige f ‖ **~ по эксплуатации** Betriebsanweisung f ‖ **~ размера** Maßangabe f ‖ **~/управляющее** (Inf) Steueranweisung f
указатель m 1. Anzeiger m, Zeiger m, Markierer m; (Inf) Zeiger m, Pointer m; 2. Anzeigevorrichtung f, Meldevorrichtung f; Zeigervorrichtung f,

Nachweisgerät n, Indikator m, Index m (s. a. индикатор); 3. Verzeichnis n, Register n ‖ **~/аварийный** Stör[ungs]meldegerät n, Störungsmelder m ‖ **~ амплитудных значений** Höchstwertanzeiger m, Maximumanzeiger m ‖ **~ воздушной скорости** (Flg) Luftgeschwindigkeitsmesser m, Anzeigegerät n der wahren Fluggeschwindigkeit f ‖ **~ волн** Wellenanzeiger m ‖ **~ времени стоянки** (Kfz) Parkscheibe f ‖ **~ высоты** (Flg) Höhenanzeiger m ‖ **~ глубины** 1. (El) Tiefenanzeigegerät n (Echolot); 2. (Bgb) Teufenanzeiger m ‖ **~ глубины/проблесковый** (Schiff) Rotlicht[tiefen]anzeigegerät n (Echolot) ‖ **~ глубины резкости** (Photo) Schärfentiefenanzeiger m, Schärfentiefenrechner m ‖ **~ глубины/стрелочный** (Schiff) Analog[tiefen]anzeigegerät n (Echolot) ‖ **~ глубины/цифровой** (Schiff) Digital[tiefen]anzeigegerät n (Echolot) ‖ **~ графы** (Inf) Spaltenanzeiger m ‖ **~ громкости** Lautstärkeanzeiger m, Volum[en]zeiger m ‖ **~ давления** Druckanzeigegerät n ‖ **~ давления масла** Öldruckanzeiger m ‖ **~/дистанционный** Fernanzeigegerät n, Fernanzeiger m ‖ **~ дифферента** (Schiff) Trimm[lagen]anzeiger m ‖ **~ длины** Längenanzeiger m, Längenindikator m ‖ **~/дорожный** Wegweiser m ‖ **~ железнодорожных сообщений** (Eb) Kursbuch n ‖ **~ замыкания на землю** (El) Erdschlußanzeiger m ‖ **~ заполнения бункера** Bunkerfüllstandsanzeiger m ‖ **~ излучений** Strahlungsanzeiger m, Strahlungsindikator m ‖ **~ колонки** (Inf) Spaltenanzeiger m ‖ **~ короткого замыкания** (El) Kurzschlußanzeiger m ‖ **~ курса** (Flg) Kursanzeiger m ‖ **~/максимальный** Maximumanzeiger m ‖ **~/маршрутный** Fahrtstreckenanzeiger m ‖ **~ мгновенного расхода топлива** (Kfz) Kraftstoff-Momentanverbrauchsanzeige f ‖ **~ мощности** Leistungs[an]zeiger m ‖ **~ направления** Richtungsanzeiger m ‖ **~ направления вращения** Drehrichtungsanzeiger m ‖ **~ направления/световой** optischer Richtungsanzeiger m ‖ **~ напряжения** (El) Spannungs[an]zeiger m ‖ **~/нулевой** Nullanzeiger m, Nullindikator m ‖ **~ обрыва провода** (El) Drahtbruchmelder m, Leitungsbruchmelder m ‖ **~/оптический** optischer Anzeiger m ‖ **~ перегрузки** (Nrt) Übersteuerungsanzeige f, Überlastungsanzeiger m ‖ **~ перепада давления** (Flg) Differenzdruckmesser m ‖ **~ пиковых значений** (El) Spitzen[wert]anzeiger m ‖ **~ поворота** 1. (Kfz) Blinker m, Blinkleuchte f; 2. (Flg) Wende[an]zeiger m ‖ **~ поворота/боковой** Seitenblinkleuchte f ‖ **~ поворота/задний** (Kfz) hintere Blinkleuchte f ‖ **~ поворота и скольжения** (Flg) Wende- und Querlage[an]zeiger m ‖ **~ положения** Lageanzeiger m, Stellungsanzeiger m ‖ **~ положения руля** (Flg) Ruderlageanzeiger m ‖ **~ полярности** (El) Pol[aritäts]anzeiger m ‖ **~ предела (пределов) поля** Toleranzmarke f ‖ **~ предельных значений** Grenzwert[an]zeiger m ‖ **~ приливного течения** Gezeitenstrommesser m ‖ **~/проблесковый** (Kfz) Blink[licht]anzeiger m ‖ **~ равновесия** Einspielmarke f (z. B. an einer Waage) ‖ **~ расстояния** Entfernungsanzeiger m ‖ **~/световой** 1. Licht[an]zeiger m; 2. Lichtsignal n; 3. (Inf) Lichtmarke f,

Lichtfleck *m* ‖ ~ **скольжения** *(Flg)* Schiebe[winkelan]zeiger *m* ‖ ~ **скорости** 1. Geschwindigkeitsanzeiger *m*, Geschwindigkeitsmesser *m*; 2. *(Schiff)* Fahrtempfanger *m*, Fahrtanzeigegerät *n (Fahrtmeßanlage)* ‖ ~ **сноса** *(Flg)* Abdriftanzeiger *m* ‖ ~ **стека** *(Inf)* Stapelzeiger *m*, Kellerzeiger *m*, Stackpointer *m* ‖ ~**/стрелочный** 1. Zeiger *m*; 2. *(Eb)* Weichensignal *n* ‖ ~ **строки** *(Inf)* Zeilenanzeiger *m* ‖ ~ **тангажа** *(Flg)* Längsneigungs[an]zeiger *m* ‖ ~ **температуры** Temperaturanzeiger *m* ‖ ~ **температуры охлаждающей жидкости [/электрический]** *(Kfz)* Kühlflüssigkeitstemperaturanzeigegerät *n* ‖ ~ **угла атаки** *(Flg)* Anstellwinkelanzeiger *m*, AWA ‖ ~ **уровня** 1. Niveauanzeiger *m*, Standzeiger *m*, Füllstandsanzeiger *m*; 2. Pegelzeiger *m*, Pegelmesser *m (ein Spannungsmesser)* ‖ ~ **уровня бензина** *(Kfz)* Benzinstandanzeiger *m*, Benzinuhr *f* ‖ ~ **уровня воды** *(Hydrol)* Wasserstandsanzeiger *m* ‖ ~ **уровня жидкости** Füllstandsanzeiger *m (für Flüssigkeiten)*, Flüssigkeitsstandanzeiger *m* ‖ ~ **уровня/самопишущий** *(El, Nrt)* Pegelschreiber *m* ‖ ~ **уровня топлива** *(Kfz)* Kraftstoffvorratsanzeiger *m*, Kraftstoffvorrats-Anzeigeinstrument *n* ‖ ~ **ускорения** Beschleunigungsanzeiger *m* ‖ ~ **фаз** *(El)* 1. Phasen[an]zeiger *m*; 2. Phasenfolgeanzeiger *m* ‖ ~**/цифровой** digitale Anzeige *f*, LCD-Anzeige *f* ‖ ~ **частоты** *(El)* Frequenz[an]zeiger *m* ‖ ~ **числа М** (Маха) *(Flg)* Mach-Zahl-Messer *m*, Machmeter *n* ‖ ~ **числа оборотов** Drehzahlmesser *m*
указательный Anzeige…, Indikator…
указать *s.* указывать
указывать anzeigen
укатать *s.* укатывать 1.
укатить *s.* укатывать 2.
укатка *f* Walzen *n*, Glattwalzen *n*, Ebnen *n*
укатывать 1. walzen, glattwalzen, ebnen; 2. fortrollen, wegrollen
УКВ *s.* 1. волна/ультракороткая; 2. ультракоротковолновый; 3. установка кондиционирования воздуха
УКВ-диапазон *m* UKW-Bereich *m*, Ultrakurzwellenbereich *m*; UKW-Band *n*, Ultrakurzwellenband *n*
УКВ-передатчик *m* UKW-Sender *m*, Ultrakurzwellensender *m*
УКВ-приёмник *m* UKW-Empfänger *m*, Ultrakurzwellenempfänger *m*
УКВ-радиовещание *n* UKW-Rundfunk *m*, Ultrakurzwellenrundfunk *m*
УКВ-радиоприёмник *m*/**автомобильный** UKW-Autoradio *n*
укладка *f* 1. Einpacken *n (s. a. unter* упаковка 1.*)*; 2. Lagerung *f*; Einlagern *n*; 3. Legen *n*, Ablegen *n*; 4. Legen *n*, Verlegen *n (Kabel, Schienen)* ‖ ~ **арматуры** *(Bw)* Einbringen (Verlegen) *n* der Bewehrung ‖ ~ **бетона (бетонной смеси)** Betonieren *n*, Betonieren *n* ‖ ~ **в валок** *(Lw)* Schwadablage *f* ‖ ~ **в магазин** Magazinieren *n* ‖ ~ **в штабель** Stapelung *f* ‖ ~ **вразбежку** *(Led)* Stapeln *n* in ausgebreitetem Zustand ‖ ~ **врасстил** *(Led)* Stapeln *n* in ausgebreitetem Zustand mit gegenseitiger Verschiebung ‖ ~ **груза** *(Schiff)* Stauen *n* der Ladung ‖ ~ **грунта** Erdstoffeinbau *m* ‖ ~ **на поддоны** Palettisie-

ren *n* ‖ ~ **пути** *(Eb)* Gleisverlegung *f* ‖ ~ **рельсов** *(Eb)* Schienenverlegung *f*
укладчик *m* 1. *(Bw)* Fertiger *m*, Betonfertiger *m*; 2. *(Bw)* Gleisverlegekran *m*; 3. Stapelgerät *n*, Stapler *m (Lagerhaltung)* ‖ ~**/кабельный** Kabellegemaschine *f* ‖ ~ **нити** *(Text)* Fadenanleger *m (Aufspulmaschine)* ‖ ~ **плит** *(Bw)* Platten[ver]leger *m* ‖ ~ **уточной нити** *(Text)* Schußfadenleger *m*
укладывать 1. packen, einpacken; 2. legen, verlegen *(Kabel, Schienen)*; 3. lagern; 4. *(Schiff)* stauen *(Ladung)*; 5. *(Fert)* ablegen ‖ ~ **в клетку** aufschränken *(Schnittholz)* ‖ ~ **в штабеля** stapeln ‖ ~ **вразбежку** versetzen ‖ ~ **на место** wegstauen ‖ ~ **слоями** in Lagen schütten
уклон *m* 1. Neigung *f*; Neigungsverhältnis *n*; Schrägung *f*, Schräge *f*; Abdachung *f*; 2. Gefälle *n (Fluß)*; 3. Steigung *f (Straße)*; 4. Anzug *m (Keil)*; 5. *(Eb)* Neigung *f*, Steigung *f*; 6. *(Bgb)* Haspelberg *m*, Flaches *n*, Bandberg *m* (im Einfallen aufgefahrene Strecke) ‖ ~ **водной поверхности** *(Hydrol)* Wasserspiegelgefälle *n* ‖ ~**/гидравлический** *(Hydr)* Druckgefälle *n*, hydraulischer Gradient *m*, Druckgradient *m* ‖ ~ **дороги** *(Bgb)* Straßengefälle *n* ‖ ~**/капитальный** *(Bgb)* Hauptflaches *n* ‖ ~ **клина** Keilneigung *f* ‖ ~**/критический** Grenzgefälle *n* ‖ ~**/крутой** *(Eb)* Steilrampe *f* ‖ ~ **крыши** *(Bw)* Dachneigung *f* ‖ ~**/литейный** *(Gieß)* Gußschräge *f*, Formschräge *f*, Aushebeschräge *f*, Modellschräge *f* ‖ ~**/обратный** Gegengefälle *n*, Gegenneigung *f* ‖ ~**/панельный** *(Bgb)* Abteilungsflaches *n*, Revierflaches *n* ‖ ~**/поперечный** 1. Querneigung *f*; 2. *(Hydrol)* Quergefälle *n (des Wasserspiegels)* ‖ ~**/продольный** 1. Längsneigung *f*; 2. *(Hydrol)* Längsgefälle *n (des Wasserspiegels)* ‖ ~**/промежуточный** *(Bgb)* Abbauflaches *n* ‖ ~ **пути** *(Eb)* Gleissteigung *f* ‖ ~ **реки** *(Hydrol)* Flußgefälle *n* ‖ ~**/формовочный** *s.* ~**/литейный** ‖ ~ **шпоночной канавки** Keilnutneigung *f* ‖ ~**/штамповочный** Gesenkschräge *f (Gesenkschmiedeteil)*
уклонение *n* Abweichung *f*, Aberration *f*
уклономер *m* Neigungsmesser *m*
уключина *f (Schiff)* Dolle *f*, Riemendolle *f*
уков *m (Umf)* Verschmiedungsgrad *m*
уковка *f (Schm)* Einschmiedung *f*, Einschmieden *n*
уковывать einschmieden
укомплектование *n* 1. Vervollständigung *f*, Komplettierung *f*; 2. *(Eln)* Bestückung *f*
укомплектованный 1. vervollständigt; 2. *(Eln)* bestückt
укорачивание *n s.* укорочение
укорачивать [ab]kürzen, verkürzen
укоротить *s.* укорачивать
укорочение *n* 1. Abkürzung *f*, Verkürzung *f*, Kürzen *n*; 2. *(Met)* Stauchung *f* ‖ ~**/относительное** *(Met)* [auf de Ausgangslänge bezogene] Stauchung *f* ‖ ~ **шага [обмотки]** *(El)* Schrittverkürzung *f*, Sehnung *f (einer Wicklung)*
укосина *f* 1. Strebe *f*, Spreize *f*; Diagonalstab *m*; 2. Ausleger *m (Hebezeuge)* ‖ ~**/вращающаяся** *(Förd)* Schwenkausleger *m* ‖ ~**/жёсткая** *(Förd)* fester Ausleger *m* ‖ ~**/качающаяся** *(Förd)* Wippausleger *m* ‖ ~**/поворотная** *(Förd)* Schwenkarm *m*

украсить 1. verzieren; 2. [aus]schmücken; dekorieren
украшение n 1. Verzierung f, Ornament n; 2. Dekoration f, Ausschmückung f
укрепить s. укреплять
укрепление n 1. Verstärkung f; Versteifung f; 2. Befestigung f, Festmachen n, Festlegen n; Sichern n ‖ ~/**анкерное** Verankerung f ‖ ~ **берега** (Hydt) Uferbau m, Uferbefestigung f, Uferschutz m ‖ ~/**береговое** s. ~ берега ‖ ~ **грунта** (Bw) Bodenverfestigung f ‖ ~ **откосов** (Bw) Böschungsbefestigung f, Hangbefestigung f
укреплять 1. verstärken, versteifen; 2. festmachen, befestigen; sichern; 3. (Bgb) ausbauen
укрутка f [**нити**] (Text) Einzwirnung f (Verkürzung der Gespinstlänge durch Draht)
укрывистость f [**пигментов**] Deckkraft f, Deckfähigkeit f (Anstrichstoffe)
укрывистый deckkräftig, deckstark (Anstrichstoffe)
уксус m (Ch) Essig m ‖ ~ **брожения** Gärungsessig m ‖ ~/**винный** Weinessig m ‖ ~/**древесный** Holzessig m ‖ ~/**пищевой** Speiseessig m ‖ ~/**спиртовой** Spritessig m
уксуснокислый (Ch) ...acetat n; essigsauer
уксусный (Ch) Essig[säure]...
улавливание n 1. Abfangen n, Auffangen n; 2. Abscheiden n ‖ ~ **волокна** (Pap) Faser[stoff]rückgewinnung f ‖ ~ **пыли** Staubabscheidung f, Entstaubung f ‖ ~ **пыли/мокрое** Naßentstaubung f
улавливатель m s. уловитель
улей m Beute f, Bienenkorb m, Bienenhaus n
улетучивание n Verflüchtigung f, Verflüchtigen n, Entweichen n, Verdunsten n ‖ ~ **в вакууме** Vakuumverflüchtigung f
улетучиваться sich verflüchtigen, entweichen, verdunsten
улетучиться s. улетучиваться
улитка f 1. Spirale f, Schnecke f; 2. Spiralgehäuse n ‖ ~/**входная** Eintrittsspirale f (Gebläse) ‖ ~/**выходная** Austrittsspirale f (Gebläse) ‖ ~/**уводная** Auslaufspirale f (Turbine)
улов m Fang m (Fischereiwirtschaft) ‖ ~/**дневной** Tagesfang m
уловистость f Fängigkeit f (Netz)
уловистый fängig (Netz)
уловитель m 1. Fänger m, Fangvorrichtung f, Fangschirm m; 2. Abscheider m, Scheider m (s. a. unter **сепаратор**) ‖ ~/**гравитационный** Schwerkraftabscheider m ‖ ~/**ионный** (Ph) Ionenfalle f ‖ ~/**магнитный** 1. Magnetauffangvorrichtung f; 2. Magnet[aus]scheider m, Eisenausscheider m; 3. (Text) Magnetplatte f, Magnetfänger m (Putzerei) ‖ ~/**механический** mechanischer Abscheider m ‖ ~/**мокрый** Naßabscheider m ‖ ~/**сухой** Trockenabscheider m ‖ ~/**центробежный** Fliehkraftabscheider m
уложить s. укладывать
УЛУ s. устройство логического управления
улучшать 1. verbessern; 2. veredeln; 3. vergüten (Stahl)
улучшение n 1. Verbesserung f; 2. Veredlung f; 3. Vergütung f, Vergüten n (Stahl) ‖ ~ **воздушной закалкой** (Härt) Luftvergüten n, Luftvergütung f ‖ ~ **контрастности** (TV) Kontrasterhöhung f ‖ ~ **коэффициента мощности** (El) Leistungsfaktorverbesserung f, cos φ-Verbesserung f ‖ ~ **структуры** (Härt) Gefügevergütung f; Gefügevered[e]lung f, Gefügeverfeinerung f ‖ ~/**термическое** s. улучшение 3.
улучшить s. улучшать
ульманнит m (Min) Ullmannit m, Nickelantimonkies m, Antimonnickelglanz m, Nickelspießglanzerz n
ультраакустика f Ultraschallehre f, Ultraschallakustik f
ультраакустический s. ультразвуковой
ультрабазиты mpl (Geol) Ultrabasite mpl, ultrabasische Gesteine npl
ультравакуум m Ultravakuum n
ультравысокий ultrahoch, Ultrahoch...
ультравысокочастотный ultrahochfrequenz, Ultrahochfrequenz..., UHF-...
ультражёсткий ultrahart
ультразвук m Ultraschall m
ультразвуковой Ultraschall...
ультразвукография f Ultraschallaufzeichnung f
ультракороткий ultrakurz, Ultrakurz...
ультракоротковолновый Ultrakurzwellen..., UKW-...
ультракрасный ultrarot, infrarot, Ultrarot..., Infrarot...
ультрамарин m 1. (Ch) Ultramarin n (Farbstoff); 2. s. лазурит
ультрамелкий ultrafein
ультраметаморфизм m (Geol) Ultrametamorphose f, Ultrametamorphismus m
ультрамикроанализ m (Ch) Ultramikroanalyse f
ультрамикровесы pl (Ch) Ultramikrowaage f
ультрамикроопределение n Ultramikrobestimmung f
ультрамикроскоп m Ultramikroskop n ‖ ~/**щелевой** Spaltultramikroskop n
ультрамикроскопический ultramikroskopisch
ультрамикроскопия f Ultramikroskopie f
ультрамикротом m Ultramikrotom n
ультрамикротомия f Ultramikrotomie f
ультрамикрохимический ultramikrochemisch
ультрамикрохимия f Ultramikrochemie f
ультрамикрошлиф m (Wkst) Ultradünnschliff m
ультрамягкий ultraweich
ультранизкий infraniedrig, Tiefst...
ультрастабильность f (Ph) Ultrastabilität f
ультратонкий ultrafein, Ultrafein[st]...
ультраускоритель m (Ph) Ultrabeschleuniger m
ультраустойчивость f (Ph) Ultrastabilität f
ультрафильтр m Ultrafilter m
ультрафильтрация f (Ph) Ultrafiltration f
ультрафиолет m Ultraviolett n, UV (Strahlung) ‖ ~/**ближний** nahes (langwelliges) Ultraviolett n ‖ ~/**дальний** fernes (kurzwelliges) Ultraviolett n
ультрафиолетовый ultraviolett n, Ultraviolett..., UV-...
ультрахроматография f (Ch) Ultrachromatographie f
ультрацентрифуга f (Ch) Ultrazentrifuge f
ультрацентрифугирование n (Ch) Ultrazentrifugierung f
ультрачистый ultrarein, hochrein, extrem rein, Reinst...
умбра f Umbra f (Farbe) ‖ ~/**жжёная** gebrannte Umbra f
уменьшаемое n (Math) Minuend m

уменьшать 1. [ver]mindern, verringern, verkleinern, reduzieren, herabsetzen; 2. dämpfen *(Stöße, Schwingungen)*
уменьшение *n* Verminderung *f*, Minderung *f*, Verringerung *f*, Verkleinerung *f*, Reduzierung *f*, Herabsetzung *f*; Abfall *m*, Abnahme *f*; Verjüngung *f* ‖ ~ **активности** *(Kern)* Aktivitätsabfall *m*, Aktivitätsabnahme *f* ‖ ~ **вредных выбросов** Emissionsverminderung *f* ‖ ~ **давления** Druckminderung *f*, Druckabfall *m*, Drucknachlaß *m* ‖ ~ **интервала плотностей** *(Typ)* Tonwertkompression *f* ‖ ~ **контрастности** Kontrastminderung *f* ‖ ~ **на 1** *(Inf)* Erniedrigung *f* um 1; Dekrementieren *n* ‖ ~ **нагрузки** Belastungsverminderung *n* ‖ ~ **облачности** Bewölkungsabnahme *f*, Bewölkungsauflockerung *f* ‖ ~ **объёма** Volumenverminderung *f*, Volumenkontraktion *f* ‖ ~ **опасности несчастного случая** Verminderung *f* der Unfallgefahren ‖ ~ **поперечного сечения** Querschnittsverminderung *f*, Querschnittsabnahme *f* ‖ ~ **скорости** Geschwindigkeitsverminderung *f*, Geschwindigkeitsabnahme *f* ‖ ~ **чувствительности** Desensibilisierung *f* ‖ ~ **ширины полосы** Bandbreitenreduzierung *f (Halbleiter)*
уменьшитель *m (Photo)* Verkleinerungsgerät *n*, Verkleinerungsapparat *m*
уменьшить *s.* уменьшать
умножать 1. vervielfachen; 2. multiplizieren
умножающий 1. Vervielfacher..., Vervielfachungs...; 2. Multiplizier...
умножение *n* 1. Vervielfachung *f*; 2. *(Math)* Multiplikation *f* ‖ ~/**вторично-электронное** *(Kern)* Sekundärelektronenvervielfachung *f* ‖ ~/**графическое** *(Inf)* graphische Multiplikation *f* ‖ ~/**двоичное** *(Inf)* binäre Multiplikation *f*, Binärmultiplikation *f* ‖ ~/**десятичное** *(Inf)* dezimale Multiplikation *f*, Dezimalmultiplikation *f* ‖ ~/**лавинное** *(Eln)* Lawinenvervielfachung *f*, Lawineneffekt *m* ‖ ~/**логическое** *(Inf)* logische Multiplikation *f* ‖ ~/**матричное** *(Math)* Matrizenmultiplikation *f* ‖ ~ **напряжения** *(El)* Spannungsvervielfachung *f*, Trägermultiplikation *f*, Ladungsträgervervielfachung *f* ‖ ~/**поразрядное** stellenweise Multiplikation *f* ‖ ~/**прямое** *(Inf)* direkte Multiplikation *f* ‖ ~ **с двойной точностью** *(Inf)* erweiterte (doppelte) Multiplikation *f* ‖ ~ **с плавающей запятой** *(Inf)* Gleitkommamultiplikation *f* ‖ ~ **с фиксированной запятой** *(Inf)* Festkommamultiplikation *f* ‖ ~ **цепей** *(Math)* Kettenmultiplikation *f* ‖ ~ **частоты** *(Eln)* Frequenzvervielfachung *f*
умножитель *m* 1. Vervielfacher *m*; 2. Multiplizierer *m* ‖ ~/**аналоговый** Analogverstärker *m* ‖ ~/**вторично-электронный** *(Kern)* Sekundärelektronenvervielfacher *m*, SE-Vervielfacher *m*, SEV *(s. a.* ~/фотоэлектронный *)* ‖ ~/**двоичный** Binärmultiplizierer *m* ‖ ~/**каскадный** Kaskadenvervielfacher *m* ‖ ~ **напряжения** *(El)* Spannungsvervielfacher *m* ‖ ~/**прямой** direkter Multiplikator *m* ‖ ~/**фотоэлектронный** Photoelektronenvervielfacher *m (s. a.* ~/вторично-электронный*)* ‖ ~ **частоты** *(El)* Frequenzvervielfacher *m* ‖ ~/**электронный** *s.* ~/фотоэлектронный; 2. Elektronenvervielfacher *m*, elektronischer Vervielfacher *m*, Sekundärelektronenvervielfacher *m*, SEV; 3. elektronischer Multiplizierer *m*
умножительный 1. Vervielfacher...; 2. Multiplizier..., Multiplikations...
умножить *s.* умножать
умный *(Masch)* intellektuell *(Eigenschaft z. B. eines Industrieroboters)*
умолот *m (Lw)* Drusch *m*, Ausdrusch *m*, Dreschertrag *m*
умощнение *n* Leistungsverstärkung *f*
умформер *m (El)* Gleichstromumformer *m*
умывальная *f* Waschraum *m*
умягчение *n* Erweichen *n*, Weichmachen *n*; Enthärtung *f (Wasser)* ‖ ~ **питательной воды** Speisewasserenthärtung *f*
умягчитель *m* Enthärter *m*, Enthärtungsmittel *n*
умягчить erweichen; enthärten *(Wasser)*
унавоживание *n (Lw)* Düngen *n*, Düngung *f (mit Stalldung)*
унавоживать *(Lw)* düngen *(mit Stalldung)*
УНВ *s.* уровень низких вод
ундуляция *f (Geol)* 1. Undulation *f (nach Stille)*; 2. Welligkeit *f (wechselnde Hoch- und Tieflage der Sattel- und Faltenachsen)*
универсал *m (Geod)* Universalinstrument *n*, Universaltheodolit *m*
универсальность *f* Universalität *f*, Vielseitigkeit *f*
универсальный Universal..., universell, allgemein
уникальный unikal, Unikal...
униполиконденсация *f (Ch)* Unipolykondensation *f*
униполиприсоединение *n (Ch)* Unipolyaddition *f*
униполярный unipolar
унитаз *m (Bw)* Klosettbecken *n*
унитарность *f* Unitarität *f*
унитарный unitär
унификация *f* Vereinheitlichung *f*, Unifizierung *f*
унифилярный unifilar, Unifilar..., eindrähtig; einfädig
унифицирование *n s.* унификация
унифицировать vereinheitlichen
унос *m* 1. Mitreißen *n*; 2. Flugstaub *m*; 3. *(Met)* Austragsverlust *m*
уносить mitreißen
УНЧ *s.* усилитель низкой частоты
УОД *s.* устройство обработки данных
упакованный gepackt
упаковка *f* 1. Einpacken *n*, Verpacken *n*; 2. Verpackung *f*; Leergut *n*; 3. *(Krist)* Packung *f (Elementargitter)* ‖ ~ **в плёнку** Folienverpackung *f* ‖ ~/**гексагональная (двухслойная) плотнейшая** *(Krist)* hexagonal dichteste Kugelpackung *f* ‖ ~/**кубическая гранецентрированная** *(Krist)* kubisch flächenzentrierte Packung *f* ‖ ~/**кубическая плотнейшая** *(Krist)* kubisch dichteste Kugelpackung *f* ‖ ~/**плотная** *(Krist)* dichte Packung *f*, Dichtpackung *f* ‖ ~/**плотнейшая** *(Krist)* dichteste Packung *f* ‖ ~/**плотнейшая шаровая** *(Krist)* dichteste Kugelpackung *f* ‖ ~/**трёхслойная плотнейшая** *s.* ~/кубическая плотнейшая ‖ ~/**шаровая** *(Krist)* Kugelpackung *f*
упаковывание *n* Einpacken *n*, Verpacken *n* ‖ ~ **в мешки** Absacken *n*
упаковывать einpacken, verpacken ‖ ~ **в мешки** absacken

упаривание n Eindampfen n
упаривать eindampfen ‖ ~ **досуха** zur Trockne eindampfen
упарить s. упаривать
УПД s. устройство подготовки данных
упереться s. упираться
упираться 1. [sich]aufstützen, auflagern; 2. (Wkzm) anfahren (z. B. einen Anschlag); anschlagen (z. B. an einen Anschlag)
уплотнение n 1. Verdichtung f, Verdichten n; 2. Abdichtung f, Dichten n; 3. Dichtung f, Liederung f; 4. (Nrt) Mehrfachausnutzung f, mehrfache Ausnutzung f, Verschachtelung f, Multiplex n • **с временным уплотнением** (Nrt) zeitmultiplex ‖ ~ **балласта** (Eb) Bettungsverdichtung f, Verdichtung f der Bettung ‖ **~/бесконтактное** (Masch) berührungsfreie Dichtung f ‖ ~ **вала** (Masch) Wellendichtung f ‖ ~ **вала/лабиринтное** Labyrinthwellendichtung f ‖ ~ **взрывом** Explosivverdichten n, Explosionsverdichten n (Pulvermetallurgie) ‖ ~ **вибратором (вибрацией)** (Met) Vibrationsverdichten n, Vibrationsverdichtung f ‖ **~/водяное** 1. Wasserdichtung f, Wasserstopfbuchse f; 2. s. **~/гидравлическое** ‖ **~/войлочное** Filzdichtung f ‖ **~/временное** (Nrt) Zeitmultiplex n ‖ ~ **встряхиванием** (Met) Rüttelverdichten n, Rüttelverdichtung f ‖ **~/гидравлическое** hydraulische Dichtung f, Flüssigkeitsdichtung f ‖ **~/гребенчатое** (Masch) Spitzendichtung f ‖ ~ **грунтов** (Bw) Bodenverdichtung f ‖ **~/губчатое** Schaumdichtung f ‖ **~/данных** (Inf) Datenverdichtung f, Datenreduktion f ‖ **~/донное** (Hydt) Bodendichtung f ‖ **~/жидкостное** s. **~/гидравлическое** ‖ ~ **зазора** (Masch) Spalt[ab]dichtung f (Turbine) ‖ **~/защитное** Schutzdichtung f ‖ ~ **информации** (Inf) Informationsverdichtung f ‖ ~ **инъецированием** (Bw) Einpressen n (z. B. Beton zum Verdichten) ‖ **~/канавочное** (Masch) Nutendichtung f ‖ **~/кожаное** Lederdichtung f, Lederpackung f ‖ **~/кольцевое** (Masch) Gleitringdichtung f, Kolbenringdichtung f ‖ **~/контактное** (Masch) Berührungsdichtung f ‖ **~/конусное** Konusdichtung f, Kegeldichtung f ‖ ~ **корпуса** (Masch) Gehäusedichtung f ‖ **~/лабиринтное** (Masch) Labyrinthdichtung f ‖ **~/лабиринтное концевое** Labyrinthenddichtung f (Dampfturbine) ‖ **~/лабиринтное прямоточное** Labyrinthgleichstromdichtung f (Dampfturbine) ‖ **~/лабиринтное щелевое** Labyrinthspaltdichtung f ‖ **~/манжетное** (Masch) Manschettendichtung f; Lippendichtung f (Pumpen) ‖ **~/маслоудерживающее** (Masch) Öldichtung f ‖ ~ **металлизацией** Dichtspritzen n ‖ **~/многократное** (Nrt) Mehrfachausnutzung f ‖ **~/паронепроницаемое** Dampfdichtung f, dampfdichter Abschluß m ‖ ~ **пескомётом** (Gieß) Sandslingern n ‖ **~/пластмассовое** Kunststoffdichtung f ‖ **~/плоское** Flachdichtung f ‖ ~ **поверхностей скольжения** (Masch) Gleitflächendichtung f ‖ ~ **подшипника** (Masch) Lagerdichtung f ‖ **~/последующее** Nachverdichten n, Nachverdichtung f ‖ **~/послойное** schichtweise Verdichtung f (des Bodens) ‖ ~ **почвы** Bodenverdichtung f ‖ **~/предварительное** Vorverdichten n, Vorverdichtung f ‖ ~ **прессованием** (Gieß) Preßverdichten n,

Preßverdichtung f ‖ **~/пылезащитное** Staubschutzdichtung f ‖ **~/резиновое** Gummidichtung f ‖ **~ с временным разделением каналов** (Nrt) Zeitmultiplex n ‖ **~ с частотным разделением каналов** (Nrt) Frequenzmultiplex n ‖ **~/сальниковое** (Masch) Stopfbuchsendichtung f ‖ **~ сетки** (Math) Verfeinerung f der Unterteilung f, Gleitdichtung f ‖ **~/скользящее** (Masch) schleifende Dichtung f, Gleitdichtung f ‖ **~/спектральное** (Nrt) Wellenlängenmultiplex n ‖ **~/фетровое** Filzdichtung f ‖ **~ формовочной смеси** (Gieß) Verdichten n des Formstoffs, Formstoffverdichtung f ‖ **~ цепей/высокочастотное** (Nrt) trägerfrequente Mehrfachausnutzung f ‖ **~/частотное** (Nrt) Frequenzmultiplex n ‖ **~/противофильтрационное** (Bw) wasserdruckhaltende Dichtung f ‖ **~/шнуровое** Schnurdichtung f
уплотнённость f Dichtheit f
уплотнённый 1. verdichtet; 2. abgedichtet, gedichtet
уплотнитель m 1. Dichtungsmittel n; 2. Eindicker m; 3. (Lw) Garbenzubringer m (Bindemäher) ‖ **~/вакуумный** Vakuumkitt m ‖ **~/оптический** optischer Verdichter m
уплотнить s. уплотнять
уплотняемость f Verdichtbarkeit f
уплотнять 1. verdichten; eindicken; 2. verfestigen; 3. [ab]dichten; 4. (Nrt) [mehrfach] ausnutzen, multiplexen, verschachteln ‖ ~ **пескомётом** (Gieß) sandslingern
упор m 1. Stütze f, Stützpunkt m; 2. Widerlager n; 3. Anschlag m, Begrenzungsanschlag m, Begrenzung f; Zeigeranschlag m; 4. (Masch) wegbegrenzender Nocken m; 5. (Wlz) Vorstoß m (Rollgang); 6. (Eb) Pufferanschlag m; 7. (Schiff) Schub m, Schubkraft f ‖ **~/боковой** seitlicher Anschlag m ‖ **~/буферный** (Eb) Pufferanschlag m ‖ **~/втулочный** (Wkzm) Anschlagring m (zum Bohren nicht durchgängiger Bohrungen) ‖ ~ **гребного винта** (Schiff) Propellerschub m ‖ **~/жёсткий** s. **~/неподвижный** ‖ **~/индикаторный** (Wkzm) Meßhranschlag m ‖ **~/качающийся** (Wkzm) schwingender Anschlag m, Schwinganschlag m ‖ **~/клиновой** keilförmiger Anschlag m ‖ **~/конечный** Endanschlag m ‖ **~/концевой** Begrenzungsanschlag m ‖ **~/мёртвый** s. **~/неподвижный** ‖ **~/микрометра/неподвижный** Meßamboß m, Amboß m (Meßschraube) ‖ **~/неподвижный** feststehender (fester, starrer, unbeweglicher, toter) Anschlag m, Festanschlag m ‖ **~/нулевой** Nullschutz m ‖ **~/ограничительный** Begrenzungsanschlag m ‖ **~/оправки** Dornwiderlager n (Pilgerschrittwalzwerk) ‖ **~/откидной** (Wkzm) wegklappbarer Anschlag m ‖ **~/передвижной** (Wkzm) verschiebbarer Anschlag m ‖ **~/плиточный** (Fert) Anschlagplatte f ‖ **~/подвижный** beweglicher (sich bewegender) Anschlag m ‖ **~/поднимающийся** versenkbarer Anschlag m ‖ **~/предохранительный** (Masch) Sicherheitsanschlag m ‖ **~/программируемый** (Wkzm) Programmanschlag m ‖ **~/продольный** (Wlz) Längenvorstoß m ‖ **~/пружинный** federnder Anschlag m, Federanschlag m ‖ **~/раздвижной** (Schiff) Schraubwinde f (Lecksicherungsausrüstung) ‖ **~/рычажно-пружинный чувствительный** (Meß) Feinzeigeran-

управление

schlag *m* II ~ **с упругим действием** *(Wlz)* elastischer Blockanschlag *m* II **~/стационарный feststehender** Anschlag *m* II **~/суммарный** Gesamtschub *m* II **~/сферический** Kugelkalotte *f (am Drucksegment eines Drucklagers)* II ~ **толкача** Schubschulter *f eines Schubschiffs* II **~/тупиковый** *(Eb)* Gleisabschluß *m,* Prellbock *m*

упор-ограничитель *m* Begrenzungsanschlag *m,* Begrenzer *m,* Endanschlag *m*

упоромер *m (Schiff)* Schub[kraft]meßgerät *n,* Schubmesser *m*

упорядочение *n* 1. Anordnung *f;* Ordnung *f;* 2. Zuordnung *f (von Spektren);* 3. *s.* **~/линейное** II **~/линейное** *(Math)* [einfache] Ordnung *f,* lineare (vollständige) Ordnung *f* II ~ **по времени** Zeitordnung *f*

упорядоченность *f* Geordnetheit *f;* Zugeordnetheit *f*

упорядоченный geordnet, ausgerichtet; zugeordnet

управление *n* 1. Steuerung *f;* Lenkung *f;* 2. Bedienung *f,* Betätigung *f;* 3. Verwaltung *f (z. B. von Datenbanken)* • **с автоматическим управлением** automatisch gesteuert • **с адаптивным управлением** adaptiv gesteuert • **с аналоговым управлением** analog gesteuert • **с дистанционным управлением** ferngesteuert; fernbedient; ferngelenkt • **с контурным управлением** *(Wkzm)* bahngesteuert • **с косвенным управленим** indirekt gesteuert • **с кулачковым управлением** *(Masch)* kurvengesteuert • **с позиционным управлением** punktgesteuert • **с программным управлением** programmgesteuert, mit Programmsteuerung • **с путевым управлением** *(Wkzm)* weggesteuert • **с ручным управлением** handbedient, handgesteuert • **с сеточным управлением** *(Eln)* gittergesteuert • **с управлением от магнитной ленты** magnetbandgesteuert • **с управлением от меню** menügesteuert • **с управлением от перфолент** lochstreifengesteuert • **с цифровым управлением** digital gesteuert • **с числовым управлением** *(Wkzm)* numerisch gesteuert, NC-... II **~/аварийное** havariebedingte Steuerung *f,* Notsteuerung *f* II **~/автоматическое** automatische (selbsttätige) Steuerung *f,* Automatiksteuerung *f* II **~/автоматическое следящее** automatische (selbsttätige) Folgesteuerung *f; (Rak)* Selbstlenkung *f,* Selbststeuerung *f,* Eigensteuerung *f* II **~/адаптивное** Adaptivsteuerung *f,* adaptive Steuerung *f,* AS, AC II **~/аналоговое** Analogsteuerung *f,* analoge Steuerung *f* II ~ **архивом** *(Inf)* Archivverwaltung *f* II **~/асинхронное** asynchrone Steuerung *f* II **~/астроинерционное** *(Rak)* Astroträgheitslenkung *f* II **~/астронавигационное** *(Rak)* Astronavigationslenkung *f* II ~ **банком данных** *(Inf)* Datenbankverwaltung *f* II **~/безынерционное** trägheitslose Steuerung *f* II **~/бесступенчатое** stufenlose Steuerung *f* II ~ **библиотекой** *(Inf)* Bibliotheksverwaltung *f* II **~/быстрое** Boostersteuerung *f* II ~ **буферами** *(Inf)* Pufferverwaltung *f* II ~ **вводом** *(Inf)* Eingabesteuerung *f* II ~ **вводом-выводом** *(Inf)* Eingabe-/Ausgabe-Steuerung *f,* E-/A-Steuerung *f* II **~/внешнее** äußere (externe) Steuerung *f,* Außensteuerung *f* II **~/внутреннее** innere (interne) Steuerung *f,* Innensteuerung *f* II ~ **воздушным движением** Flugsicherung *f,* Flugsicherungskontrolle *f,* FS-Kontrolle *f* II **~ восстановлением** *(Inf)* Fehlerverwaltung *f* II ~ **вращением** Drehsteuerung *f* II ~ **выборкой** *(Inf)* Zugriffssteuerung *f* II ~ **выбором кармана** *(Inf)* Fachauswahlsteuerung *f* II ~ **выводом** *(Inf)* Ausgabesteuerung *f* II ~ **выполнением программы** 1. Programmablaufsteuerung *f;* 2. *(Inf)* Programmverwaltung *f* II ~ **высотой** *(Flg)* Höhensteuerung *f* II **~/гироскопическое** Kreiselsteuerung *f* II ~ **группами** Gruppensteuerung *f* II ~ **данными** 1. Datensteuerung *f;* 2. *(Inf)* Datenverwaltung *f* II ~ **двигателем** Motorsteuerung *f;* Triebwerkssteuerung *f* II **~/двухпозиционное** Bewegungssteuerung *f* II **~/двухпозиционное** Zweipunktsteuerung *f* II **~/децентрализованное кодовое** dezentrale Kodesteuerung *f* II **~/децентрализованное приоритетное** dezentrale Prioritätssteuerung *f* II **~/динамическое** dynamische Steuerung *f* II **~/дискретное** diskrete Steuerung *f* II **~/дистанционное** Fernsteuerung *f,* Fernbetätigung *f,* Fernbedienung *f; (Rak)* Fernlenkung *f* II **~/дистанционное автоматизированное** automatische Fernsteuerung *f; (Schiff auch:)* Brückenfernsteuerung *f* II **~/дифференциальное** Differentialsteuerung *f* II ~ **доступом** *(Inf)* Zugriffssteuerung *f* II **~/дуальное** duale Steuerung *f,* Dualsteuerung *f* II **~/жёсткое** starre (fest verdrahtete) Steuerung *f;* 2. *(Flg)* Gestängesteuerung *f* II **~/жёсткое программное** Festprogrammsteuerung *f* II ~ **заданиями** *(Inf)* 1. Jobsteuerung *f;* Jobverwaltung *f* II ~ **задачами** *(Inf)* Aufgabenverwaltung *f* II **~/замкнутое** geschlossene Steuerung *f* II ~ **запоминающим устройством** *(Inf)* 1. Speichersteuerung *f;* 2. Speicherverwaltung *f* II ~ **золотниками** *(Kfz)* Schiebersteuerung *f* II **~/иерархическое** hierarchische Steuerung *f* II **~/избирательное** Auswahlsteuerung *f* II **~/импульсное** Impulssteuerung *f* II **~/индивидуальное** Einzelsteuerung *f* II ~ **индикацией** Anzeigesteuerung *f* II **~/индуктивное** induktive Steuerung *f,* Trägheitssteuerung *f,* Inertialsteuerung *f,* Trägheitssteuerung *f* II **~/интегральное** Integralsteuerung *f* II ~ **интерфейсом** Interface-Steuerung *f,* Interface-Kontroller *m* II ~ **инфракрасным излучением/дистанционное** Infrarot-Fernbedienung *f* II ~ **исканием** *(Nrt)* Wählersteuerung *f* II ~ **каталогом** *(Inf)* Katalogverwaltung *f* II ~ **качеством** Qualitätssteuerung *f* II **~/кнопочное** Drucktastensteuerung *f,* Druckknopfsteuerung *f* II ~ **кодовым ключом** kodierte Schaltersteuerung *f* II **~/командное** Befehlssteuerung *f* II **~/контакторное** Schütz[en]steuerung *f* II **~/контурное** *(Wkzm)* Bahnsteuerung *f,* CP-Steuerung *f* II **~/контурное адаптивное** adaptive Bahnsteuerung *f* II ~ **копиром** *(Wkzm)* Nachformsteuerung *f* II **~/косвенное** indirekte (indirekt wirkende) Steuerung *f* II **~/кулачковое** *(Masch)* Nockensteuerung *f;* Kurvensteuerung *f* II **~/курсовое** Kurssteuerung *f,* Kursüberwachung *f* II ~ **лентой** Bandsteuerung *f* II **~/линейное** lineare Steuerung *f* II **~/логическое** Logiksteuerung *f* II **~/локальное** *s.* **~/местное** II ~ **лучом**

управление Strahlführung f, Strahlsteuerung f II ~/**магнитное** Magnetsteuerung f II ~/**макропрограммное** (Inf) Makroprogrammsteuerung f II ~ **массивами [данных]** (Inf) 1. Dateisteuerung f; 2. Dateiverwaltung f II ~/**местное** örtliche (dezentralisierte, lokale) Steuerung f II ~/**микропрограммное** Mikroprogrammsteuerung f II ~/**микропроцессорное** Mikroprozessorsteuerung f II ~/**минимаксное** Minimaxsteuerung f II ~/**многоканальное** Mehrkanalsteuerung f II ~/**многократное** Mehrfachsteuerung f, Vielfachsteuerung f II ~/**многомерное** mehrdimensionale Steuerung f II ~/**многоточечное** Vielpunktsteuerung f II, Multipunktsteuerung f II ~/**многоуровневое** Mehrebenensteuerung f II ~/**монопольное** exklusive Steuerung f II ~ **мощностью** Leistungssteuerung f II ~/**мультипозиционное** s. ~/**многоточечное** II ~/**мультипрограммное** Multiprogrammsteuerung f II ~ **на расстоянии** Fernsteuerung f; (Rak) Fernlenkung f II ~ **напряжением** Spannungssteuerung f II ~/**наружное** äußere (externe) Steuerung f, Außensteuerung f II ~/**непрерывное** stetige (kontinuierliche) Steuerung f II ~/**непрямое** indirekte (indirekt wirkende) Steuerung f II ~/**нечисловое** nichtnumerische Steuerung f II ~/**ножное** (Masch) Fußsteuerung f, Pedalsteuerung f; Fußbedienung f, Fußbetätigung f II ~/**одноканальное** Einkanalsteuerung f II ~/**оперативное** operative Steuerung f, Operativsteuerung f II ~/**операторное** Bedienersteuerung f II ~/**оптимальное** optimale Steuerung f, Optimalwertsteuerung f II ~/**оптимальное по времени** zeitoptimale Steuerung f II ~ **освещением** Lichtsteuerung f II ~ **от вычислительной машины** Rechnersteuerung f, Steuerung f durch Rechner II ~ **от датчиков** Sensorsteuerung f II ~ **от магнитной ленты** Magnetbandsteuerung f II ~ **от руки** s. ~/**ручное** II ~ **отображением** Anzeigesteuerung f II ~ **памятью** (Inf) 1. Speichersteuerung f; 2. Speicher[platz]verwaltung f II ~/**параллельное** Parallelsteuerung f II ~/**педальное** s. ~/**ножное** II ~ **перемещениями** Bewegungssteuerung f II ~/**плавное** sanfte (weiche) Steuerung f II ~/**пневматическое** pneumatische Steuerung f, Pneumatiksteuerung f II ~ **по ведущему лучу** Leitstrahlsteuerung f; (Rak) Leitstrahllenkung f II ~ **по интегралу** Integralsteuerung f II ~ **по копиру** (Wkzm) Nachformsteuerung f II ~ **по приоритету** (Inf) Prioritätssteuerung f; (Rak) Draht[fern]lenkung f, Draht[fern]steuerung f II ~ **по радио** Funk[fern]steuerung f, leitungslose Steuerung f; (Rak) Funklenkung f II ~ **по радиолучу** (Rak) Leitstrahllenkung f II ~ **поведением** Verhaltenssteuerung f II ~ **подачей** (Wkzm) Vorschubsteuerung f II ~/**позиционное** Punktsteuerung f, Positionssteuerung f (z. B. von IR) II ~/**позиционное числовое программное** (Wkzm) numerische Positionssteuerung f II ~ **полётом** Flugkontrolle f; Flugleitung f II ~ **положением** Positionieren n; Lagesteuerung f II ~/**полуавтоматическое** halbautomatische Steuerung f II ~/**поперечное** Quersteuerung f, transversale Steuerung f II ~/**последовательное** Folgesteuerung f, Reihensteuerung f, Seriensteuerung f II ~ **потоками данных** Datenflußsteuerung f II ~ **прерыванием** (Inf) Interruptsteuerung f II ~/**преселективное** (Wkzm) Vorwahlsteuerung f II ~ **приборами** Gerätesteuerung f II ~ **приводом** Antriebssteuerung f II ~ **приоритетами** (Inf) Prioritätssteuerung f II ~/**приоритетное** (Inf) Prioritätssteuerung f II ~ **приоритетными прерываниями** (Inf) Prioritätsinterruptsteuerung f II ~/**программируемое** programmierbare Steuerung f II ~/**программное** Zeitplansteuerung f (s. a. ~ программой) II ~ **программой** 1. Programmsteuerung f, programmierte Steuerung f; 2. (Inf) Programmverwaltung f II ~ **производственными процессами** Produktionsprozeßsteuerung f, Fertigungsprozeßsteuerung f II ~ **производством** Produktionssteuerung f, Fertigungssteuerung f, Fertigungslenkung f II ~ **промышленным роботом** Industrierobotersteuerung f, IR-Steuerung f II ~/**простое** (Schiff) Zeitsteuerung f (Rudermaschine) II ~ **процессом** Prozeßsteuerung f II ~/**прямое** direkte (direktwirkende) Steuerung f II ~/**прямое цифровое** direkte digitale Steuerung f, direkte Digitalsteuerung f, DDC II ~/**прямое числовое** direkte numerische Steuerung f, DNC II ~ **прямым доступом к памяти** (Inf) DMA-Steuerung f II ~/**путевое** (Wkzm) Wegsteuerung f II ~ **работой с помощью меню** menügesteuerte Arbeit f II ~/**радиоинерциальное** (Rak) Funkträgheitslenkung f II ~/**радиолокационное** 1. Radarsteuerung f; 2. (Kfz) Radarkontrolle f II ~/**реверсивное** Reversiersteuerung f, Umkehrsteuerung f II ~ **регенерацией** (Inf) Refresh-Steuerung f II ~/**релейное** Relaissteuerung f II ~ **роботом** Robotersteuerung f II ~/**рулевое** (Kfz) Lenkung f II ~/**ручное** manuelle Steuerung f, Steuerung f von Hand, Handsteuerung f; (Flg) Knüppelsteuerung f II ~/**рычажное** Hebelsteuerung f II ~ **с пола/ручное** Flursteuerung f (z. B. eines Hebezeuges) II ~ **с помощью микроЭВМ** Mikrorechnersteuerung f II ~ **самолётом** Flugzeugsteuerung f II ~ **скоростью** 1. Geschwindigkeitssteuerung f; 2. Drehzahlsteuerung f II ~ **скоростью вращения** Drehzahlsteuerung f II ~ **скоростью двигателя** Motordrehzahlsteuerung f II ~/**следящее** Folgesteuerung f, Nachlaufsteuerung f; (Schiff) Wegsteuerung f, Folgesteuerung f, sympathische Steuerung f (Rudermaschine) II ~ **станком** Werkzeugmaschinensteuerung f II ~/**статическое** statische Steuerung f II ~/**ступенчатое** Stufensteuerung f II ~ **стыковкой** (Raumf) Kopplungssteuerung f, Docking-Steuerung f II ~/**супервизорное** Supervisorsteuerung f II ~/**телемеханическое** Fernwirksteuerung f II ~ **технологическим процессом** s. ~ производством II ~/**тиратронное** Thyratronsteuerung f II ~/**тиристорное** Thyristorsteuerung f II ~ **током** Stromsteuerung f II ~/**точное** Feinsteuerung f II ~ **третьим состоянием** Tri-state-Steuerung f II ~/**трёхпозиционное** Dreipunktsteuerung f II ~ **триггером** Triggersteuerung f II ~ **тягой** (Flg, Rak) Schubsteuerung f II ~ **файлами** (Inf) 1. Dateisteuerung f; 2. Dateiverwaltung f II ~ **форматом** (Inf) Formatsteuerung f II ~/**фотокопировальное** lichtelektrische (photoelektrische) Steuerung f II ~/**центральное** Zentralsteuerung f II

~/цикловое [программное] Ablaufsteuerung f ll ~/цифровое digitale Steuerung f, Digitalsteuerung f ll ~/цифровое программное digitale Programmsteuerung f ll ~/частотное Frequenzsteuerung f ll ~/числовое [программное] numerische Steuerung f, NC ll ~/шаговое Schrittsteuerung f ll ~ шагом воздушного винта *(Flg)* Luftschraubensteuerung f ll ~ шиной Bussteuerung f ll ~ шпинделем *(Fert)* Spindelsteuerung f ll ~ экраном Bildschirmverwaltung f ll ~/экстремальное Extremwertsteuerung f ll ~/электронно-гидравлическое elektronisch-hydraulische Steuerung f ll ~ электронным лучом Elektronenstrahlsteuerung f, Elektronenstrahlführung f ll ~/эмиттерное Emittersteuerung f
управляемость f Regelbarkeit f, Steuerbarkeit f; Lenkbarkeit f; *(Flg, Schiff)* Steuerfähigkeit f, Steuereigenschaften fpl ll ~ креном s. ~/поперечная ll ~ по крену s. ~/поперечная ll ~ по тангажу s. ~/продольная ll ~/поперечная *(Flg)* Quersteuerbarkeit f, Rollsteuerbarkeit f ll ~/продольная *(Flg)* Längssteuerbarkeit f, Nicksteuerbarkeit f ll ~/путевая s. ~ рысканием ll ~ рысканием *(Flg)* Seitensteuerbarkeit f, Giersteuerbarkeit f ll ~ тангажом s. ~/продольная
управляемый gesteuert; steuerbar; gelenkt; lenkbar ll ~ вручную manuell (von Hand) gesteuert ll ~ вычислительной машиной rechnergesteuert ll ~/дистанционно ferngesteuert; fernsteuerbar; ferngelenkt; fernlenkbar ll ~ импульсами impulsgesteuert ll ~ магнитной лентой magnetbandgesteuert ll ~ на расстоянии n ~/дистанционно ll ~ напряжением spannungsgesteuert ll ~ перфолентой lochstreifengesteuert ll ~ по ведущему лучу leitstrahlgesteuert; leitstrahlgelenkt ll ~ по радио funk[fern]gesteuert, drahtlos gesteuert; funk-[fern]gelenkt ll ~ с земли bodengeführt, bodengelenkt ll ~ светом lichtgesteuert ll ~ током stromgesteuert
управлять 1. steuern; lenken, führen; 2. verwalten, leiten
упредить s. упреждать
упреждать vor[aus]eilen
упреждение n 1. Vor[aus]eilen n; 2. *(Reg)* Vorhalt m ll ~ по скорости Geschwindigkeitsvorhalt m
упростить s. упрощать
упрочнение n *(Met, Härt)* Verfestigung f ll ~/деформационное Verfestigung f *(durch Verformung)* ll ~/лазерное поверхностное Oberflächenverfestigung f *(z. B. von Stählen)* mittels Laser ll ~/линейное lineare Verfestigung f ll ~/механическое s. ~ наклёпом ll ~ наклёпом Kaltverfestigung f, Verfestigung f durch Kalthärtung ll ~/поверхностное Oberflächenverfestigung f ll ~ при старении Alterungshärtung f, Nachhärtung f durch Altern ll ~ термообработкой Vergüten n, Vergütung f ll ~/электроискровое Elektrofunkenhärten n
упрочнить s. упрочнять
упрочняемость f *(Härt)* Verfestigungsvermögen n; Aushärtbarkeit f, Härtbarkeit f
упрочнять *(Härt)* verfestigen
упрощать vereinfachen; abmagern, abrüsten
упрощённый vereinfacht; abgemagert, abgerüstet

упругий elastisch, federnd, nachgiebig
упруго-вязкий viskoelastisch, zähelastisch
упруго-пластический elastisch-plastisch, elastoplastisch
упругость f 1. Elastizität f, Biegsamkeit f, Federung f; 2. Nachgiebigkeit f, Geschmeidigkeit f, Schmiegsamkeit f; 3. Spannkraft f, Spannung f *(Gase)*; Druck m, Pressung f ll ~ водяных паров Wasserdampfdruck m, Wasserdampfspannung f, Sättigungsdruck m des Wasserdampfes ll ~ второго порядка *(Mech)* Elastizität f zweiter Ordnung ll ~ второго рода s. ~ формы ll ~/вязкостная *(Mech)* Viskoelastizität f ll ~ диссоциации *(Ch)* Dissoziationsdruck m, Dissoziationsspannung f, Dissoziationstension f ll ~/идеальная *(Mech)* ideale (vollkommene, völlige) Elastizität f ll ~/квадратическая. ~ второго порядка ll ~ на растяжение s. ~ при растяжении ll ~ на сдвиг s. ~ формы *(Dampf)* ll ~/недостаточная *(Mech)* unvollkommene Elastizität f ll ~/объёмная 1. *(Mech)* Kompressionsmodul m, Volumenelastizitätsmodul m; 2. *(Text)* Bauschelastizität f ll ~ пара Dampfdruck m, Dampfspannung f ll ~ первого рода s. ~ при растяжении ll ~/предельная *(Mech)* vollkommene (ideale) Elastizität f ll ~ при изгибе *(Mech)* Biegungselastizität f ll ~ при кручении *(Mech)* Torsionselastizität f ll ~ при растяжении *(Mech)* Zugelastizität f ll ~ растворения *(Ch)* Lösungsdruck m, Lösungstension f, Lösungsspannung f ll ~/совершенная s. ~/идеальная ll ~ формы *(Mech)* Formelastizität f, Spannungselastizität f
упряжь f 1. *(Kfz, Eb)* Zugvorrichtung f, Zuggeschirr n; 2. Gehänge n *(Hebezeuge)*
УПТ s. усилитель постоянного тока
УПЧ s. усилитель промежуточной частоты
УР s. ракета/управляемая
уработка f *(Text)* Einarbeiten n *(Gewebe)* ll ~ ворсовой основы Einarbeiten n der Polkette
уравнение n Gleichung f ll ~ Абеля [/интегральное] *(Math)* Abelsche Integralgleichung f ll ~ адиабаты *(Therm)* Adiabatengleichung f ll ~/алгебраическое algebraische Gleichung f ll ~ ампервитков *(El)* magnetische Durchflutungsgleichung f ll ~ баланса *(El)* Bilanzgleichung f ll ~ Бернулли 1. *(Hydrod)* Bernoullische Gleichung f, Bernoullisches Theorem n; 2. s. ~ Бернулли/дифференциальное ll ~ Бернулли/дифференциальное *(Math)* Bernoullische Differentialgleichung f ll ~ Бернулли/обобщённое erweiterte (verallgemeinerte) Bernoulli-Gleichung f ll ~ Бертло *(Ph)* Berthelotsche Gleichung *(Zustandsgleichung)* f, Berthelot-Gleichung f *(Physik der realen Gase)* ll ~ Бесселя [/дифференциальное] *(Math)* Besselsche Gleichung *(Differentialgleichung)* f ll ~ Блазиуса *(Math)* Blasiusscher Satz m, Blasiussche Formel f ll ~ Блоха *(Math)* Blochsche Gleichung (Integralgleichung) f, Bloch-Gleichung f ll ~ Больцмана [/кинетическое] *(Mech)* Boltzmann-Gleichung f, Boltzmannsche Stoßgleichung f ll ~ в конечных разностях *(Math)* Differenzengleichung f *(Differenzenrechnung)* ll ~ в частных производных *(Math)* Gleichung f mit partiellen

уравнение

Ableitungen, partielle Gleichung f II ~ **Ван-дер-Ваальса** (Ph) van-der-Waalssche Zustandsgleichung f, van-der-Waals-Gleichung f (Physik der realen Gase) II ~ **Ван-дер-Поля** (Fest) Van-der-Poel-Gleichung f II ~ **Вант-Гоффа** (Ch) van't-Hoffsche Gleichung f, van't-Hoffsches Gesetz n II ~**/вариационное** (Math) Variationsgleichung f II ~**/вековое** (Math) Säkulärgleichung f, charakteristische (säkulare) Gleichung f (Hauptachsentransformation) II ~ **величин** (Math) Größengleichung f II ~ **Винера-Хопфа/ интегральное** (Math) Wiener-Hopf-Integralgleichung f II ~ **вихря** (Geoph) Wirbelgleichung f II ~ **водного баланса** (Hydrol) Wasserhaushaltsgleichung f II ~**/возвратное** (Math) reziproke Gleichung f II ~**/возмущённое** (Math) gestörte Gleichung f II ~ **возраста** (Kern) Agegleichung f, Altersgleichung f, Fermische Differentialgleichung f II ~**/волновое** 1. Wellengleichung f (Wellenlehre); 2. s. ~ Шредингера f II ~ **времени** (Astr) Zeitgleichung f II ~**/вспомогательное** (Math) Hilfsgleichung f II ~ **Вульфа-Брегга** (Krist) Braggsche Gleichung (Reflexionsbedingung) f II ~**/вырожденное** (Math) entartete Gleichung f II ~ **высшего порядка/дифференциальное** (Math) Differentialgleichung f höherer Ordnung II ~**/вязкоупругое волновое** (Ph) viskoelastische Wellengleichung f II ~ **Гамильтона** s. ~ механики/каноническое II ~ **Гельмгольца** 1. (Math) Helmholtzsche Gleichung (Schwingungsgleichung) f; 2. (Ch) Helmholtz-Gleichung f; 3. (Opt) Helmholtz-Lagrangesche Gleichung f II ~ **Гиббса** (Therm) Gibbssche Gleichung f II ~ **Гиббса-Гельмгольца** (Therm) Gibbs-Helmholtz-Gleichung f II ~ **Гиббса-Дюгема** (Therm) [Gibbs-]Duhemsche Gleichung f, Gibbs-Duhem-Gleichung f II ~ **Гюгоньо** (Aerod) Hugoniot-Gleichung f, Hugoniotsche Beziehung f II ~ **движения** (Mech) Bewegungsgleichung f II ~ **движения/ньютоново** Newtonsche Bewegungsgleichung f II ~ **двух тел** (Mech) Zweikörpergleichung f II ~**/двучленное** (Math) binomische Gleichung f II ~ **Дебая** (Ph) Debye-Gleichung f (Dielektrikum) II ~**/диафантовое** (Math) diaphantische Gleichung f II ~ **динамики/общее** (Mech) allgemeine Gleichung f der Dynamik, Lagrange-D'Alembertsches Prinzip n II ~ **динамики/основное** (Mech) Newtonsche Bewegungsgleichung f, dynamisches Grundgesetz n, dynamische Grundgleichung f (2. Newtonsches Axiom) II ~ **Дирака** (Ph) Diracsche Gleichung (Wellengleichung) f II ~**/дифференциальное** (Math) Differentialgleichung f II ~**/дифференциально-разностное** (Math) Differential-Differenzengleichung f II ~ **диффузии** (Kern) Diffusionsgleichung f (Neutronendiffusion) II ~ **единиц** Einheitengleichung f II ~ **замедления** (Ph) Bremsgleichung f II ~ **импульсов** (Ph) Impulsgleichung f II ~**/интегральное** (Math) Integralgleichung f II ~**/интегродифференциальное** (Math) Integraldifferentialgleichung f II ~**/иррациональное** (Math) irrationale Gleichung f, Wurzelgleichung f II ~**/каноническое** (Math) kanonische Gleichung f II ~**/квадратное** (Math) quadratische Gleichung f, Gleichung f zweiten Grades II ~**/квазилинейное** (Math) quasilineare Gleichung f II ~ **Кеплера** (Astr)

Keplersche Gleichung f II ~**/кинетическое** (Ph) kinetische Gleichung f II ~ **Клапейрона[-Клаузиуса]** (Therm) Clausius-Clapeyronsche Gleichung (Differentialgleichung) f II ~ **Клапейрона-Менделеева** (Ph, Ch) Clapeyronsche Zustandsgleichung f II ~ **Клаузиуса-Моссотти** (Ph) Clausius-Mossottische Gleichung f (Dielektrikum) II ~ **Клейна-[Фока-]Гордона** (Kern) Klein-Gordon-Gleichung f, Fock-Gleichung f II ~ **Клеро [дифференциальное]** (Math) Clairautsche Differentialgleichung f II ~ **колебаний** (Ph) Schwingungsgleichung f II ~ **консистенции** (Ph) Konsistenzgleichung f; Materialgleichung f II ~ **короткого замыкания** (El) Kurzschlußgleichung f II ~ **Коши-Римана/дифференциальное** (Math) Cauchy-Riemannsche Differentialgleichung f II ~ **кривой** (Math) Kurvengleichung f II ~**/кубическое** (Math) kubische Gleichung f, Gleichung f dritten Grades II ~ **Лагранжа** (Astr, Mech) Lagrangesche Gleichung f, Schlüsselgleichung f der Bahnbestimmung II ~ **Лагранжа/дифференциальное** (Math) Lagrangesche Differentialgleichung f II ~ **Лагранжа интерполяции** (Math) Lagrangesche Interpolationsgleichung f II ~ **Ламе** (Mech) Lamésche Gleichung f II ~ **лампы/внутреннее** (Eln) Röhrengleichung f, Barkhausensche Röhrenformel f II ~ **Ландау** (Ph) Landausche Gleichung f, Landau-Gleichung f II ~ **Ландау-Лифшица** (Ph) Landau-Lifschitzsche Gleichung f, Landau-Lifschitz-Gleichung f II ~ **Ланжевена** (Ph) Langevinsche Gleichung f II ~ **Лапласа** 1. (Math) Laplacesche Differentialgleichung (Potentialgleichung) f, Potentialgleichung f; 2. (Ph) Laplacesche Gleichung f, Laplace-Gleichung f II ~**/линейное** (Math) lineare Gleichung f, Gleichung f ersten Grades II ~**/линейное дифференциальное** lineare Differentialgleichung f II ~**/линейное интегральное** lineare Integralgleichung f II ~**/личное** 1. (Meß) persönliche Gleichung f; 2. (Astr) s. ошибка наблюдателя II ~ **Майера-Боголюбова** (Therm) Mayer-Bogoljubowsche Gleichung f II ~ **Максвелла** (Ph) Mawellsche Gleichung f II ~ **Максвелла-Больцмана** [Maxwell-]Boltzmannsche Gleichung f, Boltzmann-Gleichung f II ~**/машинное** (Inf) Maschinengleichung f II ~ **маятника** (Mech) Pendelgleichung f II ~ **моментов** (Mech) Momentengleichung f II ~ **мощности** Leistungsgleichung f II ~ **наветренных волн** (Hydrod) Luvwellengleichung f II ~ **Навье-Стокса** (Hydrod) Navier-Stokes-Gleichung f II ~ **напряжений** (El) Spannungsgleichung f II ~**/нелинейное** nichtlineare Gleichung f II ~**/неоднородное** (Math) inhomogene Gleichung f II ~**/неоднородное волновое** (Ph) inhomogene Wellengleichung f II ~**/неопределённое** (Math) unbestimmte Gleichung f II ~ **непрерывности** (Mech) Kontinuitätsgleichung f II ~**/неприводимое** (Math) irreduzible Gleichung f II ~ **неразрывности** (Mech) Kontinuitätsgleichung f II ~ **Нернста** (Ch) Nernstsche Gleichung (Formel) f II ~ **Нернста-Эйнштейна** (Ph) Nernst-Einsteinsche Beziehung f II ~**/несовместное** (Math) unverträgliche Gleichung f II ~**/обобщённое волновое** (Ph) verallgemeinerte Wellengleichung f II ~**/обыкновенное** (Math) gewöhnliche Gleichung f ll ~/**обыкновенное дифференциальное** (Math) [gewöhnliche] Differentialgleichung f ll ~/**однородное** (Math) homogene Gleichung f ll ~ **Онсагера** (Ch) Onsager-Gleichung f ll ~/**определяющее** (Math) definierende Gleichung f, Definitionsgleichung f, Fundamentalgleichung f ll ~/**основное** (Math) Grundgleichung f ll ~ **ошибок** (Math) Fehlergleichung f ll ~/**параметрическое** (Math) Parametergleichung f ll ~ **Паули** (Kern) Pauli-Gleichung f ll ~ **Пелла** (Math) Pellsche Gleichung f ll ~ **первого порядка/дифференциальное** (Math) Differentialgleichung f erster Ordnung ll ~ **передачи** (El) Übertragungsgleichung f ll ~ **переноса** (Kern) Transportgleichung f ll ~ **переноса Больцмана** Boltzmannsche Transportgleichung f ll ~ **переноса вихря** Wirbeltransportgleichung f (Fluidik) ll ~ **переноса импульса** Impulstransportgleichung f ll ~ **переноса массы** Massentransportgleichung f ll ~ **переноса энергии** Energietransportgleichung f ll ~ **погрешностей** (Math) Fehlergleichung f ll ~/**показательное** (Math) Exponentialgleichung f ll ~ **поля** (El) Feldgleichung f ll ~/**полярное** (Math) Polargleichung f ll ~ **пре-образования** (Math) Transformationsgleichung f ll ~ **приближённое** (Math) angenäherte Gleichung f, Näherungsgleichung f ll ~ **проводимости** (Ph) Leitwertgleichung f ll ~ **Прока** (Ph) Procasche Gleichung f ll ~ **Пуассона** (Math) Poisson-Gleichung f, Poissonsche Gleichung (Potentialgleichung) f ll ~ **равновесия** (Mech) Gleichgewichtsgleichung f ll ~/**равносильное** (Math) gleichwertige (äquivalente) Gleichung f ll ~ **радиолокации** Radargleichung f ll ~/**разностное** (Math) Differenz[en]gleichung f (Differenzenrechnung) ll ~/**разрешающее** (Math) lösende Gleichung f, Resolvente f ll ~ **реактора/кинетическое** (Kern) kinetische Reaktorgleichung f ll ~ **реакции горения** Verbrennungsgleichung f ll ~ **регрессии** (Math) Regressionsgleichung f ll ~/**релаксационное** (Math) Relaxationsgleichung f ll ~ **Риккати** (Math) Riccatische Gleichung f (Differentialgleichung) f ll ~ **Римана** (Aerod) Riemannsche Gleichung f (Gasdynamik) ll ~ **с двумя неизвестными** (Math) Gleichung f mit zwei Unbekannten ll ~ **с двумя переменными** (Math) Gleichung f mit zwei Veränderlichen, binäre Gleichung f ll ~ **с одним неизвестным** (Math) Gleichung f mit einer Unbekannten ll ~ **с отделяющимися переменными/дифференциальное** (Math) Differentialgleichung f mit getrennten Variablen ll ~ **с частными производными** (Math) partielle Gleichung f, Gleichung f mit partiellen Ableitungen ll ~/**самосопряжённое дифференциальное** (Math) selbstadjungierte Differentialgleichung f ll ~ **связи между величинами** (Meß) Größengleichung f ll ~ **связи между единицами** (Meß) Einheitengleichung f ll ~ **связи между числовыми значениями** (Meß) Zahlenwertgleichung f ll ~ **сингулярное интегральное** (Math) singuläre Integralgleichung f ll ~/**совместное** (Math) verträgliche Gleichung f ll ~ **сопротивления** (El) Widerstandsgleichung f ll ~ **состояния** (Therm) Zustandsgleichung f ll

~ **состояния Бертло** (Ph) Berthelotsche Zustandsgleichung f ll ~ **состояния Битти-Бриджмена** Beattie-Bridgmansche Zustandsgleichung f, Beattie-Bridgman-Gleichung f (Physik der realen Gase) ll ~ **состояния веществ/реологическое** (Ph) rheologische Zustandsgleichung f ll ~ **состояния/вириальное** (Therm) Virialform f, thermische Zustandsgleichung f ll ~ **состояния/динамическое** (Ph) dynamische Zustandsgleichung f ll ~ **состояния Дитерици** (Дитеричи) Dietericische Zustandsgleichung f, Dieterici-Gleichung f (Physik der realen Gase) ll ~ **состояния/калорическое** (Therm) kalorische Zustandsgleichung f ll ~ **состояния Камерлинг-Оннеса** Kamerlingh-Onnessche Zustandsgleichung f (Physik der realen Gase) ll ~ **состояния/каноническое** (Therm) kanonische Zustandsgleichung f [nach Planck] ll ~ **состояния Клапейрона** (Therm) Clapeyronsche Zustandsgleichung f ll ~ **состояния/приведённое** (Therm) reduzierte Zustandsgleichung f ll ~ **состояния/термическое** (Therm) thermische Zustandsgleichung f ll ~ **состояния Эйкена** (Therm) Euckensche Zustandsgleichung f ll ~ **статики/основное** (Mech) statische Grundgleichung f (Druckänderung in ruhenden Flüssigkeiten oder Gasen) ll ~ **n-ой степени** (Math) Gleichung f n-ten Grades ll ~/**телеграфное** (Ph) Telegraphengleichung f, verallgemeinerte Wellengleichung f ll ~ **тенденции** (Meteo) Tendenzgleichung f ll ~ **теплопроводности** (Ph) Wärmeleitungsgleichung f ll ~ **токов** (El) Stromgleichung f ll ~/**трансцендентное** (Math) transzendente Gleichung f ll ~/**третьей степени** s. ~/кубическое ll ~ **трёх моментов** Dreimomentengleichung f, Clapeyronscher Dreimomentensatz m ll ~/**тригонометрическое** (Math) trigonometrische Gleichung f ll ~/**условное** (Math) Bedingungsgleichung f ll ~ **Фредгольма** (Math) Fredholmsche Integralgleichung f ll ~/**фундаментальное** Fundamentalgleichung f ll ~/**функциональное** (Math) Funktionalgleichung f ll ~ **Фурье/интегральное** (Math) Fouriersche Integralgleichung f ll ~/**характеристическое** (Math) charakteristische (säkulare) Gleichung f, Säkulargleichung f ll ~/**химическое** chemische Gleichung (Reaktionsgleichung) f ll ~ **центра** (Astr) Mittelpunktsgleichung f, Ungleichung f [des Mondes] ll ~ **циркуляции** Zirkulationsgleichung f ll ~ **Чебышева** (Math) Tschebyscheffsche Differentialgleichung f ll ~ **четырёх моментов** (Mech) Viermomentengleichung f ll ~/**числовое** Zahlenwertgleichung f ll ~ **числовых значений** (Meß) Zahlenwertgleichung f ll ~ **Шредингера** Schrödinger-Gleichung f (Quantenmechanik) ll ~/**эволюционное** (Ph) Evolutionsgleichung f ll ~ **Эйлера гидромеханики** (Hydrom) Eulersche Gleichung f (allgemeine Bewegungsgleichung einer reibungsfreien Flüssigkeit) ll ~ **Эйлера/дифференциальное** (Math) Eulersche Differentialgleichung f ll ~ **Эйнштейна** (Ph) 1. Einsteinsche Gleichung f (für den photoelektrischen Effekt); 2. Einsteinsches Viskositätsgesetz n ll ~ **электрического состояния** elektrische Zustandsgleichung f ll ~ **эллиптического типа** (Math) ellip-

уравнение *f* ‖ ~ **ядерной реакции** Kernreaktionsgleichung *f*, Kernreaktionsformel *f* ‖ ~ **Якоби** *(Math)* Jacobische Gleichung (Differentialgleichung) *f*
уравнивание *n* Abgleichen *n*, Abgleich *m*, Ausgleich *m*, Kompensation *f*, Kompensierung *f* ‖ ~ **уровней** *(Nrt)* Pegelausgleich *m*
уравнивать ausgleichen, kompensieren, abgleichen; gleichsetzen
уравнитель *m* Ausgleicher *m*, Kompensator *m*; *(El)* Ausgleichverbindung *f*, Ausgleichleitung *f* ‖ ~ **давления** Druckausgleicher *m* ‖ ~/**линейный** *(Nrt)* Leitungsentzerrer *m* ‖ ~ **потенциала** *(El)* Potentialausgleicher *m*
уравновесить *s*. уравновешивать
уравновешивание *n* 1. Abgleich *m*, Abgleichen *n* (eines Meßgerätes); 2. *(Wlz)* Gewichtsausgleich *m*, Ausbalancierung *f* (der Walzen); 3. *s*. ~/**динамическое**; 4. *s*. выравнивание 2. ‖ ~/**воздушное** *(Wlz)* Druckluftgewichtsausgleich *m* ‖ ~ **вращающего момента** *(Mech)* Drehmomentenausgleich *m* ‖ ~/**гидравлическое** hydraulischer Gewichtsausgleich *m*; *(Wlz)* Druckwassergewichtsausgleich *m* ‖ ~/**динамическое** *(Masch)* Auswuchten *n*, Auswuchtung *f* ‖ ~/**клиновое** *(Wlz)* Gewichtsausgleich *m* durch Gegengewichte ‖ ~ **моста** *(El)* Brückenabgleich *m* ‖ ~/**неполное** *(El)* unvollständiger Abgleich *m* ‖ ~/**нулевое** *(El)* Nullabgleich *m* ‖ ~ **по фазе** *(El)* Phasenabgleich *m* ‖ ~/**пружинное** *(Wlz)* Federgewichtsausgleich *m* ‖ ~ **фаз** *(El)* Phasenabgleich *m*
уравновешивать 1. ausgleichen, ins Gleichgewicht bringen; ausmitteln; 2. *(Masch)* auswuchten
уравнять *s*. уравнивать
ураган *m* *(Meteo)* Orkan *m*
уралит *m* *(Min)* Uralit *m* *(Amphibol)*
уран *m* *(Ch)* Uranium *n*, U
уранат *m* *(Ch)* Uranat *n*
уранил *m* *(Ch)* Uranyl *n*
уранинит *m* *(Min)* Uraninit *m*, Pechblende *f*, Uranpecherz *n*, Pechstein *m*, Nasturan *n*, Pechuran *f*
уранит *m* *(Min)* Uranglimmer *m*, Uranit *m* ‖ ~/**кальциевый** Kalkuranit *m*, Kalkuranglimmer *m*, Autunit *m*
урановокислый *(Ch)* ...uranat *n*; uraniumsauer
урановый Uranium...; Uran...
уранопилит *m* *(Min)* Uranopilit *m*, Uranocker *m*
ураноспинит *m* *(Min)* Uranospinit *m* *(Uranglimmer)*
уранотил *m s*. уранофан
уранофан *m* *(Min)* Uranophan *m*, Uranotil *m*
ураноцирцит *m* *(Min)* Uranocircit *m* *(Uranglimmer)*
урансодержащий uraniumhaltig
урат *m* *(Ch)* Urat *n*
урез *m* **[воды]** *(Hydt)* Uferlinie *f*, Küstenlinie *f*, Strandlinie *f*
урезник *m* *(Led)* Kantenzieher *m*
уровень *m* 1. Niveau *n*, Term *m*; 2. *(Hydt)* Niveaustand *m*, Pegelstand *m*, Stand *m*, Pegel *m*, Höhe *f*; 3. Spiegel *m* (Flüssigkeit); 4. *(Wkz)* Wasserwaage *f*, Libelle *f*; 5. *(El, Nrt)* Pegel *m*, Stufe *f* • **над уровнем земли** über Grund, über dem Erdboden, ü. [d.] G. • **над уровнем моря** über dem Meeresspiegel, ü. [d.] M. ‖ ~/**абсолютный** *(El, Nrt)* absoluter Pegel *m* ‖ ~/**адаптерный** *(Eln)* Adapterebene *f* ‖ ~/**акцепторный** *(Eln)* Akzeptorniveau *n* ‖ ~/**алидадный** *(Astr)* Alhidadenlibelle *f* ‖ ~/**атомный** *(Kern)* Atomniveau *n* ‖ ~ **белого** *(TV)* Weißpegel *m*, Weißwert *m* ‖ ~/**брусковый** *(Meß)* Richtwaage *f* mit Röhrenlibelle *f* ‖ ~ **в рамке** *(Meß)* Rahmenrichtwaage *f* ‖ ~ **ванны** *(Met, Gieß)* Badspiegel *m* ‖ ~ **вертикального круга** *(Meß)* Höhenkreislibelle *f*, Noniuslibelle *f* ‖ ~ **верхнего бьефа** *(Hydt)* Wehroberwasser *n* ‖ ~/**верхний** *s.* ~ насоса/верхний ‖ ~ **вложения** *(z. B. Unterprogramm)* ‖ ~ **внешних помех** *(Nrt)* äußerer Störpegel *m* ‖ ~ **внутренних помех** *(Nrt)* innerer Störpegel *m* ‖ ~ **воды** *(Hydt)* Wasserspiegel *m*, Wasserstand *m* ‖ ~ **воды/меженный (низкий)** *(Hydt)* niedriger Wasserstand *m*, Tiefstand *m* des Wassers ‖ ~ **воды/нормальный** *(Hydt)* Normalwasserstand *m*, Mittelwasser *n* ‖ ~ **воды/подпорный** *(Hydt)* Stauspiegel *m* ‖ ~ **воды/пониженный** gesenkter Wasserspiegel *m* ‖ ~ **воды/статический** *(Hydt)* Ruhespiegel *m* ‖ ~ **возбуждения** *(Ph)* Anregungsniveau *n* ‖ ~/**возбуждённый** angeregtes Niveau *n*, angeregter Zustand *m* *(Laser)* ‖ ~ **входного сигнала** *(Eln)* Eingangspegel *m* ‖ ~/**входной** *(Eln)* Eingangspegel *m* ‖ ~/**вырожденный** *(Ph)* entartetes Niveau *n* ‖ ~/**высокий** *(Eln)* High-Pegel *m*, H-Pegel *m* ‖ ~ **высоких вод** *(Hydt)* Hochwasserstand *m* ‖ ~ **выходного сигнала** *(Eln)* Ausgangspegel *m* ‖ ~/**выходной** *(Eln)* Ausgangspegel *m* ‖ ~ **гасящих сигналов** *(Eln)* Austastpegel *m* ‖ ~ **гашения** *(Eln)* Austastpegel *m* ‖ ~/**гидростатический** *(Hydt)* hydrostatischer Spiegel *m* ‖ ~/**глубокий примесный** tiefes Störstellenniveau *n* *(Halbleiter)* ‖ ~ **громкости** *(Ak)* Lautstärkepegel *m*, Lautstärke *f* ‖ ~ **грунтовых вод** *(Hydt)* Grundwasserspiegel *m*, Grundwasserstand *m* ‖ ~/**дон[ат]орный** Don[at]orniveau *m* *(Halbleiter)* ‖ ~ **драйвера** *(Eln)* Driverpegel *m* ‖ ~ **жидкости** Flüssigkeitsspiegel *m*, Flüssigkeitsstand *m*, Flüssigkeitsniveau *n* ‖ ~ **загрузки** Füllstandsebene *f*, Füllstand *m* ‖ ~ **загрязнения** 1. *(Ökol)* Verschmutzungsgrad *m*, Verschmutzungsniveau *n*; 2. Kontaminationspegel *m* *(Halbleiter)* ‖ ~ **записи** Aufzeichnungspegel *m*, Aufnahmepegel *m* *(Magnettonband)* ‖ ~ **записи/максимальный** Vollaussteuerung *f* ‖ ~ **записи/номинальный** Bezugspegel *m* ‖ ~/**заполненный** gefülltes (besetztes) Niveau *n* *(Halbleiter)* ‖ ~ **захвата** *(Eln)* Haftstellenniveau *n*, Haftterm *m*, Trapniveau *n* ‖ ~ **звука** *(Ak)* Schallpegel *m* ‖ ~ **звукового давления** *(Ak)* Schalldruckpegel *m* ‖ ~ **звуковой мощности** *(Ak)* Schalleistungspegel *m* ‖ ~ **зернистости** *(Photo)* Körnigkeitsgrad *m* ‖ ~/**зимний** *(Hydt)* Winterspiegel *m* ‖ ~ **значимости** 1. Sicherheitsschwelle *f*, statistische Sicherheit *f* *(Statistik)*; 2. Überschreitungswahrscheinlichkeit *f*, Irrtumswahrscheinlichkeit *f*; 3. *(Math)* Ablehnungsschwelle *f*, Signifikanzgrenze *f* ‖ ~ **иерархии** *(Kyb)* hierarchische Stufung *f* ‖ ~ **излучения** *s.* ~ радиации ‖ ~ **изменений** *(Inf)* Änderungsstand *m* ‖ ~/**измерительный** Meßpegel *m* ‖ ~ **интеграции** *(Eln)* Integrationspegel *m* ‖ ~ **качества** Qualitätsniveau *n*; Qua-

litätsgrenze *f* ‖ ~ **качества/приемлемый** Gutlage *f*, Annahmegrenze *f*; annehmbare Qualitäts[grenz]lage *f*, Annahmegrenze *f*, AQL-Wert *m* ‖ ~ **конвекции** *(Meteo)* Konvektionshöhe *f* ‖ ~ **конденсации** *(Meteo)* Kondensationsniveau *n* ‖ ~ **копирэффекта/относительный** Kopierdämpfungsmaß *n (Magnettonband)* ‖ ~/**крестообразный** *(Meß)* Kreuzlibelle *f* ‖ ~/**круглый** *(Meß)* Dosenlibelle *f* ‖ ~/**лазерный** *(Eln)* Laserniveau *n*, laseraktives Niveau *n*, Laserterm *m* ‖ ~/**ловушечный** *s.* ~ захвата ‖ ~ **ловушки** *s.* ~ захвата ‖ ~ **логического нуля** *(Eln)* Low-Pegel *m* ‖ ~ **логической единицы** *(Eln)* High-Pegel *m* ‖ ~/**максимально допустимый** *(Ökol)* maximal zulässiger Pegel *m* ‖ ~/**мелкий** *(Krist)* flaches Niveau *n* ‖ ~/**метастабильный** metastabiler Zustand *m*, metastabiles Niveau *n (Laser)* ‖ ~ **моря** Meeresspiegel *m* ‖ ~ **моторизации** Motorisierungsgrad *m* ‖ ~ **мощности** *(El)* Leistungspegel *m* ‖ ~ **на входе** *(El)* Eingangspegel *m* ‖ ~ **на выходе** *(El)* Ausgangspegel *m* ‖ ~ **надёжности** Zuverlässigkeitsgrad *m*, Zuverlässigkeitsniveau *n* ‖ ~/**накладной** *(Meß)* Einbaurichtwaage *f*, Kontrollrichtwaage *f*; Kurbelzapfenrichtwaage *f* ‖ ~ **наполнения** Füllstand *m*, Füllhöhe *f*, Füllniveau *n* ‖ ~ **напряжения** *(El)* Spannungspegel *m* ‖ ~ **насоса/верхний** Druckwasserspiegel *m*, druckseitiger Flüssigkeitsspiegel *m (Pumpe)* ‖ ~ **насоса/нижний** saugseitiger Flüssigkeitsspiegel *m (Pumpe)* ‖ ~/**начальный** *(Eln)* Anfangspegel *m* ‖ ~/**незаполненный** unbesetztes (leeres) Niveau *n (Halbleiter)* ‖ ~ **нелинейных искажений** *(Eln)* Klirrfaktor *m* ‖ ~ **нижнего бьефа** *(Hydt)* Unterspiegelhöhe *f*, Unterwasserstand *m*, Unterwasserspiegel *m* ‖ ~/**нижний** *s.* ~ насоса/нижний ‖ ~/**низкий** *(Eln)* Low-Pegel *m*, L-Pegel *m* ‖ ~ **низких вод** *(Hydt)* Niedrigwasserhöhe *f* ‖ ~/**нулевой** 1. Nullebene *f*, Bezugsebene *f*; 2. Nullpegel *m*, Nullniveau *n* ‖ ~/**опорный** *(Eln)* Bezugspegel *m* ‖ ~/**оптически возбуждённый** optisch angeregtes (gepumptes) Niveau *n (Laser)* ‖ ~/**оптический** *s.* ~ оптического контакта ‖ ~ **оптического контакта** *(Meß)* Koinzidenzlibelle *f* ‖ ~/**опустошённый** *(Eln)* entleertes (leeres, entvölkertes) Niveau *n* ‖ ~/**опустошённый лазерной накачкой** durch Pumplaser entvölkertes Niveau *n (Laser)* ‖ ~/**опустошённый оптической накачкой** durch optisches Pumpen entvölkertes Niveau *n (Laser)* ‖ ~ **освещения (освещённости)** Beleuchtungsintensität *f*, Beleuchtungspegel *m* ‖ ~/**основной** Grundniveau *n*, Grundzustand *m (Laser)* ‖ ~/**относительный** *(Nrt)* relativer Pegel *m* ‖ ~ **отсчёта** *(Eln)* Bezugspegel *m* ‖ ~/**паводочный** *(Hydt)* Hochwasserstand *m* ‖ ~ **памяти** *(Inf)* Speicherstufe *f* ‖ ~ **перегрузки** *(Ak)* Überlastungsgrenze *f*, Belastungsgrenze *f* ‖ ~ **передачи** *(Nrt)* Übertragungspegel *m*, Sendepegel *m* ‖ ~/**поверхностный** Oberflächenniveau *n*, Oberflächenzustand *m (Halbleiter)* ‖ ~ **подземных вод** *(Hydt)* Grundwasserstand *m* ‖ ~ **по мощности** *(El)* Leistungspegel *m* ‖ ~/**полезный** Nutzpegel *m* ‖ ~ **полной водой** *(Hydt)* Hochwasserstand *m* ‖ ~ **помех** *(Nrt)* Störpegel *m* ‖ ~ **понижения воды** *(Hydt)* Senkungsspiegel *m* ‖ ~/**пороговый** Grenzpegel *m*; Schwel-

lenniveau *n (Laser)* ‖ ~ **прерывания** *(Inf)* Interruptebene *f*, Programmunterbrechungsebene *f* ‖ ~ **приёма** *(Nrt)* Empfangspegel *m* ‖ ~/**приёмный** *(Nrt)* Empfangspegel *m* ‖ ~ **прилипания** *s.* ~ захвата ‖ ~/**примесный** Stör[stellen]niveau *n*, Stör[stellen]term *m (Halbleiter)* ‖ ~ **программирования/логический** *(Inf)* logische Ebene *f* [der Programmierung] ‖ ~ **программирования/физический** *(Inf)* physikalische Ebene *f* [der Programmierung] ‖ ~/**промежуточный** *(Eln)* Zwischenbandniveau *n* ‖ ~/**пьезометрический** *(Hydt)* Piezometerstand *m*, Standrohrspiegel *m* ‖ ~ **радиации** *(Kern)* Strahlungspegel *m*, Strahlenpegel *m* ‖ ~ **разделения** *(Eln)* Splitlevel *n* ‖ ~/**рамный** *(Meß)* Rahmenrichtwaage *f* ‖ ~/**свободный** leeres (unbesetztes) Niveau *n (Halbleiter)* ‖ ~ **сечения профиля** *(Fert)* Profilschnittebene *f (Rauhigkeitsprofil)* ‖ ~ **сигнала** *(El)* Signalpegel *m* ‖ ~ **складчатости** *(Geol)* Faltungsniveau *f* ‖ ~/**статический** statischer Spiegel *m (Erdöl)* ‖ ~ **стирания** Löschdämpfung *f (Magnettonband)* ‖ ~ **стирания/относительный** Löschdämpfungsmaß *n (Magnettonband)* ‖ ~ **тепловых шумов** *(Eln)* Wärmerauschpegel *m* ‖ ~/**триплетный** Triplettniveau *n*, Tripletterm *m (Halbleiter)* ‖ ~/**трубчатый** *(Meß)* Röhrenlibelle *f* ‖ ~/**угловой** *(Meß)* Winkellibelle *f* ‖ ~ **управления** 1. Bedienungsebene *f*; 2. Steuerungsebene *f* ‖ ~/**установившийся** *(Hydt)* Beharrungsspiegel *m* ‖ ~ **Ферми** *(Kern)* Fermi-Grenze *f*, Fermi-Kante *f (Fermi-Dirac-Statistik)* ‖ ~ **фона** *(Eln)* Rauschpegel *m*, Störpegel *m* ‖ ~/**цилиндрический** *(Meß)* Röhrenlibelle *f* ‖ ~ **чёрного** *(TV)* Schwarzpegel *m*, Schwarzwert *m* ‖ ~ **шума** Rauschpegel *m*; Geräuschpegel *m*; *(Ökol)* Lärmpegel *m* ‖ ~ **шума насыщения** Sättigungsgeräuschpegel *m* ‖ ~ **шума/относительный** relativer Rauschpegel *m* ‖ ~ **шума/предельный** *(Ökol)* Lärmgrenzwert *m* ‖ ~ **шума/суммарный** *(Ökol)* Gesamtlärmpegel *m* ‖ ~/**энергетический** Energieniveau *n (Laser)* ‖ ~/**энергетический электронный** *(Ph)* Elektronen[energie]niveau *n* ‖ ~ **энергии** *(Ph)* Energieniveau *n (quantenmechanisches System)* ‖ ~ **энергии атома** Energieniveau *n* des Atoms, Atomniveau *n (Atomspektren)* ‖ ~ **энергии ядра** Kernniveau *n*, Kernzustand *m* ‖ ~/**эталонный** Normalpegel *m* ‖ ~/**ядерный** *(Kern)* Kern[energie]niveau *n*, Kernterm *m* ‖ ~/**ядерный вращательный** *(Kern)* Rotationsniveau *n*, Kernrotationsniveau *n* ‖ ~/**ядерный резонансный** *(Kern)* Kernresonanzniveau *n*

уровнеграмма *f* Termschema *n*

уровнеграф *m* Pegelstandsschreiber *m*; Füllstandschreiber *m*

уровнедержатель *m* 1. *(Meß)* Füllstandsregler *m*; 2. Überlaufgefäß *n*

уровнемер *m* Füllstandsanzeiger *m*, Füllstandsmesser *m*, Pegel *m* ‖ ~/**гидростатический** hydrostatischer Füllstandsmesser *m* ‖ ~/**дискретный** diskreter Pegelmesser (Füllstandsmesser) *m* ‖ ~/**ёмкостный** kapazitiver Flüssigkeitsstandsmesser *m* ‖ ~/**поплавковый** Schwimmerfüllstandsmesser *m* ‖ ~/**резонансный** Resonanzfüllstandsmesser *m* ‖ ~ **с радиоактивными изотопами** radiometrischer Füllstands-

уровнемер

messer *m* ‖ ~/**самопишущий** Niveaustandschreiber *m*, Pegelstandschreiber *m* ‖ ~/**фотоэлектронный** photoelektrischer Füllstandsanzeiger *m*
уровномер *m s.* уровнемер
урожай *m (Lw)* Ernte *f (s. a. unter* уборка*)*
урожайность *f (Lw)* Ertrag *m*, Ernteertrag *m*, Ertragsfähigkeit *f*, Ertragsvermögen *n*, Ertragsleistung *f*
УС *s.* 1. система/управляющая; 2. указатель стека; 3. указатель скорости
ус *m (Forst)* Rückeschneise *f*
усадка *f* 1. *(Gieß, Ker)* Schwinden *n*, Schwindung *f*, Schrumpfen *n*, Schrumpfung *f*; 2. *(Text)* Schrumpfen *n*, Schrumpfung *f*, Krumpfen *n*, Krumpfung *f*, Einlaufen *n*, Eingehen *n* ‖ ~/**воздушная** Luftschwindung *f*, Trockenschwindung *f* ‖ ~ **горячим воздухом** Heißluftschrumpfung *f* ‖ ~ **груза** Nachsacken *n* der Ladung *(Schüttgut)* ‖ ~/**дополнительная** Nachschwinden *n*, Nachschwindung *f* ‖ ~ **закладки (закладочного массива)** *(Bgb)* Versatzfaktor *m*, Mächtigkeitsschwund *m* des Versatzes ‖ ~/**затруднённая** behinderte Schwindung *f* ‖ ~/**линейная** lineare Schwindung *f*, Längsschwindung *f* ‖ ~/**объёмная** räumliche (kubische) Schwindung *f*, Raumschwindung *f*, Volum[en]schwindung *f*, Volum[en]kontraktion *f* ‖ ~/**огневая** Brennschwindung *f* ‖ ~ **плёнки** Filmschrumpfung *f* ‖ ~ **по ширине** Breitenschrumpfung *f* ‖ ~/**поперечная** Querschrumpfung *f*, Querschwindung *f*; Querkürzung *f*, Querzusammenziehung *f*, Querkontraktion *f* ‖ ~ **при высушивании (высыхании)** Trockenschwindung *f* ‖ ~ **при затвердевании** Erstarrungsschwindung *f* ‖ ~ **при охлаждении** Abkühlschrumpfung *f*, Schrumpfung *f*, Schwindung *f* ‖ ~ **при спекании** Schwund *m*, Schrumpfung *f* *(Pulvermetallurgie)* ‖ ~ **при сушке** Trocknungsschwindung *f* ‖ ~/**релаксационная** *(Text)* Relaxationsschrumpfung *f* ‖ ~ **сварного шва** *(Schw)* Nahtschrumpfung *f* ‖ ~ **стружки** *(Fert)* Spanstauchung *f* ‖ ~ **течения** Fließschwindung *f (Pulvermetallurgie)* ‖ ~ **тканей** *s.* усадка 2.
усадочность *f (Text)* Krumpfneigung *f*, Schrumpffähigkeit *f*
усаживаться 1. *(Gieß, Ker)* schwinden, schrumpfen; 2. *(Text)* schrumpfen, krumpfen, einlaufen, eingehen
усваивать assimilieren, aufnehmen; ausnutzen, verwerten
усвоение *n* 1. Aneignung *f*, Erlernung *f*; 2. Assimilation *f*, Aufnahme *f*; Ausnutzung *f*, Verwertung *f*
усвоить *s.* усваивать
усекать abschneiden, kürzen
усечённый 1. abgeschnitten, abgekürzt; 2. *(Math)* ...stumpf *m (z. B. Kegelstumpf)*
усечь *s.* усекать
усик *m* Balancierarm *m*, Balancierkreuz *n*
усиление *n* 1. Verstärkung *f*; Verschärfung *f*; 2. *(Rf)* Gewinn *m (Antenne)*; 3. *(El)* Verstärkung *f (von Signalen)* ‖ ~ **антенны** *(Rf)* Antennen[richtungs]gewinn *m* ‖ ~ **в больших сигналов** *(El)* Großsignalverstärkung *f* ‖ ~ **высоких частот** *(Rf)* Höhenanhebung *f* ‖ ~ **высокой частоты** *(Rf)* Hochfrequenzverstärkung *f*, HF-Verstärkung *f* ‖ ~ **импульсов** *(El)* Impulsverstärkung *f* ‖ ~ **малых сигналов** *(El)* Kleinsignalverstärkung

f ‖ ~ **мощности** Leistungsverstärkung *f* ‖ ~ **мощных сигналов** *(El)* Großsignalverstärkung *f* ‖ ~ **на каскад** *(El)* Stufenverstärkung *f* ‖ ~ **на несущей частоте** *(Rf)* Trägerfrequenzverstärkung *f* ‖ ~ **на проход** *(El)* Durchgangsverstärkung *f* ‖ ~ **на сопротивлениях** *(El)* Widerstandsverstärkung *f* ‖ ~ **на электродах** *(Schw)* Elektrodenkraft *f (beim Punktschweißen)* ‖ ~ **напряжения** *(El)* Spannungsverstärkung *f* ‖ ~ **низких частот** *(Rf)* Baßanhebung *f* ‖ ~ **низкой частоты** *(Rf)* Niederfrequenzverstärkung *f* ‖ ~/**общее** *(Rf)* Gesamtverstärkung *f* ‖ ~/**оконечное** *(Rf)* Endverstärkung *f* ‖ ~ **переменного тока** *(El)* Wechselstromverstärkung *f* ‖ ~ **по видеочастоте** *(TV)* Videofrequenzverstärkung *f* ‖ ~ **по мощности** Leistungsverstärkung *f* ‖ ~ **по напряжению** *(El)* Spannungsverstärkung *f* ‖ ~ **по напряжению/дифференциальное** *(Eln)* Differenzspannungsverstärkung *f (bipolarer analoger Schaltkreis)* ‖ ~ **по напряжению/ одновходовое** *(Eln)* asymmetrische Spannungsverstärkung *f (bipolarer analoger Schaltkreis)* ‖ ~ **по постоянному току** *(El)* Gleichstromverstärkung *f* ‖ ~ **по току** *(El)* Stromverstärkung *f* ‖ ~/**полное** Gesamtverstärkung *f* ‖ ~/**предварительное** *(Rf)* Vorverstärkung *f* ‖ ~ **приёма** *(Rf)* Empfangsgewinn *m* ‖ ~ **промежуточной частоты** *(Rf)* Zwischenfrequenzverstärkung *f* ‖ ~/**прямое** *(Rf)* Geradeausverstärkung *f* ‖ ~/**рабочее** *(Nrt)* Betriebsverstärkung *f* ‖ ~/**регенеративное** *(Rf)* Rückkopplungsverstärkung *f* ‖ ~/**резонансное** *(Rf)* Resonanzverstärkung *f* ‖ ~/**реостатное** *(El)* Verstärkung *f* mit veränderbarem Widerstand ‖ ~ **сверхвысоких частот** *(El)* Höchstfrequenzverstärkung *f*, Mikrowellenverstärkung *f* ‖ ~/**сверхпропорциональное** überproportionale Verstärkung *f* ‖ ~ **света** Lichtverstärkung *f* ‖ ~ **сжатия** *(Eln)* Bondkraft *f* ‖ ~ **сильных сигналов** *(El)* Großsignalverstärkung *f* ‖ ~ **синфазного сигнала** *(Eln)* Gleichtaktverstärkung *f (bipolarer analoger Schaltkreis)* ‖ ~ **скрытого изображения** *(Photo)* Latensifikation *f*, Latentbildverstärkung *f* ‖ ~ **слабых сигналов** *(El)* Kleinsignalverstärkung *f* ‖ ~ **тока** *(El)* Stromverstärkung *f* ‖ ~/**фотографическое** *(Photo)* Verstärkung *f (Negativ)* ‖ ~ **шва** *(Schw)* Nahtüberhöhung *f* ‖ ~/**широкополосное** *(Rf)* Breitbandverstärkung *f*
усиливать 1. verstärken; verschärfen; 2. bewehren
усилие *n (Ph)* Kraft *f* ‖ ~/**боковое** Seitenkraft *f* ‖ ~ **вдавливания** *(Wkst)* Eindringkraft *f (Härtemessung)* ‖ ~/**возвращающее** *(Fert)* Rückstellkraft *f* ‖ ~ **вторичной осадки** *(Schw)* Nachpreßkraft *f (Abbrennschweißen)* ‖ ~/**дробящее** Brechdruck *m*, Brechkraft *f (Brecher)* ‖ ~/**зажимное** Klemmkraft *f*; *(Wkz)* Spannkraft *f (beim Spannen von Werkstücken)* ‖ ~/**замыкающее** *(Gieß)* Form[en]schließkraft *f*, Schließkraft *f*, Schließlast *f (Kokillen- und Druckgießmaschinen)*; *(Kst)* Werkzeughaltekraft *f* ‖ ~/**запорное** Schlußkraft *f (Ventil)* ‖ ~/**знакопеременное** *(Fest)* Wechselkraft *f*, Schwingungskraft *f*; Wechsellast *f* ‖ ~/**изгибающее** *(Fest)* Biegekraft *f*; Biegebeanspruchung *f* ‖ ~/**измерительное** Meßkraft *f* ‖ ~/**касательное** *s.* ~/тангенциальное ‖ ~/**кольцевое растягивающее**

(Bw) Ringzugkraft *f* ‖ ~/**крутящее** *(Fest)* Torsionskraft *f*, Verdrehkraft *f*; Torsionsbeanspruchung *f*, Verdrehbeanspruchung *f* ‖ ~/**максимальное** Höchstkraft *f* ‖ ~ **на повторяющее качание** *(Fest)* Dauerschwingbeanspruchung *f* ‖ ~ **обхвата** *(Fert)* Greifkraft *f (Roboter)* ‖ ~/**окружное** *(Fert)* Tangentialkraft *f*, Umfangskraft *f* ‖ ~/**опрокидывающее** Kippkraft *f* ‖ ~ **осадки** Stauchkraft *f (Abbrennschweißen, Gaspreßschweißen)* ‖ ~/**осевое** Axialkraft *f*, Längskraft *f* ‖ ~ **отрыва** *(EIn)* Abreißkraft *f (bei Bonddrähten)* ‖ ~/**перерезывающее** *(Fest)* Querkraft *f*, Schubkraft *f (bei Biegebeanspruchung)* ‖ ~ **подачи** *(Fert)* Vorschubkraft *f* ‖ ~/**поперечное** Querkraft *f* ‖ ~/**потребное** Kraftbedarf *m* ‖ ~ **предварительного обжатия** Vorpreßkraft *f (Preßschweißen)* ‖ ~ **прессования** Preßdruck *m*; Preßkraft *f* ‖ ~ **при нагреве** Anwärmkraft *f (Reibschweißen)* ‖ ~ **при предварительном подогреве** Vorwärmkraft *f (Abbrennschweißen)* ‖ ~/**прижимное** Anpreßkraft *f* ‖ ~/**противодействующее** Gegenkraft *f* ‖ ~/**пусковое** *(Masch)* Anzug *m*, Anzugskraft *f*, Anfahrkraft *f* ‖ ~/**раздавливающее** *(Wlz)* Quetschdruck *m* ‖ ~/**разрывное** *(Mech)* Bruchlast *f*, Zerreißlast *f* ‖ ~/**растягивающее** *(Mech)* Zug *m*, Zugkraft *f*, Zugbeanspruchung *f*; Zugwirkung *f*; Dehnungskraft *f*; Reckkraft *f* ‖ ~/**режущее** Durchzugskraft *f (Schneidwerkzeuge)* ‖ ~ **резания** *(Fert)* 1. Schnittkraft *f*; 2. Hauptschnittkraft *f (Teilkraft am Drehmeißel)* ‖ ~ **резания грунта** Bodenschnittkraft *f (Schneidkopfbagger)* ‖ ~ **резания/номинальное** *(Wkz)* Mittenkraft *f (am Fräser)* ‖ ~/**сварочное** Schweißpreßkraft *f (Punktschweißen)* ‖ ~/**сдвиговое** *s.* ~/срезывающее ‖ ~ **сжатия** *(Mech)* 1. Druckkraft *f*; 2. Pressung *f*, Anpreßkraft *f*; 3. Druckspannung *f*, Kompressionsspannung *f* ‖ ~/**сжимающее** *s.* ~ сжатия ‖ ~/**скалывающее** *s.* ~/срезывающее ‖ ~/**скручивающее** *(Fest)* Torsionskraft *f*, Verdrehkraft *f*; Torsionsbeanspruchung *f*, Verdrehbeanspruchung *f* ‖ ~/**сосредоточенное** *(Mech)* Punktkraft *f*, Einzelkraft *f*, konzentrierte Kraft *f* ‖ ~/**срезывающее** *(Mech)* 1. Scherbeanspruchung *f*, Schubbeanspruchung *f*; 2. Scherkraft *f*, Schubkraft *f* ‖ ~/**статическое измерительное** statische Meßkraft *f* ‖ ~/**тангенциальное** *(Fest)* Tangentialkraft *f*, Tangentialdruck *m*, tangentiale Beanspruchung *f* ‖ ~/**тормозное** Bremskraft *f* ‖ ~/**тяговое** 1. Zugkraft *f*; 2. *(Wlz)* Schleppkraft *f*; 3. Zug *m*, Zugkraft *f (Schornstein)* ‖ ~/**удерживающее** Haltekraft *f* ‖ ~/**ускорения** *(Ph)* Beschleunigungskraft *f* ‖ ~/**центробежное** *(Ph)* Fliehkraft *f* ‖ ~/**элементарное** 1. Elementarkraft *f*; 2. Einzelkraft *f*

усилитель *m* 1. Verstärker *m*; 2. *(Ch)* Aktivator *m*; 3. *(Reg) s.* сервоусилитель ‖ ~/**антенный** Antennenverstärker *m* ‖ ~/**апериодический** aperiodischer Verstärker *m* ‖ ~/**балансный** Differenzverstärker *m* ‖ ~ **бегущей волны** *(El)* Wanderfeldverstärker *m* ‖ ~/**безынерционный** trägheitsloser Verstärker *m* ‖ ~ **боковой полосы** Seitenbandverstärker *m* ‖ ~/**буферный** Trennverstärker *m* ‖ ~ **вертикального отклонения** Vertikal[ablenk]verstärker *m*, Y-Verstärker *m* ‖ ~ **видеосигнала (видеочастоты)** Videoverstärker *m* ‖ ~/**видеочастотный** *s.* ~ видеосигнала ‖ ~ **видимого света** Lichtverstärker *m*, Laser *m* ‖ ~ **воспроизведения** Wiedergabeverstärker *m* ‖ ~ **вращающего момента** Drehmomentverstärker *m* ‖ ~ **входной** Eingangsverstärker *m* ‖ ~ **выборки и хранения** Sample-[and-]Hold-Verstärker *m* ‖ ~/**выравнивающий** Ausgleichverstärker *m* ‖ ~ **высокой частоты** Hochfrequenzverstärker *m*, HF-Verstärker *m* ‖ ~/**высокочастотный** *s.* ~ высокой частоты ‖ ~ **высокой выходной** Ausgangsverstärker *m* ‖ ~/**гибридный** Hybridverstärker *m* ‖ ~/**гидравлический** hydraulischer Verstärker *m*, Hydraulikverstärker *m* ‖ ~/**главный** Hauptverstärker *m* ‖ ~ **горизонтального отклонения** Horizontal[ablenk]verstärker *m*, X-Verstärker *m* ‖ ~ **громкости** Lautverstärker *m* ‖ ~/**групповой** Gruppenverstärker *m* ‖ ~/**двухкаскадный** Zweistufenverstärker *m* ‖ ~/**двухрезонаторный квантовый** Zweiresonatormaser *m* ‖ ~/**двухтактный** Gegentaktverstärker *m*, Push-Pull-Verstärker *m* ‖ ~/**дифференциальный** Differentialverstärker *m*, Differenzverstärker *m* ‖ ~/**дроссельный** Drosselverstärker *m*, LC-Verstärker *m* ‖ ~/**запирающий** Sperrverstärker *m* ‖ ~ **записи** Schreibverstärker *m* ‖ ~ **записи-считывания** Schreib-Lese-Verstärker *m* ‖ ~ **звука** Schallverstärker *m*; Tonverstärker *m* ‖ ~/**звуковой** *s.* ~ звука ‖ ~ **звуковой частоты** Tonfrequenzverstärker *m* ‖ ~/**избирательный** Selektivverstärker *m* ‖ ~ **излучения** Strahlungsverstärker *m* ‖ ~/**измерительный** Meß[wert]verstärker *m* ‖ ~ **измеряемых величин** Meß[wert]verstärker *m* ‖ ~ **изображения** Bild[signal]verstärker *m*, Bildwandler *m* ‖ ~/**импульсный** Impulsverstärker *m* ‖ ~ **импульсов подсветки** Helltastverstärkerschaltung *f* ‖ ~/**индикаторный** Anzeigeverstärker *m* ‖ ~/**инерционный** trägheitsbehafteter Verstärker *m* ‖ ~/**интегрирующий** integrierender Verstärker *m*, Integrationsverstärker *m* ‖ ~/**ионный** Ionenverstärker *m* ‖ ~/**кадровой развёртки** *s.* ~ вертикального отклонения ‖ ~/**каскадный** Mehrfachverstärker *m*, Stufenverstärker *m*, mehrstufiger Verstärker *m* ‖ ~/**каскодный** Kaskodeverstärker *m* ‖ ~/**квантовый** Quantenverstärker *m*, quantenmechanischer Verstärker *m*, Maser *m* ‖ ~ **класса A** A-Verstärker *m* ‖ ~ **класса B** B-Verstärker *m* ‖ ~/**клистронный** Klystronverstärker *m* ‖ ~/**корректирующий** Entzerrerverstärker *m*, Ausgleichverstärker *m* ‖ ~/**кристаллический** *s.* ~/полупроводниковый ‖ ~ **крутящего момента** Drehmomentverstärker *m* ‖ ~/**лазерный** Laserverstärker *m* ‖ ~/**линейный** 1. linearer Verstärker *m*; 2. Leitungsverstärker *m* ‖ ~/**магистральный** Leitungsverstärker *m*, Bustreiber *m* ‖ ~/**магнитный** magnetischer Verstärker *m*, Magnetverstärker *m* ‖ ~/**мазерный** Maserverstärker *m* ‖ ~/**малошумящий** rauscharmer Verstärker *m* ‖ ~/**маркерный** Meßmarkenverstärker *m* ‖ ~ **маркерных меток** Meßmarkenverstärker *m* ‖ ~ **микроволн** Mikrowellenverstärker *m* ‖ ~/**микрофонный** Mikrophonverstärker *m* ‖ ~/**многодиапазонный** Mehrbereichsverstärker *m* ‖ ~/**многоканальный** Mehrkanalverstärker *m* ‖ ~/**многокаскадный**

усилитель

(многоступенчатый) Mehrstufenverstärker *m*, mehrstufiger Verstärker *m* ‖ **~/молекулярный s.** ~/**квантовый** ‖ **~ момента** Momentenverstärker *m* ‖ **~/мостовой** Brückenverstärker *m* ‖ **~ мощности** Leistungsverstärker *m* ‖ **~ мощности/низкочастотный** Niederfrequenzleistungsverstärker *m*, NF-Leistungsverstärker *m* ‖ **~ мощности/оконечный** Leistungsendverstärker *m* ‖ **~ мощности/предварительный** Leistungsvorverstärker *m* ‖ **~ мощности/широкополосный** Breitbandleistungsverstärker *m* ‖ **~ мощности/широкополосный транзисторный** volltransistorisierter Breitbandleistungsverstärker *m* ‖ **~/мощный** Hochleistungsverstärker *m* ‖ **~ на клистроне** Klystronverstärker *m* ‖ **~ на несущей частоте** Trägerfrequenzverstärker *m* ‖ **~ на сопротивлениях** Widerstandsverstärker *m*, RC-Verstärker *m* ‖ **~ на транзисторах** Transistorverstärker *m* ‖ **~ на транзисторах/предварительный** Transistorvorverstärker *m* ‖ **~ на туннельном диоде** Tunneldiodenverstärker *m* ‖ **~ напряжения** Spannungsverstärker *m* ‖ **~ напряжения кадровой развёртки s.** ~ вертикального отклонения ‖ **~ напряжения строчной развёртки s.** ~ горизонтального отклонения ‖ **~ несущей частоты** Trägerfrequenzverstärker *m* ‖ **~ низкой частоты** Niederfrequenzverstärker *m*, NF-Verstärker *m* ‖ **~/низкочастотный s.** ~ низкой частоты ‖ **~ обратной волны** Rückwärtswellenverstärker *m* ‖ **~/ограничительный** Begrenzerverstärker *m* ‖ **~/однокаскадный (одноступенчатый)** Einstufenverstärker *m* ‖ **~/однорезонаторный квантовый** Einresonatormaser *m* ‖ **~/однотактный** Eintaktverstärker *m* ‖ **~/однофазный** Einphasenverstärker *m* ‖ **~/оконечный** Endverstärker *m* ‖ **~/операционный** Operationsverstärker *m*, OV ‖ **~/оптический квантовый** optischer Quantenverstärker *m*, quantenoptischer Verstärker *m*, Laserverstärker *m* ‖ **~/оптоэлектронный** optoelektronischer Verstärker *m* ‖ **~/оптронный аналоговый** Optron-Analogverstärker *m* ‖ **~/основной** Hauptverstärker *m*, Grundverstärker *m* ‖ **~ отклонения** Ablenkverstärker *m* ‖ **~/параметрический** parametrischer Verstärker *m*, Parameterverstärker *m* ‖ **~ передатчика** Senderverstärker *m* ‖ **~ передачи** Sendeverstärker *m* ‖ **~/переключательный** Schaltverstärker *m* ‖ **~/переключающий** Schaltverstärker *m* ‖ **~ переменного напряжения** Wechselspannungsverstärker *m* ‖ **~ переменного тока** Wechselstromverstärker *m* ‖ **~/переходный** Übergangsverstärker *m* ‖ **~/подводный** Unterwasserverstärker *m* ‖ **~/полосовой** Bandfilterverstärker *m*, Bandpaß *m*, BP ‖ **~/полупроводниковый** Halbleiterverstärker *m* ‖ **~ поперечного поля/электромашинный** Querfeld-Elektromaschinenverstärker *m* ‖ **~ постоянного напряжения** Gleichspannungsverstärker *m* ‖ **~ постоянного тока** Gleichstromverstärker *m* ‖ **~/предварительный** Vorverstärker *m* ‖ **~/предварительный низкочастотный** Niederfrequenzvorverstärker *m*, NF-Vorverstärker *m* ‖ **~/прерывный** unstetiger Verstärker *m* ‖ **~/прецизионный измерительный** Präzisionsmeßverstärker *m* ‖ **~ приёма** Empfangsverstärker *m* ‖ **~ продольного поля** Längsfeldverstärker *m* ‖ **~ промежуточной частоты** Zwischenfrequenzverstärker *m*, ZF-Verstärker *m* ‖ **~/промежуточный** Zwischenverstärker *m* ‖ **~/пропорциональный** Proportionalverstärker *m*, P-Verstärker *m* ‖ **~/пушпульный s.** ~/**двухтактный** ‖ **~/радиовещательный** Rundfunkverstärker *m* ‖ **~/радиолокационный** Radarverstärker *m* ‖ **~ радиопередатчика** Senderverstärker *m* ‖ **~ радиочастоты** Funkfrequenzverstärker *m* ‖ **~/развёртывающий** Ablenkverstärker *m* ‖ **~/разделительный** Trennverstärker *m* ‖ **~/регенеративный** Regenerativverstärker *m* ‖ **~/резистивный** Widerstandsverstärker *m*, widerstandsgekoppelter Verstärker *m* ‖ **~/резонансный** Resonanzverstärker *m* ‖ **~/резонаторный** Resonatormaser *m* ‖ **~/релейный** Relaisverstärker *m* ‖ **~/реостатный** Verstärker *m* mit veränderbarem Widerstand ‖ **~/решающий** Rechenverstärker *m* ‖ **~ с МОП-структурой/операционный** MOS-Operationsverstärker *m* ‖ **~ с низким уровнем шума** rauscharmer Verstärker *m* ‖ **~ с обратной связью** rückgekoppelter Verstärker *m* ‖ **~ с общим истоком** Sourceverstärker *m* ‖ **~ с общим стоком** Drainverstärker *m* ‖ **~/сверхвысокочастотный** Höchstfrequenzverstärker *m*, SHF-Verstärker *m* ‖ **~ света** Lichtverstärker *m*, Laser *m* ‖ **~ сигналов цветности** Chrominanzverstärker *m* ‖ **~/силовой** Kraftverstärker *m* ‖ **~ силы** Kraftverstärker *m* ‖ **~/симметричный** symmetrischer Verstärker *m* ‖ **~/следящий** Nachlaufverstärker *m* ‖ **~/следящий запоминающий** Track-and-Hold-Verstärker *m* ‖ **~ строчной развёртки s.** ~ горизонтального отклонения ‖ **~/суммирующий** Summierverstärker *m*, Summierverstärker *m*, Summator *m* ‖ **~/телеизмерительный** Fernmeßverstärker *m* ‖ **~ тока** Stromverstärker *m* ‖ **~/транзисторный** Transistorverstärker *m* ‖ **~/трансляционный** Trägerfrequenzleitungsverstärker *m* ‖ **~/трансформаторный** transformatorgekoppelter Verstärker *m* ‖ **~/трёхуровневый квантовый** Dreiniveau-maser *m* ‖ **~/трёхфазный** Drehstromverstärker *m* ‖ **~ турбулентности** (*Aerod*) Turbulenzverstärker *m* ‖ **~/узкополосный** Schmalbandverstärker *m* ‖ **~/управляющий** Steuerverstärker *m* ‖ **~/фазочувствительный** Phasendiskriminator *m* ‖ **~ фототока** Photostromverstärker *m* ‖ **~/частотно-модулированный** frequenzmodulierter Verstärker *m* ‖ **~/широкополосный** Breitbandverstärker *m* ‖ **~/шнуровой** Schnurverstärker *m* ‖ **~/электромагнитный** elektromagnetischer Verstärker *m* ‖ **~/электромашинный** Elektromaschinenverstärker *m* ‖ **~/электрометрический** Elektrometerverstärker *m* ‖ **~/электронно-лучевой** Elektronenstrahlverstärker *m* ‖ **~/электронный** elektronischer Verstärker *m*

X-усилитель *m s.* усилитель горизонтального отклонения

Y-усилитель *m s.* усилитель вертикального отклонения

усилитель Verstärker...

усилитель-ограничитель *m* Begrenzungsverstärker *m*, Begrenzerverstärker *m*, Grenzverstärker *m*

усилитель-повторитель *m* Verstärker *m* in Folgerschaltung
усилитель-регулятор *m* Regelverstärker *m*
усилитель-смеситель *m* Mischverstärker *m*
усилитель-формирователь *m* Verstärker-Treiber *m*
усилить s. усиливать
УСК s. указатель скорости
ускорение *n* Beschleunigung *f*; (Astr) Akzeleration *f* ‖ **~ вдоль орбиты** (Rak) Bahnbeschleunigung *f* ‖ **~ вековое** (Astr) säkulare Akzeleration (Beschleunigung) *f* (z. B. Mondbewegung) ‖ **~ высшего порядка** (Mech) Beschleunigung *f* höherer Ordnung ‖ **~/гравитационное** s. **~ силы тяжести** ‖ **~/касательное** (Mech) Tangentialbeschleunigung *f*, Bahnbeschleunigung *f* ‖ **~ колебаний** (Mech) Schwingungsbeschleunigung *f* ‖ **~ Кориолиса** (Mech) Coriolisbeschleunigung *f*, Zusatzbeschleunigung *f* ‖ **~/массовое** (Mech) Massenbeschleunigung *f* ‖ **~ на траектории** (Rak) Bahnbeschleunigung *f* ‖ **~/начальное** Anfangsbeschleunigung *f* ‖ **~/нормальное** Normalbeschleunigung *f*, Zentripetalbeschleunigung *f* ‖ **~/нулевое** Beschleunigung *f* Null ‖ **~/отрицательное** negative Beschleunigung *f*, Verzögerung *f* ‖ **~ падения** Fallbeschleunigung *f* (freier Fall) ‖ **~ по касательной** (Mech) Tangentialbeschleunigung *f* ‖ **~ по радиусе** s. **~/радиальное** ‖ **~/повторное** s. **~ Кориолиса** ‖ **~/поперечное** s. **~/трансверсальное** ‖ **~/последующее** Nachbeschleunigung *f* ‖ **~/предварительное** Vorbeschleunigung *f* ‖ **~ при взлёте** (Flg) Startbeschleunigung *f* ‖ **~ при запуске** (Rak) Startbeschleunigung *f* ‖ **~/пусковое** Anfahrbeschleunigung *f*, Anlaufbeschleunigung *f* ‖ **~/путевое** (Rak) Bahnbeschleunigung *f* ‖ **~/равномерное** gleichförmige Beschleunigung *f* ‖ **~/радиальное** Radialbeschleunigung *f* ‖ **~ свободного падения** Fallbeschleunigung *f* (freier Fall) ‖ **~ силы тяжести** (Geoph) Erdbeschleunigung *f*; Fallbeschleunigung *f*, Schwerebeschleunigung *f* ‖ **~/тангенциальное** Tangentialbeschleunigung *f* ‖ **~/трансверсальное** Transversalbeschleunigung *f* (senkrecht zur Radialbeschleunigung gerichtet) ‖ **~/угловое** (Mech) Winkelbeschleunigung *f* ‖ **~/центростремительное** Zentripetalbeschleunigung *f*, Normalbeschleunigung *f*
ускоренный beschleunigt; (Masch) Eil… (z. B. Eilgang)
ускоритель *m* 1. (Ch) Beschleuniger *m*, Reaktionsbeschleuniger, Beschleunigungsmittel *n*; 2. (Kern) Beschleuniger *m*; 3. (Flg, Rak) Hilfstriebwerk *n*, Beschleuniger *m* ‖ **~/бустерный ракетный** Raketenstarthilfstriebwerk *n*, Starthilfsrakete *f* ‖ **~/быстродействующий** (Kern) Rapidbeschleuniger *m* (Vulkanisation) ‖ **~ Ван-де-Граафа** (Kern) Van-de-Graaf-Generator *m*, Van-de-Graaf-Beschleuniger *m* ‖ **~/волноводный** (Kern) Wanderwellenbeschleuniger *m* ‖ **~/высокоактивный** s. **~/быстродействующий** ‖ **~/высоковольтный** (Kern) Hochspannungsbeschleuniger *m* ‖ **~/высокочастотный** (Kern) Hochfrequenzbeschleuniger *m* ‖ **~ заряжённых частиц** (Kern) Teilchenbeschleuniger *m* ‖ **~/импульсный [высоковольтный]** (Kern) Impulsbeschleuniger *m*, Hochspannungsimpulsbeschleuniger *m* ‖ **~/индукционный** (Kern) Induktionsbeschleuniger *m* ‖ **~/ионный** s. **~ ионов** ‖ **~ ионов** (Kern) Ionenbeschleuniger *m* ‖ **~ ионов/350-кВ** 350-kV-Ionenbeschleuniger *m* ‖ **~/каскадный** (Kern) Kaskadenbeschleuniger *m* ‖ **~/линейный** (Kern) Linearbeschleuniger *m* ‖ **~/линейный индукционный** linearer Induktionsbeschleuniger *m* ‖ **~/линейный резонансный** linearer Resonanzbeschleuniger *m*, Linearresonanzbeschleuniger *m* ‖ **~ на высокую энергию** (Kern) Hochenergiebeschleuniger *m* ‖ **~ на жидком топливе/ракетный** (Rak) Flüssigkeitsstart[hilfs]triebwerk *n* ‖ **~ отверждения** (Ch) Härtungsbeschleuniger *m* ‖ **~/перезарядный** (Kern) Tandembeschleuniger *m*, Tandemgenerator *m* ‖ **~/плазменный** (Kern) Plasmabeschleuniger *m* ‖ **~ пластификации** (Gum) Plastifizierungsbeschleuniger *m*, Weichmacher *m* ‖ **~ полимеризации** (Ch) Polymerisationsbeschleuniger *m*, Polymerisationskatalysator *m* ‖ **~/пороховой стартовый** (Rak) Feststoffstart[hilfs]triebwerk *n* ‖ **~ проявления** (Photo) Entwicklungsbeschleuniger *m* ‖ **~ реакции** (Ch) Reaktionsbeschleuniger *m*, Katalysator *m* ‖ **~/резонансный** (Kern) Resonanzbeschleuniger *m* ‖ **~ с жёсткой фокусировкой** (Kern) starkfokussierender Teilchenbeschleuniger *m* ‖ **~ с переменным полем** (Kern) Wechselfeldbeschleuniger *m* (Betatron, Synchrotron, Synchrophasotron) ‖ **~ с постоянным полем** (Kern) Gleichfeldbeschleuniger *m* (Zyklotron, Phasotron, Mikrotron) ‖ **~/сильнофокусирующий** (Kern) Teilchenbeschleuniger *m* mit starker Fokussierung *f*, starkfokussierender Teilchenbeschleuniger *m* ‖ **~/слабофокусирующий** (Kern) Teilchenbeschleuniger *m* mit schwacher Fokussierung, schwachfokussierender Teilchenbeschleuniger *m* ‖ **~/стартовый** (Rak) Start[hilfs]triebwerk *n*, Startbeschleuniger *m*, Starthilfe *f* ‖ **~ схватывания** (Bw) Abbindebeschleuniger *m* (Beton) ‖ **~/тандемный** s. **~/перезарядный** ‖ **~ твердения** Erhärtungsbeschleuniger *m* ‖ **~/твёрдотопливный** (Rak) Feststoffstarthilfsrakete *f*, Feststoffbooster *m* ‖ **~ Холла** Hall-Beschleuniger *m* ‖ **~/циклический** (Teilchenbeschleuniger) *m*, Mehrfachbeschleuniger *m*, Vielfachbeschleuniger *m* ‖ **~/циклический резонансный** (Kern) zyklischer Resonanzbeschleuniger *m* ‖ **~ частиц** (Kern) Teilchenbeschleuniger *m* ‖ **~/электростатический** (Kern) elektrostatischer Beschleuniger *m*
ускорить s. ускорять
ускорять beschleunigen
ускоряющий Beschleunigungs…, beschleunigend
условие *n* 1. Bedingung *f*; Klausel *f*; Voraussetzung *f* (s. a. unter условия); 2. Vereinbarung *f*, Abmachung *f* ‖ **~ Адамара** (Math) Hadamardsche Bedingung (Lückenbedingung) *f* ‖ **~ апланатизма** (Opt) Aplanasiebedingung *f* ‖ **~ ахроматизма** (Opt) Achromasiebedingung *f* ‖ **~ баланса** Gleichgewichtsbedingung *f* ‖ **~/благоприятное температурное** günstige Temperaturbedingung *f* ‖ **~ взаимности** (Math) Reziprozitätsbedingung *f* ‖ **~ выполнения тестов**

условие Testablaufbedingung *f* ‖ ~ **Гельдера** *(Math)* Hölder-Bedingung *f*, *H*-Bedingung *f* ‖ **~/граничное** 1. Grenzbedingung *f*; 2. *s.* **~/краевое** ‖ ~ **Дирихле/краевое** *(Math)* Dirichletsche Randbedingung *f*, Randbedingung *f* erster Art *(Randwertproblem)* ‖ ~ **единственности** *(Math)* Eindeutigkeitsbedingung *f* ‖ ~ **излучения** *(Ph)* Ausstrahlungsbedingung *f* ‖ ~ **изопланатизма** *(Opt)* Isoplanasiebedingung *f* ‖ ~ **изоэнтропичности** *(Ph)* Isentropiebedingung *f* ‖ ~ **когерентности** *(Opt)* Kohärenzbedingung *f* ‖ ~ **Коши/краевое** *(Math)* Cauchysche Randbedingung *f (Randwertproblem)* ‖ **~/краевое** *(Math)* Rand[wert]bedingung *f (Randwertproblem)* ‖ ~ **Лефшеца** *(Math)* Lefschetz-Bedingung *f* ‖ **~/логическое** logische Bedingung *f* ‖ ~ **максимальности** *(Math)* Maximumbedingung *f* ‖ ~ **минимальности** *(Math)* Minimumbedingung *f* ‖ ~ **монохроматичности** *(Opt)* Monochromatizitätsbedingung *f*, Monochromasiebedingung *f* ‖ **~/начальное** *(Math)* Anfangsbedingung *f (Randwertproblem)* ‖ ~ **Неймана [/краевое]** *(Math)* Neumannsche Randbedingung *f*, Randbedingung *f* zweiter Art *(Randwertproblem)* ‖ ~ **непрерывности** *(Math)* Stetigkeitsbedingung *f* ‖ ~ **однородности** *(Ph)* Homogenitätsbedingung *f* ‖ **~/особое** Ausnahmebedingung *f* ‖ **~/ошибочное** *(Inf)* Fehlerbedingung *f* ‖ ~ **первого рода/краевое** *s.* ~ **Дирихле/краевое** ‖ ~ **перехода** *(Inf)* Sprungbedingung *f* ‖ ~ **пластичности** *s.* ~ **текучести** ‖ ~ **подобия** *(Ph)* Ähnlichkeitsbedingung *f* ‖ **~/предельное** *(Math)* Grenzbedingung *f* ‖ ~ **прилипания** *(Mech)* Haftbedingung *f* ‖ ~ **причинности** *(Ph)* Kausalitätsbedingung *f* ‖ ~ **равновесия** Gleichgewichtsbedingung *f* ‖ ~ **разветвления** *(Inf)* Verzweigungsbedingung *f* ‖ ~ **развязки** *(Kyb)* Entkopplungsbedingung *f* ‖ ~ **распространения** Ausbreitungsbedingung *f* ‖ ~ **совпадения** *(Eln)* UND-Bedingung *f* ‖ ~ **согласования** Anpassungsbedingung *f* ‖ **~/стандартное** Standardbedingung *f* ‖ ~ **сходимости** *(Math)* Konvergenzbedingung *f* ‖ ~ **текучести** *(Mech)* Fließbedingung *f*, Plastizitätsbedingung *f* ‖ ~ **устойчивости** *(Mech)* Stabilitätsbedingung *f*

условия *npl* Bedingungen *fpl (s. a. unter* условие*)*; Lage *f*; Verhältnisse *npl*; Zustände *mpl* ‖ **~/аварийные** Havariebedingungen *fpl* ‖ ~ **горения** Verbrennungsverhältnisse *npl* ‖ **~/горногеологические** *(Bgb)* Gebirgsverhältnisse *npl* ‖ **~/горнотехнические** *(Bgb)* bergbauliche Verhältnisse *npl* ‖ **~/горноэксплуатационные** *(Bgb)* Abbauverhältnisse *npl* ‖ ~ **давления** *(Bgb)* Druckverhältnisse *npl (Gebirgsdruck)* ‖ ~ **залегания** *(Bgb, Geol)* Lagerungsbedingungen *fpl* ‖ ~ **затвердевания** *(Met)* Erstarrungsbedingungen *fpl* ‖ ~ **захвата** *(Wlz)* Greifbedingungen *f (Walzgut-Walze)* ‖ ~ **изготовления** Fertigungsbedingungen *fpl* ‖ ~ **измерений** Meßbedingungen *fpl* ‖ ~ **испытания/технические** Prüfungsvorschriften *fpl* ‖ ~ **качества** Gütebedingungen *fpl* ‖ ~ **климатические** klimatische Bedingungen *fpl* ‖ ~ **космической среды** Weltraumbedingungen *fpl* ‖ ~ **кристаллизации** Kristallisationsbedingungen *fpl* ‖ **~/ледовые** *(Hydt)* Eisverhältnisse *npl* ‖ ~ **местности** Geländebedingungen *fpl* ‖ **~/метеорологические** meteorologische Bedingungen *fpl*, Witterungsverhältnisse *npl* ‖ ~ **на поставку и приёмку** technische Liefer- und Abnahmebedingungen *fpl* ‖ **~/нормальные** Norm[al]bedingungen *fpl*; Bezugsbedingungen *fpl*, Referenzbedingungen *fpl* ‖ ~ **обработки** Bearbeitungsbedingungen *fpl* ‖ **~/общие технические** allgemeine technische Bedingungen *fpl*, ATB ‖ **~/окружающей среды** Umweltbedingungen *fpl*, Umweltverhältnisse *npl* ‖ **~/оптимальные** Optimalbedingungen *fpl* ‖ ~ **опыта** Versuchsbedingungen *fpl* ‖ ~ **отложения** *(Bgb, Geol)* Ablagerungsverhältnisse *npl* ‖ ~ **охлаждения** Abkühl[ungs]bedingungen *fpl* ‖ **~/подпочвенные** *(Lw)* Untergrundverhältnisse *npl* ‖ ~ **поставки** Lieferbedingungen *fpl* ‖ **~/почвенные** *(Lw)* Bodenverhältnisse *npl* ‖ ~ **приёмки** Abnahmebedingungen *fpl*; Zulassungsbedingungen *fpl* ‖ ~ **приёмки и контроля** Prüf- und Abnahmebedingungen *fpl*, PAV ‖ ~ **применения** Anwendungsbedingungen *fpl* ‖ ~ **производства** Produktionsbedingungen *fpl* ‖ ~ **прочности** Festigkeitsbedingungen *fpl*, Festigkeitsverhältnisse *npl* ‖ **~/рабочие** Arbeitsbedingungen *fpl*; Betriebsbedingungen *fpl* ‖ **~/температурные** Temperaturverhältnisse *npl* ‖ **~/технические** technische Bedingungen *fpl*; Gütevorschrift *f (bei der Abnahme)*; Zulassungsbedingungen *fpl* ‖ **~/транспортные** Verkehrsverhältnisse *pl* ‖ ~ **хранения** Lagerbedingungen *fpl* ‖ ~ **эксплуатации** Nutzungsbedingungen *fpl*, Gebrauchsbedingungen *fpl*, Betriebsbedingungen *fpl*, Anwendungsbedingungen *fpl* ‖ ~ **экстремума** Extremalbedingungen *fpl*

условно-устойчивый bedingt stabil
условный 1. bedingt; 2. vereinbart, verabredet
усложнение *n* Erschwerung *f*, Erschwernis *f*, Komplikation *f*
усложнить *s.* усложнять
усложнять erschweren, komplizieren
услуги **/бытовые** Dienstleistungen *fpl* ‖ **~/складские** Lagerhaltungsdienstleistungen *fpl* ‖ **~/телефонные** Fernsprechdienste *mpl* ‖ **~/торговые** Dienstleistungen *fpl*
усовершенствование *n* Verbesserung *f*, Vervollkommnung *f*
усовершенствовать verbessern, vervollkommnen
усовик *m* **[крестовины]** *(Eb)* Flügelschiene *f (Herzstück der Weiche)*
усохнуть *s.* усыхать
успешность *f* **поисков** Fündigkeitsrate *f (Tiefbohrungen)*
успокаивать 1. beruhigen *(z. B. Stahl)*; 2. dämpfen *(z. B. Schwingungen)*; 3. mildern *(Seegang)*
успокоение *n* 1. Beruhigung *f*, Beruhigen *n (z. B. Stahl)*; 2. Dämpfen *n*, Dämpfung *f (z. B. Schwingungen)* ‖ **~/апериодическое** aperiodische Dämpfung *f* ‖ ~ **волны** *(Hydt)* Wellendämpfung *f*, Wellenberuhigung *f* ‖ **~/жидкостное** Flüssigkeitsdämpfung *f* ‖ ~ **качки** *(Schiff)* Schlingerdämpfung *f* ‖ **~/критическое** kritische Dämpfung *f*, Grenzdämpfung *f* ‖ **~/магнитное** Magnetdämpfung *f* ‖ ~ **плавки** *(Met)* Beruhigen *n (Beruhigung f)* der Schmelze ‖ **~/пневматическое** pneumatische Dämpfung *f*; Luftdämpfung *f* ‖ ~ **транспорта** Verkehrsberuhigung *f* **успо-**

коитель m 1. Dämpfer m; Puffer m; 2. (Ch) Beruhigungsmittel n, Desoxidationsmittel n ‖ ~ **бортовой качки** (Schiff) Schlingerdämpfungsanlage f, Rolldämpfungsanlage f, Schlingerstabilisator m ‖ ~/**воздушный** Luftdämpfer m ‖ ~/**воздушный крыльчатый** Luftflügeldämpfer m ‖ ~/**жидкостный** Flüssigkeitsdämpfer m ‖ ~ **качки** (Schiff) Schlingerdämpfungsanlage f ‖ ~ **качки/гироскопический** (Schiff) Kreiselschlingerdämpfungsanlage f, Kreiselstabilisator m ‖ ~ **килевой качки** (Schiff) Stampfschwingungsdämpfungsanlage f ‖ ~ **колебаний** Schwingungsdämpfer m ‖ ~/**крыльчатый** Flügeldämpfer m ‖ ~/**магнитный** Magnetdämpfer m ‖ ~/**магнитоиндукционный** Induktionsdämpfer m ‖ ~/**поршневой** Kolbendämpfer m
успокоитель-приспособление m Dämpfungsvorrichtung f
успокоить s. успокаивать
усреднение n 1. Mitteln n, Mittelwertbildung f; 2. (Ch) Homogenisieren n; 3. (Inf) Averaging n ‖ ~ **по временному интервалу** Zeitintervallmittelung f ‖ ~ **по группе** (Math) Mittelung f über die Gruppe, Bildung f des Mittels über die Gruppe ‖ ~ **руд** (Met) Mitteln (Mischen) n von Erzen, Erzmittelung f, Erzmischung f
усреднённый gemittelt
усреднять s. усреднять
усреднять 1. mitteln; 2. (Ch) homogenisieren
уставка f 1. Einstellen n, Einstellung f; 2. Einstellwert m; Sollwert m ‖ ~ **заданного значения** Sollwerteinstellung f ‖ ~ **напряжения** (El) Spannungseinstellung f ‖ ~/**точная (уточнённая)** Feineinstellung f
усталость f Ermüdung f (Werkstoffe) ‖ ~/**коррозионная** Korrosionsermüdung f, Ermüdung f durch interkristalline Korrosion ‖ ~/**малоцикловая** Kurzzeitermüdung f ‖ ~ **материала** Werkstoffermüdung f ‖ ~/**многоцикловая** Langzeitermüdung f ‖ ~ **от скручивания** Torsionsermüdung f ‖ ~ **при ударе** Ermüdung f bei (durch) Stoßbelastung f ‖ ~/**термическая** thermische Ermüdung f ‖ ~/**фотоэлектрическая** photoelektrische (lichtelektrische) Ermüdung f (Laser) ‖ ~/**фрикционная контактная** Reibkontaktermüdung f
устанавливаемость f Einstellbarkeit f
устанавливание s. установление
устанавливать 1. aufstellen, montieren (Maschinen); 2. [ein]stellen, justieren (Meßgeräte); 3. installieren (Anlagen); 4. festlegen, festsetzen (z. B. Termine; Vorschriften); 5. feststellen, ermitteln; 6. aufnehmen (Werkstücke in die Maschine, Vorrichtung); 7. einlegen (z. B. in eine Maschine); 8. herstellen, aufnehmen (Verbindungen) ‖ ~ **верхняки** (Bgb) Kappen aufhängen ‖ ~ **на глубину** (Fert) auf Tiefe zustellen ‖ ~ **на нуль** (Meß) auf Null stellen (justieren) ‖ ~ **на размер** (Fert) auf Maß einstellen ‖ ~ **на центрах** (Fert) zwischen Spitzen aufnehmen ‖ ~ **расстрелы** (Bgb) vereinstrichen (Schachtausbau) ‖ ~ **связь (соединение)** (Nrt) eine Verbindung herstellen ‖ ~ **тарифы** (Nrt) die Gebühren festsetzen
установ m 1. Einstellen n, Einstellung f; 2. (Fert) Einstellelement n, Einstellstück n; 3. (Wkzm) Aufspannung f; Aufnahme f, Aufnehmen n (von Werkstücken)

установившийся stationär, eingeschwungen, Beharrungs...
установить s. устанавливать
установка f 1. Anlage f, Werk n; 2. Vorrichtung f, Einrichtung f; 3. Aufstellung f, Montage f (von Maschinen); Installation f; Einbau m; 4. Einstellung f, Einstellen n, Justieren n (von Meßgeräten); 5. (Fert) Zustellung f (eines Werkstücks); 6. (Bgb) Einbringen n, Setzen n (Ausbau) ‖ ~/**абонентская** (Nrt) Teilnehmersprechstelle f ‖ ~/**абсорбционная холодильная** Absorptionskälteanlage f ‖ ~/**аварийная силовая** Notstromaggregat n ‖ ~ **аварийного слива** (Flg) Schnellablaßvorrichtung f ‖ ~/**автоматическая** 1. automatische Anlage f; 2. (Meß) automatische Einstellung f, Selbsteinstellung f ‖ ~/**автоматическая проявочная** Entwicklungsmaschine f (für Filme) ‖ ~/**автоматическая сортировочная** (Lw) automatische Trennanlage f ‖ ~/**автоматическая телефонная** Fernsprechwählanlage f ‖ ~/**автосварочная** automatische Schweißmaschine f, Schweißautomat m ‖ ~/**агломерационная** (Met) Erzsinteranlage f, Sinteranlage f ‖ ~/**адсорбционная** (Ch) Adsorptionsanlage f ‖ ~/**азимутальная** (Opt, Astr) azimutale Montierung f (von Fernrohren) ‖ ~/**английская** (Opt, Astr) englische Montierung f (von Fernrohren) ‖ ~/**антенная** Antennenanlage f ‖ ~/**асфальтобетоносмесительная** (Bw) Asphaltbetonmischanlage f ‖ ~/**атомная силовая** 1. Kernenergieanlage f; 2. Kerntriebwerk n, Kernantrieb m ‖ ~/**белильная** (Text) Bleichanlage f ‖ ~/**бетоносмесительная** (Bw) Betonmischanlage f ‖ ~/**блочная обессоливающая** Blockentsalzungsanlage f (Dampfkessel) ‖ ~/**бортовая** Bordinstallation f ‖ ~/**бортовая огнетушительная** (Flg) Bordfeuerlöschanlage f ‖ ~/**бурильная** s. агрегат/бурильный und станок/бурильный ‖ ~/**буровая** Bohranlage f (Tiefbohrtechnik) ‖ ~ **в нуль** Nullstellen n; Rücksetzen n, Reset n ‖ ~ **в очереди** (Inf) Bilden n einer Warteschlange f ‖ ~/**вакуум-выпарная** (Ch) Vakuumverdampfungsanlage f, Vakuumeindampfanlage f ‖ ~ **вакуумного напыления** Vakuumbedampfungsanlage f ‖ ~ **величины угла** (Meß) Winkeleinstellung f ‖ ~/**вентиляторная** 1. Belüftungsanlage f; 2. Ventilatoranlage f, Lüfter m ‖ ~/**вертикальная пусковая** (Rak) Startturm m ‖ ~/**весьма высокого напряжения** (El) Höchstspannungsanlage f ‖ ~/**ветросиловая** Windkraftanlage f ‖ ~/**вибрационная** Schwingtischmaschine f ‖ ~/**вилочная** (Opt, Astr) Gabelmontierung f (von Fernrohren) ‖ ~ **внутренних выводов** (Eln) Innenbondanlage f ‖ ~/**внутренняя** 1. Innen[raum]aufstellung f; 2. Innenraumanlage f ‖ ~/**водоопреснительная** (Schiff) Frischwassererzeugungsanlage f, Verdampferanlage f ‖ ~/**водоотливная** (Hydt, Bgb) Wasserhaltungsanlage f ‖ ~/**водоочистительная** Wasserkläranlage f, Wasserreinigungsanlage f ‖ ~/**водоподготовительная** Wasseraufbereitungsanlage f ‖ ~/**водопонизительная** (Bw, Hydt) Grundwasserabsenkungsanlage f ‖ ~/**водоумягчительная** Wasserenthärtungsanlage f ‖ ~/**воздуходувная** Gebläseanlage f ‖ ~/**воздухоохладительная** 1. Luftkühlungsanlage f (Sonder-

установка form einer Klimaanlage); 2. (Bgb) Wetterkühlmaschine f II ~/**воздухоразделительная** Luftzerlegungsanlage f II ~/**воздушная морозильная** (Schiff) Luftgefrieranlage f II ~/**воздушно-морозильная** (Schiff) Luftgefrieranlage f II ~/**воздушно-реактивная силовая** (Flg) Luftstrahltriebwerk n II ~/**временная** provisorische Anlage f II ~/**вспомогательная силовая (энергетическая)** 1. (En) Hilfsstromversorgungsanlage f; 2. (Schiff) Hilfsantriebsanlage f II ~/**вторичная** Anlage f für zweite Fraktionierung (Ausscheidung von Leichtbenzin bei der Erdöldestillation) II ~/**входная** (Inf) Eingabegerät n, Eingabeanlage f II ~/**вызывная** (Nrt) Rufanlage f II ~/**выпарная** (Ch) Verdampfungsanlage f II ~/**выпрямительная** (El) Gleichrichteranlage f II ~ **вырубки** Vereinzelungsanlage f (für Schaltkreise) II ~/**высоковольтная** (El) Hochspannungsanlage f II ~ **высокого напряжения** (El) Hochspannungsanlage f II ~/**высокочастотная** Hochfrequenzanlage f, HF-Anlage f II ~/**выходная** (Inf) Ausgabegerät n, Ausgabeanlage f II ~/**вычислительная** Rechenanlage f II ~ **вычислительной машины** (Inf) Rechnerinstallation f II ~/**газогенераторная** Generatorgasanlage f II ~/**газоочистительная** Gasaufbereitungsanlage f, Gasreinigungsanlage f II ~/**газотурбинная** Gasturbinenanlage f II ~/**газотурбинная энергетическая** (Schiff) Gasturbinenantriebsanlage f II ~/**газотурбоэлектрическая гребная** (Schiff) gasturboelektrische Propellerantriebsanlage f II ~/**газоулавливающая** Gasauffangeinrichtung f (Erdölbohrungen) II ~/**гальваническая** Galvanisierungsanlage f II ~/**генераторная** Generator[en]anlage f II ~/**гидроаккумулирующая** (Hydt) Pumpspeicheranlage f II ~/**гидрогенизационная** (Ch) Hydrieranlage f II ~/**гидрозакладочная** Spülversatzanlage f (Erdölbohrung) II ~/**гидросиловая** Wasserkraftanlage f II ~/**гидроэлектрическая [силовая]** hydroelektrische Anlage f, elektrische Wasserkraftanlage f II ~/**главная силовая (энергетическая)** (Schiff) Hauptantriebsanlage f II ~/**глубиннонасосная** Tief[brunnen]pumpanlage f II ~ **глубокого бурения** (Erdöl) Tiefbohranlage f II ~/**грануляционная** Granulieranlage f, Granulationsanlage f II ~/**гребная электрическая** (Schiff) elektrische Propellerantriebsanlage f (Schraubenantriebsanlage) f II ~/**громкоговорящая** Lautsprecheranlage f II ~/**грубая** Grobeinstellung f II ~/**грунтонасосная** Baggerpumpenanlage f (Saugbagger) II ~/**групповая** 1. (Nrt) Vorfeldeinwirkung f; 2. (Wkzm) Gruppenaufnahme f II ~/**дальнеструйная дождевальная** (Lw) Weitstrahlregnungsanlage f II ~/**двигательная** (Flg) Triebwerk n II ~/**движительная** (Schiff) Vortriebsanlage f, Propulsionsanlage f II ~/**двунаправленная трубопоршневая** Zweirichtungsmolchmeßeinrichtung f (Durchflußmessung) II ~/**двухвальная пропульсивная** (Schiff) Zweiwellenantriebsanlage f II ~/**двухконцевая подъёмная** (Bgb) zweitrümige Förderanlage f II ~/**двухкорпусная выпарная** (Ch) Zweikörperverdampf[er]anlage f, Zweistufenverdampf[ungs]anlage f II ~/**двухступенчатая** Zweistufenanlage f, zweistufige Anlage f II ~/**дельта-скреперная** (Lw) Schleppschaufelentmistungsanlage f II ~/**деревопропиточная** Holzimprägnieranlage f II ~ **деталей ручным способом** Handbestückung f, manuelle Bestückung f II ~ **диафрагмы** (Photo) Blendeneinstellung f II ~ **диафрагмы/автоматическая** Blendenvollautomatik f II ~/**дизельная** Dieselmotorenanlage f II ~/**дизельная силовая** Dieselantriebsanlage f, Dieselantriebsaggregat n II ~/**дизель-электрическая силовая** dieselelektrische Antriebsanlage f II ~/**дистилляционная** (Ch) Destillationsanlage f, Destillieranlage f II ~/**диффузионная** (Ch) Diffusionsanlage f II ~ **для биологической очистки сточных вод** biologische Abwasserbehandlungsanlage f II ~ **для вакуумного напыления** Vakuumaufdampfanlage f II ~ **для выпойки** (Lw) Tränkanlage f II ~ **для доения в молокопровод** (Lw) Rohrmelkanlage f II ~ **для доения во фляги** (Lw) Kannenmelkanlage f II ~ **для испытания материалов** Materialprüfanlage f II ~ **для кондиционирования воздуха** Klimaanlage f II ~ **для обессоливания** Entsalzungsanlage f II ~ **для окомкования** Pelleti[si]eranlage f (Aufbereitung) II ~ **для отбеливания врасправку** (Text) Breitbleichanlage f II ~ **для очистки сточных вод/биологическая** biologische Abwasserbehandlungsanlage f II ~ **для переработки ядерного топлива** s. завод/регенерационный II ~ **для пыления** Bedampfungsanlage f, Aufdampfanlage f II ~ **для сжигания отходов** Müllverbrennungsanlage f II ~ **для травления** (Met) Beizanlage f, Beizeinrichtung f II ~ **для удаления навоза** (Lw) Entmistungsanlage f II ~ **для центробежного литья** (Gieß) Schleudergießanlage f, Schleudergießeinrichtung f II ~ **для электрохимической очистки сточных вод** elektrochemische Abwasserbehandlungsanlage f II ~/**дождевальная** (Lw) Beregnungsanlage f II ~/**дозаторная** Dosiervorrichtung f, Zuteileinrichtung f II ~/**доильная** (Lw) Melkanlage f II ~/**домовая** Hausinstallation f II ~/**дробелитейная** Schrotgießanlage f, Granaliengießanlage f II ~/**дробемётная** (Gieß) Schleuderstrahl[guß]putzanlage f (mit metallischen Strahlmitteln) II ~/**дробеструйная** (Gieß) Druckstrahl[guß]putzanlage f (mit metallischen Strahlmitteln) II ~/**дробильная** Brechwerk n, Brechanlage f, Brecher m (Aufbereitung) II ~/**дробильно-обогатительная** Brech- und Aufbereitungsanlage f II ~/**дробильно-сортировочная** Brech- und Klassieranlage f, Brech- und Siebanlage f (Aufbereitung) II ~/**жиромучная** Fischöl- und Fischmehlanlage f (Fischverarbeitung) II ~/**жиротоп[ен]ная** Trankochanlage f (Fischverarbeitung) II ~ **заданного значения** (Reg) Sollwerteinstellung f II ~ **зажигания** (Kfz) Zündeinstellung f, Zündverteilung f II ~/**заземляющая** (El) Erdungsanlage f II ~/**закладочная** (Met) Härteanlage f II ~/**закладочная** (Bgb) Versatzanlage f II ~/**закрытая** s. ~/внутренняя 2. II ~/**заливочная** (Met) Gießeinrichtung f II ~ **запятой** (Inf) Kommaeinstellung f II ~/**зарядно-доставочная** s. зарядчик II ~/**звукоусилительная** (Eln) Tonverstärkeranlage f II ~/**землеприготовительная** (Gieß) Formstoffaufbereitungsanlage f II ~/**землесосная** Saug[pum-

установка

pen]bagger m, Pumpenbagger m ‖ ~/**зерно-очистительная** (Lw) Getreidereiniger m ‖ ~/**золоудаляющая** Entaschungsanlage f ‖ ~/**зондовая** (Eln) Waferprober m ‖ ~/**измельчительная** Feinzerkleinerungsanlage f, Mahlanlage f (Aufbereitung) ‖ ~/**измерительная** Meßanlage f, Meßeinrichtung f, Meßeinrichtung (El) Wechselrichteranlage f ‖ ~/**индивидуальная** (Wkzm) Einzelaufnahme f ‖ ~/**интегрирующая** (Inf) Integrieranlage f ‖ ~ **ионной имплантации** (Eln) Ionenimplantationsanlage f (Halbleiter) ‖ ~/**испарительная** Verdampferanlage f ‖ ~/**испытательная** Prüfanlage f, Prüfeinrichtung f ‖ ~/**калориферная** Luftheizungsanlage f (Klimatechnik); (Bgb) Wettererhitzeranlage f, Wetterheizung f (Anwärmen der in den Schacht eintretenden Luft im Winter) ‖ ~/**канатно-скреперная** Seilschrapperanlage f ‖ ~/**карусельная доильная** (Lw) Melkkarussell n ‖ ~ **карусельного типа/филетировочная** Karussellfiletieranlage f (Fischverarbeitung) ‖ ~/**каталитическая** (Ch) katalytische Anlage f ‖ ~/**клетевая подъёмная** (Bgb) Gestellförderanlage f ‖ ~/**климатическая** Klimaanlage f ‖ ~/**коксовальная** Kokerei f ‖ ~/**коллективная антенная** Gemeinschaftsantennenanlage f ‖ ~ **колонкового бурения** Kernbohranlage f (Erdöl) ‖ ~/**командовещательная** (Schiff) Kommando[übertragungs]anlage f ‖ ~/**коммутаторная** (Nrt) Vermittlungsanlage f ‖ ~/**компрессорная** Kompressoranlage f ‖ ~/**конвейерная** Bandanlage f ‖ ~/**конвейерная разливочная** Fließbandabfüllanlage f ‖ ~/**конвейерно-кольцевая доильная** (Lw) Melkkarussell n ‖ ~/**кондиционирования воздуха** Klima[tisierungs]anlage f ‖ ~/**кондиционирования воздуха/комфортная** Komfortklimaanlage f ‖ ~/**консольная** (Wkzm) fliegende Aufnahme f ‖ ~/**контактирования** (Eln) Drahtbonder m ‖ ~/**контактная морозильная** Kontaktgefrieranlage f (Fischverarbeitung) ‖ ~/**контрольная** Überwachungsanlage f ‖ ~/**координатно-измерительная** Koordinatenmeßeinrichtung f, Koordinatenmeßsystem n ‖ ~/**котельная** Kesselanlage f ‖ ~/**круговая доильная** (Lw) Melkkarussell n ‖ ~/**крупнодробильная** Vorbrechwerk n, Vorbrechanlage f (Aufbereitung) ‖ ~/**лазерная** Laseranlage f ‖ ~/**линеметательная** (Schiff) Leinenwurfgerät n ‖ ~/**литейная** Gießereianlage f ‖ ~/**литья с противодавлением** (Gieß) Gegendruckgießanlage f, Gegendruckgießeinrichtung f ‖ ~/**магнитогидродинамическая** (El) MHD-Anlage f, magnetohydrodynamische Anlage f ‖ ~ **маршрута** (Eb) Festlegen n der Fahrstraße ‖ ~/**машинная** Maschinenanlage f ‖ ~/**металлизационная** Metallspritzanlage f; Metallbedampfungsanlage f ‖ ~/**механическая** (Schiff) Maschinenanlage f ‖ ~/**многоканатная подъёмная** (Bgb) Mehrseilförderanlage f ‖ ~/**многокорпусная выпарная** Mehrkörperverdampf[er]anlage f, Mehrstufenverdampfungsanlage f ‖ ~/**многоручьевая** (Gieß) Mehrstranganlage f (Stranggießen) ‖ ~/**моечная** Waschanlage f ‖ ~ **мокрая золоудаляющая** Naßentaschungsanlage f ‖ ~ **мокрого обогащения** Naßaufbereitungsanlage f ‖ ~/**молниеотводная** Blitzschutzanlage f ‖

~/**морозильная** Gefrieranlage f ‖ ~/**мощная выпрямительная** Hochleistungsgleichrichteranlage f ‖ ~/**мощная передающая** Großsende[r]anlage f ‖ ~/**мусоросжигательная** Müllverbrennungsanlage f ‖ ~ **на глубину** (Wkzm) Tiefenzustellung f, Zustellung f ‖ ~ **на нуль** Null[ein]stellung f ‖ ~/**на резкость** Scharfeinstellung f ‖ ~/**наклонная** geneigte (schräge) Lage f ‖ ~ **направленной радиосвязи** Richtfunkanlage f ‖ ~/**напыления** Bedampfungsanlage f, Aufdampfungsanlage f ‖ ~/**наружная** 1. Freiluftaufstellung f, Aufstellung f im Freien; 2. Freiluftanlage f ‖ ~/**насосная** Pumpenanlage f ‖ ~ **непрерывного действия/пропарная** (Lw) kontinuierlich arbeitende Dämpfmaschine f (Futterdämpfer) ‖ ~ **непрерывного отжига** (Härt) Durchlaßglühanlage f ‖ ~ **непрерывной разливки** (Gieß) Stranggußanlage f, Stranggießanlage f ‖ ~/**нефтеводяная сепарационная** (Schiff) Bilgenwasserentölungsanlage f ‖ ~/**нефтеперегонная** Erdöldestillationsanlage f ‖ ~/**низковольтная** (El) Niederspannungsanlage f ‖ ~ **нуля** Nullpunkteinstellung f ‖ ~/**обеспыливающая** Entstaubungsanlage f, Entstaubungseinrichtung f ‖ ~/**обжигательная** Röstanlage f (NE-Metallurgie) ‖ ~/**обогатительная** Aufbereitungsanlage f ‖ ~/**огнетушительная** Feuerlöschanlage f, Feuerlöschsystem n ‖ ~/**одновальная пропульсивная** (Schiff) Einwellenantriebsanlage f ‖ ~/**одноканатная подъёмная** (Bgb) Einseilförderanlage f ‖ ~/**однокорпусная выпарная** Einkörperverdampf[er]anlage f, Einstufenverdampf[ungs]anlage f ‖ ~/**одноручьевая** Einstranganlage f (Stranggießen) ‖ ~/**однодоступенчатая холодильная** einstufige Kälteanlage f ‖ ~/**опреснительная** (Schiff) Frischwassererzeugungsanlage f, Verdampferanlage f ‖ ~/**опытная** Versuchsanlage f, Versuchsaufbau m ‖ ~/**оросительная** (Lw) Bewässerungsanlage f, Berieselungsanlage f ‖ ~/**осветительная** Beleuchtungsanlage f, Beleuchtungseinrichtung f ‖ ~/**осветлительная** (Bw) Klärwerk n, Kläranlage f ‖ ~/**осушительная** Entwässerungsanlage f; (Schiff) Lenzanlage f ‖ ~ **отвеса** Loteinstellung f ‖ ~/**откачная** Evakuierungsanlage f ‖ ~/**открытая** s. ~/**наружная** ‖ ~/**отопительная** Heiz[ungs]anlage f ‖ ~/**охлаждающая** Kühlanlage f, Kühleinrichtung f ‖ ~ **пакера** (Bgb) Setzen n des Packers (Bohrung) ‖ ~/**паровая силовая** Dampfkraftanlage f ‖ ~/**парогенераторная** Dampferzeugungsanlage f, Dampfkessel m ‖ ~/**парокомпрессионная холодильная** Kompressionskälteanlage f ‖ ~ **паросаждения** Bedampfungsanlage f, Aufdampfungsanlage f ‖ ~/**паросиловая** Dampfantriebsanlage f, Dampfkraftanlage f ‖ ~/**паросиловая отопительная** Heizkraftwerk n ‖ ~/**паротурбинная** Dampfturbinenanlage f ‖ ~/**пароэжекторная холодильная** Dampfstrahlkälteanlage f ‖ ~/**пастбищная доильная** (Lw) Weidemelkanlage f ‖ ~/**пеленгаторная** Peilanlage f ‖ ~/**перегонная** s. ~/**дистилляционная** ‖ ~/**передающая** Sendeanlage f, Übertragungseinrichtung f ‖ ~/**передвижная буровая** fahrbare Bohranlage f (Erdöl) ‖ ~/**передвижная дождевальная** (Lw) mobile (vollbewegliche) Beregnungsanlage f ‖ ~/**пере-**

установка

движная силовая fahrbare Leistungsanlage (Kraftanlage) *f* ‖ **~/передвижная сушильно-брикетная** *(Lw)* mobile Trocknungs- und Pelletieranlage *f* ‖ **~/передвижная телевизионная** fahrbare Fernsehaufnahmeanlage *f*, Fernsehaufnahmewagen *m*, Fernsehübertragungswagen *m* ‖ **~ переменного тока** *(El)* Wechselstromanlage *f* ‖ **~/пескоструйная** *(Gieß)* Sandstrahlanlage *f*, Sandstrahlgebläse *n* *(Putzerei)* ‖ **~/печная** Ofenanlage *f* ‖ **~/пилотная** Pilotanlage *f* ‖ **~/плавильная** *(Met)* Schmelz[ofen]anlage *f* ‖ **~/плавучая буровая** schwimmende Bohrinsel *f (für Erdöl- und Erdgasbohrungen)* ‖ **~/пневматическая** Druckluftanlage *f* ‖ **~/пневмозакладочная** *(Bgb)* Blasversatzanlage *f* ‖ **~/пневмотранспортная** Druckluftfördereinrichtung *f* ‖ **~ по высоте** 1. Höheneinstellung *f*; 2. *(Wkzm)* Höhenzustellung *f* ‖ **~ по длине** Längeneinstellung *f* ‖ **~ по отвесу** Einloten *n*; Ablotung *f* ‖ **~ по схеме «Отец и сын»/энергетическая** *(Schiff)* Vater- und Sohnantriebsanlage *f* ‖ **~ по уровню** *(Меß)* Einwägung *f* ‖ **~ по центру** Mitteneinstellung *f* ‖ **~/поверочная** Prüfeinrichtung *f* ‖ **~/поверочная трубопоршневая** Molchprüfeinrichtung *f (Durchflußmessung)* ‖ **~ под углом** Schrägeinstellung *f* ‖ **~/подвижная** bewegliche (nichtstationäre) Anlage *f* ‖ **~/подвижная пусковая** *(Rak)* mobile Startrampe *f* ‖ **~ подводная пусковая** *(Rak)* Unterwasserstartrampe *f* ‖ **~/подводная телевизионная** Unterwasserfernsehanlage *f* ‖ **~/подъёмная** Förderanlage *f (Schachtförderung)* ‖ **~/пожарной сигнализации** Feuermeldeanlage *f*, Brandwarnanlage *f* ‖ **~/полузаводская** halbtechnische Anlage *f*, Pilotanlage *f*, Großversuchsanlage *f* ‖ **~/полупогружная плавучая буровая** halbtauchende (halbgetauchte) schwimmende Bohrinsel (Bohrplattform) *f (für Erdöl- und Erdgasbohrungen)* ‖ **~/помольно-сушильная** Mahltrocknungsanlage *f* ‖ **~ порошкового напыления покрытий** Pulverbeschichtungsanlage *f* ‖ **~/портальная** Portalgerät *n* ‖ **~/поршневая насосная** Hubkolbenpumpenanlage *f* ‖ **~ постоянного тока** *(El)* Gleichstromanlage *f* ‖ **~/потребительская** Verbraucheranlage *f*, Abnehmeranlage *f* ‖ **~/приёмная** *(Nrt, Rf, TV)* Empfangsanlage *f* ‖ **~/приёмно-передающая** Sende[-und]-Empfangs-Anlage *f*, Sende[-und]-Empfangs-Einrichtung *f* ‖ **~/прикладная телевизионная** Industriefernsehanlage *f* ‖ **~/пропульсивная** *(Schiff)* Propulsionsanlage *f*, Vortriebsanlage *f* ‖ **~/пусковая** *(Rak)* Startrampe *f*, Startanlage *f*, Startvorrichtung *f* ‖ **~/пылеотсасывающая** Staubabsaugvorrichtung *f* ‖ **~/пылеочистительная (пылеуловительная)** Entstaubungsanlage *f* ‖ **~/пятиосная портальная** fünfachsiges Portalgerät *n (IR)* ‖ **~/рабочая** Betriebsanlage *f* ‖ **~/радарная (радиолокационная)** Radaranlage *f* ‖ **~/радионавигационная** Funknavigationsanlage *f* ‖ **~/радиопеленгаторная** Funkpeilanlage *f* ‖ **~/радиопередающая** Funksendeanlage *f* ‖ **~/радиоприёмная** Funkempfangsanlage *f* ‖ **~/радиотрансляционная** Rundfunkübertragungsanlage *f* ‖ **~/разгрузочная** Austrag[s]vorrichtung *f*, Austrag[s]einrichtung *f*; Ablaßvorrichtung *f*; Entladevorrichtung *f*, Entleerungsvorrichtung *f* ‖ **~ разделения** *(Eln)* Vereinzelungsanlage *f (für Schaltkreise)* ‖ **~/разливочная** *(Met)* Gießanlage *f* ‖ **~/размольная** Mahlanlage *f* ‖ **~/разрыхлительно-трепальная** *(Text)* Putzereiaggregat *n*, Putzereianlage *f* ‖ **~/ракетная пусковая** Raketenrampe *f*, Raketenstartanlage *f*; *(Flg)* Raketenabschußvorrichtung *f* ‖ **~/ракетная силовая** Raketenantriebssystem *n*, Raketenantriebsanlage *f*, Raketenantrieb *m* ‖ **~/распределительная** *(El)* Schaltanlage *f* ‖ **~/рассольного охлаждения/холодильная** Kälteanlage *f* mit Solekühlung, Solekühler *m* ‖ **~/расходомерная** Durchflußmeßeinrichtung *f* ‖ **~/реакторная** Reaktoranlage *f* ‖ **~/редукционно-охладительная** Notkühlung *f* mit reduziertem Dampf *(Kessel)* ‖ **~ резца** *(Wkzm)* 1. Meißelaufnahme *f*; 2. Meißeleinstellung *f*, Meißelzustellung *f* ‖ **~/ректификационная** *(Ch)* Rektifikationsanlage *f*, Gegenstromdestillieranlage *f* ‖ **~/рентгеновская** Röntgenanlage *f* ‖ **~/ресорбционная холодильная** Resorptionskälteanlage *f* ‖ **~/рефрижераторная** Kühlanlage *f* ‖ **~ роторного бурения** Rotarybohranlage *f (Erdöl)* ‖ **~/рудодробильная (рудоизмельчительная)** Erzzerkleinerungsanlage *f (Aufbereitung)* ‖ **~/рудоотделительная** Erzscheideanlage *f*, Erzklassieranlage *f (Aufbereitung)* ‖ **~/рудопромывочная** Erzwäscherei *f*, Erzwaschanlage *f (Aufbereitung)* ‖ **~/рудосмесительная (рудоусреднительная)** Erzmischanlage *f (Aufbereitung)* ‖ **~/рулевая** *(Schiff)* Ruderanlage *f* ‖ **~/ручная коммутаторная** *(Nrt)* handbediente Vermittlungsanlage *f*, Handvermittlung[szentrale] *f* ‖ **~/рыбоморозильная** Fischfrostungsanlage *f*, Fischgefrieranlage *f* ‖ **~/рыбомучная** *(Schiff)* Fischmehlanlage *f* ‖ **~/рыбонасосная** Fischpumpenanlage *f* ‖ **~ с вихревой трубой/холодильная** Wirbelrohrkälteanlage *f* ‖ **~ с гибким питающим шлангом/дождевальная** *(Lw)* Schlauchberegnungsanlage *f* ‖ **~ с использованием отработанного тепла** Wärmerückgewinnungsanlage *f* ‖ **~/самоподъёмная плавучая буровая** schwimmende Hubbohrinsel (Hubbohrplattform) *f (für Erdöl- und Erdgasbohrungen)* ‖ **~/самоходная [артиллерийская]** *(Mil)* Selbstfahrlafette *f*, SFL ‖ **~/самоходная буровая** selbstfahrende Bohranlage *f (Tiefbohrtechnik)* ‖ **~/самоходная пусковая** *(Rak)* selbstfahrende (mobile) Startrampe *f* ‖ **~/сатурационная** Imprägnieranlage *f (Getränke)* ‖ **~/сварочная** 1. Schweißanlage *f*; 2. *(Eln)* Bonder *m*, Bondanlage *f* ‖ **~ связи** Fernmeldeanlage *f*; Nachrichtenanlage *f* ‖ **~/семиосная портальная** siebenachsiges Portalgerät *n (IR)* ‖ **~/сигнальная** Signalanlage *f* ‖ **~/силовая** 1. Leistungsanlage *f*, Kraftanlage *f*; Kraftmaschine *f*; 2. *(Flg)* Triebwerk *n*, Antriebssystem *n*; 3. *(Schiff)* Antriebsanlage *f* ‖ **~/сильноточная** Starkstromanlage *f* ‖ **~/скребковая золоудаляющая** Kratzerbandentaschungsanlage *f* ‖ **~/скреперная** 1. Schrapperanlage *f*; 2. *(Lw)* Schleppschaufelentmistungsanlage *f* ‖ **~/скреперная золоудаляющая** Schrappentaschungsanlage *f* ‖ **~/скрепероструговая** *(Bgb)* Schälschrapperanlage *f* ‖ **~/смывная золоудаляющая** Spülentaschungsanlage *f*,

Solarenergieanlage f; Solarkraftwerk n ‖ ~/солнечная энергетическая Sonnenenergieanlage f ‖ ~/сортировочная Sortieranlage f; Klassieranlage f *(zum Trennen nach der Korngröße)* ‖ ~/спекательная Erzsinteranlage f, Sinteranlage f ‖ ~/стабилизационная Stabilisier[ungs]anlage f ‖ ~/стартовая s. ~/пусковая ‖ ~/стационарная буровая *(Bgb)* stationäre (ortsfeste) Bohranlage f ‖ ~/стационарная дождевальная *(Lw)* stationäre (ortsfeste) Beregnungsanlage f ‖ ~/стереотелевизионная Stereofernsehanlage f ‖ ~/судовая радиолокационная Schiffsradaranlage f ‖ ~/судовая радиотелефонная Seesprechfunkanlage f ‖ ~/судовая силовая Schiffsantriebsanlage f ‖ ~/судовая энергетическая Schiffsantriebsanlage f, Schiffsmaschinenanlage f ‖ ~/сушильная Trockenanlage f ‖ ~/телевизионная Fernsehanlage f ‖ ~/телеграфная Telegraphenanlage f ‖ ~/телеизмерительная (телеметрическая) Fernmeßanlage f, Telemetrieeinrichtung f ‖ ~/телемеханическая Fernwirkanlage f ‖ ~/телефонная Fernsprechanlage f ‖ ~/теплофикационная Heizkraftanlage f ‖ ~/термоконстантная Klimaregel[einricht]ung f, Temperaturregeleinrichtung f ‖ ~/типа «ёлочка»/доильная *(Lw)* Fischgrätenmelkstandanlage f ‖ ~ типа «тандем»/доильная *(Lw)* Tandemmelkstandanlage f ‖ ~ **ТОКАМАК** *(Kern)* Tokamak-Anlage f, Tokamak-Maschine f *(Kernfusionsreaktortyp)* ‖ ~/точная Feineinstellung f ‖ ~/травильная Beizanlage f ‖ ~/транспортная *(Bgb)* Fördereinrichtung f *(Streckenförderung)* ‖ ~ тревожной сигнализации Gefahrenmeldeanlage f, Alarmanlage f ‖ ~ трёхфазного тока Drehstromanlage f ‖ ~/трубопоршневая Molchmeßeinrichtung f *(Durchflußmessung)* ‖ ~/трубчатая Röhrenerhitzer m *(Erdöldestillation)* ‖ ~/турбогенераторная Turbogeneratorsatz m ‖ ~/турбо-электрическая силовая *(Schiff)* turboelektrische Antriebsanlage f ‖ ~/увлажнительная *(Text)* Einsprengmaschine f *(Ausrüstung von Baumwoll- und Leinengeweben)* ‖ ~/углеобогатительная Kohleaufbereitungsanlage f ‖ ~/углепромывочная Kohlenwäsche f, Kohlenwäscherei f ‖ ~/угломерная Winkelmeßeinrichtung f ‖ ~/ультракоротковолновая приёмная VHF-Empfangsanlage f, UKW-Empfangsanlage f ‖ ~ управления Steueranlage f ‖ ~/учрежденская [телефонная] *(Nrt)* Nebenstellenanlage f, Nebenstellenzentrale f ‖ ~/фекальная *(Schiff)* Fäkalienanlage f ‖ ~/филетировочная Filetieranlage f *(Fischverarbeitung)* ‖ ~/фильтровальная Filteranlage f ‖ ~/флотационная Flotationsanlage f ‖ ~/формовки выводов *(Eln)* Biegeautomat m *(für Schaltkreise)* ‖ ~/фотоверстальная *(Typ)* Montagegerät n ‖ ~/хлораторная *(Ch)* Chlorungsanlage f ‖ ~/холодильная Kälteanlage f; *(Bgb)* Wetterkühlanlage f ‖ ~ цветного телевидения Farbfernsehanlage f ‖ ~/центральная часовая (электрочасовая) Uhrenzentrale f ‖ ~/центробежная дробеметная *(Fert)* Schleuderstrahlmaschine f ‖ ~ частоты *(El)* Frequenzeinstellung f ‖ ~ чёткости Scharfeinstellung f ‖ ~/шахтная подъёмная *(Bgb)* Schachtförderanlage f ‖ ~/шестиосная портальная sechsachsiges Portalgerät n *(IR)* ‖ ~/шкафная морозильная Schrankgefrieranlage f *(Fischverarbeitung)* ‖ ~/шлюзовая *(Hydt)* Schleusenanlage f ‖ ~ штриха Stricheinfang m, Stricheinstellung f *(mit dem Mikroskop)* ‖ ~/экваториальная *(Opt, Astr)* äquatoriale Montierung f *(von Fernrohren)* ‖ ~/электрическая Elektroanlage f, elektrische Anlage f ‖ ~/электрическая гребная *(Schiff)* elektrische Propellerantriebsanlage f (Schraubenantriebsanlage) ‖ ~/электроннолучевая Elektronenstrahlanlage f ‖ ~/электропитающая Elektroenergieversorgungsanlage f ‖ ~/электроплавильная *(Met)* Elektroschmelzanlage f ‖ ~/электротепловая (электротермическая) Elektrowärmeanlage f ‖ ~/электрочасовая elektrische Uhrenanlage f ‖ ~/электроэнергетическая Stromerzeugeranlage f ‖ ~/энергетическая 1. Energieanlage f; 2. *(Schiff)* Antriebsanlage f ‖ ~/эрлифтная *(Schiff)* Airlift-Anlage f *(Fischpumpe)* ‖ ~/эталонная Etaloneinrichtung f, Normal[meß]einrichtung f ‖ ~/ядерная силовая s. ~/атомная силовая

установление n 1. Bestimmung f, Festsetzung f, Festlegung f; 2. Aufstellung f, Aufstellen n; 3. Herstellung f, Aufnahme f *(z. B. einer Verbindung)*; 4. Feststellung f, Konstatierung f ‖ ~ на бесконечность Einstellung f auf Unendlichkeit ‖ ~ режима *(Inf)* Einstellung f der Betriebsart ‖ ~ соединения (сообщения) *(Nrt)* Herstellung f (Aufbau m) einer Verbindung, Verbindungsaufbau m

установленный 1. festgelegt, festgesetzt, bestimmt; 2. festgestellt, konstatiert; 3. installiert; aufgestellt; 4. eingestellt

установочный 1. Einstell...; Zustell...; 2. Installations...; 3. Aufstell[ungs]...; Anbring[ungs]...

устой m *(Bw)* Endpfeiler m, Uferpfeiler m, Widerlager m *(Brückenbau)* ‖ ~/береговой Anlegepfeiler m, Landpfeiler m ‖ ~/массивный massives Widerlager n ‖ ~/обсыпной verlorenes Widerlager n ‖ ~ плотины/береговой *(Hydt)* Wehrwiderlager n, Wehrwange f, Talhangwiderlager n, Endwiderlager n *(Dammbahn, Neuwehr)* ‖ ~/рамный Brückenjoch n, Joch n ‖ ~ с параллельными стенками Widerlager n mit parallelen Flügelmauern ‖ ~ с проёмом Widerlager n mit Sparöffnung ‖ ~/свайный Pfahljoch n

устойчивость f 1. Stabilität f; 2. Festigkeit f, Resistenz f; 3. Widerstandsfähigkeit f, Beständigkeit f; Stetigkeit f; Beharrlichkeit f; 5. *(Nrt)* Stabilität f, Pfeifsicherheit f; 6. *(Ch)* Persistenz f ‖ ~/абсолютная absolute Stabilität f ‖ ~/асимптотическая *(Reg)* asymptotische Stabilität f, Asymptotenstabilität f ‖ ~/боковая *(Flg)* Seitenstabilität f ‖ ~ в криволинейном полёте *(Flg)* Kurvenstabilität f ‖ ~ в полёте Flugstabilität f ‖ ~ в эксплуатации Betriebsstabilität f ‖ ~/вибрационная *(Mech)* Vibrationsfestigkeit f, Schwingungsfestigkeit f ‖ ~/временная *(Ph)* zeitliche Konstanz f, Zeitkonstanz f ‖ ~/гиперзвуковая *(Flg)* Hyperschallstabilität f ‖ ~/динамическая *(Mech)* dynamische Stabilität f ‖ ~/длительная Langzeitstabilität f ‖ ~/дозвуковая *(Flg)* subsonische Stabilität f. Unterschallstabilität f ‖ ~ извитости *(Text)* Kräuselungsbeständigkeit f ‖ ~ к атмосферным воздействиям Atmosphärilienbeständigkeit f, Beständigkeit f gegen Atomsphärilien (atmosphärische Einflüsse) ‖ **~ к высоким температурам** Hochtemperaturbeständigkeit f, Hochtemperaturfestigkeit f ‖ **~ к действию низких температур** Tieftemperaturbeständigkeit f, Tieftemperaturfestigkeit f ‖ **~ к действию растворителей** *(Ch)* Lösungsmittelbeständigkeit f, Lösungsmittelfestigkeit f ‖ **~ к действию света** *(Ch)* Lichtbeständigkeit f, Lichtechtheit f ‖ **~ к действию щелочей** *(Ch)* Alkalibeständigkeit f, Laugenbeständigkeit f ‖ **~ к детонации** Klopffestigkeit f *(Kraftstoff)* ‖ **~ к образованию пиллинга** *(Text)* Pillingresistenz f ‖ **~ к перегрузкам** Überlastbarkeit f ‖ **~ к сотрясениям** Erschütterungsfestigkeit f ‖ **~ к стирке** *(Text)* Waschechtheit f ‖ **~/колебательная** *(Mech)* Schwingungsfestigkeit f, Schwingungsstabilität f ‖ **~/коррозионная** Korrosionsbeständigkeit f, Korrosionsfestigkeit f; Rostbeständigkeit f ‖ **~ курса** *(Flg)* Kursstabilität f ‖ **~ на круговой орбите** *(Rak)* Kreisbahnstabilität f ‖ **~ на курсе** *(Schiff)* Kursbeständigkeit f, Kursstabilität f ‖ **~ на продольный изгиб** *(Fest)* Knickbeiwert m, Knickzahl f, Knicksicherheit f ‖ **~ нитей к раздвижке** *(Text)* Schiebefestigkeit f der Fäden *(Gewebe)* ‖ **~/околозвуковая** *(Flg)* transsonische Stabilität f ‖ **~ от самовозбуждения** *(Nrt)* Pfeifsicherheit f ‖ **~ по крену** *(Flg)* Querstabilität f, Seitenstabilität f; Rollstabilität f ‖ **~ по курсу** *(Flg)* Kursstabilität f ‖ **~ по рысканию** *(Flg)* Gierstabilität f ‖ **~ по скорости** Geschwindigkeitsstabilität f ‖ **~ по тангажу** *(Flg)* Längsstabilität f; Nickstabilität f ‖ **~ по фазе** *(El)* Phasenstabilität f ‖ **~ по частоте** *(El)* Frequenzstabilität f ‖ **~ поперечная** *(Flg)* Querstabilität f ‖ **~/предельная** Grenzstabilität f ‖ **~ при коротких замыканиях** *(El)* Kurzschlußfestigkeit f ‖ **~/продольная** Längsstabilität f *(s. a. ~ по тангажу)* ‖ **~/путевая** s. **~ самолёта/путевая** ‖ **~ работы** Betriebsstabilität f ‖ **~/радиационная** *(Ch)* Strahlungsbeständigkeit f, Strahlungsfestigkeit f ‖ **~ самолёта/путевая** *(Flg)* Kursstabilität f ‖ **~/сверхзвуковая** *(Flg, Rak)* supersonische Stabilität f, Überschallstabilität f ‖ **~/собственная** Eigenstabilität f ‖ **~/статическая** statische Stabilität f ‖ **~/температурная** *(Wkst)* Temperaturwechselfestigkeit f ‖ **~/термическая** thermische Stabilität f ‖ **~/упругая** elastische Stabilität f ‖ **~/фазовая** *(Kern)* Phasenstabilität f; Phasenkonstanz f ‖ **~ частоты** *(El)* Frequenzstabilität f ‖ **~/экологическая** ökologische Stabilität f ‖ **~/эрозионная** *(Ökol)* Erosionsstabilität f, Erosionsbeständigkeit f

устойчивый 1. stabil, standfest, sicher; 2. standsicher; 3. widerstandsfähig, resistent; 4. beständig, stetig, beharrlich ‖ **~/апериодически** aperiodisch stabil ‖ **~/динамически** dynamisch stabil ‖ **~ к атмосферным воздействиям** atmosphärilienbeständig, gegen Atmosphärilien (atmosphärische Einflüsse) beständig ‖ **~ к действию кислот** säurebeständig, säurefest, säureresistent ‖ **~ к действию растворителей** lösungsmittelbeständig, lösungsmittelfest ‖ **~ к действию света** lichtbeständig, lichtecht ‖ **~ к действию щелочей** alkalibeständig, laugenbeständig ‖ **~ к отказам** fehlertolerant ‖ **~ к сминанию** *(Text)* knitterbeständig, knitterfest ‖ **~ на продольный изгиб** knickfrei, knickfest ‖ **~ по крену** *(Flg)* rollstabil ‖ **~ при коротких замыканиях** kurzschlußfest ‖ **~ при нагреве** wärmebeständig, wärmefest ‖ **~/продольно** längsstabil; *(Flg)* nickstabil ‖ **~ против коррозии** korrosionsbeständig, korrosionsfest; rostbeständig, nichtrostend ‖ **~/статически** statisch stabil ‖ **~/химически** chemisch beständig (stabil)

устранение n 1. Entfernung f, Beseitigung f; Behebung f; 2. Vermeidung f, Verhütung f ‖ **~ бликов на экране** *(Eln)* Bildschirmspiegelung f ‖ **~ возбуждения** *(El)* Aberregung f, Entregung f ‖ **~ искажения** Entzerrung f ‖ **~ неисправностей (неполадок)** Stör[ungs]beseitigung f, Störungsbehebung f ‖ **~ обледенения** Enteisung f ‖ **~ отходов** Entsorgung f ‖ **~ ошибок** Fehlerbeseitigung f ‖ **~ помех** Entstörung f ‖ **~ помех радиоприёму** Funkentstörung f ‖ **~ связи** *(Nrt)* Entkopplung f ‖ **~ сминаемости** *(Text)* Knitterfestmachen n, Knitterfestausrüsten n

устранить s. устранять

устранять 1. entfernen, beseitigen; 2. verhüten ‖ **~ дребезги** *(El)* entprellen *(Kontakte)* ‖ **~ искажения** entzerren

устройство n Anlage f; Einrichtung f, Vorrichtung f; Gerät n, Apparat m *(s. a. unter* приспособление *und* установка*)* ‖ **~/аварийной сигнализации** Alarmeinrichtung f ‖ **~/автоматизированное загрузочное** *(Fert)* automatisierte Beschickungseinrichtung f ‖ **~/автоматического контроля** automatische Kontrolleinrichtung f ‖ **~ автоматического останова** selbsttätige Abstellvorrichtung f ‖ **~/автоматического регулирования** automatische Regeleinrichtung f ‖ **~/автоматическое вызывное** automatisches Rufgerät n ‖ **~/автоматическое загрузочное** automatische Beschickungsvorrichtung f ‖ **~/автоматическое ответное** automatischer Anrufbeantworter m ‖ **~/автосцепное** automatische Kupplungseinrichtung f *(Schubschiffahrt)* ‖ **~ адаптации** Regelkeis m mit Selbstabgleich ‖ **~/адресное запоминающее** *(Inf)* Adressenspeicher m ‖ **~ активировки** Aktivierungsgerät n ‖ **~/акустическое запоминающее** *(Inf)* akustischer Speicher m ‖ **~/алфавитно-цифровое** alphanumerische Einrichtung f ‖ **~/алфавитно-цифровое печатающее** alphanumerischer Drucker m ‖ **~/аналоговое** analoge Einrichtung f, Analogeinrichtung f ‖ **~/аналоговое вычислительное** analoge Recheneinrichtung f, Analogrechengerät n ‖ **~/аналоговое запоминающее** *(Inf)* Analogspeicher m, analoger Speicher m ‖ **~/аналоговое счётно-решающее** Analogrechner m, Simulator m ‖ **~/аналого-цифровое вычислительное** analogdigitale Recheneinrichtung f ‖ **~/аппарельное** *(Schiff)* Rampenanlage f *(Ro-Ro-Schiff)* ‖ **~/арифметическо-логическое** arithmetisch-logische Einheit f, ALU ‖ **~/арифметическое** Rechenwerk n, RW, Arithmetikeinheit f, Arithmetikeinrichtung f ‖ **~/ассоциативное запоминающее** *(Inf)* Assoziativspeicher m, assoziativer (inhaltsadressierter) Speicher m ‖ **~/балансное** *(El)* Abgleicheinrichtung f ‖ **~/барабанное за-**

поминающее *(Inf)* Magnettrommelspeicher *m*, Trommelspeicher *m* ‖ **~ бегущего луча** *(TV)* Lichtpunktabtaster *m*, Lichtstrahlabtaster *m* ‖ **~ безопасности** Sicherheitsgerät *n* ‖ **~ безусловного соединения пряжи** *(Text)* Splicereinrichtung *f* ‖ **~/блокировочное** 1. *(Eb)* Blockeinrichtung *f*; 2. *s.* **~/блокирующее** ‖ **~/блокирующее** Verriegelungseinrichtung *f*, Sperreinrichtung *f*, Sperre *f*, Sperrvorrichtung *f*; Feststellvorrichtung *f*; Riegelsperre *f (Wägetechnik)* ‖ **~/блочно-ориентированное запоминающее** *(Inf)* blockorientierter Speicher *m* ‖ **~ большой ёмкости/запоминающее** *(Inf)* Großspeicher *m*, Massenspeicher *m* ‖ **~/бортовое переговорное** *(Flg)* Bordsprechanlage *f*, Bordtelephon *n* ‖ **~/бортовое траловое** Seitenfangeinrichtung *f* für die Schleppnetzfischerei ‖ **~/буквопечатающее** Drucker *m*, Typendrucker *m* ‖ **~/буксирное** *(Schiff)* Schleppgeschirr *n*, Schleppausrüstung *f*, Schleppeinrichtung *f* ‖ **~/буферное** 1. *(Eb)* Puffervorrichtung *f*, Prellvorrichtung *f*; 2. *(Inf)* gepuffertes Gerät *n* ‖ **~/буферное запоминающее** *(Inf)* Pufferspeicher *m* ‖ **~/быстродействующее** schnelles Gerät *n* ‖ **~/быстродействующее зажимное** *(Fert)* Schnellspannvorrichtung *f* ‖ **~/быстродействующее запоминающее** *(Inf)* Schnellspeicher *m*, schneller Speicher *m*, Hochleistungsspeicher *m* ‖ **~/быстропечатающее** Schnelldrucker *m* ‖ **~ в режиме ожидания** *(Inf)* wartendes Gerät *n* ‖ **~/вакуумное** Vakuumeinrichtung *f* ‖ **~/вакуумное захватное** *(Masch)* Sauggreifer *m*, Sauggreifereinrichtung *f (eines IR)* ‖ **~/валоповоротное** *(Schiff)* Törnvorrichtung *f*, Wellendrehvorrichtung *f* ‖ **~ ввода** *s.* **~ ввода данных** ‖ **~ ввода-вывода** *s.* **~ ввода-вывода данных** ‖ **~ ввода-вывода данных** *(Inf)* Eingabe-Ausgabe-Baustein *m*, E/A-Baustein *m*; Ein- und Ausgabe-Gerät *n*, Ein- und Ausgabe-Einheit *f*, EAE ‖ **~ ввода-вывода/диалоговое** *(Inf)* Dialogstation *f* ‖ **~ ввода-вывода запросов** *(Inf)* Abfragestation *f* ‖ **~ ввода данных (информации)** *(Inf)* Eingabebaustein *m*; Eingabegerät *n*, Eingabeeinrichtung *f* ‖ **~ ввода команд** *(Inf)* Befehlseingabevorrichtung *f* ‖ **~ ввода программы** *(Inf)* Programmeingabevorrichtung *f* ‖ **~ ввода с перфолент** Lochbandeingabeeinrichtung *f* ‖ **~ ввода/системное** *(Inf)* Systemeingabeeinheit *f* ‖ **~ ввода/цифровое** *(Inf)* digitale Eingabevorrichtung *f* ‖ **~/верньерное** Feineinstelleinrichtung *f* ‖ **~ вертикального отклонения** Vertikalablenkeinrichtung *f* ‖ **~/весодозировочное** Dosierwaage *f* ‖ **~/вибрационное испытательное** *(Wkst)* Vibrationsprüfeinrichtung *f*, Schwingungsprüfeinrichtung *f* ‖ **~/видеоконтрольное** Bildkontrolleinrichtung *f*, Monitor *m* ‖ **~/видеоприёмное** Bildempfangseinrichtung *f*, Bildempfangsgerät *n*, Bildwiedergabegerät *n* ‖ **~/видеотерминальное** *(Inf)* Bildschirmterminal *n*, Terminal *n*, VDU ‖ **~/визирное** Visiereinrichtung *f* ‖ **~ визуального вывода** visuelle Auswerteeinrichtung *f* ‖ **~ визуального отображения [данных]** *(Inf)* Sichtgerät *n*, Bildschirmgerät *n*, Display *n* ‖ **~/визуальное выходное** *(Inf)* Sichtanzeige *f* ‖ **~/винтовое захватное** *(Masch)* durch Schraubtrieb betätigter Greifer *m (eines IR)* ‖ **~/винто-**

вое нажимное *(Wlz)* Druckschraubenanstellvorrichtung *f (am Walzgerüst)* ‖ **~/внешнее** *(Inf)* externes (peripheres) Gerät *n*, Peripherieeinrichtung *f*, Anschlußgerät *n* ‖ **~/внешнее запоминающее** *(Inf)* externer Speicher *m*, Externspeicher *m*, externe Speichereinheit *f* ‖ **~ внешних связей** *(Masch)* Schnittstelle *f* ‖ **~/внутреннее запоминающее** *(Inf)* interner Speicher *m*, Internspeicher *m*, interne Speichereinheit *f* ‖ **~ внутренних регистров** *(Inf)* interne Registereinheit *f* ‖ **~/водозаборное** *(Hydt)* Wasserfassungsmaßnahme *f* ‖ **~/возвращающее** *(Reg)* Rückstelleinrichtung *f* ‖ **~/воздухоспускное** hydraulische Entlüftungseinrichtung *f* ‖ **~/воспроизводящее** Wiedergabeeinrichtung *f* ‖ **~/вспомогательное** Hilfseinrichtung *f* ‖ **~/вспомогательное запоминающее** *(Inf)* Hilfsspeicher *m* ‖ **~/встряхивающее** Rüttelvorrichtung *f*, Rütteleinrichtung *f*, Rüttler *m* ‖ **~/втаскивающее** *(Wlz)* Einzugsvorrichtung *f (am Walzgerüst)* ‖ **~/входное** Eingangseinrichtung *f* ‖ **~ выборки данных** Datenauswahlgerät *n* ‖ **~ вывода** *(Inf)* Ausgabeeinrichtung *f* ‖ **~ вывода данных (информации)** Ausgabebaustein *m*; Ausgabegerät *n*, Ausgabeeinheit *f*, Ausgabeblock *m* ‖ **~ вывода речи** Sprachausgabegerät *n* ‖ **~ вывода/системное** Systemausgabeeinheit *f* ‖ **~/выдувное** *(Fert)* Druckluftauswerfer *m* ‖ **~/вызывное** *(Nrt)* Rufeinrichtung *f* ‖ **~/выкапывающее дисковое** *(Lw)* Rodeeinrichtung *f* mit Roderädern *(Rübenernte)* ‖ **~/выкапывающее ротационно-вильчатое** *(Lw)* Rodeeinrichtung *f* mit Rodespitzen *(Rübenernte)* ‖ **~/выпрямительное** *(El)* Gleichrichtereinrichtung *f* ‖ **~/высоковольтное индикаторное** *(El)* Hochspannungsanzeigevorrichtung *f* ‖ **~ высокого напряжения** *(El)* Hochspannungseinrichtung *f* ‖ **~/высокоскоростное печатающее** Schnelldrucker *m* ‖ **~/высокочастотной связи** Hochfrequenzfernmeldeeinrichtung *f* ‖ **~/выходное** Ausgangseinrichtung *f* ‖ **~/выходное видеоконтрольное** *(Inf)* Ausgangsbildkontrollgerät *n*, Ausgangsmonitor *m* ‖ **~/вычислительное** *(Inf)* Rechenanlage *f*, Recheneinrichtung *f* ‖ **~/вычислительное запоминающее** *(Inf)* Rechenspeicher *m* ‖ **~/газорегулировочное** Gasdruckregeleinrichtung *f (vor Gasbrenneranlagen)* ‖ **~/гибочное** Biegeeinrichtung *f* ‖ **~/гибридного типа/ассоциативное запоминающее** *(Inf)* Hybrid-Assoziativspeicher *m* ‖ **~/гибридное вычислительное** *(Inf)* Hybridrecheneinrichtung *f*, Hybridrechenmaschine *f* ‖ **~/гидравлическое** Hydraulikanlage *f* ‖ **~/гидравлическое нажимное** *(Wlz)* Druckwasseranstellvorrichtung *f (am Walzgerüst)* ‖ **~/гидравлическое предохранительное** *(Fert)* hydraulische Schutzvorrichtung *f* ‖ **~/гидростатическое разобщающее** *(Schiff)* Wasserdruckauslöser *m (Rettungsfloß)* ‖ **~/главное дозирующее** Hauptdüseneinrichtung *f (Vergasermotor)* ‖ **~/главное запоминающее** *(Inf)* Hauptspeicher *m* ‖ **~/главное распределительное** *(El)* Hauptschaltanlage *f* ‖ **~/голограммное запоминающее** *(Inf)* Hologrammspeicher *m*, holographischer Speicher *n* ‖ **~/голографическое** *s.* **~/голограммное** ‖ **~ горизонтального отклонения** Horizontal-

устройство

ablenkeinrichtung f II ~ **графического ввода** (Inf) graphisches Eingabegerät n II ~ **графического ввода-вывода** (Inf) graphisches Ein- und Ausgabegerät n II ~ **графического вывода** (Inf) graphisches Ausgabegerät n, graphische Ausgabeeinrichtung f II ~**/графическое печатающее** graphikfähiger Drucker m II ~**/графическое регистрирующее** (Inf) Koordinatenzeichengerät n, Zeichengerät n, Plotter m II ~**/грузовое** (Schiff) Ladegeschirr n, Ladeeinrichtung f II ~**/грузовое натяжное** Gewichtsspannvorrichtung f (Förderband) II ~**/грузоподъёмное** Hebezeug n II ~**/грузоприёмное** Lastträger m, Lastaufnahmeeinrichtung f (Wägetechnik) II ~**/грунтозаборное** Grundsauganlage f, Grundsaugeinrichtung f (Schwimmbagger) II ~**/грунтоотводное** Baggergutschüttanlage f (Eimerkettenschwimmbagger) II ~**/дальнодействующее** (Reg) Fernwirkeinrichtung f II ~**/дальномерное** Entfernungsmeßeinrichtung f II ~**/дверцеподъёмное** (Schiff) Klappenbetätigungsanlage f, Klappenbetätigungseinrichtung f (Klappbaggerschute) II ~**/двоичное** binäre Einrichtung f, Binäreinrichtung f II ~**/двоичное вычислительное** (Inf) binäre Recheneinrichtung f, Binärrecheneinrichtung f II ~**/двухзахватное** (Masch) Doppelgreifereinrichtung f, Doppelgreifer m II ~**/двухканальное переключательное** (El) zweikanaliges Schaltwerk n II ~**/двухпроводное** (El) Zweileiteranlage f II ~**/дейдвудное** (Schiff) Stevenrohranlage f II ~**/декодирующее** Dekodier[ungs]einrichtung f, Dekoder m II ~**/делительное** 1. Dividiereinrichtung f, Divisionseinrichtung f; 2. (Wkzm) Teileinrichtung f; 3. (Fert) Trenneinrichtung f II ~**/дешифрирующее** Kodeleser m II ~**/динамическое запоминающее** (Inf) dynamischer Speicher m, Umlaufspeicher m II ~**/динамическое оперативное запоминающее** (Inf) dynamischer Schreib-Lese-Speicher m, DRAM II ~**/динамическое полупроводниковое запоминающее** (Inf) dynamischer Halbleiterspeicher m II ~**/дисковое запоминающее** (Inf) Plattenspeicher m II ~**/дискретное** diskrete Anlage (Einrichtung) f; digitale Anlage (Einrichtung) f, Digitaleinrichtung f, Digitalanlage f II ~**/дискретное вычислительное** (Inf) diskrete Rechenanlage (Recheneinrichtung) f, diskreter Rechner m; digitale Rechenanlage (Recheneinrichtung) f, digitaler Rechner m, Digitalrechner m II ~ **дистанционного обслуживания** (Reg) Fernbedienungseinrichtung f II ~ **дистанционного управления** (Reg) Fernsteuereinrichtung f II ~ **дистанционной обработки [данных]** Datenfernverarbeitungseinrichtung f II ~ **дистанционной передачи [данных]** Datenfernübertragungseinheit f II ~ **для контроля** Überwachungseinrichtung f II ~ **для распознавания речи** Spracherkennungsgerät n II ~ **для реверсирования** (Flg) Schubumkehrvorrichtung f II ~ **для считывания меток** (Inf) Markierungsleser m II ~ **для считывания с [перфо]ленты** Lochstreifenleser m II ~ **для умножения и деления/двоичное** (Inf) binäre Multiplizier- und Dividiereinrichtung f II ~ **для холостого хода** Leerlaufeinrichtung f (Vergasermotor) II ~ **для хранения констант/запоминающее**

(Inf) Festwertspeicher m II ~ **для чтения микрофильмов** Mikrofilmlesegerät n II ~**/дноуглубительное** Baggereinrichtung f, Baggergerät n (Schwimmbagger) II ~**/дозирующее** Dosiervorrichtung f, Zuteileinrichtung f II ~**/дозирующее карусельное** (Text) Dosierkarussell n (für Hülsenzuführung) II ~**/доковое опорное** (Schiff) Palleinrichtung f, Pallung f (Dock) II ~**/долговременное запоминающее** (Inf) Langzeitspeicher m II ~**/дополнительное** Zusatzeinrichtung f II ~**/дополнительное запоминающее** (Inf) Zusatzspeicher m, Speichererweiterung f II ~**/дробильное** (Text) Quetschvorrichtung f, Zermalmapparat m, Florquetsche f (Krempelsatz) II ~**/дуплексное** (Nrt) Gegensprecheinrichtung f II ~**/железнодорожное** (Eb) Bahnanlage f II ~**/завалочное** s. ~загрузочное 2. II ~ **загрузки и разгрузки** (Fert) Beschickungseinrichtung f (zum Eingeben und Entnehmen von Werkstücken) II ~**/загрузочное** 1. Beschickungseinrichtung f, Fülleinrichtung f, Aufgabevorrichtung f; 2. (Met) Beschick[ungs]vorrichtung f, Chargiervorrichtung f, Ofenbeschickungsvorrichtung f; 3. (Wlz) Einstoßvorrichtung f, Speiseeinrichtung f (Pilgerschrittwalzwerk) II ~ **задания формата** (Inf) Formatierer m II ~**/задающее** (Reg) Sollwerteinstellvorrichtung f, Sollwertgeber m II ~**/задерживающее** 1. (Reg) Verzögerungsglied n; Verzögerungseinrichtung f; 2. (Schiff) Stopperreinrichtung f (Stapellauf) II ~**/задраивающее** (Schiff) Verschließvorrichtung f, Verriegelungsvorrichtung f (für Türen oder Klappen) II ~ **зажигания** Zündeinrichtung f, Zünder m II ~**/зажимное** 1. Klemmeinrichtung f; 2. (Fert) Spanneinrichtung f, Spannvorrichtung f II ~ **заземления** (El) Erdungseinrichtung f II ~**/закрытое распределительное** (El) Innenraumschaltanlage f, Gebäudeschaltanlage f II ~**/заливочно-дозирующее** (Gieß) Dosier- und Gießvorrichtung f II ~**/заливочное** (Gieß) Gießvorrichtung f, Vergießeinrichtung f II ~**/замасливающее** (Text) Schmälzeinrichtung f II ~**/замедляющее** Verzögerungseinrichtung f II ~**/замкнутое** geschlossener Regelkreis m II ~**/замыкающее** Verschlußeinrichtung f, Verschließeinrichtung f II ~**/запальное** (Schw) Zündbrenner m II ~**/запирающее** Verriegelung f II ~ **записи** 1. Aufzeichnungseinrichtung f, Aufzeichnungsgerät n; 2. Schreibvorrichtung f, Schreibwerk n II ~**/записывающее** s. ~ записи II ~ **запоминания и повторения изображения** (Inf) Bildwiederholspeicher m, BWSP II ~ **запоминания информации** (Inf) Informationsspeicher m II ~**/запоминающее** (Inf) Speicher m, Speichereinheit f, Datenspeicher m (s. a. unter память) II ~**/запорное** (Hydt) Absperrvorrichtung f II ~**/запрашивающее** (Nrt) Aufrufeinrichtung f II ~**/зарядное** 1. Beschickungseinrichtung f; 2. Ladeeinrichtung f (für Akkumulatoren) II ~**/зарядное запоминающее** (Inf) Ladungsspeicher m II ~ **засекречивания** (Nrt) Geheimverkehrseinrichtung f II ~**/засыпное** (Met) Begichtungsvorrichtung f, Gichtverschluß m, Beschickungsanlage f, Begichtungsanlage f (Hochofen) II ~**/захватывающее** (Wlz) Einstoßvorrichtung f (Rohrwalzen) II ~**/захватное** (Masch) Greifer m (eines IR) II ~**/защитное** Schutzeinrichtung f II ~ защи-

устройство

ты данных *(Inf)* Datensicherungseinrichtung *f* ǁ ~/звуковоспроизводящее Schallwiedergabeeinrichtung *f*; Tonwiedergabeeinrichtung *f* ǁ ~/звукозаписывающее Schallaufzeichnungseinrichtung *f*; Tonaufzeichnungseinrichtung *f* ǁ ~/зевообразующее *(Text)* Fachbildungsvorrichtung *f* ǁ ~/зеркально-отсчётное Spiegelableseeinrichtung *f* ǁ ~/золоудаляющее Entaschungsanlage *f* ǁ ~ измерения Meßeinrichtung *f* ǁ ~ измерения проводимости *(El)* Leitfähigkeitseinrichtung *f*; Leitwertmeßeinrichtung *f* ǁ ~/измерительное *s.* ~ измерения ǁ ~/измерительно-управляющее Meßsteuereinrichtung *f* ǁ ~ изображения/электронное elektronisches Sichtgerät *n* ǁ ~/изодромное *(Reg)* isodrome Einrichtung *f*, Isodromeinrichtung *f* ǁ ~/индикаторное Anzeigeeinrichtung *f*, anzeigendes Gerät *n*, Sichtgerät *n* ǁ ~ индикации *s.* ~/индикаторное ǁ ~/индукционное нагревательное Induktionsheizeinrichtung *f* ǁ ~/интегральное запоминающее *(Inf)* integrierter Speicher *m* ǁ ~/интегрирующее *(Inf)* Integrator *m*, Integrieranlage *f*, Integriereinrichtung *f*, integrierendes Gerät *n* ǁ ~/интерпретирующее *(Inf)* interpretierende Einrichtung *f* ǁ ~ интерфейса *(EIn)* Interface-Baustein *m* ǁ ~/информационное вычислительное *(Inf)* Informationsrechengerät *n*, Informationsrecheneinrichtung *f* ǁ ~/искажающее *(El)* Verzerrer *m* ǁ ~/исполнительное 1. Stellglied *n*; Stellorgan *n*, Stelleinrichtung *f*, Steller *m*; 2. Regeleinrichtung *f*; Regelanlage *f*; 3. *(Rak)* Lenkeinrichtung *f* ǁ ~/исправляющее *(El)* Entzerrer *m* ǁ ~/исправное *(Inf)* fehlerfreie Einheit *f* ǁ ~ испытательное Prüfeinrichtung *f* ǁ ~ кабельного ТВ/абонентское Kabelfernseh-Hausanlage *f* ǁ ~/кабельное *(El)* Kabelanlage *f* ǁ ~/калибровочное Kalibriereinrichtung *f* ǁ ~/каналообразующее *(Nrt)* [Kanal-]Multiplexer *m* ǁ ~/каптажное *s.* ~/водозаборное ǁ ~/карманное вычислительное Taschenrechner *m* ǁ ~/кассетное запоминающее *(Inf)* Kassettenspeicher *m* ǁ ~/квазистатическое оперативное запоминающее *(Inf)* quasistatischer Schreib-Lese-Speicher *m* ǁ ~/клавишное Tastatur *f*, Tasteinrichtung *f* ǁ ~/клещевое захватное *(Masch)* Zangengreifer *m* *(eines IR)* ǁ ~/клиновое захватное *(Masch)* keilbetätigte Greifereinrichtung *f* ǁ ~/клиновое нажимное *(Wlz)* Anstellvorrichtung *f* mit Stellkeil *(am Walzgerüst)* ǁ ~/кодирующее Kodier[ungs]einrichtung *f*, Kodierer *m* ǁ ~/кодово-импульсное Pulskodeeinrichtung *f* ǁ ~/кодопреобразующее Kodewandler *m* ǁ ~/колошниковое *(Met)* Gichtverschluß *m* *(Hochofen)* ǁ ~/командное 1. *(Reg)* Steuereinrichtung *f*; 2. Kommandostand *m*; Kommandoanlage *f*; Kommandogerät *n* ǁ ~/командное вычислительное *(Inf)* Kommandorechengerät *n*, Befehlsrechengerät *n* ǁ ~/командное трансляционное *(Schiff)* Kommandoübertragungsanlage *f*, Kommandoanlage *f* ǁ ~/коммутационное 1. *(El)* Schalteinrichtung *f*; 2. *(Nrt)* Vermittlungseinrichtung *f* ǁ ~/компенсационное (компенсирующее) *(El)* Kompensationseinrichtung *f* ǁ ~/компенсирующее вычислительное Kompensationsrecheneinrichtung *f* ǁ ~/комплектное распределительное *(El)* fabrikfertige Schaltanlage *f* ǁ ~ кондиционирования воздуха Klimaanlage *f* ǁ ~ констант/запоминающее *(Inf)* Festwertspeicher *m* ǁ ~/конторское копировальное Bürokopiergerät *n* ǁ ~/контрольное Kontrolleinrichtung *f*, Überwachungseinrichtung *f* ǁ ~/контрольно-измерительное Kontrollmeßeinrichtung *f*, Meß- und Prüfeinrichtung *f* ǁ ~/контрольно-испытательное Prüfeinrichtung *f* ǁ ~/контрольно-надзорное Überwachungseinrichtung *f* ǁ ~/контрольно-считывающее Kontrolleseeinrichtung *f*, Prüf- und Ableseeinrichtung *f* ǁ ~/копировальное *(Fert)* Nachformeinrichtung *f* ǁ ~/копирующее *(Lw)* Schleifschuh *m*, Tastrad *n* ǁ ~/кратковременное запоминающее *(Inf)* Kurzzeitspeicher *m* ǁ ~/кромкообразующее *(Text)* Leistenbildevorrichtung *f* ǁ ~/крыльевое Tragflächenanlage *f* *(Tragflächenschiff)* ǁ ~/лазерное Lasereinrichtung *f*, Laserapparatur *f* ǁ ~/лазерное запоминающее *(Inf)* Laserspeicher *m* ǁ ~/лазерное печатающее Laserdrucker *m* ǁ ~/леерное *(Schiff)* Reling *f*, Geländer *n* ǁ ~/линеметательное *(Schiff)* Leinenwurfgerät *n* ǁ ~/листопитающее *(Typ)* Bogenförderer *m* ǁ ~/логического управления logische Regeleinrichtung *f* ǁ ~/логическое *(Inf)* logische Einrichtung *f*, Logikeinrichtung *f* ǁ ~/лотказаторное Schüttrinnenschließvorrichtung *f* *(Eimerkettenschwimmbagger)* ǁ ~/лоткоподъёмное Schüttrinnenhebevorrichtung *f* *(Eimerkettenschwimmbagger)* ǁ ~/лядовое *(Schiff)* Bodenklappenanlage *f* *(Klappschute)* ǁ ~ магазинного типа/запоминающее *(Inf)* Stapel-Speicher *m*, LIFO-Speicher *m* ǁ ~/магнитно-акустическое запоминающее *(Inf)* magnetoakustischer Speicher *m* ǁ ~/магнитное барабанное запоминающее *(Inf)* Magnettrommelspeicher *m*, Trommelspeicher *m* ǁ ~/магнитное запоминающее *(Inf)* magnetischer Speicher *m*, Magnetspeicher *m* ǁ ~/магнитное ленточное запоминающее *(Inf)* Magnetbandspeicher *m* ǁ ~/магнитное оперативное запоминающее magnetischer Schreib-Lese-Speicher *m* ǁ ~/магнитосчитывающее *(Inf)* magnetische Leseeinrichtung *f*, Magnetleser *m* ǁ ~ максимального тока/расцепляющее *(El)* Überstromauslöser *m* ǁ ~/масочное запоминающее *(Inf)* maskenprogrammierter Speicher *m*, ROM ǁ ~/масочно-программируемое постоянное *(Inf)* maskenprogrammierbarer Festwertspeicher *m* ǁ ~/массовое запоминающее *(Inf)* Massenspeicher *m*, Großspeicher *m* ǁ ~/массоулавливающее *(Pap)* Faser[stoff]rückgewinnungsanlage *f* ǁ ~/матричное запоминающее *(Inf)* Matrixspeicher *m*, Koordinatenspeicher *m* ǁ ~/матричное печатающее Matrixdrucker *m*, Mosaikdrucker *m* ǁ ~/матричное постоянное запоминающее *(Inf)* matrixorganisierter Festwertspeicher *m* ǁ ~/механическое нажимное *(Wlz)* mechanisch betriebene Anstellvorrichtung *f* *(am Walzgerüst)* ǁ ~ микропрограмм/запоминающее *(Inf)* Mikroprogrammspeicher *m* ǁ ~ микропрограммного управления *(Reg)* Mikroprogrammsteuereinheit *f* ǁ ~/микропрограммное запоминающее *(Inf)* Mikroprogrammspeicher *m* ǁ ~/микропроцессорное *(Inf)* Mikroprozes-

устройство

soreinheit *f* || ~/**микропроцессорное редактирующее** Editor *m* für Mikroprozessorsysteme, Mikroprozessorsprachedtor *m* || ~/**микрофильмовое** Mikrofilmgerät *n* || ~/**микшерное** Überblendvorrichtung *f* || ~ **минимального напряжения/расцепляющее** (El) Unterspannungsauslöser *m* || ~ **минимального тока/расцепляющее** (El) Unterstromauslöser *m* || ~/**многозахватное** (Masch) Mehrfachgreifereinrichtung *f*, Mehrteilegreifer *m* (eines IR) || ~/**многозондовое** (Eln) Waferprober *m* (Halbleiter) || ~/**многоканальное** (Eln) Mehrkanaleinrichtung *f*, Vielkanaleinrichtung *f* || ~/**многоканальное приёмное** Mehrkanalempfangseinrichtung *f* || ~/**многоканальное разветвительное** Mehrfachabzweigeinrichtung *f* (Antennentechnik) || ~/**многокомпонентное смешивающее** (Text) Komponentenmischeinrichtung *f* || ~/**многопозиционное захватное** (Masch) Mehrfachgreifer *m* (eines IR) || ~/**многофункциональное** (Eln) Multifunktionseinheit *f* || ~/**многоцветное копировальное** Farb[graphik]kopierer *m* || ~/**множительно-делительное** (Inf) Multiplizier-Dividier-Einrichtung *f*, Multiplikations- und Divisionseinrichtung *f* || ~/**множительное** (Inf) Multipliziereinrichtung *f*, Multiplikationseinrichtung *f*, Multiplikator *m* || ~/**моделирующее** Modellier[ungs]einrichtung *f* || ~/**мозаичное печатающее** Mosaikdrucker *m*, Matrixdrucker *m*, Nadeldrucker *m* || ~/**молниезащитное** Blitzschutzanlage *f* || ~/**монтируемое** (Inf) Gerät *n* mit austauschbarem Datenträger || ~/**мотальное** (Text) Spulvorrichtung *f* || ~ **на гибких дисках/запоминающее** (Inf) Floppy-Disk-Speicher *m* || ~ **на диодах/запоминающее** (Inf) Diodenspeicher *m* || ~ **на дисках/запоминающее** (Inf) Plattenspeicher *m* || ~ **на кольцевых сердечниках/запоминающее** (Inf) Ringkernspeicher *m* || ~ **на магнитной ленте/запоминающее** (Inf) Magnetbandspeicher *m* || ~ **на манитной ленте/кассетное запоминающее** Magnetbandkassettenspeicher *m* || ~ **на магнитном барабане/запоминающее** (Inf) Magnettrommelspeicher *m* || ~ **на магнитных дисках/запоминающее** (Inf) Magnetplattenspeicher *m*, Plattenspeicher *m* || ~ **на магнитных доменах/запоминающее** (Inf) Magnetblasenspeicher *m*, Blasenspeicher *m*, Bubble-Speicher *m*, ZMD-Speicher *m* || ~ **на магнитных сердечниках/запоминающее** (Inf) Magnetkernspeicher *m* || ~ **на несменном магнитном диске/запоминающее** (Inf) Festplattenspeicher *m* || ~ **на основе жидкого кристалла/индикаторное** Flüssigkristallanzeige *f* || ~ **на сердечниках/запоминающее** (Inf) Magnetkernspeicher *m*, Kernspeicher *m* || ~ **на сменных магнитных дисках/запоминающее** (Inf) Wechselplattenspeicher *m* || ~ **на твёрдом диске/запоминающее** (Inf) Hard-Disk-Speicher *m*, Festplattenspeicher *m* || ~ **на твисторах/запоминающее** (Inf) Twistorspeicher *m* || ~ **на транзисторах/запоминающее** (Inf) Transistorspeicher *m* || ~ **на триггерах/запоминающее** (Inf) Flip-Flop-Speicher *m* || ~ **на ферритовых сердечниках/запоминающее** (Inf) Ferritkernspeicher *m* || ~ **на ЦМД (цилиндрических магнитных доменах)/за**поминающее *s*. ~ **на магнитных доменах/запоминающее** || ~ **навески/трёхточечное** (Lw) Dreipunktanbauvorrichtung *f*, DAV || ~/**навесное** (Lw) Anbauvorrichtung *f* || ~/**нагрузочное** 1. Belastungsvorrichtung *f* (Werkstoffprüfmaschine); 2. (Schiff) Belastungswiderstandsanlage *f* (zur Belastung von Generatoren bei der Erprobung) || ~/**нажимное** (Wlz) Anstellvorrichtung *f* (am Walzgerüst) || ~/**нажимное клиновое** Anstellvorrichtung *f* mit Stellkeil || ~/**накапливающее** *s*. ~/**намакатывающее** (Text) Aufwickelvorrichtung *f* || ~/**намоточное** (Text) Aufwindevorrichtung *f* || ~/**настраивающее** Einstelleinrichtung *f* || ~/**настроечное** (El) Abstimmvorrichtung *f* || ~ **настройки** *s*. ~/**настроечное** || ~/**натяжное** Spanneinrichtung *f*, Spannvorrichtung *f*; Spannwerk *n* (Förderband) || ~/**неавтономное** (Inf) gekoppeltes Gerät *n*, On-line-Gerät *n* || ~ **недогруза/предохранительное** Unterlastsperre *f* (Waage) || ~/**непериодическое запоминающее** (Inf) nichtperiodischer Speicher *m* || ~ **непрерывного действия** *s*. ~/**непрерывное** || ~/**непрерывно-дискретное** analog-digitale Einrichtung *f*, Analog-Digital-Einrichtung *f* || ~/**непрерывное** 1. kontinuierlich (stetig) arbeitende Einrichtung *f*; 2. (Inf) analoge Einrichtung *f*, Analogeinrichtung *f* || ~/**непрерывное вычислительное** Analogrechner *m*, analoge Recheneinrichtung *f*, Stetigrechner *m* || ~/**нестираемое запоминающее** (Inf) nichtlöschbarer Speicher *m* || ~ **нестираемой памяти** (Inf) nichtlöschbarer Speicher *m* || ~ **низкого напряжения/распределительное** (El) Niederspannungsschaltanlage *f* || ~/**низкочастотное** (El) Niederfrequenzeinrichtung *f* || ~/**нитенаправляющее** (Text) Fadenleitvorrichtung *f* || ~/**нитенатяжное** (Text) Fadenspannvorrichtung *f* (Zwirnmaschine) || ~/**нитеподающее** (Text) Fadenzubringer *m* (Interlockmaschine) || ~/**носовое подруливающее** (Schiff) Bugstrahlruderanlage *f*, Bugstrahlruder *n* || ~/**обрабатывающее** *s*. ~ **обработки** || ~ **обработки** (Inf) Verarbeitungsgerät *n*, Verarbeitungseinheit *f* || ~ **обработки данных** Datenverarbeitungsanlage *f*, DVA || ~ **обработки данных/центральное** zentrale Verarbeitungseinheit *f*, CPU, ZVE || ~ **обработки информации** Informationsverarbeitungseinrichtung *f*, Informationsverarbeitungseinheit *f* || ~ **обработки основных данных** (Inf) Stammdatengerät *n* || ~ **обработки радиолокационной информации** Radardatenverarbeitungsanlage *f* || ~ **обработки/центральное** (Inf) zentrale Verarbeitungseinheit *f*, ZVE || ~ **обратного магазинного типа/запоминающее** (Inf) FIFO-Speicher *m* || ~/**обслуживающее** Server *m*, Bedieneinrichtung *f* || ~/**однозахватное** (Masch) Einteilgreifer *m* (eines IR) || ~/**однопозиционное захватное** (Masch) einfacher Greifer *m* (eines IR) || ~/**окантовочное** (Typ) Fälzeleinrichtung *f* || ~/**оконечное** Endeinrichtung *f*, Endgeräte *npl*, Terminal *n* || ~/**оконечное абонентское** (Nrt) Teilnehmerendstelle *f*, Teilnehmerterminal *n* || ~/**оперативное запоминающее** (Inf) operativer Speicher *m*, Operativspeicher *m*, Arbeitsspeicher *m*, Hauptspeicher *m*, HS || ~ **опозна-**

устройство

вания Erkennungsanlage f, Erkennungsgerät n, Erkennungseinrichtung f, Sensor m ‖ ~ **опрашивания (опроса)** (Inf) Abfrageeinheit f ‖ ~ **оптического считывания и сортировки документов** (Inf) optischer Beleglesesortierer m ‖ ~/**оптическое запоминающее** (Inf) optischer Speicher m ‖ ~/**оптическое считывающее** Klarschriftleser m, optischer Zeichenleser m ‖ ~/**осветительное** Beleuchtungseinrichtung f ‖ ~/**основное** Grundgerät n ‖ ~/**основное запоминающее** (Inf) Hauptspeicher m ‖ ~/**отбирающее** (Fert) Sortiereinrichtung f ‖ ~/**отклоняющее** Ablenkeinrichtung f, Ablenkvorrichtung f ‖ ~/**открытое распределительное** (El) Freiluftschaltanlage f ‖ ~/**отмеривающее** (Text) Abmeßvorrichtung f (Weberei) ‖ ~ **отображения** Anzeigeeinrichtung f, Wiedergabeeinrichtung f ‖ ~ **отображения информации** (Inf) Datensichtstation f; Datensichtgerät n ‖ ~ **отображения/экранное** (Inf) Bildschirmgerät n ‖ ~/**отрезное** (Fert) Ablängeinrichtung f ‖ ~/**отсчётное** Anzeigeeinrichtung f, Ableseeinrichtung f ‖ ~/**отсчётно-командное** (Reg) Anzeige- und Steuereinrichtung f ‖ ~/**охлаждающее** Kühlvorrichtung f ‖ ~/**оценивающее** Auswerteeinrichtung f ‖ ~/**пакетирующее** (Wlz) Paketiervorrichtung f, Paketieranlage f ‖ ~/**палочное захватное** (Masch) Fingergreifer m (eines IR) ‖ ~/**параллельное вычислительное** (Inf) Parallelrecheneinrichtung f, Parallelrechner m ‖ ~/**параллельное запоминающее** (Inf) Parallelspeicher m, Speicher m mit parallelem Zugriff ‖ ~/**параллельное печатающее** (Inf) Paralleldrucker m, PD ‖ ~ **параллельной печати** (Inf) Paralleldrucker m, PD ‖ ~/**параллельно-печатающее** (Inf) Paralleldrucker m, PD ‖ ~/**парашютное** (Bgb) Fangvorrichtung f (Schachtförderung) ‖ ~/**пассивное запоминающее** (Inf) passiver Speicher m ‖ ~/**патронное захватное** (Masch) Facettengreifer m (eines IR) ‖ ~/**педальное переключательное** (El) Trittschaltvorrichtung f ‖ ~/**пеленгаторное** Peileinrichtung f ‖ ~/**переборочное** (Lw) Verleseeinrichtung f (Kartoffeln) ‖ ~/**переводное** 1. Wechselklappe f, Kippventil n (SM-Ofen); 2. Umsetzgerät n (Lagerwirtschaft) ‖ ~/**переговорно-вызывное** (Nrt) Abfrageeinrichtung f ‖ ~/**переговорное** (Nrt) Wechselsprecheinrichtung f, Wechselsprechanlage f; Sprechfunkgerät n ‖ ~ **передачи** (Inf) Übertragungseinrichtung f ‖ ~ **передачи данных** (Inf) Datenübertragungseinrichtung f ‖ ~/**передающее** 1. (Inf) Übertragungseinrichtung f; 2. Sende[r]einrichtung f, Sender m, Sendegerät n; 3. (Reg) Geber m, Gebevorrichtung f ‖ ~ **перезаписи** Umschreibeinrichtung f, Umsetzer m, Umschreiber m ‖ ~ **перезаписи звука** Umspieleinrichtung f, Überspieleinrichtung f, Schalteinrichtung f ‖ ~ **переменной связи** (Eln) Variokoppler m ‖ ~/**перемешивающее** Durchmischungseinrichtung f ‖ ~ **перемотки** Umspulvorrichtung f ‖ ~/**переносное измерительное** transportable Meßanlage (Meßeinrichtung) f ‖ ~/**перепрограммируемое постоянное запоминающее** s. ~/репрограммируемое постоянное запоминающее ‖ ~/**переходное** Anpassungseinheit f; Umsetzer

m ‖ ~/**периодическое запоминающее** (Inf) periodischer Speicher m ‖ ~/**периферийное** (Inf) peripheres Gerät m, Peripherieeinheit f; Peripheriebaustein m ‖ ~/**перфорирующее** Locher m, Stanzer m ‖ ~/**пескоструйное** Sandstrahlanlage f, Sandstrahleinrichtung f ‖ ~/**печатающее** (Inf) Drucker m, Druckeinrichtung f, Zeilendrucker m, Schreibwerk n, Druckwerk n ‖ ~ **печати** s. ~/печатающее ‖ ~ **печати стрипов** Kontrollstreifendrucker m, Stripdrucker m ‖ ~ **питания** 1. (El) Stromversorgungsgerät n, Stromversorgungseinheit f, SVE, Elektroenergieversorgungseinrichtung f; 2. Speiseeinrichtung f, Speisevorrichtung f, Zuführvorrichtung f ‖ ~/**питающее** s. ~ питания ‖ ~/**пишущее** Schreibvorrichtung f, Schreibeinrichtung f, Schreibwerk n ‖ ~/**плавильно-прядильное** (Text) Schmelzspinnkopf m, Aufschmelzeinrichtung f (Chemiefaserspinnerei) ‖ ~/**плоское светоотклоняющее** planarer elektrooptischer Lichtablenker m (optischer Wellenleiter) ‖ ~/**пневматическое противообледенительное** (Schiff) Druckluftvereisungsschutzanlage f ‖ ~/**поверочное** Prüfeinrichtung f ‖ ~/**поворотное** Drehvorrichtung f, Wendeeinrichtung f, Wendevorrichtung f; Schwenkvorrichtung f ‖ ~ **подачи** Vorschubeinrichtung f; (Masch auch:) Zubringervorrichtung f ‖ ~/**подвесное** Aufhängevorrichtung f, Aufhängung f ‖ ~/**подводного наблюдения** Unterwasserortungsanlage f ‖ ~ **подготовки данных** Datenerfassungsgerät n ‖ ~/**поддерживающее** Tragwerk n ‖ ~/**поджигающее** Zündeinrichtung f, Zünder m ‖ ~ **подключения к сети** (El) Netzanschlußeinrichtung f ‖ ~/**подрессоривающее** Federaggregat n, Abfederungsvorrichtung f, Tragfedervorrichtung f (Blattfedern) ‖ ~/**подруливающее** (Schiff) Querschubanlage f, Querstrahlruderanlage f ‖ ~/**подслушивания** (Nrt) Mithöreinrichtung f ‖ ~/**подъёмное** (Schiff) Heißvorrichtung f, Hebevorrichtung f, Hievvorrichtung f ‖ ~/**подъёмно-опускное** (Schiff) Ausfahrvorrichtung f (Fahrtmeßrohr) ‖ ~/**подъёмно-поворачивающее** (Wlz) Hub- und Wendevorrichtung f ‖ ~ **пожарной сигнализации** Feuermeldeeinrichtung f ‖ ~ **поиска** Sucheinrichtung f, Suchvorrichtung f, Suchgerät n ‖ ~ **поиска информации/компактное автоматическое** (Inf) kompakte Informationssuche-Einheit f, CARD ‖ ~/**поисковое** s. ~ поиска ‖ ~/**полив[оч]ное** n (Photo) Begießvorrichtung f, Beschichtungsvorrichtung f, Auftragswerk n ‖ ~/**полупостоянное запоминающее** (Inf) Halbfestwertspeicher m, semipermanenter Speicher m, RMM ‖ ~/**полупроводниковое запоминающее** (Inf) Halbleiterspeicher m ‖ ~/**полупроводниковое интегральное запоминающее** (Inf) integrierter Halbleiterspeicher m ‖ ~ **пользователя/ терминальное** (Nrt) Teilnehmeranlage f, Teilnehmerendgerät n, Teilnehmerterminal n ‖ ~/**помехоподавляющее** Entstöreinrichtung f, Entstöreinheit f ‖ ~/**поплавковое** Schwimmereinrichtung f ‖ ~/**портальное загрузочное** (Wkzm) Portalladegerät n ‖ ~/**последовательное вычислительное** (Inf) Serienrecheneinrichtung f, Serienrechner m ‖ ~/**последовательное запоминающее** (Inf) 1. Sequenzspei-

устройство

cher *m*, sequentieller Speicher *m*, Speicher *m* mit sequentiellem Zugriff; 2. Serienspeicher *m*, serieller Speicher *m*, Speicher *m* mit seriellem Zugriff ‖ ~/**последовательно-печатающее** *(Inf)* Seriendrucker *m*, SD ‖ ~/**постоянное запоминающее** *(Inf)* Fest[wert]speicher *m*, Programmspeicher *m*, permanenter Speicher *m*, Nur-Lese-Speicher *m*, ROM ‖ ~/**постоянное перепрограммируемое запоминающее** *s.* ~/репрограммируемое постоянное запоминающее ‖ ~/**постоянное программируемое запоминающее** *(Inf)* programmierbarer Festwertspeicher *m*, PROM ‖ ~/**постоянное электрически программируемое запоминающее** *(Inf)* elektrisch programmierbarer Festwertspeicher *m*, EROM ‖ ~/**постоянно-печатающее** *(Inf)* Blattschreiber *m* ‖ ~/**построчно-печатающее** *(Inf)* Zeilendrucker *m* ‖ ~/**потенциометрическое** *(El)* Kompensationseinrichtung *f* ‖ ~/**правочное** *(Fert)* Richtapparat *m*; Richteinrichtung *f* ‖ ~ **предотвращения вращения** *(Masch)* Verdrehsicherung *f (eines IR)* ‖ ~ **предотвращения перемещения** *(Masch)* Schiebesicherung *f (eines IR)* ‖ ~/**предохранительное** Sicherheitseinrichtung *f*, Schutzvorrichtung *f* ‖ ~/**предупреждающее** Voreiler *m (Wägetechnik)* ‖ ~ **преобразования** *(El)* Umsetzer *m*, Umsetzereinrichtung *f*, Umformer *m*, Umformereinrichtung *f* ‖ ~ **прерывания/микропрограммируемое** mikroprogrammiertes Unterbrechungswerk *n* ‖ ~/**прецизионное измерительное** Präzisionsmeßeinrichtung *f* ‖ ~/**приводное** Antriebseinrichtung *f*, Antrieb *m* ‖ ~/**приёмно-выдающее** *(Fert)* Übergabestelle *f* ‖ ~/**приёмное** Empfangseinrichtung *f*, Empfängereinrichtung *f*, Empfänger *m*; Datenempfänger *m* ‖ ~/**приёмно-передающее** Sende[-und]-Empfangs-Einrichtung *f*, Sende[-und]-Empfangs-Gerät *n (Radar)* ‖ ~/**прижимно-вытяжное** *(Umf)* Ziehkissen *n (Ziehen)* ‖ ~/**прижимное** *(Masch)* Andrückeinrichtung *f* ‖ ~/**притяжное захватное** *(Masch)* Haftgreifer *m (eines IR)* ‖ ~/**прицепное** *(Bgb)* Zwischengeschirr *n (Förderkorb)* ‖ ~/**пробивное** Stanzmechanismus *m* ‖ ~/**проборное** *(Text)* Einzieheinrichtung *f* ‖ ~/**программируемое логическое** *(Inf)* programmierbare logische Einheit *f*, programmierbare Logikeinheit *f* ‖ ~/**программируемое постоянное запоминающее** *(Inf)* programmierbarer Festwertspeicher *m*, PROM *m* ‖ ~/**программирующее** Programmierungseinrichtung *f*, Programmer *m*, Programmierplatz *m* ‖ ~/**программное** Programmeinrichtung *f*; *(Reg)* Programmsteuereinrichtung *f* ‖ ~/**программное запоминающее** *(Inf)* Programmspeicher *m* ‖ ~/**программно-управляемое** programmgesteuertes Gerät *n* ‖ ~/**продувочное** Spüleinrichtung *f (Durchspülung von Zylindern, Rohrsystemen u. dgl.)* ‖ ~/**проекционное** Projektionseinrichtung *f* ‖ ~/**проигрывающее** Abspieleinrichtung *f*; Plattenspieler *m* ‖ ~/**промежуточное запоминающее** *(Inf)* Zwischenspeicher *m* ‖ ~/**промысловое** Fischereiausrüstung *f*, Fischereieinrichtung *f*; Fangausrüstung *f*, Fangeinrichtung *f* ‖ ~/**просвечивающее** *(Brau)* Durchleuchtestation *f (in der Inspektionsanlage für Flaschen)* ‖ ~/**противоблокировочное** *(Kfz)* Antiblockiersystem *n*, ABS ‖ ~/**противобоксовочное** *(Eb)* Schleuderschutzeinrichtung *f*, Schleuderschutz *m*, Gleitschutzeinrichtung *f*, Gleitschutz *m* ‖ ~/**противообледенительное** Enteisungseinrichtung *f*, Enteiser *m*; Vereisungsschutzanlage *f* ‖ ~/**противопожарное** Brandschutzeinrichtung *f*, Feuerlöscheinrichtung *f* ‖ ~/**противопомеховое** *(El)* Entstöreinrichtung *f* ‖ ~/**противоугонное** Windsicherung *f (Kran)* ‖ ~/**прошивное** *(Fert)* Lochvorrichtung *f (Stanzerei)* ‖ ~/**пружинное** Federaggregat *n*, Abfederungsvorrichtung *f (Schraubenfedern)* ‖ ~/**пружинное захватное** *(Masch)* Federklammer *f (eines IR)* ‖ ~ **прямого доступа** *(Inf)* Direktzugriffsgerät *n* ‖ ~ **прямого доступа/запоминающее** Direktzugriffsspeichergerät *n* ‖ ~ **прямого доступа коллективного пользования** gemeinsam benutztes Direktzugriffsgerät *n*, Direktzugriffsgerät *n* im Teilnehmerbetrieb ‖ ~/**пусковое** *(El)* Anlaßeinrichtung *f* ‖ ~/**путевое** *(Eb)* 1. Bahnanlage *f*; Gleisanlage *f*; 2. Streckeneinrichtung *f (Zugbeeinflussung)* ‖ ~/**рабочее** Arbeitsgerät *n* ‖ ~/**рабочее запоминающее** *s.* ~/оперативное запоминающее ‖ ~/**радиолокационное** Radareinrichtung *f* ‖ ~/**радионавигационное** Funknavigationseinrichtung *f* ‖ ~/**радиопеленгаторное** Funkpeilereinrichtung *f* ‖ ~/**радиопередающее** Funksendeeinrichtung *f*, Funkübertragungseinrichtung *f* ‖ ~/**радиоприёмное** Funkempfangseinrichtung *f* ‖ ~/**радиотелефонное** Sprechfunkanlage *f* ‖ ~/**радиотехническое** funktechnische Einrichtung *f* ‖ ~ **развёртки** *s.* ~/развёртывающее ‖ ~/**развёртывающее** 1. *(TV)* Abtasteinrichtung *f*, Abtastgerät *n*; 2. Ablenkeinrichtung *f*, Ablenkgerät *n* ‖ ~ **разгрузки/предохранительное** Abgleichssicherung *f (Wägetechnik)* ‖ ~/**разгрузочное** Entleerungseinrichtung *f*; Entlastungseinrichtung *f* ‖ ~/**размалывающее (размольное)** Mahleinrichtung *f*, Mahlwerk *n*, Mahlgeschirr *n* ‖ ~/**размоточно-намоточное** *(Fert)* Entroll- und Aufwickelvorrichtung *f*, Wickelvorrichtung *f (Draht)* ‖ ~/**разомкнутое** offener Regelkreis *m* ‖ ~/**разрыхлительное** Bodenlockerungsanlage *f*, Bodenauflockerungseinrichtung *f (Schwimmbagger)* ‖ ~/**рамоподъёмное** Baggerleiterhebeanlage *n*, Baggerleiterhebeeinrichtung *f (Schwimmbagger)* ‖ ~/**распорное** *(Bgb)* Setzvorrichtung *f (Stempelausbau)* ‖ ~/**распределительное** *(El)* Schaltanlage *f* ‖ ~/**растровое печатающее** *(Inf)* Mosaikdrucker *m* ‖ ~/**расцепляющее** *(Masch)* Ausklinkvorrichtung *f*, Auslöser *m*, Ausklinkwerk *n* ‖ ~ **реактора/загрузочное** *(Kern)* Beschickungseinrichtung *f*, Ladegerät *n (Reaktor)* ‖ ~/**реверсивное** *(Masch)* Umsteuerungsvorrichtung *f*, Reversiervorrichtung *f*, Drehrichtungs-Umkehrvorrichtung *f* ‖ ~/**регенеративное запоминающее** *(Inf)* regenerierender Speicher *m*, Regenerationsspeicher *m* ‖ ~/**регистрирующее** Registriereinrichtung *f*, Aufzeichnungseinrichtung *f* ‖ ~/**регулирующее** 1. Regeleinrichtung *f*, Regelvorrichtung *f*, Regulator *m*; Nachstelleinrichtung *f*; 2. Regelglied *n*, Regelorgan *n* ‖ ~/**реечное захватное** *(Masch)* zahnstangenbetätigter Greifer *m (eines IR)* ‖ ~/**режущее** Schneidvorrichtung *f* ‖ ~/**резально-пер-**

форирующее *(Тур)* Schneid-Perforiereinrichtung *f* ‖ ~/**релейное запоминающее** *(Inf)* Relaisspeicher *m* ‖ ~/**рентгеновское диагностическое** Röntgendiagnostikeinrichtung *f* ‖ ~/**репрограммируемое постоянное запоминающее** *(Inf)* wiederprogrammierbarer (neuprogrammierbarer, wiederholt programmierbarer) Festwertspeicher (ROM) *m*, REPROM ‖ ~/**рессорное** *s.* ~/**подрессоривающее** ‖ ~/**решающее** *(El)* Schwellwertschaltung *f* ‖ ~ **рулевого управления** *(Kfz)* Lenkvorrichtung *f* ‖ ~/**рулевое** *(Schiff)* Ruderanlage *f*, Ruderausrüstung *f*, Rudereinrichtung *f* ‖ ~/**рулонное зарядное** *(Тур)* Rollenwechseleinrichtung *f*, Autopaster *m* ‖ ~/**ручное нажимное** *(Wlz)* Anstellvorrichtung *f* für Handbetrieb, Handanstellvorrichtung *f (am Walzgerüst)* ‖ ~ **с буферной памятью/печатающее** *(Inf)* Blockdrucker *m* ‖ ~ **с воздушной заслонкой** Starteinrichtung *f* mit Starterklappe *(Vergasermotor)* ‖ ~ **с двумя устойчивыми состояниями** *(Reg)* bistabile Kippstufe *f* ‖ ~ **с защитой файлов** *(Inf)* Gerät *n* mit Dateischutz ‖ ~ **с купающим валиком/поливное** *(Photo)* Tauchgießer *m* ‖ ~ **с магнитным барабаном/запоминающее** *(Inf)* Magnettrommelspeicher *m* ‖ ~ **с набрасывающим валиком/поливное** *(Photo)* Walzenanspülgießer *m* ‖ ~ **с одним устойчивым состоянием** *(Reg)* monostabile Kippstufe *f* ‖ ~ **с последовательной выборкой/запоминающее** *s.* ~/**последовательное запоминающее** ‖ ~ **с программным управлением** programmgesteuerte Einrichtung *f* ‖ ~ **с произвольной выборкой/внешнее запоминающее** *(Inf)* externer Speicher *m* mit wahlfreiem Zugriff, externer Schreib-Lese-Speicher *m*, externer RAM-Speicher *m* ‖ ~ **с произвольной выборкой/динамическое запоминающее** *(Inf)* dynamischer Speicher *m* mit wahlfreiem Zugriff, dynamischer Datenspeicher *m*, DRAM, dRAM ‖ ~ **с произвольной выборкой/запоминающее** *(Inf)* Speicher *m* mit wahlfreiem Zugriff, Direktzugriffsspeicher *m*, Schreib-Lese-Speicher *m*, RAM ‖ ~ **с произвольной выборкой/статическое запоминающее** *(Inf)* statischer Speicher *m* mit wahlfreiem Zugriff, statischer Schreib-Lese-Speicher *m*, SRAM, sRAM ‖ ~ **с прямым доступом/запоминающее** *s.* ~ **с произвольной выборкой/запоминающее** ‖ ~ **с цифровым отсчётом** Digitalanzeigeeinrichtung *f* ‖ ~ **с электрически стираемой информацией/постоянное программируемое запоминающее** *s.* ~/**электрически стираемое постоянное запоминающее** ‖ ~/**самолётное переговорное** *(Flg)* Bordsprechanlage *f* ‖ ~/**самоликвидирующее** *(Rak)* Selbstzerleger *m* ‖ ~/**самонастраивающее** selbsteinstellende Einrichtung *f* ‖ ~ **сбора данных** Datenerfassungsgerät *n* ‖ ~/**сбрасывающее** Auswerfer *m*, Auswurfvorrichtung *f*; Abwurfvorrichtung *f*, Abwerfer *m* ‖ ~/**сверхоперативное запоминающее** *(Inf)* Schnellspeicher *m*, Hochgeschwindigkeitsspeicher *m*, HSM ‖ ~/**сверхпроводниковое запоминающее** *(Inf)* Supraleitspeicher *m*, supraleitender Speicher *m* ‖ ~/**светотехническое** lichtoptisches Gerät *n* ‖ ~ **связи** 1. Nachrichteneinrichtung *f*; Fernmeldeeinrichtung *f*; 2. Koppeleinrichtung *f* ‖ ~/**сдвиговое запоминающее** *(Inf)* Verschiebeeinrichtung *f*, Schieberegister *n* ‖ ~/**сейнерное** Ringwadenfischereiausrüstung *f* ‖ ~/**секторное рулевое** *(Schiff)* Quadrantruderanlage *f* ‖ ~/**сенсорное** Sensoreinrichtung *f*, Sensoranlage *f* ‖ ~/**сигнальное** Signaleinrichtung *f*, Meldevorrichtung *f* ‖ ~/**силовое** Kraftanlage *f* ‖ ~/**силоизмерительное** Kraftmeßeinrichtung *f* ‖ ~/**симметрирующее** *(Rf)* Symmetriereinrichtung *f* ‖ ~ **синхронизации** 1. *(El)* Synchronisiereinrichtung *f*; 2. *(Eln)* Zeitsteuereinheit *f* ‖ ~ **системного ввода** *(Inf)* Systemeingabeeinheit *f* ‖ ~ **системного вывода** *(Inf)* Systemausgabeeinheit *f* ‖ ~/**системное логическое** *(Inf)* logische Systemeinheit *f*, systemlogisches Gerät *n* ‖ ~/**сканирующее** Scanner *m* ‖ ~/**складывающее** Stapelvorrichtung *f*, Stapler *m* ‖ ~/**следящее** *(Reg)* Folgeeinrichtung *f*, Nachlaufeinrichtung *f* ‖ ~/**смазочное** Schmiervorrichtung *f*, Schmiereinrichtung *f* ‖ ~/**сматывающее** Wickelmaschine *f (Draht)* ‖ ~/**смесительное** *(Nrt)* Mischeinrichtung *f* ‖ ~ **согласования** *s.* ~/**согласующее** ‖ ~/**согласующее** *(Reg)* Anpassungseinrichtung *f*, Anpassungsgerät *n*, Adapter *m* ‖ ~ **сопряжения** *(Inf)* Interfaceeinheit *f*, Interface *n*, Schnittstelle *f* ‖ ~ **сопряжения/аналоговое** analoge Schnittstelle *f* ‖ ~ **сопряжения пользователя** Nutzerschnittstelle *f* ‖ ~ **сопряжения/последовательное** serielle Schnittstelle *f* ‖ ~ **сопряжения с шиной** *(Inf)* Buskoppler *m* ‖ ~ **спроса** *(Eln)* Abfrageeinheit *f* ‖ ~/**спусковое** 1. *(El)* Auslösemechanismus *m*; 2. *(Eln)* Kippschaltung *f*, Trigger *m*, Triggerschaltung *f*; 3. *(Schiff)* Ablaufeinrichtung *f (Stapellauf)*; 4. *(Schiff)* Aussetzvorrichtung *f (Rettungsboote, Rettungsflöße)* ‖ ~ **сравнения** *s.* ~/**сравнивающее** ‖ ~/**сравнивающее** Vergleichsglied *n*, Vergleicher *m*, Vergleichseinrichtung *f*, Vergleichsvorrichtung *f* ‖ ~/**стандартное сужающее** genormter Wirkdruckgeber *m* ‖ ~/**стапелирующее** Stapelvorrichtung *f* ‖ ~/**статического типа/запоминающее** *s.* ~/**статическое запоминающее** ‖ ~/**статическое запоминающее** *(Inf)* statischer Speicher *m*, statisches Speicherelement *n* ‖ ~/**статическое оперативное запоминающее** *s.* ~ **с произвольной выборкой/статическое** ‖ ~/**стираемое запоминающее** *(Inf)* löschbarer Speicher *m* ‖ ~/**стираемое программируемое постоянное запоминающее** *(Inf)* lösch- und programmierbarer Festwertspeicher *m*, EPROM ‖ ~ **стирания** *(El)* Löschvorrichtung *f*, Löschspule *f*, Löschdrossel *f* ‖ ~/**стреловое грузовое** *(Schiff)* Ladebaumgeschirr *n* ‖ ~/**стрипперное** *(Met)* Blockabstreifvorrichtung *f*, Blockabstreifer *m*, Abstreifvorrichtung *f*, Abstreifer *m* ‖ ~/**строчное печатающее** Zeilendrucker *m* ‖ ~/**стружкоотсасывающее** *(Wkzm)* Späneabsauganlage *f* ‖ ~/**струйное печатающее** Tintenstrahldrucker *m* ‖ ~/**сужающее** *(Reg)* Stau- und Drosselgerät *n*, Wirkdruckgeber *m* ‖ ~/**суммирующее** Summiereinrichtung *f*, Addiereinheit *f*, Addierglied *n*, Adder *m* ‖ ~/**супервизорное** *(Fert)* Überwachungseinrichtung *f* ‖ ~/**сцепное (счальное)** Kupplung *f*, Kupplungseinrichtung *f (Schubschiffahrt)* ‖ ~/**счётное** Zähleinrichtung *f*, Zählwerk *n* ‖

устройство

~ **считывания** (Inf) Leseeinrichtung f, Lesegerät n; Abfühleinrichtung f, Abtasteinrichtung f ‖ ~ **считывания данных с документов** (Inf) Belegleseeinrichtung f, Belegleser m ‖ ~ **считывания с магнитной ленты** (Inf) Magnetbandleseeinrichtung f, Magnetbandleser m ‖ ~/**считывающее** s. ~ считывания ‖ ~ **съёмки и воспроизведения изображений** (TV) Bildaufnahme- und -wiedergabeeinrichtung f ‖ ~/**такелажное** Anschlagvorrichtung f, Lastmittel n (für Hebezeuge) ‖ ~/**твисторное запоминающее** (Inf) Twistorspeicher m ‖ ~/**телевизионное антенное** Fernsehantennenanlage f ‖ ~/**телеизмерительное** Fernmeßeinrichtung f ‖ ~/**телеизмерительное приёмное** Fernmeßempfangseinrichtung f ‖ ~/**телеметрическое** Fernmeßeinrichtung f ‖ ~/**телемеханическое** Fernwirkeinrichtung f, Fernwirkanlage f, Fernwirkgerät n ‖ ~ **телепередачи** Fernübertragungseinrichtung f (z. B. für Meßdaten) ‖ ~ **телесигнализации** Fernsignalisiereinrichtung f ‖ ~ **телеуправления** Fernsteuer[ungs]einrichtung f ‖ ~ **телефонной связи** Fernsprecheinrichtung f ‖ ~/**тентовое** (Schiff) Sonnenschutzeinrichtung f, Sonnensegel n ‖ ~/**термопечатающее** Thermodrucker m ‖ ~/**толкающее** (Bw) Planierschildträger m (Bulldozer) ‖ ~ **тонального вызова** Tonfrequenzumsetzer m ‖ ~/**тормозное** Bremseinrichtung f, Bremsvorrichtung f ‖ ~ **тормозов** s. ~/тормозное ‖ ~ **травления/плазменное** Plasma-Ätzanlage f (zur Reinigung der Wände bei Bohrungen von Leiterplatten) ‖ ~/**траловое** Schleppnetzfangeinrichtung f, Schleppnetzfangausrüstung f ‖ ~/**транзисторное запоминающее** (Inf) Transistorspeicher m ‖ ~/**транспортирующее** (Fert) Transfereinrichtung f (z. B. an Pressen) ‖ ~/**транспортное** (Bgb) Fördereinrichtung f, Fördermittel n (Streckenförderung) ‖ ~ **тревожной сигнализации** Alarmeinrichtung f ‖ ~/**тягальное** (Bgb) Ziehvorrichtung f (Ausbau) ‖ ~/**ударно-тяговое** (Eb) Zug- und Stoßvorrichtung f, Zug- und Stoßeinrichtung f ‖ ~/**узоронакопительное** (Text) Musterspeicher m ‖ ~/**указывающее** Anzeigeeinrichtung f ‖ ~/**улавливающее** Auffangvorrichtung f, Fangvorrichtung f ‖ ~ **уплотнения** (Inf) Multiplexer m, Mehrfachkoppler m ‖ ~ **управления** Steuereinheit f, Steuerbaustein m; Steuergerät n, Gerätesteuereinheit f, GSE, Steuerwerk n ‖ ~ **управления запоминающим устройством** (Inf) Speichersteuereinheit f ‖ ~ **управления каналом** Kanalsteuereinheit f ‖ ~ **управления/микропрограммное** Mikroprogrammsteuereinrichtung f, Mikroprogrammsteuereinheit f ‖ ~ **управления мультиплексором** Multiplexsteuereinrichtung f, Multiplexsteuergerät n ‖ ~ **управления обменом данных** Datenaustauschsteuerung f ‖ ~ **управления памятью** 1. Speichersteuereinheit f; 2. Speicherverwaltungseinheit f, Speicherverwaltungsbaustein m ‖ ~ **управления/периферийное** Peripheriesteuereinheit f ‖ ~ **управления/программируемое** speicherprogrammierbare numerische Steuerung f ‖ ~ **управления/программное** Programmsteuereinrichtung f ‖ ~ **управления/центральное** Zentralsteuereinheit f ‖ ~/**управляющее** (Reg) Steuereinrichtung f; Steuerglied n ‖ ~/**уравновешивающее** Ausgleich m, Gewichtsausgleich m; Auswägeeinrichtung f; Ausgleichseinrichtung f ‖ ~/**усилительное** (El) Verstärkereinrichtung f ‖ ~ **ускорителя/впускное** (Kern) Einschußvorrichtung f, Injektor m ‖ ~/**успокоительное** Dämpfungseinrichtung f, Dämpfungsvorrichtung f ‖ ~ **установки** Einstelleinrichtung f, Einstellvorrichtung f ‖ ~ **установки на нуль** (Reg) Nullstelleinrichtung f ‖ ~/**установочное** s. ~ установки ‖ ~/**фазоизмерительное** (El) Phasenmeßeinrichtung f ‖ ~/**ферритовое запоминающее** (Inf) Ferritspeicher m ‖ ~/**физическое** (Inf) physisches Gerät n ‖ ~/**фотопечатающее** photographische Aufzeichnungseinheit f, Lichtdruckeinrichtung f ‖ ~/**фотоэлектрическое считывающее** photoelektrische Ableseeinrichtung f, Photoleser m, photoelektrischer Leser m ‖ ~/**функциональное** Funktionseinrichtung f, Funktionsbaugruppe f ‖ ~ **хранения информации** Informationsspeicher m ‖ ~/**храповое** Sperrwerk n, Zahngesperre n, Klinkengesperre n ‖ ~/**хронирующее** Zeitgeber m ‖ ~/**центральное** (Inf) Zentraleinheit f, ZE ‖ ~ **центральное запоминающее** (Inf) zentraler Speicher m, Zentralspeicher m ‖ ~/**центральное управляющее** (Reg) zentrale Steuereinheit f ‖ ~ **центральной смазки** (Masch) Zentralvorrichtung f, Zentralschmieranlage f, Zentralschmierung f ‖ ~/**центрально-рычажное** (Schiff) Zentralverschluß m (Schiffstür) ‖ ~/**центрирующее** Zentriervorrichtung f ‖ ~ **центробежной смазки** (Masch) Fliehkraftschmiervorrichtung f, Zentrifugalschmiervorrichtung f ‖ ~ **цепное печатающее** (Inf) Kettendrucker m ‖ ~/**циркуляционное запоминающее** (Inf) dynamischer Speicher m, Umlaufspeicher m ‖ ~/**цифро-аналоговое вычислительное** Digital-Analog-Rechner m, digital-analoge Rechenanlage f, digital-analoger Rechner m ‖ ~/**цифровое** (Inf) Digitaleinheit f; Digitalbaustein m ‖ ~/**цифровое вычислительное** digitale Rechenanlage f, Digitalrecheneinrichtung f ‖ ~/**цифровое запоминающее** (Inf) digitaler Speicher m, Digitalspeicher m ‖ ~/**цифровое измерительное** digitale Meßeinrichtung f ‖ ~/**цифровое печатающее** (Inf) Digitaldrucker m ‖ ~/**частотоизмерительное (частотомерное)** (El) Frequenzmeßeinrichtung f ‖ ~/**черпаковое** Baggereimeranlage f (Eimerschwimmbagger) ‖ ~ **черпаковой цепи/натяжное** Eimerkettenspannvorrichtung f (Eimerschwimmbagger) ‖ ~ **числового программного управления** (Wkzm) numerische Steuerung (Programmsteuerung) f (als Einrichtung), CNC-Steuereinheit f ‖ ~/**читающее** (Inf) Leser m, Klarschriftleser m, Leseeinrichtung f ‖ ~/**читающе-сортирующее** (Inf) Sortierleser m ‖ ~ **чтения-перфорации** (Inf) Lese-Stanz-Einheit f ‖ ~/**швартов[н]ое** (Schiff) Verhol- und Vertäuausrüstung f, Verholgeschirr n, Verholeinrichtung f ‖ ~/**шлихтовальное** (Text) Schlichtvorrichtung f (am Webstuhl) ‖ ~/**шлюпочное** (Schiff) Bootsaussetzeinrichtung f, Rettungsbootsanlage f ‖ ~/**штевневое приёмное** (Schiff) Stevenlogfahrtmeßanlage f ll ~/штуртросовое рулевое (Schiff) Ruderreepleitung f, Steuerreepleitung f ll ~/щёткоподъёмное (El) Bürstenabhebeeinrichtung f ll ~/экранирующее Abschirmvorrichtung f; Abblendvorrichtung f ll ~ **экстренной остановки главного двигателя** (Schiff) Notstoppeinrichtung f für die Hauptmaschine ll ~/**электрически изменяемое (перепрограммируемое) постоянное запоминающее** s. ~/электрически репрограммируемое постоянное запоминанщее ll ~/**электрически программируемое постоянное запоминающее** elektrisch programmierbarer Festwertspeicher m, EPROM ll ~/**электрически репрограммируемое постоянное запоминающее** (Inf) elektrisch veränderbarer (wiederprogrammierbarer, umprogrammierbarer) Speicher (Festwertspeicher) m, EAROM, EEPROM ll ~/**электрически стираемое постоянное запоминающее** elektrisch löschbarer Festwertspeicher m, EEROM ll ~/**электрическое распределительное** elektrische Schaltanlage f ll ~/**электрическое термоаккумулирующее** Elektrospeicherheizanlage f ll ~/**электроизмерительное** elektrische Meßeinrichtung f ll ~/**электронагревательное** Elektroheizanlage f, Elektroheizanlage f, Elektroheizeinrichtung f, elektrische Heizeinrichtung f ll ~/**электронное неконтактное переключающее** (El, Reg) elektronisches berührungslos arbeitendes Schaltgerät n ll ~/**электротепловое (электротермическое)** Elektrowärmeeinrichtung f ll ~/**энергозависимое запоминающее** (Inf) flüchtiger (energieabhängiger) Speicher m ll ~/**энергонезависимое запоминающее** (Inf) nichtflüchtiger (energieunabhängiger) Speicher m ll ~/**якорное** (Schiff) Ankergeschirr n, Ankereinrichtung f, Ankerausrüstung f

уступ m 1. Absatz m, Stufe f, Staffel f; Abstufung f; 2. (Typ) Einzug m; 3. (Bw) Rücksprung m; 4. (Bgb) Strosse f, Abbaustufe f, Schnitt m (Tagebau) ll ~/**абразионный (волноприбойный)** (Geol) Kliff n (Steilküste) ll ~ **верхнего черпания** (Bgb) Hochschnitt m (Tagebau) ll ~/**вскрышной** (Bgb) Abraumstrosse f ll ~/**выемочный** (Bgb) Baggerstrosse f ll ~ **карьера** (Bgb) Strosse f ll ~/**мостовой** (Bgb) Brückenstrosse f ll ~ **нижнего черпания** (Bgb) Tiefschnitt m (Tagebau) ll ~/**отвальный** (Bgb) Kippenstrosse f ll ~/**передовой** (Bgb) Vorschnitt m (Tagebau) ll ~/**породный** (Bgb) Abraumstrosse f ll ~/**рабочий** s. уступ 4. ll ~/**стружкодробительный** (Wkzm) Spanleitstufe f ll ~ **террасы** (Geol) Terrassenstufe f (Tagebau) ll ~/**экскаваторный** (Bgb) Baggerstrosse f (Tagebau)

уступами 1. absatzweise; stufenförmig, terrassenförmig; abgetreppt; 2. (Bgb) strossenförmig, strossenweise

устье n 1. Mündung f (Fluß); 2. Ausmündung f; Mundloch n, Ausflußöffnung f; Mundstück n ll ~ **выработки** (Bgb) Tagesöffnung f (eines Grubenbaus) ll ~ **долины** (Geol) Talausgang m, Talmündung f ll ~ **скважины** (Bgb) Bohrlochmund m (Erdölbohrung) ll ~ **ствола** (Bgb) 1. Schachtmund m; 2. Vorschacht m (beim Senkschachtverfahren) ll ~ **трала** Netzmaul n (Schleppnetz) ll ~ **штольни** (Bgb) Stollenmundloch n

УСУ s. система управления/универсальная
усушка f Schwinden n, Schwund m; Schwundverlust m, Masseverlust m; (Ker) Trockenschwindung f, Luftschwindung f
усы mpl 1. Balancierarm m, Balancierkreuz n; 2. (Wkz) Kopfverdickung f (Abwälzfräser); 3. (Astr) Moustaches pl (helle Punkte auf der Sonne); 4. s. **кристалл/нитевидный** ll ~/**серебряные** s. уискер
усыхание n 1. Eintrocknen n; 2. Schwinden n, Schwund m (Holz)
усыхать 1. eintrocknen; 2. schwinden (Holz)
утверждать (Math) behaupten
утверждение n (Math) 1. Behauptung f; 2. Affirmation f; Aussage f (Logik) ll ~ **доверия** Konfidenzbehauptung f (Statistik) ll ~/**обратное** Umkehrsatz m, Umkehrung f
УТГ s. турбогенератор/утилизационный
УТД s. усилитель на туннельном диоде
утекать 1. ausfließen, ausströmen, auslaufen; 2. (El) (durch Erdschluß oder Streuung) entweichen (Strom)
утеплитель m 1. Wärmedämmstoff m; 2. (Met) Warmhaltehaube f (Blockkokille)
утечка f 1. Ausfließen n, Ausströmen n, Verströmen n, Sickern n; 2. Leckage f, Verlust m (bei flüssigen Stoffen); 3. (El) Ableitung f, Ableiten n; 4. (El) Erdschluß m; 5. (Masch) Ladungsverlust m (im Zylinder von Dampfmaschinen und Verbrennungsmotoren durch schlechte Kolbenabdichtung); 6. (Masch) Verluststrom m (von Pumpen) ll ~ **в диэлектрике** (El) dielektrischer Verlust m ll ~ **заряда** (El) Ladungsverlust m; Ladungsableitung f ll ~ **нейтронов** (Kern) Neutronenverlust m, Neutronenausfluß m, Neutronenabwanderung f (Reaktor) ll ~/**поверхностная** (El) Kriechstromableitung f; Oberflächenableitung f ll ~ **сетки** (El) Gitterableitung f, Gitterableitwiderstand m ll ~/**сеточная** s. ~ сетки ll ~ **тока** (El) Stromverlust m [durch Ableitung], Stromableitung f
утечь s. утекать
утилизация f Verwertung f, Nutzbarmachung f ll ~ **отбросов** Abfallverwertung f ll ~ **отработавшего пара** (Wmt) Abdampfverwertung f, Abdampfnutzung f ll ~ **отходов** Abfallverwertung f ll ~ **отходящего тепла** Abwärmeverwertung f, Abwärmenutzung f ll ~ **стоков** Abwassernutzung f ll ~ **тепла** Wärmenutzung f ll ~ **тепла вытяжного воздуха** Abluftwärmeverwertung f
утилизировать [aus]nutzen, verwerten (Abfälle, Altstoffe)
утилита f (Inf) Dienstprogramm n
утиль m verwertbarer Abfall m, verwertbare Altstoffe mpl
утильдрожжи pl s. дрожжи/отработавшие
утильзавод m Altstoffverwertungsbetrieb m
утильрезина f Altgummi m
утильсырьё n Abfallstoffe mpl, Abfälle mpl
утка f 1. (Bw) Etagenbogen m, S-Stück n (Rohrleitung); 2. (Schiff) Belegklampe f
уток m (Text) Schuß m, Einschuß m, Einschlag m, Eintrag m (Weberei) ll ~/**внесённый** eingetragener Schuß m ll ~/**ворсовой** Florschuß m, Polschuß m ll ~/**грунтовой** Grundschuß m ll ~/**перевязочный** Bindeschuß m ll ~/**перевязывающий** abbindender Schuß m (Teppich) ll

уток

~/проложенный eingetragener Schuß *m* ‖ ~/толстый dicker Schuß *m* ‖ ~/тонкий feiner Schuß *m* ‖ ~/узорный Figurschuß *m*
утолстить *s.* утолщать
утолститься *s.* утолщаться
утолщать verdicken, dicker machen
утолщаться 1. dicker werden; 2. *(Geol)* mächtiger werden *(Schichten)*
утолщение *n* 1. Verdicken *n*, Verstärken *n (Vorgang)*; 2. Verdickung *f*, Verstärkung *f*; Wulst *m(f)*; Ausbauchung *f*; *(Text)* Dickstelle *f*, Verdickung *f (Kämmaschine)*; 3. Dickenwachstum *n* ‖ ~/кольцевое Ringwulst *m* ‖ ~ образца/относительное *(Wkst)* Querschnittszunahme *f* ‖ ~ покрышки/бортовое *(Kfz)* Reifenwulst *m*
утолщённый verdickt; wulstartig
утомление *n* Ermattung *f*, Ermüdung *f*, Müdigkeit *f*, Erschöpfung *f* ‖ ~ почвы *(Lw)* Bodenmüdigkeit *f*
утомляемость *f* Ermüdbarkeit *f (z. B. eines Photoelements, des Auges)*
утонение *n* 1. Verdünnung *f*, Schwächung *f*; Einhalsung *f*, Querschnittsabnahme *f*, Verjüngung *f*; 2. Verfeinerung *f*
утонить *s.* утонять
утониться *s.* утоняться
утонять dünner machen, verjüngen, den Querschnitt verringern
утоняться sich verjüngen, dünner werden
уточина *f (Text)* Schuß[faden] *m*
уточный *(Text)* Schuß..., Einschuß..., Einschlag..., Eintrag... *(Weberei)*
утрамбовать *s.* утрамбовывать
утрамбовывать [fest]stampfen; einstampfen
утроение *n* Verdreifachung *f* ‖ ~ напряжения *(El)* Spannungsverdreifachung *f* ‖ ~ частоты *(El)* Frequenzverdreifachung *f*
утроенный Dreifach...
утроитель *m* Verdreifacher *m* ‖ ~ напряжения *(El)* Spannungsverdreifacher *m* ‖ ~ частоты *(El)* Frequenzverdreifacher *m*
УТС *s.* синтез/управляемый термоядерный
утфелемешалка *f (Lebm)* Weißzuckermaische *f*, Kristallisationsmaische *f*, Sudmaische *f*
утфель *m (Lebm)* Füllmasse *f (Zuckergewinnung)*, Kristallsuspension *f*
утюг *m* 1. Bügeleisen *n*; 2. *(Bw)* Fugenglätteisen *n (Straßenbau)* ‖ ~/дорожный *(Bw)* Wegeegge *f* ‖ ~ с терморегулятором/электрический Reglerbügeleisen *n* ‖ ~ с увлажнителем/электрический elektrisches Dampfbügeleisen *n*
утюжение *n (Text)* Bügeln *n*, Plätten *n*
утюжить *(Text)* bügeln, plätten
утяжеление *n* Beschweren *n*, Beschwerung *f*
утяжелитель *m* Beschwerungsmittel *n*, Schwerstoff *m (Dickspülungszusätze bei Erdölbohrungen)*
утяжелять beschweren
утяжина *f (Gieß)* offener Lunker *m*, Außenlunker *m (Gußfehler)*
утяжка *f [/поперечная]* 1. Zusammenziehen *n*, Verkürzen *n*; 2. *(Wlz)* Verkürzung *f*, Querverkürzung *f (Formprofile)*; Zusammenziehen *n*, Zusammenziehung *f (infolge ungleichmäßiger Walzstreckung)*; 3. Quer[schnitts]verkürzung *f*

(Biegen) ‖ ~ при гибке *(Umf)* Schwächung *f* des Querschnitts *(beim Biegen von Stäben)*
УУ *s.* устройство управления
УУА *s.* указатель угла атаки
УФ-... *s.* ультрафиолетовый
уфазер *m s.* лазер ультрафиолетового диапазона
УФ-видикон *m (Eln)* Ultraviolett-Vidikon *n*, UV-Vidikon *n*
УФ-излучение *n s.* излучение/ультрафиолетовое
УФ-лазер *s.* лазер ультрафиолетового диапазона
ухват *m (Gieß)* Traggabel *f*, Tragschere *f*, Tragstange *f (Gießpfanne)*
уход *m* 1. Weggang *m*; Abfahrt *f*; 2. Abweichung *f*; 3. Weglaufen *n*, Verschiebung *f*, Drift *f*; 4. Behandlung *f*, Pflege *f*, Wartung *f (s. a. обслуживание)*; 5. Verlust *m* ‖ ~ бурового раствора Spülungsverlust *m (Erdölbohrung)* ‖ ~ в сторону Abweichung *f* von der Vertikalen *(einer Erdölbohrung)*, Schiefe *f* eines Bohrlochs ‖ ~ за бетоном *(Bw)* Nachbehandlung *f* von Beton ‖ ~ за двигателем Motorwartung *f* ‖ ~ за котлом Kesselwartung *f* ‖ ~ за машиной Maschinenwartung *f*, Maschinenpflege *f* ‖ ~ за посевами *(Lw)* Pflege *f* der Saaten ‖ ~ за фильтром Filterpflege *f* ‖ ~ на второй круг *(Flg)* 1. Fehlanflug *m*; 2. Durchstarten *n* ‖ ~ напряжения *(El)* Spannungsdrift *f* ‖ ~ нуля *(El)* Null[punkt]wanderung *f*, Null[punkt]drift *f* ‖ ~/профилактический vorbeugende Wartung *f* ‖ ~ с орбиты *(Rak, Flg)* Verlassen *n* der Umlaufbahn ‖ ~ фаза Phasendrift *f* ‖ ~ частоты *(El, Eln)* Frequenzabwanderung *f*, Frequenzdrift *f*
уходить wandern, weglaufen, driften ‖ ~ на второй круг *(Flg)* durchstarten
ухудшение *n* Verschlechterung *f*; Nachlassen *n*, Minderung *f* ‖ ~ видимости Sichtverschlechterung *f* ‖ ~ погоды Wetterverschlechterung *f*
УЦВМ *s.* машина/управляющая цифровая вычислительная
участник *m* реакции *(Ch)* Reaktionsteilnehmer *m*, Reaktionspartner *m*
участок *m* 1. Abschnitt *m*; Gebiet *n*, Bereich *m*; Teilstrecke *f*; Teilstück *n*; 2. *(Eb)* Streckenabschnitt *m*, Strecke *f*; 3. Fertigungsabschnitt *m*; 4. Grundstück *n*; 5. *(Bgb)* Abteilung *f*, Feld *n*; 6. *(Lw)* Schlag *m* ‖ ~/автоматизированный производственный automatisierte Fertigungszelle *f* ‖ ~/активный *s.* ~ траектории/активный ‖ ~/анкерный *(Eb)* Abspannabschnitt *m*, Spannfeld *n (der Fahrleitung)* ‖ ~/блокированный *(Eb)* Blockabschnitt *m* ‖ ~/вентиляционный *(Bgb)* Wetterabteilung *f* ‖ ~/вскрышной *(Bgb)* Abraumbetrieb *m* ‖ ~ выведения *(Rak)* Aufstiegsabschnitt *m* ‖ ~/выемочный *(Bgb)* Baublock *m*, Bauabteilung *f (Teil des Abbaufeldes)* ‖ ~/гибкий автоматизированный flexibler Fertigungsabschnitt *m* ‖ ~/гибкий производственный flexibler Fertigungsabschnitt *m* ‖ ~ диска *(Inf)* Plattenbereich *m* ‖ ~/дорожный Straßenabschnitt *m* ‖ ~/железнодорожный Eisenbahnstrecke *f*, Strecke *f* ‖ ~/заготовительный *(Fert)* Vorfertigungsabschnitt *m* ‖ ~ заливки *(Gieß)* Gießplatz *m*, Gießstelle *f*, Gießstrecke *f* ‖ ~/защитный *(Eb)* Schutzblock-

strecke f ‖ ~/**земельный** Grundstück n; Bauland n ‖ ~ **зубьев/торцовый** Stirnkante f (von Zahnrädern) ‖ ~ **измерений** Prüflänge f ‖ ~/**измерительный** Meßstrecke f, Meßabschnitt m ‖ ~/**комплектовочный** (Schiff) Bereitstellungslagerplatz m, Zwischenlagerplatz m (Werft) ‖ ~/**конечный** 1. (Rak) Endphase f (des Anflugs); 2. (Meß) Endbereich m (z. B. einer Skale) ‖ ~/**лесной** Forstrevier n, Waldrevier n ‖ ~ **линии** (El, Nrt) Leitungsabschnitt m ‖ ~ **линии зацепления/активный (рабочий)** Eingriffsstrecke f (Zahnräder) ‖ ~ **линии/скрещённый** (Nrt) Kreuzungsabschnitt m ‖ ~/**мерный** Meßstrecke f ‖ ~ **насыщения** (El) Sättigungsabschnitt m ‖ ~/**начальный** (Meß) Anfangsbereich m (z. B. einer Skale) ‖ ~/**опытный** Versuchsstrecke f ‖ ~/**охлаждаемый** Kühlbereich m ‖ ~/**очистной** (Bgb) Abbauabteilung f, Abbaubetrieb m ‖ ~/**пассивный** s. ~ траектории/пассивный ‖ ~ **поверхности** Abschnitt m einer Oberfläche ‖ ~ **поверхности/дополнительный** (Masch) Nebenfläche f (keine Sitz- oder Paßfläche) ‖ ~ **поверхности/основной** (Masch) funkktionswichtige Fläche f (Sitz- oder Paßfläche) ‖ ~ **поверхности с микрорельефом** feinstrukturierte Oberfläche f ‖ ~ **поворота траектории** (Rak) Umlenkbahn f ‖ ~/**полевой** (Lw) Feldstück n, Flurstück n ‖ ~/**предохранительный** s. ~/**защитный** ‖ ~/**предстапельный** (Schiff) Vormontageplatz m ‖ ~ **приближения** (Eb) Annäherungsstrecke f, Annäherungsabschnitt m ‖ ~ **пробоя** (El) Durchbruchsgebiet n ‖ ~ **проводника** (El) Leiterabschnitt m ‖ ~ **программы** (Inf) Programmstück n, Programmteil m ‖ ~ **программы/линейный** gerades (lineares) Programmstück m ‖ ~/**производственный** (Fert) Fertigungsabschnitt m, Produktionsabschnitt m ‖ ~ **пупинизации** (Nrt) Spulenfeld n, Spulenabschnitt m ‖ ~ **пупинизации/начальный** Anlauflänge f (Pupinisierung) ‖ ~/**пупинизованный** s. ~ пупинизации ‖ ~ **пути** (Eb) Streckenabschnitt m ‖ ~/**рабочий** Arbeitsbereich m, Arbeitsabschnitt m ‖ ~ **разбега** Beschleunigungsstrecke f ‖ ~/**разведочный** (Bgb) Schurffeld n ‖ ~/**разливочный** s. ~ заливки ‖ ~/**регулируемый** Regelstrecke f ‖ ~/**роботизированный** (Fert) Fertigungsabschnitt m mit Industrierobotern ‖ ~ **ручья/калиб[ри]рующий** (Wlz) Kalibrierteil m, Auslaufteil n (Rohrwalzen) ‖ ~ **ручья/обжимной** (Wlz) Kalibermaul n (Rohrwalzen) ‖ ~ **ручья/отделочный** (Wlz) Glättkaliber n, Ausgleichskaliber n (Rohrwalzen) ‖ ~ **ручья/предотделочный** (Wlz) Ausgleichskaliber n, Glättkaliber n (Rohrwalzen) ‖ ~ **ручья/черновой** (Wlz) Kaliberkonus m, Vorkaliber n (Rohrwalzen) ‖ ~ **сборки** Montageabschnitt m ‖ ~ **секционной сборки** (Schiff) Vormontageplatz m ‖ ~/**сетевой** (El) Netzabschnitt m ‖ ~ **спектра** Spektralbezirk m, Spektralbereich m (Spektroskopie) ‖ ~/**стартовый** (Rak) Startabschnitt m ‖ ~/**стрелочный** (Eb) Weichenbereich m ‖ ~/**строительный** Bauabschnitt m ‖ ~ **траектории** (Rak, Flg) Bahnabschnitt m, Flugbahnabschnitt m ‖ ~ **траектории/активный** Antriebsbahn f, aktiver Bahnabschnitt (Flugbahnabschnitt) m ‖ ~ **траектории/восходящий** aufsteigender Bahnabschnitt (Flugbahnabschnitt) m, Aufstiegsbahn f ‖ ~ **траектории/нисходящий** absteigender (abfallender) Flugabschnitt m ‖ ~ **траектории/пассивный** antriebsfreie (passive) Flugbahn f, passiver Bahnabschnitt m ‖ ~ **траектории/послеразгонный** Nachstartphase f ‖ ~/**трубопровода** (Bw) Rohrstrang m, Rohrstrecke f ‖ ~/**усилительный** (Nrt) Verstärkerfeld n, Verstärkerabschnitt m ‖ ~/**успокоительный** Beruhigungsstrecke f ‖ ~ **характеристики** Kennlinienabschnitt m ‖ ~/**шахтный** (Bgb) Grubenrevier n, Grubenabteilung f ‖ ~ **шкалы** (Meß) Skalenabschnitt m ‖ ~/**электрифицированный** (El) elektrifizierter Streckenabschnitt m, elektrifizierte Strecke f

учение n 1. Lernen n, Studium n; Lehre f (Berufsausbildung); 2. Unterricht m

учёт m 1. Berechnung f, Abrechnung f, Bestimmung f; 2. Erfassen n, Erfassung f ‖ ~ **стоимости** Gebührenerfassung f

учетверение n Vervierfachung f

учетверитель m Vervierfacher m ‖ ~ **частоты** (El) Frequenzvervierfacher m

УЧПУ s. устройство числового программного управления

уширение n 1. Verbreitern n, Verbreiterung f; 2. (Wlz, Schm) Breiten n, Breitung f; 3. (Schm) Recken n ‖ ~/**аппаративное** apparative Verbreiterung f ‖ ~/**доплеровское** (Kern) Doppler-Verbreiterung f ‖ ~/**естественное** 1. natürliche Verbreiterung f; 2. (Wlz) natürliche (freie) Breitung f ‖ ~ **колеи** (Eb) Spurerweiterung f ‖ ~ **линии [спектра]** Linienverbreiterung f, Spektrallinienverbreiterung f (Spektroskopie) ‖ ~/**ограниченное** (Wlz) beschränkte (begrenzte) Breitung f ‖ ~/**свободное** (Wlz) freie Breitung f ‖ ~ **спектральной линии** Linienverbreiterung f (Spektroskopie) ‖ ~ **спектральных линий/доплеровское** Doppler-Verbreiterung f (Spektroskopie)

уширить s. уширять

уширять verbreitern, erweitern

уширяющийся/свободно (Wlz, Schm) freibreitend

ушко n Öhr n, Öse f, Auge n; Schäkel m; Kausche f ‖ ~/**припаиваемое** Lötöse f ‖ ~/**прицепное** Anhängeöse f (Fördertechnik) ‖ ~ **рессоры** Federauge n (Blattfeder) ‖ ~ **тяги** Stangenauge n

ушковина f (Text) Lochnadel f

ущерб m Verlust m, Schaden m ‖ ~/**наносимый строительством** Schaden m durch bauliche Maßnahmen ‖ ~ **от загрязнений** Verschmutzungsschaden m ‖ ~ **от стихийных бедствий** Katastrophenschaden m ‖ ~ **от туризма** Schaden m durch Tourismus ‖ ~ **среде** Umweltschaden m

уязвимость f Anfälligkeit f

Ф

Ф s. фарад

фабрика f Fabrik f, Werk n (s. a. unter завод 1.); Fabrikanlage f

фабрикат m Produkt n, Ware f

фабулит m (Min) Fabulit m; Strontiumtitanat n (diamantähnliche Edelsteinsynthese)

фаза f 1. Phase f, Entwicklungsphase f; Entwicklungsstufe f; 2. Phase f (in Schwingungssystemen); 3. (El) Phasenleiter m, Phase f, Strang m • **в фазе** (El) in Phase, gleichphasig, phasengleich • **со сдвигом фаз** (El) phasenverschoben, phasengedreht ‖ ~/**аморфная** (Ph) amorphe Phase f ‖ ~/**арктическая** (Geol) Arktikum n (klimatischer Zeitabschnitt, des Pleistozäns in Nordwesteuropa) ‖ ~/**атлантическая** (Geol) Atlantikum n (klimatischer Zeitabschnitt des Holozäns) ‖ ~/**бореальная** (Geol) Boreal n (klimatischer Zeitabschnitt des Holozäns) ‖ ~/**водная** (Ch) wäßrige Phase f ‖ ~ **волны** (Hydrol) Wellenphase f, Wellenstadium n ‖ ~/**временная** Zeitphase f ‖ ~ **выполнения программы** (Inf) Programmphase f ‖ ~/**газовая** gasförmige Phase f, Gasphase f ‖ ~/**газожидкая** fluide Phase f ‖ ~/**газообразная** s. ~/газовая ‖ ~ **газораспределения** (Kfz) Steuerzeit f (Verbrennungsmotor) ‖ ~/**главная** (El) Hauptphase f, Hauptstrang m ‖ ~/**дисперсионная** (Ch) Dispersionsphase f, Dispersionsmittel n, Dispergier[ungs]mittel n ‖ ~/**дисперсная** (Ch) disperse (dispergierte, innere, zerteilte) Phase f ‖ ~/**жидкая** flüssige Phase f, Flüssigphase f ‖ ~/**жидкокристаллическая** (Krist) Flüssigkristallphase f ‖ ~ **загрузки** (Inf) Ladephase f ‖ ~ **запирания** (El) Sperrphase f ‖ ~/**избыточная** (Met) Sekundärphase f, Sekundärausscheidung f (unterhalb der Solidusline ausgeschiedene Phase) ‖ ~/**исходная** (El) Ausgangsphase f ‖ ~/**карбидная** (Met) Carbidphase f ‖ ~/**кислотная** (Ch) Säurephase f ‖ ~ **колебания** (Mech) Schwingungsphase f ‖ ~/**кольцеобразная** (Astr) ringförmige Phase f ‖ ~ **коммутации** (El) Schaltphase f ‖ ~ **кристаллизации** (Met) kristallisierender (ausscheidender) Bestandteil m, kristallisierende (ausscheidende) Komponente f, Kristallisationsphase f (Legierungen) ‖ ~/**кристаллическая** (Ph) kristalline Phase f, Kristallphase f ‖ ~/**критическая** s. состояние/критическое ‖ ~/**лабильная** (Ph) labile Phase f ‖ ~ **Лавеса** (Krist) Laves-Phase f (intermetallische Verbindungen) ‖ ~/**лиофильная** (Krist) lyophile Phase f ‖ ~/**лунная** (Astr) Mondphase f ‖ ~ **Луны** s. ~/лунная ‖ ~/**мезоморфная** s. кристалл/жидкий ‖ ~/**метастабильная** (Ph) metastabile Phase f ‖ ~/**надкритическая** (Ph) überkritische Phase f ‖ ~ **напряжения** (El) Spannungsphase f, spannungsführende Phase f ‖ ~/**неводная** (Ch) nichtwäßrige Phase f ‖ ~/**нематическая** (Krist) nematische Phase f ‖ ~/**неподвижная** (Ch) stationäre Phase f (Chromatographie) ‖ ~/**неустойчивая** (Ph) labile Phase f ‖ ~/**неустойчивости** (Astr) Instabilitätsphase f (der Sterne) ‖ ~/**нулевая** (El) Nullphase f ‖ ~ **обработки** Bearbeitungsphase f ‖ ~/**общая** (El) Gesamtphase f ‖ ~/**опережающая** (El) voreilende Phase f ‖ ~/**опорная** (Rad) Bezugsphase f ‖ ~ **определения** (Inf) Definitionsphase f ‖ ~ **оптимизации** (Inf) Optimierungsphase f ‖ ~/**остаточная жидкая** (Met) Restschmelze f (einer Legierung) ‖ ~/**отстающая** (El) nacheilende Phase f ‖ ~/**паровая** Dampfphase f, dampfförmige Phase f ‖ ~/**подвижная** (Ch) mobile Phase f (Chromatographie) ‖ ~/**полная** (Astr) Totalität f ‖ ~ **прилива** (Geoph) Gezeitenphase f ‖ ~/**промежуточная** (Krist) Zwischenphase f, Übergangsphase f ‖ ~ **пропускания** (Eln) Durchlaßphase f ‖ ~/**противоположная** (El) entgegengesetzte Phase f, Gegenphase f ‖ ~/**равновесная** Gleichgewichtsphase f ‖ ~ **развития** Entwicklungsstufe f, Entwicklungsphase f ‖ ~ **распределения** 1. Steuerzeitpunkt m (Verbrennungsmotor); 2. (Inf) Zuordnungsphase f ‖ ~ **рассеяния** (Ph) Streuphase f ‖ ~ **расслабления** (Ph) Erschlaffungsphase f ‖ ~ **реакции** (Ch) Reaktionsphase f ‖ ~/**сверхкучая** (Ph) superfluide Phase f ‖ ~/**сейсмическая** (Geoph) seismische Phase (Welle) f ‖ ~ **синхронизации** Synchronisationsphase f ‖ ~ **складчатости** (Geol) Faltungsphase f ‖ ~/**смектическая** (Krist) smektische Phase f ‖ ~/**смещённая** (El) verschobene Phase f ‖ ~/**средняя** (El) mittlere Phase f, Mittelphase f ‖ ~/**стабильная** (Ph) stabile Phase f ‖ ~/**стекловидная** glasförmige Phase f, Glasphase f ‖ ~/**субарктическая** (Geol) subarktische Phase f ‖ ~/**субатлантическая** (Geol) Subatlantikum f (klimatischer Zeitabschnitt des Holozäns) ‖ ~/**суббореальная** (Geol) Subboreal n (klimatischer Zeitabschnitt des Holozäns) ‖ ~/**твёрдая** (Ph) feste Phase f (disperse Systeme) ‖ ~/**твёрдокристаллическая** (Krist) festkristalline Phase f ‖ ~/**термотропная** (Krist) thermotrope Phase f ‖ ~/**тихая** (El) tote Phase f ‖ ~/**устойчивая** (Ph) stabile Phase f ‖ ~/**флюидная** fluide Phase f ‖ ~/**холестерическая** (Krist) cholesterische (cholesterinische) Phase f ‖ ~/**центральная** (Astr) zentrale Phase f ‖ ~ **Цинтля** (Krist) Zintl-Phase f (halbmetallische Verbindungen) ‖ ~/**частная** (Astr) partielle Phase f ‖ ~/**эталонная** (El) Vergleichsphase f ‖ ~ **Юм-Розери** (Krist) Hume-Rothery-Phase f (intermetallische Verbindungen)

фазирование n s. фазировка
фазировать (El) die Phase einstellen
фазировка f (El) Phaseneinstellung f, Phasenabstimmung f, Phasensynchronisation f, Phasensynchronisierung f
фазово-модулированный (El) phasenmoduliert
фазово-частотный (El) Phasenfrequenz...
фазовращатель m (El) Phasenschieber m, Phasendreher m ‖ ~/**мостовой** Phasenschieber m in Brückenschaltung, Phasenschieberbrücke f ‖ ~/**широкополосный** Breitbandphasenschieber m

RC-фазовращатель m (El) RC-Phasenschieber m

фазовращающий (El) Phasenschieber..., Phasendreh...
фазовый Phasen...
фазовыравниватель m (Eln) Allpaß m, Allpaßfilter n
фазоинверсия f (El) Phasenumkehr f
фазоинвертор m (El) Phasenumkehrstufe f
фазоиндикатор m s. фазоуказатель
фазокомпенсатор m (El) Phasenschieber m, Phasenkompensator m (Starkstromtechnik); Phasenentzerrer m, Phasenausgleichsglied n ‖ ~/**статический** Phasenschieberkondensator m, ruhender Phasenschieber m ‖ ~/**электромашинный** umlaufender Phasenschieber m, Blindleistungsmaschine f

фазокомпенсация f (El) Phasenkompensation f, Phasenentzerrung f, Phasenausgleich m
фазокорректор m (El) Phasenentzerrer m, Phasenausgleichsglied n
фазометр m (El) 1. Phasenmesser m; 2. Leistungsmesser m, cos φ-Messer m ‖ ~/**аналоговый** analoger Phasenmesser m ‖ ~/**однофазный** 1. Phasenmesser m für Einphasensysteme; 2. Einphasen-Leistungsfaktormesser m ‖ ~/**прямопоказывающий** direktanzeigender Phasenmesser m ‖ ~/**самопишущий** Phasenschreiber m ‖ ~/**трёхфазный** 1. Phasenmesser m für Dreiphasensysteme; 2. Drehstrom-Leistungsfaktormesser m ‖ ~/**цифровой** digitaler Phasenmesser m ‖ ~/**электромагнитный** elektromagnetischer Phasenmesser m, Dreheisenphasenmesser m
фазомодулированный (El) phasenmoduliert
фазоопережающий (El) phasenvoreilend, Phasenvorhalt...
фазопреобразователь m (El) Phasenumformer m
фазоразличитель m (El) Phasendiskriminator m
фазорасщепитель m (El) Phasenteiler m
фазорасщепление n (El) Phasenteilung f
фазорегулятор m (El) Phasenregler m
фазосдвигающий (El) phasenschiebend, Phasenschieber...
фазотрон m (Kern) frequenzmoduliertes Zyklotron n, Phasotron n ‖ ~/**кольцевой** FFAG-Synchrotron n, Festfeld-AG-Synchrotron n, Ringphasotron n
фазоуказатель m (El) Phasen[an]zeiger m, Phasenindikator m
фазочастотный (El) Phasenfrequenz...
фазочувствительность f (El) Phasenempfindlichkeit f
фазочувствительный phasenempfindlich
файл m (Inf) 1. Datei f, Datensatz m, File m; 2. Speichergruppe f ‖ ~/**библиотечный** Bestandsdatei f, untergliederte Datei f ‖ ~ **буквенно-цифровых данных** alphanumerische Datei f ‖ ~/**буферный** Zwischendatei f ‖ ~ **ввода** Eingabedatei f ‖ ~ **ввода-вывода** Eingabe-Ausgabe-Datei f, E/A-Datei f ‖ ~/**вводной** Eingabedatei f ‖ ~/**возобновляемый** zurückzuschreibende Datei f ‖ ~/**временный** temporäre Datei f ‖ ~/**вспомогательный** Hilfsdatei f ‖ ~/**входной** Eingabedatei f ‖ ~ **вывода** Ausgabedatei f ‖ ~ **вывода на дисплей** Bildschirmdatei f ‖ ~ **вывода на печать** Druckdatei f ‖ ~ **вывода на экран** Bildschirmdatei f ‖ ~/**выводной** s. ~ вывода ‖ ~/**дисковый** Diskettendatei f ‖ ~ **запросов** Bedarfsdatei f, Abrufdatei f ‖ ~ **изменений** Änderungsdatei f; Fortschreibungsdatei f ‖ ~/**индексно-последовательный** indexsequentielle Datei f ‖ ~/**исходный** Stammdatei f ‖ ~/**каталогизированный** katalogisierte Datei f ‖ ~/**логический** logische Datei f ‖ ~/**многотомный** Datei f auf mehreren Datenträgern ‖ ~/**многоучастковый** Datei f mit mehreren Bereichen ‖ ~ **на дисках** Plattendatei f, Magnetplattendatei f ‖ ~ **на картах** Kartei f ‖ ~ **на ленте** Magnetbanddatei f ‖ ~ **на магнитной ленте** Magnetbanddatei f ‖ ~ **на магнитных дисках** Magnetplattendatei f ‖ ~ **на перфокартах** Kartei f ‖ ~/**независимый от устройства** geräteunabhängige Datei f ‖ ~/**непомеченный** Datei f ohne Kennsätze ‖ ~/**обновляемый** Fortschreibungsdatei f, Änderungsdatei f ‖ ~/**основной** zentrale Datei f, Basiskartei f ‖ ~/**открытый** eröffnete Datei f ‖ ~ **отчётов** Listendatei f ‖ ~/**перемещаемый** verschiebbare Datei f ‖ ~/**поиска** Suchdatei f ‖ ~ **пользователя** Nutzerdatei f ‖ ~/**последовательный** sequentielle Datei f, File m mit seriellem Zugriff ‖ ~/**постоянных** nichttemporäre Datei f ‖ ~ **постоянных данных** nichttemporäre Datei f ‖ ~ **промежуточных результатов** Zwischendatei f ‖ ~ **прямого доступа** Direktzugriffsdatei f ‖ ~/**рабочий** Arbeitsdatei f ‖ ~/**свободный** entladene Datei f ‖ ~/**служебный** Dienstdatei f ‖ ~/**составной** gekettete Datei f, Verbunddatei f ‖ ~/**стандартный** Standarddatei f

файнштейн m Feinstein m (NE-Metallurgie)
факел m 1. Fackel f; 2. Flamme f (s. a. unter пламя 1.); Flammenbahn f, Flammenweg m; Flammenstrahl m; 3. Einspritzstrahl m (Verbrennungsmotoren); 4. (Astr) Fackel f, Sonnenfackel f ‖ ~/**ацетиленовый** (Schw) Acetylenfackel f, Acetylenflamme f ‖ ~/**завихренный** Ringflamme f, Kreisflamme f ‖ ~/**зажигательный** Zündflamme f ‖ ~/**кислородный** (Met) Sauerstoffstrahl m ‖ ~/**мазутный** Ölflamme f (Ölfeuerung) ‖ ~/**плазменный** Plasmaflamme f ‖ ~/**полярный** (Astr) polare Fackel f ‖ ~/**пылеугольный** Kohlenstaubflamme f (Kohlenstaubfeuerung) ‖ ~/**ракетный** Feuerstrahl m (beim Start einer Rakete) ‖ ~ **раскалённых газов** Flammenstrahl m (Feuerungstechnik) ‖ ~/**солнечный** s. факел 4. ‖ ~/**турбулентный** Wirbelflamme f ‖ ~/**фотосферный** photosphärische Fackel f ‖ ~/**хромосферный** chromosphärische Fackel f

факолит m 1. (Geol) Phakolith m, Linse f (beiderseits auskeilende Schicht); 2. (Min) Phakolith m (Chabasit)
фактис m (Gum) Faktis m ‖ ~/**светлый** weißer Faktis m ‖ ~/**тёмный (чёрный)** brauner Faktis m

фактор m (Math) Faktor m (s. a. unter постоянная) ‖ ~/**атомный** s. формфактор/атомный ‖ ~ **влияния** Einflußfaktor m; Beeinflussungsfaktor m ‖ ~ **дождя** (Meteo) Regenfaktor m ‖ ~ **зернистости** (Photo) Körnigkeitszahl f ‖ ~/**искажающий** (El) Verzerrungsfaktor m ‖ ~ **качества** Gütefaktor m ‖ ~ **накопления** (Kern) Zuwachsfaktor m, Aufbaufaktor m ‖ ~ **неопределённости** Unsicherheitsfaktor m ‖ ~ **влияния** ‖ ~/**опасный производственный** arbeitsbedingte Gefahr f, arbeitsbedingter Unfallfaktor m ‖ ~ **пересчёта** Umrechnungsfaktor m ‖ ~ **потерь** (El) Verlustfaktor m ‖ ~/**пространственный** s. ~/стерический ‖ ~ **разделения** Trennfaktor m, Beschleunigungsverhältnis n (von Zentrifugen) ‖ ~/**стерический** (Ch) sterischer Faktor m, Wahrscheinlichkeitsfaktor m (Reaktionskinetik) ‖ ~ **частоты** ‖ ~ **частоты** (Ch) Frequenzfaktor m, Aktionskonstante f, Stoßfaktor m (Reaktionskinetik) ‖ ~/**человеческий** (Reg) menschlicher Faktor m (im Mensch-Maschine-System) ‖ ~ **шума** s. /шумовой ‖ ~/**шумовой** (Rf) Rauschfaktor m

g-фактор

g-фактор m [/**атомный**] [Landéscher] g-Faktor m, Landé-Faktor m
факторалгебра f (Math) Quotientenalgebra f, Restklassenalgebra f
факторгруппа f (Math) Faktorgruppe f, Restklassengruppe f
факториал m (Math) Fakultät f ‖ ~/**двойной** doppelte Fakultät f
факторизация f (Math) Faktorisierung f, Restklassenbildung f; Faktorisation f, Zerlegung f (in Faktoren)
факторкольцо m s. кольцо вычётов
факторммогообразие n (Math) Faktormannigfaltigkeit f
факторполугруппа f (Math) Quotientenhalbgruppe f, Differenzenhalbgruppe f
факторпоследовательность f (Math) Faktorsequenz f
факторпространство n (Math) Faktorraum m, Restklassenraum m
фактура f Faktur f, Oberflächenstruktur f; (Bw) Sichtfläche f; Sichtflächenstruktur f ‖ ~/**бороздчатая** gestreifte Sichtfläche f ‖ ~/**точечная** punktierte Sichtfläche (Oberfläche) f ‖ ~/**шероховатая** rauhe Sichtfläche f
фактурирование n Fakturierung f
фал m (Schiff) Fall n ‖ ~/**антенный** Antennenaufholer m ‖ ~/**сигнальный** Signalfall n, Signalaufholer m, Flaggleine f
фалинь m (Schiff) Fangleine f
фальбанд m (Geol) Fahlband f
фальсификация f Verfälschung f
фальц m 1. (Typ) Falz m; 2. (Fert) Falz m (Blechverbindung); 3. (Led) Falzmesser n, Falzeisen n ‖ ~/**валиковый** (Fert) Wulstfalz m ‖ ~/**вертикальный** (Fert) Stehfalz m ‖ ~/**воронковый** (Typ) Trichterfalz m ‖ ~/**горизонтальный** (Fert) liegender Falz m ‖ ~/**двойной** (Fert) Doppelfalz m ‖ ~/**клапанный** (Typ) Klappenfalz m ‖ ~/**корешковый** (Typ) tiefer Falz m ‖ ~/**лежачий** (Fert) liegender Falz m ‖ ~/**параллельный** (Typ) Parallelfalz m, Parallelbruch m ‖ ~/**перпендикулярный** (Typ) Kreuzbruch[falz] m, Kreuzfalzung f ‖ ~/**планетарный** (Typ) Räderfalz m ‖ ~/**поперечный** (Typ) Querfalz m ‖ ~/**продольный** (Typ) Längsfalz m ‖ ~/**простой** (Fert) einfacher Falz m ‖ ~/**стоячий** (Fert) Stehfalz m ‖ ~ **тетради** (Typ) Lagenfalz m ‖ ~/**угловой** (Fert, Bw) Winkelfalz m ‖ ~/**ударный** (Typ) Stanzfalz m, Hauerfalz m (Rotationsmaschine)
фальцаппарат m (Typ) Falzapparat m, Falzer m (Rotationsmaschine) ‖‖ ~/**безворончный** trichterloser Falzapparat m ~/**безленточный** (**бестёсемочный**) bänderloser Falzapparat m ‖ ~/**вращающийся** rotierender Falzer m ‖ ~/**двойной** Doppelfalzapparat m ‖ ~/**ленточный** Bänderfalz m, Bandfalz m ‖ ~/**одинарный** einfacher Falzapparat m ‖ ~/**переменного формата** formatvariabler Falzapparat m ‖ ~ **планетарного построения** Räderfalzapparat m ‖ ~ **постоянного формата** festformatiger Fahrapparat m ‖ ~/**простой** s. ~/одинарный ‖ ~/**ударный** Stanzfalzer m
фальцворонка f (Typ) Falztrichter m
фальцгобель m (Wkz) Falzhobel m ‖ ~/**Т-образный** Doppelfalzhobel m
фальцевание n s. фальцовка
фальцевать 1. (Fert) falzen (Blech); 2. (Bw) fälzen, nuten (Holz); 3. (Typ) falzen (Druckbögen)
фальцеобразование n (Typ) Falzbildung f
фальцмашина f s. машина/фальцевальная
фальцовка f 1. (Fert) Falzen n (Blech); 2. (Bw) Fälzen n, Nuten n (Holz); 3. (Typ) Falzen n (Druckbögen) ‖ ~/**взаимно перпендикулярная** (Typ) Kreuzbruchfalzung f ‖ ~ **гармошкой (зигзагом)** (Typ) Zickzackfalzung f, Leporellofalzung f ‖ ~/**двухсгибная** (Typ) Zweibruchfalzung f ‖ ~/**кассетная** (Typ) Stauchfalzung f, Taschenfalzung f ‖ ~/**машинная** (Typ) Maschinenfalzung f, maschinelles Falzen n ‖ ~/**многовариантная (многосгибная)** Mehrbruchfalzung f ‖ ~/**односгибная** (Typ) Einbruchfalzung f ‖ ~/**параллельная** (Typ) Parallelfalzung f ‖ ~/**ручная** (Typ) Handfalzung f ‖ ~/**трёхсгибная** (Typ) Dreibruchfalzung f ‖ ~/**четырёхсгибная** (Typ) Vierbruchfalzung f
фальчик m (Typ) Fälzel m
фальшборт m (Schiff) Schanzkleid n
фальшкиль m 1. (Schiff) Ballastkiel m; 2. (Flg) Rumpfflosse f
фальшфейер m (Schiff) Handfackel f, Handnotsignal n
фанг m (Text) 1. Fang m, Fangware f (Preßmusterware); 2. Fangbindung f (Rundstrickmaschine)
фангломерат m (Geol) Fanglomerat n, Schlammbrekzie f
фанера f 1. Furnier n; 2. Sperrholz n ‖ ~/**клеёная** Sperrholz n ‖ ~/**лущёная** Schälfurnier n ‖ ~/**неклеёная** Furnier n ‖ ~/**ножевая** Messerschnittfurnier n ‖ ~/**пилёная** Sägefurnier n ‖ ~/**резаная** s. ~/ножевая ‖ ~/**строгания** gehobeltes Furnier n
фанера-переклейка f Furnierplattensperrholz n
фанерит m (Geol) phanerokristallines Gestein n
фанеритовый (Geol) phanerokristallin
фанерование n Furnieren n
фанеровка f Furnieren n
фанерокристаллический (Geol) phanerokristallin
фара f Scheinwerfer m ‖ ~/**авиационная** Flugzeugscheinwerfer m ‖ ~/**автомобильная** Kraftfahrzeugscheinwerfer m, Kfz-Scheinwerfer m, Autoscheinwerfer m, Hauptscheinwerfer m ‖ ~ **ближнего света** (Kfz) Abblendscheinwerfer m ‖ ~/**бортовая посадочная** (Flg) Bord-Landescheinwerfer m ‖ ~ **дальнего света** (Kfz) Fernlichtscheinwerfer m ‖ ~/**добавочная** (Kfz) Zusatzscheinwerfer m ‖ ~/**заднего хода** (Kfz) Rückfahrscheinwerfer m ‖ ~/**неослепляющая** (Kfz) blendfreier Scheinwerfer m ‖ ~/**поворотная (поисковая)** (Kfz) Suchscheinwerfer m ‖ ~/**посадочная** (Flg) Landescheinwerfer m ‖ ~/**противотуманная** (Kfz) Nebelscheinwerfer m ‖ ~/**рулёжная** (Flg) Rollscheinwerfer m ‖ ~/**самолётная** Flugzeugscheinwerfer m ‖ ~/**убирающаяся** (Kfz) versenkbarer Scheinwerfer m
фарад m Farad n, F (SI-Einheit der elektrischen Kapazität) ‖ ~ **на метр** Farad n je Meter, F/m
фарадей m (Ph) Faraday-Konstante f
фарадметр m (El) Kapazitätsmesser m

фарватер *m (Schiff)* Fahrwasser *n*; Fahrrinne *f* ‖ ~/**мелкий** flaches Fahrwasser *n* ‖ ~/**ограждённый** gekennzeichnetes (betonntes) Fahrwasser *n*
фаринатом *m (Lw)* Farinatom *m*, Kornprüfer *m*, Kornschneider *m*
фарингоскоп *m* Pharyngoskop *n*, Rachenspiegel *m*
фармаколит *m (Min)* Pharmakolith *m*
фармакология *f* Pharmakologie *f*, Arzneimittellehre *f*
фармакосидерит *m (Min)* Pharmakosiderit *m*, Würfelerz *n*
фармакотерапия *f* Pharmakotherapie *f*
фармакохимия *f* Pharmakochemie *f*, pharmazeutische Chemie *f*
фартук *m* 1. Schürze *f*; 2. *(Wkzm)* Schloßplatte *f*, Räderplatte *f*, Schürze *f*; 3. *(Lw)* Fangblech *n*, Spritztuch *n*, Pralltuch *n*, Prallwand *f*, Prallblech *n*, Schürze *f*
фарфор *m* Porzellan *n* ‖ ~/**бисквитный** Biskuit[porzellan] *n (unglasiert gutgebrannte Ware)* ‖ ~/**бытовой** Haushaltporzellan *n* ‖ ~/**высоковольтный** *(El)* Hochspannungsporzellan *n* ‖ ~/**декоративный** Zierporzellan *n* ‖ ~/**зегеровский** Seger-Porzellan *n* ‖ ~/**изоляторный** Isolatorenporzellan *n* ‖ ~/**костяной** Knochenporzellan *n* ‖ ~/**лабораторный** Labor[atoriums]porzellan *n* ‖ ~/**мягкий** Weichporzellan *n* ‖ ~/**радиотехнический** Hochfrequenzporzellan *n* ‖ ~/**санитарный** sanitäres Porzellan *n*, Sanitärporzellan *n* ‖ ~/**твёрдый** Hartporzellan *n* ‖ ~/**технический** technisches Porzellan *n* ‖ ~/**фриттовый** Frittenporzellan *n* ‖ ~/**хозяйственный** Wirtschaftsporzellan *n* ‖ ~/**художественный** Kunstporzellan *n* ‖ ~/**электроизоляционный (электротехнический)** elektrotechnisches Porzellan *n*, Elektroporzellan *n*
фарфоровидный porzellanartig, porzellanähnlich
фарфоровый Porzellan...
фарштуль *m (Bgb)* Fahrstuhl *m (Bohrung)*
фасад *m (Bw)* Fassade *f*, Front *f*, Vorderansicht *f* ‖ ~/**боковой** Seitenfront *f*, Seitenansicht *f* ‖ ~/**главный** Vorderfront *f* ‖ ~/**задний** Hinterfront *f*, Hinteransicht *f* ‖ ~/**передний** Vorderfront *f* ‖ ~/**торцовый** Giebelfront *f*, Stirnseite *f*
фасет *m* Facette *f*, Schleiffläche *f*
фаска *f (Fert)* Fase *f*; Abschrägung *f* ‖ ~/**внутренняя** Innenfase *f* ‖ ~/**направляющая** Führungsfase *f* ‖ ~/**наружная** Außenfase *f*
фасовать [Waren] abpacken; [Waren] abfüllen
фасовка *f* Abpacken *n*; Abfüllen *n (Waren)*
фасонирование *n (Wlz)* Profilieren *n* ‖ ~/**холодное** Kaltprofilieren *n*
фасонировать *(Wlz)* profilieren
фасонка *f (Bw)* Knotenblech *n*, Versteifungsblech *n (Stahlkonstruktionen)* ‖ ~ **связей** Knotenblech *n* des Querverbandes *(einer Brückenüberbaukonstruktion)*
фасонный Form..., Profil...
фассаит *m (Min)* Fassait *m (Pyroxen)*
фатерит *m (Min)* Vaterit *m (Karbonat)*
фау-зацепление *n (Masch)* V-Verzahnung *f*
фаут *m (Forst)* Holzfehler *m*
фаутовый *(Forst)* fehlerhaft, krank *(Holz)*
фахбаум *m (Hydt)* Fachbaum *m*
фахверк *m (Bw)* Fachwerk *n*

фацет *m (Typ)* Facette *f*
фацетирование *n (Typ)* Facettieren *n*
фация *f (Geol)* Fazies *f* ‖ ~/**абиссальная** abyssale Facies *f* ‖ ~/**батиальная** bathyale Fazies *f* ‖ ~/**геохимическая** geochemische Fazies *f* ‖ ~/**глинистая** Tonfazies *f* ‖ ~/**глубоководная** abyssische Fazies *f* ‖ ~/**зеленокаменная** Grünschieferfazies *f* ‖ ~/**известковая** Kalksteinfazies *f* ‖ ~/**континентальная** kontinentale (terrestrische) Fazies *f*, Landfazies *f* ‖ ~/**лагунная** lagunäre Fazies *f* ‖ ~/**ледниковая** glaziale Fazies *f* ‖ ~/**лимническая** *s.* ~/**озёрная** ‖ ~/**литоральная** *s.* ~/**прибрежная** ‖ ~/**мелководная** Flachseefazies *f*, Seichtwasserfazies *f* ‖ ~/**морская** Meeresfazies *f*, marine Fazies *f* ‖ ~/**наземная** Landfazies *f*, terrestrische Fazies *f* ‖ ~/**озёрная** Seefazies *f*, lakustrische (limnische) Fazies *f* ‖ ~/**пелагическая** pelagische Fazies *f* ‖ ~/**песчаная** Sandfazies *f*, sandige Fazies *f* ‖ ~/**пресноводная** Süßwasserfazies *f*, limnische Fazies *f* ‖ ~/**прибрежная** Strandfazies *f*, Küstenfazies *f*, Litoralfazies *f*, litorale Fazies *f* ‖ ~/**пустынная** aride Fazies *f*, Wüstenfazies *f* ‖ ~/**речная** fluviatile Fazies *f*, Flußfazies *f* ‖ ~/**угленосная** Kohlefazies *f*
фашина *f (Hydt)* Faschine *f* ‖ ~/**анкерная** Ankerfaschine *f*
фаялит *m (Min)* Fayalith *m (Eisenolivin)*
фаянс *m (Ker)* Fayence *f*; Steingut *n* ‖ ~/**бытовой** Haushaltsteingut *n* ‖ ~/**глинозёмный** Feuerton *m*, Tonsteingut *n* ‖ ~/**известковый (мягкий)** Kalksteingut *n*, Weichsteingut *n* ‖ ~/**полевошпатовый** Feldspatsteingut *n*, Hartsteingut *n* ‖ ~/**санитарный** Sanitärsteingut *n* ‖ ~/**твёрдый** *s.* ~/**полевошпатовый** ‖ ~/**хозяйственный** Wirtschaftssteingut *n*
фаянсовый Steingut...
фединг *m (Rf)* Fading *m(n)*, Schwund *m*, Schwunderscheinung *f (s. a. unter* замирание*)* ‖ ~/**избирательный** selektiver Fading (Schwund) *m*, Selektivschwund *m*
фейнштейн *m s.* файнштейн
фельдшпатид *m s.* фельдшпатоид
фельдшпатизация *f* Feldspatisierung *f*, Feldspatanreicherung *f (des Gesteins mit Feldspatneubildungen durch Injektion entsprechender Lösungen)*
фельдшпатоид *m (Min)* Feldspatoid *m*, Feldspatvertreter *m*, Foid *m*
фельзит *m (Geol)* Felsit *m*
фемто... femto... (= 10^{-15})
фемтометр *m (Kern)* Femtometer *n*, Fermi *n* (10^{-15} m)
фен *m* Fön *m*, elektrische Heißluftdusche *f*
фён *m (Meteo)* Fön *m*
фенакит *m (Min)* Phenakit *m*
фенгит *m (Min)* Phengit *m (Muskovit)*
фенил *m (Ch)* Phenyl *n (einwertiger Benzenrest)*
фениламин *m (Ch)* Phenylamin *n*, Anilin *n*, Aminobenzen *n*, Aminobenzol *n*
фенилбензол *m (Ch)* Phenylbenzen *n*, Phenylbenzol *n*, Diphenyl *n*
фенилирование *n (Ch)* Phenylierung *f*
фенилировать *(Ch)* phenylieren
фенилмочевина *f (Ch)* Phenylharnstoff *m*, Phenylcarbamid *n*

фенилсернокислый *(Ch)* ...phenylsulphat *n*; phenylschwefelsauer
фенилэтан *m (Ch)* Phenylethan *n* Ethylbenzen *n*, Ethylbenzol *n*,
фенокрист[алл] *m s.* вкрапленник
фенол *m (Ch)* Phenol *n*, Hydroxybenzen *n*, Hydroxybenzol *n* ‖ **~/многоатомный** mehrwertiges Phenol *n*, Polyphenol *n* ‖ **~/синтетический** synthetisches Phenol *n*, Synthesephenol *n*
феноловый *(Ch)* phenolisch; Phenol...
фенолсодержащий phenolhaltig
феномен *m* Phänomen *n*
феноменологический *(Ph)* phänomenologisch
favenoпласт *m* Phenoplast *m*, Phenolharz *n*
ферберит *m (Min)* Ferberit *m*, Eisenwolframit *m*
фергюсонит *m (Min)* Fergusonit *m (Mineral seltener Erden)*
ферма *f* 1. *(Bw)* Fachwerkträger *m*, Träger *m*, Tragwerk *n*; Binder *m (Dachkonstruktionen) (s. a. unter* балка*)*, 2. *(Lw)* Farm *f* ‖ **~/арочная** Bogenträger *m*, Bogenbinder *m* ‖ **~/арочная двухшарнирная** fachwerkartiger Zweigelenkbogen *m* ‖ **~/арочная серповидная** Fachwerksichelbogen *m* ‖ **~/балочная** Balkenbinder *m*, Balkenträger *m* ‖ **~/безраскосная** strebenloser Fachwerkträger *m*, Rahmenträger *m*, Vierendeelträger *m* ‖ **~/безраскосная арочная** Bogenbalkenträger *m* ‖ **~/вантовая** verankerter Hängeträger *m*, verankertes Hängetragwerk *n* ‖ **~/ветровая** Windträger *m* ‖ **~ Виренделя** *s.* ~/безраскосная ‖ **~/висячая** Hängeträger *m*, Hängetragwerk *n* ‖ **~/висячая распорная** *s.* ~/вантовая ‖ **~/гиперстатическая** statisch überbestimmter Träger *m* ‖ **~/главная** Hauptträger *m* ‖ **~/дважды статически неопределимая** zweifach statisch unbestimmter Träger *m* ‖ **~/двухраскосная (двухрешётчатая)** Fachwerkträger *m* mit einfach gekreuzten Streben ‖ **~/железобетонная** Stahlbetonbinder *m*, Stahlbetonträger *m* ‖ **~/животноводческая** Tierzuchtfarm *f* ‖ **~/звероводческая** Pelztierfarm *f* ‖ **~/клеёная** Holzleimbinder *m* ‖ **~/клёпаная** genieteter Träger *m* ‖ **~/консольная** Kragträger *m*, Auslegerträger *m* ‖ **~/консольно-балочная** Kragbalkenbinder *m*, Auslegerbalkenträger *m* ‖ **~ коробчатого сечения** Kastenträger *m*, zweiwandiger Träger *m* ‖ **~ крупного рогатого скота** Rinderfarm *f* ‖ **~/многораскосная (многорешётчатая)** Kreuzstreben-Fachwerkträger *m*, Fachwerkträger *m* mit mehrfach gekreuzten Streben ‖ **~/молочная** Milchfarm *f* ‖ **~/мостовая** Brückenträger *m* ‖ **~/неразрезная** durchgehender (durchlaufender) Träger *m* ‖ **~/неразрезная шарнирная балочная** durchlaufender Gelenkträger *m*, Gerberträger *m* ‖ **~/овцеводческая** Schafzuchtfarm *f* ‖ **~/одностенчатая** einwandiger Träger *m* ‖ **~/параболическая** Parabelträger *m* ‖ **~/плоская** ebenes Tragwerk *n* ‖ **~/подвесная** Hängeträger *n* ‖ **~/подстропильная** Unterzug *m*, Unterzugbinder *m* ‖ **~/полигональная** Polygonalträger *m*, Vieleckträger *m* ‖ **~ Полонсо/стропильная** *s.* ~/французская ‖ **~/полупараболическая** Halbparabelträger *m* ‖ **~/полураскосная** Halbstrebentträger *m*, K-Fachwerkbinder *m* ‖ **~/промежуточная стропильная** Zwischenbinder *m*, Freigebinde *n* ‖ **~/пространственная** räumliches Fachwerk *n* ‖ **~/птицеводческая** Geflügelfarm *f* ‖ **~/рамная** *s.* ~/безраскосная ‖ **~/раскосная** Ständerfachwerkträger *m* ‖ **~/распорная** Fachwerkträger *m* mit Horizontalschub *(Sammelbegriff für Bogenträger)* ‖ **~/решётчатая** Fachwerkträger *m*, Fachwerkbinder *m* ‖ **~ с двумя балками/висячая** zweifaches Hängewerk *n* ‖ **~ с дополнительными шпренгелями** *s.* ~/шпренгельная ‖ **~ с ездой поверху [/мостовая]** Tragwerk *n* mit obenliegender Fahrbahn *(Brückenbau)* ‖ **~ с ездой понизу [/мостовая]** Tragwerk *n* mit untenliegender (versenkter) Fahrbahn *(Brückenbau)* ‖ **~ с ездой посредине [/мостовая]** Tragwerk *n* mit halbversenkter Fahrbahn *(Brückenbau)* ‖ **~ с затяжкой/арочная** Bogenträger *m* mit aufgehobenem Horizontalschub ‖ **~ с затяжкой/стропильная** Vollbinder *m*, Vollgesperre *n* ‖ **~ с криволинейными поясами** Träger *m* mit gekrümmtem Gurt ‖ **~ с параболическими поясами** Parabelträger *m* ‖ **~ с параллельными поясами** Parallelträger *m* ‖ **~ с параллельными поясами/трёхпоясная** Paralleldreigurtträger *m* ‖ **~ с полураскосной решёткой** *s.* ~/полураскосная ‖ **~ с ромбической решёткой** Rautenträger *m*, Rautenfachwerk *n* ‖ **~/сборная** vorgefertigter Binder *m* ‖ **~/сварная** geschweißter Binder *m* ‖ **~/свиноводческая** Schweinefarm *f* ‖ **~/сегментная** Bogensehnenträger *m*, Segmentträger *m* ‖ **~/серповидная арочная** Sichelbogenträger *m* ‖ **~/сквозная** Fachwerkträger *m*, Fachwerkbinder *m* ‖ **~/сквозная арочная** Fachwerkbogenträger *m* ‖ **~/сквозная балочная** Fachwerkbalkenträger *m* ‖ **~ со сплошной стенкой/арочная** Vollwandbogenbinder *m* ‖ **~/составная** zusammengesetzter Träger (Binder) *m* ‖ **~/сплошная** Vollwandträger *m*, Vollwandbinder *m* ‖ **~/статически неопределимая** statisch unbestimmter Träger *m* ‖ **~/стропильная** Dachbinder *m*, Binder *m* ‖ **~/тормозная** Bremsträger *m (Eisenbahnbrücken)* ‖ **~/треугольная** Dreieckträger *m*, Dreieckbinder *m* ‖ **~/трёхпоясная сквозная** dreigurtiger Fachwerkträger *m* ‖ **~/трёхраскосная (трёхрешётчатая)** Fachwerkträger *m* mit doppelt gekreuzten Streben ‖ **~/французская** Polonceau-Träger *m*, Polonceau-Binder *m* ‖ **~/шарнирная** Gelenkträger *m* ‖ **~/шпренгельная** unterspannter Träger *m*
фермент *m (Ch)* Ferment *n*, Enzym *n* ‖ **~/липолитический** fettspaltendes Ferment *n*, Lipase *f* ‖ **~/окислительный** Oxidationsferment *n*, Oxydase *f*
ферментативный *(Ch)* fermentativ, enzymatisch, Ferment..., Enzym...
ферментация *f (Ch)* Fermentation *f*, Fermentierung *f*
ферментёр *m (Ch)* Fermenter *m*, Gärbottich *m*
ферментировать *(Ch)* fermentieren
ферментология *f* Fermentchemie *f*, Enzymologie *f*
ферми-взаимодействие *n (Ph)* Fermi-Wechselwirkung *f*
ферми-газ *m (Ph)* Fermi-[Dirac-]Gas *n*
ферми-граница *f s.* ферми-уровень

физика

ферми-жидкость f (Ph) Fermi-Flüssigkeit f
фермий m (Ch) Fermium n, Fm
фермион m (Kern) Fermion n, Fermi-Teilchen n
ферми-оператор m (Ph) Fermi-Operator m
ферми-резонанс m (Ph) Fermi-Resonanz f, Resonon n
ферми-сфера f (Ph) Fermi-Kugel f
ферми-уровень m (Ph) Fermi-Niveau n, Fermi-Kante f, Fermische Grenzenergie f
ферми-частица f s. фермион
фермовоз m (Bw) Spezialfahrzeug n für Dachbinder
фернико n Fernico n (Eisen-Nickel-Cobalt-Legierung)
ферон m (Ch) Pheron n, Apoferment n
феррат m (Ch) Ferrat n, Ferrat(VI) n
ферригранат m (Min) Eisengranat m
ферримагнетизм m (Ph) Ferrimagnetismus m
ферримагнетик m (Ph) Ferrimagnetikum n
феррит m 1. (Ch) Ferrit n, Ferrat(III) n; 2. (Met) Ferrit m (Eisen-Mischkristall); 3. Ferrit n (keramischer Magnetwerkstoff); 4. (Min) Ferrit m ‖ ~/**магнитомягкий** (Met) weichmagnetischer Ferrit m ‖ ~/**магнитотвёрдый** (Met) hartmagnetischer Ferrit m
ферритный ferritisch
ферритовый Ferrit...
феррито-перлитный (Met) ferritisch-perlitisch
ферритунгстит m (Min) Ferritungstit m (sekundäres Wolframmineral)
феррицианид m (Ch) Hexazyanoferrat(III) n
ферришпинель f (Min) Eisenspinell m
ферроалюминий m Ferroaluminium n
феррованадий m Ferrovanadium n
ферровольфрам m Ferrowolfram n
феррогранат m Ferrogranat m (Ferrit mit Granatstruktur)
феррограф m (El, Meß) Ferrograph m
фрродиэлектрик m (El) Ferrodielektrikum n, ferrodielektrischer Stoff m
ферромагнетизм m Ferromagnetismus m
ферромагнетик m Ferromagnetikum n, ferromagnetischer Stoff m ‖ ~/**оксидный** ferromagnetischer Oxidwerkstoff m, Ferrit m ‖ ~/**порошкообразный** pulverförmiges Ferromagnetikum n
ферромагнитный ferromagnetisch
ферромарган[ец] m Ferromangan n
феррометр m (El, Meß) Ferrometer n
ферромолибден m Ferromolybdän n
ферроникель m Ferronickel n
ферропорошковый Magnetpulver...
феррорезонанс m (El) Ferroresonanz f, ferromagnetische Resonanz f
ферросилиций m Ferrosilicium n
ферросплав m (Met) Ferrolegierung f ‖ ~/**брикетированный** Ferrolegierungsbrikett n
феррохром m Ferrochrom n
ферроцианид m (Ch) Hexazyanoferrat(II) n
ферроэлектрик m Ferroelektrikum n
ферроэлектрический ferroelektrisch
ферроэлектричество n Ferroelektrizität f, Seignetteelektrizität f
ФЗТ s. труба/фотографическая зенитная
фибра f Vulkanfiber f, Fiber f
фибриллярный fibrillär, Fibrillar..., Fibrillen...
фибробетон m (Bw) Faserbeton m
фиброзный fibrös, faserig

фиброферрит m (Min) Fibroferrit m
фигура f Figur f, Gestalt f (s. a. unter фигуры) ‖ ~ **высшего пилотажа** Kunstflugfigur f ‖ ~ **вытеснения** (Ph) Verdrängungsfigur f ‖ ~ **давления** (Krist) Druckfigur f ‖ ~ **интерференции** s. ~/**коноскопическая** ‖ ~/**интерференционная** s. ~/**коноскопическая** (Krist) Konoskopbild n, Interferenzfigur f ‖ ~ **Лихтенберга** (El) Lichtenberg-Figur f, Lichtenbergsche Figur f ‖ ~/**мнимая** (Math) imaginäre Figur f ‖ ~/**обратная полюсная** (Krist) inverse (reziproke) Polfigur f ‖ ~/**пилотажная** Flugfigur f ‖ ~/**полюсная** (Krist) Polfigur f ‖ ~/**порошковая** Pulverfigur f ‖ ~/**сигнальная** (Schiff) Signalkörper m ‖ ~/**топовая** (Schiff) Toppzeichen n (an Seezeichen) ‖ ~ **удара** (Krist) Schlagfigur f
фигуры fpl ~/**видманштеттеновы** (Krist) Widmannstättensche Figuren fpl, Widmannstättensches Gefüge n ‖ ~ **Лиссажу** (Krist) Lissajous-Figuren fpl, Lissajoussche Figuren fpl, Lissajous-Bahnen f/pl ‖ ~ **травления** (Krist) Ätzbild n, Ätzfigur f ‖ ~ **Хладни [/звуковые]** (Ak) Chladnische Klangfiguren fpl
фидер m 1. (El) Speiseleitung f, Energieversorgungsleitung f, Feeder m; 2. (Glas) Speiser m (Speisermaschine); 3. Brennstoffspeisevorrichtung f (Feuerungstechnik); 4. (Schiff) Füllschacht m ‖ ~/**антенный** Antennenspeiseleitung f ‖ ~/**волноводный** (Rf) Hohlleiterspeiseleitung f ‖ ~/**высокочастотный** (El) Hochfrequenzspeiseleitung f ‖ ~/**главный** (El) Hauptspeiseleitung f ‖ ~/**двухпроводной** (El) Zweidrahtspeiseleitung f ‖ ~/**кольцевой** (El) Ringspeiseleitung f ‖ ~/**короткозамкнутый** (El) Kurzschlußspeiseleitung f ‖ ~/**магистральный** (Eb) Hauptspeiseleitung f, Hauptversorgungsleitung f ‖ ~/**обратный (отсасывающий)** (El) Rückspeiseleitung f ‖ ~ **питания** s. фидер 1. ‖ ~ **питания с берега** (Schiff) Landanschlußleitung f ‖ ~/**питательный (питающий)** s. фидер 1. ‖ ~/**тупиковый** (El) Stichspeiseleitung f ‖ ~/**четырёхпроводной** (El) Vierdrahtspeiseleitung f ‖ ~/**экранированный** (Rf) abgeschirmte Speiseleitung f
физика f Physik f ‖ ~/**атомная** Atomphysik f ‖ ~ **вакуума** Vakuumphysik f ‖ ~ **высоких давлений** Physik f hoher Drücke, Hochdruckphysik f ‖ ~ **высоких температур** Hochtemperaturphysik f ‖ ~ **высоких частот** Hochfrequenzphysik f, HF-Physik f ‖ ~ **высоких энергий** Hochenergiephysik f, hochenergetische Kernphysik f ‖ ~/**галактическая** Physik f der Galaxis ‖ ~ **горных пород** Gesteinsphysik f ‖ ~ **грунтов** Bodenphysik f ‖ ~ **Земли** Physik f der Erde, Geophysik f ‖ ~ **излучений** Strahlungsphysik f ‖ ~ **ионосферы** Ionosphärenphysik f ‖ ~/**квантовая** Quantenphysik f ‖ ~ **коллоидов** Kolloidphysik f ‖ ~ **кристаллов** Kristallphysik f ‖ ~/**мезонная** Mesonphysik f ‖ ~ **металлов** Metallphysik f ‖ ~/**молекулярная** Molekularphysik f ‖ ~/**нейтронная** Neutronenphysik f ‖ ~ **низких давлений** Physik f niedriger Drücke f, Niederdruckphysik f ‖ ~ **низких температур** Tieftemperaturphysik f ‖ ~ **плазмы** Plasmaphysik f ‖ ~ **полупроводников** Halbleiterphysik f ‖ ~/**прикладная** angewandte Physik f ‖ ~ **сверхвысоких энергий** Höchstenergiephysik f ‖

физика

~/солнечная Sonnenphysik f ‖ ~ Солнца Sonnenphysik f ‖ ~/статистическая statistische Physik f, Statistik f, mechanische Physik f ‖ ~/строительная Bauphysik f ‖ ~ твёрдого тела Festkörperphysik f ‖ ~/теоретическая theoretische Physik f ‖ ~ тепла Wärmephysik f ‖ ~ течения Strömungsphysik f ‖ ~ трения Reibungsphysik f, Tribophysik f ‖ ~/экспериментальная Experimentalphysik f ‖ ~/электронная Elektronenphysik f ‖ ~ элементарных частиц Elementarteilchenphysik f, Physik f der Elementarteilchen ‖ ~/ядерная Kernphysik f

физико-химический physikochemisch, physikalisch-chemisch

физикохимия f physikalische Chemie f, Physikochemie f

фиксаж m (Photo) Fixierbad n, Fixierlösung f ‖ ~/быстроработающий s. ~/быстрый ‖ ~/быстрый schnell arbeitendes Fixierbad n, Schnellfixierbad n ‖ ~/дубящий Härtefixierbad n, gerbendes (härtendes) Fixierbad n ‖ ~/кислый saures Fixierbad n ‖ ~/обыкновенный (простой) neutrales (nicht angesäuertes) Fixierbad n ‖ ~/отбеливающий Bleichfixierbad n

фиксанал m (Ch) Urtitersubstanz f

фиксатив m (Ch) Fixativ n

фиксатор m 1. Feststeller m, Klemmvorrichtung f; Halterung f, Halter m; 2. Riegel m, Raste f; 3. Arretiervorrichtung f; 4. Montagehalterung f; 5. Sicherung f (z. B. für Gießformen oder Kerne); 6. Einstellsicherung f (für Waagen); 7. (Ch) Fixierungsmittel n, Fixierungsflüssigkeit f; 8. (Schiff) Containerhalterung f (Containerzurrung am Süll); 9. (El) Halteschaltung f ‖ ~ арматуры (Bw) Abstandhalter m (Bewehrung) ‖ ~ контактного провода (El, Eb) Seitenhalter m (Fahrleitung) ‖ ~ нулевого положения Nullstellsicherung f (Wägetechnik)

фиксация f Feststellen n, Fixieren n; Arretierung f; (Lw) Festlegung f (von Nährstoffen; Bodenkunde) ‖ ~ азота (Lw) Stickstoffestlegung f, Stickstoffimmobilisation f, Stickstoffbindung f ‖ ~ в автоклаве (Text) Autoklavfixierung f ‖ ~/влажно-тепловая (Text) Hydrothermofixierung f ‖ ~ контактным нагревом (Text) Kontakthitzefixierung f ‖ ~ положения Lagefixieren n ‖ ~ уровня белого (TV) Weißpegelhaltung f, Weißwerthaltung f ‖ ~ уровня чёрного (TV) Schwarzpegelhaltung f, Schwarzwerthaltung f

фиксирование n s. фиксация

фиксировать feststellen, fixieren ‖ ~ полностью (Photo) ausfixieren

филдистор m (Eln) Feld[effekt]transistor m, FET, Unipolartransistor m, Fieldistor m

филёнка f (Bw) Füllung f (in Holztüren, Zwischenwänden, Paneelen)

филетирование n Filetieren n (Fischverarbeitung)

филетировать filetieren (Fischverarbeitung)

филетировка f s. филетирование

филлипсит m (Min) Phillipsit m (Garbenzeolith)

филлит m (Geol) Phyllit m (kristalliner Schiefer)

филлосиликаты mpl (Min) Phyllosilikate npl

фильера f 1. (Text) Spinndüse f (Chemiefaserherstellung); 2. (Kst) Gießtrichter m; 3. (Kst) Mundstück n (einer Spritzmaschine); 4. (Umf) Düse f, Ziehdüse f, Ziehring m ‖ ~/вращающаяся (Text) Drehdüse f ‖ ~/дутьевая Blasdüse f (zur Glasfaserherstellung) ‖ ~/кольцевая (Photo) Ringgießer m ‖ ~/льющая (Photo) Auslaufgießer m ‖ ~/мажущая (Photo) Abstreifgießer m ‖ ~/трёхточная (Photo) Dreipunktgießer m ‖ ~/щелевая (Photo) Schlitzgießer m ‖ ~/щелевидная Schlitzdüse f

фильеродержатель m (Umf) Düsenhalter m, Düsenlager n (Ziehen)

фильм m (Kine) Film m ‖ ~/документальный Dokumentarfilm m ‖ ~/дублированный synchronisierter Film m ‖ ~/звуковой Tonfilm m ‖ ~/короткометражный Kurzfilm m ‖ ~/мультипликационный Trickfilm m ‖ ~/научно-популярный populärwissenschaftlicher Film m ‖ ~/немой Stummfilm m ‖ ~/полнометражный abendfüllender Film m ‖ ~ с магнитной фонограммой/звуковой Tonfilm m mit Magnettonspur ‖ ~ с оптической фонограммой/звуковой Tonfilm m mit Lichttonspur ‖ ~/телевизионный Fernsehfilm m ‖ ~/узкоплёночный Schmalfilm m ‖ ~/учебный Lehrfilm m ‖ ~/художественный Spielfilm m ‖ ~/цветной Farbfilm m ‖ ~/широкоформатный Breitfilm m, Normalfilm m ‖ ~/широкоэкранный Breitwandfilm m

фильмопроизводство n (Kine) Filmproduktion f

фильмотека f Filmarchiv n

фильтр m Filter n, (Eln, Nrt auch:) Sieb n ‖ ~/абсорбционный (Opt) Absorptionsfilter n ‖ ~/активный (Rf) aktives Filter n ‖ ~/акустический akustisches Filter n ‖ ~/амплитудный (Rf) Amplitudenfilter n, Amplitudensieb n ‖ ~/анионитовый (Ch) Anionenaustauschfilter n, Anionenaustauscher m ‖ ~/антенный разделительный Antennenweiche f ‖ ~/аподизирующий (Opt) Apodisationsfilter n ‖ ~/асбестовый Asbestfilter n ‖ ~/бактериальный (Ch) bakteriendichtes Filter n, Bakterienfilter n ‖ ~/барабанный (Ch) Trommelfilter n ‖ ~/барабанный ячейковый Trommelzellenfilter n ‖ ~/беззольный aschefreies Filter n ‖ ~/безнапорный druckloses Filter n (Kesselwasseraufbereitung) ‖ ~/биологический biologisches Filter n, Biofilter n (Abwasserreinigung) ‖ ~/бумажный Papierfilter n ‖ ~/быстродействующий (Ch) Schnellfilter n ‖ ~ в основной линии Hauptstromfilter n ‖ ~ в ответвлении Nebenstromfilter n ‖ ~/вакуум-барабанный Drehfilter n ‖ ~/вакуумный Vakuumfilter n ‖ ~/верхних частот (Rf) Hochpaßfilter n, Hochpaß m, HP ‖ ~/водопроводный Wasserreinigungsfilter n, Wasseraufbereitungsfilter n (Trink- und Industriewasseraufbereitung) ‖ ~/водяной Wasserfilter n, Wasserreiniger m ‖ ~/воздушный Luftfilter n, Luftreiniger m ‖ ~/волноводный (Rf) Wellenleiterfilter n; Hohlleiterfilter n ‖ ~/волновой (Rf) Wellenfilter n, Wellensieb n ‖ ~/вращающийся (Ch) Drehfilter n ‖ ~/всасывающий Saugfilter n ‖ ~/всечастотный s. ~/фазовый ‖ ~/входной (Rf) Eingangsfilter n ‖ ~/выравнивающий (Eln) Ausgleichfilter n ‖ ~/высокоизбирательный (Opt) hochselektives Filter n ‖ ~ высокой частоты s. ~ верхних частот s. ‖ ~/выходной (El) Ausgangsfilter n ‖ ~ гармоник (El) Oberwellenfilter n ‖ ~/глубинный Tiefenfilter n ‖ ~/гравийный (Ch) Kiesfilter n ‖ ~/гребенчатый (El) Kammfil-

фильтр

ter *n* II ~ **грубой очистки** Grobfilter *n* (für technisch reines Wasser) II ~/**двойной** (El) Doppelsieb *n* II ~/**двухзвенный** (El) zweigliedriges Sieb *n* II ~/**двухконтурный** (Rf) Zweikreisfilter *n*, zweikreisiges Filter *n* II ~/**двухпоточный** Gegenstromfilter *n* (Kesselwasseraufbereitung) II ~/**двухрезонаторный** (Rf) Doppelresonatorfilter *n* II ~/**диатомитовый намывной** Kieselguranschwemmfilter *n* (Brauerei) II ~/**дисковый** Scheibenfilter *n* II ~/**дихроичный** (Opt) dichroitisches Filter *n* II ~/**доочистной** (Schiff) Nachschaltfilter *m* (Bilgenwasserentöler) II ~/**дополнительный** Zusatzfilter *n*, zusätzliches Filter *n*, Nachfilter *n* II ~/**дроссельный** (Nrt) Drosselkette *f* II ~/**желатиновый** (Opt) Gelatinefilter *n* II ~/**жёлтый** (Opt) Gelbfilter *n* II ~/**забивной** (Hydt) Steckfilter *n* ~ **забортной воды** (Schiff) Seewasserfilter *n* II ~/**заграждающий** (Nrt) Sperr[kreis]filter *n*, Sperrsieb *n*, Bandsperre *f* II ~/**заграждающий полосовой** Bandsperrfilter *n*, Bandsperre *f* II ~/**закрытый** geschlossenes Filter *n* II ~/**защитный** (Opt) Schutzfilter *n* II ~/**зелёный** (Opt) Grünfilter *n* II ~/**зональный** (Opt) Bereichsfilter *n* II ~/**избирательный** (El) Selektivfilter *n*, selektives Filter *n* II ~/**импульсный** (El) Impulssieb *n* II ~/**индуктивно-ёмкостный** (Rf) LC-Filter *n*, LC-Siebglied *n* II ~/**интегральный аналоговый** (El) analog-integriertes Filter *n* II ~/**интерференционный** (Opt) Interferenzfilter *n* II ~/**ионитовый** (Ch) Ionenaustauschfilter *n*, Ionenaustauscher *m* II ~/**канальный** (Rf) Kanalfilter *n* II ~/**карманный** (Ch) Sackfilter *n*, Beutelfilter *n* II ~/**катионитовый** (Ch) Kationenaustauschfilter *n*, Kationenaustauscher *m* II ~/**Н-катионитовый** (Ch) Wasserstoff[ionen]austauschfilter *n*, Wasserstoffaustauscher *m*, H-Austauscher *m* II ~/**кварцевый** Quarzfilter *n* II ~/**керамический** Keramikfilter *n* II ~/**коаксиальный** (El) Koaxialfilter *n* II ~/**коксовый** (El) Koksfilter *n* II ~/**компенсационный** (Opt) Kompensationsfilter *n* II ~/**конденсаторный** (Nrt) Kondensatorkette *f*, Kondensatorleitung *f* II ~/**контактный** (Ch) Kontaktfilter *n* II ~/**корректирующий** (En) Korrekturfilter *n* II ~/**красный** (Opt) Rotfilter *n* II ~/**ленточный** (Ch) Bandfilter *n* II ~/**линейный** (El) 1. Leitungsfilter *n*; 2. lineares Filter *n* II ~ **Лио** (Opt) Lyot-Filter *n* II ~/**листовой** (Ch) Blattfilter *n* II ~/**масляный** Ölfilter *n* II ~/**медленный** (Ch) Langsamfilter *n* II ~/**мембранный** (Ch) Membranfilter *n* II ~/**механический** mechanisches Filter *n*, Feststoffabscheider *m* II ~/**мешковый** *s*. ~/**карманный** II ~/**многозвенный** (Rf) mehrgliedriges Filter *n*, Siebkette *f*, Filterkette *f* II ~/**многоконтурный** (Rf) Mehrkreisfilter *n* II ~/**многослойный** (Ch) Vielschichtfilter *n*, vielagiges Filter *n* II ~/**многослойный диэлектрический** (Opt) dielektrisches Vielfachschichtfilter *n* II ~/**многослойный полосовой** (Opt) Vielfachschichtbandfilter *n* II ~/**мостиковый (мостовой)** (El) Brückenfilter *n* II ~/**намывной** Anschwemmfilter *n* II ~/**напорный** Druckfilter *n* II ~/**насыщающийся** (Bgb) sättigbares Filter *n* II ~/**нейтральный** (Opt) Graufilter *n*, Neutralfilter *n* II ~/**нелинейный** (El, Opt) nichtlineares Filter *n* II ~/**неполнопоточный** Teilstromfilter *n* II ~/**непрерывно действующий** kontinuierliches Filter *n* II ~ **нижних частот** (Rf) Tiefpaßfilter *n*, Tiefpaß *m*, TP II ~/**обеспложивающий** Entkeimungsfilter *n*; (Brau) EK-Schichtenfilter *n* II ~/**обратный** (Hydt) Schutzschichtfilter *n* II ~/**объёмный** (Rf) Hohlraumfilter *n* II ~/**однозвенный** (Rf) eingliedriges Filter *n* II ~/**однополосный** Einbandfilter *n* II ~/**октавный** (Rf) Oktavfilter *n*, Oktavsieb *n* II ~/**оптический** optisches Filter *n* II ~/**осветляющий** (Ch) Klärfilter *n* II ~/**ослабляющий** (Opt) Schwächungsfilter *n*, Dämpfungsfilter *n* II ~/**основной** (Eln) Grundfilter *n* II ~/**откосный** (Hydt) Böschungsschutzschichtfilter *n* II ~/**оттенённый** (Opt) Verlauffilter *n* II ~ **очистки масла** (Kfz) Ölfilter *n* II ~/**пароочистительный** Dampffilter *n* II ~/**пассивный** (Rf) passives Filter *n* II ~/**патронный** (Ch) Patronenfilter *n* II ~/**песочный** (Ch) Sandfilter *n* II ~/**питательной воды** Speisewasserfilter *n* II ~ **питьевой воды** Trinkwasserfilter *n* II ~/**пластинчатый** (Ch) Schichtenfilter *n*, Plattenfilter *n* II ~/**плоский** (Opt) Planfilter *n* II ~/**поверхностный** Oberflächenfilter *n* II ~/**поглощающий** (Opt) Absorptionsfilter *n* II ~/**погружной** Tauchfilter *n* II ~/**полосный** *s*. ~/**полосовой** II ~/**полосовой** 1. (Rf) Band[paß]filter *n*, Bandpaß *m*, BF; 2. (Opt) Bandfilter *n* II ~/**поляризационный** (Opt) Polarisationsfilter *n*, Filterpolarisator *m* II ~/**помехоподавляющий** (Eln) Rauschfilter *n*, Störschutzfilter *n* II ~/**пористый** (Ch) Porenfilter *n* II ~/**порошковый металлический** Sintermetallfilter *n* (Pulvermetallurgie) II ~/**предварительный** Vorfilter *n* II ~/**приёмный** (Rf) Empfangsfilter *n*, Empfangssieb *n* II ~/**пропускающий** (Rf) Durchlaßfilter *n*, Durchgangsfilter *n* II ~/**пропускающий полосовой** *s*. ~/**полосовой** II ~/**простой** (El) einfaches Filter *n*, Einfachsieb *n* II ~/**пространственный** (Opt) Raumfilter *n*, räumliches Filter *n* II ~ **пространственных частот** (Opt) Raumfrequenzfilter *n* II ~/**противопомеховый** (Rf) Störschutzfilter *n* II ~/**пьезокварцевый** (El) Piezoquarzfilter *n* II ~/**пьезокерамический** (El) Piezokeramikfilter *n*, piezokeramisches Filter *n* II ~/**радиочастотный** (El) Hochfrequenzfilter *n* II ~/**разветвительный (разветвляющий)** (El) Abzweigfilter *n* II ~/**разделительный** (Rf) Frequenzweiche *f*, Trennfilter *n* II ~/**рамный** (Ch) Rahmenfilter *n* II ~/**регенеративный** (Opt) Entzerrungsfilter *n* II ~/**резистивно-ёмкостный** (Rf) RC-Filter *n* II ~/**резонансный** (Rf) Resonanzfilter *n* II ~ **рентгеновских лучей** Röntgen[strahlen]filter *n* II ~/**рециркуляционный** Rückumlauffilter *n* II ~/**рукавный** (Ch) Schlauchfilter *n* II ~/**самоочищающийся [масляный]** Selbstreinigungsfilter *n* II ~/**световой** Lichtfilter *n*, optisches Filter *n* II ~/**свечевой** (Ch) Kerzenfilter *n* II ~/**сглаживающий** (Rf) Glättungsfilter *n* II ~/**селективный** (Opt) Farbauszugfilter *n* II ~/**сетевой** (Rf) Netzfilter *n*, HF-Filter *n* II ~/**сетчатый** (Ch) Siebfilter *n* II ~ **системы Келли** (Ch) Kelly-Filter *n*, Kelly-Filterpresse *f* II ~/**скважинный** (Bgb) Bohrlochfilter *n* II ~/**складчатый** (Ch) Faltenfilter *n* II ~/**скорый** (Ch) Schnellfilter *n* II ~/**сливной** Rücklauffilter *n* II ~/**сталестружечный** Stahlspänefilter *n* (zur Desoxidation des aufzubereitenden Kesselwas-

фильтр

sers) ‖ ~/**стеклянный** Glasfilter *n* ‖ ~/**стерилизационный** *(Ch)* Sterilfilter *n* ‖ ~/**сухой** Trockenfilter *n* ‖ ~/**теплозащитный** Wärmefilter *n* ‖ ~/**тонкий** Feinfilter *n* ‖ ~/**топливный** Kraftstofffilter *n (Verbrennungsmotoren)* ‖ ~/**трансверсальный** Transversalfilter *n* ‖ ~/**трубный** *(Hydt)* Filterrohr *n*; Filterrohr *n* ‖ ~/**угольный** Kohlefilter *n* ‖ ~/**угольный обезмасливающий** Entölungskohlefilter *n (zur Entölung des Kesselspeisewasser durch Aktivkohle)* ‖ ~/**узкополосный** *(Rf)* Schmalbandfilter *n*, Schmalbandsperre *f* ‖ ~/**ультратонкий** *(Ch)* Ultrafein[st]filter *n* ‖ ~/**фазовый** *(Rf)* Allpaßfilter *n*, Allpaß *m* ‖ ~/**фазовыравнивающий** *(Rf)* Phasenausgleichfilter *n* ‖ ~/**цветной** *(Opt)* Farbfilter *n* ‖ ~/**цветоделительный** Farbauszugsfilter *n*, Farbfilter *n* ‖ ~/**цепочечный** *s.* ~/**многозвенный** ‖ ~/**частотно-селективный** *(Rf)* frequenzselektives Filter *n* ‖ ~/**частотный** *(Rf)* Frequenzfilter *n*, Frequenzsieb *n* ‖ ~/**частотный разделительный** Frequenzweiche *f* ‖ ~/**чебышевский** Tschebyschew-Filter *n* ‖ ~/**широкополосный** *(Rf)* Breitbandfilter *n* ‖ ~/**шумовой** *(El)* Rauschfilter *n*; Geräuschsperre *f* ‖ ~/**щелевой** *(Ch)* Spaltfilter *n* ‖ ~/**электрический** 1. elektrisches Filter (Sieb) *n*; 2. Elektrofilter *n (Gasreinigungsanlage; s. a.* электрофильтр*)* ‖ ~/**элементарный** *(El)* Grundfilter *n*, Grundsieb *n* ‖ ~/**ячейковый** *(Ch)* Zellenfilter *n*
LC-фильтр *m (Rf)* LC-Filter *n*
фильтрат *m (Ch)* Filtrat *n*
фильтрация *f* 1. Filtrierung *f*, Filtern *n*, Filtration *f*; Reinigung *f*; 2. *(Hydt)* Sickern *n*, Versickerung *f*; 3. *(El, Nrt)* Filterung *f*, Siebung *f*; 4. Läutern *n*, Läuterung *f (Aufbereitung)* ‖ ~ **верхних частот** *(El)* Hochpaßfilterung *f* ‖ ~/**горячая** Heißfiltration *f* ‖ ~/**калмановская** *(Astr)* Kalmann-Filterung *f* ‖ ~/**оптическая** optisches Filterverfahren *n* ‖ ~/**осветляющая** *(Hydt)* Klärfiltration *f* ‖ ~/**поверхностная** Oberflächenfiltration *f* ‖ ~/**предварительная** Vorfiltration *f* ‖ ~ **тепла** Wärmefilterung *f* ‖ ~/**центробежная** Zentrifugalfiltration *f*
фильтр-влагоотделитель *m* Filter-Flüssigkeitsabscheider *m*
фильтр-маска *(Photo)* Maskenfilter *n*
фильтр-масса *f (Ch)* Filtermasse *f*, Filtrationsmasse *f*
фильтрование *n s.* фильтрация
фильтровать 1. filtrieren, filtern; seihen; abklären; 2. *(Rf)* sieben; 3. *(Hydt)* sickern; 4. läutern *(Aufbereitung)*
фильтр-палец *m (Ch)* Filterkerze *f*
фильтр-пресс *m (Ch)* Filterpresse *f* ‖ ~/**камерный** Kammerfilterpresse *f* ‖ ~/**масляный** Ölfilterpresse *f* ‖ ~/**рамный** Rahmen[filter]presse *f*
фильтр-сгуститель *m (Ch)* Eindickfilter *n*, Filtereindicker *m*
фильтр-ткань *f* Filtertuch *n*, Filtergewebe *n*
фильтруемость *f (Ch)* Filtrierbarkeit *f*
фильтр-чан *m (Ch)* Läuterbottich *m*
фильц-каландр *m (Text)* Filzkalander *m*
ФИМ *s.* модуляция/фазово-импульсная
финишер *m (Bw)* Ausgleichmaschine *f*, Betonstraßenfertiger *m*

фиолетовый *m* Violett *n (Farbstoff)* ‖ ~/**метиловый** Methylviolett *n* ‖ ~/**хромовый** Chromviolett *n*
фиорд *m (Geol)* Fjord *m*
фирн *m (Geol)* Firn *m*, Firnschnee *m*
фирнизация *f (Geol)* Verfirnung *f*
фитиль *m* 1. Lunte *f*; 2. Docht *m* ‖ ~/**смазочный** *(Masch)* Schmierfilz *m*
фитинг *m* Fitting *n*, Rohrverbindungsstück *n*, Rohrverschraubungsstück *n (Sammelbegriff für Muffen, Winkelstücke, T-Stücke, Stopfen usw.)* ‖ ~ **из ковкого чугуна** Tempergußfitting *n* ‖ ~ **мостового типа** Brückenstück *n (Containerzurrung)* ‖ ~/**палубный** Einweiser *m (Containerzurrung)* ‖ ~/**угловой** Eckbeschlag *m*, Eckfitting *n (Container)*
фитокамера *f (Lw)* Phytotron *n*, Klimakammer *f*
фитостерин *m (Ch)* Phytosterin *n*, pflanzliches Sterin *n*
фитотоксический, фитотоксичный phytotoxisch, pflanzenschädigend
фитохимия *f* Phytochemie *f*, Chemie *f* der Pflanzenstoffe
фихтелит *m (Min)* Fichtelit *m (organisches Mineral)*
фишка *f (El)* Stecker *m*
фишлупа *f (Schiff)* Fischlupe *f*
ФК *s.* фотокатод
ФЛ *s.* фотолюминесценция
флавазин *m* Flavazin *n (Farbstoff)*
флаг *m* 1. Flagge *f*; Fahne *f*; 2. *(Eln)* Flag[-Flipflop] *m*, Bedingungsflipflop *m* ‖ ~/**облачный** *(Meteo)* Wolkenfahne *f* ‖ ~/**отходной** *(Schiff)* Auslaufflagge *f*, Blauer Peter *m* ‖ ~ **прерывания** *(Inf)* Interruptkennzeichen *n* ‖ ~/**сигнальный** Signalflagge *f* ‖ ~ **состояния** *(Inf)* Zustandskennzeichen *n* ‖ ~/**удобный** *(Schiff)* billige Flagge *f*, Billigflagge *f*
флаглинь *m (Schiff)* Flaggenleine *f*
флагман *m* Flaggschiff *n*
флаг-фал *m (Schiff)* Flaggleine *f*
флагшток *m (Schiff)* Flaggenstock *m*
флажок *m* 1. Fahne *f*, Fähnchen *n*; Flagge *f*; 2. *(Inf)* Flag *n*, Kennzeichen *n*; 3. *(El)* Hemmfahne *f*, Bremszunge *f (eines Elektrizitätszählers)*; 4. Schauzeichen *n (eines Melderelais)* ‖ ~ **аппаратных средств** *(Inf)* Hardware-Flag *n* ‖ ~ **«брак»** *(Inf)* Fail-Flag *n* ‖ ~ **программного обеспечения** *(Inf)* Software-Flag *n* ‖ ~/**семафорный** *(Schiff)* Winkflagge *f*
фланец *m (Masch)* Flansch *m*; Bund *m*; Ansatz *m* ‖ ~/**вакуумный** Vakuumflansch *m* ‖ ~ **вала** Wellenflansch *m* ‖ ~/**волноводный** *(El)* Wellenleiterflansch *m* ‖ ~/**впускной** *(Kfz)* Ansaugflansch *m (Verbrennungsmotor)* ‖ ~/**вращающийся** *s.* ~/**свободный** ‖ ~/**гладкий** glatter Flansch *m* ‖ ~/**глухой** Blindflansch *m*, Deckelflansch *m* ‖ ~/**дроссельный** Drosselflansch *m* ‖ ~/**завальцованный** Aufwalzflansch *m* ‖ ~/**зажимный** *(Wkzm)* Spannflansch *m* ‖ ~/**закрытый** geschlossener Flansch *m* ‖ ~/**затворный** *s.* ~/**глухой** ‖ ~ **катушки** *(Text)* Begrenzungsscheibe *f*, Stirnscheibe *f*, Seitenscheibe *f (der Spule)* ‖ ~ **корпуса** Gehäuseflansch *m* ‖ ~/**крепёжный** Befestigungsflansch *m* ‖ ~ **крышки** Deckelflansch *m* ‖ ~/**ложный** *(Wlz)* Gegenfuß *m* ‖ ~ **муфты** Kupplungsflansch *m* ‖

~/**неподвижный** fester Flansch *m* ‖ ~/**опорный** Druckflansch *m*, Stützflansch *m* ‖ ~/**открытый** offener Flansch *m* ‖ ~/**отогнутый** abgekanteter Flansch *m*, Bördelflansch *m* ‖ ~/**палубный** *(Schiff)* Decksflansch *m* ‖ ~ **патрубка** Rohrstutzenflansch *m* ‖ ~/**переборочный** *(Schiff)* Schottflansch *m* ‖ ~/**переходный** Reduzierflansch *m*, Übergangsflansch *m* ‖ ~/**поводковый** Mitnehmerflansch *m* ‖ ~ **подушки Краген** *m* des Einbaustückes *(Walzgerüst)* ‖ ~/**приварной** Schweißflansch *m* ‖ ~/**промежуточный** Zwischenflansch *m* ‖ ~/**свободно-глухой** Brillenflansch *m* ‖ ~/**свободный** loser Flansch *m*, Losflansch *m* ‖ ~/**соединительный** Verbindungsflansch *m*, Anschlußflansch *m* ‖ ~/**установочный** Befestigungsflansch *m*, Einbauflansch *m*, Aufnahmeflansch *m*

фланец-восьмёрка *m (Schiff)* Brillenflansch *m*
фланец-заглушка *m* Blindflansch *m*
фланк *m (Masch)* 1. zurückgenommene Flanke *f (Verzahnung)*; 2. s. фланкирование
фланкирование *n (Masch)* Flankierung *f*, Flankenrücknahme *f (Verzahnung)* ‖ ~ **зуба** Zahnflankenrücknahme *f*
фланцевание *n (Fert)* Bördeln *n*, Umbördeln *n (Rohre)*; Kümpeln *n (Kesselschüsse)*; Flanschen *n*, Anflanschen *n*
фланцевать *(Fert)* bördeln, umbördeln; kümpeln; flanschen, anflanschen
флаперон *m (Flg)* Wölbklappe *f*, Flaperon *n*
флаттер *m (Flg)* Flattern *n*, Flattererscheinung *f* ‖ ~/**двухстепенный** *s.* ~ **с двумя степенями свободы** ‖ ~/**изгибно-крутильный** Biegungs-Torsions-Flattern *n* ‖ ~/**изгибный** Biegungsflattern *n* ‖ ~/**крутильный** Torsionsflattern *n* ‖ ~ **крыла** Flügelflattern *n* ‖ ~ **несущего винта** Rotorflattern *n* ‖ ~/**панельный** Plattenflattern *n* ‖ ~ **при гиперзвуковых скоростях** Hyperschallflattern *n* (z. B. des Leitwerks) ‖ ~/**рулевой** Ruderflattern *n* ‖ ~ **с двумя степенями свободы** Doppelflattern *n*, Flattern *n* mit zwei Freiheitsgraden ‖ ~/**сверхзвуковой** Überschallflattern *n* ‖ ~/**срывной** Flattern *n* in abgerissener Strömung ‖ ~ **хвостового оперения** Leitwerksflattern *n* ‖ ~/**элеронный** Querruderflattern *n*
флегма *f* Rücklauf *m*, Phlegma *n (Destillation)*
флегматизатор *m* Phlegmatisator *m (Sprengstoffzusatz)*
флегматизация Phlegmatisierung *f (Sprengstoffe)*
флексография *f (Typ)* Flexodruck *m*
флексометр *m* Flexometer *n* ‖ ~ **Балли** Bally-Flexometer *n*
флексура *f (Geol)* Flexur *f*, Monokline *f* ‖ ~/**горизонтальная** horizontale Flexur *f*, Sigmoide *f*
флет *m (Schiff)* Ladeplatte *f*, Flat *f*
фликер-фотометр *m s.* фотометр/мигающий
фликер-шум *m (Rf)* Flickerrauschen *n*, Funkelrauschen *n*
фликер-эффект *m (Rf)* Flickereffekt *m*, Funkeleffekt *m*
флинт *m* Flint *n*, Flintglas *n* ‖ ~/**борный** Borflint *n* ‖ ~/**лёгкий** Leichtflint *n* ‖ ~/**тяжёлый** Schwerflint *n*
флиш *m (Geol)* Flysch *m*

флогопит *m (Min)* Phlogopit *m*, Magnesiaglimmer *m*
флокен *m (Met)* Flocke *f*, innerer Riß *m (im Stahl)*
флокенообразование *n (Met)* Flockenbildung *f (Stahl)*
флокеночувствительность *f (Met)* Flockenempfindlichkeit *f*, Neigung *f* zur Flockenbildung *(Stahl)*
флокметр *m (Text)* Füllstandsanzeiger *m*, Füllstandsmeßeinrichtung *f (Flockespeisung)*
флокс *m (Text)* Flox *m (Viskosestapelfaser)*
флокула *f* Flocke *f*
флокулировать [aus]flocken
флокулянт *m* Flockungsmittel *n*, Ausflockungsmittel *n*; Flockenbildner *m (Schwimmaufbereitung)*
флокуляция *f* Ausflockung *f*, Ausflocken *n*, Flokkung *f*
флор *m (Schiff)* Bodenwrange *f* ‖ ~/**бракетный** offene (gebaute) Bodenwrange *f* ‖ ~/**водонепроницаемый** wasserdichte Bodenwrange *f* ‖ ~/**интеркостельный** interkostale Bodenwrange *f* ‖ ~/**облегчённый** volle Bodenwrange *f* mit großen Erleichterungslöchern ‖ ~/**открытый** leichte Bodenwrange *f* ‖ ~/**проницаемый** nicht wasserdichte Bodenwrange *f* ‖ ~/**сплошной** volle Bodenwrange *f* ‖ ~/**транцевый** Transomplatte *f*
флот *m* Flotte *f* ‖ ~/**военно-морской** Seekriegsflotte *f*, Marine *f* ‖ ~/**воздушный** Luftflotte *f*, Flugzeugpark *m* ‖ ~/**гражданский** zivile Flotte *f* ‖ ~/**дноуглубительный** Baggerflotte *f* ‖ ~/**добывающий** Fangflotte *f (Fischfang)* ‖ ~/**морской торговый** Seehandelsflotte *f* ‖ ~/**обрабатывающий** Verarbeitungsflotte *f (Fischfang)* ‖ ~/**пассажирский** Fahrgastflotte *f* ‖ ~/**промысловый** Fangflotte *f (Fischfang)* ‖ ~/**речной** Flußschiffahrtsflotte *f* ‖ ~/**рыбопромысловый** Fischereiflotte *f*, Fischfangflotte *f* ‖ ~/**технический** technische Flotte *f* ‖ ~/**торговый** Handelsflotte *f* ‖ ~/**транспортный** Transportflotte *f*
флотационный flotativ, Flotations..., Flotier..., Schwimmaufbereitungs...
флотация *f* Flotation *f*, Flotationsaufbereitung *f*, Schwimmaufbereitung *f* ‖ ~/**беспенная** schaumlose Flotation *f* ‖ ~/**грубая** Vorflotation *f* ‖ ~/**избирательная** selektive Flotation *f* ‖ ~/**ионная** Ionenflotation *f* ‖ ~/**коллективная** kollektive Flotation *f*, Kollektivflotation *f* ‖ ~/**контрольная** *s.* ~/очистная ‖ ~/**масляная** Ölflotation *f* ‖ ~/**основная** Grundflotation *f* ‖ ~/**очистная** Nachflotation *f*, Kontrollflotation *f* ‖ ~/**пенная** Schaumflotation *f*, Schaumschwimmverfahren *n* ‖ ~/**перечистная** Reinigungsflotation *f*, Nachflotation *f* ‖ ~/**плёночная** Filmflotation *f* ‖ ~/**противоточная** Gegenstromflotation *f* ‖ ~/**селективная** selektive Flotation *f*, Selektivflotation *f* ‖ ~/**соляная** Salzflotation *f*
флотировать flotieren *(Aufbereitung)*
флотируемость *f* Flotierbarkeit *f (Aufbereitung)*
флотируемый flotierbar, flotationsfähig *(Aufbereitung)*
флотогравитация *f* Flotationsgravitation *f (Aufbereitung)*
флотоконцентрат *m* Flotationskonzentrat *n*, Schwimmkonzentrat *n (Aufbereitung)*
флотомасло *n* Flotationsöl *n*

флотомашина f Flotationsmaschine f, Flotationsgerät n (Aufbereitung)
флотореагент m Flotationsreagens n, Flotationschemikalie f, Flotationsmittel n, Flotiermittel n
флу... s. a. unter флю...
флуктуация f (Ph) Schwankung f, Fluktuation f ‖ **~временная** zeitliche Schwankung f ‖ **~гетерофазная** heterophasige Fluktuation f ‖ **~квадратичная** [mittleres] Schwankungsquadrat n ‖ **~ напряжения** (El) Spannungsschwankung f ‖ **~ плотности** Dichteschwankung f ‖ **~радиационная** (Kern) Strahlungsschwankung f ‖ **~/случайная** zufällige Schwankung f, Zufallsschwankung f ‖ **~/статистическая** statistische Schwankung f ‖ **~ температуры** Temperaturschwankung f ‖ **~/тепловая (термическая)** (El) thermische Schwankung f, thermisches Rauschen n ‖ **~ тока** (El) Stromschwankung f ‖ **~ яркости** Helligkeitsschwankung f
флуорен m (Ch) Fluoren n
флуоресцеин m (Ch) Fluoreszein n (Farbstoff)
флуоресцентный Fluoreszenz..., Leucht...
флуоресценция f (Ph) Fluoreszenz f ‖ **~/вынужденная** stimulierte Fluoreszenz f (Laser) ‖ **~/поляризованная** polarisierte Fluoreszenz f ‖ **~/резонансная** Resonanzfluoreszenz f ‖ **~/рентгеновская** Röntgenfluoreszenz f ‖ **~/собственная** Eigenfluoreszenz f
флуоресцировать (Ph) fluoreszieren
флуориметр m s. флуорометр
флуориметрия f s. флуорометрия
флуорограмма f Schirmbild n, Schirmbildaufnahme f
флуорограф m Schirmbildgerät n
флуорография f Schirmbildverfahren n, Schirmbildphotographie f
флуорометр m Fluorometer n, Flurimeter n
флуорометрия f Fluorometrie f, Fluorimetrie f
флуороскоп m Fluoroskop n
флуороскопия f Durchleuchtung f, Durchstrahlung f, Röntgendurchleuchtung f, Röntgenoskopie f
флуорофотометр m Fluo[ro]photometer n
флэш-память f (Inf) Flash-Speicher m
флю... s. a. unter флу...
флюат m (Ch) Fluat n, Fluorosilikat n
флюатировать (Ch) fluatieren
флюгарка f 1. (Bw) drehbarer Schornsteinaufsatz m; 2. (Eb) Weichensignal n; 3. (Meteo) Windfahne f
флюгер m (Meteo) Windfahne f ‖ **~ Вильда** Wildsche Windfahne f
флюеллит m (Min) Fluellit m (Fluormineral)
флюидика f Fluidik f
флюидпроцесс m (Ch) Fluidverfahren n, Wirbelschichtverfahren n, Staubfließverfahren n, Fließbettverfahren n
флюксия f (Math) Fluxion f
флюксметр m (El) Fluxmeter n, Flußmesser m (Magnetflußmessung)
флюксоид m (Kern) Fluxoidquant n, Fluxon n
флюорит m (Min) Fluorit m, Flußspat m
флюоцерит m (Min) Fluocerit m, Tysonit m
флюс m (Met) Flußmittel n, Fluß n, Schmelzmittel n, Zuschlag m, Schmelzzuschlag m • **под флюсом** (Schw) Unterpulver..., UP-... ‖ **~/алюминиевый** Aluminiumflußmittel n ‖ **~/глинистый** Tonzuschlag m ‖ **~/глинозёмистый** tonerdehaltiger Zuschlag m ‖ **~/защитный** Abdeckmittel n, Abdecksalz n (NE-Metallschmelze) ‖ **~/известковый** Kalkzuschlag m ‖ **~/кислотный** Lötwasser n ‖ **~/кислый** saures Flußmittel n, saurer Zuschlag m ‖ **~/кремнезёмистый** Kieselzuschlag m ‖ **~/магниевый** Magnesiumflußmittel n ‖ **~/окислительный** oxidierendes Flußmittel n, basischer Zuschlag m ‖ **~/основный** basisches Flußmittel n, basischer Zuschlag m ‖ **~/паяльный** Oxidlösungsmittel n ‖ **~/плавленый** Schmelzpulver n ‖ **~/покровный** Abdeckmittel n, Abdecksalz n (NE-Metallschmelze) ‖ **~/сварочный** Schweißflußmittel n, Schweißpulver n, Schweißpaste f ‖ **~/сварочный керамический** keramisches Pulver n, Keramikpulver n ‖ **~/сварочный спечённый** Sinterpulver n
флюсование n Fluxen n, Auftragen n von Flußmitteln
флюсовать (Met) mit Flußmitteln versetzen, Flußmittel zuschlagen
флютбет m (Hydt) Wehrsohle f, Wehrboden m, Wehrplatte f
фляга f 1. Kanne f; 2. [flache] Flasche f, Taschenflasche f ‖ **~/молочная** Milchkanne f
флягоопрокидыватель m Kannenkipper m, Kannenentleerer m
флягоподъёмник m Kannenheber m
ФМ s. 1. модуляция/фазовая; 2. фазовомодулированный
Ф/м s. фарад на метр
ФНЧ s. фильтр нижних частот
фок m (Schiff) Fock f, Focksegel n
фокальный (Opt) fokal, Fokal...
фок-мачта f (Schiff) Fockmast m, Vormast m
фокограмма f (Opt) Fokogramm n
фокометр m (Opt) Fokometer n, Brennweitenmesser m ‖ **~ Аббе** Abbesches Fokometer n
фокометрия f (Opt) Fokometrie f, Brennweitenmessung f
фокус m 1. (Math) Brennpunkt m (Ellipse, Hyperbel, Parabel); 2. (Math) Strudelpunkt m (singulärer Punkt von Differentialgleichungen); 3. (Opt) Brennpunkt m, Fokus m ‖ **~/астигматический** (Opt) astigmatischer Brennpunkt m ‖ **~/аэродинамический** (Aero) aerodynamischer Neutralpunkt (Mittelpunkt) m ‖ **~/главный** (Opt) 1. Hauptbrennpunkt m; 2. Newton-Fokus m, Primärfokus m ‖ **~/действительный** (Opt) reeller Brennpunkt m ‖ **~/задний** (Opt) Bildbrennpunkt m, bildseitiger (hinterer) Brennpunkt m ‖ **~/задний главный** bildseitiger (hinterer) Hauptbrennpunkt m ‖ **~ землетрясения** (Geoph) Erdbebenherd m, Hypozentrum n ‖ **~ изображения** s. ~/задний ‖ **~/кассегреновский** (Opt) Cassegrain-Fokus m ‖ **~ кудэ** (Opt) Coudé-Fokus m ‖ **~/линейный** (Opt) Strichfokus m ‖ **~/мнимый** (Opt) virtueller Brennpunkt m ‖ **~/неподвижный** s. ~ кудэ ‖ **~/ньютоновский** s. ~/главный 2. ‖ **~/оптический** (Eln) [optischer] Brennfleck m ‖ **~/параксиальный** (Opt) paraxialer Brennpunkt m ‖ **~/первичный** s. ~/главный 2. ‖ **~/первый** (Opt) Objektbrennpunkt m, objektseitiger (dingseitiger, vorderer) Brennpunkt m ‖ **~/первый главный** objektseitiger (dingseitiger, vorderer) Hauptbrennpunkt m ‖ **~/передний** s. ~/первый ‖ **~/передний главный** s.

~/**первый главный** ‖ ~/**прямой** s. ~/**главный** 2. ‖ ~ **Ричи-Кретьена** (Opt) Ritchey-Chrétien-Fokus m ‖ ~/**сопряжённый** (Opt) konjugierter Brennpunkt m ‖ ~/**точечный** (Opt) Punktfokus m, Brennpunkt m

фокусирование n s. **фокусировка**

фокусировать (Opt) fokussieren, bündeln; scharf einstellen, scharfstellen

фокусировка f Fokussierung f, Bündelung f; Scharfeinstellung f; Lichtpunkteinstellung f ‖ ~/**внешняя** (Opt) Außenfokussierung f ‖ ~/**внутренняя** (Opt) Innenfokussierung f ‖ ~/**газовая** (Eln) Gasfokussierung f ‖ ~/**грубая** (Opt) Grobfokussierung f ‖ ~/**двойная** (Opt) Doppelfokussierung f ‖ ~/**изображения** (Eln) Bildschärfeeinstellung f ‖ ~/**магнитная** (Kern) magnetische Fokussierung f ‖ ~/**мягкая** (Opt) schwache Fokussierung f ‖ ~ **на бесконечность** (Photo) Einstellung f auf unendlich ‖ ~ **по направлению (направлениям)** Richtungsfokussierung f (Spektroskopie) ‖ ~ **по энергии** Energiefokussierung f ‖ ~/**последующая** (TV) Nachfokussierung f ‖ ~/**предварительная** (TV) Vorfokussierung f ‖ ~/**пространственная** s. ~ по направлению ‖ ~/**пучка** (Opt) Strahlenfokussierung f, Strahlenbündelung f ‖ ~/**слабая** s. ~/мягкая ‖ ~/**точечная** (Opt) genaue Fokussierung f, Scharfeinstellung f ‖ ~/**угловая** s. ~ по направлению ‖ ~ **частиц** (Kern) Fokussierung f der Teilchen (im Beschleuniger) ‖ ~ **электронного луча (пучка)** Elektronenstrahlfokussierung f, Elektronen[strahl]bündelung f

фольга f 1. Folie f, Blättchen n; 2. Blattmetall n ‖ ~/**алюминиевая** 1. Aluminiumfolie f, Blattaluminium n; 2. (Bw) Alfol n (Wärmeisolation) ‖ ~/**ацетатная** Acetatfolie f, Schutzfolie f ‖ ~/**защитная** Schutzfolie f ‖ ~/**золотая** Goldfolie f, Blattgold n ‖ ~/**клейкая** Klebefolie f ‖ ~/**красочная** (Typ) Farbfolie f (Buchbinderei) ‖ ~/**медная** Kupferfolie f, Blattkupfer m ‖ ~/**металлическая** Metallfolie f, Blattmetall n ‖ ~/**монтажная** (Typ) Montagefolie f ‖ ~/**обёрточная** Verpackungsfolie f ‖ ~/**оловянная** Zinnfolie f, Blattzinn n, Stanniol n ‖ ~/**полупроводниковая** Halbleiterfolie f ‖ ~/**приправочная** (Typ) Zurichtefolie f ‖ ~/**проводящая** (El) leitende Folie f ‖ ~/**свинцовая** Bleifolie f ‖ ~/**серебряная** Silberfolie f, Blattsilber n ‖ ~/**усиливающая** (Kern) Verstärkerfolie f (Gamma-Defektoskopie)

фольгированный metallkaschiert (Leiterplatte) ‖ ~ **медью** kupferkaschiert (Leiterplatte)

фольгировать eine Metallfolie (auf einen Isolierstoff) aufkaschieren (Leiterplattenherstellung)

фон m 1. Hintergrund m; Grundfarbe f; 2. (Ak) Phon n (Einheit der Lautstärke); 3. (Typ) Untergrund m; Vollton m; 4. (Kern) Hintergrund m, Untergrundstrahlung f, Untergrund m; Nulleffekt m; 5. (El) Brummstörung f, Brummen n, Brumm m; 6. (El) Welligkeit f (des Gleichrichters), Oberwelligkeit f • **с малым фоном** (El) brummarm ‖ ~ **гамма-лучей** (Kern) Gammastrahlenuntergrund m, Gammauntergrund m ‖ ~ **естественной радиации** (Kern) natürliche Untergrundstrahlung f ‖ ~/**задний** (Eln) Hintergrund m, Background m, BG ‖ ~ **космических лучей** (Astr) Mikrowellen-Hintergrundstrahlung f, Drei-Kelvin-Strahlung f, kosmische Untergrundstrahlung (Urstrahlung) f, Reliktstrahlung f ‖ ~/**микросейсмический** (Geoph) seismisches Rauschen (Hintergrundrauschen) n ‖ ~ **неба** (Astr) Himmelshintergrund m ‖ ~ **ночного неба** (Astr) Nachthimmelshintergrund m ‖ ~/**передний** (Eln) Vordergrund m, Foreground m, F ‖ ~ **помех** (Eln) Störuntergrund m ‖ ~ **сети [переменного тока]** (El) Netzbrummen n ‖ ~/**сплошной** (Typ) [glatte] Farbfläche f, Volltonfläche f ‖ ~/**стерневой** s. поле/стерневое ‖ ~ **шума** s. ~/шумовой ‖ ~/**шумовой** (Eln) Rauschhintergrund m, Rauschuntergrund m

фонари mpl/**сигнально-отличительные** (Schiff) Positions- und Signallaternen fpl, Positions- und Navigationslaternen fpl

фонарная f (Schiff) Lampenraum m, Hellegat n

фонарь m 1. Laterne f; Leuchte f; Scheinwerfer m; 2. (Bw) Oberlicht n; 3. (Masch) Sperrschloß n (der Stopfbuchse) ‖ ~ **аварийной остановки** (Kfz) Blinkleuchte f ‖ ~/**аварийный** (Schiff) Havarielaterne f, Fahrtstörungslaterne f ‖ ~/**аэрационный** (Bw) Oberlicht n mit Entlüftungsflügeln ‖ ~/**бортовой** [сигнально-отличительный] (Schiff) Seiten[positions]laterne f ‖ ~/**буксир[овоч]ный** (Schiff) Schleppllaterne f ‖ ~/**верхний световой** (Eb) Oberlicht n, Oberlichtfenster n (Wagen) ‖ ~/**водяной** (Masch) Wasserschloß n (der Stopfbuchse) ‖ ~/**габаритный** (Kfz) [seitliche] Begrenzungsleuchte f ‖ ~/**гакобортный** (Schiff) Hecklaterne f ‖ ~/**двускатный** (Bw) satteldachförmiges Rampenoberlicht n ‖ ~ **дневной сигнализации** (Schiff) Tagessignalscheinwerfer m ‖ ~/**дублирующий звуковые сигналы** (Schiff) mit akustischen Signalen gekoppelte Laterne f, Typhonlaterne f ‖ ~/**задний** 1. (Kfz) Schlußleuchte f; Rückfahrleuchte f, Rückfahrscheinwerfer m; 2. (Eb) Zugschluß m, Zugschlußlaterne f, Zugschlußlicht n ‖ ~/**запасной** (Eb) Ersatzlaterne f ‖ ~/**зенитный треугольный** (Bw) Rampenoberlicht n mit schrägen Glasflächen (dreieckiges Dachprofil) ‖ ~ **кабины** (Flg) Cockpitdach n ‖ ~/**карманный** Taschenleuchte f ‖ ~/**клотиковый** (Bw) Morselaterne f ‖ ~/**коньковый** (Bw) Firstoberlicht n ‖ ~/**кормовой [сигнально-отличительный]** (Schiff) Heck[positions]laterne f ‖ ~/**круговой** (Schiff) Vollkreislaterne f ‖ ~/**лабораторный** (Photo) Dunkelkammerleuchte f ‖ ~ **левого борта/бортовой [сигнально-отличительный]** (Schiff) Seiten[positions]laterne f, Backbord, Bb. ‖ ~/**лоцманский** (Schiff) Lotsenlaterne f ‖ ~/**мигающий** (Schiff) Blinklaterne f ‖ ~/**незадуваемый** (Bw) Oberlicht n mit windgeschützten Entlüftungsöffnungen ‖ ~ **освещения номерного знака** (Kfz) Kennzeichenleuchte f ‖ ~ **освещения ступенек** (Kfz) Trittstufenleuchte f (Bus) ‖ ~/**отличительный** (Schiff) Positionslaterne f ‖ ~/**передний габаритный** (Kfz) vordere Standleuchte f ‖ ~ **пилообразного профиля** s. ~/шедовый ‖ ~ **правого борта/бортовой [сигнально-отличительный]** (Schiff) Seiten[positions]laterne f, Steuerbord, Stb. ‖ ~/**проблесковый** (Schiff) Funkellichtlaterne f ‖ ~/**рыболовный** (Schiff) Fischereilaterne f ‖ ~/**рыболовный траловый** Schleppnetzfischereilaterne f ‖ ~/**световой** (Bw) Oberlicht n ‖ ~ **сигнала торможения** (Kfz) Bremsleuchte f ‖

фонарь

~/**сигнально-отличительный** (Schiff) Positionslaterne f ǁ ~/**сигнально-проблесковый** (Schiff) Signallaterne f ǁ ~/**сигнальный** Signallaterne f ǁ ~/**соединённый двухцветный** (Schiff) kombinierte Zweifarbenlaterne f ǁ ~/**соединённый трёхцветный** (Schiff) kombinierte Dreifarbenlaterne f ǁ ~/**створный** (Schiff) Steuerlaterne f ǁ ~/**стояночный** (Kfz) Standleuchte f ǁ ~/**таможенный** (Schiff) Zollaterne f ǁ ~/**топовый** (Schiff) Topplaterne f ǁ ~/**траловый** Schleppnetzfischereilaterne f ǁ ~/**трапецеидальный** (Bw) Rampenoberlicht n mit schrägen Glasflächen (trapezförmiges Dachprofil) ǁ ~ **указателя поворота** (Kfz) Blinkleuchte f ǁ ~/**уличный** Straßenlaterne f ǁ ~/**фотолабораторный** s. ~/**лабораторный** ǁ ~/**хвостовой** (Eb) Schlußlicht n, Zugschluß m ǁ ~/**центрирующий** (Bgb) Zentralisator m (Bohrlochverrohrung) ǁ ~/**шедовый** (Bw) Sägedachoberlicht n, Sheddachoberlicht n ǁ ~/**шлюпочный** Bootslaterne f ǁ ~/**якорный** (Schiff) Ankerlaterne f

фоновый Hintergrund..., Untergrund...

фонограмма f (Kine) Phonogramm n, Tonspur f; Tonschrift f ǁ ~/**интенсивная** Sprossenschrifttonspur f ǁ ~/**магнитная** Magnettonspur f ǁ ~/**оптическая** Lichttonspur f ǁ ~ **переменной плотности** Sprossenschrifttonspur f ǁ ~ **переменной ширины** Zackenschrifttonspur f ǁ ~/**поперечная** Zackenschrifttonspur f ǁ ~/**противофазная** Gegentakttonspur f ǁ ~/**серебряная** Silbertonspur f ǁ ~/**трансверсальная** Zackenschrifttonspur f ǁ ~/**удвоенная** Doppelzackenschrifttonspur f ǁ ~/**фотографическая** Licht[ton]spur f

фонограф m (Ak) Phonograph m, Tonschreiber m

фонокардиограмма f (Med) Phonokardiogramm n, Herzschallbild n

фонокардиография f (Med) Phonokardiographie f, Herzschallaufzeichnung f

фонолит m (Geol) Phonolith m, Klingstein m

фонометр m (Ak) Phonometer n, Hörschärfemesser m ǁ ~/**фотоэлектрический** lichtelektrisches Phonometer n

фонон n (Ph) Phonon n, Schallquant n

фоносинтез m (Ak) Phonosynthese f

фонотека f Phonothek f

фонтан m 1. Fontäne f, Springbrunnen m; 2. (Erdöl) Ausbruch m, Fontäne f, Springer m ǁ ~/**газовый** (Erdöl) Gasausbruch m ǁ ~/**газонефтяной** Gas-Erdöl-Ausbruch m ǁ ~/**лавовый** (Geol) Lavaausbruch m ǁ ~/**неурегулированный** (Erdöl) ungeregelter Ausbruch m ǁ ~/**нефтяной** Erdölausbruch m ǁ ~/**открытый** (Erdöl) offener Ausbruch m

фонтанирование n (Bgb) Eruption f, Ausbruch m (Erdöl, Erdgas); (Geol) Springen n der Quelle

фонтанировать (Bgb) eruptieren, ausbrechen (Erdöl, Erdgas); (Geol) hervorquellen

фонтура f s. игольница

форвакуум m Vorvakuum n, Anfangsvakuum n

форвакуум-насос m Vor[vakuum]pumpe f

форграйфер m (Typ) Vorgreifer m ǁ ~/**качающийся** schwingender Vorgreifer m ǁ ~/**ротационный** rotierender Vorgreifer m

форзац m (Typ) Vorsatz m ǁ ~/**неприклеенный** fliegendes Vorsatz n ǁ ~/**приклеиваемый** vorgeklebtes Vorsatz n

форкамера f 1. (Glas) Vorherd m, Vorbau m (der Arbeitswanne); 2. (Rak) Vorbrennkammer f; 3. (Kfz) Vorkammer f (Dieselmotor)

форкиль m (Flg) Verkleidung f der Seitenflosse

форланд m (Geol) Vorland n

форлюк m Vor[schiffs]luke f, Vorluk n

форма f 1. Form f, Gestalt f; Gebilde n; 2. Formular n, Vordruck m; 3. (Schm) Loch- und Gesenkplatte f; Prägeform f; 4. (Math) Form f; 5. (Wkz) Form f, Werkzeug n; 6. (Gieß, Bw) Form f, Gießform f; 7. (Typ) Form f, Druckform f • **в форме куба** würfelförmig ǁ ~/**адреса** (Inf) Adressenform f, Adreßform f ǁ ~/**алюминиевая печатная** (Typ) Aluminiumdruckform f ǁ ~/**безопочная** (Gieß) kastenlose Form f, Sandblockform f ǁ ~/**биметаллическая печатная** (Typ) Bimetalldruckform f ǁ ~/**бинарная** (Inf) binäre Form f ǁ ~/**бочкообразная** Tonnenform f, Balligform f ǁ ~ **волны** Wellenform f, Wellenkontur f ǁ ~/**вулканизационная горячая** (Gum) Vulkanisierform f, Heizform f ǁ ~/**вырожденная** (Math) ausgeartete (singuläre) Form f ǁ ~/**гармоническая** (Math) harmonische Form f ǁ ~/**геометрическая** geometrische Form f ǁ ~/**гипсовая** Gipsform f ǁ ~/**глиняная** (Gieß) Lehmform f ǁ ~ **глубокой печати** (Typ) Tiefdruckform f ǁ ~/**графитовая** (Gieß) Graphitform f ǁ ~ **движения** Bewegungsform f ǁ ~/**деревянная** Holzform f ǁ ~ **для литья под давлением** (Gieß) Spritzgußform f, Druckgußform f ǁ ~/**дутьевая** s. ~/**чистовая** ǁ ~/**закрытая** (Gieß) verdeckte Form f ǁ ~/**заливочная** (Bw) Gießform f ǁ ~ **записи/стандартная** (Inf) Standardschreibweise f ǁ ~/**земляная** (Gieß) Sandform f, Masseform f ǁ ~ **зёрен** Kornform f ǁ ~/**знакопеременная** (Math) alternierende Form f ǁ ~/**изомерная** (Ch) isomere Form f ǁ ~ **импульса** Impulsform f ǁ ~/**инвариантная** (Math) invariante Form f ǁ ~ **исполнения** s. ~/**конструктивная** ǁ ~/**исходная** Ausgangsform f ǁ ~ **кадра** (TV) Bildformat n, Bildgröße f ǁ ~/**каноническая** kanonische Form f ǁ ~/**кассетная** (Bw) Batterieform f ǁ ~/**квадратическая** s. ~/**вырожденная** ǁ ~/**квадратная** quadratische Form f; Vierkantform f ǁ ~/**керамическая** (Gieß) Keramikform f ǁ ~/**клиновидная** Keilform f ǁ ~ **колебаний** (Ph) Schwingungsform f ǁ ~/**колоколообразная** Glockenform f (einer Kurve) ǁ ~/**комплексная** (Inf) komplexe Schreibweise f ǁ ~/**коническая** Kegelform f, kegelige Form f ǁ ~/**конструктивная** Bauform f, konstruktive Form f ǁ ~ **контура** Umrißform f ǁ ~/**конусная** s. ~/**коническая** ǁ ~/**корковая** (Gieß) Maskenform f, Formmaske f, Schalenform f ǁ ~/**коробчатая** Kastenform f ǁ ~ **кривой Verlauf** m einer Kurve, Kurvenform f ǁ ~ **кристаллов** Kristallform f ǁ ~/**круглая runde** Form f, Rundform f ǁ ~/**круговая** Kreisform f ǁ ~ **кручения** (Ph) Twistform f ǁ ~ **крыла** (Aerod) Tragflügelgrundriß m, Tragflügelgrundform f ǁ ~/**кузнечная** (Schm) Lochplatte f ǁ ~ **линий** (Kern) Linienform f (parametrische Elektronenresonanz) ǁ ~/**литейная** Form f, Gießform f ǁ ~/**литьевая** (Kst) Spritz[gieß]werkzeug n, Spritzgießform f, Spritzgußform f ǁ ~/**макательная** (Gum) Tauchform f ǁ ~/**маточная** (Ker) Mutterform f ǁ ~/**металлическая** (Gieß)

Kokille f, Metallform f ll ~/**многогнёздная** (Kst) Mehrfachwerkzeug n, Mehrfachform f ll ~/**многократная** (Gieß) Mehrfachform f ll ~/**монометаллическая печатная** (Typ) Monometalldruckform f ll ~/**неопределённая** (Math) indefinite Form f ll ~/**непросушенная** (Gieß) Grünsandform f, Naßgußform f ll ~/**оболочковая** (Gieß) Maskenform f, Formmaske f, Schalenform f ll ~/**обтекаемая** (Aerod) Stromlinienform f; windschnittige Form f ll ~ **огранки** 1. (Meß) Gleichdickform f; 2. Schlifform f (Edelstein) ll ~/**одногнёздная** (Kst) Einfachwerkzeug n, Einfachform f ll ~/**однородная** (Math) homogene Form f ll ~/**окончательная** entgültige Form f ll ~/**опочная** (Gieß) Kasten[guß]form f ll ~/**опрокидная** (Bw) Kippform f ll ~/**открытая** (Gieß) offene Form f ll ~/**отпечатанная** (Typ) Ablegeform f ll ~/**отрицательно определённая** (Math) negativ definite Form f ll ~/**офсетная печатная** (Typ) Offsettdruckform f, Offsetdruckplatte f ll ~ **первой краски** (Typ) Paßform f ll ~/**переходная** Übergangsform f ll ~/**песочная** s. ~/**песчаная** ll ~/**песчаная** (Gieß) Sandform f, Masseform f, verlorene Form (Gießform) f ll ~/**песчано-глинистая** (Gieß) Sandform f (auf Ton- oder Bentonitbasis) ll ~/**печатная** (Typ) Druckform f ll ~/**пилообразная** Sägezahnform f (z. B. von Kurven) ll ~/**плоская** Flachform f ll ~ **плоской печати** (Typ) Flachdruckform f ll ~ **поверхности** Oberflächengestalt f ll ~/**подвижная** (Bw) Wanderform f ll ~/**подковообразная** Hufeisenform f ll ~/**подсушенная** (Gieß) oberflächengetrocknete (angetrocknete) Form f ll ~/**полиметаллическая печатная** (Typ) Mehrmetalldruckform f ll ~/**положительно определённая** (Math) positiv definite Form f ll ~/**полупостоянная** (Gieß) keramische Dauerform f, Halbdauerform f ll ~ **поперечного сечения** Querschnittsform f ll ~/**постоянная** (Gieß) [metallische] Dauerform f, Kokille f ll ~/**почвенная** (Gieß) Herdform f ll ~ **представления данных** (Inf) Datenschreibweise f, Datendarstellungsweise f ll ~ **представления чисел** (Inf) Zahlenschreibweise f ll ~/**прессовая** Preßform f; (Glas) Vorform f (beim Preß-Blas-Verfahren) ll ~/**приводочная** (Typ) Paßform f ll ~/**присоединённая** (Math) adjungierte Form f ll ~/**производная** (Math) abgeleitete Form f ll ~/**произвольная беливая** Form f ll ~/**промежуточная** Zwischenform f ll ~/**просушенная** (Gieß) Trockengußform f ll ~ **профиля** 1. Umrißlinie f; 2. Profilform f (Walz- und Ziehgut) ll ~/**прямоугольная** Rechteckform f ll ~ **равновесия** 1. Gleichgewichtsart f; 2. Gleichgewichtsfigur f, Gleichgewichtsform f ll ~/**разовая** (Gieß) verlorene Form f ll ~ **резонансной кривой** (Ph) Resonanzkurvenform f ll ~/**рельефная** (Typ) erhabene Form (Druckform) f ll ~/**сборная** (Gieß) zusammengesetzte Form f, Zusammenbauform f ll ~/**седлообразная** Sattelform f ll ~/**сингулярная** s. ~/**вырожденная** ll ~/**синусоидальная** Sinusform f ll ~/**скользящая** (Bw) Gleitform f ll ~/**скорлупчатая** (Gieß) Maskenform f, Formmaske f, Schalenform f ll ~ **слитка** (Met) Blockform f, Blockkokille f ll ~/**сменная** Wechselform f ll ~/**сопряжённая** (Math) adjungierte Form f ll ~/**составная**
печатная (Typ) Teildruckplatte f, Teildruckform f ll ~/**стреловидная** (Flg) Pfeilform f, Pfeilung f ll ~/**сухая** (Gieß) Trockengußform f ll ~/**сырая** [**литейная**] (Gieß) Grünsandform f, Naßgußform f ll ~/**таутомерная** (Ch) tautomere Form f ll ~/**тектоническая** (Geol) tektonische Form f ll ~/**типографская** (Typ) Hochdruckform f, Buchdruckform f ll ~/**тороидальная** Toroidform f, Ringform f ll ~/**треугольная** Dreieckform f ll ~/**тригранная** Dreikantform f ll ~/**триметаллическая** (Typ) Trimetalldruckform f ll ~/**удобообтекаемая** s. ~/**обтекаемая** ll ~/**флексографская** (Typ) Flexodruckform f ll ~ характеристики Kennlinienform f ll ~/**цифровая** (Inf) digitale Form f ll ~/**четырёхгнёздная литьевая** (Kst) Vierfachspritz[guß]werkzeug n ll ~/**четырёхгранная** Vierkantform f ll ~/**чистовая** (Glas) Fertigform f, Blaseform f ll ~/**шамотная** (Gieß) Schamotteform f ll ~/**экспоненциальная** (Math) exponentielle Form f ll ~/**эластическая печатная** (Typ) Flexodruckform f ll ~/**энольная** (Ch) Enolform f ll ~/**явная** (Inf) explizite Form f

формалин m (Ch) Formalin n
формальдегид m (Ch) Formaldehyd m, Methanal n
формальность f (Ch) Formalität f
форманит m (Min) Formanit m (Mineral seltener Erden)
формант m Formant[bereich] m
формат m Format n, Form f ll ~ **адресов** (Inf) Adressenformat n, Adreßformat n ll ~/**альбомный** (Typ) Albumformat n (Querformat) ll ~ **без зоны** (Inf) gepacktes Format n ll ~/**берлинский** (Typ) Berliner Format n ll ~/**блока** (Inf) Blockformat n ll ~/**вертикальный** (Photo) Hochformat n ll ~/**выкроенный** (Typ) zugeschnittenes Format n ll ~ **данных** (Inf) Datenformat n ll ~ **до обрезки** (Typ) unbeschnittenes Format n, Rohformat n ll ~ **записи** (Inf) Satzformat n ll ~/**зонированный** (Inf) gezontes Format n ll ~ **изображения** (TV) Bildformat n, Bildgröße f ll ~ **инструкции** (Inf) Befehlsformat n ll ~/**книжный** Buchformat n ll ~ **кода** (Inf) Koderahmen m ll ~ **команд** (Inf) Befehlsformat n ll ~ **листа** (Typ) Bogengröße f (Papier) ll ~/**машинный** (Inf) Maschinenformat n ll ~/**необрезной** s. ~ **до обрезки** ll ~ **передаваемого изображения** (Typ, Inf) Übertragunsformat n ll ~/**переменный** variables (veränderliches) Format n ll ~ **печатного бланка** (Inf) Druckformat n ll ~ **по высоте** (Typ) Hochformat n ll ~/**поперечный** (Typ) Querformat n ll ~ **распечатки** (Inf) Druckformat n ll ~ **с зоной** (Inf) ungepacktes Format n ll ~/**северный** [**газетный**] (Typ) Nordisches Format n ll ~ **слова** (Inf) Wortformat n ll ~ **сообщения** (Inf) Nachrichtenformat n ll ~ **страницы** (Typ) Seitengröße f, Seitenformat n ll ~ **съёмки** (Photo) Aufnahmeformat n ll ~/**удобный** handliches Format n (eines Buches) ll ~ **файла** (Inf) Dateiformat n ll ~/**французский** (Typ) französisches Format n (Hochformat) ll ~ **экрана** (TV) Bildschirmformat n

форматор m (Gum) Bändiger m, Ausdehner m (Reifenherstellung) ll ~/**воздушный** Luftexpander m ll ~ **шин** Reifenausdehner m

форматор-вулканизатор m (Gum) [automatische] Heizpresse f (zur Reifenherstellung)
форматтер m (Inf) Formatierer m
формация f (Geol) Formation f ‖ ~/вулканическая vulkanische Formation f ‖ ~/габбро-перидотитовая Gabbro-Peridotit-Formation f ‖ ~/гнейсовая Gneisformation f ‖ ~/гранитная Granitformation f ‖ ~/джеспилитовая железорудная Jaspilitformation f ‖ ~/зеленокаменная Grünsteinformation f ‖ ~ краевых прогибов/красноцветная Redbeds-Formation f (typische Folge roter, kontinentaler Molassen in Randsenken) ‖ ~/молассовая Molasseformation f (in Randsenken) ‖ ~/нефтематеринская (нефтепроизводящая) Erdölmuttergestein n ‖ ~/осадочная sedimentäre Formation f, Sedimentationsformation f ‖ ~/писчего мела Schreibkreideformation f ‖ ~/соленосная Salzformation f ‖ ~/спарагмитовая Sparagmitformation f ‖ ~/спилитовая Spilitformation f ‖ ~/флишовая Flyschformation f
формиат m (Ch) Formiat n
формилирование n (Ch) Formylierung f, Formylieren n
формилировать (Ch) formylieren
формилпроизводное n (Ch) Formylderivat n
формирование n 1. Formierung f, Formieren n; Bildung f; Gestaltung f, Formgebung f; 2. (Text) Formfestmachen n, Fixierung f ‖ ~ библиотеки (Inf) Bibliothekserstellung f ‖ ~ импульсов (El) Impulsformierung f, Impulsbildung f, Impulsformgebung f ‖ ~ команды (Inf) Kommandobildung f, Befehlsbildung f ‖ ~ массива данных (Inf) Dateierstellung f ‖ ~ петель Formen n (Maschenbildung; Wirkerei) ‖ ~ плёнки Filmbildung f (Oberflächenschutz) ‖ ~ поездов (Eb) Zugbildung f ‖ ~ понятия (Kyb) Begriffsbildung f, Konzeptbildung f ‖ ~ программы (Inf) Programmbildung f ‖ ~ сигнала (Reg) Signalerzeugung f ‖ ~ структуры (Met) Gefügeausbildung f ‖ ~ файла данных (Inf) Dateierstellung f ‖ ~ шва (Schw) Nahtgestaltung f, Nahtausbildung f ‖ ~ шва/принудительное Zwangsformung f der Naht
формирователь m (Eln, Inf) 1. Formierungseinrichtung f; 2. Treiber m, Treiberschaltung f ‖ ~/адресный Adreßtreiber m ‖ ~ адресных сигналов Adreßleitungstreiber m ‖ ~ адресных токов Adreß-Stromgenerator m, Adreß-Stromerzeuger m ‖ ~/буферный Treiberregister n ‖ ~ видеосигналов Videosignalformer m, Videosignaltreiber m ‖ ~ выходной формы Ausgangsformer m ‖ ~/двунаправленный шинный bidirektionaler Bustreiber m ‖ ~ импульсов Impulsformer m, Impulstreiber m, Shaper m ‖ ~/инвертирующий буферный invertierendes Treiberregister n ‖ ~ пучка/трёхэлектродный Dreielektrodenstrahlerzeuger m ‖ ~ сигналов Signalformer m, Signalgeber m ‖ ~/шинный Bustreiber m
формировать 1. formieren, erzeugen, sich [heraus]bilden; 2. (Text) formfestmachen, fixieren; 3. (El) formieren (z. B. Bleiplatten eines Akkumulators)
формование n 1. Formen n, Formung f, Formgebung f, Umformen n, Umformung f, Verformen n, Verformung f (s. a. unter формовка); 2. Erspinnen n, Spinnen n (von Chemiefaserstoffen) ‖ ~/вакуумное (Kst) Vakuum[ver]formen n, Vakuum[ver]formung f, Warmformung (spanlose Formung) f durch Unterdruck ‖ ~ волокна Faserbildung f, Faserherstellung f, Erspinnen (Spinnen) n des Fadens ‖ ~/горячее (Kst) Heißformung f ‖ ~ из расплава (Text) Erspinnen (Spinnen) n aus der Schmelze, Schmelzspinnen n ‖ ~ из раствора (Text) Erspinnen (Spinnen) n aus der Lösung, Lösungsspinnen n ‖ ~ из раствора мокрым способом Naßspinnverfahren n ‖ ~ из раствора сухим способом Trockenspinnverfahren n ‖ ~/пневматическое (Kst) Druckluftformung f, Blasverformung f, Warmformung (spanlose Formung) f durch Überdruck ‖ ~/предварительное (Kst) Vorformen n, Vorformung f ‖ ~/свободное (Kst) freie Formung f (ohne Verwendung formender Flächen)
формовать 1. [um]formen, verformen; 2. (Text) [er]spinnen (Chemiefaserstoffe); 3. (Gieß) [ab-]formen; 4. (Schm) breiten (im Gesenk); 5. s. формировать 3. ‖ ~ без опок (Gieß) kastenlos formen ‖ ~ в глине (Gieß) lehmformen ‖ ~ в жирном песке (Gieß) in Masse formen ‖ ~ в земле sandformen ‖ ~ в опоках (Gieß) kastenformen ‖ ~ в песке (Gieß) sandformen ‖ ~ вращением шаблона (Gieß) drehschablonieren, mit Drehschablonen formen ‖ ~ вручную (Gieß) handformen ‖ ~ из расплава (Text) aus der Schmelze [er]spinnen, schmelzeerspinnen ‖ ~ по шаблону (Gieß) schablonieren ‖ ~/предварительно vorformen
формовка f 1. Formen n, Formgebung f; 2. (Gieß) Formen n, Einformen n, Abformen n; 3. (Gieß) Formerei f, Formarbeit f; 4. (Schm) Formen n; Breiten n (im Gesenk); 5. Formen n, Verdichten n (Pulvermetallurgie); 6. (Fert) Runden n (Rohre); 7. (El) [elektrisches] Formieren n, Formierung f (z. B. der Bleiplatten eines Akkumulators) ‖ ~/безопочная (Gieß) kastenloses Formen n, Sandblockformverfahren n ‖ ~/блочная (Gieß) Blockformverfahren n; Außenkernformverfahren n, Kernblockformverfahren n ‖ ~ в глине (Gieß) Lehmformen n, Lehmformverfahren n, Lehmformerei f ‖ ~ в жирном песке (Gieß) Masseformverfahren n, Masseformerei f ‖ ~ в земле s. ~ в песке ‖ ~ в ковочных вальцах Walzschmieden n, Reckwalzen n ‖ ~ в опоках (Gieß) Kastenformen n, Kastenformverfahren n, Kastenformerei f ‖ ~ в открытой форме s. ~ в почве ‖ ~ в песке (Gieß) Sandformen n, Sandformverfahren n, Sandformerei f ‖ ~ в почве (Gieß) Herdformen n, Herdformerei f ‖ ~ в стержнях (Gieß) Kernblockformverfahren n, Blockformverfahren n, Außenkernformverfahren n ‖ ~ в стопку s. ~/стопочная ‖ ~ в яме (Gieß) Grubenformen n, Grubenformerei f ‖ ~/вакуумная (Gieß) Vakuumformverfahren n ‖ ~/вибрационная Vibrationsverdichten n (Pulvermetallurgie) ‖ ~ вручную s. ~/ручная ‖ ~/всухую (Gieß) Trockensandformen n, Trockensandformverfahren n, Trockensandformerei f ‖ ~/всырую (Gieß) Grünsandformen n, Grünsandformverfahren n, Grünsandformerei f ‖ ~/вторичная (El) Wiederformierung f ‖ ~/дополнительная (El) Nachformierung f ‖ ~/импульсная (Gieß) Im-

pulsformverfahren *n*, Luftimpuls[form]verfahren *n* ‖ ~/**кессонная** *(Gieß)* Grubenformen *n*, Grubenformerei *f* ‖ ~/**машинная** *(Gieß)* Maschinenformen *n*, Maschinenformverfahren *n*, Maschinenformerei *f* ‖ ~ **металлическим песком в магнитном поле** *(Gieß)* Magnetformverfahren *n* ‖ ~/**непрерывная** *(El)* ununterbrochenes Formieren *n* ‖ ~/**оболочковая** *(Gieß)* Maskenformen *n*, Maskenformverfahren *n*, Maskenformerei *f* ‖ ~/**опочная** *(Gieß)* Kastenformen *n*, Kastenformverfahren *n*, Kastenformerei *f* ‖ ~/**открытая почвенная** *s*. ~ **в почве** ‖ ~/**пескомётная** *(Gieß)* Slingerformverfahren *n*, Slingerformerei *f* ‖ ~ **по выплавляемым моделям** *(Gieß)* Modellausschmelzverfahren *n*, Wachsausschmelzverfahren *n* ‖ ~ **по моделям** *(Gieß)* Modellformerei *f* ‖ ~ **по сухому** *(Gieß)* Trockensandformen *n*, Trockensandformverfahren *n*, Trockensandformerei *f* ‖ ~ **по сырому** *s*. ~ **всыпую** ~ **по шаблону** *(Gieß)* Schablonenformen *n*, Schablonenformerei *f* ‖ ~/**почвенная** *s*. ~ **в почве** ‖ ~/**предварительная** 1. Vorformung *f*, Vorformen *n*; 2. *(El)* Vorformierung *f* ‖ ~ **прессованием** *(Gieß)* Preßform[verfahr]en *n* ‖ ~ **растяжением** *(Schm)* Reckformen *n* ‖ ~/**рельефная** *(Gieß)* Sicken *n* ‖ ~/**ручная** *(Gieß)* Handformen *n*, Handformverfahren *n*, Handformerei *f* ‖ ~/**стопочная** *(Gieß)* Stapelform[verfahr]en *n*, Stapel[guß]formerei *f* ‖ ~/**шаблонная** *s*. ~ **по шаблону** ‖ ~/**электрическая** *s*. формовка 7.

формовочная *f (Gieß)* Formerei *f (Abteilung)* ‖ ~ **стержней** Kernmacherei *f (Abteilung)*
формовочный 1. *(Gieß)* Form…, Formerei…, 2. *(El)* Formier[ungs]…
формоизменение *n* Formänderung *f*, Gestaltsänderung *f*
формоизменяемость *f* Umformbarkeit *f*, Verformbarkeit *f*, Formbarkeit *f*
формообразование *n* Formgebung *f*, Formung *f*, Formen *n* ‖ ~ **струи** Strahl[aus]bildung *f* ‖ ~/**техническое** Formgestaltung *f*, technisches Design *n*
формоустойчивость *f* Formbeständigkeit *f*
формоустойчивый formbeständig
формуемость *f* 1. Formbarkeit *f*; Umformbarkeit *f*, Verformbarkeit *f*; Einformbarkeit *f*; 2. *(Text)* Erspinnbarkeit *f*
формула *f* Formel *f*, Ansatz *m* ‖ ~ **Адамса/интерполяционная** *(Math)* Adamssche Interpolationsformel *f* ‖ ~ **Ампера** *(El)* Ampèresche Formel *f* ‖ ~/**асимптотическая** *(Math)* asymptotische Formel *f* ‖ ~/**атомная** *(Ch)* Atomformel *f* ‖ ~ **Бальмера** *(Kern)* Balmer-Formel *f (Wasserstoffspektrum)* ‖ ~/**барометрическая** barometrische Höhenformel *f* ‖ ~ **Бера** *(Opt)* Beersche Formel *f* ‖ ~ **Бесселя/интерполяционная** *(Math)* Besselsche Formel (Interpolationsformel) *f* ‖ ~ **бинома** *(Math)* binomische Formel *f*, Binominalformel *f* ‖ ~ **Брейта** *(Kern)* Breitesche Formel *f* ‖ ~ **Брейта-Вигнера** *(Kern)* Breit-Wigner-Formel *f* ‖ ~ **Брейта-Раби** *(Kern)* Breit-Rabi-Formel *f* ‖ ~ **Брэгга** *(Krist)* Braggsche Gleichung *f* ‖ ~ **Вайцзек[к]ера [/полуэмпирическая]** *(Kern)* Weizsäckersche Formel *f*, Weizsäcker-Gleichung *f*, halbempirische Massenformel *f* von Weizsäcker ‖ ~/**валовая** *s*. ~/**суммарная** ‖

~ **вихря** *(Ph)* Wirbelformel *f* ‖ ~ **Вульфа-Брэгга** *(Krist)* Braggsche Gleichung (Formel, Reflexionsbedingung) *f* ‖ ~ **Гаусса** *(Math)* Gaußsche Formel *f*; *(Opt)* Gaußsche Gleichung *f* ‖ ~ **Гаусса/интерполяционная** *(Math)* Gaußsche Interpolationsformel *f* ‖ ~ **Грегори** *(Math)* Gregorysche Integrationsformel (Integrationsregel) *f* ‖ ~ **дальности** Reichweitenformel *f* ‖ ~/**дисперсионная** *(Ch)* Dispersionsformel *f* ‖ ~ **Жуковского** *(Aerod)* Joukowskische Formel *f* ‖ ~ **Зоммерфельда** *(El)* Sommerfeldsche Formel *f* ‖ ~ **излучения** *(Ph)* Strahlungsgesetz *n*, Strahlungsformel *f* ‖ ~ **изображения** *(Math)* Abbildungsgleichung *f*, Abbildungsformel *f* ‖ ~ **интегрирования Грегори** *s*. ~ **Грегори** ‖ ~/**интерполяционная** *(Math)* Interpolationsformel *f* ‖ ~/**ионная** *(Kern)* Ionenformel *f* ‖ ~/**истинная** *(Ch)* wahre Formel *f*, empirische Molekularformel *f* ‖ ~/**квадратурная** *(Math)* Quadraturformel *f* ‖ ~ **Кекуле** *(Ch)* Kekulésche Benzolformel (Benzenformel) *f* ‖ ~/**колёсная** *(Kfz, Eb)* Radformel *f* ‖ ~/**кольцевая** *(Ch)* Ringformel *f* ‖ ~ **конечных приращений** *(Math)* Mittelwertsatz *m* der Differentialrechnung, erster Mittelwertsatz *m* ‖ ~/**конституционная** *s*. ~/**структурная** ‖ ~ **Лагранжа** *(Math)* Lagrangesche Interpolationsformel *f* ‖ ~ **Лагранжа-Гельмгольца** *(Opt)* Helmholtz-Lagrangesche Invariante *f* ‖ ~ **Ланжевена** *(Ph)* Langevinsche Formel *f* ‖ ~ **Линдемана** *(Ph)* Lindemannsche Beziehung *f* ‖ ~ **линзы** *(Opt)* Linsenformel *f* ‖ ~/**молекулярная** *(Ch)* Molekularformel *f* ‖ ~ **настройки** Einstellformel *f* ‖ ~ **Неймана** *(El)* Neumannsche Formel *f (für die Gegeninduktion)* ‖ ~ **Ньютона** *(Math)* Newtonsche Formel *f* ‖ ~ **Ньютона/интерполяционная** Newtonsche Interpolationsformel *f* ‖ ~ **Ньютона/экстраполяционная** Newtonsche Extrapolationsformel *f* ‖ ~ **обращения** *(Math)* Umkehrformel *f* ‖ ~/**осевая** *(Eb)* Achsformel *f*, Achsfolge *f* ‖ ~ **остаточного тепловыделения** *(Kern)* Restwärmeformel *f (des abgeschalteten Reaktors)* ‖ ~ **Планка** *(Ph)* Plancksche Strahlungsformel (Strahlungsgleichung) *f* ‖ ~/**погрешности** Fehlerberechnungsformel *f* ‖ ~/**приближённая** *(Math)* Näherungsformel *f* ‖ ~/**приведённая** *(Math)* Rekursionsformel *f* ‖ ~/**простейшая** *(Ch)* einfachste Formel *f*, stöchiometrische Grundformel *f* ‖ ~/**пространственная** *(Ch)* Raumformel *f*, Stereoformel *f*, Konfigurationsformel *f*, geometrische Strukturformel *f* ‖ ~ **прямоугольников** *(Math)* Rechteckformel *f* ‖ ~/**развёрнутая** *(Ch)* rationelle (aufgelöste) wahre Formel *f* ‖ ~/**размерности** *(Math)* Dimensionsformel *f*, Dimensionssymbol *n*, Dimensionszeichen *n* ‖ ~ **распределения памяти** *(Inf)* Speicherbelegungsformel *f* ‖ ~/**рациональная** *(Ch)* rationelle (aufgelöste) Formel *f* ‖ ~/**реакционная** *(Ch)* Reaktionsformel *f* ‖ ~ **Резерфорда** *(Kern)* Rutherford-Formel *f*, Rutherfordsche Streuformel *f* ‖ ~/**рекуррентная** *(Math)* Rekursionsformel *f* ‖ ~ **рефракции** *(Opt)* Refraktionsformel *f* ‖ ~ **самовозбуждения** *(El)* Selbsterregungsformel *f* ‖ ~ **состояния** *(Ph)* Zustandsformel *f* ‖ ~ **спектральной серии** Serienformel *f*, Seriengesetz *n (Spektroskopie)* ‖ ~/**стехиометрическая** *s*. ~/**простейшая** ‖ ~ **Стокса** *(Math)* Satz *m* von формула

Stokes, Stokesscher Satz (Integralsatz) *m*, Stokessche Formel (Integralformel) *f* ‖ ~ **строения** *s.* ~/**структурная** ‖ ~/**структурная** *(Ch)* Strukturformel *f*, Konstitutionsformel *f* ‖ ~/**суммарная** *(Ch)* Summenformel *f* ‖ ~ **суммирования** *(Math)* Summationsformel *f*, Summenformel *f* ‖ ~ **трапеций** *(Math)* Trapezformel *f*, Trapezregel *f* ‖ ~ **трохоиды** *(Math)* Trochoidenformel *f*, Trochoidengleichung *f* ‖ ~ **тяги** *(Flg, Rak)* Schubformel *f* ‖ ~ **Уатта** *(Math)* Wattsche Gleichung *f* ‖ ~/**химическая** chemische Formel *f* ‖ ~ **Циолковского** *(Rak)* Ziolkowskische Gleichung *f*, Grundgleichung *f* der Raketenbewegung ‖ ~ **Эйлера** *(Math)* 1. Eulersche Formel (Gleichung) *f*; 2. Eulersche Turbinengleichung *f* ‖ ~ **Эйнштейна** *(Ph)* Einsteinsches Viskositätsgesetz *n* ‖ ~/**электронная** *(Ch)* Elektronenformel *f* ‖ ~/**элементарная** *(Ch)* Summenformel *f* ‖ ~/**эмпирическая** empirische Formel *f*, Faustformel *f* ‖ ~ **Эрмита/квадратурная** *(Math)* Hermitesche Quadraturformel *f* ‖ ~ **Юнга** *(Math)* Youngsche Gleichung *f*

формулировка *f* **Планка-Томсона** *(Therm)* Formulierung *f* von Planck und Thomson *(zweiter Hauptsatz der Thermodynamik)*

формулы *fpl*/**кристаллохимические** kristallchemische Formeln *fpl* ‖ ~ **минералов** Mineralformeln *fpl*

формуляр *m*/**бесконечный** Leporelloformular *n*, Endlosformular *n* ‖ ~ **сопровождения** *(Flg)* Label *n*, Begleitformular *n*

формфактор *m* *(El)* Formfaktor *m* ‖ ~/**атомный** *(Kern)* Atomformfaktor *m*, Atomstreufaktor *m*, [atomarer] Streufaktor *m* ‖ ~/**телефонный** Fernsprechformfaktor *m*

формфункция *f* *(Math, Ph)* Gestalt[s]funktion *f*

форполимеризация *f* *(Ch)* Vorpolimerisation *f*

форпресс *m* Vorpresse *f*

форпрессование *n* Vorpressen *n*

форсаж *m* 1. *(Rak)* Nachverbrennen *n*, Nachverbrennung *f*; 2. *(Rak)* Nachbrennerstufe *f*; 3. *s.* форсировка 3. ‖ ~/**второй** *(Rak)* zweite Nachbrennerstufe *f*

форсирование *n* *s.* форсировка

форсировка *f* 1. Forcierung *f*, Verstärkung *f*; 2. *(Kfz)* Leistungserhöhung *f (Motoren)*; 3. *(Flg)* Schubverstärkung *f (Triebwerke)*

форстерит *m* *(Min)* Forsterit *m (Magnesiaolivin)*

форсунка *f* 1. Düse *f*, Zerstäuberdüse *f*, Zerstäuber *m*, Druckdüse *f*; 2. Einspritzdüse *f*, Düse *f (Dieselmotor)*; 3. Brenner *m (Kesselfeuerung)* ‖ ~/**бесштифтовая** zapfenlose (ungedrosselte) Düse *f*, Spitzkegeldüse *f (Einspritzdüse; Dieselmotor)* ‖ ~/**боковая** Nebendüse *f* ‖ ~/**винтовая** Dralldüse *f* ‖ ~/**вихревая** *s.* ~/центробежная 2. ‖ ~/**вспомогательная** Hilfsbrenner *m* ‖ ~/**дальнобойная** hartspritzende Düse *f* ‖ ~/**дозировочная** Zumeßdüse *f* ‖ ~/**закрытая** geschlossene Einspritzdüse *f* ‖ ~/**запальная** Zündbrenner *m (Kesselanlage)* ‖ ~/**испарительная** Kraftstoff-Verdampfungsdüse *f* ‖ ~/**клапанная** Einspritzventil *n* ‖ ~/**кольцевая** топливная Brennstoffringdüse *f* ‖ ~/**литьевая** *(Kst)* Spritzdüse *f* ‖ ~/**мазутная** Ölbrenner *m (Ölfeuerung)* ‖ ~/**масляная** Schmierstoffdüse *f* ‖ ~/**механическая** 1. Zerstäuberbrenner *m (mit Dralldüse)*; 2. Strahleinspritzdüse *f (Dieselmotor)* ‖ ~/**многосопловая** Mehrdüsenzerstäuber *m* ‖ ~/**многоструйная** Mehrlochdüse *f (Dieselmotor)* ‖ ~/**недальнобойная** weichspritzende Düse *f* ‖ ~/**одноканальная** Simplexbrenner *m* ‖ ~/**одноструйная** *s.* ~/струйная 2. ‖ ~/**основная** Hauptbrenner *m* ‖ ~/**открытая** offene Einspritzdüse *f* ‖ ~/**паровая** Zerstäuberdüse *f*, Dampfdüse *f (z. B.* als Zündbrenner für Staubfeuerungen) ‖ ~/**паровая распыливающая** Dampf[strahl]zerstäuber *m* ‖ ~/**пневматическая** Druckluftzerstäubungsdüse *f*, druckluftbetätigte Einspritzdüse *f (Dieselmotor mit Kompressor)* ‖ ~/**пусковая** 1. Zündbrenner *m*; 2. *(Kfz)* Starterkraftstoffdüse *f*; *(Flg)* Startdüse *f*, Anlaßeinspritzdüse *f* ‖ ~/**разрезная** Einspritzdüse *f* ‖ ~/**распылительная** Verstäubungsdüse *f*, Sprühdüse *f* ‖ ~/**ротационная** Rotationsbrenner *m* ‖ ~/**сдвоенная** Duplexbrenner *m* ‖ ~/**смесительная** Mischdüse *f* ‖ ~/**струйная** 1. Strahlzerstäuber *m*; 2. Einzeldüse *f*, Einstrahldüse *f*, Einzeleinspritzdüse *f*, Einlochdüse *f* ‖ ~/**топливная** Kraftstoff[einspritz]düse *f* ‖ ~/**центральная** Hauptdüse *f* ‖ ~/**центробежная** 1. Dralldüse *f*, Fliehkraftzerstäubungsdüse *f*; 2. Wirbelbrenner *m* ‖ ~/**штифтовая** Zapfendüse *f (Einspritzdüse; Dieselmotor)* ‖ ~/**щелевая** Spaltdüse *f*

форсунка-распылитель *f* Spritzdüse *f*, Zerstäuberdüse *f*

форсункодержатель *m* 1. Brennerhalter *m*; 2. *(Kfz)* Düsenhalter *m (Dieselmotor)*

форсуночный 1. Brenner...; 2. Düsen...

форточка *f* *(Bw)* [verglaste] Lüftungsklappe *f*, Klappfenster *n*

форфришевание *n* *(Met)* Vorfrischen *n*

форфришер *m* *(Met)* Vorfrischer *m*

форшальтер *m* *(Nrt)* Fernvermittlungsplatz *m*, Fernvermittlungsschrank *m*, Vorschaltplatz *m*, V-Platz *m*

форштевень *m* *(Schiff)* Vorsteven *m* ‖ ~/**брусковый** Balkenvorsteven *m* ‖ ~/**бульбовый** Wulstvorsteven *m* ‖ ~/**клиперский** Klippersteven *m* ‖ ~/**кованый** geschmiedeter Vorsteven *m* ‖ ~/**ледокольный** Eisbrechervorsteven *m* ‖ ~/**листовой** Plattenvorsteven *m* ‖ ~/**литой** Gußvorsteven *m*, gegossener Vorsteven *m* ‖ ~/**наклонный** ausfallender Vorsteven *m* ‖ ~/**прямой** gerader Vorsteven *m* ‖ ~/**сварной** geschweißter Vorsteven *m* ‖ ~/**составной** gebauter Vorsteven *m* ‖ ~/**таранный** Rammsteven *m*

форштос *m* *(Ch)* Vorstoß *m*, Destilliervorstoß *m*

фосген *m* *(Ch)* Phosgen *n*, Carbonylchlorid *n*, Kohlenoxidchlorid *n*

фосгенит *m* *(Min)* Phosgenit *m*, Hornbleierz *n*

фосфат *m* *(Ch)* Phosphat *n* ‖ ~/**вторичный (двузамещённый)** Hydrogenphosphat *n*, sekundäres (zweibasiges) Phosphat *n* ‖ ~/**однозамещённый** *s.* ~/первичный ‖ ~/**осаждённый** Dikalciumphosphat *n*, Präzipitat *n* ‖ ~/**первичный** Dihydrogenphosphat *n*, primäres (einbasiges) Phosphat *n* ‖ ~/**плавленый** Schmelzphosphat *n* ‖ ~/**природный** Naturphosphat *n*, Mineralphosphat *n*, Rohphosphat *n* ‖ ~/**средний (третичный, трёхзамещённый)** neutrales (normales, tertiäres, dreibasiges) Phosphat *n* ‖ ~/**удобрительный** Dünge[r]phosphat *n*

фосфатид *m (Ch)* Phosphatid *n*
фосфатирование *n* Phosphatieren *n*, Phosphatierung *f*
фосфид *m (Ch)* Phosphid *n*
фосфин *m (Ch)* Phosphorwasserstoff *m*, Phosphin *n*
фосфит *m (Ch)* Phosphit *n*
фосфор *m (Ch)* Phosphor *m*, P ‖ **~/азотистый** Phosphorstickstoff *m*, Triphosphorpentanitrid *n* ‖ **~/алый** hellroter Phosphor *m (Modifikation des roten Phosphors)* ‖ **~/белый** weißer (farbloser) Phosphor *m* ‖ **~/жёлтый** gelber Phosphor *m* ‖ **~ замещения** Substitutionsphosphor *m* ‖ **~/красный** roter Phosphor *m* ‖ **~/радиоактивный** radioaktiver Phosphor *m*, Radiophosphor *m* ‖ **~/фиолетовый** violetter Phosphor *m (Modifikation des roten Phosphors)* ‖ **~/чёрный** schwarzer Phosphor *m*
фосфоресценция *f* Phosphoreszenz *f*
фосфоресцировать phosphoreszieren
фосфоризация *f/***вторичная** *(Met)* Rückphosphorung *f*
фосфорилирование *n (Ch)* Phosphorylierung *f*
фосфорилировать *(Ch)* phosphorylieren
фосфориметрия *f* Phosphorimetrie *f*, Phosphoreszenzmessung *f*
фосфористокислый *(Ch)* ...phosphit *n*; phosphorigsauer
фосфористый *(Ch)* ...phosphid *n*; phosphorhaltig
фосфорит *m (Min)* Phosphorit *m* ‖ **~/пластовой** geschichteter Phosphit *m*
фосфоритование *n (Lw)* Phosphoritdüngung *f*
фосфорноватистокислый *(Ch)* ...hypophosphit *n*; hypophosphorigsauer
фосфорноватокислый *(Ch)* ...hypophosphat *n*; hypophosphorsauer
фосфорнокислый *(Ch)* ...phosphat *n*; phosphorsauer
фосфорный *(Ch)* Phosphor...
фосфоролиз *m (Ch)* Phosphorolyse *f*
фосфорорганический *(Ch)* phosphororganisch, Organophosphor...
фосфорсодержащий phosphorhaltig
фосфор-сырец *m (Ch)* roher Phosphor *m*
фотоактивация *f* Photoaktivierung *f*
фотоамперметр *m (El)* Photostrommesser *m*, Photoamperemeter *n*
фотоаппарат *m s.* фотокамера
фотоаппаратура *f* Photoausrüstung *f*
фотобатарея *f* Sonnenbatterie *f*, Solarbatterie *f*
фотобачка *f (Photo)* Entwicklungsdose *f*
фотобачок *m (Photo)* Entwicklungsdose *f*
фотобромирование *n (Ch)* Photobromierung *f*, photochemische Bromierung *f*
фотобумага *f* Photopapier *n* ‖ **~ без проявления** Auskopierpapier *n*, Tageslichtpapier *n* ‖ **~/бромистая (бромосеребряная)** Bromsilberpapier *n* ‖ **~/галоидосеребряная** Halogensilberpapier *n* ‖ **~/гладкая** glattes Photopapier *n* ‖ **~/глянцевая** Glanzpapier *n* ‖ **~/грубозернистая** Grobkornpapier *n* ‖ **~/диазотипная** Diazo[typie]papier *m* ‖ **~ для допроявления** Ausentwickelpapier *n* ‖ **~/дневная** Tageslichtpapier *n* ‖ **~/документная** Dokumentenpapier *n* ‖ **~/контактная** Kontaktpapier *n* ‖ **~/крупнозернистая** Grobkornpapier *n* ‖ **~/матовая** Mattpapier *n* ‖ **~/мелкозернистая** Feinkornpapier *n* ‖ **~/многослойная цветная** Mehrschicht[farb]papier *n* ‖ **~/негативная** Negativpapier *n* ‖ **~/обратимая** *s.* **~/реверсивная** ‖ **~/особоглянцевая** Hochglanzpapier *n* ‖ **~/особоконтрастная** extrahartes Photopapier *n* ‖ **~/особомягкая** extraweiches Photopapier *n* ‖ **~/плотная** kartonstarkes Papier (Photopapier) *n* ‖ **~/позитивная** Positivpapier *n* ‖ **~/полуматовая** halbmattes Papier *n*, Halbmattpapier *n* ‖ **~/полутоновая** Halbtonpapier *n* ‖ **~/реверсивная** Umkehrpapier *n* ‖ **~/рентгеновская** Röntgenpapier *n* ‖ **~/репродукционная** Reproduktionspapier *n* ‖ **~/рефлексная** Reflexpapier *n* ‖ **~ с видимой печатью** Auskopierpapier *n* ‖ **~ с проявлением** Entwicklungspapier *n* ‖ **~/сверхконтрастная** ultrahartes Photopapier *n* ‖ **~/светокопировальная** Lichtpauspapier *n* ‖ **~/структурная** Strukturpapier *n* ‖ **~/техническая** phototechnisches Papier *n* ‖ **~/увеличительная** Vergrößerungspapier *n* ‖ **~/хлористая (хлорбромосеребряная)** Chlorbromsilberpapier *n* ‖ **~/хлоросеребряная** Chlorsilberpapier *n* ‖ **~/цветная** Farb[photo]papier *n*, Colorpapier *n* ‖ **~/чёрно-белая** Schwarzweißpapier *n*
фотовозбуждение *n* optische (photoelektrische) Anregung *f*, Photoanregung *f*
фотовольтаический photovoltaisch
фотовосстановление *n* Photoreduktion *f*, photochemische Reduktion *f*
фотовспышка *f (Photo)* Blitzlicht[gerät] *n*, Blitzlichtlampe *f* ‖ **~/электронная** Elektronenblitz *m*, Elektronenblitzgerät *n*
фотогелиограф *m* Heliograph *m*, Sonnenscheinautograph *m*
фотогель *m* Photogel *n*
фотогеология *f* Photogeologie *f*, Aerogeologie *f*
фотогид *m (Astr)* photoelektrisches Leitrohr *n*
фотограмма *f (Geod)* Photogramm *n*, Meßbild *n*
фотограмметрия *f (Geod)* Photogrammetrie *f*, Lichtbildmessung *f* ‖ **~/наземная** terrestrische Photogrammetrie *f* ‖ **~/промышленная** Industriephotogrammetrie *f*
фотографирование *n s.* фотография 2.
фотография *f* 1. Photographie *f*; 2. Photographieren *n* ‖ **~/астрономическая** Astrophotographie *f*, Himmelsphotographie *f* ‖ **~ в инфракрасных лучах** Infrarotphotographie *f*, IR-Photographie *f* ‖ **~ в ультрафиолетовых лучах** Ultraviolettphotographie *f*, UV-Photographie *f* ‖ **~/высокоскоростная** Kurzzeitphotographie *f* ‖ **~/двухцветная** Zweifarbphotographie *f* ‖ **~ звёзд** Stellarphotographie *f*, Sternphotographie *f* ‖ **~ звёздного неба** *s.* **~/астрономическая** ‖ **~/изобразительная** bildmäßige Photographie *f* ‖ **~/инфракрасная** Infrarotphotographie *f*, IR-Photographie *f* ‖ **~/любительская** Amateurphotographie *f* ‖ **~ малым форматом** Kleinbildphotographie *f* ‖ **~/моментальная** Sofortphotographie *f* ‖ **~/монохромная** Einfarbenphotographie *f* ‖ **~/обнажённого тела** Aktphotographie *f* ‖ **~/подводная** Unterwasserphotographie *f* ‖ **~/полостная** Körperhöhlenphotographie *f* ‖ **~/прикладная** *(Photo)* angewandte Photographie *f* ‖ **~/рекламная** Werbephotographie *f* ‖ **~/[сверх]скоростная** Hochgeschwindigkeitsphotographie *f* ‖ **~/трёхмерная** dreidi-

фотография

mensionale Photographie *f* II ~/трёхцветная Dreifarbenphotographie *f* II ~/ультрафиолетовая Ultraviolettphotographie *f*, UV-Photographie *f* II ~/цветная Farbphotographie *f* II ~/чёрно-белая Schwarzweißphotographie *f* II ~/ядерная Kern[spur]photographie *f*

фотографопостроитель *m* Photoplotter *m*

фотодатчик *m* photoelektrischer Geber *m*

фотодейтерон *m (Kern)* Photodeuteron *n*

фотоделение *n* ядер *(Kern)* Photokernspaltung *f* (unter dem Einfluß von Gammastrahlung)

фотодеполимеризация *f* Photodepolymerisation *f*

фотодетектор *m* Photodetektor *m*, photoelektrischer (lichtelektrischer) Detektor *m*

фотодиод *m (Eln)* Photodiode *f* II ~/германиевый Germaniumphotodiode *f* II ~/двойной Photodoppeldiode *f* II ~/диффузный Diffusionsphotodiode *f* II ~/кремниевый Siliciumphotodiode *f* II ~/лавинный Avalanche-Photodiode *f* II ~/полупроводниковый Halbleiterphotodiode *f* II ~ с запирающим слоем Sperrschichtphotodiode *f*

фотодиссоциация *f* Photodissoziation *f*, photochemische Zersetzung *f*

фотодозиметр *m (Kern)* Filmdosimeter *n*

фотодопинг *m (Eln)* Photodoping *n*

фотодырка *f* Photodefektelektron *n*, Photoloch *n*

фотозапись *f* photographische Aufzeichnung *f* II ~/пластическая photoplastische Aufzeichnung *f*

фотоизображение *n* Lichtbild *n*, photographisches Bild *n*

фотоизомеризация *f (Ch)* Photoisomerisierung *f*

фотоимпульс *m (Ph)* Photostoß *m*, Quantenstoß *m*

фотоиндукция *f* Photoinduktion *f*

фотоинжекция *f (Eln)* Photoinjektion *f*

фотоинформация *f* Bildinformation *f (aus dem Luftbild gewonnene Information)*

фотоионизация *f (Ch)* Photoionisation *f*

фотокалька *f* Photokopierpapier *n*, Lichtsaugpapier *n*

фотокамера *f* Photoapparat *m*, Kamera *f*, Photokamera *f* II ~/вертикальная репродукционная Vertikal[reproduktions]kamera *f* II ~/горизонтальная Horizontalkamera *f* II ~/горизонтальная двухкомнатная Zweiraumhorizontalkamera *f* II ~/двухобъективная зеркальная zweiäugige Spiegelreflexkamera *f* II ~/жёсткая *s.* ~/ящичная II ~/звёздная Sternkammer *f* II ~/зеркальная Spiegelreflexkamera *f* II ~/зеркальная малоформатная Kleinbildspiegelreflexkamera *f* II ~/измерительная Meßkammer *f* II ~/карманная Pocketkamera *f* II ~/любительская Amateurkamera *f* II ~/малоформатная Kleinbildkamera *f* II ~/миниатюрная Miniaturkamera *f* II ~/многодиапазонная (многозональная) Multispektralkamera *f* II ~/однообъективная зеркальная einäugige Spiegelreflexkamera *f* II ~/павильонная Atelierkamera *f* II ~/панорамная Panoramakammer *f*, Panoramakamera *f* II ~/пластиночная Plattenkamera *f* II ~/плёночная Rollfilmkamera *f* II ~/подводная Unterwasserkamera *f* II ~/репродукционная Reprokamera *f* II ~ с дальномером Kamera *f* mit [eingebautem] Entfernungsmesser II ~/складная zusammenklappbarer Photoapparat *m* II ~/стереоскопическая Stereokamera *f*, Raumbildkamera *f* II ~/съёмочная Aufnahmekamera *f* II ~/узкоплёночная Schmalfilmkamera *f* II ~/широкоплёночная Breitfilmkamera *f* II ~/широкоугольная Weitwinkelkamera *f*

фотокатализ *m* Photokatalyse *f*, photochemische Katalyse *f*

фотокатализатор *m* Photokatalysator *m*, photochemischer Katalysator *m*

фотокатод *m* Photokathode *f* II ~/двухщелочной Bialkaliphotokathode *f* II ~/многощелочной Multialkaliphotokathode *f* II ~/мозаичный Mosaikphotokathode *f* II ~/прозрачный durchsichtige (durchscheinende) Photokathode *f* II ~/сплавной Legierungsphotokathode *f*

фотокерамика *f* Photokeramik *f*

фотокинетика *f* Photokinetik *f*

фотокинотехника *f* Photokinotechnik *f*

фотоколориметр *m* lichtelektrisches (objektives) Kolorimeter *n*

фотоколориметрия *f* lichtelektrische (objektive) Kolorimetrie *f*

фотокопир *m* Photokopiereinrichtung *f*

фотокопирование *n* Photokopieren *n*

фотокопия *f* Photokopie *f*

фотокювета *f* Entwicklerschale *f*, Photoschale *f*

фотолак *m s.* фоторезист

фотолиз *m (Ch)* Photolyse *f*

фотолинеамент *m* Lineation *f*, Photolineation *f*, Photolineament *n*

фотолитический photolytisch

фотолитография *f* Photolithographie *f* II ~/контактная Kontaktphotolithographie *f* II ~/селективная selektive Photolithographie *f*

фотолюминесценция *f* Photolumineszenz *f*

фотомаска *f (Eln)* Photomaske *f (Halbleiterherstellung)*

фотоматериал *m* Photomaterial *n*, photographisches Material *n* II ~/негативный Negativmaterial *n* II ~/позитивный Positivmaterial *n* II ~/реверсивный Umkehrmaterial *n* II ~/цветной Farbphotomaterial *n*

фотомезон *m (Kern)* Photomeson *n*

фотометр *m* Photometer *n* II ~/визуальный visuelles (subjektives) Photometer *n* II ~ дневного света Tageslichtphotometer *n* II ~/звёздный Sternphotometer *n* II ~/зрительный *s.* ~/визуальный II ~/интегрирующий Integralphotometer *n*, integrierendes Photometer *n*, Lichtstrommesser *m* II ~/инфракрасный Infrarotphotometer *n*, IR-Photometer *n* II ~/клиновой Keilphotometer *n* II ~/контрастный Kontrastphotometer *n* II ~/линейный Photometerbank *f*, Bankphotometer *n* II ~/мерцающий *s.* ~/мигающий II ~/мигающий Flimmerphotometer *n*, Flackerphotometer *n* II ~/пламенный Flammphotometer *n* II ~/поверхностный Flächenphotometer *n* II ~/поляризационный Polarisationsphotometer *n* II ~/рентгеновский Röntgenphotometer *n*, Lichtphotometer *n* II ~ с коллиматором Tubusphotometer *n* II ~/сканирующий Abtastphotometer *n* II ~ со смежными полями Gleichheitsphotometer *n*, Kontrastphotometer *n* II ~ спектральных линий Spektralphotometer *n* II ~/ступенчатый Stufenphotometer *n*, Pulfrich-Photometer *n* II ~/субъективный *s.* ~/визуальный II ~/теневой Schat-

tenphotometer n [nach Lambert] ‖ ~/**тубусный** Tubusphotometer n ‖ ~ **Ульбрихта** /**шаровой** s. ~/**шаровой** ‖ ~/**физический** physikalisches (objektives) Photometer n ‖ ~/**шаровой** Kugelphotometer n
фотометрирование n Photometrierung f
фотометрировать photometrisch bestimmen, photometrieren
фотометрия f Photometrie f, Lichtstärkemessung f ‖ ~/**астрономическая** astronomische Photometrie f, Astrophotometrie f ‖ ~/**визуальная** visuelle (subjektive) Photometrie f ‖ ~/**гетерохромная** heterochrome Photometrie f ‖ ~/**звёздная** Astrophotometrie f, Sternphotometrie f ‖ ~/**зрительная** s. ~/**визуальная** ‖ ~/**инфракрасная** Infrarotphotometrie f, IR-Photometrie f, Infrarotmeßtechnik f, IR-Meßtechnik f ‖ ~/**лазерная** Laserphotometrie f ‖ ~/**пламенная** Flammenphotometrie f ‖ ~/**разноцветная** heterochrome Photometrie f ‖ ~/**субъективная** s. ~/**визуальная** ‖ ~/**ультрафиолетовая** Ultraviolettphotometrie f, UV-Photometrie f, Ultraviolettmeßtechnik f, UV-Meßtechnik f ‖ ~/**физическая** physikalische (objektive) Photometrie f ‖ ~/**фотографическая** photographische Photometrie f ‖ ~/**фотоэлектрическая** photoelektrische (lichtelektrische) Photometrie f
фотометр-окуляр m Photometerokular n
фотомеханический photomechanisch
фотомикрография f Photomikrographie f, Mikrobild n, Mikroaufnahme f
фотомикроскоп m Photomikroskop n
фотомонтаж m Photomontage f
фотон m (Ph) Photon n, Lichtquant n ‖ ~/**аннигиляционный** Zerstrahlungsphoton n, Zerstrahlungsquant n ‖ ~ **накачки** Anregungsphoton n (Laser) ‖ ~/**скалярный** skalares Photon n ‖ ~ **холостого излучения** Idlerphoton n
фотонабор m (Typ) Photosatz m, Lichtsatz m
фотонапряжение n Photospannung f, photoelektrische (lichtelektrische) Spannung f
фотонейтрон m (Kern) Photoneutron n
фотонный Photonen...
фотоноситель m (Ph) Phototräger m, photoinduzierter Ladungsträger m
фотообъектив m Photoobjektiv n ‖ ~/**светосильный** lichtstarkes Photoobjektiv n ‖ ~/**широкоугольный** Weitwinkelphotoobjektiv n
фотоокисление n (Ch) Photooxidation f, photochemische Oxidation f
фотоокуляр m Projektionsokular n
фотооптика f Photooptik f
фотоотпечаток m Photokopie f, Abzug m
фотоотрицательный s. светоотрицательный
фотоотщепление n (Kern) Photoablösung f, Photoabspaltung f, Elektronenablösung f (durch Protonenabsorption)
фотоофтальмоскоп m Photoophthalmoskop n
фотоперегруппировка f (Ch) photochemische Umlagerung f
фотопечать f Photokopie f, Abzug m
фотопик m Photopeak m
фотопион m (Ph) Photopion n, Pi-Photomeson n
фотоплан m Bildplan m; Luftbildkarte f
фотопластинка f [photographische] Platte f, Photoplatte f ‖ ~/**рентгеновская** Röntgenplatte f ‖ ~/**ядерная** Kernspurplatte f

фотопластичность f Photoplastizität f
фотоплёнка f [photographischer] Film m, Photofilm m ‖ ~/**безопасная** Sicherheitsfilm m ‖ ~/**инфрахроматическая** Infrarotfilm m, IR-Film m, infrarotsensibilisierter Film m ‖ ~/**катушечная** Rollfilm m ‖ ~/**многослойная** Mehrschichtenfarbfilm m ‖ ~/**негативная** Negativfilm m ‖ ~/**ортохроматическая** orthochromatischer (orthochromatisch sensibilisierter) Film m ‖ ~/**панхроматическая** panchromatischer (panchromatisch sensibilisierter) Film m ‖ ~/**позитивная** Positivfilm m ‖ ~/**реверсивная** Umkehrfilm m ‖ ~/**рентгеновская** Röntgenfilm m ‖ ~/**форматная** Planfilm m ‖ ~/**цветная** Farbfilm m ‖ ~/**чёрно-белая** Schwarzweißfilm m
фотоповторитель m Photorepeater m, Schrittkamera f
фотопоглощение n Photoabsorption f, photoelektrische (lichtelektrische) Absorption f
фотоподложка f photographische Unterlage f, Filmunterlage f, Filmschichtträger m ‖ ~/**бумажная** Papierunterlage f, Papierschichtträger m ‖ ~/**плёночная** Filmunterlage f, Filmschichtträger m ‖ ~/**стеклянная** Glasunterlage f, Glasschichtträger m
фотополимеризация f (Ch) Photopolymerisation f, Lichtpolymerisation f
фотоположительный s. светоположительный
фотополупроводник m Photohalbleiter m, photoelektrischer (lichtelektrischer) Halbleiter m
фотопотенциал n Photopotential n
фотопотенциометр n Photopotentiometer n
фотопревращение n photochemische Umwandlung f, Photoreaktion f
фотопреобразователь m Photoumformer m, photoelektrischer (lichtelektrischer) Umformer m
фотопрерыватель m Photounterbrecher m
фотоприёмник m (Eln) Photoempfänger m (Bauelement) ‖ ~/**входной** Eingangsphotoempfänger m ‖ ~/**полупроводниковый** Halbleiterphotoempfänger m
фотоприсоединение n Photoaddition f, photochemische Anlagerung f
фотопроводимость f 1. Photoleitung f, Photoleitungseffekt m; 2. Photoleitfähigkeit f, photoelektrische (lichtelektrische) Leitfähigkeit f; 3. Photoleitwert m ‖ ~/**малоинерционная** trägheitsarme Photoleitfähigkeit f ‖ ~/**отрицательная** negative Photoleitfähigkeit f ‖ ~/**примесная** Störstellenphotoleitfähigkeit f ‖ ~/**собственная** Eigenphotoleitung f ‖ ~/**темновая** Dunkelleitfähigkeit f ‖ ~/**электронная** Photoelektronenleitfähigkeit f
фотопроводник m Photoleiter m, Lichtleiter m ‖ ~/**вертикальный** senkrechter Licht[wellen]leiter m
фотопроводность f s. фотопроводимость
фотопроводящий s. светоположительный
фотопроцесс m photochemischer Prozeß m ‖ ~/**скоростной** Sofortbildverfahren n
фоторадиовещание n Bildfunk m
фоторадиограмма f Funkbild n
фоторазведка f (Flg) Lichtbilderkundung f, Bildaufklärung f ‖ ~/**воздушная** Luftbildaufklärung f
фоторазложение n s. фотодиссоциация
фотораспад m s. фотодиссоциация
фоторастворимость f Photosensibilisierung f

фоторасщепление n [/ядерное] s. реакция/ фотоядерная

фотореакция f Photoreaktion f, Lichtreaktion f, photochemische Reaktion (Umsetzung) f

фоторегрессия f Regression f des latenten Bildes

фоторезист m Photolack m, Photoresist m (lichtempfindlicher Lack für photolithographische Zwecke) ‖ ~/**высокомолекулярный** hochmolekularer Photoresist m ‖ ~/**негативный** Negativphotolack m, negativer Photolack m ‖ ~/**органический/неорганический** organischer/anorganischer Photoresist m ‖ ~/**позитивный** Positivphotolack m, positiver Photolack m ‖ ~/**позитивный/негативный** positiver/negativer Photoresist m

фоторезистивный s. светоотрицательный

фоторезистор m Photowiderstand m, Photoresistor m (Bauelement) ‖ ~/**германиевый** Germaniumphotowiderstand m ‖ ~/**полупроводниковый** Halbleiterphotowiderstand m ‖ ~/**селеновый** Selenphotowiderstand m

фотореле n Photorelais n, photoelektrisches (lichtelektrisches, lichtgesteuertes) Relais n ‖ ~ **времени** Phototimer m, [photographischer] Zeitschalter m, Photozeitschalter m ‖ ~/**чувствительное** Dämmerungsschalter m

фоторепродуцирование n Reprophotographie f

фоторождение n [мезонов] (Kern) Photoerzeugung f von Mesonen

фотосенсибилизатор m Photosensibilisator m, Lichtsensibilisator m

фотосенсибилизация f Photosensibilisierung f, photochemische Sensibilisierung f

фотосинтез m Photosynthese f

фотосинтезировать photosynthetisieren

фотосинтетический photosynthetisch

фотослой m Photoschicht f, photographische Schicht f ‖ ~/**полупроводящий** Halbleiterphotoschicht f ‖ ~/**приёмный** Empfangsschicht f

фотосмеситель m Photomischer m

фотосмешение n Photomischung f

фотоснимок m Lichtbild n, Photo n, Aufnahme f (s. a. unter фотография 1.) ‖ ~ **следов частиц** (Kern) Kernspuraufnahme f ‖ ~/**трансформированный** entzerrtes Luftbild n

фотосопротивление n Photowiderstand m, Lichtwiderstand m (physikalische Eigenschaft oder Größe)

фотостабилизатор m (Kst) Lichtstabilisator m

фотостабилизация f (Kst) Lichtstabilisierung f

фотостарение n Lichtalterung f; (Gum) Sonnenlichtalterung f (der Reifen)

фотостат m Photokopiergerät n, Photokopiermaschine f

фотостимулированный lichtinduziert, laserinduziert

фотостимулятор m Photostimulator m

фотосфера f (Astr) Photosphäre f (der Sonne) ‖ ~/**невозмущённая (спокойная)** ungestörte Photosphäre f

фотосхема f Bildskizze f, Luftbildskizze f

фотосшивание n (Eln) Photovernetzung f

фотосъёмка f [photographische] Aufnahme f (Verfahren) (s. a. unter фотография 2.) ‖ ~/**комбинированная** zusammengesetztes Bild n (z. B. Farbmischbild) ‖

~/**стереоскопическая** Stereoaufnahme f, Raumbildaufnahme f ‖ ~ **финишей** Zielphotographie f

фототелеграф m (Nrt) Bildtelegraph m, Bildfunkgerät n; Faksimiletelegraph m

фототелеграфия f (Nrt) Bildtelegraphie f, Bildfunk m; Faksimiletelegraphie f

фототеодолит m (Geod) Phototheodolit m, Bildtheodolit m

фототермоупругость f Photothermoelastizität f

фототипия (Typ) Lichtdruck m ‖ ~/**многокрасочная** Mehrfarbenlichtdruck m ‖ ~/**трёхцветная** Dreifarbenlichtdruck m

фототиристор m (Eln) Photothyristor m, Optothyristor m

фототок m (Ph) Photo[elektronen]strom m, photoelektrischer (lichtelektrischer) Strom m ‖ ~/**переменный** Photowechselstrom m ‖ ~/**постоянный** Photogleichstrom m ‖ ~/**суммарный** Photogesamtstrom m

фототопография f (Geod, Flg) Phototopographie f, Photogrammetrie f, Meßbildtechnik f

фототравление n photographisches Ätzen n, Photoätzen n

фототранзистор m Phototransistor m, lichtempfindlicher Transistor m ‖ ~/**биполярный** bipolarer Phototransistor m, Bipolarphototransistor m ‖ ~/**германиевый** Germaniumphototransistor m ‖ ~/**диффузионный** Diffusionsphototransistor m ‖ ~/**кремниевый** Siliciumphototransistor m ‖ ~/**планарный** Planarphototransistor m ‖ ~/**полевой** Feldeffektphototransistor m Photofeldeffekttransistor m ‖ ~/**сплавной** Legierungsphototransistor m

фототрансформатор m (Geod, Flg) Lichtbildentzerrungsgerät n, Luftbildentzerrungsgerät n, Entzerrungsgerät n ‖ ~/**автоматический (самофокусирующий)** selbstfokussierendes Entzerrungsgerät n ‖ ~/**щелевой** Spaltentzerrungsgerät n

фототрансформация f (Geod, Flg) Lichtbildentzerrung f, Luftbildentzerrung f

фототриангуляция f (Geod) Bildtriangulation f, photogrammetrische Triangulation f, Aerotriangulation f ‖ ~/**надирная** Nadir[punkt]triangulation f ‖ ~/**плановая (плоская, плоскостная)** ebene Bildtriangulation f ‖ ~/**пространственная** räumliche Aerotriangulation f

фототриод m (Eln) Phototriode f

фототроника f Phototronik f

фототропический, фототропный (Ch) phototrop[isch]

фототропия f [chemische] Phototropie f

фототубус m (Opt) Phototubus m

фотоувеличитель m (Photo) Vergrößerungsgerät n ‖ ~/**цветной** Farbvergrößerer m

фотоуменьшение n photographische Verkleinerung f

фотоумножитель m Photo[sekundär]elektronenvervielfacher m, Sekundärelektronenvervielfacher m [mit Photokathode], SEV ‖ ~/**многокаскадный** Vielkaskadenphotoverstärker m, Vielkaskaden-SEV m, Photo[elektronen]vervielfacher m mit Dynodenkaskade ‖ ~/**однокаскадный** Einkaskadenphotoverstärker m, Einkaskaden-SEV m, Photo[elektronen]vervielfacher m mit einer Dynode

фотоупругий *(Opt)* 1. spannungsoptisch; 2. spannungselastisch
фотоупругость *f (Opt)* 1. spannungsoptische Erscheinung *f*; 2. Photoelastizität *f*; 3. Spannungsoptik *f*, photoelastisches (spannungsoptisches) Verfahren *n*
фотоусилитель *m* Photoverstärker *m*
фотоустойчивость *f* Lichtbeständigkeit *f*, Lichtechtheit *f*
фотоформа *f*/**цветоделённая** *(Тур)* Rasterauszug *m*
фотохимикаты *mpl* Photochemikalien *fpl* ‖ ~/**расфасованные** abgepackte (konfektionierte) Photochemikalien *fpl*
фотохимический photochemisch
фотохимия *f* Photochemie *f*
фотохлорирование *n* Photochlorierung *f*, photochemische Chlorierung *f*
фотохроматический photochrom
фотохромизм *m* Photochromie *f*, Photochromismus *m*
фотоцинкография *f (Тур)* Photozinkographie *f*
фоточувствительность *f* Photoempfindlichkeit *f*, lichtelektrische Empfindlichkeit *f*
фоточувствительный photoempfindlich, lichtempfindlich
фотошаблон *m (Eln)* Photoschablone *f* ‖ ~/**базовый (оригинальный)** Originalphotoschablone *f* ‖ ~/**промежуточный** Zwischenphotoschablone *f* ‖ ~/**рабочий** Arbeitskopie *f (Leiterplattenfertigung)* ‖ ~/**хромированный (хромовый)** Chromschablone *f*, Photochromschablone *f* ‖ ~/**цветной** [ein]gefärbte Photoschablone *f*
фотоэдс *m* Photo-EMK *f*, photoelektromotorische Kraft *f*
фотоэкспонометр *m* lichtelektrischer Belichtungsmesser *m*
фотоэластичный *(Opt)* 1. spannungselastisch; 2. spannungsoptisch
фотоэлектрик *m* photoelektrischer (lichtelektrischer) Stoff *m*
фотоэлектрический photoelektrisch, lichtelektrisch
фотоэлектричество *n* Photoelektrizität *f*, Lichtelektrizität *f*
фотоэлектрон *m (Ph)* Photoelektron *n*
фотоэлектроника *f* Photoelektronik *f*
фотоэлектронный photoelektronisch, Photoelektronen...
фотоэлектропроводность *f* Photoleitung *f*
фотоэлемент *m* Photoelement *n*, photoelektrisches Bauelement *n*; Photozelle *f* ‖ ~/**вакуумный** Vakuumphotozelle *f* ‖ ~/**вентильный** Sperrschichtphotozelle *f* ‖ ~/**газовый (газонаполненный, газоразрядный)** gasgefüllte Photozelle *f*, Gasphotozelle *f* ‖ ~/**германиевый** Germaniumphotoelement *n*, Germaniumphotozelle *f* ‖ ~/**железоселеновый** Eisen-Selen-Photoelement *n* ‖ ~/**запорный** Sperrschichtphotoelement *n* ‖ ~/**измерительный** Photomeßzelle *f* ‖ ~/**ионный** *s*. ~/**газовый** ‖ ~/**калиевый** Kaliumphotozelle *f* ‖ ~/**кремниевый** Siliciumphotoelement *n* ‖ ~/**кристаллический** *s*. ~/**полупроводниковый** ‖ ~/**полупроводниковый** Halbleiterphotoelement *n (mit Sperrschicht)*; Halbleiterphotowiderstand *m (ohne*

фракционирующий

Sperrschicht) ‖ ~/**пустотный** Hochvakuumphotozelle *f* ‖ ~/**развёртывающий** Abtastphotoelement *n*, Abtastphotozelle *f* ‖ ~/**резистивный** Photowiderstand *m* ‖ ~ **с внешним фотоэффектом** Photo[emissions]zelle *f*, Photozelle *f* mit äußerem lichtelektrischen Effekt ‖ ~ **с внутренним фотоэффектом** Photo[widerstands]zelle *f*, Photozelle *f* mit innerem lichtelektrischen Effekt, Photoelement *n*, Photodiode *f* ‖ ~ **с запирающим слоем** Sperrschichtphotozelle *f*, Halbleiterphotozelle *f*, Sperrschichtphotoelement *n* ‖ ~ **с тыловым [фото]эффектом** Hinterwandphotozelle *f* ‖ ~ **с фронтальным [фото]эффектом** Vorderwandphotozelle *f* ‖ ~/**селеновый** Selenphotozelle *f*, Selenphotoelement *n* ‖ ~/**солнечный** Solarzelle *f* ‖ ~/**тёмного разряда** *s*. ~/**газовый** ‖ ~/**цезиевый** Caesiumphotozelle *f* ‖ ~/**щелочной** Alkali[metall]photozelle *f* ‖ ~/**эмиссионный** Photoemissionszelle *f*
фотоэмиссия *f* Photoemission *f*, photoelektrische (lichtelektrische) Emission *f*
фотоэмиттер *m* Photo[elektronen]emitter *m*
фотоэмульсия *f* Photoemulsion *f*, photographische (lichtempfindliche) Emulsion *f* ‖ ~/**ядерная** (**толстослойная** *s*. ~/**ядерная**) *(Kern)* Kern[spur]emulsion *f (für Kernspurplatten)*
фотоэффект *m* Photoeffekt *m*, photoelektrischer (lichtelektrischer) Effekt *m* ‖ ~ **в запирающем (запорном) слое** *s*. ~/**вентильный** ‖ ~/**вентильный** Sperrschicht[photo]effekt *m* ‖ ~/**внешний** äußerer Photoeffekt (lichtelektrischer Effekt) *m*, Photoemissionseffekt *m*, Hallwachs-Effekt *m* ‖ ~/**внутренний** innerer Photoeffekt (lichtelektrischer Effekt) *m*, Photoleitungseffekt *m*, Photo[elektronen]emission *f* ‖ ~ **запирающего (запорного) слоя** *s*. ~/**вентильный** ‖ ~/**избирательный** *s*. /**селективный** ‖ ~ **кристаллов** Kristallphotoeffekt *m* ‖ ~/**нормальный** *s*. ~/**внешний** ‖ ~/**поверхностный** Oberflächenphotoeffekt *m* ‖ ~/**полупроводниковый** Halbleiterphotoeffekt *m* ‖ ~/**прямой** direkter Photoeffekt (Kernphotoeffekt) *m*, Direkteffekt *m* ‖ ~/**селективный** selektiver Photoeffekt *m*, selektiver lichtelektrischer Effekt *m* ‖ ~/**эмиссионный** *s*. ~/**внешний** ‖ ~/**ядерный** Kernphotoeffekt *m*, Photoumwandlung *f*
ФП *s*. **фотопроводник**
ФПМ *s*. **функция передачи модуляции**
ФПС *s*. **слой/фотопроводящий**
ФР *s*. **фоторезистор**
фрагмент *m* **[ядра]** *(Kern)* Bruchstück *n*, Kernbruchstück *n*, Kernfragment *n*
фрагментация *f* 1. *(Ch)* Fragmentierung *f*; 2. *(Kern)* Fragmentierung[sreaktion] *f*; 3. *(Astr)* Zerplatzen *n (Meteore)* ‖ ~ **ядра** *s*. **фрагментация**
фракталы *pl (Inf)* Fraktale *pl*
фрактография *f (Wkst)* Bruchuntersuchung *f*, Fraktographie *f*
фракционирование *n* *s*. **фракционировка**
фракционировать *(Ch)* fraktionieren, fraktioniert destillieren
фракционировка *f (Ch)* Fraktionieren *n*, Fraktionierung *f* ‖ ~/**предварительная** Vorfraktionierung *f*
фракционирующий *(Ch)* fraktionierend, Fraktionier...

фракция *f* 1. *(Ch)* Fraktion *f*, Destillatfraktion *f*, Destillat[ions]anteil *m*; 2. Fraktion *f*, Kornfraktion *f*, Kornklasse *f (Aufbereitung)* ‖ **~/ароматическая** Aromatenfraktion *f* ‖ **~/бензиновая** Benzinfraktion *f* ‖ **~/бензольная** Benzolfraktion *f* ‖ **~/всплывшая** Schwimmgut *n (Aufbereitung)* ‖ **~/газовая** Gasfraktion *f* ‖ **~/газойлевая** Gasölfraktion *f* ‖ **~/головная** Vorlauf *m (Aufbereitung)* ‖ **~/гранулометрическая** Korngruppe *f*, Kornfraktion *f (Aufbereitung)* ‖ **~/дистиллятная** *s.* фракция 1. ‖ **~/длинноволокнистая** Faserlangstoff *m (Papierherstellung)* ‖ **~ зернового состава** Kornstufe *f*, Korngrößenintervall *n (Aufbereitung)* ‖ **~/илистая** *(Lw)* Schlämmfraktion *f (Bodenanalyse)* ‖ **~/керосиновая** Petrol[eum]fraktion *f*, Kerosinfraktion *f* ‖ **~/концевая** Nachlauf *m (Destillation)* ‖ **~/коротковолокнистая** Faserkurzstoff *m (Papierherstellung)* ‖ **~/крупная** Grobfraktion *f*, Grobkorn *n (Haufwerk)* ‖ **~/лёгкая** leichte (tiefsiedende) Fraktion *f*, Leichtfraktion *f* ‖ **~/масляная** Ölfraktion *f* ‖ **~/мелкая** Feinkorn *n (Haufwerk)* ‖ **~/надрешётная** Überkorn *n (Aufbereitung)* ‖ **~/надситовая** Siebrückstand *m*, Siebüberlauf *m*, Überlauf *m (Aufbereitung)* ‖ **~/начальная** Vorlauf *m (Destillation)* ‖ **~/нефтяная** Erdölfraktion *f* ‖ **~/подрешётная** Unterkorn *n (Aufbereitung)* ‖ **~/последняя** *s.* **~/концевая** ‖ **~/преобладающая** Hauptkörnung *f*, Hauptkornanteil *m (Aufbereitung)* ‖ **~/промежуточная** Zwischenfraktion *f*, Übergangsfraktion *f* ‖ **~/прямой гонки** Straightrun-Fraktion *f* ‖ **~/соляровая** Solarölfraktion *f* ‖ **~ топлива** Treibstofffraktion *f* ‖ **~/тяжёлая** 1. schwere (hochsiedende) Fraktion *f*, Schwerfraktion *f*; 2. Schweregut *n (Aufbereitung)* ‖ **~/хвостовая** *s.* **~/концевая**

фрамуга *f (Bw)* Ober[licht]flügel *m (Fenster)*
франклинит *m (Min)* Franklinit *m*, Zinkeisenerz *n*
франций *m (Ch)* Francium *f*, Fr
фреза *f* 1. *(Wkz)* Fräser *m*, Fräswerkzeug *n*; 2. *(Wkz) s.* фрезер ‖ **~/алмазная** Diamant[schleif]fräser *m (Bearbeitung von Beton und Natursteinen)* ‖ **~/болотная** Moorfräse *f* ‖ **~/быстрорежущая** Fräser *m* aus Schnellarbeitsstahl ‖ **~/винтовая** *(Bw)* Schneckenfräse *f* ‖ **~/высокопроизводительная** Hochleistungsfräser *m* ‖ **~/гравировальная** Gravierfräser *m* ‖ **~/гребенчатая** Rillenfräser *m* ‖ **~/гребенчатая резьбовая** Gewinderillenfräser *m*, mehrgängiger Gewindefräser *m* ‖ **~/групповая** Gruppenfräser *f* ‖ **~/двойная дисковая** Doppelscheibenfräser *m* ‖ **~/двусторонняя** zweiseitig schneidender Fräser *m* ‖ **~/двухугловая** zweiseitiger (doppelseitiger) Winkelfräser *m* ‖ **~/двухугловая симметричная** Prismenfräser *m* ‖ **~/двухзаходная** zweigängiger Fräser *m* ‖ **~/дисковая** Scheibenfräser *m* ‖ **~/дисковая двусторонняя** zweiseitig schneidender Scheibenfräser *m* ‖ **~/дисковая зуборезная** scheibenförmiger Zahnformfräser *m* ‖ **~/дисковая пазовая** scheibenförmiger Nutenfräser *m*, Scheibennutenfräser *m* ‖ **~/дисковая резьбовая** scheibenförmiger Gewindefräser *m*, Gewindescheibenfräser *m* ‖ **~/дисковая трёхсторонняя** dreiseitig schneidender Scheibenfräser *m* ‖ **~/дисковая фасонная** Scheibenformfräser *m* ‖ **~ для вихревого фрезерования резьбы** Gewindewirbelfräser *m*, Fräser *m* zum Gewindewirbeln ‖ **~ для внутренней резьбы** Innengewindefräser *m* ‖ **~ для звёздочек** Kettenradfräser *m* ‖ **~ для звёздочек/червячная** Kettenradwälzfräser *m* ‖ **~/дорожная** Straßenfräse *f* ‖ **~/затылованная** hinterdrehter (hinterschliffener) Fräser *m*, Fräser *m* mit hinterdrehten (hinterschliffenen) Zähnen ‖ **~/зубозакруглительная** Zahnabrundfräser *m* ‖ **~/зубо[на]резная** Verzahn[ungs]fräser *m*; Zahnradfräser *m* ‖ **~/канавочная** Nutenfräser *m* ‖ **~/комплектная** Satzfräser *m* ‖ **~/конволютная** konvoluter Fräser *m* ‖ **~/коническая** Kegelfräser *m* ‖ **~/концевая** Schaftfräser *m* ‖ **~/концевая копирная** Kopier[schaft]fräser *m* ‖ **~/копирная** Kopierfräser *m* ‖ **~/крупнозубая** grobverzahnter (großverzahnter) Fräser *m* ‖ **~/левая (левозаходная)** linkssteigender Fräser *m* ‖ **~/леворежущая** linksschneidender Fräser *m* ‖ **~/летучая двухзубая** zweischneidiger Schlagzahnfräser *m* ‖ **~/летучая однозубая** einschneidiger Schlagzahnfräser *m* ‖ **~/мелкозубая** feinverzahnter (kleinverzahnter) Fräser *m* ‖ **~/многозаходная** mehrgängiger Fräser *m* ‖ **~/многониточная** Mehrrillenfräser *m*, mehrrilliger Fräser *m* ‖ **~/модульная** Modulfräser *m (Zahnradbearbeitung)*, Zahnformfräser *m* ‖ **~/наборная** Satzfräser *m* ‖ **~/насадная** Aufsteckfräser *m* ‖ **~/насадная резьбовая** Aufsteckgewindefräser *m* ‖ **~/насадная угловая** Aufsteckwinkelstirnfräser *m* ‖ **~/незатылованная** spitzverzahnter Fräser *m* ‖ **~/обдирочная** Schälfräser *m* ‖ **~/обкаточная** *s.* **~/червячная** ‖ **~/Т-образная (пазовая)** T-Nut[en]fräser *m* ‖ **~/одиночная** Einzelfräser *m* ‖ **~/однозаходная** eingängiger Fräser *m* ‖ **~/однозубая** Einzahnfräser *m* ‖ **~/однониточная** Einrillenfräser *m* ‖ **~/одноугловая** einseitiger Winkelfräser *m* ‖ **~/оснащённая твёрдым сплавом** hartmetallbestückter Fräser *m* ‖ **~/отрезная** Trennfräser *m*, Abstechfräser *m*, Metallkreissägeblatt *n* ‖ **~/пазовая** Nut[en]fräser *m* ‖ **~/пальцевая** Fingerfräser *m*, Schaftfräser *m* ‖ **~/пальцевая зубозакруглительная** Anfasfräser *m* für Zahnräder ‖ **~/пальцевая зуборезная (зубофрезерная)** Zahnformfingerfräser *m* ‖ **~/пальцевая модульная** fingerförmiger Modulfingerfräser *m*, Modulfingerfräser *m* ‖ **~/почвенная** *(Lw)* Bodenfräse *f* ‖ **~/полукруглая** Halbkreisfräser *m*, Halbrundfräser *m* ‖ **~/полукруглая фасонная** Halbkreisformfräser *m* ‖ **~/правая (правозаходная)** rechtsgängiger (rechtssteigender) Fräser *m* ‖ **~/праворежущая** rechtsschneidender Fräser *m* ‖ **~/пропашная** *(Lw)* Hackfräse *f* ‖ **~/прорезная** Schlitzfräser *m*, Einstechfräser *m* ‖ **~/прямозубая** gerad[e]verzahnter Fräser *m* ‖ **~/радиусная** Radienfräser *m*, Rundprofilfräser *m* ‖ **~/резьбовая (резьбонарезная)** Gewindefräser *m* ‖ **~ с винтовыми зубьями (канавками)** spiralgenuteter (drallgenuteter) Fräser *m* ‖ **~ с заборным конусом/червячная** Wälzfräser *m* mit Anschnittkegel ‖ **~ с затылованными зубьями** Fräser *m* mit hinterdrehten (hinterschliffenen) Zähnen ‖ **~ с коническим хвостом/концевая** Schaftfräser *m* mit Kegelschaft

‖ ~ с наклонными зубьями schrägverzahnter Fräser *m* ‖ ~ с остроконечными зубьями spitzverzahnter Fräser *m* ‖ ~ с прямыми зубья-ми gerad[e]verzahnter Fräser *m* ‖ ~ с разнонаправленными зубьями kreuzverzahnter Fräser *m* ‖ ~ с цилиндрическим хвостом (хвостовиком) Zylinderschaftfräser *m*, Fräser *m* mit Zylinderschaft ‖ ~/садовая (Lw) Gartenfräse *f* ‖ ~/сборная *s.* ~/составная ‖ ~/составная Fräser *m* mit eingesetzten Schneiden, zusammengesetzter (zusammengebauter) Fräser *m* ‖ ~/спаренная zweiteiliger Fräser *m* ‖ ~/ступенчатая Stufenfräser *m* ‖ ~/твердосплавная Vollmetallfräser *m* ‖ ~/торцовая Stirnfräser *m*, Stirnfräskopf *m* ‖ ~/торцовая ступенчатая gestufter (abgesetzter) Stirnfräser *m*, Stirnfräser *m* mit Schnittaufteilung ‖ ~/торцово-коническая Weitwinkelfräser *m* (Fräser mit kleinem Einstellwinkel der Hauptschneide) ‖ ~/торцово-цилиндрическая Walzenstirnfräser *m* ‖ ~/угловая Winkelfräser *m*, Eckfräskopf *m* ‖ ~ /фасонная Formfräser *m*, Profilfräser *m* ‖ ~ фасонная дисковая Fromscheibenfräser *m* ‖ ~/фасонная зуборезная Zahnformfräser *m* ‖ ~/хвостовая Schaftfräser *m* ‖ ~/цельная Fräser *m* mit festen Schneiden (aus einem Werkstück gefertigt) ‖ ~/цельная твердосплавная Vollhartmetallfräser *m* ‖ ~/цилиндрическая Walzenfräser *m*, zylindrischer Fräser *m* ‖ ~/червячная Wälzfräser *m*, Abwälzfräser *m*, Schneckenfräser *m* ‖ ~/червячная чистовая Schlichtwälzfräser *m* ‖ ~/червячная шлицевая Keilwellenwälzfräser *m* ‖ ~/черновая Schruppfräser *m*, Vorfräser *m* ‖ ~/чистовая Schlichtfräser *m*, Fertigfräser *m* ‖ ~/шлицевая *s.* ~/шпоночная ‖ ~/шпоночная Langlochfräser *m*, Federnutfräser *m* ‖ ~/шпоночная [концевая] Langlochfräser *m*
фрезерование *n* 1. (Fert) Fräsen *n*; 2. (Bw, Lw) Fräsen *n*, Fräsung *f* ‖ ~/бреющее Läppfräsen *n* ‖ ~/вихревое Wirbeln *n*, Rundschlagfräsen *n* ‖ ~ внутренней резьбы Innengewindefräsen *n* ‖ ~/врезное Tauchfräsen *n* ‖ ~/встречное Gegenlauffräsen *n* ‖ ~/высокопроизводительное Hochleistungsfräsen *n* ‖ ~ двусторонними строчками Zweiwegezeilenfräsen *n* ‖ ~ канавок Nutenfräsen *n* ‖ ~/контурное ebenes Nachformfräsen *n* ‖ ~ контурными строчками Umrißzeilenfräsen *n*‖ ~/маятниковое Pendelfräsen *n* ‖ ~ методом обкатывания Wälzfräsen *n*, Abwälzfräsen *n* ‖ ~ наружной резьбы Außengewindefräsen *n*‖ ~/несимметричное außermittiges Fräsen *n* ‖ ~/обдирочное Schälfräsen *n* ‖ ~ Т-образных пазов T-Nut[en]fräsen *n* ‖ ~/объёмное räumliches Fräsen (Nachformfräsen) *n* ‖ ~/односторонними строчками Einwegzeilenfräsen *n* ‖ ~ пазов Nut[en]fräsen *n* ‖ ~ плоскостей Planfräsen *n*, Flachfräsen *n* ‖ ~ по копиру Nachformfräsen *n* ‖ ~ по подаче *s.* ~/попутное ‖ ~/попутное Gleichlauffräsen *n*, gleichläufiges Fräsen *n* ‖ ~/предварительное Vorfräsen *n* ‖ ~/прецизионное Präzisionsfräsen *n* ‖ ~/продольное Langfräsen *n* ‖ ~/профильное Profilfräsen *n*, Formfräsen *n* ‖ ~ резьбы Gewindefräsen *n* ‖ ~/симметричное mittiges Fräsen *n* ‖ ~/скоростное Hochgeschwindigkeitsfräsen *n*, Schnellfräsen *n* ‖ ~/строчечное Zeilenfräsen *n* ‖ ~ строчками Zeilenfräsen *n* ‖ ~/ступенчатое Stufenfräsen *n* ‖ ~/тонкое Fein[st]fräsen *n* ‖ ~/торцовое *s.* ~ торцовой фрезой ‖ ~ торцовой фрезой Stirnfräsen *n*, Stirnen *n* ‖ ~ уступов Stufenfräsen *n* ‖ ~/фасонное Formfräsen *n*, Profilfräsen *n* ‖ ~/химическое chemisches Fräsen *n* ‖ ~/червячной фрезой Wälzfräsen *n*, Abwälzfräsen *n* ‖ ~/черновое Schruppfräsen *n* ‖ ~/чистовое Fertigfräsen *n* ‖ ~ шлица 1. Schlitzfräsen *n*, Schlitzen *n*; 2. Nut[en]fräsen *n*
фрезеровать fräsen
фрезеровка *f s.* фрезерование
фреон *m* Freon *n* (Kältemittel)
фреска *f (Bw)* Freske *f*
фреттинг[-коррозия *f*] *m* Reibkorrosion *f*, Tribokorrosion *f*
фригориметр *m (Меß)* Frigorimeter *n*
фриз *m (Bw)* Fries *m* ‖ ~/арочный Bogenfries *m* ‖ ~/зубчатый Zahnfries *m*
фризер *m (Kält)* Gefrierapparat *m*
фрикцион *m (Masch)* Reibpaarung *f*, Reibkupplung *f*
фрикционирование *n (Gum)* Friktionieren *n*, Friktionierung *f*, Gummieren *n*
фрикционировать *(Gum)* friktionieren, gummieren
фрикционный Reib[ungs]..., Friktions...
фрикция *f (Gum)* Friktion *f*, Walzenfriktion *f*
фритта *f (Ker)* Fritte *f*
фриттер *m (Nrt)* Fritter *m*; Fritt[er]sicherung *f*
фриттование *n (Met)* Fritten *n*, Frittung *f*, Sintern *n*, Anfritten *n*, Anfrittung *f* (z. B. Formstoff oder Ofenfutter)
фриттовать *(Met)* fritten, sintern, anfritten (z. B. Formstoff oder Ofenfutter)
фришевание *n (Met)* Frischen *n*, Windfrischen *n*; Feinen *n*; Feintreiben *n*
фришевать *(Met)* frischen, windfrischen; feinen; feintreiben
фронт *m* 1. Front *f*, Stirn *f*, Flanke *f (z. B. eines Impulses)*; 2. *(Meteo)* Front *f*, Wetterfront *f*; 3. *(Bgb)* Front *f*, Strosse *f* ‖ ~/антарктический *(Meteo)* Antarktikfront *f* ‖ ~/волновой *(Meteo)* Wellenfront *f* ‖ ~ восходящего скольжения *(Meteo)* Aufgleitfront *f*, Anafront *f* ‖ ~/восходящий ansteigende Front *f*, Anstiegsflanke *f (eines Impulses)* ‖ ~/вскрышной *(Bgb)* Abraumstrosse *f* ‖ ~/вторичный *(Meteo)* sekundäre Front *f* ‖ ~/головной ударной волны *(Kern)* Front *f* der Hauptdruckwelle *(Kernexplosion)* ‖ ~ горения Verbrennungsfront *f* ‖ ~ диффузии Diffusionsfront *f (Halbleiter)* ‖ ~/добычный *(Bgb)* Gewinnungsstrosse *f*, Abbaufront *f* ‖ ~/загрузочный *(Bw)* Aufgabeseite *f* ‖ ~/задний rückwärtige Flanke *f*, Hinterflanke *f (eines Impulses)* ‖ ~ затвердевания *(Met)* Erstarrungsfront *f*, Kristallisationsfront *f (Stahlguß)* ‖ ~ импульса Impulsfront *f* ‖ ~ импульса/задний [hintere] Impulsflanke *f*, Hinterflanke *f* eines Impulses ‖ ~ импульса/передний Impulsvorderflanke *f*, Impulsstirn *f* ‖ ~ импульсной волны Stoßwellenfront *f*, Stoßwellenstirn *f* ‖ ~ концентрации примесей Dotierungsfront *f (Halbleiter)* ‖ ~/крутой Steilflanke *f*, steile Flanke *f (eines Impulses)* ‖ ~ **Маха** *s.*

фронт

конус Маха ‖ ~/**мнимый** (Meteo) Scheinfront f ‖ ~/**наклонный** geneigte (schräge) Front f (eines Impulses) ‖ ~/**нарастающий** ansteigende Front f, Anstiegsflanke f (eines Impulses) ‖ ~ **нисходящего скольжения** (Meteo) Abgleitfront f, Katafront f ‖ ~ **окклюзии** (Meteo) okkludierte Front f ‖ ~ **окклюзии/тёплый** (Meteo) Warmfrontokklusion f, Okklusion f mit Warmfrontcharakter ‖ ~ **окклюзии/холодный** (Meteo) Kaltfrontokklusion f, Okklusion f mit Kaltfrontcharakter ‖ ~/**отвальный** (Bgb) Kippenstrosse f, Kippfront f ‖ ~ **отражённой ударной волны** (Kern) Front f der Reflexionsdruckwelle (Kernexplosion) ‖ ~/**очистной** (Bgb) Abbaufront f ‖ ~ **очистных забоев (работ)** (Bgb) Abbaufront f ‖ ~ **падающей ударной волны** (Kern) Front f der einfallenden Druckwelle (Kernexplosion) ‖ ~/**передний** vordere Flanke f, Vorderflanke f (eines Impulses) ‖ ~ **пламени** Flammenfront f (Verbrennungsmotor) ‖ ~/**пологий** flache (abgeflachte) Front (Flanke) f (eines Impulses) ‖ ~/**полярный** (Meteo) Polarfront f ‖ ~ **работ** (Bgb) Arbeitsbreite f; (Bw auch:) Arbeitsabschnitt m, Arbeitsfläche f ‖ ~ **работ карьера** Abbaufront f des Tagebaus ‖ ~ **работ уступа** Strossenabbaufront f (Tagebau) ‖ ~/**разгрузочный** (Bw) Entladeseite f ‖ ~ **скачка [уплотнения]** (Aero) Stoßfront f, Stoß m ‖ ~/**тёплый** (Meteo) Warmfront f ‖ ~/**тропический** (Meteo) tropische Front f ‖ ~ **ударной волны** (Kern) Stoß[wellen]front f, Druckwellenfront f (einer Kernexplosion) ‖ ~/**фиктивный** /**мнимый** ‖ ~/**холодной** (Meteo) Kaltfront f ‖ ~/**шкваловый** (Meteo) Böenfront f

фронтогенез m (Meteo) Frontogenese f
фронтолиз m (Meteo) Frontolyse f
фронтон m (Bw) Fronton n, Frontispiz n, [flacher] Giebel m
фронтообразование n s. фронтогенез
фронтпроекция f (Kine) Aufprojektion f
ФС s. фотосопротивление
ФСУ s. устройство/фотоэлектрическое считывающее
ФТ s. 1. фототиристор; 2. фототранзистор
фталат m (Ch) Phthalat n
фталеин m (Ch) Phthalein n (Farbstoff)
фтанит m (Geol) Phtanit m
фторбензол m (Ch) Fluorbenzen n, Fluorbenzol n
фторзамещённое n (Ch) Fluorsubstitutionsprodukt n
фторид m (Ch) Fluorid n
фторирование n (Ch) Fluorieren n, Fluorierung f ‖ ~ **в ядро** Kernfluorierung f
фторировать (Ch) fluorieren
фтористоводородный (Ch) ...hydrofluorid n; fluorwasserstoffsauer
фтористый (Ch) ...fluorid n, Fluor...; fluorhaltig
фторный Fluor...
фтороводород m (Ch) Fluorwasserstoff m
фторозамещённый (Ch) fluorsubstituiert
фторо[о]кись f (Ch) Oxidfluorid n
фторопласт m Polytetrafluoridethylen n, PTFE
фторопластовый (Ch) Fluorkunststoff..., Fluorcarbon...
фторопроизводное n (Ch) Fluorderivat n
фторорганический (Ch) fluororganisch, Organofluor...

фторосиликат m (Ch) Fluorosilikat n, Hexafluorosilikat n
фторосодержащий fluorhaltig
фтороуглерод m (Ch) Fluorkohlenstoff m
фторсульфоновокислый (Ch) ...fluorosulfonat n; fluorosulfonsauer
фтороуглеводород m (Ch) Fluorkohlenwasserstoff m
фуганок m 1. (Wkz) Rauhbank f, Langhobel m; 2. (Holz) Abrichthobelmaschine f
фугас m Sprengladung f
фугасный Spreng...
фугативность f (Ch) Fugazität f, Flüchtigkeit f
фугование n 1. Abrichten n (Bretterflächen mit der Rauhbank bearbeiten); 2. Fügen n (Bretter an den Kanten zur Verkleinerung bestoßen); 3. (Ch) Zentrifugieren n
фуговать 1. abrichten (Bretter); 2. (Holz) fügen; 3. (Ch) zentrifugieren
фуз m Ölschlamm m, Trub m (ein Preßrückstand)
фузоотделитель m Trubabscheider m, Trubschleuder f
фуксин m (Ch) Fuchsin n (Farbstoff)
фуксит m (Min) Fuchsit m, Chrommuskovit m
фульгурит m (Geol) Fulgurit m, Blitzröhre f
фульгурометр m Fulgurometer n
фульминат m (Ch) Fulminat n
фуляр m (Text) Foulard m
фумаровокислый (Ch) ...fumarat n; fumarsauer
фумарола f (Geol) Fumarole f (Vulkan)
фумиганты mpl Begasungsmittel npl (Schädlingsbekämpfung)
фумигация f s. окуривание
фумигировать begasen (Bekämpfung von Schädlingen)
фунгицид m (Ch, Lw) Fungizid n (Pflanzenschutzmittel)
фундамент m (Bw) Fundament n, Gründung f, Gründungskörper m; Grundwerk n, Unterbau m, Bett n ‖ ~/**анкерный** Ankerfundament n ‖ ~/**бетонный** Betonfundament n ‖ ~/**бутовый** Bruchsteinfundament n ‖ ~/**гибкий** elastisches Fundament n, elastische Gründung f ‖ ~/**глубокого заложения** Tiefgründung f ‖ ~/**жёсткий** starres Fundament n ‖ ~/**кессонный** Druckluftgründung f, Caissongründung f ‖ ~/**кессонный плавучий** Schwimmkastengründung f ‖ ~/**коробчатый открытый опускной** offene Senkkastengründung f ‖ ~/**крупнопанельный** Großplattenfundament n ‖ ~/**ленточный** Streifenfundament n ‖ ~/**массивный** 1. massives Fundament n; 2. Ortbetonfundament n ‖ ~ **машин** Maschinenbett n ‖ ~/**неглубокого заложения** Flachgründung f ‖ ~/**непрерывный ленточный** ununterbrochenes Streifenfundament n ‖ ~/**опоры** Gründungskörper m (eines Brückenpfeilers) ‖ ~/**отдельный** Einzelfundament n ‖ ~/**плитный (плиточный)** Plattenfundament n, Plattengründung f ‖ ~/**плоский** Flachgründung f ‖ ~/**рамный** Rahmenfundament n ‖ ~/**сборный** vorgefertigtes Fundament n, Fertigteilfundament n ‖ ~/**свайный** Pfahlrostfundament n ‖ ~/**сейсмостойкий** erdbebensichere Gründung f ‖ ~/**сплошной** Plattenfundament n ‖ ~/**стаканный** Hülsenfundament n ‖ ~/**столбчатый** Säulenfundament n ‖ ~/**ступен-**

чатый Stufenfundament n, abgetrepptes Fundament n
фундамент-оболочка m (Bw) Schalenfundament n
фуникулёр m Seilbahn f, Seilaufzug m, Schwebebahn f
функтор m (Math) Funktor m ‖ ~/**тождественный** identischer Funktor m
функционал m (Math) Funktionale f, Funktional n ‖ ~/**линейный** lineares Funktional n, Linearform f ‖ ~/**результирующий** (Reg) Ergebnisfunktional n
функция f 1. (Math, Inf, Reg) Funktion f; 2. (Ch) Funktion f (substituierte Verbindung); Funktion f, funktionelle Gruppe (Atomgruppe) f ‖ ~/**абелева** (Math) abelsche Funktion f ‖ ~/**абсолютно непрерывная** (Math) absolut stetige Funktion f ‖ ~ **автокорреляции** (Reg) Autokorrelationsfunktion f ‖ ~/**автокорреляционная** (Reg) Autokorrelationsfunktion f ‖ ~/**автоморфная** (Math) automorphe Funktion f ‖ ~/**аддитивная** (Math) additive Funktion f ‖ ~/**адресная** (Inf) Adressenfunktion f ‖ ~/**азотная** (Ch) Sauerstofffunktion f, N-Funktion f ‖ ~/**алгебраическая** (Math) algebraische Funktion f ‖ ~ **алгебры логики** s. ~/булева ‖ ~/**аналитическая** (Math) analytische Funktion f ‖ ~/**антисимметрическая** (Math) antisymmetrische Funktion f ‖ ~/**аппаратная** (Opt) Apparatefunktion f ‖ ~/**аппроксимирующая** (Math) Näherungsfunktion f ‖ ~ **атомного рассеяния** (Kern) Atomstreufaktor m, atomarer Streufaktor m ‖ ~/**бесконечнозначная** (Math) unendlich vieldeutige Funktion f ‖ ~/**бесселева** s. ~ Бесселя ‖ ~ **Бесселя** (Math) Bessel-Funktion f, Zylinderfunktion f; Bessel-Funktion (Zylinderfunktion) f erster Art ‖ ~ **Бесселя второго рода** s. ~ второго рода/бесселева ‖ ~ **Бесселя/неполная** (Math) unvollständige Bessel-Funktion f ‖ ~ **Бесселя первого рода** s. ~ первого рода/бесселева ‖ ~ **Бесселя третьего рода** s. ~ третьего рода/бесселева ‖ ~/**библиотечная** (Inf) Bibliotheksfunktion f, untergliederte Funktion f ‖ ~/**бигармоническая** (Math) biharmonische Funktion f ‖ ~/**биортогональная** (Math) biorthogonale Funktion f ‖ ~ **близости** (Math) Proximity-Funktion f ‖ ~ **Бриллюэна** (Krist) Brillouin-Funktion f ‖ ~/**булева** (Inf) logische (Boolesche) Funktion f ‖ ~ **Буля** s. ~/булева ‖ ~ **Вебера** s. ~ второго рода/бесселева ‖ ~ **Вейершрасса** (Math) Weierstraßsche Funktion f ‖ ~ **Вейершрасса/эллиптическая** Weierstraßsche elliptische Funktion f ‖ ~/**векторная** (Math) vektorielle Funktion f ‖ ~ **вероятностей** (Math) Wahrscheinlichkeitsfunktion f ‖ ~ **веса** s. ~/весовая ‖ ~/**весовая** 1. Gewichtsfunktion f, Gewicht n (Statistik); 2. Verlustfunktion f (Statistik); 3. s. ~/импульсная передаточная ‖ ~/**вещественная** (Math) reelle Funktion f ‖ ~/**«включающее ИЛИ»** [/**логическое**] (Inf) [logische] INKLUSIV-ODER-Funktion f ‖ ~ **включения** (El) Schaltfunktion f; Sprungfunktion f ‖ ~ **влияния** (Math) 1. Einflußfunktion f; 2. Kern m (der Integralgleichung) ‖ ~/**внешняя** (Inf) externe Funktion f ‖ ~/**вогнутая** (Math) konkave Funktion f, von oben konvexe Funktion f ‖ ~ **возбуждения** (El) Erreger-

funktion f, Anregungsfunktion f ‖ ~/**возмущающая** (Astr, El) Störungsfunktion f ‖ ~/**возрастающая** (Math) wachsende Funktion f ‖ ~/**волновая** (Ph) 1. Modenfunktion f, Wellenfunktion f (Wellenlehre); 2. Wellenfunktion f, Zustandsfunktion f, Psi-Funktion f, Schrödinger-Funktion f, Schrödingersche Wellenfunktion f (Quantenmechanik) ‖ ~/**временная** (Reg) Zeitfunktion f ‖ ~/**вспомогательная** (Math) Hilfsfunktion f ‖ ~/**встроенная** (Inf) 1. eingebaute Funktion f; 2. eingebettete Funktion f ‖ ~ **второго рода/бесселева (цилиндрическая)** (Math) Bessel-Funktion (Zylinderfunktion) f zweiter Art, Neumann-Funktion f, Weber-Funktion f ‖ ~/**входная** (EIn) Eingangsfunktion f ‖ ~/**выпуклая** (Math) konvexe Funktion f ‖ ~/**выходная** (EIn) Ausgangsfunktion f ‖ ~ **выходов** (Kyb) Ergebnisfunktion f (Automatentheorie) ‖ ~ **Гамильтона** (Math) Hamiltonsche Funktion f, Hamilton-Funktion f ‖ ~ **Гамильтона/главная** (Mech) [zeitabhängige] Wirkungsfunktion f, hamiltonsche Prinzipalfunktion f, Hamiltons Hauptfunktion f ‖ ~/**гамильтонова** s. ~ Гамильтона ‖ ~ **Ганкеля** s. ~ третьего рода/бесселева ‖ ~/**гармоническая** (Math) harmonische Funktion f ‖ ~ **Гиббса/тепловая** s. ~/тепловая ‖ ~/**гиперболическая** (Math) hyperbolische Funktion f, Hyperbelfunktion f ‖ ~/**главная** s. ~ Гамильтона/главная ‖ ~/**гладкая** (Math) glatte Funktion f ‖ ~/**голоморфная** (Math) holomorphe Funktion f ‖ ~ **Грина** (Math) 1. Greensche Funktion (Potentialfunktion) f, Einflußfunktion f (Potentialtheorie, Randwertproblem); 2. s. ~ распространения 1. ‖ ~/**двоичная** (Inf) binäre Funktion f ‖ ~/**двухзначная** (Math) zweideutige Funktion f ‖ ~/**действительная** (Math) reelle Funktion f ‖ ~ **действия** s. ~ Гамильтона/главная ‖ ~ **Дирака** (Ph) Dirac-Funktion f, Diracsche Funktion f, Delta-Funktion f [von Dirac] ‖ ~/**диссипативная** 1. (Mech) Dissipationsfunktion f, Zerstreuungsfunktion f; 2. (Therm) Dissipationsfunktion f, Energiedissipation f ‖ ~/**дифференцируемая** (Math) differenzierbare Funktion f ‖ ~/**дробная** (Math) gebrochene Funktion f ‖ ~/**дробно-линейная** (Math) linear gebrochene Funktion f ‖ ~/**дробно-рациональная** rational gebrochene Funktion f ‖ ~/**единичная** Heaviside-Funktion f, [Heavisidesche] Einheitsfunktion f, [Heavisidesche] Sprungfunktion f ‖ ~/**единичная импульсная** Einheitsimpulsfunktion f ‖ ~/**единичная переходная** Einheitsübergangsfunktion f ‖ ~/**запоминания** (Inf) Speicherfunktion f ‖ ~ **затухания** (Ph) Dämpfungsfunktion f ‖ ~ **зеркального изображения** (Opt) Spiegelbildfunktion f ‖ ~ **И** [/**логическая**] (Inf) UND-Funktion f, logische Funktion f UND, Konjunktion f ‖ ~/**измеримая** (Math) meßbare (Lebesguesche) Funktion f ‖ ~ **изображения** (Opt) Bildfunktion f ‖ ~ **И-ИЛИ** [/**логическая**] (Inf) UND-ODER-Funktion f ‖ ~ **И-ИЛИ-НЕ** [/**логическая**] (Inf) UND-ODER-NICHT-Funktion f, Funktion f UND-ODER-NICHT ‖ ~ **ИЛИ** [/**логическая**] (Inf) ODER-Funktion f, logische Funktion f ODER, Disjunktion f ‖ ~/**импульсная** (Ph) Impulsfunktion f ‖ ~/**импульсная передаточная (переходная)** (Reg) Impulsübertragungsfunktion f, Impulsantwortfunktion f, Stoßantwort-

[funktion] *f* II ~/**инвариантная** *(Math)* invariante Funktion *f* II ~/**индуцированная** *(Math)* induzierte Funktion *f* II ~/**интегрируемая** *(Math)* integrierbare Funktion *f* II ~/**интервала** *(Math)* Intervallfunktion *f* II ~/**интерполирующая** *(Math)* interpolierende Funktion *f* II ~/**интерфейсная** *(EIn)* Interfacefunktion *f* II ~/**иррациональная** *(Math)* irrationale Funktion *f* II ~ **«исключающее ИЛИ»** *(Inf)* EXKLUSIV-ODER-Funktion *f* II ~ **истинности** *(Math)* Wahrheitsfunktion *f (Logik)* II ~/**исходная** *(Math)* Ausgangsfunktion *f* II ~/**квадратичная** *(Math)* quadratische Funktion *f* II ~/**квазипериодическая** *(Math)* quasiperiodische Funktion *f* II ~/**кислородная** *(Ch)* Sauerstoffunktion *f*, O-Funktion *f* II ~/**кислотная** *(Ch)* Säurefunktion *f* II ~ **кислотности** *(Ch)* Aciditätsfunktion *f* II ~ **ковалентности** *(Math)* Kovalenzfunktion *f* II ~/**колебательная** *(Ph)* oszillatorische Funktion *f*, Schwingungsfunktion *f* II ~ **комплексного переменного** *(Math)* Funktion *f* einer komplexen Variablen II ~/**контрастная** *(EIn)* Kontrastfunktion *f* II ~/**контрольная** *(Math)* Testfunktion *f*, Kontrollfunktion *f* II ~ **координат** *(Math)* Koordinatenfunktion *f*, Ortsfunktion *f* II ~ **корреляции** *s*. ~/**корреляционная** II ~ **корреляции пар** *(Ph)* Paarkorrelationsfunktion *f* II ~/**корреляционная** *(Ph)* Korrelationsfunktion *f*, Einflußfunktion *f* II ~/**круговая** *(Math)* Kreis[bogen]funktion *f*, zyklometrische Funktion *f*, Arkusfunktion *f* II ~/**кубическая** kubische Funktion *f*, Funktion *f* dritten Grades II ~/**кулоновская волновая** *(Ph)* Coulombsche Wellenfunktion *f* II ~/**кусочно-постоянная** *(Math)* stückweise konstante Funktion *f*, Treppenfunktion *f* II ~ **Лагерра** *(Math)* Laguerresche Funktion *f* II ~ **Лагранжа** 1. *(Mech)* Lagrange-Funktion *f*, kinetisches Potential *n*; 2. *(Math)* Grundfunktion *f (eines Variationsproblems)* II ~ **Ламе** *(Math)* Lamésche Funktion *f* II ~ **Лапласа** *(Math)* Laplacesche Funktion *f* II ~ **Лежандра** *(Math)* Legendresche Funktion *f* II ~/**линейная** *(Math)* lineare Funktion *f* II ~/**линейно-возрастающая** *(Math)* linear ansteigende Funktion *f* II ~/**линейно-независимая** *(Math)* linear unabhängige Funktion *f* II ~/**логарифмическая** *(Math)* logarithmische Funktion *f* II ~/**логическая** *(Math, Inf)* logische Funktion *f* II ~/**логическая выборочная** logische Auswahlfunktion *f* II ~ **масс** *(Astr)* Massenfunktion *f (bei Doppelsternen)* II ~/**мероморфная** *(Math)* meromorphe Funktion *f* II ~ **многих переменных** *(Math)* Funktion *f* mehrerer Variabler (Veränderlicher) II ~/**многозначная** *(Math)* mehrdeutige Funktion *f* II ~/**многочленная** *(Math)* Polynomfunktion *f* II ~ **множеств** *(Math)* Mengenfunktion *f* II ~/**модулярная** *(Math)* Modulfunktion *f* II ~/**модуляционно-передаточная** *(Ph)* Modulationsübertragungsfunktion *f* II ~/**монотонная** *(Math)* monotone Funktion *f* II ~/**монотонно возрастающая** *(Math)* monoton wachsende (steigende) Funktion *f* II ~/**монотонно убывающая** *(Math)* monoton fallende Funktion *f* II ~ **на выходе** *(Reg)* Ergebnisfunktion *f* II ~ **надёжности** *(Math)* Zuverlässigkeitsfunktion *f* II ~ **нарастания** *(EIn)* Anstiegsfunktion *f* II ~ **НЕ [/логическая]** *(Inf)* NICHT-Funktion *f*, logische Funktion *f* NICHT, INVERT-Funktion *f* II ~ **НЕ-И [/логическая]** *(Inf)* NICHT-UND-Funktion *f*, NAND-Funktion *f* II ~ **НЕ-ИЛИ [/логическая]** *(Inf)* NOR-Funktion *f* II ~ **Неймана** *s*. ~ **второго рода/бесселева** II ~ **необратимая** *(Math)* nichtumkehrbare Funktion *f* II ~/**неоднозначная** *(Math)* nichteindeutige Funktion *f* II ~/**неопределённая** *(Math)* indefinite Funktion *f* II ~/**непрерывная** *(Math)* stetige Funktion *f* II ~/**неприводимая** *(Math)* irreduzible Funktion *f* II ~ **нескольких переменных** *s*. ~ **многих переменных** II ~/**нечётная** *(Math)* ungerade Funktion *f* II ~/**неявная** *(Math)* implizite Funktion *f* II ~/**нижняя** *(Math)* untere Funktion *f* II ~/**обобщённая** *(Math)* verallgemeinerte Funktion *f* II ~/**обобщённая силовая** *(Mech)* verallgemeinerte Kräftefunktion *f* II ~/**обобщённая шаровая** *(Math)* verallgemeinerte Kugelfunktion *f* II ~ **обработки** *(Inf)* Verarbeitungsfunktion *f* II ~/**обратимая** *(Math)* umkehrbare Funktion *f* II ~/**обратная** *(Math)* inverse Funktion *f*, Umkehrfunktion *f* II ~/**обратная гиперболическая** *(Math)* Areafunktion *f*, ar-Funktion *f* II ~/**обратная круговая** *(Math)* Kreisbogenfunktion *f*, Arkusfunktion *f* II ~/**обратная тригонометрическая** *s*. ~/**круговая** II ~ **объекта** *(Opt)* Objektfunktion *f* II ~/**ограниченная** *(Math)* beschränkte Funktion *f* II ~/**однозначная** *(Math)* eindeutige Funktion *f* II ~/**однолистная** *(Math)* 1. einwertige (schlichte) Funktion *f*; 2. eindeutige analytische Funktion *f*, einblättrige Funktion *f* II ~/**одноместная** *(Math)* einstellige Funktion *f* II ~/**однопериодическая** *(Math)* einfache periodische Funktion *f* II ~/**однородная** *(Math)* homogene Funktion *f* II ~ **округления** *(Math)* Rundungsfunktion *f* II ~/**операторнозначная** *(Math)* Operatorfunktion *f* II ~/**оптическая передаточная** *(EIn)* optische Übertragungsfunktion *f* II ~/**ортогональная** *(Math)* orthogonale Funktion *f* II ~/**основная** 1. *(Math)* Grundfunktion *f*; 2. *(Ch)* basische Funktion *f* II ~ **ошибок** *(Ch)* Basizitätsfunktion *f* II ~ **ошибок** *(Math)* Fehlerfunktion *f* II ~ **первого рода/бесселева** *(Math)* Bessel-Funktion *f* [erster Art], Zylinderfunktion *f* [erster Art] II ~/**первообразная** *(Math)* Stammfunktion *f* II ~ **передаточная** *(Reg)* Übertragungsfunktion *f* II ~ **передачи модуляции** Modulationsübertragungsfunktion *f* II ~ **переключения** *(EI)* Schaltfunktion *f*, Umschaltfunktion *f* II ~/**переходная** *(Reg)* Übergangsfunktion *f* II ~/**периодическая** *(Math)* periodische Funktion *f* II ~/**пертурбационная** *(Astr)* Störungsfunktion *f* II ~ **Планка [/характеристическая]** *(Therm)* Plancksche Funktion *f*, Plancksches thermodynamisches Potential *n* II ~ **плотности** *(Math)* Dichtefunktion *f*, Wahrscheinlichkeitsdichte *f* II ~ **по выбору** *(Inf)* wahlweise Funktion *f (Betriebssystem)* II ~ **погрешности** *(Math)* Fehlerfunktion *f* II ~/**подкоренная** *(Math)* Wurzelfunktion *f* II ~/**подынтегральная** *(Math)* Integrand *m* II ~/**показательная** *(Math)* Exponentialfunktion *f (im weiteren Sinne)* II ~ **ползучести** *(Mech)* Kriechfunktion *f* II ~ **положения** *(Math)* Ortsfunktion *f* II ~/**полунепрерывная** *(Math)* halbstetige Funktion *f* II ~/**полупериодическая** *(Math)* halbperiodische Funktion *f* II ~/**полуцилиндрическая** *(Math)* Halbzylinderfunktion *f* II ~/**пороговая** *(Reg)* Schwellenwertfunktion *f* II ~/**порождаю-**

щая *(Math)* erzeugende Funktion *f*, Erzeugende *f* ‖ ~ **последовательности/производящая** *(Math)* erzeugende Funktion *f* einer Folge ‖ **~/потенциальная** *(Math)* Potentialfunktion *f* ‖ ~ **потерь** Verlustfunktion *f (Statistik)* ‖ **~/почти-периодическая** *(Math)* fastperiodische Funktion *f* ‖ **~/предельная** *(Math)* Grenzfunktion *f* ‖ **~/присоединённая** *(Math)* zugeordnete Funktion *f* ‖ **~/присоединённая собственная** zugeordnete Eigenfunktion *f* ‖ **~/пробная** *(Math)* Testfunktion *f*, Vergleichsfunktion *f* ‖ **~/производная** *(Math)* abgeleitete Funktion *f* ‖ **~/производящая** *(Math)* erzeugende Funktion *f*, Erzeugende *f* ‖ ~ **промежутков** *(Math)* Intervallfunktion *f* ‖ **~/пространственная сферическая** *(Math)* räumliche Kugelfunktion *f* ‖ **~/равностепенная непрерывная** *(Math)* gleichgradig stetige Funktion *f* ‖ ~ **размытости линии** *(Photo)* Linienverwaschungsfunktion *f* ‖ ~ **размытости точки** *(Photo)* Punktverwaschungsfunktion *f* ‖ **~/разрывная** *(Math)* unstetige Funktion *f* ‖ ~ **распределения** *(Math)* Verteilungsfunktion *f* ‖ ~ **распределения Бозе-Эйнштейна** *(Ph)* Bose-Einsteinsche Verteilungsfunktion *f*, Bose-Einstein-Verteilung *f* ‖ ~ **распределения Гаусса** Gaußsche Verteilungsfunktion *f* ‖ ~ **распределения/интегральная** Summenverteilung *f*, Summenhäufigkeitsfunktion *f* ‖ ~ **распределения/совместная** gemeinsame Verteilungsfunktion *f* ‖ ~ **распределения/условная** bedingte Verteilungsfunktion *f* ‖ ~ **распределения Ферми-Дирака** *(Ph)* Fermi-Dirac-Verteilungsfunktion *f* ‖ ~ **распространения** *(Ph)* 1. Ausbreitungsfunktion *f*, [spezielle] Greensche Funktion *f (quantenmechanische Feldtheorie)*; 2. Zweipunktfunktion *f*, [Feynmannscher] Propagator *m (Quantenfeldtheorie)* ‖ ~ **рассеяния** 1. Streufunktion *f*; 2. *(Photo)* Verwaschungsfunktion *f*; 3. *s.* ~/диссипативная 1. ‖ ~ **рассеяния линии** *s.* ~ размытости линии ‖ ~ **рассеяния/пространственная** *(Photo)* Raumverwaschungsfunktion *f* ‖ ~ **рассеяния точек** *s.* ~ размытости точки ‖ **~/рациональная** *(Math)* rationale Funktion *f* ‖ **~/регулярная** *(Math)* reguläre Funktion *f* ‖ **~/результирующая** *(Reg)* Ergebnisfunktion *f* ‖ **~/рекурсивная** *(Math)* rekursive Funktion *f* ‖ **~/решающая** *(Kyb)* Entscheidungsfunktion *f* ‖ ~ **риска** *(Kyb)* Risikofunktion *f* ‖ ~ **роста** *(Math)* Wachstumsfunktion *f (Statistik)* ‖ ~ **светимости** *(Astr)* Leuchtkraftfunktion *f* ‖ **~/секториальная сферическая** *(Math)* sektorielle Kugelfunktion *f* ‖ **~/силовая** *(Mech)* Kräftefunktion *f* ‖ **~/симметрическая** *(Math)* symmetrische Funktion *f* ‖ **~/сингулярная** *(Math)* singuläre Funktion *f* ‖ ~ **системы** *(Inf)* Systemfunktion *f* ‖ ~ **скачка** *s.* ~/скачкообразная ‖ **~/скачкообразная** 1. *(Math)* Sprungfunktion *f*, Schrittfunktion *f*; 2. *(Reg)* Sollwertsprung *m*, Sprungfunktion *f* ‖ **~/скоростная** *(Geoph)* Geschwindigkeitsfunktion *f*, Geschwindigkeitsverteilung *f* ‖ ~ **сложения цветов** *(Opt)* 1. Spektralwert *m*; 2. Spektralwertfunktion *f (Farbwertmessung)* ‖ **~/сложная** *(Math)* mittelbare Funktion *f* ‖ ~ **случайной последовательности** *(Math)* Funktion *f* einer Zufallsfolge *(Wahrscheinlichkeitstheorie)* ‖ ~ **собственная** *(Masch)* Eigenfunktion *f* ‖ **~/сопряжённая** *(Math)* konjugierte Funktion *f* ‖ ~ **состояния** *(Therm)* Zustandsfunktion *f* ‖ ~ **состояния/характеристическая** charakteristische Zustandsgleichung *f* ‖ **~/спектральная** *(Math)* Spektralfunktion *f* ‖ **~/спиновая** *(Kern)* Spinfunktion *f* ‖ ~ **сравнения** *s.* ~/пробная ‖ **~/стандартная фиксированная** *(Math)* fixierte Standardfunktion *f* ‖ ~ **статистического распределения** *(Math)* statistische Verteilungsfunktion *f* ‖ **~/степенная** *(Math)* Potenzfunktion *f* ‖ **~/стохастическая** *(Math)* Zufallsfunktion *f*, stochastische Funktion *f (Wahrscheinlichkeitstheorie)* ‖ **~/ступенчатая** *s.* 1. *(Math)* ~/кусочно-постоянная; 2. *(Reg)* ~/скачкообразная 2. ‖ **~/сферическая** *s.* ~/шаровая ‖ **~/схемная** *(El)* Schaltungsfunktion *f* ‖ **~/табличная** *(Inf)* Tabellenfunktion *f*, tabellarische Funktion *f* ‖ ~ **текучести** *(Mech)* Fließfunktion *f* ‖ **~/тепловая** *(Therm)* [Gibbssche] Wärmefunktion *f*, Enthalpie *f*, Wärmeinhalt *m (bei konstantem Druck)* ‖ **~/термодинамики/характеристическая** *(Therm)* thermodynamisches Potential *n*, thermodynamische Funktion *f* ‖ **~/тессеральная шаровая** *(Math)* tesserale Kugelfunktion *f* ‖ **~/тестовая** *s.* ~/пробная ‖ ~ **течения** *(Aerod)* Stromfunktion *f*, Strömungsfunktion *f* ‖ ~ **типа волн** *s.* ~/волновая 1. ‖ ~ **тока** *s.* ~ течения ‖ ~ **точки** *(Math)* 1. Punktfunktion *f*; 2. *s.* ~ координат ‖ **~/трансцендентная** *(Math)* transzendente Funktion *f* ‖ ~ **третьего рода/бесселева (цилиндрическая)** *(Math)* Bessel-Funktion *f* dritter Art, Hankel-Funktion *f (1. oder 2. Art)* ‖ **~/тригонометрическая** *(Math)* trigonometrische Funktion *f*, Winkelfunktion *f* ‖ **~/убывающая** *(Math)* abnehmende Funktion *f* ‖ ~ **убытка** *(Kyb)* Verlustfunktion *f* ‖ ~ **угла фазы** *(Astr)* Phasenfunktion *f* ‖ ~ **управления** *(Reg)* Steuerfunktion *f* ‖ **~/условно-периодическая** *(Math)* bedingt periodische Funktion *f* ‖ **~/фазовая** *(Astr)* Phasenfunktion *f* ‖ **~/фазовая передаточная** *(Ph)* Phasenübertragungsfunktion *f* ‖ ~ **Ферми** Fermi-Funktion *f*, Fermische Funktion *f* ‖ **~/финитная** *(Math)* finite (endliche) Funktion *f* ‖ **~/фундаментальная** *(Math)* Fundamentalfunktion *f* ‖ ~ **Ханкеля** *s.* ~ третьего рода/бесселева ‖ **~/характеристическая** 1. *(Math)* Eigenfunktion *f (einer Differentialgleichung)*; 2. *(Math)* charakteristische Funktion *f (einer Menge)*; 3. *(Therm)* thermodynamisches Potential *n*, charakteristische Funktion *f* ‖ ~ **Хевисайда [/единичная]** *s.* ~/единичная ‖ **~/целая** *(Math)* ganze Funktion *f* ‖ **~/целевая** *(Kyb)* Zielfunktion *f* ‖ **~/ценности** 1. *(Math)* Wertfunktion *f*; 2. *(Kern)* Einflußfunktion *f* ‖ **~/циклометрическая** *(Math)* zyklometrische Funktion *f* ‖ **~/частично-рекурсивная** *(Math)* partiell rekursive Funktion *f* ‖ **~/частотная** *(El)* Frequenzfunktion *f* ‖ **~/Чебышева** *(Math)* Tschebyscheffsche Funktion *f*, Tschebyscheff-Funktion *f* ‖ **~/чётная** *(Math)* gerade Funktion *f* ‖ **~/шаровая** *(Math)* Kugelfunktion *f* ‖ **~/эксергетическая температурная** *(Ph)* Carnot-Faktor *m*, Temperaturfaktor *m* ‖ **~/экспоненциальная** *(Math)* [spezielle] Exponentialfunktion *f*, e-Funktion *f* ‖ **~/элементарная** *(Math)* ele-

функция

mentare Funktion f ‖ ~/**эллиптическая** (Math) elliptische Funktion f ‖ ~/**явная** (Math) explizite Funktion f ‖ ~/**ядерно-спиновая** (Kern) Kernspinfunktion f

функция-высказывание f (Math) Aussagenfunktion f (Logik)

функция-оригинал f (Math) Originalfunktion f, Stammfunktion f, Oberfunktion f

фуражир m (Lw) Fräslader m (Silageentnahme)

фуран m (Ch) Furan n, Furfuran n

фургон m (Kfz) Lieferwagen m

фурма f (Met) Windform f, Blasform f, Winddüse f (Hochofen, Konverter); Düse f, Winddüse f, Form f (Kupolofen) ‖ ~/**верхняя** Oberwindform f, Oberwinddüse f (Hochofen); obere Düse (Form) f (Kupolofen) ‖ ~/**воздуходувная** (**воздушная**) s. фурма ‖ ~/**доменная** Hochofenwindform f ‖ ~/**запасная** Not[wind]form f (Schachtofen) ‖ ~/**нижняя** Unterwindform f, Unterwinddüse f (Hochofen); untere Düse (Form) f (Kupolofen) ‖ ~/**охлаждаемая** Kühlform f (Schachtofen) ‖ ~/**шлаковая** Schlackenform f (Schachtofen)

футеровать (Met) ausfüttern, auskleiden, zustellen

футеровка f (Met) 1. Futter n, Verkleidung f, Auskleidung f, Zustellung f (Ergebnis); 2. Auskleiden n, Zustellen n (Vorgang) ‖ ~/**бесшовная** Stampffutter n, Stampfauskleidung f, fugenlose Ausfütterung (Zustellung) ‖ ~ **в зонах максимального износа** (Met, Gieß) Verschleißfutter n; Zonenauskleidung f mit Verschleißfutter ‖ ~/**двухслоистая** s. ~/**комбинированная** ‖ ~/**доломитовая** Dolomitfutter n, Dolomitzustellung f, Dolomitauskleidung f ‖ ~/**кислая** saures Futter n, saure Auskleidung (Zustellung) f ‖ ~/**кислотоупорная** säurefeste Auskleidung (Zustellung) f ‖ ~/**комбинированная** Compound-Zustellung f (Schmelzöfen, Pfannen) ‖ ~/**магнезитовая** Magnesitauskleidung f, Magnesitfutter n, Magnesitzustellung f ‖ ~/**набивная** Stampffutter n, Stampfauskleidung f, fugenlose Ausfütterung (Zustellung) f ‖ ~/**нейтральная** neutrales Futter n, neutrale Auskleidung (Zustellung) f ‖ ~/**огнеупорная** feuerfeste Auskleidung f, Feuerfestauskleidung f ‖ ~/**основная** basische Auskleidung (Zustellung) f ‖ ~/**углеродистая** Kohlenstoffauskleidung f, Kohlenstoffzustellung f ‖ ~/**шамотная** Schamottefutter n, Schamotteauskleidung f, Schamottezustellung f

футляр m Gehäuse n; Behälter m, Futteral n ‖ ~ **приёмника** (Eln) Empfängergehäuse n

футшток m (Hydrol) Gezeitenpegel m; Peilstab m, Peilstange f

фьорд m (Geol) Fjord m

ФЭ s. фотоэлемент

фэдинг m s. фединг

фэр s. рентген-эквивалент/физический

ФЭУ s. умножитель/фотоэлектронный

фюзеляж m (Flg) Rumpf m ‖ ~ **балочной схемы** Rumpf m in Schalenträgerbauweise ‖ ~/**балочно-лонжеронный** Vollwandholmrumpf m ‖ ~/**балочно-обшивочный** Vollwandhautrumpf m, Schalenrumpf m ‖ ~/**балочно-стрингерный** Vollwandstringerrumpf m ‖ ~/**балочный** Vollwandrumpf m ‖ ~/**двухбалочный** Doppelrumpf m ‖ ~/**монококовый** Ganzschalenrumpf m, Rumpf m in Ganzschalenbauweise ‖ ~ **полумонококовой конструкции** Halbschalenrumpf m, Rumpf m in Halbschalenbauweise ‖ ~/**раскосно-расчалочный** Rumpf m mit Streben und Auskreuzungen ‖ ~/**раскосно-стрингерный** Diagonalstringerrumpf m ‖ ~/**сверхзвуковой** Überschallrumpf m ‖ ~/**сдвоенный** Doppelrumpf m, Zwillingsrumpf m ‖ ~/**тонкий** schlanker Rumpf m ‖ ~/**ферменный** Fachwerkrumpf m, Gitterrumpf m ‖ ~/**ферменный раскосный** Diagonalfachwerkrumpf m ‖ ~/**широкий** (**широкообъёмный**) Großraumrumpf m

фюзеляж-монокок m s. фюзеляж/монококовый

фюзеляж-полумонокок m s. фюзеляж полумонококовой конструкции

фюзинит m Fusinit m (Gefügebestandteil der Kohle)

фюзит m Fusit m, Faserkohle f (Mikrolithotyp der Kohle)

X

хабазит m (Min) Chabasit m (Zeolith)

хадрон m (Kern) Hadron n

халькозин m (Min) Chalkosin m, Kupferglanz m

халькопирит m (Min) Chalkopyrit m, Kupferkies m

хальмование n (Glas) Abfehmen n, Abfeimen n, Abschäumen n

хальмовать (Glas) abfehmen, abfeimen, abschäumen

хальцедон m (Min) Chalzedon m (Quarzabart)

хаотичность f (Ph) Zufallscharakter m, zufälliger Charakter m, Zufälligkeit f

характер m 1. Charakter m, Wesen n; Verhalten n; Eigenart f; Beschaffenheit f; 2. Verlauf m (einer Kurve); Gang m (einer Größe) ‖ ~ **излучения** (Kern) Strahlungsart f, Strahlenart f ‖ ~/**кислотный** saurer Charakter m, Säurecharakter m ‖ ~ **нагрузки** (Mech) Belastungsfall m, Lastfall m, Belastungsart f, Beanspruchungsart f ‖ ~/**основный** basischer Charakter m, Basencharakter m ‖ ~ **разрушения** (Mech) Bruchverhalten n ‖ ~ **структуры** (Wkst) Gefügebeschaffenheit f ‖ ~/**хиноидный** (Ch) chinoider Charakter m

характериограф m Kennlinienschreiber m, Koordinatenschreiber m

характеристика f 1. Charakteristik f (s. a. unter характеристики); 2. (Math) Charakteristik f (Kennziffer von Logarithmen); 3. Kennzeichen n, Kennziffer f; 4. charakteristische Kurve f, Kennlinie f; 5. (Meß) Kenngröße f ‖ ~/**амплитудная** (El) Amplitudenkennlinie f, Amplitudengang m ‖ ~/**амплитудная фазовая** (El) Amplituden-Phasen-Kennlinie f ‖ ~/**амплитудно-временная** (El) Amplituden-Zeit-Kennlinie f ‖ ~/**амплитудно-фазовая** (El) Amplituden-Phasen-Kennlinie f; Ortskurve f (des Frequenzganges) ‖ ~/**амплитудно-частотная** (El) Amplitudenfrequenzkennlinie f, Amplitudenfrequenzcharakteristik f ‖ ~/**анодная** [**вольт-апперная**] (El) Anodenstrom-Anodenspannungs-Kennlinie f ‖

~/**анодно-сеточная** *(Eln)* Anodenstrom-Gitterspannungs-Kennlinie *f* ‖ ~/**астатическая** *(Reg)* astatische (integrale) Kennlinie *f* ‖ ~/**безразмерная** *(Ph)* dimensionslose Kennlinie *f* ‖ ~/**вещественная** reelle Kennlinie *f* ‖ ~/**внешняя** äußere Kennlinie *f* ‖ ~/**внутренняя** innere Kennlinie *f* ‖ ~/**возрастающая** [an]steigende Kennlinie *f* ‖ ~/**вольт-амперная** *(El)* Strom-Spannungs-Kennlinie *f*, U-I-Kennlinie *f* ‖ ~/**вольт-амперная импульсная** *(El)* Strom-Spannungs-Impuls-Kennlinie *f* ‖ ~/**вольт-амперная обратная** *(El)* Sperrkennlinie *f* ‖ ~/**вольт-омная** *(El)* Spannungs-Widerstands-Kennlinie *f* ‖ ~/**вольт-фарадная** *(El)* Spannungs-Kapazitäts-Kennlinie *f*, C-V-Kennlinie *f*, C-V-Kurve *f* ‖ ~ **воспроизведения** Wiedergabefrequenzgang *m*, Wiedergabecharakteristik *f (Magnettonband)* ‖ ~ **воспроизведения/амплитудная частотная** Wiedergabeamplitudenfrequenzgang *m (Magnettonband)* ‖ ~/**временная** Zeitkennlinie *f*; Zeitverhalten *n* (z. B. *eines Reglers)*‖ ~/**входная** *(El)* Eingangskennlinie *f* ‖ ~ **выборки** Stichprobencharakteristik *f* ‖ ~ **выборки/статистическая** Stichprobenmaßzahl *f* ‖ ~ **выдержка времени** *(Reg)* Auslösecharakteristik *f*, Auslösekennlinie *f* ‖ ~/**выпрямителя** *(Eln)* Gleichrichterkennlinie *f* ‖ ~/**выпрямления** *(El)* Gleichrichtungskennlinie *f* ‖ ~/**высокочастотная** *(El)* Frequenzgang *m* im Hochfrequenzbereich *f* ‖ ~/**высотная** Höhenkennlinie *f*, Höhencharakteristik *f*; Höhenleistung *f*, Höhenverhalten *n (eines Flugmotors)* ‖ ~/**выходная** *(El)* Ausgangskennlinie *f* ‖ ~ **гашения** *(El)* Löschkennlinie *f* ‖ ~/**гибкая** *(Reg)* Nachgebeverhalten *n* ‖ ~/**градуировочная** *(Меß)* Eichkennlinie *f*, Eichkurve *f* ‖ ~/**граничная** *(Ph)* Grenzkennlinie *f* ‖ ~ **давления** Druckkennlinie *f*, Druckverlauf *m* ‖ ~ **двигателя** Motorcharakteristik *f*, Motorkennlinie *f (Verbrennungsmotor)*; *(Rak)* Triebwerkscharakteristik *f*, Triebwerksgüte *f* ‖ ~/**действительная** *(Меß)* gemessener Wert *m* einer Kenngröße, tatsächliche Kenngröße *f* ‖ ~/**детекторная** *(El)* Detektorkennlinie *f* ‖ ~/**детонационная** Klopfverhalten *n*, Klopfkennlinie *f (des Verbrennungsmotors)* ‖ ~/**диодная** *(Eln)* Diodenkennlinie *f* ‖ ~/**дроссельная** *(Flg)* Drosselkennlinie *f*, Drosselleistung *f* ‖ ~/**жёсткая** *(Kfz)* starre Drehzahlcharakteristik *f (Kfz)* Zündkennlinie *f*; *(Kfz)* Zündverhalten *n* ‖ ~ **запирания** *s.* ~/обратная ‖ ~ **записи** Aufzeichnungsfrequenzgang *m*, Aufzeichnungscharakteristik *f (Magnettonband)* ‖ ~/**зарядная** *(El)* Ladekennlinie *f (Batterie)* ‖ ~ **затухания** *(El)* Dämpfungskennlinie *f* ‖ ~ **звёзд/физическая** *(Astr)* Zustandsgrößen *fpl* der Sterne ‖ ~ **избирательности** *(Rf)* Trennschärfecharakteristik *f* ‖ ~ **излучения** *(Ph)* Strahlungscharakteristik *f* ‖ ~/**импульсная** *(El)* Impulskennlinie *f*, Impulscharakteristik *f* ‖ ~ **инерционности** *(Eln)* Trägheitskennlinie *f* ‖ ~ **интерфейса** *(Eln)* Interface-Kenndaten *pl* ‖ ~/**ионосферная** *(Eln)* Ionosphärenkennlinie *f* ‖ ~/**кавитационная** Kavitationsverhalten *n* ‖ ~ **качества** Qualitätsmerkmal *n*, Gütecharakteristik *f* ‖ ~/**качественная** qualitatives Merkmal *n* ‖ ~/**квантующая** *(Nrt)* Quantisierungskennlinie *f* ‖ ~/**колебательная** *(El, Reg)* Schwingungskennlinie *f*, Schwingungsverhalten *n* ‖ ~/**количественная** quantitatives Merkmal *n* ‖ ~/**коммутационная** *(El)* Kommutierungskennlinie *f* ‖ ~ **короткого замыкания** *(El)* Kurzschlußkennlinie *f* ‖ ~/**криволинейная** krummlinige Kennlinie *f* ‖ ~/**круговая** Kugelcharakteristik *f* ‖ ~ **крутизны** Steilheitskennlinie *f* ‖ ~/**крутопадающая** steil abfallende Kennlinie *f* ‖ ~/**лавинная** *(El)* Lawinendurchbruchkennlinie *f* ‖ ~/**линейная** lineare Kennlinie *f* ‖ ~ **линейности** *(Eln)* Linearitätsverhalten *n* ‖ ~/**ломаная** Knickkennlinie *f* ‖ ~ **магнитной проницаемости** *(El)* Permeabilitätskurve *f* ‖ ~ **маяка** *(Schiff)* Kennung *f* eines Leuchtfeuers (Leuchtturms) ‖ ~/**метрологическая** metrologische Kenngröße *f* ‖ ~/**модовая** *(Eln)* Modencharakteristik *f* ‖ ~/**модуляционная** *(Eln)* Modulationskennlinie *f* ‖ ~/**мощностная** Leistungskennlinie *f* ‖ ~ **мутности** Trübungsmaß *n* ‖ ~ **муфты** *(Masch)* Kupplungscharakteristik *f*, Kupplungscharakteristik *f* ‖ ~/**нагрузочная** Belastungskennlinie *f*, Belastungscharakteristik *f (Verbrennungsmotor)* ‖ ~ **направленности** *(Eln)* Richt[ungs]charakteristik *f* ‖ ~ **напряжения** *(El)* Spannungskennlinie *f* ‖ ~ **настройки** *(El)* Abstimmkennlinie *f* ‖ ~ **насыщения** *(El)* Sättigungskennlinie *f* ‖ ~/**нелинейная** nichtlineare Kennlinie *f* ‖ ~/**несимметричная** unsymmetrische Kennlinie *f*, Sperrcharakteristik *f* ‖ ~/**обратная** *(Eln)* Sperrkennlinie *f*, Sperrcharakteristik *f (Halbleiterdiode, Thyristor)* ‖ ~/**обратная частотная** *(El)* reziproke Frequenzkennlinie *f* ‖ ~/**ограничительная** Begrenzungskennlinie *f (Verbrennungsmotor)* ‖ ~ **остаточной намагниченности** Remanenzkennlinie *f* ‖ ~ **отражения** Rückstrahlcharakteristik *f* ‖ ~/**падающая** fallende Kennlinie *f* ‖ ~/**параболическая** parabelförmige Kennlinie *f* ‖ ~/**перегрузочная** Überlastcharakteristik *f* ‖ ~/**передаточная** *s.* ~ **передачи** ‖ ~ **передачи** *(Rf)* Übertragungskennlinie *f* ‖ ~ **передачи/нелинейная** nichtlineare Übertragungskennlinie *f* ‖ ~ **переключения** *(El)* Schaltcharakteristik *f* ‖ ~ **переменного тока** *(El)* Wechselstromkennlinie *f* ‖ ~/**переходная** *(El)* Übergangscharakteristik *f*, Übergangskennlinie *f*, Sprungantwort *f* ‖ ~ **по времени** *s.* ~/временная ‖ ~ **погрешности** Fehlerkurve *f* ‖ ~ **подшипника скольжения** *(Masch)* Gleitlagerkennlinie *f* ‖ ~/**пологая** flache Kennlinie *f* ‖ ~ **помех** *(Eln)* Störcharakteristik *f* ‖ ~ **послесвечения** *(Eln)* Nachleuchtkennlinie *f*, Nachleuchtcharakteristik *f* ‖ ~ **постоянного напряжения** *(El)* Gleichspannungskennlinie *f* ‖ ~ **потерь** Verlustkurve *f* ‖ ~ **приводного механизма** *(Masch)* Antriebskennlinie *f* ‖ ~ **пробоя** *(Eln)* Durchbruchskennlinie *f* ‖ ~ **проводимости** *(El)* Leitwertkennlinie *f* ‖ ~ **проницаемости** *(El)* Permeabilitätskurve *f* ‖ ~/**прочностная** Festigkeitseigenschaft *f*, Festigkeitswerte *mpl* ‖ ~ **пружины** *(Masch)* Federkennlinie *f* ‖ ~/**прямая** *(El)* Kennlinie *f* in Vorwärtsrichtung (Durchlaßrichtung) ‖ ~/**пусковая** 1. *(El)* Zündkennlinie *f*, Zündcharakteristik *f*; 2. *(Masch)* Anlaßkennlinie *f*, Anlaufkennlinie *f*, Anlaufcharakteristik *f* ‖ ~/**рабочая** *(Masch)* Arbeitskennlinie *f*, Betriebskennlinie *f*; Betriebseigenschaften *fpl* ‖ ~ **разгона** Beschleunigungskurve *f*, Beschleunigungscharakteristik *f*; *(Reg)* Übergangsfunktion *f* ‖ ~/**разрядная** *(El)* Entladekennlinie *f*, Entladungskennlinie f (Batterie) ‖ ~ распада (Kern) Zerfallscharakteristik f ‖ ~/регулировочная Regelcharakteristik f, Regelkennlinie f ‖ ~ регулятора Reglerkennlinie f, Reglerkennwert m ‖ ~/режимная Betriebswerte mpl, Arbeitswerte mpl ‖ ~/релейная (El) Relaiskennlinie f ‖ ~/световая Lichtcharakteristik f ‖ ~/сериесная (El) Reihenschlußcharakteristik f ‖ ~ сеточная (Eln) Gitter[strom]kennlinie f, Gitterstrom-Gitterspannungs-Kennlinie f ‖ ~/скоростная (Kfz) Drehzahlverhalten n, Geschwindigkeitsverhalten n; (Flg) Geschwindigkeitsleistung f ‖ ~ снабжения (Schiff) Ausrüstungsleitzahl f ‖ ~ сопротивления Widerstandskennlinie f ‖ ~/спектральная Spektralcharakteristik f ‖ ~/статическая statische Kennlinie f ‖ ~ текучести (Mech) Fließverhalten n ‖ ~/температурная Temperaturkennlinie f, Temperaturverlauf m, Temperaturgang m ‖ ~/тепловая Wärmekennlinie f, Wärmeschaubild n ‖ ~/техническая technische Daten pl ‖ ~/тиристорная (El) Thyristorkennlinie f ‖ ~/токовая (El) Stromkennlinie f ‖ ~/тормозная Bremskennlinie f, Bremskurve f ‖ ~/транзисторная (Eln) Transistorkennlinie f ‖ ~/трапецеидальная trapezförmige Kennlinie f ‖ ~/тяговая (Eb) Zugkraftcharakteristik f ‖ ~ управления Steuerkennlinie f, Steuercharakteristik f ‖ ~/усилителя (El) Verstärkerkennlinie f ‖ ~ устойчивости Stabilitätskriterium n ‖ ~/фазовая (El) Phasenkennlinie f, Phasengang m ‖ ~/фазово-частотная Phasenfrequenzkennlinie f, Phasenfrequenzgang m ‖ ~/фактическая Istkennlinie f ‖ ~ функции (Reg) Funktionsverlauf m ‖ ~ холостого хода (Masch) Leerlaufkennlinie f, Leerlaufcharakteristik f, Leerlaufverhalten n ‖ ~/частотная Frequenzkennlinie f, Frequenzgang m, Frequenzverlauf m ‖ ~/частотная относительная (Ak, Eln) relative Höhenempfindlichkeit f ‖ ~/частотно-модуляционная Frequenzmodulationskennlinie f ‖ ~/частотно-фазовая s. ~/фазово-частотная ‖ ~ чувствительности Empfindlichkeitscharakteristik f ‖ ~/шумовая Rauschcharakteristik f ‖ ~/шунтовая (El) Nebenschlußcharakteristik f ‖ ~/эксплуатационная Betriebskennlinie f ‖ ~/эмиссионная (Eln) Emissionskennlinie f ‖ ~/эталонная Vergleichskennlinie f

характеристики fpl/**аэродинамические** aerodynamische Eigenschaften fpl ‖ ~/**взлётно-посадочные** (Flg) Start- und Landeeigenschaften fpl, Start- und Landeleistung f ‖ ~/**взлётные** (Flg) Starteigenschaften fpl, Startfähigkeiten fpl, Startleistung f ‖ ~ **гребного винта** (Schiff) Propellercharakteristika npl ‖ ~/**динамические** dynamisches Verhalten n, dynamische Eigenschaften fpl; Beschleunigungsverhalten n ‖ ~ **крыла/геометрические** (Flg) Tragflügelgeometrie f, geometrische Merkmale npl des Tragflügels ‖ ~ **лампы/эксплуатационные** (El) Lampenbetriebsdaten pl, Lampenbetriebscharakteristik f (Sammelbegriff für Lampenspannung, -strom, -leistung u. a.) ‖ ~/**лётно-баллистические** (Rak) Flugleistung f der Rakete ‖ ~/**лётные** Flugeigenschaften fpl, Flugleistung f, Flugdaten pl, Flugverhalten n ‖ ~/**лётно-аэродинамические** aerodynamische Flugeigenschaften fpl ‖ ~ **пикирования** (Flg) Sturzflugeigenschaften fpl ‖ ~/**посадочные** (Flg) Landeeigenschaften fpl, Landeverhalten n ‖ ~ **сваливания** (Flg) Überziehverhalten n ‖ ~/**стандартные** Standarddaten pl ‖ ~ **укороченного взлёта** (Flg) Kurzstarteigenschaften fpl, Kurzstartleistung f ‖ ~ **укороченной посадки** (Flg) Kurzlandeeigenschaften fpl, Kurzlandeleistung f ‖ ~/**фрикционно-износные** Reibungs-Verschleiß-Kennlinien fpl, tribologische Kennlinien fpl ‖ ~/**эксплуатационные** Arbeitskennwerte mpl; Gebrauchswerteigenschaften fpl ‖ ~/**электрические** elektrische Daten pl

характерограф m Kennlinienschreiber m

хартли (Inf) Hartley n (Maßeinheit; = 3,32 Bits)

хб s. **хлопчатобумажный**

хвойные pl Nadelhölzer pl

хвост m 1. Schwanz m; 2. (Wkz) Schaft m (s. a. unter **хвостовик**); 3. Fuß m, Schaufelfuß m (einer Turbine); 4. Steuerfahne f (eines Windmotors); 5. Rücken n (z. B. einer Welle); 6. (Ph) Ausläufer m (des Absorptionsspektrums); 7. Ausläufer m, Abfall m, Schwanz m (einer Kurve); 8. (Ch) Schweifbildung f, Streifenbildung f (Chromatographie); 9. (Astr) Schweifansatz m, Nachlauf m (eines Meteors) ‖ ~/**вильчатый** Gabelfuß m (einer Turbinenschaufel) ‖ ~ **волны** (Ph) Wellenrücken m ‖ ~/**зубчатый** Sägezahnfuß m (einer Turbinenschaufel) ‖ ~/**импульса** (El) Impulsabfall m ‖ ~ **кометы** (Astr) Kometenschweif m ‖ ~/**ласточкин** 1. (Masch) Schwalbenschwanz m; 2. (Krist) Schwalbenschwanz[zwilling] m; 3. (Ch) Schwalbenschwanz m, Breitbrenneraufsatz m (Laborgerät) ‖ ~/**ленточный** Lötfahne f, Fahnenanschluß f ‖ ~/**лисий** (Wkz) Fuchsschwanz m ‖ ~ **лопатки** Schaufelfuß m (einer Turbine) ‖ ~ **лопатки/зубчатый** gezahnter Schaufelfuß m ‖ ~ **лопатки/раздвоенный** Reiterfuß m ‖ ~/**магнитосферный** (Astr) Magnetschweif m (eines Kometen) ‖ ~/**рыбий** (Bgb) Fischschwanzmeißel m (für Bohrungen) ‖ ~/**свиной** (Text) Fadenführer m, Sauschwänzchen n (Ringspinnmaschine)

хвостовик m 1. (Wkz) Schaft m, Werkzeugschaft m; 2. (Masch) Zapfen m (einer Welle), Ansatz m; 3. ~ **колонны** (Masch) Wellenendzapfen m ‖ ~/**изогнутый** (Wkz) gebogener Schaft m ‖ ~/**квадратный** (Wkz) Vierkantschaft m ‖ ~ **клапана** (Kfz) Ventilschaft m (Verbrennungsmotor) ‖ ~ **колонны** (Bgb) verlorene Rohrtour f, Liner m (Erdölbohrung) ‖ ~ **колонны/перфорированный** perforierter Liner m ‖ ~ **колонны/щелевой** geschlitzter Liner m ‖ ~/**конический** (Wkz) Kegelschaft m ‖ ~/**прямой** (Wkz) gerader Schaft m ‖ ~/**резьбовой** (Wkz) Gewindeschaft m ‖ ~/**цилиндрический** (Wkz) Zylinderschaft m, zylindrischer Werkzeugschaft m

хвостовой 1. Schwanz...; 2. (Flg) Heck...; 3. (Eb) Schluß... (Schlußlicht); 4. (Ch) Nachlauf... (Destillation)

хвостохранилище n (Bgb) Schlammteich m

хвосты pl Abgänge mpl, Rückstände mpl (Aufbereitung) ‖ ~/**конечные (отвальные)** Berge pl ‖ ~/**флотационные** Flotationsberge pl, Flotationsrückstände mpl

хедер *m (Lw)* Schneidwerk *n*, Header *m (Mähdrescher)*
хедреократон *m (Geol)* Hochkraton *m*
хелат *m (Ch)* Chelat *n*, Chelatverbindung *f*
хелатировать *(Ch)* ein Chelat bilden, Chelatbildung eingehen
хелатометрия *f (Ch)* Komplexometrie *f*, Kompleximetrie *f*, Chelatometrie *f*
хелатообразование *n (Ch)* Chelatbildung *f*
хемилюминесцентный Chemilumineszenz..., Chemolumineszenz...
хемилюминесценция *f* Chemilumineszenz *f*, Chemolumineszenz *f*
хемолиз *m* Chemolyse *f*
хемолюминесцентный *s.* хемилюминесцентный
хемонастия *f* Chemonastie *f*
хемосорбент *m (Ch)* Chemosorptionsmittel *n*
хемосорбция *f (Ch)* Chemosorption *f*, Chemisorption *f*, chemische (aktivierte) Adsorption *f*
хемостат *m* Chemostat *m*
хемостойкость *f* Chemikalienbeständigkeit *f*, Beständigkeit *f* gegen Chemikalien
хемосфера *f* Chemosphäre *f*
хемотрон *m (El)* Chemotron *n*, elektrochemischer Wandler *m*
хемотроника *f (Eln)* Chemotronik *f*
хемоэпитаксия *f* Chemoepitaxie *f*
хиастолит *m (Min)* Chiastolith *m (Andalusit)*
химизация *f* Chemisierung *f*
химизировать chemisieren
химикалия *f* Chemikalie *f*
химикат *m s.* химикалия
химико-активный chemisch aktiv
химико-технологический chemisch-technologisch
химико-фармацевтический chemisch-pharmazeutisch
химиотерапевтический chemotherapeutisch
химия *f* Chemie *f* ~/**агрономическая** Agrikulturchemie *f* ǁ ~/**аналитическая** analytische Chemie *f* ǁ ~/**белковая** Eiweißchemie *f* ǁ ~/**биологическая** Biochemie *f* ǁ ~/**бионеорганическая** bioanorganische Chemie *f* ǁ ~/**биоорганическая** bioorganische Chemie *f* ǁ ~ **брожения** Gärungschemie *f* ǁ ~ **высоких давлений** Hochdruckchemie *f* ǁ ~ **высоких энергий** Chemie *f* hochangeregter Atome, heiße Chemie *f* ǁ ~ **грунтов** Bodenchemie *f* ǁ ~ **древесины** Holzchemie *f* ǁ ~ **жиров** Fettchemie *f* ǁ ~ **изотопов** Isotopenchemie *f* ǁ ~/**квантовая** Quantenchemie *f* ǁ ~/**коллоидная** Kolloidchemie *f* ǁ ~ **красителей** Farbstoffchemie *f* ǁ ~/**лазерная** Laserchemie *f* ǁ ~/**макромолекулярная** makromolekulare Chemie *f* ǁ ~/**неорганическая** anorganische Chemie *f* ǁ ~/**нефтяная** Erdölchemie *f*; Petrolchemie *f* ǁ ~/**общая** allgemeine Chemie *f* ǁ ~/**органическая** organische Chemie *f* ǁ ~ **пивоварения** Brauereichemie *f* ǁ ~ **пищи** Lebensmittelchemie *f* ǁ ~/**препаративная** präparative Chemie *f*, Präparatenchemie *f* ǁ ~/**прикладная** angewandte Chemie *f* ǁ ~/**пространственная** Stereochemie *f*, Raumchemie *f* ǁ ~/**радиационная** Strahlenchemie *f*, Radiationschemie *f* ǁ ~/**текстильная** Textilchemie *f* ǁ ~/**теоретическая** theoretische Chemie *f* ǁ ~/**техническая** technische (industrielle) Chemie *f*, Industriechemie *f* ǁ ~ **трения** Reibungschemie *f* ǁ ~/**физическая** *s.* физикохимия ǁ ~ **целлюлозы** Cellulosechemie *f* ǁ ~/**ядерная** Kernchemie *f*, Nuklearchemie *f*
химмотология *f* Chimmotologie *f (Wissenschaft über Eigenschaften, Qualität und rationellen Einsatz von Kraft- und Schmierstoffen)*
химовоз *m* Chemietanker *m*
химотроника *f* Chemotronik *f*
химпродукт *m* chemisches Erzeugnis (Produkt) *n*
химстойкий chemisch beständig (stabil)
химстойкость *f* chemische Beständigkeit (Stabilität) *f*, Chemikalienbeständigkeit *f*
химсырьё *n* chemischer Rohstoff *m*, Chemierohstoff *m*
химчистка *f* chemische Reinigung *f*
хинин *m* Chinin *n (Alkaloid)*
хинолин *m (Ch)* Chinolin *n*
хинолинизирование *n (Ch)* Chinolinisierung *f*
хиральность *f* Chiralität *f (Stereochemie)*
хитин *m (Ch)* Chitin *n*
хитиновый *(Ch)* Chitin...
хладагент *m* Kältemittel *n*, Kältemedium *n* ǁ ~/**газообразный** Kältemittelgas *n* ǁ ~/**жидкий** Kältemittelflüssigkeit *f*
хладнолом *m (Met)* Kaltbruch *m (des Stahls)*
хладноломкий *(Met)* kaltbrüchig, kaltspröde *(Stahl)*
хладноломкость *f (Met)* Kaltbrüchigkeit *f*, Kaltsprödigkeit *f (des Stahls)*
хладностойкий kältebeständig, kältefest, kälteresistent
хладностойкость *f* Kältebeständigkeit *f*, Kältefestigkeit *f*, Kälteresistenz *f*
хладоагент *m s.* хладагент
хладокомбинат *m* Großkühlhaus *n*
хладоноситель *m* Kälteträger *m*, Kälteübertrager *m*
хладостойкий kältebeständig, kältefest, kälteresistent
хладостойкость *f* Kältebeständigkeit *f*, Kältefestigkeit *f*, Kälteresistenz *f*
хладотехника *f* Kältetechnik *f*
хлеб *m* 1. Brot *n*; 2. Getreide *n (s. a. unter* зерно 2.)
хлебозавод *m* Brotfabrik *f*
хлебопекарня *f* Bäckerei *f*, Brotbäckerei *f*
хлеборезка *f* Brotschneidemaschine *f*
хлеботорговля *f* Getreidehandel *m*
хлебоуборка *f* Getreideernte *f*
хлебофураж *m (Lw)* Futtergetreide *n*
хлоантит *m (Min)* Chloanthit *m*, Weißnickelkies *m*
хлопководство *n (Lw)* Baumwoll[an]bau *m*
хлопковоз *m (Schiff)* Baumwollfrachter *m*
хлопкокомбайн *m (Lw)* Baumwoll-Vollerntemaschine *f*, Baumwollkombine *f*
хлопколесовоз *m (Schiff)* Baumwoll-Holz-Frachter *m*
хлопкоочиститель *m (Lw)* Baumwollentkörnmaschine *f*, Baumwollentkörner *m*
хлопкопрядение *n* Baumwollspinnerei *f* ǁ ~/**угарное** Baumwollabfallspinnerei *f*
хлопкоуборка *f (Lw)* Baumwollernte *f*
хлопок *m (Text)* Baumwolle *f (Faser)* ǁ ~ **гребённого прочёса** gekämmte Baumwolle *f* ǁ ~/**длинноволокнистый** langstapelige Baum-

хлопок

wolle *f* II ~/**запылённый** vestaubte (staubige) Baumwolle *f* II ~/**засорённый** verschmutzte (unreine) Baumwolle *f* II ~ **зрелый** reife Baumwolle *f* II ~ **карданого прочёса** kardierte Baumwolle *f* II ~/**коротковолокнистый** kurzstapelige Baumwolle *f* II ~ **машинного сбора** maschinengepflückte Baumwolle *f* II ~/**недозрелый** halbreife Baumwolle *f* II ~/**незрелый** unreife Baumwolle *f* II ~ **ручного сбора** handgepflückte Baumwolle *f* II ~/**средневолокнистый** Baumwolle *f* mittlerer Stapellänge II ~/**тонковолокнистый** feinstapelige Baumwolle *f*

хлопок-волокно *m* egrenierte (entkörnte) Baumwolle *f*

хлопок-сырец *m* nichtentkernte Baumwolle *f*, Rohbaumwolle *f*

хлопо́к *m* Knallen *n* II ~ **в глушителе** *(Kfz)* Auspuffknallen *n* II ~ **в карбюраторе** *(Kfz)* Vergaserknallen *n* II ~/**детонационный** Detonationsknall *m* II ~/**звуковой** Schallknall *m* II ~/**сверхзвуковой** *(Flg)* Überschallknall *m*

хлопушка *f* *(Eb)* Knallkapsel *f* *(Knallsignal)*

хлопчатобумажный baumwollen, Baumwoll...

хлопьевидный flockenförmig, flock[enart]ig

хлопьеобразование *n* Flockenbildung *f*, Ausflockung *f*, Flockung *f*

хлопья *pl* 1. Flocken *fpl*; 2. Bruch *m* (Flockenbildung in der Bierwürze)

хлор *m* *(Ch)* Chlor *n*, Cl II ~/**активный** aktives (wirksames) Chlor *n* II ~/**атомарный** atomares Chlor *n*, Monochlor *n*

хлораммонизация *f* Chloraminverfahren *n* (Chlorung des Wassers unter Ammoniakzusatz)

хлорангидрид *m* *(Ch)* Säurechlorid *n*

хлораргирит *m* *(Min)* Chlorargyrit *m*, Hornsilber *n*, Kerargyrit *m*, Silberhornerz *n*

хлорат *m* *(Ch)* Chlorat *n*

хлоратит *m* Chloratit *n* (Sprengstoff)

хлоратор *m* *(Ch)* Chlorierapparat *m*, Chlorierungskessel *m*; Chlorier[ungs]ofen *m*

хлорбензол *m* *(Ch)* Chlorbenzen *n*, Chlorbenzol *n*

хлорвинил *m* *(Ch)* Vinylchlorid *n*, Chloreth[yl]en *n*

хлорзамещённое *n* *(Ch)* Chlorsubstitutionsprodukt *n*

хлорзамещённый *(Ch)* chlorsubstituiert

хлорид *m* *(Ch)* Chlorid *n*

хлорирование *n* *(Ch)* 1. Chlorieren *n*, Chlorierung *f* (Einführen von Chlor in chemische Verbindungen); 2. Chloren *n*, Chlorung *f* (Behandlung mit Chlor) II ~/**дополнительное** Nachchlorierung *f* II ~/**жидкофазное** Flüssigphase[n]chlorierung *f*, Chlorierung *f* in der flüssigen Phase II ~/**замещающее** substituierende Chlorierung *f*, Chlorsubstitution *f* II ~/**парофазное** Dampfphase[n]chlorierung *f*, Gasphase[n]chlorierung *f*, Chlorierung *f* in der Dampfphase (Gasphase) II ~/**периодическое** diskontinuierliche Chlorierung *f*, Chargenchlorierung *f* II ~/**полное** vollständige Chlorierung *f*, Totalchlorierung *f* II ~/**предварительное** Vorchlorierung *f* II ~/**прямое** direkte Chlorierung *f* II ~/**фотохимическое** photochemische Chlorierung *f*, Photochlorierung *f*

хлорировать *(Ch)* 1. chlorieren (Chlor in eine chemische Verbindung einführen); 2. chloren, chlorieren (mit Chlor behandeln)

хлористоводородный *(Ch)* ...hydrochlorid *n*; chlorwasserstoffsauer, salzsauer

хлористокислый ...chlorit *n*, ...chlorat(III) *n*; chlorigsauer

хлористый *(Ch)* ...chlorid *n*; chlorhaltig

хлорит *m* 1. *(Ch)* Chlorit *n*, Chlorat(III) *n*; 2. *(Min)* Chlorit *m*

хлоритоид *m* *(Min)* Chloritoid *m* (glimmerartiges Mineral)

хлориты *pl* *(Min)* Chlorite *mpl* (glimmerartige Mineralgruppe)

хлоркальциевый *(Ch)* Chlorcalcium..., Calciumchlorid...

хлоркаучук *m* Chlorkautschuk *m*

хлорноватистокислый *(Ch)* ...hypochlorit *n*, ...chlorat(I) *n*; hypochlorigsauer

хлорноватокислый *(Ch)* ...chlorat *n*, ...chlorat(V) *n*; chlorsauer

хлорнокислый *(Ch)* ...perchlorat *n*, ...chlorat(VII) *n*; perchlorsauer

хлорный *(Ch)* Chlor...

хлороводород *m* *(Ch)* Chlorwasserstoff *m*, Hydrogenchlorid *n*

хлорокись *f* *(Ch)* Oxidchlorid *n*

хломеланит *m* *(Min)* Chloromelanit *m* (Pyroxen)

хлоростойкий chlorbeständig, chlorfest

хлороформ *m* *(Ch)* Chloroform *n*, Trichlormethan *n*

хлорохромовокислый *(Ch)* ...chlorochromat *n*; chlorochromsauer

хлорошпинель *f* *(Min)* Chlorospinell *m*

хлорпроизводное *n* *(Ch)* Chlorderivat *n*

хлорсульфированный *(Ch)* chlorsulfoniert

хлорфторуглеводород *m* *(Ch)* Chlorfluorkohlenwasserstoff *m*

хлорэтан *m* *(Ch)* Chlorethan *n*

хлорэтен *m* *(Ch)* Chlorethen *n*, Vinylchlorid *n*

хлыст *m* *(Forst)* Langholz *n*, entasteter Stamm *m* (liegend)

хмелеводство *n* *(Lw)* Hopfen[an]bau *m*

хмелеотделитель *s.* **хмелецедильник**

хмелецедильник *m* *(Brau)* Hopfenseiher *m*

хобот *m* 1. *(Wkzm)* Gegenhalter *m* (Waagerechtfräsmaschine); 2. *(Masch)* Tensorarm *m*, Rüssel *m*, Vielgelenkarm *m* (Roboter); 3. *(Masch)* ausladender Teil *m*

ход *m* 1. Gang *m*, Lauf *m*, Ablauf *m*; Verlauf *m*; 2. Fahrwerk *n*, Laufwerk *n*; 3. *(Wkzm)* Bewegung *f* (Bewegungslänge oder Bewegungsart, z. B. Haupt- oder Hilfsbewegung); Gang *m* (z. B. Tisch der Waagerechthobelmaschine); 4. *(Masch)* Hub *m* (Bewegungslänge, z. B. bei Kolben, Stößeln); Ganghöhe *f* (Gewinde); 5. *(Met)* Gang *m* (Schmelzofen, Hochofen); Zug *m* (des Ofens); 6. Gang *m*; Hemmung *f* (Uhrwerk); 7. *(Geod)* Zug *m*; 8. *(Eb)* Fahrt *f*, Betrieb *m*; 9. *(Schiff)* S. ~ **судна** • **за один рабочий ход** in einem Arbeits[durch]gang • **на ходу** im Lauf; in Fahrt • **по ходу часовой стрелки** im Uhrzeigersinn • **с длинным ходом** langhubig, Langhub... • **с коротким ходом** kurzhubig, Kurzhub... II ~ **амплитуды** *(El)* Amplitudengang *m* II ~ **анализа** *(Ch)* Analysengang *m* II ~/**бесшумный** *(Masch)* geräuschloser Lauf *m* II ~ **брожения** *(Ch)* Gärungsverlauf *m* II ~/**быстрый** 1. Schnellgang *m*, Eilgang *m*; 2. Eilhub *m*, Schnellhub *m*

(Pumpen, Verdichter) || ~/**быстрый обратный** Eilrückgang *m*, Eilrücklauf *m* || ~/**быстрый прямой** Eilvorlauf *m* || ~ **в балласте** *(Schiff)* Ballastfahrt *f* || ~ **в грузу** *(Schiff)* Fahrt *f* in beladenem Zustand || ~ **в полном грузу** *(Schiff)* Fahrt *f* voll beladen || ~/**вверх** Aufwärtsgang *m*; *(Masch)* Aufwärtshub *n*, Hochgang *m (Pumpen, Verdichter)* || ~/**вертикальный** Senkrechthub *m*, Vertikalhub *m* || ~/**виляющий** *(Eb)* schlingernder Gang *m*, Schlingern *n (Lokomotive)* || ~ **влево** *(Masch)* Linksgang *m*, Linkslauf *m* || ~ **вниз** Abwärtsgang *m*; *(Masch)* Abwärtshub *m*, Niedergang *m*, Senkhub *m (Pumpen, Verdichter)* || ~/**впереди** *(Schiff)* Fahrt *f* voraus; 2. *s.* ~/**прямой** || ~ **вперёд/малый** *(Schiff)* langsame Fahrt *f* voraus || ~ **вперёд/полный** *(Schiff)* volle Fahrt *f* voraus || ~ **вперёд/самый полный** *(Schiff)* volle Kraft *f* voraus || ~ **вправо** *(Masch)* Rechtsgang *m*, Rechtslauf *m* || ~ **вразнос** Durchgehen *n (Verbrennungsmotor)* || ~/**временной** Zeitablauf *m*, zeitlicher Ablauf *m* || ~ **всасывания** Saughub *m*, Einlaßhub *m (Pumpen; Verdichter)* || ~/**вспомогательный** *(Fert)* Hilfsgang *m*, Hilfsbewegung *f* || ~/**встречный** Gegenlauf *m* || ~/**двойной** *(Masch)* Doppelhub *m* || ~/**длинный** *(Masch)* Langhub *m*, langer Hub *m* || ~/**дополнительный** *(Geod)* Nebenzug *m* || ~/**задний** 1. *(Kfz)* Rückwärtsgang *m (Schaltgetriebe)*; 2. *(Schiff)* Rückwärtsfahrt *f*, Fahrt *f* achteraus || ~/**замедленный** *(Masch)* Schleichgang *m*, Kriechgang *m* || ~ **клапана** Ventilhub *m (Verbrennungsmotor, Hubkolbenverdichter)* || ~ **компрессора** 1. Verdichterbetrieb *m*; 2. Verdichterhub *m*; 3. Verdichtertriebwerk *n* || ~ **компрессора/мокрый** geschmiertes Verdichtertriebwerk *n* || ~/**короткий** *(Masch)* kurzer Hub *m*, Kurzhub *m* || ~ **кривой** Kurvenverlauf *m* || ~/**левый** *s.* ~ **влево** || ~/**литниковый** *(Gieß)* Gießlauf *m*, Zulauf *m*, Querlauf *m* || ~ **луча** Strahlenverlauf *m*, Strahlengang *m* || ~/**малый** *(Schiff)* langsame (kleine) Fahrt *f* || ~/**медленный** Langsamgang *m*, Langsamlauf *m* || ~/**мёртвый** *(Masch)* toter Gang *m*, Leerhub *m*, Tothub *m* || ~ **нагнетания** Förderhub *m*, Druckhub *m (einer Pumpe)* || ~/**надводный** Überwasserfahrt *f (U-Boot)* || ~ **назад** 1. *(Masch)* Rückgang *m (Kolben)*; 2. *(Schiff)* Fahrt *f* achteraus || ~ **назад/малый** *(Schiff)* langsame Fahrt *f* zurück || ~ **назад/полный** *(Schiff)* volle Fahrt *f* zurück || ~ **назад/самый полный** *(Schiff)* äußerste Kraft *f* zurück || ~/**насосный** 1. Pumpenhub *m*; 2. Ladungswechselhub *m (Verbrennungsmotor)* || ~/**неравномерный** *(Masch)* unruhiger Lauf *m* || ~/**нулевой** Nullhub *m* || ~/**обратный** 1. Rück[wärts]lauf *m*, Rück[wärts]gang *m*; 2. *s.* ~/**задний** 1. || ~/**обратный ускоренный** schneller Rücklauf *m (Magnettongerät)* || ~/**огневой** Flammenzug *m*, Heizzug *m (Ofen)* || ~/**основной** *(Geod)* Hauptzug *m* || ~ **относительно воды** *(Schiff)* Fahrt *f* durch das Wasser || ~ **относительно грунта** *(Schiff)* Fahrt *f* über den Grund || ~/**передний** 1. *(Kfz)* Vorwärtsgang *m (Schaltgetriebe)*; 2. *(Schiff)* Vorausfahrt *f*, Fahrt *f* voraus || ~ **печи** *(Met)* Ofengang *m*, Ofenführung *f (Schacht- und Schmelzofen)* || ~ **печи/горячий** heißer Ofengang *m* || ~ **печи/стылый (холодный)** kalter Ofengang *m*, Kaltgang *m*, Rohgang *m* || ~ **плавки** *(Met)* Schmelzgang *m*, Schmelzverlauf *m*; Chargengang *m (Schmelz- und Schachtofen)* || ~/**плавный** *(Masch)* leichter (stoßfreier) Gang *m*, stetiger (gleichmäßiger) Lauf *m* || ~ **плунжера** *(Masch)* Kolbenhub *m*, Plungerhub *m* || ~ **по кадру/обратный** *(TV)* Bildrücklauf *m* || ~ **по строке/обратный** *(TV)* Zeilenrücklauf *m* || ~/**подводный** Unterwasserfahrt *f (U-Boot)* || ~/**полигонный** *(Geod)* Polygonzug *m*, Vieleckzug *m* || ~/**полный** *(Schiff)* volle Fahrt *f* || ~ **порожнём** *(Schiff)* Leerfahrt *f* || ~ **поршня** Kolbenhub *m (Dampfmaschine, Verbrennungsmotor, Hubkolbenverdichter)* || ~/**поступательный** Vor[wärts]lauf *m (Magnettongerät)* || ~/**правый** *s.* ~ **вправо** || ~ **примыкания** *(Geod)* Anschlußzug *m* || ~/**пробный** Probedurchgang *f*, Probelauf *m* || ~/**программы** *(Inf)* Programmablauf *m* || ~/**процесса** Prozeßablauf *m* || ~/**прямой** 1. Vorlauf *m*, Vorwärtsgang *m*, Hingang *m*; 2. Vorwärtshub *m*, Hinhub *m (Pumpen, Verdichter)*; 3. *(Schiff)* Geradeausfahrt *f* || ~/**рабочий** 1. *(Kfz)* Arbeitstakt *m*; Arbeitshub *m (Verbrennungsmotor)*; *(Masch)* Druckhub *m (Pumpe)*; 2. *(Fert)* Arbeitsgang *m*, Arbeitslauf *m*; Arbeitsbewegung *f*; 3. *(Typ)* Druckgang *m*; 4. *s.* ~/**поступательный** || ~/**равномерный** *(Masch)* gleichmäßiger Gang *m*, Gleichgang *m*, Gleichlauf *m* || ~ **реакции** *(Ch)* Reaktionsverlauf *m*, Reaktionsablauf *m* || ~ **резьбы** Ganghöhe *f (Gewinde)*, Gewindegang *m* || ~/**самый малый** *(Schiff)* ganz langsame Fahrt *f* || ~/**самый полный** *(Schiff)* äußerste Kraft *f* || ~/**свободный** *(Masch)* 1. Freilauf *m*, Leerlauf *m*, Leergang *m*; 2. totes Spiel *n*; 3. *(Schiff)* Freifahrt *f* || ~ **сжатия** Verdichtungshub *m (Verbrennungsmotor; Hubkolbenverdichter)* || ~/**синхронный** *(El)* Gleichlauf *m*, Gleichgang *m*, sychroner Lauf *m* || ~/**соединительный** *(Geod)* Anschlußzug *m* || ~/**соковый** Farbengang *m*, Hängefarbe *f (Gerberei)* || ~/**средний** *(Schiff)* halbe Fahrt *f* || ~/**стылый** *s.* ~**печи/стылый** || ~/**судовой** Fahrrinne *f (für Schiffe)* || ~/**съёмочный маркшейдерский** *(Bgb, Geod)* Marksсheiderzug *m* || ~/**тахеометрический** *(Geod)* Tachymeterzug *m* || ~/**температурный** Temperaturgang *m*, Temperaturverlauf *m* || ~/**теодолитный** *(Geod)* Theodolitzug *m* || ~/**тихий** *(Masch)* ruhiger (langsamer) Gang *m* || ~/**тряский** *(Eb)* stoßförmiger Lauf *m (Lok)* || ~/**холостой** 1. Leerlauf *m*, Leergang *m*; toter Gang *m*; Leerhub *m*; 2. Freilauf *m*; 3. Rücklauf *m*, z. B. des Hobeltisches oder Stößels); 4. *(Bgb)* Leerfahrt *f*; 5. *(Reg)* Steuern *n* ohne Wirkung; 6. Grobbewegung *f (eines Teleskops)* || ~/**хронометровый** Chronometergang *m* || ~ **часов** Gang *m (Uhrwerk)* || ~ **часов/электрический** elektrische Hemmung *f (Uhrwerk)* || ~ **электронного луча/обратный** *(Eln)* Elektronenstrahlrücklauf *m*

ходкость *f (Schiff)* Fahrverhalten *n*, Fahrteigenschaften *fpl*

ходовой 1. Gang..., Lauf...; 2. *(Eb)* Lauf...; Laufwerks...; 3. *(Schiff)* Fahrt...; Fahr...

ходок *m (Bgb)* Fahrort *n* || ~/**конвейерный** Förderbandgasse *f* || ~/**косовичный** Verbindungs-

ходок gasse f *(zwischen Begleitort und Hauptförderstrecke)* ‖ ~/**людской** Fahrtrum n, Fahrstrecke f
ходоуменьшитель m *(Masch)* 1. Hubregler m, Hubminderer m; 2. *(Kfz)* Kriechgangantrieb m
хозяйство m Wirtschaft f, Betrieb m ‖ ~/**вагонное** *(Eb)* Wagenwirtschaft f ‖ ~/**водное** Wasserwirtschaft f ‖ ~/**водоотливное** *(Bgb)* Wasserhaltung f ‖ ~/**вскрышное** *(Bgb)* Abraumbetrieb m ‖ ~/**земледельческое** Acker- und Pflanzenbau m ‖ ~/**коммунальное** Kommunalwirtschaft f ‖ ~/**лесное** Forstbetrieb m, Forstwirtschaft f ‖ ~/**молочное** Milchwirtschaft f ‖ ~/**отвальное** Abproduktewirtschaft f; *(Bgb)* Kippbetrieb m ‖ ~/**полевое** *(Lw)* Feldwirtschaft f ‖ ~/**птицеводческое** Geflügelwirtschaft f ‖ ~/**путевое** *(Eb)* Gleiswirtschaft f, Oberbauwirtschaft f ‖ ~/**рыночное** Marktwirtschaft f ‖ ~/**сельское** Landwirtschaft f ‖ ~/**семеноводческое** Saatzuchtwirtschaft f, Saatbaubetrieb m, Saatzuchtbetrieb m ‖ ~/**складское** Lagerwirtschaft f ‖ ~/**тепловое** Wärmewirtschaft f ‖ ~/**электрическое (электроэнергетическое)** Elektroenergiewirtschaft f ‖ ~/**энергетическое** Energiewirtschaft f
холлотрон m *(Eln)* Hall-Effekt-Bauelement n, Hall-Element n
холм m *(Geol)* Hügel m
холмик m *(Geol)* Anhöhe f, Bülte f, Bodenerhebung f
холод m испарения Verdunstungskälte f
холодильник m 1. Kühler m, Kühlanlage f; 2. Kühlraum m, Kühlhalle f, Kühlhaus n, Kaltlagerraum m; Kühlschrank m; 3. *(Wlz)* Kühlgerät n, Kühlbett n; 4. *(Gieß)* Kühleisen n, Kühlkörper m, Kokille f ‖ ~/**абсорбционный** Absorptionskühlschrank m ‖ ~ **Аллина** *(Ch)* Allihn-Kugelkühler m ‖ ~/**базисный** Kühlhaus n für Langzeitlagerung ‖ ~/**башенный** Turmkühler m, Kühlturm m ‖ ~/**бытовой** Kühlschrank m, Haushaltskühlschrank m ‖ ~/**внешний** *(Gieß)* Anlegeeisen n, äußerer Kühlkörper m ‖ ~/**внутренний** *(Gieß)* Kühleinlage f, innerer Kühlkörper m ‖ ~ **высокого давления** Hochdruckkühler m ‖ ~ **Димрота** *(Ch)* Dimroth-Kühler m ‖ ~/**домашний** s. ~/**бытовой** ‖ ~/**закрытый** geschlossener Kühler m ‖ ~/**змеевиковый** Schlangen[rohr]kühler m ‖ ~/**испарительный** Verdunstungskühler m ‖ ~/**квартирный** s. ~/**бытовой** ‖ ~/**кожухотрубный** Röhrenbündelkühler m ‖ ~/**кольцевой** Ring[lauf]kühler m ‖ ~/**компрессионный [бытовой]** Kompressions[haushalts]kühlschrank m ‖ ~/**конечный** Schlußkühler m ‖ ~/**лабораторный** Labor[atoriums]kühler m ‖ ~ **Либиха** *(Ch)* Liebig-Kühler m ‖ ~/**листовой** *(Wlz)* Blechkühlbett n ‖ ~/**механический** *(Wlz)* mechanisches Kühlbett n ‖ ~/**наружный** *(Gieß)* Anlegeeisen n, äußerer Kühlkörper m ‖ ~/**низкого давления** Niederdruckkühler m ‖ ~/**нисходящий** *(Ch)* absteigender Kühler m, Destillationskühler m ‖ ~/**обратный** Rücklaufkühler m, Rückflußkühler m ‖ ~/**одноэтажный** Flachkühlhaus n ‖ ~/**оросительный** Berieselungskühler m, Rieselkühler m, Rieselkühlritter m ‖ ~/**перевалочный** Umschlagkühlhaus n ‖ ~/**пластинчатый** Plattenkühler m, Lamellenkühler m ‖ ~/**плитовой** *(Met)* Kühlnische f *(Hochofen)* ‖ ~/**поверхностный** Flächenkühler m ‖ ~/**поглотительный [бытовой]** Absorptionskühlschrank m, Absorberkühlschrank m ‖ ~/**портовой** Hafenkühlhaus n ‖ ~/**предварительный** Vorkühler m ‖ ~/**производственный** Kühlhaus n für Fleisch- und Molkereiprodukte ‖ ~/**промежуточный** Zwischenkühler m ‖ ~/**противоточный** Gegentromkühler m ‖ ~/**проточный** Durchlaufkühler m ‖ ~/**проточный пластинчатый** Durchlaufplattenkühler m ‖ ~/**проточный трубчатый** Durchlaufröhrenkühler m ‖ ~/**прямоточный** Gleichstromkühler m, Parallelstromkühler m ‖ ~/**радиаторный** Lamellenkühler m ‖ ~/**распределительный** Verteilungskühlhaus n ‖ ~/**рассольный** Solekühler m ‖ ~/**реечный** *(Wlz)* Rechenkühlbett n ‖ ~/**роликовый** *(Wlz)* Rollenkühlbett n ‖ ~ **с противотоком** Gegenstromkühler m ‖ ~/**сдвоенный** *(Wlz)* Doppelkühlbett n ‖ ~/**секционный** Taschenkühler m ‖ ~/**спиральный** Spiralkühler m ‖ ~/**трубчатый** Rohrkühler m, Röhrenkühler m ‖ ~/**фасонный** *(Gieß)* Formkühleisen n, Profilkühleisen n ‖ ~/**цепной** *(Wlz)* Kettenkühlbett n ‖ ~/**циркуляционный** Ringlaufkühler m ‖ ~/**шариковый (шаровидный)** *(Ch)* Kugelkühler m ‖ ~ **Шотта** *(Ch)* Wellrohrkühler m nach Schott ‖ ~/**ярусный** Zonenkühler m ‖ ~/**ячейковый** Zellenkühler m
холоднодеформированный *(Met)* kaltverformt
холоднокатаный kaltgewalzt
холоднотянутый kaltgezogen
холодоноситель m Kälteübertrager m, Kälteträger m
холодопотребитель m Kälteverbraucher m
холодопроизводительность f Kälteleistung f ‖ ~/**удельная** spezifische Kälteleistung f
холодоустойкий s. холодоустойчивый
холодостойкость f s. холодоустойчивость
холодоустойчивость f Kältebeständigkeit f, Kältefestigkeit f, Kälteresistenz f
холодоустойчивый kältebeständig, kältefest, kälteresistent
холодоэффективность f Kühlwirkung f; Kühlwirkungsgrad m
холостой unbelastet, Leer...
холст m *(Text)* 1. Leinen m, Leinwand f; 2. Wickel m *(Spinnerei)*; 3. Vlies n, Wickelwatte f ‖ ~/**грубый** Grobleinen n ‖ ~/**тонкий** Feinleinen n
холстик m *(Text)* Bandwickel m *(Spinnerei; Baumwollkämmaschine; Bandwickelmaschine)*
холстина f Leinwand f
холстинный Leinen..., Leinwand...
холстообразователь m *(Text)* Pelzbildungsvorrichtung f, Vliesbildungsvorrichtung f
хольнитен m *(Led)* Niet m
хомут m 1. *(Lw)* Kumt n, Kummet n; Joch n; 2. Bügel m; Schelle f; Spannbügel m; Band n, Tragband n; *(El)* Schelle f, Kabelschelle f ‖ ~/**зажимной** Klemmschelle f ‖ ~/**закрепляющий** Befestigungsbügel m ‖ ~/**направляющий** *(Schiff)* Führungsbügel m, Leitbügel m *(am Ladebaum)* ‖ ~/**подвесной** 1. Aufhängebügel m; 2. *(Bgb)* Linerhänger m *(Bohrung)* ‖ ~/**рессорный** s. ~ **рессоры** ‖ ~ **рессоры** Federband n, Federbund m ‖ ~/**стяжной** Spannklammer f, Spannbügel m ‖ ~ **сцепки** *(Eb)* Kupplungsbügel m ‖ ~/**трубный** Rohrschelle f

~/шарнирный (Bgb) Gestängedreher m, Krükkel m (Bohrung)
хомутик m s. хомут
хон m (Wkz) Langhubhohnwerkzeug n, Langhubziehschleifwerkzeug n ‖ ~/зубчатый Hohnrad n
хон-брусок m (Wkz) Langhubhohnstein m
хонголовка f (Wkz) Langhubhonkopf m
хондра f (Astr) Chondrum n (pl: Chondren; meist nur so benutzt. Kugelförmige Einschlüsse in Meteoriten)
хондрит m (Astr) Chrondrit m (Meteorit) ‖ ~/углистый Kohliger Chondrit m ‖ ~/энстатитовый Enstatit m (Meteorit)
хондродит m (Min) Chondrodit m (Mineral der Humitgruppe)
хонинговальный (Fert) Langhubhon..., Langhubziehschleif...
хонингование n (Fert) Langhubhonen n, Langhubziehschleifen n ‖ ~/внутренние Innenlanghubhonen n ‖ ~/наружное Außenlanghubhonen n ‖ ~/окончательное Fertiglanghubhonen n ‖ ~/отделочное Feinlanghubhonen n ‖ ~/получистовое Halbschlichtlanghubhonen n ‖ ~/тонкое s. ~/отделочное ‖ ~/черновое Schrupplanghubhonen n ‖ ~/чистовое Schlichtlanghubhonen n
хонинговать (Fert) langhubhonen, langhubziehschleifen
хоппер m Trichterwagen m, Selbstentladewagen m für Schüttgut
хоппер-дозатор m Trichterwagen m mit Dosiereinrichtung
хорда f 1. (Math) Sehne f; Profilsehne f; 2. (Flg) Tiefe f (eines Flügels); Sehne f ‖ ~ закрылка (Flg) Klappentiefe f ‖ ~ киля (Flg) Seitenflossentiefe f ‖ ~/концевая (Flg) Endsehne f, Endtiefe f, Tiefe f außen ‖ ~/корневая (Flg) Tiefe f innen; Wurzeltiefe f, Tragflügeltiefe f, Flügelsehne f, Tragflügelsehne f ‖ ~ крыла Flügeltiefe f, Tragflügeltiefe f, Flügelsehne f, Tragflügelsehne f ‖ ~ крыла/концевая Flügelendtiefe f, Tragflügelendtiefe f, Flügelspitzentiefe f, Tragflügelspitzentiefe f ‖ ~ крыла/корневая Flügelwurzeltiefe f, Tragflügelwurzeltiefe f, innere Flügeltiefe f ‖ ~ крыла/местная örtliche (lokale) Flügeltiefe f (Tragflügeltiefe) f ‖ ~ крыла/средняя аэродинамическая mittlere aerodynamische Sehne f, MAS; mittlere aerodynamische Tiefe f, aerodynamische Bezugs[flügel]tiefe f, mittlere Flügeltiefe (Tragflügeltiefe) f ‖ ~ крыла/средняя геометрическая mittlere geometrische Flügeltiefe (Bezugs[flügel]tiefe, Tragflügeltiefe) f ‖ ~ профиля (Flg) Profiltiefe f, Profilsehne f, Flügeltiefe f, Flügelsehne f ‖ ~ руля (Flg) Rudertiefe f ‖ ~ руля высоты (Flg) Höhenrudertiefe f ‖ ~ руля направления (Flg) Seitenrudertiefe f ‖ ~ стабилизатора (Flg) Höhenflossentiefe f ‖ ~ хвостового оперения (Flg) Leitwerkstiefe f, Heckleitwerkstiefe f ‖ ~ элерона (Flg) Querrudertiefe f
хост-машина f (Inf) Hostrechner m
хост-ЭВМ m (Inf) Hostrechner m
ХПК s. поглощение кислорода/химическое
хранение n 1. Speicherung f, Aufbewahrung f; 2. Lagerung f ‖ ~ в архиве (Inf) Archivierung f ‖ ~ газа/подземное Untergrundgasspeicherung f ‖ ~ данных (Inf) Datenspeicherung f ‖ ~ документов (Inf) Belegsicherung f ‖ ~/долгосрочное langfristige Lagerung f ‖ ~ информации Informationsspeicherung f ‖ ~/краткосрочное kurzfristige Lagerung f ‖ ~/окончательное Endlagerung f ‖ ~ переноса (Inf) Übertragungsspeicherung f ‖ ~/полупостоянное (Inf) semipermanente Speicherung f ‖ ~/среднесрочное mittelfristige Lagerung f
хранилище n Vorratsbehälter m, Lagerbehälter m, Lagertank m, Tank m; Speicher m (s. a. unter резервуар) ‖ ~/закромное (Lw) Boxenlager n ‖ ~/звукозаписей Phonothek f ‖ ~/навального типа (Lw) Haufenlager n ‖ ~/подземное Untergrundspeicher m ‖ ~/подземное газовое Untergrundgasspeicher m ‖ ~ сжиженных газов Flüssigkeitsspeicher m ‖ ~/шахтное Bergwerksspeicher m
хранить 1. speichern, aufbewahren; 2. lagern • ~ сухом месте trocken aufbewahren • ~ под замком unter Verschluß aufbewahren
храповик m Gesperre n, Sperrad n, Klinken[schalt]rad n
храповичок m [kleines] Sperrad n
храповой (Nrt) Klinken...
храпок m Saugkorb m
хребет m (Geol) Kamm m, Grat m, Rücken m ‖ ~/горный Gebirgskamm m ‖ ~ со скалистым гребнем/горный Kammgebirge n
хребтина f Hauptleine f (Langleinenfischerei)
хребты mpl/срединно-океанические (Geol) Mittelozeanischer Rücken m
хризоберилл m (Min) Chrysoberyll m
хризолит m (Min) Chrysolith m (Olivin)
хризопраз m (Min) Chrysopras m (Quarzvarietät)
хризотил m (Min) Chrysotil m, Faserserpentin m
хризотил-асбест m (Min) Chrysotilasbest m
хром m (Ch) Chrom n, Cr
хромат m (Ch) Chromat m
хроматермография f (Ch) Chromathermographie f, Thermo-Gaschromatographie f
хроматизм m (Opt) Chromatismus m, chromatische Aberration f ‖ ~ положения Farbenortsfehler m
хроматический (Opt) chromatisch
хроматограмма f (Ch) Chromatogramm n ‖ ~/бумажная Papierchromatogramm n ‖ ~/газовая Gaschromatogramm n
хроматограф m (Ch) Chromatograph m ‖ ~/газовый Gaschromatograph m ‖ ~/двухступенчатый Zweistufenchromatograph m ‖ ~/жидкостный Flüssigkeitschromatograph m
хроматографирование n (Ch) Chromatographieren n
хроматография f (Ch) Chromatographie f ‖ ~/адсорбционная Adsorptionschromatographie f ‖ ~/бумажная Papierchromatographie f ‖ ~/вытеснительная Verdrängungschromatographie f ‖ ~/газоадсорбционная Gas-Fest[stoff]-Chromatographie f, Gas-Solidus-Chromatographie f, GSC, Gas-Adsorptionschromatographie f ‖ ~/газовая Gaschromatographie f ‖ ~/газожидкостная Gas-Flüssig[keit]-Chromatographie f, Gas-Liquidus-Chromatographie f, GLC, Gas-Verteilungschromatographie f ‖ ~/жидкостная Flüssigkeitschromatographie f ‖ ~/жидкостно-адсорбционная Flüssig-fest-Chromatographie f, Liquidus-Solidus-Chromatographie f, LSC ‖ ~/жидкостно-жидкостная

хроматография

Flüssig-flüssig-Chromatographie f, Liquidus-Liquidus-Chromatographie f, LLC ll ~/**ионообменная** lonenaustauschchromatographie f, Austauschchromatographie f ll ~ **исключения** s. ~ **на геле** ll ~/**колоночная** Säulenchromatographie f ll ~ **на геле** Gelpermeationschromatographie f, Gelchromatographie f, GPC, Gelfiltration f ll ~ **на слоях** Schichtchromatographie f ll ~ **на тонком слое** s. ~/тонкослойная ll ~/**осадочная** Fällungschromatographie f ll ~/**препаративная** präparative Chromatographie f ll ~/**проявительная** s. ~/элюционная ll ~/**радиальная** Zirkularchromatographie f, Ringchromatographie f; (auf Papier auch:) Rundfilterchromatographie f ll ~/**распределительная** Verteilungschromatographie f ll ~/**ступенчатая** Stufenchromatographie f ll ~/**твердожидкостная** Fest-flüssig-Chromatographie f ll ~/**тонкослойная** Dünnschichtchromatographie f, TLC ll ~/**фронтальная** Frontalchromatographie f ll ~/**эксклюзионная** Ausschlußchromatographie f ll ~/**элюционная** Elutionschromatographie f, Durchlaufchromatographie f
хроматометрия f (Ch) Chromatometrie f
хроматотермография f s. хроматермография
хроматрон m (TV) Chromatron n, Farbbildröhre f (mit Farblinienraster), Gittermaskenröhre f ll ~/**трёхлучевой** Dreistrahl-Chromatron n
хромирование n 1. Verchromen n, Verchromung f; 2. (Led) Vorchromieren n, Chromvorgerbung f; Chromnachgerbung f; 3. Chromieren n, Chromierung f ll ~/**блестящее** Glanzverchromen n ll ~/**диффузионное** Diffusionsverchromen n, Inchromieren n, Einsatzverchromung f ll ~/**износоупорное (твёрдое)** Hartverchromen n, Hartverchromung f
хромистый 1. chromhaltig; 2. (Met) Chrom..., chromlegiert
хромит m 1. (Min) Chromeisenstein m, Chromeisenerz n, Chromit m; 2. (Ch) Chromat(III) n
хромоалитирование n (Met) Chromaluminieren n
хромовокислый (Ch) ...chromat n, ...chromat-(VI) n; chromsauer
хромовый Chrom...
хромоген m (Ch) Chromogen n
хромокремнистый (Met) Chromsilicium..., chrom-siliciumlegiert
хромоксан m (Ch) Chromoxanfarbstoff m
хромопечать f (Typ) Chromodruck m
хромоскоп m (Opt) Chromoskop n
хромосфера f (Astr) Chromosphäre f (Sonnenatmosphäre)
хромофор m (Ch) Chromophor m, Farbträger m, chromophore (farbtragende) Gruppe f
хромпик m (Ch) Dichromat n; Kaliumdichromat n
хромсодержащий chromhaltig
хронизатор m Zeitgeber m, Taktgeber m
хроногеометрия f Chronogeometrie f
хронограмма f Chronogramm n
хронограф m Chronograph m, Zeitschreiber m ll ~/**печатающий** Druckchronograph m
хроноизотерма f Chronoisotherme f
хронология f 1. Chronologie f, Zeitfolge f; 2. Chronologie f, Zeitbestimmung f
хронометр m Chronometer n ll ~/**звёздный** Sternzeitchronometer n ll ~/**морской** Schiffs-

1108

chronometer n ll ~/**средний** Chronometer n für mittlere Zeit
хронометраж m (Fert) Zeitstudie f ll ~ **рабочего времени** Arbeitszeitaufnahme f
хронометрия f Chronometrie f, Zeitmessung f
хроноскоп m (Met) Chronoskop n, Zeitmesser m
хронотрон m Chronotron n (Massenspektroskopie)
хрупкий brüchig, spröde
хрупкость f Brüchigkeit f, Sprödigkeit f ll ~ **в горячем состоянии** (Met) Heißbrüchigkeit f, Warmbrüchigkeit f ll ~ **в холодном состоянии** Kaltbrüchigkeit f, Kaltsprödigkeit f ll ~/**водородная** Wasserstoffbrüchigkeit f, Wasserstoffsprödigkeit f ll ~/**каустическая** s. ~/щелочная ll ~/**коррозионная** Korrosionsversprödung f ll ~/**межкристаллическая** interkristalline Sprödigkeit f ll ~/**отпускная** Anlaßsprödigkeit f ll ~/**тепловая** Warmbrüchigkeit f, Warmsprödigkeit f, Heißbrüchigkeit f ll ~/**травильная** Beizsprödigkeit f, Beizbrüchigkeit f ll ~/**щёлочная** Laugenbrüchigkeit f, Laugensprödigkeit f, kaustische Brüchigkeit f
хрусталь m 1. (Min) Bergkristall m; 2. (Glas) Kristallglas n ll ~/**богемский** böhmisches Kristall[glas] n ll ~/**горный** (Min) Bergkristall n (Quarzvarietät) ll ~/**дымчатый горный** (Min) Rauchtopas m (Rauchquarz) ll ~/**свинцовый** (Glas) Bleikristall[glas] n ll ~/**чешский** s. ~/богемский
хрустальный kristallen, Kristall...
хрящ m Kies m; Feinkies m
хрящеватый kieshaltig, kiesig
Х.Х. s. ход/холостой
х.х.х. s. характеристика холостого хода
ХЦК s. компрессор/холодильный центробежный

Ц

цанга f Zange f ll ~/**зажимная** Spannzange f ll ~/**пружинящая** federnde Zange f
ЦАП s. преобразователь/цифрово-аналоговый
цапонлак m Zaponlack m
цапфа f (Masch) Zapfen m; Tragzapfen m (Wellen, Achsen); Lagerzapfen m ll ~/**вращающаяся** Drehzapfen m ll ~/**гребенчатая** Kammzapfen m ll ~ **ковша** (Gieß) Pfannenzapfen m ll ~/**коническая** Kegelzapfen m ll ~/**направляющая** Führungszapfen m ll ~/**плавающая** schwimmender Lagerzapfen m ll ~/**поворотная** 1. Drehzapfen m, Schwenkzapfen m; 2. (Kfz) Achsschenkelzapfen m (Lenkung); 3. Königszapfen m (eines Drehkrans) ll ~/**пустотелая** Hohlzapfen m ll ~/**распределительная** Verteilerzapfen m ll ~/**сферическая** Kugelzapfen m ll ~/**упорная** Druckzapfen m, Spurzapfen m; Stützzapfen m, Tragzapfen m ll ~ **шарнира** Drehgelenkzapfen m ll ~/**шаровая** Kugel[trag]zapfen m
царапанье n Ritzen n, Ritzung f
царапать kratzen, [zer]schrammen
царапина f Kratzer m, Schramme f
царапины fpl/**ледниковые** (Geol) Gletscherschrammen fpl
царапнуть s. царапать
царга f Zarge f

ЦБ s. батарея/центральная
ЦБС s. центр бокового сопротивления
ЦВ, ц.в. s. центр величины
цвет m 1. Farbe f, Färbung f; 2. (Min) Blüte f (s. a. unter цветы) || ~/**ахроматический** (Opt) achromatische (unbunte) Farbe f || ~ **дневного цвета** Tageslichtfarbe f || ~/**дополнительный** Komplementärfarbe f; (Typ) Sekundärfarbe f || ~ **каления** (Härt) Glühfarbe f || ~/**контрастный** Kontrastfarbe f || ~/**насыщенный** gesättigte (satte) Farbe f || ~/**основной** Grundfarbe f; (Typ) Primärfarbe f || ~ **побежалости** (Härt) Anlaßfarbe f, Anlauffarbe f || ~/**реальный** reelle Farbe f || ~/**серный** (Ch) Schwefelblüte f || ~/**спектральный** Spektralfarbe f || ~/**хроматический** bunte Farbe f || ~ **черты** (Min) Strichfarbe f, Strich m
цветной 1. farbig, Farb...; 2. (Met) Bunt...; Nichteisen..., NE-...
цветность f 1. Farbart f; Farbigkeit f, Farbe f; 2. Lichtfarbe f; 3. Farbwiedergabe f
цветоаномалия f Farbanomalie f
цветоведение n Farbenlehre f
цветовой Farb[en]...
цветовосприятие n Farbwahrnehmung f
цветовоспроизведение n Farb[en]wiedergabe f
цветоделение n 1. Farbentrennung f; 2. (Typ) Farbauszug m
цветоделитель m (Typ) Farbauszugsgerät n || ~/**электронный** Farbabtaster m, Farbabtastgerät n
цветоделитель-цветокорректор m Farbauszugs- und Korrekturgerät n
цветоизбирательный farbselektiv
цветоискажение n Farbverzerrung f
цветокорректировка f Farbabstimmung f, Farbausgleich m (Film)
цветокорректор m/**электронный** (Typ) Farbdiascanner m
цветомер m Farbenmeßgerät n; Kolorimeter n
цветометрия f Farbmessung f
цветоощущение n Farbempfindung f
цветопередача f Farb[en]wiedergabe f; (TV) Farb[en]übertragung f; (Photo) Tonwertwiedergabe f || ~/**правильная** (Photo) Tonwertrichtigkeit f
цветосмеситель m (TV) Farbmischstufe f, Farbmischer m
цветоспособность f Farbtüchtigkeit f (Film)
цветостойкость f Farbechtheit f, Farbenbeständigkeit f
цветочувствительность f Farbempfindlichkeit f
цветочувствительный farbempfindlich
цветы mpl (Min) Blüte f (Verwitterungsprodukt verschiedener Erze) || ~/**железные** s. арагонит || ~/**кобальтовые** s. эритрин || ~/**мышьяковые** Arsen[ik]blüte f || ~/**никелевые** s. аннабергит || ~/**урановые** s. циппеит || ~/**цинковые** Zinkblüte f, Hydrozinkit m
цвиттерион m s. ион/амфотерный
ЦВМ s. машина/цифровая вычислительная
ЦВУ s. устройство/цифровое вычислительное
ЦДА s. анализатор/цифровой дифференциальный
Ц-диод m Z-Diode f
ЦДП s. пункт/центральный диспетчерский

цевка f 1. Spule f; 2. (Masch) Triebstock m, Zapfenzahn m, Zapfen m (Triebstockverzahnung)
цедилка f Seiher m || ~/**хмелевая** Hopfenseiher m
цедить [durch]seihen
цежение n Seihen n, Durchseihen n
цезий m (Ch) Caesium n, Cs || ~/**радиоактивный** Radiocaesium n, radioaktives Caesium n
цейнерит m (Min) Zeunerit m (Uranglimmer)
цек m Haarriß m (z. B. in der Glasur)
цекование n (Fert) Ansenken n
цековать (Fert) ansenken
цековка f (Fert) 1. Ansenker m; 2. Ansenken n
целестин m (Min) Coelestin m, Zölestin m
целеуказание n (Rad) Zielzuweisung f || ~/**радиолокационное** Radarzielzuweisung f
целик m 1. (Bgb) Pfeiler m, Feste f; 2. (Geod) Zielbolzen m, Zieldorn m; 3. Kimme f (an Handfeuerwaffen) || ~/**барьерный** (Bgb) Barrierepfeiler m || ~/**защитный** (Bgb) Schutzpfeiler m || ~/**ленточный** (Bgb) Langpfeiler m || ~/**междукамерный** (Bgb) Zwischenkammerpfeiler m || ~/**оградительный** (Bgb) Grenzpfeiler m || ~/**околоствольный** (Bgb) Schachtpfeiler m || ~/**околострековый** (Bgb) Streckenfeste f || ~/**охранный** s. ~/предохранительный || ~/**породный** (Bgb) Bergfeste f; Schwebe f || ~/**предохранительный** (Bgb) Sicherheitspfeiler m, Schutzpfeiler m || ~/**шахтный** s. ~/околоствольный
целина f (Lw) Neuland n
целлопласт m Cellulosekunststoff m
целлофанирование n (Typ) Cellophanieren n, Laminieren n, Beschichten n
целлулоид m Celluloid n
целлюлоза f 1. (Ch) Cellulose f; 2. Zellstoff m || ~/**белёная** 1. gebleichte Cellulose f; 2. gebleichter Zellstoff m || ~/**древесная** 1. Holzcellulose f; 2. Holzzellstoff m || ~/**натронная** 1. Natroncellulose f; 2. Natronzellstoff m || ~/**небелёная** 1. ungebleichte Cellulose f; 2. ungebleichter Zellstoff m || ~/**нитрованная** nitrierte Cellulose f, Nitratcellulose f || ~/**облагороженная** Edelzellstoff m || ~/**соломенная** Stroh[zell]stoff m || ~/**сульфатная** 1. Sulfatcellulose f; 2. Sulfat[zell]stoff m || ~/**сульфитная** 1. Sulfitcellulose f; 2. Sulfit[zell]stoff m || ~/**техническая** technisch gewonnene Cellulose f, Zellstoff m || ~/**хлопковая** Baumwollcellulose f || ~/**щелочная** 1. Alkalicellulose f; 2. Alkalizellstoff m
целлюлозный 1. (Ch) Cellulose...; 2. Zellstoff...
целое n (Math) ganze [rationale] Zahl f
целостат m (Astr) Coelostat m, Zölostat m
целостность f Ungeteiltheit f, Ganzheit f, Gesamtheit f
целочисленный (Math) ganzzahlig
цель f 1. Ziel n; 2. Zweck m || ~/**ложная** Scheinziel n, falsches Ziel n || ~/**радиолокационная** Radarziel n
цельнокатаный ganzgewalzt, nahtlos [gewalzt] (Rohre)
цельнокованый ganzgeschmiedet, aus einem Stück geschmiedet
цельнометаллический Ganzmetall...
цельнопрессованный ganzgepreßt, aus einem Stück gepreßt

цельносваренный allseitig (vollkommen) geschweißt, vollgeschweißt
цельностеклянный Allglas...
цельнотянутый ganzgezogen, nahtlos [gezogen] (Rohre)
цельный ganz; aus einem Stück [gefertigt]; voll, massiv
цемент m (Bw) Zement m ‖ ~/**алинитовый** Alinitzement m ‖ ~/**алитовый** Alitzement m ‖ ~/**алюминатный** s. ~/**глинозёмистый** ‖ ~/**ангидритовый** Anhydritzement m ‖ ~/**аэрированный** belüfteter Zement m ‖ ~/**баритовый** Barytzement m ‖ ~/**безусадочный** schwindfreier Zement m ‖ ~/**белитовый активный** aktiver Belitzement m ‖ ~/**белый** weißer Zement m ‖ ~/**бесклинкерный** s. ~/**шлаковый** ‖ ~/**бестарный** unverpackter Zement m ‖ ~/**бокситовый** Bauxitzement m ‖ ~/**быстросхватывающийся** Schnellbinder m, schnell abbindender Zement m ‖ ~/**быстротвердеющий** schnellhärtender (schnell erhärtender) Zement m ‖ ~/**водонепроницаемый** wasserundurchlässiger Zement m ‖ ~/**воздушный** Lufthärter m, Luftbinder m, nichthydraulisches Bindemittel n ‖ ~/**высокоактивный** hochwertiger (hochaktiver) Zement m ‖ ~/**высокоглинозёмистый** Hochtonerdezement m ‖ ~/**высокопрочный** hochfester Zement m ‖ ~/**гидравлический** hydraulischer Zement m ‖ ~/**гидрофобный** lagerfähiger (wasserabweisender) Zement m ‖ ~/**гипсоглинозёмистый** Gips-Tonerde-Zement m ‖ ~/**гипсошлаковый** Sulfathüttenzement m ‖ ~/**глинозёмистый** Tonerde[schmelz]zement m, Schmelzzement m ‖ ~/**домолотый** nachgemahlener Zement m ‖ ~/**дорожный** Straßenbauzement m ‖ ~/**жаростойкий** feuerbeständiger (feuerfester) Zement m ‖ ~/**затаренный** verpackter Zement m ‖ ~/**известковый** Kalkzement m, Naturzement m ‖ ~/**кислотоупорный** säurefester Zement m, Säurezement m ‖ ~/**кладочный** Mauerzement m ‖ ~/**клинкерный** Klinkerzement m ‖ ~/**клинкерный шлаковый** Hüttenzement m ‖ ~/**магнезиально-известковый** Magnesia-Kalkzement m ‖ ~/**магнезиальный** Sorelzement m, magnesiareicher Zement m ‖ ~/**малоэнергоёмкий** Niedertemperaturzement m ‖ ~/**медленносхватывающийся** Langsambinder m, langsam abbindender Zement m ‖ ~/**медленнотвердеющий** langsam [er]härtender Zement m ‖ ~/**напрягающий** Quellzement m, Expansivzement m ‖ ~ **насыпной** s. ~/**бестарный** ‖ ~/**низкосортный** geringwertiger Zement m ‖ ~/**нормально схватывающийся** Normalbinder m, normalabbindender Zement m ‖ ~/**огнеупорный** Feuerzement m, feuerbeständiger Zement m ‖ ~/**особобыстротвердеющий** superfrühhochfester Zement m ‖ ~/**остуженный** abgekühlter Zement m ‖ ~/**плавленный** Schmelzzement m ‖ ~/**пластифицированный** plastifizierter Zement m ‖ ~/**портландский** Portlandzement m ‖ ~/**пуццолановый** Puzzolanzement m ‖ ~/**расширяющийся** Quellzement m, schwindfreier Zement m ‖ ~/**рудный** Erzzement m ‖ ~ **с добавками** gestreckter Zement m, Mischzement m (s. a. ~/**смешанный**) ‖ ~ **с тонкомолотыми добавками** Zumahlstoffzement m ‖ ~/**смешанный** Mischzement m, gemischter Zement m (s. a. ~ **с добавками**) ‖ ~ **Сореля** s. ~/**магнезиальный** ‖ ~/**строительный** Bauzement m ‖ ~/**сульфатостойкий** sulfatbeständiger (sulfatunempfindlicher, sulfatresistenter) Zement m ‖ ~/**сульфатошлаковый** s. ~/**гипсошлаковый** ‖ ~/**тампонажный** Bohrlochzement m ‖ ~/**трассовый** Traßzement m ‖ ~/**цветной** farbiger Zement m ‖ ~/**шлаковый** Hüttenzement m, Schlackenzement m, metallurgischer Zement m ‖ ~/**шлаковый силикатный** Schlackenportlandzement m ‖ ~/**шлакощелочной** Alkalischlackenzement m

цементаж m (Bgb) Zementation f (Bohrloch)
цементация f 1. (Härt) Einsatzhärten n, Einsetzen n, Aufkohlen n, Zementieren n (Stahl); 2. Zementation f (NE-Metallurgie); 3. (Bw, Hydt) Zementinjektion f, Zementeinspritzung f, Zementeinpressung f; 4. (Geol) Zementation f; 5. (Bw) Zementieren n; 6. (Glas) Beizfärben n, Farbbeizen n ‖ ~ **в газовой среде** s. ~/**газовая** ‖ ~ **в соляной ванне** s. ~/**жидкостная** ‖ ~ **в твёрдом карбюризаторе** s. ~/**твёрдая** ‖ ~/**газовая** (Met) Gasaufkohlen n, Gaszementieren n, Gaseinsetzen n; Gaseinsatzhärtung f ‖ ~/**глубокая** (Met) Tiefeinsatzhärten n, Tiefeinsatzhärtung f, Tiefzementieren n, Tiefzementierung f ‖ ~ **грунта** (Bw) Bodenvermörtelung f, Zementstabilisierung f des Bodens ‖ ~/**жидкостная** (Met) Badaufkohlen n, Salzbadaufkohlen n, Salzbadzementieren n; Salzbadeinsatzhärten n, Salzbadeinsatzhärtung f ‖ ~ **затрубного пространства** (Bgb) Ringraumzementation f (Bohrloch) ‖ ~/**твёрдая** (Met) Aufkohlen n in festen Kohlungsmitteln, Pulveraufkohlen n; Zementieren n in festen Einsatzmitteln, Einsetzen n in festen Mitteln, Pulvereinsetzen n ‖ ~ **твёрдым карбюризатором** s. ~/**твёрдая**

цементирование n s. цементация
цементировать 1. (Met) [auf]kohlen, zementieren, einsetzen; einsatzhärten, im Einsatz[verfahren] härten; 2. (Met) [aus]zementieren (ein Metall durch ein unedleres aus seiner Lösung fällen); 3. (Geol) zementieren; 4. (Bw) zementieren; 5. (Glas) beizfärben, farbbeizen

цементит m (Wkst) Zementit m, Eisencarbid n (Metallgefüge) ‖ ~/**вторичный** Sekundärzementit m ‖ ~/**глобулярный (зернистый)** körniger (kugeliger, kugelförmiger, sphärolithischer) Zementit m ‖ ~/**избыточный** Sekundär- und/oder Tertiärzementit m ‖ ~/**ледебуритный** s. ~/**эвтектический** ‖ ~/**первичный** Primärzementit m ‖ ~/**перлитовый** perlitischer Zementit m ‖ ~/**сорбитный** sorbitischer Zementit m ‖ ~/**сфероидальный** s. ~/**глобулярный** ‖ ~/**третичный** Tertiärzementit m ‖ ~/**шаровидный** s. ~/**глобулярный** ‖ ~/**эвтектический** eutektischer (ledeburitischer) Zementit m

цементобетон m (Bw) Zementbeton m
цементовоз m 1. Zementbehälterfahrzeug n, Zementsilofahrzeug n; (Eb) Zementbehälterwagen m, Zementtransportwagen m; 3. (Schiff) Zementfrachter m

цементовоз-полуприцеп m aufgesatteler Zementtransporter m

цемент-пушка f (Bw) Torkretkanone f, Torkretpumpe f (Maschine für das Torkretverfahren)
цена́ f (Text) Rute f (Rutensamtweberei)
цена́ m 1. Preis m; 2. Wert m ‖ ~ деления [шкалы] Skalenwert m, Skalenteilwert m, Teilungswert m [der Skale] ‖ ~ деления/поверочная Eichskalenwert m ‖ ~ за единицу электроэнергии Elektroenergiepreis m ‖ ~/закупочная Aufkaufpreis m ‖ ~ на электроэнергию/отпускная Elektroenergieabgabepreis m ‖ ~ нетто Nettopreis m ‖ ~ оборота микрометра Schraubenwert m (eines Mikrometers) ‖ ~/оптовая Großhandelspreis m ‖ ~/ориентировочная Richtpreis m ‖ ~ по прейскуранту Listenpreis m ‖ ~ по себестоимости Selbstkostenpreis m ‖ ~/покупная Kaufpreis m ‖ ~ раздела Stellenwert m ‖ ~/розничная Einzelhandelspreis m, Ladenpreis m ‖ ~/сметная veranschlagter Preis m ‖ ~/твёрдая Festpreis m ‖ ~/угловая Winkel[teilungs]wert m
ценник m Preisliste f, Preisverzeichnis n
ценность f Wert m ‖ ~/калорийная Kalorie[n]wert m, kalorischer Wert m, Kaloriengehalt m ‖ ~/кормовая (Lw) Futterwert m ‖ ~/относительная relativer Wert m ‖ ~/питательная (Lw) Nährwert m (Futter)
центнер m Dezitonne f (100 kg)
центр m 1. Zentrum n, Zentrale f; 2. Mittelpunkt m, Zentrum n; 3. (Ph) Keim m, Kern m, Zentrum n; 4. (Math) Wirbelpunkt m, Zentrum n; 5. Kern m, Zentrum n (eines Wirbels); 6. (Wkzm) Spitze f, Körnerspitze f (z. B. der Drehmaschine); 7. (Krist) Störstelle f ‖ ~/активный 1. (Ch) aktives Zentrum n; Polymerisationskern m; Kettenträger m (bei Kettenreaktionen); 2. (Astr) Aktivitätszentrum n (auf der Sonne) ‖ ~/акцепторный [примесный] (Krist) Akzeptor m, Akzeptorzentrum n, Akzeptorstörstelle f ‖ ~/акцепторный рекомбинационный (Krist) Akzeptorrekombinationszentrum n ‖ ~/безызлучательный (Ph) strahlungsloses Zentrum n ‖ ~ бокового сопротивления (Schiff) Lateral[plan]schwerpunkt m ‖ ~/большой вычислительный Großrechenzentrum n ‖ ~ величины (Schiff) Formschwerpunkt m, Verdrängungsschwerpunkt m ‖ ~/внутренний (Photo) Innenkeim m, Innenzentrum n ‖ ~ возгонки (Ph) Sublimationskern m, Sublimationskeim m ‖ ~ волны (Ph) Wellenzentrum n ‖ ~/вращающийся (Wkzm) rotierende (mitlaufende) Spitze f ‖ ~ вращения (Mech) Drehpunkt m, Drehpol m, Rotationspol m ‖ ~ вращения [скоростей]/мгновенный Momentanpol m, Geschwindigkeitspol m ‖ ~ вуали (Photo) Schleierkeim m, Schleierzentrum n ‖ ~/вычислительный Rechenzentrum n ‖ ~ Галактики (Astr) galaktisches Zentrum n ‖ ~ гашения Löschzentrum n, Tilgungszentrum n ‖ ~/глубокий (Krist) tiefe Störstelle f (Halbleiter) ‖ ~ горения Verbrennungskern m, Verbrennungszentrum n ‖ ~/грибковый (Wkzm) kegelstumpfförmige (pilzförmige) Spitze f ‖ ~ давления 1. Druck[mittel]punkt m, aerodynamischer Mittelpunkt m; 2. (Aero, Hydr) Auftriebszentrum n ‖ ~ давления на крыло (Aerod) Flügeldruckpunkt m ‖ ~ давления/циклональный s. ~ циклона ‖ ~ данных Datenzentrum n ‖ ~ действия Aktionszentrum n ‖ ~ депрессии s. ~ циклона ‖ ~/донорный [примесный] (Krist) Don[at]or m, Donatorstörstelle f, Donatorzentrum n ‖ ~/донорный рекомбинационный (Krist) Donatorrekombinationszentrum n ‖ ~ жёсткости s. ~ изгиба ‖ ~/задний (Wkzm) Reitstock[körner]spitze f ‖ ~ зародышей (Krist) Keimbildungszentrum n, Kristallisationszentrum n ‖ ~ захвата s. ~ прилипания (Fest) Torsionsmittelpunkt m, Schubmittelpunkt m, Querkraftmittelpunkt m ‖ ~ излучения (Ph) Emissionszentrum n, emittierendes Zentrum n ‖ ~ измерения Meßzentrum n, Meßzentrale f ‖ ~ инверсии (Krist) Symmetriezentrum n, Inversionszentrum f ‖ ~ инерции (Mech) Massenmittelpunkt m, Schwerpunkt m (in Massenpunktsystemen, Punkthaufen) ‖ ~ испускания s. ~ излучения ‖ ~ кабельной скрутки (El) Kabelkern m, Kabelherz n ‖ ~ колебания Schwingungsmittelpunkt m, Schwingungszentrum n ‖ ~ конденсации (Ph) Kondensationskern m ‖ ~ кривизны (Math) Krümmungsmittelpunkt m ‖ ~ кристаллизации Kristallisationszentrum n, Kristall[isations]keim m ‖ ~ круга (Math) Kreismittelpunkt m ‖ ~ кручения (Fest) Torsionsmittelpunkt m, Drillmittelpunkt m ‖ ~/лазерный обрабатывающий Laserstrahlbearbeitungszentrum n ‖ ~ линзы [/оптический] (Opt) Linsenmittelpunkt m ‖ ~/локальный (Krist) lokales Zentrum n ‖ ~ люминесценции (Ph) Lumineszenzzentrum n ‖ ~ масс s. ~ инерции ‖ ~/мелкий (Krist) flache Störstelle f ‖ ~/мелкий акцепторный (Krist) flacher Akzeptor m, flache Akzeptorstörstelle f ‖ ~ мелкого залегания (Krist) flache Störstelle f ‖ ~/наведения (Rak) Leitzentrum n ‖ ~ напряжения (Mech) Spannungszentrum n ‖ ~/научно-исследовательский Forschungszentrum n ‖ ~/низкого давления s. ~ циклона ‖ ~/обрабатывающий (Fert) Bearbeitungszentrum n ‖ ~ обработки данных Datenverarbeitungszentrum n ‖ ~/обратный (Wkzm) Spitze f mit Innenkegel, Hohlspitze f (Drehmaschine) ‖ ~ обращения s. ~ инверсии ‖ ~ объёма Volumenschwerpunkt m, Volumenmittelpunkt m ‖ ~ окраски (окрашивания) (Krist) Farbzentrum n, F-Zentrum n ‖ ~/опорный (Meß) Aufnahmespitze f ‖ ~/основной вычислительный Basisrechenzentrum n ‖ ~ отталкивания [сил] (Mech) abstoßendes Zentrum n, Abstoßungszentrum n ‖ ~/передающий (TV, Rf) Sende[körner]spitze f ‖ ~ перспективы (Math) Augenpunkt m, Hauptpunkt m (darstellende Geometrie) ‖ ~ питания (El) Speisepunkt m, Einspeisepunkt m ‖ ~/плавающий (Wkzm) längsbewegliche Spitze f (Dreh- und Außenrundschleifmaschinen) ‖ ~ плавучести (Hydrod) Auftriebszentrum n, Auftriebsmittelpunkt m, Auftriebsschwerpunkt m ‖ ~/поверхностный (Photo) Oberflächenkeim m, Oberflächenzentrum n ‖ ~ подготовки программ Programmierzentrum n ‖ ~ подобия (Math) Ähnlichkeitspunkt m, Ähnlichkeitszentrum n ‖ ~/потребляющий Verbrauchszentrum n, Verbrauchsschwerpunkt m ‖ ~/приёмный (TV, Rf) Empfangszentrum n ‖ ~ прилипания (Eln) Haftstel-

центр

le f, Fangstelle f, Trap m (Halbleiter) ‖ ~ **при-липания/эффективный** effektive Haftstelle f, effektiver Trap m ‖ **~/примесный** (Krist) Störstellenzentrum n, Störstelle f, Zentrum n mit Verunreinigungen, Verunreinigungszentrum n ‖ ~ **притягивающих сил** s. ~ притяжения ‖ ~ **притяжения** (Ph) Anziehungszentrum n, anziehendes Zentrum n ‖ ~ **проектирования** (Math) Projektionszentrum n (darstellende Geometrie) ‖ **~/промышленный** Industriezentrum n ‖ ~ **проявления** (Photo) Entwicklungskeim m, Entwicklungszentrum n ‖ ~ **пучка** (Math) Zentrum n des Büschels (Geradenbüschel), Träger m ‖ **~/радиовещательный** Rundfunkzentrum n ‖ **~/радиопередающий** Funksendezentrale f ‖ **~/радиоприёмный** Funkempfangszentrale f ‖ **~/ракетный испытательный** Raketenversuchszentrum n ‖ **~/рассеивающий** (Ph) Streuzentrum n ‖ **~/реакционный** (Ch) Reaktionszentrum n, Reaktionsmittelpunkt m ‖ ~ **рекомбинации** (Krist) 1. Rekombinationsstelle f, Rekombinationszentrum n (Halbleiter); 2. s. ловушка/рекомбинационная ‖ **~/рекомбинационный** ~ рекомбинации 1. ‖ ~ **рекристаллизации** (Krist) Rekristallisationszentrum n ‖ ~ **светочувствительности** (Photo) Empfindlichkeitskeim m ‖ ~ **сверхчувствительности/ поверхностный** Oberflächen-Empfindlichkeitskeim m ‖ ~ **свободного вращения** s. ~ вращения ‖ ~ **сдвига** s. ~ изгиба ‖ ~ **сил притяжения** s. ~ притяжения ‖ **~/силовой** (Mech) Kraftzentrum n, Zentrum n der Kraft ‖ ~ **симметрии** s. ~ инверсии ‖ ~ **скалывания** s. ~ изгиба ‖ ~ **скоростей/мгновенный** (Mech) Momentangeschwindigkeitspol m, momentanes Geschwindigkeitszentrum n ‖ ~ **скручивания** s. ~ кручения ‖ ~ **скрытого изображения/поверхностный** (Photo) Oberflächen-Latentbildkeim m ‖ ~ **созревания** (Photo) Reifkeim m ‖ ~ **сотрясения** (Mech) Stoßzentrum n, Perkussionszentrum n ‖ ~ **среза** s. ~ изгиба ‖ ~ **сублимации** (Ph) Sublimationskern m, Sublimationskeim m ‖ **~/телевизионный** Fernsehzentrum n ‖ **~/тепловой (термический)** (Met) Wärmezentrum n, thermisches Schwerpunkt m ‖ **~/торговый** Einkaufszentrum n ‖ ~ **тушения** s. ~ гашения ‖ ~ **тяготения** 1. (Mech) Schwerezentrum n, Gravitationszentrum m, anziehendes Zentrum n; 2. s. ~ инерции ‖ ~ **тяжести** (Mech) Schwerpunkt m, Massenmittelpunkt m ‖ ~ **тяжести водоизмещения** s. ~ плавучести ‖ ~ **тяжести груза** (Mech) Lastschwerpunkt m ‖ ~ **тяжести крыла** (Aerod) Tragflügelschwerpunkt m, Flügelschwerpunkt m ‖ ~ **тяжести объёма** s. ~ объёма ‖ **~/упорный** (Wkzm) feste Spitze f (Drehmaschine, Außenrundschleifmaschine) ‖ ~ **управления** Steuerzentrale f, Steuerzentrum n; (Rak) Leitzentrum n ‖ ~ **управления воздушным движением** Flugleitzentrum n (Einrichtung der zivilen Flugsicherung an Verkehrsknotenpunkten, bestehend aus mehreren benachbarten Flugsicherungskontrollstellen) ‖ ~ **управления и оповещения** Fliegerleit- und Flugmeldezentrale f ‖ ~ **управления полётом** Flugleitzentrum n ‖ ~ **ускорений/ мгновенный** (Mech) Momentanbeschleunigungspol m, momentanes Beschleunigungszentrum n ‖ **~/цельный упорный** (Wkzm) feststehende Spitze f (Drehmaschine, Schleifmaschine) ‖ ~ **циклона** (Meteo) Tiefdruckkern m, Tiefdruckschwerpunkt m, Tiefdruckzentrum n ‖ **~/шариковый** (Wkzm) [kugelförmige] Pendelspitze f (Drehmaschine) ‖ **~/электроэрозионный обрабатывающий** funkenerosives Bearbeitungszentrum n ‖ ~ **эмиссии** s. ~ излучения

централиды pl (Geol) Zentraliden pl
централизация f 1. Zentralisation f, Zentralisierung f; Zusammenfassung f; 2. (Eb) zentrale Zugleitung f, Fernsteuerung f; Stellwerksanlage f, Stellwerk n ‖ **~/автоматическая** (Eb) automatische Stellwerksanlage f, automatisches Stellwerk n ‖ **~/горочная** (Eb) Ablaufstellwerk n ‖ **~/диспетчерская** (Eb) 1. Fernsteuerstrecke f, Fernsteuerung f; 2. Streckenzentralstellwerk n; 3. Dispatcherzentralisierung f ‖ **~/маршрутная** (Eb) Fahrstraßenstellwerk n ‖ **~/релейная** (Eb) Relaisstellwerk n, Gleisbildstellwerk n ‖ **~ с радиоуправлением** (Eb) Funkstellwerk n ‖ **~/частотная диспетчерская** (Eb) Frequenzkodefernsteuerung f ‖ **~/электрозащелочная** (Eb) Magnetschalterstellwerk n
централизовать zentralisieren; zusammenfassen
центрально-симметричный (Krist) zentralsymmetrisch, punktsymmetrisch
центратор m Spannvorrichtung f
центрирование n Zentrieren n, Zentrierung f, Einmitten n; Einloten n ‖ ~ **изображения** (TV) Bild[mitten]einstellung f, Bildlageeinstellung f ‖ ~ **луча** (TV) Strahlzentrierung f, Strahlausrichtung f ‖ **~/принудительное** Zwangszentrierung f
центрировать zentrieren; einmitten; einloten
центрировка f s. центрирование
центрифуга f Zentrifuge f ‖ **~/аффинационная** Affinationszentrifuge f (Zuckergewinnung) ‖ **~/большегрузная** Groß[raum]zentrifuge f ‖ **~/быстроходная** schnellaufende Zentrifuge f ‖ **~/вибрационная** Schwingungszentrifuge f ‖ **~/вместительная** ~/большегрузная ‖ **~/высокопроизводительная** Hochleistungszentrifuge f ‖ **~/многоступенчатая** Mehrstufenzentrifuge f ‖ **~/молочная** Milchzentrifuge f, Milchseparator m, Entrahmungszentrifuge f ‖ **~/обезвоживающая** Entwässerungszentrifuge f ‖ **~/осадительная** Absetzzentrifuge f, Sedimentierzentrifuge f ‖ **~/осадочная** Trennschleuder f, Rohmilchschleuder f (Stärkeherstellung) ‖ **~/осветляющая** Klärseparator m ‖ **~/подвесная** Hängezentrifuge f, hängende (hängend gelagerte) Zentrifuge f ‖ **~/прядильная** Spinnzentrifuge f ‖ **~/пульсирующая** Schubzentrifuge f (Zuckergewinnung) ‖ **~/разделительная** f ~/осадочная ‖ **~/саморазгружающаяся** selbstentleerende (selbstaustragende) Zentrifuge f, Zentrifuge f mit Selbstaustrag ‖ **~/сепарирующая** Dismulgierzentrifuge f ‖ **~/скоростная** schnellaufende Zentrifuge f ‖ **~/сушильная** Trockenzentrifuge f ‖ **~/тарельчатая скоростная** Tellerzentrifuge f, Tellerseparator m, Trommelzentrifuge f mit Einsatztellern ‖ **~/фильтрующая** Filterzentrifuge f
центрифугирование n Zentrifugieren n ‖ **~/отстойное** Absetzzentrifugieren n ‖ **~/очистное** Fliehkraftreinigung f

центрифугировать zentrifugieren
центробежный zentrifugal, Zentrifugal..., Flieh[kraft]...
центрование n s. центровка 1.
центровать 1. (Fert) zentrieren; 2. ausrichten (z. B. Wellenleitungen); 3. trimmen (eine Segeljacht, die Segelfläche)
центровка f 1. Zentrieren n, Zentrierung f, Ausrichten n, Ausrichtung f; 2. (Aerod) Schwerpunktlage f ‖ **~/боковая** (Flg) Schwerpunktseitenlage f ‖ **~/высокая** (Flg) Schwerpunkthochlage f ‖ **~/задняя** (Flg) Schwerpunktrücklage f, Schwanzlastigkeit f, Hecklastigkeit f ‖ **~/крайняя** (Flg) äußerste Schwerpunktlage f, Schwerpunktgrenzlage f ‖ **~/критическая** (Flg) Gleichlastigkeit f ‖ **~/нейтральная** (Flg) Neutralstellung f, Mittelstellung f (z. B. des Ruders) ‖ **~/низкая** (Flg) Schwerpunkttieflage f ‖ **~/передняя** (Flg) Schwerpunktvorlage f, Kopflastigkeit f ‖ **~/предельная** s. ~/крайняя
центроида f (Mech) Momentanzentrenkurve f, Wälzbahn f, Zentrode f, Mittelpunktsbahn f ‖ **~/неподвижная** Herpolhodiekurve f, Rastpolkurve f, Rastpolbahn f, ruhende Polhahn (Polkurve) f ‖ **~/подвижная** s. пoлодия
центроискатель m (Fert) Zentriergerät n
центронамётчик m (Fert) Zentrierglocke f
центроплан m (Flg) 1. Mitteldecker m; 2. Tragflügelmittelstück n
центростремительный (Mech) zentripetal, Zentripetal...
центросфера f s. ядро Земли
цеолит m (Min) Zeolith m ‖ **~/лучистый** Faserzeolith m ‖ **~/пластинчатый** Blätterzeolith m
цеолитный (Min) zeolithisch
цепочка f 1. Kette f; 2. Aufeinanderfolge f, Reihenfolge f, Reihe f, Serie f; 3. (Kern) s. ~/радиоактивная; 4. (Text) Rechts/Links-Franse f (Bindung bei Strickmaschinen) ‖ **~ бета-распадов** (Kern) Beta-Zerfallsreihe f ‖ **~ данных** (Inf) Datenketten n, Datenkettung f ‖ **~ делителей** (Math) Teilerkette f ‖ **~ записей** (Inf) Satzfolge f ‖ **~ изоляторов** (El) Isolatorenkette f ‖ **~ продуктов деления** (Kern) Spalt[produkt]kette f ‖ **~/радиоактивная** (Kern) [radioaktive] Zerfallskette f, radioaktive Zerfallsreihe f ‖ **~ [радиоактивных] распадов** s. ~/радиоактивная ‖ **~/счётная** Zählkette f ‖ **~/умножительная** (El) Vervielfacherkette f ‖ **~ RC** RC-Glied n (Hochpaßfilter zur Rauheitsmessung)
цепь f 1. Kette f; Verbindung f; 2. (Masch) Kette f, Strang m, Zug m (Getriebe); 3. (El) Kreis m, Netzwerk n; Stromkreis m; Leitung f (s. a. unter линия 3.) ‖ **~/активная** (El) aktives Netzwerk n ‖ **~/анкерная** Spannkette f ‖ **~/анодная** Anoden[strom]kreis m ‖ **~/базовая** Basisstromkreis m ‖ **~/безъёмкостная** kapazitätsfreier Stromkreis m ‖ **~/безындуктивная** induktionsfreier Stromkreis m ‖ **~/бесшумная** (Masch) geräuschlose Kette f ‖ **~/блокировочная (блокирующая)** Halte[strom]kreis m (Relais) ‖ **~/боковая** (Ch) Seitenkette f ‖ **~/ведущая** (Masch) Antriebskette f, Treibkette f ‖ **~/внешняя** Außen[strom]kreis m ‖ **~/внутренняя** Innen[strom]kreis m ‖ **~ возбудителя** (El) Erregerstromkreis m ‖ **~/возбуждающая** Erregungs[strom]kreis m ‖ **~/воздушная** Freileitungsnetz[werk] n ‖ **~/волочильная** Schleppkette f ‖ **~/врубовая** (Bgb) Schrämkette f ‖ **~/вспомогательная** 1. (El) Hilfs[strom]kreis m; 2. (Masch) Hilfsgetriebezug m ‖ **~/вторичная** Sekundär[strom]kreis m ‖ **~/втулочная** (Masch) Büchsenkette f ‖ **~/втулочная шарнирная** Büchsengelenkkette f ‖ **~/втулочно-роликовая** (Masch) Rollenkette f [mit Buchsen], Rollengelenkkette f ‖ **~/входная** 1. Eingangs[strom]kreis m, Vorkreis m; 2. s. ~/входящая ‖ **~/входящая** (Nrt) Eingangsleitung f ‖ **~/вызывная** (Nrt) Rufstromkreis m ‖ **~/высоковольтная** (El) Hochspannungskreis m ‖ **~/высокочастотная** (El) Hochfrequenzkreis m; (Nrt) Trägerfrequenzkreis m ‖ **~/выходная** Ausgangs[strom]kreis m ‖ **~ Галля** s. ~/шарнирная ‖ **~/гасительная** (El) Löschkreis m ‖ **~/гипотетическая эталонная** (Nrt) hypothetischer Bezugskreis m ‖ **~/главная** 1. (El) Hauptkreis m; 2. (Masch) Hauptgetriebezug m; 3. (Ch) Hauptkette f ‖ **~/главная эталонная** (Nrt) Haupteichkreis m ‖ **~ главного тока** Hauptstromkreis m ‖ **~/горная** (Geol) Kettengebirge n ‖ **~/грузовая** Ladekette f, Hebezeugkette f ‖ **~/грузоподъёмная** Hubkette f, Lastkette f ‖ **~/гусеничная** (Kfz) Gleiskette f ‖ **~ дальней связи** (Nrt) Weitverkehrsleitung f, Fernleitung f ‖ **~/дальняя** s. ~ дальней связи ‖ **~/двухпроводная** (El) Zweidrahtstromkreis m ‖ **~/двухпроводная основная** (El) Zweidrahtstammkreis m ‖ **~/двухрядная** Zweifachkette f, Doppelkette f ‖ **~/двухшарнирная** (Masch) Doppelgelenkkette f ‖ **~ деления [кинематическая]** (Masch) Teilungsgetriebezug m ‖ **~/демпфирующая** (El) Dämpfungskreis m ‖ **~/дифференциальная [кинематическая]** (Masch) Differentialgetriebezug m ‖ **~/длиннозвенная** Langglied[er]kette f ‖ **~/древовидная** s. ~/разветвлённая ‖ **~/дуальная** (El) dualer Kreis m, duales Netzwerk n ‖ **~/ёмкостная** kapazitiver (kapazitiv belasteter) Stromkreis m ‖ **~/жирная** (Ch) aliphatische Kette f ‖ **~ задержки** (El) Verzögerungskreis m, Verzögerungskette f ‖ **~ зажигания** (Kfz) Zünd[strom]kreis m ‖ **~ заземления** (El) Erdungskreis m ‖ **~/заземлённая** geerdeter Stromkreis m ‖ **~/замкнутая** 1. (El) geschlossener Kreis m, geschlossenes Netzwerk n; 2. (Ch) geschlossene (zyklische) Kette f ‖ **~/замкнутая кинематическая** (Masch) geschlossene kinematische Kette f ‖ **~/замкнутая шарнирная** (Masch) Rundgliederkette f ‖ **~/зарубная** (Bgb) Schrämkette f ‖ **~/зарядная** (El) Lade[strom]kreis m ‖ **~ защиты** Schutz[strom]kreis m ‖ **~/звеньевая** Gliederkette f ‖ **~/землемерная** (Geod) Meßkette f ‖ **~ знаков** (Inf) Zeichenkette f ‖ **~/зубчатая** (Masch) Zahnkette f ‖ **~/игольчатая** (Text) Nadelkette f ‖ **~/избирательная** (Nrt) selektiver Kreis m, Selektivkreis m ‖ **~/измерительная** Meßkreis m, Meßkette f (Gesamtheit aller an der Messung beteiligten Meßelemente und Geräte) ‖ **~/импульсная** Impuls[strom]kreis m ‖ **~/индуктивная** (induktiv belasteter) Stromkreis m ‖ **~/интегрирующая** (Eln, Inf) integrierendes Netzwerk n, Integriernetzwerk n ‖ **~/искусственная** s. ~/фантомная ‖ **~/испытательная** Prüfstrom-

цепь

kreis *m* ‖ ~/**калиброванная** *(Masch)* kalibrierte Kette *f* ‖ ~/**катодная** Kathoden[strom]kreis *m* ‖ ~/**кинематическая** *(Masch)* kinematische Kette *f*, Kinematikkette *f* ‖ ~/**клуппная** *(Text)* Kluppenkette *f* ‖ ~/**ковшовая** 1. Eimerkette *f*; 2. Becherkette *f* ‖ ~/**колебательная** *(El)* Schwing[ungs]kreis *m* ‖ ~ **коллектора** Kollektor[strom]kreis *m* ‖ ~/**кольцевая** Rundgliederkette *f* ‖ ~/**конвейерная** Förderkette *f* ‖ ~/**контрольная** Kontrollstromkreis *m*; Prüfstromkreis *m* ‖ ~/**короткозамкнутая** *(El)* Kurzschlußkreis *m* ‖ ~/**короткозвенная** Kurzgliederkette *f* ‖ ~/**корректирующая** *(El)* Korrekturkreis *m*, Korrekturnetzwerk *n*, korrigierendes Netzwerk *n* ‖ ~/**крановая** Krankette *f* ‖ ~/**крестовая роликовая** Kreuzrollenkette *f* ‖ ~/**круглозвенная** Rundgliederkette *f* ‖ ~/**крючковая** Hakenkette *f* ‖ ~/**магнитная** *(El)* Magnetkreis *m* ‖ ~ **Маркова** *(Math)* Markovsche Kette *f (Wahrscheinlichkeitstheorie)* ‖ ~/ **Маркова однородная** homogene Markovsche Kette *f* ‖ ~/**междугородная** *(Nrt)* Fernleitungsnetz *n* ‖ ~/**мерная** Meßkette *f* ‖ ~/**местная** *(El)* Ortsstromkreis *m*; *(Nrt)* Ortsleitung *f* ‖ ~/**многозвенная** *(El)* Maschennetzwerk *n* ‖ ~/**многоконтурная** *(El)* vermaschtes Netzwerk *n* ‖ ~/**многорядная** Mehrfachkette *f* ‖ ~/**многофазная** Mehrphasenstromkreis *m* ‖ ~/**молекулярная** *(Ch)* Molekülkette *f* ‖ ~/**мостовая** *(El)* Brückenkreis *m* ‖ ~/**нагрузочная** Belastungs[strom]kreis *m*, Lastkreis *m* ‖ ~/**накальная** *(El)* Heizstromkreis *m* ‖ ~ **напряжения** *(El)* Spannungskreis *m* ‖ ~ **настройки** *(Eln)* Abstimmkreis *m* ‖ ~/**натяжная** Abspannkette *f*, Zugkette *f* ‖ ~/**незамкнутая** *(El)* offener (nicht geschlossener) Kreis *(Stromkreis)* *m* ‖ ~/**незамкнутая кинематическая** *(Masch)* offene kinematische Kette *f* ‖ ~/**неразветвлённая** 1. *(El)* unverzweigte Stromkreis *m*; 2. *(Ch)* unverzweigte (geradlinige) Kette *f* ‖ ~/**неуплотнённая** einfach ausgenutzter Stromkreis *m* ‖ ~/**низковольтная** *(El)* Niederspannungskreis *m* ‖ ~ **низкой частоты** *(El)* Niederfrequenzkreis *m* ‖ ~ **обкатывания [/кинематическая]** *(Masch)* Wälzgetriebezug *m* ‖ ~/**обратная** *(El)* Rück[strom]kreis *m*; *(Reg)* reziprokes Netzwerk *n* ‖ ~ **обратной связи** *(Rf)* Rückkopplungskreis *m*; *(Reg)* Rückführ[ungs]kreis *m*, Rückführ[ungs]netzwerk *n* ‖ ~/**овальнозвенная** Langgliederkette *f* ‖ ~/**одинарная** Einfachkette *f* ‖ ~/**однопроводная** Eindrahtstromkreis *m* ‖ ~/**однородная** *(Math)* homogene Kette *f* ‖ ~ **односторонней связи** *(Nrt)* Richtungsverkehrskreis *m*, einseitig (in einer Richtung) betriebene Leitung *f* ‖ ~/**оперативная** *(Reg)* Steuerstromkreis *m* ‖ ~/**оптоэлектронная** optoelektronischer Kreis *m*, optoelektronische Übertragungskette *f* ‖ ~ **основания** *(Eln)* Basis[strom]kreis *m* ‖ ~/**основная** *(El)* Stammkreis *m*, Grundkreis *m*; Hauptkreis *m* ‖ ~/**открытая** *(Ch)* offene Kette *f* ‖ ~/**параллельная** *(El)* Parallelkreis *m*, Parallelnetzwerk *n* ‖ ~/**пассивная** *(El)* passive Kette *f*, passives Netzwerk *n* ‖ ~/**первичная** Primär[strom]kreis *m* ‖ ~ **передаточная** Getriebekette *f (eines Kettengetriebes)* ‖ ~ **передачи** *(Rf)* Übertragungskette *f*, Übertragungskreis *m*; Sendekreis *m* ‖ ~ **переменного тока** Wechselstromkreis *m*, Wechselstromnetzwerk *n* ‖ ~ **переполнения** *(Inf)* Überlaufkette *f* ‖ ~ **питания** Stromversorgungskreis *m*, Speisestromkreis *m* ‖ ~/**пластинчатая** Laschenkette *f*, Lamellenkette *f* ‖ ~/**плоская** Flachkette *f* ‖ ~/**плоскостная размерная** zweidimensionale Maßkette *f* ‖ ~/**поверочная** *(El)* 1. Prüfstromkreis *m*; 2. Eichkreis *m* ‖ ~/**подъёмная** Förderkette *f*; Hebezeugkette *f*, Lastkette *f* ‖ ~/**полимерная** *(Ch)* Polymerisationskette *f* ‖ ~/**последовательная** *(El)* Serienkreis *m*, Reihenkreis *m* ‖ ~ **постоянного тока** Gleichstromkreis *m*, Gleichstromnetzwerk *n* ‖ ~ **потребителя** Verbraucher[strom]kreis *m* ‖ ~/**предохранительная** Fangkette *f* ‖ ~ **привода** *(Masch)* [kinematische] Antriebskette *f*, Treibkette *f (eines Kettengetriebes)* ‖ ~/**пригородная** *(Nrt)* Nahverkehrsleitung *f* ‖ ~ **приёма** *(Rf)* Empfangskreis *m* ‖ ~ **приёмника** *(Rf)* Empfängerkreis *m* ‖ ~/**пространственная размерная** räumliche Maßkette *f* ‖ ~/**противоскользящая** Gleitschutzkette *f*; Schneekette *f* ‖ ~/**пупинизированная** *(Nrt)* pupinisierter (bespulter) Stromkreis *m* ‖ ~/**пусковая** *(El)* Anlasserkreis *m*, Anlaß[strom]kreis *m* ‖ ~/**рабочая** 1. Arbeits[strom]kreis *m*; 2. *(Masch)* Arbeitsgetriebezug *m* ‖ ~/**рабочая поверочная** *(Nrt)* Arbeitseichkreis *m* ‖ ~ **рабочего тока** Arbeits[strom]kreis *m* ‖ ~/**радиотелефонная** Funktelephoniekreis *m* ‖ ~ **развёртки** *(TV)* Ablenkkreis *m* ‖ ~/**разветвлённая** 1. *(El)* verzweigter Stromkreis *m*; 2. *(Ch)* verzweigte Kette *f* ‖ ~/**развязывающая** *(El)* Entkopplungskreis *m*, Trennkreis *m* ‖ ~/**разговорная** *(Nrt)* Sprechstromkreis *m* ‖ ~/**размерная** Maßkette *f* ‖ ~/**разомкнутая** offener Kreis *(Stromkreis)* *m*, offenes Netzwerk *n* ‖ ~/**разрядная** *(El)* Entladedekreis *m* ‖ ~ **распределительного вала/приводная** *(Kfz)* Steuerkette *f (Verbrennungsmotor)* ‖ ~/**реакционная** *(Ch)* Reaktionskette *f* ‖ ~ **регулирования** Regel[ungs]kreis *m* ‖ ~ **регулятора** Reglerkette *f*, Reglerkreis *m* ‖ ~/**режущая** *(Bgb)* Schrämkette *f* ‖ ~/**резиностальная тракторная** *(Kfz)* Stahl-Gummi-Kette *f (Schlepper)* ‖ ~/**рельсовая** *(Eb)* Gleisstromkreis *m*, Schienenstromkreis *m* ‖ ~/**рисунчатая** *(Text)* Musterkette *f* ‖ ~/**роликовая** Rollenkette *f* ‖ ~/**роторная** *(Masch)* Läufer[strom]kreis *m* ‖ ~ **связи** *(El)* Koppelkreis *m*, Kopplungsnetzwerk *n* ‖ ~/**сглаживающая** *(El)* Glättungskreis *m* ‖ ~/**силовая** Kraftstromkreis *m* ‖ ~/**скребковая** *(Bgb)* Kratzerkette *f*, Förderkette *f* ‖ ~/**сложная электрическая** vermaschtes Netzwerk *n*; vermaschter Stromkreis *m* ‖ ~/**снеговая** *(Kfz)* Schneekette *f* ‖ ~/**стальная шарнирная** Stahlgelenkkette *f* ‖ ~ **стирания** Lösch[strom]kreis *m* ‖ ~/**телефонная** Fernsprechstromkreis *m* ‖ ~ **тока** Stromkreis *m*; Strompfad *m* ‖ ~/**толкающая** Schleppkette *f* ‖ ~/**топенантная** *(Schiff)* Hangerkette *f* ‖ ~/**тормозная** Hemmkette *f* ‖ ~/**транзитная** *(Nrt)* Transitstromkreis *m* ‖ ~/**трансляционная** *(Rf)* Übertragungsleitung *f* ‖ ~/**трансмиссионная** *(Masch)* Transmissionskette *f*, Treibkette *f* ‖ ~/**транспортная** Transportkette *f* ‖ ~/**трёхфазная** Dreiphasenkreis *n*; Dreiphasenstromkreis *m* ‖ ~/**тяговая** Zugkette *f*; Förderkette *f*; Verholkette *f* ‖ ~/**углеводородная** *(Ch)* Kohlenwasserstoffkette *f*

~/**удерживающая** Haltestromkreis m ‖ ~/**узорная** *(Text)* Musterkette f ‖ ~/**уплотнённая** mehrfach ausgenutzter Stromkreis m ‖ ~ **управления** Steuer[strom]kreis m, Steuerkette f; Regelkreis m, Kontrollschleife f ‖ ~ **управления станком** Maschinensteuerkreis m ‖ ~/**управляющая** 1. Steuer[strom]kreis m, steuernder Kreis (Stromkreis) m; 2. *(Masch)* Steuerkette f, Getriebezug m zur Steuerung ‖ ~/**усилительная** *(El)* Verstärkerkreis m ‖ ~/**фантомная** Phantom[strom]kreis m ‖ ~/**физическая** *(Nrt)* Stammkreis m, Grundkreis m ‖ ~/**фильтрующая** *(El)* Siebkreis m; Siebkette f ‖ ~/**фрезерная** *(Wkzm)* Fräskette f ‖ ~/**черпаковая** Eimerkette f *(Eimerkettenschwimmbagger)* ‖ ~/**шарнирная** Gelenkkette f, Gallsche Kette f ‖ ~/**швартовная** *(Schiff)* Festmachkette f ‖ ~/**штыревая** Bolzenkette f ‖ ~/**электрическая** elektrisches Netzwerk n; elektrischer Stromkreis m ‖ ~ **эмиттера** Emitter[strom]kreis m ‖ ~ **эмиттер-база** *(Eln)* Emitter-Basis-Stromkreis m ‖ ~/**эталонная** *(El)* Eichkreis m ‖ ~/**якорная** *(Schiff)* Ankerkette f ‖ ~ **якоря** Anker[strom]kreis m

цепь-ОС f *(Reg)* Rückkopplungsschaltung f
RC-цепь f *(El)* RC-Kreis m, RC-Netzwerk n
RL-цепь f *(El)* RL-Kreis m, RL-Netzwerk n
церезин m *(Ch)* Ceresin n, gereinigtes Erdwachs n
церий m *(Ch)* Cerium n, Ce
цериметрия f *(Ch)* Cerimetrie f
церит m *(Min)* Cerit m *(Mineral seltener Erden)*
чернь f/**кобальтовая** *(Min)* Kobaltmanganerz n, schwarzer Erdkobalt m, Asbolan m
церуссит m *(Min)* Cerussit m, Weißbleierz n, Bleispat m
цетан m *(Ch)* Cetan n, Hexadekan n
цефеида f *(Astr)* Cepheide m *(veränderlicher Stern)*
цех m 1. Werkstatt f, Abteilung f, Betrieb m, Betriebsabteilung f, Werkabteilung f, Produktionsabteilung f; Bereich m, Fertigungsbereich m f; Zeche f ‖ ~/**бессемеровский** *(Met)* Bessemerei f, Bessemerbetrieb m, Bessemer[stahl]werk n ‖ ~/**гибкий автоматизированный** flexibler Fertigungsbereich m ‖ ~/**достроечный** *(Schiff)* Ausrüstungshalle f, Ausrüstungswerkstatt f ‖ ~/**заводской** Produktionsstätte f ‖ ~/**котельный** 1. Kesselschmiede f, Blechschmiede f; 2. *(En)* Kesselhaus n ‖ ~/**красильный** *(Text)* Färberei f ‖ ~/**крутильный** *(Text)* Zwirnerei f ‖ ~/**кузнечный** Schmiede[werkstatt] f ‖ ~/**литейный** 1. *(Gieß)* Gießerei f, Gießereibetrieb m; 2. *(Glas)* Gießhalle f *(Spiegelglasfabrik)* ‖ ~/**мартеновский** Siemens-Martin-Stahlwerk n, SM-Stahlwerk n ‖ ~/**металлургический** Hüttenbetrieb m, Hüttenwerk n, Hütte f ‖ ~/**опытный** Versuchsfeld n, Versuchsabteilung f ‖ ~/**плавильный** Schmelzbetrieb m, Schmelzerei f ‖ ~/**производственный** Fertigungsbereich m ‖ ~/**прокатный** Walzwerk n, Walzbetrieb m *(als Betriebsabteilung eines Hütten- oder Stahlwerks)* ‖ ~/**прядильный** Spinnerei f, Spinnbetrieb m ‖ ~/**разливочный** Gießhalle f, Gießbetrieb m ‖ ~/**ремонтный** Reparaturbereich m, Reparaturabteilung f ‖ ~/**сборочный** Montagebereich m ‖ ~/**сварочный** Schweißbetrieb m,

Schweißhalle f ‖ ~/**сталелитейный** Stahl[form]gießerei f ‖ ~/**сталеплавильный** Stahlwerk n ‖ ~/**стапельный** *(Schiff)* Helling f, Hellingmontagebereich m ‖ ~/**стекловаренный** *(Glas)* Schmelzhalle f ‖ ~/**судостроительный** *(Schiff)* Helling f, Hellingmontagebereich m ‖ ~/**ткацкий** Weberei f, Webereibetrieb m ‖ ~/**томасовский** Thomasstahlwerk n ‖ ~/**травильный** Ätzerei f; Beizerei f, Beizbetrieb m ‖ ~/**трикотажный** *(Text)* Strickerei f ‖ ~/**турбинный** Turbinenhaus n *(Energieerzeugung)* ‖ ~/**формовочный** *(Gieß)* Formerei f, Formereibetrieb m, Form[erei]halle f ‖ ~/**штамповочный** 1. Gesenkschmiede f, Gesenkschmiedebetrieb m; 2. Presserei f; 3. *(Led)* Stanzerei f ‖ ~/**электросталеплавильный** Elektrostahlwerk n

цианат m *(Ch)* Cyanat n
цианид m *(Ch)* Cyanid n
цианизация f *s.* цианирование
цианин m *(Ch)* Cyanin n, Cyaninfarbstoff m
цианирование n 1. Zyanidlaugung f, Zyanidlaugerei f *(Gold- und Silbergewinnungsverfahren)*; 2. Zyanieren n, Zyanhärtung f, Karbonitrieren n, Karbonitrierung f *(von Stahl)* ‖ ~ **в твёрдой среде** Karbonitrieren n in festen Mitteln ‖ ~/**газовое** Karbonitrieren n in gasförmigen Mitteln ‖ ~/**жидкостное** Karbonitrieren n in flüssigen Mitteln
цианистый *(Ch)* ...cyanid n; cyanhaltig, Cyan...
циановокислый *(Ch)* ...cyanat n; cyansauer
циановый *(Ch)* Cyan...
цианометр m *(Meß)* Zyanometer n *(Himmelsblaumesser)*
цианометрия f *(Meß)* Zyanometrie f *(Himmelsblaumessung)*
цианоферрат m *(Ch)* Cyanoferrat n, Hexazyanoferrat n ‖ ~ **калия** Kalium[hexa]cyanoferrat(III) n, rotes Blutlaugensalz n; Kalium[hexa]cyanoferrat(II) n, gelbes Blutlaugensalz n
цикл m 1. Zyklus m, Kreislauf m, Kreisprozeß m; 2. Wechselfolge f, Gang m, Spiel n; 3. Periode f, Schwingung[speriode] f; 4. *(Inf)* Ring m, Kern m; 5. *(Wkst)* Arbeitsspiel n, Lastspiel n ‖ ~ **активности** *(Astr)* Aktivitätszyklus m *(der Sonne)* ‖ ~/**аэродинамический** aerodynamischer Kreisprozeß m ‖ ~/**бензольный** *(Ch)* Benzenring m, Benzenkern m, Benzolring m, Benzolkern m ‖ ~ **Бете** *s.* ~/углеродистый **в программе** *(Inf)* Programmzyklus m ‖ ~/**ввода-вывода** *(Inf)* Eingabe-Ausgabe-Zyklus m, E/A-Zyklus m ‖ ~/**водородный** *(Astr)* Proton-Proton-Zyklus m ‖ ~ **воздействий** Wirkungszyklus m ‖ ~/**выборки адреса** *(Inf)* Adreßabrufzyklus m ‖ ~ **выполнения команды** *(Inf)* Befehlszyklus m ‖ ~/**газовый** Gasprozeß m ‖ ~/**газотурбинный** Gasturbinenprozeß m ‖ ~/**геотектонический** *(Geol)* geotektonischer Zyklus m ‖ ~/**гидрологический** hydrologischer Zyklus (Kreislauf) m ‖ ~ **гребнечесания** *(Text)* Kammspiel n *(Kämmaschine)* ‖ ~ **двигателя** Arbeitsspiel n des Motors ‖ ~ **движений** Bewegungszyklus m ‖ ~/**двухтактный** Zweitaktarbeitsspiel n *(Verbrennungsmotor)* ‖ ~ **Джоуля** *(Therm)* Joulscher Kreisprozeß m, Joule-Prozeß m ‖ ~ **Дизеля** *(Therm)* Dieselscher Kreisprozeß m, Diesel-Prozeß m ‖ ~ **Дизеля/рабочий** Dieselmotorkreisprozeß m ‖ ~/**жидкостный** Flüssig-

ЦИКЛ

keitskreisprozeß *m* ‖ ~ **замера** Meßzyklus *m* ‖
~/**замкнутый** 1. geschlossener Zyklus (Kreislauf) *m*; geschlossener Kreisprozeß *m*; 2. geschlossenes Arbeitsspiel *n* ‖ ~ **замораживания и оттаивания** Frostwechselzyklus *m*, Frost-Tau-Wechsel *m (Baustoffprüfung)* ‖ ~ **записи** *(Inf)* Schreibzyklus *m* ‖ ~ **запись-стирание** *(Inf)* Schreib-Lösch-Zyklus *m* ‖ ~/**знакопеременный** *(Wkst)* Lastspiel *n* mit wechselndem Vorzeichen ‖ ~/**знакопостоянный** *(Wkst)* Schwellbeanspruchung *f*, Spannungsspiel *n* bei Schwellbeanspruchung, Lastspiel *n* mit gleichbleibendem (konstantem) Vorzeichen ‖ ~/**знакопостоянный предельный** *(Wkst)* reine Schwellbeanspruchung *f*, Ursprungsbeanspruchung *f* ‖ ~/**идеальный** *(Therm)* verlustloser (idealer) Vergleichsprozeß *m* ‖ ~ **изменения напряжения** *(Wkst)* Spannungsspiel *n*, Lastspiel *n*, Schwingungsperiode *f (des belasteten Stabes)* ‖ ~ **изменения напряжения/асимметричный** Spannungsspiel *n* mit ungleicher Ober- und Unterspannung ‖ ~ **изменения напряжения/симметричный** Spannungsspiel *n* mit gleicher Ober- und Unterspannung ‖ ~ **измерений** Meßzyklus *m* ‖ ~/**изотермический** isothermer Kreisprozeß *m* ‖ ~ **испытаний** Prüfzyklus *m* ‖ ~ **итерации** *s.* ~/**итерационный** ‖ ~/**итерационный** *(Kyb, Inf)* Iterationsschleife *f*, Iterationszyklus *m* ‖ ~ **Карно** *(Therm)* Carnotscher Kreisprozeß *m*, Carnot-Prozeß *m* ‖ ~ **Карно/обратный** umgekehrter Carnotscher Kreisprozeß *m* ‖ ~/**командный** *(Inf)* Befehlszyklus *m* ‖ ~/**коммутационный** *(El)* Schaltzyklus *m* ‖ ~ **крана/рабочий** Kranspiel *n* ‖ ~/**лактонный** *(Ch)* Lactonring *m* ‖ ~ **Линде** Lindescher Kreisprozeß *m*, Linde-Prozeß *m (Tieftemperaturphysik)* ‖ ~/**литьевой** *s.* ~ **литья** ‖ ~ **литья** *(Kst)* Spritzgußzyklus *m* ‖ ~/**лунный** *(Astr)* Mondzyklus *m* ‖ ~/**магнитный** *s.* ~ **Хейла** ‖ ~ **манипуляции** Handhabungszyklus *m (Roboter)* ‖ ~/**машинный** Maschinenzyklus *m* ‖ ~ **нагружения** *s.* ~ **нагрузки** ‖ ~ **нагрузки** *(Wkst)* Lastspiel *n (Dauerschwingungsversuch)* ‖ ~ **накачки** Pumpzyklus *m (Laser)* ‖ ~ **намагничивания** *(Kern)* Magnetisierungszyklus *m* ‖ ~ **напряжений** 1. Schwingungsbeanspruchung *f*; 2. *(Wkst)* Schwingungsperiode *f (des belasteten Probestabes)*, Spannungsspiel *n*, Lastspiel *n* ‖ ~/**нафталиновый** *(Ch)* Naphthalenring *m* ‖ ~/**нейтронный** *(Kern)* Neutronenzyklus *m (im Reaktor)* ‖ ~ **обработки** 1. *(Fert)* Bearbeitungszyklus *m*; 2. *(Inf)* Verarbeitungszyklus *m*, Verarbeitungsgang *m* ‖ ~ **обработки или передачи слова** *(Inf)* Wortzeit *f* ‖ ~/**обратимый** reversibler Zyklus (Kreislauf, Kreisprozeß) ‖ ~ **обращения** *(Inf)* Zugriffszyklus *m* ‖ ~ **обращения к памяти** Speicherzyklus *m* ‖ ~ **обращения по орбите** *(Inf)* Bahnumlauf *m* ‖ ~ **ожидания** *(Inf)* Warteschleife *f*, Wartezyklus *m* ‖ ~ **оперативной памяти** *(Inf)* Hauptspeicherzyklus *m* ‖ ~/**основной** *(Inf)* Hauptschleife *f* ‖ ~/**открытый** offener Zyklus (Kreislauf, Kreisprozeß) *m* ‖ ~ **Отто** *(Therm)* Ottoscher Kreisprozeß *m*, Otto-Prozeß *m* ‖ ~/**паровой** Dampfprozeß *m* ‖ ~/**паротурбинный** *(Therm)* Clausius-Rankine-Prozeß *m*, Dampfkraftprozeß *m*, Rankine-[Clausius]-Prozeß *m* ‖ ~/**первичный** *(Kern)* Primärkreis-

1116

lauf *m* ‖ ~ **переключения** *(El)* Schaltzyklus *m* ‖ ~ **перемагничивания** *(Kern)* Ummagnetisierungszyklus *m* ‖ ~ **печати** 1. Druckzyklus *m*; 2. *(Inf)* Schreibzyklus *m* ‖ ~/**плутониевый** *(Kern)* Plutoniumzyklus *m* ‖ ~ **поверки** Prüfzyklus *m* ‖ ~ **поиска** *(Inf)* Suchzyklus *m* ‖ ~/**полный** *(Kern)* Vollumlauf *m*, vollständiger Umlauf *m* ‖ ~/**полузамкнутый** halbgeschlossener Kreisprozeß *m* ‖ ~/**предельный** Grenzzyklus *m* ‖ ~/**программный** *(Inf)* Programmzyklus *m* ‖ ~/**проходческий** *(Bgb)* Vortriebszyklus *m* ‖ ~/**прямоугольный** *(Fert)* Rechteckzyklus *m* ‖ ~ **работы** *s.* ~/**рабочий** ‖ ~/**рабочий** 1. Arbeitsspiel *n*, Betriebszyklus *m*; 2. Arbeitsspiel *n*; 3. *(Inf)* Operationszyklus *m* ‖ ~/**равновесный** *(Kern)* Gleichgewichtszyklus *m* ‖ ~/**разомкнутый** offener Zyklus (Kreislauf) *n*; offener Kreisprozeß *m* ‖ ~ **Ранкина** *s.* ~/**паротурбинный** ‖ ~/**расчётный** *(Therm)* theoretischer Vergleichsprozeß *m* ‖ ~ **регенерации** *(Inf)* Refresh-Zyklus *m* ‖ ~ **резания** Schnittfolge *f* ‖ ~ **Ренкина** *s.* ~/**паротурбинный** ‖ ~ **Сабатэ** *(Therm)* Sabathé-Prozeß *m*, Kreisprozeß *m* von Sabathé ‖ ~ **слова** *(Inf)* Wortzeit *f* ‖ ~ **солнечной активности** *(Astr)* Sonnenfleckenzyklus *m*, Sonnenfleckenperiode *f*, [solarer] Aktivitätszyklus *m* ‖ ~/**солнечный** *(Astr)* Fleckenzyklus *m* ‖ ~ **солнечных пятен** *(Astr)* Fleckenzyklus *m* ‖ ~/**сравнительный** *(Therm)* Vergleichsprozeß *m* ‖ ~ **стирания** *(Inf)* Löschzyklus *m* ‖ ~ **считывания** *(Inf)* Lesezyklus *m* ‖ ~ **считывания-записи** *(Inf)* Schreib-Lese-Zyklus *m* ‖ ~/**теплового** thermodynamischer Kreisprozeß *m* ‖ ~ **теплоносителя/двухтактный** *(Kern)* geschlossener Kreislauf *m* des Wärmeträgers, geschlossener Kühlmittelkreislauf *m (Reaktor)* ‖ ~ **теплоносителя/разомкнутый** *(Kern)* unterbrochener Kreislauf *m* des Wärmeträgers, offener Kühlmittelkreislauf *m (in Reaktoren für nicht energetische Zwecke)* ‖ ~ **теплоносителя реактора** *(Kern)* Kreislauf *m* des Wärmeträgers, Kühlmittelkreislauf *m (Reaktor)* ‖ ~/**термодинамический** ~/**тепловой** ‖ ~ **технологической операции** *(Fert)* Ablaufzeit *f (eines Arbeitsvorganges)* ‖ ~/**топливный** *(Kern)* Brennstoffkreislauf *m*; Spaltstoffkreislauf *m* ‖ ~/**транспортный** *(Bgb)* Förderspiel *n* ‖ ~/**трёхчленный** *(Ch)* Drei[er]ring *m*, dreigliedriger Ring *m* ‖ ~/**углеродистый** *(Astr, Kern)* Kohlenstoffzyklus *m*, Bethe-Weizsäcker-Zyklus *m*, Kohlenstoff-Stickstoff-Zyklus *m*, C-N-Zyklus *m* ‖ ~ **ускорения** *(Ph)* Beschleunigungszyklus *m* ‖ ~ **фальцовки** *(Typ)* Falzakt *m* ‖ ~ **Хейла** *(Astr)* Halescher Zyklus *m (22jähriger Sonnenfleckenzyklus)* ‖ ~/**холодильный** Kühlkreislauf *m*, Kältemittelkreislauf *m*, Kälteprozeß *m* ‖ ~/**холостой** Leerlaufgang *m* ‖ ~/**четырёхтактный** Viertaktarbeitsspiel *n (Verbrennungsmotor)*

циклевание *n s.* **циклёвка**
циклевать [mit der Ziehklinge] abziehen
циклёвка *f* Abziehen *n (des Fußbodens, Furniers mit der Ziehklinge)*
циклида *f (Math)* Zyklide *f*, Zyklid *n*
циклизация *f* 1. *(Ch)* Cyclisierung *f*, Ringschluß *m*; 2. Cyclisierung *f*, Vernetzung *f*, Molekulverkettung *f (Gummi)*

циклизовать *(Ch)* cyclisieren, einem Ringschluß unterwerfen
циклизоваться *(Ch)* sich cyclisieren, sich zum Ring schließen
циклический *(Ch)* cyclisch, Cyclo..., ringförmig, Ring...
цикличность *f* 1. Periodizität *f*; zyklische Arbeitsweise *f*; 2. Zyklizität *f*, Kreisläufigkeit *f*
циклогенез *m (Meteo)* Zyklogenese *f*
циклограмма *f* Zyklogramm *n*
циклограф *m* Zyklograph *m*; Zykloskop *n*
циклоида *f (Math)* Zykloide *f*, Radkurve *f*
циклолиз *m* Zyklolyse *f*, Auflösung *f* der Zyklone
цикломер *m (Meß)* Periodenzähler *m*
циклометр *m (Meß)* Zyklometer *n*
циклон *m* 1. *(Ch)* Zyklon *m*, Zyklon[ab]scheider *m*, Wirbel[ab]scheider *m*, Wirbelsichter *m*; 2. *(Meteo)* Zyklone *f*, Tief *n*, Tiefdruckgebiet *n* ‖ **~/батарейный** Multi[aero]zyklon *m*, Aeromultizyklon *m*, Vielzellenabscheider *m* ‖ **~/вторичный** *(Meteo)* Randtief *n* ‖ **~/прямоточный** Gleichstromzyklon *n* ‖ **~/пылевой** Zyklonstaubabscheider *m* ‖ **~ с водяной плёнкой** Fliehkraftnaßabscheider *m* ‖ **~/частный** *(Meteo)* Randtief *n*
циклонообразование *n s.* циклогенез
циклополимеризация *f (Ch)* cyclisierende Polymerisation *f*
циклоскоп *m s.* циклограф
циклотрон *m* 1. Zyklotron *n*, Zyklotronabscheider *m*, Wirbelabscheider *m*; 2. *(Kern)* Zyklotron *n* ‖ **~/изохронный** *(Kern)* Isochronzyklotron *n* ‖ **~/мигающий** *(Kern)* Impulszyklotron *n* ‖ **~/радиально-секторный** *s.* ~ Томаса ‖ **~ с секторной фокусировкой** *(Kern)* sektorfokussiertes Zyklotron *n* ‖ **~ с сильной фокусировкой** *(Kern)* starkfokussierendes Zyklotron *n* ‖ **~ со слабой фокусировкой** *(Kern)* schwachfokussierendes Zyklotron *n* ‖ **~/спирально-секторный** *(Kern)* Spiralrückenzyklotron *n*, Spiralsektorzyklotron *n* ‖ **~ Томаса** *(Kern)* Isochronzyklotron *n* nach Thomas, Radialsektorzyklotron *n* ‖ **~/электронный** *(Kern)* Elektronenzyklotron *n*; Mikrotron *n*
цикля *f* 1. *(Fert)* Ziehklinge *f*; 2. *(Led)* Stoßeisen *n*, Stoßschlicker *m*, Schlicker *m*
цилиндр *m* 1. Zylinder *m*, Trommel *f*, Walze *f (s. a. unter* барабан*)*; 2. *(Math)* Zylinder *m*; 3. *(Inf)* Zylinder *m (Plattenspeicher)* ‖ **~/анодный** *(El)* Anodenzylinder *m* ‖ **~ Венельта** *(Eln)* Wehnelt-Zylinder *m* ‖ **~/вертикальный** stehender Zylinder *m* ‖ **~/высокого давления** Hochdruckzylinder *m (Dampfmaschine; Hubkolbenverdichter)* ‖ **~/гидравлический** Hydraulikzylinder *m* ‖ **~/главный тормозной** *(Kfz)* Hauptbremszylinder *m* ‖ **~/горизонтальный** liegender Zylinder *m* ‖ **~ двойного действия/силовой** doppeltwirkender Arbeitszylinder *m* ‖ **~/двойной главный** *(Kfz)* Zweikreis-Hauptbremszylinder *m (Zweikreisbremse)* ‖ **~/делительный** Teil[ungs]zylinder *m (des Zahnrads)* ‖ **~ дизеля** Diesel[motor]zylinder *m* ‖ **~/задний** *(Text)* hintere Streckwerksunterwalze *f*, untere Streckwerkseingangswalze *f (Streckwerk; Spinnerei)* ‖ **~/замыкающий** Schließzylinder *m (Druck- und Kokillengießmaschine)* ‖ **~/золотниковый** Schieberzylinder *m (Dampfmaschine)* ‖ **~/игольный** *(Text)* Nadelzylinder *m (Rundstrickstrumpfautomat)* ‖ **~/измерительный** Meßzylinder *m*, Standglas *n* ‖ **~/исполнительный** *(Reg)* Stellzylinder *m* ‖ **~ каландра** *(Pap)* Kalanderwalze *f* ‖ **~/катодный** *(El)* Kathodenzylinder *m* ‖ **~/колёсный тормозной** *(Kfz)* Radbremszylinder *m*, Verdichterzylinder *m*, Verdichtungszylinder *m* ‖ **~/компрессора** Verdichterzylinder *m*, Verdichtungszylinder *m* ‖ **~/контрольный** Prüfzylinder *m (z. B. am Zahnrad)* ‖ **~/красочный** *(Typ)* Farbzylinder *m* ‖ **~/мерный** *(Ch)* Meßzylinder *m*, Maßzylinder *m* ‖ **~ меток** *(Inf)* Kennsatzzylinder *m* ‖ **~/нажимный** 1. *(Typ)* Gegendruckzylinder *m*; 2. *(Text)* Druckzylinder *m (Streckwerk; Spinnerei)*; 3. *(Wlz)* Anstellzylinder *m (Bandagenwalzwerk)* ‖ **~/направляющий** Führungszylinder *m* ‖ **~ насоса** Pumpenzylinder *m* ‖ **~/начальный** *(Masch)* Wälzzylinder *m (Zahnrad)* ‖ **~ низкого давления** Niederdruckzylinder *m (Hubkolbenverdichter)*; Niederdruckgehäuse *n (Dampfturbine)* ‖ **~/ножевой** *(Text)* Messerzylinder *m*, Messerwalze *f*, Scherzylinder *m (Veredlung)* ‖ **~/одиночный** Einzelzylinder *m* ‖ **~/одномерный** Einkammerzylinder *m* ‖ **~/одностенный** einwandiger Zylinder *m (Kolbenverdichter)* ‖ **~/оппозитный** Boxerzylinder *m* ‖ **~/основной** Grundzylinder *m* ‖ **~/отводящий** *(Typ)* Ableitzylinder *m* ‖ **~/отделительный** *(Text)* Abreißwalze *f (Kämmaschine)* ‖ **~/отклоняющий** Auslenkzylinder *m* ‖ **~/офсетный** *(Typ)* Gummituchzylinder *m* ‖ **~/охлаждающий** Kühlzylinder *m*, Kühltrommel *f* ‖ **~/паровой** Dampfzylinder *m* ‖ **~/педальный** *(Text)* Muldenhebelwalze *f*, Einzugswalze *f (Schlagmaschine)* ‖ **~/передаточный** *(Typ)* Übergabetrommel *f*, Übergabezylinder *m*, Überführzylinder *m*, Heber *m* ‖ **~/передний** *(Text)* vordere Streckwerksunterwalze *f*, untere Streckwerksausgangswalze *f (Streckwerk; Spinnerei)* ‖ **~/печатающий** Typenwalze *f (Drucker)* ‖ **~/печатный** *(Typ)* 1. Druckzylinder *m*; 2. Gegendruckzylinder *m* ‖ **~/питающий** *(Text)* Speisewalze *f*, Eingangswalze *f*, Zuführwalze *f* ‖ **~/пластиночный** *(Typ)* Plattenzylinder *m*, Formzylinder *m* ‖ **~/пневматический** Druckluftzylinder *m* ‖ **~/подающий** Zuführzylinder *m* ‖ **~/подъёмный** Hubzylinder *m* ‖ **~/полый** Hohlzylinder *m* ‖ **~/прессовый** *(Typ)* Prägezylinder *m* ‖ **~/прилегающий** angrenzender Zylinder *m* ‖ **~/присасывающий** *(Typ)* Ansaugzylinder *m* ‖ **~ простого действия/силовой** einfachwirkender Arbeitszylinder *m* ‖ **~ прямого хода** Vorschubzylinder *m (Bandagenwalzwerk)* ‖ **~/прямоточный** *(Masch)* Gleichstromzylinder *m* ‖ **~/рабочий** 1. Arbeitszylinder *m (Kraft- und Arbeitsmaschinen)*; 2. *(Hydr)* Kraftzylinder *m*; 3. *(Reg)* Stellzylinder *m* ‖ **~ развёртки** *(Typ)* Abtastzylinder *m* ‖ **~/разделённый** *(Inf)* Splittzylinder *m*, geteilter Zylinder *m* ‖ **~/раскатный** *(Typ)* Reibwalze *f*, Verreibwalze *f*, Reibzylinder *m*, Verreibzylinder *m* ‖ **~/распределительный** 1. Steuerzylinder *m (Dampfturbinenregelung)*; 2. Kolbenschieberbüchse *f*, Steuerzylinder *m (Dampfmaschine)* ‖ **~/растирающий** *s.* ~/раскатный ‖ **~/регистрирующий** Schreibtrommel *f* ‖ **~/резальный** *(Typ)* Schneidzylinder *m* ‖ **~/сгустительный** *(Typ)* Eindickzylinder *m* ‖ **~/сеточный** Siebzylinder

цилиндр

m, Siebwalze *f* ‖ **~/силовой** *s.* гидроцилиндр/силовой ‖ **~/смежный** Nachbarzylinder *m (Kolbenverdichter)* ‖ **~/собирающий** *(Typ)* Sammelzylinder *m*, Sammeltrommel *f*, Kollektor *m* ‖ **~ среднего давления** Mitteldruckzylinder *m (Dampfmaschine)* ‖ **~/ступенчатый** Stufenzylinder *m* ‖ **~/сушильный** Trockenzylinder *m* ‖ **~ тормоза** *s.* ~/тормозной ‖ **~ тормоза/главный** *(Kfz)* Hauptbremszylinder *m* ‖ **~/тормозной** *(Kfz)* Bremszylinder *m* ‖ **~/ускорительный** *(Kern)* Beschleunigungszylinder *m* ‖ **~/фальцевальный (фальцующий)** *(Typ)* Falzzylinder *m (Rotationsmaschine)* ‖ **~/формный** *(Typ)* Plattenzylinder *m* ‖ **~/центрирующий** Zentrierzylinder *m* ‖ **~/цинковый** *(Typ)* Plattenzylinder *m*, Zinkplattenzylinder *m (Offsetdruck)* ‖ **~/экранирующий** Abschirmzylinder *m* ‖ **~/электродный** *(Schw)* Elektrodenzylinder *m*

цилиндричность *f* Zylindrizität *f*, Zylinderform *f*

цилиндроид *m (Math)* Zylindroid *n*

цилиндр-распределитель *m (Typ)* Verteilerzylinder *m*, Verteiler *m*

ЦИМС *s.* микросхема/цифровая интегральная

цимология *f* 1. Zymologie *f*; 2. Zymotechnik *f*, Gärtechnik *f*

цимофан *m (Min)* Cymophan *m (Chrysoberyll)*

цинк *m (Ch)* Zink *n*, Zn; *(Met)* Zink *n* ‖ **~/вторичный** Umschmelzzink *n*, Sekundärzink *n* ‖ **~/гранулированный** Zinkgranalien *fpl*, Zinkgranulat *n* ‖ **~/дистилляционный** Destillationszink *n* ‖ **~/листовой** Zinkblech *n* ‖ **~/нерафинированный** Rohzink *n* ‖ **~/рафинированный** Raffinatzink *n* ‖ **~/сырой** Rohzink *n* ‖ **~/твёрдый** Hartzink *n* ‖ **~/чистый** Feinzink *n* ‖ **~/чушковый** Barrenzink *n*, Zinkbarren *mpl* ‖ **~/электролитический (электролитный)** Elektrolytzink *n*

цинкенит *m (Min)* Bleiantimonglanz *m*, Zin[c]kenit *m*

цинкит *m (Min)* Zinkit *m*, Rotzinkerz *n*

цинкование *n* Verzinken *n* ‖ **~/блестящее** Glanzverzinken *n* ‖ **~/гальваническое** galvanisches (elektrolytisches) Verzinken *n* ‖ **~/горячее** Feuerverzinken *n*, Heißverzinken *n* ‖ **~/диффузионное** Diffusionsverzinken *n*, Sherardisieren *n* ‖ **~/металлизационное** Spritzverzinken *n* ‖ **~/мокрое** Naßverzinken *n* ‖ **~/огневое** Feuerverzinken *n*

цинковать verzinken

цинковый Zink...

цинкография *f (Typ)* Chemigraphie *f*

цинколитейная *f (Met)* Zinkgießerei *f*

цинксодержащий zinkhaltig

циннабарит *m (Min)* Cinnabarit *m*, Zinnober *m*

циннвальдит *m (Min)* Zinnwaldit *m (Glimmer)*

ЦИП *s.* прибор/цифровой измерительный

циппеит *m (Min)* Zippeit *m*, Uranblüte *f*

цирк *m*/**крупный** *(Astr)* Wallebene *f (auf dem Mond)* ‖ **~/ледниковый** *(Geol)* Kar *n*

циркон *m (Min)* Zirkon *m*

цирконий *m (Ch)* Zirconium *n*, Zr

циркулировать zirkulieren, umlaufen

циркуль *m* Zirkel *m* ‖ **~/делительный** Teilzirkel *m* ‖ **~/измерительный** Stechzirkel *m*, Taster *m* ‖ **~/микрометрический** Teilzirkel *m* ‖ **~/параллельный** Parallelzirkel *m* ‖ **~/разметочный** Anreißzirkel *m* ‖ **~/редукционный** Reduktionszirkel *m* ‖ **~/эллиптический** Ellipsenzirkel *m*

циркуль-измеритель *m (Schiff)* Kartenzirkel *m*

циркулярный zirkular, Zirkular..., zirkulär

циркулятор *m (Rf)* Zirkulator *m* ‖ **~/микроволновый** Mikrowellenzirkulator *m*

циркуляционный Umlauf..., Zirkulations..., zirkulierend; Umwälz...; Drehkreis...

циркуляция *f* 1. Zirkulation *f*, Kreislauf *m*; Umlaufen *n*, Umlauf *m*, Kreisen *n*; Umwälzung *f*; 2. *(Schiff)* Drehkreis *m*; 3. *s.* ~ скорости • **без циркуляции** zirkulationsfrei, ohne Zirkulation • **с циркуляцией** zirkulationsbehaftet, Zirkulations... ‖ **~ атмосферы** *(Ökol)* atmosphärische Zirkulation *f* ‖ **~ воздуха** Luftumwälzung *f* ‖ **~/естественная** natürliche Zirkulation *f* ‖ **~ жидкости/принудительная** *(Kfz)* Zwangsumlaufkühlung *f* ‖ **~/искусственная** *s.* ~/принудительная ‖ **~/конвективная** natürlicher (konvektiver) Umlauf *m* ‖ **~ массы** *(Pap)* Stoffumtrieb *m*, Stoffumlauf *m*, Stoffbewegung *f* ‖ **~/местная** *(Bgb)* örtlicher Spülungsumlauf *m*, Sohlenzirkulation *f (Bohrung)* ‖ **~/неустойчивая** labiler Umlauf *m* ‖ **~/призабойная** *s.* ~/местная ‖ **~/принудительная** Zwangsumlauf *m*, erzwungener (künstlicher) Umlauf *m* ‖ **~ скорости** *(Hydrod, Aero, Hydr)* Zirkulation *f* ‖ **~/установившаяся** stabiler stationärer Drehkreis *m* ‖ **~/устойчивая** stabiler Umlauf *m*

ЦИС *s.* схема/цифровая интегральная

цис-соединение *n (Ch)* cis-Verbindung *f*

циссоида *f (Math)* Zissoide *f*, Efeublattlinie *f*

цистерна *f* 1. Zisterne *f*, Behälter *m*; 2. *(Schiff)* Tank *m*, Zelle *f*, Bunker *m*; 3. *(Kfz)* Tankwagen *m*; 4. *(Eb)* Kesselwagen *m* ‖ **~/балластная** *(Schiff)* 1. Ballasttank *m*; 2. Fluttank *m (U-Boot)*; 3. Tauchzelle *f*, Tauchtank *m (U-Boot)* ‖ **~ безопасности** Sicherheitstank *m (U-Boot)* ‖ **~/бортовая** *(Schiff)* Seitentank *m* ‖ **~/булевая** Satteltank *m (U-Boot)* ‖ **~ быстрого погружения** Schnelltauchtank *m*, Alarmtauchtank *m (U-Boot)* ‖ **~/вкладная** *(Schiff)* loser Tank *m*, Behälter *m* ‖ **~/водяная** *(Schiff)* Wassertank *m* ‖ **~/глубокая** *(Schiff)* Hochtank *m*, Tieftank *m* ‖ **~/гравитационная** *(Schiff)* Falltank *m*, Fallbehälter *m* ‖ **~/грузобалластная** *(Schiff)* Wechseltank *m* ‖ **~/грузовая** *(Schiff)* Ladetank *m* ‖ **~/грязевая** *(Schiff)* Schmutztank *m*; Schmutzwassertank *m* ‖ **~/дежурная** *s.* ~/расходная ‖ **~/дифферент[овоч]ная** *(Schiff)* Trimmtank *m*, Trimmzelle *f* ‖ **~/донная (днищевая)** *(Schiff)* Bodentank *m* ‖ **~/забортной воды** *(Schiff)* Seewassertank *m* ‖ **~/запасная** Reservetank *m* ‖ **~/кормовая** *(Schiff)* Hecktank *m* ‖ **~/креновая** *(Schiff)* Krängungstank *m* ‖ **~/междудонная** *(Schiff)* Doppelbodentank *m* ‖ **~/межпалубная** *(Schiff)* Zwischendecktank *m* ‖ **~/напорная** *(Schiff)* 1. Hochtank *m*, Hochbehälter *m*; 2. Drucktank *m* ‖ **~/незамещаемая** „reiner" Tank *m (bei dem verbrauchter Kraftstoff nicht durch Ballastwasser ersetzt wird)* ‖ **~ нефтеостатков (нефтеотходов)** *(Schiff)* Ölrückständetank *m* ‖ **~/нефтяная** Ölbunker *m* ‖ **~/отстойная** *(Schiff)* Absetztank *m*, Absitztank *m*, Setztank *m*; Sumpftank *m* ‖ **~/палубная** *(Schiff)* Deckstank *m* ‖ **~/переменная** *(Schiff)* Wechseltank *m* ‖ **~/пиковая** *(Schiff)* Piektank *m* ‖ **~ питатель-**

ной воды (Schiff) Speisewassertank m, Speisewasserbehälter m (für die Kesselspeisung) ‖ ~ **питьевой воды** (Schiff) Trinkwassertank m ‖ ~ **погружения** Tauchtank m (U-Boot) ‖ **~/подпалубная** Topptank m (Massengutschiff); Unterdecktank m ‖ ~ **пресной воды** (Schiff) Frischwassertank m ‖ **~/расходная** Tagestank m, Verbrauchstank m ‖ **~/расширительная** (Schiff) Ausdehnungstank m ‖ **~/скуловая** (Schiff) Kimmtank m ‖ **~/сливная** Ablaßtank m ‖ ~ **сточных вод** Abwassertank m ‖ **~/суточная** s. **~/расходная** ‖ **~/съёмная** (Schiff) loser Tank m ‖ **~/топливная** (Schiff) Kraftstofftank m ‖ **~/топливно-балластная** (Schiff) Wechseltank m, Treibstoff-Ballast-Tank m ‖ **~/уравнительная** (Schiff) 1. Ausgleichsbehälter m, Ausgleichstank m; 2. Regelzelle f (U-Boot) ‖ **~/успокоительная** (Schiff) Schlingerdämpfungstank m ‖ **~/фановая** (Schiff) Abwässertank m, Fäkalientank m ‖ **~/циркуляционная** (Schiff) Umlauftank m ‖ **~/шламовая** (Schiff) Schlammtank m
цистерна-отстойник f s. цистерна/отстойная
цистоскоп m (Med) Zystoskop n
цистоскопия f (Med) Zystoskopie f
цис-транс-изомер m (Ch) cis-trans-Isomer n
цис-транс-изомерия f (Ch) cis-trans-Isomerie f, geometrische Isomerie f
цитрат m (Ch) Citrat n
цитратно-растворимый (Ch) citratlöslich
цитрин m (Min) Citrin m (gelbe Quarzart)
циферблат m Skalenscheibe f, Zeigerplatte f, Zifferblatt n ‖ **~/часовой** Zifferblatt n (Uhr)
цифра f Ziffer f, Zahl f ‖ **~/верная** gültige Ziffer f ‖ **~/восьмеричная** Oktalziffer f ‖ **~/двоичная** Binärziffer f; Dualziffer f ‖ **~/двоично-кодированная десятичная** binär verschlüsselte Dezimalziffer f, BDC-Ziffer f ‖ **~/десятков** Dezimalziffer f ‖ **~/десятков** Zehnerziffer f, Zehner m ‖ **~/единиц** Einerziffer f, Einer m ‖ ~ **знака** Vorzeichenziffer f ‖ **~/значащая** gültige Ziffer f ‖ ~ **кода защиты** Schutzziffer f ‖ **~/контрольная** Prüfziffer f, Kontrollziffer f ‖ ~ **сотен** Hunderter[ziffer f] m ‖ ~ **тысяч** Tausender[ziffer f] m
цифробуквенный alphanumerisch
цифровой digital, Digital..., ziffernmäßig, Ziffern..., numerisch
ЦК s. контроль/централизованный
ЦМВ s. вагон/цельнометаллический
ЦМД-память f s. устройство на магнитных доменах/запоминающее
ЦМТС s. станция/центральная междугородная телефонная
цоизит m (Min) Zoisit m
цоколевать (El, Eln) [auf]sockeln (Glühlampen und Röhren)
цоколёвка f (El, Eln) Sockeln n
цоколь m 1. (El, Eln) Sockel m (Glühlampe, Röhre); 2. (Bw) Sockel m; Unterbau m, Postament n ‖ **~/винтовой** (El) Gewindesockel m, Schraubsockel m, Edisonsockel f ‖ **~/выступающий** (Bw) Banksockel m ‖ ~ **Голиаф** (El) Goliathsockel m ‖ **~/двухштырьковый** (Eln) Zweistiftsockel m ‖ **~/девятиштырьковый** (Eln) Novalsockel m, Neunstiftsockel m ‖ **~/ламповый** 1. (El) Lampensockel m; 2. (Eln) Röhrensockel m ‖ **~/миниатюрный** (El, Eln) Miniatursockel m ‖ **~/многоштырьковый** (Eln) Mehr[fach]stiftsockel m ‖ **~/одноконтактный** (Eln) Einkontaktsockel m ‖ **~/октальный** (Eln) Oktalsockel m, Achtstiftsockel m ‖ **~/резьбовой** s. **~/винтовой** ‖ ~ **Свана** (El) Stecksockel m, Bajonettsockel m, Swan-Sockel m ‖ **~/штифтовой (штыковой, штыревой, штырьковый)** (Eln) Stiftsockel m

ЦОС s. обработка сигналов/цифровая
ЦП s. 1. процессор/цифровой; 2. процессор/центральный; 3. центр питания
ЦПУ s. 1. пост управления/центральный; 2. управление/цикловое программное
ЦС s. станция/центральная
ЦСИС s. сеть с интеграцией служб/цифровая
ЦТ s. 1. телевидение/цветное; 2. центр тяжести
ЦТ, ц.т. s. центр тяжести
ЦУ s. 1. управление/центральное; 2. управление/цифровое
ЦУВД s. центр управления воздушным движением
ЦУГ s. указатель глубины/цифровой
цуг m Zug m ‖ ~ **волн** Wellenzug m ‖ ~ **волн/затухающий** gedämpfter Wellenzug m ‖ ~ **импульсов** Impulszug m, Impulsfolge f
цунами n (Geoph) Tsunami m, Flutwelle f bei Seebeben
ЦУО s. устройство обработки/центральное
ЦУП s. центр управления полётом
цупфер m 1. Zupfer m; 2. Strippenende n
ЦЭС s. станция/центральная электрическая

Ч

чаеводство n Teeanbau m
чаеобработка f Teeaufbereitung f
чаесушилка f Teetrockner m, Teetrocknungsanlage f
чалить 1. vertäuen; 2. anschlagen (Lasten)
чан m Kübel m, Bottich m, Zuber m, Bütte f ‖ **~/бродильный** Gärbottich m ‖ **~/варочный** Siedebottich m ‖ **~/гидроциклонный** (Brau) Whirlpool m (Gerät zur Grobtrubentfernung) ‖ **~/деревянный** Holzbottich m ‖ ~ **для выщелачивания** Laugebottich m ‖ ~ **для золения** (Led) Äschergrube f ‖ **~/дрожжерастильный** (Brau) Hefebottich m, Hefebütte f ‖ **~/дубильный** (Led) Gerbgrube f ‖ **~/замерный** Meßtank m ‖ **~/замочный** (Brau) Weichbehälter m, Weiche f, Weichgefäß n (Mälzerei) ‖ **~/заторнофильтрационный** (Brau) Maisch- und Läuterbottich m ‖ **~/заторный** Maisch[e]bottich m ‖ **~/зольный** (Led) Äschergrube f ‖ **~/контактный** Einwirkgefäß n, Kontaktbehälter m (Aufbereitung) ‖ **~/красильный** s. ~ сокового хода ‖ **~/осадительный** Absetzbehälter m, Absetzbottich m, Klärbehälter m; Setzbütte f (Aufbereitung) ‖ **~/осветительный** Klärbottich m ‖ **~/отстойный** s. **~/осадительный** ‖ **~/приточный** Zulaufbottich m ‖ **~/сборочный** Sammelbottich m ‖ **~/сгустительный** Eindikkergefäß n ; (Pap) Eindickbütte f ‖ **~/смесительный** Mischbottisch m, Mischbehälter m ‖ ~ **сокового хода** (Led) Farb[engang]grube f, Farbe f ‖ **~/травильный** Beizbottich m

чан-баркас *m (Led)* Grubenhaspel *f(m)*
чан-мешалка *m* Mischhütte *f*
чароит *m (Min)* Tascharoit *m*, Charoit *m*
чартер *m (Schiff)* Charter *f*, Chartervertrag *m*
час *m* Stunde *f* ‖ **~/звёздный** *(Astr)* Sternzeitstunde *f* ‖ **~/лётный** Flugstunde *f* ‖ **~ наибольшей нагрузки** *(Nrt)* Hauptverkehrsstunde *f*, Verkehrsspitze[nzeit] *f*
часозанятие *n* **[/телефонное]** *(Nrt)* Belegungsstunde *f*
части *fpl* Teile *npl (s. a. unter* часть*)* ‖ **~/быстроизнашиваемые** Verschleißteile *npl* ‖ **~/выступающие** *(Schiff)* Anhänge *mpl* ‖ **~/запасные** Ersatzteile *npl* **~, инструмент** *m* **и принадлежности** *fpl*/**запасные** Reserveteile *npl*, Werkzeuge *npl* und Zubehör *n* ‖ **~/неуравновешенные** *(Masch)* unausgeglichene Teile *f*
частица *f* 1. Teilchen *n*; Partikel *f(n)*; 2. *(Ph, Kern)* Elementarteilchen *n*, Teilchen *n*; Masseteilchen *n (s. a. unter* частицы*)*; 3. *(Mech)* Massenpunkt *m*, Teilchen *n*, materieller Punkt *m* ‖ **~ Бозе** *(Ph)* Bose-Teilchen *n*, Boson *n* ‖ **~/бозевская** *s.* **~ Бозе** ‖ **~ большой энергии** *(Ph)* energiereiches Teilchen *n*, Teilchen *n* hoher Energie ‖ **~/бомбардируемая** *(Kern)* beschossenes Teilchen *n*, Targetteilchen *n* ‖ **~/бомбардирующая** *(Kern)* Geschoßteilchen *n*, einfallendes Teilchen *n* ‖ **~/быстрая** *(Kern)* schnelles Teilchen *n* ‖ **~/векторная** *(Ph)* vektorielles Teilchen *n*, Vektron *n* ‖ **~/виртуальная** *(Ph)* virtuelles Teilchen *n* ‖ **~/вторичная** *(Kern)* Sekundärteilchen *n* ‖ **~/вызвавшая ядерное превращение** *(Kern)* erzeugendes (auslösendes) Teilchen *n* ‖ **~/горячая** *(Kern)* heißes (hochangeregtes, energiereiches) Teilchen *n* ‖ **~/закатанная** *(Text)* Knöllchen *n (Chemiefaserherstellung)* ‖ **~/заряжённая** *(Kern)* [elektrisch] geladenes Teilchen *n* ‖ **~/заряжённая элементарная** geladenes Elementarteilchen *n*‖ **~/исходная** *s.* **~/первичная** ‖ **~/каналовая** *(Kern)* Kanalstrahlteilchen *n*‖ **~ космического излучения** *(Kern)* Teilchen *n* der kosmischen Strahlung, Höhenstrahlungsteilchen *n*, Ultrastrahlungsteilchen *n* ‖ **~/лёгкая** *(Kern)* leichtes Teilchen *n* ‖ **~ листа** *(Text)* Blatteilchen *n (bei Baumwolle)* ‖ **~ малой энергии** *(Kern)* energiearmes Teilchen *n* ‖ **~/налетающая** *(Kern)* einfallendes Teilchen *n* ‖ **~/незаряжённая** *(Kern)* ungeladenes Teilchen *n* ‖ **~/нейтральная** *(Kern)* neutrales Teilchen *n* ‖ **~/однократно заряжённая** *(Kern)* einfach geladenes Teilchen *n* ‖ **~/отдачи** *(Kern)* Rückstoßteilchen *n* ‖ **~/первичная** *(Kern)* Primärteilchen *n*, Urteilchen *n* ‖ **~/поглощённая** *(Kern)* eingestrahltes Teilchen *n* ‖ **~/проникающая** *s.* **~ большой энергии** ‖ **~ пыли** Staubteilchen *n*, Staubpartikel *n* ‖ **~ распада** *s.* **~-продукт распада** ‖ **~ с конечной массой покоя** *(Kern)* Teilchen *n* endlicher Ruhemasse ‖ **~/сажевая** Rußteilchen *n* ‖ **~/свободная** *(Kern)* freies Teilchen *n* ‖ **~/сложная** *(Kern)* zusammengesetztes Teilchen *n* ‖ **~ стружки** *(Fert)* Spanbruchstück *n* ‖ **~/твёрдая** *(Kern)* Feststoffteilchen *n*‖ **~/тяжёлая** *(Kern)* schweres Teilchen *n* ‖ **~/упругорассеянная** elastisch gestreutes Teilchen *n* ‖ **~ Ферми** *(Kern)* Fermi-Teilchen *n*, Fermion *n* ‖ **~/элементарная** *(Kern)* Elementarteilchen *n*

частица-источник *f (Kern)* Quellteilchen *n*
частица-мишень *f s.* **частица/бомбардируемая**
частица-продукт *f (Kern)* Produktteilchen *n* ‖ **~ распада** Zerfallsteilchen *n*
частицы *fpl* Teilchen *npl (s. a. unter* частица*)* ‖ **~/связанные** gebundene Teilchen *npl (Quantenmechanik)* ‖ **~/твёрдые спекшиеся** *(Gum)* Grit *m* ‖ **~/тождественные** *(Kern)* identische Teilchen *npl*
частично partiell; teilweise, Teil...
частное *n (Math)* Quotient *m*
частопупинизированный *(El)* kurzbespult
частость *f* Häufigkeit *f*
частота *f* 1. Häufigkeit *f*, Frequenz *f*, Bestandsdichte *f (Statistik)*; 2. *(Ph, El)* Frequenz *f*, Schwingungszahl *f*, Schwingungsfrequenz *f* ‖ **~/альфасреза** *(El)* Alphagrenzfrequenz *f* ‖ **~/бедствия** *(Schiff)* Seenotfrequenz *f (Funk)* ‖ **~ биений** *(Ph)* Schwebungsfrequenz *f*, Schwebungszahl *f* ‖ **~/боковая** *(El)* Seitenfrequenz *f* ‖ **~ боковой полосы** Seitenbandfrequenz *f* ‖ **~ в роторе** *(El)* Läuferfrequenz *f* ‖ **~ валентного колебания** *(Ph)* Valenzschwingungsfrequenz *f* ‖ **~/весьма низкая** *s.* **~/сверхнизкая** ‖ **~ вихря** *(Ph)* Wirbelfrequenz *f* ‖ **~ включений** 1. *(El)* Schaltfrequenz *f*, Einschaltfrequenz *f*; 2. *(Masch)* Schalthäufigkeit *f*, Einschalthäufigkeit *f* ‖ **~ вобуляции** *(El)* Wobbelfrequenz *f* ‖ **~ возбуждения** *(El)* Erregungsfrequenz *f* ‖ **~ волны** *(El)* Wellenfrequenz *f* ‖ **~ вращения** Drehzahl *f*, Rotationsfrequenz *f*, Umlauffrequenz *f*, Umlaufgeschwindigkeit *f* ‖ **~ вращения/номинальная** Nenndrehzahl *f* ‖ **~/вторичная** *(El)* Sekundärfrequenz *f* ‖ **~/входная** *(El, Eln)* Eingangsfrequenz *f* ‖ **~/выделенная** *(El)* zugeteilte Frequenz *f*, Verfügungsfrequenz *f* ‖ **~ вызова и бедствия/международная** *(Schiff)* internationale Anruf- und Notfrequenz *f (Funk)* ‖ **~/вызывная** *(Nrt)* Ruffrequenz *f*, Anruffrequenz *f* ‖ **~ вызывного тока** *(Nrt)* Rufstromfrequenz *f* ‖ **~/высокая** *(Eln)* Hochfrequenz *f*, HF ‖ **~/выходная** *(El, Eln)* Ausgangsfrequenz *f* ‖ **~/гармоник** Oberwellen[schwingungs]frequenz *f* ‖ **~ генератора** *(El)* Generatorfrequenz *f*; Oszillatorfrequenz *f* ‖ **~ генератора кадровой развёртки** *(TV)* Bildkippfrequenz *f* ‖ **~ генератора строчной развёртки** *(TV)* Zeilenkippfrequenz *f* ‖ **~ генерации** *(Eln)* Schwingungsfrequenz *f*, Erregerfrequenz *f* ‖ **~ генерации лазера** Laserfrequenz *f* ‖ **~ генерации мазера** Maserfrequenz *f* ‖ **~ гетеродина** *(El)* Überlagerungsfrequenz *f*, Überlagerungsfrequenz *f* ‖ **~/гиромагнитная** *s.* **~/ламорова** ‖ **~/граничная** *s.* **~/предельная** ‖ **~/групповая** *(Rf)* Gruppenfrequenz *f* ‖ **~/двойная** *(El)* Doppelfrequenz *f* ‖ **~ де-Бройля** *(Ph)* de-Brogliesche Frequenz *f (Materiewellen)* ‖ **~ диапазона/средняя** *(Rf)* Bandmittenfrequenz *f* ‖ **~ дискретизации** *(El)* Abtastfrequenz *f* ‖ **~ диффузии** *(Ph)* Diffusionsfrequenz *f* ‖ **~ добротности/предельная** *(Eln)* Gütegrenzfrequenz *f* ‖ **~/заданная** *(El)* Sollfrequenz *f* ‖ **~/естественная** *(El)* natürliche Frequenz *f* ‖ **~/задающая** *(El)* Steuerfrequenz *f*, Führungsfrequenz *f* ‖ **~/запасная** *(El)* Ausweichfrequenz *f*, Reservefrequenz *f* ‖ **~ записи** Aufzeichnungsfrequenz *f* ‖ **~ звука/промежуточная** *(Ak, El)* Tonzwischenfrequenz *f* ‖ **~/зву-**

ковая *(Ak, El)* Tonfrequenz f, Hörfrequenz f, Audiofrequenz f II ~ **звуковых сигналов/несущая** Tonträgerfrequenz f, Tonträger m II ~**/зеркальная** *(El)* Spiegelfrequenz f II ~**/измерительная** Meßfrequenz f II ~ **изображения** *(TV)* Bildfolgefrequenz f, Bildwechselfrequenz f II ~ **изображения/несущая** Bildträgerfrequenz f, Bildträger m II ~ **изображения/промежуточная** *(TV)* Bildzwischenfrequenz f II ~ **импульсов** 1. *(El)* Impulsfrequenz f, Pulsfrequenz f; 2. *(Kern)* Impulsrate f, Impuldichte f II ~**/инфразвуковая** Infraschallfrequenz f II ~**/инфранизкая** *s*. ~**/сверхнизкая** II ~**/исходная** *(El)* Grundfrequenz f II ~ **кадров** *s*. ~ изображения II ~**/кадровая** *s*. ~ изображения II ~ **кадросмен** *(Kine, Photo)* Bildfrequenz f II ~ **кадросмен/стандартная** *(Photo)* Normalbildfrequenz f II ~ **канала/средняя** *(TV)* Kanalmitte[nfrequenz] f II ~**/качающаяся** *(El)* Pendelfrequenz f, Wobbelfrequenz f II ~ **кинопроекции (киносъёмки)** *(Kine)* Bildfrequenz f, Bildwechselzahl f II ~ **колебаний** *(Ph)* Frequenz f, Schwing[ungs]frequenz f, Schwingungszahl f II ~ **колебаний/граничная** Schwinggrenze f II ~ **колебаний напряжения** *(Fest)* Beanspruchungsfrequenz f II ~**/комбинационная** *(Mech)* Kombinationsfrequenzen fpl *(nichtlineare Schwingungen)* II ~ **комбинационного рассеяния** *(Ph)* Raman-Frequenz f II ~**/контрольная** Kontrollfrequenz f, Steuerfrequenz f, Pilotfrequenz f II ~**/критическая** *s*. ~**/предельная** 1. II ~**/круговая** *s*. ~**/угловая** II ~ **лазера** Laserfrequenz f II ~ **лазерного излучения/основная** Laser-Grundfrequenz f II ~ **Лармора [угловая]** *s*. ~**/ларморова** II ~ **ларморова** *(Kern)* 1. Larmor-Frequenz f, Larmor-Kreisfrequenz f, Larmor-Präzessionsfrequenz f; 2. *s*. ~**/циклотронная** II ~**/ленгмюровская** *s*. ~**/плазменная** II ~**/максимальная** *(El)* Maximalfrequenz f II ~**/максимальная применимая** *(Rad)* höchste brauchbare Frequenz f, MUF *(im KW-Bereich)* II ~**/мгновенная** *(El)* Momentanfrequenz f II ~ **мерцания** *s*. ~ мигания II ~**/мешающая** *(El)* Störfrequenz f II ~ **мигания** Flimmerfrequenz f *(Photometrie)* II ~**/минимальная** *(El)* Minimalfrequenz f, Mindestfrequenz f II ~**/модулирующая (модуляционная)** *(Rf)* Modulationsfrequenz f II ~ **на входе** *(El, Eln)* Eingangsfrequenz f II ~**/назначенная** *s*. ~**/выделенная** II ~**/наименьшая применимая** *(Rad)* niedrigste brauchbare Frequenz f, LUF *(im kW-Bereich)* II ~ **накачки** Pumpfrequenz f *(Lasertechnik)* II ~**/накопленная** Summenhäufigkeit f, kumulative Häufigkeit f II ~**/несущая** *(Nrt)* Trägerfrequenz f, Träger m II ~**/низкая** *(Eln)* Niederfrequenz f, NF II ~**/номинальная** *(El)* Nennfrequenz f II ~**/нормальная** *(El)* Normalfrequenz f II ~**/нулевая** *(El)* Nullfrequenz f II ~ **нулевых биений** *(El)* Nullschwebungsfrequenz f II ~**/опорная** Bezugsfrequenz f, Referenzfrequenz f II ~**/оптимальная применимая (рабочая)** *(Rad)* günstigste (optimale) Betriebsfrequenz *(Arbeitsfrequenz)* f, OWF, FOT *(im kW-Bereich)* II ~**/основная** 1. *(El)* Grundfrequenz f; 2. *s*. ~**/собственная** II ~ **отказов** Ausfallrate f, Ausfallhäufigkeit f II ~ **отказов/средняя** mittlere Ausfallrate f II ~ **отметок времени** Zeitmarken-

frequenz f II ~**/относительная** 1. relative Häufigkeit f; 2. *(El)* relative Frequenz f II ~**/очень высокая** *(Eln)* Ultrakurzfrequenz f, Meterwellenfrequenz f, VHF II ~**/очень низкая** *(Eln)* Myriameterwellenfrequenz f, Längstwellenfrequenz f, VLF II ~ **ошибок** Fehlerhäufigkeit f II ~ **первой гармоники** *(El)* Grundfrequenz f II ~**/первоначальная** *(El)* Ursprungsfrequenz f II ~ **перевозок** *(Eb)* Beförderungshäufigkeit f II ~ **передатчика/несущая** *(Rf)* Sende[r]frequenz f, Sende[r]träger m II ~ **переключений** 1. *(El)* Schaltfrequenz f, Umschaltfrequenz f; 2. *(Masch)* Schalthäufigkeit f, Umschalthäufigkeit f II ~ **перехода** *(El)* Übergangsfrequenz f II ~ **питания** *(El)* Speisefrequenz f II ~ **питающей сети** *(El)* Netzfrequenz f II ~**/плазменная** *(Ph)* Langmuir-Frequenz f, Elektronenplasmafrequenz f, Plasmafrequenz f II ~**/побочная** Nebenfrequenz f II ~ **повреждаемости** Schaden[s]häufigkeit f II ~ **повторения** *s*. ~ следования импульсов II ~ **повторения импульсов** *s*. ~ следования импульсов II ~ **погрешности** Fehlerhäufigkeit f II ~**/поднесущая** *(El)* Zwischenträgerfrequenz f, Hilfsträger m II ~ **полукадров** *(TV)* Teilbildfrequenz f II ~ **помехи** *(El)* Störfrequenz f II ~**/пороговая** *s*. ~**/предельная** 1. II ~ **поставок** Lieferhäufigkeit f *(Lagerwirtschaft)* II ~**/постоянная** *(El)* Festfrequenz f, Konstantfrequenz f II ~**/предельная** *(El)* 1. Grenzfrequenz f, Schwellenfrequenz f; 2. Abschneidefrequenz f II ~**/предельная круговая** Grenzkreisfrequenz f II ~**/принимаемая** *(Rf)* Empfangsfrequenz f II ~**/промежуточная** *(El)* Zwischenfrequenz f, ZF II ~**/промышленная** *(El)* Industriefrequenz f, betriebliche Frequenz f II ~**/рабочая** *(El)* Betriebsfrequenz f, Arbeitsfrequenz f II ~ **радиовещания** Rundfunkfrequenz f II ~ **развёртки** *(El)* 1. Ablenkfrequenz f; 2. Abtastfrequenz f II ~**/разностная** *(El)* Differenzfrequenz f II ~ **регенерации кадров** *(TV)* Bildfolgefrequenz f II ~**/резонансная** *(El)* Resonanzfrequenz f II ~ **резонатора/собственная** *(El)* Resonatoreigenfrequenz f II ~ **релаксационных колебаний** *(Rf)* Kippfrequenz f, Relaxationsfrequenz f II ~**/сверхвысокая** *(Eln)* 1. Höchstfrequenz f, UHF; 2. Mikrowellenfrequenz f; 3. Superhochfrequenz f, Zentimeterwellenfrequenz f, SHF II ~**/сверхзвуковая** *(Nrt)* Ultraschallfrequenz f II ~**/сверхнизкая** *(Eln)* 1. Frequenz f im niedrigen Langwellenbereich, niedrige Langwellenfrequenz f, VLF; 2. Myriameterwellenfrequenz f II ~**/сетевая** *(El)* Netzfrequenz f II ~**/синхронизирующая** *(El)* Synchronisierfrequenz f, Gleichlauffrequenz f II ~ **скачка** Sprungfrequenz f II ~ **скольжения** *(El)* Gleitfrequenz f, Schlupffrequenz f II ~ **следования** *(Rf)* Folgefrequenz f, Wiederhol[ungs]frequenz f II ~ **следования групп** Gruppenfrequenz f II ~ **следования импульсов** *(El)* Impulsfolgefrequenz f, Impulshäufigkeit f, Pulsfrequenz f II ~**/смежная** ~ соседнего канала II ~**/собственная** *(Mech)* Eigenfrequenz f, Eigenschwingungszahl f *(linearer mechanischer Schwingungen)* II ~ **собственных колебаний** *s*. ~**/собственная** II ~ **соседнего канала** *(Rf)* Nachbar[kanal]frequenz f II ~**/составная** *s*. ~**/комбинационная** II ~**/сравнительная** *(El)* Vergleichsfrequenz f II ~ **сред-**

частота

них волн s. ~/средняя 2. ‖ ~/средняя (Eln) 1. Mittelfrequenz f; 2. Frequenz f im Mittelwellenbereich, Mittelwellenfrequenz f, MV; 2. Mittenfrequenz f (Frequenzmodulation) ‖ ~ среза 1. (Reg) Schnittfrequenz f; 2. s. ~/предельная ‖ ~ стирания (El) Löschfrequenz f ‖ ~/строчная (TV) Zeilenfrequenz f ‖ ~ строчной развёртки (TV) Horizontalablenkfrequenz f ‖ ~/тактовая 1. (Inf) Zeitgeberfrequenz f, Takt[impuls]frequenz f; 2. s. ~ следования ‖ ~ телевизионных сигналов/несущая Fernsehträgerfrequenz f ‖ ~/техническая s. ~/промышленная ‖ ~/тональная (Nrt) Tonfrequenz f, Hörfrequenz f ‖ ~/транзитная (Eln) Transitfrequenz f, Übergangsfrequenz f ‖ ~/угловая (Mech) Kreisfrequenz f, Winkelfrequenz f (einer Schwingung) ‖ ~/ультравысокая (Eln) Höchstfrequenz f [im Zentimeterwellenbereich], Dezimeterwelle f, Ultrahochfrequenz f, UHF ‖ ~/ультразвуковая (Ak) 1. Ultraschall[wellen]frequenz f; 2. Überhörfrequenz f ‖ ~/фактическая (El) Ist-Frequenz f ‖ ~/фиксированная (El) Festfrequenz f, Konstantfrequenz f ‖ ~ фильтра/основная (Eln) Mittenfrequenz f des Filters ‖ ~ фона (Nrt) Brummfrequenz f ‖ ~/характеристическая (El) Kennfrequenz f ‖ ~ холостого хода Leerlauffrequenz f ‖ ~/цветовая поднесущая (TV) Farb[hilfs]trägerfrequenz f, Farb[zwischen]träger m ‖ ~/циклическая s. ~/угловая ‖ ~/циклотронная (Kern) Zyklotron[resonanz]frequenz f, Gyrofrequenz f, gyromagnetische Frequenz f, Larmor-Frequenz f ‖ ~ электронов/плазменная s. ~/плазменная ‖ ~/эталонная (El) Normalfrequenz f

частотно-взаимный (El) frequenzreziprok
частотно-зависимый (El) frequenzabhängig
частотно-зависящий (El) frequenzabhängig
частотно-избирательный (El) frequenzselektiv
частотно-измерительный Frequenzmeß...
частотно-импульсный (El) Impulsfrequenz..., Pulsfrequenz...
частотно-линейный frequenzlinear
частотно-модулированный (El) frequenzmoduliert, FM-...
частотно-независимый (El) frequenzunabhängig
частотно-обратный (El) frequenzreziprok
частотно-статистический häufigkeitsstatistisch
частотно-чувствительный frequenzempfindlich
частотный Frequenz...
частотоизмерительный Frequenzmeß...
частотомер m (El) Frequenzmesser m ‖ ~/абсорбционный Absorptionsfrequenzmesser m ‖ ~/вибрационный [язычковый] Zungenfrequenzmesser m, Vibrationsfrequenzmesser m ‖ ~/гетеродинный Überlagerungsfrequenzmesser m ‖ ~/двойной Doppelfrequenzmesser m ‖ ~/импульсный Impulsfrequenzmesser m ‖ ~/контрольный Kontrollfrequenzmesser m ‖ ~/логометрический Quotientenfrequenzmesser m ‖ ~/мостовой Brückenfrequenzmesser m ‖ ~/прямопоказывающий direktanzeigender Frequenzmesser m ‖ ~/регистрирующий Registrierfrequenzmesser m ‖ ~/резонансный Resonanzfrequenzmesser m ‖ ~/самопишущий Frequenzschreiber m ‖ ~/сетевой Netzfrequenzmesser m ‖ ~/стрелочный Zeigerfrequenzmesser m, Frequenzzähler m ‖ ~/точный Feinfrequenzmesser m ‖ ~/цифровой Digitalfrequenzmesser m ‖ ~/электромагнитный elektromagnetischer Frequenzmesser m, Dreheisenfrequenzmesser m ‖ ~/эталонный Normalfrequenzmesser m ‖ ~/язычковый Zungenfrequenzmesser m

часть f 1. Teil m(n) (s. a. unter части); Element n; 2. Anteil m ‖ ~/адресная (Inf) Adressenteil m (eines Befehls) ‖ ~/активная aktiver (wirksamer) Teil m; (Masch) Gleichdruckteil m (Turbine) ‖ ~/аппаратная (Inf) Hardware f ‖ ~/аппаратурная gerätetechnischer Teil m ‖ ~/атомная боевая (Mil) Kernsprengkopf m ‖ ~/боевая (Mil) Gefechtsteil m, Gefechtskopf m ‖ ~ вала/головная (Hydt) Dammkopf m ‖ ~/верхняя 1. Oberteil m, oberer Teil m; 2. s. ~/головная 1. ‖ ~/верхняя радиационная obere Strahlungsheizfläche f (Kessel) ‖ ~/весовая Masse[an]teil m ‖ ~/вещественная Realteil m, reeller Teil m ‖ ~/вращающаяся rotierender (umlaufender) Teil m, Laufteil m (der Turbine) ‖ ~ выборки Teilprobe f (statistische Qualitätskontrolle) ‖ ~/высокочастотная (Eln) Hochfrequenzteil m, HF-Teil m ‖ ~ генеральной совокупности Teilgesamtheit f (statistische Qualitätskontrolle) ‖ ~/главная составная Hauptbestandteil m ‖ ~/головная 1. (Met) Blockkopf m, verlorener Kopf m, Speiserteil m, Schopf m; 2. (Rak) Kopfteil n; 3. (Mil) Gefechtskopf m, Sprengkopf m ‖ ~ головного погона/составная (Ch) Vorlaufbestandteil m, Vorlaufanteil m (Labordestillation); Kopfproduktbestandteil m (technische Destillation) ‖ ~ головы шлюза/упорная (Hydt) Torpfeiler m (Schleuse) ‖ ~ горна/верхняя (Met) Obergestell n, Oberherd m (Hochofen) ‖ ~ горна/нижняя (Met) Untergestell n (Hochofen) ‖ ~/горючая (Ch) brennbarer Anteil m, brennbare Substanz f ‖ ~ дока/шлюзная (Hydt) Dockhaupt n ‖ ~/дополнительная Zusatzteil m ‖ ~/дробная (Math) gebrochener Teil m (einer Zahl) ‖ ~/жировая Fettanteil m; Fettansatz m, Fettmischung f (Margarineherstellung) ‖ ~/заменяемая (Masch) austauschbares Teil n ‖ ~/запасная Ersatzteil n, Reserveteil n ‖ ~ затора (Brau) Teilmaische f, Kochmaische f ‖ ~ затора/густая s. затор/густой ‖ ~/звуковая (TV) Tonteil m ‖ ~/исчерпывающая s. ~/отгонная ‖ ~/калибрирующая (Wkz) Führungsteil m (von Werkzeugen, z. B. Reibahlen) ‖ ~/качающаяся schwingender (pendelnder) Teil m ‖ ~ (Rak) Raketenwiege f (Startrampe) ‖ ~/консольная (Flg) Außenflügel m ‖ ~/концевая (Flg, Rak) Flügelende n ‖ ~/концентрационная (Ch) Rektifikationsteil m, Rektifikationszone f (Destillation) ‖ ~/кормовая (Flg, Rak, Schiff) Heck n ‖ ~ крыла/отъёмная (Flg) Flügelzwischenstück n ‖ ~ крыла/хвостовая (Flg) Tragflügelhinterkante f ‖ ~/лобовая 1. Stirnseite f; 2. (Rak) Bugteil m ‖ ~/логическая Logikteil m ‖ ~/мнимая (Math) Imaginärteil m ‖ ~/многозарядная боевая (головная) (Rak) Mehrfachsprengkopf m ‖ ~/мокрая Naßpartie f (der Papiermaschine) ‖ ~/негорючая nichtbrennbarer Anteil m, nichtverbrennbare Substanz f ‖ ~/нижняя 1. Unterteil n, unterer Teil *m*; 2. *(Met)* Blockfuß *m (Gußblock)* ‖ ~/**нижняя радиационная** untere Strahlungsheizfläche *f (Kessel)* ‖ ~/**носовая** *(Flg, Rak)* Spitze *f*, Bug *m* ‖ ~/**окулярная** *(Opt)* Okularteil *m*, Okularfassung *f* ‖ ~/**опасная** *(Kern)* kritischer Teil *m (einer Anlage)* ‖ ~/**операционная** *(Inf)* Operationsteil *m (eines Befehls)* ‖ ~/**опорная** *(Bw)* Lagerstück *n*, Auflager *n* ‖ ~/**отгонная** *(Ch)* Abtriebsteil *m*, Abstreiferzone *f (Destillation)* ‖ ~/**падающая** Bär *m*, Fallbär *m*, Schlagbär *m*, Klotz *m (des Fallhammers oder Fallwerks)* ‖ ~/**пазовая** Nutteil *m* ‖ ~/**передающая** *(Rf)* Sendeteil *m* ‖ ~/**переходная** Übergangsstück *n*, Zwischenstück *n* ‖ ~/**подвижная опорная** bewegliches (verschiebbares) Lager *n (einer Balkenbrücke)* ‖ ~/**покрышки** *(Gum)* Wulstpartie *f* des Reifens ‖ ~/**покрышки/плечевая** Schulterpartie *f* des Reifens ‖ ~ **потока** *(Kern)* Teilstrom *m*, Zweigstrom *m* ‖ ~/**прессовая** Pressenpartie *f (der Papiermaschine)* ‖ ~/**прибыльная** *s.* ~/головная 1. ‖ ~/**приёмная** *(Rf)* Empfangsteil *m* ‖ ~/**программная** *(Inf)* Software *f* ‖ ~ **программы** *(Inf)* Programmteil *m* ‖ ~/**проезжая** *(Bw)* Fahrbahn *f (Straße, Brücke)* ‖ ~/**промежуточная** Zwischenstück *n* ‖ ~/**противорежущая** *(Wkz)* Gegenschneide *f* ‖ ~/**рабочая** Funktionsteil *n (z. B. eines Meßgerätes)* ‖ ~/**разделяющаяся боевая (головная)** *(Rak)* Mehrfachsprengkopf *m* ‖ ~/**реактивная** 1. *(El)* Blindteil *m*, Imaginärteil *m*; 2. *(Masch)* Überdruckteil *m (Turbine)* ‖ ~/**режущая** *(Wkz)* spanender Teil *m*, Schneidteil *m* ‖ ~ **самолёта/хвостовая** *(Flg)* Heck *n*, Heckteil *n* ‖ ~/**сверхтекучая** suprafluider Anteil *m (Hydromechanik)* ‖ ~/**сеточная** Siebpartie *f (der Papiermaschine)* ‖ ~/**силовая** *(El)* Leistungsteil *m* ‖ ~/**сингулярная** *(Math)* singulärer Teil *m* ‖ ~ **слитка/верхняя** *s.* ~/головная 1. ‖ ~ **слитка/нижняя** *s.* ~/нижняя 2. ‖ ~ **слитка/прибыльная** *s.* ~/головная 1. ‖ ~/**соединительная** Verbindungsstück *n*, Verbindungselement *n* ‖ ~/**составная** Bestandteil *m*; Komponente *f* ‖ ~/**средняя радиационная** mittlere Strahlungsheizfläche *f (Kessel)* ‖ ~/**стержня/знаковая** *(Gieß)* Kernmarke *f (am Kern)* ‖ ~/**судна** Schiffsteil *m* ‖ ~/**судна/кормовая** Achterschiff *n* ‖ ~ **судна/миделевая** Mittschiffsbereich *m* ‖ ~ **судна/надводная** Überwasserschiff *n* ‖ ~ **судна/носовая** Vorschiff *n* ‖ ~ **судна/подводная** Unterwasserschiff *n* ‖ ~ **суппорта** *(Wkzm)* Supportteil *n* ‖ ~ **суппорта/верхняя** *(Wkzm)* Supportoberteil *n* ‖ ~ **суппорта/нижняя** *(Wkzm)* Supportunterteil *n*; Planschlitten *m (Drehmaschine)* ‖ ~ **суппорта/поворотная** *(Wkzm)* Drehteil *m*, Supportdrehteil *m (Drehmaschine)* ‖ ~/**сушильная** Trockenpartie *f (der Papiermaschine)* ‖ ~/**укрепляющая** *s.* ~/концентрационная ‖ ~/**усилительная** *(El, Eln)* Verstärkerteil *m* ‖ ~/**фасонная** Formstück *n (einer Rohrleitung)* ‖ ~/**хвостовая** *(Flg)* Heck *n*, Heckteil *n* ‖ ~ **хвостового погона/отстойная** *(Ch)* Nachlaufbestandteil *m*, Nachlaufanteil *m (Destillation)* ‖ ~/**ходовая** 1. Fahrwerk *n*; 2. *(Eb)* Laufwerk *n (Schienenfahrzeug)* ‖ ~/**ходовая сверхкритическая** *(Eb)* überkritisches Laufwerk *n* ‖

~/**целая** *(Math)* ganzer (ganzzahliger) Teil *m* ‖ ~ **шкалы/рабочая** Meßbereich *m* ‖ ~ **шлюза/входная** *(Hydt)* Vorschleuse *f* ‖ ~ **шлюза/выходная** *(Hydt)* Tornische *f*, Torkammer *f (Schleuse)* ‖ ~/**ядерная боевая** *(Rak)* Kernsprengkopf *m*

n-**часть** *f (Eln)* N-Teil *m*, N-leitende Zone *f*, N-Zone *f*, N-Gebiet *n (Halbleiter)*

p-**часть** *f (Eln)* P-Teil *m*, P-leitende Zone *f*, P-Zone *f*, P-Gebiet *n (Halbleiter)*

часы *pl* Uhr *f* ‖ ~/**анкерные** Ankeruhr *f* ‖ ~/**атомные** Atomuhr *f* ‖ ~/**ведущие электрические первичные** elektrische Betriebshauptuhr *f* ‖ ~/**вторичные** Nebenuhr *f (einer Zentralanlage)* ‖ ~/**главные** Hauptuhr *f*, Primäruhr *f* ‖ ~/**групповые** elektrische Uhrenanlage *f* ‖ ~/**двусторонние вторичные** doppelseitige Nebenuhr *f* ‖ ~ **для мирового времени** Weltzeituhr *f* ‖ ~/**зависимые** *s.* ~/вторичные ‖ ~/**звёздные** Sternzeituhr *f* ‖ ~/**карманные** Taschenuhr *f* ‖ ~/**кварцевые** Quarzuhr *f* ‖ ~/**маточные** *s.* ~/первичные ‖ ~/**маятниковые** Penduluhr *f* ‖ ~ **наибольшей нагрузки** *s.* ~ пик 1. ‖ ~/**наручные** Armbanduhr *f* ‖ ~/**первичные** Hauptuhr *f*, Mutteruhr *f (einer Zentraluhranlage)* ‖ ~ **пик** 1. Spitzen[belastungs]zeit *f*; 2. *(Nrt)* verkehrsstarke Zeit *f* ‖ ~ **пиковой нагрузки** *s.* ~ пик 1. ‖ ~/**пружинные** Uhr *f* mit Federtriebwerk ‖ ~/**пыленепроницаемые** staub- und wassergeschützte Uhr *f* ‖ ~ **реального времени** Echtzeituhr *f* ‖ ~/**резервные первичные** Reservehauptuhr *f* ‖ ~/**ручные** Armbanduhr *f* ‖ ~ **с баланс[ир]ом** Unruhuhr *f* ‖ ~ **с боем** Uhr *f* mit Schlagwerk ‖ ~ **с минутным отсчётом времени/вторичные** Nebenuhr *f* für Minutenfortschaltung ‖ ~ **с резервированием хода** elektrische Uhr *f* mit Gangreserve ‖ ~ **с секундным отсчётом времени/вторичные** Nebenuhr *f* für Sekundenfortschaltung ‖ ~/**синхронные** Synchronuhr *f* ‖ ~ **слабой нагрузки** *(Nrt)* verkehrsschwache Zeit *f* ‖ ~/**сличительные** *(Schiff)* Brückenuhr *f*, Deckuhr *f* ‖ ~/**солнечные** Sonnenuhr *f* ‖ ~/**сравнительные** Vergleichsuhr *f* ‖ ~/**стенные** Wanduhr *f* ‖ ~/**судовые** Borduhr *f* ‖ ~ **экспозиции** Belichtungsschaltuhr *f* ‖ ~/**электрические** Elektrouhr *f*, elektrische Uhr *f* ‖ ~/**электронные** elektronische Uhr *f*

чаша *f* Schale *f*, Becher *m*, Schüssel *f*, Pfanne *f*, Teller *m*, Tasse *f* ‖ ~/**агломерационная** Sinterpfanne *f*, Sintertopf *m* ‖ ~/**амальгамационная** Amalgamierpfanne *f*, Amalgamationspfanne *f* ‖ ~ **бегунов** Kollergangschale *f*, Läuferteller *m*, Mahlschüssel *f*, Mahlgang *m*, Bodenstein *m (Kollergang)* ‖ ~/**заливочная (литниковая)** *(Gieß)* Gießtümpel *m*, Eingußtümpel *m*, Gießtrichter *m*, Tümpel *m*, Einguß *m* ‖ ~/**поильная** *(Lw)* Tränkbecken *n*, Trogtränke *f* ‖ ~/**спекательная** *s.* ~/шлаков[озн]ая *(Gieß)* Schlackenkübel *m*

чашка *f* 1. [kleine] Schale *f*, Näpfchen *n*; 2. *(Masch)* Topfscheibe *f*, topfförmige Scheibe *f* ‖ ~/**анемометрическая** *(Meteo)* Anemometerschale *f* ‖ ~/**весов** Waagschale *f* ‖ ~/**выпарная** *(Ch)* Abdampfschale *f* ‖ ~/**звонковая** Glockenschale *f* ‖ ~ **Петри** *(Ch)* Petri-Schale *f* ‖ ~/**платиновая** *(Ch)* Platinschale *f* ‖

чашка

~/**приёмная** Auffangschale f ΙΙ ~/**стеклянная** (Ch) Glasschale f ΙΙ ~/**фарфоровая** Porzellanschale f

ЧДЦ s. централизация/частотная диспетчерская

чека f Vorstecker m, Splintbolzen m; Querkeil m, Hakenkeil m ΙΙ ~/**натяжная** Spannkeil m; Stellkeil m; Befestigungskeil m ΙΙ ~/**упорная** Fangkeil m

чеканить 1. treiben (Treibarbeit); 2. ziselieren; 3. stemmen; verstemmen (Nietnähte); 4. prägen (z. B. Münzen); 5. (Schm) kalibrieren; gesenkkalibrieren; 6. (Lw) stutzen (Bäume, Sträucher)

чеканка f 1. Treiben n, Treibarbeit f; 2. Ziselieren n; 3. Prägen n (z. B. Münzen); 4. (Schm) Kalibrieren n, Genauschmieden n im Gesenk, Schlichten n; Präzisionsschmieden n; 5. (Lw) s. ~ растений ΙΙ ~/**горячая** Warmprägen n ΙΙ ~/**объёмная** Gesenkkalibrieren n ΙΙ ~ **растений** (Lw) Schnitt m, Stutzung f (Bäume, Sträucher) ΙΙ ~/**холодная** Kaltprägen n

«челленджер» s. спейс шаттл

челнок m 1. Kahn m; 2. (Text) Schützen m (Weberei); Webschützen m; 3. (Text) Greifer m, Steppstichgreifer m (der Nähmaschine) ΙΙ ~/**вращающийся** (Text) Umlaufgreifer m (Nähmaschine) ΙΙ ~ **для больших паковок** (Text) Großraumschützen m ΙΙ ~ **для трубчатых початков** (Text) Schlauchkopsschützen m ΙΙ ~/**заряжённый** (Text) bespulter Schützen m ΙΙ ~/**колеблющийся** (Text) Schwinggreifer m, Schwingschiffchen n, Langschiffchen n (der Nähmaschine) ΙΙ ~/**кольцевой** (Text) Ringschiffchen n ΙΙ ~ **лентоткацкого станка** (Text) Bandwebschützen m ΙΙ ~/**роликовый** (Text) Rollenschützen m; Schnellschützen m ΙΙ ~ **с вращательным движением** (Text) umlaufender Greifer m ΙΙ ~ **с захватами** (Text) Greiferschützen m ΙΙ ~ **с крышкой** (Text) Deckelschützen m ΙΙ ~/**скользящий** (Text) Gleitschützen m, Schleifschützen m ΙΙ ~/**шпульный** (Text) 1. Spulenschützen m (Weberei); 2. Spulenschiffchen n (Näherei)

челнок-захват m (Text) Greiferschützen m

челнок-лодочка m (Text) Schiffchen n (Nähmaschine)

челнок-самолёт m (Text) Schnellschützen m

человеко-день m Arbeitertag m, Produktionsarbeiter-Tag m (zur Berechnung der Arbeitsleistung)

человеко-лет m Arbeiterjahre npl, Produktionsarbeiter-Jahre npl

человеко-месяц m Arbeitermonat m, Produktionsarbeiter-Monat m

человеко-смена f [geleistete] Arbeitsschicht f, Produktionsarbeiter-Schicht f

человеко-час m Arbeiterstunde f, Produktionsarbeiter-Stunde f (zur Berechnung der Arbeitsleistung) ΙΙ ~/**отработанный** geleistete Arbeiterstunde (Produktionsarbeiter-Stunde) f

челюсть f (Masch) Backen m (des Backenbrechers); Klemmbacken m, Gleitbacken m; (Förd) Greiferbacken m ΙΙ ~/**буксовая** (Eb) Achslagerführung f, Radsatzlagerführung f

чепрак m (Led) Croupon m, Kern m, Kernstück n

чепракование n (Led) Crouponieren n

червивость f Wurmstichigkeit f (Obst)

червоточина f Wurmfraß m, Wurmgang m, Wurmstich m

червяк m (Masch) Schnecke f ΙΙ ~/**абразивный** (Wkz) Schleifschnecke f ΙΙ ~/**архимедов** archimedische Schnecke f, Archimedes-Schnecke f ΙΙ ~/**ведущий** treibende Schnecke f ΙΙ ~/**глобоидный** Globoidschnecke f, globoidische Schnecke f ΙΙ ~/**двухзаходный (двухходовой)** zweigängige Schnecke f ΙΙ ~/**делительный** Teilungsschnecke f ΙΙ ~/**дозирующий** Dosierschnecke f ΙΙ ~/**левозаходный** linksgängige Schnecke f ΙΙ ~/**многозаходный (многоходовой)** mehrgängige Schnecke f ΙΙ ~/**однозаходный (одноходовой)** eingängige Schnecke f ΙΙ ~/**падающий** Fallschnecke f (der Drehmaschine) ΙΙ ~/**подъёмный** Hubschnecke f ΙΙ ~/**правозаходный** rechtsgängige Schnecke f ΙΙ ~/**расцепляющий** s. ~/падающий ΙΙ ~ **рулевого механизма** (Kfz) Lenkschnecke f (Lenkvorrichtung) ΙΙ ~ **с фильерой** (Text) Extruderschnecke f mit Spinndüse (Chemiefaserherstellung) ΙΙ ~/**самотормозящий** selbsthemmende Schnecke f ΙΙ ~/**тороидный** Globoidschnecke f ΙΙ ~/**эвольвентный** Evolventenschnecke f ΙΙ ~ **экструдера** (Text) Extruderschnecke f (Chemiefaserherstellung) ΙΙ ~/**эталонный** Meisterschnecke f

червяки mpl **эмульсии** (Photo) Emulsionsnudeln fpl

червячный Schnecken...; (Masch) schneckenbetätigt

чердак m (Bw) Dachboden m, Boden m

чередование n Reihenfolge f, Reihenordnung f; Aufeinanderfolge f ΙΙ ~ **интенсивностей** (Ph) Intensitätswechsel m ΙΙ ~ **искр** (Kfz) Funkenfolge f (Zündkerze) ΙΙ ~ **команд** (Inf) Reihenfolge f der Befehle, Befehlsfolge f ΙΙ ~ **культур** (Lw) Fruchtfolge f, Rotation f ΙΙ ~ **рубок** (Forst) Hiebfolge f, Schlagordnung f ΙΙ ~ **сигналов** (Eb) Signalfolge f ΙΙ ~ **фаз** (El) Phasenfolge f

чередоваться abwechseln, aufeinanderfolgen

черепица f (Bw) Dachziegel m, Dachstein m ΙΙ ~/**армированная** bewehrter Dachziegel m ΙΙ ~/**вальмовая** Walmziegel m ΙΙ ~/**глиняная** Tondachziegel m ΙΙ ~/**голландская** Dachpfanne f, Pfanne f ΙΙ ~/**желобчатая** Hohlziegel m ΙΙ ~/**квадратная** Rautenziegel m ΙΙ ~/**коньковая** Firstziegel m, Firstreiter m ΙΙ ~/**кровельная** Dachziegel m ΙΙ ~/**пазовая** Falzziegel m ΙΙ ~/**плоская** Biberschwanz m, Flachziegel m ΙΙ ~/**стеклянная** Glasdachstein m ΙΙ ~/**цементно-песчаная** Betondachstein m ΙΙ ~/**штампованная** Preßziegel m

чернение n 1. (Photo) Schwärzung f; 2. (Met) Brünierung f, Brünieren n

чернила pl Tinte f ΙΙ ~/**графитовые** (Gieß) Graphitschwärze f ΙΙ ~/**магнитные** magnetische Tinte f, magnetische Druckfarbe f ΙΙ ~/**симпатические** Geheimtinte f ΙΙ ~/**токопроводящие** leitfähige Tinte f ΙΙ ~/**формовочные** (Gieß) Formschwärze f, Formschlichte f, Schwärze f, Schlichte f

чернилостойкость f (Pap) Tintenfestigkeit f

чернилоустойчивый (Pap) tintenfest

чернильница f Tintenbehälter m, Tintenvorratsgefäß n

чернить 1. (Photo) schwärzen; 2. (Met) brünieren

черновой 1. grob, roh, vorbearbeitet; 2. *(Fert)* Vor... *(Zusatz zur Verfarhrensbezeichnung z. B. Vordrehen)*
чернолом *m (Met)* Schwarzbruch *m*
черноломкий *(Met)* schwarzbrüchig
чёрный *m* Schwarz *n* ‖ **~/анилиновый** Anilinschwarz *n* ‖ **~/кислотный** Säureschwarz *n* ‖ **~/прямой** Direktschwarz *n*
чернь *f* Schwärze *f*, Schwarz *n* ‖ **~/платиновая** Platinschwarz *n* ‖ **~/серебряная** *(Min)* Silberschwärze *f* (Argentit oder Akanthit)
черпак *m* 1. Eimer *m* (Eimerkettenschwimmbagger); 2. Löffel *m* (Löffelschwimmbagger); 3. *(Gieß)* Schöpfkelle *f*, Schöpflöffel *m*
черпалка *f* Kelle *f*, Schöpfkelle *f*, Becher *m*, Löffel *m*
черпание *n* 1. Baggern *n*, Baggerung *f*; Schnitt *m*; 2. *(Pap)* Schöpfen *n* ‖ **~ бороздами** Schlitzbaggerung *f* ‖ **~/верхнее** *(Bgb)* Hochschnitt *m* ‖ **~/нижнее** *(Bgb)* Tiefschnitt *m* ‖ **~/ручное** *(Pap)* Handschöpfen *n* ‖ **~ экскаватором** Baggern *n*, Baggerung *f*
черпать 1. schöpfen *(Flüssigkeiten)*; schaufeln *(z. B. Sand)*; 2. baggern *(z. B. Sand)*
черпнуть *s.* черпать
черта *f* Strich *m* ‖ **~ дроби** *(Math)* Bruchstrich *m* ‖ **~ дроби/горизонтальная** gerader Bruchstrich *m* ‖ **~ дроби/косая** schräger Bruchstrich *m* ‖ **~/дробная** *(Math)* Bruchstrich *m* ‖ **~/косая** Schrägstrich *m* ‖ **~/курсовая** Steuerstrich *m (Kompaß)* ‖ **~/межкадровая** *(Photo)* Bildstrich *m* ‖ **~ минерала** Strich *m*, Strichfarbe *f* ‖ **~/нулевая** *(Meß)* Nullstrich *m*
чертёж *m* Zeichnung *f*, Skizze *f*; Riß *m* ‖ **~ бокового вида** *(Schiff)* Seitenriß *m* ‖ **~/габаритный** Umrißzeichnung *f* ‖ **~ в разрезе** Schnittzeichnung *f*, Riß *m* ‖ **~ гидростатических кривых** *(Schiff)* Formkurvenblatt *n* ‖ **~ двойного дна/конструктивный** *(Schiff)* Stahlplan *m* Doppelboden ‖ **~/детальный** Teilzeichnung *f*, Einzelteilzeichnung *f* ‖ **~/конструктивный** Konstruktionszeichnung *f*; *(Schiff)* Stahlplan *m* ‖ **~ корпуса/конструктивный** *(Schiff)* Stahlplan *m* ‖ **~/монтажный** Montagezeichnung *f*, Zusammenstellungszeichnung *f* ‖ **~/обмерный** Vermessungsplan *m* ‖ **~ общего вида** Gesamtansichtszeichnung *f* ‖ **~ общего расположения** *(Schiff)* Generalplan *m* ‖ **~/плазовый теоретический** *(Schiff)* Schnürbodenlinienriß *m* ‖ **~ по ватерлиниям** *(Schiff)* Wasserlinienriß *m* ‖ **~/рабочий** Werkstattzeichnung *f*, Fertigungszeichnung *f* ‖ **~/разбивочный** *(Bw)* Absteckungsskizze *f*, Absteckungsplan *m* ‖ **~ растяжки наружной обшивки** *(Schiff)* Außenhautabwicklung *f* ‖ **~ с нанесёнными размерами** Maßzeichnung *f* ‖ **~/сборочный** Montagezeichnung *f*, Zusammenbauzeichnung *f*, Baugruppenzeichnung *f* ‖ **~ сечения** Schnittzeichnung *f* ‖ **~/строительный** Bauzeichnung *f*, Konstruktionszeichnung *f* ‖ **~ [судна]/теоретический** *(Schiff)* Linienriß *m* ‖ **~/топологический** Layout *n*, topologische Entwurfszeichnung *f* ‖ **~/установочный** Montagezeichnung *f*
чертежи *mpl* **палуб и платформ/конструктивные** *(Schiff)* Stahlplan *m* Decks und Plattformdecks
чертёжная *f* Zeichensaal *n*

чертёж-шаблон *m (Schiff)* Brennvorlage *f*, Zuschnittvorlage *f*, Schablonenzeichnung *f*
чертилка *f (Wkz)* Reißnadel *f*, Anreißnadel *f* ‖ **~/параллельная** Parallel[an]reißer *m*
чертить zeichnen; aufreißen
чёрточка *f (Typ)* Divis *n*
черчение *n* Zeichnen *n* ‖ **~/техническое** technisches Zeichnen *n*
чесальщик *m (Text)* 1. Krempler *m* (Wolle, Baumwolle); 2. Hechler *m* (Flachs)
чесанец *m (Text)* lange Fasern *fpl (Flachs)*
чесание *n (Text)* Kardieren *n* (Baumwolle); Krempeln *n* (Streichgarn); Hecheln *n* (Flachs) ‖ **~/гребенное** *s.* гребнечесание ‖ **~ льна** Hecheln *n* (Flachs) ‖ **~ льна/обдирочное** Vorhecheln *n* (Flachs) ‖ **~ на кардмашине** *s.* кардочесание
чёсаный *(Text)* kardiert *(Baumwolle)*; gekrempelt *(Streichgarn)*; gehechelt *(Flachs)*
чесать *(Text)* kardieren *(Baumwolle)*; krempeln *(Streichgarn)*; hecheln *(Flachs)*
чёска *f s.* чесание
четверенный Vierfach...
четверичный quaternär
четвёрка *f* 1. Vier *f*; 2. *(Nrt)* Vierer *m*, Viererseil *n*; 3. *(Ph)* Quadrupel *n*; 4. *(Wlz)* Viererlage *f*, Vierpack *m*, zweifach doppeltes Blech *n* ‖ **~ Дизельхорст-Мартина** *(Nrt)* Dieselhorst-Martin-Vierer *m*, DM-Vierer *m* ‖ **~/звёздная** *(Nrt)* Sternvierer *m* ‖ **~ звёздной скрутки** *(Nrt)* Sternvierer *m* ‖ **~ с двойной парной скруткой** *s.* Дизельхорст-Мартина ‖ **~/скрученная звездой** *(Nrt)* Sternvierer *m*
четвертичный 1. *(Ch)* quartär, quaternär *(Verbindungen)*; 2. *(Geol)* quartär, Quartär...
четверть *f* **длины волны** *(Eln)* Viertelwelle *f*, Viertelwellenlänge *f*, λ/4 ‖ **~ листа** *(Typ)* Viertelbogen *m*, Quart *n*
четвертьволновый *(Eln)* Viertelwellen..., λ/4lang, λ/4-...
чёткость *f* Deutlichkeit *f*; Leserlichkeit *f* ‖ **~ знаков** Zeichenschärfe *f*, Zeichenauflösung *f* ‖ **~ изображения** *(TV)* Bildschärfe *f*, Bildauflösung *f* ‖ **~ изображения в горизонтальном направлении** Horizontalauflösung *f*; Bildauflösung *f* in der Zeilenrichtung ‖ **~ изображения в углах** Eckenschärfe *f* ‖ **~ изображения по краям** Randschärfe *f*, Randauflösung *f* ‖ **~ контуров** Konturenschärfe *f* ‖ **~ на краях** *s.* **~ по краям** Randschärfe *f*, Randauflösung *f* ‖ **~ разделения** Trennschärfe *f* ‖ **~ растра** *(Nrt)* Rasterfeinheit *f* ‖ **~ телевизионного изображения** *s.* **~ изображения**
чётно-нечётный *(Math)* gerade-ungerade
чётность *f* 1. *(Ph)* Parität *f*; 2. Geradzahligkeit *f* ‖ **~/вертикальная** *s.* **~/поперечная** ‖ **~/внутренняя** *(Ph)* innere Parität *f*, Eigenparität *f* ‖ **~/горизонтальная** *s.* **~/продольная** ‖ **~ данных** *(Inf)* Datenparität *f* ‖ **~/зарядовая** *(Ph)* Ladungsparität *f*, C-Parität *f* ‖ **~/комбинированная** *(Ph)* kombinierte Parität *f* ‖ **~/отрицательная** *(Ph)* negative (ungerade) Parität *f* ‖ **~ по столбцам** *s.* **~ поперечная** ‖ **~ по строкам** *s.* **~/продольная** ‖ **~/положительная** *(Ph)* positive (gerade) Parität *f* ‖ **~/поперечная** *(Inf)* Querparität *f* ‖ **~/продольная** *(Inf)* Längsparität *f* ‖ **~/пространственная** *(Ph)* räumliche Parität

чётность *f*, Raumparität *f* ‖ ~ **состояния** *(Ph)* Zustandsparität *f*
CP-чётность *f (Ph)* CP-Parität *f*
G-чётность *f (Ph)* G-Parität *f*
чётно-чётный *(Math)* gerade-gerade
чётный gerade, geradzahlig; paarig
четыре-вектор *m (Math)* vierdimensionaler Vektor *m*, Vierervektor *m*
четыре-пи-детектор *m (Kern)* 4π-Detektor *m*, Vier-pi-Detektor *m*
четыре-пи-счётчик *m (Kern)* 4π-Zähler *m*, Vierpi-Zähler *m*
четыре-плотность *f (Ph)* [elektrische] Viererstromdichte *f*, vierdimensionale Stromdichte *f*
четыре-потенциал *m (Ph)* Viererpotential *n*, Vierervektor *m* des Potentials
четыре-сила *f (Ph)* Viererkraft *f*, Vierervektor *m* der Kraft
четыре-скорость *f (Ph)* Vierergeschwindigkeit *f*, Vierervektor *m* der Geschwindigkeit
четыре-тензор *m (Ph)* Vierertensor *m*, Lorentz-Tensor *m*, vierdimensionaler Tensor *m*
четыре-ускорение *n (Ph)* Viererbeschleunigung *f*, Vierervektor *m* der Beschleunigung
четырёхатомность *f (Ch)* Vieratomigkeit *f*; Vierwertigkeit *f*, Tetravalenz *f*
четырёхатомный *(Ch)* vieratomig; vierwertig, tetravalent
четырёхвалентность *f (Ch)* Vierwertigkeit *f*, Tetravalenz *f*
четырёхвалентный *(Ch)* vierwertig, tetravalent
четырёхвалковый Vierwalzen...
четырёхводный *(Ch)* ...tetrahydrat *n*
четырёхгранник *m* 1. *(Math)* Tetraeder *n*, [regelmäßig] Vierflächner *m*. 2. *(Masch)* Vierkant *m(n)* ‖ ~/**внутренний** Innenvierkant *m (z. B. eines Schraubenkopfes)*
четырёхгранный 1. vierflächig; vierseitig; 2. *(Masch)* vierkantig, Vierkant...
четырёхдорожечный Vierspur..., vierspurig
четырёхжильный *(El)* vieradrig, Vierleiter...
четырёхзамещённый *(Ch)* tetrasubstituiert
четырёхзарядный *(Ph)* vierfach geladen
четырёхзаходный viergängig *(Gewinde)*
четырёхзвенный viergliedrig
четырёхзначный *(Inf)* vierstellig
четырёхковалентный *(Ch)* vierfach kovalent gebunden, koordinativ vierbindig (vierwertig)
четырёхкратный vierfach
четырёхкремнекислый *(Ch)* ...tetrasilikat *n*; tetrakieselsauer
четырёхмерный *(Math)* vierdimensional
четырёхобмоточный *(El)* mit vier Wicklungen, Vierwicklungs...
четырёхокись *f (Ch)* Tetroxid *n*
четырёхосновный *(Ch)* vierbasig *(Säuren)*
четырёхосный vierachsig, Vierachs...
четырёхпозиционный 1. Vierstellungs...; 2. *(Fert)* Vierstationen...
четырёхполюсник *m (El)* Vierpol *m* ‖ ~/**активный** aktiver Vierpol *m* ‖ ~ **без потерь** verlustloser Vierpol *m* ‖ ~/**идеальный** verlustloser Vierpol *m* ‖ ~/**корректирующий** Korrekturvierpol *m* ‖ ~/**нагруженный** belasteter Vierpol *m* ‖ ~/**несимметричный** unsymmetrischer Vierpol *m* ‖ ~/**обратимый** umkehrbarer (übertragungssymmetrischer) Vierpol *m* ‖ ~/**оконечный** Endvierpol *m* ‖ ~/**пассивный** passiver Vierpol *m* ‖ ~/**реактивный** Reaktanzvierpol *m* ‖ ~/**резонансный** Resonanzkreisvierpol *m* ‖ ~ **с потерями** verlustbehafteter Vierpol *m* ‖ ~/**связывающий** Kopplungsvierpol *m* ‖ ~/**симметричный** symmetrischer Vierpol *m* ‖ ~/**согласующий** Anpassungsvierpol *m* ‖ ~/**трансформирующий** Transformationsvierpol *m* ‖ ~/**эквивалентный** Ersatzvierpol *m*, äquivalenter Vierpol *m* ‖ ~/**элементарный** Elementarvierpol *m*
четырёхполюсный *(El)* vierpolig, Vierpol...
четырёхпредельный mit vier Bereichen (Meßbereichen), Vierbereichs... ‖ ~ **по напряжению** mit vier Spannungs[meß]bereichen ‖ ~ **по току** mit vier Strom[meß]bereichen
четырёхпроводный *(El)* vierdrähtig, Vierdraht..., Vierleiter...
четырёхсернистый *(Ch)* ...-tetrasulfid *n*
четырёхскоростной *(Kfz)* Viergang... *(Getriebe)*
четырёхслойный vierschichtig, Vierschicht...
четырёхточечный Vierpunkt...
четырёхугольник *m (Math)* Tetragon *n*, Viereck *n*
четырёхугольный *(Math)* tetragonal, viereckig
четырёхфтористый *(Ch)* ...tetrafluorid *n*; Tetrafluor...
четырёххлористый *(Ch)* ...tetrachlorid *n*; Tetrachlor...
четырёхчетвёрочный mit vier Vierern *(Kabel)*
четырёхчлен *m (Math)* Quadrinom *n*, viergliedriger Ausdruck *m*
четырёхэлектродный *(Eln)* mit vier Elektroden, Vierelektroden..., Tetroden...
чехол *m* 1. Überzug *m*, Bezug *m*; Futteral *n*; 2. Haube *f*, Kappe *f*, Abschlußkappe *f* ‖ ~/**анодный** Anodensack *m (NE-Metallurgie)* ‖ ~/**гофрированный** Faltenbalg *m* ‖ ~ **для сидений** *(Kfz)* Polsterschonbezug *m* ‖ ~/**защитный** Schutzmantel *m* ‖ ~/**предохранительный** Schutzhaube *f*; Schutzkappe *f*, Schutzplane *f*
чешуйчатый geschuppt, schuppig
ЧИ *s.* частота изображения
чизелевание *n (Lw)* Unterbodenlockerung *f*, Untergrundlockerung *f*, Tieflockerung *f*
чизель-культиватор *m (Lw)* Chisel-Grubber *m (für Saatbettbereitung mit gleichzeitiger Düngung oder Ziehen von Bewässerungsfurchen)*
ЧИМ *s.* модуляция/частотно-импульсная
чинить 1. ausbessern, reparieren; 2. spitzen
чип *m (Eln)* Chip *m* ‖ ~/**бескорпусный** ungekapselter Chip *m* ‖ ~/**кремниевый** Siliciumchip *m* ‖ ~ **памяти** Speicherchip *m* ‖ ~/**перевёрнутый** Flipchip *m* ‖ ~/**полупроводниковый** Halbleiterchip *m*
чип-конденсатор *m (Eln)* Chipkondensator *m*
чип-радиоэлемент *m (Eln)* Chip-Bauelement *n*
чип-резистор *m* Chipwiderstand *m*, R-Chip *m*
числа *npl*/**несоизмеримые** *(Math)* inkommensurable Zahlen *fpl* ‖ ~/**неупакованные десятичные** *(Inf)* ungepackte Dezimalzahlen *fpl*
численность *f* Zahl *f*, Anzahl *f*; Stärke *f*
численный Zahl[en]..., zahlenmäßig; numerisch
числитель *m* [**дроби**] *(Math)* Zähler *m (eines Bruches)*
числительное *n*/**количественное** *(Math)* Kardinalzahl *f*, Grundzahl *f* ‖ ~/**порядковое** *(Math)* Ordinalzahl *f*, Ordnungszahl *f*

число n1. Zahl f; Anzahl f; 2. Monatsdatum n, Datum n ‖ ~ **Аббе** (Opt) Abbesche Zahl f, Abbe-Zahl f ‖ ~/**абсолютное рациональное** (Math) absolut rationale Zahl f ‖ ~/**абстрактное** (Math) abstrakte Zahl f ‖ ~ **Авогадро** (Ph, Ch) Avogadro-Konstante f, Avogadrosche Konstante f, Av ‖ ~/**азимутальное квантовое** s. ~/побочное квантовое ‖ ~/**алгебраическое** (Math) algebraische Zahl f ‖ ~ **Альфвена** Alfvén-[Mach-] Zahl f, Al, magnetische Machzahl f ‖ ~ **ампервитков** (El) Amperewindungszahl f, Aw-Zahl f ‖ ~ **Архимеда** (Hydrom) Archimedische Zahl f, Archimedes-Zahl f, Ar ‖ ~/**ассимиляционное** Assimilationszahl f ‖ ~/**атомное** (Kern) Kernladungszahl f, Ordnungszahl f, Kernladung f, Atomnummer f ‖ ~/**ацетильное** (Ch) Acetylzahl f ‖ ~/**барионное** (Ph) Baryonenzahl f, baryonische Ladung f, Baryonenladung f ‖ ~ **без знака** (Inf) vorzeichenlose Zahl f ‖ ~/**безразмерное** 1. (Math) reine (unbenannte, dimensionslose) Zahl f; 2. s. **критерий подобия** ‖ ~/**бернуллево** (Hydrom) Bernoullische Zahl f, Bernoulli-Zahl f, Be ‖ ~ **Бернулли** s. ~/бернуллево ‖ ~ **Бетти** (Math) Bettische Zahl f ‖ ~/**бинарное** (Inf) Binärzahl f ‖ ~/**браковочное** Rückweisezahl f (statistische Qualitätskontrolle) ‖ ~/**бромное** (Ch) Bromzahl f ‖ ~ **Вебера** (El) Webersche Zahl f, Weber-Zahl f ‖ We ‖ ~/**вещественное** (Math) reelle Zahl f ‖ ~ **витков** (El) Windungszahl f ‖ ~ **витков вторичной обмотки (цепи)** (El) Sekundärwindungszahl f ‖ ~ **витков/номинальное** (El) Nennwindungszahl f ‖ ~ **витков первичной обмотки (цепи)** (El) Primärwindungszahl f ‖ ~/**вихревое** (Aero) Wirbelkennzahl f ‖ ~/**внутреннее квантовое** (Kern) Gesamtdrehimpulsquantenzahl f, innere Quantenzahl f ‖ ~ **возбуждений** (Ph) Anregungszahl f ‖ ~/**волновое** (Ph) Wellenzahl f ‖ ~ **Вольфа** (Astr) Fleckenrelativzahl f, Sonnenfleckenrelativzahl f ‖ ~/**восьмеричное** (Inf) Oktalzahl f ‖ ~/**вращательное квантовое** s. ~/побочное квантовое ‖ ~ **выводов** (Eln) Pin-Zahl f ‖ ~ **выпадений сигнала** Dropout-Zahl f (Magnetband) ‖ ~ **гидратации** (Ch) Hydratationszahl f ‖ ~/**гидроксильное** (Ch) Hydroxylzahl f ‖ ~/**главное квантовое** (Kern) Hauptquantenzahl f ‖ ~ **Грасгофа** (Hydrod) Grashofsche Zahl f, Grashof-Zahl f, Gr ‖ ~/**двоичное** (Inf) Binärzahl f, Dualzahl f ‖ ~/**двоично-кодированное** (Inf) binär kodierte Zahl f ‖ ~/**двоично-пятеричное** (Inf) biquinäre Zahl f ‖ ~/**десятичное** (Inf) Dezimalzahl f ‖ ~/**диафрагменное** (Photo) Blendenzahl f ‖ ~/**дробное** (Math) gebrochene Zahl f, Bruch m ‖ ~ **единиц переноса** (Ch) Austauschzahl f (Destillation) ‖ ~/**закодированное** (Inf) verschlüsselte Zahl f ‖ ~ **заполнения** (Ph) Besetzungszahl f (eines Energieniveaus) ‖ ~ **заправок** (Fert) Zahl f der Einsätze (des Werkzeuges während einer Standzeit) ‖ ~/**зарядовое** s. ~/атомное ‖ ~ **захватов** (Masch) Zahl f gleichzeitig greifbarer Gegenstände ‖ ~/**защитное** (Ch) Schutzzahl f (eines Schutzkolloids) ‖ ~/**золотое** (Ch) Goldzahl f (eines Schutzkolloids) ‖ ~ **Зоммерфельда** (Trib) Sommerfeld-Zahl f (Gleitlager) ‖ ~ **зубьев** (Masch) Zähnezahl f (Zahnrad) ‖ ~ **зубьев приведённого зубчатого колеса** Ersatzzähnezahl f ‖ ~ **зу-**

число бьев/**эквивалентное** ideelle Zähnezahl f; Ersatzzähnezahl f ‖ ~ **игл** (Text) Nadelzahl f ‖ ~ **изотопа/массовое** (Kern) Isotopenzahl f ‖ ~/**изотопическое** (Kern) Isotopiezahl f ‖ ~ **именованное** (Inf) benannte Zahl f ‖ ~/**иррациональное** (Math) irrationale Zahl f ‖ ~/**иодное** (Ch) lodzahl f ‖ ~ **кавитации** (Ph) Kavitationszahl f ‖ ~ **кадросмен** Bildwechselzahl f ‖ ~/**кардинальное** (Math) Kardinalzahl f, Mächtigkeit f (Mengenlehre) ‖ ~ **Кармана** (Hydrom) Kármán-Zahl f, [von] Kármánsche Zahl f ‖ ~/**квантовое** (Kern) Quantenzahl f (Quantentheorie) ‖ ~/**кислородное** (Ch) Sauerstoffzahl f ‖ ~/**кислотное** (Ch) Säurezahl f ‖ ~ **кислотности** (Ch) Säurezahl f ‖ ~ **кларковское** (Geol) Clarke-Zahl f (prozentuales Vorkommen der Elemente in der Erdkruste) ‖ ~ **Кнудсена** (Aero) Knudsen-Zahl f, Knudsensche Zahl (Kennzahl) f, Kn ‖ ~/**кодированное** (Inf) verschlüsselte Zahl f ‖ ~/**коксовое** (Ch) Verkokungszahl f, Verkokungswert m ‖ ~/**колебательное квантовое** (Kern) Schwingungsquantenzahl f (Rotationsspektren) ‖ ~/**количественное** s. ~/кардинальное ‖ ~/**комплексное** (Math) komplexe Zahl f ‖ ~/**конечное** (Math) endliche Zahl f ‖ ~/**координационное** (Krist) Koordinationszahl f ‖ ~ **кручений** (Text) Drehungszahl f ‖ ~ **Локка** Lockzahl f, Locksche Zahl f, Lk ‖ ~ **Лошмидта** (Ph, Ch) Loschmidtsche Zahl f ‖ ~ **Льюиса[-Семёнова]** (Aero) Lewis-Zahl f, Lewissche Kennzahl f, Le ‖ ~ **М** s. ~ Маха ‖ ~/**магическое** (Kern) magische Zahl f (Nukleonenzahl) ‖ ~/**магнитное квантовое** (Kern) magnetische (räumliche) Quantenzahl f ‖ ~ **Маргулиса** s. ~ Стэнтона ‖ ~/**массовое** (Kern) Massenzahl f, Nukleonenzahl f ‖ ~ **Маха** (Aero) Machzahl f, Mach-Zahl f, Mach n, M, Ma ‖ ~ **Маха/гиперзвуковое** Hyperschall-Machzahl f ‖ ~ **Маха/дозвуковое** Unterschall-Machzahl f ‖ ~ **Маха/докритическое** unterkritische Machzahl f ‖ ~ **Маха/критическое** kritische Machzahl f, Grenz-Machzahl f ‖ ~ **Маха/околозвуковое** transsonische (schallnahe) Machzahl f ‖ ~ **Маха/сверхзвуковое** Überschall-Machzahl f ‖ ~ **Маха у земли** Machzahl f in Bodennähe ‖ ~/**менделеевское** s. ~/атомное ‖ ~ **микротвёрдости** Mikrohärtezahl f (Härteprüfung) ‖ ~/**минимальное флегмовое** (Ch) Mindestrücklaufverhältnis n (Destillation) ‖ ~/**мнимое** (Math) imaginäre Zahl f ‖ ~/**многоразрядное** (Inf) mehrstellige Zahl f ‖ ~ **молей** (Ch) Molzahl f ‖ ~ **накапливаемых программных операций** speicherbare Programmschrittzahl f (von IR) ‖ ~/**натуральное** (Math) natürliche Zahl f ‖ ~ **нейтронов [в ядре]** (Kern) Neutronenzahl f ‖ ~ **нейтронов/магическое** (Kern) magische Neutronenzahl f ‖ ~/**нечётное** (Math) ungerade Zahl f ‖ ~ **нулей** (Inf) Nullstellen[an]zahl f ‖ ~ **Нуссельта** (Aero) Nusselt-Zahl f, Nu, Biot-Zahl f, Bi ‖ ~ **Ньютона** (Ph) Newton-Zahl f, Newtonsche Zahl f, Ne ‖ ~ **оборотов** (Masch) Drehzahl f, Umdrehungszahl f ‖ ~ **оборотов в минуту** Umdrehungen fpl pro Minute, U/min ‖ ~ **оборотов/взлётное** (Flg) Startdrehzahl f, Vollastdrehzahl f ‖ ~ **оборотов на входе** (Masch) Antriebsdrehzahl f ‖ ~ **оборотов на выходе** (Masch) Abtriebsdrehzahl f ‖ ~ **обо-**

число

ротов на единицу времени Drehzahl f (Umdrehungen fpl) pro Zeiteinheit ‖ ~ оборотов/начальное (Masch) Anfangsdrehzahl f, Anlaufdrehzahl f, Primärdrehzahl f ‖ ~ оборотов/номинальное Nenndrehzahl f ‖ ~ оборотов/первичное s. ~ оборотов/начальное ‖ ~/оборотов/полное (Flg) Vollastzahl f ‖ ~ оборотов/пусковое (Masch) Anlaßdrehzahl f, Startdrehzahl f ‖ ~ оборотов/рабочее (Masch) Betriebsdrehzahl f ‖ ~ оборотов/разгонное (разносное, угонное) Durchgangsdrehzahl f (eines Motors) ‖ ~ оборотов/удельное (Masch) spezifische Drehzahl f ‖ ~ оборотов холостого хода Leerlaufdrehzahl f ‖ ~/общее (Math) Gesamtzahl f ‖ ~ окисления (Ch) Oxidationszahl f, Oxidationsstufe f ‖ ~/октановое Octanzahl f, Oz (Kraftstoff) ‖ ~ омыления (Ch) Verseifungszahl f ‖ ~/орбитальное квантовое s. ~/побочное квантовое ‖ ~/основное (Math) Grundzahl f ‖ ~/отвлечённое (Math) abstrakte Zahl f ‖ ~/относительное (Math) relative Zahl f ‖ ~/отрицательное (Math) negative Zahl f ‖ ~ пар полюсов (El) Polpaarzahl f ‖ ~ Пекле (Aero) Péclet-Zahl f, Pécletsche Kennzahl f, Pe ‖ ~/пенное (Ch) Schaumzahl f ‖ ~/первоначальное (Math) Primzahl f ‖ ~/передаточное (Masch) Übersetzungsverhältnis n, Zähnezahlverhältnis n, Übersetzungszahl f; Eingriffsverhältnis n ‖ ~ переменной длины (Inf) Zahl f veränderlicher Länge ‖ ~ переноса (Ch) Überführungszahl f (Elektrolyse) ‖ ~ переноса аниона (Ch) Anionenüberführungszahl f ‖ ~ переноса ионов (Ch) 1. Ionenüberführungszahl f; 2. Hittorfsche Überführungszahl f ‖ ~ переноса/истинное (Ch) wahre Überführungszahl f ‖ ~ переноса катиона (Ch) Kationenüberführungszahl f ‖ ~ пластичности (Ph) Plastizitätszahl f ‖ ~/побочное квантовое (Kern) Bahndrehimpulsquantenzahl f, Drehimpulsquantenzahl f, Nebenquantenzahl f ‖ ~ подобия (Ph) Ähnlichkeits[kenn]zahl f, dimensionslose Kennzahl f ‖ ~ подобия Ньютона s. ~ Ньютона ‖ ~/положительное (Math) positive Zahl f ‖ ~/порядковое 1. (Math) Ordnungszahl f; 2. s. ~/атомное ‖ ~ Прандтля (Aero) Prandtl-Zahl f, Pr ‖ ~ Прандтля/диффузионное ~ Шмидта ‖ ~/приближённое (Math) angenäherte (runde) Zahl f ‖ ~/приёмочное Annahmezahl f (statistische Qualitätskontrolle) ‖ ~/простое (Math) Primzahl f ‖ ~/протонов (Kern) Protonenzahl f ‖ ~ проходов (Wlz) Stichzahl f ‖ ~/пятеричное (Inf) quinäre Zahl f ‖ ~/рабочее флегмовое (Ch) praktisches Rücklaufverhältnis n (Destillation) ‖ ~ рабочих оборотов Betriebsdrehzahl f ‖ ~/радиальное квантовое (Kern) radiale Quantenzahl f, Radialquantenzahl f ‖ ~ разбавления (Ch) Verdünnungsverhältnis n, Verdünnungsgrad m ‖ ~/n-разрядное n-stellige Zahl f ‖ ~ разрядов (Inf) Stellenzahl f ‖ ~ распадов (Kern) Zerfallszahl f ‖ ~/рациональное (Math) rationale Zahl f ‖ ~ Рейнольдса (Aero) Reynolds-Zahl f, Reynoldssche Zahl f, Re ‖ ~ Рейнольдса/критическое kritische Reynolds-Zahl f ‖ ~/родановое (Ch) Rhodanzahl f ‖ ~/ротационное квантовое s. ~/побочное квантовое ‖ ~ Рэлея (Aero) Rayleigh-Zahl f, Ra ‖ ~ сдвигов (Inf) Schiebefaktor m ‖ ~/сложное (Math) zusammengesetzte Zahl f ‖ ~/случайное (Inf) Zufallszahl f ‖ ~/смешанное (Math) gemischte Zahl f ‖ ~ снимка/масштабное Bildmaßstabszahl f ‖ ~/сопряжённое (Math) konjugierte Zahl f ‖ ~/сопряжённое комплексное konjugierte komplexe Zahl f ‖ ~/составное (Math) teilbare Zahl f, in Faktoren zerlegbare Zahl f (Gegenteil einer Primzahl) ‖ ~/спиновое [квантовое] (Kern) Kernspinquantenzahl f, Spinquantenzahl f des Atomkerns ‖ ~ Стантона s. ~ Стэнтона ‖ ~/степеней свободы (Mech) Anzahl (Zahl) f der Freiheitsgrade, Freiheitszahl f ‖ ~ столкновений Stoßzahl f (kinetische Gastheorie) ‖ ~ строк (TV) Gesamtzeilenzahl f ‖ ~ строк/общее (TV) Zeilenzahl f ‖ ~ Струхаля (Aero) Strouhal-Zahl f, Strouhalsche Zahl (Kennzahl) f, Sr ‖ ~ Стэнтона (Aero) Stanton-Zahl f, Stantonsche Zahl f, St, Margoulis-Zahl f, Mg ‖ ~ твёрдости s. твёрдость ‖ ~ термовязкости Thermoviskositätszahl f ‖ ~ тонн на 1 см осадки (Schiff) Verdrängungszunahme f je cm Tauchungsunterschied ‖ ~/трансфинитное (Math) transfinite Zahl f ‖ ~/трансцендентное (Math) transzendente Zahl f ‖ ~/троичное (Inf) ternäre Zahl f ‖ ~ ударов (Text) Schlagzahl f, Kammspielzahl f (Kämmaschine) ‖ ~/упакованное (Inf) gepackt verschlüsselte Zahl f ‖ ~ фаз (El) Strangzahl f ‖ ~ Фарадея (Ph) Faraday-Konstante f, Faraday-Zahl f, F ‖ ~/флегмовое (Ch) Rücklaufverhältnis n, Rücklaufzahl f (Rektifikation) ‖ ~ Фруда (Aero) Froude-Zahl f, Froudesche Zahl (Kennzahl) f, Fr ‖ ~ Фурье (Ph) Fouriersche Zahl f, Fourier-Zahl, Fo ‖ ~/хлорное (Ch) Chlorzahl f ‖ ~ ходов (Masch) Hubzahl f ‖ ~/целое (Math) ganze Zahl f ‖ ~/цетановое Cetanzahl f (Dieselkraftstoffe) ‖ ~ циклов нагрузки (нагружения) (Wkst) Lastspielzahl f, Lastwechselzahl f ‖ ~ часов простоя Ausfallstundenzahl f ‖ ~ часов холостого хода Leerlaufstundenzahl f ‖ ~/чётное (Math) gerade Zahl f ‖ ~/четырёхразрядное двоичное (Inf) vierstellige Dualzahl f ‖ ~/широтное квантовое (Kern) Breitenquantenzahl f ‖ ~ Шмидта (Aero) Schmidt-Zahl f, Schmidtsche Zahl f, Sc ‖ ~ Эйлера (Math) Eulersche Zahl f, Eu ‖ ~/экваториальное квантовое (Kern) äquatoriale Quantenzahl f ‖ ~/экспозиционное (Photo) Belichtungswert m ‖ ~ электрона/волновое (Kern) Elektronenwellenzahl f ‖ ~/эфирное (Ch) Esterzahl f

число-буквенный alphanumerisch
числовой numerisch
чистик m (Lw) Abstreifer m, Abstreicher m
чиститель m (Text) Reiniger m, Reinigungsmaschine f ‖ ~/барабанно-пильчатый Sägezahntrommelreiniger m (Reinigung der Rohbaumwolle) ‖ ~ вытяжного прибора Streckwerksputzeinrichtung f, Streckwerksputzvorrichtung f ‖ ~/осевой Axialreiniger m (Baumwollputzerei)
чистить reinigen, säubern, putzen ‖ ~ наждаком (Fert) schmirgeln ‖ ~ щётками bürsten
чистка f Reinigung f, Reinigen n, Säuberung f, Säubern n, Putzen n ‖ ~ лица (Led) Narbenstreichen n, Streichen n

чистовой *(Fert)* Fertig..., Schlicht... *(Zusatz für Verfahren, z. B. Schlichtdrehen)*
чистота f 1. Reinheit f, Feinheit f; 2. Reinlichkeit f; Sauberkeit f ‖ ~/**колориметрическая** kolorimetrische Reinheit f, Reinheitsgrad m *(Farben)* ‖ ~ **конфигурации** *(Kern)* Konfigurationsreinheit f ‖ ~ **поверхности** Oberflächengüte f, Oberflächenqualität f *(Oberflächenrauheit)* ‖ ~ **цвета** 1. Farbreinheit f; 2. [spektrale] Farbdichte f
чистотянутый blankgezogen *(Draht)*
чистый для анализа *(Ch)* analysenrein, zur Analyse *(Reinheitsbezeichnung)* ‖ ~/**спектрально** spektroskopisch rein, spektralrein ‖ ~/**химически** chemisch rein *(Reinheitsbezeichnung)*
читаемость f Lesbarkeit f, Leserlichkeit f ‖ ~ **в обратном направлении** *(Inf)* rückwärtslesen ‖ ~ **в прямом направлении** *(Inf)* vorwärtslesen
член m *(Math)* Glied n, Term m ‖ ~/**ангармонический** anharmonischer Term m ‖ ~ **возмущения** Störungsglied n, Störungsterm m ‖ ~/**второй** s. ~/**последующий** ‖ ~ **высшего порядка** Glied n höherer Ordnung ‖ ~/**двойственный** dualer Term m ‖ ~/**измерительный** Meßglied n ‖ ~/**квадратичный** quadratisches Glied n, Glied n zweiten Grades ‖ ~/**крайний** Außenglied n *(Proportion)* ‖ ~/**линейный** lineares Glied n, Linearglied n ‖ ~ **обмена** Austauschglied n, Austauschterm m ‖ ~/**общий** allgemeines Glied n ‖ ~/**остаточный** Restglied n, Rest m ‖ ~ **отношения/предыдущий** Vorderglied n, vorangehendes Glied n ‖ ~/**первый** *(Math)* 1. erstes Glied n, Anfangsglied n, Anfangszahl f; 2. aktive Zahl f *(Algebra)*; 3. Vorderglied n, Implikationsvorderglied n *(Logik)* ‖ ~ **перезарядки** Umladungsterm m ‖ ~ **переноса** Transportterm m, Transportglied n ‖ ~/**поправочный** Korrektionsglied n, Korrektionsterm m ‖ ~/**последующий** Hinterglied n ‖ ~ **преломления** Brechungsterm m, Brechungsanteil m, Brechungsglied n ‖ ~ **пропорции** Proportionale n ‖ ~ **рассеяния** Streuterm m, Streuglied n ‖ ~ **связи** Kopplungsglied n, Kopplungsterm m ‖ ~ **спин-орбитальной связи** *(Kern)* Spin-Bahn-Kopplungsterm m, Spin-Bahn-Term m ‖ ~/**средний** inneres Glied n, Innenglied n, Mittelglied n ‖ ~ **цепи** *(Ch)* Kettenglied n ‖ ~ **цикла** *(Ch)* Ringglied n
членение n Gliederung f
ЧМ s. 1. модуляция/частотная, 2. частотно-модулированный
ЧМ-детектор m *(Rf)* FM-Detektor m, FM-Gleichrichter m
ЧМ-колебание n *(Rf)* FM-Schwingung f, frequenzmodulierte Schwingung f
ЧМ-помеха f *(Rf)* FM-Störung f, frequenzmodulierte Störung f
ЧМ-приёмник m *(Rf)* FM-Empfänger m
ЧМ-радиовещание n FM-Rundfunk m, Frequenzmodulationsrundfunk m
ЧМ-сигнал m *(Rf)* FM-Signal n, frequenzmoduliertes Signal n
ЧПУ s. управление/числовое программное
ЧТ s. телеграфирование/частотное
чтение n Lesen n, *(Inf auch:)* Erkennen n *(von Zeichen)* ‖ ~/**автоматическое** *(Inf)* Zeichenerkennung f, automatisches Lesen n ‖ ~ **в обратном направлении** *(Inf)* Rückwärtslesen n ‖ ~ **в прямом направлении** *(Inf)* Vorwärtslesen n ‖ ~/**визуальное** *(Inf)* visuelles (optisches) Lesen n ‖ ~/**машинное** *(Inf)* maschinelles Lesen n
ЧУ s. устройство/читающее
чувствительность f Empfindlichkeit f, Sensibilität f, Feinfühligkeit f ‖ ~ **глаза/спектральная** *(Opt)* spektrale Augenempfindlichkeit f, spektraler Hellempfindlichkeitsgrad m ‖ ~/**глубинная** *(Photo)* Innenempfindlichkeit f ‖ ~/**излишняя** Überempfindlichkeit f ‖ ~ **измерений** Meßempfindlichkeit f ‖ ~/**индикации** Anzeigeempfindlichkeit f ‖ ~ **к влажности** Feuchtigkeitsempfindlichkeit f ‖ ~ **к воздействию воздуха** Luftempfindlichkeit f ‖ ~ **к гамма-излучению** *(Kern)* Gamma[strahlungs]empfindlichkeit f ‖ ~ **к заеданию** *(Trib)* Freßneigung f ‖ ~ **к закалке** *(Met)* Härteempfindlichkeit f ‖ ~ **к запилам** s. ~ **к излучению** *(Kern)* Strahlungsempfindlichkeit f, Strahlenempfindlichkeit f, Strahlungssensibilität f ‖ ~ **к инфракрасному излучению** Infrarotempfindlichkeit f ‖ ~ **к кислоте** Säureempfindlichkeit f ‖ ~ **к коррозионному растрескиванию под напряжением** *(Fest)* Spannungsrißkorrosionsempfindlichkeit f ‖ ~ **к морозу** Frostempfindlichkeit f ‖ ~ **к нагреву** Wärmeempfindlichkeit f, Hitzeempfindlichkeit f ‖ ~ **к надрезам** *(Wkst)* Kerbempfindlichkeit f ‖ ~ **к напряжению** *(El)* Spannungsempfindlichkeit f ‖ ~ **к напряжениям** *(Fest)* Spannungsempfindlichkeit f ‖ ~ **к недокалу** Unterheizempfindlichkeit f ‖ ~ **к облучению** s. ~ **к излучению** ‖ ~ **к образованию трещин** *(Fest)* Rißempfindlichkeit f, Rißanfälligkeit f ‖ ~ **к перегрузкам** Überlastungsempfindlichkeit f ‖ ~ **к помехам** Störempfindlichkeit f, Störanfälligkeit f ‖ ~ **к рентгеновским лучам** Röntgenstrahlempfindlichkeit f ‖ ~ **к свету** Lichtempfindlichkeit f ‖ ~ **к току** Stromempfindlichkeit f ‖ ~/**контрастная** Kontrastempfindlichkeit f ‖ ~ **к шуму** Lärmempfindlichkeit f ‖ ~ **на высокой частоте** Höhenempfindlichkeit f *(Magnettonband)* ‖ ~/**обнаружения** Nachweisempfindlichkeit f ‖ ~/**относительная** relative Empfindlichkeit f, Relativempfindlichkeit f ‖ ~ **по давлению** Druckempfindlichkeit f ‖ ~ **по напряжению** *(El)* Spannungsempfindlichkeit f ‖ ~/**поверхностная** Oberflächenempfindlichkeit f ‖ ~/**полная** Gesamtempfindlichkeit f ‖ ~/**предельная** Grenzempfindlichkeit f ‖ ~ **приёмника** *(Rf)* Empfängerempfindlichkeit f ‖ ~ **приёмника/номинальная** Nennempfindlichkeit f eines Empfängers ‖ ~ **приёмника/относительная** Bezugsempfindlichkeit f eines Empfängers ‖ ~ **приёмника/реальная** Betriebsempfindlichkeit f eines Empfängers ‖ ~ **приёмника/реальная предельная** geräuschbegrenzte Betriebsempfindlichkeit f eines Empfängers ‖ ~ **приёмника света/спектральная** spektrale Empfindlichkeit f des Lichtempfängers ‖ ~/**радиационная** s. ~ **к излучению** ‖ ~ **радиоприёмника** s. ~ **приёмника** ‖ ~/**различительная** Kontrastempfindlichkeit f *(von Filmen)* ‖ ~/**спектральная** spektrale Empfindlichkeit f, Spektralempfindlichkeit f ‖ ~ **срабатывания** Ansprechempfindlichkeit f *(Relais)* ‖ ~/**температурная** Temperaturempfindlichkeit f

чувствительный empfindlich; anfällig; fühlbar ‖ ~ **к инфракрасному излучению** infrarotempfindlich, IR-empfindlich ‖ ~ **к образованию трещин** rißempfindlich ‖ ~ **к помехам** störempfindlich, störanfällig ‖ ~ **к рентгеновским лучам** röntgenstrahlempfindlich ‖ ~ **к свету** lichtempfindlich ‖ ~ **к температуре** temperaturempfindlich ‖ ~ **к току** stromempfindlich ‖ ~ **к ультрафиолетовому излучению** ultraviolettempfindlich, UV-empfindlich

чугун *m (Met)* 1. Roheisen *n*; 2. Gußeisen *n* ‖ ~/**антифрикционный** verschleißfestes Gußeisen *n* ‖ ~/**аустенитный** austenitisches Gußeisen *n* ‖ ~/**белый** 1. weißes Roheisen *n*; 2. weißes Gußeisen *n* ‖ ~/**бессемеровский** Bessemer-Roheisen *n* ‖ ~ **в чушках** Massel[roh]eisen *n*, Roheisenmassel *f* ‖ ~/**ваграночный** Kupolofeneisen *n*, im Kupolofen erschmolzenes Gußeisen *n* ‖ ~ **второй плавки** Gußeisen *n* zweiter Ordnung ‖ ~/**высококремнистый** 1. Roheisen *n* mit hohem Siliciumgehalt, hochsiliciertes Roheisen *n*; 2. Gußeisen *n* mit hohem Siliciumgehalt, hochsiliciertes Gußeisen *n* ‖ ~/**гематитовый** Hämatit[roh]eisen *n* ‖ ~/**графитосодержащий** graphitisches Gußeisen *n* ‖ ~/**доменный** im Hochofen erschmolzenes Roheisen *n*, Hochofen[roh]eisen *n* ‖ ~/**закалённый** Hartguß *m* ‖ ~/**зеркальный** Spiegeleisen *n* ‖ ~/**ковкий** Tempergußeisen *n*, Temperguß *m* ‖ ~/**коксовый** Koksroheisen *n* ‖ ~/**кремнистый** *s.* ~/**высококремнистый** ‖ ~/**крупнозернистый** 1. grobkörniges Roheisen *n*; 2. grobkörniges Gußeisen *n* ‖ ~/**литейный** 1. Gießerei[roh]eisen *n*; 2. Gußeisen *n* ‖ ~/**малоуглеродистый** 1. niedriggekohltes Roheisen *n*; 2. Gußeisen *n* mit niedrigem Kohlenstoffgehalt *(Tempergußerzeugung)* ‖ ~/**малофосфористый** 1. Roheisen *n* mit niedrigem Phosphorgehalt, Hämatitroheisen *n*; 2. Gußeisen *n* mit niedrigem Phosphorgehalt ‖ ~/**мартеновский** Stahl[roh]eisen *n*, SM-Roheisen *n (für SM-Ofen)* ‖ ~/**мартенситный** martensitisches Gußeisen *n* ‖ ~/**мелкозернистый** 1. feinkörniges (feingekörntes) Roheisen *n*; 2. feinkörniges Gußeisen *n* ‖ ~/**миксерный** Mischer[roh]eisen *n* ‖ ~/**модифицированный** modifiziertes Gußeisen *n* ‖ ~/**низкокремнистый** 1. Roheisen *n* mit niedrigem Siliciumgehalt, niedrigsiliciertes Roheisen *n*; 2. Gußeisen *n* mit niedrigem Siliciumgehalt, niedrigsiliciertes Gußeisen *n* ‖ ~/**низкоуглеродистый** 1. niedriggekohltes (kohlenstoffarmes) Roheisen *n*; 2. niedriggekohltes (kohlenstoffarmes) Gußeisen *n* ‖ ~/**обессеренный** 1. entschwefeltes Roheisen *n*; 2. entschwefeltes Gußeisen *n* ‖ ~/**отбелённый** Schalenhartguß *m* ‖ ~/**первичный** Roheisen *n* ‖ ~/**передельный** Stahl[roh]eisen *n* ‖ ~/**перлитный** perlitisches Gußeisen *n*, Perlitguß *m* ‖ ~/**перлитный ковкий** *s.* ~/**светлосердечный ковкий** ‖ ~/**половинчатый** 1. meliertes Roheisen *n*; 2. meliertes Gußeisen *n* ‖ ~/**полуотбелённый (полутвёрдый)** Halbhartguß *m*, Mildhartguß *m* ‖ ~/**природно-легированный** naturlegiertes Roheisen *n* ‖ ~ **с белой сердцевиной/ковкий** weißes Tempergußeisen *n*, weißer Temperguß *m* ‖ ~ **с вермикулярным графитом** Gußeisen *n* mit Vermiculargraphit ‖ ~ **с отбелённой поверхностью** Schalenhartguß *m* ‖ ~ **с чёрной сердцевиной/ковкий** *s.* ~/**черносердечный ковкий** ‖ ~ **с шаровидным графитом** Gußeisen *n* mit Kugelgraphit, globulares (sphärolithisches) Gußeisen *n* ‖ ~/**светлосердечный ковкий** weißes Tempergußeisen *n*, weißer Temperguß *m*, Weißkern[temper]guß *m* ‖ ~/**серый** 1. graues Roheisen *n*; 2. Gußeisen *n* mit Lamellengraphit ‖ ~/**серый литейный** 1. graues Gießereiroheisen *n*; 2. graues Gußeisen *n*, Grauguß *m* ‖ ~/**среднелегированный** mittellegiertes Gußeisen *n* ‖ ~/**томасовский** Thomas-Roheisen *n*, basisches Gußeisen *n* ‖ ~/**ферритный** ferritisches Gußeisen *n* ‖ ~/**ферритный ковкий** *s.* ~/**черносердечный ковкий** ‖ ~/**феррито-перлитный ковкий** Schnelltemperguß *m*, Halbstahlguß *m* ‖ ~/**черносердечный ковкий** schwarzes Tempergußeisen *n*, schwarzer Temperguß *m*, Schwarzkern[temper]guß *m* ‖ ~/**чушковый** *s.* ~ **в чушках**

чугунный 1. gußeisern, Gußeisen...; Grauguß...
чугуновоз *m* Roheisenpfannenwagen *m*
чугунолитейная *f* Eisengießerei *f*
чулок *m* Strumpf *m* ‖ ~/**кабельный** *(El)* Kabelziehstrumpf *m*
чума *f/***оловянная** *(Ch)* Zinnpest *f*
чурак *m* Schälfurnierblock *m*, Schälfurnierholz *n*
чушка *f* Massel *f (Roheisen)*; Barren *m*, Block *m*, Metallbarren *m*, Rohbarren *m*, Metallblock *m*, Blöckchen *n (NE-Metalle)* ‖ ~/**чугунная** Roheisenmassel *f*, Eisenmassel *f*
чушколом[атель] *m (Met)* Masselbrecher *m*
ч/ш *s.* **шерсть/чистая**
ЧЭ *s.* **элемент/чувствительный**

Ш

ш *s.* **широкоуниверсальный**
ША *s.* **шина адресов**
шабазит *m s.* хабазит
шабер *m* 1. *(Wkz)* Schaber *m*, Schabeisen *n*; 2. Abstreicher *m* ‖ ~/**желобчатый** Hohlschaber *m* ‖ ~/**плоский** Flachschaber *m* ‖ ~/**полукруглый** Halbrundschaber *m* ‖ ~/**сердцевидный** Herzschaber *m* ‖ ~/**трёхгранный** Dreikantschaber *m* ‖ ~/**фасонный** Formschaber *m* ‖ ~/**четырёхгранный** Vierkantschaber *m*
шаблон *m* 1. *(Fert)* Lehre *f (z. B. Führungsbahnlehre)*; 2. *(Fert)* Schablone *f*; 3. *(Schiff)* Mall *n*; 3. *(Wlz) s.* ~ **прокатного калибра** ‖ ~/**болометрический** Bolometerschablone *f* ‖ ~/**вогнутый радиусный** Radienlehre (Radienschablone) *f* für Außenradius ‖ ~/**вращающийся** *(Gieß)* Drehschablone *f (Schablonenformen)* ‖ ~/**выпуклый радиусный** Radienlehre (Radienschablone) *f* für Innenradius ‖ ~/**вытяжной** 1. *(Gieß)* Ziehschablone *f (Schablonenformen)*; 2. Ziehkaliber *n (Ziehen)* ‖ ~/**габаритный** Lademaß *n* ‖ ~ **для резки** *(Schw)* Brennschneidschablone *f* ‖ ~ **для формовки** *(Gieß)* Formschablone *f*, Formlehre *f* ‖ ~/**кольцевой** Ringschablone *f* ‖ ~/**конечный** Fertigschablone *f*, Schlichtschablone *f* ‖ ~/**копирный** *(Fert)* Nachformschablone *f* ‖ ~/**прикрывающий** *(Fert)* Deckschablone *f* ‖ ~ **прокатного калибра**

(Wlz) Kaliberschablone *f*, Kalibrierschablone *f*, Walzendrehschablone *f* ‖ ~/**прокатный** *s*. ~ прокатного калибра ‖ ~/**протяжной** *(Gieß)* Ziehschablone *f*, Ziehlehre *f* ‖ ~/**профильный** Formlehre *f*, Formschablone *f* ‖ ~/**путевой** *(Eb)* Spurmeßgerät *n (Spurweitekontrolle)* ‖ ~/**радиусный** *(Meß)* Radienschablone *f*, Konkav- und Konvexlehre *f* ‖ ~/**разметочный** Anreißschablone *f* ‖ ~/**резьбовой** *(Fert)* Gewindeschablone *f*, Gewinde[gang]lehre *f* ‖ ~/**рельсовый** *(Eb)* Schablone *f* zur Prüfung des Schienenprofils und -verschleißes ‖ ~/**скребковый** *s*. ~/**протяжной** ‖ ~/**стержневой** *(Gieß)* Kernlehre *f*, Kernschablone *f* ‖ ~/**угловой** *(Fert)* Winkellehre *f*, Winkelschablone *f* ‖ ~/**фасонный** *(Fert)* Formschablone *f* ‖ ~/**формовочный** *(Gieß)* Formschablone *f*, Formlehre *f*; *(Ker)* Eindrehschablone *f* ‖ ~/**штукатурный** *(Bw)* Putzlehre *f*
шаблонирование *n (Gieß)* Schablonieren *n*, Formen *n* mit Schablone
шаблонодержатель *m (Gieß)* Schablonenarm *m (Schabloniergerät)*
шабот *m (Schm)* Schabotte *f (Maschinenhammer)* ‖ ~ **наковальни** Amboßklotz *m*
шабрение *n (Fert)* Schaben *n* ‖ ~/**грубое** Grobschaben *n* ‖ ~/**машинное** maschinelles Schaben *n*, Maschinenschaben *n* ‖ ~ **плоскостей** Flachschaben *n* ‖ ~/**ручное** manuelles Schaben *n*, Handschaben *n* ‖ ~/**тонкое** Feinschaben *n* ‖ ~/**черновое** Schruppschaben *n* ‖ ~/**чистовое** Schlichtschaben *n*
шабрить *(Fert)* schaben
шабровка *f s.* шабрение
шаг *m* 1. Schritt *m*; 2. *(Masch)* Gang *m (Schraube)*; Ganghöhe *f (Gewinde)*; Steigung *f (Gewinde; Schiffspropeller; Luftschrauben)*; Teilung *f (Zahnrad)*; 3. Mittenabstand *m (z. B. zwischen Bohrungen)*; 4. Stufung *f (von Rasterpunkten)*; Rastermaß *n (Text)* Spindelteilung *f (Ringspinnmaschine)* ‖ ~/**вертикальный** *(Nrt)* Höhenschritt *m (Wähler)* ‖ ~ **воздушного винта** *(Flg)* Luftschraubensteigung *f*, Schraubensteigung *f (Wähler)* ‖ ~ **вращения** *s.* ~/**вращательный** ‖ ~ **втулочно-роликовой цепи** *(Masch)* Rollenkettenteilung *f* ‖ ~ **выводов** *(Eln)* Anschlußraster *m(n) (Trägerstreifen)* ‖ ~/**геометрический** *(Flg, Schiff)* geometrische Steigung *f (Luftschraube, Propeller)* ‖ ~/**гидродинамический** *(Schiff)* hydrodynamische Steigung *f (Propeller)* ‖ ~ **гребного винта** *(Schiff)* Propellersteigung *f* ‖ ~/**диагональный** *(Masch)* Diagonalteilung *f* ‖ ~/**диаметральный** *(Masch)* Pitchteilung *f*, Pitch *m (Zahnteilung)* ‖ ~ **дифракционной решётки** Strichabstand *m* des Beugungsgitters ‖ ~ **дорожек (дорожки)** *(Masch)* Spurabstand *m*, Spurteilung *f* ‖ ~/**за шагом** schrittweise ‖ ~ **заглубления** *(Eln)* Eintiefungsschritt *m (Halbleiterscheibe)* ‖ ~ **задания** *(Inf)* Jobschritt *m* ‖ ~ **закладки** *(Bgb)* Versatzfortschritt *m* ‖ ~ **заклёпочного шва** *(Fert)* Nietabstand *m* ‖ ~ **зацепления** *(Masch)* Eingriffsteilung *f (Zahnradmessung)* ‖ ~ **зацепления по делительной окружности** *(Masch)* Teilkreisteilung *f (Zahnradmessung)* ‖ ~ **зубчатой цепи** *(Masch)* Zahnkettenteilung *f* ‖ ~ **зубьев** *(Masch)*

Zahnteilung *f (Zahnrad)* ‖ ~ **зубьев колеса** Eingriffsteilung *f (Zahnrad)* ‖ ~/**игольный** *(Text)* Nadelteilung *f* ‖ ~/**изменяемый** *(Flg)* veränderbare Steigung *f (Luftschraube)* ‖ ~/**индукционный** *(Math)* Induktionsschritt *m* ‖ ~ **интегрирования** *(Math)* Integrationsschritt *m* ‖ ~ **итерации** *(Inf)* Iterationsschritt *m* ‖ ~ **кадра** *(Kine, Photo)* Bildschritt *m* ‖ ~ **катушки** *(El)* Spulenschritt *m* ‖ ~ **квантования** *(Nrt)* Quantisierungsschritt *m* ‖ ~ **колонн** *(Bw)* Stützenabstand *m* ‖ ~/**конструктивный** *(Schiff)* Konstruktionssteigung *f (Propeller)* ‖ ~ **крепи** *(Bgb)* Baubstand *m (Ausbau)* ‖ ~/**крупный** große (grobe) Steigung *f* ‖ ~/**малый (мелкий)** kleine (feine) Steigung *f* ‖ ~ **местных выступов профиля** *(Meß)* örtlicher Rillenabstand *m*, Teilung *f* örtlicher Kuppen *(Rauheitsmessung)* ‖ ~ **местных выступов профиля/средний** örtlicher Rillenabstand *m (horizontale Kenngröße der Rauheit)* ‖ ~ **накатки** *(Masch)* Rändelteilung *f* ‖ ~ **наполнения** Füllschritt *m (Behältermessung von Flüssigkeiten)* ‖ ~ **насечки** *(Wkz)* Hiebteilung *f (Feile)* ‖ ~ **неровностей профиля** *(Meß)* Rillenabstand *m (Rauheitsmessung)* ‖ ~ **неровностей профиля/средний** mittlerer Rillenabstand *m* ‖ ~/**номинальный** *(Schiff)* nominelle Steigung *f (Propeller)* ‖ ~/**нормальный** *(Masch)* Normaleingriffsteilung *f (Zahnrad)*; Normalteilung *f*, Axialteilung *f*; Axialsteigung *f* ‖ ~/**основной 1.** *(Flg)* Grundsteigung *f (Luftschraube)*; 2. *s.* ~ **по основной окружности** ‖ ~/**основной окружной** *s.* ~ **по основной окружности** ‖ ~ **остряка** *(Eb)* Zungenanschlag *m*, Zungenendlage *f* ‖ ~/**отдельный** Einzelschritt *m* ‖ ~/**отрицательный** *(Flg)* negative Steigung *f (Luftschraube)* ‖ ~ **перерасации** *(Inf)* Adressenänderungsschritt *m* ‖ ~ **передвижки крепи** *(Bgb)* Ausbaufortschritt *m* ‖ ~ **перфорации** Lochabstand *m*, Perforationsschritt *m*, Perforationsteilung *f (z. B. von Filmen)* ‖ ~/**петельный** *(Text)* Maschenteilung *f* ‖ ~ **по основной окружности** Grund[kreis]teilung *f (Zahnrad)* ‖ ~ **поворота [искателя]** *s.* ~/**вращательный** ‖ ~ **подъёма** *s.* ~/**подъёмный** ‖ ~/**подъёмный** *(Nrt)* Hebschritt *m*, Hubschritt *m (Wähler)* ‖ ~/**полюсный** *(El)* Polteilung *f* ‖ ~ **посадки** *(Lw)* Setzweite *f (von Pflanzmaschinen)* ‖ ~ **поступания** *s.* период трансляции *(Inf)* ‖ ~/**пробный** Probeschritt *m (Optimierung)* ‖ ~ **программы** *(Inf)* Programmschritt *m* ‖ ~ **пупинизации** *(Nrt)* Spulenfeldlänge *f*, Spulenabstand *m* ‖ ~/**рабочий** Arbeitsschritt *m* ‖ ~/**реверсивный** *(Flg)* Bremsstellung *f (Luft-*

schraube) ‖ ~/**регулируемый** *(Flg)* regelbare Steigung *f (Verstelluftschraube)* ‖ ~/**результирующий** resultierender Schritt *m*, Gesamtschritt *m* ‖ ~ **резьбы** *(Masch)* Gewindesteigung *f*, Ganghöhe *f*; Gewindeteilung *f* ‖ ~ **резьбы винта** Schraubengang *m* ‖ ~ **решётки** *(Krist)* Gitterabstand *m* ‖ ~ **рисунка протектора** Profilteilung *f*, Protektorteilung *f (Kfz-Reifen)* ‖ ~ **сетки частот** *(Nrt)* Frequenz[raster]schritt *m* ‖ ~ **скрутки** *(El, Nrt)* Drallänge *f*, Schlaglänge *f*, Verseilschlaglänge *f* ‖ ~ **сложения** *(Inf)* Addierschritt *m* ‖ ~ **таблицы** *(Inf)* Tafelschritt *m* ‖ ~/**торцовый** *(Masch)* Stirn[eingriffs]teilung *f (Zahnrad)* ‖ ~/**торцовый основной** Grundkreisteilung *f* im Stirnschritt *(Zahnrad)* ‖ ~/**угловой** *(Masch)* Teilwinkel *m (bezieht sich auf Stirneingriffsteilung eines Zahnrads)* ‖ ~ **ходового винта** *(Wkzm)* Leitspindelsteigung *f (Drehmaschine)* ‖ ~ **цепи** Kettenteilung *f* ‖ ~/**цифровой** Ziffernschritt *m*, Digitschritt *m* ‖ ~ **челноков** *(Text)* Schützenteilung *f (Weberei)* ‖ ~ **черпаковой цепи** Eimerkettenteilung *f (Eimerkettenschwimmbagger)* ‖ ~/**эффективный** *(Schiff)* virtuelle Steigung *f (Propeller)*
шагами schrittweise
шаговый Schritt...
шагомер *m* 1. Steigungsprüfer *m*, Steigungsprüfgerät *n*, Steigungsmeßgerät *n (Gewinde)*; 2. Teilungsmeßgerät *n (Zahrad)*; 3. Schrittzähler *m* ‖ ~ **для измерения окружного шага** Teilkreisteilungsmeßgerät *n (Zahnrad)* ‖ ~ **для измерения основного шага** Grundkreisteilungsmeßgerät *n (Zahnrad)* ‖ ~/**индикаторный** Steigungsprüfgerät *n* mit Feinzeiger *(Gewinde)*
шайба *f* 1. *(Masch)* Scheibe *f*, Unterlegscheibe *f*; 2. *(El)* Scheibenkondensator *m* ‖ ~/**вставная** *(Masch)* Einsatzscheibe *f* ‖ ~/**дроссельная** *(Masch)* Drosselblende *f* ‖ ~/**замыкающая** *(Masch)* Abschlußring *m* ‖ ~/**запорная** *(Masch)* Verschlußscheibe *f* ‖ ~/**защитная** *(Masch)* Deckscheibe *f (Wälzlager)* ‖ ~/**изоляционная** *(El)* Isolierscheibe *f*, Isolationsscheibe *f* ‖ ~/**качающаяся** *(Masch)* Taumelscheibe *f* ‖ ~/**квадратная** *(Masch)* Vierkantscheibe *f* ‖ ~/**клиновидная** *(Masch)* Keilscheibe *f* ‖ ~/**колеблющаяся** *(Masch)* Pendelscheibe *f*, pendelnde Scheibe *f* ‖ ~/**контактная** *(El)* Kontaktscheibe *f* ‖ ~/**кривошипная** *(Masch)* Kurbelscheibe *f* ‖ ~/**кулачковая (кулачная)** *(Masch)* Nockenscheibe *f*, Kurvenscheibe *f*; Nocken *m* ‖ ~/**нажимная** Druckscheibe *f* ‖ ~/**нитенатяжная** *(Text)* Fadenspanner *m (Doppelzylinder-Strumpfautomat)* ‖ ~/**опорная** *(Masch)* Druckscheibe *f* ‖ ~/**подкладная** Unterlegscheibe *f* ‖ ~/**препарационная** *(Text)* Präparationsscheibe *f*, Präparationsgalette *f (Chemiefaserherstellung)* ‖ ~/**промежуточная** *(Masch)* Zwischenscheibe *f* ‖ ~/**промежуточная многозубчатая** Zahnscheibe *f* ‖ ~/**пружинная** Federring *m*, Federscheibe *f* ‖ ~/**пружины** *(Kfz)* Federteller *m (Ventil)* ‖ ~ **с внутренним носом/стопорная** *(Masch)* Sicherungsblech *n* mit Innennase ‖ ~ **с внутренними зубцами/упругая зубчатая** *(Masch)* Zahnscheibe *f* mit Innenzähnen ‖ ~ **с лапками/стопорная** *(Masch)* Sicherungsblech *n* mit Lappen ‖ ~ **с лапкой/стопорный** *(Masch)* Sicherungsblech *n* mit einem Lappen ‖ ~ **с наружным носком/стопорный** *(Masch)* Sicherungsblech *n* mit Außennase ‖ ~ **с наружными зубцами/упругая зубчатая** *(Masch)* Zahnscheibe *f* mit Außenzähnen ‖ ~/**слюдяная** *(El)* Glimmerscheibe *f* ‖ ~/**стопорная** *(Masch)* Sicherungsblech *n* ‖ ~/**увлажняющая** *(Text)* Befeuchtungsgalette *f*, Befeuchtungsscheibe *f (Chemiefaserspinnerei)* ‖ ~/**уплотняющая** Dichtungsscheibe *f* ‖ ~/**упорная** *(Masch)* Begrenzungsscheibe *f*, Anschlagscheibe *f*; Druckscheibe *f*; Bordscheibe *f (Wälzlager)* ‖ ~/**упругая** *(Masch)* Federscheibe *f*, federnde Unterlegscheibe *f* ‖ ~/**упругая зубчатая** *(Masch)* Zahnscheibe *f* ‖ ~/**уравнительная** Ausgleichsscheibe *f* ‖ ~/**установочная** *(Masch)* Stellscheibe *f* ‖ ~ **с утолщением** *(Masch)* Warzenscheibe *f* ‖ ~/**фетровая** Filzscheibe *f* ‖ ~/**чёрная** *(Masch)* rohe Scheibe *f* ‖ ~/**четырёхгранная** Vierkantscheibe *f* ‖ ~/**чистая** *(Masch)* blanke Scheibe *f* ‖ ~/**эксцентриковая** *(Masch)* Exzenterscheibe *f*
шайбочка *f* Scheibchen *n*, kleine Scheibe *f*
шаланда *f (Schiff)* Prahm *m*, Schute *f* ‖ ~/**буровая** Bohrprahm *m* ‖ ~/**грузовая** Lastprahm *m*, Lastkahn *m* ‖ ~/**грунтоотвозная** Baggerschute *f* ‖ ~/**опрокидывающаяся грунтоотвозная** Kippbaggerschute *f* ‖ ~ **с глухим трюмом/грунтоотвозная** Baggerschute *f* mit nicht klappbarem Hopperraum ‖ ~ **с откидными днищевыми дверцами** Klappschute *f* ‖ ~ **с откидными лядами** Klappschute *f* ‖ ~/**саморазгружающаяся грунтоотвозная** selbstentladende Baggerschute *f*
шальштейн *m (Geol)* Schalstein *m*
шамозит *m (Min)* Chamosit *m*
шамот *m* 1. Schamotte *f*; 2. *(Gieß)* Schamottemehl *n* ‖ ~/**высокоогнеупорный** hochfeuerfeste Schamotte *f* ‖ ~/**глинозёмистый** Tonerdeschamotte *f* ‖ ~/**каолиновый** Kaolinschamotte *f* ‖ ~/**легковесный** Leichtschamotte *f* ‖ ~/**низкообожжённый** Schwachbrandschamotte *f* ‖ ~/**размельчённый** *(Gieß)* Schamottemehl *n* ‖ ~/**слабообожжённый** Schwachbrandschamotte *f*
шамот-легковес *m* Leichtschamotte *f*
шампанизация *f* Sektherstellung *f* ‖ ~ **вина бутылочным методом** Sektherstellung *f* nach dem Flaschengärverfahren ‖ ~ **вина резервуарным способом** Sektherstellung *f* nach dem Tankgärverfahren
шапка *f* Kappe *f* ‖ ~/**газовая** Gaskappe *f (einer erdölführenden Schicht)* ‖ ~ **изолятора** *(El)* Isolatorenkappe *f* ‖ ~/**ледниковая** *(Geol)* Eiskappe *f*, Gletscherkappe *f* ‖ ~/**полярная** *(Astr)* Polkappe *f (auf Planeten)* ‖ ~ **таблицы** *(Typ, Inf)* Tabellenkopf *m* ‖ ~ **формуляра** *(Inf)* Formularkopf *m*
шар *m* 1. *(Math)* Kugel *f*; 2. Ball *m (Signal; Navigation)* ‖ ~/**воздушный** Luftballon *m* ‖ ~/**вписанный** *(Math)* Inkugel *f* ‖ ~/**единичный** *(Math)* Einheitskugel *f* ‖ ~/**замкнутый** *(Math)* abgeschlossene Kugel *f* ‖ ~/**запальный** *(Kfz)* Glühkopf *m (Glühkopfmotor)* ‖ ~/**измерительный** Meßkugel *f* ‖ ~/**калильный** Kalikugel *s.* ~/**запальный** ‖ ~/**огненный** *(Kern)* Feuerball *m (Kernexplosion)* ‖ ~/**привязной воздушный** Fesselballon *m* ‖ ~/**светомерный** *s.* ~ Ульбрихта ‖

~/**сигнальный** (Schiff) Signalball m ‖ ~/**сигнальный анкерный** Ankerball m ‖ ~ **Ульбрихта** Ulbrichtsche Kugel f (Photometrie)
шаржир-машина f (Met, Schm) Chargiermaschine f, Ofenbeschickungsmaschine f
шар-зонд m (Meteo) Ballonsonde f, Radiosondenballon m
шарик m Kügelchen n; Granalie f ‖ ~/**жировой** Fettkügelchen n ‖ ~/**измерительный** Meßkugel f ‖ ~ **термометра** Thermometerkugel f
шариковинтовый (Masch) ... mit Kugelschraubtrieb [ausgestattet]
шарикоподшипник m (Masch) Kugellager n (Das Wort „Radial" bei den Radiallagern braucht nur vorgesetzt zu werden, wenn die Deutlichkeit des Ausdruckes dies erfordert. Der Zusatz „Axial" bei den Axiallagern ist stets vorzusetzen.) ‖ ~ **без канавки для вставления шариков** Kugellager n ohne Füllnut ‖ ~/**безжелобный** laufrillenloses Kugellager n ‖ ~/**двухрядный сферический** zweireihiges [Radial-]Kugellager n ‖ ~ **лёгкой серии** Kugellager n der leichten Reihe ‖ ~/**магнитный** [Radial-]Schulterkugellager n ‖ ~/**неразъёмный** selbsthaltendes Kugellager n ‖ ~/**несамоустанавливающийся** s. ~/**радиальный сферический** ‖ ~/**однорядный** einreihiges Kugellager n ‖ ~/**радиально-упорный** [Radial-]Schrägkugellager n ‖ ~/**радиально-упорный двухрядный** zweireihiges [Radial-]Schrägkugellager n ‖ ~/**радиально-упорный однорядный неразъёмный (неразборный)** einreihiges selbsthaltendes [Radial-]Schrägkugellager n ‖ ~/**радиальный** [Radial-]Rillenkugellager n ‖ ~/**радиальный несамоустанавливающийся** nichteinstellbares Radialkugellager n ‖ ~/**радиальный самоустанавливающийся** [Radial-]Pendelkugellager n ‖ ~/**радиальный сферический** [Radial-]Pendelkugellager n ‖ ~/**разъёмный** nicht selbsthaltendes Kugellager n ‖ ~/**разъёмный радиально-упорный** [Radial-]Schulterkugellager n ‖ ~ **с двумя защитными шайбами** Kugellager n mit zwei Deckscheiben ‖ ~ **с двухсторонним фетровым уплотнением** Kugellager n mit zwei Filzringen ‖ ~ **с желобчатыми дорожками качения/упорный** Axialrillenkugellager n ‖ ~ **с защитными шайбами/однорядный радиальный** einreihiges [Radial-]Rillenkugellager n mit Deckscheiben ‖ ~ **с канавкой для вставления шариков** Kugellager n mit Füllnut ‖ ~ **с одной защитной шайбой** Kugellager n mit einer Deckscheibe f ‖ ~ **с односторонним фетровым уплотнением** Kugellager n mit einem Filzring ‖ ~ **с фетровыми уплотнениями** Kugellager n mit Filzringen ‖ ~ **с самоустанавливающийся** Kugellager n mit Einstellring ‖ ~/**сферический** s. ~/**радиальный сферический** ‖ ~ **тяжёлой серии** Kugellager n der schweren Reihe ‖ ~/**упорный** Axialkugellager n, Spurkugellager n

шарнир m (Masch) Gelenk n, Scharnier n ‖ ~ **антиклинали** (Geol) Antiklinalachse f, Sattelachse f (einer Verfaltung) ‖ ~/**базовый** (Masch) Schultergelenk n (am IR mit Doppelgelenkarm) ‖ ~/**балансирный** (Bw) Pendelgelenk n ‖ ~/**болтовой** Bolzengelenk n ‖ ~ **в замке** (Bw) Schei-

telgelenk n ‖ ~ **в пятах** (Bw) Kämpfergelenk n ‖ ~ **в своде** (Bw) Scheitelgelenk n ‖ ~ **вильчатый** Gabelgelenk n ‖ ~ **Гука** Hookesches Gelenk n ‖ ~/**вращательный** Drehgelenk n ‖ ~/**замковый** (Bw) Scheitelgelenk n ‖ ~/**карданный** Kardangelenk n, Wellengelenk n, Kreuzgelenk n ‖ ~/**карданный листовой** Kreuzfedergelenk n ‖ ~/**кистевой** Handgelenk n (eines IR) ‖ ~/**коаксиальный** koaxiales Gelenk n ‖ ~/**крутильно-пружинный** Torsionsfedergelenk n ‖ ~/**ленточный** Gelenkband n ‖ ~/**листовой** Federgelenk n ‖ ~/**локтевой** Ellenbogengelenk n (eines IR) ‖ ~ **мульды** (Geol) Muldenlinie f, Muldenachse f ‖ ~ **на пятах** (Bw) Kämpfergelenk n ‖ ~/**опорный** (Bw) Auflagergelenk n; (Masch) Stützgelenk n ‖ ~/**плечевой** Schultergelenk n (eines IR) ‖ ~/**поворотный** Drehgelenk n (Roboter) ‖ ~/**промежуточный** Zwischengelenk n ‖ ~/**пружинный** Federgelenk n ‖ ~/**пятовый** (Bw) Kämpfergelenk n; (Masch) Fußlager n ‖ ~/**резино-металлический** (Kfz) Gummi-Metall-Gelenk n (Gleiskette) ‖ ~/**роликовый универсальный** Rollenkardangelenk n ‖ ~ **руки** Armgelenk n (eines IR) ‖ ~ **синклинали** (Geol) Muldenachse f (einer Verfaltung) ‖ ~/**синхронный** Gleichlaufgelenk n ‖ ~ **складки** (Geol) Faltenachse f (Sattel- bzw. Muldenachse) ‖ ~/**угловой** Winkelgelenk n ‖ ~ **цепи** Kettengelenk n ‖ ~/**шаровой** Kugelgelenk n

шарнирно-податливый (Bgb) gelenkig-nachgiebig (Ausbau)
шарнирно-сочленённый gelenkig verbunden
шарнирность f **крепи** (Bgb) Ausbaugelenkigkeit f
шарнирный gelenkig, Gelenk...
шаровидный s. **шаровой**
шаровка f Blindhacken n (z. B. Zuckerrüben)
шаровой kugelförmig, Kugel...
шарообразный s. **шаровой**
шарошка f Rolle f (Rollenbohrmeißel)
шарпи m (Schiff) Scharpie f; Knickspantbauweise f (Bootsbau)
шар-пилот m (Meteo) Pilotballon m ‖ ~/**радиолокационный** Radarballon m, Radarballonsonde f (zur Windmessung)
шарьяж m (Geol) Überschiebung f; Deckenüberschiebung f

шасси n 1. (Kfz) Fahrgestell n; 2. (Flg) Fahrwerk n, Fahrgestell n; 3. Gestell n, Untergestell n; 4. (TV, Rf) Chassis n, Grundplatte f ‖ ~/**вездеходное** (Kfz) geländegängiges Fahrgestell n ‖ ~/**велосипедного типа** (Flg) Tandemfahrwerk n, Tandemfahrgestell n ‖ ~/**выпущенное** (Flg) ausgefahrenes Fahrwerk n ‖ ~ **высокой проходимости** s. ~/**вездеходное** ‖ ~/**двухколёсное** (Flg) Zweiradfahrwerk n, Zweiradfahrgestell n ‖ ~/**длиннобазное** (Kfz) Langrahmenfahrgestell n ‖ ~/**колёсное** (Flg) Radfahrgestell n, Radfahrwerk n ‖ ~/**лыжное** (Flg) Landekufen fpl, Kufenfahrwerk n ‖ ~/**многоколёсное** (Flg) Vielradfahrwerk n ‖ ~ **на воздушной подушке** Luftkissenfahrwerk n ‖ ~/**неубирающееся** (Flg) nichteinziehbares (festes) Fahrwerk (Fahrgestell) n ‖ ~/**низкорамное** (Kfz) Tiefladerfahrgestell n ‖ ~ **повышенной проходимости** s. ~/**вездеходное** ‖ ~/**поплавковое** (Flg)

шасси

Schwimm[fahr]werk *n*, Schwimmkufenfahrwerk *n* ǁ ~/**прицепное** *(Kfz)* Anhängerfahrgestell *n* ǁ ~ **с амортизацией** *(Flg)* Federbeinfahrwerk *n*, Federbeinfahrgestell *n* ǁ ~ **с гусеницами** *(Flg)* Gleiskettenfahrwerk *n*, Gleiskettenfahrgestell *n* ǁ ~ **с носовым (передним) колесом** *(Flg)* Bugradfahrwerk *n*, Bugradfahrgestell *n* ǁ ~ **с хвостовым колесом** *(Flg)* Heckradfahrwerk *n*, Heckradfahrgestell *n* ǁ ~/**самоходное** *(Kfz, Bw, Lw)* Geräteträger *m* ǁ ~/**сбрасываемое** *(Flg)* abwerfbares Fahrwerk (Fahrgestell) *n* ǁ ~/**трёхколёсное (трёхстоечное)** *(Flg)* Dreibeinfahrwerk *n*, Dreibeinfahrgestell *n* ǁ ~/**убирающееся** *(Flg)* Einziehfahrwerk *n*, Einziehfahrgestell *n*, einziehbares Fahrwerk (Fahrgestell) *n*
шасталка *f (Lw)* Entgranner *m (Dreschmaschine)*
шатировка *f* Schattierung *f*
шатровый dachförmig
шатун *m (Masch)* Pleuel *m*; Pleuelstange *f*, Schubstange *f* ǁ ~/**ведущий** Treibstange *f*, Triebstange *f (Lok)* ǁ ~/**вильчатый** Gabelpleuel *m*; Gabelpleuelstange *f* ǁ ~/**главный** Hauptpleuel *m*
шахматный schachbrettartig; versetzt, Versatz...; Staffel...; Zickzack...
шахта *f* 1. Schacht *m*; 2. *(Bgb)* Schacht *m*, Schachtanlage *f*; Grube *f*; Bergwerk *n* ǁ ~ **вагранки** *(Gieß)* Kupolofenschacht *m* ǁ ~/**вентиляционная** 1. *(Bw)* Entlüftungsschacht *m* ǁ ~/**воздушная** Luftschacht *m* ǁ ~/**волочильная** *(Glas)* Zieh[maschinen]schacht *m* ǁ ~/**всасывающая** Ansaugschacht *m* ǁ ~/**вытяжная** Abluftschacht *m*; Absaugschacht *m*; Abzugschacht *m* ǁ ~/**газовая** *(Bgb)* gasgefährdete Grube *f* ǁ ~/**грузовая** Ladeschacht *m* ǁ ~ **доменной печи** *(Met)* Hochofenschacht *m* ǁ ~/**заброшенная** stillgelegtes (auflässiges) Bergwerk *n* ǁ ~/**замораживающая** *(Bgb)* Gefrierschacht *m* ǁ ~/**затопленная** *(Bgb)* ersoffene Grube *f* ǁ ~/**кабельная** Kabelschacht *m* ǁ ~/**конвективная** konvektiver Schacht *m (Feuerungstechnik)* ǁ ~/**котельная** *(Schiff)* Kessel[raum]schacht *m* ǁ ~ **лифта** Aufzugschacht *f*, Fahrstuhlschacht *m* ǁ ~/**машинная** *(Schiff)* Maschinen[raum]schacht *m* ǁ ~ **машинного отделения** *s.* ~/**машинная** ǁ ~/**насосная** Pumpenschacht *m*, Pumpengrube *f* ǁ ~/**обдувательная (обдувочная)** *(Text)* Anblasschacht *m* ǁ ~/**опасная по газу** *(Bgb)* gasgefährdete Grube *f* ǁ ~ **печи** *(Met)* Ofenschacht *f* ǁ ~/**подъёмная** Förderschacht *m* ǁ ~/**приёмная** Einfallsschacht *m* ǁ ~/**прядильная** *(Text)* Spinnschacht *f* ǁ ~/**пусковая** *(Rak)* Startschacht *f* ǁ ~/**разведочная** *(Bgb)* Schürfschacht *f* ǁ ~/**расширительная** *(Schiff)* Ausdehnungsschacht *m*, Expansionsschacht *f* ǁ ~/**световая** *(Bw)* Lichtschacht *m* ǁ ~/**спасательная** *(Bgb)* Rettungsschacht *m* ǁ ~/**уравнительная** *(Hydt)* Schachtwasserschloß *m* ǁ ~/**формирующая** *(Text)* Fallschacht *m* ǁ ~ **холодильника** Kühlerschacht *m (Dieselok)*
шахтный *(Bgb)* Schacht..., Gruben...
шахтостроение *n (Bgb)* Schachtbau *m*
шахтостроительство *n (Bgb)* Schachtbau *n*
шашка *f* 1. Blöckchen *n*, Klötzchen *n*, Würfel *m*; 2. *(Met)* Stangenabschnitt *m*, Rohling *m (beim Ziehen von Stangen)*; 3. *(Mil)* Pulverkörper *m*, Pulverstange *f*

швабра *f (Schiff)* Schwabber *m*, Decksschwabber *m*, Dweil *m*
швартов *m (Schiff)* Festmacher *m*, Festmacherleine *f* ǁ ~/**кормовой** achtere Querleine (Dwarsleine) *f* ǁ ~/**кормовой продольный** Achterleine *f* ǁ ~/**носовой** Vorleine *f* ǁ ~/**носовой прижимной** vordere Querleine (Dwarsleine) *f* ǁ ~/**носовой продольный** Vorleine *f* ǁ ~/**прижимной** Querleine *f*, Dwarsleine *f*
швартовать 1. *(Schiff)* anlegen, festmachen; 2. *(Flg)* verankern
швартовка *f* 1. *(Schiff)* Anlegen *n*, Festmachen *n*; 2. *(Schiff)* Vertäuen *n*; 3. *(Flg)* Verankern *n*, Verankerung *f* ǁ ~ **бортом к борту** *(Schiff)* Längsseitsgehen *n*, Längsseitsanlegen *n*
швартовный *(Schiff)* 1. Verhol..., Vertäu...; 2. Festmach...
швар[т]цит *m (Min)* Schwa[t]zit *m*, Hermesit *m*, Quecksilberfahlerz *n*
швейный *(Text)* Konfektions...
швеление *n* Schwelen *n*, Verschwelung *f*, Tieftemperaturverkokung *f*, Halbverkokung *f*
швелевать [ver]schwelen
швеллер *m (Met, Bw)* U-Stahl *m*, U-Träger *m*
швельгаз *m (Ch)* Schwelgas *n*
швелькокс *m* Schwelkoks *m*, Halbkoks *m*, Tieftemperaturkoks *m*
швельшахта *f* Schwelschacht *m*
шверт *m* Schwert *n*, Kielschwert *n (Jolle)*
швертбот *m* Schwertboot *n*, Jolle *f*
швицевание *n (Led)* Schwitzen *n*, Schwitze *f*
швоуловитель *m (Text)* Nahtwächter *m*
ШВП *s.* **пара/шариковая винтовая**
швырялка *f (Lw)* Wurfförderer *m*, Schleuder *f*; Schleuderförderer *m* ǁ ~/**картофельная** Schleuderradroder *m*, Breitwurfroder *m (Kartoffelerntemaschine)*
ШД *s.* 1. **шина данных**; 2. **двигатель/шаговый**
шевер *m (Wkz)* Schabwerkzeug *n*, Schaber *m* ǁ ~/**дисковый** Schabrad *n* ǁ ~/**плоский (реечный)** Schabzahnstange *f*, Schabkamm *m* ǁ ~/**червячный** Schab[e]schnecke *f*
шевер-колесо *m (Wkz)* Schabrad *n*
шевер-рейка *m s.* **шевер/реечный**
шевер-червяк *m (Wkz)* Schab[e]schnecke *f*
шевер-шестерня *m (Wkz)* Schab[zahn]rad *n*
шевингование *n (Fert)* Schaben *n*, Zahnschaben *n* ǁ ~/**абразивное** Schleifschaben *n* ǁ ~/**диагональное** Schrägschaben *n* ǁ ~/**зубчатых колёс** Zahnradschaben *n* ǁ ~ **зубьев** *s.* ~ **зубчатых колёс** ǁ ~/**поперечное** Querschaben *n* ǁ ~/**продольное** Parallelschaben *n* ǁ ~/**тангенциальное** Tangentialschaben *n*
шеврет *m* Chevrette[leder] *n*
шевро *n* Chevreauleder *n*
шевронный Pfeil..., pfeilverzahnt *(Zahnräder)*
шед *m* 1. *(Kern)* Shed *n (SI-fremde Einheit des Wirkungsquerschnitts)*; 2. *(Bw)* Schutzdach *n*, Wetterdach *n*; 3. *(Bw)* Sheddach *n*, Sägedach *n*
шеелит *m (Min)* Scheelit *n*, Tungstein *m*, Scheelerz *n*, Scheelspat *m*
шейка *f* 1. Hals *m*, Einschnürung *f*; 2. *(Masch)* Zapfen *m*, Halszapfen *m* ǁ ~/**базовая** *(Masch)* Basiszapfen *m* ǁ ~ **вала** *(Masch)* Wellen[lauf]zapfen *m*; Lagerzapfen *m* ǁ ~ **вала/свободная**

freier Wellenstumpf m ‖ ~ **валка** *(Wlz)* Walzen[lauf]zapfen m, Laufzapfen m ‖ ~ **камеры** *(Bgb)* Kammerhals m ‖ ~ **колена** *(Masch)* Kurbelzapfen m *(der Kurbelwelle)* ‖ ~ **коленчатого вала/коренная** *(Kfz)* Lagerzapfen m *(der Kurbelwelle)* ‖ ~ **коленчатого вала/шатунная** s. ~/шатунная ‖ ~/**коренная** 1. *(Masch)* Grund[lager]zapfen m; 2. *(Kfz)* Wellenzapfen m, Lagerzapfen m *(der Kurbelwelle)* ‖ ~ **оси** *(Eb)* Achsschenkel m ‖ ~ **остряка** *(Eb)* Zungensteg m *(Weiche)* ‖ ~ **прокатного валка** *(Wlz)* Walzenzapfen m, Laufzapfen m ‖ ~/**рабочая** *(Masch)* Laufzapfen m ‖ ~/**резьбовая** *(Masch)* Gewindezapfen m ‖ ~/**рельса** *(Eb)* Schienensteg m, Steg m ‖ ~/**средняя** *(Masch)* Mittel[lager]zapfen m ‖ ~ **ствола** *(Bgb)* Schachtkragen m ‖ ~ **трубки** *(Eln)* Röhrenhals m, Kolbenhals m ‖ ~/**шатунная** Pleuelzapfen m, Hubzapfen m *(der Kurbelwelle von Verbrennungsmotoren; Hubkolbenverdichter)* ‖ ~ **штепселя** *(El)* Stöpselhals m
шёлк m *(Text)* Seide f ‖ ~/**ацетатный** Acetatseide f ‖ ~/**вискозный** Viskoseseide f ‖ ~/**воздушный** Leichtseide f, Luftseide f ‖ ~/**кручёный** Seidenzwirn m, gezwirnte Seide f ‖ ~/**натуральный** Naturseide f ‖ ~/**неотваренный** Ecruseide f ‖ ~/**отваренный** Cuitseide f, entbastete Seide f ‖ ~/**сырой** Rohseide f, Bastseide f ‖ ~/**утяжелённый** beschwerte (chargierte) Seide f
шёлковин[к]а f *(Text)* Kokonfaden m; Seidenfaden m
шелководство n Seidenbau m, Seidenkultur f, Seidenraupenzucht f
шелкография f Siebdruck m *(Leiterplattenherstellung)*
шёлкокручение n Seidenzwirnerei f
шёлкопрядение n Seidenspinnerei f
шёлкопрядильня f Seidenspinnerei f *(Betrieb)*
шёлкоткачество n Seidenweberei f *(Textilfach)*
шёлк-сырец m s. шёлк/сырой
шеллак m Schellack m
шелушение n 1. Abblättern n, Abschuppung f, Desquamation f; 2. Enthülsen n, Schälen n ‖ ~ **горных пород** *(Geol)* Abschuppung f, Desquamation f *(des Gesteins)*
шелушить enthülsen, schälen
шелушиться abblättern, schuppen
шелыга f *(Bw)* Scheitel m *(Gewölbe, Bogen)* ‖ ~ **свода** Gewölbescheitel m, Gewölbeschluß m
шельтердек m *(Schiff)* Shelterdeck n, Schutzdeck f
шельтердечный *(Schiff)* Schutzdeck[er]..., Shelterdeck[er]...
шельф m 1. *(Geol)* Schelf m; 2. *(Schiff)* Horizontalträger m, waagerechter Träger m *(an Schotten)* ‖ ~/**континентальный** Festlandsockel m
шенит m *(Min)* Schönit m *(Salzmineral)*
шеннон m Shannon n *(SI-fremde Einheit der Informationsmenge)*
шепинг m s. станок/поперечно-строгальный
шерардизация f Sherardisieren n, Diffusionsverzinkung f
шерл m *(Min)* Schörl m *(schwarzer Turmalin)*
шерохование n *(Gum)* Rauhen n, Aufrauhen n
шероховатость f Rauhigkeit f, Rauheit f ‖ ~/**относительная** Rauhigkeitsverhältnis n ‖ ~/**поперечная** Querrauhigkeit f *(bearbeiteter Flächen)* ‖ ~/**продольная** Längsrauhigkeit f *(bearbeiteter Flächen)* ‖ ~/**рёберная** Kantenrauhigkeit f ‖ ~ **русла** *(Hydrol)* Bettrauhigkeit f ‖ ~/**средняя** Mittenrauhwert m
шероховатый 1. rauh, uneben; krispelig; 2. griffig; 3. zottig, wollig; 4. *(Text)* genarbt
шероховка f s. шерохование
шерстинка f Wollhaar n
шерстистость f *(Text)* Wolligkeit f
шерстоведение n Wollfachkunde f
шерстомойка f 1. Wollwäscherei f *(Vorgang)*; 2. Wollwäsche f *(Maschine)*
шерстопрядение n Wollspinnerei f ‖ ~/**аппаратное** Wollspinnerei f, Streichwollspinnerei f ‖ ~/**гребенное (камвольное)** Kammgarnspinnerei f, Kammwollspinnerei f ‖ ~/**суконное** Wolltuchspinnerei f
шерстоткачество n Wollweberei f *(Textilfach)*
шерсть f *(Text)* 1. Wolle f *(z. B. vom Schaf)*; Haar n *(z. B. von Ziegen)*; 2. Wollgarn n; 3. Wollstoff m ‖ ~ **ангорской козы** Angorawolle f, Mohairwolle f ‖ ~/**аппаратная** Streichwolle f ‖ ~/**верблюжья** Kamelhaar n ‖ ~/**гребенная** Kammwolle f ‖ ~/**грубая** grobe (dichthaarige, harsche) Wolle f ‖ ~/**древесная** Holzwolle f ‖ ~/**жирная** Schweißwolle f, Fettwolle f, ungewaschene Wolle f ‖ ~/**заводская овечья** Gerberwolle f ‖ ~/**камвольная** s. ~/гребенная ‖ ~/**козья** Ziegenhaar n ‖ ~/**конская** Roßhaar n ‖ ~/**коровья** Rinderhaar n ‖ ~/**мериносовая** Merinowolle f ‖ ~/**минеральная** Mineralwolle f ‖ ~/**немытая** s. ~/жирная ‖ ~/**овечья** Schafwolle f ‖ ~/**полугребенная** Halbkammwolle f ‖ ~/**поярковая** Lammwolle f ‖ ~/**регенерированная** regenierte Wolle f, Reißwolle f ‖ ~/**репейная** klettige (klettenhaltige) Wolle f, Klettenwolle f ‖ ~/**свалянная** verfilzte (strickige) Wolle f ‖ ~/**стеклянная** Glaswolle f ‖ ~/**стриженая** Scherwolle f, Schurwolle f, Schur f ‖ ~/**суконная** Tuchwolle f ‖ ~/**тонкая** Flaum m ‖ ~/**утильная** Reißwolle f ‖ ~/**ёсаная** reine Wolle f ‖ ~/**чистая** reine Wolle f ‖ ~/**шлаковая** Schlackenwolle f
шерсть-однострижка f *(Text)* Einschurwolle f
шерстяной wollen, Woll...
шест m Stange f, Stab m; Latte f ‖ ~/**гидрометрический** *(Hydrol)* Stabschwimmer m ‖ ~/**измерительный** Meßlatte f ‖ ~/**трассировочный** *(Geod)* Aussteckstab m, Absteckstab m
шестерённый, шестерёночный, шестеренчатый *(Masch)* Zahnrad..., Ritzel...
шестёрка f *(Wlz)* Sechserlage f, Sechserpack n, dreifach gedoppeltes Blech n
шестерня f *(Masch)* 1. Zahnrad n; 2. s. ~/малая ‖ ~ **вала** Wellenritzel m ‖ ~/**ведомая** 1. getriebenes Zahnrad n ‖ ~/**ведущая** *(Kfz)* Tellerrad n des Ausgleichgetriebes ‖ ~/**ведущая** Antriebsritzel m, Triebrad n, treibendes Zahnrad n ‖ ~/**винтовая** Schraubenrad n ‖ ~/**вытяжная** *(Text)* Verzugswechselrad n *(Streckwerk; Spinnerei)* ‖ ~/**газораспределительная** *(Kfz)* Nockenwellenantriebsrad n, Steuerrad n *(Verbrennungsmotor)* ‖ ~/**гипоидная** Hypoidzahnrad n ‖ ~/**коническая** Kegel[zahn]rad n; Kegelritzel n ‖ ~/**коническая шевронная** Pfeilkegelrad n ‖ ~/**консольная** fliegendes (fliegend gelagertes) Ritzel n ‖ ~/**коронная** Kronenrad n ‖ ~/**косозубая**

шестерня

Schrägzahnrad *n*, schrägverzahntes Rad *n* ‖ ~/**кулачковая** *(Kfz)* Nockenwellenrad *n* ‖ ~/**малая** Ritzel *n*, Zahnritzel *n*, Kleinrad *n* *(eines Zahnradpaares)* ‖ ~/**накидная** 1. Schwenkrad *n*; 2. Räderschwinge *f* *(Norton-Getriebe)* ‖ ~/**накладная** *s.* ~/**вытяжная** ‖ ~/**отмоточная** *(Text)* Abwinderad *n* ‖ ~/**паразитная** *s.* ~/**промежуточная** ‖ ~ **перебора** Vorgelegerad *n* ‖ ~/**планетарная** Planetenrad *n*, Umlaufrad *n* ‖ ~ **подачи** Vorschubritzel *n* ‖ ~/**полуосевая** *(Kfz)* Achswellenzahnrad *n* *(Ausgleichgetriebe)* ‖ ~ **привода** Antriebs[zahn]rad *n*; Antriebsritzel *n* ‖ ~ **привода веретён** *(Text)* Spindeltriebrad *n*, Spindelantriebsrad *n* ‖ ~/**промежуточная** Zwischen[zahn]rad *n* ‖ ~/**распределительная** *s.* ~/**газораспределительная** ‖ ~/**ресечная** Zahnstangenrad *n*/Zahnstangenritzel *n* ‖ ~ **рулевой передачи**/**ведущая** Lenkritzel *n* ‖ ~ **с внутренним зубчатым венцом** Zahnrad *n* mit Innenzahnkranz *(Umlaufgetriebe)* ‖ ~ **с торцовыми зубьями** Kronenrad *n* ‖ ~/**скользящая** Schieberad *n*; Schubzahnrad *n* ‖ ~/**сменная** Wechselrad *n* ‖ ~/**сменная крутильная** *(Text)* Drahtwechselrad *n*, Drehungswechselrad *n* ‖ ~/**сменная подъёмная** *(Text)* Wagenwechselrad *n*, Hubrad *n*, Steigrad *n* *(Spulenbankgetriebe der Vorspinnmaschine)* ‖ ~/**сопряжённая** gepaartes (zugeordnetes) Zahnrad *n*, Gegen[zahn]rad *n*; gepaartes (zugeordnetes) Ritzel *n*, Gegenritzel *n* ‖ ~/**ступенчатая** Stufenzahnrad *n* ‖ ~ **съёмного барабана** *(Text)* Zahnrad *n* der Abnehmerwalze, Abnehmerrad *n* *(Kastenspeiser)* ‖ ~ **съёмного барабана/сменная** *(Text)* Abnemerwechsel *m* *(Deckelkarde)* ‖ ~/**тарельчатая** Tellerrad *n* ‖ ~ **товарного валика (вальяна)** *(Text)* Warenbaumrad *n* *(Webstuhl)* ‖ ~/**ходовая** Gangrad *n*, Laufrad *n* ‖ ~ **холостого хода** Leerlaufrad *n* ‖ ~/**цевочная** Triebstockritzel *n* ‖ ~/**центральная** Sonnenrad *n*, Mittenrad *n*; Sonnenritzel *n* *(Umlaufgetriebe)* ‖ ~/**цепная** Kettenrad *n* ‖ ~/**цилиндрическая** Stirnrad *n* ‖ ~/**червячная** Schneckenrad *n* ‖ ~/**шевронная** Pfeilrad *n*

шестерня-вал *f (Masch)* Radwelle *f*; Wellenritzel *n*
шестерня-притир *f (Wkz)* Läppritzel *n*
шестерня-сателлит *f (Masch)* Umlaufrad *n*, Planeten[zahn]rad *n*
шестиатомность *f (Ch)* Sechsatomigkeit *f*; Sechswertigkeit *f*, Hexavalenz *f*
шестиатомный *(Ch)* sechsatomig; sechswertig, hexavalent
шестивалентный *(Ch)* sechswertig, hexavalent
шестигранник *m (Math)* Hexaeder *n*, regelmäßiger Sechsflächner *m*, Würfel *m* ‖ ~/**внутренний** Innensechskant *n* ‖ ~/**плоский** *(Wlz)* Schwedenoval *n* *(Kaliber)*
шестигранный 1. *(Math)* hexaedrisch, sechsflächig; 2. sechskantig, Sechskant- *(z. B. Schraubenkopf, Stahlprofil)*
шестидесятеричный *(Inf)* sexagesimal
шестизамещённый *(Ch)* hexasubstituiert
шестиокись *f (Ch)* Hexoxid *n*
шестиосновный *(Ch)* sechsbasig *(Säuren)*
шестиполюсный *(El, Eln)* sechspolig
шестиугольник *m (Math)* Hexagon *n*, Sechseck *n*
шестиугольный hexagonal, sechseckig

шестихлористый *(Ch)* ...hexachlorid *n*; Hexachlor...
шестичленный *(Ch)* sechsgliedrig
шестиэлектродный *(Eln)* mit sechs Elektroden, Sechselektroden..., Hexoden...
шестнадцатеричный *(Inf)* hexadezimal, sedezimal
шефферит *m (Min)* Schefferit *m* *(Pyroxen)*
шибер *m* Schieber *m*, Klappe *f (in Rohrleitungen, Öfen; s. a. unter* задвижка*)* ‖ ~/**входной** Eingangsschieber *m* ‖ ~/**выходной** Ausgangsschieber *m* ‖ ~/**запорный** Absperrschieber *m* ‖ ~/**перекидной** Stellklappe *f*, Umstellklappe *f* ‖ ~/**спускной** Ablaßschieber *m*
шизолит *m (Geol)* Schizolith *m*, Ganggefolge *n*
ШИМ *s.* **модуляция/широтно-импульсная**
шина *f* 1. Reifen *n*; Radreifen *m*; 2. *(El)* Schiene *f*, Sammelschiene *f*; *(Eln)* Bus *m*, Leitung *f* ‖ ~/**автомобильная** Kfz-Reifen *m*, Autoreifen *m* ‖ ~ **адресов** Adreßbus *m* ‖ ~/**анодная** Anodenstange *f*, Anodenschiene *f (Elektrolyse)* ‖ ~/**баллонная** Ballonreifen *m* ‖ ~/**бескамерная** schlauchloser Reifen *m* ‖ ~/**бесшумная** geräuscharmer Reifen *m* ‖ ~/**большегрузная** Schwerlastwagenreifen *m* ‖ ~/**велосипедная** Fahrradreifen *m* ‖ ~/**виртуальная адресная** virtueller Adreßbus *m* ‖ ~/**внешняя** externer Bus *m*, Externbus *m* ‖ ~/**внутренняя** interner Bus *m*, Internbus *m* ‖ ~/**внутренняя синхронная** interner Synchronbus *m* ‖ ~/**вспомогательная [сборная]** Hilfssammelschiene *f* ‖ ~/**входная** Eingangsbus *m* ‖ ~ **входных данных** Eingangsdatenbus *m* ‖ ~ **высокого давления** Hochdruckreifen *m* ‖ ~/**выходная** Ausgangsbus *m* ‖ ~ **выходных данных** Ausgangsdatenbus *m* ‖ ~/**генераторная [сборная]** Generatorsammelschiene *f* ‖ ~/**голая** *(El)* blanke Schiene *f* ‖ ~/**гоночная** Rennreifen *m* ‖ ~/**грузовая** LKW-Reifen *m* ‖ ~ **данных** Datenbus *m* ‖ ~/**двунаправленная** bidirektionaler Bus *m* ‖ ~/**диагностическая** Diagnosebus *m* ‖ ~ **для дорог и бездорожья** S+G-Reifen *m* ‖ ~ **для езды по грязи и снегу** M+S-Reifen *m* ‖ ~ **для легкового автомобиля** PKW-Reifen *m*, Personenkraftwagenreifen *m* ‖ ~/**заземляющая** *(El)* Erdungsschiene *f* ‖ ~ **заземления** Erdungsschiene *f* ‖ ~ **записи** Aufzeichnungsbus *m* ‖ ~/**информационная** Datenbus *m* ‖ ~/**камерная** Schlauchreifen *m* ‖ ~/**катодная** Kathodenbalken *m*, Kathodenschiene *f (Elektrolyse)* ‖ ~/**кодовая** Kodeschiene *f* ‖ ~/**колёсная** Radreifen *m* ‖ ~/**командная** Befehlsleitung *f* ‖ ~/**кордная** Kordreifen *m* ‖ ~/**локальная** Lokalbus *m* ‖ ~/**медная** *(El)* Kupferschiene *f* ‖ ~/**металлокордная** *(Kfz)* Stahlgürtelreifen *m*, Stahlkordreifen *m* ‖ ~/**микроЭВМ** Mikrorechnerbus *m* ‖ ~/**мотоциклетная** Motorradreifen *m* ‖ ~ **МЭК** IEC-Bus *m* ‖ ~/**накачанная** aufgepumpter Reifen *m* ‖ ~ **низкого давления** Niederdruckreifen *m* ‖ ~/**общая** Hauptbus *m*; Sammelschiene *f*, Sammelleitung *f* ‖ ~/**общая сборная** gemeinsame Sammelschiene *f* ‖ ~/**однонаправленная** unidirektionaler Bus *m* ‖ ~/**отрицательная сборная** negative Sammelschiene *f*, Minus-Sammelschiene *f* ‖ ~ **памяти** Speicherbus *m* ‖ ~ **питания** Speisestromschiene *f* ‖ ~/**пневматическая** Luftstreifen *m* ‖ ~ **под-**

станции/сборная Unterwerksammelschiene f ‖ ~/положительная сборная positive Sammelschiene f, Plus-Sammelschiene f ‖ ~ программного обеспечения Softwarebus m ‖ ~/разрядная Bitleitung f, Bitsammelschiene f ‖ ~/распределительная Verteilerschiene f ‖ ~/резиновая Gummireifen m ‖ ~ с грунтозацепами Reifen m mit Geländeprofil n, Hochstollenreifen m ‖ ~ с губчатой камерой Schaumgummireifen m ‖ ~/сборная (El) Sammelschiene f ‖ ~/сборная анодная Anodensammelschiene f, Anodenschluß m (NE-Metallurgie) ‖ ~/системная Systembus m ‖ ~/собирательная (El) Sammelschiene f ‖ ~/соединительная (El) Anschlußschiene f ‖ ~/словарная Datenwortbus m ‖ ~/спущенная Reifen m ohne Luft ‖ ~ среднего давления Mitteldruckreifen m ‖ ~/стандартная Einheitsbus m ‖ ~ станции/сборная Kraftwerkssammelschiene f ‖ ~ считывания Lesebus m ‖ ~/сырая Reifenrohling m ‖ ~/тактовая Takt[übertragungs]bus m ‖ ~/токоподводящая (El) 1. Stromschiene f; 2. Sammelschiene f ‖ ~/тракторная Schlepperreifen m ‖ ~/управляющая Steuerbus m, Steuerleitung f ‖ ~/физическая адресная physyscher Adreßbus m ‖ ~/холостая (El) unbelastete Schiene f, Leerschiene f ‖ ~/числовая Zahlenbus m
шина-баллон f Ballonreifen m
шина-сверхбаллон f Superballonreifen m
шина-эластик Elastikreifen m
шинка f (El) [kleine] Schiene f ‖ ~/медная Kupferband n
шинно-ориентированный (Inf) busorientiert
шинно-совместный (Inf) buskompatibel
шинопровод m (El) 1. Schienenkanal m; 2. Stromschienen fpl; 3. Sammelschienen fpl
шиноремонт m (Kfz) Reifeninstandsetzung f; Runderneuerung f
шины fpl (Kfz) Bereifung f ‖ ~/пневматические Luftbereifung f ‖ ~/сдвоенные doppelte Bereifung f, Zwillingsbereifung f
шип m 1. Dorn m; Nase f; Fahne f; 2. (Masch) Stirnzapfen m, Zapfen m (einer Welle); 3. Mitnehmerstein m; 3. (Bw) Zapfen m, Zinken m (Holzverbindungen) ‖ ~/вставной (Masch) kegeliger Stirnzapfen m mit Langloch für Querkeilbefestigung ‖ ~ крестовины кардана (Kfz) Gelenkkreuz[lager]zapfen m (Zapfenkreuzgelenk) ‖ ~/модельной (Gieß) Modelldübel m ‖ ~/шаровой (Masch) Kugelstirnzapfen m
шипение n (Ak) Zischen n
шипование n Bestiftung f (von Kesselrohren)
ширение n Strecken n, Streckung f; Verbreiterung f ‖ ~ тканей (Text) Breitstrecken n, Gewebestrecken n
ширилка f 1. (Text) Breitspannrahmen m; 2. (Gum) Spreizrolle f
ширина f 1. Breite f; Weite f; 2. (Ph) Wertbreite f (z. B. der Resonanz) ‖ ~/базы (Eln) Basisweite f (Halbleiter) ‖ ~ в свету lichte Weite f ‖ ~/врубовая (Bgb) Schrämbreite f ‖ ~/габаритная 1. Außenmaßbreite f; 2. (Eb) Lademaßbreite f ‖ ~ (Schiff) Breite f über alles (unter Einschluß aller festen seitlichen Anbauten) ‖ ~ дорожки Spurweite f (z. B. der Tonspur) ‖ ~/зазора Spaltbreite f ‖ ~ запирающего слоя (Eln) Sperrschicht-

breite f, Breite f der Raumladungszone ‖ ~ захвата 1. (Kern) Einfangbreite f; 2. (Lw) Arbeitsbreite f (von Maschinen); 3. (Bgb) Schrämbreite f ‖ ~/импульса (El) Impulsbreite f, Impulsdauer f ‖ ~ колеи (Eb) Spurweite f ‖ ~ колеи/нормальная Normalspurweite f (1435 mm) ‖ ~ линии s. ~ спектральной линии ‖ ~/наибольшая (Schiff) Breite f über alles (ohne seitliche feste Anbauten) ‖ ~/парциальная (Kern) partielle Weite f ‖ ~ по грузовой ватерлинии (Schiff) Breite f über Ladewasserlinie ‖ ~ по палубе (Schiff) Breite f über Deck ‖ ~ по шпангоутом (Schiff) Breite f auf Spanten ‖ ~ полосы (Rf) Bandbreite f ‖ ~ полосы видеочастот Videofrequenzbandbreite f ‖ ~ полосы пропускания Durchlaßbandbreite f ‖ ~ полосы частот (Rf) Frequenzbandbreite f ‖ ~ полосы частот канала (Rf) Kanalfrequenzbreite f ‖ ~ полосы шума Rauschbandbreite f ‖ ~ потенциального барьера (Eln) Potentialbreite f, Breite f des Potentialwalls, Barrierenbreite f ‖ ~ пограничного слоя (Eln) Grenzschichtbreite f, Grenzschichtdicke f ‖ ~ проборки (Text) Einzugsbreite f ‖ ~ проезжей части Fahrbahnbreite f ‖ ~ рабочего зазора Spaltbreite f ‖ ~/радиационная (Kern) Strahlungsbreite f ‖ ~/расчётная (Schiff) Breite f auf Spanten, Konstruktionsbreite f ‖ ~/регистровая (Schiff) Vermessungsbreite f ‖ ~ сброса [/горизонтальная] (Geol) [söhlige] Sprungweite f ‖ ~ спектральной линии Linienbreite f, Spektrallinienbreite f (Spektroskopie) ‖ ~/теоретическая s. ~/расчётная ‖ ~/эквивалентная (Astr) Äquivalentbreite f (bei Spektrallinien)
ширитель m (Text) Breithalter m, Breitstrecker m (Webstuhl)
ширить 1. [aus]breiten; 2. (Text) spannen
ширма f (Opt) Maske f; Schablone f
широковещание n Rundfunkübertragung f, Rundfunksendung f ‖ ~ на средних волнах Mittelwellenrundfunkübertragung f ‖ ~ по радио Hörrundfunkübertragung f ‖ ~/телевизионное Fernsehrundfunkübertragung f
широковещательный Rundfunk...
широкогорлый (Ch) weithalsig, Weithals... (Laborflaschen)
широкодиапазонный (Rf) 1. breitbandig, Breitband...; 2. Weitbereich..., Großbereich...
широкозахватный 1. (Bgb) Breitauffahrungs..., Breitschräm...; 2. (Lw) mit großer Arbeitsbreite, Breit...
широкоизлучатель m Breitstrahler m
ширококолейный (Eb) Breitspur..., breitspurig
широкополосность f Breitbandigkeit f, Breitbandeigenschaften fpl
широкополосный 1. (Rf) breitbandig, Breitband...; 2. (Met) Breitband... (Stahl)
широкополочный (Met, Bw) breitflanschig, Breitflansch... (Stahlträger)
широкопористый weitporig, großporig
широкослойность f (Forst) Breitringigkeit f (Jahresringe)
широкослойный (Forst) grobjährig, grobringig, weitringig
широкоугольный (Opt, Photo) Weitwinkel...
широкоуниверсальный (Wkzm) Universal... (Zusatz zur Maschinenbezeichnung)

широта f Breite f, Weite f; Spielraum m ‖ **~/астрономическая** s. ~/небесная ‖ **~/галактическая** (Astr) galaktische Breite f ‖ **~/гелиографическая** (Astr) heliographische Breite f (Sonne) ‖ **~/гелиоцентрическая** (Astr) heliozentrische Breite f ‖ **~/географическая** geographische Breite f ‖ **~/геоцентрическая** (Astr) geozentrische Breite f ‖ **~/магнитная** (Geoph) magnetische Breite f ‖ **~/небесная** (Astr) ekliptikale Breite f ‖ **~/планетографическая** (Astr) planetographische Breite f ‖ **~/северная** (Astr) nördliche Breite f ‖ **~/селенографическая** (Astr) selenographische Breite f (Mond) ‖ **~/средняя** (Astr) mittlere Breite f ‖ **~/фотографическая** (Photo) Belichtungsspielraum m (Sensitometrie) ‖ **~/фотометрическая** Helligkeitsumfang m ‖ **~/эклиптическая** s. ~/небесная ‖ **~ экспозиции** (Photo) Belichtungsumfang m ‖ **~/южная** (Astr) südliche Breite f
ширпотреб m Massenbedarfsgüter npl, Gebrauchsgegenstände mpl, Gegenstände mpl des täglichen Bedarfs
ширстрек m (Schiff) Schergang m
ширстречный (Schiff) Schergangs...
шит m (Gum) Sheet[kautschuk] m ‖ **~/копчёный (рифлёный)** geräucherter (geriffelter) Sheet m
шитьё f (Typ) Heften n, Heftung f, Heftarbeit f ‖ **~ без марли** gazelose Heftung f ‖ **~ блока нитками** Fadenblockheftung f ‖ **~ в край листов** s. ~ втачку ‖ **~ внакидку** Heftung f von außen nach innen ‖ **~ вразъём** Rückstichheftung f, Heftung f von innen nach außen ‖ **~ вручную** Handheftung f ‖ **~ втачку** seitliche Heftung f, Blockheftung f ‖ **~ двойной ниткой** Heftung f mit Doppelfaden ‖ **~ на марле** Heftung f auf Gaze ‖ **~ на шнурах** Heftung f auf Bindfaden ‖ **~ нитками** Fadenheftung f ‖ **~ нитками втачку** seitliche Fadenheftung f ‖ **~ нитками на марле** Fadenheftung f auf Gaze ‖ **~ параллельно краю** Längsheftung f ‖ **~ поперечно краю** Querheftung f ‖ **~ проволокой** Drahtheftung f ‖ **~ с сильной затяжкой** straffe Heftung f ‖ **~ термонитками** Fadensiegeln n ‖ **~ через фальц** Falzheftung f, Heftung f durch den Falz
шифер m (Bw) Schiefer m ‖ **~/асбоцементный** Asbestschiefer m ‖ **~/кровельный** Dachschiefer m
шифр m Kode m, Chiffre f ‖ **~ пользователя** (Inf) Benutzeranzeige f ‖ **~ устройства** (Inf) Gerätetypkode m
шифратор m Chiffrator m, Encoder m; Kodierer m, Kodiereinrichtung f ‖ **~/кодоимпульсный** Pulskodechiffrator m ‖ **~/приоритетный** Prioritätsencoder m
шифрование n Chiffrierung f, Verschlüsselung f, Kodierung f
шифтинг-бордс m (Schiff) Kornschott n, Getreideschott n
шихта f 1. (Met) Einsatz m, Satz m, Beschickung f, Beschickungsgut n, Gicht f, Möller m (Schachtofen); 2. (Met) Charge f (Herdschmelzofen); 3. (Schw) Füllung f (z. B. des Pulverdrahtes) ‖ **~/агломерационная** Sinter[gut]charge f (Hochofen) ‖ **~ вагранки** s. ~/ваграночная ‖ **~/ваграночная** Kupolofensatz m, Kupolofenbeschickung f ‖ **~/доменная** Hochofenmöller m, Möller m, Hochofensatz m, Hochofenbeschickung f, Hochofengicht f ‖ **~ из скрапа** Schrottcharge f ‖ **~/печная** Ofen[ein]satz m, Ofeneinsatzgut n, Ofengicht f, Ofencharge f ‖ **~/стекольная** (Glas) Gemengesatz m, Gemenge n, Glassatz m ‖ **~/чугунная** Roheisengicht f, Roheiseneinsatz m
шихтарник m (Met) Gichtboden m, Gichtbühne f
шихтование n (Met) Möllern n, Möllerung f, Gattieren n, Gattierung f ‖ **~ руд** Erzmöllern n, Erzmöllerung f
шихтовать (Met) möllern, gattieren
шихтовка f s. шихтование
шихтовочный (Met) Gattierungs...; Möller...; Beschickungs...; Gicht..., Begichtungs..., Chargier...
шихтовый s. шихтовочный
шишка f 1. (Gieß) Kern m (s. a. unter стержень 3.); 2. (Text) Fluse f (Faserverunreinigung) ‖ **~/глиняная** (Gieß) Lehmkern m
шкала f 1. Skala f (Stufenfolge, Reihe); 2. Skale f, Maßeinteilung f, Gradeinteilung f (an Meßgeräten); Maßstab m ‖ **~ абсолютных температур** absolute Temperaturskale f, Kelvin-Skale f ‖ **~ атомных весов** (Ph, Ch) Atomgewichtsskala f ‖ **~ атомных масс/физическая** physikalische Atommassenskala f ‖ **~ атомных масс/химическая** chemische Atommassenskala f ‖ **~ балльности** (Geoph) Intensitätsskala f ‖ **~/барабанная** Trommelskale f ‖ **~/биквадратная** biquadratische Teilung f, Skale f mit biquadratischer Teilung ‖ **~ Боме** Baumé-Skale f (Aräometerskale) ‖ **~ Бофорта** Beaufort-Skala f, Windstärkeskala f ‖ **~/верньерная** Noniusskale f ‖ **~ ветра** Windstärkeskala f ‖ **~ времени** Zeitskale f ‖ **~/вспомогательная** Hilfsteilung f ‖ **~/выгнутая** gebogene Skale f ‖ **~/геомагнитная хронологическая** geomagnetische [chronologische] Skala ‖ **~/гипсометрическая** (Geod) Höhenschichtskale f ‖ **~ глубины резкости** (Photo) Schärfentiefenskale f ‖ **~/градационная** (Typ) Tonwertskale f (Druckfarben) ‖ **~/градуированная** graduierte Skale f ‖ **~/грузовая** (Schiff) Ladeskale f, Lastenmaßstab m ‖ **~ давления** Druckskale f ‖ **~/дистанционная** Entfernungsskale f ‖ **~/дополнительная** Nebenskale f; Hilfsskale f ‖ **~/дуговая** Kreisbogenskale f ‖ **~ звёздных величин [/международная]** (Astr) [internationale] Helligkeitsskala f ‖ **~/зеркальная** spiegelunterlegte Skale f ‖ **~/измерительная** Meßskale f ‖ **~/индикаторная** Anzeigeskale f ‖ **~/квадратичная** quadratische Skale f, Skale f mit quadratischer Teilung ‖ **~ Кельвина** Kelvin-Skale f, thermodynamische Temperaturskale f (beginnend am absoluten Temperaturnullpunkt) ‖ **~/кодовая** kodierter Maßstab m ‖ **~/комбинированная** Verbundskale f ‖ **~/контрольная** (Typ) Kontrollstreifen m ‖ **~/контрольная цветная** (Typ) Farbprüftafel f ‖ **~/криволинейная** krummlinige Skale f ‖ **~/круговая** Kreisskale f; Teilscheibe f; Zifferblatt n ‖ **~/круговая штриховая** Teilkreis m ‖ **~ Кюри** Curiesche Temperaturskale f ‖ **~ лимба** Teilung f des Teilkreises ‖ **~/линейная** lineare (linear geteilte) Skale f ‖ **~/логарифмическая** logarithmische Skale f, Skale f mit logarithmischer Teilung ‖ **~/метражная** Entfernungsskale f ‖ **~ микро-**

структуры Gefügerichtreihe *f* ll ~ **Мооса** *(Fest)* Härteskala *f* nach Mohs, Mohs-Härteskala ll ~ **настройки** *(Rf)* Abstimmskale *f* ll ~/**нейтрально-серая** *(Photo)* neutrale Grauskala *f* ll ~/**нелинейная** nichtlineare Skale *f* ll ~/**неравномерная** ungleichmäßige Skale *f* ll ~/**нониусная** Noniusskale *f* ll ~/**основная** Hauptskale *f*; Hauptmaßstab *m (Meßgerät)* ll ~/**отградуированная** geeichte Skale *f* ll ~/**отсчётная** Skale *f*, Maßeinteilung *f*, Gradeinteilung *f* ll ~/**палеомагнитная** *(Geoph)* paläomagnetische Skala *f* ll ~/**поперечная** Quermaßstab *m* ll ~/**продольная** Längenmaßstab *m* ll ~/**пропорциональная** proportionale Skale *f* ll ~/**процентная** Prozentskale *f* ll ~/**прямая** gerade Skale *f* ll ~/**равномерная** gleichmäßige Skale *f*, Skale mit gleichmäßiger (linearer) Teilung ll ~ **радиоприёмника** Empfängerskale *f* ll ~/**растянутая** gedehnte Skale *f* ll ~/**рейтерная** Reiterskale *f (Waage)* ll ~ **Реомюра** Réaumur-Skale *f (Temperaturskale nach Réaumur)* ll ~/**светящаяся** Leuchtskale *f* ll ~/**сейсмическая** seismische Skala, Intensitätsskala *f* ll ~/**серая [градационная]** *(Typ)* Graukeil *m* ll ~/**серая ступенчатая** *(Typ)* Stufengraukeil *m* ll ~ **силы ветра** *s.* ~ **ветра** ll ~ **силы землетрясения** *s.* ~/**сейсмическая** ll ~ **со скрытым нулём** Skale *f* mit unterdrücktem Nullpunkt *(z. B. eines Fieberthermometers)* ll ~/**стеклянная** Glasskale *f*, Glasmaßstab *m* ll ~/**стоградусная** Celsius-Skale *f* ll ~ **твёрдости Мооса** *s.* ~ **Мооса** ll ~/**температурная** Temperaturskale *f* ll ~/**угловая** Winkelskale *f* ll ~/**угломерная** Winkelmeßteilung *f*, Winkelskale *f*, Teilstrichteilung *f* ll ~/**усадочная** *(Gieß)* Schwindmaßstab *m* ll ~/**установочная** Nachstellskale *f*; Einstellskale *f (Wägetechnik)* ll ~ **Фаренгейта** Fahrenheits-Skale *f (Temperaturskale nach Fahrenheit)* ll ~/**форматная** *(Typ)* Formatskale *f* ll ~ **цветных тонов** Farbtonskale *f* ll ~/**цветовая** *(Typ)* Farbkeil *m* ll ~ **цветового охвата** *(Typ)* Farbkarte *f* ll ~ **Цельсия** Celsius-Skale *f* ll ~/**частотная** Frequenzskale *f* ll ~/**штриховая** Strichskale *f*, Strichmaß[stab *m*] *n* ll ~ **MSK-64** *(Geoph)* MSK-64-Intensitätsskala *f*

шкалоноситель *m* Teilungsträger *m*
шкант *m* Fingerzapfen *m*, eingebohrter (eingestemmter) Dübel *m (stumpfgestoßene Holzverbindung)*
шкаторина *f (Schiff)* Liek *n (Segel)*
шкаф *m* Schrank *m*; Kammer *f* ll ~/**абсорбционный холодильный** Absorberkühlschrank *m* ll ~/**батарейный** *(Nrt)* Batterieschrank *m* ll ~ **блока питания** Stromversorgungsschrank *m* ll ~/**вакуумсушильный** Vakuumtrockenschrank *m* ll ~/**встроенный холодильный** Einbaukühlschrank *m* ll ~/**вытяжной** *(Ch)* Abzugsschrank *m* ll ~/**домашний холодильный** Haushaltskühlschrank *m* ll ~/**измерительный** Meßschrank *m* ll ~/**испытательный** Prüfschrank *m* ll ~/**кабельный распределительный** *(El, Nrt)* Kabelverteilerschrank *m*; Kabelverzweiger *m* ll ~/**компрессорный холодильный** Kompressorkühlschrank *m* ll ~/**несгораемый феуersicherer** Schrank *m* ll ~/**плиточный морозильный** Plattengefrierschrank *m* ll ~/**релейный** *(El)* Relaisschrank *m* ll ~ **с циркул**яцией воздуха/**сушильный** Umlufttrockenschrank *m* ll ~/**сушильный** Trockenschrank *m* ll ~/**холодильный** Kühlschrank *m*
шкаф-перегородка *m* Schranktrennwand *f*
шкаф-электрохолодильник *m* Elektrokühlschrank *m*
шквал *m (Meteo)* Bö *f*, Windbö *f*; Sturmbö *f* ll ~/**вихревой** Wirbelbö *f* ll ~/**грозовой** Gewitterbö *f* ll ~/**нисходящий** Fallbö *f* ll ~/**приземный** Bodenbö *f* ll ~/**снежный** Schneebö *f* ll ~/**ураганный** Orkanbö *f* ll ~/**фёновый** Föhnbö *f*
шквалистость *f* [ветра] *(Meteo)* Böigkeit *f*
шквалистый *(Meteo)* böig
шкворень *m (Masch)* Drehbolzen *m*, Kuppelbolzen *m*, Kupplungsbolzen *m*; *(Eb)* Drehzapfen *m (Lok, Wagen)* ll ~ **поворотного кулака** *(Kfz)* Achsschenkelbolzen *m* ll ~ **сцепления** *(Masch)* Kupplungszapfen *m*, Kupplungsbolzen *m* ll ~ **тележки** *(Eb)* Drehzapfen *m (des Drehgestells)*
шкентель *m (Schiff)* Läufer *m*, Stander *m* ll ~/**грузовой** Ladeläufer *m* ll ~/**спасательный** Manntau *n (Rettungsboot)*; Rettungsleine *f* ll ~ **топенанта** Hangerstander *m* ll ~ **траловой доски** Scherbrettstander *m (Schleppnetz)*
шкив *m (Masch)* 1. Scheibe *f*, Antriebsscheibe *f*; 2. Rolle *f* ll ~/**барабанный** Trommelscheibe *f* ll ~/**ведомый** getriebene Scheibe *f*, Abtriebsscheibe *f* ll ~/**ведущий** Treibscheibe *f*, Antriebsscheibe *f* ll ~/**врезной** *(Schiff)* Scheibgatt *n* ll ~/**выпуклый** [ремённый] ballig gedrehte Riemenscheibe *f* ll ~/**желобчатый** Rillenscheibe *f* ll ~/**заклинённый** Festscheibe *f* ll ~/**зубчатый** Zahn[riemen]scheibe *f* ll ~/**канатный** Seilscheibe *f* ll ~/**клинорёмённый** Keilriemenscheibe *f* ll ~/**конический** Kegel[riemen]scheibe *f* ll ~/**копровый** *(Bgb)* Seilscheibe *f (des Fördergerüstes)*, Turmrolle *f* ll ~/**многожелобчатый** Mehrrillenscheibe *f* ll ~/**многоступенчатый** [ремённый] mehrstufige Riemenscheibe *f* ll ~/**нагрузочный** Belastungsrolle *f* ll ~/**направляющий** Führungsscheibe *f*, Leitscheibe *f* ll ~/**натяжной** Spannscheibe *f* ll ~/**неразъёмный** [ремённый] ungeteilte Riemenscheibe *f* ll ~/**одножелобчатый** Einrillenscheibe *f* ll ~/**отклоняющий** Ablenkscheibe *f* ll ~/**плоскорёмённый** Flachriemenscheibe *f* ll ~/**приводной** Antriebs[riemen]scheibe *f*; Antriebstrommel *f*, Antriebsgurtscheibe *f (Gurtförderer)* ll ~/**проволочно-канатный** Drahtseilscheibe *f* ll ~/**рабочий** Arbeitsscheibe *f*, Lastscheibe *f* ll ~/**раздвижной** Spreizscheibe *f* ll ~/**разъёмный** [ремённый] geteilte Riemenscheibe *f* ll ~/**ремённый** Riemenscheibe *f* ll ~/**рифлёный тормозной** Rillenbremsscheibe *f* ll ~ **с закраинами** (рёбордами) Randscheibe *f*, Flanschscheibe *f* ll ~/**сопряжённый** gepaarte Riemenscheibe *f*, Gegenscheibe *f* ll ~/**ступенчатый** Stufenscheibe *f* ll ~/**тормозной** Bremsscheibe *f* ll ~/**трансмиссионный** Transmissionsscheibe *f* ll ~/**трения**/**многоканатный** Mehrseiltreibscheibe *f* ll ~/**фрикционный** Reibscheibe *f* ll ~/**холостой** Losscheibe *f*; Leerlaufscheibe *f* ll ~/**цилиндрический** [ремённый] zylindrische Riemenscheibe *f*
шкив-маховик *m* Schwungscheibe *f*
шкимушгар *m (Schiff)* Schiemannsgarn *n*

шкиперская f (Schiff) Bootsmannslast f, Bootsmannsstore m
шкиперский (Schiff) Bootsmanns..., Decks...
шкот (Schiff) 1. Schot f (Segelschiff); 2. Schotstander m (Lecksegel)
шкура f (Led) Haut f, Rohhaut f; Fell n; Decke f ǁ ~/**заполистая** abfällige Haut f ǁ ~/**комовая** [zu einem Klumpen] zusammengeballte Haut f ǁ ~/**мокросолёная** naßgesalzene (salzlakenkonservierte) Haut f ǁ ~/**неконсервированная** grüne Haut f ǁ ~/**палая** Haut f eines verendeten Tieres, Abdeckerhaut f ǁ ~/**парная** frische (grüne) Haut f ǁ ~/**плотная** kernige (füllige) Haut f ǁ ~/**пресносухая** ungesalzen getrocknete Haut f ǁ ~/**резная** Schlachthaut f ǁ ~/**сухосолёная** trockengesalzene (salztrockene) Haut f, Salzstrichhaut f ǁ ~/**тощая** leere (lederlose) Haut f ǁ ~/**тузлукованная** s. ~/**мокросолёная** ǁ ~/**шалажистая** leere Haut f (von im Spätwinter geschlachteten Schafen bzw. Ziegen)
шкурка f 1. Gewebe n, Leinen n; Papier n; 2. s. шкура ǁ ~/**абразивная** Schleifgewebe n, Schleifleinen n ǁ ~/**водостойкая (водоупорная)** wasserfestes Schleifgewebe n, Naßschleifgewebe n ǁ ~/**диагональная шлифовальная** Schleifdiagonalgewebe n ǁ ~ **каучука** (Gum) Kautschukfell n ǁ ~ **на бумаге (бумажной основе)/шлифовальная** Schleifpapier n ǁ ~ **на ткани (тканевой основе)/шлифовальный** Schleifgewebe n ǁ ~/**наждачная** Schmirgelgewebe n, Schmirgelleinen m; Schmirgelpapier n ǁ ~/**полировальная** Poliergewebe f, Polierfilz m, Schleifgewebe f für die Finishbearbeitung ǁ ~ **сырого каучука** (Gum) Kautschukfell n ǁ ~/**тканевая шлифовальная** Schleifgewebe n ǁ ~/**черновая** Schruppgewebe n; Schruppapier n ǁ ~/**чистовая** Schlichtgewebe n; Schlichtpapier n ǁ ~/**шлифовальная** Schleifgewebe n; Schleifpapier n
шлаг m (Schiff) Törn m (eines Seils um einen Poller), Schlag m
шлагбаум m (Eb) Schranke f, Schrankenbaum m ǁ ~/**автоматический** zugbediente Halbschranke f ǁ ~/**поворотный** Drehschranke f
шлак m (Met) 1. Schlacke f; 2. Abstrich m (NE-Metallurgie) ǁ ~/**белый** Fertigschlacke f, Einschmelzschlacke f (Elektrometallurgie) ǁ ~/**бессемеровский** Bessemer-Schlacke f, Konverterschlacke f ǁ ~/**ваграночный** Kupolofenschlacke f ǁ ~/**восстановительный** Reduktionsschlacke f, Desoxidationsschlacke f ǁ ~/**вторичный (второй)** Zweitschlacke f, Sekundärschlacke f ǁ ~/**вязкий** zähflüssige (strengflüssige) Schlacke f ǁ ~/**глинозёмистый** tonerdehaltige Schlacke f ǁ ~/**гранулированный** granulierte Schlacke f, Schlackengranulat n ǁ ~/**доменный** Hochofenschlacke f ǁ ~/**известково-кремнезёмистый** Kalk-Silikat-Schlacke f ǁ ~/**известково-магнезиальный** Kalzium-Magnesium-Schlacke f ǁ ~/**известковый** Kalkschlacke f ǁ ~/**карбидный** Carbidschlacke f (Elektrometallurgie) ǁ ~/**кислый** saure Schlacke f ǁ ~/**конвертерный** Konverterschlacke f, Birnenschlacke f ǁ ~/**конечный** Feinungsschlacke f, Endschlacke f ǁ ~/**котельный** Kesselschlacke f ǁ ~/**кремн[езём]истый** kieselsäurehaltige (siliciumhaltige) Schlacke f, Silikatschlacke f ǁ ~/**кричный** Fein-

schlacke f, Frischschlacke f, Garschlacke f ǁ ~/**кузнечный** Schmiedeschlacke f ǁ ~/**кусковатый** Stückschlacke f, Schmiedesinter m ǁ ~/**мартеновский** Siemens-Martin-Schlacke f, SM-Schlacke f ǁ ~/**медный** Kupferschaum m, Kupferschlacke f ǁ ~/**металлургический** Hüttenschlacke f ǁ ~/**наведённый** Zweitschlacke f, Sekundärschlacke f ǁ ~/**начальный** Erstschlacke f, Anfangsschlacke f, Primärschlacke f, Einschmelzschlacke f ǁ ~/**оборотный** Retourschlacke f ǁ ~/**окислительный** Oxidationsschlacke f, Frischschlacke f ǁ ~/**основной** basische Schlacke f ǁ ~/**отвальный** Absetzschlacke f, Haldenschlacke f ǁ ~/**пенистый** Schaumschlacke f ǁ ~/**перв[ичн]ый** s. ~/**начальный** ǁ ~/**печной** Ofenschlacke f ǁ ~/**раскислительный** Desoxidationsschlacke f ǁ ~/**сварочный** Schweißschlacke f ǁ ~/**свинцовый** Bleiabgang m, Abstrichblei n ǁ ~/**серый** 1. Rückstand m (Erzrösten); 2. s. ~/**начальный** ǁ ~/**силикатный** s. кремнезёмистый ǁ ~/**сырой** rohe Schlacke f ǁ ~/**томасовский** Thomas-Schlacke f ǁ ~/**угольный** Kohlenschlacke f ǁ ~/**цинковый** Zinkschaum m
шлакобетон m (Bw) Schlackenbeton m
шлакоблок m (Bw) Schlackenstein m
шлакование n Schlacken n; Verschlacken n, Verschlackung f
шлаковата f Schlackenwolle f
шлаковать (Met) schlacken; verschlacken
шлаковидный schlack[enart]ig
шлаковик m Schlackenfang m, Schlackensammler m; Schlackenkammer f, Schlackenkasten m
шлаковина f Schlackeneinschluß m, Schlackenstelle f (im Metall)
шлаковня f s. шлаковик
шлаковоз m Schlacken[transport]wagen m
шлаковыпор m (Gieß) Schlackenkopf m; Schaumkopf m
шлакодробилка f Schlackenbrecher m
шлаколоматель m Schlackenbrecher m
шлакообразование n Schlackenbildung f, Verschlackung f
шлакообразователь m Schlackenbildner m
шлакоотделение n s. шлакоудаление
шлакоотделитель m s. шлакоуловитель
шлакопортландцемент m (Bw) Hochofen[schlacken]zement m, Hüttenzement m
шлакосиликатцемент m (Bw) Schlackensilikatzement m
шлакоуборка f s. шлакоудаление
шлакоудаление n Abschlacken n, Entschlacken n, Entschlackung f, Schlackenabzug m, Ziehen n der Schlacke
шлакоуловитель m 1. (Met) Schlacken[ab]scheider m, Schlackenstau[er] m, Rinnenvertiefung f; 2. (Gieß) Schlackenfang m, Schlackenlauf m; 3. Vorherd m (Kupolofen)
шлакоустойчивость f Verschlackungsbeständigkeit f, Schlackenbeständigkeit f
шлакоустойчивый verschlackungsbeständig, schlackenbeständig
шлакоцемент m (Bw) Schlackenzement m ǁ ~/**доменный** Hochofen[schlacken]zement m
шлам m 1. Schlamm m; 2. tonhaltige Trübe f (Aufbereitung) ǁ ~/**абразивный** (Fert) Schleifschlamm m ǁ ~/**анодный** (El) Anodenschlamm

шлифование

m ‖ ~/**буровой** *(Bgb)* Bohrschmant *m* ‖ ~/**жидкий** Dünnschlamm *m* ‖ ~/**известковый** Kalkschlamm *m* ‖ ~/**камерный** Bleikammerschlamm *m* ‖ ~/**котловой** Kesselschlamm *m* ‖ ~/**рудный** Erzschlamm *m* ‖ ~/**сгущённый** Dickschlamm *m (Aufbereitung)* ‖ ~/**уплотнённый** Dickschlamm *m (Aufbereitung)* ‖ ~/**фильтровальный** Filterschlamm *m* ‖ ~/**электролитный** Elektrolytschlamm *m*
шламбассейн *m* Schlammsilo *m (Aufbereitung)*
шламоотделитель *m* Schlamm[ab]scheider *m*
шламопровод *m* Schlammleitung *f*
шламоудаление *n* Entschlammen *n*, Entschlammung *f*
шламоуловитель *m* Schlammfänger *m*, Schlammfang *m*, Schlammsammler *m*, Schlammbecken *n*
шламоуплотнитель *m* Schlammverdichter *m*
шламохранилище *n (Bgb)* Schlammteich *m*
шланг *m* 1. Schlauch *m*, Schlauchleitung *f*; 2. Schlange *f*, Schlangenrohr *n*; 3. *(Schw, El)* Hohlkabel *n* ‖ ~/**бронированный** Panzerrohrschlauch *m* ‖ ~/**буровой [промывочный]** *(Bgb)* Spülschlauch *m (Bohrung)* ‖ ~/**водопроводный (водяной)** Wasserschlauch *m* ‖ ~/**воздушный** Luftschlauch *m* ‖ ~/**всасывающий** Saugschlauch *m*, Unterdruckschlauch *m* ‖ ~/**гибкий** biegsamer (flexibler) Schlauch *m* ‖ ~/**закидный** *s*. ~/**всасывающий** ‖ ~/**молочный** *(Lw)* [langer] Milchschlauch *m (Melkmaschine)* ‖ ~/**напорный** Druckschlauch *m* ‖ ~ **переменного вакуума** *(Lw)* langer Pulsschlauch *m*, Pulsleitung *f (Melkmaschine)* ‖ ~/**пожарный** Feuerwehrschlauch *m*, Feuerlöschschlauch *m* ‖ ~/**резиновый** Gummischlauch *m*
шлангбалка *f (Schiff)* Schlauchdavit *m (Tankschiff)*
шлёвка *f* Schlaufe *f*
шлейф *m* 1. Schleife *f*; 2. *(El)* Schleife *f*, Leiterschleife *f*, Drahtschleife *f*; 3. *(El)* Meßschleife *f*; 4. *(Typ)* Überfalz *m*; 5. *(Hydt)* Schleppe *f*; 6. *(El, Bw)* Stichleitung *f* ‖ ~/**абонентский** *(Nrt)* Teilnehmerschleife *f* ‖ ~/**внутренний** innere Stichleitung *f* ‖ ~/**измерительный** *(El)* Meßschleife *f* ‖ ~/**кабельный** *(El)* Kabelschleife *f* ‖ ~/**контурный** *(El)* Kreisschleife *f* ‖ ~/**короткозамкнутый** *(El)* Kurzschlußschleife *f* ‖ ~ **настройки** *(El)* Abstimmschleife *f* ‖ ~/**параллельный** *(El)* Parallelstichleitung *f* ‖ ~/**полуволновой** *(El)* Halbwellenschleife *f*, λ/2-Schleife *f* ‖ ~/**реактивный** *(El)* Blindleitung *f* ‖ ~ **связи** *(El)* Koppelschleife *f*, Kopplungsschleife *f* ‖ ~/**симметрирующий** *(El)* Symmetrier[ungs]schleife *f* ‖ ~/**четвертьволновый** *(El)* Viertelwellenschleife *f*, λ/4-Schleife *f*
шлейф-антенна *f* Schleifenantenne *f*, Antenne *f* mit Faltdipol
шлейф-борона *f (Lw)* Ackerschleppe *f*, Ackerschleife *f*, Ackerschlichte *f*
шлейф-волокуша *f s.* шлейф-борона
шлейф-диполь *m* Schleifendipol *m*, Faltdipol *m*
шлейфование *n (Lw)* Abschleppen *n*, Schleppen *n*, Schleifen *n*, Bodenbearbeitung *f* mit der Ackerschleppe
шлейф-осциллограф *m (El)* Schleifenoszillograph *m*

шлем *m* 1. Helm *m*; 2. Helm *m*, Abzugshelm *m*, Abzugshaube *f* ‖ ~/**герметический (герметичный)** *(Raumf)* Druckhelm *m* ‖ ~/**защитный** Schutzhelm *m*; Sturzhelm *m* ‖ ~/**лётный** Flieger[kopf]haube *f* ‖ ~ **мотоциклиста** Motorradhelm *m* ‖ ~ **перегонного куба** *(Ch)* Helm[aufsatz] *m*, Blasenhelm *m* ‖ ~/**противоударный** Sturzhelm *m*, Schutzhelm *m*
шлемофон *m (Flg)* Kopfhaube *f (mit Kopfhörer und Kehlkopfmikrofon)*
шлеппер *m (Wlz)* Schlepper *m*, Schleppervorrichtung *f* ‖ ~/**канатный** Seilschlepper *m* ‖ ~/**поперечный** Querschlepper *m* ‖ ~/**реечный** Rechenschlepper *m* ‖ ~/**цепной** Kettenschlepper *m*
шлик *m*/**обожжённый свинцовый** Herdblei *n (NE-Metallurgie)*
шликер *m* 1. *(Ker)* Schlicker *m*; 2. Schlicker *m*, Abschöpfkrätze *f*, Schaum *m (NE-Metallurgie)*; 3. Aufschlämmung *f*, Schlicker *(Pulvermetallurgie)*; 4. *(Gieß)* Schlicker *m (Feingießverfahren)* ‖ ~/**глиняный** Tonschlicker *m* ‖ ~/**грунтовой** Grundemailschlicker *m* ‖ ~/**литейный** Gießschlicker *m (NE-Metallurgie)* ‖ ~/**медный** Kupferschaum *m*, Kupferschlicker *m (NE-Metallurgie)* ‖ ~/**покровный** Deckemailschlicker *m* ‖ ~/**сухой** bleiarmer Schlicker *m (NE-Metallurgie)*
шлипс *m (Erdöl)* Fangrutschenschere *f*, Gestängefangkrebs *m (Bohrung)* ‖ ~/**канатный** Seilfanggerät *n*
шлипсокет *m* Keilfänger *m (Erdölbohrgerät)*
шлир *m* Schliere *f*
шлирен-диафрагма *f (Opt)* Schlierenblende *f*
шлирен-камера *f (Photo)* Schlierenkammer *f*
шлирен-метод *m (Photo)* Schlierenverfahren *n*, Schlierenmethode *f*
шлирен-микроскоп *m* Schlierenmikroskop *n*
шлирен-микроскопия *f* Schlierenmikroskopie *f*
шлирен-оптика *f* Schlierenoptik *f*
шлирен-съёмка *f (Photo)* Schlierenaufnahme *f*
шлирен-фотография *f* Schlierenphotographie *f*
шлиф *m* 1. *(Wkst)* Schliffbild *n*, Schliff *m*, Schliffstück *n*, Schliffprobe *f (für die makro- oder mikroskopische Untersuchung vorbereiteter Probekörper)*; 2. *(Min)* Dünnschliff *m*, Schliff *m*; 3. *(Ch)* Schliff *m*, Schliffform *f (an gläsernen Laborapparaturen)* ‖ ~/**внутренний** *(Ch)* Schliffhülse *f* ‖ ~/**конусный** *(Ch)* Kegelschliff *m* ‖ ~/**косой** Schrägschliff *m* ‖ ~/**непрозрачный** *(Min)* Anschliff *m* ‖ ~/**нетравленный** *(Wkst)* ungeätzter Schliff *m* ‖ ~/**нормальный** *s.* ~/**стандартный** ‖ ~/**полированный** 1. *(Wkst)* polierter Schliff *m*; 2. *(Min)* Anschliff *m* ‖ ~/**поперечный** Querschliff *m* ‖ ~/**прозрачный** *(Min)* Dünnschliff *m* ‖ ~/**протравленный** *(Wkst)* geätzter Schliff *m* ‖ ~/**рудный** *(Min)* Erzanschliff *m*, Anschliff *m* ‖ ~/**стандартный** Normschliff *m* ‖ ~/**сферический** *(Ch)* Kugelschliff *m* ‖ ~/**тонкий** *(Wkst)* Dünnschliff *m*
шлифовальный Schleif...
шлифование *n (Fert)* Schleifen *n* ‖ ~/**абразивное** Schleifen *n* mit konventionellem Schleifmittel ‖ ~/**алмазное** Schleifen *n* mit Diamant[abrasivmittel] ‖ ~/**анодно-механическое** anodenmechanisches Schleifen *n* ‖ ~/**анодно-химическое** Elysierschleifen *n*, Elysieren *n* ‖ ~ **без охлаждения** Trockenschleifen *n*, Trockenschliff

шлифование

m ‖ ~/**бесцентровое** spitzenloses Schleifen *n*, Spitzenlos-Außenrundschleifen *n* ‖ ~ **в центрах** Außenrundschleifen *n* zwischen Spitzen ‖ ~/**внутреннее** *s.* ~/круглое внутреннее ‖ ~/**внутреннее бесцентровое** Spitzenlos-Innenrundschleifen *n* ‖ ~ **вогнутой фасонной поверхности** Hohlschleifen *n*, Hohlschliff *m* ‖ ~ **врезанием** Einstechschleifen *n* ‖ ~ **врезанием/внутреннее** Innenrund-Einstechschleifen *n* ‖ ~ **врезанием/наружное** Außenrund-Einstechschleifen *n* ‖ ~ **врезанием/наружное бесцентровое** Spitzenlos-Einstechschleifen *n* ‖ ~/**врезное** *s.* ~ врезанием ‖ ~ **выпуклой фасонной поверхности** Balligschleifen *n* ‖ ~/**глубинное** Tiefschleifen *n* ‖ ~/**грубое** Grobschleifen *n* ‖ ~ **до упора** Anschlagschleifen *n*, Schleifen *n* gegen den Anschlag ‖ ~/**затылочное** Hinterschleifen *n*, Hinterschliff *m* ‖ ~/**круглое** Rundschleifen *n* ‖ ~/**круглое внешнее** Außenrundschleifen *n* ‖ ~/**круглое внутреннее** Innenrundschleifen *n* ‖ ~/**круглое внутреннее бесцентровое** Spitzenlos-Innenrundschleifen *n* ‖ ~/**круглое наружное** Außenrundschleifen *n* ‖ ~/**кругое наружное бесцентровое** Spitzenlos-Außenrundschleifen *n* ‖ ~/**ленточное** Bandschleifen *n*, Bandschleifverfahren *n* ‖ ~/**многопроходное** Schleifen *n* in mehreren Durchgängen ‖ ~/**мокрое** Naßschleifen *n* ‖ ~ **на проход** Durchgangsschleifen *n (beim Außenrundschleifen)* ‖ ~ **на проход/бесцентровое** spitzenloses Durchlaufschleifen *n* ‖ ~/**наружное [круглое]** Außenrundschleifen *n* ‖ ~ **наружных конических поверхностей** Außenkegelschleifen *n* ‖ ~/**обдирочное** Schälschleifen *n*, Grobschleifen *n*, Schruppschleifen *n* ‖ ~/**однопроходное** Schleifen *n* in einem Durchgang ‖ ~/**окончательное** Fertigschleifen *n* ‖ ~/**отделочное** Fein[st]schleifen *n* ‖ ~/**отрезное** Trennschleifen *n* ‖ ~ **периферией** Umfangsschleifen *n*, Peripherieschleifen *n* ‖ ~ **периферией круга/плоское** Umfangsflachschleifen *n* ‖ ~/**периферийное** *s.* ~ периферией круга ‖ ~/**плоское** Flachschleifen *n*, Planschleifen *n* ‖ ~ **плоскостей** *s.* ~/плоское ‖ ~/**подрезное** *s.* ~ врезанием ‖ ~ **подшипников качения/внутреннее** Wälzlager-Innenrundschleifen *n* ‖ ~/**получистое** Halbschlichtschleifen *n* ‖ ~/**попутное** Gleichlaufschleifen *n* ‖ ~/**предварительное** Vorschleifen *n* ‖ ~/**притирочное** Läppschleifen *n* ‖ ~/**продольное** Längsschleifen *n* ‖ ~ **профилированным кругом/фасонное** Formschleifen *n* mit profilierter Schleifscheibe ‖ ~/**профильное глубинное** Profilschleifen *n*, Vollschnittschleifen *n* ‖ ~ **резьбы** Gewindeschleifen *n* ‖ ~ **с охлаждением** Kühlschleifen *n*, Schleifen *n* mit Kühlung (Kühlflüssigkeit) ‖ ~ **с поперечной подачей** Schleifen *n* mit Quervorschub ‖ ~ **с продольной подачей** Schleifen *n* mit Längsvorschub ‖ ~/**силовое** Intensivschleifen *n* ‖ ~/**сквозное** Durchgangsschleifen *n (beim Außenrundschleifen)* ‖ ~/**скоростное** Hochgeschwindigkeitsschleifen *n* ‖ ~/**способом врезания** *s.* ~ врезанием ‖ ~/**сухое** Trockenschleifen *n* ‖ ~/**тонкое** Fein[st]schleifen *n* ‖ ~/**торцовое** Seitenschleifen *n*, Seitenschliff *m*, Seitlichschleifen *n* ‖ ~ **торцом круга** *s.* ~/торцовое ‖ ~/**фасонное** Formschleifen *n*, Profilschleifen *n* ‖ ~/**финишное** Feinschleifen *n* ‖ ~ **цилиндрических поверхностей/внутреннее** Innenrundschleifen *n* ‖ ~ **цилиндрических поверхностей/наружное** Außenrundschleifen *n* ‖ ~/**черновое** Vorschleifen *n*, Schruppschleifen *n* ‖ ~/**чистовое** Fertigschleifen *n*, Schlichtschleifen *n* ‖ ~/**электроискровое** funkenerosives Schleifen *n* ‖ ~/**электролитическое (электрохимическое)** elektrochemisches (elektrolytisches) Schleifen *n*, Elysierschleifen *n* ‖ ~/**электроэрозионное** funkenerosives Schleifen *n*

шлифовать *(Fert)* schleifen ‖ ~ **затылок** hinterschleifen ‖ ~ **окончательно** fertigschleifen ‖ ~ **предварительно** vorschleifen

шлифовка *f s.* 1. шлиф; 2. шлифование ‖ ~/**ледниковая** *(Geol)* Gletscherschliff *m*

шлифполотно *n (Wkz)* Schleifleinen *n*

шлифпорошок *m (Wkz)* Schleifpulver *n*, Schleifgranulat *n*

шлифуемость *f (Fert)* Schleifbarkeit *f*

шлифшкурка *f* Schleifgewebe *n*, Schleifleinen *n*; Schleifpapier *n*

шлих *m* Schlich *m (Aufbereitung)*

шлихт *m (Led)* Stollklinge *f*, Stollmond *m*, Schlichtmond *m*

шлихта *f (Text)* Schlichte *f*

шлихтование *n* 1. *(Text)* Schlichten *n*; 2. Putzen *n (mit dem Schlichthobel bearbeiten; Tischlerei)* ‖ ~ **в мотках** *(Text)* Strangschlichterei *f* ‖ ~ **основ** *(Text)* Schlichten (Leimen) *n* der Ketten

шлихтовать 1. *(Text)* schlichten; 2. putzen *(mit dem Putzhobel bearbeiten; Tischlerei)*

шлихтовка *f s.* шлихтование

шлиц *m (Masch)* Schlitz *m*

шлицевание *n (Fert)* Schlitzen *n*

шлицевать *(Fert)* [auf]schlitzen

шлицы *mpl (Masch)* Keilprofil *m*, Vielnutprofil *n*

шлюз *m* 1. *(Hydt)* Schleuse *f*; 2. *(Bgb) s.* ~/обогатительный ‖ ~/**вакуумный** Vakuumschleuse *f* ‖ ~/**вентиляционный** *(Bgb)* Wetterschleuse *f* ‖ ~/**верхний** *(Hydt)* Oberschleuse *f* ‖ ~/**водозаборный** *(Hydt)* Einlaßschleuse *f* ‖ ~/**воздушный** *(Bw)* Luftschleuse *f (Senkkasten)* ‖ ~/**входной** *(Hydt)* Einfahrtschleuse *f* ‖ ~/**головной** *(Hydt)* Einlaßschleuse *f*, Kopfschleuse *f* ‖ ~/**двухкамерный** *(Hydt)* Zweikammerschleuse *f*, Doppelschleuse *f* ‖ ~/**двухниточный** *(Hydt)* Zwillingsschleuse *f* ‖ ~ **докового типа** *(Hydt)* Dockschleuse *f* ‖ ~/**закрытый** *(Hydt)* geschlossene Schleuse *f* ‖ ~/**камерный** *(Hydt)* Kammerschleuse *f* ‖ ~/**канальный** *(Hydt)* Kanalschleuse *f* ‖ ~/**караванный** *(Hydt)* Schleppzugschleuse *f* ‖ ~/**людская** *(Bw)* Personenschleuse *f (Senkkasten)* ‖ ~/**многокамерный** *(Hydt)* Koppelscheuse *f*, Kuppelschleuse *f* ‖ ~/**многокамерный двухниточный** Zwillingskoppelschleuse *f* ‖ ~/**многоступенчатый** *(Hydt)* Koppelschleuse *f*, Kuppelschleuse *f* ‖ ~/**морской** *(Hydt)* Seeschleuse *f* ‖ ~/**нижний** *(Hydt)* Unterschleuse *f* ‖ ~/**обогатительный** *(Bgb)* Gerinne *n (Aufbereitung)* ‖ ~/**однокамерный** *(Hydt)* Einkammerschleuse *f* ‖ ~/**оросительный** *(Hydt)* Bewässerungsschleuse *f* ‖ ~/**парный** *(Hydt)* Zwillingsschleuse *f*, Doppelschleuse *f* ‖ ~/**поворотный** *(Hydt)* Kesselschleuse *f* ‖ ~/**подпорный** *(Hydt)* Stauschleuse *f* ‖ ~/**пор-**

товый Hafenschleuse f ll ~/приливный Gezeitenschleuse f ll ~/речной Flußschleuse f ll ~/рыб[оход]ный Fischschleuse f ll ~ с контрфорсными стенами (Hydt) Schleuse f mit Widerlagerwänden ll ~ с металлическими шпунтовыми стенами (Hydt) Schleuse f mit Stahlspundwänden ll ~ с ряжевыми стенами (Hydt) Schleuse f mit Steinkastenwänden ll ~ со сберегательным бассейном (Hydt) Speichersparschleuse f, Sparschleuse f ll ~/стационарный fester Herd m, feste Rinne f (Aufbereitung) ll ~/судоходный Schiffahrtsschleuse f ll ~/судоходный камерный Schiffskammerschleuse f ll ~/судоходный парный Schiffahrtszwillingsschleuse f ll ~/тепловой Wärmeschleuse f ll ~/трёхкамерный (Hydt) Dreikammerschleuse f ll ~/шахтный (Hydt) Schachtschleuse f
шлюзование n (Hydt) Schleusung f, Durchschleusung f ll ~ вверх Aufwärtsschleusung f ll ~ вниз Abwärtsschleusung f ll ~ реки Kanalisierung f ll ~ судов Schiffsschleusung f
шлюзовать (Hydt) 1. kanalisieren; 2. [durch]schleusen
шлюз-регулятор m (Hydt) Regulierschleuse f, Bewässerungsschleuse f (Melioration)
шлюпбалка f (Schiff) Bootsdavit m ll ~/гравитационная Schwerkraft[boots]davit m ll ~/заваливающаяся (откидная) Klapp[boots]davit m, Schwenk[boots]davit m ll ~/патентованная Patent[boots]davit m ll ~/поворотная Dreh[boots]davit m ll ~ с винтовым приводом/заваливающаяся Spindeldavit m ll ~/секторная Quadrantdavit m ll ~/скатывающаяся Gleitbootsdavit m, Schwerkraftrollbahn[boots]davit m
шлюпка f Boot n (s. a. unter бот); Kutter m (s. a. unter катер) ll ~/береговая Uferboot n, Landboot n ll ~/береговая спасательная Küstenrettungsboot n ll ~/беспалубная offenes Boot n ll ~ вельботного типа Spitzgattboot n ll ~/гребная Ruderboot n, Riemenboot n ll ~/гребная спасательная Ruderrettungsboot n, Riemenrettungsboot n ll ~/дежурная Bereitschaftsboot n, Dienstboot n, Einsatzboot n ll ~/десантная Landungsboot n ll ~/дозорная Wachboot n, Ausleger m ll ~/закрытая geschlossenes Boot n ll ~/закрытая спасательная geschlossenes Rettungsboot n ll ~/корабельная Beiboot n ll ~/моторная Motorboot n ll ~/моторная спасательная Motorrettungsboot n ll ~/надувная Schlauchboot n ll ~/надувная спасательная aufblasbares Rettungsboot n ll ~ общего назначения Mehrzweckboot n ll ~/парусная Segelboot n ll ~/пластмассовая Kunststoffboot n ll ~/пластмассовая спасательная Kunststoffrettungsboot n ll ~/поисковая Suchboot n ll ~/рабочая Arbeitsboot n ll ~/рыбачья Fischerboot n ll ~ с ручным приводом на гребной вал/спасательная Rettungsboot n mit Handpropellerantrieb ll ~/самовосстанавливающаяся selbstaufrichtendes Boot n ll ~/самовосстанавливающаяся спасательная selbstaufrichtendes Rettungsboot n ll ~/самоосушающаяся спасательная selbstlenzendes Rettungsboot n ll ~/спасательная Rettungsboot n ll ~/спасательно-разъездная Rettungs- und Verkehrsboot n ll ~/стеклопластиковая спасательная Rettungsboot n aus glasfaserverstärktem Kunststoff ll ~ танкерного типа/спасательная Tankerrettungsboot n ll ~/транцевая Spiegelheckboot n ll ~/учебная Ausbildungsboot n
шлюпочный (Schiff) Boots...
шлюптали pl (Schiff) Bootstalje f
шляпа f (Geol) Hut m ll ~/гипсовая Gipshut m ll ~/железная Eiserner Hut m ll ~/каменная (Geol) Caprock m ll ~/соляная s. ~/гипсовая
шляпка f 1. Hut m, Hütchen n; 2. (Text) Deckel m (Deckelkarde) ll ~/движущаяся (Text) Wanderdeckel m, Laufdeckel m, wandernder Kratzendeckel m ll ~ кардочесальной машины (Text) Kardendeckel m, Kratzendeckel m
шмальта f Smalte f, Schmalte f, Kobaltglas n
шмаухование n (Ker) Schmauchen n (Vorwärmen der ungebrannten Ziegelformlinge durch heiße Abgase des Ziegeleiofens)
шмуцтитул m (Typ) Schmutztitel m
шнек m 1. (Förd) Schnecke f; 2. (Bgb) Schnekkenbohrgestänge n ll ~/бурачный (Lw) Rübenschnecke f ll ~/быстроходный Schnellgangschnecke f ll ~/винтовой Schneckenförderer m, Förderschnecke f ll ~/водоподъёмный (Förd) Wasserschnecke f ll ~/врубовый (Bgb) Schrämschnecke f ll ~/выгрузной Entladeschnecke f ll ~/дифференциальный Differentialschneckenmischer m ll ~/дозирующий Dosierschnecke f ll ~/дробильный Brechschnecke f ll ~/зарубной (Bgb) Schrämschnecke f ll ~/зерновой распределительный (Lw) Körnerverteilerschnecke f ll ~/колосовой (Lw) Ährenschnecke f ll ~/ленточный Schneckenband f ll ~/лопастный Schaufelradschnecke f ll ~/магазинный Magazinschnecke f ll ~/очистительный (Lw) Siebwalze f (Kartoffel- und Rübenerntemaschinen) ll ~/питающий (погрузочный, подающий) Schneckenspeiser m, Schneckenaufgeber m, Aufgabeschnecke f, Beladeschnecke f, Zubringerschnecke f ll ~/разгрузочный Austragschnecke f ll ~/распределительный Verteilerschnecke f ll ~/свекольный (Lw) Rübenschnecke f ll ~/смесительный 1. Mischschnecke f; 2. Trogmischer m, Trogmischmaschine f ll ~/сушильный Schneckentrockner m, Trockenschnecke f ll ~/транспортирующий (транспортный) Förderschnecke f, Schneckenförderer m ll ~ экструдера Extruderschnecke f
шнек-пресс m (Pap) Schneckenpresse f
шнур m Schnur f; Litze f, Kordel f ll ~/аппаратный (El) Geräteschnur f ll ~/аркатный (Text) Harnischschnur f (Jacquard-Maschine) ll ~/асбестовый Asbestschnur f ll ~/бытовой удлинительный (El) Verlängerungsschnur f (für den Haushalt) ll ~/веретённый Spindelschnur f (Spinnerei) ll ~/витой verdrillte Schnur f ll ~/вихревой (Aerod) 1. Wirbelfaden m; 2. Randwirbel m, Wirbelzopf m ll ~/воспламенительный Zündschnur f ll ~/вызывной (Nrt) Rufschnur f, Verbindungsschnur f ll ~/вытяжной (Flg) Reißleine f ll ~/гибкий (El) flexible Schnur f ll ~/двухжильный (El) zweiadrige Schnur f ll ~/детонирующий Sprengschnur f ll ~/запальный Zündschnur f ll ~/кручёный gedrehte Schnur f ll ~/набивочный Dichtungsschnur f, Packungsschnur f ll ~/огнепроводный Zünd-

шнур

schnur *f* II ~/**опросный** *(Nrt)* Abfrageschnur *f* II ~/**переключающий** *(Nrt)* Umschalteschnur *f*, Schaltkabel *m* II ~/**плазменный** 1. Plasmasäule *f*, Plasmazylinder *m*, Plasmakanal *m (Plasmaphysik)*; 2. *(Kern)* Plasmastrahl *m*; 3. *(Kern)* Ionenschlauch *m* II ~/**плетёный** geflochtene Schnur *f*; geflochtenes Seil *n* II ~/**подвесной** *(El)* Pendelschnur *f* II ~/**позументный** *(Text)* Paßkordel *f* II ~/**проволочный** Drahtlitze *f* II ~/**прокладочный** *s.* ~/**набивочный** II ~/**радиальный вихревой** *(Aero)* radialer Wirbelfaden *m* II ~/**рамный** *(Text)* Platinenschnur *f*, Platinenstrupfe *f*, Strupfe *f* II ~/**розеточный** *(Nrt)* Anschlußschnur *f* II ~/**сетевой** *(El)* Netzschnur *f* II ~/**скрученный** verdrillte Schnur *f* II ~/**соединительный** *(El)* Verbindungsschnur *f*, Anschlußschnur *f* II ~/**трёхпроводный** *(El)* dreiadrige Schnur *f* II ~/**удлинительный** *(El)* Verlängerungsschnur *f* II ~/**уплотнительный** *s.* ~/**набивочный** II ~/**шёлковый** Seidenschnur *f*
шнурок-аркат *m (Text)* Harnischschnur *f (Jacquard-Maschine)*
шов *m* 1. Naht *f*; 2. Fuge *f (Mauerwerk)*; 3. *(Geol)* Lobenlinie *f* II ~/**ажурный** *(Text)* Hohlsaumnaht *f* II ~/**армированный** *(Bw)* bewehrte Fuge *f* II ~/**барьерный заклёпочный** *(Schiff)* Rißfängernaht *f (genietet)* II ~ **без подварки** *(Schw)* [einseitige] Naht *f* ohne Kapplage II ~ **без скоса кромок** *(Schw)* Naht *f* ohne Kantenabschrägung, I-Naht *f* II ~ **без скоса кромок/двусторонний** *(Schw)* beiderseitige (beiderseitig geschweißte) I-Naht *f* II ~ **без скоса кромок/односторонний** *(Schw)* einseitige I-Naht *f* II ~ **без скоса кромок/стыковой** *(Schw)* I-Naht *f*, Doppel-T-Naht *f* II ~/**боковой** 1. *(Schw)* Flankennaht *f*; 2. *(Bw)* Seitenfuge *f* II ~/**бугристый** *(Schw)* unebene Naht *f* II ~ **в «ёлочку»** *(Text)* Fischgrätenstichnaht *f* II ~ **в прорезь** *(Schw)* Schlitznaht *f* II ~/**валиковый** *(Schw)* Kehlnaht *f* II ~/**вертикальный** 1. *(Schw)* senkrechte Naht *f*, in vertikaler Position geschweißte Naht *f (stehende Bleche)*; 2. *(Bw)* Stoßfuge *f* II ~ **внакрой (внахлёстку)/заклёпочный** Überlappnietverbindung *f*, Überlappungsnietung *f* II ~ **внахлёстку без скоса кромок** *(Schw)* Überlapp[kehl]naht *f* II ~ **внахлёстку без скоса кромок/двусторонний** beiderseitige Überlappkehlnaht *f* II ~ **внахлёстку без скоса кромок/односторонний** einseitige Überlappkehlnaht *f* II ~ **внахлёстку/двухзарядный заклёпочный** zweireihige Überlappungsnietverbindung (Überlappungsnietung) *f*, zweireihige überlappte Naht *f* II ~ **внахлёстку/заклёпочный** Überlappungsnietverbindung *f*, Überlappungsnietung *f* II ~ **внахлёстку/однорядный заклёпочный** einreihige Überlappungsnietverbindung (Überlappungsnietung) *f*, einreihige überlappte Naht *f* II ~/**внешний** Außennaht *f* II ~/**внешний кольцевой** *(Schw)* Außenrundnaht *f* II ~/**внешний продольный** Außenlängsnaht *f* II ~/**внутренний** 1. *(Schw)* Innennaht *f*; 2. *(Bw)* innere Fuge *f* II ~/**внутренний кольцевой** *(Schw)* Innenrundnaht *f* II ~/**внутренний продольный** Innenlängsnaht *f* II ~/**вогнутый** *(Schw)* Hohlnaht *f*, leichte (konkave) Naht *f* II ~/**вогнутый угловой** *(Schw)* Hohlkehlnaht *f*, konkave (leichte) Kehl-

1144

naht *f* II ~/**водонепроницаемый** *(Bw)* wasserdichte Fuge *f* II ~ **встык** *(Schw)* Stumpfnaht *f* II ~ **встык/заклёпочный** Laschennietverbindung *f*, Laschennietung *f* II ~ **встык с двусторонними накладками** Doppellaschennietverbindung *f*, Doppellaschennietung *f*, doppeltgelaschte Naht *f* II ~ **встык с накладкой/заклёпочный** Laschennietverbindung *f*, Laschennietung *f* II ~/**выполненный дуговой сваркой** Lichtbogenschweißnaht *f* II ~/**выпуклый** *(Schw)* Wölbnaht *f*, überwölbte (konvexe, volle) Naht *f* II ~/**выпуклый угловой** Wölbkehlnaht *f* II ~/**герметический** *(Bw)* [hermetisch] dichte Fuge *f* II ~/**гладкий** *(Bw)* abgeplattete Fuge *f* II ~/**гладьевой** *(Text)* Plattstichnaht *f* II ~/**горизонтальный** 1. *(Schw)* waagerechte Naht (Schweißnaht) *f*; 2. *(Bw)* Horizontalfuge *f*, Lagerfuge *f* II ~/**двойниковый** *(Krist)* Zwillingsnaht *f* II ~ **двойным крестиком** *(Text)* Hexenstichnaht *f* II ~/**двусторонний непрерывный** *(Schw)* beiderseitig durchlaufende Naht *f* II ~/**двусторонний стыковой** *(Schw)* beiderseitige Stumpfnaht *f* II ~/**двутавровый** *(Schw)* Doppel-T-Naht *f* II ~/**двухрядный заклёпочный** zweireihige Nietverbindung (Nietung) *f*, zweireihige Naht *f* II ~/**двухсрезный заклёпочный** zweischnittige Nietverbindung (Nietung) *f* II ~/**декоративный** *(Schw, Text)* Ziernaht *f* II ~/**деформационный** *(Bw)* Bewegungsfuge *f*, Dehnungsfuge *f* II ~/**заклёпочный** Nietverbindung *f*, Nietung *f* II ~/**замкнутый** geschlossene Naht (Schweißnaht) *f* II ~/**замыкающий** *(Bw)* Schlußfuge *f* II ~/**запошивочный** *(Text)* Kappnaht *f* II ~ **зигзагообразной строчки** *(Text)* Zickzacknaht *f* II ~/**зигзагообразный** *(Schw, Text)* Zickzacknaht *f* II ~/**кеттельный** *(Text)* Kettelnaht *f* II ~/**кладки** *(Bw)* Mauerfuge *f* II ~/**клеевой** *(Bw)* Leimfuge *f*, Klebefuge *f* II ~/**ключевой** *(Bw)* Scheitelfuge *f* II ~/**кольцевой** *(Schw)* Rundnaht *f*, Ringnaht *f* II ~/**кольцевой угловой** *(Schw)* Ringkehlnaht *f* II ~/**корневой** *(Schw)* Wurzelnaht *f* II ~/**косой** *(Schw)* schräge Naht *f* II ~/**косой угловой** *(Schw)* schräge Kehlnaht *f* II ~ **крестиком** *(Text)* Kreuzstichnaht *f* II ~/**круговой** *(Schw)* Rundnaht *f* II ~/**литейный** Gußgrat *m*, Gußnaht *f* II ~/**лобовой** *(Schw)* Stirnnaht *f* II ~/**лобовой заклёпочный** Quernietverbindung *f*, Quernietung *f*, Quernaht *f* II ~/**ложный** *(Bw)* Scheinfuge *f* II ~/**многопроходный** *(Schw)* mehrlagige Naht *f*, Mehrlagennaht *f* II ~/**многорядный заклёпочный** mehrreihige Nietverbindung (Nietung) *f*, mehrreihige Naht *f* II ~/**многослойный** *s.* ~/**многопроходный** II ~/**многосрезный заклёпочный** mehrschnittige Nietverbindung (Nietung) *f* II ~/**монтажный** *(Schw)* Montagenaht *f* II ~/**на вертикальной плоскости/горизонтальный** Quernaht *f*, in Querposition geschweißte Naht *f (beim waagerechten Schweißen an senkrechter Wand)* II ~/**наклонный** geneigte Naht *f (in geneigter Ebene geschweißte Naht)* II ~ **наплавки** *(Schw)* Auftragnaht *f* II ~/**наружной обшивки** *(Schw)* Außenhautnaht *f* II ~/**натяжной** *(Bw)* Spannfuge *f* II ~ **нахлёсточного соединения** *(Schw)* Überlappnaht *f* II ~ **нахлёсточного соединения/угловой** *(Schw)* Überlappkehlnaht *f* II ~/**непрерывный**

(Schw) durchlaufende (durchgehende) Naht f II ~/**непрерывный угловой** (Schw) durchlaufende (durchgehende) Kehlnaht f II ~/**нижний** Waagerechtnaht f, in Horizontalposition geschweißte Naht f (beim waagerechten Schweißen am liegenden Blech) II ~/**нормальный** (Schw) Flachnaht f II ~/**К-образный** (Schw) K-Naht f II ~/**U-образный** (Schw) U-Naht f II ~/**V-образный** (Schw) V-Naht f II ~/**Х-образный** (Schw) X-Naht f II ~/**однопроходный** (Schw) einlagige Naht f, Einlagennaht f II ~/**однорядный заклёпочный** einreihige Nietverbindung (Nietung) f II ~/**однослойный** s. ~/**однопроходный** II ~/**однослойный стыковой** (Schw) einlagige Stumpfnaht f, Einlagenstumpfnaht f II ~/**однослойный угловой** (Schw) einlagige Kehlnaht f, Einfachkehlnaht f II ~/**односрезный заклёпочный** einschnittige Nietung (Nietverbindung) f II ~/**односторонний** (Schw) einseitige Naht f II ~/**односторонний непрерывный** (Schw) einseitig durchlaufende Naht f II ~/**односторонний прерывистый** (Schw) einseitige unterbrochene Naht f II ~/**односторонний стыковой** (Schw) einseitige Stumpfnaht f II ~/**односторонний точечный** (Schw) einseitige Punktnaht f II ~/**односторонний угловой** (Schw) einfache Kehlnaht f, Einfachkehlnaht f II ~/**опорный** (Bw) Auflagerfuge f II ~/**осадочно-температурный** (Bw) Setzungs-Dehnungs-Fuge f II ~/**осадочный** (Bw) Setz[ungs]fuge f II ~/**ослабленный** s. ~/**вогнутый** II ~/**отбортованный сварной** (Schw) Bördelnaht f, Kantennaht f II ~/**отделочный** (Text) Ziernaht f II ~/**отливки** Gußnaht f, Gußgrat m II ~/**параллельный заклёпочный** Parallelnietverbindung f, Parallelnietung f II ~/**паяный** Lötnaht f II ~/**петельный** (Text) Schlingenstichnaht f II ~/**плоский** 1. (Schw) Flachnaht f; 2. (Bw) ebene (flache) Fuge f II ~/**плоский угловой** (Schw) Flachkehlnaht f II ~/**плотный** (Schw) Dichtnaht f II ~/**плотный заклёпочный** Dichtnietverbindung f, Dichtnietung f II ~ **по кромке** (Schw) Randnaht f II ~ **по отбортовке** (Schw) Bördelnaht f II ~/**подварочный** (Schw) Kappnaht f, Kapplage f, Gegenlage f II ~/**подвижный** (Bw) Gleitfuge f, Bewegungsfuge f II ~/**подшивочный** (Text) Saumnaht f II ~/**полуподголочный** Halbüberkopfnaht f II ~/**поперечный** 1. (Schw) Quernaht f; 2. (Bw) Querfuge f II ~/**поперечный заклёпочный** Quernietverbindung f, Quernietung f II ~/**поперечный температурный** (Bw) Querdehn[ungs]fuge f II ~/**потайной** (Text) Blindstichnaht f II ~/**потолочный** 1. (Schw) Überkopfnaht f; 2. (Bw) Deckenfuge f II ~/**поясной** (Schw) Gurtnaht f II ~/**прерывистый** (Schw) unterbrochene Naht f II ~/**прихваточный** (Schw) Heftnaht f II ~/**пробочный** Lochnaht f, Rundloch[schweiß]naht f II ~/**продольный** 1. (Schw) Längsnaht f; 2. (Bw) Längsfuge f II ~/**продольный заклёпочный** Längsnietverbindung f, Längsnietung f II ~/**продольный температурный** (Bw) Längsdehn[ungs]fuge f II ~/**прорезной** (Schw) Schlitznaht f, Langlochnaht f II ~/**прочно-плотный заклёпочный** festdichte Nietverbindung (Nietung) f II ~/**прочный** (Schw) Festnaht f II ~/**прочный заклёпочный** Festnietverbindung f, Festnietung f II

~/**рабочий** 1. (Schw) tragende (beanspruchte) Naht f; 2. (Bw) Arbeitsfuge f, Baufuge f II ~/**разделительный** (Bw) Trenn[ungs]fuge f II ~/**растворный** (Bw) Mörtelfuge f II ~ **расширения** (Bw) Dehn[ungs]fuge f, Dilatationsfuge f II ~ **рельефной сварки** (Schw) Buckelnaht f II ~/**роликовый** (Schw) Rollennaht f II ~/**рядовой заклёпочный** Reibnietverbindung f, Reibnietung f II ~ **с двумя накладками/заклёпочный** Doppellaschennietverbindung f, Doppellaschennietung f II ~ **с накладкой/продольный заклёпочный** Laschenlängsnietverbindung f, Laschenlängsnietung f II ~ **с одной накладкой/заклёпочный** einseitige Laschennietung f II ~ **с отбортовкой/продольный** (Schw) gebördelte Längsnaht f II ~ **с подварочным швом/V-образный** (Schw) V-Naht f mit Kapplage f II ~/**сваренный под флюсом** UP-Schweißnaht f II ~ **сваренный сверху вниз/вертикальный** fallende Schweißnaht (Naht) f, Fallnaht f (in vertikaler Position von oben nach unten geschweißte Naht) II ~ **сваренный снизу вверх/вертикальный** steigende Schweißnaht (Naht) f, Steignaht f (in vertikaler Position von unten nach oben geschweißte Naht) II ~/**сварной** Schweißnaht f, Naht f II ~ **сжатия** (Bw) Preßfuge f II ~/**сквозной** (Bw) durchgehende Fuge f II ~/**скользящий** (Bw) Gleitfuge f II ~/**скрытый** (Bw) Deckfuge f, verdeckte Fuge f II ~/**смёточный** (Text) Heftnaht f II ~ **со скосом [двух] кромок/стыковой** (Schw) V-Naht f mit Steilflankennaht f II ~ **со скосом [одной] кромки/стыковой** (Schw) HV-Naht f II ~ **соединения внахлёстку** (Bw) Überlappkehlnaht f II ~/**соединительный** (Bw) Verbundfuge f, Anschlußfuge f II ~/**стебельчатый** (Text) Stielstichnaht f, Hinterstichnaht f II ~/**строительный** (Bw) Baufuge f, Arbeitsfuge f II ~/**строчевой** s. ~/**ажурный** II ~ **стыкового соединения** (Schw) Stumpfnaht f, Stoßnaht f II ~ **стыкового соединения без скоса кромок** (Schw) I-Naht f, Doppel-T-Naht f II ~ **стыкового соединения со скосом кромок** (Schw) V-Naht f II ~/**стыковой** 1. (Schw) Stumpfnaht f; 2. (Bw) Stoßfuge f; Gurtplattenstoß m (Brückenüberbau) II ~ **таврового соединения** (Schw) Kehlnaht f am T-Stoß f II ~ **таврового соединения/двусторонний** Doppelkehlnaht f (T-Stoß) II ~ **таврового соединения/кольцевой** Ringkehlnaht f II ~/**тамбурный** (Text) Kettenstichnaht f II ~/**тектонический** (Geol) Geosutur f, Geofraktur f II ~/**температурный** (Bw) Dehnungsfuge f, Dilatationsfuge f II ~ **торцового соединения** (Schw) Stirnnaht f (bei Parallelstoß) II ~ **торцового соединения без скоса кромок** (Schw) Stirnflachnaht f II ~ **торцового соединения со скосом кромок** (Schw) Stirnfugennaht f II ~/**торцовый** (Schw) Stirnnaht f II ~/**точечный** (Schw) Punktnaht f II ~/**трёхрядный заклёпочный** dreireihige Nietverbindung (Nietung) f, dreireihige Naht f II ~/**трубы/продольный** (Schw) Rohrlängsnaht f II ~ **углового соединения** (Schw) Ecknaht f, äußere Kehlnaht f (bei Eckstoß) II ~ **углового соединения с отбортовкой** gebördelte Ecknaht f II ~/**угловой**

ШОВ

(Schw) Kehlnaht f ll **~/угловой лобовой** Stirnkehlnaht f ll **~/угловой фланговый** Flankenkehlnaht f ll **~/уплотняющий [сварной]** *(Schw)* Dichtnaht f ll **~/усадочный** *(Bw)* Schwindfuge f ll **~/усиленный** s. **~/выпуклый** ll **~/фланговый** *(Schw)* Flanken[kehl]naht f ll **~/цепной** *(Schw)* Kettennaht f ll **~/цепной заклёпочный** Kettennietverbindung f, Kettennietung f ll ~ **цепочкой** *(Text)* Kettenstichnaht f ll **~/шарнирный** *(Bw)* Gelenkfuge f ll **~/шахматный** *(Schw)* Zickzacknaht f, versetzte Naht f ll **~/шахматный заклёпочный** Zickzacknietverbindung f, Zickzacknietung f ll **~/шахматный точечный** *(Schw)* Zickzackpunktnaht f
шок/последекомпрессионный Postdekompressionsschock m ll **~/экологический** Ökologieschock m
шомпол m 1. Peilstab m, Tauchmeßstab m; 2. *(Met)* Teufenanzeiger m, Schütthöhenfühler m *(am Hochofen)*; 3. *(Met)* Tauchglocke f *(z. B. zum Modifizieren)*; 4. *(Wkzm)* Anzugsschraube f *(des Fräsdorns)*, Fräserdornschraube f
шомполование n *(Erdöl)* Kolben n, Swabben n, Pistonieren n
шоран m *(Rad)* SHORAN[-System] n, SHORAN-Verfahren n
шорломит m *(Min)* Schorlomit m; Melanit m *(Granat)*
шорох m Geräusch n ll **~/микрофонный** Mikrophongeräusch n
шоссе n Landstraße f
шотландка f *(Text)* Schottenstoff m; Schotten m
шпагат m Bindfaden m, Bindegarn n ll **~/сноповязальный** *(Lw)* Bindegarn n
шпаклевать spachteln
шпаклёвка f 1. Spachteln n; 2. Spachtel m, Spachtelkitt m, Spachtelmasse f; 3. Spachtelschicht f ll **~/клеевая** Leimspachtelmasse f ll **~/масляная** Ölspachtelmasse f ll **~/нитролаковая** Nitrospachtelmasse f ll **~/эпоксидная** Epoxidharzspachtelmasse f
шпаклёвочный Spachtel-
шпала f *(Eb)* Schwelle f ll **~/деревянная** Holzschwelle f ll **~/железобетонная** Betonschwelle f, Stahlbetonschwelle f ll **~/необрезная деревянная** zweistufig beschnittene (besäumte) Schwelle f ll **~/обрезная** allseitig beschnittene (besäumte) Schwelle f ll **~/полукруглая** Halbrundschwelle f ll **~/продольная** Langschwelle f ll **~/пропитанная** imprägnierte Schwelle f ll **~/просевшая** eingesunkene (lose) Schwelle f ll **~/сдвоенная** Doppelschwelle f ll **~/стальная** Stahlschwelle f ll **~/стыковая** Stoßschwelle f
шпалоноска f *(Eb)* Schwellen[trag]zange f
шпалопередвигатель m Schwellenrücker m ll **~/гидравлический** hydraulischer Schwellenrücker m
шпалоподбойка f *(Eb)* Schwellenstopfer m, Gleisstopfer m
шпалопропитка f *(Eb)* Schwellentränkung f, Tränken n der Schwellen
шпангоут m 1. *(Schiff)* Spant n; 2. *(Flg)* Spant n(m), Querschott n ll **~/бортовой** *(Schiff)* Seitenspant n, Bordspant n ll **~/вогнутый** *(Schiff)* hohles (eingezogenes) Spant n ll **~/временный** *(Schiff, Flg)* Hilfsspant n ll **~/главный** *(Flg)* Hauptspant m ll **~/днищевой** *(Schiff)* Boden-

1146

spant n ll **~/интеркостельный** *(Schiff)* interkostales (nicht durchlaufendes) Spant n ll **~/клиновидный** *(Schiff)* Keilformspant n ll **~/кольцевой** *(Schiff)* Ringspant n ll **~/консольный** *(Schiff)* Kragspant f ll **~/концевой** *(Flg)* Endspant m ll **~/кормовой** *(Schiff)* Heckspant n, Achterspant n ll **~/круговой** *(Schiff)* Rundspant n ll **~/междупалубный** *(Schiff)* Zwischendecksspant n ll **~/наружный** *(Flg)* Außenspant n ll **~/неразрезной** *(Schiff)* durchlaufendes Spant n ll **~/носовой** *(Schiff)* Bugspant n, Vorschiffsspant n ll **~/S-образный** *(Schiff)* S-Spant n ll **~/U-образный** *(Schiff)* U-Spant n ll **~/V-образный** *(Schiff)* V-Spant n ll **~/обратный** *(Schiff)* Gegenspant n ll **~/остроскулый** *(Schiff)* Knickspant n ll **~/очковый** *(Schiff)* Nußspant n *(Wellenhose)* ll **~/поворотный** *(Schiff)* Kantspant n, Gillungsspant n ll **~/подкрепительный** *(Schiff)* Zwischenspant n ll **~/полособульбовый** *(Schiff)* Flachwulstspant n ll **~/практический** *(Schiff)* Bauspant n ll **~/промежуточный** *(Schiff)* Zwischenspant n ll **~/разрезной** s. **~/интеркостельный** ll **~/рамный** *(Schiff)* Rahmenspant n ll ~ **с выкружкой** *(Schiff)* Nußspant n *(Wellenhose)* ll **~/составной** *(Schiff)* gebautes Spant n ll **~/тавровый** *(Schiff)* T-Spant n, T-Profilspant n ll **~/твиндечный** *(Schiff)* Zwischendecksspant n ll **~/теоретический** *(Schiff)* Konstruktionsspant n ll **~/трюмный** *(Schiff)* Raumspant n ll **~/усиленный** *(Flg)* verstärkter Spant n, Verstärkungsspant n ll **~/уширенный** *(Schiff)* Rahmenspant n ll **~/хвостовой** *(Schiff)* Heckspant n, Achterspant n ll **~ фюзеляжа** *(Flg)* Rumpfspant n
шпаритель m Brühanlage f *(Geflügelschlachtung)*
шпарить [ab]brühen *(Geflügel)*
шпарка f Brühen n, Abbrühen n *(Geflügelschlachtung)*
шпарутка f *(Text)* Breithalter m, Breitstrecker m *(Webstuhl)* ll ~ **без крышки** ausziehbarer Breithalter m ll **~/безыгольная** Stachelringbreithalter m ll **~/валичная** Walzenbreithalter m ll **~/дисковая** Stachelscheibenbreithalter m ll **~/кольцевая** Rädchenbreithalter m ll **~/кольцевая игольчатая** Stachelringbreithalter m ll ~ **с крышкой** Deckelbreithalter m ll ~ **с присасывающей резиной** Sauggummibreithalter m ll **~/самодействующая** selbsttätiger Breithalter m
шпат m *(Min)* Spat m ll **~/алмазный** Diamantspat m ll **~/бариевый полевой** Bariumfeldspat m ll **~/бурый** Braunspat m ll **~/вонючий плавиковый** Stinkspat m, Stinkfluorit m, Antozonit m ll **~/железный** s. сидерит ll **~/жемчужный** Perlspat m ll **~/известково-натриевый полевой** Kalknatronfeldspat m ll **~/известковый** s. кальцит ll **~/известковый полевой** s. анортит ll **~/исландский** isländischer Spat m, Islandspat m *(Calcit)* ll **~/калиевый полевой** Kaliumfeldspat m, Feldspat m ll **~/калинатриевый полевой** Kalinatronfeldspat m ll **~/кобальтовый** s. сферокобальтит ll **~/ледяной** Eisspat m ll **~/магнезиальный (магнезитовый)** s. магнезит ll **~/магниевый** s. брейнерит ll **~/натриево-кальцевый полевой** Natronkalkfeldspat m, Kalknatronfeldspat m, Plagioklas m ll **~/олигоновый** Oligonit m,

Mangansiderit *m* ‖ ~/плавиковый *s*. флюорит ‖ ~/полевой Feldspat *m* ‖ ~/тяжёлый *s*. барит ‖ ~/цинковый *s*. смитсонит
шпатель *n* 1. Spachtel *m*, Ziehklinge *f*; 2. Spatel *m* ‖ ~/фарфоровый (Ch) Porzellanspatel *m*
шпатлевание *n* Spachteln *n*
шпатлевать [aus]spachteln
шпатлёвка *f s*. шпаклёвка
шпатовый (Min) Spat...
шпахтель *m s*. шпатель 1.
шпация *f* 1. (Typ) Spatium *n*, Blindtype *f*, 2. Spantenabstand *m*, Spantenentfernung *f* (Holzschiffbau); 3. (Led) Falz *m* (Taschen, Mappen) ‖ ~/практическая (Schiff) Bauspantabstand *m*, Bauspantentfernung *f* ‖ ~/теоретическая (Schiff) Konstruktionsspantabstand *m*, Konstruktionsspantentfernung *f*
шпейза *f* (Met) Speise *f* (NE-Metalle) ‖ ~/кобальтовая Kobaltspeise *f* ‖ ~/колокольная Glockenspeise *f* (Glockenguß) ‖ ~ концентрационной плавки Konzentrat[ions]speise *f* ‖ ~/мышьяковистая Arsenspeise *f* ‖ ~/никелевая Nickelspeise *f* ‖ ~/первичная Hüttenspeise *f*, Rohspeise *f* ‖ ~/свинцовая Bleispeise *f* ‖ ~/сурьмян[ист]ая Antimonspeise *f* ‖ ~/черновая *s*. ~/первичная
шперак *m* (Schm) Treibstock *m*, Treibstöckchen *n*
шпигат *m* (Schiff) Speigatt *n*
шпигель *m* (Met) Spiegeleisen *n*
шпиль *m* 1. (Schiff) Spill *n*; 2. (Arch) Spitze *f* (eines Turms) ‖ ~/безбаллерный (Schiff) Spill *n* in Eindeckausführung ‖ ~/буксирный (Schiff) Schleppspill *n* ‖ ~/дрифтерный (Schiff) Drifterspill *n*, Reepspill *n* (Treibnetzfischerei) ‖ ~/кормовой (Schiff) Heckspill *n* ‖ ~/кормовой якорный (Schiff) Bugspill *n* ‖ ~/носовой (Schiff) Bugspill *n* ‖ ~/носовой якорный (Schiff) Bugankerspill *n* ‖ ~/однопалубный (Schiff) Spill *n* in Eindeckausführung ‖ ~/ручной (Schiff) Gangspill *n* ‖ ~/швартовный (Schiff) Verholspill *n* ‖ ~/якорно-швартовный (Schiff) Ankerverholspill *n*, kombiniertes Verhol- und Ankerspill *n* ‖ ~/якорный (Schiff) Ankerspill *n*
шпилька *f* 1. Stift *m*; Bolzen *m*; 2. (Masch) Stiftschraube *f*, Bolzenschraube *f*; Gewindestift *m*; 3. (Gieß) Formerstift *m*, Stift *m*, Nadel *f* ‖ ~ ввода (El) Durchführungsbolzen *m* (eines Durchführungsisolators) ‖ ~ катушечной рамки (Text) Spulenaufsteckdorn *m*, Spulenaufsteckstift *m*, Aufsteckbolzen *m* ‖ ~/компаса (Schiff) Pinne *f*, Nadelträger *m* (Magnetkompaß) ‖ ~/медная токоведущая stromführender Kupferbolzen *m* ‖ ~/направляющая Führungsstift *m*, Führungsbolzen *m* ‖ ~/податливая (Masch) Dehnstiftschraube *f* ‖ ~ с выточкой (Masch) Stiftschraube *f* mit Rille ‖ ~ с резьбой (Masch) Gewindestift *m* mit Linsenkuppe ‖ ~/стопорная Feststellstift *m*, Sicherungsstift *m* ‖ ~/установочная Einstellstift *m*, Paßstift *m* ‖ ~ шпулярника (Text) Aufsteckspindel *f* (Spulengatter)
шпингалет *m* (Bw) Basküle *f*, Basküleverschluß *m*
шпиндель *m* (Masch) Spindel *f*; (Wkzm) Arbeitsspindel *f*; (Text) Achse *f* (der Druckwalze); Spindelschaft *m* ‖ ~ бобинодержателя (Text) Spulenaufsteckspindel *f* ‖ ~/буровой (Bgb) Bohrspindel *f* (für Bohrmeißel); Bohrmaschinenspindel *f* ‖ ~/ведомый (Masch) getriebene Spindel *f* ‖ ~/ведущий (Masch) Treibspindel *f* ‖ ~ вентиля (Kfz) Ventilspindel *f* ‖ ~/вертикальный 1. (Wkzm) Vertikalspindel *f*, Senkrechtspindel *f*; 2. *s*. ворошитель/шнековый ‖ ~/верхний (Wkzm) Oberspindel *f* ‖ ~/винтовой (Masch) Schraubenspindel *f* ‖ ~/вспомогательный (Wkzm) Hilfsspindel *f* ‖ ~/главный (Wlz) Hauptspindel *f* ‖ ~/горизонтальный (Wkzm) Horizontalspindel *f*, Waagerechtspindel *f* ‖ ~ делительной головки (Wkzm) Teilkopfspindel *f* ‖ ~/делительный (Wkzm) Teilungsspindel *f* ‖ ~/дополнительный фрезерный (Wkzm) Nebenfrässpindel *f* ‖ ~/заготовки (Wkzm) Werkstückspindel *f* ‖ ~/запорный Absperrspindel *f* ‖ ~/затворный *s*. Abschlußspindel *f* ‖ ~/инструментальный (Wkzm) Werkstückspindel *f*, Spindel *f* mit aufgesetztem (und umlaufenden) Werkzeugen ‖ ~ катушечной рамки (Text) Aufsteckspindel *f* ‖ ~/копировальный (Masch) Nachformspindel *f*, Kopierspindel *f* ‖ ~/планетарный (Masch) Planetenspindel *f* ‖ ~/подъёмный Hubspindel *f* ‖ ~/полый (пустотелый) (Masch) Hohlspindel *f* ‖ ~/резьбовой (Masch) Gewindespindel *f* ‖ ~/резьбонарезной (Wkzm) Gewindeschneidspindel *f* ‖ ~/сверлильный (Wkzm) Bohrspindel *f* ‖ ~/соединительный (Wlz) Walzenspindel *f* ‖ ~/стяжной (Masch) Spannspindel *f* ‖ ~/токарный (Wkzm) Drehspindel *f* ‖ ~/тормозной Bremsspindel *f* ‖ ~/трефовый (трефообразный) (Wlz) Spindel *f* mit Kleeblattzapfen ‖ ~/универсальный *s*. ~/шарнирный ‖ ~/фрезерный (Wkzm) Frässpindel *f* ‖ ~ шарнирный Gelenkspindel *f* ‖ ~ шпулярника (Text) Spulenaufsteckspindel *f*
шпинел[ды] *fpl* (Min) Mineralien *npl* der Spinellgruppe (*s*. *a*. *unter* шпинель)
шпинель *f* (Min) Spinell *m* ‖ ~/благородная Edelspinell *m* ‖ ~/железная *s*. герцинит ‖ ~/рубиновая Rubinspinell *m* ‖ ~/цинковая *s*. ганит
шпицен-масштаб *m* (Hydt) Stechpegel *m*
шплинт *m* Splint *m*
шплинтование *n* Versplinten *n*
шплинтовать versplinten
шплинтовка *f* Versplinten *n*
шплинтон *m* (Met) Preßstempel *m* (Strangpresse)
шпон *m* (Holz) Schälfurnier *n*, Messerfurnier *n* ‖ ~/лущёный Schälfurnier *n* ‖ ~/радиальный Spiegelfurnier *n* ‖ ~/строгальный Messerschnittfurnier *n*
шпонка *f* 1. (Holz) Dübel *m* (Verbindungselement aus Holz oder Metall für Holzverbindungen); 2. (Masch) Keil *m* (einer Spannungsverbindung); Feder *f* (einer spannungsfreien Verbindung) ‖ ~/вертикальная Vertikaldübel *m* ‖ ~/вставная Einlaßdübel *m* ‖ ~ Вудруфа Woodruff-Keil *m* ‖ ~/выдвижная (вытяжная) Ziehkeil *m*, Schubkeil *m*, Springkeil *m* ‖ ~/двойная Doppelkeil *m* ‖ ~/деревянная Holzdübel *m*, Holzfeder *f* ‖ ~/дисковая Tellerdübel *m* ‖ ~/забивная Treibkeil *m* ‖ ~/закладная Einlegekeil *m* ‖ ~/закладная призматическая Einlege[paß]feder *f* ‖ ~/затяжная *s*. ~/клиновая ‖ ~/зубчатая Zahndübel *m*, Krallendübel *m* ‖ ~/зубчатая пластинчатая Krallenplatte *f* ‖ ~/зубчато-

шпонка

кольцевая Krallenringdübel *m*, [Alligator-]Zahnringdübel *m* ‖ **~/клиновая** Keil *m*, Keilfeder *f*, Treibkeil *m* ‖ **~/когтевая** Krallendübel *m* ‖ **~/кольцевая** Ringdübel *m* ‖ **~/коническая** Kegeldübel *m* ‖ **~/круглая** Runddübel *m* ‖ **~/металлическая** Metalldübel *m*, Einpreßdübel *m* (Sammelbegriff für Ring-, Krallen-, Zahn-, Tellerdübel) ‖ **~ на лыске** [**/клиновая**] Flachkeil *m* ‖ **~ на лыске с головкой/клиновая** Nasenflachkeil *m* ‖ **~/направляющая призматическая** Gleitfeder *f* ‖ **~/натяжная** Anzugdübel *m* ‖ **~/пазовая** Nutenkeil *m* ‖ **~/переходная** Übergangskeil *m*; Übergangsfeder *f* ‖ **~/плоская призматическая** flache Paßfeder *f* ‖ **~/поперечная** Querdübel *m* ‖ **~/предохранительная** Sicherungskeil *m* ‖ **~/привёртная** Anschraubkeil *m*; Anschraubfeder *f* ‖ **~/призматическая** 1. Rechteckdübel *m* (Holzdübel); 2. Flachfeder *f*, prismatische Feder *f*; Paßfeder *f* ‖ **~/продольная** 1. Längsdübel *m*, Stiftdübel *m*; 2. Längskeil *m* ‖ **~/ромбическая** Spießkantkeil *m* ‖ **~ с головкой** Nasenkeil *m* ‖ **~ с головкой/клиновая фрикционная** Nasenhohlkeil ‖ **~ с контрклином** Doppelkeil *m* ‖ **~ с креплением на валу винтами/призматическая** Paßfeder *f* mit Halteschrauben ‖ **~ с отжимным винтом/призматическая** Paßfeder *f* mit Abdrückschrauben ‖ **~ с плоскими торцами/клиновая** geradstirniger Treibkeil *m* ‖ **~ с плоскими торцами/призматическая** geradstirnige Paßfeder *f* ‖ **~/сегментная** Scheibenfeder *f* ‖ **~/скользящая** Gleitfeder *f* ‖ **~ со скруглёнными торцами/закладная** rundstirniger Einlegekeil *m* ‖ **~ со скруглёнными торцами/призматическая** rundstirnige Paßfeder *f* ‖ **~/соединительная** Verbindungsfeder *f* ‖ **~/срезная** Scherkeil *m*, Abscherkeil *m*; Abscherfeder *f* ‖ **~/ступенчатая** Stufenkeil *m* ‖ **~/тангенциальная** Tangentialkeil *m* ‖ **~/торцовая** Stirnkeil *m* ‖ **~/уплотняющая** Dichtungsfeder *f* ‖ **~/установочная клиновая** Stellkeil *m* ‖ **~/фрикционная** Hohlkeil *m* ‖ **~/цилиндрическая** s. ~/круглая

шпор *m* грузовой стрелы (Schiff) Ladebaumfuß *m* ‖ **~ мачты** (Schiff) Mastfuß *m*

шпора *f* 1. Sporn *m*; 2. (Kfz) Spornblech *n* (Schlepperrad); 3. (Hydt) kurze Buhne *f* ‖ **~/колёсная** Radgreifer *m*, Greifer *m* (Radschlepper)

шпредер *m* (Gum) Spreadingkalander *m*, Friktionierkalander *m*

шпредерование *n* s. шпредингование

шпрединг-машина *f* (Gum) Spreadingmaschine *f*, Klebstoffauftragsmaschine *f*, Streichmaschine *f*

шпредингование *n* (Gum) Kalanderfriktionieren *n*

шпредкаландр *m* s. шпредер

шпренгель *m* 1. (Bw) Hilfsdiagonale *f*, Sprengel *m* (eines Strebenfachwerks), Sprengwerkstütze *f*; 2. (Eb) Sprengwerk *n* (Wagen)

шпринг *m* (Schiff) Spring *f* ‖ **~/кормовой** Achterspring *f* ‖ **~/носовой** Vorspring *f*

шприц *m* Spritze *f* ‖ **~/масляный** Ölspritze *f* ‖ **~/смазочный** Schmierspritze *f*

шприцевание *n* 1. Spritzen *n*, Ausspritzen *n*, Spritzung *f*; 2. (Kst, Gum) Spritzen *n*, Extrudieren *n*, Strangpressen *n* ‖ **~ изнутри/снаружи** Innen-/Außenspritzung *f* (Flaschenreinigung) ‖ **~ трубок** (Gum) Schlauchspritzen *n*

шприцевать 1. [aus]spritzen; 2. (Kst, Gum) spritzen, extrudieren, strangpressen

шприц-маслёнка *f* (Fert) Fettspritze *f*

шприц-машина *f* 1. Spritzmaschine *f*; 2. (Kst, Gum) Schneckenspritzmaschine *f*, Extruder *m* ‖ **~/многоцилиндровая** Mehrzylinderspritzmaschine *f* ‖ **~/ для выпуска протекторов** Protektorspritzmaschine *f* ‖ **~/одночервячная** Einschneckenextruder *m* ‖ **~ с листующей головкой** Plattenspritzmaschine *f*, Slab-Extruder *m* ‖ **~/червячная** Schneckenspritzmaschine *f*, Extruder *m*

шприц-машина-гранулятор *m* Pelletiser *m*

шприцуемость *f* Spritzbarkeit *f*

шприцформа *f* (Gieß) Spritzgußform *f*, Druckgußform *f*

шпрынка *f*/**двухлучковая** (Text) Zweifederspindel *f* ‖ **~/крючковидная** Spindel *f* mit Hafthaken ‖ **~ челнока** Schützenspindel *f* (Weberei)

шприют *m* (Schiff) Hahnepot *m*

шпуледержатель *m* (Text) Spulenhalter *m*, Spulenschwert *n*

шпулезахватчик *m* (Text) Spulenmitnehmer *m*

шпулька *f* (Text) Spule *f* (Nähmaschine)

шпуля *f* (Text) Spule *f* ‖ **~/бутылочная** Flaschenspule *f* ‖ **~/крестовой намотки** Kreuzspule *f* ‖ **~/опережающая** voreilende (aktive) Spule *f* ‖ **~/отстающая** nacheilende Spule *f* ‖ **~/полная** volle (vollgesponnene, gefüllte) Spule *f*; Vollspule *f* ‖ **~/пустая (смотанная)** leere Spule *f* ‖ **~/сработанная** abgelaufene Spule *f* ‖ **~/уточная** Schußspule *f* ‖ **~/фланцевая** Scheibenspule *f* ‖ **~/челночная** Schützenspule *f* ‖ **~/эластичная** flexible (nachgiebige) Spule *f*

шпулярник *m* (Text) 1. Spulengestell *n*, Spulengatter *n* (Schermaschine); 2. Spulenständer *m* (Doppelzylinder-Strumpfautomat); 3. Kanter *m*, Kantergestell *n* (Teppichweberei) ‖ **~ на колёсах** Spulengatterwagen *m* ‖ **~/открытый (раздельный)** geteiltes (offenes) Spulengestell *n*

шпунт *m* 1. (Bw) Spund *m*, Spundung *f*, Spundbohle *f*; 2. (Bw, Hydt) Spundwandprofilstahl *m* ‖ **~/бродильный** (Nahr) Gärspund *m* ‖ **~/брусчатый** (Bw) Spundbohle *f* ‖ **~/деревянный** (Bw) Spundbrett *n* ‖ **~/железобетонный** (Bw, Hydt) Stahlbetonspundbohle *f* ‖ **~ и гребень** *m* (Bw) Feder *f* und Nut *f* ‖ **~/металлический** (Bw, Hydt) Profilstahlspundbohle *f* ‖ **~/односторонний** (Bw) einseitiger Spund *m* ‖ **~/противофильтрационный** (Bw) Dichtungsspund *m* ‖ **~/прямоугольный** (Bw) rechteckige Spundung *f* ‖ **~/треугольный** (Bw) dreieckige Spundung *f*, Schweinsrücken *m*

шпунтина *f* (Bw) Spundbohle *f* ‖ **~/коробчатая** Kastenspundbohle *f*

шпунтование *n* s. шпунтовка

шпунтованный (Bw) gespundet, gefedert

шпунтовать (Bw) [ver]spunden

шпунтовка *f* (Bw) Spundung *f*

шпур *m* 1. (Bw) Bohrloch *n* (für Sprengschüsse); 2. (Met) Abstichloch *n* (Flammöfen, Wassermantelöfen) ‖ **~/вертикальный** (Bgb) seigeres (senkrechtes) Bohrloch *n* ‖ **~/восстающий** (Bgb) [an]steigendes Bohrloch *n* ‖ **~/врубовый** (Bgb) Einbruchloch *n* ‖ **~/вспомогательный** (Bgb) Helferloch *n*, Hilfsbohrloch *n* ‖ **~/горизонтальный** (Bgb) waagerechtes (söhliges) Bohr-

loch *n* || ~/**заряжаемый** *(Bgb)* besetztes Bohrloch *n* || ~/**наклонный** *(Bgb)* schräges Bohrloch *n* || ~/**незаряжаемый** *(Bgb)* unbesetztes Bohrloch *n* || ~/**оконтуривающий** *(Bgb)* Kranzloch *n* || ~/**отбойный** *(Bgb)* Abschlagbohrloch *n*, Kranzloch *n* || ~/**падающий** *(Bgb)* abfallendes (einfallendes, fallendes) Bohrloch *n* || ~/**подошвенный** *(Bgb)* Sohlenbohrloch *n* || ~/**центральный** *(Bgb)* Mittel[bohr]loch *n* (Sprengbohrloch)
шпуровой *(Bgb)* Bohrloch..., Sprengloch...
шрам *m* Mikrospot *m*, Mikroriß *m*
шрамы *mpl*/**ледниковые** *(Geol)* Gletscherschrammen *fpl*
шратты *pl (Geol)* Schratten *fpl*, Karren *fpl*
шредер *m (Lw)* Häcksler *m*
шрейберзит *m (Min)* Schreibersit *m*, Phosphornickeleisen *n (Meteoritenmineral)*
шрифт *m (Typ)* Schrift *f* || ~/**акцидентный** Akzidenzschrift *f* || ~/**афишный** Plakatschrift *f* || ~ **без засечек** serifenlose Schrift *f* || ~/**вразрядку** gesperrte Schrift *f* || ~/**выделительный** Auszeichnungsschrift *f* || ~/**выпуклый** erhabene Schrift *f (Blindenschrift)* || ~/**готический** gotische Schrift *f* || ~ **для машинного чтения** maschinenlesbare Schrift *f* || ~/**древний** Groteskschrift *f*, serifenlose Linearantiqua *f* || ~/**жирный** fette Schrift *f* || ~/**крупнокегельный** Großkegelschrift *f* || ~/**курсивный** Kursivschrift *f*, Kursiv *f* || ~/**основной** Grundschrift *f* || ~/**плакатный** Plakatschrift *f* || ~/**плотный** schmale Schrift *f* || ~/**полужирный** halbfette Schrift *f* || ~/**прописной** Kapitalschrift *f* || ~/**прямой** geradstehende Schrift *f* || ~/**рисованный** gezeichnete Schrift *f* || ~/**рубленый** Groteskschrift *f*, Grotesk *f*, serifenlose Linearantiqua *f* || ~/**светлый** magere (lichte) Schrift *f* || ~/**узкий** enge (schmale) Schrift *f* || ~/**широкий** breite (breitlaufende, weite) Schrift *f*
шрот-эффект *m (Rf)* Schroteffekt *m*
штабелёвка *f* Stapeln *n*, Stapelung *f*
штабелер *m (Förd)* Stapler *m*, Stapelgerät *n*, Stapelmaschine *f*
штабелеразборщик *m* Palettenentlader *m*, Entpalletierer *m*
штабелеукладчик *m* Stapelförderer *m*, Höhenförderer *m*; Palettenbelader *m*, Palettierer *m* || ~ **с грузозахватом**/**стеллажный** Regalstapelgerät *n* || ~/**стеллажный** Regalförderzeug *n* || ~/**стеллажный комплектовочный** Regalsortiergerät *n* || ~/**стеллажный напольный** flurverfahrbares Regalförderzeug *n* || ~/**стеллажный подвесной** regalverfahrbares (hängendes) Regalförderzeug *n*
штабелирование *n* Stapelung *f*; Stapellagerung *f* || ~ **контейнеров**/**многоярусное** Mehrlagenstapelung *f* der Container
штабель *m* Stapel *m*, Stoß *m*; Lage *f*
штабик *m s.* штапик
штаг *m (Schiff)* Stag *n*
штаг-карнак *m (Schiff)* Genicksteg *n*
штамб *m (Forst)* Baumstamm *m*, Stamm *m*
штамп *m (Schm, Umf)* 1. Gesenk *n*, Schmiedegesenk *n*, Schmiedepreßgesenk *n*, Schmiedepreßwerkzeug *n*; 2. Stanzwerkzeug *n (Schnitt-* oder *Preßwerkzeug)*; 3. Ziehwerkzeug *n* || ~ **без прижима**/**вытяжной** Ziehwerkzeug *n* ohne Niederhalter || ~/**боковой обрезной** Seitenschneider *m* || ~/**верхний** Obergesenk *n*, Gesenkoberteil *n*, Patrize *f*, Oberstempel *m* || ~/**верхний ковочный** Gesenkhammer *m* || ~/**вставной** Einsatzgesenk *n* || ~/**вырубной** Schnittwerkzeug *n*, Blockschnittwerkzeug *n*, Schneidwerkzeug *n*; Stanzwerkzeug *n* || ~/**высадочный** Stauchgesenk *n*, Stauchwerkzeug *n*, Preßgesenk *n* || ~/**вытяжной** Ziehgesenk *n*, Ziehwerkzeug *n*, Nachschlagwerkzeug *n* || ~/**гибочный** 1. Biegegesenk *n*; 2. Biegeschlaggesenk *n* || ~ **глубокой вытяжки** Tiefziehgesenk *n*, Tiefziehwerkzeug *n* || ~/**горячий** Warmgesenk *n* || ~ **для вырубки и вытяжки**/**комбинированный** Schnitt- und Ziehwerkzeug *n (Vereinigung beider Arbeitsvorgänge in einem Werkzeug)* || ~ **для вытяжки** *s.* ~/**вытяжной** || ~ **для гибки** Abbiegestempel *m* || ~ **для глубокой вытяжки** Tiefziehgesenk *n*, Tiefziehwerkzeug *n* || ~ **для горячей штамповки** Warmschmiedegesenk *n* || ~ **для листовой штамповки** Stanzwerkzeug *n (Blechformung)* || ~ **для мастерштампов** Meister-Meister-Gesenk *n*, Meister-Meister *m* || ~ **для отбортовки** Bördelwerkzeug *n* || ~ **для последующих вытяжек**/**вырубной** Weiterschlagwerkzeug *n*, Ziehwerkzeug *n* für Weiterzüge || ~ **для работы на многопозиционном прессе** Mehrstufengesenk *n*, Mehrstufengesenk *n* || ~ **для тиснения** Prägematrize *f* || ~ **для фасонной вытяжки** Formschlagwerkzeug *n* || ~ **для холодной высадки** Kaltschlagwerkzeug *n*, Kaltschlaggesenk *n* || ~ **для холодной обрезки** Kaltabgratwerkzeug *n* || ~ **для холодной штамповки** 1. Schnittwerkzeug *n*, Schnitt *m*; Stanzwerkzeug *n*; 2. Kaltpreßgesenk *n*, Kaltdrückgesenk *n*, Kaltbiegegesenk *n*, Kaltfalzgesenk *n*; 3. Kaltziehgesenk *n* || ~ **для штамповки выдавливанием** Strangpreßgesenk *n*; Fließpreßgesenk *n* || ~/**дыропробивной** Locher *m*, Lochschnitt *m* || ~/**загибочный** 1. Biegegesenk *n*; 2. Falzgesenk *n* || ~/**заготовительный** Vorgesenk *n*, Vorform *f* || ~/**заклёпочный** Schließkopfgesenk *n*, Kopfsenker *m*, Döpper *m*, Nietstempel *m* || ~/**закрытый** gratbahnloses Gesenk *n*, Gesenk *n* ohne Gratbahn || ~/**зачистной** Schaberschnitt *m* || ~/**калибровочный (калибрующий)** Fertiggesenk *n*, Schlichtgesenk *n*, Poliergesenk *n*, Kalibriergesenk *n* || ~/**ковочный** Schmiedegesenk *n*, Gesenk *n* || ~/**комбинированный** 1. Verbundwerkzeug *n (Vereinigung von Schnitt- und Stanzvorgängen in einem Werkzeug);* 2. Mehrfachgesenk *n*, Mehrfachpreßgesenk *n (Pulvermetallurgie)* || ~/**комбинированный вырубной** Verbundschnitt *m (Vereinigung verschiedener Schnittvorgänge in einem Werkzeug)* || ~/**компаундный** Gesamtwerkzeug *n*, Verbundgesenk *n (meist Gesamtschnittwerkzeug)* || ~/**кромкозагибочный** Falzgesenk *n* || ~/**круглый** Rundgesenk *n* || ~/**кузнечный** Schmiedegesenk *n*, Gesenk *n* || ~/**листовой** Stanzwerkzeug *n* || ~/**многооперационный** Mehrfachwerkzeug *n*, Gruppenwerkzeug *n (meist Mehrfachschnittwerkzeug)* || ~/**многоручьевой** *s.* ~/**многооперационный** || ~/**многоштемпельный** *s.* /**многооперационный** || ~/**молотовой** Hammergesenk *n*, Schlaggesenk *n* || ~ **на ко-**

штамп

лонках/**гибочный** Biegestanze f mit Säulenführungen ‖ **~/неподвижный** Anpreßstempel m, Vorhalter m (Nietmaschine) ‖ **~/нижний** Untergesenk n, Gesenkunterteil n ‖ **~/обжимный** Preßgesenk n, Stauchgesenk n ‖ **~/оборотный** Konterpunze f ‖ **~/обрезно-гибочный** Abgratbiegegesenk n ‖ **~/обрезной** Schnittwerkzeug n, Schnitt m, Schnittgesenk n, Abgratgesenk n, Abgratwerkzeug n ‖ **~/обрезно-правльный** Abgratrichtgesenk n ‖ **~/обрезно-пробивной** Abgratlochgesenk n ‖ **~/одинарный [объёмный]** einfaches (einteiliges) Gesenk n ‖ **~/однооперационный** Einfachwerkzeug n (meist Einfachschnittwerkzeug) ‖ **~/одноручьевой** Einfachgesenk n, einteiliges Gesenk n ‖ **~/отделочный** Fertiggesenk n, Poliergesenk n, Kalibriergesenk n, Schlichtgesenk n ‖ **~/открытый** Gesenk n mit Gratbahn ‖ **~/открытый вырубной** Freischnitt m ‖ **~/открытый объёмный** einfaches (einteiliges) Gesenk n mit Gratbahn ‖ **~/отрезной** Trennschnitt m ‖ **~/первичный** Meistergesenk n, Urgesenk n ‖ **~/плунжерный** Schnitt m mit Zylinderführung ‖ **~/поверочный** Prüfgesenk n, Kalibriergesenk n ‖ **~/подкладной** Unterleggesenk n ‖ **~/полировочный** s. **~/калибровочный** ‖ **~ последовательного действия** Folgewerkzeug n (Vereinigung aufeinanderfolgender Arbeitsgänge in einem Werkzeug) ‖ **~ последовательного действия/гибочный** Folgestanze f ‖ **~/правильный** Richtwerkzeug n, Richtgesenk n, Richtstempel m ‖ **~/правочный** Flachstanzwerkzeug n, Planierwerkzeug n, Planierstanze f ‖ **~/прессовый** 1. Schmiedepreßwerkzeug n, Schmiedepreßgesenk n; 2. Stanzwerkzeug n (zum Pressen); 3. Preßwerkzeug n, Preßgesenk n (Pulvermetallurgie) ‖ **~/пробивной** Lochstanze f, Lochgesenk n, Locher m; Perforierwerkzeug n ‖ **~/промежуточнй** Zwischengesenk n ‖ **~/просечной** 1. s. **~/прошивной;** 2. Steckwerkzeug n ‖ **~ простого действия** Einfachwerkzeug n (meist Einfachschnittwerkzeug) ‖ **~/прошивной** Lochgesenk n ‖ **~/разделительный** Trennschnitt m ‖ **~/рихтовочный** Richtwerkzeug n, Richtstempel m ‖ **~/ручной** Handgesenk n ‖ **~ с направлением** Führungsschnittwerkzeug n, Führungsschnitt m ‖ **~ с направляющей плитой/вытяжной** Plattenführungsschnitt m ‖ **~ с направляющими колонками/вырубной** Säulenführungsschnitt m ‖ **~ с нижним направлением/обрезной** Gesenk m mit Unterführung ‖ **~ с прижимом/вытяжной** Ziehwerkzeug n mit Niederhalter ‖ **~ с сопряжёнными направляющими** Schnitt m mit Verbundführung ‖ **~ с формовочным пуансоном** Biegeschnitt m ‖ **~/сегментный (секторный)** Walzschmiedegesenk n, Walzengesenk n ‖ **~ со съёмником/вырубной** Schnitt m mit Abstreifer ‖ **~ совмещённого действия** Gesamtwerkzeug n (meist Gesamtschnittwerkzeug) ‖ **~ совмещённого действия/комбинированный** gleichwirkendes (gleichzeitig wirkendes) Verbundwerkzeug n (Vereinigung gleichzeitig durch Zuführen der Schnitt- und Stanzvorgänge in einem Werkzeug) ‖ **~ совмещённый Verbundgesenk** n, Mehrstufengesenk n, Mehrfachgesenk n ‖ **~/совмещённый вырубной** Gesamtschnitt m, Komplettschnitt m, Blockschnitt m (Vereinigung verschiedener gleichzeitig durchzuführender Schnittvorgänge in einem Werkzeug) ‖ **~/составной** mehrteiliges Gesenk n ‖ **~/универсальный** Mehrstufengesenk n, Mehrfachgesenk n ‖ **~/фальцовочный** Falzwerkzeug n, Falzgesenk n ‖ **~/фасонный** Formgesenk n ‖ **~/холодный** Kaltgesenk n, Kaltmatrize f ‖ **~/чеканочный** Prägewerkzeug n, Prägegesenk n ‖ **~/черновой** Vorgesenk n, Vorform f ‖ **~/чистовой** s. **~/калибровочный** ‖ **~/штамповочный** Gesenk n zum Warmeinpressen von Gravuren (in Gesenken), Warmeinpreßgesenk n

штамп-автомат m (Fert) Stanzwerkzeug n mit automatischem Werkstoffvorschub ‖ **~/вырубной** Schnitt m (Schnittwerkzeug n) mit automatischem Werkstückvorschub

штампование n s. штамповка

штамповать 1. im Gesenk schmieden; 2. pressen; 3. stanzen

штамповка f (Schm, Umf) 1. Herstellung f von Metallfertigteilen durch spanlose Formung mittels Werkstofftrennung (z. B. Ausschneiden, Lochen) oder Werkstoffumformung (z. B. Biegen, Tiefziehen, Pressen) im warmen Zustand (Gesenkschmieden, Warmpressen) oder kalten Zustand (z. B. Kaltpressen, Prägen); 2. im engeren Sinne auch: Gesenkschmieden n; Pressen n; Stanzen n; 3. Gesenkschmiedestück n; Preßteil n; Stanzteil n ‖ **~ в упор/фасонная** Formschlagen n, Formschlag m (im Gesenk) ‖ **~ взрывом** Explosivumformung f ‖ **~ выдавливанием** Fließpressen n ‖ **~ выдавливанием в горячем состоянии** Warmfließpressen n ‖ **~ выдавливанием в холодном состоянии** Kaltfließpressen n ‖ **~/гидровзрывная** Explosiv-Plattenumformung f unter Wasser ‖ **~/глубокая** Tiefziehen n ‖ **~/горячая** 1. spanlose Warmformung f durch Werkstoffabtrennung (z. B. Warmstanzen); 2. spanlose Warmumformung f (z. B. Gesenkschmieden, Warmpressen, Warmfließpressen); 3. im engeren Sinne auch: Warmstanzen n, Warmpressen n (Blech); 4. im engeren Sinne auch: Strangpressen n ‖ **~/жидкая** Flüssigpressen n, Preßgießen n, Verdrängungsgießen n ‖ **~ истечением Fließpressen** n ‖ **~ истечением по комбинированному способу** Fließpressen n mit Werkstoffverdrängung im Gleich- und Gegendruckverfahren ‖ **~ истечением по обратному способу** Fließpressen n mit Werkstoffverdrängung im Gegendruckverfahren ‖ **~ истечением по прямому способу** Fließpressen n mit Werkstoffverdrängung im Gleichdruckverfahren ‖ **~/комбинированная** 1. Verformen n durch Frei- und Fertigschmieden im Gesenk; 2. aufeinanderfolgendes Schmieden n in Einzelsenken auf verschiedenen Maschinen oder Pressen in Fertigstraßenanordnung ‖ **~/комбинированным способом** s. **~/комбинированная** ‖ **~/листовая** Stanzen n (dünner flächiger Werkstücke wie z. B. Bleche), Blechumformung f ‖ **~/местная объёмная** Pressen n in Staucherverfahren (z. B. von Schrauben-, Bolzen- und Nietköpfen) ‖ **~ методом растяжки** Streckziehen n ‖ **~/многооперационная** 1. Gesenkschmieden n im Mehrfachgesenk; 2. Stanzen n mit dem

Mehrfachschnittwerkzeug || ~/**многоручьевая (многоштучная)** s. ~/**последовательная** || ~ **на прессах** 1. Preßschmieden n; 2. Pressen n, Ziehen n, Stanzen n (z. B. dünner flächiger Werkstücke wie Bleche) || ~/**общая объёмная** Pressen n im Quetschverfahren, Quetschpressen n (z. B. von Muttern) || ~/**объёмная** spanlose Formung f durch Werkstoffumformung in Gesenken (hauptsächlich Gesenkschmieden, Warm- und Kaltpressen) || ~/**окончательная** Fertigschmieden n im Gesenk (nach dem Freiformschmieden oder dem Vorschmieden im Gesenk) || ~/**последовательная** Mehrfachgesenkschmieden n, Gesenkschmieden n in Folgegesenken (Stufengesenken) || ~/**поточная** s. ~/**комбинированная** 2. || ~ **поточным способом** s. ~/**комбинированная** 2. || ~/**предварительная** Vorschmieden n im Gesenk || ~ **прошивкой** Fließpressen n von Hohlkörpern || ~/**разгонная [листовая]** Kümpeln n || ~/**растяжная** Streckziehen n || ~ **с обкатыванием/ холодная** Kaltumformen n durch Taumelpressen || ~/**точная** 1. Präzisionsgesenkschmieden n; 2. Maßprägen n || ~/**холодная** 1. spanlose Kaltformung f durch Werkstofftrennung (z. B. Schneiden, Lochen) oder durch Werkstoffumformung (z. B. Biegen, Fließpressen, Tiefziehen); 2. Kaltstanzen n || ~/**чистовая** 1. Fertigschmieden n im Gesenk (nach dem Freiformschmieden oder dem Vorschmieden im Gesenk); 2. Feinstanzen n || ~ **штампов** Schmieden n von Gesenken oder Gesenkeinsätzen im Meistergesenk; Warmeinpressen n von Gravuren in Schmiedegesenken
штамподержатель m Gesenkhalter m, Gesenkhalteblock m
штампуемость f 1. Tiefziehbarkeit f; 2. Stanzbarkeit f
штанга f 1. Stange f; 2. Gestänge n; 3. Maßstabträger m (z. B. des Meßschiebers); 4. (Bgb) Anker m, Ankerstange f (Ankerausbau) || ~/**бурильная (буровая)** Bohrstange f (Tiefbohrgerät) || ~/**ведущая** Mitnehmerstange f, Kelly n (Tiefbohrgerät) || ~ **затравки** Absenkrohr n (Stranggießen) || ~/**изолирующая** (El) Isolierstange f || ~/**катодная** Kathodenstange f, Kathodenhalter m (Elektrolyse) || ~/**квадратная** s. ~/**ведущая** || ~/**коммутационная** (El) Schaltstange f (eines Trennschalters) || ~/**ловильная** Fangstange f (Erdölbohrgerät) || ~/**направляющая** Führungsstange f (Erdölbohrgerät) || ~/**насосная** Kolbenstange f (Kolbenpumpe) || ~ **оправки** (Wlz) Dornstange f || ~/**отбойная** (Bgb) Schrämstange f || ~/**полевая** (Lw) Spritzbalken m (Pflanzenschutzmaschinen) || ~/**рабочая** s. ~/**полевая** || ~/**распределительная** s. ~/**полевая** || ~ **с двойным распорным клином** (Bgb) Doppelkeilanker m (Ankerausbau) || ~ **с распорной гильзой** (Bgb) Spreizhülsenanker m (Ankerausbau) || ~/**силовая** (Schiff) Schubstange f (Verstellpropeller) || ~ **токоприёмника** (El) Stromabnehmerstange f || ~/**ударная** Schlagstange f, Schwerstange f (Erdölbohrgerät) || ~/**черпаковая** Löffelstiel m (Löffelschwimmbagger)
штангенглубиномер m (Meß) Tiefenmesser m, Tiefenmeßschieber m

штангензубомер (Meß) Zahndickenmeßschieber m, Zahnweitenmeßschieber m
штангенинструменты mpl (Meß) Schiebermeß- und Anreißzeuge npl (russischer Sammelbegriff für Meßschieber, Tiefenmeßschieber, Zahndickenmeßschieber, Parallelreißzeuge)
штангенрейсмас m (Meß) kombinierter Parallelreißer m und Höhenmeßschieber m
штангенрейсмус s. штангенрейсмас
штангенциркуль m (Meß) Meßschieber m
штангоукладчик m (Bgb) Gestängeabstellvorrichtung f (Bohrung)
штандоль m Standöl n
штапелирование n (Text) Stapelschneid- oder Stapelreißprozeß m, Konvertieren n
штапель m (Text) Stapel m || ~/**внутренний** innerer Stapel m (Wolle) || ~/**вытянутый** gedehnter Stapel m || ~/**гладкий** glatter Stapel m || ~/**игловидный** spießiger Stapel m || ~/**моховидный** moosiger Stapel m || ~/**наружный** äußerer Stapel m (Wolle) || ~/**паклистый** hediger (flachsartiger) Stapel m || ~/**разложенный** flattriger Stapel m || ~/**разлохмаченный** gerauhter (betauter) Stapel m || ~/**ясный** klarer Stapel m
штапик m (Holz) Deckleiste f
штаплёк m (Text) Faserbündel n, Schnittbündel n
штатив m Stativ n, Gestell n, Ständer m || ~ **для пипеток** (Ch) Pipettenständer m || ~ **для пробирок** (Ch) Reagenzglasständer m || ~/**искровой** Funkenstativ n || ~ **камеры** Kamerastativ n || ~/**параллактический** parallaktisches Stativ n (für astronomische Instrumente) || ~/**передвижной** (Kine) fahrbares Stativ n || ~/**стержневой** Stockstativ n
штауфер m (Masch) Staufferbüchse f (Schmierung)
штаффелит m (Min) Staffelit f, Francolith m (Phosphormineral)
штевень m (Schiff) Steven m || ~/**кованый** geschmiedeter Steven m || ~/**ледокольный** Eisbrechersteven m || ~/**листовой** Plattensteven m || ~/**литой** gegossener Steven m || ~/**монолитный** aus einem Stück gefertigter Steven m || ~/**сварной** geschweißter Steven m
штевень-лаг m (Schiff) Stevenlog n
штевневой (Schiff) Steven...
штега f **цилиндра** (Text) Zylindersteg m (Großrundstrickmaschine)
штейн m (Met) Stein m (NE-Metallurgie) || ~/**бедный** armer Stein m || ~/**белый** Konzentrat[ions]stein m, Spurstein m || ~/**богатый** reicher Stein m || ~/**железо-свинцовый** Blei-Eisen-Stein m || ~/**концентрационной плавки** Konzentrationsstein m || ~/**медно-никелевый** Nickel-Kupfer-Stein m || ~/**медный** Kupferstein m, Blaustein m || ~/**никелевый** Nickelstein m || ~/**обогащённый** Konzentrationsstein m || ~/**свинцовый** Bleistein m || ~/**сульфидно-медный** Roh[ohl]stein m || ~/**тощий** armer Stein m || ~/**шлаковый** Schlackenstein m
штейнообразование n (Met) Steinbildung f (NE-Metallurgie)
штек[к]ер m (El) Stecker m (s. a. unter **штепсель**) || ~/**короткозамкнутый** Kurzschlußstecker m || ~/**многополюсный** Mehrfachstecker m, mehrpoliger (vielpoliger) Stecker m || ~ **с контактным штифтом** (El) Steckerstift m

штемпелевать stempeln
штемпель *m* 1. *(Schm)* Gesenkoberteil *m*; 2. *s.* пуансон
штенгель *m (El)* Pumpstengel *m*, Pumpröhrchen *n (einer Glühlampe)*
штепсель *m (El)* Stöpsel *m*; Stecker *m (s. a. unter* штеккер*)* ‖ ~/**аппаратный** Gerätestecker *m* ‖ ~/**банановый** Bananenstecker *m* ‖ ~/**вызывной** Rufstöpsel *m*, Vermittlungsstöpsel *m* ‖ ~/**двойной** Doppelstecker *m* ‖ ~/**избирательный** Wählstöpsel *m* ‖ ~/**испытательный** Prüfstöpsel *m* ‖ ~/**короткозамыкающий** Kurzschlußstecker *m* ‖ ~/**многоконтактный** Mehrfachkontaktstecker *m* ‖ ~/**опросный** Abfragestöpsel *m* ‖ ~/**патронный** Abzweigstöpsel *m* ‖ ~/**переключающий** Umschaltstöpsel *m*, Umschaltstecker *m* ‖ ~/**промежуточный** Zwischenstecker *m* ‖ ~ **с гнездом** Stecker *m* mit Buchse (Klinke) ‖ ~/**соединительный** Verbindungsstöpsel *m*; Verbindungsstecker *m* ‖ ~/**трёхконтактный (трёхштифтовый)** Dreifachstecker *m*, Dreistiftstecker *m*
штепсельный *(El)* Stöpsel...; Steck[er]...
штерт *m (Schiff)* 1. kurze Leine *f*; 2. kurzes dünnes Tauende *n* ‖ ~/**контрольный** Meßseil *n*, Kontrollseil *n (Lecksegel)* ‖ ~/**пусковой** Reißleine *f (z. B. am aufblasbaren Rettungsfloß)*
штивать *(Schiff)* stauen *(Ladung)*
штивка *f (Schiff)* Stauen *n (von Ladung)*
штиль *m* 1. *(Meteo)* Windstille *f (Windstärke 0)*; 2. *(Schiff)* spiegelglatte See *f*, Flaute *f*
штифт *m* Stift *m*; Bolzen *m*; Finger *m* ‖ ~/**анодный** *(Eln)* Anodenstift *m* ‖ ~/**вставной** Einsteckstift *m* ‖ ~/**выталкивающий** Auswerferstift *m* ‖ ~/**двухсрезной** doppeltwirkender Abscherstift *m* ‖ ~ **для припайки** *(Nrt)* Lötstift *m* ‖ ~/**закладной** Vorsteckstift *m* ‖ ~/**измерительный** Meßstift *m*, Meßbolzen *m* ‖ ~/**импульсный** Hebestift *m (Uhrwerk)* ‖ ~/**клиновой** Keilstift *m*, keilförmiger Stift *m* ‖ ~/**конический** Kegelstift *m*, kegeliger Stift *m* ‖ ~/**контактный** 1. *(El)* Kontaktstift *m*; 2. *(Meß)* Taststift *m* ‖ ~/**конусный** *s.* ~/**конический** ‖ ~/**крепёжный** Befestigungsstift *m* ‖ ~/**модельный** *(Gieß)* Modelldübel *m* ‖ ~/**направляющий** Führungsstift *m*, Abhebestift *m* ‖ ~/**ограничительный** Begrenzungsstift *m* ‖ ~/**односрезной** einfacher Abscherstift *m* ‖ ~/**паечный** *(Nrt)* Lötstift *m* ‖ ~/**поводковый** Mitnehmerstift *m* ‖ ~/**подгоночный** Paßstift *m* ‖ ~/**поддерживающий** Haltestift *m* ‖ ~/**приподнимающий** Abhebestift *m* ‖ ~/**просечной** Kerbstift *m* ‖ ~/**просечной конический** Kegelkerbstift *m* ‖ ~/**пружинный** Spannstift *m*, Federstift *m*, federnder Stift *m* ‖ ~/**разжимной полый** Spannstift *m* ‖ ~/**разрезной** geschlitzter Stift *m* ‖ ~/**разрушаемый** Abscherbolzen *m*, Scherstift *m*, Brechstift *m (z. B. in Brechkupplungen)* ‖ ~/**распределительный** Steuerfinger *m* ‖ ~ **с насечкой** Kerbstift *m* ‖ ~ **с полукруглой головкой/цилиндрический просечной** Halbrundkerbstift *m* ‖ ~ **с потайной головкой** Senkstift *m* ‖ ~ **с потайной головкой/цилиндрический просечённый** Senkkerbnagel *m* ‖ ~ **с прорезью/контактный** geschlitzter Kontaktstift *m* ‖ ~ **с пружиной** Federstift *m* ‖ ~/**соединительный** Verbindungsstift *m* ‖ ~/**срезной** Abscherstift *m*, Scherstift *m* ‖ ~/**стопорный** Haltestift *m*; Sicherungsstift *m*, Fixierungsstift *m*, Anschlagfinger *m* ‖ ~/**съёмный** *(Gieß)* Zulegestift *m*, Abhebestift *m* ‖ ~/**упорный** 1. Prellstift *m*, Arretierbolzen *m*; Anschlagstift *m*; 2. Taststift *m (einer Meßuhr)* ‖ ~/**установочный** 1. Aufnahmestift *m*; 2. Einstellstift *m*, Stellstift *m* ‖ ~/**фиксирующий** Fixierungsstift *m*; Haltestift *m* ‖ ~/**цилиндрический** Zylinderstift *m*, zylindrischer Stift *m* ‖ ~/**цилиндрический просечной** Zylinderkerbstift *m* ‖ ~/**цокольный** Sockelstift *m (einer Elektronenröhre)* ‖ ~/**юстировочный** Adjustierstift *m*, Adjustierschraube *f*
штифтовать feststiften
штифт-фиксатор *m* Feststellstift *m*, Fixierstift *m*
штихель *m (Wkz)* Stichel *m* ‖ ~/**гравировальный** Graviestichel *m*
штихмас *m (Meß)* Stichmaß *n*
шток *m* 1. Kolbenstange *f (der Dampfmaschine)*; 2. *(Met)* Schwengel *m (der Chargiermaschine)*; 3. *(Geol)* Stock *m* ‖ ~ **золотника** Schieberstange *f (der Dampfmaschine)* ‖ ~/**клапанный** *(Kfz)* Ventilspindel *f*, Ventilschaft *m* ‖ ~/**магматический** *(Geol)* Eruptivstock *m* ‖ ~/**нитеводителя** *(Text)* Fadenleitstange *f* ‖ ~/**рудный** *(Geol)* Erzstock *m* ‖ ~/**соляной** *(Geol)* Salzstock *m* ‖ ~ **якоря** *(Schiff)* Ankerstock *m*
штокверк *m (Geol)* Stockwerk *n*
штольневый *(Bgb)* Stollen...
штольня *f (Bgb)* Stollen *m* ‖ ~/**вентиляционная** Wetterstollen *m* ‖ ~/**водоотливная** Wasserlösungsstollen *m*, Entwässerungsstollen *m* ‖ ~/**входная (въездная)** Einfahrtstollen *m* ‖ ~/**главная** Hauptstollen *m* ‖ ~/**главная подготовительная** Richtstollen *m* ‖ ~/**дренажная** *s.* ~/**водоотливная** ‖ ~/**капитальная** *s.* ~/**главная** ‖ ~/**наклонная** tonnlägiger Stollen *m* ‖ ~/**откаточная** Förderstollen *m* ‖ ~/**разведочная** Schürfstollen *m*, Erkundungsstollen *m* ‖ ~/**эксплуатационная** Betriebsstollen *m*
штопать *(Text)* stopfen, ausbessern
штопка *f (Text)* 1. Stopfen *n*, Ausbessern *n*; 2. Stopfgarn *n* ‖ ~/**художественная** Kunststopfen *n*
штопор *m* 1. Korkenzieher *m*; 2. *(Flg)* Trudeln *n* ‖ ~/**крутой** *(Flg)* Steiltrudeln *n (bei Neigungswinkeln über 50°)* ‖ ~/**левый** *(Flg)* linksgängiges Trudeln *n* ‖ ~/**ловильный** *(Bgb)* Seilfangspirale *f (Bohrung)* ‖ ~/**непреднамеренный** *(Flg)* unbeabsichtigtes (ungewolltes) Trudeln *n (bei fehlerhafter Steuerung)* ‖ ~/**неустойчивый** *(Flg)* labiles Trudeln *n* ‖ ~/**нормальный** *(Flg)* normales Trudeln *n* ‖ ~/**перевёрнутый** *(Flg)* Rückentrudeln *n* ‖ ~/**плоский** *(Flg)* Flachtrudeln *m (Trudeln bei Winkeln unter 30°)* ‖ ~/**пологий** *(Flg)* stark geneigtes Trudeln *n (bei Neigungswinkeln zwischen 30° und 50°)* ‖ ~/**правый** *(Flg)* rechtsgängiges Trudeln *n* ‖ ~/**преднамеренный (произвольный)** *(Flg)* beabsichtigtes (gewolltes) Trudeln *n (zwecks Kennenlernens des Trudelverhaltens des Flugzeugs und Trainings in der Beherrschung des Trudelns)* ‖ ~/**устойчивый** *(Flg)* stabiles Trudeln *n*
штопорить *(Flg)* abtrudeln
штора *f* 1. Jalousie *f*; 2. *s.* шторка затвора

шторка f (Kine) Blendenvorsatz m, Lichtblende f ||
~ затвора Rollo n (Verschluß) || ~ радиатора (Kfz) Kühlerjalousie f
шторм m (Meteo) Sturm m (Windstärke 9) || ~/жёсткий s. ~/сильный || ~/жестокий orkanartiger Sturm m (Windstärke 11) || ~ с берега ablandiger Sturm m || ~ с моря auflandiger Sturm m || ~/сильный starker (schwerer) Sturm (Windstärke 10) || ~/ураганный s. ~/жестокий
штормование n (Schiff) Abwettern n (eines Sturmes)
штормостойкий sturmfest
штормпредупреждение n Orkanwarnung f, Sturmwarnung f, Sturmvorhersage f
штормпортик m (Schiff) Wasserpforte f
штормсигнал m Sturm[warn]signal n
штормтрап m (Schiff) Tauleiter f, Strickleiter f, Sturmleiter f, Jakobsleiter f || ~/лоцманский Lotsenleiter f
штормуказатель m Sturmball m
штосбанк m (Umf) Stoßbank f, Rohrziehpresse f, Rohrziehbank f (Ziehen nahtloser Rohre)
штраба f (Bw) Verzahnung f, Abtreppung f (Mauerwerk)
штрек m (Bgb) Strecke f || ~/боковой Seitenstrecke f, Anschlußstrecke f || ~/бортовой Grenzstrecke f || ~/бутовый Versatzstrecke f, Blindort n, Blind[ort]strecke f || ~/вентиляционный Wetterstrecke f || ~/верхний Kopfstrecke f || ~/водоотливный Wasserlösungsstrecke f || ~/восстающий steigende Strecke f || ~/выемочный Abbaustrecke f || ~/главный Hauptstrecke f; Sohlenstrecke f || ~/главный вентиляционный Hauptwetterstrecke f || ~/главный транспортный Hauptförderstrecke f || ~/головной Kopfstrecke f || ~/горизонтальный söhlige Strecke f || ~/двойной Doppelstrecke f || ~/диагональный Diagonale f, Diagonalen f || ~/завальный Bruchort n || ~/конвейерный Bandstrecke f || ~/коренной Grundstrecke f, Sohlenstrecke f || ~/коренной откаточный Hauptförderstrecke f || ~/крыловой Flügelort n || ~/междуэтажный Teilsohlenstrecke f || ~/наклонный fallende Strecke f || ~/нижний Fußstrecke f || ~/обводной (обходной) Umbruchstrecke f, Abzweigstrecke f || ~/откаточный Förderstrecke f || ~/панельный Abteilungsstrecke f || ~/пар[аллель]ный Parallelstrecke f, Begleitstrecke f, Begleitort n || ~/пластовой Flözstrecke f || ~/погрузочный Füllstrecke f, Ladestrecke f || ~/подготовительный Vorrichtungsstrecke f || ~/подсечный Unterfahrung f, Unterfahrungsstrecke f, Unterschneidungsstrecke f || ~/подэтажный Teilsohlenstrecke f || ~/полевой Gesteinsstrecke f, Feldstrecke f || ~/поперечный Querstrecke f, Querort n || ~/промежуточный Teilsohlenstrecke f || ~/разведочный Schürfstrecke f, Erkundungsstrecke f || ~/сборочный транспортный Sammelförderstrecke f || ~/скреперный Schrapperstrecke f || ~/слепой s. ~/бутовый || ~/слоевой Abbaustrecke f || ~/спаренный Doppelstrecke f || ~/транспортный Förderstrecke f || ~/этажный Sohlenstrecke f, Grundstrecke f
штрек-водосборник m (Bgb) Wasserstrecke f
штрек-отстойник m (Bgb) Sumpfstrecke f

штрипс m (Wlz) Streifen m, Röhrenstreifen m (zur Herstellung geschweißter Rohre)
штрих m 1. Strich m, Schraffe f; 2. (Math) Strich m (Operationszeichen); (Inf) Strichsymbol n; 3. (Opt) Furche f, Gitterfurche f, Strich m, Gitterstrich m (des Beugungsgitters); 4. Balken m (Testbild); 5. Schraffe f, Bergstrich m (Kartographie) || ~/валентный (Ch) Valenzstrich m || ~/кадровый (Photo) Bildstrich m || ~/установочный Einstellstrich m
штриховать schraffieren, stricheln
штриховка f 1. Schraffierung f, Strichelung f; 2. Schattierung f, Schummerung f; 3. (Krist) Streifung f; 4. (Typ) Falzeintrennen n; 5. (Led) Streicheisen n; 6. (Led) Kantenverputzen n (Riemenherstellung) || ~/двойниковая (Krist) Zwillingsstreifung f; Zwillingsriefung f || ~/деревянная (Led) Reifelholz n || ~/комбинационная (Krist) Kombinationsstreifung f || ~/ледниковая s. царапины/ледниковые
штриховой Strich..., gestrichelt, schraffiert
штромейерит m (Min) Stromeyerit m
штукатурить (Bw) [ver]putzen
штукатурка f (Bw) 1. Putz m, Verputz m; 2. Putzen n || ~/акустическая s. ~/звукопоглощающая || ~/внутренняя Innenputz m || ~/высококачественная Qualitätsputz m || ~/гипсовая Gipsputz m, Stuck m || ~/гладкая glatter Putz m || ~/двухслойная zweilagiger Putz m || ~/декоративная Zierputz m, farbiger Sichtputz m, Edelputz m || ~/звукоизоляционная schalldämmender Putz m, Schalldämmputz m || ~/звукопоглощающая schallschluckender Putz m, Schluckputz m, Akustikputz m || ~/известковая Kalkputz m || ~/мокрая Naßputz m || ~/набрызгом Spritzputz m || ~/наружная Außenputz m, Sichtputz m || ~/начёсом Kratzputz m || ~/по [проволочной] сетке Drahtgeflechtputz m || ~/простая einfacher (gewöhnlicher) Putz m || ~/растворная Mörtelputz m || ~/сухая Trockenputz m, Trockenputzplatte f, Trockenputztafel f || ~/теплоизоляционная wärmedämmender Putz m || ~/торкретная Spritzputz m, Torkretputz m || ~/трёхслойная dreilagiger Putz m || ~/фасадная Außenputz m, Sichtputz m || ~/цементная Zementputz m
штурвал m 1. (Masch) Handrad n, Handkreuz n, Handstern m, Drehgriff m, Kurbel f, Lenkrad n; 2. (Schiff) Steuerrad n || ~/перекидной (Flg) Steuerrad n an der Steuersäule || ~ поперечного управления (Flg) Querrudersteuerrad n
штурвальный (Schiff) Steuer..., Ruder...
штуртрос m (Schiff) Ruderreep n, Steuerreep n, Ruderleine f || ~/цепной Ruderkette f, Steuerkette f
штуф m (Min) Stufe f (kristallisiertes Mineralstück)
штуцер m 1. Stutzen m, Anschlußstück n, Rohrstummel m (Ansatzrohrstück an Rohrleitungen oder Behältern); 2. Stutzen m (Handfeuerwaffe) || ~/водоспускной Entwässerungsstutzen m || ~/всасывающий Saugstutzen m || ~/выпускной Ablauf[stutzen] m || ~/двуствольный Doppelstutzen m (Handfeuerwaffe) || ~/маслоналивной Öleinfüllstutzen m || ~/маслоспускной Ölablaßstutzen m || ~/переходный Reduzierstück n || ~/смазочный Schmierstutzen m || ~/угловой Winkelanschluß m, Winkelstück n ||

штуцер

~/**фонтанный** Förderdüse *f*, Eruptionsdüse *f (Erdölförderung)*
штучный 1. Stück[gut]...; 2. stückbezogen *(z. В. Arbeitsaufwand, Lohn)*
штыб *m (Bgb)* Bohrklein *n*, Schrämklein *n* ‖ ~/**врубовый (заравный)** Schrämklein *n* ‖ ~/**угольный** Kohlenklein *n*, Staubkohle *f*
штыбопогрузчик *m* Schrämklein-Ladevorrichtung *f*
штык *m* 1. *(Met)* Barren *m (NE-Metalle)*; Massel *f (Roheisen)*; 2. *(Schiff)* Knoten *m*, Seemannsknoten *m*, Stek *m*, Schlag *m*; 3. Bajonett *n*
штыкование *n (Bw)* Stochern *n (z. В. zum Verdichten des Betons)*
штырёк *m (Eln)* Stift *m*, Kontaktstift *m (einer Elektronenröhre)*
штырь *m* 1. Stift *m*; Stab *m*, Stütze *f*; Bolzen *m (Stützteil)*; 2. *(El)* Isolator[en]stütze *f*; 3. Stichleitung *f*, Anpassungsleitung *f*; Anpaßstift *m* ‖ ~ **вертлюга** *(Schiff)* Lümmelbolzen *m (Ladegeschirr)* ‖ ~ **изолятора** *(El)* Isolator[en]stütze *f* ‖ ~/**направляющий** *(Gieß)* Führungsstift *m*, Führungsbolzen *m* ‖ ~/**прямой** *(El)* gerade Isolator[en]stütze *f* ‖ ~ **руля** *(Schiff)* Ruderfingerling *m*, Ruderzapfen *m* ‖ ~/**силовой вертлюжный** *(Schiff)* Kraftlümmel *m (Ladegeschirr)* ‖ ~ **соединительной скобы** *(Schiff)* Schäkelbolzen *m* ‖ ~/**штепсельный** *(El)* Steckerstift *m*
ШУ *s.* **шина/управляющая**
шуга *f (Hydrol)* Eisbrei *m*, Schlammeis *n*, Sülzeis *n*, Rogeis *n*
шугосброс *m (Hydt)* Treibeisüberfall *m*
шум *m* Geräusch *n*; Lärm *m*; Rauschen *n* • **с малым шумом** rauscharm; geräuscharm ‖ ~/**авиационный** Fluglärm *m* ‖ ~/**аддитивный** *s.* ~/**гауссов** ‖ ~/**акустический** akustisches Rauschen *n* ‖ ~/**амплитудный** *(Eln)* Amplitudenrauschen *n* ‖ ~ **антенны** Antennenrauschen *n* ‖ ~/**аэродинамический** aerodynamisches Rauschen *n* ‖ ~/**белый** weißes Rauschen *n* ‖ ~ **в цепи** *(Nrt)* Leitungsgeräusch *n* ‖ ~/**внутренний** Eigenrauschen *n* ‖ ~ **всасывания** Ansauggeräusch *n (Verbrennungsmotor; Verdichter; Pumpe)* ‖ ~ **вследствие эффекта Баркгаузена** *(El)* Barkhausen-Rauschen *n* ‖ ~ **вторичной [электронной] эмиссии** *(Eln)* Sekundäremissionsrauschen *n* ‖ ~ **входного сигнала** *(Eln)* Eingangsrauschen *n* ‖ ~/**входной** *(Eln)* Eingangsrauschen *n* ‖ ~ **выпуска [отработавших газов]** Austrittsgeräusch *n (Verdichter; Pumpe)*, Auspuffgeräusch *n*, Auspufflärm *m (Verbrennungsmotor)* ‖ ~/**выходной** *(Eln)* Ausgangsrauschen *n* ‖ ~ **Галактики** galaktisches Rauschen *n (Radioastronomie)* ‖ ~/**гауссов** *(Ak)* Gaußsches Rauschen *n* ‖ ~/**генерационно-рекомбинационный** Generations-Rekombinations-Rauschen *n (Halbleiter)* ‖ ~/**динамический интермодуляционный** *(El)* dynamisches Intermodulationsrauschen *n* ‖ ~ **дорожного движения** *s.* ~/**уличный** ‖ ~ **дробового эффекта** *(Eln)* Schrotrauschen *n* ‖ ~/**дробовой** *(Eln)* Schrotrauschen *n* ‖ ~/**звуковой** *s.* ~/**акустический** ‖ ~ **зёрен** *(Photo)* Kornrauschen *n* ‖ ~ **изображения** *(Photo)* Bildrauschen *n* ‖ ~ **ионизации** Ionisationsrauschen *n* ‖ ~/**ионный** *(Eln)* Ionenrauschen *n* ‖ ~/**катодный** *(Eln)* Kathodenrauschen *n* ‖ ~ **квантования** *(Nrt)* Quantisierungsrauschen *n* ‖ ~/**контактный** *(El)* Kontaktrauschen *n* ‖ ~/**космический** kosmisches Rauschen *n (Radioastronomie)* ‖ ~/**лавинный** *(Eln)* Lawinenrauschen *n* ‖ ~/**ламповый** *(Eln)* Röhrenrauschen *n* ‖ ~/**линейный** *(Nrt)* Leitungsgeräusch *n* ‖ ~/**микрофонный** Mikrophongeräusch *n* ‖ ~/**модуляционный** *(Eln)* Modulationsrauschen *n* ‖ ~ **на входе [радиоприёмника]** *s.* ~/**входной** ‖ ~ **на выходе [радиоприёмника]** *s.* ~/**выходной** ‖ ~ **на несущей частоте** *(Eln)* Trägerfrequenzrauschen *n*, Funkelrauschen *n* ‖ ~/**наведённый** *(Eln)* Influenzrauschen *n*, Stromrauschen *n* ‖ ~/**нестационарный** *(Eln)* nichtstationäres Rauschen *n* ‖ ~/**основной** Hauptgeräusch *n*, Grundrauschen *n* ‖ ~/**остаточный** *(El)* Restrauschen *n* ‖ ~ **от ионизации** *(Eln)* Ionisationsrauschen *n* ‖ ~ **от источников питания** *(Nrt)* Stromversorgungsrauschen *n* ‖ ~ **от сети** *(El)* Netzbrummen *n*, Netzrauschen *n* ‖ ~ **паузы** Betriebsrauschen *n (Magnettonbandgerät)* ‖ ~ **плазмы/высокочастотный** *(Kern)* Plasmarauschen *n*, Mikrowellenrauschen *n* **des Plasmas** ‖ ~/**побочный** *(Ak)* Nebengeräusch *n*, Nadelrauschen *n* ‖ ~/**поверхностный** *(Ak)* Nadelgeräusch *n*, Nadelrauschen *n (Tonaufnahme)* ‖ ~/**полётный** Fluglärm *m* ‖ ~ **помещения** *(Ak)* Raumgeräusch *n*, Saalgeräusch *n* ‖ ~/**посторонний** *(Ak)* Nebengeräusch *n* ‖ ~ **приёмника** *(Rf)* Empfängerrauschen *n* ‖ ~/**производственный** Produktionslärm *m* ‖ ~/**рабочий** Laufgeräusch *n*, Arbeitsgeräusch *n* ‖ ~/**радиационный** *(Ph)* Strahlungsrauschen *n* ‖ ~/**размагниченной ленты** Ruherauschen *n (Tonband)* ‖ ~ **распределения мод** *(Nrt)* Modenverteilungsrauschen *n* ‖ ~ **реактора** *(Kern)* Reaktorrauschen *n* ‖ ~/**рекомбинационный** *(Kern)* Rekombinationsrauschen *n* ‖ ~/**сейсмический** *(Geoph)* seismisches Rauschen *n*, mikroseismische Unruhe *f* ‖ ~ **сигнала** *(El)* Signalrauschen *n* ‖ ~/**смешанный** Mischrauschen *n* ‖ ~/**собственный** Eigenrauschen *n* ‖ ~/**солнечного излучения** solares Rauschen *n (Radioastronomie)* ‖ ~ **сопротивлений** *(El)* Widerstandsrauschen *n* ‖ ~/**статический** *(El)* statisches Rauschen *n* ‖ ~/**стационарный** *(El)* stationäres Rauschen *n* ‖ ~/**суммарный** Gesamtlärm *m* ‖ ~/**температурный (тепловой, термический)** *(Eln)* thermisches Rauschen *n (Widerstandsrauschen)*, Wärmerauschen *n*, Johnson-Rauschen *n*, Nyquist-Rauschen *n* ‖ ~ **токораспределения** *(Eln)* Stromverteilungsrauschen *n* ‖ ~ **транзистора** *(Eln)* Transistorrauschen *n* ‖ ~/**уличный** Straßenlärm *m*, Verkehrslärm *m* ‖ ~ **умножения тока** *(El)* Strommultiplikationsrauschen *n* ‖ ~ **усилителя** *(El)* Verstärkerrauschen *n* ‖ ~/**флуктуационный** *(Eln)* Fluktuationsrauschen *n*, Grundrauschen *n* ‖ ~/**фоновый** *(Nrt)* Grundgeräusch *n*, Grundrauschen *n* ‖ ~/**частотный** *(El)* Frequenzrauschen *n* ‖ ~/**широкополосный** *(El)* Breitbandrauschen *n* ‖ ~/**электронный** Elektronenrauschen *n* ‖ ~/**эмиссионный** Emissionsrauschen *n*

шум-генератор *m (El)* Rauschgenerator *m*
шуметь rauschen
шумовой Rausch...; Geräusch...
шумоглушитель *m* 1. *(Rf)* Geräuschunterdrücker *m*, Krachtöter *m*; 2. Schalldämpfer *m*

шумомер *m* Geräuschmesser *m*
шумопеленгатор *m* Geräuschpeiler *m*
шумопеленгация *f* Geräuschpeilung *f*
шумоподавитель *m* (Eln) Rauschunterdrückungssystem *n*, Rauschunterdrückung *f*
шумоподавление *n* (Eln) Rauschunterdrückung *f*, Rauschdämpfung *f*
шумопонижение *n* Rauschminderung *f*
шум-фактор *m* (Eln) Rauschfaktor *m*, Rauschzahl *f*
шумящий rauschend, Rausch...
шунт *m* (El) Shunt *m*, Parallelwiderstand *m*, Nebenwiderstand *m*; Nebenschluß *m* || **~/активный** ohmscher Parallelwiderstand *m* || **~ к гальванометру** Galvanometernebenschluß *m* || **~/образцовый** Normalparallelwiderstand *m* || **~/приборный** Instrumentenparallelwiderstand *m* || **~/эталонный** Normalparallelwiderstand *m* ||
шунтирование *n* (El) Shunten *n*, Parallelschalten *n*
шунтированный (El) geshuntet, parallelgeschaltet, mit Nebenschluß versehen
шунтировать (El) shunten, parallelschalten, mit Nebenschluß versehen
шунтовой (El) Shunt..., Parallel..., Neben...; Nebenschluß...
шуровать schüren, stochern (Feuerungstechnik)
шуровка *f* Schüren *n*, Stochern *n* (Feuerungstechnik)
шуруп *m* Holzschraube *f* || **~/потайной** *s.* **~ с потайной головкой** || **~/рельсовый** (Eb) Schienenschraube *f* || **~ с полукруглой головкой** Halbrundholzschraube *f* || **~ с полупотайной головкой** Linsensenkholzschraube *f* || **~ с потайной головкой** Senkholzschraube *f* || **~ с цилиндрической головкой** Zylinderholzschraube *f*
шурф *m* (Bgb) Schurfschacht *m*, Schurf *m* || **~/опытный** Versuchsschurf *m* || **~/разведочный** Aufschlußschurf *m* || **~/эксплуатационный** Betriebsschurf *m* (für Bewetterung, Wasserhaltung, Materialförderung und Fahrung)
шурфование *n* (Bgb) Schürfen *n*, Schürfarbeit *f*
шурфовать (Bgb) schürfen
шухардит *m* (Min) Schuchardtit *m*, grüne Chrysopraserde *f*
шхеры *pl* (Geol) Schären *pl*
шхуна *f* (Schiff) Schoner *m* || **~/бермудская** Hochtakelschoner *m* || **~ бермудского вооружения** Hochtakelschoner *m* || **~/гафельная** Gaffelschoner *m* || **~/торговая** Handelsschoner *m*
шхуна-барк *f* (Schiff) Schonerbark *f*, Barkentine *f*
шхуна-бриг *f* (Schiff) Schonerbrigg *f*
шхуна-кеч *f* (Schiff) Schonerketsch *m*
шхуна-сейнер *f* (Schiff) Seinerschoner *m*
шхуна-яхта *f* (Schiff) Jachtschoner *m*

Щ

щавелевокислый (Ch) ...oxalat *n*; oxalsauer
щебень *m* 1. (Geol) Steinschlag *m*, Schutt *m*, Gesteinsschutt *m* (Trümmergestein in kantigen Stücken von 1 bis 10 cm Größe); 2. (Bw) Schotter *m* (durch Zerkleinerung von Gesteinen gewonnener Straßenbaustoff in Stückgrößen von 25 bis 80 mm); Splitt *m* (als Zuschlagstoff für Beton in kleineren, grusartigen Stücken von 3 bis 5 mm); 3. (Eb) Schotter *m* || **~/бетонный** Betonschotter *m*, Betonbruch *m* || **~/дорожный** Straßenschotter *m* || **~/кирпичный** Ziegelsplitt *m* || **~/крупный** Schotter *m* || **~/мелкий** Splitt *m*
щека *f* 1. Wange *f* (z. B. Kurbelwange); 2. Backen *m*, Backe *f* (z. B. eines Backenbrechers); 3. (Led) Backe *f*, Kopflasche *f* || **~/буксовая** (Eb) Achslagersteg *m*, Radsatzlagersteg *m* || **~/зажимная** (Masch) 1. Greifbacken *m*; 2. Klemmbacke *f* || **~ катушки** Spulenflansch *m* || **~ коленчатого вала** (Masch) Kurbelwange *f*, Kurbelarm *m* || **~ кривошипа** *s.* **~ коленчатого вала** || **~/мотыльевая** Kurbelwange *f* || **~/накатная** Rollbacken *m* || **~/неподвижная** fester (feststehender) Backen *m*; Gehäusebrechbacke *f* (Backenbrecher) || **~ остряка** (Eb) Zungenkloben *m* (Weiche) || **~/подвижная** (Masch) beweglicher Backen *m*, Schwinge *f*; Schwingenkörper *m* (Backenbrecher) || **~ свода** (Bw) Stirn *f* (Bogen) || **~/скользящая** Gleitbacken *m* || **~ тисков** Schraubstockbacken *m* || **~ щековой дробилки** Brechbacken *m* (am Backenbrecher)
щеколда *f* Riegel *m*, Abschluß *m* || **~ замка** Falle *f* (Schloß)
щекотать sättigen, in die Sättigung steuern (Magnettonband)
щелевание *n* (Lw) Ritzen *n* (Grasnarbe); Schlitzen *n* (z. B. bei Moordränung)
щелевой geschlitzt, Schlitz..., Spalt...; (Gieß) Grat...
щёлок *m* 1. Lauge *f*; 2. (Glas) Galle *f*, Glasgalle *f* || **~/анодный** Anodenlauge *f* || **~/белильный** Bleichlauge *f* || **~/белый** (Pap) Weißlauge *f*, Frischlauge *f* || **~/бучильный** (Text) Beuchlauge *f* || **~/варочный** (Pap) Kochlauge *f*, Aufschlußlauge *f* || **~/готовый** Fertiglauge *f* || **~/густой** *s.* **~/сгущённый** || **~/едкий** alkalische Lauge *f*, Alkalilauge *f*, Ätzlauge *f* || **~/жидкий** Dünnlauge *f* || **~/зелёный** (Pap) Grünlauge *f* || **~/калийный** Kalilauge *f*, Ätzkalilauge *f* || **~/конечный** Endlauge *f* || **~/концентрированный** Starklauge *f* || **~/маточный** Mutterlauge *f* || **~/мыльный** Seifenlauge *f* || **~/натриевый (натровый)** Natronlauge *f* || **~/остаточный** Restlauge *f* || **~/отбросный (отработанный)** Ablauge *f*, Abfallauge *f* || **~/подмыльный** Unterlauge *f* (Seifenherstellung) || **~/промывной** Waschlauge *f* || **~/свежий** *s.* **~/белый** || **~/сгущённый** Dicklauge *f* || **~/слабый** (Pap) Schwachlauge *f*; Dünn[ab]lauge *f* || **~/сульфатный** 1. (Pap) Sulfat[koch]lauge *f*; 2. (Glas) Sulfatgalle *f* || **~/сульфитный** (Pap) Sulfitablauge *f*, Absäure *f* || **~/чёрный** (Pap) Schwarzlauge *f* || **~/электролитный** Elektrolytlauge *f*
щелокоотделитель *m* (Ch) Laugenabscheider *m*
щелочение *n* (Ch) Alkalisieren *n*, Alkalisierung *f*; Laugenbehandlung *f*
щёлочерастворимый alkalilöslich, laugenlöslich
щёлочестойкий *s.* щёлочеупорный
щёлочестойкость *f s.* щёлочеупорность
щёлочеупорность *f* Alkalibeständigkeit *f*, Laugenbeständigkeit *f*
щёлочеупорный alkalibeständig, laugenbeständig

щёлочеустойчивый s. щёлочеупорный
щёлочноземельный erdalkalisch, Erdalkali...
щелочной alkalisch
щёлочнорастворимый s. щёлочерастворимый
щёлочнореагирующий alkalisch reagierend
щёлочность f (Ch) Alkalität f || ~/**натуральная** natürliche Alkalität f || ~/**общая** Gesamtalkalität f || ~/**остаточная** Restalkalität f, Endalkalität f
щёлочь f (Ch) Alkali n; Alkalilauge f, Alkalilösung f || ~/**едкая** Ätzalkali n, kaustisches Alkali n || ~/**летучая** flüchtiges Alkali n || ~/**мягкая** mildes Alkali n || ~/**расплавленная** Alkalischmelze f, geschmolzenes Alkali n || ~/**свободная** freies Alkali n
щёлочьсодержащий alkalihaltig
щелчок m (Eln) Knackgeräusch n; Tastklick m, Klick m || ~ **от склейки** Klebstellengeräusch n (Magnettonband)
щель f 1. Schlitz m, Spalt m, Spalte f, Ritze f; 2. (Opt) Blende f, Spaltblende f || ~/**впускная** Luftspalt m || ~/**врубовая** (Bgb) Schram m, Schrämschlitz m || ~/**входная** 1. (Opt) Eintrittsspalt m; 2. (Wlz) Eintrittsspalt m, Walzeneintritt m || ~/**выгрузочная** Austragschlitz m (eines Bunkers) || ~/**выходная** 1. (Opt) Austrittsspalt m; 2. (Wlz) Austrittsspalt m, Walzenaustritt m || ~/**двойная** (Opt) Doppelspalt m || ~ **диоптра** (Opt) Visierspalt m || ~ **для измерения** Meßspalt m || ~ **для отбора мощности** (El) Auskopplungsschlitz m || ~/**зарубная** s. ~/врубовая || ~/**звуковая** (Kine) Tonspalt m || ~/**измерительная** Meßspalt m || ~ **интерферометра/входная** (Opt) Interferometerblende f || ~/**искривлённая** (Opt) gekrümmter Spalt m || ~ **Кассини** (Astr) Cassinische Teilung f (Saturnringe) || ~/**кольцевая** Ringspalt m, Düsenspalt m || ~ **крыла** (Flg) Flügelspalt m || ~ **между валками** (Wlz) Walzspalt m, Walzenöffnung f || ~/**мелющая** Mahlspalt m || ~/**механическая** [**модуляционная**] (Kine) Lichttonspalt m || ~/**монетная** Einwurfschlitz m (am Münzfernsprecher) || ~ **монетной личинки** s. ~/монетная || ~/**оптическая** (Photo) Abtastspalt m (z. B. des Photokopierapparats) || ~/**отрезная** (Bgb) Anschnittschlitz m || ~/**отрывная** (Bgb) Einbruchschlitz m || ~/**подвижная** (Opt) beweglicher Spalt m || ~/**поперечная** Querschlitz m || ~/**постоянная** (Opt) fester Spalt m || ~/**продольная** Längsschlitz m || ~/**промежуточная** (Opt) Zwischenspalt m || ~/**прямоугольная** Rechteckschlitz m || ~/**развёртывающая** Abtastspalt m, Abtastschlitz m || ~/**разгрузочная** Austrittsspalt m (z. B. am Brecher); Austragspalt m (eines Bunkers) || ~/**резная** (Bgb) Einbruchschlitz m || ~ **связи** (El) Kopplungsschlitz m || ~/**смотровая** Sehschlitz m || ~/**ступенчатая** (Opt) Stufenspalt m || ~ **читающей оптики** (Kine) Abtastspalt m (Lichtton) || ~ **Энке** (Astr) Enkesche Teilung f (Saturnringe)
щепа f 1. Span m, Späne mpl; 2. (Pap) Hackspäne mpl, Holzschnitzel npl, Kochschnitzel npl
щепколовка f (Pap) Splitterfänger m, Grobsortierer m, Spänefänger m
щеповоз m (Schiff) Holzspänetransporter m

щетина f Borsten fpl (Schwein); Haare npl (Dachs) || ~/**боковая** Seitenborsten fpl || ~/**хребтовая** Kammborsten fpl
щётка f 1. Bürste f; 2. (El, Masch) Bürste f; 3. (Pap) Trennbürste f (Papierförderer); 4. (Min) Druse f || ~/**графитовая** (El) Graphitbürste f || ~ **заземления** (El) Erdungsbürste f || ~/**зарачивающая** (El) Kurzschlußbürste f || ~/**коллекторная** (El) Kommutatorbürste f || ~/**контактная** (El) Kontaktbürste f || ~/**короткозамкнутая** (El) Kurzschlußbürste f || ~/**кристаллическая** (Min) Druse f || ~/**медная** (El) Kupferbürste f || ~/**опущенная** (El) aufliegende Bürste f || ~/**отрицательная** (El) verstellbare Bürste f || ~/**поднятая** (El) abgehobene Bürste f || ~/**положительная** (El) Plusbürste f || ~/**проволочная** Drahtbürste f || ~/**разрезная (расслоённая, расщеплённая)** s. ~/слоистая || ~/**ручная игольчатая (кардная)** (Text) Handputzkratze f || ~/**сглаживающая** (Text) Abstreichbürste f (Schermaschine) || ~/**слоистая** (El) Schichtbürste f, geschichtete (unterteilte) Bürste f || ~/**стальная** Stahldrahtbürste f || ~/**угольная** (El) Kohlebürste f || ~/**хордовая** (El) Sehnenbürste f || ~/**цилиндрическая** Bürstenwalze f
щёткодержатель m (El) Bürstenhalter m || ~/**наклонный** (El) Schrägbürstenhalter m || ~/**радиальный** (El) Radialbürstenhalter m
щёточный Bürsten...
щёчка f **челночной коробки** (Text) Schützenkastenwand f
щипец m (Bw) Giebel m; Hausgiebel m; Fronton m || ~/**боковой** Seitengiebel m
щипцовый (Bw) Giebel...
щипцы pl (Wkz) Zange f, Kneifzange f, Beißzange f || ~/**акушерские** (Med) Geburtszange f || ~/**газовые** Rohrzange f, Gasrohrzange f, Wasserpumpenzange f || ~/**гибочные** Biegezange f || ~/**гортанные** (Med) Kehlkopfzange f || ~ **для тиглей** (Gieß) Tiegelzange f || ~/**зубные (зубоэкстракционные)** (Med) Zahnzange f || ~/**картонасекальные** (Text) Lochzange f (Kartenschlagmaschine) || ~/**пробивные** Lochzange f || ~/**тигельные** Tiegelzange f || ~/**ткацкие** (Text) Weberzange f, Noppeisen n, Putzeisen n
щит m 1. Schild m, Platte f, Tafel f; 2. Schutzblech n; (Kfz) Kotflügel m; 3. (Hydt) Schütze f, Schütz n; 4. (Geol) Schild m (große Flächen, auf denen der kristalline Untergrund zutage tritt); 5. (El) Schalttafel f, Schaltwarte f || ~/**аварийный распределительный** (El) Notschalttafel f || ~/**алданский** (Geol) Aldanschild m || ~/**балтийский** (Geol) Baltischer Schild m || ~/**боковой** Seitenschild m || ~/**бразильский** (Geol) Brasilianischer Schild m || ~/**броневой** Panzerplatte f || ~/**впускной** (Hydt) Einlaßschild m || ~/**главный распределительный** (El) Hauptschalttafel f || ~/**диспетчерский** (El) Dispatcherschalttafel f, Lastverteiler[schalt]tafel f || ~/**инструментальный** (Flg) Instrumentenbrett n; (Kfz) Armaturenbrett n || ~/**канадский** (Geol) Kanadischer Schild m || ~/**колейный** (Bw) Spurtafel f (Brücke) || ~/**коммутационный** (El) Schalttafel f, Schalt[tafel]feld n || ~/**контрольно-измерительный** (Reg) Kontroll- und Steu-

1157 ЭВМ

ertafel f ll ~/контрольный (El) Kontrolltafel f, Überwachungstafel f ll ~/крепёжный (Bgb) Ausbauschild n ll ~/ледниковый (Geol) Gletscherschild m ll ~/направляющий Leitblech n, Leitplatte f ll ~/отражательный Ableitblech n; Reflektor m, Strahlungsschild m ll ~/паспортный Leistungsschild n, Firmenschild n, Ursprungsschild n ll ~/передний Brustschild m ll ~ переключений (Nrt) Verteiler m ll ~ переключений/главный (Nrt) Hauptverteiler m ll ~/подшипниковый Lagerschild m (eines Elektromotors) ll ~ пожарной сигнализации (Schiff) Feuermeldetafel f ll ~/предохранительный Schutzschild m ll ~/предупредительный сигнализации (Schiff) Alarmtafel f ll ~/приборный Gerätetafel f, Instrumententafel f ll ~/противокрысиный (Schiff) Ratten[abweis]blech n, Rattenschutzblech n ll ~/проходческий (Bgb) Vortriebsschild m ll ~/проходческий механизированный (Bgb) Schildvortriebsmaschine f ll ~/распорный Scherbrett n (Schleppnetz) ll ~/распределительный (El) Schalttafel f ll ~/световой (El) Leuchttafel f ll ~ сигнализации Signalmeldetafel f ll ~/сигнальный Signaltafel f ll ~/скандинавский (Geol) Skandinavischer Schild m ll ~/тормозной (Schiff) Bremsschild m (Stapellauf) ll ~/украинский (Geol) Ukrainischer Schild m ll ~/управления (El) Steuer[schalt]tafel f, Bedienungs[schalt]tafel f ll ~/фонарный Abblendschirm m, Laternenschirm m (für Schiffslaternen) ll ~/хлебный (Eb) Getreidevorsatzbrett n (für Güterwagen) ~/телескопические Teleskopbleche npl, Teleskopblechabdeckung f
щитки mpl/тормозные (Flg) Bremsklappen fpl; Sturzflugklappen fpl, Sturzflugbremsen fpl ll
щитовой (Bgb) Schild... (Ausbau)
щиток m 1. Schildchen n, Schild n, Tafel f (s. a. unter щит 1.); 2. (El) Schalttafel f (s. a. unter щит 5.); 3. (Flg) Klappe f; 4. (Schiff) Höhenscherbrett n, Höhenscherkörper m; 5. (Gieß) s. ~/формовочный ll ~/аэродинамический тормозной (Flg) Bremsklappe f, Luftbremsklappe f, Luftbremse f ll ~ затемнения (Schiff) Lichtblende f ll ~/затемнительный (Schiff) Lichtblende f ll ~ нижней губки тисков (Text) Unterzangenblech n (Kämmaschine) ll ~/отклоняющий струю (Flg) Strahlablenkklappe f, Strahlruderklappe f (eines Triebwerks) ll ~/отражательный Prallblech n ll ~/погрузочный Ladeschild n ll ~/подопочный (Gieß) Aufstampfboden m, Aufstampfbrett n ll ~/подъёмный (Schiff) Höhenscherbrett n (Schleppnetz) ll ~ поперечного управления (Flg) Querruderklappe f ll ~/посадочный (Flg) Landeklappe f ll ~/раскрытый тормозной (Flg) ausgefahrene Bremsklappe f ll ~ сварщика Schweißerschutzschild m, Schweißerschutzschirm m, Kopfmaske f ll ~/тормозной (Flg) Bremsklappe f ll ~ управления (Flg) Steuerruder n, Klappenruder n ll ~/формовочный (Gieß) Aufstampfboden m, Aufstampfbrett n ll ~/хвостовой (Flg) Heckklappe f
щиток-закрылок m (Flg) Spreizklappe f (Landeklappe) ll ~/выдвижной Fowlerklappe f ll ~/посадочный Landeklappe f ll ~/разрезной Spreizlandeklappe f ll ~/щелевой Spaltklappe f

щуп m 1. Taster m, Fühler m; Tastelement n, Abtastelement n; 2. Fühllehre f; 3. Tastnadel f, Tastspitze f ll ~/винтовой Spindelheber m (Probeentnahme) ll ~/вольтметровый (El) Spannungsmeßspitze f ll ~/гидравлический (Wkzm) hydraulischer Fühler m (für Nachformdreh- und Fräsmaschinen) ll ~/измерительный Meßfühler m, Meßtaster m, [empfindliches] Meßelement n ll ~ индикатора (Meß) Taststift m (Meßuhr, Feinzeiger) ll ~/испытательный (El) Prüftaster ll ~/копировальный (Fert) Kopiertaster m, Kopierfühler m (Nachformvorrichtung) ll ~/поршневой Kolbenheber m (Probeentnahme) ll ~/почвенный (Lw) Bodensonde f ll ~/призматический Winkelprüfkopf m ll ~/температурный Temperaturfühler m
щупло n (Text) Fühler m, Taster m, Abtaster m ll ~ натяжения нити Fadenspannungsfühler m ll ~ скользящего действия Gleitfühler m ll ~/уточное Schußfühler m ll ~/фотоэлектрическое уточное photoelektrischer Schußfühler m ll ~/электрическое уточное elektrischer Schußfühler m

Э

Э s. эрстед
ЭАТС s. станция/электронная автоматическая телефонная
эбонит m Hartkautschuk m, Hartgummi m
эбуллиоскоп m (Ch) Ebullioskop n
эбуллиоскопия f (Ch) Ebullioskopie f
эВ s. электронвольт
эвапоратор m Evaporator m, Verdampfungsapparat m, Eindampfapparat m, Verdampfer m
эвапори... s. эвапоро...
эвапорограф m Evaporigraph m, Atmograph m
эвапорография f Evaporographie f
эвапорометр m (Meteo) Evaporimeter n, Verdunstungsmesser m
эвгедральный (Geol) euhedral, idiomorph
эвгенол m Eugenol n (Duftstoff)
эвгеосинклиналь f (Geol) Eugeosynklinale f
эвдиалит m (Min) Eudialyt m (Mineral seltener Erden)
эвдиометр m (Ch) Eudiometer[rohr] n
эвдиометрия f (Ch) Eudiometrie f, eudiometrische Messung f
эвекция f (Astr) Evektion f (Störung der Mondbahn)
эвкайрит m (Min) Eukairit m, Selenkupfersilber n
эвклаз m (Min) Euklas m
эвколит m (Min) Eukolit m (Eudialyt)
эвколлоид m (Ch) Eukolloid n, wahres Kolloid n
эвксенит m (Min) Euxenit m (Mineral seltener Erden)
ЭВЛ s. лампа/электронно-волновая
ЭВМ (электронная вычислительная машина) Rechner m, Computer m
ЭВМ/аналоговая Analogrechner m, analoger Rechner m
ЭВМ/большая Großrechner m
ЭВМ/ведущая Hostrechner m, Wirtsrechner m
ЭВМ верхнего уровня (Inf) Hostrechner m, Wirtsrechner m

ЭВМ

ЭВМ/гибридная Hybridrechner *m*, hybrider (kombinierter) Rechner *m*
ЭВМ/главная Zentralrechner *m* (s. a. **ЭВМ/ведущая**)
ЭВМ для игры в шахматы Schachcomputer *m*
ЭВМ для обработки данных Verarbeitungsrechner *m*
ЭВМ/домашняя Heimcomputer *m*
ЭВМ/испытательная Testrechner *m*
ЭВМ/карманная Hand-Held-Computer *m*
ЭВМ/комбинированная s. **ЭВМ/гибридная**
ЭВМ/консольная (Inf) Konsolrechner *m*
ЭВМ/конторская Bürocomputer *m*
ЭВМ/малая Kleinrechner *m*
ЭВМ массового применения Computer *m* für die breite Anwendung
ЭВМ/микропрограммируемая mikroprogrammierbarer Rechner *m*
ЭВМ/настольная Tischcomputer *m*, Tischrechner *m*
ЭВМ/однокристальная Einchip-Rechner *m*
ЭВМ/одноплатная Einkartenrechner *m*, Einplatinenrechner *m*
ЭВМ оперативного пользования On-line-Rechner *m*
ЭВМ/основная Rechnergrundgerät *n*
ЭВМ/персональная Personalcomputer *m*, PC
ЭВМ/профессиональная [персональная] professioneller Personalcomputer (PC) *m*
ЭВМ/рабочая Betriebsrechner *m*
ЭВМ/32-разрядная персональная 32-Bit-Personalcomputer *m*, 32-Bit-PC *m*
ЭВМ/сверхбольшая Größtrechner *m*
ЭВМ/«старшая» übergeordneter Rechner *m*
ЭВМ управления интегрированным производством/центральная Leitrechner *m*
ЭВМ/цифровая Digitalrechner *m*, digitaler Rechner *m*
эвольвента *f* (Math) Evolvente *f* ǁ **~/пространственная** räumliche Evolvente *f* ǁ **~/сферическая** sphärische Evolvente *f*
эвольвентомер *m* (Meß) Evolventenprüfgerät *n*, Zahnflankenprüfgerät *n*
эволюта *f* (Math) Evolute *f*
эволютоида *f* (Math) Evolutoide *f*
эволюция *f* 1. (Astr) Evolution *f*, Entwicklung *f*; 2. (Flg) Manöver *n*
эвристика *f* (Kyb) Heuristik *f*
эвтектика *f* (Ph, Ch, Met) 1. Eutektikum *n*; 2. eutektischer Punkt *m* ǁ **~/двойная** binäres Eutektikum *n*, Zweistoffeutektikum *n* ǁ **~/тройная** ternäres Eutektikum *n*, Dreistoffeutektikum *n*
эвтектоид *m* (Ph, Ch) Eutektoid *n*
эвтропия *f* (Ph) Eutropie *f*
эвтрофирование *n* (Ökol) Eutrophierung *f*, Nährstoffanreicherung *f*
эгализатор *m* (Text) Egalisiermittel *n*
эгализация *f* 1. (Text) Egalisierung *f*, Egalisieren *n*; 2. Verschnitt *m* (von Jungweinen einer Sorte)
эгализировать 1. (Text) egalisieren; 2. verschneiden (Jungweine einer Sorte)
эгирин *m* (Min) Ägirin *m*, Akmit *m* (Pyroxen)
эглестонит *m* (Min) Eglestonit *m* (sekundäres Quecksilbermineral)
эгутёр *m* (Pap) Vordruckwalze *f*, Egoutteur *m*, Wasserzeichenwalze *f*

ЭДА-комплекс *m* (Ph) EDA-Komplex *m*, Elektronen-Donator-Akzeptor-Komplex *m*
эджер *m* (Wlz) 1. Stauchwalze *f*; Vertikalstauchgerüst *n*; 2. Kanter *m*, Kantvorrichtung *f*
эдитор *m* (Inf) Editor *m* ǁ **~/программный** Programm-Editor *m*
ЭДС, Э.Д.С. *s.* сила/электродвижущая
эжектор *m* 1. Strahlsaugapparat *m*, Strahlsaugpumpe *f*, Strahlsauger *m*, Ejektor *m* (Sammelbegriff für Apparate wie: Wasserstrahlpumpe, Dampfstrahlsauger); 2. Auswerfer *m*, Ausstoßer *m*, Materialausstoßer *m*, Ausstoßkolben *m*; Abstreifer *m* ǁ **~/водоструйный (водяной)** Wasserstrahlejektor *m*, Wasserstrahlsauger *m* ǁ **~/воздушный** Luftstrahlsauger *m* ǁ **~/осушительный** (Schiff) Lenzejektor *m* ǁ **~/паровой (пароструйный)** Dampfstrahlsauger *m*, Dampfstrahlsaugpumpe *f* (Absaugen von Flüssigkeiten, Luft, Gasen aus einem geschlossenen Raum) ǁ **~/ружейный** Ejektor *m*, Patronenauswerfer *m* (Jagdgewehr)
эжекция *f* (Kern) 1. Herausführung (Ejektion) *f* des Strahls (aus der Vakuumkammer), Strahlauslenkung *f*; 2. Teilchenausschleusung *f* (aus einem Beschleuniger), Teilchenextraktion *f*, Extraktion *f*
эзофагоскоп *m* (Med) Ösophagoskop *n*, Speiseröhrenendoskop *n*, Speiseröhrenspiegel *m*
эйдофор *m* Eidophor *m* (Großbildprojektionsanlage)
эйконал *m* (Math) Eikonal *n*, Streckeneikonal *n* ǁ **~/координатный (точечный)** Punkteikonal *n* ǁ **~/угловой** Winkeleikonal *n*
эйнштейн *m* Einstein *n*, E (Einheit der Strahlungsenergie in der Photochemie)
эйнштейний *m* (Ch) Einsteinium *n*, Es
ЭК *s.* коммутатор/электронный
экаэлемент *m* (Ch) Ekaelement *n*
эквалайзер *m* (Eln) Equalizer *m*
экватор *m* Äquator *m* ǁ **~/галактический** (Astr) galaktischer Äquator *m* ǁ **~/географический** Erdäquator *m*, Äquinoktiallinie *f*; Linie *f* (in der Seemannssprache) ǁ **~/геомагнитный** geomagnetischer Äquator *m* ǁ **~ Земли** s. ~/географический ǁ **~/земной** s. ~/географический ǁ **~/магнитный** magnetischer Äquator *m* ǁ **~/небесный** (Astr) Himmelsäquator *m* ǁ **~/термический** (Meteo) thermischer Äquator *m*, Wärmeäquator *m*
экваториал *m* (Astr) Äquatoreal *n*, Äquatorial *n* (parallaktisch aufgestelltes Linsen- oder Spiegelfernrohr)
экваториальный äquatorial
эквивалент *m* 1. Äquivalent *n*; 2. (Eln) Nachbildung *f* ǁ **~ антенны** (Rf) Ersatzantenne *f*, Antennennachbildung *f*, künstliche Antenne *f* ǁ **~/воздушный** (Kern) Luftäquivalent *n* ǁ **~ затухания** (Nrt) Bezugsdämpfung *f* ǁ **~ калориметра/водяной** Wasserwert *m* des Kalorimeters ǁ **~ линии** (Nrt) Leitungsnachbildung *f* ǁ **~/окислительно-восстановительный** (Ch) Oxidationsäquivalent *n* (eines Oxidationsmittels); Reduktionsäquivalent *n* (eines Reduktionsmittels) ǁ **~ поглощения** (Ph) Absorptionsäquivalent *n* ǁ **~ рентгена** (Kern) Röntgenäquivalent *n* (s. a. рентген-эквивалент) ǁ **~ рентгена/биологический** biologisches Röntgenäquivalent *n*, Rem

n, rem-Einheit *f* ‖ ~ **рентгена/физический** physikalisches Röntgenäquivalent *n* ‖ ~ **света** Lichtäquivalent *n* ‖ ~ **света/механический** energetisches (mechanisches) Lichtäquivalent *n* (spektrale Augenempfindlichkeit) ‖ ~**/свинцовый** (Kern) Bleigleichwert *m*, Bleiäquivalent *n* ‖ ~ **тепла** (Therm) Wärmeäquivalent *n*, kalorisches Arbeitsäquivalent (Energieäquivalent) *n*, Energieäquivalent *n* der Wärme ‖ ~ **тепла/механический** mechanisches Wärmeäquivalent *n* ‖ ~ **теплоты** s. ~ тепла ‖ ~**/тротиловый** Trotyläquivalent *n*, TNT-Äquivalent *n* (Maßeinheit der Detonationsstärke) ‖ ~**/углеродистый (углеродный)** (Met) Kohlenstoffäquivalent *n* ‖ ~**/химический** chemisches Äquivalent *n*, Äquivalentmasse *f* ‖ ~**/электрический** elektrisches Äquivalent *n* ‖ ~**/электронный** (Kern) Elektronenäquivalent *n* ‖ ~**/энергетический** Energieäquivalent *n* ‖ ~ **энергии** Energieäquivalent *n* ‖ ~ **энергии/механический** mechanisches Energieäquivalent *n* ‖ ~ **энергии/тепловой** kalorisches Energieäquivalent *n* ‖ ~ **энергии/электрический** elektrisches Energieäquivalent

эквивалентность *f* Äquivalenz *f*, Gleichwertigkeit *f* ‖ ~ **массы и энергии** (Ph) Energie-Masse-Äquivalenz *f*, Masse-Energie-Äquivalenz *f*
эквивалентный äquivalent, gleichwertig
эквивокация (Inf) Äquivokation *f*
эквиденсита *f* [photographische] Äquidensite *f* (Kurve gleicher Dichte einer photographischen Aufnahme)
эквиденситография *f* (Photo) Äquidensitographie *f*
эквиденситометрирование *n* (Photo) Äquidensitometrieren *n*
эквиденситометрия *f* (Photo) Äquidensitometrie *f*
эквиденсография *f* (Photo) Äquidensographie *f*
эквиденсоскопия *f* (Photo) Äquidensoskopie *f*
эквидистантный äquidistant, abstandsgleich
эквимолярный (Ch) äquimol[ekul]ar
эквипотенциаль *f* (El) Äquipotentiallinie *f*
эквипотенциальный (El) äquipotentiell, Äquipotential..., gleichen Potentials
эквифазный (El) gleichphasig, phasengleich, konphas, synphas
экзальтация *f* (Ch) Exaltation *f*
экзаменатор *m* (Meß) Libellenprüfer *m*, Examinator *m* (als Tangens- oder Sinuslineal) ‖ ~**/круглый** Teilkreisprüfer *m*
экзарация *f* (Geol) Exaration *f*, Glazialerosion *f*
экзобиология *f* Kosmobiologie *f*, Astrobiologie *f*, Weltraumbiologie *f*
экзогенный (Geol) exogen
экзосфера *f* (Geoph) Exosphäre *f*, äußere Atmosphäre *f*
экзотермический (Ch) exotherm, wärmeabgebend
экзотермия (Ph) Wärmeausbeute *f*
экзоэлектрон *m* (Ph) Exoelektron *n*
экипаж *m* 1. (Eb) Fahrzeug *n*, Schienenfahrzeug *n*; 2. (Eb) Laufwerk *n*, Laufteil *m*; 3. (Schiff, Flg, Kosm) Besatzung *f* • **без экипажа** unbemannt • **с экипажем** bemannt ‖ ~ **на воздушной подушке** Luftkissenfahrzeug *n* ‖ ~ **на воздушной подушке, привязанный к пути** spurgeführtes Luftkissenfahrzeug *n* ‖ ~ **на магнитной подушке** Magnetkissenfahrzeug *n* ‖ ~ **на тележках** Drehgestellfahrzeug *n* ‖ ~**/рельсовый** Schienenfahrzeug *n*
экипировка *f* (Eb) Behandlung *f*, Aufrüstung *f*, Betriebsstoffversorgung *f* (Lok)
эккер *m* (Geod) Winkelinstrument *n*, Rechtwinkelinstrument *n*, Winkelkreis *n* (Sammelbezeichnung für Geräte zum Abstecken von 45°- und 90°-Winkeln ‖ ~**/восьмигранный** Winkelkopf *m* (Winkelkreuz mit vier Dioptern zum Abstecken von 45°- und 135°-Winkeln) ‖ ~**/двойной призменный** Doppelwinkelprisma *n* ‖ ~**/двухзеркальный** Spiegelkreuz *n* ‖ ~**/двухпризменный** Prismenkreuz *n* ‖ ~**/зеркальный** Winkelspiegel *m* ‖ ~**/призменный** Winkelprisma *n* ‖ ~**/простой** einfaches Spiegelkreuz *n* (mit zwei Dioptern zum Abstecken von 90°-Winkeln) ‖ ~**/створный** Spiegelkreuz *n* ‖ ~**/цилиндрический** Winkeltrommel *f*
эклиметр *m* (Geod) Neigungsmesser *m*, Gefällemesser *m*
эклиптика *f* (Astr) Ekliptik *f*
эклиптикальный, эклиптический (Astr) ekliptikal
экология *f* Ökologie *f* ‖ ~**/глобальная** Globalökologie *f* ‖ ~ **животных** Tierökologie *f* ‖ ~**/космическая** kosmische Ökologie *f* ‖ ~**/ландшафтная** Landschaftsökologie *f* ‖ ~**/популяционная** Populationsökologie *f* ‖ ~**/общая** allgemeine Ökologie *f* ‖ ~ **растений** Pflanzenökologie *f* ‖ ~**/социальная** Sozialökologie *f*
экономайзер *m* Ekonomiser *m*, Speisewasservorwärmer *m*, Eko *m*; (Flg) Abgasvorwärmer *m* ‖ ~**/водяной** Rauchgas[speisewasser]vorwärmer *m* ‖ ~**/воздушный** Rauchgasluftvorwärmer *m*, rauchgasbeheizter Luftvorwärmer *m* ‖ ~**/гладкотрубный водяной** Glattrohr[wasser]vorwärmer *m* ‖ ~**/змеевиковый** Rohrschlangenekonomiser *m* ‖ ~ **карбюратора** (Kfz) Spardüse *f* (Vergaser) ‖ ~**/ребристый водяной** Rippenrohr[wasser]vorwärmer *m*
экономика *f***/рыночная** Marktwirtschaft *f*
экономить einsparen
экономичность *f* Wirtschaftlichkeit *f*; Sparsamkeit *f*
экономия *f* **материала** Materialökonomie *f*, Materialeinsparung *f* ‖ ~ **энергии** Energieeinsparung *f*, Einsparung *f* an Energie
экран *m* 1. Schirm *m*, Abschirmung *f*; 2. (Kine) Bildwand *f*, Wand *f*; 3. (Inf, TV) Bildschirm *m*; 4. Projektionsschirm *m*; Mattscheibe *f*; Leuchtschirm *m* • **без экрана** (El) nicht[ab]geschirmt, ohne Abschirmung • **с экраном** (El) [ab]geschirmt ‖ ~**/акустический** (Rf) Schallwand *f* ‖ ~**/алюминированный** 1. (Eln) aluminierter Schirm (Bildschirm) *m*; 2. (Kine) Aluminiumwand *f* ‖ ~**/бетонный** (Kern) Betonschutz *m*, Betonabschirmung *f* ‖ ~**/бетонный защитный** (Kern) Betonstrahlungsschutzschild *m* ‖ ~**/биологический** (Kern) biologischer Schirm *m* ‖ ~**/водный (водяной)** *f* ~**/защитный высокого разрешения** (TV) hochauflösender Bildschirm *m* ‖ ~**/глиняный** (Hydt) Lehmvorlage *f* ‖ ~**/графический** (Inf) Graphikbildschirm *m* ‖ ~**/двухслойный** Doppelschichtschirm *m* ‖ ~**/диффузно-отражающий** (Kine) diffuse (dif-

экран

fus reflektierende) Bildwand f ll ~/**жемчужный** (Kine) Perlwand f ll ~/**задерживающий** Verzögerungsschirm m ll ~/**защитный** Schutzschirm m ll ~/**защитный водный** (Kern) Wasserschirm m, Wasserschutzwand f ll ~/**индивидуальный** Einzelbildschirm m ll ~/**интенсифицирующий** s. ~/усиливающий **~/каскадный** s. ~/многослойный ll ~ **кинескопа** (TV) Bildröhrenschirm m, Kineskopschirm m ll ~/**контрольный** (TV) Kontrollbildschirm m ll ~/**ламповый** (Rf, TV) Röhrenabschirmung f ll ~/**люминесцентный** (**люминесцирующий**) Lumineszenzschirm m, Leucht[stoff]schirm m ll ~/**магнитный** (Kern) magnetische Schirm m, magnetische Abschirmung f ll ~/**маточный** Mattscheibe f ll ~/**медный** Kupferschirm m ll ~/**металлизированный** (Eln) metallhinterlegter Schirm m ll ~/**металлический** Metallschirm m ll ~/**многослойный** Kaskadenschirm m, Lumineszenzschirm m mit Kaskadenanregung ll ~/**мозаичный** (TV) Mosaikschirm m ll ~ **на отражение** (Kine) Aufprojektionsbildwand f ll ~ **на просвет** (Kine) Bildwand f für Durchprojektion ll ~/**отражающий** (Eln) Rückstrahlschirm m ll ~/**пермаллоевый** (Eln) Permalloyschirm m, Permalloyabschirmung f ll ~/**перфорированный** (Kine) perforierte Bildwand f ll ~/**плоский** Planschirm m ll ~ **плотины** (Hydt) Staudammabdichtung f ll ~/**поглощающий** Absorptionsschirm m, absorbierende Blende f ll ~/**полученный напылением** (Eln) aufgedampfter Schirm m ll ~/**полученный осаждением** (Eln) sedimentierter Schirm m ll ~/**приёмный** (Eln) Empfangsbildschirm m ll ~/**проекционный** [**телевизионный**] Projektionsschirm m, Bildwand f, Großbildschirm m ll ~/**прозрачный** Durchsicht[leucht]schirm m, Durchleuchtungsschirm m ll ~/**промежуточный** (Eln) Zwischenbild[leucht]schirm m ll ~/**противофильтрационный** (Hydt) Dichtungsdecke f ll ~ **радиолокационной станции** Radarschirm m ll ~/**радиолокационный** Radarschirm m ll ~/**разделённый** (Eln) Split-screen m ll ~/**рассеивающий просвечивающий** (Licht) Streuscheibe f ll ~/**растровый** (Kine) geprägte Bildwand f, Rasterbildwand m ll ~/**рентгеновский** (Eln) Röntgen[fluoreszenz]schirm m, Röntgenleuchtschirm m ll ~ **с послесвечением** Nachleuchtschirm m ll ~/**светящийся** s. ~/люминесцентный ll ~/**свинцовый** (Kern) Bleiabschirmung f ll ~/**солнцезащитный** Sonnenschutzblende f ll ~/**стекловолоконный** (Opt) Glasfaserschirm m ll ~/**сцинтиллирующий** (Kern) Szintillationsschirm m ll ~/**телевизионный** (**телевизорный**) Fernseh[bild]schirm m, Bildschirm m ll ~/**тепловой** 1. thermischer Schild m, Thermoschild m, Hitzeschild m; 2. s. теплофильтр ll ~/**тепловой защитный** Wärmeschutz[schirm] m ll ~/**трёхцветный** Dreifarbenschirm m ll ~/**усиливающий** (Kern) Verstärkerfolie f; Verstärkerschirm m (Gammadefektoskopie) ll ~/**флуоресцирующий** Fluoreszenzschirm m ll ~/**цветной** Farbschirm m

экранирование n 1. Abschirmung f, Abschirmen n; 2. Schirmwirkung f; 3. Abblendung f, Abblenden n; 4. (Kern) Plattierung f; 5. (Kine) Abschattung f, Vignettierung f ll ~/**внешнее** Außenabschirmung f ll ~/**внутриламповое** Innenabschirmung f (einer Röhre)

экранированный abgeschirmt

экранировать [ab]schirmen; panzern

экранировка f s. экранирование

экранно-ориентированный bildschirmorientiert

экранный Schirm...

экран-прояснитель m (Schiff) Klarsichtscheibe f

эксгаляция f [**вулканическая**] (Geol) Exhalation f

эксгаустер m Exhaustor m, Saugzugventilator m (zum Absaugen von Gasen, Dämpfen, staubhaltiger Luft u. dgl.)

эксергия f Exergie f, technische Arbeitsfähigkeit f

эксикатор m (Ch) Exsikkator m ll ~/**вакуумный** Vakuumexsikkator m

эксимер m (Eln) Excimer n ll ~/**гетероатомный** heteronukleares Excimer n ll ~/**гомоатомный** homonukleares Excimer n ll ~/**двухатомный** zweiatomiges Excimer n ll ~/**лазерный** laseraktives Excimer n

эксиплекс m Exciplex n ll ~/**лазерный** laseraktives Exciplex n

экситон m (Krist, Eln) Exziton n, Exciton n, Elektron-Defektelektron-Paar n

экситрон m (Eln) Excitron n, Excitronröhre f (ein Quecksilberdampfgleichrichter)

экскаватор m 1. (Förd) Bagger m; 2. (Med) Exkavator m ll ~/**автомобильный** LKW-Bagger m, Autobagger m ll ~/**башенный** Seilbagger m, Kabelbagger m ll ~ **верхнего копания** Hoch[löffel]bagger m ll ~ **верхнего копания/многоковшовый** Eimerkettenhochbagger m ll ~ **верхнего черпания** Hochbagger m ll ~/**вскрышный** Abraumbagger m ll ~/**вскрышный шагающий** Abraumschreitbagger m ll ~/**гидравлический** Hydraulikbagger m ll ~/**грейферный** Greifbagger m ll ~/**гусеничный** Raupenbagger m ll ~/**двухпортальный** Doppeltorbagger m ll ~/**дизельный** Dieselbagger m ll ~/**добычный** Gewinnungsgerät n ll ~/**канатно-башенный** Seilbagger m, Kabelbagger m ll ~/**карьерный** Tagebaubagger m ll ~/**ковшовый** Eimerbagger m ll ~/**колёсный** Radbagger m, Schaufelradbagger m ll ~/**лопастно-колёсный** Schaufelradbagger m ll ~/**многоковшовый** Mehrgefäßbagger m (Sammelbegriff); Eimerkettenbagger m ll ~/**многоковшовый роторный** Schaufelradbagger m ll ~/**многоковшовый цепной** Eimerkettenbagger m ll ~/**многочерпаковый** [**цепной**] s. ~/многоковшовый ll ~/**мостовой** Brückenbagger m ll ~ **нижнего копания** Tief[löffel]bagger m ll ~ **нижнего копания/многоковшовый** Eimerkettentiefbagger m ll ~ **нижнего черпания** Tiefbagger m ll ~/**одноковшовый** Löffelbagger m, Eingefäßbagger m ll ~/**одноковшовый гусеничный** Raupenkettenlöffelbagger m ll ~/**отвальный** Absetzbagger m, Absetzer m mit Baggeraufnehmer n ll ~/**поворотный** Schwenkbagger m ll ~/**поворотный ковшовый** Schwenkschaufelbagger m ll ~/**полноповоротный** vollschwenkbarer Bagger m ll ~ **поперечного черпания** Bagger m im Frontverhieb ll ~ **продольного черпания** Bagger m im Blockverhieb ll ~/**роторный** Radbagger m, Drehschaufelbagger m, Rotorbagger n ll ~/**ро-**

торный траншейный Rotorgrabenbagger m II ~ с прямой лопатой Hoch[löffel]bagger m II ~ скрепковый s. экскаватор-драглайн II ~/строительный Baustellenbagger m II ~/струговый Planierraupe f II ~/сухопутный Trockenbagger m II ~/траншейный 1. Grabenbagger m; 2. Grabenräumer m II ~/траншейный многоковшовый Eimerkettengrabenbagger m II ~/траншейный роторный Schaufelradgrabenbagger m II ~/универсальный Universalbagger m II ~/цепной Eimerkettenbagger m II ~/цепной полноповоротный Eimerkettenschwenkbagger m II ~/шагающий Schreitbagger m II ~/шнекороторный Fräsradbagger m
экскаватор-драглайн m Schürfkübelbagger m, Eimerseilbagger m, Schleppschaufelbagger m, Zugschaufelbagger m, Schleppseilbagger m II ~/шагающий Schürfkübelschreitbagger m, Schlepplöffelschreitbagger m
экскаватор-канавокопатель m Grabenbagger m
экскаватор-кран m Universalbagger m, Kranbagger m
экскаваторостроение n Baggerbau m
экскавация f Baggerarbeit f, Baggern n, Ausbaggerung f, Aushub m II ~ в лобовом забое (Bgb) Kopfbetrieb m (Tagebau) II ~ в траншейном забое (Bgb) Schlitzbaggerung f (Tagebau) II ~/раздельная (Bgb) selektive Gewinnung f (Tagebau)
экспандер m 1. (Gum) Reifenausdehner m, Ausdehner m; 2. (El) Dehner m, Dynamikdehner m; 3. (Masch) Expander m; (Kfz) Spannring m
экспендирование n (Gum) Reifenausdehnung f, Ausdehnung f; Rundformieren n, Rundformen; Bombieren n (Reifen)
эксперимент m Experiment n, Versuch m II ~/групповой Gruppenversuch m (Statistik) II ~/комбинированный kombinierter Versuch m (Statistik) II ~/модельный (Schiff) Modellversuch m II ~ по рассеянию (Ph) Streuexperiment n [von Rutherford]
экспериментировать experimentieren, Versuche durchführen
экспертиза f/метрологическая meßtechnisches Gutachten n, metrologische Begutachung f II ~ проектов (Bw) Projektgutachten n
эксплуатационный Betriebs-..., Dienst-...; (Bgb) Gewinnungs..., Abbau...
эксплуатация f 1. Einsatz m, Nutzung f; Betrieb m; 2. Betriebsführung f; 3. (Bgb) Ausbeutung f, Gewinnung f, Abbau m, Förderung f II ~/газлифтная (Erdöl) Gasliftförderung f, Gasliften n, Förderung f im Gasliftverfahren II ~/глубинно-насосная (Erdöl) Tiefpumpenförderung f, Tiefpumpenbetrieb m II ~/длительная Dauerbetrieb m II ~ железных дорог Eisenbahnbetrieb m, Bahnbetrieb m II ~/зимняя Winterbetrieb m II ~/компрессорная (Erdöl) Liftförderung f, Liften n, Förderung f im Liftverfahren II ~/насосная (Erdöl) Pumpenförderung f, Förderung f durch Pumpen II ~/опытная Versuchsbetrieb m II ~/постоянная Dauerbetrieb m II ~/приборная Gerätenutzung f II ~/продолжительная Dauerbetrieb m II ~ скважин (Erdöl) Sondenförderung f II ~/скорая (Nrt) Sofortbetrieb m II ~/фонтанная (Erdöl) eruptive Förderung f, Eruptions-

förderung f II ~ хранилища (Bgb) Speicherbetrieb m II ~/шомпольная (Erdöl) Kolben n, Pistonieren n, Schöpfen n II ~/эрлифтная (Erdöl) Druckluftförderung f, Airliftförderung f, Liften n mit Druckluft
эксплуатировать 1. ausbeuten, nutzen; betreiben; 2. (Bgb) abbauen, fördern
экспозиметр m s. экспонометр
экспозиция f (Photo) 1. Belichtung f, Exposition f; 2. Belichtungszeit f II ~/пороговая Schwellenbelichtung f II ~/последующая Nachbelichtung f II ~/предварительная Vorbelichtung f, Anbelichtung f II ~/прерывистая intermettierende Belichtung f II ~ просвечивания (Kern) Belichtung f (Gammadefektoskopie)
экспонат m Ausstellungsgegenstand m, Ausstellungsstück n; Exponat n
экспоненциальный (Math) exponentiell, Exponential...
экспонирование n 1. (Eln) Exponieren n, Bestrahlen n, Belichten n (Lithographie); 2. s. экспозиция II ~/двойное Doppelbelichtung f II ~/дистанционное Abstandsbelichtung f II ~/заливающее Flutbelichtung f II ~/контактное Kontaktbelichtung f II ~/локальное örtliche Bestrahlung f II ~/параллельное Parallelbelichtung f II ~/периодическое (прерывистое) intermittierende Belichtung f II ~/полихроматическое polychromatische Belichtung f II ~/последовательное sequentielle Bestrahlung f II ~/проекционное Projektionsbelichtung f II ~ рентгеновскими лучами Röntgenstrahlbelichtung f II ~/электронно-лучевое Elektronenstrahlbelichtung f
экспонировать 1. (einer Behandlung) aussetzen; 2. (Photo) belichten
экспонометр m (Photo) Belichtungsmesser m II ~/актинометрический photochemischer Belichtungsmesser m II ~/визуальный (оптический) visueller (optischer) Belichtungsmesser m II ~/табличный Belichtungstabelle f II ~/фотоэлектрический photoelektrischer (lichtelektrischer) Belichtungsmesser m
экспонометрия f (Photo) Belichtungsmessung f, Exponometrie f
экспресс-анализ m (Ch) Schnellanalyse f, Schnellbestimmung f
экспресс-лаборатория f Schnellabor n
экспресс-метод m Schnellmethode f
экстендер m Streckmittel n
экстензометр m s. тензометр
экстент m (Inf) Bereich m
экстерниды pl (Geol) Externiden pl
экстинкция f (Opt) Extinktion f (Strahlungsschwächung durch Absorption und Streuung) II ~ в атмосфере (Geoph) atmosphärische Extinktion f II ~/межзвёздная (Astr) interstellare Extinktion f II ~ радиации [света] в атмосфере (Geoph) atmosphärische Extinktion f II ~ Рэлея (Geoph) Rayleigh-Extinktion f
экстрагалактический extragalaktisch
экстрагент m (Ch) Extraktionsmittel n II ~/избирательный s. ~/селективный II ~/насыщенный gesättigtes (vollständig beladenes) Extraktionsmittel n, Extraktphase f II ~/селективный selektives (selektiv wirkendes) Extraktionsmittel n

экстрагирование

экстрагирование *n s.* экстракция
экстрагировать *(Ch)* extrahieren
экстрагируемость *f (Ch)* Extrahierbarkeit *f*
экстракод *m (Inf)* Extrakode *m*
экстракт *m (Ch)* Extrakt *m(n)* ‖ **~/водный** wäßriger Extrakt *m* ‖ **~/вымываемый** *s.* ~/растворимый ‖ **~/дубильный** *(Led)* Gerb[stoff]extrakt *m* ‖ **~/дубовый** *(Led)* Eichen[holz]extrakt *m* ‖ **~/жидкий** flüssiger Extrakt *m* ‖ **~/красильный** Farbholzextrakt *m* ‖ **~/невымываемый** *s.* ~/нерастворимый ‖ **~/нерастворимый** *(Brau)* aufschließbarer Extrakt *m* ‖ **~/общий** *(Ch)* Gesamtextrakt *m* ‖ **~/растворимый** *(Brau)* löslicher (auswaschbarer) Extrakt *m* ‖ **~/солодовый** *(Brau)* Malzextrakt *m* ‖ **~/спиртовой** *(Ch)* alkoholischer Extrakt *m* ‖ **~/сухой** *(Ch)* Trockenextrakt *m* ‖ **~/хромовый** *(Led)* 1. Chrom[gerb]extrakt *m*; 2. Reduktionschrombrühe *f*, reduzierte Chrombrühe *f* ‖ **~/эфирный** *(Ch)* etherischer Extrakt *m*, Etherextrakt *m*
экстрактор *m (Ch)* Extraktionsapparat *m*, Extraktor *m*, Extrakteur *m* ‖ **~/батарейный** Batterieextraktor *m* ‖ **~/насадочный** Extraktionsfüllkörperkolonne *f* ‖ **~/распылительный** Extraktionssprühkolonne *f* ‖ **~ Сокслета** Soxhlet[-Extraktor] *m* ‖ **~/тарельчатый** Extraktionsbodenkolonne *f* ‖ **~/центробежный** Zentrifugalextrakteur *m*, Extraktionszentrifuge *f*
экстракционный Extraktions..., Extrahier...
экстракция *f (Ch)* Extraktion *f*, Extrahieren *n* ‖ **~/горячая** Warmextraktion *f*; Digestion *f (bei ruhender Flüssigkeit)* ‖ **~/дробная** *s.* ~/фракционная ‖ **~/жидкость-жидкостная** Flüssig-Flüssig-Extraktion, *f* ‖ **~/каскадная** mehrstufige Extraktion *f*, Kaskadenextraktion *f* ‖ **~/многоступенчатая [жидкостная]** mehrstufige Extraktion (Solventextraktion) *f* ‖ **~/непрерывная** kontinuierliche Fraktion *f*, Kreuzstromextraktion *f* ‖ **~/перекрёстная** periodische diskontinuierliche Extraktion *f* ‖ **~/противоточная** Gegenstromextraktion *f* ‖ **~/растворителями** Lösungsmittelextraktion *f* ‖ **~/фракционная** fraktionierte Extraktion *f* ‖ **~/холодная** Kaltextraktion *f*; Mazeration *f (bei ruhender Flüssigkeit)*
экстраполирование *n s.* экстраполяция
экстраполировать *(Math)* extrapolieren
экстраполятор *m (Math, El)* Extrapolator *m*
экстраполяция *f (Math)* Extrapolation *f*
экстремаль *f (Math)* Extremale *f*
экстремальный Extremal..., Extremwert...
экстремум *m (Reg, Kyb)* Extremum *n*, Extremwert *m* ‖ **~ качества** Güteextremum *n*
экстремум-регулятор *m* Extrem[wert]regler *m*
экструдат *m (Ch)* Extrudat *n*, extrudiertes Produkt *n*
экструдер *m (Ch)* Extruder *m*, Schneckenspritzmaschine *f* ‖ **~/бесшнековый** schneckenloser Extruder *m* ‖ **~ горячего питания** warmbeschickter Extruder *m* ‖ **~/двухчервячный (двухшнековый)** Doppelschneckenextruder *m* ‖ **~ для формования** *(Text)* Spinnextruder *m* ‖ **~/многоцелевой** *(Photo)* Mehrschlitzgießer *m* ‖ **~/одночервячный (одношнековый)** Einschneckenextruder *m* ‖ **~/плунжерный (поршневой)** Strangpresse *f* ‖ **~ холодного питания** kaltbeschickter Extruder *m*
экструдирование *n s.* экструзия 1.

экструдировать extrudieren, spritzen; *(Met)* strangpressen *(Pulvermetallurgie)*
экструдируемость *f* Extrudierbarkeit *f*
экструзия *f* 1. Extrudieren *n*, Spritzen *n*; *(Met)* Strangpressen *n (Pulvermetallurgie)*; 2. *(Geol)* Extrusion *f* ‖ **~/гидростатическая** hydrostatisches Strangpressen *n (Pulvermetallurgie)* ‖ **~/соляная** *s.* шток/соляной
эксцентрик *m (Masch)* Exzenter *m*, Exzenterscheibe *f* ‖ **~/боевой** *(Text)* Schlagexzenter *m (Webstuhl)* ‖ **~/впускной** *(Masch)* Einströmexzenter *m* ‖ **~/вспомогательный** *(Masch)* Zusatzexzenter *m* ‖ **~/выпускной** *(Masch)* Ausströmexzenter *m* ‖ **~/двойной** *(Masch)* Doppelexzenter *m* ‖ **~/зажимный** *(Masch)* Spannexzenter *m* ‖ **~/зевообразовательный** *(Text)* Fach[bildungs]exzenter *(Webstuhl)* ‖ **~ золотника** *(Masch)* Schieberexzenter *m* ‖ **~/круговой** *(Masch)* Kreisexzenter *m* ‖ **~/кулирный** *(Text)* Kulierexzenter *m* ‖ **~/поворотный** *(Masch)* Schwenkexzenter *m*, loser Exzenter *m* ‖ **~/приведённый** *(Masch)* Mittelexzenter *m*, Relativexzenter *m* ‖ **~ привода** *(Masch)* Antriebsexzenter *m* ‖ **~/приводной** *(Masch)* Antriebsexzenter *m* ‖ **~/простудной** *(Text)* Trittkurvenscheibe *f*, Trittexzenter *m (Schlagexzenterwelle; Webstuhl)* ‖ **~/распределительный** *(Masch)* Steuerexzenter *m* ‖ **~/расширительный** *(Masch)* Expansionsexzenter *m* ‖ **~/тисочный** *(Text)* Zangenexzenter *m (Kämmaschine)* ‖ **~ уточной вилочки** *(Text)* Schußwächterexzenter *m (Webstuhl)*
эксцентриситет *m* Exzentrizität *f*, Außenmittigkeit *f* ‖ **~ конических сечений** *(Math)* Exzentrizität *f (Kegelschnitte)* ‖ **~/линейный** *(Math)* lineare Exzentrizität *f (Kegelschnitte)* ‖ **~ орбиты** *(Astr)* [numerische] Exzentrizität *f (Bahnelement)*, Bahnexzentrizität *f* ‖ **~ основного эксцентрика** Grundexzentrizität *f* ‖ **~ приведённого эксцентрика** Relativexzentrizität *f* ‖ **~ расширительного эксцентрика** Expansionsexzentrizität *f* ‖ **~ ядра** *(Kern)* Kernexzentrizität *f*
эксцентрический exzentrisch, desaxial, außermittig
эксцентричность *f* Außenmittigkeit *f*, Exzentrizität *f (s. a. unter* эксцентриситет*)*
эластический *s.* эластичный
эластичность *f (Mech)* Elastizität *f*, Flexibilität *f* ‖ **~ по отскоку** Rückprallelastizität *f*
эластичный elastisch; dehnbar, nachgiebig, biegsam
эластография *f (Typ)* Flexodruck *m*
эластодинамика *f* Elastodynamik *f*
эластомер *m (Ch, Kst)* Elastomer *n*, Elast *m* ‖ **~/жидкий** flüssiges Elastomer *n* ‖ **~/литьевой** gießfähiges Elastomer *n*
эластомеханика *f s.* теория упругости
эластооптика *f s.* фотоупругость
эластостатика *f* Elastostatik *f*
элеватор *m* 1. *(Förd)* Elevator *m*, Aufzug *m*; Förderer *m*; Becherförderer *m*; 2. *(Erdöl)* Gestängeanheber *m (Bohrgerät)* ‖ **~/винтовой** Schneckenförderer *m* ‖ **~/водоструйный** Wasserstrahlpumpe *f* ‖ **~/выгрузной** *(Lw)* Wagenförderer *m*, Ausbringförderer *m*, Abgabeförderer *m (Erntemaschinen)* ‖ **~/выносной** Austragebecherwerk *n* ‖ **~/гравитационный** Schwerkraft-

elevator *m* II ~ **замкового типа** *(Erdöl)* Elevator *m* mit Schloß *(Bohrgerät)* II ~**/зерновой** Getreideelevator *m* II ~**/качающийся ковшовый** Schaukelbecherwerk *n* II ~**/ковшовый** Becherwerk *n*, Kübelaufzug *m* II ~**/ленточный** Gurtbecherwerk *n* II ~**/люлечный** Schaukelelevator *m*, Schaukelförderer *m* II ~**/маятниковый** Pendelbecherwerk *n* II ~**/наклонный** Schrägförderer *m* II ~**/наклонный ковшовый** Schrägbecherwerk *n* II ~**/пневматический** Drucklufteleveator *m* II ~**/полочный** *s*. ~**/люлечный** II ~**/приёмный** Annahmeförderer *m* II ~**/прутковый** Siebkette *f (Erntemaschinen)* II ~**/скребковый** Kratzerbecherwerk *n* II ~**/трубный** *(Erdöl)* Futterrohrelevator *m (Bohrgerät)* II ~**/цепной** Kettenbecherwerk *n*
элеватор-погрузчик *m* Ladebecherwerk *n*
элегаз *m* SF$_6$-Gas *n*; elektronegatives Gas *n*
электрет *m* Elektret *n*
электризация *f* Elektrisierung *f* II ~ **волокон** *(Text)* elektrostatische Aufladung *f* der Fasern
электризовать elektrisieren
электризуемость *f* Elektrisierbarkeit *f*
электрификация *f* Elektrifizierung *f*
электрифицировать elektrifizieren
электрический elektrisch
электричество *n* Elektrizität *f* II ~**/атмосферное** atmosphärische Elektrizität *f*, Luftelektrizität *f*, II ~**/гальваническое** galvanische Elektrizität *f*, Galvanoelektrizität *f* II ~**/динамическое** dynamische Elektrizität *f* II ~**/контактное** Kontaktelektrizität *f*, Berührungselektrizität *f* II ~**/отрицательное** negative Elektrizität *f* II ~**/положительное** positive Elektrizität *f* II ~**/статическое** statische Elektrizität *f* II ~ **трения** Reibungselektrizität *f*, Triboelektrizität *f*
электричка *f* Elektrotriebzug *m*, S-Bahn-Zug *m*, S-Bahn *f*
электроавтоматика *f* Elektroautomatik *f*
электроакустика *f* Elektroakustik *f*
электроакустический elektroakustisch
электроанализ *m* elektrochemische Analyse *f*, Elektroanalyse *f*
электроанемометр *m* Elektroanemometer *n*
электроанестезия *f (Med)* Elektroanästhesie *f*
электроаппарат *m* Elektrogerät *n*, Elektroapparat *m*
электроаппаратостроение *n* Elektrogerätebau *m*, Elektroapparatebau *m*
электробаланс *m* Elektroenergiebilanz *f*
электробарабан *m (Förd)* Elektrotriebtrommel *f*, Elektrobandtrommel *f*, elektrischer Förderbandantrieb *m (Antriebstrommel mit eingebautem Motor und Reduziergetriebe)*
электробезопасность *f* Elektrosicherheit *f*
электробойлер *m* Elektroboiler *m*, elektrischer Boiler (Heißwasserboiler) *m*
электробритва *f* Elektrorasierer *m*, elektrischer Trockenrasierer *m*
электробрудер *m* Elektrobrutapparat *m*
электробур *m* Elektrobohrer *m*, Elektrotiefbohrgerät *n* mit im Bohrkopf eingebautem Motor *(Erdöl- und Naturgasbohrungen)*
электробурение *n (Bgb)* Elektrobohren *n*
электробус *m* Elektrobus *m* II ~**/контактный** Trolleybus *m*, [elektrisch betriebener] Oberleitungsomnibus *m*, Obus *m*

электрограф

электровагон *m* [/**моторный**] Elektrotriebwagen *m*, elektrischer Triebwagen *m*
электровакуумный Elektrovakuum...
электровалентность *f (Ch, Ph)* elektrochemische Wertigkeit (Valenz) *f*, Elektrovalenz *f*; Ionenbeziehung *f*, Ionenbindung *f*
электровалентный elektrovalent
электровариатор *m (Masch)* elektrisches stufenloses Getriebe *n*
электровентилятор *m* Lüfter *m* mit elektrischem Eigenantrieb
электроверетено *n (Text)* Elektrospindel *f*
электровзрывание *n* elektrische Zündung *f*
электровзрыватель *m* Elektrozünder *m*
электровибратор *m* Elektrorüttler *m*
электровлагомер *m* elektrischer Feuchtigkeitsmesser *m*
электровоз *m* Elektrolok[omotive] *f*, elektrische Lokomotive *f*, E-Lok *f* II ~**/аккумуляторный** Akkumulatorlokomotive *f*, Akku-Lok *f* II ~**/грузовой** Güterzugelektrolokomotive *f* II ~**/двухсистемный** Zweisystem-Elektrolokomotive *f* II ~**/дизель-электрический** Dieselelektrolokomotive *f* II ~**/карьерный** Tagebauelektrolokomotive *f* II ~**/контактно-аккумуляторный** Fahrdrahtverbundlokomotive *f*, kombinierte Fahrdraht-Speicher-Lokomotive *f* II ~**/контактно-кабельный** Fahrdrahtschleppkabellokomotive *f* II ~**/контактный** Fahrdrahtlokomotive *f*, Oberleitungs-Elektrolokomotive *f* II ~**/магистральный** Vollbahnelektrolokomotive *f* II ~**/маневровый** Rangierelektrolokomotive *f*, elektrische Rangierlokomotive *f* II ~**/многосистемный** Mehrsystem-Elektrolokomotive *f* II ~**/переменного тока** Wechselstromelektrolokomotive *f* II ~**/подземный** Untertageelektrolokomotive *f* II ~ **постоянного тока** Gleichstromelektrolokomotive *f* II ~**/рудничный** Gruben[elektro]lokomotive *f* II ~**/товарный** Güterzugelektrolokomotive *f* II ~ **трёхфазного тока** Drehstromelektrolokomotive *f* II ~**/троллейный** *s*. ~/**контактный** II ~**/шахтный** *s*. ~/**рудничный**
электровоздуходувка *f* Elektrogebläse *n*
электровозостроение *n* Elektrolokomotivbau *m*
электровооружённость *f* Elektrifizierungsgrad *m*
электровоспламенитель *m* elektrischer Zünder *m*, Elektrozünder *m*; Elektrozündsatz *m (Sprengtechnik)*
электровспышка *f (Photo)* Blitzlicht *n*
электровысадка *f (Schm)* Elektrostauchen *n*
электрогазоочистка *f* Elektrogasreinigung *f*, elektrische (elektrostatische) Gasreinigung *f*
электрогайковёрт *m (Wkz)* Elektroschrauber *m*
электрогенератор *m* Elektrogenerator *m (s. a. unter* генератор*)*
электрогидравлический elektrohydraulisch
электрогидродинамика *f* Elektrohydrodynamik *f*
электрогидропривод *m* elektrohydraulischer Antrieb *m*
электроглянцеватель *m (Photo)* Hochglanzpresse *f*
электрогравиметрия *f* Elektrogravimetrie *f*, elektrogravimetrische Analyse *f*
электрограф *m (Meteo)* Elektrograph *m (Elektrometer mit Einrichtung zur Registrierung luftelektrischer Größenwerte)*

электрография

электрография *f* Elektrographie *f*, Effluviographie *f*
электрогрелка *f* elektrisches Heizkissen *n*
электрогриль *m* Elektrogrill *m* ‖ **~/контактный** Kontaktgrill *m* ‖ **~/лучевой** Infrarotgrill *m*
электрод *m* Elektrode *f* ‖ **~/активный** aktive Elektrode *f* ‖ **~/амальгам[ирован]ный** Amalgamelektrode *f* ‖ **~/базовый** Basiselektrode *f*, Basisanschluß *m* (*Halbleiter*) ‖ **~/бариевый** Bariumelektrode *f* ‖ **~ без покрытия** nicht umhüllte (ummantelte) Elektrode *f* ‖ **~/биметаллический** Bimetallelektrode *f* ‖ **~/боковой** Masseelektrode *f* (*Zündkerze*) ‖ **~/вертикальный отклоняющий** (*TV*) Vertikalablenkelektrode *f* ‖ **~/верхний** Kopfelektrode *f*; Gegenelektrode *f* ‖ **~/внешний** Außenelektrode *f* ‖ **~/внутренний** Innenelektrode *f* ‖ **~/водородный** Wasserstoffelektrode *f* ‖ **~/вольфрамовый** Wolframelektrode *f* ‖ **~/вспомогательный** Hilfselektrode *f* ‖ **~/входной** Eingangselektrode *f* ‖ **~/высоковольтный** Hochspannungselektrode *f* ‖ **~/выходной** Ausgangselektrode *f* ‖ **~/главный** Hauptelektrode *f* ‖ **~/голый** nackte (blanke) Elektrode *f* ‖ **~/горизонтальный отклоняющий** (*TV*) Horizontalablenkelektrode *f* ‖ **~/графитовый** Graphitelektrode *f* ‖ **~/дисковый** Scheibenelektrode *f* ‖ **~ для наплавки** Auftragselektrode *f*, Elektrode *f* zum Auftragschweißen ‖ **~/добавочный (дополнительный)** Zusatzelektrode *f* ‖ **~/железный** Eisenelektrode *f* ‖ **~ зажигания** Zündelektrode *f* ‖ **~/зажигающий** Zündelektrode *f* ‖ **~/заземляющий** Erd[ungs]elektrode *f* ‖ **~/заострённый** angespitzte Elektrode *f* ‖ **~/запирающий** Sperrelektrode *f* (*Halbleiter*) ‖ **~ затвора** Gateelektrode *f*, Torelektrode *f*, Gateanschluß *m* ‖ **~/защитный** Schutzelektrode *f* ‖ **~/зеркальный** Spiegelelektrode *f* ‖ **~/золотой** Goldelektrode *f* ‖ **~/игольчатый** Nadelelektrode *f*, Spitzenelektrode *f* ‖ **~/измерительный** Meßelektrode *f* ‖ **~ истока** Sourceelektrode *f*, Sourceanschluß *m* ‖ **~/капельный** Tropfelektrode *f* ‖ **~/кислородный** Sauerstoffelektrode *f* ‖ **~/коллекторный** *s*. **~/собирающий** ‖ **~/кольцеобразный** Ringelektrode *f* ‖ **~/контактный** Kontaktelektrode *f* ‖ **~/коронирующий** Sprühelektrode *f* ‖ **~/легкообмазанный** leicht umhüllte (ummantelte) Elektrode *f* ‖ **~/ленточный** Bandelektrode *f* ‖ **~/медный** Kupferelektrode *f* ‖ **~/металлический** Metallelektrode *f* ‖ **~/накалённый** Glühelektrode *f* ‖ **~/наплавочный** *s*. **~ для наплавки** ‖ **~/наружный** Außenelektrode *f* ‖ **~/неплавящийся** nichtabschmelzende Elektrode *f* ‖ **~/неполяризующийся** unpolarisierbare Elektrode *f* ‖ **~/нерасходуемый** nichtabschmelzende Elektrode *f* ‖ **~/нижний** Bodenelektrode *f* (*Elektroofen*) ‖ **~/никелевый** Nickelelektrode *f* ‖ **~/нормальный** Normalelektrode *f* ‖ **~/обмазанный** umhüllte (ummantelte) Elektrode *f*, Mantelelektrode *f* ‖ **~/окислительно-восстановительный** Redoxelektrode *f* ‖ **~/омеднённый** verkupferte Kohleelektrode *f* ‖ **~/оплетённый** umwickelte Elektrode *f* ‖ **~/осадительный** Niederschlagselektrode *f* (*Elektrolyse*) ‖ **~/основной** Hauptelektrode *f* ‖ **~/остроконечный** Spitzenelektrode *f*, Nadelelektrode *f* ‖ **~/отклоняющий** Ablenkelektrode *f* ‖ **~/отражательный** Reflexionselektrode *f*, Rückstoßelektrode *f* ‖ **~/отрицательный** negative (negativ geladene) Elektrode *f* ‖ **~/плавящийся** abschmelzende Elektrode *f*, Abschmelzelektrode *f* ‖ **~/пластинчатый** Plattenelektrode *f* ‖ **~/платиновый** Platinelektrode *f* ‖ **~/плоский** Flächenelektrode *f* ‖ **~/погружаемый** Tauchelektrode *f* ‖ **~/поджигающий** Zündelektrode *f* ‖ **~/подовый** *s*. **~/нижний** ‖ **~/покрытый** *s*. **~/обмазанный** ‖ **~/полевой** Feldelektrode *f* ‖ **~/положительный** positive (positiv geladene) Elektrode *f* ‖ **~/полосовой** Bandelektrode *f* ‖ **~/полый** Hohlelektrode *f* ‖ **~/послеускоряющий** Nachbeschleunigselektrode *f* ‖ **~/постоянный** Dauerelektrode *f* (*Elektrolyse*) ‖ **~/приёмный** Auffangelektrode *f*, Sammelelektrode *f* ‖ **~/промежуточный** Zwischenelektrode *f* ‖ **~/пусковой** Zündelektrode *f* ‖ **~/расплавляемый** abschmelzende Elektrode *f* ‖ **~/расходуемый** selbstverzehrende Elektrode *f*, Abschmelzelektrode *f* ‖ **~/роликовый** Rollenelektrode *f* ‖ **~/ртутный** Quecksilberelektrode *f* ‖ **~/сварочный** Schweißelektrode *f* ‖ **~/серебряный** Silberelektrode *f* ‖ **~/сетчатый** Netzelektrode *f* ‖ **~/собирающий** Sammelelektrode *f*, Auffangelektrode *f*, Kollektorelektrode *f*, Kollektor *m* ‖ **~ сравнения** Vergleichselektrode *f*, Bezugselektrode *f* ‖ **~/стеклянный** Glaselektrode *f* ‖ **~/стержневой** Stabelektrode *f* ‖ **~ стока** Drainelektrode *f*, Drainkontakt *m*, Drainanschluß *m* ‖ **~/толстообмазанный (толстопокрытый)** dick umhüllte (ummantelte) Elektrode *f* ‖ **~/тонкообмазанный (тонкопокрытый)** dünn umhüllte (ummantelte) Elektrode *f* ‖ **~/тормозящий** Bremselektrode *f* (*einer Bildröhre*) ‖ **~/точечный** Punktelektrode *f* ‖ **~/угольный** Kohleelektrode *f* ‖ **~/улавливающий** *s*. **~/собирающий** ‖ **~/управляющий** Steuerelektrode *f* ‖ **~/ускоряющий** Beschleunigungselektrode *f* ‖ **~/фокусирующий** Fokussier[ungs]elektrode *f* ‖ **~/хингидронный** Chinhydronelektrode *f*, Billmannsche Elektrode *f* ‖ **~/шарикообразный (шаровой)** Kugelelektrode *f* ‖ **~/шлакообразующий** Elektrode *f* mit schlakkenbildender Ummantelung (Umhüllung) ‖ **~/штучный** (*Schw*) Elektrode *f*, Stabelektrode *f* (*zur Unterscheidung von der endlosen Elektrode/Elektrodendraht*) ‖ **~/электрохимический** elektrochemische Elektrode *f* ‖ **~/электроэрозионный** Erodierelektrode *f* ‖ **~/эмиттерный** Emitterelektrode *f*, Emitteranschluß *m*
электродвигатель *m* Elektromotor *m* (*s. a. unter* **двигатель 2.**) ‖ **~/быстроходный** hochtouriger Elektromotor *m* ‖ **~ вентилятора отопителя** (*Kfz*) Heizgebläsemotor *m* ‖ **~ главного привода** elektrischer Hauptantriebsmotor *m* ‖ **~/гребной** (*Schiff*) elektrischer Propeller[antriebs]motor *m*, elektrischer Fahrmotor *m* ‖ **~/двухскоростной** Elektromotor *m* mit zwei Geschwindigkeitsstufen ‖ **~/линейный** Linearmotor *m* ‖ **~/односкоростной** Elektromotor *m* mit einer Geschwindigkeitsstufe ‖ **~ переменного тока/коммутаторный** Wechselstrom-Kommutatormotor *m* ‖ **~ постоянного тока с параллельным возбуждением** Gleichstrom-Nebenschlußmotor *m* ‖ **~ постоянного тока с последовательным возбуждением** Gleich-

strom-Reihenschlußmotor m, Gleichstrom-Hauptschlußmotor m ‖ ~ постоянного тока со смешанным возбуждением Gleichstrom-Verbundmotor m ‖ ~ с внешним обдувом außenbelüfteter Motor m ‖ ~ с контактными кольцами Schleifringankermotor m, Schleifringläufer m ‖ ~ стеклоочистителя (Kfz) Scheibenwischermotor m ‖ ~/тяговый elektrischer Bahnmotor m, Fahrmotor m ‖ ~/черпаковый Elektromotor m für den Eimerantrieb (Schwimmbagger) ‖ ~/шаговый Schrittmotor m
электродвигатель-датчик m Gebermotor m (elektrische Welle)
электродвижение n elektrischer Antrieb (Fahrantrieb) m
электродвижущий elektromotorisch
электродетонатор m elektrischer Zünder m mit Sprengkapsel, Sprengzünder m ‖ ~ мгновенного действия elektrischer Momentzünder (Schnellzünder) m ‖ ~/предохранительный (Bgb) schlagwettersicherer Zünder m
электродиагностика f (Med) Elektrodiagnostik f
электродиализ m (Ch) Elektrodialyse f
электродиализатор m (Ch) Elektrodialysator m
электродинамика f (Ph) Elektrodynamik f ‖ ~ движущихся сред Elektrodynamik f bewegter Medien (Körper) ‖ ~/квантовая Quantenelektrodynamik f ‖ ~/нелинейная nichtlineare Elektrodynamik f
электродинамометр m Elektrodynamometer n, elektrodynamisches Drehspulinstrument n ‖ ~/зеркальный Spiegelelektrodynamometer n ‖ ~/индукционный Induktionselektrodynamometer n ‖ ~/крутильный Torsionselektrodynamometer n
электродисперсия f Elektrodispersion f
электродиффузия f Elektrodiffusion f
электрод-коллектор m Kollektorelektrode f
электрод-носитель m Trägerelektrode f
электродоподержатель m Elektrodenhalter m, Elektrodenfassung f ‖ ~ для резки (Schw) Schneidzange f ‖ ~/кольцевой (El) Elektrodenringfassung f ‖ ~/переставной (Schw) Elektrodenhalterung f
электродоение n (Lw) Maschinenmelken n
электродоилка f (Lw) [elektrische] Melkmaschine f
электродойка f (Lw) Maschinenmelken n
электродолбёжник m (Holz) tragbare Elektro-Kettenfräsmaschine f (für Holzbearbeitung)
электродомна f [/высокошахтная] (Met) Elektrohochofen m
электродрель f Handbohrmaschine f
электродренаж m [elektrische] Drainage f, Streustromableitung f
электродуговой Lichtbogen...
электроёмкий elektroenergieintensiv
электрозавод m elektrischer Aufzug m (einer Uhr)
электрозажигалка f elektrischer Feuerzünder m
электрозамедлитель m elektrischer Zeitzünder m mit Sprengkapsel
электрозапал m s. электровоспламенитель
электрозапальник m elektrische Zündlanze f
электрозапарник m (Lw) Elektrodämpfer m, elektrischer Futterdämpfer m

электрокоррозия

электрозаряжённый elektrisch geladen
электрозатвор m/жезловый (Eb) elektrischer Stabblockverschluß m
электрозащёлка f (Eb) elektromagnetische Sperre (Sperrvorrichtung) f ‖ ~/маршрутно-затворная Fahrstraßenfestlegesperre f ‖ ~ рычага предупредительного сигнала Vorsignalhebelsperre f
электрозащита f Oberflächenschutz m durch Galvanisieren, elektrischer Schutz m ‖ ~ от коррозии elektrischer Korrosionsschutz m
электроизгородь f (Lw) Elektrozaun (insbesondere zur Einzäunung von Viehweiden) m
электроизмерение n elektrische Messung f
электроизмерительный Elektromeß...
электроизоляция f elektrische Isolation f
электроинкубатор m (Lw) Brutapparat m, Elektrobrutapparat m, Brüter m
электроинструмент m Elektrowerkzeug n ‖ ~/ручной elektrisches Handwerkzeug n
электроискровой elektroerosiv; Elektrofunken...
электрокалориметр m Elektrokalorimeter n
электрокапиллярный kapillarelektrisch, Elektrokapillar...
электрокар m Elektrokarren m, E-Karren m ‖ ~/ведомый Elektrokarren m mit Gehlenkung ‖ ~ с низкой платформой Niederflurelektrokarren m ‖ ~ с низкоподъёмной платформой Niederhubelektrokarren m ‖ ~ с подножкой Elektrokarren m mit Standlenkung f ‖ ~ с подъёмной платформой Hubstapler m ‖ ~ с сиденьем [для водителя] Elektrokarren m mit Fahrersitzlenkung
электрокара f s. электрокар
электрокардиограмма f Elektrokardiogramm n, EKG ‖ ~/векторная Vektor[elektro]kardiogramm n
электрокардиограф m Elektrokardiograph m, Ek ‖ ~/векторный Vektor[elektro]kardiograph m ‖ ~/многоканальный (многошлейфовый) Mehrkanalelektrokardiograph m, Mehrfachelektrokardiograph m ‖ ~/одношлейфовый Einkanalelektrokardiograph m, Einfachelektrokardiograph m
электрокардиография f Elektrokardiographie f, EKG
электрокардиостимулятор m (Med) Herzschrittmacher m, Pacemaker m, Kardiostimulator m
электрокаротаж m elektrische Bohrlochmessung f, elektrisches Meßverfahren n, Bohrlochelektrik f (Bohrlochgeophysik)
электрокатализ m Elektrokatalyse f
электрокаустика f (Med) Elektrokaustik f, Thermokaustik f
электрокаутер m (Med) Glühkauter m, Thermokauter m
электрокерамика f Elektrokeramik f
электрокинетика f Elektrokinetik f
электрокипятильник m [/погружаемый] Tauchsieder m
электрокладовая f (Schiff) Elektrostore m, E-Store m
электрокоагуляция f (Med) Elektrokoagulation f, Kaltkaustik f
электрокоррозия f elektr[ochem]ische Korrosion f; Fremdstromkorrosion f

электрокортикограмма f Elektrokortikogramm n
электрокорунд m (Wkz) Elektrokorund n (Schleifmittel) || ~/**белый** weißer Elektrokorund m || ~/**нормальный** Normalelektrokorund m || ~/**титанистый** titanlegierter Elektrokorund m || ~/**хромистый** chromlegierter Elektrokorund m
электрокотёл m Elektrokessel f || ~/**водогрейный** Elektroheißwasserkessel m || ~/**паровой (электродный)** Elektrodampfkessel m
электролиз m (Ch) Elektrolyse f || ~ **в расплаве** s. ~ расплавов || ~ **водных растворов** Elektrolyse f wäßriger Lösungen, Naßelektrolyse f || ~ **меди** Kupferelektrolyse f (NE-Metallurgie) || ~/**противоточный** Gegenstromelektrolyse f || ~ **расплавленных сред** s. ~ расплавов || ~ **расплавов** Schmelz[fluß]elektrolyse f || ~ **с противотоком** s. ~/**противоточный** || ~ **хлористых щелочей** Chloralkalielektrolyse f
электролизёр m (Ch) Elektrolyseur m; Elektrolysierzelle f
электролит m (Ch) Elektrolyt m || ~/**амфотерный** amphoterer Elektrolyt, Ampholyt m || ~/**бинарный** binärer Elektrolyt m || ~/**кислый** saurer Elektrolyt m, saures Bad n || ~/**отработанный** verbrauchter Elektrolyt m, verbrauchtes Bad n || ~/**расплавленный** Schmelzelektrolyt m || ~/**саморегулирующийся** selbstregulierender Elektrolyt m, selbstregulierendes Bad n || ~/**сильный** starker Elektrolyt m || ~/**слабый** schwacher Elektrolyt m || ~/**твёрдый** fester Elektrolyt m || ~/**тернарный** ternärer Elektrolyt m || ~/**щелочной** alkalischer Elektrolyt m, alkalisches Bad n, Laugenbad n
электролитический elektrolytisch, Elektrolyt...
электролов m Elektrofischerei f
электроловушка f **для насекомых** [elektrische] Insektenfalle f
электролюминесценция f Elektrolumineszenz f || ~/**инъецированная** Injektionselektrolumineszenz f
электролюминофор m elektrolumineszierender Leuchtstoff m
электромагнезия f (Met) Elektromagnesia f
электромагнетизм m Elektromagnetismus m
электромагнит m Elektromagnet m || ~/**блокирующий** (Eb) Sperrelektromagnet m || ~/**включающий** (El) Einschaltmagnet m || ~ **возбуждения** (El) Feldmagnet m || ~/**вращающий** Drehmagnet m || ~/**грузовой (грузоподъёмный)** Hebemagnet m, Lasthebemagnet m, Elektrohubmagnet m || ~/**маршрутно-затворный** (Eb) Fahrstraßenfestlegemagnet m || ~/**освобождающий** (El) Auslösemagnet m || ~/**отбойный** (El) Auslösemagnet m || ~/**отклоняющий** (El) Ablenkmagnet m || ~/**печатающий** Druckmagnet m || ~/**пишущий** Schreibmagnet m || ~/**подъёмный** s. ~/грузовой || ~/**последовательный** (El) Reihenschlußmagnet m || ~/**приводной** (El) Antriebsmagnet m || ~/**размыкающий** (El) Auslösemagnet m || ~/**расцепляющий** Entkupplungsmagnet m || ~/**сверхпроводящий** supraleitender Elektromagnet m || ~/**сериесный** (El) Reihenschlußmagnet m || ~/**стержневой** Stabmagnet m || ~/**сцепляющий** Kupplungsmagnet m || ~/**тормозной** Bremsmagnet m, Hemmagnet m || ~/**удерживающий** Haltemagnet m || ~/**шунтовой** (El) Nebenschlußmagnet m

электромастерская f Elektrowerkstatt m
электромашина f Elektromaschine f, elektrische Maschine f (s. a. unter машина)
электромашиностроение n Elektromaschinenbau m
электромедицина f Elektromedizin f
электромерия f (Ph) Elektromerie f
электрометаллизатор m Lichtbogenspritzgerät n, Lichtbogenspritzpistole f || ~/**тигельный** Schmelztiegelspritzgerät m
электрометаллизация f s. электроосаждение 2.
электрометаллургия f Elektrometallurgie f
электрометр m Elektrometer n || ~/**абсолютный** absolutes Elektrometer n || ~/**бифилярный** Bifilarelektrometer n, Zweifadenelektrometer n || ~ **Гофмана/вакуумный** Hoffmannsches Vakuum-Duantenelektrometer n || ~/**двунит[оч]ный** s. ~/бифилярный || ~/**дуантенный** Duantenelektrometer n || ~/**капиллярный** Kapillarelektrometer n || ~/**квадрантный** Quadrant[en]elektrometer n || ~ **Комптона** s. ~/квадрантный || ~ **конденсаторного типа** Kondensatorelektrometer n || ~/**крутильный** Torsionselektrometer n || ~/**ламповый** Röhrenelektrometer n || ~/**лепестковый** Blattelektrometer n, Blättchenelektrometer n || ~ **Лутца** Lutzsches Saitenelektrometer n || ~/**многокамерный** Multizellularelektrometer n || ~/**однонит[оч]ный** Einfadenelektrometer n, Unifilarelektrometer n || ~ **с кварцевой нитью** Quarzfadenelektrometer n || ~/**струнный** Saitenelektrometer n, Fadenelektrometer n || ~/**унифилярный** s. ~/однонитный
электрометрический elektrometrisch, Elektrometer...
электрометрия f Elektromeßtechnik f; Elektromeßkunde f
электромеханика f Elektromechanik f
электромиграция f (Ph) Elektromigration f
электромиограмма f (Med) Elektromyogramm n
электромиограф m (Med) Elektromyograph m
электромиография f (Med) Elektromyographie f
электромобиль m Elektrofahrzeug n, Elektroauto n
электромоделирование n Elektromodellierung f, elektrische Modellierung (Nachbildung) f
электромонтаж m 1. Elektromontage f; 2. Elektroinstallation f
электромотор m Elektromotor m (s. a. unter двигатель und электродвигатель)
электрон m Elektron n || ~ **атомной оболочки** Hüllenelektron n, Bahnelektron n; Schalenelektron n || ~ **бета-распада** Betazerfallselektron n || ~/**вакуумный** Vakuumelektron n || ~/**валентный** Valenz[band]elektron n || ~ **внешней конверсии** Elektron n der äußeren Umwandlung (Konversion) || ~/**внешний** äußeres Elektron n, Außenelektron n || ~ **внутренней конверсии** s. ~/**конверсионный** || ~/**внутренний** inneres Elektron n, Innenelektron n || ~/**возбуждённый** erregtes (angeregtes) Elektron n || ~ **вторичной эмиссии** Sekundärelektron n, SE || ~/**вторичный** Sekundärelektron n, SE || ~/**выбитый** Anstoßelektron n, Delta-Elektron n, Deltastrahl m, Deltateilchen n || ~ **высокой энергии** Hochgeschwindigkeitselektron n || ~/**движущийся по орбите** s. ~/**орбитальный**

|| ~/заторможённый abgebremstes Elektron *n* || ~/избыточный Überschußelektron *n* || ~/колеблющийся schwingendes (pendelndes) Elektron *n*, Pendelelektron *n* || ~/коллективизированный kollektives Elektron *n* || ~ Комптона Compton-Elektron *n* || ~/комптоновский Compton-Elektron *n* || ~/конверсионный Konversionselektron *n*, Elektron *n* der inneren Umwandlung (Konversion) || ~/краевой Randelektron *n* || ~/локализованный lokalisiertes Elektron *n* || ~ Лоренца Lorentz-Elektron *n* || ~/налетающий einfallendes Elektron *n* || ~/несвязанный freies Elektron *n* || ~/неспаренный unpaares Elektron *n* || ~ оболочки *s*. ~ атомной оболочки || ~ Оже Auger-Elektron *n* || ~/оптический Leuchtelektron *n* || ~/орбитальный Hüllenelektron *n*, Bahnelektron *n* || ~/осциллирующий *s*. ~/колеблющийся || ~ ~ отдачи Rückstoßelektron *n* || ~/отсутствующий Defektelektron *n*, Loch *n* || ~ первичной эмиссии Primärelektron *n* || ~/первичный Primärelektron *n* || ~/поглощённый absorbiertes Elektron *n* || ~/положительный positives Elektron *n*, Positron *n* || ~/полусвободный halbfreies (quasifreies) Elektron *n* || ~/почти свободный fast freies Elektron *n* || ~/проводимости Leitungselektron *n* || ~ пучка Strahlelektron *n* || ~ распада Zerfallselektron *n* || ~/рассеянный Streuelektron *n* || ~/сверхпроводимости Supra[leitungs]elektron *n* || ~/светящийся Leuchtelektron *n*; Leitungselektron *n* || ~/свободный freies Elektron *n* || ~/связанный gebundenes Elektron *n* || ~/связывающий Valenzelektron *n*, bindendes Elektron *n*, Bindungselektron *n* || ~/сильно связанный stark gebundenes Elektron *n* || ~/тепловой thermisches Elektron *n* || ~/термализованный thermalisiertes Elektron *n* || ~ холодной эмиссии Feldemissionselektron *n* || ~/эффективный effektives Elektron *n*

электронагрев *m* Elektroerwärmung *f*, elektrische Erwärmung *f*; Elektro[be]heizung *f*, elektrisches Heizen *n* || ~/высокочастотный Hochfrequenzerwärmung *f*, HF-Erwärmung *f* || ~ индукцией Induktionserwärmung *f* || ~/косвенный indirekte (mittelbare) Elektroerwärmung *f* || ~/непосредственный (прямой) direkte (unmittelbare) Elektroerwärmung *f* || ~ сопротивлением Widerstandserwärmung *f*

электронагревание *n s.* электронагрев

электронагреватель *m* 1. Heizelement *n*, Heizleiter *m*; 2. Elektroerwärmungsgerät *n*; Elektroheizgerät *n* || ~/гибкий schmiegsames Wärmegerät *n* || ~/ленточный Heizband *n*

электронагревательный Elektroerwärmungs...; Elektroheiz...

электронасос *m* Elektropumpe *f*, elektrische Pumpe *f* || ~/питательный Elektrospeisepumpe *f* || ~/погружной *s*. мотор-насос/погружной || ~/центробежный Elektrokreiselpumpe *f*

электрон-вольт *m* Elektronvolt *n*, eV (SI-fremde Einheit der Energie oder der Arbeit)

электронейтральность *f* Elektroneutralität *f*

электроника *f* Elektronik *f* || ~/автомобильная Kfz-Elektronik *f* || ~/биологическая Bioelektronik *f* || ~/бытовая Haushaltelektronik *f* || ~/вакуумная Vakuumelektronik *f* || ~ выводов Pin-Elektronik *f* || ~ высоких частот Hochfrequenzelektronik *f* || ~ газового разряда Gaselektronik *f* || ~/интегральная integrierte Elektronik *f* || ~/информационная Informationselektronik *f* || ~/квантовая Quantenelektronik *f* || ~/корреляционная Korrelationselektronik *f* || ~/космическая Raumfahrtelektronik *f* || ~/криогенная Kryo[elek]tronik *f* || ~/микроволновая Mikrowellenelektronik *f* || ~/микромощная Mikroleistungselektronik *f* || ~/молекулярная Molekularelektronik *f* || ~/плёночная Filmelektronik *f*, Schichtelektronik *f* || ~/полупроводников Halbleiterelektronik *f* || ~/полупроводниковая Halbleiterelektronik *f* || ~/прикладная angewandte Elektronik *f* || ~/промышленная industrielle (kommerzielle) Elektronik *f*, Industrieelektronik *f* || ~ сверхвысоких частот Höchstfrequenzelektronik *f* || ~ связи Nachrichtenelektronik *f*; Fernmeldeelektronik *f* || ~/силовая Leistungselektronik *f* || ~/твердотельная Festkörperelektronik *f* || ~/толстоплёночная Dickfilmelektronik *f*, Dickschichtelektronik *f* || ~/тонкоплёночная Dünnfilmelektronik *f*, Dünnschichtelektronik *f* || ~/транзисторная Transistorelektronik *f* || ~/управляющая Steuerelektronik *f* || ~/функциональная Funktionalelektronik *f* || ~/энергетическая Energieelektronik *f*, Leistungselektronik *f*

электронно-вакуумный Hochvakuum...

электронно-гидравлический elektronischhydraulisch

электронно-дырочный Elektronen-Löcher..., PN-...

электронно-лучевой Elektronenstrahl...

электронно-механический elektronisch-mechanisch

электронно-оптический elektronenoptisch

электронно-пневматический elektronischpneumatisch

электронно-проводящий elektronenleitend, elektronisch leitend, N-leitend

электронный Elektronik..., elektronisch; Elektronen... || ~/полностью vollelektronisch

электроакцептор *m* Elektronenakzeptor *m*, Elektronenfänger *m*

электронограмма *f* Elektronenbeugungsbild *n*, Elektronenbeugungsaufnahme *f*

электронограф *m* Elektronenbeugungskamera *f*, Kamera *f* für Elektronenbeugungsaufnahmen

электронография *f* Elektronographie *f*, Elektronenbeugungsuntersuchung *f*

электронодонор *m* Elektronendonator *m*

электронож *m* (Med) Glühkauter *m*, Hochfrequenzkauter *m*

электронолитография *f* Elektronenlithographie *f* (als Teilgebiet der Mikrolithographie)

электронорезист *m* Elektronenstrahlresist *m*, elektronenstrahlempfindlicher Resist *m*

электроносродство *n* Elektronenaffinität *f*

электрон-продукт *m* распада (Kern) Zerfallselektron *n*

электрообеспыливание *n* Elektroentstaubung *f*

электрообогащение *n* elektr[ostat]ische Aufbereitung *f*

электрообогрев *m* Elektro[be]heizung *f*, elektrisches Heizen *n*

электрообогреватель *m* Elektroheizgerät *n*

электрооборудование *n* Elektroausrüstung *f*, elektrische Ausrüstung *f* ‖ ~/авиационное Flugzeugelektrik *f* ‖ ~/автомобильное Kraftfahrzeugelektrik *f*, Kfz-Elektrik *f*; Kfz-Elektroanlage *f* ‖ ~/взрывобезопасное explosionsgeschützte Anlage (Elektroanlage) *f* ‖ ~ поездов elektrische Zugsausrüstung *f*
электрообработка *f* elektroerosive Metallbearbeitung *f (nach dem Elektrofunken- bzw. Elysierverfahren)* ‖ ~ металлов Elektroerodieren *n*, elektroerosive Metallbearbeitung *f*
электрооптика *f* Elektrooptik *f*
электроосадитель *m* Elektroabscheider *m*, Elektrofilter *n* ‖ ~ Котрелла Cottrell-Elektroabscheider *m*, Cottrell-Staubfilter *n*
электроосаждение *n* 1. (Ch) elektrolytische Fällung *f*; 2. (Fert) Elektroplattieren *n*, Elektroabscheidung *f*, elektrolytische (galvanische) Abscheidung *f*; 3. elektrophoretische Abscheidung *f (von Anstrichstoffen)*
электроосвещение *n* elektrische Beleuchtung *f*
электроосмос *m* Elektroosmose *f*, Elektroendosmose *f*
электроосмотический elektroosmotisch
электроостанов *m (Text)* elektrische Abstellvorrichtung *f (Strecke; Baumwollspinnerei)*
электроотопление *n* Elektro[be]heizung *f*
электроотрицательность *f* Elektronegativität *f*
электроотрицательный elektronegativ
электроочистка *f* Elektroreinigung *f*, elektrische Reinigung *f* ‖ ~ газов elektr[ostat]ische Gasreinigung *f*, Elektrogasreinigung *f*
электропайка *f* elektrisches Löten *n*
электропастух *m (Lw)* Elektro[weide]zaun *m*
электропахота *f* elektrisches Pflügen *n*
электропередача *f* Elektroenergieübertragung *f*, elektrische Energieübertragung *f* ‖ ~/дальняя Elektroenergiefernübertragung *f* ‖ ~ переменного тока Wechselstromübertragung *f* ‖ ~ постоянного тока Gleichstromübertragung *f* ‖ ~ трёхфазного тока Drehstromübertragung *f*
электроперфоратор *m (Bgb)* elektrischer Abbauhammer *m*
электропечь *f* Elektroofen *m* ‖ ~/бессердечниковая индукционная kernloser Induktionsofen *m* ‖ ~/вакуумная Vakuumelektroofen *m* ‖ ~/вакуумная дуговая Vakuumlichtbogenofen *m* ‖ ~/восстановительная Reduktions[elektro]ofen *m* ‖ ~ высокой частоты Hochfrequenzofen *m*, HF-Ofen *m* ‖ ~/высокочастотная *s.* ~ высокой частоты ‖ ~/высокошахтная Elektrohochofen *m* ‖ ~/дуговая Elektrolichtbogenofen *m*, Lichtbogen[elektro]ofen *m* ‖ ~/дуговая плавильная Lichtbogenschmelzofen *m* ‖ ~/закалочная Elektrohärteofen *m*, elektrischer Härteofen *m* ‖ ~/индукционная Induktionsofen *m* ‖ ~/индукционная плавильная Induktionsschmelzofen *m* ‖ ~/индукционная тигельная Induktionstiegelofen *m* ‖ ~/канальная индукционная *(Gieß)* Induktionsrinnenofen *m* ‖ ~/конвекционная elektrischer Konvektionsofen *m*, Wärmespeicherofen *m* ‖ ~ косвенного действия (нагрева) Elektroofen *m* mit indirekter Beheizung ‖ ~/многоэлектродная Mehrelektrodenofen *m* ‖ ~ низкой частоты Niederfrequenzofen *m*, NF-Ofen *m*, Normalfrequenzofen *m* ‖ ~/низкочастотная *s.* ~ низкой частоты ‖ ~/низкочастотная индукционная Niederfrequenzinduktionsofen *m*, NF-Induktionsofen *m* ‖ ~/однофазная einphasiger Wechselstromofen *m* ‖ ~/отражательная elektrischer Muffelofen *m* ‖ ~/плавильная Elektroschmelzofen *m* ‖ ~ повышенной частоты [/индукционная] Mittelfrequenz[induktions]ofen *m*, MF-Induktionsofen *m* ‖ ~/подовая Elektroherdofen *m* ‖ ~/промышленная industrieller Elektroofen *m*, elektrischer Industrieofen *m* ‖ ~/проходная Elektrodurchlaufofen *m* ‖ ~ прямого действия (нагрева) Elektroofen *m* mit direkter Beheizung ‖ ~ сопротивления Widerstandsofen *m*, widerstandsbeheizter Elektroofen *m* ‖ ~/трёхфазная Drehstromofen *m* ‖ ~/трёхэлектродная Dreielektrodenofen *m* ‖ ~/шахтная elektrischer Schachtofen *m*, Elektroschachtofen *m* ‖ ~ шлакового переплава Elektroschlackeumschmelzofen *m* ‖ ~/электронно-лучевая Elektronenstrahlofen *m*
электропила *f*/дисковая Kreissäge *f* mit Elektromotorantrieb *m*, Elektro-Handkreissäge *f (für Holzbearbeitung)* ‖ ~/ленточная Bandsäge *f* mit Elektromotorantrieb, Elektroschrotsäge *f (für Holzbearbeitung)* ‖ ~/переносная цепная Kettensäge *f* mit Elektromotorantrieb, *(für Holzbearbeitung)*
электропирометр *m* Elektropyrometer *n*
электропитание *n* Elektroenergieversorgung *f* ‖ ~/дистанционное Elektroenergieferneinspeisung *f* ‖ ~ от сети *(El)* Netzspeisung *f* ‖ ~ с берега *(Schiff)* E-Landeinspeisung *f*, E-Landanschluß *f*
электроплавка *f* 1. elektrisches Schmelzen *n*, Elektroschmelzen *n*; elektrische Verhüttung *f*; 2. Elektroschmelze *f*, Elektroschmelzgut *n*
электроплита *f* Elektro[koch]herd *m*
электроплитка *f* Elektrokochplatte *f*, elektrische Kochplatte *f* ‖ ~/двухконфорочная elektrische Doppelkochplatte *f* ‖ ~/излучающая elektrische Strahlungskochplatte *f*
электропогрузчик *m* Elektro[hub]stapler *m*, Elektrofahrlader *m*
электроподзавод *m* Elektroaufzug *m*
электроподстанция *f (El)* Unterstation *f*, Unterwerk *n*, Unterzentrale *f*
электроподъёмник *m* elektrisches Hebezeug *n*, Elektrowinde *f*
электропоезд *m (Eb)* elektrischer Triebzug *m*, Elektrotriebzug *m* ‖ ~/моторвагонный elektrischer Trieb[wagen]zug *m* ‖ ~/пригородный elektrischer Vororttriebzug *m*
электроположительность *f* Elektropositivität *f*
электроположительный elektropositiv
электрополотёр *m* elektrische Bohnermaschine *f*
электрополяриметр *m (Astr)* lichtelektrisches Polarimeter *n*
электропомещение *n* elektrischer Betriebsraum *m*
электропотребление *n* Elektroenergieverbrauch *m*, Elektrizitätsverbrauch *m*
электропочта *f* elektrische Rohrpost *f*
электроприбор *m* Elektrogerät *n* ‖ ~/бытовой (домашний) Elektrohaushaltgerät *n* ‖ ~/нагревательный Elektroerwärmungsgerät *n*; Elektroheizgerät *n* ‖ ~ нагревательный бытовой Haushaltelektrowärmungsgerät *n* ‖ ~/универ-

сальный кухонный elektrische Universalküchenmaschine f
электроприборостроение n Elektrogerätebau m
электропривод m elektrischer Antrieb m, Elektroantrieb m ‖ ~/аккумуляторный Akkumulatorenantrieb m, Batterieantrieb m ‖ ~/групповой elektrischer Gruppenantrieb m ‖ ~/индивидуальный elektrischer Einzelantrieb m ‖ ~/ионный Stromrichterantrieb m mit Ionenventilen ‖ ~/линейный (El) Linearantrieb m ‖ ~/маховиковый Schwungradantrieb m ‖ ~/многодвигательный (многомоторный) elektrischer Mehrmotorenantrieb m ‖ ~/мощный leistungsstarker Elektroantrieb m ‖ ~/одиночный (одинарный) elektrischer Einzelantrieb m ‖ ~ по схеме генератор-двигатель [Ward-]Leonard-Antrieb m ‖ ~ постоянного тока Gleichstromantrieb m ‖ ~ постоянного тока/главный Gleichstromhauptantrieb m ‖ ~/следящий Folgeelektroantrieb m, Elektrofolgeantrieb m, elektrischer Folgeantrieb m ‖ ~/судовой elektrischer Schiffsantrieb m ‖ ~/тиристорный thyristorgespeister (thyristorgesteuerter) Antrieb m ‖ ~/трансмиссионный s. ~/групповой ‖ ~/тяговый elektrischer Traktionsantrieb m; elektrischer Bahnantrieb m
электроприёмник m Elektroenergieabnehmer m
электроприкуриватель m (Kfz) Zigarrenanzünder m
электропровод m elektrische Leitung f
электропроводимость f elektrische Leitfähigkeit f, elektrisches Leitvermögen m; spezifischer Leitwert m ‖ ~/дырочная P-Leitfähigkeit f, Defektleitfähigkeit f, Störleitfähigkeit f ‖ ~/макроскопическая makroskopische Leitfähigkeit f ‖ ~/смешанная gemischte elektrische Leitfähigkeit f (Plasma) ‖ ~/удельная spezifische elektrische Leitfähigkeit f; spezifischer elektrischer Leitwert m ‖ ~/частотно-зависимая frequenzabhängige elektrische Leitfähigkeit f ‖ ~/электролитическая elektrolytische elektrische Leitfähigkeit f
электропроводка f Elektroinstallation f, elektrische Leitungsanlage f (s. a. unter проводка) ‖ ~ в трубах in Rohr verlegte Leitungsanlage f ‖ ~/внутренняя Inneninstallation f ‖ ~/домашняя (квартирная) Hausinstallation f ‖ ~/наружная Außeninstallation f ‖ ~/осветительная Lichtinstallation f ‖ ~/открытая offen (über Putz) verlegte elektrische Leitung f ‖ ~/скрытая verdeckt (unter Putz) verlegte elektrische Leitung f
электропроводность f 1. [electrische] Leitung f, Elektrizitätsleitung f; 2. [elektrisch] Leitfähigkeit f, [elektrisches] Leitvermögen n, spezifischer Leitwert m ‖ ~/дырочная s. ~/дефектная ‖ ~/дифференциальная differentielle elektrische Leitfähigkeit f; differentieller elektrischer Leitwert m ‖ ~/дырочная Defekt[elektronen]leitung f, P-Leitung f, Löcherleitung f, Leerstellenleitung f ‖ ~/избыточная Überschußleitung f ‖ ~ избыточных электронов Überschußelektronenleitung f, N-Leitung f ‖ ~/ионная Ionenleitung f ‖ ~/катафоретическая kataphoretische (elektrophoretische) Leitung f ‖ ~/молярная molare (molekulare) Leitfähigkeit f, Molarleitfähigkeit f ‖ ~/примесная Stör[stellen]leitung f,

Extrinsic-Leitung f ‖ ~/смешанная gemischte Leitung f ‖ ~/собственная Eigenleitung f, Intrinsic-Leitung f, I-Leitung f ‖ ~/электронная Elektronenleitung f, Überschußelektronenleitung f, N-Leitung f
электропроводный elektrisch leitend
электропроводящий elektrisch leitend
электропрогрев m (Bw) Elektroerwärmung f, elektrische Warmbehandlung f
электропроигрыватель m Plattenspieler m ‖ ~/стереофонический Stereo-Plattenspieler m
электропромышленность f Elektroindustrie f, elektrotechnische Industrie f
электропылесос m [elektrischer] Staubsauger m ‖ ~/напольный Bodenstaubsauger m ‖ ~/ручной Handstaubsauger m
электрорадиодеталь f funktechnisches Bauelement n; Rundfunkbauelement n, Radioeinzelteil n
электрорадиотехника f Elektro- und Funktechnik f
электрорадиоэлемент m elektronisches Bauelement n
электроразведка f (Geoph) Geoelektrik f, geoelektrische Erkundungsmethode f, elektrische Prospektierung f, elektrisches Prospektieren n, elektrometrische Erkundung f
электроразвёртка f Elektroschraubendreher m, elektrischer Schraubendreher m
электроразряды mpl [на плёнках] (Photo) Verblitzungen fpl
электроразъём m/разрывной (Kosm) Abreißkabel n (lösbare elektrische Verbindung zwischen Kabelmast und Trägerrakete)
электрорентгеноангиография f (Med) Xeroangiographie f
электроретинограмма f (Med) Elektroretinogramm n
электроретинограф m (Med) Elektroretinograph m
электрорефрижератор m elektrischer Kühlschrank m
электросварка f Elektroschweißen n, E-Schweißen n, elektrisches Schweißverfahren n (s. a. unter сварка) ‖ ~/дуговая Lichtbogen[schmelz]schweißen n, Elektrolichtbogenschweißen n, elektrisches Lichtbogenschweißen n ‖ ~/контактная [elektrisches] Widerstandsschweißen n
электросверло n 1. Elektro-Handbohrmaschine f, Elektrobohrer m (für Holz); 2. (Bgb) elektrische Bohrmaschine (Drehbohrmaschine) f (Herstellung von Sprenglöchern) ‖ ~/колонковое elektrische Spannsäulenbohrmaschine f ‖ ~/ручное elektrische Handbohrmaschine f
электросветотехника f Elektrolichttechnik f
электросвязь f elektrisches Nachrichtenwesen n, Telekommunikation f, elektrische Nachrichtentechnik f (Telegraphie, Bildtelegraphie, Telephonie, Rundfunk)
электросекундомер m elektrischer Zeitmesser m
электросекция f (Eb) Elektrotriebzugeinheit f; Elektrotriebzug m
электросепаратор m Elektroscheider m ‖ ~/барабанный Elektrowalzenscheider m
электросепарация f Elektroscheiden n
электросеть f Elektroenergieversorgungsnetz n, elektrisches Netz (Versorgungsnetz) n (s. a. unter сеть)

электросистема f 1. elektrisches System n; 2. Elektroenergiesystem n, elektrisches Energiesystem n
электроскоп m Elektroskop n || ~/конденсаторный Kondensatorelektroskop n || ~ с алюминиевыми лист[оч]ками Aluminiumblattelektroskop n || ~ с золотыми лист[оч]ками Goldblattelektroskop n || ~ с кварцевой нитью Quarzfadenelektroskop n
электросмог m Elektrosmog m
электроснабжение n Elektroënergieversorgung f, elektrische Versorgung (Energieversorgung) f || ~/аварийное Notstromversorgung f || ~ от сети Netzstromversorgung f
электросон m (Med) Elektro[heil]schlaf m
электросопротивление n elektrischer Widerstand m
электросталеплавильный Elektrostahl[schmelz]...
электросталь f Elektrostahl m || ~/инструментальная Elektrowerkzeugstahl m
электростанция f Kraftwerk n || ~/аварийная Notstromerzeugeranlage f || ~/атомная Kernkraftwerk n, KKW || ~/базовая Grundlastkraftwerk n || ~/блочная Blockkraftwerk n || ~/блочная тепловая Blockwärmekraftwerk n || ~ в энергосистеме Verbundkraftwerk n, im Verbundsystem arbeitendes Kraftwerk n || ~/ветряная Windkraftwerk n || ~/временная provisorisches Kraftwerk n || ~/газотурбинная Gasturbinenkraftwerk n || ~/геотермическая Erdwärmekraftwerk n, geothermisches Kraftwerk n || ~/гидравлическая Wasserkraftwerk n || ~/гидроаккумулирующая Pumpspeicher[kraft]werk n || ~/дальняя Fernkraftwerk n || ~/двухконтурная атомная Kernkraftwerk n mit zwei Kreisläufen || ~/дизельная Dieselkraftwerk n || ~/железнодорожная Bahnkraftwerk n || ~/конденсационная Kondensationskraftwerk n || ~/крупная Großkraftwerk n || ~/крупная тепловая Wärmegroßkraftwerk n || ~/магнитогидродинамическая magnetohydrodynamisches Kraftwerk n, MHD-Kraftwerk n || ~/малая Kleinkraftwerk n || ~/межрайонная überregionales Kraftwerk n || ~/местная örtliches Kraftwerk n, Ortskraftwerk n || ~/мощная s. ~/крупная || ~ на буром угле Braunkohle[n]kraftwerk n || ~ на каменном угле Steinkohle[n]kraftwerk n || ~/насосно-аккумулирующая Pumpspeicher[kraft]werk n || ~/паровая Dampfkraftwerk n || ~/паротурбинная Dampfturbinenkraftwerk n || ~/пиковая Spitzen[last]kraftwerk n || ~/плавучая Kraftwerkschiff n || ~/приливная Gezeitenkraftwerk n || ~/промышленная Industriekraftwerk n, regionales Kraftwerk n || ~/районная Überlandkraftwerk n, regionales Kraftwerk n || ~/районная тепловая Überlandwärmekraftwerk n, regionales Wärmekraftwerk n || ~/сельская ländliches Kraftwerk n || ~/сельская районная ländliches Überlandkraftwerk n || ~/судовая (Schiff) Bordstromerzeugeranlage f || ~/тепловая Wärmekraftwerk n || ~/теплофикационная Heizkraftwerk n, HKW || ~/термоядерная Fusionskraftwerk n, Kernfusionskraftwerk n, thermonukleares Kraftwerk n || ~/тяговая Bahnkraftwerk n || ~/угольная Kohlekraftwerk n || ~ энергосистемы Verbundkraftwerk n || ~/ядерная Kernkraftwerk n

электростартер m (Kfz) elektrischer Anlasser m
электростатика f Elektrostatik f
электростимулятор m (Med) Elektrostimulator m, Reizstromgerät n || ~ сердца s. электрокардиостимулятор
электростимуляция f (Med) Elektrostimulation f, Reizstromtechnik f
электрострижка f (Lw) elektrische Schur f
электрострикция f Elektrostriktion f
электросушка f (Bw) elektrische Trocknung f
электросчётчик m Elektrozähler m, elektrischer Zähler m; Elektroenergie[verbrauchs]zähler m, Elektrizitätszähler m
электроталь f s. электротельфер
электротележка f s. электрокар
электротельфер m Elektro[zug]katze f (Trägerlaufkatze)
электротерапия f (Med) Elektrotherapie f
электротермический elektrothermisch; Elektrowärme...
электротермия f Elektrothermie f || ~/высокочастотная Hochfrequenzelektrothermie f
электротермография f (Photo) Elektrothermographie f
электротермообработка f/поверхностная (Met) elektrische Oberflächenwarmbehandlung f
электротермотренировка f (Eln) Voralterung f, Burn-in n, elektrisches Einbrennen n
электротехника f Elektrotechnik f || ~/высоковольтная Hochspannungstechnik f || ~/низковольтная Niederspannungstechnik f || ~ низкой частоты Niederfrequenztechnik f, NF-Technik f || ~/прикладная angewandte Elektrotechnik f || ~/силовая Leistungselektrotechnik f || ~/сильноточная Starkstromtechnik f || ~/слаботочная Schwachstromtechnik f
электротехнология f Elektrotechnologie f
электротипия f Galvanoplastik f
электротовары pl Elektrowaren fpl, Elektroartikel mpl
электроток m [elektrischer] Strom m
электротрактор m Elektroschlepper m
электротрал m Elektroschleppnetz n, Elektrotrawl n (Fischfangtechnik)
электротяга f (Eb) Elektrotraktion f, elektrische Traktion f, elektrische Zugförderung f, elektrischer Zugbetrieb m
электротягач m s. электротрактор
электроуправление n Elektrosteuerung f
электроустановка f Elektroanlage f, elektrische Anlage f (s. a. unter установка) || ~/внутренняя [elektrische] Innenraumanlage f || ~/выпрямительная Gleichrichteranlage f || ~/высоковольтная Hochspannungsanlage f || ~/наружная [elektrische] Freiluftanlage f || ~/низковольтная Niederspannungsanlage f || ~/открытая [elektrische] Freiluftanlage f
электроутюг m elektrisches Bügeleisen n || ~ с пароувлажнителем elektrisches Dampfbügeleisen n || ~ с терморегулятором Reglerbügeleisen n || ~ с увлажнителем elektrisches Dampfbügeleisen n
электрофарфор m Elektroporzellan n, elektrotechnisches Prozellan n
электрофен m elektrische Heißluftdusche f, Fön m
электрофизика f Elektrophysik f
электрофильность f Elektrophilie f

электрофильный elektrophil
электрофильтр *m* Elektrofilter *n* || ~/мокрый Naßelektrofilter *n* || ~/пластинчатый Plattenelektrofilter *n* || ~/сухой Trockenelektrofilter *n* || ~/трубчатый Röhrenelektrofilter *n*
электрофлотация *f* Elektroflotation *f (Aufbereitung)*
электрофор *m (Ph)* Elektrophor *m*
электрофорез *m (Ph, Ch)* Elektrophorese *f* || ~ на бумаге Papierelektrophorese *f* || ~ на геле Gelelektrophorese *f*
электрофоретический elektrophoretisch
электрофотография *f* Elektrophotographie *f*
электрофотометрия *f* lichtelektrische Photometrie *f*
электрофрезер *m (Holz)* transportable Fräsmaschine *f*
электрохимия *f* Elektrochemie *f*
электрохирургия *f* Elektrochirurgie *f*
электроход *m* Elektroschiff *n*, Schiff *n* mit elektrischem Antrieb || ~/дизельный Schiff *n* mit dieselelektrischem Antrieb
электрохозяйство *n* Elektroenergiewirtschaft *f*, Elektrizitätswirtschaft *f*
электрохолодильник *m* s. холодильник
электрохроматография *f* Elektrochromatographie *f*
электроцентрализация *f (Eb)* elektrisches Stellwerk *n*
электроцентрифуга *f*/прядильная *(Text)* Elektro-Spinnzentrifuge *f (Chemiefaserherstellung)*
электрочасы *pl* Elektrouhr *f*, elektrische Uhr *f*
электрошкаф *m* Elektroschaltschrank *m*
электрошок *m (Med)* Elektroschock *m*
электрошпалоподбойка *f (El)* elektrischer Schwellenstopfer *m*
электрощётка *f (El)* Bürste *f*
электроэлемент *m* elektrisches Glied *n*
электроэнергетика *f* Elektroenergetik *f*, elektrische Energietechnik *f*
электроэнергетический elektroenergetisch, Elektroenergie...
электроэнергия *f* Elektroenergie *f*, elektrische Energie *f* || ~ собственных нужд Eigenbedarfsenergie *f*
электроэнцефалограмма *f (Med)* Elektroenzephalogramm *n*, EEG
электроэнцефалограф *m (Med)* Elektroenzephalograph *m*
электроэнцефалография *f (Med)* Elektroenzephalographie *f*
электроэрозионный elektroerosiv
электроэрозия *f* Elektroerosion *f*
электрум *m (Min)* Elektrum *n (Goldmineral)*
элемент *m* 1. Element *n (s. a. unter* элементы*)*; Grundbestandteil *m*; 2. *(Ch)* [chemisches] Element *n*, [chemischer] Grundstoff *m*; 3. *(Reg)* Glied *n*; 4. *(El)* Element *n*, Zelle *f*; 5. *(El)* Schalt[ungsbau]teil *n*, Schalt[ungs]element *n*; 6. *(El)* Bauteil *n*, Bauelement *n*, Baustein *m* || ~/аккумуляторный *(El)* Akku[mulator]zelle *f* || ~/активный aktives (steuerbares) Bauelement *n* || ~/активный запоминающий *(Inf)* aktives Speicherelement *n* || ~ акустической связи Akustikkoppler *m* || ~/аналоговый *(Reg)* analoges Element *n*, Analogelement *n* || ~/аналого-цифровой analog-digitales Element *n* || ~/ани-

зотопный *(Ch)* Reinelement *n* || ~/апериодический *(Reg)* aperiodisch wirkendes Element (Glied) *n* || ~ армирования *(Bw)* Bewehrungselement *n* || ~/армированный бетонный bewehrtes Betonbauteil *n* || ~/ассоциативный запоминающий *(Inf)* inhaltsadressiertes Speicherelement *n*, Assoziativspeicherelement *n* || ~/астатический *(Reg)* astatisches Element (Glied) *n*; integralwirkendes Glied *n*, I-Glied *n*, I-Element *n* || ~ базирования *(Fert)* Bestimmelement *n* || ~/базовый *(Inf)* Basiselement *n* || ~/бескорпусный *(Eln)* gehäuseloses (ungekapseltes) Bauelement *n* || ~/библиотечный *(Inf)* Bibliothekselement *n* || ~/биметаллический *(El)* Bimetallelement *n* || ~/биполярный запоминающий bipolares Speicherelement *n*, bipolarer Speicher *m* || ~/бистабильный bistabiles Element *n* || ~/блокировочный *(Reg)* Verblockungselement *n*, Verriegelungselement *n* || ~ Бунзена *(El)* Bunsen-Element *n* || ~/буферный *(Inf)* Pufferelement *n*, ausgleichendes Element *n* || ~/ведомый *(Mech)* getriebenes Element *n* || ~/ведущий *(Mech)* treibendes Element *n* || ~/вентильный *(Eln)* Ventilelement *n*, Element *n* mit Ventilwirkung (Gleichrichterwirkung) *f*, Gleichrichterelement *n*; Gatter *n*, Tor *n* || ~ Вестона *(El)* Weston-Normalelement *n*, Weston-Element *n* || ~/вихревой *(Aero)* Wirbelelement *n* || ~/влагочувствительный Feuchtemeßfühler *m* || ~/воздушной деполяризации *(El, Ph)* Luftsauerstoffelement *n* || ~ Вольта *(El)* Volta-Element *n* || ~/воспринимающий *s*. ~/чувствительный || ~ времени *(Reg)* Zeitglied *n*, Zeitelement *n* || ~/вспомогательный *(Reg)* Hilfselement *n*, Hilfsorgan *f* || ~/встроенный чувствительный Einbaumeßfühler *m*, eingebauter Sensor *m* || ~/вторичный *(El)* Sekundärelement *n* || ~/входной *(Reg)* Eingangselement *n*, Eingangsglied *n* || ~ выборки Stichprobeneinheit *f (Statistik)* || ~/выпрямительный (выпрямляющий) Gleichrichterelement *n*; Gleichrichterzelle *f* || ~/выравнивающий Kompensationselement *n*, Ausgleichelement *n* || ~/выходной *(Reg)* Ausgangselement *n*, Ausgangsglied *n* || ~/вычислительный Rechenelement *n*, Rechenglied *n* || ~/газовый *(Ph)* Gaskette *f* || ~/газонаполненный Gaszelle *f (Photozelle)* || ~/гальванический galvanisches Element *n*, galvanische Zelle *f* || ~ Ганна *(El)* Gunn-Element *n* || ~/гидравлический Hydraulikelement *n* || ~/гидравлический ключевой hydraulisches Schaltelement *n* || ~/гидродинамический чувствительный hydrodynamischer Meßfühler *m* || ~ гирокомпаса/чувствительный *(Schiff)* Kreiskugel *f (Kreiselkompaß)* || ~/гироскопический *(Reg)* Kreiselelement *n* || ~/граничный *(Reg)* Grenzelement *n* || ~/графитостабилизирующий *(Met, Gieß)* graphitstabilisierendes Element *n*, Graphitstabilisator *m* || ~ Грене Chromsäureelement *n*, Grenet-Element *n* || ~ Грове Grove-Element *n* || ~ давления/чувствительный Druckmeßfühler *m* || ~ Даниеля [/нормальный] *(El)* Daniell-Element *n*, Daniell-Normalelement *n* || ~ данных *(Inf)* Datenelement *n* || ~/двоичный *(Inf)* zweiwertiges Element *n*,

элемент

Binärelement *n* ΙΙ **~/двоичный решающий** zweiwertiges Entscheidungselement *n* ΙΙ **~/двухпозиционный** *(Inf)* Zweistellungselement *n* ΙΙ **~ детали** *(Fert)* Formelement *n (des Werkstückes)* ΙΙ **~ деформации** *(Fest)* Verzerrungskomponente *f* ΙΙ **~/диагональный** *(Reg)* Diagonalelement *n*, Diagonalglied *n* ΙΙ **~/дилатометрический чувствительный** Dilatometermeßfühler *m* ΙΙ **~/диодный** Diodenelement *n* ΙΙ **~/дисковый** *(El)* Knopfzelle *f* ΙΙ **~/дискретный** *(Eln)* diskretes Element (Bauelement) *n* ΙΙ **~/диссипативный** *(Eln)* verlustbehaftetes Element *n* ΙΙ **~ дифракционной решётки** *(Opt)* Gitterelement *n* ΙΙ **~/дифференцирующий** *(Reg)* differenzierendes (differenzierend wirkendes) Element (Glied) *n*, Differenzierelement *n*, Differentialglied *n*, D-Glied *n* ΙΙ **~ для оценки отклонений формы/базовый** *(Меß)* Bezugselement *n (zur Bewertung von Formabweichungen)* ΙΙ **~ для хранения информации** Informationsspeicherelement *n* ΙΙ **~/дополнительный** *(Reg)* Zusatzelement *n*, Zusatzglied *n* ΙΙ **~/дочерний** *(Kern)* Folgeelement *n* ΙΙ **~/дроссельный чувствительный** Drosselfühlelement *n*, Drosselfühler *m* ΙΙ **~ дуги** *(Math)* Bogenelement *n* ΙΙ **~/единичный** *(Math)* Einheitselement *n* ΙΙ **~/ёмкостный** kapazitives Element *n*, Kapazitätselement *n* ΙΙ **~ ёмкостью 256 Кбит** *(Inf)* 256-KBit-Element *n* ΙΙ **~/естественный радиоактивный** natürliches radioaktives Element *n* ΙΙ **~ жёсткий** *(Mech)* starres Element *n* ΙΙ **~/жидкостный чувствительный** Flüssigkeitsmeßfühler *m* ΙΙ **~/заграждающий** Absperrelement *n* ΙΙ **~/задающий** *(Reg)* Geber *m*, Gebereelement *n*; Sollwertgeber *m*; Sollwerteinsteller *m* ΙΙ **~/задерживающий** *(Reg)* Verzögerungselement *n*, Verzögerungsglied *n* ΙΙ **~ задержки** *s.* ~/задерживающий ΙΙ **~/зажимный** *(Wkzm)* Spannelement *n* ΙΙ **~/запаздывающий** *(Reg)* Totzeitelement *n*, Totzeitglied *n* ΙΙ **~/запирающий** *(Masch)* Sperrglied *n* ΙΙ **~/записывающий** *(Reg)* schreibendes Element *n* ΙΙ **~ запоминающего устройства** *s.* ~/запоминающий ΙΙ **~/запоминающий** *(Inf)* speicherndes Element (Glied) *n*, Speicherelement *n*, Speicherglied *n* ΙΙ **~/заурановый** *(Kern)* Transuran *n* ΙΙ **~ захвата** *(Masch)* Greiforgan *n*, Greifelement *n* ΙΙ **~ знака** *(Тур)* Zeichenelement *n* ΙΙ **~ И [/логический]** *(Reg)* [logisches] UND-Gatter *n*, [logisches] AND-Gatter *n*, UND-Glied *n*, AND-Glied *n* ΙΙ **~ измерительного преобразователя/чувствительный** Sensor *m (empfindliches Element eines Meßwandlers)* ΙΙ **~/измерительный** *(Reg)* Meßelement *n*, Meßglied *n* ΙΙ **~/измерительный чувствительный** *(Reg)* Sensor *m*, Meßfühler *m*, Meßgrößenaufnehmer *m* ΙΙ **~ изображения** *(Eln)* Bildelement *n*, Bildpunkt *m*, Pixel *n* ΙΙ **~/изодромный** *(Reg)* Isodromglied *n*; proportional-integralwirkendes Glied *n*, PI-Glied *n* ΙΙ **~/изотопный** *(Kern, Ch)* Isotop *n* ΙΙ **~ И-ИЛИ/логический** *(Reg)* UND-ODER-Element *n*, AND-OR-Element *n* ΙΙ **~ И-ИЛИ-НЕ/логический** *(Reg)* UND-ODER-NICHT-Element *n*, AND-OR-INVERT-Gatter *n*, AND-OR-Inverter *m* ΙΙ **~ ИЛИ [/логический]** *(Reg)* [logisches] ODER-Element *n*, [logisches] ODER-Gatter *n*, ODER-Glied *n*, OR-Gatter *n* ΙΙ **~ ИЛИ-НЕ [/ло-**

1172

гический] *(Reg)* [logisches] ODER-NICHT-Element *n*, NOR-Element *n*, NOR-Gatter *n* ΙΙ **~ инвертор-повторитель** *(Reg)* Inverter-Folger-Element *n* ΙΙ **~/индикаторный** *(Reg)* Indikatorelement *n*, Anzeigeelement *n*, Anzeigebaustein *m* ΙΙ **~/индуктивный** induktives Element (Bauelement) *n*, Induktivitätselement *n* ΙΙ **~ И-НЕ** *(Reg)* UND-NICHT-Element *n*, NAND-Element *n*, NAND-Gatter *n* ΙΙ **~/инерционный** trägheitsbehaftetes Element *n*, Trägheitselement *n*, Inertionselement *n* ΙΙ **~ интегральной оптики/пассивный** passives integriertes optisches Bauelement *n* ΙΙ **~/интегрирующий** *(Reg)* Integrationselement *n*, Integrationsglied *n*, I-Glied *n* ΙΙ **~/ионизационный чувствительный** Ionisationsmeßfühler *m*, Ionisationsdetektor *m* ΙΙ **~ исключающее ИЛИ** *(Reg)* Exklusiv-ODER-Element *n*, EXCLUSIVE OR-Gatter *n* ΙΙ **~/искусственный радиоактивный** *(Kern)* künstliches radioaktives Element *n* ΙΙ **~/исполнительный** 1. Stellelement *n*, Stellglied *n*; 2. Regelelement *n*, Regelglied *n*, Regelorgan *n* ΙΙ **~/исходный** *(Kern)* Ausgangselement *n*, Urelement *n* ΙΙ **~/исходный радиоактивный** radioaktives Urelement *n* ΙΙ **~/кадмиевый [нормальный]** *(El)* Kadmium[normal]element *n* ΙΙ **~/карбидообразующий** *(Met)* Carbidbildner *m*, carbidbildendes Element *n* ΙΙ **~/кардинальный** *(Opt)* Kardinalelement *n*, Grundelement *n* ΙΙ **~/кварцевый** Quarzelement *n* ΙΙ **~/клавишный контактный** *(Reg)* Tastkontaktelement *n* ΙΙ **~ Кларка [/нормальный]** *(El)* Clark-Element *n*, Clarksches Normalelement *n* ΙΙ **~/ключевой** *(Reg)* Schaltelement *n* ΙΙ **~/кодовый** *(Inf)* Kodeelement *n* ΙΙ **~/колокольный чувствительный** Tauchglockenmeßfühler *m* ΙΙ **~/коммутирующий** Schaltelement *n*, Schaltglied *n*, Kommutator *m* ΙΙ **~/компенсирующий** *(Reg)* Kompensationselement *n*, Ausgleichelement *n* ΙΙ **~/конечный** *(Reg)* Schlußelement *n*, Schlußglied *n* ΙΙ **~/конструктивный** *(Bw, Masch)* Konstruktionselement *n*, konstruktives Element *n*; *(Eln)* Bauelement *n* ΙΙ **~/контактный** Tastelement *n*, Tastkopf *m*; mechanische Sonde *f*, Kontaktsonde *f* ΙΙ **~/контрольный** *(Reg)* Kontrollelement *n* ΙΙ **~/корректирующий** *(Reg)* Korrekturglied *n*, korrigierendes Element *n*, Korrekturelement *n* ΙΙ **~/крепёжный** Befestigungselement *n* ΙΙ **~ крепи** *(Bgb)* Ausbauteil *n* ΙΙ **~/криогенный** *(Inf)* kryogenisches Element *n*, Kryo-Element *n (Tieftemperatur-Speicherelement)* ΙΙ **~ криотрона** *(Inf)* Kryotronelement *n* ΙΙ **~ криотрона/накопительный** Kryotron-Speicherelement *n* ΙΙ **~/криотронный** *s.* ~ криотрона ΙΙ **~ кристаллической решётки** *(Krist)* Gitterbaustein *m* ΙΙ **~ кристаллической структуры** *(Krist)* Kristallbaustein *m* ΙΙ **~/кулоновский матричный** *(Math)* Coulomb-Matrixelement *n* ΙΙ **~ лазерный** Laserbauteil *n* ΙΙ **~ Лаланде** *(El)* Lalande-Element *n* ΙΙ **~/легирующий** *(Met)* Legierungselement *n*, Legierungszusatz *m* ΙΙ **~ Лекланше** *(El)* Leclanché-Element *n*, Leclanché-Trockenelement *n* ΙΙ **~/линейный вычислительный (решающий)** lineares Rechenelement *n* ΙΙ **~/логический** *(Reg)* logisches Element (Verknüpfungselement) *n*, Logikelement *n*, Logikglied *n*; Entscheidungselement элемент

n ll ~/**люминесцирующий** Leuchtstoffelement *n* ll ~/**магнитный** magnetisches Element *n*, Magnetelement *n* ll ~/**магнитоупругий чувствительный** magnetoelastischer Meßfühler *m* ll ~/**мажоритарный** *(Inf)* Majoritätselement *n* ll ~/**малый** *(Math)* Minorelement *n* ll ~ **марганцевой деполяризации** *(El)* Braunsteinelement *n*, Zink-Kohle-Braunstein-Element *n* ll ~/**материнский** *(Kern)* Mutterelement *n* ll ~/**матричный** *(Math)* Matrixelement *n* ll ~/**меднооксидный** *(El)* Kupferoxidelement *n* ll ~/**медно-цинковый** *(El)* Kupfer-Zink-Element *n* ll ~ **механических передач** *(Masch)* mechanisches Übertragungsglied *n* (Antriebstechnik von Werkzeugmaschinen) ll ~/**микроволновый** *(El)* Mikrowellen[bau]element *n* ll ~/**микромощный** *(Eln)* Mikroleistungsbauelement *n* ll ~/**множительный** *(Math)* Multiplikationsglied *n*, Multiplikator *m* ll ~/**мокрый** *(El)* Naßelement *n*, nasses Element *n* ll ~/**монтажный** Montage[bau]element *n*; vormontiertes Element (Bauelement) *n*, Montagefertigteil *n* ll ~/**мостиковый** *(El)* Brückenelement *n* ll ~/**мостиковый чувствительный** Brückenmeßfühler *m* ll ~ **на поверхностных акустических волнах** akustisches Oberflächenwellenbauelement *n* ll ~ **на транзисторах** *(Eln)* Transistorelement *n* ll ~/**нагревательный** *(El)* 1. Heizelement *n*, Heizleiter *n*; 2. Heizkörper *m* ll ~/**накопительный** *(Inf)* Speicherelement *n* ll ~/**наливной** *s*. ~/**мокрый** ll ~/**настраивающий** *(Rf)* Abstimmelement *n* ll ~ **насыщения** *(Schiff)* Vorausrüstungselement *n*, Vorausrüstungsteil *n (einer Sektion)* ll ~/**насыщенный нормальный** *(El)* gesättigtes Normalelement *n* ll ~ **НЕ** [/**логический**] *(Reg)* [logisches] NICHT-Gatter *n*, NICHT-Glied *n*, Negator *m* ll ~/**неармированный бетонный** unbewehrtes Betonbauteil *n* ll ~ **НЕ-И** [/**логический**] *(Reg)* [logisches] NICHT-UND-Gatter *n*, [logisches] NAND-Gatter *n*, NICHT-UND-Glied *n*, NAND-Glied *n* ll ~ **НЕ-ИЛИ** [/**логический**] *(Reg)* [logisches] NICHT-ODER-Gatter *n*, [logisches] NOR-Gatter *n*, NOR-Glied *n* ll ~/**нелинейный вычислительный (решающий)** nichtlineares Rechenelement *n* ll ~/**ненасыщенный нормальный** *(El)* ungesättigtes Normalelement *n*, Standardnormalelement *n* ll ~/**необратимый** *(Reg)* nichtumkehrbares (irreversibles) Element (Glied) *n* ll ~/**нестабильный** *(Kern)* instabiles Element *n* ll ~/**несущий** *(Bw)* Tragelement *n*, Tragteil *n*, Tragglied *n* ll ~/**нормальный** *(El)* Normalelement *n* ll ~/**нулевой** *(Math)* Nullelement *n*, Null *f* ll ~/**обратимый** *(El)* umkehrbares (reversibles) Element *n* ll ~/**обратный** 1. *(Math)* Inverse *n*, inverses Element *n*; 2. *(Reg)* reziprokes Element *n* ll ~ **объёма** Raumelement *n*, Volumenelement *n* ll ~/**огибающий** *(Meß)* Hüllelement *n*, einhüllendes Element *n* ll ~/**ограждающий** *(Bw)* Außenwandelement *n*, raumabgrenzendes Element *n* ll ~/**одиночный** Einzelelement *n* ll ~/**окисно-ртутный** *(El)* Quecksilberoxidelement *n* ll ~/**оконечный** Schlußelement *n*, Abschlußelement *n* ll ~/**опорный** Referenzelement *n* ll ~/**оптикоэлектронный** optoelektronisches Element *n* ll ~/**оптический** optisches Element *n* ll ~/**оптический запоминающий** *(Inf)* optisches Speicherelement *n* ll ~ **орбиты** *(Astr)* Bahnelement *n* ll ~ **орбиты/оскулирующий** oskulierendes Bahnelement *n* ll ~/**основной** Grundelement *n*, Basiselement *n* ll ~/**отдельный** Einzelelement *n*; Einzelbauteil *n* ll ~ **памяти** *s*. ~/**запоминающий** ll ~/**пассивный** passives Element *n* ll ~/**первичный** *(El)* Primärelement *n* ll ~/**переключательный** *(Eln)* Spaltelement *n* ll ~/**переходный** *(El)* Übergangselement *n*, Übergangsstück *n* ll ~/**печатный** *(Eln)* gedrucktes Bauelement *n*, Schaltungselement *n* ll ~/**плавкий** *(El)* Schmelzleiter *m* ll ~/**плёночный** *(Eln)* Schichtbauelement *n*, Filmbauelement *n* ll ~/**пневматический** *(Reg)* pneumatisches Element *n* ll ~/**пневматический вычислительный** *(Inf)* pneumatisches Rechenelement *n* ll ~/**пневматический линейный** *(Reg)* pneumatische Lineareinheit *f* ll ~/**пневматический усилительный** pneumatischer Kraftschalter *m* ll ~/**поверяемый** 1. Bestimmungsgröße *f*; 2. zu prüfendes Teil *n* ll ~ **поглощения/чувствительный** Absorptionsmeßfühler *m* ll ~/**подвижной** *(Reg)* 1. bewegliches Element *(Teil)n*; bewegliches Organ *n*; 2. bewegliches System *n*; umlaufendes (drehbares) System *n*; 3. Einstellelement *n* ll ~/**подводящий** Zuleitungselement *n* ll ~/**позиционночувствительный** Lagesensor *m* ll ~/**показывающий** *(Reg)* Anzeigeelement *n* ll ~/**полупроводниковый** Halbleiterelement *n*, halbleitendes Element *n* ll ~/**полупроводниковый конструктивный** Halbleiterbauelement *n* ll ~/**пороговый** *(Reg)* Schwellwertglied *n*, Schwellwertelement *n* ll ~ **преобразования** *(Reg)* Konvertierungseinheit *f* ll ~/**преобразовательный** *(Reg)* Umformerelement *n*, umformendes Element *n*; Wandlerelement *n* ll ~/**приводной** Antriebselement *n* ll ~/**прилегающий** *(Meß)* angrenzendes Element *n* ll ~/**примесный** 1. *(Eln)* Dotierungselement *n*; 2. *(Met, Gieß)* Begleitelement *n* ll ~/**природный радиоактивный** natürliches radioaktives Element *n* ll ~ **присоединения** *(El)* Anschlußelement *n* ll ~/**программный** *(Inf)* Programmelement *n* ll ~/**промежуточный** *(Reg)* Zwischenelement *n*, Zwischenglied *n* ll ~/**противовключённый** *(El)* Gegenzelle *f* ll ~ **противосвязи** Gegenkopplungselement *n* ll ~/**проходной** *(El)* Durchgangselement *n* ll ~/**прядильный** *(Text)* Spinnelement *n (Chemiefaserherstellung)* ll ~/**пьезокерамический запоминающий** *(Inf)* piezokeramisches Speicherelement *n*, piezokeramischer Speicher *m*, Piezospeicher *m* ll ~/**пьезоэлектрический** *(El)* Piezoelement *n*, piezoelektrisches Bauelement *n* ll ~/**работоспособный** funktionsfähiges Element *n* ll ~/**радиационный чувствительный** Gesamtstrahlungsmeßfühler *m* ll ~/**радиоактивный** *(Kern)* radioaktives Element *n*, Radioelement *n* ll ~/**развёртывающий** *(TV)* Abtastelement *n* ll ~/**разделительный** Trennelement *n* ll ~/**разностный** *(Reg)* Differenzelement *n*, Differenzglied *n* ll ~/**разомкнутый** offenes Element *n* ll ~ **разрешения аэроснимков** Auflösungselement *n*, Bodenelement *n* ll ~ **разрешения/линейный** lineares Auflösungselement *n* ll ~/**растровый** *s*. ~ **изображения** ll ~/**регистровый** *(Inf)* Registerelement

элемент

n II ~/**регулирующий** regelndes Element *n*, Stellelement *n*, Regelelement *n*, Regelglied *n*, Stellglied *n* II ~ **регулятора** Reglerelement *n*, Reglerglied *n* II ~/**редкоземельный** *(Ch)* Seltenerdmetall *n* II ~/**резистивный** *(El)* Wirkwiderstandselement *n*, Widerstandselement *n* II ~/**релейный** *(Reg)* Relaiselement *n* II ~/**решающий** 1. *(Reg)* Entscheidungselement *n*; 2. *(Inf)* Rechenelement *n (Analogrechner)* II ~ **решётки** *s.* 1. *(Krist)* ~ **кристаллической решётки**; 2. *(Opt)* ~ **дифракционной решётки** II ~/**ртутный** *s.* ~ **Кларка** II ~ **рычажного механизма** Gelenkelement *n* II ~ **с двумя устойчивыми состояниями** *(Reg)* bistabiles Element *n* II ~ **с запаздыванием** Totzeitelement *n* II ~ **с одним устойчивым состоянием/ опрокидывающий** *(Reg)* monostabile Kippstufe *f* II ~ **с отставанием** Verzögerungselement *n* II ~ **с потерями** verlustbehaftetes Element (Glied) *n* II ~/**сборный** *(Bw)* Fertigbauteil *n* II ~/**сверхминиатюрный** *(Eln)* Subminiatur[bau]element *n* II ~/**светоизлучающий полупроводниковый** lichtemittierendes Halbleiterbauelement *n* II ~/**светочувствительный** lichtempfindliches Element *n* II ~ **связи** Koppler *m*, Kopplungselement *n*, Kopplungsglied *n* II ~ **связи/оптоэлектронный** Optokoppler *m*, Optron *n* II ~ **связи/цифровой** Digitalkoppler *m* II ~/**секвенционный** sequentieller Schaltkreis *m* II ~/**селеновый** *(El)* Selenelement *n* II ~ **сетки** *(Reg)* Netzelement *n* II ~/**сжатый железобетонный** Stahlbetondruckglied *n* II ~/**сигнальный** *(Reg)* Meldegerät *n* II ~/**силовой** *(Reg)* Kraftschalter *m* II ~ **симметрии** 1. *(El, Reg)* Symmetrieelement *n*; 2. *(Krist)* Symmetrieelement *n* II ~ **системы** *(Reg)* Systemelement *n* II ~ **системы управления** Steuerelement *n*; Steuerorgan *n* II ~ **скольжения** Gleitelement *n*, Translationselement *n* II ~/**слюдяной нагревательный** *(El)* Glimmerheizelement *n* II ~/**смешанный** *(Ch)* Mischelement *n* II ~ **совпадений** *(Ph)* Koinzidenzelement *n* II ~/**согласующий** *(Reg)* Anpassungsglied *n*, Anpaßelement *n* II ~/**соединительный** Verbindungselement *n* II ~/**солнечный** Solarzelle *f* II ~/**солнечный фотовольтаический** photovoltaische Solarzelle *f* II ~ **сообщения** Nachrichtenelement *n* II ~ **сопротивления** Widerstandselement *n* II ~ **сопряжения** 1. Koppelelement *n*; 2. Zwischenglied *n* II ~/**сопутствующий** *(Ch, Met)* Begleitelement *n* II ~/**составной** Bestandteil *m* II ~/**спиральный нагревательный** Heizspirale *f*, Heizwendel *f* II ~ **сплава/основной** *(Gieß)* Legierungsbasis *f*, Legierungsträger *m*, Grundmetall *n* einer Legierung II ~ **сравнения** *s.* ~/**сравнивающий** II ~/**сравнивающий** *(Reg)* Vergleichselement *n*, Vergleichsglied *n*; Vergleicher *m* II ~/**средний** mittleres Element *n (Bezugselement zur Bewertung von Formabweichungen)* II ~/**стабилизирующий** *(Reg)* Stabilisierungsglied *n*, stabilisierendes Element *n* II ~/**статический** *(Reg)* statisches Element (Glied) *n*; proportionalwirkendes Element (Glied) *n*, P-Glied *n* II ~/**стержневой тепловыделяющий** *(Kern)* Brenn[stoff]stab *m*, stabförmiges Brennelement *n* II ~ **строения** *(Geol)* Gefügeelement *n* II ~/**строительный** *(Bw)* Bauelement *n*, Bauteil *m* II ~/**струйный** *(Reg)* Fluidik-Element *n*, pneumatisches logisches Schaltelement *n* II ~/**структурный** *(Ch, Ph)* Strukturelement *n*, Bauelement *n*, Struktureinheit *f*, Baueinheit *f*, Baustein *m* II ~/**сухой** *(El)* Trockenelement *n* II ~/**схемный** *(El)* Schalt[ungs]element *n* II ~ **схемы** *(El)* Schalt[ungs]element *n* II ~ **схемы замещения** Ersatzschalt[ungs]element *n* II ~/**считывающий** *(Inf)* lesendes Element *n* II ~/**твердотельный** *(Eln)* Festkörperbauelement *n* II ~/**твёрдый тепловыделяющий** *(Kern)* festes Brenn[stoff]element *n* II ~ **температуры/чувствительный** Temperatur[meß]fühler *m* II ~/**тензометрический чувствительный** Dehnungsmeßfühler *m* II ~/**тепловыделяющий** *(Kern)* Brenn[stoff]element *n*; BE, Kernbrennstoffelement *n*; Brennstoffstab *m*, Brennstab *m* II ~/**термочувствительный** Temperaturfühler *m*, Temperaturmeßglied *n*, Wärmefühler *m* II ~/**термоэлектрический чувствительный** thermoelektrischer Meßfühler *m* II ~/**толстоплёночный** *(Eln)* Dickschichtbauelement *n*, Dickfilmbauelement *n* II ~/**тонкоплёночный** *(Eln)* Dünnschichtbauelement *n*, Dünnfilmbauelement *n* II ~/**топливный** *(Kern)* Brennstoffelement *n*, BS-Element *n*, BSE, Brennstoffzelle *f* II ~/**трансурановый** *(Kern)* Transuran *n* II ~/**трубчатый [электро]нагревательный** Rohrheizkörper *m*, Heizrohr *n*, Heizpatrone *f* II ~/**ультразвуковой чувствительный** Ultraschallmeßfühler *m* II ~/**упакованный в ленту** *(Eln)* gegurtetes Bauelement *n* II ~ **управления** Steuerelement *n*, Steuerorgan *n* II ~/**управляемый** steuerbares Element *n* II ~/**управляемый индикаторный** ansteuerbares Anzeigeelement *n* II ~/**управляющий** *(Reg)* Steuerelement *n*, Steuerglied *n* II ~/**упреждающий** *(Reg)* Vorhalteelement *n* II ~/**упругий** 1. Federelement *n*, elastisches (federndes) Element (Glied) *n*; 2. Verformungskörper *m* II ~/**упругий чувствительный** elastischer Meßfühler *m* II ~/**уравновешивающий** Ausgleichselement *n* II ~/**усилительный** Verstärkerelement *n*, Verstärkerglied *n*, verstärkendes Element (Glied) *n*; Verstärkerteil *n* II ~/**ускоряющий** *(Reg)* Beschleunigungselement *n*, Beschleunigungsglied *n* II ~/**успокоительный** *(Reg)* Beruhigungselement *n*, Beruhigungsglied *n*, Dämpfungselement *n*, Dämpfungsglied *n* II ~/**устанавливающий** *(Reg)* Einstellelement *n*, Einstellglied *n* II ~/**фильтрующий** *(Ch)* Filterelement *n* II ~/**функциональный** *(Reg, Math)* Funktionselement *n*; *(Reg)* Funktionsglied *n*; *(Inf, Kyb)* Verknüpfungselement *n* II ~/**химический** [chemisches] Element *n*, [chemischer] Grundstoff *m* II ~ **Холла** *(El)* Hall-Element *n* II ~ **центральный процессорный** zentrales Prozessorelement *n*; Modul *m* der zentralen Verarbeitungseinheit, CPE-Schaltkreis *m* II ~ **цепи** *(El)* Netzelement *n* II ~/**цинк-угольный** *(El)* Kohle-Zink-Element *n* II ~/**цифровой** *(Eln)* digitale Baugruppe *f*; digitales Element *n*, Digitalelement *n* II ~/**чистый** *(Ch)* Reinelement *n* II ~/**чувствительный** 1. *(Reg)* Fühl[er]element *n*, Fühlglied *n*; 2. *(Меß)* Meßfühler *m*, Fühler *m*, Taster *m* II ~/**чувствительный измерительный** Meßfühler *m*, Meßtaster *m*, Sensor *m*, Meßgrößenaufnehmer *m* II ~/**щелевой** *(Masch)*

Spaltelement n *(einer Reibungspumpe)* ‖ ~/**электродинамический чувствительный** elektrodynamischer Meßfühler m ‖ ~/**электролитический** s. ~/**гальванический** ‖ ~/**электромагнитный** elektromagnetisches Element (Glied) n ‖ ~/**электронагревательный** s. ~/**нагревательный** ‖ ~/**электронный** elektronisches Element (Bauelement) n ‖ ~/**электростатический чувствительный** elektrostatischer Meßfühler m ‖ ~/**электрохимический** elektrochemisches Element n, elektrochemische Zelle f ‖ ~/**эталонный** *(El)* Normalelement n
элемент-аналог m *(Ch)* homologes Element n, Homolog n
элемент-датчик m *(Reg)* Geberelement n, Geber m
элемент-индикатор m *(Kern)* Spurenelement n, Leitelement n, Tracerelement n
элемент-передатчик m *(Reg)* Übertragungselement n, Übertragungsglied n
элементы mpl Elemente npl *(s. a. unter* элемент*)* • **на полупроводниковых элементах** auf Halbleiterbasis, halbleiterbestückt, Halbleiter... ‖ ~/**орбитальные** *(Astr)* Bahnelemente npl ‖ ~/**оскулирующие** *(Astr)* oskulierende Elemente (Bahnelemente) npl ‖ ~/**петрогенные** *(Geol)* petrogene Elemente npl ‖ ~/**рабочие прорезиненные** *(Lw)* gummiüberzogene Bearbeitungselemente npl *(zur schonenden Erntegutbehandlung)* ‖ ~/**сидерофильные** *(Geol)* siderophile Elemente npl ‖ ~/**халькофильные** *(Geol)* chalkophile Elemente npl ‖ ~/**цепеобразные** *(Typ)* Kontrapunkte mpl, Kettenpunkte mpl
элерон m *(Flg)* Querruder n, QR ‖ ~/**внешний** äußeres Querruder n ‖ ~/**внутренний** inneres Querruder n ‖ ~/**двухщелевой** Doppelspaltquerruder n ‖ ~/**дифференциальный** Differentialquerruder n ‖ ~/**концевой** Flügelspitzenquerruder n, Flügelendquerruder n ‖ ~/**левый** linkes Querruder n ‖ ~/**плавающий** schwimmendes Querruder n ‖ ~/**плавающий концевой** schwimmendes Flügelspitzenquerruder (Flügelendquerruder) n ‖ ~/**правый** rechtes Querruder n ‖ ~/**свободный** loses Querruder n ‖ ~/**уравновешенный** ausgeglichenes Querruder n ‖ ~/**щелевой** Schlitzquerruder n
элиминатор m Eliminator m, Entelektrisator m *(Vorrichtung zur Beseitigung elektrostatischer Aufladungen durch Ionisation)* ‖ ~/**радиоактивный** radioaktiver Eliminator (Entelektrisator) m ‖ ~/**[электро]статический** statischer Eliminator m
элиминация f Beseitigung f, Eliminierung f
эллинг m *(Schiff)* [überdachte] Helling f
эллипс m *(Math)* Ellipse f ‖ ~/**аберрационный** *(Astr)* Aberrationsellipse f ‖ ~ **импульса** Impulsellipse f ‖ ~ **инерции** *(Fest)* Trägheitsellipse f, Momentenellipse f ‖ ~ **инерции/центральный** Zentral[trägheits]ellipse f ‖ ~ **искажений** *(Geol)* Verzerrungsellipse f ‖ ~ **корреляции** s. ~ рассеяния ‖ ~ **моментов** s. ~ инерции ‖ ~ **напряжения** *(El)* Spannungsellipse f ‖ ~/**нутационный** *(Astr)* Nutationsellipse f ‖ ~/**параллактический** *(Astr)* parallaktische Ellipse f ‖ ~ **поляризации** *(Opt)* Polarisationsellipse f ‖ ~ **рассеяния** Korrelationsellipse f, Umrißellipse f ‖ ~ **скольжения** *(Fest)* Gleitellipse f ‖ ~ **скоростей** *(Mech)* Geschwindigkeitsellipse f ‖ ~ **тока** *(El)* Stromellipse f
эллипсоид m *(Math)* Ellipsoid n ‖ ~ **вращения** Rotationsellipsoid n ‖ ~/**вытянутый** *(Math)* gestrecktes Ellipsoid n ‖ ~/**двухосный** *(Math)* zweiachsiges Ellipsoid n ‖ ~/**двухфокусный** *(Math)* bifokales Ellipsoid n ‖ ~/**действительный** *(Math)* reelles Ellipsoid n ‖ ~ **деформации** *(Fest)* Deformationsellipsoid n, Verformungsellipsoid n, Verzerrungsellipsoid n ‖ ~ **импульса** Impulsellipsoid n ‖ ~ **инерции** *(Fest)* Trägheitsellipsoid n, Momentenellipsoid n ‖ ~ **инерции/центральный** Zentral[trägheits]ellipsoid n ‖ ~ **Коши** *(Opt, Krist)* Indexellipsoid n, Brechungsindexellipsoid n, optische Indikatrix f, Cauchysches Polarisationsellipsoid n ‖ ~ **кучности** Konzentrationsellipsoid n ‖ ~/**лучевой** *(Opt)* Strahlenellipsoid n ‖ ~/**мнимый** *(Math)* imaginäres Ellipsoid n ‖ ~ **моментов** s. ~ инерции ‖ ~ **напряжений** *(Fest)* 1. Spannungsellipsoid n, Elastizitätsellipsoid n; 2. [Laméches] Spannungsellipsoid n ‖ ~/**обратный** *(Math)* reziprokes Verzerrungsellipsoid n ‖ ~ **погрешностей** Fehlerellipsoid n ‖ ~ **показателей [преломления]** s. ~ Коши ‖ ~ **поляризации** *(Opt)* Polarisationsellipsoid n ‖ ~ **Пуансо** *(Mech)* Trägheitsellipsoid n, [Cauchy-]Poinsotsches Trägheitsellipsoid n ‖ ~ **скоростей** *(Math)* Geschwindigkeitsellipsoid n ‖ ~/**сплюснутый** *(Math)* abgeplattetes Ellipsoid n ‖ ~/**тензорный** *(Math)* Tensorellipsoid n ‖ ~/**трёхосный** *(Math)* dreiachsiges Ellipsoid n ‖ ~ **упругости** s. ~ напряжений 1. ‖ ~ **Френеля** Fresnelsches Ellipsoid (Ausbreitungsellipsoid) n
эллипсоидальный ellipsoid, ellipsenähnlich
эллипсометр m Ellipsometer n
эллипсометрия f Ellipsometrie f
эллиптический elliptisch, ellipsenförmig
эллиптически-поляризованный *(Ph, Ch)* elliptisch polarisiert
эллиптичность f *(Math)* Elliptizität f ‖ ~/**равномерная** gleichmäßige Elliptizität f
элоксация f Aloxidieren n, Eloxieren n
элоксировать aloxidieren, eloxieren
элонгация f *(Astr)* Elongation f ‖ ~/**восточная** östliche Elongation f ‖ ~/**западная** westliche Elongation f ‖ ~/**наибольшая** größte Elongation f ‖ ~/**наибольшая восточная** größte östliche Elongation f ‖ ~/**наибольшая западная** größte westliche Elongation f
элонгация f 60° *(Astr)* Elongation f 60°, *(vormals:)* Sextilschein m
элонгация f 90° *(Astr)* Elongation f 90°, *(vormals:)* Trigonalschein m
ЭЛТ s. трубка/электронно-лучевая
элутрон m *(Kern)* Elutron n *(Teilchenbeschleuniger)*
эльбор m *(Wkz)* Elbor m *(polykristalliner Schneidwerkstoff)*
элюат m *(Ch)* Eluat n
элювий m *(Geol)* Eluvium n
элюент m *(Ch)* Eluent n, Elutionsmittel n
элюирование *(Ch)* Eluieren n, Elution f
элюировать *(Ch)* eluieren
ЭМ s. электромагнит
эмалиевый Email...
эмалирование n Emaillieren n, Emaillierung f ‖ ~/**многослойное** Mehrschichtemaillierung f

эмалирование

~/однослойное Einschichtemaillierung *f* ‖ **~/пудровое** Puderemaillierung *f*
эмалировка *f* 1. Emaillierung *f (Überzug)*; 2. *s.* эмалирование
эмаль *f* 1. Email *n*, Emaille *f*, Schmelz *m*; 2. Emaille[lack]farbe *f*; pigmentierter Lack *m* ‖ **~/белая** weißes Email *n*, Weißemail *n* ‖ **~/выемчатая** Grubenschmelz *m* ‖ **~/высокотемпературная** Hochtemperaturemail *n* ‖ **~/глухая** getrübtes (opakes) Email *n* ‖ **~/грунтовая** Grundemail *n* ‖ **~/живописная** Maleremail *n* ‖ **~/кислотоупорная (кислотоустойчивая)** [hoch]säurefestes Email *n*, Chemieemail *n* ‖ **~/кремнийорганическая** Silikonharzlackfarbe *f* ‖ **~/масляная** Öllackfarbe *f* ‖ **~/непрозрачная** *s.* **~/глухая** ‖ **~/нитроцеллюлозная** Nitro[cellulose]lackfarbe *f* ‖ **~/покровная** Deckemail *n* ‖ **~/прозрачная (просвечивающая)** durchsichtiges (transparentes) Email *n*, Transparentemail *n* ‖ **~/пудровая** Puderemail *n* ‖ **~/спиртовая** Spirituslackfarbe *f* ‖ **~/художественная** Kunstemail *n*, Schmuckemail *n* ‖ **~/эпоксидная** Epoxidharzlackfarbe *f*
эмальпроволока *f* Emaille[lack]draht *m*
эман *m (Kern)* Eman *n*, E, eman *(nicht gesetzliche Einheit für die radiologische Konzentration von Quellen)*
эманация *f* 1. *s.* эманирование; 2. *(Kern) s.* радон; 3. Emanation *f*, radioaktives Edelgas *n*; 4. *(Geol)* Emanation *f* ‖ **~ актиния** *s.* актинон ‖ **~ радия** *s.* радон 2. ‖ **~ тория** *s.* торон
эманирование *n (Kern)* Emanieren *n*, Emanation *f*
эманометр *m (Kern)* Emanometer *n*, Radongehaltsmesser *m*
эмболит *m (Min)* Embolit *m*, Bromchlorargyrit *m*, Chlorbromsilber *n*
эмиссия *f (Kern, Ph)* Emission *f (Aussendung einer Teilchenstrahlung)* ‖ **~/автоэлектронная** *(Fest)* Feldemission *f*, Kaltemission *f*, kalte Emission (Elektronenemission) *f* ‖ **~/акустическая** Schallemission *f* ‖ **~ в инфракрасной области спектра** *s.* **~ инфракрасного излучения** ‖ **~/внутренняя автоэлектронная** *(EIn)* innere Feldemission *f*, Zener-Emission *f (Halbleiter)* ‖ **~/вторичная [электронная]** Sekundärelektronenemission *f*, sekundäre Elektronenemission *f*, SEE ‖ **~ вторичных электронов** *s.* **~/вторичная** ‖ **~/избирательная фотоэлектронная** *(Kern)* selektiver Photoeffekt *m* ‖ **~ инфракрасного излучения** Infrarotemission *f*, IR-Emission *f* ‖ **~/ионная** Ionenemission *f* ‖ **~/нормальная** Normalemission *f* ‖ **~/нормальная фотоэлектронная** normaler Photoeffekt *m* ‖ **~ решётки** Gitterleuchten *n* ‖ **~/самопроизвольная** spontane Emission *f*, Spontanemission *f* ‖ **~ свободных электронов** Emission *f* freier Elektronen ‖ **~ сетки** Gitteremission *f* ‖ **~/сеточная** Gitteremission *f* ‖ **~/спонтанная** *s.* **~/самопроизвольная** ‖ **~/суммарная** Gesamtemission *f* ‖ **~/термическая электронная** *s.* **~/термоэлектронная** 1. ‖ **~/термоионная** thermi[oni]sche Emission *f*, Thermionenemission *f* ‖ **~/термоэлектронная** 1. Glüh[elektronen]emission *f*, thermische Elektronenemission (Emission) *f*, thermoelektrischer Effekt *m*, Richardson-Effekt *m*, Edison-Effekt *m*; 2. *s.* **~/термоионная** ‖ **~/удельная** spezifische Emission *f* ‖ **~ ультрафиолетового излучения** Ultraviolettemission *f*, UV-Emission *f* ‖ **~ фотонов** *(Kern)* Photonenemission *f*, Photonenstrahlung *f* ‖ **~/фотоэлектронная** *s.* фотоэффект/внешний ‖ **~/холодная** *s.* **~/автоэлектронная** ‖ **~ электронов** *(Kern)* Elektronenemission *f* ‖ **~/электростатическая** *s.* **~/автоэлектронная**
эмитировать emittieren, aussenden
эмитирующий emittierend, Emissions...
эмиттер *m* 1. *(EIn)* Emitterelektrode *f*, Emitter *m*; 2. *(EIn)* Prallelektrode *f*, Pralldynode *f*, Dynode *f (SEV)*; 3. *(Ökol)* Emittent *m*, Emissionsquelle *f (bei Umweltuntersuchungen)* ‖ **~/вторично-электронный** Sekundäremissionskathode *f*, Sekundärelektronenemitter *m* ‖ **~/гребенчатый** Emitter *m* mit Kammstruktur ‖ **~/инфракрасный** Infrarotstrahler *m*, IR-Strahler *m* ‖ **~/общий** gemeinsamer Emitter *m* ‖ **~/полосковый** Emitter *m* mit Streifengeometrie ‖ **~/разветвлённый** aufgefächerter Emitter *m* ‖ **~/точечный** Spitzenemitter *m* ‖ **~ электронов** Elektronenemitter *m*
эмпирия *f* Empirie *f*
эмпирический empirisch, erfahrungsmäßig, Erfahrungs..., Faust... *(z. B. Faustformel)*
эмулировать *(Inf)* emulieren
эмульгатор *m (Ch)* Emulgator *m*, Emulgier[ungs]mittel *n* ‖ **~/твёрдый** fester Emulgator *m*
эмульгация *f s.* эмульгирование
эмульгирование *n (Ch)* Emulgieren *n*, Emulsionieren *n* ‖ **~ основы** *(Text)* Emulgieren *n* der Kettfäden
эмульгировать *(Ch)* emulgieren
эмульгируемость *f (Ch)* Emulgierbarkeit *f*
эмульсатор *m (Ch)* Emulgiermaschine *f*, Emulsionsmaschine *f*, Emulgator *m*
эмульсификация *f (Photo)* Emulsionierung *f*, Emulgation *f* ‖ **~/двухструйная** Doppeleinlaufemulsionierung *f* ‖ **~/дробная** stufenweise Emulsionierung *f* ‖ **~/мгновенная** Kippemulsionierung *f* ‖ **~/многоструйная** Mehrfacheinlaufemulsionierung *f* ‖ **~/одноструйная** Einzeleinlaufemulsionierung *f*
эмульсия *f* 1. Emulsion *f*; 2. *(Fert)* Kühlmittel *n (für Schneidwerkzeuge)* ‖ **~/безмасляная** ölfreie Emulsion *f* ‖ **~/битумная** bituminöse Emulsion *f* ‖ **~/бромосеребряная** *(Photo)* Silberbromidemulsion *f*, Bromsilberemulsion *f* ‖ **~/варочная** *(Photo)* Kochemulsion *f*, Siedeemulsion *f* ‖ **~/водная** wäßrige Emulsion *f* ‖ **~/водно-нефтяная** Wasser-in-Erdöl-Emulsion *f* ‖ **~ воды в жире** Wasser-in-Fett-Emulsion *f* ‖ **~ воды в масле** Wasser-in-Öl-Emulsion *f* ‖ **~/высокочувствительная** *(Photo)* hochempfindliche Emulsion *f*, Rapidemulsion *f* ‖ **~/грубозернистая** *s.* **~/крупнозернистая** ‖ **~ жира в воде** Fett-in-Wasser-Emulsion *f* ‖ **~/жировая** *(Leder)* Licker *m*, Fettlicker *m* ‖ **~/затравочная** *(Photo)* Impfemulsion *f* ‖ **~/иодобромосеребряная** *(Photo)* Silberiodobromidemulsion *f*, Iodbromsilberemulsion *f* ‖ **~/клеевая** *(Pap)* Leimemulsion *f*, Leimmilch *f* ‖ **~/крупнозернистая** *(Photo)* grobkörnige Emulsion *f*, Grobkornemulsion *f* ‖ **~ Липпмана** *(Photo)* Lippmann-Emulsion *f* ‖ **~ масла в воде** Öl-in-Wasser-Emulsion

f II ~/**мелкозернистая** *(Photo)* feinkörnige Emulsion *f*, Feinkornemulsion *f* II ~/**мыльная** Seifenemulsion *f* II ~ **нейтральная** *(Photo)* Neutralemulsion *f* II ~/**несозревшаяся** *(Photo)* ungereifte Emulsion *f* II ~/**нефтяная** Erdölemulsion *f* II ~/**обратимая** *(Photo)* Umkehremulsion *f* II ~/**обратная** *s.* ~ воды в масле *f* II ~/**охлаждающая** *(Masch)* Kühlemulsion *f* II ~/**позитивная** *(Photo)* Positivemulsion *f* II ~/**прямая** *(Photo)* Direktpositivemulsion *f* II ~ прямого почернения *(Photo)* direktschwärzende Emulsion *f* II ~ **с кипячением** *(Photo)* Kochemulsion *f*, Siedeemulsion *f* II ~/**сверлильная** *(Wkzm)* Bohrölemulsion *f* II ~/**сверхсенсибилизированная** *(Photo)* übersensibilisierte Emulsion *f* II ~/**смешанная** *(Photo)* Misch[korn]emulsion *f* II ~/**снятая** *(Kern)* abgezogene Emulsion *f* II ~/**созревшая** *(Photo)* gereifte Emulsion *f* II ~/**съёмная** *(Photo)* Abziehemulsion *f* II ~/**твёрдая** feste Emulsion *f*, Lisoloid *n* II ~ **типа** «**ядро-оболочка**» *(Photo)* Kern-Hülle-Emulsion *f* II ~/**травящая** *(Typ)* Ätzflüssigkeit *f* II ~/**фотографическая** photographische (lichtempfindliche) Emulsion *f*, Photoemulsion *f* II ~/**хлорбромосеребряная** *(Photo)* Silberchlorobromidemulsion *f*, Chlorbromsilberemulsion *f* II ~/**ядерная** *(Kern, Photo)* Kern[spur]emulsion *f*
эмульсоид *m (Ch)* Emuls[ionskoll]oid *n*
эмульсол *m (Fert)* Emulsol *n (Ölgrundstoff zur Herstellung wäßriger Emulsionen zur Schneidwerkzeugkühlung)*
эмульсор *m s.* эмульсатор
эмулятор *m (Inf)* Emulator *m* II ~ **внешних схем** Schaltkreisemulator *m* II ~/**внутрисхемный** In-Circuit-Emulator *m* II ~/**интегрированный** *(in das Programmsystem)* integrierter (eingebundener) Emulator *m*
эмуляция *f (Inf)* Emulation *f*
энантиомер *m s.* антипод/оптический
энантиоморф *m* Antimer *n*
энантиоморфизм *m* 1. *(Ch)* Spiegelbildisomerie *f*, optische Isomerie *f*, Enantiomorphie *f*; 2. *(Krist)* Enantiomorphie *f*
энантиоморфический *(Ch)* spiegelbildisomer, optisch isomer, enantiomorph
энантиоморфный *(Krist)* enantiomorph
энантиотропия *f (Krist)* Enantiotropie *f*
энантиотропный *(Krist)* enantiotrop
энаргит *m (Min)* Enargit *m (Kupfererz)*
эндикон *m (TV)* Endikon *n*
эндовибратор *m (Rf)* Hohlraumresonator *m*
эндогенный endogen
эндоморфизм *m (Math)* Endomorphismus *m*, Endomorphie *f*
эндоморфный endomorph
эндоскоп *m (Med)* Endoskop *n* II ~/**голографический** Holoendoskop *n* II ~/**лазерный** Laserendoskop *n*
эндоскопический endoskopisch
эндоскопия *f (Med)* Endoskopie *f* II ~/**голографическая** holographische Endoskopie *f*
эндосмос *m (Ph)* Endosmose *f* II ~/**электрический** Elektroendosmose *f*
эндотермический *(Ch)* endotherm, wärmeaufnehmend
энергетика *f* Energetik *f*, Energiewirtschaft *f*; Energiewesen *n*; Energietechnik *f* II ~/**атомная**

s. ~/**ядерная** II ~/**ветровая** Windenergetik *f*, Windenergiewirtschaft *f* II ~/**промышленная** Industrieenergetik *f* II ~/**ядерная** Kernenergetik *f*; Kernenergiewirtschaft *f*; Kernenergietechnik *f*
энергетический energetisch, Energie...
энергия *f* Energie *f* II ~ **адсорбции** Adsorptionsenergie *f* II ~ **активации** Aktivierungsenergie *f* II ~ **альфа-распада** *(Kern)* Alphazerfallsenergie *f*, Alphaumwandlungsenergie *f* II ~ **анизотропии** *s.* ~ магнитной анизотропии II ~/**атомная** *s.* ~/**ядерная** II ~ **атомного ядра** *s.* ~/**ядерная** II ~ **бета-распада** *(Kern)* Betazerfallsenergie *f* II ~ **бытового стока** *(Hydt)* Laufenergie *f*, Laufkraft *f* II ~/**ветровая** Windenergie *f* II ~ **взаимодействия** Wechselwirkungsenergie *f* II ~/**внутренняя** innere Energie *f* II ~/**внутриатомная** *s.* ~/**ядерная** II ~/**внутриядерная** *s.* ~/**ядерная** II ~/**водная** Wasserenergie *f*, Hydroenergie *f* II ~ **возбуждения** Anregungsenergie *f* II ~ **возмущения** Störungsenergie *f* II ~ **выхода** Ausgangsenergie *f*; Austrittsenergie *f*, Austrittsarbeit *f* II ~/**гидроэлектрическая** hydroelektrische Energie *f*, Wasserkraftelektroenergie *f* II ~/**граничная** *s.* ~/пороговая 1. II ~ **давления** Druckenergie *f* II ~ **деления** *(Kern)* Spaltungsenergie *f* II ~ **деления ядра** Kernspaltungsenergie *f* II ~ **десорбции** Desorptionsenergie *f* II ~ **дефектов упаковки** *(Krist)* Stapelfehlerenergie *f* II ~ **деформации** Gestaltänderungsenergie *f*, Gestaltänderungsarbeit *f* II ~ **дипольного взаимодействия** Dipol[wechselwirkungs]energie *f* II ~ **дислокаций** *(Krist)* Versetzungsenergie *f* II ~ **диссоциации** *(Ch)* Dissoziationsenergie *f* II ~ **захвата** *(Ph)* Anlagerungsenergie *f*, Anlagerungsarbeit *f* II ~/**звуковая** Schallenergie *f*, akustische Energie *f* II ~ **землетрясения** *(Geoph)* Erdbebenenergie *f* II ~/**избыточная** *(Ph)* Überschußenergie *f* II ~ **излучения** *(Kern)* Strahlungsenergie *f*, Strahlungsmenge *f*, Strahlungsarbeit *f* II ~ **ионизации** *(Kern)* Ionisierungsenergie *f*, Ionisierungsarbeit *f* II ~ **квантов** *(Ph)* Quantenenergie *f* II ~/**квантовая** *(Ph)* Quantenenergie *f* II ~/**кинетическая** *(Mech)* kinetische Energie *f*, Bewegungsenergie *f*, Energie *f* der [fortschreitenden] Bewegung *f* II ~ **колебаний** *(Ph)* Schwingungsenergie *f*, Vibrationsenergie *f (von Molekülen)* II ~ **кристаллической решётки** *(Krist)* Gitterenergie *f* II ~/**лазерного излучения** Energie *f* der Laserstrahlung, Laserenergie *f* II ~/**лучистая** *s.* ~ излучения II ~ **магнитного поля** *(Ph)* magnetische Feldenergie *f*, Energieinhalt *m* des magnetischen Feldes II ~ **магнитной анизотропии** Anisotropieenergie *f*, Energie *f* der kristallographischen (magnetischen) Anisotropie II ~ **морских приливов** *(Geoph)* Gezeitenenergie *f*, Tidenenergie *f* II ~ **накачки** Pumpenergie *f (Laser)* II ~/**обменная** Austauschenergie *f* II ~ **образования** *(Ph)* Bildungsenergie *f*, Bildungsarbeit *f* II ~ **образования пары** Paarbildungsenergie *f* II ~/**общая** Gesamtenergie *f* II ~/**остаточная** *(Ph)* Restenergie *f* II ~ **отдачи** *(Ph)* Rückstoßenergie *f* II ~ **отталкивания** *(Ph)* Abstoßungsenergie *f* II ~ **перезарядки** *(El)* Umladungsenergie *f (Kondensator, Akku)* II ~ **пересыщения** *(Ph, Ch)* Übersättigungsenergie *f* II ~ **поверхностного натяжения** *(Ph)* Kapillarenergie *f* II ~ **погло-**

энергия

щения *(Ph)* Absorptionsenergie *f* ‖ **~/подводимая** zugeführte Energie *f* ‖ **~ покоя** *(Ph)* Ruh[e]energie *f* ‖ **~/полезная** Nutzenergie *f* ‖ **~ поля** *(Ph)* Feldenergie *f* ‖ **~ помех** Störenergie *f* ‖ **~/пороговая** *(Kern)* 1. Abschneideenergie *f*, Grenzenergie *f*; 2. Schwellenenergie *f*, Mindestenergie *f* ‖ **~/потенциальная** *(Mech)* potentielle Energie *f*, Energie *f* der Lage ‖ **~ потока** *(Ph)* Strömungsenergie *f* ‖ **~ потока/незарегулированная** *s.* **~ бытового стока** ‖ **~ превращения** *(Ph)* Umwandlungsenergie *f* ‖ **~ прилива** *(Geoph)* Gezeitenenergie *f*, Tidenenergie *f* ‖ **~/рабочая** Arbeitsenergie *f* ‖ **~ радиоактивного распада** *(Kern)* Zerfallsenergie *f* ‖ **~/разрядная** *(El)* Entladungsenergie *f* ‖ **~ распада** *(Kern)* Zerfallsenergie *f* ‖ **~ реакции** Reaktionsenergie *f* ‖ **~/рекуперированная** zurückgewonnene Energie *f* ‖ **~ решётки** *s.* **~ кристаллической решётки** ‖ **~/световая** 1. *(Ph)* Lichtenergie *f*, Energie *f* des Lichtes; 2. *(Opt)* Lichtmenge *f*, Lichtarbeit *f* ‖ **~/свободная** *(Therm)* [Helmholzsche] freie Energie *f* ‖ **~/связанная** gebundene Energie *f* ‖ **~ связи** *(Kern, Krist, Ph)* Bindungsenergie *f* ‖ **~ связи альфа-частицы** *(Kern)* Alpha-Bindungsenergie *f* ‖ **~ связи ядра** Kernbindungsenergie *f* ‖ **~/сеточная** *s.* **~ кристаллической решётки** ‖ **~ синтеза (слияния) [ядра]** *s.* **~/термоядерная** ‖ **~ собственных нужд/электрическая** elektrische Eigenbedarfsenergie *f* ‖ **~ сопряжения** Konjugationsenergie *f* ‖ **~ соударения** *(Mech)* Schlagenergie *f* ‖ **~ сублимации** Sublimationsenergie *f* ‖ **~ сцепления** *(Ch, Fest)* Bindungsenergie *f*, Kohäsionsenergie *f* ‖ **~/тепловая** Wärmeenergie *f* ‖ **~/термоядерная** *(Kern)* thermonukleare Energie *f*, Fusionsenergie *f*, Kernfusionsenergie *f* ‖ **~ течения** Strömungsenergie *f* ‖ **~ тяготения** *(Geoph)* Gravitationsenergie *f* ‖ **~ удара** *(Mech)* Stoßenergie *f*; Schlagarbeit *f* ‖ **~/удельная** 1. spezifische Energie *f (Joule pro Kilogramm)*; 2. *(Hydr)* spezifischer hydrostatischer Druck *m* ‖ **~ упругой деформации** *(Mech)* Formänderungsenergie *f*, Deformationsenergie *f*, Verzerrungsenergie *f*, [innere] Formänderungsarbeit *f* ‖ **~/химическая** chemische Energie (Zustandsenergie) *f* ‖ **~ химической связи** chemische Bindungsenergie *f* ‖ **~/шумовая** Rauschenergie *f* ‖ **~/электрическая** elektrische Energie *f*, Elektroenergie *f* ‖ **~ электрического поля** elektrische Feldenergie *f* ‖ **~/электронная** Elektronenenergie *f* ‖ **~/ядерная** Kernenergie *f*, Atomkernenergie *f*

энергобаланс *m* Energiebilanz *f*
энерговооружённость *f* 1. Energieeinsatzgrad *m*; 2. *(Flg, Rak)* Schubvermögen *n*; Leistungsbelastung *f*; Schub-Masse-Verhältnis *n*
энерговыделение *n* Energiefreisetzung *f*, Energieabgabe *f*
энергоёмкий energieintensiv
энергоёмкость *f* Energieinhalt *m*, Energiegehalt *m*; Energieintensität *f*; Energiebedarf *m (z. B. eines Rechners)*
энергозависимый energieabhängig
энергоиспользование *n* Energieausnutzung *f*
энергомашиностроение *n* Energiemaschinenbau *m*
энергонезависимый energieunabhängig
энергоноситель *m* Energieträger *m*
энергообеспечение *n* Energieversorgung *f*
энергообмен *m* Energieaustausch *m*
энергооборудование *n* Energieausrüstung *f*
энергоотдача *f* Energieabgabe *f*
энергопередача *f* Energieübertragung *f*
энергопотребление *n* Energieverbrauch *m*
энергоресурсы *mpl* Energieressourcen *fpl* ‖ **~/вторичные тепловые** Sekundärenergiequellen *fpl*
энергосберегающий energiesparend
энергосеть *f (El)* Energie[versorgungs]netz *n*
энергосистема *f (El)* Energiesystem *n*; Energieversorgungssystem *n*; Energieverbundsystem *n* ‖ **~/высоковольтная** Hochspannungs[energie]system *n* ‖ **~/крупная** Großverbundsystem *n* ‖ **~/местная** örtliches (lokales) Energiesystem (Verbundsystem) *n* ‖ **~/объединённая** Energieverbundsystem *n*; vereinigtes Energieverbundsystem *n* ‖ **~/районная** regionales Energiesystem (Verbundsystem) *n*
энергоснабжение *n* Energieversorgung *f*
энергосодержание *n* Energieinhalt *m*
энергостанция *f* Energieanlage *f* ‖ **~/солнечная** Sonnenenergieanlage *f* ‖ **~/солнечная космическая** kosmische (im Weltall befindliche) Sonnenenergieanlage *f*
энергоустановка *f* Energieanlage *f*
энергохозяйство *n* Energiewirtschaft *f*
энергоэкономический energiewirtschaftlich
эннод *m (Eln)* Enneode *f*, Nonode *f*
энол *m (Ch)* Enol *n*
энолизация *f (Ch)* Enolisierung *f*
энстатит *m (Min)* Enstatit *m (Orthopyroxen)*
энтальпия *f (Therm)* Enthalpie *f*, Gibbssche Wärmefunktion *f* ‖ **~ адсорбции** Adsorptionsenthalpie *f* ‖ **~ активации** Aktivierungsenthalpie *f* ‖ **~/избыточная** Exzeßenthalpie *f* ‖ **~ испарения** Verdampfungsenthalpie *f* ‖ **~ конденсации** Kondensationsenthalpie *f* ‖ **~/молярная** molare Enthalpie *f* ‖ **~ образования** Bildungsenthalpie *f* ‖ **~ образования/свободная** freie Bildungsenthalpie *f* ‖ **~ реакции** Reaktionsenthalpie *f* ‖ **~ реакции/свободная** freie Reaktionsenthalpie ‖ **~/свободная** [Gibbssche] freie Enthalpie *f*, Gibbssche Wärmefunktion *f* ‖ **~/свободная избыточная** freie Exzeßenthalpie *f* ‖ **~ сгорания** Verbrennungsenthalpie *f* ‖ **~ смешения** Mischungsenthalpie *f* ‖ **~ сублимации** Sublimationsenthalpie *f*
энтропийный Entropie...
энтропия *f* 1. *(Therm)* Entropie *f*, Verwandlungsgröße *f*; 2. *s.* **~ информации** ‖ **~ излучения** *s.* **~/лучистая** ‖ **~ информации** mittlerer Informationsgehalt *m*, Informationsentropie *f*, Entropie *f* der Informationsquelle ‖ **~ ионов** Ionenentropie *f* ‖ **~/лучистая** Strahlungsentropie *f* ‖ **~ множества сообщений** *s.* **~ информации** ‖ **~/молярная** molare Entropie *f* ‖ **~ образования** Bildungsentropie *f* ‖ **~/радиационная** Strahlungsentropie *f* ‖ **~ реакции** Reaktionsentropie *f* ‖ **~ решётки** Gitterentropie *f* ‖ **~ смешения** Mischungsentropie *f* ‖ **~ смешения/избыточная** Exzeß[mischungs]entropie *f* ‖ **~/удельная** spezifische Entropie *f*
энцефалограмма *f (Med)* Elektroenzephalogramm *n*, EEG

энцефалограф *m (Med)* Enzephalograph *m*, Elektroenzephalograph *m*
энцефалография *f (Med)* Enzephalographie *f*, Elektroenzephalographie *f*
ЭОД *s.* обработка данных/электронная
эозин *m (Ch)* Eosin *n (Xanthenfarbstoff)*
эолит *m* 1. Eolithikum *n (der Altsteinzeit vorausgegangene tertiäre Frühstufe der menschlichen Kultur)*; 2. Eolith *m (vermeintl. Werkzeug der Urmenschen aus Feuersteinen)*
эон *m (Geol)* Äon *n (größte geochronologische Einheit)* ‖ ~/**альгонский** *s.* ~/**криптозойский** ‖ ~/**криптозойский** Kryptozoikum *n*, kryptozoisches Äon *n* ‖ ~/**фанерозойский** Phanerozoikum *n*, phanerozoisches Äon *n (Zeit des deutlich erkennbaren Tierlebens)*
эонотема *f (Geol)* Äonothem *n (größte chronostratigraphische Einheit)* ‖ ~/**криптозойская** Kryptozoikum *n*, kryptozoisches Äonothem *n*, Präkambrium *n* ‖ ~/**фанерозойская** Phanerozoikum *n*, phanerozoisches Äonothem *n*
ЭОП *s.* преобразователь/электронно-оптический
эоплейстоцен *m* Frühpleistozän *n*
эоцен *m s.* отдел/эоценовый
ЭП *s.* 1. процессор/элементарный; 2. пульт/экранный; 3. электропылесос
эпейрогенез *m (Geol)* Epirogenese *f (weitgespannte Hebungen und Senkungen der Erdkruste)*
эпейрофорез *m (Geol)* Epeirophorese *f (Kontinentaldrifttheorie)*
эпиграмма *f (Krist)* Rückstrahlaufnahme (Rückstrahldiagramm) *n* [nach Laphe], Laphe-Rückstrahldiagramm *n*
эпидиаскоп *m (Opt)* Epidiaskop *n*
эпидот *m (Min)* Epidot *m*; Pistazit *m*
эпилимнион *m (Hydrol)* Epilimnion *n*
эпимер *m (Ch)* Epimer *n*, Diastereomer *n*
эпимерия *f (Ch)* Epimerie *f*, Diastereomerie *f*
эпимерный *(Ch)* epimer, diastereomer
эпипалеолит *m (Geol)* Mittelsteinzeit *f*, Mesolithikum *n*
эпископ *m (Opt)* Episkop *n* ‖ ~/**шаровой** Kugelepiskop *n*
эпистильбит *m (Min)* Epistilbit *m (Zeolith)*
эпитаксиальный exitaxial, epitaktisch
эпитаксия *f (Krist)* Epitaxie *f*, orientierte (gesetzmäßige) Verwachsung *f (von Kristallen verschiedener Art)* ‖ ~/**вакуумная** Vakuumepitaxie *f* ‖ ~/**высокотемпературная** Hochtemperaturepitaxie *f* ‖ ~/**газотранспортная** Gastransportepitaxie *f* ‖ ~/**газофазная** Gasphasenepitaxie *f*, Epitaxie *f* aus der Gasphase ‖ ~/**газофазная плазменная** plasmagestützte Epitaxie *f*, PECVD ‖ ~/**жидкофазная** ‖ ~/**жидкофазная** 1. Schmelzlösungsepitaxie *f (LPE)*; 2. Flüssigphasenepitaxie *f (RTA)* ‖ ~ **из газовой фазы** *s.* ~/**газофазная** ‖ ~ **из жидкой фазы** *s.* ~/**жидкостная** ‖ ~ **из молекулярных пучков** *s.* ~/**молекулярно-пучковая** ‖ ~ **из паровой фазы** *s.* ~/**парофазная** ‖ ~/**избирательная** selektive Epitaxie *f* ‖ ~/**локальная** lokale Epitaxie *f* ‖ ~/**молекулярная (молекулярно-лучевая)** *s.* ~/**молекулярно-пучковая** ‖ ~ **молекулярно-пучковая** Molekularstrahlepitaxie *f*, MBE, physikalische Epitaxie *f* ‖ ~/**обратная** inverse Epitaxie *f* ‖ ~/**парофазная** Dampfphasenepitaxie *f*, Epitaxie *f* aus der Dampfphase ‖ ~/**твердофазная** Festphasenepitaxie *f*
эпитермальный *(Geol)* epithermal
эпитрохоида *f (Math)* Epitrochoide *f*
эпицентр *m* 1. *(Geoph)* Epizentrum *n (Erdbeben)*; 2. Nullpunkt *m (Kernwaffendetonation)*
эпициклоида *f (Math)* Epizykloide *f*
эпиэвгеосинклиналь *f (Geol)* Epieugeosynklinale *f*
эпоксисмола *f* Epoxidharz *n*, Ethoxylinharz *n*
эпонж *m (Text)* Eponge *m*, Frotté *m (Gewebe aus Kräuselzwirnen)*
эпоха *f* 1. Epoche *f*, Zeitalter *n*, Zeitabschnitt *m*; 2. *(Astr)* Epoche *f*; 3. *(Geol)* Epoche *f (Bildungszeit einer stratigraphischen Abteilung)* ‖ ~ [**звёздного**] **каталога** *(Astr)* Katalogepoche *f* ‖ ~/**ледниковая** *(Geol)* Eiszeit *f*, Glazialzeit *f*, Kaltzeit *f* ‖ ~/**миоценовая** *(Geol)* Miozän *n* ‖ ~ **наблюдения** *(Astr)* Beobachtungsepoche *f (Zeitpunkt)* ‖ ~/**олигоценовая** *(Geol)* Oligozän *n* ‖ ~/**оскулирующая** *(Astr)* Oskulationsepoche *f (Bahnstörungen)* ‖ ~ **оскуляции** *s.* ~/**оскулирующая** ‖ ~/**палеоценовая** *(Geol)* Paläozän *n*, Paleozän *n* ‖ ~/**плиоценовая** *(Geol)* Pliozän *n* ‖ ~/**позднедевонская** *(Geol)* Oberdevon *n* ‖ ~/**позднекаменноугольная** *(Geol)* Oberkarbon *n*, Siles *n* ‖ ~/**позднекембрийская** *(Geol)* Oberkambrium *n* ‖ ~/**позднемеловая** *(Geol)* Oberkreide *f* ‖ ~/**позднеордовикская** *(Geol)* Oberordovizium *n* ‖ ~/**позднепермская** *(Geol)* Oberperm *n* ‖ ~/**позднесилурская** *(Geol)* Obersilur *n* ‖ ~/**позднетриасовая** *(Geol)* obere Trias *f* ‖ ~/**позднечетвертичная** *(Geol)* Jungpleistozän *n* ‖ ~/**позднеюрская** *(Geol)* Oberjura *n* ‖ ~/**раннедевонская** *(Geol)* Unterdevon *n* ‖ ~/**раннекаменноугольная** *(Geol)* Unterkarbon *n*, Dinant *n* ‖ ~/**раннекембрийская** *(Geol)* Unterkambrium *n* ‖ ~/**раннемеловая** *(Geol)* Unterkreide *f* ‖ ~/**раннеордовикская** *(Geol)* Unterordovizium *n* ‖ ~/**раннепермская** *(Geol)* Unterperm *n* ‖ ~/**раннесилурская** *(Geol)* Untersilur *n* ‖ ~/**раннетриасовая** *(Geol)* untere Trias *f* ‖ ~/**раннечетвертичная** *(Geol)* Frühpleistozän *n*, Eopleistozän *n* ‖ ~/**раннеюрская** *(Geol)* Unterjura *n* ‖ ~/**среднедевонская** *(Geol)* Mitteldevon *n* ‖ ~/**среднекембрийская** *(Geol)* Mittelkambrium *n* ‖ ~/**среднетриасовая** *(Geol)* mittlere Trias *f* ‖ ~/**среднеюрская** *(Geol)* Mitteljura *n* ‖ ~ **четвертичного периода/современного** *(Geol)* Holozän *n* ‖ ~/**эоценовая** *(Geol)* Eozän *n*
ЭППЗУ *s.* устройство/электрически перепрограммируемое постоянное запоминающее
ЭПР *s.* резонанс/электронный парамагнитный
ЭПР-спектрометр *m* EPR-Spektrometer *n*
эпрувет *m (Ch)* Reagenzglas *n*, Probierglas *n*
ЭПС *s.* слой/электропроводящий
эпсомит *m (Min)* Epsomit *m*, Bittersalz *n*
ЭПУ *s.* устройство/электропроигрывающее
эпюр *m s.* эпюра
эпюра *f* 1. Zeichenebene *f*, Bildebene *f*, Aufrißebene *f*, Aufriß *m (orthogonale Projektion)*; 2. Linie *f*, Fläche *f*, Figur *f* ‖ ~ **вакуума** *(Hydr)* Unterdruckfigur *f* ‖ ~ **вертикальной скорости**

эпюра

(Hydr) Vertikalgeschwindigkeitsebene f (Strömung) ‖ ~ **давления** Druckdiagramm n, Druckkurve f, Drucklinie f ‖ ~ **давления воды** (Hydt) Wasserdrucklinie f ‖ ~ **изгибающего момента** (Fest) Biegemomentenlinie f, Biegemomentendiagramm n, M_b-Linie f, Momentenlinie f, Momentenkurve f, Momentendiagramm n ‖ ~ **касательных усилий** (Fest) Tangentialkraftdiagramm n ‖ ~ **крутящего момента** (Fest) Torsionsmomentenlinie f, M_t-Linie f ‖ ~ **моментов** s. ~ изгибающего момента ‖ ~ **нагрузки** (Fest) Belastungslinie f ‖ ~ **напряжений** (Fest) Spannungslinie f ‖ ~ **нормальной силы** s. ~ продольной силы ‖ ~ **перерезывающих сил (усилий)** (Fest) Querkraftlinie f, Querkraftkurve f ‖ ~ **поперечной силы** (Fest) Querkraftlinie f, Querkraftdiagramm n ‖ ~ **продольной силы** (Fest) Normalkraftlinie f, Axialkraftlinie f, Längskraftlinie f ‖ ~ **противодавления** (Hydr) Unterdruckfigur f ‖ ~ **распора арки (свода)** (Bw) Bogenkraftfläche f ‖ ~ **скоростей** (Mech) Geschwindigkeitskurve f

эра f (Geol) Ära f (geochronologische Einheit) ‖ ~/**альгонская** s. ~/протерозойская ‖ ~/**архейская** Archäikum n, Erdurzeit f ‖ ~/**археозойская** Archäozoikum n ‖ ~/**кайнозойская** Känozoikum n, Neozoikum n, Erdneuzeit f ‖ ~/**мезозойская** Mesozoikum n, Erdmittelalter n ‖ ~/**мезофитная** Mesophytikum n ‖ ~/**палеозойская** Paläozoikum n, Erdaltertum n ‖ ~/**протерозойская** Proterozoikum n

эратема f (Geol) Ärathem n (chronostratigraphische Einheit, Zusammenfassung mehrerer stratigraphischer Systeme, entspricht in der russischen Literatur dem Begriff „Gruppe – группа" ‖ ~/**архейская** Archäikum n ‖ ~/**археозойская** Archäozoikum n ‖ ~/**кайнозойская** Känozoikum n ‖ ~/**мезозойская** Mesozoikum n ‖ ~/**палеозойская** Paläozoikum n ‖ ~/**протерозойская** Proterozoikum n

эрбий m (Ch) Erbium n, Er
эрг m (Ph) Erg n, erg
эргограмма f (Med) Ergogramm n
эргограф m (Med) Ergograph m
эргография f (Med) Ergographie f
эргодический ergodisch
эргодичность f (Math) Ergodizität f
эргометр m (Med) Ergometer n
эргометрия f (Med) Ergometrie f
эргоспирограмма f (Med) Ergospirogramm n
эргоспирометр m (Med) Ergospirometer n
эргостат m (Med) Ergostat m
эргостерин m (Ch) Ergosterin f
ЭРЗ s. завод/электровозоремонтный
эритрин m (Min) Erythrin m, Kobaltblüte f
эритрозин m Erythrosin n (ein Eosinfarbstoff)
эркер m (Bw) Erker m
эрланг m Erlang n, Erl (SI-fremde Einheit des Verkehrswertes)
эрлифт m Air-Lift m, Airlift m, Druckluftförderer m, Druckluft[wasser]heber m, Mammutpumpe f
ЭРМ s. материал/электронно-резистивный
эрмитов (Math) hermitesch, hermitisch
эрмитовость f (Math) Hermitezität f
эродирование n s. эрозия
эродировать (Geol) erodieren, auswaschen, abtragen

эрозия f (Geol) Erosion f ‖ ~/**боковая** Seitenerosion f, Wanderosion f ‖ ~/**ветровая** Winderosion f, Windabtrag m ‖ ~/**водная** aquatische Erosion f, Wassererosion f ‖ ~/**глубинная** Tiefenerosion f ‖ ~ **грунта** Bodenerosion f ‖ ~/**избирательная** selektive Erosion f ‖ ~/**кавитационная** (Mech) Kavitationserosion f, Kavitationsangriff m ‖ ~/**коррозионная** (Mech) Erosionskorrosion f ‖ ~/**ледниковая** glaziale Erosion f ‖ ~/**линейная** Rinnenerosion f, linear wirkende Erosion f ‖ ~/**овражная** Grabenerosion f ‖ ~/**отступающая** ~/**пятящаяся** s. ~/пятящаяся ‖ ~ **песком** Sandschliff m, Sanderosion f ‖ ~ **почвы** Bodenerosion f ‖ ~/**пятящаяся (регрессивная)** rückschreitende Erosion (regressive, rückläufige) Erosion f ‖ ~/**речная** Flußerosion f ‖ ~/**склоновая** Hangabtragung f ‖ ~ **текучих вод** fluviatile Erosion f

ЭРПЗУ s. устройство/электрически репрограммируемое постоянное запоминающее
эрстед m Oersted n, Oe (SI-fremde Einheit der Feldstärke)
эрупция f (Astr) Sonneneruption f, Eruption f, Flare m(n)
ЭРЭ s. электрорадиоэлемент
ЭС s. 1. станция/электрическая; 2. электростанция
эскалатор m Rolltreppe f
эскиз m Skizze f, Riß m, Aufriß m, Entwurf m ‖ ~/**масштабный** maßstabgerechte Skizze f
ЭСЛ s. логика с эмиттерной связью
ЭСЛ-схема f ECL-Schaltkreis m
эссенция f Essenz f ‖ ~/**уксусная** Essigessenz f ‖ ~/**фруктовая** Fruchtessenz f
эстакада f 1. (Eb) Ladebrücke f, Überladebrücke f, Überladeplattform f, Verladebrücke f, Verladeplattform f; 2. (Eb) Hochbahn f, Hochgleis n; 3. (Hydt) Estakade f, Pfahlwerk n; 4. (Bw) Rohrbrücke f; Gerüstbrücke f; 5. Förderbrücke f ‖ ~/**бетоноукладочная** f Betonierbrücke f ‖ ~/**бункерная** Bunker[schütt]brücke f ‖ ~/**крановая** Kranbrücke f, Kranbahngerüst n ‖ ~/**погрузочная** s. эстакада 1. ‖ ~/**причальная** Anlegebrücke f, Landungsbrücke f
эстезиометр m (Med) Ästhesiometer n
эстераза f (Ch) Esterase f ‖ ~/**техническая [industrielle]** Formgestaltung f
ЭСТЛ s. логика/эмиттерно-связанная транзисторная
эстрихгипс m (Bw) Estrichgips m
эстуарий m (Hydrol) Ästuar n, Ästuarium n, Mündungstrichter m
ЭТ s. 1. температура/эффективная; 2. электротермическая
этаж m 1. (Bw) Stockwerk n, Geschoß n, Etage f; 2. (Bgb) Sohle f, Etage f ‖ ~/**антресольный** Zwischengeschoß n, Halbgeschoß n ‖ ~/**верхний** Obergeschoß n ‖ ~/**водоносных пород** (Geol) Grundwasserstockwerk n ‖ ~/**второй** erstes Obergeschoß n ‖ ~/**жилой** Wohngeschoß n ‖ ~/**мансардный** Dachgeschoß n ‖ ~/**межферменный** (Bw) Bindergeschoß n, Binderfreiraum m ‖ ~/**первый** Erdgeschoß n, Parterre n ‖ ~/**подвальный** Kellergeschoß n ‖ ~ **разведки** (Geol) Erkundungsstockwerk n ‖ ~/**структурный** (Geol) Strukturstockwerk n ‖ ~/**технический** (Bw) technisches Geschoß n, Installationsgeschoß n ‖ ~/**цокольный** (Bw)

Sockelgeschoß n, Souterrain n ‖ ~/чердачный Dachgeschoß n
этажерка f Hochregallager n, Hochstapelregal n, Stapelregal n
этажно-камерный (Bgb) Etagen-Kammer...
этажность f (Bw) Geschoßzahl f
этажный (Bgb) Etagen..., Sohlen...
эталон m (Меß) Normal n höchster Genauigkeit (Primär- oder Sekundärnormal, meistens komplette Meßeinrichtung) ‖ ~/абсолютный absolutes Normal n ‖ ~/белый Normalweiß n, Bezugsweiß n ‖ ~ взаимоиндуктивности Gegeninduktivitätsnormal n ‖ ~ времени Zeitnormal n ‖ ~/вторичный Sekundärnormal n ‖ ~/государственный [staatliches] Primär- und Sekundärnormal n ‖ ~/групповой Gruppennormal n ‖ ~ длины Längennormal n ‖ ~ длины волны Wellenlängennormal n ‖ ~ единицы Normal n für eine [bestimmte] Einheit ‖ ~ единицы длины Längennormal n ‖ ~ единицы массы Massen[einheits]normal n ‖ ~ ёмкости Kapazitätsnormal n ‖ ~ звуковой частоты Tonfrequenznormal n ‖ ~/инфракрасный Infrarotnormal n, IR-Normal n ‖ ~/исходный Hauptnormal n ‖ ~/кварцевый Quarznormal n ‖ ~ килограмма Kilogrammprototyp m ‖ ~ массы Massen[einheits]normal n ‖ ~/международный internationales Normal n ‖ ~ метра Meterprototyp m ‖ ~ напряжения Spannungsnormal n ‖ ~/национальный nationales Normal n ‖ ~/одиночный Einzelnormal n ‖ ~/основной Grundnormal n ‖ ~/первичный Primärnormal n, Urmaß n, Primärnormal n ‖ ~ переменного напряжения Wechselspannungsnormal n ‖ ~/переносный transportables Normal n ‖ ~ плотности Dichtenormal n ‖ ~ поверхности/геометрический geometrisches Oberflächennormal n, Sekundärnormal n, Gebrauchsnormal n ‖ ~ самоиндукции Selbstinduktionsnormal n ‖ ~/световой Lichtnormal n ‖ ~ сличения Transfernormal n, Vergleichsnormal n ‖ ~ сопротивления Widerstandsnormal n ‖ ~/специальный Spezialnormal n ‖ ~ сравнения Transfernormal n, Vergleichsnormal n ‖ ~ твёрдости Härtenormal n ‖ ~ тока Stromstärkenormal n ‖ ~/третичный Normal n dritter Ordnung ‖ ~ Фабри-Перо Fabry-Pérot-Etalon m ‖ ~ цветовой температуры Farbtemperaturnormal n ‖ ~ частоты Frequenznormal n ‖ ~ шума Rauschnormal n ‖ ~ эдс (электродвижущей силы) ЕМК-Normal n
эталонирование n Eichen n, Eichung f ‖ ~ частоты Frequenzeichung f
эталонировать eichen
эталон-копия m Etalonkopie f
эталонный geeicht, Eich..., Vergleichs..., Normal...
эталон-прототип m (Меß) Urnormal n, Urmaß n, Primärnormal n
эталон-свидетель m Sicherungsnormal n, Ersatznormal n
этан m (Ch) Ethan n
этаналь m (Ch) Ethanal n, Acetaldehyd m
этанкислота f (Ch) Ethansäure f, Essigsäure f
этанол m (Ch) Ethanol n, Ethylalkohol m

этап m Etappe f; Stufe f
этен m (Ch) Ethen n, Ethylen n
этикетка f Etikett n, Aufklebezettel m
этилацетат m (Ch) Ethylacetat n, Essigsäureethylester m
этилбензол m (Ch) Ethylbenzen n
этилбромид m (Ch) Bromethan n
этиленизация f Ethylenbehandlung f, Ethylenbegasung f (von Obst und Gemüse)
этиленовый Ethylen...
этилиденмочевина f (Ch) Ethylidenharnstoff m
этилирование n (Ch) Ethylieren n, Ethylierung f
этиловый (Ch) Ethyl...
этилсернокислый (Ch) ...ethylsulfat n; ethylschwefelsauer
этилуретан m (Ch) Ethylurethan n, Ethylcarbamat n
этилцеллюлоза f (Ch) Ethylcellulose f, Celluloseethylether m
этин m (Ch) Ethin n, Acetylen n
этинилирование n (Ch) Ethinylierung f
этмолит m (Geol) Ethmolith m
ЭТТ s. электротермотренировка
ЭУ s. 1. установка/энергетическая; 2. умножитель/электронный 2.
эфемерида f (Astr) Ephemeride f ‖ ~ Солнца Sonnenephemeride f
эфир m (Ch) Ether m; Ester m ‖ ~/азотистый Salpetrigsäureester m, Nitrit n ‖ ~ азотной кислоты Salpetersäureester m, Nitrat n ‖ ~/азотнокислый Salpetersäureethylester m, Ethylnitrat n ‖ ~/акриловый Acryl[säure]ester m, Acrylat n ‖ ~/бензойноэтиловый Benzoesäureethylester m, Ethylbenzoat n ‖ ~ борной кислоты Borsäureester m, Borat n ‖ ~/виниловый Vinylester m; Vinylester m ‖ ~/внутренний (внутримолекулярный) innerer (intramolekularer) Ester m ‖ ~/дибензиловый Dibenzylester m ‖ ~/диметиловый Dimethylether m; Dimethylester m ‖ ~/дифениловый Diphenylether m ‖ ~/диэтиловый Diethylether m ‖ ~/карбаминовый Carbamidsäureester m, Carbamat n, Urethan n ‖ ~/кислый saurer Ester m ‖ ~/муравьиноэтиловый Ameisensäureethylester m, Ethylformiat n ‖ ~/неполный partieller Ether m; Halbester m ‖ ~/несимметричный простой asymmetrischer Ether m ‖ ~/обыкновенный Diethylether m, Ethylether m ‖ ~/ортомуравьиный Orthoameisensäureester m ‖ ~/ортоугольный Orthokohlensäureester m ‖ ~ ортофосфорной кислоты Phosphorsäureester m, Phosphat n ‖ ~/петролейный Petrolether m ‖ ~ поливинилового спирта/простой Polyvinylether m ‖ ~ поливинилового спирта/сложный Polyvinylester m ‖ ~/полный смешанный voll veresterter Mischester m ‖ ~/простой Ether m ‖ ~/простой виниловый Vinylether m ‖ ~ серной кислоты Schwefelsäureester m, Sulfat n ‖ ~/серный Diethylether m ‖ ~/сложный Ester m ‖ ~/сложный виниловый Vinylester m ‖ ~/смешанный простой Mischether m ‖ ~/смешанный сложный Mischester m ‖ ~/средний neutraler Ester m ‖ ~/уксусный Essig[säure]ester m, Acetat n ‖ ~/фениловый Diphenylether m; Phenylester m ‖ ~ фенола/простой Phenolether m ‖ ~ фенола/слож-

ный Phenolester *m* || ~ **фосфористой кислоты** Phosphorigsäureester *m*, Phosphit *n* || ~/**хлормуравьиный** Chlorameisensäureester *m*, Chlorformiat *n* || ~ **целлюлозы/азотнокислый** Cellulosesalpetersäureester *m*, Cellulosenitrat *n*, Nitratcellulose *f* || ~ **целлюлозы/ простой** Celluloseether *m* || ~ **целлюлозы/сложный** Celluloseester *m* || ~ **целлюлозы/этиловый** Celluloseethylether *m*, Ethylcellulose *f* || ~/**циклический простой** cyclischer Ether *m* || ~/**циклический сложный** cyclischer Ester *m* || ~/**этиловый** Diethylether *m*; Ethylester *m*
эфиризатор *(Ch)* Veresterungsapparatur *f*
эфирномасличный *(Ch)* ätherisches Öl enthaltend
эфирный *(Ch)* etherisch, Ether...; Ester...
эфирообразный *(Ch)* etherartig; esterartig
эфиропласт *m* Kunststoff *m* auf Polyesterbasis
эффект *m* Effekt *m*, Wirkung *f* (*s. a. unter* явление 2.) || ~/**ажурный** *(Text)* Doppelmascheneffekt *m* || ~ **акустико-оптический (акустооптический)** akustooptischer Effekt *m* || ~/**антенный** Antenneneffekt *m* || ~/**баллистический** ballistischer Effekt *m* || ~ **Баркгаузена** *(Ph)* Barkhausen-Effekt *m* || ~/**барометрический** Barometereffekt *m* || ~/**батохромный** bathochromer Effekt *m*, farbvertiefende Wirkung *f*, Bathochromie *f* || ~ **бахромы** *s.* ~ **Бекке** *(Krist)* Becke-Effekt *m* (*Einbettungsmethode*) || ~ **Беккереля** Becquerel-Photoeffekt *m*, Becquerel-Effekt *m* || ~ **беления** *(Text)* Bleicheffekt *m* || ~/**береговой** *(Rad)* Küsteneffekt *m* || ~ **Блажко** *(Astr)* Blaschko-Effekt *m* || ~ **близости** 1. *(Photo)* Nachbareffekt *m* [der Entwicklung], photographischer Nachbareffekt *m*; 2. *(El)* Nahewirkung *f*, Nahewirkungseffekt *m*; 3. Proximity-Effekt *m* (*z. B. an Supraleitern*) || ~ **валки** *(Text)* Walkeffekt *m* || ~/**вентильный** *s.* ~/**фотогальванический** || ~ **взаимного влияния слоёв** *s.* ~ **проявления/вертикальный** || ~ **взаимодействия** *(Kern)* Wechselwirkungseffekt *m* || ~ **Вигнера** *(Kern)* Wigner-Effekt *m* || ~ **Вина** *(Ph)* Wien-Effekt *m*, Feldstärkeeffekt *m* (*der Leitfähigkeit*) || ~ **висения** *(Flg)* Schwebeeffekt *m* || ~ **вихревых токов** Wirbelstromeffekt *m* || ~/**внутренний фотоэлектрический** *s.* ~/**фоторезистивный** || ~ **Вольта** *(Ph)* Volta-Effekt *m* || ~ **воронки** *(Ph)* Trichtereffekt *m* || ~ **ворсования** *(Text)* Rauheffekt *m* || ~ **восстановления** *(Met, Gieß)* Desoxidationswirkung *f* || ~ **вращения** *(Mech)* Rotationseffekt *m* || ~ **выпрямления** *(El)* Richtheffekt *m*, Gleichricht[er]effekt *m* || ~ **вытеснения** Verdrängungseffekt *m* || ~/**гальваномагнитный** 1. galvanomagnetischer (magnetoelektrischer) Effekt *m*; 2. Hall-Effekt *m* || ~ **Ганна** *(Ph)* Gunn-Effekt *m* || ~ **Гаусса** *(El)* Gauß-Effekt *m* || ~/**геттерирующий** *(Eln)* Getterwirkung *f* || ~/**геттерный** *(Eln)* Gettereffekt *m* || ~/**гипсохромный** *(Ch)* hypsochromer Effekt *m*, farberhöhende Wirkung *f* || ~/**гироскопический** *(Mech)* Kreiseleffekt *m* || ~ **гор** *(Flg)* Gebirgseffekt *m* || ~ **Дебая** *(Ph)* Debye-Effekt *m* || ~ **Дестрио** Destriau-Effekt *m* (*Elektrolumineszenz in Festkörpern*) || ~ **Джоуля-Томсона** *(Therm)* Joule-Thomson-Effekt *m*, [isenthalpischer] Drosseleffekt *m* || ~/**динамический** dynamischer Effekt *m* || ~/**динатронный**

(El) Dynatroneffekt *m* || ~ **Доплера** *(Ph)* Doppler-Effekt *m* || ~ **Дорна** *s.* **потенциал/седиментационный** || ~/**дробовой** *(Eln)* Schroteffekt *m* || ~/**дроссельный** *s.* ~ **Джоуля-Томсона** || ~ **Дюфора** *(Therm)* Dufour-Effekt *m*, Thermodiffusionseffekt *m* || ~ **закалки** *(Met)* Abschreckwirkung *f* || ~/**замедляющий** *(Kern)* Bremswirkung *f* || ~ **запаздывания** *(Ph)* Retardierungseffekt *m* || ~ **запирающего слоя** *s.* ~/**фотогальванический** || ~ **затягивания** Mitzieheffekt *m*, Mitnahmeeffekt, Mitnahmeerscheinung *f* || ~ **Зеебека** Seebeck-Effekt *m* (*ein thermoelektrischer Effekt*) || ~ **Зеемана** *(Opt)* Zeeman-Effekt *m*, magnetische Aufspaltung *f* || ~ **извитости** *(Text)* Kräuseleffekt *m* || ~/**изотопический** *(Kern)* Isotopieeffekt *m*, Isotopeneffekt *m (der Supraleiter)* || ~ **инерции** *(Mech)* Trägheitswirkung *f* || ~ **каймы** *(Photo)* Kanteneffekt *m*, Randeffekt *m* || ~ **Калье** *(Photo)* Callier-Effekt *m* || ~ **Керра** *(Opt)* Kerr-Effekt *m*, elektrische Doppelbrechung *f* || ~ **Керра/оптический** optischer Kerr-Effekt *m* || ~ **Киркендалла** *(Ph)* Kirkendall-Effekt *m* (*Diffusion in Festkörpern*) || ~ **клетки [Франка-Рабиновича]** *s.* ~ **Франка-Рабиновича** || ~ **Комптона** *(Kern)* Compton-Effekt *m* || ~/**копировальный** Kopiereffekt *m* || ~ **Коттон-Мутона** *(Opt)* Cotton-Mouton-Effekt *m*, magnetische Doppelbrechung *f* || ~/**краевой** *s.* ~ **каймы** || ~ **Купера** *(Kern)* Cooper-Effekt *m* || ~/**лавинно-пролётный** *(Eln)* Lawinenlaufzeiteffekt *m* || ~/**лавинный** *(Eln)* Lawineneffekt *m*, Avalanche-Effekt *m* || ~/**лазерный** Lasereffekt *m* || ~ **Ландау** *(Ph)* Landau-Effekt *m* || ~ **Ландсберга-Мандельштама-Рамана** *s.* **рассеяние света/комбинационное** 2. || ~ **Людвига-Соре** Ludwig-Soret-Effekt *m*, Soret-Phänomen *n*, Thermodiffusionseffekt *m* || ~/**люксембургский (люксембургско-горьковский)** *(Rf)* Luxemburg-Effekt *m* || ~/**магнитомеханический** magnetomechanischer (gyromechanischer) Effekt *m*, gyromechanische Erscheinung *f* || ~/**магнитострикционный** Magnetostriktionseffekt *m* || ~ **Максвелла [/динамооптический]** *s.* **лучепреломление в потоке/двойное** || ~/**маховой** *(Ph)* Schwingradeffekt *m* || ~ **маятника** Pendeleffekt *m* || ~/**межслойный** *(Photo)* Interimage-Effekt *m*, Zwischenschichteffekt *m* || ~ **Мессбауера** *(Kern)* Mößbauer-Effekt *m* || ~/**местный** 1. *(Nrt)* Rückhören *n*; 2. *(Photo)* Nachbareffekt *m* || ~/**микрофонный** *(Eln)* Mikrophonieeffekt *m* || ~/**муаровый** Moiré-Effekt *m* || ~ **накопления** Staueffekt *m*, Speichereffekt *m* || ~ **накопления зарядов** Ladungsspeichereffekt *m* || ~ **накопления носителей** Trägerstaueffekt *m* || ~ **насыщения** Sättigungseffekt *m* || ~/**ночной** *(Rad)* Nachteffekt *m* || ~/**обменный** *(Kern)* Austauscheffekt *m* || ~ **обратного рассеяния** *(Kern)* Rückstreueffekt *m* || ~ **обращения** *(Geoph)* Umkehreffekt *m* || ~/**объёмный** *s.* ~/**стереофонический** || ~ **Оверхаузера** *(Kern)* Overhauser-Effekt *m* (*Kernpolarisation*) || ~ **Оже** *(Kern)* Auger-Effekt *m* || ~/**оптического накопления** optischer Speichereffekt *m* || ~ **ориентации** *(El, Ch)* Orientierungseffekt *m*, Einfluß *m* der Orientierung || ~ **очистки** 1. *(Text)* Reinigungseffekt *m*; 2.

(Kern) Aufzehrungseffekt *m*, „cleanup"-Effekt *m* ‖ ~ **памяти** *(Fest)* Memory-Effekt *m*, Gedächtniseffekt *m* ‖ ~/**парниковый** Treibhauseffekt *m* ‖ ~ **Пашена-Бака** *(Kern)* Paschen-Back-Effekt *m*, magnetischer Verwandlungseffekt *m* ‖ ~ **Пельтье** Peltier-Effekt *m* *(ein thermoelektrischer Effekt)* ‖ ~ **перемещающихся экспозиций** *(Photo)* Intermittenzeffekt *m* ‖ ~/**переходный** 1. *(Nrt)* Übersprecheffekt *m*; 2. Übergangserscheinung *f* ‖ ~/**плотностной** *(Ph)* Dichteeffekt *m* ‖ ~/**побочный** Nebeneffekt *m* ‖ ~/**поверхностный** *(El)* 1. Skineffekt *m*, Hauteffekt *f*, Stromverdrängungseffekt *m*; 2. Oberflächeneffekt *m* ‖ ~/**поверхностный флуктуационный [электрический]** *(Eln)* Funkeleffekt *m*, Flickereffekt *m* ‖ ~/**полевой** Feldeffekt *m* ‖ ~/**поперечный** Transversaleffekt *m* ‖ ~/**пороговый** *(Ph)* Schwelleneffekt *m* ‖ ~/**примесей** *(Krist)* Verunreinigungseffekt *m* ‖ ~ **пристеночного проскальзывания** *(Bw)* Wandgleitverhalten *n* ‖ ~/**продольный** Longitudinaleffekt *m* ‖ ~/**прокола** *(Eln)* Punch-through-Effekt *m*, Durchgriffseffekt *m* ‖ ~/**пролётный** *(Eln)* Laufzeiteffekt *m*, Laufzeiterscheinung *f* ‖ ~ **проникновения** *s*. ~ **прокола** ‖ ~ **проявления/вертикальный** *(Photo)* vertikaler Eberhard-Effekt *m* ‖ ~ **проявления/пограничный** *(Photo)* Nachbareffekt *m* ‖ ~/**пьезоэлектрический** Piezoeffekt *m*, piezoelektrischer Effekt *m* ‖ ~ **Рамана** *s*. рассеяние света/комбинационное ‖ ~ **Рамзауера** *(Kern)* Ramsauer-Effekt *m* ‖ ~ **раскисления** *(Met, Gieß)* Desoxidationswirkung *f* ‖ ~ **реакции/тепловой** Reaktionswärme *f*, Wärmetönung *f* ‖ ~/**рельефный** *(Text)* Reliefeffekt *m* ‖ ~ **Ребиндера** *(Ph)* Rehbinder-Effekt *m* ‖ ~ **Ричардсона** *s*. эмиссия/термоэлектронная 1. ‖ ~ **Сабатье** *(Opt, Photo)* Sabattier-Effekt *m*, Sabattier-Bildumkehrung *f* ‖ ~ **сверхтонкой структуры** *(Krist)* Hyperfeinstruktureffekt *m* ‖ ~/**световой** *(Opt)* Lichteffekt *m*, Lichtwirkung *f* ‖ ~ **связи** *(Ph)* Kopplungseffekt *m* ‖ ~/**сейсмомагнитный** *(Geoph)* seismomagnetischer Effekt *m* ‖ ~ **смежных мест** *s*. ~/местный 2. ‖ ~ **спина ядра** *(Kern)* Kernspineffekt *m* ‖ ~ **стенки** *(Ph)* Wandeffekt *m* ‖ ~/**стереоскопический** *(Opt)* stereoskopischer (plastischer) Effekt *m*, Drei-D-Effekt *m*, Raumwirkung *f*, Tiefenwirkung *f* *(stereoskopisches Sehen)* ‖ ~/**стереофонический** *(Ak)* Raumtoneffekt *m*, Raumtonwirkung *f*, Stereoeffekt *m* ‖ ~/**стробоскопический** Stroboskopeffekt *m*, stroboskopischer Effekt *m* ‖ ~ **сужения** *(Eln)* Pinch-off-Effekt *m*, Abschnür[ungs]effekt *m* *(Halbleiter)* ‖ ~/**сумеречный** *(Rad)* Dämmerungseffekt *m* ‖ ~ **Сциларда-Чалмерса** *(Kern)* Szillard-Chalmers-Effekt *m* ‖ ~/**тепловой** Heizeffekt *m*, Heizwirkung *f* ‖ ~/**термоэлектрический** *(El)* thermoelektrischer Effekt *m* ‖ ~ **Тиндаля** *(Ph)* [Faraday-]Tyndall-Effekt *m* ‖ ~ **Томсона** [/**термоэлектрический**]Thomson-Effekt *m* *(ein thermoelektrischer Effekt)* ‖ ~/**транзисторный** Transistoreffekt *m* ‖ ~/**туннельный** *(Ph)* Tunneleffekt *m* ‖ ~ **Фарадея** *(Opt)* Faraday-Effekt *m*, magnetisches Drehvermögen *f*, magnetische Drehung *f*, Magnet[o]rotation *f* ‖ ~/**фотогальванический** Sperrschicht[photo]effekt *m*, photovoltaischer Effekt *m*, PV-Effekt *m*, Photovolteffekt *m* ‖ ~/**фоторезистивный** innerer Photoeffekt (lichtelektrischer Effekt) *m*, Photoleitungseffekt *m* ‖ ~/**фотоупругий** photoelastischer Effekt *m* ‖ ~/**фотоэлектрический** photoelektrischer (lichtelektrischer) Effekt *m*, Photoeffekt *m* ‖ ~ **Франка-Рабиновича** *(Kern, Ch)* Käfigeffekt *m*, Cage-Effekt *m*, Frank-Rabinowisch-Effekt *m* *(bei Molekülzerfall)* ‖ ~ **Франца-Келдыша** *(Opt)* Franz-Keldysch-Effekt *m* ‖ ~ **Хаббла** *(Astr)* Hubble-Effekt *m* ‖ ~ **Хальвакса** *s*. фотоэффект/внешний ‖ ~ **Холла** *(Ph)* Hall-Effekt *m* ‖ ~ **Ценера** *(Ph)* Zener-Effekt *m* ‖ ~ **Черенкова** *(Kern)* Cerenkov-Effekt *m*, Tscherenkow-Effekt *m* ‖ ~/**широтный** *(Astr)* Breiteneffekt *m*, Polefekt *m* *(z. B. kosmische Strahlung)* ‖ ~ **Шоттки** 1. *(Krist)* Schottky-Effekt *m*; 2. *(El)* Schroteffekt *m* ‖ ~ **Штарка** *(Opt)* Stark-Effekt *m* *(Spektrallinienaufspaltung)* ‖ ~ **Штерна-Герлаха** *(Kern)* Stern-Gerlach-Effekt *m* ‖ ~ **Эдисона** *s*. эмиссия/термоэлектронная 1. ‖ ~/**экзотермический** *(Ch)* Reaktionswärme *f* exothermer Reaktionen ‖ ~/**электрогидравлический** elektrohydraulischer Effekt *m* ‖ ~/**электрохимический** elektrochemischer Effekt *m* ‖ ~/**эндотермический** *(Ch)* Reaktionswärme *f* endothermer Reaktionen ‖ ~ **ядерного спина** *s*. ~ спина ядра

эффективность *f* Effektivität *f*, Wirksamkeit *f* ‖ ~ **агента деконтаминации** *(Kern)* Dekontaminationskraft *f* ‖ ~ **антенны** Antenneneffektivität *f* ‖ ~/**биологическая** *(Kern)* biologische Wirksamkeit *f* ‖ ~/**квантовая** Quantenwirkungsgrad *m*, Quantenausbeute *f* ‖ ~ **очистки газа** Wirkungsgrad *m* der Gasreinigung ‖ ~ **передачи** *(Eln)* Übertragungseffektivität *f* ‖ ~/**световая** photometrisches Strahlungsäquivalent *n* ‖ ~ **системы** *(Inf)* Systemwirksamkeit *f* ‖ ~ **хвостового оперения** *(Flg)* Leitwerkswirksamkeit *f*

эффлоресценция *f* *(Geol)* Effloreszenz *f*, Ausblühung *f*

эффузиометр *m* [**Бунзена**] *(Ch)* Effusiometer *n* [nach Bunsen], Bunsensches Effusiometer *n*

эффузиометрия *f* *(Ch)* Effusiometrie *f*

эффузия *f* 1. *(Ph)* Effusion *f*; 2. *(Geol)* *s*. извержение/эффузивное

эхо *n* Echo *n* ‖ ~/**ближнее** Nahecho *n* ‖ ~/**внеземное** extraterrestrisches Echo *n* ‖ ~/**вторичное** Sekundärecho *n* ‖ ~ **говорящего** *(Nrt)* Sprecherecho *n* ‖ ~/**донное** Bodenecho *n* ‖ ~/**запаздывающее** Nachecho *n* ‖ ~/**искусственное** künstliches Echo *n* ‖ ~/**многократное** Mehrfachecho *n* ‖ ~/**однократное** Einfachecho *n* ‖ ~/**опережающее** Vorecho *n* ‖ ~/**слушающего** *(Nrt)* Hörerecho *n* ‖ ~/**спиновое** *(Kern)* Spinecho *n* ‖ ~/**фотонное** *(Kern)* Photonenecho *n*

эховолна *f* *(Rad)* Echowelle *f*

эхограмма *f* *(Rad)* Echogramm *n*

эхограф *m* *(Rad)* Echograph *m* ‖ ~/**навигационный** Navigationsechograph *m* ‖ ~/**рыболовный** Fischereiechograph *m*

эхозаградитель *m* *(Nrt)* Echosperre *f* ‖ ~ **постоянного действия** stetig arbeitende Echosperre *f*

эхоизмеритель *m* *(Nrt)* Echomesser *m*

эхо-изображение *n* *(TV)* Echobild *n*, Geisterbild *n*

ЭХО-ИМПУЛЬС

эхо-импульс *m* Echoimpuls *m*, Rückstrahlimpuls *m*
эхолот *m* Echolot *n* ‖ ~/**навигационный** Navigationsecholot *n* ‖ ~/**рыбопоисковый** Fischortungsecholot *n*, Fischereicholot *n* ‖ ~/**сетевой** Netzsonde *f (Schleppnetzfischerei)* ‖ ~/**ультразвуковой** Ultraschall-Echolot[gerät] *n*, Ultraschallot *n*
эхоофтальмограф *m (Med)* Echoophthalmograph *m*
эхоофтальмография *f (Med)* Echoophthalmographie *f*
эхо-сигнал *m (Rad)* Echo *n*, Echoimpuls *m* ‖ ~ **от ближнего объекта** Nahecho *n* ‖ ~ **от дождя** Regenecho *n*
эшелеграмма *f (Opt)* Echellegramm *n (Echellespektrograph)*
эшелетт *m (Opt)* Echelettegitter *n*
эшелле *n (Opt)* Echellegitter *n*
эшелон *(Opt)* [Michelsonsches] Stufengitter *n* ‖
~ **Майкельсона** [Michelsonsches] Stufengitter *n* ‖ ~ **Майкельсона/отражательный** *(Opt)* [Michelsonsches] Reflexionsstufengitter *n* ‖
~ **Майкельсона/прозрачный** *(Opt)* [Michelsonsches] Transmissionsstufengitter *n*
эшелонирование *n (Flg)* Staffelung *f*, Stufung *f* ‖ ~/**боковое** Seitenstaffelung *f* ‖ ~/**вертикальное** *s.* ~ **по высоте** ‖ ~ **по высоте** Höhenstaffelung *f*, Höhenstufung *f*, Vertikalstaffelung *f* ‖ ~/**продольное** Längsstaffelung *f* ‖ ~/**радиолокационное** Radarstaffelung *f*
эшель *m s.* эшелле
ЭЭГ *s.* электоэнцефалограмма
ЭЭТ *s.* температура/эквивалентная эффективная
ЭЭУ *s.* установка/электроэнергетическая

Ю

юбка *f* **изолятора** *(El)* Isolatorschirm *m*
ювенильный juvenil
юз *(Eb)* Gleiten (Blockieren) *n* der Räder
юкон *m (Kern)* Kern-pi-Meson *n*, Kernpion *n*, Yukawa-Quant *n*, Yukon *n*
юлить *(Schiff)* wriggen
юра *f s.* 1. период/юрский; 2. система/юрская
юстировать justieren, einjustieren, genau einstellen (einregulieren)
юстировка *f* Justieren *n*, Justierung *f*, Einstellen *n*, Einstellung *f*; Einstimmen *n* ‖ ~ **валиков** Walzeneinstellen *n* ‖ ~/**визуальная** visuelle Justierung *f* ‖ ~/**высокоточная** hochgenaue Justierung *f* ‖ ~/**дополнительная** Feinjustierung *f* ‖ ~/**неправильная (неточная)** fehlerhafte Justierung *f*, Fehljustierung *f* ‖ ~/**оптическая** optisches Justieren *n* ‖ ~/**прецизионная** feinfühlige Justierung *f* ‖ ~ **средств измерений** Justieren *n* von Meßmitteln ‖ ~/**точная** Feinjustierung *f*
ют *m (Schiff)* Poop *f*
юфть *f* Juchten *n*, Juchtenleder *n*

Я

яблочнокислый *(Ch)* ...malat *n*; äpfelsauer
явление *n* 1. Erscheinung *f*; 2. Effekt *m*, Ereignis *n (s. a. unter* эффект*)* ‖ ~/**баротропическое**

1184

(баротропное) *(Ph)* barotrop[isch]es Phänomen *n* ‖ ~ **Бриллюэна** *(Ph)* Brillouin-Effekt *m*, Brillouinsches Phänomen *n* ‖ ~ **гистерезиса** *(El)* Hystereseerscheinung *f*, Hystereseiseffekt *m* ‖ ~ **деполяризации** *(El)* Depolarisationseffekt *m* ‖ ~ **дифракции** *(Opt)* Beugungserscheinung *f*, Diffraktionserscheinung *f* ‖ ~ **интерференции** *(Opt)* Interferenzerscheinung *f* ‖ ~ **испарения** Verdampfungserscheinung *f (Laserstrahlung)* ‖ ~ **кавитации** Kavitationserscheinung *f* ‖ ~ **Клайдена** *(Photo)* Clayden-Effekt *m* ‖ ~ **Комптона** *(Kern)* Compton-Effekt *m* ‖ ~ **конверсии** *(Kern)* Konversionseffekt *m* ‖ ~ **контраста** *(Opt)* Kontrastphänomen *n*, Kontrasterscheinung *f* ‖ ~ **короны** *(El)* Korona *f*, Koranaerscheinung *f*, Sprüherscheinung *f* ‖
~ **Майорана** *(Opt)* Majorana-Effekt *m (magnetische Doppelbrechung kolloider Lösungen)* ‖
~ **Мандельштама-Бриллюэна** Brillouin-Streuung *f (Streuung von akustischen Phononen in Festkörpern und Flüssigkeiten)* ‖ ~ **Мандельштама-Рамана** *s.* рассеяние света/комбинационное 2. ‖ ~ **насыщения** Sättigungserscheinung *f*; Sättigungseffekt *m* ‖ ~ **отдачи** *(Mech)* Rückstoßerscheinung *f* ‖ ~ **отражения** Reflexionserscheinung *f* ‖ ~ **Пельтье** *(Ph)* Peltier-Effekt *m* ‖ ~ **переноса** 1. *(Ph)* Transporterscheinung *f*, Transportphänomen *n*; 2. *(Therm)* Überführungsphänomen *n* ‖ ~ **последействия** Nachwirkungserscheinung *f* ‖ ~ **природы** Naturerscheinung *f* ‖ ~/**пролётное** Laufzeiterscheinung *f*; Laufzeiteffekt *m* ‖ ~/**резонансное** *(El)* Resonanzerscheinung *f* ‖ ~/**релаксационное** *(El)* Relaxationserscheinung *f* ‖ ~/**световое** *(El)* Leuchterscheinung *f* ‖ ~ **свечения** *(El)* Glimmerscheinung *f* ‖ ~ **слияния** *(Kern)* Verschmelzungsphänomen *n* ‖ ~ **старения** *(Wkst)* Alterungserscheinung *f*, Alterungseffekt *m* ‖ ~ **усталости** *(Wkst)* Ermüdungserscheinung *f* ‖
~ **флуктуаций** Schwankungserscheinung *f (Statistik)* ‖ ~/**фотоэлектрическое** *s.* фотоэффект ‖ ~/**электрокинетическое** *(Ph)* elektrokinetische Erscheinung *f*
явнокристаллический planerokristallin
явнополюсный *(El)* mit ausgeprägten Polen
явный *(Inf)* explizit
ЯГР-спектроскопия *f s.* спектроскопия/мессбауэровская
яд *m* Gift *n* ‖ ~/**внутренний** Fraßgift *n* ‖ ~/**газообразный** Giftgas *n* ‖ ~/**животный** tierisches Gift *n*, Tiergift *n* ‖ ~/**змейный** Schlangengift *n* ‖ ~/**катализаторный (каталитический)** Katalysatorgift *n*, Kontaktgift *n* ‖ ~/**контактный** 1. *(Lw)* Kontaktgift *n*, Berührungsgift *n*; 2. *s.* ~/**катализаторный** ‖ ~/**крысиный** Rattengift *n* ‖ ~/**наружный** ~/**контактный** 1. ‖ ~/**растительный** pflanzliches Gift *n*, Pflanzengift *n* ‖ ~/**ферментный** Fermentgift *n*
ядерно-активный *(Kern)* kernaktiv
ядерно-безопасный *(Kern)* nuklear sicher
ядерно-легированный *(Eln)* strahlendotiert
ядерно-неактивный *(Kern)* kerninaktiv
ядерно-резонансный *(Ph)* Kernresonanz...
ядерно-спектроскопический *(Ph)* kernspektroskopisch
ядерно-зспиновый *(Ph)* Kernspin...
ядерно-физический kernphysikalisch

ядерно-чистый *(Kern)* 1. nuklearrein; 2. reaktorrein
ядерно-электронный *(Kern)* kernelektronisch
ядерный *(Ph, Kern)* 1. Kern..., nuklear, Nuklear; 2. mit Kernenergieantrieb, kernenergiegetrieben
ядовитость *f* Giftigkeit *f*, Toxizität *f*
ядовитый giftig, toxisch, Gift...
ядохимикат *m* Schädlingsbekämpfungsmittel *n*; Pflanzenschutzmittel *n (s. a.* **пестицид)** ‖ ~/**контактный** Kontaktgift *f*, Berührungsgift *n* ‖ ~/**сельскохозяйственный** Pflanzenschutzmittel *n*
ядохимикат-протравитель *m (Lw)* Beizmittel *n (Saat- und Pflanzengutentseuchung)*
ядра *npl* Kerne *mpl (s. a. unter* **ядро)** ‖ ~/**зеркальные** *(Kern)* Spiegelkerne *mpl*, Spiegelnuklide *npl* ‖ ~/**полузеркальные (сопряжённые)** *(Kern)* konjugierte Kerne *mpl*
ядро *n* 1. Kern *m*, Keim *m*, Zentrum *n*; 2. *(Kern)* Kern *m*, Atomkern *m*; 3. *(Astr)* Kern *m*, Kometenkern *m*; 4. *(Krist)* Kristalliationskeim *m*, Embryo *m* ‖ ~/**активное** *(Astr)* aktiver Kern *m (der Galaxis)* ‖ ~ **антиклинали** *(Geol)* Sattelkern *m (einer Verfaltung)* ‖ ~/**ароматическое** *(Ch)* aromatischer Kern *m* ‖ ~ **атома** Kern *m*, Atomkern *m* ‖ ~ **атома водорода** *(Kern)* Wasserstoffkern *m* ‖ ~/**атомное** Kern *m*, Atomkern *m* ‖ ~/**бензольное** *(Ch)* Benzenkern *m*, Benzolkern *m*, Benzenring *m*, Benzolring *m* ‖ ~ **вихря** Wirbelkern *n*, Wirbelzentrum *n* ‖ ~/**внутреннее** Innenkern *m (z. B. der Erde)* ‖ ~/**возбуждённое** *(Kern)* angeregter Kern *m* ‖ ~ **возгонки** *s.* ~ **сублимации** ‖ ~/**вторичное** ‖ ~/**выгоревшее** *(Astr)* ausgebrannter Kern *m (z. B. eines Sterns)* ‖ ~/**вырожденное** *(Math)* entarteter (ausgearteter) Kern *m* ‖ ~ **гелия** Heliumkern *m*; Helion *n* ‖ ~/**гомоморфное** *(Math)* homomorpher Kern *m* ‖ ~ **горения** Verbrennungskern *m*, Verbrennungszentrum *n* ‖ ~/**деформированное** *(Kern)* deformierter Kern *m* ‖ ~ **дислокации** *(Krist)* Versetzungskern *m* ‖ ~/**диффузионное** 1. *(Kern)* Diffusionskern *m*; 2. *(Math)* Diffusions[integral]kern *m* ‖ ~/**дочернее** *(Kern)* Tochterkern *m*; Folgekern *m* ‖ ~ **замерзания** *(Meteo)* Gefrierkern *m* ‖ ~ **Земли** *(Geol)* Erdkern *m*, Zentrosphäre *f* ‖ ~ **Земли/внешнее** Erdaußenkern *m* ‖ ~ **Земли/внутреннее** Innenkern *m* ‖ ~/**земное** Erdkern *m* ‖ ~/**изомерное** *(Kern)* isomerer Kern *m* ‖ ~/**изотопное** Kernisotop *n*, Isotop *n*, isotoper Kern *m* ‖ ~ **ионизации** *(Ph)* Ionisationskern *m* ‖ ~/**исходное** *s.* ~/**материнское** ‖ ~/**итерированное** *(Math)* iterierter Kern *m* ‖ ~/**кометы** *(Astr)* Kometenkern *m* ‖ ~/**конечное** *(Kern)* Endkern *m (Zerfallsreihe)* ‖ ~ **кристалла** *s.* ядро 4. ‖ ~/**лёгкое** *(Kern)* leichter Kern *m* ‖ ~/**магическое** *(Kern)* magischer Kern *m* ‖ ~/**материнское** *(Kern)* Mutterkern *m*, Elternkern *m* ‖ ~/**мыльное** Seifenkern *m* ‖ ~/**нестабильное (неустойчивое)** *s.* ~/**радиоактивное** ‖ ~/**нечётно-нечётное** *(Kern)* uu-Kern *m*, Ungerade-ungerade-Kern *m*, doppelt ungerader Kern *m* ‖ ~/**нечётно-чётное** *(Kern)* ug-Kern *m*, Ungerade-gerade-Kern *m* ‖ ~ **операционной системы** *(Inf)* Betriebssystemkern *m* ‖ ~ **отдача** *(Kern)* Rückstoßkern *m* ‖ ~/**отрицательное** *(Math)* negativer Kern *m* ‖ ~ **пламени [факела]** Flammenkern *m* ‖ ~ **плотины** *(Hydt)*

язык

Dammkern *m*, Kern *m* ‖ ~/**повторное** *(Math)* iterierter Kern *m* ‖ ~/**положительное** *(Math)* positiver Kern *m* ‖ ~/**поляризованное** *(Kern)* polarisierter Kern *m* ‖ ~/**полярное** *(Math)* Polarkern *m* ‖ ~/**промежуточное** *(Kern)* Compoundkern *m*, Verbundkern *m*, Zwischenkern *m* ‖ ~/**противофильтрационное** *(Hydt)* Dichtungskern *m (Erddamm)* ‖ ~ **протыкания** *(Geol)* Durchspießungskern *m (einer Durchspießungsfalte)* ‖ ~/**радиоактивное** *(Kern)* radioaktiver (instabiler, zerfallender) Kern *m* ‖ ~/**разрешающее** *(Math)* lösender Kern *m*, Resolvente *f (Integralgleichung)* ‖ ~/**распадающееся** *s.* ~/**радиоактивное** ‖ ~/**результирующее** *s.* ~-**продукт** ‖ ~/**самозеркальное** *(Kern)* Selbstspiegelkern *m* ‖ ~/**самосопряжённое** *(Kern)* selbstkonjugierter Kern *m* ‖ ~/**сверхтяжёлое** *(Kern)* überschwerer Kern *m* ‖ ~ **сечения** *(Fest)* Querschnittkern *m* ‖ ~/**симметрическое** *(Math)* symmetrischer Kern *m* ‖ ~ **синклинали** *(Geol)* Muldenkern *m (einer Verfaltung)* ‖ ~ **системы** *(Inf)* Systemkern *m* ‖ ~ **складки** *(Geol)* Faltenkern *m* ‖ ~/**смещения** *(Math)* Verschiebungs[integral]kern *m* ‖ ~/**солнечного пятна** *(Astr)* Umbra *f (Sonnenfleck)* ‖ ~/**составное** *s.* ~/**промежуточное** ‖ ~ **соударения** *(Kern)* Stoßkern *m* ‖ ~ **спектра** *(Kern)* Spektralkern *m* ‖ ~/**среднее (среднетяжёлое)** *(Kern)* mittelschwerer Kern *m* ‖ ~/**стабильное** *(Kern)* stabiler Kern *m* ‖ ~/**стационарное** *(Kern)* stationärer (ruhender) Kern *m* ‖ ~ **столкновения** *(Kern)* Stoßkern *m* ‖ ~ **струи** Strahlkern *m* ‖ ~ **сублимации** *(Meteo)* Sublimationskern *m*, Gefrierkern *m* ‖ ~/**сферическое** *(Kern)* sphärischer Kern *m* ‖ ~/**тяжёлое** *(Kern)* schwerer Kern *m* ‖ ~ **управляющей программы** *(Inf)* Steuerprogrammkern *m* ‖ ~/**устойчивое** *s.* ~/**стабильное** ‖ ~/**чётно-нечётное** *(Kern)* gu-Kern *m*, Gerade-ungerade-Kern *m* ‖ ~/**чётно-чётное** *(Kern)* gg-Kern *m*, Gerade-gerade-Kern *m*, doppelt gerader Kern *m* ‖ ~/**экранированное** *(Kern)* abgeschirmter Kern *m* ‖ ~/**эрмитово** *(Math)* hermitescher Kern *m* ‖ ~ **Юкавы** *s.* ~/**диффузионное** 2.
ядро-изобар *n (Kern)* Kernisobar *n*, Isobar *n*
ядро-изомер *n s.* изомер
ядро-изотоп *n s.* ~/**изотопное**
ядро-мишень *n (Kern)* Targetkern *m*
ядрообразование *n* Kernbildung *f*
ядро-продукт *n (Kern)* Produktkern *m*, Endkern *m*, Spaltprodukt *n*
ядротехнический kerntechnisch
язва *f*/**коррозионная** Korrosionsgrube *f*, Korrosionsgrübchen *n*, Korrosionsnarbe *f*
язык *m* 1. Zunge *f*; 2. *(Inf)* Sprache *f* ‖ ~/**автономный** autonome Sprache *f* ‖ ~/**адресный** Adreßsprache *f* ‖ ~/**алгоритмический** algorithmische Sprache *f* ‖ ~ **ассемблера** Assemblersprache *f* ‖ ~ **ввода** Eingabesprache *f* ‖ ~/**внутренний** interne Sprache *f*, Maschinensprache *f* ‖ ~/**вспомогательный** Hilfssprache *f* ‖ ~/**входной** Eingabesprache *f* ‖ ~ **высокого уровня** höhere Sprache *f*, HPS *f* ‖ ~ **вычислительной машины** *s.* ~/**машинный** ‖ ~/**дескриптивный (дескрипторный)** [problem]beschreibende (deskriptive) Sprache *f* ‖ ~/**диалоговый** Dialogsprache *f* ‖ ~/**естественный**

natürliche Sprache *f* II ~ **запросов** Anfragesprache *f* II ~ **инструкций** s. ~ **команд** II ~/**информационный** Informationssprache *f* II ~/**искусственный** künstliche Sprache *f* II ~/**исходный** Quellsprache *f*, Ursprungssprache *f* II ~ **команд** Befehlssprache *f* II ~/**конечный** s. ~/**объектный** II ~/**ледниковый** (Geol) Gletscherzunge *f* II ~ **макрокоманд** Makro[programmierungs]-sprache *f* II ~ **манипулирования данными** Datenmanipulationssprache *f*, DML II ~/**машинно-зависимый** maschinenabhängige Sprache *f* II ~/**машинно-независимый** maschinenunabhängige Sprache *f* II ~/**машинно-ориентированный** maschinenorientierte Sprache *f* II ~/**машинный** Maschinensprache *f* II ~/**объектный** Zielsprache *f* II ~ **описания данных** Datenbeschreibungssprache *f*, DOL II ~ **описания хранения данных** Speicherbeschreibungssprache *f* II ~ **определения данных** Datendefinitionssprache *f* II ~/**проблемно-ориентированный** problemorientierte Sprache *f* II ~ **программирования** Programmiersprache *f* II ~ **программирования высокого уровня** höhere Programmiersprache *f* II ~ **программирования/проблемно-ориентированный** problemorientierte Programmiersprache *f* II ~ **программирования/расширяемый** erweiterbare (extensible) Programmiersprache *f* II ~ **программирования/символическ ий** symbolische Programmiersprache *f* II ~ **программы** Programmsprache *f* II ~/**промежуточный** (Inf) Zwischensprache *f* II ~/**процедурно-ориентированный** prozedurorientierte (verfahrensorientierte) Sprache *f* II ~ **решающих таблиц** Entscheidungstabellensprache *f* II ~/**символический** Symbolsprache *f*, symbolische Sprache *f* II ~ **системы базы данных** Datenbanksprache *f* II ~ **тепла** (Meteo) Warmluftzunge *f* II ~ **управления вводом** Eingabesprache *f* II ~ **управления заданиями** Jobsteuersprache *f* II ~/**условный** Bezugssprache *f* II ~/**формализованный** formalisierte Sprache *f* II ~/**формальный** formale Sprache *f* II ~ **формул** Formelsprache *f* II ~ **формулирования запросов** Auftragssprache *f* II ~ **холода** (Meteo) Kaltluftzunge *f* II ~/**эталонный** Bezugssprache *f*
язык-посредник *m* (Inf) Zwischensprache *f*
язычок *m* 1. Zunge *f*; 2. (El) Zunge *f*, Schenkel *m* (eines Transformators) *f* II ~/**контактный** Kontaktzunge *f* II ~/**крайний** Außenschenkel *f* (eines Transformators) *f* II ~/**металлический** Metallzunge *f* II ~/**средний** Mittelschenkel *m* (eines Transformators)
яйцевидный eiförmig
якорь *m* 1. Anker *m*, Schiffsanker *m*; 2. (El) Anker *m* • **на якоре** vor Anker II ~/**адмиралтейский** (Schiff) 1. Normalanker *m*; 2. Admiralitätsanker *m* II ~/**барабанный** (El) Trommelanker *m* II ~/**бесштоковый** (Schiff) stockloser Anker *f* II ~/**боковой** Seitenanker *m*, Seitentauanker *m* (Schwimmbagger) II ~/**внутренний** (El) Innenanker *m* II ~/**вращающийся** (El) Drehanker *m* II ~/**вспомогательный** (Schiff) Hilfsanker *m*, Schwoianker *m* II ~/**вторичный** (El) Sekundäranker *m* II ~/**втяжной** (Schiff) Patentanker *m* II ~/**глубоководный** (Schiff) Tiefseeanker *m* II ~/**грибовидный** (Schiff) Pilzanker *m* II ~ **Грузона** (Schiff) Gruson-Anker *m* II ~/**двутавровый** (El) Doppel-T-Anker *m* II ~/**дисковый** (El) Scheibenanker *m* II ~/**донный** (Schiff) Grundanker *m* II ~/**клеточный** (El) Käfiganker *m* II ~/**кольцевой** (El) Ringanker *m* II ~/**кормовой** (Schiff) 1. Heckanker *m*; 2. Stromanker *m* II ~/**короткозамкнутый** (El) KurzschlußAnker *m* II ~/**ледовый** (Schiff) Eisanker *m* II ~ **Матросова** (Schiff) Matrosow-Anker *m* II ~/**мёртвый** (Schiff) Totanker *m* II ~/**наружный** (El) Außenanker *m* II ~/**нейтральный (неполяризованный)** (El) unpolarisierter Anker (Relais) II ~/**носовой** (Schiff) Buganker *m* II ~/**пазный** genuteter Anker *m*, Nutenanker *m* II ~/**первичный** (El) Primäranker *m* II ~/**плавучий** (Schiff) Treibanker *m* II ~/**плугообразный** (Schiff) Pflugscharanker *m*, Scharanker *m* II ~/**поворотный** (El) Drehanker *m* II ~/**полюсный** (El) Vollpolanker *m* II ~/**поляризованный** (El) polarisierter Anker *m* (Relais) II ~ **постоянного тока** (El) Gleichstromanker *m* II ~/**притяжной** (El) Klappanker *m* (Elektromagnet) II ~/**притянутый** (El) geschlossener Anker *m* (Elektromagnet) II ~/**рабочий** Baggeranker *m* (Schwimmbagger) II ~ **реле** (El) Relaisanker *m* II ~/**становой** 1. (Schiff) Buganker *m*; 2. Vortauanker *m*, Hintertauanker *m* (Schwimmanker) II ~ **стартера** (El, Kfz) Anlaßanker *m* II ~/**стержневой** (El) Stabanker *m* II ~/**трёхлапый** (Schiff) Dreiflunkenanker *m* II ~ **Холла** (Schiff) Hall-Anker *m* II ~/**чистый** (Schiff) klarer Anker *m* II ~/**шлюпочный** (Schiff) Bootsanker *m* II ~/**штоковый** (Schiff) Stockanker *m* II ~/**явнополюсный** (El) Anker *m* mit ausgeprägten Polen
якорь-кошка *m* (Schiff) Suchanker *m*
ял *m* Jolle *f* II ~/**парусный** Segeljolle *f*
яловка *f* (Led) leichte Rindshaut *f* II ~ **хромового дубления** leichtes Rindbox *n*
яма *f* Grube *f*; Senke *f*; Topf *m* II ~/**литейная** (Gieß) Gießgrube *f* II ~/**отстойная** Absetzgrube *f*, Klärgrube *f*, Scheidegrube *f* II ~/**петлевая** (Wlz) Schlingengrube *f*, Schlingentiefauf *m* II ~/**потенциальная** (Kern) Potentialtopf *m* (Potentialminimum im Feldzentrum); Potentialmulde *f* (Potentialminimum außerhalb des Feldzentrums) II ~/**пропарочная** (Bw) Bedampfungsgrube *f*, Dampfgrube *f* (Beton) II ~/**разгрузочная** Tiefbunker *m* II ~/**силосная** (Lw) Horizontalsilo *m(n)*, Durchfahrsilo *m(n)*, Fahrsilo *m(n)* II ~/**скиповая** (Met) Kippkübelaufzugsgrube *f*, Skipaufzugsgrube *f* II ~/**смотровая** (Eb) Untersuchungsgrube *f*, Untersuchungskanal *m* (Lok); (Kfz) Arbeitsgrube *f* II ~/**угольная** Kohlebunker *m* II ~/**шлаковая** (Met) Schlackengrube *f*
ЯМД s. **язык манипулирования данными**
ямкокопатель *m* (Lw) Pflanzenlochmaschine *f*, Pflanzlochstern *m*
ЯМР s. **резонанс/ядерный магнитный**
ЯМР-спектрометр *m* NMR-Spektrometer *n*
ян s. **янский**
янский *m* (Astr) Flußeinheit *f*, Jansky, Jy (SI-fremde Einheit der spektralen Energieflußdichte)
янтарнокислый (Ch) ...succinat *n*; bernsteinsauer
янтарь *m* (Min) Bernstein *m*
ЯОД s. **язык описания данных**

ЯП s. ячейка памяти
ЯРД s. двигатель/ядерный ракетный
яркомер m (Licht) Leuchtdichtemesser m
яркость f 1. Helligkeit f; 2. (Licht) Leuchtdichte f (Candela pro Quadratmeter) ‖ ~ **изображения** (TV) Bildhelligkeit f ‖ ~ **источника** Leuchtdichte f der Lichtquelle; Helligkeit f der Lichtquelle, Lichtquellenhelligkeit f ‖ ~ /**кажущаяся** scheinbare Helligkeit f ‖ ~ /**поверхностная** Flächenhelligkeit f ‖ ~ /**полная** Gesamthelligkeit f ‖ ~ /**постоянная** (TV) konstante Leuchtdichte f ‖ ~ **светового пятна** Leuchtfleckhelligkeit f, Leuchtfleckintensität f ‖ ~ **свечения** Leuchtdichte f ‖ ~ /**средняя** 1. mittlere Helligkeit f; 2. (Photom) mittlere Leuchtdichte f ‖ ~ /**субъективная** [subjektive] Leuchtdichte f ‖ ~ /**суммарная** s. ~ /**полная** ‖ ~ **фона** (TV) Grundhelligkeit f, Hintergrundhelligkeit f ‖ ~ **фона неба** (Astr) Himmelshintergrund m ‖ ~ /**фотометрическая** photometrische Leuchtdichte f ‖ ~ /**эквивалентная** äquivalente Leuchtdichte f ‖ ~ **экрана** 1. Schirmhelligkeit f; 2. (TV) Leuchtschirmleuchtdichte f; 3. (Kine) Bildwandleuchtdichte f ‖ ~ /**энергетическая** Strahldichte f, Strahlungsdichte f (radiometrische Größe) ‖ ~ /**эффективная** wirksame (mittlere) Leuchtdichte f
ярлык m Etikett n, Aufklebezettel m
ярмо n (El) Joch n, Rückschlußjoch n (z. B. bei Transformatoren) ‖ ~ /**железное** Eisenjoch n ‖ ~ /**магнитное** Magnetjoch n ‖ ~ /**отклоняющее** (TV) Ablenkjoch n ‖ ~ /**прямоугольное** Rechteckjoch n ‖ ~ **ротора** Läuferjoch n ‖ ~ **статора** Ständerjoch n
ярозит m (Min) Jarosit m, Gelbeisenerz n
ярус m 1. (Bw) Etage f, Stockwerk n, Stock m; 2. Langleine f (Fischfang); Angelschnur f; 3. Lage f (Container); 4. (Geol) Stufe f (Unterteilung einer stragraphischen Abteilung); 5. (Bgb) Etage f, Abbauscheibe f; 6. Rang m (Theater) ‖ ~ /**донный** Grundlangleine f (Fischfang) ‖ ~ /**дрейфующий** Treiblangleine f (Fischfang) ‖ ~ **облаков** (Meteo) Wolkenetage f ‖ ~ **отвала** Kippenstrosse f (Tagebau) ‖ ~ /**плавный** s. ~ /дрейфующий
ярусник m Langleinenfischerboot n, Langleinenfischereischiff n
ярусоподъёмник (Schiff) Langleinenwinde f (Fischfang)
ячейка f 1. Zelle f, Raum m, Kammer f; 2. Masche f; 3. (Krist) Zelle f, Elementarzelle f; 4. (Typ) Fach n (Schriftkasten); 5. Zelle f, Wanne f, Bad n (Elektrolyse); 6. (Lw) Zelle f, Säradzelle f ‖ ~ /**анодная** Anodenzelle f, Anodenbad n, Anodenwanne f (Elektrolyse) ‖ ~ /**базоцентрированная** (Krist) basis[flächen]zentrierte Elementarzelle f ‖ ~ /**базоцентрированная моноклинная [элементарная]** (Krist) monoklin-basiszentrierte (flächenzentrierte monokline, doppelt primitiv-monokline) Elementarzelle f ‖ ~ /**базоцентрированная ромбическая [элементарная]** (Krist) [ortho]rhombisch-basiszentrierte (doppelt primitiv-rhombische) Elementarzelle f ‖ ~ /**базоцентрированная элементарная** s. ~ /базоцентрированная ‖ ~ /**бинарная** (El) Binärzelle f ‖ ~ /**бистабильная** (El) bistabile Zelle f ‖ ~ **выключателя** (El) Schalterzelle f ‖ ~ /**гальваническая** (El, Ch) galvanische Zelle f ‖ ~ /**гексагональная [элементарная]** (Krist) hexagonale [einfach primitive] Elementarzelle f ‖ ~ **Голея** (Opt) Golay-Zelle f ‖ ~ /**гранецентрированная** (Krist) [allseits] flächenzentrierte Elementarzelle f ‖ ~ /**гранецентрированная кубическая [элементарная]** (Krist) kubisch [allseitig] flächenzentrierte Elementarzelle f, vierfach-primitiv-kubische Elementarzelle f ‖ ~ /**гранецентрированная ромбическая [элементарная]** (Krist) [ortho]rhombisch [allseitig] flächenzentrierte (vierfach-primitiv-rhombische) Elementarzelle f ‖ ~ /**гранецентрированная элементарная** s. ~ /гранецентрированная ‖ ~ /**грозовая** (Meteo) Gewitterzelle f ‖ ~ /**дважды-примитивная** (Krist) zweifach (doppelt) primitive Elementarzelle f ‖ ~ /**диффузионная** (Ch) Diffusionszelle f ‖ ~ /**жидкокристаллическая** (Krist) Flüssigkristallzelle f ‖ ~ /**жидкостная** (El) Flüssigkeitszelle f ‖ ~ /**запоминающая** s. ~ запоминающего устройства ‖ ~ **запоминающего устройства** (Inf) Speicherplatz m, Speicherzelle f ‖ ~ **запоминающего устройства/стандартная** Standardspeicherzelle f ‖ ~ /**защищённая** (Inf) geschützter Speicherplatz m ‖ ~ **Зеемана** (Opt) Zeeman-Zelle f ‖ ~ /**И²Л/элементарная** I²L-Gatter n ‖ ~ **Керра** (Opt) Kerr-Zelle f ‖ ~ /**конвективная** (Ph) Konvektionszelle f ‖ ~ /**контейнерная** (Schiff) Containerzelle f ‖ ~ /**косвенной адресации** (Inf) Zelle f für indirekte Adressierung ‖ ~ /**кратно-примитивная [элементарная]** (Krist) mehrfach primitive Elementarzelle f ‖ ~ **кристаллической решётки** (Krist) Gitterbaustein m ‖ ~ /**кубическая** (Krist) kubisch-primitive Elementarzelle f, einfach [primitiv-]kubische Elementarzelle f ‖ ~ /**кубическая гранецентрированная [элементарная]** s. ~ /гранецентрированная кубическая ‖ ~ /**кубическая объёмно-центрированная [элементарная]** (Krist) kubisch-raumzentrierte Elementarzelle f, innenzentrierte kubische Elementarzelle f, doppelt primitiv-kubische Elementarzelle f ‖ ~ /**кубическая элементарная** s. ~ /кубическая ‖ ~ /**логическая** (Eln) Logik-Gatter n ‖ ~ **матрицы/внешняя** (Eln) periphere Matrixzelle f ‖ ~ **матрицы/внутренняя** (Eln) innere Matrixzelle f ‖ ~ **матрицы/периферийная** (Eln) periphere Matrixzelle f ‖ ~ /**матричная внутренняя** (Eln) innere Matrixzelle f ‖ ~ /**матричная периферийная** (Eln) periphere Matrixzelle f ‖ ~ /**моноклинная [элементарная]** (Krist) monoklin-primitive Elementarzelle f, einfach [primitiv-]monokline Elementarzelle f ‖ ~ /**накопительная** s. ~ запоминающего устройства ‖ ~ /**объёмно-центрированная** (Krist) körperzentrierte (innenzentrierte, raumzentrierte) Elementarzelle f ‖ ~ /**объёмно-центрированная кубическая [элементарная]** s. ~ /кубическая объёмно-центрированная ‖ ~ /**объёмно-центрированная ромбическая [элементарная]** (Krist) [ortho]rhombisch-raumzentrierte Elementarzelle f, innenzentrierte (doppelt primitiv) rhombische Elementarzelle f ‖ ~ /**объёмно-центрированная тетрагональная [элементарная]** (Krist) tetragonal-raumzentrierte (innenzentrierte) Elementarzelle f, doppelt primitiv-tetragonale Elementarzelle f ‖ ~ /**объёмно-центрированная элементарная** s. ~ /объёмно-центрированная

ячейка

‖ ~/**оперативная** (Inf) Arbeitszelle f (Speicher)
‖ ~/**орторомбическая [элементарная]** s.
~/ромбическая ‖ ~ **памяти** s. ~ запоминающего устройства ‖ ~ **Поккельса** (Opt) Pockels-Zelle f ‖ ~/**примитивная** (Krist) primtive (primitiv-trikline) Elementarzelle f ‖ ~/**примитивная гексагональная [элементарная]** s. ~/гексагональная ‖ ~/**примитивная кубическая [элементарная]** s. ~/кубическая ‖ ~/**примитивная моноклинная [элементарная]** s. ~/моноклинная ‖ ~/**примитивная ромбическая [элементарная]** s. ~/ромбическая ‖ ~/**примитивная ромбоэдрическая [элементарная]** s. ~/ромбоэдрическая ‖ ~/**примитивная тетрагональная [элементарная]** s. ~/тетрагональная ‖ ~/**примитивная триклинная [элементарная]** s. ~/триклинная ‖ ~/**примитивная элементарная** s. ~/примитивная ‖ ~/**простая [элементарная]** s. ~/примитивная ‖ ~/**пустая** (Inf) Leerzelle f ‖ ~/**рабочая** (Inf) Arbeitszelle f (Arbeitspeicher) ‖ ~ **решётки** s. ~ кристаллической решётки ‖ ~/**роботизированная** (Masch) Fertigungszelle f mit Industrieroboter ‖ ~/**ромбическая [элементарная]** (Krist) [ortho]rhombische [primitive] Elementarzelle f, einfach [primitiv-]rhombische Elementarzelle f ‖ ~/**ромбоэдрическая [элементарная]** (Krist) rhomboedrisch-primitive Elementarzelle f, trigonal-rhomboedrische Elementarzelle f, dreifach primitiv-hexagonale Elementarzelle f ‖ ~/**сложная [элементарная]** s. ~/кратно-примитивная ‖ ~/**тетрагональная** (Krist) tetragonal-primitive Elementarzelle f, einfach [pritimitiv-]tetragonale Elementarzelle f ‖ ~/**тетрагональная базоцентрированная [элементарная]** s. ~/тетрагональная ‖ ~/**тетрагональная элементарная** s. ~/тетрагональная ‖ ~/**технологическая** Fertigungszelle f ‖ ~/**триггерная** (Eln) Flip-Flop m, Flipflop m ‖ ~/**тригональная [элементарная]** s. ~/ромбоэдрическая ‖ ~/**трижды-примитивная [элементарная]** (Krist) dreifach primitive Elementarzelle f ‖ ~/**трижды-примитивная гексагональная [элементарная]** s. ~/ромбоэдрическая ‖ ~/**триклинная [элементарная]** (Krist) [einfach] primitive Elementarzelle f; [primitiv-]trikline Elementarzelle f ‖ ~/**четырежды-примитивная [элементарная]** (Krist) vierfach primitive Elementarzelle f ‖ ~/**электролитическая (электрохимическая)** Elektrolyse[n]zelle f, Elektrolysierzelle f, elektrolytische Zelle f ‖ ~/**элементарная** (Krist) Elementarzelle f; Elementarparallelepiped n; Elementarkörper m; Gittergrundzelle f

*A-, B-, C-***ячейка** f s. ячейка/базоцентрированная
*F-***ячейка** f s. ячейка/гранецентрированная
*I-***ячейка** f s. ячейка/объёмно-центрированная
*P-***ячейка** f s. ячейка/гексагональная
*R-***ячейка** f s. ячейка/ромбоэдрическая
ячея f Masche f (Netz) ‖ ~/**глухая** tote Masche f, Einhängemasche f ‖ ~/**зеркальная** Spiegelmasche f, fliegende Masche f ‖ ~ **сети** Netzmasche f
яшма f (Geol) Jaspis m ‖ ~/**базальтовая** Basaltjaspis m ‖ ~/**опаловая** Opaljaspis m ‖ ~/**полосатая** gestreifter Jaspis m, Bandjaspis m ‖ ~/**фарфоровая** Porzellanjaspis m, Porzellanit m ‖ ~/**шаровая** Kugeljaspis m
ящик m 1. Kasten m; Gehäuse n; Kiste f; Behälter m; 2. (Text) Fach n, Kasten m ‖ ~/**аккумуляторный** (El) Akkumulatorengehäuse n, Akkumulatorenkasten m ‖ ~/**балластный** (Lw) Ballastkasten m ‖ ~/**бортовой кингстонный** (Schiff) Hochseekasten m, Seitenseekasten m ‖ ~/**вводный** (El) Einziehdose f ‖ ~/**днищевой кингстонный** (Schiff) Tiefseekasten m ‖ ~ **зависимости** (Eb) Verschlußgitter n, Verschlußkasten m, Verschlußregister n (Blockanlage) ‖ ~/**закрытый напорный** geschlossener Stoffauflaufkasten (Hochdruckstoffauflauf) m (Papier) ‖ ~/**защитный** Schutzkasten m ‖ ~/**канатный** (Schiff) Kettenkasten m ‖ ~/**керновый** (Erdöl) Kernkiste f (Bohrung) ‖ ~/**кингстонный** (Schiff) Seekasten m ‖ ~/**ледовый** (Schiff) Eiskasten m ‖ ~/**металлический** Metallgehäuse n ‖ ~/**мягчительный** (Text) Batschkasten m, Batschkasten m ‖ ~/**нагретый стержневой** (Gieß) Heißkernkasten m ‖ ~/**напорный** (Pap) Stoffauflaufkasten m, Hochdruckstoffauflauf m, Pumpenstoffauflauf m ‖ ~/**открытый напорный** (Pap) offener Stoffauflaufkasten (Hochdruckstoffauflauf) m ‖ ~/**отсасывающий** (Pap) Sau_[er]-kasten m ‖ ~/**пластмассовый** Kunststoffgehäuse n ‖ ~/**потенциальный** (Kern) Potentialkasten m, rechteckiger Potentialkopf m ‖ ~ **приёмника** (Rf) Empfängergehäuse n ‖ ~/**распределительный** (El) 1. Verteilerkasten m; 2. Abzweigdose f ‖ ~/**рыбный** Fischkasten ‖ ~/**семенной** (Lw) Saatkasten m (der Sämaschine) ‖ ~/**солодорастильный** Keimkasten m (Mälzerei) ‖ ~/**стержневой** (Gieß) Kernkasten m ‖ ~/**тёплый** (Schiff) Kondensatbehälter m ‖ ~/**упаковочный** Verpackungsbehälter m ‖ ~/**цементационный** (Härt) Einsatzkasten m ‖ ~/**цепной** (Schiff) Kettenkasten m, Ankerkettenkasten m